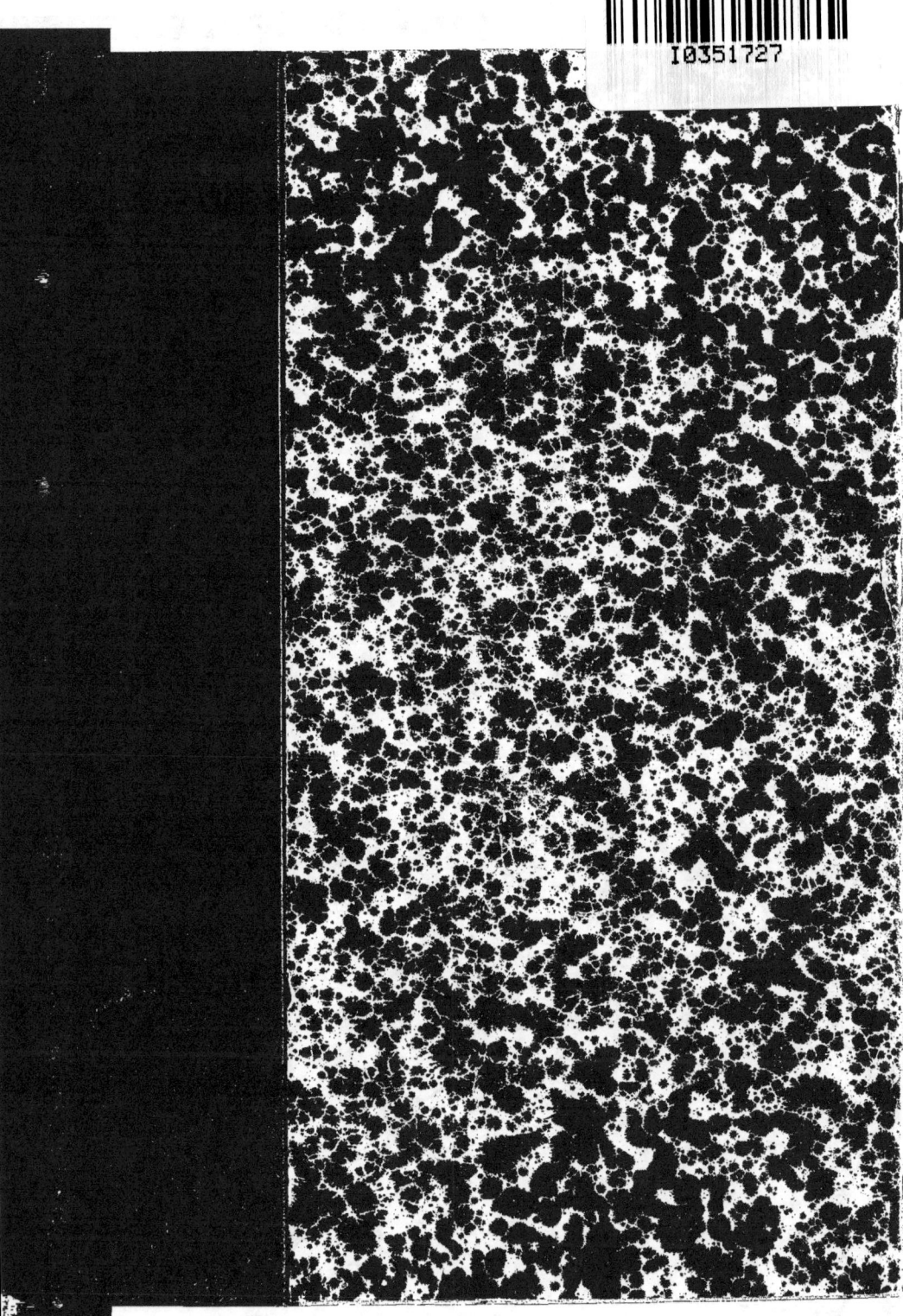

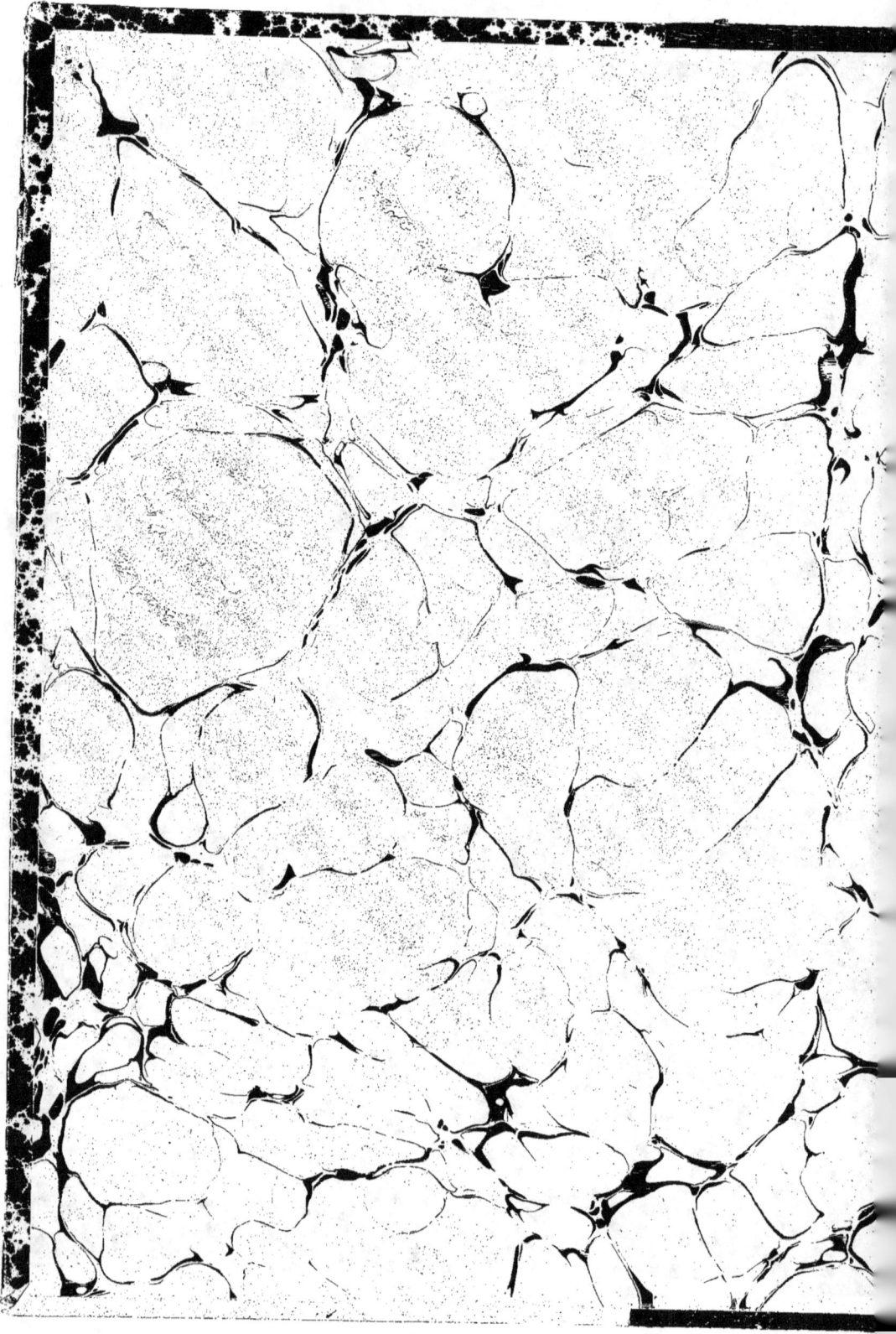

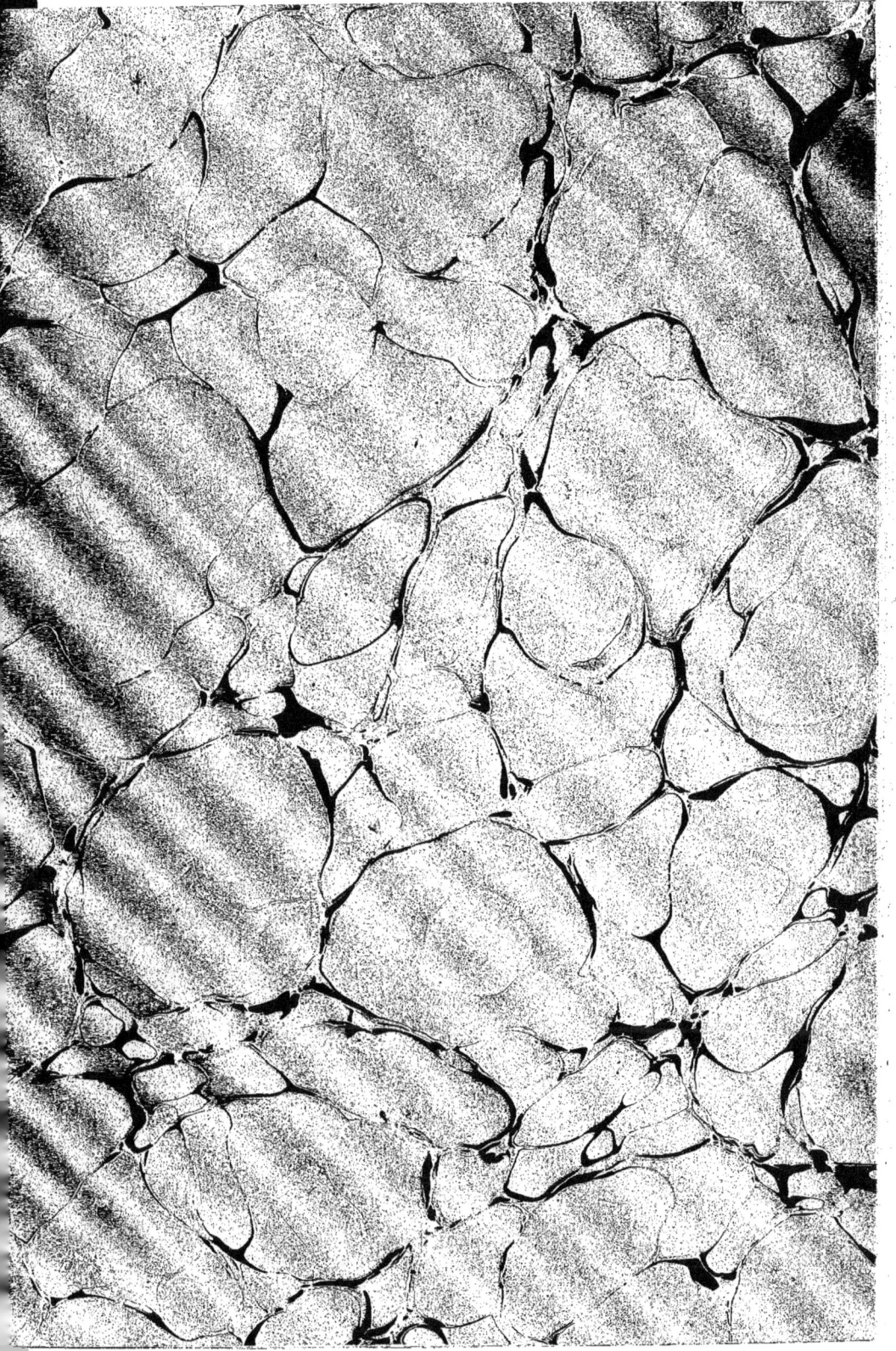

DICTIONNAIRE
D'HISTOIRE ET DE GÉOGRAPHIE
ECCLÉSIASTIQUES

PUBLIÉ SOUS LA DIRECTION DE

Mgr Alfred BAUDRILLART
RECTEUR DE L'INSTITUT CATHOLIQUE DE PARIS

P. RICHARD, U. ROUZIÈS et A. VOGT
AVEC LE CONCOURS D'UN GRAND NOMBRE DE COLLABORATEURS

TOME DEUXIÈME

ALCAINI — ANEURIN

PARIS
LETOUZEY ET ANÉ, ÉDITEURS

L. LETOUZEY, Succr

87, Boulevard Raspail - Rue de Vaugirard, 82

1914

TOUS DROITS RÉSERVÉS

DICTIONNAIRE
D'HISTOIRE ET DE GÉOGRAPHIE
ECCLÉSIASTIQUES

TOME DEUXIÈME

ALCAINI — ANEURIN

DICTIONNAIRE
D'HISTOIRE ET DE GÉOGRAPHIE
ECCLÉSIASTIQUES

PUBLIÉ SOUS LA DIRECTION DE

Mgr Alfred BAUDRILLART
RECTEUR DE L'INSTITUT CATHOLIQUE DE PARIS

P. RICHARD, U. ROUZIÈS et A. VOGT

AVEC LE CONCOURS D'UN GRAND NOMBRE DE COLLABORATEURS

TOME DEUXIÈME
ALCAINI — ANEURIN

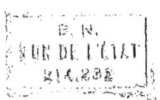

PARIS
LETOUZEY ET ANÉ, ÉDITEURS
L. LETOUZEY, Succr
87, BOULEVARD RASPAIL — RUE DE VAUGIRARD, 82

1914

TOUS DROITS RÉSERVÉS

Imprimatur :

Parisiis, die 18 junii 1914.

☩ Leo Adolphus, card. AMETTE,
Arch. Paris.

LISTE DES COLLABORATEURS

DU TOME DEUXIÈME

MM.

AIGRAIN, maître de chapelle de Sainte-Radegonde de Poitiers.
ALBE, archiviste du diocèse de Cahors.
ALLMANG (le R. P.), oblat de Marie, à Strasbourg.
ALLOING, archiviste du diocèse de Belley.
ALMEIDA (Fortunato de), professeur au lycée de Coïmbre (Portugal).
ANCEL (le R. P. dom), bénédictin à Qarr Abbey (île de Wight).
ANDRIEU, à Rome.
ANTOINE de Sérent (le R. P.), franciscain, à Amiens.
ARCARI, professeur à l'Université de Fribourg (Suisse).
AUDARD, professeur au petit séminaire de Tours.
AUDOLLENT, professeur à l'Université de Clermont.
AUTORE (le R. P. dom), chartreux, à Florence.
BABIN (le R. P. dom), bénédictin, à Saragosse (Espagne).
BAYOL, à Havixbeck (Westphalie).
BERLIÈRE (le R. P. dom), bénédictin, conservateur en chef de la Bibliothèque royale, à Bruxelles.
BERNARD, à Paris.
BERNARDOT, professeur à l'école Lacordaire, Montauban.
BESSON, professeur à l'Université de Fribourg (Suisse).
BIHL (le R. P.), franciscain, à Quaracchi (Italie).
BIRON (le R. P. dom), bénédictin de l'abbaye de Farnborough (Angleterre).
BLANCHON-LASSERVE (le R. P. dom), bénédictin, à Linciaux (Belgique).
BLAYO (le R. P. dom), bénédictin, à Linciaux (Belgique).
BOITEUX, curé de Châtillon-le-Duc (Doubs).
BRÉHIER, professeur à l'Université de Clermont.
CALENDINI (Louis), curé de Chassillé (Sarthe).
CALENDINI (Paul), directeur des *Annales Fléchoises*, à Saint-Mars-d'Outillé (Sarthe).
CAPEILLE, curé de Banyuls-dels-Aspres (Pyrénées-Orientales).
CARRU, professeur au grand séminaire de Meaux.
CAVALIÉ, à Nadyby-Wojutycze (Pologne).
CAYRÉ (le R. P.), augustin de l'Assomption, à Kadi-Keuï, Constantinople.
CHAPPET (le R. P.), augustin de l'Assomption, à Kadi-Keuï, Constantinople.
CHARPENTIER, vicaire général de Carcassonne.
CHEVALIER, membre de l'Institut, à Romans (Drôme).
CLERVAL, professeur à l'Institut catholique de Paris.
CLUGNET, à Bourg-la-Reine (Seine).
CONSTANT, ancien membre de l'École française de Rome, à Meudon (Seine-et-Oise).
CONSTANTIN, aumônier du lycée de Nancy.
COUILLAULT, à Montargis (Loiret).
COULON (le R. P.), des frères prêcheurs, archiviste de l'ordre, à Rome.

MM.

CRÉGUT, chanoine, à Clermont.
DEDIEU, professeur à l'Institut catholique de Toulouse.
DEGERT, professeur à l'Institut catholique de Toulouse.
DELAVILLE LE ROULX, à Paris († 1911).
DELORME, à Bordeaux.
DENIS (le R. P. dom), bénédictin, à Chevetogne (Belgique).
DOMINIQUE de Caylus (le R. P.), capucin, à Burgos (Espagne).
DUBRULLE, bibliothécaire des Facultés catholiques de Lille.
DUFOURCQ, professeur à l'Université de Paris.
DUINE, aumônier du lycée de Rennes.
DUPONT, à Saint-Malo.
DURENGUES, chanoine, à Agen.
DURVILLE, chanoine, à Nantes.
ÉDOUARD d'Alençon, capucin, à Rome.
ERMONI, ancien professeur du scolasticat des lazaristes, à Paris († 1910).
FABRE, professeur au grand séminaire d'Albi.
FAIVRE (le R. P.), de la Compagnie de Jésus, professeur au collège Saint-François-Xavier, à Alexandrie (Égypte).
FALCONNET, à Autun.
FAUCHER (le R. P.), des frères prêcheurs, à Sèvres (Seine-et-Oise).
FAVIER (le R. P. dom), cistercien, à l'abbaye de Mehrerau (Autriche).
FOURNET, prêtre de Saint-Sulpice, professeur à Montréal (Canada).
FOURNIER, professeur à Lyon.
FRAIKIN, ancien chapelain de Saint-Louis-des-Français, à Rome.
FROIDEVAUX, professeur à l'Institut catholique de Paris.
GARIN, administrateur de la chapelle Notre-Dame de l'Espérance, Petit-Ivry (Seine).
GASS, professeur au grand séminaire de Strasbourg.
GASTOUÉ, professeur à la *Schola cantorum*, à Paris.
GAUTHIER, vicaire à Saint-Ambroise, à Paris.
GAZIN-GOSSEL, à Dijon.
GIBON, secrétaire général de la *Société d'éducation et d'enseignement*, à Paris.
GODET, conservateur de la bibliothèque d'Abbeville (Somme).
GOYAU, à Paris.
GOUGAUD (le R. P. dom), bénédictin de l'abbaye de Farnborough (Angleterre).
GROETEKEN (le R. P.), franciscain, à Wiedenbrück (Westphalie).
GUÉRARD, à Lourdes (Hautes-Pyrénées).

MM.

Hoffmann (le R. P. dom), cistercien à l'abbaye de Marienstatt (Hesse-Nassau).
Ingold, à Œlenberg (Alsace).
Jacquin (le R. P.), des frères prêcheurs, au Saulchoir (Belgique).
Janin (le R. P.), augustin de l'Assomption, à Kadi-Keuï, Constantinople.
Jongh (de), professeur à l'Université de Louvain (Belgique).
Jugie (le R. P.), augustin de l'Assomption, à Kadi-Keuï, Constantinople.
Karalevsky, recteur de l'église russo-catholique, à Rome.
Kirsch (Mgr), professeur à l'Université de Fribourg (Suisse).
Knar (le R. P.), des frères prêcheurs, professeur à l'Université de Fribourg (Suisse).
Labriolle (de), professeur à l'Université de Fribourg (Suisse).
Lacger (de), professeur au grand séminaire d'Albi.
La Martinière (de), archiviste départemental du Morbihan, à Vannes.
Lambert (le R. P. dom), bénédictin, à Saragosse (Espagne).
Lapeyre, professeur au petit séminaire, à Villenave-d'Ornon (Gironde).
La Servière (le R. P. de), de la Compagnie de Jésus, professeur au scolasticat de Zi-Ka-Wei (Chine).
Lecler, président de la *Société historique et archéologique du Limousin*, à Limoges.
Ledieu, archiviste honoraire, à Abbeville († 1913).
Ledos, bibliothécaire à la Bibliothèque nationale, à Paris.
Legendre, à Paris.
Lehaut, aumônier, à Paris.
Lesne, professeur aux Facultés catholiques de Lille.
Marie-Joseph (le R. P.), carme, à Corioule (Belgique).
Martin, directeur de la *Semaine religieuse*, à Nancy.
Milon, secrétaire de la congrégation de la Mission, à Paris.
Mollat, vicaire à Notre-Dame de l'Assomption de Passy, à Paris.
Moncelle, professeur au collège de la Malgrange, Nancy.
Monsabert (le R. P. dom de), bénédictin, à Chevetogne (Belgique).
Nau, professeur à l'Institut catholique de Paris.
Nicolas, curé de Laneuville (Meuse).
Noyon (le R. P.), de la Compagnie de Jésus, à Jersey.
Oliger (le R. P.), franciscain, à Quaracchi (Italie).
Ortolan (le R. P.), oblat de Marie, à Rome.
Palmieri (le R. P.), augustin, à Lawrence Mass (États-Unis).
Paquier, premier vicaire de la Sainte-Trinité, à Paris.

MM.

Peitavi, rédacteur à la *Croix*, à Paris.
Perrod, aumônier du lycée de Lons-le-Saunier (Jura).
Pétridès (le R. P.), augustin de l'Assomption, à Kadi-Keuï, Constantinople († 1911).
Pietsch (le R. P.), oblat de Marie, à Hunfeld, près Fulda.
Pontvianne, chanoine au Puy.
Prevost (Arthur), archiviste de Mgr l'évêque de Troyes.
Prévost (Michel), bibliothécaire à la Bibliothèque nationale, à Paris.
Quentin (le R. P. dom), bénédictin, à Rome.
Rastoul, bibliothécaire à la Bibliothèque nationale, à Paris.
Regnier, sous-bibliothécaire de l'Institut, à Paris.
Reymond, à Lausanne (Suisse).
Riguet, curé de Saint-Denis-de-l'Hôtel (Loiret).
Rivière (le R. P.), de la Compagnie de Jésus, à Toulouse.
Roche, à La Voulte-sur-Rhône (Ardèche).
Roquefeuil (le R. P. de), de la Compagnie de Jésus, à Ore-Place (Angleterre).
Rouquette, directeur de la *Revue historique du diocèse de Montpellier*, à Vic-les-Étangs (Hérault).
Royer, archiviste, à Paris.
Sabarthès, curé de Leucate (Aude).
Salaville (le R. P.), supérieur des augustins de l'Assomption, à Kadi-Keuï, Constantinople.
Sautel, professeur au collège Saint-Joseph, à Avignon.
Sicart, à Madrid.
Steiger (le R. P. dom), cistercien, à l'abbaye de Marienstatt (Hesse-Nassau).
Taylor, à Copenhague († 1913).
Teil (Mgr de), directeur de l'Œuvre de la *Sainte-Enfance*, à Paris.
Terret, secrétaire de l'évêché d'Autun.
Tonna-Barthet (le R. P.), augustin, à Pavie (Italie).
Tournebize (le R. P.), de la Compagnie de Jésus, professeur à l'Université Saint-Joseph, à Beyrouth.
Tournier (le R. P.), de la Compagnie de Jésus, au séminaire Pio-Latino américain, à Rome.
Trilhe (le R. P. dom), cistercien, à Blagnac (Haute-Garonne).
Ubald d'Alençon (le R. P.), à Paris.
Uzureau, directeur de l'*Anjou historique*, à Angers.
Vacandard, aumônier du lycée Corneille, à Rouen.
Vailhé (le R. P.), augustin de l'Assomption, à Rome.
Vanel, curé de Saint-Bonaventure, à Lyon.
Vidal, curé de Saint-Louis, à Moscou (Russie).
Villien, professeur à l'Institut catholique de Paris.
Wilmart (le R. P. dom), bénédictin, à l'abbaye de Farnborough (Angleterre).
Zeiller, professeur à l'Université de Fribourg (Suisse).

DICTIONNAIRE
D'HISTOIRE ET DE GÉOGRAPHIE
ECCLÉSIASTIQUES

A (suite)

ALCAINI (Sebastiano). Né à Venise le 1er août 1748, d'une famille noble, il entra dans l'ordre des somasques. Préconisé, en janvier 1785, évêque d'Apollonia *in partibus* et coadjuteur de Mgr Giambattista Sandi, évêque de Bellune, qui mourut le 12 août suivant, il lui succéda le 25 septembre (et non le 3, comme le porte Cappelletti, ni le 24, comme le porte Gams), fut nommé, en novembre, assistant au trône pontifical, prit possession par procureur le 13 décembre et personnellement le 24 mars 1786. En 1793, il réunit les trois hôpitaux de la ville en un seul, qu'il installa dans les locaux du séminaire, et transféra le séminaire dans l'ancienne résidence des jésuites, embellit le palais épiscopal du Belvédère et l'hôtel de ville. Il refusa de quitter son troupeau au moment de l'invasion française et mourut le 4 mars 1803; il fut enterré dans le tombeau de sa famille à S. Angelo de Venise (épitaphe dans Cigogna et Miari). Ami des lettres, il faisait partie de l'Académie des *Anistamici* de Bellune et de celle de l'Arcadie à Rome. Il y a une poésie de lui dans *Festa pastorale celebrata dagli Arcadi...*, in-8°, Rome, 1786. Il a laissé, en outre, une homélie, un propre de son diocèse, une instruction sur la communion et diverses lettres pastorales, dont on trouvera l'énumération dans Buzzati, *Bibliotheca Bellunese*, Venise, 1890, n. 548, 556, 557, 560, 568, 645, 676.

Cigogna, *Delle iscrizioni veneziane*, t. III, p. 137-139, 483-484. — Cappelletti, *Le Chiese d'Italia*, t. x, p. 201. — Fl. Miari, *Cronache Bellunesi inedite*, Bellune, 1865, p. 148-151, 159.

J. FRAIKIN.

1. ALCALA DE HÉNARÈS, sur la rivière de Hénarès, à 28 kilomètres est de Madrid, en Castille, la plus célèbre et la plus importante des villes de ce nom, 11306 habitants, répartis en deux paroisses, Saint-Pierre et Sainte-Marie, appelée autrefois *Complutum* et pendant plusieurs siècles le siège d'un évêché. Par égard pour ce souvenir vénérable, on a créé, lors du concordat espagnol de 1851, le diocèse de Madrid et Alcala, qui n'a été organisé qu'en 1885. Voir MADRID.

Les légendes traditionnelles d'Espagne rattachent la première évangélisation de Complutum à saint Eugène, l'apôtre de Tolède. Leur plus beau joyau, comme la première gloire de cette chrétienté, fut le martyre des saints Justus et Pastor, enfants de sept à neuf ans, qui, s'étant présentés d'eux-mêmes au juge Dacianus, eurent la tête tranchée. Au ve siècle, Asturius, évêque de Tolède, averti par des voix surnaturelles, ordonna des fouilles qui amenèrent la découverte de leurs reliques. Il fit bâtir une petite chapelle sur l'emplacement, s'établit à Complutum, en prit le titre et y finit ses jours. Du moins, saint Ildefonse de Tolède, qui écrivit sa vie deux cent cinquante ans plus tard, dit *Asturius in Toleto sacerdos nonus et in Compluto agnoscitur primus*. Néanmoins, Gams mentionne pour premier évêque de Complutum Novellus, qui vivait en 579.

Voici la liste, incomplète d'ailleurs, des évêques du diocèse, d'après Florez, *España sagrada* : Asturius, † vers 412... — Novellus, 579-589... — Presidius, 609-623. — Hilarius, 623-648. — Dodilus, 648-656... — Acisele, 675-680? — Gildemir, 681? — Agricius, 681-686. — Espasandus, 686-693... — Venerius, 851-†... Après ce dernier, le diocèse fut supprimé et réuni à celui de Tolède. Complutum avait d'ailleurs perdu son nom, depuis la conquête de l'Espagne par les Arabes, qui lui donnèrent le nom d'*Al-Kalaga*, le château ou la forteresse, dont la corruption *Alcala* prévalut au point qu'on ne tarda pas à l'employer dans les documents ecclésiastiques rédigés en latin.

CONCILES. — Alcala fut du XIIIe au XVIe siècle la résidence des archevêques de Tolède, aussi y tinrent-ils les conciles de leur province. Le premier que l'on connaisse est celui de 1325, présidé par l'archevêque Jean; il remit en vigueur quelques règlements de discipline tombés en désuétude. L'année suivante, une nouvelle assemblée compléta les décisions précédentes. En 1333, Simon de Luna convoqua les évêques de Sigüenza, Palencia, Osma, Jaen, Cuenca et Ségovie, afin de délibérer sur les nécessités du culte et la défense des privilèges cléricaux. Quatre évêques se trouvèrent réunis en 1345, puis en 1347, mais leurs décisions ne paraissent pas avoir été d'importance.

L'assemblée de 1379 fut un véritable concile national; elle fut convoquée par le primat d'Espagne, Pedro Tenorio, pour savoir auquel des deux papes les évêques espagnols devaient adhérer : à Clément VII ou à Urbain VI; on se prononça en faveur de ce dernier. Les rois de Castille restèrent neutres dans le schisme, mais ayant reconnu plus tard l'autorité de Clément VII, les évêques de la couronne de Castille, qui obéissaient toujours à Urbain VI, se réunirent à Alcala (1398 ou 1399), pour adopter une ligne de conduite uniforme et éviter des difficultés inutiles dans leurs rapports avec les souverains : ils dressèrent un règlement qu'ils imposèrent à leur clergé pour la durée du schisme d'Occident.

Pierre Martinez d'Osma, professeur de théologie à l'université de Salamanque, écrivit, vers 1475, un livre de doctrine erronée sur la confession et sur le pouvoir de l'Église d'absoudre les péchés. Ses erreurs s'étant propagées en Espagne, le pape Sixte IV chargea l'archevêque de Tolède, Alphonse Carrillo, d'examiner l'ouvrage avec des théologiens non suspects et d'envoyer leur décision à Rome. L'archevêque de Tolède choisit quarante docteurs qu'il convoqua sous sa présidence à Alcala, les premiers jours de mars de 1479. Martinez fut cité à comparaître devant ce tribunal, condamné et son livre brûlé publiquement ; il se soumit à la sentence et rétracta ses erreurs. Le pape confirma la sentence.

UNIVERSITÉ. — François Ximénès de Cisneros, cardinal-archevêque de Tolède, fut le fondateur de l'université d'Alcala, à laquelle il consacra une partie de ses immenses revenus et ceux de plusieurs bénéfices. Dans la requête d'autorisation qu'il adressa au pape, il reconnaît qu'il y avait déjà à Alcala plusieurs chaires de diverses facultés, sans doute les cours qui avaient lieu plus ou moins régulièrement au couvent franciscain de San Diego, en vertu d'un bref de Pie II, à la date du 16 juillet 1459. La bulle d'Alexandre VI, *Inter cetera* (13 avril 1499), accordait à la future fondation tous les privilèges dont jouissaient les universités de Salamanque, Valladolid, Bologne et autres. Elle conférait aux professeurs le baccalauréat, le doctorat et la maîtrise au premier dignitaire de la collégiale de San Justo et San Pastor, dont les prébendes furent, avec d'autres bénéfices, affectées, en 1505, au soutien de l'œuvre. Le collège Saint-Ildefonse, commencé en 1500, inauguré en 1508, fut l'institution principale, de laquelle dépendaient les autres établissements, qui durent aussi leur existence à Ximénès, Saint-Eugène et Saint-Isidore, où logeaient quarante-deux étudiants de rhétorique; Sainte-Catherine et Sainte-Balbine, avec quarante-huit jeunes gens se destinant à la philosophie; enfin le collège *Trilingue*, pour le grec, l'hébreu et le latin. Le recteur de Saint-Ildefonse, qui était en même temps celui de l'université, était élu, avec ses trois assesseurs ou conseillers, chaque année, par les étudiants. L'abbé ou premier dignitaire de San Justo était chancelier (règlement promulgué en 1512 par Ximénès).

Le fondateur avait fait appel aux meilleurs professeurs des universités étrangères et, le 24 juillet 1508, il put ouvrir le collège avec une colonie d'étudiants de Salamanque. On compta à l'origine trente-trois chaires : grammaire, logique, médecine; les langues furent complétées et le droit canon ajouté, au cours du XVIe siècle. Ximénès établit une rente de 14 000 ducats pour l'entretien de l'établissement, et il l'éleva dans la suite à 30 000; un siècle plus tard, les revenus de l'université dépassaient 42 000 ducats.

Il y eut, en peu de temps, à Alcala, quarante-deux chaires : six pour la médecine et la chirurgie, huit pour la philosophie, une pour la morale, une pour les mathématiques, quatre pour le grec et l'hébreu, quatre pour la rhétorique et six pour la grammaire. Ximénès sut attirer à lui des professeurs de renom : pour la théologie, Miguel Carrasco, Jean de Medina, et surtout le mathématicien Pedro Ciruelo, qui se chargea d'expliquer saint Thomas; pour la philologie, *artes liberales*, Alphonse de Prado, saint Thomas de Villeneuve, le grammairien Antonio de Nebrija, l'helléniste Demetrius Dukas de Crète. Tarrazona, Pierre de Léon et Juan Reinoso comptaient parmi les bons médecins du temps. Chaque professeur recevait un traitement d'au moins 21 000 maravedis, environ 7 000 francs de notre monnaie, qui en vaudraient le triple aujourd'hui. Quelques-uns allaient même, Nebrija à 40 000, Tarragona et Démétrius de Crète à 53 000 maravedis. Tableau de 1515, publié par M. Suaña.

Le premier témoignage de son mérite que donna cette élite rassemblée par Ximénès fut la *Bible polyglotte* d'Alcala (*Complutensis*), à laquelle travaillèrent (1513-1526) Nebrija, Dukas et tout un groupe de professeurs ou savants de la nouvelle université.

Le règlement établi par le fondateur accordait beaucoup d'avantages et de libertés aux étudiants. Les nouveaux docteurs devaient prendre l'engagement de défendre en particulier et en public l'Immaculée Conception de la Vierge.

Il fut plusieurs fois question de transférer l'université à Madrid. Le transfert ne fut cependant effectué qu'en 1836. Il ne reste plus de l'université que l'ancien bâtiment du collège Saint-Ildefonse.

Le palais des archevêques de Tolède, dont les parties les plus anciennes remontent au XIIIe siècle et les plus belles aux XVe et XVIe, est dans son ensemble un des magnifiques monuments de la Renaissance espagnole. On y admire encore le *Salon des conciles*. Les archevêques Pedro Tenorio, Contreras, Cerezuela, Mendoza, Fonseca, Tavera en ont fait leur principale résidence (1376-1545), et plus tard le cardinal Louis de Bourbon. Plus de deux cents prêtres français y ont trouvé asile pendant la Révolution. Le palais est aujourd'hui affecté aux archives administratives d'Espagne. A. Baudrillart, *Une mission en Espagne*, Paris, 1889, p. 4-12.

España sagrada, t. VII, p. 161-202. — Gams, *Series episcop.*, p. 50. — La Fuente, *Historia de las universidades en España*, Madrid, 1885, t. II. — Denifle, *Die Entstehung der Universitäten des Mittelalters bis 1400*, Berlin, 1885, p. 646-648, 809. — Hefele, dans *Kirchenlexicon*, t. I, col. 454-456. — *The catholic encyclopedia*, t. I, p. 271.

A. TONNA-BARTHET.

2. ALCALA DE HÉNARÈS. Célèbre collège de philosophie des carmes déchaussés, dont les professeurs composèrent, suivant la doctrine de saint Thomas d'Aquin, le fameux *Complutensis artium cursus*, en quatre in-4° (1624), réimprimé à Francfort (1629). et à Lyon (1637, 1651 et 1668). La *Logica*, est du P. Michel de la Très-Sainte-Trinité, espagnol († 1661). Les trois suivants, contenant : *Commentaria in octo libros physicorum, et libros de anima*, sont du P. Antoine de la Mère de Dieu, également espagnol († 1641), auteur des trois premiers in-folio du *Cursus Salmanticensis theologiae*. Le P. Blaise de la Conception, carme déchaux français († 1694), que sa science faisait appeler *magister totius ordinis*, compléta le *Cursus Complutensis*, en publiant : 1° *Metaphysica in tres libros distincta*, in-4°, Paris, 1640 et 1642, lequel forme le tome V des éditions de Lyon de 1651 et 1668; et 2° *Philosophia moralis in tres etiam libros distincta*, in-4°, Paris, 1647. Le P. Jean de l'Annonciation, général des carmes déchaussés d'Espagne († 1701), et le plus illustre des rédacteurs du *Cursus Salmanticensis theologiae*, rédigea, sous une forme plus accessible à la moyenne des étudiants, le *Cursus philosophicus collegii nostri Complutensis, ad clariorem formam redactus*, en cinq in-4°, Lyon, 1669-1671 ; et Cologne, 1732. Les cinq volumes du P. Jean de l'Annonciation, avec les deux volumes du P. Blaise de la Conception, forment le *Cursus Complutensis* complet, en sept in-4°.

Martial de Saint-Jean-Baptiste, *Bibliotheca carmelitarum excalceatorum*, Bordeaux, 1730, p. 40, 55, 98, 215, 299. — C. de Villiers, *Bibliotheca carmelitana*, Orléans, 1752, t. I, col. 293, 349; t. II, col. 463. — Antonio, *Bibliotheca Hispana nova*, Madrid, 1788, t. I, p. 144, 255; t. II, p. 148. — Hurter, *Nomenclator*, 1907, t. III, col. 918; 1910, t. IV, col. 675.

P. MARIE-JOSEPH.

ALCALA (PEDRO DE), dominicain espagnol, naquit à Grenade en 1640; c'est dans le couvent des frères prêcheurs de la même ville qu'il prit l'habit et fit profession. De bonne heure il demanda à être envoyé aux îles Philippines en qualité de missionnaire. Il arriva à Manille vers la fin d'août 1666 et pendant sept ans travailla à l'évangélisation des infidèles de la région de Semal et de Populo de Binondo. En 1668, il est désigné avec trois autres religieux pour aller porter l'Évangile en Chine; ils partent le 1er août de cette même année 1668 et abordent à Formose, après de grandes difficultés de navigation; mais la province de Fo-Kien, où ils devaient se rendre, étant alors ravagée par des incursions tartares, ils durent regagner les Philippines. Après avoir travaillé quelques années à Cavite, en 1677, il fut de nouveau désigné pour une autre expédition en Chine. De grandes épreuves l'y attendaient. En 1691, au cours de la persécution qui désola la province du Ché-Kian, on voulut rendre le P. Alcala responsable de tous les maux. Les accusations formulées contre lui avaient été portées à Rome, et il dut se justifier devant la Congrégation de la Propagande; il le fit à la grande confusion de ses adversaires. Pour bien témoigner en quelle estime il le tenait, Innocent XII le nomma vicaire apostolique pour la province de Ché-Kian. Le cardinal de Tournon, légat *a latere* de Clément XI en Chine, se proposait de le faire nommer évêque, malgré toutes ses résistances, lorsqu'il mourut à Lan-Ki, le 14 septembre 1705, âgé de soixante-cinq ans.

Le P. Pedro de Alcalá prit une part assez vive aux disputes sur les rites chinois. Nous avons une lettre de lui, adressée de Lan-Ki, le 31 mars 1680, au P. Prosper Intorcetta, S. J., qui était, comme on le sait, un des principaux chefs du parti opposé. D'autre part, le P. Michel Le Tellier, S. J., avait publié, en 1688, la seconde édition de sa *Defense des nouveaux chrestiens et des missionnaires de la Chine, du Japon et des Indes. Contre deux livres intitulez : La morale pratique des jésuites, et l'Esprit de M. Arnauld. Avec une réponse à quelques plaintes contre cette Defense*. Cet ouvrage avait été mis à l'Index le 22 décembre 1700 *donec corrigatur*. C'est sans doute dans la traduction espagnole de la 2e édition faite par le P. Joseph Echaburu y Alcaraz, S. J., et parue à Madrid en 1690, que le P. Alcala eut connaissance de l'ouvrage du P. Le Tellier. Il y lut avec étonnement qu'on le présentait comme favorable au culte de Confucius et des ancêtres. Il écrivit pour protester contre l'usage que l'on faisait dans ce livre de la lettre qu'il avait jadis écrite au P. Intorcetta; il déclarait que, avec tous les autres missionnaires dominicains, il avait toujours considéré cette pratique comme impie et sacrilège. La lettre, datée de Lan-Ki, 20 décembre 1691, et écrite en espagnol, est adressée au P. Salvator, O. P., vicaire provincial pour les missionnaires dominicains en Chine. Une traduction française en est conservée aux archives générales de l'ordre. Noël Alexandre cite le texte espagnol dans son *Apologie des dominicains missionnaires de la Chine ou Réponse au livre du P. Le Tellier, jésuite, intitulé : Défense des nouveaux chrétiens, et à l'éclaircissement du P. Le Gobien de la même Compagnie, sur les honneurs que les Chinois rendent à Confucius et aux morts*, Cologne, 1699.

Echard, *Scriptores ordinis praedicatorum*, édit. Coulon, saeculum XVIII, p. 63-65. — Fr. J. Ferrando, *Historia de los Padres dominicos en las islas Filipinas*, etc., Madrid, 1870-1872, t. IV, p. 740 sq., 774 sq. — Fr. Th. M. Gentili, *Memorie di un missionario domenicano nella Cina*, Roma, 1887-1888, p. 20-40. — Fr. V. Salazar, *Historia de la provincia del Santisimo Rosario de Filipinas*, Manila, 1742. — Villanueva, *Bibliothecae scriptorum ordinis praedicatorum continuatio*, mss, p. 20. — Touron, *Histoire des hommes illustres de l'ordre de Saint-Dominique*, Paris, 1748, t. V, p. 739. — Fr. Julianus Velinchon, *Relación nominal de los religiosos que han venido à esta provincia del Smo. Rosario desde su fundación en 1587*, Manila, 1857. — Noël Alexandre, *Apologie des dominicains missionnaires de la Chine*, Cologne, 1699, c. XXIV. — Fr. Martinez-Vigil, *Ensayo de una biblioteca de dominicanos Españoles*, Madrid, 1884, p. 230. — C. Sommervogel, *Bibl. de la Compagnie de Jésus*, t. III, col. 323; t. IV, col. 641-643; t. VII, col. 1913.

R. COULON.

ALCANTARA, ordre militaire, dépendant de Cîteaux. La date de la fondation de l'ordre d'Alcantara n'est pas absolument certaine. D'après Manrique, *Annal. Cisterciens.*, t. IV, p. 567, cette chevalerie aurait pris naissance en 1156. Suarez de Salamanque et son frère Gomez auraient alors construit, pour repousser les Maures, la citadelle de Saint-Julien del Peyrero (Saint-Julien-du-Poirier), dans le diocèse de Ciudad Rodrigo, sur la frontière castillane. Deux années après, en 1158, Suarez aurait demandé pour ses chevaliers une règle de vie à Odon, évêque cistercien de Salamanque, et en aurait reçu lui-même le titre de prieur. Dès cette époque, le nouvel ordre aurait été connu sous le nom de son lieu d'origine, Saint-Julien-du-Poirier.

En 1174, Gomez, frère de Suarez, lui aurait succédé comme second prieur, et ce serait à tort qu'on l'aurait longtemps regardé comme le fondateur d'Alcantara. L'erreur viendrait de ce qu'il fut le premier à prendre le titre de grand-maître, qu'il portait déjà en 1183.

En tout cas, l'ordre existait certainement en 1176 : à cette date, les chevaliers de Saint-Julien reçurent un privilège de Ferdinand II, roi de Léon, et, en 1177, l'ordre fut confirmé, comme ordre militaire, par le pape Alexandre III, à la requête du prieur. La bulle ne donne aucun renseignement sur la règle et les observances, ni sur le costume d'Alcantara. On sait par les documents postérieurs que la règle était une adaptation de celle de saint Benoît, analogue à celle de Calatrava. Quant au costume, il semble avoir été d'abord le même que celui des moines de Cîteaux, bientôt remplacé, pour les exercices militaires, par un chaperon et un petit scapulaire, large comme la main et long d'une palme et demie, qui se portait sur les habits ordinaires. Pour le reste du costume primitif, on ne sait rien de certain. C'est en 1411 que Pierre de Luna, sous son titre d'antipape Benoît XIII, permit aux chevaliers de quitter le chaperon et le scapulaire et de porter à la place la croix fleurdelisée de sinople qui est restée l'insigne de l'ordre.

Gomez, ayant substitué au titre de prieur celui de grand-maître, le fit approuver par Lucius III, en 1183. Le pape, en même temps, reconnaissait de nouveau l'ordre d'Alcantara, l'exemptait de la juridiction épiscopale, ordonnait aux chevaliers de « suivre la règle de saint Benoît mitigée, selon leurs statuts propres de religieux destinés à la guerre. » Les possessions de l'ordre étaient encore assez peu importantes : Saint-Julien, la Raygadas, Turpino, Herrera, Colmenar, Almendrasca et une métairie à Ponseca.

Dans la lutte entre Ferdinand II de Léon et Alphonse Henriquez, premier roi de Portugal, Gomez et ses chevaliers furent amenés à prendre parti et ils soutinrent Ferdinand. Alphonse, en effet, s'était momentanément allié avec les Maures. Mais quand celui-ci eut repris la lutte contre les Maures, ils refusèrent de la continuer contre lui.

Dom Benoît Suarez, qui succéda à Gomez dans la charge de grand-maître, obtint d'Innocent III une nouvelle reconnaissance officielle de l'ordre. C'est sous le troisième grand-maître, dom Nuño Fernandez, que l'ordre de Saint-Julien reçut Alcantara et prit son nom. Alphonse IX de Léon, ayant repris aux Maures cette forteresse de l'Estramadure, l'avait donnée aux chevaliers de Calatrava, à charge d'en faire pour le Léon le centre de l'ordre, comme Calatrava l'était pour la Castille. Les difficultés qu'ils éprouvèrent à réaliser ce projet les amenèrent, après cinq ans d'essais infructueux, à céder la ville à l'ordre de Saint-Julien. C'est dans les années qui suivirent que le monastère fut définitivement transféré de Saint-Julien à Alcantara. Mais, dans les actes officiels, l'ordre continua à garder son ancien nom (1221).

La translation s'était faite à certaines conditions. Les deux ordres devaient rester fraternellement unis par leurs affinités cisterciennes ; le grand-maître de Calatrava aurait le droit de visite chez le grand-maître et les chevaliers d'Alcantara ; par contre, le grand-maître d'Alcantara prendrait part à l'élection de celui de Calatrava. Conditions mal observées, prétextes de dissensions qui ne furent qu'une petite partie de celles qui ne tardèrent pas à déchirer le malheureux ordre d'Alcantara.

Pourtant les cent premières années de son existence furent glorieuses. Pendant tout le XIIIe siècle et les dix-huit premières années du XIVe, il lutta constamment contre les Maures et se signala par de multiples succès. Un de ses grands-maîtres, Didace Garcia Sanchez, se fit tuer à la bataille de Montanches, en 1227. Ce fut aussi la période la plus prospère pour les intérêts matériels des chevaliers, dont les possessions s'augmentèrent de forteresses prises sur les Maures.

Mais, en 1318, les divisions intestines commencèrent. A partir de ce moment l'histoire de l'ordre n'est plus guère que le lamentable récit de ses luttes intérieures. En cette année 1318, des chevaliers ayant eu à se plaindre des dignitaires, clavier, grand-commandeur et grand-maître (celui-ci s'appelait dom Ruiz Vasquez et venait d'entrer en charge), ils s'adressèrent au grand-maître de Calatrava, dom Garcia Lopez de Padilla. Ce dernier, voulant user de son droit de visite, trouva les portes d'Alcantara fermées. Dom Ruiz s'y tenait avec les chevaliers de son parti et se refusait à ouvrir. Il déniait au grand-maître de Calatrava tout droit de visite, sous prétexte que les conventions entre les deux ordres n'avaient pas été observées. Comme conclusion, le grand-maître de Calatrava attaqua la forteresse à main armée et après une lutte sanglante finit par s'en emparer. Une fois dans la place, il tint un chapitre, recueillit les plaintes des mécontents et prononça contre le grand-maître, le grand-commandeur et le clavier une sentence de déposition.

Sauf quelques dissidents restés fidèles à Ruiz Vasquez, les chevaliers élurent alors dom Suer Perez de Maldonado, qui voulut aussitôt exercer des représailles et assiégea dans Valence d'Alcantara le grand-maître déposé. Celui-ci parvint à s'échapper et s'enfuit vers la France, demander du secours à Cîteaux.

Depuis une soixantaine d'années, Alcantara, en qualité de fille de Cîteaux, était soumise à l'obédience du chapitre général et à la visite de Morimond. Le pape Alexandre IV l'avait fait savoir au grand-maître Garcia Fernandez, en 1257. Le chapitre général de Cîteaux renvoya dom Ruiz Vasquez à l'abbé de Morimond, qui approuva pleinement sa déposition et lui ordonna de regagner l'Espagne. L'ancien grand-maître obéit et reçut de son successeur la commanderie de Magazella.

Cette dissension à peine apaisée, une autre renaissait. Dom Ruiz Perez de Maldonado, successeur de Suer Perez, résigna ses fonctions, en 1335, à Truxillo, après un an de gouvernement. Or Alphonse XI, roi de Castille et de Léon, alors lui-même à Truxillo, en profita pour faire élire un de ses grands officiers, Gonzalve Nuñez de Oviedo, qui prit l'habit de l'ordre à cette occasion. Ses électeurs étaient au nombre de trois chapelains et cinq chevaliers. En même temps le grand-commandeur, Ferdinand Lopez, tenait le chapitre de l'ordre à Alcantara et se faisait élire grand-maître. Enfin, l'abbé de Morimond, qui visitait alors les maisons d'Espagne, rendait sa dignité à dom Ruiz Perez de Maldonado, qui venait de se démettre. C'étaient trois grands-maîtres au lieu d'un.

Ferdinand Lopez, qui tenait dans Alcantara, mourut, il est vrai, au bout de six mois ; mais le chapitre élut aussitôt pour lui succéder son neveu, Suer Lopez.

Ainsi donc Morimond, et par suite Cîteaux, était pour Ruiz Perez, le gros de l'ordre d'Alcantara pour Suer Lopez, le roi de Castille pour Gonsalve Nuñez. Sans doute parce qu'il se sentait soutenu par l'autorité morale des abbayes cisterciennes, Ruiz Perez résolut de recourir à la force. De sa forteresse de Magazella il vint avec des forces imposantes mettre le siège devant Alcantara. Suer Lopez n'osa résister et renonça en sa faveur à ses prétentions.

Finalement ce fut le parti de Castille qui l'emporta. Alphonse appela le grand-maître de Calatrava et l'abbé de Morimond, fit une démonstration avec ses troupes, si bien que Ruiz Perez lui envoya sa démission. Nuñez, le chevalier improvisé, restait seul grand-maître (1337). Ses victoires sur les Maures et la faveur du roi semblaient présager une nouvelle ère de prospérité à son ordre, quand l'atteignit une disgrâce imprévue. Éléonore de Guzman, qui ne lui pardonnait point de s'être opposé à l'élection de son frère, Alfonse Melandez de Guzman, comme grand-maître de Saint-Jacques, fit si bien près du roi royal amant que Nuñez reçut l'ordre de se présenter immédiatement à Madrid, pour rendre compte de sa conduite ; faute de quoi, il devait être aussitôt arrêté. Au lieu d'obéir à un pareil ordre, Nuñez alla précipitamment s'enfermer et se fortifier dans Moron. Il fortifia de même ses autres places et fit jurer aux gouverneurs de les défendre contre le roi.

Ce fut le signal d'une nouvelle division. Les chevaliers du parti du roi abandonnèrent Nuñez, s'emparèrent d'Alcantara, y élurent pour grand-maître, sur l'ordre d'Alphonse, Nuño Chamizio, commandeur de Santivagnez. Après diverses alternatives, au cours desquelles Nuñez avait appelé à son secours les troupes portugaises, il fut finalement obligé de se rendre. Alphonse lui fit trancher la tête et le fit ensuite brûler (1338).

A la mort d'Alphonse (1350), les troubles reprirent, et les partis qui divisèrent l'Espagne se partagèrent aussi les chevaliers d'Alcantara. Les uns, avec le grand-maître Fernand Perez Ponce de Léon, soutinrent dans leurs prétentions Éléonore de Guzman et Henri de Transtamare. Par représailles, Pierre le Cruel interdit aux chevaliers qui étaient restés fidèles à Fernand Perez et les rattacha à Calatrava. Fernand Perez dut céder et reconnaître Pierre le Cruel.

Mais son successeur, dom Diego Guttierez de Ceballos, fut victime des mêmes querelles intestines. Accusé par les partisans de Pierre le Cruel d'avoir de secrètes intelligences avec Henri de Transtamare, il préféra renoncer aussitôt à la dignité qu'on lui offrait et demanda au pape de ne pas confirmer son élection. Pierre le Cruel fit élire un grand-maître à sa dévotion, Suer Martinez.

Les difficultés intérieures de l'Espagne eurent une nouvelle répercussion sur l'ordre d'Alcantara quand vint le triomphe d'Henri de Transtamare. Finalement ses partisans l'emportèrent et il fit élire Pierre Muñiz de Godoi, contre Martin Lopez, partisan de Pierre le Cruel. Pour couper court à toute dissension entre les partisans des deux grands-maîtres, le pape conféra les pouvoirs d'administrateur au clavier. La mort de

Pierre le Cruel fut loin de clore ces luttes intestines. Ferdinand de Portugal, prétendant à la couronne de Castille, fut soutenu par une partie des chevaliers d'Alcantara, le grand-maître, Melen Suarez, à leur tête. Les autres prirent fait et cause pour Henri le Magnifique, qui fit élire par eux un autre grand maître, Ruiz Diaz de la Vega. Valence d'Alcantara fut plusieurs fois prise et reprise au cours de ces sanglantes querelles. La victoire d'Henri rendit, pour une trentaine d'années, un peu de paix intérieure aux chevaliers.

Mais ils restèrent toujours éminemment soumis aux influences du dehors, si bien qu'en 1408, Ferdinand Ier d'Aragon put imposer à l'ordre son fils, don Sanche, âgé de huit ans, pour grand-maître. Les chevaliers profitèrent de ces circonstances pour quitter, en 1411, leur costume traditionnel. De même encore l'intervention de la reine Catherine et la minorité de Jean II de Castille troublèrent profondément la paix de l'ordre. Le grand-maître Jean de Sotomayor prit successivement le parti de Jean II et celui des rois de Navarre et d'Aragon. Un chapitre général déposa le grand-maître et se demanda même s'il ne le mettrait point à mort.

La fin du XVe siècle fut marquée par des luttes plus pénibles encore. Emprisonné par le grand-maître, à la suite d'un différend, le clavier Alphonse de Monroy parvint à s'échapper, réunit autour de lui une armée de chevaliers, s'empara de plusieurs places, entre autres d'Alcantara, battit et tua le grand-maître (1470), et se fit élire à sa place, sans être pourtant reconnu de la majorité. Sa victoire d'ailleurs lui coûta cher et fut la cause d'une singulière tragédie.

Un neveu du précédent grand-maître, le gouverneur de Magazella, don François de Solis, lui offrit cette place à condition de recevoir pour femme la fille naturelle (les chevaliers n'eurent le droit de se marier qu'en 1546) de Monroy. Celui-ci fut reçu à Magazella, mais sur la table du festin on ne lui servit que des chaînes et des fers. On les lui mit aussitôt et on le jeta en prison. François de Solis se fit élire à la place de son beau-père. Mais il fut tué dans une bataille par un ancien serviteur de Monroy, à qui demandait de le remettre sur son cheval.

Or il y avait encore à ce moment un autre prétendant aux fonctions de grand-maître : Jean de Zuniga, fils de la duchesse de Placentia, Éléonore de Pimentel. Elle avait obtenu, du pape lui-même, cette dignité pour son fils, en 1473, à l'époque où Monroy n'était pas encore reconnu.

Jean de Zuniga s'empara, grâce aux troupes de sa mère, de nombreuses forteresses et spécialement d'Alcantara. Mais en même temps Monroy apprenait, dans sa prison, la mort de Solis et parvenait à se faire remettre en liberté. Aussitôt il entrait en campagne et poursuivait jusque sur ses terres la duchesse de Placentia. Il était maintenant d'autant plus fort que Ferdinand et Isabelle l'appuyaient et l'encourageaient dans sa lutte, la maison de Placentia soutenant contre eux le roi de Portugal.

C'est le traité de 1479 qui dénoua l'imbroglio. Monroy renonçait à sa dignité et Jean de Zuniga devenait définitivement grand-maître.

Toutes ces luttes de parti avaient affaibli l'ordre et surtout l'avaient rendu suspect aux souverains espagnols. Trop de fois, ils lui avaient vu prendre contre eux le parti du Portugal, et parfois le même grand-maître qui les avait d'abord servis passait au parti ennemi. C'est ce qui décida Ferdinand à demander au pape l'administration de l'ordre. Dès 1492, une bulle d'Innocent VIII lui conférait ce pouvoir. Alexandre VI la confirma et Ferdinand prit le titre d'administrateur d'Alcantara en 1494. Zuniga abdiqua la grande-maîtrise, qui fut ensuite annexée à la couronne d'Espagne, et devint archevêque de Séville, puis cardinal.

Après Ferdinand, Charles-Quint, Philippe II et Philippe III administrèrent successivement Alcantara. Ils semblent s'être acquittés sérieusement de cette tâche. Charles-Quint, par exemple, fit avec conscience son année de probation, mais il obtint de l'abbé de Morimond de rester en même temps à la cour (1526). Le 18 juin de la même année, il demanda encore à l'abbé de Morimond de faire sa profession régulière à la cour. Néanmoins, en devenant une dépendance de la couronne, l'ordre avait perdu son esprit primitif et se transformait rapidement en une simple dignité honorifique.

Au cours de son histoire on est frappé des malheureuses discordes qui usèrent en vains efforts la plus grande partie de son existence, aussi bien que de l'influence croissante prise sur lui par les événements politiques extérieurs. C'est dans l'intention de réagir autant que possible contre ces causes inévitables de décadence que l'ordre cistercien, par l'intermédiaire de Morimond, tenta sans cesse de resserrer les liens qui l'unissaient à Alcantara. En 1463, Pie II accordait à l'abbé de Morimond et à ses successeurs même pouvoir sur Alcantara que sur Calatrava. En 1492, Jean de Zuniga faisait renouveler par Alexandre VI les dispositions du bref de Pie II, et, en 1502, Jacques de Pontaillé recevait de Jules II juridiction immédiate sur Alcantara, avec pleins pouvoirs, au lieu de la juridiction médiate qu'il avait jusque-là. Efforts inutiles ! Ces mesures tardives ne pouvaient sauver l'ordre ni lui rendre quelque vitalité.

Alcantara possédait, au début du XVIe siècle, trente-sept commanderies et la seigneurie de cinquante-trois bourgs ou villages en Espagne. Les principales dignités étaient celles de grand-maître, de grand-commandeur, de clavier, de prieur, de trésorier. Au-dessous venaient les chevaliers et les chapelains. Tous faisaient les trois vœux de religion et en outre celui de combattre les Maures. Lorsque, en 1546, ils furent autorisés à se marier, le vœu de chasteté fut remplacé par celui de défendre l'Immaculée Conception.

Complètement réorganisé en 1509 et soumis au conseil royal des ordres militaires, l'ordre d'Alcantara a été supprimé par la loi de 1835 et ses biens attribués à la nation.

SÉRIE DES GRANDS-MAÎTRES D'ALCANTARA. — Suero Fernando Barrientes, 1er prieur, 1156-1174. — Gomez Fernando Barrientes, 2e prieur, 1er grand-maître, 1174-vers 1200. — Benoît Suarez ou Sugis, 1200-1208. — Nuñez Fernandez, 1208-1219. — Didace Garcia Sanchez, 1219-1227 (tué à la bataille de Montanches). — Arias Perez, 1227-1234. — Pedro Jañez, 1234-1254. Devint 12e grand-maître de Calatrava jusqu'en 1265. — Garcia Fernandez de Barrantes, 1254-1284. — Ferdinand Perez ou Paez Ier, 1284-1292. — Ferdinand Perez II, 1292-1294. — Gonzalez Perez, 1296-1312. — Ruiz Velasquez ou Vasquez, 1312-1318, déposé par le grand-maître de Calatrava. — Suer Perez de Maldonado, 1318-1334. — Ruiz Perez de Maldonado, 1334-1335, résigne ses fonctions, puis les reprend, sur l'avis de l'abbé de Morimond, jusqu'en 1336. — Ferdinand Lopez, 1335, meurt au bout de six mois. — Suer Lopez, 1335, se démet au bout de cinq mois en faveur de Ruiz Perez. — Gonsalve Nuñez de Oviedo (dit aussi Martinez de Oviedo), élu en 1335, grand-maître légitime de 1337 à 1338, mis à mort à Valence d'Alcantara par Alphonse XI. — Nuño Chamizio, 1338-1343. — Pierre-Alphonse Pantoxa, 1343-1346. — Fernand Perez Ponce de Léon, 1346-1355. — Diego Guttierrez de Ceballos, 1355, élu mais, sur sa demande, non confirmé, gouverne l'ordre pendant cinquante-huit jours. — Suer Martinez, 1355-1361. — Guttierrez Gomez, 1361-1364. — Martin Lopez, 1364-1369. —

(Pierre Muñiz de Godoi, imposé par Henri de Transtamare, n'est pas reconnu par le pape, qui confère les pouvoirs de grand-maître au clavier.) — Melen Suarez, 1369-1371. — Ruiz Diaz de la Vega, 1371-1375. — Diego Martinez, 1375-1383. — Diego Gomez Barroso, 1383-1384. — Gonzalez Nuñez de Guzman, 1384-1385. — Martin Ianez de la Barbuda, 1385-1394. — Ferdinand Rodriguez de Villalobos, 1394-1408. - - L'infant don Sanche, 1408-1416. — Jean de Sotomayor, 1416-1432, déposé. — Guttierrez de Sotomayor, 1432-1456. — Gomez de Cacérès de Solis, 1457-1470. — Alphonse de Monroy, intrus en 1471, élu canoniquement en 1473-1479, renonce à sa dignité. — François de Solis, intrus. — Jean de Zuniga, 1473-1504, paisible possesseur seulement à partir de 1479. — Ferdinand le Catholique, 1er administrateur en 1494 et définitivement de 1504 à 1516.

A. Manrique, *Annalium Cisterciensium*, 1649, t. III et IV; série des Grands-maîtres, t. IV, p. 567. — Hélyot, *Hist. des ordres religieux*, 1718, t. VI, p. 53. — U. Chevalier, *Répert., Topo-bibliog.*, t. I, col. 43. — Dubois, *Hist. de l'abbaye de Morimond*, 3e édit., Dijon, 1879. — Ad. Arcelin, *Morimond et les milices chevaleresques d'Espagne et de Portugal*, Chaumont, 1861.

P. FOURNIER.

ALCANTARINS, réforme de frères mineurs établie en Espagne, due à saint Pierre d'Alcantara, vers 1541. Elle a été supprimée par Léon XIII en 1897. On trouvera l'historique des alcantarins au mot FRANCISCAINS.

ALCARAZ Y BELLUGA (JOSÉ), évêque de Tarazona (Espagne), de 1741 à 1755.

Né à Motril, d'une famille noble, neveu du célèbre cardinal Belluga, docteur en théologie, chanoine-archidiacre de Carthagène, bien en cour à Madrid et à Rome, José Alcaraz fut présenté, par le roi Philippe V, pour le siège épiscopal de Tarazona et nommé le 10 mai 1741, à trente-huit ans.

Son caractère dominateur, exalté par son avancement rapide, fit de son épiscopat une longue série de querelles et de procès avec les Églises voisines et, finalement, avec son propre clergé. La mort de Philippe V (1746), le changement de personnel politique qui suivit, rendirent ces multiples conflits plus dangereux pour lui; le conseil de Castille déjà était prévenu contre cet évêque processif. Les églises collégiales d'Alfaro et de Tudela se mirent sous le patronage royal, puis Tudela, malgré les efforts d'Alcaraz, fut érigée en évêché, tandis qu'Alcaraz était obligé de nommer un vicaire général à Alfaro (ou à Agreda). En même temps, il était en procès avec le chapitre de Tarazona. Il se décida à résigner ses fonctions et le pape accepta sa démission, le 23 avril 1755.

Agé de cinquante-deux ans, Alcaraz se retira dans le désert de Las Palmas (province de Valence), où il vécut quelque temps dans une grande austérité.

España sagrada, t. XLIX (ce volume est de V. de la Fuente), Madrid, 1865, p. 296 sq.

M. LEGENDRE.

1. ALCAZAR (BALTASAR DEL). Voir DEL ALCAZAR (Baltasar).

2. ALCAZAR (BARTOLOMÉ DE), jésuite espagnol, grammairien et historien, naquit à Murcie, le 23 août 1648, et embrassa la vie religieuse le 18 janvier 1664. Il fut recteur du collège de Cuenca et l'un des huit premiers membres de l'académie royale, fondée le 6 juillet 1713. Il mourut à Madrid, le 14 janvier 1721. Professeur de rhétorique et préfet des classes d'humanités au collège impérial de Madrid, il publia, de 1681 à 1691, une série d'ouvrages classiques, dont plusieurs sont signalés pour la première fois par le P. de Uriarte.

Il n'y a pas lieu de les citer tous ici; j'indiquerai seulement : *Crisis de los mas celebres auctores antiguos, sagrados, y profanos de prosa, y verso latino, comprobado con el parecer de varones eruditos, y prudentes*, in-8°, Madrid, 1683, anonyme, extrait de : *El perfecto latino en prosa y verso. Reglas practicas...*, in-8°, Madrid, 1683, — et : *Explicacion del libro IV. y del lib. V. del Arte de Antonio de Nebrixa*, in-8°, Madrid, 1687, qui a eu de nombreuses éditions, même après l'expulsion des jésuites d'Espagne: c'est une adaptation du *Gramatico curioso*, du P. Pedro de Fomperosa. Alcázar est apprécié surtout pour ses œuvres historiques : *Vida, virtudes y milagros de san Julian segundo obispo de Cuenca*, in-fol., Madrid, 1692, dont deux abrégés ont été publiés : in-4°, Madrid, 1785, 1788, et in-8°, Cuenca, 1857. — *Chrono-historia de la Compañia de Jesus, en la provincia de Toledo. Y elogios de sus varones ilustres, fundadores, bienhechores, fautores, è Hijos espirituales*, 2 in-fol., Madrid, 1710. Cette histoire, qui va de 1541 à 1580, est une mine féconde de documents de première main puisés aux archives mêmes de l'ordre; elle contient des lettres de saint Charles Borromée, de sainte Thérèse, de saint Ignace, de saint François de Borja, de Philippe II, etc., et des notices précieuses sur un bon nombre de saints religieux et missionnaires. La continuation jusqu'à l'année 1620 était achevée le 10 octobre 1712; elle est restée manuscrite et se trouve à la bibliothèque de San Isidro, à Madrid, *réserve*, II, 2a, 52, 3 in-fol.; elle mériterait d'être publiée. On en a encore de lui : *Quinta parte de sermones del Padre Antonio de Vieira*, in-4°, Madrid, 1683, traduits du portugais et publiés — par une pure distraction de l'imprimeur ou du libraire, au dire d'Alcázar lui-même — sous le nom de D. Francisco de Cubillas Donyague.

Sommervogel, *Bibliothèque S. J.*, Bruxelles, 1890, t. I, col. 142-145; 1898, t. VIII, col. 1601. — Uriarte, *Anónimos y seudónimos S. I.*, Madrid, 1904-1906, n. 539, 608, 903, 2088-2089, 2126-2127, 2284, 2290, 2293, 3706, 4373.

E.-M. RIVIÈRE.

3. ALCAZAR (FRANCISCO), cistercien originaire de la ville d'Alcocer en Alcarria (Espagne), moine de Huerta. Orateur célèbre de son temps, il publia sous le titre de *Sagrada idea de prelados*, Madrid, 1685, un panégyrique de saint Bernard, renommé pour son élégance.

Janauschek, *Bibliographia Bernardina*, Vienne, 1891, p. XXIII. — Muñiz, *Biblioteca cisterciense española*, Burgos, 1793, p. 11.

R. TRILHE.

4. ALCAZAR (HILARIO), en tonkinois *Duc-Thy-Ibi*, vicaire apostolique du Tonkin oriental, naquit, en 1818, à Villatobas, diocèse de Tolède. Il prit l'habit dominicain au couvent d'Ocaña et y fit profession, le 15 janvier 1834. Vers le milieu du mois de mai 1837, il s'embarqua, en compagnie de treize autres religieux du même ordre, à destination de Manille, où ils arrivèrent le 18 octobre. Le 23 décembre suivant, il recevait la tonsure et les ordres mineurs; sur la fin de janvier ou le commencement de février 1841, il était ordonné prêtre. Il demeura quelque temps au collège Saint-Thomas de Manille et, le 23 octobre, partit pour le Tonkin comme recteur des collèges de Nam-Am, puis de Luc-Thuy et de Mi-Duong. Il remplit cette fonction jusqu'en 1847, date à laquelle il fut choisi par Mgr Marti comme vicaire provincial de la mission. Le 25 mars 1849, il était nommé coadjuteur de Mgr Hermosilla, depuis martyrisé et mis au rang des bienheureux. Il reçut la consécration épiscopale avec le titre d'évêque de Paphos, dans l'île de Chypre, le 8 avril 1849, des mains de Mgr Hermosilla. En 1857, la persécution contre les chrétiens sévissait dans tout l'Annam, c'est alors que les missionnaires, tant espagnols que français, résolurent d'intéresser l'Europe à leur cause. L'expédition franco-espagnole fut loin de donner aux missionnaires et aux chrétiens le secours qu'ils en avaient pu espérer. Lorsque Mgr Hermosilla eut été mis à mort, Alcazar s'employa de toutes ses forces à faire renaître le courage parmi les chrétiens si durement éprouvés. Il resta dans la mission jusqu'à la convocation du concile du Vatican. Il vint à Rome où, pendant les sessions, il fut député à la congrégation des *Rites orientaux* et reçut de la part de Pie IX les marques de la plus grande estime. Les médecins lui conseillaient, à cause de sa santé, de s'éloigner au plus tôt de Rome, mais il ne voulut point partir avant le vote sur l'infaillibilité pontificale (18 juillet 1870). De retour en Espagne, il s'arrêta à Avila, où il fut l'hôte de Mgr Fernando Blanco, lui aussi dominicain; c'est là qu'il mourut le 15 octobre 1870. Le *Correo Sino-Annamita* a publié quelques lettres de Mgr Alcazar, t. I, p. 152-154, 16 juin 1865, au P. provincial Domingo Treserra; p. 221-226, au même, 31 mars 1866; t. II, p. 213, 23 août 1866, au procureur de l'ordre à Hong-Kong. De même, dans la *Revista catolica*, éditée à Barcelone, p. 264-269, du 20 août 1862, on a de lui une relation du martyre de Mgr Hermosilla, sous forme de lettre au P. recteur du collège d'Ocaña en date du 23 mars 1862. D'autres lettres ont aussi été publiées par le P. Velinchon, *Resumen historico de las misiones en la isla de Formosa*. Lettre du 18 juillet 1856, au P. procureur Franc. Roy (année 1858, p. 5-10); lettre au P. Payo, 14 déc. 1863; au *P. N. N.*, 16 déc. 1863; aux RR. PP., même date (année 1864, p. 31-39); au *P. N. N.*, de Kê-Nê (Tonkin oriental), 17 mars 1864 (année 1864, p. 46-48). Enfin les *Archives généralices* conservent quelques autres lettres de Mgr Alcazar.

Compendio de la Reseña biografica de los religiosos de la provincia del Santisimo Rosario de Filipinas, Manila, 1895, p. 705-709. — Julian Velinchon, *Relacion nominal, etc.*, Manille, 1857, p. 103; *Resumen historico, etc.*, an. 1858, 1864. — *El Correo Sino-Annamita o correspondencia de las misiones del sagrado orden de predicadores en Formosa, China y Tung-King*, Manille, 1866 et 1867.
R. COULON.

5. ALCAZAR (LUIS DE), jésuite et célèbre exégète espagnol, né à Séville, le 6 avril 1554, mort dans la même ville le 14 juillet, et non le 16 juin, 1613. Admis dans la vie religieuse en 1569, il professa de la philosophie, puis, pendant vingt ans, l'Écriture sainte à Cordoue et à Séville. Dés l'année 1603, il annonçait la publication prochaine de son commentaire sur l'Apocalypse : *Argumentum Apocalypseos quo distinctione capitum observata, indicatur totius libri acoluthia, sive cohaerentia et apta series*, in-fol. et in-4°, Séville, 1603; mais l'ouvrage, qu'il n'avait cessé de travailler et de refondre, ne fut livré à l'impression qu'en 1612, et ne parut qu'après la mort de l'auteur, par les soins de son admirateur et ami, le P. Juan de Pineda : *Vestigatio arcani sensus in Apocalypsi. Cum opusculo de sacris ponderibus ac mensuris*, in-fol., Anvers, 1614 et 1619; Lyon, 1618; il est orné de 20 belles gravures de D. Juan de Jauregui. Comme l'avait fait Salmeron, et comme le feront bientôt Bossuet et Grotius qui lui emprunteront beaucoup, Alcazar voit dans l'Apocalypse l'histoire prophétique des premiers siècles de l'Église, triomphant du judaïsme et du polythéisme; pour lui, les visions johanniques sont accomplies jusqu'au vingtième chapitre. Richard Simon avait en haute estime ce commentaire : il le place à côté des travaux exégétiques de Maldonat et de Giustiniani. Le volume : *In eas Veteris Testamenti partes, quas respicit Apocalypsis. Libri quinque. Cum opusculo De malis Medicis*, in-fol., Lyon, 1631, fut publié, avec une notice sur l'auteur, par le P. Jorge Hemelman : il doit être regardé comme un complément du commentaire.

Il n'est peut-être pas inutile de faire observer que l'opuscule *De malis Medicis* n'est nullement un réquisitoire contre les mauvais médecins — Nic. Antonio lui-même s'y est mépris — mais une dissertation sur les *pommes de la Médie* : citrons, oranges, etc. La bibliothèque de l'université de Salamanque conserve en manuscrits une *Expositio libri Iob*, datée de 1588, des commentaires *In Ioannem, In Proverbia Salomonis*, etc., qui sont de lui. Tamayo de Vargas attribue au P. Luis de Alcázar, avec quelque hésitation, le *Discurso... acerca de la justicia y buē govierno de España, en los estatutos de limpieza de sangre : y si conviene, o no, alguna limitacion en ellos*, paru sous le nom du dominicain Fray Augustin Salucio, in-4° (Séville) : le P. de Uriarte, plus à même que personne de se prononcer sur ce problème bibliographique, n'ose ratifier le témoignage de Tamayo.

Sotwel, *Biblioth. scriptorum S. I.*, Rome, p. 537. — N. Antonio, *Biblioth. Hisp. nova*, Madrid, 1788, t. II, p. 18; cf. p. 588, où il range Alcázar parmi les écrivains qui ont traité de médecine. — Sommervogel, *Bibliothèque S. J.*, Bruxelles, 1890, t. I, col. 145-146. — H. Hurter, *Nomenclator literarius*, Innsbrück, 1907, t. III, col. 483-484. — Uriarte, *Obras anónimas y seudónimas S. I.*, Madrid, 1904-1906, n. 138, 3642, 3654, 3926.
E.-M. RIVIÈRE.

ALCEGA (ANTONIO DE), franciscain, évêque de Saint-Jacques de Venezuela. Né dans le Yucatan et employé à la cour de Mexique; après la mort de sa femme, Alcega entra dans l'ordre des frères mineurs avec l'intention de se consacrer aux missions de Venezuela. S'étant fait remarquer par son zèle, il fut, en 1605, nommé évêque de Saint-Jacques (Santiago) de Venezuela. En 1605 il tint un synode diocésain à Caracas et mourut en 1609.

Wittmann, *Allgemeine Geschichte der katholischen Missionen*, t. II, p. 269. — Wadding, *Annales minorum*, Ancône, 1860, t. XXIV, p. 118. — Alcedo, *Diccionario geogr. hist. de las Indias occidentales*, Madrid, 1786, t. I, p. 358.
A. GROETEKEN.

ALCHAS (Saint), évêque de Toul, dont nous ne connaissons que le nom. Le diocèse de Nancy le fête actuellement au 30 octobre et peut-être son chef est-il conservé dans l'église paroissiale de Saulxerotte.

Eug. Martin, *Hist. des diocèses de Toul, de Nancy et de Saint-Dié*, Nancy, 1900, t. I, p. 45.
U. ROUZIÈS.

1. ALCHER, évêque de Grenoble. Il figure dans les anciens catalogues, en particulier dans le premier des cartulaires attribués à saint Hugues, entre les évêques Isaac et Isarn. Tout ce qu'on sait de précis sur lui par les documents se réduit à très peu de chose : c'est qu'il siégea, en 944, au concile de Tournus. Il serait mort vers 949.

Gallia christiana, 1875, t. XVI, col. 226. — Labbe, *Concilia*, 1671, t. IX, p. 917. — L. Duchesne, *Fastes épiscopaux*, 1894, t. I, p. 225. — U. Chevalier, dans *Bulletin de l'Académie delphinale*, année 1867, Grenoble, 1868, p. 366
P. FOURNIER.

2. ALCHER, moine cistercien de Clairvaux. Il vécut au XIIe siècle avec saint Bernard et ses successeurs, Fastrède de Gaviaumer (1157-1162) et Geoffroy d'Auxerre (1162-1165). On le disait instruit dans la connaissance de l'Écriture et dans les sciences profanes; il excellait en physique, c'est-à-dire en médecine et en sciences naturelles. Tel est du moins l'éloge que lui décernait son correspondant, Isaac de l'Étoile. En ces temps heureux, il suffisait d'aimer l'étude pour recevoir le titre de savant. En fait, Alcher s'était adonné à l'anatomie, si l'on peut donner ce nom à ce que l'on savait alors du corps humain. Malheureusement il ne nous reste rien de ce qu'il a pu écrire là-dessus et nous n'avons de lui que des écrits métaphysiques; encore les a-t-on attribués à d'autres auteurs.

1° *De spiritu et anima.* Cet écrit a été successivement attribué à saint Augustin, à Hugues de Saint-Victor, à Isaac de l'Étoile. Les citations de Boèce et d'Isaac lui-même montrent à l'évidence qu'on a eu tort. Alcher avait demandé à Isaac de l'Étoile, pris ici à tort par d'Achery pour Isaac le Bon, évêque de Langres, de le renseigner sur divers problèmes métaphysiques : l'essence, les facultés, l'union de l'âme avec le corps. Ce fut l'occasion de l'*Epistola de anima* d'Isaac (P. L., t. cxciv, col. 1875), qui en profita pour prier Alcher de lui « écrire sur la structure du corps humain. » Nous ne savons si Alcher se rendit à son désir, mais ce fut sans doute l'*Épître* d'Isaac qui le détermina à composer son *De spiritu*. Celui-ci est entièrement formé d'extraits d'auteurs divers depuis saint Augustin, Boèce et Cassiodore, jusqu'à Hugues de Saint-Victor, saint Bernard et Isaac de l'Étoile. Rien ne les relie, ce qui justifie assez la critique d'Érasme : « du sable sans chaux. » Cet ouvrage a été publié comme second des quatre livres du *De anima* attribué à Hugues de Saint-Victor, dans l'Appendice (4° traité) du t. vi des Œuvres de saint Augustin éditées par les bénédictins, et parmi les Œuvres d'Isaac de l'Étoile dans D. Bertr. Tissier, *Bibliotheca Patrum cisterciensium*, Bonofonte, 1664, t. vi, p. 84.

2° *De diligendo Deo*, le sixième des traités de l'Appendice du t. vi des Œuvres de saint Augustin, tiré lui aussi en grande partie de saint Bernard, de saint Anselme et de Hugues de Saint-Victor, est attribué avec une certaine probabilité par les bénédictins au même auteur que le précédent, bien que Vincent de Beauvais, *Specul. natur.*, l. XXIII, c. i, le cite sous le nom de Pierre Comestor. C'est un ouvrage pieux qui ne manque pas d'érudition. P. L., t. xl, col. 847.

3° Les bénédictins inclinent enfin à attribuer aussi à Alcher, à cause des analogies de composition, divers opuscules, imprimés à la suite des précédents au t. vi de saint Augustin : le *Soliloquiorum animae ad Deum lib. I*, bien différent des *Soliloques* de saint Augustin, et tiré en grande partie de ce Père et de Hugues de Saint-Victor ; le *Manuale*, extrait de saint Augustin, saint Cyprien, saint Grégoire, Hugues de Saint-Victor, etc. ; les livres I et III du *De anima* attribué à Hugues de Saint-Victor, qui sont identiques aux *Meditationes* et au *De conscientia* de saint Bernard. Pourtant il y a quelques difficultés à ces attributions, comme la citation du IV° concile de Latran, c. i, dans le c. xxxii des *Soliloques*. C'est à tort que l'*Histoire littéraire de la France* ajoute à cette liste le *Meditationum liber* représentant le neuvième des traités de l'Appendice au t. vi de saint Augustin, dans P. L.

Hist. litt. de la France, t. xii, p. 683-686. — P. L., t. cxciv, col. 1668; t. xi, col. 779, 847.

P. FOURNIER.

3. ALCHER (THOMAS), théologien anglais, réputé auteur des ouvrages suivants : *In Evangelium S. Marci*, lib. I; *In Evangelium S. Lucae*, lib. I; *In Evangelium S. Joannis*, lib. I. Les manuscrits des deux premiers ouvrages se trouvaient dans la bibliothèque du collège de Pembroke à Cambridge, du temps de Pitsius et de Tanner. Ils n'y sont plus actuellement. Voir M. R. James, *Pembroke college, Cambridge. Catalogue of mss.*, Cambridge, 1905.

Fabricius, *Bibl. latina med. et infim. aetat.*, Florence, 1859, t. vi, p. 520. — Tanner, *Bibliotheca Britannico-Hibernica*, Londres, 1748, p. 23.

A. TAYLOR.

ALCHIMIE. — I. L'ALCHIMIE DANS L'ANTIQUITÉ. — Avant l'ère chrétienne il existait en Égypte des alchimistes, qui ont laissé des recettes pour la fabrication des alliages et des pierres mêlées à des formules médicales et magiques et à des procédés pour imiter frauduleusement l'or et l'argent. Cette science, connue sous le nom d'*art sacré*, prit plus tard celui de science hermétique, d'Hermès, dieu des sciences. Ces procédés furent connus des Grecs et il se forma une école gréco-égyptienne où l'alchimie prit le caractère d'une science occulte. Les études de Berthelot et Ruelle ont montré que les alchimistes chrétiens de cette époque, comme les alchimistes gnostiques et juifs, mêlaient volontiers à leurs doctrines scientifiques des idées religieuses. Zosime, par exemple, conseillait aux alchimistes de demander le secours divin, parce que les démons sont jaloux.

Les Romains avaient peu d'estime pour les adeptes des sciences occultes. On leur attribuait facilement les épidémies et les catastrophes. Tacite en a parlé souvent. *Annales*, ii, 27, 32; xii, 22; cf. *Hist.*, ii, 62. Au iii° siècle, Tertullien, s'appuyant sur le livre apocryphe d'Hénoch, dit que les fils de Dieu dont il est parlé dans Gen., v, sont les anges rebelles qui cohabitèrent avec les femmes et leur apprirent la sorcellerie, les enchantements, les formules magiques, l'art d'observer les étoiles, la fabrication des pierres précieuses et *les mystères des métaux*. *De idolatria*, ix, *De cultu feminarum*, ii, P. L., t. i, col. 671, 1328. Ces passages ont été étudiés par Berthelot, qui a fait ressortir les rapports de l'alchimie et des sciences occultes. On trouve un résumé de ses idées dans son livre, *Les origines de l'alchimie*, Paris, 1885, au chapitre ii, p. 9-19. Georges le Syncelle cite un passage d'un livre de Zosime où il est fait allusion à la même croyance. Clément d'Alexandrie en parle aussi dans ses *Stromates*, l. V. Dioclétien fit brûler les anciens livres de chimie des Égyptiens relatifs à l'or et à l'argent, afin qu'ils ne pussent s'enrichir par cet art. Le code théodosien, livre IX, titre xvi, prescrit de brûler les ouvrages des alchimistes en présence des évêques.

Les papyrus de Leyde peuvent être rattachés à cette période de l'alchimie. Ils ont été étudiés par Reuvens : *Lettres à M. Letronne sur les papyrus bilingues et grecs et sur quelques-uns des monuments gréco-égyptiens du musée d'antiquités de l'université de Leyde*, Leyde, 1830, et par Leemans, *Description raisonnée des monuments égyptiens du musée d'antiquités des Pays-Bas*, Leyde, 1840. Cf. *Papyri graeci musaei antiquarii publici Lugduni Batavi*, 1885. Ces textes montrent qu'il existait des relations entre l'alchimie et les doctrines gnostiques.

II. L'ALCHIMIE DANS LE MOYEN ÂGE ET LES TEMPS MODERNES. — L'alchimie se répandit en Égypte, en Syrie et en Perse et fut ensuite étudiée par les Arabes. C'est surtout par l'intermédiaire des Arabes d'Espagne, comme l'a montré Berthelot, que le moyen âge paraît avoir connu les doctrines alchimiques.

Les alchimistes de cette période sont très nombreux. Les plus célèbres, parmi ceux qu'on peut rattacher à l'histoire de l'Église, sont Albert le Grand, Vincent de Beauvais, Roger Bacon et Arnaud de Villeneuve. Leurs théories sont souvent obscures et il est peu probable qu'ils aient composé tous les ouvrages d'alchimie qu'on leur a attribués.

Les philosophes scolastiques se sont montrés favorables à l'alchimie, mais n'acceptent pas toutes les conclusions de cette science. Albert le Grand, dans son *Traité des minéraux*, dit que l'alchimie ne peut changer les espèces naturelles, mais peut en faire des imitations telles que les hommes s'y trompent. Saint Thomas, dans la *Somme théologique*, II° II°, quest. lxxvii, art. 2, traitant des ventes qui deviennent illicites, dit que, si l'or ou l'argent fait par les alchimistes n'a pas véritablement la nature de l'or et de l'argent, la vente est frauduleuse et injuste. Il ajoute que, si l'alchimie produisait de l'or véritable, il ne serait pas défendu de vendre cet or pour tel, parce que rien n'empêche d'avoir recours à des causes naturelles pour produire des effets naturels. Saint Thomas raisonne ici hypothétiquement, car dans *II Sent.*, dist. VII, q. III, a. 5, il ne paraît pas croire que les alchimistes aient cette puissance. Cependant, dans le traité de l'*Essence des minéraux*, il donne diverses formules alchimiques.

La plupart des alchimistes étaient de bonne foi et ont fait d'intéressantes découvertes. Mais l'histoire de la chimie montre qu'il y eut aussi parmi eux un certain nombre d'imposteurs. Ces imposteurs devinrent assez nombreux au xive siècle pour que le pape Jean XXII prit contre eux des mesures sévères. Vers 1317, il publia un décret qui se trouve dans les *Extravagantes commun.*, V, vi, et se résume ainsi : *Alchimiae hic prohibentur et puniuntur facientes et fieri procurantes, quoniam tantum de vero auro et argento debent inferre in publicum, ut pauperibus erogetur quantum de falso et adulterino posuerunt... Et si sint clerici, beneficiis habitis privantur et ad habenda inhabiles efficiuntur.* Le décret explique ensuite que les alchimistes trompent le peuple et se servent de l'or alchimique pour fabriquer de la fausse monnaie. Parmi les auteurs qui ont écrit sur l'histoire de la chimie, quelques-uns paraissent avoir ignoré ce document, d'autres, comme Hœfer, ne lui attribuent pas d'importance. Tout récemment, le docteur Whise dans son livre : *The history of the warfare of theology with science in christendom*, a voulu y voir une interdiction de se livrer à l'étude de la chimie qui aurait considérablement retardé les progrès de cette science. Il a été réfuté par le docteur Walsh, dans *The popes and the science*, New-York, 1908, p. 120-138, qui a montré dans Jean XXII un protecteur éclairé des sciences et des arts. On a attribué à ce pape un *De arte metallorum transmutatoria*, traduit en français en 1557. Il est peu vraisemblable qu'il en soit l'auteur.

Sanchez, *In decalog.*, ii, xlix, n. 51, prétend qu'on ne doit pas étudier l'alchimie, parce que c'est une science dangereuse pour le salut de l'âme. Cette sévérité s'explique peut-être par l'habitude qu'avaient beaucoup d'alchimistes de mêler des pratiques superstitieuses à leurs recherches scientifiques.

L'alchimie est de plus en plus délaissée dans les siècles suivants. Cette science se transforme et devient la chimie moderne. Elle redevient cependant à la mode dans les milieux occultistes vers la fin du xixe siècle. Ce n'est que dans ces dernières années qu'elle a été étudiée d'une manière vraiment scientifique par des savants de premier ordre, comme Ramsay. L'exposé de ces mouvements sortirait du cadre de cet article.

L'histoire de la chimie de Hœfer, 2 in-8°, Paris, 1842-1843, est un des meilleurs travaux français sur l'histoire de l'alchimie. Il doit être complété par les recherches plus récentes de Berthelot. — Berthelot et Ruelle, *Collection des anciens alchimistes grecs*, 3 in-4°, Paris, 1887; Berthelot, *La chimie au moyen âge*, 3 in-4°, Paris, 1893. — Kopp, *Geschichte der Alchemie*, Braunschweig, 1843-1847. — Schmieder, *Geschichte der Alchemie*, Halle, 1832. — Thomson, *History of chemistry*, Londres, 1830. — A. Fabricius, *Bibliotheca graeca*, Hambourg, 1724, surtout t. v, vi, viii, xii. — Idler, *Physici et medici graeci minores*, Berlin, 1841-1842. — J. Manget, *Bibliotheca chemica*, Paris, 1708. -- *Theatrum chemicum*, 6 in-8°, Strasbourg, 1657. — Ferraris, *Prompta bibliotheca*, Paris, 1866, t. i, col. 357-362. — A. Chéreau, dans *Dict. encyclop. des sciences médicales*, Paris, 1865, t. ii, p. 562-570. — Ulysse Chevalier, *Répertoire des sources historiques du moyen âge, Topo-bibliogr.*, col. 43-44.

J. CAVALIÉ.

ALCIACUM. Voir AUCHY-LES-MOINES, AUMALE.

1. ALCIATI (ANDREA), né à Alzate, près Côme, le 8 mai 1492, était le fils unique d'Ambrogio Alciati, ambassadeur de Milan à Venise, et de Margherita Landriana. Instruit à Milan, par Giano Parrasio, dans les lettres grecques et latines, il partit, à quinze ans, étudier le droit aux universités de Pavie et de Bologne, sous la direction de Giasone Maino et de Carlo Ruino. Il n'était encore qu'étudiant et âgé de vingt et un ans quand il annota, en quinze jours (comme il le dit dans sa préface), les trois derniers livres du code de Justinien (1513). L'année suivante, il était docteur. Baillet, dans ses *Jugements des savans sur les principaux ouvrages et auteurs*, 1685-1686, t. v, part. 1, n. 39, le met au nombre des « enfans célèbres par leurs études. » De retour à Milan, Andrea s'exerça dans la plaidoirie et, par un singulier privilège, fut admis dans le collège des jurisconsultes.

En toute sa carrière, Alciati fit preuve de beaucoup de talents, mais aussi d'une grande inconstance d'esprit et d'un excessif amour de l'argent. Ses paradoxes et ses *Dispunctiones* de 1517 le font choisir, l'année suivante, comme professeur à l'université d'Avignon, avec un traitement de 500 écus, bientôt augmenté de cent autres. Sept cents auditeurs, puis huit cents, suivent attentivement ses leçons. Érasme vante alors (1521) son *eruditionem pro modo aetatis pene incredibilem et mores niveos omnibusque gratiis refertos. Erasmi epistolae*, t. i, ep. dc. Léon X, dont dépend sa chaire d'Avignon, le nomme comte palatin du Latran. Mais voici que la ville, endettée par la peste, ne le peut plus payer; il la quitte et revient à Milan (1521), pour y reprendre la profession d'avocat. Ses concitoyens lui offrent une charge municipale pour l'approvisionnement de la cité; par crainte d'interrompre ses études, il la refuse. Bientôt, il regrette son enseignement lucratif de la jurisprudence, et il écrit de tous côtés à ses amis, pour qu'ils lui procurent une chaire à Padoue, ou à Pise, ou à Ferrare, ou à Bologne, ou même à Avignon. C'est en vain. Chassé par les guerres qui ravagent la Lombardie et n'épargnent même pas les domaines, il se réfugie dans la ville pontificale d'Avignon; on l'y trouve en octobre 1528, car Sadolet écrit à Lazaro Buonamici : *quamquam Avenione est Alciatus vir omnis cultissimus doctrinae mihique amicissimus* (J. Sadoleti *epistolae*, Rome, 1760, p. 242); mais il ne semble pas qu'à cette époque il y ait enseigné. A la fin de 1528, il accepte, pour deux ans, la chaire de jurisprudence à l'université de Bourges, moyennant les honoraires de 600 écus. Le dauphin prit place un jour parmi ses auditeurs et lui fit présent d'une médaille d'or de 400 écus. François Ier assista aussi à l'un de ses cours, et Alciati lui improvisa un compliment qui est dans ses œuvres. Durant cette période de son enseignement, Andrea, dit-on, mit en usage la méthode simultanée de vive voix et par écrit. En 1532, grâce aux démarches de son ami Bembo, l'université de Padoue lui ouvre ses portes; mais, pour une question de traitement, il refuse de s'y rendre. Bembo, *Epistolae familiares*, l. V, ep. xxix, xxx. Le juriste Corti redoutait sa nomination et avait tout fait pour l'empêcher : « Il préférerait le diable à Alciati, écrit Bembo en février 1533, persuadé que son arrivée le laisserait sans élève... » Bembo, *Lettere a Giammateo Bembo*, let. ccii.

A la fin de 1532, Alciati quitte Bourges, après un échange d'épigrammes entre lui et les habitants de la ville. Il retourne à Milan, dont le duc, Francesco Sforza, le fait sénateur; et il est nommé professeur à Pavie, avec le traitement extraordinaire de 1500 écus. Bembo l'aurait voulu attirer à Padoue, mais l'envie des autres professeurs ne le permit point. D'ailleurs, l'inconstant Alciati ne pouvait longtemps se fixer. Sous prétexte de l'inclémence du ciel, il échange Pavie contre Bologne, où il succède à Paolo Parisio, dans la chaire universitaire de jurisprudence. Au bout de quatre années, il retourne à Pavie; mais la guerre l'en chasse

(1543) et il accepte l'invitation d'Ercole, duc de Ferrare, qui lui offre le même traitement qu'à Bologne et à Pavie. Avec lui, l'université ferraraise devient célèbre, de même qu'à son départ, elle perdra son renom. Paul III, dans un voyage à Ferrare, combla d'honneurs Alciati et voulut l'attirer à Rome par l'espoir de grandes dignités; mais à la chance incertaine de la pourpre, Andrea préféra la profession lucrative de juriste (Alciati à Paolo Giovio, 7 octobre 1549, au commencement du volume des *Histoires* de Giovio), et il se contenta du titre de protonotaire apostolique. Mécontent, paraît-il, des critiques qu'on lui faisait sur l'explication de certains mots latins, il retourna, en 1546, à Pavie, où les études universitaires venaient d'être restaurées. Bien que Charles-Quint cherchât à le retenir par des honneurs et des titres, Alciati n'y serait probablement point resté, si la mort ne l'avait surpris, le 12 janvier 1550. Il mourut des suites d'une indigestion, « car, nous disent ses biographes, il ne fut pas moins avide de la bonne chère que de l'argent. »

Il pensa d'abord laisser sa fortune à un collège de Pavie; mais quelques élèves l'ayant tourné en dérision, il la légua à son parent Francesco Alciati, jeune homme plein de talents, dont il fit l'éducation, et qui devint plus tard cardinal. Un fils qu'il avait eu, selon Cardano, était mort avant lui. Alciati fut enterré à S. Epifanio de Pavie, où se lit cette épitaphe :

Andreæ Alciato Mediol. J. C. com. proth. Apost.
Cæs. Que senator. Qui omnium doctrinarum
Orbem absolvit. Primus legum studia antiquo
Restituit decori. Vixit ann. LVII, mens. VIII, dies III.
Obiit pridie idus januarii M. D. L.
Franciscus Alciatus J. C. H. B. M. P. P.

La science d'Alciati et sa méthode d'enseignement méritèrent les éloges des plus illustres écrivains de son temps. Érasme lui applique l'éloge de Cicéron à Q. Scævola et à M. Crassus; et il l'appelle *unicum hujus aetatis miraculum ac studiorum delicium*. Giglio Giraldi ajoute qu'il fut *polyhistor, bonusque poeta*. *De poetis nostrorum temporum*, Dialog. II, p. 419. Baldassare Bonifazio (*Illustrium scriptorum elogia*, c. 11) le dit *jurisconsultorum et criticorum suo saeculo principem*. Cependant, comme à tout homme de talent, les critiques ne lui manquèrent point. Étienne Pasquier, l'ayant entendu deux ou trois fois à Pavie, ainsi que Mariano Soccino à Bologne, remarque que les élèves tenaient plus compte de ce dernier et que les avocats recouraient davantage à lui qu'à Alciati. *Les recherches de la France*, Paris, 1655, l. IX, c. XXXIX. Girolamo Maggi prétend que, pour s'être trop adonné aux belles-lettres, Andrea s'éloigna de la vraie connaissance du droit (Teissier, *Éloge des hommes savans*, t. I, p. 34); et Bartolommeo Ricci soutient qu'il comprit mal le sens de certains mots latins. *In quasdam Andreae Alciati latinas voces ab eo male perceptas*, t. III des œuvres de Ricci, Padoue, 1748. Alberico Gentile, bien qu'il reconnaisse Alciati *omnium recentiorum longe doctissimum*, blâme en partie sa méthode d'enseignement. *De juris interpretibus*, Dialog. V, Leipzig, 1721, p. 636, cf. p. 540.

Tous avouent qu'il fut le premier à introduire le goût et l'ordre dans la science du droit, et aussi bien en France et en Allemagne que en Italie. Il la restitua dans sa dignité première, la délivra de la barbarie où elle était enfouie, pour faire connaître au monde lettré les beautés de la jurisprudence romaine. Doujat (*Praenotationes canonicae*, édit. Venise, 1762, l. V, c. VIII, p. 428) écrit qu' « après Guillaume Budée, ou en même temps que lui, Alciati commença à éclairer de la lumière des lettres grecques et latines la jurisprudence jusque-là enveloppée dans les langes d'un enseignement barbare, à la ramener aux vraies sources et à lui rendre sa splendeur première; il fut *inter juris interpretes doctissimus, inter doctissimos juris consultissimus*. « Un amas désordonné de citations, dit Tiraboschi, une répétition inutile de choses mille fois dites, un fréquent abus des spéculations scolastiques, tel était le fond des livres de droit; à cela s'ajoutait un style barbare et confus, qui rendait plus obscur encore ce qui l'était déjà. Le grand Alciati, le premier, éclaira ces ténèbres, avec le flambeau de la critique et de l'érudition; le premier, il apprit aux légistes à écrire avec ordre et précision... Les jurisconsultes jusqu'ici n'avaient été que de simples jurisconsultes; le nombre incalculable des lois et celui plus grand encore de leurs commentaires les accablaient à tel point qu'il leur était impossible d'appliquer à autre chose leur pensée. Personne n'avait encore osé se servir de l'histoire, de la critique, de l'antiquité, de la linguistique et des autres formes de la littérature pour éclairer les lois, qui gisaient dans l'obscurité et la barbarie où l'ignorance de tant de siècles les avaient ensevelies. Alciati fut le premier qui étudia presque chaque branche de la littérature sérieuse et agréable, pour donner à la jurisprudence un aspect complètement nouveau; il la débarrassa des subtilités scolastiques et l'éclaira d'une vaste et universelle érudition. La connaissance du grec, du latin, de l'épigraphie, des auteurs classiques, de l'histoire grecque et romaine, lui fit pénétrer profondément l'esprit des lois, lui révéla les graves erreurs où étaient jusqu'ici tombés leurs interprètes, lui découvrit la sagesse et la majesté de la jurisprudence romaine; elle montra que l'étude du droit, considérée auparavant comme le propre d'hommes laborieux et d'esprits je dirai pédantesques, pouvait encore retenir l'intelligence pénétrante d'un profond philosophe. »

Le savoir d'Alciati et les éloges lui tournèrent quelque peu la tête. *Scribitur ad me*, écrit-il à Francesco Calvi en 1520, *undique gentium, ab Anglis, Saxonibus, Belgis, Pannonibus, ut nullo non loco reperiatur qui, vel ex scriptis, vel ex doctissimorum relatione, Alciatum non agnoscat. Dedit ad me nuper literas Joannes Cuspinianus in Austria senatus praeses, dedit Claudius Melensis ex Basilea, dedere caeteri docti*, etc.

Une nomenclature des écrits d'Alciati serait fort longue; on en trouvera le catalogue dans l'édition de 1617 de ses œuvres et à la fin de l'article de Mazzuchelli. La plupart concernent le droit. Toutefois, l'esprit curieux et largement ouvert d'Alciati lui fit aborder nombre d'autres sujets : ainsi, les emplois des magistrats et des officiers romains; les poids, les mesures et les monnaies chez les anciens; la langue et la poésie latines; le duel, *De singulari certamine liber*, 1543; *Consilium in materia duelli*; la description figurée des vertus et des vices. *Emblemata*, Augsbourg, 1531. Le grand nombre d'éditions, de traductions et de commentaires de cet ouvrage on indique assez le succès; il fit école. Alciati annota l'histoire de Tacite, les lettres familières de Cicéron, et traduisit quelques épigrammes de l'anthologie grecque. D'anciennes inscriptions de Milan furent par lui recueillies : *Thesaurus antiquitatum et historiarum Italiae, mari Ligustico et Alpibus vicinae*, Leyde, 1704; il s'en servit pour faire une histoire de Milan en quatre livres, depuis la fondation de cette ville jusqu'à Valentinien, œuvre de proportions modestes, mais une des premières où l'on ait appuyé l'histoire sur des documents authentiques de l'antiquité : *Historiae Mediolanensis libri IV usque ad Valentinianum I imperatorem perducti ex mss. editi*, Milan, 1625. Alciatis'occupa même de poésie : on trouve plusieurs pièces en vers latins de sa composition, dans le recueil de Gruter, *Deliciae Italorum poetarum*. Peu de ses écrits intéressent la science ecclésiastique; cependant on peut citer ses *Commentaria in aliquot titulos decreta-*

lium, Spire, 1598; son *Judiciarii processus compendium atque adeo utriusque juris praxis*, Cologne, 1563; son *Epistola contra vitam monasticam ad Bernardum Mattium*, Leyde, 1695, dédiée à l'un de ses collègues qui, à l'improviste, entra dans l'ordre des franciscains; il ne la destinait pas au public, à cause de son attaque un peu vive des abus de la vie monastique, et il craignait qu'Érasme ne la publiât. Il écrivit aussi sur la Trinité (*D. Andreae Alciati ad rescripta principum commentarii, de summa Trinitate, sacrosanc. Eccl. aedendo, in jus vocando, pactis, transactionibus*, Lyon, 1532, 1536) et composa, paraît-il, un ouvrage d'apologétique qu'il n'édita pas. La plupart de ses œuvres furent imprimées à Lyon, chez Pierre Fradin, en 6 volumes, 1560, à Bâle, 1571 (6 vol.) et 1582 (4 vol.), à Strasbourg, 1616 (4 vol.), à Francfort, 1617 (4 vol.). Beaucoup encore restèrent manuscrites; Mazzuchelli les énumère.

Outre la *Vita d'Alciati*, dans les *Opera omnia* de Girolamo Cardano, Lyon, 1663, consulter *Oratio funebris funere D. Andreae Alciati et ab Alex. Grimaldo Antipolitano habita Ticini, in aede cathedrali ad ix cal. februarii 1550*, Pavie, 1550. — Bembo, *Lettere di XIII huomini illustri*, 1560. — P. Argelati, *Bibliotheca scriptorum Mediolanensium*, Milan, 1745, t. I, part. 2, p. 22 sq. — G. Ghilini, *Theatro d'uomini letterati aperto dall' abbate G. G.*, Venise, 1647, t. I, p. 10 sq. — Lorenzo Crasso, *Istoria de poeti Greci*, Naples, 1678, p. 32. — Isaac Bullart, *Académie des sciences et des arts, contenant les vies et les éloges des hommes illustres*, Bruxelles, 1682, t. I, p. 216. — Teissier, *Éloges des hommes illustres*, Genève, 1683, t. II, p. 395 sq.; *Additions aux Éloges*, t. I, p. 34 sq. — P. Freher, *Theatrum virorum eruditorum clarorum, in quo vitae et scripta theologorum... tam in Germania... quam in aliis Europae regionibus... a seculis aliquot ad haec usque tempora florentium... repraesentantur*, Nuremberg, 1688, t. I, p. 826 sq. — Thomas Pope Blount, *Censura celebriorum authorum, sive tractatus in quo varia virorum doctorum de clarissimis cujusque seculi scriptoribus judicia traduntur*, Londres, 1690, p. 587. — Burmann, *M. Gudii et doctorum virorum ad eum epistolae. Quibus accedunt ex bibliotheca Gudiana clarissimorum... virorum... et G. Sarravii epistolae, etc.*, Utrecht, 1697. — J. V. Gravina, *Originum juris civilis libri III*, Naples, 1701-1713 (Paris, 1735, sous le titre d'*Esprit des lois romaines*), l. I, n. 110. — G. Panziroli, *De claris legum interpretibus libri quatuor*, Leipzig, 1721, l. II, c.clxix. — Niceron, *Mémoires pour servir à l'histoire des hommes illusires de la république des lettres, avec un catalogue raisonné de leurs ouvrages*, 1729-1749, t. xxxiii, p. 312. — J. Gruter, *A. Alciati tractatus contra vitam monasticam cui accedit sylloge epistolarum nimirum A. Alciati... J. Gruteri, etc.*, 1740. — Bayle, *Dictionnaire historique et critique*, Amsterdam, 1734, t. I, p. 199-204. — Mazzuchelli, *Gli scrittori d'Italia, cioè notizie storiche e critiche intorno alle vite ed agli scritti dei letterati italiani*, Brescia, 1753-1763, t. I, p. 354-372. — G. Tiraboschi, *Storia della letteratura italiana*, Naples, 1777-1786, t. vi, part.1, p. 428; t. vii, part. 1, p. 95, 205; t. vii, part. 2, p. 91 sq., 94 sq., 100-104, 175. — H. Green, *A. Alciati and his books of Emblems*, Londres, 1872. — F. v. Schulte, *Die Geschichte der Quellen und Literatur des kanonischen Rechts*, Stuttgart, 1875-1880, t. iii, p. 448. — Hurter, *Nomenclator literarius theologiae catholicae*, Innsbrück, 1906, t. ii, col. 1550.

G. Constant.

2. ALCIATI (Benedetto), appelé encore de Alzate, peut-être parce qu'il était originaire de cette localité du Milanais. Fils de Jean Alciati, il entra dans l'ordre des humiliés, devint « précepteur » de la maison de Mirasogli, à Milan, et fut élu, en 1321, maître général de l'ordre, à la place de Giacomo Lemine, qui s'était peut-être démis de ses fonctions à la suite du chapitre tenu cette même année. Cette assemblée avait décidé, en effet, que les généraux de l'ordre ne resteraient que trois ans en charge, sauf réélection. Benedetto conserva pourtant le généralat jusqu'à sa mort, survenue en 1330. Jean XXII s'était réservé l'élection de son successeur; mais les frères, usant de leur droit traditionnel comme si de rien n'était, élurent Guglielmo Faba. Ils se ravisèrent ensuite et leur élu ayant démissionné, Benoît XII leur accorda de procéder à une nouvelle élection (15 juillet 1338), qui porta au pouvoir Giacomo, précepteur de la maison de Galgaro, à Bergame. Au chapitre général qu'il avait présidé dans cette même maison, en 1332, Benedetto Alciati avait ratifié et promulgué de nouvelles constitutions pour l'ordre des humiliés.

Argelati, *Bibliotheca scriptorum Mediolanensium*, Milan, 1745, t. i, 2ᵉ part., p. 28. — Mazzuchelli, *Gli scrittori d'Italia*, Brescia, 1753, t. I, p. 557. — Tiraboschi, *Vetera humiliatorum monumenta*, Milan, 1766-1768, t. i, p. 115-116, 280-281; texte des constitutions de 1332 : t. iii, p. 155-160. — J.-M. Vidal, *Benoît XII, Lettres communes*, Paris, 1903-1911, n. 6315, 6556.

J.-M. Vidal.

3. ALCIATI (Francesco), cardinal (1522-1580), né à Milan, appartenait à la famille du fameux jurisconsulte André Alciati (col. 17), dont il fut l'élève et l'héritier; il acheva la publication de ses œuvres, et lui succéda dans sa chaire de droit à l'université de Pavie (1550). Il y eut pour élève saint Charles Borromée, qui l'appela à Rome, lorsqu'il y eut rejoint son oncle, le pape Pie IV (1559). Celui-ci fit sa fortune et le nomma dataire de la chancellerie apostolique à la place de son compatriote Lodovico Simoneta, promu cardinal en 1561. Il lui donna en même temps l'évêché de Civitate, dans la province ecclésiastique de Bénévent, qu'il retint jusqu'à sa suppression en 1580, sans jamais le visiter du reste. En 1564, il suppléa pendant quelques mois le camerlingue de l'Église romaine, le neveu de Paul III, Guid' Antonio Sforza, cardinal de Santa Fiore. Enfin il fut revêtu de la pourpre, le 12 mars 1565. Suppléant également à la Pénitencerie de saint Charles Borromée, parti pour Milan, il fut nommé pro-pénitencier (1566), fonction qu'il remplit pendant toute la période de réorganisation de la Pénitencerie, jusqu'à la nomination du grand-pénitencier Aldobrandini, en 1572. Il fut protecteur de plusieurs ordres religieux, franciscains, chartreux, etc. Pie V l'employa dans divers services curiaux, qui s'érigeaient alors en congrégations, au Saint-Office comme inquisiteur, au Concile, aux Évêques et Réguliers. Il se fit remarquer en tout par sa science du droit et ses qualités d'esprit développées dans une longue pratique des lettres et des études classiques. Il fut en un mot, il fut une des lumières du Sacré-Collège, l'oracle de la curie et du Saint-Siège. Des lettrés comme Pietro Vettori et Marc-Antoine Muret firent son éloge : celui-ci l'appelle *l'ornement de son siècle et le soutien des gens de lettres*. Il a laissé quelques œuvres inédites, traités et consultations juridiques, discours, lettres, etc.

Ciaconius-Oldoinus, *Vitae et res gestae pontificum romanorum et S. R. E. cardinalium*, Rome, 1667, t. iii, col. 972-973; avec plusieurs éloges du personnage. — Moroni, *Dizionario di erudizione storico-ecclesiastica*, passim. — Mazzuchelli, *Gli scrittori d'Italia*, t. i, p. 372-373.

P. Richard.

4. ALCIATI (Francesco). Né à Verceil, d'une grande famille de cette ville, il fut préconisé, le 1ᵉʳ octobre 1817, évêque de Casal, diocèse qui venait de passer de la province ecclésiastique de Turin à celle de Verceil, et mourut le 28 octobre 1828.

Bima, *Serie cronologica dei vescovi degli Stati Sardi*, Turin, 1842, p. 174. — Cappelletti, *Le Chiese d'Italia*, t. xiv, p. 590. — Manno, *Bibliografia storica degli Stati della casa di Savoia*, t. iv, n. 15206, 15224-15233 (où sont énumérés plusieurs opuscules sur son décès ainsi que vie épiscopale et sur sa mort); t. v, n. 21236; t. vii, p. 13.

J. Fraikin.

5. ALCIATI ou **ALCIAT** (Jean-Paul), partisan et propagateur des doctrines antitrinitaires et sociniennes, né à Milan d'une famille noble, dans les premières années du xviᵉ siècle, mort à Dantzig en 1565. Il appartient à ce groupe assez nombreux d'Italiens qui, à cette époque, abandonnèrent le catholicisme pour accepter la Réforme, mais en tirant les conséquences extrêmes du principe de libre examen. Il fut même, avec Lelio Socin, des quarante qui, si l'on en croit une légende loin d'être prouvée, auraient fondé à Vicence, en 1546, une sorte d'académie rationaliste, socinienne avant le socinianisme. Cf. Trechsel, *Die protestantischen Antitrinitarier vor Socin*, t. II, p. 391-408. Ce qu'il y a de certain, c'est qu'il fut, dans la Genève de Calvin, l'un des membres importants de la colonie protestante constituée par les réfugiés italiens. Cette colonie partageait un temple à part avec les réfugiés anglais; elle avait son pasteur propre (c'était, vers 1558, Lactantio Ragnoni), et aussi ses doctrines : on y discutait tout haut, pour arriver à les nier, la Trinité, la consubstantialité du Verbe et la divinité de Jésus. Avec Alciati se signalaient le médecin Blandrata, l'avocat Gribaldo et Valentin Gentilis. Les Conseils de Genève s'émurent; ils chargèrent Calvin de rédiger une sorte de formulaire de foi que dut signer le consistoire de l'Église italienne (18 mai 1558). Cf. Calvin, *Tract. theol.* ou *Opera*, t. VIII : *ad quaestiones Georgii Blandratae responsum Joannis Calvini*; Roget, *Histoire du peuple de Genève depuis la Réforme jusqu'à l'Escalade*, Genève, 1870-1882; E. Choisy, *La théocratie à Genève au temps de Calvin*, Genève, 1901. Malgré cela, l'emprisonnement de Gentilis et des menaces, sans parler du souvenir toujours présent de Servet, achevèrent de convaincre Alciati qu'il n'était pas bon d'être soupçonné d'hérésie dans la cité de Calvin et il s'enfuit de Genève en 1559, avec Blandrata. Tous deux gagnèrent la Pologne, où Lelio Socin venait de faire un court séjour, où des idées semblables aux leurs étaient soutenues depuis plus de vingt ans par un autre transfuge italien, Stancari, et où Sigismond II se montrait accueillant. Ils achevèrent d'y troubler les esprits. Calvin averti crut devoir en écrire aux protestants de Pologne deux lettres sous ce titre : *Brevis admonitus Joannis Calvini ad fratres Polonos, ne triplicem in Deo essentiam pro tribus personis imaginando tres sibi Deos fabricent*, 24 p. in-8°, Gennae, MDLXIII, et *Epistolae Joannis Calvini quae fidem admonitionis ab eo nuper editae apud Polonos confirmat*, 14 p. in-8°, Gennae, MDLXIII. Alciati ne mourut pas en Pologne cependant. Le bruit courut qu'après un séjour en Moravie, il était allé en Turquie et qu'il y était mort musulman; en réalité, il mourut à Dantzig, fidèle à ses idées sociniennes, en 1565. Calvin et Bèze ont dit de lui qu'il était « fou à lier ».

En dehors des ouvrages indiqués, Th. de Bèze, *Vie de J. Calvin*, Genève, 1563. — Sandius, *Bibliotheca antitrinitariorum...*, Freistadt (Amsterdam), 1684. — St. Lubienencis, *Historia Reformationis Poloniae*, Amsterdam, 1685. — Maimbourg, *Histoire de l'arianisme*, Amsterdam, 1682, t. II-III. — Bayle, *Dictionnaire*, Amsterdam, 1734, t. I, p. 204-206; t. II, p. 6-10. — Cantu, *Les hérétiques d'Italie*, Paris, 1870, t. III, p. 385 sq. — Réville, *Histoire du dogme de la divinité de J.-C.*, Paris, 1876. — H. Fasy, *Procès de Valentin Gentilis...*, Genève, 1888. — Vigouroux, *Les Livres saints et la critique rationaliste*, Paris, 1901, t. I.

C. CONSTANTIN.

G. ALCIATI (TERENZIO), jésuite italien, théologien et historien, d'une illustre famille originaire de Milan, naquit à Rome le 15 novembre 1570; il mourut dans la même ville, d'une attaque d'apoplexie, le 12 novembre 1651. Après cinq années consacrées à l'étude du droit, il entra dans la Compagnie de Jésus le 9 mars 1591, enseigna cinq ans la philosophie, dix-sept ans la théologie au collège romain, où il remplit aussi durant treize ans les fonctions de préfet des études. Il fut ensuite recteur de la Pénitencerie vaticane et vice-supérieur de la maison professe; il était, à sa mort, vice-provincial de Rome. Sa vaste érudition en tout genre lui avait concilié l'estime des cardinaux et des prélats. Urbain VIII disait publiquement que le P. Alciati était digne du cardinalat : il le nomma qualificateur du Saint-Office, consulteur de la congrégation des Rites, et lui confia de bonne heure le soin d'écrire l'histoire officielle du concile de Trente, en vue de réfuter surtout les calomnies de Fra Paolo Sarpi. D'après une lettre de Peiresc, du 8 décembre 1627, Alciati avait déjà, à cette date, « faict voir au pape quelques chappitres qui furent trouvez bons. » Mais une rigueur de documentation peut-être exagérée l'amena à laisser son œuvre inachevée, et les nombreux matériaux qu'il avait amassés furent utilisés par le P. Sforza Pallavicini. Alciati traduisit en italien, sous le pseudonyme d'*Erminio Tacito*, la vie de Pierre Lefèvre écrite en latin par le P. Nicolò Orlandini : *Vita del P. Pietro Fabro della Compagnia di Giesù*, in-8°, Rome, 1629; in-24, Bologne, s. a. On a encore de lui une *Oratio in morte Christi Domini*, prononcée en 1602, devant Clément VIII, et une poésie latine pour les noces de Taddeo Barberini et d'Anna Colonna. Il a laissé, entre autres manuscrits, des cours de théologie et des *Responsiones et adnotationes in Martyrologium romanum*, conservés à la bibliothèque Angelica, à Rome.

Peiresc, *Lettres aux frères Dupuy*, publiées par Tamizey de Larroque, Paris, 1888, t. I, p. 436. — Pallavicini, *Istoria del concilio di Trento*, Rome, 1656, t. I, *Introduzione*, c. V, p. 14-15. — Sotwel, *Biblioth. scriptorum S. I.*, Rome, 1676, p. 754. — Bayle, *Dictionnaire historique et critique*, Paris, 1820, t. I, p. 393-394. — Sommervogel, *Bibliothèque S. J.*, Bruxelles, 1890, t. I, col. 147-148; 1898, t. VIII, col. 1001.

E.-M. RIVIÈRE.

ALCIATOR. Martyr africain de date et de ville inconnues. Il se trouve réuni à plusieurs autres, dans le Martyrologe hiéronymien, au IX des calendes de mars (21 février). Un ms. divise le nom et mentionne, à tort sans doute, dans la liste de ces personnages, deux saints (*Alti, Atoris*) au lieu d'un (*Alciatoris* ou *Altiatoris*).

Acta sanctorum, 1658, feb. t. III, p. 243. — *Martyrologium hieronymianum*, édit. De Rossi et Duchesne, p. 23.

Aug. AUDOLLENT.

ALCIBIADE. Martyr lyonnais cité par Eusèbe, *Hist. eccl.*, V, III, 2, P. G., t. XX, col. 436-437. Eusèbe rapporte à son propos un passage de la fameuse lettre des Églises de Vienne et de Lyon aux Églises d'Asie et de Phrygie relative à la persécution qui sévit à Lyon en 177 : « Alcibiade, l'un des martyrs, menait un genre de vie tout à fait grossier ($\pi\acute{\alpha}\nu\upsilon$ $\alpha\dot{\upsilon}\chi\mu\eta\rho\acute{o}\nu$). Il ne prenait absolument que du pain et de l'eau. Il essaya de continuer ce régime en prison. Mais il fut révélé à Attale, après la première lutte qu'il soutint dans l'amphithéâtre, qu'Alcibiade avait tort de ne pas user des biens de Dieu, et qu'il laissait derrière soi pour les autres une pierre de scandale. Alcibiade se laissa persuader; il accepta désormais de tous les mets sans distinction, et il rendait grâces à Dieu. » — Ces abstinences décèlent-elles chez Alcibiade un montaniste, comme on l'a parfois prétendu? Rien n'est moins prouvé. L'ascétisme n'est pas nécessairement du montanisme. Au surplus, Alcibiade n'est nullement représenté comme un « sectaire ». Un mot d'Attale, éclairé par la vision dont il a bénéficié, le décide à renoncer aux habitudes qu'il a contractées, croyant bien faire.

P. DE LABRIOLLE.

ALCIMUS. Voir AVIT (Saint).

ALCINA, ALZINA (FRANCISCO IGNACIO DE), jésuite aragonais, missionnaire, naquit à Gandie en 1610, entra au noviciat en 1624, et partit de Saragosse pour la mission des Philippines le 19 avril 1631, mais il n'arriva à Manille que le 26 mai de l'année suivante. Il gouverna les collèges de Palapag et de Zebù. Après trente-cinq années consacrées à l'évangélisation des Bisayas, il mourut le 30 juillet 1674, au collège de Manille. Il traduisit en langue bisaya, en le complétant, un manuel pour la confession publié en espagnol par le P. Jerónimo López sous le nom de son supérieur, Cristóbal de Vega : *Casos raros de la comfession* (sic), *e instruccion para bien morir. En IIII libros. Los tres primeros transsuptados de otros dos que vinieron impressos en lengua Castellana... El quarto añadido*, in-4°, Manille, 1673, avec le bisaya imprimé au verso : *Susvgirvn nga tinalagsa nga pagtigamanan ta*, etc. Il composa encore : *Manual de devocion, y exercicios cristianos (en lengua bisaya) para instruccion de los Hermanos Bisayas congregantes de las congregaciones de la Virgen Maria señora nuestra*, réimprimé à Manille, in-4°, 1703, sur papier de Chine; la 1re édition est de 1661. Son *Historia natural del sitio, fertilidad y calidad de las Islas, e Indios de Bisayas. Año 1668*, est restée manuscrite. Quant au *Libro de los Novissimos* en langue bisaya, dont parle Sommervogel, il n'est autre, sans aucun doute, que l'*Arte para bien morir*, qui forme le 4e livre des *Casos raros* ajouté par Alcina à l'ouvrage de López.

Murillo Velarde, *Historia de la provincia de Philipinas de la Compañia de Jesus*, Manille, 1749, fol. 174 v°, 353 v°. — Medina, *La imprenta en Manila*, Santiago de Chile, 1896, n. 125; *Bibliografia Española de las islas Filipinas*, 1897-1898, n. 178, 186. — Sommervogel, *Bibliothèque S. J.*, Bruxelles, 1890, t. I, col. 260; 1898, t. VIII, col. 1622. — Uriarte, *Obras anónimas y seudónimas S. I.*, Madrid, 1906, n. 3820, avec la note du n. 3822.

E.-M. RIVIÈRE.

1. ALCMOND (Saint), † 800 ? Fils d'Alhred (765-774) et frère d'Osred (788-790), rois de Northumbrie, Alcmond suivit son père dans son exil en Écosse. Selon les uns, ce saint fut assassiné, en 800, sur l'ordre du roi Eardulphe. Selon d'autres, ayant pris part avec un des gouverneurs de la Mercie à la guerre contre les West Saxons, il tomba sur le champ de bataille. Son corps fut enterré à Lilleshall ou à Whitminster (Album Monasterium), dans le Shropshire, puis transféré à Derby, où il attirait des pèlerins. Fête le 19 mars.

Acta sanctor., 1668, mart. t. III, p. 47-49. — R. Stanton, *A menology of England and Wales*, Londres, 1887, p. 124-125.

A. TAYLOR.

2. ALCMOND (Saint), évêque de Hexham (Angleterre). Consacré évêque en 767, Alcmond mourut en 781 et fut enterré hors de sa cathédrale. En 1032, ses reliques furent transférées à l'intérieur de l'église. Pour les curieuses légendes à propos de cette translation, voir Siméon de Durham, dans *Symeonis Monachi Opera omnia, Historia regum*, § 51-52; éd. F. Arnold, *Rolls series*, Londres, 1885, p. 47-50; et une relation anonyme dans Mabillon, *Acta sanctor. ordinis S. Benedicti*, sacc. III, pars I, Paris, 1672, p. 228-232. Fête le 4 septembre.

Acta sanctor., 1750, sept. t. III, p. 112-128.

A. TAYLOR.

ALCOBAÇA, célèbre abbaye cistercienne située en Portugal, au diocèse de Lisbonne, à cinq milles de Leiria et à deux milles de l'Océan. Ce monastère fut fondé, l'année même de la prise de Santarem, par Alphonse Henriquez, premier roi de Portugal, en 1147. Les moines furent envoyés de Clairvaux par saint Bernard, sous la conduite de Roland; c'est d'eux qu'il est probablement question dans une lettre du saint au roi (*Bernard. Epist.*, CCCVIII, *P. L.*, t. CLXXXII, col. 312); et la lettre, qui paraît bien authentique, est de cette époque, semble-t-il. Cf. Jaffé-Loewenfeld, *Regesta pontif. roman.*, 1888, t. II, p. 56, n. 9255. Les moines s'établirent au confluent de deux rivières, l'Alcoa, dont ils détournèrent le cours pour capter une partie des eaux, et la Baça : de là viendrait, dit-on, le nom de l'abbaye. Ils contruisirent le premier monastère, qui fut terminé en 1152, et dont l'église porta plus tard le nom de Santa Maria a Velha. En 1153, le roi donna le diplôme solennel de fondation, par lequel il assura au monastère, avec les terres conquises sur les Maures, une dotation royale. Cette générosité fut due en partie, croit-on, à l'intervention de son frère Pierre-Alphonse, plus tard premier grand-maître d'Avis, qui mourut religieux à Alcobaça. Manrique, *Annal. cist.*, t. II, p. 84, 413.

En 1195, les Sarrasins s'emparèrent de l'abbaye qu'ils rasèrent et mirent à mort la plupart de ses habitants. L'abbé Fernando Mendez reconstruisit le monastère sur un plan plus vaste, à l'endroit qu'il occupe encore aujourd'hui. La nouvelle église fut consacrée en 1222. Les moines n'avaient pas attendu ce temps pour mettre en valeur et pour peupler le vaste territoire qui leur avait été donné. Ils créèrent des centres de population dans lesquels ils attirèrent et retinrent les habitants par des chartes de coutumes aux dispositions très libérales. L'abbé Pedro Egas donne, en 1230, la charte ou foral d'Aljubarrota ; ses successeurs accordent des chartes semblables aux autres villas ; Pedro Gonçalves à Cós, en 1241 ; Estevam II Martins à Pederneira, de 1276 à 1283 ; Pedro IV Nunes, en 1304, à Turquel, à Maiorga et à San Martinho ; Joâo Martins, en 1342, à Alfeizarão et à Santa Catharina ; et Martinho II, en 1285 et 1286, à Évora et à Cella nova. Les chapelles des granges, dès que les privilèges et les statuts de l'ordre le permirent, assurèrent le service religieux, et furent remplacées par des paroisses ; quelques-unes de ces dernières étaient très anciennes : l'église de Pederneira existait en 1224 ; l'abbé Fernando Annes fit démembrer, en 1218, la paroisse d'Alcobaça et construire les églises d'Alvorninha, Aljubarrota et Cós.

Les granges des moines et leurs ateliers étaient autant d'écoles d'agriculture et de métiers. En outre, à Vallado, il y avait une école d'agriculture qui dura jusqu'à la suppression de l'abbaye ; Vestiaria avait une fabrique de drap. Les documents les plus authentiques établissent que le développement de l'agriculture dans ce district, un des plus riches du Portugal, est dû à l'abbaye. A Ferrarias, les moines faisaient fabriquer les armes et les harnais pour les seize chevaux que l'abbé devait fournir au roi tous les ans. Les premières forges étaient situées à Aguas Bellas et à Quinta de Ferraria : des deux établissements sortait le fer nécessaire au monastère et à ses vassaux, et le minerai était extrait au même lieu sous la direction des moines. Les abbés d'Alcobaça firent venir de l'étranger des ouvriers pour enseigner à leurs colons les procédés d'extraction du minerai, la manière de le traiter et le travail des métaux ; ils furent les premiers en Portugal à se livrer à cette industrie. Vieira Nativitade, *O mosteiro de Alcobaça*, p. 33, 40. La première pharmacie de Portugal fut encore celle de l'abbaye. Elle fut établie par un Français, frère Jean, qui prit l'habit de convers à Alcobaça, âgé de quarante ans. Il fit profession en 1429 et mourut en odeur de sainteté en 1484, après cinquante-six ans de vie religieuse. La pharmacie était célèbre par le nombre et la qualité de ses médicaments. Vieira, *op. cit.*, p. 136 sq. ; Cardoso, *Agiologio Lusitano*, Lisbonne, 1651, t. I, p. 390. En 1597, le monastère possédait une imprimerie. Les arts y étaient aussi en honneur, principalement la peinture, la sculpture et la céramique. La plupart des travaux d'art remarquables que l'on voyait dans l'abbaye avaient été exécutés par des frères ou par des artistes qu'ils avaient formés. Vieira, *op. cit.*, p. 133.

Une des plus anciennes écoles publiques du Portugal fut fondée par un abbé d'Alcobaça, Estevam Martins, qui l'inaugura lui-même, le 11 janvier 1269, en donnant les leçons d'ouverture; on y enseignait la grammaire, la logique et la théologie. Vieira, *op. cit.*, p. 129 sq. L'abbé d'Alcobaça, fut le principal promoteur de la fondation de l'université de Lisbonne. En 1288, il prit l'initiative de provoquer une supplique des principales abbayes du royaume pour demander au pape la permission de distraire une partie de leurs revenus pour le traitement des professeurs : ce qui fut exécuté. Fr. Brandão, *Monarchia Lusitana*, V^a parte, Lisbonne, 1650, fol. 132. Enfin l'abbé Luís de Sousa rebâtit, en 1648, l'église de Santa Maria a Velha, sous le titre de la Conception, et y adjoignit un collège, qui subsista jusqu'à la suppression de l'abbaye. Vieira, *op. cit.*, p. 99.

Il y avait à Alcobaça une infirmerie des pauvres et une hôtellerie, comme dans tous les monastères cisterciens de cette époque. La grange de Gaia était une léproserie; mais au xive siècle elle avait perdu sa destination primitive. Vieira, *op. cit.*, p. 31. En 1200, l'abbé Fernando Mendez fonda un hôpital. Manrique, *Annal. cisterc.*, t. II, Append., p. 4. Les aumônes étaient considérables. Outre la desserte, qui était distribuée tous les jours, selon la règle, à la porte de l'abbaye, on donnait à chaque pauvre une miche de pain. On en distribua ainsi de grandes quantités durant plusieurs mois pendant les années de disette du début du xviiie siècle. A l'aumône générale du jeudi saint, le nombre de pains donnés à la porte s'élevait de 3 500 à 4 000, sans compter ceux que le cellérier faisait porter aux curés des paroisses dépendant du monastère pour être distribués à leurs pauvres. Carvalho, *Corographia Portugueza*, 1869, t. III, p. 90.

Le nom d'Alcobaça est intimement lié à l'histoire de la langue, de la nationalité et de la monarchie du Portugal. Il suffit de rappeler les noms de Bernard d'Alcobaça, un des créateurs de la langue, des deux Brandão, de Brito, de Figueredo, de Manuel dos Santos, de Fortunato de S. Boaventura. Les abbés se trouvent mêlés à tous les grands événements, même aux luttes contre les Maures et les Castillans, par les troupes qu'ils fournissaient et par les moines qui assuraient le service religieux des armées. L'abbé d'Alcobaça, dont la juridiction spirituelle et temporelle s'étendait sur onze villes et deux ports de mer, était membre du conseil royal et des Cortès, dans lesquelles il siégeait immédiatement après les évêques; il avait le titre de grand-aumônier du roi. De leur côté, les monarques portugais aimaient l'abbaye, où plusieurs furent enterrés; ils lui donnèrent des biens et contribuèrent largement à sa construction. Ses principaux bienfaiteurs furent Sanche Ier, Alphonse II, Denys, Pierre le Cruel, Emmanuel, Alphonse V et le cardinal-roi Henri. L'abbé d'Alcobaça prit une part active à la fondation des ordres militaires cisterciens d'Avis, de l'Aile de Saint-Michel (ci-dessus, t. I, col. 1144) et du Christ; ces deux derniers étaient soumis à sa visite et à sa juridiction. Les premiers abbés étaient élus par les moines et confirmés par l'abbé de Clairvaux; Urbain V se réserva le droit de confirmation et leur imposa l'obligation de la visite *ad limina*. Martino da Cella fut le premier abbé confirmé par le pape. Jorge da Costa fut le premier commendataire. Le cardinal-roi, commendataire de l'abbaye, divisa les revenus. La plus grande partie néanmoins restait à l'abbé régulier triennal et à la communauté, ainsi que la juridiction ecclésiastique sur le territoire de l'abbaye; le commendataire gardait la juridiction temporelle avec 12 000 florins d'or de revenu. Plus tard Jean IV abolit la commende et rétablit les abbés dans tous leurs droits.

Les moines d'Alcobaça furent renommés pour leur régularité et leur science. Ils étaient fort nombreux durant les premiers siècles, mais sans jamais avoir été neuf cent quatre-vingt-dix-neuf, comme le veut une légende ancienne. Il n'est pas prouvé davantage qu'ils aient établi la *laus perennis*. En 1348, la peste fit mourir en deux mois cent cinquante moines. Même sous les commendataires, la communauté se composait de soixante religieux, dont quarante prêtres. En 1567, la réforme fut établie dans les abbayes de Portugal, qui constituèrent la congrégation de Saint-Bernard de Portugal, érigée par Pie V. Les chapitres généraux se tinrent tous les trois ans à Alcobaça, dont l'abbé triennal était le chef de la nouvelle congrégation et portait le titre de général. Déjà en 1452 Nicolas V l'avait établi visiteur de tous les monastères cisterciens et bénédictins du royaume. Les abbés d'Alcobaça, dont le nom figure souvent dans les actes des anciens chapitres généraux de l'ordre, devinrent dès lors pratiquement indépendants de l'abbé général de Cîteaux.

Alcobaça, outre les granges et les paroisses, avait une filiation composée des abbayes de moines et de moniales qu'elle avait fondées. En voici les noms avec la date probable de leur fondation ou de leur entrée dans l'ordre de Cîteaux. Abbayes d'hommes : Estrella, 1161; Bouro, 1169; Tamaraes, 1171; Maceiradão. 1186; Seiça, 1195; São Paulo, 1221; Espirito Santo à Coïmbre, 1550; Nossa Senhora do Desterro à Lisbonne, 1591; collège da Conceição à Alcobaça, 1648; São Bento de Xabregas. Abbayes de femmes : São Bento de Castres à Évora, 1169; São Dinis de Odivellas, 1294; Santa Maria de Cós, 1300; Santa Maria de Almoster, 1300; N. S. da Piedade à Tavira, 1509; São Bernardo de Portalegre, 1519; N. S. de Nazareth à Lisbonne, 1653; Santa Maria de Taboza, 1685.

Une première fois, en 1811, les soldats de la division du comte d'Erlon pillèrent l'abbaye et enlevèrent les candélabres d'argent et une partie des vases sacrés.

La magnifique bibliothèque fut saccagée; la plus grande partie des manuscrits fut lacérée ou volée; le chœur fut incendié ainsi qu'une aile du monastère; les tableaux et les sculptures furent dégradés ou mutilés et les tombeaux royaux profanés.

En juillet 1833, les moines, se sentant menacés par le soulèvement libéral, quittèrent une première fois l'abbaye, mais y retournèrent peu après. D'autres départs suivis de retours eurent lieu jusqu'au 13 octobre de la même année. Ce jour-là, les moines durent abandonner pour toujours le monastère que la populace de la ville envahit, le 16 octobre, et mit à sac. Le 30 mai 1834, le décret de suppression des ordres religieux ôta tout espoir de rétablir l'abbaye.

Du monastère il reste encore l'église du xiiie siècle et ses dépendances. L'ensemble, auquel chaque siècle a apporté sa collaboration, forme un mélange de styles un peu disparate, mais qui n'enlève pas au monument son caractère d'imposante grandeur. Le beau réfectoire gothique a été transformé en théâtre, le chapitre dégradé, et il ne reste qu'une partie du cloître.

LISTE DES ABBÉS. — Les auteurs ne s'accordent guère; voici celle que donne Fortunato de S. Boaventura : le premier abbé serait Randol ou Ranulfo. — Bartholomeu, 1163. — Guillerme ? 1164. — Martinho Ier, 1175-† 30 octobre 1191. — Mendo, 1192-† 21 février 1206? — Fernando Ier Mendes, 1206-1215. — Pedro Ier Egas, 1215-1233. — Pedro II Gonsalves, 1233- †23 juin 1246. — Fernando II Annes, 1247-1251. — Egas Rodrigues, † 15 novembre 1252. — Bienheureux Domingos Ier Martins, 1252. — Estevam Ier Martins, 1252, démissionne en 1276. — Pedro III Nunes Martins, 1252, démissionne en 1276. — Pedro III

Nunes, 1276, déposé en 1281. — Estevam Ier Martins réélu? ou Estevam II, 1283. — Martinho II, 1285-1290. — Domingos II, 1291, démissionne en 1297-† 1302. — Pedro III Nunes, élu pour la seconde fois; 1297-1319. — Martinho III, 25 novembre 1318-1327. —- Estevam III Paes, 1327-1332. — João Ier Martins, 1332-20 août 1348. — Vicente Geraldes, février 1349-† 15 janvier 1368. — Martinho IV da Cella, 1369-† 30 septembre 1381.

Les abbés suivants furent nommés par le pape sur la proposition du roi : João II de Ornellas, 1381; il démissionne en 1414 en faveur de son parent Estevam Dornellas; † mai 1414. — Gonsalo Ier fut préféré à Estevam de Ornellas, il mourut quatre mois après, la même année 1414. — Lourenso fut élu, mais non confirmé. Il renonça en faveur du suivant. — Fernando III de Quental, 1414, déposé en 1427. — Estevam IV de Aguiar, O. S. B., abbé de Pedroso, 1431-1446. — Gonsalo II de Ferreira, 1446-† 1460. — Rodrigo de Porto de Mós, 1460. — Nicolau Vieira, 1461-1475.

Commendataires : cardinal Jorge da Costa, archevêque de Lisbonne, 1475, résigne en 1488.— Isidoro Tristão de Portalegre, 1488-† 7 mai 1492. — A sa mort, les moines élurent João Claro, qui ne fut pas confirmé. — Cardinal Jorge da Costa, pour la seconde fois, 1493, résigne encore en 1505. — Cardinal Jorge de Mello, 1505, résigne en 1518. — Cardinal infant Affonso, fils du roi Manuel Ier, 1519-† 1540. — Cardinal infant Henrique, frère du précédent, 1542-1580.

Après lui, jusqu'au milieu du XVIIe siècle, il y eut simultanément un abbé régulier triennal et un commendataire. La commende fut abolie par le roi Jean IV. La liste des abbés réguliers triennaux, qui étaient en même temps vicaires généraux de la congrégation de Portugal, sera donnée plus tard dans l'article CITEAUX (*Ordre de*).

Antonio Brandão, *IIIe parte da Monarchia Lusitana; IVe parte*..., Lisbonne, 1632, in-fol. — Francisco Brandão, *V^e parte da Monarchia Lusitana*, Lisbonne, 1650; *VIe parte*..., Lisbonne, 1672, in-fol. — Britto, *Monarchia Lusytana*, Alcobaça, 1597; *IIe parte da Monarchia Lusitana*, Lisbonne, 1609. — Britto, *Chronica de Cister, primeyra parte*, Lisbonne, 1720. — De Almeida, *Erros historicos chronologicos de Fr. Bern. de Brito*, dans *Memorias da Academia real das sciencias de Lisbôa*, t. XII, parte 2, p. 116. — Fortunato de Almeida, *Historia da Igreja em Portugal*, Coïmbre, 1910, t. I, p. 277 sq., 497, 546, 554 sq. — De Figueiredo, *Mappa nominal de todos os abbades de Alcobaça*, Lisbonne, 1789; *Provas de positiva acção do primeiro monarcha de Portugal que a marcha para escalar Santarem prometteu a Deus e fundação do real mosteiro cisterciense*, Lisbonne, 1788. — Fortunato de S. Boaventura, *Historia chronologica e critica da real abbadia de Alcobaça*, Lisbonne, 1827. — Janauschek, *Originum cisterciensium*, Vienne, 1877, t. I, p. LXIX, 110, 144, 158, 163, 187, 199, 224. — Joaquim de S. Rosa de Viterbo, *Elucidario das palavras, termos e frases que em Portugal antigamente se usaram*, Lisbonne, 1865. — Manrique, *Cisterciensium seu verius ecclesiastic. annalium*, t. I et II, Appendix, Lyon, 1642. — Manuel dos Santos, *Alcobaça illustrada*, Coïmbre, 1710. — Thomas ab Incarnatione, *Historia Ecclesiae Lusitanae*, Coïmbre, 1762, t. III, p. 202.— Vieira Natividade, *O Mosteiro de Alcobaça* (Notas historicas), Coïmbre, 1885. — Vacandard, *Vie de S. Bernard*, Paris, 1895, t. II, p. 410-412. Les ouvrages de Manuel dos Santos et surtout de Fortunato de S. Boaventura sont les sources les plus sûres.

R. TRILHE.

ALCOCER Y VERA (JOSÉ DE), religieux espagnol trinitaire, du XVIIe siècle. Il fut envoyé au Mexique, où il érigea la confrérie de la très sainte Trinité, enrichie d'indulgences par Innocent X. On a de lui : *Excelencias de la archicofradia de la santisima Trinidad*, Mexique, 1651.

P. Antonin de l'Assomption, *Diccionario de escritores trinitarios de España y Portugal*, Rome, 1898, t. I, p. 7.

A. PALMIERI.

ALCOCK (JOHN), 1430-1500, successivement évêque de Rochester (1472), Worcester (1476), et Ely (1486); fut tuteur du jeune roi Édouard V, mais privé de cette charge par le protecteur Gloucester; puis, sous Henri VII, chancelier d'Angleterre. Il est célèbre comme un des promoteurs les plus ardents de la Renaissance dans sa patrie. Comme Fisher et Colet, il joignit à de hautes vertus sacerdotales la passion de l'étude et des arts. La construction, dans la cathédrale d'Ely, de la magnifique chapelle où son corps fut enterré, la restauration du palais épiscopal d'Ely et de nombreuses églises, la fondation de l'école de grammaire de Hull, et de Jesus College à Cambridge restent ses meilleurs titres de gloire. Alcock était un canoniste distingué. On a cependant remarqué que, dans sa fondation de Jesus College, aucune mesure n'est prise pour assurer l'étude du droit canon. Peut-être que, comme plusieurs de ses contemporains, Alcock jugeait exagérée l'importance attachée alors à cette étude. On a de lui quelques ouvrages d'ascétisme et des sermons.

J. Bass Mullinger, dans *Dictionary of national biography*, Londres, 1908, t. I, p. 236.

J. DE LA SERVIÈRE.

ALCOLEA (MARTIN DE), théologien chartreux espagnol, naquit à Fuente el Sanz de Talamanca, en 1594, et prononça ses vœux de religion le 31 mars 1632, à la chartreuse de Paular. Sa mort arriva le 5 septembre 1672, à la maison de Grenade. Il cultiva beaucoup la théologie et s'occupa de coordonner les décisions morales du fameux Diana, sans cependant en changer la doctrine. Ce travail fut imprimé à Lyon en 1666 et 1667, en neuf volumes; mais il y avait un si grand nombre de fautes typographiques que dom Martin, malgré la goutte qui l'affligeait, revit tout l'ouvrage, nota toutes les fautes et composa un dixième volume de tables. — *R. P. D. Antonini Dianae opera omnia seu omnes resolutiones morales ejus*, Lyon, 1680, 10 in-fol.; Venise, 1697, 1698, 1728, 10 vol. in-fol. *Erratorum sylva quae irrepserunt in indices novem tomorum*, etc., Lyon, 1669, in-12.

Le Vasseur, *Ephemerides ord. Cart.*, Montreuil, 1891, t. II, p. 196. — Antonio, *Biblioth. Hispana nova*, t. II, p. 89-90. — Morotius, *Theatrum chronol. S. Carthus. ord.*, Turin, 1681, p. 149.

S. AUTORE.

ALCOZER (FRANCISCO DE), savant franciscain espagnol de la province de Saint-Jacques, écrivit *Confessionario breve*, Salamanque, 1572, in-8°; Cordouë, 1592; Madrid, 1598; Barcelone, 1615; *Tratado contra el juego*, Salamanque, 1559, in-4°. En 1569 il revisa la troisième partie des Chroniques de Marc de Lisbonne. Il mourut vers 1580.

Antonio, *Bibliotheca Hispana nova*, t. I, p. 397. — Joannes de Sancto Antonio, *Bibliotheca franciscana*, t. I, p. 356. — Wadding, *Scriptores ordinis minorum*, Rome, 1906, p. 77. — Sbaralea, *Supplem. ad script. ord. min.*, Rome, 1908, p. 255.

ANTOINE de Sérent.

ALCUIN. — I. L'homme. II. Le ministre de Charlemagne. III. Le savant, le théologien, l'exégète.

I. L'HOMME. — Alcuin, Alewinus, Alcvinus, Alcuinus, ou encore Albinus dans la société savante de l'époque, naquit dans la Northumbrie, d'une famille anglo-saxonne. On ne sait exactement ni le lieu précis, ni la date de sa naissance. Cf. Gaskoin, *Alcuin, his life and his works*, Londres, 1904, p. 41; Duemmler, *Monum. German. histor., Epist.*, t. IV, p. 1.

Parent de saint Willibrord, il fut élevé à l'école épiscopale, si renommée, d'York, qui rangeait dans sa bibliothèque non seulement les écrits des Pères et des docteurs, mais ceux des philosophes et des poètes païens : Pline, Aristote, Cicéron, Arator, Virgile, Stace, Lucain, Probus, Priscien, Boèce, etc.

L'opinion de Mabillon (*Acta sanctorum ord. S. Benedicti*, t. IV, 1re partie, p. 163), celle de Weiss (*Lyceum benedictinum seu de sancto Alcuino aliisque bonarum litterarum ex ordine sancti Benedicti professoribus publicis historia*, Paris, 1630), suivant lesquelles Alcuin aurait été agrégé à l'ordre de Saint-Benoît, sembleraient probables. Les moines celtes de Saint-Aidan ne travaillèrent, en effet, la Northumbrie que de 633 à 655. A cette époque, l'Anglo-Saxon Wilfrid, après avoir fait triompher les rites romains à la conférence de Whitby, les établit à Ripon (Northumbrie). Etait-ce l'adoption intégrale de la règle de saint Benoît? Il est permis de le penser, si l'on se rappelle l'honneur dont jouissait alors cette règle à Rome. Toujours est-il que Benoît Biscop, disciple de Wilfrid, adoptera la méthode de son maître, en fondant, à la fin du VIIe siècle, les monastères de Wearmouth et de Yarrow, qui devaient essaimer dans celui d'York, au commencement du VIIIe. Cf. dom Cabrol, *L'Angleterre chrétienne avant les Normands*, Paris, 1909, p. 198.

Sous la direction des archevêques Egbert et Aelbert, le disciple fit de tels progrès que, sous Aelbert, Alcuin fut appelé par son ancien maître à diriger l'école d'York, devenue le centre intellectuel de l'Europe. Gaskoin, *op. cit.*, p. 34; Stopford Brocke, *English literature*, p. 120 sq. Sous sa maîtrise, l'école prit un nouvel éclat. Les écoliers y accourent de toutes parts, de la Frise et de l'Irlande.

Ordonné diacre à une date inconnue, Alcuin devait le rester toute sa vie. Chargé par Eanbald, le successeur d'Aelbert, d'aller solliciter à Rome le pallium pour son archevêque, Alcuin, qui avait déjà fait un premier voyage à la ville des papes, rencontra Charlemagne à Parme, en 781. Le roi des Francs l'invita à venir à sa cour, sa mission terminée et, en 782, après avoir obtenu un congé temporaire de son roi et de son évêque, le moine anglo-saxon se fixait près de Charlemagne pour une période qui devait durer environ huit années. Alcuin fut brillamment reçu et doté des abbayes de Ferrières et de Saint-Loup de Troyes; il s'employa aussitôt à ranimer le culte des lettres, dont la disparition inquiétait Charlemagne au plus haut point. Immédiatement, prenant le premier rang parmi les savants que le roi avait réunis, il dirigea l'école du palais.

En 790, il retournait en Grande-Bretagne, chargé d'un message pour le roi de Mercie, Offa; en 792, il revenait en France « toujours partagé, dit Ozanam (*Études germaniques*, Liège, 1850, t. II, p. 455), entre l'honneur de servir un grand homme et la douceur de vieillir dans sa cellule. » Charlemagne, en 793, chargea Alcuin de combattre l'adoptianisme contre Félix d'Urgel et Élipand de Tolède. Dans deux conciles successifs, à Francfort (794) et Aix-la-Chapelle (799), il soutint une lutte théologique contre ses deux adversaires. Voir t. I, col. 587-589.

En 796, Alcuin avait obtenu du roi des Francs l'abbaye de Saint-Martin de Tours. Il n'y résida d'une façon définitive qu'à partir de 801, travaillant à faire revivre son monastère avec le concours de saint Benoît d'Aniane, l'ancien maître de l'école du palais de Pépin le Bref. Alcuin établit à Tours une école renommée, où, malgré les protestations des Francs, il avait appelé à partager ses travaux les plus habiles de ses élèves d'York. Il y organisa une bibliothèque précieuse, écrivit des ouvrages de différents genres (poésies, traités philosophiques, théologiques, astrologiques, traités de grammaire, de dialectique, de rhétorique) et entretint avec différents personnages, en particulier avec Charlemagne, une correspondance dont les fragments conservés jusqu'à nos jours constituent une source historique de premier ordre pour la connaissance de cette époque.

Alcuin mourut à Tours, le 19 mai 804. Son disciple Raban Maur devait l'inscrire comme saint dans son martyrologe. *P. L.*, t. CX, col. 1146. Cf. *Acta sanctorum*, maii t. IV, p. 333. Peut-être le moine anglo-saxon participa-t-il à l'auréole décernée à Charlemagne. On ne trouve pourtant nulle part mention d'un culte public à son sujet.

Nous signalerons deux portraits d'Alcuin. Un premier contenu au folio 5 (verso) de la Bible conservée à la bibliothèque royale de Bamberg, dans laquelle M. Samuel Berger reconnaît l'écriture de l'école de Tours. *Histoire de la Vulgate pendant les premiers siècles du moyen âge*, Paris, 1893, p. 206. Entre deux colonnes reproduisant des vers du moine, se trouve un médaillon d'or encadré d'argent, sur lequel est tracé en rouge le portrait d'un saint tonsuré avec cette inscription : ALCUINUS ABBA. Suivant une lettre du bibliothécaire, M. Fischer, à dom Cabrol (23 septembre 1903), ce prétendu portrait « est tout simplement esquissé en quelques lignes rouges au fond d'or dans le genre de portraits antiques, mais il est sans valeur comme portrait. » *Dict. d'archéologie chrétienne et de liturgie*, t. I, col. 1091.

Une image plus importante pour la fixation des traits d'Alcuin est celle d'un groupe qui nous est fourni par le codex *652* de la bibliothèque impériale de Vienne. Nous y voyons l'abbé de Tours présenter son élève Raban Maur à un évêque, pour que celui-ci agrée les poèmes sur la croix du jeune étudiant et les bénisse. Selon l'exemplaire du Vatican, l'évêque est Martin de Tours : c'est, en effet, dans l'abbaye de cette ville que Raban Maur, en 806, écrivit ses poésies sur les souffrances du Christ. En toute hypothèse, l'image fut certainement composée à Fulda avant 840. Cf. *Kunst und Kunsthandwerk*, Vienne, 1902, t. V; Kirsch et Luksch, *Geschichte der katholischen Kirche*, Munich, 1903-1904, t. I, p. 222. Dès lors, on conçoit toute la valeur de ce portrait, puisque c'est après avoir quitté Alcuin au monastère de Tours que Raban Maur fonda Fulda. L'image est contemporaine de son héros, composée au vu et su de celui qui vécut dans l'intimité d'Alcuin. Le visage du moine anglo-saxon est taillé à coup de hache. La physionomie prête à l'action, le geste est énergique et saccadé, la bouche ouverte redit l'éloquence convaincue, cependant que le maître, entourant avec affection son jeune disciple encore novice et inexpérimenté, l'excite à la confiance et se porte garant devant l'évêque de sa valeur intellectuelle et morale. Les noms des personnages sont d'ailleurs écrits au-dessus d'eux : *Rabaus Marus. Albnus abbas*. Celui de l'évêque Otgar *Otgarius epus magntinus*, dont nous n'avons pas tenu compte dans l'interprétation du portrait, ajouté dans la suite. En somme, l'image est bonne, elle traduit parfaitement l'idée des sources écrites : Alcuin fut un maître plus encore qu'un savant.

II. LE MINISTRE DE CHARLEMAGNE. — Le rôle d'Alcuin a été des plus considérables. Son activité s'est exercée dans tous les domaines des sciences connues jusqu'alors. Mais on doit d'abord en dégager le caractère officiel et public. Alcuin fut pour Charlemagne un collaborateur assidu dans son œuvre de restauration intellectuelle du royaume et dans ses prétentions à remplir le rôle d'« évêque du dehors ».

1° *Alcuin et l'instruction dans le royaume.* — Guizot, *Histoire de la civilisation en France*, Paris, 1853, t. II, p. 167, voit dans Alcuin « le premier ministre intellectuel de Charlemagne, » l'histoire confirme ce jugement : le moine anglo-saxon a été le précepteur des Gaules. Les siècles de la dynastie mérovingienne ont été beaucoup trop calomniés : moins ignorés, ils eussent paru moins ignorants. Pourtant le mot de Charlemagne reste vrai : l'indolence des ancêtres avait presque réduit à rien l'étude des lettres. Alcuin, sans avoir le génie créateur, eut le grand mérite de vulgariser le savoir des générations précédentes, au lieu d'en faire le monopole d'une aristocratie intellectuelle fermée. Comme directeur de la *schola palatina*, il sut faire de cette assemblée une académie d'abord, dont les membres se désignaient par des noms empruntés aux deux antiquités : Charlemagne s'appelait David; Alcuin, Horatius Flaccus; Théodulphe, Pindarus; Angilbert, Honorius. Il en fit une école aussi où les jeunes gens, de quelque rang qu'ils fussent, étaient instruits sur le *trivium* (grammaire, rhétorique, dialectique) et le *quadrivium* (arithmétique, géométrie, astronomie et musique); académie et école furent alimentées par une bibliothèque richement pourvue de livres sacrés et profanes, « fleurs aux parfums du paradis, » comme les appelait Alcuin. *Epist.*, XLIII, *P.L.*, t. c, col. 208.

En même temps, l'homme infatigable qui professa jusqu'au dernier soupir, ne pouvait contenir son ardeur dans les murs d'une école. Sa passion pour les livres lui en faisait multiplier les copies, admirables manuscrits aux lettres dorées et aux dessins en couleur, presque aussi faciles à lire que nos imprimés. Avec Alcuin, l'art de la calligraphie prenait domicile en France. Cf. L. Delisle, *Mémoire sur l'école calligraphique de Tours au IX° siècle*, dans *Mémoires de l'Académie des inscriptions et belles-lettres*, Paris, 1886, t. XXXII, 1re partie, p. 29-51; Westwood, *Fac-similes of the miniatures and ornaments of anglo-saxon and irish manuscripts*, Londres, 1868, et *On the distinctive character of the various styles of ornementation employed by the early british, anglo-saxon and irish artists*, dans *The archæological journal*, 1853, t. x, p. 275-301; Müntz, *Études archéologiques et iconographiques du moyen âge. La miniature irlandaise et anglo-saxonne au XI° siècle*, Paris, 1887; Wattenbach, *Das Schriftwesen in Mittelalter*; Merryweather, *Bibliomania in the middle ages with anecdotes illustrating the history of the monastic libraries of Great Britain*, Londres, 1849.

La passion d'Alcuin pour l'enseignement stimulait des élèves, en soutenant leur esprit contre les premiers dégoûts de l'étude (cf. introduction au livre des sept arts); elle formait des maîtres qui, à leur tour, fondaient d'autres écoles: Leidrade à Lyon, Théodulphe à Orléans, Aimon à Halberstadt (voir t. I, col. 1187), Raban Maur à Fulda et à Mayence, célébré par l'histoire comme l'instituteur de l'Allemagne. Cf. Kirsch-Luksch, *op. cit.*, p. 232-233. Enfin, par le conseil d'Alcuin, chaque monastère eut son école où moines et clercs devaient apprendre la grammaire, le chant, l'histoire et la calligraphie; pour populariser l'instruction, une école gratuite fut établie près de l'église dans nombre de bourgs et de villages.

Ainsi le rôle d'Alcuin paraît-il considérable comme directeur et promoteur de l'éducation publique en Occident. L'activité du moine anglo-saxon devait encore seconder les vues d'organisation des rois Francs sur un autre domaine, l' « évêque du dehors » fit d'Alcuin son théologien officiel.

2° *Alcuin et Charlemagne, évêque du dehors.* — Parmi les *missi dominici*, Charlemagne avait toujours placé un membre du clergé. Il regardait comme son devoir d'affermir l'Église à l'intérieur de ses États par la profession de la doctrine catholique. Celui qu'on a appelé « le pieux surveillant des évêques » voulait avant tout l'unité de la foi pour réaliser celle de la loi.

A la demande de Charlemagne, Alcuin corrigea donc le texte officiel du lectionnaire. Cf. Mabillon, *Annales ordinis sancti Benedicti*, Lucques, 1739; t. II, p. 305; Samuel Berger, *Histoire de la Vulgate*, p. 188. Si, comme tout tend aujourd'hui à le faire croire, il fut l'auteur de la revision grégorienne pour les Gaules, cette édition, comme la revision du lectionnaire, « fut sans doute ordonnée par Charlemagne, dont on sent partout à cette époque, notamment dans le domaine littéraire, la main puissante. » *Dict. d'archéologie chrétienne et de liturgie*, t. I, col. 1084, 1086.

Ce travail devait conduire Alcuin à une besogne plus ample. Corrigeant le lectionnaire et le sacramentaire grégorien, il devait faire la revision de la Bible (de 799 environ à 801). Jusqu'alors, en effet, les textes bibliques étaient dans une confusion indicible. La Vulgate se trouvait mêlée à d'autres versions sans authenticité; Alcuin fit de la version de saint Jérôme la seule Bible en usage. Cf. *Dictionnaire de la Bible*, t. I, col. 341-342; Samuel Berger, *Histoire de la Vulgate*, p. XV-XVII, 185-242.

A cette œuvre de cellule, le moine ajouta, sur le désir de Charlemagne, celle de la défense publique de la foi catholique contre l'adoptianisme. Voir t. I, col. 587-589, le récit de l'activité déployée par Alcuin contre les deux fauteurs de cette hérésie, Félix d'Urgel et Élipand de Tolède, activité couronnée de succès et qui valut les éloges « au vénérable Albinus » du pape Léon III au synode de Rome (799). Cf. Harduin, *Acta conc.*, t. IV, col. 927.

Ces éloges seraient-ils une preuve qu'Alcuin n'a pas écrit les *Livres carolins*, puisque, suivant Hefele, *Hist. des conciles*, édition Leclercq, t. III, p. 1086, ces fameux livres ou au moins les « capitulaires » envoyés à Rome furent publiés avant 799? Assurément non; en somme, un malentendu sur la signification des mots λατρεία et προσκύνησις n'aurait pu enlever au moine anglo-saxon l'estime si méritée du pape. Les indices qui porteraient à voir dans Alcuin l'auteur des *Libri carolini* restent donc entiers. Si l'on examine les rapports d'Alcuin et de Charlemagne, le rôle connexe de tous deux au concile de Francfort (794), où la question des images fut proposée, il est très difficile de ne pas admettre que, dans ce domaine encore, le théologien de Charlemagne n'ait exercé son influence, soit comme rédacteur, soit comme conseiller. Un passage du commentaire d'Alcuin sur saint Jean, IV, 5 sq., analogue à un texte des *Livres carolins*, IV, VI, confirmerait cette très sérieuse hypothèse. Cf. Hefele-Leclercq, *op. cit.*, t. III, p. 1035; Labbe et Cossart, *Sacrosanct. concil.*, Paris, 1671, t. III, col. 1064; *Real Encyclopädie*, Leipzig, 1901, t. X, p. 90; Hurter, *Nomenclator literarius*, Inspruck, 1903, t. I, col. 708.

Alcuin aurait toujours secondé « l'évêque du dehors ». Les qualités maîtresses de son intelligence et l'universalité de son savoir l'avaient désigné mieux que personne à cette fonction.

III. LE SAVANT, LE THÉOLOGIEN, L'EXÉGÈTE. — Le *ratio studiorum* de l'époque nous indique, en effet, tout naturellement les différents domaines où s'est exercée l'activité intellectuelle d'Alcuin. Arts libéraux (*trivium* et *quadrivium*), théologie et exégèse sont les trois stades de l'enseignement public sous Charlemagne, et, dans ces trois parties, le moine fut le maître reconnu.

1. LE SAVANT. — M. God. Kurth, *Les origines de la civilisation moderne*, 3e édit., Bruxelles, 1892, t. II, p. 298, a très bien marqué le caractère de la science d'Alcuin : « Son rôle, dit-il, a consisté à maintenir les esprits de son temps au niveau de ceux des siècles écoulés. » Alcuin n'est donc pas créateur. C'est un esprit avisé qui s'assimile les choses d'une façon facile. « Quand on l'a appelé « l'Érasme de son temps », il ne faut pas oublier, dit don Cabrol, que ce temps était une époque presque barbare et que la distance est grande de l'humaniste raffiné de Rotterdam au modeste, et en somme médiocre écolâtre d'York. Il ne savait que très peu de grec. Sa connaissance de l'hébreu était plus rudimentaire encore. » *L'Angleterre chrétienne avant les Normands*, Paris, 1909, p. 164;

cf. Hauck, *Kircheng. Deutschlands*, t. II, *Die Karolingerzeit*, p. 134, n. 4. Mais si, en introduisant le *trivium* et le *quadrivium* à l'école du palais, il a répété ce que d'autres ont dit avant lui, ses livres sont pourtant un point d'appui pour les initiatives suivantes. Cf. Hauréau, *Histoire de la philosophie scolastique*, Paris, 1872, t. I, p. 123-126 ; Picavet, *De l'origine de la philosophie scolastique*, Paris, 1889, p. 267, et *Esquisse d'une histoire générale et comparée des philosophies médiévales*, Paris, 1907, p. 117-127. D'ailleurs sa conception même de la science est vraiment originale ; sa méthode dialoguée, d'une énergie germanique, avec ses répliques à l'emporte-pièce, habitue l'esprit à une gymnastique utile ; il a le sens des différents aspects d'une question ; au point de vue dialectique, il a préparé la philosophie scolastique en lui donnant une méthode.

C'est à ce point de vue surtout, qu'il faut juger ses différents ouvrages de philosophie, de pédagogie et de poésie, quelque alambiqués qu'on puisse les trouver encore dans la forme.

Philosophie. — *De virtutibus et vitiis liber ad Widonem comitem*, *P. L.*, t. CI, col. 613-638 ; *De animae ratione liber ad Eulaliam virginem*, *P. L.*, t. CI, col. 639-649.

Pédagogie. — *Grammatica*, *P. L.*, t. CI, col. 849-902 ; *De orthographia*, *P. L.*, t. CI, col. 902-920 ; *Dialogus de rhetorica et virtutibus*, *P. L.*, t. CI, col. 919-950 ; *De dialectica*, *P. L.*, t. CI, col. 951-976 ; *Pippini regalis et nobilissimi juvenis disputatio cum Albino scholastico*, *P. L.*, t. CI, col. 975-980 ; *De cursu et saltu lunae ac bissexto*, *P. L.*, t. CI, col. 981-1002. Les cinq premiers ouvrages sont dialogués.

Poésie. — Surtout *Poema de pontificibus et sanctis Ecclesiae Eboracensis*, *P. L.*, t. CI, col. 693-724 ; *Vita sancti Willibrordi Trajectensis episcopi libri II*, *P. L.*, t. CI, col. 693-724, avec quelques hymnes, inscriptions, énigmes, œuvres de courte haleine dont quelques-unes bien venues et d'une réelle valeur historique, *P. L.*, t. CI, col. 725-848. Quelques inscriptions sont apocryphes. Cf. J.-B. De Rossi, *Inscriptiones christianae urbis Romae septimo seculo antiquiores*, Rome, 1888, t. II, part. 1, p. LVI.

II. LE THÉOLOGIEN. — Alcuin, défenseur de la vérité catholique, sut toujours allier l'intransigeance pour les principes à la tolérance pour les personnes. Ses lettres à Félix d'Urgel et à Élipand de Tolède sont empreintes de la plus condescendante charité. Il sut aussi blâmer les conversions forcées des Saxons. Cf. Ampère, *Histoire littéraire de la France avant le XIIᵉ siècle*, c. IV, Paris, 1839, t. III. Dans des lettres ou des traités *ex professo*, Alcuin aborde la théologie dogmatique, sacramentaire, liturgique et mystique.

Théologie dogmatique. — Sur la Trinité, *De fide sanctae et individuae Trinitatis libri III*, *P. L.*, t. CI, col. 11-58 (après 800), tiré en majeure partie de saint Augustin ; *De Trinitate ad Fredegisum quaestiones XXVIII*, *P. L.*, t. CI, col. 57-64 ; dans le *De psalmorum usu liber cum variis formulis ad res quotidianas accommodatis*, le chapitre VI est à mentionner : *Confessio Patris et Filii et Spiritus Sancti*, il contient sur Dieu les expressions un peu modifiées des dix catégories d'Aristote : *sine quantitate magnum, sine qualitate bonum, sine tempore sempiternum, sine morte vitam, sine infirmitate fortem*. Dom Leclercq a démontré dans les *Monumenta liturgica* que saint Irénée cite déjà ces qualificatifs ; c'est sans doute par ce dernier que le texte est entré dans les liturgies gallicanes. Suivant dom Cagin, Alcuin aurait rencontré également les formules aristotéliciennes dans une *Contestatio* gallicane publiée par Mai, *Scriptorum veterum nova collectio*, t. III, 2ᵉ partie, p. 247. Cf. dom Cabrol et dom Leclercq, *Monumenta Ecclesiae liturgica*, t. I,

p. XLIV-XLV. Cf. saint Irénée, *Advers. haeres.*, II, XIX, 2, *P. G.*, t. VII, col. 772 ; dom Cagin, *Mélanges de littérature et d'histoire religieuses*, dans *Mélanges Cabrières*, Paris, 1899, t. I, *Le sacramentaire de Gellone*, p. 231, 265 sq. ; dom Cabrol, *Dictionnaire d'arch. chrét. et de liturgie*, t. I, col. 1081.

Alcuin a composé certaines lettres sur la valeur des mots substance, essence, subsistance et nature, appliqués à la Trinité.

La *Confessio fidei*, dont l'authenticité a été révoquée en doute à cause des témoignages trop précis sur la sainte eucharistie, présente pourtant de très bonnes raisons qui rendent vraisemblable son attribution à Alcuin. Cf. Mabillon, *De confessione fidei, id est de ejus antiquitate et auctore*, réédité dans *P. L.*, t. CI, col. 1003 sq., et *Dictionnaire d'archéol. chrét. et de liturgie*, t. I, col. 1087. C'est un résumé très complet de l'enseignement catholique au IXᵉ siècle sur la sainte Trinité. La 4ᵉ partie : *De corpore et sanguine Domini ac de propriis delictis*, que l'on trouve trop précise pour être attribuée à Alcuin, est en complète concordance avec la lettre du moine à Paulin d'Aquilée. *P. L.*, t. C, col. 203-289.

Ouvrages contre l'adoptianisme : *Libellus adversus haeresim Felicis*, *P. L.*, t. CI, col. 87, 120 (vers 793) ; *Adversus Felicem libri VII*, *P. L.*, t. CI, col. 127-330 (vers 794) ; *Adversus Elipandum libri IV*, *P. L.*, t. CI, col. 243-300 ; quelques lettres. M. Lœwenfeld, *Bibliothèque de l'École des chartes*, 1881, t. XLII, p. 10-11 ; Duemmler, dans *Monumenta Germaniae historica, Epistolarum carolini aevi*, t. IV, p. 258-259. Il est à noter qu'Alcuin attaque l'adoptianisme en se servant de la liturgie romaine attribuée à saint Grégoire. Dans les oraisons, le Fils y est nommé *Unigenitus*. Cf. *Dict. d'archéol. chrét. et de lit.* t. I, col. 1088.

Sur le Saint-Esprit. Le *Liber de processione Spiritus Sancti*, pris pour authentique dans *P. L.*, t. CI, col. 64-82, ne l'est pas. Cf. Duemmler, t. II, p. 482.

On trouve encore dans Alcuin quelques textes de grande valeur sur l'autorité de l'Église romaine, *P. L.*, t. C, col. 293 ; sur le purgatoire, les suffrages en faveur des défunts, le pouvoir des saints et de leurs reliques, *P. L.*, t. C, col. 449, 474, 177, 181 ; t. CI, col. 831, 832 ; sur la vision béatifique succédant immédiatement à la mort, *P. L.*, t. C, col. 342 ; contre les superstitions, *P. L.*, t. C, col. 46.

Théologie sacramentaire. — Alcuin expose les cérémonies du baptême, *P. L.*, t. CI, col. 611-614 ; cf. t. C, col. 292. Il exige faussement pour sa validité trois immersions et cela à l'encontre de la liturgie mozarabe, approuvée par les papes mêmes. Le concile de Worms, en 868, devait régler la question, en décrétant la nécessité d'une seule immersion. Alcuin ne demande d'ailleurs qu'une seule invocation de la Trinité. *P. L.*, t. C, col. 289-342. Il proteste aussi contre l'imposition forcée du sacrement, à propos des fidèles d'Allemagne. *P. L.*, t. C, col. 188-195-201.

Sur l'eucharistie. Alcuin enseigne la transsubstantiation, *P. L.*, t. C, col. 203, 289, sous les espèces du pain azyme, sans sel, suivant l'autorité de Rome et l'usage de l'Église universelle. *Epist.*, XC, *P. L.*, t. C, col. 289.

Contre l'erreur répandue dans le Languedoc par les albigeois et les vaudois, Alcuin affirme que les laïques sont obligés de se confesser au prêtre. Cf. *Epist.*, *P. L.*, t. C, col. 327-341 ; cf. t. CI, col. 649-656.

Sur l'ordination épiscopale et les pouvoirs qui y sont attachés, *P. L.*, t. C, col. 224-228, 253-307, 327 ; t. CI, col. 698-699.

Théologie liturgique. — *Comes ab Albino ex Caroli imperatoris praecepto emendatus*, plus communément appelé le lectionnaire, à la bibliothèque de Chartres, n. 32, ancien 24 de Saint-Père. Il a été édité par Thomasi, dans les *Opera*, édit. Fezzosi, t. v, p. 297-313. D'après dom G. Morin, ce manuscrit serait le n. *9452* actuel du fonds latin de la Bibliothèque nationale de Paris. Cf. *Dict. d'archéologie chrétienne et de liturgie*, t. i, col. 1073. Une note placée à la fin du lectionnaire affirme qu'il est l'œuvre d'Alcuin qui le corrigea. Le copiste y a ajouté un supplément, il nous le dit lui-même. Cf. *Dict. d'archéologie chrétienne et de liturgie*, t. i, col. 1074; *Catalogue général des manuscrits des bibliothèques publiques de France. Départements*, Chartres-Paris, 1889, t. xi, p. 11. Le lectionnaire comprend deux cent quarante titres ou lectures, l'appendice en a soixante-cinq. Le système de ces lectures concorde avec le système grégorien un peu augmenté. Les fêtes des saints sont donc incorporées à l'année liturgique. Alcuin assigne une lecture à la fête de la Toussaint, dont il s'était d'ailleurs fait le propagateur, et qui devait être définitivement établie en 835. Cf. lettre cxxxiv à son frère Arnon. Jaffé, *Monumenta Alcuiniana*, p. 526. Le grand mérite du ministre de Charlemagne « fut en somme de chercher à donner, dans ce livre liturgique, un texte pur, débarrassé de toutes les fautes et de toutes les altérations qui le déparaient. » *Dict. d'archéol. chrét. et de liturgie*, t. i. col. 1076. Le sacramentaire grégorien est aujourd'hui attribué à Alcuin avec une quasi-certitude par la critique historique. Cf. *Micrologue*, clx. Il a été édité surtout d'après un manuscrit de Cologne, par Pamélius qui, à tort, incline à l'attribuer à un certain Grimoald. *Liturgica latinorum*, t. ii, p. 209, et Prolog., p. vi. Cf. Varin, dans un mémoire excellent : *Des altérations de la liturgie grégorienne en France avant le xiii*e *siècle*, p. 265-626, mémoire présenté à l'Académie des inscriptions et belles-lettres. Cf. aussi Suitbert Baümer, *Ueber das sogenannte Sacramentarium gelasianum*, dans *Historische Jahrbuch*, 1893, t. xiv, p. 241-301; F. Bishop, *The earliest roman mass book*, dans *Dublin review*, 1894, p. 245 sq. Ces deux derniers comme Varin, mais tout en l'ignorant, attribuent à Alcuin le sacramentaire en question. L'ouvrage est séparé en deux parties par une préface « dans laquelle l'auteur dit que tout ce qui précède provient de saint Grégoire, sauf les prières qui sont marquées d'un signe... La partie qui suit la préface est consacrée à des offices que saint Grégoire n'avait pas mis dans son sacramentaire et qui ont été composés par d'autres, spécialement par saint Gélase. » *Dict. d'archéol. chrét. et de liturgie*, t. i, col. 1085. Ce faisant, Alcuin dotait de leur missel définitif et exclusif les églises carolingiennes. — Livres de dévotion privée : *Liber sacramentorum*, P. L., t. ci, col. 445-446. Ce n'est pas, comme on l'a prétendu, un abrégé facile, fait pour des prêtres récemment convertis et insuffisamment instruits sur la liturgie. Cf. *Dict. d'archéologie chrét. et de lit.*, t. i, col. 1079. « Comme les féries de la semaine n'avaient que rarement une messe spéciale, comme d'autre part les livres anciens répondent à un état liturgique où il n'y avait que des services publics, Alcuin fait un sacramentaire privé pour chaque jour de la semaine, en lui assignant la célébration d'un mystère et un office de pénitence. Les sacramentaires postérieurs devaient d'ailleurs suivre cet usage. La consécration du dimanche à la Trinité, du vendredi à la croix, du samedi à la sainte Vierge, fut bientôt un usage officiel. Cf. Delisle, *Mémoires sur d'anciens sacramentaires*, dans *Mémoires de l'Académie des inscriptions et belles-lettres*, Paris, 1886, t. xxx, 1re partie, p. 117, 247, 286. — *De psalmorum usu liber cum variis formulis ad res quotidianas accommodatis*, P. L., t. ci. col. 465, 508, divisé en deux parties : dans la première, l'auteur indique quel usage on peut faire des psaumes. Viennent dix-sept prières spéciales pour différentes circonstances, où certaines confessions sont à noter. La seconde partie est faite d'oraisons, de confessions des péchés, de confessions de foi. Peut-être ces *confessiones peccatorum* contiennent-elles une énumération un peu choquante des différentes catégories de fautes. A ce point de vue, Alcuin semble bien dans le goût de l'époque. Cf. *Dict. d'archéol. chrétien. et de liturg.*, t. i, col. 1082. — *Officia per ferias*, attribue à chaque jour de la semaine un certain nombre de psaumes suivis de prières de saints docteurs, de versets, de litanies et d'hymnes. L'authenticité des prières est généralement douteuse. On y trouve pour la *feria secunda* la collection des sept psaumes pénitentiels déjà en usage dans l'Église, et la prière *Libera Domine animam servi tui... sicut liberasti Abraham de Ur Chaldaeorum... etc...* aujourd'hui encore au rituel pour les agonisants.

Ces deux derniers livres sont d'ailleurs fort intéressants pour la manière dont ils s'alimentent aux sources liturgiques les plus anciennes. Résumé de la théologie catholique, expression de la liturgie romaine, complétée, mais non pas absorbée par la liturgie mozarabe et celtique, ils sont à ce point de vue de beaucoup supérieurs aux livres de piété modernes. Apocryphes : le *Liber de divinis officiis*, dans les *Opera supposita*, P. L., t. ci, col. 1173-1286. Suivant Hauréau, qui semble exagéré, il aurait été composé longtemps après Alcuin. *Notices et extraits de quelques manuscrits*, Paris, 1891, t. ii, p. 59. Talhofer croit pourtant qu'on ne peut le faire descendre au delà du x*e* siècle. *Handbuch der katholisch. Liturgie*, 1894, t. i, p. 73 sq.; *Dict. d'archéol. chrétienne et de liturgie*, t. i, col. 1089. — Le *Comes sancti Hieronymi*, recueil des épîtres et des évangiles de la messe, édité par Pamélius, à l'exclusion du lectionnaire dont la publication lui fut longtemps attribuée. *Liturgica latinorum*, t. ii, Præf., p. xi. Cf. dom G. Morin, dans la *Revue bénédictine*, 1898, t. xv, p. 241. Cf. aussi Fr. Wiegand, *Das Homiliarium Karls des Grossen auf seine ursprüngliche Gestalt hinuntersucht*, Leipzig, 1897, t. ii, p. 663-664, contre Varin, mém. cité.

Théologie mystique et ascétique. — Alcuin a exposé ses vues sur l'ascétisme dans quatre Vies de saints : *Scriptum de vita sancti Martini Turonensis*, P. L., t. ci, col. 657-664; *Vita sancti Vedasti episcopi Atrebatensis*, en vers, P. L., t. ci, col. 663-682; *Vita sancti Richarii presbyteri*, P. L., t. c, col. 681-694; *Vita sancti Willibrordi Trajectensis episcopi libri II*, P. L., t. ci, col. 663-682.

III. L'EXÉGÈTE. — On ne s'étonnera pas des amples connaissances théologiques d'Alcuin, si l'on se rappelle que chez lui le théologien s'explique par l'exégète. Nombreux sont, en effet, ses ouvrages sur l'Écriture et les Pères.

Interrogationes et responsiones in Genesim, P. L., t. c, col. 516-566, cf. col. 565-570. — *Enchiridion seu Expositio pia ac brevis in psalmos paenitentiales, in psalmum cxviii et graduales*, P. L., t. c, col. 570-638. — *Compendium in Canticum canticorum*, P. L., t. c, col. 641-664, cf. col. 663-666. — *Commentaria super Ecclesiasten*, P. L., t. c, col. 667-722. — *Interpretationes nominum Hebraicorum progenitorum D. N. J. C.*, P. L., t. c, col. 725-734. — *Commentaria in sancti Joannis evangelium*, P. L., t. c, col. 743-1008, cf. col. 737-744. — *Tractatus super tres sancti Pauli ad Titum, ad Philemonem et ad Hebraeos epistolas*, P. L., t. c, col. 1009-1084, cf. col. 1083-1086. — Quelques lettres. Cf. P. L., t. c, col. 422-428, 476.

Ouvrages douteux. — 1° Le *Commentarium in sanctum Matthaeum*, attribué à Alcuin sans preuves valables par Monnier, *Alcuin et son influence littéraire, religieuse et politique chez les Francs*, Paris, 1853, p. 255-261. — 2° Le *Commentariorum in Apocalypsim libri V*, publié par le cardinal Mai et réédité, P. L., t. c, col. 1087-1156, est aujourd'hui regardé comme suspect.

Quant aux travaux d'Alcuin sur les ouvrages des Pères, la *Vita Alcuini*, composée peu après sa mort, nous en dit ces mots : *Collegit multis de Potrum operibus homiliarum duo volumina*. Cf. Mabillon, *Acta sanct. ord. sancti Bened.* saec. IV, 1re part., c. XXII, p. 158, et *Anal.*, t. II, p. 329. M. L. Delisle, avec toute l'autorité de sa méthode, prétend comme chose à peu près certaine que le second de ces volumes est aujourd'hui à la Bibliothèque nationale. Cf. *Bibliothèque nationale : Manuscrits latins et français ajoutés au fonds des nouvelles acquisitions pendant les années 1875-1891*, Paris, 1891, t. I, p. 353, et *Notice sur les manuscrits disparus de la bibliothèque de Tours pendant la première partie du XIXe siècle*, dans *Notices et extraits des manuscrits de la Bibliothèque nationale et autres bibliothèques*, Paris, 1884, t. XXXI, 1re part., p. 194. Selon D. G. Morin, cet homéliaire ne serait autre que le n. *14302* de la Bibliothèque nationale de Paris, provenant du fonds de Saint-Victor où il figurait sous le n. *189*. Cf. *Revue bénédictine*, 1892, p. 491-497. Suivant dom Cabrol, l'attribution serait des plus vraisemblables. Cf. *Dict. d'archéol. chrét. et de liturg.*, t. I, col. 1077. Il est à noter que cet homéliaire est à l'usage des prédicateurs, à la différence de celui dit de Paul Warnefride ou Paul Diacre, attribué par Varin à Alcuin et qui contient des lectures pour l'office divin. D'ailleurs Mabillon, Werner et dom G. Morin sont d'un avis différent sur cette dernière attribution. Cf. G. Morin, *Rev. bénédictine, loc. cit.*, p. 491-492; Mabillon, *Vet. analecta*, p. 18; K. Werner, *Alcuin und sein Jahr*, Paderborn, 1876, p. 38.

C'est même de l'encyclopédie même de l'époque que l'on retrouve dans les œuvres d'Alcuin. Si l'on ajoute à la nomenclature précédente les lettres qui nous sont restées, pages d'histoire les plus importantes pour le temps de Charlemagne (*P. L.*, t. c, col. 139-152; cf. Th. de Sickel, *Alcuinstudien*, dans *Sitzungsberichte der königl. Akademie der Wissenschaften*, Berlin, 1875, t. LXXIX, p. 461), on se rendra compte de l'influence exercée sur la période carolingienne par l'homme de science et d'action, le savant et le maître, véritable auteur de la renaissance intellectuelle en France et en Allemagne aux IXe, Xe et XIe siècles.

I. ÉDITIONS. — Les meilleures sont : Duchesne (Quercetanus), 1 vol., Paris, 1617. — Froben, 2 vol., Ratisbonne, 1777, reproduite dans *P. L.*, t. c et CI. *Monumenta Alcuiniana*, de MM. Wattenbach et Duemmler, Berlin, 1873, au t. VI de la *Bibliotheca rerum Germanicarum* de Jaffé. On y trouve: *Vita sancti Willibrordi. De fratribus, regibus et sanctis Euboricæ* (autre titre de *Poema de pontificibus et sanctis ecclesiae Eboracensis*). *Epistolæ*. — La chronologie des lettres d'Alcuin n'est pas établie définitivement. Elle a été étudiée par Th. de Sickel, dans *Sitzungsberichte der Akademie der Wissenschaften*, 1875, t. LXXIX, p. 461-550, et Duemmler, dans *Monumenta Germaniæ historica, Epistolæ carolini aevi*, Berlin, 1895, t. II, p. 1-493, 615. — Les poésies d'Alcuin ont été rééditées par Duemmler, *Monumenta Germaniae historica, Poetae latini medii aevi*, t. I, p. 160-351. — La *Bibliothek der katholischen Pedagogik* de Runz a publié des textes d'Alcuin dans Meyer, *Schriften von Columban, Alkuin*, Fribourg-en-B., 1890. — Sur les éditions des œuvres d'Alcuin, A. Potthast, *Bibliotheca latina medii aevi*, Berlin, 1897, t. I, p. 33, 35.

II. SOURCES. — *Beati Flacci Alcuini vita*, composée entre 823 et 829, sur les indications de Ligulf, élève favori d'Alcuin, dans *P. L.*, t. c, col. 89-106. Cf. *Bibliotheca hagiographica latina*, Bruxelles, 1898, t. I, p. 41. — Lettres d'Alcuin, *P. L.*, t. c, col. 139-512.

III. TRAVAUX. — Outre les travaux cités au cours de l'article, R. Werner, *Alcuin und sein Jahrhundert, ein Beitrag zur christlichtheologischen Literargeschichte*, Paderborn, 1876; Vienne, 1881. — Duemmler, *Zur Lebensgeschichte Alcuins*, dans *Neues Archiv der Gesellschaft für ältere deutsche Geschichtskunde*, 1893, t. XVIII, p. 53-70. — F. Monnier, *Alcuin et Charlemagne*, Paris, 1853-1861. — Ohecke, *De academia Caroli Magni*, Aix-la-Chapelle, 1817. — Baehr, *De lit. studiis a Carolo Magno revocatis ac scholæ palatina instaurata*, Heidelberg, 1856. — Gaston Paris, *Histoire poétique de Charlemagne*, Paris, 1865. — Hauréau, *Charlemagne et sa cour, 742-814*, Paris, 1808. — Mullinger, *The schools of Charles the Great and the restoration of education in the ninth century*, Londres, 1877. — West, *Alcuin and the rise of the christian schools*, New-York, 1892. — C. J. B. Gaskoin, *Alcuin, his life and his work*, Londres, 1904. — Dom Cabrol, *L'Angleterre chrétienne avant les Normands*, Paris, 1909, contient une excellente bibliographie générale sur l'époque, en Introduction, et une bibliographie spéciale sur Alcuin, p. 146, 163. — Fosbroke, *British monasticism*, Londres, 1802; 3e édit. 1841, souvent fautif, mais le plus complet pour la vie intérieure des monastères. — W. Turner, *Irish teachers in the carolingian revival of letters*, dans *Catholic univ. bulletin*, t. VIII, n. 4; à part, Baltimore, 1907. — Edmonds, *The irish element in medieval culture*, New-York, 1891 (traduct. de l'étude de Zimmer, dans *Preussische Jahrb.*, janvier 1887). — J. Parmentier, *Les écoles en Angleterre et en Irlande avant la conquête des Normands*, dans *Bullet. de la faculté des lettres de Poitiers*, 1891, t. IX, p. 155-168; réimprimé dans la seconde partie de son *Histoire de l'éducation en Angleterre*, Paris, 1896 (trop sommaire). — *Greek and hebrew learning in irish monasteries*, dans G. T. Stokes, *Ireland and the celtic Church*, Londres, 1888. — Ebert, *Histoire générale de la littérature du moyen âge en Occident*, trad. Aymeric-Condamin, 1883-1889, t. II, p. 17-43, 377, 379. — Monod, *Études critiques sur les sources de l'histoire carolingienne*, Paris, 1898. — Ampère, *Histoire littéraire de la France*, 2e édit., Paris, 1868, t. II, III. — Bähr, *Geschichte der römischen Litteratur in karolingischen Zeitalter*, Carlsruhe, 1840, t. III, p. 78-84, 192-196, 302-351. — Prou, *Manuel de paléographie*, Paris, 1910, ch. V. — Wattenbach, *Deutschlands Geschichtsquellen*, 6e édit., 1893-1894, t. I. — Rahn, *Geschichte der karolingischen Miniaturmalerei*, 1878. — P. Martin, *Saint Étienne de Harding et les premiers recenseurs de la Vulgate latine*, *Théodulfe et Alcuin*, Amiens, 1887. — Probst, *Die ältesten römischen Sacramentarien und Ordines*, Munster, 1892, p. 302, 393, 366, 381. — V. Thalhofer, *Handbuch der kathol. Liturgie*, Fribourg-en-B., 1894, t. I, p. 72-74. — *Alkuins Leben und Bedeutung für den religiösen Unterricht Wissensch. Beilage zum Jahresbericht der kaiserin Augusta-Gymnasium zu Coblenz*, Coblentz, 1902. — Molinier, *Les sources de l'histoire de France*, t. I, p. 191. — *Alcuin club collections Pontifical series*, by W. Howard, Londres, 1901. — Lingard, *History and antiquities of the anglo-saxon Church*, 1896, t. II, p. 203. — Hauck, *Kirchengeschichte Deutschlands*, Leipzig, 1897, t. II. — Hunt, *The english Church*, A. D. 597-1066, Londres, 1899. — Ul. Chevalier, *Répert. des sources historiq. du moyen âge, Bio-bibliographie*, 2e édit., t. I, col. 123-125.

P. MONCELLE.

ALD (Saint), *Aldus*, ermite. On ignore l'époque et le lieu où il vécut. Peut-être était-ce un moine de Bobbio. Honoré à Pavie le 10 janvier.

Ferrarius, *Catalogus sanctorum Italiae*, Milan, 1613. *Acta sanctorum*, 1613, jan. t. I, p. 627.

P. FOURNIER.

ALDA. Voir ALDOBRANDESCA, AUDE.

ALDA Y SANCHO (VICENTE), archevêque de Saragosse. Vicente Alda y Sancho naquit d'une famille modeste à Calmarra, au diocèse de Tarazona, le 23 mars 1839. Il fit de brillantes études ecclésiastiques au séminaire de cette ville, avant de se rendre au Central de Tolède, où il obtint la licence et le doctorat en théologie et droit canon avec un grand succès. Il revint ensuite recevoir les ordres sacrés dans son diocèse de Tarazona, où on le nomma aussitôt professeur de philosophie et de théologie et bientôt après recteur du séminaire.

En 1871, à trente-deux ans, il obtint au concours la dignité de chanoine pénitencier de la cathédrale de Sigüenza, et bientôt ses rares mérites le firent nommer recteur du séminaire conciliaire, président des conférences morales du clergé, examinateur synodal, censeur des livres, secrétaire général et administrateur de la mense.

En 1881, il fut promu, par Léon XIII, à la dignité de

chantre de l'église métropolitaine de Saragosse, et ensuite archidiacre, secrétaire général et gouverneur ecclésiastique de l'archidiocèse.

Bientôt le cardinal Benavidès, archevêque de Saragosse, le demanda pour auxiliaire de son vaste diocèse : il fut préconisé évêque titulaire de Derbe, le 7 juin 1886, et consacré, le 22 août, dans la basilique de Notre-Dame del Pilar.

Nommé évêque de Huesca, en Aragon, le 7 juin 1888, il y fit son entrée solennelle le 2 septembre. Deux fois réélu sénateur du royaume pour la province ecclésiastique de Saragosse, il reçut de la reine régente la grand'croix d'Isabelle la Catholique, et pendant sept ans il dépensa sans compter ses forces et son zèle pour le bien de son diocèse. Sa vaste érudition, sa connaissance approfondie des sciences théologiques et du droit canon, sa grande piété et sa sagesse éclairée et prudente en firent bientôt un des prélats les plus remarquables de l'Église d'Espagne ; aussi, le 2 décembre 1895, après la mort du vénérable cardinal Benavidès, il fut appelé à recueillir sa succession au siège métropolitain de Saragosse, dont il prit possession le 2 février 1896. Aussitôt il se mit à l'œuvre; il réforma l'organisation et le plan des études du séminaire conciliaire, dont il obtint l'élévation à la catégorie de *Central Pontifical*, et travailla avec ardeur à la réalisation des vastes projets que son zèle si éclairé et sa piété lui avaient suggérés pour le bien de son clergé et de son vaste diocèse : mais déjà sa santé était atteinte et, ses forces trahissant son courage, il languit longtemps, puis il s'éteignit doucement, le 16 février 1901.

E. BABIN.

ALDAI (ou **ALDAY**) **Y AZPEE** (MANUEL), évêque de Santiago du Chili. Chilien d'origine, né à Conception du Chili, le 14 janvier 1712, de José Aldai et de Josefa d'Azpee, il fit ses études au collège des jésuites de sa ville natale. Il prit les grades de docteur en philosophie et en théologie, puis alla étudier le droit à l'université de Lima. Il entendait embrasser la carrière d'avocat; mais lorsqu'il eut conquis ses grades *in utroque jure*, la vocation à l'état ecclésiastique se manifesta en lui, et il retourna au Chili, après avoir failli obtenir, au concours, le titre de « chanoine doctoral » de la cathédrale de Lima. Il fut ordonné prêtre en 1740, et bientôt le poste de chanoine doctoral du chapitre de Santiago lui échut au concours. En 1747, une université fut fondée à Santiago. Il y fut nommé professeur de droit canonique. En 1753, l'évêque de Santiago, Gonzales Melgarejo, étant transféré à Arequipa, Aldai lui fut présenté par le roi d'Espagne pour lui succéder (8 septembre 1753). Benoît XIV le préconisa le 26 novembre 1753 et lui-même prit en main l'administration de son Église le 7 mai 1754. Il avait quarante-deux ans.

Ses vertus, son éloquence, son zèle et ses travaux apostoliques, le rôle qu'il joua dans l'histoire religieuse de son pays, font de lui un des prélats les plus célèbres de l'Amérique latine. Il visita son immense diocèse jusque dans les localités les plus éloignées, à trois reprises au moins, faisant partout œuvre de missionnaire, de père charitable et de réformateur. Il tint, de décembre 1762 à mars 1763, un synode diocésain, dans lequel il édicta des ordonnances disciplinaires intéressant le clergé, les communautés religieuses et les fidèles de son diocèse. Il assista et eut une part prépondérante au concile provincial de Lima, en 1772. Son remarquable mémoire sur *Les attributions véritables et législatives du concile provincial* trancha définitivement les disputes qui s'étaient élevées parmi les Pères, relativement à la compétence de l'assemblée. Bien souvent sa parole autorisée rallia l'unanimité des sentiments au cours des discussions synodales. L'enthousiasme des auditeurs le comparait à saint Ambroise ou à Osius de Cordoue. Sous son épiscopat, en 1767, les jésuites furent expulsés du Chili par ordonnance royale. L'évêque, respectueux de la décision souveraine, engagea les communautés religieuses à l'accepter sans récriminations, en priant pour les expulsés. Lui-même s'efforça de remplacer les jésuites par d'autres religieux ou par des prêtres séculiers. Il se montra plus résolu dans une circonstance où il eut à défendre le droit d'asile des églises contre les hauts magistrats de la cour royale de Santiago. Il alla jusqu'à menacer ceux-ci des peines ecclésiastiques, s'ils ne rapportaient telle mesure attentatoire à cette immunité. Le roi d'Espagne trancha en sa faveur (1786). L'évêque établit des conférences de morale dans sa cathédrale; il institua une confrérie pour l'instruction religieuse, nommée *École de Jésus-Christ*, et fonda une bibliothèque populaire. Il aida à l'érection du monastère des dominicaines de Santiago et consacra 160 000 piastres à la construction d'une nouvelle cathédrale que son prédécesseur avait commencée. Sous son épiscopat, en 1769, l'ancienne avait été la proie d'un violent incendie. Don Manuel Aldai mourut le 19 février 1788. Son successeur, Blas Sobrino y Minayo, fut préconisé le 15 décembre suivant.

On a de Mgr Aldai le recueil des ordonnances synodales; le traité *De las Attributions... du concile provincial*, publié à Lima par Gallegos; un rapport sur l'état du diocèse de Santiago adressé au pape, le 6 septembre 1762, qui valut à son auteur un bref infiniment élogieux (1er octobre 1763). Il fut imprimé à Lima, en 1773. Ajoutons à cela des recueils de sermons et d'homélies.

Alcedo, *Diccionario de las Indias*, Madrid, 1788, t. IV, p. 501. — Eyzaguirre (trad. Poillon), *Histoire ecclésiastique, politique et littéraire du Chili*, Lille, 1855, t. II, p. 92-100. Voir, p. 126-151, l'analyse des ordonnances synodales; p. 160-169, celle des actes du concile de Lima; p. 232-251, le rapport au pape sur l'état du diocèse et la réponse du pape. Voir encore p. 196, 225-226, 254, 255, 300-301; t. III, p. 130-144. — Gams, *Series episcoporum*, p. 143.

J.-M. VIDAL.

ALDARIC (*Adalricus puerulus*), moine de Bèze, massacré par les Normands, en 888, en même temps qu'Ageran (t. I, col. 949) et ses compagnons.

A Cunfin (Aube), le culte de saint Aldaric est en grand honneur. Dans un diplôme de la collégiale Saint-Urbain de Troyes, ce saint est désigné *sanctus Adalricus de confiniis sancti Eugendi*, saint Aldaric de Cunfin, paroisse de l'abbaye de Saint-Cyan ou Saint-Claude. L'abbé Roussel, *Le diocèse de Langres*, t. III, p. 250, affirme qu'il y a identité entre ce saint et le martyr de Bèze. L'analogie de leurs deux légendes nous permet de le croire.

Chronique de Bèze, édit. Bougaud et Garnier, p. 279. — Courtépée, *Description du duché de Bourgogne*, Dijon, 1854, t. IV, p. 435. — Manuscrit Denizot, *Les saints du diocèse de Dijon*, t. I, p. 35.

J. G. GOSSEL.

ALDAVE (DOMINGO DE), cistercien, originaire des provinces basques, moine à Huerta. Il professa la philosophie au collège de Meyra et la théologie à Monte de Ramo et à Salamanque. Il fut élu abbé de Huerta et, en 1626, général réformateur de la congrégation de Castille. Il a composé des commentaires, *In universam Aristotelis logicam; In isagogen Porphyrii; In physicam* et *In metaphysicam*, ainsi que divers traités théologiques, dont on ne donne pas les titres. Aucun de ces ouvrages n'a été édité.

C. de Visch, *Bibliotheca scriptorum S. ord. Cisterciensis*, Cologne, 1656, p. 84.

R. TRILHE.

ALDAY (Francisco Xavier), franciscain, missionnaire au Chili. Né, paraît-il, en Castille (Espagne), en 1750, il prit l'habit religieux dans la province franciscaine de Cantabrie (Cantabria), où il fit sa profession en 1767, pour passer ensuite au collège des Missions de Chillan, au Chili, en 1774. Religieux entreprenant et adroit, il fut missionnaire à Mariquina (1786) et fonda les missions de Riobueno et de Dallipulli. En 1792, le gouverneur du Chili lui confia la mission de soumettre les Indiens révoltés. Le P. Alday y réussit parfaitement, et on le chargea ensuite de repeupler la ville déserte d'Osorno. En 1803, il fut élu préfet des Missions du Collège. Les vibrants appels et rapports adressés par lui au gouvernement du Chili sont de remarquables plaidoyers pour la cause de la justice vis-à-vis des Indiens et en faveur de la patrie espagnole. Après la révolution qui détacha le Chili de l'Espagne, le P. Alday passa à la province franciscaine de la Très-Sainte-Trinité au Chili. Il y mourut en 1826.

Rob. Lagos, *Historia de las misiones del Colegio de Chillán*, Barcelone, 1908, t. I, p. 273 sq., 335 sq., 358 sq., 380 sq., 547 sq., 572.

M. Bihl.

ALDE MANUCE. Voir Manuce (Alde).

ALDEBALD, moine à Cluny, dans la première moitié du x° siècle. Il vivait sous saint Odilon, successeur immédiat de saint Maïeul. Trouvant imparfaite la vie de celui-ci écrite par Syrus, il entreprit de la compléter. Ses additions, de peu de valeur historique, consistent en une préface placée en tête de chacun des trois livres et de nombreux vers semés à travers le récit. Il retrancha la préface de Syrus, abrégea quelques passages et subdivisa en deux le III° livre. En outre, Aldebald a placé en tête un récit du sac de Lérins par les Sarrasins, sans aucun rapport avec saint Maïeul et sa vie. Les additions d'Aldebald sont fort obscures et parfois totalement inintelligibles.

L'ouvrage a été composé avant la mort de saint Odilon (1049), qui le loue beaucoup et spécialement pour les vers dont il est émaillé.

Cette *Vie* a été éditée par les bollandistes, *Acta sanct.*, maii t. II, p. 668.

Ceillier, *Hist. des aut. sacrés et eccl.*, Paris, 1863, t. XIII, p. 149. — *Hist. litt. de la France*, 1746, t. VII, p. 409. — Leyser, *Poet. med. aevi*, 1721, p. 291. — Mabillon, *Act. sanct. ord. S. Ben.*, t. VII, p. 760. — A. Molinier, *Les sources de l'hist. de France*, 1902, t. II, n. 2312.

P. Fournier.

1. ALDEBERT ou **ALDOBERT**. D'origine inconnue, Aldebert prit l'habit bénédictin à Montier-la-Celle, quelque temps après la mort du fondateur de l'abbaye. Ses rares qualités le firent élire par les religieux pour troisième abbé. Il remplit cette charge avec une telle distinction que, en 695, Ragembert, évêque de Troyes, étant décédé, le clergé le choisit pour lui succéder. Il gouverna le diocèse avec zèle et édification. On le croit mort vers l'année 710. Il fut inhumé dans le monastère qu'il avait comblé de biens et illustré par ses vertus.

Bien que quelques auteurs le rangent parmi les saints, il ne reçut aucun culte dans l'Église de Troyes.

N. Camuzat, *Promptuarium sacrarum antiquitatum Tricassinae dioecesis*, fol. 6 et 158. — Mabillon, *Annales O. S. B.*, t. III, p. 6.

Arthur Prévost.

2. ALDEBERT, aurait été archevêque de Bordeaux vers le milieu du x° siècle, d'après Lopes et les auteurs du *Gallia christiana*, qui se bornent, d'ailleurs, à reproduire les arguments de Lopes. Son sceau se trouverait, en effet, dans l'acte d'une donation que le comte de Bordeaux, Guillaume le Bon, aurait faite, à cette époque, des églises du Taillan et de Soulac à l'abbaye Sainte-Croix de Bordeaux. Mais la copie de cet acte (l'original n'a pas été retrouvé) est postérieure au xii° siècle. D'autre part, l'existence de comtes de Bordeaux, au temps où Aldebert aurait été archevêque de cette ville, est très discutée; en tout cas, l'existence d'un comte de Bordeaux du nom de Guillaume le Bon n'est attestée par aucun autre document certain.

L'Église métropolitaine et primatiale, Sainct-André de Bourdeaux, par M. Me Hierosme Lopes. Réédition annotée et complétée par l'abbé Callen, Bordeaux, 1882-1884, t. II, p. 162 sq. — *Gallia christiana*, t. II, col. 798; *Instrumenta*, col. 267. — A. Richard, *Histoire des comtes du Poitou*, 1903, t. I, p. 42, n. 3.

G.-G. Lapeyre.

3. ALDEBERT. Élu évêque d'Agen, en 1118, et confirmé la même année au concile d'Angoulême, il assista au concile de Toulouse tenu, en 1119, par Calliste II. A la prière de ce pape, il consentit, après s'y être d'abord opposé, à l'union du chapitre de Sainte-Livrade et l'abbaye de la Chaise-Dieu. La comitalie d'Agen, *comitalia de Agenno*, dont avaient déjà joui quelques-uns de ses prédécesseurs, lui fut confirmée par Guillaume IX, duc d'Aquitaine. Ami et bienfaiteur des moines de la Grande-Sauve, auxquels il donna plusieurs paroisses de son diocèse, il assista, en 1128, à la confirmation, par ce même duc, des privilèges et possessions de leur abbaye. Il mourut peu de temps après, le 28 avril 1128/1129.

Gallia christiana, t. II, col. 908-909.

A. Durengues.

4. ALDEBERT, fut évêque d'Agde au commencement du xii° siècle. Il serait mort le 24 juin 1130, d'après le nécrologe de Cassan. Deux actes authentiques nous permettent au moins de fixer la durée approximative de son épiscopat. Le 29 octobre 1123, il est témoin dans une donation que font Elzéar de Castries et sa femme à l'abbaye d'Aniane. Devic-Vaissete, *Hist. génér. de Languedoc*, édit. Privat, t. v, col. 904, et *Cartulaire d'Aniane*. En mai 1129 (1130), il assiste au concile de Narbonne. *Hist. génér. de Languedoc*, col. 959. Certains, en particulier Fisquet, *France pontif.*, Montpellier, 1re partie, p. 436, ont voulu l'identifier avec un jurisconsulte de ce nom. Cette opinion nous parait bien hasardée. En effet, nous ne connaissons qu'une seule charte dans laquelle il soit fait mention de ce jurisconsulte, elle porte la date du 22 octobre 1127. *Hist. génér. de Languedoc*, loc. cit. Or, à cette époque, Aldebert était évêque d'Agde. Il est vrai que la date de cette charte est douteuse.

Outre les ouvrages cités et le *Gallia christiana*, t. VI, col. 675, et *Instrum.*, col. 34; voir abbé Cassan et E. Meynial, *Cartulaire d'Aniane*, Montpellier, 1900, p. 179, 180, 223. — Balthasar Jordan, *Hist. de la ville d'Agde*, Montpellier, 1824, p. 351.

J. Rouquette.

5. ALDEBERT, évêque de Senez. Le 28 décembre 1122, il fait à Rodolphe, abbé de Saint-Victor de Marseille, donation de tout ce que ce monastère possédait dans le diocèse de Senez. Guérard, *Cartulaire de l'abbaye de Saint-Victor de Marseille*, Paris, 1857, t. II, p. 416-418. En 1146, il sert de témoin dans un jugement rendu par Guillaume, archevêque d'Embrun.

Gallia christiana, 1725, t. III, col. 1254; *Instrum.*, col. 206, 236.

U. Rouziès.

6. ALDEBERT. Voir Adalbert.

1. ALDEBRAND. Voir Aldobrando.

2. ALDEBRAND (Étienne). Voir Étienne Cambarou.

ALDEGARDI ou **ALDERGARDI** (NICCOLO), évêque de Trieste. D'abord chanoine et écolâtre, puis doyen du chapitre de cette église, canoniste et juriste distingué, originaire de Vérone, il fut le candidat présenté par le roi des Romains, Sigismond, aux suffrages du chapitre de Trieste, en 1424, comme successeur de l'évêque Giacomo dei Balardi. Les chanoines l'élurent, mais le pape Martin V refusa de l'agréer et, en dépit du mécontentement du clergé et du peuple, il nomma Marino *de Carnotis*, évêque de Trau (11 décembre 1424). A la mort de Marino, le chapitre élut de nouveau Aldegardi, qui, cette fois, fut accepté par Eugène IV (29 novembre 1441). Le 19 janvier 1442, il s'obligea à payer le service commun de 300 florins, taxe de son Église. A sa mort (survenue le 4 avril 1447), le chapitre ayant été privé de son droit d'élection, le pape promut Eneas Silvius Piccolomini (19 avril 1447), le futur Pie II. Cette même année, l'empereur Frédéric III obtint du Saint-Siège le droit de présenter l'évêque de Trieste, à condition qu'il le choisît en dehors de cette Église.

Cappelletti, *De Chiese d'Italia*, t. VIII, p. 701-702. — Eubel, *Hierarchia cath.*, t. II, p. 272. — *Schede di Garampi. Vescovi* : art. *Tergestin*. — Stancovich, *Uomini distinti d'Istria*, 1828, t. I, p. 282-283. — Ughelli, *Italia sacra*, éd. 1720, t. V, col. 581-582.

J.-M. VIDAL.

1. ALDEGARIUS Ier ou **ALDÉGUIER**, évêque d'Albi entre 1083 et 1085. L'existence de ce prélat, ignorée par la *Gallia christiana*, est attestée par trois chartes datées de 1083, 1084 et 1085. Ce sont trois actes de donations aux hospitaliers de Saint-Jean de Jérusalem de biens situés dans le diocèse d'Albi, fonds retenus par l'évêque Aldegarius. Ces pièces sont conservées aux archives de la Haute-Garonne, fonds Rayssac, et ont été publiées pour la première fois par M. Saige, *De l'ancienneté de l'hôpital de Saint-Jean de Jérusalem*, mémoire publié dans la *Bibliothèque de l'École des chartes*, 1864.

Il est difficile de regarder cet Aldéguier comme un évêque légitime d'Albi; car, dès 1079, un évêque d'Albi, Guillaume, est signalé dans l'acte d'union de l'abbaye de Saint-Michel de Gaillac à la congrégation de la Chaise-Dieu, et nous retrouvons sa signature dans deux pièces datées de 1090. On pourrait supposer qu'Aldéguier était un intrus. En 1079, l'évêque d'Albi, Frotard, fut déposé, comme simoniaque, par le concile de Toulouse et remplacé par Guillaume. Il se maintint toutefois sur son siège jusqu'à sa mort qui arriva en 1083. Peut-être ses partisans lui donnèrent-ils un successeur en la personne d'Aldéguier.

Voir note par E. Cabié, dans *Revue du Tarn*, t. III, p. 132.

L. DE LACGER.

2. ALDEGARIUS II DE PENNE, évêque d'Albi vers 1108. Son nom est orthographié Adelgarius par le *Chronicon episcoporum Albigensium*. Il figure dans deux chartes sans date. Par la première, Aldéguier, d'accord avec les chanoines de Sainte-Cécile d'Albi, fait donation à Pierre, abbé de Saint-Pons de Thomières, de l'église de Saint-Remi de Lautrec, où fut érigé un prieuré conventuel. Les limites extrêmes de la rédaction de cet acte sont l'année 1100 (élection de l'abbé Pierre), et l'année 1108 (mort du roi Philippe donné comme alors régnant). Or, Arnaud de Cessenon occupait encore le siège d'Albi en 1103. Dans la seconde charte, d'accord avec son frère, l'évêque donne au vicomte d'Albi, Bernard-Aton, Penne, son château de famille, en alleu pour le recevoir de lui en fief. L'acte, étant rédigé *Ludovico regnante rege*, ne peut être antérieur à 1108.

Dom Vaissete a déjà fait remarquer que c'est à tort que la *Gallia christiana* a dédoublé ce prélat en deux Aldegarius, l'un siégeant en 1103, et l'autre en 1109-1110. *Hist. génér. de Languedoc*, édit. Privat, t. IV, note 9; cf. t. III, p. 593.

Les deux chartes ont été publiées : la première par E. Cabié, dans la *Revue du Tarn*, t. VIII, p. 294 : *Dates de quelques chartes albigeoises des XIe et XIIe siècles*; la seconde, dans l'*Histoire génér. de Languedoc*, édit. Privat, t. V, col. 807.

L. DE LACGER.

ALDEGATI (AMBROGIO), évêque dominicain de Casale, né à Mantoue, prit l'habit religieux et fit profession dans le couvent de Saint-Dominique de la même ville. Il enseigna la théologie au *Studium* de Mantoue et remplit plusieurs fois la charge de prieur du couvent, 1538-1540, 1545-1547, 1549-1551, 1556, mais il ne semble pas avoir achevé le dernier priorat, car, la même année, se trouve signalé comme prieur de Mantoue le P. *Dominicus de Sarasinis*. Une cinquième fois il fut élu, en 1566, mais il ne put achever son temps de charge, ayant été nommé évêque l'année suivante. Todeschini marque aussi Aldegati comme ayant gouverné le couvent de Brescia, en qualité de prieur, une première fois en 1546, une autre fois en 1558. Dans la liste des inquisiteurs de la foi pour Mantoue et le duché du même nom, le P. Aldegati figure de 1553 à 1567. Il eut pour successeur dans cette fonction Camillo Campegio, qui fut envoyé au concile de Trente. Le duc Guillaume de Mantoue, très affectionné à Aldegati, le présenta à Pie V comme digne de l'épiscopat; il fut nommé évêque de Casale, le 3 septembre 1567, et sacré à Sainte-Marie-de-la-Minerve, à Rome. Le 28 du même mois, il prenait possession de son siège. Il fut le premier évêque de Casale qui fit exécuter dans son diocèse les décrets du concile de Trente. Il composa pour son diocèse des *Constitutions*, qui s'observaient encore en 1734, au témoignage de Bono, qui écrivait vers la même date. Aldegati mourut le 8 avril 1570, et fut enseveli dans l'église de son ordre, à Casale.

Hieron. de Bono, *De Casalensis Ecclesiae origine atque progressu*, etc., Turin, 1734. — Giov.-Franc. Todeschini, *Catalogus priorum conventus S. Dominici Mantuae*, ms. 1736, Arch. gen. — *Tabula fidei quaesitorum Mantuae, ejusdemque ducatus*, ms. 1736, ibid. — Ughelli, *Italia sacra*, Venise, 1719, t. IV, col. 573. — Eubel, *Hierarchia catholica*, t. III, p. 170, donne le 18 avril comme date de la mort d'Aldegati.

R. COULON.

1. ALDEGONDE (Sainte) de Tronchiennes. Fille d'un saint Basin, décoré des titres de roi et de martyr, dont la légende bien tardive est plus que sujette à caution, Aldegonde aurait vécu avec son père à Tronchiennes, du temps de saint Amand (VIIe siècle). Ses reliques étaient conservées dans l'église abbatiale de Tronchiennes, de l'ordre de Prémontré, et sa fête se célébrait le 20 juin.

Acta sanctorum, 1707, jun. t. IV, p. 25; 1723, julii t. III, p. 699-702. — *Acta sanctorum Belgii*, Bruxelles, 1789, t. V, p. 226-232. — Martin Steyt, *Het leven ende mirakelen van de heylighe ende glorieuse martelaeren Basinus ende Gerulphus ende de heylighe maghet Aldegondis...*, Gand, 1658. — L. Goovaerts, *Écrivains de l'ordre de Prémontré*, Bruxelles, 1902, t. II, p. 205-206.

U. BERLIÈRE.

2. ALDEGONDE (Sainte), naquit de parents pieux, Walbert et Bertille, sous le règne de Dagobert Ier.

Après avoir refusé toutes les offres de mariage qui lui furent faites, elle se consacra à Dieu sous l'influence de sa sœur Waudru, abbesse à Mons, et devint la fondatrice du monastère de Maubeuge. Sa vie est remarquable par les visions célestes qui la favorisèrent souvent. M. Van der Essen a montré péremptoirement qu'il faut fixer au 30 janvier 684 la date de sa mort. Il existe plusieurs biographies de la sainte. M. Van der Essen, dont l'ouvrage traite complètement les diverses questions relatives à cette vie, considère la plus ancienne comme écrite par un contemporain. Après sa mort, le corps de la sainte fut transporté à Cousolre et enfin placé dans l'église du chapitre de Maubeuge. La châsse, merveille d'orfèvrerie, fut détruite à la Révolution ; mais les reliques se trouvent aujourd'hui dans l'église paroissiale. Celle-ci possède une chasuble qu'Arnould de Raisse dit avoir été fabriquée par sainte Aldegonde pour saint Aubert. M. de Linas a démontré que cette chasuble appartient au XIe siècle.

Van der Essen, *Étude critique et littéraire sur les Vitae des saints mérovingiens de l'ancienne Belgique*, Louvain, 1907, p. 219-231. — *Acta sanct.*, jan. t. III, p. 651-667. — Ghesquière, *Acta sanct. Belgii*, t. IV, p. 315 sq. — Basilides, *Vie de sainte Aldegonde*, Arras, 1623. — De Raisse, *Hierogazophylacium Belgium*, p. 13. — *Revue de l'art chrétien*, t. III, p. 106-111.

H. DUBRULLE.

ALDEGRIN. Voir ADEGRIN, t. I, col. 514.

ALDEMAR (Saint). Originaire de Capoue, moine au Mont-Cassin, il fut placé plus tard à la tête du monastère de Saint-Laurent de Capoue, fondé en 982 par Aloara, veuve de Pandulphe Tête de Fer. Préférant ensuite la vie monastique, il se retira à Bojano et fut amené à fonder plusieurs monastères dans le sud de l'Italie ; il mourut à Bucchianico. *Vita S. Aldemarii*, laquelle forme le c. LXIX de l'*Ortus et vita justorum coenobii Cassinensis*, dans le cod. *361* du Mont-Cassin ; édit. par Henschen, dans *Acta sanct.*, mart. t. III, p. 487-490. Cette vie anonyme, écrite probablement au Mont-Cassin sous l'abbé Didier, fut interpolée par Pierre Diacre (édit. Michael Monachus, *Sanctuarium Capuanum*, Naples, 1630, p. 166-176 ; Mabillon, *Acta sanct. O. S. B.*, saec. VI, p. II, p. 625-630), qui fait vivre Aldemar dans la seconde moitié du XIe siècle (*Chronic. Cassin.*, III, 56, *P. L.*, t. CLXXIII, col. 793 ; *Mon. Germ. hist.*, *Script.*, t. VII, p. 742) et le confond avec Aldemar, maître de Léon d'Ostie, qui devint plus tard cardinal et abbé de Saint-Laurent hors les murs à Rome. *Chron. Cassin.*, III, 24, *P. L.*, t. CLXXIII, col. 743 ; *Mon. Germ. hist.*, *Script.*, t. VII, p. 715.

Mabillon, *Annales O. S. B.*, t. V, p. 237-238. — Erich Caspar, *Petrus Diaconus und die Monte Cassineser Fälschungen*, Berlin, 1909, p. 44-46.

U. BERLIÈRE.

ALDENBERG ou **ALDENBURG**, monastère de l'ordre des prémontrés. Voir ALTEMBURG, près Wetzlar.

ALDENBRUECK (AUGUSTIN), jésuite et archéologue allemand, né à Cologne le 27 août 1724, et reçu dans la vie religieuse le 21 octobre 1742, enseigna les belles-lettres et la philosophie ; il était, en 1773, sous-régent du collège et prédicateur à Cologne. Il se livra à des recherches intéressantes sur la religion des anciens Ubiens et en publia le résultat dans son *De religione antiquorum Ubiorum dissertatio historico-mytologica*, petit in-4°, Cologne, 1766 et 1769, qui fut traduit en allemand par Joh. Wilh. Brewer, 2 in-8°, Cologne, 1819, avec 29 figures. Le traducteur a utilisé des additions manuscrites, faites par l'auteur sur un des exemplaires de son ouvrage conservé à la bibliothèque de Hanovre. Aldenbrueck publia en outre : *Ad ampliss. et inclyt. senatum P. Q. A. de Ponte Constantiniano Agrippinensi disquisitio historico-critica*, in-4°, Cologne, 1767, avec une planche représentant le pont. — *In artem diplomaticam isagoge*, 2e édition, in-8°, Cologne, 1669, avec figures. Il laissa en manuscrit un *Elogium R. Patris Friderici de Reiffenberg*, in-4°, conservé aux archives S. J. de Loyola.

Sommervogel, *Bibliothèque S. J.*, Bruxelles, 1890, t. I, col. 148-149 ; 1898, t. VIII, col. 1601.

E.-M. RIVIÈRE.

1. ALDENBURG (*Aldinburg*, *Altenburg*, *Oldenburg*). Ce dernier nom, actuel, est adopté par Hauck et la plupart des historiens. Les premiers sont préférables : ce sont ceux qu'on trouve dans les documents du temps. I. Origine. II. Étendue. III. Histoire sommaire. IV. Liste des évêques.

I. ORIGINE. — La localité, située sur la pointe orientale du Holstein, fut le siège d'un évêché de 968? à 1160. Primitivement elle était la capitale des Wagriens, tribu wende, et s'appelait en slave Star(i)gard. Restés païens, les Wagriens y avaient un sanctuaire constitué par de vieux chênes sans aucune idole. A la suite d'une expédition, l'empereur Otton Ier y établit un évêque. Malheureusement, Adam de Brême et Helmold, qui relatent cette fondation, ne sont pas d'accord. Sur les renseignements de ce dernier, on a adopté les dates de 936 (Giesebrecht), 946 (Heinemann), 952 (Jensen), entre 948 et 955 (Dehio), Mais Lappenberg a démontré que Helmold offre sur cette question peu de garanties et qu'il faut lui préférer Adam de Brême. Appuyés sur ce dernier, Pertz date la fondation d'Aldenburg de 964 (*Archiv*, t. IX, p. 384), Duemmler de 968 (*Otto der Grosse*, p. 505, note 2), Bresslau après 968. *Forschungen z. brandeb. und preussischen Geschichte* t. I, 2, p. 78. Hauck s'en tient à ce que dit Adam et admet que le premier évêque Egward fut ordonné par Adalgag de Hambourg, et non par Adalward de Verden, vers 968, à la suite de l'installation à Stargard d'un nouveau prince favorable au catholicisme, sinon converti, à la cour de Hermann, duc de Saxe.

II. ÉTENDUE. — Le diocèse embrassait la partie du territoire des Wendes, jusque-là considérée comme pays de mission dans l'archevêché de Hambourg, c'est-à-dire depuis le golfe de Kiel jusqu'à Demmin, sans limites bien déterminées au contact avec l'évêché de Havelberg (fondé en 946). Il ne renfermait que des tribus abodrites, parmi lesquelles Adam et Helmold distinguent toutefois trois branches : les Abodrites, les Polabes et les Wagriens ; pour le détail, voir plus loin l'article ALLEMAGNE.

III. HISTOIRE SOMMAIRE. — Bientôt Mistui, chef des Abodrites, profita de l'absence d'Otton II, retenu en Italie par la guerre, pour se rendre indépendant. Il était chrétien. Mais le retour à l'indépendance signifiait, pour son peuple tout au moins, retour au paganisme. Devant la persécution, l'évêque d'Aldenburg, Folcward, abandonna son siège, avant 992, pour devenir missionnaire en Suède. Beaucoup de ses prêtres furent horriblement martyrisés. La foi s'éteignit. Le prévôt Regimbert de Walbeck, un Franconien ordonné évêque des Abodrites par Liewizo de Hambourg, avant le 16 octobre 992, ne put s'installer à Aldenburg et résida à Mecklembourg.

Le prince (il s'appelait Mistizlaw) restait chrétien. Mais, de ce fait, détesté par le peuple, il se vit finalement chassé du pays en même temps que le nouvel évêque Bernhard (1018) et l'Église des Abodrites fut bien menacée. Pourtant Bernhard, au bout d'un certain temps, rentra dans son diocèse. Mais l'empereur Henri II ne put intervenir pour consolider l'Église ébranlée ; plusieurs princes abodrites retournèrent au paganisme et l'évêché végéta jusqu'à l'avènement d'un nouveau potentat, qui prit le nom allemand de Gottschalk et travailla activement à la conversion des Wendes (1045). Il prenait lui-même la parole après les missionnaires, pour rendre leurs discours plus accessibles à son peuple. Des couvents furent érigés à Mecklembourg, Lubeck, Aldenburg, Lenzen et Ratzebourg. Bientôt le nombre grandissant des convertis exigea plus de pasteurs. Après la mort de l'évêque Abelinus, l'archevêque de Hambourg, Adalbert le Grand (1042-1072), qui aspirait, dit-on, à la dignité de patriarche (ci-dessus, t. I, col. 445), fit ériger aux dépens d'Aldenburg deux autres évêchés, à Ratzebourg et à Mecklembourg (1051), avec Ariston de Jérusalem et Jean l'Écossais, comme évêques respectifs. Le siège d'Aldenburg fut occupé par Ezzon. Cette restauration, sans doute trop rapide, ne dura pas. En 1064, les païens, révoltés par les exigences pécuniaires des Saxons, se soulevèrent, égorgèrent Gottschalk et nombre de catholiques, entre autres l'évêque de Mecklembourg (10 novembre 1066). Ceux d'Altenburg et de Ratzebourg réussirent à s'échapper.

Pendant quatre-vingt-quatre ans, les trois évêchés restèrent orphelins, ou plutôt redevinrent païens. A la suite de la croisade contre les Wendes (cf. l'article ALBERT L'OURS, t. I, col. 1469), l'archevêque de Hambourg, Hartwig (1148-1168), rétablit les trois évêchés. Le vieux prévôt du couvent de Wippendorf ou Faldern, plus tard Neumünster, dans le Holstein, saint Vicelin, qui s'était consacré dès 1127 à la reconversion des Wendes et avait bâti, au milieu d'eux, le couvent de Segeberth, en 1136, fut ordonné évêque d'Aldenburg par Hartwig, le 25 septembre 1149. Mais Henri le Lion, duc de Saxe, comme suzerain non consulté, s'opposa à l'intronisation de Vicelin et se saisit des dîmes d'Aldenburg. D'accord avec Hartwig, le nouvel évêque refusa de reconnaître les droits du prince. Dès lors sans appui, il resta presque sans influence, comme auparavant. Il bâtit en Wagrie quelques églises, ne put s'installer à Aldenburg. Enfin, pour échapper à cette paralysie de son zèle, Vicelin céda, malgré Hartwig (décembre 1150). Henri le Lion réussit même à faire reconnaître son droit d'investiture par Frédéric Barberousse, en 1154. Vicelin mort le 12 décembre, la duc lui donna pour successeur un chapelain de sa cour, Gérold, que Hartwig refusa de consacrer. Henri conduisit son candidat au pape Hadrien IV, à l'occasion du couronnement de Frédéric Barberousse, et Gérold fut ordonné à Rome, le 19 juin 1155. Mais il ne voulut pas s'installer à Aldenburg, resté païen et misérable. Il y établit seulement Brunon, compagnon de saint Vicelin. Pour lui, il résida à Eutin, où le duc lui donna des terres. En 1156, il visita Aldenburg, en compagnie du chroniqueur Helmold. Sauf le prince Pribizlaw et quelques-uns de ses gens, il ne se présenta personne à l'église. Au reste, l'évêque ne savait pas le wende et devait lire ses sermons. A Lübeck, où il passa ensuite, Gérold eut encore moins de succès. Il se convainquit bientôt de la nécessité d'appeler des colons allemands. Le comte Adolphe de Schauenbourg, gagné à ces idées, fit bâtir pour eux des églises à Aldenburg et ailleurs.

Enfin Gérold, avec le consentement de Henri le Lion, qui possédait la ville depuis 1157, s'établit à Lubeck, siège plus important et plus sûr qu'Aldenburg. Il y consacra sa cathédrale en juillet 1163 et mourut le 13 août. Presque tous les Slaves avaient alors quitté son diocèse, ou en avaient été chassés. Cf. A. Gloy, *Der Gang der Germanisation in Ostholstein*, Kiel, 1894.

IV. LISTE DES ÉVÊQUES. — Egward, consacré en 968, mort le 13 février, on ignore quelle année. Cf. Wigand, *Arch. für Geschichte Westphalens*, 1826, t. I, p. 344. — Wagon. — Ezico, ordonné comme le précédent par Adalgag de Hambourg, avant 988. On trouve Ezico, en 995, au diocèse de Mayence. — Foleward, ordonné par Liewizo 1er de Hambourg, après 988, devient missionnaire en Suède. — Reginbert, ordonné avant le 16 octobre 992. — Bernhard, consacré par Unwan de Hambourg, entre le 2 février 1013 et le 4 juillet 1014, † 13 août 1023. — Reinhold, † 1032. — Meinher, 1032. — Abelinus Stpehanus, 1035-1043. — Ezzon, † 1082. — Saint Vicelin, 1149, † 12 décembre 1154. — Gérold, 1154-1155, † 13 août 1163. Cf. *Series episcoporum Aldenburgensium*, dans *Mon. Germ., Script.*, t. XIII, p. 347.

Adam de Brême, *Gesta pontificum Hammaburgensium*, dans *Monum. Germ., Script.*, t. VII, p. 267-389, reproduit dans P. L., t. CXLVI, col. 433-662. — Helmold, disciple de l'évêque Gérold, *Chronica Slavorum*, dans *Monum. Germ., Script.*, t. XXI, p. 1-99. L'auteur écrivit en 1170, s'inspirant d'Adam de Brême, mais aussi de sources fabuleuses. Il est exact pour les événements contemporains. — Albert Krantz, rect. de l'Université de Rostock, *Wandalia*, Cologne, 1519; *Metropolis seu historia eccl. Saxon.*, Bâle, 1548, aujourd'hui encore estimables. — Julius Wiggers, *Kirchengeschichte Mecklenburgs*, Parchim, 1840, indique beaucoup de sources: s'inspire trop de Helmold. — L. Giesebrecht, *Wendische Geschichten*, 3 vol., Leipzig, 1843 sq. — W. Leverkus, *Urkundenbuch des Bistums Lübeck*, Oldenburg, 1856. — E. A. J. Laspeyres, *Die Bekehrung Nord-Albingiens und die Gründung des Wagrischen Bisthums Aldenburg-Lübeck*, Brême, 1864. — H. N. A. Jensen, *Schleswig-holsteinische Kirchengeschichte*, 2 vol., Kiel, 1873 sq. — G. Dehio, *Geschichte der Erzbischöfe Hamburg*, Brême, 1877. — L. Nottrott, *Aus der Wendenmission*, Halle, 1897. — R. Wagner, *Die Wendenzeit Mecklenburgs*, Berlin, 1899. — E. Kreusch, *Kirchengeschichte der Wendenlande*, Paderborn, 1902. — A. Hauck, *Kirchengeschichte Deutschlands*, 1896-1903, t. III, IV.

L. BOITEUX.

2. **ALDENBURG.** Voir OUDENBOURG.

ALDENHOVEN, archidiocèse de Cologne, canton de Juliers. Lieu de pèlerinage en l'honneur de la sainte Vierge, né à la suite de la découverte d'une statuette dans un tilleul en 1654, par un paysan, Thierry Mülfahrt, qui chassait les étourneaux. Après une enquête ecclésiastique, Philippe-Guillaume, duc de Juliers, fit bâtir, en 1659, une chapelle, imitée de celle d'Altötting (Bavière), et chargea les capucins de Juliers du pèlerinage. Ceux-ci s'établirent à demeure à Aldenhoven, en 1665, au nombre de trois. Le couvent devint bientôt plus populeux que celui de Juliers. Les pèlerins accouraient surtout de la région comprise entre le Rhin et la Meuse. Parmi les peines judiciaires des XVIIe et du XVIIIe siècle, on rencontre plus d'une fois l'obligation d'accomplir un pèlerinage *in capella patrum capucinorum*.

En 1754, les religieux fêtèrent le centenaire de la découverte de la sainte image durant les trois octaves de la Visitation, de l'Assomption et de la Nativité, restées dès cette époque les dates préférées des pèlerins. Le couvent des capucins fut supprimé en 1804. Il comptait alors dix-huit pères, six novices et six frères lais. Les biens ayant été confisqués par l'État, la statuette fut transférée à l'église paroissiale, au-dessus du tabernacle. En 1854, le deuxième centenaire organisé par le curé Blanchard, à qui on doit, en outre, une collection de documents sur le pèlerinage, attira plus de 70 000 pèlerins.

En 1882, la statuette disparut par le fait d'un vol sacrilège occasionné par les pierres précieuses dont elle était pourvue. Elle fut remplacée par un *fac-similé* qui appartenait au curé Broix (1846-1851). Le style est du gothique primitif, la hauteur de dix à douze centimètres. La Vierge, munie d'un sceptre, tient l'enfant Jésus sur le bras gauche. Aujourd'hui, le chiffre des pèlerins s'élève en moyenne à 10 ou 12 000 par an. Les franciscaines de Olpe (Westphalie) ont une maison à Aldenhoven.

Archives au presbytère de Aldenhoven, notamment les interrogatoires officiels de 1655. — *Stadt der Zuflucht* (par les capucins), 1699, 202 p. in-16. — *Kleiner Kirchen-Kalender eines Marianischen Jubeljahres... Markwest Aldenhoven*, Cologne, 1754. — *Der Pilger nach, zu und von Aldenhoven*, Linnich, 1860. — Brandenberg, *Die Wallfahrt... zu Aldenhoven*, Gulpen, 1878, x-166 p. in-16. Il renvoie aux sources. — Esser, *Der Gnadenort Aldenhoven*, München-Gladbach, 1901, 60 p. in-32. — Moritz, *Aus der Geschichte Aldenhovens*, 1908, 60 p. in-8°, gravures.

L. BOITEUX.

ALDERALD (Saint), archidiacre de Troyes, au Xe siècle. Il est nommé aussi *Adraldus* (*Chronic. S. Petri Vivi Senonensis*, dans d'Achery, *Spicilegium*, t. II, 739; 2e éd., t. II, p. 474) et *Adroldus* (charte de Manassès, évêque de Troyes, 991, dans Camuzat, *Promptuarium Eccl. Tricass.*, 1610, p. 355). On ignore la date de sa naissance, comme celle de sa mort; on sait seulement que celle-ci eut lieu au début du XIe siècle. Il fut créé archidiacre par l'évêque Manassès, entre 982 et 991, année où sa signature figure dans une charte de donation faite à Montierender. Camuzat, *op. cit.*, p. 83. Il était vraisemblablement diacre et non prêtre. Il réforma les chanoines de Troyes, qui s'adonnaient au commerce, et leur donna lui-même l'exemple d'une vie régulière. Il entreprit un voyage aux Lieux saints au cours duquel il faillit être capturé par les pirates. Il ne leur échappa que pour devenir le prisonnier des Turcs, dont les mauvais traitements ne purent lui faire enfreindre la règle des chanoines, particulièrement celle du silence absolu après complies. Il put visiter Jérusalem, Bethléem, la vallée du Jourdain, qu'il traversa plusieurs fois à la nage « pour s'y sanctifier », à l'exemple de Jésus. Il rentra à Troyes par la voie de terre, chargé de reliques palestiniennes, dont un fragment du Sépulcre. Pour conserver dignement ces reliques, il éleva un sanctuaire et un monastère qu'il dota, à « Sambleriae », dit ensuite le Saint-Sépulcre et nommé aujourd'hui Villacerf. Il y mit des moines de Cluny. C'est là qu'il mourut et que son corps fut conservé. On lui éleva un monument en 1803, dans l'église de Villacerf. Honoré dans le diocèse de Troyes le 20 octobre.

Sa *Vie* a été écrite par un contemporain (?) anonyme. La fin semble perdue. Publiée d'abord dans une traduction très libre par N. Des Guerrois, *La saincteté chrestienne contenant les vies, mort et miracles de plusieurs saints*, Troyes, 1637, p. 246 v°-256 r°, puis en latin par R. Breyer, *Vita S. Aderaldi*, 1724; *Acta sanctorum*, 1853, octob. t. VIII, p. 991-993. Des fragments dans Camuzat, *op. cit.*, fol. 56-56 v°.

Et. Binet, *De la sainte hiérarchie de l'Église et la vie de saint Alderald*, 1633. — R. Breyer, préface de l'ouvrage cité. — *Histoire litt. de la France*, 1759, t. XI, p. XXXII. — Lebeuf, dans *Journal de Verdun*, juillet 1752, p. 42. — *Acta sanctorum*, 1853, octob. t. VIII, p. 980-991. — *Bibliotheca hagiographica latina*, 1898, p. 14. — A. Molinier, *Sources de l'hist. de France*, 1902, n° 1406.

P. FOURNIER.

ALDERETE (BERNARDO et JOSÉ). Voir ALDRETE.

1. ALDÉRIC ou **ÉRIC** (Bienheureux), honoré autrefois au diocèse de Cologne, le 6 février. Il serait mort, à l'âge de vingt ans, au monastère des norbertines de Fussenich (Prusse rhénane), où il remplissait la charge de porcher. Sa légende rappelle de tous points celle du bienheureux Alexandre de Foigny. Voir ce nom.

Acta sanctor., 1658, febr. t. I, p. 922-925.

U. ROUZIÈS.

2. ALDÉRIC. Voir ALDRIC, ELRIC.

ALDERSBACH, en Bavière, diocèse de Passau, fut, de 1127 à 1139, un couvent de chanoines réguliers de Saint-Augustin. La fondation ne doit pas en être attribuée à Bernard, comte d'Aldersbach et à ses fils, qui auraient donné ce lieu aux chanoines en 1050, mais bien à saint Otton, évêque de Bamberg. Celui-ci donna en effet, en 1120, aux chanoines une pauvre maison, qu'il dota plus richement peu de temps avant sa mort, le 30 juin 1139. Après le départ des chanoines, Egilbert, successeur d'Otton, du consentement de l'empereur Conrad III et de l'évêque de Passau, céda le monastère aux cisterciens d'Ebrach, qui en prirent possession en 1146. Les moines habitèrent l'abbaye jusqu'en 1803, époque à laquelle le monastère fut supprimé. Les religieux d'Aldersbach se distinguèrent par leur régularité et par leur zèle pour la science; leur belle bibliothèque en est la preuve. Après la sécularisation de l'abbaye, celle-ci fut incorporée à la bibliothèque d'État de Munich.

Aldersbach fonda à son tour trois monastères: Fürstenfeld, en 1258; Fürstenzell, en 1276, et Gottszell, en 1320. Le premier abbé cistercien d'Aldersbach fut Sifrid; il vint d'Ebrach avec les moines et gouverna jusqu'à sa mort, 8 décembre 1182.

LISTE DES ABBÉS D'ALDERSBACH. — Sifrid, 1146-1182. — Eberhard, 1182-1199. — Louis, 1199-1216. — Nicolas, 1216-1232. — Anselme, 1232-1239. — Théodoric, 1239, résigne en 1253. — Albert, 1253-1258. — De nouveau Théodoric, 1258-1277. — Albert II, 1277, résigne en 1280. — Henri Ier, 1280-1295. — Hugo, 1295-1308. — Conrad, 1308-1330. — Henri II, 1330-1336. — Christian, 1336-1338. — Ulric, 1338, résigne en 1340. — Hérold, 1340-1343. — Conrad II, 1343-1361. — Liebhard, 1361-1367. — Henri III, 1367, résigne en 1372. — Nicolas II, 1372, résigne en 1395. — André Ier, 1395-1398. — Henri IV, 1398-1408. — Henri V, 1408, déposé en 1422. — Jacques, 1422-1431. — Godchard, 1431, résigne en 1434. — Jean Ier, 1434, résigne en 1442. — Jean II, 1442 à 1448; il obtint, du concile de Bâle, la mitre et les autres insignes pontificaux, ce qui fut ratifié plus tard par le pape légitime. — Jean III, 1448-1463. — Vitus, 1463-1466. — Georges, 1466-1486. — Simon, 1486-1501. — Jean IV, 1501-1514. — Wolfgang Marins, 1514-1544. — Jean V, 1544-1552. — Barthélemy, 1552 résigne en 1577. — André II, 1577, résigne en 1586. — Jean VI, 1586-1612. — Michel, 1612, résigne en 1635. — Mathieu, 1635-1651. — Gérard, 1651-1669. — Malachie, 1669-1683. — Engelbert Fischer, 1683, résigne en 1705, †1723. — Théobald Ier Grader, 21 octobre 1705-janvier 1734. — Paul Genzger, 29 mars 1734, résigne en 1745. — Théobald II Reitwinkler, 25 octobre 1745-1777. — Otton Doringer, 1777-15 octobre 1797. — Urbain Freml, 1798-1er avril 1803, date de la suppression; il est mort à Straubing en 1809.

Hærtl, *Zur Geschichte d. Klosters Alderspach*, dans *Verhandlungen des historischen Vereins für Niederbayern*, t. XII, p. 247; t. XV, p. 85 sq. — *Monumenta Alderbascensia*, dans *Mon. Boica*, 1765, t. V, p. 239 sq. — Janauschek, *Originum Cisterciensium*, Vienne, 1877, t. I, p. 87. — Wiguleus, *Notitia abbatiarum ord. Cist.*, Cologne, 1640, p. 13. — Hartig, *Die Annales ecclesiae Alderspacensis des Abtes Wolfgang Marins (1514-1544)*, dans *Verhandlungen des historischen Vereins für Niederbayern*, t. XLII, XLIII, tirage à part, Landshut, 1907.

A. STEIGER.

ALDETRUDE (Sainte), naquit, sous le règne de Dagobert, de sainte Waudru et de saint Vincent Madelgaire, et fut confiée de bonne heure à sa tante, sainte Aldegonde, abbesse de Maubeuge (ci-dessus, col. 46). Elle lui succéda dans cette charge et mourut en 696. Sa vie, probablement œuvre d'une chanoine de Maubeuge, n'a guère de valeur historique et semble avoir été écrite à la fin du VIIIe siècle. Sa fête se célèbre le 25 février.

Van der Essen, *Étude sur les Vitae des saints mérovingiens de l'ancienne Belgique*, Louvain, 1907, p. 237-240.

H. DUBRULLE.

ALDEVIN ou **ALDEWIN** est le dixième évêque de Cologne, dont le nom nous est transmis par les anciennes listes épiscopales de ce siège. On ne connaît aucun fait saillant de sa vie ni même l'époque précise de son épiscopat. Il était à la tête du diocèse durant le dernier quart du VIIe siècle.

Kirchenlexikon, 1891, t. VII, col. 832. — *Gallia christiana*, t. III, col. 628. — *Monumenta Germaniae historica*,

Scriptores, t. xi, p. 282-287(donne 5 anciens catalogues des évêques de Cologne).

G. ALLMANG.

ALDHELM (Saint). Parent d'Ine, roi de Wessex, probablement élevé à Malmesbury par un maître irlandais, puis formé à l'école de Cantorbéry, Aldhelm se fit moine et devint abbé de Malmesbury (675). Son influence ne tarda pas à se manifester dans son intervention auprès des Bretons du Devon et de Cornouailles, qu'il amena à l'unité romaine. En 705, il devint évêque de Sherborne et il mourut le 25 mai 709. Son corps fut ramené à Malmesbury, où il fut bientôt l'objet d'un culte public. Il est célébré comme le premier Anglais qui ait cultivé avec succès les lettres et laissé des écrits. Aldhelm était pénétré d'un profond sentiment de nationalisme, et c'est pour enlever aux Bretons le trésor de la science et l'hégémonie intellectuelle qu'il s'attacha si ardemment à la discipline et à la culture de Rome. Les nombreuses copies de ses écrits, faites dans les monastères de Germanie, témoignent de l'influence qu'il a exercée sur le développement des études, même sur le continent, spécialement à Fulda et à Hersfeld. On a de lui : *De laudibus virginitatis, de laudibus virginum* (Ehwald, *Aldhelm's Gedicht De virginitate*, Gotha, 1904); lettre sur la Pâque; *De septenario, metris, enigmatibus ac pedum regulis*. Voir T. Cogliani, *De septenario di Aldhelm*, Cagliari, 1907, et H. Bradley, dans *The engl. histor. review*, août 1900, p. 290-291. Une édition complète a été donnée par Giles (*Aldhelmi opera*, Oxford, 1844) et reproduite dans P. L., t. LXXXIX, col. 63-314; la collection des *Mon. Germ. histor.* contiendra une édition critique des poèmes.

Act. sanct., 1688, mai t. vi, p. 77-93. — Mabillon, *Acta sanct. O. S. B.*, saec. iii, p. 1, 222-227. — Fr. Goldie, *Saints of Wessex and Wiltshire*, Londres, 1885, p. 12-27. — Manitius, *Zu Aldhelm und Baeda, Sitzungsber. der Akad. der Wiss.*, Vienne, 1886, t. cxii, p. 535-634. — L. Bönhoff, *Aldhelm von Malmesbury*, dissert., Leipzig, 1894. — L. Traube, *Perrona Scotorum, Sitzungsber. der Akad. der Wiss.*, Munich, 1900, p. 477-479. — G. F. Browne, *S. Aldhelm, his life and times*, Londres, 1903. — W. B. Wildman, *Life of S. Ealdhelm, first bishop of Sherborne*, Londres, 1905. — P. Ehwald, *Aldhelm von Malmesbury* (*Jahrb. der kön. Akad. Wiss.*, Erfurt, 1907, Heft 33). — H. Hahn, dans *Realencyclop. f. prot. Theol.*, 3ᵉ édit., t. i, p. 325-328. — H. Thurston, dans *The catholic encyclopedia*, t. i, p. 280-281.

U. BERLIÈRE.

ALDHUNUS, abbé en Angleterre, auteur d'une lettre à saint Wigbert, compagnon de saint Boniface. *Monum. German. hist., Epist. meroving. et karolini aevi*, t. i, p. 309. Mabillon suppose qu'Aldhunus était abbé du monastère de Wimburne. *Annales ord. S. Benedicti*, Paris, 1704, t. ii, p. 10.

U. ROUZIÈS.

ALDIGERIUS (*Allicherius, Aldiginus, Adalberius, Adilperius, Aldigieri*, etc.), évêque de Vérone au xiᵉ siècle; paraît avoir siégé entre Théobald († 17 août 1060) et Usuard (1071-1073). Il aurait été sous l'influence de l'empereur. On lui a attribué une lettre adressée *ad Horismondam* (*alias : Rosvidam*) *matrem inclusam*; mais cette attribution n'est pas claire.

Cappelletti, *Le Chiese d'Italia*, t. x, p. 739. — Gams, *Series episc.*, p. 805. — Maffei, *Verona illustrata*, Vérone, 1731, col. 39. — Mazzuchelli, *Gli scrittori d'Italia*, 1753, t. i, p. 531-532. — Ughelli, *Italia sacra*, 2ᵉ éd., t. v, col. 765-766.

J.-M. VIDAL.

ALDO, évêque de Limoges. Au mois d'août 866, Aldo, dont le prédécesseur est encore vivant à la fin de 860, assiste au concile de Soissons. La même année, il consacre Vulfrade, archevêque de Bourges, et meurt le 7 octobre.

Adémar, *Chronicon*, l. iii, c. xviii. — L. Duchesne, *Fastes épiscopaux*, 1900, t. ii, p. 53.

M. BESSON.

ALDOBRAND DE AMMONATIS, frère mineur, originaire de Florence, martyrisé à Salmasa, dans l'Arménie persane, en 1284. En 1277, il signait un témoignage en faveur de l'indulgence de la Portioncule. Son départ pour l'Orient est postérieur à 1279.

Liber conformitatum, Quaracchi, 1906, p. 332. — Wadding, *Annales minorum*, t. v, p. 128. — Golubovich, *Biblioth. bio-bibliogr. di Terra Santa*, Quaracchi, 1906, t. i, p. 429. — *Études franciscaines*, Paris, 1908, t. xx, p. 344. — Sabatier, *Fr. Francisci Bartholi de Assisio tractatus de indulgentia S. Mariae de Portiuncula*, Paris, 1900, p. xlv.

ANTOINE de Sérent.

ALDOBRANDESCA ou **ALDA** (Bienheureuse), veuve, du tiers-ordre des humiliés, à Sienne. Lombardelli, qui écrivit sa vie au xviᵉ siècle, d'après des documents d'archives, nous apprend qu'elle naquit à Sienne, le 28 février 1249, du noble Pietro Francesco Ponzio et d'Agnese Bulgarini, et que sa future destinée fut révélée à sa mère dès avant sa naissance. On lui donna une éducation en rapport avec son rang et on la maria à un noble Siennois, vertueux et instruit, nommé Bindo Bellanti. Par goût, elle eût choisi la virginité; mais elle préféra obéir à ses parents. Elle vécut saintement dans le mariage, modèle accompli des épouses et des maîtresses de maison. Son mari lui fut enlevé après une longue et douloureuse maladie. En vain l'exhortait-on à contracter une nouvelle union, elle préféra la vie religieuse et entra dans le tiers-ordre des humiliés. Continuant à résider dans sa maison, elle menait une vie rigoureusement monacale, se livrait à des jeûnes sévères, soumettant son corps à des supplices incessants. Et comme, dans son hôtel de Sienne, elle ne trouvait pas la solitude désirable, elle alla se fixer dans une de ses propriétés, à deux milles de la ville, où elle avait fait aménager un oratoire. Elle y fut favorisée de grâces extraordinaires et y opéra des prodiges. Le Christ se montra à elle, pour la consoler; et, par la vertu de son précieux sang, il lui rendit un œil qu'elle avait perdu. Elle eut la vision des mystères de la Nativité, de la Passion, de la Résurrection et de l'Ascension du Sauveur. Elle changea un jour en vin l'eau qu'elle servait à son jardinier et celle que devait boire une femme invitée à sa table. Ayant donné aux pauvres tout ce qu'elle possédait à Sienne, elle vivait des seuls fruits de sa propriété de campagne et elle les partageait avec les pauvres. Voulant en toutes choses imiter la charité du Sauveur, elle s'établit à l'hôpital de Sienne pour y soigner les malades et servir les pauvres pèlerins. Là aussi, elle eut des visions célestes et des extases. Elle fut favorisée de l'esprit de prophétie et prédit, notamment, l'époque de sa mort. On lui attribue de nombreuses guérisons de malades et de défauts corporels incurables. Enfin, l'heure venue, elle entra en oraison et expira (26 avril 1309). On trouva son corps agenouillé, dans l'attitude de la prière. Et en dépit d'une dispute qui s'éleva entre les Pères humiliés et le curé de Saint-André, touchant le droit de présider les funérailles, celles-ci donnèrent lieu à une grande manifestation populaire, qui fut un triomphe pour la sainte. Des miracles se produisirent à son tombeau. En 1489, ses ossements furent exhumés et placés dans un lieu honorable. Une deuxième fois, en 1583, on les reconnut et les mit dans un nouveau reliquaire, cette fois en présence de Lombardelli lui-même. Ils sont toujours conservés à Saint-Thomas de Sienne, ancienne église des humiliés, devenue plus tard la propriété des dominicaines. La peinture a représenté la bienheureuse en habit religieux, avec trois clous dans la main, en souvenir d'une vision qu'elle eut des clous de la Passion du Sauveur.

Acta sancl., april. t. iii, p. 471-476 ; traduction latine de la vie écrite par Lombardelli, *Vita della beata Aldobrandesca*

Ponzii, Sienne, 1584. — — Abrégé en italien dans S. Razzi, *Vile de santi e beati Toscani*, Florence, 1693, p. 454-468. — Stadler, *Vollständiges Heiligen-Lexikon*, Augsbourg, t. i, p. 117. — Tiraboschi, *Vetera humiliatorum monumenta*, Milan, 1766-1768, t. i, p. 236-239.

J.-M. VIDAL.

1. ALDOBRANDINI (ALESSANDRO), cardinal (1667-1734), neveu du cardinal Baccio Aldobrandini (voir ci-dessous), entra dans la carrière ecclésiastique comme camérier secret, et fut envoyé, en 1699, vice-légat en Romagne; en 1702, lorsque éclata la lutte pour la succession d'Espagne, Clément XI le nomma, en outre, commissaire pontifical des troupes et garnisons qui couvraient les États de l'Église du côté du Pô. En 1706, il revint à Rome et reçut un office de clerc de la Chambre. En 1707, il fut sacré archevêque de Rhodes *in partibus* et passa nonce à Naples, où il eut à régler la nouvelle situation que créait à la papauté, au point de vue politique et religieux, la conquête de ce royaume par les Autrichiens. Il s'en tira à la satisfaction des deux parties, et fut transféré, en 1712, à Venise, enfin en Espagne (1720) auprès de Philippe V. Il eut l'occasion de déployer ses talents de diplomate auprès d'un prince faible, indécis, d'une religion étroite et scrupuleuse. Il contribua plus que personne à ramener Philippe V sur le trône, après la mort de son fils Louis 1er (1725). Il servit parfois d'intermédiaire avec la France, et s'efforça de maintenir la bonne entente entre les deux branches de la famille des Bourbons, entente que troublaient parfois des ambitions personnelles. A. Baudrillart, *Philippe V et la cour de France*, t. III, passim, surtout p. 94. Le chapeau qu'il reçut de Clément XII, le 2 octobre 1730, fut la récompense méritée de ses services. Il fut pourvu en même temps de la légation de Ferrare, qu'il administra quatre ans et où il mourut, le 14 août 1734.

Cardella, *Memorie storiche dei cardinali*, Rome, 1794, t. VIII, p. 246. — Litta, *Famiglie celebri italiane*, Rome, 1831, t. I, dernier tableau des *Aldobrandini*.

P. RICHARD.

2. ALDOBRANDINI (BACCIO), cardinal (1613-1665), appartenait à la branche cadette de la famille séparée du rameau principal depuis le XVe siècle. Il fut protégé par le cardinal Ippolito Aldobrandini le jeune; Innocent X le nomma camérier secret, chanoine de Saint-Pierre du Vatican et *foriere maggiore* du palais apostolique (la première dignité laïque, et la deuxième après celle du majordome). De capacités moyennes, d'un caractère plutôt doux et sociable qu'entreprenant, il semblait avoir atteint le sommet de sa fortune. Mais le mariage d'Olympia Aldobrandini, nièce de son ancien protecteur et héritière des biens de toute la famille, avec Camillo Pamfili, neveu d'Innocent X, fit restituer à sa parenté, en compensation de cette riche dot, le chapeau que la mort de l'oncle lui avait enlevé. Baccio en fut l'heureux bénéficiaire le 19 février 1652. Cette faveur, qui n'était pas assez justifiée, contribua, en provoquant le mécontentement de Rome, à jeter le discrédit sur le pontificat. Baccio s'efforça de se faire oublier et mourut dans l'obscurité en 1665.

Ciaconius-Oldoinus, *Vitæ et... cardinalium*, t. IV, col. 693. — Litta, *Famiglie celebri italiane*, Rome, 1831, t. I, dernier tableau de la famille *Aldobrandini*.

P. RICHARD.

3. ALDOBRANDINI (CINZIO PASSERI), cardinal (1551-1610), dit le *cardinal de Saint-Georges* (San Georgio, de son titre cardinalice, Saint-Georges au Vélabre) neveu de Clément VIII par sa mère, et issu d'une famille de Sinigaglia, fit ses études au collège germanique à Rome, puis aux universités de Pérouse et de Padoue. Adopté par ses oncles les cardinaux Giovanni et Ippolito Aldobrandini, il prit leur nom, s'attacha au dernier, se forma auprès de lui à la pratique des affaires, et lui rendit des services comme secrétaire, surtout dans sa légation en Allemagne et Pologne (1588). Il avait ainsi donné des preuves de son intelligence et de ses capacités, lorsque son oncle, devenu pape sous le nom de Clément VIII, le créa cardinal, le 17 septembre 1593, et lui confia, en même temps que la signature des dépêches, la conduite des relations diplomatiques et des affaires avec l'Allemagne et l'Espagne. Cinzio était d'un caractère hautain, ombrageux et surtout susceptible; il se laissa distancer dans la faveur du pape par son jeune cousin le cardinal Pietro Aldobrandini (voir ce nom), beaucoup plus souple, plus habile, et qui prit peu à peu le principal rôle dans les débats diplomatiques. Il avait eu plusieurs difficultés sur des questions de forme avec les ambassadeurs étrangers; en 1598, n'ayant pu obtenir réparation d'une insulte que lui causa l'archevêque de Ferrare, il se retira en Lombardie, d'où il ne revint qu'au bout de sept mois. Il garda la signature des dépêches, mais ne joua dès lors dans la politique qu'un rôle effacé. En compensation, Clément VIII le nomma préfet de la signature de justice, et en 1604 légat d'Avignon. Léon XI, dont il avait procuré l'élection, y adjoignit la charge de grand-pénitencier (1605). Il mourut à Rome, cinq ans après, ayant consacré ses dernières années aux bonnes œuvres et à la culture des lettres. Il s'était toujours distingué par une vie édifiante et la charité envers les pauvres. En même temps il protégea les lettrés et les savants, en particulier le Tasse qui lui dédia la nouvelle édition de son poème, la *Gerusalemme conquistata* en 1593; il groupa dans sa maison, sous forme d'académie, les principaux d'entre eux, le jurisconsulte Séraphin Olivier, auditeur de Rote, l'historien Pietro Norès, même le poète Guarini, l'auteur du *Pastor fido*, etc.

Moroni, *Dizionario di erudizione storico-ecclesiastica*, t. I, p. 263-270. — Ciaconius-Oldoinus, *Vitæ et res gestæ... cardinalium*, Rome, 1667, t. IV, col. 285-287. — Litta, *Famiglie celebri italiane*, Turin, 1831, t. I, *Aldobrandini*, 2e tableau. — Barozzi et Berchet, *Relazioni degli ambasciatori Veneti durante il secolo decimosesto*, Florence, 1857, t. X, p. 455-457.

P. RICHARD.

4. ALDOBRANDINI (GIOVANNI), cardinal (1525?-1573), frère aîné du pape Clément VIII, naquit à Florence, fit ses études à Ferrare, et apprit le droit à l'université de cette ville. Il les compléta auprès de son père Silvestro, le jurisconsulte, et le seconda dans ses fonctions d'auditeur à la cour de Ferrare, auprès de la maison d'Este. Il vint à Rome où sa science de la jurisprudence lui procura une carrière rapide. D'avocat consistorial (en 1554), il fut au bout de deux ans nommé auditeur de Rote, et en cette qualité fit partie de la commission que Pie V envoya en Espagne, sous la présidence du cardinal Ugo Buoncompagni, pour juger un procès célèbre d'inquisition, celui de l'archevêque de Tolède, Carranza. En 1569, il fut promu évêque d'Imola, et l'année suivante cardinal (17 mai 1570). Bientôt Pie V lui confia, en 1572, deux postes importants de la curie, celui de grand-pénitencier qui venait d'être définitivement constitué, et celui de préfet de la signature des brefs. Il l'employa aussi dans les affaires de la croisade de Lépante, non seulement aux négociations qui à Rome préparèrent la ligue avec l'Espagne et Venise, mais pour la gestion des indulgences de la croisade, des ressources qui en provenaient, la réconciliation des exilés qui voudraient y prendre part. Il mourut peu après l'élection de Grégoire XIII, le 17 septembre 1573, et fut enterré dans la chapelle de sa famille (chapelle Aldobrandini) à la Minerve.

Ciaconius-Oldoinus, *Vitæ et res gestæ...*, t. III, col. 1051-1055. — Litta, *Famiglie celebri italiane...*, 2e tableau. — Moroni, *Dizionario...*, passim.

P. RICHARD.

5. ALDOBRANDINI (Giovanni), appelé aussi Giovanni Benci, du nom de son père, naquit à Florence, vers le commencement du XIVe siècle. Par sa mère, *Madonna Joanna*, il descendait de l'illustre famille des Altoviti. Tout jeune encore, il prit l'habit dominicain au couvent de Santa Maria Novella, à Florence. Il y étudia la philosophie et la théologie. Le 22 août 1370, Urbain V le nomma à l'évêché de Gubbio, dans le duché d'Urbino. Lorsque le grand schisme d'Occident vint à éclater (1378), Aldobrandini se démit de son évêché pour se retirer à Santa Maria Novella. Quelle fut la cause de cette retraite? Ughelli pense avec raison que ce ne fut pas seulement l'amour de la solitude ou quelque autre motif d'ordre religieux qui l'inspira. Dès cette époque, en effet, l'Église de Gubbio se trouvait travaillée par les partisans de l'antipape Clément VII, qui réussirent quelques années plus tard (1384) à faire nommer le franciscain Adam de Dommartin (t. I, col. 474). A peine sa démission acceptée, Aldobrandini avait eu pour successeur Gabriel Neccioli *de Gabrielibus*, personnage remuant et qui semble n'avoir pas été étranger au départ d'Aldobrandini. Il lui aurait succédé dès le 13 avril 1377. Lors d'un voyage à Avignon, il aurait fait édifier dans l'église de Sainte-Claire une chapelle dite des Aldobrandini; trois siècles plus tard, le cardinal Pietro Aldobrandini, légat *a latere* de Clément VIII auprès du roi de France, Henri IV, la fit restaurer et consacra le souvenir de sa fondation et de sa restauration dans une inscription rapportée par Ughelli. Jean Aldobrandini mourut à Santa Maria Novella en 1383.

Ughelli, *Italia sacra*, Venise, 1717, t. I, col. 649. — Eubel, *Hierarchia catholica*, t. I, p. 251. Il confond l'année de la démission d'Aldobrandini avec l'année de sa mort.

R. Coulon.

6. ALDOBRANDINI (Ippolito). Voir Clément VIII.

7. ALDOBRANDINI (Ippolito) le jeune, cardinal (1591-1638), petit-neveu de Clément VIII et fils de Gian-Francesco Aldobrandini, général des armées pontificales sous son oncle, qui se distingua dans la croisade contre les Turcs, où il commandait le contingent romain, et où il mourut en 1601, à Varadin. Ippolito était depuis longtemps ce que l'avait fait son grand-oncle, simple prélat domestique, lorsque Grégoire XV, en souvenir de ce qu'il avait reçu de la pourpre de celui-ci, le créa cardinal, le 19 avril 1621. Deux ans plus tard, il lui donna le camerlingat de l'Église romaine, que résignait son neveu Ludovisi (7 juin 1623). Urbain VIII y ajouta la légation de Ferrare. Mais Ippolito s'occupa peu de ces fonctions : il abandonna aussitôt la légation, et laissa gérer l'autre charge par le vice-camerlingue Raggi. Il s'occupa plutôt de régler les affaires de sa famille, dont il restait l'unique représentant à la fin de sa vie, avec sa nièce Olimpia, devenue princesse Borghèse et duchesse de Rossano. Il se montra toujours, à Rome et au consistoire, zélé partisan de l'Espagne. Il mourut le 22 juillet 1638.

Ciaconius-Oldoinus, *Vitae et res gestae...*, t. IV, col. 483. — Litta, *Famiglie celebri italiane, Aldobrandini*, 3e tableau. — Moroni, *Dizionario...*, passim, surtout t. VII, p. 82.

P. Richard.

8. ALDOBRANDINI (Jacopo). Parent de Clément VIII, il fut nommé par celui-ci évêque de Troia le 9 mai 1593, et bientôt après nonce apostolique à Naples, de sorte qu'il résida peu dans son diocèse, mais son vicaire général, l'archidiacre Felice Siliceo, administra avec zèle et mit fin à des hérésies qui s'étaient manifestées à Faeto et à Celle. Il mourut en 1606 à Florence, sa patrie, et fut inhumé dans l'église de Saint-Laurent, dont il avait été chanoine.

Cappelletti, *Le Chiese d'Italia*, t. XXI, p. 162. — V. Stefanelli, *Memorie storiche della città di Troja*, Naples, 1879, p. 213. — Litta, *Famiglie celebri italiane*, table IV.

J. Fraikin.

9. ALDOBRANDINI (Pietro), cardinal (1571-1621), neveu de Clément VIII, sut gagner la confiance du pape par la vivacité de son esprit, la souplesse de son caractère et l'aménité de ses manières; aussi ne tarda-t-il pas à devenir tout-puissant. Dès son avènement le pape le créa, à vingt ans, protonotaire apostolique, avocat consistorial, et préfet du château Saint-Ange, enfin cardinal, le 17 septembre 1593. Il partagea entre lui et son autre neveu Cinzio la direction des affaires politiques et des relations diplomatiques, selon les traditions de l'époque, d'après lesquelles les cardinaux neveux remplissaient les attributions de premier ministre. Pietro avait la signature de la correspondance avec la France, les États italiens et la Pologne. Il supplanta petit à petit son cousin en influence politique, et ne lui laissa que la correspondance avec l'Espagne et l'Allemagne. Les ambassadeurs et les hommes d'État préféraient avoir affaire à lui, car il se distinguait plus que son collègue, par l'ouverture et l'affabilité des manières, non moins que par ses capacités politiques. Aussi Clément VIII lui confia-t-il la plupart des grandes entreprises diplomatiques de son règne. En 1597, il le nomma légat *a latere* pour préparer l'annexion de Ferrare, fief pontifical, qui devait revenir à la souveraineté directe de Rome par l'extinction des héritiers mâles de la maison d'Este. Le dernier duc Alfonso II, s'appuyant sur la bulle d'Alexandre VI, qui avait attribué le duché de Ferrare *ad omnes descendentes* de cette maison, avait fait un testament en faveur de son cousin Cesare, descendant d'une branche illégitime. Clément VIII refusa de le reconnaître et déclara le duché annexé aux provinces pontificales.

Cesare n'avait pour lui que Venise, peu soucieuse de voir la papauté étendre son autorité sur les bouches du Pô. Le légat se transporta rapidement à Faenza, et y fit publier, ainsi qu'à Ferrare même, l'excommunication lancée du Vatican contre l'usurpateur. Celui-ci fit ouvrir des négociations par sa cousine Lucrezia, duchesse d'Urbino. Le cardinal n'eut pas de peine à gagner la princesse, mal disposée à l'égard de son cousin. Cesare, abandonné de tous, dut accepter les conditions qu'on lui imposait, et par le traité de Faenza, du 13 janvier 1598, renonça au duché de Ferrare, pour se contenter de celui de Modène; mais le cardinal sut lui adoucir l'amertume de l'humiliation, en lui accordant un certain nombre de faveurs de détail. Voir le sommaire du traité dans Moroni, t. XXIV, p. 142-143. Pour récompenser son neveu du succès de l'entreprise, le pape le nomma légat de Ferrare, puis préfet de la signature des brefs et camerlingue de l'Église romaine, en 1599. Cette dernière fonction lui assurait la haute main sur toutes les affaires temporelles de la papauté, en particulier sur les États de l'Église; il eut dès lors exclusivement la direction de la politique et de la diplomatie, et son cousin se vit confiné dans les affaires judiciaires par la dignité qu'il recevait en même temps de préfet de la signature de justice.

Peu après, le cardinal Aldobrandini remplit une mission non moins importante, celle de rétablir la paix entre Henri IV et le duc de Savoie, et d'obtenir leur concours pour une expédition que le pape méditait contre les Turcs (1600). Avec les pouvoirs de légat *a latere*, Pietro se rendit à Florence, où il bénit le mariage par procuration entre Henri IV et Marie de Médicis, franchit ensuite les Alpes par un hiver rigoureux et à travers la neige, après avoir reçu à Turin les pleins pouvoirs du duc Charles-Emmanuel Ier. Il rencontra le roi de France à Chambéry, dut le suivre à Lyon, où il suppléa les cérémonies de son mariage, et débattit une à une ses exigences pendant cinq mois. Il trouva lui-même la combinaison qui pouvait accorder les deux princes, l'échange du marquisat de Saluces, qui faisait l'objet du conflit, contre la Bresse, le Bugey et le pays de Gex, et signa, le 26 mars 1601, le traité de Lyon, qui assurait à la France la possession de ces dernières provinces. Il obtint en retour de ses services la promesse d'Henri IV de rappeler les jésuites, promesse qui fut tenue en 1604. Quant au pape, il témoigna son contentement en nommant Pietro grand-pénitencier (1602) et archevêque de Ravenne (1604). Il était dès lors le maître de tout, comme le prouva la grande promotion de cardinaux en juin de cette dernière année, où il fit arriver la plupart de ses créatures.

La mort de Clément VIII provoqua une réaction qui mit fin au rôle politique du cardinal. Il avait déjà donné sa démission de grand-pénitencier, lorsque, par suite de la nouvelle orientation de la curie sous Paul V, il jugea ne pouvoir plus rester à Rome. Il se retira dans son archevêché de Ravenne, et ne s'occupa plus que de l'administrer, réunit plusieurs fois son synode, où il prit diverses mesures de réforme sur le temporel, le culte et ses édifices. Il avait de tout temps attesté sa dévotion par des embellissements et des dons pieux aux sanctuaires, Saint-Pierre du Vatican, Lorette, Sainte-Marie du Trastévère, Saint-Paul-Trois-Fontaines. Il ne cessa de protéger et d'encourager les lettres et les arts. Fastueux et magnifique, il le témoigna surtout par la construction de la belle villa Aldobrandini (*Belvedere*) à Frascati, que commença en 1603 le célèbre architecte Giacomo della Porta. Pour les embellissements dans les églises, voir Ciaconius-Oldoinus.

Il fut promu à l'évêché suburbicaire de Sabine, le 31 août 1620, mais il ne revint à Rome que pour le conclave de Grégoire XV, en 1621; il y mourut le dernier jour des séances, le 10 février. Il avait toujours été d'une complexion délicate, car il souffrait d'une affection d'asthme. Cette infirmité et son extérieur peu avantageux (il était petit de taille, avait la chevelure laide, marquée de taches) ne disposaient pas en sa faveur. Avec le temps, les qualités intellectuelles et morales qui avaient fait sa fortune furent gâtées par la morgue du parvenu, par le luxe, l'étalage de sa magnificence. Mais cette fortune eut pour point de départ son dévouement à l'Église, et le règne de Clément VIII lui doit une partie de sa gloire; l'oncle eut le mérite de former son neveu, qui lui rendit en services les leçons et les faveurs qu'il en avait reçues. Le cardinal sut aussi habilement interpréter les intentions du pape qu'exécuter ses ordres, et il ne mit pas moins d'intelligence à faire valoir les hommes éminents que celui-ci avait distingués, et qu'il lui donna pour auxiliaires, les Agucchi (t. I, col. 1049), les Barberini, les Margotti, Erminio Valenti, etc. Il se forma avec eux en même temps qu'il les dirigeait dans le travail commun. A trente ans, il émerveillait la cour d'Henri IV, par son esprit et sa finesse, et il avait déjà groupé autour de lui toute une école d'hommes d'affaires, dont les labeurs et les faveurs de Clément VIII une des bonnes époques de la diplomatie romaine.

Ciaconius-Oldoinus, *Vitae...*, t. IV, p. 281-285. — Moroni, *Dizionario...*, passim. — Litta, *Famiglie celebri italiane*, t. I, *Aldobrandini*, tableau II (roman bizarre, qui semble de son invention, entre le cardinal et Lucrezia d'Este). — Barozzi et Berchet, *Relazioni degli ambasciatori Veneti*, t. X, p. 455 sq. — P. Richard, *La légation Aldobrandini et le traité de Lyon*, dans *Revue d'histoire et de littérature religieuses*, 1902, t. VII, p. 481-509; 1903, t. VIII, p. 25-48, 133-151.

P. RICHARD.

10. ALDOBRANDINI (SILVESTRO). Né le 24 novembre 1499 à Florence, fait ses études à l'université de Pise, où il est reçu docteur le 23 mai 1521. Il prend une part active à la révolution qui a pour terme l'expulsion des Médicis de Florence. Après la prise de Florence par Charles-Quint, il est obligé, à son tour, de quitter sa patrie; il mène alors la vie des nombreux exilés florentins qui n'avaient pas voulu reconnaître Alessandro de Médicis. En 1534, il vient à Rome : de cette époque datent ses relations avec la cour pontificale. Sa science très étendue du droit le désigne à plusieurs reprises pour remplir des fonctions judiciaires ou administratives dans l'État pontifical. Finalement Paul III le nomme avocat consistorial. Sous Paul IV, grâce à la faveur du cardinal Carlo Carafa dont la politique était avant tout antiflorentine, il exerce une influence considérable. En octobre 1555, il est nommé avocat fiscal; puis, à la mort de Mgr Giovanni Della Casa, en novembre 1556, il reçoit les hautes fonctions de secrétaire majeur ou premier secrétaire du pape. En cette qualité il exerce une influence décisive sur l'orientation de la politique pontificale, il a la principale autorité après le cardinal neveu. En mars 1557, à la suite d'une disgrâce éclatante, il doit renoncer à ses fonctions. Il meurt le 7 juin 1558. Son tombeau est dans l'église de la Minerve à Rome. De ses cinq fils, qui tous laissèrent un nom, l'un, Hippolyte, devint pape sous le nom de Clément VIII.

Il a publié plusieurs ouvrages de droit civil. A noter comme ayant des relations avec les matières d'ordre ecclésiastique : *Addizioni ai commentarii di Filippo Decio sulle Decretali*, Lyon, 1551; *Trattato dell'usura*, Venise, 1604.

Girol. Boccardo, *Nuova enciclopedia italiana*, 6e édit., 1875, t. I, p. 788. — L. Passorini, *Memorie intorno alla vita di Silvestro Aldobrandini con appendice di documenti storici*, Rome, 1878 (Aggiunta, Rome, 1879). — D. René Ancel, *La secrétairerie pontificale sous Paul IV*, dans *Revue des questions historiques*, 1906, t. LXXIX, p. 408-470. — Mazzuchelli, *Gli scrittori d'Italia*, Brescia, 1753, t. I, p. 396.

R. ANCEL.

11. ALDOBRANDINI (SILVESTRO), cardinal (1587-1612), frère aîné du cardinal Ippolito le jeune, chevalier de Malte et grand-prieur de Rome en 1598, reçut la pourpre à l'âge de seize ans, le 17 septembre 1603, à l'instigation de son oncle, le cardinal Pietro. Cette faveur extraordinaire, qui n'était déjà plus dans les traditions de la curie, fut vivement reprochée à Clément VIII, et son instigateur, le tout-puissant secrétaire d'État, y gagna encore un peu plus d'impopularité. Silvestro prit part au conclave de Paul V (1605). mais n'était en réalité, malgré sa connaissance de plusieurs langues, et à cause de son jeune âge, qu'un instrument entre les mains de son protecteur. Il le suivit à Ravenne après l'élection du nouveau pontife, alors que la situation n'était plus tenable pour eux à la curie. Pendant plusieurs années, il partagea sa fortune, puis se décida à revenir à Rome, où il mourut le 4 janvier 1612. Pour le distinguer de son oncle, on l'appelait cardinal de Saint-Césaire, de son titre cardinalice.

Ciaconius-Oldoinus, *Vitae... cardinalium*, t. IV, p. 341. — Moroni, *Dizionario...*, t. XXIX, p. 297.

P. RICHARD.

1. ALDOBRANDO ou **ALDROVANDO** (Saint), protecteur de Bagnorea (province de Rome), peut-être évêque de cette ville, s'il faut l'identifier avec *Aldualdus*, qui souscrivit, en 869, au concile romain d'Hadrien II : *Aldoaldus episcopus sanctae Balneoregiensis ecclesiae manu propria subscripsi*. Faute de pouvoir se prononcer sur cette identification, on se borne à constater l'existence d'une tradition locale et d'un culte en l'honneur de saint Aldobrando, à Bagnorea. Fête le 22 août.

Acta sanct., aug. t. IV, p. 549. — Cappelletti, *Le Chiese d'Italia*, t. V, p. 591. — Ph. Ferrari, *Catalogus sanctorum*

Italiae, Milan, 1613, p. 530. — Gams, *Series episc.*, p. 670. — Labbe, *Concil.*, t. VIII, col. 1095. — Stadler, *Vollständiges Heiligen-Lexikon*, t. I, p. 121. — Ughelli, *Italia sacra*, t. I, col. 515.

J.-M. VIDAL.

2. ALDOBRANDO (Saint), évêque de Fossombrone, né à Sorbetulo de Boylio, ou de Galiata, localités non identifiées près de Césène, en Romagne, fit ses études à Ravenne et fut élu prévôt du chapitre de Rimini. La vigueur apostolique de ses prédications et son zèle à défendre les droits du chapitre provoquèrent un jour un mouvement insurrectionnel, qui l'obligea à s'échapper de la ville pour mettre sa vie en sûreté. Peu de temps après, l'Église de Fossombrone le demanda comme pasteur. A quelle époque faut-il placer son épiscopat? Il paraît n'y avoir pas de place suffisante pour lui, au XIIIe siècle, où certains auteurs le mettent († 1270). Il aurait, d'après sa légende ancienne, vécu jusqu'à un âge avancé et, partant, longtemps gouverné l'Église de Fossombrone. Si cette indication est sûre, on devrait remonter, comme le propose Papebroch, jusqu'à la fin du XIe et au commencement du XIIe siècle, pour trouver un laps de temps convenable. Son biographe vante son zèle, sa vie austère, ses travaux apostoliques, ses miracles, accomplis durant sa vie et après sa mort : des oiseaux qui cessent de gazouiller pour lui permettre de prêcher ; une perdrix déjà accommodée en mets, qui ressuscite sur le plat où on la servait ; des malades guéris ; des cloches qui annoncent d'elles-mêmes sa mort ; le vin multiplié le jour de ses obsèques, etc. Il mourut le 30 avril, et Fossombrone, dont il est le patron, célèbre sa fête le 1er mai, anniversaire de sa déposition.

Acta sanct., maii t. I, p. 160-163. — *Biblioth. hagiographica latina*, t. I, p. 41. — Cappelletti, *Le Chiese d'Italia*, t. III, p. 272-274. — Ferrari, *Catal. sanct. Italiae*, Milan, 1613, p. 236. — Gams, *Series episc.*, p. 698. — Maria, *Vita di S. Alderbrando*, Fano, 1705. — Mittarelli, *Annal. camaldul.*, t. IV, p. 174-175. — Stadler, *Vollständiges Heiligen-Lexikon*, t. I, p. 117. — Ughelli, *Italia sacra*, 2e éd., t. II, col. 830-832.

J.-M. VIDAL.

3. ALDOBRANDO, dominicain du commencement du XIVe siècle. Il ne nous est connu que par deux documents : l'un où se trouvent recensés les maîtres et bacheliers de l'université de Paris, qui ont écrit. Ce document, dont l'unique manuscrit se trouve conservé à l'abbaye de Stams, en Tyrol, a été publié et étudié par le P. Denifle, *Archiv für Litteratur und Kirchengeschichte*, 1888, t. II, p. 192-201, 226-240. Il est intitulé : *In ista tabula nominantur omnia scripta sive opuscula FF. magistrorum sive baculariorum de ordine predicatorum.* Le n. 70 porte : *Fr. A[ldo]brandinus Lombardus scripsit sermones de tempore, item sermones de sanctis. Item librum qui dicitur scala fidei.* L'autre document, catalogue de Laurent Pignon († 1439) : *Catalogus fratrum qui claruerunt doctrina*, Paris, Bibl. nat., lat. *14582*, ne fait que copier la *tabula*, sauf de légères additions. Le fait que la mention d'Aldobrandinus n'est pas une addition de Laurent Pignon, mais appartient à la *tabula*, nous permet de fixer plus exactement la date approximative de la vie de cet auteur. Nous savons, en effet, que le document de Stams n'est pas antérieur à la canonisation de saint Thomas d'Aquin, soit 1323. Le P. Mandonnet, *Des écrits authentiques de saint Thomas d'Aquin*, Fribourg, 1910, p. 88-89, est allé plus loin dans l'examen critique de ce document et a démontré clairement qu'il a été arrêté dans sa composition entre le 3 novembre 1310 et l'année 1312, donc en 1311 à peu près. Il suit de là que *Fr. Aldobrandinus Lombardus*, qui figure au n. 70 de la *tabula*, en aucune façon n'aurait pu exister vers la fin du XIVe siècle, comme certains auteurs étaient portés à le croire, en l'identifiant avec Aldobrandinus de Ferrare. Il faut donc de toute nécessité le reporter au commencement du XIVe siècle.

Échard, *Scriptores ord. praed.*, Paris, 1719-1721, t. I, p.681. — Mazzuchelli, *Gli scrittori d'Italia*, t. I, 1re part., p. 397. — Fabricius, *Bibl. med. et infim. aetat.*, Florence, 1858, t. I, p. 52. — Denifle, *loc. cit.*, p. 234.

R. COULON.

4. ALDOBRANDO DE FERRARE, dominicain de la fin du XIVe siècle. Selon Melzi, *Dizionario di opere anonime*, Milan, 1852, t. II, p. 267, il appartiendrait, non pas à la famille d'Este, comme on a pu le croire à cause de son nom d'Aldobrandini, fréquemment donné dans cette famille, mais à celle des Callegari. Cette opinion est fondée sur Rovetta qui l'appelle *Aldobrandinus de Collegariis*, d'après Vinc. Rivalius, *Catalogus virorum illustrium provinciae utriusque Lombardiae* (1669), ms., qui avait travaillé sur les documents de l'Archive du couvent de Ferrare. En plus de sermons *de tempore* et *de sanctis*, Aldobrandinus de Ferrare aurait composé l'office de la translation de saint Thomas d'Aquin, qui se trouve célébrée dans l'ordre des prêcheurs le 28 janvier. Cet office, qui commence par les mots *O quam felix mater Italia*, ne figure plus dans la liturgie actuelle, mais se trouve dans les bréviaires manuscrits de la fin du XIVe siècle et du XVe siècle. Nous l'avons trouvé inséré encore dans le *Breviarium de Camera*, imprimé à Venise par Andrea de Torresani d'Asola, en 1494, sous le généralat de Joachim Turriani, fol. CCXLIX v° à fol. CCLI v°; de même dans l'édition faite encore à Venise, en 1541, par les héritiers de Luca-Antonio Junta. Mgr Douais a depuis réédité cet office d'après le ms. *610* de la bibliothèque publique de Toulouse, fol. 66 a-fol. 75 b : *In festo translationis doctoris eximii sancti Thome de Aquino quod compilavit frater Aldovrandinus de conventu Ferrariensis provincie Lombardie inferioris.* Cf. Mgr Douais, *Les reliques de saint Thomas d'Aquin*, p. 238-247. Comme la translation des reliques de saint Thomas à Toulouse n'a eu lieu qu'au commencement de l'année 1369, nous pouvons fixer la date de la vie d'Aldobrandinus de Ferrare. Échard s'est demandé s'il n'y aurait pas lieu d'identifier Aldobrandin de Ferrare avec Aldobrandin Lombard. Nous avons donné à l'article précédent les raisons qui ne permettent pas cette identification.

Antoine de Sienne (*Lusitanus*), *Bibliotheca ordinis praed.*, etc., Paris, 1585, p. 10. — Altamura, *Biblioth. dominicana*, Rome, 1677, p. 196. — Rovetta, *Biblioth. chronol. illustrium virorum provincie utriusque Lombardiae*, Bologne, 1691, ad an. 1380. — Fabricius, *Bibl. med. et infim. aetatis*, Florence, 1858, t. I, p. 52. — Échard, *Scriptores ord. praed.*, Paris, 1719-1721, t. I, p. 681.

R. COULON.

5. ALDOBRANDO DE TOSCANELLA, appelé quelquefois de *Toscanola* (cf. Antoine de Sienne [Lusitanus], *Bibl. ord. praed.*, p. 9), dominicain italien du commencement du XIVe siècle, originaire de Toscanella, district de Viterbe (province de Rome). Il vécut dans le célèbre couvent de Gradi, situé aux portes de Viterbe. D'après Alva, on conservait de son temps, chez les augustins de Padoue, un recueil de sermons composés par Aldobrandinus : *Isti sunt sermones festivi Fr. Aldobrandini de Tuscanella FF. praedicatorum.* Et à la fin : *Expliciunt sermones festivi P. Aldobrandini de Tuscanella ord. FF. praedic. Amen.* Il aurait aussi composé une suite de sermons *de tempore*, qui incipiunt a *dom. I adventus sub themate : Dominus legifer noster, Dominus rex noster, ipse veniet et salvabit nos*, etc. Tomasini, *Biblioth. Patav.*, 1639, p. 79, attribue encore à Aldobrandinus *Tractatus super legem legis praecepta F. Aldibrandini de Tuschanella ordinis FF. praedic. volumen unum et alterum* 4 *memb.* Un autre manuscrit du même ouvrage se trouve à la bibliothèque de Pérouse, cote *1103* (*N 55*); il porte la date de 1470. D'après quelques auteurs, il aurait aussi composé une Vie de saint Dominique *in octo partes distributa*. En 1710, le général de l'ordre, Antonin Cloche, fit faire au couvent de Gradi des recherches pour retrouver ce précieux écrit, mais elles furent sans résultat.

Échard, *Scriptores ordinis praed.*, Paris, 1719, t. I, p. 527. -- Antoine de Sienne, *Bibliotheca ord. praed.*, Paris, 1585, p. 9. -- Altamura, *Bibl. dominic.*, Rome, 1677, p. 93. -- Fabricius, *Bibl. lat. med. et infim. aet.*, Florence, 1858, t. I, p. 52.

R. COULON.

ALDOVERA Y MONSALVE (HIERONIMO), religieux augustin, né dans la ville de Cariñena, diocèse de Saragosse. Il prononça ses vœux, en 1581, au couvent de Saint-Sébastien d'Épila. Pendant vingt ans, il enseigna la théologie à l'université de Saragosse, et se rendit célèbre par son éloquence. Sa mort eut lieu le 18 juillet 1630. On a de lui : *Discursos en las fiestas de los santos que la Iglesia celebra sobre los evangelios que en ellas dice*, Saragosse, 1625, t. I; 1626, t. II; 1627, t. III. Beaucoup d'autres sermons et un commentaire sur la Somme de saint Thomas en cinq volumes restent inédits.

Antonio, *Bibliotheca Hispana nova*, t. I, p. 566-567. -- Ossinger, *Bibliotheca augustiniana*, p. 21. -- *Biblioteca nueva de los escritores aragoneses que florecieron desde el año de 1600 hasta 1640*, Pampelune, 1799, t. I, p. 465-468. -- Moral, *Catálogo de escritores agustinos españoles*, dans *Ciudad de Dios*, t. XXXIV, p. 604-607. -- Crusenius-Lopez, *Monasticon augustinianum*, t. II, p. 48, 207.

A. PALMIERI.

ALDOVRAND DE LUGO, franciscain, docteur et maître en théologie. Dès 1371 il était lecteur public de cette matière à Bologne et, en 1385, il fut admis dans le collège des professeurs de la célèbre université de cette ville.

Mazzetti, *Repertorio de' professori della celebre università di Bologna*, Bologne, 1847, p. 19, n. 81.

M. BIHL.

1. ALDRED ou **EALDRED**, archevêque d'York, fut d'abord moine à Winchester, abbé de Tavistock (1027) et évêque de Worcester (1044). Dans les temps troublés qu'il traversa, il n'agit point sans prudence : politique avisé, il s'efforça de tenir la balance égale entre Édouard le Confesseur, dont il avait reçu son évêché, et le puissant Godwin, le *grand comte*, chef du parti saxon et national. En 1046, il négocia la paix avec Gruffydd de la Galles septentrionale, et il lève des troupes contre Gruffyd de la Galles méridionale, qui, avec les pirates d'Irlande, avait envahi le comté de Gloucester. Six ans plus tard, il se rend à Rome, pour demander à Léon IX de relever le roi d'un vœu de pèlerinage. *La estoire saint Aedward le rei*, dans les *Lives of Edward the Confessor*, édit. Luard, 1858, des *Rolls series*, p. 70. En même temps, il ramène de Flandre et rétablit dans son comté l'un des six fils de Godwin, Sweyn, qui s'était enfui d'Angleterre après le meurtre de Beorn (1050); et quand le *grand comte* et ses fils sont proscrits par le *wittenagemoth*, pour avoir assemblé des troupes contre Édouard (1051), il laisse s'échapper Harold et Leofwin qui fuyaient vers Bristol, bien qu'il eût ordre de les arrêter. Le roi, qui n'avait point d'enfant, songeait à se donner comme successeur son neveu Édouard, fils d'Edmond Côte de Fer, toujours en Hongrie où il avait été élevé; Aldred fut envoyé à l'empereur Henri III, pour traiter cette affaire (1054). Cette mission réussit pleinement, et l'évêque amena à Londres Édouard et sa femme, fille de l'empereur. Mais le jeune prince mourut avant d'avoir vu Édouard le Confesseur. Pour prix de ses services, Aldred reçut du roi l'administration et les revenus de l'évêché de Hereford (1056) et durant deux ans, ceux de Rambsbury. A Noël 1060, il devenait archevêque d'York; il résigna alors Hereford, mais garda Worcester. Guillaume de Malmesbury, *De gestis pontificum Anglorum*, édit. Hamilton des *Rolls series*, 1870, p. 251, 278. Aussi n'échappa-t-il pas à l'accusation d'avidité et même de simonie. Étant allé à Rome, en 1061, en compagnie de Tostig, un des fils de Godwin, pour obtenir le pallium, l'archevêque fut accusé, en plein synode, d'avoir accepté la translation de son siège, sans le consentement préalable du Saint-Siège, et d'avoir occupé à la fois les évêchés d'York et de Worcester; on le traita d'ignorant et de simoniaque. Nicolas II lui refusa le pallium et même le dégrada. *Vita Eduardi regis*, dans les *Lives of Edward the Confessor*, édition Luard, 1858, des *Rolls series*, p. 411; Guillaume de Malmesbury, *op. cit.*, p. 251. Aldred et sa suite, au sortir de Rome, furent attaqués par des brigands et complètement dévalisés; ils durent revenir dans la cité papale. Tostig profita de cette circonstance pour reprocher au pape le désordre et l'insécurité de ses États, pour le menacer de la vengeance d'Édouard qui ne lui payerait plus le denier de Saint-Pierre, si le pallium n'était aussitôt accordé à l'archevêque d'York. Nicolas céda, à la condition qu'Aldred ne garderait plus Worcester. *Vita Eduardi*, p. 412; *The historians of the Church of York and its archbishops*, édition James Raine, *Rolls series*, 1879-1894, t. III, p. 5 sq; Guillaume de Malmesbury, *op. cit.*, p. 215-252, 280. Celui-ci accepta; mais, sous prétexte des ravages causés par les Normands dans son diocèse, il retint douze manoirs du nouvel évêque de Worcester, Wulfstan, qu'il croyait être un jouet entre ses mains; et en 1063, il se fit octroyer de nouveau par Édouard l'évêché de Worcester, à condition d'y avoir un représentant et d'obtenir licence du pape. Guillaume de Malmesbury, *op. cit.*, p. 280, 285; *The historians of the Church of York*, t. III, p. 7 sq.

A Édouard le Confesseur succéda Harold, fils du *grand comte* (1066). Presque toutes les autorités disent qu'il fut sacré par Stigand qui, après le triomphe du parti saxon et le retour de Godwin, en 1052, avait remplacé le Normand Robert, sur le siège de Cantorbéry, et s'était emparé du pallium de son prédécesseur, sans attendre de Rome le lui eût conféré (*De inventione sanctae crucis nostrae in Monte acuto et de ductione ejusdem apud Waltham*, édition William Stubbs, 1861, c. xxx; Guillaume de Poitiers dans les *Scriptores rerum gestarum Willelmi Conquestoris*, édition Giles, Caxton Society, 1845, p. 121; Ordéric Vital, *Historia ecclesiastica*, édition Al. Le Prévost, Société de l'histoire de France, t. II, p. 113, 156; IV, 432) : ce qui devait pour la couronne de Harold de graves conséquences. Florent de Worcester, toutefois, dit que le sacre fut fait par Aldred. *Chronicon ex chronicis*, édition Benjamin Thorpe, *English historical society*, 1848, t. I, p. 224. Cf. Freeman, *History of the norman conquest*, édition 1870-1876, t. III, p. 42, 616. Après la victoire de Guillaume le Conquérant à Hastings (14 octobre 1066) et la mort de Harold, l'archevêque resta fidèle à la cause saxonne avec les deux frères de Harold, Edwin et Morkar; il soutint à Londres les droits du neveu d'Édouard le Confesseur, Edgard Etheling (l'Illustre), jusqu'à ce que celui-ci se fût soumis au vainqueur, à Berkampstead. Alors Aldred, en qualité d'archevêque d'York, couronne Guillaume; Stigand, en effet, malgré sa soumission, avait refusé de le faire. Guillaume de New-burgh, *Historia rerum Anglicarum* (1066-1148), édition Richard Howlett dans les *Chronicles of the reign of Stephen, Henry II and Richard I*, des *Rolls series*, 1884-1885, t. I, p. 20; Ordéric Vital, *op. cit.*, t. II, p. 151.

155, 156, 157, 167, 199, 209, 212; IV, 132; Florent de Worcester, *op. cit.*, t. I, p. 228-229. Cf. John Brompton, *Chronicon*, A. D. 588-1198, édition des *Hist. Angl. script.*, t. I, col. 962. Aldred, plus circonspect et mieux avisé, disent les chroniqueurs, comprit qu'il fallait s'accommoder au temps et ne point aller contre l'ordre de Dieu, par qui s'élèvent les puissances. Guillaume de Newburgh, *loc. cit.*; Walter d'Hemingburgh ou d'Hemingford, *Chronicon de gestis regum Angliae* (1048-1346), édition Hamilton de l'*English historical society*, 1848-1849, l. II, c. II. Cf. Guillaume de Malmesbury, *op. cit.*, p. 252; Augustin Thierry, *Histoire de la conquête de l'Angleterre par les Normands*, Paris, 1846, t. II, p. 61-66. Quelques années plus tard (1068), il devait également couronner la reine Mathilde. Ordéric Vital, *op. cit.*, t. II, p. 181-182; Florent de Worcester, *op. cit.*, t. II, p. 2. Au moment de sacrer le nouveau roi, il lui fit faire le triple serment de défendre l'Église, de gouverner avec justice et d'édicter de bonnes lois. Thomas Stubbs, *Chronica pontificum Ecclesiae Eboracensis* (1147-1373), dans les *Historians of the Church of York and its archbishops*, édit. James Raine des *Rolls series*, t. II, p. 348. Cf. Guillaume de Malmesbury, *loc. cit.* L'archevêque resta le loyal sujet du conquérant, sans s'abaisser jamais à la servilité. Les chroniques retentent même plusieurs traits qui, s'ils sont difficiles à contrôler et même à croire, prouvent, du moins, qu'Aldred laissa le souvenir d'un homme énergique et sans bassesse d'âme. Guillaume étant entré dans York, en 1068, pour en chasser les Saxons qui, avec Edwin, s'agitaient de nouveau, le vieil archevêque, dont on avait saisi les convois, aurait reproché au roi, en ces termes, les violences commises : « Écoute, roi Guillaume, tu étais un étranger et cependant, Dieu voulant punir notre nation, tu as obtenu ce royaume d'Angleterre au prix de beaucoup de sang; je t'ai sacré, couronné et béni de ma propre main. Mais aujourd'hui je te maudis, toi et ta race, parce que tu persécutes l'Église de Dieu et que tu opprimes ses ministres. » Thomas Stubbs, *op. cit.*, t. II, p. 351-352. Voir sa malédiction contre Urse d'Abitot, shérif de Worcester, qui avait bâti son château dans les fossés du monastère. Guillaume de Malmesbury, *op. cit.*, p. 253.

Lorsqu'un an après, la flotte danoise pénétra dans le Humber, il pria Dieu, disent les chroniqueurs, de le retirer de ce monde pour ne point voir la ruine totale de sa patrie et la destruction de son Église. Thomas Stubbs, *loc. cit.* Il mourut le 11 septembre 1069 et fut enterré dans son église cathédrale.

Dans son voyage d'Allemagne de 1054, Aldred avait été frappé de la munificence de l'archevêque Hermann de Cologne et de la splendeur du culte carolingien; il s'efforça d'imiter Hermann, autant que le permettaient les troubles renouvelés du royaume. En 1058, il acheva l'église du monastère de Saint-Pierre, à Gloucester; à York et à Southwell, il bâtit un réfectoire pour les chanoines; à Beverley, il acheva le dortoir et le réfectoire commencés par ses prédécesseurs et il reconstruisit la plus grande partie de l'église. Guillaume de Malmesbury, *op. cit.*, p. 253, 263 n. 2, 292. Le premier des évêques anglais, il fit, en 1058, le pèlerinage de Terre Sainte. *Anglo-saxon chronicle*, A. D. 1154, édition Thorpe des *Rolls series*, 1861, t. II, p. 160; Florent de Worcester, *op. cit.*, t. I, p. 217.

Florentii Wigorniensis (Florent de Worcester) *Chronicon ex chronicis*, édit. B. Thorpe de l'*English historical society*, 1848, t. I, p. 199, 203, 204, 217, 218, 219, 228; II, 2, 3. — *Anglo-saxon chronicle*, édit. B. Thorpe des *Rolls series*, 1861, t. II, p. 142, 143, 149, 154, 158, 160, 161, 168, 169, 170, 172, 174. — *Willelmi Malmesbiriensis* (Guillaume de Malmesbury) *monachi De gestis regum Anglorum libri quinque*, édit. W. Stubbs des *Rolls series*, 1889, t. I, p. 136; t. II, p. 307, 309; *Gesta pontificum Anglorum*, édit. Hamilton des *Rolls series*, 1870, p. 251, 252, 253, 263, 278, 285, 292.

— *Henrici Huntidonensis* (Henri de Huntingdon) *Historia Anglorum*, édit. Thomas Arnold des *Rolls series*, 1879, p. 204. — *Simeonis monachi* (Siméon de Durham) *Opera omnia*, édit. Thomas Arnold des *Rolls series*, 1885, t. I, p. 226; t. II, p. 163, 165, 166, 171, 174-179, 181-182, 187. — *Rogeri de Hoveden Chronica*, édit. William Stubbs des *Rolls series*, t. I, p. 94, 95, 96, 101, 102, 103, 104, 106, 108, 116, 117, 118, 124. — Ordericus Vitalis, *Historia ecclesiastica*, édit. A. Le Prévost de la *Société de l'histoire de France*, 1838-1855, t. II, p. 156, 157, 176, 181, 182; t. III, p. 3. — *Historians of the Church of York and its archbishops*, édit. James Raine des *Rolls series*, 1879-1894, t. I (*Vita sancti Johannis episcopi Eboracensis, auctore Folcardo*), p. 239, 242, 265; t. II (*History of four archbishops of York by Hug the Chanter*), p. 98, 108, 128, 211; (*Epistola Simeonis ad Hugonem decanum Eboracensem*), p. 255; (Thomas Stubbs, *Chronica pontificum Ecclesiae Eboracensis*, A. D. 601-1519), p. 344, 355, 362, 364, 372; (*Chronicon metricum Ecclesiae Eboracensis, auctore Johanne de Allhalowgate?*), p. 457; (*Aliud chronicum metricum Ecclesiae Eboracensis*), p. 475; (*Chronicon de archiepiscopis Eboracensibus, auctore anonymo*), p. 519-520; t. III (*Illustrative documents*), p. 5-9, 34. — William Stubbs, *Registrum sacrum Anglicanum, an attempt to exhibit the course of episcopal succession in England*, édit. 1897, p. 35, 242. — Freeman, *The history of norman conquest of England*, édit. 1876, t. III, *passim*. — Tanner, *Biblioth. Britannico-Hibernica*, 1748, p. 28.

G. CONSTANT.

2. ALDRED LE GLOSSATEUR (xe siècle). On n'a aucune donnée biographique sur ce personnage qui ne s'est fait connaître que par les mots suivants écrits à la fin du livre de Lindisfarne : *Alfredi natus Aldredus vocor; bonae mulieris filius eximius loquor*. On a songé, mais à tort, sans doute, à l'identifier avec un Aldred qui fut évêque de Chester le Street de 957 à 968. Aldred a couvert de gloses anglo-saxonnes du dialecte de Northumbrie le célèbre évangéliaire de Lindisfarne écrit au VIIe siècle, qui se trouve au British Museum (Cotton, Nero D. IV).

The Lindisfarne and Rushworth Gospels (*Surtees society*) Durham, t. XXVIII, XXXIX, XLIII, XLVIII, 1854-65. — *Facsimiles of the palaeographical society*, pl. 240, 241. — Th. Wright, *Biographia Britannica literaria* (anglo-saxon period), Londres, 1842, p. 426-427. — *Dictionary of national biography*, éd. de 1908, t. I.

L. GOUGAUD.

1. ALDRETE Y AÑEZ, ALDERETE (BERNARDO DE), jésuite et théologien espagnol, auteur des *Commentariorum ac disputationum in tertiam partem D. Thomae, de mysterio incarnationis Verbi divini..., de sacris incarnati Verbi mysteriis et perfectionibus*, 2 in-fol., Lyon, 1652, et des *Commentariorum et disputationum in primam partem D. Thomae, de visione et scientia Dei..., de voluntate Dei, et de praedestinatione et reprobatione*, 2 in-fol., Lyon, 1662. Ce dernier ouvrage fut édité par le P. Diego de Velasco, qui composa aussi sans doute la notice anonyme sur l'auteur reproduite en tête de chaque volume; Aldrete était mort, en effet, depuis le 15 septembre 1657. Né à Zamora en 1594, il était entré dans la Compagnie de Jésus le 17 décembre 1613; après avoir enseigné la philosophie à Compostelle et à Valladolid, il avait occupé pendant vingt-quatre ans la chaire de théologie à Salamanque. Il fut aussi recteur du collège, sans interrompre pour cela ses cours. Il possédait de mémoire les œuvres de saint Augustin et de saint Thomas d'Aquin, et, dans les discussions, il pouvait citer jusqu'à la page où se trouvait le texte allégué. Il fut le premier jésuite reçu docteur en théologie par l'université de Salamanque; celle-ci, non contente d'assister à ses funérailles dans l'église des jésuites, fit encore prononcer son oraison funèbre dans la chapelle universitaire. Il laissa douze volumes manuscrits de philosophie et de théologie, conservés dans la bibliothèque de l'université. Les mémoires *De sanctis Urgaunonensibus*, utilisés par Nieremberg et dont parle Sommervogel, ne lui appartiennent pas; ils sont l'œuvre du chanoine malacitain Bernado José Aldrete. Voir l'article suivant.

Sotwel, *Biblioth. scriptorum S. I.*, Rome, 1676, p. 119. — Sommervogel, *Bibliothèque S. J.*, Bruxelles, 1890, t. I, col. 150. — Uriarte, *Obras anónimas y seudónimas S. I.*, Madrid, 1905, n. 3626.

E.-M. RIVIÈRE.

2. ALDRETE Y PASADAS (BERNARDO JOSÉ), chanoine de Cordoue, savant philologue et archéologue. Voir l'article suivant.

3. ALDRETE Y PASADAS (JOSÉ), jésuite espagnol, né à Malaga, le 3 août 1560. Docteur en droit civil et en droit canonique, chanoine de l'église de Cordoue, juge de l'église de Séville, il renonça à ces titres et se démit de son canonicat en faveur de son frère Bernardo, pour se ranger, le 8 avril 1600, au nombre des novices de la Compagnie de Jésus. Jerónimo de Leyva, vicaire général de Séville, ayant attaqué l'exemption canonique des jésuites, et des réguliers en général, Aldrete le réfuta par sa *Iuris allegatio pro omnimoda Societatis Iesu, ac regularium ab ordinarii Hispalensis iurisdictione, libertate, et exemptione asserenda*, in-4°, Séville, 1605, rééditée in-4°, Séville, 1619, par le P. Jorge Hemelman qui y joignit une notice sur l'auteur. Aldrete publia aussi : *De religiosa disciplina tuenda libri tres*, in-4°, Séville, 1615. Il fut recteur du collège de Marchena et il gouvernait celui de Grenade, quand il y mourut, le 12 juin 1616.

L'on doit lui faire honneur, pour une bonne part, de l'ouvrage : *De origen y principio de la lengua castellana ô romance que oi se usa en España*, in-4°, Rome, 1606; in-fol., Madrid, 1674. Ce savant ouvrage parut sous le nom de son frère Bernardo, mais celui-ci, dès les premières pages, avoue, avec une charmante simplicité, la collaboration de José : « Ce que je trouvais sur ces matières, dit-il p. 3-4 de la première édition, je le communiquais à qui, dès mon entrée en cette vie, fut mon compagnon inséparable ; il me donnait ses idées, je lui soumettais les miennes, et ainsi voilà bien des années que nous avons amassé des matériaux qui nous sont tous communs, comme tout le reste d'ailleurs, car il n'y eut jamais rien entre nous qui ne fût commun... :|*ni en lo interior ni exterior vuo cosa, que no fuesse una misma...*, et, si ce travail porte mon nom, c'est sa modestie qui a voulu cacher le sien. » Du reste, si l'intimité était parfaite entre les deux frères, la ressemblance physique ne l'était pas moins. Góngora les appelait *les burettes*, et : « Pour les distinguer, il faut les flairer, » ajoutait-il plaisamment, en faisant allusion à la forte haleine de l'un d'eux.

Bernardo, très versé dans les langues orientales, publia encore : *Varias antiguedades de España, Africa y otras provincias*, in-4°, Anvers, 1614, pour défendre ses théories sur l'origine de la langue castillane ; il y soutient, malheureusement, l. II, c. x, xxv, l'authenticité des fameuses pièces récemment découvertes au Sacro Monte de Grenade et c'est dans le même sens qu'il écrivit sa lettre à Urbain VIII sur les trouvailles de Arjona : Φαινομένα, *sive coruscantia lumina, triumphalisque crucis signa, sanctorum martyrum Albensium Urgavonensium Bonosi et Maximiani et aliorum sanguine purpurata*, in-fol., 1630. On lui doit encore : *Relacion de la iglesia y prelados de Cordova. Relacion de la planta de la Capilla Real, y de su estado temporal y espiritual*, 1637 ; et il laissa en manuscrit une *Baetica illustrata*, ouvrage géographique qui semble perdu.

Sotwel, *Biblioth. scriptorum S. I.*, Rome, 1676, p. 519. — Nic. Antonio, *Bibliotheca Hispana nova*, Madrid, 1783-1788, t. I, p. 220-221. — Sommervogel, *Bibliothèque S. J.*, Bruxelles, 1890, t. I, col. 151, cf. col. 150, F, cette note appartenant au chanoine de Cordoue, et non à son homonyme de Zamora. — Uriarte, *Anónimos y seudónimos S. I.* Madrid, 1904-1906, n. 1077, 3540, 3895.

E.-M. RIVIÈRE.

1. ALDRIC (Saint), *Albricus*, évêque d'Autun, sur lequel il ne nous reste aucun document. Il serait mort après l'an 800. Culte à Autun et à Montbrison où il est très populaire, sous le nom de saint Aubrin, le 15 juillet. Ses reliques furent reconnues et authentiquées par l'archevêque de Lyon Pierre d'Épinac en 1597.

Acta sanctorum, 1701, jun. t. III, p. 515.

P. FOURNIER.

2. ALDRIC (Saint), archevêque de Sens. Il naquit, vers 790, d'une famille noble du Gâtinais. D'abord moine de l'abbaye bénédictine de Ferrières, puis attaché par l'archevêque de Sens, Jérémie, au clergé de sa métropole, il fut ensuite appelé à la cour de Louis le Débonnaire, qui lui confia la charge de maître du palais et, peu après, celle de chancelier de son fils Pépin, roi d'Aquitaine. L'abbé de Ferrières, Adalbert, étant mort, Aldric fut désigné pour lui succéder, puis, en 828, après le décès de l'archevêque Jérémie, il fut appelé au trône archiépiscopal de Sens et sacré l'année suivante au concile de Paris. Il y fut spécialement chargé avec l'archevêque de Sens, Ebbon, de la réforme de l'abbaye royale de Saint-Denis. On le voit ensuite présider à l'élection de l'évêque d'Auxerre, Héribald, frère de Loup de Ferrières, puis, sur la demande des religieux de Saint-Remi de Sens, qui troublaient le voisinage de la cité, transférer à Vareilles le siège de leur communauté. En 834, il assiste au concile de Thionville, où Louis le Débonnaire est relevé de la déchéance qui l'avait frappé. Durant toute la durée de ses charges pastorales, Aldric semble avoir eu surtout à cœur la discipline religieuse et la réforme de son clergé. Il s'intéressait aussi vivement aux études ecclésiastiques ; il eut Loup de Ferrières pour élève et l'envoya se perfectionner en Allemagne, auprès de l'illustre Raban Maur. Il mourut en 840 ou 841. Son corps fut, comme il l'avait demandé, porté et inhumé à Ferrières. Par la suite on déposa ses restes dans une châsse magnifique, mais ils furent dispersés, en 1569, par les calvinistes, à l'exception de quatre ou cinq ossements. Sa fête se célèbre actuellement, dans le diocèse de Sens, sous le rite double, le 7 juin.

Acta sanctorum, 1695, jun. t. I, p. 752 sq. — *Hist. litt. France*, 1738, t. IV, p. 529-531. — Mabillon, *Acta sanct. ord. S. B.*, 1677, t. IV, I, p. 566 sq. — *Bibl. hist. de l'Yonne*, Paris, 1863, t. I, p. 227. — Cochard, *Vie des saints de l'Église d'Orléans*, Orléans, 1879, p. 335-343.

C. COUILLAULT.

3. ALDRIC, évêque du Mans. Originaire d'une famille d'outre-Rhin, Aldric fut élevé à l'école palatine, puis devint, au temps de l'évêque Drogon, chanoine et prêtre de la cathédrale de Metz. C'est là que Louis le Pieux, dont il possédait toute la confiance, vint le chercher pour en faire son confesseur. Plus tard, il lui donna l'évêché du Mans. Aldric fut sacré le 22 décembre 832. Son épiscopat fut une longue lutte, pleine de péripéties, contre les moines de Saint-Calais. Tant que Louis le Pieux vécut, Aldric parvint à faire reconnaître son autorité. Mais à la mort de l'empereur les moines reprirent leur revanche et réussirent même à faire chasser leur adversaire de sa ville épiscopale. Peu après, du reste, dès 841, un diplôme royal remit l'évêque en possession de ses droits. Mais, en 850, l'abbé Raynaud sut faire de nouveau reconnaître les franchises de son monastère par Charles le Chauve, et le synode de Bonneuil (855) se prononça encore contre Aldric. Celui-ci d'ailleurs était malade. Déjà en 853 la paralysie l'avait empêché de prendre part au concile de Soissons, et il paraît même qu'elle aurait souffert jusqu'à sa mort. Son obit est marqué au 24 mars 857 dans le catalogue des évêques du Mans. Depuis le XVᵉ siècle,

au moins, on célèbre son anniversaire le 7 janvier.
La polémique entre Aldric et Saint-Calais fit éclore toute une floraison de documents dont il faut dire un mot. D'une part, les moines, pour faire valoir leurs droits, produisirent les textes qui leur restaient, des diplômes de Clovis III, de Childebert III, de Dagobert III, de Pépin le Bref, de Charlemagne, de Louis le Pieux, et refirent ceux qu'ils avaient perdus, mais dont ils conservaient le souvenir. Grâce à cette collection d'actes en partie authentiques et en partie refaits, leur cause triompha d'abord au concile de Bonneuil (855), puis à l'assemblée de Verberie, présidée par le roi (863), puis enfin, la même année, devant le pape Nicolas Ier. Ainsi, sous le successeur d'Aldric, Robert, la mense épiscopale du Mans perdit définitivement son procès.

D'autre part, dans l'entourage d'Aldric, on avait fabriqué toute une série de chartes, pour les opposer à celles de l'abbaye. Cette collection, présentée à Verberie, fut reconnue fausse et solennellement condamnée. Le roi donna l'ordre de la détruire : *Jussit dominus rex ut instrumenta Cenomannicae ecclesiae, quae inutilia et falsa probata erant... penitus abolirentur.* Heureusement pour les historiens, l'ordre du roi ne fut pas exécuté. Les faux du Mans nous restent dans les *Actus pontificum Cenomannis in urbe degentium* et dans les *Gesta domni Aldrici*.

On a de fortes raisons de croire que c'est aussi dans l'entourage d'Aldric que furent composés les Capitulaires de Benoît Lévite, ceux d'Angilramne, et les fausses Décrétales.

R. Charles et J. Froger, *Gesta domni Aldrici Cenomannicae urbis episcopi*, texte et commentaire, Mamers, 1890. — J. Havet, *Questions mérovingiennes*, Œuvres, 1896, t. I. — A. Giry, *Manuel de diplomatique*, 1894, p. 869, 876. — L. Duchesne, *Fastes épiscopaux*, t. II, p. 338-339.

M. BESSON.

ALDRICH ou **ALDRIDGE** (ROBERT), évêque de Carlisle (1537-1556), naquit à Burnham, dans le comté de Buckingham, à la fin du XVe siècle. Il se distingua d'abord comme humaniste et théologien. A peine eut-il son grade de maître ès arts (1515), qu'on le choisit pour enseigner à Eton's College (Cambridge), où il avait été élevé. En 1523 il fit partie des prédicateurs, et, l'année suivante, des censeurs de l'université. Il n'était encore qu'étudiant à Cambridge, quand Érasme l'y remarqua et l'emmena dans son fameux pèlerinage à Notre-Dame de Walsingham : c'est lui qui, dans la *Peregrinatio religionis*, demande au gardien des reliques comment il s'y prendrait pour démontrer que c'est vraiment le lait de la Vierge qu'il offre à la vénération des pèlerins. Aldrich entretint avec le grand humaniste une savante correspondance et collationna pour lui de nombreux manuscrits. Prébendier de Lincoln (1528), il obtient, en 1531, la cure de Cheriton (diocèse de Winchester), prêche devant le roi, le troisième dimanche de carême, et est nommé archidiacre de Colchester (30 décembre).

Aldrich fut henricien, c'est-à-dire un de ceux qui suivirent Henri VIII dans le schisme, sans vouloir, pour le reste, s'éloigner de la foi catholique. A la convocation (assemblée du clergé) de 1533, il signe les deux propositions favorables au divorce dont Cranmer devait bientôt tirer la conclusion : 1° que le pape n'est pas compétent pour dispenser de l'empêchement qui existe entre un homme et la femme de son frère décédé; 2° que le mariage entre Catherine d'Aragon et Arthur, frère d'Henri VIII, avait été consommé. Pocock, *Records of the Reformation*, 1876, t. II, p. 451. En 1535, avec le visiteur royal Bedyll et l'évêque de Londres, il décide les religieux augustins de Sion à reconnaître la suprématie spirituelle du roi et à prêter le serment exigé. Wright, *Suppressions of the monasteries*, Camden Society, 1843, p. 49. Quelques années plus tard (1540), il souscrit à la déclaration du clergé qui annulait le mariage d'Anne de Clèves avec Henri. Pour le récompenser, le roi l'avait fait chanoine de Windsor (1534), puis greffier de l'ordre de la Jarretière; en 1536 (21 juin), il le nomma aumônier de Jane Seymour, la nouvelle reine, et en 1537, évêque de Carlisle (18 juillet).

Aldrich, avec Gardiner et les autres henriciens, s'efforça de maintenir l'Église d'Angleterre dans l'orthodoxie. Il fut de ceux qui appuyèrent le plus la loi des VI articles que les réformés surnommèrent « le fouet à six cordes » (1539). A la commission des théologiens de 1543, il soutint, contre le parti avancé, la doctrine ancienne, qui fut formulée dans la confession de foi la plus explicitement catholique du règne, *The necessary erudition of a christian man*. Sous Édouard VI, il fit partie des diverses commissions qui avaient pour but de refondre la liturgie et de transformer le culte dans le sens protestant; et toujours il s'opposa aux changements religieux. Aux neuf questions posées par Cranmer sur la messe (1548) il répond, comme les autres henriciens, que la messe est un sacrifice et non une simple communion. Gasquet et Bishop, *Edward VI and the Book of common prayer*, p. 86, 88; Dixon, *History of the Church of England*, t. II, p. 477. Avec Bonner de Londres, Tunstall de Durham, Heath de Worcester, Thirlby de Westminster, Rugg de Norwich, Skip de Hereford et Day de Chichester, il n'approuve point le premier « Livre de la prière publique » (1549), et il refuse de souscrire l'acte d'uniformité qui le rendait obligatoire pour tout le royaume. Gasquet et Bishop. *op. cit.*, p. 171 ; Dixon. *op. cit.*, t. III, p. 2. Il vote en 1549 contre la revision des lois ecclésiastiques (Dixon, *op. cit.*, t. III, p. 159), en 1558, contre l'édit qui ordonnait la destruction de toutes les images et statues de saints dans les églises. *Ibid.*, t. III, p. 161. Il s'oppose au bill qui prescrit la composition d'un nouvel ordinal. Burnet, *History of the Reformation*, édit. Pocock, 1865, t. III, p. 339. Gardiner, dans son procès de 1551, cite son témoignage afin de prouver que la doctrine de la présence réelle a toujours été celle de l'Église d'Angleterre. Dixon, *op. cit.*, t. III, p. 268. L'année suivante, Aldrich, à la Chambre des lords, se prononce catégoriquement contre le second « Livre de la prière publique » et contre l'ordinal nouveau, en même temps que l'évêque de Norwich, le comte de Derby, lord Windsor et lord Stourton. *Journals of the house of the lords*, 1875, t. I, 6 avril 1552. Malgré ses sentiments bien connus, Aldrich fut un des rares henriciens qui ne fut point jeté en prison et privé de son siège, durant le règne d'Édouard VI. Peut-être son extrême modération le rendait-elle peu redoutable. En 1551, toutefois, le roi lui ordonna de céder à lord Clinton, pour un bail de soixante ans, son manoir épiscopal de Horncastle. A l'avènement de Marie Tudor, Aldrich garda son évêché, et il mourut à Horncastle, le 5 mars 1556, réconcilié avec l'Église romaine.

Outre quelques écrits théologiques concernant les controverses de l'époque, Aldrich composa un livre d'épigrammes et écrivit une préface en vers à l'*Antibossicon* de William Horman, ouvrage qui avait pour but de défendre divers savants contre les attaques d'un certain Robert Witynton.

Letters and papers, foreign and domestic, of the reign of Henry VIII, preserved in the public Record office, the British Museum and elsewhere in England, t. IV, n. 1142: 1840, 2984, 3377, 4692; t. V, n. 80 (2) et p. 324; t. VI, n. 661, 831, 1071, 1594; t. VII, n. 534, 761 (4) ; t. VIII, n. 828, 867 ; t. IX, n. 986; t. X, n. 60, 124 (2); t. XII, 1re part., n. 229, 2^e part., n. 201, 229, 235, 283, 401-402, 465, 521, 848, 851, 617, 911, 970, 1060; t. XIII, 1re part.,

n. 547, 2ᵉ part., n. 1280; t. xiv, 1ʳᵉ part., n. 403 (1), 867, 1040, 1171; 2ᵉ part., n. 509, 782; t. xv, n. 500, 826 (7, 19, 20, 23), 860-861, 921; t. xvi, n. 286, 380, 496 (1, 2), 673, 849, 869, 878 (15), 958-959, 1009, 1118, 1237. 1256, 1267, 1295, 1360, 1369, 1489; t. xvii, n. 67, 258, 398, 880, 1155, app. n. 15; t. xviii, 2ᵉ part., n. 231. 395, 463; t. xix, 1ʳᵉ part., n. 273, 1032 (4, 5), 2ᵉ part., n. 141, 318; t. xx, 2ᵉ part., n. 1029. — Anthony Wood, *Athenae Oxonienses, an exact history of all the writers and bishops who have had their education in Oxford..., from 1500 to 1590*, édit. Bliss, 1813-1820, t. i, p. 232. — Thomas Harwood, *Alumni Etonenses, or a catalogue of the provosts and fellows of Eton College and King's College, Cambridge, from the foundation in 1443 to the year 1797, with an account of their lives and preferments*, Londres, 1797, p. 3, 57, 131. — Rudolph Ackermann, *History of the colleges of Winchester, Eton, Westminster*, 1816, p. 43, 44, 58. — Érasme, *Epistolae*, édit. de Leyde, p. 901, 971, 998. — John Anstis, *The register of the most noble order of the Garter, from its cover in black velvet usually called the black Book*, 1724, t. ii, p. 393. — John Le Neve, *Fasti Ecclesiae Anglicanae, or an Essay towards deducing a regular succession of all the principal dignitaries in each cathedral, collegiate church or chapel*, 1716, p. 335. — *Dictionary of national biography*. — Dixon, *History of the Church of England from the abolition of the roman jurisdiction*, 1885, t. i, p. 225, 280; t. ii, p. 304, 310, 477; t. iii, p. 2, 159, 161, 196, 268, 434. — Gardiner, *The english Church in the sixteenth century*, 1904, p. 276, 303.

G. CONSTANT.

ALDRINGEN (PAUL D'), évêque de Tripoli, coadjuteur de Strasbourg (1627-1646), né à Strasbourg, prit, en 1620, ses grades de docteur en théologie à l'académie de Molsheim et devint curé de Rouffach (Basse-Alsace). En 1627, l'évêque de Strasbourg, Léopold II, archiduc d'Autriche, le prit pour son coadjuteur. Aldringen montra un zèle et une énergie toute particulière pour restaurer le catholicisme en Alsace. Dès le 15 décembre 1627, il obtint un édit impérial restituant aux catholiques la cathédrale de Strasbourg; mais il se heurta à la résistance du sénat qui répondit, le 10 mai 1628, que les catholiques avaient abandonné les églises par peur et que les protestants en étaient les possesseurs tranquilles depuis soixante-dix ans; qu'on devait, par conséquent, laisser les choses en l'état où elles étaient. En 1628, le coadjuteur obtint la prévôté de l'église collégiale de Saint-Martin, à Colmar. Lors de l'invasion suédoise, en 1633, il se réfugia d'abord au mont Saint-Odile dont il avait consacré la nouvelle église, le 20 octobre 1629, et puis à Étival. Il mourut le 31 décembre 1646.

Ingold, *Nouvelles œuvres inédites de Grandidier*, t. iii, p. 233; *Œuvres inédites*, t. iv, p. 465. — E. Sitzmann, *Dictionnaire de biographie des hommes célèbres d'Alsace*, Rixheim, 1909, t. i, p. 19.

G. ALLMANG.

ALDROVANDI (POMPEO), cardinal (1668-1752), appartenait à une famille noble de Bologne et y naquit en septembre 1668, fit ses études au Collège romain, les termina au collège Tolomei de Sienne, et suivit les cours de droit à l'université de sa ville natale, où il prit le doctorat. Il vint à Rome, et commença sa carrière curiale, en février 1696, comme référendaire des deux signatures, puis auditeur de celle de justice. Clément XI le nomma, dès son exaltation, suppléant de l'auditeur général de la Chambre apostolique, Alessandro Caprara, qu'il remplaça, quand celui-ci eut été créé cardinal, en mai 1706. Il devint aussi auditeur de Rote, et, en 1711, secrétaire de la congrégation des Immunités. En 1712, le pape le créa archevêque de Néocésarée et nonce en Espagne pour reprendre les relations avec Philippe V, interrompues en 1709 à la suite du conflit que souleva l'introduction dans la péninsule des traditions et libertés gallicanes. Le rapprochement était dû à l'intervention de Louis XIV, et le nonce se rendit d'abord à Paris, où il s'aboucha avec les ministres du grand roi, et reçut ses recommandations auprès de son petit-fils. Aldrovandi rétablit la nonciature, la réorganisa et la géra jusqu'au moment où Albéroni prit la direction des affaires politiques dans la péninsule (1716). Lorsque commencèrent les premières difficultés du ministre avec la cour romaine, le nonce fut rappelé à Rome, puis renvoyé en 1717. Le conflit s'éleva bientôt à l'état aigu, les relations furent suspendues entre la nonciature et le ministère, la juridiction de la première supprimée et Aldrovandi, craignant un sort plus rigoureux, quitta son poste sans le congé de sa cour. Clément XI s'en montra d'autant plus mécontent qu'il ne voulait pas la rupture et se préparait à créer Albéroni cardinal. Le diplomate maladroit fut exilé dans sa ville natale, d'où il ne sortit qu'à la mort du pape (1721). Innocent XIII le rétablit à la Rote, dont il devint bientôt doyen: il fut encore régent de la Pénitencerie. Benoît XIII le créa consulteur du Saint-Office, en 1729, patriarche de Jérusalem, et lui donna toute sa confiance. Sous Clément XII, il remplaça, en octobre 1733, le cardinal Gianbattista Spinola, comme gouverneur de Rome, et conserva le poste lorsqu'il eut reçu lui-même la pourpre, le 24 mars 1734, avec le titre de Saint Eusèbe. Il se démit de la première fonction en septembre, quand il occupa le siège épiscopal de Corneto et Montefiascone.

Au conclave de 1740, Aldrovandi, patronné par le cardinal Nerio Corsini, neveu du pape défunt, fut pendant un mois candidat à la tiare, et il n'y manqua que deux voix pour être élu (juillet 1740). Il se vit supplanter par son compatriote Lambertini (Benoît XIV), qui le fit son prodataire, et son légat à Ferrare, poste qu'il occupa six ans. Il résida souvent dans son diocèse de Corneto, y fit de grands travaux, par exemple fit creuser le port de la ville épiscopale, embellit sa cathédrale ainsi que celle de Bologne et légua une partie de sa fortune pour les réparations de celle-ci. Il mourut le jour de l'Épiphanie 1752, dans sa quatre-vingt-quatrième année, et fut enseveli dans la cathédrale de Bologne.

Guarnacci, *Vitae et res gestae romanorum pontificum et cardinalium* (faisant suite à Ciaconius), Rome, 1751, t. ii, col. 669-672. — M. Boutry, *Intrigues et missions du cardinal de Tencin*, Paris, 1902, c. iv. — Archives du Vatican, *Nunziatura di Spagna*, t. ccx-ccxvi.

P. RICHARD.

ALDROVANDO. Voir ALDOBRANDO.

ALDUALDUS. Voir ALDOBRANDO 1, col. 60.

ALDUIN. Voir ALDHUNUS, col. 53; HILDUIN.

ALDULF. Voir ADULF, t. i, col. 638.

ALDULPHE, évêque de Rochester. Consacré par Brithwald, archevêque de Cantorbéry, en 726, Aldulphe prit part, en 731, à la consécration de l'archevêque Fatwine. En 734, le roi Ethelbald lui octroya les droits annuels de douane sur un navire entrant au port de Londres. On a encore un document, daté de 738, par lequel Aldulphe demande la confirmation d'un don de terres fait à son Église par Eadhbert, roi de Kent. Siméon de Durham fait mourir Aldulphe en 739; Florent de Worcester en 741, mais comme tous les deux placent la mort de Nothelm, archevêque de Cantorbéry, la même année que celle de l'évêque Aldulphe, il est probable que ce dernier mourut en 739.

Bède, *Historia ecclesiastica*, v, 23, éd. C. Plummer, Oxford, 1896, t. i, p. 349-350. — J. M. Kemble, *Codex diplomaticus aevi Saxonici*, Londres, 1839, t. i, p. 98-99, 102-103. — Florent de Worcester, *Chronicon ex chronicis*, éd. B. Thorpe, Londres, 1848, t. i, p. 51, 52, 54. — Symeonis Monachi *Opera omnia*, éd. T. Arnold, Rolls series, Londres,

1885, t. II, p. 28, 29, 32. — W. Smith et H. Wace, *Dictionary of christian biography*, Londres, 1877, t. I, p. 79.

A. TAYLOR.

ALDUNATE (José Antonio Martinez d'), évêque de Santiago du Chili. Issu de noble famille, il fut ordonné prêtre par l'évêque Malgarejo, qui l'estimait « un sujet accompli ». Chanoine de la cathédrale de Santiago, puis curé de Valparaiso, il fut choisi par dom Manuel Aldai pour être son vicaire général, ou proviseur diocésain, charge qu'il occupa durant quarante ans, sous Aldai, Sobrino et Maran. Nommé évêque de Guamanga (Ayacucho), le 26 mars 1804, alors qu'il était déjà assez âgé, il fut, en 1807, transféré au siège de Santiago, qu'il occupa jusqu'au 8 avril 1811, date de sa mort.

Eyzaguirre (trad. Poillon), *Histoire ecclésiastique, politique et littéraire du Chili*, Lille, 1855, t. II, p. 356-357. — Gams, *Series episcop.*, Supplément, p. 132, 135.

J.-M. VIDAL.

ALDWIN, appelé aussi Worr (Ouen?), évêque de Lichfield et de Leicester. Si l'acte du concile de Cloveshoe de 716 est authentique, Aldwin fut alors, paraît-il, coadjuteur de Fedda, évêque de Lichfield et de Leicester, auquel il succéda lors de sa mort, en 721. Spelmann and Wilkins, *Councils*, éd. A. W. Haddan et W. Stubbs, Oxford, 1871, t. III, p. 300, 301 note.

Il prit part, en 731, à la consécration de l'archevêque Fatwine de Cantorbéry. En 736, il signait encore des chartes du roi Ethelbald de Mercie. Siméon de Durham fait mourir Aldwin en 737.

Symeonis Monachi *Opera omnia*, éd. F. Arnold, Londres, 1885, *Historia regum*, t. II, p. 28, 32. — Beda, *Historia ecclesiastica*, v, 23, éd. C. Plummer, Oxford, 1896, t. I, p. 350. — J. M. Kemble, *Codex diplomaticus*, Londres, 1839, t. I, p. 100, 101. — II. Wharton, *Anglia sacra*, Londres, 1691, t. I, p. 428.

A. TAYLOR.

ALÉANDRE (Jérôme). Voir ALEANDRO (Girolamo).

1. ALEANDRO (Francesco), archevêque de Brindisi. Originaire de Motta di Livenza, dans la Marche de Trévise, né vers 1510, de Vincenzo Aleandro, frère du cardinal Girolamo, et de Caterina, il fit ses études au séminaire de Ceneda et à l'université de Padoue. Il passa sa jeunesse près de son oncle, qui, le 4 juin 1526, lui réserva une pension de 100 ducats sur un canonicat et une prébende de l'église de Valenza qu'il résignait en faveur de Michele Torella. Il suivit son oncle dans sa légation d'Allemagne, en 1538, et, en 1542 (30 janvier), il lui succéda comme archevêque d'Oria et Brindisi. Le nouveau prélat s'attacha à réformer les mœurs de son clergé et à défendre ses droits épiscopaux contre les empiétements de certains seigneurs et de certaines populations. Visitant, un jour, la ville d'Oria, siège épiscopal supprimé, dont le titre seul subsistait en faveur des archevêques de Brindisi, le marquis d'Oria, Bernardino Bonifacio, et le peuple refusèrent de le recevoir et de le reconnaître comme pasteur s'il ne promettait d'accorder à leur Église la préséance sur celle de Brindisi et de placer et faire placer par la chancellerie pontificale, dans la liste de ses titres, celui d'évêque d'Oria avant celui d'archevêque de Brindisi. Sous cette question de protocole se cachait un dessein d'émancipation et de révolte. L'archevêque refusant de se plier à ces conditions, les gens d'Oria l'empêchèrent de faire sa visite canonique, l'insultèrent et refusèrent de lui laisser percevoir les revenus de sa mense. Aleandro en référa à Paul III, qui fit des remontrances aux révoltés (22 mai 1545). L'affaire n'en resta pas là. Le marquis d'Oria et d'autres seigneurs du pays, le gouverneur et les officiers de la province continuèrent à molester l'archevêque, usurpant ses droits et sa juridiction, méprisant ses ordres et ses censures, violentant ses clercs, l'insultant lui-même, et empêchant des commissaires envoyés par le pape d'exécuter leur mission. Un procès s'ensuivit devant la cour royale de Naples, procès que les adversaires firent traîner en longueur, imposant à l'évêque de lourdes dépenses et une absence prolongée hors de son Église. Le pape intervint auprès du vice-roi et du conseil royal pour les exhorter à conclure cette affaire sans retard, et à faire justice à Aleandro (20 mai 1549). Quelques jours auparavant (17 mai), Paul III avait tenté une démarche dans le même sens auprès de ces officiers royaux, pour obtenir d'eux l'exécution d'une sentence prononcée en faveur de l'archevêque contre les chevaliers de Saint-Jean de Jérusalem, qui l'avaient frustré de l'exercice de sa juridiction sur une localité de la mense. Le 20 janvier 1547, le même pape avait donné à Francesco pleins pouvoirs de visiteur et de réformateur apostolique pour les monastères exempts de son diocèse, et notamment pour celui des bénédictines de Sainte-Marie de Brindisi, qui était fort relâché de l'observance religieuse. Aleandro alla au concile de Trente, en 1551. Il mourut en 1560. Il cultiva la poésie en langue vulgaire. Crescimbeni a publié un sonnet de lui.

Archives du Vatican, *Armar.* XXIX, t. CLXIX, fol. 172; *Armar.* XLI, t. XXXVIII, n. 27; t. XLV, n. 288, 292. — Cappelletti, *Le Chiese d'Italia*, t. XXI, p. 120. — Crescimbeni, *Commentari intorno alla sua istoria della volgar poesia*, Rome, 1730, t. IV, p. 81. — Eubel, *Hierarchia catholica*, t. III, p. 156. — Mazzuchelli, *Gli scrittori d'Italia*, t. I, p. 408, 425. — Rocco (Lepido), *Motta di Livenza e suoi dintorni*, Trévise, 1897, p. 328-332. — Ughelli, *Italia sacra*, 2ᵉ éd., t. IX, col. 42.

J.-M. VIDAL.

2. ALEANDRO (Girolamo). Aléandre naquit à la Motta di Livenza le 13 février 1480. De 1493 à 1498, il étudia à la Motta, à Pordenone et surtout à Venise et à Padoue. Il apprit le latin, le grec et l'hébreu, ce qui, dans la suite, le fera souvent nommer le *docteur des trois langues*; il y joignit le syriaque et le chaldéen, et s'initia à toutes les sciences connues de son temps. A Venise, il fit partie de l'*Académie* d'Alde Manuce. En 1508, sur le conseil d'Érasme, il partit pour Paris. Pendant cinq ans il enseigna les belles-lettres en France, presque toujours à Paris (4 juin 1508-8 décembre 1510; 19 juin 1511-4 décembre 1513) et quelques mois à Orléans (10 décembre 1510-14 juin 1511). Pendant ces cinq ans, il donna des leçons d'hébreu, peut-être de chaldéen et de syriaque, même de cosmographie, mais surtout de grec; il fonda chez nous l'enseignement de cette langue. Le 18 mars 1513, il fut élu recteur de l'université de Paris.

Le 4 décembre 1513, Aléandre devint secrétaire du prochancelier de France, Étienne Poncher; à la fin de l'année suivante, il s'attacha au prince-évêque de Liége, Érard de la Marck. Le 16 mars 1516, il partit pour Rome, afin de l'y être l'agent de la Marck. Trois ans après (27 juillet 1519), Léon X le nommait bibliothécaire du Vatican. Il dut alors prendre une part assez active, quoique mal définie, au procès de Luther : ce fut l'un des principaux motifs pour lesquels, au mois de juillet 1520, Léon X le nomma nonce auprès de Charles-Quint et de la diète qui allait se réunir en Allemagne : il devait obtenir de l'empereur et des États l'acceptation de la bulle *Exurge*, qui avait condamné Luther (15 juin 1520). Après de longues et pénibles négociations, il parvint à faire porter contre Luther le célèbre édit de Worms (8 mai 1521).

Cette mission fut le point culminant de la vie d'Aléandre. Elle orienta ses travaux pour le reste de ses jours. Jusque-là, il avait été avant tout un humaniste ; désormais, il sera surtout un homme d'Église : ses deux grandes préoccupations seront d'abattre la Réforme protestante et d'assurer la Réforme catholique, particulièrement par la réunion d'un concile.

Le 8 août 1524, Clément VII nomma Aléandre archevêque de Brindisi et nonce auprès de François Ier avec mission d'amener la paix entre lui et Charles-Quint. Le 24 février 1525, il fut fait prisonnier à Pavie, et revint à Rome (3 août 1525). Du 8 mars 1527 au 19 novembre 1529, il résida dans son diocèse de Brindisi ; en 1531-1532, il fut envoyé en Allemagne pour préparer le concile, et la défense de la chrétienté contre les Turcs ; de 1533 à 1535, il fut nonce à Venise. Les années suivantes, il fut à Rome l'un des principaux conseillers de Paul III, surtout pour les négociations au sujet du concile. Le 13 mars 1538, il fut créé cardinal, et, huit jours après, nommé légat pour présider le concile qui devait se réunir à Vicence. Cette tentative échoua, et Aléandre fut envoyé comme légat en Allemagne, en vue d'une entente à amener avec les réformés (1538-1539). Il revint à Rome sans avoir réussi : il y mourut le 1er février 1542, découragé par les progrès de la Réforme. Deux jours avant sa mort, il s'était composé cette épitaphe :

Κάτθανον οὐκ ἀέκων, ὅτι παύσομαι ὦν ἐπιμάρτυς
Πολλῶν ὤνπερ ἰδεῖν ἄλγιον ἢ θανάτου.

« Je suis mort sans regret : j'ai cessé de voir des choses plus tristes que la mort. »

Aléandre avait une mémoire prodigieuse, l'esprit souple, l'intelligence brillante ; mais il était plus capable de s'assimiler que de créer : la cause en tenait, sans doute, en partie à sa santé, qui fut toujours chancelante. Toute sa vie, il fut un collectionneur de documents ; par là, il a rendu un très grand service à l'histoire : il mérite d'être appelé le *Père de l'histoire de la Réforme*. Il se présente donc à nous comme un homme qui, malgré de modiques ressources et une faible santé, avec quelques compromissions inavouables, est arrivé à la célébrité par son intelligence et son énergie. Jusqu'à quarante-cinq ans, quoiqu'il fût de mœurs beaucoup moins dissolues que la plupart des humanistes, il eut des écarts de conduite. Sa conversion définitive date des environs de 1524. Ce n'est, du reste, qu'à cette époque qu'il fut ordonné prêtre. Dans son testament, il a déclaré « que, dans toutes ses missions, il n'avait jamais reçu aucun présent. »

Professeur à Paris, Aléandre y composa ou y édita un grand nombre d'ouvrages scolaires, grecs et latins, et même un « alphabet hébreu ». Il a composé et fait imprimer l'édit latin de Worms contre Luther (8 mai 1521). L'édition *princeps* paraît être celle que renferme le t. XVII de l'Armoire des Archives vaticanes ; *Acta Wormatiensia*, fol. 130-138, in-4°, *sine loco et anno* ; elle fut imprimée à Louvain, du 19 au 26 juin 1521.

Il est l'un des auteurs du *Concilium delectorum cardinalium et aliorum praelatorum de emendanda Ecclesia*, composé en 1536-1537, et publié subrepticement par Jean Sturm, Strasbourg, 1538, in-4° ; il a collaboré aussi à la *Reformatio proposita Paulo III a deputatis cardinalibus*, sur les abus de la Daterie (1538). Arch. vat., *Arm.* LXIII, t. VI, fol. 359-372, *orig.*, publiée d'après des copies, par F. Dittrich, *Regesten und Briefe des Cardinals Gasparo Contarini*, Braunsberg, 1881, in-8°, p. 279-288, et d'après l'original par Stephan Ehses, dans la *Römische Quartalschrift*, 1900, t. XIV, p. 102-119.

En outre, Aléandre a laissé un héritage manuscrit extrêmement considérable. Quelques parties traitent plus particulièrement de théologie. Ce sont les mss. Vat. *3914, 3915, 3917, 3918, 3919, 3926, 3927, 3928, 6261, 6262*, et Chigi *R. 11, 49*. Ces manuscrits forment deux groupes. Les cinq premiers sont des collections de documents sur la réforme de l'Église ; les six autres sont des recueils de notes philologiques, littéraires, philosophiques et théologiques, en latin, en grec, en hébreu et en chaldéen. Les manuscrits Vat. *3914, 3915, 3918, 3919* sont les quatre livres *sur le futur concile*, dont parle Vittorelli dans ses additions à Ciacconius : *Quatuor de concilio habendo ab eodem* (Aleandro) *confectos libros Tridentinae synodi usui plurimum fuisse intellexi.* A. Ciacconius, *Vitae...* Rome, 1630, col. 1523 ; Rome, 1677, t. III, col. 626.

Une autre partie fort importante de ces manuscrits renferme sa correspondance diplomatique pendant les cinq missions qu'il reçut de la papauté, celles de 1520-1522, 1531-1532, 1538-1539, en Allemagne, celle de 1524-1525, auprès de François Ier, et celle de 1533-1535, auprès de la République de Venise.

Enfin, d'autres manuscrits contiennent ses lettres familières, des notes de littérature, d'histoire, etc. ; il écrivait d'autant plus qu'il ne mettait la dernière main à rien.

La plus grande partie de ces papiers se trouve aux archives et à la bibliothèque du Vatican. Depuis quelques années, un assez grand nombre ont été publiés.

J. Paquier, *Jérôme Aléandre*, Paris, 1900. Un chapitre préliminaire contient l'indication des œuvres d'Aléandre et des travaux qui jusqu'alors avaient été faits sur lui. Depuis lors, il y a à signaler : Ernest Jovy, *François Tissard et Jérôme Aléandre ; contribution à l'histoire des origines des études grecques en France*, t. XIX et XXI (1899-1902) des *Mémoires de la Société des sciences et arts de Vitry-le-François* (travail consciencieux, mais qui apporte peu de nouveau. En outre, M. Jovy n'a pas utilisé nos remarques sur la lettre d'Aléandre à Alde Manuce, du 23 juillet 1508 : voir J. Paquier, dans *Revue des questions hist.*, 1er oct. 1898, p. 381-383, et *Jérôme Aléandre*, p. 38-41 ; voir aussi P. de Nolhac, dans *Revue des études grecques*, 1900, p. 423. Puis, il écrit encore Michel Hummelberger, au lieu de Hummelberg). Dans des travaux d'une érudition sûre, le Dr Kalkoff a étudié et mis en lumière différents épisodes de la vie d'Aléandre, ayant trait à la nonciature de 1520-1522 : procès de Luther à Rome (1518-1520) ; lutte avec Érasme (1520) ; répression de l'hérésie dans les Pays-Bas (1521-1523), etc. Voir surtout *Zu Luthers römischen Prozess*, dans *Zeitschrift für Kirchengeschichte*, 1904, t. XXV, p. 90-147 ; *Forschungen zu Luthers römischen Prozess*, Rome, 1905 ; *Aleander gegen Luther*, Leipzig, 1908. Enfin, nous avons publié un recueil de *Lettres familières de Jérôme Aléandre (1510-1540)*, 1909.
J. PAQUIER.

3. ALEANDRO (GIROLAMO). Quatre-vingt-dix ans après Aléandre l'ancien, vécut Jérôme Aléandre *le Jeune* (29 juillet 1574-9 mars 1629), petit-neveu du précédent. Il s'occupa surtout d'archéologie romaine. Mais « il a touché à tout, n'a échoué en rien, et n'a marqué nulle part... Tour à tour jurisconsulte, poète, archéologue, il a laissé des écrits d'érudition, des vers de circonstance, des dissertations d'apparat. » Pélissier, p. 328, 329. Ce sont surtout ses lettres qui permettent d'apprécier son mérite. La renommée quasi universelle dont il jouit parmi ses contemporains était due surtout à ses qualités de caractère, à sa complaisance et à son dévouement. Il mourut secrétaire du cardinal François Barberini.

L. G. Pélissier, *Les amis d'Holstenius*, dans *Mélanges d'archéologie et d'histoire publiés par l'École française de Rome*, 1888, t. VIII, p. 323-402, 591-608.
J. PAQUIER.

ALÉARD, frère mineur, élu archevêque de Raguse en Dalmatie, le 8 février 1258, transféré le 3 novembre 1268, au siège d'Oristano en Sardaigne, où il mourut en 1279 ou 1280.

Eubel, *Hierarchia catholica*, t. I, p. 102, 432. — Gams.

Series episcoporum, p. 414, 838. — Sbaralea-Eubel, *Bullarium franciscanum*, t. III, p. 165, 254; t. v, p. 610.

Antoine de Sérent.

1. ALEAUME ou **ALLAUME** (Saint), *Adelelmus*, ou *Elesmus*, et, en espagnol, *Lesmes*, célèbre bénédictin, né à Loudun, mort à Burgos (entre 1091 et 1103). Après avoir porté les armes, il entreprenait, plein de ferveur, un pèlerinage à Rome lorsque, passant par Issoire, il entendit parler de Robert, premier abbé de la Chaise-Dieu, en des termes tels qu'il se rendit immédiatement au monastère, pour se faire bénédictin. L'abbé lui enjoignit d'accomplir au préalable son pèlerinage. Revenu en France, Allaume entra au monastère, dont il devint même (probablement) l'abbé pendant un ou deux mois de l'année 1079. Déjà sa réputation était grande et l'on contait de lui de nombreux miracles; la reine Constance de Bourgogne, femme d'Alphonse VI de Castille, décida celui-ci à appeler Allaume à Burgos; Allaume ne voulut pas demeurer à la cour et le roi lui fit don de la chapelle et de l'hôpital de San Juan, qu'il avait construits aux portes de Burgos; ces bâtiments se prêtaient mal à la vie monastique et Alphonse fit construire un monastère. Les miracles d'Allaume continuèrent en Espagne; presque aussitôt après son arrivée, il réussit à entraîner une armée castillane qui n'osait franchir le Tage pour aller à la rencontre des Mores : Allaume, monté sur son âne, franchit le fleuve où les chevaliers n'avaient encore osé se lancer. Il mourut à Burgos même, où il reçut les derniers sacrements de la main d'un autre Français, l'évêque de Pampelune, Pierre Ier.

Peu de temps après cette mort, Aimeri, sixième abbé de la Chaise-Dieu, envoya à Burgos le moine Rodolphe, qui, avec les souvenirs de contemporains d'Allaume, tant pour la France que pour l'Espagne, put composer une vie de l'homme qui avait introduit au monastère de Burgos (et, par suite, dans ses nombreuses filiales) la pure observance de la règle bénédictine. Une seconde rédaction fut faite, probablement par Rodolphe lui-même, plus courte, pour être utilisée aux légendes de la fête du saint.

Cette fête se célèbre à Poitiers, le 30 janvier, jour anniversaire de la mort d'Allaume. A Burgos, il a un office double.

Toutes les Vies d'Allaume procèdent du travail du moine Rodolphe. V. Mabillon, *Acta sanctorum ordinis S. Benedicti*, Paris, 1701, t. VI, p. 895 sq. — *Acta sanctorum*, 1643, jan. t. II, p. 1056 sq., avec la traduction en latin d'une vie écrite en espagnol par Marietta. — Florez, *España sagrada*, Madrid, 1772, t. XXVII, p. 154 sq. — Barbier de Montault, *Œuvres*, t. IX, p. 293-296, qui reproduit la vie du saint par Dominique Branche, *L'Auvergne au moyen âge*, Clermont, 1842, t. I, p. 153 sq.

M. Legendre.

2. ALEAUME (Saint), ermite du XIIe siècle. Son histoire repose sur les documents les plus authentiques : la vie de Bernard de Tiron écrite par un contemporain. Venu, disent certains, de Flandre où s'était répandu le bruit des miracles et des vertus des ermites des forêts mancelles, Aleaume était de haut lignage et fut donné comme compagnon au vieil ermite Aubert (voyez ce mot) qu'il servait avec une grande docilité. Mais l'amitié que bientôt il lia avec Bernard de Tiron l'engagea à suivre ce dernier dans l'île de Chausey. Le climat de cette île contraignit Aleaume à revenir vers Aubert, qu'il trouva très déprimé et très affecté de son départ. Il ne put dès lors penser à de lointains voyages et se consacra à la fondation des monastères d'Étival-en-Charnie dont Raoul, vicomte de Beaumont, lui offrait les domaines. Le monastère d'hommes (voyez ce mot), selon la coutume de Fontevrault, joignait celui des femmes, disparut bientôt et le dernier seul subsista sous la conduite de Godéaldis de Beaumont, fille de Raoul. Le pieux fondateur, après avoir vécu plus d'un demi-siècle dans le diocèse du Mans, mourut le 27 avril 1152, et fut inhumé dans l'église d'Étival. On y vénérait sa statue; une autre de style très ancien se voit encore dans la chapelle de Saint-Nicolas. Le bréviaire et l'office du Mans faisaient mention du saint dans un office spécial. Cet office n'a pas été maintenu dans le nouveau *Propre* du diocèse.

Acta sancti., 1675, april. t. II, p. 231. — Mabillon, *Ann. ord. S. Bernardi*, t. v, p. 421, 535. — Pavillon, *La vie du bienheureux Robert d'Arbrissel*, Saumur, 1636. — A. Angot, *Dict. de la Mayenne*, Laval, 1900, t. I, p. 21-22. — Dom L. Guilloreau, *L'abbaye d'Étival-en-Charnie et ses abbesses (1109-1790)*, dans *Revue hist. et archéol. du Maine*, 1901, t. XLIX, p. 113-139; 1902, t. LII, p. 121-160. — Dom Piolin, *Hist. de l'Église du Mans*, Paris, 1856, t. III, p. 461-473, 481-485. — S. Cournier de Launay, *Légendaire ou Vies des saints du diocèse de Laval*, Laval, 1891, p. 231.

Louis Calendini.

3. ALEAUME (Guillaume). Guillaume Aleaume ou Alleaume, naquit à Paris, probablement en 1585, de Nicolas Aleaume, conseiller au Parlement de Paris, et d'Antoinette du Vair. Il fit, après ses études, pourvu d'une charge de conseiller au Parlement, puis, en 1615, nommé évêque de Riez, succédant à Charles de Saint-Sixte, et prit possession de son siège le 12 mai 1616. En 1618 il assistait au sacre de Guillaume du Vair, son oncle, nommé évêque de Lisieux. Ce dernier, ne pouvant concilier les obligations de sa charge de garde des sceaux avec celles de son épiscopat, demanda son neveu comme coadjuteur, ce qui lui fut accordé, peu avant sa mort, arrivée le 3 août 1621. Guillaume Aleaume lui succéda et prit possession de son évêché, par procureur, en mars 1622, et par lui-même, le 24 juillet suivant. Il résida dans son diocèse, le visita, ce que son prédécesseur n'avait pu faire, s'efforçant de donner le bon exemple, aimé et estimé de son chapitre et veillant avec soin au temporel de l'évêché.

Il publia, en 1624, le premier bréviaire du diocèse de Lisieux, qui devait rester en usage jusqu'en 1704. La même année, régna à Lisieux une grande épidémie, à laquelle les chroniqueurs donnèrent, peut-être à tort, le nom de peste, et pour en obtenir la cessation l'évêque fit une procession solennelle à Notre-Dame-de-Grâce, près Honfleur.

Sous son épiscopat furent fondés à Lisieux, en 1628, une école gratuite pour l'éducation des deux sexes, en 1629, un couvent de religieuses ursulines, en 1632, un monastère de religieuses réformées de l'ordre de Saint-Augustin.

Guillaume Aleaume mourut le 27 ou le 29 août 1634, à Paris, et fut inhumé dans l'église des bernardins de cette ville.

Gallia christiana, 1715-1786, t. I, col. 412; t. XI, col. 806. — Bärtel, *Historica et chronologica praesulum sanctae Regiensis ecclesiae nomenclatura*, Aix, 1636, p. 317-320. — Solomet, *Nova Rejensium... episcoporum nomenclatura*, Marseille, 1728, p. 48-49. — Louis du Bois, *Histoire de Lisieux*, Lisieux, 1845, t. I, p. 452-453. — H. de Formeville, *Histoire de l'évêché-comté de Lisieux*, Lisieux, 1873, t. II, p. 252-255.

Michel Prevost.

ALEBRAND-BEZELIN, archevêque de Hambourg-Brême, consacré le 21 décembre 1035 (*Annales Hildesheim.*, p. 39), mort le 15 avril 1045. Lampert von Hersfeld, *Chronique*, édit. Holder-Egger, p. 60.

Il était membre de la chancellerie impériale de l'empereur Conrad, et fut un évêque médiocre. Adam de Brême, qui fait son éloge, rapporte que prêtres et chanoines, sous son pontificat, continuaient à se marier.

Comme métropolitain, Alebrand consacra Rodolphe, évêque de Schleswig, et Wal, évêque de Ribe ou Ripe, dans le Jutland. Il avait commencé à Brême la construction d'une cathédrale qui devait rivaliser avec celle de Cologne. Mais son successeur Adalbert, à qui elle ne plut pas, fit démolir la bâtisse à moitié achevée.

Adam de Brême, *Gesta Hammaburg. Eccl. pontif.*, II, 67-78, dans *Monum. Germ., Script.*, t. VII, p. 330-335, cf. p. 346. — Dehio, *Geschichte des Erzbistums Hamburg-Bremen*, Berlin, 1877. — A. Hauck, *Kirchengeschichte Deutschlands*, t. III, 1896, *passim*.

L. BOITEUX.

ALECIS HARENC ou **ALEXIS GUILLAUME**, bénédictin de l'abbaye de Lyre, dit le Bon moine de Lyre, prieur de Bucy (prieuré jusqu'ici non identifié), figure dans des annotations de 1469 et de 1472 et vivait encore en 1505. Ses poésies : *L'A B C des Doubles, Les antes du monde, Le passe-temps des deux Alecis frères, Le passe-temps de tout homme et de toute femme, Le blason des faulses amours, Le martyrologue des faulses langues, Le dyalogue du crucifix et du pèlerin* ont joui d'une grande vogue aux XVe et XVIe siècles.

Goujet, *Bibl. franç.*, 1745, t. X, p. 103-124, 431-432. — Le Breton, *Biographie normande*, 1857, p. 11. — Frère, *Manuel du bibliophile normand*, 1858, t. I, p. 11-12. — Oursel, *Nouv. biographie normande*, Paris, 1886, t. I, p. 6-7. — Guill. Colletet, dans *Cabinet histor.*, 1858, t. IV, p. 1, p. 265-271. — L. Guéry, *Guillaume Alexis, dit le Bon moine de Lyre, prieur de Bucy* (extr. de la *Revue catholique de Normandie*), Évreux, 1907.

U. BERLIÈRE.

ALECTOROPOLIS, Ἀλεκτορόπολις, évêché en Macédoine. Le dernier en rang des évêchés suffragants de Philippes est appelé Alectryopolis, Ἀλεκτρυόπολις, dans la Notice de Léon le Sage (Gelzer, *Ungedruckte und ungenügend veröffentlichte Texte der Notit. episcop.*, p. 558), les *Nova Tactica* (Gelzer, *Georgii Cyprii descriptio orbis romani*, p. 80) et la Notice III de Parthey. Ce nom paraît bizarre. De fait, la notice X de Parthey, qui est du XIIe ou du XIIIe siècle, lui substitue celui d'Alectoropolis, régulièrement formé du nom d'homme Alector. Il est possible cependant qu'une étymologie populaire ait créé Alectryopolis. Le cod. *2* du monastère de Cosinitza a été terminé le 4 janvier 1667 par un Cosmas qui se dit originaire de cette localité. A. P. Kerameus, qui nous fournit ce renseignement, Ὁ ἐν Κωνσταντινουπόλει ἑλληνικὸς φιλολογικὸς σύλλογος, suppl. au t. XVII, Constantinople, 1886, p. 35, identifie, *ibid.*, p. 62, Ἀλεκτρούπολις (sic) avec le village actuel d'Ἀληκτριάτα, vilayet de Salonique.

D'autre part, Cantacuzène, IV, 17, *P. G.*, t. CLV, col. 132, à la date de 1350, nous raconte que le port d'Anactoropolis, Ἀνακτορόπολις, était occupé par un aventurier nommé Alexis, originaire de Bithynie; l'empereur détruisit ses navires dont Alexis se servait pour exercer la piraterie, mais il ne put s'emparer de la ville. Pour lui, celle-ci n'est autre que l'ancienne Eion, Ἠιών, le port d'Amphipolis, qui joua un certain rôle lors de la seconde guerre médique et de la guerre du Péloponèse. Sur Eion, voir Pauly-Wissowa, *Real-Encyclopädie der classischen Altertumwissenschaft*, t. V, col. 2116. M. G. Demitsas, Ἀρχαία γεωγραφία τῆς Μακεδονίας· τοπογραφία, Athènes, 1874, p. 540-543, place les ruines d'Eion près du village de Κοντέσα. Voir aussi du même auteur Ἡ Μακεδονία, Athènes, 1896, t. I, p. 710. Un scoliaste de Ptolémée, III, 12, écrit : Οἰσύμη ἡ Ἀνακταρόπολις; mais la situation exacte d'Œsyme est inconnue.

En 1350, Nicandre, évêque d'*Anactoropolis*, assistait à un concile de Constantinople; Le Quien, *Oriens christ.*, t. I, col. 920, en fait à tort un évêque de Milet.

Ce n'est pas tout. En 1212, Innocent III, dans une lettre adressée à Guillaume, archevêque latin de Philippes, appelle notre évêché Eleutheropolis. *Regest.*, XV, 56, *P. L.*, t. CCXXV, col. 585. Les périples italiens marquent le port de Lefteropoli à 20 milles du golfe *della Cometissa* et à 20 milles de Christopolis. Tomaschek, *Zur Kunde der Hämus-Halbinsel*, Vienne, 1887, p. 76. Dans une Notice grecque postérieure à la conquête turque (Gelzer, *Ungedr. und ungenüg. veröffentl. Texte der Notit. episcop.*, p. 635), Philippes n'a plus qu'un évêché suffragant, celui d'Ἐλευθερόπολις. Les cod. *93* et *147* de Cosinitza, datés de 1441 et 1443, ont été écrits par un *protonotaire* de cet évêché, qu'il appelle Ἐλευθερούπολις. A. P. Kerameus, *op. cit.*, p. 35. C'est aujourd'hui le village de Leftero, au-dessus du beau havre circulaire dit Leftero Limani, où se voient les ruines de la ville byzantine appelées par les Turcs Eski Kavala. Le titre est encore donné quelquefois par les Grecs à des évêques auxiliaires : c'est un évêque de ce genre que Heuzey trouva en résidence à Pravista. L. Heuzey, *Mission archéologique de Macédoine*, Paris, 1876, p. 11, 26, 32.

Pour Tafel, les divers noms que nous avons relevés désigneraient une même ville. *De via Romanorum Egnatia*, Tubingue, 1842, p. 15. La chose n'est pas impossible en effet : Eleutheropolis, dans ce cas, serait le nom plus récent d'Alectoropolis, que celle-ci ait remplacé Eion ou Œsyme. Ce qui reste certain, c'est qu'Alectryopolis et Anactoropolis ou Anactaropolis. ne font qu'un avec Alectoropolis. S. Mertzidès, Οἱ Φίλιπποι, Constantinople, 1897, p. 61, croit qu'Eleutheropolis est le nom médiéval de l'ancienne Datus et la distingue d'Anactoropolis, qu'il refuse aussi de confondre avec Alectropolis (sic); voir *ibid.*, p. 24. Voir ELEUTHEROPOLIS.

S. PÉTRIDÈS.

ALEF. Un des neuf *saints* d'Abyssinie. Voir t. I, col. 212.

ALEGAMBE (PHILIPPE), jésuite belge, historiographe et bibliographe de son ordre, naquit à Bruxelles. le 22 janvier 1592. Ses études littéraires terminées, il passa en Espagne et fut attaché à la suite du duc d'Osuna, qu'il suivit en Sicile (1611), quand celui-ci s'y rendit en qualité de vice-roi. Admis au noviciat de Palerme, le 7 septembre 1613, il étudia la théologie au collège romain, et fut envoyé à l'université de Graz pour y professer la philosophie et la théologie. Nommé gouverneur du jeune prince d'Eggenberg, il l'accompagna pendant cinq ans en Allemagne, en France, en Espagne, en Portugal, en Italie. De retour à Graz, il y enseigna la théologie morale. En 1638, Eggenberg fut député auprès du pape Urbain VIII par le nouvel empereur Ferdinand III. Choisi encore pour l'accompagner, Alegambe, sa mission terminée, fut retenu à Rome par le général de la Compagnie de Jésus, Muzio Vitelleschi, comme secrétaire des lettres latines pour l'assistance d'Allemagne; il remplit ces fonctions durant quatre années. Obligé d'y renoncer à cause de la fatigue de sa vue, il se consacra à la composition de ses ouvrages. Pedro de Ribadeneira avait publié, en 1608, un premier essai de bibliographie des écrivains de la Compagnie, in-8°, Anvers, qui fut réédité, avec des additions relatives surtout aux jésuites français, in-8°, Lyon, 1609, par le P. Michel Coyssard, puis in-8°, Anvers, 1613, par le P. André Schott, d'après des notes du P. Giulio Negroni sur les écrivains italiens. Alegambe entreprit, pour la première année séculaire de l'ordre, une refonte complète du catalogue et en fit une œuvre toute nouvelle qu'il mena jusqu'à l'année 1642 : *Bibliotheca scriptorum Societatis Iesu*, in-fol., Anvers, 1643. Cet ouvrage conserve sa valeur et doit être consulté, même après l'édition, d'ailleurs très amplifiée, qu'en donna, trente-trois ans plus tard, le P. Nathanael Southwell; celui-ci avoue qu'il a des omissions volontaires, il est très souvent erroné dans la transcription des dates, et, pour l'avoir presque exclusivement suivi sans le contrôler par Alegambe, le dernier éditeur de la *Bibliothèque de la Compagnie de Jésus*, le P. Carlos Sommervogel, s'est trouvé plus d'une fois embarrassé. Alegambe publia en outre : *De vita et morib. P. Ioannis Cardim Lusitani e Societate Iesu*, in-16, Rome, 1645, 1649; in-12, Anvers et Munich, 1646. — *Mortes illustres, et gesta eorum de Societate Iesu qui in odium fidei, pietatis, aut cuiuscunque virtutis... ab ethnicis, haereticis, vel aliis, veneno, igne, ferro, aut morte alia necati, aerumnisve confecti sunt*, in-fol., Rome, 1657, achevé et édité par le P. Giovanni Nadasi, dont la préface est datée du 13 mai 1660; on a extrait de ce volume et traduit en allemand la notice du P. Mastrilli : *Leben und Tugend-Wandel dess Wohl-Ehrwürdigen P. Marcelli Francisci Mastrilli*, in-12, Vienne, 1678. — *Heroes et victimae charitatis Societatis Iesu*, in-4°, Rome, 1658, également complété et édité par le P. Nadasi : c'est le catalogue, parfois avec une notice assez longue, non plus des jésuites qui ont répandu leur sang pour la foi, mais de ceux qui sont morts de maladies contagieuses contractées au service des malades. Alegambe avait écrit un *Compendium vitarum SS. Iustini, Felicis, Florentii, et Iustae filiae Florentii, ex ms. ecclesiae colleg. S. Iustae Aquilae* : les bollandistes en ont extrait les *Acta sanctae Iustae virg. et mart.*, dans les *Acta sanctorum*, t. I du mois d'août, p. 40-41. C'est à tort que Feller lui attribue encore « plusieurs autres ouvrages où la piété est réunie à l'érudition, entre autres de petits traités sur la vanité des honneurs et des plaisirs du monde..., élégamment écrits, pleins de philosophie chrétienne, et bien propres à détromper l'homme des illusions qui l'égarent. » Nos bibliographes les ignorent, et Feller ne les nomme malheureusement pas. Alegambe mourut d'hydropisie, dans la maison professe de Rome, le 6 septembre 1652.

Sotwel, *Biblioth. scriptorum S. I.*, Rome, 1676, p. 706-707. — Baillet, *Jugemens des savans sur les principaux ouvrages des auteurs*, Paris, 1722, t. II, p. 72-76. — Aguilera, *Provinciae Siculae S. I. ortus et res gestae*, Palerme, 1740, t. II, p. 591-594; il fait naître Alegambe *postridie calendas februarias*. — Bayle, *Dictionnaire historique et critique*, Paris, 1820, t. I, p. 430-434. — Feller, *Dictionnaire historique*, Paris, 1837, t. I, p. 81. — Sommervogel, *Bibliothèque S. J.*, Bruxelles, 1890, t. I, col. 151-153; 1898, t. VIII, col. 1602.

E.-M. RIVIÈRE.

1. ALEGRE (FRANCISCO JAVIER), jésuite mexicain, littérateur, mathématicien, théologien et historien, naquit à Veracruz, le 12 novembre 1729, étudia la philosophie à Puebla, le droit canonique à Mexico, et entra, à l'âge de dix-sept ans, le 19 mars 1747, au noviciat de Tepoztlán. Il enseigna les belles-lettres à Mexico, la philosophie à Cuba et le droit canon à Mérida de Yucatán; il revint ensuite à Mexico pour y écrire l'histoire de sa province. Déporté en Italie par l'édit de Charles III, il se retira à Bologne; il y mourut, d'une attaque d'apoplexie, le 16 août 1788. Doué d'une intelligence très ouverte servie par une prodigieuse mémoire, Alegre écrivit, sur des sujets littéraires, scientifiques ou théologiques, de nombreux ouvrages, dont la plupart sont probablement restés inédits, quoi qu'en dise Beristain. Il publia d'abord sous un pseudonyme un poème latin, composé à l'âge de vingt ans, sur la prise de Tyr par Alexandre : *Pontiani Tugnonii civis Mexicani Alexandriados, sive de expugnatione Tyri ab Alexandro Macedone libri quatuor*, in-8°, Forli, 1773, qu'il réédita sous son nom à la suite d'une traduction en vers latins de l'Iliade d'Homère : *Homeri Ilias latino carmine expressa, cui accedit... Alexandrias*, 2 in-8°, Bologne, 1776, et qui fut encore réimprimé, par les soins du P. Juan José de Malo Vilavicencio, in-4°, Rome, 1788. Mais les travaux littéraires n'étaient qu'une distraction pour l'ex-jésuite exilé · son travail principal fut alors la composition d'un vaste recueil théologique, qui fut publié un an après sa mort, avec une notice biographique, par le P. Manuel Fabri, aidé des PP. José Peñalver et Joaquín Montoya : *Institutionum theologicarum libri XVIII, in quibus omnia catholicae Ecclesiae dogmata, praecepta, mysteria, sacramenta, ritus adversus paganos, haereticos, et recentiores philosophos asseruntur et explicantur*, 7 in-4°, Venise, 1789; le catalogue des auteurs ecclésiastiques, placé en tête du premier volume, se fait remarquer par la liberté des jugements formulés sur certains écrivains de renom. Son *Historia de la Compañia de Jesus en Nueva-España*, 3 in-8°, Mexico, 1841-1842, comprend l'histoire de la province mexicaine, de l'origine (1566) à 1763; l'éditeur, D. Carlos M. de Bustamante, y a joint quelques suppléments. C'est une œuvre sincère et bien documentée; il suffirait, pour s'en convaincre, de parcourir le long récit des différends de l'évêque de Puebla, D. Juan de Palafox, avec les jésuites de son diocèse. L'édition est malheureusement imparfaite : l'absence totale de tables et de titres courants est insuffisamment compensée par les manchettes. Les *Opusculos ineditos latinos y castellanos*, in-4°, Mexico, 1889, publiés par Joaquin Garcia Icazbalceta, contiennent la traduction espagnole de l'*Art poétique* de Boileau et de quelques poésies d'Horace, la traduction en vers latins de la *Batrachomyomachie* d'Homère, et la *Prolusio grammatica de syntaxi*. Des nombreux manuscrits laissés par Alegre, j'indiquerai seulement les 6 volumes in-4° d'une *Bibliotheca critica scientiarum* inachevée et l'*Epicedium in obitum Francisci Platae adolescentis*, qui a été omis par Sommervogel.

Notice, par Manuel Fabri, en tête des *Institutionum theologicarum*, t. I, p. VII-XXXI. — Diosdado Caballero, *Biblioth. script. S. I. Supplementa*, Rome, 1814, t. I, p. 78-79. — Beristain, *Biblioteca hispano americana setentrional*, Amecameca, 1883, t. I, p. 48-50. — Dávila y Arrillaga, *Continuacion de la historia de la Comp. de J. en Nueva España*, Puebla, 1889, t. II, p. 118-119. — Sommervogel, *Bibliothèque S. J.*, Bruxelles, 1890, t. I, col. 153-155 et append.; 1898, t. II, col. 1602. — Uriarte, *Anónimos y seudónimos S. I.*, Madrid, 1904-1906, n. 3563, 3564, 4343 et 4395.

E.-M. RIVIÈRE.

2. ALÈGRE DE CASANATE (MARC-ANTOINE), carme espagnol, naquit, en 1590, à Tarazona, dans l'Aragon. Ses étonnants succès dans l'étude le faisaient destiner par son père, du consentement du roi, à remplacer son oncle, secrétaire de Philippe III, lorsque, en 1609, rejetant toute ambition terrestre, il prit l'habit des carmes de l'ancienne observance, dans le célèbre couvent de Saragosse, où il devint docteur en théologie, prédicateur renommé, écrivant encore de nombreux ouvrages, notamment sur l'histoire de son ordre : il était tout appliqué à corriger ses œuvres, lorsqu'il y mourut, en septembre 1658. Religieux bon et simple, d'une vaste lecture, mais mal digérée, il cite facilement, sur chaque question, ce que les Pères, les docteurs et les auteurs ecclésiastiques ont dit, écrit pour ou contre; toutefois, son érudition est peu sûre, sans aucune critique, aussi son autorité historique est-elle faible. Il a publié : 1° *Paradisus carmelitici decoris, seu de viris et feminis illustribus religionis carmeliticae*, in-fol., Lyon, 1639 ; 2° *Apologema, sive murus defensionis pro Joanne patriarcha XLIV Hierosolymitano*; 3° *Encomiastica carmeliticae marianae religionis declamatio*; 4° *Joannis Trithemii de laudibus carmelitanae religionis* : ces trois dernières œuvres sont insérées à la suite du *Paradisus*; 5° *De los milagros de Nuestra Señora del Carmen*, Saragosse, 1625; 6° *De sacris operibus*, in-8°, Saragosse, 1625; 7° *Sobre el Evangelio de los talentos*, Saragosse, 1626; 8° *Vida y encomios de San Prudencio, obispo de Tarazona, Catalogo de* sus obispos, y de algunos sucessos notables de aquella ciudad, Saragosse, 1626. Les écrits suivants, prêts à être imprimés, sont conservés manuscrits à Saragosse : 1° *Commentarii morales super regulam primitivam, quam patriarcha Albertus carmelitis dedit*, lib. II; 2° *Flos sanctorum, sive de sanctis ordinis carmelitarum*; 3° *Sermones Quadragesimae, Adventus et de sanctis*, 9 tomes; 4° *Martyrologium carmelitarum*, etc. — Alègre de Casanate s'était procuré, pour la composition de son *Paradisus carmelitici decoris*, de précieuses relations de toutes les provinces carmélitaines, même des plus éloignées, entre autres, de la Pologne, qu'on aurait grand intérêt à retrouver; il avait compulsé nombre d'anciens manuscrits des archives si riches de Saragosse, celles des chevaliers de Saint-Jean de Jérusalem en particulier, dont l'Aragon formait une des huit langues; mais son ouvrage est si hâtivement et si négligemment fait, qu'on n'ose se fier à ce qui y est relaté. Dès sa publication, les carmes le réprouvèrent hautement (se reporter aux références); leur sentiment unanime est exprimé dans ce mot du savant P. Thomas d'Aquin de Saint-Joseph : *Nullo apud nos in pretio est*. Il fut mis à l'Index par décret du 26 octobre 1640. Cf. *Index librorum prohibitorum*, Rome, 1664, p. 124, 178; cette prohibition n'est pas maintenue dans la dernière édition de l'*Index*. Il fut aussi déféré, en 1642, à la Sorbonne, où Launoy s'efforça de le faire condamner; mais l'affaire demeura en suspens.

Jean Chéron, *Privilegiati scapularis vindiciae*, Bordeaux, 1642, p. 105. — Thomas d'Aquin de Saint-Joseph, *Pro sodalitio sacri scapularis*, Tulle, 1648, p. 136, 137. — François Bonae-Spei, *Carmeli armamentarium*, Anvers, 1669, p. 354, n. 836; p. 369, n. 859. — Daniel de la Vierge-Marie, *Speculum carmelitanum*, 1680, t. I, p. 324, n. 1329. — Cosme de Villiers, *Bibliotheca carmelitana*, Orléans, 1752, t. II, col. 298, 308-310. — N. Antonio, *Bibliotheca Hispana nova*, Madrid, 1788, t. I, p. XIV, n.14; t. II, p. 81, 82. — Hurter, *Nomenclator*, 1907, t. III, col. 1132.

P. Marie-Joseph.

ALEGRIN (Jean) ou **HALGRIN**, plus connu sous le nom de Jean d'Abbeville, du lieu de sa naissance, naquit dans les dernières années du XIIe siècle, entre 1180 et 1185. Si l'on en croit le P. Ignace, sa famille se rattachait à l'ancienne et noble maison de Cayeu; quoi qu'il en soit, les Alegrin, qui se fixèrent définitivement à Paris au XIVe siècle, avaient joui jusque-là d'une certaine illustration dans la capitale du Ponthieu; l'un d'eux fut revêtu de la charge de maïeur d'Abbeville en 1258, et l'un des frères de Jean avait été nommé chancelier de France par saint Louis, en 1240.

Ses heureuses dispositions et son amour de l'étude le destinèrent de bonne heure à l'Église; tout jeune encore, il fut envoyé à Paris, à l'Université; ses progrès y furent rapides et, en 1220, il prenait le titre de docteur en théologie. Il revint dans sa ville natale comme prieur de Saint-Pierre, mais il ne remplit cette charge que pendant peu de temps; il devint chanoine et chantre de l'église Saint-Vulfran d'Abbeville.

Appelé, en 1218, comme doyen du chapitre d'Amiens par la confiance de l'évêque Évrard, qui avait entendu vanter son mérite, Jean Alegrin resta revêtu de cette dignité jusqu'en 1225. A cette époque, le cardinal Romain, légat du Saint-Siège, le sacra, sur l'ordre d'Honorius III, archevêque de Besançon (*Mon. Germ. hist., Script.*, t. XXIII, p. 916); cette cérémonie se fit dans la cathédrale de Reims le 19 octobre. Vers la fin de 1226, la mort du patriarche Mathieu donna lieu à des troubles semblables à ceux qui s'étaient produits lors de son élection. Le pape Honorius désigna Alegrin pour occuper le siège de Byzance, dont il fut titulaire du 25 décembre 1226 à septembre 1227, mais le souverain pontife étant mort sur ces entrefaites, son successeur, Grégoire IX, qui avait été le condisciple à Paris de l'archevêque de Besançon et avait su apprécier son mérite, ne voulut point le laisser partir; il l'appela à Rome, l'attacha à son conseil et le créa cardinal-évêque de Sabine en 1227.

L'année suivante, Alegrin était envoyé en Espagne et en Portugal comme légat *a latere*; au concile de Valladolid, il statua d'abord sur la validité du mariage de Jayme Ier, roi d'Aragon, qui avait épousé sans dispenses sa cousine germaine, Éléonore de Castille; le prélat prononça la nullité du mariage, tout en déclarant légitime le fils né de cette union, qui fut reconnu héritier présomptif de la couronne. Cette sentence rendue, le cardinal Alegrin eut à s'occuper d'une très grave question, celle de la délimitation des territoires des diocèses d'Osma et de Sigüenza; c'est par cet acte de 1229 que se termina le concile. Cela fait, il prêcha la croisade ordonnée contre les Sarrasins par Grégoire IX, à la demande du roi d'Aragon; cette mission dura trois années; les véhémentes exhortations du prédicateur contre les infidèles soulevèrent les populations chrétiennes et une *guerre sainte* fut entreprise avec succès contre les Maures.

C'est dans cette circonstance que le cardinal Alegrin fit la rencontre du célèbre Raymond de Pennafort, de l'ordre de Saint-Dominique, canonisé depuis; il l'attacha à sa personne en qualité de pénitencier, et, à son retour à Rome, il le fit appeler d'Espagne. Felten, *Papst Gregor IX*, p. 201. Rendant compte de sa mission, il fit un tel éloge du zèle, de la science et de la sainteté de son compagnon au souverain pontife que ce dernier le prit comme son chapelain et son pénitencier. C'est en raison de son amitié avec Raymond que le cardinal Alegrin favorisa de tout son pouvoir l'ordre de Saint-Dominique et l'ordre de Saint-François; la première maison de cordeliers établie en France fut fondée à Besançon sous ses auspices, et la seconde le fut à Abbeville, sa ville natale, en 1229.

Peu de temps après son retour à Rome de sa mission en Portugal, Alegrin fut envoyé par le pape Grégoire IX comme légat pour régler les différends qui s'étaient élevés entre l'empereur Frédéric II et le Saint-Siège au sujet de la croisade. Par son habileté, le légat parvint à aplanir toutes les difficultés; Frédéric renonça à ses projets de désordre et de schisme; il conclut un accommodement avec le pape et se rendit à Ceperano pour recevoir l'absolution de son excommunication le 28 août 1230.

Sa légation ayant pris fin, Alegrin revint à Rome, où il mourut le 23 septembre 1237, et non en 1240; son obit se célébrait tous les ans à la cathédrale d'Amiens le 23 septembre.

Tous les auteurs qui ont parlé d'Alegrin s'accordent à faire l'éloge de sa probité, de sa science, de son habileté et de sa prudence consommée dans les affaires pour lesquelles il fut employé. Au lendemain de sa mort, le 18 octobre 1237, le cardinal Jean Colonna écrivait au légat du pape en Angleterre : « L'évêque de Sabine, cette noble colonne qui soutenait si magnifiquement l'édifice de l'Église, est mort subitement. » « Ce personnage, distingué d'abord par sa naissance et par le rang que sa famille occupait dans le monde, dit Petit-Radel, paraît cependant n'avoir dû son illustration particulière et son élévation qu'à ses qualités et à ses talents. Deux de ses frères, qui, comme lui, entrèrent dans la carrière de l'Église, restèrent, l'un chanoine et l'autre doyen de l'église d'Amiens.

Le cardinal Alegrin a laissé des *Sermons du temps et des saints*, qui n'ont jamais été imprimés, mais dont il est resté de nombreuses copies; vingt-cinq de ces dernières se trouvent à la Bibliothèque nationale à Paris, d'autres à la bibliothèque Mazarine, à la bibliothèque de l'Arsenal et ailleurs; on lui doit aussi un *Commentaire sur les Psaumes de David*, des *Exposi-*

tons sur les Épîtres et Évangiles des dimanches et des Expositions sur le Cantique, composées en 1223.

Un religieux cordelier nommé Jean de la Haye, né à Abbeville en 1593, mort en 1661, avait réuni les œuvres du cardinal Alegrin pour les publier en deux volumes, mais son projet ne fut point mis à exécution.

Maurice de Sachy, *Vies des hommes illustres du Ponthieu*, mss *310-314* de la bibl. d'Abbeville, notice sur *Jean Allegrin*, t. v, fol. 55 sq. — Le P. Ignace Sanson, *Histoire des maïeurs d'Abbeville*, p. 190; *Histoire ecclésiastique d'Abbeville*, p. 486, 520. — La Morlière, *Antiquités d'Amiens*, 1642, p. 205. — Louandre, *Biographie d'Abbeville*, p. 7; *Les maïeurs et les maires d'Abbeville*, p. 7. — Petit-Radel, dans *Histoire littéraire de la France*, 1835, t. XVIII, p. 162-177. — Huillard-Bréholles, *Historia diplomatica Friderici secundi*, Paris, 1852-1857. — Potthast, *Regesta pontificum romanorum*, t. I, p. 657, n. 7634, 7636. — Féret, *La faculté de théologie de Paris au moyen âge et ses docteurs les plus célèbres*, t. I, p. 228. — *Gallia christiana*, 1860, t. XV, col. 62. — Du Boulay, *Hist. univ. Paris.*, t. III, p. 692-693. — Hauréau, *Notices et extraits des manuscrits*, t. XXI, 2ᵉ part., p. 166-173; *Notices et extraits de quelques manuscrits latins de la Bibl. nat.*, 1890-1893, passim. — *España sagrada*, t. XXXVI, p. 214, 215. — Felten, *Papst Gregor IX*, Fribourg-en-Brisgau, 1886. — *Mélanges d'archéologie et d'histoire de l'École franç. de Rome*, 1896, t. XVI, p. 165.

A. LEDIEU.

ALEIDIS. Voir ADÉLAÏDE, ALIX.

ALEM. Alem est le vocable d'un sanctuaire qui s'élève, au milieu d'une plaine très fertile, à deux kilomètres au nord-ouest de Castelsarrasin. On ignore ses origines. La plupart des vieux actes le désignent habituellement sous le nom de *Sancta Maria de Helemo*, pour *Heremo*. L'hypothèse qui explique l'origine de ce nom, par le fait qu'un moine de l'abbaye voisine de Moissac serait venu habiter ce « désert » et y aurait construit un premier oratoire, est assez vraisemblable. Quoi qu'il en soit, l'importance du sanctuaire apparaît dès le XIIIᵉ siècle. Placé à la jonction de deux grandes voies du pèlerinage de Saint-Jacques de Compostelle, il attirait à la fois les pèlerins qui suivaient le chemin roumieu de Toulouse à Agen et ceux qui venaient du Puy à Moissac par Sainte-Foy de Conques. Saint Louis le visita en 1243 et, après la paix de Lorris, y reçut la soumission des seigneurs de l'Agenais.

Un fait surtout contribua à la lointaine renommée de Notre-Dame d'Alem : vers 1385, Louis de Champagne, comte de Sancerre, commandait en Guienne et en Languedoc les troupes royales envoyées contre les compagnies anglaises qui ravageaient le pays. Attaquées dans la plaine d'Alem, les troupes de Sancerre allaient être mises en déroute, lorsque le connétable, renouvelant le geste de Clovis à Tolbiac, invoqua Notre-Dame d'Alem et fit vœu, si elle lui accordait la victoire, de restaurer le sanctuaire endommagé par le temps. Sa prière fut entendue : les compagnies anglo-gasconnes furent repoussées et la paix rétablie dans la région. Fidèle à sa promesse, Sancerre restaura le sanctuaire et y installa un chapelain, dont l'entretien fut assuré, jusqu'en 1793, par les descendants du connétable et plus tard par la famille de Condé, qui avait acheté le comté de Sancerre.

En 1793, les révolutionnaires démolirent entièrement l'église. Elle ne fut reconstruite que plus de dix ans après, de 1804 à 1806, par Alexandre d'Espaigne. Ce dernier, descendant d'une ancienne famille de Castelsarrasin, avait été emprisonné sous la Terreur et condamné à mort. A la veille de monter sur l'échafaud, il fit vœu, s'il échappait au supplice, de rebâtir le sanctuaire d'Alem. Délivré contre tout espoir, il tint sa promesse et fit construire la chapelle qui existe actuellement. La statue qui domine l'autel a été couronnée, le 11 septembre 1904, par Mgr Fiard, évêque de Montauban.

L'église de Notre-Dame d'Alem dépend aujourd'hui de la paroisse Saint-Jean de Castelsarrasin.

Chaudruc de Chazannes, *Notice sur la fondation de la chapelle votive de Notre-Dame d'Alen ou d'Alem*, Paris et Caen, 1859. — Taupiac, *La chapelle de Notre-Dame d'Alem*, Montauban, 1873. — Hamon, *Notre-Dame de France*, t. III, p. 332 (quelques erreurs, notamment sur l'époque de la fondation du sanctuaire). — La meilleure monographie a été publiée par Daux, *Le sanctuaire de Notre-Dame d'Alem à Castelsarrasin*, Montauban, 1905.

L. BERNADOT.

1. ALEMAN (Bienheureux LOUIS). — I. Né, vers 1390, à Arbent, en Bugey, de Jean Aleman, seigneur d'Arbent et de Coiselet, et de Marie de Châtillon, il étudia le droit à l'université d'Avignon qui lui conféra successivement les grades de bachelier (1405), licencié (1409), et docteur en décrets (1414). Neveu du camérier François de Conzié, il dut à l'influence de son oncle de nombreux bénéfices ecclésiastiques : canonicats de Narbonne, Valence, Carpentras, Bayeux et Lyon, préchantrerie de Narbonne, custodie de Lyon, commende de l'abbaye de Saint-Pierre-de-la-Tour au diocèse du Puy, etc. Après avoir vécu plusieurs années à Avignon, dans l'entourage de son oncle, il alla avec lui au concile de Pise en 1409; le 6 août 1410, il fut délégué du cardinal de Thury, lui-même légat d'Alexandre V en France et en Provence. Il assista à quelques séances du concile de Constance, en 1415, et revint à Avignon à la suite de François de Conzié. Le 25 juillet 1417, il reparaissait à Constance avec le titre de vice-camérier pour remplacer Jean Mauroux, patriarche d'Antioche, destitué de sa charge sur les instances des cardinaux et malgré les résistances de l'empereur Sigismond. En vertu de ses fonctions, il fut le gardien du conclave qui élut pape Martin V (8-11 novembre 1417). Confirmé dans sa charge par une bulle du 21 novembre 1417, il l'exerça jusqu'en 1428. Dès ce moment il ne quitta plus Martin V, qui le nomma évêque de Maguelonne, le 22 juin 1418, et le sacra lui-même à Mantoue, le 20 novembre. En 1419 et 1420, pendant le séjour du pape à Florence, il pacifia les États de l'Église et y rétablit l'autorité du Saint-Siège. Entré à Rome en 1420, il s'en absenta, en juillet 1423, pour négocier avec les Siennois un accord relatif à la venue du pape dans leur cité, où le concile avait été transféré de Pavie. Le 3 décembre 1423 il était nommé archevêque d'Arles et, le 25 mai 1424, gouverneur des Romagnes, de Bologne et de l'exarchat de Ravenne.

II. LA LÉGATION DE BOLOGNE (1424-1428). — Aleman se trouvait investi d'une lourde tâche. Il lui fallait prendre le contre-pied de la politique suivie par son prédécesseur, le cardinal Condulmaro, le futur Eugène IV, qui, au lieu de garder la neutralité entre Florence et Milan, avait introduit à Bologne une garnison florentine. Sans se déclarer ouvertement pour les Visconti, il les favorisa secrètement et réussit à recouvrer les comtés d'Imola et de Forli et à gouverner pendant près de quatre ans une cité travaillée par l'esprit révolutionnaire. Le 24 mai 1426, il reçut en récompense le chapeau cardinalice avec le titre de Sainte-Cécile-au-Transtévère, mais fut plutôt connu sous le nom de cardinal d'Arles (*cardinalis Arelatensis*). Soit manque d'énergie dans la répression, soit pour avoir licencié trop tôt les troupes pontificales, soit excès de confiance, il ne sut pas déjouer les plans de la faction des Canedoli qui, le 2 août 1428, s'empara par surprise de son palais. Après avoir été enfermé du 2 au 23 août dans la demeure de Marco Canedolo qu'il avait pourtant comblé de faveurs, il tenta vainement de reprendre Bologne avec les troupes de son lieutenant Capranica. Ayant perdu tous ses biens, il repartit assez piteusement à Rome, où il vécut dans l'inaction jusqu'en 1433. Bien qu'il eût encouru une quasi-disgrâce, il obtint d'Eugène IV la commende de l'importante abbaye de Montmajour, le 25 juillet 1431.

III. LE CONCILE DE BÂLE. — A partir de 1431 Aleman entre dans une phase nouvelle de sa vie. Pour la bien comprendre, on doit se rappeler qu'après le grand schisme d'Occident la doctrine de la supériorité du concile sur le pape semblait avoir pratiquement triomphé, puisque les Pères de Constance avaient déposé plusieurs papes et élu Martin V. Imbu de ces principes et surtout poussé par la rancune personnelle qu'il nourrissait contre Eugène IV, dont il avait été l'adversaire jusque-là, il refusa d'apposer sa signature à l'acte par lequel, le 12 novembre 1431, le pontife décréta la dissolution du concile, réuni à Bâle depuis le 7 mars. Il hésita quelque temps avant de se rendre à l'appel des Pères qui étaient entrés dans la voie de la résistance. Lorsqu'il vit Eugène IV incliner vers les moyens de conciliation et retirer la bulle de dissolution, les cardinaux s'enfuir de Rome et se diriger vers Bâle, il crut de son devoir de constituer, avec quelques-uns de ses collègues, des procureurs qui les représenteraient au concile (25 juillet 1432). L'empereur, qu'il hébergea à Rome, triompha de ses hésitations. Malgré le refus formel d'Eugène de le laisser partir, il s'échappa au mois de juillet 1433 et monta, après une évasion pleine de péripéties, sur une galère génoise qui croisait à l'embouchure du Tibre. Parvenu à Gênes, il gagna Arles le 8 août. Les motifs du séjour d'Aleman dans son archevêché sont assez obscurs. Bien qu'il ait prétendu que le souci de la réforme de son diocèse le retint à Arles, il est plus probable qu'il attendit pour se rendre à Bâle que le concile et le pape eussent conclu la paix, afin de ne point paraître insoumis à Eugène IV. De fait, après son arrivée à Bâle, le 21 mai 1434, le pape le pria de s'entremettre en faveur du Saint-Siège au sujet du procès de l'archevêque de Tours.

A Bâle, Aleman fut admis dans une des quatre députations qui préparaient les décisions présentées ensuite dans les réunions plénières, dans celle de la réforme. Le 24 septembre 1434, il était nommé juge de la foi, charge qui consistait à instruire les questions de foi soumises au jugement des Pères et à connaître des causes d'hérésie. Par son initiative, l'assemblée se prononça en faveur de l'Immaculée Conception (17 septembre 1439). Le 29 avril 1435, Aleman devint vice-chancelier du concile qui avait accaparé les affaires ressortissant habituellement à la chancellerie pontificale. A partir de l'année 1435, il se rapproche de jour en jour de la majorité hostile à Eugène IV et combat les motions et l'influence du légat Césarini, surtout dans l'affaire du synode gréco-latin. Eugène IV avait compris qu'en transférant le concile dans une ville italienne, il porterait le coup de mort à ses adversaires. Ceux-ci s'aperçurent de la manœuvre et, malgré les efforts des légats, Aleman décida de la victoire en faveur d'Avignon (5 décembre 1436). Le pape ayant refusé de se ranger à l'avis des Pères, il fut cité à comparaître dans les soixante jours. En réponse à cet acte, Eugène prononça la sentence de dissolution du concile (18 septembre 1437). Césarini tenta vainement de réconcilier les Pères et le pape; il se heurta à l'intransigeance d'Aleman et partit de Bâle le 9 janvier 1438.

Le 14 février, Aleman devint président du concile. Par son habileté à diriger les débats, il sut faire survivre pendant dix ans une assemblée qui renfermait dans son sein les plus grands germes de discorde. C'est lui qui fit déclarer la suspense (24 janvier 1438) et la contumace (28 avril) contre le pape et, malgré l'opposition des princes, sa déposition (25 juin 1439). Restait à élire un antipape. Aleman comprit que l'élu devait pouvoir s'imposer à l'Europe par sa personnalité et compter sur des revenus autres que ceux de l'Église. Il intrigua si bien qu'il réunit les suffrages sur Amédée VIII de Savoie (5 novembre 1439).

D'après une légende accréditée par une bulle d'Eugène IV, Aleman n'aurait été l'instigateur du schisme que dans le but d'élever au trône de Saint-Pierre son souverain, de l'ambition duquel il aurait été le vil instrument. Son dernier biographe a prouvé que cette légende était dépourvue de fondement. Mais, bien que le cardinal n'ait pas préparé de longue date l'avènement de Félix V, il n'en est pas moins vrai qu'après la déposition d'Eugène IV il y travailla ardemment. Grâce à son activité et à sa diplomatie, l'antipape réussit à se créer une cour et à ne pas rompre avec les Pères de Bâle. Aleman ne parvint pas toutefois à faire reconnaître la légitimité de Félix V par les princes, qui adoptèrent une indifférence complète tant à son égard que vis-à-vis d'Eugène IV. L'adhésion de l'Allemagne au pape romain ruina ses intrigues, et il dut songer à capituler. S'il capitula, ce fut avec les honneurs de la guerre; et vraiment dans cette circonstance il déploya ses merveilleux talents de diplomate. Bien que sa cause fût hasardée, il s'acharna à obtenir deux choses : le maintien dans leurs dignités de tous ceux qui avaient concouru au schisme; la dissolution régulière du concile transporté de Bâle à Lausanne. Après l'abdication de Félix V, il rentra, en juillet 1449, dans son archevêché d'Arles, fut réintégré (19 décembre 1449) dans la dignité cardinalice dont il avait été déchu le 11 avril 1440. Le 16 septembre 1450, il mourait à Salon (Bouches-du-Rhône) et était enterré à Saint-Trophime d'Arles. Les foules accoururent visiter son tombeau et demander la guérison de leurs maux. La multiplicité des miracles qui se produisirent engagea Clément VII à signer le décret qui le reconnaissait bienheureux (9 avril 1527) et autorisait son culte.

D'Achery, *Spicilegium...*, t. III, Paris, 1723. — *Acta sanctorum*, septembris t. V, p. 436-461. — *Aeneae Sylvii Piccolominaei Senensis... opera quae extant omnia*, Bâle, 1551, p. 2-45, 61. — Albanès, *Gallia christiana novissima*, Valence, 1900, t. III, Arles, col. 787-829, 1282-1292, 1312-1370, 1402-1404. — J. Haller, *Concilium Basiliense*, cinq tomes, Bâle, 1896-1905. — Jean de Ségovie, *Historia gestorum generalis Basiliensis concilii*, aux tomes II et III des *Monumenta conciliorum generalium seculi decimi quinti*, Vienne, 1873. — *Repertorium Germanicum, Pontificat Eugens IV*, Berlin, 1897, t. I. — A. Theiner, *Codex diplomaticus dominii temporalis S. Sedis*, Rome, 1862, t. III. — G. Pérouse, *Documents inédits relatifs au concile de Bâle* (1437-1449), dans *Bulletin historique et philologique du Comité des travaux historiques et scientifiques*, 1905, p. 364-399. — P. M. Baumgarten, *Aus Kanzlei und Kammer*, Fribourg-en-Brisgau, 1907, p. 69, 135, 136, 254, 336; *Von der Apostolischen Kanzlei*, Cologne, 1908, p.141-143. — M. G. Pérouse a écrit une excellente biographie intitulée *Le cardinal Louis Aleman, président du concile de Bâle, et la fin du grand schisme*, Paris, 1904, où l'on trouvera une bibliographie très fournie du sujet (p. XVII-XLV). M. Chr. Pfister a présenté d'importantes rectifications et additions dans la *Revue historique*, 1905, t. LXXXVII, p. 317-321; cf. aussi J. Beyssac, *Notes pour servir à l'histoire de l'Église de Lyon : le bienheureux Louis Allemand*, Lyon, 1899. — M. Bruchet, *Le château de Ripaille*, Paris, 1907, p. 109-134. — N. Valois, *La crise religieuse du XVᵉ siècle. Le pape et le concile (1418-1450)*, Paris, 1909, *passim* (au t. II, p. 159, se trouve une reproduction de la pierre tombale de Louis Aleman).

G. MOLLAT.

2. ALEMAN (MARTIN), frère mineur déchaussé de la province espagnole de Saint-Jean-Baptiste, passa aux îles Philippines en 1696 et s'embarqua dans la même année pour les missions de Chine, se fixa à Hœi-hien, dans le Chantong, et devint commissaire provincial. Après trente ans de travaux apostoliques dans ce pays, le commissaire général l'appela en 1726 à Mexico, pour une affaire restée inconnue (qui pourrait être relative aux rites chinois). Muni des instructions de son prélat, il s'embarqua pour Londres, où il mourut dans l'hôtel de l'ambassadeur de Portugal, assisté de son confrère Jean Fernandez Serrano, au commencement de 1727. — La bibliothèque Febroniana à Pistoie, conserve plusieurs de ses lettres. On lui doit une *Historia de toto lo obrado en China por el señor patriarcha Tournon, y su defensa, año de 1709*, ouvrage resté manuscrit. Jean de Saint-Antoine lui attribue un livre espagnol qu'il aurait écrit en caractères chinois sous le titre de *Lapis caliminaris*.

Joannes de Sancto Antonio, *Bibliotheca franciscana*, Madrid, 1732, t. II, p. 333. — Marcellino da Civezza, *Saggio di bibliografia sanfrancescana*, Prato, 1879, p. 12.

ANTOINE de Sérent.

3. **ALEMAN.** Voir ALLEMAN.

1. ALEMANNI, ALAMANNI (COSMA), jésuite italien, philosophe, commentateur de saint Thomas d'Aquin, naquit à Milan, le 30 août 1559, et mourut dans la même ville en 1634, le 24 mai, d'après Sotwel, le 24 juillet, d'après le P. Ehrle. Sa famille accueillit, en 1564, les premiers jésuites envoyés à Milan sur la demande de saint Charles Borromée : elle en fut récompensée de Dieu en donnant cinq de ses fils à l'ordre nouveau. Cosma fut admis au noviciat de Novellara, le 11 septembre 1575, et étudia la théologie au collège romain, où il eut pour professeurs Suarez et Vazquez. Envoyé ensuite au collège de Brera, il y enseigna cinq ans la philosophie, huit ans la théologie, deux ans les cas de conscience. Sa santé délicate l'obligeant à renoncer à l'enseignement, il se retira à Pavie (1603-1623), où il composa et publia sa *Summa totius philosophiae e D. Thomae angelici doctoris doctrina*, dédiée aux dominicains, 5 in-4º, Pavie, 1618-1623 ; rééditée, 5 in-fol., Paris, 1639-1640, par les soins du P. J. Fronteau, chanoine régulier de Saint-Augustin, qui compléta la métaphysique et ajouta la philosophie morale omise par Alemanni ; 3 in-4º, en 6 parties, Paris, 1885-1894, sous la direction du P. Franz Ehrle, S. J., qui y joignit une notice biographique sur l'auteur. L'édition de Fronteau porte pour épigraphe ces mots : *In hoc toto opere unus D. Thomas loquitur*; ils expriment bien la nature de l'ouvrage uniquement composé des textes du Docteur angélique. Alemanni laissa en manuscrit des *Opuscula theologica*, et des *Correctiones* à un ouvrage de Pedro da Fonseca, dont il préparait une nouvelle édition en 1590.

Deux de ses frères méritent une mention. Basilio, né en 1562 et reçu au noviciat en 1579, mourut de la peste à Milan, le 28 août 1630, laissant des tragédies et des poésies latines, dans lesquelles il excellait, des cours de philosophie et de théologie : rien de tout cela n'a été publié. — Giovanni Giuseppe, l'aîné des cinq frères jésuites, embrassa la vie religieuse le 25 mai 1572, s'appliqua à la prédication et gouverna plusieurs collèges; il mourut à Asti, le 3 août 1630. Il prononça à Gênes, le 15 décembre 1587, le discours de couronnement du doge David Vacca, in-4º, Gênes, 1588, et laissa une histoire manuscrite de Notre-Dame de Vico, à Mondovi, qui était achevée en 1600; le *Discours historique touchant l'image miraculeuse de Notre-Dame de Mont de Vy, à Vic*, in-4º, Bordeaux, 1604, doit en être une traduction.

Sotwel, *Biblioth. scriptorum S. J.*, Rome, 1676, p. 161, 162, 519. — Sommervogel, *Bibliothèque S. J.*, Bruxelles, 1890, t. I, col. 112-115; 1898, t. VIII, col. 1594. — Fr. Ehrle, *loc. cit.*, t. I, p. VI-VIII.

E.-M. RIVIÈRE.

2. ALEMANNI, ou plutôt **ALEMANNUS** (JEAN), franciscain du XVe siècle. On ne saurait dire, jusqu'à présent, si son surnom indique sa patrie ou sa famille, quoique d'aucuns l'aient cru florentin, appartenant à la famille Alemanni. En tout cas il était disciple du bienheureux Amédée de Portugal, fondateur de la réforme franciscaine des amédéistes († 1482), sur lequel il nous a laissé des notes biographiques.

Sbaralea, *Suppl. ad script. ord. min.*, Rome, 1806, p. 385. — Wadding, *Annales minorum*, Rome, 1735, t. XIV, p. 323, ad ann. 1482, n. XXXIX. — *Acta sanct.*, 1735, aug. t. II, p. 567.

M. BIHL.

3. **ALEMANNI.** Voir ALAMAND, ALAMANNI.

ALEMANUS, ALEMANNICUS (JEAN), ou de **ALEMANIA**, ou bien de **SAXONIA, SAXO, ERFORTENSIS** (Herforsiensis), **FRIBURGENSIS**, etc. Sous cette désignation vague et ambiguë, se cachent, déjà depuis le moyen âge même, plusieurs personnages, savants canonistes surtout, de cette époque (XIIIe et XIVe siècles).

Voir aux différents articles. Et Barthol. Rinonico de Pisa, *Liber conformitatum B. Francisci*, etc., dans *Analecta franciscana*, Quaracchi, 1906, t. IV, p. 340-341. — Mariano de Florence, *Compend. chronic.*, dans *Archivum franciscanum historicum*, ibid., 1910, t. III, fasc. 3. — Quétif-Échard, *Scriptores ord. praedicat.*, Paris, 1719, t. I, p. 523-26. — Wadding, *Script. ord. FF. minorum*, Rome, 1650, p. 204; Rome, 1806, p. 139; Rome, 1906, p. 138. — Sbaralea, *Supplementum ad script. ord. FF. min.*, Rome, 1806, p. 415-417. — B. Hauréau, *Histoire littéraire de la France*, Paris, 1881, t. XXVIII, p. 262-272. — Fr. v. Schulte, *Geschichte der Quellen und Litteratur des kanonischen Rechtes*, Stuttgart, 1877, t. II, p. 419-423. — Dietterle, *Die Summae confessorum*, dans *Zeitschrift für Kirchengeschichte*, Gotha, 1906, t. XXV, p. 256-268. — F. Doelle, *Johannes von Erfurt*, dans la *Zeitschrift für Kirchengeschichte*, Gotha, 1910, t. XXXI, p. 214-248.

M. BIHL.

ALEMANY (JOSEPH SADOC), dominicain et premier évêque de San Francisco, naquit à Vich (Catalogne), le 13 juillet 1814. À l'âge de seize ans, il prit l'habit dominicain au couvent de Valence. Lorsque la révolution de 1835 eut chassé les religieux d'Espagne, Alemany gagna l'Italie, où il trouva un asile au couvent de la Quercia, près de Viterbe. Il fut ordonné en 1837. Pendant quelque temps il exerça le ministère paroissial dans l'église dominicaine de *Santa Maria sopra Minerva*, à Rome. Mais attiré vers les missions, il partit pour l'Amérique; il n'était âgé que de vingt-quatre ans. Il s'établit tout d'abord au diocèse de Nashville où l'évêque, Mgr Miles, lui confia la paroisse de Saint-Pierre de Memphis. En 1848, le P. Alemany fut élu provincial de la province dominicaine des États-Unis et c'est en cette qualité qu'il assista au chapitre général de l'ordre, tenu à Rome en 1850. Son activité et son zèle l'avaient fait connaître en cette ville, aussi Pie IX le nomma, la même année, évêque des deux Californies avec le titre de Monterey. Il fut sacré dans l'église de *Santa Maria sopra Minerva*, le 30 juin 1850. Le diocèse du nouvel évêque comprenait toute la Californie et le Nouveau-Mexique. Lors de sa prise de possession, Mgr Alemany ne trouva à San Francisco qu'une chapelle en ruine. Lorsqu'il se retira, en plus de la magnifique cathédrale, il avait, en trente-quatre années d'épiscopat, construit plus de cent cinquante églises. Lors du concile du Vatican, l'évêque de Monterey fut nommé avec un autre évêque dominicain, Mgr Manuel G. Gil, archevêque de Saragosse, pour faire partie de la commission du dogme. L'organisation de la hiérarchie ecclésiastique en Amérique doit beaucoup à Mgr Alemany. Comme nous l'avons dit, en 1850, son diocèse comprenait à la fois toute la Californie et le Nouveau-Mexique, c'est-à-dire une étendue de pays six fois comme l'Espagne. En 1852, au concile de Baltimore, il demanda et obtint que le Nouveau-Mexique fût soumis à la juridiction de l'évêque de Mexico. Le diocèse de Monterey, dont il était titulaire, fut aussi divisé en deux : la partie nord fut érigée en métropole avec le titre de San Francisco et resta confiée à Mgr Alemany. En 1860, il sollicita une nouvelle division de son diocèse; toute la région comprise entre 39° et 42° de latitude constitua un nouveau diocèse, celui de Marisville. En 1884, Mgr Alemany offrit sa démission qui fut acceptée par Léon XIII dans le consistoire du 27 mars 1884. En 1885, il vint à Rome où le Saint-Père lui demanda de se fixer à Valence, en Espagne, pour pouvoir travailler à la restauration de la province dominicaine d'Aragon. C'est dans le couvent de cette ville qu'il mourut le 14 avril 1888.

El santisimo rosario, 1888, p. 334-341. — *Arch. gen.* XIII, 71.

R. COULON.

ALEMBERT (JEAN LE ROND D'), mathématicien et philosophe, né à Paris, en 1717, de la célèbre Mme de Tencin et du chevalier Destouches (qui lui assura une pension), mort à Paris, en 1783, est surtout fameux par le rôle qu'il joua dans la politique anti religieuse et antisociale que les philosophes du XVIIIe siècle organisèrent contre le christianisme et, à ce titre, ne peut passer inaperçu dans l'histoire de l'Église. Au collège Mazarin, ses maîtres, presque tous jansénistes, eussent voulu faire de lui un défenseur de leur parti, mais il se donna d'abord aux mathématiques où il se fit rapidement un nom; en 1742, il entrait à l'Académie des sciences comme adjoint pour la section d'astronomie; en 1743, son *Traité de dynamique* le plaçait au premier rang des géomètres du temps; en 1746, pour un *Mémoire sur la cause générale des vents*, il obtenait un prix de l'Académie de Berlin dont il était nommé membre; enfin, en 1749, il résolvait le problème de la *précession des équinoxes*. Cette même année, 1749, il devenait un organisateur et un chef du parti des *philosophes*, en acceptant, non seulement de rédiger ou de revoir les articles de mathématiques ou de physique générale de l'*Encyclopédie*, mais de partager avec Diderot la direction générale de l'œuvre. Par sa tenue parfaite, chose qui manquait à Diderot, et par sa réputation de mathématicien, il devait être pour l'*Encyclopédie* une réclame; par son influence, surtout après son entrée à l'Académie, où il succéda, avec quelque peine il est vrai, à Surian, évêque de Vence, en 1754, il fut pour elle un protecteur. Ce fut lui qui rédigea le *Discours préliminaire*, t. I, 1751, qui contribua si puissamment à la fortune du livre et l'*Avertissement* qui parut avec le t. III et qui répondait aux premières attaques (1753). Ce fut lui cependant qui déchaîna la crise de 1759, par l'article *Genève*, t. VII, où, blâmant la Rome calviniste « de ne pas souffrir de comédie », il provoqua la *Lettre sur les spectacles* de Rousseau, Amsterdam, 1758, et surtout, où, félicitant les pasteurs de Genève d'être « arrivés à une sorte de socinianisme parfait », il souleva, avec les protestations de ceux-ci, de telles attaques en France que le privilège du livre fut retiré (mars 1759). D'Alembert voulait faire de l'*Encyclopédie* une machine de guerre contre « la superstition » jugeant la chose très dangereuse : il sortit de l'*Encyclopédie* dont Diderot assuma seul la direction. D'Alembert ne désarma pas cependant et, en 1765, il faisait paraître une *Lettre à M. de ***, conseiller au Parlement de ***, sur la destruction des jésuites, par un auteur désintéressé*, in-12, imprimée en Suisse, sous la surveillance de Voltaire, mais qui fit bientôt un bruit énorme à Paris où l'on parla de nouvelles *Provinciales*.

D'Alembert, qui fut secrétaire perpétuel de l'Académie française en 1772, ne quitta Paris que les quelques mois d'un séjour auprès de Frédéric III, en 1763. En 1752, pendant une maladie de Maupertuis, et en 1759, après la mort de celui-ci, il refusa la présidence lucrative de l'Académie de Berlin; il refusa de même, en 1762, la charge de précepteur du futur Paul Ier, que lui offrait Catherine II avec cent mille livres de pension. Mais « il ne voulait compromettre ni ses intérêts, ni son repos » et « son cœur le retenait à Paris. » J. Bertrand, *D'Alembert*, p. 118. [On connaît sa longue liaison avec Mlle de Lespinasse qu'il avait rencontrée chez Mme du Deffand, 1754-1764. Il fut au désespoir quand elle mourut (1776). Il lui survécut sept ans. Il mourut le 20 octobre 1783.

La valeur de d'Alembert comme mathématicien est incontestée; sa valeur comme philosophe est moindre : ses idées philosophiques ou religieuses sont celles de son temps. On les trouve : 1° dans le *Discours préliminaire* où il apparaît disciple de Bacon, de Locke et de Condillac; 2° dans les *Éléments de philosophie*, 1759, et les *Éclaircissements* qui suivirent, 1761, où s'affirme mieux son scepticisme en métaphysique et en religion; 3° dans sa *Correspondance* avec Voltaire et Frédéric II où se révèle sans voile, vis-à-vis des institutions et des doctrines du catholicisme, son hostilité fanatique, adoucie ou dissimulée dans ses autres ouvrages.

Lettres de Mme du Deffand, édit. Lescure, Paris, 1865. — *Correspondance de Mlle de Lespinasse*, édit. Asse, Paris, 1876. — *Lettres inédites de Mlle de Lespinasse à d'Alembert et à Condorcet*, édit. Ch. Henry, Paris, 1887. — *Correspondance de Frédéric II : Œuvres complètes*, Berlin, 1846-1857, t. XII-XXV. — Grimm, Diderot, Raynal et Meister, *Correspondance littéraire, philosophique et critique*, Paris, 1877-1882. — Condorcet, *Éloge de d'Alembert*, dans ses *Éloges académiques*. — J. Bertrand, *D'Alembert*, Paris, 1889. — Barni, *Histoire des idées morales et politiques en France au XVIIIe siècle*, Paris, 1865-1866, t. II, p. 339 sq. — Brunel, *Les philosophes et l'Académie française au XVIIIe siècle*, Paris, 1884. — John Mocley, *Diderot and the Encyclopedists*, Londres, 1890. — Funk-Brentano, *Les sophistes français et la Révolution européenne*, Paris, 1905. — Ségur, *Julie de Lespinasse*, Paris, 1906. — Brunetière, *Les origines de l'esprit encyclopédique*, dans *Revue hebdomadaire*, 1907.

C. CONSTANTIN.

ALEMBURGE fut la seconde abbesse du monastère de Saint-Geniès-des-Mourgues. Nous ignorons sur quel document s'appuie d'Aigrefeuille, *Hist. de Montpellier*, édit. 1879, t. III, p. 450, pour faire d'Alemburge la première abbesse de ce monastère. Il est hors de doute que la première fut Judith, élue le 25 novembre 1025. Alemburge était présente et figure la cinquième dans l'ordre des religieuses. Elle fut élue abbesse, non en 1042, comme le disent Fisquet (*France pont.*, Montpellier, p. 376) et A. Molinier (*Hist. gén. de Languedoc*, édit. Privat, t. IV, p. 826), mais le 13 février 1043, ainsi que le porte l'acte d'élection : *electio... facta est in anno Incarnationis dominice MXLII* (*Hist. générale de Languedoc*, édit. Privat, t. V, col. 446) : ce qui correspond pour nous à l'année 1043. Tous les historiens la font nièce de Judith, la fondatrice et la première abbesse. Nous n'oserions l'affirmer catégoriquement, bien que cette opinion nous paraisse très probable. Elle était de famille noble, dit l'acte d'élection, et fille d'Eliziar qui était parent de Judith par l'acte d'élection. Or, nous trouvons un Eliziar parmi les fils de Godran qui dota ce monastère pour sa fille Judith.

J. ROUQUETTE.

1. ALENCASTRE ou **LANCASTRE** (JOSÉ DE), carme déchaussé, passé, en raison de ses infirmités, à l'ordre des carmes chaussés. Il fut nommé, peut-être en 1676, évêque de Miranda (Portugal), d'où il fut transféré en 1681, à Leiria, qu'il gouverna jusqu'à sa mort, en 1694. Il avait été nommé, en 1693, inquisiteur général et grand-aumônier du roi. Le roi Pedro II le fit aussi son conseiller d'État.

Um bispo segundo Deus ou memorias para a vida de dom Manuel de Aguiar, 17e bispo de Leiria, por um filho da extincta diocese, Coimbra, 1885, Appendice, p. 3. — *O Couseiro ou memorias do bispado de Leiria* (anonyme), Braga, 1868, p. 344.

Fortunato DE ALMEIDA.

2. ALENCASTRE ou **LANCASTRE** (LOURENÇO DE), neveu du précédent, né à Lisbonne, le 10 juillet 1716, nommé évêque d'Elvas le 21 mai 1759, transféré à Leiria en 1780. Il était très accessible et doué d'une grande bonté, mais se montrait inflexible sur tout ce qui touchait aux cérémonies ecclésiastiques, ce qui lui valut une très vive contestation avec le doyen de la cathédrale d'Elvas, José Carlos de Lara, qui refusa de lui présenter l'eau bénite à son entrée dans la cathédrale. Les extraordinaires proportions qu'on donna à ce conflit inspirèrent au poète Antonio Dinis da Cruz e Silva une très remarquable composition du genre du *Lutrin* de Boileau. D. Lourenço de Lancastre mourut à Leiria le 4 mars 1790.

Voir la Bibliographie du précédent.

Fortunato DE ALMEIDA.

3. ALENCASTRE ou **LANCASTRE** (VERISSIMO DE), archevêque de Braga (Portugal), puis cardinal. Docteur en droit canonique à l'université de Coïmbre, il fut chanoine et trésorier de la cathédrale d'Évora, inquisiteur dans cette ville et à Lisbonne et membre du conseil du roi. Nommé évêque de Lamego, il n'accepta pas. En 1671, il fut nommé archevêque de Braga, où il se consacra avec un grand zèle aux fonctions pastorales. En 1677, il quitta son diocèse pour se rendre à Lisbonne, où il reçut la charge d'inquisiteur général du royaume. Le pape Innocent XI le créa cardinal le 12 septembre 1686, à la demande du roi dom Pedro II. Il mourut à Lisbonne le 13 décembre 1692.

Fr. Pedro Monteiro, *Catalogo dos deputados do conselho geral da inquisição*, dans la *Collecção dos documentos e memorias da Academia real da historia Portuguesa*, 1721. — *Serie chronologica dos prelados conhecidos da igreja de Braga*, Coïmbre, 1830, p. 84.

Fortunato DE ALMEIDA.

ALENÇON, chef-lieu du département de l'Orne, diocèse de Sées, est assis sur les deux rives de la Sarthe. On lui a donné en latin plus spécialement les noms de *Alercum, Alertium, Alencium, Alencio, Alencheium, Alenciacum, Alencionum, Alencenesium, Alenconium*. On ne sait pas l'origine des deux églises dédiées à Notre-Dame et à saint Léonard. Elles étaient d'abord desservies par des moines de l'abbaye de Lonlai. L'évêque de Sées, Froger, au XIIe siècle, leur permit d'y substituer des prêtres séculiers. Les deux cures furent unies, en 1243, par Geoffroy de Mayet, en un prieuré visité par Eudes Rigaud en 1250, 1255 et 1260.

L'église actuelle de Notre-Dame a eu pour architecte Jean Tabar ; elle a été commencée sous la captivité du roi Jean le Bon. Les vitraux furent peints de 1511 à 1543. La chaire est de 1536, l'escalier en est creusé dans un pilier de la nef. L'église Saint-Léonard a été reconstruite, en 1489, par René, duc d'Alençon. Saint-Roch de Courteille fut fondé sur les ruines d'une chapelle détruite vers 1660. Saint-Pierre de Montsort, sur la rive gauche de la Sarthe, n'a été réuni au diocèse de Sées qu'en 1793. Il dépendait du Mans, ce qui faisait dire que Montsort était « au Dieu du Maine et au diable de Normandie. » L'église est une des dix-sept consacrées au IVe siècle par saint Liboire. L'édifice actuel, orné de belles mosaïques, a été construit en 1882-1884.

L'Hôtel-Dieu, sur le bord de la Sarthe, avait sa chapelle sous le patronat de saint Jean-Baptiste dès 1204, et de l'autre côté de l'eau une seconde chapelle était consacrée à sainte Catherine, qui fut ensuite dédiée à saint Louis, roi, puis délaissée à partir de 1358.

La chapelle Saint-Ysige (Eustice), fondée par les seigneurs de Ravigny, fut donnée, en 1095, à Saint-Martin de Sées, qui en fit un prieuré ; elle fut rasée en 1358. La chapelle Saint-Joseph fut fondée, en 1504, par la bienheureuse Marguerite de Lorraine. La chapelle du château date de 1656 ; elle fut rebâtie, en 1781, sous le patronat de saint Yves. La chapelle Notre-Dame-de-Nazareth fut bâtie en Montsort par le prêtre Sévin, en 1699, sur le modèle de Lorette.

Les clarisses ont été fondées par la bienheureuse Marguerite de Lorraine ; leur église a été dédiée en 1499 ; il y eut dès lors, près d'elles, une maison de douze cordeliers, jusqu'à l'arrivée des jésuites. Les filles de Notre-Dame furent fondées en 1628, et leur chapelle consacrée en 1705. Les capucins furent établis en 1626, et leur église consacrée en 1667. Les jésuites datent de 1620 ; ils furent supprimés en 1762 ; l'église (aujourd'hui la bibliothèque municipale) fut dédiée à saint Joseph ; le premier recteur fut le P. de Saint-Jure. L'Union chrétienne (ou Nouvelles catholiques) date de 1677. Les sœurs de la Providence furent établies en 1722 par Pierre Bélard, et les carmélites en 1779. La paroisse de Montsort possédait les bénédictines fondées en 1636, avec une église dédiée à sainte Geneviève, et les visitandines (1659), dont la chapelle était sous le nom de saint Lazare.

Les communautés établies au XIXe siècle, à Alençon, sont les frères des Écoles chrétiennes (aujourd'hui sécularisés), les sœurs des SS. Cœurs (dites de l'Adoration), les clarisses, les sœurs de la Providence, les carmélites et les sœurs de Saint-Joseph de Cluny.

Le protestantisme fit son apparition en 1530, et en 1562 la ville manqua de devenir tout entière huguenote ; elle resta cependant catholique, grâce au vicaire de Saint-Léonard et au seigneur de Malêtre. Il y a encore aujourd'hui un temple à Alençon.

L'histoire religieuse d'Alençon rappelle les noms de Philippe d'Alençon, cardinal, la bienheureuse Marguerite de Lorraine, Guillaume d'Alençon, dominicain, Gabriel le Comte (P. Maurice de la Croix), carme, Pierre d'Alençon, mort en 1629 au Maroc, Hyacinthe d'Alençon et Valfrembert (P. Dorothée), capucins, ce dernier mort martyr à la Révolution, les théologiens Jean le Noir, né en 1622, et Grégoire Morel, né en 1664, le protestant Pierre Alix, né en 1641.

Après la loi de séparation (1905), les archives de l'évêché de Sées ont été transférées aux archives départementales de l'Orne, à Alençon.

Arch. nat., Paris, *KK 1084* (Esnault, *Histoire du dioc. de Sées*) ; *TT 270* (protestants) ; *S 7545* (déclarations ecclésiastiques de 1790). — *G⁰ 118 (29)* carmélites ; *D XIV. 6* et *G⁰ 146 (21)* bénédictines et visitandines. — Arch. dép. Orne, séries G et H. — Bibliothèque Mazarine, ms. *2437* (Visitation d'Alençon). — Bibl. nat., Paris, Impr. L d[13] 2, t. VI (visitandines, coll. de lettres). — *Gallia christiana*, t. XI, col. 761 ; t. XIV, col. 507-508. — Pierre Bélard, *Inventaire des titres, papiers et enseignements concernant la cure d'Alençon en 1720*, Alençon, 1895. — Jacques Savary, *Pouillé de l'ancien diocèse de Sées*, rédigé en 1763, 1908, t. II. — Odolant-Desnos, *Mémoires hist. sur la ville d'Alençon*, Alençon, 1787, 2 in-8⁰ (Léon de la Sicotière a réédité un volume en 1853). — L.-V. Dumaine, *Il y a cent ans. État des communautés dans l'Orne*, La Chapelle-Montligeon, 1906 ; *Notre-Dame d'Alençon, ses parties remarquables*, ses curés, Mamers, 1895. — G. Despierres, *Documents concernant l'église Notre-Dame d'Alençon*, Paris, 1890 ; *Portail et vitraux de l'église Notre-Dame d'Alençon*, Paris, 1891. — Chanfailly, *Antiquités de la ville d'Alençon ou factum historique pour l'église Saint-Léonard d'Alençon*, Alençon, s. d. — H. Antoine, *Recherches sur la paroisse et sur l'église de Saint-Pierre de Monsort*, Mamers, 1880 (extr. de la *Rev. hist. et archéol. du Maine*, 1879-1889, t. VI-VII). — Ph. Barret, *Les études au collège royal des jésuites d'Alençon*, Alençon, s. d. — Georges Pascal, *Élie Benoît et l'Église réformée d'Alençon*, Paris, 1892. — C. Oursel, *Quelques notes sur la réforme à Alençon*, 1900. — Théophile Brachet, *Synode national à Alençon (Remontrance apologétique à mess. les pasteurs des églises réformées de France)*, Paris, 1637.

P. UBALD d'Alençon.

1. ALENÇON (CHARLES D'), archevêque de Lyon. Il était arrière-petit-fils de Philippe le Hardi, neveu de Philippe VI de Valois, cousin germain du roi Jean.

Son père, Charles, fut tué à Crécy (26 août 1346). Cette perte, les défaites qui suivirent celle-là, les malheurs publics et les misères de la famille royale, se joignirent sans doute à la pieuse éducation qu'il avait reçue, pour décider le jeune prince à renoncer au monde. Comme il était l'aîné et tenait la place de son père, sa mère, Marie d'Espagne, s'effraya de voir s'affirmer cette vocation irrésistible qu'elle avait sans doute contribué à faire éclore par sa propre piété. Malgré tous les efforts pour le retenir dans le monde, Charles renonça à son rang et aux espérances que pouvait faire naître pour lui sa proche parenté avec le roi, abandonna ses biens et ses terres à son second frère, Pierre d'Alençon, et prit l'habit de saint Dominique, à la maison de Saint-Jacques, à Paris, où son père avait sa sépulture (1358). Son frère cadet, Philippe, l'avait précédé dans les ordres ecclésiastiques : voir l'article suivant. Leur sœur, Isabelle, avait obéi à un appel analogue : elle était religieuse dominicaine, dans le couvent de Poissy.

Marie d'Espagne ne se résigna pas ainsi. Elle tenta d'abord de faire revenir Charles sur sa détermination. Mais elle avait affaire à un caractère extrêmement entier et ne put rien obtenir. Elle suscita les réclamations des vassaux de son fils. Ils firent valoir, toujours sans succès, les nécessités de la terrible aventure où la France se trouvait engagée. D'après A. Bzowski, on songea même à arracher de force le prince à son cloître. Bzovius, *Annales*, ad. ann. 1359, n. 12. Enfin, Marie adressa ses plaintes au souverain pontife. En conséquence, Innocent VI, par une lettre datée de Villeneuve-lès-Avignon, le 22 juin 1359, demanda à Jean II Paléologue, marquis de Montferrat, d'examiner de près la vocation du prince. S'il est résolu à persévérer, que la comtesse, sa mère, se console chrétiennement ; s'il n'en a pas la force, qu'il renonce sans retard à la profession religieuse. Dans Rainaldi, édition Theiner, Bar-le-Duc, 1872, t. XXVI, p. 34, ad. ann. 1359, n. 1. A la suite de cet examen, Charles d'Alençon fut reçu à faire ses vœux solennels. Quand mourut sa mère (1379), elle fut ensevelie dans ce même couvent de Saint-Jacques, qui possédait les restes de son père.

Bientôt pourtant, Charles d'Alençon allait être tiré du cloître par son cousin, le roi Charles V. Ce fut à l'occasion d'une vacance du siège archiépiscopal de Lyon. Sans doute, Charles V pensait-il trouver par là le moyen de consolider définitivement son pouvoir sur cette ville. Bien que tacitement annexée à la France depuis 1311 et 1312, elle était de nouveau soumise à la juridiction de l'archevêque, pour la haute et la basse justice, depuis le 4 avril 1320. Cette même convention interdisait au roi d'établir à Lyon d'autres officiers que son « gardiateur », comme on appelait dans la ville le représentant de l'autorité royale, et quelques sergents. La politique de Charles V n'était point de nature à tolérer longtemps ces restrictions. A la mort de Guillaume de Thurey († 1365), le roi abrogea donc successivement l'élection du 20 mai de la même année, qui avait désigné Jacques de Coligny comme successeur de cet archevêque, et celle du commencement de juin, où avait triomphé la candidature de Jean de Talaru, doyen du chapitre. Celui-ci devait être plus heureux à la prochaine vacance. Enfin, le 13 juin, Charles d'Alençon fut élu. Le roi le présenta à l'approbation du pape et, le 13 juillet 1365, il prenait possession du siège primatial.

La combinaison trop habile de Charles V ne tarda pas à être déjouée. Il avait compté sans le caractère autoritaire et cassant de son cousin. En 1372, un notaire de la cour archiépiscopale fut pris, condamné et pendu, on ne sait pourquoi, par ordre du lieutenant du bailli de Mâcon, résidant alors à Saint-Gengoux (Saône-et-Loire), et remplissant les fonctions de gardiateur. En manière de réponse, l'archevêque, à qui la cause devait revenir, fit aussitôt expulser les officiers du roi de l' « hôtel de Roanne » (sur l'emplacement du palais de justice de Lyon actuel), où ils s'étaient établis à demeure, en violation de la charte de 1320. Les deux pouvoirs se trouvaient ainsi violemment en conflit, à peu près comme ils l'étaient, cette même année 1372, et presque dans les mêmes termes, à Rouen, l'archevêché de Philippe d'Alençon, frère de Charles. Voir l'article suivant.

Le bailli, Archambaud de Comborn, fit aussitôt prendre les armes à tous les citoyens, ferma les portes de la ville, coupant ainsi les communications entre l'archevêque et sa demeure de Pierre-Scize, ferma également celles de la justice archiépiscopale. Alors l'archevêque en appela au roi et au Saint-Siège. Mais le bailli s'enferma dans l'hôtel de Roanne et ce premier appel ne put lui être signifié que très difficilement. Usant contre la force militaire des armes spirituelles, l'archevêque se résolut à lancer l'interdit sur la ville entière (du 14 décembre 1372 au 17 juillet 1373), et l'excommunication contre le bailli. Seuls les chanoines de la Platière n'observèrent pas l'interdit : trois d'entre eux durent, plus tard, faire publiquement amende honorable dans la cathédrale, pendant la grand'messe. Le roi, que les agissements de l'archevêque inquiétaient sérieusement, fit renouveler, par tous les habitants âgés de quatorze ans et au-dessus, le serment de fidélité prêté en 1320. L'archevêque refusant de lever l'excommunication, son temporel fut saisi et lui-même cité en cour de Parlement. Le pape Urbain V intervint inutilement. Un accord avait pourtant eu lieu depuis quatre mois, entre le prélat et l'officier royal, quand le roi consentit à lever la saisie. Il lui eût été difficile de s'y refuser : l'archevêque venait de mourir dans son château de Pierre-Scize, le 5 juillet 1375.

Malgré ses luttes avec le pouvoir royal, Charles d'Alençon, en 1368, avait assisté au baptême du dauphin, le futur Charles VI. De même, il avait été le parrain, à Dijon, en 1371, de Jean de Nevers, futur duc de Bourgogne. D'ailleurs il n'était pas en désaccord uniquement avec l'officier du roi. Dès 1368, il s'était brouillé avec son propre chapitre, en créant un nouveau système monétaire et un nouveau type remplaçant le type traditionnel anonyme et de caractère purement ecclésiastique... *ad signa... antiquiora... solis et lunæ*, par un type à son nom. En 1373, il faisait frapper, en son nom personnel, au détriment des droits du chapitre aussi bien que du roi, dont il imitait les monnaies. Un dernier trait peindra l'homme. A la fin du conflit avec le bailli du roi, l'archevêque aurait fait graver dans la ville, rapporte le P. Ménétrier, *Histoire civile de Lyon*, 1696, p. 494, ses propres armoiries avec un lion couché dessous, pour signifier qu'il l'avait emporté sur la cité lyonnaise.

Léopold Delisle, *Mandements de Charles V*, documents inédits, 1873, p. 115, n. 233. — Secousse, *Ordonnances des rois de France*, 1740, t. VI, p. 37. — P. Ménétrier, *Histoire civile de Lyon*, 1696, p. 497 ; Preuves, p. LVI, 37, 68, 69. — M.-C. Guigues, *Cartulaire municipal de la ville de Lyon*, 1876, p. 65, 75-77. — C. Guigues, *Cartulaire des fiefs de l'Église de Lyon*, 1893, p. 13-192, *passim*, série d'hommages. — A. Steyert, *Nouvelle histoire de Lyon*, 1897, t. II, p. 559-561. — Touron, *Histoire des hommes illustres de l'ordre de Saint-Dominique*, Paris, 1745, t. II, p. 481. — *Gallia christiana*, 1728, t. IV, col. 169. — *Année dominicaine*, 1895, t. VII, p. 232. — Bonnassieux, *De la réunion de Lyon à la France*, Lyon, 1873. — Fayard, *Essai sur l'établissement de la justice royale à Lyon*, 1866. — A. Coville, dans Lavisse, *Histoire de France*, 1902, t. IV, 1re part., p. 200.

P. FOURNIER.

2. **ALENÇON** (PHILIPPE D'). — Second fils de Charles II de Valois, comte d'Alençon, arrière-petit-

fils du roi Philippe III et neveu de Philippe VI, Philippe d'Alençon fut archidiacre de Brie au diocèse de Meaux avant d'être nommé évêque de Beauvais (8 juin 1356), puis archevêque de Rouen (3 juillet 1359). Son caractère altier et cassant fut la cause d'un conflit fort grave avec le bailli de Rouen. Le prélat voulut défendre ses pouvoirs de juridiction sur lesquels le bailli avait incontestablement empiété. Au mépris de tout droit, les sergents royaux avaient saisi et pendu un clerc marié. L'official de Rouen mit immédiatement l'interdit sur les terres soumises à la juridiction du bailli et excommunia celui-ci. Un procès s'ouvrit devant le Parlement de Paris. Il fut établi que Philippe d'Alençon avait outrepassé ses droits. Le prélat n'en réaggrava pas moins le bailli qui se vengea en ordonnant la saisie du temporel de l'archevêché de Rouen. La querelle s'envenimant, Grégoire XI et Charles V, après bien des négociations, convinrent d'un compromis : le bailli fut déplacé, Philippe sacrifié et nommé patriarche de Jérusalem et administrateur d'Auch (27 août 1375). Pour empêcher son parent de se jeter dans le parti de ses adversaires, Charles pria le pape de lui attribuer le patriarcat d'Aquilée et la pourpre. Grégoire refusa.

Lors du grand schisme, par rancune contre le roi de France, Philippe d'Alençon se rallia à Urbain VI qui lui témoigna sa reconnaissance en le créant cardinal-prêtre du titre de Sainte-Marie au Transtévère (28 septembre 1378), évêque de Sabine (1385) et enfin évêque d'Ostie et Velletri (1389). Il fut envoyé comme légat en Allemagne et dans les Flandres pour amener l'empereur Wenceslas à se déclarer en faveur d'Urbain VI. Wenceslas préférant observer une politique fluctuante entre le pape d'Avignon et celui de Rome, le cardinal rentra à la cour pontificale, le 4 mars 1390, sans avoir réussi dans l'accomplissement de son mandat. On sait peu de choses sur le rôle qu'il remplit près de la curie romaine. On retrouve la trace de ses menées en France où il essaye d'attirer à son obédience l'Université de Paris. Il mourut le 15 ou le 16 août 1397. Son magnifique tombeau existe dans le bas-côté de gauche de l'église Sainte-Marie au Transtévère, à Rome. On trouvera l'épitaphe qui l'orne dans F. de Guilhermy, *Bulletin de la Société nationale des antiquaires de France*, 1877, p. 127-129, 160.

Steph. Baluze, *Vitae paparum Avenionensium*, Paris, 1693, t. I, col. 1244-1246, 1473-1474. — G. Cogo, *Il patriarcato di Aquileia e le aspirazioni de'Carraresi al dominio del Friuli (1381-1389)*, Venise, 1898. — V. Marchesi, *Il patriarcato di Aquileia dal 1349 al 1412*, Udine, 1884. — L. Mirot et E. Deprez, *Un conflit de juridiction sous Charles V : l'affaire de Philippe d'Alençon, archevêque de Rouen*, dans *Moyen âge*, 1897, p. 129-174 (étude accompagnée d'un grand nombre de textes extraits des registres du Vatican). — N. Valois, *La France et le grand schisme d'Occident*, Paris, 1896, t. II, p. 285, 326, 418. — H. Denifle et E. Chatelain, *Chartularium universitatis Parisiensis*, Paris, 1894, t. III, n. 1689. — Jouen, *Souvenirs normands en Italie*, dans *Bulletin des monuments rouennais*, 1909, p. 33-40.

G. MOLLAT.

ALENDA (GASPAR), frère mineur déchaussé de la province espagnole de Saint-Jean-Baptiste, s'adonna d'abord avec succès à la prédication, puis, en 1611, passa aux îles Philippines. En 1633, avec six autres franciscains, il était à l'île Formose qui venait de tomber sous la domination du roi d'Espagne. Trois ans plus tard, il mettait le pied en Chine et séjournait à Fo-ngan. Le 14 août 1637, il entrait à Pékin pour s'opposer à l'usage des fameux rites chinois parmi les chrétiens. Prisonnier pendant quinze jours dans la maison où il était descendu, il se présenta, le crucifix à la main, devant le tribunal des mandarins. Jeté dans un cachot, les pieds et les mains liés, il en fut retiré le lendemain pour être embarqué sur un vaisseau où sa condamnation à être crucifié se lisait sur un écriteau appendu au grand mât. La peine de mort fut commuée en une sentence d'exil lors de l'arrivée du navire à Fenn-tiao. Le P. Alenda fut dirigé sur Macao, puis passa de nouveau à l'île Formose, où il construisit une église et un couvent et s'occupa à la conversion des infidèles. Il mourut entre le 18 et le 25 août 1642, frappé d'une balle par les Hollandais qui assiégeaient la ville. — On lui doit la *Relacion de mi viage a Pekin*, signée du 12 août 1638.

Fr. Miggenes, *Missio seraphica in imperio Sinarum*, dans *Analecta franciscana*, Quaracchi, 1885, t. I, p. 28-30, 39. — Marcellino da Civezza, *Saggio di bibliografia sanfrancescana*, Prato, 1879, p. 12.

ANTOINE de SÉRENT.

ALÈNE (Sainte), fille de parents païens qui habitaient Dielbeek près de Bruxelles, se fit baptiser à leur insu dans l'église de Forest. Ramenée de force dans sa famille, elle fut blessée par un de ses gardiens et mourut des suites de ses blessures. On suppose que c'est le 17 juin vers 640. Elle fut enterrée à Forest. En 1105 il s'éleva en cet endroit un monastère de bénédictines, qui suivirent les coutumes de Cluny sous la dépendance de l'abbé d'Afflighem. En 1193, l'abbé Godescalc fit l'élévation des reliques de sainte Alène, dont la vie légendaire fut probablement composée au XIIIe siècle.

Acta sanct., jun. t. IV, p. 315-323. — Ghesquière, *Acta sanct. Belgii*, 1784. t. IV, p. 380-392. — B. Bossue, *Les reliques de sainte Alène*, dans *Précis histor.*, Bruxelles, 1861, p. 445-452. — L. Van der Essen, *Étude critique et litt.* sur les *Vitae des saints mérovingiens de l'ancienne Belgique*, Louvain, 1907, p. 320-321.

U. BERLIÈRE.

ALENGRIN ou **ALINGRIN** (JEAN-PIERRE), né à Lacaune (Tarn), en 1748, dans le diocèse de Castres, fut successivement vicaire dans une annexe de la paroisse de Graulhet, au même diocèse, puis vicaire à Graulhet, pendant cinq ans. Nommé bénéficier au chapitre cathédral de Saint-Alain de Lavaur, il obtint la cure de Belcastel dans cet autre diocèse. En 1789, il rentre dans son diocèse d'origine et prit possession de l'archiprêtré de Graulhet, résigné en cour de Rome en sa faveur par Jean Cazes. L'insinuation de son titre est datée du 2 mai 1789.

Au début de 1791, il refuse de prêter le serment constitutionnel. On remplaçant lui est donné du nom de Daurade. Il reste sur sa paroisse et « s'obstine à tenir un ministère dont la loi l'a dépouillé. » C'est en ces termes qu'une pétition, signée par une cinquantaine de Graulhetois et par le curé constitutionnel, dénonce ses « menées » au directoire du département du Tarn, le 3 février 1792.

Il n'est cependant arrêté qu'environ trois ans après, en nivôse an III, aux environs de Lavaur, en compagnie de deux femmes, accusées de l'avoir recélé. L'agent national du district de Lavaur informe de cette capture l'accusateur public près du tribunal criminel du département du Tarn, en résidence à Castres, le 1er pluviôse an III, et Alengrin, principal prévenu, est conduit aux prisons du chef-lieu du département. Les receleurs déférés devant le juge de paix de Lavaur sont acquittés et remis en liberté. Mais le tribunal criminel casse « le jugement rendu par cet officier de police et ordonne que les personnes mises en liberté... soient arrêtées et traduites devant le tribunal. » Avis en est donné à l'agent national par une lettre du 10 pluviôse.

Le 18, les cinq prévenus comparaissent devant le tribunal criminel, à Castres. « Le tribunal déclare Jean-Pierre Allengrin... convaincu d'avoir été sujet à la déportation, ordonne que ledit Allengrin sera, dans les vingt-quatre heures, livré à l'exécuteur des jugements criminels... déclare les biens dudit Alengrin acquis et confisqués au profit de la République. » Les autres prévenus sont acquittés.

L'archiprêtre de Graulhet fut décapité sur la place de l'Albinque, à Castres, et ses restes furent inhumés au cimetière Saint-Jean.

En 1816, on les transféra dans une chapelle latérale de l'ancienne église cathédrale de Saint-Benoît de Castres, en même temps que celles de trois autres prêtres exécutés au même lieu et pour la même cause.

Les archives départementales du Tarn (série L, Clergé) possèdent un dossier relatif à J.-P. Alengrin, contenant six pièces manuscrites et un exemplaire du jugement imprimé. Voir, en outre, série G, 257, le 9ᵉ registre du greffe des insinuations ecclésiastiques du diocèse de Castres, fol. 6-8. Enfin, la copie du jugement se trouve aux archives du greffe à Albi, 2ᵉ registre, p. 139. — TRAVAUX : Magloire Nayral, Biographies et chroniques castraises, Castres, 1833, t. I, p. 44-46. — Chan. Maffre, Nos martyrs, Albi, 1891, p. 106-121. — H. Salabert, Les saints et les martyrs d'Albi, 1892, p. 595-607 ; fait état des mémoires de J.-L. Pujol.

L. DE LACGER.

ALENI (GIULIO), jésuite italien, missionnaire en Chine et mathématicien, naquit à Brescia en 1582 et entra au noviciat de la province de Venise en 1600. Après avoir enseigné quelque temps les humanités, il s'embarqua à Lisbonne en 1609, arriva l'année suivante à Macao et tenta, en décembre 1611, de pénétrer en Chine avec le P. Peter van Spiere. Saisi par les mandarins de Canton et racheté par les Portugais, il revint à Macao, où il enseigna les mathématiques ; il y observa l'éclipse de lune du 8 novembre 1612. Mémoires de l'Académie des sciences, t. VII, p. 705-706 ; cf. p. 798. Il put arriver à Nankin en 1613, évangélisa la province du Chan-si, convertit, en 1620, le gouverneur de Kiang tcheou, et pénétra, en avril 1625, grâce à la protection du Ko-lao ou ministre Yé, dans la province du Fou-kien, où il établit promptement près de vingt centres de chrétienté. Il fut véritablement l'apôtre de cette province : aidé du P. Manuel Dias junior, il comptait annuellement de huit cents à neuf cents baptêmes. Ce n'est pas le lieu de dire comment ce magnifique succès fut bientôt paralysé par la controverse des rites chinois. Banni en 1638, Aleni revint, le 14 juin 1639, continuer ses travaux momentanément interrompus, mais il ne réalisa plus les nombreuses conversions des années précédentes. Il mourut à Fou-tcheou, le 3 août 1649, après trente-six ans d'apostolat. Les Chinois admiraient à ce point sa science, sa sagesse et sa vertu, qu'ils le nommaient le Confucius d'Europe.

Ses ouvrages, parus sous son nom chinois de Ngai Jou-lio se ki, peuvent se classer en trois groupes : ouvrages religieux, ouvrages scientifiques et biographies.

I. OUVRAGES RELIGIEUX. — Sing hio tsou chou (Court traité de la nature humaine), 2 vol., Hang-tcheou, 1623 ; 2 in-8°, T'ou-sè-wè, 1873. — San chan luen hio ki (La doctrine des trois montagnes : dialogues avec le Ko-lao Yé sur la religion chrétienne), Hang-tcheou, 1625 ; Péking, 1694 ; in-8°, Tsa-ka-wei, 1847. — Wan ou tchen yuen (Véritable origine de toutes choses), Péking, 1628, 1694, 1791 ; Tsa-ka-wei, 1856, in-8° ; T'ou-sè-wè, 1889, 1901 ; traduit en mand-chou et en coréen. — Mi-sa tsi-i (Du sacrifice de la messe), 2 vol., Fou-tcheou, 1629 ; in-8°, Chang-hai, 1849. — T'ien tchou kiang cheng yen hing ki lio (Vie de Dieu Sauveur d'après les évangiles), Péking, 1635-1637 ; 8 vol., Péking, 1642, 1738, 1796 ; 2 in-8°, Tsa-ka-wei, 1852 ; T'ou-sè-wè, 1887, 1903 : cet ouvrage a des gravures sur bois d'après celles de Wierx dans les Meditationes in evangelia, du P. Jerónimo Nadal. — Yé-sou yen hing ki lio (Abrégé de la vie de N.-S.), qui a été traduit en coréen. — Cheng kiao se tse king wen (Abrégé de la doctrine chrétienne), Péking, 1642, 1650, 1798 ; in-12, Tsa-ka-wei, 1856 ; s. l., 1861 ; avec des illustrations par le P. Adolphe Vasseur : T'ou-sè-wè, 1869. — Cheng t'i yao li (Traité de la sainte eucharistie), Fou-tcheou, 1644 ; in-12, Chang-hai, 1849 ; T'ou-sè-wè, 1881. — T'ien tchou kiang cheng in i (Traité de l'incarnation de N.-S.)..., in-8°, T'ou-sè-wè, 1872. — Ti tsoei tcheng koei (Du sacrement de pénitence), 4 vol..., in-8°, Ning-po, 1849. — Cheng mong ko (Dialogue de saint Bernard entre l'âme et le corps), ou Sing ling pien (De l'âme), Péking, 1684. — Hi tchao tchong tchen tsi (Recueil de préfaces, mises par des mandarins aux ouvrages des missionnaires, en faveur de la religion chrétienne), 4 vol..., T'ou-sè-wè, 1877. — Hoei tsoei yao tche (De la contrition), traduit en coréen. — Ou che yen yu (Cinquante sentences), mission du Fou-kien, 1645, en collaboration avec le P. Matteo Ricci qui composa vingt-cinq de ces sentences : allusion à l'Y-king, où 5 multiplié par 5 donne 25 qui est le nombre du ciel. — K'eou to je tch'ao (Réponses orales à diverses questions)..., 5 in-8°, T'ou-sè-wè, 1872 : ce sont les réponses données par les PP. Aleni et André RUDOMINA (voir son article) à des questions qui leur avaient été faites par des lettrés chinois. — King kiao pei song tchou kiei (Commentaire de la stèle de Si-ngan fou).

II. OUVRAGES SCIENTIFIQUES. — Tchi fang wai ki (Notice géographique de tous les royaumes de l'univers), 6 vol., accompagnés chacun d'une carte, Hang-tcheou, 1623 ; réimprimés en 1874 : ouvrage commencé par les PP. Diego de PANTOJA et Sabbatino de URSIS. Voir leurs articles. — Si hio fan (Sur les sciences européennes), 1623, 1626, gravé à la mission du Fou-kien. — Si fang ta wen (Dialogue des choses et coutumes européennes), 2 vol., gravés à la mission de Tsin-kiang, 1637 ; 1642. — Ki ho iao fa (Principes nécessaires de géométrie), 4 vol., 1631. — Kouen yu t'ou chouo (Géographie avec cartes).

III. BIOGRAPHIES. — Li Ma-teou hing lio (Vie du P. Matteo Ricci), Péking, 1620 ; des manuscrits de cette vie sont à la bibliothèque nationale, à Paris. — Yang K'i-youen hing lio (Vie du docteur Yang K'i-youen). — Tchang Mi-ko i tsi (Vie du docteur Michel Tchang). Aleni aurait encore écrit en faveur des rites chinois. On trouve une lettre de lui à Magini, datée de Macao, 28 janvier 1611, p. 347-349 du Carteggio inedito di Tichone Brahe, publié par Ant. Favaro, Bologne, 1886.

Bartoli, La Cina, Rome, 1663, p. 593-594, 643-645, 789-792, 805-814, etc. — Sotwel, Biblioth. scriptorum S. J., Rome, 1676, p. 529-530. — Cordara, Historiae S. J. pars sexta, Rome, 1750-1759, l. 10, n. 176 sq. ; l. 17, n. 266. — Sommervogel, Bibliothèque S. J., Bruxelles, 1890, t. I, col. 157-160 ; 1898, t. VIII, col. 1620. — Henri Cordier, Bibliotheca Sinica, Paris, 1878-1885, col. 500, 1694 ; L'imprimerie sino-européenne en Chine, Paris, 1901, p. 1-5. — Catalogus librorum lingua sinica scriptorum qui prostant in Orphanotrophio T'ou-sè-wè, Zi-ka-wey, 1909, n. 20, 61, 63, etc.

E.-M. RIVIÈRE.

ALÉNIE (Sainte), Allenia Priscilla, épouse d'Aurelius Severus, martyre, dont le corps fut découvert le 23 décembre 1840, dans le cimetière de Priscille. Ses reliques furent données par Grégoire XVI au provincial des rédemptoristes belges et solennellement transférées à Liège, en 1842, dans l'église des rédemptoristes.

Translation de sainte Alène martyre, Liège, 1833. — De Theux, Bibliogr. liégeoise, Bruges, 1885, col. 992-993. — Kersten, Journal hist. et litt., 1842, p. 550-551.

ALEOTTO (PIETRO GIOVANNI). Né à Forli, il commença sa carrière à la cour pontificale au temps de Clément VII. Celui-ci le mit à la tête de la maison de sa nièce, Catherine de Médicis. A partir du 1ᵉʳ janvier 1545, il remplit les fonctions de trésorier secret en cette qualité, il se trouvait en relations fréquentes avec les artistes qui travaillaient pour le pape, c'était lui qui était chargé de les payer. Michel-Ange lui reprochait ses interventions indiscrètes en matière d'art et lui avait donné le sobriquet de « Monsignor Tante Cose ». Il resta trésorier secret jusqu'en septembre 1563. Ses livres de comptes, qui ont un intérêt particulier pour l'histoire de l'art, sont conservés aux archives d'État, à Rome. Dans le consistoire du 23 octobre 1551, Jules III le nomma évêque de Forli, mais il continua à résider à la cour romaine; dans le consistoire du 11 décembre 1555, Paul IV, en considération de son âge — soixante-quatre ans — et de ses fonctions à Rome, lui donna, comme coadjuteur, son neveu, Simon Aleotto. En octobre 1557, le même pape, tout en le maintenant trésorier secret, lui attribua de plus les fonctions de « maître de chambre ». Son neveu étant mort au concile, il résigna, en 1563, son évêché et ses fonctions. Il passa les dernières années de sa vie à Forli, dans le collège des jésuites qu'il avait fondé en 1557. Il mourut le 20 août 1572 et fut enterré dans l'église des jésuites.

Georgii Viviani Marchesii, *Vitae virorum illustrium Foroliviensium*, Forli, 1726, p. 128-129. — *Archives consistoriales*, aux archives du Vatican. — Série des *Registres de la Trésorerie secrète*, aux archives d'État de Rome.

R. ANCEL.

1. ALEP, ville de Syrie, siège de plusieurs évêchés chrétiens. — I. Notions géographiques et historiques sur Alep. — II. Évêché, archevêché et métropole gréco-melkite. — III. Archevêché syrien, jacobite et catholique. — IV. Évêché maronite. — V. Évêché et vicariat apostolique latin. — VI. Vicariat patriarcal chaldéen. — VII. Listes chronologiques.

I. NOTIONS GÉOGRAPHIQUES ET HISTORIQUES SUR ALEP. — La ville d'Alep, située dans la Syrie du nord, à peu de distance d'Alexandrette et d'Antioche, sur la rivière Qoûaïq, le Χάλος des Grecs (Xénophon, *Anabase*, 1, 4, 9), est l'une des plus anciennes villes connues, bien qu'elle n'ait pris toute son importance qu'à partir du moyen âge. Les textes hiéroglyphiques la dénomment *Khalboû*, les inscriptions cunéiformes Halboûn, d'où est venu le nom arabe Halab, ou plus complètement Halab 'ach-Chahbâ, c'est-à-dire *Alep-la-Grise*, à cause de la couleur particulière de ses maisons vues de loin. Bien que le nom original ait persisté dans le grec Χαλυϐών (Ptolémée, v, 14, § 13), Séleucus Nicator, premier roi grec de Syrie (311-288), l'ayant agrandie, l'appela Βέροια ou Βέρροια, en souvenir de Bérée de Macédoine. Les deux formes orthographiques se rencontrent chez les écrivains grecs, tant pour l'une que pour l'autre ville (Βέροια, Strabon, xvi, 2, § 7); on dit aussi Βέροη, d'où est venu en français *Béroé*, réservé à Alep, tandis que la ville macédonienne est dite plutôt *Véria* ou *Verria*, suivant la prononciation grecque orientale. Avec l'invasion arabe, le nom sémitique revint en vigueur là comme partout : les textes grecs de l'époque moderne disent aussi Χαλέπι ou Χαλέπιον; le mot Χαλεπιδες, à Constantinople, désigne aujourd'hui la colonie melkite catholique, originaire principalement d'Alep.

Lors de la conquête romaine, Alep fit partie de la province de Syrie, devenue impériale lors du partage des provinces entre l'empereur et le sénat, en 27 de J.-C.; elle fut comprise dans la Cœlésyrie, quand fut divisée la province primitive en Cœlésyrie et Syrie phénicienne, et dans la Syrie Ire, lors du remaniement de 535 environ. Marquardt, *Organisation de l'empire romain*, tr. fr., Paris, 1892, t. I, p. 363-376. Cette attribution s'est conservée jusqu'à nos jours dans la titulature de ses archevêques ou métropolites de rite byzantin : voir le texte dans C. Charon, *Histoire des patriarcats melkites*, Rome, 1911, t. III, p. 239; les melkites catholiques modernes ont laissé tomber ce souvenir. *Ibid.*, p. 417.

Alep ne joua un rôle important qu'à partir du moyen âge musulman, lors des démembrements du khalifat des 'Abassides. Les Banî-Hamdân, descendants de la tribu arabe des Taghlîbites, envoyés dans la région par les faibles khalifes de Baghdâd pour y maintenir l'ordre, s'y taillent une principauté indépendante qui dure de 944 à 1004 : le plus brillant et le plus célèbre des princes hamdânides d'Alep, Saïf 'ad-Daûlë, eut une véritable cour littéraire illustrée par 'Al-Moutanabbî (905?-965) et par 'Al-'Isfahânî, l'auteur du *Kitab 'al'-'Aghânî*. Nicéphore Phocas, alors qu'il n'était encore que grand domestique, fit rentrer Alep sous la domination byzantine, le 23 décembre 962, et détruisit le superbe palais de Saïf 'ad-Daûlë. Ce ne fut pas pour longtemps : les Fatîmites mirent fin à la puissance des Hamdânides et s'installèrent dans Alep, sous la suzeraineté nominale plutôt qu'effective des conquérants byzantins Zimiscès et Basile II le Bulgaroctone (975-976; 995) : cette situation eut au moins l'avantage d'adoucir temporairement le sort des chrétiens. Les Mirdâsides, originaires, eux aussi, d'une tribu arabe, celle des Banî Kilâb, remplacent, durant une quarantaine d'années (1023-1085), les gouverneurs fatîmites à Alep, mais ils en sont expulsés à leur tour par les Turcs Seldjoukides, en 1085. Les États latins formés par les croisés n'arrivèrent pas à englober la ville; Salâh 'ed-Dîn, plus connu sous le nom de Saladin, y établit, en 1183, la dynastie des Ayoûbites : ils furent chassés d'Alep par l'invasion mongole, le 25 janvier 1260, sous Hoûlâgoû, puis sous son lieutenant Kit-Boghâ, chrétien nestorien comme beaucoup de Mongols d'alors. Les Mameloûks d'Égypte, en même temps qu'ils ruinent les colonies franques, s'établissent définitivement en Syrie, en 1291, et gardent le pays jusqu'à l'invasion ottomane de 1516.

La bataille de Dâbeq (24 août 1516), où le sultan Sélim Ier mit fin à la puissance des Mameloûks, fut suivie, quelques jours après, de la reddition spontanée d'Alep. Dès le début du XVIIe siècle, la nouvelle conquête était organisée, et Alep, avec Damas et Tripoli, devenait le siège d'un des trois grands pachaliks qui, avec plus tard Acre, ont duré jusqu'à l'institution des *vilayets* ou gouvernements généraux, au milieu du XIXe siècle.

Aujourd'hui, Alep forme, avec Damas et Beyrout, le troisième des vilayets qui ont succédé en Syrie aux pachaliks de jadis. Il comprend les villes d'Alep, Antioche, Alexandrette, 'Aïn-'Tâb, Mar'âch, Zeïtoûn, Orfâ, 'Idlîb, et les villages qui en dépendent.

La ville elle-même peut avoir environ 132 000 habitants (?), dont 40 000 chrétiens.

Cinq siècles d'administration turque ont eu pour résultat de rendre désert le pays situé entre Homs et Alep; cette dernière ville, demeurée isolée du reste de la Syrie, y a gagné une physionomie toute particulière. La langue dominante est l'arabe avec des formes dialectales spéciales. Le turc devient usuel dès que l'on sort de la ville, au nord et à l'est. Depuis les grands massacres arméniens de 1896, de nombreux réfugiés de cette nation ont introduit l'arménien vulgaire dans plusieurs villages environnants et dans la ville elle-même. Mais l'isolement où est restée Alep jusqu'à l'ouverture du dernier tronçon du chemin de fer Damas-Rayaq-Homs-Hâmâ-Alep, qui doit rejoindre à Biredjik sur l'Euphrate la ligne projetée Constantinople-Baghdad (4 octobre 1906), a conservé chez les habitants un type caractéristique et un particularisme curieux.

II. ÉVÊCHÉ, ARCHEVÊCHÉ ET MÉTROPOLE GRÉCO-MELKITE. — L'introduction du christianisme à Alep peut remonter au IIIe siècle : peut-être même est-elle plus ancienne. Le premier évêque dont l'histoire fasse mention est Eustathe, que le concile œcuménique de Nicée, en 325, transféra, au dire de Sozomène, I, 2, *P. G.*, t. LXVII, col. 979, à Antioche. D'abord simple évêché, ressortissant immédiatement de l'archevêque ou patriarche d'Antioche, Alep fut décorée du titre d'archevêché, au sens byzantin, à l'époque où la hiérarchie commença à se systématiser. Ce fut le cas aussi pour les six autres sièges de Chalcis (Qinnisrîn), Séleucie de Piérie (Kaboûsî), Anazartha, Paltos (Beldë), Gabala ou Gaboula (Gébaïl), qu'il ne faut pas confondre avec le village du même nom près de Beyrouth) : tous les sept, dénommés archevêchés autocéphales, étaient gouvernés chacun par un archevêque, c'est-à-dire un évêque immédiatement soumis au patriarche sans l'intermédiaire d'aucun métropolitain; cet archevêque avait, de plus, le titre de *syncelle*, c'est-à-dire de membre de droit du conseil du patriarche. C'est du moins l'état que nous révèle la Notice d'Anastase Ier, restituée par le R. P. Siméon Vailhé, et qui date du VIe siècle. C. Charon, *Histoire des patriarcats melkites*, t. III, p. 223-227. Alep conserva longtemps cette situation. Au moyen âge, lorsque les évêchés suffragants des grandes métropoles eurent à peu près tous disparu, presque tous les évêques, sans distinction, prirent peu à peu indûment le titre de *moutrân* ou métropolite. C. Charon, *ibid.*, p. 232. Ce système abusif, qui continue aujourd'hui dans le patriarcat de Constantinople et a fini par s'étendre à toutes les Églises orthodoxes, est en quelque sorte canonisé par le patriarche Chrysanthe de Jérusalem, dans son célèbre *Syntagmation*, paru en 1715. Voir la traduction du texte par C. Charon, *ibid.*, p. 239. Ce livre, il faut le dire, n'a d'autre autorité que celle tout à fait privée de Chrysanthe. En vertu de ce principe, le hiérarque melkite orthodoxe d'Alep a aujourd'hui le titre et le rang de métropolite. Chez les melkites catholiques, un semblant de décision synodale est intervenu au concile de Saint-Sauveur de 1790. Mansi, t. XLVI, col. 653. Cette décision se borne à mettre Alep au second rang, entre Tyr et Damas. A cette époque, la notion de la distinction entre archevêché et métropole était perdue depuis longtemps chez les melkites; d'autre part, le concile de Saint-Sauveur de 1790, non approuvé à Rome, n'a pas de valeur canonique : la légitimité du titre métropolitain d'Alep est donc loin d'être inattaquable et ne se base que sur l'impossibilité canonique de mettre un simple archevêché au second rang entre deux métropoles. De fait, cependant, la chose a été acceptée sans conteste dans la pratique, et c'est pourquoi on peut la conserver. C. Charon, *op. cit.*, p. 245, 256. Mais cette métropole se trouverait sans suffragants, ce qui n'est d'ailleurs pas un cas isolé, depuis que les évêchés suffragants ont disparu en bien des endroits. En 1844, le patriarche Maxime III Maẓloûm, brouillant de nouveau toute vraie conception hiérarchique, adjoignit au titre de métropolite d'Alep ceux de Séleucie et de Cyr. C. Charon, *ibid.*, p. 256.

L'archevêché melkite d'Alep n'a commencé à jouer un rôle important qu'à partir du XVIe siècle. Lorsque les patriarches d'Antioche abandonnèrent cette dernière ville, en l'année 1268, pour venir se fixer à Damas, résidence du gouverneur principal de la province, ils ne délaissèrent pas cependant pour cela la Syrie du nord. Plusieurs résidèrent à Alep, mais le souvenir seul s'en est conservé. Mansi, *loc. cit.*, col. 653. En 1686, Cyrille V Sâqzî, jeune homme de vingt ans environ, imposé par le pacha de Damas, eut pour compétiteur Athanase IV Dabbâs; les deux finirent par s'entendre, et, suivant un exemple donné, probablement dès 1627, par Ignace III 'Aṭyyë et Cyrille IV Dabbâs, qui se trouvaient dans la même situation, Cyrille V conserva tout le patriarcat, sauf Alep, et résida à Damas, demeure habituelle des patriarches, tandis qu'Athanase IV Dabbâs gardait Alep (1698). Mansi, *ibid.*, col. 122, en note. Mais, dès 1687, Athanase avait demandé sa confirmation à Rome et l'avait obtenue. La renonciation de 1698 fut annulée par le pape, mais la décision n'eut aucun effet en pratique : les conditions souscrites par Athanase mettaient en péril sa liberté, s'il eût voulu reprendre le patriarcat tout entier. Voir ANTIOCHE (patriarcat melkite catholique) pour la suite de cette affaire. Cependant, à cette époque, le siège d'Alep était occupé par Grégoire, qui fit, en 1698, sa soumission à Rome, et qui eut pour successeur, vers 1700, Gennade. Cyrille V étant mort, en 1720, après avoir fait, lui aussi, profession de foi catholique, Athanase IV, devenu seul patriarche, donna à Gennade un successeur dans la personne de Gérasime, le 26 décembre 1721, mais continua de résider à Alep. Depuis, il n'y a pas eu de fait du même genre.

L'histoire du siège melkite d'Alep, pour les parties où elle ne se confond pas avec celle du patriarcat d'Antioche, demeure, comme je viens de le dire, obscure jusqu'au XVIe siècle. La série épiscopale présente même une lacune énorme du Xe au XVIIe siècle, non que le siège n'ait pas été occupé, mais parce que tous les documents sont perdus jusqu'à présent. En 1571, les franciscains du couvent de Beyrouth suivirent à Alep une colonie de marchands vénitiens. Ils paraissent avoir présidé aux tout premiers temps de la renaissance catholique parmi les melkites d'Alep, car l'archevêque Mélèce Karmë, qui occupait certainement le siège en 1612, apparaît dès 1622, date à laquelle commencent les archives de la Propagande, en relations avec Rome, par conséquent antérieurement à l'arrivée des jésuites (1625) et des carmes (1626) à Alep. Ses rapports avec la Propagande eurent pour objet l'impression de la Bible arabe, puis de l'eucologe et de l'horologe en grec et arabe : ces deux derniers livres ne furent jamais imprimés à Rome, malgré des demandes répétées. Sur l'impression de la Bible arabe, voir *Dictionnaire de la Bible*, t. I, col. 850. Les bonnes dispositions de Mélèce étaient entretenues par son archidiacre Michel Baja' : devenu patriarche en 1635, sous le nom d'Euthyme II, Karmë demanda à faire sa profession de foi catholique; il mourut la même année, sans avoir eu le temps de signer la formule que Rome lui envoyait. L'archidiacre Michel Baja', devenu prêtre, se fit l'apôtre du catholicisme : dès 1637, un melkite catholique d'Alep demande à Rome une dispense de mariage. Les jésuites cultivèrent soigneusement ce terrain : le premier élève melkite de la Propagande, Wahbë (Théodore) Dâoûd, reçu en 1661, était d'Alep. En 1665, le patriarche Macaire III Za'îm, ancien archevêque d'Alep, fit sa profession de foi catholique, d'ailleurs, dans un but tout à fait intéressé. Tout cela montre l'importance que le catholicisme prenait à Alep : il en était de même dans les autres communautés chrétiennes de la ville, comme nous le verrons. Cependant, Michel Baja' n'envoya sa profession de foi officielle qu'en 1674; la prudence seule avait pu lui faire différer cette démarche, car tout ce que l'on sait de lui, avant et après cette date, le dépeint comme un vrai confesseur de la foi.

Athanase IV Dabbâs, malgré les faiblesses de la fin de sa vie, paraît avoir fait beaucoup pour implanter solidement le catholicisme parmi les melkites d'Alep : à sa mort, arrivée en 1724, presque tous les prêtres et des milliers de laïques étaient catholiques. La guerre entre Cyrille VI Tânâs et Sylvestre de Chypre, pour la possession du patriarcat d'Antioche, à la mort d'Athanase, amena à Alep, comme ailleurs, une terrible persécution. L'archevêque Gérasime fut envoyé en exil, et le Saint-Synode de Constantinople, intervenant dans les affaires d'Alep, comme il venait de le faire en imposant Sylvestre à tout le patriarcat d'Antioche, envoya siéger dans la ville un autre Grec, Grégoire, métropolite d'Héraclée. Voir l'acte d'élection, incomplet et non daté, dans Délicanis, Τὰ...ἔγγραφα..., p. 189-190; les *Annales* arabes des Chouérites nous apprennent qu'il fit son entrée à Alep en juillet 1727. *Échos d'Orient*, 1904, t. vii, p. 162. Grégoire apportait avec lui une profession de foi schismatique qu'il fit tous ses efforts pour faire souscrire par les prêtres et les fidèles catholiques. En voir le texte dans Mansi, t. xxxvii, col. 887-910. Les uns refusèrent net, d'autres, que la Propagande condamna, acceptèrent de déclarer que « telle était la foi de l'Église orientale. » Comme, cependant, les melkites catholiques étaient en immense majorité dans la ville, ils parvinrent à faire partir Grégoire, en donnant de l'argent au pacha. Un notable catholique influent, Mansour Ḥakîm, proposa son frère, le moine Maxime, comme archevêque : Gérasime, sorti de son exil du mont Liban, démissionna de force plutôt que de bon gré, et consacra lui-même Maxime, par délégation du patriarche catholique Cyrille VI Tânâs (1732). Maxime Ḥakîm dut quitter Alep l'année suivante, et n'y rentra qu'en 1736. Voir les détails, *Échos d'Orient*, 1906, t. ix, p. 32-37. La séparation des deux communions, catholique et orthodoxe, se fit dès 1750 : le Phanar transféra sur le siège d'Alep Sophrone, de Saint-Jean-d'Acre. Voir l'acte d'élection dans Délicanis, p. 195-200. Mais celui-ci n'étant pas venu à bout de réduire Maxime Ḥakîm, Sylvestre lui-même abandonna Alep au patriarche de Constantinople, qui désigna, pour succéder à Sophrone, Philémon, protosyncelle de Dercos, en novembre 1757. L'acte d'élection dans Délicanis, p. 200-202, mentionné simplement dans Mansi, t. xxxviii, col. 661. La série parallèle des deux hiérarchies se poursuit jusqu'à nos jours.

Pour terminer ce qui regarde l'éparchie orthodoxe d'Alep, elle fit retour au patriarcat d'Antioche en 1766, mais seulement d'une manière incomplète et temporaire : en 1812, le Phanar déposa le métropolite Néophyte pour le remplacer par Gérasime : de nos jours seulement, l'expulsion des grecs du patriarcat d'Antioche a mis fin à cet état de choses, que le Phanar a reconnu en se réconciliant avec le patriarche orthodoxe d'Antioche en 1909. C. Charon, t. iii, p. 242. Aujourd'hui, la ville même d'Alep, siège du métropolite, comprend une église orthodoxe, deux prêtres et 750 fidèles : d'autres, en plus grand nombre, se trouvent à Alexandrette et ailleurs : je n'ai pas de données plus précises.

L'archevêque catholique Maxime Ḥakîm fut élu patriarche directement par Rome, en 1760. Son successeur, Ignace Jarboû', paraît avoir pu résider à Alep. Il voulut introduire une fête spéciale de saint Joseph, le 19 mars, et composa même à ce propos tout un office. C. Charon, *op. cit.*, t. iii, p. 164-165. Déjà Maxime Ḥakîm avait été l'auteur d'un très bel office du Très Saint Sacrement. *Ibid.*, p. 161-164. La réforme d'Ignace Jarboû' ne lui survécut pas. *Échos d'Orient*, 1909, t. xii, p. 291. Germanos 'Adam, archevêque de 1777 à 1809, a laissé le souvenir d'un homme fort instruit, mais d'une doctrine entachée de diverses erreurs. Voir Adam (Germain), t. i, col. 494-495. C'est de son temps que l'élévation du siège d'Alep à la dignité de métropole fut quasi confirmée, en 1790, comme nous l'avons vu. Le successeur d'Adam fut son plus cher élève, Maxime Mażloûm (1810-1811), proclamé à la suite d'une élection anticanonique que Rome cassa. Voir Mażloûm. Le siège resta longtemps vacant : la Propagande délégua un administrateur de 1811 à 1815; Ignace 'Arqach, nommé par elle métropolite en 1815, mourut sans avoir été consacré ; le 12 mai 1816, Basile 'Araqtîngî était désigné de même directement par Rome pour le remplacer. Durant son épiscopat (1816-1823), eut lieu la dernière des persécutions d'Alep : en 1817, le métropolite orthodoxe Gérasime obtint du sultan Mahmoûd un firman exilant les prêtres catholiques et condamnant à l'exil et à la confiscation des biens tous ceux d'entre les fidèles qui ne voudraient pas renier leur foi; le 16 avril 1818, onze catholiques, dont neuf Melkites, un Syrien et un Maronite, furent mis à mort par ordre du pacha, excité par Gérasime. Les quatorze prêtres de la ville, exilés avec le métropolite catholique, ne purent rentrer dans Alep qu'en 1825. Beaucoup de laïcs firent défection ; d'autres émigrèrent à Livourne, à Marseille et ailleurs encore. La métropole, la résidence y attenante, les biens-fonds de l'éparchie, tout passa aux orthodoxes et est encore entre leurs mains. *Échos d'Orient*, 1903, t. vi, p. 113-118. La persécution resta latente jusqu'à l'émancipation civile des catholiques sujets de l'empire, en 1831. De 1826 à 1832, l'administrateur délégué par Rome fut Ignace 'Ajjoûrî, évêque de Zaḥlé. Voir 'Ajjoûrî, t. i, col. 1279. Sous Grégoire Châhîât (1832-1843) et Dimitri 'Anṭâkî (1843-1863), toutes les communautés catholiques d'Alep, mais plus particulièrement les melkites, furent troublées par une secte monstrueuse issue des erreurs de la maronite Hendyyé 'Ajjêymî. Voir 'Ajjeymi, t. i, col. 1276-1279. En octobre 1850, des troubles, excités, à ce qu'il paraît, par l'irritation des musulmans, furieux de la splendide réception faite, peu de jours auparavant, par les melkites catholiques à leur concitoyen, le patriarche Maxime Mażloûm, causèrent de grandes pertes aux chrétiens. C. Charon, *op. cit.*, t. ii, p. 231-236. Dimitri 'Anṭâkî commit une faute grave qui lui valut un procès au Saint-Office et l'éloignement d'Alep : il mourut hors de son éparchie. Son successeur, Paul Ḥâtem (1863-1885), avait été, étant prêtre, le grand adversaire de la secte dont il vient d'être question. Sous Cyrille Géḥâ (1885-1902), l'éparchie resta dans une situation très stationnaire : elle a, aujourd'hui, fait de grands progrès depuis l'élection du titulaire actuel, Mgr Dimitri Qâḍî, consacré le 29 novembre 1903.

Sur 35 000 chrétiens que renferme Alep, les melkites catholiques étaient 9 876 lors de la visite pastorale accomplie en 1904 : aujourd'hui, ils peuvent être 11 000. Il y a, en résumé, deux églises, seize prêtres séculiers, tous célibataires, un collège de garçons fondé en 1886, deux écoles primaires de garçons et une de filles, des catéchismes du soir et une société de bienfaisance (statistique de 1907). Voir des renseignements plus détaillés dans C. Charon, *op. cit.*, t. iii, p. 299-303.

Alep a été la souche d'où est sortie en partie la congrégation basilienne des chouérites, dont l'élément alépin s'est séparé en 1829. Voir Basiliens.

III. Archevêché syrien, jacobite et catholique. — La hiérarchie proprement jacobite ne commence qu'en l'année 543, date où elle fut inaugurée dans les prisons de Constantinople, bien qu'il y ait eu des évêques monophysites bien avant cette date. Ainsi Pierre, qui occupait le siège d'Alep en 508, souscrivit la προσφώνησις adressée par Sévère d'Antioche aux archimandrites monophysites de l'Orient. *Patrologia orientalis*, t. ii, p. 325. Il se confond peut-être avec Abraham, lequel n'est nommé que par le seul Michel le Syrien (*Revue de l'Orient chrétien*, t. iv, p. 446), comme ayant imposé les mains à Sévère, lors de son élection au patriarcat d'Antioche, en novembre 511. De même, Antonin, chassé de son siège, en 518, par l'empereur Justin, pour n'avoir pas voulu accepter le concile de Chalcédoine, en même temps que Sévère (Michel le Syrien, trad. Chabot, t. ii, 171) : par contre, il était mort en 543, année où fut inaugurée la hiérarchie jacobite (*ibid.*, p. 244-245) et Mégas occupait le siège orthodoxe d'Alep au moins depuis 536, date à laquelle il souscrivit la lettre des évêques d'Orient au pape Agapet contre Sévère. Mansi, t. viii, col. 920. La même année 536, Mégas souscrivit les actes du concile tenu à Constantinople, sous le patriarche Mennas, et non pas en 586, comme le dit Le Quien, *Oriens christianus*, t. II, col. 783. Il ne fut donc pas le premier archevêque d'Alep de la nouvelle hiérarchie jacobite. Ce titre revient à un inconnu, probablement du temps même de Mégas, car Alep fut toujours un siège important chez les jacobites, un de ceux dont la liste épiscopale est la plus complète, comme on pourra s'en rendre compte plus loin. Le premier titulaire jacobite connu est Matthieu, en 644-669 de J.-C., mentionné sur un manuscrit syriaque du *British Museum*. Voir plus loin la série épiscopale jacobite. Mais on ne connaît guère que les noms de ses successeurs, d'une manière, il est vrai, assez régulière jusqu'à la fin du XIIIe siècle. Le plus célèbre de cette période est Grégoire 'Ab 'ul Faraj 'Ibn 'al 'Ibri (1258-1264), plus connu sous le nom latin de Bar-Hebraeus. Pour les XVe-XVIe siècles, on ne sait que quelques noms. La première donnée que l'on ait sur le catholicisme parmi les Syriens d'Alep remonte à la mission de Léonard Abel, évêque de Sidon, sous Grégoire XIII (voir ce nom, t. I, col. 70) : en 1586, ce pape aurait envoyé un brevet de comte romain à un Syrien d'Alep, Safar ben Mansoûr Qoûrî, converti par Léonard Abel. Ṭarrâzî, p. 175. Je ne saurais dire rien de bien positif sur ce qu'il advint de ce personnage dans la suite. En 1599, le patriarche jacobite Ignace Pierre V plaça sur le siège d'Alep le moine Constantin, né à Alep en 1539, qui prit alors le nom de Denys, suivant l'usage immémorial de l'Orient, lequel veut que l'on change de nom à chaque ordination majeure. La plupart des archevêques syriens d'Alep de l'époque moderne, toutes les fois qu'ils n'étaient pas transférés d'un autre siège, ont gardé ce nom de Denys. Denys Constantin embrassa la foi catholique avant de mourir, entre les mains du P. Guillaume Godet, S. J., en 1649. Rabbath, *op. cit.*, t. I, p. 420-421. L'un de ses disciples spirituels, 'Akhîjân ben 'Abd 'el-Ghâl Mourabbi', se convertit aussi, grâce aux exhortations du P. Bruno, carme. Rabbath, t. II, p. 78. Ordonné prêtre, puis évêque, par le patriarche maronite, ce jeune homme devint le premier patriarche syrien catholique. Voir AKÎDJIÂN, t. I, col. 1283. Il mourut à l'âge de cent dix ans. Rabbath, p. 421. Sa conversion *in extremis* n'amena pas le siège syrien d'Alep au catholicisme, car le patriarche jacobite Mâr Chem'oûn lui donna pour pasteur un moine de Deïr Za'farân, sous le nom de Denys Thomas: celui-ci, quoique jacobite, laissa le P. Aimé Chezaud, S. J., prêcher dans son église. Rabbath, t. I, p. 55; Ṭarrâzî, p. 177-178. Cependant, il ne se convertit pas et mourut en 1653. François Picquet, consul de France, profitant habilement de la vacance, fit choisir par le patriarche Mâr Chem'oûn, en 1656, sous le nom d'André, le prêtre 'Akîdjân, dont il vient d'être question. Rabbath, t. I, p. 452 sq. A partir de cette époque, l'histoire du siège syrien catholique d'Alep se confond avec celle du patriarcat syrien catholique d'Antioche. Voir AKÎDJIÂN, t. I, col. 1283, et ANTIOCHE : IV. *Patriarcat syrien catholique*. C'est ainsi que la séparation entre les deux confessions se fit à Alep : un archevêque monophysite ne tarda pas à prendre la place de Denys Thomas, car on en trouve un mentionné sous le nom commun de Denys, en l'année 1663, sur un ordinal de provenance évidemment jacobite, conservé aujourd'hui à Charfë. *Rev. de l'Or. chr.*, t. IV, p. 170. Aujourd'hui, il n'y a plus d'archevêque jacobite à Alep : cette confession est réduite à une chapelle, un prêtre, placé sous la juridiction de l'évêque arménien grégorien, et à 50 fidèles environ. D'après une relation consulaire russe de 1902, Alep est un simple vicariat jacobite, avec une population totale de 500 âmes seulement de cette secte. Ministère russe des Affaires étrangères, *Sbornik konsoulskikh doncenij* (Recueil de rela-

tions consulaires), Saint-Pétersbourg, 1902, 5e année, n. 11, p. 91-101; cité dans le *Bessarione*, série II, t. II, p. 351-352.

Le prélat placé à la tête de l'éparchie syrienne catholique d'Alep porte le titre arabe de « mouṭrân », qui signifie étymologiquement métropolite, mais qui désigne aujourd'hui, abusivement, tout personnage revêtu de la dignité épiscopale. Alep étant déjà siège archiépiscopal en 543, et la hiérarchie jacobite n'étant à l'origine qu'un décalque de la hiérarchie gréco-melkite, on peut traduire dans l'espèce « mouṭrân » par archevêque. Sa juridiction va de la mer jusqu'à l'Euphrate et comprend le territoire des villes d'Alep, Tarse, Mersine, 'Aïn Tâb, Mar'ach, Killis, Alexandrette (Ṭarrâzî, p. 175), avec une population de 4 000 âmes, dont 3 500 à Alep même ; huit prêtres, deux églises, une école et deux sociétés de bienfaisance. *Missiones catholicae*, 1907, p. 802, et renseignements privés. Malgré ce petit nombre, il vient immédiatement au second rang d'importance des éparchies syriennes, après Mossoul.

IV. ÉVÊCHÉ MARONITE. — Les maronites apparaissent à Alep dès les origines de leur histoire. Un passage de Denys de Tell-Mahré († 845), transcrit par Michel le Syrien, t. II, p. 492-496, nous montre, en 727, au temps du khalife Hichâm, les melkites d'Alep se diviser en deux camps : les uns, avec l'archevêque, suivre le parti des gens de Beït Mârôun et de l'évêque de ce couvent, c'est-à-dire le monothélisme, et les autres la véritable orthodoxie, défendue par saint Maxime. La grande église, bâtie par l'évêque Acace (381-436), était disputée entre eux : comme les rixes devenaient continuelles, l'émir musulman imagina plusieurs expédients narrés tout au long par Denys de Tell-Mahré : à la fin, le petit parti maronite fut chassé de l'église et l'orthodoxie triompha. Voir les suggestives réflexions du P. S. Vailhé sur ce texte, *Échos d'Orient*, 1906, t. IX, p. 345-346. Un peu plus tard, ce qui en restait à Alep paraît avoir été persécuté par le patriarche melkite Théophylacte Bâr Qanbârâ (744-750). Michel le Syrien, II, 511. Après cette époque, on ne retrouve plus les maronites à Alep : il n'y en eut plus qu'un tout petit nombre. A partir du XVIIe siècle, ce nombre augmenta, à la suite d'immigrations venues du Liban. Ils eurent, dans le quartier appelé Jadîdë (la ville Neuve), une chapelle dédiée à saint Élie, ouvrant sur une cour où se trouvaient deux églises arméniennes et une melkite. Pietro della Valle la visita en 1625. Rabbath, t. I, p. 388. Leur premier évêque à Alep paraît avoir été Elias 'Ehdenî (1638-1659), auquel succéda Joseph Ḥasroûnî (1659?-1663). Ces deux noms, cependant, ne seraient pas tout à fait sûrs. Cf. *Machreq*, 1903, t. VI, p. 366. Les jésuites d'Alep eurent d'assez graves difficultés avec le patriarche maronite Joseph ben Ḥalîb 'al 'Aqoûrî, qui mourut en 1648. Son successeur, Jean Baoûâb, les employa, au contraire, à la prédication dans l'église Saint-Élie. Rabbath, t. II, p. 397-398. Vers 1675, les maronites d'Alep étaient environ 1 500 ; dix ans après, leur nombre s'élevait à 4 000 environ. *Machreq, ibid.*, p. 367 ; Rabbath, t. II, p. 96, en note. Les prêtres maronites, fort ignorants, exerçaient presque tous la profession de tisserand. Rabbath, *ibid.*, p. 66. Les missionnaires capucins, carmes et jésuites prêchaient dans leur église, à tour de rôle. Le P. Deschamps, jésuite, s'employa même beaucoup à la faire agrandir, ce qui ne paraît pas y avoir réussi. Rabbath, t. II, p. 7, 95 sq.

Le troisième évêque, Gabriel Bloûzânî (1663-1704), est mieux connu. Originaire de Bloûzâ dans le Jebbet Beharrâï, il résida à Alep même (quoi qu'en dise Daḥdaḥ, *Machreq*, 1905, t. VIII, p. 405). En 1695, le patriarche Stéphane 'ad-Douâhî voulut le priver de son siège, et envoya à Alep l'évêque Georges, ancien élève de Rome, pour le mettre en sa place.

Cette prétention excita des troubles et Georges fut forcé de s'enfuir au Liban. Rabbath, t. II, p. 21. A la mort de Douaîhî, Gabriel Bloûzânî fut élu patriarche (1704) et mourut l'année suivante. Il avait eu le temps de porter sur le siège d'Alep son neveu Michel Bloûzânî (1704-1724), qui donna sa démission pour aller mourir au Liban, s'il n'y avait pas toujours résidé. Jusque-là, les évêques maronites d'Alep venaient tous du Liban : Germanos Farḥât (1725-1732) fut le premier originaire d'Alep même, ainsi que tous ses successeurs jusqu'à Germanos Chemâlî (1892), fait assez commun dans les divers clergés d'Alep. Germanos Farḥât a laissé un nom assez illustre pour être étudié à part. Voir FARHAT. Sous Arsène Choukrî (1762-1786), la communauté maronite d'Alep fut troublée par des querelles entre melkites et maronites, à propos de la soi-disant orthodoxie originelle de ces derniers : querelles inopportunes, étant donné l'état des esprits, et causées par une brochure du prêtre melkite Jean 'Ajjeymî. Voir 'AJJEYMÎ, t. I, col. 1275. Le patriarche Joseph 'Esṭefân, grand partisan de la sainteté de Hendyyë 'Ajjeymî (voir AJJEYMÎ, t. I, col. 1276), voulut absolument le priver de son siège, à cause de son opposition aux fantasmagories de cette femme : Rome dut intervenir et durant quelque temps le siège d'Alep fut exempt de la juridiction patriarcale. C. Charon, op. cit., t. II, p. 362. Les pièces originales, très mal éditées d'ailleurs, dans 'Abboûd, *Relazioni della nazione maronita colla Santa Sede nel secolo XVIII*, partie italienne-latine, Beyrout, 1909, p. 294 sq. Voir ESTEFÂN. Gabriel Konaïder (1787-1802) était né à Alep, le 15 novembre 1736; il devint prêtre le 15 janvier 1763 sous le nom de Farj'allah, fut consacré évêque d'Alep, le 30 septembre 1787, dans l'église de Batroûd, sous le nom de Gabriel, par Joseph 'Esṭefân : il mourut le 15 juin 1802. Germanos Ḥawâ (1804-1827) ne doit pas être confondu avec son homonyme Gabriel Ḥawa. Voir HAWÂ. Paul 'Aroûtîn (1829-1851), né à Alep, le 18 décembre 1788, baptisé sous le nom de Jean Diégo, fut d'abord marchand; instruit plus ou moins, suivant les principes du temps, auprès de Germanos Ḥawâ, il fut ordonné prêtre, sous le nom de Paul, par le patriarche Jean Ḥélô, à Qanoûbîn, le 4 juin 1816, consacré évêque d'Alep à Bkerkî, par le patriarche Joseph Ḥobétch, le 3 mai 1829. Il put enfin, grâce à l'émancipation civile des catholiques de l'empire, arrivée en 1831 (C. Charon, op. cit., t. II, p. 159 sq.), améliorer la vieille église Saint-Élie, et mourut le 21 avril 1851. Joseph Maṭar (1851-1882) était né à Alep, le 21 mars 1814; prêtre sous le nom de Paul, le 19 mars 1839, il fut consacré évêque le 28 septembre 1851, sous le nom de Joseph : il fonda à Alep l'*Imprimerie de la nation maronite*, la première véritable imprimerie ayant existé à Alep, en 1857 (voir son histoire, *Machreq*, 1909, t. III, p. 357-359) et, en 1870, jeta les fondements de la cathédrale maronite actuelle. Il assista au concile du Vatican et mourut à Alep, le 14 mai 1882. Paul Ḥakîm (1885-1888) fut le dernier des évêques d'Alep exclusivement alépine. Né en 1817, il fut d'abord commerçant; ordonné prêtre par Paul 'Aroûtîn, le 6 mai 1849, sous le nom de Louis, il représenta l'évêque Joseph Maṭar au concile de Bkerkî, en 1856; consacré évêque d'Alep, le 16 juillet 1885, sous le nom de Paul, il mourut à Rome, le 25 février 1888. La vacance du siège fut longue : on finit, pour terminer les intrigues, par choisir quelqu'un qui ne fût pas d'Alep. Ce fut Germanos Chemâlî (1892-1895), fameux prédicateur. Voir CHEMÂLÎ. L'évêque actuel, Joseph Diâb, est cependant alépin d'origine. Il naquit le 12 juillet 1849 et fit ses études au collège des franciscains. Le 17 novembre 1875, il devint prêtre, sous le nom d'Arsène, et évêque d'Alep, sous le nom de Joseph, le 22 mars 1896.

Le siège maronite d'Alep se donne le rang d'archevêché, on ne sait trop pourquoi, car il n'a été créé qu'en 1638 au plus tôt et ne saurait arguer du rang archiépiscopal de l'ancien siège gréco-melkite. Il serait plus juste de le compter comme évêché, et c'est ce que je fais ici. L'éparchie comprend la ville d'Alep et quelques fidèles à Alexandrette, Mersine, Tarse et 'Akhbès. Il y a en tout quatre églises ou chapelles, et neuf prêtres avec une population de 3600 âmes, d'après les *Missiones catholicae* de 1907, p. 816, chiffre que des renseignements privés plus récents réduisent à 2500, au moins pour la ville même.

Les maronites d'Alep ont donné leur nom à une branche de l'ordre des antonins. Voir ANTONINS.

V. ÉVÊCHÉ ET VICARIAT APOSTOLIQUE LATIN. — L'établissement des capucins en Syrie (1625), des jésuites (1625) et des carmes (1626) à Alep, la présence, dans cette ville et ailleurs, de nombreux marchands européens, des conversions, dont plusieurs se faisaient par le moyen du rite latin, déterminèrent la Propagande à fonder à Alep un évêché latin en 1644. On choisit J.-B. Dovara, franciscain. Il renonça à son siège en 1650, et, sa conduite ayant laissé à désirer, fut interné dans un couvent, par ordre de la Propagande. Cet essai malheureux n'eut pas de suites, et le custode de Terre Sainte continua à exercer, comme auparavant, la juridiction spirituelle sur les latins. Archives de la Propagande, *Atti*, années 1644, 1645, 1650, 1651, 1652, *passim*. Le projet ne fut repris que par Clément XIII, en 1762. Par le bref *Pro commissa nobis*, du 27 juin 1762 (Martinis, *Iuris pontificii de Propaganda Fide pars prima*, t. IV, p. 80), il choisit Arnaud ou Arnulphe Bossu, lazariste, né le 24 octobre 1713, à Plouvan, en France, entré chez les lazaristes le 7 mai 1733, vicaire apostolique d'Alger en 1746. Il recevait le titre de vicaire apostolique d'Alep pour les latins et de délégué apostolique pour tout le territoire des anciens patriarcats d'Antioche et de Jérusalem, avec, en plus, Chypre et toute l'étendue du patriarcat arménien de Cilicie. L. Cheikhô, S. J., *La délégation apostolique de Syrie*, dans le *Machreq*, 1909, t. XII, p. 15-16 (en arabe). Il fixa sa résidence, non pas à Alep, mais chez les jésuites de 'Anṭoûrâ; il y resta jusqu'en 1774, année où il quitta la Syrie pour revenir mourir en France. Il ne reçut jamais la consécration épiscopale : les difficultés que lui auraient suscitées certains missionnaires de divers ordres n'auraient pas été étrangères à cette circonstance, non plus qu'à son départ. Il n'eut pas de successeur jusqu'en 1817. A cette date, vient Louis Gandolfi, de Mondovi en Piémont, lazariste, un des premiers que la Propagande envoya en Orient prendre la place des jésuites supprimés. De 1782 à 1797, il résida à Smyrne, puis passa en Syrie comme supérieur de 'Anṭoûrâ. L'émir du Liban, Béchîr II Chéhâb, le choisit pour son directeur spirituel. Dès 1807, il devint visiteur apostolique des maronites. L'approbation qu'il donna en 1809 au fameux synode melkite de Qarqafë (Mansi, t. XLVI, col. 870) passa alors inaperçue, et il devint vicaire apostolique d'Alep et délégué de Syrie, le 27 juillet 1816; l'année suivante, il fut promu archevêque titulaire d'Iconium et mourut en charge, le 25 août 1825. L. Cheikhô, op. cit., p. 17-18. Le troisième vicaire apostolique et délégué fut Jean Pierre Losana, évêque titulaire d'Abydos, de 1825 à 1832 : il transporta le siège de la délégation de 'Anṭoûrâ à Zoûq Mikâ'îl, dans une nouvelle résidence que ses successeurs, Mgr Piavi, vendit pour construire celle de Ḥarîṣa, toujours près de Beyrout. En 1833, Mgr Losana devint évêque titulaire de Biella, dans le Piémont, et mourut en 1850. L. Cheikhô, p. 18. Son successeur fut Jean-Baptiste Auvergne, de nationalité française, archevêque titulaire d'Iconium, de 1832 à 1836 : constitué visiteur apostolique des Chaldéens, il mourut de la peste à Diarbékir, le 17 septembre 1836 (nouv. style). Il avait fait ouvrir par les lazaristes leur collège de 'Anṭoûrâ. L. Cheïkhô, p. 19. A partir de Mgr Angelo di Fazio delle Pianelle (1836-1840), les vicaires apostoliques seront surtout franciscains, à quelques exceptions près. Mgr François Villardel (1841-1852), archevêque de Philippes, était franciscain espagnol : par contre, Mgr Paul Brunoni (1853-1858), archevêque de Taron, était missionnaire de la Propagande, né à Famagouste en Chypre, le 1er juin 1807, d'un père italien, de Lugo, dans les Romagnes, et d'une mère maronite chypriote: il avait été formé à bonne école, ayant été, de 1848 à 1853, secrétaire de Mgr Valerga, patriarche latin de Jérusalem. Consacré archevêque à Rome, le 13 juillet 1853, il devint, le 23 novembre 1858, vicaire patriarcal de Constantinople. Il mourut à Rome, patriarche latin d'Antioche, le 21 janvier 1877. Mgr Valerga, patriarche de Jérusalem, géra la délégation de Syrie et le vicariat apostolique d'Alep, de 1858 jusqu'à sa mort, arrivée le 2 décembre 1872; son activité dans tous les postes qu'il occupa mérite de lui consacrer un article à part. Le gardien des franciscains de Constantinople, Serafino Milani, consacré, le 23 décembre 1874, archevêque de Trajanopolis, ne fit que passer en Syrie : il fut transféré presque aussitôt à l'évêché de Pontremoli, en Toscane. Lui succéda Mgr Ludovico Piavi, franciscain; né à Ravenne, le 17 mars 1833, il entra chez les franciscains en 1850, devint prêtre le 22 décembre 1855 et partit pour l'Orient. Après un an passé à Ḥarîṣâ, il exerça diverses fonctions à Alep, de 1856 à 1872, et administra la délégation et le vicariat après la mort de Mgr Valerga, mais ne devint délégué en titre que le 18 novembre 1873, après avoir accompli une visite apostolique des Coptes. Il devint patriarche de Jérusalem, à la mort de Mgr Vincent Bracco, en 1889, et mourut dans cette charge, le 24 janvier 1905, laissant la réputation d'un homme très énergique mais peu sympathique aux Orientaux. Son rôle, lors du congrès eucharistique de Jérusalem, a été assez critiqué. L. Cheïkhô, p. 22-23, combiné avec une notice assez superficielle du *Bessarione*, janvier 1905, p. 95-96. Cf. pour son rôle au congrès de 1893, C. Charon, *Histoire des patriarcats melkites*, t. II, c. XI. Vint ensuite Mgr Gaudenzio Bonfigli, né à Matelica, en Italie, le 6 mars 1831; entré chez les franciscains, le 18 août 1846 et prêtre le 17 décembre 1852, il fut incorporé à la custodie de Terre Sainte en 1858 et devint custode en 1874. Après six ans de charge, il fut promu évêque titulaire de Cassia, le 19 août 1881, et député auxiliaire de Mgr Piavi, dans la délégation de Syrie; il lui succéda en décembre 1889 et fut transféré au siège archiépiscopal de Cabassa, le 19 août 1890; il passa à la délégation d'Égypte, le 19 août 1896, et mourut le 14 avril 1904. Léon XIII, voulant donner une satisfaction à la politique française, le remplaça par le préfet des missions dominicaines de Mésopotamie, le P. Pierre Gonzalès Charles Duval, né à Tulle le 17 août 1833, promu, au bout de quarante ans de mission à Mossoul, archevêque titulaire de Pétra et vicaire apostolique d'Alep, le 29 novembre 1895, consacré le 22 décembre suivant. Usé par les fatigues de l'apostolat, cet homme de réelle valeur manqua de dextérité, lors de l'élection tumultueuse du patriarche melkite Pierre II Géraïgiry, en 1898, et mourut en juillet 1904. La Propagande revint alors à la tradition et promut au vicariat d'Alep et à la délégation de Syrie l'ancien custode de Terre Sainte, Mgr Frediano Giannini, né à Bozzano, près de Lucques, le 16 juin 1861, entré chez les franciscains en 1876, parti pour l'Orient en 1898, custode de Terre Sainte en 1900, promu archevêque de Serres le 27 janvier 1905. C'est le vicaire apostolique et délégué actuel.

Le siège du *vicariat* est Beyrout en hiver et Ḥarîṣâ au Liban en été. Ses limites sont à peu près celles de l'ancien patriarcat d'Antioche jusqu'à l'Euphrate à l'est, c'est-à-dire du Taurus cilicien jusqu'au sud de Saïḍâ : il confine au nord au vicariat patriarcal de Constantinople, au sud au patriarcat latin de Jérusalem, et à l'ouest à la délégation apostolique de Mésopotamie. Comme *délégué*, le vicaire apostolique étend sa juridiction jusqu'à la frontière égyptienne au sud-ouest et jusqu'au désert d'Arabie à l'est, au delà de l'Hauranitide, avec, en plus, l'île de Chypre : c'est-à-dire tout le patriarcat latin de Jérusalem. Il a surtout affaire aux melkites et aux maronites, avec une minorité de Syriens et d'Arméniens. Les fidèles latins, répartis en 34 localités, avec 47 églises, dont 18 pourvues de prêtre à résidence fixe, sont presque tous d'origine européenne et parlent l'italien, le français ou l'arabe. Il n'y a que des réguliers à desservir les églises paroissiales : franciscains, jésuites, lazaristes, capucins et carmes. Il y aurait environ 10 000 catholiques du rite latin, mais de nombreux missionnaires appartenant aux ordres ou congrégations ci-dessus exercent leur apostolat auprès des Orientaux. Voir Syrie, *missions latines*, où seront donnés des chiffres précis. Les *Missiones catholicae cura S. Congregationis de Propaganda fide descriptae anno 1907*, la dernière édition parue, p. 173-176, donnent des chiffres qui ne correspondent plus aujourd'hui à la réalité. — A Alep même, la paroisse latine appartient aux franciscains : leur nouveau couvent date de 1864 et années suivantes. Il y a un millier de latins, une école d'arabe pour les jeunes religieux, plusieurs écoles paroissiales, une pharmacie gratuite et un collège-convict fondé en 1859, comptant environ deux cents élèves et donnant l'enseignement secondaire sans les langues anciennes, mais avec de nombreuses langues modernes : arabe, turc, italien, français, anglais et allemand. *Status descriptivus... Terrae Sanctae anno Domini 1903*, Jérusalem, 1903, p. 67-70.

VI. VICARIAT PATRIARCAL CHALDÉEN. — Alep est une ville située trop à l'occident pour que le schisme nestorien y ait compté des adeptes dès l'origine. Si Thomas de Marga, qui écrivait deux siècles après les événements, ne se trompe pas, c'est à Alep que le catholicos Îchô'yaḥb II, envoyé en ambassade auprès d'Héraclius par la reine de Perse Bôrân, aurait rencontré le *basileus*, qui lui fit faire une profession de foi conforme à la plus rigoureuse orthodoxie byzantine. J. Labourt, *Le christianisme dans l'empire perse sous la dynastie sassanide*, Paris, 1904, p. 243; cf. J.-B. Chabot, *Synodicon orientale*, Paris, 1902, p. 452, note 3. En tout cas, Alep ne figura jamais parmi les éparchies nestoriennes. Après la chute de la domination byzantine en Syrie, des immigrations se sont certainement produites vers l'ouest : il y avait des nestoriens à Antioche vers 1247, et même un métropolitain à Chypre en 1245. S. Giamil, *Documenta relationum inter S. Sedem apostolicam et Chaldaeorum Ecclesiam*, Rome, 1902, doc. I-II; ou encore Raynaldi, ad ann. 1247, n. 32; ad ann. 1245, n. 21-22. Une colonie existait à Alep, au début du XVIe siècle : le célèbre franciscain Quaresmius reçut son abjuration en 1627, et dut faire modifier les formes des sacrements de baptême et d'eucharistie, question dont la Propagande s'occupa en plusieurs congrégations particulières. Quaresmius, *Elucidatio Terrae Sanctae*, t. I, p. 10; *Machreq*, 1903, t. VI, p. 655-658; archives de la Propagande, *Atti*, 1627 et années suivantes, *passim*. Le prêtre Cheʿmoûn était d'Amid ou Diarbékir : la colonie paraît être venue de là. Elle persévéra, car en 1723, le patriarche chaldéen, Joseph III, reçut du sultan Maḥmoûd Ier un firman où sa juridiction sur Alep était reconnue nommément; Giamil, doc. LVII, n. 10 : en 1729, le patriarche nestorien reprenait cette ville. *Ibid.*, n. 14. C'est probablement à cette époque qu'il faut rapporter la disparition de la communauté catholique chaldéenne. De nos jours, les Chaldéens ont formé un petit groupe à Alep : ils ont une chapelle dans le quartier neuf de 'Azizyyë, bâtie, il y a quelques années, par le prêtre Pierre Rassâm. Ce sont tous des ouvriers très pauvres : néanmoins, leur clergé est assez à l'aise, à cause des riches melkites catholiques qui fréquentent cette chapelle, n'ayant pas d'église à eux à proximité. Il avait été question d'ériger un évêché chaldéen à Alep : c'eût été prématuré pour une colonie aussi pauvre et qui ne compte pas plus de 250 personnes : mais, en 1901, Léon XIII a autorisé l'érection d'un vicariat patriarcal dépendant directement du catholicos-patriarche de Babylone, successeur de celui de Séleucie-Ctésiphon. C. Charon, *op. cit.*, t. III, p. 440.

VII. LISTES CHRONOLOGIQUES. — La liste des hiérarques gréco-melkites est le résultat d'un travail personnel encore inédit, dont une esquisse a paru en langue arabe dans la revue de Beyrout, *Al-Machreq*, 1908, t. XI, p. 536-545. — Celle des archevêques jacobites et syriens catholiques a été établie à l'aide de Le Quien, *Oriens christianus*, t. II, col. 1409-1412; J.-B. Chabot, *Les évêques jacobites du VIIIᵉ au XIIIᵉ siècle, d'après la chronique de Michel le Syrien*, dans la *Revue de l'Orient chrétien*, 1899, t. IV, p. 444-451, 494-511; 1900, t. V, p. 605-636; 1901, t. VI, p. 189-220; J. Parisot, *La bibliothèque du séminaire syrien de Charfé*, *ibid.*, 1899, t. IV, p. 165-172; Ed. Sachau, *Die Handschriftenverzeichnisse der königlichen Bibliothek zu Berlin*, t. XXIII : *Verzeichniss der syrischen Handschriften*, Berlin, 1899; R. Payne Smith, *Catalogi codicum manuscriptorum bibliothecae Bodleianae pars secta, codices Syriacos, Carshunicos, Mendaeos complectens*, Oxford, 1864; W. Wright, *Catalogue of the syriac manuscripts in the British Museum acquired since the year 1838*, Londres, 1870-1872; Philippe Tarrâzî, *Al salâsel 'attarîkhyyat fî 'asâqifat'al 'abrachyyât 'as-soûriânyyat* (Série historique des évêques des éparchies syriennes), Beyrout, 1910, p. 186-250 : je désigne ces autorités par les initiales pour faciliter des recherches ultérieures. — Celle des évêques maronites est empruntée à Salîm Khaṭṭâr Daḥdaḥ, *Les éparchies maronites et la succession de leurs évêques* (en arabe), dans le *Machreq*, 1905, t. VIII, p. 405-409 : travail sans critique, mais dont il faut bien se contenter, faute de mieux : Le Quien, *op. cit.*, t. III, col. 81-84, ne donne que les premiers noms. — Pour les vicaires apostoliques latins, l'article du P. L. Cheikho, S. J., cité plus haut. — Je donne enfin, d'après une brochure rare, d'ailleurs non mise dans le commerce, [A. Boppe], *Les consulats du Levant*, fascicule 3 : *Alep, Seïde, Tripoli de Syrie (1548-1900)*, Nancy, 1902, p. 1-34, la liste des consuls français d'Alep, précieuse pour débrouiller les données concernant les chrétiens de la ville aux XVIIᵉ-XIXᵉ siècles, en la continuant jusqu'à nos jours.

1° *Évêques, archevêques et métropolites gréco-melkites.* — *A. Série ancienne et succession catholique.* — Eustathe, en 325. — Cyrus. — Mélèce, ?-361. — Théodote, sous l'empereur Valens (364-378). — Anatole, en 380. — Acace, avant 381, † 436. — Théoctiste, en 448, et au moins jusqu'à 458. — Pierre, en 508. — Abraham (?), en 511. — Antonin, en 518. — Mégas, au moins de 536 à 540. — ? en 726-727. — ? en 845 (?). — Agapios, avant 977. — Grégoire 'Ibn 'el Faḍl, au moins de 1540 à 1571, peut-être jusqu'en 1577. — Macaire, en 1590. — ? entre 1590 et 1611?. — Mélèce Karmë, 1611?-1635. — Mélèce Za'im, 1635?-1648. — Métrophane, en 1653? sûrement en 1657. — Grégoire, en 1698. — Gennade, vers 1700. — Gérasime, 26 décembre 1721-?. — Grégoire, en 1727. — Maxime Ḥakim, 1732-1760 (en 1750, séparation des deux communions. Je continue la série catholique). — Ignace Jarboû, 1761-† 1ᵉʳ décembre 1776. — Germanos Adam, 1777-10 novembre 1809. — Maxime Mazloûm, 1810-1811. — Moïse Qaṭṭân, prêtre administrateur, 1811-1815. — Ignace 'Arqach, 1815. — Basile 'Araqtingî, 3 juin 1816 (n. s.)-29 mai 1823 (v. s.). — Ignace Ajjoûrî, administrateur 9 juin 1826 (n. s.) - 1832. — Grégoire Châhîât, 1832 - 24 août 1843 (v. s.). — Dimitri 'Anṭâkî, 27 septembre 1844 (v. s.); 9 juillet 1863 (n. s.: à partir de cette année, toutes les dates sont grégoriennes). — Paul Ḥâtem, 27 septembre 1863-10 février 1885. — Cyrille Géḥâ, 3 mai 1885-29 juin 1902. — Dimitri Qâḍî, depuis le 23 novembre 1903.

B. Série orthodoxe depuis 1750. — Sophrone, 1750-1757. — Philémon, novembre 1757-1766. — ? 1766-?. — Néophyte, ?-novembre 1812. — Gérasime, novembre 1812-?. — Sophrone, en 1863 ? (Mansi, t. XL, col. 641). — Timothée, 1871-1873 au moins (Mansi, t. XLII, col. 345, 958, 996). — Nectaire, ?-1899. — Stéphane Khalîl, depuis le 6-18 août 1903.

2° *Archevêques syriens.* — *A. Série jacobite.* — Matthieu, en 644-669 (W., p. 564, col. 2). — Bacchus, avant le suivant. — Salomon, vers 800. — Daniel, vers 810 (R. O. C., S., 523). — Serge, vers 848 (R. O. C.). — Abraham, vers 878 (R. O. C.). — Job, vers 911 (R. O. C.). — Abraham, vers 935 (R. O. C.). — Anastase, vers 936-962 (R. O. C.; Le Quien). — Serge, vers 970 (R. O. C.). — Jean, vers 1056 (R. O. C.). — Grégoire, en 1074 (R. O. C.). — Ignace, vers 1139 (R. O. C.). — Denys, après 1166 (R. O. C.). — Basile, fin du XIIᵉ siècle (R. O. C.). — Denys, vers 1245-1253 (Le Quien). — Basile, en 1253 (Le Quien). — Grégoire 'Ab 'ul Faraj, nommé en 1253, effectivement archevêque de 1258 à 1264 : c'est le célèbre Bar Hebraeus. — Michel, après 1298 (S., p. 597). — Jean, vers 1509 (P. S., col. 201). — Denys 'Isḥâq, en 1553 (P. S., col. 400-401). — Basile, avant 1598 (R. O. C.). — Denys Constantin, 1599-1649 (Tarrâzî; R. O. C. et P. S., col. 221, 570). Avec lui commence la série catholique. — Denys Thomas, 1650-1653 (Tarrâzî). — Denys... en 1663 (R. O. C., IV, 170). — Denys Choukrallah Sanyyẽ, jacobite, avant 1721 et au moins jusqu'en 1722 (Assémani, B. O., II, 170; archives de la Propagande, *Atti del 1722*, fol. 439 v°). — Denys Georges, en 1733 (S., p. 789).

B. Série catholique, depuis Denys Constantin, d'après Tarrâzî. — Denys Constantin, 1599-1649. — Denys André Mourabbî, 1656-1662. — Denys Behnâm Mourabbî, 1662-1676. — Denys Rizqallah 'Amîn Khân, 1678-1701. — Denys Choukrallah Ṣanyyẽ, le même que l'avant-dernier de la série précédente. — Denys Bichâra Jazargî, ?-1759. — Denys Michel Jaroûẽ, 1766-1781, patriarche. — Denys Michel Ḍâher, 1802-1810, patriarche et archevêque d'Alep. — Denys Michel Hadâyâ, 1817-1827. — Athanase Gabriel Ḥomsy, 1832-1845?. — Denys Joseph Samnẽ, 1845-1854?. — Denys Joseph Hâyek, administrateur en 1854, archevêque transféré de Beyrout en 1857, démissionnaire en 1862. — Denys Georges Chelḥôt, 1862-1874, patriarche en 1874 avec résidence à Alep, † 1891. — Denys Ephrem Raḥmânî, 1894-1898, patriarche actuel. — Denys Ephrem Naqqâchë, depuis 1903.

3° *Évêques maronites.* — Elias 'Ehdenî, 1638-1659. — Joseph Ḥasroûnî, 1659?-1663. — Gabriel Bloûzânî, 1663-1704, élu patriarche. — Michel Bloûzânî, 1704-1724. — Germanos Farḥât, 1725-1732. — Gabriel Ḥawacheb, 1733-1762. — Arsène Choukrî, 1762-1786. — Gabriel Konaïder, 1787-1802. — Germanos Ḥawâ, 1804-1827. — Paul 'Aroûtîn, 1829-1851. — Joseph Maṭar, 1851-1882. — Paul Ḥakîm, 1885-1888. — Germanos Chemâlî, 1892-1895. — Germanos Diâb, depuis 1896.

4° *Vicaires apostoliques latins.* — J.-B. Dovara, O. M., évêque résidentiel, 1645-1650. — Arnaud Bossu, C. M., 1762-1774. — Louis Gandolfi, C. M., 1817-1825.

— Jean-Pierre Losana, 1825-1833. — Jean-Baptiste Auvergne, 1833-1836. — Angelo di Fazio delle Pianelle, O. M., 1836-1840. — François Villardel, O. M., 1841-1852. — Paul Brunoni, 1853-1858. — Joseph Valerga, pro-délégué, 1858-1872. — Ludovico Piavi, O. M., administrateur, 1872-1873. — Serafino Milani, O. M. 1874. — Ludovico Piari, 1876-1889. — Gaudenzio Bonfigli, O. M., 1889-1896. — Charles Duval, O. P., 1896-1904. — Frediano Giannini, O. M., 1905.

5° *Consuls de France.* — Jean Rénier, 1548-1550. — François Teissier, 1550-1559?. — Jean Rénier, 1560-1580. — Matthieu Rénier, 1580-?. — Jean Rénier, ?-?. — Balthazar Fourrel, 1597. — Louis Beau, 1600-1601?. — Pierre de Marmery, 1602. — Pierre Viguier, 1603. — Jean de Corbie, 1605. — Louis Savournin, 1608. — Honorat Gassendi, 1608-1609. — Jean Savournin, 1609-1611?. — Pierre de Marmery, 1611. — Gervais Tarquet, 1611 ?. — André Tarquet, 1612?. — Samson Napollon, 1614-1616. — Jean Viguier, 1616. — Pierre Lefèvre, 1617. — Jean Paul Moustier, 1618. — Pierre Besson, 1620. — Pierre Viguier, 1621-1624. — Louis Gédoyn, sieur de Bellan, 1624. — Pierre d'Ollivier, 1625. — Barthélemy de l'Estrade, 1631-1636. — Jean de Bermond, 1636. — Lange Bonnin, 1639-1652. — François Picquet, 1652-1660, évêque de Césarople. Voir ce nom. — François Baron, 1661-1670. — Joseph du Pont, 1670-1679. — Laurent d'Arvieux, 1679-1685. — François Jullien, 1685-1692. — Louis Chambon, 1692-1698. — Jean-Pierre Blanc, [1698-1707. — Jullien, gérant, 1707. — Claude Le Maire, 1708-1711. — Pierre-Armand de Pèleran, 1711-1722. — Gaspard de Pèleran, 1722-1730. — Jean-Jacques de Monhenault, 1730-1733. — Honoré Guez, gérant, 1733-1735. — Léon de Lane, 1735-1742. — Joseph Arazy, 1742-1745. — Barthélemy Aubergy, gérant, 1745. — François de Lane, 1745-1747. — L. Dauphin, gérant, 1747. — H. Estienne, gérant, 1748. — Jean-Baptiste Guien, gérant, 1749. — Pierre Thomas, 1750-1769. — Joseph Belleville, 1769. — Pierre Pétro de Perdriau, 1769-1780. — Marie-Nicolas-Alexandre Amé, 1780-1786. — Pierre-Emmanuel Mazières de Saint-Marcel, 1787-1794. — Bichot, 1794-1797. — Jean-Charles-Marie Choderlos, 1797-1798. — Lazare Chanteduc, 1799-1802. — Louis-Alexandre de Corancez, 1802-1808. — Jean-Baptiste-Louis Rousseau, 1808-1814. — Hyacinthe-Constantin Guys, 1815-1822. — Matthieu-Maximilien-Prosper de Lesseps, 1822-1827. — Étienne-Charles de Malivoire, 1829-1831. — Édouard Disant, agent consulaire, 1831-1832. — Franc, agent consulaire, 1832. — Ange-Joseph Durighello, consul d'Espagne, agent consulaire de France, 1832-1834. — Charles-Auguste-Joseph-Désiré Vattier de Bourville, gérant, 1834-1837. — Alexandre-Constantin Deval, 1837-1838. — Pierre-Marie-François-Henri Guys, 1838-1847. — Louis-Félix-Jacques-François Despréaux de Saint-Sauveur, 1847-1848. — Edmond-Prosper de Lesseps, 1848-1851. — Jean-Baptiste Geofroy, 1851-1854. — Édouard Grasset, 1854-1856. — Stanislas-Prosper-Philippe, comte de Bentivoglio d'Aragon, 1856-1859. — Jacques-Alfred Chatry de la Fosse, 1859-1863. — Victor Bertrand, 1864-1878. — Charles-Ferdinand Destrées, 1878-1883. — Antoine-Adolphe-Alfred Pérétié, 1883-1887. — Théodore-Athanase-Georges Gilbert, 1887-1893. — Louis-Albert Le Réc, 1893-1895. — Paul-Pascal-Henri Pognon, 1896-1904. — Henri-André-Marie Arnould, 1904-1906. — Fernand Roqueferrier, 1906-1909. — Lucien-Ernest-Roger Taronce, 1909-1910. — Jean-Claude-Lazare Malpertuy, 1910.

Tous les ouvrages regardant la Syrie parlent d'Alep. J'ai indiqué, au cours de l'article, ceux dont je me suis spécialement servi. Voici les titres, trop longs pour avoir été insérés ci-dessus, de quelques livres cités en abrégé : C. Charon, *Histoire des patriarcats melkites depuis le schisme monophysite du vi° siècle jusqu'à nos jours*, Rome-Paris-Leipzig, 1911, t. I (543-1833); t. II (1833-1902); t. III (institutions), *passim*. — Callinique Délicanis, Τὰ ἐν τοῖς κώδιξι τοῦ πατριαρχικοῦ ἀρχειοφυλακείου σωζόμενα ἔγγραφα εἰς τὰς σχέσεις τοῦ οἰκουμενικοῦ πατριαρχείου πρὸς τὰς Ἐκκλησίας Ἀλεξανδρείας, Ἀντιοχείας, Ἱεροσολύμων καὶ Κύπρου (*1575-1863*), Constantinople, 1904. — *Missiones catholicae cura S. Congregationis de Propaganda fide descriptae anno 1907*, Rome, 1907; recueil qui paraît de temps à autre : c'est la dernière édition. — Antoine Rabbath, S. J., *Documents inédits pour servir à l'histoire du christianisme en Orient* [1905], t. II, fasc. 1-2; tout ce qui a paru jusqu'aujourd'hui. — L. Bouvier, S. J., *Résumé de l'histoire politique et religieuse de la Syrie* [Ghazir], 1903; travail fort important, demeuré lithographié et malheureusement devenu très rare.

C. KARALEVSKY.

2. ALEP (DIOCÈSE ARMÉNIEN D'). Le diocèse arménien d'Alep ou Bérée comprend le premier sandjac du vilayet d'Alep et une partie du sandjac de Zor, qui s'étend jusqu'à la rive droite de l'Euphrate.

Alep, dès le XII° siècle, comptait des Arméniens. Mais, le premier de leurs évêques qui, à notre connaissance, ait reconnu la suprématie réelle du pape est Joachim ou Hovaguim que le catholicos Constantin VI de Vahga (1429-1439), quelques mois avant de mourir, avait délégué, avec quatre ou cinq autres personnages, au concile de Ferrare-Florence. Mansi, *Conciliorum sacrorum nova et amplissima collectio*, t. XXXI, *Supplem.*, col. 1728; Alex. Balgy, *Historia doctrinae catholicae inter Armenos unionisque eorum cum Ecclesia romana in concilio Florentino*, Vienne, 1878, p. 79-99; *Le siège de Pierre, le prince des apôtres, fondement de l'unité*, Vienne, 1853, p. 261, en arménien. En 1585, Azarias de Djoulfa, religieux antonin et catholicos de Sis (1584-1601), après plusieurs conférences avec Léonard Abel, évêque de Sidon (voir t. I, col. 70), et le frère mineur Pacificus Orhidanus, délégué apostolique et chapelain du consul français d'Alep, souscrivit à la profession de foi présentée par le nonce, d'abord à lui, puis à Alep, dans son palais, attenant à l'église des Arméniens. Sa profession de foi et sa lettre adressées au pape Grégoire XIII sont datées d'avril et de mai 1585, 1034 de l'ère arménienne. Au-dessus du nom d'Azarias, elles portent les signatures de Lazare, évêque arménien d'Alep, de Mardiros, évêque d'Achots, de Jean, évêque de Zeithoun, de l'évêque Jean d'Alep, vicaire et procureur du patriarche, et de quatre princes de Sis. La plupart des prêtres arméniens d'Alep s'associèrent à cet hommage. Le vartabed Jean, procureur du patriarche, accompagné du diacre et interprète arménien Grégoire d'Alep et de quelques étudiants arméniens, devait présenter la profession de foi et la lettre à Grégoire XIII. Celui-ci étant mort, ils furent reçus par Sixte V, son successeur. Balgy, *Historia*, etc., p. 178, 179. *Appendix*, XI, p. 339-353. Textes en arménien, dans la biblioth. Vaticane, *Cod. arm.* II; Balgy, *Le siège de Pierre*, p. 208; Étienne de Pologne, *Chronique*, année 1585; Michel Tchamitchian, *Hist. de l'Arménie*, en armén., Venise, t. III, p. 528; Papazian, *Hist. eccles.*, p. 778.

Reconstitution et développement de l'Église catholique arménienne, grecque et syrienne, sous l'influence des missionnaires latins, aux XVII° et XVIII° siècles. — Les catholiques étaient fort peu nombreux, quand les jésuites, les carmes et les capucins vinrent, malgré toutes sortes de difficultés, fixer leur résidence à côté de celle des Pères observantins (1625-1627). A la date du 28 février 1631, la mission des observantins comptait quatre pères, chapelains des Français et des Vénitiens, et deux frères; celle des capucins, cinq prêtres et un frère; celle des carmes, trois pères et un frère; celle des jésuites, deux pères seulement. *Lettre* du P. Queyrot, S. J., à un Père de la province de Champagne,

28 février 1631, *Archiv. de la prov. de Paris*, collection Ribeyrète. *Documents inédits pour servir à l'hist. du christianisme*, par le P. A. Rabbath, S. J., Paris, 1907, t. I, p. 380. Aujourd'hui, la vie du missionnaire en Turquie ne donne qu'une image très adoucie des souffrances et des vexations au milieu desquelles s'exerça jadis un très efficace apostolat. Ainsi, le P. Queyrot, pour avoir célébré chez lui la messe, est saisi avec le frère Bechêne. Il est pressé d'apostasier, retenu en prison depuis le commencement d'août 1633 jusqu'au 8 septembre, et n'est délivré qu'après avoir payé 600 piastres, environ 2 400 francs. *Relation du P. Queyrot au P. général (1630-1636)*. Rabbath, *op. cit.*, p. 25. Néanmoins, en 1636, l'école des jésuites, qui avait été licenciée, est réorganisée sous la direction du P. Amieu; elle compte quarante élèves grecs, maronites, syriens, arméniens, français, divisés en quatre classes. *Archivio della S. C. de Prop. F.*, I, *Syria et Palestina*, vol. cxcv, fol. 416.

A partir de 1640, le catholicisme se développe d'une manière plus sensible chez les indigènes, les Arméniens surtout. Le Père jésuite Aimé Chezaud, arrivé à Alep en 1637, gagne la confiance de l'évêque grégorien d'Alep, l'aide à fonder une école pour les enfants de sa nation; il collabore avec l'arradschnort de Zeithoun (au nord-ouest d'Alep) à l'établissement d'une école similaire à Zeitoun même; il enseigne aux principaux membres du clergé la philosophie. Le P. Amieu le signale « comme un géant, qui travaille plus que les autres utilement, saintement. » *Lettre* du 24 décembre 1641 du P. Chezaud au P. général Muzio Vitelleschi. *Lettres* du P. Amieu, 1er janvier 1642; 16 août 1641 au P. d'Aultry, dans Carayon, *Docum. inéd. concernant la Compagnie de Jésus*, t. XI, p. 152; Mss. Rabbath, *439, 981-983, 1003, 1053*. Sa charité n'empêche pourtant pas les Turcs de jeter le P. Chezaud en prison avec le Fr. Raymond et de confisquer leur maison en 1651. Ils sont alors recueillis dans un khan dépendant de la maison du consul de France, l'admirable François Picquet, qui sera plus tard évêque de Babylone. Voir sa *Vie*, par Cl. L. Oct. d'Anthelmy, évêque de Grasse, Paris, 1752. *Relation* du P. Poirresson pour l'an 1651-1652, datée du 16 avril 1653. Biblioth. nat., mss., collect. Moreau, n. *841*, fol. 164, etc., Rabbath, *op. cit.*, t. I, p. 22; Mss. *808* sq. Le P. Chezaud, poursuivant son apostolat au péril de sa vie, reçut officiellement la direction du petit troupeau catholique arménien d'Alep, des mains de l'arménien Augustin de Passen, frère-uni de Saint-Dominique, évêque de Myre et archevêque de Naxivan, résidant à Abaran. Voir notre *Histoire pol. et relig. de l'Arménie*, p. 332, 697; L. Alichan, *Sissagan*, Venise, 1893, p. 372, en arménien. Thoros, catholicos de Sis (1643-1658), qui résidait à Alep en 1652, irrité des conversions dont le nombre s'élevait, semble-t-il, à près d'un millier, excita contre les missionnaires la défiance de l'archevêque arménien et de sa communauté. Un évêque devenu catholique dut s'enfuir en Cappadoce. Au contraire, le catholicos d'Etschmiadzin, Philippe d'Aghpag (1633-1655), traversant Alep pour visiter les saints Lieux, protesta qu'il était catholique de cœur et Franc d'inclination. Après le départ du P. Chezaud pour la Perse, le P. Godet, S. J., mort bientôt après, le P. Bruno, supérieur des carmes, le P. Sylvestre, supérieur des capucins, augmentèrent de plusieurs centaines, semble-t-il, le nombre des convertis. En confrontant plus d'une quinzaine de statistiques fournies par les missionnaires, les consuls ou les voyageurs, un peu après le milieu du xviie siècle, on peut donner comme moyennes des chrétiens et des catholiques les chiffres suivants : 36 000 chrétiens, dont 12 000 Arméniens, 15 000 Grecs, 4 000 Syriens, 1 000 Maronites. En dehors de ces derniers, tous catholiques,

l'Église catholique ne devait guère compter au delà de 1 200 fidèles.

Le mouvement le plus général, le plus efficace donné aux conversions date du milieu du xviie siècle; il eut pour principaux auteurs le consul François Picquet, son successeur François Baron et les missionnaires français travaillant dans une collaboration intime, soutenus par le pape et par la France. Ce mouvement se manifeste d'abord au sein de la communauté syrienne. André Akîdjiân (t. I, col. 1283) est élu archevêque syrien d'Alep vers la fin de juin 1656 et prend à son sacre le nom de Denys, il est confirmé par le pape Alexandre VII le 18 janvier 1659. Martinis, *Juris pontif. de Prop. Fide*, pars I, t. I, p. 308. Il fut élu patriarche d'Antioche le 3 août 1662 et convertit à la foi catholique la majorité du clergé et du peuple syrien. La plupart ne persévérèrent pas. Il est probable que plusieurs avaient subi l'influence des vingt mille écus dépensés par le consul Picquet autant et plus que celle des motifs surnaturels. *Brève relation de la mission d'Alep en 1662 par les supér. des Missions des PP. capucins, carmes et jésuites*, Archives nation., Paris, *L 932*, n. 4, Rabbath, t. I, p. 450 sq.; Lettre de Mgr André à Louis XIV. *Affaires étrang., Corresp. diplom.*, Turquie, t. vii, fol. 86, 87; Rabbath, t. I, p. 468-470. Vers le 11 février 1663, date de la lettre d'André au roi de France, l'Église syrienne catholique d'Alep comptait, outre le patriarche, Behenna, frère d'André, neuf prêtres et un peu plus de huit cents fidèles, *loc. cit.* La mort héroïque d'un grec, nommé David, converti dans la prison par le Père carme Bruno de Saint-Yves, et préférant subir la décapitation plutôt que de devenir musulman, prévient le patriarche grec en faveur du catholicisme. Le dévouement des missionnaires pendant la peste de 1661, et aussi quelques dons du consul avec la perspective d'autres avantages déterminent ce prélat à envoyer une lettre de soumission à Alexandre VII. Toutefois, ses fluctuations rendent plus tard sa conversion très suspecte aux yeux des missionnaires. *Vie de Mgr. Picquet*, p. 175 sq.; *Brève relation de la mission d'Alep*, Rabbath, t. I, p. 459.

La communauté des Arméniens semble en majorité catholique vers la fin de 1661. Sur vingt-deux prêtres, treize ont fait leur profession de foi. *Brève relation depuis la partance de M. François Picquet*, octobre 1661. Archives nation., Paris, *L 932*, n. 4. Rabbath, t. I, p. 459 sq. Malheureusement, le prêtre Hovhannès, choisi comme arradschnort des catholiques, fait piteuse mine, dès les premières menaces de persécution, quoiqu'il soit énergiquement appuyé par le consul Baron; et il s'enfuit en Europe. *Brève relation*. Rabbath, *op. cit.*, t. I, p. 450. Cependant, le vali ayant tourné contre les grégoriens ses rigueurs et les confiscations sous forme d'amendes, et le consul Baron ayant fait réduire celles-ci, l'opposition des Arméniens non-unis diminue. Khatchadour de Sivas, catholicos de Sis (1638-1673), élève huit diacres catholiques à la prêtrise. *Brève relation*, p. 464. *Lettre* de Sylvestre de Saint-Aignan, capucin à la duchesse d'Aiguillon, 31 juillet 1662. Biblioth. nat., ms. fr. *25058*, fol. 1291. Rabbath, *op. cit.*, t. I, p. 464. Il se déclare d'ailleurs catholique, dans ses lettres au pape et à Louis XIV. Il l'est, en réalité, car le patriarche André écrit à Louis XIV que le patriarche Khatchadour et plus de vingt prêtres arméniens sont catholiques. Khatchadour n'ose pourtant pas faire publiquement sa profession de foi, par crainte des persécutions. *Minist. Aff. étr., Corresp. dipl. Turquie*, t. VII, fol. 77, 78, texte arménien de la lettre de Khatchadour au roi, au fol. 78. Rabbath, *op. cit.*, t. I, p. 472, 473; *Continuation de la mission d'Alep, loc. cit.*, p. 467. Au moins signa-t-il avec André et Macarios la profession de foi rapportée de Rome par le P. carme Jérôme. Lettre de Sylvestre de Saint-Aignan à M. Gazil, supérieur des Missions-Étrangères. Alep, 2 août 1664, Bibl. nation., mss. fr. *25058*, fol. 1294; Rabbath, *op. cit.*, t. I, p. 467; Balgy, *Le siège de Pierre*, p. 274; Tchamitchian, *Hist. de l'Arménie*, aussi en arménien, t. III, p. 698. Le haut clergé d'Alep, qui reconnaissait alors la suprématie du pape, signa, on le pense bien, en 1668 et en 1671, la profession de foi catholique sur l'eucharistie. *Vie de Mgr Picquet*; et mss. Rabbath, encore inédits, F *149 152*.

Parmi les motifs qui avaient attiré au catholicisme certains dissidents, la perspective d'avantages temporels, protection, ressources, etc., était sans doute au premier rang. Nous croyons cependant que, pour beaucoup d'autres, après l'action secrète de Dieu, l'un des arguments les plus décisifs fut le dévouement admirable des missionnaires, la plupart français, durant les pestes de 1669, 1686, 1692, 1719, 1733. Pendant que les Francs se barricadaient dans leur quartier, à la première apparition du fléau, les supérieurs des quatre résidences latines allaient habiter une maison du quartier chrétien de Gédaïdé et faisaient auprès du tous les pestiférés, même schismatiques ou musulmans, l'office d'infirmiers, aussi bien que de prêtres. A mesure qu'ils succombaient, leurs confrères prenaient leur place. *Libro dove si registrano le conversioni fatte da RR. PP. carmelitani scalzi nella missione di Aleppo*, etc., Diaire des carmes d'Alep, dans Rabbath, *Documents*, t. II, p. 4-60. Il n'y avait pas encore place alors en Turquie pour les religieuses européennes, garde-malades ou maîtresses d'école. Il y eut pourtant, à Alep, des religieuses indigènes, arméniennes, au nombre d'une vingtaine, observant la règle des capucines et enseignant, avec les éléments de l'arabe, le catéchisme à quelques petites filles. *Théâtre de Turquie*, par le Père capucin Justinien de Tours (Michel Febvre), Paris, 1662, p. 467; *Vie de Mgr Picquet*, p. 338.

Quelque temps après sa mort, arrivée le 18 juillet 1677, André Denys avait désigné pour son successeur, sur le siège patriarcal syrien d'Antioche (fixé en fait à Alep), Pierre Grégoire, archevêque de Jérusalem. Sur la moralité de ce dernier, les missionnaires n'étaient pas encore d'accord, mais il devait mériter leur admiration par son héroïsme dans les épreuves et par son martyre. Consacré patriarche le 2 avril 1678, par les prélats grecs, syriens, arméniens, maronites, il fut énergiquement soutenu sur son siège par le consul et l'ambassadeur de France. Il obtint de Louis XIV, par l'intermédiaire du P. de la Chaise, une pension de deux cents écus. Le 18 août 1680, il recevait très solennellement dans son église le consul d'Arvieux, Mgr Picquet, les missionnaires et les membres de la nation française et hollandaise. Cette procession, qui proclamait avec éclat la protection de la France, se reproduisit dans les mêmes circonstances, le 20 septembre suivant, par le catholicos arménien. *Mémoires du chevalier d'Arvieux*, t. VI, p. 35, 41, 136. Mais peu de jours après, l'antipatriarche Abd-el-Messih, au moyen d'une grosse somme empruntée à un Arménien dissident, faisait déposer Mgr Pierre par le gouvernement turc. *Relation véritable de la promotion du patriarche Pierre*, extrait des minutes de la chancellerie du consulat de France à Alep, 29 et 30 décembre 1683. Rabbath, *op. cit.*, t. I, p. 94. L'intervention de notre ambassadeur, de Guilleragues, le replacer le patriarche sur son siège. Les intrigues des dissidents syriens et grecs continuèrent à exciter des pachas concussionnaires contre lui et les catholiques, car, bien différent du patriarche grec Athanasios, qui, malgré l'envoi de sa profession de foi au pape par l'intermédiaire de l'ambassadeur de France de Guilleragues, restait justement très suspect, Mgr Pierre, au contraire, se montrait ferme catholique. *Affaires étrang.*, *Corresp. diplom. Turquie*, t. XIX, fol. 121; Rabbath, *op. cit.*, t. I, p. 106-107.

Aux dissidents arméniens seuls manquait la volonté ou la puissance de tourmenter les catholiques. « Les Arméniens nous inquiètent moins que les Grecs, écrivait le Père jésuite Boisot, parce qu'ils n'ont point de patriarche et que les principaux de leur nation ont quitté leur hérésie. » Lettre du 17 février 1686 à de Guilleragues; *Extrait du journal* de M. de Girardin, Biblioth. nation., ms. fr. *7163*, t. II du Journal; Rabbath, *op. cit.*, t. I, p. 93, 94. Bien que les catholicos de Sis ne résident pas, en principe, à Alep, ils y séjournent souvent, et c'est de là que partent d'ordinaire les mouvements qui les élèvent au patriarcat ou les en précipitent. C'est pourquoi une partie de leurs actes se rattachent à l'histoire ecclésiastique d'Alep. Le coadjuteur du catholicos, Azaria II Gargarretsi (1679-1683), mourut à l'âge de quatre-vingt-douze ans, tandis qu'il allait à Rome. *Entartzag Oratsoïts*, *Calendrier général*, Constantinople, 1909, p. 284. Grégoire Bidzag d'Adana, catholicos en 1683-1689 (*Oratsoïts* de 1908) ou en 1689-1691 (*Oratsoïts* de 1909), avait signé, le 29 mai 1690, une profession de foi catholique, en présence de Pierre de Blois, vice-supérieur des capucins, et des trois autres supérieurs latins d'Alep. Le roi de France, informé de ce fait par son consul Jullien, prescrivit à son ambassadeur, de Châteauneuf, de protéger Grégoire, ainsi que les deux patriarches Athanasios et Pierre, s'ils persistaient dans leurs dispositions. *Ministère de la Marine*, série B¹, t. LXI, 1], fol. 63; Rabbath, *op. cit.*, mss., t. V, 2696, 2697. Évincé de son siège par Asdovazadour Sassountsi, en 1691, Grégoire partit pour Rome en 1693, avec les évêques Jacques d'Alep et Jean. Balgy, *op. cit.*, p. 280. Après avoir séjourné quelques années auprès du pape, il reparut à Alep, muni d'un bérat du sultan, le reconnaissant comme catholicos (28 août 1698). Mais Madthéos Saré Guéssaratsi (de Césarée) qui, en 1694, avait supplanté Asdovadzadour, accusa Grégoire d'être ami des Francs et envoyé par le pape pour lui soumettre les chrétiens de Turquie. Emprisonné avec plusieurs catholiques, Grégoire ne fut délivré qu'après avoir payé une forte amende. Il quitta la ville en excommuniant cinq ou six Arméniens. En 1703, il était à Jérusalem, en qualité de coadjuteur du patriarche Minas. Quant à Mathieu Saré, il avait jadis protesté de son catholicisme auprès des missionnaires. En 1707, pour échapper à la mort, il se fera musulman. *Minist. Aff. étrang., Corresp. diplom. Turquie*, t. XLIV, fol. 132. Lettre de Ferriol, ambassad. au ministre de Louis XIV, Constantinople, 4 nov. 1707; *Libro dove*... etc. (Diaire des carmes d'Alep); Rabbath, *op. cit.*, t. II, p. 26-27. — Au contraire, un jeune Arménien, nommé Baali, qui, injurié par des musulmans, avait maudit Mahomet et avait été condamné à être brûlé vif, avait subi ce supplice avec un courage dont les mahométans mêmes étaient stupéfaits (16 juillet 1696). Diaire cité, p. 24, 25. Quelques années plus tard, le martyre du patriarche syrien Pierre sera encore plus glorieux pour l'Église catholique. Renversé de son siège, le 19 décembre 1690, il s'était réfugié chez le consul, avec ses deux évêques, Isaac et Rescallah, puis, vers la fin de 1691, s'était enfui vers Tripoli. La sœur carmélite Louise de la Miséricorde (Mlle de la Vallière) l'ayant ensuite fait recommander à Louis XIV, l'ambassadeur obtint qu'on le rétablit sur son siège, le 15 août 1693. Mais, l'année suivante, les Turcs, ayant repris Chio sur les Vénitiens, se laissèrent persuader par des Grecs et des Arméniens dissidents que les catholiques de l'empire faisaient cause commune avec leurs ennemis. Le grand-mufti Feisullah, ancien précepteur du sultan Mustapha, et le fameux interprète grec Alexandre Maurocordato exploitèrent ce préjugé. Mustapha lança un katchérif (ordre irrévocable) enjoignant aux catholiques de revenir à la religion qu'ils avaient quittée et leur interdisant de fréquenter les missionnaires. *Mémoire hist.* sur le marquis de Bonnac, éd. Schefer, p. xlviii, 190. Cet ordre, en désaccord avec les capitulations de 1673, devait, malgré quelques adoucissements, subsister pendant plus de vingt ans. Il fut reçu avec joie par les jacobites d'Alep. Ils sommèrent Mgr Pierre d'enlever de leur autel la pierre sacrée qu'il y avait placée, et de faire commémoraison de l'hérétique Dioscore. Ayant refusé, il fut maltraité, traîné devant les juges, sous l'inculpation d'être un Franc; cependant, le gouvernement du roi, par l'intermédiaire de l'ambassadeur, M. de Chateauneuf, rappelait au sultan les services rendus à la Turquie et montrait que le katchérif contredisait l'article 1er des capitulations de 1673. Cette intervention et surtout quelques dons faits par les missionnaires adoucirent le cadi d'Alep qui, le 10 septembre 1695, accorda un *hugget* permettant aux chrétiens de communiquer avec les prêtres latins. *Lettre des supérieurs* Verzeau, S. J.; Joseph, capucin; Ferdinand de Sainte-Lidwine, carme. Le cadi ayant été changé le 9 mars 1696, les vexations recommencèrent contre les catholiques, surtout contre le patriarche Pierre, qui fut remplacé par George de Mardin. Le 20 avril, son coadjuteur, le mufrian Isaac, fut aussi exilé, après avoir été obligé de payer 1000 piastres. Il alla rejoindre Pierre réfugié auprès du pape. La restauration de Mgr Pierre, que ne pouvait lui accorder le gouvernement français, fut imposée à la requête du pape Innocent XII, par l'empereur Léopold dans son traité de paix avec le sultan Mustapha. *Archives du minist. des Aff. étrang.*, Paris, *Corresp. consul.*; Seyde, *Lettre d'un missionn.* d'Alep, 3 septembre 1701. Ceux qui avaient cédé à la force, surtout Feisullah et Maurocordato, devaient se venger cruellement. Pierre était rentré à Alep le 1er mars 1701. Le 24 août suivant, un nouveau katchérif était lancé contre les catholiques. Quelques jours après, le patriarche, l'évêque Rescallah, cinq ou six prêtres et quelques notables syriens étaient jetés en prison, où ils recevaient de 75 à 80 coups de bâton sur le dos et les pieds. *Diaire cité*, p. 37.

Dans la matinée du 10 novembre, sur un ordre venu du grand-muphti Feisullah et du grand-vizir, le patriarche Pierre, l'évêque Rescallah et cinq ou six prêtres (huit, d'après le consul de France, Blanc) furent jetés, la chaîne au cou, au château d'Adana. En dépit des secours que notre vice-consul d'Alexandrette, Fougasse, procura aux voyageurs à leur passage, l'évêque Rescallah succomba, en arrivant à Adana (18 novembre), et fut enseveli par le patriarche arménien. Les autres confesseurs furent jetés dans un cachot humide du château, où le consul français d'Alep, Blanc, leur envoyait de quoi ne pas mourir de faim. Dans la nuit du 4 mars 1702, Mgr Pierre fut invité à venir chez le vali qui lui fit servir le café. De retour dans la prison, il fut pris de convulsions, s'empressa de faire sa confession à l'un de ses prêtres, et expira au moment où il la finissait. Le patriarche arménien, ayant fait un cadeau de 1000 piastres au gouverneur, obtint de présider à ses obsèques. *Diaire des carmes*, p. 39 sq.; *Lettres* de Fougasse, vice-consul, au ministre de Pontchartrain; *Lettres* de Blanc, consul d'Alep; *Lettres* de Ferriol, dans Rabbath, *op. cit.*, t. i, p. 113-117, etc.

La mort de Feisullah emporté par la révolution, qui substitua le sultan Ahmed III à Mustapha, la disgrâce de Maurocordato et l'exil du patriarche arménien Avédik laissèrent plus d'efficacité aux interventions réitérées de la France en faveur des missionnaires et des catholiques. Les prisonniers rentrèrent à Alep au mois de décembre 1703. A ce moment, missionnaires et catholiques se sentaient un peu à couvert, sous un ordre obtenu de la Porte et une déclaration du cadi faite à un fabricant de fez et relieur, l'Arménien Kaoukadgy, avaient recommencé la libre pratique de leur ministère ou de leur culte. L'arrivée au grand-vizirat de l'ancien barbier Aly pacha de Tchorly, personnage très intelligent, mais cruel et très prévenu contre les chrétiens, surtout les catholiques, amena un ère nouvelle de persécutions, persécutions que le caractère un peu raide et fantasque de notre ambassadeur de Ferriol, en dépit de son parfait bon vouloir, n'était pas à même de conjurer.

Le 23 avril 1708, un katchérif contre les missionnaires et les amis des Francs arriva à Alep. Il avait été sollicité par le gouverneur Abdi pacha, à l'instigation de certains chrétiens, irrités contre le premier député ou vice-consul de France, Julien. On devait chasser « ceux surtout qui se travestissaient pour visiter les chrétiens chez eux, » c'est-à-dire les jésuites, qui portaient le costume des prêtres du pays. Julien se déclara prêt à partir avec toute la nation, si on expulsait les religieux. Le gouvernement turc se contenta d'interdire à ceux-ci toute relation avec les sujets du sultan et de prélever 360 piastres, environ 1080 francs. *Rapport* de l'ambassadeur d'Andrezel, 23 juillet 1725. *Min. Aff. étrang., Corresp. diplom.* Turquie, t. lxx, fol. 70; de Ferriol à Torcy, 17 février 1709, t. xlvi, fol. 95; *Diaire cité*, p. 44-46.

L'arrivée d'un nouveau gouverneur, Baltagy, ancien grand-vizir, ami de Ferriol et favorable aux Francs, donna aux catholiques quelques mois de tranquillité. *Diaire*, p. 46; *Mémoire de Bonnac*, loc. cit., p. 118 sq., 131. Mais le Père Pagnon, supérieur des jésuites, ayant acheté une maison située non loin d'une mosquée, cet achat, bien que fait au nom du consul dont les jésuites étaient les chapelains, fut le signal d'une ligue redoutable de cheikhs concessionnaires, de chrétiens dissidents, à la tête desquels se mirent deux Francs, l'un gendre du consul, l'autre son drogman. *Mém. et documents. Aff. étrang.*, t. lxxi, année 1711; *Relation* du franciscain Luc d'Andily; Rabbath, mss. D 17; 51-53. Le P. Pagnon fut jeté en prison et condamné à une amende, qui pendant sept ou huit ans réduira sa résidence à la gêne la plus extrême. Tout ministère auprès des indigènes fut de nouveau interdit à tous les missionnaires. Le consul Lemaire, effrayé, joignit sa défense à celle du cadi, après qu'une certaine affluence de femmes dans l'église des franciscains eut été pour les Turcs l'occasion d'infliger aux procureurs des chrétiens une amende de 4500 piastres, suivie de deux cents coups de bâton. *Requête des procureurs au consul*, 25 juin 1710.

Les missionnaires, convaincus que leur inaction ou leur départ serait suivi de la ruine de l'Église catholique d'Alep comptant 12 ou 15000 fidèles, chargèrent le P. Pagnon d'aller informer la cour de France de cette situation, afin d'obtenir par son intermédiaire un katchérif de la Porte. Mais le délégué fut atteint de la peste à Chypre et mourut presque aussitôt après s'être rembarqué. Les supérieurs d'Alep demandèrent alors par lettre au roi de faire requérir pour eux et les chrétiens la liberté religieuse. *Lettre* du 9 janvier 1711; Rabbath, mss., vi, 3311. Louis XIV stimula en effet, dans ce sens, l'activité de son ambassadeur à Constantinople, prévenu contre les jésuites qui n'avaient pas souscrit à ses principes contestables d'union religieuse : « Vous savez, lui disait-il, que le principal objet qui me porte à entretenir un ambassadeur à Constantinople est de protéger les chrétiens répandus dans le Levant... » 9 septembre 1712. *Aff. étrang., Corresp. dipl., Turquie*, t. L, fol. 146; Rabbath, ms. *C 128*. En général, ni les ambassadeurs ni les consuls ne trahissaient leurs devoirs envers les protégés. Ainsi l'évêque catholique arménien, accusé d'aspirer au patriarcat, ayant été maltraité par quelques Arméniens en pleine église, le consul Pèleran essaya de lui faire rendre justice par le pacha. N'y ayant point réussi, il interdit à tous ses protégés d'employer à leur service les Arméniens dissidents, venus pour la plupart d'Arabkir. Abraham fut pourtant obligé de gagner le Liban. Voir l'article ABRAHAM ARDZIVIAN, t. I, col. 183. Après son départ, les dispositions du gouvernement envers les catholiques empirèrent encore en 1714 et 1715. Le grand-vizir Damad Aly pacha n'était pas plus tendre envers les catholiques et les missionnaires que ne l'avait été Aly pacha de Tchourly. Le pacha d'Alep les voyait du même œil que le premier ministre. A l'occasion d'une réunion nombreuse d'hommes et de femmes dans l'église des Francs, pour le service funèbre de Louis XIV, il fit arrêter deux ou trois hommes de chaque nation et en extorqua une somme de trois bourses, environ 4500 francs. Un chérif ayant vu un rideau de serge verte tendu devant le cabinet d'aisances de la maison des jésuites cria qu'on profanait la couleur des descendants du prophète et ne fut apaisé qu'après avoir reçu un cadeau. *Lettre* du consul Pèleran au conseil, 20 mai 1716. Dans ces conditions, le consul cédant à une prudence peut-être excessive, engagea les missionnaires à s'enfermer chez eux. Les évêques et les patriarches, voyant les indigènes accablés d'amendes ruineuses, leur interdirent aussi de s'entretenir avec les missionnaires. *Lettres* du consul d'Alep à de Bonnac, en 1716, et *Mémoire hist.*, Append., p. 182. Cependant, la défaite et la mort de Damad Aly pacha sous les murs de Peterwardein, le 5 août 1716, son remplacement par Ibrahim pacha, personnage beaucoup plus modéré, bien que petit-fils d'un apostat arménien de Césarée, enfin le retour à Alep et les consultations médicales du Père capucin Joseph de Reuilly, très populaire auprès des notables musulmans, amenèrent une accalmie. Elle ne pouvait durer. La prise de Tunis par les Français, après les ravages des Barbaresques sur les côtes de Provence, déchaîna de nouveau les antipathies musulmanes, qui furent exploitées par des chrétiens dissidents. L'intervention de l'ambassadeur de Bonnac en faveur des catholiques et des missionnaires était d'autant moins efficace qu'il ne s'entendait pas avec plusieurs de ces derniers. Il désirait que les convertis arméniens continuassent de payer les anciens droits au clergé non-uni, chose dont ce clergé, disait-il, bien plus touché que de la religion. Il désirait, en outre, que les convertis pussent recevoir de ce clergé les sacrements de baptême et de mariage et que leurs obsèques se fissent dans les églises des grégoriens; qu'on s'occupât seulement de la conversion en masse des dissidents en s'adressant à leurs chefs et qu'à l'égard de ceux-ci on fût moins exigeant au point de vue dogmatique, qu'on laissât surtout à l'arrière-plan le dogme de la suprématie papale. Enfin, il trouvait immodéré le zèle des religieux, de quelques jésuites surtout. *Mémoire cité... Mémoire de Bonnac sur l'état actuel où se trouvent les affaires de la religion du Levant*, au cardinal Gualterio, p. 188 sq. La plupart des religieux, à la suite du P. Hyacinthe, supérieur des capucins de Constantinople, jugeaient aussi qu'il était permis aux catholiques de recourir au clergé non-uni pour le baptême, le mariage, les funérailles. Mais les jésuites estimèrent que cette participation était illicite. Et il faut avouer que toutes les décisions de la congrégation de la Propagande, portées soit avant, soit après cette discussion, condamnent en principe cette communication sacramentelle avec les dissidents. Cf. *Collectanea de Prop. Fid.*, t. I, n. 169, 277, 311, et pour l'an 1729, n. 311, la citation d'une instruction identique de l'an 1719.

Les catholiques ayant, pour obéir aux précédents avis, refusé de fréquenter les églises dites nationales, le catholicos arménien Jean Golod de Bitlis (1715-1741) obtint du sultan un décret ordonnant de saisir dans tout l'empire ces rebelles francs, comme on les appelait. Six notables, arrêtés à Alep pour être conduits au bagne de Constantinople, furent pourtant délivrés à la demande du consul et à la présentation d'un cadeau. Tchamitchian, *op. cit.*, t. III, p. 776, 777. L'année suivante, un ordre émané du sultan, à la requête des patriarches grecs, Jérémie de Constantinople, Athanasios d'Antioche, aggrava la situation des catholiques; texte de ce commandement dans Archives nation. Paris, *K 1344*, n. 40, et Rabbath, *op. cit.*, t. I, p. 546-547. L'ambassadeur, impuissant à garantir ses protégés, ne trouve rien de mieux que d'engager les missionnaires à s'enfermer chez eux; il leur reproche de n'avoir pas arrêté « l'ardeur indiscrète » de l'évêque Abraham; « la fougue de l'évêque grec catholique de Seyde, Euphtimios, » et d'avoir méconnu les intentions conciliantes d'Athanasios. *Lettre de Bonnac*, 8 juin 1723; *Corresp. consul., Alep et Alexandrette*, carton *1723-1730*; Rabbath, *op. cit.*, t. I, p. 548-549. Mais les missionnaires ont de bonnes raisons de suspecter l'orthodoxie d'Athanasios. Ils se tournent vers le pape et vers le roi pour faire révoquer un décret qui serait la ruine de la mission et, partant, de l'Église catholique à Alep. Louis XV recommande en effet à son nouvel ambassadeur d'Andrezel « de retenir le zèle des missionnaires dans de justes bornes, » mais d'avoir en vue d'abord « le maintien et la propagation de la religion dans le Levant » et « le libre exercice du ministère des missionnaires. » *Instruction* du 5 janvier 1724; Marine, *B⁷*, t. CXIX, fol. 83; Rabbath, mss., c. 137. La tâche de l'ambassadeur était ardue. Athanasios, patriarche grec d'Antioche siégeant à Alep, étant mort en 1724, les catholiques firent consacrer patriarche à Damas, le 1ᵉʳ octobre, Séraphin Tanas, élève de la Propagande et ardent catholique, comme son oncle Euthymios, évêque de Seyde, récemment décédé. Mais, onze jours après, l'hérétique Sylvestre, désigné jadis pas son parent Athanasios, mais résidant à Constantinople. Malgré l'assurance donnée à d'Andrezel de ses intentions pacifiques, il arrivait à Alep, le 9 novembre, fulminait l'excommunication contre les prêtres qui n'adoptaient pas les articles hérétiques arrêtés, en 1724, dans un synode anticatholique à Constantinople. Sur sa dénonciation, ceux qui étaient suspects d'être amis des Francs, c'est-à-dire catholiques, étaient bannis et leurs biens confisqués au profit du sultan. *Lettre* du consul d'Alep à de Maurepas, ministre d'État, 20 décembre 1725. *Aff. étrang., Aff. rel. et miss. du Levant*, Rabbath, *op. cit.*, t. I, p. 586-589; *Synode* de Constantinople de 1724, Mansi, *Concil.*, t. XXXVII, col. 127-208. Deux prêtres catholiques acceptèrent le symbole hérétique. Un édit, publié vers la fin de novembre, et renforçant celui paru en février, supprimait les résidences des missionnaires, sauf à Galata, Smyrne, Seyde, Alexandrette, et prétendait que celle d'Alep n'était pas comprise dans les capitulations. *Aff. étrang., Corresp. diplom., Turquie*, t. LXXI, fol. 256, texte turc; t. LXXIII, fol. 133. Les chefs religieux des diverses nations indigènes représentées à Alep furent sommés de livrer les suspects dans l'espace de trois jours. L'évêque arménien et l'archiprêtre maronite se portèrent garants de la fidélité de leurs nationaux. Il n'en fut pas de même pour les Grecs et les Syriens. Au dire du consul, Sylvestre extorqua aux Grecs catholiques plus de 30 000 écus; il fit surprendre les convertis jusque dans l'église des Francs (19 juin 1726). *Lettres* de Pèleran à de Maurepas, 1726. Les énergiques protestations d'Andrezel à Constantinople, et celles du consul auprès du gouverneur d'Alep, déterminèrent celui-ci à se tourner contre Sylvestre. Ce dernier s'enfuit à Tripoli, auprès du consul anglais, et ses biens, acquis par toutes sortes de violences, furent confisqués.

Les catholiques, appuyés par la France, obtinrent alors que le siège grec d'Alep serait séparé du patriarcat d'Antioche et uni à celui de Constantinople. Cependant, au lieu de l'évêque catholique Gérasimos ou George qui d'Alep avait été mené prisonnier dans la capitale, l'année précédente, on envoya comme évêque Grégoire, nommé par le synode dissident de 1724, mais se disant catholique. Il rétablit les prêtres suspendus par Sylvestre, substitua l'invocation de Grégoire le Théologien à celle de l'hérétique Grégoire Palamas. Dénoncé au patriarche de Constantinople, il voulut lui donner satisfaction et faire signer une profession de foi suspecte par les douze prêtres catholiques et les candidats qu'il devait ordonner pour suffire aux besoins d'une population grecque catholique s'élevant alors à 12 000 âmes. *Lettres* de Gaspard de Pèleran à de Maurepas, 19 mars 1728, etc. Invité par la Propagande à lui envoyer sa profession de foi, il différa de répondre. Puis, apprenant que Sylvestre avait recueilli de grosses sommes en Moldavie, qu'il était sur le point d'être rétabli sur le siège d'Antioche et de réunir de nouveau à ce patriarcat le siège d'Alep, séparé depuis quatre ans, il se déclara partisan de ce prélat. Les prêtres catholiques s'enfuirent vers le Liban au monastère de Saint-Sauveur, bâti par Euthymios. *Lettres* de Pèleran à Maurepas, 7 octobre 1730; *Aff. étr.*, *Aff. relig. et missions du Levant*; Rabbath, ms. *D 134*. Là, s'était déjà réfugié Cyrille qui, le 25 avril 1730, il y avait reçu du pape sa confirmation sur le siège d'Antioche, à la condition de rétablir dans sa forme primitive ce qui, dans le rite grec, avait été modifié soit par lui, soit par Euthymios. *Mémoire* de du Bellis, chancelier du consulat de Seyde, 31 juin 1731, *ibid.*, Rabbath, t. I, p. 590-596; *Bref de confirmation* dans *Juris pontif. de Prop. F.*, t. III, p. 414. Mais Cyrille ne pouvait lutter auprès de la Porte, contre Sylvestre qui disposait des trente bourses du patriarcat d'Antioche et recueillit trente ou quarante autres bourses des Grecs non-unis. Aussi, l'ambassadeur, marquis de Villeneuve, regardait-il le rétablissement d'un zélé patriarche catholique comme impossible et s'estimait-il heureux d'empêcher l'exécution des décrets bannissant les missionnaires d'Alep, etc. *Lettre* de Villeneuve à Maurepas, 29 nov. 1730. Voir, sur de Villeneuve, Albert Vandal, *Un ambassadeur français en Orient sous Louis XV*, Paris, 1887. L'ambassadeur n'obtint rien de plus jusqu'au moment où Topal-Osman fut nommé grand-vizir, en remplacement d'Ibrahim, massacré avec les siens dans une révolution. Très sympathique aux Français et très loyal, Topal-Osman rendit à la France, en fait, quoique non en droit, tous ses privilèges religieux. *Lettre* de Villeneuve à de Maurepas, 29 nov. 1730; à Chauvelin, 2 janvier 1732. La chute de Topal par suite d'une intrigue de harem, après un ministère de quelques mois, ramène les anciennes vexations qu'il avait fait cesser. A Alep, six Arméniens et, parmi eux, le président de la congrégation de l'Immaculée Conception, sont exilés. L'un des prétextes de toutes ces avanies a été l'affluence des femmes chrétiennes dans les églises des carmes et des capucins. Un nouveau gouverneur va jusqu'à interdire aux femmes de sortir de chez elles. *Lettre* du ministre de France à Guez,

1er député d'Alep, 15 déc. 1734; *Lettre* des missionn. à Maurepas, 18 déc. 1733.

Quand le marquis de Villeneuve eut ménagé à la Turquie la paix avantageuse de Belgrade (1739), il fit signer par le sultan, en échange de ce service, le renouvellement des capitulations (28 mai 1740). Aux quarante-trois articles des anciennes capitulations étaient ajoutés quarante-deux nouveaux. A l'article 35, il était dit : « On n'inquiétera pas les églises établies par la nation française à (Constantinople), à Smyrne, Seyde, Alexandrie et dans les autres échelles et l'on n'exigera d'eux (des Francs) aucun argent sous ce prétexte. » De Saint-Priest, *Mémoire sur l'ambassade de la France à la Porte*, Paris, 1877, p. 475-522. L'amitié que le sultan prétendait témoigner ainsi à la France eut d'abord pour effet d'améliorer, même à Alep, la situation des catholiques. Tous, cependant, n'en bénéficièrent pas. Le nouveau patriarche catholique Abraham était contraint de s'enfuir d'Alep dans le Liban, d'où il se rendait à Rome pour y être confirmé dans sa charge. On eût dit que les chefs religieux des dissidents et les principaux usuriers arméniens s'appliquaient à justifier l'accusation de l'ambassadeur de Castellane, à savoir que leur opposition à l'union venait surtout des avantages pécuniaires qu'ils en retiraient. *Lettre* du 13 décembre 1741, du comte de Castellane à de Maurepas; Biblioth. nation. *Nouv. acquis. franc. n. 5100*, second vol., fol. 41 ; Rabbath, mss., VI, 344. Bien que Jacques Nalian, patriarche de Constantinople (1741-1749, 1752-1754), se fût engagé, par un billet remis à de Castellane, à accorder la liberté religieuse aux catholiques, il faisait mettre aux galères, dans l'été de 1741, un député arménien venu d'Alep pour se plaindre de l'inobservation des capitulations. Le grand-vizir le délivra pourtant, sur l'intervention de l'ambassadeur. *Lettre* de Castellane, 12 sept. 1741, fol. 66. Mais, bientôt après, le catholicos de Sis, Michel Adchabaïants (1737-1758), et l'évêque Avedik, ayant avoir été, sur les plaintes des catholiques, emprisonnés par le pacha d'Alep, trouvaient gain de cause auprès des autorités de la capitale. D'après un accord proposé par Nalian, le catholique Hagop Hovnessian, consacré archevêque par Abraham Ardzivian, le 3 mai 1740, devait être considéré comme le pasteur légitime des Arméniens d'Alep; mais il abandonnait l'une des églises aux dissidents et au catholicos Michel les taxes perçues sur tous les Arméniens. La convention fut rompue par les grégoriens. L'évêque Hagop, qui sera élu patriarche de la Petite-Arménie, le 1er octobre 1749, était exilé dans les premiers mois de 1743. *Lettres* de Castellane, *loc. cit.*, fol. 131. Ces dissensions et persécutions religieuses, on le comprend, étaient avidement exploitées des pachas qui, choisis alors surtout en raison des cadeaux offerts à leurs chefs hiérarchiques, étaient très souvent changés et voulaient, en peu de temps, regagner leurs déboursés et s'enrichir. *Mémoire* de Monehault, concernant Tripoli de Syrie, en 1749, *B*[7], *357*; Rabbath, V, *2775*; *Lettres* du consul d'Alep, Thomas, année 1752 sq.; *Corresp. consul.*, *Alep et Alexandrette*. Aussi, les présents du dissident sous Sylvestre l'avaient-ils rétabli sur le siège d'Antioche. En conséquence, Cyrille était de nouveau proscrit; l'évêque grec catholique d'Alep Maximos Hakim, siégeant depuis 1732, et qui sera patriarche d'Antioche en 1762, était contraint de s'éloigner devant l'évêque élu par Sylvestre. *Lettre de l'ambassad.* au ministre, 19 oct. 1745, fol. 227.

Entre les échelles du Levant, Alep continuait de tenir le premier rang, non seulement au point de vue commercial, mais aussi au point de vue religieux; c'était « le centre qui donnait le branle à toutes les persécutions. » *Mémoire de Monehault sur l'échelle de Tripoli de Syrie*, etc., B⁷, *357* et *462*, année 1749. Tout le clergé et la majorité de la nation grecque est catholique, écrivait le consul. Dans chacune des communautés catholiques, de ferventes congrégations d'hommes et de jeunes gens, sous le vocable de l'Immaculée Conception, dirigées successivement par les Pères jésuites Fromage, Cuisset, Desorgues, étaient comme un foyer qui rayonnait sur les dissidents eux-mêmes et les attirait. En la fête de Grégoire l'Illuminateur (1758), quatre prêtres arméniens abjurèrent le schisme en présence des congréganistes arméniens; ce qui détermina, il est vrai, quelques vexations de la part de l'évêque grégorien. *Registre de la congrégation des jeunes Arméniens de l'Immaculée Conception*, cité par les PP. Afker et Abougit, *Lettres* de famille, 1887, 1888, p. 172, etc. D'autres Arméniens aleppins étudiaient à la Propagande, comme Joseph Balit, consacré évêque de Mardin en 1771. Le jésuite Cuisset, mort au service des pestiférés le 22 août 1761, avait réuni dans l'une de ses congrégations tous les prêtres et principaux notables grecs et, par trois lettres de controverse, avait converti le prêtre jacobite Michel Geroué (Djarouhé), lequel gagna ensuite au catholicisme quatre évêques syriens. *Lettre* du P. Desorgues, 22 août 1761.

Nous savons déjà, par une lettre du Père Boisot, jésuite, que les principaux Arméniens d'Alep avaient été convertis au catholicisme. Quant à la nation grecque, le consul de Perdriau écrit au ministre de France, le 23 octobre 1772, « qu'elle est composée de plus de 20 000 personnes et, depuis longtemps, presque toute catholique. » *Corresp. consul.*, *Alep et Alexandrette*. Restait la communauté syrienne d'environ 4 000 âmes, demeurée ou redevenue en majorité schismatique. Les jésuites s'appliquèrent à gagner d'abord leur clergé : six prêtres sur neuf et trois diacres abjurèrent l'hérésie. Les catholiques, en donnant aux Turcs 20 000 piastres ou 10 000 écus romains, dont l'église des jacobites était grevée et que ceux-ci ne pouvaient payer, en recouvrèrent la possession. Trois mille Syriens sur quatre se déclarèrent catholiques. Parmi eux se trouvait l'évêque Géroué, déjà converti par le P. Cuisset. Géroué Michel, un moment condamné par l'enquêteur Kodsi, archevêque syrien de Jérusalem, et, à la suite, par le préfet de la Propagande Castelli, fut ensuite maintenu dans sa charge par une lettre de la Propagande du 22 juin 1776, arrivée le 22 octobre. *Relation de la conversion de quatre prêtres*, etc., jointe à la lettre de M. de Perdriau, consul d'Alep.

Résumons, en quelques mots, la situation de l'église catholique d'Alep à la veille de la suppression de la Compagnie de Jésus et de la tourmente révolutionnaire qui allait priver les missions étrangères et d'ouvriers et de ressources. Il est assez vraisemblable que le nombre des chrétiens d'Alep s'élevait à 35 ou 40 000 et que les deux tiers environ étaient catholiques. Il est intéressant de rapprocher de cette statistique les chiffres qui nous sont fournis aujourd'hui, sur la situation de la chrétienté d'Alep. Les statistiques données par Cuinet, le *Levante Handbuch* de David Triestsch, Berlin, 1909, sont très défectueuses. Le premier compte seulement 22 000 chrétiens et le second 90 000 contre 148 000 musulmans ! En 1907, les *Missiones catholicae* indiquaient 27 000 catholiques. Pour l'an 1911, la statistique suivante nous est fournie par un Père arménien qui séjourne depuis longtemps à Alep : musulmans et juifs, 132 000 (125 000 musulmans); 40 500 chrétiens, ainsi répartis : 21 300 catholiques, subdivisés en latins 1100, maronites 1900, arméniens-unis 5 500, grecs melkites 10 000, syriens-unis 2600, chaldéens-unis, etc., 2 ou 300. Pourtant, un autre missionnaire évalue à plus de 4000 les syriens catholiques, à près de 3000 les maronites et à 7000 les arméniens catholiques, ce qui porterait à plus de 25 000 l'ensemble des catholiques. En outre, nous conjecturons que les catholiques habitant hors de la ville sont environ 5000, la plupart arméniens ou latins. Le plus grand nombre habitent Killis, Aïntab, Kessab, Nizib, Beïlan et quelques villages disséminés autour d'Antioche. Les chrétiens non catholiques de la ville d'Alep sont formés de 15 000 arméniens grégoriens, 1200 grecs non-unis ou roums, 3 ou 400 syriens jacobites, 1500 protestants.

LISTE DES ARCHEVÊQUES ARMÉNIENS-CATHOLIQUES A ALEP. — Abraham Ardzivian, 1710-1740. — Jacques Ovsépian, 1740-1749. — Mikaël Casparian, 1753-1780. Devenu patriarche quelques mois après avoir été consacré évêque, il gouverna le diocèse d'Alep, par le moyen de ses procureurs. — Gabriel Gazulian, 1780-1811. — Gabriel Khdeïdian, 1811-1823. — Abraham Kupelian, 1833?-1838. — Basile Aïvazian, 1838-1839 (ces quatre derniers, anciens élèves de Bzommar). — Grégoire Balithian, 1861-1897. — Avédis Tourkian, 1899-1900. — Augustin Saëghian. Cf. Mgr A. Alexandrian, *Histoire abrégée des sièges archiépisc. et épiscop. du patriarcat de Cilicie*, Beyrout, 1908.

Fr. TOURNEBIZE.

ALEPUS ou **ALAPUTIUS** ou **SALEPUS** (SALVADOR ALEJO). S. Vidal (*Annales Sardiniae*, t. I, Dédicace) le prétend né à Sassari, et Mazzuchelli à Cagliari, mais les Actes consistoriaux (arch. Vat., *Acta Vicec.*, t. II, fol. 12 v°) le disent très nettement *clericum Valentinum*, c'est-à-dire du diocèse de Valence en Espagne. Né vers 1503, car, d'après cette même source, il avait vingt et un ans en 1524, il fut nommé administrateur apostolique de Sassari le 29 janvier 1524 (et non en 1559, comme le porte Tola), en devint archevêque en 1533, quand il eut atteint l'âge canonique, et reçut le pallium le 9 septembre suivant. On lui voit pour auxiliaire, en 1534, Francesco Mexia, archevêque de Fossa (Numidie) *in partibus*. Il assista, durant cinq ans, au concile de Trente et y joua un rôle important. Il parla avec énergie, en février 1546, en faveur de la réforme des évêques, et ce fut lui qui, dans la troisième session, le 4 février 1546, lut, au nom de toute l'assemblée, le symbole ecclésiastique. Il prit une grande part à la discussion du dogme de la justification, avec son confrère de Sardaigne, Baldassari d'Eredia, évêque de Bosa, et fit modifier la première rédaction de la doctrine du concile sur ce point, en y faisant introduire la nécessité de l'amour initial pour la rémission des péchés dans le sacrement de pénitence. Il s'opposa au projet de déclarer *plus pieuse* l'opinion de l'Immaculée Conception de Marie et refusa, avec les autres évêques espagnols, de quitter Trente lors de la translation du concile à Bologne en 1547. Lors de la nouvelle translation à Trente, il lut, le 11 octobre 1551, une homélie remarquable sur l'eucharistie, qui se trouve dans Labbe-Coleti, *Sacrosancta concilia*, édit. de Venise, t. XX, col. 333-349, et s'opposa vainement, en 1552, à la suspension du concile, avec onze évêques, dont, dans une lettre du 28 avril au cardinal del Monte, Massarelli, secrétaire du cardinal-légat Cervino, l'appelle injustement « le plus venimeux, comme il en est le plus vicieux. » Arch. Vat., *Lettere de' Prencipi*, t. XIX, fol. 463. S. Vidal atteste, au contraire, qu'il fut *in concilio Tridentino monstrum naturae vocatus, ob admirabilem ejus doctrinam*. De retour dans son diocèse, il se proposa d'appliquer les premières mesures votées par le concile et travailla avec ardeur à la réforme de son clergé, qui en avait grand besoin, comme celui de toute la Sardaigne, s'efforçant surtout d'y ramener la discipline et de l'instruire. A cette double fin, il tint divers synodes, dont le principal en 1555, et fit deux fois la visite pastorale en 1553 et 1555, prenant pour collaborateurs les jésuites, qui arrivèrent à Sassari en 1560 et jetèrent les bases d'un séminaire, auquel Pie IV, sur la demande de l'archevêque, appliqua les revenus du bénéfice de Torralba; mais ce séminaire, qui devint le noyau de l'université de Sassari, ne fut érigé que sous son successeur, Giovanni Segria, en 1568. Cf. Costa, *Archivio comunale di Sassari*, t. I, p. 184.

Le zèle d'Alepus lui attira de nombreuses difficultés avec son clergé, par exemple avec le chapitre à l'occasion de l'élévation par lui du canonicat de Torres à la dignité de doyenné, et avec l'archiprêtre de sa cathédrale, Girolamo Corriga; le pape Jules III lui donna raison dans la première de ces affaires, en 1551; mais Pie IV lui donna tort dans la seconde en 1565. Cf. Arch. Vat., *Varia politicorum*, t. IX, fol. 108 v°-109, la copie d'une lettre écrite à ce sujet à Alepus, par saint Charles Borromée, le 14 février 1565. Il eut également le dessous dans un conflit avec l'Inquisition de Sassari, dans la juridiction de laquelle il avait voulu s'ingérer. Ses sueurs apostoliques ne furent cependant pas perdues : « Son épiscopat, dit Filia, dans une courte, mais excellente étude biographique, commença la renaissance religieuse en Sardaigne. » Il mourut en novembre 1566.

ŒUVRES. — Fr. Fara, *De rebus Sardicis*, cite un recueil manuscrit de ses homélies, qui semble perdu; cf. Ed. Today Güell, *Bibliografia española de Cerdeña*, Madrid, 1830, n. 771. Il reste pourtant de lui, outre l'homélie déjà citée sur l'eucharistie, une autre sur la translation, dans sa cathédrale, des corps des saints martyrs de Sassari, Gavinus, Protus et Januarius, une messe et un office (celui-ci n'est qu'une revision de celui qui a été publié à Venise en 1492, sous le nom de l'archevêque de Sassari, Ant. Cano), pour leur fête, publiés à Sassari, 1551, et réimprimés dans Arca, *De sanctis Sardiniae*, t. II, 1. XXVIII. On peut voir aussi, aux Archives du Vatican, *Lettere de' Vescovi*, t. x, fol. 97-98, une lettre originale, en espagnol, écrite par lui au pape Grégoire XIII, le 17 août 1578.

Mattei, *Sardinia sacra*, Rome, 1761, p. 165-166. — Sacchini, *Historia Societatis Jesu*, 2e part., l. III. — Petrus Suavis, *Historiae concilii Tridentini libri octo*, Londres, 1620, p. 209. — Pallavicini, *Historia del concilio di Trento*, Rome, 1656, p. 714. — Martène, *Veterum scriptorum et monumentorum amplissima collectio*, Paris, 1733, col. 1073, 1096, 1130. — Mazzuchelli, *Gli scrittori d'Italia*, Brescia, 1753, t. I, Ire part., p. 436. — Tola, *Dizionario biografico degli uomini illustri di Sardegna*, Turin, 1837, p. 71-72 (avec une bonne bibliographie); *Notizie storiche della università degli studi di Sassari*, Sassari, 1866, p. 41, note 3. — Siolto-Pintor, *Storia letteraria di Sardegna*, Sassari, 1843-1844, l. III, p. 67, 192, note 5; l. V, p. 263; l. VI, p. 283, 356, 463. — Cappelletti, *Le Chiese d'Italia*, Venise, 1857, t. XIII, p. 127-128. — Theiner, *Acta genuina SS. œcumenici concilii Tridentini*, Agram, 1874, t. I, p. 148, 477, 479, 530. — Merkle, *Concilium Tridentinum*, *Diaria*, Fribourg-en-Brisgau, 1901-1911, t. I. — Lea, *The Inquisition in the spanish dependencies*, New York, 1908; cf. *Archivio storico sardo*, t. V, ann. 1909, p. 260. — D. Filia, *La Chiesa di Sassari nel secolo XVI e un vescovo della Riforma*, Sassari, 1910. — S. Pintus, *Sardinia sacra*, *Gli arcivescovi di Sassari*, dans *Archivio storico sardo*, 1904. — Carcereri, *Il concilio di Trento dalla traslazione a Bologna alla sospensione*, Bologne, 1910, p. 17. — Ehses, *Concilium Tridentinum*, *Acta*, Fribourg-en-Brisgau, 1911, t. II, passim.

J. FRAIKIN.

ALER (PAUL), jésuite luxembourgeois, naquit à Saint-Vith, le 9 novembre 1656, et, reçu maître ès arts, en 1676, au gymnase des Trois-Couronnes de Cologne, entra au noviciat de Trèves le 6 novembre de la même année. Il enseigna la philosophie et la théologie morale à Cologne, et y dirigea treize ans la congrégation latine. En 1701, il alla professer la théologie scolastique à l'université de Trèves, mais il revint peu après à Cologne pour y être, du 2 mars 1703 au 25 avril 1713, recteur du collège. Il gouverna aussi les collèges de Münster-Eifel, d'Aix-la-Chapelle, de Trèves et de Juliers. Il mourut à Düren, le 2 mai 1727. Aler vécut plus de trente ans au collège des Trois-Couronnes : il y construisit un magnifique théâtre pour faire représenter ses tragédies et ses opéras, et donna une forte impulsion à la musique chorale, non seulement sur la scène, mais encore dans les exercices religieux. Ces innovations lui attirèrent des ennemis qui portèrent leurs plaintes à l'électeur palatin, au nonce et jusqu'à Rome. Mais il gagna sa cause : ses accusateurs furent condamnés à rétracter publiquement leurs calomnies et à lui payer, à titre de dommages et intérêts, la somme de 1 000 florins d'or; il leur fit généreusement grâce de cette amende. Il publia : 1° Des traités théologiques : *Justificatio impii per attritionem et sacramentum paenitentiae*, in-4°, Trèves, 1716. — *Tractatus de actibus humanis*, in-4°, Trèves, 1717. — 2° Des cours de philosophie : *Conclusiones ex universa philosophia, circa quaestiones maxime controversas*, in-4°, Cologne, 1692. Ces thèses furent attaquées par le dominicain Albert Oswaldt dans son *Spicilegium philosophicum collectum in agro thomistico*, 2 in-8°, Cologne, 1696; Aler les revit et leur donna plus de développement : *Philosophia tripartita ad mentem Philosophi et Doctoris Angelici*, 3 in-4°, Cologne, 1710-1724. — *Dialectica nova omnibus scholis accommodata*, in-8° Trèves, 1712, 1716. — 3° Des ouvrages scolaires : *Praxis poetica, sive methodus quodcumque genus carminis facile et eleganter componendi*, in-8°, Cologne, 1683, 1701, 1702,..., 1735. — *Orthographia sive ars emendate scribendi*, in-8°, Cologne, 1699, 1700, 1704. — *Appendix ad praecepta literarum humaniorum*, in-8°, Cologne, 1701. — *Gradus ad Parnassum*, in-8°, Cologne, 1706, souvent réimprimé : ouvrage d'un jésuite français publié à Paris dès 1652, mais remanié par Aler, dont le travail, au témoignage de Barbier, servit de base aux éditions faites en Hollande, en Italie et en Angleterre. — *Dictionarium germanico-latinum*, in-8°, Cologne, 1717, 1724, 1727. — 4° Enfin quatorze tragédies ou opéras religieux, des discours, des poésies et une *Symphonia Sirenum selectarum in quatuor vocibus composita*, in-8°, en 4 parties.

Jos. Hartzheim, *Bibliotheca Coloniensis*, Cologne, 1747, p. 263-265. — Barbier, *Examen critique et complément des dictionnaires historiques les plus répandus*, Paris, 1820, p. 25-27. — Sommervogel, *Bibliothèque S. J.*, Bruxelles, 1890, t. I, col. 160-167; 1898, t. VIII, col. 1603-1604; cf. t. II col. 1091-1096.

E.-M. RIVIÈRE.

ALERAMUS, évêque de Léon. Il règne une certaine confusion dans l'histoire des évêques de Léon, à la fin du XIVe siècle et au commencement du XVe. Les auteurs ennemis de Benoît XIII, alors cardinal d'Aragon, disent que le siège de Léon serait resté vacant plusieurs années, afin de permettre au cardinal d'administrer les biens du diocèse, pour satisfaire son avarice et pour étendre l'obédience de Clément VII. L'évêque Trujillo, sans déduire de son opinion les conclusions défavorables à Benoît XIII, place l'intronisation d'Aleramus en 1389; le P. Risco, en 1380. Celui-ci produit des documents, trouvés dans les archives de la cathédrale de Léon et qui auraient échappé au chanoine Espinos, chargé des investigations d'archives pour le compte de Trujillo. Le plus probant est une lettre qui porte la signature d'Aleramus, évêque de Léon, et la date du 3 juin 1380, où est réglée l'attribution des rentes des biens du chapitre recueillis pendant la vacance du siège. La copie intégrale de cette pièce figure dans l'appendice du t. XXXVI, p. 174, de l'*España sagrada*. Il est fait mention de cet évêque dans la 3e partie du *Grand livre des testaments* conservé dans les archives capitulaires de Léon, à la date de 1389, fol. 103; de 1391, fol. 25; de 1395, fol. 73; de 1398, fol. 105.

Il fut partisan dévoué de Pierre de Lune, avant et après son élection au souverain pontificat. Il lui abandonna la jouissance de quelques bénéfices de l'Église de Léon. A l'instigation du cardinal d'Aragon, il donna l'archidiaconat de Valderas au cardinal de San Marcello, malgré l'opposition du roi de Castille, Henri III, qui lui écrivit une lettre de blâme le 12 avril 1391. Aleramus mourut en 1401.

Florez, *España sagrada*, t. XXXVI, p. 40-44, et 174 de l'Appendice (rédigé par le P. Manuel Risco). — Trujillo, *Historia de los obispos de Leon*, fol. 256-258, ms. q. 16, bibl. nation. de Madrid.

P. SICART.

ALERIA (*Alerien.*), village de Corse, arrondissement de Corte, canton de Moita; ancien évêché.
I. Histoire sommaire. II. Liste épiscopale.

I. HISTOIRE SOMMAIRE. — On ne sait à quelle époque précise le christianisme fut prêché en Corse, ni à quelle date l'organisation territoriale ecclésiastique y fut réalisée. Que saint Paul ait lui-même évangélisé cette île, qu'un de ses disciples, Eubolus, ait fondé le siège d'Aleria et qu'il y ait eu pour successeur Crispinien, vers 92, nul n'a jamais prouvé que ce fussent là des faits historiques. Voir AJACCIO, t. 1, col. 1271. Il est vraisemblable que le christianisme apparut de bonne heure dans les colonies romaines de l'île et partant à Aleria, qui était une des plus florissantes. Nous n'avons pas à rechercher ici ce fond de vérité que peuvent contenir les légendes hagiographiques qui se rapportent aux martyrs locaux, sainte Dévote, sainte Julie, saint Gavino, etc., qui auraient été victimes de la persécution sous Septime-Sévère, Caracalla ou Dioclétien. « Pendant les six premiers siècles, l'histoire ecclésiastique de la Corse se résume en des légendes dignes de respect. » X. Poli, *La Corse dans l'antiquité et dans le haut moyen âge*, Paris, 1907, p. 104. Des destinées du christianisme en Corse à l'époque vandale, on ne sait rien, sinon que l'île servit de lieu d'exil à quarante-six évêques de la province d'Afrique, déportés par Hunéric, en 484. Il est vraisemblable que l'influence de ces confesseurs de la foi servit à la diffusion de la religion chrétienne. Un siècle plus tard, sous Grégoire le Grand, avec les premières données historiques sûres, nous constatons que la majeure partie de la population est chrétienne, mais qu'elle a besoin d'être réformée dans ses mœurs et raffermie dans sa foi. Il existe des évêques à Sagone, à Ajaccio et à Aleria. Saint Grégoire le Grand, qui donna probablement à ce dernier siège un titulaire, en 591, en la personne de Martin, évêque de Tainatis (Tadino? en Ombrie), constatait qu'il était vacant depuis un certain temps. Martin fut remplacé par Pierre, auquel le pape ordonna, en 596, de consacrer l'église de Saint-Pierre de Nigheuno (Accia?). Mais ce prélat siégea peu de temps, car, en août 601, le même pontife pouvait faire un reproche à Boniface, *defensor* de la Corse, de n'avoir pas fait élire par le clergé et le peuple les pasteurs des églises d'Ajaccio et d'Aleria, vacantes depuis longtemps. Saint Grégoire paraît n'avoir rien négligé pour assurer l'extension et la conservation de la vraie foi, la réforme des bonnes mœurs et les progrès de la civilisation dans l'île. L'évêque Pierre, auquel il écrit en 598, est invité à empêcher les apostasies qui se produisaient parmi les convertis et à s'employer à la conversion des idolâtres. Le *defensor* Symmaque (juin 591) est chargé de chercher un emplacement convenable pour la fondation du premier monastère corse; il doit, de concert avec l'abbé Orose, envoyé du pape, travailler à la réforme du monastère de la Gorgone, et veiller à ce que les prêtres de l'île s'abstiennent de tenir chez eux des concubines. *Epist. S. Gregorii*, dans *Monum. Germaniae*, t. I, p. 76, 96-98, 400; t. II, p. 341. Après saint Grégoire, nous traversons une longue période de ténèbres. L'histoire de l'île, à l'époque des Goths, des Lombards et des Sarrasins, ne nous révèle que traits de violences et de barbarie : des luttes, des conquêtes, des incursions de pirates. L'île est prise et reprise par les maîtres successifs de la mer. A partir du VIIIe siècle, les Maures s'y installent. Aleria est détruite (809?), puis rebâtie par eux. Les habitants émigrent vers les montagnes ou sur le continent italien. Il est vraisemblable que la hiérarchie épiscopale subit alors mainte interruption. L'historien de l'Église de Corse ne reprend pied qu'au XIe siècle, lorsque, par l'expulsion des Sarrasins, s'établit la domination pisane. Le Saint-Siège, dont les droits sur la Corse remontaient à l'époque carolingienne, put les affirmer nettement sous Grégoire VII. En 1077, ce pape nomma l'évêque de Pise son vicaire dans l'île. Jaffé, n. 5046, 5048. La hiérarchie catholique étant rétablie, Urbain II lui donna son couronnement naturel en soumettant tous les diocèses insulaires au métropolitain de Pise, institué par lui (21 avril 1092). Jaffé, n. 5449, 5464. Sans parler ici de la longue rivalité qui mit aux prises, à partir de cet instant, la république de Pise et celle de Gênes, disons qu'après maints essais d'accommodement, tentés en vain, le Saint-Siège dut reconnaître à chacune des puissances rivales sa part d'influence civile et de juridiction spirituelle. Le 19 mars 1133, l'archevêque de Gênes devint le métropolitain des évêchés de Mariana, de Nebbio et d'Accia (ce dernier récemment démembré de Mariana et d'Aleria), tandis que celui de Pise conservait comme suffragants les évêques de Sagone, d'Ajaccio et d'Aleria. Jaffé, n. 7613, 7620. Cet état de choses dura jusqu'à la Révolution française.

Les progrès du christianisme dans l'île s'opérèrent lentement. On ne compte pas les légations, les envois de missionnaires, de visiteurs, d'inquisiteurs, de réformateurs faits par les papes, à toutes les époques, pour remédier à des situations quelquefois bien tristes. Grégoire IX fait un tableau très sombre de l'état religieux de ces malheureux diocèses dont les pasteurs sont notoirement indignes et criminels. Il envoie vers eux, successivement, son sous-diacre Odon (1235) et son chapelain Alexandre (1237) avec pleins pouvoirs de réformateurs *in spiritualibus et temporalibus*. Auvray, *Les registres de Grégoire IX*, Paris, 1896 sq., n. 2797, 3733. Alexandre IV, qui confie une mission semblable à l'archevêque de Cagliari, se plaint que les évêques corses, intrus dans leurs églises avec l'appui de la puissance séculière, sont à ce point illettrés qu'ils ne savent ni lire, ni écrire, ni prêcher. Il ordonne de les citer à son tribunal (1255). De la Roncière, *Les registres d'Alexandre IV*, Paris, 1902, t. I, n. 732, 733, 735. Une lettre d'Innocent IV (février 1252) nous révèle pourtant que l'évêque d'Aleria de ce temps-là s'efforçait de tenir tête aux agresseurs de son Église. Sa ville épiscopale souvent saccagée par les pirates et par les gens du pays, était déserte, et l'évêque ne voyait pas d'autre moyen de la repeupler que d'y attirer des colons toscans en grand nombre, qui aideraient, au besoin, à la défense des droits ecclésiastiques. Le pape accorda une indulgence à ceux qui se rendraient à l'appel de l'évêque. Sous Jean XXII, une mission de six franciscains et de six frères prêcheurs alla travailler à convertir et à raffermir dans leur foi ces populations chrétiennes de nom », ignorantes, grossières et vouées aux superstitions profanes (1er décembre 1331). *Regesta Vatic.*, t. 103, n. 1335-1336. Sous Urbain V, Giovanni Scarlatto, archevêque de Pise et légat du pape, édicta des mesures sévères contre les prêtres concubinaires. *Reg. Vatic.*, t. 258, fol. 142. Sous

ALERIA

ce même pape et sous Grégoire XI, on dut faire appel à l'Inquisition pour extirper les pousses d'hérésie et de superstition qui infestaient les diocèses de l'île. *Regest. Vat.*, t. 283, fol. 248. Durant le grand schisme, les désordres s'accrurent démesurément. Martin V, qui s'efforça d'y mettre un terme en chargeant l'évêque de Sagone d'une mission de « réforme », déplore les graves infractions faites à la discipline et à la loi morale : mariages entre parents, concubinage des prêtres et même des évêques, transmission héréditaire des bénéfices ecclésiastiques, ignorance et perversion morale chez les fidèles, qui « n'ont plus le sens du juste et de l'injuste, » etc. (8 janvier 1425). *Regest. Vat.*, t. 355, fol. 136 v°. Bornons-nous à mentionner d'autres missions de « réforme » sous Jules III et Paul IV, en 1555 (Archives Vat., *Armar. XLIV*, t. vi, fol. 65); sous Paul V, en 1616 et 1617 (*Armar. XLV*, t. xi, fol. 165; t. xv, fol. 205 v°), et sous Clément XIII, en 1759-1760. Cambiagi, *Historia del regno di Corsica*, t. IV, p. 20-51. Ce dernier pontife s'efforça de réparer les ruines faites par la guerre des insurgés corses contre leurs seigneurs traditionnels, les Génois. Les biens des églises avaient été affectés aux dépenses de l'insurrection; les évêchés étaient sans pasteurs, ceux-ci ayant dû s'exiler pour échapper aux violences; les paroisses étaient sans curés, les peuples sans instruction religieuse et sans culte; les églises étaient détruites ou désaffectées. On le voit, d'un siècle à l'autre, le tableau de l'Église de Corse ne varie pas.

Les évêques d'Aleria ne résidaient plus depuis longtemps dans leur ville épiscopale. Au XVIe siècle, on les voit se fixer à Bastia; plus tard ils s'établirent à Cervione, à Campoloro et Corte. Dans leur série, à côté de personnages qui illustrèrent peu leur siège, tels que Gerardo Orlandini, qui adhéra au schisme de Louis de Bavière, et Ambrogio d'Omessa, qui fut un seigneur séculier plutôt qu'un homme d'Église, nous remarquons des figures dignes de retenir l'attention; ainsi celle de l'humaniste Gian Andrea Bussi, secrétaire et premier bibliothécaire de Sixte IV, érudit et écrivain distingué, grand propagateur de l'imprimerie (Pastor, *Hist. des papes*, trad. franç., t. IV, p. 62, 65, 404), qui, en vérité, résida plutôt à Rome qu'à Aleria. Ardicino della Porta, son successeur, n'illustra aussi ce siège que de loin. Ses vertus et son caractère lui valurent le cardinalat, et le conclave qui élut Alexandre VI compta un parti assez nombreux qui désirait le porter à la tiare. Pastor, *op. cit.*, t. v, p. 345, 363 sq. Il voulut un jour quitter la pourpre pour se faire camaldule. Ciaconius Oldoinus, *Vitae pont. rom. et S. R. E. cardin.*, Rome, 1677, t. III, col. 126-128. L'Église d'Aleria trouva, un siècle plus tard, un pasteur incomparable et un réformateur visité du zèle en saint Alexandre Sauli, que l'on pourrait qualifier de deuxième fondateur de cette Église, tant il y réalisa de restaurations et y fit de créations utiles. Le chapitre cathédral d'Aleria, réduit à six membres, qui manquaient, d'ailleurs, du nécessaire pour vivre, reçut de lui une dotation de 240 écus d'or prise sur la mense épiscopale. Durant six ans, cette rente servit à la réparation des églises du diocèse et à l'achat de mobilier et de vêtements sacrés pour les plus pauvres. Elle fut ensuite affectée aux distributions quotidiennes du chapitre (1er mai 1585). Pour assurer la subsistance des six nouveaux chanoines, Alexandre Sauli obtint du pape Sixte-Quint que les rentes de huit bénéfices simples et sans charge d'âmes fussent annexées à la mense capitulaire (26 octobre 1586). Vingt ans après la translation d'Alexandre Sauli au siège de Pavie, l'œuvre de ce saint prélat fut reprise par Decio Giustiniani, qui laissa une réputation de zélé missionnaire, de bienfaiteur des églises et des pauvres, et de pacificateur des discordes. En 1768, la Corse devint française et, en 1770, Louis XV obtint de Clément XIV le droit de nommer aux évêchés de l'île. Le dernier évêque d'Aleria, choisi par lui, cette année même, fut un Français. Il clôt la liste épiscopale de ce diocèse, dont le territoire, depuis le concordat de 1801, forme, avec celui des autres évêchés corses, le diocèse actuel d'Ajaccio, dans la province ecclésiastique d'Aix. Aleria n'est plus de nos jours qu'un village de 700 habitants, où se remarquent quelques ruines romaines.

D'après Matthieu de Flandin, *Apparatus ad universalem episcopatuum orbis terrarum notitiam* (Archiv. Vatic., *Indic.* t. 437, fol. 54), à la fin du XVIIe siècle, la cathédrale d'Aleria étant détruite, c'était l'église de Saint-Érasme à Cervione (*pieve* de Campoloro), qui en tenait lieu. Près de cette église se trouvaient le palais épiscopal et la demeure des chanoines, qui étaient douze, plus deux prébendiers. Chaque chanoine percevait 100 écus par an, sauf deux qui n'en avaient que 70. Le séminaire comptait dix enfants, et recevait une pension annuelle de 300 écus sur la mense épiscopale. Il y avait, en outre, un hôpital, un monastère d'hommes, une confrérie. Le mont-de-piété était à Corte. Le diocèse (100 milles de long et 40 de large) comptait dix-huit *pievi* et trois paroisses. Voici les noms des *pievi* d'après Amati : Giovellina, Campoloro, Verde, Opino, La Serra, Bozio, Alessani, Orezza, Vallirustie, Talcini, Venaco, Rogne, la Corsa, Covasina, Castello, Aregno, Matra, Niolo et Carbini. Selon le même auteur, les revenus de la mense épiscopale étaient de 2 000 écus d'or.

II. LISTE DES ÉVÊQUES. — Martinus, 591. — Petrus, 598. — 601 : siège vacant depuis longtemps. — Bonosus, 649. — Petronius, avril 813. — Ambrosius ou Anchesius, 981. — Landulfus, 1095, 1098. — Frater Blasius, 1172. — 1249 : Anonyme, O. S. B. [Orlando Cortiuco?] en exil, en 1252. — L. (Landolfo II?), *electus Alerien*, 1257. — Niccolò Forteguerra, O. P., 1270. — Guglielmo, 1309. — Gerardo Gaddo Orlandini, O. Er. S. A., 1322, puis archevêque schismatique de Pise, déposé, le 2 mars 1330, comme partisan de Louis de Bavière. — Galgano Biagio Bocca di Bue de Florence, O. M., 14 mars 1330, transféré à Cefalù, 20 novembre 1342. — Guglielmo Arcambaldi, O. Er. S. A., 15 janv. 1343, transféré à Segni, 30 juillet 1345. — Arnaldo de Fabricis, O. P., év. de Segni, 30 juillet 1345. — Raimondo, mai 1351-† 1354. — Giovanni Pietavini, ord. min., theol. doct., 15 mars 1361-† 1362. — Biagio, O. P., 15 août 1362. — Salvino da Nebbio, chanoine d'Aleria, 5 nov. 1365-† vers 1405. — Bartolomeo, archidiacre de Volterra, 13 janv. 1406-† vers 1410. — Ottobono Lomellini, de Gênes, 18 février 1411-† 1411. — Ambrogio d'Omessa, chanoine de Mariana, 15 janvier 1412-† vers 1440. — Leone de Liguria, O. P., 17 septembre 1440. — Giovanni Andrea Bussi, évêque d'Accia, référendaire, bibliothécaire et secrétaire de Sixte IV, 23 juill. 1466-† 4 fév. 1475. — Ardicino della Porta, référendaire du pape, cardinal du titre de Saints-Jean-et-Paul, 22 février 1475-† 4 février 1493. — Girolamo Pallavicini, 8 février 1493-1517. — Innocenzo, card. Cibò, gouverneur de la Corse, administrateur, 19 juin 1518-1520. — Francesco Pallavicini, notaire du palais apostolique, familier du pape, puis « maître du registre des lettres apostoliques 19 décembre 1520. » — Pier Francesco Pallavicini, de Gênes, docteur *in utroque*, chapelain de Saint-Pierre de Rome, coadjuteur du précédent, 30 mai 1550. — Alessandro Sauli, barnabite 10 février 1570, transféré à Pavie, 10 mai 1591. — Ottavio Belmosto, prêtre de Gênes, docteur *in utroque*, commendataire de l'abbaye de Sainte-Marie-de-Matina au diocèse de San Marco, 31 juillet 1591, démissionnaire en 1608, cardinal le 19 septembre 1616- † 16 novembre 1618. — Domenico Rivarola, prêtre et chanoine de Gênes, 10 décembre 1608, transféré à Nazareth, 1609, enfin cardinal du titre de Saint-Martin-aux-Monts, 7 août 1611, † 3 janvier 1627. — Giovanni Sauli (Scalo, Sacchi?), O. P., 15 juin 1609- † 1611. — Gian Francesco Mirto, napolitain, clerc théatin, 18 avril 1611- † 1612. — Decio Giustiniani, O. P., avril 1612- † 21 novembre 1642. — Ottaviano, card. Raggi, du titre de Saint-Augustin, conslr. 1643- † 1644. — Agostino Donghi, clerc théatin, consacré le 13 mai 1645- † 29 janvier 1648. — Siège vacant durant cinq ans. — Giambattista Imperiali, clerc théatin, 24 novembre 1653- † 13 avril 1674. — Mario Emanuele Durazzo, docteur *in utroque*, archidiacre d'Aleria, 26 juin 1674, transféré à Mariana et Accia, 19 mai 1704. — Rafaele Raggi, génois, barnabite, 2 mars 1705- † 20 septembre 1712. — Carlo Maria Giuseppe Fornari, noble génois, doct. *in utroque*, consulteur de l'inquisition de Gênes, proton. apost., 30 janvier 1713, transféré à Albenga, 20 février 1715. — Agostino Saluzzo, missionnaire diocésain de Gênes, 18 mars 1715, transféré à Mariana et Accia, 13 juillet 1720. — Camillo de Mari, de Savone, clerc théatin, 16 sept. 1720- † 13 janv. 1741. — Girolamo Corli (Curlo), génois, professeur de philosophie à Rome, 29 mai 1741- † vers 1750. — Matteo de Angelis, romain, 23 septembre 1750- † décembre 1769. — Jean-Joseph Marie de Guernes, limousin, 6 août 1770- † avant 1801.

Amati, *Dizionario corografico dell'Italia*, Milan, t. 1, p. 176-178. — Archiv. Vatic., *Indic.*, t. 437, fol. 54. — Cambiagi, *Historia del regno di Corsica*. Livourne, 1770-1774, 4 vol. — Cappelletti, *Le Chiese d'Italia*, t. xvi, p. 275-353. — Eubel, *Hierarchia catholica*, t. i, p. 81; t. ii, p. 95; t. iii, p. 114. — Fabre et Duchesne, *Le Liber censuum*, 1905 sq., t. i, p. 765. — Gams, *Series episc.*, p. 765. — Groner, *Le diocesi d'Italia dalla metà del x fino a tutto il xii secolo*, traduit de l'allemand par Guarini, Melfi, 1908, p. 35-36. — A. Jean, *Les évêques et les archevêques de France depuis 1682 jusqu'à 1801*, Paris, 1891, p. 497. — Limperani, *Istoria della Corsica da' Tirreni suoi primi abitatori fino al secolo xviii*, Rome, 1779-1780, 2 vol. — Molard, *Évêques d'Aleria*, dans *Bulletin historique et philologique du Comité des travaux historiques*, 1891, p. 53-54. — Muratori, *Rer. Ital. script.*, t. xxiv, col. 418, etc. — X. Poli, *La Corse dans l'antiquité et dans le haut moyen âge*, Paris, 1907, p. 101-107, 142-187. — *Schede di Garampi*, *Vescovi*, art. *Aleria*; *Miscellanea*, indic., t. 518, fol. 37-39, art. *Corsica*. — Ughelli, *Italia sacra*, 2ᵉ éd., t. iii, p. 501-515.

J.-M. VIDAL.

ALERINO REMBAUDI ou **RAMBAUDI** (Bienheureux). Né à Alba, vers 1393, d'une famille noble, il fut chanoine de la cathédrale de cette ville, administrateur apostolique du diocèse en 1419, et enfin évêque le 10 novembre 1421 (avec dispense d'âge, car il n'avait que vingt-sept ans). Il réunit le synode diocésain en 1434 et opéra de sages réformes. Il retrouva dans la cathédrale, en 1439, le corps de saint Theobaldus, et la légende rapporte qu'à ce moment toutes les cloches de la ville se mirent à sonner d'elles-mêmes. Le 21 avril 1455, il transporta solennellement le corps de saint Frontinien de Carcassonne, martyrisé près d'Alba, peut-être sous l'empereur Maxence, de l'église bénédictine qui portait son nom à la cathédrale de San Lorenzo. Ce fut sous son épiscopat que la bienheureuse Marguerite de Savoie, après la mort de son mari, le marquis de Montferrat, prit l'habit de Saint-Dominique et fonda un monastère qui devint fameux. Alerino mourut le 21 juillet 1456, après trente-sept ans d'épiscopat, et fut enterré dans la cathédrale. La sainteté de sa vie lui a valu le titre de bienheureux. Fête le 31 juillet.

Franc. Agostino Della Chiesa, *S. R. E. cardinalium, archiepiscoporum, episcoporum et abbatum Pedemontanae regionis chronologica historia*, Turin, 1645, p. 182. — Ughelli-Coleti, *Italia sacra*, Venise, 1719, t. iv, col. 290. — Gallizia, *Atti dei santi che fiorirono nei dominii della R. Casa di Savoia*, Turin, 1756-1757, t. ii, p. 313-314; t. vi, p. 105-109. — Massa, *Diario dei santi degli Stati della casa di Savoia*, Turin, 1815, t. ii, p. 34. — Giovanni Benvenuti, *Breve ristretto della vita del B. Alerino, vescovo d'Alba*, Ivrée, 1807. — Cappelletti, *Le Chiese d'Italia*, Venise, 1858, t. xiv, p. 167-168. — A. Manno, *Bibliografia storica degli Stati della monarchia di Savoia*, t. ii, n. 7269, 7284, 7298. — Mazzatinti, *Note per la storia della città di Alba*, t. ii, *La cattedrale*, Albe, 1887, p. 46, 69. — Bima, *Serie cronologica dei romani pontefici, vescovi degli Stati Sardi*, Turin, 1842, p. 407.

J. FRAIKIN.

ALES (*Usellen.* ou *Uxellen.*). Évêché d'Italie (Sardaigne), suffragant de l'archevêché d'Oristano, borné au nord par ce diocèse, au sud par celui d'Iglesias, à l'est par celui de Cagliari, au sud par ceux de Cagliari et d'Iglesias, à l'ouest par la mer Méditerranée, unie *acque principaliter* à celui de Terralba. Le siège épiscopal fut d'abord à Usellis, ville dont il est question dans Ptolémée (édit. Didot, 1ʳᵉ part., p. 374), sous le nom d'Οὐσέλλις πόλις, κολωνία, et, sous celui de *Colonia Julia Augusta Usellis*, dans diverses inscriptions conservées au musée de Cagliari (cf. Gazzera, article dans *Atti dell' Academia delle scienze di Torino*, 1831, t. xxxv, p. 1, et de la Marmora, *Voyage...*, 2ᵉ édit., l. III, p. 465), ainsi que sur une médaille d'un de ses décurions, préteur en Sardaigne, en l'an 670 de Rome. Il n'en reste plus que des ruines, dans un village d'environ 700 habitants, qui porte le nom d'Usellus. Cf. Angius, *Dizionario geografico italiano*, t. xxiii, p. 249, 435. Le christianisme y fut sans doute porté dès les premiers siècles, comme dans le reste de la Sardaigne, par les chrétiens exilés dans cette île, dont le climat était considéré comme mortel. Argolius, *La Sardegna al secolo vi ed il pontificato di S. Gregorio Magno*, Rome, 1904, p. 397, pense que l'évêque Vincentius, nommé en tête d'une lettre écrite par saint Grégoire le Grand : *Vincentio, Innocentio, Mariniano, Libertino et Victori Sardiniae episcopis* (X, viii, *P. L.*, t. LXXVII, col. 947-948), vers juillet ou septembre 599, était évêque de Bosa ou d'Usellis; Mattei opine, au contraire, que l'évêque de Bosa ou d'Usellis était Agathon (voir ce nom, t. i, col. 916); mais ce n'est qu'en 1147 qu'on trouve, au bas d'un diplôme du roi Bariso, le nom d'un certain Rello (lu encore Bello ou Pello), avec le titre d'évêque. Ce fut peu après cette date que l'évêché fut transféré à quelques kilomètres d'Usellis, dans la ville d'Ales, car, en 1182, on lit, au bas d'un autre diplôme du même roi, qui semble antérieur au mois de juin, le nom d'un évêque d'Ales : Comitato Pais. Un troisième diplôme de Bariso, qui semble postérieur à juin, porte la signature d'un autre évêque d'Ales, Maurus, qui a été évidemment le successeur de Pais, mort dans l'intervalle. Depuis lors, l'appellation d'évêque d'Ales est employée indifféremment en même temps que celle d'évêque d'Usellis (ou plutôt Uselli), dans la langue vulgaire, mais la langue de la curie emploie uniquement celle d'*episcopus Usellen.* ou *Uxellen.* On trouve ensuite cité, en 1230 et 1237, Giovanni Marras, et, en 1263, un anonyme présent au concile (?) de Bonarcado. Son successeur fut un dominicain de Pise, Roberto Dragoni ou del Drago, qui vécut de 1312 à 1331, comme le démontrent Boncini, *Cronaca del Convento di S. Caterina*, p. 292, et G. Sainati, *Diario sacro pisano*, Turin, 1898, p. 272. Tempesti cite, sur l'autorité de Dempster, *Hetruria regalis*, Florence, 1724, t. ii, p. 270, un Roberto del Tignoso, évêque d'Ales en 1337, mais Martini, t. iii, p. 360, croit que c'est le même personnage que Roberto del Drago. Celui-ci mourut, en effet, à Pise et fut inhumé dans l'église de Santa Caterina, devant le grand autel. Il avait légué à son couvent *pietantiam in Coena Domini, ad quam invitantur illi del Tignoso... qui fuerunt consanguinei sui.* Boncini, *ibid.*, document CXL. Puis viennent Jacobus, archiprêtre d'Oristano, cité le 16 août 1367; Christophorus et Gometius ou Gomerius, cité par Eubel, sans indication de date, et enfin Antonius, romain (Antonio Deroma ! dit Bima), cité le 28 novembre 1396, après lequel la série continue à peu près régulièrement. Il s'est tenu, dans le diocèse, comme dans tous les autres de la Sardaigne, un grand nombre de synodes. Les constitutions de l'un d'eux, celui de 1564, donnent une triste idée de l'instruction du clergé de cette région de la Sardaigne, à cette époque; l'évêque prescrit, en effet, à ses prêtres, de lire en leur particulier le missel avant la célébration de la messe, afin de pouvoir demander à un confrère plus instruit l'explication des passages qu'ils ne comprendraient pas. Neigebaur, *Die Insel Sardinien*, Leipzig, 1853, p. 205. En 1503, par une bulle du 8 décembre, le pape Jules II unit au diocèse d'Ales celui de Terralba, de sorte que les évêques des deux sièges unis portèrent depuis ce moment le titre d'*episcopus Uxellen. et Terralben.*

LISTE DES ÉVÊQUES. — *D'Uselli* : Vincentius ou Agatho (?), cité 599. — Rello, 1147.

D'Ales : Comitato Pais, cité avant juin 1182. — Maurus, cité après juin 1182. — Giovanni Marras, 1230, 1237. — Anonyme, 1263. — Roberto Dragoni ou del Drago, O. P., 1312-1331. — Giovanni Vieri, transféré de Galtelli, 27 juillet 1330. — Jacobus, 16 août 1367. — Christophorus. — Gometus ou Gomerius. — Antonius, romain, 28 novembre 1396. — Jacobus II, transféré de Strongoli, 9 octobre 1402, transféré à Lavello. — Pietro, 27 avril 1412. — Pietro Spinola, O. S. B., transféré de Savone, 14 (et non 11 comme le porte Eubel) juillet 1413- 8 octobre 1414, transféré à Cagliari. — Bernardo Rossi, O. M., 25 avril 1418. — Giovanni de Campolongo, carme, 14 mars 1421. — Jacopo de Villanova, O. M., provincial de Sardaigne, 12 décembre 1425-† 1439. — Juan Garcia, O. P., confesseur du roi d'Aragon, 1er juillet 1439-5 octobre 1444, transféré à Syracuse. — Bernardo Micheli, O. P., 16 oct. 1444. — Antonio Vich, chanoine de Doglia (Sardaigne), 18 décembre 1454 (?). — Giovanni de Magarola, chanoine de Cagliari, 11 février 1456 (omis à tort par Eubel). — Giovanni della Bona, 15 janvier 1464, et non 18 décembre 1463, comme le dit Eubel. — Pedro Garcia, espagnol, 21 juillet 1484-14 juin 1593, transféré à Barcelone. — Michele Danyon, auxiliaire de Catalayud, 14 juin 1490. — Giovanni Crespo, O. Er. S. A., transféré de Castro (en Sardaigne), 2 octobre 1493.

D'Ales et Terralba : Giovanni Sanna, 27 janvier 1507, transféré à Sassari le 23 janvier 1516, cumule d'abord, puis résigne Ales en 1521 en faveur du suivant. — Andrea Sanna, chanoine d'Ales, 10 mai 1521-3 août 1554, transféré à Oristano. — Gerardo Doni, chanoine de Cagliari, 10 décembre 1557. — Pedro Fragus (*alias* Clerici?), espagnol, 6 novembre 1562-29 décembre 1566, transféré à Alghero. — Lorenzo Villa (?), O. M., 1567. — Miguel Manriquez, O. S. A., transféré de Tarse *in partibus*, 13 décembre 1568. — Giovanni Cannavera, O. M., 13 août 1572. — Giovanni Manca, 8 octobre 1574. — Pietro Clementi, carme, 23 janvier 1565-† 1601. — Antonio Surcddu, chanoine d'Alghero, 30 juillet (et non 23 août comme le dit Gams) 1601. — Lorenzo Nieto, O. S. B., espagnol, abbé de Notre-Dame de Montserrat, 17 avril 1606-1613, transféré à Alghero. — Diego Borgia, O. M., élu le 26 août 1613. — Gavino (*alias* Ugo) Manconi, 30 mai 1616. — Ferdinando Del Campo, O. M., 13 ou 14 décembre 1620. — Melchior ou Michele Pirella, transféré de Bosa, 7 mai 1635. — Michele Bertram de Castellon, O. S. B., 13 septembre 1638. — Antonio Manurita ou Manouta, 18 avril 1644. — Giambattista Brunenghi, référendaire de la Signature, 13 août 1663. — Serafino Esquirro, transféré de Bosa, 15 juillet 1680. — Diego Cugia, 10 avril 1684. — Francisco Masones y Nin, espagnol, 2 janvier 1693-15 septembre 1704, transféré à Oristano. — Isidor Masones y Nin, espagnol, transféré de Cardica *in partibus*, 15 décembre 1704-† 1724. — Salvator Ruyu, 17 mars 1727. — Giambattista Sanna, 14 juin 1728. — Antonio Giuseppe Carcassona, 26 septembre 1736. — Giuseppe Maria Pilo, carme, 17 février 1761- † 1er janvier 1786. — Michele Antonio Aymerich de Villamar, 15 septembre 1788- † 1806. — Siège vacant, 1806-1819. — Giuseppe Stanislao Paradiso, 29 mars 1819-† 1822. — Antonio Raimondo Tore, 28 janvier 1828-2 octobre 1837, transféré à Cagliari. — Pietri Vargiù, 22 juillet 1842-† 3 août 1866. — Francesco Zunnui Casula, 22 février 1867- † 1892. — Palmerio Garau, 12 juin 1893-† 1906.

ÉTAT ACTUEL. — L'évêque actuel est, depuis le 29 août 1910, Mgr Francesco Emanuelli, né à Andagno (province de Port-Maurice), le 5 octobre 1863. Les deux diocèses d'Ales et de Terralba comprennent ensemble quarante-deux communes de la province de Cagliari, avec 59 530 habitants, d'après le recensement de 1901. Ils comptent quarante-deux paroisses et cent six églises, chapelles ou oratoires et quatre-vingt-deux prêtres séculiers. Il n'y a pas, et ne semble jamais y avoir eu, sur leur territoire, de congrégations religieuses. Patron du diocèse et de la cathédrale, saint Pierre, apôtre. La cathédrale était d'abord dédiée aux saintes Justa, Justina et Heredina, avant les restaurations du XVe siècle et de la fin du XVIIe. La ville d'Ales n'a que 1 250 habitants, d'après le même recensement; sa cathédrale, construite au début du XIe siècle, a été presque complètement réédifiée en 1686. Près de la ville est l'église de Santa Maria, de style pisan, qui aurait été la première cathédrale. Le climat d'Ales est malsain; c'est pourquoi l'évêque réside à Cagliari pendant tout l'été.

Cluverius, *Sardinia antiqua*, Turin, 1619, p. 17; *Sicilia antiqua*, Leyde, 1619, p. 489. — Mattei, *Sardinia sacra*, Rome, 1761, p. 263-275. — Orlandi, *Delle città d'Italia e sue isole adiacenti compendiose notizie*, Pérouse, 1778, t. I, p. 215-216. — Vitalis (S. Vidal), *Annales Sardiniae*, Cagliari, 1780. — Cossu, *Descrizione geografica della Sardegna*, Gênes, 1795, 2e part., p. 50-54. — Casalis, *Dizionario geografico-storico-statistico-commerciale degli Stati di S. M. il re di Sardegna*, Turin, 1833, t. I, p. 172. — Pietro Martini, *Storia ecclesiastica della Sardegna*, Cagliari, 1839-1842, t. I, p. 362; t. III, p. 360. — Bima, *Serie cronologica degli arcivescovi e vescovi del regno di Sardegna*, Asti, 1845, p. 106-111. — Cappelletti, *Le Chiese d'Italia*, t. xv, p. 249-255, 260-261. — Amati, *Dizionario corografico dell'Italia*, Milan, t. I, p. 178-179. — Spano, *Strade antiche della Sardegna*, dans *Bullettino archeologico sardo*, 1856, t. II, p. 45; *Sardegna sacra et le antiche diocesi*, *ibid.*, 1858, t. IV, p. 9-10; *Itinerario dell'isola di Sardegna del conte Della Marmora, tradotto e compendiato con note*, Cagliari, 1868. — G. Petri, *L'orbe cattolico*, Rome, 1858, 1re part., p. 439. — Alb. de La Marmora, *Itinéraire de l'île de Sardaigne*, Turin, 1860. — Gams, *Series episcoporum*, Ratisbonne, 1873, p. 331-332; Supplément, p. 36. — O. Werner, *Orbis terrarum catholicus*, Fribourg-en-Brisgau, 1890, p. 35. — A. Manno, *Bibliografia storica degli Stati della casa di Savoia*, Turin, 1891, t. I, p. 115-116. — Pasq. Cugia, *Nuovo itinerario dell'isola di Sardegna*, Ravenne, 1892, t. II, p. 205-206, 221-222. — Bertolotti, *Statistica ecclesiastica d'Italia*, Savone, 1895, 1re part., p. 179-180. — Magnini et Vaccari, *Dizionario corografico dell'Italia*, Milan-Rome, p. 58. — Giovanni Berthelet, *Dizionario delle parrocchie italiane*, Rome, 1901. — Eubel, *Hierarchia catholica*, t. I, p. 539; t. II, p. 286; t. III, p. 344. — Groner, *Die Diözesen Italiens*, Fribourg-en-Brisgau, 1904, p. 12, 25. — *Bollettino d'arte del ministero della P. Istruzione*, 1907, p. 32. — Besta, *La Sardegna medioevale*, Palerme, 1908-1909, t. I, p. 70-71, 232; t. II, p. 67, note 8. —

Annuario pontificio per l'anno 1912, Rome, 1912, p. 55. - *Annuario ecclesiastico*, Rome, 1912, p. 252-253.

J. FRAIKIN.

ALESA. Prétendu ancien évêché de Sicile. G. L. Castello, prince de Torremuzza (sous le pseudonyme de Selinunte Dragonteo), a écrit une excellente monographie de cette ville. Cf. du même : *Siciliae et adjacentium insularum veterum inscriptionum nova collectio*, 2e édit., Palerme, 1784, p. xxv, 48 note, 118 note. Elle est nommée, comme située à 18 milles de Cefalù, dans un itinéraire romain anonyme cité par Vincenzo Auria, *Discorso dell' origine e antichità di Cefalù*, dans Gualterius, *Siciliae adjacentium insularum et Bruttiorum antiquae tabulae*, Messine, 1624, et comme située à 28 milles de cette même ville (par erreur d'écriture, évidemment), dans un autre itinéraire du temps de l'empereur Antonin. Cluverius, *Sicilia antiqua*, Leyde, 1619, p. 286-291. Elle se trouvait sur le fleuve Alesus et sur le territoire de Tufa, dans le diocèse actuel de Patti, à l'endroit où s'élève aujourd'hui l'église de S. Maria *de Palatio* ou plutôt *le Palate*, dans les murs de laquelle sont encastrées plusieurs inscriptions d'Alesa (publiées avec diverses médailles, où elle est également nommée, dans Muratori, *Nuovo tema delle iscrizioni classiche*, t. VIII, p. 354). Strabon, édit. Didot, t. I, p. 292-293, en parle assez longuement.

Diodore de Sicile la cite, lui aussi, et attribue sa fondation aux Carthaginois en la deuxième année de la 94e olympiade (404 avant Jésus-Christ). Conquise par les Romains, dans le reste de la Sicile, dans la première guerre punique, elle fut érigée en municipe. On la voit citée ensuite dans la prétendue donation de Tertullus à saint Benoît et au Mont-Cassin du 17 juin 522. Elle aurait été détruite par les Sarrasins vers 827.

Elle est indiquée cependant comme siège épiscopal dans quelques documents de valeur diverse, et dont quelques-uns sont difficiles à éluder. Indépendamment de deux diplômes de l'empereur Léon VI et d'Andronicus II, les *Notitiae episcopatuum* signalent formellement l'existence du siège d'Alesa. La notice de Basile l'Arménien datée de 829 comme le Τάξις de Léon VI portent l'évêché d'Ἀλέσις ou Ἀλέσης comme dépendant de Syracuse. Il en va de même d'une autre notice, envoyée en 1250 au métropolitain de Syracuse par le patriarche Milus Dossopatrius. Cette *Notitia* et six autres mentionnant l'évêché d'Ἀλέσις, Ἀλέσης, Ἀλέσσης, dans la province de Syracuse et l'éparchie de Sicile, ont été publiées par Parthey, *Hieroclis Synecdemus et notitiae graecae episcopatuum*, Berlin, 1866. Ainsi qu'on le voit, ces textes sont tous postérieurs à l'époque probable de la destruction d'Alesa. Il est donc possible que ces trois évêchés n'aient été cités que pour simple mention, comme on le fait aujourd'hui pour les évêchés titulaires. On trouve, il est vrai, dans Labbe, *Sacrosancta concilia*, Paris, 1671, t. VI, col. 77, le nom d'un certain *Calumniosus episcopus Alesinus*, présent au concile de Latran en 649, mais le texte grec porte Καλλιομνήσου ἐπισκόπου Καλέσης, avec Ἀλέσης en variante seulement.

Ottavio Cajetano, *Isagoge ad historiam sacram Siculam*, Palerme, 1707, p. 280-281. — Miraeus, *De scriptoribus ecclesiasticis*, dans Fabricius, *Bibliotheca ecclesiastica*, Hambourg, 1718. — Pirro, *Italia sacra*, Palerme, 1734, t. I, p. 494. — Selinunte Dragonte, *Storia di Alesa, antica città di Sicilia*, Palerme, [1753] (cf. l'indication du manuscrit illustré de cet ouvrage chez Hoepli, *Bibliotheca historica italica*, Milan, 1897, p. 25). - Giov. Evang. Di Blasi, dans *Nuova raccolta di opuscoli*, Palerme, 1780, t. VI, p. 83. — Cappelletti, *Le Chiese d'Italia*, t. XXI, p. 644. — Gelzer, *Georgii Cypri descriptio orbis romani*, Leipzig, 1890, p. 30, n. 590; *Texte der Notitiae episcoporatuum*, 1901, p. 554.

J. FRAIKIN.

ALESIUS. Voir ALES (Alexander).

ALESON (FRANCISCO DE), jésuite et annaliste navarrais, remania et acheva le second et le troisième volume des *Annales del Reyno de Navarra*, du P. José de Moret, in-fol., Pampelune, 1695 et 1704. Il composa ensuite les deux derniers volumes, depuis la mort de la reine Jeanne II (1349): *Tomo quarto*, in-fol., Pampelune, 1709; *Tomo quinto*, in-fol., Viana, 1715, qui furent réimprimés, in-fol., Pampelune, 1766, par les soins du P. Joaquín Solano, et, avec ceux de Moret, 7 in-4°, Tolosa, 1890-1891. Deux abrégés de ces Annales ont été publiés, l'un par le jésuite Pablo Miguel de Elizondo, in-fol., Pampelune, 1732; l'autre, reproduction à peu près textuelle, par D. José Yanguas y Miranda, in-4°, Saint-Sébastien, 1832. Aleson laissa encore : *Elogio funebre al rey nuestro señor Felipe IV el grande*, en basque, in-fol., Pampelune, 1665, et : *Gramatica greco-española*, Salamanque, 1679. Né à Viana, le 7 juin 1635, et entré au noviciat le 28 août 1650, il gouverna plusieurs collèges, fut vice-provincial de Castille, et mourut à Logroño, le 8 — et non le 2 — octobre 1715.

Sommervogel, *Bibliothèque S. J.*, Bruxelles, 1890, t. I, col. 167-168; 1898, t. II, col. 1604. — Uriarte, n. 3477 et *Notes manuscrites*.

E.-M. RIVIÈRE.

ALESPÉE (JEAN), *Ad ensem*, naquit vers 1367, d'une famille noble, vraisemblablement originaire de Normandie. Les armes de cette famille étaient deux épées en sautoir; on les voit représentées sur un signet au-dessous du sceau de l'officialité de Rouen, appendu à un acte de 1419. *Archives de la Seine-Inférieure*, G 1780. Après de sérieuses études, Jean prit les grades de licencié en droit civil et de bachelier en droit canon. Il devint trésorier de l'archevêché de Rouen pendant la régale (1407-1408), fonction qu'il exerça également sous l'épiscopat de Louis de Harcourt (1412-1413); peu après, il était vicaire général du même prélat, avec Nicolas de Venderès (1415-1422). *Archives de la Seine-Inférieure*, fonds de l'archevêché. A la vacance du siège, il remit entre les mains des chanoines le petit sceau d'argent de l'archevêché (19 octobre 1422).

Dès 1412, il était chanoine de Rouen. Le parti anglais sut l'accaparer. Le 17 avril 1420, Henri V le nomma chanoine d'Évreux. Il fut concurremment chanoine de Bayeux, chanoine de la collégiale d'Andely et curé de Hautôt le Vatois. Rymer, *Foedera*, t. IV, pars 3a, p. 168; pars 4a, p. 26; *Registres capitulaires*, vendredi après la chaire de saint Pierre, 1435.

Il semble qu'il avait quelque goût des lettres. Outre certains ouvrages liturgiques, on trouva dans sa succession « une Vie des saints; la lecture d'Innocent sur le Décret : le roman Lancelot du Lac : ung roulle en parchemin de la Génération de France qui se commence : *De tous nobles*; un livre *De remedio amoris* glosé; de vieilles chroniques en françois; un livre de rhétorique; un papier touchant plusieurs décisions notables sur le droit canon; un livre à Mme d'Estouteville. » *Archives de la Seine-Inférieure*, G 1193. Il était lié avec la famille non moins distinguée des Mallet de Graville. Nicolas de Venderès, qui faillit devenir archevêque de Rouen, après la mort de Louis d'Harcourt, était son intime ami. *Ibid.*, G 1194.

Jean Alespée siégea dix fois au procès de Jeanne d'Arc et eut part aux deux sentences d'hérésie et de relapse. Les témoins qui furent entendus au procès de réhabilitation lui ont été, en général, favorables. Deux d'entre eux déclarèrent qu'après l'exécution sur la place du Vieux-Marché, Alespée avait dit : « Je voudrais que mon âme fût où je crois qu'est l'âme de cette femme. »

Il mourut dans sa soixante-septième année, vers le 16 août 1434.

Charles de Beaurepaire, *Notes sur les juges et assesseurs du procès de condamnation de Jeanne d'Arc*, dans *Précis de l'Académie de Rouen*, Rouen, 1890, p. 418-422.

E. VACANDARD.

ALESS (ALEXANDER), *Alesius* (1500-1565), théologien luthérien, naquit à Édimbourg le 23 avril 1500. Élève de l'université de Saint-André, puis chanoine de la cathédrale de cette ville, il commença par réfuter les ouvrages de Luther lors de leur introduction en Écosse, puis peu à peu se laissa gagner par les doctrines et les partisans du réformateur. Emprisonné pour cette cause, il s'enfuit en Allemagne en 1532; et, en 1533, après avoir fait à Wittenberg la connaissance de Luther et de Mélanchthon, adhéra formellement à la Confession d'Augsbourg. Dès lors il fut, jusqu'au bout, un ardent et habile adversaire des doctrines romaines. En 1533, il publie une lettre pour combattre les mesures prises par les évêques d'Écosse contre les traductions en langue vulgaire de la Bible, *Epistola contra decretum quorumdam episcoporum in Scotia*; et une controverse s'ensuivit avec le fameux polémiste catholique Cochlaeus. En août 1535, Aless arrivait en Angleterre, porteur des *Loci communes* que Mélanchthon envoyait à Henri VIII. Le roi, Cranmer et Latimer le prirent sous leur protection et il fut pourvu d'une chaire de théologie à Cambridge; là, le radicalisme de ses doctrines luthériennes lui ayant créé des difficultés, il quitta son poste et vint étudier la médecine à Londres. En 1537, à la convocation présidée par Cromwell en qualité de vicaire royal, Aless souleva beaucoup d'opposition en repoussant l'autorité de la tradition, et ne reconnaissant que deux sacrements. Aussi, lors de la chute de Cromwell en 1540, il jugea prudent de quitter l'Angleterre. Son nom était déjà connu en Allemagne; en 1540 l'électeur Joachim II de Brandebourg le pourvut d'une chaire de théologie à Francfort-sur-l'Oder. En 1541, il fut attaché comme théologien à l'ambassade envoyée à Luther par l'électeur et le margrave de Brandebourg, pendant la diète de Ratisbonne, pour le faire consentir à un compromis doctrinal : ambassade qui échoua devant l'obstination de Luther. En 1543, Aless ayant eu des difficultés avec les magistrats de Wittenberg, quitta brusquement cette ville pour Leipzig, où il obtint du duc Maurice une chaire de théologie, et fut quelque temps doyen de la faculté. A Leipzig son activité littéraire fut grande; il prit résolument parti pour ces « conciliateurs » dont Mélanchthon était le chef, et qui auraient voulu l'union entre luthériens et calvinistes au prix de concessions réciproques. Il prend part à toutes les conférences réunies dans ce but et, en 1555, assiste Mélanchthon à Nuremberg dans sa controverse avec les partisans d'Osiander. Personnellement il semble avoir incliné vers le calvinisme.

Sous le règne d'Édouard VI, Aless fit une nouvelle visite en Angleterre, où Cranmer lui confia le soin de traduire en latin la première liturgie d'Édouard VI (1549); il traduisit de même en latin le livre allemand de Bucer : *Ordinationes Anglorum Ecclesiae*. Ses dernières années, à Leipzig, s'écoulèrent paisibles et honorées; deux fois, en 1555 et 1561, il fut recteur de l'université. Malgré la vivacité de son caractère, il rencontra de nombreuses sympathies parmi ses coreligionnaires; Mélanchthon, en particulier, qui le désigne toujours sous le nom de *Scotus*, lui resta très attaché.

Son œuvre considérable peut se diviser en trois parties. Exégèse, commentaires sur les Psaumes, l'Évangile de saint Jean et les Épîtres de saint Paul; controverse avec les catholiques, spécialement sur la lecture de la Bible en langue vulgaire, l'autorité de l'Écriture et de la tradition, la messe; ouvrages polémiques adressés à ses compatriotes; controverse avec les réformés de doctrines opposées à la sienne, Osiander, Servet, Gentili, etc. Pour le détail, voir Paget ou A. W. Ward, *art. cit.* Il n'existe pas d'édition des œuvres complètes de Aless.

Bâle, *Scriptorum Britanniae pars post.*, Bâle, 1559, p. 227 sq. — Bayle, *Dictionnaire historique*, Paris, 1820, t. I. — Mac Crie, *Life of Knox*, Édimbourg, 1839. — Paget, dans *Biographical dictionary of the Soc. for the diffusion of useful knowledge*, Londres, 1842, t. I. — Strype, *Memorials of Cranmer*, Oxford, 1840. — Thomasius, *Oratio de Alexandro Alesio*, Leipzig, 1683. — Ward, dans *Dict. of nat. biogr.*, t. I, p. 254 sq. — Weber, dans *Realencyklopädie*, t. I, p. 336 sq. — Wordsworth, *Ecclesiastical biography*, Londres, 1839, t. II.

J. DE LA SERVIÈRE.

ALESSANDRETTI (ALESSANDRO), jésuite italien, évêque de Macerata, naquit à Imola, le 12 janvier 1738. Entré au noviciat de la province de Venise le 15 octobre 1752, il professa la grammaire à Piacenza, et exerça le saint ministère à Bologne. A la suppression de la Compagnie de Jésus par Clément XIV, il fut pendant dix ans curé de Comacchio, puis sacré évêque *in partibus* de Zama et nommé provicaire général du cardinal Giancarlo Bandi, évêque d'Imola, dont il prononça l'oraison funèbre, in-4°, Imola, 1784. Le 17 juin 1796, il succéda à Domenico Spinucci sur le siège épiscopal de Macerata-Tolentino et se fit remarquer par son zèle pour l'instruction religieuse de ses ouailles, principalement des enfants. Quand les armées du Directoire entrèrent à Macerata, il sut concilier à sa ville et à son clergé la bienveillance de Bonaparte. Le 25 juin 1800, il reçut Pie VII dans son palais et l'accompagna jusqu'à Tolentino. Renonçant peu après à son évêché, il y fut remplacé, le 20 juillet 1801, par le passionniste Vincenzo Maria Strambi. Il mourut vers 1821.

Moroni, *Dizionario di erudizione storico-ecclesiastica*, Venise, 1846, t. XLI, p. 88. — Sommervogel, *Bibliothèque S. J.*, Bruxelles, 1890, t. I, col. 168-169.

E.-M. RIVIÈRE.

1. ALESSANDRI (CIPRIANO DEGLI), évêque de Bergame. Parent du cardinal Guglielmo de Longhi († 1319), il était chanoine de Bergame lorsque le chapitre l'élut à ce siège pour succéder à Giovanni Sanzo, mort le 2 novembre 1309. Il prit possession le 8 mai 1310. L'année suivante, il assista, à Monza, au couronnement de l'empereur Henri VII comme roi des Lombards, et prit part au concile de la province de Milan tenu dans l'église Saint-Barthélemy de sa ville épiscopale. Sous son épiscopat, les Bergamasques, ayant adhéré aux Visconti de Milan, furent excommuniés, et leur ville fut interdite. La réconciliation n'eut lieu qu'en 1341. L'évêque mourut le 3 novembre de cette même année, après trente-trois années d'épiscopat, durant lesquelles il avait fondé et dédié plusieurs églises, construit un monastère de dominicaines dans la banlieue de Bergame et installé les célestins dans le couvent et l'église qu'avait fait élever pour eux le cardinal Longhi.

Cappelletti, *Le Chiese d'Italia*, t. XI, p. 505. — Eubel, *Hierarchia*, t. I, p. 415. — Ughelli, *Italia sacra*, Venise, 1719, t. IV, col. 478-479.

J.-M. VIDAL.

2. ALESSANDRI (DIONISIO), évêque de Fossombrone, en Ombrie. Né à Assise le 8 février 1836; préconisé à Fossombrone le 22 juin 1896; mort en 1904. Son successeur mourut le 10 novembre 1904.

Battandier, *Annuaire pontifical catholique*, 1904, p. 299. — *Gerarchia cattolica*, 1903, p. 275; 1906, p. 116.

J.-M. VIDAL.

3. ALESSANDRI ou **DE ALESSANDRIS** (GABRIELLO), originaire de Bergame, était fils d'un jurisconsulte éminent. Tout jeune encore, il embrassa la vie religieuse chez les dominicains de sa ville natale. Après de brillantes études, il soutint des thèses théologiques qui le firent connaître et lui valurent de bonne heure la distinction de maître en théologie. Saint Pie V le nomma à l'évêché de Gallese, dans le district de Viterbe et la province de Rome. D'après Échard, Eubel, etc., il aurait été élu le 26 avril 1566. Il peut se faire que cette date marque la prise de possession et non la nomination : en effet, nous possédons un document du 3 avril 1566 où il signe déjà *episcopus Gallesanus*. C'est une concession d'indulgences en faveur du noviciat du couvent dominicain de Notre-Dame de la Quercia, qui, bien que tout proche de Viterbe, se trouvait être néanmoins du diocèse de Gallese. Cf. *Bullar. ord.*, t. v, p. 299. Quelques auteurs, en particulier Fontana, *Theatrum dominicanum*, part. I, c. v, p. 195, font d'Alessandri l'évêque de Galtelli, en Sardaigne, mais sans aucune preuve. D'autre part, Coleti, dans sa nouvelle édition de l'*Italia sacra* d'Ughelli, t. x, col. 109, prétendait à tort qu'Alessandri ne pouvait à aucun titre avoir gouverné l'Église de Gallese à la date donnée par Échard et les autres, parce qu'à cette époque, dit-il, cette Église avait pour évêque Jérôme Garimbertus de 1562 à 1575, année de sa mort (22 novembre). Nous savons, au contraire, que Garimbertus, élu évêque de Gallese le 17 mars 1563, gouverna cette Église jusqu'au 29 novembre 1565, date de sa mort. A son tour, Alessandri y demeura jusqu'en 1569. Cette même année, par un acte en date du 16 septembre, le siège de Gallese, ne pouvant offrir des ressources suffisantes pour y maintenir un évêque, fut réuni à celui de Civita-Castellana, dont il avait été séparé en 1563. Devenu libre, Alessandri fut choisi comme coadjuteur par l'évêque de Trente, qui était alors le cardinal Christophore de Madruzzo. Il le suppléait dans ses nombreuses absences, nécessitées par les légations qui lui étaient confiées par les papes. Le neveu de Christophore, Louis de Madruzzo, lui ayant succédé sur le siège de Trente, il conserva Alessandri comme coadjuteur. D'après Donato Calvo, Gabriello Alessandri serait mort au mois de septembre de l'année 1595. On a de lui quelques écrits : 1° *De coelorum aliarumque rerum sensu carentium benedictionibus, quae ecclesiastico more fieri consueverunt, adversus haereticos brevis disputatio*, Milan, 1588; 2° *De Domini resurrectione disputatio in qua explicatur ea sententia : « Noli me tangere; nondum*, etc. », Milan ; 3° *S. Maximi martyris et monachi de duabus Christi voluntatibus, et actionibus cum Pyrrho Constantinopolitano patriarcha disputatio*; 4° *Ejusdem ad Marinum presbyterum, quod post resurrectionem Dei sanctorumque voluntas una futura non sit*, Milan, 1588. Ces deux traités sont traduits du grec par Alessandri qui les dédia à Sixte V ; 5° *In Christophori cardinalis Madrucii episcopi principisque Tridentini ac Brixiensis funere oratio*, Milan, 1588.

Leandro Alberti, *Descrittione di tutta Italia*, etc., Venise, 1568, fol. 411 v°. — Mich. Pio, *Degli huomini illustri di S. Domenico*, Pavie, 1513, 2° part., col. 242. — Échard, *Scriptores ordinis praedicatorum*, t. II, p. 314. — Ughelli-Coleti, *Italia sacra*, t. x, col. 109. — Bened. Bonelli, *Monumenta Ecclesiae Tridentinae*, Trente, 1765, t. IV, p. 353-354. — Hurter, *Nomenclator*, Innsbrück, 1907, t. III, col. 359-360. — Eubel, *Hierarchia cath.*, t. III, p. 217.

4. ALESSANDRI (GAETANO), de Bergame, prononça ses vœux dans la congrégation des théatins, à Crémone, le 6 avril 1676. En 1719, il fut élu supérieur général de sa famille religieuse. Sa mort eut lieu le 18 janvier 1730. Il publia : *Confessarius monialium commoda, brevi et practica methodo instructus, circa earum obligationes, privilegia et cetera fere omnia ad hanc materiam spectantia*, Venise, 1706. Cet ouvrage a été publié la première fois sous le pseudonyme d'Anicet Alinas de Xerda. Il eut plusieurs éditions : Venise, 1713, 1720, 1728; Vérone, 1725; Cologne, 1725; Rome, 1763.

Mazzuchelli, *Gli scrittori d'Italia*, Brescia, 1753, t. I, 1re part., p. 444. — Vezzosi, *I scrittori de' cherici regolari detti teatini*, Rome, 1780, t. I, p. 29-30. — Hurter, *Nomenclator*, t. IV, col. 1309-1310.

A. PALMIERI.

5. ALESSANDRI (GIOVANNI MARIA) ou **ALEXANDRIS** (MARIO DE). Né à Urbin, d'une famille obscure, le 19 septembre 1507; il fut le familier et l'ami du cardinal Iñigo d'Avalos d'Aragon, qui, lorsqu'il devint administrateur de Mileto, le prit pour son vicaire général, fonctions qu'il conserva lorsque, le 3 septembre 1567, il devint lui-même évêque d'Oppido. Il ne resta que six ans à la tête de ce diocèse, et l'on ne cite de lui, durant son épiscopat, que deux actes importants : l'ouverture d'un couvent d'ermites de Saint-Augustin, sous le vocable de Santa Maria delle Grazie, à Varapodio, et une faveur exceptionnelle qu'il obtint du vice-roi de Naples en se faisant remettre, pour les punir, des laïques convaincus de faux témoignages dans un procès d'hérésie intenté à l'un de ses prêtres. A la mort de son protecteur, il fut transféré au siège de Mileto, le 9 février 1573. On ne cite également que deux actes importants accomplis par lui en qualité d'évêque de cette ville : l'obligation de recevoir le caractère sacerdotal, qu'il fit imposer par la S. Congrégation du Concile, le 15 novembre 1584, à tous les chanoines du chapitre de sa cathédrale, et l'érection de l'église collégiale de Pizzo, qui eut lieu le 6 août 1577. Enfin, selon tous les auteurs, y compris Ughelli, mais à l'exception d'Eubel, il aurait été transféré au siège de San Marco, le 21 (le 12, dit Cappelletti) octobre 1585, alors qu'Ughelli le fait mourir précisément ce jour-là, à Urbino. Or, les Actes consistoriaux, très exactement suivis par Eubel (*Acta Cam.*, t. XI, fol. 30; *Acta Misc.*, t. XIV, fol. 22 v°-23), disent nettement que, le 21 octobre 1585, Marco Antonio [Del Tufo], évêque de San Marco, fut transféré au siège de Mileto, vacant par la mort de Giovanni Mario [Degli Alessandri], et que, le même jour, Francesco Antonio Afflitto (t. I, col. 676), fut transféré du siège de San Marco, vacant par la translation de Del Tufo au siège de Mileto. Par conséquent Degli Alessandri est mort avant cette date, et sur le siège de Mileto. Capialbi et, semble-t-il, Ughelli affirment, il est vrai, qu'il mourut peu après la translation au siège de San Marco, avant d'en avoir pris possession, mais ce double fait n'aurait pas empêché les rédacteurs des deux volumes des Actes Consistoriaux d'enregistrer sa préconisation.

Degli Alessandri a laissé un *Paragone della lingua toscana e castigliana*, in-8°, Naples, 1560, très estimé, paraît-il, des philologues de l'époque, et, d'après Ughelli, un *Discursus in artem musicae*, qui est demeuré manuscrit. On trouve, de plus, aux archives du Vatican, *Nonciature de Naples*, t. VII, fol. 319-321, une lettre, adressée par lui au nonce le 3 décembre 1580, au sujet d'un usage du diocèse de Mileto, et un mémoire également rédigé par lui sur cette même question.

Ughelli-Coleti, *Italia sacra*, Venise, 1717-1721, t. I, col. 959, 880; t. IX, col. 420. — Fiore-Badolato, *Della Calabria illustrata*, Naples, 1743, t. II, p. 157, 314, 385. — Mazzuchelli, *Gli scrittori d'Italia*, Brescia, 1753, t. I, 1re part., p. 444. — Chioccarelli, *Archivio della real giurisdizione*, Naples, t. IX, art. S. Offizio. — Lorenzo Giustiniani, *Saggio storico-critico sulla tipografia del regno di Napoli*, Naples, 1793, p. 141; *Biblioteca Picena*, Osimo, 1790, p. 78. — Grossi, *Uomini illustri d'Urbino*, Urbin, 1819, p. 50. — Capialbi, *Serie cronologica de' rettori della città di Montelione*, Naples; *Memorie per servire alla storia della sacra Chiesa Miletese* (où il renvoie à l'ouvrage que nous venons de citer, mais qui n'a peut-être jamais été imprimé), Naples, 1835, p. 56-57, 186. — Cappelletti, *Le Chiese d'Italia*, Venise, 1870, t. XXI, p. 178, 409. — Gams, *Series episcoporum*, p. 892, 897, 908. — Zerbi, *Della città, chiesa e diocesi d'Oppido Mamertina e dei suoi vescovi*, Rome, 1876, p. 273-275 (avec son portrait). — Taccone-Gallucci, *Monografie di storia calabra ecclesiastica : Mileto e la sua diocesi*, Reggio-Calabria, 1900, p. 31; *Cronotassi dei metropolitani, arcivescovi e vescovi della Calabria*, Tropea, 1902, p. 34, 73, 78. — Eubel-van Gulik, *Hierarchia catholica medii aevi*, Munster, 1910, t. III, p. 252, 261, 280.

J. Fraikin.

6. ALESSANDRI (Gregorio). Né à Monte-Fiesole, en Toscane, il fut préconisé évêque de Soana le 14 juin 1773, et de Cortone le 20 mai 1776. Il assista au concile provincial de Florence tenu en 1787. Sa ville épiscopale ayant été occupée par les Français, le 9 avril 1799, une révolte ne tarda pas à éclater : l'arbre de la liberté fut brûlé et la garnison faite prisonnière par la foule. L'évêque chanta un *Te Deum* et prononça une homélie dans laquelle il exhorta son peuple à remercier le ciel de sa délivrance. Mais, à la nouvelle que l'avant-garde de Macdonald s'avançait pour reprendre la ville, il conseilla aux habitants de se rendre sans tenter une résistance inutile. Il mourut en 1801.

Storia di Cortona (anonyme), Arezzo, 1835, p. 89. — Cappelletti, *Le Chiese d'Italia*, Venise, 1864, t. XVIII, p. 291.

J. Fraikin.

7. ALESSANDRI (Jacopo), de Bergame, théatin, né d'une famille de la noblesse le 26 mai 1677. Il prononça ses vœux à Venise le 1er juin 1695. Sa mort eut lieu le 21 février 1767. On a de lui : *De amplissima ac vera jurisdictione mendicantium et communicantium in privilegiis et gratiis, in ordine ad absolvendos, et dispensandis tum saecularibus, tum suos*, imprimé, sans nom d'auteur, ni date, ni lieu d'impression; *Brevis expositio casuum reservatorum in dioecesi Veronensi*, Vérone, 1715; *Lettera morale in riposta ad un pio ed autorevole gentiluomo, che desiderava sapere l'obligo che ha ciascheduno di fare elemosina nel suo stato*, Vérone, 1722; *Breve compendio della vita e morte della vergine e martire S. Irene di Tessalonica*, Vérone, 1743.

Mazzuchelli, *Gli scrittori d'Italia*, Brescia, 1753, t. I, 1re partie, p. 445. — Vezzosi, *I scrittori dei cherici regolari detti teatini*, Rome, 1780, t. I, p. 30-31.

A. Palmieri.

1. ALESSANDRIA ou **ALESSANDRO** (Felice Antonio d'). Né, le 6 juin 1716, à Monteleone (aujourd'hui province et arrondissement de Catanzaro), dans le diocèse de Mileto; il fut préconisé, le 16 mars 1792, évêque de Cariati, Gerenzia et Strongoli. Nommé lors de l'invasion française, en 1799, vicaire général (c'est-à-dire surintendant) de la province de Cotrone, par le cardinal Fabrizio Ruffo, général des troupes bourboniennes, il se retira en Sicile, auprès du roi Ferdinand Ier, en 1801, et mourut le 18 janvier 1803 (et non pas en 1808, comme le dit Capelletti, qui l'appelle Degli Alessandri), dans son diocèse. Il était frère du suivant.

Cappelletti, *Le Chiese d'Italia*, Venise, 1870, t. XXI, p. 262. — Minieri Riccio, *Memorie storiche degli scrittori nati nel regno di Napoli*, Naples, 1844, p. 10. — Taccone-Gallucci, *Cronotassi dei metropolitani, arcivescovi e vescovi della Calabria*, Tropea, 1902, p. 53; *Monografie di storia calabra ecclesiastica : Mileto e la sua diocesi*, Reggio-Calabria, 1900, p. 128.

J. Fraikin.

2. ALESSANDRIA ou **ALESSANDRO** (Giovanni Francesco). Né, en 1743, à Monteleone, il fut membre de l'Oratoire de cette ville et fit partie de différentes académies. Préconisé évêque de Catanzaro le 26 juin 1805, il mourut le 15 janvier 1818, laissant les deux discours suivants : *Orazione per le felici vittorie di S. M. riportate nel 1799*, Naples, 1799. — *Orazione in lode di Alfonso de Liguori*, Catanzaro, 1817.

Cappelletti, *Le Chiese d'Italia*, Venise, t. XXI, p. 186. — Minieri Riccio, *Memorie storiche degli scrittori nati nel regno di Napoli*, Naples, 1844, p. 11. — Taccone-Gallucci, *Monografie di storia calabra ecclesiastica : Mileto e la sua diocesi*, Reggio-Calabria, 1900, p. 128; *Cronotassi dei metropolitani, arcivescovi e vescovi della Calabria*, Tropea, 1902, p. 17.

J. Fraikin.

ALESSANDRIA DELLA PAGLIA. Voir Alexandrie 2.

1. ALESSANDRINI (Antonio), bienheureux de l'ordre de Saint-Augustin. Il embrassa la vie religieuse dans le couvent de Lecceto, l'an 1440, et mourut le 10 ou le 13 août 1495. On n'a presque pas de renseignements sur sa vie. Quelques auteurs l'ont confondu avec le bienheureux Antoine de Montecchio.

Roman, *Chronica de la orden de los ermitaños del glorioso Padre sancto Augustin*, Salamanque, 1619, p. 87. — Herrera, *Alphabetum augustinianum*, Madrid, 1644, t. I, p. 17-18. — Capizucchi, *Vita del beato Giovanni Chigi*, Rome, 1655. — Landucci, *Sacra leccetana Selva*, Rome, 1657, p. 89. — Cantini, *L'Etruria santa, cioé le vite dei santi e beati toscani*, Florence, 1823, t. III, p. 29-30.

A. Palmieri.

2. ALESSANDRINI (Francesco). Né à Gubbio, le 13 janvier 1822; il fut préconisé évêque de Ripatransone, le 27 octobre 1871, et mourut le 17 novembre 1881.

Gams, *Series episcoporum*, p. 723; Supplém., p. 5.

J. Fraikin.

1. ALESSANDRO, évêque de Teano, docteur *in decretis*, était archiprêtre d'Isernia lorsque Grégoire XI (19 janvier 1372) l'élut à l'évêché de Teano, où il succédait à Tommaso della Porta, transféré à l'archevêché de Reggio de Calabre. Clément VII essaya de lui donner un compétiteur en la personne de Giovanni d'Eboli. Mais ce moine franciscain paraît n'avoir pas siégé. Antonio, élu à Teano par Urbain VI en 1383, fut le vrai successeur d'Alessandro.

Cappelletti, *Le Chiese d'Italia*, t. XX, p. 203. — Eubel, *Hierarchia*, t. I, p. 507.

J.-M. Vidal.

2. ALESSANDRO (Giuseppe Maria d'), évêque de Sessa. Né à Ascoli (Pouilles), le 6 mars 1799, il fut successivement professeur, chanoine théologal, archiprêtre et archidiacre de la cathédrale de cette ville. Préconisé, le 19 juin 1843, évêque de Capaccio et Vallo et sacré à Rome le 24 juin, il fut transféré au siège de Sessa, le 24 novembre 1845, et mourut en mars 1848, laissant le souvenir d'un prélat zélé et charitable. Son tombeau est dans la cathédrale de Sessa.

Cappelletti, *Le Chiese d'Italia*, t. XX, p. 237, 361. — G. M. Diamare, *Memorie storico-critiche della chiesa di Sessa Aurunca*, Naples, 1906, t. I, p. 201-202, 208.

J. Fraikin.

3. ALESSANDRO (Luigi ou Aloisio d'). Né à Naples, de la grande famille des d'Alessandro, ducs de Castellina et de Pescholanciano (cf. d'Alessandro, *La ducal casa dei d'Alessandro patrizi napoletani : note storicogenealogiche e bibliografiche*, Milan, 1880, et di Crollalanza, *Dizionario storico-blasonico delle famiglie nobili italiane e straniere*, Pise, 1886, t. I, p. 228-229), il fut préconisé, le 12 mai 1731 ou 1732, archevêque de Santa Severina, transféré, le 15 juillet 1743, à Alessano, puis, le 16 septembre 1754, à Bari, où il fit son entrée solennelle le 2 février 1765. Il mit fin à un différend qui s'était élevé entre son prédécesseur, Muzio Gaeta, et le prieur de Saint-Nicolas de Bari, et, sur sa demande, le roi de Naples, Ferdinand IV, obligea le chapitre métropolitain à prendre part à la procession synodale. Cf. *Memoria per la insigne basi-*

lica e celebre santuario di S. Nicola di Bari, Naples, 1830, p. 55-56. Il institua la fête de la translation de la célèbre image de Sainte-Marie-de-Constantinople, qu'il fixa au premier mardi de mars, fonda la congrégation italienne des Missions, et se fit remarquer par son zèle et sa charité. Il mourut le 28 janvier 1770. Dans un *Ordo divini officii in civitate et archidiocesi Barensi perpetuo servandus*, publié par lui à Naples, en 1758, il parle, p. 44, le premier de la légende du prêtre Grégoire (importante pour l'histoire religieuse des Pouilles), dont il fit transporter le manuscrit à Bari.

Fiore et Domenico da Badolato, *Della Calabria illustrata*, Naples, 1743, t. II, p. 334. — Garyuba, *Serie critica de sacri pastori baresi*, Bari, 1844, t. I, p. 427-430; t. II, p. 982, 983, 997. — Cappelletti, *Le Chiese d'Italia*, t. XXI, p. 24, 250, 326. — Volpicella, *Biblioteca storica della provincia di Terra di Bari*, Naples, 1884, n. 623. — Pujia, *Per una cronotassi dei vescovi e degli arcivescovi di Santa Severina primi appunti*, Naples, 1907, p. 29-30. — Taccone-Gallucci, *Cronotassi dei metropolitani, arcivescovi e vescovi della Calabria*, Tropea, 1902, p. 50.

J. Fraikin.

4. ALESSANDRO ou **ALESSANDRI** (Pietrantonio d'). Né, vers 1630, à Galatona (aujourd'hui province de Lecce, arrondissement de Gallipoli), il fut successivement archiprêtre de sa ville natale et vicaire général des archevêques de Brindisi et d'Otrante et des évêques de Nardo, de Neritona, de Lecce et de Tarente. Préconisé évêque de San Marco le 31 mai 1688, il mourut vers 1693. Il a laissé les ouvrages suivants : *Trattato del divino amore*, in-4°, Lecce, 1672. — *Anacephalaeosis constitutionum synodalium cathedralis ecclesiae Neritonensis...*, et de longues dissertations de droit canon, in-12, Naples, 1674. — *Istruzioni per celebrare con frutto la messa, predicare... e confessare*, in-12, Naples, 1692; *Placita judicialia...*, 2 in-fol., Naples, 1692; le troisième volume en est demeuré inédit. — *Gerusalemme distrutta*, poème. — *Tancredi*, poème, in-8°, Lecce, 16.. Ne pas le confondre avec Giovanni Pietro d'Alessandro, humaniste, né, lui aussi, à Galatona le 20 mai 1574 et mort le 2 août 1649, qui a laissé une vingtaine d'ouvrages.

Ughelli-Coleti, *Italia sacra*, Venise, 1717, t. I, col. 882. — Giovanni Fiore et Domenico da Badolato, *Della Calabria illustrata*, Naples, 1743, p. 358. — E. D'Afflitto, *Memorie degli scrittori del regno di Napoli*, Naples, 1782, t. I, p. 212. — Lorenzo Giustiniani, *Memorie istoriche degli scrittori legali del regno di Napoli*, Naples, 1787, t. I, p. 45-46. — Taccone-Gallucci, *Cronotassi dei metropolitani, arcivescovi e vescovi della Calabria*, Tropea, 1902, p. 79. — Carlo Villani, *Scrittori ed artisti Pugliesi*, Trani, 1904, p. 21-22.

J. Fraikin.

5. ALESSANDRO (Sebastiano d'), carme italien, évêque de Ruvo (province de Bari, Italie méridionale), naquit le 28 octobre 1603, à Motta San Giovanni, près Reggio, de parents nobles, prit l'habit du Carmel au couvent de Cosenza, passa ensuite à celui de Catanzaro, toujours en Calabre, où, après l'année de noviciat, il émit sa profession solennelle le 1er novembre 1619; il y commença le cycle de ses études qu'il alla achever à Padoue, où il devint maître en théologie. Nommé régent, il enseigna longtemps dans le couvent de Messine et dans le grand couvent de Naples, où il fut préfet des études. Il fut élu deux fois provincial de la province des carmes de Calabre, puis, en 1656, prieur et vicaire général du grand couvent de Naples, consulteur de la sainte Inquisition du royaume ainsi que de la congrégation romaine de l'Index; enfin, le chapitre général de l'ordre réuni à Rome, en 1660, le choisit comme assistant général : ce fut alors que Clément X le promut à l'évêché de Ruvo, suffragant de Bari. Consacré le 15 février 1672, dans l'église des carmes de la Traspontine, il arriva dans son diocèse le 14 mai suivant et commença aussitôt à visiter ses ouailles que décimait une maladie contagieuse : Il en fut lui-même atteint peu après, et mourut, victime de son zèle, le 29 décembre de la même année. Il avait publié : *Orazione recitata in Padova nell' arrivo del P. M. Camillo Lana provinciale di Venezia*, in-4°, Padoue, 1624; *Theoremata varia ex praecipuis Carmelitanae religionis doctoribus selecta*, Rome, 1625; *Discorso apologetico a favor dell' antichità dell' ordine carmelitano*, in-4°, Messine, 1629; *Predica panegirica per le laudi di S. Gennaro, intitolata Napoli superba*, in-4°, Naples, 1644; *Libra pensilis, in cujus gemina lance praedestinati et reprobi quoad numerum pensitantur*, in-4°, Rome, 1671 : la thèse qu'il y développe, d'une indulgence outrée, fut reprise par le P. Gravina, S. J., et mise à l'Index, le 22 mai 1772. Voir Hurter, *Nomencl. lit.*, 1910, t. IV, col. 1361.

Mariano Ventimiglia, *Degli uomini illustri del carmine maggiore di Napoli*, Naples, 1756, p. 98-100, 166-167. — Nicolo Toppi, *Biblioteca Napoletana*, Naples, 1678, p. 276. — Ughelli-Coleti, *Italia sacra*, t. VII, col. 768. — Daniel a Virgine Maria, *Vinea Carmeli*, Anvers, 1662, p. 334, n. 622; *Speculum carmelitanum*, t. II, 2e part., p. 953, n. 3351; p. 1074, n. 3750. — Cosme de Villiers, *Bibliotheca carmelitana*, t. II, col. 712.

P. Marie-Joseph.

ALESSANO (*Alexanen*. ou *Leucad*.), ancien évêché d'Italie (Pouilles, Terre d'Otrante), suffragant de l'archevêché d'Otrante. Il était borné au nord par le diocèse d'Ugento, et, de tous les autres côtés, par la Méditerranée.

I. Origines et histoire. — Alessano succéda, comme évêché, à celui de l'antique Leuca, ville située à la pointe sud-ouest de l'Italie (le *promontorium Salentinum* des anciens), en face de l'île de Corfou, et qui, suivant la fable, se serait élevée auprès d'une fontaine dans laquelle Héraclès aurait enseveli, sous un monceau de pierres, un géant tué par lui. Strabon, édit. Didot, t. I, p. 233-234. Le christianisme y aurait été prêché par saint Pierre lui-même, qui aurait converti en église un temple de Minerve, et ses disciples y auraient placé une image célèbre de la Vierge. Un évêché, suffragant de Corfou, y aurait été érigé à une époque indéterminée, par le patriarche de Constantinople : un évêque de Leuca est cité (mais sans l'indication de son nom) en 921 ou 971. Elle fut détruite, sans doute par les Sarrasins, à une époque non moins indéterminée, du IXe au XIe siècle. On trouve, il est vrai, dans Mansi, *Sanct. concil. collectio nova*, t. II, col. 730 et 731-732, un *Leucanidis episcopus* ou un *metropolitanus Leucadicus* présents à un concile de Constantinople en 1186, et, *ibid.*, col. 1037-1038, un *Leucadis archiepiscopus*, présent à un autre concile en 1235, mais peut-être s'agit-il de Leuca de Thrace ou de Leucade d'Épire. Cf. Le Quien, *Oriens christianus*, t. I, col. 1167; t. II, col. 151. Ses habitants se transportèrent alors avec leur évêque, à Alessano, laquelle venait d'être fondée, probablement par l'empereur byzantin Alexis Comnène, alors qu'il assiégeait la localité voisine de Monte Cardo. C'est ce qui explique que les évêques d'Alessano aient alterné, pendant longtemps, le titre d'*episcopus Leucadensis* avec celui d'*episcopus Alexanensis*, et que le rite grec y ait été observé jusqu'à la fin du XIe siècle. Suivant Petri (faible autorité), le premier évêque d'Alessano dont on connaisse le nom serait Balduinus, qui aurait assisté à la consécration de la basilique de Mont-Cassin en 1171; mais, outre que cette cérémonie eut lieu en 1071, on ne lit le nom ni de Balduinus ni d'aucun évêque d'Alessano dans la liste des évêques qui y assistèrent, telle que nous l'a conservée Léon d'Ostie, *Chronica sacri monasterii Casinensis*, Paris, 1668, p. 357. En réalité, le premier évêque cité est Landus, qui mourut vers 1282. Le second est Goffridus ou Godefredus, cité en 1282 et qui fut transféré à Ugento le 23 novembre 1282. Puis viennent Joannes, cité en 1283, et Guilelmus, en 1291. A partir d'Orlandus ou Rolandus, de Porto (Latium?), qui assista au concile d'Otrante le 25 mars 1310 (Arch. Vat., *Collectorie*, t. 161, fol. 25; Il y a donc une erreur dans le *Chronicon Neritinum*; Muratori, *Rerum Italicarum scriptores*, t. XXIV, col. 903, qui le fait devenir évêque en 1324, l'appelle Rolando de la Porta) et qui mourut en 1333, la série continue à peu près régulièrement. Le siège d'Alessano fut uni, de 1518 à 1526, à celui de Lecce, mais ensuite les deux diocèses furent séparés de nouveau. En 1818, en vertu du concordat conclu entre le Saint-Siège et Ferdinand I*er*, roi des Deux-Siciles, Pie VII, par la bulle *De utiliori* du 27 juin, qui unit ou supprima un grand nombre d'évêchés dans ce royaume, supprima celui d'Alessano, qui était, d'ailleurs, demeuré vacant depuis la mort de son dernier évêque, Mgr de Medici (d'après Cappelletti, Gams l'appelle de Miceli, le fait transférer à Rossano le 29 octobre 1804 et mourir le 22 octobre 1813), en 1804, et il fut incorporé à celui d'Ugento, dont Alessano, qui est située sur une colline à 70 kilomètres d'Otrante et compte 3 601 habitants (recensement de 1901), forme maintenant une simple paroisse avec le titre d'archiprêtré. On remarque, dans cette ville, l'ancienne cathédrale de San Salvatore élevée par les Normands, mais reconstruite à la fin du xvii*e* siècle, et le château des Gonzague, qui possédèrent longtemps le comté d'Alessano. Quant à Leuca, elle n'est plus, sous le nom de Santa Maria di Leuca, qu'un petit village, près duquel se trouve l'église de *Santa Maria in finibus terrae*, construite au xviii*e* siècle, but de pèlerinage très fréquenté, et, à l'extrémité même du promontoire, une colonne surmontée d'une statue de la Vierge.

II. ABBAYES ET COMMUNAUTÉS RELIGIEUSES. — D'après le t. 161, fol. 25, 217, 242. et le t. CLXII, fol. 131-133, des *Collectorie* de la Chambre apostolique (archives du Vatican) qui donnent l'état du diocèse en 1310-1311 et 1321, et l'*Apparatus ad universalem episcopatuum orbis christiani notitiam* du Liégeois Mathieu de Flandin (*ibid.*, Indic., t. 438) qui donne l'état du diocèse vers 1680 (cf. aussi Lubin, *Abbatiarum Italiae brevis notitia*, Rome, 1693, p. 191, 261), il y avait jadis, dans le diocèse d'Alessano, trois abbayes de basiliens : Sancta Maria de Lomico, *alias* de Lomito ou de Limito; Sancta Maria de Patirio, régie par un archimandrite et S. Antonius de Casali Juliani; les moines de cette dernière furent, par bulle de Boniface IX, en date du 18 mars 1392 (Arch. Vat., *Reg. Lat.*, t. 25, fol. 46), transférés à l'ordre de Saint-Benoît. On cite, en outre, sans indiquer l'ordre auquel elles appartenaient, les deux abbayes de Santa Barbara et de San Lorenzo. Les célestins, les conventuels et les capucins y avaient également des maisons. Les écoles des bénédictins, à Alessano, furent célèbres du xi*e* au xiv*e* siècle.

III. LISTE DES ÉVÊQUES. — Landus, † vers 1282. — Goffridus ou Godefredus, 23 novembre 1282, transféré à Ugento (?). — Joannes, 1283. — Guilelmus, 1291-1308. — Orlandus ou Rolandus de Porto, cité 25 mars 1310-† 1333. — Ricardus, O. P., 6 septembre 1333. — Joannes II, O. P., 16 février 1344-† 1349. — Giovanni Sorano, chanoine de Brindisi, 19 janvier 1349-† 1362. — Giovanni Anglici, chanoine d'Alessano, 3 novembre 1362. — Bartolomeo di S. Germano, O. M., 19 décembre 1373. — Niccolò d'Alessano, O. M., 16 janvier 1387. — Francesco de Longis, 1380 ou 1381-† vers 138?. — Berlengarius, Berlingerius ou Berengarius, 12 (et non 6, comme le dit Eubel) janvier 1387-27 février 1402, transféré à Castro (d'Otrante). — Frulus ou Frolus (non Feulus, comme on lit dans Eubel, ou Paulus, comme on lit dans Gams), 7 juin 1402-† 1405. — Giovanni da San Felice, chanoine de Melfi, 12 novembre 1405-24 septembre 1423, transféré à Muro. — Domenico Moriconi, O. P., 11 octobre 1424. — Jacopo de Baucio, des princes de Tarente, 1431 (douteux). — Simone de Brindisi, O. M., transféré de Ruvo, 7 avril 1431. — Guido Guidonis, O. M., 16 septembre 1432-6 août 1438, transféré à Lecce. — Lorenzo Persona de Licio, O. P., 13 août 1438. — Benedetto (ou Giovanni) de Baucio(?) 1465-1488. — Jacopo de Baucio, clerc d'Ugento, 10 mars 1488-† 1512. — Gian Antonio Acquaviva d'Aragona, administrateur apostolique, 3 mars 1512-18 mai 1517, transféré à Lecce. — Aloisio d'Aragona, frère naturel d'Alphonse, roi de Sicile, protonotaire apostolique, administrateur commendataire, 18 mai 1517-1518. — Union avec Lecce : Gian Antonio Acquaviva, évêque de Lecce, administrateur apostolique d'Alessano, 17 mai 1518-1521 (?). — Cardinal Agostino Trivulzio, administrateur apostolique, 3 juin 1521. — Cardinal Alessandro Cesarini, administrateur apostolique, 20 juillet 1526-1531. — Francesco Antonio Balducci ou Balduini, 15 novembre 1531-† 1539. — Benedetto de' Santi, chanoine de Saint-Pierre de Rome, 15 mars 1540-† 1542. — Niccolò Fieschi, 12 avril 1542 (d'après Grimaldi, *Descendentia canonicorum basilicae Principis apostolorum*, ms. aux archives du chapitre de Saint-Pierre; douteux). — Evangelista Cittadini, de Milan, secrétaire du cardinal Agostino Trivulzio, 26 avril 1542-1549, résigne en faveur du suivant. — Annibale Magalotti, d'Orvieto, chanoine de Saint-Pierre de Rome, 18 janvier 1549-† 1551. — Leonardo Magistri, transféré de Capri, 21 août 1551-† vers 1554. — Giulio Galletti, clerc de Pise, familier du pape, 7 janvier 1555-1560, résigne en faveur du suivant. — Jacopo Goletti, clerc de Palerme, 2 octobre 1560-† septembre 1574. — Cesare Busdragi, de Lucques, 1er octobre 1574-11 août 1578, transféré à Chieti. — Ercole Lamia, de Faenza, vicaire général d'Aquila, 11 août 1578-† 1591. — Settimio Borseri, de Mantoue, 29 novembre 1591-12 juin 1592, transféré à Casal. — Sestilio Mazucca, de Cosenza, familier du pape, 19 juin (d'après Arch. Vat., *Acta consist. miscell.* t. 43, fol. 1097, et non 12 juin, comme le porte Eubel, qui omet, de plus, les trois évêques suivants) 1592-25 août 1594. — Orazio Rapari, 12 octobre 1594-† 1595. — Giulio Doflo, O. M., 6 mars 1595-† 1597. — Celso Mancini, chanoine régulier de Saint-Jean-de-Latran, 29 mars (et non 19 avril, comme le dit Gams) 1597-† 1612. — Nicola Antonio Spinelli, théatin de Naples, 16 juillet 1612 -† 1634. — Placido Badilla, célestin de Naples, transféré de Lavello, 4 décembre 1634 (et non 1er juillet 1635, comme le dit Gams) † 1648. — Francesco Antonio Roberti, 23 novembre 1648 (non 25, comme le porte Gams) † 1653. — Gian Francesco Granafei, 9 juin (non juillet, comme le porte Gams) 1653-11 octobre 1666, transféré à Bari. — Andrea Tontoli, archidiacre et vicaire général de Manfredonia, 7 février 1667-7 février 1695, transféré à Viesti. — Vincenzo Della Marra, chanoine régulier de Saint-Jean-de-Latran, 16 (et non 18, comme le porte Gams) mai 1655-† 16 avril 1712. — Giovanni Giannelli, 10 janvier 1718 (et non le 18 décembre 1717, comme le porte Gams)-† 1743. — Aloisio d'Alessandro, des ducs de Castellina et de Peschialanciano, transféré de Santa Severina, 15 juillet 1743 (ci-dessus, col. 146), transféré à Bari. — Dionisio Latomo, 16 décembre 1754-† février 1780. — Gaetano Paolo de Medici, de la congrégation des Écoles Pies, 27 février 1792-† 29 octobre 1804.

Cluverius, *Italia antiqua*, Leyde, 1624, t. II, p. 1241-1242. — Tasselli di Casarano, *Antichità di Leuca*, Lecce, 1613.— Ughelli-Coleti, *Italia sacra*, Venise, 1721-1722, t. IX, col. 86-93; t. X, col. 203-206. — Orlandi, *Delle città d'Italia e sue isole adiacenti compendiose notizie*, Pérouse, 1770, t. I, p. 362-373. — Petri, *L'orbe cattolico*, Rome, 1858, 1re part., p. 290. — Amati, *Dizionario corografico dell' Italia*, Milan, 1878, t. I, p. 193-194. — Cappelletti, *Le Chiese d'Italia*, Venise, 1870, t. XXI, p. 322-326. — -Gams, *Series episcoporum*, p. 846. — Bertolotti, *Statistica ecclesiastica d'Italia*, Rome, 1895, 3e part., p. 143. — C. de Giorgi, *La provincia di Lecce, Bozzetti di viaggio*, Lecce, 1888, p. 93-97. — Eubel, *Hierarchia catholica medii aevi*, t. I, p. 82; t. II, p. 96; t. III, p. 115.

J. FRAIKIN.

ALESSI ou **ALESSANDRINI** (RAFFAELE), franciscain observant, de Carpi. Il fut nommé évêque de Sarsina le 9 décembre 1524. Après avoir gouverné pendant six ans son diocèse, dont il restaura la cathédrale, il mourut en 1530.

Ughelli, *Italia sacra*, Venise, 1717, t. II, col. 672. — Wadding, *Annales minorum*, Rome, 1735, t. XVI, p. 195.

M. BIHL.

ALESSIO (*Lissiensis, Alexiensis*), petit évêché catholique latin d'Albanie, le long de l'Adriatique, enfermé dans le coude que forme le Drin noir sur sa rive gauche, des défilés du Tchar-Dagh à la mer, avec les pays de Dukagine au nord et de Mirditie au sud. S'étend entre l'archevêché de Scutari, dont il dépend depuis 1836, celui de Durazzo, auquel il se rattachait auparavant, l'évêché de Sappa à l'est, celui de Pulati au nord-est. Il comprend environ 15 000 catholiques, répartis en treize paroisses, avec un clergé d'une vingtaine de prêtres séculiers ou réguliers. Le siège, Ljesch, autrefois *Lissus*, puis *Alessio*, est un port de mer à l'embouchure du Drin, qui remonte à une haute antiquité. L'évêque réside maintenant à Calmetti, à neuf kilomètres nord-est. L'ancienne cathédrale de Saint-Nicolas, commencée en 1453, à la place de celle que les Turcs avaient ruinée longtemps auparavant, transformée en mosquée avec deux autres églises de la ville, abandonnée plus tard par les musulmans, a été remplacée par une église dédiée à Notre-Dame, en dehors de la ville.

Le diocèse remonte loin, bien que Farlati ait démontré que le Valens, prétendu évêque de Lissa, qui prit part au concile de Sardique en 347, venait en réalité de Scythopolis (Dacie). Le premier nom mentionné est un *Joannes episcopus Lissiensis*, chassé de son diocèse par les Slaves, que saint Grégoire nomma en 592 à Squillace, en attendant qu'il pût rentrer dans son ancien évêché (lettre publiée par Farlati). Les bouleversements et les transformations politiques subies par l'Albanie dans le cours du moyen âge n'épargnèrent pas plus la hiérarchie ecclésiastique que les autres institutions, et il faut descendre jusqu'au XIVe siècle pour pouvoir ébaucher une succession épiscopale à Lissus. Du moins, le P. Eubel a trouvé dans les archives pontificales la mention de deux évêques, *Jacobus* et *Dionysius*, le premier intronisé en 1357, le second remplacé en 1369 par un *Dominicus*.

L'occupation d'Alessio par les Vénitiens, en 1386, donna un peu plus de stabilité à la situation du diocèse. Après Grégoire le Vénitien, nommé en 1385 par Urbain VI, les évêques se succédaient presque régulièrement et l'on peut les grouper en séries. La région, c'est-à-dire le diocèse et son voisin Croia, fut, au siècle suivant, le théâtre des exploits du fameux Scanderbeg contre les Turcs. A sa mort (1467), il voulut être enseveli dans l'église Saint-Nicolas, où l'on vit longtemps son tombeau. Alessio tomba ensuite entre les mains des Turcs et leur resta définitivement en 1506, par un accord avec Venise, qui dut garantir le maintien de l'évêché; les nominations papales d'évêques, nombreuses par la suite, mentionnent toujours le siège comme étant *in partibus infidelium* et font aux nouveaux promus l'obligation de rejoindre au plus tôt leur troupeau.

Les franciscains pénétrèrent de bonne heure dans le diocèse, fournirent nombre d'évêques et eurent jusqu'à trente maisons. Il ne leur reste plus guère que celle de Saint-Antoine-de-Padoue, au faîte d'une ligne de collines rocheuses et escarpées, en face de la ville, sur la rive occidentale du Drin. Le culte du saint est très répandu dans le pays, même chez les musulmans, et l'église du monastère un lieu de pèlerinage fréquenté, surtout le 13 juin. Les franciscains occupaient aussi, depuis Sixte IV, les deux abbayes bénédictines du diocèse, dont il ne reste plus rien : *Saint-Sauveur Rebichense* et *Santa Maria de Cantalis*.

Le diocèse d'Alessio comprend aujourd'hui une partie de celui de Croia, supprimé après la conquête turque, dans le cours du XVIe siècle, et embrasse le territoire des Mirdites au sud-est, massif montagneux, presque inaccessible, qu'habite cette population guerrière, indomptable, reste des vaillants Albanais de Scanderbeg. Ils sont demeurés catholiques résolus, au milieu de leurs congénères orthodoxes ou apostats. Au nombre d'environ 18 000 et se gouvernant eux-mêmes, sous la suzeraineté nominale de la Turquie, ils vivent aussi sous un régime ecclésiastique à part, celui de l'abbé de *Saint-Alexandre-d'Oroschi*, pour lequel le pape Léon XIII a obtenu de la Porte une juridiction civile sur l'étendue du pays, au point de vue du contentieux et des procès. L'abbé actuel, élu en 1888, est Mgr Primo Dochi, élève de la Propagande.

Le diocèse, comme l'abbaye, dépend, en effet, de la Propagande qui forme le clergé dans tout l'Orient latin. Un autre élève de la Propagande, polonais, du diocèse de Lublin, Mgr François Malczinski, a gouverné le diocèse pendant près de quarante ans (1870-1908). Son coadjuteur et successeur, Mgr Léonard Deda, religieux franciscain, mort en 1910, a été remplacé par Mgr Aloys Bumci le 18 septembre 1911. Battandier, *Annuaire pontif.*, 1912, p. 160.

LISTE DES ÉVÊQUES. — Joannes, 592. — Jacobus, 1357. — Dionysius... — Dominicus Progoni, 1369. — Grégoire de Venise, 1385. — Pierre Ier, † 1394. — Franciscus Petri, 1394. — Andreas Rhegino, † 1397. — Nicolas d'Albanie, 1410. — Andreas Sumae. — Pierre II Sorda, 1426. — Pierre III Domgion, 1459-1474. — Guy Jomna, 1474. — Pierre IV Malcasi, 1478. — Pierre V, 1485. — Franciscus II Comiti, 1504-1509. — Georges Negri, 1509-1513. — Michel de Natera, 1513. — Nicolas II Dabri, 1513-1517. — Nicolas III (Madulus), 1517. — Pierre VI Gil, † 1518. — Bernardin Gionema, † 1519. — Ferdinand de Roias, 1519. — Nicolas IV Naule, † 1525. — Jean II Stimey, 1525. — Antoine de Negri, 1529-1535. — Guillaume de Furby, 1535-1558. — Nicolas V Gerin, 1558 (ces deux derniers résidèrent en France, où ils remplirent les fonctions de suffragants, l'un à Belley, l'autre à Besançon). — Antoine de Negri, † 1560. — Jean III Crassinga rétablit la série des évêques indigènes, 1560-1594. — Théodore Calumpsi, 1575-1578. — Marin Braian, 1578-1596. — Innocent Stoicin, 1596-1621. — Benoît Orsini, 1621-1654. — Georges II Vladagni, 1656-1692. — Nicolas VI Vladagni, 1692-1703. — Jean IV Galata, 1728-1733. — Simon Negri. — Paul Campsi, 1748. — Antoine de Alessio, 1750. — Georges III Giunchi, 1765-1786. — Michel Criesci, 1786. — Nicolas VII Malci, 1797. — Vacance du siège jusqu'en 1826. — Gabriel Barisich, 1826-1841. — Jean IV Topich, 1842-1853. — Louis Ciurcia, 1853-1858. — Paul II Dodmassei, 1858-1870. — François Malczinski, 24 mai 1870-21 avril 1908. — Léonard Deda, de Scutari, † 8 octobre 1910.

Farlati, *Illyricum sacrum*, 1817, t. vii, p. 384-394. — *The catholic encyclopedia*, t. i, p. 284. — Eubel, *Hierarchia catholica*, t. i, p. 83; t. ii, p. 96; t. iii, p. 116. — Gams, *Series episcoporum*, p. 392-393. — Wiet, *Le diocèse d'Alessio et la Mirditie*, dans *Bulletin de la Société de géographie*, 1866, 5e série, t. xi, p. 271-288 (renseignements vieillis).

P. RICHARD.

1. **ALET**, ancien évêché, en Bretagne. Une dizaine d'années avant la Révolution (qui le supprima), l'on remarquait que le diocèse de Saint-Malo était un des plus étendus de la péninsule bretonne, et qu'il comptait 236 500 habitants. Cette circonscription ecclésiastique était bornée, au sud et au sud-ouest, par l'évêché de Vannes; à l'ouest par celui de Saint-Brieuc; à l'est, par les diocèses de Dol et de Rennes; au nord, mais dans un espace assez restreint, par la Manche. Ces limites n'ayant pas varié depuis le ixe siècle, nous avons ainsi un tableau de l'espace occupé par l'antique évêché d'Alet.

Alet (qui a perdu son nom et a gardé celui de Saint-Servan, son ancienne banlieue) dominait l'estuaire de la Rance et formait un des ports les plus sûrs et les plus commodes de Bretagne. L'emplacement primitif d'Alet s'appelle encore aujourd'hui, dans le langage populaire, *la Cité*. Le plus vieux document qui nous fasse connaître cette localité est la notice des dignités de l'empire, où nous lisons : *Praefectus militum Martensium*, Aleto. Ainsi, vers la fin du ive siècle, Alet était la résidence du commandant d'un corps de troupes appelé les soldats de Mars. Il semble bien que ce poste excellent du littoral armoricain remplaça l'importance de Corseul, chef-lieu (déchu) des Curiosolites. On peut croire qu'au ve siècle, il y avait dans Alet un groupe chrétien, avec une église dédiée probablement à saint Pierre. Et lorsque, vers la fin du vie ou au commencement du viie siècle, attirés probablement par leurs compatriotes qui s'étaient établis déjà dans la région de Dol, les Bretons traversèrent la Manche pour occuper le *pagus Aletensis* (ou *pou-Alet*), ils trouvèrent quelque organisation ecclésiastique. Leur chef spirituel qui, vraisemblablement, avait le caractère épiscopal, fit, suivant le système des Celtes, des fondations monastiques à Alet, et, en face, dans l'île d'Aaron. Celle-ci devait immortaliser le nom de Saint-Malo.

Ce n'est pas avant le commencement du ixe siècle que nous constatons d'une manière indubitable l'existence d'un évêché d'Alet, qui, dès lors, paraît fort étendu. Mais « le lieu du saint », desservi par un monastère, était dans l'île d'Aaron; et il suffit de se souvenir de ce qu'était au moyen âge le lieu d'un saint célèbre, pour comprendre quel centre de dévotion, de refuge et d'espérance pouvait être l'îlot malouin. N'est-il pas notable que le géographe Edrisi, contemporain de l'évêque Jean (connu sous le nom de saint Jean de la Grille), ne mentionne pas Alet, mais Saint-Malo, dont il signale la population et le commerce? Aussi, vers le milieu du xiie siècle, ce prélat, qui était d'un caractère énergique et avait sans doute de grands projets de réforme et de construction, transporta le siège épiscopal d'Alet dans l'île de Saint-Malo. Voir ce mot.

Voici maintenant la liste épiscopale (incomplète) d'Alet :

LISTE D'ÉVÊQUES. — Saint Malo, mort vers 640. Il devint *évêque de la cité d'Alet* (d'après Bili, qui écrivait vers 869). Malheureusement, le récit de l'ordination épiscopale, tel qu'il est présenté par ce biographe, semble bien constituer un faux. Il est plus sûr de considérer Malo tout simplement comme l'évangélisateur breton d'une contrée où la population gallo-franque avait déjà une église, et, peut-être, un évêque. Quoi qu'il en soit, le bienheureux subit des oppositions très vives. — Saint Gurval. Ce personnage est qualifié *successeur de saint Malo*, dans une légende rédigée au xviie siècle, pour le Propre malouin de 1615. Déjà le missel malouin du xve siècle appelait Gurval *episcopus Macloviensis*. — Coalfinit, successeur de saint Gurval, d'après la légende de celui-ci (1615). — Saint Maëlmon. Ce bienheureux est qualifié *évêque de la cité d'Alet*, dans la *Vie de saint Judicaël*, laquelle est peut-être du xie siècle. — Saint Enogat, évêque alétien, d'après le bréviaire de Saint-Malo de 1537. Légende inconnue. — Il est fort inutile d'ajouter ici quelques personnages qui ont été embrigadés en liste épiscopale par des écrivains de bonne volonté, l'épiscopat alétien de ces personnages n'étant appuyé ni sur la légende ni sur la tradition liturgique. A vrai dire, après saint Malo, il est impossible de présenter sérieusement le nom d'un seul prélat d'Alet jusqu'au ixe siècle. Peut-être l'évêché fut-il organisé par Charlemagne, après la conquête de 799. Nous voulons dire : organisé d'une manière à peu près définitive. Car, d'une part, quelques modifications ont pu se produire au temps du coup d'état ecclésiastique de Nominoé (vers 848); et, d'autre part, il y avait des abbés-évêques à Alet, au viiie siècle. En effet, une très ancienne formule d'excommunication nous fournit la locution *Lan-Aletensis monasterii episcopus*, laquelle est bien dans le ton de l'Église celtique, et d'un caractère qu'on ne voit plus dans les signatures des prélats alétiens du ixe siècle.

Hélogar, 811, 816. Qualifié *episcopus Aletensis et abbas Sancti Mevenni*, c'est-à-dire *évêque d'Alet et abbé de Saint-Méen*. — Ermor, 833-835. Il signe *episcopus mactiern in Poutrecoet*, c'est-à-dire *évêque prince dans le Poutrécoet* (région de Saint-Méen); et *Ermor episcopus in Aleta civitate*. — Jarnuvalt, 837. Il est qualifié *episcopus in Aleta civitate*. — Maen, 841-845. *Maen episcopus*, et *Maen episcopus in pago trans silvam* (l'expression *pagus trans silvam* est la traduction latine de la dénomination bretonne *Pou-tré-coët*). — Rethwalatr, 856-864. Cet évêque est mentionné dans la Vie de saint Malo par Bili. Et les chartes le nomment *episcopus in Poutrecoet* et *Aletensis episcopus*. Il est très probable que ce personnage est le Rivolard à qui Nicolas Ier écrivit une lettre fort curieuse, au sujet d'un certain Wimar, on l'avait tué ses trois enfants. — Ratuili, 866-872. *Ratuili episcopus in Aleta civitate*, ou *episcopus Aletis*. C'est à ce prélat que Bili, diacre d'Alet, dédia la biographie de saint Malo. — Bili. Ce nom était assez commun. Néanmoins, l'hagiographe Bili (*vir liberalibus studiis satis imbutus*) semble bien visé dans une histoire de reliques fort douteuse, où il est qualifié *évêque*. — Salvator. Dans une charte de Landevenec, qui pourrait dater de 950 environ, on voit paraître l'évêque Salvator, avec le duc de Bretagne et l'archevêque de Dol. Salvator (*praesul egregius Alethinae civitatis*) est mentionné dans la translation des reliques de saint Magloire et autres saints bretons pour les mettre à l'abri des invasions normandes. D'après un ancien document, il fut inhumé à Paris. — Raoul (*Radulphus*). Il paraît en 1008. — Hamon. Paraît dans l'acte de fondation de l'abbaye Saint-Georges de Rennes, entre 1028, avec le titre *Hamon Sancti Machuti*. — Martin. Paraît en 1054 et 1056. On connaît à cette époque la désignation *episcopus Macloviensis*, puisqu'elle est employée par la *Chronique de Nantes* (rédigée, semble-t-il, entre les années 1050 et 1059). — Renaud (*Rainaldus*, *Raginaldus*). Dans une pièce de 1062 il signe *episcopus de Masloo de Bidainono*, évêque de Saint-Malo-de-Beignon, (manoir épiscopal dans le Poutrécoët). Il mourut en 1081. — Daniel Ier. La Chronique de Rhuis marque son décès en 1085. *Daniel episcopus Sancti Machuti moritur.* — Judicael dit Benoît, † 1111 ou 1112. — Rivallon. — Daniel II. — Denoual † 1143. Voir ces noms et l'article SAINT-MALO.

Vie de S. Malo par Bili, publiée par dom Plaine, dans les *Mém. de la Soc. archéol. d'Ille-et-Vil.*, 1884, t. XVI, 2ᵉ part., avec un texte de la *translation du corps de S. Malo de Saintes à Alet*. Une *Vita sancti Machutis* (qui *etiam Machlouus et Maclovius dicitur*), écrite au IXᵉ siècle par un anonyme et publiée par La Borderie dans le même recueil, avec des observations. Une nouvelle édition de la *Vita Machutis* par Bili a été donnée par F. Lot, *Mél. d'hist. bret.*, 1907, p. 331 sq. (consulter aussi, dans ce volume, p. 11 sq., 97 sq., 287 sq., 475). — *Translatio S. Maglorii et aliorum Parisios auctore anonymo*, dans *Acta sanct.*, octob. t. X, p. 791. — Morice, *Mémoires pour servir de preuves à l'hist. de Bret.*, t. I, *passim*; t. II, p. 226. — Aurélien de Courson, *Cartul. de l'abbaye de Redon*, Paris, 1863, pièces 5, 49, 116, 123, 128, 136, 179. 194, 219, 222, 241, 247, 286, 300, 324, 337, 366, 367; Appendice, pièces 7, 15, 24, 31; cf. A. de la Borderie, *La chronologie du cartul. de Redon*, dans les *Annal. de Bret.*, juill. 1897 et n. suiv. — Martène, *Thes. nov. anecd.*, t. III, col. 888, 919-922; t. IV, col. 139. — *Hist. des Gaules*, t. X, p. 213; t. XV, p. 407, 410, 449, 458, 608, 609 note *a*; 614, avec note *c*; 778, 791. — *P. L.*, t. CXIX, col. 1130 (ad *Rivoladrum episcop.*). La date de 867 donnée par l'éditeur ne repose sur aucune autorité. Dans le t. CLXXXVIII, Orderic Vital, *Hist. eccl.*, pars III, l. X, n. VI, col. 732. — Geslin de Bourgogne et A. de Barthélemy, *Anciens évêchés de Bretagne*, Paris, 1855-1864, t. I, p. XV, XLVII, L, LVIII, LIX; t. IV, p. 359, 393, 395, 397-405; t. V, p. 49, 320, 366-367; t. VI, p. 1 sq., 119-120, 123, 126. — Merlet, *La chroniq. de Nantes*, p. 37, 39, 105, LIV-LV. — A. de la Borderie, *Cartul. de l'abb. de Landevenec*, Rennes, 1888, n. XXV, p. 157; n. XLII, p. 166. — Paul de la Bigne-Villeneuve, *Cartul. de l'abb. de S. Georges de Rennes*, p. 93. — *Gallia christ.*, t. XIV, col. 992 sq. (avec les *Instrumenta eccles. Maclov.*). — Du Paz, *Hist. généalog.*, 1619 (catalogue des évêq. d'Alet, p. 855 sq.). — *De l'antiquité de la ville et cité d'Aleth*, Saint-Malo, 1628 (nouvelle édit. par M. Joüon des Longrais, dans son volume intitulé *Jacques Doremet*, Rennes, 1894, p. 75 sq., 1-111). — Hadriani Valesii, *Notitia Galliarum*, Paris, 1675, p. 12. — *Trouvailles faites à Alet en 1690*, dans le ms. fr. 22322 de la Bibliothèque nationale, fol. 570. — Loth, *La civitas Coriosolitum, d'après de nouvelles découvertes épigraphiques*, dans les *Annal. de Bret.*, 1893, p. 728-730. — Duchesne, *L'ancienne cath. d'Alet d'après les fouilles*, dans *Mém. de la Soc. archéol. d'Ille-et-V.*, 1891, t. XX, 2ᵉ part., avec planches. — Manet, *De l'état de la baie du Mont-Saint-Michel*, 1829, p. 46-48. — Haize, *Les fouilles d'Alet*, dans les *Annal. de la Soc. arch. de Saint-Malo*, 1907, p. 177. — Guillotin de Corson, *Pouillé hist. de l'arch. de Rennes*, t. I, p. 557 sq.; t. VI, p. 131 sq., 263 sq. — Loth, *Les langues romane et bret. en Armoriq.*, 1909, p. 16; *Les noms des SS. bret.*, 1910, p. 24, 38, 44, 87, 131; *L'émigrat. bret. en Armoriq.*, p. 50, 204, 209, 210, 237. — Duchesne, *Les anc. catalog. épiscop. de la prov. de Tours*, 1890, p. 88 sq.; *La vie de saint Malo*, dans la *Rev. celtiq.*, t. XI, p. 1-22; *Discours sur l'hist. d'Alet et de Saint-Servan*, dans le *Bullet. arch. de l'Associat. bret.*, congrès de 1891, p. XXIX sq.; *Fastes épiscop. de l'anc. Gaule*, 1900, t. II, p. 241 sq., 253 sq., 378 sq. — A. de la Borderie, *Hist. de Bret.*, t. I, p. 113 sq., 421 sq., 464 sq., 470 sq., 500-505; t. II, p. 80 sq., 149, 151, 206 sq., 210 sq. — Levillain, *Les réformes ecclésiast. de Noménoé*, dans *Le moyen âge*, 1909, p. 211, 218 sq. — F. Duine, *Saints de Brocéliande, S. Armel*, 1905, p. 20, 23; *Bréviaires et missels de Bretagne*, 1906, p. 66 sq.; *Hist. de Dol*, Paris, 1911, Postface, § VII, VIII, IX.

F. DUINE.

2. ALET, abbaye, puis évêché dans la province de Narbonne.

I. ALET (ABBAYE D'). Patron : Notre-Dame, conjointement, saint Pierre. La vieille station (*mansio*) gallo-romaine d'Aletha (*Alekta*, en celtique) était de longue date renommée pour la bonté de ses eaux thermales que les Romains, puis les Visigoths avaient fréquentées. Ceux-ci y avaient construit un château fort, sous les murs duquel s'abrita un prieuré conventuel, qui, en grandissant, absorba la forteresse elle-même. Ce fut ce prieuré qui fut transformé en abbaye, vers 813, par le comte de Razès, Béra, et par Romille, sa femme. Les fondateurs firent donation en bonne forme du *vicus* d'Alet, hérité de leurs parents, et de l'abbaye de Sainte-Marie, leur création propre, à Dieu et à saint Pierre, représenté par le pape Léon III et ses successeurs. Sous la sauvegarde pontificale, le monastère jouirait d'une pleine indépendance à l'égard des prélats et des seigneurs du voisinage. Pour toute redevance, il paierait le cens triennal d'une livre d'argent à son protecteur, le pape. Léon III était invité à doter l'église du monastère de reliques d'apôtres et de martyrs, voire d'une parcelle de la vraie croix. *Gallia christiana*, t. VI, *Instr.*, col. 101-102; *Histoire de Languedoc*, édit. Privat, Toulouse, 1876, t. I, p. 931; t. VI, p. 313, 338-339; Preuves, col. 79-80. Le pape s'exécuta. Aletha, enrichie d'une relique de la croix du Sauveur, devint pour les moines le *vicus electus*, la ville élue (*electa*) de Dieu. Ces moines étaient des bénédictins. Peu à peu leur domaine s'accrut des nombreuses donations dont ils bénéficièrent. Les rois carolingiens les comblèrent de faveurs; le fils du comte Béra, Guillemont, unit à leur monastère celui de Saint-Polycarpe, leur voisin; d'autres seigneurs les mirent en possession de châteaux, de villages et d'églises. Eux-mêmes dotèrent la contrée de prieurés et de chapelles rurales dont ils gardaient la direction. Leur abbaye acquit une si grande importance parmi celles du Languedoc qu'elle put se mesurer avec celle de La Grasse, alors très puissante, et soutenir contre elle une lutte de deux siècles. Le motif de cette rivalité fut précisément l'annexion au monastère d'Alet de celui de Saint-Polycarpe, que La Grasse revendiquait pour elle. Le Saint-Siège, maintes fois intervenu dans la dispute, finit par décider en faveur d'Alet (Urbain II, en 1096; Pascal II, en 1116; Caliste II, en 1119). Jaffé-Lœwenfeld, n. 6531, 6710; *Gallia christ.*, t. VI, *Instrum.*, col. 107, 108; *Histoire de Languedoc*, t. III, p. 639; t. V, Preuves, col. 876-878, 879, 880. Les papes portèrent toujours grand intérêt à leurs protégés. Léon IX les confirma dans la possession de leurs droits et de leurs biens, et proclama de nouveau leur immunité (1050). *Gallia christ.*, t. VI, col. 106-107; Jaffé-Lœwenfeld, n. 4211. Urbain II leur fit visite en 1096; en 1119, Calixte II et, en 1162, Alexandre III réitérèrent la déclaration d'exemption et étendirent la protection apostolique à toutes les possessions de l'abbaye. Jaffé-Lœwenfeld, n. 6701, 10714. Liste intéressante de ces possessions, dans *Gallia christ.*, t. VI, *Instr.*, col. 109-110; *Histoire de Languedoc*, t. V, Preuves, col. 876-878. Terres, châteaux et églises faisaient envie aux seigneurs ecclésiastiques et surtout aux barons terriens insatiables d'agrandissements. En 1059, l'abbaye avait tenu tête à Bérenger, vicomte de Narbonne, qui émettait des prétentions sur certaines possessions du monastère. A la fin du XIIᵉ siècle, l'abbé Pons Amélius, qui entoura la ville d'une ceinture de tours et de bastions, dut, pour réaliser cette œuvre, malgré l'opposition des comtes de Carcassonne, s'appuyer sur leur voisin et rival, le comte de Foix. La ville et le monastère étaient alors à leur apogée. Ils faisaient, dans la province, figure guerrière, et, avec eux, les puissants seigneurs eux-mêmes devaient compter.

A la mort de Pons Amélius, les jalousies se donnèrent libre cours. Profitant des difficultés de l'élection abbatiale, ses rivaux mirent l'abbaye à deux doigts de sa perte. L'entreprise faillit d'autant mieux réussir que, dans ce même temps, la guerre albigeoise jetait le trouble dans tout le Languedoc. L'élection du successeur d'Amélius, Bernard de Saint-Ferréol, avait été laborieuse (1197). Une forte minorité avait désigné

Boson, candidat de la cour comtale de Carcassonne. Le conflit s'aigrit à l'extrême. Bertrand de Saissac, tuteur du jeune comte Raymond-Roger, refusa de reconnaître l'élu de la majorité. Il courut lui-même au monastère sous escorte armée, se saisit de l'abbé légitime, fit déterrer le cadavre de son prédécesseur, l'installa sur la chaise abbatiale et, sous cette présidence macabre, fit proclamer son favori Boson par les moines dissidents. Ce singulier élu reçut de l'archevêque de Narbonne une bénédiction que beaucoup tinrent pour simoniaque. Il montra aussi de la reconnaissance envers le comte de Carcassonne, en lui livrant la ville, lorsque les armées de la croisade eurent pris Béziers et Carcassonne. Alet devint alors un lieu de sûreté pour les hérétiques, que l'abbé favorisait ostensiblement. Outre cela, il eut, semble-t-il, une conduite peu régulière, et, par des prodigalités et des dépenses folles, ruina si bien son abbaye, qu'après une année il y avait à peine de quoi entretenir quelques religieux. Il reçut le châtiment de ses crimes au concile du Puy, devant lequel le légat pontifical, Conrad, avait évoqué son affaire. On le condamna, lui et les moines, ses partisans, à la dégradation canonique (1222). Malheureusement l'institution elle-même était gravement atteinte par la mesure que crut devoir prendre le légat pour remédier aux désastres d'une mauvaise administration. Il décida que le monastère serait désormais confié à douze chanoines séculiers et dépendrait, biens et personnes, de la cathédrale Saint-Just de Narbonne. Les membres du chapitre métropolitain, qui avaient, dans la crise passée, bien mérité de la foi, recevraient ainsi la récompense de leur zèle. Ce décret reçut la sanction pontificale l'année suivante (1223). Mais les moines fidèles de l'ancienne abbaye firent entendre de telles protestations qu'après dix ans de luttes, de procès et d'enquêtes, Grégoire IX révoqua la sentence de dépossession, et, en principe, rétablit les choses en l'état primitif (1233). En fait, il fut impossible d'obtenir des Narbonnais leur renonciation à la totalité des acquisitions qu'ils avaient faites. *Pro bono pacis*, les moines d'Alet cédèrent une partie de leurs anciennes possessions (1246). *Gallia christ.*, t. VI, *Instr.*, col. 110-117; *Histoire de Languedoc*, t. VI, p. 158-159, 560-561. Une autre part servit d'apanage aux lieutenants de Simon de Montfort, dont il fallait bien, de quelque manière, payer les services. La guerre avait d'ailleurs sévi sur le pays avec toutes ses rigueurs. Villes et châteaux, parties et églises avaient été pillés par des bandes armées. L'abbaye, violemment ou canoniquement dépouillée, sortait amoindrie et appauvrie de toutes ces épreuves. Néanmoins, dans la deuxième moitié du XIIIe siècle, les abbés d'Alet furent assez heureux pour cicatriser un peu les blessures reçues, si bien qu'en 1318 l'abbaye parut être assez prospère et avoir assez de relief pour mériter d'être érigée en évêché. Voir les ouvrages déjà cités et Louis Fédié, *Étude historique sur le Haut Razès*, Carcassonne, 1878, p. 22-43; du même, *Le comté de Razès et le diocèse d'Alet*, Carcassonne, 1880, p. 58-88.

Abbés d'Alet (liste fragmentaire). — Gayraud, *secundus abbas*, 785, 796. — Oliba Ier, vers 810. — Oliba II, vers 845. — Benoît, qui reçoit de Jean XV la direction de cinq monastères méridionaux, 966, 970, 993. — Grégoire, ou Géraud, vers 1050. — Raymond Ier, vers 1162. — Pons Amélius, vers 1167, † vers 1197. — Bernard II de Saint-Ferréol, abbé de Saint-Polycarpe, élu canoniquement en 1197, encore en vie en 1206. — Boson, intrus, en 1197, dégradé en 1222. — Udalger d'Ajort, élu en 1233 ou 1234, vit encore en 1258. — Raymond II, vers 1267, vit encore en 1279. — Bertrand, vers 1284. — Pierre, vers 1303. — Barthélemy, vers 1312, en 1318 élu évêque d'Alet. *Gal-*

lia christ., t. VI, col. 269-274; *Histoire de Languedoc*, t. IV, p. 422-423, note 76; Fédié, *Le comté de Razès*, etc., p. 89.

J.-M. VIDAL.

II. ALET (*Electen.*) **DIOCÈSE.** — I. Origines, délimitation. II. Histoire sommaire. III. Liste des évêques. IV. État au moment de la suppression.

I. ORIGINES, DÉLIMITATION. — La création d'un diocèse dans la partie occidentale de l'archidiocèse de Narbonne fut un des articles du plan de réforme des circonscriptions diocésaines réalisé par Jean XXII, dans le midi de la France, en 1317 et 1318. Le diocèse de Toulouse avait une étendue démesurée. A lui seul il pouvait former une métropole, avec des diocèses suffragants; et la mense épiscopale en était si prospère qu'elle pouvait suffire à l'entretien de plusieurs prélats. Si l'archevêque de Narbonne perdait le territoire de cette nouvelle province, rien n'était plus aisé que de lui trouver, à lui aussi, de nouveaux suffragants sur son propre territoire, qui était immense, et de doter ces suffragants de menses fort convenables avec le superflu de ses propres rentes. Immensité des territoires, opulence des menses, de ces deux circonstances par elles-mêmes déjà suffisantes à motiver le remaniement projeté, découlaient de graves inconvénients, sinon des désordres, qui appelaient un remède énergique. Les pasteurs, paissant sur des terres trop vastes des troupeaux trop nombreux, ne pouvaient matériellement remplir leur rôle de docteurs et de censeurs de la foi. Aussi avait-on vu l'hérésie faire de la province narbonnaise son domaine de prédilection et s'y maintenir durant plus d'un siècle après la croisade qui avait brisé sa puissance politique. Jean XXII jugea que le morcellement des terres et des populations, la multiplication des gardiens de la foi, était le seul moyen de conserver celle-ci. A réaliser cette réforme il y avait un autre avantage : c'était l'utilisation, pour le plus grand bien de la religion, des revenus considérables que procuraient à leurs bénéficiaires les menses de Toulouse et de Narbonne. Cela était même désirable au point de vue de la discipline ecclésiastique, car certains de ces prélats, regorgeant de superflu, le gaspillaient en menant un train de vie scandaleusement princier. Tels sont les motifs invoqués par Jean XXII dans les bulles par lesquelles il réorganisa les diocèses et les métropoles du midi. Voir *Gallia christ.*, t. XIII, *Instr.*, col. 55, 236; J.-M. Vidal, *Documents sur les origines de la province ecclésiastique de Toulouse*, dans *Annales de Saint-Louis-des-Français*, Rome, 1901, tir. à part., p. 77, 107. En ce qui concerne Narbonne, le premier projet du pape avait été de constituer une nouvelle circonscription dans la partie occidentale de ce diocèse, entre celui de Carcassonne et les Pyrénées. Limoux, qui était la localité la plus considérable de ces parages en eût été le chef-lieu. Toutes les mesures étaient prises pour que ce projet se réalisât : la bulle d'érection avait été lancée (20 août 1317); l'évêque de Limoux avait été désigné — c'était Durand de Saint-Pourçain — (1er septembre 1317). Ses exécuteurs avaient été chargés de veiller à l'exécution des volontés pontificales (2 septembre 1317). Archiv. du Vatican, *Regest. Avenion.*, t. 7, fol. 225, 246, 130 v°; G. Mollat, *Lettres communes de Jean XXII*, Paris, 1903 sq., n. 4801, 4859, 4881; J. Guiraud, *Cartulaire de N.-D. de Prouille*, Paris, 1907, t. I, n. 68-71. Mais ce premier essai ne put aboutir. Les délégués apostoliques chargés de la délimitation des territoires et de la répartition des revenus se heurtèrent à des difficultés considérables. L'archevêque de Narbonne, le chapitre métropolitain, les dominicaines de Prouille se plaignaient, les premiers de ce que, par la création du nouveau diocèse sur le territoire le plus riche de leurs menses, leurs intérêts fussent gravement lésés; les religieuses de Prouille, de ce que, par l'établissement d'un évêché à Limoux, dont l'église était leur dépendance, on les frustrât du plus clair de leurs revenus, sans espoir aucun de compensation. Le pape s'émut de ces réclamations et renonça à son plan primitif. Le 1er mars 1318, il prit de nouvelles dispositions. Au lieu d'un diocèse, c'en était deux qu'il créait sur le territoire de celui de Narbonne, l'un à l'est, ayant pour ville épiscopale Saint-Pons-de-Tomières, l'autre à l'ouest, avec Alet pour chef-lieu. Cette répartition avait l'avantage de ménager les intérêts des protestataires. On excluait du démembrement la ville et les environs de Limoux. En outre, le pape se bornait à prélever sur les revenus de la mense métropolitaine la somme de 5 000 livres tournois qu'il répartissait entre les deux nouveaux sièges. Pour compléter leur dotation, il était entendu que les évêques percevraient les émoluments des menses abbatiales qui tombaient légitimement entre leurs mains, — et c'était l'avantage qu'offrait le choix d'églises monastiques pour les ériger en cathédrales. *Regest. Aven.*, t. 9, fol. 141; Mollat, *op. cit.*, n. 6375; Guiraud, *op. cit.*, t. I, n. 72. Le pape s'efforça d'ailleurs d'éviter les bouleversements trop profonds dans l'organisation du diocèse d'Alet. L'église des bénédictins étant érigée en cathédrale, les moines en furent les chanoines, et l'abbé qui les gouvernait à cet instant en fut le premier évêque. *Gall. christ.*, t. VI, *Instr.*, col. 117. Pour l'avenir, le pape statuait que le chapitre régulier élirait l'évêque, de concert avec les chanoines d'une collégiale qu'il lui plaisait d'instituer à Saint-Paul-de-Fenouillet (1er mars 1318). *Regest. Aven.*, t. 9, fol. 94 v°; Mollat, n. 6394. Mais la coopération des deux chapitres à l'élection de l'évêque n'étant guère pratique, Clément VI la supprima, le 29 mai 1343. *Regest. Vatic.*, t. 159, fol. 200 v°, n. 1040. Les seuls électeurs furent donc les moines d'Alet. Leur chapitre conservait les dignités claustrales du régime monastique : le grand prieur, le précenteur, le trésorier, le chambrier, le sacriste, l'ouvrier, l'aumônier, l'infirmier et l'hôtelier. La mense pouvant suffire à l'entretien de trente moines, le chiffre officiel des titres canoniaux fut celui-là. La règle bénédictine demeura en vigueur jusqu'en 1531, date à laquelle, atteints par l'épidémie de sécularisation qui sévissait depuis le commencement du siècle sur les abbayes et les chapitres du midi de la France, les moines d'Alet obtinrent du pape Clément VII une bulle qui réalisait cette transformation (17 novembre). La mense était fort appauvrie, et la ferveur monastique relâchée. Le nombre des chanoines fut donc réduit à douze, dont quatre dignitaires : le doyen, l'archidiacre, le trésorier et le précenteur, et la règle bénédictine fut supprimée. Archiv. Vatic., *Reg. Lateran.*, t. 1545 (Clem. VII, t. LXXVIII), fol. 276-279; *Gallia christ.*, t. VI, *Instr.*, col. 118-126; *Histoire de Languedoc*, t. IV, p. 721; t. XI, p. 280.

Tel que Jean XXII l'avait délimité, le nouveau diocèse comprenait l'ancien *pagus Redensis*, le comté de Razès, comme il était à l'époque carolingienne. C'était donc le pays existant entre Limoux et les Pyrénées (sauf Limoux et son territoire qui restaient en dehors), c'est-à-dire : les districts du Capcir, du Donezan, de Sault, du Fenouillèdes et la contrée que l'on prenait l'habitude de nommer *Haut-Razès*, ou Razès proprement dit, correspondant aux cantons modernes de Couiza, Quillan, Axat, et à la partie montagneuse de celui de Limoux. (On réservait le nom de *Bas-Razès* au territoire compris entre Limoux, Montréal et Mirepoix. Il est hors des limites que nous considérons.) Le diocèse englobait par conséquent la haute vallée de l'Aude, les vallées du Rebenty et de l'Agly. Il confinait au midi au diocèse d'Elne, au nord-est et au nord, à celui de Narbonne, à l'ouest, à ceux de Mirepoix et de Pamiers. La bulle de délimitation, 1er mars 1318 (*Reg. Aven.*, t. 9, fol. 93; Bibl. nation., Paris, ms. lat. 4114, fol. 27), détaille ces frontières. Au nord, c'est d'abord la rivière de la Corneille qui les constitue, depuis son confluent avec l'Aude, sur la rive gauche à moins d'une lieue de Limoux, jusqu'au point où cette rivière atteint le domaine de Bouriège. A ce point, la ligne de démarcation emprunte vers l'ouest les bornes de cette paroisse et de celles de Saint-Sernin, Villa-Comesourde, Saint-Couat-du-Razès, Tournebouix, Festes, qui sont du territoire d'Alet. Sur la rive droite de l'Aude, ce sont d'abord le ruisseau de Rieugrand, puis les paroisses de Vendemies, Terrolles, Arques, Bugarach, qui marquent ces bornes. A l'est, le diocèse fait une pointe considérable dans le bassin de l'Agly, pour englober le Fenouillèdes. Par les sommets des Corbières, la limite n'était autre que celle du département des Pyrénées-Orientales, de Prugnanes, à l'ouest, jusqu'à Maury, La Tour-de-France, Cassagnes, Bélesta, à l'est. Au sud, les limites du Fenouillèdes, puis celles du Capcir étaient aussi celles du diocèse d'Alet, c'est-à-dire que les paroisses de Montalba, Trevillach, Campoussy, Sournia, Rabouillet, Montfort, Counozouls, Roquefort, puis (Capcir) celles de Puyvaldor, Réal, Villeneuve, Matemale, Angles, Fourmiguières, Fontrabiouse, formaient cette limite. A l'ouest, le Donezan, avec ses bornes qui sont celles du canton de Quérigut, puis le pays de Sault et ses limites occidentales qui se confondent avec celles du canton de Belcaire, enfin, remontant vers le nord, les paroisses de Belvis, Coudons, Nébias, Saint-Jean-de-Paracol, Saint-André-de-Festes, achevaient le tracé de la circonscription diocésaine d'Alet. Si nous essayons de superposer les divisions civiles modernes à celles des commissaires de Jean XXII, nous trouverons que le nouveau diocèse englobait un canton du département de l'Ariège, celui de Quérigut (Donezan); quatre cantons du département de l'Aude, arrondissement de Limoux : Couiza, Quillan, Axat (Razès) et Belcaire (Sault), plus une partie de ceux de Chalabre et de Limoux ; enfin la majeure partie de ceux de Saint-Paul-de-Fenouillet, Sournia, La Tour-de-France (Fenouillèdes), et Montlouis (Capcir), appartenant au département des Pyrénées-Orientales. Les considérations auxquelles obéit le pape en modifiant son premier projet de délimitation furent cause que l'archevêque de Narbonne continua à avoir juridiction sur une bande de territoire assez étroite, entre les diocèses d'Alet et de Carcassonne. Par cet appendice bizarre il poussait sa pointe jusqu'aux confins du diocèse de Mirepoix. Voir *Carte du diocèse d'Alet*, XVIIIe siècle. Le diocèse ainsi constitué territorialement comprenait environ quatre-vingts églises paroissiales, sans compter les chapelles de secours. Rôles des décimes et des procurations de la province de Narbonne, dans Archives du Vatican, *Collectoriae*, t. 150, fol. 113-114; t. 157, fol. 85-87, 89-90. Des quatre abbayes que le territoire du nouveau diocèse avait vues fleurir jadis, il ne subsistait, au XIVe siècle, que celle de Saint-Jacques de Joucou, O. S. B., au pays de Sault. Les trois autres, Saint-Paul-de-Fenouillet, Saint-Pierre-de-Fenouillet, Saint-Martin-Lys, n'existaient plus qu'à l'état de prieurés ou d'églises paroissiales, ou même à l'état de ruines. J'ai déjà dit que Jean XXII institua, en 1318, dans la capitale du Fenouillèdes, un chapitre séculier, lequel se composa de douze chanoines et d'un certain nombre de bénéficiers moindres. *Gallia christ.*, t. VI, col. 289-292; *Histoire de Languedoc*, t. IV, p. 722-723.

II. HISTOIRE SOMMAIRE. — L'histoire de l'évêché d'Alet n'offre aucun événement saillant durant les XIVe et XVe siècles. La ville d'Alet ne paraît pas, du

ALET (DIOCÈSE)

fait de son élévation au rang de ville épiscopale et royale, avoir acquis plus de population et d'importance. En 1762 elle ne comptait que 178 feux et 1 000 âmes. D'Expilly, *Dictionnaire géographique, historique et politique des Gaules et de la France*, art. *Alet*. Les évêques n'y résidaient guère. Le pouvoir royal, se consolidant de jour en jour et s'exerçant plus efficacement, gênait considérablement l'exercice de leurs droits seigneuriaux. La bourgeoisie prenait, aussi, de plus en plus conscience de sa force. Au XVᵉ siècle, l'évêque-comte ut renouveler, en les étendant, les privilèges jadis concédés aux bourgeois et manants de sa seigneurie par l'abbé-suzerain. Son influence fut pourtant heureuse quand elle s'exerça en faveur des humbles contre la féodalité. La mitre en imposait aux seigneurs indigènes beaucoup plus que la coule des abbés. Le diocèse pyrénéen ne fut mêlé aux événements de l'histoire générale qu'aux temps du calvinisme et du jansénisme. Venus des Cévennes et du pays de Castres, les huguenots trouvèrent des partisans dans le Haut-Razès. Partant, les guerres de religion y devaient avoir leur répercussion. La ville d'Alet fut prise en 1573 par les protestants. Couiza, Montlouis, Quillan, Bugarach, Antugnac, d'autres villages et châteaux du Razès subirent le même sort. Durant les quinze années suivantes Alet passe tour à tour au pouvoir des catholiques et des religionnaires. En 1575, les troupes royales y rentrent commandées par Laviston, gouverneur de Carcassonne. En 1577, les huguenots reprennent l'avantage et exercent de violentes représailles. Ils tuent ou chassent les catholiques, surtout les prêtres; ils incendient et démolissent les églises (en particulier la cathédrale), l'évêché, les couvents; ils détruisent les remparts, pillent et saccagent les maisons. En 1583, c'est le tour des bandes catholiques. Elles escaladent les murs et massacrent cinquante protestants. Le brigandage sévit alors sous couleur catholique comme sous couleur calviniste. La désolation règne partout. Enfin les catholiques ligueurs s'établissent définitivement à Alet, en 1585. Pris de peur, une centaine de huguenots quittent aussitôt la ville et vont se réfugier à Montréal. Là, le maréchal de Montmorency, les prenant sous sa sauvegarde, parvient à les rassurer et leur persuade de rentrer chez eux en toute confiance. Ils y retournent, sont bien reçus par les catholiques, qui leur rendent leurs biens et leurs demeures. Le lendemain, 28 mars, les catholiques en font une Saint-Barthélemy effroyable. Montmorency et ses partisans soupçonnèrent à raison les ligueurs d'avoir combiné cette odieuse trahison. Alet, huguenote, n'avait pas manqué d'avoir part à la vie politique et religieuse du calvinisme. Elle envoyait des députés aux assemblées. Le traité de Nérac (1579) la désigna comme l'une des onze places de sûreté accordées aux huguenots par le gouvernement royal. Revenue aux mains des catholiques, elle députa aux États de la Ligue tenus de 1592 à 1594. Son importance au point de vue des intérêts des réformés avait en peu de temps

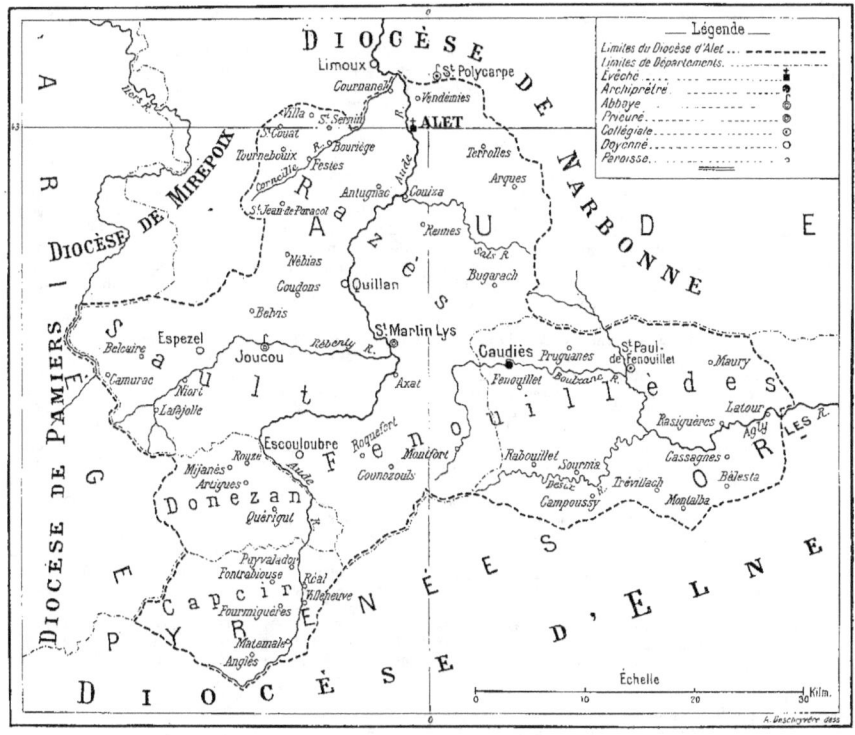

13. — Diocèse d'Alet.

baissé si bien que les édits pacificateurs octroyés par Henri IV — celui de Follembray (1596), qui regardait spécialement le midi, et celui de Nantes (1598) — l'excluaient du nombre des villes où le culte dissident était toléré. La population adhéra sans difficulté à cette exclusion. *Histoire de Languedoc*, t. xi; note sur *Le diocèse d'Alet durant les guerres de religion*, p. 565, 610, 631, 633, 679, 705, 803, 806, 809, 861, 879; Fidié, *Le comté de Razès*, etc., p. 92; Lasserre, *Recherches historiques sur la ville d'Alet et son ancien diocèse*, Carcassonne, 1877, p. 120-124. Quand la tourmente calviniste fut passée, les évêques d'Alet, n'ayant ni évêché, ni cathédrale, firent leur demeure ordinaire du château de Cornanel, leur propriété, qui était situé à peu de distance de la ville, et ils transformèrent provisoirement en cathédrale l'ancien réfectoire des moines. Le provisoire dura, pour la cathédrale, jusqu'à la suppression de l'évêché, et, pour la résidence épiscopale, jusqu'à ce que Nicolas Pavillon eût fait construire un nouveau palais dans la ville même.

Durant le pontificat de ce dernier prélat (1637-1677), le diocèse connut un renouveau de vie religieuse et bénéficia d'un essai heureux de réforme. Voir l'article Pavillon et E. Dejean, *Un prélat indépendant au XVII° siècle. Nicolas Pavillon, évêque d'Alet (1637-1677)*, Paris, 1909, c. iii, iv, p. 37-113; Torreilles, divers articles sur l'administration du diocèse d'Alet par Pavillon, dans *Revue du clergé français*, t. xxxii, et *Revue d'histoire et d'archéologie du Roussillon*, t. iii et iv. Formé à la pratique de la charité et des vertus sacerdotales par saint Vincent de Paul, ami et compagnon de M. Olier, très lié avec Saint-Cyran, Arnauld et les religieuses de Port-Royal, par tempérament et par tendances autant qu'en raison de ses fréquentations, compromis dans le jansénisme, cet austère prélat mit tout en œuvre pour la réforme des mœurs et pour l'éducation intellectuelle et morale de ses diocésains. Il avait divisé son diocèse en sept cantons ecclésiastiques, correspondant à autant de conférences auxquelles était convoqué, tous les mois, le clergé du ressort. Lui-même traçait le plan d'études qu'on devait suivre dans ces assemblées et il présidait en personne celle d'Alet. Les questions traitées faisaient ensuite la matière des prônes paroissiaux. Il s'efforça de donner aux futurs prêtres une formation plus sérieuse. Il fonda et dota le séminaire, dont il confia la direction à des prêtres de son choix, qui y tenaient les jeunes clercs sous une discipline austère. Son successeur, Mgr de Valbelle, y rétablit les lazaristes qui y demeurèrent jusqu'à la Révolution. Pour la conduite du clergé et la bonne administration des paroisses, Pavillon édicta des statuts, à l'observation desquels il veillait lui-même, visitant fréquemment son diocèse. *Statuts synodaux du diocèse d'Alet*, 1675. Il fit cesser les discordes existant dans le chapitre, entre les partisans du rite romain et les tenants du narbonnais. Il assujettit les chanoines à un règlement plus sévère. Il institua des séminaires de *régents* et de *régentes* populaires, dont le rôle était de répandre l'instruction avec la piété parmi les populations rurales. Ses régentes ont eu une juste célébrité. Il poursuivit impitoyablement et châtia les mauvaises mœurs de certains hobereaux dont les dérèglements causaient la perte des âmes. Ces gentilshommes campagnards vivaient dans leurs manoirs, oisifs et débauchés, vrais fléaux pour l'honneur des familles rurales du voisinage. L'antithèse radicale entre leur conduite scandaleuse, connue de tous, et leur assiduité pharisaïque aux pratiques religieuses constituait un défi à la morale, à la dignité des sacrements dont ils foulaient aux pieds le caractère sacré, et au sacerdoce auquel ils extorquaient de force ou par complaisance de sacrilèges absolutions. Au risque de s'aliéner les familles les plus puissantes du diocèse et de s'exposer, lui et ses prêtres, à de graves représailles, l'évêque refusa et fit refuser l'absolution aux coupables qu'il frappa des peines canoniques. Une sentence d'excommunication fut portée solennellement par lui-même contre un des premiers seigneurs du pays, M. de Rasiguières, grand séducteur de femmes et de filles, et elle fut exécutée malgré le pourvoi du coupable en Parlement, et malgré l'arrêt favorable qu'il obtint. Des curés furent emprisonnés, l'évêque fut déclaré comme d'abus, condamné aux dépens, menacé de la saisie de son temporel; il ne céda pas. D'autres gentilshommes scandaleux ou usuriers, usurpateurs de biens et de droits ecclésiastiques, pilleurs d'églises et exploiteurs de pauvres gens, blasphémateurs et mécréants, organisateurs de danses lubriques et profanateurs du dimanche, eurent aussi à répondre de ces fautes. Il y eut maint conflit entre le for séculier et le for ecclésiastique. Les coupables allèrent même jusqu'à se constituer en syndicat d'opposition par la propagande populaire et par la voie judiciaire contre leur pasteur. Leurs émissaires allaient de village en village attiser les haines et recueillir des griefs contre l'évêque et ses curés. *Histoire de Languedoc*, t. xiv, col. 846. Le cahier des plaintes qu'ils rédigèrent et qu'ils présentèrent au roi n'était qu'un tissu d'imputations et d'exagérations calomnieuses, dont l'évêque n'eut pas de peine à se justifier. *Histoire de Languedoc*, t. xiv, col. 914-921. Les alliés de la noblesse d'Alet avaient été les dominicains de Quillan et les augustins de Caudiès, directeurs à larges manches, qui couvraient de leur complaisance les excès de leurs protecteurs et redoutaient pour eux-mêmes la rude discipline de l'évêque. Celui-ci prit la mesure la plus radicale : il révoqua les pouvoirs antérieurement donnés à ces moines pour la confession et la prédication. L'affaire s'envenima et, comme la précédente, fut portée devant le roi, qui la conclut au mieux des intérêts de la discipline épiscopale (23 juillet 1666). Il en fut de même pour un troisième conflit que l'évêque soutint contre les capucins de Limoux et de Chalabre, qui, gênés dans leurs quêtes par les règlements diocésains d'Alet, se vengaient en colportant, contre l'évêque et ses prêtres, cent propos désobligeants, en se faisant les propagandistes de la noblesse syndiquée. Le Parlement leur avait donné raison, mais le roi les débouta de leurs plaintes. *Hist. de Languedoc*, t. xiii, p. 406-416; t. xiv, col. 839-927; Dejean, *op. cit.*, p. 89-90. Dans cette lutte, le clergé séculier se montra digne du premier pasteur. Curés et vicaires furent en butte à des persécutions de la part de leurs paroissiens des châteaux qu'ils avaient le courage d'exclure des sacrements. On les obligeait à quitter leurs cures, à laisser leurs ouailles sans offices, à dépenser leurs maigres ressources en voyages et en procès. Plusieurs subirent la saisie de leurs biens et furent réduits à la mendicité; d'autres souffrirent violence en leurs personnes. On ne voit pas qu'ils aient fléchi devant les mauvais traitements. Ce n'est pas ici le lieu de raconter les luttes que Pavillon soutint durant de longues années contre une couple de concussionnaires, les frères Aosthème (Dejean, p. 97-113), ni l'attitude équivoque qu'il eut dans l'affaire du jansénisme et la résistance qu'il opposa au roi à propos de la régale. Voir art. Jansénisme, Pavillon, Régale; E. Dejean, c. vi, vii; bibliographie dans Lavisse, *Histoire de France*, Paris, 1906, t. vii, 2° part., p. 1, note 1; p. 14, note 1. Dans cette lutte, par le fait des circonstances, il dut batailler, seul ou presque seul, soutenu seulement par la sympathie de la majeure et meilleure partie de son troupeau. Plusieurs bénéfices et charges capitulaires furent alors envahis par des régalistes, au mépris des censures de l'évêque. Celui-ci

ALET (DIOCÈSE)

mort, la résistance s'énerva progressivement. En revanche l'action réformatrice de Pavillon se perpétua dans ses bons, et aussi dans ses mauvais résultats durant de longues années. Son successeur, Mgr de Valbelle, faisant rapport au roi, déclarait qu'il avait été fort édifié de la tenue parfaite des églises et de leurs paroissiens; mais lui-même dut s'appliquer à détendre la rigueur de la discipline sacramentaire poussée à l'extrême par son prédécesseur. « Hélas! pourquoi faut-il, écrivait, en 1877, le curé d'Alet, que les pasteurs des paroisses du diocèse soient condamnés, après plus de deux siècles, à voir leurs travaux en partie stériles, toujours par suite des fausses doctrines jansénistes, dont le venin infecte encore une bonne partie des âmes confiées à leurs soins. » Lasserre, p. 154. La tourmente révolutionnaire elle-même n'était donc pas parvenue à détruire les traditions étroites et les pratiques erronées.

III. Liste des évêques. — Barthélemy (1318), O. S. B., abbé de Sainte-Marie d'Alet. — Guillaume Ier d'Alzonne, ou de Marcillac, O. S. B., abbé de la Grasse, élu le 10 septembre 1333, après la mort de Barthélemy. — Guillaume II, O. S. B., abbé de Sendras, au diocèse de Nîmes, élu le 16 janvier 1355, à la mort de Guillaume. — Arnaud de Villars, transféré de Mirepoix, le 5 juillet 1363, à la mort de Guillaume II. — Pierre Aycelin de Montaigut (*de Monteacuto*), cardinal, ancien évêque de Laon, administrateur apostolique d'Alet, le 25 avril 1385, à la mort du précédent. — Robert du Bosc (del Bosc), abbé de Bourg-Dieu, au diocèse de Bourges, O. S. B., élu le 15 juin 1386, transféré à Conserans, le 27 mai 1390, et à Mende, le 17 octobre 1390. — Henri Ier, Bayler, transféré de Valence et Die, le 27 mai 1390, partisan de Benoît XIII, † 1420. — Pierre II, Assalbitus (Assalhit), ord. E. S. A. sacriste, confesseur et bibliothécaire du pape, transféré de Condom par Martin V, le 8 janvier 1421, et préféré à Jean *Corserii*, élu du chapitre qui passe à Condom. D'après le *Gall. christ.*, t. vi, col. 278, suivi par Gams, *Series episc.*, p. 486, et par E. Molinier, dans *Hist. de Languedoc*, t. iv, p. 423, Pierre Assalbitus aurait eu pour successeur Antoine de Saint-Étienne, qui aurait siégé en 1441 et 1442, et un autre Pierre, mentionné en 1443. Les registres pontificaux sont muets sur ces deux personnages. — Élie de Pompadour, archidiacre de Carcassonne, élu le 24 janvier 1448, transféré à Viviers, le 29 novembre 1454. — Louis d'Aubusson, prieur de Villedieu (?) dans le chapitre d'Alet et de Mortagne, dans le diocèse de Maillezais, élu le 4 décembre 1454, ne siège pas; promu à Tulle, le 27 décembre 1455. — Ambroise de *Cameraco* (Cambrai?), abbé de Saint-Germain-des-Prés, élu le 23 septembre 1455 (Gams, p. 486). Accusé et convaincu de complicité dans la fabrication d'une fausse dispense de mariage entre le comte Jean d'Armagnac et sa sœur Isabelle, déposé et dégradé en 1460. Raynaldi, *Annal. ecclesiastici*, ad an. 1460, n. cxiii, Lucques, 1753, t. x, p. 261.— Antoine Ier, Gobert, promu en septembre 1461. — Guillaume III, Oliva (Olivier), promu le 14 novembre 1468, à la mort d'Antoine; † 1486. — Pierre III, Hallwyn, clerc du diocèse de Thérouanne, protonotaire apostolique, maître ès arts, élu le 21 novembre 1487, résigne peu après. — Guillaume IV, de Roquefort, ou de Laroque (*de Rupe*), abbé de Montolieu, O. S. B., élu le 4 février 1489, après la résignation du précédent; † en 1508 (le 8 avril 1500, le pape avait réservé l'église d'Alet, quand elle deviendrait vacante par la mort ou la démission de Guillaume, « élu et intrus », à Pierre de Lanafranca, protonotaire apostolique. Arch. du Vatic., *Arch. consist.*, *Acta miscellan.*, t. 5, fol. 134; *Acta Camerarii*, t. 1, fol. 83 v°. Cette réserve resta lettre morte). — Pierre IV Raymond de Guiert,

abbé commendataire de Sorèze, élu le 7 juin 1508 par le pape, siégeait encore en 1523 (entre temps, le 26 juin 1511, l'élu du chapitre, Jean Dupuy, abbé de Saint-Tibéry, au diocèse d'Agde, « élu et confirmé » évêque d'Alet, révoque la procuration pour laquelle ses représentants auprès de la curie devaient faire, en faveur de Pierre-Raymond de Guiert, cession pleine et entière des droits que lui-même avait sur le siège d'Alet. Arch. Vat., *Armar.* 29, t. 61, fol. 40 v°). — Guillaume V, de Joyeuse, élu le 27 octobre 1524. Archiv. Vatic., *Regest. Lateran.*, t. 1445, fol. 65, préconisé le 24 janvier 1525; siège encore en 1540; résigne son évêché. Gilles de la Tour, clerc de Limoges, notaire apostolique, qui avait des droits sur l'évêché d'Alet, les cède à Guillaume de Joyeuse, et reçoit en compensation une pension de 1 000 livres tournois sur les revenus de la mense. *Regest. Lateran.*, *ibid.*, fol. 76 v°. — Guillaume VI, de Joyeuse junior, neveu du précédent, élu administrateur d'Alet, le 28 janvier 1541 (arch. Vat., *Acta consist. miscell.*, t. 19, fol. 336 v°), résigne sans avoir reçu la consécration épiscopale. — François de Lestrange, élu le 16 ou le 19 janvier 1560, † 1564. — Antoine II de Dax, chanoine précenteur d'Alet, abbé de Saint-Polycarpe, préconisé le 8 juin 1565; résigne. — Christophe de L'Estang, évêque de Lodève, transféré à Alet, le 5 septembre 1594, puis à Carcassonne, 1603. — Jean... (mentionné dans la note consistoriale concernant son successeur. *Acta consistor.*, ab an. 1512 ad an. 1605; Clem. VIII, fol. 352). — Pierre V de Polverel, limousin, promu à Alet, le 19 février 1603-† à Rome le 20 août 1603, sans avoir été intronisé. — Étienne de Polverel, frère du précédent, préconisé le 30 juillet 1607-† le 25 avril 1637. — Nicolas Pavillon, prêtre de la Mission, nommé en juin 1637, préconisé le 16 mai 1639-† le 8 décembre 1677. — Louis-Alphonse de Valbelle, nommé le 25 décembre 1677, préconisé le 14 mars 1678, transféré à Saint-Omer en juin 1684. — Victor-Augustin de Méliand, transféré de Gap en 1684, préconisé le 2 juillet 1692, résigne en 1698 († en 1713). — Charles-Nicolas Taffoureau de Fontaine, du diocèse de Sens, nommé le 1er novembre 1698, préconisé le 5 janvier 1699-† octobre 1708. — Jacques Maboul, nommé le 1er novembre 1708, préconisé le 19 février 1710-† en juin 1723. — Joseph François de Boucaud, prêtre de Montpellier, nommé le 17 octobre 1723, préconisé le 14 février 1724- † le 6 décembre 1762. — Charles de la Cropte de Chantérac, nommé en janvier 1763, sacré le 16 mai 1763, émigré en Espagne, y meurt en 1793.

Archiv. du Vatican, *Regest. pontif.* et *Acta consist.* — *Gallia christ.*, t. vi, col. 274-286. — *Histoire de Languedoc*, t. iv, p. 423-424. — *Chroniques de Languedoc* (1877), t. iv, p. 258. — Gams, *Series episcoporum Ecclesiae catholicae*, Ratisbonae, 1873, p. 486. — De Mas-Latrie, *Trésor de chronologie*, Paris, 1889, col. 1369. — Eubel, *Hierarchia catholica medii aevi*, t. i, p. 246; t. ii, p. 165-166; t. iii, p. 207. — P. Armand Jean, *Les évêques et les archevêques de France depuis 1682 jusqu'à 1801*, Paris, 1891, p. 264-266.

IV. État du diocèse en 1789. Sa suppression. — Voici quelle était la situation du diocèse, à la veille de sa disparition. L'évêque devait, selon la volonté de Jean XXII, avoir 5 000 livres tournois de revenus; il en avait 16 000 sous Pavillon et au siècle suivant. Sa taxe en cour de Rome était de 1 500 florins. Dans les six mois après sa prestation de serment au roi, il devait payer 600 livres à la Cour des comptes pour droit d'enregistrement. *Gall. christ.*, t. vi, col. 273-274; Lancelot, *Relation d'un voyage à Aleth*, 1732, p. 32. L'évêque-comte était membre-né des États de Languedoc et président de l'assiette de son diocèse (pour les finances). Il avait part à l'administration civile de sa ville épiscopale et du diocèse. Lui et son chapitre étaient prieurs ou patrons de diverses églises hors du diocèse; ils avaient des dîmes dans les diocèses de Mirepoix, Toulouse, Comminges, etc. Pour sa part, l'évêque était décimateur dans cinquante et une localités du pays, à charge d'y pourvoir au culte ou d'y satisfaire à d'autres obligations. Lasserre, p. 253. Le chapitre continuait à être composé de douze chanoines, dont les quatre dignitaires déjà nommés. Il y avait aussi un théologal, un syndic et un secrétaire. Le chapitre avait cent sept obits que Mgr de Chantérac réduisit à soixante-trois, en 1781. Ses armes étaient d'or à la croix de gueules, l'écu tenu par deux anges de carnation à la ceinture d'argent. La collégiale de Saint-Paul-de-Fenouillet subsistait aussi à la fin de l'ancien régime, mais de l'ancienne abbaye de Joucou, il ne restait plus trace. L'église de Saint-Martin-Lys avait été transformée en prieuré par Pavillon. Les seules maisons religieuses existant dans le pays étaient celles des dominicains de Quillan et des augustins de Caudiès. Le diocèse était divisé en deux archiprêtrés, celui de Saint-André d'Alet (Haut-Razès) et celui de Caudiès (Fenouillèdes). Le premier avait cinquante-quatre paroisses, le deuxième trente-trois, au total quatre-vingt-sept cures. *Almanach royal de 1787*, p. 64. On comptait en outre trente-sept succursales. Les archiprêtrés se subdivisaient en vicariats forains, dont les titulaires (curés-doyens) veillaient sur le clergé de leur ressort et tenaient les conférences ecclésiastiques. Sous Pavillon les sept ressorts de conférences étaient Quillan (conf. le 1er lundi du mois), Espezel (1er mardi), le Capcir (1er jeudi), Escouloubre (1er vendredi), Caudiès (2e lundi), Saint-Paul-de-Fenouillet, (2e mardi), Alet (2e mardi).

La bourrasque révolutionnaire renversa tout l'édifice diocésain. Les biens ecclésiastiques, évêché, maisons religieuses, séminaires, prieurés et églises, vendus ou désaffectés, les chanoines et les prêtres déportés, emprisonnés ou forcés de s'expatrier; l'évêque, Mgr de la Copte de Chantérac, le bienfaiteur du diocèse, « l'évêque des routes », ainsi qu'on l'appelait, parce qu'il avait doté le pays de magnifiques chemins, et avait en particulier favorisé les efforts du célèbre curé de Pierre-Lys, Jean Armand, constructeur de la route du Quirbajou, cet évêque lui-même, forcé de s'exiler en Espagne, et y mourant, le 27 avril 1793, tels sont les tristes événements dont furent témoins les populations chrétiennes de ces montagnes. A la mort de l'évêque, les chanoines qui l'avaient suivi en exil élurent leur doyen comme vicaire capitulaire. Il administra le diocèse jusqu'à la nomination du premier évêque concordataire de Carcassonne. Lasserre, p. 229.

Le désastre fut complet que lorsque, après la tempête, on se mit à reconstruire l'Église de France, Alet n'y eut plus de siège épiscopal. Son territoire diocésain fut réparti entre les nouveaux diocèses de Carcassonne (doyennés d'Axat, de Couiza, de Quillan, de Belcaire et une partie de ceux de Limoux et de Chalabre), de Perpignan (partie des doyennés de Montlouis, Sournia, Saint-Paul-de-Fenouillet, et la Tour-de-France), et de Toulouse, puis (1823) de Pamiers (doyenné de Quérigut). Sous le nouveau régime, Alet n'est pas même un chef-lieu de canton, et, au titre religieux, son église n'aurait que la dignité de succursale, si les instances de l'évêque de Carcassonne et les prières de toute la population n'avaient obtenu du roi Louis XVIII l'érection de la paroisse en cure de deuxième classe, puis du roi Charles X, son élévation à la première classe. Lasserre, p. 288-294. Sur les ruines de l'ancienne abbaye et de l'ancienne cathédrale et les autres vestiges du passé existant encore dans la vieille ville, voir Lasserre, p. 52, 90, 103-119, 215-220, 240-252, etc.; Fédié, *Le comté de Razès*, etc., p. 78-82; Ardouin-Dumazet, *Voyage en France*, 38e série, *Haut-Languedoc. Un évêché villa-*

geois, p. 177-186; V. Mortet, *Étude archéologique sur l'église abbatiale de N.-D. d'Alet*, 1898.

Gallia christiana, t. VI, col. 269-292: *Instr.* col. 101-126. — *Histoire de Languedoc*, édition Privat, Toulouse, 1876 sq., t. I, III, IV, V, VI, VII, IX, XI, XII, XIII, XIV. — Louis Fédié, *Étude historique sur le Haut-Razès*, Carcassonne, 1878; *Le comté de Razès et le diocèse d'Alet*, Carcassonne, 1880. — D'Expilly, *Dictionnaire géographique, historique et politique des Gaules et de la France*, Paris, 1762, t. I, art. *Alet*. — *Annuaire historique*, 1848. — Lasserre, *Recherches historiques sur la ville d'Alet et son ancien diocèse*, Carcassonne, 1877. — De Roquelaure, *Histoire de la vallée de l'Aude d'après des documents authentiques inédits*, Carcassonne, 1879 (valeur discutable). — H. Mulot, *Armorial des évêques d'Alet*. — V. Mortet, *Étude archéologique sur l'église abbatiale de N.-D. d'Alet*, 1898. — E. Dejean, *Un prélat indépendant au XVIIe siècle. Nicolas Pavillon, évêque d'Alet (1637-1677)*, Paris, 1909.

J.-M. VIDAL.

ALET (VICTOR), jésuite français, prédicateur et publiciste, né à Lacoste (Aveyron), le 19 janvier 1827, mort à Paris, le 5 avril 1890. Entré dans la Compagnie de Jésus, le 29 octobre 1843, il enseigna les belles-lettres à Brugelette et à Vaugirard, la philosophie à Poitiers, et fut ensuite appliqué à la prédication. Choisi, en 1884, comme aumônier du comité général de l'œuvre des cercles catholiques, il en dirigea les commissions d'études et inspira plusieurs des travaux doctrinaux accomplis par l'œuvre. Il publia, à ce titre : *Manuel des retraites*, in-16, Tours, 1885, 1886; Paris, 1892, et : *Le devoir social dans un sermon de Bourdaloue sur le soin des domestiques*, in-12, Paris, 1888. On lui doit encore, entre autres ouvrages : *Le Bienheureux Canisius, ou l'apôtre de l'Allemagne au XVIe siècle*, in-16, Paris, 1865. — *La divinité du christianisme démontré par un fait*, in-12, Nantes, 1868. — *Le P. Louis Marquet, de la Compagnie de Jésus. Choix de ses écrits et de sa correspondance, précédé d'une notice biographique*, in-12, Paris, 1881. — *L'esprit et l'œuvre de sainte Thérèse, à l'occasion de son IIIe centenaire*, in-16, Lille, s. a. (1883), 1885. — *La France et le Sacré-Cœur*, in-4°, Paris, 1889, 1892; nouvelle édition refondue par l'abbé Lejeune, in-12, Paris, 1902. Il donna aussi, dans diverses revues et principalement dans les *Études* publiées par les Pères de la Compagnie de Jésus, de nombreux articles d'ascétisme, de littérature, de droit, de questions sociales.

Association catholique, 15 avril 1890, p. 395-396. — Sommervogel, *Bibliothèque S. J.*, Bruxelles, 1898, t. VIII, col. 1605-1608.

E.-M. RIVIÈRE.

ALETH (*Aleysa, Aleydis*), mère de saint Bernard. Le nom d'Aleth avec ses doublets : Alèse, Elise, Alix, Ethle, Adèles et autres, doit être une variante du nom Alais, employé par les chroniqueurs Alain et Jean l'ermite; il fut fréquemment porté par les femmes nobles du moyen âge. Nous le préférons parce que les ménologes cisterciens le donnent; il a d'ailleurs prévalu en Bourgogne dans la dévotion populaire.

Aleth était fille de Bernard, seigneur de Montbard, d'une ancienne famille issue des ducs bénéficiaires de Bourgogne, et de Humberge ou Hombeline de Ricey. Destinée d'abord au cloître par son père, Aleth avait reçu une instruction plus complète que celle que l'on donnait d'ordinaire aux filles des châteaux. On l'avait voulue lettrée et, suivant la chronique, « de grant doctrinage ». A quinze ans, elle épouse Tescelin le Saure, seigneur de Fontaine-lès-Dijon. Modèle de la femme chrétienne, charitable et pieuse, la jeune châtelaine de Fontaine vit son mariage béni de Dieu : « Sept fleurs très belles et très suaves, » suivant l'expression des ménologes, en sont issues : Guy, Gérard, Bernard, André, Barthélemy, Nivard et Hombeline.

Les différents biographes de saint Bernard rapportent avec énergie et éloquence le zèle maternel et l'influence prépondérante d'Aleth sur les premières années du saint. Lorsque la nécessité d'instruire ses enfants et d'en faire des parfaits chevaliers les eut fait mettre aux célèbres écoles de Châtillon-sur-Seine, dirigées par les prêtres de Saint-Vorle, Aleth les suivit dans cet *oppidum*. Là encore, tout en s'adonnant à la pratique des vertus, elle sut, sans omettre ses devoirs d'épouse et de mère, mener dans le monde une vie de religieuse. La visite des pauvres, le souci des malades dans les hôpitaux occupaient ses heures de loisir. Elle leur portait remèdes et nourriture et faisait avec soin leur petit ménage. On aime à voir le jeune Bernard associé à ses courses charitables. Aussi, Jean l'ermite pourra-t-il dire « qu'elle s'engagea la première dans les sentiers où devaient la suivre ses enfants et son époux. »

Pendant des vacances au château de Fontaine, à la fin d'août, le jour de la fête de saint Ambroisinien, patron du village, très vénéré par Aleth, au milieu d'un grand concours de prêtres qu'elle avait elle-même réunis, comme elle le faisait chaque année, la pieuse femme, jeune encore, rendit le dernier soupir. Bernard, son fils préféré, avait à peine dix-sept ans, il perdait son guide et son confident. Le saint conserva toujours pour sa mère une vénération et une reconnaissance filiale sans limite. Il n'en parlait jamais qu'avec la plus vive et la plus respectueuse émotion. Plusieurs fois Aleth apparut à Bernard pour le soutenir dans les épreuves de ses labeurs apostoliques.

On ne peut fixer qu'à peu près la date de la mort de la bienheureuse Aleth. Manrique s'est déterminé pour l'année 1105 et Le Nain pour l'année 1110. Le chanoine Chomton, après une étude critique des plus approfondies, pense, avec juste raison, qu'une date intermédiaire, 1107, se rapproche davantage de la vérité.

Aussitôt après la mort d'Aleth, l'abbé de Saint-Bénigne de Dijon, Jarenton, demanda son corps pour l'ensevelir dans la crypte de l'église du monastère, auprès du tombeau du grand martyr, apôtre de la Bourgogne. Les moines vinrent processionnellement au manoir de Fontaine le chercher. Une foule de peuple accourut à ses funérailles témoigner sa vénération pour les vertus d'Aleth.

En 1250, l'abbé de Clairvaux, Étienne de Lexington, obtint un bref d'Innocent IV pour autoriser le transfert des ossements de la bienheureuse. La translation eut lieu le 17 octobre, ou le 19 mars suivant, elle fut déposée dans la grande église de l'abbaye, tout près de l'autel. Elle reposa ainsi jusqu'à la destruction du monastère, à l'époque révolutionnaire. L'impiété a dispersé les insignes reliques de Clairvaux, très peu ont pu être retrouvées.

La dévotion populaire a toujours vivement vénéré Aleth, elle a reporté sur la mère les hommages adressés au grand orateur du moyen âge, au réformateur des monastères. L'Église n'a jamais consacré par un acte solennel la cause des parents de saint Bernard : seuls, les cultes de saint Gérard et de sainte Hombeline sont autorisés par la sacrée congrégation des Rites. Les ménologes cisterciens d'Henriquez ou de Bucelin donnent aux proches de saint Bernard les titres de saints et de bienheureux. Avec ces monuments hagiographiques, martyrologiques et liturgiques, on peut honorer la mémoire de cette sainte femme, une des plus pures et des plus nobles de cette époque de foi : Guillaume Flameng a fait en vers l'éloge de la bienheureuse Aleth sous ce titre : « Épitaphe en vers de dame Aelis, ou Aeleth, mère de saint Bernard. » Cette épitaphe de quatorze strophes de huit vers a été insérée par Migne dans son édition des œuvres de saint Bernard.

Outre le t. CLXXXV de la *P. L.*, cf. E. Vacandard, *Vie de saint Bernard, abbé de Clairvaux*, Paris, 1895. — G. Hüffer, *Der heilige Bernard von Clairvaux*, Munster, 1886. — Chomton, *Saint Bernard et le château de Fontaine-lès-Dijon*, Dijon, 1892, p. 19-26. — Jobin, *Saint Bernard et sa famille*, Poitiers, 1891, p. 35-40.

J. GAZIN-GOSSEL.

ALETHE. Voir ALITHIUS.

1. ALETHIUS ou **ALPHIUS**, inscrit au martyrologe hiéronymien, au 8 juillet, comme martyr à Nicée, avec Eladius, Eminus, Senator, Severus, Honoratus, Eucolus, Elentus, Strato, Artemius, Eudemon, Helias, Novasius, Alopius et dix-neuf autres dont les noms ne sont pas donnés.

Acta sanctor., 1721, jul. t. II, p. 578. — *Martyrolog. Hieronymian.*, éd. De Rossi et Duchesne, p. 88.

U. ROUZIÈS.

2. ALETHIUS (*Alecius*), évêque de Lectoure, connu par sa suscription au concile d'Orléans en 549. Maassen, *Concilia aevi merovingici*, p. 111.

L. Duchesne, *Fastes épiscopaux de l'ancienne Gaule*, t. II p. 98.

U. ROUZIÈS.

3. ALETHIUS, évêque de Vaison, au VIe siècle, ne nous est connu que par sa présence à plusieurs conciles : il ne nous reste aucune trace d'actes remarquables de son pontificat, et il est par suite très difficile d'en déterminer exactement le début et la fin. Voici cependant ce qui paraît hors de doute : Alethius assiste au concile de Carpentras du 6 novembre 527 : il en signe les ordonnances à la suite de Césaire, évêque d'Arles (le neuvième et non le deuxième comme le veut le P. Boyer de Sainte-Marthe, t. I, p. 36), et la lettre synodale, adressée par les Pères du concile à l'évêque d'Antibes, Agrecius (t. I, col. 1015). Il est encore présent au concile d'Orange du 3 juillet 529. C'est la même année qu'a lieu le concile de Vaison, annoncé par l'assemblée de Carpentras de 527; le nom de notre évêque ne figure pas à la fin des actes de ce concile, mais il me paraît raisonnable de supposer un oubli, une maladie ou un usage particulier, qui écarte toute idée d'absence du chef d'un diocèse où se tiennent les assises solennelles d'une réunion de ce genre. Enfin, on retrouve le nom d'Alethius à la suite des actes du IVe concile d'Orléans du 14 mai 541. C'est la dernière fois qu'il est fait mention de cet évêque. Au concile d'Arles de 554, nous voyons l'archidiacre Quinidius représenter l'évêque de Vaison, appelé alors Théodose.

Boyer de Sainte-Marthe, *Histoire de l'église cathédrale de Vaison*, Avignon, 1731, p. 36-40. — Columbi, *De rebus gestis episcoporum Vasionensium libri IV*, Lyon, 1656, p. 16, 184. — L. Duchesne, *Fastes épiscopaux de l'ancienne Gaule*, Paris, 1907, t. I, p. 262. — Fornery, *Histoire ecclésiastique du Comté-Venaissin et de la ville d'Avignon*, édit. L. Duhamel, Avignon, 1910, t. III, p. 326. — *Gallia christiana*, Paris, 1715, t. I, col. 922. — *Monumenta Germaniae historica, Concilia*, éd. Maassen, t. I, p. 42, 43, 53, 61, 96.

J. SAUTEL.

ALEURUM, 'Άλευρόν (?), évêché en Pamphylie seconde. Dans les Notices tardives, au nom de Palaeopolis, évêché suffragant de Perge, est joint celui d'une autre localité appelée au génitif Ἀλεροῦ, Ἀλευροῦ, Ἀλερου, Ἀλευρου. Ces Notices sont les *Nova tactica* (Gelzer, *Georgii Cyprii descriptio orbis romani*, p. 74), vers 940; les Notices III (vers 1170-1179), X et XIII (XIIe-XIIIe siècle) de Parthey. On a restitué l'adjectif Ἀλευρεύς dans une inscription (W. M. Ramsay, *Cities and bishoprics of Phrygia*, p. 308), et c'est pourquoi nous avons adopté provisoirement la forme Aleurum. Il est possible qu'il faille corriger les Notices et lire "Ἄλαστος. Ramsay, *Historical geography of Asia minor*, p. 426, était de cet avis et distinguait cependant Alestus de Palaeopolis. Maintenant, *Cities and bishoprics of Phrygia*, p. 321, il se demande si Alastus ne serait pas le nom indigène de Palaeopolis : ceci me paraît très plausible. Alastus est connu par deux inscriptions (*ibid.*, p. 307), peut-être trois. *Ibid.*, p. 339. Ce sont sans doute ses habitants qui sont nommés *Arasenses* (variantes *Alasenses, Alasenses*), dans Pline, v, 147. Voir PALAEOPOLIS.

S. PÉTRIDÈS.

1. ALEXANDRA (Sainte). Vénérée avec les saints Isaac, Apollon et Codratus, le 21 avril. Les synaxaires font d'elle une épouse de Dioclétien.

Acta sanctor., april. t. II, p. 839-840. — *Synaxarium ecclesiae Constantinopolitanae, ibid.*, nov. propyl., p. 619-620.

H. QUENTIN.

2. ALEXANDRA (Sainte), d'Alexandrie en Égypte, qui, pour échapper aux sollicitations d'un jeune homme, quitta sa patrie et alla s'enfermer dans un tombeau. Là, séparée des humains et ne communiquant avec ceux qui lui donnaient un peu de nourriture que par une ouverture pratiquée dans son refuge, elle passa dix ans, s'adonnant à la prière et au travail des mains. Telle est, en raccourci, son histoire, que Didyme l'Aveugle racontait à Palladius qui l'a consignée dans son *Historia ad Lausum*, v, éd. Lucot, dans coll. Lejay-Hemmer, Paris, 1912, p. 51. Comme Didyme mourut vers l'année 398, c'est donc avant cette date que vécut et mourut cette sainte recluse. Elle ne figure pourtant dans aucun martyrologe, mais les bollandistes, sous la date du 2 octobre, *Acta sanctor.*, octobris t. I, col. 319, l'ont rangée parmi les saints *praetermissi*.

Tillemont, *Mémoires pour servir à l'histoire ecclésiastique des six premiers siècles*, Paris, 1706, t. XI, p. 506. — Ceillier, *Histoire générale des auteurs sacrés et ecclésiastiques*, Paris, 1861, t. VII, p. 489.

S. VAILHÉ.

1. ALEXANDRE (Saints divers de ce nom). Le vocable Alexandre se trouve très fréquemment dans le Martyrologe hiéronymien, et les bollandistes qui ont utilisé ce document ou ses dérivés l'ont relevé à maintes reprises au milieu de groupes divers, joints d'ordinaire à une mention topographique. C'est ainsi que nous avons des Alexandre à Thessalonique, le 27 février et le 13 mars; à Nicopolis, le 6 mars; à Nicée, le 13 mars et le 9 juin; à Potenza, le 13 mai; à Césarée de Cappadoce, le 29 mai et le 10 septembre; à Laodicée, le 28 juillet; à Antioche, le 27 août; à Nicomédie, le 17 octobre; d'autres sans attaches topographiques déterminées, le 9 février, avec Ammonius; un diacre, le 30 avril; le 15 mai, avec Dignus; le 6 juillet, avec Apollonius; le 7 juillet; le 1er octobre; le 27 octobre (?). D'une manière générale on peut dire que ces groupements et les mentions topographiques qui les accompagnent ne sont pas sûrs; ce qui tient à l'état déplorable dans lequel le Martyrologe hiéronymien nous a transmis les documents anciens, et aussi, en partie, à ce que la critique de son texte a encore des progrès à faire.

En dehors de ces mentions, on connaît encore un Alexandre, évêque de Fermo, dont on n'a pas d'actes; mais on a relevé sur son tombeau, dans la cathédrale de Fermo, cette épitaphe, en lettres lombardiques : *Hic iacet reconditum beatissimum corpus gloriosi martyris et episcopi Alexandri*. Fête le 11 janvier. *Acta sanctor.*, jan. t. I, p. 675.

2. Un des martyrs de Sébaste, le 10 mars, porte le nom d'Alexandre.

3. On honore à Lesina, en Apulie, le 28 avril, un saint Alexandre avec une sainte Ursule, dont on ne sait rien, mais dont on signale une invention en 1597. *Acta sanctor.*, apr. t. III, p. 575.

4. A Vérone, un évêque, dont l'époque est incertaine. Fête le 4 juin. *Acta sanctor.*, jun. t. I, p. 399.

5. Les Synaxaires mentionnent, le 9 juin, un saint Alexandre, évêque de Pruse : c'est probablement lui dont le calendrier, sur marbre, de Naples, donne le nom la veille. *Acta sanctor.*, jun. t. II, p. 164; nov. propyl., p. 1019.

6. Saint Alexandre, martyr en Égypte, avec les saints Paternuthe et Copres, le 9 juillet, a de longs Actes que l'on peut lire dans les *Acta sanctor.*, jul. t. II, p. 698-709.

7. Le personnage vénéré à Clermont : *Alexander quidam religiosus*, dont Grégoire de Tours dit que le tombeau était troué à force d'avoir été gratté par les personnes qui venaient en prendre de la poussière pour la donner à boire aux malades, est inscrit au Martyrologe romain, le 31 mai, avec sainte Galla (*sanctae memoriae Gallae*), dont le tombeau était voisin. Greg. Tur. *In gloria confessorum*, XXXV. *Acta sanctor.*, maii t. VII, p. 440.

8. A Perga, en Pamphylie, les Ménées signalent, le 1er août, les saints Alexandre et Léonce, martyrs sous Dioclétien. *Acta sanct.*, aug. t. I, p. 21-22.

9. Le 26 août, on honore à Brescia un évêque de cette ville dont les Actes (?) rapportent qu'il fut en relation avec saint Lazare de Marseille et saint Maximin d'Aix. *Acta sanctor.*, aug. t. V, p. 777.

10. A Thessalonique, le 9 novembre, un saint Alexandre, martyr sous Maximien. *Synax. Constantinop.*, dans *Acta sanctor.*, nov. propyl., p. 208.

11. Un autre Alexandre, enfin, évêque dont le siège est inconnu, est mentionné, au 22 octobre, dans les Synaxaires. Il avait une église à Constantinople. Dom Morin a récemment proposé (*Rev. bénédictine*, 1907, p. 112-117) de l'identifier avec saint Alexandre de Baccano. *Acta sanctor.*, oct. t. IX, p. 520; nov. propyl. p. 156.

H. QUENTIN.

2. ALEXANDRE (Saints), martyrs romains de ce nom. Le martyr romain Alexandre, enterré au VIIe mille de la voie Nomentane, et identifié plus tard avec le pape Alexandre Ier (voir cet article), n'est pas le seul martyr honoré d'un culte public à Rome dès l'antiquité. Les itinéraires aux tombeaux des saints dans les catacombes romaines, la *Depositio martyrum* dans le Chronographe libérien de 354, le calendrier romain inséré dans le Martyrologe hiéronymien mentionnent quelques autres martyrs de ce nom. Les tombeaux primitifs de ces saints étaient vénérés, leurs fêtes étaient célébrées par l'Église romaine. Ils étaient certainement des martyrs historiques de l'époque des persécutions, mais c'est tout ce que nous savons de précis à leur sujet; nous ignorons l'époque de leur confession glorieuse et les détails de leur mort — 1. Le Martyrologe hiéronymien contient sous deux dates différentes : XII kal. maii (20 avril) et XVI kal. octobris (16 septembre), un groupe de quatre martyrs : Victor, Félix, Alexandre, Papias, éd. De Rossi-Duchesne, p. [46] et [121]. Ils étaient enterrés dans le *Coemeterium maius* sur la voie Nomentane, un peu au delà de la catacombe de Sainte-Agnès. Les itinéraires du VIIe siècle indiquent leurs tombeaux aux pèlerins qui visitaient les sanctuaires des catacombes romaines. De Rossi, *Roma sotterranea*, t. I, p. 178-179. Le souvenir de ces saints confesseurs de la foi ne s'est point conservé; aucune légende romaine ne les mentionne. — 2. Un groupe de sept martyrs, enterrés dans quatre catacombes différentes, est fêté le 10 juillet; parmi eux il y a également un saint Alexandre, dont le tombeau se trouvait dans le cimetière des

Jordani sur la voie *Salaria*. La fête de ces saints est indiquée déjà dans la *Depositio martyrum* du calendrier de 354, sous la même date. Une légende postérieure représente ces martyrs comme fils de sainte Félicité. Voir cet article. Le Martyrologe hiéronymien et toute la tradition liturgique ont conservé la fête des sept saints du 10 juillet; leurs tombeaux sont indiqués par les itinéraires du VIIe siècle. Les reliques de saint Alexandre furent transférées plus tard dans l'église de l'abbaye d'Ottenbeuren en Allemagne. *Acta sanctor.*, julii t. III, p. 19 sq. — 3. Un martyr romain, Alexandre, était encore vénéré sur la voie de Porto, dans l'église de Saint-Félix (De Rossi, *loc. cit.*, p. 182-183); l'emplacement de cette église et de la catacombe sur laquelle elle s'élevait n'a pas été retrouvé. Nous ignorons qui fut ce saint Alexandre. — 4. Un saint Alexandre figure dans les actes légendaires de sainte Suzanne, comme fils de Claude et de Praepediqua et frère de Cutias; ce groupe de saints fut vénéré à Ostie; leur fête se trouve au Martyrologe romain sous la date du 18 février. — 5. Sur le saint Alexandre et ses trente-huit compagnons, dont la fête est marquée le 9 février, dans le Martyrologe, nous ne possédons aucun renseignement. — 6. Les deux saints Alexandre et Théodore le 17 mars, qui figurent dans le manuscrit de Berne du férial hiéronymien et au Martyrologe romain, sont probablement deux des martyrs du 3 mai, c'est-à-dire du pape Alexandre Ier et de ses compagnons.

J.-P. Kirsch.

3. ALEXANDRE (Saints), martyrs de ce nom en Asie Mineure et en Syrie. — 1. Apollinaire de Hiérapolis, dans son écrit antimontaniste dont nous connaissons des extraits par Eusèbe, *Hist. eccl.*, V, XIX, invoque le témoignage de plusieurs martyrs de son époque, qui eurent donc à subir la peine capitale pendant la persécution de Marc-Aurèle. Ces saints confesseurs ne voulurent avoir rien de commun avec les montanistes. Parmi les martyrs, qui moururent à Apamée, il y eut un fidèle du nom d'Alexandre, originaire d'Euménie, dans la Phrygie septentrionale. Sa fête, avec celle de son compagnon Caius, est célébrée le 10 mars. — 2. Un martyr du nom d'Alexandre fut le compagnon de supplice de saint Thalelaeus, en Cilicie, mort en 284; la fête de ces saints se trouve marquée le 20 mai. *Acta sanctor.*, maii t. V, p. 180-192. — 3. Par un discours d'Eusthatius de Thessalonique nous connaissons quatre martyrs de la Pisidie, parmi lesquels un Alexandre; ils sont fêtés le 28 septembre. *Bibliotheca hagiographica graeca*, 2e éd., p. 10. — 4. L'ancien martyrologe syriaque utilisé par le compilateur du férial hiéronymien mentionne des saints du nom d'Alexandre sous deux dates : le 26 février, Alexandre et Callinicos, désignés comme martyrs; le 27 août, un Sabas *presbyteros* et un Alexandre. *Martyrol. hieronym.*, éd. De Rossi-Duchesne, p. [LIV] et [LX]. Ces deux saints Alexandre ont été insérés aux mêmes dates dans le Martyrologe hiéronymien.

J.-P. Kirsch.

4. ALEXANDRE (Saints), martyrs de ce nom en Palestine. — 1. Pendant la persécution de Valérien (258), trois fidèles qui habitaient la campagne aux environs de Césarée en Palestine apprirent les exécutions nombreuses de leurs frères dans la foi qui eurent lieu dans la ville. Ils se reprochèrent leur manque de zèle et leur négligence vis-à-vis de cet exemple d'héroïsme, se rendirent à Césarée et se présentèrent devant le juge en se déclarant chrétiens. Condamnés à mort (*damnatio ad bestias*), ils furent déchirés par des bêtes sauvages. Leurs noms étaient : Priscus, Malcus et Alexandre. Eusèbe, *Hist. eccl.*, VII, XII. Le martyrologe romain a enregistré leur fête sous la date du 28 mars. — 2. Deux martyrs du nom d'Alexandre furent décapités à Césarée, le 24 mars 305, avec six autres fidèles. L'un de ces deux Alexandre était originaire de l'Égypte, l'autre de Gaza en Palestine. Ils s'étaient présentés eux-mêmes avec quatre de leurs compagnons de supplice, les mains liées, devant le légat Urbain, au moment où celui-ci se rendait à l'amphithéâtre pour assister aux jeux, en se dénonçant comme chrétiens. Ils furent aussitôt conduits en prison, où quelques jours après ils furent rejoints par deux autres fidèles. Condamnés à mort, ils furent décapités tous le même jour. Eusèbe, *De martyribus Palaestin.*, III. Leur fête est indiquée au Martyrologe romain le 24 mars, à la date donnée par Eusèbe. Cf. Agapios 2, t. I, col. 893.

J.-P. Kirsch.

5. ALEXANDRE (Saints), martyrs de ce nom en Égypte. — 1. Nous connaissons quelques martyrs d'Alexandrie par les sources utilisées par Eusèbe dans son *Histoire ecclésiastique*. Saint Denys d'Alexandrie, dans sa lettre à l'évêque Fabius d'Antioche de l'année 251, mentionne deux fidèles alexandrins, Epimachius et Alexandre, qui subirent plusieurs fois la torture et furent mis à mort par le feu pendant la persécution de Dèce. Eusèbe, *Hist. eccl.*, VI, XLI. Leur fête est insérée au Martyrologe romain sous la date du 12 décembre. — 2. Le Martyrologe hiéronymien, dans plusieurs listes de martyrs, avec l'indication *in Alexandria* ou *in Aegypto*, mentionne des saints du nom d'Alexandre. Les sources historiques dont nous disposons actuellement ne permettent pas de faire la critique de ces indications. Nous ne saurions donc tenter ni l'examen critique de ces listes ni l'identification des saints martyrs égyptiens de ce nom.

J.-P. Kirsch.

6. ALEXANDRE (Saints), martyrs de ce nom en Afrique. Un certain nombre de martyrs africains portaient ce nom. Le Martyrologe hiéronymien les cite avec d'autres saints du même pays aux dates suivantes : veille des ides de mars, IX et VI des calendes d'avril (14, 24, 27 mars), VIII des calendes de mai (24 avril), calendes et veille des ides de mai (1er et 14 mai), VIII des ides de juin et IV des calendes de juillet (6 et 28 juin). Nous n'avons pas les moyens de les déterminer de façon plus précise. Un seul se distingue un peu des autres, parce qu'il est attribué spécialement à Carthage; mais lui aussi fait partie d'un groupe de sept personnages honorés ensemble aux ides de mars (15 mars).

Un autre Alexandre figure, mais dans un ms. seulement, parmi les vingt-six martyrs d'Hadrumète, du IX des calendes de mars (21 février). On les attribue tantôt à la persécution de Dioclétien, tantôt à celle des Vandales. La première opinion semble plus probable que la seconde.

Martyrologium hieronymianum, édit. De Rossi et Duchesne, p. 23, 32, 33, 35, 37, 48, 53, 60, 76, 83.

Aug. Audollent.

7. ALEXANDRE (Saint), martyr. Sous la date du 14 mars, nous trouvons la fête de saint Alexandre, martyr à Pydna ou Pidna en Macédoine (*Acta sanctor.*, mart. t. II, p. 344-345), sur lequel on possède une *Passio* d'époque tardive. Dans le Martyrologe hiéronymien (éd. De Rossi-Duchesne, p. [32]), nous lisons le nom d'Alexandre dans une liste de martyrs, avec l'indication topographique de Thessalonique, sous la même date du 14 mars.

J.-P. Kirsch.

8. ALEXANDRE (Saint), martyr local de Baccano près Nepi, au XXIe mille de la via Cassia (et non de la via Claudia). La station *ad Baccanas* est attestée à cet endroit par la carte de Peutinger et l'Itinéraire d'Antonin. Un paysan y découvrit une tombe à fleur de terre, contenant une cuve funéraire et divers objets; mais il mourut avant d'avoir indiqué à De Rossi l'emplacement exact de sa découverte. De Rossi retrouva néanmoins le point d'attache de la tradition : la villa qui appartenait à Pescennius Niger, le compétiteur de Sévère, et qui, lors de la victoire de celui-ci, passa dans ses mains. De l'histoire du martyr Alexandre vénéré auprès, nous ne savons rien.

Le plus ancien document daté qui atteste le culte de ce martyr est le martyrologe d'Adon. On y lit, au 26 novembre, vi kal. dec. : *Beati Alexandri episcopi et martyris sub Antonino imperatore*... Mais le culte est certainement plus ancien : il est très vraisemblable qu'il remonte à un martyr réel, nommé Alexandre, mort à Baccano pour la foi, au IIe ou au IIIe siècle.

La légende qui le célèbre nous est accessible en trois textes : celui du *Codex Vindobonensis 357*, qui est inédit, et dont j'ai donné une analyse au t. III de mes *Gesta martyrum*, p. 2 (texte A); celui qu'ont imprimé les bollandistes au 21 septembre, p. 230 (texte B), celui que résume Adon dans son Martyrologe (texte C). Tous trois s'accordent à dire la sainteté de l'évêque Alexandre, au temps d'Antonin, et à montrer que le baptême est la condition du salut : le rédacteur anonyme emprunte les traits de son récit aux Gestes romains, aux Actes de Cyprien, à l'Écriture, aux légendes sur la vie de l'âme qui réparaissent chez saint Grégoire le Grand. La version B semble dater du milieu du VIe siècle et avoir pour auteur un clerc de la basilique Saint-Marc à Rome : cette église, fondée par le pape de ce nom, avait reçu de Constantin la propriété d'un *fundus Antonianus*, sur la voie Claudia Cassia, *fundus* qui parait s'être trouvé à Baccano, précisément. Cette version B date la construction de l'église de Baccano des consuls Crispus et Constantinus : ce qui correspond exactement à l'année 321. Peut-être ce renseignement est-il exact; en tout cas, cette date doit avoir été empruntée à un document écrit, inscription ou livre censier. A cette version B s'opposent les versions A et C qui s'intéressent toutes deux à une veuve : A est sans doute un peu antérieur, C est sûrement postérieur à B (la translation et la fête du 26 novembre que mentionne C sont, j'imagine, toutes fictives). Pour plus de détails, notamment pour les rapports de A et de C, voir mon *Étude*, t. III.

De Rossi, *Bull. di arch. crist.*, 1875, p. 150; 1888, p. 115. — A. Dufourcq, *Étude sur les Gesta martyrum romains*, Paris, 1907, t. III, p. 2-14; cf. t. VI (à paraitre). — Leclercq, dans *Dictionnaire d'archéologie chrétienne*, 1910, t. II, col. 24. — G. Morin, *Revue bénédictine*, 1907, p. 112. — H. Quentin, *Martyrologes historiques*, 1908, p. 490-559.

A. DUFOURCQ.

9. ALEXANDRE (Saint), martyr, patron local de Bergame. Son histoire est inconnue. Son culte est attesté, dès le VIe siècle, par l'église qu'Authari lui consacre en 585, à Fara, près de l'Adda, et par la légende dont il va être question. Selon toutes les apparences, le culte est antérieur au VIe siècle et remonte au martyre effectif d'un saint nommé Alexandre, mort à une époque indéterminée.

La légende qui le célèbre le date du règne de Maximien César. Le saint refuse de sacrifier; Martianus est incapable de l'égorger; Alexandre s'enfuit de Milan; non qu'il craigne la mort : il obéit à l'Esprit. Arrêté de nouveau, il est décapité et enseveli près de Bergame, par la matrone Grata. Cette légende nous est accessible en trois versions : celle qu'ont imprimée les bollandistes au 26 août, *Acta sanct.*, aug. t. v, p. 803-805 (*Bibl. hag. latina*, n. 276), celle qu'a publiée Mombritius, t. I, p. 24 (*Bibl. hag. lat.* n. 275), celle qu'a reproduite Grazioli dans son *De praeclaris Mediolani aedificiis*, 1735, p. 181-197. Il semble que le texte de Mombritius soit antérieur au texte bollandiste, celui-ci datant du premier quart du VIe siècle, celui-là remontant peut-être à la fin du ve. Le rédacteur du texte bollandiste est augustinien, le même qui écrivit la version « mombritienne » des gestes de Vitus; il appartient au même milieu que l'auteur d'*Agathe*, de *Cécile*, d'*Euplus*...; il vise à conformer la légende aux préoccupations théologiques de ses amis, et aussi à rattacher à Milan un saint de Bergame. La version Grazioli est très postérieure : elle se présente sous la forme d'un sermon et combine notre histoire avec beaucoup d'autres, celle de Materne, celle de Fidèle, celle de Cassius; notre Alexandre devient porte-enseigne de saint Maurice, etc. Je ne saurais dire si cette version date de l'époque carolingienne ou de l'époque lombarde.

R. P. Savio, *La légende des SS. Fidèle, Alexandre, Carpophore et autres martyrs*, dans *Analecta bollandiana*, 1902, t. XXI, p. 29-39. — Albert Dufourcq, *Étude sur les Gesta martyrum romains*, t. II. *Le mouvement légendaire lérinien*, Paris, 1907, p. 162-165, 204.

A. DUFOURCQ.

10. ALEXANDRE (Saint) de Druzipara. Le Synaxaire de Constantinople mentionne à deux reprises, au 25 février et au 13 mars, un martyr Alexandre de Druzipara : c'est un soldat qui est en service à Rome, au temps de Maximien, sous les ordres de Tiberianos; comme il refuse de sacrifier, on le fait partir, on le torture, on le met à mort. Bien que les deux notices diffèrent par quelques détails, que la seconde notamment (du 13 mars) paraisse dériver d'un texte plus complet et refléter l'extension de ce culte en Occident, il est à croire qu'il s'agit ici et là d'un même martyr.

Druzipara, qui se trouve à 18 mp. de Tchorlu (Zarolus) en Thrace, semble devoir être identifié avec Misini, la Μισούνη des Byzantins. Le culte de saint Alexandre de Druzipara est attesté dès l'an 600. A ce moment, le chagan des Avares bat Priscus, général de l'empereur Maurice, assiège Druzipara, l'enlève après une tentative vaine, pille et brûle l'église de Saint-Alexandre; mais Dieu le punit de son sacrilège, la peste ravage son armée.

Saint Alexandre est pourvu d'une légende grecque qui nous est accessible en deux recensions : la première a été publiée par les bollandistes, *Act. sanct.*, maii, t. III, p. 15*-16* (*Bibl. hag. graeca*, 2e éd., n. 48); la seconde n'est imprimée que dans la traduction latine de Lipomani, t. VII, p. 165 v°-171 v° (*Bibl. hag. graeca*, n. 49). Le rapport de ces deux versions n'a encore fait l'objet d'aucune étude. J'ai émis l'hypothèse que la légende était parente de celle de saint Boniface de Rome et qu'il fallait chercher leur origine dans l'entourage, mi-latin mi-hellénique, de l'apocrisiaire Boniface, l'ami de saint Grégoire le Grand, qui devint pape sous le nom de Boniface IV (608-615). M. Franchi de Cavalieri rejette l'hypothèse. La légende décrit avec précision l'itinéraire qu'aurait suivi le saint à travers la péninsule des Balkans : c'est une série de données précieuses pour la géographie de ces pays.

Albert Dufourcq, *Étude sur les Gesta martyrum romains*, t. I, *Vue d'ensemble. Le mouvement légendaire ostrogothique*, Paris, 1900, p. 318, 351; cf. tome V, *La légende grecque* (à paraitre). — Pio Franchi de Cavalieri, *Dove fu scritta la leggenda di S. Bonifazio?* dans *Nuovo bull. di arch. crist.*, 1900, p. 205. — J. Seure, *Voyage en Thrace*, dans *Bulletin de correspondance hellénique*, 1898, t. XXII, p. 472-480.

A. DUFOURCQ.

11. ALEXANDRE (Saint), martyr à Marseille. Le Martyrologe hiéronymien (éd. De Rossi-Duchesne, p. [94]) et les Actes du martyre de saint Victor de Marseille mentionnent trois compagnons de ce saint, qui moururent avec lui pour leur foi, sous Maximien :

Alexandre, Félicien et Longin. Leur fête est célébrée le 21 juillet. Voir Victor de Marseille (Saint).

Ruinart, *Acta martyrum sincera*, Ratisbonne, 1859, p. 332-339. — P. Allard, *Histoire des persécutions*, t. IV, p. 47-48. — *Bibliotheca hagiographica latina*, n. 1239.

J.-P. Kirsch.

12. ALEXANDRE (Saint), martyr à Trèves, un des « martyrs innombrables », tués à Trèves, le 4, 5 et 6 octobre, du temps de l'empereur Dioclétien, par le préfet Rictiovarus. D'après la fameuse inscription trouvée dans la crypte de la cathédrale, en 1071 ou 1072, il aurait été de dignité sénatoriale et frère de Léandre et Sotère, tués le même jour.

Acta sanctorum, 1868, octob. t. II, p. 330-387. — *Kirchenlexikon*, 2ᵉ édition, t. VII, col. 1626-1628.

G. Allmang.

13. ALEXANDRE, martyr montaniste, pseudomartyr si l'on en croit Apollonius, l'écrivain ecclésiastique dont Eusèbe nous a conservé dans son *H. E.*, V, xviii, quelques textes fort virulents à l'égard des premiers fondateurs de la secte. Voir Apollonius.

« A propos d'un autre personnage, de ceux qu'ils honorent comme des martyrs, nous dit Eusèbe, V, xviii, 6, Apollonius écrit ceci : « Pour ne pas en dire plus long, que la prophétesse nous parle d'Alexandre, le soi-disant martyr, avec qui elle prend ses repas et devant qui beaucoup se prosternent. Inutile de parler de ses brigandages et des autres canailleries pour lesquelles il a été châtié. L'opisthodomos (= les archives publiques) en garde la preuve. Qui des deux pardonne à l'autre ses fautes? Est-ce le prophète qui remet au martyr ses larcins ou le martyr qui remet ses cupidités au prophète?... Afin que ceux qui le veulent sachent à quoi s'en tenir sur le compte d'Alexandre, (je dirai qu'il) a été jugé par Emilius Frontinus, proconsul à Éphèse, non pas à cause de son nom (de chrétien), mais à cause des vols qu'il a osé commettre, étant déjà apostat. Puis, grâce à ses mensonges, auxquels il mêla le nom du Seigneur, il trompa les fidèles de l'endroit et fut relâché; mais son église particulière, d'où il venait, ne le reçut pas parce que c'était un voleur. Ceux qui tiennent à être informés sur son compte ont les archives publiques d'Asie. Et le prophète ne connaît pas un homme qui vit avec lui depuis si longtemps?... »

Cet Alexandre était donc un des acolytes de Montan et d'une de ses prophétesses. Par cette disqualification, c'était des protagonistes même de la secte qu'Apollonius voulait atteindre. Il ne s'en cache pas d'ailleurs (V, xviii, 10). « En démasquant ses faiblesses, nous ébranlons par là, dit-il, la base même du prophète, δι' αὐτοῦ καὶ τὴν ὑπόστασιν ἐξελέγχομεν τοῦ προφήτου.

P. de Labriolle.

14. ALEXANDRE, médecin phrygien, le premier médecin mort martyr de la foi chrétienne, selon la remarque de Harnack, *Medicinisches aus der ältesten Kirchengeschichte*, dans *Texte und Untersuchungen*, 1892, t. VIII, fasc. 4, p. 40.

Mention est faite de lui dans la lettre des communautés de Vienne et de Lyon, adressée « aux frères d'Asie et de Phrygie », sur la persécution qu'elles venaient de subir en 177. Le texte de cette lettre nous a été conservé par Eusèbe, *H. E.*, V, 1. Voici le passage relatif à Alexandre (V, 1, 49) :

« Tandis qu'on interrogeait (ceux des martyrs qui avaient apostasié d'abord), un certain Alexandre, phrygien de nationalité et médecin de profession, qui habitait en Gaule depuis de longues années et que tous connaissaient pour son amour de Dieu et la franchise de son langage (car il n'était pas sans avoir reçu en partage le charisme apostolique), se tenait debout près du tribunal. De la tête il les encourageait à confesser, et à tous ceux qui entouraient le tribunal il apparaissait comme les enfantant à la foi. Furieuse de voir que ceux qui avaient précédemment apostasié confessaient maintenant leur foi, la foule se mit à pousser des clameurs contre lui, l'accusant d être la cause de ces rétractations. Le légat le fit comparaître et lui demanda qui il était : « Je suis chrétien, » répondit-il. Le légat, irrité, le condamna aux bêtes. Le lendemain, il fut amené avec Attale dans l'amphithéâtre... Ils épuisèrent l'un et l'autre toute la série des tourments, et, après avoir soutenu le [pire des combats, ils furent décapités. Alexandre ne poussa pas un gémissement, pas un cri : il s'entretenait dans son cœur avec Dieu. »

Voir le texte grec dans Schwartz et Mommsen, *H. E.*, I, p. 422, ou dans Schwartz, *Kleine Ausgabe*, Leipzig, 1908, p. 180.

P. de Labriolle.

15. ALEXANDRE, hérétique valentinien; Tertullien lui reproche d'exposer inexactement les doctrines de l'Église et de prétendre que, d'après les catholiques, le Christ a revêtu une chair souillée par le péché. *Liber de carne Christi*, xvi, *P. L.*, t. II, col. 780. Ce gnostique est peut-être le même que le sectateur de Valentin dont parle Tertullien au chapitre précédent, *loc. cit.*, col. 779. C'est d'autant plus vraisemblable que, toujours au témoignage de Tertullien, Alexandre utilisait les psaumes de Valentin, et appartenait, par conséquent, à son école. *Ibid.*, c. xvii, col. 781. Est-ce du même personnage que parle saint Jérôme lorsqu'il mentionne, parmi les commentateurs de l'Épître aux Galates, un *Alexandrum veterem haereticum*? *Comment. in Epist. ad Galatas*, Prologus; *P. L.*, t. xxvi, col. 309. Rien ne permet de l'affirmer.

Bardenhewer, *Geschichte der altkirchliche Literatur*, Fribourg, 1902, t. I, p. 335. — Harnack, *Die Überlieferung und der Bestand der altchristl. Literatur bis Eusebius*, Leipzig, 1893, p. 177, 773. — F. J. A. Hort, dans *Dictionary of christian biography*, t. I, p. 86-87.

M. Andrieu.

16. ALEXANDRE (Saint), évêque de Jérusalem, martyr pendant la persécution de Dèce (250). Eusèbe nous a conservé, dans son *Histoire ecclésiastique*, les détails biographiques de ce saint évêque. Il était probablement originaire d'Asie Mineure et fut disciple de Pantène et de Clément, à l'école catéchétique d'Alexandrie (Eusèbe, *Hist. eccl.*, VI, xiv); Clément lui dédia son ouvrage sur le « Canon ecclésiastique », dont nous ne possédons pas le texte. Une amitié inébranlable l'attacha à ces docteurs alexandrins et à Origène, dont il fit la connaissance pendant son séjour à Alexandrie. Au commencement du IIIᵉ siècle, Alexandre devint évêque d'une ville de Cappadoce, dont le nom n'est pas indiqué par Eusèbe (VI, xi); des auteurs postérieurs placent son siège épiscopal à Flavias en Cilicie. Pendant la persécution de Septime-Sévère, il fut jeté en prison et il paraît être resté assez longtemps en captivité. De sa prison il écrivit une lettre à l'Église d'Antioche, à l'occasion de l'élection d'Asclépiade comme évêque de cette métropole; donc vers l'année 211. Cette lettre fut portée à Antioche par Clément d'Alexandrie, lequel s'était retiré en Cappadoce, chez son ami l'évêque Alexandre, pour éviter la persécution de Septime-Sévère; il avait même dirigé la communauté d'Alexandrie pendant la captivité de cet évêque. Peu de temps après, probablement après l'avènement de l'empereur Caracalla, Alexandre sortit de sa prison. Il entreprit un voyage à Jérusalem pour visiter, selon l'avis d'Eusèbe, les lieux saints et y faire ses dévotions. L'évêque Narcissus de Jérusalem était très âgé; il avait près de cent seize ans. Les fidèles de Jérusalem reconnurent dans la personne d'Alexandre un auxiliaire qui leur avait été envoyé par Dieu. Ils retinrent donc l'évêque de Cappadoce parmi eux et, du consentement des évêques des sièges voisins, Alexandre resta à Jérusalem comme coadjuteur de Narcissus et comme son successeur, après la mort de ce vieil évêque. Eusèbe, *Hist. eccl.*, VI, viii, 11. Lorsque, lors du sac d'Alexandrie sous Caracalla, Origène fut obligé de s'enfuir, en 215 ou 216, il trouva l'accueil le plus empressé auprès d'Alexandre de Jérusalem comme auprès de Théoctiste de Césarée. Quinze ans plus tard, ils ordonnèrent prêtre le grand docteur d'Alexandrie pendant le séjour que celui-ci, à l'occasion de son voyage en Achaïe, avait fait en Palestine. La condamnation prononcée contre Origène, après son retour en Égypte, par l'évêque Démétrius d'Alexandrie et deux conciles réunis dans cette ville, ne fut pas reconnue par les évêques de Palestine; l'ancien chef de l'école catéchétique se fixa à Césarée, sous la protection de l'évêque Théoctiste. Alexandre de Jérusalem lui conserva également toute son amitié. Il avait le goût de la science théologique et fonda à Jérusalem une belle bibliothèque d'ouvrages chrétiens; c'est la première fondation de ce genre qui nous soit connue de l'histoire. Eusèbe, *loc. cit.*, VI, xi, l'utilisa plus tard lorsqu'il réunit les matériaux pour son histoire ecclésiastique. Alexandre resta à la tête de la communauté de Jérusalem jusqu'en 250. Le vénérable vieillard vit couronner sa longue carrière par le martyre. A la suite des édits de persécution de Dèce, il fut jeté en prison, à Césarée, en Palestine, où il mourut, confesseur glorieux de la foi, en 250, Eusèbe, *loc. cit.*, VI, xxxix. Sa fête est célébrée par l'Église latine le 18 mars; dans les Menées des grecs son nom se trouve sous la date du 12 décembre. Nous connaissons quelques fragments des lettres d'Alexandre par l'*Histoire ecclésiastique* d'Eusèbe et par le *De viris illustribus* de saint Jérôme; ces lettres étaient adressées aux fidèles d'Antioche, d'Antinoë en Égypte, à Origène, à Démétrius d'Alexandrie.

Gallandi, *Bibliotheca vet. Patr.*, t. ii, p. 201-202. — *P. G.*, t. x, col. 203 sq. — Routh, *Reliquiae sacrae*, 2ᵉ éd., t. ii, p. 159 sq. — *Acta sanctor.*, martii t. ii, p. 614 sq. — Zahn, *Forschungen zur Geschichte des neutestam. Kanons*, t. iii, p. 170 sq. — Bardenhewer, *der altkirchlichen Literatur*, Fribourg-en-Br., 1903, t. ii, p. 223-230. — Duchesne, *Histoire ancienne de l'Église*, t. i, p. 433 sq., 458 sq.

J.-P. Kirsch.

17. ALEXANDRE (Saint), évêque de Comana dans le Pont (Asie Mineure), martyr; iiiᵉ siècle. La seule source à laquelle nous devons la connaissance de ce saint, c'est la biographie de saint Grégoire le Thaumaturge par saint Grégoire de Nysse. *P. G.*, t. XLVI, col. 93 sq. Il raconte que le saint évêque de Néocésarée fut appelé dans une ville voisine du nom de Κώμανα pour organiser la communauté et lui donner un évêque. Pendant les délibérations au sujet de la personne qui conviendrait le mieux pour le siège épiscopal, quelqu'un proposa pour rire un charbonnier du nom d'Alexandre. Celui-ci fut appelé et se présenta dans ses vêtements pauvres et déchirés, le visage et les mains noircis par l'exercice de son métier. Saint Grégoire reconnut en lui l'homme le plus digne pour diriger la communauté chrétienne. Ce n'était nullement par pauvreté, mais par ascèse et comme philosophe qu'Alexandre exerçait le métier de charbonnier. Il fut sacré évêque, remplit dignement sa charge, et mourut martyr par le supplice du feu. Nous n'avons aucune raison de nier l'authenticité de ce récit quant au fond; saint Alexandre aura été le premier évêque de Comana et sera mort martyr pendant une des persécutions de la seconde moitié du iiiᵉ siècle, peut-être celle d'Aurélien. Sa fête est marquée dans le Martyrologe romain à la date du 11 août.

J.-P. Kirsch.

18. ALEXANDRE (Saint), évêque de Brousse, en Bithynie, et martyr, mentionné par les synaxaires à la date du 9 ou du 10 juin. Delehaye, *Propylaeum ad acta sanct. novembr.*, Synaxarium Ecclesiae Constantinopolitanae, Bruxelles, 1902, col. 742⁴, 744ᴹ. C'est peut-être le même que signale, au 8 juin, un ancien *Kalendarium* de Naples en ces termes : *Natale S. Alexandri episcopi*. Delehaye, *op. cit.*, col. 1019. Le Quien a inscrit saint Alexandre en tête de la liste des évêques de Brousse qui, on le sait, fut de bonne heure un évêché chrétien. Harnack, *Mission und Ausbreitung des Christentums*, Leipzig, 1902, p. 478. Mais nous n'avons pas d'autres renseignements sur cet ancien évêque bithynien.

Delehaye, *op. et loc. cit.* — Doukakès, Μέγας Συναξαριστής, juin, Athènes, 1893, p. 89. — Le Quien, *Oriens christianus*, Paris, 1740, t. i, col. 615. — Kandès, Προῦσα, Athènes, 1883, p. 130.

S. Salaville.

19. ALEXANDRE, écrivain de la fin du iiiᵉ siècle et évêque de Lycopolis dans la Thébaïde, en Égypte. Alexandre passa du paganisme au manichéisme et du manichéisme au christianisme. Comme il connaissait fort bien les doctrines manichéennes, il en perçut le caractère hétérodoxe et en fit une solide réfutation. Cf. Photius, *Cont. Manich.*, i, 11, *P. G.*, t. cii, col. 33. Il composa, touchant le manichéisme, un traité qui a pour titre : Ἀλεξάνδρου Λυκοπολίτου ἐπιστρέψαντος ἐξ ἐθνῶν, πρὸς τὰς Μανιχαίου δόξας. *P. G.*, t. xviii, col. 412-508. Cet écrit est une réfutation scientifique et rationnelle, μετὰ λόγου, du manichéisme. L'auteur commence par constater à quel point la philosophie chrétienne est efficace pour la pratique du bien, il déclare ensuite qu'il est des esprits, amis des nouveautés, passionnés pour la sagesse, qui, manquant de modération, vont aux extrêmes et tombent dans l'erreur. Manès est précisément un de ces esprits. Alexandre éprouve cependant des difficultés à réfuter les théories du manichéisme. Ceux qui le professent manquent, en effet, de méthode, n'apportent aucune preuve et se contentent d'affirmations et d'allégations poétiques. Néanmoins, il passe successivement en revue les divers points du manichéisme et montre qu'ils sont faux et contradictoires. Ce traité, qui embrasse vingt-six chapitres, est, en somme, un modèle de dialectique. Il ne faut donc pas s'étonner qu'Allatius l'ait qualifié, *In Eusth. Hexaem.*, *P. G.*, t. xviii, col. 821, de *libellus aureus*. Il est indispensable à quiconque désire connaître l'histoire du manichéisme et en entreprendre la critique.

Beausobre, *Histoire du manichéisme*, Amsterdam, 1734, t. i, p. 235-238. — Brinkmann, *Alexandri Lycopolitani contra Manichaei opiniones disputatio*, Leipzig, 1895. — Fabricius *Bibliotheca graeca*, Hambourg, 1727, t. vii, p. 323-324. — *Diction. of christ. biography*, t. i, p. 86. — G. Bareille, dans *Dictionnaire de théologie catholique*, t. i, col. 785-786.

V. Ermoni.

20. ALEXANDRE (Saint), soldat martyrisé le 3 mai, probablement de l'an 312, en même temps que la vierge sainte Antonine, et honoré avec elle le 10 juin dans la liturgie byzantine. Les noms de ces deux martyrs se trouvent inscrits au 9 ou 10 ou même au 12 juin dans les divers synaxaires. Delehaye, *Propylaeum ad acta sanct. novembr.*, Synaxarium Eccl. Constantinopolitanae, Bruxelles, 1902, col. 739, ligne 10; col. 741, ligne 56; col. 748, ligne 33. Le Martyrologe romain leur consacre, au 3 mai, la notice suivante qui résume leurs actes : *Constantinopoli sanctorum martyrum Alexandri militis et Antoninae virginis, quae in persecutione Maximiani sub praeside Festo ad lupanar damnata, et ab Alexandro, qui pro ea ibi remanserat, mutato habitu clam educta, cum eo postmodum jussa est* *torqueri : et ambo simul praecisis manibus, in ignem pro Christo conjecti, egregio peracto certamine coronantur.* Les Actes, dont on peut voir la traduction latine dans *Acta sanctor.*, maii t. I, p. 381-382, et le texte grec dans le même volume en appendice, p. 744-746, ne mentionnent pas le lieu du martyre. Les synaxaires nous les montrent spécialement honorés au monastère constantinopolitain dit de Maximin, dans lequel, nous apprennent-ils, reposaient leurs reliques. Delehaye, *op. cit.*, col. 741-742.

Quelle était la patrie des deux martyrs? Sur la foi d'un document nettement apocryphe et faux, Bivario et Tamayo n'ont pas hésité à les croire martyrisés en Espagne, à la date de l'année 100. *Acta sanctor., loc. cit.*, p. 380, note 4. S'il est certain que nos martyrs ont souffert en Orient, rien cependant ne nous dit positivement que ce soit à Byzance. D'après les Actes, la vierge Antonine était originaire du bourg de Brodamna ou Crodamna dont la situation ne nous est pas indiquée et qui pouvait se trouver en Thrace ou en Asie Mineure. *Acta sanctor., loc. cit.*, n. 6, 7. Les Actes gardent le silence au sujet de la patrie d'Alexandre. Comme ils ne mentionnent pas l'endroit où se trouvent les reliques, Papebroch (*ibid.*, n. 8) suppose que ces Actes furent écrits avant la translation des restes sacrés au monastère de Maximin. D'autre part, saint Joseph l'hymnographe ayant composé, au IXe siècle, le canon de office des deux saints martyrs qui se récite encore aujourd'hui, le même bollandiste en conclut que l'origine de leur fête, et peut-être la translation même de leurs reliques, ne serait guère antérieure à cette époque. Bien que de composition plus ancienne, les Actes n'ont cependant pas la simplicité des documents primitifs. Voici à quoi se réduisent les renseignements qu'ils fournissent. La pieuse vierge Antonine, de Brodamna ou Crodamna, après avoir confessé la foi chrétienne devant le gouverneur Festus, est jetée dans un lupanar. Un des soldats du gouverneur, Alexandre, jeune homme âgé de vingt-deux ans, disent les Actes, averti par une révélation céleste, vient trouver Antonine, la recouvre de sa propre chlamyde et à la faveur de ce déguisement la tire de ce mauvais lieu où lui-même reste à sa place. D'autres soldats arrivent; Alexandre, dénoncé, confesse également la foi du Christ, ce qui lui vaut d'être battu de verges. Puis on s'empare de nouveau d'Antonine, on coupe les extrémités des deux martyrs, qui finissent enfin leur sacrifice dans les flammes. L'hagiographie connaît quelques autres exemples d'histoires analogues, mais il n'y a pas lieu de les confondre quand, de par ailleurs, les détails sont différents. Tel est le cas pour saint Alexandre et sainte Antonine; et Tillemont s'est montré, nous semble-t-il, trop disposé à croire que l'histoire de ces deux martyrs pourrait bien être identique à celle de saint Didyme et de sainte Théodora à Alexandrie, ou à une autre du même genre rapportée par saint Ambroise au sujet d'Antioche. *Mémoires pour servir à l'hist. eccl.*, Paris, 1698, t. v, p. 249, 685.

Silencieux sur le lieu et sur l'année du martyre, les Actes en marquent avec grande précision le jour et l'heure dans leur phrase finale. Ἐμαρτύρησαν δὲ οἱ ἅγιοι Ἀλέξανδρος καὶ Ἀντωνίνα πρὸ ἒξ νόννων Μαΐων, ὥρᾳ ἐννάτῃ, ἡμέρα σαββάτου, βασιλεύοντος τοῦ Κυρίου ἡμῶν Ἰησοῦ Χριστοῦ. *Acta sanctor., ibid.*, p. XLII, n. 11. Les deux saints auraient donc été martyrisés le samedi 2 mai, à la neuvième heure. Sirlet semble avoir eu sous les yeux une leçon portant le 3 mai, πρὸς ε´ νόννων. *Acta sanctor., loc. cit.*, en note. De plus, les Actes nous apprennent que le gouverneur Festus mourut peu de jours après, et qu'avec lui finit la persécution; d'où Papebroch a conclu à l'année 313. « Mais, dit Tillemont, *Mémoires hist. eccl., loc. cit.*,

p. 685, quoique Maximien régnât encore alors en Orient, il avait néanmoins été obligé de finir entièrement la persécution avant la fin de 312, et s'il fit encore depuis quelques martyrs, ce ne fut qu'en se cachant. D'autres, au lieu du 2 mai, lisent le 3 mai, ce qui tomberait en l'an 312; et comme il n'y avait point alors d'édit absolu pour persécuter les chrétiens, il est aisé que la mort d'un gouverneur ait fait cesser la persécution dans une province. » La date du 9 ou 10 juin serait sans doute celle de la translation des reliques au monastère constantinopolitain dit de Maximin. C'est à cette dernière date que les Églises de rite byzantin célèbrent encore aujourd'hui saint Alexandre et sainte Antonine, et récitent en leur honneur le canon de Joseph l'hymnographe dont voici l'acrostiche : Ὕμνοις ἐπαινῶ τὴν καλὴν ξυνωρίδα. ΙΩΣΗΦ, *Pulchrum par hymnis laudo. Joseph. Ménées de juin*, Venise, 1880, p. 31-35. Le monastère de Maximin, où se faisait jadis la synaxe des deux martyrs, est signalé pour la première fois au VIe siècle sous Justinien. M. Gédéon, Βυζαντινὸν ἑορτολόγιον, Constantinople, 1899, p. 112; Du Cange, *Constantinopolis christiana*, Venise, 1729, l. IV, n. XLI, p. 111. Il était situé probablement sur les bords de la Propontide ou mer de Marmara. Du Cange, *op. cit.*, l. II, p. 135.

Acta sanctor., 1680, maii t. I, 379-382, 744. — Delehaye, *Propylaeum ad acta sanctor. novembris, Synaxarium Eccl. Constantinopolit.*, Bruxelles, 1902, col. 739-742, 748[13]. — Nilles, *Kalendarium manuale utriusque Ecclesiae*, Inspruck, 1896, t. I, p. 176. — Martinov, *Annus ecclesiasticus graecoslavicus*, Bruxelles, 1843, p. 149, 150. — Surius, *Vitæ sanctorum*, Venise, 1581, t. II, p. 22, 23. — Doukalès, Μέγας Συναξαριστής, juin, Athènes, 1891, p. 89-90. — Baronius, *Annales ecclesiastici*, ad annum 309, n. 34, Lucques, 1738, t. III, p. 468-469. — Tillemont, *Mémoires pour servir à l'hist. eccl.*, Paris, 1698, t. v, p. 249-250, 685.

S. SALAVILLE.

21. ALEXANDRE (Saint), patriarche d'Alexandrie. Né probablement vers 250, puisque saint Athanase, *Epist. ad episcop. Aegypt. et Lyb.*, 21, *P. G.*, t. XXV, col. 588, nous apprend qu'il mourut (en 326) ἐν τῇ πρεσβυτικῇ ἡλικίᾳ, il obtint, sous le patriarcat de saint Pierre (300-311), une place très importante parmi les dignitaires ecclésiastiques. Eusèbe, *Hist. eccl.*, VII, XXVI. Quand ce patriarche eut rejeté de l'Église Arius, dont les tendances commençaient à inquiéter, Alexandre fut un des prêtres qui essayèrent, mais en vain, de fléchir le vieil évêque. Saint Pierre, martyrisé en novembre 311, eut pour successeur saint Achillas, qui mourut au bout de quelques mois à peine d'épiscopat. Les suffrages se portèrent sur Alexandre, grâce à l'influence d'Arius, s'il faut en croire le récit tendancieux de l'historien arien Philostorge, *Fragmenta*, II, III, *P. G.*, t. LXV, col. 461. D'après Théodoret, *Hist., eccl.*, I, II, III, *P. G.*, t. LXXXI, col. 885 sq., au contraire, Arius aurait posé sa candidature un échec et aurait causé un violent dépit. Quoi qu'il en soit, les relations semblent avoir tout d'abord été assez cordiales entre eux. Dès le début de son épiscopat, saint Alexandre n'eut pas à s'occuper de l'arianisme, alors en germe seulement. Il dut soutenir une lutte assez courte avec un certain Crescentius, au sujet de la célébration de la Pâque (Epiph., *Haer.*, LXXI, 9, *P. G.*, t. XLII); il eut aussi à défendre son autorité contre Mélèce de Lycopolis en Thébaïde, qui suscita un schisme. Théodoret, *Haeret. fabul. comp.*, IV, 7, *P. G.*, t. LXXXIII, col. 425. Il résolut la question des baptêmes, que saint Athanase, alors tout jeune homme, administrait, par manière de jeu, à ses camarades catéchumènes (Rufin, *Hist. eccl.*, I, XIV, *P. G.*, t. XXI, col. 487) et bâtit une église dédiée à saint Théonas, martyrisé en l'an 299. Athan., *Apol. ad Const.*, 15, *P. G.*, t. XXV, col. 613.

Ce qui donna une importance spéciale à son épiscopat, ce fut la lutte qu'il entreprit contre Arius. Celui-ci commença à répandre son erreur vers 318 ou 319, se fit des partisans parmi les clercs et les religieuses d'Alexandrie et tint tête à son évêque. Saint Alexandre essaya d'abord de la douceur pour ramener l'hérésiarque. Conférence contradictoire devant les membres du clergé, exhortations paternelles faites de vive voix ou par écrit, tout fut inutile. Il eut alors recours à la force. Il réunit, vers 320, un concile qui ne comprenait guère moins de cent évêques de l'Égypte et de la Libye, dans lequel il condamna solennellement l'hérésiarque et ses partisans. L'arianisme sortit bientôt de l'Égypte et trouva un peu partout en Orient de solides appuis. Dans le but de prévenir cette propagande, saint Alexandre écrivit aux évêques de nombreuses lettres, dont soixante-dix environ existaient encore à l'époque de saint Épiphane. *Haer.*, LXIX, 4, *P. G.*, t. XLII, col. 209. Puis, voyant qu'Eusèbe de Nicomédie prenait la défense d'Arius, il envoya pour justifier sa conduite une lettre encyclique signée par les membres de son clergé. *P. G.*, t. XVIII, col. 548 sq. Chassé d'Alexandrie par son évêque, en 321 ou 322, Arius parcourut la Palestine, la Syrie et jusqu'en la Bithynie, puis, profitant de la lutte entre Constantin et Licinius, il rentra en Égypte, où il suscita de nouveaux troubles. Sollicité par saint Alexandre, le pape saint Sylvestre avait envoyé en Orient Osius de Cordoue, en qualité de légat. Constantin, que les troubles d'Alexandrie inquiétaient, y expédia Osius avec une lettre assez sévère, où saint Alexandre n'était guère mieux traité qu'Arius, puisqu'il leur reprochait à tous deux de causer des discordes pour des riens. Eusèbe, *Vita Constant.*, II, LXVII-LXXII, *P. G.*, t. XX, col. 1037-1048. Dans un concile tenu vers 324, Osius régla diverses questions qui agitaient l'Église d'Alexandrie, condamna un prêtre, Colluthus, qui s'arrogeait les droits épiscopaux et faisait des ordinations (Athan. *Apol. contra arian.*, 75, *P. G.*, t. XXV, col. 385); mais il ne put venir à bout de la question arienne.

C'est alors que Constantin décida la convocation d'un concile général à Nicée. Alexandre s'y rendit malgré son grand âge et y prit une part très active, secondé par son diacre, saint Athanase. Il siégea auprès de l'empereur, fut comblé d'honneurs par les Pères et signa les décisions conciliaires immédiatement après les légats du pape. Il eut la joie de voir condamner Arius et de voir reconnaître, par le canon 6, l'autorité patriarcale du siège d'Alexandrie sur toute l'Égypte, la Libye et la Pentapole. Après le concile, il rentra dans sa ville épiscopale, muni d'une lettre adressée aux Églises des trois provinces, dans laquelle les Pères de Nicée faisaient du vénérable évêque les plus grands éloges. Socrate, *Hist. eccl.*, I, 9, *P. G.*, t. LXVII, col. 77 sq. A peine de retour, il fut sollicité par Eusèbe et ses partisans de pardonner à Arius (Athan., *Apol. contra arian.*, 6, *P. G.*, t. XXV, col. 257); on fit même intervenir l'empereur Constantin, mais on ne put vaincre sa résistance. Les fatigues d'un lointain voyage avaient épuisé ses forces; il s'éteignit quelques mois après son retour, en 326, probablement le 17 avril. On a donné d'autres dates : 26 février, 1 avril, 18 avril. D'après Sozomène, *Hist. eccl.*, II, 17, *P. G.*, t. LXVII, col. 976, il aurait lui-même désigné saint Athanase pour lui succéder. Doux et affable, il se montra cependant toujours un ferme champion de la vérité, dût son courage lui susciter des persécutions.

Le martyrologe romain mentionne saint Alexandre le 26 février; les Coptes le fêtent le 22 Pharemuthi (avril); les vieux synaxaires grecs en parlent au 29 mai; de nos jours les Églises gréco-slaves n'en font même plus mémoire.

R. JANIN.

22. ALEXANDRE, évêque de Thessalonique, première moitié du IVe siècle. Saint Athanase nous a conservé de lui deux lettres, *Apologia contra arianos*, 66 et 80, *P. G.*, t. XXV, col. 368, 393. La première (332 ou 333), adressée à saint Athanase lui-même, fait allusion au prétendu meurtre d'Arsène. Alexandre se réjouit d'apprendre que le calomniateur Archaph a été démasqué. Dans la deuxième (335), il dénonce au comte impérial Denys la conspiration ourdie contre le patriarche d'Alexandrie par les évêques eusébiens qui assistaient, ainsi que lui-même, au concile de Tyr. Il semble d'ailleurs avoir fini par subir plus ou moins leur influence. *Apologia contra arianos*, 16, *P. G.*, t. XXV, col. 273.

Tillemont, *Mémoires pour servir à l'hist. eccl.*, t. VIII, p. 28, 35, 50, 52.

A. LEHAUT.

23. ALEXANDRE, évêque de Byzance, puis de Constantinople. Nous ne connaissons directement par aucun document la date à laquelle Alexandre succéda à Métrophane sur le siège de Byzance. Ce dut être aux environs de 313, s'il mourut vers 336, après un épiscopat de vingt-trois ans. Mais il n'est pas sûr que ce dernier chiffre, donné par Socrate et Sozomène, ne soit pas fautif. Le plus ancien texte le concernant est une lettre que lui écrivit Alexandre d'Alexandrie, quelque temps avant le concile de Nicée, probablement vers 323-324. L'évêque d'Alexandrie met son collègue de Byzance en garde contre les menées d'Arius qui, avec le prêtre Achillas et un groupe de fidèles, s'efforçait de circonvenir les évêques et d'introduire ses doctrines dans leurs églises. Théodoret, *Hist. eccl.*, I, III; *P. G.*, t. LXXXII, col. 888. De fait, Alexandre se rangea parmi les adversaires décidés d'Arius et, tant qu'il vécut, l'hérésie trouva peu de crédit auprès du peuple de Byzance. Sozomène, *Hist. ecclesiast.*, III, IV, *P. G.*, t. LXVII, col. 1040. Cette préservation semble plutôt due à la haute autorité morale dont jouissait Alexandre qu'à l'éclat de sa dialectique. Peu après son arrivée à Byzance, Constantin le chargea de soutenir une discussion publique contre un philosophe païen qui avait reproché à l'empereur son changement de religion. Malgré son peu de goût pour ces argumentations, il fut obligé d'obéir. Mais à peine son adversaire entamait-il la controverse qu'il lui enjoignit, au nom de Jésus-Christ, de ne plus ajouter un mot. Le philosophe se tut et la victoire resta à l'évêque. Sozomène, I, XVIII, *loc. cit.*, col. 916-917.

D'après Gélase de Cyzique et plusieurs ménologes grecs, Alexandre prit part, en qualité de prêtre, au concile de Nicée. Gelasii Cyziceni, *Historia concil. Nicaeni*, l. II, VII, XXVII, XXXVI, *P. G.*, t. LXXXV, col. 1241, 1312, 1344. Il nous paraît plus sûr de suivre Socrate et Sozomène qui font commencer l'épiscopat d'Alexandre au plus tard en 317. La lettre d'Alexandre d'Alexandrie, antérieure au concile de Nicée, confirme d'ailleurs cette interprétation. Toujours au dire de Gélase, le concile chargea Alexandre de faire connaître ses décisions aux églises des îles Cyclades.

Après les fêtes de l'inauguration de la nouvelle capitale de l'empire (11 mai 330), le titre d'évêque de Byzance fut remplacé par celui d'évêque de Constantinople.

Quelques années plus tard (336), Arius étant rentré en grâce auprès de Constantin, Alexandre fut mis en demeure par Eusèbe de Nicomédie, alors très puissant à la cour, d'admettre l'hérésiarque à sa communion ou de renoncer à la dignité épiscopale. Socrate, *Hist. eccl.*, I, XXXVII, *P. G.*, t. LXVII, col. 176. L'évêque n'essaya pas de discuter. Il se retira dans l'église de la Paix et y passa plusieurs nuits en prières. Mais l'empereur lui-même, trompé par les sophismes et les équivoques d'Arius, ordonna au vieux défenseur de la foi nicéenne de se soumettre aux injonctions d'Eusèbe. C'était un samedi, et Arius devait être solennellement admis à l'office divin le lendemain dimanche. Alexandre redoubla ses prières, demandant à Dieu de manifester de quel côté était la vérité en faisant mourir, de lui ou d'Arius, celui qui était dans l'erreur. A l'aube du dimanche, on apprit que la mort venait d'arrêter l'hérésiarque dans sa marche triomphale vers l'église où il devait être réhabilité. Athanase, *Epist. ad Serapionem de morte Arii*, II-IV, *P. G.*, t. xxv, col. 688; Socrate, *op. cit.*, I, xxxviii, *loc. cit.*, col. 176; Sozomène, I, xiii, II, xxix, *loc. cit.*, col. 949, 1017; Théodoret, *op. cit.*, I, xiii, *P. G.*, t. lxxxii, col. 949. Ce fait frappa vivement les contemporains et longtemps après, les orthodoxes célébraient encore l'esprit de foi et la piété d'Alexandre qui avaient été l'obstacle décisif au triomphe de l'hérésie. Gregorii Nazianz. *Oratio XXXVI*, 1; *P. G.*, t. xxxvi, col. 265; Epiphanii *Adversus haereses*, LXIX, c. x, *P. G.*, t. xlii, col. 217.

Socrate et Sozomène racontent la mort d'Alexandre après avoir parlé de celle de Constantin. Le vieil évêque, âgé de quatre-vingt-dix-huit ans, dont vingt-trois d'épiscopat, se sentant sur le point de quitter ce monde, rassembla ses clercs autour de lui et leur parla de son successeur : Si vous voulez un évêque saint et capable de bien instruire le peuple, leur dit-il, élisez le prêtre Paul; si vous préférez quelqu'un qui ait l'air vénérable, prenez Macedonius. Ses contemporains comprirent sans doute, comme le note Sozomène, que Paul était l'élu d'Alexandre. Socrate, II, vi, *P. G.*, t. lxvii, col. 192-193; Sozomène, III, iii, *P. G.*, t. lxvii, col. 1037.

En quelle année faut-il placer cet événement ? Plusieurs critiques, dont Baronius et le bollandiste Janningus, le mettent, sur la foi de Socrate et de Sozomène, en 340. Cette date est certainement trop tardive. Le concile d'Alexandrie qui se réunit en 338 ou au début de 339, connaît déjà la translation d'Eusèbe de Nicomédie sur le siège de Constantinople. Athanase, *Apolog. contra arianos*, VI, *P. G.*, t. xxv, col. 260; Hefele-Leclercq, *Hist. des conciles*, t. i, p. 692. Cf. Loofs, dans *Realencyclop. für protestantische Theologie*, 1898, t. v, p. 620, qui, après avoir indiqué ailleurs la deuxième moitié de 339 comme date de l'élévation d'Eusèbe au siège de Constantinople, se corrige lui-même. Et il reste encore à intercaler l'épiscopat de Paul entre celui d'Alexandre et l'intrusion d'Eusèbe. Nous sommes même autorisés à croire qu'Alexandre mourut avant Constantin (22 mai 337), puisque, d'après Athanase, son successeur Paul fut exilé dans le Pont par Constantin lui-même, à l'instigation de l'évêque de Nicomédie. Athanase ajoute que Macédonius, le rival et le calomniateur de Paul, s'est, en sa présence, réconcilié avec ce dernier. Athanase, *Hist. arianorum ad monachos*, 7, *P. G.*, t. xxv, col. 701. Or on ne voit pas quand et comment ces trois personnages auraient pu se trouver réunis après le retour d'Athanase à Alexandrie. L'année probable de la mort d'Alexandre est donc 336-337. Par contre, les arguments qu'apporte Henri de Valois en faveur de l'année 335 ou d'une année antérieure, ne nous paraissent pas résister à la critique qu'on en a faite. Ils ont cependant été repris par Seeck dans *Zeitschrift für Kirchengesch.*, t. xvii, p. 30-32; et Loofs, dans la *Realencycl. für protestant. Theologie*, 1903, t. xii, p. 44. Paul, disent-ils, était déjà évêque de Constantinople en 335 puisqu'il souscrivit à la condamnation d'Athanase au concile de Tyr. Hilarii *Fragment.*, III, xv; *P. L.*, t. x, col. 667. Nous remarquerons simplement que l'interprétation des fragments sur lesquels on s'appuie présente encore bien des difficultés.

C'est donc au nom d'un texte d'autorité douteuse qu'on rejette dans le domaine des légendes le récit d'un témoin contemporain, Athanase, qui nous affirme, *Ep. ad Serapionem*, *loc. cit.*, qu'Alexandre survécut à Arius (mort en 336) et qu'il eut, au sujet de l'hérésiarque, en cette même année 336, les difficultés que nous avons racontées. Si Alexandre est mort en 330, comme l'indique M. Seeck, *loc. cit.*, p. 31, on voit combien l'erreur d'Athanase, sur des événements auxquels il a été si intimement mêlé, devient invraisemblable. Ses rapports avec Constantinople étaient trop fréquents pour qu'il ait pu se tromper sur la personne du titulaire de l'Église de la capitale, pendant une si longue période. En outre, le témoignage des fragments d'Hilaire fût-il absolument clair, nous n'en serions pourtant pas réduits à sacrifier celui d'Athanase, car Paul aurait pu assister au concile de Tyr, n'étant encore que prêtre, soit comme député de l'Église de Constantinople, soit comme mandataire de son évêque, alors fort âgé. Cf. Duchesne, *Hist. anc. de l'Église*, t. ii, p. 212, note 1. Ajoutons que, si la lettre de Constantin en faveur d'Arius, publiée par Ceriani dans le recueil de Gélase de Cyzique (Ceriani, *Monumenta sacra et profana*, Milan, 1866, t. i, fasc. 2, p. 145), a été, malgré son titre actuel (πρὸς Ἀλέξανδρον ἐπίσκοπον Ἀλεξανδρείας), écrite pour Alexandre de Constantinople, le récit d'Athanase, sur l'intervention de l'empereur auprès de l'évêque de sa capitale, en est confirmé. Mgr Duchesne, *op. cit.*, p. 183, note 2, suggère cette correction, malgré les laborieux efforts de M. G. Lœschcke (*Das Syntagma des Gelasius Cyzicenus*, dans *Rheinisches Museum*, 1906, p. 44 sq.), pour concilier les données de cette lettre avec les événements connus de la vie d'Alexandre d'Alexandrie.

Saint Alexandre est habituellement mentionné le 31 août dans les synaxaires grecs et le 28 du même mois, dans les martyrologes latins. On trouve dans Photius une histoire de Métrophane et d'Alexandre. Photii, *Bibliotheca*, cod. cclvi, *P. G.*, t. civ, col. 105 sq. Mais elle ne mérite aucun crédit.

Acta sanct., 1700, jun. t. vii, p. 71-84; 1743, august. t. vi, p. 195-198. — Baronius, *Annales ecclesiast.*, édit. de Lucques, ad ann. 317, § XVII, t. iii, p. 630-632; ad ann. 340, § XV, t. iv, p. 346-347. — Delehaye, *Synaxarium Ecclesiae Constantinop.*, col. 937-938, 724, 933. — Duchesne, *loc. cit.*, p. 212. — Duchesne et J.-B. De Rossi, *Martyrologium hieronym.*, dans *Acta sanct.*, novembr. t. ii, p. 112. — J. G. Smith, dans *Dictionary of christ. biogr.*, t. i, p. 83. — Tillemont, *Mémoires hist. ecclés.*, Paris, 1699, t. vi, p. 226, 261, 294-296, 643, 686; t. vii, p. 32-38, 656-659.

M. ANDRIEU.

24. ALEXANDRE (Saint), martyr avec Sisinnius et Martyrius dans le Val di Non (*vallis Anauniae*), diocèse de Trente, en 397. Plusieurs auteurs contemporains racontent la mort violente de ces trois saints qui appartenaient au clergé : Sisinnius était diacre, Martyrius lecteur et Alexandre portier. Dans le but de répandre la foi chrétienne parmi la population rurale encore païenne des vallées du pays de Trente, ils avaient entrepris la construction d'une église. A l'occasion de la fête païenne du *lustrum*, ils furent assaillis et tués par les campagnards encore idolâtres auxquels ils avaient reproché les excès commis pendant la célébration de cette fête. Voir les deux lettres de saint Vigile, évêque de Trente (*P. L.*, t. xiii, col. 54 sq.), les deux sermons de saint Maxime de Turin (*P. L.*, t. lvii, col. 695 sq.), la biographie de saint Ambroise par Paulin (c. lii, *P. L.*, t. xiv, col. 47 sq.), la lettre de saint Augustin à Marcellin (ep. cxxxix, *P. L.*, t. xxxiii, col. 536). La fête de ces martyrs est célébrée le 29 mai.

J.-P. KIRSCH.

25. ALEXANDRE. Évêque de Tipasa, en Maurétanie Césarienne, inconnu jusqu'en 1892, où M. l'abbé Saint-Gérand, curé de cette ville, déblaya la basilique qui contenait son tombeau. Ces fouilles ont abouti à des résultats très intéressants; je les résumerai brièvement.

La colline située à l'ouest de Tipasa, qui s'appelle Ras el Kenicia (le cap de l'église), fut jadis occupée par une vaste nécropole chrétienne. Plusieurs constructions y étaient encore visibles; c'est la plus grande, terminée à l'ouest par une abside, que M. l'abbé Saint-Gérand entreprit de dégager. Il découvrit un édifice présentant à peu près l'aspect d'un trapèze, mesurant 16^{m}68 de largeur à l'ouest, 14^{m}25 à l'est, et 22^{m}80 dans le sens de la longueur. L'intérieur est divisé en trois nefs par deux rangées de cinq piliers en pierres de taille; la nef centrale entièrement pavée de mosaïque. Au fond, à l'est, une sorte d'estrade, à laquelle on accédait par deux petits escaliers. Elle est, en majeure partie, constituée par neuf sarcophages de pierre, alignés et orientés de l'ouest à l'est. Une mosaïque les recouvrait, et une balustrade ou cancel de pierre bordait l'estrade du côté de la nef. En avant des escaliers, une grande inscription commémorative a été tracée sur la mosaïque du vaisseau central. Elle nous apprend que ces tombeaux sont ceux d'anciens évêques de Tipasa (*justi priores*). Par les soins de l'évêque Alexandre (*Alexander rector*), leurs restes avaient été retrouvés et réunis au pied de l'autel magnifiquement décoré. C'est pour les abriter qu'il construisit le sanctuaire. Voici ce document pompeux, écrit en *quasi versus* compliqués et obscurs, où l'on a introduit, vers la fin, de maladroites imitations de Virgile. Je fais suivre d'une traduction qui ne saurait prétendre à une rigoureuse exactitude.

Corp. inscr. lat., t. VIII, Suppl., 20903 :

Hic ubi tam claris laudantur moenia tectis,
culmina quod nitent sanctaque altaria cernis,
non opus est procerum : set tanti gloria facti
Alexandri rectoris ovat per saecula nomen;
5 *cujus honorificos fama ostendente labores,*
justos in pulcram (sic) *sedem gaudent locasse priores,*
quos diuturna quies fallebat posse videri.
Nunc luce praefulgent subnixi altare decoro,
collectamque suam gaudent florere coronam,
10 *animo quod sollers implevit custos honestus.*
Undiq[ue] visendi studio crhistiana (sic) *aetas circumfusa*
liminaque sancta pedibus contingere laeta, [venit,
omnis sacra canens, sacramento manus porrigere gaudens.

« Les murs que voici, rehaussés de toits éclatants, les faîtes resplendissants, les saints autels que vous voyez ne sont pas l'œuvre de nos aïeux; mais ce grand et glorieux ouvrage célèbre à travers les siècles le nom de l'évêque Alexandre. La renommée proclame ses travaux qui l'honorent, car il a heureusement mis en belle place les justes antérieurs, que le temps et l'abandon avaient peu à peu dérobés aux regards. Maintenant ils brillent en pleine lumière, appuyés à l'autel magnifique, heureux de se voir réunis en une florissante couronne par les soins avisés de ce digne protecteur. De toutes parts le peuple chrétien arrive et se répand, avide de voir, joyeux de fouler ce seuil sacré; tous font entendre des chants religieux, et tendent la main avec bonheur pour recevoir le sacrement (eucharistique). »

À l'autre extrémité de l'église se trouve une abside qui ne faisait pas partie du plan primitif. Elle contenait plusieurs tombes. En avant de cette abside, la mosaïque de la nef offre un grand tableau où sont figurées six rangées de poissons, puis l'épitaphe métrique de l'évêque Alexandre, dont voici également la teneur et la traduction :

Corp. inscr. lat., t. VIII, Suppl., 20905 :

Alexander episcopu[s l]egibus ipsis et altaribus natus,
aetatibus honoribusque in aeclesia catholica functus,
castitatis custos, karitati pacique dicatus,
cujus doctrina floret innumera plebs Tipasensis;
5 *pauperum amator, aelemosinae deditus omnis,*
cui numquam defuere unde opus caeleste fecisset;
hujus anima refrigerat, corpus hic in pace quiescit,
resurrectionem expectans futuram de mortuis primam,
consors ut fiat sanctis in possessione regni caelestis.

« L'évêque Alexandre est né dans la loi (chrétienne) même, près des autels; il a rempli au cours des années toutes les fonctions dans l'église catholique; il a gardé la chasteté, s'est consacré à la charité et à la paix; par ses enseignements fleurit innombrable le peuple (chrétien) de Tipasa. Il a aimé les pauvres et, s'est tout entier adonné à l'aumône; jamais ne lui ont manqué les moyens d'accomplir l'œuvre du ciel. Son âme goûte la fraîcheur, son corps repose ici en paix, en attendant la première résurrection des morts, pour partager avec les saints la possession du royaume céleste. »

L'éloge est complet; s'il est exact, l'évêque Alexandre méritait bien l'épithète qui se lit, dans la même chapelle, sur une autre mosaïque, malheureusement très mutilée : *sanctu[s A]lexan[der]*. *Corp. inscr. lat.*, t. VIII, Suppl., 20904. Sa tombe devait se trouver soit auprès de l'inscription que je viens de transcrire, qui s'étend presque sur toute la largeur de la nef, soit plutôt dans l'abside, ajoutée après coup, pour recevoir le corps du fondateur de l'église.

D'autres sarcophages, recouverts parfois de mosaïques, occupent une partie des bas-côtés; ils abritent de simples fidèles, autant qu'on en peut juger par trois épitaphes encore existantes.

D'après le style des mosaïques de la nef, la forme des lettres et surtout certaines expressions qui rappellent les éloges du pape saint Damase, M. Gsell ferait volontiers remonter ce sanctuaire à la fin du Ve siècle ou au commencement du Ve. Alexandre aurait donc vécu à cette même époque et serait, par conséquent, un contemporain de saint Augustin.

Corpus inscriptionum latinarum, Suppl., p. 1979-1980, n. 20903-20909. — Duchesne (Mgr), *Les découvertes de M. l'abbé Saint-Gérand, à Tipasa (Algérie)*, dans *Comptes rendus des séances de l'Académie des inscriptions et belles-lettres*, 1892, p. 80-81, 111-114. — Saint-Gérand (l'abbé), *Une basilique funéraire à Tipasa*, dans *Bulletin archéologique du Comité des travaux historiques*, 1892, p. 466-484, reproduit dans le *Bulletin de la Société diocésaine d'archéologie d'Alger*, 1895, t. I, p. 1-32. — S. Gsell, *De Tipasa, Mauretaniae Caesariensis urbe*, Alger, 1894; *Tipasa, ville de la Maurétanie Césarienne*, dans *Mélanges d'archéologie et d'histoire, publiés par l'École française de Rome*, 1894, t. XIV, p. 389-392; *Guide archéologique des environs d'Alger*, Alger, 1896, p. 121-124; *Les monuments antiques de l'Algérie*, Paris, 1901, t. II, p. 116, n. 2; 155, 333-337. — G.-B. De Rossi, *Basilica ed insigni iscrizioni in musaico scoperte in Tipasa di Mauritania*, dans *Bullettino di archeologia cristiana*, 5e série, 1894, t. IV, p. 90-94. — Buecheler, *Carmina latina epigraphica*, pars II de l'*Anthologia latina*, Leipzig, 1897, n. 1808, 1835-1837. — Fr. Wieland, *Ein Ausflug in das altchristliche Afrika*, Stuttgart, 1900, p. 186-189. — *Dict. d'archéol. chrét. et de liturgie*, t. I, col. 686-687.

Aug. AUDOLLENT.

26. ALEXANDRE, ermite et ascète grec, disciple de saint Macaire d'Alexandrie, vers 400. Plusieurs manuscrits lui attribuent la *Narratio de ministerio angelorum circa exitum animarum e corpore*, publiée parmi les œuvres de saint Macaire, P. G., t. XXXIV, col. 385-392, sous ce titre : *S. Macarii Alexandrini sermo de exitu animae justorum et peccatorum, quomodo separantur a corpore et in quo statu manent*. Ce récit est intéressant par la mention des services funèbres des troisième, neuvième et quarantième jours, ainsi que par certains détails concernant la croyance au jugement particulier.

Fabricius, *Bibliotheca graeca*, Hambourg, 1727, t. vii, p. 494, 495; t. x, p. 473.

S. SALAVILLE.

27. ALEXANDRE, évêque de Basilinopolis en Bithynie, ami de saint Jean Chrysostome, pour la cause duquel il fut obligé de quitter son siège épiscopal et de se retirer à Ptolémaïs de Cyrénaïque. Nous sommes renseignés sur ce personnage par deux lettres de Synesius, évêque de cette dernière ville, adressées en 411 à Théophile d'Alexandrie. Synesius, *Epist.*, LXVI et LXVII, *P. G.*, t. LXVI, col. 1408-1409, 1428-1432.

Alexandre était né à Cyrène, en Libye, d'une famille noble. Il embrassa de bonne heure la vie monastique, et y reçut le diaconat, puis la prêtrise. Venu à la cour pour une affaire, il fit à Constantinople la connaissance de saint Jean Chrysostome, qui l'ordonna évêque de Basilinopolis en Bithynie. D'abord simple bourg du diocèse de Nicée, cette localité avait été élevée au rang de cité par Julien l'Apostat, qui lui avait donné le nom de sa mère Basilina. *Conc. Chalced.*, actio XIII, dans Mansi, *Conciliorum collectio*, t. vii, col. 305. Synesius écrit *Basinopolis*, forme abrégée que l'on retrouve dans plusieurs *Notitiae episcopatuum*. Voir l'édition de ces dernières par Parthey, Berlin, 1866, à l'index final, p. 340. Le village actuel de Bazar-Keuï, sur la rive nord-ouest du lac de Nicée, marque l'emplacement probable de l'ancienne Basilinopolis. Mendel, *Inscriptions de Bithynie*, dans *Bulletin de correspondance hellénique*, 1900, t. XXIV, p. 379. Cf. Ramsay, *The historical geography of Asia Minor*, Londres, 1890, p. 15, 179-180. Cet évêché ressortissait au métropolitain de Nicomédie, Tillemont, *Mémoires pour servir à l'hist. eccl.*, Paris, 1706, t. xi, p. 327, conjecture que Jean Chrysostome dut faire cette ordination à la prière du synode provincial de Bithynie, après la déposition de Géronce de Nicomédie en 401. C'était, en tout cas, avant les troubles de 403.

Durant ces troubles suscités, on le sait, par les ennemis de Jean, Alexandre soutint le parti du saint; ce qui lui valut, comme à la plupart des évêques « joannites », d'être chassé de son siège. Il se retira alors à Ptolémaïs de Libye, où Synesius le trouva quand il devint, en 410, trois ans après la mort de saint Jean Chrysostome, évêque de cette ville. Alexandre y vivait en simple particulier, traité en suspect par le clergé local qui, ne voyant pas très clair dans la situation et aima mieux, sous l'influence du trop fameux Théophile d'Alexandrie, refusait à l'évêque exilé non seulement la communion, mais encore toute relation de société. Synesius lui-même n'osa pas avoir en public une autre façon d'agir, ni le recevoir à l'église; mais dans ses rapports privés avec lui, il le traitait, dit-il, avec tous les honneurs qu'il accordait aux innocents. Après avoir ainsi exposé le cas à Théophile, l'évêque de Ptolémaïs lui demandait de subir la conduite à tenir, maintenant que Jean Chrysostome n'était plus. « Car il faut, disait-il, que nous honorions un homme qui est mort, et que la fin de sa vie soit aussi la fin de nos inimitiés. » *Epist.*, LXVI, col. 1408. Fallait-il traiter Alexandre en évêque, ou non? Le patriarche alexandrin aima mieux, selon la remarque de Tillemont, *op. cit.*, p. 327, 494, ne rien répondre que d'avouer sa passion injuste à un homme aussi éclairé que Synesius.

Alexandre ne semble pas avoir été remplacé à Basilinopolis, du moins au su de Synesius. Néanmoins, après l'amnistie, selon le mot de Tillemont, *op. cit.*, p. 347, accordée par Théophile, en 408, aux évêques joannites, Alexandre n'était pas retourné en Bithynie. C'est même cette circonstance surtout qui motivait les hésitations de Synesius, se demandant s'il ne fallait pas désormais assimiler le cas d'Alexandre à celui de ces évêques vagabonds, βασκαντίδοι (*Epist.*, LXVII, *P. G.*, t. LXVI, col 1428), qui quittaient leur diocèse de leur propre gré. Théophile d'Alexandrie mourut en 412. Alexandre lui survécut-il? Peut-être, mais nous ignorons la date de sa mort.

Synesius, *Epist.*, LXVI, LXVII, *P. G.*, t. LXVI, col. 1408, 1409, 1428-1432. — Tillemont, *Mémoires pour servir à l'histoire ecclésiastique*, Paris, 1706, t. xi, p. 147, 327-328, 347-348, 494. — Le Quien, *Oriens christianus*, Paris, 1740, t. i, col. 623-625. — Ceillier, *Histoire générale des auteurs sacrés et ecclésiastiques*, Paris, 1861, t. viii, p. 27.

S. SALAVILLE.

28. ALEXANDRE, trente-huitième évêque d'Antioche, succède, en 413, à Porphyre. Avant d'être élevé à la dignité épiscopale, il avait mené la vie monastique. Théodoret, *Hist. eccl.*, V, xxxv, *P. G.*, t. LXXXII, col. 1265, le loue beaucoup de sa sainteté, de l'austérité de sa vie, de son mépris des richesses et de sa grande éloquence. Par sa douceur et son caractère accueillant, il contribua à mettre fin au schisme entre les partisans d'Eustathe et les principaux représentants de l'Église, qui avait duré quatre-vingt-cinq ans. Il rétablit aussi le nom de saint Jean Chrysostome dans les diptyques de l'Église. À cet effet, il visita la ville de Constantinople, et y engagea vivement la population à demander la restitution du nom de leur archevêque.

Nicéphore, *Eccles. hist.*, XIV, xxv, *P. G.*, t. CXLV, col. 1135-1137. — Tillemont, *Mémoires pour servir à l'hist. ecclés.*, Paris, 1705, t. x, p. 649-656, 831-832. — *Dictionary of christian biography*, t. i, p. 82.

V. ERMONI.

29. ALEXANDRE, fondateur des Acémètes. Voir ACÉMÈTES, t. I, col. 274.

30. ALEXANDRE, archevêque nestorien d'Hiérapolis (Mabboug) vers 431. Il assista au concile d'Éphèse et se joignit aux partisans de Nestorius pour demander d'attendre l'arrivée de Jean d'Antioche et, plus tard, pour déposer saint Cyrille, aussi fut-il l'un des trente-trois évêques excommuniés en même temps que Jean d'Antioche. Il fut bientôt l'un des plus zélés nestoriens; Jean d'Antioche le convoquait pour prendre son avis. Il rejeta avec opiniâtreté la lettre de saint Cyrille à Acace de Bérée, bien que cette lettre parût suffisamment orthodoxe à la plupart des évêques orientaux. Il rompit donc entièrement avec Jean d'Antioche et chercha même à exciter ses suffragants contre lui. Théodoret tâcha en vain de le ramener à de meilleurs sentiments, Alexandre en arriva à ne vouloir plus ni parler ni écrire à aucun de ses amis au sujet de cette paix avec Jean d'Antioche, ni même les voir ni penser à eux. Théodoret s'adressa donc au patriarche d'Antioche pour le prier d'avoir patience et d'empêcher que l'on n'importunât davantage ce vieillard. « Vous connaissez sa vertu, dit-il, il ne souhaite que d'être en repos; le temps pourra l'adoucir et, quand il ne le changerait pas, il n'y a rien à craindre : il ne peut ni ne veut exciter aucun trouble. » Le pouvoir civil ne tint pas compte du sage avis de Théodoret, on expulsa ce vieillard par la force et on faillit exciter une sédition, car, à part son opiniâtreté, Alexandre était un homme de grande vertu qui était fort sympathique à ses ouailles. Il écrivit en grec, mais quelques-uns de ses écrits furent sans doute traduits en syriaque, par exemple : les solutions des vaines objections de Julien (l'Apostat). Saint Cyrille composa dix livres sous le même titre et Assemani se demande si ce n'est pas cet ouvrage traduit en syriaque, qui a été attribué à Alexandre. *Bibl. or.*, t. III, 1re partie, p. 197. Suidas lui attribue neuf chapitres intitulés : « Quelle nouveauté le Christ a-t-il introduite dans le monde? » Le *Syno*-

dicon Casinense renferme la traduction latine de vingt-trois lettres écrites par Alexandre et de nombreuses lettres qu'il a souscrites ou qui lui ont été adressées. Cf. Chr. Lupus, *Variorum Patrum epistolae*, Louvain, 1682, réédité plusieurs fois, en particulier par Mansi, *Concilia*, t. v. Alexandre est sans doute mort en Égypte à Famothis, où il avait été exilé. Cf. Lupus, *ibid.*, c. cxc, n. 279.

F. Nau.

31. ALEXANDRE, évêque d'Apamée, capitale de la Syrie seconde, accompagna son homonyme l'évêque d'Hiérapolis (voir l'article précédent) au concile d'Éphèse (431). Il se joignit à celui-ci pour faire retarder les travaux du concile; mais ce fut en vain. On trouve son nom parmi les évêques qui signèrent la protestation de Nestorius contre sa déposition et excommunièrent saint Cyrille d'Alexandrie. Alexandre fut excommunié à la cinquième session du concile. Il délégua ses pouvoirs à Apringius de Chalcis, quand l'empereur manda à Constantinople des députés de chaque parti.

Mansi, *Sacror. concil. ampl. collect.*, t. iv, col. 1132, 1236, 1270, 1324; t. v, col. 655, 766, 776. — Hefele-Leclercq, *Hist. des conciles*, t. ii, p. 296, 298, 314, 317, 328, 398. — *Diction. of christian biography*, t. i, p. 82-83. — Le Quien, *Oriens christianus*, Paris, 1740, t. ii, col. 911.

U. Rouziès.

32. ALEXANDRE, évêque d'Arcadiopolis, présent au concile d'Éphèse (431). Il y prit la parole en faveur de saint Cyrille et signa la déposition de Nestorius, l'excommunication des Orientaux et les actes de la sixième session.

Le Quien, *Oriens christianus*, t. i, col. 711. — Mansi, *Concil.*, t. iv, col. 1125, 1152, 1216, 1366; t. v, col. 530, 588, 615.

U. Rouziès.

33. ALEXANDRE, évêque de Cléopatris (Égypte). Il signe, au concile d'Éphèse (431), la déposition de Nestorius, l'excommunication des Orientaux et les actes de la sixième session.

Le Quien, *Oriens christianus*, t. ii, col. 527. — Mansi, *Concil.*, t. iv, col. 1128, 1219; t. v, col. 531, 589, 616.

U. Rouziès.

34. ALEXANDRE, solitaire, au ve siècle, en Gaule. Parent et peut-être frère de Minerve, comme lui avocat puis solitaire, probablement près de Toulouse, il est connu par la correspondance de saint Jérôme qui leur dédia son *Commentaire sur Malachie*. La lettre de saint Jérôme *ad Minervium et Alexandrum*, *P. L.*, t. xix, col. 966, renvoyée dans l'édition bénédictine parmi les lettres douteuses, t. iv, ep. ix, est une brève réponse à des difficultés exégétiques sur les textes de I Cor. et I Thess., concernant la résurrection.

Hist. litt. de la France, 1735, t. ii, p. 143.

P. Fournier.

35. ALEXANDRE. Envoyé de l'empereur Zénon auprès du roi vandale Hunéric, en 481. Il était chargé d'obtenir pour les catholiques de Carthage l'autorisation d'élire un nouvel évêque, le siège étant vacant depuis vingt-quatre ans (457-481). Victor de Vita le qualifie de *vir inlustris*. *Historia persecutionis Africanae provinciae*, ii, 2-3, édit. Halm, p. 13-14; *P. L.*, t. lviii, col. 202-203. Sa mission aboutit à la nomination d'Eugenius. Voir ci-dessus, t. i, col. 827.

Aug. Audollent.

36. ALEXANDRE, moine de Chypre au vi[e] siècle, dont nous avons un long discours historique à propos de l'Invention de la croix et un *Encomion* de l'apôtre saint Barnabé. *P. G.*, t. lxxxvii[3], col. 4013-4106. L'*editio princeps* du discours *De inventione crucis* a été faite par J. Gretser, *De cruce*, Regensbourg, 1734, t. ii, p. 1-30, que Migne s'est contenté de réimprimer. Quant à l'*Encomion* de saint Barnabé, Migne ne le donne que dans la traduction latine empruntée aux *Vitae sanctorum* de Surius, au 11 juin. Cependant le texte grec en avait déjà été publié par Papebroch dans les *Acta sanctorum*, 1698, jun. t. ii, p. 436-453.

Le discours sur l'Invention de la croix est en réalité un résumé de toute l'histoire de la religion, depuis la création du monde jusqu'à l'époque de Constantin. L'auteur s'excuse lui-même de mettre un si long préambule au récit de la découverte de la croix, mais il ajoute que ce n'est pas sans raison qu'il s'y est déterminé, col. 4021. Il est ainsi amené à exposer, entre autres choses, la théologie de la Trinité et de l'Incarnation. Ce long récit, où sont mêlées l'histoire et la légende, se termine par un encomion à la croix dans la forme habituelle à la rhétorique byzantine. Cet encomion final montre, comme l'auteur l'affirme d'ailleurs lui-même (col. 4072), que ce discours fut fait à l'occasion de la fête de l'Exaltation de la croix, le 14 septembre. Migne a également emprunté à Gretser et reproduit à la suite de ce discours l'extrait qu'en fit sans doute un écrivain postérieur, lequel supprima, comme de juste, le long exposé historique jusqu'à Constantin et se contenta, après la relation de la découverte de la croix, de développer un peu plus l'encomion final. Col. 4077-4087.

Quant à l'*Encomion* de saint Barnabé, il a été sans doute prononcé dans l'église Saint-Barnabé de Salamine ou Constantia. Il présente, au point de vue de la composition, les mêmes caractères généraux que le discours précédent : il y a similitude de plan et de rhétorique. Même longueur des récits, où la légende a souvent le pas sur l'histoire, mêmes formules de modestie affectée, même conclusion sous forme de panégyrique et de prière. Alexandre dit emprunter ses renseignements sur la vie et le martyre de saint Barnabé « à Clément, auteur des Stromates, et à d'autres écrivains anciens. » *Acta sanctorum, loc. cit.*, p. 433; cf. *P. G., loc. cit.*, col. 4090. Il utilise surtout un écrit plus rapproché de son époque, l'histoire des pérégrinations (περίοδοι) de saint Barnabé, dont l'auteur, un écrivain chypriote du ve siècle, se fait audacieusement passer pour Jean Marc, le compagnon de Paul et de Barnabé. Alexandre insiste particulièrement sur la découverte miraculeuse des reliques de saint Barnabé à Salamine, du temps de l'empereur Zénon (474-491) et de l'évêque Anthémius. Elle valut à l'Église de Chypre la reconnaissance de son origine apostolique, et conséquemment de son indépendance, en dépit des réclamations de Pierre le Foulon, patriarche d'Antioche. Voir S. Vailhé, *Formation de l'Église de Chypre*, dans *Échos d'Orient*, 1910, t. xiii, p. 5-10. Voici le jugement que porte sur cette œuvre du moine Alexandre un bollandiste. « L'ἐγκώμιον du moine Alexandre, qui marque un pas notable dans la voie du développement légendaire (*des Actes de saint Barnabé*), n'est vraisemblablement pas antérieur à la seconde moitié du vi[e] siècle. Il est destiné, comme le récit de Jean Marc, à appuyer les revendications de la province de Chypre, et y insiste longuement. Alexandre, qui vivait dans le monastère voisin du sanctuaire de saint Barnabé, a connu les περίοδοι, mais il a trouvé moyen d'enrichir l'histoire de l'apôtre d'un certain nombre de détails nouveaux puisés dans « d'autres vieux écrits », dans les traditions nouvellement formées et aussi dans son imagination. » *Saints de Chypre*, dans *Analecta bollandiana*, 1907, t. xxvi, p. 236. Voir aussi, sur l'*encomion* de saint Barnabé par le moine Alexandre, Fabricius, *Codex apocryphus Novi Testamenti*, Hambourg, 1703, p. 781-782, et R. Lipsius, *Die apocryphen Apostelgeschichten und Apostellegenden*, Brunswick, 1884, t. ii, 2, p. 298-304.

Les critiques ont longtemps hésité sur l'époque où

il convient de placer le moine Alexandre. Baronius (*Annales ecclesiastici*, ad annum 485, n. 4, Lucques, 1741, t. VIII, p. 480) pensait que c'était vers la fin du Ve siècle, parce que, parlant de l'addition faite au *trisagion* par Pierre le Foulon, l'écrivain chypriote y voit une corruption faite depuis peu par les hérétiques. *P. G., loc. cit.*, col. 4100. Mais Tillemont, *Mémoires*, t. I, p. 646, rejette l'opinion de Baronius, les confusions historiques faites par notre auteur au sujet des événements du Ve siècle prouvant qu'il en était déjà assez éloigné. Combefis, *Bibliotheca concionatoria*, t. VII, p. 1 sq., dit qu'Alexandre est sûrement antérieur à Héraclius (610-641) et doit avoir vécu sous Zénon ou peu après. Sur la foi d'une fausse citation faite par Nicolas Comnène Papadopoli (*Praenotationes mystagogicae*, Padoue, 1697, p. 292), attribuant au moine Alexandre la vie du patriarche saint Nicéphore (806-815), écrite par le diacre Ignace, Fabricius (*Bibliotheca graeca*, Hambourg, 1737, t. X, p. 473) dit qu'Alexandre n'a pas vécu avant le IXe siècle. Allatius, *De Simeon. script.*, p. 99, le met parmi les écrivains dont l'époque est inconnue, et Ceillier, *Histoire générale des auteurs sacrés et ecclésiastiques*, Paris, 1863, t. XIV, p. 635, affirme hardiment qu'on le place communément dans le XIIe siècle. U. Chevalier, *Répertoire des sources histor. du moyen âge*, Paris, 1905, t. I, col. 134, n'a retenu que cette dernière opinion, qui est évidemment erronée. Les critiques modernes les plus compétents rangent Alexandre parmi les écrivains byzantins du VIe siècle, sous Justinien (527-565). Krumbacher, *Geschichte des byzantin. Litteratur*, Munich, 1897, p. 164, 363; Bardenhewer, *Patrologie*, Fribourg-en-Brisgau, 1901, p. 486; Pargoire, *L'Église byzantine de 527 à 847*, Paris, 1906, p. 146. La patrologie de Migne se trouve être dans le vrai en plaçant Alexandre *anno saeculi VI incerto*.

Alexander monachus, dans *P. G.*, t. LXXXVII³, col. 4013-4106. — Krumbacher, Bardenhewer, Pargoire, *op. et loc. cit.* — Hackett, *A history of the orthodox Church of Cyprus*, Londres, 1901, p. 4, 23, 24, 374. — Tillemont, *Mémoires, hist. eccl.*, Paris, 1693, t. I, p. 438, 646. — Ceillier, *op. cit.*, p. 635-636. — Cave, *Scriptorum ecclesiasticorum hist. litter.*, Londres, 1744, t. II, p. 111-112. — Oudin, *Commentarius de scriptoribus ecclesiasticis*, Leipzig, 1722, t. II, p. 1071-1072. — Fabricius, *Bibliotheca graeca*, Hambourg, 1776 sq.; t. X, p. 473; t. V, p. 3; t. IX, p. 61, 93. — *Échos d'Orient*, 1912, t. XV, p. 134-137.

S. SALAVILLE.

37. ALEXANDRE (II), patriarche d'Antioche, vers 685, sous le pape Benoît II. Il fut élu, selon toute vraisemblance, pour succéder à Théophane et rétablir parmi les fidèles la paix depuis longtemps troublée par le schisme et l'hérésie. On ignore complètement ce que fut son pontificat, qui, du reste, dura à peine deux ans.

Boschius, *Historia chronologica patriarcharum Antiochenorum*, dans *Acta sanctorum*, 1725, jul. t. IV, p. 112.

A. CHAPPET.

38. ALEXANDRE (II), patriarche copte jacobite d'Alexandrie dans le premier quart du VIIIe siècle. Malgré les contradictions qui se rencontrent dans les sources coptes, on peut avec une très grande probabilité établir ainsi les dates extrêmes de son patriarcat : consécration le jour de la fête de saint Marc, 25 avril 704, et mort le 1er février 729, après vingt-quatre ans et demi de pontificat.

Alexandre était un ancien moine d'El-Zigiage ou de Nitrie, d'après Sévère. Il fut patriarche à cette époque troublée qui vit établir sur l'Égypte la domination des Arabes, dont la protection assura aux jacobites la prépondérance dans l'Église égyptienne et chassa pour près d'un siècle les patriarches melkites, catholiques ou monophysites.

Malgré l'appui que leur prêtaient les califes, les Jacobites, les moines surtout, n'en eurent pas moins beaucoup à souffrir des musulmans, et Alexandre aurait même dû vendre les vases d'or et d'argent de ses églises pour subvenir aux besoins de ses fidèles pauvres.

Sous son patriarcat, l'Église jacobite fit des acquisitions importantes par le retour d'anciens hérétiques, qu'il reçut à sa communion, les barsanuphiens, les gaïanites, ou même qu'il fit rebaptiser, les agnoètes et autres. Il continua les relations amicales qui avaient été nouées, sous le précédent patriarcat, entre les jacobites syriens et les jacobites coptes, et s'il refusa les lettres de communion d'Élie d'Antioche, ce fut uniquement parce que ce patriarche avait violé les anciens canons en se transportant d'un siège à un autre.

Il mourut le 1er février 729. Les bollandistes le mentionnent à ce jour, mais pour faire remarquer que ce pseudo-patriarche ne peut être regardé comme saint. Il ne le peut surtout parce qu'il était hérétique.

Le Quien, *Oriens christianus*, Paris, 1740, t. II, col. 455, 456. — *Acta sanctorum*, 1658, febr. t. I, p. 3. — Alfred von Gutsmid, *Verzeichniss der patriarchen von Alexandrien*, dans *Kleine Schriften*, Leipzig, 1890, p. 501.—Renaudot, *Historia pat. Alexand. jacobitarum*, Paris, 1713. — J. M. Nealy, *History of the eastern Church*, Londres, 1850.

F. CAYRÉ.

39. ALEXANDRE (Saint), évêque de Fiesole au IXe siècle, martyr, fête le 6 juin. La ville et le diocèse de Fiesole, près de Florence, vénèrent comme patron le saint évêque Alexandre. Son nom est attaché à une ancienne église, située au pied de l'*acropolis* de l'antique *Faesulae*, dont l'emplacement est occupé aujourd'hui par le couvent des franciscains. Nous ne possédons pas de sources historiques contemporaines sur la vie du saint prélat. Des récits postérieurs racontent qu'il était originaire de Fiesole même et que, s'étant voué à l'état ecclésiastique, il devint archidiacre et ensuite évêque de sa ville natale. Les propriétés de son Église ayant été accaparées par des nobles du pays, l'évêque se rendit auprès de l'empereur Lothaire à Pavie, lequel lui garantit la possession des biens de son Église, en y ajoutant de nouvelles donations. Pendant qu'il retournait dans sa ville épiscopale, il fut saisi par des émissaires de ses ennemis, près de Bologne, et jeté dans les flots du Reno, mourant martyr de son zèle pour la défense des droits de son Église. Son corps fut retrouvé et transporté à Fiesole, où il fut déposé dans une église qui prit son nom. Il fut vénéré comme martyr par les fidèles du diocèse. Cattaneo da Diacceto, évêque de Fiesole, publia, en 1578, une notice biographique de plusieurs de ses saints prédécesseurs, parmi lesquels saint Alexandre, et attribua l'épiscopat de celui-ci à l'époque lombarde (VIe siècle). Il fut suivi par Ughelli, qui donna comme date de la mort de l'évêque l'année 582, et par Baronius, qui la fixa en 585. Le P. Papebroch, dans sa notice des *Acta sanctorum*, se basant sur un autre texte de la *Passio* du saint, où se trouve le nom de l'empereur Lothaire, retint cette indication chronologique comme la plus vraisemblable. Avant la mort de Louis le Débonnaire, en 840, Lothaire, couronné empereur en 823, résida souvent à Pavie; c'est donc entre ces deux dates (823 à 840) que le savant bollandiste place l'épiscopat et la mort de saint Alexandre. Or, en 826, l'évêque de Fiesole Grusolphus assista à un concile romain et, en 844, nous trouvons sur ce siège Donatus. On pourrait donc admettre que saint Alexandre fut le prédécesseur de Grusolphus et fixer l'année de sa mort entre 823 et 826. En 823, Lothaire résida pendant quelque temps à Pavie, après son couronnement qui eut lieu le 5 avril de cette année.

Ughelli, *Italia sacra*, Venise, 1718, t. III, col. 212-213. — *Acta sanct.*, jun. t. I, p. 749-751. — *Bibliotheca hagiographica latina*, Supplementum, Bruxelles, 1911, p. 14.

J.-P. KIRSCH.

40. ALEXANDRE, empereur d'Orient (886-913), fils de Basile le Macédonien et d'Eudocia Ingerina, né vers 871, quatre ans après l'avènement de son père au trône, fut destiné dès sa naissance à être empereur. Basile semble même avoir songé à le substituer à son fils aîné, Léon, regardé comme un bâtard de Michel III. Voir A. Vogt, *Basile I*^{er}, p. 61, 156. D'après les souscriptions des lettres du pape Jean VIII à Basile, ce fut entre 878-879 qu'Alexandre fut associé au trône, d'abord avec Constantin, ensuite avec Léon. A la mort de Basile (886), Alexandre continua à régner conjointement avec Léon VI, mais sans prendre la moindre part à l'exercice du pouvoir. A l'exception de Zonaras, tous les chroniqueurs le passent sous silence et ne font commencer son règne qu'en 912, à la mort de Léon VI. Ainsi que l'a montré Lambros (art. cité plus bas), la chronique officielle a subi l'influence de Constantin Porphyrogénète qui détestait son oncle. Le double règne de Léon VI et d'Alexandre est attesté par le témoignage formel des inscriptions, des diplômes et des monnaies. Il semble cependant qu'à partir de 904 environ, Léon n'ait même plus pris la peine de nommer son impérial collègue qui, si l'on en croit Zonaras, ne s'occupait que de ses plaisirs personnels et de la chasse (Zonaras, XVI, 14); c'est ce qui ressort des monnaies assez nombreuses où Léon figure seul.

Cependant à la mort de Léon VI (911), Alexandre se trouva brusquement le maître de l'empire et le tuteur de son neveu, le jeune Constantin Porphyrogénète. Il est difficile d'apprécier le degré de véracité des chroniqueurs qui se sont fait l'écho des rancunes de ce prince et par suite de Léon VI contre Alexandre. Il apparaît dans leurs œuvres comme une sorte de fou, ivrogne, ignorant et surtout débauché. La vérité paraît être que ce mécontent, devenu subitement le maître, usa de son pouvoir pour satisfaire ses griefs personnels et prendre en tout, sans beaucoup de discernement, le contre-pied de son frère. Tous ceux qui étaient en faveur sous Léon VI furent disgraciés : le grand logothète Himerios dut se réfugier dans un monastère, tandis que le patriarche Euthymios, qui avait approuvé le quatrième mariage de Léon, était brutalement renversé et soufflé en présence de l'empereur : son rival, Nicolas le Mystique, fut rétabli. Le schisme reparut dans l'Église, Euthymios et Nicolas gardant leurs partisans. Une réception hautaine faite aux ambassadeurs bulgares faillit amener la guerre. De plus, Alexandre paraît avoir amené sous lui au pouvoir une sorte de camarilla composée d'aventuriers; il aurait même songé à faire l'un d'eux son successeur (lui-même ne paraît pas avoir été marié), au détriment de son neveu, dont il voulait faire un eunuque. Ce règne, qui prenait un caractère désastreux, se termina au bout d'un an et vingt-sept jours, le 6 juin 913, par la mort subite d'Alexandre.

Zonaras, XVI, 11 [éd. Dindorff]. — *Continuat. Theophan.*, Alexander, Bonn, 1838. — *Vita Euthymii*, édit. de Boor, Berlin, 1888. — Rambaud, *Constantin Porphyrogénète*, Paris, 1870, p. 7-8. — A. Vogt, *Basile I*^{er}, Paris, 1909, p. 61, 156. — Lambros, *Leo und Alexander als Mitkaiser von Byzanz*, dans *Byzant. Zeit.*, t. IV, p. 92 sq. — W. Fischer, dans *Byz. Zeit.*, t. V, p. 137-139.

L. Bréhier.

41. ALEXANDRE, archevêque de Vienne et archichancelier de l'empereur Louis III l'Enfant ou l'Aveugle, succéda en cette double qualité à Rainfroi (Ragenfred), en 907. Il tint, cette année même, un synode diocésain et, en mai de l'année suivante, fit confirmer les privilèges de son Église par le pape Sergius III. Son nom est accolé à un certain nombre d'actes de l'empereur, qui résidait à Vienne en 912, et de son vicaire, le comte Hugues de Provence, plus tard roi d'Arles et d'Italie (la plupart mentionnés dans le *Gallia christiana*). Du premier, il obtint une confirmation générale des titres de propriété de son archevêché. Le second lui restitua en particulier (924) l'abbaye de Saint-Pierre, hors des portes de Vienne, sécularisée à la manière de Charles-Martel sans doute, et l'archevêque put y ramener des moines et rétablir la vie monastique. Le diocèse de Vienne a toujours gardé le souvenir de son archevêque et des services qu'il en avait reçus. De même, les abbayes de Saint-Barnard de Romans, et de Saint-Maurice de Vienne, qu'il sut tirer de la décadence où elles étaient tombées et enrichir; par exemple, il concéda à la dernière deux nouvelles églises paroissiales : Saint-Saturnin de *Repentinis* et Saint-Maurice de Cascinaco (Chaset). Les historiens de Vienne et les chroniqueurs font mourir Alexandre en 926, 931 ou 932; mais, d'après les documents cités par le *Gallia christiana*, ce fut sans nul doute à la fin de 926 ou au commencement de 927, puisqu'à cette dernière date, on a des diplômes de son successeur, Sobbo.

Hauréau, *Gallia christiana*, 1865, t. XVI, col. 57-59. — R. Poupardin, *Le royaume de Provence sous les Carolingiens (855-933)*, Paris, 1901, *passim*, avec les sources : surtout la chronologie, p. 350. — L. Duchesne, *Fastes épiscopaux de l'ancienne Gaule*, t. I, p. 202.

P. Richard.

42. ALEXANDRE, moine bénédictin de l'église cathédrale du Christ à Cantorbéry, fut envoyé, en 1103, par la comtesse Mathilde de Toscane, à saint Anselme, pour l'avertir des dangers qui l'attendaient au passage des Apennins. Saint Anselme envoya plus tard Alexandre pour compléter ses études auprès du pape Pascal II. On le donne comme auteur d'un livre intitulé : *Dicta Anselmi archiepiscopi* et dédié à Anselme, abbé de Bury Saint-Edmunds et neveu du saint. Cet ouvrage a été aussi attribué à Eadmer.

P. L., t. CLIX, col. 221-222. — F. D. Hardy, *Descriptive catalogue of materials relating to the history of Great Britain and Ireland*, Londres, 1865, t. II, p. 44.

A. Taylor.

43. ALEXANDRE (Ier), roi d'Écosse (1107-1124), fils de Malcolm Canmore et de Marguerite, petite-nièce d'Édouard le Confesseur. Il succéda, le 8 janvier 1107, à son frère Edgar sur le trône d'Écosse. Il épousa Sibylle, fille naturelle d'Henri Ier d'Angleterre. Il dompta les clans du nord, opposés à l'influence anglo-normande, avec une rigueur qui lui valut le surnom de « Farouche ». Eadmer, le biographe de saint Anselme, fut appelé par lui en Écosse; il voulait le placer sur le siège épiscopal de Saint-Andrews. Mais des différends s'élevèrent entre le roi et le moine au sujet de la consécration de l'élu; Eadmer renonça au siège de Saint-Andrews et revint en Angleterre. Alexandre fonda de nombreuses églises et de nombreux monastères. Il appela à Scone les chanoines réguliers de Saint-Augustin. Étant mort le 27 avril 1124, sans laisser de postérité, ce fut son frère David qui lui succéda.

Eadmer, *Historia novorum*, dans P. L., t. CLIX. — Skene (W. F.), *Celtic Scotland*, Édimbourg, 1886, t. I, p. 417-454. — Haddan et Stubbs, *Councils and ecclesiastical documents*, t. II, p. 169-209.

L. Gougaud.

44. ALEXANDRE, évêque de Lincoln († 1148), était normand d'origine. Son oncle, le fameux Roger de Salisbury, qui d'une petite cure des environs de Caen avait été promu à l'un des premiers sièges d'Angleterre, avait la faveur d'Henri Ier, dont on cite ces paroles : « Par la nativité de Dieu, je lui donnerais (à Roger) la moitié de l'Angleterre, s'il me la demandait; il se lassera de solliciter avant que je me lasse de donner... jusqu'au jour où il sera muet. » Toti

Angliae, omni vita Henrici regis, praefuerat, dit de l'évêque de Salisbury Ordéric Vital. Alexandre, avec son cousin Richard Nigel (Lenoir), le futur évêque d'Ely, reçut de Roger une éducation libérale et luxueuse. Henri de Huntingdon, *Historia Anglorum*, édition Thomas Arnold des *Rolls series*, 1879, p. 280, 316. En 1121, il était nommé archidiacre de Salisbury. L'évêque de Lincoln, Robert Bloet, ayant été frappé de mort subite, en présence du roi et de Roger (janvier 1123), celui-ci obtint sur-le-champ pour son neveu l'évêché vacant. Deux ans plus tard (1125), Alexandre accompagnait à Rome les archevêques de Cantorbéry et d'York. En 1127, il assista au concile de Westminster qui édicta contre tout clerc marié la privation des bénéfices et offices ecclésiastiques, peine renouvelée en 1129 et rendue vaine par la connivence du roi qui ne voulait point « que fussent changées les bonnes coutumes du royaume. » C'est à ce concile qu'Alexandre jura à Henri Ier de reconnaître pour héritière du trône sa fille, l'*Emperesse* Mathilde, veuve (1126) de l'empereur Henri V; les autres enfants du roi avaient, en effet, péri dans le naufrage de la Blanche-Nef (1120). Ce serment n'empêcha pas l'évêque, à la mort d'Henri, de passer au parti d'Étienne de Blois, petit-fils, par sa mère Adèle, de Guillaume le Conquérant (1137). Il suivit en cela l'exemple des évêques et des barons d'Angleterre. Roger de Salisbury avait déclaré que leur serment était nul, parce que le mariage de Mathilde avec Geoffroy Plantagenet (1127) avait été conclu sans leur consentement préalable; et tous jugeaient indigne d'eux d'obéir à une femme. Mathieu de Paris, *Historia Anglorum seu Historia minor* (*1067-1253*), édit. Madden, des *Rolls series*, 1866, t. I, p. 239-240, 251; Roger de Hoveden, *Chronica*, édit. W. Stubbs des *Rolls series*, t. I, p. 188-189; Guillaume de Newburgh, *Historia rerum Anglicarum*, édition Howlett, des *Rolls series*, 1884, t. I, p. 37. Cf. Augustin Thierry, *Histoire de la conquête de l'Angleterre par les Normands*, 1843, t. II, p. 373. Alexandre accompagna même Étienne dans son expédition continentale contre Geoffroy qui avait envahi la Normandie. Mais il ne devait point traverser sans tracas ces temps troublés. Sur les points principaux de ses domaines épiscopaux, à Sleaford, Newark et Banbury, il avait élevé trois redoutables forteresses *ad tutamen et dignitatem episcopii, ut dicebat*. Guillaume de Malmesbury, *Historiae novellae libri tres* (*1125-1145*), édition Stubbs des *Rolls series*, t. II, p. 547; Giraud le Cambrien (Giraud de Barri), *Vita S. Remigii*, cap. XXII, t. VII, des *Giraldi Cambrensis opera*, des *Rolls series*, édit. Dimock, 1877, p. 33. Étienne prit ombrage de sa puissance, et de celle des évêques de Salisbury et d'Ely, ses parents; il suspecta leur fidélité. Il les cita tous les trois, comme complotant avec l'*Emperesse*, et il jeta en prison Alexandre et Roger (24 juin 1139). Nigel réussit à s'enfuir et il soutint, avec Mathilde de Ramsbury, la maîtresse de Roger, une défense vigoureuse au château fort de Devizes (diocèse de Salisbury), que nul ne surpassait en Europe. Orderic Vital, *Historia ecclesiastica*, édition Auguste Le Prévost, Société de l'histoire de France, 1835-1855, t. V, p. 120. Cf. Freeman, *History of the norman conquest*, 1876, t. V, p. 288 sq.; Maine, *Early history of institutions*, p. 39. Sur la menace que Roger et son fils « Roger le pauvre », le chancelier, seraient mis à mort, si la forteresse ne se rendait, Nigel vint à composition. De Devizes, le roi marcha sur Newark et jura qu'Alexandre, qu'il traînait après lui et logeait *sub vili tugurio* (Florent de Worcester, *Chronicon ex chronicis*, édit. B. Thorpe, 1845, t. II, p. 108), ne recevrait aucune nourriture tant que lui résisterait la place. L'évêque, mourant de faim, dut supplier lui-même la garnison de ne point se défendre. *Gesta Stephani regis Anglorum* (*1135-1147*), édition R. Howlett, 1861, des *Rolls series*, dans *Chronicles and memorials of Stephen, Henry II and Richard I*, t. III, p. 3-136; Guillaume de Malmesbury, *op. cit.*, t. II, p. 549; Orderic Vital, *op. cit.*, t. V, p. 119-120; Henri de Huntingdon, *Historia Anglorum*, édition Thomas Arnold, 1879, des *Rolls series*, p. 223; *Chronicon vulgo dictum Thomae Wyhes* (*1066-1289*), éd. Luard, 1869, des *Rolls series*, dans le t. IV des *Annales monastici*, p. 23. Alexandre et Roger avaient été fort maltraités : *Jussit (rex) ut locis ab invicem seclusi inhonestis, acribus macerarentur jejuniis*. *Gesta Stephani regis Anglorum, loc. cit.* Quand ils lui eurent abandonné les châteaux forts de Salisbury, Sherborne, Malmesbury, Newark, Sleaford et Bansbury, Étienne leur permit de retourner en leur diocèse.

De telles violences irritèrent d'autant plus le haut clergé que Roger et Alexandre s'étaient déclarés prêts à reconnaître leurs torts, s'ils étaient légalement jugés. Aussi réunit-on un grand concile à Winchester (29 août 1139), que présida le propre frère d'Étienne, Henri de Blois, évêque de cette ville et légat du pape. Le roi y fut cité et il se soumit à une pénitence publique, nous disent les *Gesta Stephani, loc. cit.* Quelques jours plus tard (30 septembre 1139), Mathilde débarquait en Angleterre et ralliait autour d'elle nombre de partisans. Ce fut, durant quinze ans, la guerre civile et l'anarchie. Alexandre, averti par l'expérience, se garda de prendre nettement parti pour l'un ou l'autre des deux compétiteurs; avec beaucoup d'autres, il observa les événements et attendit en repos leur issue, *ad quem finem coepta devenirent taciti observabant*, selon l'expression des *Gesta Stephani*. Un mois après la bataille de Lincoln (3 mars 1141), il est du nombre de ceux qui, avec Henri de Blois à leur tête, reçoivent solennellement la nouvelle reine, à Winchester. Au synode qui suit, il prête le serment d'allégeance à Mathilde, en compagnie des autres évêques. Quand, à la fin de 1146, la chance tourne en faveur d'Étienne, c'est probablement Alexandre qui le couronne de nouveau, dans la cathédrale de Lincoln.

En 1145, l'évêque avait fait, à Rome, une longue visite de près d'une année, au pape Eugène III, qui le reçut avec des honneurs extraordinaires. Lorsque Eugène, deux ans plus tard, vint en France, Alexandre fit le voyage d'Auxerre pour l'y rencontrer. Mais en route, il contracta les germes d'une maladie dont il mourut le 20 juillet 1148.

La prodigalité et la munificence d'Alexandre l'avaient fait surnommer « le magnifique ». Il tenait de son oncle l'amour du luxe et de la grandeur. Ce fut un de ces grands seigneurs ecclésiastiques plus barons qu'évêques, tout engagés dans les occupations du siècle, dont cette époque nous offre plus d'un exemple. « On l'appelait évêque, disent les chroniques, mais c'était un homme de grand faste, plein de hardiesse et d'audace. Négligeant la voie simple et humble du christianisme, il s'adonna aux armes et à la pompe. Lorsqu'il venait à la cour, il se faisait accompagner d'une suite si nombreuse que tous en étaient dans l'émerveillement. » *Gesta Stephani regis Anglorum*, t. III, p. 46. Il voulait surpasser, dit Henri de Huntingdon, les autres nobles par la magnificence de ses dons et la splendeur de tout ce qu'il entreprenait. Pour satisfaire son goût du luxe et suffire à ses libéralités, il ne se faisait point scrupule de piller ses subordonnés et de les accabler des exactions les plus odieuses; on l'accuse, ainsi que les évêques de Winchester et de Conventry, de cruelle rapacité et de n'avoir point reculé devant la prison et la torture pour extorquer l'argent qu'il convoitait. Saint Bernard, *Epist.*, LXIV, l'avertit « de ne point sacrifier la gloire éternelle du siècle à venir pour la gloire passagère et l'ombre de ce monde, de ne point aimer ses richesses plus que son âme, s'il ne voulait perdre les deux à la fois. » Ce fut peut-être pour expier ses fautes qu'Alexandre érigea des monastères et construisit des églises; mais, dit la chronique, *tanquam unum altare spoliando et alia vestiendo, monasteria construxit*. Il fonda le couvent des chanoines réguliers de Dorchester-sur-Tamise (1140) et deux chartreuses : celle de Haverholme (1137) et celle de Thame (1138). La cathédrale de Lincoln ayant été en partie brûlée, durant son dernier voyage à Rome (1145), il la reconstruisit splendidement, avec des voûtes en pierre, les premières de l'Angleterre.

Guillaume de Malmesbury, *Historiae novellae libri tres (1125-1142)*, édit. W. Stubbs des *Rolls series*, 1887-1889, t. II, p. 547-573; *De gestis pontificum Anglorum libri quinque*, édit. Hamilton, p. 109-110, 117, 132. — Florent de Worcester, *Chronicon ex chronicis*, édit. Benjamin Thorpe de l'*English historical society*, 1848, t. II, p. 77, 78, 107-108, 113. — *Gesta Stephani regis Anglorum (1135-1147)*, édit. R. Howlett, 1886, des *Rolls series*, dans le t. III des *Chronicles and memorials of Stephen, Henry II and Richard I*; *Willelmi Parvi, canonici de Novoburgo* (Guillaume de Newburgh), *Historia rerum Anglicarum*, dans le t. III des mêmes *Chronicles*, p. 35, 36, 38. — *Henrici Huntendunensis* (Henri de Huntingdon), *Historia Anglorum (55-1154)*, édit. Th. Arnold des *Rolls series*, 1879, p. 3, 245-316 (Henri de Huntingdon écrivit son histoire à l'instigation d'Alexandre de Lincoln). — *Vita S. Remigii*, dans le t. VII des *Geraldi Cambrensis opera*, édit. Dimock des *Rolls series*, 1861-1891, p. 24, 33, 34 n. 2, et Append. *Lives of the bishops of Lincoln*, p. 154-198. — *Chronicon vulgo dictum Thomae Wykes (1066-1289)*, édit. Luard des *Rolls series*, dans le t. IV des *Annales monastici*, p. 23-24. — *Mathei Parisiensis Chronica majora*, édit. Luard des *Rolls series*, 1872-1883, t. II, p. 6, 170, 171, 172. — Orderic Vital, *Historia ecclesiastica*, édit. A. Le Prévost de la Société de l'histoire de France, t. v, p. 63-125. — *Chronica Rogeri de Hoveden*, édit. W. Stubbs, des *Rolls series*, 1868-1871, t. I, p. 188, 189. — Freeman, *History of the norman conquest*, édit. 1876, t. IV, p. 810; t. v, p. 217, 245, 287-289. — Hook, *Lives of the archbishops of Canterbury*, 1860-1876, t. II, p. 334 sq. — G. G. Perry, *The life of St. Hugh of Avalon, bishop of Lincoln*, 1876, p. 71-98.

G. Constant.

45. ALEXANDRE, sous-diacre, né probablement à Rome (*nobilis civis Romanus*), vécut sous le pontificat d'Adrien IV (1154-1159). Les maigres renseignements que nous possédons sur lui sont contenus dans cinq lettres conservées à la Bibliothèque nationale de Paris, ms. lat. *14664*, fol. 128-130. Ces lettres, écrites par le cardinal Octavien (plus tard antipape sous le nom de Victor IV) à Arnoul, évêque de Lisieux; par le cardinal Roland à Matthieu, évêque d'Angers; par le cardinal Cencius à Guillaume, archidiacre de Sens; par le cardinal Jacques à Samson, archevêque de Reims, enfin par le cardinal Grégoire de Sabine, dont Alexandre était le parent (*consanguineus noster*, dit-il), à Théobald, abbé de Saint-Germain-des-Prés, ont toutes pour but de supplier les prélats français de vouloir bien procurer au sous-diacre tout ce qui lui est nécessaire pour son retour à Rome. Il se trouvait alors à Paris pour y faire ses études; mais le pape, disent les cardinaux, a résolu de le rappeler afin de le promouvoir à de plus hautes fonctions, *ut ad majora provehatur*, comme s'exprime Grégoire de Sabine. Le pape dont il est question dans ces lettres, sans y être désigné par son nom, ne peut être qu'Adrien IV. En effet, Matthieu fut évêque d'Angers de 1155 à 1162, et la deuxième de ces lettres fut écrite par le cardinal Roland, qui devint pape sous le nom d'Alexandre III (1159-1181).

Löwenfeld, dans *Neues Archiv der Gesellschaft für ältere deutsche Geschichtskunde*, 1886, t. XI, p. 597-599. — Bibliothèque nationale de Paris, ms. lat., *14664*, fol. 128-130.

A. Bayol.

46. ALEXANDRE, évêque de Plock (Pologne), était natif du diocèse de Liége et des environs de Malonne; il devint évêque de Plock en 1129 (?) et figure en cette qualité dans des actes du 28 avril 1145 et de 1146. *Cod. diplom. majoris Poloniae*, Posen, 1877, t. I, n. 11 et 12. Apprenant dans quel état de décadence se trouvait l'église de Malonne, il chargea son frère Wautier, prévôt de sa cathédrale, de la restaurer et d'y introduire, avec l'autorisation de l'évêque de Liége, des chanoines réguliers de Saint-Augustin; cette autorisation fut accordée par l'évêque Henri de Leyen en 1147. Miraeus, *Opera diplom.*, Bruxelles, 1723, t. III, p. 718; *Translatio S. Bertuini*, composé vers 1202, dans *Acta sanctorum Belgii*, t. v, p. 183-189. Wautier, après avoir restauré Malonne, devint évêque de Breslau en 1149 et mourut en 1169. W. Levison, *Zur Geschichte des Bischofs Walter von Breslau*, dans *Zeitschrift des Vereins für Gesch. und Altertumsk. Schlesiens*, 1901, t. XXXV, p. 353-357. Alexandre doit être identifié, croyons-nous, avec l'*Alexander episcopus Phocensis*, qui fit, au XIIe siècle, donation de la terre de Mettecoven à l'église de Saint-Martin de Liége. Obituaire de Saint-Martin, dans *Analectes pour servir à l'hist. ecclés. de Belgique*, t. X, p. 7. Il mourut le 9 mars 1156. Nécrologe de l'abbaye de Saint-Vincent de Breslau, dans *Zeitschrift für schlesische Gesch.*, t. X, p. 487; *Monum. histor. Poloniae*, 1888, t. V, p. 681; *Annales capit. Cracoviensis*, dans *Mon. Germ. hist.*, t. XIX, p. 591. Vincent de Cracovie faisait l'éloge de ce prélat. *Chronic. Polon.*, dans *Mon. Germ. hist.*, t. XXIX, p. 487. L'acte du 11 avril 1165, où figure encore son nom, est faux. *Cod. diplom. majoris Poloniae*, t. I, n. 3. Ce n'est qu'au XVe siècle que le chroniqueur Jean Dlugosch, suivi depuis lors par d'autres, parle de son origine polonaise et le dit issu de la famille des Dolanga. *Histor. Polon.*, Leipzig, 1711, t. I, p. 430-431; *Opera*, édit. I. Polkowski et P. Zegota, Cracovie, 1887, t. I, p. 542. La présence d'évêques d'origine wallonne, en Pologne et en Silésie, n'a rien d'étonnant à cette époque, puisqu'on a des traces certaines d'une colonisation wallonne en Silésie dans les premières années du XIIe siècle. Colmar Grünhagen, *Les colonies wallonnes en Silésie, particulièrement à Breslau* (*Mém. de l'Acad. royale de Belgique*, 1867, t. XXXIII, 21 p.).

Lubienski, *Series, vita, res gestae episcoporum Plocensium*, Cracovie, 1642, p. 69. — U. Berlière, *Monasticon belge*, 1890, t. I, p. 141-142, 187. — S. Balau, *Sources de l'histoire de Liége*, Bruxelles, 1903, p. 497-498. — *Archives belges*, 1891, p. 146-147.

U. Berlière.

47. ALEXANDRE, abbé de Cîteaux, au XIIe siècle. Né à Cologne, il était chanoine de la cathédrale et un docteur célèbre dans toute la région pour sa science et son éloquence. En 1146, il se rendait à Bâle, lorsqu'il rencontra à Bâle saint Bernard qui prêchait la croisade. La tradition cistercienne rapportait que l'orgueilleux docteur s'était converti dans cette rencontre, après avoir eu un songe particulièrement troublant et avoir mangé d'une perche bénie par saint Bernard. Quoi qu'il en soit, celui-ci protégea désormais son converti et, dès 1149, il le fit abbé de Grand-Selve. Sous sa direction le monastère prospéra sous tous rapports et fonda plusieurs maisons de sa filiation. En 1166, Alexandre fut élu huitième abbé de Cîteaux.

Les premiers temps de sa nouvelle dignité furent marqués par une grosse affaire, le soulèvement des moines de Clairvaux contre leur abbé Geoffroy d'Auxerre. Gagné par Henri de France, frère de Louis VII et archevêque de Reims, ancien moine de Clairvaux lui-même et partisan des religieux, Alexandre prit parti pour ceux-ci et Geoffroy dut résigner sa charge (1165). C'était la première dissension entre cisterciens. On s'aperçut bien à cela, dit Manrique, que saint Bernard était mort. Néanmoins Alexandre traita fort honorablement Geoffroy et l'employa même à des négociations avec Frédéric Barberousse.

Alexandre marque le temps où les abbés de Cîteaux deviennent plus absolus et où les résistances des inférieurs commencent à se faire sentir. C'est pourquoi il dut recourir à Alexandre III, qui par une bulle de 1169 interdit à tous abbés déposés d'en appeler au Saint-Siège de leur déposition et de se faire défendre près de lui par des tiers. Il y avait aussi certaines difficultés avec les évêques et, dans le même document, le pape ordonne aux abbés nouveaux élus, substitués à ceux qui auront été déposés, de prier par trois fois les évêques de les bénir, mais après cela, si les évêques refusent, de s'acquitter néanmoins de leurs charges comme s'ils étaient bénis.

Comme Frédéric Barberousse soutenait l'antipape Victor, Alexandre, avec Ponce, abbé de Clairvaux, alla se présenter à lui et s'offrir pour traiter avec Rome et mettre fin au schisme. Frédéric consentit. Mais à peine à Rome, Alexandre dut rentrer pour le chapitre général de l'ordre et laissa Ponce continuer les négociations. Il rapportait une lettre d'Alexandre III pour l'excuser près des autres abbés et louer son entreprise. En 1174, le pape l'envoya de nouveau avec saint Pierre Ier de Tarentaise, négocier avec le roi d'Angleterre, Henri II Plantagenet. Il s'agissait de le réconcilier avec son fils.

Alexandre mourut le 29 juillet 1175. On lui donnait dans l'ordre le titre de bienheureux.

Le Nain, *Hist. de Cîteaux*, 1697, t. vii, p. 101. — Manrique, *Annal. Cisterc.*, 1642, t. ii, p. 43, 426, etc.

P. FOURNIER.

48. ALEXANDRE, prieur, puis abbé de Jumièges, élu le 13 février 1198 et béni le 1er dimanche de carême, 15 février de la même année. Il figure dans une donation pour le repos de l'âme d'Albert de Dammartin, inhumé à Jumièges le 22 septembre 1199. Il mourut lui-même en mai 1213 (ou peut-être le 25 octobre).

Il a adressé à un religieux désigné par la lettre R... une épitre théologique sur le texte *Quem dicunt homines esse Filium hominis*. Il nous apprend qu'il prêchait en français pour ses frères « plus simples » et il n'a traité ce sujet en latin que parce qu'il était trop difficile. Son écrit est fort obscur. On y voit qu'Adam seul est appelé fils de la terre, Jésus seul, Fils de l'homme, tous les autres sont nommés fils des hommes; en outre *homo* ne déterminant pas le sexe, on pouvait appeler Fils de l'homme le fils de la Vierge. L'épitre se résume par cette formule : *Filium hominis esse credimus id quod est « novus ex veteri », seu filius Adae habito respectu ad eum statum in quo fuerat Adam ante peccatum*, le Fils de l'homme, c'est « le nouveau sorti de l'ancien », ou le fils d'Adam, mais d'Adam avant le péché.

Cette épitre a été publiée par Martène, *Thesaurus anecd.*, t. 1, p. 777.

Ceillier, *Hist. des aut. sacrés et ecclés.*, 2e édit., t. xiv, p. 822. — *Hist. litt. de la France*, 1820, t. xv, p. 610; 1832, t. xvii, p. 149. — *Gallia christiana*, 1759, t. xi, col. 196,963, 964. — *P. L.*, t. ccv, col. 919. — Lecoy de la Marche, *La chaire franç. au xiiie siècle*, 1886, p. 497.

P. FOURNIER.

49. ALEXANDRE (II), roi d'Écosse, fils de Guillaume le Lion et d'Ermengarde, fille de Richard de Beaumont; né le 24 août 1198. Il fut couronné à Scone, le 6 décembre 1214. Il eut à soutenir, au début de son règne, une guerre contre Jean sans Terre. Ayant fait la paix avec l'Angleterre, il épousa la princesse Jeanne, fille du roi Jean, le 19 juin 1221. Il s'occupa à pacifier les clans écossais qui jusque-là n'étaient soumis que nominalement à la couronne d'Écosse. Il créa le siège épiscopal de Lismore et, en 1230, vainquit Hakon IV, roi de Norvège, maître des Orcades et des Hébrides. La reine Jeanne étant morte en 1238 sans enfants, Alexandre épousa, le 15 mai 1239, Marie, fille d'Ingelram de Coucy. Le roi se préparait à entrer en campagne en vue d'annexer les Hébrides, lorsqu'il succomba, après trente-cinq ans de règne, le 8 juillet 1249, dans une île de la baie d'Oban. Il fut inhumé à Melrose. Il fonda les couvents de dominicains d'Édinbourg, Berwick, Ayr, Perth, Aberdeen, Elgin, Stirling et Inverness; il établit des franciscains à Berwick et à Roxburgh.

Matthieu Paris, *Chronica majora* (*Rerum Britannicarum medii aevi scriptores*), Londres, 1872. — *Saga du roi Hakon*, édit. Dasen (ibid.), Londres, 1887. — J. Robertson, *Concilia Scotiae* (*Bannatyne club*), 1886. — Aeneas Mackay, dans *Dictionary of national biography*, Londres, 1908.

L. GOUGAUD.

50. ALEXANDRE (III), roi d'Écosse, fils du précédent et de Marie de Coucy. Il naquit en 1241, monta sur le trône, à l'âge de huit ans, le 8 juillet 1249 et épousa Marguerite, fille d'Henri III d'Angleterre. A l'âge de vingt ans (1261), il reprit le projet de son père sur les Hébrides. Hakon V, possesseur de ces îles, ne voulut entrer dans aucune négociation au sujet de leur cession. Pour parer aux prétentions d'Alexandre, il arma une grande flotte et fit voile vers l'Écosse, mais une tempête détruisit une partie de ses vaisseaux, et celles de ses troupes qui avaient réussi à débarquer essuyèrent à Largs une sérieuse défaite. Le roi vaincu se réfugia dans les Orcades où il mourut le 15 décembre 1263. Par le traité de Perth, conclu avec Magnus, son successeur, l'île de Man et les Hébrides passaient au pouvoir de l'Écosse, mais ces îles restaient cependant soumises, au point de vue ecclésiastique, à la juridiction du siège de Trondhjem en Norvège. Alexandre III eut aussi comme son père des démêlés avec le Saint-Siège. Il s'opposa à l'entrée d'un légat dans son royaume. En 1275, Boémond de Vesci pénétra cependant en Écosse et y fit une évaluation des bénéfices d'après laquelle furent réglées jusqu'à la Réforme les taxes ecclésiastiques du pays. Alexandre perdit sa femme en 1273 et successivement ses trois enfants, David, Marguerite, mariée à Eric, roi de Norvège, et Alexandre. Conformément au vœu des États de Scone, il contracta un second mariage en 1284, dans l'espoir d'avoir un héritier mâle. Sa seconde femme fut Yolande, fille de Robert IV, comte de Dreux. Alexandre mourut accidentellement, le 16 mars 1286, sans laisser derrière lui le successeur désiré.

Chronica de Mailros (731-1275), édit. J. Stevenson (*Bannatyne club*, t. 1), Édimbourg, 1835. — André de Wyntoun, *The orygynale chronikle of Scotland*, édit. D. Laing (*Historians of Scotland*, t. ii, iii, ix), Édimbourg 1872-1879. — W. F. Skene, *Celtic Scotland*, Édimbourg, 1876. — Aeneas Mackay, art. *Alexander III*, dans *Dictionary of national biography*, Londres, 1908.

L. GOUGAUD.

51. ALEXANDRE (Ier), évêque de Ross (Écosse). Alexandre Stuart, fils de Robert II, roi d'Écosse (1370-1390), licencié en droit canon, archidiacre et chanoine de Ross, reçoit, le 22 juillet 1343, du pape Clément VI, le privilège de cumuler avec ces bénéfices une prébende de la cathédrale de Dunkeld. En 1347, il est un des chapelains du pape. Consacré évêque de Ross en 1353, il meurt en 1371.

Theiner, *Vetera monumenta Hibernorum et Scotorum historiam illustrantia*, Rome, 1864, n. 589. — W. H. Bliss, *Calendar of papal registers, Petitions*, t. i, p. 66, 127, 252. — *Exchequer rolls of Scotland*, éd. G. Barnett, Édimbourg, 1897, t. ii, p. 363. — J. Dowden, *The bishops of Scotland*, éd. J. M. Thomson, Glasgow, 1912, p. 215.

A. TAYLOR.

52. ALEXANDRE, frère mineur, évêque de Trébizonde, dans le Pont-Euxin, en 1387, transféré à Caffa, le 3 septembre de la même année, mort avant le 27 février 1391.

Eubel, *Hierarchia*, t. i, p. 160, 520.

ANTOINE de SÉRENT.

53. ALEXANDRE (II), évêque de Ross (Écosse), à peu près certainement identique avec Alexandre de Kylwos, chancelier, puis, en 1350, doyen de Ross. *Calendar of papal registers, Petitions*, t. I, p. 204. Bien que le pape Grégoire XI se fût réservé la nomination de l'évêque, le choix unanime des chanoines, qui ignoraient cette réserve, se porta sur leur doyen. Le 9 mai 1371, le pape, tout en se gardant expressément de déroger aux droits du Saint-Siège, confirma leur choix. L'évêque Alexandre II mourut le 6 juillet 1398.

Dowden, *The bishops of Scotland*, p. 215, 216. — Eubel, *Hierarchia catholica medii aevi*, t. I, p. 446.

A. TAYLOR.

54. ALEXANDRE (III), évêque de Ross (Écosse). Bachelier en droit canon et archidiacre de Ross, Alexandre III fut confirmé comme évêque, le 17 août 1398, par Benoît XIII. Il prêcha à Saint-Andrews le 4 février 1413-1414, lors de l'arrivée des bulles papales pour la fondation de l'université. Il mourut en 1417.

Eubel, *Hierarchia catholica medii aevi*, t. I, p. 446. — W. H. Bliss, *Calendar of papal registers, Petitions*, t. I, p. 446. — Dowden, *The bishops of Scotland*, p. 216.

A. TAYLOR.

55. ALEXANDRE, bienheureux russe du xve siècle, né à Vologda. Il embrassa la vie religieuse dans le monastère du Sauveur, bâti au xiiie siècle dans l'île Kamennaïa, sur le lac de Kouban. L'amour de la solitude l'engagea à quitter son monastère, et à se retirer sur les bords du fleuve Siamjina. Bientôt des disciples vinrent s'adjoindre à lui, et l'obligèrent à changer de résidence. Il se retira alors dans une solitude à l'embouchure du fleuve Ouchta, où vivait un autre ermite, Euthyme, et lui demanda de s'y établir. Euthyme consentit, et lui céda sa place. Mais de nouveaux disciples vinrent le rejoindre, et alors, sur les instances de l'archevêque de Rostov, et avec l'aide du prince Dimitri Vasilévitch Zaozersky, il éleva un monastère, et en dédia l'église à l'Assomption de la sainte Vierge. Le bienheureux y vécut jusqu'à sa mort, arrivée le 9 juin 1439. Le monastère fondé par lui prit le nom d'*Alexandrov-Uspensky*. Il fut supprimé en 1764 et rétabli en 1833. En 1519, après un incendie, on y édifia une église en l'honneur de saint Nicolas de Myre, et on y déposa les reliques du bienheureux. Les ménologes slaves placent sa fête au 9 juin.

Martinov, *Annus ecclesiasticus graeco-slavicus*, dans *Acta sanctor.*, octob. t. XI, p. 150. — *Dictionnaire historique des saints vénérés dans l'Église russe*, Saint-Pétersbourg 1862, p. 13. — Philarète, *Les saints russes, vénérés d'un culte général ou local*, juin, Tchernigov, 1863, p. 58-64. — Mouraviev, *Vies des saints de l'Église russe*, juin, Saint-Pétersbourg, 1867, p. 103-112. — Ignace, *Description abrégée des vies des saints russes*, xve siècle, Saint-Pétersbourg, 1875, p. 57-58. — Barsoukov, *Sources de l'hagiographie russe*, Saint-Pétersbourg, 1882, col. 16-17. — Tolstoï, *Le livre appelé la description des saints russes*, Moscou, 1888. — Zvierinsky, *Matériaux touchant les monastères orthodoxes de l'empire russe*, Saint-Pétersbourg, 1892, t. II, p. 49. — Souvorov, *Description du monastère du Saint-Sauveur, dans l'île Kamenskaia, sur le lac de Kouban*, Vologda, 1893. — Goloubinsky, *Histoire de la canonisation des saints dans l'Église russe*, Moscou, 1903, p. 148. — Denisov, *Les monastères orthodoxes de l'empire russe*, Moscou, 1908, p. 144.

A. PALMIERI.

56. ALEXANDRE, fils de Giorgi VII, roi de Géorgie (1395-1407), de la dynastie des Bagratides. Il succéda à son père en 1413. Le chroniqueur national géorgien Wakhtang le décrit comme un homme bon, instruit et plein de qualités. Il s'appliqua à guérir les maux causés à la Géorgie par l'invasion des Tatars, conduits par Timour. Il eut le bonheur de les chasser hors des frontières de son royaume. Il s'appliqua à relever et à restaurer les églises détruites et profanées par les envahisseurs. Grâce à sa générosité, l'église de Sweti-Tzkhoweli (Colonne vivante) à Mtzkhétha, où l'on conservait la tunique sanglante de Notre-Seigneur, surgit de ses ruines, reçut un nombreux clergé et une riche dotation. D'autres églises et monastères participèrent aussi à ses largesses. En 1442, il abdiqua en faveur de son fils Wakhtang IV, prit l'habit monastique et, sous le nom d'Athanase, se retira dans une cellule près de la chapelle de l'Archange, qu'il avait fait bâtir lui-même à Mtzkhétha. Il y mourut probablement la même année. D'après l'historien géorgien Wakoucht, il envoya au concile de Florence Sophrone, métropolite de la Géorgie, et un évêque géorgien. On ne trouve pas cependant leurs noms dans les signatures du décret d'union. Mais il est hors de doute qu'une délégation géorgienne assista au concile de Florence.

Wakoucht, *Description géographique de la Géorgie*, Saint-Pétersbourg, 1842, p. 202-211, 261. — Josselian, *Courte histoire de l'Église géorgienne* (en russe), Saint-Pétersbourg, 1843, p. 93-94. — Brosset, *Histoire de la Géorgie*, Saint-Pétersbourg, 1849, t. I, p. 679-682; *Additions et éclaircissements à l'histoire de la Géorgie*, n. XXIII, Saint-Pétersbourg, 1851, p. 401-403. — Bakradze, *Le Caucase et ses anciens monuments géorgiens*, Tiflis, 1875, p. 108. — Pokrovsky, *Aperçu sur la vie ecclésiastique et historique de la Géorgie orthodoxe*, Tiflis, 1905, p. 108-109.

A. PALMIERI.

57. ALEXANDRE Ier (Saint), pape. Saint Irénée, le fameux évêque et docteur de l'Église de Lyon, nous raconte, *Adv. haer.*, III, 63, *P. G.*, t. VII, col. 851, qu'« à Clément succéda Évariste, et Alexandre à celui-ci; ensuite fut établi Xystus, le sixième depuis les apôtres. » Or, Irénée était certainement au courant des traditions de l'Église romaine. Eusèbe, d'autre part, se passionné curieux d'histoire, ajoute entièrement foi au témoignage d'Irénée, qu'il reproduit textuellement, *Hist. eccl.*, V, VI, 4, édit. Grapin, t. II, p. 58-60. Il le précise, au livre IV du même ouvrage, § 4 (Grapin, t. I, p. 374), spécifiant trois points : Alexandre est mort la troisième année du règne d'Hadrien (119-120); son élection à l'épiscopat datait alors de dix ans; il a été le contemporain de l'évêque d'Alexandrie, Primus, qui dura douze ans et qui mourut la même année que lui. Ni Eusèbe ni Irénée ne disent qu'Alexandre ait été martyr. Comme Irénée ne manque pas de noter le martyre du pape Télesphore, successeur de Sixte Ier, on peut conclure avec vraisemblance que le pape Alexandre n'a pas eu le même honneur. Ces données, très sobres mais très sûres, sont confirmées par un catalogue pontifical, « dont la première rédaction peut remonter au temps de l'empereur Commode et du pape Éleuthère. » Duchesne, *Histoire ancienne de l'Église*, Paris, 1906, t. I, p. 236. Noter pourtant que Mgr Duchesne incline à dater, avec réserve, Alexandre, non pas des années 110-119, mais des années 106-115, *loco citato*. Tous les décrets et lettres attribués jusqu'à ce jour au pape Alexandre Ier sont apocryphes. *Dict. de théologie cathol.*, t. I, col. 709.

Comme il arrive, l'histoire absente fut suppléée par la légende. Alexandre est présenté comme un jeune et saint évêque, qui convertit les Romains, les sénateurs eux-mêmes, et le préfet de la ville Hermès. Quirinus, chargé de garder Alexandre prisonnier, est converti par la translation miraculeuse d'Alexandre, qui a été arrêté aussi, dans la prison d'Hermès; il est encore décidé par les récits d'Hermès, dont le fils a été ressuscité, dont la femme a été guérie de la cécité par Alexandre; il est décidé, enfin, par la guérison de sa propre fille Balbine, que le carcan du pape délivre d'un goitre (ou tumeur au cou, *struma*). L'ange prie seulement Balbine de rester vierge; il lui fera voir son époux. Alexandre convertit ses compagnons de prison, parmi lesquels se trouvent deux prêtres : Eventius qui est très vieux, Théodolus qui arrive d'Orient; bien que Quirinus les y engage, tous refusent de fuir. La seconde partie de la légende conte la comparution des saints devant Aurélien et leur mort. Quirinus a la langue coupée, ce qui ne l'empêche pas de parler : à sa mort, on l'ensevelit à Prétextat, voie Appia. On ne dit d'Hermès que sa mort, son ensevelissement via Salara Vetus, par sa sœur, la pieuse Théodora, à qui Balbine a donné les chaînes de saint Pierre. On insiste longuement sur Alexandre, Eventius et Théodolus, qui sont enterrés voie Nomentane, au VIIe mille, par la pieuse Severina : Eventius et Alexandre reposent en un même monument, Théodolus en un autre. Dieu punit Aurélien en le tuant. Sixte arrive d'Orient (pour succéder à Alexandre dans la chaire de Pierre, évidemment). Severina, qui s'est vêtue d'un cilice parce qu'elle est la femme d'Aurélien, obtient du nouveau pape qu'un évêque soit attaché au lieu où reposent les martyrs. L'étude détaillée de cette légende (*Bibl. hagiog. latina*, n. 266) serait fort longue. Il suffira de dire ici qu'elle date du VIe siècle, qu'elle est bâtie sur le modèle de la plupart des *gesta martyrum* romains, qu'elle est notamment apparentée à Pierre-Marcellin, Clément, Cécile, Agathe, etc. La version de Mombritius et des bollandistes représente sans doute un remaniement dont l'auteur vise à identifier avec le pape Alexandre, contemporain de l'empereur Trajan (ou Hadrien), un martyr local, Alexandre, de la voie Nomentane, qui avait été rattaché à l'empereur Aurélien. Le second rédacteur connaissait les gestes de Clément, de Césaire, les textes d'Eusèbe-Irénée, peut-être Victor de Vite (miracle de Tipasa). Les incertitudes de la légende, qui n'a pas encore revêtu sa forme définitive — et qui se complétait, j'imagine, par un récit parallèle relatif à Hermès — sont attestées, d'ailleurs, par le *Liber pontificalis* : comme la version qu'on a résumée, le *Liber pontificalis* fait du pape un martyr associé à Eventius et à Théodolus; à la différence de cette version, le *Liber pontificalis* fait de Théodolus un diacre, et il veut qu'Alexandre ait été décapité (non qu'il soit mort des suites de piqûres). Le culte du martyr Alexandre de la voie Nomentane est attesté par la catacombe d'Alexandre, découverte en l'hiver 1855 par Fortunati, et par l'inscription de la *transenna* qu'on y a trouvée : (*Eventio*) *et Alexandro, Delicatus voto posuit, dedicante aepiscopo Urso*. Noter que cet Alexandre martyr n'était pas évêque. Cf. le *Férial hiéronymien*, cod. Eptern., éd. Rossi-Duchesne, p. [54]. V *non m... rome ni eventi alexandri theoduli*. L'Ursus de l'inscription est probablement l'évêque de Nomentum qui portait ce nom au temps d'Innocent Ier (401-417). Saint Hermès, qui ne fut jamais préfet de Rome, est connu par son tombeau, situé dans la catacombe de Basilla, sur la voie Salara Vetus : les Itinéraires, le Chronographe, le *Liber pontificalis* nous en parlent. Marucchi, *Éléments d'archéologie chrétienne*, t. II, *Les catacombes romaines*, Paris-Rome, 1900, p. 370 sq. Nous connaissons de même très bien la tombe de Quirinus, via Appia, au cimetière de Prétextat : l'Itinéraire de Salzbourg la mentionne; on croit en avoir repéré l'emplacement (mais aucune inscription n'a été trouvée à cet endroit). Marucchi, *op. cit.*, p. 195.

Je note à part les deux affirmations du *Liber pontificalis*, rédigé, on se le rappelle, au premier tiers du VIe siècle. D'après ce texte, Alexandre aurait inséré le *Qui pridie* ou l'*Unde et memores* dans le canon de la messe, et il aurait établi l'usage de bénir les maisons avec de l'eau mêlée de sel. Quant au premier point, tout le monde est d'accord que le renseignement est sans valeur. Cabrol, dans le *Dictionnaire d'archéologie chrétienne*, Paris, 1910, t. II, col. 1852, 1898. Sans doute en est-il de même du second. Cf. les *Constitutions apostoliques*, VIII, 29, *P. G.*, t. I, col. 1125;. *Sacramentaire gélasien*, I, § 75; III, 75, 76, 78, éd. Wilson, Oxford, 1894, p. 116, 285, 289.

Mombritius, *Sanctuarium*, nouv. édit. Paris, 1910, p. 44. — *Bibl. hag. latina*, n. 266-269. — Tillemont, *Mémoires pour servir à l'histoire ecclésiastique*, Paris, 1701, t. II, p. 238, 590. — Allard, *Histoire des persécutions*, t. I, p. 213 sq. — L. Duchesne, *Liber pontificalis*, 1884, t. I, p. XCI, 127. — Albert Dufourcq, *Étude sur les Gesta martyrum romains*, 1900, t. I, p. 210 sq., et t. VI (à paraître).

A. DUFOURCQ.

58. ALEXANDRE II, pape, élu le 1er octobre 1061,. mort le 21 avril 1073; succède à Nicolas II. Il naquit à Baggio, près Milan, d'une noble famille, et reçut au

14. — Alexandre II.

baptême le nom d'Anselme. Ordonné prêtre à Milan,. il travailla avec ardeur à la réforme religieuse et soutint de tout son appui la *Pataria*. Le mot *Pataria*, qui signifie « peuple de mendiants », désignait une association populaire ayant pour but de combattre la simonie et en général les mauvaises mœurs du clergé. Comme Anselme était un censeur gênant, on résolut de l'éloigner de Milan. L'archevêque Gui le chargea d'une mission auprès de l'empereur Henri III, et, en 1057, il le fit nommer évêque de Lucques. Il revint cependant à Milan en qualité de délégué pontifical : une première fois, en 1057, avec Hildebrand, et une seconde fois, en 1059, avec Pierre Damien. D'ailleurs ces deux personnages furent toujours ses conseillers intimes et lui prêtèrent, en toute circonstance, leur secours. Anselme fut élu au souverain pontificat grâce à l'influence d'Hildebrand. Son élection suscita aussitôt une difficulté. Comme on n'avait eu aucun compte du privilège de confirmation accordé à l'empereur par un décret de Nicolas II, la cour allemande convoqua à Bâle une assemblée de notables de l'empire. En sa qualité de patrice des Romains, Henri IV nomma, le 28 octobre 1061, comme pape, l'évêque de Parme Cadaloüs, qui prit le nom d'Honorius II. Ce schisme, qui dura à vrai dire jusqu'à la mort de l'antipape en 1072, se heurta cependant à des résistances qui en affaiblirent notablement la portée. Dès l'année 1062, Annon, archevêque de Cologne, par suite de l'ascendant qu'il avait acquis sur Henri IV, avait engagé avec ce jeune souverain des pourparlers favorables à Alexandre II. Un synode italien et allemand, tenu à Mantoue en 1064, reconnut le pape légitime et excommunia Cadaloüs. Dès lors, l'obédience de ce dernier se restreignit au diocèse de Parme.

Assis sur le siège de saint Pierre, Alexandre poursuivit avec zèle son œuvre réformatrice et exerça son ministère avec beaucoup de vigilance et de fermeté. Il envoie des légats en Lombardie, en France, en Espagne et en Angleterre; il célèbre lui même à Rome quatre synodes et fait célébrer par ses légats des synodes provinciaux; il cite à Rome des prélats illustres, mais suspects de simonie, Sigefroi de Mayence, Hermann de Bamberg et Annon de Cologne, celui-là même qui n'avait rien négligé pour éteindre le schisme. Il renouvelle les décrets de ses prédécesseurs contre la simonie et le mariage des prêtres, alors les deux fléaux de l'Église. Son attention tend à resserrer les liens qui unissent les membres de l'épiscopat à la chaire apostolique; c'est pour cela qu'il décide de ne plus conférer le pallium à un prélat absent. Cf. Jaffé, *Regesta*, n. 4507, 4529. D'autres mesures ont pour but de restaurer la discipline et de supprimer des abus : il réclame avec énergie la liberté des élections épiscopales (Jaffé, n. 4535); défend d'entendre la messe d'un prêtre concubinaire (Jaffé, n. 4501); interdit les mariages entre parents et condamne la chicane, qui voulait tourner la loi en ne comptant que deux degrés de parenté par génération, à partir de la souche commune. Jaffé, n. 4500, 4506. Il déclare que ni prières, ni aumônes, ni jeûnes ne peuvent valider le mariage entre parents, qui est nul (Jaffé, n. 4523), et défend aux clercs de recevoir une église des mains d'un laïque, soit gratuitement, soit par simonie. Cf. Gratien, *Decretum*, caus. XVI, q. VII, c. 20. Lui-même exécute assez souvent ses propres jugements : c'est ainsi qu'il dépose Godefroi, archevêque simoniaque de Milan, qu'il fait chasser des clercs concubinaires à Crémone et à Plaisance, et destitue Hugues, évêque intrus de Chartres. Dans les différents pays, il trouve des prélats zélés, qui secondent ses efforts : qu'il suffise de mentionner Lanfranc, archevêque de Cantorbéry en Angleterre; des légats fermes et habiles, tels que Pierre Damien, lui sont aussi d'un précieux secours. L'intervention de Pierre Damien empêcha, en 1069, Henri IV de rompre son mariage avec Berthe de Savoie.

Alexandre prit un certain nombre d'autres mesures de moindre importance : ainsi il défendit aux prêtres de célébrer la messe plus d'une fois par jour, excepté le jour de Noël et en cas de nécessité; il accorda deux fois le privilège de l'indulgence plénière : en 1065, en faveur de ceux qui se confessaient au Mont-Cassin, et en 1070, en faveur de ceux qui se confessaient dans une église de Lucques; il approuva l'ordre des camaldules; il demanda enfin à Harald, roi de Norvège, de tenir la main à ce que les évêques de son royaume fussent consacrés par l'archevêque de Hambourg, et non en France ou en Angleterre. Jaffé, n. 4471-4473.

Alexandre II exerça, en dehors de ses États, un rôle politique assez considérable. A Swain, roi de Danemark, il réclame le tribut, en soulignant son caractère permanent : *ita tamen ut non sicut oblatio super altare ponatur, sed tam sibi quam successoribus suis praesentialiter offeratur*. Jaffé, n. 4495. Il intime à Philippe Ier, roi de France, d'attacher aux décrets des papes la même valeur qu'aux canons. Jaffé, n. 4525. A Guillaume de Normandie, il envoie un étendard béni pour la campagne qu'il entreprend en Angleterre. Il encourage et soutient le comte Roger dans sa guerre contre les Sarrasins de Sicile. En Espagne, le comte Rocejo et le comte d'Urgel lui font hommage de leurs terres et lui payent tribut. Dans ses États, le pontife ne rencontre ni la même soumission ni les mêmes dispositions; il se voit au contraire en butte à toutes sortes de difficultés; il est obligé de lutter continuellement contre les familles puissantes et, pour résister à leurs empiétements, il fait appel à Godefroi, marquis de Toscane, et à sa femme Béatrice.

Le dernier acte important d'Alexandre fut l'excommunication prononcée, en 1073, contre les conseillers du roi Henri IV, coupables de simonie, auxquels il reprochait de vendre les dignités ecclésiastiques et d'avoir établi sur le siège archiépiscopal de Milan une créature du roi. Le pontificat d'Alexandre II fut en somme assez glorieux et fructueux pour l'Église.

Mansi, *Concil.*, t. XIX, col. 939. — Watterich, *Pontificum romanorum vitae*, Leipzig, 1862, t. I, p. 235. — Martens, *Die Besetzung des päpstlichen Stuhles unter den Kaisern Heinrich III und Heinrich IV*, Fribourg-en-B., 1886, p. 118. — Fetzer, *Voruntersuchungen zu einer Geschichte d. Pontificats Alexanders II*, Strasbourg, 1887. — Jaffé, *Regesta pont. rom.*, Leipzig, 1885, t. I, p. 566-592. — L. Duchesne, *Liber pontificalis*, Paris, 1892, t. II, p. 281. — Hauck, *Kirchengeschichte Deutschlands*, Leipzig, 1896, t. III. — *Dictionnaire de théologie catholique*, t. I, col. 709-711.

V. ERMONI.

59. ALEXANDRE III, pape, successeur d'Adrien IV (1159-† 1181). Né à Sienne, Roland Bandinelli ou de Bandinelli, le futur Alexandre III, était destiné à illustrer le siège pontifical et à occuper, dans l'histoire de la papauté, une place honorable, à côté d'Innocent III et de Grégoire VII. On ne connaît pas au juste la date de sa naissance, et l'on n'a que très peu de détails sur sa vie avant son pontificat. Une chose est cependant certaine : c'est que ses contemporains rendent témoignage à ses vertus et à ses talents. Son biographe, le cardinal d'Aragon, atteste (P. L., t. CC, col. 11) qu'il possédait une profonde connaissance des saintes Écritures et des lettres humaines et avait de remarquables aptitudes pour l'éloquence. La chronique de Robert du Mont lui consacre cette petite notice : « Il fut un très grand maître dans les Écritures sacrées et le principal dans les décrets, les canons et les lois romaines. Il conclut et éclaircit plusieurs questions très difficiles et graves, touchant les décrets et les lois. » *Monumenta Germaniae, Scriptores*, t. VI, p. 531. Ces détails se rapportent à son enseignement à Bologne. Il expliqua, en effet, dans la célèbre université, les saintes Lettres, qui embrassaient alors à peu près toutes les sciences ecclésiastiques. Contemporain de Gratien, il fut un de ses abréviateurs, ainsi que ses deux collègues, Ognibene, évêque de Vérone en 1157, et Gandolphe. Cf. Maassen, *Pancopalea*, p. 453; Denifle, *Archiv für Literatur und Kirchengeschichte des Mittelalters*, t. I, p. 621.

De son enseignement à Bologne, il nous est resté deux œuvres importantes : le *Stroma* et les *Sententiae*. Le *Stroma*, titre emprunté aux *Stromata* de Clément d'Alexandrie, n'est qu'un abrégé du Décret de Gratien. Cet ouvrage fut découvert par Maassen. Thaner le publia, en 1874, sous ce titre : *Die Summa magistri Rolandi nachmals Papstes Alexander III*. On conviendra que ce titre n'est pas exact. On a hésité sur le véritable auteur de cet ouvrage, mais les recherches de Maassen et de Thaner ont établi victorieusement que le *Stroma* est l'œuvre de Roland Bandinelli. Il semble qu'on n'en puisse pas reculer la date de composition au delà de 1148, ce qui en assignerait au Décret de Gratien une bien antérieure à 1150, contrairement à l'opinion de Laurin, *Introductio in Corpus juris canonici*, Fribourg-en-Brisgau, 1889, p. 25. Quoi qu'il en soit, Roland compte, avec Pocapaglia, Ognibene, Rufin, Jean de Faenza et Sicard de Crémone, parmi les plus anciens commentateurs du Décret. Le commentaire de Roland n'embrasse cependant que la deuxième partie du Décret. Même de nos jours, on a tiré parti de son travail. Freisen l'a mis à contribution dans ses études sur le droit matrimonial de l'Église : *Geschichte des canonischen Eherechts bis zum Verfall der Glossenliteratur*, Tubingue, 1888; Paderborn, 1893. En comparant les deux ouvrages de Roland sur la question du mariage, le P. Gietl

15. — Alexandre III.

a complété les observations de Freisen. Ce qui est digne de remarque, c'est que Roland est, de tous les auteurs connus, le premier qui signale les deux empêchements du *vinculum* ou *ligatio*, et de l'âge canonique. Cf. Gietl, *Die Sentenzen Rolands, nachmals Papstes Alexander III*, Fribourg-en-Brisgau, 1891, p. 274, 280. Devenu pape, Roland insérera sous le *Corpus juris* une décision qu'il avait déjà émise dans les *Sententiae*. Cf. *Corpus juris canonici*, édit. Friedberg, Leipzig, 1882, t. II, p. 46. Il en fut de même d'une explication de l'empêchement d'*impotentia*. Cf. Gietl, *op. cit.*, p. 28.

Les *Sententiae* ont une importance toute spéciale. Outre qu'il constitue un document de grande valeur pour l'histoire de la théologie au XIIe siècle, cet ouvrage est le principal témoin de l'école d'Abélard. Sa découverte est due au P. Denifle. Le savant dominicain déterra dans la bibliothèque de Nuremberg un manuscrit, ayant pour titre : *Sententiae Rodlandi Bononiensis magistri auctoritatibus rationibus fortes*. En 1891, un confrère du P. Denifle, le P. Gietl, l'édita sous le titre que nous avons donné plus haut. Pour prouver l'authenticité du document, le P. Gietl s'appuie sur les deux raisons suivantes : 1° Roland avait annoncé dans le *Stroma* qu'il préparait un livre de *Sententiae*, dans lequel il se réserve de traiter de la contrition. Or, les *Sententiae* traitent précisément cette question. 2° Si l'on compare les traités du mariage dans le *Stroma* et les *Sententiae*, on y constate une telle identité de pensées et d'expressions, qu'elle ne peut s'expliquer qu'en tant que les deux ouvrages proviennent du même auteur. Ajoutons — ce qui paraît être choquant — que les *Sententiae* soutiennent l'erreur d'Abélard sur l'union hypostatique, erreur qui fut condamnée, en 1179, par Alexandre III. Devenu pape, Roland condamna donc l'erreur qu'il avait lui-même autrefois professée.

Il est impossible de fixer exactement la date de la composition de l'ouvrage. Ce qu'on peut affirmer, c'est qu'il est postérieur à l'année 1142, date de la mort d'Abélard, et à la composition du *Decretum*. Le P. Gietl pense que l'ouvrage a été composé après que Roland eut été élevé à la dignité cardinalice. Il est plus probable, comme l'a démontré le P. Ehrle, dans *Zeitschrift für katholische Theologie*, t. XVI, p. 148, que Roland composa les *Sententiae* lorsqu'il était professeur à Bologne.

Si l'auteur des *Sententiae* subit l'ascendant d'Abélard, il n'en est cependant pas l'esclave. Très souvent, en effet, il corrige ses erreurs et rectifie ses thèses. Sur trois questions de la plus haute importance, il prend même nettement position contre Abélard : sur la foi (p. 11), la Trinité (p. 11, 29), et l'optimisme en Dieu (p. 49, 81); sur la nécessité de la foi au Christ et du baptême pour le salut (p. 6-11); et sur la théorie du péché originel (p. 117-135).

Nous connaissons le rôle de Roland comme professeur. Nous allons étudier son action sur le siège apostolique. Depuis 1153, Roland était chancelier pontifical, et jouissait de la confiance d'Adrien IV. A cette époque, il était hostile à l'empereur Barberousse et partisan d'une alliance avec le roi Guillaume de Sicile. Voir t. I, col. 626, le récit de la part prise par Roland dans la lutte entre le pape et l'empereur au sujet des *beneficia*. A la mort d'Adrien IV, Roland fut élu, le 7 septembre 1159. Son compétiteur, le cardinal Octavien, se fit proclamer à la faveur d'un tumulte, occasionné par des bandes armées, quoiqu'il n'eût obtenu, au conclave, que neuf ou peut-être même que trois voix. On était sur la voie du schisme. Roland fut couronné le 20 septembre, à Nympha, au sud de Rome, et prit le nom d'Alexandre III. L'antipape de son côté fut couronné à Farfa le 4 octobre, et prit le nom de Victor IV. La chrétienté en général le repoussa. Son obédience n'embrassa que l'Allemagne, grâce à la protection de Frédéric qui le reconnut solennellement à la suite du synode de Pavie, qu'on avait convoqué par ses soins, en février 1160, et dont ses créatures avaient eu la direction. Les deux pontifes s'excommunièrent réciproquement. Après quelque hésitation, les rois et les évêques d'Angleterre et de France se prononcèrent en faveur d'Alexandre au concile de Toulouse, tenu en octobre 1160. Ce n'était que justice, car l'élection d'Alexandre était de tout point légitime. L'Écosse, l'Espagne, la Hongrie et l'Irlande imitèrent l'Angleterre et la France et reconnurent, au concile de Tours de 1163, le pape légitime. L'empereur se dressa contre lui. De là une guerre de dix-sept ans. Les choses allèrent loin. Après la prise de Milan, Alexandre se vit obligé de quitter Rome vers la fin de 1161 ; pour sa sécurité il dut même, au mois de mars de 1162, se retirer en France. Il se fixa à Sens ; et le roi Louis VII eut la générosité de pourvoir à son entretien et à celui de son entourage. Le 20 avril 1164, Victor IV mourait à Lucques.

Sans observer aucune procédure canonique et même sans attendre l'avis de Frédéric, le chancelier Rainald de Dassel, vicaire impérial en Italie, fit élire, pour remplacer Victor IV, Guy de Crema, qui prit le nom de Pascal III. A la diète de Wurzbourg de 1165, les princes et les évêques allemands s'obligèrent par serment à soutenir Pascal et à combattre Alexandre. Pour être restés fidèles au pontife légitime, Conrad de Mayence et Conrad de Salzbourg furent chassés de leurs sièges. A la diète de Wurzbourg, les évêques anglais se montrèrent plus dignes que leurs collègues allemands. Nonobstant la présence des députés de leur roi Henri II, ils restèrent attachés à Alexandre. Cette même année, celui-ci retourna à Rome, mais il n'y séjourna pas longtemps. Chassé de la Ville éternelle en 1167, deux ans après son retour, il se réfugia à Gaëte et à Bénévent; il séjourna successivement en différentes localités, notamment à Anagni. Maître de Rome, Frédéric installa Pascal à Saint-Pierre et reçut en retour de sa main la couronne impériale. L'antipape triomphait donc dans la ville éternelle.

Divers événements impressionnèrent vivement l'empereur et atténuèrent petit à petit, mais fort lentement, son intransigeance : la peste, qui fit des ravages dans son armée et l'obligea à battre en retraite; la mort du chancelier Rainald de Dassel, la formation, au 1er décembre 1167, de la ligue lombarde destinée à s'opposer aux empiétements du monarque. Pascal III mourut le 20 septembre 1168. Les partisans de l'empereur élurent à sa place le cardinal-évêque Jean d'Albano, qui devint l'antipape Calixte III. Comme les négociations engagées entre le pape et l'empereur avaient échoué, Frédéric repassa dans la Péninsule avec une armée; mais il ne put s'emparer de la ville d'Alexandrie, et le 29 mai 1176, il perdit la bataille de Legnano. Ces insuccès l'obligèrent à traiter avec le pape. Celui-ci n'oublia pas ceux qui s'étaient déclarés pour lui et obligea l'empereur à comprendre dans la paix tous ses alliés : les villes lombardes, le roi Guillaume de Sicile et l'empereur de Constantinople. Dans le congrès qui eut lieu à Venise, Alexandre et Frédéric s'engagèrent à se garantir leurs droits respectifs, c'est-à-dire à se reconnaître mutuellement comme pape et empereur, à se restituer réciproquement tout ce qu'ils s'étaient enlevé au cours de la lutte, à assurer un sort honorable à Calixte par la donation d'une abbaye, et à ses partisans en les remettant en possession des places qu'ils avaient possédées avant le schisme. Frédéric donna au pape des marques de déférence et de respect; à l'entrevue de Venise du 24 juillet 1177, il se prosterna devant lui, baisa ses pieds et en reçut le baiser de paix. Après la messe, il tint l'étrier pour que le pape montât à cheval et conduisit même sa monture par la bride pendant quelques pas. Le 1er août, la paix fut proclamée dans le palais patriarcal. Nonobstant cette heureuse conclusion, le pape ne put rentrer à Rome que le 12 mars 1178.

En même temps qu'il luttait contre Frédéric Barberousse, Alexandre III avait aussi des démêlés avec Henri II, roi d'Angleterre. Moins violente que la première, cette lutte dura neuf ans. Le prétexte en fut un différend qu'Henri II avait eu avec l'archevêque de Cantorbéry, Thomas Becket. Le roi se plaignait des privilèges excessifs dont les immunités faisaient bénéficier les clercs coupables de certains crimes; et ses plaintes étaient, dans une certaine mesure, fondées; mais il dépassa son droit en rédigeant les articles de Clarendon et en les soumettant à l'approbation des évêques. Par cet acte arbitraire, il modifiait, de sa propre autorité, un droit existant depuis longtemps, et que le pape, en vertu de sa charge, ne pouvait sacrifier complètement. Comment surtout laisser amoindrir le droit d'appel au Saint Siège ? Pour échapper aux persécutions du roi, Thomas Becket se réfugia en France. Le pape le soutint énergiquement sans cependant rien brusquer, de peur d'occasionner une rupture avec Henri II. Quoiqu'on l'accusât de faiblesse, il gagna du temps jusqu'à ce qu'il fût plus sûr de l'opinion en Angleterre et se sentit plus fort contre Frédéric. Thomas Becket rentra en Angleterre, en 1170, et fut assassiné, dans sa cathédrale de Cantorbéry, le 29 décembre de cette même année. Le pape ordonna d'imposer une pénitence à Henri, 22 mai 1172, dans l'église principale d'Avranches, et l'obligea ainsi à retirer les articles de Clarendon, à ne pas empêcher les appels au Saint-Siège et à retirer son royaume du pape. La formule était ainsi conçue : « Moi et mon fils aîné, roi, jurons que nous recevrons et retiendrons le royaume d'Angleterre du seigneur Alexandre pape et

16. — Bulle d'Alexandre III.

de ses successeurs catholiques; et nous et nos successeurs à jamais ne nous regarderons comme vrais rois d'Angleterre, jusqu'à ce qu'ils nous aient tenus pour rois catholiques; » *ego et maior filius meus rex iuramus quod a domino Alexandro papa et eius catholicis successoribus recipiemus et tenebimus regnum Angliae, et nos et nostri successores in perpetuum non reputabimus nos Angliae reges veros, donec ipsi nos catholicos reges tenuerint.*

Alexandre exerça aussi son action politico-religieuse sur d'autres souverains. En 1179, le duc Alphonse de Portugal obtint de lui le titre de roi, la garantie de son indépendance et la concession des territoires qu'il conquerrait sur les infidèles, moyennant une contribution annuelle de quatre onces d'or. Jaffé, n. 13240. En 1180, Casimir II, duc de Pologne, lui soumit le texte des lois qu'il se proposait d'édicter, afin d'en obtenir l'approbation et de leur conférer ainsi plus d'autorité. Cette même année, Alexandre menaça, quoique en vain, Guillaume, roi d'Écosse, d'un interdit sur le royaume, s'il empêchait l'évêque élu au siège de Saint-André d'en prendre possession. Jaffé, n. 13709-13711. Déjà, en 1168 il avait adressé, en vertu de son autorité apostolique, au roi de Suède, Knut Érichson, ses avertissements au sujet des lois matrimoniales, des dîmes et du respect dû aux ecclésiastiques.

On ne saurait méconnaître qu'il ne se soit introduit sous le pontificat d'Alexandre III des abus qui tenaient bien plus aux circonstances qu'à l'ambition des hommes. La nécessité de se procurer les ressources nécessaires pour les lourdes charges du Saint-Siège amena le pape à accorder trop facilement des exemptions aux monastères, et même à des églises particulières, qui se trouvaient ainsi affranchies de la juridiction épiscopale. Ces exemptions suscitèrent parfois des réclamations; qu'il suffise de citer, à titre d'exemple, celle de Richard, successeur de Thomas Becket sur le siège de Cantorbéry. On ne se faisait pas non plus scrupule de peser sur des princes fidèles ou complaisants et sur des prélats et de disposer des prébendes de leurs diocèses. Jaffé, n. 10652, 11456, 11760, 11915, 12060, 12295. Enfin, Alexandre ne parvint pas à réprimer la vénalité de certains cardinaux ni la rapacité de ses légats envoyés au dehors.

Il travailla de toutes ses forces à fortifier le pouvoir de l'Église et à développer son prestige. Par une pensée très louable, il essaya, à plus d'une reprise, de marquer les bornes de la puissance pontificale. Cf. *De usuris*, IV, v, 19; Jean de Salisbury, *Epist.*, CXCVIII, *ad Alex. III*, P. L., t. CXCIX, col. 217. Il interdit d'en appeler au pape d'un juge temporel, sauf dans les États pontificaux. Cf. Alexandre III, c. VII, *Si duobus*, § 1, *De appellat.*, II, 28. Au mois de mars 1179, il ouvrit à Rome le troisième concile de Latran, qui eut d'excellents résultats pour l'Église; vingt-sept de ses canons visent la discipline. Le premier statue que le pape élu doit réunir les deux tiers des suffrages des cardinaux; c'était une excellente mesure pour prévenir le retour des schismes. D'autres canons défendent la pluralité des bénéfices, la pratique de la simonie, la promotion d'un évêque avant sa trentième année, les promesses de collation de bénéfices avant la mort des titulaires. Cédant à la pression de Louis VII, roi de France, le pape excommunie, par le vingt-septième canon, les cathares, qui se répandaient dans le midi de la France, exhorte les chrétiens à prendre les armes contre eux et, pour les encourager, leur promet une indulgence de deux ans.

Les bonnes dispositions de l'empereur Manuel Comnène de Constantinople firent espérer un moment l'union des Églises; mais les négociations entreprises à cette fin échouèrent. La principale raison, c'est que les empereurs grecs ne voyaient de bon œil les croisades, et qu'Alexandre n'avait pu se dispenser d'inviter, par un appel daté de Montpellier le 14 juillet 1165, les chrétiens à secourir les Lieux saints. Jaffé, n. 11218. Alexandre favorisa, dans la mesure de son pouvoir, les missions en Asie, sacra évêque l'ambassadeur qu'il avait reçu du roi Jean et le renvoya, en 1177, comme missionnaire à ce « roi des Indes ». Jaffé, n. 12942.

Comme une controverse assez difficile s'était élevée en Allemagne, touchant des explications sur l'eucharistie, le pape ne crut pas opportun de se prononcer et imposa silence à Gerhoch de Reichersperg. Jaffé, n. 11011, 11012. Il réserva au Saint-Siège seul le droit de procéder aux canonisations, et, de fait, canonisa, de sa propre initiative et en dehors de tout concile général, saint Thomas Becket (1173) et saint Bernard de Clairvaux (1174). Il encourageait beaucoup les universités; aussi, pour faciliter aux clercs la fréquentation des cours, leur accorda-t-il des dispenses de résidence (Jaffé, n. 13751) et insista-t-il, sans succès d'ailleurs, sur la gratuité de l'instruction. En 1164, il éleva le siège d'Upsal à la dignité de métropole pour la Suède et pour les sièges suffragants de Skara, Linköping, Strengnaes et Westeraes. Jaffé, n. 11047, 11048.

Très versé dans le droit canonique, Alexandre l'enrichit de nombreuses décrétales. Jaffé en a enregistré plus de cinq cents. On les a réunies en recueil sous le titre de *Consulta Alexandri*; elles sont entrées, pour une bonne partie, dans les cinq livres de Décrétales réunies par ordre de Grégoire IX. En 1176, Alexandre approuva la congrégation des chartreux, et donna au prieur Guy plusieurs décrets sur les nouvelles fondations de l'institut et sur la tenue du chapitre général. Jaffé, n. 12733, 12794, 12882. A cause de l'attitude de l'abbé Hugues, partisan d'Octavien, il affranchit, au contraire, plusieurs maisons cisterciennes de toute dépendance à l'égard de l'abbaye de Cluny. Jaffé, n. 10660, 10661, 10720.

Les *Décrétales* ont conservé plusieurs décrets d'Alexandre III. Comme ces décrets concernent la théologie, on s'abstiendra d'en parler ici. Cf. *Dictionnaire de théologie catholique*, t. I, col. 717-721.

Les derniers jours d'Alexandre III furent attristés par l'ingratitude des Romains. Chassé de Rome, en 1179, peu après le concile de Latran, Alexandre mourut en exil à Civita-Castellana, le 30 août 1181. En somme, Alexandre III a laissé dans l'histoire « le renom d'un des plus grands papes du moyen âge. » Funk, *Histoire de l'Église*, trad. franç. par Hemmer, 1re édit., t. I, p. 463.

Jaffé, *Regesta pont. rom.*, Leipzig, 1888, t. II, p. 115-418. — Duchesne, *Liber pontificalis*, Paris, 1892, t. II, p. 281, 397-446. — Watterich, *Pontificum roman. vitae*, Leipzig, 1862, t. II, p. 377. — Reuter, *Geschichte Alexanders III und der Kirche seiner Zeit*, Leipzig, 1860 sq. — De Cherrier, *Histoire de la lutte des papes et des empereurs de la maison de Souabe*, Paris, 1858, t. I. — Peters, *Untersuchungen zur Geschichte des Friedens von Venedig*, Hanovre, 1879. — Giesebrecht, *Geschichte der deutschen Kaiserzeit*, Brunswick, 1885, t. V. — Ring, *Kaiser Friedrich I im Kampf gegen Alexander III*, Stuttgart, 1838. — Von Raumer, *Geschichte der Hohenstaufen*, Leipzig 1871, t. II. — Gregorovius, *Geschichte der Stadt Rom in Mittelalter*, Stuttgart, 1886, t. IV, p. 532. — Von Reumont, *Geschichte der Stadt Rom*, Berlin, 1867, t. II, p. 419. — *Dictionnaire de théologie catholique*, t. I, col. 711-717. — Hauck, *Kirchengeschichte Deutschlands*, Leipzig, 1903, t. IV.

V. ERMONI.

60. ALEXANDRE IV, Rainald ou Réginald, pape, élu le 12 décembre 1254, successeur d'Innocent IV, mort le 25 mai 1261.

Comme Innocent III, Réginald descendait de la famille des comtes de Segni. Il fut créé par son oncle Grégoire IX cardinal-diacre en 1227 et cardinal-évêque d'Ostie en 1231. Les intérêts de la papauté et de l'Église l'amenèrent à poursuivre la guerre que son prédécesseur Innocent IV avait faite aux descendants de Frédéric II; c'est ainsi que, contrairement à ses promesses, il s'efforça de soustraire au jeune Conradin le duché de Souabe au profit d'Alphonse de Castille. Dans le sud de l'Italie, il combattit, par les armes temporelles et spirituelles, Manfred, d'abord régent, ensuite roi de Sicile, et disposa de l'héritage de Conradin en faveur d'Edmond, fils du roi d'Angleterre, Henri III. En Allemagne, il soutint d'abord la candidature à l'empire de Guillaume de Hollande, puis celle de Richard de Cornouailles. Comme l'Italie était déchirée par les luttes entre les guelfes et les gibelins, Alexandre, ne pouvant apporter aucune solution à la situation, vécut pendant une partie de son pontificat en dehors de Rome, où le sénateur Brancaleone balançait son pouvoir. D'une conduite irréprochable et d'un caractère avenant, il ne sut pas, dans mainte circonstance, tenir à l'écart des conseillers indignes. Il mourut à Viterbe, où il s'était réfugié à la suite des troubles dont Rome avait été le théâtre à l'occasion de l'élection de Brancaleone.

Quoique vivant à une époque troublée, Alexandre s'occupa assez activement du gouvernement de l'Église. En vue de l'union des grecs, il fit quelques tentatives auprès de l'empereur Théodore II Lascaris, en Orient. Il régla d'une manière équitable les rapports des latins et des grecs dans l'île de Chypre; il conféra au chef des maronites, qui venaient de reconnaître sa supériorité, le titre de patriarche d'Antioche pour leur nation. Pour réprimer l'hérésie, qui menaçait l'Italie et le midi de la France, Alexandre confirma les décrets de Grégoire IX et d'Innocent IV, et simplifia même la procédure, en recommandant qu'elle fût « sommaire, sans bruit de jugement ni d'avocats, » *summarie, absque iudicii et advocatorum strepitu* (bulle de décembre 1257). Il étendit l'Inquisition à tout le royaume de France. Pour rendre plus efficaces ces mesures, il absout d'avance les inquisiteurs des excommunications dont ils pourraient être frappés dans l'exercice de leur office. Potthast, n. 17097, 5 décembre 1257 et 18 décembre 1259. En 1257, il conféra à l'évêque de Lebus la juridiction sur les latins résidant en Russie. Alexandre donna des preuves toutes particulières de sa sollicitude aux franciscains; il canonisa sainte Claire, et promulgua une quarantaine de bulles en faveur des franciscains; il leur restitua les privilèges qui avaient été supprimés par son prédécesseur. Comme le clergé séculier cherchait à les éloigner des universités, Alexandre s'opposa à ces prétentions; à Paris, où la lutte était plus ardente, il prescrivit de leur rendre des chaires. Il condamna le traité de Guillaume de Saint-Amour, docteur de l'université de Paris, intitulé : *Les périls des derniers temps*, où l'auteur dénonce les entreprises des moines, et l'*Introduction à l'Évangile éternel*, où l'épiscopat était vivement critiqué. Ce dernier traité émanait d'un frère mineur.

Potthast, *Regesta pontificum romanorum*, Berlin, 1875. t. II, p. 1286. — Digard, *La série des registres pontificaux du XIIIe siècle*, Paris, 1886. — De Cherrier, *Histoire de la lutte des papes et des empereurs de la maison de Souabe*, Paris, 1858, t. II et III. — Lau, *Der Untergang der Hohenstaufer*, Hambourg, 1856. — Schirrmacher, *Die letzen Hohenstaufen*, Gœttingue, 1872. — *Dictionnaire de théologie catholique*, t. I col. 721-722. — F. Lenckhoff, *Papst Alexandre IV*, Paderborn, 1907. — A. Hauck, *Kirchengeschichte Deutschlands*, Leipzig, 1911, t. v, 1re part.

V. ERMONI.

61. ALEXANDRE V, pape. Pierre Philargès (il est aussi nommé Filargo ou Philarghi) naquit, vers 1340, à Raré, dans l'île de Candie (Crète), qui appartenait alors à Venise, de parents inconnus. Entré dans l'ordre de Saint-François, il fit ses études à Oxford et à Paris; il enseigna même la scolastique dans cette dernière ville. Du Boulay et Trithème font un grand éloge de sa science théologique et de ses écrits. Il maniait très bien les langues latine et grecque.

Il se fixa en Lombardie où, par la faveur de Jean Galéas, duc de Milan, son élève, il fut fait évêque de Plaisance (1386), de Vicence (avril 1388), de Novare (1389) et enfin archevêque de Milan (1402). Innocent VII le créa cardinal-prêtre du titre des Douze-Apôtres, en 1405.

Entrant dans la pensée du concile de Pise qui voulait obtenir l'abdication ou prononcer la déposition des deux papes concurrents, Grégoire XII et Benoît XIII, pour leur en substituer un autre, il avait travaillé dans ce sens autour de Grégoire XII. Il avait sollicité, par lettres, de lui retirer leur obédience, le duc de Milan, le roi des Romains, le roi d'Angleterre, l'archevêque de Cantorbéry, et provoqué dans le même but des démarches auprès des Florentins. Aussi ce pontife l'avait dépouillé de tous ses bénéfices et spécialement du cardinalat (1408). Malgré cela, par l'entremise de Charles de Malatesta, Philargès l'avait ardemment supplié de procurer la paix de l'Église. Il était l'auteur de seize « conclusions » toutes en faveur du concile général.

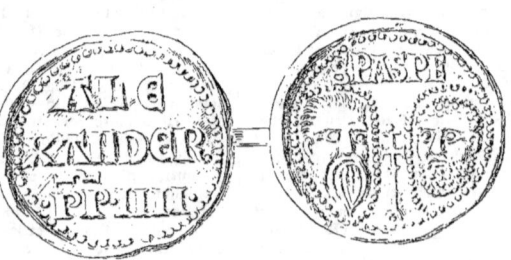

17. — Alexandre IV.

18. — Bulle d'Alexandre IV.

Lorsque le concile eut déclaré, le 5 juin 1409, que Pierre de Luna (Benoît XIII) et Ange Correr (Grégoire XII) étaient déchus de toute dignité, le conclave se réunit dans l'archevêché de Pise, et au bout de onze jours, le 26 juin, élut à l'unanimité (vingt-quatre cardinaux, dont dix de l'obéissance avignonnaise) le cardinal de Milan, Pierre de Candie, qui prit le nom d'Alexandre V. Le cardinal de Bologne. Balthazar Cossa, qui ne voulait point encore du pontificat pour lui-même, passa pour avoir dirigé les suffrages vers « ce domestique habitué à ramasser les miettes de sa table. »

Il avait alors soixante-dix ans, était d'un caractère généreux et affable, ne manquait, quoi que ses adversaires, comme Thierry de Niem, en aient dit, ni de vertus, ni de capacité, ni de savoir, ni d'activité.

Son élection fut bien accueillie en France où l'on se souvint que ce pape avait été membre de l'université de Paris, et dans plusieurs parties de l'Italie; il lui vint même des félicitations de l'empereur grec Manuel Paléologue, qui firent espérer un moment l'union des deux Églises. Mais, outre que le concile de Pise n'était pas légitime, il s'était trop hâté. Grégoire XII et Benoît XIII protestèrent contre ce concile et son élu et gardèrent leurs obédiences, l'un en Italie, en Allemagne et dans le nord, l'autre en Espagne, en Sardaigne, en Corse, dans les pays d'Armagnac, de Foix et de Béarn, et en Écosse. Et les pays mêmes qui reconnurent Alexandre V (France, Angleterre, Portugal, Bohême, Prusse, quelques contrées d'Italie et

19. — Alexandre V.

d'Allemagne) ne le firent pas sans inquiétude sur la légitimité du concile et de ses actes. De sorte que l'unité de l'Église, à laquelle le concile aspirait, se vit déchirée par trois papes au lieu de deux.

Le nouveau pape présida les dernières sessions (xx⁰-xxiii⁰). Le 1ᵉʳ juillet, il prononça un discours après lequel le cardinal Cossa publia différents décrets approuvant tout ce que les cardinaux avaient fait, depuis le 30 mai 1408, à propos du schisme, et annonçant une réforme qui devait être étudiée par des hommes capables, choisis dans chaque nation. Le couronnement eut lieu le 7 juillet et des légats furent envoyés dans les royaumes chrétiens.

Les premiers actes d'Alexandre V furent des actes de bonté, de conciliation et de réforme. Outre de nombreuses faveurs personnelles aux mineurs et aux augustins, il remit toutes les sanctions pénales encourues pendant le schisme, relâcha beaucoup des droits jusqu'alors exigés par la cour pontificale concernant les taxes, les réserves, etc., et recommanda la réunion régulière des conciles provinciaux, des synodes diocésains, des chapitres d'ordres, etc. Il était prêt à entreprendre la réforme de l'Église dans son chef et ses membres; mais l'assemblée, fatiguée,

croyant avoir fait l'essentiel en élisant un pape, et encore peu d'accord sur les moyens de réaliser la réforme, consentit volontiers à se séparer, remettant l'achèvement du travail réformateur à un concile subséquent, qui serait la continuation de celui de Pise et s'ouvrirait dans trois ans (avril 1412).

Mais la prompte mort d'Alexandre V et les événements devaient mal justifier ses espérances. Il avait nommé, dans une session du concile, le roi Louis II d'Anjou gonfalonier de l'Église romaine et l'avait investi de nouveau du royaume de Sicile. Celui-ci, aidé du cardinal Balthazar Cossa, légat de Bologne, enleva au roi Ladislas plusieurs places qu'il occupait dans les États de l'Église et même s'empara, le 10 octobre 1409, du Borgo et du Vatican, où la bannière d'Alexandre V fut arborée. Ses troupes achevèrent la conquête de Rome, le 15 février. Le pape, en novembre 1409, était allé de Pise à Prato, où il avait passé une partie de l'hiver, puis à Pistoie. De là il aurait pu se rendre à Rome même, mais le cardinal Cossa l'entraîna près de lui à Bologne. C'est là que, dans la nuit du 3 ou 4 mai 1410, il fut enlevé par une mort subite à laquelle ce dernier, comme on

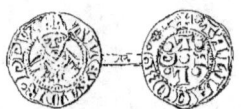

20. — Monnaie d'Alexandre V.

BOLOGNINO, petite monnaie d'argent. A gauche, le buste du pape de face, avec la mitre et le pluvial. ALEXNDR PP V. Au revers Taliacozzo (dans le champ TALC), où se trouvait l'atelier de Jacques Orsini, le fondeur autorisé par le pape.

l'a prétendu, n'aurait pas été étranger. Celui-ci fut élu à sa place, le 17 mai, et prit le nom de Jean XXIII.

Marc Renière, Ἱστορικαὶ μελέται· Ὁ Ἕλλην πάπας Ἀλέξανδρος Ε΄, τὸ Βυζάντιον καὶ ἡ ἑσπερία σύνοδος, Athènes, 1881. — Nerio Malvezzi, Alexandro V papa a Bologna, dans Atti e memorie della r. deputazione di storia patria per le provincie di Romagna, 1891, t. IX. — Muratori, Rer. Italic. script., t. III, 2ᵉ part., col. 841-842; t. XVII, col. 1220; t. XVIII, col. 1087; t. XIX, col. 878; t. XXI, col. 101. — Martène et Durand, Veterum scriptor... collect., Paris, 1733, t. III, col. 815-817, 1044 sq., 1113-1119. — Mansi, Sacror. concil. ampl. collect., t. XXVI, XXVII. — Denifle-Chatelain, Chartularium universitatis Parisiensis, Paris, 1894, t. III, p. 302, 359. — Rainaldi, Annales ecclesiastici, éd. Mansi, Lucques, 1752, t. VIII, p. 286-288, 292-293, 299-307, 311-318. — Hefele, Hist. des conciles, trad. Delarc, Paris, 1874, t. X, p. 307, 428. — Pastor, Histoire des papes, trad. Furcy-Raynaud, 3ᵉ éd., Paris, 1907, t. I, p. 205-206. — L. Salembier, dans Dictionnaire de théologie catholique, t. I, col. 722-724. — Noël Valois, La France et le grand schisme d'Occident, Paris, 1902, t. IV, passim.

A. CLERVAL.

62. ALEXANDRE VI (11-26 août 1492-18 août 1503). — I. Origines et formation. II. Les embarras du népotisme (1492-1498). III. Le triomphe de César Borgia (1498-1503). IV. Résultats du pontificat. V. Alexandre VI devant l'histoire. —

I. ORIGINES ET FORMATION. — Rodrigue Borgia (Borja), fils de Joffre, cousin, et d'Isabel, sœur du cardinal Alonso Borgia, était Borgia, et non Lançol, comme on l'a prétendu jusqu'ici, et naquit à Jativa, dans la province de Valence (Espagne). On connaît fort peu, ou presque pas des antécédents de sa famille. Orphelin de père à dix ans, il fut adopté par son oncle, qui le fit nommer, vers 1445, chantre de la cathédrale de Valence, et dut veiller à son instruction. On ne sait rien de plus sur la jeunesse et l'éducation du neveu. Quand le cardinal fut devenu pape sous le nom de Calixte III (1455), il appela Rodrigue auprès de lui, accumula les bénéfices sur sa tête, le combla d'honneurs et de dignités, l'envoya terminer ses études à l'université de Bologne, le créa cardinal, le 20 février 1456, et enfin le nomma vice-chancelier de la sainte Église romaine, le 1er mai 1457, lui assurant ainsi la première fonction de la curie, le premier rang, à Rome, après le pape. Administrateur de l'archevêché de Valence le 30 juin 1458, évêque suburbicaire d'Albano en 1468, de Porto en 1476 (titre qui lui assurait la préséance au Sacré-Collège après le doyen), Rodrigue cumula encore les évêchés de Carthagène, reçu en 1482, d'Erlau en Hongrie (1491), de Majorque (1489); il fut

21. — Alexandre VI.
Fresque des appartements Borgia au Vatican.

de bonne heure le plus riche et le plus puissant des cardinaux, et put exercer dans l'Église romaine, comme dans l'histoire de la papauté, un rôle prépondérant. Malheureusement il contribua plus que personne à exagérer le caractère déjà mondain et séculier de la curie, par la légèreté de sa conduite et l'exemple de sa vie adonnée au plaisir. Dès 1460, le pape Pie II lui adressait, à propos d'une fête champêtre qu'il avait organisée à Sienne, une remontrance sévère, avec menace de mesures plus graves. C'est que le personnage, d'un tempérament sensuel, donnait libre cours à ses passions, et ne reculait devant aucune aventure, que lui rendaient d'ailleurs facile sa beauté physique, son extérieur imposant et la fascination de ses manières. Il ne rougissait guère de sa conduite, l'étalait même en public, et l'opinion l'encourageait par son indulgence. Après l'admonestation de Pie II, il eut deux enfants, qu'il reconnut, dont un fils, Pedro Luis, pour lequel il acheta le duché de Gandia dans son pays (1485). A partir de 1470, il entretint des relations suivies avec une dame romaine, la célèbre Vanozza Cataneis (qui, par ailleurs, fut mariée trois fois), et en eut quatre enfants dans l'espace de sept ans, Juan, César, Lucrèce et Joffré (1474-1481). Il les fit légitimer par le pape, et les pourvut richement : le premier remplaça son frère aîné, mort en 1491, comme duc de Gandia; César fut établi dans l'Église, reçut l'évêché de Pampelune en septembre 1491, et l'archevêché de Valence à l'exaltation de son père; Lucrèce fut mariée trois fois, princièrement, nous le verrons.

Le cardinal *vice-chancelier*, c'est le nom qu'il porte d'ordinaire dans les documents contemporains, prit part à l'administration romaine, aussitôt après avoir terminé ses études d'université, et s'en occupa pendant trente-cinq ans. Il ne s'écarta des affaires un temps notable que pour la légation de quelques mois (mai 1472-octobre 1473) qu'il remplit en Espagne lors de la croisade de Sixte IV. A son retour, il fut assailli sur les côtes de Toscane par une violente tempête, qui emporta une partie de sa suite et tout son bagage.

Son influence avait commencé sous Paul II (1464-1471), et elle ne fit que grandir avec Sixte IV. Il avait contribué à l'élection de ce dernier pape, qui lui donna en récompense la riche abbaye de Subiaco. En dehors des travaux de la chancellerie, qui embrassaient l'expédition des affaires spirituelles et bénéficiales de

22. — Monnaie d'Alexandre VI.

Grosso, monnaie en argent. A gauche, les armes du pape avec le bœuf des Borgia, surmontées des clefs et de la mitre. ALEXANDER VI PONT. MAX. Au revers, saint Pierre et saint Paul en pied, S. PETRUS, S. PAULUS, et en exergue ROMA, où se trouvait l'atelier de monnaie.

la chrétienté, il n'était pas de question importante, débattue en consistoire, dont Borgia n'eût à s'occuper, et sur lesquelles son avis ne fût prépondérant. Il donna même de l'ombrage aux neveux du pape, et le plus habile d'entre eux, le cardinal Giuliano della Rovere, puisa dans les compétitions qui s'élevèrent alors entre eux une véritable animosité, puis cette haine, fortifiée au temps d'Alexandre VI, que, devenu le pape Jules II, il éprouvait pour tout ce qui rappelait son prédécesseur.

A la mort de Sixte IV (1484), Rodrigue chercha à se faire élire pape; il gagna l'appui du roi Ferrante de Naples, et il avait déjà commencé des brigues simoniaques, en promettant aux électeurs le partage de ses bénéfices et dignités, lorsqu'il dut, à l'ouverture du conclave, reconnaître qu'il n'avait pas d'espoir. Les huit années du pontificat d'Innocent VIII lui servirent à accroître, avec son prestige et sa fortune, ses chances d'arriver. Appuyé sur le roi de Naples Ferrante, il dirigeait, au consistoire et à la curie, le parti d'Aragon-Espagne, en opposition à la monarchie française, qui revendiquait les Deux-Siciles. Aussi, en 1492, les marchandages auxquels il se livra lui réussirent-ils du premier coup. Il gagna le plus influent des cardinaux, Ascanio Sforza, frère de Ludovic le More, par la promesse de la chancellerie, et huit autres électeurs se partagèrent les évêchés, châteaux et terres du candidat, qui fut élu sans difficulté, contre son rival Giuliano della Rovere (11 août 1492). Il y eut incontestablement simonie, et l'origine de son pouvoir pesa sur tout le règne d'Alexandre VI.

II. Les embarras du népotisme (1492-1498). — Les pratiques scandaleuses de cette élection indignèrent beaucoup de gens, et cependant l'on se montrait alors peu exigeant sur ce chapitre, comme sur celui des mœurs. Toutefois, le résultat fut favorablement accueilli, à cause des grandes capacités et de l'expérience que l'on reconnaissait généralement au nouvel élu. Mais les difficultés inhérentes à tout changement de règne furent aggravées par le mécontentement que provoqua le népotisme, et surtout l'intrusion des Espagnols, qui composaient seuls l'entourage du pape, au désespoir des Romains, et accaparaient les premières dignités de la curie. Giuliano della Rovere, chef de l'opposition, redoutant le ressentiment d'un pontife peu scrupuleux, se réfugia en France et poussa de toutes ses forces à l'expédition de Charles VIII. Les Colonna et les Orsini, qui tenaient les principales places des États de l'Église, se déclarèrent contre le pape. Le roi de France accourait à la conquête de Naples et parlait de réunir un concile pour juger l'élection d'Alexandre VI comme entachée de nullité; plusieurs cardinaux inspiraient ses rêves. En réalité, Charles VIII n'était pas de taille à réformer l'Église; le pape accepta ses conditions, l'enjola, le poussa sur Naples sous prétexte de croisade (janvier 1495) et ne tint aucune de ses promesses. Il se retourna prestement, se fit antifrançais, et entra dans la Sainte Ligue conclue en mars entre les puissances de la péninsule qui expulsa les barbares d'Italie. La situation n'en était pas moins précaire, et une expédition entreprise en 1496, pour soumettre les Orsini, échoua complètement. C'est que le pape n'avait cure de son impopularité, et ne excitait les causes à plaisir. Non contents de remplir les places et d'usurper les fonctions, les Espagnols, ces Maures, ces *Maranes*, comme on les appelait, recevaient nombre de chapeaux cardinalices, quatre sur cinq, à la promotion de 1496. Alexandre voulait se créer au sacré Collège, semble-t-il, une majorité de compatriotes pour pouvoir mieux disposer de tout, de l'Église et même de sa succession temporelle. Les Borgia étaient avantagés de toute façon: le second duc de Gandia, Juan, recevait, avec le titre de gonfalonier de l'Église romaine (octobre 1496), le commandement des troupes pontificales; César était cardinal depuis septembre 1493 et accumulait les légations; Lucrèce épousait Jean Sforza, neveu du cardinal Ascanio.

Deux événements d'une certaine gravité vinrent, tout en caractérisant l'opposition, la fortifier et mettre en péril l'autorité papale. Le 14 juin 1497, le duc de Gandia fut assassiné au cours d'une équipée nocturne, son corps jeté dans le Tibre et retrouvé deux jours plus tard, criblé de blessures et conservant ses insignes. On ne parvint jamais à découvrir l'auteur du forfait, on en accusa beaucoup de personnes en vue, à commencer par son frère César, mais l'opinion commune fut, et est encore, que le duc succomba dans une aventure galante, victime de quelque jaloux, probablement à l'instigation des Orsini. Le pape en fut profondément affecté, jusqu'au désespoir, et son premier mouvement fut d'attribuer cette épreuve à un châtiment de Dieu. Il résolut de s'amender, et institua même une congrégation de cardinaux chargée de la réforme de la curie et de l'Église romaine. Elle tint plusieurs séances, rédigea des mémoires et des programmes. Un projet de bulle fut même dressé, et pendant quelques jours la vie du pape et la tenue de sa cour prirent une tournure sérieuse.

Puis, tout fut mis de côté, oublié, et Alexandre retomba dans ses habitudes de fêtes mondaines, de dissipation et de scandales. A ce moment même, il lui naquit un fils d'une mère inconnue; il l'appela Juan pour se consoler de la perte du bien-aimé, et le légitima en 1501. En décembre de cette année 1497, après un procès scandaleux, il prononça la nullité du mariage de Lucrèce avec Jean Sforza, et, en juillet de l'année suivante, la remariait à un bâtard de la maison royale de Naples, Alfonso, duc de Bisceglie. Vers la même époque, César renonçait à la pourpre pour devenir duc de Valentinois, rentrait dans le monde (août 1498), et partait bientôt pour la France. Ce redoublement de désordres explique, sans les justifier, les violentes attaques contre la papauté du terrible agitateur de Florence, Jérôme Savonarole. La lutte entre le pape et lui, le second fait qui ébranla pour un temps la puissance d'Alexandre VI, remontait à plusieurs années. Le débat fut d'abord purement politique. Savonarole, qui voyait dans l'intervention française le salut de l'Italie, transformait la chaire en tribune, et ses discours enflammés, en fondant un nouveau parti à Florence, y renforçaient les querelles et les divisions intestines. Alexandre VI craignit de voir la révolution se perpétuer, avec le désordre, dans la ville, et provoquer une intervention des Français. Par deux brefs de l'année 1495, il interdit la prédication à Savonarole, et le cita à Rome pour rendre compte de ses enseignements. Non content de désobéir, le tribun attaqua avec beaucoup de violence les vices, les abus et la corruption de la cour romaine, en sorte que, le 12 mai 1497, il fut excommunié. S'il s'abstint dès lors de prêcher, il continua d'agir par ses amis et partisans; et son ascendant, se fortifiant de mille manières, même par les sacrements, entretenait dans la ville un foyer de perpétuelle agitation. Il se mettait en correspondance avec les souverains de la chrétienté, surtout Charles VIII, et les poussait à intervenir pour procéder à la *réforme de l'Église*, même malgré le pape.

Enfin, le 25 février et le 9 mars 1498, Alexandre VI somma les Florentins, sous menace d'interdit, de lui livrer le contumace, ou du moins de lui défendre l'accès de la chaire et de l'enfermer dans son couvent. Savonarole répondit par une véritable déclaration de guerre, et réclama la convocation d'un concile général où, en fait, la réforme de Rome aurait équivalu à la mise en jugement du pape. Bien que le gouvernement de la république s'efforçât de sauver le moine, en atténuant ses torts auprès du pape et en éludant les ordres qu'il envoyait, l'intervention d'Alexandre VI ne laissait pas que d'impressionner les fidèles de la cité, et de fournir des armes aux adversaires de Savonarole. D'ailleurs, celui-ci commit des maladresses qui contribuèrent, avec ses violences, à le discréditer. Après avoir accepté l'épreuve du feu pour établir la légitimité de sa mission, il recula au dernier moment; les masses populaires commencèrent à lui retirer leur confiance, son prestige, battu en brèche de divers côtés, en fut bien affaibli, et la Seigneurie en profita pour le faire emprisonner et instruire son procès (avril 1498). On y admit les commissaires pontificaux, le général des dominicains et l'évêque de Lérida, arrivés le 19 mai seulement, qui, après s'être assurés que Savonarole n'avait pas de correspondants à la cour de Rome, le déclarèrent coupable d'hérésie et le livrèrent au bras séculier (22 mai 1498).

Le lendemain, il monta sur le bûcher, après avoir fait des aveux qui lui furent arrachés par la torture, après un procès où la raison d'État justifiait seule les illégalités et l'arbitraire de la procédure. Alexandre VI avait patienté trois ans, un pape plus austère aurait peut-être montré moins de magnanimité, surtout à cette époque. Si la personnalité du moine ainsi que son rôle restent encore des problèmes devant l'histoire, à plus forte raison ne peut-on pas plus reprocher au pape Borgia d'avoir défendu son autorité par les moyens en son pouvoir que d'avoir provoqué cette exécution, dont les gouvernants florentins se firent, d'ailleurs, un mérite auprès de lui.

III. LE TRIOMPHE DE CÉSAR BORGIA. — La mort de Savonarole coïncida avec une recrudescence chez le pape de scandales et de népotisme, qui porterait à croire qu'il avait jusque-là tenu encore quelque compte de l'opinion publique, surexcitée par la parole du moine. Il ne connaissait plus de borne, et les ambassadeurs d'Espagne, de Portugal, de l'empereur Maximilien, mais surtout Charles VIII, lui adressèrent à plusieurs reprises de rudes remontrances, le menacèrent d'un concile. Il étalait en public sa maîtresse, la belle Giulia Farnèse, qu'il avait mariée lui-même, et s'abandonnait à l'ascendant de son fils César, qui représentait et soutenait le mieux les intérêts de la famille. Il tremblait devant lui, et reconnaissait parfois l'étrangeté de cette situation, mais la voix du sang parlait toujours plus haut chez lui; il fut sans cesse préoccupé d'agrandir les siens, et, s'il est difficile de déterminer dans les conseils et les décisions la part du père et celle du fils, il est incontestable que toute la politique des dernières années du pontificat fut réalisée, sinon dirigée par l'ambitieux César.

Ce personnage sans scrupule, le vrai type des héros d'aventure de la Renaissance, si bien que Machiavel a pu le prendre pour modèle de son *Prince*, rêvait de se tailler une principauté indépendante en Italie, comme l'avaient fait d'autres neveux de pape. Quand il se fut sécularisé, il se consacra tout entier à l'exécution de ce programme et la poursuivit par tous les moyens. Ce fut lui qui amena soudain un rapprochement de la papauté avec la France, dont Alexandre VI s'était toujours défié, et, dans la mission qu'il remplit en ce pays pour sceller l'accord des deux puissances, il apporta pour Louis XII une dispense de mariage avec Anne de Bretagne, qu'il ne délivra qu'une fois reconnue par les commissaires pontificaux la nullité de l'union antérieure du roi avec Jeanne de France. Il recueillit le duché de Valentinois, fief que la papauté réclamait en vain depuis longtemps et dont il porta désormais le titre, l'adoption dans la famille royale, et la dignité de lieutenant du roi en Romagne (octobre 1498-mars 1499).

Le programme des Borgia père et fils comportait comme seconde partie de faire rentrer la Romagne, avec l'appui des forces françaises, sous la domination du Saint-Siège par la suppression des principautés vassales, plus ou moins soumises, qui se la partageaient. En janvier 1500, César occupa Forli, Imola et, quand le retour offensif de Ludovic le More en Milanais rappela ses contingents français, il vint recevoir à Rome les insignes de capitaine général de l'Église (mai 1500). La conquête de Pesaro, Rimini, Faenza, à la fin de cette année, lui valut le titre de duc de Romagne. Le même sort échut peu après aux barons qui se partageaient la *Campagna* (environs de Rome), et ne se montraient pas plus soumis que les despotes de Romagne. Les Colonna, les Savelli, et autres vassaux peu sûrs furent domptés, et leurs possessions réparties entre les membres de la famille Borgia, de préférence en bas âge, dont César reçut la tutelle. Il était maître absolu de Rome et des États pontificaux, et son despotisme brutal à la fois et perfide ne reculait devant aucun moyen pour asseoir son autorité. Il tirait parti des accès de colère comme de ses plans les mieux combinés. A la suite d'une altercation avec son beau-frère, le duc de Bisceglie, il le faisait assassiner (août 1500), et l'année suivante, il remariait Lucrèce, son instrument docile, à l'héritier du duché de Ferrare, Alphonse d'Este (décembre 1501). De grands personnages de la curie, même des cardinaux, se virent dépouiller de leur fortune par le poison ou payèrent de grosses amendes pour des crimes contestables.

Quel parti allaient tirer les Borgia de cet accroissement rapide de puissance? Il est évident que César projetait, et il avait fait accepter ses idées du pape, de fonder dans l'Italie centrale un État puissant, qui contrebalançât, en apparence au profit de l'Église romaine, le royaume de Naples et les souverainetés de l'Italie du nord. Mais cette puissance était éphémère, et César avait accumulé contre lui trop de haines par ses cruautés et ses empoisonnements, par l'exécution sournoise de plusieurs princes qu'il dépossédait, comme des capitaines de son armée, apparentés aux grandes familles de la péninsule, qui avaient conspiré contre lui (décembre 1502). Après avoir occupé Spolète, il chassa les Rovere du duché d'Urbin, les Varano de Camerino, et s'intitula : César Borgia de France, duc de Romagne, Valentinois, Urbin, Sinigaglia et Pérouse (janvier 1503).

Il ne ménageait pas plus ses amis que ses adversaires, et les Orsini, aussi bien ceux qui ne donnaient pas de motif d'inquiétude que ceux qui avaient comploté contre lui, furent dépouillés de leurs châteaux et fiefs des environs de Rome. Déjà César étendait ses visées en dehors des domaines ecclésiastiques, il avait pris Piombino (septembre 1501), et menaçait Florence, lorsque la mort du pape, en août 1503, vint mettre un terme à ses conquêtes. Lui-même était malade à ce moment, et ne put exercer qu'une action insignifiante sur les deux conclaves qui suivirent en quelques semaines. Aussi l'habile Jules II sut-il lui retirer, à force de ruse patiente, la possession de la Romagne et des autres territoires pontificaux, et il alla mourir obscurément en Espagne, à l'assaut d'une forteresse (12 mai 1507). Machiavel l'a remarqué lui-même, cet aventurier n'avait travaillé que pour lui, nullement dans l'intérêt de l'Église romaine; elle devint néanmoins son héritière, et c'est bien en dehors de ses prévisions à lui qu'il peut être compté comme le premier fondateur, ou plutôt rassembleur des États de l'Église.

IV. RÉSULTATS DU PONTIFICAT. — La toute-puissance tyrannique d'un personnage douteux a fait du pontificat d'Alexandre VI un règne séculier, mondain et profane; néanmoins, considéré au point de vue purement humain, il compte parmi les plus brillants de l'histoire de l'Église : le prestige dont jouissait encore la papauté lui permit de jouer son rôle dans la découverte de l'Amérique, qui eut lieu dans les premières années du règne. En vue de prévenir les conflits, l'Espagne et le Portugal, les nations exploratrices d'alors, soumirent à l'arbitrage pontifical la délimitation des régions d'influence qui devaient revenir à chacune. Par une série d'actes des années 1493 et 1494, Alexandre traça une ligne de démarcation au milieu de l'Atlantique, qui déterminait ces régions, pour l'Espagne à l'ouest, pour le Portugal à l'est, avec l'obligation, insérée au cahier des charges, de travailler à l'évangélisation des indigènes, dont les nouveaux maîtres s'engageaient à respecter la liberté civile et le caractère de chrétiens.

Ce pontificat si décrié, qui plus que tous les autres a contribué à l'abaissement moral de l'Église romaine, cette époque où l'on vit l'influence espagnole, prédominante à Rome, y apporter des mœurs étrangères avec certaines pratiques superstitieuses des juifs et des Maures, ne fut pas sans procurer quelques avantages à la religion : les missions s'organisèrent en Amérique, avec la conquête espagnole; le jubilé de l'année 1500 attira beaucoup de pèlerins à Rome. Il est vrai que César perçut au profit de ses projets une part des aumônes. A l'exemple des princes du voisinage et de son prédécesseur Innocent VIII, Alexandre noua des relations diplomatiques avec le grand Turc, le sultan Bayezid, pour l'entretien du frère de celui-ci, Djem, prisonnier à Rome. Ce fut aussi en qualité de souverain italien que, pendant trois ans (1499-1502), il mit au service de la lutte contre le Croissant les décimes du clergé et les armes spirituelles du vicaire de Jésus-Christ; il envoya des secours aux possessions vénitiennes menacées de l'Archipel et du Péloponèse. Le cardinal Péraud, un Français italianisé, entreprit sans succès une longue légation en Allemagne (octobre 1500- fin 1503), pour secouer l'apathie des populations saxonnes et autrichiennes, des Hongrois et des Polonais menacés immédiatement par la poussée des Ottomans vers l'Europe.

Vains efforts, devant lesquels le flot des infidèles ralentit à peine sa marche! Minces résultats qui rattachent Alexandre VI à la série des papes du xve siècle, plus souverains que prêtres ! Il suivit aussi ses prédécesseurs dans la voie du progrès artistique où ils étaient entrés, et ne fit pas moins qu'eux pour l'embellissement de Rome. Des artistes comme Bramante, San Gallo, transformèrent la cité Léonine en y traçant de nouvelles rues, la *via Alessandrina*, aujourd'hui *Borgo vecchio*, rebâtirent le château Saint-Ange, en lui conservant son caractère de forteresse, et travaillèrent aussi dans le reste de la ville où ils élevèrent la Sapience, université de Rome, un des beaux monuments de la Renaissance. Les appartements Borgia, la partie du Vatican qu'habitait le pape, reçurent du Pinturicchio, son peintre favori, des décorations célèbres, tout un ensemble de fresques et d'ornementations architecturales, qui a été rendu à la lumière sous le pontificat de Léon XIII (1887). Le même artiste décora aussi les salles du château Saint-Ange. De leur côté, les membres de la curie suivirent l'exemple du pape et contribuèrent à l'embellissement de Rome. Les cardinaux Castellesi et Riario della Rovere firent bâtir par les San Gallo deux autres chefs-d'œuvre de la Renaissance, qui sont encore debout : l'un est le palais Giraud au Borgo, l'autre, achevé sous ce pontificat, devint plus tard la Chancellerie pontificale.

Les lettres furent moins favorisées que les arts sous la domination des Borgia. Si elles reçurent quelque encouragement par la création du collège des *Scriptores brevium*, origine du service ou bureau des brefs (bulle *In eminenti*, 22 sept. 1500), où furent admis les meilleurs latinistes du temps; elles se virent mettre en tutelle par la bulle du 1er juin 1501, contre les imprimeurs allemands, qui interdisait de publier quoi que ce fût sans l'autorisation de l'ordinaire.

On l'a dit, « aucun souverain temporel du temps ne saurait se comparer à Alexandre VI pour la puissance intellectuelle, la hauteur de vue, la compréhension de tout ce qui élève l'esprit humain. » Maulde-La Clavière, *La diplomatie au temps de Machiavel*, t. II, p. 273. Mais aussi, il avilit la plus haute autorité morale de l'humanité; le pontificat romain, devenu pouvoir séculier sous ses prédécesseurs, fut atteint profondément, déshonoré par son népotisme et ses mœurs privées, parce que peut-être, dit un autre historien (Creighton), il se montra moins réservé et étala sans pudeur ses faiblesses déplorables. La fortune rapide des Borgia leur avait suscité tant d'ennemis à Rome, en Italie et dans la chrétienté, que les rancunes, les jalousies et aussi, faut-il le dire, le mépris qu'ils avaient soulevés, firent rejaillir sur le pontificat le discrédit dans lequel ils tombèrent, en même temps que les accusations et les calomnies. Caractéristique à ce point de vue est l'attitude de Jules II, un adversaire politique d'ailleurs, qui fit murer les appartements Borgia, et ne parlait de son prédécesseur qu'avec emportement et colère, l'appelant couramment le *Marane* (alors terme de mépris, synonyme d'*Espagnol*).

Un homme qui avait fait naître de telles inimitiés ne pouvait échapper à la légende d'une mort violente, qui fut le lot de la plupart de ses contemporains fameux. Quand il fut décédé, le 18 août 1503, après six jours d'une maladie contractée à la suite d'un souper, et probablement des fièvres qui désolent Rome à cette saison, on parla d'empoisonnement, on en accusa plusieurs personnages, même César. On y a cru longtemps, et des historiens sérieux, Ranke lui-même, admettent encore l'hypothèse. Mais elle n'est plus soutenable aujourd'hui, surtout après les explications techniques des médecins qui ont suivi la maladie, et dont l'ambassadeur vénitien Giustiniani cite les rapports.

V. ALEXANDRE VI DEVANT L'HISTOIRE. — L'impopularité que la fortune arrogante des Borgia, les atrocités de César, le népotisme en un mot, les plus mauvais fruits, avaient fait rejaillir sur le pontificat d'Alexandre VI, grandit après sa mort, et le monde de la Renaissance partagea l'aversion que Jules II ressentait pour son ancien rival. L'histoire se laissa entraîner par le courant et ne fut pas éloignée de voir, avec son ennemi Guichardin, dans Alexandre VI un fléau de l'humanité. Quand la génération indulgente du temps eut fait place à une plus sévère, celle de la contre-Réforme, on n'apprécia plus, on se réfugia dans le silence et l'oubli. Cependant, les protestants et autres adversaires du catholicisme, en travail d'infliger à l'Église l'opprobre d'un pape chargé de vices, dépensèrent trois siècles à entasser légende sur légende, pour enfanter, dans la littérature et le théâtre, un monstre contre nature, empoisonneur, incestueux, violateur de toute loi, droit et parole donnée.

Le xixe siècle, avec le renouvellement des études historiques, a fait justice de ces exagérations et de ces travestissements odieux. Des historiens protestants comme Ranke, Creighton, etc., ont remis les choses au point. Par contre, les essais de réhabilitation totale, tentés par certains catholiques (le P. Ollivier, O. P., *Le pape Alexandre VI et les Borgia*, Paris, 1870; l'abbé Clément, *Les Borgia*, Paris, 1882; Leonetti, *Papa Alessandro VI*, Bologne 1880), ont manqué leur but en dépassant la mesure. Le jugement du dernier historien des papes, M. L. Pastor, reste le critérium définitif qu'on doit accepter en cette question délicate. Il faut distinguer entre le pontife et la personne, eu égard à la place que celle-ci tient dans la politique de l'époque, c'est-à-dire entre le chef de l'Église universelle et le prince séculier.

Le premier doit être mis hors de cause : on ne peut lui reprocher aucun acte qui semble léser l'infaillibilité doctrinale du Saint-Siège. Dans l'affaire de Savonarole, la patience qu'il montra pendant des années justifie ses actes d'autorité : il était tenu de défendre le pouvoir spirituel, d'admonester les coupables, de sévir contre un moine récalcitrant et dénigreur qui n'avait nullement mission de réformer l'Église.

L'indignité de la personne a cependant rejailli sur le pontife, et c'est ce qu'il faut regretter, ce que nous avons reconnu d'ailleurs en constatant que la papauté atteignit peut-être, avec Alexandre VI, un nouveau degré d'abaissement. Le personnage, pour employer le langage des historiens de cette époque, fut un être *amoral*, c'est-à-dire étranger à toutes les idées, à tous les sentiments qui constituent la base de la morale ordinaire, si nous en exceptons l'amour de la famille, qui fut excessif chez lui et souvent en opposition avec ses devoirs de pontife; si nous en exceptons encore une certaine religion, qui se manifestait par des réveils fugitifs de la conscience, par des pratiques religieuses à l'espagnole sans doute, intermittentes, avec un fond de foi réelle, dont le mobile était la crainte unie à d'autres sentiments complexes.

Amoral, il le fut d'abord par son penchant à la

luxure : il avait contracté dès sa jeunesse l'habitude de céder à tous les entraînements de sa nature passionnée, et il en fut victime jusque dans sa vieillesse. Beau lui-même, bien fait, majestueux, d'un langage plein de grâce et de persuasion, il exerçait un attrait irrésistible sur les personnes du sexe faible. Il ne résista guère à son libertinage pendant le pontificat, où la faveur de Giulia Farnèse ne cessa pas un instant. Et elle ne fut pas la seule à succomber, mais on ne croit plus aujourd'hui aux soi-disant relations coupables du pape avec sa fille Lucrèce.

Cette ignorance de la morale au profit des instincts et des intérêts s'étendait à tout. Alexandre VI ne valait ni plus ni moins que les autres princes du temps, qui ne regardaient nullement à la qualité des moyens, pourvu qu'ils conduisissent au but. Les manques de loyauté, les mensonges, les actes formels de perfidie, la violation de la parole donnée, les guet-apens, les meurtres à ciel ouvert et les empoisonnements secrets, tout était bon quand l'ambition se trouvait en jeu. On ne songeait pas à blâmer Ferdinand le Catholique d'avoir dépossédé ses parents de Naples, au moyen des troupes espagnoles qui occupaient leurs places, sous prétexte de les défendre contre les Français, et Machiavel considérait comme un chef-d'œuvre de sagacité politique le guet-apens de Sinigaglia, dressé par César contre ses capitaines en révolte, et conjurés ensemble.

S'il fut prince séculier par ses défauts, et rien de plus, Alexandre VI avait des qualités éminentes, qui l'élevèrent au premier rang des souverains et des politiques de son temps : « Le seul homme en Italie qui sût ce qu'il voulait, et le poursuivit avec ténacité », dit encore Creighton. Un véritable homme d'État, ajoute-t-il. Il avait les dons les plus brillants qu'on peut désirer chez un cavalier accompli, une tenue pleine de dignité, une éloquence séduisante, un caractère aimable, enjoué, bonhomme au besoin, tout ce qui peut captiver. Il aimait le luxe, la pompe, la splendeur des cérémonies, où il figurait à son avantage ; il était libéral et magnifique, il dépensait avec prodigalité, quoique à bon escient.

A ces qualités plutôt secondaires, il joignait de remarquables capacités d'homme d'État, une intelligence des affaires publiques qu'avaient aiguisée une longue expérience et trente-cinq années de pratique dans les premiers postes de l'Église romaine. Avec cela, diplomate de premier ordre, doué d'une mémoire extraordinaire, plein de présence d'esprit, prévenant et charmeur. Il ne manquait pas de longanimité, comme le prouvèrent sa conduite envers Savonarole et son attitude à l'égard des pamphlets qui circulaient dans Rome, et n'épargnaient pas plus sa personne que ses actes et son entourage.

Ce qui diminua de beaucoup Borgia, et parut l'abaisser au-dessous de ses prédécesseurs, et même des princes contemporains, ce fut son asservissement au népotisme ; la grandeur de sa famille tourna chez lui à la passion, et on put croire que l'Église romaine et la papauté étaient devenues les fiefs des Borgia. Alors la suggestion de terreur qui le jeta entre les bras de César, encore plus que l'affaiblissement causé par ses plaisirs, lui fit abdiquer sa volonté, il parut inférieur à lui-même, et les qualités que nous avons reconnues en lui pâlirent devant les vices : les injustices, les cruautés, les perfidies prirent le dessus ; plus il se sentait maître, plus il endossait de gaîté de cœur la responsabilité de crimes que sa conscience endormie ne savait même plus réprouver.

César fut donc le mauvais génie du pape, comme de toute la famille. La seule excuse qu'on puisse invoquer en sa faveur, c'est que son tempérament emporté de méridional, au sang croisé d'Espagnol et d'Italien, ne rencontra jamais de frein, reçut au contraire des excitations continuelles de la bonne fortune, du succès, des faveurs de toute sorte, à un âge où la réflexion et l'expérience n'avaient pas encore éteint le feu des passions. Ce n'était pas un malfaiteur répugnant, un soudard vulgaire, il avait une grande intelligence, une culture variée, du goût pour les arts, qu'il protégea du reste ; il se montra à la fois grand politique et homme de guerre consommé, ce qui explique sa supériorité et son ascendant sur les chefs de bande de l'époque, qui étaient plutôt des écumeurs de grand chemin que de vrais chefs militaires. Avec toutes les mœurs de ces condottiere, il se montra cruel à froid, par calcul, pour des motifs futiles, pour de simples pamphlets, ou par besoin d'argent : la succession d'un cardinal Michiel, d'un cardinal Ferrari, riches et vieux, des Orsini, des Varano, qu'il décima à plaisir, lui semblait justifier un empoisonnement, une série d'attentats. Sa dette devant la postérité est assez lourde et n'a pas besoin d'être aggravée par des forfaits légendaires, tels que la mort de son frère Juan, celle de son père, l'inceste avec sa sœur.

Lucrèce, dont le drame romantique a fait une empoisonneuse de profession, n'était qu'une femme ordinaire, molle, indécise, insignifiante de caractère, plutôt douce, bonne et aimante, mais sans volonté ! Elle fut un pur instrument entre les mains de son père et de son frère, se laissa marier par eux tant qu'ils voulurent et pour servir à la grandeur de la famille. Elle avait des vertus moyennes, mais réelles, qu'il fut un temps pervertie par la corruption de la cour romaine, où elle ne rencontrait que de mauvais exemples et des entraînements au mal. Mais elle se ressaisit à la cour de Ferrare, et y termina sa vie assez jeune (1519), après y avoir été un modèle de vertus familiales et publiques, de l'épouse, de la mère et de la souveraine. Les poètes et les humanistes de l'Italie l'ont célébrée à ce point de vue, et aussi comme la protectrice des arts et des lettres.

L'historien Reumont a bien montré dans le pontificat d'Alexandre VI la fin d'une période, le dernier degré d'une crise qui conduisait la papauté, sécularisée et détournée de son rôle par les ambitions familiales, à un aboutissant imprévu, l'organisation d'un État italien, la création au centre de la péninsule d'une puissance qui pût, en y maintenant l'équilibre, mettre un terme aux luttes intestines qui la désolaient depuis deux cent cinquante ans. Le mérite des Borgia, père et fils, fut d'écraser cette noblesse turbulente qui désolait, par ses luttes interminables, la Campagne romaine, la Toscane, les pays environnants et Rome elle-même, de préparer les voies à Jules II dans la constitution des États pontificaux, de fonder un commencement de police et d'organisation, qui permit aux peuples de respirer, de vivre en paix et de produire. La chrétienté doit leur en témoigner quelque reconnaissance, ainsi que les pèlerins et les étrangers que la politique, la religion, les arts et les affaires attiraient à Rome.

Et nous ne pouvons mieux terminer que par ce jugement du même historien : « Alexandre VI a jeté le discrédit sur la papauté, les contemporains l'ont accablé, lui et sa cour, de calomnies, les âges postérieurs, d'outrages. Son premier châtiment a été qu'on ait cru à ces mensonges, qu'on l'ait supposé capable des derniers scandales, sans qu'il les ait commis, qu'on ait admis les historiettes les plus malpropres et les plus dégoûtantes sur sa vie privée. Son gouvernement spirituel n'a pas donné prise au moindre blâme sérieux, et ses ennemis les plus impitoyables eux-mêmes n'ont pu formuler sous ce rapport aucune accusation précise de quelque portée. Même Savonarole, qui l'attaqua plus violemment que n'importe qui, se tenait, en dehors de l'accusation sur le trafic des dignités ecclésiastiques, dans des banalités et des attaques personnelles, comme lorsqu'il réclamait la réunion d'un concile, parce que toute la vie d'Alexandre témoignait de son impiété, qu'il n'était pas chrétien, que son élection était simoniaque et invalide, et l'Église sans chef : accusation qu'il ne proférait pas du reste dans ses sermons et écrits théologiques, mais dans ses lettres à Charles VIII et autres princes. »

Ludw. von Pastor, *Geschichte der Päpste seit dem Ausgang des Mittelalters*, 4ᵉ édit., 1899-1904, t. II, III; trad. française de Furcy-Raynaud, 1892-1896, t. III-VI. — *Johannis Burchardi Diarium*, édit. Thuasne, Paris, 1883-1885, t. II, III. — A. von Reumont, *Geschichte der Stadt Rom*, Berlin, 1868, t. III, 1ʳᵉ partie, p. 199-250.—M. Creighton, *History of the papacy during the period of the Reformation*, Londres, 1887, t. III, IV. — *Bullarium romanum*, édit. Turin, 1860, t. v. — *Diarii* de M. Sanuto, Venise, 1880, t. I-IV. — R. Maulde-La Clavière, *La diplomatie au temps de Machiavel*, Paris, 1892-1893, 3 volumes in-8°, passim. — P. Suau, *Histoire de saint François Borgia*, 2ᵉ édit., Paris, 1910, p. 15-20.—*Dict. de théologie catholique*, t. I, col. 724-727. — *The catholic encyclopedia*, New York, 1907, t. I, p. 289-294. — Ul. Chevalier, *Répertoire...*, Biobibliogr., col. 141-142 (a conservé toute son importance).

P. RICHARD.

63. ALEXANDRE VII (7-18 avril 1655-22 mai 1667). — I. Sa carrière (1629-1643). II. Le congrès de Munster (1644-1655). III. Grandeur et misères du pontificat (1655-1662). IV. Alexandre VII et Louis XIV (1662-1667). V. Gloires d'Alexandre VII.

I. LA CARRIÈRE (1629-1643). — Fabio Chigi, le futur Alexandre VII, naquit à Sienne le 12 février 1599, d'une ancienne famille noble de cette ville. Son père, Flavio, descendait de Sigismondo, qui avait continué la famille à Sienne, au début du XVIᵉ siècle, pendant que son frère Agostino, le célèbre banquier des papes, fondait la branche romaine. Fabio fut tenu sur les fonts du baptême par le peintre Francesco Vanni. Il perdit son père de bonne heure, à douze ans, mais sa mère, Laura Marsili, dirigea elle-même soigneusement son éducation, avec le concours de son beau-frère Agostino, chevalier de Malte, devenu le tuteur de l'enfant. Cette éducation fut brillante et selon la discipline pédagogique du temps; aussi Alexandre VII se distingua-t-il parmi les hommes les plus cultivés dans l'Italie du XVIIᵉ siècle. Ses études de belles-lettres, en particulier, développèrent chez lui un goût prononcé pour la poésie latine; si on n'a pas conservé le poème héroï-comique, qu'il aurait composé à onze ans, sur le *Combat des Pygmées et des grues*, il publia néanmoins plus tard, en 1656, un recueil de poésies fugitives de sa jeunesse, intitulé *Philomati* (du nom d'une académie de Sienne dont il avait fait partie), et c'est par ses succès en versification qu'il plut à Urbain VIII, qui cultivait aussi la poésie. Le jeune Chigi trouvait aussi dans les monuments de sa ville natale des excitations et des ouvertures pour l'intelligence des beaux-arts et même il s'adonna avec ardeur et succès aux mathématiques.

Ses études secondaires terminées, il suivit les cours de l'université dans sa ville natale, tour à tour la philosophie, le droit et la théologie. Il soutint des thèses de maîtrise, pour la première, à vingt et un ans; pour l'un et l'autre droit, trois années plus tard. Il en employa quatre à la théologie, où ses professeurs furent surtout des jésuites, et il étudia à fond les traités de Suarez, qui venaient de paraître. Il présenta ses thèses à vingt-six ans, et les dédia au général de la Compagnie, Muzio Vitelleschi (1625)

Les aptitudes intellectuelles du jeune homme décidèrent sa famille à le lancer, bien qu'il fût l'aîné, dans la carrière ecclésiastique et l'administration curiale romaine, vers laquelle du reste affluait alors l'élite de la noblesse italienne. Sur le conseil de son oncle, il vint à Rome vers la fin de 1626, et se créa d'abord des relations, dont les principales furent celles du jésuite Sforza Pallavicini, religieux très cultivé, un des premiers beaux esprits du temps, du jurisconsulte Clemente Merlini, auditeur de Rote, qui l'initia à la pratique du droit et de la jurisprudence canonique; mais surtout de Giovanni Ciampoli, secrétaire des lettres latines d'Urbain VIII, qui fut tout-puissant à la cour papale jusqu'à sa disgrâce en 1632.

Ces amis introduisirent le jeune provincial dans la société romaine, le firent admettre à l'Académie nouvellement fondée, dite des *Umoristi*. Le dernier surtout le présenta à la cour, à Urbain VIII et à ses neveux, les cardinaux Barberini, le fit entrer

23. — Alexandre VII.

dans la cléricature et enfin nommer prélat référendaire de l'une et l'autre signature, en janvier 1629. Le pape le distingua vite et, sept mois après, l'envoyait vice-légat à Ferrare, un des postes importants des États ecclésiastiques, surtout à cause des contacts avec les puissances du voisinage, Venise et Milan.

Cette situation devait donner de la tablature à un gouverneur de trente ans, tout à fait inexpérimenté : il sut s'en tirer à son avantage et se faire des amis des deux légats qu'il représenta successivement, les cardinaux Sachetti et Pallotta, ainsi que du légat voisin de Bologne, Spada. Dès son arrivée, il donnait asile au nouveau duc de Mantoue, Charles III de Nevers-Gonzague, chassé de ses États par les Austro-Espagnols. Il fut chargé de retenir à Ferrare les otages que ceux-ci et les Français échangèrent au traité de Cherasco (juin 1631). Mais le gros embarras de la légation venait des difficultés que soulevait sans cesse le voisinage de Venise, sur les frontières maritimes et les bouches du Pô, où les empiétements de la République pour la pêche et l'exploitation des salines se compliquaient de conflits entre les populations riveraines. Des conférences auxquelles Chigi prit part, avec le clerc de la Chambre apostolique Ottavio Corsini, n'amenèrent qu'une entente provisoire de tolérance mutuelle, mais il y connut le médiateur Claude de Mesmes, sieur d'Avaux, ambassadeur de France à Venise, avec lequel il eut de bons rapports au congrès de Munster.

Cinq années d'exercice assurèrent la réputation en même temps qu'elles étendaient l'expérience du vice-légat, et en 1634 il fut appelé au poste plus ecclésiastique d'inquisiteur à Malte. La nouvelle fonction lui créait un rôle à la fois religieux et politique, le contrôle du gouvernement du grand-maître, dont le pape était le supérieur immédiat comme chef de la chrétienté, et la surveillance de la foi et des mœurs parmi les chevaliers, astreints aux trois vœux monastiques. Cette fonction entrait, d'ailleurs, dans la hiérarchie des nonciatures, et exigeait de son détenteur le caractère épiscopal. Chigi, qui n'était encore que simple clerc, reçut en quelques semaines les divers ordres sacrés, et fut pourvu de l'évêché de Nicastro, dans le royaume de Naples, qu'il abandonna à cause de la lourde charge d'une pension réservée à son prédécesseur. Au début de 1635, il fut transféré au siège de Nardo, non

24. — Monnaie d'Alexandre VII.

Carlin d'argent d'Avignon. ALEXANDER. VII. PONT. OPT. MAX. Effigie de profil à droite, en exergue les armoiries du pape. — Au revers FLAVIVS. CAR. GHISIVS. LEG. AVE. 1666, cardinal Flavio Chigi, neveu du pape et légat d'Avignon, avec ses armoiries de champ.

loin de Naples, et reçut la consécration épiscopale en arrivant dans sa résidence.

Le nouveau représentant du pape, qui venait diriger la vie publique et privée de ces moines-soldats, organisés en république, avait, en outre, une mission de circonstance : faire exécuter la bulle d'Urbain VIII (26 octobre 1634), qui modifiait la procédure d'élection du grand-maître, où, jusqu'alors, les cabales des chevaliers riches et influents avaient trop de part. Chigi put faire élire, d'après le nouveau statut, l'Espagnol Paul Lascaris de Castelar, en juin 1636. Toutefois son rôle se borna, pendant quatre ans, à la surveillance des mœurs et de la discipline. Il fit cependant encore créer général des galères de l'ordre le chevalier Frédéric, landgrave de Hesse, récemment converti et plus tard cardinal.

La nomination de Chigi à la nonciature de Cologne, en juin 1639, ne marquait qu'un avancement régulier dans la carrière; toutefois, le poste réclamait des aptitudes d'un genre spécial. La tâche était complexe : elle consistait à préserver les populations catholiques des bords du Rhin des attaques de l'hérésie venant de la Hollande calviniste et de l'Allemagne luthérienne, des erreurs et fausses doctrines que la liberté de la presse importait des Provinces-Unies; à défendre ces mêmes populations contre l'ambition des princes protestants, comme le Brandebourg, contre la tiédeur et l'esprit mondain de leurs seigneurs, les électeurs ecclésiastiques. Ceux-ci ne se montraient pas toujours dociles, ni commodes, il s'en faut, à l'égard des représentants de Rome, qui les surveillaient dans leur conduite privée, dans l'administration de leur diocèse et dans le gouvernement de leur principauté. Ces Italiens contribuaient même à leur création, et Chigi réussit à faire élire coadjuteur de Cologne le prince Max-Henri de Bavière, neveu du grand-électeur, Maximilien Ier, contre l'évêque de Verdun, François de Lorraine.

Enfin, quand le nouveau nonce arriva dans son ressort (août 1639), il se trouva qu'il avait de plus à seconder le cardinal Ginetti, légat pour la paix générale, qui, depuis 1637, attendait l'ouverture du congrès européen dans lequel on devait, à Cologne même, négocier la fin de la guerre de Trente ans. Chigi ne paraît pas avoir bien sympathisé avec lui, mais, après son départ, en 1640, il s'entendit mieux avec ses successeurs et suppléants, les nonces extraordinaires, Francesco Machiavelli, archevêque de Ferrare, et après le départ de ce dernier (octobre 1641), Carlo Rossetti, qu'il consacra archevêque de Tarse. Le nonce ordinaire devait, au besoin, leur prêter son concours, au moins les aider de ses conseils, dans l'œuvre laborieuse de la pacification. En attendant que le congrès s'ouvrit, il se préparait lui-même à son rôle de médiateur, assistait à ses derniers moments la reine Marie de Médicis, réfugiée auprès de lui, et la réconciliait avec son fils Louis XIII et avec son ennemi Richelieu (3 juillet 1642).

Le contact incessant, pendant plusieurs années, avec des agents que la curie romaine obligeait à se tenir au courant de toutes les intrigues diplomatiques nouées à travers l'Europe, et le rôle qui lui incomberait dans le congrès, devaient fournir à Chigi l'occasion et le moyen de s'instruire, en suivant de près ces intrigues et la correspondance que les agents médiateurs entretenaient avec les nonces de Paris, de Madrid et de Vienne, ainsi qu'avec la secrétairerie d'État. Aussi, quand Rossetti eut été créé cardinal, en juillet 1643, puis rappelé, ce fut Chigi lui-même qu'Urbain VIII donna comme suppléant au légat, par bref du 17 décembre 1643. Mais il y avait deux ans déjà que le traité de Hambourg avait transféré le congrès à Munster pour les catholiques, à Osnabrück pour les protestants. C'était donc une double charge que Chigi se voyait imposer : il devait déplacer la nonciature de Cologne, mais en conserver la gestion en même temps qu'il travaillait à concilier des intérêts tout à fait contraires et des esprits profondément divisés par vingt-cinq ans de luttes.

II. LE CONGRÈS DE MUNSTER (1644-1655). — Lorsque Chigi, sur l'ordre d'Urbain VIII, arriva en congrès, dans la dernière quinzaine de mars 1644, à peu près en même temps que les plénipotentiaires français, il y avait déjà plusieurs mois que ceux de l'Espagne s'y trouvaient, ainsi que l'autre médiateur catholique, le Vénitien Alvisi Contarini. La présence du nonce permettait enfin d'aborder les négociations, mais une année s'écoula avant qu'on ne commençât sérieusement les débats, et Chigi la dépensa à résoudre trois difficultés préliminaires : 1° La rupture entre les Danois et les Suédois suspendait les conférences d'Osnabrück, où les premiers servaient de médiateurs, où les seconds étaient intéressés, et ce ne fut qu'en septembre que Chigi décida les Impériaux à commencer la conversation avec les premiers, sans intermédiaires. — 2° Les Français acceptèrent d'ouvrir les pourparlers par l'examen réciproque des pleins pouvoirs, mais les subterfuges usités en ces cas. Les Impériaux refusèrent d'admettre aux négociations les représentants des princes allemands, que les plénipotentiaires français, puis Mazarin lui-même avaient convoqués.

Cette difficulté se compliquait de la troisième, qui contraignait le nonce d'intervenir au détriment de l'empereur. L'électeur de Trèves, le vieux Christof von Sœtern, était, depuis dix ans, prisonnier des Espagnols, et Rome avait constamment insisté pour qu'on le lui remît. Chigi s'en était occupé comme nonce ordinaire, à cause des troubles que l'absence du pasteur entretenait dans le diocèse, et il avait même essayé de lui faire donner un coadjuteur. Ses instances et celles du pape décidèrent la maison d'Autriche à relâcher son otage, et l'électeur fut libre en avril 1645.

Dès lors, les débats se déroulèrent lentement, avec peine, à la merci des événements militaires, qui se prononçaient de plus en plus en faveur des Français et de leurs alliés. Mazarin dirigeait de Paris les travaux du congrès par l'intermédiaire d'Abel Servient, le confident de ses combinaisons, et les médiateurs se trouvaient réduits au rôle ingrat de recevoir les propositions de chaque parti, de les transmettre pour en avoir la réponse. Ils furent impuissants à neutraliser les intrigues de l'homme de Mazarin, qui semait la division parmi les alliés de l'Autriche, et réussit à détacher le plus puissant, la Bavière, dont la neutralité, en 1647, puis la défection, en 1648, décidèrent de tout, sur le champ de bataille comme sur le tapis du congrès.

Chigi se voyait à peu près réduit à l'impuissance, et la part qu'il prit à ces événements, d'une importance capitale pour l'histoire de l'Europe, paraissait à première vue si minime, qu'elle passe presque inaperçue dans la plupart des mémoires qui racontent les grandes assises de Westphalie. En réalité, elle revêtit un caractère spécial, et quand on la considère sous son véritable aspect, on peut constater que le diplomate romain a laissé une trace lumineuse dans les intrigues qui préparaient les destinées du monde moderne. Très fin, très perspicace, rompu à toutes les manœuvres de la politique d'alors, il déploya de sérieuses qualités et une rare expérience, et figure dignement à côté des hommes d'État français, dont on a souvent exalté les mérites multiples.

Supérieur à tous les agents de la curie romaine d'alors, sans en excepter son collègue de Paris, Guido di Bagni, qui pendant onze années tint tête au tout-puissant Mazarin, Chigi ne pouvait pas plus qu'eux s'écarter des règles et des devoirs que leur imposait la tradition de la cour romaine. Soucieux non moins qu'eux de son avenir, c'est-à-dire d'arriver au cardinalat, le but suprême de la carrière, on le voit, dans sa correspondance, attentif à comprendre les instructions de Rome, pour en saisir l'esprit plus encore qu'en exécuter le détail, faire ressortir au besoin la manière dont il les interprète, les résultats qu'il obtient, mettre sous les yeux du pape, de toute manière, son savoir-faire, son zèle, son dévouement, son activité. Il écrivait à Bagni *qu'il entendait le français et l'espagnol, mais ne parlait qu'italien*, signifiant par là qu'il n'avait d'autre souci que l'intérêt de la péninsule, de ses princes, en même temps que du premier d'entre eux, le pontife romain.

Mais la préoccupation principale et constante, sinon l'unique, de celui-ci, en cherchant à rétablir la paix entre les princes chrétiens, était d'assurer les avantages de la religion et de l'Église et d'arrêter les progrès des puissances protestantes, qui débordaient en ce moment d'une course torrentueuse à travers les débris de l'Allemagne catholique, du saint empire romain. La correspondance de la curie revient souvent sur la nécessité de mettre fin aux dissensions entre chrétiens, de préparer une résistance sérieuse contre les Turcs qui commençaient à menacer Candie. Mais il est évident que la cour de Rome voyait d'un mauvais œil et cherchait à empêcher par tous les moyens les agrandissements de la Suède, des Provinces-Unies et des États secondaires protestants, comme le Brandebourg. Ce fut à cette tâche ingrate que Chigi dut travailler pendant quatre ans.

Ingrate, elle l'était, et même vouée à un complet échec, puisque ces puissances se groupaient autour de la France, qui, couronnant par les victoires de Condé et de Turenne une lutte de quinze années, devait assurer à ses auxiliaires le prix de leur concours. Les traités de Westphalie, on l'a dit avec raison, fondèrent l'Europe moderne sur les ruines de l'ancienne république chrétienne, et mirent fin à l'hégémonie papale, bien plus, à toute intervention de Rome dans les débats de la politique générale. Les congrès qui préparèrent ces traités furent les derniers où la papauté ait joué son rôle de médiatrice, et dans ceux qui suivirent, les grandes assises du XVIIe siècle, elle fut réduite par la diplomatie française toute-puissante à un rôle si effacé, si peu en rapport avec sa dignité propre, qu'elle se résigna à ne plus y envoyer de représentants.

Il importe donc de savoir dans quelle attitude Chigi assista à l'agonie de la prépondérance politique du chef de la chrétienté. Exclu des négociations d'Osnabrück, où les protestants tenaient le couteau sur la gorge à la maison de Habsbourg, il était, d'ailleurs, enchaîné par les règles de la diplomatie romaine, qui lui interdisaient toute relation officielle avec les hérétiques. Il ne chercha pas à s'y soustraire, et il s'en fait un mérite dans sa correspondance, comme aussi de l'habileté avec laquelle il réussissait à amadouer ceux-ci par des prévenances et des caresses. Sa conduite à l'égard de l'agent brandebourgeois est caractéristique : il refuse de se joindre au cortège des plénipotentiaires qui vont le recevoir à la porte de la ville, et dans lequel il aurait été tenu de prendre la tête, mais, pendant plusieurs jours, c'est un échange de messages et de visites par intermédiaires, où les deux diplomates se donnent mutuellement des témoignages de politesse, de bienveillance et se font des civilités sans fin. Dépêche du 12 mai 1645, *Nunziature de' Paci*, aux Archives du Vatican, t. 18, fol. 145.

Ces habiletés romaines avaient évidemment pour but de rendre les protestants vainqueurs moins exigeants et moins intraitables. Mais Chigi les combattait par d'autres armes, surtout, en quoi il ne réussit guère, en cherchant à les brouiller avec les Français. Il put bien gagner le comte d'Avaux, ancien correspondant de Venise, et le duc de Longueville, chef de la mission, mais Servient se montra inaccessible et cela suffit à faire tout échouer. Il n'était guère plus facile de unir les catholiques unis, les Espagnols avec les Autrichiens, même les diplomates d'une seule nation entre eux. Les Espagnols, qui n'étaient pas encore épuisés, et pensaient exploiter à leur profit les troubles civils de France, se montraient intransigeants, mais l'empereur, à qui l'on avait arraché victoires et conquêtes, après une lutte de trente ans contre ses sujets, voulait en finir coûte que coûte et se résignait à accepter l'équilibre des forces catholiques et protestantes dans l'empire, pourvu qu'il pût retenir en sa main le fléau de la balance.

Lorsque, sur la fin de l'année 1647, le parti français parut l'emporter, malgré l'accord séparé de l'Espagne et des Provinces-Unies, Chigi tenta un effort suprême en groupant les électeurs ecclésiastiques et les catholiques allemands en un seul faisceau capable d'empêcher, de diminuer au moins, les sécularisations dont la France se préparait à payer les services de la Suède et du Brandebourg. Mais là encore, il échoua. Que pouvaient faire ces principicules abandonnés de l'empereur, leur ange tutélaire, ces électeurs et ces évêques cadets de famille, embrigadés dans la politique d'États plus grands, qui ne soupiraient qu'après le repos, le bien-être pour eux-mêmes, un peu moins de misères et d'extorsions de guerre pour leurs sujets?

Chigi empêcha-t-il une seule sécularisation, une seule suppression de ces évêchés allemands autrefois si prospères, et que la gangrène luthérienne rongeait depuis un siècle, les anéantissant un à un? Il ne put même obtenir que l'évêché d'Osnabrück, dont le prince jouait un rôle prépondérant dans ces débats, comme l'hôte qui héberge, fût exempté de l'alternative entre administrateurs protestants et administrateurs catholiques. Et ainsi de plusieurs autres souverainetés ecclésiastiques. Néanmoins, il lutta jusqu'au bout. N'ayant pas réussi non plus, après de longs efforts, à faire insérer dans les traités des garanties pour les populations catholiques de Brabant, de Gueldre et de Clèves que se partageaient les Provinces-Unies et le Brandebourg, il ne cessa d'intervenir auprès de Servient, du prince d'Orange, des diplomates et des hommes d'État en cause pour obtenir une signature, une promesse verbale, quelque chose qui permît d'espérer que ces catholiques conserveraient en paix leurs prêtres et leurs églises. Il prétend avoir reçu la promesse de Servient que la France soutiendrait ces populations, et ce ne fut pas un vain mot, car elles ne furent guère inquiétées dans la suite.

Chigi lui-même avait conscience de son insuccès, car il renonça à maintenir sa médiation dans les derniers mois, lorsqu'il constata que son collègue Contarini s'était laissé gagner par la France. Ses efforts ne furent pas inutiles cependant et comptent dans l'histoire de la diplomatie. Sa correspondance, qui forme les t. xv à xxix des *Nunziature de' Paci*, aux archives du Vatican, est importante à plusieurs titres, même pour l'histoire générale, et il serait à désirer qu'on en tirât quelque étude, au moins une monographie : les intrigues du congrès, le caractère des diplomates qui y figurèrent, l'activité du médiateur, ses qualités et ses défauts, y sont peints avec une abondance de traits, des couleurs, une vie dont les lignes principales, quand elles seront reproduites, serviront à faire connaître les négociations et leurs résultats.

La signature des traités ne mit pas fin à l'activité de Chigi. Deux jours après, le 26 octobre 1648, il lançait une protestation solennelle contre les préjudices qu'en recevaient l'Église et la religion. Son séjour, qu'il prolongea à Munster une année, fut dépensé à procurer quelque adoucissement de plus aux catholiques, et à prendre certaines mesures de préservation. Il devait suivre les agissements des diplomates qui s'étaient réunis à Nuremberg, pour régler le détail et assurer les moyens d'exécution des traités. Il intervint dans une affaire longue et compliquée, le choix d'un coadjuteur à l'archevêché de Trèves, et il réussit, non sans fatigues, à faire accepter du vieil électeur le candidat préféré du chapitre, Kaspar de Leyen. En décembre 1649, il rentra au centre de son ressort diplomatique et s'établit pour quelque temps à Aix-la-Chapelle, où il était plus près des Pays-Bas, et où il semble avoir eu surtout pour objectif de surveiller les troubles civils de France, qui retardaient son œuvre de pacification, en prolongeant la guerre franco-espagnole. Il eut une entrevue avec Mazarin exilé et fugitif, et put espérer un instant que ses malheurs le rendraient moins dur envers l'Église catholique.

Il est indéniable que Chigi a travaillé au congrès contre la France, et mis tout en œuvre pour faire échouer ses vues et ses prétentions. C'était peu répondre à un programme de médiation, et justifier par avance l'animosité dont le poursuivirent plus tard les hommes d'État français, Mazarin en tête. À l'égard de celui-ci, Chigi sut assez bien pénétrer sa politique, ses intrigues, et aussi son tempérament de diplomate. Il a nettement marqué les côtés faibles du personnage, en signalant, par exemple, l'entêtement avec lequel l'Italien faisait de ses vues personnelles sur la péninsule un obstacle à la paix, parce qu'il prétendait s'y tailler une principauté de famille avec Piombino et les présides de Toscane. Ce qui justifie l'attitude du nonce médiateur, c'est que les Français abandonnaient l'Église pour les protestants, ce que lui, agent de la papauté, ne pouvait, ne devait pas admettre.

Il ne tarda pas à recevoir d'Innocent X la récompense des services rendus. Il était d'ailleurs, en 1651, le diplomate le plus en vue de la cour de Rome. Aussi fut-il tout naturellement, après la mort du cardinal Panzirolo, appelé à sa succession, c'est-à-dire à diriger la politique papale comme secrétaire d'État. Il quitta sa nonciature et l'Allemagne dans le courant d'octobre de cette année, et inaugura aussitôt l'exercice de ses nouvelles fonctions. Il fut promu à la pourpre le 19 février suivant et échangea son évêché de Nardo contre celui plus important d'Imola.

A cette époque, le secrétaire d'État n'était encore qu'un sous-ordre au service du cardinal-neveu, patron ou premier ministre, de qui seul dépendait toute la politique et l'administration, par l'intermédiaire duquel le secrétaire recevait les ordres du pape. Voir mon étude : *Origines et développement de la secrétairerie d'État apostolique*, dans la *Revue d'histoire ecclésiastique*, 1910, t. xi, p. 728 sq. Le neveu était alors Camillo Astalli, jeune homme qui montrait peu d'intelligence, d'application et d'aptitude aux affaires : il n'aurait pas plus gêné l'habile Chigi qu'il n'avait gêné Panzirolo, qui l'avait petit à petit réduit à la signature des dépêches. Mais la fameuse Olympia Maldachini, belle-sœur de l'ombrageux Innocent X, avait tout pouvoir sur lui et ne se gênait pas pour intervenir dans les affaires importantes, surtout quand son amour du lucre se trouvait en jeu. Chigi se vit contraint de la ménager pour sauvegarder sa propre influence, et il réussit à concilier les devoirs de sa charge avec les exigences d'une situation exceptionnelle. Mais il ne fut pas plus tôt élevé sur le Saint-Siège, qu'il exila de Rome l'impérieuse Olympia, avec interdiction d'y revenir jamais, donnant ainsi satisfaction à l'opinion publique qu'elle avait trop longtemps bravée.

III. Grandeur et misères du pontificat (1655-1662). — Innocent X mourut le 7 janvier 1655, et le conclave s'ouvrit le 18. La France, qui n'avait pas oublié le rôle de Chigi aux derniers congrès, qui lui imputait même ses propres malentendus avec le pape défunt, avait chargé ses agents, en des termes excessifs, de combattre sa candidature. Mais le cardinal Sachetti, qu'elle soutenait, et qui eut pendant un mois les faveurs du scrutin, se voyait en butte à l'hostilité de l'Espagne, qui l'avait déjà fait échouer au dernier conclave. En présence de cette situation, dont souffrait l'honneur du Saint-Siège, les principales créatures d'Innocent X, environ une douzaine, formèrent une coalition pour affirmer l'indépendance de l'Église romaine contre les deux partis voulant mener à leur guise le Sacré Collège : parmi eux se trouvaient les cardinaux Azzolini, qui eut, pendant plus de quarante années, un rôle prépondérant à Rome, Carlo Pio di Savoia, partisan déclaré de l'empire, et deux futurs papes, Innocent XI (Odescalchi) et Alexandre VIII, son successeur (le Vénitien Ottoboni). Ce petit groupe, qu'on appela l'*escadron volant*, *squadrone volante*, parce qu'il prétendait évoluer de sa propre initiative sur le champ de bataille du conclave, a décidé de l'histoire de la papauté jusqu'à la mort d'Innocent XI (1689), et contribué à l'affranchir de l'esclavage dans lequel le tenaient la France et l'Espagne.

Pour le moment, ses préférences penchaient vers Chigi, et Sachetti lui-même recommandait sa candidature à Mazarin. Le ministre, qui voyait sa manœuvre percée à jour, fit volte-face, mais en apparence seulement, et pas assez pour enlever à sa victime tout prétexte de garder le souvenir de l'exclusion. *Correspondance de Mazarin; Collection des documents inédits*, t. vi, p. 348-351, 444-445.

Après trois mois de conclave, Chigi fut élu le 7 avril, grâce aux efforts de l'escadron, que dirigeaient Azzolini et Gualtieri, et avec l'appui de ses amis Sachetti, Spada. Il fut couronné le 18. Il ne pouvait être bien disposé pour l'homme qui l'avait combattu avec âpreté, et il n'est pas étonnant qu'il se soit constamment refusé à priver de la pourpre et de l'archevêché de Paris le cardinal de Retz, qu'Innocent X avait déjà soutenu pendant trois ans, et qui sut bien, du reste, se défendre au Sacré Collège et ailleurs. Le futur ministre Lionne, qui poussait cette affaire après l'élection, dut quitter Rome la même année, sans avoir rien obtenu, et Retz resta en Italie, sous la protection du pape, jusqu'à sa réconciliation avec Louis XIV, en 1662, après la mort de son ennemi Mazarin.

Un autre personnage non moins célèbre, et dont l'histoire discute encore le rôle et le caractère sans pouvoir en fixer la portée, profita de l'asile que la papauté ouvrait à tous les naufragés de la politique, et lui suscita des difficultés d'un autre genre. Ce fut Christine de Suède. Elle vint à Rome, déjà convertie, sur la fin de cette année 1655, y fut accueillie avec des honneurs royaux, et après avoir reçu le sacrement de confirmation des mains d'Alexandre VII, prit son nom. Mais ses allures indépendantes et libres, sa religion à tendances encore protestantes, le désordre et la mauvaise tenue de sa maison, livrée à des intrigants, les bizarreries de sa vie publique et privée, choquèrent la société romaine et provoquèrent des scandales de plus d'une sorte. Son humeur vagabonde l'entraîna bientôt loin de Rome, où elle revint à diverses reprises pendant la vie d'Alexandre VII; mais elle le gênait dans ses fonctions de souverain, il ne la tint plus qu'en médiocre estime.

Un pontificat préparé par une carrière brillante s'annonçait comme un des plus remarquables de l'histoire de l'Église. En réalité, Alexandre VII trompa les espérances qu'on avait fondées sur lui; la plupart des historiens l'ont jugé sévèrement, et son panégyriste, le cardinal Pallavicini, n'a invoqué pour sa justification qu'un ensemble de faits peu concluants. Peut-être que le souvenir de la lutte désavantageuse que Chigi avait soutenue contre Mazarin et l'action malveillante de l'opinion janséniste ont trop influencé les jugements de la postérité. Alexandre VII ne se montra pas inactif, et ne se désintéressa pas des affaires, autant que l'ont prétendu certains auteurs. Il choisit de bons auxiliaires. Le secrétaire d'État Rospigliosi, qui lui succéda (Clément IX), auparavant nonce en Espagne pendant dix années, se montra laborieux, sage, plein d'expérience et sut tenir la balance égale entre la France et l'Espagne. Le cardinal dataire Corrado, moine énergique, zélé pour les intérêts de l'Église et très versé dans les questions de discipline canonique, avait passé sa vie au cloître et connaissait peu les affaires du monde. Le cardinal Imperiali, gouverneur de Rome, se montrait hautain, impérieux, mais d'une grande capacité. Le plus habile des conseillers du nouveau pape, le secrétaire de la Consultà, Rasponi, qui déploya de rares talents diplomatiques, était moins écouté, à cause de sa situation inférieure. Enfin, le jésuite Pallavicini, l'ancien ami de Chigi, qui restait son compagnon des loisirs studieux et son conseiller intime, avait une grande culture et n'agissait que par dévouement pour l'Église, comme son *Histoire du concile de Trente* en est resté le témoignage immortel.

D'ailleurs, l'importance et le crédit que Chigi avait su s'acquérir dans les congrès européens durent lui donner le vouloir de gouverner par lui-même; il était jaloux de son autorité et affectait de ne pas tenir compte des conseils des hommes en place. Mais, dans ces mêmes congrès, il avait plutôt appris à temporiser; arrivé au pouvoir suprême, il comptait sur le temps et le changement des circonstances pour prendre une résolution comme pour régler une affaire. Il se montra d'ailleurs à la hauteur de sa tâche dans les débuts, lors de la peste qui désola Rome pendant une grande partie de l'année 1656 (mai-décembre), n'interrompit pas un seul jour ses audiences, ne cessa pas de porter aux populations affligées ses secours et ses consolations, et ne négligea aucune fonction de sa charge, encore que le mal fît des vides sensibles dans les rangs de ses serviteurs, enfin il donna à tous l'exemple du courage et de la constance.

Rien ne prouve mieux l'excellence de ses intentions et du programme qu'il voulait suivre, que sa résolution de gouverner seul, en tenant sa famille à l'écart, et de supprimer les abus du népotisme, dont tout le monde gémissait, qui avaient porté de si funestes fruits sous ses prédécesseurs, Innocent X et Urbain VIII. La puissance des Barberini, qui n'avait pas encore diminué au Sacré Collège et dans la curie romaine, en était un témoignage toujours vivant. Mais ces bons débuts ne se soutinrent pas. A l'instigation de personnages influents, notamment du P. Oliva, général des jésuites, qui lui en fit presque un devoir de conscience, Alexandre VII, un an après son exaltation, appela sa famille de Sienne, son frère Mario et ses neveux, et les établit richement dans la noblesse romaine, leur prodigua titres, fiefs, argent et dignités. Un de ses neveux, Flavio, pourvu de la pourpre en avril 1657, fut proclamé cardinal patron. En réalité, il se borna à signer les dépêches, et ce jeune homme de vingt ans s'effaça à peu près complètement devant son père, général de l'Église romaine, qui prit plus d'influence sur le pape. Les temps des Barberini et d'Urbain VIII étaient cependant bien passés, les neveux ne menaient plus l'Église et si l'on a fait du bruit autour du népotisme d'Alexandre VII, c'est que la fortune brillante et subite des Chigi, la surprise du public devant la volte-face soudaine du pape, surtout la malveillance, les exagérations calculées de la presse française et des jansénistes ont fait dénaturer une situation qui n'avait rien que de normal dans la vie des papes. Louis XIV lui-même n'a-t-il pas, pour une large part, contribué à cette importance légendaire exagérée des Chigi précisément par la guerre acharnée qu'il leur a faite?

Au reste, Alexandre VII ne réussit que médiocrement dans sa politique, et toute sa vie il subit le contrecoup des traités de Westphalie. Quand il soutenait la candidature de Léopold d'Autriche à l'empire, il ne lui procurait un résultat favorable bien affaibli par les revers de sa maison. L'Espagne, qui continuait à s'user dans sa lutte avec la France, refusait de recevoir le nonce Camillo Massimi. Il n'y eut que du côté de Venise que le pape rencontra quelque compensation. Il contribua aux victoires que la République remportait sur les Turcs dans l'Archipel par des secours d'argent, en lui accordant des aliénations de domaines ecclésiastiques et des biens de congrégations, comme ceux des chanoines réguliers du Saint-Esprit. En retour, la Seigneurie, répondant au bref du 23 décembre 1656, rappelait sur son territoire les jésuites, qui en étaient bannis depuis sa querelle avec Paul V (1606).

Les victoires des Suédois dans le nord et la paix d'Oliva marquaient une autre défaite de la papauté du côté de la catholique Pologne. Mais ce fut surtout en Portugal que s'affirma l'attitude de temporisation du pape Chigi, source de la plupart de ses revers. Rome, tenant compte trop longtemps de la souveraineté de l'Espagne sur ce pays, avait contrecarré par son attitude passive les progrès de la maison de

Bragance et fermé l'oreille à ses ouvertures. Le roi Jean IV, de son côté, faisait contribuer les propriétés ecclésiastiques à la reconstitution du royaume, sans le congé du pape, méconnaissait le *jus spoliorum* que celui-ci y exerçait de temps immémorial, de même qu'en Espagne, et chassait le collecteur apostolique qui y tenait lieu de nonce. Alexandre VII, poursuivant la politique de ses prédécesseurs, refusa d'entrer en négociation, tant que le droit de dépouilles ne lui serait pas reconnu, et le collecteur rappelé. La rupture se maintint pendant tout le pontificat et ne prit fin que sous Clément IX.

Avec la France, nous le verrons, la politique d'Alexandre VII aboutit à un vrai désastre. La malveillance de Louis XIV fit même échouer le projet de sainte Ligue, que le pape ébaucha, en 1662, pour soutenir l'Autriche menacée en Hongrie, et Venise qui se maintenait avec peine à Candie. Il préféra les secourir seul et isolément.

L'unique triomphe sérieux que remporta Alexandre VII, son grand titre de gloire, il le trouva dans la vigilance indéfectible qu'il mit à poursuivre le jansénisme et les erreurs qui avaient quelque rapport avec lui. Comme secrétaire d'État d'Innocent X, il avait pris une grande part aux travaux de la congrégation cardinalice qui prépara la première condamnation du livre de Jansénius et des cinq propositions extraites de l'*Augustinus* (bulle *Cum occasione* du 31 mai 1653). Mais ce fut sous son pontificat que commença la mêlée confuse d'erreurs, d'arrêts dogmatiques et de polémiques qui se prolongea, avec les formes les plus diverses, jusqu'à la Révolution française. Les jansénistes avaient d'abord déclaré que les cinq propositions condamnées n'étaient pas dans l'*Augustinus*, puis qu'elles n'avaient pas le sens que Jansénius leur donnait. Un premier jugement d'Alexandre VII, bulle *Ad sanctam B. Petri sedem* (16 octobre 1656), prononça formellement que c'était bien le sens voulu par l'évêque d'Ypres qui avait été condamné.

Les jansénistes prenaient alors vivement parti pour l'archevêque de Paris exilé, mais Alexandre VII ne se laissa pas détourner par la cour à condamner Retz, comme elle le demandait. L'année suivante, éclatait le scandale des *Provinciales*, au moyen duquel les sectaires ameutaient l'opinion publique contre la morale relâchée des jésuites. Sa diversion n'empêcha pas la cour de Rome de faire mettre le livre à l'Index cette année même. La polémique éclatante qu'il provoqua entre jésuites et jansénistes attira néanmoins l'attention du pape sur les questions de morale, et on en oublia pour un temps le point de vue disciplinaire. En 1659, le bref qui condamnait le livre du P. Pirot, *Apologie pour les casuistes contre les jansénistes*, atteignait du même coup la morale relâchée et les exagérations de la polémique des jésuites.

Ici, en effet, Alexandre VII se trouvait en présence de la Compagnie qu'il avait toujours aimée, à laquelle il avait dû la plupart de ses maîtres et les meilleurs amis, mais le devoir de chef de l'Église faisait taire ses sentiments personnels, et d'ailleurs il s'agissait des doctrines, non des individus. Toutefois, le pape pesa longuement la controverse avant de se décider. La polémique était partie de Louvain, où la faculté de théologie censurait, dès 1653, des propositions dénoncées par les évêques de la région. L'archevêque de Malines les déféra plus tard à Rome, après qu'une seconde condamnation fut émanée en 1657 de l'université. Ce ne fut qu'au bout de plusieurs années que, par les bulles du 24 septembre 1663 et du 18 mars 1666, Alexandre VII censura quarante-cinq propositions de morale. Cf. *Dictionnaire de théologie*, t. 1, col. 731-747.

Entre le tutiorisme janséniste et le laxisme jésuite, le magistère romain s'efforçait de tenir le juste milieu et, par un décret du 5 mai 1667, Alexandre VII interdisait encore, aux deux doctrines sur le point de départ du ferme propos dans la pénitence, de se censurer mutuellement : l'une, plus sévère, demandant un commencement d'amour de Dieu, l'autre, plus indulgente, se contentant de l'attrition ; il réservait au Saint-Siège de se prononcer sur le fond, quand il le jugerait à propos.

Les jansénistes se débattaient contre l'absolutisme de Louis XIV, qui voulait leur imposer un formulaire de condamnation des cinq articles, dressé par la dernière assemblée du clergé. Mais il lui manquait la sanction de Rome, et les récalcitrants espéraient que le pape, exaspéré par les outrages que lui attirait l'incident des Corses, désapprouverait la contrainte de la signature. Quand le triste conflit eut été arrangé, le roi recourut au chef de l'Église et celui-ci donna, le 15 février 1665, la constitution *Regiminis apostolici*, par laquelle il prescrivait un nouveau formulaire, qui a gardé le nom du pape. Les évêques Pavillon d'Alet, Arnauld d'Angers, Caulet de Pamiers et Buzenval de Beauvais ajoutèrent des réserves à leur signature; le pape interdit leur mandement, et nomma une commission de neuf évêques du royaume, pour juger les récalcitrants en vertu d'une délégation apostolique.

Alors qu'il avait besoin de l'autorité du pape, le pouvoir royal la laissait vilipender par ses sous-ordre. A l'instigation du parlement de Paris, la Sorbonne censurait, en 1663, des propositions répréhensibles d'un jésuite et d'un carme, parmi lesquelles une toutefois affirmait l'infaillibilité du pape ; la faculté profitait de l'occasion pour établir plusieurs principes précurseurs de la déclaration de 1682. Alexandre VII demanda en vain le retrait de la sentence (6 avril 1663) et se voyait obligé d'annuler, par la bulle du 25 juin, la censure de la faculté en ce qui touchait au pouvoir pontifical ; en outre, il se réservait le jugement sur les deux ouvrages. Le parlement rédigea des remontrances contre la bulle, mais le roi lui imposa silence, et le conflit, alors insoluble, fut suspendu pour un temps.

IV. ALEXANDRE VII ET LOUIS XIV (1662-1667). — Le pape dépensa ainsi les deux dernières années de son règne à lutter contre des doctrines erronées dont le jansénisme était le parrain, et à satisfaire, dans la mesure du possible, les exigences de Louis XIV, inaugurant son système de protecteur de l'Église. Alexandre VII, n'avait pourtant cessé, depuis son exaltation, de subir les contre-coups de la malveillance avec laquelle les ministres du roi avaient accueilli sa candidature au conclave. L'antipathie que Mazarin avait toujours éprouvée pour son prédécesseur s'était continuée et étendue à lui. Depuis 1649 il n'y avait plus d'ambassadeur à Rome, la France n'y était représentée que par un chargé d'affaires, et le nonce Bagni était mis à l'écart, suspecté, emprisonné même dans sa demeure. Son successeur, Nerio Corsini, ne fut pas accepté (1656) et celui qui vint après, Cesare Piccolomini, ne se maintint qu'à force d'adresse, et non sans subir des avanies.

Le procès du cardinal de Retz avait été une simple escarmouche, qui envenima les rapports. D'autres conflits étaient soigneusement entretenus par la politique française. On encourageait le duc de Modène, ancien allié de la monarchie, à réclamer le territoire de Comachio, sur la mer Adriatique, dont ce vassal de l'État pontifical lui avait de tout temps contesté la possession. On soutenait également un autre allié, le duc Farnèse de Parme, qui se voyait menacé de perdre le duché de Castro et Ronciglione, engagé pour ses dettes envers la Chambre apostolique. Et dans un article du traité des Pyrénées, la France et l'Espagne s'engageaient, sans y avoir convié le Saint-Siège, à interposer leurs bons offices, pour arranger ces deux affaires à l'amiable, c'est-à-dire dans l'intérêt des protégés de Mazarin, dont le premier avait épousé la nièce !

Alexandre VII estima qu'on s'occupait un peu trop des affaires intérieures de l'État ecclésiastique et, en 1660, il fit prononcer l'incamération de Castro. Il éconduisit poliment les agents français, qui venaient en causer avec lui! L'absence, prolongée à dessein, de tout ambassadeur, n'était pas ce qui l'indisposait le moins. Aussi, quand Louis XIV eut pris lui-même les rênes du gouvernement, il se décida à rétablir les relations ordinaires. Mais l'homme qu'il choisit était peut-être le moins propre à résoudre les nombreuses difficultés pendantes, d'ordre spirituel aussi bien que politique. Le duc de Créqui, un gentilhomme courtisan et soldat, nullement diplomate, arrogant et insupportable, exagéra les instructions du gallican Lionne, et embarrassa même, par ses excès, les exigences d'un gouvernement tracassier et décidé à tout.

Son manque de tact et de modération sut greffer une nouvelle difficulté sur celles qui existaient. Il arriva, le 11 juin 1662, à Rome, avec des gens mal disposés comme lui, et les nombreux clients que la cour de France entretenait dans la ville, parmi lesquels se trouvaient des espions et des gens sans aveu, comme auprès de toute ambassade du temps, aggravèrent la situation, selon l'habitude, par leur zèle excessif. Il y eut des conflits entre ce monde-là et les gardes pontificaux, surtout les Corses, soldats sauvages et vindicatifs. Quand un de ces malandrins avait commis un mauvais coup, il se réfugiait à l'ambassade, où le droit d'asile lui garantissait un abri, et ainsi se trouva soulevé en même temps le débat sur les *franchises*, qui remontait plus haut et devait revenir sous les pontificats suivants.

Les deux partis restèrent plusieurs semaines en présence; petit à petit on s'exaspéra de part et d'autre, et les Corses, poussés à bout, finirent par éclater. Le pape observait à l'égard de Créqui une patience hautaine, mais son frère, Mario, commandant les forces militaires, son neveu le cardinal, premier ministre, et le gouverneur de Rome, cardinal Imperiali, n'eurent pas toute la prudence, la discrétion et la réserve désirables, et la diplomatie française, dont le métier était de forcer la note, put les accuser d'avoir excité les soldats qu'ils auraient dû contenir. Le 20 août 1662, des serviteurs de l'ambassade se prirent de querelle avec la police qui voulait les expulser de la place Farnèse, comprise, selon leurs prétentions, dans le quartier affranchi. Celle-ci appela les Corses à son aide, et la garde livra un véritable assaut au palais, mais fut repoussée. D'autres Corses tirèrent sur le carrosse de l'ambassadrice et tuèrent un page.

Créqui demanda une réparation immédiate, mais le cardinal Flavio Chigi, en le visitant, se borna à des excuses, et promit une enquête. L'ambassadeur se fortifia alors dans son palais, puis, ne se jugeant plus en sûreté dans Rome, où les Français continuaient à être maltraités, il quitta la ville le 1er septembre, pendant que Louis XIV renvoyait le nonce Piccolomini, écrivait au pape une lettre hautaine et se plaignait sur le même ton à toute l'Europe d'un attentat qui blessait non seulement le droit des gens, mais l'humanité. L'Espagne et Venise offrirent leur médiation, qui fut acceptée de part et d'autre. Alexandre VII disgracia le cardinal Imperiali qui se retira à Gênes, sa patrie, d'où le chassa la colère des Français. En même temps, le plus habile diplomate de Rome, Mgr Rasponi, fut chargé d'aller négocier à San Quirico, en Toscane, où s'était retiré Créqui; mais celui-ci avait ordre de se montrer intraitable, jusqu'à mortifier la cour de Rome par sa dureté. Il fut bientôt rappelé, et Louis XIV envoya des troupes occuper Avignon, d'où furent chassés les gouverneurs pontificaux (1663).

L'attitude insupportable de la diplomatie française, que des historiens comme Lavisse et de Mouy constatent sans détour, justifiait presque les manœuvres d'Alexandre VII qui, ne se rendant compte qu'imparfaitement de la gravité de la situation, cherchait à temporiser, selon sa méthode, et ne se souciait nullement de faire des concessions. Rasponi avait suivi Créqui au Pont de Beauvoisin, entre la Savoie et le Dauphiné, où, avec le concours de l'ambassadeur vénitien Grimani, de retour de France, il négocia encore un mois (juin 1663). Créqui demandait, avec satisfaction complète pour les alliés de Louis XIV, une réparation éclatante, des excuses solennelles à la cour de France et un monument en pleine ville de Rome, qui rappelât l'outrage et la réparation. On ne pouvait s'entendre et on se sépara.

Louis XIV fit déclarer, par le parlement d'Aix, Avignon et le Comtat réunis à la France (juillet). En même temps, il envoyait en Italie des troupes qui occupaient Castro, au nom du duc de Parme, et menaçaient d'aller plus loin. Dès lors, il n'y avait plus qu'à céder, et le pape, qui venait encore d'échouer dans sa tentative de former une ligue avec l'empereur et l'Espagne, se décida à traiter. De nouvelles conférences s'ouvrirent à Pise, sous la médiation du grand-duc de Toscane, entre Rasponi et l'auditeur de Rote, Louis de Bourlémont. Elles ne durèrent que quelques jours (5-11 février 1664), et le roi de France obtint tout ce qu'il exigeait. Farnèse recouvra Castro, mais en payant sa dette à la Chambre apostolique, et Modène reçut une compensation pour Comachio. Les cardinaux Chigi et Imperiali durent aller à Paris présenter des excuses; Agostino Chigi, un autre neveu du pape, en fit autant au duc de Créqui. Les Corses furent déclarés incapables à tout jamais d'entrer au service de la cour de Rome, et la colonne commémorative, rappelant en style pompeux la faute et la réparation, s'éleva devant leur ancienne caserne.

Ces lourdes conditions furent exécutées point par point, et il semble que Louis XIV ait voulu surtout humilier la personne du pape dans ses parents. Du moins, cette leçon injuste porta le dernier coup au népotisme, abus séculaire, qui, même après les excès des pontificats précédents, s'obstinait à ne pas mourir. Les papes suivants, surtout Innocent XI, tireront parti de la leçon, et l'on ne verra presque plus de cardinaux neveux premiers ministres. La question des franchises, celle aussi, sera réglée par le même pape, avec une opiniâtreté devant laquelle Louis XIV lui-même devra céder. C'est néanmoins, il faut l'avouer, un maigre mérite pour le pontificat d'Alexandre VII que ces résultats négatifs. Mais, outre qu'un pape, qui avait fait de la temporisation la base de sa politique, ne pouvait prétendre à plus de succès, la lutte contre une force comme l'était à ce moment la grande diplomatie française, renforcée par les excès d'un jeune roi mal élevé, ne pouvait aboutir qu'à l'humiliation totale de la papauté, et il n'était pas nécessaire que les maladresses des Chigi vinssent s'y ajouter.

Alexandre VII avait, dès le traité de Pise, fait dresser une protestation secrète contre la violence dont il était victime. Ni lui ni ses successeurs n'admirent jamais les dures conditions qui avaient été infligées à la papauté, et ils s'efforcèrent toujours de les faire adoucir ou de les supprimer. Ces rudes épreuves ne laissèrent pas d'avoir leur répercussion sur la santé du pape. Il était depuis longtemps sujet aux attaques de la goutte, avant même son séjour à

Malte. Sa santé déclina rapidement, les deux dernières années, et l'affaiblissement de ses facultés se fit sentir, au témoignage des contemporains, dans l'administration de l'Église.

Il mourut de son mal le 22 mai 1667. Il s'était toujours distingué par un grand esprit de piété et de religion, et les ambassadeurs vénitiens semblaient vouloir le caractériser parmi les papes du temps, en signalant sa sainteté. Il avait conscience des faiblesses et des fautes de son pontificat, et il les a regrettées, mais trop tard pour pouvoir y porter remède. Il les confessa sur son lit de mort, et son ami le plus intime, le cardinal Sforza Pallavicini, dans les mêmes circonstances, proclama solennellement que le népotisme devait être réprimé.

V. LES GLOIRES DU PONTIFICAT. — Nous avons indiqué la véritable grandeur d'Alexandre VII, la lutte ouverte contre le jansénisme. Il eut d'autres gloires. Dans l'ordre de la discipline ecclésiastique, il consolida plusieurs institutions de ses prédécesseurs. Il organisa le collège des pénitenciers de Saint-Pierre, établi par Pie V, et la congrégation de la Sacrée visite dans la ville de Rome, qui avait déjà fonctionné sous Clément VIII et Urbain VIII. Deux bulles du 11 et du 18 décembre 1661 confirmèrent les décrets des papes précédents, depuis Sixte IV, sur l'Immaculée Conception. Enfin, parmi plusieurs saints qu'il éleva sur les autels, il faut mentionner surtout saint Thomas de Villeneuve, saint Pierre Nolasque et saint François de Sales, et il n'y a peut-être pas de pape qui en ait plus béatifié.

Ce pontife aimait les lettres et les arts, et il s'en est beaucoup occupé. Il avait autour de lui un cercle d'hommes versés dans diverses branches du savoir; à ceux que nous avons déjà nommés, il faut joindre les canonistes Bona et Nerli (secrétaire des brefs), plus tard cardinaux, l'humaniste Lucas Holstenius. Leur influence encouragea le pape à développer l'université de Rome, ou Sapience; il y créa sept chaires de droit, organisa l'enseignement des sciences surtout naturelles, le dota d'un jardin botanique installé sur le Janicule, enfin, pourvut l'université d'une bibliothèque qu'on a depuis appelée *Alessandrina*, composée en grande partie de celle que les ducs d'Urbin avaient installée dans leur capitale. En même temps, il enrichissait celle du Vatican des manuscrits dont le Saint-Siège avait hérité de ces mêmes princes, et qui forment aujourd'hui le fonds dit d'Urbin. Il prit des mesures efficaces pour faire rentrer dans les archives apostoliques la correspondance diplomatique officielle, qui restait toujours dispersée dans les familles des anciens nonces et cardinaux secrétaires d'État. Celle de son pontificat et celle d'Innocent X furent soigneusement retenues.

De tous les papes modernes, il n'en est peut-être pas dont Rome ait conservé plus de souvenirs artistiques : à chaque pas dans la ville, on trouve son nom inscrit au fronton d'un monument. Parmi ceux dont il l'embellit, il faut compter en première ligne la colonnade du Bernin, qui entoure la place Saint-Pierre en demi-cercle, et sert pour ainsi dire de vestibule à la basilique. Le grand artiste qui lui donna son nom la commença en 1660, et elle fut inaugurée sous le pontificat même. Le Bernin, qui fut le grand constructeur d'Alexandre VII, remplit la ville de ses œuvres, et en particulier Saint-Pierre, où il construisit, avant le tombeau du pape, le bel escalier qui monte de l'intérieur de la basilique à la *Sala regia* du Vatican et, dans l'église même, le reliquaire de la chaire de saint Pierre, sur l'autel de l'abside, et la Gloire qui le domine et qu'on appelle la *Gloire du Bernin*. Il fournit aussi les dessins du baldaquin gigantesque qui s'élève au-dessus de la confession.

Le portique du Panthéon fut dégagé de terre, et la place de la Rotonde tracée pour le mettre en valeur. Le palais du Quirinal et l'église de Saint-Jean de Latran furent considérablement agrandis et ornés par le même ouvrier, ainsi que plusieurs autres églises de Rome, ainsi Sainte-Marie du Peuple, où se trouvait déjà le tombeau des Chigi. A Sienne, sa patrie, Alexandre VII prodigua aussi les faveurs, les fondations et les constructions artistiques; il enrichit surtout le chapitre de la cathédrale.

Ces quelques indications suffisent pour établir qu'Alexandre VII fut plus heureux dans le domaine des arts que sur le terrain de la politique. Son caractère, en effet, le portait au grandiose, au fastueux, il aimait l'apparat, la pompe des cérémonies, il y figurait bien, et à ce point de vue il se rendit populaire aux Romains. Peut-être donna-t-il trop d'importance au côté extérieur de son rôle de pape, et les malveillants n'ont pu l'accuser d'être vain et glorieux. Son portrait par le peintre Mignard, que l'on a souvent reproduit, lui donne un air imposant, hautain, avec quelque chose de militaire. Le luxe et le faste servaient chez lui surtout à rehausser le pontificat, mais il ne se montra prodigue sans nécessité que pour les siens. Instruit, cultivé, il causait bien, et savait charmer par ses manières, comme par sa conversation, quiconque l'abordait, les diplomates non moins que les hommes cultivés.

Somme toute, il tint bien sa place, et si son règne ne fut pas un grand pontificat, il figura parmi les papes modernes qui ont le plus honoré l'histoire de l'Église. Encore une fois, le jansénisme et Louis XIV ont nui à sa mémoire, et pour lui rendre complètement justice, il faut tenir compte de ce qu'il a fait avant son pontificat. Il déçut sans doute les espérances trop hautes qu'on avait placées dans le négociateur de Munster; mais, pendant une période de trente ans (1639-1667), Fabio Chigi parut avec honneur sur la scène de l'histoire et même peu de serviteurs de l'Église romaine ont fourni une carrière plus brillante. Il ne se mit pas hors de pair comme un génie, un homme transcendant, un Innocent III, un Benoît XIV, néanmoins, dans le cadre de la curie, et du Sacré Collège, de cette cour de Rome, qui fut de tout temps le théâtre en vue de la politique et de l'administration, il se fit remarquer par des aptitudes peu communes et des services éminents.

Archives du Vatican, *Nunziature de' Paci*, t. XV-XXIX. — Card. Sforza Pallavicini, *Della vita di Alessandro VII*, 2 vol. in-8°, Prato, 1839; ouvrage resté inachevé. — Ciacconius-Oldoinus, *Vitae et res gestae rom. pont. et S. R. E. card.*, t. IV, col. 706-726. — *Dictionnaire de théologie catholique*, t. I, col. 727-747. — Reumont, *Geschichte der Stadt Rom*, Berlin, 1870, t. III, 2ᵉ part., p. 629-631. — Barozzi et Berchet, *Relazioni degli ambasciatori veneti del secolo XVII*, 3ᵉ sér., Rom, 1877, t. I. — De Mouy, *L'ambassade du duc de Créqui à Rome*, Paris, 1899, 2 vol. in-8°. — *Bullarium romanum*, éd. Turin, 1869, t. XVI, XVII. — Moroni, *Dizionario di erudizione storico ecclesiastica, passim*, surtout t. LXXXV, p. 43-53. — Ch. Gérin, *Louis XIV et le Saint-Siège*, Paris, 1894 — *Recueil des instructions données aux ambassadeurs et ministres de France*, t. VI, Rome, par G. Hanotaux, t. I, *1648-1687*, Paris, 1888.

P. RICHARD.

64. ALEXANDRE VIII (6-18 octobre 1689-1ᵉʳ février 1691). Ce court pontificat ne passa pas inaperçu, puisqu'il amena la conclusion du long conflit de la régale; il fut d'ailleurs préparé par une carrière bien remplie de soixante années, dans laquelle le futur pape rendit des services considérables. De là, les deux parties de son rôle historique.

I. Carrière administrative du cardinal Pietro Ottoboni. II. Le pontificat romain en présence du despotisme gallican.

ALEXANDRE VIII

I. Carrière administrative du cardinal Pietro Ottoboni (1630-1689). — Pietro Ottoboni naquit à Venise le 22 avril 1610. Son père Marco, plus tard grand-chancelier de la république, fonda, par soixante-quatre années de sérieux services dans les fonctions diplomatiques et administratives, l'illustration de la famille, dont il obtint, en 1646, l'inscription au livre d'or du patriciat vénitien. Pietro fut de bonne heure un brillant élève de l'université de Padoue, où il se pénétra de la science juridique qui faisait alors la renommée de cette institution et conquit jeune, à dix-sept ou dix-huit ans, le doctorat dans l'un et l'autre droit. Cette formation première décida de sa vie, et il a surtout valu comme homme de loi, jurisconsulte éminent et canoniste des congrégations romaines.

25. — Alexandre VIII.

Il se transporta à Rome assez jeune, en 1630, et, pour y assurer sa carrière, en même temps fortifier par la pratique ses connaissances universitaires, il se mit sous la protection et à l'école de son compatriote, le doyen de la Rote Gioan-Battista Cocchini, auquel il avait été recommandé. Celui-ci le fit nommer référendaire des deux signatures, et pendant huit ans le jeune praticien, qui avait d'abord servi de secrétaire à son nouveau maître, compléta ses études dans les branches spéciales de la jurisprudence, et avec les formes, les détours et les aboutissants de la procédure, apprit les règles directives de cette discipline romaine, dont le droit canon lui avait révélé les principes et les fondements.

Un instant, Ottoboni s'écarta de sa voie pour entrer dans celle plus accessible et plus facile à parcourir de l'administration proprement dite. En 1638, il accepta le gouvernement de Terni, qu'il échangea, deux ans après, contre celui de Rieti; l'année suivante, il passa à Citta di Castello, trois villes de l'Ombrie, dans les bassins supérieurs du Tibre et de ses affluents. Mais il ne poussa pas plus loin la tentative, et il reprit le chemin du forum, avec la carrière des grands débats de droit, quand sa patrie le présenta, en 1642, pour succéder à Giorgio Cornaro comme auditeur auprès du tribunal romain de la Rote.

À l'âge de trente-deux ans, Ottoboni faisait partie d'un corps judiciaire, qui avait à résoudre les plus graves questions du contentieux civil, ecclésiastique, administratif et même politique, et dont les décisions données par écrit restaient arrêtées comme règles de jurisprudence pour les procès à venir. Selon l'ancienne pratique, les auditeurs de la Rote, qualifiés autrefois *auditores causarum sacri palatii*, prononçaient isolément pour les affaires moins importantes, ou bien à deux ou trois, quand le pape évoquait devant eux les conflits d'ordre public. Les auditeurs plus en renom recueillaient leurs propres sentences et les publiaient comme source du droit futur. C'est ainsi qu'Ottoboni procéda pour les siennes, en 1657, étant déjà cardinal, alors que celles de son maître, le doyen Cocchini, ne parurent qu'en 1672. On lui attribue aussi un recueil sous forme de journal, les *Diarii rotali*, qui donnait au jour le jour le sommaire des délibérations du tribunal.

L'importance qu'Ottoboni prenait dans les congrégations et administrations romaines le conduisit en

26. — Monnaie d'Alexandre VIII.

Teston d'argent, effigie de profil à droite. ALEXANDER. VIII PONT. MAX, A. I, anno I. — Au revers, saint Pierre et saint Paul en pied avec leurs attributs, au sommet le Saint-Esprit dans un champ de rayons. En exergue, 1689 encadrant les armoiries de Mgr d'Aste, auditeur du pape.

dix ans au cardinalat. Innocent X lui donna le chapeau le 19 février 1652, encore plus par égard pour son mérite que sur les instances de la république de Venise. Celle-ci lui témoigna sa confiance en lui faisant conférer l'évêché de Brescia (1654). Ottoboni y résida la plupart du temps, au moins à partir de 1656, où nous le voyons procéder contre une secte mystique du Val Camonica, dite des *oratoires* ou *pélagins*, du nom de son fondateur, Giacomo Filippo di Santa-Pelagia, qui renouvelaient, en des conventicules nocturnes, les erreurs et les abus scandaleux des anciens flagellants et gnostiques. Ottoboni nomma des commissaires inquisiteurs, fit abattre leurs oratoires et réussit en peu de temps à détruire le mal. — Dominico Bernino, *Historia di tutte l'heresie*, Rome, 1709, t. IV, p. 722-727.

Il se dessaisit de son évêché en 1664, pour se consacrer exclusivement aux affaires de la curie. Il continua cependant à s'occuper des intérêts de son pays natal, et il remplit pour lui, pendant vingt-cinq ans, les fonctions de cardinal protecteur. Ce fut en cette qualité qu'il conclut et signa la ligue de 1684, contre les Turcs, et sous son pontificat il prouva qu'il n'avait pas oublié sa patrie.

Avec la formation qu'il s'était acquise à la pratique des affaires, Ottoboni devait vite prendre un rôle prépondérant dans les congrégations dont le pape le nomma consulteur, celles du Concile, des Évêques et Réguliers, des Indulgences, de la Sacrée Visite, la Consistoriale, la Signature de grâce. Clément IX (1667-1669) le mit à la tête de la Daterie, un des plus importants services curieux, qui expédiait les faveurs pour la masse des fidèles et le clergé inférieur. Clément X ne lui renouvela pas ces pouvoirs; néanmoins son prestige ne fit que grandir sous le pontificat, pour atteindre son apogée avec Innocent XI (1676-1689).

Pendant que son rôle s'élargissait de la justice dans l'administration générale, il pénétrait sur le terrain de la politique. Dès son cardinalat, il s'était lié avec ses collègues Azzolini et Chigi (celui-ci n'avait pas été étranger à sa rapide promotion), et il entra dans le parti des indépendants, ou *escadron volant*, qui se forma lors du conclave de 1655, et réussit à enlever l'élection aux influences politiques de la France et de l'Espagne. Voir l'article précédent. Il resta dans le parti comme le lieutenant dévoué et actif du chef, Dezio Azzolini. Après son retour de Brescia, il renoua ses relations avec les cardinaux escadronistes. Ils n'étaient plus que six; mais ils formaient, par leur expérience, leur activité et leur esprit de décision, le noyau résistant autour duquel les autres se groupaient. Au conclave de 1667, ils emportèrent encore l'élection de Clément IX et, pendant qu'Ottoboni devenait dataire, Azzolini était secrétaire d'État du nouveau pape.

Au conclave de 1669, la mêlée fut plus confuse, l'escadron combattit la candidature du cardinal Odescalchi comme trop espagnole, mais les Français ne réussirent pas mieux, et l'élection du vieil Altieri fut une surprise pour tout le monde (1670). A la mort de celui-ci, Ottoboni et Azzolini restaient à peu près seuls, mais ils n'avaient rien perdu de leur activité, et leur influence s'était encore accrue : cette fois, en présence des embarras que laissait à l'Église romaine le faible Clément X, ils se retournèrent du côté d'Odescalchi comme le plus capable d'y porter remède, et il fut élu avec l'appui de la France.

Sous Innocent XI, le rôle du cardinal Ottoboni devint considérable. Il n'y eut pas d'affaire importante qui ne se décidât sur ses conseils, avec la participation d'Azzolini. Alderano Cibo, le secrétaire d'État, était loin de pouvoir contrebalancer leur influence : et les neveux n'en exerçaient aucune ! Les deux escadronistes entraient dans toutes les congrégations extraordinaires que le pape chargeait des débats dépassant le courant de l'administration ecclésiastique. Sans doute, leur action était inégale : sur le terrain de la politique et de la discipline, Ottoboni se subordonna toujours à son collègue, plus expérimenté, plus habile en ces matières, mais il reprenait l'avantage dans les questions théologiques, de droit et de discipline, dans les procédures des congrégations. Innocent XI témoignait toute confiance en son esprit solide et positif, parce qu'il pouvait compter sur plus de réserve, de modération et de pondération qu'il n'y en avait chez Azzolini. Ottoboni lui donnait moins d'ombrage, et le caractère rigide, absolu, du pontife s'accommodait mieux d'un auxiliaire qui se tenait davantage à l'écart des intrigues et des agitations des cercles romains.

Ottoboni venait d'être élevé aux fonctions de grand-inquisiteur de Rome et de secrétaire du Saint-Office; il se fit remarquer des contemporains par son zèle ardent, son activité énergique contre l'hérésie et ses fauteurs. Bernino, *ibid.*, p. 726-727. Ce fut à ce double titre qu'il occupa le premier les congrégations spéciales où furent débattues les questions épineuses du mysticisme de Molinos, et les problèmes de morale relâchée, auxquels confinait ce qu'on appela dans la suite le *probabilisme*. Contre le quiétisme surtout il s'éleva passionnément, et poursuivit Molinos avec opiniâtreté, avec l'emportement que peut provoquer l'antipathie du jurisconsulte positif à l'égard du rêveur nébuleux.

La situation prépondérante que prenait le canoniste vénitien se vit consolider par son avancement dans la hiérarchie cardinalice. En 1681, il passa de l'ordre des prêtres à celui des évêques, en recevant le siège suburbicaire de Frascati, d'où il fut transféré à celui d'Albano, en 1683, puis à celui de Porto, en 1687. Il se trouvait par le fait sous-doyen du Sacré Collège, et son prestige l'emportait de beaucoup sur celui du doyen Cibo. Son allié Azzolini étant mort quelques mois après, en 1689, on peut dire qu'Ottoboni, dans sa verte vieillesse (il avait soixante-dix-neuf ans), était le chef des électeurs pontificaux, le candidat tout désigné à la première élection.

II. LE PONTIFICAT ROMAIN EN PRÉSENCE DU DESPOTISME GALLICAN. — Pour couronner cette longue carrière curiale, qui s'offre à la postérité comme un exemple presque unique, le cardinal Ottoboni seconda Innocent XI dans sa lutte contre le despotisme de Louis XIV, puis prépara le succès qu'avec Innocent XII la papauté devait remporter sur celui-ci.

Les deux conflits principaux qui mirent aux prises Rome et Versailles au XVII° siècle remontaient, l'un, celui des franchises, à une date assez éloignée, puisqu'il remplit le siècle; l'autre, celui de la régale, à l'ordonnance de 1673, qui étendait les revendications royales à tous les évêchés du royaume. Innocent XI chargea de l'examen de ces graves débats deux congrégations temporaires, et Ottoboni fut l'âme de celle qui examina la régale, pendant qu'Azzolini dirigeait la discussion de droit international qui faisait le fond du second conflit. Sur la première congrégation s'en greffa une seconde, qu'Ottoboni présida de même, celle qui, en 1682, eut à juger la Déclaration du clergé avec les quatre articles fondamentaux du gallicanisme.

Le secrétaire du Saint-Office était tout naturellement le porte-parole du pape dans le débat de doctrine que soulevait l'Église gallicane, comme dans celui de droit engagé avec Louis XIV. Quand son élection fut mise en avant au conclave, celui-ci lui reprocha de l'avoir constamment combattu, contrecarré dans ses combinaisons. La correspondance des ambassadeurs français le nomme toujours, à côté d'Azzolini, comme l'adversaire le plus obstiné de la politique royale. Ils l'attaquent, cependant, avec moins d'acrimonie, sans doute parce que le prudent et souple Vénitien sauvegardait mieux les apparences.

En tant que membre de la congrégation de l'Index, il poursuivit cependant avec vigueur les livres gallicans, que les polémistes à la solde de Louis XIV, surtout le jésuite Maimbourg et le dominicain Noël Alexandre, composaient pour justifier les empiètements du monarque. Et il ne fit pas condamner moins de sept ouvrages du premier, et quatre du second, dont son *Histoire ecclésiastique*, qui est un monument de science, mais de science tendancieuse et de parti pris. Voir ALEXANDRE (Noël), col. 280 sq.

Ottoboni fut le premier à qui le pape communiqua sa bulle du 12 mai 1687, supprimant les franchises des ambassadeurs. Bientôt vint la mission Lavardin, répétition outrée du coup de force de 1662 contre Alexandre VII, l'excommunication et l'interdit sur Saint-Louis-des-Français, à la fin de cette année. Si Innocent XI supporta patiemment qu'on vînt ainsi l'insulter chez lui, ce fut sur le conseil des deux *escadronistes* qui, en cette circonstance, inclinèrent plutôt à la modération. Mais Ottoboni fit encore condamner l'appel au futur concile du procureur général Talon, et Louis XIV, constatant l'inanité de son offensive, se décida à rappeler Lavardin (avril 1689) ; chacun des deux partis restait sur ses positions.

Quand Innocent XI mourut, le 12 août 1689, rien n'était arrangé, ni l'affaire de la régale, ni celle des franchises. Louis XIV occupait militairement Avignon, selon la tactique de ses prédécesseurs en querelle avec le Saint-Siège; d'un autre côté, tous ses candidats aux évêchés avaient été rejetés, parce que suspects d'adhérer à la Déclaration, et trente-cinq diocèses étaient sans chef. Mais la résistance passive du vieux pontife avait fait réfléchir Louis XIV, la ligue d'Augsbourg, fortement soudée par la révolution d'Angleterre, commençait à lui donner des inquiétudes, et, soucieux d'avoir un ennemi de moins, il voulait à tout prix se réconcilier avec Rome. Au moment où la curie craignait une attaque de ses vaisseaux sur Civita Vecchia, il se préparait à lui faire des avances.

Ottoboni était le seul candidat sérieux à la papauté; Louis XIV s'en rendait si bien compte, qu'encore que son secrétaire d'État aux affaires étrangères, Colbert de Croissy, eût écrit « qu'il avait été le chef des conseils d'Innocent XI et fort emporté contre les intérêts de la France, » le roi se résigna à l'accepter en sauvant les apparences. Il choisit pour le conclave des représentants modérés et nullement compromis dans les derniers conflits, le cardinal de Bouillon et le duc de Chaulnes. Ceux-ci enveloppèrent Ottoboni de prévenances, d'attentions et d'offres. De son côté, il les accabla de paroles aimables, de protestations de sa bonne volonté pour la paix. Le conclave avait attendu patiemment l'arrivée des cardinaux français avant de procéder à l'élection, et resta ainsi en suspens près de huit semaines. Et quand Ottoboni eut été élu, le 6 octobre, à sa première audience, Chaulnes lui restitua Avignon; le pontife ayant déclaré « qu'il quitterait Rome plutôt que de n'y pas être maître absolu, » la Toussaint n'étant pas passée que le roi lui accordait le « relâchement », concession qu'il exigeait sur les exemptions de quartier de l'ambassade.

Sans condamner directement l'extension de la régale, Innocent XI avait soutenu les rares évêques qui refusaient de s'y soumettre, mais des candidats aux évêchés, il écartait tous ceux qui adhéraient plus ou moins à la Déclaration de 1682. Alexandre VIII s'en tint à cette tactique, qui laissait l'épiscopat gallican libre de subir de nouvelles charges matérielles et une tutelle de plus. Mais il refusa obstinément d'admettre les trente-cinq évêques nommés par le roi, à moins qu'ils ne désavouassent la Déclaration par quelque acte public et formel, en ne la reconnaissant que comme une opinion personnelle, non une doctrine reçue dans l'Église. Il demandait aussi la suppression de l'édit royal qui en imposait l'enseignement. L'affaire traîna pendant les seize mois du pontificat, et après plus d'une année de négociations, le pape, las de ne rien obtenir, se décida à frapper un coup décisif.

Ce fut la bulle *Inter multiplices* du 4 août 1690, qui réprouvait l'extension de la régale, condamnait les quatre articles de 1682 et déclarait nul le serment par lequel les ecclésiastiques s'obligeaient à les soutenir. Elle avait été préparée sous le pontificat précédent en ses grandes lignes, et longtemps discutée dans les conseils dont le cardinal Ottoboni était l'âme. On la tint secrète pendant six mois, et ce ne fut que sur son lit de mort que le pape se décida, le 31 janvier 1691, à la faire lire aux cardinaux; sur quoi, elle fut aussitôt promulguée. Le lendemain, Alexandre VIII expirait, et cette dernière volonté d'un mourant, mûrie pendant tant d'années dans des délibérations comme celles de la curie romaine, était de nature à impressionner la chrétienté, à rappeler Louis XIV à la sagesse et à la modération. On était sur le chemin de l'accord, et Innocent XII recueillit le fruit des travaux de ses deux prédécesseurs.

Ainsi, le pontificat d'Alexandre VIII, bien qu'un pontificat de transition, en dépit de son peu de durée, a marqué cependant son sillon dans le développement de la civilisation chrétienne. Sans doute, le népotisme projeta sur lui sa dernière ombre. Le cardinal Ottoboni s'était toujours montré attaché aux intérêts de sa famille : en 1684, il faisait donner à son petit-neveu Gianbattista Rubini, qui en était digne du reste, l'évêché de Vicence. Une fois pape, il le choisit pour son secrétaire d'État, mais le cardinal neveu fut Pietro Ottoboni, jeune homme de vingt-deux ans, qui reçut, avec la pourpre (7 novembre 1689), la chancellerie de l'Église romaine et d'autres postes importants. Antonio et Marco Ottoboni devinrent, l'un général de la sainte Église, l'autre général des galères; un dernier neveu, fils du précédent, fut duc de Fiano, une nièce devint princesse de Palestrina par son mariage. Mais si Alexandre VIII enrichit sa famille, la brièveté de son pontificat empêcha celle-ci d'acquérir la prépondérance fâcheuse qu'avaient exercée les Barberini et les Chigi.

Plus justifiées furent les faveurs que le pape accorda à Venise, sa patrie, dans la lutte qu'elle poursuivait toujours contre la puissance turque. Grâce aux secours en argent, hommes et vaisseaux que Rome leur envoya, les Vénitiens purent s'emparer de Malvasia en Morée et de la Vallona en Épire (1690). Alexandre VIII leur confirma sa famille, le privilège, supprimé par Innocent XI, de pouvoir faire contribuer les décimes du clergé à ces expéditions et de nommer les évêques des pays qu'ils conquerraient. Il continua les subsides qu'Innocent XI avait payés à la maison d'Autriche pour la croisade de Bude et contribua à l'achèvement de la conquête de la Hongrie; les Autrichiens pénétraient à ce moment en Croatie et en Slavonie et allaient déjà jusqu'aux portes de Belgrade.

Alexandre VIII combla encore de faveurs spirituelles et honorifiques la cathédrale de Venise et autres églises, tant de cette ville que du territoire de la république. Pour les autres parties de la chrétienté, elles reçurent des grâces plus importantes : ainsi les cinq béatifications, promulguées le 16 octobre 1690, des Espagnols Jean de San Facondo, augustin, Paschal Baylon, franciscain, et Jean de Dieu, fondateur de l'ordre hospitalier qui porte son nom; du franciscain Jean de Capistran, auxquels il faut ajouter le patriarche de Venise, Laurent Giustiniani. Alexandre VIII fonda les deux évêchés de Nankin et de Pékin en Chine, et réserva au roi de Portugal le droit d'en nommer les titulaires.

Mais l'œuvre la plus importante de ce pontificat devait se rapporter aux questions de foi, dont Ottoboni avait toujours été, comme secrétaire du Saint-Office, le surveillant jaloux. Il poursuivit les derniers partisans de Molinos, qui se réunissaient autour du clerc de la Chambre Mgr Gabrielli, dans un cercle où l'on renouvelait les pratiques équivoques de mysticisme, qui avaient attiré sur la doctrine les foudres de l'Église. Le Saint-Office condamna les coupables à la prison perpétuelle.

A l'exemple de ses prédécesseurs, Alexandre VIII, en présence des deux écoles théologiques opposées, celle des jésuites et celle des jansénistes, eut à condamner les excès de l'une et de l'autre, tant ceux du laxisme que ceux du rigorisme. Le 24 août 1690, sur une décision prise en congrégation générale du Saint-Office, il condamna deux propositions des premiers, l'une comme hérétique, qui niait la nécessité de l'acte d'amour divin; l'autre comme erronée, scandaleuse, qui admettait la possibilité du péché philosophique, c'est-à-dire qui ne comporterait aucune offense envers Dieu.

Le 7 décembre 1690, un autre décret condamnait quatre-vingt-treize propositions jansénistes, émises par des professeurs de théologie de Louvain sur la justification et la pénitence, la sainte Vierge, le baptême, l'autorité de l'Église. C'était une confirmation indirecte des sentences précédentes contre les doctrines de Baius. Le docteur Arnauld, qui essaya de les défendre, vit s'évanouir la considération et la déférence dont il avait été l'objet à Rome sous le pontificat précédent.

Si l'âge empêcha Alexandre VIII de marquer son règne par quelque œuvre éclatante ou fondation définitive, toutefois il couronna dignement pour lui une longue carrière de travaux et de services importants dans l'ordre de la discipline ecclésiastique et du développement des administrations romaines. C'est à ce dernier point de vue surtout qu'il illustra l'histoire de la papauté. Pendant cette carrière, il avait joui d'une réputation universellement reconnue de savoir juridique, et aussi de culture générale: il faisait bonne figure dans les cercles littéraires de Rome, alors en pleine prospérité, véritables ébauches des premières académies italiennes. Le plus en vue, celui de la reine Christine de Suède, que présidait son ami Azzolini, et où l'on s'occupait surtout de philosophie et de religion, le comptait parmi ses oracles. Après la mort de cette princesse, il acquit sa bibliothèque et ses collections, qu'il légua sans doute à son neveu, le cardinal Ottoboni, mais que celui-ci, selon la volonté de son oncle, transmit avec son héritage au Vatican (1740).

La robuste complexion du pape se maintint jusqu'à sa quatre-vingt et unième année, et jusqu'au dernier moment il conserva la force et la lucidité de son esprit. Il n'avait pas une intelligence transcendante, mais il se distingua, entre tous les membres du Sacré Collège et les serviteurs de la curie, ses contemporains, par l'expérience, la pratique des affaires et une grande dextérité dans leur maniement. C'était un homme de conseil et d'administration, non un politique, et cependant il opposa à la diplomatie française une force d'inertie douce et souriante, faite de compliments et de promesses, presque l'opposé de son prédécesseur. Ce système ne put durer qu'un temps, mais grâce à ces deux papes, Innocent XII, contraint de chercher un compromis qui rétablit la bonne entente entre les deux pouvoirs, trouva Louis XIV beaucoup plus accommodant.

Novaes, *Storia dei pontefici romani*, Rome, 1822, t. xi. — Litta, *Famiglie celebri italiane*, t. v, *Ottoboni*. — *Bullarium romanum*, Turin, 1870, t. xx. — *Dictionnaire de théologie catholique*, t. i, col. 747-763. — *Decisiones S. Rotae romanae coram P. Ottobono*, Rome, 1657. — Gérin, *Alexandre VIII et Louis XIV*, dans *Revue des questions historiques*, 1877, t. xxii. — E. Michaud, *La politique des compromis avec Rome en 1689. Le pape Alexandre VIII et le duc de Chaulnes*, Berne, 1888. Pamphlet qui n'a de valeur que par les extraits qu'il donne de la correspondance des agents de France. — S. Freiherr von Bischoffshausen, *Papst Alexander VIII und der Wiener Hoff (1689-1691)*, Stuttgart, 1900. — *Recueil des instructions données aux ambassadeurs et ministres de France*, t. xviii, Rome, par G. Hanotaux, t. ii, *1688-1723*, Paris, 1911.

P. RICHARD.

65. ALEXANDRE ACÉMÈTE. Voir ACÉMÈTES, t. i, col. 274.

66. ALEXANDRE ALLEMANICUS ou de **DE SAXONIA**, franciscain (?) du xive siècle, surnommé *Doctor illibatus*. Théologien profond, il écrivit un commentaire sur le IVe livre des Sentences, inédit. Il semble qu'il a été professeur à Cologne peu après ou vers 1400.

Firmamentum trium ordinum S. Francisci, Paris, 1512, t. i, fol. xliii r^o. — Sbaralea, *Supplementum ad scriptores ord. min.*, Rome, 1806, p. 10; 1908, t. i, p. 10 sq.

M. BIHL.

67. ALEXANDRE D'ALEXANDRIE. Voir ALEXANDER BONINO D'ALEXANDRIE, col. 254, et ALEXANDRIS (Alexandre de), col. 376.

68. ALEXANDRE D'ARLES, des frères mineurs capucins de la province de Saint-Louis en Provence, prédicateur, a laissé l'*Histoire de la fondation du monastère de la Miséricorde de la ville d'Arles*, Aix, 1705, in-12, dédiée à François de Maillé, archevêque d'Arles. Bernard de Bologne cite une édition de 1704, in-8°.

Bernard de Bologne, *Biblioth. script. ordin. minor. S. Francisci capuccinorum*, Venise, 1747, p. 3. — H. Brémond, *La Provence mystique au xviie siècle*, Paris, 1908. — Bibl. franciscaine provinciale (à Couvin). Annales des cap. de Provence, mss. *94* et *95*.

P. UBALD d'Alençon.

69. ALEXANDRE D'ARRAS, prieur de l'abbaye d'Anchin, en devint abbé à la mort de Gossuin. Il enrichit l'abbaye de nombreuses reliques reçues en partie d'Anselme, abbé de Cysoing, et obtint du pape Alexandre III confirmation des biens et privilèges du monastère. Il mourut en 1174, suivant la chronique d'Andres, et fut enseveli à gauche de l'autel de la Vierge dans l'église de l'abbaye. Il semble bien que ce soit à tort qu'on lui ait attribué la vie de son prédécesseur.

Escallier, *L'abbaye d'Anchin*, Lille, 1852, p. 117-124. — Lelong, *Bibl. France*, t. ii, *1839*.

H. DUBRULLE.

70. ALEXANDRE L'AUVERGNAT (Saint). Voir ALEXANDRE 1 (7), col. 172.

71. ALEXANDRE D'AUXERRE, vers 1290. On ne sait rien de sa vie. On conjecture seulement qu'il a résidé en Angleterre, ce qui s'expliquerait par les relations de l'abbaye de Pontigny avec ses dépendances anglaises.

On n'a rien publié de lui. Mais il existe deux manuscrits de Cambridge (n. *2096* et *2109*), intitulés *Alexandri Altissiodorensis super I et II Sententiarum*.

Hist. litt. de la France, 1847, t. xxi, p. 301. — Lebeuf, *Histoire d'Auxerre*, 1743, t. ii, p. 493. — Morin, *Dict. de phil. et théol. scolast.*, 1856, t. i, p. 421. — Papillon, *Bibl. bourguignonne*, 1745, t. i, p. 2.

P. FOURNIER.

72. ALEXANDRE BARCLEIUS, anglais ou écossais, fut successivement prêtre de l'église Sainte-Marie d'Otery, bénédictin, puis franciscain. Poète, orateur, écrivain, il traduisit divers ouvrages en anglais, entre autres la *Nef des fous*, qu'il dédia à l'évêque Thomas Cornitz, dont il était chapelain, et il composa les Vies des saints Georges, Ethelrède, Catherine et Marguerite. Il devint auxiliaire de l'évêque de Bath et mourut à Croydon près de Londres, en juin 1552.

Angelus a S. Francisco, *Certamen seraphicum provinciæ Angliæ*, Quaracchi, 1885, p. 291. — Jean de Saint-Antoine, *Bibliotheca franciscana*, Madrid, 1732, t. i, p. 19. — Wadding, *Scriptores minorum*, Rome, 1906, p. 9. — Sbaralea, *Supplem. ad scriptores ord. minor.*, Rome, 1908, p. 14.

ANTOINE de SÉRENT.

73. ALEXANDRE BLANCKART ou **CANDIDUS**, de Gand, carme de l'ancienne observance, dans la province d'Allemagne inférieure, profès du couvent d'Utrecht, y enseigna la théologie de 1529 à 1540, puis en fut prieur jusqu'à 1545, en même temps que curé de l'église paroissiale Saint-Nicolas, desservie par les carmes. Appelé au couvent de Cologne, comme maître des étudiants, par son provincial, l'illustre Éberhard Billick, qui voulait s'en faire un aide dans les controverses avec les protestants, il assista avec lui au colloque de Ratisbonne de 1546, traduisit ensuite la sainte Bible en flamand, passa son doctorat en 1550 et fut promu professeur public et ordinaire à la faculté de théologie. Mais Jules III ayant rouvert, en 1551, le concile de Trente, Marie d'Autriche, veuve de Louis II de Hongrie et sœur de Charles-Quint, qui gouvernait les Pays-Bas, voulut qu'ils y fussent représentés par les plus grands théologiens de Louvain et de Cologne, entre lesquels on comprit Alexandre Candidus. Il prit part à la discussion théologique sur le sacrement de pénitence, et fit aux Pères du concile deux discours très remarqués, prenant pour texte du second : *Si quis vobis evangelizaverit praeter id, quod accepistis, anathema sit.* Galat., I, 9. Revenu à Cologne, il devient, en 1552, définiteur provincial et régent; enfin, en 1554, il est élu doyen de la faculté de théologie de l'université de cette ville, et meurt, dans cette charge, le 31 décembre 1555. Il ne cessa point de combattre le protestantisme et publia : *Judicium Joannis Calvini de sanctorum reliquiis collatum cum orthodoxorum S. Ecclesiae catholicae Patrum sententiis*, in-8°, Cologne, 1551. Il a édité, dans le même but, avec l'approbation des théologiens de l'université de Cologne, et aidé par Jean Spryngell, carme de Malines, une traduction en flamand de la Vulgate, corrigée, dit-il, en plus de six cents endroits : *Die Bibel wederom met grooter nersticheit oversien ende gecorrigeert meer dan in ses hôdert plaetzen ende Collacioneert met dé oudé Latinsch ongefalste Biblü*, in-fol., Cologne, 1548. On a encore de lui : *De retributione justorum statim a morte*, in-8°, Cologne, 1551; *Commentaria in Epistolam Pauli ad Titum*; *Orationes duae in concilio Tridentino habitae*.

Jacob Milendunck, *Historia provinciae carmelitanae Allemaniae inferioris*, Francfort-sur-le-Mein, Stadtarchiv, 5 infol., manuscrits n. 47, vol. B, fol. 186 r°, 188 v°, 252 r°, 272 v°, 278 v°; vol. B, 2ᵉ partie, 197 r°, 207 v°, — Hartzheim, *Bibliotheca Coloniensis*, Cologne, 1747, p. 14. — Heinrich Hubert Koch, *Die Karmelitenklöster der Niederdeutschen Provinz*, Fribourg-en-Brisgau, 1889, p. 21, 41. — Norbert de Sainte-Julienne, *Authores carmelitani, pro supplemento bibliothecae carmelitanae*, fol. 4 r° et v°, fol. 5 r° et v°, ms. 13992 de la Bibliothèque royale de Belgique. — Daniel a Virgine Maria, *Speculum carmelitanum*, t. II, 2ᵉ part., p. 1095-1096, n. 3871 ; p. 1099, n. 3895.—Cosme de Villiers, *Bibliotheca carmelitana*, t. I, col. 27-28. — Foppens, *Bibliotheca Belgica*, Bruxelles, 1739, p. 44.

P. Marie-Joseph.

74. ALEXANDRE DE BOLOGNE,

prédicateur, dominicain de la fin du xvᵉ siècle. Il paraît avoir reçu le titre de docteur en théologie à Bologne, vers 1440. Nous n'avons aucun renseignement sur son activité. Leandro Alberti l'appelle *virum in scripturis peritissimum et in concionibus suis Origeni valde similimum.* Il ajoute qu'il mourut à Rome. La date de 1479 qu'Échard donne de sa mort, après Leandro Alberti, provient d'une erreur de lecture; il ne s'agit pas d'Alexandre de Bologne, mais de Jean d'Aquila, mort à Ferrare en 1479. Un autre passage plus explicite, où il est fait mention d'Alexandre de Bologne, est tiré d'Augustin Dati, appelé aussi Augustin de Sienne († 1478). Dans une lettre, adressée à Alexandre de Bologne et rapportée aussi par Échard, on lit : *Certe cum concionaris proponis nobis ante oculos in praecipiendo Paulum magistrum gentium, in instituendo Thomam Aquinatem christianae religionis decus, in monendo vim Demosthenis, in docendo Ciceronis ubertatem, in delectando suavitatem Isocratis, ut nihil pene nec dici nec excogitari possit aut utilius aut jucundius tuis praeclarissimis et optimis institutis.* *Epistol.*, lib. II, epist. II. Rovetta, *Bibliotheca chronologica provinciae Lombardiae sacri ordinis praedicatorum*, Bologne, 1691, a fait deux personnages d'un seul, distinguant entre Alexandre de Azoguidis (1460) et Alexandre de Bolognensis (1478). Le témoignage de Leandro Alberti, presque contemporain et ne parlant que du seul Alexandre de Bologne, nous paraît plus fondé. Un autre auteur contemporain, Achillini de Bologne († 1512, selon Fabricius † 1525), nous a également conservé le souvenir d'Alexandre de Bologne dans son *Viridario*, fol. 191. Il aurait laissé un certain nombre d'ouvrages manuscrits. Entre autres, des sermons *de tempore, de sanctis et quadragesimales*, de même *Scripta in IV Sententiarum libros et opuscula theologica alia.*

Leandro Alberti, *De viris illustribus ordinis praedicatorum*, Bologne, 1517, l. IV, fol. 145 v°. — Giov. Philotheo Achillini, *Il Viridario, nel quale nomina i litterati Bolognesi e di altre città*, Bologne, 1513, fol. 191. —Augustin de Sienne, *Epistol.*, l. II, epist. II. — Pellegrino Antonio Orlandi, *Notizie degli scrittori Bolognesi*, etc., Bologne, 1714, p. 44. — Échard, *Scriptores ordinis praedicatorum*, Paris, 1719, t. I, p. 856. — Fantuzzi, *Scrittori Bolognesi*, 1781, t. I, p. 191-192. — Mazzuchelli, *Gli scrittori d'Italia*, 1762, t. II, 3ᵉ partie, p. 1460.

R. Coulon.

75. ALEXANDRE BONINO D'ALEXANDRIE,

surnommé *le Jeune* pour le distinguer d'Alexandre de Halès, avec qui on l'a parfois confondu, naquit à Alessandria della Paglia, dans le Piémont. Il prit l'habit franciscain dans la province de Gênes et fut envoyé à Paris pour y faire ses études théologiques. Après y avoir enseigné quelque temps les Sentences, il revint en Italie et fut nommé, sous la direction du cardinal franciscain Gentile de Montefiore, lecteur du Sacré Palais. Il occupait cette chaire lorsque Benoît XI, par une bulle du 29 novembre 1303, lui conféra les privilèges de docteur de Paris. Son nom figure parmi ceux des maîtres de l'université qui répondirent courageusement à la consultation du roi Philippe le Bel au sujet du procès des templiers (Paris, 25 mars 1308).

Il dut être élu peu après ministre de la province de la Terre de Labour, car c'est en cette qualité qu'il défendait, en 1310, la communauté de l'ordre, devant la cour papale d'Avignon, contre les accusations d'Hubertin de Casal et les partisans de Pierre-Jean Olive. En 1312, il renouvela sa défense au concile de Vienne contre les mêmes *zelanti*. Le chapitre général qui se tint à Barcelone l'élut ministre de tout l'ordre au premier tour de scrutin, le 3 juin 1313. Aussitôt après son élection, le nouveau général, accompagné de plusieurs provinciaux, se rendit en France auprès de Clément V (une bulle constate son passage avant le 23 juillet), et lui demanda comme protecteur de l'ordre le cardinal Arnaud de Pelegrue. Par l'entremise de ce prélat, il obtint des lettres pontificales pour les évêques d'Italie, afin de ramener de force les religieux dispersés qui, sous prétexte de perfection, s'étaient séparés du corps de l'ordre.

Le 13 novembre 1313, il écrivit, de Florence, au roi Jacques II d'Aragon, de s'interposer auprès de son frère Frédéric, roi de Sicile, pour qu'il ne favorisât pas ces transfuges. Le 1ᵉʳ août 1314, il adressa de Naples une nouvelle lettre au roi d'Aragon, pour le prier de ne pas partager les idées de son frère sur les *zelanti*.

En cette même année 1313, il présida à Nîmes un chapitre qui dut être celui de la province de Provence. On trouve aussi son intervention en faveur du couvent des frères mineurs de Vintimille et des clarisses de Todi. Sous son gouvernement de quatorze mois, les abus contre la règle se multiplièrent, les revenus annuels proscrits par son prédécesseur Gonzalve réapparurent. Il mourut à Rome, le 5 octobre 1314, et fut enterré dans l'église franciscaine d'Ara-Cœli.

Les historiens de l'ordre de Saint-François attribuent à Alexandre des commentaires sur les quatre livres des Sentences, sur plusieurs livres de l'Écriture, et un excellent traité *De anima*. Il est l'auteur des *Commentaria in libros Metaphysicae Aristotelis*, imprimés à Venise en 1572 sous le nom d'Alexandre de Halès. La *Sententiosa expositio venerabilis Alexandri super tertium librum de anima*, imprimée à Oxford en 1481, est peut-être aussi de lui. — La bibliothèque Mazarine possède : *Quodlibet magistri Alexandri de Alexandria, ordinis fratrum minorum*, n. 889, fol. 184-

221, xiv⁰ siècle. — *Haec sunt memorabilia fratris Alexandri generalis ministri in capitulo Nemausi celebrato anno M° CCC° XIII*, Auch, n. 49, fol. 29 v°, xiv⁰ siècle. — *Summa quaestionum S. Bonaventurae in IV libros Sententiarum*, Milan, bibl. Ambrosienne, *B. 5*, xiv⁰ siècle. — Le manuscrit d'Assise *B. IX*, 1, contient les *Quaestiones abbreviatae ex I, II et III Sententiarum*. — On peut voir dans Sbaraglia les autres œuvres manuscrites d'Alexandre, dont l'existence est incertaine aujourd'hui.

Chronica Nic. Glassberger, dans *Analecta franciscana*, Quaracchi, 1887, t. II, p. 114, 120. — *Chronica XXIV generalium*, ibid., 1897, t. III, p. 458, 467, 704. — *Liber conformitatum*, ibid., 1906, t. IV, p. 332, 338, 341, 527. — Wadding, *Annales minorum*, t. VI, p. 167, 213, 223; *Scriptores minorum*, Rome, 1906, p. 9. — Sbaralea, *Supplem. ad scriptores minorum*, Rome, 1908, p. 11-13. — *De humanae cognitionis ratione... anecdota*, Quaracchi, 1883, p. IX, XXII, 219. — De Gubernatis, *Orbis seraphicus*, Rome, 1682, t. I, p. 147; *De missionibus*, Quaracchi, 1886, t. II, p. 878. — Eubel, *Bullarium franciscanum*, t. V, p. 4, 66, 92, 94, 97, 581, 600; t. VI, p. 604. — Denifle et Chatelain, *Chartular. univ. Paris.*, t. II, p. 105, 106, 127. — Hauréau, dans le *Journal des savants*, 1884, p. 159-160. — Moriondi, *Monumenta Aquensia*, Turin, 1789, t. I, p. 687. — *Archiv für Literatur- und Kirchengeschichte*, Berlin, 1886, t. II, p. 379; t. III, p. 39. — *Archivum francisc. historicum*, Quaracchi, 1909, t. II, p. 159-160. — Ul. Chevalier, *Répert. Bio-bibliog.*, 2ᵉ édit., t. I, col. 132.

ANTOINE de Sérent.

76. ALEXANDRE CAEMENTARIUS (*Pargiter*), abbé de Saint-Augustin de Cantorbéry, fut béni par le pape Innocent III, à Rome, en 1212, prit part à la première réunion des abbés bénédictins à Oxford, en 1219, mourut le 7 octobre 1220 et fut enterré dans son abbaye. On lui a attribué la *Vie de saint Hugues de Lincoln* qui se trouve dans *P. L.*, t. CLIII, col. 936-1114, et qui a pour auteur Adam d'Eynsham; cf. t. I, col. 475. La vérité des détails biographiques rapportés par Pitseus, *De illustribus Angliae scriptoribus*, p. 287, et cités dans *P. L.*, t. CLIII, col. 939-940, semble fort douteuse.

Thomas d'Elmham, *Historia monasterii S. Augustini Cantuarensis*, éd. C. Hardwick, *Rolls series*, Londres, 1858, p. 41.

A. TAYLOR.

77. ALEXANDRE DE CAEN, des frères mineurs capucins, prédicateur et controversiste. Il a laissé *La ruine des presches et de la religion réformée*, Le Havre, 1685, in-8° (on cite aussi une édition en 1675); *Le triomphe de Louis le Grand sur tous les hérétiques de France*, Le Havre, 1685, in-8°; *Le triomphe du saint Sacrement de l'autel sur l'hérésie*, Le Havre, 1685, in-8°. Le tout a été réédité en un seul volume, *La ruine totale du calvinisme ou le triomphe de Louis le Grand sur l'hérésie calviniste, dédiée à sa Majesté*, Rouen, 1687, in-8°.

Guiot, *Le Moréri des Normands*, ms. de Caen, *436*. — Bernard de Bologne, *Bibliotheca script. ordin. minor. S. Francisci capuccinor.*, Venise, 1747, p. 3. — Fr. Martin, *Athenae Normannorum*, édit. Bourrienne, Caen, 1901, p. 39, 40. — N. N. Oursel, *Nouvelle biographie normande*, Paris, 1886, t. I, p. 6.

P. UBALD d'Alençon.

78. ALEXANDRE DE CAMPO ou PARAMBILCIANDI, du rite syrien, né à Corolongatta (Inde méridionale), fut sacré évêque de Mégare, le 31 janvier 1663, par Mgr Joseph de Sainte-Marie (Sebastiani), carme déchaussé, évêque d'Hiéraple et vicaire apostolique du Malabar. Les Hollandais venaient d'enlever aux Portugais la ville de Cochin, avec ses dépendances; ils chassèrent Mgr Joseph de Sainte-Marie, qui, pour ne pas laisser les catholiques sans évêque et en vertu d'amples pouvoirs qu'il tenait du Saint-Siège, se substitua un indigène toléré par les nouveaux conquérants, en sacrant évêque et nommant Alexandre de Campo, vicaire apostolique du Malabar, en son lieu et place; mais il lui laissait plusieurs missionnaires carmes déchaux pour l'assister dans son administration. Elle fut paisible; toutefois, se sentant vieillir, Alexandre demanda un coadjuteur, que la Propagande remit au choix de quatre missionnaires carmes. Ils élurent, le 3 mars 1677, Raphaël de Figueredo Salgado, prêtre indigène de Cochin, sacré, la même année, évêque d'Hadrumète; mais il entra aussitôt en d'interminables querelles avec le vénérable titulaire, lequel mourait peu après, en 1678.

Paulin de Saint-Barthélemy, *India Orientalis christiana*, Rome, 1794, p. 75-78. — J.-F. Raulin, *Historia Ecclesiae Malabaricae*, Rome, 1745, p. 441-445. — *Annales de la propagation de la foi, Mémoire historique sur la mission des carmes au Malabar*, 1839, p. 593-595. — Gams, *Series episcoporum Ecclesiae catholicae*, p. 119.

P. MARIE-JOSEPH.

79. ALEXANDRE DE CAPOUE, évêque de Chieti. Issu d'une noble famille, chapelain d'Innocent IV, il fut promu à ce siège, le 24 août 1254, à la place de Landolfo Caracciolo. Il eut à faire respecter ses droits épiscopaux et les biens de sa mense contre les usurpateurs, laïques et ecclésiastiques. Les papes intervinrent en sa faveur à plusieurs reprises : Innocent IV, en 1253, pour lui faire restituer des moulins et d'autres possessions de la mense, occupés par les gens de Chieti; Alexandre IV, en 1256 et en 1257, pour révoquer des donations illicites faites aux dépens de l'évêché. Le même pape obliga aussi certains abbés ou ecclésiastiques du diocèse de Chieti à prêter à leur évêque le serment de fidélité qu'ils lui devaient d'après la coutume. D'autres religieux et même de simples clercs invoquaient un privilège d'exemption pour se dispenser de jurer obéissance à leur évêque, de se prêter à la visite canonique ou de payer en nom de procuration. Le pape ordonna que justice fût faite (1257). Enfin il donna à l'évêque de Chieti le pouvoir de chasser les bénéficiers intrus de tous les bénéfices qu'ils avaient usurpés et de les remplacer par d'autres. Le nom d'Alexandre de Capoue figure aussi dans certains actes d'administration de biens et d'inféodation de fiefs dépendants de son église. On ignore la date de sa mort. Son successeur, Nicolas de Fossanova, siégeait en 1262.

Cappelletti, *Le Chiese d'Italia*, t. XXI, p. 100. — Eubel, *Hierarchia*, t. I, p. 507. — Ughelli, *Italia sacra*, Venise, 1720, t. VI, col. 727-728.

J.-M. VIDAL.

80. ALEXANDRE DE CARPINETO. Moine de l'abbaye bénédictine de San Bartolomeo de Carpineto, dans les Abruzzes, au diocèse de Penne (et non pas de celle de Santa Maria de Casanova, comme le porte à tort Chevalier, d'après Fabricius, qui le dit cistercien et le fait vivre vers 1300). Il a écrit, en latin, une chronique en six livres qui, à l'époque d'Ughelli, était conservée en manuscrit à Santa Maria de Casanova, abbaye du même diocèse et de l'ordre de Cîteaux, à laquelle celle de San Bartolomeo fut unie, en 1258, par Alexandre IV. Ce manuscrit semble avoir disparu. Deux autres exemplaires existent encore : le premier, dans la bibliothèque Brancacciana de Naples, *IV A 14* (anc. *III C 29*), qui a été décrit par Capasso; le second, mentionné par Pertz, *Archiv*, t. IV, p. 528, dans la bibliothèque Chigi de Rome, *G VI 157*, fol. 152 sq. Elle a été publiée, en partie, d'après l'exemplaire de Santa Maria, par Ughelli-Coleti, *Italia sacra*, t. X, col. 350-392, sous ce titre : *Chronica monasterii S. Bartholomei de Carpineto, quod in episcopatu Pennensi construxit comes Bernardus Linduni anno sal. MCCCLXII* (faute d'impression; il faut lire *DCCCLXXII*), *auctore Alexandro monacho, qui eam* scripsit Caelestini III papae temporibus... L'auteur y fait l'histoire de son monastère, en remontant au vœu de Bernardo ou Berardo, comte de Penna, qui en fut le fondateur, en décrit la consécration, qui eut lieu le 26 août 962, puis rapporte diverses donations faites à l'abbaye, dresse la liste des abbés et y joint force renseignements sur l'histoire des Abruzzes et du royaume de Naples. Il s'arrête à l'élection à la dignité abbatiale de Gualterio, moine du Mont-Cassin, en 1191, ce qui montre que l'auteur a vécu vers cette époque et est mort, probablement, peu après. Il termine en donnant quelques documents. Cet ouvrage manque de critique et renferme nombre d'erreurs, surtout chronologiques, dont quelques-unes ont été relevées par Di Meo, mais n'en est pas moins précieux par son antiquité. Mazzuchelli se demande si Alexandre de Carpineto n'est pas également l'auteur du *Vat. lat. 4458*, intitulé : *Alexandri Casinensis monachi institutio de quadam eleemosyna*, mais c'est peu vraisemblable.

Visch, *Bibliotheca scriptorum ordinis cisterciensis*, Cologne, 1656, fol. 17. — Fabricius, *Bibliotheca latina mediae et infimae aetatis*, Padoue, 1743, p. 63. — Cave, *Scriptorum ecclesiasticorum historia literaria*, Bâle, 1745, t. II, fol. 253 v°. — Mazzuchelli, *Gli scrittori d'Italia*, Brescia, 1753, p. 457. — Ziegelbauer, *Historia rei literariae ordinis S. Benedicti*, Augsbourg-Wurzbourg, 1754, t. III, fol. 654 v°. — Cesidio Gualteri, *Pel real patronato delle due badie di S. Maria di Casanova e di S. Bartolomeo di Carpineto*, Naples, 1776. — E. D'Afflitto, *Memorie degli scrittori del regno di Napoli*, Naples, 1782, t. I, p. 185. — Di Meo, *Annali critico-diplomatici del regno di Napoli*, Naples, 1801, t. VI, p. 3. — Minieri Riccio, *Biblioteca storico-topografica degli Abruzzi*, Naples, 1862, p. 281-282. — Capasso, *Le fonti della storia delle provincie napoletane*, dans *Archivio per le province napoletane*, 1876, t. I, p. 189-190, 204-210. — Bindi, *Monumenti storici ed artistici degli Abruzzi*, Naples, 1889, t. I, p. 551-552. — Alfredo Monaci, *Notizie e documenti per l'abbazia di Casanova nell'Abruzzo*, Rome, 1894, p. 9. — U. Chevalier, *Bio-Bibliographie*, Paris, 1905, t. I, col. 134. — Kehr, *Regesta pontificum romanorum*, *Italia pontificia*, Berlin, 1909, t. IV, p. 292-298.

J. Fraikin.

81. ALEXANDRE LE CHARBONNIER. Voir Alexandre, évêque de Comanal col. 179.

82. ALEXANDRE DE LA CONCEPTION, trinitaire, célèbre théologien de son ordre. Il naquit à Madrid, le 26 mars 1672, de la noble famille espagnole Galdiano y Croy. A l'âge de quatorze ans, il entra dans le couvent des trinitaires déchaussés de Madrid et y prononça ses vœux solennels le 19 avril 1688. A vingt-deux ans, il enseignait déjà la philosophie scolastique au collège des trinitaires à Alcala de Henares. En 1710, il fut nommé définiteur général de son ordre et, en 1716, ministre général. Il garda cette charge jusqu'à sa mort, qui eut lieu le 13 janvier 1739. Sous son gouvernement, l'ordre des trinitaires prospéra et se répandit dans toute l'Europe. Il a écrit : *Patrum Complutensium excalceatorum caelestis ordinis sanctissimae Trinitatis redemptionis captivorum Logica vetero-nova*, Compluti, 1710, deux volumes; Vienne, 1721; *Memorial informe, historico-juridico por las dos familias calzada y descalza del orden de la Sma. Trinitad, redencion de cautivos, con el orden de N. S. de la Merced, redencion de cautivos, sobre que la Real Camera declare no ser Su Majestad Patron, sino es solo protector de dicha religion de la Merced*, Madrid, 1720; *Informe teologico juridico sobre la competencia entre el rector de la universidad de Alcala, como juez conservador del colegio de Trinitarios Descalzos y el teniente de contador mayor de rentas decimales de este arzobispado de Toledo*, s. l. n. d.

Melchior du Saint-Esprit, *Diamante Trinitario*, Madrid, 1713, p. 467. — Alvarez y Baena, *Hijos de Madrid ilustres...*, Madrid, 1789, t. I, p. 12-13. — Antonin de l'Assomption, *Diccionario de escritores trinitarios de España y Portugal*, Rome, 1898, t. I, p. 153-156. — Hurter, *Nomenclator*, t. IV, col. 1028.

A. Palmieri.

83. ALEXANDRE (Ier), DE DJOULFA. Alexandre Ier Dchougaiétsi, vardapet de Djoulfa, et catholicos arménien, successeur de Nahabed sur le siège d'Edschmiadzin (1706-1714). Il ne montra point à l'égard du catholicisme la grande sympathie de son prédécesseur. En 1687, sous le patronage du catholicos anti-catholique Éléazar, il avait publié, en arménien, dans son couvent du Sauveur, dans la nouvelle Djoulfa, près d'Ispahan, un *Livre juridique et polémique contre les latins*, « petit in-8° de 288 p. ». Il y soutenait l'unité des natures du Verbe incarné; après l'incarnation et neuf autres articles en opposition avec la foi catholique. Il suppose, naturellement, que les catholiques divisent le Christ en deux personnes, *ouomn iev ouomn*. Voir l'analyse de ce traité et de quelques œuvres ascétiques, dans la *Nouvelle bibliographie arménienne et encyclopédie de la vie arménienne*, par Arsène Ghazikian, en arménien, Venise, 1909, p. 107 sq. Une réfutation d'Alexandre, écrite en 1706, par Stephanos Daschtetsi, est restée manuscrite. Une seconde édition de la diatribe d'Alexandre parut à Constantinople, en 1783. En 1707, il envoyait à Bagdad, contre les capucins, contre le vardapet Jean et les catholiques, une lettre extrêmement violente : « Ces méchants hérétiques, disait-il, qui ont la perverse corruption de l'immonde Léon. » *Ministère des Affaires étrangères*, carton II; Affaires relig. et missions du Levant; texte arménien et traduction française de cette lettre... Citations dans le t. IX, c. XXIII-XXIV des manuscrits de P. Rabbath. Devenu catholicos, il écrivit, en 1711, au pape Clément XI une lettre qui a été publiée en arménien et en français dans la revue, *La colombe du Massis*, Paris, 1856, fascicule 5, p. 115, 123. Bien qu'il écrive plutôt pour se plaindre des missionnaires que « troublent les innocents agneaux de la sainte Église arménienne, » il appelle cependant le siège de Rome le *siège capital, Bedagan kahit*, et le *pontife universel, diézéragan Hairabed*. Cf. Dashian, *Catalogue des mss. arméniens des mékhitaristes de Vienne*, partie arménienne. in-4°, p. 180. Au témoignage du jésuite Monier, les actes de ce catholicos ne répondaient point aux paroles précédentes : « Il fit une guerre secrète aux catholiques, cachant sous la peau d'une brebis toute la malice d'un loup furieux. » *Lettres édifiantes et curieuses*, éd. du Panthéon, Paris, 1875, t. I, p. 315.

F. Tournebize.

84. ALEXANDRE FASSITELLI. Voir Alexandre de Sant' Elpidio, col. 272.

85. ALEXANDRE DE FOIGNY (Bienheureux). Connu par un passage de Thomas de Cantimpré, *De apibus*, l. II, c. x. Prince écossais, et le plus jeune des quatre frères de la bienheureuse vierge Mechtilde, il aurait renoncé au trône paternel sur les exhortations de sa sœur. Il se fit gardeur de vaches, vint en France avec Mechtilde, se fit agréer dans la même qualité comme frère convers au monastère cistercien de Foigny (Aisne), où ses origines auraient été décelées, grâce à un acte de grand courage. Il mourut à Foigny, vers le début du XIIIe siècle. Honoré, dans l'ordre cistercien, le 3 ou le 4 mai, ainsi que le 14 janvier.

Acta sanctorum, 1680, maii t. I, p. 434. — Manrique, *Annales cistercienses*, 1659, t. IV, ad ann. 1217, c. VI. — G. Muller, *Der sel. Alexander von Foigny*, dans *Cistercienser Chronik*, 1901, t. XII, p. 1-16.

P. Fournier.

86. ALEXANDRE DE GOUVÉA, membre du tiers-ordre régulier de Saint-François et non pas du premier ordre. Il fut nommé évêque de Pékin le 22 juillet 1782 et prit possession de son siège en janvier 1785. La Compagnie de Jésus ayant été supprimée par Clément XIV, Gouvéa publia ce décret le 8 mai 1785, il s'y nomme : « Fr. Alex. de Gouvéa, de la famille du tiers-ordre de Saint-François par la grâce de Dieu, etc. » Ensuite il appela les pères lazaristes français à la place des jésuites. Les persécutions contre les chrétiens rendaient sa tâche singulièrement difficile, il fut le dernier évêque de la série commencée en 1696 résidant à Pékin. Il mourut le 6 juillet 1808, et fut enseveli au cimetière de Cha-la-aul, où reposent aussi les restes des Pères Ricci et Schall.

A. Favier, *Péking, Histoire et description*, nouv. édit., Paris, 1902, p. 192.

A. GROETEKEN.

87. ALEXANDRE DE HALÈS, naquit dans la ville de ce nom, au comté de Glocester, en Angleterre, vers 1180. Il semble avoir d'abord étudié dans sa patrie avant de venir à l'université de Paris, où il suivit les cours ordinaires. Il était maître ès arts vers 1210, et fut probablement aussi docteur ès lois. Avant 1220, il était membre de la faculté de théologie et maître très estimé. La fonction d'archidiacre, dont il portait le titre, n'était nullement celle de Paris, mais un bénéfice qu'il possédait en Angleterre. Selon l'historien de l'université d'Angers, P. Rangeard, Alexandre aurait enseigné quelque temps dans cette ville : ce ne peut être qu'entre 1229 et 1231, pendant l'exil de l'université de Paris.

Après son retour, en 1231, il entra dans l'ordre des frères mineurs, *jam senex*, dit Roger Bacon. Cette résolution, qui fit grand bruit dans le monde savant, ne fut pas provoquée, comme le racontent des chroniques du XIVe siècle, par la démarche d'une pieuse femme ou d'un frère quêteur ; il convient plutôt de l'attribuer aux docteurs anglais qui l'avaient précédé dans l'ordre, tels que Aimon de Faversham (t. I, col. 1192). Son année de noviciat ne l'empêcha pas d'enseigner, il transporta seulement sa chaire au couvent des franciscains qui s'étaient établis, l'année précédente, près de l'église Saint-Cosme. Les frères lui conférèrent avec enthousiasme la direction générale de leur école. Ses principaux disciples furent Jean de la Rochelle et saint Bonaventure. Il n'est pas impossible que saint Thomas d'Aquin ait assisté à ses leçons, le fait n'est cependant pas prouvé, ainsi qu'on l'a autrefois soutenu. Jean de la Rochelle semble avoir eu les faveurs du maître ; aux environs de 1235, il lui est associé en qualité de régent auxiliaire. La *Legenda XXIV generalium*, qui narre un découragement momentané d'Alexandre pendant son année de probation, raconte aussi comment il se détermina à présenter son disciple au grade de bachelier. En 1238, ils assistent à Paris au débat concernant la pluralité des bénéfices. En 1237-1238, ils se mettent tous les deux à la tête de la résistance contre le despotisme du général de l'ordre, Élie de Cortone, résistance qui provoqua sa démission. Entre 1240 et 1242, tous deux encore, de concert avec d'autres théologiens, travaillent à une révision de la règle de saint François. Le 13 janvier 1241, il est présent à la condamnation de dix erreurs par l'évêque de Paris, Guillaume d'Auvergne, à la faculté de théologie. En cette même année, les chanoines de Sainte-Gudule de Bruxelles le demandent au duc de Lorraine comme arbitre dans un litige entre eux et les frères mineurs. — On ne peut que signaler un prétendu pèlerinage d'Alexandre à Assise et un sermon devant sainte Claire, pendant lequel il aurait été interrompu par le bienheureux Gilles. En 1245, durant la tenue du concile de Lyon, il aurait été chargé par Innocent IV d'examiner la vie et les miracles de saint Edmond, archevêque de Cantorbéry (canonisé en 1247), ce qui fait supposer à Sbaraglia qu'il avait pu être appelé au concile.

Il mourut à Paris, le 21 août 1245, et fut enterré dans l'église du couvent où son tombeau se voyait jusqu'à la Révolution de 1790. Le cardinal légat, Eudes de Châteauroux, présida les obsèques, auxquelles assistèrent plusieurs prélats revenant du concile de Lyon. Le 25 mai 1622, le général de l'ordre, Bénigne de Gênes, exhuma les ossements d'Alexandre et les fit déposer dans un nouveau sarcophage.

ÉCRITS. — On a attribué à Alexandre de Halès la paternité de la première *Somme de théologie*, non pas qu'avant lui ce titre n'eût déjà été employé, mais en ce sens qu'il rédigea un vaste ouvrage, raisonné et méthodique, dont les Sentences de Pierre Lombard, approfondies et divisées en questions et sous-questions, forment le fond ; et qu'il appliqua aux spéculations théologiques la première tentative heureuse de la philosophie d'Aristote : système qui fut imposé désormais aux écoles. Cet ouvrage, qui ne fut pas composé avant 1231, resta inachevé par la mort de l'auteur. Le 28 juillet 1256, Alexandre IV ordonna au provincial de France de faire compléter la Somme par Fr. Guillaume de Melitona (Melun?). Le titre de « Docteur irréfragable », qu'aucun auteur du XIIIe siècle ne donne à Alexandre, semble emprunté à une expression de cette bulle. Il faut ranger parmi les fables la soi-disant approbation de la Somme par soixante-douze docteurs de Paris, dont la charte, munie de leurs sceaux et de leurs signatures, se conservait dans la sacristie des cordeliers de Paris, au dire de Barthélemy de Pise. — Éditions de la *Summa theologiae* : Nuremberg, 1481-1482, 4 vol. in-fol. ; Pavie, 1489, 4 vol. in-4° ; Venise, 1496, 4 vol. in-fol. ; Lyon, 1515-1516, 4 vol. in-4° ; Venise, 1575-1576, 4 vol. in-fol. ; Cologne, 1622, 4 vol. in-fol.

Alexandre n'a point écrit un commentaire sur les Sentences différent de la Somme. La *Summa de virtutibus* n'est pas de lui, mais probablement de Guillaume de Melitona. Il n'a pas écrit davantage un *Mariale*, pas plus que l'*Expositio missae*. Cf. Franz, *Die Messe im deutschen Mittelalter*, Fribourg-en-Brisgau, 1902, p. 459-462.

Il est peut-être l'auteur d'un *Commentum super librum Metheororum* et *Phisiognomia Aristotelis* (cf. *Chartul. univ. Paris.*, t. I, p. 644) et composa probablement aussi une *Concordia utriusque juris*. On n'a pas pu encore identifier avec certitude les commentaires de l'Écriture dont il serait l'auteur, mais il semble bien que les *Commentarii in Apocalypsim*, Paris, 1647, ne sont pas de lui, pas plus que la *Postilla in psalterium*, Venise, 1496, 1556 ; Leipzig, 1554. — Son explication de la règle de saint François, *Expositio quatuor magistrorum in regulam S. Francisci*, a été publiée dans les *Monumenta ordinis seraphici*, Salamanque, 1511 ; *Speculum minorum*, Rouen, 1509 ; *Firmamenta trium ordinum*, Paris, 1512. Les frères mineurs de Quaracchi préparent une édition critique des œuvres du chef de l'école franciscaine.

Rangeard, *Histoire de l'université d'Angers*, Angers, 1868, t. I, p. 147. — *Histoire littéraire de la France* (art. de Daunou), Paris, 1835, t. VIII, p. 312-328. — Féret, *La faculté de théologie de Paris*, Paris, 1894, t. I, p. 311-324. — Haureau, *Histoire de la philosophie scolastique*, Paris, 1880, t. II, p. 129-141. — Guttmann, *Alex. de Halès et le judaïsme*, dans *Revue des études juives*, Paris, 1889, t. XIX, p. 224-234. — Stöckl, *Geschichte der Philosophie des Mittelalters*, Mayence, 1865, t. II, p. 317-326 ; Id., dans *Kirchenlexicon*, Fribourg, 1880, col. 496-499. — Endres, *Des Alexander von Hales Leben und psychologische Lehre*, dans le *Philosophisches Jahrbuch der Goerres-Gesellschaft*, Fulda, 1888, t. I, p. 24. — Hager, *Programmata sex de doctore irrefragabili Alex. de Ales*

Chemnitz, 1750-1755. — Hurter, *Nomenclator literarius*, Inspruck, 1906, t. II, col. 257. — Picavet, *Esquisse d'une histoire générale et comparée des philosophies médiévales*, Paris, 1907, p. 188. — Uberweg-Heinze, *Grundriss der Geschichte der Philosophie*, Berlin, 1905, t. II, p. 334. — Vacant, dans *Dictionnaire de théologie catholique*, Paris, 1903, t. I, col. 772-785. — De Wulf, *Histoire de la philosophie médiévale*, Louvain et Paris, 1905, p. 293-299. — Heim, *Das Wesen der Gnade und ihr Verhältnis zu den natürlichen Funktionen des Menschen bei Alexander Halesius*, Leipzig, 1907; cf. *Études franciscaines*, Paris, 1908, t. XIX, p. 94. — *Chronica XXIV generalium*, dans *Analecta franciscana*, Quaracchi, 1897, t. III, p. 218-220, 247, 263, 280, 304, 307, 324, 696, 699. — *Liber conformitatum*, ibid., 1906, t. IV, p. 208, 305, 309, 336, 379, 429, 543. — Wadding, *Annales minorum*, Rome, 1732, t. I, p. 45-47, 419; t. III, p. 68, 84, 133-137, 344; t. VI, p. 121; t. XXV, p. 518; *Scriptores ordinis minorum*, Rome, 1650, p. 8-9; Rome, 1806, p. 5-6; Rome, 1906, p. 9-10. — Sbaralea, *Supplem. ad script. minorum*, Rome, 1806, p. 13-20, 723; 1908, p. 14-21. — *Bullarium franciscanum*, t. II, p. 151. — Jean de Saint-Antoine, *Bibliotheca franciscana*, Madrid, 1732, t. I, p. 21-33; t. III, in app. — Prosper de Martigné, *La scolastique et les traditions franciscaines*, Paris, 1888, p. 1-76. — Hilarin de Lucerne, *Histoire des études dans l'ordre de Saint-François*, Paris, 1908, p. 183-235, 474-477, 491-493, 527-528, 543-550. — Schmoll, *Die Busslehre der Fruhscholastik*, Munich, 1909, p. 135. — *Opera omnia sancti Bonaventurae*, Quaracchi, 1882, t. I, p. LIX-LXII. — J. de la Haye, *Vita Alexandri de Hales*, en tête des *Commentarii in Apocalypsim*, Paris, 1647, c. XI. — *Gestorum Alexandri de Hallis brevis narraciuncula*, Biblioth. nation. de Paris, nouv. acquis. lat., *711*, fol. 69. — Denifle et Chatelain, *Chartular. univers. Paris.*, t. I, p. 135, 158, 187, 221, 328-329, 473, 474, 634, 635. — *Archivum francisc. historic.*, Quaracchi, 1909, t. II, p. 307. — U. Chevalier, *Répertoire bio-bibl.*, t. I, col. 135-136.

ANTOINE de Sérent.

88. ALEXANDRE IAROSLAVITCH NEVSKY, grand prince et saint de l'Église orthodoxe russe, né le 30 mai 1220, mort le 14 novembre 1263. Nous n'avons pas à raconter ses exploits, qui le placent au premier rang parmi les héros légendaires de la Russie. Son nom cependant mérite d'être mentionné dans un dictionnaire d'histoire ecclésiastique, parce qu'il fut mêlé à plusieurs reprises dans l'histoire des relations de la papauté avec l'Église orthodoxe russe. Le 9 décembre 1237, Grégoire IX envoyait une lettre à Iarlerius, archevêque d'Upsal, et à ses suffragants, les engageant à prêcher la croisade en Suède contre les Finnois. Potthast, *Regesta pontificum romanorum*, Berlin, 1874, t. I, n. 10, 486. On organisa une armée, sous le commandement de l'amiral Birger, qui établit son camp sur l'Ijora, un des affluents méridionaux de la Néva. Les croisés songeaient déjà à marcher vers la ville de Novgorod. Le prince Alexandre prévint leur dessein. Il réunit les guerriers de sa *droujine* et tomba à l'improviste sur le camp des Suédois. Ceux-ci, surpris, se défendirent vaillamment, mais ils finirent par subir une entière défaite. Les hagiographes russes racontent que les saints martyrs russes Boris et Glèbe lui apparurent avant la bataille et contribuèrent puissamment au succès de son armée. La victoire valut à Alexandre Iaroslavitch le titre de Nevsky, et une grande célébrité. Les historiens russes en parlent comme d'un triomphe de la foi orthodoxe sur la foi romaine. Après sa victoire, le prince Alexandre quitta Novgorod et alla s'établir à Péréiaslav Zaliessky.

Mais il ne tarda pas à reprendre les armes. L'ordre militaire des *Porte-glaive* s'était emparé de Pskov, étendait sa domination dans l'Esthonie et menaçait Novgorod. Les habitants supplièrent alors Alexandre de venir à leur aide. Il se rendit à leurs désirs et, à la tête d'une nouvelle armée, il reconquit Pskov et livra bataille aux *Porte-glaive*, sur la glace du lac Peïpous (5 avril 1212). Il leur tua quatre cents chevaliers et en fit cinquante prisonniers.

Le 23 janvier 1248, Innocent IV lui adressa une lettre, où il l'engageait à rentrer dans le giron de l'Église romaine et à suivre l'exemple du prince Iaroslav, son père, qui, par l'entremise du franciscain Jean de Plan-Carpin, avait abjuré le schisme. Potthast, t. II, n. 12815. Cette lettre, d'après les chroniques russes, fut remise à Alexandre, par deux cardinaux, Galda et Emonte. Les historiens russes ajoutent qu'il refusa d'adhérer aux requêtes du pape, et qu'il renvoya les légats du Saint-Siège, en disant que la foi romaine était inconnue, soit de lui, soit de son peuple. Ces affirmations sont sujettes à caution. En effet, dans une autre lettre du 15 septembre de la même année, Innocent IV félicite le prince de son retour à l'unité catholique, et l'invite à recevoir dignement Albert, archevêque de Prusse, et à s'entendre avec lui pour la conversion des schismatiques. Alexandre avait permis qu'on bâtit une église latine à Pskov. Nous n'avons pas d'autres renseignements sur les relations entre Alexandre et Innocent IV. Les historiens russes déclarent que leur héros national n'a jamais fait profession de foi catholique, et que le pape a été mal informé par ses légats. Il est difficile, faute de documents, de trancher la question.

Alexandre Nevsky a été vénéré comme saint, tout de suite après sa mort. Goloubinsky penche à croire que sa fête a été établie l'an 1380, lorsqu'on procéda à la reconnaissance de ses reliques. Celles-ci furent transférées à Saint-Pétersbourg, en 1724, par ordre de Pierre le Grand, et exposées à la vénération des fidèles dans l'église principale de la laure Alexandre Nevsky. La fête du saint se célèbre le 23 novembre : le 30 août, on fait la mémoire de la translation de ses reliques.

Martinov, *Annus ecclesiasticus graeco-slavicus*, dans *Acta sanctor.*, octob. t. XI, p. 213, 286-287. — Mouraviev, *jitiia sviatykh rossiiskoi tzerkvi* (Les vies des saints de l'Église russe), novembre, Saint-Pétersbourg, 1860, p. 251-313. L'auteur y insère la prétendue confession de foi orthodoxe donnée par Alexandre Nevsky aux légats d'Innocent IV. — *Slovar istoritcheskii o sviatykh pravoslavnykh v rossiisko tzerkvi* (Dictionnaire historique des saints orthodoxes de l'Église russe), Saint-Pétersbourg, 1862, p. 9-12. — Kliout chevsky, *Drevnerusskiia jitiia sviatykh* (Les anciennes vies russes des saints), Moscou, 1871, p. 65, 238, 251, 258, 312. — Ignace (archim.), *Kratkiia jizneopisaniia russkikh sviatykh* (Récits abrégés des vies des saints russes), XIIIe siècle, Saint-Pétersbourg, 1875, p. 39-42. — Barsoukov, *Istotchniki russkoi agiographii* (Sources de l'hagiographie russe), Saint-Pétersbourg, 1882, p. 17-21. — Solovev, *Istoriia Rossii* (Histoire de la Russie), t. I, col. 837-39, 1204, 1315-1316. — Kholodny, *Yizn i dieiatelnost v. kn. Aleksandra Nevskago v sviazi s sobytiiami na Rusi v ion viekie* (Vie et exploits du grand prince Alexandre Nevsky dans leurs relations avec les évènements historiques de la Russie au XIIIe siècle), Tambov, 1883. — Tolstoï, *Kniga glagolemaia opisanie o rossiiskikh sviatykh* (Le livre appelé Description des saints russes), Moscou, 1888, p. 29-30, 135-136. — Khitrovo, *Sv. blagovierny velikii kniaz Alexandre I. Nevsky* (Le très fidèle grand prince Alexandre Nevsky), Moscou, 1893. — Markovic, *Gli Slavi ed i papi*, Agram, 1897, t. II, p. 22-25. — *Encyclopédie théologique orthodoxe*, Pétersbourg, 1900, t. I, col. 437-447. — Goloubinsky, *Istoriia russkoi Tzerkvi* (Histoire de l'Église russe), t. II, 1re partie, p. 87-88; *Istoriia kanonizatzii sviatykh v russkoi tzerkvi* (Histoire de la canonisation des saints dans l'Église russe), Moscou, 1903, p. 65-66, 100. — Tolstoï, *Rimskii katolitzizm v Rossii* (Le catholicisme romain en Russie), Saint-Pétersbourg, 1876, t. I, p. 6, 8-9. — *Saint Alexandre Nevsky*, dans *Rukovodstvo dlia selskikh pastyrei*, Kiev, 1895, t. III, p. 57-62, 131-137. — Abraham, *Powstanie organizacyi kościoła lacińs kiego na Rusi* (Les origines de l'organisation de l'Église latine en Russie), Lemberg, 1904, p. 120-143.

A. PALMIERI.

89. ALEXANDRE DE L'ISLE, moine de Corvey, auteur de la suite du *Breviarum rerum memorabilium* d'Isibord d'Amelungen. Une partie en fut publiée, et

1686, à Nuremberg, par Paullini, dans les *Acta curiosorum naturae*. C'est un récit de choses merveilleuses et souvent puériles.

Fabricius, *Bibliotheca latina mediae et infimae aetatis*, Florence, 1858, p. 62. — *Histoire littéraire de la France*, Paris, 1824, t. XVI, p. 515-516.

U. Rouziès.

90. ALEXANDRE DE JANVOR, en Silésie, fut élu à Brunn, le 4 mai 1483, vicaire provincial des frères mineurs observants de Bohême. Ce religieux, d'une bonté peu commune, était gardien à Breslau, quand, le jour de la Pentecôte, 10 juin 1492, il donna l'habit franciscain à Jean de Pruisz (Prostani), évêque de Gross-Wardein. Il mourut saintement à Breslau, le 24 juillet 1494.

Wadding, *Annales minorum*, t. XII, p. 185. — Arthurus a Monasterio, *Martyrologium franciscanum*, Paris, 1653, p. 478. — Hueber, *Dreyfache Chronickh*, Munich, 1686, p. 338, 421; *Menologium franciscanum*, Munich, 1689, col. 1450. — Greiderer, *Germania franscicana*, Inspruck, 1777, t. I, p. 617, nie expressément la 2ᵉ élection d'Alexandre à Olmütz en 1485, p. 574, 733, 744.

Antoine de Sérent.

91. ALEXANDRE (Iᵉʳ) DE JULIERS, évêque de Liége. Fils du comte Otton de Juliers, archidiacre de Hesbaye à Liége dès 1011, coste de Saint-Lambert dès 1111, prévôt des collégiales de Notre-Dame à Huy, de Saint-Barthélémy, de Saint-Martin et de Saint-Paul à Liége, Alexandre se fit nommer par l'empereur évêque de Liége en remplacement d'Otbert, tandis que le clergé portait son choix, le 23 avril 1119, sur Frédéric de Namur, qui fut confirmé par Calixte II et sacré à Reims, le 26 octobre suivant. Il s'ensuivit une lutte acharnée entre les familles des deux compétiteurs; Alexandre dut capituler. Frédéric ayant été empoisonné le 27 mai 1121 par un partisan d'Alexandre, celui-ci fut élu par une partie du chapitre, mais cette élection fut déclarée nulle, et ce n'est qu'à la mort d'Albéron Iᵉʳ, ci-dessus, t. I, col. 1417 (1ᵉʳ janvier 1128), qu'Alexandre de Juliers put obtenir l'évêché de Liége; il fut sacré à l'abbaye de Gladbach, le 18 mars 1128. Accusé peu après de simonie auprès d'Honorius II, il se rendit à Rome, accompagné de l'abbé Rodolphe de Saint-Trond et revint, après une simple admonestation du pape, reprendre possession de son évêché. Alexandre se montra favorable aux corporations religieuses; il fut notamment un bienfaiteur de l'abbaye de Neufmoustier à Huy. Le 22 mars 1131, il reçut à Liége le pape Innocent II, l'empereur Lothaire et saint Bernard. Accusé de nouveau de simonie auprès d'Innocent II, malgré l'appui moral de certains prélats du diocèse, Alexandre fut déposé au concile de Pise (30 mai-6 juin 1135). La nouvelle de sa déchéance abattit Alexandre, qui se retira au monastère des chanoines réguliers de Saint-Gilles, à Liége, y fit profession religieuse, et, après sa mort, survenue le 6 juillet 1135, reçut la sépulture dans l'église du monastère.

Gesta abbatum Trudonen., dans *Monumenta Germaniae historica, Scriptores*, t. X, p. 299-312. — *Vita Frederici episcopi Leodiensis*, ibid., t. XII, p. 502-508. — Gilles d'Orval, *Gesta episcorum Leodien.*, ibid., t. XXV, p. 95-100. — Fisen, *Historia Leodien.*, Liége, 1696, pars I, p. 225-232. — *Gallia christiana*, t. III, col. 868-870. — Hennebert, dans *Biographie nationale* (de Belgique), 1866, t. I, col. 214-216. — De Theux, *Le chapitre de Saint-Lambert à Liége*, Bruxelles, 1871, t. I, p. 114-117. — J. Closon, *Alexandre Iᵉʳ de Juliers, évêque de Liége, 1128-1135*, dans *Bulletin de la Société d'art et d'histoire du diocèse de Liége*, 1902, t. XIII, p. 403-473.

U. Berlière.

92. ALEXANDRE KOUCHTII ou **DE KOUCHTA**. Voir Alexandre 55, col. 203.

93. ALEXANDRE KYNINMOND Iᵉʳ, évêque d'Aberdeen (1329-1340). Docteur en théologie et prédicateur zélé, Alexandre Kyninmond Iᵉʳ fit bâtir des résidences épiscopales à Mortlach, à Aberdeen, à Feterneyr et à Rain, mais ne vit achever la construction que de celles d'Aberdeen et de Feterneyr. Il assista au parlement tenu à Perth par David II, le 29 mars 1330, et, en 1335, fut du nombre des envoyés d'Écosse en Angleterre pour y conclure un traité de paix entre les deux pays. L'invasion des Anglais, partisans d'Édouard Balliol, fit souffrir de grands dommages au diocèse d'Aberdeen. L'évêché et les maisons des chanoines furent incendiés, en 1336, par les Anglais, qui épargnèrent seulement les églises et les couvents. L'évêque mourut le 14 août 1340, pendant que son diocèse était encore exposé aux ravages de la guerre.

Hectoris Boetii, *Murthlacensium et Aberdonensium episcoporum vitae*, édit. James Moir, Aberdeen, 1894, p. 18-20. — *Registrum episcopatus Aberdonensis*, Édimbourg, 1845, p. XXVIII, XXIX, 50-67. — Eubel, *Hierarchia catholica medii aevi*, t. I, p. 63.

A. Taylor.

94. ALEXANDRE KYNINMOND II, évêque d'Aberdeen (1355-1380). Ce pieux prélat avait déjà fait partie du conseil du roi David II et était renommé pour sa prudence. Le monarque voulait faire élire un certain Nicolas, qui avait corrompu quelques-uns des courtisans. Il dut cependant céder aux courageuses remontrances des chanoines d'Aberdeen et il assista au sacre d'Alexandre à Perth (1355). Le nouvel évêque se fit remarquer par son zèle pour la prédication, sa charité pour les pauvres et son amour de la pénitence. Il fit rebâtir sa cathédrale. Elle n'était pas achevée quand il fut envoyé en France pour renouveler l'ancienne alliance entre ce pays et l'Écosse. Ayant réussi dans son ambassade, Alexandre revint en Écosse où il mourut un an plus tard (1380) à Scone et fut enterré dans la cathédrale d'Aberdeen.

Hector Boetius, *Murthlacensium et Aberdonensium episcoporum vitae*, édit. J. Moir, Aberdeen, 1894, p. 22-24. — *Registrum episc. Aberdonensis*, Édimbourg, 1845, p. XXX-XXXII, 82, 83, 87-89, 95-103, 108-111, 114-126, 130-133. — Eubel, *Hierarchia catholica medii aevi*, t. I. p. 63.

A. Taylor.

95. ALEXANDRE DE LERVES ou **DE LEUS**, chanoine séculier, avait fait ses études à l'université de Paris, où il se lia d'amitié avec Pierre de Blois, son condisciple à l'école de droit. Il s'acquit dans le monde la réputation de grand savant. Vers l'an 1180, il se fit chartreux à Witham (Angleterre), où saint Hugues d'Avalon, futur évêque de Lincoln, était prieur. Après sa profession, dom Alexandre se refroidit dans l'observance, finit par trouver le joug insupportable, suscita des tracasseries à saint Hugues et des troubles dans la communauté. Enfin il quitta la chartreuse pour se retirer à l'abbaye de Reading, qui appartenait à l'ordre de Cluny. En 1199, lorsque Hugues, abbé de Reading, qui avait admis Alexandre au nombre de ses familiers, fut appelé à gouverner Cluny même, l'ex-chartreux se vit délaissé et commença à se repentir d'avoir quitté Witham. Il s'adressa alors à saint Hugues, alors évêque de Lincoln, pour obtenir sa rentrée dans l'ordre des chartreux, mais l'homme de Dieu ne consentit pas à faire des démarches en sa faveur. Cf. dans le t. II des *Annales ord. cartus.*, de D. Charles Le Couteulx, p. 513 sq., la lettre LXXXVI de Pierre de Blois à D. Alexandre pour le détourner de son apostasie et les remarques de l'annaliste.

Du Boulay, *Historia universitatis Parisiensis*, Paris, 1665, t. II, col. 725.

S. Autore.

96. ALEXANDRE DE LIÉGE, chanoine de la collégiale de Saint-Lambert dans cette ville et chroniqueur du moyen âge, vivait au xiᵉ siècle, dans l'intimité de l'évêque Vazon. A la demande de sa marraine, l'abbesse de Sainte-Cécile de Cologne, Ida, il composa une histoire abrégée des évêques de Liége, et la fit précéder d'un sommaire de celle des diocèses primitifs correspondant à Liége (Tongres et Maestricht) par Herigan, jusqu'à saint Remacle (662). Il couronna son œuvre par une monographie plus détaillée de son patron, mort en 1048, et adressa le tout à l'abbesse, avec une épître ou préface, dont il nous reste un assez long fragment. Martène et Durand, *Amplissima collectio*, t. IV, col. 844-845. C'est à peu près tout ce qu'on en a conservé, mais son œuvre a été refaite et complétée, à partir de 1056, par Anselme, un autre chanoine de Liége, qui s'en servit largement. Alexandre était probablement mort à cette date, et tout ce que nous savons de sa vie nous a été transmis par son continuateur, dans la préface de son œuvre, publiée au tome IV du même recueil, col. 837-845 ; voir surtout la fin.

P. L., t. CXLIII, col. 725-726. — F. Hennebert, dans *Biographie nationale*, de Belgique, 1866, t. I, col. 217. — Martène et Durand, *Veter. script. collect.*, Paris, 1729, t. IV, col. 837-844. — *Histoire littéraire de la France*, Paris, 1716, t. VII, p. 472-476. — Ceillier, *Histoire des auteurs ecclésiastiques*, 2ᵉ édit., t. XIII, p. 231.

P. RICHARD.

97. ALEXANDRE MOLITORIS, franciscain observant, ministre provincial de la province de Strasbourg, dite de la Haute-Allemagne. En 1520, au chapitre provincial d'Amberg, il fut nommé définiteur de la province et, en 1525, au chapitre de Kreuznach, il fut élu provincial. Il gouverna la province de 1525 à 1529, pour être réélu au chapitre de Fribourg (1531 à 1534), une autre fois de 1537 à 1540 et une quatrième fois au chapitre de Saverne (Zabern). Après ce dernier triennat (1543-1546), il fut encore confirmé dans cette charge au chapitre de Munich en 1546. Il mourut en 1549 à Heidelberg, comme gardien de ce couvent. Il eut à gouverner la province au moment où elle traversait une crise des plus dangereuses à cause de la réforme luthérienne. Le P. Molitoris s'y opposa avec vigueur, ce qui n'empêcha pas que plusieurs de ses religieux embrassèrent la nouvelle religion après avoir jeté le froc, et que la Réforme envahit et enleva plusieurs de ses couvents. Un de ceux qui se firent protestants, le célèbre Conrad Pellicanus (Kürschner), de Roufach (Rufach) en Alsace, nous a conservé des lettres qu'il avait adressées au P. Alexandre Molitoris, l'une écrite le 30 juillet 1523, alors que Molitoris était encore gardien à Mayence, et l'autre, le 9 avril 1525, adressée au chapitre provincial qui allait se tenir à Kreuznach. Il en ressort que Molitor le traitait en père bienveillant, surtout à l'occasion des visites annuelles.

Glassberger, *Chronica*, dans *Analecta franciscana*, Quaracchi, 1887, t. II, p. 560 sq. — P. Parth. Minges, *Geschichte der Franziskaner in Bayern*, Munich, 1896, p. 85. — B. Riggenbach, *Das Chronikon des Konrad Pellikan*, Bâle, 1877, p. 82-98.

M. BIHL.

98. ALEXANDRE DE MUNSTER, franciscain du XIIIᵉ siècle. Il gouverna, en qualité de ministre provincial, la province franciscaine de Cologne de 1279 à 1305. Il mourut le 4 avril 1305.

P. Schlager, *Beiträge zur Geschichte der Kölnischen Franziskanerordensprovinz im Mittelalter*, Cologne, 1904, p. 150. — Eubel, *Geschichte der Kölnischen Minoriten-Ordensprovinz*, Cologne, 1906, p. 284 sq.

M. BIHL.

99. ALEXANDRE OCHÉVEN, bienheureux russe, né, le 17 mars 1427, dans le village de Vochtchee, à soixante verstes de Biélozersk. Il embrassa la vie monastique dans le monastère du bienheureux Cyrille de Biélozersk. Sur les instances de son père, il se rendit à Novgorod, y prit la prêtrise et fonda un nouveau monastère sur les bords du fleuve Tchouriaga, à quarante-quatre verstes de la ville de Kargopol. Le monastère se nomma Ochévenskii, du nom du domaine où il avait été bâti. Alexandre mourut le 20 avril 1479. Les ménologes slaves célèbrent sa mémoire le jour anniversaire de sa mort.

La vie d'Alexandre Ochéven a été écrite en 1567 par Théodose, hiéromoine du monastère Ochévenskii. — Barsoukov, *Sources de l'hagiographie russe*, col. 22-23. — *Dictionnaire historique des saints vénérés dans l'Église russe*, p. 12-13. — Philarète, *Les saints russes*, Tchernigov, t. IV, p. 82-88. — Ignace, *Vies des saints russes en abrégé*, XVᵉ siècle, p. 113-116. — Martinov, *Annus ecclesiasticus graeco-slavicus*, p. 112-113.

A. PALMIERI.

100. ALEXANDRE OLIVA. Voir OLIVA (Alessandro).

101. ALEXANDRE D'OREN, évêque de Liége, était le second fils du seigneur d'Oren, près de Prüm, et non d'Oeren, près de Trèves. Il est cité comme archidiacre (de Hesbaye), à Liége, dès 1130, comme coste de Saint-Lambert dès 1139, et prévôt depuis 1145: il était également archidiacre de Trèves. Il fut élu évêque de Liége, en remplacement d'Henri de Leyen, décédé le 6 octobre 1165, dans le courant du même mois, puisqu'il paraît alors comme *electus*. Ce prélat fut tout à la dévotion de Frédéric Iᵉʳ, qu'il accompagna en Italie dans son expédition contre Alexandre III. Il figure encore parmi les témoins d'un diplôme impérial donné près de Rome, le 6 août 1167, et fut emporté par les fièvres, le 9 du même mois. Son corps fut ramené à Liége et inhumé dans la cathédrale.

Gesta abbatum Trudonen., dans *Mon. Germ. hist., Script.*, t. X, p. 350-351. — Gilles d'Orval, *Gesta episc. Leodien.*, *ibid.*, t. XXV, p. 108. — Fisen, *Histor. Leodien.*, Liége, 1696, pars I, p. 245-246. — *Gallia christ.*, t. III, col. 874. — P. Hennebert, dans *Biographie nation.* (de Belgique), 1866, t. I, col. 216-217. — De Theux, *Le chapitre de Saint-Lambert à Liége*, Bruxelles, 1871, t. I, p. 129-130. — W. Pelster, *Stand und Herkunft der Bischöfe der Kölner Kirchenprovinz im M. A.*, Weimar, 1909, p. 29-30, note 1.

U. BERLIÈRE.

102. ALEXANDRE DE PADOUE, frère mineur réformé de la custodie de Milan, fut le grand propagateur de sa congrégation en Pologne. Malgré les remontrances des observants du pays, appelés bernardins, qui prétendaient n'avoir aucunement besoin de réforme, le cardinal Fabrizio Varallo, protecteur de l'ordre, nomma Alexandre commissaire général de Pologne, le 13 juillet 1621. Le cardinal Côme de Torres, légat pontifical auprès du roi Sigismond III, par une lettre du 27 septembre 1622, leva les difficultés qui s'opposaient à l'établissement des nouveaux venus. Le 2 novembre suivant, Alexandre de Padoue tenait un chapitre à Varsovie, où deux custodies de réformés furent érigées parallèlement à la province des bernardins. Il mourut saintement à Varsovie en 1624.

Wadding-Fermendzin, *Annales minorum*, t. XXV, p. 434, 502-504. — *Analecta franciscana*, Quaracchi, 1885, t. I, p. 360.

ANTOINE de Sérent.

103. ALEXANDRE DE PADULA, dominicain, fut inquisiteur pour le royaume de Naples, sous les règnes de Louis et de Jeanne Iʳᵉ. Il fut institué dans sa charge en 1352, comme il ressort d'un diplôme émané des deux souverains en sa faveur. Il appartenait à la province dominicaine du royaume de Sicile.

Échard, *Scriptores ordinis praedicatorum*, Paris, 1719, t. 1, p. 619. — Fontana, *Sacrum theatrum dominicanum*, Rome, 1666, pars III*, p. 602.

R. COULON.

104. ALEXANDRE DE LA PASSION, nommé, dans le monde, Béritaut, carme de la réforme de Touraine, professeur de philosophie et de théologie renommé, a publié : 1° *La théologie des Pères des premiers siècles de l'Église*, 3 in-8°, Rennes, 1728; 2° *Le disciple pacifique de saint Augustin*, 2 in-4°, Paris, 1715 à 1718 : il y disserte, en premier lieu, des disciples du saint docteur, Orose, saint Prosper, saint Fulgence; puis des hérésies pélagienne et semi-pélagienne; enfin, de la grâce et du libre arbitre, en analysant les œuvres du saint évêque d'Hippone; 3° *Inquisitor canonum*, ou exposition de cas de conscience et leur résolution par les règles du droit canonique, 3 in-12, Rennes, 1724 à 1726. Il mourut en 1731.

Hurter, *Nomenclator literarius*, 1910, t. IV, col. 1163-1164.

P. MARIE-JOSEPH.

105. ALEXANDRE (Ier) PAULOWITCH, czar de Russie, 24 mars (v. st.) 1801-19 novembre 1825, ne fut pas seulement le prince le plus influent de son époque, celui qui mena la lutte de toute l'Europe contre Napoléon Ier et le fit succomber; sa politique religieuse permit à l'Église catholique de s'implanter en Russie, et lui-même est peut-être mort dans la communion de cette Église.

I. L'ÉGLISE CATHOLIQUE S'IMPLANTE EN RUSSIE. — L'histoire de ce pays (voir l'article correspondant) nous révélera que plusieurs causes y avaient déjà préparé un mouvement vers le catholicisme : à la suite des partages de la Pologne, de nombreux nobles de ce royaume s'étaient fixés à Pétersbourg; Catherine II avait accordé à ses nouveaux sujets de larges édits de tolérance et conservé les jésuites comme éducateurs dans son empire; le séjour sur les bords de la Néva de plusieurs nonces pontificaux, notamment Lorenzo Litta (1797-1799), y avait révélé l'Église romaine avec son organisation et sa hiérarchie, sa discipline et son action bienfaisante. Le bizarre Paul Ier (1795-1801) contribua encore davantage à ce mouvement : il accepta la bulle de Pie VI *Maximis undique pressi* (15 novembre 1798), qui organisait le culte catholique dans ses États, et admit le nonce Tomaso Arezzo, qui venait de lui en assurer l'exécution (1801). Il avait sollicité lui-même le rétablissement de la Compagnie de Jésus : Pie VII lui donna satisfaction par la bulle *Catholicae fidei* du 7 mars 1801, et Alexandre autorisa les religieux à fonder un collège et ouvrir une chapelle publique dans sa capitale (1800). Le mouvement se dessina dans les hautes classes, la noblesse de cour, l'entourage du czar, les grands dignitaires, qui se laissèrent aussi gagner par l'exemple et la fréquentation de certains émigrés français et recherchèrent pour leurs enfants l'enseignement des jésuites.

Ce retour vers l'Église catholique, qui commença par l'abandon des préjugés que le clergé orthodoxe et les philosophes incrédules du siècle précédent avaient accumulés dans l'esprit public contre le catholicisme, ce retour s'accentua et se développa largement sous Alexandre Ier. Dans sa politique intérieure, libérale et réformatrice, ce prince se montra, somme toute, favorable à l'Église, et, à part de rares exceptions, les actes de son administration religieuse, loin d'enrayer le mouvement, le facilitèrent. C'est ainsi qu'il assura l'application des deux actes pontificaux ci-dessus : les jésuites élurent un supérieur général, à la place du vicaire papal qui les avait régis jusque-là, et le gouvernement de l'ordre établit son centre à Pétersbourg. Le nonce Arezzo put étendre librement son action, jusqu'au jour où l'empereur, mécontent de ce que le pouvoir pontifical avait livré à Napoléon l'émigré Vernègues, que le chargé d'affaires russe à Rome, comte Lisakewitz, venait de naturaliser, congédia le nonce et rappela son représentant (1803-1804). Consalvi raconte tout au long l'incident dans ses mémoires, avec les embarras diplomatiques qu'il lui suscita.

Le nuage qui s'était élevé n'eut pas d'autre contre-coup sur la situation du catholicisme en Russie. La lutte de Pie VII contre Napoléon lui valut les sympathies d'Alexandre comme des autres princes, mais les événements européens ne permirent qu'en 1815 la reprise des relations. Alexandre envoya alors à Rome un chargé d'affaires, le comte Italinski, qui négocia et signa des arrangements pour le nouveau royaume de Pologne (voir l'article), un concordat qui réorganisait la hiérarchie ecclésiastique (1818). Fidèle aux promesses de tolérance données dans la constitution de 1815, mais avec les articles organiques du 14 octobre 1816, l'empereur assura la publication des brefs aux évêques polonais (4-29 juin, 8 septembre 1816), par lesquels le pape les mettait en garde contre la traduction de la Bible en langue vulgaire, fautive et pleine d'erreurs, publiée par le métropolite latin de Mohilev, le vieux Stanislas Siestrzencewitz. Voir ce nom.

En Russie, l'attitude du czar sembla se modifier sous l'influence de certains ministres tels que le prince Galitzine; il n'accepta pas l'offre que lui faisait le pape, de lui envoyer un nonce à demeure, comme le requéraient les affaires polonaises. Lui avait-on fait redouter l'action d'un diplomate italien sur les progrès qui s'opéraient dans la classe élevée, où se produisaient de fréquentes conversions, les Galitzin, les Tolstoï, Mme Swetchine, etc.? L'expulsion des jésuites (dont nous n'avons pas à parler davantage ici), qui se fit en deux ukases, celui du 20 décembre 1815, pour les capitales Pétersbourg et Moscou; celui du 19 mars 1820, pour l'ensemble de l'empire, parait se rattacher aux mêmes préoccupations, qu'elle ait été inspirée par une rancune passagère du souverain, ou par les instances de ses conseillers, ou parce que la bulle de réorganisation du 7 août 1814 rappelait le général à Rome. En fait, il ne voulait que frapper des convertisseurs excessifs et indiscrets à son point de vue, et il ne retira pas au catholicisme sa protection officielle. Il autorisa la réorganisation de l'Église grecque-unie sous la métropole de Halicz, avec un délégué apostolique, pour rétablir l'union avec le Saint-Siège (1817). A la veille de sa mort, en juillet 1825, il permit par ukase la fondation de deux nouvelles églises catholiques, à Pétersbourg et à Tsarkoé-Selo, le Versailles des czars, et y contribua de ses propres deniers. Il ne paraît pas avoir jamais blâmé ni réprouvé les conversions, les convertis restèrent en grâce, et il entretint une correspondance avec Mme Swetchine. La situation conquise par l'Église, avec sa connivence, devait inquiéter Nicolas Ier, son ombrageux successeur, qui crut devoir prendre des mesures de persécution contre ses progrès, et supprima violemment l'Église grecque-unie.

II. ALEXANDRE Ier EST-IL RENTRÉ DANS L'ÉGLISE CATHOLIQUE ? — Le fait a été affirmé par plusieurs historiens, notamment le P. Brischar, S. J., dans son article du *Kirchenlexikon*, t. I, col. 505-513, en s'appuyant sur la mission du général Michaud, envoyé par le prince au pape Léon XII, peu de temps avant sa mort. Presque aussi affirmatif sur un autre jésuite, le P. Gagarine, converti russe, dans son article des *Études religieuses* sur la même question. Voir ci-dessous la bibliographie. De fait, il développe sur la transformation au point de vue religieux, qui se produisit dans la vie privée de l'empereur et certains actes de sa conduite, notamment à partir de 1815 (transformation qui a été attestée par des historiens rationalistes comme A. Rambaud), des témoignages curieux et des preuves convaincantes, des propos tenus par le souverain. Il regrettait d'avoir donné sa confiance à la baronne de Krüdener, et il rechercha à plusieurs reprises la conversation de prêtres catholiques, comme le prince de Hohenlohe, qu'il rencontra à Vienne en septembre 1822. Il lisait fréquemment la sainte Écriture, et y cueillait des inspirations pour sa conduite et sa politique. Ces divers faits, et d'autres moins sûrs, apportés par les deux jésuites, prouvent qu'Alexandre cherchait sa voie, cherchait la vérité, qu'il ne croyait pas pouvoir trouver l'une et l'autre dans l'Église orthodoxe, encore moins dans le protestantisme. Il serait excessif d'en conclure qu'il avait formé la résolution de se convertir à l'Église catholique.

Reste la mission du général Michaud, son aide de camp, un catholique convaincu, mission qui aurait été de demander au pape l'envoi d'un prêtre digne de confiance, entre les mains duquel l'empereur aurait abjuré le schisme. Léon XII choisit le camaldule Mauro Capellari, le futur Grégoire XVI, puis, sur son refus, le franciscain Orioli, plus tard cardinal, mais la nouvelle de la mort du prince rendit le voyage inutile. Le fait fut attesté par Grégoire XVI à son valet de chambre, Gaetano Moroni, qui en rédigea immédiatement la narration, et la résuma plus tard dans son *Dizionario di erudizione storico-ecclesiastica*, t. LIX, p. 310. A ce témoignage se joint celui plus incertain du comte de l'Escarène, ancien ministre du roi de Sardaigne, Charles-Albert, qui, dans une lettre à son maître du 22 août 1841, lui raconte, à peu près dans le même sens, ce que Michaud lui avait dit de son ambassade. La *Civiltà cattolica* publia une traduction de ce document en 1876, et le P. Gagarine, dans son article, l'année suivante, en donna une quasi-confirmation, venant du prieur des dominicains de Pétersbourg, auquel Alexandre, avant de partir pour la Crimée, aurait enjoint, sous le sceau du secret, de faire préparer le logement pour un prêtre qui devait venir de Rome.

Ces divers témoignages sont bien indirects, et le fait repose sur une tradition orale, à laquelle leur ensemble a donné quelque cohésion. Des trois, le plus certain, celui de Moroni, n'est que de seconde main, et reproduit longtemps après. Cet ensemble établirait, tout au plus, qu'Alexandre, aux derniers jours de sa vie, songeait à se rapprocher de l'Église catholique. L'a-t-il fait, nous n'en savons rien, et le P. Gagarine lui-même n'ose ni ne peut l'affirmer. L'empereur reçut les derniers sacrements du chapelain schismatique de l'impératrice Élisabeth et ne laissa aucun acte écrit de rétractation, aucune preuve positive de pénitence. Nous ne devons tenir compte que du travail qui se produisit en dernier lieu dans ses idées et sa conduite, travail dont la mission Michaud, que l'on ne peut révoquer en doute, fut la confirmation et le dernier pas, mais la démarche fut arrêtée par la mort du prince.

Kirchenlexikon, Moroni, *loc. cit.* — *Études religieuses des PP. jésuites*, Vᵉ série, t. XII, p. 26-50. — *Civiltà cattolica*, IXᵉ série, t. XII, 23 octobre 1876, p. 345-352. — Lavisse et Rambaud, *Histoire générale de l'Europe*, t. X, c. v. — Buchberger, *Kirchliches Handlexikon*, Munich, 1907, t. I, col. 131. — Berault-Bercastel-Henrion, *Histoire générale de l'Église*, Paris, 1844, t. XIII, *passim*.

P. RICHARD.

106. ALEXANDRE DE PRESBOURG, en Hongrie, frère mineur observant de la province d'Autriche,

maître ès arts, prédicateur éloquent, travailla avec grand succès à la conversion des hussites. Il accompagna, en 1468, le nonce apostolique Laurent Roverella, évêque de Ferrare, à travers le diocèse de Salzbourg, la Styrie et la Carinthie, pour prêcher la croisade contre Georges Podiebrad, usurpateur du trône de Bohême et protecteur des hussites. Il fut, en 1471, le premier gardien du couvent de Saint-Léonard hors les murs de Graz en Styrie. En 1484, il était vicaire provincial. Le 2 septembre 1491, il acceptait, au nom des observants, le couvent de Laibach en Carniole, que leur cédaient les frères de la Communauté. Il y mourait l'an 1496.

Herzog, *Cosmographia Franciscano-Austriacae provinciae*, dans *Analecta franciscana*, Quaracchi, 1885, t. I, p. 94, 102, 127. — Greiderer, *Germania franciscana*, Inspruck, 1777, t. I, p. 85, 308, 322, 436, 509. — Guido Raut, *Die Franziskaner der österreichischen Provinz, ihr Wirken in Nieder-Oesterreich*... Stein in Krain, 1908, p. 64, 99.

ANTOINE de Sérent.

107. ALEXANDRE DE SAINTE-CATHERINE (VITALE), cistercien de la congrégation des réformés de Saint-Bernard. Né à Mondovi, il fit profession à Rome, en 1615. Il fut nommé plus tard maître des novices et supérieur de divers monastères. Il gouvernait le monastère de Pignerol, en 1630, au moment où une épidémie ravageait la ville : avec quelques-uns de ses moines, il se dévoua au service des malades et mourut victime de sa charité. Il a composé un ouvrage ascétique italien sur *l'Exercice continuel de la vertu à l'usage des religieuses*.

Morozzo, *Cistercii reflorescentis historia*, Turin, 1690, p. 91.

R. TRILHE.

108. ALEXANDRE DE LA SAINTE-FAMILLE, frère mineur portugais, né en 1736. Poète, prédicateur éloquent, il fut consacré, comme malgré lui, évêque de Malacca, en 1763. Transféré au siège d'Angola en 1785, à celui d'Angra en 1813, il mourut en 1818. Il a traduit en vers portugais le *Cantique de Moïse*.

Gams, *Series episcoporum*, p. 117, 473, 474. — *Études franciscaines*, 1901, t. V, p. 420.

ANTOINE de Sérent.

109. ALEXANDRE DE SAINTE-FÉLICITÉ, augustin déchaussé allemand. Après une vie consacrée à la prière et à la plus rude pénitence, il mourut à Marseille, en odeur de sainteté, au mois de juin 1629. Le P. Maurice de la Mère de Dieu raconte que, plusieurs années après sa mort, son corps fut retrouvé intact. Il laissa inédits divers écrits de théologie morale.

Maurice de la Mère de Dieu, *Sacra eremus augustiniana*, Chambéry, 1658, p. 241. — Tani, *Commentaria episcoporum et scriptorum ordinis eremitarum discalceatorum S. P. Augustini*, Rome, 1881, p. 59-61.

A. PALMIERI.

110. ALEXANDRE DE SAINT-FRANÇOIS, carme déchaussé italien, neveu de Léon XI, descendait par son père, des Ubaldini, et par sa mère, des Médicis. Il naquit à Rome, vers l'an 1588, le 18 octobre, reçut l'habit de carme déchaux, le 1ᵉʳ avril 1605, au noviciat de Sainte-Marie de la Scala, dans le temps où son oncle sortait du conclave, élevé au souverain pontificat. Après avoir émis ses vœux solennels avec une admirable ferveur et achevé de fortes études théologiques, il fut envoyé, en 1614, comme maître des novices, à Paris, où son propre frère était nonce de Paul V. On le chargea, en 1617, d'inaugurer le noviciat transféré à Charenton-le-Pont, près Paris : il continua à entraîner les novices, par son exemple et sa parole, dans la voie d'une rigoureuse observance et la pratique de toutes les vertus religieuses. Élu définiteur provincial, en 1619, il dut aussitôt revenir à

Rome pour être prieur du couvent de la Scala et premier *socius* du général. Enfin, nommé provincial de la province romaine, en 1622, il est, dès 1625, rétabli dans sa fonction de maître des novices, et, quoique élu définiteur général, l'an 1626, il continue à diriger le noviciat jusqu'à l'année 1627 : son état maladif empêche alors le chapitre général de lui imposer quelque charge. Il mourut le 19 avril 1630, dans une grande réputation de sainteté. L'ordre des carmes déchaussés le considère comme vénérable. Il a composé, en latin : 1° *Thesaurus pauperum, ad thesaurizandos thesauros in caelo*, in-8°, Lyon, 1630; 2° *De presentia Dei*; 3° *Schola virtutum* : ces écrits, et quelques autres, ont été réunis et publiés par le P. Philippe-Marie de Saint-Paul, C. D., 2 in-4°, Rome, 1670 et 1671; 4° *Soliloquium*, demeuré manuscrit; 5° un ouvrage posthume : *Traduction italienne des œuvres de saint Jean de la Croix et des annotations du P. Didace de Jésus, avec la vie du saint*, in-4°, Rome, 1637.

Louis de Sainte-Thérèse (qui fut témoin oculaire), *Annales des carmes déchaussés de France*, Paris, 1665, p. 77-86, 94 101, 253-257. — Philippe de la Très-Sainte-Trinité, *Decor carmeli religiosi*, Lyon, 1665, pars III, p. 81-85. — Pierre de Saint-André, *Historia generalis congregat. carmelit. excalceat. Ital.*, Rome, 1668, p. 595-606. — Martial de Saint-Jean-Baptiste, *Bibliotheca scriptorum carmelit. excalceat.*, Bordeaux, 1730, p. 2-6. — Daniel a Virgine Maria, *Speculum carmelitanum*, t. II, pars 2, p. 1051, n. 3638; p. 1127, n. 3961. — Cosme de Villiers, *Bibliotheca carmelitana*, t. I. col. 28-29.— La vie du P. Alexandre de Saint-François a été publiée par le P. Philippe-Marie de Saint-Paul, Rome, 1668.

P. MARIE-JOSEPH.

111. ALEXANDRE DE SAINTE-THÉRÈSE, savant carme belge, nommé dans le monde Van den Berghe, naquit à Bruxelles, l'an 1639, fit profession chez les carmes de l'ancienne observance, enseigna longtemps avec éclat la philosophie, la théologie et l'Écriture sainte, dans leur couvent d'études de Louvain, et mourut en 1686. Il publia, pour la défense de la foi, plusieurs ouvrages en latin : 1° *Clypeus religionis*, ou défense des prérogatives du pontife romain contre les protestants, 2 in-4°, Cologne, 1679; 2° *Praeco Marianus denuncians illustrissima elogia et praeconia quibus SS. Deipara Virgo ante mille annos a Verbo incarnato*, in 4°. *SS. Patribus fuit celebrata; necnon cultum quo fuit venerata*, in-4°, Cologne, 1681; 3° *Confutatio justificationis praxeos*, in-8°, Ypres, 1683; 4° *Hydra profanarum novitatum*, ou description historico-théologique de toutes les hérésies et des schismes, avec leur réfutation, in-8°, Cologne, 1684; 5° *Tempestas Novaturiensis*, contre les erreurs des protestants, spécialement sur la sainte eucharistie, in-8°, Cologne, 1686 : ouvrage que le P. Henri de Saint-Ignace a vivement pris à partie dans son *Ethica amoris*, t. III, p. 20³, 211, 238, 586, 588; 6° *Quaestiones de actibus humanis et legibus*; 7° *Quaestiones de gratia, libero arbitrio et de authore gratiae Christo*, 1684; 8° *Apologia pro concione authoris*, où il traite du culte des images et des reliques des saints, Bruxelles, 1675; 9° *Explicatio logicae ad mentem Joannis Bachonis, doctoris resoluti, carmelitae*, ms. in-4°, conservé à Anvers. Il a encore composé, en flamand : 1° *Reghel des Geloofs (La régle de la foi)*, in-8°, Ypres, 1683; 2° *Heyligdom besloten (Le sanctuaire ouvert)*, contre ceux qui veulent permettre la lecture de l'Écriture sainte en langue vulgaire à tous indifféremment, in-12, Ypres, 1690; 3° *Heylig der Heyligen besloten (Le saint des saints fermé)*, où il s'élève contre l'impression de la messe, et surtout du canon, en langue vulgaire, in-12, Ypres, 1690. Enfin, il a publié divers écrits latins anonymes, entre autres : *Novitas appensa in statera*, in-8°, Amsterdam, 1684; et un livre, en flamand rythmé : *Salutaires avertissements (aux jansénistes)*, in-4°, Anvers, 1683.

Cosme de Villiers, *Bibliotheca carmelitana*, t. I, col. 32-33. — Hurter, *Nomenclator literarius*, 1910, t. IV, col. 410. — Norbert de Sainte-Julienne, *Authores carmelitani pro supplemento bibliothecae carmelitanae*, ms. 13992, de la bibliothèque royale de Belgique, fol. 3 v°, 4 r°, 10 v°, 11 r°. — Richard et Giraud, *Bibliothèque sacrée*, Paris, 1832, t. I, p. 443. — Moreri, *Dictionnaire historique*, Paris, 1759, t. I, p. 350.

P. MARIE-JOSEPH.

112. ALEXANDRE DE SANT'ELPIDIO, célèbre écrivain de l'ordre de Saint-Augustin. Il naquit l'an 1269 dans la petite ville de Sant'Elpidio, dans la Marche d'Ancône. De son nom de famille il s'appelait Fassitelli. Il étudia à l'université de Paris, où il eut pour maître Gilles de Rome, et après y avoir reçu le diplôme de docteur en théologie, il y eut une chaire. Nommé général de l'ordre dans le chapitre de Viterbe, en 1312, il travailla avec tant de zèle et de succès au bien de sa famille religieuse, qu'il fut confirmé plusieurs fois dans cette charge et gouverna l'ordre pendant quatorze ans. Pour donner un nouvel essor aux études théologiques dans les couvents de son ordre, il rappela de Paris les savants augustins Albert de Padoue et Gérard de Sienne, et leur confia les meilleurs élèves. Grâce à ses soins, les augustins se multiplièrent considérablement, et l'observance de la règle fleurit dans leurs couvents. Chargé de plusieurs missions et légations par le Saint-Siège, il défendit avec vigueur les intérêts de la papauté, dont il fut un des meilleurs apologistes. En 1312, le chapitre de Zara (Dalmatie) l'élut pour archevêque; mais Alexandre n'accepta pas cette nomination et appela Alexandre au siège archi-épiscopal de Crète. Jean XXII le transféra au siège de Melfi (1326); mais Alexandre mourut cette même année. Eubel, *Hierarchia cath. medii aevi*, t. I, p. 223, 292, 350. D'après Elssius et Herrera, à son départ de Paris, il obtint une épine de la couronne de Jésus-Christ, qu'il donna à son pays natal. Cette relique se trouve encore aujourd'hui dans le couvent des augustins de Fermo. On a de lui : *De jurisdictione imperii et auctoritate summi pontificis*, Lyon, 1498; 1538; Rimini, 1624; *Tractatus de ecclesiastica potestate*, Turin, 1496; Rimini, 1624; réimprimé dans Roccaberti, *Bibliotheca maxima pontificia*, Rome, 1695, t. II, p. 1-40. Le cod. Paris. 4230 contient les ouvrages suivants inédits du même auteur : *Expositio in principium Evangelii secundum Johannem*; *Epitome librorum D. Augustini de civitate Dei*; *Tractatus qui mensa pauperum inscribitur*, *Catalogus codicum manuscriptorum bibliothecae regiae*, Paris, 1744, t. III, p. 565. Les bibliographes de l'ordre de Saint-Augustin lui attribuent aussi plusieurs traités, *De cessione sedium, fundatione et mutatione*; *De ecclesiastica unitate*; *Quaestiones ordinariae theologicae*; *Quodlibetarum libri tres*; *De triplici sacerdotio*; *In libros Priorum Aristotelis commentarii*; *In libros Topicorum Aristotelis commentarii*.

Alphonse d'Orozco, *Cronica del glorioso Padre Sant'Augustin y de los sanctos y beatos y de los doctores de su orden*, Séville, 1551, p. 49. — Panfilo, *Chronica ordinis fratrum eremitarum S. Augustini*, Rome, 1581, p. 40, 14-46. — Gesner-Simler, *Bibliotheca*, Zurich, 1574, p. 23. — Gratianus, *Anastasis augustiniana*, Anvers, 1614, p. 15. — Roman, *Chronica de la orden de los ermitaños de sancto Augustin*, Salamanque, 1619, p. 63. — Athanase de Sainte-Agnès, *Le chandelier d'or du temple de Salomon*, Lyon, 1643, p. 107. — Herrera, *Alphabetum augustinianum*, Madrid, 1644, t. I, p. 37-38. — Elssius, *Encomiasticon augustinianum*, Bruxelles, 1654, p. 28. — Torelli, *Secoli agostiniani*, Bologne, 1678, t. V, p. 63-78, 328-330, 400, 409. — Medaglia, *Memorie istoriche della città di S. Elpidio nella Marca*,

Macerata, 1692, p. 73. — Le Quien, *Oriens christianus*, t. III, col. 908. — Gandolfi, *De ducentis celeberrimis augustinianis scriptoribus*, Rome, 1704, p. 42-44. — Ughelli, *Italia sacra*, 2ᵉ édit., t. I, col. 932. — Oudin, *Commentarius de scriptoribus ecclesiasticis*, Leipzig, 1722, t. III, p. 881. — Michel de Saint-Joseph, *Bibliographia critica sacra et prophana*, Madrid, 1740, t. I, p. 171. — Wharton, *Appendix ad historiam litterariam Gulielmi Cave*, Oxford, 1743, t. II, p. 16. — Jöcher, *Allgemeines Gelehrten-Lexikon*, Leipzig, 1750, t. I, p. 257. — Cornelio, *Creta sacra*, Venise, 1755, 3ᵉ partie, p. 46. — Fabricius-Mansi, *Bibliotheca latina*, Padoue, 1764, t. I, p. 64. — Ossinger, *Bibliotheca augustiniana*, p. 311-314. — Vecchietti, *Bibliotheca picena, ossia notizie storiche delle opere e degli scrittori piceni*, Osimo, 1790 t. I, p. 79-83. — Tiraboschi, *Storia della letteratura italiana*, Milan, 1833, t. II, p. 283. — Lanteri, *Postrema saecula sex religionis augustinianae*, Tolentino, 1858, t. I, p. 58-60; *Eremus sacra augustiniana*, Rome, 1874, t. I, p. 110-111. — Féret, *La faculté de théologie de Paris et ses docteurs les plus célèbres*, Paris, 1896, t. III, p. 497-499.

A. PALMIERI.

113. ALEXANDRE SAULI (Saint). Né à Milan, le 15 février 1534 (et non 1530 ou 1533, comme l'ont affirmé quelques-uns), d'une grande famille de Gênes, il se fit remarquer, dès son enfance, par la sainteté de sa vie. On le vit, un jour, à peine adolescent, s'avancer, un crucifix à la main, au milieu d'une troupe de bateliers qui amusaient la foule et faire à celle-ci une éloquente exhortation sur les dangers des divertissements profanes; le souvenir de ce trait a été conservé dans une inscription placée dans le collège de Santa Maria de Canepanova à Pavie. Il entra, en 1550, à l'âge de dix-sept ans, dans la congrégation des clercs de Saint-Paul ou barnabites, et fut, bientôt après, envoyé à Pavie, où il agrandit à ses frais le collège que nous venons de citer, le dota d'une riche bibliothèque et y enseigna la philosophie et la théologie; l'évêque, Ippolito Rossi (depuis cardinal), le nomma son théologien, bien qu'il eût reçu les ordres sacrés. Ordonné prêtre en 1556, il s'adonna, avec un immense succès, à la prédication et à la confession et organisa des conférences spirituelles qui furent adoptées par plusieurs évêques; il avait le don de toucher les cœurs les plus endurcis. Dans la cathédrale de Milan même, après celle de Pavie, sa parole inspirée, et l'archevêque, saint Charles Borromée, qui était, avec le futur cardinal Sfondrati (plus tard Grégoire XIV), l'un de ses pénitents, pleura de joie en l'entendant et fit appel à ses lumières dans le concile provincial de 1565. Élu général de sa congrégation, le 9 avril 1567, à l'âge de trente-trois ans, il refusa, en dépit des instances de saint Charles et du pape, d'y unir celle des humiliés, qui était pourtant bien fâchée. Il fut nommé en 1569, par saint Pie V, malgré son opposition, évêque d'Aleria en Corse, et fut sacré, le 12 mars 1570, par saint Charles Borromée. Cette île, où il débarqua, le 30 avril 1570, avec trois prêtres de son ordre, était alors plongée dans la barbarie (voir ALERIA, col. 131) et trois membres de sa famille, que la république de Gênes y avait envoyés successivement avec le titre de commissaires, n'avaient pu y ramener qu'un ordre relatif. Le diocèse d'Aleria se trouvait dans une situation particulièrement déplorable; la *vendetta* et le brigandage s'y exerçaient sans répression, les mœurs étaient sauvages, et l'ignorance du clergé n'avait d'égale que son indiscipline. C'était donc un évêché de missions et le nouveau pasteur joua, en effet, le rôle d'un missionnaire infatigable. Il établit d'abord sa résidence à Tallona, près des ruines d'Aleria, et s'empressa de convoquer un synode, où il promulgua de sages règlements, puis il entreprit la visite pastorale de son diocèse, que son zèle ardent transforma entièrement. Il mit un terme aux abus, adoucit les mœurs, répara les églises et en construisit de nouvelles; se multipliant après la disparition de ses collaborateurs, morts à la tâche, il soigna lui-même les pestiférés durant une épidémie et mérita les surnoms d'ange tutélaire et d'apôtre de la Corse. Il tint encore deux autres synodes, dans le dernier desquels il promulgua les décrets du concile de Trente. Les incursions des corsaires barbaresques le contraignirent à transporter successivement son séminaire et son clergé à Algagliola, à Corte et enfin à Cervione, où il construisit une cathédrale et fonda un chapitre. Il retourna plusieurs fois à Rome, où sa parole opérait une multitude de conversions; il était lié d'amitié avec saint Philippe Neri, qui le citait comme l'exemple du véritable évêque. Il refusa l'évêché de Tortone et l'archevêché de Gênes, malgré les instances du sénat et de toute la population de cette dernière ville, mais Grégoire XIV l'obligea à accepter l'évêché de Pavie, le 10 mai 1591. A peine arrivé dans son nouveau diocèse, il en entreprit la visite pastorale, mais mourut le 11 octobre 1593 (et non le 23 avril 1591, comme on lit dans quelques auteurs), moins d'un an après son installation, ainsi qu'il l'avait prédit, à Calozzo, dans le comté d'Asti. Son corps fut transporté à Pavie et enterré dans la cathédrale (épitaphe dans Oldoini). Malgré son humilité, il avait protesté en cour de Rome contre les prétentions de l'archevêque de Milan, Gaspare Visconti, qui lui avait contesté le droit, possédé depuis un temps immémorial par les évêques de Pavie, de porter le *pallium*; ce droit fut reconnu après sa mort, le 19 décembre 1592, par la congrégation des Rites. Cf. Capsoni, *Origini e privilegi della Chiesa pavese*, Pavie, 1769, p. XLVIII. De nombreux miracles accomplis par lui durant sa vie (on lui attribua le don de prophétie et celui d'apaiser les tempêtes) et, après sa mort, par son intercession (voir l'énumération de ceux-ci dans Ungarelli, etc.), lui valurent les honneurs des autels. Béatifié par Benoît XIV, le 23 avril 1741, il a été canonisé par Pie X, le 11 décembre 1904. Fête le 23 avril.

ŒUVRES. — Outre de nombreux ouvrages demeurés manuscrits, dont on trouvera la liste chez Argellati et Ungarelli, le saint évêque a laissé les œuvres imprimées suivantes : *Additiones ad confessionale Hieronymi Savonarolae*, diverses éditions : Pavie, 1565 et 1573; Turin, 1577; Gênes, 1589; Venise, 1595; Plaisance, 1598. — *Dottrina del Catechismo romano*, in-8°, Pavie, 1581, in-4°, Milan, 1699. — *Costituzioni del vescovo di Aleria*, in-4°, Gênes, 1571, 1578. — *Istruzione compendiosa per quelli che anno ad essere ordinati ed ammessi alle confessioni*, in-4°, Gênes, 1571, 1578, Milan, 1699. — *Istruzione breve delle cose necessarie alla salute*, in-8°, Pavie, 1577; in-4°, Gênes, 1578. — *Dottrina del Catechismo romano*, in-8°, Pavie, 1577; in-4°, Gênes, 1578. — *Lettera pastorale alla città e diocesi di Pavia*, in-4°, Pavie, 1591. — *Lettera pastorale al clero della città e diocesi di Pavia*, in-4°, Pavie, 1591. — *Lettera pastorale alle monache della città e diocesi di Pavia*, in-4°, Pavie, 1591. — Deux édits publiés par lui pendant son épiscopat de Pavie, le 26 novembre 1591, contre les propagateurs des doctrines hérétiques, et le 29 février 1592, sur la révérence due au lieu saint, dans Bosisi, p. 550-554, 569-571. — *Epistola ad cardinalem Giustinianum*, dans Michele Giustiniani, *Scelta delle lettere memorabili*, Naples et Rome, 1667, t. I, p. 308-312. — *Officium S. Syri Ticinensis Ecclesiae patroni*, cité par Gerdil. — *Testamento spirituale dettato a S. Carlo Borromeo dal B. Alessandro Sauli suo confessore*, in-16, Rome et Parme, 1743. Il y a de nombreux documents sur lui aux archives des barnabites de Milan. Son procès de béatification est à la Bibliothèque nationale, série *H 359*, n. *108-162*.

Saint Alexandre Sauli fut aussi un fervent canoniste, et ce fut lui qui poussa Cucchi (voir ce nom) à écrire ses *Juris canonici institutiones*, le premier traité important sur la matière.

Acta sanctor., oct. t. v, p. 806-834; Auctar., p. 58-80. — Ughelli-Coleti, *Italia sacra*, t. I, col. 1109; t. III, col. 505. — Barelli, *Memorie dei barnabiti*, Bologne, 1703-1705, t. I, p. 289-421; *Vita del venerabile servo di Dio Alessandro Sauli*, Bologne, 1705. — P. Grazioli, *Vita del beato Alessandro Sauli*, Rome, 1751. — *Animadversiones (novae) et responsiones de miraculis ven. Alexandri Sauli*, Rome, 1738; *Animadversiones (novissimae) et responsiones de miraculis ven. Alexandri Sauli*, Rome, 1730. — Argelati, *Bibliotheca scriptorum Mediolanensium*, Milan, 1745, t. II, 1re part., col. 1294-1295; 2e part., col. 2028. — Branda, *Vita del beato Alessandro Sauli*, Milan, 1745. — Ungarelli, *Bibliotheca scriptorum e congregatione clericorum reg. S. Pauli*, Rome, 1836, t. I, p. 80-93. — Bosisi, *Concilia Papiensia*, Pavie, 1852, p. 448, 550-554, 569-571. — Gabutius, *Historia congregationis clericorum regularium sancti Pauli*, Rome, 1852, p. 147, 156, 161, 305-307. — A. Sala, *Biografia di san Carlo Borromeo*, 2e part., *Dissertazioni e note*, Milan, 1858, p. 254, 263, 273, 277-280. — Cappelletti, *Le Chiese d'Italia*, t. XII, p. 473-474; t. XVI, p. 337-347. — Gerdil, *Vita del beato Alessandro Sauli*, Rome, 1836 (traduction d'une vie écrite en français par ce cardinal et qui semble être restée manuscrite). — *Archivio storico lombardo*, sér. I, t. v, p. 542; sér. III, t. x, p. 249; t. xv, p. 239. — A. Manno, *Bibliografia storica degli Stati della casa di Savoia*, Turin, 1891, t. IV, n. 15290, 15292; t. VI, n. 29873 (diverses brochures sur le saint); t. VII, p. 483. — Albert Dubois, *L'apôtre de la Corse*, Paris et Bar-le-Duc, 1899. — P. Mairaghi, *Del B. Alessandro Sauli, vescovo di Pavia, cenni storico-biografici*, Pavie, 1893. — Carini, *Cronotassi dei vescovi di Pavia*, dans *Scuola cattolica*, janvier 1895. — Vaganay, *Essai de bibliographie des sonnets relatifs aux saints*, dans *Analecta bollandiana*, ann. 1900, fasc. 4; autres articles, *ibid.*, t. v, p. 148, 161; t. xiv, p. 225-230. — L. B. Cacciari, *Compendio della vita di S. Alessandro Sauli*, Naples, 1904. — Orazio Premoli, *S. Alessandro Sauli, note e documenti*, Milan, 1905; Domenico Sauli (le père d'Alexandre), Pavie, 1905; *Da un carteggio inedito fra due santi prelati* (saint Alexandre et le vén. Carlo Bascapè, général des barnabites), Pavie, 1908. — Ant. Boeri, *L'Apostolo della Corsica e la basilica dei Sauli in Genova*, Recco, 1905. — G. Loccatelli, *Il 4 novembre 1905, memorie e documenti : Epistolario di S. Alessandro Sauli e S. Carlo Borromeo, etc.*, Milan, 1905. — Fr. Ciceri, *S. Alessandro Sauli, vescovo di Pavia*, dans *Rivista di scienze storiche*, Pavie, 1905, t. I, p. 243-249. — R. Maiocchi, *Sunto di sei discorsi sull'eucaristia di S. Alessandro Sauli* (tirés d'autographes conservés à l'évêché de Pavie), *ibid.*, p. 250-262; *Documenti inediti riguardanti S. Alessandro Sauli*, *ibid.*, p. 263-291. — Tacchi-Venturi, *Storia della Compagnia di Gesù in Italia*, Rome et Milan, 1910, t. I, p. 175, 355, 399. — *Analecta ecclesiastica*, t. VII, p. 804; t. X, p. 431; t. XI, p. 236; t. XII, passim. — *Acta apostolicae Sedis*, 1899, p. 264.

J. FRAIKIN.

114. ALEXANDRE DE SOMERSET ou de **STAFFORD**, prieur augustin d'Ashby (1263), dans le comté de Northampton, écrivit des ouvrages théologiques, des chroniques et des poèmes latins. Aucun jusqu'ici n'a été publié. Son œuvre principale (Hardy, dans son *Descriptive catalogue*, t. III, p. 145, hésite à la lui attribuer) est conservée dans la bibliothèque de « Corpus Christi College », à Cambridge. C'est l'abrégé de la chronique de Mathieu de Paris,: *Alexandri Essebiensis Epitome historiae Britanniae a Christonato ad annum 1257*. Cet abrégé, dont le commencement est mutilé, va de l'an 75 de notre ère jusqu'au couronnement de Richard de Cornouailles comme roi des Romains. A l'imitation des *Fastes* d'Ovide, Alexandre fit un poème élégiaque : *De Fastis seu sacris diebus*, où il décrivait la fête et la vie des saints du cycle liturgique. Il se trouve à la Bodléienne d'Oxford, et Fuller en a cité quelques passages, dans *Church history of Britain*, édition Brewer, t. I, p. 157. Outre un traité de la prédication, des épîtres et des méditations, on possède encore d'Alexandre de Somerset diverses œuvres manuscrites: *Ad Lethardum*

argumenta bibliorum seu compendium historiarum Bibliae (poème héroïque); *Passio Agnetis* (en vers latins); *Vita S. Agnetis* (poème); *Vita Berellini eremitae* ; *Vita Cungari eremitae; Festivale quoddam ; Confessio ad Deum*.

G.-J. Vossius, *De historicis latinis libri tres*, Amsterdam, 1627, p. 437-438. — Jacques Gaddi, *De scriptoribus non ecclesiasticis graecis, latinis, italicis*, Florence, 1648, t. II, p. 352. — William Dugdale, *Monasticon Anglicanum* (1655-1673), édit. 1830, t. xi, p. 412. — Leyser, *Historia poetarum et poematum medii aevi decem, post annum a nato Christo CCCC seculorum*, Halle, 1721, p. 988-989. — Casimir Oudin, *Commentarius de scriptoribus ecclesiasticis*, Leipzig, 1722, t. III, p. 99-100. — Fabricius, *Bibliotheca latina mediae et infimae, aetatis*, Hambourg, 1734-1736, t. I, p. 168-169. — Tanner, *Bibliotheca Britannico-Hibernica*, Londres, 1748, p. 29-30. — Ossinger, *Bibliotheca augustiniana*, Ingolstadt et Augsbourg, 1768, p. 318. — Macray, *A manual of British historians to A. D. 1600 containing a chronological account of the early chroniclers and monkish writers, their printed works and unpublished mss.*, Londres, 1845, p. 23. — Duffus Hardy, *Descriptive catalogue of materials relating to the history of Great Britain and Ireland*, édit. des *Rolls series*, Londres, 1862-1871, t. III, p. 145-146.

G. CONSTANT.

115. ALEXANDRE DE SVIR (SVIRSKII), bienheureux russe, originaire de Novgorod. Il prit l'habit monastique, à l'âge de vingt-six ans, en 1474, et passa les treize premières années de sa vie religieuse dans le monastère de la Transfiguration, dans l'île de Balaam (lac Ladoga). En 1487, il alla s'établir dans un ermitage aux bords du lac Rochtchinskoe, à quelques verstes du fleuve Svir. Il y vécut sept années dans l'isolement le plus absolu. Mais dans la suite il se rendit aux prières de ceux qui, ayant découvert sa retraite, voulaient se mettre sous sa direction spirituelle, et bâtit un monastère près de son ermitage. Il se laissa consacrer prêtre, et, en 1506, devint l'higoumène de la nouvelle communauté, par ordre de Sérapion, archevêque de Novgorod. A côté du monastère surgit une église dédiée à la très sainte Trinité. Il mourut le 30 août 1533. On ouvrit son cercueil en 1641 et, à ce que racontent les hagiographes russes, ses dépouilles mortelles étaient intactes. En 1644, elles furent déposées dans une urne d'argent. Les ménologes slaves fixent sa fête au 30 août.

La vie d'Alexandre de Svir a été écrite, en 1545, par son successeur, l'higoumène Hérodion. Elle se trouve dans un grand nombre de manuscrits cités par Barsoukov, *Sources de l'hagiographie russe*, Saint-Pétersbourg, 1882, col. 24-26. — *Dictionnaire historique des saints vénérés dans l'Église russe*, Saint-Pétersbourg, 1862, p. 13-14. — Philarète, *Les saints russes, vénérés par toute l'Église, ou dans un seul endroit*, Tchernigov, 1864, p. 136-144. — Ignace, *Vie des saints russes*, en abrégé, Saint-Pétersbourg, 1875, p. 37-40. — Martinov, *Annus ecclesiasticus graeco-slavicus*, p. 214.

A. PALMIERI.

116. ALEXANDRE DE SWERFORD, qui florissait au xiiie siècle, est assez peu connu pour que le *Dictionary of national biography* ne cite même pas son nom. On ne sait rien de sa naissance et de ses premières années, sinon qu'il était clerc à la cour de l'Échiquier, dès le commencement du règne de Jean sans Terre. Sur la présentation de l'abbé d'Oseney, il obtint le vicariat et la cure de Swerford. En 1216, il est chapelain de l'évêque de Coventry, Guillaume de Cornhill; et en 1228, Henri III le nomme son chapelain et archidiacre de Salop. Quelques années plus tard, il devient trésorier de Saint-Paul de Londres (1231) et baron de l'Échiquier (1233). Il mourut le 12 novembre 1246 et fut enterré à la cathédrale Saint-Paul, près de l'autel de Saint-Adda.

Alexandre avait été un compilateur infatigable.

C'est à lui que l'on doit le « Livre rouge de l'Échiquier ». On lui attribue aussi l'*Expositio vocabulorum Anglicanorum usitatorum in cartis antiquis regum Angliae*, que certains pensent être l'œuvre d'un autre Alexandre, l'archevêque de Salisbury. Quant au *Dialogus de Scaccario*, que l'on crut longtemps de lui, on sait aujourd'hui qu'il n'en fut que le copiste et que l'auteur est Richard Fitz Nigel. Duffus Hardy, *Descriptive catalogue*, 1871, t. II, p. 110.

Tanner, *Bibliotheca Britannico-Hibernica*, Londres 1748, p. 30. — Thomas Duffus Hardy, *Descriptive catalogue of materials relating to the history of Great Britain and Ireland*, édit. des *Rolls series*, 1871, t. III, p. 107.

G. CONSTANT.

117. ALEXANDRE DE TÉLÈSE (appelé à tort *Celesinus*), abbé bénédictin de Saint-Sauveur, à Télèse, près de Caserte (royaume de Naples), vers 1135. Il écrivait du vivant de Roger de Sicile. Son ouvrage, intitulé *Libri IV de rebus gestis Rogerii Siciliae regis*, fut entrepris à la prière de la comtesse Mathilde, sœur de Roger. Il est assez court et subdivisé en cent vingt-neuf chapitres. L'histoire y est présentée comme une leçon à l'usage des princes, et Roger comme un envoyé de Dieu destiné à rétablir les volontés du Tout-Puissant dans la société. Bien que les dates y soient négligées, il constitue une histoire exacte et précise pour les années écoulées de 1127 à 1135. Édité d'abord par Jérôme Surita sous le titre : *Indices rerum ab Aragoniae regibus gestarum*, Saragosse, 1578, il fut réimprimé dans de nombreuses collections historiques postérieures. A. Schott, *Hispaniae illustratae scriptores varii*, 1603-1608, t. III, p. 344 ; J.-B. Carusius, *Bibliotheca historica regni Siciliae* 1723, t. I, p. 257; Muratori, *Rerum Italicarum scriptores*, 1723-1738, t. V, p. 615-643 (il y est suivi d'un court *Alloquium ad regem Rogerium*, p. 644-645); Burmann, *Thesaurus antiquitatum et historiarum Siciliae*, 1723-1725, t. V; G. Del Re, *Cronisti e scrittori sincroni Napolitani*, 1845, t. I, p. 85-148.

Carusius, *loc. cit.*, t. I, part. 2, p. 256. — Muratori, *loc. cit.*, p. 609-610. — Tiraboschi, *Storia della letteratura Italiana*, 1806, t. III, part. 2, p. 352. — Mazzuchelli, *Scrittori d'Italia*, 1753, t. I, p. 457. — Narbone, *Biblioteca Sicula*, 1850, t. I, p. 173-174. — Ceillier, *Histoire des auteurs ecclésiastiques*, 1757, t. XXI, p. 117; 2e édit., t. XIII, p. 509. — Del Re, *loc. cit.*, p. 149-156.

P. FOURNIER.

118. ALEXANDRE VENCIOLI (*Vincioli*), franciscain, né à Pérouse, pénitentier de Jean XXII, qui le nomma évêque de Nocera (Ombrie), le 17 novembre 1327. Le 11 avril 1328, Jean XXII lui permit de prélever jusqu'à 2 000 florins d'or, et le 1er décembre 1331, il défendit au trésorier du duché de Spolète de molester davantage cet évêque à cause de la restitution d'une certaine quantité de froment ou de vin. Alexandre était ami du célèbre jurisconsulte Bartoli de Sassoferrato et c'est lui qui provoqua le *Consilium CII* de Bartoli qui porte sur une taille imposée aux habitants de Nocera, pour avoir laissé échapper des malandrins et meurtriers. Alexandre mourut à Sassoferrato, le 3 mai 1363, où il est inhumé dans le chœur du couvent franciscain. Il y jouit d'un culte ecclésiastique.

Eubel, *Hierarchia*, t. I, p. 391. — Wadding, *Annales minorum*, ad ann. 1327, n. XVI, Rome, 1733, t. VII, p. 72. — Ughelli-Coleti, *Italia sacra*, t. I, col. 1068. — *Acta sanct.*, maii t. I, p. 777-778. — Luigi da Fabriano, *Cenni cronologico-biografici della osservante provincia Picena*, Quaracchi, 1886, p. 92-93.

M. BIHL.

119. ALEXANDRE DE VERGH, religieux allemand de l'ordre de Saint-Augustin du XIVe siècle. On ne sait rien sur sa vie. Thomas de Strasbourg le cite à plusieurs reprises comme l'auteur d'un *Commentaire sur le Maître des Sentences*.

Elssius, *Encomiasticon augustinianum*, p. 29. — Fabricius-Mansi, *Bibliotheca latina med. et infim. aetat.*, Padoue, 1754, t. I, p. 67. — Lauteri, *Postrema saecula sex religionis augustinianae*, Tolentino, 1858, t. I, p. 202.

A. PALMIERI.

120. ALEXANDRE DE VÉRONE, appelé dans le siècle François Maioli, frère mineur réformé de la province de Venise, enseigna la théologie dans son ordre. Au chapitre général de Mantoue, en 1762, il soutint brillamment cinquante et une thèses sur tout le dogme catholique, fut proclamé par les capitulaires la gloire de sa province et de tout l'ordre. En 1768, il fut chargé de faire la visite canonique de la province de Brescia. Il mourut à Vérone le 27 mars 1775.

Il a publié : *Theses theologico-scholasticae ad mentem doctoris subtilis Joannis Duns Scoti*, in-4°, Padoue, 1762.

Antonius Maria a Vicentia, *Commentariolum de Veneta provincia reformata*, dans *Analecta franciscana*, Quaracchi, 1885, t. I, p. 319, 335; *Scriptores provinciae S. Antonii Venetiarum*, Venise, 1877, p. 115.

ANTOINE de Sérent.

121. ALEXANDRE DE VILLEDIEU. Né, vers 1170, soit à Villedieu, en Normandie, soit à Dol, en Bretagne, Alexandre fit ses études à Paris, où il se lia d'amitié avec deux jeunes gens, travailleurs et instruits, Rodolphe et Ivo. Ils fondèrent une école particulière, où Alexandre enseignait l'orthographe et la prosodie, Rodolphe la syntaxe et Ivo l'étymologie. Afin de mieux graver les préceptes dans la mémoire de ses élèves, Alexandre réduisit son cours en vers latins. Cette grammaire parut sous le titre de *Doctrinale puerorum* ou *Grammatica versibus descripta*. Presque toutes les écoles l'adoptèrent, ce qui explique le nombre assez considérable de manuscrits que possèdent de cette œuvre les bibliothèques d'Allemagne, de France, d'Italie et de Hollande. D'après Junius, le *Doctrinale* aurait été imprimé à Mayence dès 1442. Ses éditions les plus recherchées sont celles de Parme, 1478 et 1486, chez Jean de Spira, celle de Rouen, chez Richard Goupil, s. d., celle de 1501, Paris, Hermond Lefèvre. Cet ouvrage fut composé, très probablement à Paris, par Alexandre, à la demande d'un évêque de Dol. Est-ce à cause de ce patronage qu'Alexandre, le plus souvent appelé Alexandre de Villedieu, est nommé dans plusieurs manuscrits et dans la *Bibliographie ecclésiastique* de Trithemius, Alexandre de Dol? Nous croyons plutôt que le grammairien était originaire de Villedieu, aujourd'hui Villedieu-les-Poêles, arrondissement d'Avranches. La glose de Ladavianus, insérée dans l'incunable de la bibliothèque d'Avranches, donne constamment à l'auteur le titre de *Magister Alexander de Villa Dei*. Sa mort est presque aussi obscure que sa naissance. D'après un texte de Robert Cenau (*Hierarchia Neustriae*, Bibl. nat., Paris, ms. latin 5201, fol. 81), Alexandre mourut chanoine de la cathédrale d'Avranches. D'autres prétendent qu'il entra, dans sa vieillesse, dans l'ordre de Saint-François d'Assise.

Outre le *Doctrinale*, on a de lui l'*Ecclesiale*, cours de liturgie en vers latins, le *Summarium biblicum*, résumé de la Bible en 212 vers (abrégé traduit par Jacques Leclerc, curé de Choisy, en 1678), un traité de la Sphère, un traité du comput, le Calcul des mains et le *De arte memorandi*.

Amaury Duval, *Biographie d'Alexandre de Villedieu*, Avranches, 1843: — A.-M. Laisné, *Notice bibliographique sur Alexandre de Villedieu*, dans *Soc. d'archéolog. d'Avranches*, t. II, p. 86. — Ch. Thurot, *De Alexandri de Villa Dei Doctrinale, ejusque fortuna*, Paris, 1850. — Dr. Dietrich

Reichling, *Das Doctrinale des Alexander de Villa Dei. Kritisch Exegetische Ausgabe*, Berlin, 1893. — L. Delisle, *Alexandre de Villedieu*, dans Bibliothèque de l'École des chartes, 1894, t. LV, p. 488-508. — Étienne Dupont, *Alexandre de Villedieu ou Alexandre de Dol*, dans *Revue du pays d'Aleth*, octobre, 1907, n. 10.

E. DUPONT.

122. ALEXANDRE (GÉRARD), né à Reims, paroisse de Saint-Pierre, le 25 juin 1734, fut ordonné prêtre le 23 décembre 1758. Étant gradué en théologie, il fut curé de Chavost, entre 1763 et mars 1785. Le 2 mars 1784, il avait reçu le titre de chanoine de Saint-Symphorien devenu vacant par la démission de Simon-Jean Hédouin, et celui de chapelain de Notre-Dame, d'après l'abandon que lui en avait fait Jean-Baptiste Thierrion, au mois de juin 1778. Cette prébende lui procurait 200 livres, charges déduites. Il offrit 600 livres de don patriotique. Alexandre Gérard refusa de prêter le serment constitutionnel et demeura dans sa famille à Reims. Le soir du 3 septembre 1792, il fut saisi par les émeutiers, entraîné sur la place de l'Hôtel-de-Ville, et, sans jugement, percé de coups de pique, puis jeté, vivant encore, sur un tas de fagots en feu; il essaya trois fois de s'échapper et trois fois il fut repoussé par la foule qui l'enveloppait. Il mourut ainsi en véritable martyr de la primitive Église, dit l'abbé Guillon. En même temps que lui avaient été massacrés trois autres prêtres, dont un vicaire général de Reims, M. de Lescure. A la réaction de thermidor, le 24 de ce mois, (12 août 1795), le tribunal criminel de la Marne condamna à la déportation trois des principaux acteurs de l'émeute de septembre.

Guillon, *Les martyrs de la foi*, Paris, 1821, t. II, p. 50-60. — Renseignements puisés aux archives de Reims par M. l'abbé L. Andrieux, vicaire à la cathédrale.

P. RICHARD.

123. ALEXANDRE (JACQUES), bénédictin, né à Orléans, le 24 janvier 1635, fit profession à l'abbaye de Vendôme (congrégation de Saint-Maur), le 26 août 1673, mourut à l'abbaye de Bonne-Nouvelle, à Orléans, le 23 juin 1734. Il s'adonna à l'étude des mathématiques et des sciences physiques. Il a laissé : 1° *Traité du flux et du reflux de la mer*, Paris, 1726, qui donna lieu à une controverse avec le P. Aubert S. J. et avec D. Thiroux; 2° *Traité général des horloges*, Paris, 1734. Ses œuvres manuscrites sont conservées à la Bibliothèque nationale de Paris, fonds fr. *17506*, et à la bibliothèque d'Orléans, mss. *440, 663, 929, 974, 1082*; elles sont relatives à des questions de mathématiques, de physique et de météorologie.

D. Tassin, *Hist. litt. de la congrégat. de Saint-Maur*, Paris, 1770, p. 516-523. — D. François, *Bibl. génér. des écrivains de l'ordre de Saint-Benoît*, Bouillon, 1777, t. I, p. 35. — De Lama, *Bibl. des écriv. de la cong. de Saint-Maur*, 1882, n. 409-411. — U. Berlière, *Nouveau suppl. à l'hist. litt. de la cong. de Saint-Maur*, Paris, 1908, t. I, p. 10-11.

U. BERLIÈRE.

124. ALEXANDRE (JEAN), originaire de la Pouille, en Italie, frère mineur convers de la province des déchaussés de Saint-Gabriel en Espagne, vécut longtemps au couvent de Sainte-Marie de Jésus de *Salvatierra*, où il se fit remarquer par son austère ferveur. Désireux du martyre, il partit en Tripolitaine prêcher l'Évangile aux Maures. Après avoir souffert toutes sortes de tourments, il fut percé de coups d'épée au Caire et lapidé vers 1552.

Wadding, *Scriptores minorum*, Rome, 1906, p. 225. — Arthurus a Monasterio, *Martyrolog. franciscanum*, Paris, 1653, p. 332, 338. — *Analecta franciscana*, Quaracchi, 1885, t. I, p. 357.

ANTOINE de SÉRENT.

125. ALEXANDRE (JEAN-JOSEPH), prêtre du diocèse d'Orange, y était curé au moment de la Révolution; c'est du moins le témoignage de Guillon, *Les martyrs de la foi pendant la Révolution française*, Paris, 1821, t. II, p. 60; mais il faut remarquer que ni l'Annuaire ecclésiastique de 1789 (cf. Duchesne, *La France ecclésiastique pour l'année 1789*, Paris, 1788, p. 222) ni les archives de l'évêché d'Orange ne mentionnent un curé d'Orange de ce nom. Alexandre fut destitué de ses fonctions pour avoir refusé de prêter le serment demandé par la Constitution. Il alla alors se réfugier à Mornas, mais le ministère qu'il y exerçait et les services qu'il rendait à ses anciens paroissiens le firent arrêter et traîner dans les prisons d'Avignon. Il y fut victime des passions qui déchiraient alors le pays : à la suite de la prise de la ville par les conventionnels, le tribunal criminel châtia rigoureusement les rebelles et se vengea sur tous les suspects. Les administrateurs d'Avignon qui avaient répondu à la sommation du général Carteaux commencèrent leurs opérations le 10 octobre 1793; et le 25 nivôse an II (14 janvier 1794) Alexandre était lui-même condamné à mort « comme réfractaire ». La sentence fut exécutée le lendemain.

S. Bonnel, *Les 332 victimes de la Commission populaire d'Orange en 1794*, Carpentras, 1888, t. I, p. 95-96. — A. Guillon, *op. cit.*, t. II, p. 60-61.

J. SAUTEL.

126. ALEXANDRE (NICOLAS), bénédictin, natif de Paris, fit profession, à l'âge de vingt-quatre ans, dans l'abbaye de Saint-Faron de Meaux (congrégation de Saint-Maur), le 6 juillet 1678, et mourut à Saint-Denis, le 10 avril 1728. C'est en vue d'aider les pauvres qu'il étudia la botanique et la médecine. On a de lui : 1° *La médecine et la chirurgie des pauvres*, Paris, 1714; 2° *Dictionnaire botanique et pharmaceutique*, Paris, 1716. Ces ouvrages ont eu de nombreuses éditions. Cf. *Catalogue général des sciences médicales de la Bibliothèque nationale de Paris*, t. II, p. 243, 617.

D. Le Cerf, *Bibl. hist. des auteurs de la cong. de Saint-Maur*, 1736, p. 5. — D. Tassin, *Hist. de la cong. de Saint-Maur*, 1770, p. 489-491. — D. François, *Bibl. gén. des écrivains de l'ordre de Saint-Benoît*, 1777, t. I, p. 35; t. III, p. 418-425. — De Lama, *Bibl. des écriv. de la cong. de Saint-Maur*, 1882, n. 380-381. — U. Berlière, *Nouveau suppl. à l'hist. litt. de la cong. de Saint-Maur*, 1908, t. I, p. 12.

U. BERLIÈRE.

127. ALEXANDRE (NOËL). — I. Biographie. II. Écrits.

I. BIOGRAPHIE. — Né à Rouen le 19 janvier 1639, Noël Alexandre, vers sa quinzième année, entra aux jacobins de sa ville natale et y fit profession, le 9 mai 1655. Aussitôt après il fut envoyé au *studium generale* de Saint-Jacques de Paris, où il étudia la philosophie et la théologie; en même temps il s'exerçait à la prédication. Il fut présenté en Sorbonne pour y prendre ses grades théologiques : promu bachelier le 28 juillet 1671, il prit la licence l'année suivante (1672-1673). Il reçut le bonnet de docteur le 21 février 1675; l'année précédente, le 12 mai 1674, il avait été fait maître en théologie au collège de Saint-Jacques, qu'il gouverna pendant plusieurs années en qualité de régent, élu tour à tour à cet office, le 6 septembre 1675, le 15 décembre 1677 et le 23 décembre 1682. Il compta parmi ses élèves le P. Hyacinthe Serry, le futur historien de la Congrégation *de auxiliis*, et le P. Hyacinthe Amat de Graveson. Le P. Noël Alexandre, par sa grande activité littéraire et par son influence, joua un rôle considérable dans toutes les affaires religieuses de son temps.

Sa carrière, tant comme professeur que comme écrivain, s'est écoulée au plus fort des luttes du jansénisme et du gallicanisme. Il y a donc lieu de définir son attitude sur ces deux points. Tout d'abord, on ne peut nier que le P. Alexandre n'ait été gallican. Il a exprimé bien haut ses opinions sur ce point en plusieurs rencontres, mais surtout dans la *Préface* à son *Histoire ecclésiastique* : *Meminerint vero exterarum gentium theologi, me Ecclesiae et sacrae Gallicanae et sacrae Facultatis Parisiensis alumnum; et utriusque me sequi opiniones ne gravate ferant, etsi sint aliis principiis instituti; in his siquidem controversiis, in quibus, salva fide et pietate, varias in opiniones abire licet, sacerdotem suae Ecclesiae, Doctorem suae Academiae sententiam sequi et propugnare honestissimum est, et officio consentaneum. Praefatio ad Hist. eccl.* Cf. aussi sa Dissertation sur les *Annales*, saeculi XV et XVI, pars tertia (1686), diss. IX, p. 543-619; de même *De dissidio quod Gregorium VII, pontificem maximum, cum Henrico IV imperatore commisit.* Saeculi XI et XII pars II[a] (1683), p. 207-244, etc. Par suite de ces idées, le P. Noël Alexandre eut des difficultés avec les généraux de son ordre, en particulier avec le P. Thomas de Roccaberti, plus tard archevêque de Valence, et le P. Antonin de Monroy.

Dans l'affaire du *Cas de conscience*, le P. Noël Alexandre se trouva davantage engagé. En effet, il fut un des quarante docteurs de Sorbonne qui, le 20 juillet 1701, signèrent le *Cas de conscience*. Lorsque le Saint-Office eut été saisi de l'affaire, le cardinal de Noailles, craignant d'être compromis, fit tous ses efforts pour l'arrêter. C'est sans doute sur l'invitation du prélat que Noël Alexandre, le 8 janvier 1703, écrivit une lettre, où il essayait de donner de la conduite des docteurs et de la sienne une explication doctrinale et une justification. Peu après, onze docteurs, parmi lesquels Noël Alexandre, adressaient à l'archevêque de Paris une lettre officielle de soumission, dans laquelle ils déclaraient n'avoir jamais interprété le *silence respectueux* que comme un acquiescement intérieur aux décisions de l'Église sur les points dogmatiques. Comme on le sait, le décret de Clément XI, condamnant le *Cas de conscience*, était du 13 février 1703, et le mandement du cardinal de Noailles, portant la même réprobation, parut le 22 février, bien qu'il ne fût connu dans le public que le 5 mars. Le 23 mars, le P. Noël Alexandre, craignant d'être exilé par lettre de cachet, écrivit à l'archevêque une nouvelle lettre où il protestait de toutes ses forces de sa soumission et lui demandait protection. Néanmoins, selon quelques auteurs, il aurait été effectivement exilé à Châtellerault. Cette même année 1703, il renouvela encore sa soumission dans une lettre à Clément XI insérée au t. I de son *Exposition sur les Évangiles*.

Comme beaucoup d'autres, le P. Noël Alexandre en appela aussi de la bulle *Unigenitus*, mais, frappé de cécité complète à partir de 1714, il ne prit qu'une part assez restreinte aux débats qui eurent lieu en Sorbonne. Néanmoins, il fut cause d'une des séances les plus orageuses. L'abbé de Broglio, tout dévoué au parti de la cour et des molinistes, lui avait extorqué une rétractation, dont il avait usé pour influencer les autres docteurs de Sorbonne. Mais le P. Alexandre protesta énergiquement, et, dans l'assemblée du 10 mars 1714, il fit donner communication par Dupin d'une lettre, dans laquelle il déclarait persister dans son premier avis et n'avoir jamais entendu le rétracter. Cependant le P. Noël Alexandre, tout « appelant » qu'il fût de la bulle *Unigenitus*, n'avait nullement embrassé pour cela la doctrine janséniste; il la répudia au contraire en plusieurs rencontres. Cf. en particulier l'épître dédicatoire à Hyacinthe Serroni, placée en tête du VIIIe siècle de l'*Histoire ecclésiastique*. Il persista encore pendant plusieurs années dans son appel; cependant à partir de 1722, il céda aux instances de quelques amis qui, à Saint-Jacques, étaient restés fidèles à Rome; il reçut la bulle et, le 4 août 1724, il révoquait également son acte d'appel. Il mourut le 21 août 1724, âgé de plus de quatre-vingt-cinq ans.

Le P. Alexandre fut en relation avec les hommes les plus savants de son temps, qui étaient en même temps ses amis, les Mabillon, les Montfaucon, les Magliabechi; il sut, malgré les erreurs que nous venons de signaler, se concilier l'estime et l'amitié d'un grand nombre de membres du Sacré-Collège : d'Aguirre, Albani (Clément XI), Casanate, Cibo, Ferrari, Howard, Noris, Paulucci, Rospigliosi, Spada, Orsini, dominicain comme lui et qui devint aussi pape sous le nom de Benoît XIII, quelques mois avant la mort de Noël Alexandre. L'Assemblée du clergé de France de 1680, pour reconnaître les services rendus par lui à l'Église, lui vota une pension annuelle de 800 livres. Il en fut privé en 1723.

II. ÉCRITS. — L'activité littéraire du P. Noël Alexandre s'est étendue presque à toutes les sciences sacrées. Ses ouvrages se rapportent principalement à l'histoire, à la théologie, à l'Écriture sainte; un bon nombre aussi sont de polémique.

1° *Histoire*. — Le P. Noël Alexandre avait été choisi par Colbert pour faire partie de la société d'ecclésiastiques chargés de l'éducation de son fils, Jacques-Nicolas Colbert, qui devint plus tard archevêque de Rouen. L'enseignement de l'histoire fut confié au dominicain, qui s'en acquitta de façon si remarquable qu'il lui fut demandé de publier, en les développant, les conférences historiques données devant le fils du ministre. Telle fut l'origine de l'*Histoire ecclésiastique*. Noël Alexandre se mit à l'œuvre et, en moins de dix ans, l'Histoire du Nouveau Testament était achevée. En 26 vol. in-8°, elle exposait la suite des événements depuis la naissance du Christ jusqu'à la fin du XVIe siècle. Elle porte le titre général de *Selecta historiae ecclesiasticae capita, et in loca ejusdem insignia dissertationes historicae, chronologicae, criticae, dogmaticae*, Paris, 1676-1686. Une autre édition parut l'année suivante. Deux années après (1689), Alexandre publiait l'histoire de l'Ancien Testament : *Selecta historiae Veteris Testamenti capita, et in loca ejusdem insignia*, etc., 6 vol. in-8°, Paris.

La méthode adoptée par le P. Alexandre n'est pas le récit continu, mais il procède par thèses ou dissertations, dont chacune est l'exposé d'une question ou d'un groupe de faits. C'est une méthode synthétique dans l'exposition, très favorable pour faire saisir l'évolution d'une idée ou les conséquences d'un événement. Les dissertations ne sont point pourtant des exposés faits d'aperçus généraux sur l'histoire, elles sont conduites, au contraire, en vue de l'étude des sources et de la critique des questions obscures ou controversées. Lui-même d'ailleurs a exposé sa méthode dans la Préface au t. I. L'*Histoire ecclésiastique* eut, dès son apparition, un très grand succès. Après la publication des quatorze premiers volumes, Innocent XI fit adresser au P. Alexandre par le cardinal Cibo les plus grands éloges (15 juillet 1682). Malheureusement, en abordant les XIe et XIIe siècles, Alexandre ne sut pas se défaire de ses opinions gallicanes pour traiter des luttes du sacerdoce et de l'Empire. Surtout dans la IIe dissertation, aux XIe et XIIe siècles, pars II, 1683, l'article *Gregorius VII romanorum primus pontificum sibi regum exauctorandorum tribuit protestatem, contra Patrum doctrinam, immo contra Verbum Dei*, heurta profondément les idées romaines. On était au lendemain de l'Assemblée du clergé de 1682, où l'on avait pour ainsi dire consacré les doctrines gallicanes. Il s'agissait donc de défendre les droits pontificaux : c'est pourquoi, le

10 juillet 1684, l'*Histoire ecclésiastique* fut condamnée par un bref d'Innocent XI sous peine d'excommunication, en même temps qu'elle était mise à l'Index; le 6 avril 1685 et le 26 février 1687, de nouvelles censures furent portées. En 1684, un dominicain belge, François d'Enghien, publiait, à l'encontre de l'*Histoire* du P. Alexandre, un ouvrage qu'il intitulait : *Auctoritas Sedis apostolicae pro S. Gregorio papa VII vindicata*, etc., in-8°, Cologne, 1684, p. xii-604. Noël Alexandre répliqua dans sa VIe dissertation, aux xve et xvie siècles, pars IIIe, 1688, p. 23-197. Cependant la censure élaborée par la commission romaine, qui avait examiné l'*Histoire ecclésiastique*, était tombée entre les mains du P. Alexandre; il s'en servit pour donner une nouvelle édition, où il publia ce document, en le faisant suivre des explications ou justifications estimées nécessaires. Cette édition prit le titre suivant, qui est demeuré le titre définitif de l'ouvrage : *Historia ecclesiatica Veteris Novique Testamenti ab orbe condito ad annum post Christum natum millesimum sexcentesimum, et in loca ejusdem insignia dissertationes historicae, chronologicae, criticae, dogmaticae*, Paris, 1699, 8 vol. in-fol. Deux autres éditions également in-folio suivirent : Paris, 1713, 8 vol.; Paris, mais, en réalité, Venise, 1730, également 8 vol.

En 1734, le P. Roncaglia, des clercs de la Mère de Dieu, fit paraître à Lucques une nouvelle édition, en 9 vol. in-fol., *Editio omnium novissima, notis et animadversionibus, quoad Historiam et dissertiones Novi Testamenti aucta ad castigationem et illustrationem opinionum quarumdam auctoris*. Cette édition et celles qui suivirent furent exemptes de censures, et le secrétaire de l'Index donna même en ce sens une déclaration spéciale, le 21 décembre 1748. L'*Histoire ecclésiastique* avec les notes de Roncaglia fut rééditée à Venise, sous le nom de Paris, 1740-1744, 18 vol. in-4°; puis à Ferrare, 1758-1762, 9 vol. in-fol.

A son tour, le célèbre Mansi, de la même congrégation que Roncaglia, donna une édition de l'ouvrage du P. Alexandre. Elle parut aussi à Lucques, en 9 vol. in-fol., 1749; Mansi y ajouta deux volumes de suppléments, qui continuent l'*Histoire* pour le xviie et le xviiie siècle. C'est l'édition la plus estimée; elle a eu plusieurs réimpressions : Venise, 1771, 9 vol. in-fol.; Bassano, 1778, 9 vol. in-fol., avec deux vol. de supplément et un troisième publié en 1791; Venise, 1776-1777, 10 vol. in-fol., dont deux de supplément. Cette édition a été faite par les soins du P. F. A. Zaccaria, S. J. Le dixième volume : *Ad R. P. Natalis Alexandri Historiam ecclesiasticam celeberrimi viri supplementum in quo praemissa bibliotheca selecta historiae ecclesiasticae ad nostra tempora perductum exhibetur*. Cf. Sommervogel, *Bibliothèque S. J.*, t. viii, col. 1413. Le même P. Zaccaria a publié aussi diverses dissertations de l'*Histoire ecclésiastique* de Noël Alexandre dans ses : *Thesaurus theologicus in quo Natalis Alexandri, Dionysii Petavii, Jacobi Sirmondi, Johannis Mabillonii, Petri Constantii, Gabrielis Danielis, Henrici cardinalis Norisii, Johannis Garnerii, aliorumque clarissimorum virorum Dissertationes theologico-historico-criticae exhibentur*, etc., Venise, 1762-1763, 13 vol. in-4°.

2° *Théologie.* — Le P. Noë Alexandre n'est pas moins connu par ses travaux théologiques que par son *Histoire ecclésiastique*. Il composa : 1° En français un *Abrégé de la foi et de la morale de l'Église tiré de l'Écriture sainte*, 2 vol. in-12, Paris, 1686; 1688. — 2° *Theologia dogmatica et moralis secundum ordinem catechismi concilii Tridentini, in quinque libros distributa, opus non solum clericis et theologis quibusque, sed et parochis, confessariis et concionatoribus perutile*, Paris, 10 vol. in-8°, 1694. Jacques-Nicolas Colbert, archevêque de Rouen, dans un mandement, recommanda aux curés de son diocèse la lecture de l'ouvrage; c'est alors que parut un écrit anonyme intitulé : *Difficultez proposées à monseigneur l'archevêque de Rouen par un ecclésiastique de son diocèse sur divers endroits des livres dont il recommande la lecture à ses curez*, in-12, 1696, 37 p. L'auteur du libelle était le P. Buffier, S. J. De fait, seul le P. Alexandre était visé dans les vingt-deux propositions incriminées; il répondit par les *Éclaircissements des prétendues difficultez proposées à monseigneur l'archevêque, sur plusieurs points importants de la morale de Jésus-Christ*, 1697, in-12, 240 p. Cette réponse parut sous le nom anonyme d'un docteur de Sorbonne, du diocèse de Rouen. Le P. Buffier ne voulut point donner à l'archevêque de Rouen les satisfactions qu'il exigeait et ses supérieurs l'envoyèrent à Quimper-Corentin.

En 1697, dans l'effervescence causée par ces premières polémiques, parurent à Mons cinq lettres apologétiques de la doctrine du P. Alexandre. Dans l'une, en particulier, l'ordre des prêcheurs était loué de ce qu'il avait défendu la théorie de la grâce efficace par elle-même et de ce qu'il enseignait une doctrine morale plus saine, fidèle en cela à toutes ses traditions. Ces lettres étaient intitulées : *Lettre d'une dame de qualité à une autre dame savante*, Mons, 1697, in-12. Le P. Daniel, S. J., crut devoir répondre; il le fit en dix lettres qui parurent sous le titre général de *Lettres théologiques au R. P. Alexandre, où se fait le parallèle de la doctrine des thomistes, avec celle des jésuites, sur la morale et sur la probabilité*, Cologne, 1698, in-12, 317 p.; ibid., même année, in-12, 279 p. En réalité elles furent imprimées à Rouen et à Lyon; en 1704, nouvelle édition à Cologne, in-12, 312 p.; cf. Sommervogel, *Bibliothèque, S. J.*, t. ii, col. 1800-1801. De son côté, le P. Alexandre répondit par six autres lettres, qui parurent dans *Recueil de plusieurs pièces pour la défense de la morale et de la grâce de Jésus-Christ contre un libelle et des lettres anonymes d'un P. jésuite*, Cologne, 1698, in-12, 2 vol. Une nouvelle édition parut la même année à Delft, 2 vol. in-12. Voici le détail de ces deux volumes. t. i : 18 p. préliminaires. *Eclaircissemens de quelques difficultez prétendûes sur la morale de Jésus-Christ*, p. 1-132; *Lettre pastorale de Monseigneur l'archevêque de Rouen, au sujet d'un libelle publié dans son diocèse intitulé : Difficultez proposées*, etc., p. 133. *Lettres d'une dame de qualité à une autre dame savante*, p. 168-250; t. ii : *Lettre d'un théologien aux RR. PP. jésuites. Pour servir de réponse à la seconde*, p. 1-30 ; *Seconde lettre... pour servir de réplique à la troisième lettre d'un anonyme de leur Compagnie, adressée au R. P. Alexandre dominicain, touchant le parallèle de la morale des thomistes, avec la morale des jésuites sur la probabilité*, p. 31-84 ; *Troisième lettre d'un théologien aux RR. PP. jésuites*, p. 85-125 ; *Quatrième lettre d'un théologien aux RR. PP. jésuites. Sur la grâce*, p. 126-170; *Cinquième lettre...*, p. 171-227 ; *Sixième lettre...*, p. 228-274 ; *Lettre à un docteur de Sorbonne sur la dispute de la probabilité et sur les erreurs d'une thèse de théologie soûtenue par les jésuites dans leur collège de Lyon le 26 d'aoust dernier*, p. 275 - 289 ; IIe *lettre à un docteur de Sorbonne sur la thèse des jésuites de Lyon, soûtenüe le 26 d'aoust 1697*, p. 289-299; *Theses theologicae jesuitarum Lugdunensium, 26 die augusti 1697 propugnatae, censoriis notis dispunctae et confixae*, p. 300-347. — Dans son *Avertissement*, l'imprimeur dit, p. 7 : « Le libraire qui a imprimé avant moi (il s'agit donc de l'édition de Cologne) un *Recueil des pièces qui ont paru les unes après les autres pour la défense des dominicains*, en a supprimé la moitié, et gagné par les jésuites, il a ajouté un carton de leur façon à la fin du livre... »

En 1701, le P. Alexandre fit paraître aussi à Delft,

en Hollande, son livre : *Paralipomena theologiae moralis, seu variae de rebus moralibus epistolae.* C'est la traduction latine revue et corrigée des quelques écrits déjà publiés en français contre le P. Daniel, au sujet des doctrines sur la prédestination et la probabilité. Cf. *Mémoires de Trévoux,* mai et juin 1701, p. 208; Sommervogel, *Bibliothèque,* etc., t. II, col. 1801. Les *Paralipomena* furent joints à la *Théologie morale* du P. Alexandre dans l'édition de 1703 et les suivantes.

La théologie du P. Alexandre eut dès son apparition un très grand succès, ainsi que le prouvent les nombreuses éditions qui en furent données. Après la première, Paris, 1694, 10 vol. in-8°, on a celle de Venise, 1698, 2 vol. in-fol. L'édition de 1703, revue et complétée, fut reproduite dans la suite dans le même état avec le même titre : *Theologia dogmatica et moralis secundum ordinem catechismi concilii Tridentini in quinque libros tributa, hac postrema editione omnium accuratissima, plurimis accessionibus aucta, illustrata, confirmata, locupletata,* Paris, 1703, 2 vol. in-fol.; Venise, 1705, 2 vol. in-fol.; Paris, 1714, 2 vol. in-fol.; Venise, 1725, 2 vol. in-fol.; Paris, 1743, 4 vol. in-4°; Venise, 1759, 2 vol. in-fol.; Paris, 1759, 2 vol. in-fol.; Paris, 1767, 4 vol. in-4°; Venise, 1769, 2 vol. in-fol.; Einsiedeln, 1768-1772, 10 vol. in-8°; Venise, 1770, 1771, 1772, 2 vol. in-fol.; Venise, 1783, 4 vol. in-4°. Le P. J. M. Roselli, O. P., en a publié un abrégé : *Natalis Alexandri theologia dogmatica et moralis in epitomen redacta,* Rome, 1773, 4 vol. in-8°; Venise, 1786; Rome, 1787, 1792, 1837, toutes en 4 vol. in-8°. Norbert d'Elbecque s'occupa également d'en faire publier un autre abrégé par le chanoine Bassellier. Il parut sous le titre de : *Summa Alexandrina, sive R. P. Nat. Alexandri theologiae moralis compendium absolutissimum,* 4 vol. in-8°, Rome, 1705; 2 vol. in-4°, Bassano, 1767.

3° *Écriture sainte.* — *Expositio litteralis et moralis sancti Jesu Christi secundum quatuor evangelistas,* 1 vol. in-fol., Paris, 1702, 1703; Venise, 1704, 1 vol. in-fol.; Utrecht, 1721, 1 vol. in-fol.; Paris, 1745, 1769, 2 vol. in-4°; Venise, 1782, 2 vol. in-4°. — *Commentarius litteralis et moralis in omnes Epistolas sancti Pauli et in septem Epistolas catholicas,* Rouen, 1710, 1 vol. in-fol.; Venise, 1772, 3 vol. in-4°; Venise, 1798, 3 vol. in-4°. Les deux ouvrages ont paru ensemble à Paris en 1745 et 1746. Échard écrit avoir vu en manuscrit chez le P. Alexandre un autre travail d'exégèse : *Commentarius litteralis et moralis in prophetas Isaiam, Jeremiam et Baruch.* Un autre ms. sous le titre de *Bibliotheca sancta F. Sixti Senensis ordinis FF. praedicatorum professoris recensita, emendata, notis illustrata et aucta.*

4° *Écrits polémiques.* — 1° *Summa S. Thomae vindicata et eidem angelico doctori asserta, contra praeposteram Johannis Launoii Parisiensis theologi dubitationem. Item contra Launoianas circa simoniam observationes animadversio,* Paris, 1675, in-8°, p. 194. Cet ouvrage fut mis à l'Index par un bref d'Innocent XI, du 10 juillet 1684. — 2° *Dissertationum ecclesiasticarum trias. Prima de divina episcoporum supra presbyteros eminentia adversus Blondellum. Accedit quaestio de chorepiscopis. Altera de sacrorum ministrorum caelibatu, sive de historia Paphnutii cum Nicaeno canone concilianda. Tertia de vulgata Scripturae sacrae versione,* Paris, 1678, 1 vol. in-8°, p. IV-382. A son tour, cet ouvrage fut mis à l'Index par le même décret d'Innocent XI, du 10 juillet 1684. — 3° *Dissertatio polemica de confessione sacramentali, adversus libros quatuor Johannis Dallaei calvinistae divinam ejus institutionem et usum in ecclesia perpetuum impugnantis,* Paris, 1678, 1 vol. in-8°, p. IV-256; Paris, 1679. Cette dissertation fut également condamnée par le décret d'Innocent XI. Il en parut une autre édition, Paris, 1689,

in-8°. — 4° Dans les *Acta sanctorum,* à la date du 5 avril, p. 905, *De officio venerabilis sacramenti,* les deux bollandistes Henschenius et Papebroch ayant contesté que saint Thomas d'Aquin fût l'auteur de l'office du Saint-Sacrement, Noël Alexandre écrivit contre eux : *Dissertationes historicae et criticae, quibus officium venerabilis sacramenti S. Thomae vindicatur contra RR. PP. Henschenii et Papebrochii conjecturas. Deinde titulus praeceptoris S. Thomae ex elogio Alexandri Halensis expungitur contra popularem opinionem. Accedit panegyricus angelici doctoris dictus,* in-8°, Paris, 1680, p. II-170. — 5° *Dissertatio ecclesiastica, apologetica et anticritica adversus F. Claudium Frassen, seu Dissertationis Alexandrinae de vulgata Scripturae sacrae versione vindiciae,* Paris, 1682, 1 vol., in-8°. — 6° *Apologie des dominicains missionnaires de la Chine ou Réponse au livre du Père Le Tellier, jésuite,* intitulé : *Défense des nouveaux chrétiens; et à l'éclaircissement du P. Le Gobien de la même Compagnie sur les honneurs que les Chinois rendent à Confucius et aux morts, par un religieux docteur et professeur de théologie de l'ordre de Saint Dominique,* Cologne, 1699, in-8°. Suivent : *Documenta controversiam missionariorum apostolicorum imperii Sinici de cultu praesertim Confucii philosophi et progenitorum defunctorum spectantia, ac Apologiam dominicanorum missionis Sinicae ministrorum adversus libros R. R. Patrum Le Tellier et Le Gobien societatis Jesu confirmantia,* s. l. n. d. Il parut la même année, à Cologne, une traduction italienne. — 7° *Conformité des cérémonies chinoises avec l'idolâtrie grecque et romaine, pour servir de confirmation à l'apologie des dominicains missionnaires de la Chine, par un religieux, docteur et professeur de théologie,* in-12, Cologne, 1700; traduction italienne, Cologne, 1700. — 8° *Lettre d'un docteur de l'ordre de Saint-Dominique sur les cérémonies de la Chine au R. P. Le Comte, de la Compagnie de Jésus, confesseur de madame la duchesse de Bourgogne,* Cologne, in-12°, 1700; *Lettre d'un docteur de l'ordre de Saint-Dominique sur les cérémonies de la Chine au Révérend Père Dez, provincial des jésuites; Lettre d'un docteur... au R. P. Le Comte, confesseur de madame la duchesse de Bourgogne; sur son système de l'ancienne religion de la Chine,* Cologne; *Lettre d'un docteur... sur l'idolâtrie et les superstitions de la Chine, au Révérend Père Dez, provincial des jésuites,* Cologne, 1700. Avec approbation et permission des supérieurs, p. 18; *Lettre d'un docteur... sur l'idolâtrie et les superstitions de la Chine, au R, P. Dez, provincial des jésuites,* 1700.

Parmi les autres ouvrages édités du P. Alexandre, nous pouvons encore citer : *Institutio concionatorum tripartita, seu praecepta et regulae ad praedicatores informandos cum ideis sive rudimentis concionum per totum annum,* in-8°, Delft, 1701; in-8°, Paris, 1702; in-4°, Venise, 1731; in-8°, Augsbourg, 1763. Lorsqu'on réorganisa le collège de Saint-Jacques, à Paris, le P. Alexandre, qui en avait été régent, publia les *Statuta facultatis artium thomisticae in collegio Parisiensi fratrum praedicatorum institutae,* in-12, Paris, 1683.

SOURCES MSS. — *Regesta magistrorum generalium ordinis praedicatorum de Monroy, Roccaberti, Cloche,* Arch. gen. ord. — Mathieu Texte, *Recueil de pièces pour servir à l'histoire nécrologique des trois maisons de l'ordre des frères prêcheurs à Paris.* Arch. gén. ord. — Archives nation., *C 418.* — Bibliothèque de Carpentras, ms. *142, 150.* — *Recueil de lettres,* Arch. gén. de l'ordre, XI, 35. *Ibid., Epistolae encyclicae magistrorum ordinis praedicatorum.*

IMPRIMÉS. — *Catalogue complet des œuvres du Père Alexandre,* Paris, 1716. — *Catalogue général des livres imprimés de la Bibliothèque nationale,* Paris, 1899, t. II, col. 161-166. — Échard, *Scriptores ordinis praedicatorum,* Paris, 1719-1721, t. II, p. 810; nouvelle édition, [Coulon], Paris, 1912, saeculum XVIII, ad. an. 1724. — A. Touron, *Histoire des hommes illustres de l'ordre de Saint-Dominique,*

Paris, 1743, t. v, p. 805. — Ellies Dupin, *Histoire ecclésiastique du xviie siècle*, Paris, 1714, t. iv, p. 418. — P. Nicéron, *Mémoires pour servir à l'histoire des hommes illustres... avec le catalogue de leurs ouvrages*, Paris, 1727-1745, t. iii, p. 328 sq. — *Clarorum Venetorum ad Ant. Magliabechium nonnullosque alios epistolae*, Florence, 1746, t. i, p. 173, 190; t. ii, p. 36. — *Recueil des ordres émanés de l'autorité séculière pour y faire recevoir la bulle*, Amsterdam, 1726. — Valéry, *Correspondance inédite de Mabillon et de Montfaucon avec l'Italie*, Paris, 1847, t. iii, p. 79; t. ii, p. 406. — Döllinger-Reusch, *Geschichte der Moralstreitigkeiten*, Nordlingen, 1889, t. i, p. 617. — Reusch, *Der Index der verbotener Bücher*, Bonn, 1885, t. ii, p. 581. — Ch. Cosnard, *Histoire du couvent des FF. prêcheurs du Mans (1219-1792)*, Le Mans, 1879, p. 297-300. — P. Féret, *La faculté de théologie de Paris, Époque moderne*, Paris, 1907, t. v, p. 247-260. — L. Bourlon, *Les assemblées du clergé et le jansénisme*, Paris, 1909, p. 121. — Mandonnet, dans *Dictionnaire de théologie catholique*, t. i, col. 769-772. — Hurter, *Nomenclator literarius*, Inspruck, 1910, t. iv, col. 722, 949, 1082, 1179-1185. — Alb. Le Roy, *La France et Rome de 1700 à 1715*, Paris, 1892. — R. Coulon, *Le P. Noël Alexandre, jacobin, gallican et « appelan »*, dans *Revue des sciences philosophiques et théologiques*, janvier et avril 1912.

R. COULON.

ALEXANDRETTE. Voir ALEXANDRIA MINOR.

1. ALEXANDRIA (*Alexandrina in Ontario*), diocèse du Canada, situé dans la province ecclésiastique de Kingston et dans la province civile d'Ontario. Borné au sud par le diocèse de Kingston, à l'ouest et au nord par celui d'Ottawa, et à l'est par le fleuve Saint-Laurent qui le sépare des États-Unis, il est le diocèse le moins étendu du Dominion. Il fut créé le 23 janvier 1890 par Léon XIII. Son premier titulaire fut Mgr A. Macdonell (1890-1905); l'évêque actuel est Mgr W. A. Macdonell, nommé le 21 mars 1906. Les fidèles, au nombre de 25 000, sont groupés dans quatorze paroisses. La majorité est d'origine écossaise et irlandaise. Le clergé se compose de vingt prêtres. On compte dans le diocèse vingt et une églises, quatre couvents, un hospice; 2 500 enfants fréquentent les écoles catholiques.

Le Canada ecclésiastique, Montréal, 1910, p. 263-264.

A. FOURNET.

2. ALEXANDRIA (*Alexandria in Louisiana*), évêché des États-Unis, comprenant la partie nord de la Louisiane, suffragant de la Nouvelle-Orléans. Jusqu'au 6 août 1910, cet évêché portait le nom de Natchitoches. A cette époque, il a été transféré à Alexandria. L'évêché de Natchitoches avait été érigé le 23 juillet 1853. Voir l'article LOUISIANE.

LISTE DES ÉVÊQUES. — Auguste Martin, 1853-† 29 septembre 1875. — François-Xavier Leray, 1877, coadjuteur de la Nouvelle-Orléans et administrateur de Natchitoches, 23 octobre 1879-† 23 septembre 1887. — Antoine Durier, 1885-† 28 février 1904. — Cornelius Van de Ven, élu le 24 octobre 1904, consacré le 30 novembre suivant.

ÉTAT DU DIOCÈSE. — En 1910, le diocèse comptait vingt-sept prêtres séculiers, neuf prêtres réguliers (jésuites), dix frères du Sacré-Cœur, vingt-trois religieuses de la Divine-Providence, quatre-vingt-quatre religieuses dites filles de la Croix, avec maison-mère à Shrewport, et dix sœurs du Verbe incarné, vingt-quatre paroisses, trente-trois chapelles de mission et vingt-cinq stations, pour environ 32 431 catholiques.

The catholic encyclopedia, New York, 1911, t. x, p. 710-711. — *The official catholic directory*, 1910, p. 497-499.

U. ROUZIÈS.

3. ALEXANDRIA MINOR ou **ALEXANDRETTE**, évêché de la Cilicie seconde et suffragant d'Anazarbe. La ville était encore appelée *Alexandria ad Issum*, ἡ κατὰ Ἰσσόν, ou *Alexandria Scabiosa* (la montagneuse), par corruption *Cabiosa*. Une *Notitia episcopatuum* d'Antioche, du xe siècle (Papadopoulos-Kerameus, 'Ἀνέκδοτα ἑλληνικά de la bibliothèque Mavrocordato, Constantinople, 1884, p. 66), l'appelle *Alexandroucambousou* en un seul mot, pour *Alexandrou Scabiosou* en deux mots, graphie beaucoup plus correcte. Peu à peu on s'habitua, et au xiie siècle notamment, à voir là deux noms de ville et on écrivit Alexandrou et Cambysou[polis]. De la sorte, on eut deux sièges épiscopaux, formés d'un seul, et le nom de Cambysopolis passa dans toutes les *Notitiae episcopatuum* grecques ou latines, à l'exclusion d'Alexandria, le seul qui aurait dû rester. Aujourd'hui encore, la curie romaine a conservé le siège de Cambysopolis parmi les évêchés titulaires, alors que celui d'*Alexandria minor* a disparu de la liste.

La ville d'*Alexandria minor* fut bâtie par Alexandre le Grand, après sa victoire d'Issus sur le roi Darius, en 333 avant Jésus-Christ. C'était près de Myriandros des Phéniciens, et non sur son emplacement, comme le disent des géographes modernes, car Ptolémée, *Geographia*, v, 14, 2, édit. Mueller, Paris, 1901, t. i, p. 960, distingue nettement les deux localités. Dans la pensée du conquérant, la ville était destinée à attirer le commerce des grandes caravanes de Mésopotamie, mais les Séleucides, ayant fait d'Antioche leur capitale, ruinèrent par le fait même l'avenir d'Alexandrette dès son berceau; aussi la nouvelle fondation ne joua-t-elle jamais un grand rôle. Avant de se rendre en Palestine pour la guerre contre les Juifs, Titus vint à *Alexandria minor* prendre deux légions qui l'attendaient, la V[a] Macedonica et la X[a] Fretensis. Josèphe, *Bellum jud.*, iii, 8, 64. Malalas parle d'une émeute arrivée à Antioche sous Anastase 1er (491-518) et à la suite de laquelle le comte d'Orient dut se réfugier à Alexandria Cambysos. *Chronographia*, édit. de Bonn, l. XVI, p. 397. La ville est souvent mentionnée dans l'histoire du moyen âge, à cause de son port situé dans une baie immense, mais mal entretenu. Le 13 avril 1832, Mehemet-Ali, vice-roi d'Égypte, remporta sur les Turcs une grande victoire dans les environs de la ville. Celle-ci, nommée Iskenderoun en arabe, est située au pied de l'Akma-Dag, l'ancien Amanus; elle compte environ 7 000 habitants, dont plus de 3 000 sont des grecs orthodoxes. Il y a 270 catholiques latins, desservis par les carmes, et 130 catholiques de divers rites orientaux. Les Européens ont l'habitude de se retirer au village voisin de Beïlan, bâti à 500 ou 600 mètres d'altitude. Alexandrette est reliée à Alep par une route carrossable de 160 kilomètres; par suite du peu de salubrité de la région, c'est la ville voisine de Mersina qui est aujourd'hui le port principal.

Denys de Tell-Mahré, *Chronique*, édit. Siegfried et Gelzer, p. 67, signale un évêque d'Alexandrette vers l'année 200; il n'est pas très garanti. Il faut en dire autant de saint Helenus, martyrisé sous Commode et vénéré par les grecs le 24 décembre (Delehaye, *Propylaeum ad Acta sanctorum novembris*, Bruxelles, 1902, col. 339), de saint Aristion, vénéré par les grecs le 3 septembre (*ibid.*, col. 11), de saint Théodore, martyr, vénéré le 12 septembre (*ibid.*, col. 38), dont les Ménées et les Synaxaires font des évêques d'Alexandria et que Le Quien, *Oriens christianus*, t. ii, col. 903, a installés sur le siège d'Alexandrette. Le premier évêque sûr est Hésychius, qui assista au concile de Nicée en 325 (Mansi, *Sacrorum conciliorum nova et amplissima collectio*, t. ii, col. 694) et à celui d'Antioche en 341. *Ibid.*, t. ii, col. 1308. Au concile de Constantinople, en 381, signe, par l'intermédiaire du prêtre Alype, Philomusus ou Théophile. *Ibid.*, t. iii, col. 569. Le nom de Théophile semble mieux garanti, car nous avons déjà, dans la même province, Philomusus sur le siège de Pompeiopolis, et des copistes ont pu par distraction reproduire deux fois le même nom. Dans sa lettre à Alexandre de Hiérapolis (*Tragoedia Irenaei*,

c. cix, *ibid.*, t. v, col. 888), Maximin, métropolitain d'Anazarbe, se plaint que les évêques d'Alexandrie et de Rhossos se soient séparés de lui et réconciliés avec les patriarches d'Antioche et d'Alexandrie d'Égypte, après 433. Le nom de l'évêque n'est malheureusement pas indiqué. Baranes assiste, en 445, au concile d'Antioche qui juge la cause de l'évêque de Perrhe. Mansi, *op. cit.*, t. vii, col. 325. Julien est représenté, en 451, au concile de Chalcédoine par son métropolitain, Cyrus d'Anazarbe. *Ibid.*, t. vii, col. 163. Basile assiste, en 459, au concile de Constantinople tenu contre les simoniaques. *Ibid.*, t. vii, col. 920. Paul, partisan du monophysite Sévère d'Antioche, est expulsé par l'empereur Justin, en 518 ou 519. Urbicius assiste, le 17 juin 549 ou en 550, au concile provincial de la Cilicie II^a, tenu à Mopsueste au sujet des Trois-Chapitres. *Ibid.*, t. ix, col. 275, 287. Dans la seconde moitié du vi^e siècle, en effet, l'évêché d'Alexandrette est toujours compris dans cette province (*Échos d'Orient*, t. x, p. 145); au début du xe siècle, le diocèse avait déjà disparu. Nous avons, de cette époque, les limites respectives des dix-neuf diocèses maritimes du patriarcat d'Antioche, et Alexandrette n'y figure pas. *Échos d'Orient*, t. x, p. 97.

Le Quien, *Oriens christianus*, Paris, 1740, t. ii, col. 903 906. — Gelzer, *Georgii Cyprii Descriptio orbis romani*, Leipzig, 1890, p. 147. — Benzinger, dans Pauly-Wissowa, *Real-Encyklopädie der classischen Altertumswissenschaft*, Stuttgart, 1893, t. i, col. 1395. — V. Cuinet, *La Turquie d'Asie*, Paris, 1894, t. ii, p. 201-208. — L. Alishan, *Sissouan*, Venise, 1899, p. 499-502. — E. W. Brooks, *The sixth book of the select letters of Severus*, Londres, 1903, t. ii, p. 98.

S. Vailhé.

ALEXANDRIA (Sainte). Les Actes de saint Théodote rapportent le martyre survenu à Ancyre, sous Dioclétien, de sept vierges dont les noms étaient : Tecusa, Alexandria, Phanie, Claudia, Euphrasia, Matrona et Julitta. Les trois premières, parmi lesquelles Alexandria, étaient revendiquées par les apotactites, mais il semble que l'auteur des Actes proteste contre cette prétention. Ces sept vierges, qui étaient d'âge avancé, furent noyées. Théodote retrouva leurs corps à la suite de révélations et leur donna une sépulture honorable, mais dès le lendemain les païens s'emparaient des reliques retrouvées et les livraient aux flammes. Ces saintes sont honorées avec saint Théodote, le 18 mai, dans les Synaxaires, d'où elles ont passé au Martyrologe romain.

Deux mois plus tôt, le 18 mars, les Synaxaires donnent l'éloge de sept autres vierges martyrisées à Amisos, dans le Pont, sous Maximien. Les noms de ces vierges ressemblent beaucoup à ceux du groupe d'Ancyre. Ce sont les suivants : Alexandria, Claudia, Euphrasia, Matrona, Juliana, Euphemia et Theodosia. L'éloge qui leur est consacré est assez banal, et il paraît certain qu'il faut chercher dans l'un des deux groupes l'origine de l'autre. Ici encore la notice des Synaxaires a passé en abrégé dans le Martyrologe romain, à la même date.

Pio Franchi de' Cavalieri, *I martirii di S. Teodoto e di S. Ariadne*, dans *Studi e testi*, t. vi, Rome, 1901. — H. Delehaye, *La Passion de S. Théodote d'Ancyre*, dans *Anal. boll.*, 1903, t. xxii, p. 327; *Synaxarium ecclesiae Constantinopolitanae*, dans *Acta sanctor.*, nov. propyl., p. 546, 693, 999, 1014. — *Acta sanctor.*, mart. t. iii, p. 83-84. — P. Allard, *La persécution de Dioclétien*, Paris, 1890, t. i, p. 325 sq. — D. A. Lambert, art. *Apotactites et apotaxamènes*, dans *Dict. d'archéologie chrétienne*, t. i, col. 2608-2609.

H. Quentin.

I. ALEXANDRIE. — I. Préparation à l'Évangile. II. Origines du christianisme (Ier et IIe siècles). III. Le gnosticisme (IIe siècle). IV. Le Didascalée (IIIe et IVe siècles). V. Les persécutions (202-312). VI. Schisme de Mélèce (306 sq.); hérésie d'Arius (320 sq.). VII. Épiscopat de saint Athanase (328-373). VIII. Le patriarche Théophile (385-412). IX. Saint Cyrille (412-444). X. Le schisme monophysite (450 sq.). XI. Notes d'ensemble sur l'Église d'Alexandrie pendant les six premiers siècles. XII. Domination arabe. XIII. Au temps des croisades. XIV. Domination turque. XV. Au xixe siècle.

I. Préparation a l'Évangile. — Les juifs établis en Égypte y répandirent l'Ancien Testament et préparèrent ainsi l'avènement du Nouveau. Attirés à Alexandrie par son fondateur Alexandre, puis par les premiers Ptolémées (Josèphe, *Contre Apion*, ii, 4; *Antiquités juives*, XII, i, ii; XIX, v, 2), ils avaient formé une colonie qui devint rapidement la plus importante de toute la dispersion. Bientôt, l'hébreu n'étant plus pour eux qu'une langue étrangère, ils firent traduire en grec leurs Livres saints : et ce fut pour leur histoire un si grand événement qu'ils le célébrèrent depuis par une fête annuelle. Philon, *Vie de Moïse*, II, 7, 148. Grâce à cette *Version des Septante*, les juifs alexandrins propagèrent plus facilement leurs doctrines; parfois même, dans leur zèle indiscret à faire valoir les saintes Écritures, ils ne reculèrent pas devant la supercherie : l'un d'eux, Aristobule, au iie siècle avant Jésus-Christ, prétendit que, bien avant les Septante, il existait en Égypte une traduction grecque du Pentateuque et que les auteurs grecs l'avaient mise à contribution; pour prouver son dire, il soumit à des interprétations forcées certains passages des livres des philosophes de l'antiquité, et fabriqua même des textes de toutes pièces. — Quand le christianisme fit son apparition, les juifs d'Alexandrie, bien que mal vus par le peuple, étaient en pleine prospérité : ils occupaient deux des quartiers de la ville (Philon, *Contre Flaccus*, notamment le quartier Delta. Josèphe, *Guerre des Juifs*, II, xviii, 8. A cette époque, un de leurs hommes les plus illustres, Philon, enseignait la sagesse avec une hauteur de vues et une pureté de langage qui rappelait Platon; une légende se forma dans la suite d'après laquelle, vers la fin de sa vie, il aurait vu saint Pierre à Rome. Eusèbe, *Hist. eccl.*, II, xvii, *P. G.*, t. xx, col. 173; saint Jérôme, *De viris illustribus*, 11, *P. L.*, t. xxiii, col. 637; Suidas, *Lexique*, au mot *Philon*; etc. A cette même époque, de pieux ascètes, les « thérapeutes », dont Philon a décrit les usages dans son livre de la *Vie contemplative*, s'étaient établis en Égypte, particulièrement aux environs d'Alexandrie, au delà du lac Maréotis : et pendant longtemps on s'est demandé si ces serviteurs de Dieu n'étaient pas chrétiens. — Du reste, les juifs alexandrins, qui avaient en Égypte leurs « proseuches » ou lieux de prière, entretenaient de fréquentes relations avec la Palestine et faisaient le pèlerinage de Jérusalem; ils avaient même une synagogue à eux dans la Ville sainte (Act., vi, 9; cf. le témoignage des rabbins, d'après Knabenbauer, *Comment. in Act.*, vi, 9); quelques-uns des leurs se trouvèrent parmi les contradicteurs de saint Étienne. Act., *ibid.* Il est impossible que ces pèlerins aient ignoré complètement les prédications et les miracles de Jésus de Nazareth, et les événements extraordinaires qui marquèrent sa mort : rentrés dans leur patrie d'adoption, ils racontèrent sans doute ce qu'ils avaient vu et entendu, et ils furent ainsi les premiers messagers de la « bonne nouvelle ».

II. Origines du christianisme (Ier et IIe siècles). — On s'est étonné que saint Paul n'ait pas évangélisé Alexandrie, qui était alors la capitale de l'hellénisme. Du moins, il accueillit parmi ses collaborateurs un Alexandrin de race juive, Apollo, « homme éloquent et très versé dans les Écritures » (Act., xviii, 24); et sans aucun doute il prêcha aux navigateurs alexandrins qui le transportaient dans ses voyages. Act., xxvii, 6; xxviii, 11. — Le canon de Muratori, rédigé au début du III° siècle, cite une fausse *Épître de saint Paul aux Alexandrins*, P. L., t. III, col. 191.

Un opuscule fort connu de l'antiquité chrétienne est la *Disputatio Jasonis et Papisci* : Jason, juif d'origine et chrétien de religion, prend la défense du christianisme contre Papisque, juif alexandrin, qui résiste d'abord, et finit par s'avouer vaincu. P. G., t. v, col. 1278-1286. Pamélius, dans ses notes sur saint Cyprien (Paris, 1616, p. 567, note 11), a cru que ce Jason est le parent de saint Paul dont il est question dans les Actes des apôtres, xvii, 5, et dans l'Épître aux Romains; mais il n'est pas prouvé que les interlocuteurs de la discussion soient des personnages réels; du reste, la simple ressemblance des noms ne suffit pas pour conclure à l'identité des personnes.

Un document apocryphe très ancien, les *pseudo-Clémentines*, montre saint Barnabé à Alexandrie, où il a rencontré par un païen en quête de vérité, Clément de Rome, qui se convertira plus tard et deviendra le premier pape successeur de saint Pierre. Pseudo-Clément, *Homil.*, I, 8, 9; *P. G.*, t. II, col. 64, 79; *Acta sanctor.*, 1698, jun. t. II, p. 426 sq. Mais on ne peut rien conclure de ce récit romanesque. La venue de saint Barnabé à Alexandrie est aussi affirmée par le moine Alexandre, *Laudatio in apost. Barnabam*, 14, *P. G.*, t. LXXXVII, col. 4095. V. ci-dessus, col. 192. Il nous reste une *Épître de Barnabé*, connue de Clément d'Alexandrie et d'Origène, qui l'attribuaient au compagnon de saint Paul; on incline aujourd'hui à reconnaître que l'auteur est un juif alexandrin converti au christianisme, qui écrivait vers la fin du premier siècle ou au commencement du second.

On a cru pouvoir relever l'influence judéo-alexandrine dans l'Épître aux Hébreux et dans le quatrième Évangile. C'est naturel : l'alexandrinisme était fort répandu au Ier siècle, et les écrivains sacrés s'efforçaient de parler le langage et d'entrer dans la mentalité de ceux à qui ils s'adressaient. Mais cette influence porte plus sur les mots que sur le fond même des pensées, et elle ne prouve rien contre l'authenticité de l'œuvre : on pourra, si l'on veut, reconnaître dans la lettre aux Hébreux la main d'un secrétaire, qui écrivait avec une certaine liberté sous la dictée de l'apôtre; on admettra que l'évangéliste avait spécialement en vue de réfuter Cérinthe (S. Irénée, *Adv. haeres.*, III, xi, 1, *P. G.*, t. vii, col. 880) qui s'était initié aux philosophies d'Égypte; ces traces d'influence alexandrine n'autorisent pas à conclure que l'Épître aux Hébreux est étrangère à saint Paul, ou que le quatrième Évangile n'est pas de saint Jean.

L'apôtre saint Jude, dans son Épître catholique, met les fidèles en garde contre certains fauteurs d'hérésies; et ses paroles s'appliquèrent si bien à Carpocrate et à d'autres gnostiques alexandrins du II° siècle, qu'il semblait les avoir dénoncés prophétiquement. Clément d'Alexandrie, *Stromat.*, III, 2, *P. G.*, t. VIII, col. 1113. Des critiques modernes ont cru pouvoir conclure que l'auteur était un Alexandrin judéo-chrétien : c'est pure fantaisie. Voir Cornely, *Introductio in U. T. libros sacros*, t. III, p. 656, 657, note 13.

On a prétendu encore que saint Luc aurait étudié en Égypte et serait venu plus tard y exercer l'apostolat. Métaphraste, *Commentarius in D. Lucam*, 2, 7, *P. G.*, t. cxv, col 1129, 1136. La légende, car c'en est une, a été tenace : d'anciens manuscrits de la version persane, et surtout de la version syriaque de l'Évangile selon saint Luc, signalent, en titre ou en souscription, que le livre a été prêché dans Alexandrie la grande; un vieux papyrus grec désigne saint Luc comme archevêque d'Alexandrie (Grenfell et Hunt, *Greek papyri*, 2nd series, p. 170); les *Constitutions apostoliques* racontent que saint Luc ordonna Abilius (t. I, col. 122), évêque d'Alexandrie après Anianus (*Constitutiones apostolicae*, VII, 46, *P. G.*, t. I, col. 1052); et un chroniqueur oriental du XIII° siècle, Salomon de Bassora, affirme que saint Luc fut martyrisé et enseveli à Alexandrie. *The book of the bee, the syriac text with an english translation*, by A. W. Budge, Oxford, 1886, p. 108.

La tradition la plus autorisée attribue à saint Marc la fondation de l'Église d'Alexandrie. P. Corssen, *Monarchianische Prologe zu den vier Evangelien*, dans *Texte u. Untersuchungen*, Leipzig, 1897, fasc. 1; p. 10; Eusèbe, *Chronic.*, 2, *P. G.*, t. XIX, col. 539; *Hist. eccl.* II, XVI, *P. G.*, t. XX, col. 173; *Theophania*, *P. G.* t. XXIV, col. 628; S. Épiphane, *Haeres.*, LI, 6, *P. G.* t. XLI, col. 900; S. Jérôme, *De vir. illustr.*, 8, *P. L.*, t. XXIII, col. 621-623; etc. Ceux qui distinguent deux Marc, l'un cousin de Barnabé et collaborateur de Paul, l'autre compagnon de Pierre, pourront se demander duquel des deux il s'agit ici. Dans les *Actes de saint Barnabé* (*Acta sanctor.*, *loc. cit.*) Jean Marc raconte qu'après la mort de son cousin à Chypre, il vint prêcher la parole divine à Alexandrie; mais ces *Actes* sont évidemment supposés. Le premier apôtre d'Alexandrie fut saint Marc, compagnon de saint Pierre, qu'il soit distinct ou non du cousin de saint Paul. Il est difficile de préciser à quelle date il passa de Rome en Égypte : c'était en 39-40, la troisième année de Caligula (*Chronicon paschale*, *P. G.*, t. XCII, col. 559; cf. *ibid.*, col. 546), ou en 43, la troisième année de Claude (Eusèbe, *Chronic.*, *loc. cit.*), ou en 49, la neuvième année du même. Eutychius, *Annales*, *P. G.*, t. CXI, col. 903. De même il est difficile de dire où et quand il composa son évangile : ce fut très probablement à Rome, avant son voyage en Égypte (Eusèbe, *Hist. eccl.*, II, XV; S. Épiphane, *Haeres.*, LI; S. Jérôme, *De vir. illustr.*, 8), peut-être en Égypte, à la requête des fidèles. S. Chrysostome, *Homil. 1 in Matth.*, 3, *P. G.*,, t. LVII, col. 17. Il évangélisa l'Égypte, la Thébaïde, la Pentapole; et, ayant constitué plusieurs églises à Alexandrie (Eusèbe, *Hist. eccl.*, II, XVI), il y termina sa vie en 62, la huitième année de Néron ou, suivant d'autres, en 68. Voir Tillemont, *Mémoires*, Paris, 1701, t. II, p. 512, note 11. Le jour de Pâques, il fut saisi par les païens qui célébraient la fête de leur dieu Sérapis, traîné violemment par les rues et les faubourgs, retenu en prison pendant la nuit, traîné de nouveau le lendemain jusqu'en un lieu escarpé qu'on appelait Boucoles, en dehors de la ville, du côté de l'orient, près de la mer : il expira au milieu des mauvais traitements. Son corps, que les païens essayèrent de brûler en un lieu nommé Angelion, fut recueilli par les fidèles et déposé dans l'église de Boucoles. Métaphraste, *Vita S. Marci*, *P. G.*, t. CXV, col. 163-170; Petrus ibn Rahib, *Chronicon orientale*, éd. L. Cheikho, Paris, 1903, p. 110; Sévère de Nestéraweh, *Homélie sur S. Marc*, texte arabe, traduction et notes par L. Bargès, Paris, 1877; Sévère d'Achmounein, *Hist. patriarch. Alexandrin.*, éd. B. Evetts, dans *Patrol. orient.*, t. I, p. 135-148; cf. Renaudot, *Hist. patriarch. Alexandr.*, Paris, 1713, p. 1-12; etc. C'est là, près du tombeau de saint Marc, que reposèrent ensuite ses successeurs dans l'épiscopat; c'est là que Pierre, évêque d'Alexandrie, fut martyrisé à la fin de la persécution de Maximin en 311 (*Acta S. Petri Alexandr.*, *P. G.*, t. XVIII, col. 461-462); c'est là que les pèlerins accouraient pour vénérer les reliques du grand apôtre. Pallade, *Historia Lausiaca*, 113, *P. G.*, t. XXXIV, col. 1218. En 828, des marchands vénitiens enlevèrent secrètement son corps et le transportèrent dans leur patrie; quelques années plus tard, vers 870, le moine Bernard, faisant un pèlerinage aux saints lieux, s'arrêtait à Alexandrie et constatait la disparition des précieux restes. Bernard, *Itinerarium*, 6, *P. L.*, t. cxxi, col. 570.

On peut reconstituer, d'après divers passages d'Eusèbe, la liste des premiers successeurs de saint Marc : après Anianus et Abilius (t. i, col. 122) on nomme Cerdon, Primus, Justus, Eumène, Marc II, Céladion, Agrippinus (t. i, col. 1037) et Julianus. Eusèbe, *Chronic.*, *P. G.*, t. xix, col. 543, 549, 551, 554, 555, 558, 559, 560, 561, 565; *Hist. eccl.*, II, xxiv; III, xiv, 21; IV, i, iv, v, xi, xix; V, ix, xxii; *P. G.*, t. xx, col. 205, 248-249, 256, 303, 308, 309, 329, 377, 453, 489. On trouve le nom d'un Théophile, évêque d'Alexandrie, qui aurait été convoqué à Rome par le pape Victor pour traiter de la date de Pâques (Anastase le Bibliothécaire, *Historia de vitis romanorum pontificum*, 15, *P. L.*, t. cxxvii, col. 1279-1280); mais il y a là une erreur : il s'agit sans doute de Théophile, évêque de Césarée en Palestine (Eusèbe, *Hist. eccl.*, v, xxii, *P. G.*, t. xx, col. 489); le siège épiscopal d'Alexandrie était alors occupé par saint Démétrius.

III. Le gnosticisme (iie siècle). — Dans Alexandrie, ville cosmopolite et entreprenante, les doctrines les plus hasardées se donnaient libre cours. L'amour de l'allégorie à outrance et des subtilités vides, la magie même, disposaient les esprits aux folles rêveries. La « gnose », qui avait la prétention d'arriver à la connaissance parfaite des choses divines et humaines et d'être la science (γνῶσις) par excellence, ne fut pour plusieurs qu'une série de divagations où se heurtèrent dans un mélange informe les systèmes païens et les dogmes juifs ou chrétiens; et, par surcroît, elle joignit souvent aux divagations de l'esprit les plus honteuses débauches.

Le gnosticisme, né en Asie, se développa en Égypte plus que partout ailleurs. Simon le Magicien, qu'on regarde comme le père des gnostiques, passa par l'Égypte, si l'on en croit les pseudo-Clémentines, *Homil.* ii, 24, *P. G.*, t. ii, col. 92. Dans la première moitié du iie siècle, Basilide, qui avait été à Antioche l'élève de Ménandre, élève lui-même de Simon, quitta la Syrie pour se fixer à Alexandrie et y propager ses funestes doctrines. Son fils Isidore, continuant les mêmes erreurs, les poussa jusqu'à leurs plus immorales conséquences. Vers le même temps, Carpocrate enseignait à Alexandrie la « gnose libératrice », celle qui s'affranchit de toute loi. Son fils Épiphane, précoce jeune homme qui devait mourir à dix-sept ans, prêchait le communisme des biens et des femmes. Une femme de la secte, Marcelline, s'en alla répandre ces abominations à Rome. Déjà bien d'années auparavant, vers 140, Valentin était parti d'Alexandrie pour propager ses doctrines à Rome après les avoir portées en Asie. S. Irénée, *Adv. haeres.*, i, 24, 25, *P. G.*, t. vii, col. 674; Clément d'Alexandrie, *Stromat.*, iii, *P. G.*, t. viii, col. 1100 sq.; Eusèbe, *Hist. eccl.*, IV, vii, *P. G.*, t. xx, col. 316-320; S. Épiphane, *Haeres.*, xxiv, xxvii, xxxi, *P. G.*, t. xli, passim; etc. C'est à Alexandrie que l'hérétique Apelles, chassé de la secte gnostique des marcionites pour incontinence, était naturellement venu chercher un refuge. Tertullien, *De praescriptionibus*, 30, *P. L.*, t. ii, col. 42-43.

Ces hérétiques causèrent un mal immense au christianisme naissant, car ils firent des dupes et des victimes en grand nombre. De plus, ils furent une occasion de calomnies contre l'Église, car les esprits mal intentionnés ou mal renseignés accusèrent souvent les fidèles de mœurs déréglées, qui n'étaient que le fait de ces infâmes. Mais, à côté des ravages qu'ils ont exercés, il convient de relever le précieux témoignage qu'ils rendent au christianisme primitif :

en effet, « il ne faut pas croire que ces manifestations hérétiques représentent tout le christianisme; ces écoles, précisément parce qu'elles ne sont que des écoles, supposent une Église, *la grande Église*, comme dit Celse; ces aberrations, parce qu'elles portent des noms d'auteurs, témoignent de l'existence de la tradition orthodoxe. » L. Duchesne, *Histoire ancienne de l'Église*, t. i, p. 330-331.

IV. Le Didascalée (iiie et ive siècles). — Dans une société très ouverte aux choses de l'esprit, au milieu des païens, des juifs et des hérétiques, les chrétiens d'Alexandrie éprouvèrent naturellement le besoin de raisonner et de défendre leurs croyances. Dès le temps de saint Marc, il y eut toujours parmi eux « des docteurs ecclésiastiques d'une grande prudence et d'une grande érudition, soit dans les divines Écritures, soit dans les lettres profanes. » S. Jérôme, *De vir. illustr.*, 36, *P. L.*, t. xxiii, col. 651. La fin du iie siècle vit apparaître une institution appelée « la Catéchèse » ou « le Didascalée », qui allait briller d'un très vif éclat.

Athénagore a-t-il été le premier docteur de cette école? Un historien du ve siècle, Philippe de Side, l'a affirmé (*P. G.*, t. xxxix, col. 329); mais ce témoignage est trop peu sûr pour qu'on puisse l'admettre sans contrôle.

1° Pantène. — L'opinion commune attribue la fondation du Didascalée à saint Pantène. Originaire de Sicile, et philosophe païen d'abord, il s'était converti et avait été préposé à l'école chrétienne d'Alexandrie vers l'an 180; puis, sur l'ordre de son évêque Démétrius, il était allé prêcher la foi aux Indes (peut-être en Éthiopie) : là, il avait trouvé, dit-on, un évangile hébreu de saint Matthieu, laissé dans cette province par l'apôtre saint Barthélemy (Eusèbe, *Hist. eccl.*, V, x, *P. G.*, t. xx, col. 453-456) et il l'avait rapporté lorsqu'il était revenu à Alexandrie. S. Jérôme, *De vir. illustr.*, 36, *P. L.*, t. xxiii, col. 651. Également versé dans la science divine et dans les lettres humaines, il s'était acquis une grande réputation : « Cette véritable abeille de Sicile, butinant les fleurs des prophètes et des apôtres, formait dans les âmes de ceux qui l'écoutaient une provision très pure de science. » Clément d'Alexandrie, *Stromat.*, i, 1, *P. G.*, t. viii, col. 700. Ce maître excellent, que Clément ne nomme pas, Eusèbe assure que c'était Pantène. Eusèbe, *Hist. eccl.*, V, xi, *P. G.*, t. xx, col. 456. Fragments de ses œuvres : *P. G.*, t. v, col. 1329-1332.

2° Clément (150?-215?). — Natif d'Alexandrie suivant les uns, d'Athènes suivant d'autres (S. Épiphane, *Haeres.*, xxxii, 6, *P. G.*, t. xli, col. 552), Clément voyagea en Grèce, en Italie, en Syrie, en Palestine, et s'arrêta enfin en Égypte, retenu par l'enseignement de saint Pantène : « Celui que je rencontrai le dernier, dit-il, et qui était le premier par la vertu et par la science, je le trouvai caché en Égypte, et je n'en cherchai pas d'autre. » Clément, *Stromat.*, i, 1, *P. G., loc. cit.*; Eusèbe, *Hist. eccl.*, V, xi, *P. G.*, t. xx, col. 457. Associé d'abord à son maître vers l'an 190, il lui succéda vers l'an 200. En 202 ou 203, quand s'éleva la persécution de Septime Sévère, il crut prudent d'abandonner sa chaire, et il quitta Alexandrie pour se retirer en Cappadoce. Il mourut vers 215. A l'enseignement oral, Clément joignit l'enseignement écrit, et ses ouvrages nous ont été conservés en grande partie. *P. G.*, t. viii et ix. Dans le *Protreptique*, qui est comme l'introduction de son œuvre, il exhorte les gentils à délaisser les fables païennes pour s'attacher à la doctrine du Verbe divin. Dans le *Pédagogue*, il montre que le vrai maître de la vie morale, c'est le Christ, Dieu fait homme. Dans les *Stromates* (ou Tapisseries), il amasse des matériaux qu'il appelle lui-même « des commentaires sur la vraie philosophie, » c'est-à-dire sur le christianisme. *Stromat.*, I, 29, III, 18, *P. G.*, t. VIII, col. 929, 1213. D'une vaste érudition, il demandait à toutes les écoles les fragments de vérité qu'elles pouvaient lui offrir, sans cependant s'attacher à aucune. Son but était de mettre la science au service de la foi, et de former ainsi des chrétiens éclairés, qui seraient « les vrais gnostiques ».

3° Origène (185-253). — Né à Alexandrie, et fils du martyr Léonide, Origène avait reçu de son père une instruction solide, qu'il perfectionna en suivant les leçons de Clément. A dix-huit ans, il prenait la direction des catéchèses. A cette même époque, un maître éminent, chrétien lui-même, Ammonius Saccas, enseignait avec éclat dans le riche quartier du Bruchium, s'efforçant de concilier deux philosophies jusque-là rivales, celle de Platon et celle d'Aristote: il comptait d'illustres disciples, comme Longin et Plotin, et il ouvrit la voie aux éclectiques néoplatoniciens. Origène, déjà âgé de vingt-cinq ans, se mit à son école et fit d'immenses progrès. Peu après, vers 212, il entreprit un voyage à Rome; un autre en Arabie, vers 215. Entre temps, il continuait ses études et ses leçons : idolâtres et hérétiques, catéchumènes et fidèles, philosophes de toutes les sectes, des femmes même se pressaient pour l'entendre; l'affluence fut telle qu'il ne put bientôt plus suffire à la tâche; il répartit donc ses auditeurs en deux classes, confia les commençants à l'un de ses meilleurs disciples, Héraclas, et se réserva les plus avancés. En 215, des troubles survenus à Alexandrie l'obligèrent à se réfugier en Palestine : là, sur l'invitation des évêques de Césarée et de Jérusalem, ses amis, il expliqua la sainte Écriture dans les églises; Démétrius, évêque d'Alexandrie, se formalisa de ce qu'il regardait comme une usurpation laïque, et le rappela. Origène vint bientôt reprendre ses travaux. Un de ses admirateurs, du nom d'Ambroise, qu'il avait converti du gnosticisme, l'aidait de ses libéralités, faisant pour ses œuvres tous les frais de librairie, mettant à sa disposition des copistes, des jeunes filles très exercées à la calligraphie, et jusqu'à sept tachygraphes, quelquefois même davantage, qui écrivaient à tour de rôle sous sa dictée. Vers 228, Origène, appelé en Achaïe pour y combattre certains hérétiques, partit avec une lettre de recommandation de son évêque Démétrius; et, en traversant la Palestine, il fut ordonné prêtre, à l'âge d'environ quarante-trois ans. A son retour, il se trouva en butte à l'hostilité de l'autorité ecclésiastique : Démétrius avait réuni, en 231, deux synodes contre lui, l'accusant d'irrégularité dans son ordination et d'hérésie dans sa doctrine; il lui retira la permission d'enseigner, le déposa du sacerdoce et l'excommunia. Origène, laissant sa chaire à Héraclas, s'éloigna définitivement d'Alexandrie; il se retira en Palestine, passa en Cappadoce, en Grèce, en Arabie, pour revenir encore à Césarée de Palestine; emprisonné et torturé pendant la persécution de Dèce, en 250, il mourut à Tyr, en 253, des suites des mauvais traitements qu'il avait endurés. Il avait déployé pendant toute sa vie une prodigieuse activité. Ses œuvres : *P. G.*, t. XI-XVII. On l'appelait Adamantius (voir ce nom, t. I, col. 500), l'homme de diamant, ou encore Chalcenterus, l'homme aux entrailles d'airain. Sans prétendre qu'il écrivit 6000 volumes, comme l'affirme saint Épiphane (*Haeres.*, LXIV, 63, *P. G.*, t. XLI, col. 1177; cf. S. Jérôme, *Apologia adv. libros Rufini*, II, 13, *P. L.*, t. XXIII, col. 436), on sait que son œuvre fut immense. Dans son livre des *Principes*, il fut le premier à présenter en forme systématique la doctrine chrétienne. Dans son ouvrage *Contre Celse*, il réfuta victorieusement les calomnies dont les fidèles étaient l'objet. Mais ses plus grands travaux ont trait à l'Écriture : dans les *Hexaples*, il dressa les plus importantes versions de l'Ancien Testament en six colonnes parallèles, et même en sept, huit ou neuf colonnes pour certaines parties; il fit aussi des *Commentaires* et des *Homélies sur l'Écriture*, où il cherchait avec une extrême subtilité à reconnaître un triple sens, le sens somatique ou littéral, le sens psychique ou moral, et le sens pneumatique ou spirituel, le troisième étant plus parfait que le second, qui lui-même est préférable au premier. Ses doctrines exercèrent une influence extraordinaire, et quelques-unes donnèrent lieu à des polémiques retentissantes de son temps et dans la suite. On lui reproche notamment d'avoir admis la préexistence des âmes, la spiritualité des corps ressuscités, et le rétablissement final de toutes les créatures intelligentes dans l'amitié de Dieu. Il faut bien reconnaître cependant que des disciples maladroits ou des adversaires passionnés lui ont attribué des idées dont il n'est pas responsable; déjà, quand il fut condamné par son évêque Démétrius et obligé de quitter Alexandrie pour toujours, il se plaignait à ses amis qu'on eût corrompu les écrits, et il désavouait certaines erreurs qu'on lui imputait faussement (Rufin, *De adulter. librorum Origenis*, *P. G.*, t. XVII, col. 624; S. Jérôme, *Apologia adv. libros Rufini*, II, 18, *P. L.*, t. XXIII, col. 440) et, dans une lettre au pape Fabien, tout en regrettant ses erreurs, il se plaignait de l'indiscrétion de son ami Ambroise, qui avait publié plusieurs de ses écrits composés seulement pour l'intimité. S. Jérôme, *Epist.*, LXXXIV, *ad Pammachium*, *P. L.*, t. XXII, col. 751.

4° Héraclas († 247). — Après avoir collaboré de longues années à l'enseignement d'Origène, Héraclas ne garda pas longtemps sa lourde succession. Eusèbe, *Hist. eccl.*, VI, 26, *P. G.*, t. XX, col. 585. Élu évêque en 231, il ne put, à raison de ses nouvelles occupations, continuer à présider l'école des catéchèses. Quelques-uns ont prétendu, mais sans preuves suffisantes, qu'à peine monté sur le siège épiscopal, il condamna les doctrines de son ancien maître et ami. Voir Tillemont, *Mémoires*, Paris, 1701, t. III, p. 291 et 769. Telle était la renommée de science que Jules Africain fit exprès le voyage d'Alexandrie pour conférer avec lui. Eusèbe, *Hist. eccl.*, VI, XXXI, *P. G.*, t. XX, col. 589.

5° Denys († 264). — Un autre disciple d'Origène, Denys, prit la place d'Héraclas dans la direction du Didascalée en 231, et dans l'épiscopat en 247. Eusèbe, *Hist. eccl.*, VI, XXIX, XXXV, *P. G.*, t. XX, col. 589, 596. Il traversa une période fort troublée par les persécutions. Au cours de son épiscopat, il eut à intervenir dans un grand nombre de questions ecclésiastiques. Ainsi il écrivit à Novatien, qui s'était posé en antipape (251-253) et il l'exhorta, lui et ses adhérents, à reconnaître l'autorité du pape Corneille. Eusèbe, *Hist. eccl.*, VI, XLV, *P. G.*, t. XX, col. 633. Vers 256, il prit part à la controverse touchant la validité du baptême des hérétiques, et il fit entendre des paroles de conciliation. Eusèbe, *Hist. eccl.*, VII, IV-IX, *P. G.*, t. XX, col. 641-657. Il se rendit à Arsinoé pour y combattre un évêque égyptien, Népos, qui, expliquant le règne des mille ans annoncé par l'Apocalypse, l'entendait d'une façon trop charnelle, à la façon des juifs et des hérétiques millénaires (Eusèbe, *Hist. eccl.*, VII, XXIV, *P. G.*, t. XX, col. 692); il publia deux livres sur cette question. L'hérésie de Sabellius au sujet de la Trinité s'était répandue en Égypte, et surtout dans la Pentapole : on prétendait que le Père, le Fils et le Saint-Esprit ne sont pas trois personnes distinctes, mais trois modes, trois aspects de la divinité dans l'œuvre de la création, de la rédemption et de la sanctification; Denys combattit cette doctrine avec tant d'ardeur qu'il put paraître incliner vers l'erreur opposée, et ne plus admettre que le Fils fût consubstantiel au Père : dénoncé à Rome, et invité par son homonyme, le pape Denys, à s'expliquer, il envoya une justification de ses idées et de ses expressions (Eusèbe, *Hist. eccl.*, VII, xxvi, *P. G.*, t. xx, col. 704; S. Athanase, *De sententia Dionysii*, *P. G.*, t. xxv, col. 479-512) : c'était reconnaître d'une façon éclatante la supériorité du pontife de Rome. Il était presque au bout de sa carrière quand il fut prié, en 264, de se rendre au premier concile d'Antioche, pour juger les erreurs de Paul de Samosate concernant la Trinité : ses forces ne lui permirent pas d'entreprendre le voyage, mais il put encore écrire contre la nouvelle hérésie. Eusèbe, *Hist. eccl.*, VII, *P. G.* t. xx, col. 681-692. Peu après sa mort, on lui donnait déjà le surnom de « grand » (Eusèbe, *Hist. eccl.*, VII, praef., *P. G.*, t. xx, col. 637); il est appelé « docteur de l'Église catholique » par saint Athanase (*De sententia Dionysii*, 6, *P. G.*, t. xxv, col. 488), et « auteur canonique » par saint Basile, *Epist.*, II, 188, *P. G.*, t. xxxii, col. 664. Ses œuvres : *P. G.*, t. x, col. 1233-1243, 1575-1602; *P. L.*, t. v, col. 117-136; cf. L. Feltoe, *The letters and other remains of Dionysius of Alexandria*, Cambridge, 1904.

Athénodore, Malchion et Maxime sont nommés parfois comme ayant succédé à saint Denys au Didascalée; mais les écrivains qui les citent sont trop tardifs pour faire autorité. Voir Guerike, *De schola quae Alexandriae floruit catechetica*, pars prior, p. 72-73.

6° Théognoste. — On ne sait rien de sa vie; mais son nom figure sur la liste des catéchistes alexandrins dressée par Philippe de Side. *P. G.*, t. xxxix, col. 229. On a conservé de lui quelques fragments, *P. G.*, t. x, col. 235-242.

7° Piérius. — Placé par Philippe de Side avant Théognoste dans le catalogue des catéchistes alexandrins, il fut probablement son successeur. C'était un prêtre d'un grand mérite. Eusèbe, *Hist. eccl.*, VII, xxxii, *P. G.*, t. xx, col. 733; S. Jérôme, *De vir. illustr.*, 76, *P. L.*, t. xxiii, col. 685; Photius, *Bibliothec.*, cod. 118-119, *P. L.*, t. ciii, col. 397-401. On a de lui quelques fragments, *P. G.*, t. x, col. 242-246.

8° Achillas. — Voir ce nom, t. I, col. 312.

9° Sérapion. — On ne connait de lui que son nom, cité par Philippe de Side. *P. G.*, t. xxxix, col. 229.

10° Pierre le martyr. — Il fut chargé des catéchèses avant de succéder à Théonas sur le siège épiscopal d'Alexandrie, en 300. Sa science et sa vertu lui valurent le surnom de Grand. Il mourut martyr. Eusèbe, *Hist. eccl.*, VII, xxxii; IX, vi, *P. G.*, t. xx, col. 730, 808; voir aussi L. B. Radford, *Three teachers of Alexandria : Theognostus, Pierius and Peter*, Cambridge, 1908. Ses œuvres : *P. G.*, t. xviii, col. 449-522.

11° Arius. — Avant de tomber dans l'hérésie, Arius, prêtre d'Alexandrie, avait été chargé « d'interpréter les Écritures. » Théodoret, *Hist. eccl.*, I, I, *P. G.*, t. lxxxii, col. 885. Peut-être remplissait-il cette charge au Didascalée.

12° Macaire le Citadin. — Ce catéchiste, cité par Philippe de Side (*P. G.*, t. xxxix, col. 229), est peut-être le même que saint Macaire, natif d'Alexandrie, qu'on surnomma le Citadin, ὁ Πολιτικός, pour le distinguer de saint Macaire l'Égyptien, et qui joua un rôle important dans l'histoire monastique du ive siècle. *P. G.*, t. xxxiv.

13° Didyme. — Né à Alexandrie vers 310, Didyme perdit la vue à l'âge de quatre ou cinq ans; mais son infirmité ne fut qu'une facilité de plus pour l'étude. Très ouvertement hostile à l'arianisme, il fut appelé par saint Athanase à la direction du Didascalée, qu'il garda pendant un demi-siècle. Sa renommée de science et de vertu lui attira les hommes les plus illustres : saint Antoine, Rufin, saint Jérôme, Pallade, etc. Sa doctrine, très admirée par ses contemporains, fut accusée plus tard d'origénisme. Ses œuvres : *P. G.*, t. xxxix. Cf. G. Bardy, *Didyme l'Aveugle*, Paris, 1910.

14° Rhodon. — La liste des catéchistes se clôt par un inconnu, Rhodon. Après avoir enseigné quelque temps à Alexandrie avec Didyme, puis seul, il s'en alla, au temps de Théodose, fonder une école dans la ville de Side, en Pamphilie : là, il compta parmi ses élèves ce Philippe à qui nous devons la liste la plus complète des maîtres du Didascalée. Philippe de Side, *Serm.*, 24, *P. G.*, t. xxxix, col. 229.

Telle est à grands traits l'histoire de l'école chrétienne d'Alexandrie. Son organisation matérielle est peu connue, et sans doute elle varia au cours des années. Il ne semble pas qu'il y eût de local fixe, ni de réglementation, ni de subsides assurés. L'enseignement était public. Les auditeurs étaient libres, gens de toutes conditions et de toutes religions. Les maîtres étaient nommés par les évêques; la plupart étaient prêtres; mais quelques-uns, comme Origène jusqu'à l'âge de quarante-trois ans, ou comme Didyme, furent de simples laïques. Ils n'étaient liés à aucun programme ni à aucune méthode, et ils gardaient, en somme, une grande indépendance d'idées et de parole. Ils eurent le mérite de faire servir la philosophie et les autres sciences à l'étude de la théologie. Influencés par Platon et par Philon, obéissant aux tendances d'un esprit tourné vers la spéculation, ils se perdirent parfois en des considérations trop subtiles et trop mystiques. S'ils ne furent pas toujours à l'abri des erreurs, c'est qu'ils s'étaient engagés les premiers dans une voie difficile, c'est qu'ils traitaient de matières délicates en un langage mal assoupli. Dans l'explication des Livres saints, ils firent preuve d'une grande pénétration; on leur reproche seulement d'avoir négligé dans les récits bibliques la réalité des faits pour insister sur le sens allégorique. Des tendances contraires, c'est-à-dire un esprit réfléchi et pratique, étudiant de préférence le sens littéral et historique des textes sacrés, se manifestèrent dans une école théologique rivale, celle d'Antioche, qui, plus jeune d'une centaine d'années (elle fut fondée en 290), brilla surtout au ive siècle et au commencement du ve.

Sur l'école chrétienne d'Alexandrie, on peut consulter les ouvrages spéciaux qui suivent : Philippe de Side, *Fragmentum de catechistarum Alexandrinorum successione*, *P. G.*, t. xxxix, col. 229. — J.-A. Schmid, *De schola Alexandrina catechetica*, Helmstad, 1704. — J.-G. Michaelis, *De scholae Alexandrinae sic dictae catecheticae origine, progressu et praecipuis doctoribus*, Halle, 1739. — J.-A. Dietelmair, *Veterum in schola Alexandrina doctorum series*, Altorf, 1747. — J.-F. Hilscher, *Dissertatio de schola Alexandrina*, Leipsig, 1776. — H.-E.-F. Guerike, *De schola quae Alexandriae floruit catechetica*, Halle, 1825. — C.-F.-W. Hasselbacher, *De schola quae Alexandriae floruit catechetica*, Stettin, 1826, 1839. — J.-M. Prat, *Histoire de l'éclectisme alexandrin considéré dans sa lutte avec le christianisme*, Paris, 1843. — F. Lehmann, *Die Katechetenschule zu Alexandria*, Leipzig, 1896. — Ch. Bigg, *The christian platonists of Alexandria*, Oxford, 1886. — A. de la Barre, dans *Dict. de théolog. cath.*, t. I, col. 805-824.

V. LES PERSÉCUTIONS (202-312). — L'Église d'Alexandrie, c'est un fait à remarquer, ne fut pas inquiétée par les pouvoirs publics pendant le Ier et le IIe siècle. Saint Marc souffrit le martyre dans un soulèvement populaire, et non à la suite d'une condamnation juridique; on ne dit pas de ses successeurs qu'ils aient péri de mort violente, sauf saint Pierre à la fin même des persécutions. Plus d'une fois, sans doute, les chrétiens durent être victimes des passions de la foule; on les confondait souvent avec les juifs : or les juifs eurent beaucoup à souffrir de l'impopularité qui pesait sur eux, notamment dans une révolte qu'ils provoquèrent sous Trajan en l'année 116. Appien, *Bell. civ.*, II, xc; Eusèbe, *Hist. eccl.*, IV, II, *P. G.*, t. xx, col. 303-305. Du reste les empereurs romains ne comprenaient peut-être pas toujours très bien la situation religieuse du pays; ainsi Hadrien, qui visitait l'Égypte en 132, écrivait à son beau-frère: « Cette Égypte que tu me vantais, mon cher Servianus, je l'ai trouvée toute légère, versatile, obéissant à tous les caprices de l'opinion; ceux qui adorent Sérapis sont chrétiens, et ceux qui se disent évêques du Christ sont dévots à Sérapis; pas un chef de synagogue juive, pas un Samaritain, pas un prêtre chrétien, qui ne soit astrologue, aruspice, charlatan; le patriarche [des juifs?] lui-même, quand il vient en Égypte, est contraint par les uns d'adorer Sérapis, et par d'autres d'adorer le Christ. » Vopiscus, *Vita Saturnini*, 8. Cette étrange lettre, dont l'authenticité est révoquée en doute par de graves historiens (par exemple par Mommsen, *Hist. rom.*, t. xi, p. 187), est, dans tous les cas, d'une explication difficile : il se peut qu'Hadrien n'ait observé en Égypte que quelques novateurs, gnostiques ou autres, qui prétendaient allier dans un syncrétisme monstrueux la religion païenne, la religion juive et la religion chrétienne.

Vers la fin du IIe siècle, aux environs de 195, Clément d'Alexandrie écrivait : « Chaque jour nous voyons de nos yeux couler à torrents le sang des martyrs brûlés vifs, mis en croix et décapités. » Clément, *Stromat.*, II, 20, *P. G.*, t. vIII, col. 1049. Mais il parle peut-être du sang versé dans d'autres contrées, car l'histoire d'Alexandrie n'a pas conservé le souvenir de pareilles rigueurs à cette époque.

1° *Persécution de Septime-Sévère (202 sq.).* — En 202, l'empereur Septime-Sévère était en Palestine : « il défendit sous peine grave de se faire juif, et porta la même défense à l'égard des chrétiens. » Spartien, *Severus*, 17. Peu après il visitait Alexandrie et traitait la ville avec bienveillance en lui accordant un sénat; mais il fit exécuter son décret contre le christianisme. La persécution s'était étendue à toutes les églises; mais nulle part elle ne sévit plus qu'à Alexandrie, car les plus généreux athlètes accoururent de tous les points de l'Égypte et de la Thébaïde dans la grande cité « comme dans le stade le plus vaste où il leur fût donné de combattre pour Dieu. » Eusèbe, *Hist. eccl.*, VI, I, *P. G.*, t. xx, col. 521; cf. *Chronicon paschale*, *P. G.*, t. xcII, col. 652; Eutychius, *Annales*, *P. G.*, t. cxi, col. 991. Les fidèles, en souffrant courageusement, s'abstinrent de toute provocation; Clément avait écrit quelques années auparavant : « Le Seigneur nous dit : Quand on vous poursuivra dans une ville, fuyez dans une autre. Il ne nous conseille pas de fuir la persécution comme un mal ni de craindre la mort; mais il veut nous empêcher d'être causes ou participants du péché de ceux qui nous persécutent. Celui qui ne lui obéit pas est un téméraire. » Clément, *Stromat.*, IV, 10, *P. G.*, t. vIII, col. 1285. Lui-même, par un sentiment de prudence, interrompit ses leçons au Didascalée et quitta le pays. D'autres, cependant, eurent l'occasion de se montrer intrépides. Léonide fut des premiers à souffrir le martyre. Pendant qu'il était encore en prison, son fils Origène lui écrivait pour l'exhorter à la constance (Eusèbe, *Hist. eccl.*, VI, II, *P. G.*, t. xx, col. 524) et, saintement jaloux lui-même, il s'exposait au péril malgré la fougue de sa jeunesse ardente; s'il ne mourut pas pour la foi, « il fut souvent traîné par la ville, accablé d'injures et soumis aux plus mauvais traitements; un jour, les païens se saisirent de lui, le rasèrent, et, l'ayant amené sur les degrés qui conduisaient au temple de Sérapis, lui commandèrent de distribuer des branches de palmier, comme faisaient les prêtres païens, à ceux qui montaient pour adorer l'idole; et lui, sans hésitation et sans crainte, présentait les palmes en disant à haute voix : Recevez-les, non pas au nom de vos faux dieux, mais au nom du Christ. » S. Épiphane, *Haeres.*, lxiv, 1, *P. G.*, t. xli, col. 1069. Plusieurs de ses disciples, Plutarque, frère d'Héraclas, Sérénus, Héraclide, Héron, un autre Sérénus, encouragés par lui, donnèrent généreusement leur vie; une catéchumène, Héraïde, fut baptisée par le feu. Eusèbe, *Hist. eccl.*, VI, IV, *P. G.*, t. xx, col. 532. La vierge Potamienne entendit peut-être, elle aussi, les leçons d'Origène; elle fut martyre de la chasteté; tourmentée par le juge Aquila, puis menacée d'être abandonnée à la brutalité des gladiateurs, elle demeura inébranlable; condamnée enfin à être plongée dans la poix bouillante, elle mourut glorieusement avec sa mère Marcelle. Le soldat qui la conduisait au supplice, Basilide, fut touché de sa fermeté; fortifié trois jours après par une apparition de la pieuse vierge, il se convertit et mourut par la hache. De nombreux citoyens d'Alexandrie, à qui la sainte apparut de même pendant leur sommeil, embrassèrent aussi la foi. Eusèbe, *Hist. eccl.*, VI, v, *P. G.*, t. xx, col. 532-533.

Une légende rapporte à cette date le martyre de saint Philippe : il avait été envoyé, dit-on, par l'empereur Commode en Égypte pour y exercer la charge de préfet; il fut converti au christianisme par sa fille Eugénie; on prétend même qu'il devint évêque d'Alexandrie : dénoncé à l'empereur Sévère, il mourut par le glaive. *Vita S. Eugeniae*, *P. L.*, t. xxi, col. 1105-1122; t. lxxiii, col. 605-620; Métaphraste, *Martyrium S. Eugeniae*, *P. G.*, t. cxvi, col. 609-652. Mais il est impossible de concilier ces récits avec les documents certains de l'histoire.

Quelques années plus tard, Alexandrie fut de nouveau troublée; Origène, ne se croyant plus en sûreté, quitta l'Égypte pour quelque temps (Eusèbe, *Hist. eccl.*, VI, xix, *P. G.*, t. xx, col. 569) : il s'agit probablement des cruautés de l'empereur Caracalla dans la ville en 216 (Spartien, *Antoninus Caracalla*, 6; Hérodien, *Hist. rom.*, IV, xvi-xvii; Dion Cassius, *Hist. rom.*, LXVII, xxii); mais ces cruautés n'étaient pas dirigées spécialement contre l'Église.

La persécution de Maximin qui sévit dans plusieurs provinces d'Orient, en 235-236, épargna l'Égypte.

2° *Troubles sous Philippe (249).* — L'empereur Philippe, qu'on disait chrétien, fut toujours bienveillant pour l'Église. Mais, en 249, quelques mois avant sa mort, les païens d'Alexandrie, excités par un devin-poète, se saisirent d'un saint vieillard du nom de Métra, et, après de cruels tourments, l'entraînèrent dans les faubourgs où ils le lapidèrent. Ils firent subir le même traitement à une sainte femme nommée Quinta. Ayant saisi l'admirable vierge Apollonie, qui était déjà fort âgée, ils la frappèrent brutalement et la conduisirent ensuite hors de la ville, devant un bûcher allumé : la sainte, ayant demandé à être laissée libre quelques instants, et cédant à une inspiration divine, se jeta elle-même dans les flammes. Sérapion, arraché à sa demeure, fut précipité d'un lieu élevé. Il n'y avait ni rue, ni chemin, ni quartier de la ville où il fût permis aux chrétiens de se montrer : beaucoup prirent la fuite; ils supportaient avec joie la perte de leurs biens; et nul d'entre eux, si ce n'est peut-être un seul, ne renia la foi. Enfin, une guerre civile éclata : les païens, divisés entre eux, tournèrent contre leurs pareils les cruautés qu'ils avaient exercées contre les chrétiens. S. Denys d'Alexandrie, *Epist. ad Fabium*, dans Eusèbe, *Hist. eccl.*, VI, xli, *P. G.*, t. xx, col. 605-608.

3° *Persécution de Dèce (250).* — L'empereur Dèce, arrivant au pouvoir, lança un terrible édit de persécution. On put croire, dit saint Denys d'Alexandrie que le temps était venu où les élus eux-mêmes, si la chose eût été possible, allaient tomber : et de fait, les défections furent nombreuses. Cependant, la foi eut ses héros : Cronion et le vieillard Julianus, le soldat Bésa, Macaire le Libyen, Épimaque et Alexandre, deux saintes femmes du nom d'Ammonarium, la vieille Mercuria, une mère de famille appelée Dionysia, Héron, Ater, Isidore; avec ces trois derniers se trouvait Dioscore, adolescent de quinze ans : le juge, ému de la fermeté de son attitude et de la sagesse de ses paroles, le renvoya libre. Un certain Némésion, faussement accusé d'avoir fait partie d'une bande de brigands et ayant prouvé son innocence, fut ensuite condamné pour sa religion. Dans une autre circonstance, comme un chrétien faiblissait dans les tourments, quatre soldats, nommés Ammon, Zénon, Ptolémée, Ingène, et un vieillard nommé Théophile, se mirent à l'encourager par leurs gestes; puis, avant même qu'on pût s'emparer d'eux, ils s'élancèrent devant le tribunal pour faire profession de leur foi : et les juges étaient saisis de stupeur et de crainte à la vue de ces héros qui affrontaient ainsi la mort. S. Denys, *Epist. ad Fabium*, dans Eusèbe, *Hist. eccl.*, VI, XLI, *P. G.*, t. xx, col. 608-612. Les bollandistes citent un document éthiopien d'après lequel le nombre des martyrs en Égypte, pendant cette persécution, aurait été de 16 000; et ils ne trouvent pas ce chiffre invraisemblable. *Acta sanctor.*, 1695, jun. t. I, p. 32 : *De sedecim millibus martyrum in Ægypto sub Decio*.

Pendant ce temps, l'évêque saint Denys avait jugé prudent de quitter Alexandrie et s'était réfugié en Libye; mais il veillait de loin sur son Église, la faisant visiter par quelques-uns de ses prêtres comme Maxime, Dioscore, Démétrius, Lucius, et par des diacres, comme Fauste, Eusèbe et Chérémon : Maxime devait devenir plus tard évêque d'Alexandrie; Eusèbe, évêque de Laodicée; Fauste est le même, sans doute, qui mourut martyr sous Dioclétien. S. Denys, *Epist. ad Domitium et Didymum*, dans Eusèbe, *Hist. eccl.*, VII, XI, *P. G.*, t. XX, col. 672. Quand le calme fut revenu, on pouvait se demander quel accueil il convenait de faire à ceux qui avaient apostasié, à ceux qu'on appelait les « tombés » : la question se posait à Alexandrie comme à Carthage, comme à Rome. Beaucoup de ces pécheurs s'étaient convertis avant même la fin de la persécution; et les confesseurs de la foi les avaient miséricordieusement reçus dans leur compagnie, avaient prié et mangé avec eux, persuadés que leur pénitence avait été agréable à Dieu. Denys fut de l'avis des saints martyrs (*Epist. ad Fabium*, dans Eusèbe, *Hist. eccl.*, VI, XLII, *P. G.*, t. xx, col. 613-616); et il rappelait à ce propos le souvenir du vieillard Siméon qui avait eu le malheur de sacrifier pendant la persécution, mais qui avait ensuite mérité par sa pénitence de faire une sainte mort en recevant l'eucharistie dans des circonstances merveilleuses. S. Denys, *Epist. ad Fabium*, dans Eusèbe, *Hist. eccl.*, VI, XLIV, *P. G.*, t. xx, col. 629-633.

Gallus, successeur de Dèce, ne décréta pas la persécution; mais « il attaqua les saints qui demandaient à Dieu la paix et la santé pour lui. » S. Denys, *Epist. ad Hermammonem*, dans Eusèbe, *Hist. eccl.*, VII, I, *P. G.*, t. xx, col. 640.

4° *Persécution de Valérien* (257). — L'empereur Valérien, qui avait d'abord été favorable aux fidèles, devint persécuteur pendant les dernières années de son règne; saint Denys lui appliquait les paroles de l'Apocalypse : « Une bouche lui fut donnée qui se glorifiait insolemment et qui blasphémait; et il reçut le pouvoir de faire la guerre pendant quarante-deux mois. » S. Denys, *Epist. ad Hermammonem*, dans Eusèbe, *Hist. eccl.*, VII, x, *P. G.*, t. xx, col. 657 sq. L'évêque lui-même dut comparaître devant le préfet Émilien avec le prêtre Maxime, les diacres Fauste, Eusèbe, Chérémon, et un chrétien du nom de Marcel: après un long interrogatoire, il fut banni à Képhro en Libye, puis à Colluthion en Maréotide. S. Denys, *Epist. ad Germanum*, dans Eusèbe, *Hist. eccl.*, VII, XI, *P. G.*, t. xx, col. 644 sq. Quand il revint, il trouva la ville en proie à la guerre civile : la sédition avait en quelque sorte coupé la ville en deux par un fossé infranchissable; et il eût été plus facile, dit l'évêque, de se rendre des contrées de l'Orient jusqu'aux extrémités de l'Occident que de passer d'Alexandrie à Alexandrie. S. Denys, *Epist. ad Hieracem*, dans Eusèbe, *Hist. eccl.*, VII, XXII, *P. G.*, t. xx, col. 684. Aux horreurs de la discorde succéda le fléau de la peste : alors que les païens, par peur de la contagion, jetaient les malades hors des maisons ou laissaient les cadavres sans sépulture, les chrétiens se dévouèrent avec héroïsme, et plusieurs succombèrent victimes de leur charité, ce qui est encore une sorte de martyre, dit saint Denys. *Epistola ad Alexandrinos*, dans Eusèbe, *Hist. eccl.*, VII, XXII, *P. G.*, t. xx, col. 680 sq. L'Église les honore le 28 février.

En 262, Gallien arrêta la persécution; il écrivit à Denys et aux évêques d'Égypte pour leur permettre de rentrer en possession de tous les lieux destinés au culte divin. S. Denys, *Epist. ad Hermammonem*, dans Eusèbe, *Hist. eccl.*, VII, XIII, *P. G.*, t. xx, col. 673.

Dans la suite, Alexandrie eut souvent à souffrir des agitations de la politique : elle fut successivement occupée par Émilien et par Théodote, en 263; par Zabdas, général de Zénobie, en 269; par Firmus, en 272; par Aurélien, en 273; par Probus, en 276; par Saturninus, en 280; par Achillée, en 292, et par Dioclétien huit mois après; par Domitius Domitianus (?), en 295; mais la religion resta étrangère à ces troubles, et l'Église jouit du calme pendant les épiscopats de Maxime (264-282) et de Théonas (282-300).

5° *Persécution de Dioclétien* (304); *l'ère des martyrs.* — Dioclétien occupe une place importante dans l'histoire de l'Égypte. Lorsque, en 286, il avait divisé l'empire et pris Maximin Hercule pour collègue avec le titre d'Auguste, il s'était réservé le gouvernement de la vallée du Nil; il l'avait conservé encore lorsque, en 292, il avait établi la tétrarchie en adjoignant aux deux Augustes deux Césars, Galère et Constance Chlore. En 292, il était venu lui-même assiéger Alexandrie, où Achillée s'était fait proclamer empereur; irrité d'une résistance qui avait duré huit mois, il mit la ville à feu et à sang, et traita l'Égypte avec la dernière rigueur (Eutrope, *Hist. rom. brev.*, IX, 15, al. 23; Aurelius Victor, *Les Césars*, XXXIX, 38); puis, s'étant pris de pitié pour la misère du peuple, il avait ordonné de distribuer chaque année une grande quantité de blé aux pauvres d'Alexandrie, avec faculté de transmettre cette portion à leurs descendants (Procope, *Histor. arcan.*, 26); c'est probablement à l'occasion de cette munificence que les Alexandrins élevèrent à Dioclétien la colonne monumentale qui est encore debout aujourd'hui, et qu'on appelle improprement « colonne de Pompée » (du nom qu'on avait cru lire sur l'inscription du piédestal). Dioclétien data d'Alexandrie en 296 (?) un édit sévère contre les manichéens. Il ne fut pas d'abord hostile au christianisme : on voit, par une lettre de l'évêque saint Théonas au chambellan Lucien, que les chrétiens remplissaient à la cour des charges importantes sans abandonner la pratique de la religion. *P. G.*, t. x, col. 1569-1574; cf. *Acta sanctor.*, 1741, aug. t. v, p. 121. Mais en 303 et 304, sous l'influence de Galère, il publia successivement quatre édits de persécution; et l'Égypte fut un des pays les plus éprouvés. Eusèbe, *Hist. eccl.*, VIII, IX, *P. G.*, t. xx, col. 760-761. Parmi les victimes, on compte deux héroïques jeunes gens, martyrs de la chasteté : la vierge Théodora, ayant refusé de sacrifier aux idoles, avait été condamnée aux lieux infâmes ; un chrétien, Didyme, changeant d'habits avec elle, la délivra de ce péril : peu après, ils eurent tous deux la tête tranchée. *Acta sanctor.* 1675, april. t. III, p. 573 sq.; cf. *Analecta bollandiana*, 1905, t. XXIV, p. 337. Les documents coptes signalent beaucoup d'autres martyrs en Égypte, particulièrement à Alexandrie, pendant la persécution de Dioclétien (Zoega, *Catalogus codicum coptorum*, Rome, 1810 ; Hyvernat, *Les Actes des martyrs de l'Égypte tirés des manuscrits coptes*, Paris, 1886 ; Balestri et Hyvernat, *Scriptores coptici*, *Acta martyrum*, Paris, 1908 ; etc.) ; mais l'autorité de ces récits n'est malheureusement pas à l'abri de la critique. Voir t. I, col. 385, et l'article consacré à Jules d'Aqfahs, l'auteur à qui on attribua la plus grande part de cette littérature. Les Égyptiens, conservant le souvenir de cette époque sanglante, en ont fait le commencement d'une ère nouvelle, qu'ils appellent « l'ère des martyrs » : ils la font remonter à la première année du règne de Dioclétien (284), bien que la persécution n'ait éclaté que vingt ans plus tard. On avait cru jusqu'ici que l'ère des martyrs n'avait été en usage, parmi les chrétiens d'Égypte, qu'après la conquête arabe au VIIe siècle (Letronne, *Œuvres choisies*, Ire série, *Égypte ancienne*, t. I, p. 98 ; *Recueil des inscriptions grecques et latines d'Égypte*, t. II, p. 217) ; mais on a trouvé récemment, dans le voisinage d'Alexandrie, plusieurs épitaphes de moines, toutes du VIe siècle, parmi lesquelles douze sont datées de l'ère de Dioclétien. G. Lefebvre, *Épitaphes de moines alexandrins*, dans le *Bulletin de la Société archéologique d'Alexandrie*, 1905, nouvelle série, t. I, p. 18.

L'abdication de Dioclétien, en 305, fut suivie d'une courte accalmie, pendant laquelle l'évêque Pierre d'Alexandrie s'occupa de réconcilier les « tombés » ; il rédigea dans ce but quatorze canons pénitentiels où il distinguait divers degrés de chute, et indiquait des pénitences proportionnées. *P. G.*, t. XVIII, col. 468-508.

6° *Persécution de Maximin Daia (310-312).* — Maximin Daia, devenu maître de la Syrie et de l'Égypte, avec le titre de César en 305, avec le titre d'Auguste en 308, y ramena les rigueurs contre le christianisme. Prince débauché autant que cruel, il semait autour de lui la terreur et la honte. Ayant passé par Alexandrie, il compromit un grand nombre de nobles dames ; n'ayant pu ni par sollicitations ni par menaces triompher de la vertu d'une chrétienne, savante et illustre entre toutes, il l'exila et confisqua ses biens (Eusèbe, *Hist. eccl.*, VIII, XIV, *P. G.*, t. XX, col. 785) ; cette vierge courageuse, au dire de Rufin, s'appelait Dorothée. *Act. sanct.*, 1658, feb. t. I, p. 776. Le bienheureux Isidore l'Hospitalier rapportait à cette époque le martyre de sainte Potamienne, morte pour la conservation de sa chasteté (Pallade, *Historia lausiaca*, 3, *P. G.*, t. XXXIV, col. 1013 ; cf. *Acta sanctor.*, 1698, jun. t. II, p. 6-7) ; mais plusieurs circonstances de ce supplice ont pu faire supposer que cette pieuse vierge était la même que sainte Potamienne martyrisée sous Sévère. Voir plus haut, col. 300. L'infamie des mœurs païennes soulevait le dégoût des âmes honnêtes : un philosophe chrétien, Édésius, indigné de voir des hommes graves exposés aux outrages, des femmes vertueuses et des vierges livrées aux entremetteurs de débauches, protesta hautement devant le préfet Hiéroclès ; il fut saisi, torturé longtemps, et enfin jeté à la mer. Eusèbe, *De martyr. Palaest.*, 5, *P. G.*, t. XX, col. 1480. Pendant ce temps, Pierre, évêque d'Alexandrie, s'était réfugié dans une retraite inconnue ; Mélèce, évêque de Lycopolis, profita de cette absence pour usurper le pouvoir des ordinations, et s'attira une lettre de remontrances

de quatre évêques, Hésychius, Pachumius, Théodore et Philéas, retenus captifs à Alexandrie ; Philéas écrivit aussi à ses diocésains de Thmuis une lettre où il racontait en témoin les souffrances héroïquement endurées par les fidèles. Eusèbe, *Hist. eccl.*, VIII, X, *P. G.*, t. XX, col. 764. Un anachorète, Apollonius, et un joueur de flûte, Philémon, condamnés à mort en Thébaïde et miraculeusement échappés au bûcher, furent amenés à Alexandrie et jetés à la mer. Rufin, *De vitis Patrum*, 19, *P. L.*, t. XXI, col. 441-442 ; Pallade, *Historia lausiaca*, 67, *P. G.*, t. XXXIV, col. 1171-1172. Philéas, évêque de Thmuis, et Philorome, haut fonctionnaire d'Alexandrie, ayant, après une longue captivité, comparu devant le préfet Culcien, eurent la tête tranchée. Eusèbe, *Hist. eccl.*, VIII, IX, *P. G.*, t. XX, col. 761. Un autre fonctionnaire, Dioscore, subit le même genre de mort. Dom H. Quentin, *Passio S. Dioscori*, dans les *Analecta bollandiana*, 1905, t. XXIV, p. 321-342. Beaucoup eurent le nez, les oreilles, les mains et les autres membres coupés. Eusèbe, *Hist. eccl.*, VIII, XII, *P. G.*, t. XX, col. 769. Après quelques années de relâche, la persécution recommença en 311. Saint Antoine quitta son désert avec plusieurs de ses compagnons, et se rendit à Alexandrie afin de servir les confesseurs de la foi et dans l'espérance de partager leur martyre : le juge, qui craignait la contagion de leur courage, fit défendre à tous les moines de se présenter au tribunal, et même de séjourner dans la ville ; mais Antoine, au lieu de se cacher comme ses compagnons, se montra davantage encore : et pourtant il fut épargné, Dieu le gardant pour la formation de nombreux solitaires. S. Athanase, *Vita Antonii*, 46, *P. G.*, t. XXVI, col. 909-912. Les évêques Hésychius, Pachumius et Théodore, qui avaient été emprisonnés avec Philéas, furent mis à mort, ainsi que les prêtres Fauste, Dius et Ammone. Eusèbe, *Hist. eccl.*, VIII, XIII, *P. G.*, t. XX, col. 776. Pierre, évêque d'Alexandrie, fut arrêté à l'improviste, et, malgré les fidèles qui entouraient sa prison pour le protéger, fut conduit à Boucoles, près de la vallée des Sépulcres, au lieu même où saint Marc avait souffert : et là, il eut la tête tranchée, le 25 novembre 311 ; son corps, placé sur une barque, fut transporté, en contournant l'île de Pharos par la pointe de Leucade, jusqu'au cimetière que le saint lui-même avait fait édifier dans un faubourg à l'ouest de la ville. *Acta sincera S. Petri Alexandrini*, *P. G.*, t. XVIII, col. 451 sq. ; Eusèbe, *Hist. eccl.*, VIII, XIII, IX, 6, *P. G.*, t. XX, col. 776, 808. Il avait demandé que son sang fût le dernier versé ; et les documents grecs l'ont surnommé « le sceau final de la persécution, σφραγὶς καὶ τέλος τοῦ διωγμοῦ » ; cependant, peu de semaines après (31 janvier 312), saint Cyr, médecin d'Alexandrie, saint Jean, soldat originaire d'Édesse, sainte Athanasie, avec ses trois filles les vierges Théoctiste, Théodosie et Eudoxie, donnèrent leur vie pour Jésus-Christ. Métaphraste, *Vita et martyrium SS. Cyri et Joannis*, *P. G.*, t. CXV, col. 1231-1250 ; *Act. sanctor.*, 1643, jan. t. III, p. 1088 sq.

Quelques *Actes* de martyrs parlent d'une persécution qui aurait eu lieu en Égypte, particulièrement à Alexandrie, « sous Maxence » ; mais, comme cet empereur n'a jamais eu d'autorité qu'en Occident, il y a sans doute confusion de noms, et il s'agit de la persécution de Maximin. On rapporte donc à cette époque le martyre de sainte Aicaterine ou Catherine, vierge de sang royal, dit-on, qui comparut devant l'empereur et convertit cinquante philosophes païens dans une discussion publique ; ayant été condamnée au supplice de la roue, elle fut enfin décapitée hors de la ville ; l'impératrice, qui avait embrassé la foi, mourut elle aussi par le glaive. Métaphraste, *Acta S. Aecaterinae*, *P. G.*, t. CXVI, col. 275-302. Malheureusement les divers récits de ce martyre, qui sont tous de date relativement récente, contiennent des détails étranges, inadmissibles même; et les historiens, se sentant impuissants à faire le partage de ce qu'il faudrait rejeter et de ce qu'on pourrait garder, sont réduits à conclure avec Baronius : Mieux vaut le silence que le mensonge mêlé de quelques vérités. Baronius, *Annales*, ad. an. 307, § 33. Quelques auteurs ont essayé d'identifier sainte Catherine avec la vierge Dorothée, qui souffrit la perte de ses biens et l'exil plutôt que de consentir aux infâmes propositions de Maximin (voir plus haut col. 303); mais c'est là une supposition sans fondement et sans vraisemblance. *Act. sanctor.*, *loc. cit.*; Tillemont, *Mémoires*, Paris, 1702, t. v, p. 447. On rapporte encore au temps de Maximin le martyre des saints Ménas, Hermogène et Eugraphe : Ménas, surnommé Callicélade à cause de son éloquence, et Hermogène, envoyés successivement de Byzance par l'empereur, avec pleins pouvoirs pour arrêter la prédication évangélique à Alexandrie, y firent au contraire profession de christianisme; l'empereur, accouru en toute hâte, ordonna de leur trancher la tête, et tua de sa propre main Eugraphe, qui avait protesté publiquement contre cette condamnation. Métaphraste, *Acta S. Menae et sociorum*, *P. G.*, t. CXVI, col. 367-416. Ce récit, on le voit sans peine, présente bien des difficultés; cf. Tillemont, *Mémoires*, t. v, p. 759. Il y eut un saint Ménas, soldat égyptien, qui fut martyrisé en Phrygie, sous Dioclétien, et fut ensuite grandement honoré, non seulement en Maréotide, où ses restes avaient été transportés, mais encore à Alexandrie, où il avait une église. Moschus, *Pratum spirituale*, 100, *P. G.*, t. LXXXVII, col. 2960; *P. L.*, t. LXXIV, col. 169.

Constantin, dès son avènement au pouvoir, en 306, s'était montré bienveillant à l'égard du christianisme. Lorsque, par sa victoire sur Maxence, en 312, il se fut rendu maître de l'Occident, il fit avec Licinius un édit en faveur de l'Église, et obligea Maximin à mettre fin à la persécution; puis, s'étant rencontré avec Licinius à Milan, en 313, il publia un nouvel édit où il expliquait le précédent, reconnaissait à chacun le droit d'embrasser la religion de son choix, et donnait particulièrement aux chrétiens l'assurance d'une entière liberté. Eusèbe, *Hist. eccl.*, X, *P. G.*, t. xx, col. 880 sq.

VI. SCHISME DE MÉLÈCE (306 sq.). HÉRÉSIE D'ARIUS (320 sq.). — L'Église d'Alexandrie, à peine remise des souffrances de la persécution, eut à passer par l'épreuve bien autrement douloureuse du schisme et de l'hérésie.

1° *Schisme de Mélèce (306 sq.).* — En pleine tourmente religieuse, Mélèce, évêque de Lycopolis, avait profité de l'absence de plusieurs évêques égyptiens, retenus dans les prisons d'Alexandrie, et il s'était permis, au mépris des règles ecclésiastiques, de faire des ordinations dans des diocèses étrangers. Il vint à Alexandrie même, pendant que l'évêque Pierre était en fuite, s'y concerta avec deux intrigants, Arius et Isidore, excommunia deux « périodeutes » ou visiteurs épiscopaux et en ordonna deux autres. Condamné par un synode tenu à Alexandrie en 306, il demeura révolté, lui et ses partisans, contre Pierre, puis contre ses successeurs Achillas et Alexandre. Les efforts d'un autre synode d'Alexandrie en 324, et du concile de Nicée en 325, furent impuissants à les réduire : ils comptaient à cette époque dans leurs rangs vingt-neuf évêques, et un grand nombre de prêtres et de diacres. S'étant unis aux ariens, ils firent une guerre acharnée à saint Athanase. Leur schisme se prolongea jusqu'au milieu du v° siècle. S. Pierre d'Alexandrie, *Epistola ad ecclesiam Alexandrinam*, *P. G.*, t. XVIII, col. 509-510; Eusèbe, *Vita Constantini*, II, 62, *P. G.*, t. xx, col. 1036; S. Athanase, *Apologia contra arianos*, 11, 59, 71, 72, *P. G.* t. xxv, col. 268, 356, 373, 377; *Ad episcopos Aegypti et Libyae*, 22, *P. G.*, t. xxv, col. 589; Hefele-Leclercq, *Hist. des conciles*, Paris, 1907, t. I, p. 211-212, 488-503.

2° *Hérésie d'Arius (320 sq.).* — Arius était né en Libye, ou peut-être à Alexandrie (S. Épiphane, *Haeres.*, LXIX, 1, *P. G.*, t. LXII, col. 201; Photius, *Epist.*, I, 8, *ad Michaelem Bulgariae*, n. 8, *P. G.*, t. CII, col. 633); on croit le reconnaître dans cet Arius qui, simple laïque, mais ambitionnant le sacerdoce, s'était joint à Mélèce dès le commencement du schisme. Il reçut le diaconat des mains de saint Pierre d'Alexandrie, et fut ensuite excommunié par lui pour s'être montré favorable au mélécianisme. Il revint sans doute à de meilleures idées, car il fut ordonné prêtre, probablement par Achillas. On a dit qu'à la mort d'Achillas il avait brigué la dignité épiscopale; mais un auteur ancien, Philostorge, affirme au contraire qu'il assura l'élection d'Alexandre en reportant sur lui les voix sur lesquelles il pouvait compter. Philostorge, *Epitome hist. eccl.*, I, 3, *P. G.*, t. LXV, col. 461. Quoi qu'il en soit, il était chargé d'une importante église, Baucale, et il avait reçu mission d'expliquer publiquement les saintes Écritures. Vers 318 ou 320, il eut des démêlés avec son évêque, à qui il reprochait d'insister trop sur l'unité dans la Trinité; mais il commençait lui-même à répandre ses erreurs : puisque le Verbe, disait-il, est engendré par le Père, il fut un temps où il n'existait pas, où il a été fait du néant. Il eut l'habileté de s'attirer un grand nombre de partisans : en Palestine, Eusèbe de Nicomédie et Eusèbe de Césarée lui étaient favorables; en Égypte, il s'était concilié deux évêques, des prêtres, des diacres, et un grand nombre de vierges consacrées à Dieu; il avait surtout concilié la faveur du vulgaire; son âge avancé, sa haute taille, son extérieur austère, en imposaient à la foule. S. Épiphane, *Haeres.*, LXIX, 3, *P. G.*, t. XLII, col. 205. L'évêque Alexandre avait été d'abord d'une extrême indulgence : il adressa aux ariens des avertissements de vive voix et par écrit; puis, en 320 ou 321, il convoqua un synode à Alexandrie, où près de cent évêques, venus de divers points de l'Égypte et de la Libye, anathématisèrent les nouveaux hérétiques; comme Arius continuait à officier dans son église tout en propageant ses doctrines, Alexandre convoqua le clergé d'Alexandrie et de la Maréotide, et lui fit souscrire une lettre de protestation adressée à tous les évêques. Devant cette opposition, Arius dut quitter l'Égypte et se réfugier en Palestine et en Bithynie; il écrivit alors un ouvrage bizarre, qui fut vite connu en Égypte : c'était un poème théologique, dédié à la muse de la comédie, et appelé « Thalie »; il était composé en vers fort libres, à l'imitation d'un ancien poète alexandrin, Sotade, qui était renommé pour ses infamies; on le chantait dans les tavernes, et la nouvelle hérésie se propageait par des refrains que répétaient les matelots, les voyageurs ou les meuniers. S. Athanase, *De decretis Nicaeni synodi*, 16, *P. G.*, t. xxv, col. 444; *De sententia Dionysii*, 6, *ibid.*, col. 488; *Oratio I contra arianos*, 4, *P. G.*, t. XXVI, col. 20; *De synodis*, 15, *ibid.*, col. 705; Philostorge, *Hist. eccl.*, II, 2, *P. G.*, t. XLII, col. 465; Socrate, *Hist. eccl.*, I, IX, *P. G.*, t. LXVII, col 84. Des meneurs répandaient le trouble dans Alexandrie; l'évêque signalait leurs réunions dans « les cavernes de brigands qu'ils s'étaient construites, » et il dénonçait leurs agissements : « Ils excitent tous les jours contre nous, écrivait-il à l'évêque de Byzance, des séditions et des persécutions, soit en nous traduisant devant les tribunaux, par le crédit de quelques femmes qu'ils ont séduites, soit en déshonorant le christianisme par l'insolence des jeunes filles de leur parti qu'on voit courir dans les rues. » Les païens eux-mêmes s'égayaient de ces divisions, et faisaient de ces graves questions le thème de leurs moqueries jusque sur les théâtres. Arius, profitant d'un soulèvement de Licinius, était revenu en Égypte. Constantin, vainqueur de son rival, et devenu seul maître de l'empire, essaya d'intervenir dans une controverse dont il ne comprenait pas la portée : il écrivit donc une lettre commune à Alexandre et à Arius, où il leur reprochait de troubler la paix pour des questions futiles, et il les exhortait à se réconcilier. Voir ci-dessus, col. 183. Le porteur de ce message, le célèbre Osius de Cordoue, profita de son séjour à Alexandrie pour exposer la doctrine chrétienne sur la Trinité; il assista probablement au synode de 324 : dans cette assemblée, on discuta la date de la fête de Pâques, on s'occupa du schisme des méléciens, et on condamna Colluthus, simple prêtre de la ville qui avait prétendu faire des ordinations sacerdotales. Cependant les désordres continuaient; on alla jusqu'à renverser les statues de l'empereur. Constantin, voyant la gravité du mal, décida la réunion d'un concile œcuménique à Nicée. Voir ci-dessus, col. 183. Lorsqu'Alexandre prit le chemin du retour, il rapportait une lettre d'éloges écrite par les Pères du concile aux fidèles d'Égypte; l'empereur écrivit, lui aussi, aux Alexandrins pour leur recommander de recevoir les décrets du concile comme la décision de Dieu. L'arianisme était démasqué, mais non terrassé; pendant de longues années encore il devait entretenir l'agitation dans le monde et surtout dans la ville d'Alexandrie. S. Alexandre d'Alexandrie, *Epistola ad Alexandrum Byzant.*, *P. G.*, t. XVIII, col. 547-572; *Epistola encyclica ad episcopos*, *ibid.*, col. 572-582; Eusèbe, *Vita Constantini*, II, 64 sq., *P. G.*, t. XX, col. 1037 sq.; S. Athanase, *Orationes contra arianos*, passim, *P. G.*, t. XXVI; S. Épiphane, *Haeres.*, LXIX, *P. G.*, col. 201 sq.; Philostorge, *Epitome historiae ecclesiasticae*, I, *P. G.*, t. LXV, col. 461; Socrate, *Hist. eccl.*, I, V-IX, *P. G.*, t. LXVII, col. 41 sq.; Sozomène, *Hist. eccl.*, I, XV-XXV, *P. G.*, t. LXVII, col. 904 sq.; Théodoret, *Hist. eccl.*, I, I-IX, *P. G.*, t. LXXXII, col. 885 sq.; cf. *Diction. de théolog.*, t. I, col. 1779 sq.

VII. ÉPISCOPAT DE SAINT ATHANASE (328-373). — Un homme semble résumer pendant près d'un demi-siècle l'histoire d'Alexandrie : c'est vers lui que convergent la plupart des grands événements religieux de cette époque. Athanase naquit vers 295, probablement à Alexandrie. Dès sa jeunesse, il était en relations intimes avec saint Antoine. Son nom se trouve parmi ceux des diacres qui souscrivirent à la lettre d'Alexandre contre Arius en 320; il suivit son évêque au concile de Nicée en 325, et lui succéda sur le siège épiscopal en 328.

Saint Épiphane raconte qu'Alexandre mourant avait désigné pour lui succéder sur la chaire épiscopale le diacre Athanase, qui était alors absent de la ville; les méléciens profitèrent de cette absence pour élire Théonas, qui mourut au bout de trois mois (*Haeres.*, LXVIII, 7, *P. G.*, t. XLII, col. 193-196); les ariens élurent pareillement Achillas, qui mourut lui aussi, au bout de trois mois (*Haeres.*, LXIX, 11, *ibid.*, col. 220); peu après, Athanase était élu à son tour. *Ibid.*, col. 196, 220. Il est étrange que les deux évêques hérétiques n'aient pas laissé de trace dans l'histoire : quelques auteurs, cependant, admettent l'élection de Théonas, mais rejettent comme invraisemblable celle d'Achillas. E. Fialon, *Saint Athanase, étude littéraire*, Paris, 1877, p. 107; H. M. Gwatkin, *Studies of arianism*, Cambridge, 1900, p. 70, note 2. Les ariens, comprenant qu'ils avaient trouvé dans Athanase un redoutable adversaire, essayèrent de contester son élection : ils racontaient qu'un soir il était entré dans l'église de Denys avec deux évêques et une poignée de factieux, et que là, toutes portes fermées, il s'était fait ordonner de force, malgré les résistances des prélats consécrateurs; ensuite qu'il avait été anathématisé par le reste des évêques. Philostorge, *Epitome hist. eccl.*, II, 11, *P. G.*, t. LXV, col. 473. C'étaient là d'insignes calomnies : le peuple tout entier l'avait réclamé pour chef d'une voix unanime, comme les évêques d'Égypte l'affirmèrent plus tard dans une lettre synodale. S. Athanase, *Apologia contra arianos*, 6, *P. G.*, t. XXV, col. 257.

1° *Débuts de l'épiscopat d'Athanase (328-335)*. — Arius, après le concile de Nicée, avait été relégué en Illyrie par ordre de Constantin; et défense lui était faite de rentrer à Alexandrie. Sozomène, *Hist. eccl.*, I, XXI, *P. G.*, t. LXVII, col. 921 et 924. Cependant l'arianisme s'agitait à Alexandrie; et Constantin avait dû éloigner quelques esprits brouillons qui entretenaient la discorde. Théodoret, *Hist. eccl.*, I, XIX, *P. G.*, t. LXXXII, col. 965; Gélase de Cyzique, *Actorum concilii Nicaeni commentarius*, III, 2, dans Mansi, *Sacror. concil. ampliss. collect.*, t. II, col. 944. En 330, Eusèbe de Nicomédie s'entremit auprès d'Athanase et auprès de l'empereur pour obtenir la réintégration de l'hérésiarque dans la communion de l'Église; mais ce fut en vain. Dès lors l'évêque d'Alexandrie fut en butte aux calomnies les plus odieuses ou les plus ridicules de la part des ariens, et aussi de la part des méléciens qui, à la mort de leur fondateur, venaient de se donner un nouveau chef, l'évêque de Memphis, Jean Arcaphe. On accusait Athanase d'avoir introduit l'usage des linges de fil dans les cérémonies religieuses, ou plutôt d'avoir chargé les Égyptiens d'un impôt illégal pour se procurer ce fil : il fit en 331 le voyage de Nicomédie pour se justifier auprès de l'empereur. On l'accusait encore d'avoir fait maltraiter en Maréotide un nommé Ischyras qui, n'ayant reçu l'ordination que des mains du prêtre Colluthus, prétendait indûment exercer les fonctions sacerdotales; on l'accusait, en outre, d'avoir fait assassiner Arsène, évêque d'Hypsélé, et d'avoir fait couper sa main pour s'en servir dans des opérations magiques : ces griefs, et d'autres semblables, n'eurent pour effet de provoquer une lettre bienveillante de Constantin et la soumission d'Arcaphe. Cité, en 334, devant un synode de vingt-six évêques organisé à Césarée, Athanase refusa de comparaître. Mais l'année suivante (335), il se rendit au concile de Tyr avec une cinquantaine d'évêques égyptiens; là, les anciennes calomnies furent rééditées avec passion : on déclara qu'il avait été irrégulièrement élu et qu'il faisait peser une dure tyrannie sur les méléciens; on affirma qu'à cause de lui le peuple refusait d'assister aux offices de l'église; on introduisit une femme qui se plaignit d'atteintes portées à sa vertu (mais elle ne sut pas reconnaître Athanase dans l'assemblée, et sa mauvaise foi fut ainsi confondue); on rappela le meurtre d'Arsène et on montrait sa main coupée (mais Athanase fit entrer Arsène bien vivant et muni de ses deux mains); Ischyras se plaignit à nouveau de violences exercées contre lui : une commission favorable aux accusateurs fut envoyée en Maréotide, et elle instruisit l'affaire, avec la connivence du préfet d'Égypte, dans les conditions les plus illégales, qui soulevèrent les protestations du clergé alexandrin. La passion de ces informateurs haineux se déchaîna même à Alexandrie : les fidèles furent maltraités, battus, menacés d'épées nues; les vierges devinrent le jouet des païens; on se commettait un jour de jeûne, à côté de la maison où les évêques informateurs festoyaient avec leurs amis. La conclusion du synode fut celle qu'on attendait de sa partialité : Arcaphe fut réintégré dans sa charge, Ischyras fut établi évêque de son petit domaine en Maréotide, Athanase fut déposé de son siège; une lettre synodale notifia ces décisions aux Alexandrins et à tout le clergé chrétien. Les évêques ayant été mandés à Constantinople, ils y inventèrent une nouvelle accusation : Athanase, dirent-ils, avait menacé d'arrêter le transport des blés d'Égypte dans la ville impériale; l'empereur, trop crédule, exila l'évêque d'Alexandrie à Trèves, mais il ne permit pas de lui nommer un successeur. S. Athanase, *Apologia contra arianos*, 59-87, *P. G.*, t. xxv, col. 356 sq.; Socrate, *Hist. eccl.*, I, xxiii-xxxv, *P. G.*, t. lxvii, col. 140 sq.; Sozomène, *Hist. eccl.*, II, xxi-xxviii, *ibid.*, col. 985 sq.; Théodoret, *Hist. eccl.*, I, xxv-xxix, *P. G.*, t. lxxxii, col. 980 sq.

2° *Retour momentané d'Arius (336). Exil d'Athanase à Trèves (336-337) et son retour (337-339). L'évêque intrus Pistus.* — Après le synode de Tyr et de Jérusalem, Arius avait reparu dans Alexandrie; mais, malgré l'appui de ses partisans, il ne put vaincre l'hostilité des fidèles. Mandé à Constantinople, il y mourut misérablement cette même année (336). S. Athanase, *Epistola ad Serapionem de morte Arii*, *P. G.*, t. xxv, col. 680-690; S. Grégoire de Nazianze, *Oratio XXI*, 13, *P. G.*, t. xxxv, col. 1096; Rufin, *Hist. eccl.*, I, 13, *P. L.*, t. xxi, col. 485-486; Socrate, *Hist. eccl.*, I, xxxvii, xxxvii, *P. G.*, t. lxvii, col. 173-177; Sozomène, *Hist. eccl.*, II, xxix, xxx, *ibid.*, col. 1017, 1024; Théodoret, *Hist. eccl.*, I, xiii, *P. G.*, t. lxxxii, col. 949-952. Cependant Athanase, arrivé à Trèves en novembre 336, y avait été reçu avec faveur par Constantin le jeune. Les Alexandrins faisaient des prières publiques pour obtenir son retour, et saint Antoine écrivit plusieurs fois à Constantin : l'empereur lui répondit qu'on ne pouvait rappeler un homme séditieux, condamné par un concile; il écrivit pareillement aux fidèles, les traitant de fous et de turbulents, et il enjoignit aux clercs et aux vierges de se tenir en repos; d'autre part, ayant appris que la présence de l'évêque mélécien Jean Arcaphe était une cause d'agitation, il le fit exiler. Sozomène, *Hist. eccl.*, II, xxxi, *P. G.*, t. lxvii, col. 1024-1025. La mort du grand empereur étant survenue le 22 mai 337, son fils Constantin le jeune, dans une lettre aux Alexandrins, interprétait ses intentions avec plus de piété filiale peut-être que de vérité : « Vous n'ignorez pas, écrivait-il, qu'Athanase, le docteur de notre sainte loi, a été envoyé dans les Gaules de peur que l'inimitié de ses cruels ennemis ne menaçât cette tête sacrée...; mais comme notre père et seigneur Constantin voulait rendre ce grand évêque à votre affection et le rétablir sur son siège, et qu'il a été prévenu par la mort avant d'exécuter ce dessein, j'ai pensé qu'il me convenait d'accomplir moi-même la résolution de ce prince de divine mémoire. » Athanase se mit en route, traversa Constantinople, l'Asie-Mineure, la Syrie, et fut accueilli dans sa ville épiscopale avec les plus enthousiastes démonstrations. S. Athanase, *Apologia contra arianos*, 87-88, *P. G.*, t. xxv, col. 405 sq.; Socrate, *Hist. eccl.*, II, iii, *P. G.*, t. lxvii, col. 189 sq.; Sozomène, *Hist. eccl.*, III, ii, *ibid.*, col. 1036 sq.; Théodoret, *Hist. eccl.*, I, xxx, *P. G.*, t. lxxxii, col. 989. L'année suivante, il recevait à Alexandrie la visite et les encouragements de saint Antoine. S. Athanase, *Vita S. Antonii*, 69-71, *P. G.*, t. xxvi, col. 941; *Chronicon Syriacum*, *P. G.*, t. xxvi, col. 1353. Les ariens essayèrent (c'était la première fois) de se constituer dans la ville en communauté séparée : en conséquence, ils choisirent pour chef spirituel le prêtre Pistus, le même probablement qui avait été condamné avec Arius par saint Alexandre, puis par les Pères de Nicée; ils le firent ordonner évêque d'Alexandrie, et lui procurèrent des diacres pour l'assister dans ses fonctions. S. Athanase, *Apologia contra arianos*, 19, 24, *P. G.*, t. xxv, col. 280, 288. En même temps, ils accusèrent auprès des trois empereurs saint Athanase d'avoir occasionné des troubles à son retour, de s'être montré cruel, d'avoir vendu le blé qui lui avait été remis par Constantin II pour les veuves de Libye et d'Égypte, enfin d'avoir repris son siège épiscopal sans y être autorisé par l'Église. D'autre part, ils envoyèrent des députés au pape Jules Ier pour l'indisposer contre Athanase et lui faire agréer Pistus; mais les évêques d'Égypte, de Thébaïde et de Libye, réunis en concile à Alexandrie en 338 ou 339, prirent la défense de leur métropolitain. S. Athanase, *Apologia contra arianos*, 3-20, *P. G.*, t. xxv, col. 252 sq.

3° *L'évêque intrus Grégoire de Cappadoce. Séjour d'Athanase en Italie (339-346). Son retour triomphal.* — Pistus étant mort, le siège d'Alexandrie fut offert par les ariens à Eusèbe d'Émèse, qui refusa (Socrate, *Hist. eccl.*, II, ix-x, *P. G.*, t. lxvii, col. 197-200; Sozomène, *Hist. eccl.*, III, vi, *ibid.*, col. 1045; Théophane, *Chronographia*, an. 5833, *P. G.*, t. cviii, col. 132-133); il fut dévolu à Grégoire de Cappadoce qui, ordonné à Antioche, partit pour l'Égypte avec une escorte militaire. A la nouvelle de son approche, les fidèles d'Alexandrie se précipitèrent dans les églises : ils en furent chassés par les païens et les juifs, qui agissaient avec la connivence de l'autorité civile. Athanase, qui s'était réfugié dans l'église de Théonas, parvint à s'échapper malgré la surveillance dont il était l'objet. Quatre jours plus tard, le 23 mars 339, Grégoire arrivait : son entrée, qui eut lieu le vendredi saint, fut marquée dans l'église de Cyrinus par de nouveaux actes de brutalité. S. Athanase, *Apologia contra arianos*, 30, *P. G.*, t. xxv, col. 297-300; *Epistola encyclica ad episcopos*, *P. G.*, t. xxv, col. 219-240; *Historia arianorum ad monachos*, 10, *P. G.*, t. xxv, col. 705; *Chronicon Syriacum*, *P. G.*, t. xxvi, col. 1353. (Le *Martyrologe romain* fait mémoire, au 21 mars, des fidèles qui souffrirent à cette occasion.) A l'arrivée de Grégoire, Athanase était resté caché pendant quelques jours. Le pape Jules Ier l'ayant invité à venir s'expliquer devant lui avec ses adversaires, il se mit en route aussitôt après les fêtes de Pâques, et il n'eut pas de peine à se justifier dans un concile tenu à Rome en 341; vers le même temps, il était déposé par le synode d'Antioche, approuvé, au contraire, par le concile de Sardique, et condamné par le conciliabule de Philippopolis. S. Athanase, *Apologia contra arianos*, 37-43, *P. G.*, t. xxv, col. 312 sq.; S. Hilaire, *Fragment.*, iii, 6 sq., *P. L.*, t. x, col. 663 sq. Les ariens firent exiler en Arménie deux prêtres et trois diacres d'Alexandrie, qui s'étaient distingués par leur zèle pour la vraie foi; et ils signifièrent aux magistrats que, si Athanase ou quelque autre prêtre suspect rentrait dans la ville, n'importe quel juge pourrait lui faire trancher la tête sans autre forme de procès. L'intrus Grégoire se faisait remarquer par ses violences; les fidèles, plutôt que de communiquer avec lui, cessaient de fréquenter les églises et se privaient des sacrements; d'autres quittèrent la ville; beaucoup furent emprisonnés et maltraités; les matelots, les voyageurs qui prenaient la mer, étaient obligés par force à recevoir des lettres de l'usurpateur; une tante d'Athanase, longtemps persécutée, vint à mourir : elle fût demeurée sans sépulture, si des amis n'eussent recouru à la ruse pour enlever son corps. Et ces rigueurs ne tardèrent pas à s'étendre dans toute l'Égypte. Saint Antoine écrivit plusieurs fois à Grégoire ou au duc Balac pour les rappeler à des sentiments d'humanité; Balac, recevant une de ces lettres où il était menacé de la colère divine, la jeta à terre et la couvrit de crachats : cinq jours après il mourait tragiquement. S. Athanase, *Vita S. Antonii*, 86, *P. G.*, t. xxvi, col. 964. Grégoire, cependant, se rendait de plus en plus odieux; mais on ne peut pas admettre qu'il ait été rappelé à Antioche par ceux qui l'avaient patronné autrefois, et qui lui reprochaient maintenant son impopularité et sa tiédeur à promouvoir les idées ariennes (Philostorge, *Epitome hist. eccl.*, III, 12, *P. G.*, t. LXV, col. 500; Socrate, *Hist. eccl.*, II, XIV, *P. G.*, t. LXVII, col. 209-212; Sozomène, *Hist. eccl.*, III, VII, *ibid.*, col. 1052); il fut l'objet d'une condamnation spéciale au concile de Sardique en 343 (*Epistola concilii Sardic. ad eccles. Alexandrinam*, dans Mansi, *Ampliss. collect.concil.*, t. III, col. 56); enfin, après six ans de cruautés, donc en 345, il fut mis à mort par ses propres adhérents. Théodoret, *Hist. eccl.*, II, 3, *P. G.*, t. LXXXII, col. 996; Théophane, *Chronographia*, an. 5836, *P. G.*, t. CVIII, col. 136; Cedrenus, *Historiarum compendium*, *P. G.*, t. CXXI, col. 569. Le retour d'Athanase devenait possible. Avant de partir, il se rendit auprès de Constant, son protecteur, et auprès du pape Jules Ier; puis il se mit en route pour l'Orient. A Antioche, où il s'arrêta, l'empereur Constance lui fit un gracieux accueil, et lui demanda de vouloir bien accorder aux ariens d'Alexandrie une église particulière; Athanase feignit d'y consentir, mais à la condition que les fidèles d'Antioche obtiendraient pour eux la même faveur : comme il l'avait prévu, l'échange ne fut pas accepté. Le synode de Jérusalem l'acclama au passage. S. Athanase, *Apologia contra arianos*, 51-57, *P. G.*, t. XXV, col. 341 sq.; *Historia arianorum ad monachos*, 25, *ibid.*, col. 721. Enfin il approcha d'Alexandrie, et ce furent des démonstrations de joie comme on n'en réservait pas aux personnages les plus illustres; les évêques et les clercs de la ville et de la province étaient accourus à sa rencontre et disaient bien haut que c'était là le plus beau jour de leur vie; les magistrats s'étaient portés au-devant de lui; le peuple, comme un vaste fleuve, « comme un beau Nil aux flots d'or, » avait reflué jusqu'à la petite ville de Chérée : ce triomphe rappelait l'entrée du Sauveur à Jérusalem. *Chronicon Syriacum*, *P. G.*, t. XXVI, col. 1355; S. Grégoire de Nazianze, *Orat.*, XXI, *In laudem magni Athanasii*, 29, *P. G.*, t. XXXV, col. 1116. Les réjouissances, les actions de grâces, les festins publics se continuèrent plusieurs jours. Saint Pakhôme, le père des cénobites de la Thébaïde, avait prédit ce retour, mais il mourut sans en être témoin; son successeur lui survécut à peine quelques mois; le nouvel abbé, saint Orsise, ayant appris l'heureux événement, députa deux de ses moines pour féliciter l'évêque; et saint Antoine, les voyant passer, leur confia aussi un message de bienvenue. *Acta sanctor.*, 1680, maii t. III, p. 326. Cf. Amélineau, *Histoire de saint Pakhôme et de ses communautés*, documents coptes et arabes, dans les *Annales du musée Guimet*, t. XVII, p. 656 sq.

4° *Séjour d'Athanase à Alexandrie (347-356).* — La vie chrétienne sembla renaître après le retour du saint évêque : les vierges se consacraient à Dieu en grand nombre, les jeunes gens se retiraient au désert; les parents et les enfants, les époux et les épouses s'excitaient mutuellement à la piété; les veuves, les orphelins, les pauvres étaient secourus : c'était dans toute la ville une telle émulation de vertu qu'on eût pris chaque maison pour une église. Les ariens furent réduits à tenir leurs réunions en secret; plusieurs d'entre eux venaient trouver Athanase à la faveur de la nuit et le priaient d'oublier leurs égarements. Deux prélats, Ursace et Valens, qui avaient été ses ennemis acharnés (et qui ne devaient pas tarder à le redevenir) rentrèrent en grâce avec lui. Il eut bientôt la satisfaction de se savoir en communion, lui et son Église, avec plus de quatre cents évêques répandus dans toute la chrétienté. S. Athanase, *Historia aria-norum ad monachos*, 26-28, *P. G.*, t. XXV, col. 724 sq. Il réunit un concile pour confirmer les décrets de Sardique. Socrate, *Hist. eccl.*, II, XXVI, *P. G.*, t. LXVIII, col. 265; Sozomène, *Hist. eccl.*, IV, 1, *ibid.*, 1112. Il écrivit à cette époque ses *Discours contre les ariens*, son *Apologie contre les ariens*, son *Traité sur les décrets de Nicée*, etc. En janvier 350, un général franc du nom de Magnence s'était révolté en Gaule contre Constant, et, l'ayant fait tuer, s'était emparé du trône; aussitôt il envoya vers l'empereur Constance, à Antioche, les évêques Servais et Maxime, avec deux nobles personnages, Clémence et Valens : ces députés, passant par Alexandrie, racontèrent les événements qui venaient d'avoir lieu en Gaule; Athanase pleura sincèrement le jeune prince qui avait été son protecteur; puis, songeant aux difficultés qui menaçaient le frère de la victime, il s'écriait devant les magistrats et devant le peuple assemblé : « Prions pour le salut du très pieux auguste Constance ! » et tous les assistants répétaient dans une prière qui dura longtemps : « O Christ, protège l'empereur Constance ! » Les ariens, dénaturant les faits, prétendront qu'Athanase avait excité autrefois le malheureux prince contre son frère; ils affirmeront même qu'il s'était fait complice de Magnence, et ils iront jusqu'à forger une lettre que l'évêque aurait adressée à l'usurpateur. Constance, d'abord insensible à ces viles dénonciations, écrivait à Athanase : « Nous voulons que, conformément à notre décision, vous soyez en tout temps évêque de votre Église... Que la divinité vous conserve pendant de longues années, Père très aimé ! » S. Athanase, *Apologia ad Constantium*, passim, *P. G.*, t. XXV, col. 596 sq. En 352, le sept pape Jules Ier était mort. On a dit que son successeur Libère, ému des plaintes formulées contre l'évêque d'Alexandrie, lui écrivit pour lui ordonner de comparaître devant lui, et que, sur son refus, il l'excommunia (S. Hilaire, *Fragment.*, IV, *P. L.*, t. X, col. 678 sq.); mais cette affirmation repose sur un document qui ne saurait être accepté comme authentique. Hefele-Leclercq, *Histoire des conciles*, Paris, 1907, t. I, p. 865-866. L'empereur Constance s'était rendu en Italie pour combattre Magnence; il reprit peu à peu contre Athanase ses anciennes préventions, mais une députation d'évêques et de prêtres égyptiens ne parvint pas à dissiper. Sozomène, *Hist. eccl.*, IV, IX, *P. G.*, t. LXVII, col. 1128 sq. On tendait des pièges à l'évêque : on feignit de croire qu'il avait sollicité la permission de se rendre à la cour, et on lui dépêcha un officier du palais, Montanus, pour lui dire que sa demande était agréée; (par parenthèse, il est invraisemblable que ce personnage se soit présenté avec le titre d'évêque, comme affirme la Chronique des lettres festales, *P. G.*, t. XXVI, col. 1356); Athanase fit ses préparatifs de départ, mais, comprenant la ruse, il déclara, en même temps, qu'il attendrait pour se mettre en chemin un ordre formel de l'empereur; et, l'ordre n'étant pas venu, il resta. S. Athanase, *Apologia ad Constantium*, 19 sq., *P. G.*, t. XXV, col. 620 sq. Cette conduite lui fut reprochée dans la suite comme une désobéissance. En 354, nouveau grief : il avait inauguré la grande basilique du Cæsareum avant d'avoir obtenu de l'empereur l'autorisation de procéder à sa dédicace. Le fait était exact, mais bien explicable : depuis plusieurs années (depuis le temps de Grégoire l'intrus) on travaillait à cette construction; or, en 354, les autres églises se trouvaient trop étroites pour l'affluence; la foule avait été si pressée aux réunions de carême que des personnes délicates, des enfants, des femmes, des vieillards, des jeunes gens même, avaient été indisposés, et avaient dû être rapportés dans leurs demeures : les fidèles demandaient que le nouvel édifice fût ouvert à Pâques, déclarant qu'ils étaient prêts à quitter la ville et à se réunir dans le désert, en plein air, plutôt que de célébrer la fête dans des conditions si pénibles ; Athanase céda aux instances, s'autorisant d'ailleurs de ce que son prédécesseur Alexandre avait fait quand il bâtissait l'église de Théonas, et de ce qu'il avait vu lui-même pratiquer dans les villes de Trèves et d'Aquilée. S. Athanase, *Apologia ad Constantium*, 14, *P. G.*, t. xxv, col. 612. La faction arienne était de plus en plus encouragée par la protection de la nouvelle impératrice Eusébia, et par les décisions des synodes récents d'Arles (354) et de Milan (355). Les quelques évêques qui refusèrent d'anathématiser Athanase furent exilés, et le pape Libère fut enlevé de Rome. Des lettres impériales étaient arrivées au préfet d'Alexandrie lui ordonnant de refuser désormais à Athanase toute distribution de blé et de la donner aux ariens ; les magistrats étaient sommés avec menaces de passer à l'hérésie. S. Athanase, *Historia arianorum*, 31-45, *P. G.*, t. xxv, col. 728 sq. Pendant l'été de 355, deux notaires impériaux vinrent sommer Athanase de quitter Alexandrie ; dès les premiers jours de 356, le duc Syrianus apportait une nouvelle injonction : l'évêque, fort des anciennes lettres reçues de l'empereur, demandait un ordre écrit, et Syrianus n'insista pas d'abord ; mais trois semaines après il fit irruption avec cinq mille soldats dans l'église de Théonas pendant que les fidèles y étaient assemblés : les portes furent brisées, il y eut des tués et des blessés ; saint Athanase, assis sur son siège, exhortait les siens à la prière et refusait de s'éloigner : c'est à grand'peine qu'on put le soustraire à la fureur des soldats. S. Athanase, *Apologia ad Constantium*, 25, *P. G.*, t. xxv, col. 625 ; *Chronicon Syriacum*, *P. G.*, t. xxvi, col. 1356 ; le *Martyrologe romain*, au 28 janvier, fait mémoire des fidèles qui succombèrent ce jour ; cf. *Acta sanctor.*, 1643, jan. t. ii, p. 840. Les Alexandrins rédigèrent un mémoire à l'empereur où ils se plaignaient de ces cruautés : Constance répondit en approuvant la conduite de Syrianus et en ordonnant à la jeunesse d'Alexandrie, sous peine d'encourir sa colère, de retrouver l'évêque fugitif ; le comte Héraclius, envoyé avec d'autres officiers, fit remettre les églises aux ariens, et il s'assura la docilité des païens en les menaçant de détruire les idoles, s'ils ne se conformaient pas aux volontés impériales. S. Athanase, *Historia arianorum*, 81, *P. G.*, t. xxv, col. 792 sq.

5° *Retraite d'Athanase au désert. L'évêque intrus Georges de Cappadoce (356-362). L'hérétique Aétius.* — On prétend qu'Athanase resta caché pendant quelques jours dans une citerne (Sozomène, *Hist. eccl.*, IV, x, *P. G.*, t. LXVII, col. 1133) : ce n'est pas invraisemblable, car il y avait alors dans la ville un grand nombre de ces souterrains, très vastes et très bien construits ; on ajoute qu'il se dirigea ensuite vers le désert : poursuivi sur le Nil, et sur le point d'être atteint, il fit retourner sa barque, et passa sans être reconnu auprès de ceux qui le cherchaient (Théodoret, *Hist. eccl.*, III, v, *P. G.*, t. LXXXII, col. 1096) ; il put ainsi rentrer dans sa ville épiscopale, et il vécut pendant six ou sept ans, caché dans la cellule d'une jeune vierge qui lui était entièrement dévouée (Sozomène, *Hist. eccl.*, V, vi, *P. G.*, t. LXVII, col. 1229-1232) ; Pallade raconte même qu'il vit plus tard à Alexandrie cette sainte femme, alors âgée de soixante-dix ans (Pallade, *Historia lausiaca*, *P. G.*, t. XXXIV, col. 1235) ; mais ces récits paraissent étranges : il est plus naturel de croire, avec saint Grégoire de Nazianze, qu'Athanase se retira au désert et qu'il séjourna dans les monastères pendant les six ans de son exil. S. Grégoire, *Orat.*, xxi, 19, *P. G.*, t. xxxv, col. 1101. Cependant un homme grossier et violent, Georges, originaire de Cappadoce comme l'intrus Grégoire, fut élu évêque d'Alexandrie par les ariens d'Antioche :

il se présenta, au commencement de 357, pour prendre possession de son siège, accompagné de soldats sous la conduite du duc Sébastien. Constance écrivit aux Alexandrins pour les féliciter d'avoir banni Athanase et d'avoir accueilli son successeur ; il écrivit aussi aux rois d'Éthiopie Aïzanas et Sazanas pour tâcher de circonvenir leur premier apôtre, Frumence, qui avait été autrefois sacré évêque par Athanase : il leur enjoignait d'envoyer le prélat auprès de Georges, qui l'examinerait et lui confèrerait une nouvelle ordination. S. Athanase, *Apologia ad Constantium*, 30-31, *P. G.*, t. xxv, col. 632 sq. L'intrus n'avait pas apporté la paix, loin de là. Dès la semaine de Pâques, les fidèles furent maltraités, et leurs maisons livrées au pillage ; le diacre Eutychius, déchiré à coups de nerfs de bœuf, fut condamné aux mines et mourut avant d'y arriver. S. Athanase, *Apologia de fuga*, 6, *P. G.*, t. xxv, col. 652 ; *Historia arianorum*, 60, *P. G.*, t. xxv, col. 765 ; *Act. sanctor.*, 1668, mart. t. iii, p. 620. La semaine de la Pentecôte, les fidèles, refusant toute communication avec les hérétiques, s'étaient réunis en un cimetière pour prier ; le duc Sébastien, qui était manichéen, marcha contre eux avec une troupe de soldats : des vierges furent dépouillées, frappées au visage jusqu'à devenir méconnaissables ; des hommes furent fouettés avec des branches de palmier encore garnies de leurs épines ; plusieurs moururent ; beaucoup furent exilés. S. Athanase, *Apologia de fuga*, 6, 7, *P. G.*, t. xxv, col. 652 ; *Apologia ad Constantium*, 33, *P. G.*, t. xxv, col. 640 ; *Acta sanctor.*, 1685, maii t. v, p. 27. L'hérésie se fit plus audacieuse que jamais. Un certain Aétius, originaire de Célésyrie, avait étudié autrefois à Alexandrie, et il avait acquis, par l'abus de la philosophie d'Aristote, une vaine subtilité d'esprit, qu'il transporta dans la science religieuse. Après avoir dogmatisé quelque temps à Antioche, il vint se mettre sous la protection de Georges, et eut bientôt un disciple digne de lui, Eunomius : tous deux ils rejetaient la foi orthodoxe, qui affirme que le Fils est de même nature que le Père, ὁμοούσιος ; ils rejetaient aussi l'opinion arienne, qui prétend que le Fils est seulement de nature semblable au Père, ὁμοιούσιος ; ils enseignaient au contraire que le Fils est dissemblable du Père, ἀνόμοιος. Voir AÉTIUS, t. i, col. 667 ; S. Athanase, *De synodis*, 6, *P. G.*, t. xxvi, col. 689 ; S. Épiphane, *Haeres.*, LXXVI, 1-2, *P. G.*, t. XLII, col. 516-518 ; S. Grégoire de Nysse, *Contra Eunomium*, i, 6 ; *P. G.*, t. XLV, col. 264-265 ; Philostorge, *Epitome hist. eccl.*, III, 15, 20, *P. G.*, t. LXV, col. 508, 509 ; Socrate, *Hist. eccl.*, II, xxxv, *P. G.*, t. LXVII, col. 297 ; Sozomène, *Hist. eccl.*, III, xv, ibid., col. 1085 ; Théodoret, *Hist. eccl.*, II, xxiii, *P. G.*, t. LXXXII, col. 1068. L'erreur d'Aétius fut condamnée en 360, par le concile de Constantinople, dans une lettre adressée à Georges d'Alexandrie. Théodoret, *Hist. eccl.*, II, xxiv, *P. G.*, t. LXXXII, col. 1069-1073. — L'intrus Georges s'était attiré la haine universelle ; il descendit jusqu'au rôle de délateur, et suggéra méchamment à l'empereur que les édifices d'Alexandrie, ayant été primitivement construits par Alexandre le Grand aux frais publics, appartenaient tous à l'État. Ammien Marcellin, *Hist.*, XXII, xi. Le peuple exaspéré se jeta sur lui, un jour qu'il était à l'église de Denys, et le força à s'enfuir auprès de Constance (2 octobre 358). *Historia acephala*, 6, *P. G.*, t. xxvi, col. 1444. Les Égyptiens se plaignirent de ses outrages et de ses rapines au concile de Rimini, en 359. Sozomène, *Hist. eccl.*, IV, xvii, *P. G.*, t. LXVII, col. 1161. Vers cette époque, Athanase, revenu dans la ville, put y rester caché quelque temps ; mais il était toujours de la part des pouvoirs publics l'objet d'une étroite surveillance : un jour le duc Artémius, espérant le surprendre, pénétra chez la vierge Eudémonis et la tortura cruellement. Force fut à l'évêque de repartir pour la solitude. *Chronicon Syriacum*, P. G., t. XXVI, col. 1357. Après trois ans d'absence, Georges avait regagné Alexandrie le 26 novembre 361 ; or, le 30 du même mois, le préfet Géronce annonçait officiellement la mort de Constance et l'avènement de Julien. Ce fut le signal d'un immense soulèvement : le duc Artémius, qui avait mécontenté les païens en pillant le temple de Sérapis, eut ses biens confisqués, et, peu après, la tête tranchée à Antioche. Julien, *Œuvres*, lettre x, trad. par E. Talbot, Paris, 1863, p. 363 ; Ammien Marcellin, *Hist.*, XXII, XI ; Métaphraste, *Martyrium S. Artemii*, P. G., t. CXV, col. 1159-1212 ; *Act. sanct.*, oct. t. VIII, p. 846-885 ; Tillemont, *Mémoires*, Paris, 1706, t. VII, p. 381 et 730 sq. Georges, à son tour, coupable d'avoir violé un temple de Mithra, fut saisi par la foule et jeté en prison ; puis, le 24 décembre, après avoir été longuement tourmenté, il fut massacré par les païens, avec le comte Diodore et l'intendant de la monnaie Draconce. Ammien Marcellin, *Hist.*, XXII, XI ; *Historia acephala*, 8, P. G., t. XXVI, col. 1445 ; Socrate, *Hist. eccl.*, III, II, P. G., t. LXVII, col. 380 ; Sozomène, *Hist. eccl.*, V, VII, *ibid.*, col. 1232. Les Alexandrins, craignant le ressentiment du nouvel empereur, sollicitèrent leur pardon : Julien leur envoya une lettre où il commençait par une réprimande et terminait par une amnistie (Julien, lettre x, *loc. cit.*) ; et il réclamait pour lui la bibliothèque de l'évêque défunt. Lettre IX, *ibid.*, p. 362 ; cf. lettre XXVI, p. 396. Les ariens, forcés de tenir leurs assemblées dans d'obscurs réduits, essayèrent d'installer un nouvel intrus, Lucius, sur la chaire de Georges. Socrate, *Hist. eccl.*, III, IV, P. G., t. LXVII, col. 388 ; Théophane, *Chronographia*, an. 5853, P. G., t. CVIII, col. 156 ; Eutychius, *Annales*, P. G., t. CXI, col. 1017.

6° *Retour d'Athanase sous Julien (362) et nouvel exil (362-363)*. — Le 4 février 362, un édit fut publié à Alexandrie rappelant les évêques exilés : Athanase rentra le 21 du même mois. *Historia acephala*, 10, P. G., t. XXVI, col. 1445-1446. Un de ses premiers soins fut de convoquer un concile où se réunirent vingt et un évêques, parmi lesquels saint Eusèbe de Verceil et saint Astérius de Petra : ce fut un des synodes les plus importants du siècle pour ses décisions dogmatiques et ses canons disciplinaires. S. Athanase, *Tomus ad Antiochenos*, P. G., t. XXVI, col. 793-810 ; *Epistola ad Rufinianum*, *ibid.*, col. 1179-1181 ; cf. E. Révillout, *Le concile de Nicée et le concile d'Alexandrie d'après les textes coptes*, dans la *Revue des questions historiques*, 1874, t. XV, p. 329-386. C'est à ce moment qu'Athanase reçut de Jérusalem des reliques de saint Jean-Baptiste, arrachées par quelques religieux de Palestine à la fureur des païens ; il les enferma pieusement dans la muraille d'une église, remettant à une époque moins tourmentée de leur assigner une place d'honneur. Rufin, *Hist. eccl.*, II, XXVIII, P. L., t. XXI, col. 356. L'empereur Julien ne pouvait souffrir longtemps l'influence du grand évêque : il lança contre lui un édit de proscription ; et comme les Alexandrins demandaient avec instances qu'il leur fût laissé, il répondit : « Si c'est pour ses talents que vous regrettez Athanase — car je sais que c'est un habile homme — apprenez que c'est pour cela même qu'il a été banni. » Julien, lettres VI, XXVI, LI, trad. par E. Talbot, p. 359, 383, 416-418. Athanase partit le 24 octobre 362, en disant à ses amis : « Soyez sans crainte, c'est un nuage qui passera vite ; » et il s'enfonça du côté de la Thébaïde. Quelques jours après, à l'instigation d'un philosophe païen nommé Pythiodore, deux prêtres amis d'Athanase, Paul et Astérice, étaient bannis à leur tour (*Historia acephala*, 11, P. G., t. XXVI, col. 1446) ; c'est aussi sous la direction de Pythiodore que la foule, après avoir diversement tourmenté les chrétiens, envahit une de leurs églises et y fit plusieurs victimes. S. Grégoire de Nazianze, *Orat.*, IV, 86, P. G., t. XXXV, col. 613 ; *Acta sanctor.*, 1668, mart. t. III, p. 774 sq. On raconte que le pieux aveugle Didyme, qui gémissait sur le triste état de l'Église, vit une nuit, pendant son sommeil, des chevaux blancs courir dans l'air ; et leurs cavaliers criaient : « Qu'on dise à Didyme que Julien a été tué aujourd'hui, à cette heure ; et qu'il le fasse savoir à Athanase. » Pallade, *Historia lausiaca*, 4, P. G., t. XXXIV, col. 1017 ; Sozomène, *Hist. eccl.*, VI, II, P. G., t. LXVII, col. 1296. C'était la nuit du 26 au 27 juin 363 : Julien, engagé dans une guerre contre les Perses, mourut frappé d'un javelot ; et le 20 août on annonçait officiellement sa mort à Alexandrie. *Historia acephala*, 12, P. G., t. XXVI, col. 1446.

7° *Retour d'Athanase sous Jovien (363). Dernier exil sous Valens (365-366). Retour définitif et dernières années (366-376)*. — Athanase avait reçu de saint Théodore, abbé de Tabenne, l'assurance que son exil finirait bientôt. S. Athanase, *Narratio ad Ammonium*, P. G., t. XXVI, col. 980. La mort de Julien lui permit de revoir sa ville épiscopale. S. Grégoire de Nazianze, *Orat.*, XXI, 27, P. G., t. XXXV, col. 1113. Il se rendit presque aussitôt à Antioche, pour faire visite au très orthodoxe empereur Jovien, et il lui adressa, sur sa demande, une lettre dogmatique où il présentait la foi de Nicée comme la seule véritable. S. Athanase, *Ad Jovianum de fide*, P. G., t. XXVI, col. 813-824 ; cf. Rufin, *Hist. eccl.*, II, I, P. L., t. XXI, col. 508 ; Socrate, *Hist. eccl.*, III, XXIV, P. G., t. LXVII, col. 449 ; Sozomène, *Hist. eccl.*, VI, V, *ibid.*, col. 1304-1305 ; Théodoret, *Hist. eccl.*, IV, II, III, P. G., t. LXXXII, col. 1124-1128. De leur côté, les ariens d'Alexandrie envoyèrent Lucius à la cour avec un cortège d'intrigants (S. Athanase, *Ad Jovianum*, *loc. cit.*, col. 820-823 ; *Historia acephala*, 14, *ibid.*, col. 823) ; mais leurs efforts demeurèrent inutiles : Athanase, revenu en Égypte, y garda la faveur impériale. Malheureusement Jovien mourut après huit mois de règne (363-364). Valens, qui lui succéda en Orient, était gagné à l'arianisme : le 4 mai 365, on affichait à Alexandrie un édit impérial qui proscrivait de nouveau les évêques exilés sous Constance et rappelés sous Julien ; les Alexandrins réclamèrent en masse, et le gouverneur promit d'en référer à l'empereur. Mais, le 5 octobre, le même gouverneur et le commandant militaire envahirent l'église de Denys, où l'évêque officiait d'ordinaire ; ils fouillèrent partout, dans l'intention de le saisir ; le saint, qui avait été sans doute prévenu, avait gagné la campagne et s'était caché dans le tombeau de son père. L'émotion populaire fut telle que Valens ordonna son rappel ; et quatre mois après, le 1er février 366, Athanase reparaissait enfin dans sa métropole pour n'en plus sortir. *Historia acephala*, 15-16, P. G., col. 1447 ; Socrate *Hist. eccl.*, IV, XIII, P. G., t. LXVII, col. 496 ; Sozomène, *Hist. eccl.*, VI, XII, *ibid.*, col. 1325. Désormais Alexandrie n'eut plus rien à craindre des pouvoirs publics, même quand la persécution sévissait ailleurs. Athanase, le 11 juillet, les païens ayant brûlé une église, furent punis. En septembre 367, l'intrus Lucius, s'étant montré dans la ville, provoqua une émeute à laquelle il ne put se soustraire qu'à grand'peine. *Chronicon Syriacum*, *ibid.*, col. 1359 ; *Historia acephala*, 18, P. G., t. XXVI, col. 1448. En 368 ou 369, Athanase réunit un synode de quatre-vingt-dix évêques d'Égypte et de Libye à la suite duquel il rédigea sa *Lettre aux Africains* pour les prévenir contre les intrigues ariennes. Athanase, *Epistola ad Afros*, P. G., t. XXVI, col. 1029-1048. Vers le même temps, des relations intimes s'établirent entre lui et saint Basile, qui venait d'être élu évêque de Césarée. En

371, il recevait une députation de Marcel, évêque d'Ancyre, qui soumettait à son approbation une profession de foi où le sabellianisme et l'arianisme étaient condamnés. Vers 372, il entrait en lutte contre l'apollinarisme qui, pour combattre les doctrines ariennes, diminuait la nature humaine du Christ en lui refusant une âme comme la nôtre. S. Athanase, *Contra Apolinarium libri II*, P. G., t. XXVI, col. 1093-1165; mais l'authenticité de ces livres est contestée. Enfin, cet homme illustre, qui avait tant agi et tant souffert, mourut paisiblement le 2 mai 373 (*Chronicon Syriacum*, P. G., t. XXVI, col. 1360; *Historia acephala*, 19, P. G., t. XXVI, col. 1449), après quarante-six ans d'épiscopat. S. Cyrille d'Alexandrie, *Epist.*, I, P. G., t. LXXVII, col. 13. Absent ou présent, il garda toujours l'affection des Alexandrins, et il exerça sur eux une influence extraordinaire. Ce fut lui qui soutint le plus grand choc de l'hérésie arienne; et, s'il n'eut pas la consolation de la voir disparaître du monde, il la vit du moins agonisante dans ce même pays où elle était née. Une hymne de la liturgie grecque le compare avec grand bonheur au phare d'Alexandrie, qui projetait ses feux sur la ville et sur la mer immense : « Tu as été le phare lumineux de la divine doctrine, et tu as dirigé ceux qui étaient battus sur l'océan de l'erreur, par la sérénité de tes paroles, au tranquille port de la grâce. » Dom Guéranger, *L'année liturgique*, temps pascal, 2 mai.

8° *Saint Pierre II (373-380) et saint Timothée (380-385), successeurs de saint Athanase.* — Pierre était un prêtre remarquable par sa piété et par son savoir. Saint Athanase mourant l'avait désigné pour son successeur; et les évêques, les prêtres, les anachorètes, le peuple tout entier avaient ratifié ce choix. Mais, il était à peine installé que l'empereur Valens et le préfet d'Alexandrie Tatien suscitèrent une nouvelle persécution. Rufin, *Hist. eccl.*, II, II, P. L., t. XXI, col. 509-510. Peu après, le gouverneur Pallade, qui faisait profession d'idolâtrie, réunit un grand nombre de païens et de juifs, et vint attaquer l'église de Théonas où il se commit d'horribles excès : l'évêque, qui avait d'abord refusé de sortir, s'échappa secrètement, et, après un court séjour dans la ville, alla se réfugier à Rome auprès du pape Damase. Les ariens profitèrent de son absence pour imposer leur évêque Lucius; l'intrus était accompagné par Magnus, qui était renommé pour son impiété, et par Euzoïus, qui, élevé autrefois au diaconat dans l'Église d'Alexandrie, avait été condamné avec Arius au concile de Nicée : leur entrée fut marquée, comme de coutume, par des profanations et des cruautés, que saint Pierre a racontées dans une lettre touchante. P. G., t. XXXIII, col. 1275-1292; *Acta sanct.*, 1680, mali t. III, p. 206; cf. Eutychius, *Annales*, P. G., t. CXI, col. 1017. Rufin, qui était à Alexandrie, souffrit avec beaucoup d'autres la prison et l'exil. Rufin, *Hist. eccl.*, II, IV, P. L., t. XXI, col. 511; *Apologia ad Anastasium*, 2, *ibid.*, col. 624. C'est à cette époque sans doute que saint Théodore ou Dorothée fut attaché par les ariens à des chevaux qu'on lâcha dans le *cynegium* ou hippodrome. Théophane, *Chronographia*, an. 5870, P. G., t. CVIII, col. 196; Eutychius, *Annales*, P. G., t. CXI, col. 1017. Saint Basile, qui voyait dans cette persécution violente des signes de la fin du monde, envoyait aux fidèles d'Alexandrie le moine Eugène avec une lettre d'encouragements, regrettant que sa santé ne lui permît pas d'aller porter lui-même ses consolations. S. Basile, *Epist.*, CXXXIX, P. G., t. XXXII, col. 581 sq. Cependant l'hérésie, même au milieu de ses triomphes, subissait des échecs : Mavia, reine des Sarrasins, avait demandé le moine Moïse pour évêque de son pays; Moïse fut conduit à Alexandrie, afin d'être ordonné dans la métropole,

suivant l'usage; mais il refusa de se laisser imposer les mains par Lucius, et il lui reprocha hautement ses cruautés : on l'emmena donc dans les montagnes, auprès des vénérables évêques exilés pour la foi, et c'est par eux qu'il fut consacré. Rufin, *Hist. eccl.*, II, VI, P. L., t. XXI, col. 514-515. Après cinq ans d'exil, Pierre rentra dans sa ville épiscopale; Lucius fut expulsé par le peuple. Socrate, *Hist. eccl.*, IV, XXXVII, P. G., t. LXVII, col. 557; Sozomène, *Hist. eccl.*, VI, XXXIX, *ibid.*, col. 1413. En 378, Valens mourait à Andrinople : les ariens perdirent en lui un protecteur dévoué; Théodose, qui prit en 379 le gouvernement de l'Orient, se montra au contraire fort zélé pour l'orthodoxie. En 380, un intrigant, Maxime le Cynique, avait eu l'habileté de s'insinuer dans la faveur de Pierre d'Alexandrie; fort de son appui, il prétendait occuper le siège épiscopal de Constantinople, auquel saint Grégoire de Nazianze venait d'être désigné : il échoua, fut chassé de la ville impériale par Théodose, et revint auprès de l'évêque d'Alexandrie le sommer de lui continuer ses bons offices, le menaçant de le déposséder lui-même de sa dignité; il ne réussit qu'à se faire expulser de la ville comme fauteur de troubles. S. Grégoire de Nazianze, *Carmen de vita sua*, vs. 808 sq., P. G., t. XXXVII, col. 1085; *Orat.*, XXVI, P. G., t. XXXV, col. 1227 sq. Cependant les empereurs Gratien, Valentinien et Théodose travaillaient activement au rétablissement des saines doctrines. Le 27 février 380, ils publiaient un édit où l'Église de Rome et l'Église d'Alexandrie étaient présentées comme les modèles à suivre : « Nous voulons que tous les peuples soumis à notre gouvernement suivent la religion que saint Pierre a prêchée, et qui est encore aujourd'hui professée par eux, par le pape Damase, et par Pierre, évêque d'Alexandrie, homme d'une sainteté apostolique. » *Codex Theodosianus*, XVI, 1, 2; Sozomène, *Hist. eccl.*, VII, IV, P. G., t. LXVII, col. 1424.

Timothée succéda, à son frère Pierre. Il est nommé dans un édit des trois empereurs parmi les évêques dont la doctrine est recommandable. *Codex Theodosianus*, XVI, 1, 3. Il construisit plusieurs églises à Alexandrie et convertit beaucoup d'ariens. Eutychius, *Annales*, P. G., t. CXI, col. 1018. Il assista, en 381, au concile de Constantinople où furent décidées d'importantes questions : « La profession de foi des trois cent dix-huit Pères à Nicée en Bithynie ne doit pas être abrogée » (1er canon). « Les évêques appartiennent à un autre diocèse ne doivent pas s'occuper des Églises étrangères et doivent respecter les limites des Églises; l'évêque d'Alexandrie doit s'occuper seulement des affaires de l'Égypte, les évêques orientaux seulement des affaires de l'Orient » (2e canon). « L'évêque de Constantinople doit avoir la prééminence d'honneur après l'évêque de Rome, car cette ville est la nouvelle Rome » (3e canon). « Maxime n'a jamais été évêque, et ne l'est pas même aujourd'hui » (4e canon). Bien que Pierre d'Alexandrie ne soit pas nommé dans le quatrième canon à propos de Maxime le Cynique, il est probable que le concile lui tint rigueur des efforts qu'il avait faits pour imposer à Constantinople ce candidat indigne; son intervention fâcheuse motiva sans doute le canon qui recommandait aux évêques de ne point s'occuper des Églises étrangères. Quant au troisième canon, qui lésait les droits de prééminence reconnus par une ancienne tradition aux sièges d'Alexandrie et d'Antioche, il provoqua pendant longtemps les protestations des pontifes romains, la dignité de ces sièges épiscopaux dérivant, non pas de l'importance politique des villes, mais de la primauté de l'apôtre saint Pierre qui les avait établis. La même année 381, un synode se tint à Aquilée : à la fin de la session, les Pères écrivirent aux empereurs pour les remercier d'avoir rendu la paix à l'Église; mais ils se plaignaient, en même temps, de la persécution que certains faisaient souffrir à Paulin d'Antioche et à Timothée d'Alexandrie; ils demandaient, pour mettre un terme à cette division, qu'un grand concile fût convoqué à Alexandrie. Mansi, *Concil. ampl. collectio*, t. III, col. 623. Les circonstances ne se prêtèrent pas à ce projet : l'année suivante (382), il y eut deux réunions conciliaires; mais l'une, des Orientaux, se tint à Constantinople, et l'autre, des Occidentaux, à Rome.

VIII. LE PATRIARCHE THÉOPHILE (385-412). — Théophile, qui remplaça Timothée, était un homme de grandes ressources naturelles; malheureusement il ne sut pas assez maîtriser la fougue de son tempérament, et il se laissa entraîner à des excès regrettables.

1° *Lutte contre le paganisme. Destruction du Sérapeum (389).* — Au début du IV° siècle, à l'avènement de Constantin, les païens avaient perdu la protection officielle, mais ils n'avaient pas disparu. Une légende merveilleuse, fort peu autorisée, du reste, raconte un épisode de leur déchéance. C'était après le concile de Nicée; l'évêque d'Alexandrie, qui apportait un grand zèle à détruire les idoles, connut par révélation que l'une d'elles ne tomberait pas sans l'intervention de saint Spyridon, évêque de Trimithonte en Chypre; le saint, mandé par lettre, n'eut pas plutôt débarqué au quartier de Néapolis que l'idole fut réduite en poussière et que beaucoup de temples tombèrent en ruines. Métaphraste, *Vita S. Spyridonis*, 35, *P. G.*, t. CXVI, col. 460-461. Il est certain que les païens demeurèrent nombreux et puissants dans la ville d'Alexandrie au IV° siècle. Les auteurs ecclésiastiques en parlent souvent, et les appellent les Grecs ("Ελληνες); on les trouve continuellement mêlés, en compagnie des juifs, aux troubles suscités par les ariens; ils profanent et pillent les églises, tourmentent les fidèles. Julien l'Apostat s'était donné mission de relever leur prestige : le 4 février 362, il faisait publier dans la capitale de l'Égypte un édit ordonnant la réouverture des temples (*Historia acephala*, 9, *P. G.*, t. XXVI, col. 1445); la même année, après avoir rappelé aux Alexandrins qu'ils avaient « pour dieu tutélaire le roi Sérapis, avec Isis, sa jeune compagne, reine de toute l'Égypte; » il ajoutait : « J'en atteste les dieux, j'ai honte de voir qu'un seul habitant d'Alexandrie s'avoue galiléen... Vous oubliez le temps de l'ancienne prospérité, alors que l'Égypte était en commerce avec les dieux et dans l'abondance de tous les biens; mais ceux qui ont apporté chez vous une croyance séditieuse, quel bien ont-ils fait à votre ville? » Il rappelle les bienfaits d'Alexandre, des Ptolémées, des Césars, et il en vient à recommander le culte du soleil et de la lune. Julien, *Œuvres*, lettre LI, trad. par E. Talbot, p. 416-417. On eut même la chance rare de trouver sous son règne un bœuf Apis en Égypte. Ammien Marcellin, *Hist.*, XXII. Peu à peu cependant, le christianisme gagnait du terrain. Dès le premier quart de siècle, s'il en faut croire une tradition douteuse, l'évêque Alexandre avait établi le culte de saint Michel dans un ancien temple de Saturne ou de Mercure. Eutychius, *Annales*, *P. G.*, t. CXI, col. 1149; Makrizi, *Histoire des coptes; Synaxaire copte*, 12 Baonah, cité par E. Amélineau, *La géographie de l'Égypte*, p. 43-44. En 361, le duc Artémius s'en prit au dieu Sérapis; vers le même temps, l'évêque arien Georges convertit en église un temple de Mithra, après avoir produit au grand jour les crânes et les ridicules instruments qui servaient aux mystères païens. Mais le duc à Antioche et l'évêque à Alexandrie payèrent de la vie leur audace. Ammien Marcellin, *Hist.*, XXII, 11; Socrate, *Hist. eccl.*, III, II, *P. G.*, t. LXVII, col. 381; Sozomène, *Hist. eccl.*, V, VII, *ibid.*, col. 1232. Le paganisme se discréditait aussi par l'immoralité : un prêtre de Saturne, nommé Tyran, attirait dans le temple, pendant la nuit, des femmes honnêtes et en faisait le jouet de ses passions; son infâme conduite fut enfin découverte, pour sa confusion et pour celle de ses dupes. Rufin, *Hist. eccl.*, II, 25, *P. L.*, t. XXI, col. 533. En 389, l'évêque Théophile avait été autorisé par l'empereur Théodose à transformer en église un sanctuaire de Bacchus (ou de Mithra, suivant l'historien Socrate); quand on pénétra dans les cachettes, on découvrit des figures obscènes qui servaient au culte, et on les livra aux moqueries publiques : les païens, consternés d'abord, cédèrent ensuite à la fureur et tuèrent un grand nombre de chrétiens; puis, revenus à eux-mêmes, et craignant la colère de l'empereur, ils se réfugièrent dans le temple de Sérapis comme dans une citadelle. Rufin, *Hist. eccl.*, II, XXII, *P. L.*, t. XXI, col. 528-529; Socrate, *Hist. eccl.*, V, XVI, *P. G.*, t. LXVII, col. 604; Sozomène, *Hist. eccl.*, VII, XV, *ibid.*, col. 1453. Ce temple était parmi les plus vénérés du paganisme. Les origines du dieu sont obscures : sa statue avait-elle été apportée de Sinope (Tacite, *Hist.*, IV, 83-84; Plutarque, *De Iside et Osiride*, 28), ou bien avait-elle été fabriquée en Égypte même? Athénodore de Tarse, cité par Clément d'Alexandrie, *Cohortatio ad gentes*, 4, *P. G.*, t. VIII, col. 140. Son culte, introduit par les premiers Ptolémées et associé à celui d'Isis, fut rapidement populaire : aux égyptisants il rappelait Osiris et Apis; aux hellénisants il représentait à volonté Zeus, Hadès, Dionysos, etc. On lui éleva sur la colline de Rhakotis, qui avait été le premier noyau de la ville, un temple somptueux; ce temple fut incendié en 181, au début du règne de Commode (Eusèbe, *Chronic.*, *P. G.*, t. XIX, col. 564); il fut splendidement réparé : c'était le plus beau monument après le Capitole de Rome, et sa magnificence au IV° siècle dépassait toute description (Ammien Marcellin, *Hist.*, XXII, 16); on y montait par cent degrés; outre le sanctuaire, il y avait des cours et des portiques, des demeures pour les desservants et de spacieux locaux pour la bibliothèque. Rufin, *Hist. eccl.*, II, 23, *P. L.*, t. XXI, col. 529; Aphthonius, *Progymnasmata*, 12. C'est sur cette « acropole », comme l'appelle Aphthonius, que les païens s'étaient retirés : de là ils faisaient des sorties, saisissaient des chrétiens et les tourmentaient de divers supplices; un prêtre de Jupiter, Helladius, se vanta plus tard d'en avoir tué neuf de sa main. L'empereur, informé de ces événements, déclara bienheureux les martyrs qui venaient de succomber (cf. *Act. sanct.*, 1668, mart. t. II, p. 513); cependant il défendit de sévir contre les coupables, mais ordonna de détruire tous les temples païens, devenus des foyers de troubles. Aussitôt l'évêque Théophile se mit à la tête des chrétiens, et marcha d'abord contre le Sérapeum; on laissa s'échapper les païens épouvantés, parmi lesquels Helladius, prêtre de Jupiter, et Ammonius, prêtre d'un singe; leur chef Olympius déclarait que, la nuit précédente, il avait entendu chanter l'*alleluia* par une voix mystérieuse. Quand les chrétiens pénétrèrent dans le sanctuaire, ils furent d'abord saisis d'une crainte superstitieuse en présence de la statue de Sérapis; Théophile donna ordre à un soldat de la frapper de sa hache : au premier coup, les assistants poussèrent un cri d'effroi, mais ils se rassurèrent vite : de la tête brisée, il sortit une multitude de rats; les débris de l'idole, traînés par la ville, furent enfin brûlés, et les païens eux-mêmes se moquèrent de leur dieu autrefois si redouté. En démolissant le temple, on remarqua des croix gravées sur les pierres; et les érudits qui lisaient encore l'écriture hiéroglyphique déclarèrent que cette figure $\left(\begin{array}{c}\varphi\end{array}\right)$ signifiait « la vie future »; beaucoup de païens, se rappelant une vieille tradition d'après laquelle la religion de Sérapis succomberait lorsque apparaîtrait la croix, se convertirent. Les statues de Sérapis qui servaient d'ornement aux murs des maisons, aux portes, aux fenêtres, furent pareillement détruites et remplacées par la croix. La foule put croire un instant que le dieu se vengerait : Sérapis passait pour présider aux inondations du Nil : la coudée qui marquait la crue était déposée dans son temple; il est vrai que Constantin l'en avait autrefois ôtée pour la transporter dans une église (Socrate, *Hist. eccl.*, I, xiv, *P. G.*, t. LXVII, col. 121; Sozomène, *Hist. eccl.*, I, vIII, *ibid.*, col. 877); mais elle y avait été replacée par Julien l'Apostat (Sozomène, *Hist. eccl.*, V, III, *P. G.*, t. LXVII, col. 1220) ; or, l'année de la destruction du Sérapeum, le débordement tarda plus que de coutume, et le peuple murmurait déjà; tout à coup, le fleuve se mit à monter rapidement, et peu s'en fallut que la trop grande abondance des eaux ne causât autant de dommages que la sécheresse redoutée. — Ces quelques détails étaient nécessaires pour faire apparaître dans son vrai jour la destruction du Sérapeum (voir Rufin, *Hist. eccl.*, II, 23, *P. L.*, t. XXI, col. 530; Socrate, *Hist. eccl.*, V, XVI, *P. G.*, t. LXVIII, col. 604; Sozomène, *Hist. eccl.*, VII, XV, *ibid.*, col. 1454 sq.; Théodoret, *Hist. eccl.*, V, XXII, *P. G.*, t. LXXXII, col. 1245-1248); certains écrivains ont dénaturé l'histoire en accusant Théophile de barbarie. Que l'évêque ait fait preuve d'énergie dans cette circonstance, nul ne le contestera; mais, en toute justice, on devrait le louer, et tous les fidèles avec lui, d'avoir su garder une si longue patience au milieu des provocations païennes, et d'avoir usé de tant de mesure dans la répression : il abattit la statue de Sérapis et ruina son sanctuaire; mais il n'exerça pas de violences contre les païens : leurs auteurs les plus passionnés, Eunape par exemple, n'ont pas formulé la moindre plainte à cet égard. L'empereur Théodose, quand il apprit ce qui s'était passé, leva les mains au ciel et rendit grâces à Dieu qu'une erreur si funeste et si invétérée eût été abolie sans qu'il en eût coûté à l'empire la perte d'une si grande ville. Rufin, *Hist. eccl.*, II, xxx, *P. L.*, t. XXI, col. 538. Du reste, Théophile s'attaquait uniquement à la religion païenne : il fit démolir les temples, mais il épargna les splendides constructions qui dépendaient du Sérapeum et qui existaient encore en 452 sous Marcien. Évagre, *Hist. eccl.*, II, 5, *P. G.*, t. LXXXVI, col. 1512. Il épargna aussi la fameuse bibliothèque qui y était renfermée. Cette bibliothèque, bien qu'on ait beaucoup parlé d'elle, est très imparfaitement connue. Il ne faut pas la confondre, comme fait Ammien Marcellin (*Hist.*, XXII, 16), avec celle du Bruchium qui fut incendiée par César, l'an 48 av. J.-C. Reçut-elle les 42 800 volumes qui, au temps de Ptolémée Philadelphe, furent déposés en dehors des palais royaux? *Scholion Plautinum*, cité par Ritschl, *Die alexandrinische Bibliotheken*, Breslau, 1838, p. 3. Reçut-elle les 200 000 volumes de la bibliothèque de Pergame qu'Antoine aurait envoyés à Cléopâtre ? Plutarque, *Vita Antonii*, 58. On est réduit à des conjectures. On y voyait la Bible en hébreu (Tertullien, *Apologetic.*, 18, *P. L.*, t. 1, col. 380); on y voyait aussi la version des Septante (Eutychius, *Annales*, *P. G.*, t. CXI, col. 974), les versions d'Aquila, de Symmaque, de Théodotion, d'autres encore; et on l'appelait la « bibliothèque fille », parce qu'elle était plus petite que celle du Bruchium. S. Épiphane, *De mensuris et ponderibus*, 11, *P. G.*, t. XLIII, col. 256. En dehors de ces quelques renseignements, rien n'est certain : on ne sait ni le nombre ni l'importance des volumes qui s'y trouvaient. Sans aucun doute, Théophile respecta les livres sacrés; il respecta aussi les livres profanes, car c'était un homme cultivé, très versé dans les sciences humaines. Mais, dit-on, le prêtre espagnol Paul Orose, passant à Alexandrie vers 415, c'est-à-dire un quart de siècle après la ruine du Sérapeum, vit dans les temples les cases dégarnies de leurs livres. Orose parle des 400 000 volumes incendiés par César; et il ajoute incidemment : « Il existe aujourd'hui dans les temples des casiers vides, nous les avons vus; les livres mis au pillage et les cases vidées par les nôtres, *a nostris hominibus* » (Orose, *Historiae adversum paganos*, vi, 15, *P. L.*, t. XXXI, col. 1036); la phrase latine peut paraître embrouillée, mais la signification n'en est pas douteuse : quand on identifie avec le Sérapeum, ruiné par Théophile, les temples visités par Orose, c'est une interprétation gratuite; quand on prétend qu'Orose fait allusion à la bibliothèque du Sérapeum, c'est un contresens, il parle de l'ancienne bibliothèque du Bruchium; quand on affirme qu'il désigne les chrétiens par l'expression « les nôtres », c'est un autre contresens; les mots *nostris hominibus* désignent ici les soldats romains de César, des concitoyens de l'auteur, et non des coreligionnaires : Orose est prêtre sans doute; mais il est espagnol aussi, et comme tel il appartient à l'empire latin; nulle part il ne dit *nostri* en parlant des chrétiens, mais il dit fort bien : *Nostra autem Roma, Caesare occiso... Hist.*, vi, 17, *P. L.*, t. XXXI, col. 1041. Ainsi la ruine de la bibliothèque du Sérapeum par Théophile, qui a donné lieu à tant de déclamations, est une pure légende. J. Brucker, *Destruction de la bibliothèque d'Alexandrie*, dans les *Études religieuses*, 1875, t. VIII, p. 116-127; Gorini, *Défense de l'Église*, 1906, t. I, p. 64 sq. La petite ville de Canope, qui semblait n'être qu'un faubourg d'Alexandrie, n'en étant éloignée que de vingt milles, avait, elle aussi, son temple de Sérapis : là s'était retiré le philosophe Antonin, qui passait pour avoir le don de seconde vue, et qui disait souvent à ses disciples : « Après moi, il n'y aura plus de temple; et le grand, le vénérable sanctuaire de Sérapis sera changé en un affreux entassement de ruines. » Sa prophétie se réalisa : Théophile fit détruire le Sérapeum de Canope (Rufin, *Hist. eccl.*, II, XXVI-XXVII, *P. L.*, t. XXI, col. 535-536), et il y établit un monastère, qu'on appela le monastère de *la Pénitence* et qui devint très florissant sous la règle de saint Pakhôme. Eunape, *Vita Aedesii*; S. Jérôme, *Praefatio in regulam S. Pachomii*, *P. L.*, t. XXIII, col. 65. Dans un bourg voisin de Canope, à Menouthis, Théophile consacra une église aux saints évangélistes, laissant à son successeur le soin d'y transporter les restes des saints Cyr et Jean. Sophrone, *Laudes in SS. Cyrum et Joannem*, 3, 14, 27, *P. G.*, t. LXXXVII, col. 3384, 3396, 3414.

2° *Lutte contre l'origénisme; opposition à saint Jean Chrysostome*. — En 394, Théophile prit la part la défense d'Origène avec Jean de Jérusalem et Rufin contre saint Jérôme et saint Épiphane; mais il changea bientôt d'avis. En 399, il avait publié contre les anthropomorphites une lettre qui émut les moines jusque dans leurs solitudes; plusieurs accoururent à Alexandrie, provoquèrent une émeute, et menacèrent l'évêque de mort; celui-ci essaya de les calmer par un bon mot : « Quand je vous vois, dit-il, je crois voir le visage de Dieu; » ils répondirent : « Dieu a donc un visage comme nous; si vous êtes sincère, condamnez les livres d'Origène, où notre opinion est combattue. » Socrate, *Hist. eccl.*, VI, VII, *P. G.*, t. LXVII, col. 684; Sozomène, *Hist. eccl.* VIII, XI, *ibid.*, col. 1545. Quelle que soit la valeur de l'anecdote, il est certain que Théophile tint à cette époque une lutte continuelle contre l'origénisme. En même temps il s'acharnait contre un vénérable prêtre de quatre-vingts ans, Isidore : ce saint vieillard avait été honoré autrefois de la confiance de saint Athanase et l'avait suivi à Rome en 340; quand sainte Mélanie l'ancienne vint de Rome à Alexandrie, en 373, il l'accompagna jusqu'à la solitude de l'abbé Pambon; il accueillit Pallade à Alexandrie en 388, et il exerçait alors l'importante fonction d'hospitalier; il jouit d'abord de l'estime de Théophile, qui le proposa pour le siège épiscopal de Constantinople, après la mort de Nectaire (Socrate, *Hist. eccl.*, VI, 11, *P. G.*, t. LXVII, col. 664; Sozomène, *Hist. eccl.*, VIII, 11, *ibid.*, col. 1517); et tout à coup, au retour d'un voyage de Rome, il se vit en butte aux vexations du patriarche parce qu'il avait refusé de servir ses haines contre l'archiprêtre Pierre, et aussi parce qu'il n'avait pas voulu détourner certaines aumônes reçues et favoriser la passion de Théophile pour l'or et pour les constructions; il fut chargé d'abominables calomnies et chassé de la ville; s'étant réfugié au désert, il en fut chassé encore, et il alla chercher asile à Constantinople auprès de saint Jean Chrysostome. Pallade, *Historia lausiaca*, 1, *P. G.*, t. XXXIV, col. 1009; *Dialogus de vita S. Joannis Chrysostomi*, 6, *P. G.*, t. XLVII, col. 22-23; Socrate, *Hist. eccl.*, VI, IX, *P. G.*, t. LXVII, col. 692-693; Sozomène, *Hist. eccl.*, VIII, 11, *ibid.*, col. 1517. Parmi les religieux qui furent persécutés avec Isidore, il en faut citer quatre, remarquables par leurs vertus, auxquels leur taille avait valu le surnom de « Grands-Frères »; ils finirent, eux aussi, par se réfugier auprès de saint Jean Chrysostome. Socrate, *Hist. eccl.*, VI, VII, *P. G.*, t. LXVII, col. 584-688; Sozomène, *Hist. eccl.*, VIII, XII-XIII, *ibid.*, col. 1545-1548. Théophile, mandé à Constantinople pour s'expliquer sur les difficultés pendantes, s'y rendit en pompeux appareil, avec un nombreux cortège d'évêques; il fut reçu, non point par les clercs, mais par la tourbe des matelots alexandrins qui avaient amené la provision annuelle de blé. Loin d'entrer en communication avec saint Jean Chrysostome, il se mit, au contraire, en relations avec ses ennemis, particulièrement avec l'impératrice Eudoxie, et il eut l'habileté de réussir dans ses intrigues : Chrysostome, déposé au conciliabule du Chêne et décrété d'exil, quitta Constantinople, mais pour quelques jours seulement : l'indignation populaire soulevée en sa faveur, et un tremblement de terre qui fut regardé comme un signe de la colère divine, le firent rappeler précipitamment; les Alexandrins ne se sentirent plus en sûreté dans la ville impériale, et Théophile humilié reprit en toute hâte le chemin de l'Égypte. Pallade, *Dialogus de vita S. Joannis Chrysostomi*, 8-9, *P. G.*, t. LXVII, col. 26-30; Socrate, *Hist. eccl.*, VI, XV-XVII, *P. G.*, t. LXVII, col. 708-716; Sozomène, *Hist. eccl.*, VIII, XV-XVII, *ibid.*, col. 1557-1565.

Théophile a été jugé sévèrement, non sans raison. Un témoin de sa vie, saint Isidore de Péluse, écrivait : « L'Égypte a gardé sa vieille injustice; elle a rejeté Moïse pour embrasser Pharaon; elle flagelle encore les humbles et les pauvres, elle tient dans l'oppression ceux qui travaillent; elle bâtit des villes et prive les ouvriers de leur salaire; elle a lancé en avant Théophile, livré à la manie des pierres et à l'idolâtrie de l'or... » S. Isidore de Péluse, *Epist.*, I, 152, *ad Symmachum*, *P. G.*, t. LXXVIII, col. 285. On ne peut cependant lui nier de sérieuses qualités : le concile d'Éphèse le mettait au nombre des illustres maîtres de l'Église avec saint Athanase; et le pape saint Léon le comptait, avec saint Athanase et saint Cyrille, parmi les plus excellents pasteurs qu'ait eus Alexandrie. S. Léon, *Epist.*, CXI, *P. L.*, t. LIV, col. 987. Ses œuvres: *P. G.*, t. LXV, col. 33-68.

IX. SAINT CYRILLE (412-444). — Quand Théophile mourut, le choix de son successeur donna lieu de grandes discussions : les uns tenaient pour Cyrille, son neveu; d'autres, pour l'archidiacre Timothée : ce fut Cyrille qui fut élu. Socrate, *Hist. eccl.*, VII, VII, *P. G.*, t. LXVII, col. 749.

En 403, il avait assisté au conciliabule du Chêne qui avait déposé saint Jean Chrysostome. Devenu évêque, il refusa pendant plusieurs années d'inscrire son nom dans les diptyques sacrés; il ne s'y décida qu'en 419, sur l'intervention d'Isidore de Péluse. Il débuta par des rigueurs contre les novatiens, ferma leurs églises d'Alexandrie, enleva leurs trésors sacrés et déposséda de ses biens leur évêque Théopemptus. Socrate, *Hist. eccl.*, VII, VII, *P. G.*, t. LXVII, col. 752; cet auteur, il faut le remarquer, est favorable au novatianisme.

Un de ses premiers soins fut de fortifier le christianisme à Menouthis, gros bourg voisin de Canope. Il y avait en ce lieu un sanctuaire célèbre où les païens, les juifs, et parfois aussi les chrétiens, venaient chercher des oracles et des guérisons; il y fit transporter les reliques des saints martyrs Cyr et Jean, qui étaient précédemment cachées dans l'église de Saint-Marc, et que Théophile avait récemment découvertes. Les miracles attirèrent de nombreux pèlerins (*Acta sanct.*, 1643, januar. t. II, p. 1643); cependant les païens ne quittèrent pas immédiatement la place, ils y tenaient encore des réunions à la fin du ve siècle (Zacharie le scholastique, *Vie de Sévère*, dans la *Patrologia orientalis* de Graffin-Nau, t. II, p. 18 sq.); au début du VIIe siècle, Sophrone vint y demander aux deux saints la guérison d'une ophtalmie, et en reconnaissance il écrivit le récit de soixante miracles opérés en ce lieu. *P. G.*, t. LXXXVI, col. 3423-3676.

Saint Cyrille eut de sérieuses difficultés avec les juifs. Un jour de sabbat, une grande foule s'était réunie autour de quelques bateleurs; il s'ensuivit du désordre, et le préfet Oreste fit afficher au théâtre une ordonnance de police : un maître d'école, Hiérax, qui était tout dévoué à l'évêque, s'approcha pour en prendre connaissance; aussitôt les juifs se mirent à crier qu'il était venu là pour exciter une sédition; Oreste le fit saisir et tourmenter. A cette nouvelle, Cyrille manda les juifs et leur enjoignit avec menaces de mettre un terme à leurs vexations. Ceux-ci, devenus plus furieux, organisèrent un complot : ils convinrent, pour se reconnaître, de porter au doigt un anneau d'écorce de palmier, et une nuit, quelques-uns d'entre eux parcoururent la ville en criant que l'église d'Alexandre était en feu; les chrétiens, sortis de tous côtés pour porter secours, furent lâchement égorgés. L'évêque, n'espérant rien des autorités civiles, se mit à la tête des fidèles et marcha sur les synagogues : quelques juifs furent tués, les autres furent exilés, et leurs biens furent confisqués. Oreste, jaloux déjà de la puissance de l'évêque, supporta mal cette intervention, et s'en plaignit à Constantinople; Cyrille envoya, lui aussi, un rapport et obtint gain de cause: mais il s'aliéna pour toujours le préfet. Socrate, *Hist. eccl.*, VII, XIII, *P. G.*, t. LXVII, col. 761-765; Jean de Nikiou, *Chronique*, p. 465 (cet auteur nomme l'église de saint Athanase au lieu de l'église d'Alexandre : c'est une erreur). Les moines de Nitrie, prenant parti pour l'évêque, accoururent à Alexandrie au nombre de cinq cents, et ils injurièrent le préfet à son passage; l'un d'eux, Ammonius, lui blessa même d'une pierre lancée à la tête; saisi et mis à la question, il mourut, au milieu des tourments : Cyrille fit déposer son corps dans une église et lui décerna le titre de martyr. Socrate, *Hist. eccl.*, VII, XIV, *P. G.*, t. LXVII, col. 765. Ces événements se passaient en 414.

En 415, de nouveaux troubles occasionnèrent un nouveau meurtre. Hypatie, fille du philosophe Théon, et païenne elle-même, enseignait avec un extraordinaire succès dans l'école platonicienne d'Alexandrie. Synésius fut un de ses fervents disciples et en fait un grand éloge; beaucoup d'écrivains modernes affirment par surcroît que c'était une merveille de beauté; mais un chroniqueur du xᵉ siècle dit expressément que c'était « une femme âgée. » Jean Malala, *Chronographia*, XIV, P. G., t. xcvii, col. 536. Comme elle fréquentait le préfet Oreste, des chrétiens soupçonneux prétendirent qu'elle entretenait son ressentiment contre l'évêque; un jour, quelques exaltés, conduits par le lecteur Pierre, se saisirent d'elle comme elle passait en voiture, l'entraînèrent à l'église du Caesareum, la dépouillèrent de ses vêtements, la déchirèrent avec des têts aigus jusqu'à la faire mourir et, mettant ses membres en pièces, les transportèrent en un lieu appelé Cinaron où ils les brûlèrent. Philostorge, *Hist. eccl.*, VIII, 9, P. G., t. lxv, col. 564; Socrate, *Hist. eccl.*, VII, xv, P. G., t. lxvii, col. 768-769; Jean de Nikiou, *Chronique*, p. 464-466; Suidas, *Lexicon*, au mot Ὑπατία. L'historien Socrate ajoute : « Cette action jeta un lourd discrédit sur Cyrille et sur l'Église d'Alexandrie; » la réprobation était juste, mais elle s'adressait mal, car le crime fut commis par quelques insensés; les déclamations de quelques historiens passionnés n'autorisent pas à faire peser, contre toute vraisemblance, une pareille responsabilité sur l'Église ou sur son évêque.

La grande affaire de l'épiscopat de saint Cyrille fut sa lutte contre le nestorianisme. Nestorius, élu patriarche de Constantinople en 428, s'était mis à prêcher publiquement qu'il y a deux personnes en Jésus-Christ, celle de Dieu et celle de l'homme, et que la Vierge Marie n'est point mère de Dieu, mais seulement mère de l'homme. Quand ses homélies arrivèrent en Égypte, elles provoquèrent le trouble, surtout dans les monastères : Cyrille écrivit aux solitaires pour raffermir leur foi; en même temps il adressait à Nestorius des remontrances qui furent mal reçues (*ibid.*, col. 40-60); il envoyait des instructions aux clercs alexandrins qui se trouvaient à Constantinople, et leur indiquait la conduite qu'ils avaient à tenir (*ibid.*, col. 64-80); enfin, il faisait parvenir au pape Célestin Iᵉʳ un exposé de la situation, avec des documents qu'il avait fait traduire, disait-il, « comme on a pu à Alexandrie. » *Ibid*, col. 80-85. Nestorius fut condamné au concile de Rome. *Ibid.*, col. 137-141. Saint Cyrille, qui avait reçu mission du pape Célestin de fulminer l'excommunication contre l'hérésiarque en cas d'obstination, réunit lui-même à Alexandrie un synode, à la suite duquel il écrivit à Nestorius une lettre contenant douze chapitres avec douze anathèmes. S.Cyrille, *Epist.*, xvii, P. G., t. lxxvii, col. 105-121. Nestorius reprit chaque point, et y répondit par douze contre-anathèmes. Mansi, *Concil. ampl. collect.*, t. iv, col. 1099. Un concile général fut convoqué à Éphèse en 431; Cyrille s'y rendit avec cinquante évêques égyptiens et présida les assemblées au nom du pape : le nestorianisme y fut condamné, aux applaudissements du monde chrétien. Mansi, t. iv, *passim*; Zoega, *Catalogus codicum coptorum*, p. 28-29, 40-41, 278, 279; U. Bouriant, *Fragments coptes relatifs au concile d'Éphèse*, dans *Mémoires de la mission archéologique française au Caire*, t. viii, *passim*. Même après le concile, l'accord fut loin à se produire en Orient : l'agitation dura deux années encore. Le notaire Aristolaus fut chargé par la cour de Constantinople de négocier l'union entre Alexandrie et Antioche; le vénérable évêque Paul d'Émèse fit le voyage d'Alexandrie dans le même but : saint Cyrille consentit à expliquer ses formules doctrinales, qui paraissaient trop dures à plusieurs, et il souscrivit au symbole proposé par Antioche; enfin, le 23 avril 433, il put annoncer à d'Alexandrie annonçait avec joie, dans un sermon à son peuple, le rétablissement de la paix. Mansi, *Ampliss. collect. concil.*, t. v, col. 289. Cependant Nestorius n'avait pas désarmé : réfugié d'abord à Antioche, puis exilé en Égypte dans la Grande-Oasis, il écrivit pour sa défense un ouvrage embarrassé, qu'il n'osa pas signer de son nom et qu'il intitula le *Livre d'Héraclide* (texte syriaque édité par Bedjan, Paris, 1910, et traduction française publiée par F. Nau).

Cyrille passa les dernières années de sa vie dans le calme. Il mourut en 444. Ses œuvres : P. G., t. lxviii-lxxvii. Le concile de Chalcédoine le surnommait « l'avocat irréprochable de la foi ».

Ici, un vieux chroniqueur, qui se donne le nom de Jean et se dit notaire de l'Église d'Alexandrie, raconte qu'un certain Eusèbe fut désigné par saint Cyrille pour lui succéder, et qu'il occupa le siège épiscopal pendant sept ou même vingt ans. La vérité est qu'il n'y a pas de place dans la liste des patriarches d'Alexandrie pour cet énigmatique personnage; cependant les œuvres qu'on lui attribue, une vingtaine de sermons, offrent quelques caractères qui permettent de les faire remonter jusqu'au vᵉ siècle. P. G., t. lxxxvi, col. 313-462; cf. F. Nau, *Notes sur diverses homélies pseudépigraphiques, sur les œuvres attribuées à Eusèbe d'Alexandrie...*, dans la *Revue de l'Orient chrétien*, 1908, t. xiii, p. 406-435.

X. Le schisme monophysite (450 sq.). — L'Église d'Alexandrie, désormais livrée à l'erreur, va commencer une période de décadence rapide et profonde.

1º *Le patriarche Dioscore (444-451)*. — Le successeur de saint Cyrille, Dioscore, envoya l'apocrisiaire Posidonius au pape saint Léon pour lui signifier son élection; dans sa réponse, le pape recommandait à l'Église d'Alexandrie de se conformer aux usages de Rome pour les ordinations et le saint sacrifice : on ne doit, dit-il, ordonner les prêtres et les diacres que le samedi soir ou le dimanche matin, et celui qui fait l'ordination comme celui qui la reçoit doivent être à jeun depuis la veille; de plus, aux grandes fêtes où les fidèles se présentent nombreux, il ne faut pas craindre de célébrer la sainte messe autant de fois que l'église sera remplie. S. Léon, *Epist.*, ix, P. L., t. liv, col. 624-627. En 448, l'archimandrite d'un couvent de Constantinople, Eutychès, qui avait lutté avec zèle contre l'erreur de Nestorius, tomba dans l'erreur opposée : non seulement il ne reconnaissait qu'une personne dans le Christ, mais il ne lui attribuait qu'une nature : d'où le nom de monophysisme (μόνος φύσις) donné à la nouvelle hérésie. Condamné par son évêque Flavien, il recourut à la protection de Théodose II : un concile fut convoqué, en 449, à Éphèse, et la présidence en fut offerte à Dioscore; le prêtre Jean, primicier des notaires d'Alexandrie, remplissait les fonctions de promoteur : Eutychès y fut approuvé, Flavien au contraire condamné. Les procédés de cette réunion furent tellement odieux qu'on l'appela « le Brigandage d'Éphèse » : c'est le pape saint Léon qui le désigna le premier par ce titre infamant; du reste, dès le 13 juin 449, il avait fait justice par avance des décisions de ce synode, en écrivant sa fameuse épître dogmatique à Flavien : cette lettre, ou plutôt ce traité de l'Incarnation, plus connu sous le nom de *Tome de Léon*, domina toutes les discussions qui suivirent (S. Léon, *Epist.*, xxviii, *ad Flavianum*, P. L., t. liv, col. 755-782); elle fut constamment acclamée avec enthousiasme par les fidèles et rejetée par les hérétiques avec passion. Cependant, un concile général s'était ouvert à Chalcédoine en 451, et l'évêque d'Alexandrie y comparut en accusé. A la première séance, le légat du pape protesta au nom du Saint-Siège contre sa présence parmi les Pères. Mansi, *Ampliss. coll. concil.*, t. vi, col. 581; Évagre, *Hist. eccl.*, II, 4, P. G., t. lxxxvi, col. 2197. Dans la troisième séance, quelques Alexandrins déposèrent des mémoires contre lui. Le diacre Théodore se plaignait d'avoir été privé de ses fonctions ecclésiastiques uniquement pour avoir joui autrefois de la confiance de saint Cyrille; il accusait en outre Dioscore d'avoir blasphémé la Trinité, d'avoir prêté sa complicité à des meurtres, d'avoir fait couper des arbres qui ne lui appartenaient pas, d'avoir fait brûler et détruire des maisons, de s'être mal conduit, enfin d'avoir osé non seulement déposer l'évêque Flavien, mais encore excommunier le pape Léon. Mansi, *op. cit.*, t. vi, col. 1005-1012. Le diacre Ischyrion, ami lui aussi de saint Cyrille, racontait de semblables brutalités : Dioscore avait ravagé les biens, coupé les arbres, détruit des maisons, exilé ou chargé d'amendes ses adversaires; il avait blasphémé la Trinité; il avait accaparé les blés donnés par les empereurs aux églises de la Libye, et les avait revendus à des prix exorbitants dans les moments de détresse; il avait confisqué les fondations pieuses destinées à des monastères, à des hôpitaux, et il en avait fait des présents à des gens de théâtre; il vivait dans l'inconduite et s'était chargé la conscience de plusieurs meurtres; enfin il avait persécuté Ischyrion lui-même, l'avait privé de tout moyen de subsistance, avait cherché à le faire mourir, et l'avait poursuivi sans relâche de sa haine. Mansi, *op. cit.*, t. vi, col. 1012-1020. Le prêtre Athanase, neveu de saint Cyrille, raconta les vexations et les brutalités dont lui et sa famille avaient été l'objet. Mansi, *ibid.*, t. vi, col. 1021-1029. Le laïque Sophrone, qui avait été injustement séparé de sa femme, se plaignit que Dioscore l'eût empêché d'obtenir satisfaction; il l'accusait, en outre, de blasphème, d'adultère, de lèse-majesté; il terminait en disant que beaucoup d'autres avaient à se plaindre du patriarche, mais qu'ils étaient trop pauvres ou trop timides pour se présenter en personne. Mansi, *ibid.*, col. 1029-1033. Ces accusations furent insérées au compte rendu de la séance (Mansi, *ibid.*, col. 1036); puis Dioscore fut déclaré déchu de son siège, de la dignité épiscopale et de tout ministère sacerdotal. Mansi, *ibid.*, col. 1048. On communiqua cette sentence aux clercs d'Alexandrie qui étaient venus à Chalcédoine, spécialement à l'économe Charmosynus et à l'archidiacre Euthalius, en leur recommandant d'administrer avec soin les biens de leur Église jusqu'à l'ordination d'un nouveau patriarche. Mansi, *op. cit.*, t. vi, col. 1096; Évagre, *Hist. eccl.*, II, 18, *P. G.*, t. LXXXVI, col. 2568. Mais, quand on demanda aux évêques d'Égypte de signer le *Tome de Léon*, treize d'entre eux se montrèrent déconcertés : « D'après le sixième canon de Nicée, dirent-ils, nous devons nous rattacher à l'archevêque d'Alexandrie, et par conséquent nous devons attendre son jugement sur cette affaire. » Comme on insistait pour obtenir leur adhésion, ils répondirent : « On nous tuera si nous le faisons..., ayez pitié de nous : nous aimons mieux mourir par ordre de l'empereur ou par votre ordre que d'être massacrés chez nous; prenez nos sièges, si vous voulez; choisissez un archevêque d'Alexandrie, nous ne nous y opposons pas : mais laissez-nous la vie ! » On calma leur frayeur en leur accordant de rester à Constantinople jusqu'à la nomination d'un nouveau patriarche d'Alexandrie. Libérat, *Breviarium*, 13, *P. L.*, t. LXVIII, col. 1012; Évagre, *Hist. eccl.*, II, 18, *P. G.*, t. LXXXVI, col. 2581; Mansi, *op. cit.*, t. VII, col. 50-62. Les Pères du concile condamnèrent la doctrine d'Eutychès et ils prirent plusieurs dispositions concernant la discipline ecclésiastique. Le vingt-huitième canon était l'exaltation du siège patriarcal de Constantinople : « La nouvelle Rome, honorée par la résidence de l'empereur et du sénat et jouissant des mêmes privilèges que l'ancienne ville impériale, doit avoir les mêmes avantages dans l'ordre ecclésiastique, et être la seconde après elle. » Or, la seconde place après Rome avait été attribuée jusque-là au siège d'Alexandrie; il y avait même ceci de piquant que le premier bénéficiaire de la situation nouvelle était un Alexandrin, Anatole, qui avait été promu au siège de Constantinople par la faveur de Dioscore. Ce vingt-huitième canon, décrété en l'absence des légats du pape, ne fut point ratifié par Rome : saint Léon protesta et contre le principe et contre la hiérarchie qu'on prétendait en déduire : « La ville de Constantinople a ses avantages, mais ils ne sont que temporels... Alexandrie ne doit pas perdre le second rang pour le crime particulier de Dioscore, ni Antioche le troisième. » S. Léon, *Epist.*, CVI, *P. L.*, t. LIV, col. 1007. Dioscore, condamné par le concile de Chalcédoine, le fut encore par les évêques d'Égypte quand ils regagnèrent Alexandrie (Libérat, *Breviarium*, 14, *P. L.*, t. LXVIII, col. 1016); il fut relégué, par ordre de Marcien, à Gangres en Paphlagonie, et il y mourut en 454.

Beaucoup d'Égyptiens s'obstinèrent dans l'hérésie, moins par conviction que par entêtement politique. Ils n'examinèrent pas, ils ne discutèrent pas la question de doctrine; mais, voyant que le *Tome de Léon* et les décisions du concile de Chalcédoine étaient appuyés par les empereurs de Constantinople, dont ils supportaient impatiemment le joug, ils donnèrent dédaigneusement à leurs adversaires le nom de *Melkites* ou Impériaux, et ils gardèrent pour eux le nom de *Coptes* (dérivé probablement du mot Αἰγύπτιος); ils se séparèrent ainsi de l'Église universelle pour s'enfermer dans un nationalisme étroit. Ils se répandirent nombreux dans l'intérieur du pays, où ils gardèrent jalousement leur indépendance; mais à Alexandrie, ville gouvernementale, ils se trouvaient dans une situation inférieure aux melkites, et ils furent souvent maltraités par eux : un singulier vestige des persécutions qu'ils endurèrent est la commémoraison qui figure à leur calendrier, au 29 septembre, des « quatre-vingt mille doigts coupés par les Grecs d'Alexandrie au béni peuple des Égyptiens, parce qu'ils se signaient d'un seul doigt, » marquant ainsi qu'ils n'admettaient en Jésus-Christ qu'une seule nature. N. Nilles, *Kalendarium manuale utriusque Ecclesiae orientalis et occidentalis*, Inspruck, 1896, t. II, p. 289-290.

2° *Saint Protérius (452-457)*. — Un grand nombre d'Alexandrins étaient demeurés fidèles à Dioscore, même après sa condamnation (Léonce de Byzance, *De sectis*, V, 1, *P. G.*, t. LXXXVI, col. 1228; Victor de Tunes, *Chronicon*, *P. L.*, t. LXVIII, col. 943); ils répugnaient à lui donner un successeur de son vivant, craignant de paraître « adultères » (Libérat, *Breviarium*, 14, *P. L.*, t. LXVIII, col. 1016); ils menaçaient même d'affamer Constantinople en s'opposant au transport des blés d'Égypte. Théophane, *Chronographia*, an. 5945, *P. G.*, t. CVIII, col. 272-273. Cependant, sur l'ordre de l'empereur Marcien, ils procédèrent à l'élection et choisirent l'archiprêtre Protérius, qui avait déjà administré l'Église d'Alexandrie pendant le concile de Chalcédoine. Ce fut l'occasion d'une émeute dans la ville : les soldats, ayant voulu intervenir, furent assaillis à coups de pierres, et durent se réfugier dans les constructions du Sérapeum, où ils furent brûlés vifs; d'autres soldats, arrivés de Constantinople en six jours, excitèrent un nouveau soulèvement par leurs cruautés et leurs débauches : la distribution de blés, les bains, les spectacles, furent supprimés; et le peuple ne consentit à rentrer dans l'ordre qu'après avoir obtenu la promesse que ces faveurs lui seraient rendues. Priscus, cité par Évagre, *Hist. eccl.*, II, 5, *P. G.*, t. LXXXVI, col. 2509 sq. Un récit fort peu autorisé raconte qu'à cette époque Macaire, évêque de Tkôou, souffrit la mort à Alexandrie pour n'avoir pas voulu souscrire le *Tome de Léon*. E. Amélineau, *Monuments pour servir à l'histoire de l'Égypte chrétienne*, Panégyrique de Macaire de Tkôou, dans les *Mémoires de la mission archéo-*

logique française au Caire, t. IV, p. 154-160 ; cf. la *Vie de Barsoma le Syrien*, publiée par S. Grébaut, dans la *Revue de l'Orient chrétien*, 1909, t. XIV, p. 142. La paix fut troublée longtemps encore : on dut protéger le nouvel évêque par une garde militaire (Liberat, *Breviarium*, 15, P. L., t. LXVIII, col. 1017) ; et l'empereur envoya le décurion Jean aux Alexandrins pour les exhorter à la soumission. Mansi, *Ampliss. collect. concil.*, t. VII, col. 482-483 ; S. Léon, *Epist.*, CXLI, *ad Julianum*, P. L., t. LIV, col. 1110. Protérius avait envoyé une profession de foi au pape saint Léon, et il en avait reçu de précieux encouragements. Il tint un concile à Alexandrie, où il condamna Timothée qui, n'étant que simple prêtre, avait pris la direction du parti monophysite. Hefele-Leclercq, *Histoire des conciles*, t. II, p. 882. Ce Timothée, surnommé Élure, c'est-à-dire le Chat (αἴλουρος), était un personnage étrange ; il s'était recruté des partisans surtout parmi les moines ; on dit qu'il parcourait leurs cellules pendant la nuit, se donnant comme un envoyé du ciel, et les endoctrinant à sa façon. Théodore le Lecteur, *Hist. eccl.*, I, 8, P. G., t. LXXXVI, col. 169. La mort de Marcien, survenue en 457, lui sembla une occasion d'arriver à ses fins : il se fit sacrer évêque dans l'église du Caesareum par deux prélats hérétiques, Eusèbe de Péluse et Pierre de Maïuma. Quelques jours après, pendant les cérémonies de la semaine sainte, Protérius fut assailli par une foule hostile dans le baptistère de l'église de Cyrinus, et il fut massacré ; son corps fut exposé au Tétrapyle, puis traîné sur un chameau jusqu'à l'hippodrome, enfin livré aux flammes. Évagre, *Hist. eccl.*, II, 8, P. G., t. LXXXVI, col. 2520 ; Eutychius, *Annales*, P. G., t. CXI, col. 1056. Zacharie de Mitylène, *Chronique*, trad. par Hamilton et Brooks, p. 66. Il est honoré par l'Église comme martyr. *Acta sanct.*, 1658, feb. t. III, p. 722-736.

3° *Timothée Élure (457-477) ; Timothée Salophaciole (460-482) ; Jean Talaia (482) ; Pierre Monge (477-490)*. — Élure, à peine au pouvoir, fut un fléau pour l'Église : il persécuta les évêques et les clercs fidèles, jeta le trouble parmi les vierges consacrées à Dieu, enleva des diptyques le nom de Protérius, brûla sa chaire épiscopale, s'acharna sur sa famille, prononça l'anathème contre les autres patriarches et contre le pontife romain. Les Alexandrins se plaignirent à Constantinople : l'évêque Anatole leur témoigna de l'intérêt, et le pape saint Léon s'occupa d'eux très activement. De son côté, l'empereur Léon fit châtier ceux des assassins de Protérius qu'on put saisir ; ensuite il consulta tous les évêques de la chrétienté, et Timothée, ayant été condamné d'un avis unanime, fut relégué à Gangres, puis à Chersonèse. Zacharie de Mitylène, *Chronique*, IV, 9 ; 11, p. 76-77, 79 ; Évagre, *Hist. eccl.*, II, 8-11, P. G., t. LXXXVI, col. 2519-2534. Un évêque orthodoxe fut élu à sa place : c'était un moine de Canope, nommé Timothée, et surnommé Salophaciole. Il eut d'abord quinze années de gouvernement paisible ; mais, en 475, il dut se retirer dans son monastère de Canope : Élure, profitant de l'avènement de Basilisque, qui lui était favorable, quitta son exil, et, passant par Constantinople et Éphèse, il reparut à Alexandrie en triomphe ; il ramenait avec lui les restes de Dioscore, et il les déposa dans la sépulture des évêques. Zacharie de Mitylène, *op. cit.*, p. 111. Un an après, en 476, Zénon reprenait le pouvoir, et le pape Simplicius intervint auprès de lui pour faire rétablir le patriarche légitime (S. Simplicius, *Epist.*, VIII, *ad Zenonem imp.*, P. L., t. LVIII, col. 46) : Élure aurait été expulsé de nouveau s'il n'avait été cassé de vieillesse (Évagre, *Hist. eccl.*, II, 11, P. G., t. LXXXVI, col. 2616) ; on dit qu'il s'empoisonna par crainte de l'empereur. Liberat, *Breviarium*, 16, P. L., t. LXVII, col. 1020. Pierre Monge, ou l'Enroué

(μάγγος), qui avait été précédemment mêlé à toutes ses intrigues, se fit ordonner à sa place ; mais, craignant l'empereur, il se cacha. Salophaciole put rentrer. C'était un homme d'une mansuétude extrême : bien qu'orthodoxe dans sa doctrine, il avait rétabli le nom de Dioscore dans les diptyques ; l'empereur, à qui les fidèles se plaignaient de sa débonnaireté, lui écrivit de ne pas permettre aux hérétiques de se réunir pour les offices ou d'administrer le baptême ; ceux même des Alexandrins qui ne reconnaissaient pas son autorité lui répétaient dans les églises et sur les places publiques : « Quand même nous ne sommes pas en communion avec vous, nous vous aimons bien ! » Liberat, *loc. cit.* Sentant sa fin prochaine, il envoya un de ses prêtres, Jean Talaia, à Constantinople, pour s'assurer un successeur catholique ; c'était encore une faiblesse ; car, en cherchant à s'appuyer sur le pouvoir séculier, il compromettait l'indépendance de son Église. Quand il mourut, Pierre Monge crut pouvoir reparaître : aussitôt, il condamna du haut de la chaire le concile de Chalcédoine ; il effaça des diptyques les noms de Protérius et de Salophaciole, et les remplaça par ceux de Dioscore et d'Élure ; il déterra même le corps de Salophaciole, et le fit jeter dans un lieu malfamé hors de la ville. Victor de Tunes, *Chronicon*, P. L., t. LXVIII, col. 946. Jean Talaia fut élu par les catholiques ; mais il avait promis à l'empereur de ne point rechercher la dignité patriarcale, et, en l'acceptant, il indisposa contre lui le parti de la cour : force lui fut de se réfugier en Italie, où il devint évêque de Nole ; il ne revit jamais l'Égypte. Pierre Monge, au contraire, était soutenu par Acace (voir ce nom, t. I, col. 244), patriarche de Constantinople, et par l'empereur Zénon. En 482, il reçut de l'empereur un formulaire de foi, connu sous le nom d'*Henoticon* ou symbole d'union : ce document, qui était adressé « aux évêques, clercs, moines et fidèles d'Alexandrie, d'Égypte, de Libye et de Pentapole, » reconnaissait la divinité et l'humanité de Jésus-Christ, condamnait également Nestorius et Eutychès, admettait les conciles de Nicée, de Constantinople et d'Éphèse, mais parlait en termes ambigus du concile de Chalcédoine, et évitait à dessein les expressions « une » ou « deux natures » ; cet essai de pacification ne contenta personne. Le fonctionnaire Cosmas fut envoyé de Constantinople pour rétablir l'ordre troublé ; mais à son arrivée, trente mille moines, amenant avec eux dix évêques, se réunirent dans l'église de Sainte-Euphémie, proche d'Alexandrie : on leur persuada de ne pas entrer dans la ville, de peur qu'un tumulte ne s'ensuivit, mais on laissa passer deux cents délégués qui parlementèrent avec le patriarche, avec le préfet et avec l'envoyé de la cour. Zacharie de Mitylène, *Chronique*, trad. par Hamilton et Boroks, p. 135. Arsène, envoyé comme préfet, s'occupa lui aussi de réconcilier les partis. *Ibid.*, p. 138-139. Mais Pierre Monge eut le dépit de voir un grand nombre de ses partisans l'abandonner pour former une secte sous leur nom d'acéphales (voir ce nom, t. I, col. 282) ; il mourut en 490. Évagre, *Hist. eccl.*, III, 12-23, P. G., t. LXXXVI, col. 2617-2643 ; Liberat, *Breviarium*, 18, P. L., t. LXVIII, col. 1026 sq. ; Severus, *History of the patriarchs of the coptic church of Alexandria*, éd. Evetts, dans la *Patrologia orientalis*, de Graffin-Nau, t. I, p. 447. Quelques dissidents se séparèrent des acéphales, et acceptèrent un évêque, du nom d'Ésaïe, venu de Palestine. Liberat, *loc. cit.*, col. 1029 ; Timothée de Constantinople, *De receptione haereticorum*, P. G., t. LXXXVI, col. 45.

4° *Athanase II (490-497) ; Jean I (497-506) ; Jean II (506-517) ; Dioscore II (517-519) ; Timothée III (519-536)*. — Ils sont tous monophysites, et méritent à peine une mention. Cependant, aux dernières années du V° siècle, deux apocrisiaires alexandrins, rencontrant à Constantinople les légats du pape Anastase II, leur présentèrent une requête où ils demandaient de conserver l'antique union d'Alexandrie et de Rome (Mansi, *Ampliss. collect. concil.*, t. VIII, col. 194 sq.); prétention hypocrite, car, en exposant une doctrine orthodoxe, ils soutenaient que Dioscore, Timothée Élure et Pierre Monge l'avait toujours professée. Quelques documents nomment un certain Astérius, qui aurait été évêque orthodoxe d'Alexandrie au temps de Timothée III (Métaphraste, *Martyrium S. Arethae*, 27, 34, P. G., t. CXV, col. 1280, 1288); on parle encore d'un certain Apollinaire (Pierre Ibn-Rahib, *Chronicon orientale*, éd. L. Cheikho, p. 124; Severus, *History of the patriarchs*, t. I, p. 452); mais ces noms ne figurent pas dans les listes officielles des patriarches d'Alexandrie. En ce temps-là, l'hérésie reçut un renfort par l'arrivée de deux évêques, Sévère d'Antioche et Julien d'Halicarnasse, qui avaient quitté leurs villes épiscopales à l'avènement de Justin (Libérat, *Breviarium*, 19, P. L., t. LXVIII, col. 1033), et qui s'installèrent non loin d'Alexandrie, au monastère de l'Enaton. Léonce de Byzance, *De sectis*, v, 3, P. G., t. LXXXVI, col. 1029. Sévère, né en Pisidie, avait étudié la grammaire et la rhétorique à Alexandrie (Zacharie le Scholastique, *Vie de Sévère*, dans la *Patrologia orientalis* de Graffin-Nau, t. II, p. 11), et il avait appartenu à la secte des acéphales. Lorsque plus tard, vers 519, il vint se réfugier auprès de Timothée III, il soutint contre Julien d'Halicarnasse, dans une discussion fameuse, la corruptibilité du corps du Christ : il se forma ainsi parmi les monophysites deux nouveaux partis, les sévériens ou corrupticoles, et les julianistes ou phantasiastes.

5° *Gaianus (536); Théodose (536-537); Paul (538-542); Zoïle (542-551). Intervention de l'empereur Justinien dans les questions religieuses.* A la mort de Timothée III, les partisans de Julien, c'est-à-dire surtout les moines et le peuple, portèrent à l'épiscopat Gaianus; et les partisans de Sévère, c'est-à-dire surtout les personnages officiels, lui opposèrent Théodose : depuis lors les julianistes et les sévériens, changeant de nom, s'appelèrent *gaianites* et *théodosiens*. L'exarque Narsès fut envoyé avec des troupes pour maintenir l'ordre troublé par les deux factions. Léonce de Byzance, *De sectis*, v, P. G., t. LXXXVI, col. 1231. Gaianus fut exilé et ne fit plus parler de lui; mais peu après, Théodose, mandé à Constantinople, et refusant d'adhérer au concile de Chalcédoine, fut banni à son tour. C'est peut-être à cette époque qu'il faut placer la vie du fameux Jacques Baradée; d'après certaines chroniques, il était à Constantinople quand il fut nommé évêque : il s'y rencontra avec Théodose d'Alexandrie, s'insinua dans sa confiance, et obtint de lui des lettres de recommandation pour les évêques d'Égypte; ainsi appuyé, il partit pour Alexandrie, où il fit ordonner évêques deux de ses moines, afin de pouvoir lui-même procéder avec eux à de nouvelles ordinations épiscopales. Land, *Anecdota Syriaca*, t. II, p. 254-256; cf. p. 366-370. Il propagea l'hérésie avec ardeur; et c'est de lui très probablement que les monophysites tirèrent leur nom de *jacobites*, si usité depuis. S. Jean Damascène, *De haeresibus*, 6, n. 83, P. G., t. XCIV, col. 744; Bar Hebraeus, *Chronicon ecclesiasticum*, éd. Abbeloos et Lamy, t. I, col. 218. Paul, successeur de Théodose sur le siège d'Alexandrie, dérogea aux usages en se faisant consacrer à Constantinople; il usa sans prudence des pouvoirs qui lui avaient été donnés sur les fonctionnaires publics : impliqué dans une accusation de meurtre, il fut banni par ordre impérial. Libérat, *Breviarium*, 23, P. L., t. LXVIII, col. 1044-1046; Procope, *Historia arcana*, 27; cf. Jean de Nikiou, *Chronique*, éd. Zotenberg, p. 516; Eutychius, *Annales*, P. G., t. CXI, col. 1069. Zoïle, qui fut mis en sa place, fut destitué pour n'avoir pas voulu condamner les « Trois Chapitres », c'est-à-dire trois écrits désignés comme hérétiques par l'empereur Justinien. Libérat, *Breviarium*, 23, P. L., t. LXVIII, col. 1036-1046. Quelques années après, en 556, Victor de Tunes et Théodore de Cabarsusi étaient internés à Alexandrie pour s'être montrés les zélés défenseurs de ces mêmes « Trois-Chapitres ». Victor de Tunes, *Chronicon*, an. 556, P. L., t. LXVIII, col. 960. Apollinaire, qui succéda à Zoïle, fut le dernier patriarche d'Alexandrie nommé sous l'influence de Justinien. On a raconté qu'il entra dans Alexandrie en costume militaire, à la tête d'une nombreuse armée, et qu'il s'imposa par les pires cruautés (Eutychius, *Annales*, P. G., t. CXI, col. 1069) : c'est très invraisemblable. Son installation, qui eut lieu du vivant de son prédécesseur Zoïle, provoqua une protestation du pape Vigile (*Fragmentum damnationis Theodori*, P. L., t. LIX, col. 62); mais lorsqu'il se présenta au concile général de Constantinople, en 553, il fut reçu comme le patriarche légitime d'Alexandrie. On vante ses vertus, surtout sa charité. Moschus, *Pratum spirituale*, 193, P. G., t. LXXXVII, col. 3072-3076. L'empereur Justinien écrivait, parlant de lui-même : « Nous avons la haine des hérétiques » (*Novellae*, 45, praef.); l'impératrice Théodora n'aurait pas pu se rendre le même témoignage, car elle montra des préférences marquées pour les monophysites. Évagre, *Hist. eccl.*, IV, 10, P. G., t. LXXXVI, col. 2720-2721. Justinien s'efforça toujours de maintenir l'orthodoxie; et même au milieu des plus graves préoccupations politiques, il ne perdait pas de vue les questions religieuses; il aimait les controverses, et on le vit par exemple, en 560, tenir une conférence où il avait convoqué une foule de grammairiens, d'avocats et de moines d'Alexandrie. Jean d'Éphèse, *Hist. comm.*, 249, dans la *Revue de l'Orient chrétien*, 1897, t. II, p. 491. Entre autres écrits, il composa un traité contre les monophysites adressé aux moines voisins d'Alexandrie (P. G., t. LXXXVI, col. 113-1145) et un autre semblable adressé au patriarche Zoïle. *Ibid.*, col. 1145-1150. Enfin, c'est dans les mêmes sentiments qu'il faisait condamner les « Trois Chapitres », c'est-à-dire trois écrits qui attaquaient la vraie foi.

6° *Dernières années du VIe siècle et commencement du VIIe. Saint Euloge. Saint Jean l'Aumônier.* — A l'avènement de Justin II, en 565, la situation religieuse d'Alexandrie était des plus compliquées. Apollinaire dirigeait les orthodoxes. Les gaianites gardèrent de longues années Dorothée pour évêque. Dans l'Église jacobite officielle, quelques partisans de Théodose lui donnèrent pour successeur, vers 567, le moine Théodore; mais, sur les réclamations du clergé et de plusieurs laïques alexandrins, ils renoncèrent à leur premier choix, et acceptèrent Pierre IV (567-570), puis Damien (570-603), Anastase (603-614), Andronicus (614-622). Pendant cette période d'un demi-siècle, la communauté copte se trouvait dans un état d'infériorité très marquée, s'il faut en croire son historien Sévère d'Aschmounein. Depuis l'exil de Théodose, ils s'étaient vus écarter de tous les sanctuaires, et ils avaient été réduits à bâtir (ou peut-être à restaurer seulement) deux églises, celle de l'Angélion et celle des Saints-Côme-et-Damien. Pierre IV, ancien moine de l'Enaton, dut fixer sa résidence à neuf milles d'Alexandrie, dans une église placée sous le vocable de saint Joseph. Damien, autre moine de l'Enaton, résidait en ce même lieu, au couvent du Mont-Thabor ou des Pères. Anastase, qui vivait lui aussi dans les monastères, faisait de fréquentes visites à ses fidèles de la ville; mais il se vit enlever, par ordre de l'empereur, l'église des Saints-Côme-et-Damien, qui fut donnée aux melkites : cependant la *Chronique orientale* raconte qu'il construisit plusieurs églises, et qu'il en recouvra d'autres sur les melkites. Andronicus était d'une famille riche et influente : on n'osa pas l'inquiéter, et il put résider en ville, dans une cellule de l'Angelion. Severus, *History of the patriarchs of the coptic church of Alexandria*, dans la *Patrologia orientalis* de Graffin-Nau, t. I, p. 467 470-471, 474, 478, 480, 484, 502; Pierre Ibn-Rahib, *Chronicon orientale*, éd. L. Cheikho, p. 128. En plus de ses maux intérieurs, l'Église copte ressentit encore le contre-coup des troubles qui agitaient l'Église d'Antioche. Un moine du nom de Paul, originaire d'Alexandrie, avait été promu au siège d'Antioche, vers 545, par l'influence de Jacques Baradée : il ambitionna d'être patriarche de sa ville natale, et il fut soutenu dans ses prétentions par l'évêque déposé d'Alexandrie, Théodore; il eut naturellement pour adversaire Pierre IV, et il s'ensuivit un schisme entre les monophysites d'Égypte et ceux de Syrie : Jacques Baradée, désirant rétablir l'union, fit le voyage d'Alexandrie, mais ses efforts furent vains; quelque temps après, il entreprit une seconde fois le même voyage, et il mourut en cours de route aux confins de l'Égypte. Pierre de Callinique, qui avait accepté le siège d'Antioche du vivant de son prédécesseur Paul, vint à son tour à Alexandrie pour y présenter son abdication; puis, ayant appris que Paul était mort sur les entrefaites, il reprit le chemin de Syrie. Plus tard, il écrivit contre Damien sur la question de la Trinité, et accentua ainsi la séparation des deux Églises. Jean d'Éphèse, *Hist. eccl.*, IV, 9-18, 33, 40, 48, 58, 60, trad. par Payne Smith, p. 258-281, 290-292, 300, 313-314, 333-335; Bar Hebræus, *Chronicon ecclesiasticum*, éd. Abbeloos et Lamy, t. I, col. 234, 240-242, 244, 252-254. Vers 614 ou 616, Athanase d'Antioche vint faire visite à Athanase d'Alexandrie, et rétablit la concorde entre Égyptiens et Syriens. Bar Hebræus, *loc. cit.*, col. 270; Severus, *History of the patriarchs*, *loc. cit.*, p. 481. Les melkites, au commencement du VIIe siècle, trouvèrent un ardent défenseur de leur foi dans Anastase le Sinaïte, qui descendait de son monastère jusqu'à la ville (jusqu'à « ce nid de serpents », comme il l'appelait), et qui confondait en d'habiles conférences les sectateurs du monophysisme. S. Anastase le Sinaïte, *Viae dux*, 10, *P. G.*, t. LXXXIX, col. 104, 149-161, 184-188. Les évêques melkites de ce temps-là furent Jean II (570-580), Euloge (580-607), Théodore Scribon (607-609), Jean III l'Aumônier (609-619), et Georges (620-630). Saint Euloge avait d'abord été moine, puis prêtre de l'Église d'Antioche; il était lié d'une étroite amitié avec le pape saint Grégoire le Grand, qui lui écrivit de nombreuses lettres. *P. L.*, t. LXXVII, *passim*. En 589, il tint un concile à Alexandrie pour juger deux partis d'hérétiques samaritains. Photius, *Bibliotheca*, cod. 230, *P. G.*, t. CIII, col. 1085. Il écrivit six livres contre les novatiens, deux contre Timothée et Sévère, etc.; il combattit en particulier l'erreur des agnoïtes, propagée par le diacre alexandrin Thémistius, d'après laquelle Jésus-Christ aurait ignoré plusieurs choses, par exemple le jour du jugement dernier. V. t. I, col. 992. Il fut zélé surtout contre l'hérésie monophysite : un récit presque contemporain (Moschus, *Pratum spirituale*, 148, *P. G.*, t. LXXXVII, col. 3012) raconte que le pape saint Léon lui apparut plusieurs fois pour le remercier, en son nom et au nom de l'apôtre saint Pierre, d'avoir dignement expliqué sa *Lettre dogmatique à Flavien* sur les erreurs d'Eutychès. Sa vie : *Acta sanct.*, 1753, oct. IV, p. 83-94; ses œuvres : *P. G.*, t. LXXXVI. Théodore Scribon avait recueilli la succession d'Euloge, à l'époque où Héraclius se souleva contre l'empereur Phocas; le général Bonakis, ayant défait l'armée impériale, s'empara d'Alexandrie, et l'évêque melkite dut chercher asile dans l'église de Saint-Athanase, pendant que les coptes, clergé et peuple, acclamaient les conquérants (Jean de Nikiou, *Chronique*, éd. Zotenberg, p. 543); Théodore fut assassiné par ses adversaires (*Chronicon paschale*, *P. G.*, t. XCII, col. 977), c'est-à-dire probablement par les monophysites. Saint Jean était originaire de Chypre; élevé sur le siège patriarcal d'Alexandrie, il mérita le surnom d'Aumônier par son extraordinaire charité envers les pauvres, surtout pendant une famine. Quand les Perses envahirent l'Égypte et se présentèrent devant Alexandrie, très probablement en 619, il se retira dans son pays natal où il mourut peu après. Sa vie avait été écrite par deux témoins, Jean et Sophrone; mais, comme plusieurs détails manquaient, elle fut refaite par Léonce, évêque de Néapolis en Chypre, *P. G.*, t. XCIII, col. 1565 sq. La domination des Perses, qui dura dix ans (617-627), causa de grands dommages au christianisme : des églises et des monastères furent détruits; de nombreux chrétiens furent mis à mort ou emmenés en captivité; et les juifs aidaient les persécuteurs dans cette œuvre de haine. Severus, *History of the patriarchs of the coptic church of Alexandria*, éd. Evetts, dans la *Patrologia orientalis* de Graffin-Nau, t. I, p. 485-487; Makrizi, *Historia coptorum*, éd. Wetzer, p. 79.

7° *Le patriarche Cyrus (630-643) et le monothélisme.* — Après la mort de Georges, Cyrus, évêque de Phasis, obtint le siège patriarcal d'Alexandrie, grâce à la protection de Sergius de Constantinople, qui était l'âme du monothélisme. L'hérésie nouvelle ne reconnaissait qu'une volonté en Jésus-Christ : c'était une concession faite aux monophysites. Cyrus se réunit à eux sur cette base, et il en triomphait auprès de Sergius : « Je vous annonce, écrivait-il, que tous les clercs du parti théodosien de cette ville, ainsi que tous les personnages de marque, civils et militaires, et plusieurs milliers de personnes du peuple, se sont joints à nous, le 3 juin, dans la sainte Église catholique, et ont pris part aux saints mystères célébrés dans toute leur pureté. » Mansi, *Conciliorum amplissima collectio*, t. XI, col. 562. Mais les théodosiens triomphaient de même : « Ce n'est pas nous qui sommes allés vers le concile de Chalcédoine, disaient-ils, c'est le concile de Chalcédoine qui est venu à nous. » Théophane, *Chronographia*, an. 6121, *P. G.*, t. CVIII, col. 680. On a prétendu que cette union fut conclue dans un synode tenu à Alexandrie en 633; mais les auteurs contemporains n'en parlent pas. Il y avait alors dans la ville un savant et saint moine, Sophrone : mis au courant des idées nouvelles, il les désapprouva nettement et partit pour Constantinople afin de s'opposer à leur diffusion. Maxime, qui était le compagnon de Sophrone à Alexandrie, lutta en divers lieux et souffrit beaucoup pour le maintien de la foi. En 638, l'empereur Héraclius crut devoir intervenir dans ce débat théologique, et il promulga l'*Ecthèse* ou Exposition de la foi, où il défendait de parler d'une ou de deux opérations en Jésus-Christ; ce document, qui avait pour auteur Sergius de Constantinople, fut accueilli joyeusement par Cyrus d'Alexandrie. Mansi, *Ampliss. collect. concil.*, t. X, col. 991, 1003. Mais les essais de conciliation religieuse ne pouvaient aboutir en Égypte : les coptes se plaignaient de nouvelles rigueurs; leur patriarche Benjamin avait eu devoir s'enfuir à l'arrivée de Cyrus : durant son absence, un prêtre du nom d'Agathon, déguisé en laïque et se donnant pour charpentier, demeura dans la ville et visitait ses coreligionnaires en secret, à la faveur de la nuit. Cet état de choses se prolongea dix années, jusqu'à l'arrivée des Arabes. Severus, *History of the patriarchs of the coptic church of Alexandria*, dans la *Patrologia orientalis* de Graffin-Nau, t. I, p. 502; E. Amélineau, *Histoire du patriarche copte Isaac*, Paris, 1890, p. 12.

XI. Notes d'ensemble sur l'Église d'Alexandrie pendant les six premiers siècles.

1° *Dignité du siège de saint Marc.* — Le siège épiscopal d'Alexandrie occupe depuis la plus haute antiquité une place d'honneur. Dès l'année 325, en vertu d'anciens usages (τὰ ἀρχαῖα ἔθη κρατείτω), le sixième canon du concile de Nicée lui attribue une situation à part, avec Rome et Antioche. Lorsque, en 381, le concile de Constantinople, et, en 451, le concile de Chalcédoine réclamèrent la première place après Rome pour la ville impériale, les souverains pontifes protestèrent énergiquement en faveur d'Alexandrie et d'Antioche. — Dès 382, le pape saint Damase, dans la 3ᵉ partie du document connu sous le nom de *Décret gélasien* (P. L., t. XIII, col. 374 sq.), observe que le premier rang appartient au siège de Rome, non pas en vertu de décisions conciliaires, mais en vertu de la primauté concédée par Jésus-Christ à saint Pierre; semblablement, dit-il, le second rang appartient au siège d'Alexandrie, parce qu'il a été fondé par saint Marc au nom de saint Pierre; et le troisième rang appartient au siège de Chalcédoine, parce qu'il a été occupé par saint Pierre avant sa venue à Rome. Plus tard, saint Léon déclare qu'on doit s'en tenir au sixième canon de Nicée; il note que le troisième canon de Constantinople n'a jamais été porté à la connaissance du siège apostolique; enfin, faisant allusion au vingt-huitième canon de Chalcédoine, il ajoute qu'on doit respecter la dignité conférée au siège d'Alexandrie à cause de saint Marc, le disciple de saint Pierre, et qu'il faut laisser le troisième rang à Antioche, où Pierre avait prêché. S. Léon, *Epist.*, CVI, *ad Anatolium*, P. L., t. LIV, col. 1007. — A la fin du vᵉ siècle, le pape saint Gélase, protestant à nouveau contre les prétentions de Constantinople, maintient à plusieurs reprises le second rang au siège d'Alexandrie, et le troisième au siège d'Antioche; il rappelle que Dioscore, Timothée Élure, Jean Talaïa, Pierre Monge occupaient le « second siège » épiscopal de la chrétienté, et qu'à ce titre ils ne pouvaient être jugés que par les pontifes du « premier siège », c'est-à-dire de Rome. S. Gélase, *Epist.*, IV, XIII, XIX, XV, P. L., t. LIX, col. 28, 66, 67, 69, 71, 89, 91, 92; *Tomus de anathematis vinculo, ibid.*, col. 110. Au début du VIIᵉ siècle, saint Grégoire le Grand insiste davantage encore sur le lien qui unit les trois sièges apostoliques, et qui leur assure un rang privilégié : « Pour la primauté, dit-il, le siège des apôtres a seul prévalu en autorité, et c'est le siège du même pontife en trois endroits; saint Pierre a élevé le siège où il s'est définitivement arrêté et où il a terminé sa vie présente ; il a honoré le siège où il a envoyé l'évangéliste son disciple; il a affermi le siège qu'il a occupé sept ans pour le quitter ensuite; ainsi ce n'est qu'un seul siège d'un seul pontife, auquel président maintenant trois évêques. » S. Grégoire, *Epist.*, VII, 40, *ad Eulogium*, P. L., t. LXXVII, col. 889. Plusieurs Églises, particulièrement Constantinople et Jérusalem, prirent le titre de patriarcats; mais les trois Églises dont les origines se rattachent à saint Pierre continuèrent, pendant de longs siècles, à jouir d'une situation exceptionnelle. Au IXᵉ siècle, le pape Nicolas Iᵉʳ, dans sa fameuse réponse aux Bulgares, disait : « Vous désirez savoir combien vraiment il y a de patriarches; vraiment, les patriarches sont ceux qui occupent, par succession des pontifes, les sièges apostoliques, c'est-à-dire les sièges de Rome, d'Alexandrie et d'Antioche. » Nicolas Iᵉʳ, *Responsa ad consulta Bulgarorum*, 92, P. L., t. CXIX, col. 1012. Mais, en 870, le IVᵉ concile de Constantinople, et, en 1215, le IVᵉ concile de Latran plaçaient le patriarcat de Constantinople avant ceux d'Alexandrie, d'Antioche et de Jérusalem (Mansi, *Conciliorum amplissima collectio*, t. XVI, col. 174,406; t. XXII, col. 990); ce nouveau classement n'était établi qu'en vue d'une plus grande commodité administrative, et il n'enlevait rien à la noblesse d'origine des plus anciens patriarcats : aujourd'hui donc, comme toujours, le siège d'Alexandrie demeure le second en dignité dans l'Église universelle, parce qu'il se rattache à Rome, qui fut le siège définitif de saint Pierre; il passe même avant Antioche, qui fut seulement le siège temporaire du prince des apôtres.

2° *Élection et ordination des premiers évêques d'Alexandrie.* — Quelques documents relatifs au mode de succession des premiers évêques d'Alexandrie ont soulevé de graves difficultés. On lit dans saint Jérôme : « A Alexandrie, depuis Marc l'évangéliste jusqu'aux évêques Héraclas et Denys, les prêtres avaient la coutume d'élire un d'entre eux pour le placer en un rang plus élevé, et ils le nommaient évêque, comme si les soldats d'une armée se donnaient un empereur, ou comme si les diacres élisaient parmi eux quelqu'un dont l'habileté leur serait connue, et l'appelaient archidiacre. » S. Jérôme, *Epist.*, CXLVI, *ad Evangelum*, P. L., t. XXII, col. 1194. Au vᵉ siècle, Sévère d'Antioche écrivait aux orthodoxes d'Émèse que l'évêque d'Alexandrie « fut autrefois nommé par les prêtres, mais, plus tard, et d'accord avec la règle qui a prévalu partout, l'institution solennelle de l'évêque a été accomplie par la main des évêques. » E. W. Brooks, *The journal of theological studies*, 1901, t. II, p. 612-613. Au Xᵉ siècle, un patriarche melkite d'Alexandrie, Eutychius, ajoute de nouveaux détails : « L'évangéliste Marc, dit-il, de concert avec le patriarche Ananias, constitua douze prêtres qui demeureraient avec le patriarche, et qui, lorsque le siège viendrait à vaquer, choisiraient l'un d'entre eux : les onze autres lui imposeraient les mains, le béniraient et le créeraient patriarche; ensuite, ils choisiraient un homme de mérite, qu'ils feraient prêtre et admettraient parmi eux à la place du nouveau patriarche, pour être toujours douze : et cet usage du patriarche créé par les prêtres dura jusqu'au temps d'Alexandre..., qui défendit qu'à l'avenir les prêtres pussent encore créer le patriarche. » Eutychius, *Annales*, P. G., t. CXI, col. 982. On peut se demander d'abord si saint Jérôme, Sévère et Eutychius étaient exactement renseignés sur les origines de l'Église d'Alexandrie : il est singulier qu'une coutume si extraordinaire ait laissé si peu de traces dans l'histoire, et qu'elle n'ait été relevée pour la première fois qu'à la fin du IVᵉ siècle. Du reste, ces renseignements ne sont pas en parfait accord : saint Jérôme fait durer cette coutume jusqu'à Héraclas ou Denys, c'est-à-dire jusqu'au milieu du IIIᵉ siècle; et Eutychius, jusqu'à Alexandre, c'est-à-dire jusqu'au premier quart du IVᵉ. En admettant que la tradition qu'ils rapportent soit fondée, il faut encore l'entendre conformément aux documents certains que l'on possède d'ailleurs : si l'on suppose, avec de graves auteurs, que ce collège de douze « presbytres » était composé de douze évêques, tout s'explique aisément; si l'on prétend qu'il était composé de douze prêtres seulement, et que l'élu ne recevait pas d'ordination ou de consécration spéciale pour être patriarche, c'est dire qu'il demeurait simple prêtre : mais alors les patriarches d'Alexandrie auraient été dans une situation inférieure aux évêques de toute la chrétienté, ce qui est inouï; Clément d'Alexandrie et Origène se seraient trompés, lorsqu'ils établissaient la même distinction entre les évêques et les prêtres qu'entre les prêtres et les diacres (Clément, *Stromat.*, VI, 13, P. G., t. IX, col. 328); Origène, *Homilia* XI *in Jerem.*, n. 3, P. G., t. XIII, col. 369); et plus tard, verle milieu du IVe siècle, l'hérétique Aérius (ci-dessus, t. I, col. 663), en soutenant que les évêques et les prêtres étaient égaux, aurait dû citer l'exemple de l'Église d'Alexandrie. On rapporte qu'un jour quelques hérétiques, étant venus voir l'abbé Poemen, se mirent à parler contre l'évêque d'Alexandrie, disant qu'il avait été ordonné par des prêtres (*Apophthegmata Patrum*, 78, *P. G.*, t. LXV, col. 341); mais, précisément, c'étaient des hérétiques : ils proféraient cette accusation à une époque où la consécration épiscopale du patriarche d'Alexandrie était indiscutable; et, si l'on rapporte leurs propos, c'est pour montrer la vertu du saint abbé qui, sans rien répondre, se contenta de les faire servir avec charité. Est-il invraisemblable que de pareils discours, répétés et colportés par la malveillance, aient donné lieu à une légende qui aurait été recueillie ensuite, avec de notables variantes, par saint Jérôme, Sévère et Eutychius ? J. Selden, *Eutychii Ecclesiae suae origines*, Londres, 1642; Abraham Ecchellensis, *Eutychius patriarcha Alexandrinus vindicatus et suis restitutus Orientalibus, sive responsio ad Joannis Seldeni Origines*, Rome, 1661; Tillemont, *Mémoires*, 1701, t. II, p. 509-512; J. B. Sollier, *Tractatus historico-chronologicus de patriarchis Alexandrinis*, 1708, p. 9-12; E. Renaudot, *Liturgiarum orientalium collectio*, 1716, t. I, p. 365 sq.; Ch. Gore, *The ministry of the christian Church*, 1889, p. 134 sq.; Mason Gallagher, *The true historic episcopate as seen in the original constitution of the Church of Alexandria*, 1890; L. Sanders, *Études sur saint Jérôme*, 1903, p. 330-335; P. Batiffol, *Études d'histoire et de théologie positive*, Paris, 1907, p. 267-280; F. Cabrol, dans *Dictionnaire d'archéologie chrétienne et de liturgie*, t. I, col. 1204-1210.

3° *Titres et puissance des évêques.* — Le chef de la communauté chrétienne, à Alexandrie comme ailleurs, avait primitivement le titre d'*évêque* (ἐπίσκοπος), qui indique un office de surveillance; le nom de *pape* (πάπας, père) semble avoir été donné d'abord à saint Héraclas dès la première moitié du IIIe siècle. S. Denys d'Alexandrie, *Epistola ad Philemonem*, *P.L.*, t. V, col. 92; Eutychius, *Annales*, *P. G.*, t. CXI, col. 983, 993; Abraham Ecchellensis, *Eutychius patriarcha Alexandrinus vindicatus*, pars altera; Labanca, *Del nome papa nelle Chiese cristiane di Oriente ed Occidente*, dans les *Actes du XIIe congrès international des orientalistes*, Rome, 1899, t. III, 2e partie, p. 47-101. Le titre d'*archevêque* (ἀρχιεπίσκοπος) est-il d'origine alexandrine ? Saint Athanase l'emploie (*Apologia contra arianos*, *P. G.*, t. XXV, col. 377); saint Épiphane l'applique à saint Pierre d'Alexandrie. *Haeres.*, LXVIII, 3, *P. G.*, t. XLII, col. 188. Le nom de *patriarche* est plus récent : on le trouve dans saint Grégoire de Nazianze (*Orat.*, XLIII, 23, *P. G.*, t. XXXVI, col. 485); l'historien Socrate dit du concile de Constantinople tenu en 381 : « Il a établi des patriarches, car il a fait des divisions par provinces. » Socrate, *Hist. eccl.*, V, VIII, *P. G.*, t. LXVII, col. 580. Pendant les trois premiers siècles, la puissance des patriarches n'eut guère l'occasion de se montrer. Au IVe siècle, saint Athanase, persécuté par Constantin et par Constance au nom de l'arianisme, et par Julien l'Apostat au nom du paganisme, eut cependant une influence considérable; Théophile bénéficia de la protection des empereurs; saint Cyrille jouit d'une grande autorité, non seulement dans les affaires ecclésiastiques, mais encore dans les affaires civiles (Socrate, *Hist. eccl.*, VII, VII, *P. G.*, t. LXVII, col. 749), une autorité « plus que sacerdotale ». Socrate, *ibid.*, XI, VII, *loc. cit.*, col. 757. En exerçant cette puissance temporelle avec fermeté, parfois avec raideur, les patriarches alexandrins s'attirèrent en certaines circonstances le surnom malsonnant de pharaons. Constantinople, en particulier, supportait mal leur intervention, même dans les questions religieuses : Pierre II avait soutenu Maxime le Cynique contre saint Grégoire de Nazianze, et le concile de 381 répondait à ses tentatives en invitant les évêques à restreindre leur activité dans les limites de leur juridiction ; Théophile avait poursuivi de son inimitié saint Jean Chrysostome, il avait même réussi à le faire exiler, et celui-ci, rentré quelques jours après, soulevait les acclamations du peuple, en comparant son Église persécutée à Sara tombée pour quelque temps entre les mains de Pharaon. S. Jean Chrysostome, *Homilia de suo reditu*, *P. G.*, t. LII, col. 443. Saint Cyrille avait protesté, au nom même du pape, contre les erreurs de Nestorius, et celui-ci s'était violemment récrié en pleine chaire : « L'Égyptien me met au défi jusqu'au milieu de mes prêtres, jusqu'à la face de mon troupeau; il répand la calomnie, il sème la discorde et m'attaque avec des flèches d'or... L'Égyptien n'est-il pas l'éternel ennemi de Constantinople et d'Antioche ? » Dioscore avait fait déposer Flavien au brigandage d'Éphèse, et les Pères de Chalcédoine le condamnèrent en disant : « Que l'Égyptien soit exilé ! » Mansi, *Conciliorum amplissima collectio*, t. VI, col. 974 sq. Après Dioscore, les patriarches d'Alexandrie, diminués par le schisme et l'hérésie, perdirent peu à peu leur prestige et ne le reprirent jamais.

4° *Les assemblées des fidèles. Catacombes et églises.* — La tradition rapporte que saint Marc établit à Alexandrie « des églises ». Eusèbe, *Hist. eccl.*, II, XVI, *P. G.*, t. XX, col. 173. On a vu là comme la première institution des paroisses ; et il semble bien, en effet, qu'il y avait dès le début, dans les différents quartiers de la ville, différents endroits désignés pour les assemblées religieuses, où des prêtres donnaient l'instruction et administraient les sacrements : ces lieux de réunion furent sans doute très modestes d'abord, il n'en est pas resté trace. Vers 260, un édit général de Gallien rendit aux évêques et aux prêtres la liberté de leur ministère; un rescrit particulier, adressé à Denys d'Alexandrie et à ses collègues dans l'épiscopat, les remettait en possession des « lieux religieux » qui avaient été confisqués sous Valérien. Eusèbe, *Hist. eccl.*, VII, XIII, *P. G.*, t. XX, col. 673. Il est donc certain qu'au milieu du IIIe siècle, certains édifices destinés au culte appartenaient, non pas à des particuliers, mais à la communauté chrétienne. Il n'y eut pas à Alexandrie de vastes catacombes comme à Rome; cependant les fidèles se réunissaient parfois pour prier dans les chapelles funéraires, autant par un sentiment de piété fraternelle, et aussi par une garantie de sécurité : « car les sépultures chrétiennes avaient, comme toutes les autres sépultures, une existence légale, garantie par le sentiment religieux, par le rituel funéraire de l'ancienne Égypte et par les lois romaines qui régissaient le pays. » Neroutsos bey, *L'ancienne Alexandrie*, Paris, 1888, p. 39. C'est par un extrême abus de pouvoir qu'Émilien, préfet d'Égypte, disait à saint Denys et à ses compagnons qu'il venait de condamner à l'exil : « Sachez qu'il ne vous sera permis, ni à vous ni à qui que ce soit, de tenir aucune assemblée ou d'entrer dans ce que vous appelez les cimetières. » Eusèbe, *Hist. eccl.*, VII, XI, *P. G.*, t. XX, col. 665. On a retrouvé, en 1858, sur le plateau de Karmouz, au sud-ouest de la ville, un tombeau des plus intéressants, qui a malheureusement disparu depuis, mais qui a été plusieurs fois décrit en détail. Wescher et Rossi, *Bullettino di archeologia cristiana*, 1864, p. 88; 1865, p. 57-61, 61-64, 73-77; 1866, p. 72; 1872, p. 22; Garrucci, *Storia della arte cristiana*, t. II, p. 128-131 et pl. CV b; Neroutsos bey, *Bulletin de l'Institut égyptien*, 1874-1875, IIe série, n. XIII, p. 211 sq.; *L'ancienne Alexandrie*, p. 42-51; Th. Schreiber, *Die Nekropole von Kom-esch-*

Schukâfa, p. 18-39, etc. Les parois avaient été revêtues successivement d'un double et même d'un triple enduit; certaines parties de la décoration semblent remonter au IIIe siècle, d'autres seraient du ve siècle, et ces deux dates montrent bien que ce sanctuaire souterrain a été visité pendant de longues années. Une autre catacombe chrétienne a été retrouvée à l'est de la ville, sur les hauteurs de Hadra. E. Breccia, *Un ipogeo cristiano ad Hadra*, dans le *Bulletin de la Société archéologique d'Alexandrie*, 1909, n. 11, nouvelle série, t. II, p. 278-288. Les lieux de sépulture des martyrs étaient l'objet d'une vénération spéciale, et, entre tous, le martyrium de saint Marc : cet oratoire était situé près du rivage de la mer, du côté oriental de la ville, non loin de la « Porte du Soleil ». Jean de Nikiou, *Chronique*, p. 548. Saint Pierre, évêque d'Alexandrie, y fut martyrisé à la fin de la persécution de Maximin. *Acta S. Petri Alexandrini*, *P. G.*, t. XVIII, col. 461-462. Jusqu'à la fin du IIIe siècle, les chrétiens d'Alexandrie priaient en secret dans les catacombes ou dans leurs demeures, par crainte des païens. La première église semble avoir été bâtie par l'évêque saint Théonas en l'honneur de la bienheureuse vierge Marie. Eutychius, *Annales*, *P. G.*, t. CXI, col. 997; cf. Renaudot, *Historia patriarcharum Alexandrinorum*, *Acta sanct.*, aug. t. IV, p. 580. Une autre église fut érigée par saint Pierre martyr, encore en l'honneur de la très sainte Vierge, auprès du cimetière fondé par lui dans un faubourg, à l'ouest de la ville. *P. G.*, t. XVIII, col. 464. Au temps d'Arius, c'est-à-dire au premier quart du IVe siècle, les églises s'étaient rapidement multipliées : saint Épiphane en nomme plusieurs, celles de Denys, de Théonas, de Piérius et Sérapion, de Persée, de Dizye, de Mendidie, d'Annien, de Baucale; et il ajoute qu'il y en avait d'autres. S. Épiphane, *Hæres.*, LXIX, 2, *P. G.*, t. XLII, col. 205. Philippe de Side, sur l'autorité d'un certain Théodore, poète alexandrin, rapporte qu'il y avait une très grande église sous le vocable de Piérius et de son frère Isidore, qui tous deux avaient eu les honneurs du martyre. C. de Boor, *Neue Fragmente des Papias, Hegesippus und Pierius*, Leipzig, 1888. Ces églises, soumises dans l'ensemble à l'évêque, étaient administrées dans le détail par un prêtre qui présidait aux réunions et exerçait le ministère sacré : chacune d'elles était le centre d'un quartier, d'une « laure », comme disaient les Alexandrins, et il semble bien que cette institution fut d'abord particulière à Alexandrie. S. Épiphane, *Hæres.*, LXIX, 1-2, *P. G.*, t. XLII, col. 204-205; cf. Sozomène, *Hist. eccl.*, I, XV, *P. G.*, t. LXVII, col. 908. Quelques-unes de ces églises sont connues d'ailleurs. Il est très probable que l'église de Baucale dont Arius était chargé est la même que le martyrium de saint Marc. S. Épiphane, *Hæres.*, LXVIII, 4, *P. G.*, t. XLII, col. 189. L'église de Théonas est-elle la même que celle de la Mère de Dieu bâtie par l'évêque de ce nom? On sait que le bienheureux Alexandre, trouvant les anciens lieux de réunion trop étroits pour l'affluence des fidèles, fit tenir les assemblées dans la grande église de Théonas, qu'il s'occupait à construire et qui n'était pas encore terminée (S. Athanase, *Apologia ad Constantium*, 15, *P. G.*, t. XXV, col. 612) : faut-il supposer que cette construction n'était qu'un simple travail de réparation et d'agrandissement? L'église Saint-Michel date du temps de saint Alexandre et de l'empereur Constantin : le culte de l'archange, très populaire en Égypte, y remplaça le culte de Saturne (Eutychius, *Annales*, *P. G.*, t. CXI, col. 1005; Makrizi, *Histoire des coptes*) ou de Mercure. *Synaxaire copte*, 12 Baonah, cité par E. Amélineau, *La géographie de l'Égypte à l'époque copte*, p. 43-44. Plusieurs l'ont confondu avec le Caesareum. Jean de Nikiou, *Chronique*, p. 405-406; Eutychius, *Annales*, *P. G.*, t. CXI, col. 975, 1005. Le Caesareum était proche du Grand Port oriental : il avait été commencé par Cléopâtre, en l'honneur de César et de son fils Césarion (Jean de Nikiou, *loc. cit.*; Jean Malala, *Chronographia*, IX, *P. G.*, t. XCVII, col. 337); achevé par Auguste Suidas, *Lexicon*, au mot ἡμίεργον), il prit le nom de Sebasteum (Philon, *Legatio ad Caium*, 22); plus tard, il fut connu sous le nom d'Hadrianum ou de Licinianum (S. Épiphane, *Hæres.*, LXIX, 2, *P. G.*, t. XLII, col. 204-205) : il fut converti en église sous Constantin (S. Épiphane, *ibid.*); l'arien Georges y travaillait quand il fut surpris par la mort (*Historia acephala*, 8, *P. G.*, t. XXVI, col. 1445); il fut terminé par saint Athanase, et il prit le titre de « grande église » ou Κυριακόν (S. Athanase, *Apologia ad Constantium*, 14-16, *P. G.*, t. XXV, col. 612-613); incendié en 366 par les païens et les juifs (*Chronicon Syriacum*, *P. G.*, t. XXVI, col. 1358; cf. S. Épiphane, *loc. cit.*; S. Ambroise, *Epist.*, XL, 15, *P. L.*, t. XVI, col. 1154), il fut relevé en 368 (*Chronicon Syriacum*, *P. G.*, t. XXVI, col. 1359); saint Jean l'Aumônier y fit ajouter, au commencement du VIIe siècle, de vastes abris pour les pauvres. Léonce de Naples, *Vita S. Joannis Eleemosynarii*, 26, *P. G.*, t. XCIII, col. 1639. L'église de Cyrinus, en 339, fut le théâtre de scènes tumultueuses de la part des ariens. S. Athanase, *Historia arianorum ad monachos*, 10, *P. G.*, t. XXV, col. 705. L'église de Denys, nommée par saint Épiphane, existait du temps de Georges l'intrus et de saint Athanase. *Historia acephala*, 6, 16, *P. G.*, t. XXVI, col. 1445, 1448. Vers la fin de sa vie, en 369-370, saint Athanase s'occupa de bâtir au quartier de Mendesium, près de la mer, une église qui porta ensuite son nom (*Chronicon Syriacum*, *P. G.*, t. XXVI, col. 1359; Jean de Nikiou, *Chronique*, p. 515, 543) : c'est probablement la même que saint Épiphane désigne sous le nom de Mendidium. S. Épiphane, *Hæres.*, LXIX, 2, *P. G.*, t. XLII, col. 205. Saint Timothée Ier bâtit à son tour plusieurs églises, dont on ignore le nom. Eutychius, *Annales*, *P. G.*, t. CXI, col. 1018. Son successeur Théophile en construisit un plus grand nombre encore : une en l'honneur de sainte Marie (Eutychius, *Annales*, *P. G.*, t. CXI, col. 1026); une autre en l'honneur de saint Jean-Baptiste, dédiée aussi aux prophètes Élie et Élisée (Eutychius, *ibid.*; Rufin, *Hist. eccl.*, II, 27, *P. L.*, t. XXI, col. 536; Zacharie de Mitylène, *Chronique*, trad. par Hamilton et Brooks, p. 116: *Synaxaire copte*, 18 Babeh, cité par E. Amélineau, *La géographie de l'Égypte à l'époque copte*, p. 33-34); une autre, toute couverte d'or, en l'honneur de Théodose (Eutychius, *ibid.*; Jean de Nikiou, *Chronique*, p. 450); une autre sous le nom d'Arcadius (Sozomène, *Hist. eccl.*, VII, XV, *P. G.*, t. LXVII, col. 1457; Jean de Nikiou, *loc. cit.*; Eutychius, *loc. cit.*, col. 103, 1052); une autre sous le nom d'Honorius, qui était aussi sous le vocable des saints Côme et Damien (Jean de Nikiou, *loc. cit.*); une autre en l'honneur de saint Ménas (Moschus, *Pratum spirituale*, 100, *P. G.*, t. LXXXVII, col. 2960; Zoega, *Catalogus codicum copticorum*, Fragmentum S. Cyrilli Alexandrini, p. 50-51; cf. *Bulletin de la Société archéologique d'Alexandrie*, 1899, n. 2, p. 13-14); une autre en l'honneur de saint Raphaël, à Pharos (*Synaxaire copte*, 18 Babeh, cité par Amélineau, p. 31); une autre en l'honneur des trois enfants de la fournaise de Babylone. *Synaxaire copte*, 20 Babeh, cité par E. Amélineau, p. 35-36. L'église de Saint-Georges fut établie par saint Cyrille sur l'emplacement d'une synagogue, à la suite de troubles graves soulevés par les juifs contre les chrétiens. Jean de Nikiou, *Chronique*, p. 465-466; *Synaxaire copte*, 28 Baonah, cité par E. Amélineau, p. 37. Il y avait encore l'église d'Alexandre (Socrate, *Hist. eccl.*, vII, 13, *P. G.*, t. LXVII, col. 764); l'église de Saint-Théodore, située dans la partie orientale de la ville (Jean de Nikiou, *Chronique*, p. 543); l'église de Saint-Pierre, en face de celle d'Honorius (*ibid.*, p. 450; Moschus, *Pratum spirituale*, 73, *P. G.*, t. LXXXVII, col. 2925); l'Angelion, où les païens avaient essayé de brûler le corps de saint Marc, et où peut-être se réunissaient plus tard certains hérétiques nommés angelites (S. Épiphane, *Haeres.*, LX, *P. G.*, t. XLI, col. 1037; Timothée, *De recept. haeret.*, *P. G.*, t. LXXXVI, col. 60; Nicéphore Calliste, *Hist. eccl.*, XVIII, 49, *P. G.*, t. CXLVII, col. 432); le martyrium de Saint-Metra, dans la partie orientale de la ville, près de la « Porte du Soleil » (Sophrone, *Miracula SS. Cyri et Joannis Eleemosynarii*, 35, *P. G.*, t. XCIII, col. 1647); l'église de Sainte-Sophie et l'église de Saint Fauste, toutes deux voisines d'un hospice auprès du Phare (Moschus, *Pratum spirituale*, 105, 106, *P. G.*, t. LXXXVII, col. 2961, 2965); l'église de Saint-Julien, restaurée de fond en comble par saint Euloge (Moschus, 146, *ibid.*, col. 3012); l'église de Sainte-Marie-Dorothée, bâtie par le même patriarche du côté de l'ouest (Moschus, 77, *ibid.*, col. 2930); et, tout à côté, le Tétrapyle, où, d'après une ancienne légende, Alexandre le Grand, fondateur de la ville, avait apporté les reliques du prophète Jérémie (Moschus, *ibid.*); il était situé au milieu de la ville (Amélineau, *Géographie de l'Égypte à l'époque copte*, p. 30); on y vénérait une image miraculeuse où le Christ était peint avec la sainte Vierge à gauche, saint Jean-Baptiste à droite, et des prophètes, des apôtres, des martyrs. Sophrone, *Miracula SS. Cyri et Joannis*, 36, *P. G.*, t. LXXXVII, col. 3557-3560; cf. Mansi, *Ampliss. collect. concil.*, t. XIII, col. 60. Il est regrettable que ces divers monuments n'aient laissé aucune trace, et qu'on ne puisse déterminer leur emplacement exact.

5º *Liturgie.* — On a conservé de précieux détails sur les coutumes de l'Église primitive à Alexandrie. Le baptême était regardé comme « une eau génératrice. » Clément d'Alexandrie, *Stromat.*, IV, 25, *P. G.*, t. VIII, col. 1369. Le néophyte faisait d'abord sa profession de foi (Origène, *Homil. in Exod.*, VIII, 4, *P. G.*, t. XII, col. 355; S. Athanase, *De Trinitate et Spiritu sancto*, 7, *P. G.*, t. XXVI, col. 1197); ensuite il était plongé trois fois dans la piscine (Didyme, *De Trinitate*, II, 15, *P. G.*, t. XXXIX, col. 720) et on invoquait en même temps sur lui la très sainte Trinité. Origène, *In Rom.*, v, 8, *P. G.*, t. XIV, col. 1039; S. Athanase, *Epistola ad Serapionem*, IV, 12, *P. G.*, t. XXVI, col. 653. On revêtait les nouveaux baptisés d'habits blancs, symbole d'innocence : « Lorsque nous sortons de la piscine, nous revêtons le Christ Sauveur comme une robe incorruptible. » Didyme, *De Trinitate*, II, 12, *P. G.*, t. XXXIX, col. 680; cf. Moschus, *Pratum spirituale*, 207, *P. G.*, t. LXXXVII, col. 3100. La confirmation était donnée par l'évêque immédiatement après le baptême. Didyme, *De Trinitate*, II, 14, 15, *P. G.*, t. XXXIX, col. 712, 720. La pénitence est un moyen pour le pécheur d'obtenir le pardon, « lorsque les larmes sont le pain de ses jours et de ses nuits, et qu'il n'a pas honte de révéler sa faute au prêtre pour lui demander remède. » Origène, *In Leviticum*, II, 4, *P. G.*, t. XII, col. 418. L'eucharistie est le centre de la piété chrétienne, parce que c'est la participation au corps et au sang de Jésus-Christ. S. Denys d'Alexandrie, dans Eusèbe, *Hist. eccl.*, VII, IX, *P. G.*, t. XX, col. 656. « Tu verras, dit saint Athanase, les lévites apporter des pains et un calice de vin, et mettre ces objets sur la table; tant que les invocations et les prières ne sont pas commencées, il n'y a que du pain et du vin; mais quand ont été prononcées les grandes et admirables paroles, alors le pain devient le corps, et le vin devient le sang de Notre-Seigneur Jésus-Christ. » S. Athanase, *Ad nuper baptizatos*, *P. G.*, t. XXVI, col. 1325. Tous devaient jeûner et les personnes mariées devaient garder la continence avant de s'approcher de la sainte table. Origène, *Selecta in Ezech.*, VII, *P. G.*, t. XIII, col. 793; S. Denys d'Alexandrie, *Epistola ad Basilidem*, 2, *P. G.*, t. X, col. 1281; cf. E. Renaudot, *Liturgiarum orientalium collectio*, 1716, t. I, p. 288. Les fidèles, après avoir entendu les paroles de l'eucharistie et avoir répondu *amen* avec tous les autres, se présentaient debout, étendaient la main pour recevoir le pain sacré, et participaient au corps et au sang de Jésus-Christ. S. Denys d'Alexandrie, dans Eusèbe, *Hist. eccl.*, VII, IX, *P. G.*, t. XX, col. 656. On conservait l'eucharistie pour les malades, et, à défaut de prêtre, on la faisait porter par des enfants (S. Denys, dans Eusèbe, *Hist. eccl.*, VI, XLIV, *P. G.*, t. XX, col. 629-632); et même chaque fidèle pouvait se communier en l'absence de l'évêque ou du prêtre : ainsi faisaient les moines dans leur solitude; ainsi faisaient les laïques d'Alexandrie au IVe siècle. S. Basile, *Epist.*, XCIII, *ad Caesariam*, *P. G.*, t. XXXII, col. 485. Quelles cérémonies accompagnaient l'oblation du saint sacrifice? Les plus anciens monuments qui aient été conservés de la liturgie égyptienne remontent seulement au IVe siècle. G. Wobbermin, *Altchristliche liturgische Stücke aus der Kirche Aegyptens*, Leipzig, 1899. La liturgie dite « alexandrine » se subdivise en liturgie de saint Grégoire de Nazianze, de saint Basile et de saint Marc (celle-ci arrangée par saint Cyrille); mais ces attributions n'ont probablement aucun fondement, sauf pour saint Cyrille. Les melkites d'Égypte adoptèrent peu à peu les coutumes byzantines; ils s'y conformèrent complètement à partir de 1203, après les remontrances envoyées par le fameux patriarche d'Antioche Théodore Balsamon à Marc d'Alexandrie (*P. G.*, t. CXXXVIII, col. 953 sq.) : c'est donc dans le rite copte d'aujourd'hui qu'il faut chercher les vrais caractères de l'ancienne liturgie alexandrine. Dès la fin du IIe siècle, Clément d'Alexandrie observe que les chrétiens zélés « prient à toute heure parce qu'ils sont familièrement unis à Dieu par l'amour » (Clément, *Stromat.*, VI, 12, *P. G.*, t. IX, col. 324); il signale particulièrement la prière avant le repas et la prière du soir (*Paedagog.*, II, 4, 10, *P. G.*, t. VIII, col. 444, 512), ainsi que la prière de tierce, de sexte et de none en l'honneur de « la bienheureuse Trinité des saintes demeures. » *Stromat.*, VII, 7, *P. G.*, t. IX, col. 456. On chantait les psaumes, mais sur un ton très simple; « saint Athanase imposait au lecteur des inflexions de voix si modérées que sa psalmodie était plutôt parlée que chantée. » S. Augustin, *Confessions*, x, 23, *P. L.*, t. XXXII, col. 800; cf. S. Athanase, *Epistola ad Marcellinum*, *P. G.*, t. XXVII, col. 37, 42. Vers la fin du IVe siècle on chantait des tropaires ou antiennes dans l'église Saint-Marc d'Alexandrie; mais les moines plus austères ne consentaient pas à les adopter : « Il viendra des jours corrompus, disait l'abbé Pambon, où les moines organiseront leur office avec des vocalises et des tons musicaux;... ils ne sont pas venus dans le désert pour chanter des mélodies ornées et rythmer des chants en secouant la main et en levant le pied. » Gerbert, *Scriptores ecclesiastici de musica sacra*, Saint-Blaise, 1784, t. I, p. 2. Certains jours de la semaine étaient plus spécialement consacrés aux exercices de piété : c'étaient le mercredi, le vendredi et le dimanche : « Nous jeûnons la quatrième et la sixième férie, comme il nous est ordonné par la tradition, la quatrième à cause du conseil que tinrent les Juifs pour trahir le Seigneur, la sixième à cause de sa passion; quant au dimanche, nous le passons dans la joie, à cause de la résurrection du Seigneur, et nous avons appris à ne pas même fléchir le genou en ce saint jour. » S. Pierre d'Alexandrie, *Epistola canonica*, *P. G.*, t. XVIII, col. 508. Ces jours-là il y avait « synaxe » ou réunion des fidèles; mais aux deux jours de semaine, il n'y avait pas toujours et partout « liturgie » ou célébration de l'eucharistie. Alexandrie avait ses usages particuliers : le mercredi et le vendredi, on lisait l'Écriture et on l'interprétait, on accomplissait tout ce qui était de la synaxe, excepté les saints mystères; c'est en ces jours-là de préférence qu'Origène enseignait à l'église; du reste, les lecteurs et interprètes pouvaient être, soit des catéchumènes, soit des fidèles, tandis que partout ailleurs on n'acceptait pour cet office que des fidèles baptisés; mais depuis qu'Arius avait troublé Alexandrie, les prêtres mêmes n'étaient plus admis à prêcher. Socrate, *Hist. eccl.*, V, XXII, *P. G.*, t. LXVII, col. 636; Bar Hebraeus, *Chronicon ecclesiasticum*, éd. Abbeloos et Lamy, t. I, col. 120. Avec le temps, on prit l'habitude de sanctifier aussi le samedi; et là encore Alexandrie et l'Égypte avaient leurs coutumes propres : à Alexandrie, comme à Rome, contrairement à ce qui se pratiquait ailleurs, on ne célébrait pas ce jour-là de liturgie eucharistique; dans le voisinage d'Alexandrie et en Thébaïde, on avait un usage très spécial : c'est le soir, après avoir pris leur repas, que les fidèles se réunissaient et participaient aux mystères. Socrate, *ibid.* La grande fête de l'année était celle de Pâques : dès le III siècle, on s'y préparait par une « semaine sainte » (S. Denys d'Alexandrie, *Epistola ad Basilidem*, 1, *P. G.*, t. X, col. 1277); plus tard, à partir du IV siècle, on s'y préparait par une « sainte quarantaine » ou carême (voir S. Athanase, *Lettres festales*, passim); à Alexandrie, le carême était de six semaines, tandis qu'en d'autres endroits il était de trois semaines, et ailleurs de sept. Socrate, *ibid.* Pendant ce temps de pénitence, on s'abstenait de viande et de vin. S. Timothée d'Alexandrie, *Responsa canonica*, resp. 8, *P. G.*, t. XXXIII, col. 1302. On jeûnait aussi pendant les jours qui suivaient la Pentecôte. S. Athanase, *Apologia de fuga*, 6, *P. G.*, t. XXV, col. 652. La fête de Noël est d'institution plus récente; cependant on sait que Paul d'Emèse, en 432, prononça un discours sur la nativité du Sauveur, le 25 décembre, dans la grande église d'Alexandrie. *P. G.*, t. LXXVII, col. 1433.

6° *La date de Pâques.* — La question pascale eut une importance particulière à Alexandrie. Primitivement, les chrétiens d'Asie Mineure célébraient la Pâque d'après le calendrier hébreu, le 14 nisan, quel que fût le jour de la semaine : on les appelait pour cela les « quartodécimans ». Ailleurs, la plupart des fidèles célébraient la Pâque le dimanche qui suivait le 14 nisan. De là surgit une controverse. Vers l'année 190, les évêques de Palestine, réunis en synode, désirent faire connaître à toutes les Églises que, pour la date de Pâques, ils se concertent avec Alexandrie. Eusèbe, *Hist. eccl.*, V, XXV, *P. G.*, t. XX, col. 508-509. Vers l'année 196, Démétrius, évêque d'Alexandrie, écrivit sur ce sujet une lettre aux évêques de Jérusalem, d'Antioche et de Rome. Eutychius, *Annales*, *P. G.*, t. CXI, col. 989. Vers le même temps, Clément d'Alexandrie composait un traité sur la Pâque, inspiré par Méliton de Sardes. Eusèbe, *Hist. eccl.*, IV, XXVI; VI, XIII, *P. G.*, t. XX, col. 393, 548-549; *Chronicon paschale*, *P. G.*, t. XCII, col. 81. Les évêques d'Alexandrie adoptèrent l'usage d'adresser, aussitôt après la fête de l'Épiphanie, aux Églises de leur dépendance, des « lettres festales » (ἐπιστολαὶ ἑορταστικαί) semblables aux mandements épiscopaux de nos jours (Cassien, *Collatio*, x, 2, *P. L.*, t. XLIX, col. 821) : ils y indiquaient la date de Pâques, et proposaient quelques considérations pieuses. On a conservé plusieurs lettres pascales de saint Denys d'Alexandrie : l'une, adressée à Domice et à Didyme, en 251, contenait un cycle pascal de huit ans, et affirmait que la fête devait toujours avoir lieu après l'équinoxe du printemps. Eusèbe, *Hist. eccl.*, VII, XX, *P. G.*, t. XX, col. 681. Un Alexandrin, Anatole, devenu évêque de Laodicée, composa un cycle pascal qui commence en 276 et comprend dix-neuf années. Eusèbe, *Hist. eccl.*, VII, XXXII, *P. G.*, t. XX, col. 728. De saint Pierre d'Alexandrie on a un traité sur la Pâque. *P. G.*, t. XVIII, col. 511 sq. Saint Alexandre lutta contre un certain Crescentius à propos de la célébration de la Pâque. S. Épiphane, *Haeres.*, LXX, 9, *P. G.*, t. XLII, col. 356. La question fut agitée au synode d'Alexandrie, en 323-324. Elle fut traitée plus à fond au concile de Nicée en 325 : il semble bien qu'il ne s'agissait plus seulement de la coutume des quartodécimans, mais de divergences plus subtiles : pouvait-on célébrer la Pâque avant l'équinoxe? et quelle était la date exacte de l'équinoxe? « Le concile général décida d'un avis unanime que l'Église d'Alexandrie, puisqu'elle était parfaitement versée dans cette science, indiquerait chaque année le jour de Pâques à l'Église de Rome, qui l'annoncerait à l'Église universelle. » S. Cyrille d'Alexandrie, *Prologus paschalis*, 2, *P. G.*, t. LXXVII, col. 385; S. Léon, *Epist.* CXXI, *ad Marcianum*, *P. L.*, t. LIV, col. 1060; cf. L. Duchesne, *La question de la Pâque au concile de Nicée*, dans la *Revue des questions historiques*, 1880, t. XXVIII, p. 3 sq. On a retrouvé de nombreuses lettres pascales de saint Athanase, qui fournissent de précieux renseignements sur l'histoire de son temps. *P. G.*, t. XXVI, col. 1339-1444. L'évêque arien Lucius écrivit aussi de semblables lettres. S. Jérôme, *De viris illustribus*, 118, *P. L.*, t. XXIII, col. 710; Mansi, *Concilior. ampl. collect.*, t. X, col. 1114. A la prière de l'empereur Théodose, le patriarche Théophile composa un cycle pascal qui commençait à l'année 380 et comprenait 418 ans; on a aussi de lui des fragments de lettres festales. *P. G.*, t. LXV, col. 47-60. Des difficultés s'étant présentées pour la date de Pâques de 414, le pape Innocent ne consulta pas le patriarche d'Alexandrie, mais Aurelius, évêque de Carthage. *P. L.*, t. XX, col. 517; *Acta sanct.*, oct. t. XI, p. 859. On a de saint Cyrille vingt-neuf « discours de Pâques », d'un ton plus oratoire que les lettres de ses prédécesseurs. *P. G.*, t. LXXVII, col. 391-981. En Orient, on suivait sans difficulté les décisions des évêques alexandrins; mais en Occident, à partir du V siècle, on se mit à faire des calculs, et la concordance n'était pas toujours parfaite. En 444, les Romains prétendaient que Pâques devait tomber le 26 mars, et le cycle de Théophile indiquait le 23 avril; saint Léon consulta saint Cyrille, qui maintint la date alexandrine; il consulta encore Paschasinus, évêque de Lilybée en Sicile, qui fit la même réponse, alléguant, entre autres raisons, un miracle arrivé l'an 417 : les latins, disait-il, ayant fait la Pâque le 25 mars, les fonts baptismaux, qui se remplissaient d'eux-mêmes à cette solennité, ne se remplirent que la nuit du 22 avril, date des Alexandrins. *P. L.*, t. LIV, col. 606-609. En 455, saint Protérius soutint la date du 24 avril contre saint Léon, suivant le cycle de Théophile. *P. L.*, t. LIV, col. 1084 sq. Peu à peu cependant, la science se généralisait, et on eut moins recours aux patriarches d'Alexandrie; mais on continua d'appliquer leurs principes : un moine scythe qui écrivait à Rome au commencement du VI siècle, Denys le Petit, insista sur l'adoption du cycle alexandrin de dix-neuf ans, et continua les tables pascales de saint Cyrille, à partir de 525, pour une durée de quatre-vingt-quinze ans. *P. L.*, t. LXVII.

7° *Vie monastique.* — Le mouvement qui pousse certaines âmes vers la solitude est de tous les temps et de tous les pays; mais il se manifesta d'une façon plus éclatante aux premiers siècles du christianisme en Égypte : et la ville d'Alexandrie fut en rapports constants avec les anachorètes, ermites ou cénobites. On a voulu faire remonter jusqu'à saint Marc l'institution des « ascètes ». Origène parle de vierges et d'abstinents, et laisse entendre qu'ils avaient embrassé un état de vie à part. Origène, *In Rom.*, I, 2, *P. G.*, t. XIV, col. 841. Vers le milieu du IIIe siècle, pendant la persécution de Dèce, un jeune homme du nom de Paul allait chercher dans le désert la tranquillité : il était originaire d'Alexandrie, et il se réfugia d'abord dans un tombeau voisin de la ville (*Synaxaire copte*, 2 Emschir); suivant saint Jérôme, il était né en Basse-Thébaïde); il avait assez oublié le monde, après une centaine d'années de solitude, pour demander à saint Antoine qui le visitait si les hommes bâtissaient toujours des maisons dans les antiques cités; mais il savait aussi les luttes religieuses qui agitaient Alexandrie, et il prenait parti pour la vérité; sa dernière prière fut comme une profession de foi : il voulut être enseveli dans un manteau de saint Athanase. S. Jérôme, *Vita S. Pauli, P. L.*, t. XXIII, col. 17-28. Saint Antoine avait sans doute connu saint Athanase au désert. Il vint plusieurs fois à Alexandrie pour encourager les fidèles, soit pendant la persécution de Maximin, soit pendant les séditions des ariens. S. Athanase, *Vita S. Antonii, P. G.*, t. XXVI, col. 835-976. Un des premiers disciples de saint Antoine, saint Hilarion, né en Palestine, étudia d'abord à Alexandrie et s'y fit chrétien; il y passa de nouveau en 362, après avoir fait un long séjour dans son pays natal, et se reposa une nuit dans un monastère du Bruchium. S. Jérôme, *Vita S. Hilarionis*, 2, 33, *P. L.*, t. XXIII, col. 29, 46. Saint Pakhôme, le fondateur de la vie cénobitique dans la Thébaïde, était très attaché à saint Athanase. Quand ses frères revenaient d'un voyage à Alexandrie, il les questionnait longuement sur la sainte Église du Christ. Peu avant sa mort, il envoya dans la grande ville Théodore l'Ancien ou le Sanctifié pour féliciter l'évêque qui venait d'être rétabli sur son siège. Il vit affluer vers lui de nombreux Alexandrins, leur construisit un monastère spécial, et leur donna pour supérieur l'un d'entre eux, Théodore le Lecteur : « Le père Pakhôme mit à la tête des frères d'origine grecque; quand notre père Pakhôme parlait aux frères la parole de Dieu, c'est lui qui la traduisait en grec, car les autres ne connaissaient pas la langue copte, et lui l'avait apprise pendant son séjour dans le monastère... Et notre père Pakhôme prit soin d'apprendre le grec, afin de les encourager souvent d'après les Écritures. » E. Amélineau, *Histoire de saint Pakhôme et de ses communautés*, dans les *Annales du musée Guimet*, t. XVII, p. 147, 476; *Acta sanct.*, 1680, maii t. III, p. 319. Un de ces jeunes novices était Ammon : à l'âge de dix-sept ans, n'étant pas encore baptisé, il fut touché par les prédications où saint Athanase louait le bonheur des moines et des vierges, et il se résolut à embrasser la vie monastique; il faillit s'attacher d'abord à un moine hérétique de Thébaïde qui se trouvait à Alexandrie; mais détrompé par Paul, prêtre de l'Église de Persée, il partit pour Tabenne avec deux moines de cet ordre : ayant appris au bout de trois ans que son père et sa mère ne se consolaient pas de son absence, il obtint de les visiter à Alexandrie; de là, sur le conseil de ses supérieurs, il se retira dans les solitudes de Nitrie; plus tard, il devint évêque, et il raconta lui-même les détails de sa vocation religieuse dans une lettre adressée au patriarche Théophile. *P. G.*, t. XL, col. 1065; *Acta sanct.*, *loc. cit.* Un autre moine célèbre fut Macaire, surnommé le Citadin (ὁ Πολιτικός), pour le distinguer d'un autre appelé Macaire l'Égyptien : il était originaire d'Alexandrie, et il enseigna peut-être au Didascalée; puis il embrassa la vie monastique, et vécut en Thébaïde, à Scété et en Nitrie. Plus tard, au VIe siècle, un marchand d'Alexandrie, Cosmas, après avoir voyagé jusqu'aux Indes pour ses affaires, se retira dans la solitude, où il s'occupa d'écrire. Cosmas Indicopleustes, *Topographia christiana, P. G.*, t. LXXXVIII, col. 51-476. Les moines de la Thébaïde mettaient une dizaine de jours à descendre le Nil en barque jusqu'à Alexandrie (U. Bouriant, *Fragments coptes*, dans les *Mémoires de la mission archéologique française au Caire*, t. VIII, p. 5); ils y venaient pour affaires, afin de vendre leurs travaux ou le surplus de leurs récoltes et se procurer en échange quelques provisions nécessaires aux malades; ils y venaient aussi par motif de charité : les pauvres étant devenus rares autour d'eux, ils amenaient jusqu'à Alexandrie une grande provision de blé, qu'on distribuait aux étrangers, aux prisonniers et aux indigents. Rufin, *Vitae Patrum*, II, 18, *P. L.*, t. XXI, col. 440; Pallade, *Historia lausiaca*, 76, *P. G.*, t. XXXIV, col. 1170. Certains étaient conduits par un sentiment de touchante délicatesse : un moine de Scété, qui avait été esclave, venait chaque année apporter à ses maîtres quelques présents et leur rendre quelques humbles services : c'était à ses yeux comme une redevance pour la liberté qui lui avait été laissée de servir Dieu. *Verba seniorum*, 17, *P. L.*, t. LXXIII, col. 747-748. Pendant leur séjour dans la ville, la conduite des moines était toute sainte. L'abbé Isidore, interrogé à son retour sur ce qu'il avait vu, répondit : « Je n'ai vu que le visage de l'archevêque. » *Verba seniorum*, 55, *P. G.*, t. LXV, col. 221; *P. L.*, t. LXXIII, col. 871. Un autre, l'abbé Pambon, ayant aperçu une comédienne, se prit à pleurer en songeant au triste sort de cette femme, et en pensant qu'elle se donnait plus de peine pour plaire aux hommes pervers que lui pour plaire à Dieu. Socrate, *Hist. eccl.*, IV, XIX, *P. G.*, t. LXVII, col. 513. Ils accouraient en foule quand ils croyaient la foi en danger : ainsi faisait saint Antoine (S. Athanase, *Vita S. Antonii*, 46, *P. G.*, t. XXVI, col. 909-912); ainsi faisait plus tard le moine Évagre. *Paradisus Patrum, P. G.*, t. LXV, col. 448. Quelques-uns, dans leur zèle tumultueux, se portèrent parfois à des excès regrettables, comme le jour où ils attaquèrent le préfet Oreste. Socrate, *Hist. eccl.*, VII, XIV, *P. G.*, t. LXVII, col. 765. Dans la ville même, il y avait plusieurs monastères : on connaît celui du Bruchium, où se reposa saint Hilarion (S. Jérôme, *Vita S. Hilarionis*, 33, *P. L.*, t. XXIII, col. 46); on cite encore le couvent des Tabennésiotes. Jean de Nikiou, *Chronique*, p. 482, 515, 574. Quelques-uns menaient une vie moins pénitente qu'au désert : se laissant gagner par la contagion de la grande ville, ils tombaient dans le relâchement. E. Amélineau, *Histoire de saint Pakhôme et de ses communautés*, dans les *Annales du musée Guimet*, t. XVII, p. 141-147, 474-476. La plupart cependant méritaient les éloges enthousiastes que leur adressait le saint évêque Sérapion de Thmuis : « Heureuse ville d'Alexandrie, qui possède en vous des intercesseurs ! Les villes de Sodome n'auraient pas été réduites en cendres si dix justes y avaient habité. » S. Sérapion, *Epistola ad monachos Alexandrinos*, 4, *P. G.*, t. XL, col. 929. Un petit nombre d'hommes pieux, au lieu de se soumettre à une règle, aimaient mieux vivre en reclus ou s'occuper d'œuvres de charité; ainsi Euloge, ayant renoncé au monde, et ne voulant pas vivre en communauté, recueillit un pauvre estropié et le soigna dans sa maison (Pallade, *Historia lausiaca*, 26, *P. G.*, t. XXXIV, col. 1071); ainsi le soldat Jean vécut auprès des degrés de l'église Saint-Pierre, passant une partie de ses journées dans le silence et la prière, et s'occupant à tresser des corbeilles en dehors du temps que réclamait le service militaire. Moschus, *Pratum spirituale*, 73, *P. G.*, t. LXXXVII, col. 2925. C'est surtout dans les environs de la ville que les moines étaient nombreux : Pallade et Sozomène en comptent deux mille. Pallade, *Historia lausiaca*, 7, *P. G.*, t. XXXIV, col. 1019; Sozomène, *Hist. eccl.*, VI, XXIX, *P. G.*, t. LXVII, col. 1373. A l'est, Canope donnait refuge à des anachorètes : c'est là que vivait Ammone, lorsque les troubles suscités par l'intrus Lucius, en 373, l'obligèrent à fuir; c'est là que le patriarche Théophile établit, sur l'emplacement du Sérapeum ruiné, un monastère qui reçut le nom de Métanie (Μετάνοια ou de la Pénitence) : il y installa d'abord des moines de Jérusalem qui, effrayés par les démons, ne purent y demeurer; des moines pakhômiens, venus de la Thébaïde, y fondèrent une communauté qui devint très vite prospère : des religieux accouraient de tous côtés, même de l'Occident; plusieurs ne comprenant ni le grec ni le copte, saint Jérôme fut prié de traduire pour eux en latin les règles de saint Pakhôme. Eunape, *Vita Aedesii*; S. Jérôme, *Præfatio ad regulam Pachomii*, *P. L.*, t. XXIII, col. 63; Zoega, *Catalogus codicum copticorum*, p. 265; cf. E. Révillout, *Senuti le prophète*, dans la *Revue de l'histoire des religions*, 1883, t. VIII, p. 419 et 549. L'illustre courtisan Arsène y passa probablement peu après sa conversion ; il y fit, vers la fin de sa vie, un séjour de trois ans, vint ensuite à Alexandrie, enfin retourna à la solitude de Troé, près de Memphis, où il mourut. Le prêtre Athanase, neveu de saint Cyrille, le patriarche Timothée Salophaciole, Victor de Tunes, séjournèrent aussi à Canope. A l'ouest d'Alexandrie, les monastères étaient nombreux. Il y en avait un à cinq milles de distance, qu'on appelait en latin *Quintum*, en grec τὸ Πέμπτον. Pallade, *Historia lausiaca*, 1, *P. G.*, t. XXXIV, col. 1010; *Revue de l'Orient chrétien*, 1900, t. v, p. 57; *ibid.*, 1901, t. VI, p. 66, 367. Il y en avait un autre, beaucoup plus important, à neuf milles, qu'on appelait *Nonum*, τὸ Ἔνατον, ou bien Salama, Tugara, ou encore monastère du Mont-Thabor, monastère des Pères; on l'appela encore Zougag en arabe, ou Mahew en éthiopien, c'est-à-dire monastère du Verre. *Apophthegmata Patrum*, *P. G.*, t. LXV, col. 196-197, 253, 256; Justinien, *Tractatus contra monophysitas ad monachos qui sunt in Nono Alexandriae*, *P. G.*, t. LXXXVI, col. 1104; Léonce de Byzance, *De sectis*, v, 3, *P. G.*, t. LXXXVI, col. 1229; Jean Moschus, *Pratum spirituale*, *P. G.*, t. LXXXVII, *passim*; Cotelier, *Ecclesiae graecae monumenta*, t. I, p. 460, 520, 523; Jean de Nikiou, *Chronique*, p. 516; Zoega, *Catalogus codicum copticorum*, p. 92, 357; Land, *Anecdota Syriaca*, t. II, p. 177, 271; Zacharie le Scholastique, *Vie de Sévère d'Antioche*, dans la *Patrologia orientalis* de Graffin-Nau, t. II, p. 14, 24, 27, 39; Sévère d'Aschmounein, *History of the patriarchs of Alexandria*, dans *Patrologia orientalis*, t. I, p. 470, 472, 473, 485; Abû-Sâlih, *The churches and monasteries of Egypt*, éd. Evetts, p. 229; Bar Hebraeus, *Chronicon ecclesiasticum*, éd. Abbeloos et Lamy, t. I, col. 420, note 1, col. 268; t. III, col. 92; Makrizi, *ibid.*, p. 322; E. Quatremère, *Mémoires géographiques et historiques sur l'Égypte*, t. I, p. 485-488; *Observations sur quelques points de la géographie de l'Égypte*, p. 50-51; *Histoire des sultans mamelouks de l'Égypte*, 3ᵉ partie, appendice, t. II, p. 235-236; Amélineau, *Géographie de l'Égypte à l'époque copte*, p. 531-532; *Revue de l'Orient chrétien*, t. III, p. 245; t. IV, p. 134, 348, 543, 545, 551; t. v, p. 399; t. VI, p. 65-66; t. VII, p. 109; 1908, t. XIII, p. 200; 1910, t. XV, p. 51; *Bulletin de la Société archéologique d'Alexandrie*, n. 8, p. 11-19; *ibid.*, n. 9, p. 3-12, etc. Au sud de l'Énaton, était le monastère d'Amba Niah. *Synaxaire copte*, 25, Baonah, cité par Amélineau, *Géographie*, p. 127. Un peu plus loin que l'Énaton, à quinze milles d'Alexandrie, était la laure de Calamon (Moschus, *Pratum spirituale*, 162, *P. G.*, t. LXXXVII, col. 3029), entre Maphora et un autre couvent situé à dix-huit milles, qu'on appelait Ὀκτωκαιδέκατον. Moschus, *loc. cit.*, *passim*; S. Anastase le Sinaïte, *Viae dux*, 10, 22, *P. G.*, t. LXXXIX, col. 161, 296; Métaphraste, *Vita S. Theodorae Alexandrinae*, *P. G.*, t. CXV, col. 669; *Revue de l'Orient chrétien*, t. v, p. 64, 83, 379, etc. Un peu plus loin encore, à vingt milles, se trouvait l'Εἰκοστόν. J. Lebon, *Le monophysisme sévérien*, p. 85, note 3. En continuant vers le sud-ouest, on trouvait à trois lieues d'Alexandrie les fameux sanctuaires de saint Ménas, très fréquentés par les pèlerins. C. M. Kaufmann, *La découverte des sanctuaires de Ménas dans le désert de Maréotis*, Alexandrie, 1908, traduit de l'allemand; *Die Menasstadt und das Nationalheiligtum der altchristlichen Aegypter in der westalexandrinischen Wüste*, Leipzig, in-fol., en cours de publication. Plus loin encore, dans la même direction, étaient les monastères de Scété, de Nitrie et des Cellules. A Alexandrie même, un grand nombre de femmes pieuses consacraient à Dieu leur virginité; mais elles ne se retiraient pas toutes dans la solitude : plusieurs restaient dans le monde, par exemple cette vierge chez qui Athanase demeura caché pendant six ans (Pallade, *Historia lausiaca*, 136, *P. G.*, t. XXXIV, col. 1235); quelques-unes vivaient en recluses; une humble servante, Alexandra, s'était enfermée dans un tombeau, de peur que sa beauté ne fût un objet de tentation; elle y demeura dix ans, sans se montrer à personne, et recevant par une mince ouverture ce qui était nécessaire à sa subsistance; elle détaillait ainsi sa vie à Mélanie l'Ancienne, qui était venue lui faire visite : « Le matin jusqu'à la neuvième heure, je prie; ensuite, je file du lin pendant une heure; le reste du temps, je contemple en esprit les saints patriarches, les prophètes, les apôtres et les martyrs; puis, ayant pris un morceau de pain, j'achève la journée avec constance. » Pallade, *Historia lausiaca*, 5, *P. G.*, t. XXXIV, col. 1017-1018. Il y eut aussi des couvents de femmes : au IIIᵉ et au IVᵉ siècle, sainte Synclétique avait sous sa direction un grand nombre de filles auxquelles elle enseignait les voies de la perfection (S. Athanase? *Vita S. Syncleticae*, *P. G.*, t. XXVIII, col. 1485-1558); vers la fin du IVᵉ siècle, les sœurs de saint Isidore l'Hospitalier gouvernaient une communauté de soixante-dix religieuses. Pallade, *Historia lausiaca*, 1, *P. G.*, t. XXXIV, col. 1010. La plupart des femmes pieuses que l'histoire ou la légende fait vivre dans la solitude au vᵉ siècle ont quelque relation avec Alexandrie : sainte Marine, qui vécut sous un déguisement dans un monastère d'hommes, était originaire d'Alexandrie, d'après quelques documents (Rosweyde, *Vitae Patrum*, 1628, p. 394; *Revue de l'Orient chrétien*, t. IX, p. 277, 367; t. IX, p. 566-567); sainte Euphrosyne, sainte Eugénie, sainte Théodora vécurent à Alexandrie, avant d'entrer dans des monastères sous des habits d'homme. Sainte Eusebia ou Xenia, que ses parents voulaient marier contre son gré, s'enfuit de Rome sous un déguisement, et passa par Alexandrie, avant d'aller fonder un monastère au pays de Carie. Sainte Marie l'Égyptienne, au vɪᵉ siècle, avait scandalisé Alexandrie par ses désordres avant de se retirer dans les solitudes de Palestine. Au vɪᵉ siècle encore, les saints époux Andronic et Athanasie, s'étant consacrés à une vie de pénitence, terminèrent leurs jours dans une cellule qu'ils s'étaient construite à Alexandrie ou dans un monastère des environs. *Revue de l'Orient*, t. v, p. 380-384; t. vɪ, p. 74-76.

Le droit de propriété sur les monastères ne fut pas toujours exempt d'abus. En l'année 535, l'empereur

Justinien écrivait : « Nous avons appris qu'un délit des plus mauvais se commet chez les Alexandrins et chez les Égyptiens, et même en quelques autres lieux de l'empire : certains ont l'audace de vendre, échanger ou donner les vénérables monastères; ...nous défendons absolument que cela se fasse désormais, ne permettant à personne de commettre ce délit, et déclarant cet acte nul de toutes les façons. » Justinien, *Novelles*, VII, c. XII; cf. M.-J. Bry, *Essai sur la vente dans les papyrus gréco-égyptiens*, Paris, 1909, p. 321-322.

8° *Parabolans et philopones*. — Pendant la peste qui sévit à Alexandrie en 253, les fidèles firent preuve d'un grand dévouement : « La charité que les chrétiens de cette Église témoignèrent alors peut avoir donné le commencement à la compagnie des parabolans, destinés à prendre soin des morts. » Tillemont, *Mémoires*, 1701, t. IV, p. 261. Le nom de « parabolans » ou « parabalans » désignait, dans le langage du cirque, des hommes qui affrontaient les plus grands dangers; à Alexandrie, il désignait les hommes dévoués et courageux qui affrontaient la contagion des malades et des morts. Sophrone, *Miracula SS. Cyri et Joannis*, XXXV, *P. G.*, t. LXXXVII, col. 3544. On a prétendu qu'ils avaient été les meurtriers d'Hypatie en 415 : ce n'est pas improbable, mais ce n'est pas prouvé. Il est certain qu'à cette époque ils avaient une grande puissance; en 416, une députation d'Alexandrins demandait à l'empereur de les réduire; et Théodose le Jeune prit des mesures en conséquence : il décida que désormais les parabolans ne seraient que de cinq cents; ils se recruteraient, non point parmi les riches, qui achetaient cette charge, mais parmi les pauvres choisis dans les corps de métiers; leurs noms seraient donnés au préfet d'Égypte, qui les transmettrait au préfet du prétoire; il leur était défendu d'assister aux spectacles publics et de paraître aux tribunaux, excepté quand ils viendraient en simples particuliers défendre leurs intérêts personnels, ou quand leur syndic viendrait soutenir les intérêts de la communauté : ceux qui violeraient cette défense seraient effacés des cadres sans espoir d'y être inscrits de nouveau, et encourraient des peines proportionnées au délit; en cas de mort de l'un d'eux, c'est au préfet augustal qu'il appartenait de désigner son remplaçant. *Code théodosien*, XVI, II, 42. En 418, le nombre de cinq cents parut insuffisant aux besoins de la ville : il fut porté à six cents; et leur société fut placée sous la direction du patriarche. *Ibid.*, 43. Il y eut aussi à Alexandrie une sorte de confrérie d'étudiants, qui avaient reçu le nom de « philopones » ou amis du travail tel ce Ménas, « de pieuse mémoire, dont l'orthodoxie, l'humilité de vie, la grande chasteté, l'amour de son semblable et la commisération envers les pauvres étaient universellement attestés; il était en effet de ceux qui fréquentent avec assiduité la sainte église, ceux que les Alexandrins, suivant la coutume du pays, ont l'habitude d'appeler φιλόπονοι...; » d'autres jeunes gens fréquentent les églises « avec ceux qu'on appelle à Alexandrie φιλόπονοι, qui sont appelés en d'autres lieux zélateurs, et dans d'autres encore *compagnons*...; » ils forment un corps organisé; ils ont un chef, Hésychius, qui devient prêtre plus tard. Zacharie le Scholastique, *Vie de Sévère*, dans la *Patrologia orientalis* de Graffin-Nau, t. II, p. 12, 26, 33; S. Petridès, *Spoudaei et philopones*, dans les *Échos d'Orient*, 1904, p. 341-345. C'est peut-être à une corporation semblable qu'appartenait le grammairien Jean Philopon, au VIe siècle.

9° *Hôtes et visiteurs*. — Il n'est pas indifférent, pour l'histoire d'Alexandrie, de relever quelques noms de personnages illustres qui la traversèrent.

Si l'*Exhortation aux Grecs* attribuée à saint Justin était vraiment de lui, il faudrait noter ici une visite qu'il aurait faite à Alexandrie vers le milieu du IIIe siècle, au cours de laquelle il aurait vu à Pharos les vestiges des cellules où les Septante avaient traduit la Bible. Justin, *Cohortatio ad Graecos*, 13, *P. G.*, t. VI, col. 268. Il raconte lui-même que le commencement de sa conversion eut lieu au cours d'une promenade qu'il fit près de la mer, où il rencontra un vieillard qui l'instruisit (S. Justin, *Dialogus cum Tryphone*, 3, *P. G.*, t. VI, col. 477-480); quelques auteurs ont pensé que cette ville pouvait bien être Alexandrie. D. Maran, *Praefatio in Justinum*, part. III, cap. I, n. 5, *P. G.*, t. VI, col. 111. Jules Africain, attiré par la renommée de saint Héraclas, vint lui faire visite au IIIe siècle. Eusèbe, *Hist. eccl.*, VI, XXXI, *P. G.*, t. XX, col. 589. Saint Grégoire le Thaumaturge, après avoir entendu les leçons d'Origène à Césarée de Palestine, vint à Alexandrie vers 236 : c'est du moins l'opinion de graves historiens (Tillemont, *Mémoires*, Paris, 1696, t. IV, p. 323 et 668) combattue par d'autres. A. Poncelet, *La vie latine de saint Grégoire le Thaumaturge*, dans *Recherches de science religieuse*, 1910, t. I, p. 145. L'illustre Osius, évêque de Cordoue et ami de Constantin le Grand, fut envoyé à Alexandrie pour apaiser les premiers troubles causés par l'hérésie d'Arius : il assista probablement au synode qui fut tenu par l'évêque Alexandre en 324. Sozomène, *Hist. eccl.*, I, XV, *P. G.*, t. LXVII, col. 904. Saint Frumence, après avoir rempli d'importantes fonctions en Éthiopie, vint demander à saint Athanase un évêque pour ce pays : ce fut lui-même qui fut consacré. Rufin, *Hist. eccl.*, I, 9, *P. L.*, t. XXI, col. 479-480; Socrate, *Hist. eccl.*, I, XIX, *P. G.*, t. LXVII, col. 128-129; Sozomène, *Hist. eccl.*, II, XXIV, *ibid.*, col. 1000; Théodoret, *Hist. eccl.*, I, 22, *P. G.*, t. LXXXII, col. 972. Saint Grégoire de Nazianze étudia quelque temps à Alexandrie vers 345. C'est donc avec l'autorité d'un témoin qu'il pouvait dire plus tard de cette ville où il avait séjourné : « Elle égale Constantinople, ou vient de suite après elle; elle surpasse en tout les autres cités; mais elle n'a rien de plus particulier que l'ardeur des âmes et, ce qui fait son plus bel ornement, son christianisme. » S. Grégoire, *Orat.*, XXV, 3, *P. G.*, t. XXXV, col. 1201. Sans doute, il n'y vit pas saint Athanase, dont il devait cependant prononcer dans la suite un magnifique panégyrique. *Orat.*, XXI, *P. G.*, t. XXXV, col. 1081-1128. Césaire, frère de saint Grégoire, l'avait précédé à Alexandrie et il y resta encore après lui pour se former à la médecine. *Orat.*, VII, 6, *P. G.*, t. XXXV, col. 761. Saint Basile, après avoir vécu à Athènes dans l'amitié de saint Grégoire, cherchait à entrer dans la voie de la perfection; il visita la Syrie et l'Égypte, et s'arrêta quelque temps à Alexandrie pour y voir le philosophe Eustathe, qu'il n'y trouva cependant pas. C'était vers 356, au moment où Georges l'arien exerçait ses fureurs contre les fidèles. S. Basile, *Epist.*, I, *P. G.*, t. XXXII, col. 221. Saint Eusèbe de Verceil et saint Astérius de Petra assistèrent au concile d'Alexandrie tenu en 362 par saint Athanase. Rufin, *Hist. eccl.*, I, 27-29, *P. L.*, t. XXI, col. 497-499.

Sainte Mélanie l'Ancienne, pieuse dame romaine, visita, en 372-373, les solitaires d'Égypte avec saint Isidore l'Hospitalier; à Alexandrie, elle assista aux leçons de Didyme avec Rufin d'Aquilée; après la mort de saint Athanase, en 373, les ariens ayant suscité une persécution, Rufin fut emprisonné (Rufin, *Apologia ad Anastasium papam*, 2, *P. L.*, t. XXI, col. 624). Mélanie employait pendant ce temps ses grandes richesses à soulager les pauvres et les confesseurs de la foi; puis, au bout de quelques mois, elle se rendit en Palestine. Rufin demeura six ans à Alexandrie avant d'aller se fixer à Jérusalem, et il y fit plus tard un séjour de deux ans. Rufin, *Apologia in Hieronymum*, II, 12, *P. L.*, t. XXI, col. 594.

Saint Jérôme vint de Palestine avec sainte Paule, en 386, pour s'instruire des Écritures auprès de Didyme. Après un mois de séjour, il visita les monastères d'Égypte. S. Jérôme, *Epist.*, LXXXIV, P. L., t. XXII, col. 545; *Apologia adversus libros Rufini*, P. L., t. XXIII, col. 473; *Prologus Comment. in Os.*, P. L., t. XXV, col. 820; etc. Le célèbre Pallade, l'auteur de l'*Histoire lausiaque*, vint à Alexandrie en 388 (*Historia lausiaca*, 1, P. G., t. XXXIV, col. 1009), et il séjourna trois ans dans les monastères des environs; puis il se retira au désert de Scété et à celui des Cellules. Obligé par sa santé de regagner Alexandrie en 400, il en partit pour aller en Palestine. Le saint prêtre Philorome, qui avait souffert pour la foi sous Julien l'Apostat, fit un pèlerinage au sanctuaire de saint Marc, à la suite d'un vœu. Pallade, *Historia lausiaca*, 113, P. G., t. XXXIV, col. 1218.

Le Gaulois Posthumien passait par Alexandrie en 399, au moment des grandes disputes sur l'origénisme. Sulpice Sévère, *Dialog.*, I, 67, P. L., t. XX, col. 187-189. L'historien Orose fit une halte à Alexandrie en 415 ou 416, au cours d'un pèlerinage en Palestine, et il vit les casiers de livres restés vides depuis l'incendie de la grande bibliothèque de Bruchium au temps de César. Paul Orose, *Historiae*, VI, 15, P. L., t. XXXI, col. 1036. Sainte Mélanie la Jeune, avec Pinien son époux, rendit visite à saint Cyrille d'Alexandrie en 416 ou 417. *Analecta bollandiana*, t. VIII, p. 19 sq.; t. XXII, p. 5 sq. Paul d'Émèse, s'étant rendu, en 433, auprès de saint Cyrille pour s'entendre avec lui sur le nestorianisme, prêcha trois discours pour les fêtes de Noël devant le peuple d'Alexandrie. P. G., t. LXXVII, col. 1433 sq.

Pierre l'Ibérien, évêque monophysite de Maiuma, était à Alexandrie en 455 et 457. Évagre, *Hist. eccl.*, II, 8, P. G., t. LXXXVI, col. 2520. Sévère, qui fut évêque monophysite d'Antioche, et son biographe Zacharie le Scholastique, étudièrent à Alexandrie vers 485. Zacharie, *Vie de Sévère*, dans la *Patrologia orientalis* de Graffin-Nau, t. II, p. 11 sq. Il revint en Égypte vers 518, et s'y rencontra avec Julien, évêque d'Halicarnasse. L'impératrice Théodora, au cours de la vie de désordres qui avait précédé son élévation au trône, passa par Alexandrie. Procope, *Historia arcana*, 9.

Les légendes du Ve et du VIe siècle montrent plusieurs grands personnages de Constantinople s'arrêtant à Alexandrie : sainte Apollinaire Synclétique (*Act. sanct.*, 1643, jan. t. I, p. 259); les deux filles de l'empereur Zénon (Noël Giron, *Légendes coptes*, p. 44 sq.); Anastasie la patrice (*Revue de l'Orient chrétien*, t. VI, p. 58-67); Caesaria la patrice. *Ibid.*, p. 470-473.

Antonin de Plaisance, faisant un pèlerinage en Orient vers 570, passa par l'Égypte. *Itinerarium*, 45, P. L., t. LXXII, col. 914. Il résumait ainsi ses impressions sur Alexandrie : « C'est une ville splendide; le peuple y est très léger, mais hospitalier; les hérésies y abondent. »

Saint Jean Climaque, à la fin du VIe siècle, fut témoin des vertus que pratiquaient les religieux d'un grand monastère aux environs d'Alexandrie. S. Jean Climaque, *Scala paradisi*, IV, P. G., t. LXXXVIII, col. 681 sq. Jean Moschus et son ami Sophrone, au commencement du VIIe siècle, séjournèrent longtemps à Alexandrie et dans les monastères des environs. Jean Moschus, *Pratum spirituale*, P. G., t. LXXXVII, *passim*; Sophrone, *Miracula SS. Joannis et Cyri*, *ibid.* Ils écrivirent ensemble la vie de saint Jean l'Aumônier, qu'ils avaient connu. Léonce, évêque de Néapolis au VIIe siècle, ayant fait un pèlerinage au tombeau des saints Cyr et Jean, eut l'occasion de s'arrêter à Alexandrie, où il apprit du prêtre Ménas les détails de la vie de saint Jean l'Aumônier; il les nota sur-le-champ et les publia ensuite. P. G., t. XCIII.

10° *Conciles particuliers d'Alexandrie pendant les premiers siècles*. — En 231, l'évêque Démétrius tint deux réunions (Photius, *Bibliotheca*, cod. 118, P. G., t. CIII, col. 397 sq.), où Origène fut condamné. En 306, saint Pierre convoqua un synode où fut condamné Mélétius. S. Athanase, *Apologia contra arianos*, 59, P. G., t. XXV, col. 536 sq. En 320 ou 321, saint Alexandre réunit près de cent évêques qui anathématisèrent Arius. Socrate, *Hist. eccl.*, I, VI, P. G., t. LXVII, col. 44 sq. En 324, nouveau concile, auquel assista probablement Osius de Cordoue, et qui s'occupa de la date de Pâques, du schisme de Mélèce et des fausses ordinations de Colluthus. S. Athanase, *Apologia contra arianos*, 74, P. G., t. XXV, col. 381. En 338 ou 339, saint Athanase assembla les évêques de l'Égypte, de la Libye, de la Thébaïde et de la Pentapole pour examiner les accusations portées contre lui par les ariens. S. Athanase, *Apologia contra arianos*, 1, P. G., t. XXV, col. 248. En 346, il fit confirmer en un synode les décisions du concile de Sardique. Socrate, *Hist. eccl.*, II, XXVI, P. G., t. LXVII, col. 268; Sozomène, *Hist. eccl.*, IV, 1, *ibid.*, col. 1112. En 362, vingt et un évêques traitèrent de questions très importantes et reconnurent la foi de Nicée : leurs décisions furent adoptées dans la suite par un grand nombre d'Églises. Rufin, *Hist. eccl.*, I, 28-29, P. L., t. XXI, col. 498-500; S. Athanase, *Tomus ad Antiochenos*, P. G., t. XXVI, col. 796 sq.; *Epistola ad Rufinianum*, *ibid.*, col. 1180-1181; E. Révillout, *Le concile de Nicée et le concile d'Alexandrie d'après les textes coptes*, dans la *Revue des questions historiques*, 1874, t. XV, p. 329 sq. En 363, sur la demande de Jovien, successeur de Julien l'Apostat, saint Athanase tint un concile à la fin duquel il écrivit à l'empereur une lettre contenant la profession de la vraie foi. S. Athanase, *Ad Jovianum de fide*, P. G., t. XXVI, col. 813-824. En 371, quatre-vingt-dix évêques, réunis avec saint Athanase, écrivent au pape Damase. S. Athanase, *Epistola ad Afros episcopos*, 10, P. G., t. XXVI, col. 1045. Vers 373, les évêques d'Égypte étaient encore réunis avec saint Athanase, pour entendre l'apologie de Marcel d'Ancyre, présentée par son diacre Eugène. Mansi, *Ampliss. collect. concil.*, t. III, col. 469-473. En 399, concile tenu par le patriarche Théophile contre les origénistes. Mansi, *op. cit.*, t. III, col. 981 sq. En 430, concile tenu par saint Cyrille contre Nestorius. Mansi, *op. cit.*, t. IV, col. 1067; S. Cyrille, *Epist.*, XVII, P. G., t. LXXVII, col. 105-121. Vers 452, saint Protérius présida un concile où il essaya de ramener les hérétiques à l'unité de l'Église. Évagre, *Hist. eccl.*, II, 8, P. G., t. LXXXVI, col. 2524; Mansi, *op. cit.*, t. VII, col. 869-870. En 457, l'hérétique Timothée Élure tint un pseudo-synode où il anathématisa le concile de Chalcédoine. Mansi, *op. cit.*, t. VII, col. 869; cf. *ibid.*, col. 909-910. En 477, autre pseudo-synode tenu par Timothée Élure. *Libellus synodicus*, dans Mansi, *op. cit.*, t. VII, col. 1017-1018. En 482, un nombreux synode d'évêques catholiques élut Jean Talaia au siège patriarcal. S. Simplice, *Epist.*, XVII, *ad Acacium*, P. L., t. LVIII, col. 56; Liberat, *Breviarium*, 24, P. L., t. LXVIII, col. 1022. Peu après, Pierre Monge tint un conciliabule pour anathématiser les décrets de Chalcédoine. *Libellus synodicus*, dans Mansi, *op. cit.*, t. VII, col. 1024, 1177. En 578, le patriarche jacobite Damien réunit un synode pour censurer la doctrine de Pierre d'Antioche sur la Trinité. Mansi, *op. cit.*, t. IX, col. 917-920. En 589, saint Euloge tint une nombreuse assemblée d'évêques pour juger une querelle survenue entre Samaritains dans l'interprétation d'un passage de l'Écriture. Photius, *Bibliotheca*, cod. 230, P. G., t. CIII, col. 1086; Mansi, *op. cit.*, t. IX, col. 1021-1022

En 633, le patriarche Cyrus réunit un synode où il soutint le monothélisme. Mansi, *op. cit.*, t. x, col. 603-606.

11° *Évêchés dépendant d'Alexandrie*. — Ce n'est pas ici le lieu d'étudier la province ecclésiastique dont Alexandrie était la capitale. Du moins faut-il noter en Égypte, en Libye et dans la Cyrénaïque la présence de nombreux évêques qui dépendaient du siège de saint Marc et qui continuèrent son œuvre d'évangélisation. L'histoire est malheureusement muette pour les deux premiers siècles du christianisme; mais on sait qu'en 231, Démétrius tint deux synodes d'évêques contre Origène; on sait encore qu'en 320 ou 321, Alexandre convoqua, pour juger Arius, une grande assemblée à laquelle assistèrent près de cent évêques. Nous connaissons actuellement une centaine de sièges de l'ancienne Église alexandrine. Le Quien, *Oriens christianus*, t. II, Index, p. x-xiv; cf. Parthey, *Hieroclis Synecdemus et notitiae graecae episcopatuum*, Notitia i, Berlin, 1866.

XII. DOMINATION ARABE. — Mahomet était mort en 632; Omar, qui lui succéda comme khalife après Abou-Bekr, inaugura l'ère des grandes conquêtes musulmanes : à la fin de 639, les Arabes, conduits par le général Amrou, marchaient sur l'Égypte; en 640, ils s'emparaient de Péluse, puis de Babylone; en 641, ils se présentaient devant Alexandrie.

On a cru longtemps que la ville avait soutenu un siège de quatorze mois; aujourd'hui, on croit plutôt qu'elle n'opposa qu'une faible résistance. A. J. Butler, *The arab conquest of Egypt*, Oxford, 1902. L'attitude des chrétiens en présence des envahisseurs n'est pas facile à déterminer. Coptes et melkites étaient toujours en rivalité; Benjamin, qui était, depuis 623, le patriarche des coptes, s'était enfui de la ville à l'arrivée de Cyrus, patriarche des melkites, en 631; les monophysites égyptiens détestaient les impériaux, qui avaient la faveur de Constantinople, et qui abusaient de leur pouvoir pour les persécuter : beaucoup d'entre eux espéraient que l'invasion leur apporterait la délivrance. Jean de Nikiou, *Chronique, passim*; Eutychius, *Annales, P. G.*, t. cxi, col. 1104, 1106. Un personnage mystérieux, qui porte un nom étrange, Mokaukas, joua dans l'histoire de la conquête un rôle de traître, et on cherche curieusement à lever le masque qui le couvre : les uns reconnaissent en lui un copte de race, les autres un Grec; c'était un haut fonctionnaire, collecteur d'impôts, gouverneur, vice-roi; un document copte l'appelle « archevêque » (*Vie de Samuel de Calamon*, publiée par E. Amélineau et par Estève Pereira); un auteur copte, d'autre part, écrit que Cyrus fut envoyé par l'empereur Héraclius au pays d'Égypte, « pour être à la fois préfet et patriarche. » Sévère d'Aschmounein, *History of the patriarchs of Alexandria*, dans la *Patrologia orientalis* de Graffin-Nau, t. 1, p. 489. Et on a cru pouvoir conclure, non sans quelque hâte et quelque témérité : « Cyrus fut Mokaukas, Mokaukas fut Cyrus, nommé vice-roi et archevêque d'Alexandrie par Héraclius : c'est un point qui peut être regardé maintenant comme définitivement établi. » A. J. Butler, *The arab conquest of Egypt*, p. 508-526. Ce qui est sûr, c'est que l'évêque melkite Cyrus, ayant essayé de traiter avec les musulmans, mécontenta l'empereur, fut rappelé à Constantinople où il fut maltraité, et revint à Alexandrie pour y mourir quelques mois après. Jean de Nikiou, *Chronique*, p. 572; Nicéphore de Constantinople, *Breviarium historicum, P. G.*, t. c, col. 920; Théophane, *Chronographia, P. G.*, t. cviii, col. 693. On se demandera longtemps encore si Amrou a fait brûler ou non la bibliothèque d'Alexandrie. Ibn al-Qifti, *Histoire des sages*, éd. J. Lippert, 1903, p. 354-355; Abd al-Latif, *Relation de l'Égypte*, trad. par S. de Sacy, p. 183, et note 55, p. 240-241; Aboulfarage [Bar Hebraeus], *Historia dynastiarum*, éd. Pococke, 1663, p. 114; Aboulféda, Makrizi, etc. Du moins, il paraît certain que le grammairien Jean Philopon ne put, comme on l'a prétendu, attirer l'attention du vainqueur sur la valeur des « livres de la sagesse qui étaient contenus dans les trésors des rois : » il était mort bien avant l'invasion.

Les empereurs essayèrent à peine de recouvrer la riche province qui venait de leur échapper. En 645, une armée partie de Constantinople sous la conduite de Manuel s'empara d'Alexandrie; mais elle fut aussitôt repoussée. Eutychius, *Annales, P. G.*, t. cxi, col. 1112. Dix ans plus tard, en 655, une flotte byzantine parut en vue d'Alexandrie; mais l'escadre ennemie la joignit en pleine mer et la défit complètement. Maçoudi, *Le livre de l'avertissement et de la revision*, trad. par Carra de Vaux, p. 217. L'Égypte était définitivement perdue; avec ses nouveaux maîtres, elle allait devenir peu à peu arabe et musulmane.

Les coptes acceptèrent sans difficulté la domination des conquérants; leur patriarche Benjamin reparut en 644, après treize ans d'absence, et fut mis en possession des églises, à l'exclusion des melkites. Ceux-ci, privés de l'appui de Constantinople, s'affaiblirent de plus en plus. Pierre II avait succédé à Cyrus; mais il était comme lui infecté de monothélisme, et son élection fut contestée par le pape Martin Ier (*Bullarium*, t. 1, p. 196); quand il mourut, vers 652, le siège demeura vacant pendant soixante-quinze ans. En 680, le prêtre Pierre, représentant la communauté grecque d'Alexandrie, souscrivit aux actes du VIe concile général, qui condamnait les erreurs monothélites (Mansi, *Ampliss. collect. concil.*, t. xi, col. 688); en 681, il prenait part aux délibérations du concile Quinisexte. Mansi, *op. cit.*, t. xi, col. 988.

Bientôt les chrétiens de toute confession sentirent peser lourdement le joug de l'islam, ils eurent grandement à souffrir de ce qu'on a appelé « le pacte d'Omar » : traités comme des gens de race inférieure et des étrangers dans leur propre pays, ils étaient accablés d'impôts, auxquels s'ajoutaient souvent des contributions extraordinaires et ils devaient subir toutes sortes d'avanies. Charlemagne s'intéressa à leur sort, leur envoya des secours et tâcha de fléchir leurs maîtres par des lettres flatteuses et par des présents; Eginhard, *Vita Caroli*, 27, *P. L.*, t. xcvii, col. 51. Guillaume de Tyr, *Des choses advenues en la terre d'outre-mer*, 1, 3. Les difficultés continuelles lassèrent bien des patiences et amenèrent de nombreuses défections. L'Église copte s'isola de plus en plus, ne gardant quelques relations qu'avec Rome. Renaudot, *Historia patriarcharum jacobitarum*, p. 260 sq.; cf. J.-B. Chabot, *Introduction à la Chronique de Tell-Mahré*, p. 18. Les melkites, au vIII[e] siècle, furent de nouveau gouvernés par des évêques; et Cosmas, le premier qu'ils élurent, abjura leur propre monothélisme en 743 (Théophane, *Chronographia, P. G.*, t. cviii, col. 840; Cedrenus, *Historiarum compendium, P. G.*, t. cxxi, col. 884); mais leur situation continuait à être difficile : ils ne trouvaient pas dans tout le pays, pour leurs nouveaux évêques, les trois prélats consécrateurs requis par les canons ecclésiastiques, et ils étaient obligés de les faire ordonner à Tyr. Eutychius, *Annales, P. G.*, t. cxi, col. 1123.

L'Égypte fut peu mêlée à la querelle des iconoclastes qui agitait l'Orient. Les patriarches de Rome, d'Alexandrie, d'Antioche et de Jérusalem n'avaient pas été convoqués par Constantin Copronyme, en 754, au conciliabule de Constantinople (Théophane, *Chronographia, P. G.*, t. cviii, col. 861); mais quelques années après, en 764, les trois patriarches d'Orient, Cosmas d'Alexandrie, Théodore d'Antioche et Théodore de Jérusalem, condamnèrent cette hérésie; et, aujourd'hui encore, l'année ecclésiastique copte fait mémoire, au 14e jour du mois de Tout, du VIIe concile œcuménique, qui fut tenu, en 787, à Nicée contre les iconoclastes et dans lequel le moine Thomas représentait l'Église d'Alexandrie au nom du patriarche melkite Politien. Le Quien, *Oriens christianus*, t. II, col. 462; cf. Mansi, *Ampliss. collect. concil.*, t. XII, col. 1119-1136; t. XIII, col. 133, 365. On a conservé une prétendue lettre du VIIe concile à l'Église d'Alexandrie. Mansi, *op. cit.*, t. XIII, col. 809-820; cf. Hefele-Leclercq, *Hist. des conciles*, t. III, p. 797.

Au IXe siècle, l'Égypte intervint dans le schisme byzantin. En 857, Photius était parvenu à supplanter le saint évêque Ignace sur le siège de Constantinople, et son élévation de simple laïque à la dignité patriarcale avait fait scandale à Alexandrie et à Antioche (Mansi, *Ampliss. collect. concil.*, t. XVI, col. 8); peu après, il était entré en conflit avec le pape Nicolas Ier et il avait dénoncé aux patriarches d'Orient certains usages adoptés par les Occidentaux. Photius, *Epist.*, I, 13, *P. G.*, t. CXII, col. 721-741. En 867, il tint un synode hérétique; et, pour donner de l'autorité à ses actes, il y produisit de faux légats des autres sièges patriarcaux; il avait choisi pour représenter Alexandrie un nommé Léonce, grec d'origine, qui avait été emmené captif en Égypte, où il avait été racheté par le patriarche Michel Ier. Mansi, *Ampliss. coll. concil.*, t. XVI, col. 137, 155. En 869, un concile général fut convoqué à Constantinople : à cette occasion le patriarche melkite d'Alexandrie, Michel Ier, écrivit à l'empereur Basile : il ne pouvait à distance, disait-il, porter un jugement; mais il avait obtenu du gouverneur d'Égypte d'envoyer un légat, Joseph, qui le représenterait au concile. Mansi, *op. cit.*, t. XVI, col. 145-147, 391-393. Joseph prit parti contre Photius « qui avait envahi comme un voleur et un adultère le siège de Constantinople; » et de loin, Michel Ier souscrivit à la sentence de condamnation. Mansi, *op. cit.*, t. XVI, col. 148-149, 190. En 879, quand Photius, après la mort d'Ignace, convoqua un synode à Constantinople, il reçut d'Alexandrie un nouveau légat, Cosmas, avec des lettres de formelle adhésion : Michel II protestait que son prédécesseur Michel Ier avait toujours été du parti de Photius et qu'il avait désavoué les agissements de Joseph en 869. C'est du moins ce qu'on dit dans les *Actes* du synode (Mansi, *op. cit.*, t. XVII, col. 427-438); mais ces *Actes* émanent de Photius, et ils sont justement suspects. En somme, il ne semble pas qu'Alexandrie ait alors suivi très fidèlement Constantinople. Le Quien, *Oriens christianus*, t. II, col. 470-473.

Cependant la décadence allait s'aggravant. Au IXe siècle, le patriarche Christophore prêchait encore en grec (*P. G.*, t. C, col. 1215-1232); moins d'un siècle plus tard, le patriarche Eutychius écrivait en arabe des *Annales* où les erreurs abondent. *P. G.*, t. CXI. L'isolement se faisait complet.

Au milieu du XIe siècle, en 1054, Michel Cérulaire consomma la séparation entre Constantinople et Rome. Le pape Léon IX revendiqua hautement la primauté pour le siège de saint Pierre; et en même temps il réclamait en faveur des anciennes Églises : « Dévoré d'une ambition nouvelle, écrivait-il, tu t'efforces de priver les patriarches d'Antioche et d'Alexandrie des antiques privilèges de leur dignité; tu veux, contre toute espèce de droit, les soumettre à ton pouvoir. » Léon IX, *Epist.*, CII, *P. L.*, t. CXLIII, col. 774. Cérulaire s'était inquiété de savoir si le nom du pape était encore inscrit sur les diptyques d'Alexandrie et d'Antioche, et il essaya d'entraîner dans son parti les Églises d'Orient (Michel Cérulaire, *Epist.*, III, V, *P. G.*, t. CXX, col. 788-820); on sait qu'Alexandrie reçut ses lettres, mais on ignore la réponse qu'elle y fit : on constate seulement que dans la suite, tout en se résignant à une espèce de suprématie de la part de Constantinople, elle attendit longtemps avant d'adhérer pleinement au schisme. L. Bréhier, *Le schisme oriental au XIe siècle*, p. 108, 116, 203, 206, 240-241. Peu à peu, cependant, le rapprochement s'accentuait. Un patriarche du XIIe siècle, Marc, adressa à Théodore Balsamon, évêque d'Antioche, qui résidait à Constantinople, une série de questions relatives à des rites ou à des usages qu'il avait trouvés à Alexandrie : toutes les réponses furent dans le sens byzantin. *P. G.*, t. CXXXVIII, col. 951-1012. Plus tard encore, les évêques melkites, rencontrant de fréquentes difficultés en Égypte, se réfugiaient dans la capitale et y faisaient de longs séjours; mais ils ne représentaient plus qu'une minime portion de l'Église alexandrine.

XIII. AU TEMPS DES CROISADES. — Lorsque, à la fin du XIe siècle et souvent dans la suite, les chrétiens d'Occident, obéissant à un magnifique élan de piété chevaleresque, se levèrent pour reconquérir sur les musulmans le tombeau de Jésus-Christ, il leur arriva maintes fois de tourner les regards vers l'Égypte, où ils savaient que les soudans étaient particulièrement puissants : et alors, il s'agissait de prendre Babylone (ou le Grand-Caire) et Alexandrie.

S'il était vrai, comme l'assure une vieille relation, que Godefroi de Bouillon, vers 1094 ou 1095, c'està-dire quelques années avant la première croisade, fit un pèlerinage au saint sépulcre, il put, en passant par Alexandrie, se rendre compte de l'état de la ville. W. Heyd, *Histoire du commerce du Levant au moyen âge*, t. I, p. 124.

Les guerriers de la première croisade, en 1099, pensaient à la conquête de l'Égypte. Ils venaient d'abandonner le siège de la citadelle d'Archas, et s'étaient présentés devant Tripoli, quand saint André apparut à Pierre Didier, lui fit ses recommandations, et termina en disant : « Si tu agis suivant mes conseils, le Seigneur te donnera Jérusalem, et Alexandrie, et Babylone. » Parvenus à Ramleh, à quinze milles de la Ville Sainte, ils hésitaient encore sur la marche à suivre; les uns disaient : « N'allons pas pour le moment à Jérusalem, mais en Égypte et à Babylone; si, par la grâce de Dieu, nous triomphons du roi d'Égypte, nous aurons non seulement Jérusalem, mais aussi Alexandrie, et Babylone et un très grand nombre de royaumes; » d'autres voulaient aller immédiatement à Jérusalem : leur avis prévalut, et l'Égypte ne fut pas inquiétée. Raymond d'Agiles, *Historia Francorum*, 18, 19, dans le *Recueil des historiens des croisades*, Historiens occidentaux, t. III, p. 289 et 292.

Amaury Ier, roi de Jérusalem, avait déjà entrepris deux campagnes, en 1163 et 1164, contre l'Égypte; il en fit une troisième en 1167, au cours de laquelle il mit le siège devant Alexandrie, qui était défendue par le jeune Saladin, alors au début de sa glorieuse carrière. Ibn el-Athir, *Chronique*, dans le *Recueil des historiens des croisades*, Historiens orientaux, t. I, p. 549-550; *Histoire des Atabecs*, ibid., t. II, p. 239-240; Ibn Khallican, *Histoire de la vie du sultan Saïah el-Dîn*, ibid., t. III, p. 407; Abou Chamah, *Le livre des deux jardins*, ibid., t. IV, p. 130-134; Bohadin F. Sjeddadi, *Vita et res gestae Saladini*, éd. Schultens, p. 41; Guillaume de Tyr, *Chronique*, XIX, 27-32, éd. Paulin-Paris, t. II, p. 296-305; cf. G. Schlumberger, *Campagnes du roi Amaury Ier de Jérusalem en Égypte au XIIe siècle*. Paris, 1906, p. 151-165.

En 1174, Guillaume II de Sicile parut à la tête d'une flotte nombreuse devant Alexandrie : après trois jours d'efforts acharnés, ayant appris l'arrivée de Saladin qui amenait du secours, il se retira précipitamment. Ibn el-Athir, *Chronique, loc. cit.*, t. I, p. 611-614;

Behâ ed-Dîn, *Vie de Salâh ed-Dîn, ibid.*, t. III, p. 56-57; Abou Chamah, *Le livre des deux jardins, ibid.*, t. IV, p. 164-167, 177; Makrizi, *Histoire d'Égypte*, trad. par E. Blochet, p. 116-118.

Vers la fin du XIIe siècle, on découvrit un point faible de l'Égypte : elle n'avait pas de fer pour fabriquer des armes, pas de bois pour construire des vaisseaux, ni même de pilotes pour naviguer en sûreté : c'est à l'Occident chrétien qu'elle demandait les hommes et les matériaux nécessaires. En 1178, le IIIe concile de Latran, dans son vingt-quatrième canon, défendit, sous peine d'excommunication, de fournir aux Sarrasins du fer, du bois ou des patrons de navires; et il fit publier cette excommunication dans les églises des villes maritimes. Mansi, *Ampliss. collect. concil.*, t. XXII, col. 239.

En 1191, Philippe-Auguste et Richard Cœur de Lion s'étaient emparés de Saint-Jean-d'Acre; mais la discorde se mit entre eux : Philippe-Auguste, qui aurait voulu marcher sur l'Égypte, regagna l'Europe la même année; Richard Cœur de Lion n'effectua son retour qu'à grand'peine, et il fit vœu d'attaquer lui-même l'Égypte après la fin de ses démêlés avec la France. Leibniz, *Projet de conquête de l'Égypte*, éd. Foucher de Careil, p. 33-34.

Le pape Innocent III, à peine intronisé, en 1198, s'occupa d'organiser une quatrième croisade. Un de ses premiers soins fut de renouveler la défense portée par le concile de Latran de procurer aux Sarrasins des matériaux de guerre ou de marine et des pilotes. En 1199, il demanda au patriarche de Jérusalem de lui rédiger un mémoire sur l'état de l'Orient; on trouvera une brève description d'Alexandrie dans Jacques de Vitry, *Historia orientalis*, III, dans Bongars, *Gesta Dei per Francos*, t. I, p. 1128-1129. La nouvelle expédition devait être dirigée contre l'Égypte (Villehardouin, *Conquête de Constantinople*, VI, 30; cf. *Constantinopolis expugnata*, vs. 152-172, dans le *Recueil des historiens des croisades*, Historiens grecs, t. I, p. 653-654); mais les Vénitiens, qui avaient accepté de transporter l'armée outre mer, la conduisirent d'abord en Dalmatie, puis à Constantinople; le pape, dans sa bulle du 5 août 1206, leur en faisait un sévère reproche : « Vous avez dévié et fait dévier l'armée chrétienne de la bonne route dans la mauvaise en attaquant des coreligionnaires... Elle a pu subjuguer Constantinople et la Grèce; n'aurait-elle pas eu la force de s'emparer d'Alexandrie et du Caire, et par là d'arracher la Terre Sainte aux païens? » L'Église d'Alexandrie avait grandement à souffrir de cette inimitié permanente; les chrétiens d'Égypte et les chrétiens d'Occident, retenus dans les prisons du Soudan, étaient en butte à de cruelles persécutions; le patriarche melkite Nicolas, ayant écrit au pape Innocent III pour lui raconter leurs douleurs, en reçut des lettres d'affectueuses consolations. Innocent III, *Epist.*, XII, XII; XIV, CXLVI, CXLVII, CXLVIII; XV, XXXIV, *P. L.*, t. CCXVI, col. 23, 506-509, 828-830.

Une cinquième croisade avait été décidée en 1215; mais Innocent III mourut l'année suivante, avant d'en voir l'exécution. Son successeur Honorius III reprit le projet. Les croisés, conduits par le roi de Jérusalem Jean de Brienne, s'emparèrent de Damiette en 1219. « Le légat Pélage, voyant que l'armée innombrable qui était à Damiette ne faisait rien depuis longtemps, et désirant avec ardeur étendre l'empire du nom chrétien, commença à examiner s'il conviendrait mieux de la conduire à Alexandrie, ou du côté du Caire en remontant le fleuve. » *Chronique de Tours*, dans le *Recueil des historiens de France*, t. XVIII, p. 300. Mais l'inondation du Nil ayant rendu intenable la situation des croisés, ils durent abandonner l'Égypte en 1221.

Un résultat des croisades fut la nomination d'un patriarche latin à chacun des grands sièges d'Orient. Antioche, prise en 1098, en eut un la même année, ou peu après; Constantinople, prise en 1204, dès 1205. Alexandrie n'était pas occupée par les chevaliers chrétiens; mais elle était en relations continuelles avec l'Europe, elle recevait fréquemment des ambassadeurs du pape ou des princes, surtout elle trafiquait avec les marchands vénitiens, génois, pisans et autres : dès 1219, elle eut son premier patriarche latin, Athanase de Clermont. Le Quien, *Oriens christianus*, t. III, col. 1143.

Trente ans plus tard, en 1249, saint Louis s'emparait à son tour de Damiette; mais, si l'on en croit un chevalier de l'expédition, il avait eu d'abord l'intention de débarquer à Alexandrie, et c'est là que le soudan d'Égypte l'attendait. *Acta sanctor.*, august. t. V, p. 417. Après la prise de Damiette, « le roi manda tous les barons de l'armée pour savoir quelle voie il prendrait, ou vers Alexandrie ou vers Babylone; il advint ainsi que le bon comte Pierre de Bretagne et le plus grand nombre des barons de l'armée furent d'avis que le roi allât assiéger Alexandrie, parce que devant la ville il y avait bon port, où les navires arriveraient, qui apporteraient des vivres à l'armée. » Joinville, *Histoire de saint Louis*, ch. XXXVIII, n. 183. Mais le comte d'Artois voulut absolument marcher contre Babylone : on sait que les croisés n'allèrent pas plus loin que Mansourah.

En somme, pendant les guerres des croisades, Alexandrie, souvent menacée, fut rarement attaquée; mais ces alertes perpétuelles entretenaient une perpétuelle tension entre l'Égypte et l'Occident : « Le gouvernement égyptien ne voyait pas sans inquiétude l'augmentation incessante du nombre des Francs à Alexandrie. C'est ce qui motiva un acte de violence commis l'an 612 de l'hégire, 1235-1236 de l'ère chrétienne. Il n'y avait alors pas moins de 3000 marchands francs à Alexandrie : un jour qu'un vaisseau arrivait, ayant à bord deux grands seigneurs d'Occident, le sultan Almélik, les soupçonnant de vouloir exécuter un coup de main sur la ville avec la complicité de ces marchands, les fit jeter en prison ainsi que tous les marchands et confisqua tout leur avoir. » W. Heyd, *Histoire du commerce du Levant au moyen âge*, t. I, p. 404-405. En 1231, des Anconitains avaient été pareillement dépouillés et jetés en prison : le pape Grégoire X s'en plaignit au sultan. W. Heyd, *ibid.*, p. 419. Quelques années plus tard, en 1268, les Vénitiens, priés de porter secours à la Terre Sainte, s'y refusèrent, de peur des représailles que le sultan Bibars pourrait exercer contre leurs propriétés à Alexandrie. *Archives de l'Orient latin*, t. II, p. 369, note 16.

Les grandes expéditions militaires étaient finies; mais les sentiments qui avaient fait battre le cœur des croisés persistaient. Longtemps encore on rêva de conquêtes en Orient, et les Sarrasins se tenaient sur la défensive. En 1272, sous le sultan Bibars, « on s'occupait avec activité de construire des galères et de placer des machines de guerre sur les remparts d'Alexandrie; bientôt cent de ces machines se trouvèrent complètement disposées : car on annonçait de tous côtés que les Francs se préparaient à faire une expédition pour venir attaquer les frontières de l'Égypte. » Makrizi, *Histoire des sultans mamelouks*, éd. Quatremère. t. I, 2e partie. p. 113. Lorsque, en 1291, la ville de Saint-Jean-d'Acre (voir t. I, col. 369), qui était le dernier boulevard de la chrétienté en Orient, fut tombée entre les mains du soudan d'Égypte, la lutte devait se prolonger longtemps encore sur le terrain économique. Souvent, dans le courant du XIIIe siècle, les souverains pontifes avaient renouvelé la défense de livrer aux Sarrasins des matériaux de guerre et de marine.

En 1288, le fameux Raymond Lulle proposait de supprimer tout commerce avec l'Égypte afin de l'affaiblir. Son idée fut acceptée : le pape Nicolas IV, au lendemain de la chute de Saint-Jean-d'Acre, défendit l'échange de toute espèce de marchandises avec les pays musulmans, sous peine, pour les délinquants, d'être excommuniés et de perdre tous leurs droits civils. En 1292, une flottille qui s'était formée pour surveiller la Méditerranée fit une démonstration devant Alexandrie. Cette défense, qui lésait de graves intérêts, était souvent éludée. Boniface VIII en 1295, et Benoît XI en 1303-1304, la restreignirent comme autrefois au matériel de guerre. En 1308, sous l'impulsion de l'ardent Marino Sanudo, Clément V renouvela l'interdiction absolue. Peu à peu, dans le courant du xive siècle, les papes reconnurent que le blocus de l'Égypte était irréalisable, et ils se relâchèrent de leur rigueur : Alexandrie continua d'être un des grands marchés d'échanges entre l'Orient et l'Occident. W. Heyd, *Histoire du commerce du Levant au moyen âge*, t. II, p. 26-50; L. Bréhier, *L'Église et l'Orient au moyen âge*, p. 258-261; J. Gay, *Le pape Clément VI et les affaires d'Orient*, p. 81-86.

Depuis 1363, Pierre Ier de Lusignan, roi de Chypre, parcourait l'Europe pour soulever une nouvelle croisade. Revenu à Chypre, il organisa une expédition en tenant son but secret. Le 9 octobre 1365, il arrivait en vue d'Alexandrie, amenant avec lui le bienheureux Pierre Thomas, légat du pape, Raymond Bérenger, grand-maître de l'Hôpital, Philippe de Mézières et 10 000 combattants. La ville surprise n'offrit que peu de résistance, et le lendemain elle fut emportée d'assaut; mais au bout de quatre jours, on apprit que le soudan du Caire s'avançait avec une grosse armée : les croisés pillèrent la ville, l'incendièrent, et, malgré le roi de Chypre qui voulait se fortifier et attendre l'ennemi, malgré le légat qui multipliait les exhortations, malgré Philippe de Mézières qui offrait de garder la place avec quelques hommes, on reprit la mer le 16 octobre. Guillaume de Machaut, *La prise d'Alexandrie ou chronique du roi Pierre Ier de Lusignan*; N. Jorga, *Philippe de Mézières et la croisade au XIVe siècle*, Paris, 1896; Paul Herzsohn, *Die Ueberfall Alexandrien's durch Peter I*, Bonn, 1886; G. Capitanovici, *Die Eroberung von Alexandria durch Peter I*, Berlin, 1894; etc. Le principal résultat de cette invasion éphémère fut d'irriter les musulmans; les marchands chrétiens eurent à souffrir dans leurs personnes et dans leurs intérêts : aussi les républiques de Gênes et de Venise s'employèrent-elles activement à ramener la paix. W. Heyd, *Histoire du commerce du Levant au moyen âge*, t. II, p. 52-57. En 1369, quatre vaisseaux venus de Chypre firent contre Alexandrie une tentative qui n'eut aucun succès. La même année, on se préoccupa de réduire le soudan par la force : Urbain V avait renouvelé les prohibitions de trafic avec l'Égypte; Gênes et Venise convinrent de cesser tout commerce et envoyèrent devant Alexandrie une flottille de guerre : après un temps d'hésitation, le soudan consentit à faire la paix. Machéras, *Chronique de Chypre*, trad. par E. Miller et C. Sathas, p. 100-175; Makrizi, cité par Sacy, *Chrestomathie arabe*, t. II, p. 50. Le pape leva les interdictions portées, et le commerce fut repris.

L'Église d'Alexandrie montrait parfois des velléités de retour vers Rome. En 1237, le frère Philippe, prieur des dominicains de Terre Sainte, envoya quelques-uns de ses religieux au patriarche jacobite Cyrille, et il écrivait au souverain pontife : « Ce patriarche nous a témoigné le désir de revenir à l'unité de l'Église... Seuls les grecs sont obstinés. » Les missionnaires franciscains de Terre Sainte visitaient, eux aussi, les chrétiens d'Égypte depuis l'année 1253. En 1320, quatre religieux de l'ordre des frères mineurs étaient envoyés par Sancia, femme du roi de Sicile, au fondique marseillais d'Alexandrie, pour donner des secours spirituels aux chrétiens qui faisaient le voyage d'outre-mer. Depping, *Histoire du commerce entre le Levant et l'Europe*, t. II, p. 49, se référant aux pièces des archives citées par Ruffi, *Histoire de Marseille*, l. V, chap. VI. En 1367, les patriarches Philothée de Constantinople, Niphon d'Alexandrie et Lazare de Jérusalem avaient adressé à Urbain V des lettres d'union; le pape leur répondit en les assurant de sa bienveillance. En 1439-1440, à l'occasion du concile de Florence, le patriarche copte Jean XI avait écrit au pape Eugène IV; mais le décret d'union pour les jacobites eut peu d'effet. Le patriarche melkite Philothée se fit représenter au concile et applaudit aux décrets d'union; mais en 1443, de concert avec ses collègues d'Antioche et de Jérusalem, il rétractait son adhésion; il la rétractait encore dans un synode de Constantinople, en 1450. En 1460, un nommé Moïse Giblet, qui se disait archidiacre d'Antioche et envoyé par les patriarches d'Antioche, d'Alexandrie et de Jérusalem, se présentait à Sienne, devant le pape Pie II, et déclarait accepter, au nom des trois Églises d'Orient, les décrets de Florence; mais la sincérité de ce personnage n'est pas définitivement établie : du reste sa démarche ne fut suivie d'aucun effet pratique. L. Pastor, *Histoire des papes depuis la fin du moyen âge*, trad. Furcy Raynaud, t. II, p. 233-234 et note.

Pendant tout le moyen âge, les chrétiens latins, qui séjournaient en grand nombre à Alexandrie pour leurs affaires, vivaient en dehors de la population indigène; ils habitaient en commun une vaste construction appelée « fondaco » ou « fondique ». Chacun de ces édifices était une espèce de cité, bâtie par les soins du gouvernement égyptien, restant sa propriété, et mis seulement à la disposition des étrangers. Autour d'une immense cour, au rez-de-chaussée, de vastes magasins contenaient les marchandises; il y avait aussi des bains, des fours de boulangerie, des boucheries. Les étages présentaient une série de logements pour les marchands et les voyageurs. L'autorité égyptienne n'avait aucun droit à l'intérieur de ces quartiers : l'ordre était maintenu par les consuls, dont l'institution remonte jusqu'au XIIIe siècle (une tradition rapporte que le premier consul de France fut établi par saint Louis en 1251). Les fondiques étaient fermés chaque soir du dehors par un officier spécial, et n'étaient rouverts que le lendemain matin; ils étaient fermés aussi pendant deux ou trois heures chaque vendredi au moment de la prière des musulmans, et aucun chrétien ne pouvait alors se montrer dans la rue. « Des prêtres occidentaux, logés dans les fondachi, pourvoyaient aux besoins religieux des colons, et chaque fondaco avait sa chapelle. Mais ce n'était pas tout : les nations les plus importantes avaient, en outre, des églises à elles, telles que Saint-Nicolas des Pisans, Sainte-Marie des Génois, Saint-Michel des Vénitiens... Tous les latins pouvaient se faire enterrer dans le cimetière de l'église jacobite de Saint-Michel; d'un autre côté, Thenaud dit que les latins étaient enterrés à côté de l'ancienne église cathédrale de Saint-Saba, et qu'on payait à l'émir, pour y avoir droit, une taxe de 14 ducats; les Pisans enterraient, paraît-il, leurs morts dans leur église : c'est un privilège. » W. Heyd, *Histoire du commerce du Levant au moyen âge*, t. II, p. 432-434 et *passim*.

Les pèlerins de Palestine s'arrêtaient souvent à Alexandrie : pour eux, c'était déjà le commencement de la Terre Sainte, car ils pouvaient y vénérer plusieurs sanctuaires auxquels la tradition attachait les indulgences des Lieux saints : l'église de Sainte-Catherine, l'église de Saint-Marc, d'autres encore. Quaresmius, *Terrae sanctae elucidatio*, II, iv, 25, Venise, 1880, t. i, p. 363. Voici une liste quelque peu détaillée : « Vingt-cinquième station, sanctuaires qu'on visite à Alexandrie d'Égypte : le palais de sainte Catherine ; église où la sainte souffrit le martyre ; la pierre sur laquelle elle fut décapitée ; église où souffrit saint Marc (là se trouve la chaire du haut de laquelle il prêchait) ; citerne au fond de laquelle vécut saint Athanase... A tous ces lieux le Siège apostolique a accordé diverses indulgences et divers privilèges. » Sobrino, *Histoire de la Terre Sainte*, trad. par Poillon, Tournai, 1857. t. ii, p. 335. Il semble qu'une indulgence de sept ans et de sept quarantaines était attachée à la visite de ces sanctuaires ; on leur a même attribué, mais sans preuve, une indulgence plénière. T. Dalfi, *Viaggio biblico in Oriente*, Turin, 1869-1870, t. ii, p. 68-72.

XIV. DOMINATION TURQUE. — La conquête de l'Égypte par les Ottomans, en 1517, amena peu de changement dans la situation des chrétiens. En 1528, un hatti-chérif de Soliman Ier confirmait les privilèges des « Catalans et Français et autres nations qui sont sous leur consulat à Alexandrie ou ailleurs ; » il y est stipulé « qu'ils puissent racoutrer leurs églises connues à Alexandrie selon qu'il en sera confessé en justice, et sera reconnu ce qui sera déclaré en justice. » J. de Testa, *Recueil des traités de la Porte ottomane avec les puissances étrangères*, Paris, 1864, t. i, p. 25.

Le patriarche melkite Philothée (ou Théophile) écrivit, en 1523, des lettres d'union au pape Hadrien VI. Le Quien, *Oriens christianus*, t. ii, col. 501.

Le patriarche copte Gabriel VII ayant témoigné à Pie IV le désir de renouer des relations avec Rome, le pape lui envoya en 1561 deux jésuites, Christophe Rodriguez et Jean-Baptiste Eliano, pour traiter cette affaire ; il y eut de longs pourparlers, mais qui n'aboutirent à rien ; les deux jésuites repartirent. Eliano, qui était né à Alexandrie dans le judaïsme, fut reconnu par ses coreligionnaires et par sa mère ; dénoncé aux autorités musulmanes comme transfuge, c'est à grand'peine qu'il put s'échapper et regagner l'Italie. Vingt ans plus tard, en 1582; il revenait en Égypte avec une mission pareille ; mais le patriarche Jean, qui l'accueillit, mourut en 1585 ; et son successeur Gabriel VIII refusa de se prêter à un rapprochement. A. Rabbath, *Documents inédits pour servir à l'histoire du christianisme en Orient*, t. i, p. 194-314.

Cependant, le même Gabriel VIII, écrivit, en 1594, au pape Clément VIII des lettres de soumission. Baronius, *Annales*, t. vi, appendix ; cf. *Legationes Alexandrina et Ruthenica ad Clementem VIII, nunc separatim excusae studio Augustini ex principibus Galitzinorum*, Paris, 1860 ; Artin pacha, *Une lettre du patriarche copte d'Alexandrie Gabriel VIII au pape Clément VIII*, dans le *Bulletin de l'Institut égyptien*, IVe série, 1904, n. 5, p. 197-211 ; A. Rabbath, *Le pape Clément VIII et le patriarche copte Gabriel*, dans *Al-Machriq*, revue catholique arabe, 1904, p. 852, 881, 955.

A la même époque, si l'on s'en rapporte au témoignage du P. Rodriguez, les grecs d'Égypte « étaient si obstinés dans leur hérésie et dans leur haine de l'Église romaine qu'ils étaient disposés, de leur propre aveu, à se faire turcs plutôt que de se soumettre à l'obéissance du Saint-Siège. » A. Rabbath, *Documents*, p. 302, n. 21. Trois de leurs patriarches, Meletius Pigas (1592-1602), Cyrille Lucaris (1603-1621) et Métrophane Critopoulos (1636-1639), firent des avances au protestantisme ; mais ces tentatives ne pouvaient avoir de grandes conséquences, parce qu'elles se heurtaient, de part et d'autre, à d'irréductibles questions de doctrine.

Les patriarches coptes Jean XV et Matthieu III écrivirent au pape Urbain VIII des lettres d'union. Le Quien, *Oriens christianus*, t. ii, col. 508. En 1638, le patriarche melkite Métrophane signa les Actes du concile de Constantinople, qui anathématisaient les erreurs protestantes de Cyrille Lucar. Le Quien, *ibid.*, t. ii, p. 509. En 1671, le P. Elzéar, capucin, demandait au patriarche melkite Paisius une profession de foi de l'Église grecque contre le ministre Claude. Antoine Galland, *Journal*, 3 janvier 1672. Vers le même temps, le patriarche copte Mathieu faisait parvenir à Louis XIV une double profession de foi contre le protestantisme. *Perpétuité de la foi*, éd. Migne, t. ii, col. 1261-1264.

Au XVIIe siècle, la France avait un rôle prépondérant dans les affaires d'Orient et tenait à honneur de protéger les chrétiens. Colbert rêvait de développer le commerce des Indes par l'Égypte, et de faire d'Alexandrie l'entrepôt général des marchandises qui passeraient par cette route. A. Vandal, *Les voyages du marquis de Nointel*, p. 45-46, 274-280. En 1672, Leibniz cherchait à détourner Louis XIV de la guerre de Hollande en lui proposant de conquérir l'Égypte ; à côté des intérêts politiques et économiques, il faisait valoir les avantages religieux de cette expédition : « Le roi de France pourra se poser en vengeur de l'Église catholique, et il joindra le titre de duc de l'Église à celui de fils aîné qu'il possède déjà ; et il aura sur les papes, attendu la grandeur du bienfait, un plus grand ascendant qu'en leur accordant une grande vénération. » Leibniz, *Projet de conquête de l'Égypte*, éd. Foucher de Careil, p. 57.

A la fin du XVIIe siècle, les papes Innocent XI et Innocent XII sollicitèrent en vain le patriarche Jean XVI de reconnaître l'autorité du Saint-Siège. Au XVIIIe siècle, l'Église romaine fit de perpétuels efforts pour ramener l'Église alexandrine à l'unité. En 1703 et en 1705, le pape Clément XI écrivit au patriarche copte Jean, qui s'était montré favorable aux missionnaires ; en 1712, le patriarche grec Samuel Cavasilas envoya une profession de foi au même pontife (Picot, *Mémoires pour servir à l'histoire ecclésiastique pendant le XVIIIe siècle*, Paris, 1853, t. i, p. 326, 328) ; il demandait le pallium, qui lui fut accordé. Martinis, *Jus pontificium de Propaganda fide*, 1889, t. ii, p. 314-318 ; *ibid.*, Appendix, t. i, p. 435, 445. En 1716, une députation d'Alexandrins se rencontra avec les non-jureurs de Londres ; et on chercha de part et d'autre à conclure un pacte d'union : « Si l'on arrive à s'entendre, les anglicans concordataires s'engagent à élever à Londres *une église de la concorde*, qui sera placée sous la juridiction du patriarche d'Alexandrie, et où, à certains jours, on célébrera la messe en anglais suivant un rite à approuver par les prélats orientaux ; ceux-ci à leur tour auront le droit, une fois la paix religieuse rétablie en Angleterre, d'officier quelquefois suivant leur rite propre dans la métropole de Saint-Paul : le mieux serait d'adopter de part et d'autre une liturgie commune, empruntée aux anciens rituels de l'Église grecque, mais préalablement allégée de toute phrase ou de toute cérémonie susceptibles de blesser les sentiments intimes des concordataires. » L. Petit, *Entre anglicans et orthodoxes au début du XVIIIe siècle*, dans les *Échos d'Orient*, 1905, t. viii, p. 321-328 ; Mansi, *Conciliorum amplissima collectio*, 1905, t. xxxvii, col. 369-624 ; cf. G. Williams, *The orthodox Church of the East in the eighteenth century*, 1868, p. xxvii. Le pape Clément XII écrivit, vers 1730, au patriarche grec Cosmas, et, en 1735, au patriarche copte Jean. *Bullarium pontificium S. C. de Propaganda fide*, Appendix, t. ii, p. 42-44, 61-62. En 1741, le pape Benoît XIV plaça les coptes catholiques sous la juridiction de l'évêque Athanase, qui résidait à Jérusalem. *Bullarium Benedicti XIV*, t. i, p. 28.

Quand Bonaparte parut devant Alexandrie, le 2 juillet 1798, il n'y trouva que 6 000 ou 8 000 habitants, parmi lesquels les chrétiens demeuraient complètement inaperçus. Le christianisme n'avait rien à attendre des soldats de la Révolution; le général en chef crut être politique habile en flattant la religion musulmane; et, dès le début de l'expédition, il disait dans une proclamation datée d'Alexandrie, le soir même de son entrée dans la ville : « N'est-ce pas nous qui avons détruit le pape, qui disait qu'il fallait faire la guerre aux musulmans ? N'est-ce pas nous qui avons détruit les chevaliers de Malte, parce que ces insensés croyaient que Dieu voulait qu'ils fissent la guerre aux musulmans? » C. de la Jonquière, *L'expédition d'Égypte*, t. II, p. 63. Trois ans plus tard, le général en chef Menou, qui avait embrassé le mahométisme pour se faire agréer de la population indigène, et qui n'avait pas réussi à gagner l'estime publique, signa la capitulation d'Alexandrie et l'évacuation de l'Égypte.

XV. Au XIXᵉ siècle. — Méhémet Ali, qui exerça le pouvoir de 1805 à 1849, eut à cœur de ramener par tous les moyens la civilisation en Égypte, et il comprit que le christianisme pouvait l'y aider très efficacement. Non content de s'entourer d'Européens qui organisèrent son armée, sa marine, ses écoles, il fit appel aux chrétiens orientaux qui pouvaient le seconder, par exemple au copte catholique Moallem Ghali et à son fils Basilios bey, ou à l'arménien orthodoxe Boghos. Du reste, ses idées religieuses étaient des plus larges; en 1825, comme la crue du Nil avait été insuffisante, il ordonna des prières dans toutes les mosquées, et il en demanda aussi aux diverses églises, en disant : « De tant de religions, il serait bien malheureux qu'il n'y en ait pas une seule bonne. » J. Planat, *Histoire de la régénération de l'Égypte*, Paris, 1830, p. 323; P. et H., *L'Égypte sous la domination de Méhémet Ali*, Paris, 1848, p. 28.

Sous sa domination, et souvent avec son bienveillant appui, les communautés chrétiennes commencèrent à se reconstituer.

1° *Les coptes schismatiques*, qui s'appellent eux-mêmes « orthodoxes », étant originaires du pays, avaient pu garder leur organisation d'autrefois; ils n'eurent qu'à l'affermir. Leurs patriarches, depuis de longs siècles (depuis le XIᵉ, dit-on), habitent le Caire; mais après leur élection, ils viennent prendre possession de leur siège à Alexandrie. Les coptes ont dans la ville l'église Saint-Marc.

2° *Les grecs schismatiques*, dits « orthodoxes », sont d'origine hellène ou syrienne. Au commencement du XIXᵉ siècle, leurs patriarches étaient nommés par les autorités religieuses de Constantinople, et résidaient dans cette ville. Depuis 1846, ils sont nommés par les orthodoxes d'Égypte; leur résidence est à Alexandrie, au couvent de Saint-Saba. Les Hellènes ont encore l'église cathédrale, l'église Saint-Nicolas dans la banlieue d'Ibrahimieh, l'église Saint-Stephanos et l'église du Prophète-Élie à Ramleh; ils suivent une liturgie grecque. Les syriens ont une église dédiée à la sainte Vierge; ils suivent une liturgie arabe.

3° *Les arméniens schismatiques* relèvent d'un évêque qui réside au Caire. Ils ont à Alexandrie l'église de Saint-Pierre et Saint-Paul.

4° *Les protestants* sont peu nombreux. Les anglicans ont, dans la ville, l'église Saint-Marc et, à Bulkeley-Ramleh, l'église de Tous-les-Saints. Les presbytériens écossais ont l'église Saint-André; les presbytériens américains ont leur église particulière. Les Allemands et les Français se réunissent dans une chapelle commune.

5° *Les coptes catholiques*, gouvernés d'abord par des vicaires apostoliques, ont obtenu de Léon XIII, en 1895, une hiérarchie ecclésiastique; leur patriarche, qui est titulaire d'Alexandrie, est démissionnaire depuis 1908, et remplacé par un administrateur patriarcal. Ils ont à Alexandrie une église, inaugurée en 1902, sous le vocable de la Résurrection.

6° *Les grecs melkites catholiques* sont en grande partie d'origine syrienne. Ils relèvent du patriarche d'Antioche; mais ils sont administrés par un évêque qui a le titre de vicaire patriarcal, et qui réside tantôt à Alexandrie, tantôt au Caire. Ils ont deux églises à Alexandrie, celle de l'Assomption de la sainte Vierge et celle de Saint-Pierre; de plus, la chapelle de Saint-Joseph à Fleming-Ramleh.

7° *Les maronites* sont des catholiques originaires du Mont-Liban. Ils dépendent du patriarche du Liban, et ils ont un vicaire patriarcal qui réside à Alexandrie. Leur église d'Alexandrie est sous le vocable de l'Assomption de la sainte Vierge.

8° *Les syriens catholiques* sont peu nombreux; déjà cependant ils songent à se construire une église.

9° *Les arméniens catholiques* forment une petite communauté qui dépend d'un évêque résidant au Caire. Ils ont à Alexandrie l'église de l'Immaculée-Conception.

10° *Les catholiques latins* sont presque tous des Européens, particulièrement des Français, des Italiens, des Maltais. Alexandrie, depuis 1839, est la résidence d'un archevêque qui est « vicaire apostolique pour les latins d'Égypte, délégué apostolique d'Égypte et d'Arabie pour les rites orientaux. » Primitivement, le vicariat était aussi étendu que la délégation : il comprenait la Basse-Égypte, la Haute-Égypte et l'Arabie. En 1888, l'Arabie fut constituée en vicariat indépendant; en 1894, le vicariat du Soudan prolongea ses limites jusqu'à Assouan; enfin, une partie de la Basse-Égypte, qui formait depuis 1885 la préfecture indépendante du Delta, a été érigée en vicariat, le 17 septembre 1909.

Les franciscains de la custodie de Terre Sainte sont établis en Égypte, et particulièrement à Alexandrie depuis plusieurs siècles. Ils commencèrent en 1832 à reconstituer leur couvent sur de plus vastes proportions; en 1847, ils posèrent la première pierre de l'église Sainte-Catherine, et ils en firent l'inauguration en 1850. En 1881, ils en ont ouvert une autre dédiée à saint François d'Assise; ils desservent aussi la chapelle de Saint-Antoine à Moharem-bey, et la chapelle de la Nativité de la sainte Vierge à Bacos. — Les lazaristes et les filles de la Charité arrivèrent à Alexandrie en 1844. Ayant obtenu de Méhémet-Ali un vaste terrain, ils le séparèrent en deux lots par une rue : d'un côté ils installèrent les prêtres, et de l'autre les religieuses. En 1852, ils ouvrirent un collège, qu'interrompit ses cours en 1860 pour les reprendre en 1867; en 1882, après le bombardement et l'incendie dont ils eurent beaucoup à souffrir, ils décidèrent d'abandonner l'enseignement pour se consacrer leurs autres œuvres. Leur église est sous le patronage de l'Immaculée Conception. — Les Pères de la Compagnie de Jésus s'étaient fixés à Alexandrie quelques semaines avant les troubles de 1882, sans autre intention que d'y établir une procure pour leur mission du Caire; quand l'orage eut passé, on leur demanda de reprendre l'œuvre d'éducation à laquelle les lazaristes venaient de renoncer, et ils ouvrirent le collège Saint-François-Xavier où ils donnent l'enseignement secondaire classique et moderne. — Les salésiens de don Bosco, qui se sont placés sous la protection du gouvernement italien, ont fondé un vrai école d'arts et métiers. — Les frères des Écoles chrétiennes ouvrirent en 1847 leurs premières classes chez les lazaristes; ils se transportèrent, en 1852, dans les dépendances du couvent des franciscains, et, dès 1853, ils posaient la première pierre de leur collège Sainte-Catherine.

ont ouvert depuis, dans la ville ou dans la banlieue, une dizaine d'écoles succursales, auxquelles il faut ajouter un établissement d'arts et métiers. — Les filles de la Charité, à peine débarquées avec les Pères lazaristes en 1844, prirent le service de l'hôpital européen. En 1846, elles ouvrirent leur maison de la Miséricorde, où elles installèrent des œuvres multiples, un dispensaire, un ouvroir, un orphelinat, des classes avec internat et externat; dans la suite, l'orphelinat s'est procuré une demeure à part sous le patronage de saint Vincent de Paul; et l'œuvre des enfants abandonnés a trouvé un asile à Moharem-bey, sous le patronage de saint Joseph. — Les religieuses de Notre-Dame de Sion ont fondé, en 1880, un pensionnat à Ramleh. — Les religieuses de la Mère de Dieu en ont fondé un en ville l'année suivante, 1881. — Les religieuses de saint Charles Borromée abritent sous le drapeau allemand deux maisons, une école et un asile. — Les sœurs franciscaines ont trois écoles italiennes. — Les sœurs du tiers-ordre franciscain ont une école austro-hongroise. — Les religieuses missionnaires de Notre-Dame de la Délivrande gardent les malades à domicile et dans une clinique privée. — Les sœurs de Notre-Dame des Sept-Douleurs, connues sous le nom populaire de petites sœurs des pauvres, se dévouent au soin des vieillards; elles les avaient d'abord abritées, en 1904, dans un réduit étroit et incommode; elles les ont installés, en 1908, dans des locaux plus vastes et plus sains. — Une communauté de carmélites, craignant de n'avoir plus la liberté de la solitude et de la prière, émigra de Marseille, en 1902 et vint se reformer à Ramleh. — Les dames du Sacré-Cœur ont aussi une communauté à Ramleh, depuis 1908.

Dans cette rapide revue des fractions chrétiennes éparses dans Alexandrie, il est aisé de voir la place d'honneur qui revient à l'Église catholique, et particulièrement aux institutions françaises. V. Guérin, *La France catholique en Égypte*, Tours, 1887; ***, *La France éducatrice et charitable en Égypte*, dans la *Revue politique et parlementaire*, Paris, janvier 1910. — A Alexandrie, comme à toutes les Échelles du Levant, l'honneur de protéger les catholiques, soit latins soit orientaux, appartient à la France : c'est un privilège qui repose sur d'anciens traités passés avec la Sublime Porte, et qui a été officiellement reconnu par les souverains pontifes. — Dernièrement, quelques rares communautés religieuses d'Alexandrie ont préféré ne dépendre que de leurs consulats nationaux, allemand ou italien. Parmi les catholiques orientaux, les coptes seuls, continuant une situation qu'ils ont trouvée établie par les franciscains en Haute-Égypte, se sont placés sous la protection de l'Autriche.

XVI. Patriarches d'Alexandrie. — En l'absence de documents certains et concordants, les dates ne sont souvent qu'approximatives.

Marc	40-62
Anianus	62-84
Abilius	84-98
Cerdon	98-109
Primus	109-122
Justus	122-130
Eumène	130-142
Marcien	143-154
Celadion	157-167
Agrippinus	167-180
Julianus	180-189
Démétrius	189-231
Héraclas	231-247
Denys	247-264
Maxime	264-282
Théonas	282-300
Pierre Ier	300-311
Achillas	311-312

Intrus ariens

Pistus	338-339
Grégoire	339-345
Georges	357-361
Lucius	362-378

Alexandre	312-328
Athanase	328-373
Pierre II	373-380
Timothée Ier	380-385
Théophile	385-412
Cyrille	412-444
Dioscore	444-451

Grecs

Protérius	452-457
Timothée II Salophaciole	460-482
Jean Ier Talaia	482
Paul	538-542
Zoïle	542-551
Apollinaire	551-570
Jean II	570-580
Euloge	580-607
Théodore Scribon	607-609
Jean III l'Aumônier	609-619
Georges	620-630
Cyrus	630-643
Pierre II	643-652
(Vacance)	75 ans
Cosmas Ier	727-767
Politien	767-801
Eustathe	801-805
Christophore	805-836
Sophrone Ier	836-859
Michel Ier	859-871
Michel II	871-903
Christodule	906-932
Eutychius	933-940
Sophrone II	?
Isaac	?
Job	?
Elias Ier	vers 969
Arsène	?
Georges ou Théophile	vers 1019
Alexandre II ou Léonce	vers 1059
Jean IV	vers 1084
Sabas	?
Théodose	?
Cyrille II	?
Euloge II	?
Sophrone III	vers 1166
Elias II ou Alfterus	vers 1180
Marc II	vers 1195
Nicolas Ier	vers 1210
Grégoire Ier	?
Nicolas II	vers 1260
Athanase III	1276-1308
Grégoire II	vers 1320
Grégoire III	?
Niphon	vers 1367
Marc III	?
Nicolas III	?
Grégoire IV	?
Philothée Ier	1437-1450

Coptes

Timothée II Élure	457-477
Pierre III Monge	477-490
Athanase II	490-497
Jean Ier	497-506
Jean II	506-517
Dioscore II	517-519
Timothée III	519-536
Théodose Ier	536-567
Pierre IV	567-570
Damien	570-603
Anastase	603-614
Andronicus	614-622
Benjamin	623-662
Agathon	662-680
Jean III	680-689
Isaac	690-693
Simon Ier	694-701
Alexandre II	703-726
Cosmas Ier	726-727
Théodore	727-738
Michel Ier	743-766
Mennas Ier	766-775
Jean IV	775-799
Marc II	799-819
Jacob	819-836
Simon II	836-837
Joseph	837-850
Michel II	850-851
Cosmas II	851-859
Sanutius Ier	859-870
Michel III	881-906
Gabriel Ier	913-923
Cosmas III	923-934
Macaire Ier	931-954
Théophane	954-958
Mennas II	958-976
Éphrem	977-981
Philothée ou Théophile	981-1005
Zacharie	1005-1032
Sanutius II	1032-1047
Christodule	1047-1077
Cyrille II	1078-1092
Michel IV	1092-1102
Macaire II	1102-1129
Gabriel II	1131-1146
Michel V	1146-1147
Jean V	1147-1164
Marc III	1164-1189
Jean VI	1189-1216
Cyrille III	1235-1243
Athanase III	1251-1261
Jean VII (1re fois)	1262-1269
Gabriel III	1269-1271
Jean VII (2e fois)	1271-1293
Théodose II	1294-1299
Jean VIII	1300-1320
Jean IX	1320-1326
Benjamin II	1327-1339
Pierre V	1340-1348
Marc IV	1348-1363
Jean X	1363-1369
Gabriel IV	1369-1378
Matthieu Ier	1378-1401
Gabriel V	1401-1418
Jean XI	1418-1441
Matthieu II	vers 1450

ALEXANDRIE

Grecs		Coptes	
Athanase IV	?	Gabriel VI	?
		Michel VI	?
Philothée II	vers 1523	Jean XII	?
Grégoire V	?	Jean XIII	?
Joachim Ier	vers 1564	Gabriel VII	1526-1569
Silvestre	vers 1574	Jean XIV	1570-1585
Meletius Pigas	1592-1602	Gabriel VIII	1585-1602
Cyrille Lucar	1602-1621	Marc V	1602-1618
Gerasime Ier	1621-1636	Jean XV	?
Métrophane	1636-1639	Matthieu III	vers 1637
Nicéphore	1639-1643		
Joannicius	1643-1665	Marc VI	1645-1660
Joachim II	1665-1670	Matthieu IV	1660-1676
Païsius	1675-1685		
Parthenius	1685-1689		
Gerasime II	1689-1710	Jean XVI	1676-1718
Samuel	1710-1724	Pierre VI	1718-1726
Cosmas II	1724-1737	Jean XVII	1727-1745
Cosmas III	1737-1746		
Mathieu	1746-1766	Marc VII	1745-1770
Cyprien	1766-1782	Jean XVIII	1770-1797
Gerasime III	1783-1788		
Parthénius II	1788-1805	Marc VIII	1797-1809
Théophile	1805-1825	Pierre VII	1809-1854
Hiérothée I	1825-1845		
[Artémius]	1845-1847		
Hiérothée II	1847-1858	Cyrille IV	1854-1861
Callinique	1858-1861		
Jacques	1861-1866	Démétrius II	1862-1875
Nicanor	1866-1870		
Sophrone IV	1870-1899	Cyrille V	1875
Photius	1900		

Patriarches d'Antioche prenant le titre de patriarches d'Alexandrie et exerçant leur juridiction sur les catholiques melkites d'Égypte.

Maxime Mazloum	1833-1855
Clément Bahous	1856-1864
Grégoire Youssef	1864-1897
Pierre Géraïgiry	1898-1902
Cyrille Géha	1902

Patriarcat copte-catholique

Cyrille II Macaire (démissionnaire)	1899-1908
Maxime Sedfaoui (administrateur patriarcal)	1908

Patriarches latins d'Alexandrie (depuis les croisades). — Athanase de Clermont, 1219. — Gilles de Ferrare, 1310. — Odon de Sala, 1323. — Jean Ier d'Aragon, 1328. — Guillaume de Chanac, 1342. — Humbert de Vienne, 1351. — Arnaud Bernard du Pouget, 1361. — Jean de Cardaillac, 1371. — Pierre Amiel de Brenac, 1386. — Simon de Cramaud, 1391. — Léonardo Delfino, 1401. — Hugues de Robertis, 1402. — Pierre Amaury de Lordat, 1409. — Jean Vitelleschi, 1435. — Marc Condolmer, 1445 ? — Jean d'Harcourt, 1451. — Bernardin Caraffa, 1505. — Alphonse de Fonseca, 1506. — Christophe del Monte, 1550. — Ferdinand de Loazes, 1566. — Alexandre Riario, 1570. — Henri Cajétan, 1585. — Michel Bonelli, 1587. — Séraphin Olivier Razalio, 1602. — Frédéric Borromée, 1655. — Alexandre Crescenzi, vers 1675. — Charles Ambroise Mezzabarba, 1719. — Jérôme Crispi, vers 1740. — Joseph Antoine Davanzati, 1746. — Paul Auguste Foscolo, 1847-1867. — Paul Ballerini, 1867-1897. — Dominique Marinangeli, 1898.

Au XVIe siècle, Jean Bermudez, qui se disait envoyé en Éthiopie par le pape Paul III avec le titre de patriarche d'Alexandrie (1540-1570), n'était qu'un imposteur : il n'avait ni mission ni titre. C. Beccari, *Rerum Aethiopicarum scriptores occidentales*, 1907, t. v, Introd., p. LIII-LIX ; M. Chaîne, *Le patriarche Jean Bermudez d'Éthiopie*, dans la *Revue de l'Orient chrétien*, 1909, t. XIV, p. 321-329.

« Les patriarches latins, qui étaient jadis simplement titulaires, étaient devenus résidentiels, le 26 août 1859, mais pour peu de temps, car ce patriarcat redevint vacant en 1866. Il est resté tel, le service religieux étant fait par le délégué apostolique institué le 28 mai 1839. Les patriarches latins titulaires résident à Rome. » A. Battandier, *Annuaire pontifical catholique*, 1912, p. 150.

Vicaires apostoliques d'Égypte pour les latins et délégués apostoliques d'Égypte et d'Arabie pour les rites orientaux (leur résidence est à Alexandrie). — Perpetuo Guasco, 1839-1859. — Paschale Dobreta Vujcie, 1860-1866. — Luigi Ciurcia 1866-1881. — Anacleto Chicaro, 1881-1888. — Guido Corbelli, 1888-1896. — Gaudenzio Bonfigli, 1896-1904. — Aurelio Briante, 1904.

Bulletin de la Société archéologique d'Alexandrie, 1898 sq. — Mahmoud bey, *Mémoire sur l'antique Alexandrie*, Copenhague, 1872. — H. Kiepert, *Zur Topographie des alten Alexandria nach Mahmud-Bey's Entdeckungen*, Berlin, 1872. — Neroutsos-bey, *L'ancienne Alexandrie*, Paris, 1888. — G. Lumbroso, *L'Egitto dei Greci e dei Romani*, Rome, 1895. — M. G. Dimitsas, Ἱστορία τῆς Ἀλεξανδρείας, Athènes, 1885. — A. M. de Zogheb, *Études sur l'ancienne Alexandrie*, Paris, 1910. — G. Botti, *Plan de la ville d'Alexandrie à l'époque ptolémaïque*, Alexandrie, 1898; *Le iscrizioni cristiane di Alessandria d'Egitto. Steli cristiane di epoca bizantina esistenti nel museo di Alessandria*, dans le *Bessarione*, 1900. — G. Lefebvre, *Recueil des inscriptions grecques chrétiennes d'Égypte*, Paris, 1908. — E. Fialon, *Alexandrie et l'Égypte pendant les trois premiers siècles de l'ère chrétienne*, dans le *Bulletin de l'Académie delphinale*, 1873, 3e série, t. IX, p. 87-112. — Ch. Bigg, *The christian platonists of Alexandria*, Oxford, 1886. — M. Matter, *Histoire de l'école d'Alexandrie comparée aux principales écoles contemporaines*, Paris, 1840. — J.-M. Prat, *Histoire de l'éclectisme alexandrin considéré dans sa lutte avec le christianisme*, Paris, 1843. — J. Simon, *Histoire de l'école d'Alexandrie*, Paris, 1845. — E. Vacherot, *Histoire critique de l'école d'Alexandrie*, Paris, 1846-1851; cf. Gratry, *Une étude sur la sophistique contemporaine, in lettre à M. Vacherot*, Paris, 1851. — E. Desjardins, *L'école d'Alexandrie et sa lutte contre le christianisme*, dans les *Études religieuses*, 1861, t. III, p. 537-574. — N. Nilles, *Kalendarium ecclesiae Alexandrinae coptorum*, extrait de son *Kalendarium manuale utriusque Ecclesiae orientalis et occidentalis*, Innsbrück, 1896, t. II. — Wustenfeld, *Synaxarium, das ist Heiligen Kalender der Coptischen Christen*, Gotha, 1879. — *Le synaxaire arabe jacobite*, en cours de publication dans la *Patrologia orientalis* de Graffin-Nau. — *Acta martyrum*, en cours de publication dans le *Corpus scriptorum christianorum orientalium* de Chabot. — J.-M. Besse, *Les moines d'Orient antérieurs au concile de Chalcédoine*, Paris, 1900. — Eutychius, *Annales*, dans P. G., t. CXI. — Sévère d'Aschmounein, *Histoire des patriarches d'Alexandrie*, en cours de publication dans la *Patrologia orientalis* et dans le *Corpus scriptorum orientalium*. — Pierre Ibn Rahib, *Chronicon orientale*, dans le *Corpus scriptorum orientalium*. — Elmacin, *Historia saracenica, insertis etiam passim christianorum rebus in Orientis potissimum ecclesiis eodem tempore gestis*, Leyde, 1625. — Abû Sâlih, *The churches and monasteries of Egypt*, Oxford, 1895; et, dans le même volume, Makrizi, *Account of the monasteries and churches of the christians of Egypt*; cf. Id., *Les églises des chrétiens, les couvents des chrétiens*, trad. de l'arabe par E. Leroy, dans l'*Orient chrétien*, 1907 et 1908, t. XII et XIII. — Makrizi, *Historia coptorum christianorum in Aegypto*. — J. Abudacnus, *Historia jacobitarum seu coptorum*, 1740. — Vansleb, *Histoire de l'Église d'Alexandrie*, Paris, 1677. — J.-B. Sollier, *Tractatus historico-chronologicus de patriarchis Alexandrinis*, Anvers, 1708. — E. Renaudot, *Historia patriarcharum Alexandrinorum jacobitarum*, Paris, 1713; *Liturgiarum orientalium collectio*, Paris, 1715; *Défense de l'Histoire des patriarches d'Alexandrie et de la collection des liturgies orientales contre un écrit intitulé « Défense de la mémoire de feu M. Ludolf »*, Paris, 1717. — Le Quien, *Oriens christianus*, Paris, 1740. — J. M. Neale, *A history of the holy eastern Church, The patriarchate of Alexandria*, Londres, 1847. — K. Erbes, *Die chronologie der Antiochenischen und der Alexandrinischen Bischöfe nach den Quellen Eusebs*, dans *Jahrb. protest. Theol.*, 1879, t. V, p. 464 sq., 618 sq. —

P. Rohrbach, *Die alexandrinischen Patriarchen*, Berlin, 1891. — O. von Lemm, *Koptische Fragmente zur Patriarchengeschichte Alexandrien*, Saint-Pétersbourg, 1888. — U. Bouriant, *Liste des 89 premiers patriarches de l'Église copte*, dans le *Recueil des travaux relatifs à la philologie et à l'archéologie égyptiennes et assyriennes*, 1886, t. vii, p. 92-94. — L.-J. Delaporte, *Liste des 86 premiers patriarches de l'Église copte jacobite*, dans la *Revue égyptologique*, 1907, t. xii, p. 5-8. — P. Ouspensky, *Le patriarcat d'Alexandrie, recueil de matériaux*, Saint-Pétersbourg, 1898, en russe. — O. Schneider, *Beiträge zur Kenntniss der griechisch-orthodoxen Kirche Ægyptens*, Dresde, 1874. — M. Fowler, *Christian Egypt, past, present and future*, Londres, 1901. — G. Macaire [Mgr Kyrillos II], *Histoire de l'Église d'Alexandrie depuis saint Marc jusqu'à nos jours*, Le Caire, 1894. — A. Saba el-Laïl, *La résurrection de l'Église d'Alexandrie ou l'œuvre de Léon XIII en Orient*, Bruxelles, 1897. — C. Charon, *Histoire des patriarcats melkites, Alexandrie, Antioche, Jérusalem, depuis le schisme monophysite du vie siècle jusqu'à nos jours*, Rome, en cours de publication. — L. de Mas-Latrie, *Les patriarches latins d'Alexandrie*, dans la *Revue de l'Orient latin*, 1896, t. iv, p. 1-11. — W. Riedel, *Kirchenrechtsquellen des Patriarchats Alexandrien*, Leipzig, 1900. — S. Sidarouss, *Des patriarcats : les patriarcats dans l'empire ottoman, spécialement en Égypte*, Paris, 1907. — Gams, *Series episcop. Eccl. cathol.*, p. 460. — Eubel, *Hierarchia catholica medii aevi*, t. i, p. 81; t. ii, p. 96; t. iii, p. 114. — Ul. Chevalier, *Répert. des sources hist. du moyen âge. Topo-bibliog.*, col. 49-52. — *Dict. d'archéol. chrét. et de liturgie*, t. i, col. 1098-1210. — *Dict. de théolog. cathol.*, t. i, col. 786-824.

J. FAIVRE.

2. ALEXANDRIE, en italien **ALESSANDRIA DELLA PAGLIA** (*Alexandrin Statiellorum* ou *Pedemontis*). Évêché du Piémont, suffragant de Verceil, borné au nord par les diocèses de Casal et de Vigevano, à l'est par celui de Turin, au sud par celui d'Acqui et à l'ouest par celui d'Asti. La ville d'Alexandrie fut, on le sait, créée de toutes pièces, le 1er mai 1168, un an après la reconstruction de Milan, sur la frontière de Montferrat et du territoire de Parme, au confluent du Tanaro et de la Bormida, par la ligue lombarde, sous les auspices du pape Alexandre III, afin de constituer la principale place forte des guelfes d'Italie contre les entreprises de l'empereur Frédéric Barberousse, dans la lutte entre le sacerdoce et l'empire. Les confédérés lui donnèrent le nom d'Alexandria en l'honneur du pontife défenseur de la liberté italienne, mais les gibelins lui appliquèrent par dérision le surnom d'Alessandria *della Paglia*, parce que, dans la précipitation de la construction, la plupart des maisons furent d'abord couvertes de chaume, et l'on ajoute parfois encore aujourd'hui ce qualificatif à son nom, de façon à la distinguer de la ville homonyme fondée en Égypte par Alexandre le Grand. La nouvelle cité fut déclarée possession du Saint-Siège, et ses consuls se rendirent à Bénévent pour prêter hommage à Alexandre III et s'engager à lui payer un tribut annuel. Muratori, *Antiq. Ital.*, t. v, col. 833. Alexandrie devint bientôt une forteresse formidable, qui soutint victorieusement, en 1175, les assauts de l'armée impériale, commandée par Frédéric en personne, et l'obligea à lever le siège. Cette même année, Alexandrie fut érigée en évêché par son fondateur, sur les instances de son clergé et de ses habitants, de l'archevêque de Milan, saint Galdino, des consuls de la métropole lombarde et des chefs de la ligue, ainsi que le déclare Innocent III, dans une bulle de 1205. Cette érection n'eut certainement pas lieu avant le 30 janvier 1180, date à laquelle Alexandre III, dans une bulle *clericis Alexandrinae Ecclesiae*, leur annonce qu'il leur a nommé un évêque de sa propre autorité, mais sans préjudice du droit qui devra appartenir au chapitre (futur) de leur cathédrale. Ce premier évêque fut Arduinus, sous-diacre de l'Église romaine. Le nouveau siège était suffragant de l'archevêché de Milan. Cette histoire de la fondation d'Alexandrie et de son siège épiscopal est racontée tout au long dans le *Liber pontificalis*, édit. Duchesne, t. ii, p. 419, 427, 428, 431, 440, 450, 549; cf. Vignati, *Storia diplomatica della Lega Lombarda*, Milan, 1867, et les ouvrages de Graf, etc., cités dans Chevalier. Arduinus mourut moins d'un an après, peut-être sans avoir eu le temps d'être sacré, et le siège demeura vacant plus d'un an; puis Arduinus eut pour successeur un certain Otto, que d'aucuns identifient, mais probablement à tort, avec Otto Ghilini, lequel fut ensuite évêque de Bobbio en 1185 et archevêque de Gênes en 1203. Il érigea le chapitre de la cathédrale, ainsi qu'on le voit d'après une autre bulle d'Alexandre III à l'évêque et aux chanoines d'Alexandrie, en date du 18 juillet 1180. Mais, cette année même, avant qu'il ne fût sacré, Alexandre III décréta l'union des deux diocèses d'Alexandrie et d'Acqui (voir ce nom, t. i, col. 364), de telle sorte cependant que le siège d'Alexandrie eût le premier rang. L'évêque d'Acqui se transporta dans la jeune cité et en prit le titre, à l'exclusion, semble-t-il, de celui de sa précédente résidence; Otto, qui paraît avoir été privé ainsi de la dignité épiscopale, se rendit à Rome pour protester et y mourut l'année suivante. Innocent III réitéra la décision d'Alexandre par une bulle du 12 mai 1203, mais, à la suite des protestations des diocésains d'Acqui, il décida, l'année suivante, par une autre bulle du 8 juin, que l'union serait *aeque principaliter*. Cependant, bien qu'on ait des actes où Ugo Tornielli s'intitule évêque d'Alexandrie et d'Acqui, il semble n'avoir jamais été reconnu par les habitants d'Alexandrie, et, quand il eut renoncé à son double siège en 1213, ils refusèrent également de reconnaître son successeur, Anselmus, élu par le chapitre d'Acqui. Ils firent plus, et, embrassèrent le parti de l'empereur Otton IV, qui était en lutte avec le Saint-Siège; les légats d'Innocent III, en punition de cette double rébellion, supprimèrent le siège d'Alexandrie, et cette suppression fut confirmée par une bulle du 4 juin 1214. Le siège ne fut rétabli que le 10 mai 1240, par Grégoire IX, sous la forme qui avait été imaginée par Alexandre III, c'est-à-dire uni au siège d'Acqui. Chenna et Bima, dont le P. Savio paraît adopter la théorie, affirment, il est vrai, que, de 1240 à 1405, le gouvernement spirituel de cette Église fut dirigé par des archidiacres *pro tempore*, qui y exerçaient une autorité épiscopale et ordinaire, mais, outre que c'eût été une situation anormale et insoutenable au point de vue canonique, la bulle du 10 mai 1405 dit simplement qu'elle remet les choses en l'état où les avait mises Alexandre III, en unissant les deux Églises, et il n'est nulle part question de cette prétendue juridiction épiscopale des archidiacres d'Alexandrie. Voir, sur ce problème historique, Biorci, *Antichità e prerogative d'Acqui Staziella*, Tortone, 1818, t. i, p. 253-240, 252-295; Torre, *Serie cronologica de' vescovi d'Acqui*, dans *Sorprendenti vicendi sublunari*, Asti, 1781-1782, p. 85-114, et diverses brochures de Chenna et de Chabrena citées dans Manno, t. ii, n. 6542-6553. Quoi qu'il en soit, le 15 avril 1405, Innocent VII rendit à ce siège son indépendance et lui donna pour évêque l'augustin Bartolomeo Beccari, né dans la ville même, qui fut sacré le 25 janvier de l'année suivante.

Mais les vicissitudes de l'évêché d'Alexandrie n'étaient pas terminées. Peu après l'annexion du Piémont à la France, un décret impérial, qui fut confirmé par un bref pontifical du 23 janvier 1805, supprima ce diocèse, ainsi que sept autres de l'ancien royaume de Sardaigne, et l'incorpora au diocèse de Casal, de sorte que l'évêque d'Alexandrie, Mgr Mossi, dut renoncer à son siège et se retirer à Turin, avec le titre d'évêque de Sida *in partibus*. Enfin, par la bulle du 17 juillet 1817, Pie VII rétablit le diocèse d'Alexandrie, ainsi que les sept autres supprimés en 1805, et le déclara suffragant de Verceil, que la même bulle érigeait en archevêché. Le roi de Sardaigne, Victor-Emmanuel 1er, nomma alors Giambattista Incisa di Santo Stefano évêque d'Alexandrie, mais ce personnage refusa la dignité qui lui était offerte, et ce fut seulement le 23 mars de l'année suivante qu'Alessandro d'Angennes, prêtre de Turin, fut préconisé évêque du siège créé par Alexandre III.

ABBAYES ET COMMUNAUTÉS RELIGIEUSES. — Le diocèse d'Alexandrie comptait, vers 1680, huit monastères d'hommes et cinq de femmes, d'après l'*Apparatus ad universalem episcopatuum orbis christiani notitiam* du Liégeois Mathieu de Flandin, conservé aux archives du Vatican (Indic., n. 437, fol. 57-58). Voici, d'après Lubin, *Abbatiarum Italiae brevis notitia*, Rome, 1693, p. 7-8, etc., et Manno, la liste des communautés religieuses, avec leur répartition dans les différents couvents à la fin du XVIIe siècle et au XVIIIe :

Hommes. — Bénédictins, d'abord à l'abbaye de San Michele, unie en 1458 à la cathédrale, puis à San Giovanni delli Capucci (?) et à Santa Giustina de Sezze, fondée en 1030. — Augustins de Lombardie, venus au XIVe siècle, qui desservaient la paroisse de San Martino. — Augustins conventuels, à San Giacomo della Vittoria, venus en 1391. — Barnabites, venus en 1579. — Chanoines réguliers de Saint-Jean-de-Latran, à Santa Maria del Castello, fondée vers le début du XIIe siècle et autour de laquelle fut construite Alexandrie ; érigée en abbaye en 1625. Cf. L. Mina, *S. Maria di Castello*, Alexandrie, 1904, et G. Leale, *Della chiesa di S. Maria di Castello in Alessandria*, Alexandrie, 1887. — Capucins, à San Matteo. — Carmes, venus en 1466, et qui desservaient la paroisse de Santa Maria del Carmine. — Carmes déchaussés, à SS. Anna e Teresa. — Dominicains, à San Baudolino, depuis 1571, et à San Marco, où ils sont cités en 1649. — Jésuites, venus en 1591, avec un collège fondé en 1653. — Minimes. — Conventuels. — Franciscains observants, qui desservaient la paroisse de San Bernardino. — Servites, à San Pietro di Borgoglio et à San Stefano d'Alexandrie, qui leur fut donnée par le chapitre de la cathédrale le 7 juillet 1295. Giani, *Annalium sacri ordinis servorum B. Mariae virginis centuriae quatuor*, Florence, 1719, t. 1, p. 178. — Somasques, qui desservaient la paroisse de San Siro. — Trinitaires chaussés, qui desservaient la paroisse de Sant'Andrea depuis 1626. — Trinitaires déchaussés à Santa Maria di Loreto. — Humiliés.

Femmes. — Bénédictines, à San Stefano ou Santa Maria di Banno, à Sezze, fondée au XIIe siècle. — Augustiniennes, à la SS. Annunziata, citées en 1587. — Carmélites déchaussées. — Carmélites chaussées. — Cisterciennes, à Pozzolo Formigaro. — Bénédictines, puis clarisses, à Santa Maria degli Angeli, et à Villa del Foro, fondée en 1401. — Clarisses damianites, à Santa Maria Maddalena, remise sous la protection du Saint-Siège le 6 octobre 1245 (cf. Fabre-Duchesne, *Le Liber censuum*, t. 1, p. 112, note 5) ; ces religieuses, d'abord sous la juridiction de l'archevêque de Milan, en furent déclarées exemptes en 1237. — Dominicaines, à Santa Margherita. — Franciscaines, à Santa Maria Maddalena, fondée en 1314. — Ursulines, à Santa Maria dell' Olmo, fondée en 1711.

Il y a aujourd'hui, dans la ville d'Alexandrie, un couvent de capucins, une maison de servites, une de salésiens, deux maisons de sœurs de charité, trois de filles de la Charité, une de franciscaines, une de sœurs de la Providence et à Castellazzo Bormida, un couvent de capucins, en tout vingt-cinq religieux prêtres et cent quatre-vingts religieuses.

LISTE DES ÉVÊQUES. — Arduinus, vers 1175, non sacré. — Otto (Ghilini?), déposé le 18 juin 1180. — Ugo Tornielli, transféré d'Acqui, 1180-1213. — Anselmus, 1213-1214. — Siège supprimé, 1214, rétabli 1415. — Bartolomeo Beccari, augustin, 15 avril 1415-1er avril 1417. — Michele Mantegazza, augustin 18 juillet 1417, confirmé par le pape le 17 octobre 1417-† 1432. — Giorgio Lanzavecchi, O. M., 13 septembre 1432-1441, administrateur apostolique. — Marco Marinoni, 16 février 1441-31 mai 1457, transféré à Orvieto. — Marco Cattaneo, O. P., 31 mai (*alias* 20 juin) 1457-† 4 mars 1478. — Gian Antonio di San Giorgio, archiprêtre de Saint-Ambroise de Milan, auditeur du Sacré Palais, 14 avril 1478-6 septembre 1479 (cardinal le 20 septembre 1493), transféré à Parme. — Alessandro Guasco, référendaire de la Signature, 28 mars 1500-† 1517. — Pallavicinus Visconti, clerc de Milan et abbé de San Celso *extra muros* de Milan, qu'il garde, administrateur apostolique le 23 juillet 1518, évêque en 1527-1533. — Ottaviano Guasco, familier du pape, 11 mai 1534-27 avril 1564. — Hieronimo Gallerati, transféré de Nepi et Sutri, 9 juin 1564 † 1569. — Agostino Baglioni, familier du pape, abbé commendataire de San Samuele de Barletta, qu'il garde, 9 mars 1569-† 21 juin 1571. — Guarniero Trotti, 27 août 1571-† 15 janvier 1584. — Ottavio Paravicini, oratorien, 5 mars 1584, résigne en 1593 (nonce en Suisse en 1587-1589, cardinal le 6 mars 1591). — Pietro Giorgio Odescalchi, 10 mai 1596-26 mai 1610, transféré à Vigevano. — Erasmo Paravicini, neveu d'Ottaviano, 14 mars 1611-30 septembre 1640. — Francesco Visconti, 3 décembre 1640-1644, transféré à Crémone. — Deodato Scaglia, O. P., transféré de Melfi, 18 avril 1644-† 9 mars 1659. — Carlo Stefano Anastasio Ciceri, 22 septembre 1659-13 mars 1680, transféré à Côme. — Alberto Mugiasco, O. P., 7 octobre 1680-† 11 septembre 1694. — Carlo Ottavio Guasco, 10 janvier 1695-17 novembre 1704, transféré à Crémone. — Filippo Maria Testa, abbé perpétuel des chanoines réguliers de Saint-Jean-de-Latran, 15 décembre 1704-† 31 mars 1706. — Francesco Gattinara, barnabite, 11 avril (et non le 29 septembre, comme le dit Gams) 1706-25 juin 1727, transféré à Turin. — Carlo Vincenzo Ferreri, O. P., 30 juillet 1727-23 (*alias* 13) décembre 1729 (cardinal le 6 juillet 1729), transféré à Verceil. — Giovanni Mercurino Arborio Gattinara, barnabite, frère de Francesco, 23 décembre 1729-† 28 (*alias* 10) septembre 1743. — Alfonso Giuseppe Miroglio, 16 mars 1744-† 4 avril 1796. — Giuseppe Tommaso Rossi, 13 juillet 1757-† 20 mai 1786. — Carlo Giuseppe Amedeo Pistoni, 24 décembre 1788-† 30 septembre 1795. — Vincenzo Maria Mossi di Morano, 27 juin 1796-1803, transféré à Sida *in partibus*. — Siège supprimé, 1805-1817. — Alessandro d'Angennes, 5 (*alias* 23) mars 1818-24 février 1832, transféré à Verceil. — Dionisio Andrea Pasio, 15 avril 1833-† 9 novembre 1854. — Siège vacant, 1854-1867. — Antonio Colli, 27 mars 1867-1er novembre 1872. — Pietro Giocondo Salvai di Govone, 23 décembre 1872-† 1897.

ÉTAT ACTUEL. — L'évêque actuel est, depuis le 9 avril 1897, Mgr Giuseppe Capecci, de la congrégation des ermites de Saint-Augustin, né à Castelfidardo (province d'Ancône), le 18 mars 1838, assistant au trône pontifical le 12 décembre 1910. Le diocèse, qui comprend vingt-six communes de la province d'Alexandrie, est divisé en douze vicariats *forains* et compte soixante trois paroisses, 200 églises, chapelles et oratoires, 210 prêtres séculiers, et 140 500 habitants, d'après le recensement de 1901. Patron du diocèse : saint Baudolino, qui fut ermite à Villa del Foro où il mourut en 740, et qui, en apparaissant sur les remparts en 1174, aurait mis en fuite les assiégeants. Cf. Gallizia, *Atti de' santi che fiorisono ne' domini della Casa di Savoia*, t. 1, p. 1-18. Patron de la cathédrale :

saint Pierre, apôtre. Patronne de la ville : la Madone de la *Salve*, dont l'image miraculeuse est honorée dans la cathédrale. Cf. L. Burgonzio, *Le notizie istoriche in onore di Maria SSma della Salve raccolte*, Alexandrie, 1738; *Notizie storiche del miracoloso simulacro della Salve venerato nella cattedrale di Alessandria*, Alexandrie, 1837, 1843, 1888. Compatrons : saint Pie V (né dans le diocèse, à Boscomarengo), saint Valerio, saint Roch, saint François-Xavier, saint Antoine de Padoue et saint Dominique. Un grand nombre de saints, de bienheureux et d'illustres personnages ecclésiastiques, dont on trouvera l'énumération dans Orlandi et Casalis, sont nés dans le diocèse. La ville d'Alexandrie est peuplée, d'après le dernier recensement, de 75 687 habitants. Elle est entièrement moderne et ne présente rien de remarquable, à part la citadelle, construite en 1728 sur la rive gauche du Tanaro, et les remparts, élevés, en 1855, par le général La Marmora. Des écluses permettent, en cas de besoin, d'inonder tous les alentours. C'est une des principales places fortes d'Italie, et le siège du deuxième corps d'armée. Comme on le sait, le champ de bataille de Marengo s'étend presque sous ses murs. C'est aussi une ville industrielle, avec de nombreuses manufactures et un centre important de lignes de chemins de fer. L'ancienne cathédrale, construite vers 1178 et réédifiée vers la fin du XIIIe siècle, a été démolie, en 1803, par les autorités françaises, sous prétexte qu'elle encombrait la place publique (cf. E. Fornoni, *L'antica basilica alessandrina e i suoi dintorni*, Alexandrie, 1885, et *Rivista di storia... d'Alessandria*, 13e ann., p. 187-204), et la nouvelle a été construite en 1808-1810. L'antique église de Santa Maria di Castello a été également modernisée et ne conserve plus que quelques traces de son premier état. Une cérémonie très curieuse de la ville d'Alexandrie était l'enterrement de Jésus-Christ (*mortorio di Christo*), qu'on célébrait le vendredi saint jusqu'à la fin du XVIIIe siècle (description dans Cordara, *Egloghe militari*, VI, cité par d'Ancona, *Origini del teatro italiano*, Turin, 1891, t. II, p. 226).

Ghilini, *Annali d'Alessandria*, Milan, 1666. — Ughelli-Coleti, *Italia sacra*, Venise, 1719, t. IV, col. 312-326. — Giulini, *Memorie spettanti alla storia di Milano nei secoli bassi*, Milan, 1760, t. VI, p. 454, 504; t. VII, p. 204, 247; t. VIII, p. 385, 645. — Orlandi, *Delle città d'Italia e sue isole adiacenti copiose notizie*, Pérouse, 1770, t. I, p. 217-361. — Chenna-Canestri, *Del vescovato, de' vescovi e delle chiese della città e diocesi d'Alessandria*, 5 vol. in-4°, Alexandrie, 1785-1835. — Moriondo, *Monumenta Aquensia*, Alexandrie, 1785, 1786, *passim* (voir *Indice del Moriondo*, Alexandrie, 1900, dû au P. Savio). — F. Ansaldi, *Della Chiesa Alessandrina*, dans *Accademia degli Immobili*, 1834, t. V, p. 15-98. — Casalis, *Dizionario geografico-storico-statistico degli Stati di S. M. il re di Sardegna*, Turin, 1833, t. I, p. 182-198. — Zuccagnini-Orlandi, *Corografia fisica, storica e statistica dell' Italia*, Milan, 1836, t. III, p. 147-148. — Bima, *Serie cronologica dei romani pontefici e degli arcivescovi e vescovi di tutti gli Stati Sardi*, Turin, 1842, p. 160-168. — Carlo A. Valle, *Storia di Alessandria*, Turin, 1853-1855, surtout t. IV, p. 15-45. — Amati, *Dizionario corografico dell' Italia*, Milan, 1878, p. 185-192. — Vaisecchi, *Cenni storici intorno alla diocesi d'Alessandria*, Alexandrie, 1863. — Cappelletti, *Le Chiese d'Italia*, t. XIV, p. 531-562. — Stefani, *Dizionario corografico-universale dell' Italia*, Milan, 1854, t. II, 1re part., p. 137-145. — *Biblioteca storica Alessandrina*, Turin, 1858. — Gams, *Series episcoporum*, p. 811; supplément, p. 31. — Lavezzari, *Storia d'Acqui*, Acqui, 1878, p. 38-46. — Pflugk-Harttung, *Iter Italicum*, Stuttgart, 1883, p. 513-516. — A. Manno, *Bibliografia storica degli Stati della casa di Savoia*, Turin, 1892, t. I, p. 963 et n. 4373; t. II, p. 119-132 et n. 7787, 7800, 7876; t. VI, p. 14; t. VII, p. 14. — Bertolotti, *Statistica ecclesiastica d'Italia*, Savone, 1895, 1[re] part., p. 10-11. — G. Petri, *L'orbe cattolico*, Rome, 1858, 1[re] part., p. 416. — O. Werner, *Orbis terrarum catholicus*, Fribourg-en-Brisgau, 1890, p. 19. — Magrini et Vaccari, *Dizionario corografico dell'Italia*, Milan-Rome, p. 60-62. — Savio, *Gli antichi vescovi d'Italia*, Turin, 1899, p. 66-68. — Jozzi, *Il Piemonte sacro. Storia della chiesa e dei vescovi d'Acqui*, Acqui, 1881. — Eubel, *Hierarchia ecclesiastica medii aevi*, t. I, p. 82; t. II, p. 96; t. III, p. 115. — Groner, *Die Diözesen Italiens*, Fribourg-en-Brisgau, 1904, p. 14. — Basilio Magni, *Storia dell' arte italiana*, Rome, 1900-1901 (ne distingue pas, dans la table des matières, Alessandria della Paglia d'Alexandrie d'Égypte), t. I, p. 345; t. II, p. 116, 128, 367, 733 et 787. — *Rivista di storia, arte, archeologia della provincia di Alessandria*, *passim*, surtout 1904, octobre-décembre, p. 125-128 : liste partielle des évêques. — *Archivio storico dell' arte*, 1895, p. 393. — *Archivio storico lombardo*, sér. II et III, *passim*.

J. Fraikin.

ALEXANDRIN (Michele Bonelli, dit cardinal), 1541-1598, neveu par sa mère de Pie V qui lui transmit ce titre, sous lequel seulement il est connu des contemporains, naquit à Bosco dans le diocèse de Tortone (Lombardie), fit ses études au collège germanique, puis profession à dix-huit ans, dans l'ordre des frères prêcheurs, au couvent de la Minerve. Il suivait les cours de droit à l'université de Pérouse, lorsque son oncle fut élu pape, et bientôt après, à la requête instante du Sacré Collège, le créa cardinal, le 6 mars 1566, pour remplir les fonctions de premier ministre dévolues alors à tout neveu de pape, c'est-à-dire diriger la correspondance avec les princes et les cours étrangères, et l'administration des États ecclésiastiques. Le jeune religieux, timide, novice dans les affaires du monde et de la politique, sans aucune expérience, ne s'occupa de ses fonctions que pour réaliser les idées de son oncle ou prévenir ses désirs. Dans la diplomatie en particulier, il ne garda guère que la signature des dépêches et abandonna l'expédition des affaires à l'ancien secrétaire privé du pape, Girolamo Rusticucci, le premier secrétaire d'État en titre, dont les aptitudes s'imposèrent au pape lui-même, qui vit bientôt en lui son conseiller politique indispensable. Bonelli fut d'ailleurs toujours un neveu soumis et respectueux, autant par esprit de religion que par crainte d'un oncle autoritaire. Il lui rendit la charge de camerlingue, qu'il avait reçue en 1568, quand Pie V jugea bon de le vendre 60 000 écus, qu'il employa à la guerre contre les Turcs. Il reçut cependant en compensation l'abbaye de Saint-Michel de Cluse et le grand prieuré de Rome, dans l'ordre de Malte (1571), dont il devint plus tard le protecteur.

Envoyé, en juin de cette année, Bonelli fut désigné légat pour la croisade en Espagne, Portugal et France, son oncle l'entoura de conseillers et de juristes de renom, capables de suppléer à son insuffisance : parmi eux, le général des jésuites François Borgia, fort connu dans la péninsule ibérique, sa patrie. Le légat n'eut pas de peine à faire ratifier par Philippe II la Sainte Ligue que son ambassadeur avait conclue à Rome avec Venise, à régler les détails de l'exécution. Par contre, il n'obtint pas grand'chose en Portugal et rien de la France, où l'on se préoccupait avant tout de maintenir la paix entre Venise et les Turcs. Le projet de mariage du roi de Portugal, Sébastien, avec Marguerite de Valois, sœur de Charles IX, que le pape l'avait chargé de poursuivre, échoua complètement. Mais, détail qui montre encore mieux jusqu'où il poussait la déférence envers son oncle, il n'accepta aucun cadeau sans lui en avoir référé, et celui-ci lui permit de recevoir de l'Espagne une pension, et de la France un simple joyau.

Enchaîné à la politique espagnole par la volonté du pape et par son apprentissage de la vie publique à la curie, n'ayant pas eu grande part dans les promotions de cardinaux qui s'étaient faites sous le pontificat, le cardinal Alexandrin ne put déployer beaucoup d'initiative au conclave qui s'ouvrit peu après son retour à Rome, en mars 1572. Il se prononça tardivement pour le cardinal Buoncompagni, candidat du grand-duc de Florence, et poussé seulement par son parti. Grégoire XIII se montra néanmoins reconnaissant de son appui, et lui conféra, avec le protectorat du royaume de Hongrie et de la Savoie, la préfecture de la congrégation nouvellement créée de la Réforme des réguliers.

Au conclave de 1585, Bonelli se montra plus expérimenté et plus actif. Il accepta bien la candidature Montalto contre le cardinal de Santa Severina, son ennemi personnel, mais il sut gagner Filippo Buoncompagni, chef des créatures de Grégoire XIII, et emporta l'élection.

Sixte-Quint était décidé à gouverner seul, sans la participation d'aucun de ses anciens collègues; néanmoins, pour récompenser son grand électeur, il le créa, par la bulle *Cum diversis* du 1er mai 1585, son vicaire général à Rome et dans les États de l'Église (*Bullarium dominicanum*, t. v, p. 439), avec pouvoir de réformer les mœurs, la discipline, la justice, de reviser les jugements, d'accorder les grâces, en dehors de la peine de mort. Avec un maître comme Sixte-Quint, ces facultés restaient lettre-morte; néanmoins, Bonelli en fit usage autant qu'il put pour la réforme, à laquelle l'avaient attaché irrévocablement les exemples, les leçons, puis la mémoire de son oncle. S'il ne marqua pas de quelque acte important l'exercice de cette charge, du moins il se signala par son zèle, et tout ce qui pouvait promouvoir cette réforme avait son appui, et il y intervenait activement.

Il prit part aux quatre conclaves des années 1590-1592. Dans le premier, il soutint le cardinal de Côme, Tolomeo Galli, contre le candidat de Philippe II, qui fut élu sous le nom d'Urbain VII. Il continua à patronner cette candidature sans le moindre succès dans les conclaves suivants, et s'attira même l'aversion des Espagnols. Il lui importait avant tout de faire échouer son vieil adversaire, Santa Severina; et il entra dans les coalitions qui se formèrent contre lui. On ne s'explique pas l'antipathie qui séparait ces deux partisans décidés de la réforme catholique, sinon par des oppositions de caractère, des piques et des compétitions qui remontaient loin, et qui avaient dû se renouveler. En réalité, ce fut un malheur pour l'Église qu'une personnalité éminente comme celle de Santa Severina, qui domina longtemps la curie, le Sacré Collège, et fut mise dans plusieurs conclaves, ait été écartée par la diplomatie jalouse de Philippe II et par des coalitions qu'expliquait le tempérament rude et entier du candidat, mais qu'un cardinal Alexandrin n'aurait pas dû admettre, au moins par égard pour la mémoire de son oncle auquel Santa Severina, sa créature, ressemblait.

Bonelli avait reçu, en 1587, le patriarchat d'Alexandrie et, en 1591, l'évêché suburbicaire d'Albano. Il travailla encore à faire élire Clément VIII, qui le nomma préfet de la congrégation pour l'examen des évêques. Il exerça toujours une grande action sur le monde romain. Il avait acquis cette influence moins par ses talents, qui n'avaient rien de supérieur, que par ses vertus et sa vie toute monacale: il ne quitta jamais l'habit de son ordre et en observa fidèlement la règle. Il mourut à Rome le 29 mars 1598, et fut enseveli en l'église de la Minerve, où le cardinal Pietro Aldobrandini lui fit élever un monument.

Ciaconius-Oldoinus, *Vitae et res gestae... cardinalium*, Rome, 1677, t. III, col. 1029-1030. — Cardella, *Memorie storiche de' cardinali*, Rome, 1793, t. v, p. 110-114. — P. Herre, *Papstthum und Papstwahl im Zeitalter Philipps II*, Leipzig, 1907, voir l'index. Cet historien fait bien ressortir l'empreinte profonde de Pie V sur son neveu.

P. RICHARD.

ALEXANDRIS (ALEXANDRE DE), barnabite, évêque missionnaire dans l'Indo-Chine orientale durant la première moitié du XVIIIe siècle. On ne sait que très peu de choses sur sa vie; les auteurs ne sont même pas d'accord sur l'ordre auquel il appartenait et en font, les uns un théatin, les autres un barnabite. Il est simplement possible de dire qu'il fut, en 1727, appelé en qualité de coadjuteur auprès de François Pirez de Paris, évêque de Bugia, qui avait déjà eu antérieurement à côté de lui, pour remplir les mêmes fonctions, Charles Marin Labbé, évêque de Telopolis (mort le 24 mars 1723). Alexandre de Alexandris, évêque de Nabuca, demeura seulement durant quelques mois en qualité de coadjuteur auprès de Mgr de Paris, qui mourut le 29 septembre 1728, et se trouva dès lors seul chargé de la direction évangélique des missions de l'empire d'Annam ou de Cochinchine. C'était à une époque très difficile, alors que la querelle entre ordres différents au sujet des rites troublait et divisait profondément les missions de l'Extrême-Orient; Alexandre de Alexandris, pendant les dix années d'un épiscopat, au cours duquel il ne reçut l'aide d'un coadjuteur que pendant quelques mois (le franciscain Valery Rist, évêque de Mindo en 1737), ne parvint pas à en exempter ses ouailles. Sans doute se prononça-t-il pour la tolérance jusqu'au moment où Rome aurait, dans la question des rites, rendu sa sentence; mais il ne sut pas se tenir à la ligne de conduite qu'indiquait cette détermination, et se montra hostile aux prêtres des Missions étrangères, qui lui étaient, a-t-on dit, doublement suspects, à lui religieux et Italien, en leur qualité de prêtres séculiers et de Français. La preuve la plus manifeste de cette hostilité fut l'excommunication qu'il prononça nommément contre M. de Flory, l'ancien provicaire de Mgr Perez, qui était alors supérieur des prêtres des Missions étrangères évangélisant la Cochinchine, M. de Flory différant d'opinion avec son évêque sur différentes questions de juridiction et sur la question des rites, où il était partisan de la sévérité. De là naturellement, des divisions entre les missionnaires, et pour les néophytes de la Cochinchine, une situation inextricable. A en croire le P. capucin Norbert, le visiteur des missions de la Cochinchine y aurait trouvé, en mai 1739, des indigènes qui, depuis dix, douze ans, n'avaient jamais pu avoir un confesseur, de « pauvres fidèles abandonnés de leurs pasteurs et destitués des sources de la véritable vie, je veux dire privés des sacrements, » et les Annamites auraient accusé les jésuites portugais de les obliger à « suivre les cérémonies des gentils sous peine de refus des sacrements, » de ne chercher qu'à troubler et à persécuter la mission française. Telle était la situation lors de la venue d'Elzéard François des Achards de la Baume, évêque d'Halicarnasse; telle elle était déjà quelques mois plus tôt lorsque le pape Clément XII le chargea, en 1737, de visiter les missions de la Cochinchine, et lorsque, en septembre 1738, à une date imprécise, mourut Mgr Alexandre de Alexandris.

Gams, *Series episcoporum*, p. 125. — Norbert [de Bar-le-Duc], *Mémoires historiques sur les missions des Indes Orientales*, présentés au souverain pontife Benoît XIV, Lucques, 1744, t. II, 3e partie, p. 9-10. — L.-E. Louvet, *La Cochinchine religieuse*, Paris, 1885, t. I, p. 341-344.

H. FROIDEVAUX.

ALEXANDRO (PABLO XIMENES AB). Né en Espagne d'une famille noble, il fut chanoine de Grenade, puis professeur à l'université de Salamanque, visiteur apostolique et vicaire général d'une partie de l'archidiocèse de Tolède. Charles II le nomma ambassadeur extraordinaire près le Saint-Siège, alors que le marquis del Carpio était son ambassadeur ordinaire. Enfin il fut préconisé évêque de Trani, le 14 mars 1677, et, bientôt après, reçut le titre d'assistant au trône pontifical. Il mourut le 21 décembre 1693, laissant le souvenir d'un prélat distingué et charitable. Il y a, aux archives du Vatican, *Lettere de' Vescovi*, t. 70, fol. 300; t. 72, fol. 14, 40, 450, 491, 535 et 537; t. 73, fol. 120; et t. 76, fol. 45, 100, 133, 221, 240, diverses lettres adressées par lui, en 1684, 1686, 1687 et 1688, au pape ou au cardinal secrétaire d'État, qui témoignent de son zèle pour la réforme de son clergé, mais en même temps des difficultés qu'il eut, de ce chef, avec certains prêtres de Barletta.

Ughelli-Coleti, *Italia sacra*, Venise, 1721, t. vii, col. 915. — Cappelletti, *Le Chiese d'Italia*, Venise, 1870, t. xxi, col. 55.

J. FRAIKIN.

ALEXANDROS (GEORGIOS). Né à Coriliani, dans l'île de Crète, il fut ordonné prêtre, quoique marié, et eut un fils qui fut l'un des principaux imprimeurs de Venise. Devenu veuf, il émigra et devint, en 1490, professeur de grec à Rome, mais, dit Tiraboschi, se fit remarquer davantage par la pureté de ses mœurs que par la bonté de son enseignement. Le pape Innocent VIII le nomma, le 11 février 1489, évêque d'Arcadia en Crète, mais, bien que ce siège ne fût pas alors *in partibus*, il paraît n'y avoir jamais résidé et resta attaché à la cour romaine, chantant l'Évangile en grec dans les messes papales. Il mourut en 1498, laissant un ouvrage en grec sur la pénitence et l'amitié, et une traduction du *Manipulus curatorum* de Gui de Montrocher.

Raphael Volaterranus, *Commentariorum urbanorum libri XXVIII*, Bâle, 1549, lib. 9. — Fabricius, *Bibliotheca graeca*, t. xii, p. 114-115. — Cornelius, *Creta sacra*, Venise, 1755, t. ii, p. 67, 131, 454. — Tiraboschi, *Storia della letteratura italiana*, Milan, 1809, t. vi, p. 800. — Sathas, Νεοελληνικὴ φιλολογία, Athènes, 1868, p. 94-95. — Burchard, *Diarium*, édit. Thuasne, Paris, 1883-1885, t. i, p. 379; t. ii, p. 231, 260, 262, 276, 290, 399, 422.

J. FRAIKIN.

ALEXI (ALEXIUS) ou **ALEXIS DE SAINT-ANDRÉ**. Né le 24 novembre 1679, à Nikolsburg (Moravie), il entra, le 4 octobre 1696, dans la congrégation des clercs des Écoles pies (*scolopes*). Il professa la théologie et le droit canon, fut deux fois préfet de sa province, et deux fois aussi recteur du collège de Nikolsburg. Il mourut le 17 décembre 1761. Il est l'auteur des ouvrages suivants : *Epitome theologicum de summi pontificis auctoritate*, Nikolsburg, 1721; *Conclusiones theologicae de sacramentis*, in-fol., Brunn, 1719; *Breves quaestiones et responsiones ex historia biblica*, in-8°, Wildberg, 1740; *Theologia moralis*, divisée en cinq traités, avec la résolution de nombreux cas de conscience, in-4°, Kempten et Augsbourg, 1757.

Hurter, *Nomenclator literarius*, Innsbrück, 1881, t. ii, 2e part., col. 1471. — Thome Viñas a S. Aloysio, *Index biobibliographicus CC. RR. PP. Matris Dei Scholarum piarum*, Rome, 1909, t. ii, p. 25-26.

J. FRAIKIN.

ALEXIANUS. Voir ALEXION, col. 379.

ALEXIÉEV (ALEXÉEVITCH PIERRE), archiprêtre russe orthodoxe de la cathédrale de l'Archange à Moscou, où il naquit en 1727. Ses études achevées dans l'Académie slavo-gréco-latine de Moscou, il fut consacré diacre et attaché à la cathédrale de l'Archange en 1752. Consacré prêtre en 1757, il fut nommé par le Saint-Synode professeur de religion à l'université de Moscou. En 1771, il obtint le titre d'archiprêtre. Défenseur zélé des droits du clergé blanc contre le monachisme et l'absolutisme épiscopal en Russie, il s'attira beaucoup d'inimitiés, en particulier celle du métropolite Platon, qui le dénonça plusieurs fois au Saint-Synode comme entaché d'hérésie dans ses doctrines. Il mourut le 22 juillet 1801. Sa culture était très variée. Il possédait bien l'histoire et les langues classiques. Il édita : 1. *O dostoinstvie i polzie katekhizisa* (La dignité et l'utilité du catéchisme), Moscou, 1759; 2. Une version russe du traité de Grotius, *De veritate religionis christianae*, Moscou, 1768; 1800. Dans la préface de cet ouvrage il appelle Catherine II le *vrai vicaire de la vraie divinité*; 3. *La confession orthodoxe de foi de l'Église orientale catholique et apostolique*, Moscou, 1769. Cette édition de la fameuse confession de foi de Pierre Moghilas a été enrichie de notes historiques et théologiques, et réimprimée à Moscou en 1781; 4. *Tzerkovnyi Slovar* (Dictionnaire ecclésiastique), Moscou, 2 vol., 1773-1776; 2e édit., Pétersbourg, 1794, 3 vol.; 3e édit., Moscou, 1815-1818, 5 vol.; 4e édit., Pétersbourg, 1817-1819, 5 vol. C'est le premier essai d'encyclopédie ecclésiastique russe. L'auteur s'y propose d'aider ses lecteurs à mieux saisir le véritable sens de l'Écriture sainte. Pour atteindre ce but, il donne une large partie aux articles philosophiques et exégétiques. Il puise ses matériaux dans l'Écriture sainte, dans la liturgie, dans les écrits des Pères : il connaît les écrivains catholiques, parmi lesquels Baronius et Goar, et les théologiens protestants. Les notices qu'il insère dans son *Dictionnaire* sont très concises. Lorsque parut la seconde édition, Théodore Bauze en fit un grand éloge, et l'appela *liber doctissimus atque utilissimus*. *Oratio de Russia ante hoc saeculum non prorsus inculta, nec parum adeo de litteris earumque studiis merita*, Moscou, 1797, p. 37. A présent, il n'a plus qu'une valeur bibliographique; 5. *Razsujdenie na vopros : mojno li dostoinomu sviachtchenniku minovav monachestvo, proizvedenu byt vo episcopa* (Un prêtre n'ayant pas embrassé la vie monastique peut-il être élevé à la dignité épiscopale?... Examen de la question). Ce petit traité, longtemps inédit, a paru dans les *Tchteniia* (Lectures) de la Société d'histoire et d'antiquités russes, Moscou, 1867, t. iii, p. 17-26. L'auteur s'insurge contre le monachisme russe, qui a usurpé le monopole de l'épiscopat. Il déclare que les fonctions épiscopales ne s'accordent pas avec l'idéal de la vie monastique, qui professe le mépris des honneurs et des richesses. Le mariage n'est pas un obstacle à l'épiscopat. Les premiers évêques du christianisme, et même les apôtres, étaient mariés. Le monopole de l'épiscopat, usurpé par le monachisme, est en Russie la cause principale de la décadence et des conditions désastreuses du clergé blanc. Ce traité souleva beaucoup de protestations et de clameurs dans les rangs du monachisme et de l'épiscopat russe. Sawas suppose aussi que l'archiprêtre Alexiéev est l'auteur d'un autre traité plus étendu contre l'épiscopat, où l'on déclare que les prêtres ne diffèrent en rien des évêques, et qu'ils ont le droit d'exercer les mêmes fonctions. *Sotchinenie XVIII vieka protiv episkopov* (Un ouvrage du xviiie siècle contre les évêques), *Tchteniia* de la même société, 1910, Moscou, 1909, t. i, p. 1-35; 6. Une version russe de la brochure de Cornélius Agrippa, *De nobilitate et praecellentia faeminei sexus declamatio*, Saint-Pétersbourg, 1784.

Parmi ses ouvrages inédits, citons : 1. *Slovar eretikov i raskolnikov* (Dictionnaire des hérétiques et des raskolniki). Le codex qui le renferme se trouve dans la bibliothèque du musée historique de Moscou. L'ouvrage est utile à cause des renseignements qu'il fournit sur les sectes russes du xviiie siècle; 2. *Kratkoe natchertanie istorii greko-rossiiskiia tzerkvi* (Abrégé concis de l'histoire de l'Église gréco-russe). Dans la même bibliothèque. L'ouvrage est divisé en cinq sections et s'étend depuis la naissance du Christ jusqu'à Catherine II. On y trouve un chapitre sur le concile de Florence et le métropolite Isidore; 3. *Spo-

sob kak prepodavat katikhizis (Manière d'enseigner le catéchisme).

Eugène (Bolkhovitinov), *Slovar istoritcheskii*, Saint-Pétersbourg, 1827, t. II, p. 154-157. — Ephrémov, *Materialy dlia istorii russkoi litteratury* (Matériaux pour l'histoire de la littérature russe), Saint-Pétersbourg, 1867, p. 8. — Rozanov, *Pierre Alexiéévitch Alexiéev, archiprêtre de la cathédrale de l'Archange à Moscou, Duchépoleznoe Tchtenie*, Moscou, 1869, t. I, p. 11-26; *Istoriia moskovskago eparkhialnago upravleniia so vremeni utchrejdeniia Sv. Sinoda* (Histoire de l'administration de l'éparchie de Moscou depuis l'institution du Saint-Synode), Moscou, 1870, t. II, p. 64-66. — Soukhomlinov, *Histoire de l'académie russe*, Saint-Pétersbourg, 1874, t. I, p. 280-343. — Korsakov, *Russkii Arkhiv*, 1880, n. 11, p. 153-210. — Philarète, *Obzor russkoi dukhovnoi litteratury* (Aperçu sur la littérature ecclésiastique russe), Saint-Pétersbourg, 1884, p. 383-384. — Venghérov, *Dictionnaire critique et biographique*, Saint-Pétersbourg, 1889, t. I, p. 393-402. — *Russkii biographitcheskii slovar*, Saint-Pétersbourg, 1900, t. II, p. 11-13. — Sawas, dans les *Tchteniia de la Société d'histoire et d'antiquités russes*, Moscou, 1910, t. I, p. I-XIV.

A. PALMIERI.

ALEXINSKY (MIKHAÏLOVITCH EUTHYME), écrivain russe orthodoxe, professeur du séminaire ecclésiastique de Moscou, né en 1813, décédé en 1882. Il est l'auteur d'une vie de saint Ambroise de Milan : *Amvrosii, episkop mediolanskii, Pravoslavnoe Obozrienie*, Moscou, 1861, t. I, p. 465-502; t. II, p. 19-49.

L'archiprêtre Euthyme Alexinsky, Pravoslavnoe Obozrienie, 1882, t. II, p. 780-788. — *Russkii biographitcheskii slovar*, Saint-Pétersbourg, 1900, t. II, p. 1.

A. PALMIERI.

ALEXION (Saint), fêté en Palestine d'un culte public aux IVe et Ve siècles, d'après l'historien Sozomène, *Histor. eccles.*, III, XIV, *P. G.*, t. LXVII, col. 1078, reproduit par Nicéphore Calliste, *Hist. eccles.*, IX, XV, *P. G.*, t. CXLVI, col. 277. Alexion était du village de Bethagathon, près de Gaza, et paraît avoir vécu au milieu du IVe siècle. Rien ne dit qu'il faille le confondre avec saint Alexianus, diacre, connu par un martyrologe d'Utrecht (*Acta sanctor.*, mart. t. II, p. 377), et fêté le 20 ou le 22 mars, avec lequel U. Chevalier l'a identifié, *Répertoire des sources historiques du moyen âge. Bio-bibliographie*, Paris, 1905, t. I, col. 145.

S. VAILHÉ.

1. ALEXIS (Saint), confesseur. Ce saint, dont le culte était devenu très populaire à Rome et en Occident pendant le haut moyen âge, est un ascète oriental. La légende latine bien connue de saint Alexis, conservée dans des recensions différentes (*Bibliotheca hagiographica latina*, p. 48-50), n'est qu'un remaniement d'une légende grecque concernant le même saint. *Bibl. hagiogr. graeca*, 2e éd., p. 8-9. Elle raconte que deux nobles époux romains, Euphémien et Aglaé, eurent un fils unique du nom d'Alexis. La nuit qui suivit son mariage, il quitta secrètement la maison paternelle et parvint à Édesse, où il mena la vie d'un mendiant. Après dix-sept ans, sa sainteté fut révélée aux habitants d'Édesse par une image de la sainte Vierge qui proféra ces paroles : « Cherchez l'homme de Dieu. » Alexis, qui ne pouvait plus continuer sa vie pauvre et cachée, partit en secret et retourna à Rome. Il se présenta dans sa maison paternelle comme mendiant, sans être reconnu ni par ses parents ni par sa fiancée. On lui assigna un recoin de la maison, et là il vécut dix-sept ans, souvent maltraité par les domestiques. Après sa mort, une voix céleste se fit entendre : « Cherchez l'homme de Dieu, afin qu'il prie pour Rome, dans la maison d'Euphémien. » Les empereurs et le pape s'y rendirent, et sur le corps du pauvre mendiant défunt on trouva un écrit qui révélait sa qualité et sa vie. Dans le texte grec, le pape porte le nom de Marcien. Un pape de ce nom n'existait pas; c'est pourquoi la légende latine le nomma Innocent, transportant ainsi le récit au commencement du Ve siècle. La légende grecque indique Saint-Pierre comme lieu de sépulture du saint; le remaniement latin, dans plusieurs manuscrits, fait enterrer saint Alexis dans l'église de Saint-Boniface sur l'Aventin. Cette légende grecque existait certainement au IXe siècle; l'hymnographe grec Joseph, mort en 883, l'a utilisée pour la composition d'une hymne (canon) en honneur du saint. Une vie syriaque d'Alexis, dont l'origine n'est certainement pas postérieure au IXe siècle, se base également sur la légende grecque. L'origine de celle-ci doit être placée dans un récit syriaque composé à Édesse dans la seconde moitié du Ve siècle (entre 450 et 475). Le nom d'Alexis ne s'y trouve pas, le saint dont il est question reste anonyme; il est appelé simplement « Homme de Dieu » ou « Saint Prince » (Mar Riša). Le fond du récit cependant est le même, abstraction faite de la dernière partie de la légende d'Alexis. L'Homme de Dieu était, en effet, un pauvre mendiant, que personne ne connaissait, et qui recueillait des aumônes à la porte de l'église d'Édesse pour les distribuer en grande partie à d'autres pauvres. Il mourut à l'hôpital et fut enterré dans un tombeau commun. Mais avant de mourir, il avait dit au sacristain de l'église qu'il était le fils unique d'époux très riches de Rome et que, pour ne pas être obligé de se marier, il avait quitté en secret la maison paternelle le jour du mariage et était venu se cacher à Édesse. Après la mort du pauvre mendiant, le sacristain raconta à l'évêque ce qu'il avait appris par la bouche du défunt. L'évêque fit rechercher le corps d'un si grand saint dans la fosse commune; mais quand on ouvrit son tombeau, on n'y trouva plus que les habits pauvres du saint mendiant, le corps avait disparu. Ceci arriva sous l'évêque Rabula d'Édesse (412-435). Il faut reconnaître sans doute, sous ce récit, écrit à peine cinquante ans après les faits qu'il rapporte, un fond historique. L'Homme de Dieu d'Édesse aura été un saint ascète de cette ville qui vivait comme mendiant et qui jouissait d'une grande vénération à cause de ses vertus. Le culte du saint d'Édesse se répandit dans l'Orient grec; le saint y reçut le nom d'Alexis, nous ignorons pour quel motif, et avant le IXe siècle un auteur inconnu composa la légende qui raconte sa vie. Il paraît que celle-ci dépend non seulement du récit syriaque, mais encore de la légende de saint Jean le Calybite (voir ce mot), jeune patricien romain, qui quitta secrètement la maison paternelle pour se faire moine et qui, plus tard, revint comme mendiant, tout comme il est raconté au sujet du fils d'Euphémien. En Occident, saint Alexis est complètement inconnu jusque vers la fin du Xe siècle. Aucun martyrologe, aucun calendrier, aucun livre liturgique ne le mentionne. Nous trouvons son nom pour la première fois associé à celui de saint Boniface comme titulaire de l'église dédiée à ce saint martyr, sur l'Aventin à Rome, dans deux chartes de l'année 987. Nerini, *De templo et coenobio SS. Bonifacii et Alexii*, Rome, 1752, p. 378, 381. Or, en 977, le métropolitain grec Serge de Damas, obligé de quitter son siège, s'était réfugié à Rome, où le pape Benoît VII lui céda l'église de Saint-Boniface. Il y établit un monastère de moines grecs et latins, dans lequel saint Adalbert, évêque de Prague, chercha un refuge en 990 (ci-dessus, t. I, col. 151). Le récit syriaque sur la vie de l'Homme de Dieu, comme la légende grecque, attribue à saint Alexis une origine romaine. On comprend ainsi facilement que Serge et ses moines orientaux aient introduit la vénération de saint Alexis dans leur église de l'Aventin. Grâce à la haute renommée dont jouissait la communauté de Saint-Boniface et aux relations importantes que ses membres ne tardèrent pas à nouer, le culte de saint Alexis devint très vite populaire à Rome; la légende grecque fut traduite et remaniée en latin et contribua pour sa part à répandre la vénération du saint dans la chrétienté d'Occident. L'église souterraine de Saint-Clément à Rome conserve des fresques très intéressantes de la seconde moitié du xi⁰ siècle, parmi lesquelles nous voyons également un tableau de la vie de saint Alexis. Sa fête est célébrée en Occident le 17 juillet, dans l'Église grecque le 17 mars (Nilles, *Kalendarium manuale utriusque Ecclesiae*, t. I, p. 123); les monophysites de la Syrie célèbrent la mémoire du saint sous le nom de Johannan bar Euphemjanos, le 12 mars. Baumstark, *Das Festbrevier der syrischen Jakobiten*, Paderborn, 1910, p. 249.

Acta sanctor., julii t. IV, p. 238 sq. — Amiaud, *La légende syriaque de saint Alexis, l'Homme de Dieu*, Paris, 1889. — Esteves Pereira, *Vita S. Alexii* (grecque), dans *Analecta bollandiana*, 1900, t. XIX, p. 243-253. — Poncelet, *La légende de S. Alexis*, dans *La science catholique*, 1890, t. IV, p. 269 sq., 632 sq. — Plaine, *La vie syriaque de saint Alexis*, dans *Revue des quest. histor.*, 1892, t. I.I, p. 560 sq. — Rösler, *Die Fassungen der Alexius-Legende*, dans *Wiener Beiträge zur englischen Philologie*, 1905, t. XXI, p. 118-154. — L. Duchesne, *Les légendes chrétiennes de l'Aventin. Notes sur la topographie de Rome au moyen âge*, dans *Mélanges d'archéol. et d'histoire*, 1890, t. X, p. 234-250. — Massmann, *Sankt Alexius Leben*, dans *Bibliothek der gesamten deutschen Nationalliteratur*, Leipzig, 1843, t. IX. — Konrad von Würzburg, *Das Leben des hl. Alexius*, herausgeg. von R. Henczynski, Berlin, 1898. — Joret, *La légende de saint Alexis en Allemagne*, Paris, 1881. — *Bibliotheca hagiogrphica latina*, p. 48-50; *Bibliotheca hagiographica graeca*, 2⁰ éd., p. 8-9. — Potthast, *Bibliotheca historica medii aevi*, 2⁰ éd., t. II, col. 1153-1154. — Nerinius, *op. cit.* — Kehr, *Italia pontificia*, Berlin, 1906, t. I, p. 115.

J.-P. KIRSCH.

2. ALEXIS, martyr à Constantinople. Voir GRÉGOIRE LE SPATHAIRE.

3. ALEXIS, métropolite de Nicée au début du xi⁰ siècle, auteur d'un canon inédit en l'honneur du martyr saint Démétrius ou Dimitri. Cette pièce se trouve dans le *Cod. theologicus graecus 187* de la bibliothèque impériale de Vienne, incipit : τὴν γλῶτταν μου τράνωσον.

D. de Nessel, *Catalogus cod. manuscript. graecorum bibliothecae Caesareae Vindob.*, Vienne, 1690, p. 275. — Voir aussi Allatius, *Diatriba de Georgiis*, p. 318, et Fabricius, *Bibliotheca graeca*, 1ʳᵉ éd., t. X, p. 130, 274.

M. JUGIE.

4. ALEXIS, moine et diacre de Constantinople, a écrit un panégyrique de Michel Cérulaire, au témoignage de Nicolas Commène Papadopouli, *Praenotiones mystagogicae*, Padoue, 1697, p. 411. C'est tout ce que l'on sait de ce personnage, si toutefois il a existé et si Nicolas Comnène Papadopouli ne l'a pas inventé.

Fabricius, *Bibliotheca graeca*, t. X, p. 474.

M. JUGIE.

5. ALEXIS, diacre du pape Alexandre III (vers 1160), neveu de deux Romains de distinction, Vido Manfredi et Manfredo Pizi, se rendit, avec leurs lettres de recommandation au roi de France Louis le Jeune, après 1160, à l'université de Paris, et prit son domicile à l'abbaye de Saint-Victor, à laquelle le pape adressa une lettre à son sujet, datée de Préneste (Palestrina), le 27 juin 1161. Il fut plus tard rappelé et employé dans les affaires de la curie.

A. Budinszky, *Die Universität Paris und die Fremden an derselben im Mittelalter*, Berlin, 1876, p. 180-181.

P. RICHARD.

6. ALEXIS, saint et métropolite de l'Église russe. Il naquit à Moscou entre 1293-1298. Son père, Théodore Biakont, était un boïard de Tchernigov, qui, après la prise de la ville par les Tatars, s'était mis au service de Daniel Alexandrovitch, prince de Moscou. Alexis reçut au baptême le nom de Siméon-Éleuthère. A l'âge de vingt ans, il embrassa la vie monastique dans le monastère de la Manifestation du Seigneur (*Bogoiavlenskii*), et s'y adonna, plusieurs années durant, à la pénitence et aux pratiques de l'ascétisme. En 1340, il fut nommé vicaire du métropolite Théognoste (1328-1353) et remplit cette fonction pendant douze ans. Au mois de décembre 1352, Théognoste le consacra évêque de Vladimir. Après la mort (26 avril 1353) du métropolite, Alexis lui succéda, et sa nomination fut approuvée par Philothée, patriarche de Constantinople, au mois de juin 1354. Il se rendit à Constantinople pour demander au patriarche qu'il ne consentît pas à ériger en Lithuanie et Galicie un siège métropolitain autonome, et resta dans cette ville jusqu'à l'automne de l'année 1355. Les biographes racontent qu'il exerça deux légations auprès des Tatars; qu'en 1357 il guérit miraculeusement la femme du khan Taïdoul, et qu'il eut des conférences avec les docteurs de la loi musulmane. Sa piété se manifesta surtout par la fondation d'églises et de monastères. Sa mort eut lieu le 12 février 1378, et ses dépouilles mortelles furent inhumées dans le monastère des miracles (*Tchudov*) de Moscou. La reconnaissance de ses reliques eut lieu en 1431 sous le métropolite Photius (1408-1431); sa canonisation en 1448, sous le métropolite Ionas (1448-1461). On a de lui quelques lettres et sermons publiés dans les *Pribavleniia* (Additions) aux œuvres des saints Pères traduites en russe, Moscou, 1847, t. V, p. 30-39; dans le *Duchepoleznoe Tchtenie* (Lecture édifiante), Moscou, 1861, t. I, p. 449-467; dans les *Pamiatniki drevnerusskugo kanonitcheskago prava* (Monuments de l'ancien droit canon russe), Saint-Pétersbourg, 1908, col. 167-172. On lui attribue aussi le précieux codex de l'évangéliaire slave, conservé dans le monastère de *Thocoudov*. Ce codex contient tous les livres du Nouveau Testament, et offre cette particularité qu'il ne s'accorde pas avec les versions antérieures du mêmes livres inspirés. Alexis connaissait le grec. On suppose que, pendant son séjour à Constantinople, en 1354-1355, il collationna le texte slave du Nouveau Testament avec un texte grec des Septante, et corrigea ou remania plusieurs fois les anciennes versions. Ce précieux codex a été reproduit par la phototypie à Moscou, en 1892. Il fut utilisé par Épiphane Slavinetzky, qui, d'après les prescriptions du concile de Moscou de l'an 1674, travailla à corriger la bible slave. Astaphev, *Opyt istorii biblii v Rossii* (Essai sur l'histoire de la Bible en Russie), Saint-Pétersbourg, 1892, p. 95. Plusieurs écrits inédits d'Alexis sont mentionnés par Stroev, *Bibliologitcheskii slovar*, Pétersbourg, 1882.

La vie d'Alexis a été rédigée par Pitirim, évêque de Perm († 1445), et insérée dans le t. VIII de la Collection complète des chroniques russes (*Polnoe sobranie russkikh lietopisei*), Saint-Pétersbourg, 1859, p. 26-28. — Barsoukov donne une liste complète des Vies du saint, *Sources de l'hagiographie russe*, Pétersbourg, 1882, col. 29-32. — Gorsky, *Sv. Alexii, mitropolit Kievskii i vseia Rossii* (S. Alexis, métropolite de Kiev et de toute la Russie), *Pribavleniia*, Moscou, 1847, t. VI, p. 89-128. — Mouraviev, *Vies des saints russes*, octobre, Saint-Pétersbourg, 1859, p. 80-161 (le saint est fêté dans l'Église russe le 5 octobre). — Macaire, *Histoire de l'Église russe*, Saint-Pétersbourg, 1886, t. IV, p. 33-63. — Voskrésensky, *Le Nouveau Testament de Notre-Seigneur Jésus-Christ par S. Alexis, métropolite de Moscou et de toute la Russie, Bogoslouskii Viestnik*, Moscou, 1893, t. I, p. 180-189; *Le codex du Nouveau Testament par S. Alexis, et l'évangéliaire du bienheureux Nicon, thaumaturge de Radonèje*, ibid., 1893, t. II, p. 167-173. — Kamensky, *S. Alexis, métropolite de toute la Russie, thaumaturge de Moscou, Strannik*, 1894, t. II, p. 421-444; t. III, p. 3-25, 197-211, 405-421, 599-618. — Mourétov, *L'impor-*

tance ecclésiastique et pratique, scientifique et théologique de la version slave du Nouveau Testament par S. Alexis, métropolite de Kiev, Moscou et de toute la Russie, Bog. Viesinik 1897, t. III, p. 177-199, 373-414; 1898, t. I, p. 155-156; Le codex du Nouveau Testament conservé dans le monastère de Thocoudov, appartient-il réellement à saint Alexis?..., ibid., 1898, t. I, p. 1-25. — Goloubinsky, Histoire de l'Église russe, Moscou, 1900, t. II, 1re part., p. 171-225. — Narbékov, Drevniia ikona Alexiia, istieliaiuchthago jenu khana Tchanebeka Taïdulu (Une ancienne icone de S. Alexis qui guérit la femme du khan Tchanébek Taïdoul), Pravoslavnyi Sobesiednik, 1909, t. II, p. 704-718. — La guérison de la femme du khan Taïdoul par S. Alexis, et l'importance de cet événement, Rukovodstvo dlia selskikh pastyrei, Kiev, 1899, t. II, p. 104-111. — Martinov, Annus ecclesiasticus graeco-slavicus, dans Acta sanctor., oct. t. XI, p. 70-71, 132, 241.

A. PALMIERI.

7. ALEXIS Ier (COMNÈNE), empereur d'Orient (1081-1118). — I. ORIGINE ET AVÈNEMENT. — Né vers 1048, Alexis était le troisième fils de Jean Comnène et d'Anna Dalassena. Son père était le frère d'Isaac Comnène, empereur (1057-1059), qui le créa curopalate et grand-domestique. Lorsqu'il abdiqua en 1059, il offrit sa succession à Jean, qui refusa malgré les instances de sa femme. Jean mourut en 1067 et Anna Dalassena resta chargée de l'éducation de ses huit enfants; elle avait vu avec dépit l'empire lui échapper et c'est elle qui paraît avoir inspiré à ses fils le désir de le reprendre. Son influence sur Alexis fut certainement considérable et il lui dut dans une grande mesure toute sa fortune. Son éducation paraît avoir été très soignée et il acquit des connaissances théologiques solides; plus tard il montra un goût très vif pour les discussions religieuses et engagea personnellement des controverses avec les hérétiques. Mais au milieu de l'aristocratie byzantine, les Comnènes étaient considérés comme les chefs du parti militaire qui avait porté Isaac Ier au pouvoir. Anna Dalassena et ses enfants furent donc tenus à l'écart sous le gouvernement bureaucratique de Constantin X, et plus tard sous celui de Michel VII. Mais conformément aux traditions de sa famille, Alexis fut destiné de bonne heure aux armes. Il fit ses premières campagnes sous son frère Isaac en Asie Mineure (1073), au moment de la révolte du chef normand Roussel de Bailleul. Sans avoir joué le rôle prépondérant que lui attribue Anne Comnène, Alexis paraît s'être distingué assez dans cette guerre pour que Michel VII lui ait confié bientôt, avec le titre de *stratopédarque*, le commandement en chef d'une expédition contre Roussel. Il y donna toute sa mesure : sans livrer aucun combat, il parvint, par des négociations habiles avec un chef turc, à se faire livrer Roussel de Bailleul, ainsi que ses principaux partisans, et il les ramena enchaînés à Constantinople (1074). Devenu un des principaux personnages de l'empire, Alexis, veuf d'une première femme, consolida sa situation en épousant (fin de 1077) Irène, petite-fille du césar Doukas. Ce mariage, qui eut lieu malgré Anna Dalassena, réconciliait les deux principales familles de l'aristocratie byzantine.

La double révolte militaire qui éclata en 1078 (Bryennos en Thrace, Botaniatès en Asie) vint encore augmenter l'importance d'Alexis. Il défend d'abord Constantinople contre Bryennos à qui il inflige une défaite, puis, Michel VII ayant abdiqué, Alexis se rallie à Botaniatès qui entre à Constantinople (1er avril 1078) et le nomme en récompense *grand-domestique des Scholes* et *nobilissime*. Sa victoire définitive sur Bryenne, dont il s'empara, lui valut le titre de *sébaste*. Devenu le premier général de l'empire, très populaire dans l'armée, allié aux familles de la plus haute noblesse, Alexis ne tarda pas à se rendre suspect à Botaniatès et à ses ministres. Sans tenir compte de l'opinion publique, l'empereur refusa de l'adopter comme successeur, mais commit l'imprudence de lui confier une armée à conduire contre les Turcs. Au moment même où cette armée était concentrée sous les murs de Constantinople, les ministres de Botaniatès tentèrent de s'emparer d'Alexis et de son frère Isaac pour leur crever les yeux. Les deux Comnènes purent s'enfuir à temps au milieu de leurs troupes, assiégèrent Constantinople dont un mercenaire allemand leur livra une porte et y entrèrent le 1er avril 1081. La plupart des chefs de l'armée avaient pris leur parti : Nicéphore dut abdiquer l'empire et, le 2 avril, Alexis était couronné « basileus » à Sainte-Sophie.

II. CARACTÈRE DE SON GOUVERNEMENT. POLITIQUE RELIGIEUSE. — Au moment où il prenait ainsi le pouvoir, l'empire était en voie de dissolution : l'armée était désorganisée, la flotte n'existait plus, le trésor était vide, les provinces étaient épuisées par les invasions. L'Asie Mineure, qui formait pour ainsi dire le cœur de la puissance byzantine, devenait la proie des Turcs, tandis qu'à l'ouest, les Normands, conquérants de l'Italie byzantine, menaçaient déjà la péninsule des Balkans, et qu'au nord les Petchénègues violaient sans cesse la frontière du Danube pour venir ravager la Thrace et la Macédoine. Les conquêtes de la dynastie macédonienne étaient perdues ou compromises et la Bulgarie elle-même s'agitait. L'hellénisme, qui pendant des siècles avait su absorber en lui les peuples les plus hétérogènes, perdait sa puissance d'assimilation. A ces maux extérieurs, il faut ajouter la crise morale due à vingt-cinq ans de guerres civiles et de révoltes militaires; l'aristocratie civile et bureaucratique de Byzance haïssait la noblesse militaire qui avait porté les Comnènes au pouvoir. Enfin l'orthodoxie même était menacée par le réveil d'anciennes hérésies qui affirmaient leur vitalité, tantôt à Constantinople, en pleine université impériale, avec Jean Italos, tantôt chez les paysans orientaux immigrés dans la péninsule des Balkans (mouvement des Bogomiles).

Grâce à ses qualités de premier ordre, vive intelligence, volonté ferme, habileté diplomatique, Alexis Comnène a su restaurer le pouvoir impérial, reconstituer les forces de Byzance, endiguer le flot des invasions; il a ainsi conjuré la catastrophe qui menaçait l'empire et lui a assuré un nouveau siècle d'existence. Il lui fallut d'abord récompenser le parti grâce auquel il avait triomphé; il prodigua pour cela les titres pompeux et, à défaut d'autres ressources, il assigna à ses partisans des bénéfices sous les biens des monastères. Mais sa principale préoccupation fut la réorganisation de l'armée; il s'occupa d'établir l'unité de commandement au-dessus des éléments disparates dont elle se composait : troupes des thèmes et des fiefs militaires, auxiliaires étrangers. Il fit tous ses efforts pour avoir une bonne cavalerie, faisant acheter des chevaux jusqu'en Syrie et tenant les soldats en haleine par de nombreux exercices. Dans la garde, il créa le corps des « archontopouloi », destiné aux fils de nobles morts au service. Enfin il enrôla un grand nombre de mercenaires étrangers, Russes, Français, Allemands, Normands, ainsi que des Anglo-Saxons qui avaient fui leur pays après la conquête de 1066. Il restaura surtout la discipline en prenant soin de confier les plus hauts commandements à des membres de sa famille; lui-même prit le commandement en chef des principales expéditions. Il y eut sous son règne des mécontents et des conspirations, mais du moins il mit fin au régime des révoltes militaires. De même il reconstruisit une flotte et s'affranchit ainsi de l'alliance onéreuse des Vénitiens. Toutes ces réformes et les guerres qu'il eut à soutenir exigèrent des dépenses considérables. Pour se procurer des ressources, Alexis Comnène eut recours à tous les moyens : pendant l'invasion normande de 1081, il se fit donner par un synode l'autorisation d'employer les biens d'Église à la défense de l'empire. Il chercha surtout à supprimer les abus qui appauvrissaient le fisc et enleva aux couvents et aux « archontes » un grand nombre de privilèges et d'immunités. Il s'attacha à faire porter plus également sur tous les charges fiscales, mais si l'on en croit Théophylacte, archevêque de Bulgarie, ses percepteurs eurent parfois la main lourde et la rigueur avec laquelle furent levés les impôts excita de grands mécontentements.

Enfin Alexis Comnène, qui avait reçu une forte éducation théologique, se fit une très haute idée de son rôle de défenseur de la foi. Il voulut d'abord établir l'ordre dans l'Église. Sa législation fiscale paraît avoir été dirigée contre l'accroissement exagéré des monastères, mais loin de leur être hostile, il les a au contraire protégés. Il prit des mesures pour faire cesser les scandales qu'excitaient les moines vagabonds et chercha à ramener les couvents à la règle. Il favorisa le grand réformateur monastique, saint Christodule, et lui concéda, en 1088, la propriété de l'île de Patmos avec les plus larges immunités pour son monastère de Saint-Jean le théologien. D'autre part, il fit tous les efforts pour arrêter l'essor des hérésies qui se multipliaient dans la péninsule des Balkans, ainsi que le prouve le « Synodikon » pour le premier dimanche du carême (publié par Ouspensky, Odessa, 1893). En 1082, le « consul des philosophes », Italos, élève et successeur de Psellos, accusé de « platonisme », fut condamné par une commission impériale et destitué de ses fonctions; un grand nombre de ses disciples, dont plusieurs clercs, furent condamnés. Des tentatives sérieuses furent faites pour convertir les Arméniens immigrés, qui avaient gardé leur doctrine manichéenne, et pour arrêter le mouvement des Bogomiles. Sur l'ordre de l'empereur, Euthymios Zigabenos composa la Πανοπλία δογματική, véritable arsenal d'arguments contre les hérétiques.

III. Les guerres et la défense de l'empire. — Mais cette œuvre intérieure n'absorba qu'une partie de l'activité d'Alexis et pendant tout son règne il dut combattre pour défendre ses frontières menacées. Au moment où éclatait la révolution qui le mettait sur le trône, un orage se formait à l'ouest, prêt à fondre sur l'empire. Maître de l'Italie méridionale, Robert Guiscard, duc de Pouille, de Calabre et de Sicile, portait ses vues sur l'Orient et ne rêvait rien moins que la conquête de Constantinople. En mai 1081, la flotte normande portant 30 000 hommes quittait Brindisi, enlevait l'île de Corfou et venait assiéger Dyrrachium (Durazzo), point de départ de la « via Egnatia ». Dépourvu de flotte, Alexis fit alliance avec Venise et, moyennant la concession de privilèges commerciaux, la flotte vénitienne passée au service de l'empire détruisit la flotte normande (juillet). Alexis conduisit lui-même une armée contre Guiscard, mais il se fit battre près de Dyrrachium (18 octobre 1081) et, au début de 1082, la place tomba au pouvoir des Normands. La route de Constantinople leur était ouverte, mais Guiscard, rappelé en Italie par une révolte, laissa la direction de la guerre à son fils Bohémond. Après avoir battu deux nouvelles armées impériales, Bohémond n'osa cependant marcher sur Constantinople et envahit la Thessalie. Il perdit six mois à assiéger Larissa et Alexis, évitant désormais de lui livrer bataille, se borna à l'observer en lui faisant le plus de mal possible. Après quelques mois de cette petite guerre, l'armée normande, usée et travaillée par les intrigues byzantines, dut repasser en Macédoine (1083), pendant qu'Alexis reprenait successivement toutes ses conquêtes. Dans l'été de 1084, les Normands étaient réduits aux places côtières de l'Épire et Bohémond revenait en Italie. En 1085, Robert Guiscard, vainqueur de ses vassaux d'Italie, songea à recommencer son expédition contre l'empire, battit la flotte vénitienne et reprit Corfou, mais une épidémie se mit dans son armée, lui-même mourut en essayant de s'emparer de l'île de Céphalonie (17 juillet 1085) : les querelles de succession qui suivirent sa mort permirent à Alexis de reprendre Dyrrachium et l'île de Corfou.

Mais à peine cette guerre était-elle terminée qu'il fallut faire face à de nouveaux ennemis. En Orient, les Turcs Seldjoucides continuaient leur marche envahissante. Établis à Nicée et à Cyzique en 1081, ils menaçaient le royaume cilicien d'Arménie, allié de Byzance, et s'emparaient d'Antioche (1085). L'empire byzantin se maintint seulement sur la côte septentrionale d'Asie Mineure, où Alexis Comnène se fit livrer Sinope par trahison. Mais loin de songer à reconquérir l'Asie Mineure, ce fut dans la péninsule des Balkans, pour la défense même de Constantinople, qu'Alexis dut combattre. A la faveur de la révolte des manichéens de Bulgarie, les Petchénègues menacèrent de nouveau l'empire et s'allièrent avec le chef des révoltés, Traulos. Les barbares, qui occupaient déjà le pays situé entre les Balkans et le Danube, envahirent la Thrace en 1086; arrêtés devant Philippopoli, ils reculèrent devant l'armée impériale, mais pour revenir, l'année suivante, jusqu'à Rodosto. Ils furent repoussés de nouveau, et en 1088 ce fut l'empereur qui franchit les Balkans avec une armée, tandis qu'une flotte remontait le Danube. Cette offensive aboutit à une défaite complète des impériaux près de Dristra. Les querelles entre les Petchénègues et leurs alliés, les Polovtzes ou Cumans, permirent à Alexis de reconstituer une armée; il parvint même à négocier avec les Cumans et à en prendre 40 000 à son service. Le 29 avril 1091, l'armée des Petchénègues fut entièrement détruite, sur les bords du Léburnion en Thrace. Le peuple tout entier des Petchénégues périt dans cette journée et ses débris formèrent des colonies en Macédoine. Cependant cette victoire ne mit pas fin à l'agitation de la péninsule des Balkans. La révolte des Serbes sous le prince Bodin et l'invasion des Cumans, conduits par un imposteur, qui se disait fils de Romain Diogène, occupèrent Alexis jusqu'en 1094. Au moment où, libre du côté du nord, il allait peut-être reprendre l'offensive en Asie contre les Turcs, la croisade des Occidentaux commença et vint lui imposer de nouvelles préoccupations.

IV. Alexis Comnène et la croisade. — Il est aujourd'hui démontré que le mouvement de la première croisade a une origine purement occidentale et est dû surtout à l'initiative du pape Urbain II. La prétendue lettre par laquelle Alexis aurait invité le comte de Flandre à propager en Occident l'idée d'une expédition pour délivrer l'empire byzantin a été reconnue apocryphe, au moins dans sa forme actuelle. La vérité est que l'empereur a accepté et sollicité à plusieurs reprises des secours d'Occident : une demande de ce genre, faite au pape en 1091, est mentionnée par Anne Comnène. *Alex.*, VIII, 5, 401. Mais il s'agissait pour lui d'enrôler des troupes de mercenaires occidentaux dans son armée et il ne songeait nullement au déplacement formidable de peuples qui se préparait. Il n'est donc pas étonnant que l'arrivée des bandes populaires conduites par Pierre l'Ermite, en 1096, ait excité la terreur des populations et les inquiétudes de l'empereur. Pour éviter un pillage en règle de Constantinople, Alexis les fit passer en Asie au bout de cinq jours et il prit des dispositions pour protéger son empire pendant le passage des grandes armées dont on annonçait l'arrivée. Dès qu'une de ces bandes parvenait aux frontières, des envoyés impériaux venaient trouver ses chefs et leur demandaient de s'abstenir de tout pillage, tandis que des corps de troupes impériales observaient la marche des croisés et réprimaient au besoin leurs déprédations. A leur arrivée à Constantinople, les troupes étaient établies dans des cantonnements séparés, tandis que les chefs, habilement circonvenus par un mélange savant de présents et de menaces, étaient mis en demeure de prêter serment à l'empereur. Alexis croyait pouvoir tirer parti de cette expédition pour rétablir la domination impériale en Orient. Il ne parvint pas à son but sans difficulté: Godefroy de Bouillon, cantonné à Péra, résista tout l'hiver aux sollicitations de l'empereur; Alexis ayant menacé de lui couper les vivres (2 avril 1097), les croisés attaquèrent Constantinople, mais rejeté dans son camp et assiégé par l'armée impériale, Godefroy dut prêter le serment demandé et laisser transporter ses troupes en Asie. Bohémond qui arriva ensuite avec les Normands d'Italie se soumit sans difficulté à cette obligation, mais ne put obtenir de l'empereur le titre de grand-domestique. Tous les autres chefs, à l'exception de Tancrède et de Raimond de Saint-Gilles, comte de Toulouse, prêtèrent le serment et l'empereur les combla en retour de magnifiques présents.

Alexis lui-même passa en Asie avec les croisés. Un corps d'armée impérial prit part au siège de Nicée, et ce fut à l'empereur que les défenseurs de la ville se rendirent (19 juin 1097). Les croisés ne purent entrer dans la ville, mais, suivant le traité conclu, Alexis leur distribua le butin conquis sur les Turcs. Après une dernière entrevue avec l'empereur, dans laquelle ils renouvelèrent leurs serments, les croisés s'enfoncèrent dans l'intérieur de l'Asie Mineure, suivis d'un corps impérial, commandé par le « primicier » Taktikios, qui les accompagna jusqu'à Antioche. Sans s'inquiéter davantage de la croisade, l'empereur profita des victoires des Francs pour reprendre aux Turcs la plupart des îles et des ports de l'Archipel. En 1097-1098, une expédition commandée par Doucas s'empara de Smyrne et d'Éphèse, en refoulant les Turcs vers l'est. Par contre, l'influence prise par Bohémond dans l'armée des croisés ne tarda pas à ébranler celle de l'empereur. Avant la prise d'Antioche, Taktikios, circonvenu par Bohémond, s'éloigna avec son détachement; tout un parti des Occidentaux était hostile à l'empereur et l'accusait de trahison. Les intérêts de la croisade étaient désormais séparés de ceux de l'empire; pendant le siège d'Antioche par l'émir Kerbûga, Alexis avait levé une armée pour aller au secours des croisés, mais sur les rapports d'Étienne de Blois, fugitif, qui lui représenta la situation comme désespérée, il s'était abstenu d'aller plus loin. Devenu maître d'Antioche, Bohémond rompit nécessairement avec l'empereur, tandis que Raimond de Toulouse, par haine de son rival, se rapprochait de lui. Pendant que les croisés marchaient sur Jérusalem, Bohémond, avec l'aide d'une flotte pisane qui venait de ravager les îles Ioniennes, ouvrait les hostilités en attaquant la ville de Laodicée, restée à l'empire (été de 1099).

Dès lors un véritable duel commença entre le nouveau prince d'Antioche et Alexis. Pour agrandir sa principauté, Bohémond essaya de s'emparer des villes grecques de Cilicie, mais au mois de juin 1100, ayant entrepris une expédition contre les Turcs de Sivas, il fut pris et resta quatre ans en captivité. L'arrivée d'une nouvelle croisade et la résistance de Tancrède, qui prit à Antioche la place de son frère, empêchèrent Alexis de profiter de cette circonstance. Délivré de sa captivité en 1104 et sommé par l'empereur de tenir ses promesses, Bohémond répondit par un refus formel. Aussitôt une armée impériale vint occuper les passes de Cilicie, tandis qu'une flotte reprenait Laodicée. Laissant Tancrède à Antioche, Bohémond partit pour l'Occident où il prêcha une vraie croisade contre Constantinople, puis, avec les forces qu'il rassembla, il entreprit de recommencer la campagne de Robert Guiscard contre Constantinople et débarqua en Épire (octobre 1107). Alexis, qui avait fait lui aussi des préparatifs, dirigea lui-même les opérations, empêcha son adversaire de prendre Dyrrachium, parvint à l'épuiser par des attaques continuelles et, après l'avoir assiégé dans son camp de Deabolis, le contraignit à demander la paix. Bohémond dut se reconnaître l'homme-lige d'Alexis et admettre la souveraineté impériale, mais sa mort, qui eut lieu en 1111, fit perdre à Alexis le fruit de ce traité avantageux.

Dans ses dernières années, l'empereur eut encore à lutter contre les Turcs qui vinrent ravager l'Asie Mineure à plusieurs reprises, en 1110 et en 1117. Jusqu'à la fin le vieil empereur déploya la plus grande activité. En 1112, il négocie avec les Romains et le pape Pascal II, qui songent sérieusement à lui offrir la couronne impériale d'Occident, pour l'opposer à Henri V. En 1114, on le trouve à Philippopoli, où il met la frontière en état de défense contre les Polovtzes. Dans l'automne de 1116, il dirige lui-même une dernière expédition contre le sultan d'Iconium et l'oblige par la victoire de Philomelion à reconnaître à l'empire les frontières du temps de Romain Diogène.

Après avoir ainsi reconquis presque toute l'Asie Mineure, Alexis revint à Constantinople. Parvenu au déclin de sa vie, il laissait puissant et pacifié l'empire qu'il avait reçu en pleine dissolution. Après avoir sauvé son État des révoltes militaires et des guerres civiles, après avoir détruit les Petchénègues, contenu les invasions normandes et supporté sans trop de dommage le passage des croisés, il parvint, par un dernier acte de sa volonté, à consolider son œuvre en déjouant les intrigues de l'impératrice Irène et de la princesse Anne pour écarter du trône l'héritier légitime. Lorsqu'Alexis mourut le 16 août 1118, son fils préféré Jean, qu'il savait capable d'être son continuateur, avait déjà pris le pouvoir.

I. Sources : Liste et bibliographie des diplômes d'Alexis Comnène. Voir P. Marc, *Plan eines Corpus der griechischen Urkunden*, Munich, 1904. — Anne Comnène, *L'Alexiade*, édit. de Bonn, 1839, 1884. — Zonaras, *Epitome*, édit. de Bonn, 1897, t. III. — Glycas, *Chronique*, édit. de Bonn, 1836. — Théophylacte, archevêque de Bulgarie, *Lettres*, dans P. G., t. CXXVI, col. 307 sq. — II. Travaux : Chalandon, *Essai sur le règne d'Alexis Ier Comnène*, Paris, 1900; *Histoire de la domination normande en Italie*, Paris, 1907, t. I. — Wasiliewsky, *Byzance et les Petchénègues. La droujina varangue-russe et varangue-anglaise à Constantinople au XIe siècle* (Œuvres complètes, édit. de l'Acad. imp. de Russie), Saint-Pétersbourg, 1908, t. I. — Ouspensky, *Le procès d'hérésie de Jean Italos*, dans *Bulletin de l'Institut archéologique russe de Constantinople*, 1897, t. II. — Diehl, *Figures byzantines*, Paris, 1906-1908 (Anne Dalassène, Anne Comnène). — Du Sommerard, *Deux princesses d'Orient au XIIe siècle*, Paris, 1907. — W. Norden, *Das Papsttum und Byzanz*, Berlin, 1903, p. 40-67. — L. Bréhier, *L'Église et l'Orient au moyen âge. Les croisades*, Paris, 1907, c. IV. — Voir Croisades.

L. Bréhier.

8. ALEXIS II (Comnène), empereur d'Orient, fils de l'empereur Manuel Comnène et de sa deuxième femme, Marie d'Antioche, naquit en 1168 et devint empereur à la mort de son père, en 1180, à l'âge de douze ans. Sa mère exerça la tutelle de concert avec son amant, le protosévaste Alexis, neveu de l'empereur Manuel. Cette faveur excita beaucoup de mécontentements et Andronic Comnène, cousin germain de Manuel et disgrâcié par lui, en profita pour rentrer à Constantinople et s'emparer du pouvoir pendant que le peuple massacrait tous les latins de Constantinople (1182). Andronic se posa d'abord en protecteur du jeune souverain et le fit couronner à Sainte-Sophie, puis il se débarrassa successivement de tous les membres de la famille impériale. Il fit signer à l'empereur l'arrêt de mort de sa mère qui fut étranglée. Après s'être fait associer à la couronne (septembre 1183), il fit décider par le sénat la déposition de son faible collègue. Quelques jours après, Alexis II fut trouvé étranglé dans son appartement; son corps fut jeté au Bosphore comme celui d'un criminel (novembre 1183). Alexis II avait été fiancé à Agnès de France, fille du roi Louis VII, qui, âgée de moins de onze ans, avait été amenée à Constantinople : Andronic l'épousa.

Nicétas Acominatos, édit. de Bonn, 1835. — Diehl, *Figures byzantines*, Paris, 1908, t. II. Les aventures d'Andronic Comnène.

L. Bréhier.

9. ALEXIS III (L'Ange), empereur d'Orient, frère de l'empereur Isaac l'Ange, exilé sous Andronic Comnène, se réfugia auprès de Saladin et à Constantinople sous le règne de son frère qui lui donna le palais du Boucoléon et en fit un de ses conseillers. Profitant de l'impopularité d'Isaac, Alexis se mit à la tête d'un complot, s'empara de son frère, lui fit crever les yeux et se fit proclamer empereur (10 avril 1195). Il prenait le pouvoir dans des conditions désastreuses; l'empire, menacé à la fois par les invasions des Turcs en Asie Mineure, par la révolte nationale des Bulgares et des Valaques, par la croisade que l'empereur Henri VI préparait contre Constantinople, semblait condamné à la ruine; dans les provinces s'élevaient des dominations indépendantes comme celles des Skipétars, des Slaves du Péloponèse, des Maïnotes, etc...; la flotte n'existait plus et l'armée, mal payée, mal commandée était incapable d'une résistance sérieuse. Le nouvel empereur, ambitieux vulgaire, ne paraît pas avoir été à la hauteur de la tâche écrasante qui lui incombait; il passa son règne à réprimer les conspirations, à combler ses partisans de dignités inutiles et à tenter d'écarter par sa diplomatie les dangers qui menaçaient Byzance. La mort subite d'Henri VI (1198) fit échouer le plan de croisade, mais le fils d'Isaac l'Ange, le jeune Alexis, avait épousé la sœur de Philippe de Souabe, frère d'Henri VI. Alexis III essaya de conjurer le danger en se rapprochant des Occidentaux. Dès 1198, il renouvela aux Vénitiens tous les privilèges que leur avait accordés Isaac l'Ange et obtint d'eux la promesse de défendre « la Romanie contre tout homme, couronné ou non. » En même temps il entretenait une correspondance suivie avec le pape Innocent III et lui laissait espérer une réunion des deux Églises. Mais au moment même où le jeune Alexis s'enfuyait du palais où il était détenu et se réfugiait en Allemagne (printemps de 1201), Alexis III commit la faute de se brouiller avec Venise, de charger d'impôts la colonie vénitienne de Constantinople et d'accorder au contraire des privilèges à ses rivaux, les Pisans et les Génois. Pendant qu'il irritait ainsi les Occidentaux, Alexis III était impuissant à résister aux Bulgares qui s'emparaient de Varna (1201) et menaçaient Constantinople. Malgré les avertissements qui lui vinrent d'Occident (voir la lettre d'Innocent III, de novembre 1202, *P. L.*, t. CCXIV, col. 1123-1125), Alexis III ne fit aucun préparatif pour résister à l'attaque redoutable qui se préparait contre lui.

Le résultat de cette politique insensée fut la catastrophe de 1203. Après la prise de Zara (novembre 1202), les croisés, gagnés par les promesses du jeune Alexis et poussés ouvertement par les Vénitiens, se dirigèrent sur Constantinople. Ce fut le 24 juin 1203 que la flotte vint mouiller à Chalcédoine, tandis que l'empereur impuissant se retranchait derrière les murailles de Constantinople. Il laissa les croisés s'emparer de Galata, remonter la Corne-d'Or et établir leur camp en face des Blachernes. La seule résistance qu'il opposa fut la sortie du 17 juillet 1203, au moment de l'assaut général. Ses Varangues, armés de leurs grandes haches, ne purent ébranler les masses compactes des chevaliers occidentaux. L'armée d'Alexis III se retira dans la ville en désordre et, à peine rentré dans son palais, l'indigne empereur, prenant avec lui sa fille Irène et mille livres d'or et de pierreries, s'enfuit sur un navire. Le lendemain, Isaac l'Ange et son fils Alexis étaient proclamés empereurs et les chefs croisés entraient dans la ville.

L'existence d'Alexis III fut désormais celle d'un aventurier. Il parvint à se sauver en Grèce et, en 1204, l'usurpateur Alexis Murzuphle ayant commis l'imprudence de se réfugier auprès de lui, il lui fit crever les yeux. En 1205, dépourvu de ressources, il dut se mettre à la discrétion de Boniface de Montferrat qui l'envoya en Italie. Délivré après la mort de Boniface (1207), il trouva moyen de gagner l'Asie Mineure et fit réclamer la couronne à Théodore Lascaris par le sultan d'Iconium. A la suite d'une expédition heureuse contre les Turcs, Théodore s'empara d'Alexis III et le relégua dans un monastère de Nicée, où il termina son existence.

Nicétas Acominatos, édit. de Bonn, 1835. — *Lettres d'Innocent III*, dans *P. L.*, loc. cit. — Tafel et Thomas, *Urkunden zur älteren Handels und Staatsgesch. der Repub. Venedig*, Venise, 1857, t. I. — W. Norden, *Das Papsttum und Byzanz*, Berlin, 1903, p. 133 sq. — Luchaire, *Innocent III et l'Orient*, Paris, 1907. — Neumann, *Zur Geschichte der byzantinischvenetianischen Beziehungen*, dans *Byzantin. Zeit.*, t. I, p. 366 sq. — Jorga, *Geschichte des Osmanischen Reiches*, Gotha, 1908, p. 118 sq.

L. Bréhier.

10. ALEXIS IV (L'Ange), empereur d'Orient, fils de l'empereur Isaac l'Ange, fut emprisonné avec son père au moment de l'usurpation d'Alexis III (1195), mais, en 1201, il réussit à s'échapper de Constantinople et aborda en Italie, à l'époque où les croisés occidentaux concluaient un traité avec Venise pour passer en Orient. Il semble bien que dès cette époque il chercha à intéresser les Occidentaux à sa cause. Il alla trouver d'abord le pape Innocent III et lui promit d'effectuer l'union des deux Églises, s'il était rétabli sur le trône. Il se rendit ensuite auprès de Philippe de Souabe, qui avait épousé sa sœur Irène, en 1195. Philippe eut avec le chef de la croisade, Boniface de Montferrat, une entrevue à Haguenau (25 décembre 1201), dans laquelle il fut probablement question de la restauration d'Isaac et d'Alexis. La proposition fut faite par Boniface à Innocent III qui la repoussa (printemps de 1202); mais dès leur arrivée à Venise, les chefs de la croisade furent travaillés secrètement par les émissaires d'Alexis, ainsi que le prouvent les avertissements donnés par le pape à Alexis III. Innocent III, *Epist.*, v, 122. *P. L.*, t. CCXIV, col. 1123-1125, novembre 1202. Bien plus, au moment où ils se dirigeaient sur Zara, les croisés envoyaient le cardinal Pierre de Capoue auprès du pape pour l'intéresser à la cause du jeune Alexis. Aussi, lorsque, après la prise de Zara, le prétendant se présenta lui-même au camp des croisés (7 avril 1203), il trouva le terrain préparé et n'eut pas de peine à entraîner la plus grande partie de l'armée sur Constantinople. Le 18 juillet 1203, la ville était prise, Alexis III mis en fuite, Isaac l'Ange tiré de sa prison et proclamé empereur avec son fils.

Mais une fois maître de Constantinople, Alexis IV se trouva dans l'impuissance d'accomplir les engagements qu'il avait pris vis-à-vis des barons occidentaux : union des deux Églises, versement d'une indemnité de 20 000 marcs, participation personnelle de l'empereur à la croisade. Après s'être fait couronner à Sainte-Sophie (1er août 1203), Alexis IV versa aux croisés la moitié de la somme qu'il leur avait promise et demanda un délai pour le départ de la croisade qui devait avoir lieu à la Saint-Michel. Après une délibération tumultueuse, les barons décidèrent d'attendre jusqu'au mois de mars 1204. Alexis IV, accompagné d'une partie des croisés, put faire une chevauchée en Thrace, chasser Alexis III d'Andrinople et s'emparer de vingt cités et de quarante châteaux, mais il dut battre en retraite vers Constantinople (novembre 1203). A son retour, il trouva les haines exaspérées entre les Grecs et les croisés; en vain il essaya de gagner personnellement les chefs de la croisade; il ne rencontra chez eux que la colère de se voir joués. Le 5 février 1204, un de ses favoris, Alexis Murzuphle, excita une émeute et appela le peuple aux armes contre les croisés. Isaac l'Ange fut emprisonné et Alexis IV, arrêté à son tour, fut étranglé quelques jours après. Il périssait victime des difficultés qu'il avait entreprises de surmonter sans avoir les forces nécessaires pour s'assurer le succès.

A la bibliographie de l'article précédent, ajouter : *Devastatio Constantinopolitana*, dans *Mon. Germ. histor., Script.*, t. XVI, p. 9-12. — Villehardouin, *La conquête de Constantinople*, édit. Natalis de Wailly, Paris, 1872. — Robert de Clari, édit. Hopf, *Chron. gréco-rom.*, 1873. — W. Norden, *Der Vierte Kreuzzug im Rahmen der Beziehungen des Abendlandes zu Byzanz*, Berlin, 1898. — Winkelmann, *Philipp von Schwaben*, Leipzig, 1873. — Tessier, *La quatrième croisade*, Paris, 1884.

L. Bréhier.

11. ALEXIS V (Ducas), dit *Murzuphle*, empereur d'Orient, parent éloigné d'Isaac l'Ange et d'Alexis IV, pourvu par eux de hautes fonctions, devint le chef du parti de la résistance aux croisés. Profitant de l'impopularité des deux empereurs, il excita une émeute, le 5 février 1204, à Constantinople, fit charger de chaînes Isaac l'Ange et son fils et se fit proclamer empereur à leur place. Le nouvel empereur, qui devait son surnom à l'épaisseur de ses sourcils, aurait étranglé lui-même Alexis IV dans sa prison. Il essaya du moins d'organiser une résistance suprême, fit relever la partie des murailles de Constantinople qui avait été abattue et tenta même une sortie qui fut désastreuse (12 février), puis des négociations avec le doge Dandolo qui échouèrent. Après l'entrée des croisés à Constantinople (13 avril), Murzuphle se retira d'abord au Boucoleon, puis s'enfuit par la Porte d'Or. Comme il avait épousé la fille d'Alexis III, il se rendit à Mosynopolis auprès de son beau-père, détrôné comme lui, et reçut d'abord un excellent accueil, mais un jour qu'il était aux bains, il fut saisi par des soldats qui lui crevèrent les yeux, sur l'ordre d'Alexis III. Errant et fugitif, il gagna l'Asie Mineure, fut arrêté et conduit à l'empereur Baudouin qui le fit juger par un conseil de barons, comme régicide. Murzuphle se défendit avec fermeté, mais fut condamné à être précipité du haut de la colonne de Théodose au Forum Tauri (fin de 1204).

A la bibliographie des deux articles précédents, ajouter : Gerland, *Geschichte des lateinischen Kaiserreiches*, Hambourg, 1905, p. 21, 32-33.

L. Bréhier.

12. ALEXIS Ier, empereur de Trébizonde, né vers 1180, était le petit-fils de l'empereur Andronic Ier Comnène. Son père Manuel eut les yeux crevés par ordre d'Isaac l'Ange en 1185. Le jeune Alexis fut sauvé, ainsi que son frère David. En 1204, il parvint à s'échapper de Constantinople et se réfugia auprès de Thatmar, reine de Géorgie, sa tante, qui lui donna une armée avec laquelle il s'empara de Trébizonde, pendant que David occupait Héraclée du Pont (avril 1204). Bien accueilli des habitants de Trébizonde qui redoutaient à la fois les Turcs et les croisés, Alexis fut proclamé empereur des Romains et prit le nom de « Grand Comnène », qu'il transmit à ses successeurs. David Comnène chercha à profiter de la faiblesse de l'empire transporté à Nicée pour étendre son territoire, mais Théodore Lascaris fit alliance avec les Seldjoucides. Alexis fut repoussé par eux d'Amisos, tandis que Théodore Lascaris était vainqueur de David sur le Sangarios. En 1212, l'armée de Lascaris rejetait définitivement David vers l'est et le réduisait à Sinope, où il mourut en 1214 en essayant en vain de défendre sa ville contre les Turcs. Alexis Ier put se maintenir à Trébizonde, mais en payant tribut aux Seldjoucides. Sa principauté s'étendait de l'embouchure du Thermodon à l'ouest jusqu'à celle du Phase à l'est. Sous son règne, Trébizonde commença à devenir une des grandes villes de commerce du Levant; malheureusement ce fut aussi sous son gouvernement que commencèrent à se former les partis de propriétaires féodaux, les « scholariens », dévoués à la cour, et les « mésochaldéens », plus indépendants, dont la lutte devait remplir l'histoire de Trébizonde. Il mourut en 1222, en laissant sa succession à son gendre Andronic Ier.

Fontes historiae imperii Trapezuntini, édit. A. Papadopoulos-Kerameus, Saint-Pétersbourg, 1897. — Michel Paranetos, *Chronique des empereurs de Trébizonde*, édit. Lambros, *Neos Hellenomnemon*, 1907, t. II, p. 266. — Brosset, *Histoire de Géorgie*, Ire part., p. 465. — Fallmerayer, *Geschichte des Kaisertums von Trapezunt*, Munich, 1827. — Euaggelidès, Ἱστορία τῆς Τραπεζοῦντος, Odessa, 1898. — Sabatier, *Monnaies byzantines*, Paris, 1862, t. II, p. 306 sq.

L. Bréhier.

13. ALEXIS II, empereur de Trébizonde, né en 1282, succéda à son père Jean II, sous la tutelle de son oncle Andronic II, empereur de Constantinople. A cette époque, Trébizonde était devenue un des principaux entrepôts du commerce oriental, surtout depuis que l'invasion mongole avait fermé les routes d'Asie Mineure. Parmi les colonies commerciales, la plus puissante à Trébizonde était celle des Génois, à qui Alexis II concéda de grands privilèges et la possession de Leontokastron (château des lions), situé dans une presqu'île rocheuse qui commandait la ville et le port. Mais en 1306 les Génois voulurent obtenir la suppression des droits de douane levés sur leurs marchandises, et, sur le refus de l'empereur, menacèrent de quitter la ville. Alexis les somma d'acquitter les droits qu'ils devaient et envoya des troupes contre eux. Furieux, les Génois incendièrent un faubourg, mais le feu gagna leurs marchandises entassées sur les quais et ils se décidèrent à la soumission. Un nouveau conflit éclata en 1311, à la suite duquel les latins (ainsi nommés dans la chronique de Paranetos, mais il s'agit certainement des Génois) mirent le feu à l'arsenal. Pour se venger, Alexis s'allia au chef turc de Sinope et sa flotte, donnant la chasse aux navires génois de la mer Noire, alla ravager les comptoirs de Caffa en Crimée. Après une guerre de courses, dont les deux adversaires souffrirent également, ils se décidèrent à traiter (accords de 1314 et 1316). Alexis II reprit le Leontokastron et céda aux Génois en échange l'emplacement de l'arsenal, avec la faculté de l'entourer de murs. En 1319, pour faire équilibre à la puissance génoise, il accorda des privilèges analogues aux Vénitiens et leur donna peut-être même le Leontokastron enlevé à leurs rivaux. Alexis II eut aussi l'occasion de combattre les Turcs et remporta sur eux une grande victoire à Cérasonte (1302). Au moment où l'Asie Mineure devenait la proie des Turcs, l'État de Trébizonde était le refuge de l'hellénisme. Le règne d'Alexis II fut d'ailleurs une des périodes les plus prospères de l'histoire de Trébizonde, et ce fut lui, comme l'attestent les inscriptions, qui rebâtit les solides remparts, grâce auxquels Trébizonde devait survivre à la chute de Constantinople.

Ajouter à la bibliographie de l'article précédent : Heyd, *Histoire du commerce du Levant*, trad. franç. Furcy-Raynaud, t. II, p. 97 sq.

L. Bréhier.

14. ALEXIS III, empereur de Trébizonde, était le fils de Basile II et d'une courtisane de Trébizonde, que son père avait épousée parce qu'il n'avait pas d'enfants de sa femme légitime, Irène Paléologue, fille d'Andronic III. A la mort de Basile, Irène Paléologue s'empara de Trébizonde, tandis que sa rivale s'enfuyait à Constantinople avec ses enfants (1340). Après neuf ans, pendant lesquels Trébizonde fut désolée par les guerres civiles, Alexis III, âgé de douze ans, fut élevé au trône sous la tutelle de l'archevêque de Trébizonde et de sa mère, à la suite de la révolution qui renversa l'empereur Michel (décembre 1349). Les premières années de ce long règne (1349-1390) furent troublées par la continuation des luttes entre les deux factions qui se disputaient le pouvoir, les ἀμιντζαράνται, représentant la noblesse indigène et les σχολαρίνται, parti dévoué à Constantinople. Parmi ces derniers, les plus remuants étaient la famille des « Doranitès », venus sans doute de Constantinople et à qui l'empereur Michel avait donné de grands domaines. On voit, en septembre 1351, la mère de l'empereur entreprendre une expédition contre le « vestiarite » Constantin Doranitès, pour le déloger des approches de Trébizonde. En juillet 1352, le stratopédarque Théodore Doranitès, dit Pilelis, son fils et son gendre sont pendus à Kenkrina. Ces exécutions semblent avoir affermi le pouvoir d'Alexis III et la guerre civile paraît terminée en 1355 : ils ne vivent même plus tard, ainsi que le prouve un chrysobulle de 1371, les Doranitès ralliés à l'empereur et comblés par lui de faveurs.

Le gouvernement d'Alexis III eut pour Trébizonde un caractère réparateur. Il fut malheureux, il est vrai, dans ses guerres contre les Turcs et dut consentir à marier ses filles à des chefs turcs. Il sut du moins maintenir la paix entre les puissantes colonies italiennes qui se disputaient la prépondérance à Trébizonde. En 1364, une querelle entre les Vénitiens et les Génois éclata en présence de l'empereur, le jour de Pâques. Alexis parvint à l'apaiser. Les Génois avaient recouvré la forte position du Leontocastron sous Michel ; les Vénitiens reçurent une concession placée dans des conditions analogues. A Trébizonde, Alexis III répara et reconstruisit beaucoup d'églises, notamment celle de Saint-Eugène, patron de la cité, détruite pendant les guerres civiles. Il fonda au Mont Athos le monastère Dionysiou (1375). Il entretint de bons rapports avec les empereurs de Constantinople, tout en rendant l'Église de Trébizonde presque indépendante du patriarche. Lorsqu'il mourut en 1390, il laissa à son fils Manuel III un État florissant, qu'il avait réussi à sauver des guerres civiles et de la conquête des Turcs.

A la bibliographie d'Alexis I*er*, ajouter : Lambros, *Un chrysobulle d'Alexis III, empereur de Trébizonde*, dans *Neos Hellenomnemon*, 1905, t. II, p. 187-198). — Millet, Pargoire et Petit, *Inscriptions chrétiennes du Mont-Athos*, Paris, 1904, n. 488-489.

L. Bréhier.

15. ALEXIS IV, empereur de Trébizonde, succéda, en 1412, à son père Manuel III, contre lequel il s'était révolté. Depuis le départ de Tamerlan, l'Asie Mineure était retombée sous la domination des Turcs. Ceux de la Horde Noire menaçaient la principauté à l'est, ceux de la Horde Blanche occupaient l'Asie Mineure. D'autre part, la puissance ottomane se relevait. Alexis IV fit plusieurs guerres malheureuses contre les Turcs et fut obligé de leur payer tribut. En outre, la famille impériale était en proie à la discorde. L'impératrice fut accusée publiquement d'adultère. Le fils aîné d'Alexis, Kalojohannes, déjà associé au trône, mit ses parents en prison. Alexis parvint à s'échapper et voulut priver de sa succession le fils rebelle pour lui substituer son second fils, Alexandre Skandarios. Jean se révolta et, appuyé sur la garde impériale et les chefs des principaux thèmes, il s'empara de son père, le mit à mort, puis, par une hypocrisie raffinée, fit aveugler ses complices (1446). Livré ainsi à l'anarchie, attaqué par une flotte ottomane dès 1447, l'État de Trébizonde ne dut son salut qu'à l'appui des rois d'Ibérie, parents des Comnènes ; il devint désormais tributaire des sultans turcs.

A la bibliographie des articles précédents, ajouter : Jorga, *Geschichte des Osmanischen Reiches*, Gotha, 1909, t. II, p. 102-103.

L. Bréhier.

16. ALEXIS V, empereur de Trébizonde, succéda à son père Jean IV, en 1458, à l'âge de quatre ans, mais son oncle, David Comnène, se fit proclamer empereur. Lorsqu'en 1461, Mahomet II s'empara de Trébizonde, il fit mettre à mort ce dernier rejeton de la dynastie des Comnènes.

Ajouter à la bibliographie de l'article précédent : Chalkokondyles, édit. de Bonn, 1843, p. 491-497.

L. Bréhier.

17. ALEXIS L'ANGE. Voir Alexis III, IV, col. 389, 390.

18. ALEXIS ARISTÈNE, Ἀλέξιος Ἀριστηνός, canoniste grec. Tout ce que nous savons d'Aristène, c'est qu'il était diacre et remplit successivement les fonctions de hiéromnémon, puis de nomophylax, protecdice et orphanotrophe. Son ami Théodore Prodrome vante son éloquence. Voir La Porte du Theil, dans *Notices et extraits des manuscrits de la bibliothèque impériale*, 1801, t. VI, p. 499-566; 1804, t. VII, p. 2, 235-260; 1810, t. VIII, p. 2, 78-220, ou *P. G.*, t. CXXXIII, col. 1015-1090. Balsamon, dans son commentaire au canon 37 du concile *in Trullo*, donne à Aristène le titre d'économe et nous apprend qu'il assista au concile de 1166, à Constantinople. A la demande de Jean Comnène (1118-1143), Aristène écrivit un commentaire sur un recueil antérieur de canons. Ce recueil a été publié par Noël et Justel, *Bibliothecae juris canonici veteris tomus secundus*, Paris, 1661, p. 673 sq., et reproduit par Migne, *P. G.*, t. CXXXIII, col. 63 sq., comme l'œuvre d'Aristène. Pour se convaincre qu'il ne l'est pas, il suffit d'observer qu'Aristène, en commentant le canon 75 des apôtres, reproche à l'auteur du recueil d'avoir mal compris une disposition canonique. Le commentaire lui-même, édité par Beveridge dans sa *Pandectæ canonum*, Oxford, 1672, d'après quatre manuscrits, est reproduit par Migne, *P. G.*, t. CXXXVII, col. 35 sq., et par Rhallès et Potlès, Σύνταγμα τῶν θείων καὶ ἱερῶν κανόνων, t. II et III. Malheureusement Beveridge, au lieu de suivre l'ordre de l'original, en a disséminé les articles à la suite des commentaires de Balsamon et de Zonaras sur le *Syntagma* de Photius, ce qui a fait croire longtemps qu'Aristène était postérieur à Zonaras : une nouvelle édition serait donc utile. Citons enfin la traduction roumaine du commentaire d'Aristène, insérée dans *Indreptarea legiei*, Tirgoviste, 1652.

Cave, *Script. eccles. histor. litter.*, t. II, p. 238. — Ceillier, *Histoire générale des auteurs sacrés et ecclésiast.*, 2e édit., t. XIV, p. 653. — Dupin, *Biblioth. univers. des auteurs ecclésiastiques*, Paris, 1699, t. XII, 2, p. 676. — Fabricius, *Biblioth. graeca*, édit. Harles, t. XI, p. 280; t. XII, p. 202, 207. — Mortreuil, *Histoire du droit byzantin*, Paris, 1840, t. I, p. 201; t. III, p. 412-416, 485. — Zachariae von Lingenthal, dans *Sitzungsberichte der könig. Preuss. Akademie der Wissensch. zu Berlin*, 1867, t. LIII, p. 1155-1159. — M. Krasnojen, *Les commentateurs du code canonique de l'Église orientale, Aristène, Zonaras et Balsamon* (en russe), Moscou, 1892; voir le compte rendu de ce livre par P. Bezobrazou, dans *Journal du ministère de l'Instruction publique* (en russe), 1893, t. CCLXXXVIII, p. 517-534. — A. Pavlov, *Sur la question des rapports chronologiques entre Aristène et Zonaras comme auteurs des commentaires sur les canons ecclésiastiques* (en russe), dans *Journal du minist. de l'Instr. publ.*, 1896, t. cccxi, p. 172-190. — N. Markov, dans *Encyclopédie ecclésiastique orthodoxe* (en russe), Pétersbourg, 1900, t. I, col. 1000-1003. — L. Petit, dans *Dictionn. de théol. cath.* de Vacant-Mangenot, t. I, col. 1864.

S. Pétridès.

19. ALEXIS LE BULGARE. Il fut envoyé à Kiew, à la demande du prince ruthène Jaroslaw, par le pape Benoît VIII, en 1021, sous Boleslas Ier, roi de Pologne. Il serait, d'après quelques auteurs, le premier évêque de Kiew. Jaroslaw favorisait le rite grec, ce qui était contraire aux idées d'Alexis. Il en résulta entre ce dernier et son clergé des difficultés qui obligèrent Alexis à quitter son diocèse. Il se retira en Bulgarie, où il mourut.

Friese, *De episcopatu Kiowiensi commentatio*, Varsovie, 1763. — *Encyclopedia koscielna*, Varsovie, 1873, t. I, p. 141.

J. Cavalié.

20. ALEXIS CELADONI, évêque de Gallipoli en Italie, de 1493 à 1508, transféré à l'évêché de Molfetta, le 7 juin 1508, mort en 1517. Il fut disciple du cardinal Bessarion.

Il est l'auteur d'une lettre au cardinal archevêque de Lisbonne, sur la mort de son frère, qui se conserve en latin à la Bibliothèque nationale de Paris, ms. du fonds grec, n. *1374*, fol. 499-525.

On sait encore de lui qu'il obtint en commende le monastère des Saints-Pierre-et-André, dit de la Petite-Ile, dans le diocèse de Tarente, à la date du 7 juin 1508, jour de sa prise de possession de l'évêché de Molfetta.

Eubel, *Hierarchia catholica medii aevi*, t. II, p. 174; t. III, p. 258.

M. Jugie.

21. ALEXIS COMNÈNE. Voir Alexis I, II, col. 383, 388.

22. ALEXIS DE LA CONCEPTION, vicaire général, puis septième général des clercs réguliers des écoles pies, dits scolopes. Il naquit à Ancône, en septembre 1624 et mourut à Rome, le 27 janvier 1695. Il a laissé : *Compendium vitae ven. P. Fundatoris scholarum piarum, Josephi a Matre Dei olim Calasanctii*, in-4°, Rome, 1693 et 1697; traduit en français, Rome, 1710, et en allemand, Vienne, 1712; *Compendium vitae ven. P. Petri olim Casani a Nativitate* et *Compendium vitae ven. servi Dei Glycerii a Christo, olim Landriani*, in-8°, Rome, 1692 et 1794; traduit en italien, Rome, 1705.

Journal des savants, 1710, p. 414. — Thoma Viñas a S. Aloysio, *Index bio-bibliogr. CC. RR. PP. Matris Dei scholarum piarum*, Rome, 1908, t. I, p. 25-26.

J. Fraikin.

23. ALEXIS DUCAS. Voir Alexis V, col. 391.

24. ALEXIS FALCONIERI (Saint), l'un des sept fondateurs de l'ordre des servites. Né vers 1200, il se trouvait, avec six autres riches marchands de Florence, dans l'oratoire du mont Senario, le jour de l'Assomption de 1233 (1216, affirme Maruli, contre tous les autres auteurs), lorsque la sainte Vierge leur apparut et leur ordonna d'embrasser un genre de vie plus parfait. Les sept marchands distribuèrent leurs biens aux pauvres et jetèrent, le 8 septembre 1233, les fondements de la nouvelle congrégation. Après s'être établis d'abord au Champ de Mars de Florence, ils bâtirent un couvent et une église sur le Senario. Deux fois par mois, ils envoyaient à Florence, pour quêter et faire les provisions, Giovanni Manetti et Alexis Falconieri; celui-ci, qui était si humble qu'il refusa toujours de recevoir les ordres sacrés, était très heureux de cette charge. Il alla ensuite, avec Victor de Sienne, fonder une maison de servites dans cette ville. Malgré son effrayante austérité, il serait parvenu à l'âge de cent dix ans et serait mort le 17 février 1310. Il fut enterré au mont Senario. Ce fut lui qui poussa Filippo Albrizzi à écrire l'histoire des débuts de l'ordre; il en écrivit lui-même une, qui est conservée manuscrite chez les servites de Florence. Le culte du bienheureux Alexis fut approuvé par Clément XI, le 20 novembre 1717, et celui de ses compagnons, le 3 juillet 1725. Tous les sept fondateurs furent canonisés par Léon XIII, le 15 janvier 1888.

La vie de saint Alexis Falconieri a été écrite, peu après sa mort, par Pierre de Todi et publiée en partie par Canali, *Istoria breve dell'origine dell'ordine de' servi*, Parme, 1727, p. 93-94, et par Morini, *Ricordi del P. Niccolò Mati*, Rome, 1883, p. 147-148; cf. *Bibliotheca hagiographica latina*, p. 48. Le ms. *1699* de la *Magliabecchiana*, à Florence, en contient une autre par Paoli Attavanti. — Son procès de béatification est conservé à la bibliothèque nationale de la même ville, *II. 359 A*, n. 163-184; cf. *Analecta bollandiana*, 1886, t. v, p. 148. — Mich. Poccianti, *Chronicon totius sacri ordinis servorum beatae Mariae virginis*, Florence, 1567. — Maruli, *Historia sacra intitolata Mare oceano di tutte le religioni*, Messine, 1613, p. 30. — Fr.-M. Lorenzini, *Vita del beato Alessio Falconieri*, Rome, 1719. — Verzelli, *Panegirico in lode del beato Alessandro Falconieri*, Bologne, 1719. — Giani, *Annales sacri ordinis fratrum servorum B. Mariae virginis*, Lucques, 1719-1725, t. I, III, *passim*. — Negri, *Storia degli scrittori fiorentini*, Ferrare, 1722, p. 25-26. — P.-M. Soulier, *Storia dei sette fondatori dell'ordine dei Servi di Maria*, Rome, 1888. — A. Morini, *Studi storico-critici sopra i santi fondatori dell'ordine dei Servi di Maria*, Sienne, 1888. — Morini et Soulier, *Monumenta ordinis servorum sanctae Mariae*, Bruxelles, 1897-1905, *passim*, surtout t. I, p. 60-103; t. III, p. 53-80. — A.-M. Lépicier, *Saint Alexis Falconieri, des saints fondateurs de l'ordre des servites de Marie*, Bruxelles, 1910.

J. Fraikin.

25. ALEXIS MÉNÉSÈS. Voir Meneses (Alepo).

26. ALEXIS DE SAINT-LÔ, protestant converti au catholicisme, puis frère mineur capucin. Après avoir prêché et controversé en France, il partit de Dieppe pour le Sénégal, le 11 octobre 1635, sous la conduite du capitaine Émery de Caen, et arriva au cap Vert, le 3 novembre suivant, en compagnie du P. Bernardin de Renouard. De là, il serait allé en Amérique. Il mourut au couvent de Sotteville-lès-Rouen, en 1638, d'après Bernard de Bologne. Les *Memorabilia cap. Norman.* le font mourir en 1659, le 17 juillet, à l'âge de soixante-dix ans, dont quarante-neuf de religion. Il a publié la *Relation du voyage du cap Vert*, Paris, 1637, in-12, et cette *Relation* a paru, exactement la même, sauf le titre et le privilège, à Rouen; cette dernière édition est dédiée aux associés de la compagnie du cap Vert. L'édition indiquée en 1633 est impossible, puisque le voyage ne date que de 1635. L'*Athenae Normannorum* confond le P. Alexis de Saint-Lô avec le P. Alexis de Salo, en attribuant au premier *Le chemin assuré du Paradis* du second. Wadding attribue au P. Alexis de Saint-Lô le nom de Lopez, mais ce doit être une erreur.

L. Wadding, *Script. ord. min.*, 1650, p. 10. — Bernard de Bologne, *Biblioth. script. ordin. minor. S. Francisci capuccinor.*, Venise, 1747, p. 4. — François Martin, *Athenae Normannorum*, éd. Bourrienne, Caen, 1901, p. 49. — Ed. Frère, *Man. bibl. norm.*, t. I, p. 12. — N.-N. Oursel, *Nouvelle biographie normande*, Paris, 1886, t. I, p. 7. — Bibl. nat., nouv. acq. fr. *9340*, fol. 114. — Archives d'État à Milan, *Memorabilia provinciae min. cap. Norm.*

P. Ubald d'Alençon.

27. ALEXIS DE SALO, des frères mineurs capucins, naquit en 1558. Il appartenait à la famille des comtes Segàla. Il entra dans l'ordre sous la direction de P. Mathias Bellintani de Salo, à l'âge de vingt-deux ans. Il mourut le 7 janvier, à Brescia. Son portrait se trouve à Desenzano. On a de lui plusieurs ouvrages de spiritualité, dont les plus connus sont : *Arte mirabile per amare, servire ed onorare la gloriosa vergine Maria avvocata*, in-8°, Brescia, Fontana, avec gravures. Réimprimé plusieurs fois en italien, en allemand, puis en français : Rouen, 1654; Paris, 1657; Dijon, 1666; Arras, 1872, 1879, par l'abbé Douriens. Paul V goûtait tant cet ouvrage qu'il l'avait toujours sous son oreiller. L'*Arte* a été aussi édité faussement sous le nom de Fr. Umile Segàla, Brescia, 1611.

Practica singolare per quelli che desiderano spiantar dall' anima gli abiti viziosi e piantarvi quelle delle sante virtù, in-12, Brescia, 1611 ; traduction française, in-12, Rouen, 1617.

Corona celeste delle meditazioni, Brescia, 1611, et Venise, 1622; *Considerazioni ovvero meditazioni sulla vita ed eroiche virtù della B. V. M.*, Brescia, 1612 et 1622, et Venise, 1653, etc.

Le P. Alexis est aussi l'auteur de *Methodus serviendi Deo per R. P. Alphonsum Madritensem ordinis FF. minorum*, Louvain, 1652.

Vladimir de Brescia, *Cappuccini bresciani*, p. 132-136. — Bernard de Bologne, *Bibliotheca script. ordin. minor. S. Francisci capuccinorum*, Venise, 1747, p. 4. — Marcellin de Pise, *Annales capuccin.*, t. III, ad ann. 1628. — Wadding, *Scriptores ordin. min.*, 1650, p. 10, et *Supplem.*, 2ᵉ édit., t. I, p. 24.

P. UBALD d'Alençon.

28. ALEXIS DE SEREGNO, franciscain, théologien et prédicateur de renom, évêque de plusieurs diocèses, mort en 1448. Il était lecteur de théologie au couvent de Milan et il y expliquait le *Livre des Sentences*, lorsque Boniface IX lui permit, par une bulle du 18 mars 1401, de prendre le grade de maître en théologie, après l'examen d'usage, et avec le droit d'avoir ensuite tous les privilèges propres aux maîtres de Paris. Le 26 septembre 1405, Innocent VII le préconisa évêque de Bobbio. Alexandre V le transféra au siège de Gap, en lui donnant comme successeur Lancellote de Fontana, le 20 août 1409. Alexis était alors camérier et confesseur du pape, qui avait été franciscain lui-même. Alexis ayant rendu à l'ordre des services signalés auprès du pape, le ministre général Antoine de Pireto (Pereto), élu au chapitre de Munich en 1405, lui permit, par une lettre, donnée à Pise le 31 août 1409, de pouvoir choisir quatre franciscains pour son service personnel. Une bulle d'Alexandre V du 17 septembre 1409 lui confirme encore ce privilège. Dans une autre lettre, datée de Pise le 7 septembre 1409, le ministre général autorisa le frère Alexis d'entrer librement dans tous les couvents des frères mineurs et des clarisses, soit tout simplement pour les voir, soit pour les réformer. Enfin le pape Jean XXIII transféra Alexis au siège de Plaisance, le 27 août 1411, et Martin V lui renouvela le privilège donné par Innocent VII le 7 novembre 1405, à savoir, de nommer vicaire général n'importe quel prêtre séculier ou régulier. Ayant rencontré saint Bernardin de Sienne à Crema en 1422, Fr. Alexis lui permit de fonder un couvent de l'observance. Il assista aux conciles de Pise, Bâle et Constance et c'est à ce dernier concile qu'il tint un discours le dimanche 15 mars 1416. Il composa un *Quadragesimale* et *Sermones de diversis*. Étant mort à Crémone, le 1ᵉʳ janvier 1448, son corps fut conduit à Plaisance pour être enterré dans la cathédrale.

Eubel, *Hier. cath.*, t. I, p. 143, 545, 422. — Wadding, *Script. ord. min.*, Rome, 1650, p. 10 ; 1806, p. 7 ; 1906, p. 11. — Sbaralea, *Supplem. ad script. ord. min.*, Rome, 1806, p. 23, 723 ; 1908, t. I, p. 24. — Labbe, *Coll. conc.*, Suppl., t. IV, p. 202. — Tiraboschi, *Storia della lett. ital.*, Venise, 1807, t. VI, 1ʳᵉ part., p. 280. — Eubel, *Bullar. franciscanum*, Rome, 1904, t. VII, n. 357, 501, 1184, 1236, 1425. — Ughelli-Coleti, *Italia sacra*, t. II, col. 232 ; t. IV, col. 942. — Albanès, *Gallia christ. novissima*, Aix, col. 508-510.

M. BIHL.

29. ALEXIS SPANÉA, cousin ou neveu, ἀνέψιος, d'Alexis Comnène (ci-dessus, col. 383). Ce personnage est signalé par Fabricius, *Bibliotheca graeca*, l. V, c. v, Hambourg, 1726, p. 392. Labbe, *Bibliotheca nova manuscr.*, p. 132, mentionne des *vers politiques* d'Alexis Comnène à son ἀνέψιος Alexis Spanéa. Cette parenté permet de déterminer l'époque où vécut ce personnage que Cave indique parmi les écrivains d'époque incertaine. Cave note aussi, sans indiquer l'année, que Christophe Zanetto a édité à Venise une Διδασκαλία et une Παραινετική d'Alexis Spanéa.

S. SALAVILLE.

30. ALEXIS LE STUDITE, patriarche de Constantinople (1025-1043). Aux derniers moments de l'empereur Basile II, l'hégoumène du Stoudion, Alexis, vint le visiter et lui apporta la principale relique de son couvent, le chef de saint Jean-Baptiste. L'empereur choisit le moine pour succéder au patriarche Eustathe qui venait de mourir et l'intronisation eut lieu le jour même (Cedrenus, dans *P. G.*, t. CXXII, col. 211), 15 décembre 1025. En 1029, Romain Iᵉʳ nommait trois syncelles métropolites : parmi eux, Cyriaque, frère du patriarche, au siège d'Éphèse ; ces nominations amenèrent une dispute pour questions de préséance à la messe de la Pentecôte. *Ibid.*, col. 219. En 1037, Jean, frère de l'empereur Michel IV, désirant s'emparer du patriarcat, suscita dans l'épiscopat une cabale contre Alexis ; un groupe d'évêques demanda la déposition du patriarche, sous prétexte qu'il n'avait pas été élu régulièrement. Alexis répondit qu'il consentait à être déposé, à condition qu'on déposât avec lui tous les évêques qu'il avait consacrés jusque-là et qu'on dît anathème aux trois empereurs qu'il avait couronnés. On comprend que les factieux n'insistèrent pas. *Ibid.*, col. 249. Alexis bâtit un monastère qui garda son nom. Balsamon, commentaire au can. 7 du synode photien, *P. G.*, t. CXXXVII, col. 1041. Lors de sa mort, le 20 février 1043, il y laissait une grosse somme d'argent, dont l'empereur Constantin IX se hâta de s'emparer. Cedrenus, *loc. cit.*, col. 281. M. Trigonès, Προσκυνητάριον τῆς μονῆς Λαύρας, Venise, 1772, p. 42, nous apprend qu'Alexis confirma la réunion du monastère des Amalfitains, abandonné à la grande Laure de Saint-Athanase (Mont Athos).

Nous possédons d'Alexis deux importants décrets contre ceux qui s'emparent des monastères à prix d'argent et à propos d'autres questions ecclésiastiques, novembre 1027 et janvier 1028 (*P. G.*, t. CXIX, col. 828, 837), et trois solutions concernant des empêchements de mariage. *Ibid.*, col. 744, 844. En outre, Balsamon (*P. G.*, t. CXXXVII, col. 1245, commentaire au can. 3 du concile de Gangres) signale un *tomus synodicus* de juillet 1026, anathématisant quiconque se révolterait ou fomenterait une révolte contre l'autorité impériale.

M. Gédéon, Πατριαρχικοὶ πίνακες, Constantinople, s. d., p. 317-322. — G. Ficker, *Erlasse des Patriarchen von Konstant. Alexios Studites*, Kiel, 1911.

S. PÉTRIDÈS.

31. ALEXIS (frère), moine de la Trappe. Il se nommait Robert du Fresne, né à Angers le 19 avril 1685. Pour demander pardon à Dieu d'avoir tué un officier en duel, il se réfugia à la Trappe et fut admis parmi les frères de chœur le 12 avril 1712. Il fit profession le 3 mai 1713 et mourut le 8 décembre suivant, après avoir édifié tout le couvent par ses austérités.

Pocquet de Livonnière, *Illustres d'Anjou*, ms. 1067 de la bibliothèque d'Angers, p. 119.

F. UZUREAU.

32. ALEXIS (GUILLAUME). Voir ALECIS HARENC, col. 79.

33. ALEXIS (THÉODOROVITCH LAVROV), écrivain russe, né, en 1829, dans le village de Séménovskoe, gouvernement de Iaroslav, évêque de Mojaïsk en 1878, archevêque de Vilna en 1885, mort en 1890. On lui doit un grand nombre d'ouvrages ; nous en citons seulement trois, où l'on traite des questions qui touchent à la doctrine catholique : *Obietovaniia i prorotchestva o Khristie v piatoknijii Mouseevom* (Les promesses et les prophéties relatives au Christ dans le Pentateuque), *Pribavleniia* (Additions) à la version russe des œuvres des Pères de l'Église, Moscou, 1886, t. xv, p. 270-300; *Vie de saint Jean Damascène, ibid.*, 1857, t. xvi, p. 54-91; *Vdovye sviachtchennoslujiteli* (Les prêtres veufs), *Khristianskoe Tchtenie* 1870, t. ii, p. 1019-1056; 1871, t. i, p. 343-82; t. ii, p. 72-125. L'auteur y examine si la consécration sacerdotale est un obstacle au mariage.

Izviékov, *Mgr Alexis, archevêque de la Lithuanie et de Vilna*, Moscou, 1896.

A. PALMIERI.

34. ALEXIS-LOUIS DE SAINT-JOSEPH, carme déchaussé français, nommé dans le monde Cyprien Barracaud, naquit à Viviers, le 17 juillet 1818, entra au petit séminaire de Bourg-Saint-Andéol en 1833, puis, en 1836, au grand séminaire de Viviers. Il compose, dans ce temps, sur des documents particuliers, une *Histoire des évêques de Viviers*, en 2 vol., demeurée manuscrite, et publie un *Mois de Marie*, apprécié, avec des notices sur les pèlerinages du Vivarais. Ordonné prêtre en 1842, et vicaire au Teil, il fit imprimer à Lyon, dès 1844, *Le catéchisme de l'Université*, dont il dénonçait l'enseignement irréligieux, livre qui eut quatre éditions successives et souleva de vives polémiques. *Le catéchisme révolutionnaire*, qui parut à Lyon, en 1848, eut deux éditions, et fut suivi, en 1852, de *Cinq ans de république*, in-12, Lyon, où il montrait les voies de la Providence pour faire retrouver à l'Église sa liberté. Il prit l'habit de carme déchaussé au noviciat du Broussey, près Bordeaux, en 1853, fit profession l'année suivante, enseigna durant quelques années la théologie, et se livra ensuite à la prédication, où il excellait : dévoré du zèle des âmes, autant que fervent religieux, il se fit entendre dans beaucoup de cathédrales, mais évangélisa surtout le midi de la France, dont on l'appelait « l'apôtre »; très nombreuses furent ses missions et ses retraites pastorales. Il mourut le 11 juillet 1880, après avoir rempli diverses charges dans son ordre. Il a écrit, depuis son entrée en religion : 1° *Histoire sommaire de l'ordre du Carmel*, in-12, Carcassonne, 1854; — 2° *Un excellent Manuel des enfants du Carmel*, in-12, Lyon, 1855, qui a eu 4 éditions; — 3° *L'abeille du Carmel, Méditations*, 2 in-12, Paris, 1856, 2 éditions; — 4° *Le manuel de la vraie dévotion envers la très sainte eucharistie et la Vierge*, Lyon, 14 éditions; — 5° *Manuel de la dévotion envers saint Joseph*, Lyon, 1860, 4 éditions; — 6° *Les cinq trônes de l'amour divin sur la terre*, Lyon, 3 éditions; — 7° *Éloge funèbre du T. R. P. Dominique de Saint-Joseph, Préposé général des carmes déchaussés et restaurateur de leur ordre en France*, Carcassonne, 1870; — 8° Une suite d'études données dans la *Semaine religieuse de Carcassonne*, sur *Les maux de la société contemporaine et leurs remèdes*, qui ont été très remarquées et forment un corps d'ouvrage; — 9° Diverses œuvres restées manuscrites.

P. MARIE-JOSEPH.

ALEXIUS. Chrétien de Carthage, qui, sans doute, confessa la foi pendant la persécution de Dèce, en 250. Son nom reparaît à deux reprises dans une lettre du confesseur Lucianus, l'un des adversaires de saint Cyprien. Mais ce n'est qu'un nom. *Cypriani Opera*, epist. xxii, édit. Hartel, t. ii, p. 535; *P. L.*, t. iv, col. 282. Voir ci-dessus, t. i, col. 736.

On s'est demandé si ce personnage n'était pas le même qu'Alexius mentionné par le Martyrologe hiéromynien, aux nones de mai (7 mai), dans une très longue liste de martyrs. Il ne semble guère possible de se prononcer sur cette hypothèse.

Acta sanctorum, 1680, maii t. ii, p. 136-137. — *Martyrologium hieronymianum*, édit. de Rossi et Duchesne, p. 56 (Extrait des *Acta sanctorum*, nov. t. ii, 1, Bruxelles, 1894). — *Thesaurus linguae latinae*, Leipzig, 1900, t. i, col. 1539.

Aug. AUDOLLENT.

1. ALFANI (FRANCESCO). Né à Pérouse, d'une famille noble, il fut clerc de l'église de San Martino dei Colli, dans ce diocèse. Élu évêque de Iesi par le chapitre de la cathédrale de cette ville, il vit son élection confirmée par Clément V le 20 février 1313, et non 1312, comme le dit Oldoini. D'après cet auteur, il serait neveu du célèbre jurisconsulte Bartolo, dont il aurait écrit la vie. Il y a là évidemment une confusion avec Luigi Alfani, autre évêque d'Iesi. Bartolo mourut, en effet, en 1356 et Alfani, au plus tard, en 1342, car son successeur, élu *per obitum Francisci*, fut préconisé le 18 juillet de cette année. Arch. Vatic., *Reg. Vat.*, t. 137, n. 32.

Tommaso Baldassini, *Notizie historiche della reggia città di Iesi*, Iesi, 1703, p. 176. — Oldoini, *Athenaeum ligusticum*, Pérouse, 1678, p. 106. — Ughelli-Coleti, *Italia sacra*, t. i, col. 282. — Mazzuchelli, *Gli scrittori d'Italia*, t. i, 1re part., p. 470. — Eubel, *Hierarchia*, t. i, p. 74. — Mittarelli et Costadoni, *Annales Camaldulenses*, Venise, 1761, t. vi, p. 231.

J. FRAIKIN.

2. ALFANI (LUDOVICO TEODENARI DEGLI), évêque de Rieti, succéda, en 1380, à Bartolomeo Mezzavaca, qui, ayant été créé cardinal (1378), s'était démis de son évêché. Les Alfani étaient une noble et puissante famille de Rieti, qui, ainsi qu'il arrivait souvent au moyen âge, se trouvait être en rivalité avec d'autres maisons nobles de cette ville. Celles-ci ne purent prendre leur parti du surcroît d'influence et du prestige que valait aux Alfani la promotion d'un des leurs au siège épiscopal. Ils résolurent, paraît-il, de s'élever sur les ruines de la maison rivale. Alliés sans doute aux mécontents que le zèle réformateur de l'évêque, la répression vigoureuse des vices et des abus qu'il avait courageusement entreprise, soulevait contre lui, ils machinèrent sa perte et celle de tous les siens. Le 9 février 1397, tandis qu'Alfani assistait à la messe, dans la ville de Città Ducale, ils se précipitèrent sur lui, le massacrèrent et s'acharnèrent contre son cadavre « comme des fauves ». Ils assassinèrent aussi son frère, Jean André, abbé de l'église séculière de Sant' Eleuterio près de Rieti. Les autres membres de la famille s'échappèrent. Rainaldo, frère des deux morts, jura de tirer une vengeance exemplaire de ces forfaits. Boniface IX l'y autorisa et l'y aida. Le 16 octobre 1398, le pape dénonça les principaux coupables aux autorités séculières de son État, avec ordre de les arrêter et d'en faire prompte justice. La ville de Rieti fut interdite, et Rainaldo degli Alfani la mit à feu et à sang. Les assassins et leurs complices furent impitoyablement exécutés. Le 4 septembre 1397, Ludovico Cichi Cola de Teodenari, évêque d'Aquila, avait été transféré à Rieti.

Archives du Vatican, *Regest. Lateran.*, t. 52, fol. 257 v°. — Cappelletti, *Le Chiese d'Italia*, t. v, p. 331. — P. Desanctis, *Notizie storiche sopra il tempio cattedrale, il capitolo, la serie dei vescovi e di vetusti monasteri di Rieti*, Rieti, 1887, p. 86. — Eubel, *Hierarchia*, t. i, p. 437. — Maroni, *Commentarius de Ecclesia et episcopis Reatinis*, in-4, Rome, 1783. — Ughelli, *Italia sacra*, Venise, 1717, t. i, col. 1211.

J.-M. VIDAL.

3. ALFANI (LUIGI). Né à Pérouse et neveu du célèbre jurisconsulte Bartolo, dont il semble avoir écrit la vie, il entra dans la congrégation de Vallombreuse et devint abbé du monastère de San Paolo, au diocèse de Pise. Promu évêque de Iesi, le 2 juin 1400 (arch. Vat., *Reg. Lat.*, t. 75, fol. 2), il mourut en 1404, et non en 1405 ou 1435, comme le disent quelques auteurs, car son successeur, *per obitum Ludovici*, Jacopo Bonriposi ou Bontempi, fut préconisé aux nones d'octobre de la première année d'Innocent VII, c'est-à-dire le 7 octobre 1404. *Ibid.*, *Reg. Lat.*, t. 115, fol. 45 v°.

Oldoini, *Atheneum Augusticum*, Pérouse, 1678, p. 11. — Tommaso Baldassini, *Notizie historiche della reggia città di Iesi*, Iesi, 1703, p. 1771. — Ughelli-Coleti, *Italia sacra*, t. I, col. 283. — Mazzuchelli, *Gli scrittori d'Italia*, in-fol., Brescia, 1753, t. I, 1re part., p. 470. — Cappelletti, *Le Chiese d'Italia*, Venise, 1848, t. VII, p. 288.

J. Fraikin.

ALFANI (Euphrasie), clarisse du monastère de Monte-Luce, tout près de Pérouse. Elle était fille d'Alfani Ier et arrière-nièce de Bartolo Alfani, célèbre jurisconsulte. Elle écrivit une chronique du dit monastère, mieux intitulée *Liber reformationis vel Memorialis monasterii S. Mariae Montis-Lucidi extra moenia Perusina*. Il commence avec l'année 1448; sœur Euphrasie le continua jusqu'à sa mort et d'autres sœurs eurent soin de le poursuivre jusqu'au XVIIIe siècle. Le manuscrit se trouvait au dit monastère et une copie semble avoir été à Rome.

Vermiglioli, *Scrittori Perugini*, Pérouse, 1828, t. I, p. 38. — Wadding, *Scriptores ord. min.*, Rome, 1650, p. 108; 1806, p. 73; 1906, p. 75. — Sbaralea, *Suppl. ad script. ord. min.*, Rome, 1806, p. 232; 1908, t. I, p. 246.

M. Bihl.

1. ALFANO Ier (Alphanus), archevêque de Salerne, théologien, philosophe, poète, médecin, musicien. Originaire de Salerne, où il naquit dans le premier quart du XIe siècle, on croit qu'il était apparenté à la famille des Guaimar, princes de Salerne. Pourtant, d'aucuns prétendent que ses proches parents, mêlés aux intrigues et aux rivalités locales, ne furent pas étrangers au meurtre de Guaimar IV (1052). Il étudia la médecine dans la célèbre école de sa ville natale. Puis il fit la connaissance de Didier (le futur abbé Didier), qui le poussa à entrer d'abord au monastère de Sainte-Sophie de Bénévent (1054), puis à celui du Mont-Cassin (1056). On pense que c'est dans ce célèbre monastère qu'il avait fait ses études classiques et théologiques. Il avait ensuite paru à la cour du pape Victor II, où il s'était fait remarquer par ses connaissances musicales et médicales. Au Mont-Cassin se trouvaient déjà Frédéric de Lorraine et Didier, ses deux amis, comme lui savants et lettrés. Le monastère était alors un foyer d'études et de science en même temps que de sainteté. Malheureusement la collaboration des trois amis dura peu. Frédéric devint, en 1057, le pape Étienne IX, Didier lui succéda au gouvernement de l'abbaye, tandis qu'Alfano, poussé par Gisulphe II, prince de Salerne, acceptait de monter sur le siège archiépiscopal de cette ville (1058). Il fut consacré de la main même d'Étienne IX, en mars de cette année. Sous son épiscopat, l'Église de Salerne fut enrichie de nombreux privilèges par les papes et les princes et reçut de notables accroissements spirituels et matériels : droit pour ses archevêques d'user du pallium, de nommer et de consacrer leurs onze évêques suffragants; droit de primauté sur les métropoles de Cosenza, Conza et Acerenza; diplômes de Gisulphe II (1058) et, plus tard, de Robert Guiscard (1076), confirmant à l'Église de Salerne et à la mense archiépiscopale toutes les donations de biens, concessions de droits et de privilèges d'origine séculière; bulles de divers papes (Étienne IX, en 1058; Alexandre II, en 1067 et 1068; Grégoire VII, en 1085, etc.), ratifiant de même toutes les donations et concessions antérieures, d'origine ecclésiastique. Sous l'épiscopat d'Alfano fut bâtie la cathédrale actuelle, qui fut dédiée à saint Matthieu, dont on avait, peu auparavant, découvert les restes. L'édifice fut consacré par saint Grégoire VII, en 1085. L'archevêque réorganisa aussi son chapitre, qui se composa de vingt-huit chanoines, dont vingt-quatre portèrent le titre de cardinaux-prêtres, et quatre, celui de cardinaux-diacres. Alfano prit part à plusieurs conciles : en 1059, à celui de Rome, tenu par Nicolas II contre l'hérétique Bérenger; la même année, à celui de Bénévent, qui fut présidé par le pape; en 1067, à celui de Melfi; en 1068, à celui de Salerne, tenus tous deux par Alexandre II, et dans lesquels fut réglée la restitution à l'Église de Salerne de certains de ses biens usurpés par Guillaume Tancrède, seigneur de ces contrées. A ces assemblées, Alfano se lia d'amitié avec Hildebrand, dont il partageait les desseins de réforme ecclésiastique, et dont il seconda les efforts dans sa lutte pour la liberté de l'Église. En 1062 ou 1063, il avait fait, en compagnie de Bernard, évêque de Palestrina, un voyage en Palestine, réalisant ainsi un rêve de ses jeunes années. Il alla ensuite négocier à Constantinople, au nom du prince de Salerne. Puis il servit de médiateur entre Robert Guiscard et les princes de la dynastie lombarde. Il fut peu ou prou mêlé aux grandes affaires de son temps. Lorsque Grégoire VII se vit proscrit, chassé de Rome, ce fut Alfano qui le reçut dans sa ville épiscopale. Ils moururent tous deux en 1085, l'un le 25 mai, l'autre le 9 octobre. Alfano fut enseveli dans sa cathédrale, près de son grand ami, et lui aussi jouit d'un renom de sainteté, justifié par les pratiques d'une vie austère et bienfaisante. « Il passait le carême sans manger plus de deux fois par semaine et sans reposer sur un lit. Les témoins de sa vie racontèrent sa mort comme celle des saints. On assura qu'il avait vu en songe une échelle qui, du bord de sa couche allait jusqu'au ciel, et que deux jeunes hommes vêtus de blanc l'invitaient à monter. » Ozanam, *Documents inédits pour servir à l'histoire littéraire d'Italie*, p. 114. Pourtant l'Église de Salerne ne célèbre point sa fête.

Parmi les devoirs et les périls d'une vie si remplie, Alfano trouva le temps de cultiver les études qui avaient charmé sa jeunesse : médecine, philosophie, poésie, éloquence, hagiographie. Il laissa des œuvres dans toutes ces branches du savoir. Ses traités : *De unione Verbi Dei et hominis*; *De quatuor humoribus corporis et animae*; *De unione corporis et animae*, dont une copie était jadis conservée au Mont-Cassin, paraissent être perdus. Un travail considérable, l'Histoire du Mont-Cassin que son ami, l'abbé Didier, lui avait demandé de faire, semble n'avoir jamais été entrepris, faute de temps. Enfin d'une vie de sainte Sabine, qu'il paraît avoir écrite, il ne reste plus aucune trace. En revanche, on a conservé plusieurs de ses poésies, qui, toutes, roulent sur des sujets sacrés : traits bibliques, vie des saints, théologie. Il a célébré, sans de notables mérites poétiques, mais avec un certain élan mystique, l'héroïsme des martyrs : Sabine, Marguerite, Ursule, Catherine, Lucie, Agnès, Vincent, les XII frères de Bénévent. Il a écrit dans une langue élégante pour l'époque. Sa culture est toute classique; il a fréquenté les poètes latins, qui lui ont fourni de nombreuses réminiscences. Parmi ses poésies profanes, on note des épîtres adressées à divers personnages, des odes, des éloges, des épitaphes. On remarque surtout son ode à Hildebrand, importante à cause des idées de politique ecclésiastique qui s'y trouvent exposées, et qui ne sont autres que celles de saint Grégoire VII lui-même. Les mérites du poète et de l'écrivain avaient été notés par Léon d'Ostie, dans sa *Chronique du Mont-Cassin* (Muratori, *Rerum Ital. script.*, t. IV, col. 455), et par Pierre Diacre, *De viris illustr. Cassin.* (Muratori, *op. cit.*, t. VI, col. 34-35), qui faisait déjà l'énumération de ses œuvres principales. Quelques-unes de celles-ci furent imprimées par Martinengo, *Pia quaedam poemata*, Rome, 1590, p. 169-

210, par Baronius, Mabillon, Surius, Lippomanni, les bollandistes, etc Leyser, *Histor. poetarum*, etc., p. 358-364, dressa une liste assez complète de celles qui étaient connues de son temps et qu'Ughelli avait d'ailleurs publiées dans son *Italia sacra*. Giesebrecht, Ozanam et Schipa en ont fait connaître d'autres, et ont donné une édition plus correcte de quelques-unes de celles qu'on connaissait déjà. La base de toutes ces publications est un manuscrit conservé dans la bibliothèque du Mont-Cassin. Le legs littéraire d'Alfano comprend en tout quarante-six pièces de poésie. Ses œuvres en prose se réduisent à un sermon sur un passage de saint Matthieu, à une *Vita et passio sanctae Christinae*. La nouvelle édition d'Ughelli, *Ital. sacr.*, t. x, 2ᵉ partie, col. 47-90, contient le texte de tous ces écrits, que Migne a reproduits au t. CXLVII, col. 1219-1282 de la *P. L.*, en y joignant trois pièces nouvelles, publiées déjà par Ozanam.

Cappelletti, *Le Chiese d'Italia*, t. xx, p. 298-299. — Fabricius, *Bibliotheca latina mediae et infimae aetatis*, Florence, 1858, t. I, p. 67. — Giesebrecht, *De litter. studiis apud Italos primis medii aevi saeculis*, Berlin, 1845, p. 37-56. — Leyser, *Historia poetarum et poematum medii aevi*, Halle, 1741, p. 358-364. — Mazzuchelli, *Gli scrittori d'Italia*, Brescia, 1753, t. I, 1ʳᵉ part., p. 473-475. — Mosca, *Catalogus episcopis et archiepiscopis Salernitanae ecclesiae*, Naples, 1594. — Narducci, *Giunte all' opera « Gli scrittori d'Italia » del conte G. Mazzuchelli*, Rome, 1884, p. 17. — Ozanam, *op. cit.*, Paris, 1897, p. 111-117, 259-271. — Paesano, *Memorie per servire alla storia della chiesa Salernitana*, Naples, 1846, t. I, p. 112-153. — *P. L.*, t. CXLVII, col. 1219-1282. — Schipa, *Alfano I, arcivescovo di Salerno; studio storico letterario*; extrait de *Cronaca del R. Liceo di Salerno*, 1878-1879, Salerne, 1880. — Tafuri, *Serie cronologica degli scrittori nati nel regno di Napoli*, Naples, 1744, t. II, 1ʳᵉ part., p. 278-283. — Tiraboschi, *Storia della letteratura italiana*, Florence, 1806, t. III, 1ʳᵉ part., p. 340-341. — Ughelli, *Italia sacra*, t. VII, col. 380-392; t. x, 2ᵉ part., col. 47-90.

J.-M. VIDAL.

2. ALFANO II, archevêque de Salerne, successeur et, sans doute, parent du précédent, consacré en 1086. Lui aussi reçut du pape (Urbain II, en 1098) des bulles de confirmation des privilèges de son Église. Ughelli, *Italia sacra*, t. VII, col. 392. Urbain II lui reconnut de même le titre et l'autorité de primat sur les métropoles de Conza et d'Acerenza (en 1099). Ughelli, col. 393. L'année suivante, Alfano reçut à Salerne le pape Pascal II. Il assista, en 1118, au sacre de Gélase II, à Gaëte. Son nom paraît dans les actes publics jusqu'en 1121, date à laquelle on place communément sa mort. On lui a quelquefois attribué certaines poésies de son prédécesseur et homonyme. Mais cette attribution ne saurait se justifier. Il n'y a maintenant de doute que pour une épitaphe : celle de Bernard, évêque de Palestrina.

Cappelletti, *Le Chiese d'Italia*, t. xx, p. 299-300. — Fabricius, Gams, Leyser, Mazzuchelli, Tiraboschi, Ughelli, aux endroits indiqués ci-dessus. — Paesano, *op. cit.*, t. II, p. 11-68.

J.-M. VIDAL.

3. ALFANO (STEFANO), évêque de Conversano, dans la province ecclésiastique de Bari, succéda, sur ce siège, le 9 mars 1403, à Giacomo, transféré à Guardialfiera, dans la province de Bénévent. Boniface IX avait d'abord nommé à Conversano un certain Francesco; mais cette élection n'eut pas de suite, Francesco ayant été promu presque aussitôt abbé du monastère bénédictin de Sancta Maria *de Tibennis*, au diocèse de Salerne. Stefano mourut en 1423.

Cappelletti, *Le Chiese d'Italia*, t. xxi, p. 42. — Eubel, *Hierarchia*, t. I, p. 227. — Ughelli, *Italia sacra*, Venise, 1721, t. VII, col. 712.

J.-M. VIDAL.

ALFARDO (PEDRO), connu aussi dans les documents du moyen âge par la désignation de *Magister Petrus Alfardus*. Il est du moins bien probable que Pedro Alfardo fût un des premiers religieux du monastère de Santa Cruz, à Coïmbre (Portugal), compagnon et disciple de saint Théotone (XIIᵉ siècle). Dans les archives du monastère de Santa Cruz existait autrefois un manuscrit contenant les *Vies de saint Martin Saurien et de l'archidiacre D. Tello*, dont l'auteur serait Alfardo. On lui attribua aussi un manuscrit ayant pour titre : *Indiculus fundationis monasterii sanctae Crucis*.

On trouvera la *Vita S. Martini Sauriensis* et la *Vita Tellonis archidiaconi*, précédées d'une notice, dans les *Portugaliae monumenta historica, Scriptores*, Lisbonne, 1856, t. I, p. 59 et 62. Pour la première, voir aussi *Acta sanct.*, jan. t. II, p. 1131.

Fortunato de Almeida, *História da Igreja em Portugal*, Coïmbre, 1910, t. I, p. 281, 501. — Barbosa Machado, *Bibliotheca Lusitana*, Lisbonne, 1752, t. III, p. 549. Machado suivit dans les détails Nicolau de Santa Maria, *Chronica dos conegos regrantes*, Lisbonne, 1668, 2ᵉ partie, p. 210 sq.; mais le témoignage de ce dernier doit être toujours reçu avec les plus grandes réserves.

Fortunato DE ALMEIDA.

1. ALFARDUS ou **ADALWARD** (Iᵉʳ), *le Vieux*, évêque de Skara (Suède), 1057 ?-1061 ? Doyen de Brême, Adalward Iᵉʳ fut consacré évêque de Skara par Adalbert, archevêque de Hambourg-Brême (t. I, col. 445). Il ne put néanmoins prendre possession de son siège à cause de l'opposition d'Osmund, qui prétendait en être le véritable évêque, et ce n'est qu'après le départ de celui-ci pour l'Angleterre, en 1056, qu'Adalward put monter sur son siège épiscopal. Il mourut en 1061, pendant le séjour à Skara d'Adalward le Jeune, qui se rendait à Sigtuna.

Adam de Brême, *Gesta Hammaburgensis Ecclesiae pontificum*, III, 14, 15, 70; IV, 23, schol. 94, 131, dans *Monumenta Germaniae historica, Scriptor.*, t. VII, p. 340, 341, 366, 378. — *Vestgötalagen*, IV, 15, dans Collin et Schlyter, *Corpus juris Sueo-Gotorum antiqui*, Stockholm, 1827, t. I, p. 305. — A. D. Jörgensen, *Den Nordiske Kirkes Grundlaeggelse*, Copenhague, 1878, t. II, p. 657-660; Supplément, p. 93-95.

A. TAYLOR.

2. ALFARDUS ou **ADALWARD** (II) *le Jeune* (Saint), évêque de Sigtuna (1061-1067), puis de Skara (1067-1069). Doyen de Brême, puis évêque de Sigtuna, dont il est expulsé après la mort du roi Stenkil, il est élu évêque de Skara, à la mort du précédent. Mais cette élection fut révoquée, à Brême, vers 1069, par l'archevêque Adalbert. Cf. t. I, col. 445. Adalward mourut avant 1072 et fut enterré à Skara, dans l'église Sainte-Marie, qu'il y avait fondée.

Adam de Brême, *Gesta Hammaburgensis Ecclesiae pontificum*, III, 70, schol. 94, 119, 131, dans *Mon. Germ. hist., Script.*, t. VII, p. 366, 375, 378. — *Vestgötalagen*, IV, 16, dans *Corpus juris Sueo-Gotorum antiqui*, Stockholm, 1827, t. I, p. 305. — J. M. Lappenberg, *Hamburgisches Urkundenbuch*, Hambourg, 1842, n. 101. — A. D. Jörgensen, *Den Nordiske Kirkes Grundlaeggelse*, Copenhague, 1878, t. II, p. 660, 661; Supplément, p. 95.

A. TAYLOR.

1. ALFARO (JOSÉ DE), jésuite et théologien espagnol, fut un des plus ardents adversaires du probabilisme. Né à Viguera, province de Logroño, le 14 février 1639, et admis au noviciat le 25 juillet 1653, il mourut à Rome le 21 avril 1721. Il enseigna la théologie à Salamanque et à Valladolid et fut ensuite envoyé au collège romain (1688) pour y occuper la même chaire. Innocent XI avait manifesté le désir qu'il y eût dans cette université un professeur favorable à la doctrine du probabiliorisme : le général de la Compagnie de Jésus, Tirso González de Santalla, ne crut pas faire un meilleur choix que celui d'Alfaro; quelques années plus tard, 20 décembre 1691, il le nomma censeur général des livres publiés dans la Compagnie. Plus probabilioriste encore que González, Alfaro défendra avec acharnement la doctrine de son supérieur et ami. Très heureux de l'opposer à ses propres adversaires, le dominicain Concina mit au jour deux écrits d'Alfaro : *Censura censurae latae anno 1674 a R. P. revisoribus generalibus Societatis Jesu contra librum de recto usu opinionum probabilium compositum a P. Thyrso Gonzalez*, écrite en 1693, dans : *Ad theologiam christianam dogmatico-moralem apparatus*, 1751, t. II, p. 712-747, et reproduite dans les éditions suivantes, et : *Patris Josephi Alphari Hispani Animadversiones quaedam in descriptam censuram, in qua gravissima causa quaestio de probabilismo appellatur*, dans *Vindiciae Societatis Jesu*, Venise, 1769, p. 76-78. La *Synopsis* également publiée par Concina, et dont Sommervogel se demande si elle n'est pas aussi l'œuvre d'Alfaro, appartient au P. Egidio Estrix. Mais bien plus encore que dans les deux mémoires précédents, la science théologique d'Alfaro et son ardeur à soutenir le probabiliorisme se manifestent dans trois ouvrages inconnus jusqu'ici à nos bibliographes et que le P. José Eugenio de Uriarte est le premier à signaler : *Vis rationum pro reverendiss. P. Thyrso Gonzalez Societatis Jesu praeposito generali in praesenti controversia edendi tractatus De recto usu opinionum probabilium*, in-4°, Venise, 1693, et reproduit par Concina dans ses *Vindiciae*, p. 133-147. — *Disputatio theologica de opinionum delectu in quaestionibus moralibus. In qua celeberrima de probabilitate disceptatio dilucide explicatur*, in-4°, Rome, 1695, paru sous le nom du théologien français Antoine Charlas, qui vivait alors à Rome. — *Observationes in librum D. D. Francisci de Perea doctoris Salmanticensis, cujus titulus est : Lydius lapis recentis antiprobabilismi*, in-4°, Toulouse, 1702. Ces *Observationes*, données sous le pseudonyme d'*Antonio Florentio*, sont dirigées contre la *Pierre de touche*, du P. Bernardo Sartolo, jésuite de Salamanque, caché lui-même sous le nom de son ami D. Francisco de Perea, professeur de l'université. Éditées à Toulouse, ne l'auraientelles pas été par les soins du P. Jean Gisbert, alors provincial des jésuites, qui faisait imprimer, à cette même date, son *Antiprobabilismus*, revu et approuvé à Rome, le 28 octobre 1701? Quoi qu'il en soit, elles sont dédiées par l'éditeur à Bossuet, auquel González aurait fait remettre un exemplaire.

Alfaro mérita l'estime des souverains pontifes. Innocent XII le nomma, en 1695, théologien de la sacrée pénitencerie, et l'admit au nombre des dix censeurs chargés d'examiner les *Maximes des saints* de Fénelon; le jugement du jésuite sur cet ouvrage a été publié, en 1881, dans les *Analecta juris pontificii*, p. 654-709; il est entièrement favorable à l'archevêque de Cambrai, dont la doctrine, à son avis, ne mérite aucune censure. Il fut l'un des quatre théologiens que Clément XI voulut consulter avant d'accepter le souverain pontificat (novembre 1700). Nommé, en 1701, qualificateur du Saint-Office, il fut attaché, en 1711, à la congrégation spécialement désignée pour la réforme des pouvoirs de la pénitencerie, et ensuite la commission des neuf théologiens, à qui furent confiées la censure des propositions de Quesnel et la préparation de la bulle *Unigenitus*. Un jésuite sicilien ayant affirmé l'invalidité de l'interdit jeté sur les diocèses de Catane et d'Agrigente par Clément XI, celui-ci ordonna au P. Alfaro de réfuter cette assertion; Alfaro publia son *Consilium (improbabile) cujusdam theologi Soc. Jesu de pontificio interdicto Cataniensis et Agrigentinae civitatum ac dioecesium in regno Siciliae tuta conscientia non observando : ab alio ejusdem Societatis theologo redargutum et improbatum*, in-fol., Cologne (Rome?), 1714. Le carme Pablo de la Concepción lui attribue sans preuve l'*Espejo de verdadera, y falsa contemplación*, du capucin Félix de Alamin, in-4°, Madrid, s. a., mis à l'index par décret du 30 juillet 1708. Alfaro laissa en manuscrits : *Tractatus theologicus de perfectionibus Christi*, 1679, conservé à la bibliothèque du séminaire de Santander. — *De justificatione impii*, in-4°, 1688; *De praedestinatione sanctorum*, in-4°; *Historica enarratio eorum quae acciderunt circa edittonem libri De recto usu opinionum probabilium a P. Thyrso Gonzalez*, in-4°, conservés à la bibliothèque de l'université de Salamanque, avec la *Censura censurae*, éditée par Concina, etc.

Fr. H. Reusch, *Der Index der verbotenen Bücher*, Bonn, 1885, t. II, p. 507, 508, 632, 633. — [L. Delplace], *Synopsis actorum S. Sedis in causa Societatis Iesu*, Florence, 1887-1895, p. 414, 427. — I. von Döllinger et Fr. H. Reusch, *Geschichte der Moralstreitigkeiten*, Nördlingen, 1889, t. I, p. 133, 135, 142, etc.; cf. p. 673. — Sommervogel, *Bibliothèque S. J.*, Bruxelles, 1890, t. I, col. 171-172; 1896, t. VII, col. 102, n. 41, 42; 1898, t. VIII, col. 1608-1609. — Uriarte, *Obras anónimas y seudónimas S. J.*, Madrid, 1904-1906, n. 160, 168, 423, 460, 2279, 3722, 3930, 4009, 4292.

E.-M. RIVIÈRE.

2. ALFARO (PEDRO), missionnaire en Chine. Ce frère mineur déchaussé de la province Saint-Joseph, en Espagne, passa aux îles Philippines, où il fut ministre provincial, quitta Manille le 20 mai et arriva à Canton le 19 juin 1579. Il était accompagné de trois prêtres et de deux tertiaires franciscains. Dès que les marchands portugais établis à Macao eurent appris la venue des missionnaires, ils persuadèrent aux Chinois de les exiler, sous prétexte que ce pouvait être des espions espagnols. Après une incarcération de cinquante jours, on les condamna à retourner à Manille. Pierre Alfaro arriva à Macao le 18 novembre de la même année 1579. Il fonda un couvent et une église dédiés à Notre-Dame des Anges, afin d'avoir un pied-à-terre qui lui permît une nouvelle tentative d'entrée en Chine. Son zèle faisait des merveilles : plusieurs infidèles, dont un prêtre des idoles, se convertirent au christianisme, et cinq jeunes nobles portugais prirent l'habit franciscain. Mais la jalousie des marchands portugais contraignit, en 1580, le P. Alfaro à quitter Macao pour se rendre à Goa. Il fit naufrage sur les côtes de Cochinchine. Les naturels du lieu, ayant découvert sur le rivage son corps à genoux et les mains jointes, lui rendirent les mêmes honneurs funèbres qu'à leurs rois. Il n'est pas exact de prétendre, comme on l'a fait, qu'il fut le premier missionnaire des temps modernes à pénétrer en Chine, car le dominicain portugais Gaspar de la Cruz y était entré en 1548.

Fr. Miggenes, *Missio seraphica in imperio Sinarum*, dans *Analecta franciscana*, Quaracchi, 1885, t. I, p. 24-25. — *Viaggio fatto alla Cina dal P. Fr. Pietro Alfaro..., Dove si vede, come entrassero miracolosamente in quel regno, et si fa mentione di tutte le cose belle et curiose, che notarono in sette mesi che ci stettero*, Venise, 1590, in-4°. Traduction italienne de la relation espagnole composée par le P. Augustin de Tordesillas, compagnon du P. Alfaro et témoin du voyage. — Marcellino da Civezza, *Saggio di bibliografia sanfrancescana*, Prato, 1879, p. 12, 595. — *Orbis seraphicus (De missionibus*, t. II), Quaracchi, 1886, p. 831.

ANTOINE DE Sérent.

ALFATATI (PAOLO DEGLI) de Bitonto, évêque de Polignano, puis de Bitonto. Promu à Polignano, dans la province de Bari, le 3 juillet 1420, à la mort de Niccolò, il fut transféré à Bitonto, autre évêché de la même province, le 14 juin 1423. Il y mourut en 1457.

Cappelletti, *Le Chiese d'Italia*, t. XXI, p. 32, 391. — Eubel, *Hierarchia*, t. I, p. 147, 425. — Ughelli, *Italia sacra*, Venise, 1721, t. VII, col. 688, 755.

J.-M. VIDAL.

ALFAURA (Joachim), chartreux espagnol, né à Valence, profès et prieur du Val-de-Christ (1622-1666), décédé en 1672.

Ses nombreux écrits sur l'ordre des chartreux, sur sa maison de profession et sur les chartreuses d'Espagne sont remarquables et ont beaucoup servi aux *Annales* de D. Le Couteulx et aux *Éphémérides* de D. Le Vasseur. Les manuscrits de cet historiographe ne sont pas perdus. Ils existent chez M. Joseph Morró Aguilar, avocat et notaire à Utiel, près de Valence. — 1° *Omnium domorum ordinis Cartusiani... origines, serie chronographica et descriptione topographica adunatae, ex variis ipsius ordinis monumentis*, Valence, 1672, in-12; — 2° *Vida del patriarca san Bruno y principio de sa religion*, Valence, Salamanque, 1671, in-8°. — 3° Une *Histoire manuscrite des chartreuses de la province de Catalogne*. — 4° Une *Histoire*, une *Chronique*, des *Annales* et *Mémoires* de tous les religieux du Val-de-Christ : ce sont quatre ouvrages distincts, souvent cités par D. Le Couteulx et qui ont fourni plusieurs notices à D. Le Vasseur.

A la bibliothèque de Rouen, on conserve une traduction française manuscrite de l'histoire de la chartreuse de Val-de-Christ, une copie du texte espagnol et une traduction française également du XVIIᵉ siècle de la Vie et des vertus de D. François Pallas, composées par D. Joachim Alfaura. — 5° Une *Histoire de l'ordre des chartreux*, dont une copie divisée en treize livres se trouvait à la chartreuse de Pavie en 1763. — 6° Un *Martyrologe cartusien*.

M. Joseph Morró Aguilar a publié dans la revue de Valence : *El archivo*, divers articles sur la chartreuse de Val-de-Christ, tirés des manuscrits de D. Alfaura et de D. Joachim Vivas (1770), également religieux de la même maison.

Notes manuscrites sur les écrivains chartreux. — Valenti, *San Bruno y la orden de los cartujos*, Valence, 1899, p. 104-105.

S. Autore.

ALFÈRE (Saint), premier abbé de Cava, serait, d'après sa vie légendaire, écrite dans la seconde moitié du XIIIᵉ siècle, né, en 931, d'une famille illustre de Salerne. Tombé gravement malade au monastère de Cluse, alors qu'il se rendait en France et en Allemagne pour le prince de Salerne, il fit vœu de se faire moine. Accepté par saint Odilon, de passage à Cluse, il reçut l'habit à Cluny. De retour en Italie, il se fixa à Cava, construisit un monastère, qui devint un des principaux centres de la réforme clunisienne et la maison-mère d'une foule de dépendances. Il mourut le 12 avril 1050, à l'âge de cent vingt ans. Sauf la date du décès, toutes les données de cette vie sont sujettes à caution.

Vita Alferii, dans Mabillon, *Acta sanct. ord. S. B.*, sæc. vi, t. i, p. 727-735. — *Acta sanctor.*, 1665, april. t. ii, p. 96-101. — Muratori, *Rer. Ital. script.*, t. vi, p. 205-214. — P. Guillaume, *Vita di sant' Alferio fondatore e primo abate della SS. Trinita di Cava de' Tirreni*, Cava, 1875; *Essai hist. sur l'abbaye de Cava*, Cava, 1877, p. 15-28. — E. Sackur, *Die Cluniacenser*, Halle, 1894, t. ii, p. 109-200, 471-473.

U. Berlière.

ALFERI (Agnello), franciscain, évêque de Giovinazzo (Italie), mort en 1692. Il avait pris l'habit chez les frères mineurs de l'Observance, qui lui confièrent plusieurs charges importantes. Le 18 mars 1671 il fut nommé évêque de Giovinazzo. Il prit possession de cette église le 10 mai suivant. Comme évêque, il menait toujours, selon la règle de son ordre, une vie pauvre, il dépensa ses revenus dans la restauration de sa cathédrale et en d'autres œuvres pieuses. Chaque dimanche, il fit le catéchisme aux enfants. Il consacra aussi l'église des capucins dans sa ville épiscopale. Il eut à soutenir un long procès contre les habitants de Terlizzi qui se prétendaient exempts de la visite de l'évêque. Il eut gain de cause en cour de Rome. Il mourut le 11 août 1692 et fut inhumé dans sa cathédrale.

Ughelli-Coleti, *Italia sacra*, Venise, 1721, t. vii, col. 738.

M. Bihl.

ALFF (Baltasar), jésuite luxembourgeois, publia : Ἀναμαρτησία τῆς Θεοτόκου, *sive Maria peccati immunis*, in-12, 1707. — *Henningus Bernardus Witterus Pastor ad D. Pauli* Χριστόμαχος καὶ Μαριόμαχος, in-12, 1708. — *Apologia pro beatissima virgine Maria contra tres libellos Henningi Bernh. Witteri...*, in-12, 1708; ces trois ouvrages furent publiés à Hildesheim. — *Orationes sedecim panegyricae in laudem magnae Dei Matris*, in-8°, Cologne, 1731. — Des poésies et plusieurs manuels classiques pour l'étude du latin. Né à Saint-Vith, le 10 novembre 1667, et reçu dans la Compagnie de Jésus en 1687, Alff enseigna les belles-lettres à Ruremonde, Cologne et Hildesheim, la philosophie à Hildesheim, la théologie morale à Dusseldorf et à Aix-la-Chapelle; il mourut à Trèves, le 2 octobre 1736.

Sommervogel, *Bibliothèque S. J.*, Bruxelles, 1890, t. i, col. 172-174; 1898, t. viii, col. 1609. — Archives S. J.

E.-M. Rivière.

ALFIED ou **AUFIELD** (Thomas), originaire du comté de Gloucester, fut élevé à Cambridge, où il devint fellow de King's College en 1568. Il se convertit au catholicisme et vint au séminaire anglais de Reims, où il étudia la théologie, sous le nom de Badger. Ordonné prêtre en 1581, il retourna en Angleterre pour y prêcher, comme missionnaire, la foi catholique. Il y fut appréhendé et, dans les tortures, il abjura. Rendu à la liberté, il se repentit de sa faiblesse et reprit sa vie de mission. C'est alors qu'il importa et distribua, par l'intermédiaire d'un teinturier, Thomas Welbey, quelques exemplaires du livre que venait d'écrire le futur cardinal Allen. *A true, sincere and modest defence of english catholiques* (sic) *that suffer for their faith both at home and abrode: against a false seditious and slanderous Libel intituled : The execution of justice in England*, Ingolstadt, 1584. Cet ouvrage avait été traduit en latin, à Douai, sous ce titre : *Ad persecutores Anglos pro catholicis domi forisque persecutionem sufferentibus contra falsum-seditiosum et contumeliosum libellum seu scriptum : Justitia Britannica, sincera et modesta responsio*. Allen réfutait lord Burghley (on a cru longtemps que c'était le grand-trésorier lord Cecil), qui, dans sa *Justitia Britannica (Execution of justice in England)*, cherchait à persuader que les catholiques persécutés en Angleterre depuis l'avènement d'Élisabeth n'avaient point souffert pour leur foi, mais uniquement pour cause de trahison. Alfield, avec Welbey, fut arrêté, livré à la torture, jugé et condamné, le 5 juillet 1585, à être pendu comme félon « pour avoir répandu des livres faux, séditieux et injurieux dans le but de diffamer la reine, notre souveraine. » Le lendemain, tous les deux étaient exécutés au gibet de Tyburne. Stowe, *Annales*, édition 1614, p. 708. On leur avait offert la vie s'ils renonçaient au pape et reconnaissaient la suprématie spirituelle d'Elisabeth.

Strype, *Annals of the Reformation*, 1731-1735, t. iii, p. 708. — Dodd, *Church history*, 1737, t. ii, p. 164. — Richard Challoner, *Memoirs of missionary priests as well secular as regular and of other catholics of both sexes, that have suffered death in England on religious accounts from... 1577 to 1684*, 1741-1742, t. i, p. 168-169. — Thomas Harwood, *Alumni Etonenses, or a catalogue of the provosts and fellows of Eton college and King's college, Cambridge, from the foundation in 1443 to the year 1797, with an account of their lives and preferments*, 1797, p. 182. — George Oliver, *Collections illustrating the history of the catholic religion in the counties of Cornwall, Devon, Dorset, Somerset, Wilts and Gloucester*, 1857, p. 103. — Charles Henry et Thompson Cooper, *Athenae Cantabrigienses*, 1858, p. 485. — *Letters* and *Memorial of cardinal Allen*, édit. du Dr Knox. — *The first and second diaries of the English College, Douay*. — *Calendar of State papers, domestic series, of the reign of Elisabeth, 1581-1590*, p. 153, 168, 243, 249. — *Notes and queries, a medium of intercommunication for literary men, general readers, etc.*, VIe série, vol. IX (1884), p. 485 (cet article a été reproduit presque mot pour mot dans le *Dictionary of national biography*).

G. CONSTANT.

1. ALFIERI ou **ALFERIO**, évêque d'Alife, puis de Viterbe. Chanoine d'Alife et chapelain du cardinal Ottobono Fieschi (Adrien V), il fut promu par lui, moyennant une délégation apostolique, à l'évêché d'Alife, dans la province de Bénévent (27 avril 1252). Deux ans plus tard (27 janvier 1254), Innocent IV le transféra à Viterbe. Il y tint un synode diocésain important et améliora les mœurs ecclésiastiques. Il fut contemporain de sainte Rose, et, sous son épiscopat, le pape Alexandre IV et la cour pontificale résidèrent dans sa ville. Après 1257, nul document ne parle de lui. On voit que son successeur, Philippe, réside en 1263.

Cappelletti, *Le Chiese d'Italia*, t. VI, p. 114-117; t. XIX, p. 107. — Coretini, *De episcopis Viterbii... summa chronologica*, Viterbe, 1640, p. 123. — Eubel, *Hierarchia*, t. I, p. 83, 564. — Ughelli, *Italia sacra*, Venise, 1717-1721, t. I, col. 1414; t. VIII, col. 208.

J.-M. VIDAL.

2. ALFIERI (ENRICO), vingt-huitième général des franciscains. Il naquit, vers 1315, à Asti en Piémont, d'une famille noble, prit l'habit religieux dans la province de Gênes dont il était ministre en 1387. Urbain VI le nomma, dans les premiers mois de cette année, vicaire général de l'ordre, à la mort du ministre général, Martin de Sangiorgio. Le chapitre qu'il avait convoqué à Florence l'élut, le 25 mai, ministre général. Le schisme qui désolait l'Église eut sa répercussion chez les frères mineurs. Un certain frère Ange se disait en ce temps-là ministre général et faisait acte de juridiction en Italie. De 1391 à 1402, Jean de Chevegney était reconnu comme tel dans l'obédience du pape d'Avignon. Jean Bardolini lui succéda en 1403. D'autre part, les deux papes rivaux faisaient du tort à la discipline, en accordant aux religieux des privilèges personnels afin de se les attacher. On comprend les difficultés que rencontra Alfieri pour gouverner dans ces conditions. Il favorisa la réforme de l'observance, commencée depuis peu, en instituant le promoteur Paulet de Trinci son commissaire sur quinze petits couvents où revivait l'esprit séraphique, couvents disséminés dans les provinces de Saint-François et de la Marche d'Ancône. Sur quatre de ses lettres à Paulet, deux sont datées de Pérouse, 15 juillet 1388 et 14 février 1389.

Il tint des chapitres généraux, à Perpignan, en 1388, à Mantoue, en 1390, à Cologne, en 1392, à Rimini, en 1396, à Assise, en 1399 et 1402. Au chapitre de 1399, il institua la fête de saint Joseph avec un office à neuf leçons. Ce fut dans ce même chapitre qu'il approuva le fameux livre de Barthélemy de Pise sur les *Conformités de saint François avec Jésus-Christ*, livre qu'il avait peut-être inspiré, car l'auteur parle de certains miracles du bienheureux Odoric de Frioul qui lui avaient été racontés par le ministre général. L'ouvrage fut certainement goûté par les capitulaires et le chef de l'ordre, qui donna en récompense à Barthélemy un habit entier de saint François.

Après avoir gouverné l'ordre avec sagesse pendant dix-huit ans, Alfieri mourut nonagénaire à Ravenne, en mai 1405, et fut enterré dans l'église de Saint-François.

Wadding, *Annales minorum*, Rome, 1733, t. VII, p. 126; t. IX, p. 75, 78, 107, 131, 158, 256, 267. — Gubernatis, *Orbis seraphicus*, Rome, 1682, t. I, p. 173, 269, 270. — *Chronologia historico-legalis ordinis minorum*, Naples, 1650, t. I, p. 88. — Patrem, *Tableau synoptique de l'histoire de l'ordre séraphique*, Paris, 1879, p. 14. — H. B. Vassalo, *Enrico Alfieri*, Asti, 1890. — Holzapfel, *Manuale historiae ordinis fratrum minorum*, Fribourg, 1909, p. 78, 620.

ANTOINE de Sérent.

3. ALFIERI (GIOVANNI), évêque d'Alife. Issu d'une noble famille de cette ville, il succéda sur ce siège à Guglielmo. Il souscrivit ses services communs, le 10 mai 1389. Il fonda à Alife l'église de Sainte-Marie-Madeleine, qu'il dota, et dont il réserva le patronat à sa famille. Le roi de Naples Ladislas l'avait en amitié. Il en fit son conseiller. Son successeur à Alife fut Angelo di Sanfelice, promu le 13 février 1413.

Cappelletti, *Le Chiese d'Italia*, t. XIX, p. 107-108. — Eubel, *Hierarchia*, t. I, p. 83. — Ughelli, *Italia sacra*, Venise, 1721, t. VIII, col. 209.

J.-M. VIDAL.

4. ALFIERI (GIOVANNI BATTISTA). Né à Montalboddo (aujourd'hui Ostra, Marche d'Ancône), et appartenant peut-être à la grande famille du même nom, il fut préconisé, le 9 décembre 1649, évêque de Fano, sacré le 2 janvier 1650, et fit son entrée solennelle dans sa ville épiscopale à la fin du mois de mars. Il mourut le 17 septembre 1676, laissant le souvenir d'un prélat aussi prudent que savant. On peut voir, aux archives du Vatican, dans les *Lettere de' Vescovi*, t. 31, fol. 322, 323; t. 32, fol. 187; t. 49, fol. 23; t. 52, fol. 60; t. 56, fol. 5; t. 59, fol. 9, sept lettres adressées par lui au pape ou au cardinal-secrétaire d'État.

Amiani, *Memorie istoriche della città di Fano*, Fano, 1751, t. II, p. 287, 298. — Cappelletti, *Le Chiese d'Italia*, t. VII, p. 427.

J. FRAIKIN.

5. ALFIERI ou **ALFERIO** (LUDOVICO). Né à Milan, le 1er mars 1553, de la noble famille des Alfieri de Cortone (cf. Di Crollalanza, *Dizionario storico blasonico delle famiglie nobili italiane e straniere*, Pise, 1886, t. I, p. 30), il fit ses études de droit à Pérouse, où il suivit les cours du célèbre Giovanni Paolo Lancellotti, dont il publia plus tard les *Institutiones ad jus pontificium*, Bâle, 1566. Agrégé au clergé de Cortone, il fut professeur à Ascoli en 1561, et successivement vicaire général de Federico Cornaro, évêque de Vicence, qu'il suivit au concile de Trente, de Luigi Cornaro, évêque de Padoue, et de Matteo Friuli, nouvel évêque de Vicence, et vicaire capitulaire de Cortone le 1er mars 1571. Fantino Petrignani, archevêque de Cosenza et nonce à Naples, le nomma son auditeur, son vicaire général et collecteur apostolique dans les Calabres. Enfin, il devint, à Rome, auditeur du cardinal Scipione Gonzaga et agent des grands-ducs de Toscane et fut préconisé, le 20 mars 1586 (et non 1591, comme le portent tous les auteurs), évêque de San Marco, par cession de son prédécesseur, Antonio Miliori. Arch. Vat., *Consist.*, *Acta Misc.*, t. 10, fol. 299, et *Acta Cam.*, t. 11, fol. 162. Sacré le 21 avril, il reconstruisit le palais épiscopal, embellit la cathédrale, fonda un séminaire et convertit au catholicisme plusieurs familles albanaises qui s'étaient réfugiées dans son diocèse. Taccone-Gallucci prétend qu'il prit part au concile provincial de Cosenza en 1596, mais c'est impossible, car son successeur, *per obitum Ludovici*, Giovanni Hieronimo Pisani, fut préconisé le 3 octobre 1594. Petit-fils d'Andrea Alfieri, jurisconsulte de Cortone, il publia les *Quaestiones et responsiones seu consilia cum adnotationibus Ludovici Alfieri atnepotis*, in-fol., Rome, 1584-1585, et est lui-même l'auteur d'un ouvrage sur la généalogie de sa famille. Cf. Manni, *Osservazioni storiche sopra i sigilli*, t. XVI, p. 82 sq. Il publia aussi, avec Follerius, une nouvelle édition du *Speculum aureum* de Roberto Marante, in-8°, Venise, 1586, en y ajoutant de copieux commentaires, et *Consilia quatuor*, publiés dans Ziletti, *Consiliorum seu responsorum ad causas criminales*, Venise, 1582, p. 179-182,

188-190. Tous les auteurs à l'exception d'Eubel lui donnent pour prédécesseur sur le siège de San Marco, de 1526 à 1530, un autre Aloisio ou Ludovico Alfieri qu'Ughelli et Cappelletti font naître à Cortone et auquel Fiore et Ughelli attribuent les *Quaestiones*. Mais il n'est pas question de ce personnage dans les Actes consistoriaux et, par conséquent, il semble bien qu'Eubel (*Hierarchia catholica medii aevi*, t. III, p. 251, 252) ait raison en le supposant un simple dédoublement fautif de celui dont il est question ici.

Ughelli-Coleti, *Italia sacra*, Venise, 1723, t. I, col. 88. — Fiore et Domenico da Badolato, *Della Calabria illustrata*, Naples, 1743, t. II, p. 357. — Mazzuchelli, *Gli scrittori d'Italia*, Brescia, t. I, 1re part., p. 357. — Cappelletti, *Le Chiese d'Italia*, Venise, 1870, t. XXI, p. 409. — Girolamo Mancini, *I Cortonesi illustratisi nella dottrina e nelle belle arti*, Florence, 1898, p. 58-59.

J. FRAIKIN.

6. ALFIERI ou **ALFIERO** (MARTINO). Né à Milan, de la noble famille des Alfieri, il devint prélat référendaire des deux Signatures et inquisiteur de Malte. Préconisé évêque d'Isola le 21 août 1634, il fut transféré à Cosenza le 11 avril 1639 (1634, suivant Taccone-Gallucci) et fut en même temps, du 20 septembre 1634 au 13 avril 1639, nonce ordinaire à Cologne. Il mourut en 1641, sur la route de Naples, et fut inhumé dans la cathédrale de Cosenza.

Fiore-Domenico da Badolato, *Della Calabria illustrata*, Naples, 1743, t. II, p. 329, 339. — Cappelletti, *Le Chiese d'Italia*, t. XXI, p. 198, 294. — Andreotti, *Storia dei Cosentini*, Naples, 1869, t. I, p. 384. — Taccone-Gallucci, *Cronotassi dei metropolitani, arcivescovi e vescovi della Calabria*, Tropea, 1902, p. 59, 86.

F. FRAIKIN.

7. ALFIERI (PIETRO). Né à Rome, le 29 juin 1801, il fut ordonné prêtre en 1823 et, en 1832, entra, comme oblat, chez les camaldules ; mais il dut les quitter, en 1838, pour raisons de santé. Pie IX, à peine élu pape, le nomma chanoine de Sainte-Prisque et camérier secret. Il fut aussi auditeur honoraire du cardinal Piccolomini ; mais c'est par erreur que le *Catalogue des livres imprimés de la Bibliothèque nationale*, t. II, col. 209, l'appelle cardinal. Professeur de chant au collège anglais de Rome et membre de l'académie de Sainte-Cécile, il écrivit un grand nombre de morceaux de musique, tant en contre-point qu'en chant grégorien, se fit l'éditeur de compositions de Palestrina et d'autres maîtres de l'école Romaine, et prit une part active au mouvement de restauration du chant grégorien qui, commencé sous Pie IX, n'a été repris que sous le pontificat de Pie X. Cet auteur mourut à Rome le 12 juin 1863.

ŒUVRES (en dehors des compositions musicales) : *Saggio teorico-prattico del canto gregoriano...*, in-4°, Rome, 1835. — *Trattato di armonia di C. F. Catel*, traduction in-fol., Rome, 1840. — *Considerazioni scritte in occasione dei molteplici reclami contro gl'abusi insorti in varie chiese d'Italia e di Francia, e che servono di risposta alla quistione sul canto detto da Francesi Faux Bourdon adoperato all' esequie di S. A. R. il duca d'Orleans in Parigi, ed ai dileggiamenti pubblicati dal signor Didron* [dans *l'Univers* du 11 août], *contro i riti di Roma*, petit in-8°, Rome, 1842. — *Ristabilimento del canto e della musica ecclesiastica*, in-8°, Rome, 1843 (extrait des *Annali delle scienze religiose*, t. XVI, ann. 1843, fasc. 46-48). — *Brevi notizie storiche sulla congregazione ed accademia de' maestri e professori di musica di Roma...*, in-8°, Rome, 1845. — *Notizie biografiche di Nicolò Jommelli di Aversa...*, in-8°, Rome, 1845. — *Notizie storiche sulla congregazione ed accademia di Santa Cecilia*, in-8°, Rome, 1845. — *Mélodies grégoriennes. Lettre au R. P. Lambillotte*, in-4°, Paris, 1852. — *Notizie sulla vita e le opere di Bernardo Bittoni*, in-8°, Rome, 1856. —

Compendio storico e critico sulla restaurazione dei libri di canto gregoriano, Rome, 1856, traduit en français sous le titre de *Précis historique et critique sur la restauration des livres du chant grégorien*, in-8°, Rennes, 1867 (extrait de la *Revue de musique ancienne et moderne*, même année). — *Jugement sur l'œuvre de restauration rémo-cambrésienne*, in-12, Albi.

Ant. Vesi, dans *l'Utile dulci*, Imola, 1846, n. XXIII sq. — Fr. Fabi Montani, *Monsignor Pietro Alfieri maestro compositore di musica*, dans *Il Buonarotti*, 1869, t. IX, p. 54-62 (avec la liste de ses œuvres). — Ceccaroni, *Dizionario ecclesiastico illustrato*, Rome-Milan, Naples, 1898, p. 50.

J. FRAIKIN.

ALFIUS ou **ALPHÆUS**, évêque de Rinocorura, en Égypte, au Ve siècle, n'est connu que pour avoir pris la défense du messalien Lampétius, dont le *Testament* causait beaucoup de scandale. Convaincu de pactiser avec l'erreur, Alfius fut déposé par ses collègues d'Égypte. Photius, *Bibliotheca*, 52, *P. G.*, t. CIII, col. 92.

R. JANIN.

ALFONSELLO (ANDRÉS), chanoine et archidiacre de Gérone, fut nommé vicaire général du diocèse par le cardinal Jean de Margarit (1462-1484). Il a composé : *Notas sobre cosas muy curiosas, particularmente sobre las guerras de D. Juan el II*.

Villanueva, *Viaje literario a las iglesias de España*, Madrid, 1851, t. VII, p. 92. — Torres-Amat, *Diccionario crítico de los escritores catalanes*, Barcelone, 1836, p. 12.

J. CAPEILLE.

ALFONSO. Voir ALPHONSE.

1. ALFORD (HENRY), théologien et exégète anglican, doyen de Cantorbéry (1810-1871), est surtout connu par son édition du Nouveau Testament en grec et ses commentaires. Le premier volume de son édition parut en 1849, le dernier en 1861. Pour l'époque l'ouvrage est remarquable ; Alford a su y profiter des travaux de Buttmann, Lachmann, Tregelles et Tischendorf, son commentaire s'inspire d'idées modérées, en particulier pour ce qui regarde la nature de l'inspiration ; il repousse à la fois la théorie de l'inspiration verbale et les audaces de Jowett et d'autres contemporains. Il composa également, à l'usage des lecteurs anglais, une version de son texte grec, avec une adaptation de ses notes. Plus tard il fit partie de la commission chargée de reviser le texte anglais du Nouveau Testament. Travailleur acharné, il a laissé quarante-huit volumes traitant de sujets de littérature classique ou anglaise, ou d'Écriture sainte, sans compter cent quatre articles de revue, et vingt et une pièces détachées. Il fut le premier éditeur de la *Contemporary review*, dans laquelle il publia, en 1867 (t. VI, p. 208-261, 296-321), une étude sur le curé d'Ars, auquel il sut rendre justice. Il avait visité Ars l'année précédente. Il était cependant très opposé à l'union avec Rome et avait même publié un ouvrage à ce sujet : *An earnest dissuasive from joining the communion of the Church of Rome*, Londres, 1846.

Life, journals and letters of Henry Alford D. D. dean of Canterbury edited by his widow, Londres, 1874. — *Dictionary of national biography*, t. I, p. 283.

J. DE LA SERVIÈRE.

2. ALFORD (MICHAEL), de son vrai nom GRIFFITHS, jésuite et historien anglais, né à Londres en 1587, fut admis au noviciat anglais de Louvain, le 29 février 1607. Il étudia la philosophie à Séville, la théologie à Louvain, et, à peine ordonné prêtre, fut envoyé à Naples comme chapelain de la colonie anglaise. De 1615 à 1620, il fut pénitencier de Saint-Pierre, à Rome ; en 1620, socius du maître des novices, à Liége, et, en 1621, premier recteur de la maison de troisième probation, à Gand. Il passa, vers 1629, en Angleterre,

A peine débarqué à Douvres, il fut arrêté. On avait saisi sur lui un exemplaire du *De imitatione Christi*; le pasteur, chargé d'examiner le corps du délit, fit observer que le titre du volume était plus suspect que le texte : l'auteur, Thomas à Kempis, était chanoine régulier; or, les chanoines étant proscrits de l'Angleterre, le porteur du livre ne devait pas être inconsidérément acquitté. En réalité, on soupçonnait le jésuite d'être le Dr. Richard Smith, évêque de Chalcédoine et vicaire apostolique de l'Angleterre, contre lequel deux édits venaient d'être lancés coup sur coup. Il fut conduit prisonnier à Londres, puis mis en liberté par la médiation de la reine Henriette-Marie.

Alford s'établit dans le comté de Leicester, qui fut, pendant vingt-deux ans, le principal théâtre de son ministère. Il y fut, de 1634 à 1645 et de 1649 à 1652, recteur du collège de l'Immaculée Conception — on donnait le nom de *collège* à un groupe de missionnaires répandus dans un ou plusieurs comtés — et c'est là que, malgré les dangers de la persécution, malgré la difficulté de consulter les archives et les bibliothèques, il composa ses ouvrages historiques : *Britannia illustrata; sive Lucii, Helenae, Constantini primorum regum et Augustorum christianorum patria et fides. Cum appendice de tribus hodie controversis : de paschate Britannorum, de clericorum nuptiis, et num olim Britannia coluerit romanam Ecclesiam*, in-4°, Anvers, 1641, livre très rare, dédié au prince de Galles. — *Fides regia Britannica..., Anglosaxonica..., Anglicana sive Annales Ecclesiae Britannicae..., Anglosaxonicae..., Anglicanae*, 4 in-fol., Liége, 1663. Ces annales comprennent l'histoire de l'Église catholique d'Angleterre depuis les origines jusqu'en 1189; elles furent utilisées par le bénédictin Serenus Cressy dans sa *Church history of Britany*, 1688. Elles parurent après la mort de l'auteur : revenu, en effet, sur le continent, au printemps de 1652, pour mettre la dernière main à son œuvre, Alford était mort à Saint-Omer, le 11 août de la même année.

C'est à tort qu'on lui attribue : *The admirable life of S. Winefride*, in-8°, Saint-Omer, 1635, œuvre du P. John Falconer, et : *Rosa Veralla sive de laudibus Ill*[mi] *principis Fabritii card. Veralli odae tres*, in-4°, Rome, 1622 : Alford avait quitté Rome depuis 1620, et ces sortes de poésies, toutes d'actualité, ne se composent pas deux ans à l'avance.

Sotwel, *Biblioth. scriptorum S. J.*, Rome, 1676, p. 610-611. — Oliver, *Collections towards illustrating the biography of the scotch, english, and irish members S. J.*, Londres, 1845, p. 42-43. — Foley, *Records of the english province S. J.*, Londres, 1884, t. II, p. 299-308. — Sommervogel, *Bibliothèque S. J.*, Bruxelles, 1890, t. I, col. 175-176; 1898, t. VIII, col. 1609.

E.-M. RIVIÈRE.

1. ALFRED LE BÂTARD ou **EALDFRITH**, roi de Northumbrie (685-705). Fils illégitime d'Oswy, roi de Northumbrie (642-671), Alfred étudia à Malmesbury et en Irlande, ou bien à Iona. En 685, il succéda à son demi-frère Ecgfrith. Ayant rendu la paix à son royaume, Alfred put consacrer ses loisirs à l'étude des saints Livres et à la conversation avec les savants. Adamnan, abbé d'Iona (t. I, col. 504), lui dédia son ouvrage *De locis sanctis*.

Saint Aldhelm (ci-dessus, col. 53), son camarade d'école à Glastonbury (?), lui adressa son *Liber de Septenario, P. L.*, t. LXXXIX, col. 161-238. Il l'appelle Acius. Alfred était aussi l'ami de Benoît Biscop, et il dépensait des sommes énormes pour les livres. En 686, ce prince rétablit saint Wilfrid sur le siège d'York. Cinq ans plus tard, il l'en destitua et rétablit les évêques que Wilfrid avait chassés. Une tentative de réconciliation, faite au concile d'Aetswinapath, ayant échoué, Alfred se montra désormais intransigeant. Le roi était attaché aux usages celtiques, et l'hostilité qu'il témoignait à saint Wilfrid tenait plutôt à la défiance que lui inspirait le champion des idées romaines qu'aux réclamations faites en faveur des biens de son Église faites par l'évêque. Sur ses derniers jours, le roi se repentit de sa conduite à l'égard de saint Wilfrid, et il recommanda à son successeur de se réconcilier avec lui. Alfred épousa Cuthburh, sœur d'Ina, roi de Wessex, et fondatrice de l'abbaye de Wimborne (Dorset), mais il se sépara d'elle avant sa mort, qui eut lieu le 14 décembre 705, à Driffield (Yorkshire), à la suite de blessures reçues à la bataille de Scambridge. Quelques auteurs le font mourir au monastère de Mailros et lui donnent le titre de saint. Ils l'ont confondu avec saint Ethelred, roi de Mercie, mort en 716, au monastère de Bardney. Cf. *Acta sanctor.*, jan. t. I, p. 993; mart. t. II, p. 341-342.

Bède, *Historia ecclesiastica*, IV, 26; V, 18, éd. C. Plummer, Oxford, 1896, t. II, p. 311-312, 400-407; *Vita Cuthberti*, 24, éd. J. A. Giles, Londres, 1843, t. IV, p. 290-291. — Florent de Worcester, *Chronicon ex chronicis*, an. 685, 705. — Symeonis Monachi *Opera omnia*, éd. F. Arnold, *Rolls series*, Londres, 1882, t. I, p. 37, 223, 267; t. II, p. 312. — W. G. Searle, *Anglo-saxon kings, priests and nobles*, Cambridge, 1899, p. 306. — *Dict. of christ. biography*, Londres, 1877, t. I, p. 77.

A. TAYLOR.

2. ALFRED ou **ALURED DE BEVERLEY**, chroniqueur anglais, trésorier et sacriste de l'église Saint-Jean à Beverley, florissait de 1140 à 1150. C'était l'époque de la fameuse lutte entre les deux archevêques Henri de Coilli et Guillaume Fitzherbert, qui, durant le règne troublé d'Étienne de Blois, se disputèrent l'évêché d'York; le diocèse fut mis en interdit par le concile de 1143. Pour occuper ses loisirs et se distraire de la tristesse des temps, Alfred — lui-même nous le dit — s'adonna à la lecture de l'histoire. On parlait beaucoup alors de l'*Historia Britonum* de Geoffroy de Monmouth. Désireux de connaître une époque qu'il ignorait complètement, il fit tout pour se procurer cet ouvrage. L'ayant lu avec avidité, il le résuma. Cela lui donna l'idée d'en faire autant pour d'autres chroniques. C'est ainsi qu'il abrégea Bède, Florent de Worcester, Siméon de Durham, et certains passages de Henri de Huntingdon. Cet abrégé, qui s'interrompt en même temps que la chronique de Siméon de Durham (1129), est sans valeur et ne saurait servir à grand'chose. Il a pour titre : *Aluredi Beverlacensis Annales sive Historia de gestis regum Britanniae* (de Brutus à 1129). Thomas Hearne l'a édité à Oxford en 1716, d'après un manuscrit plus ou moins bon de la Bodléienne (université d'Oxford). Alfred de Beverley avait aussi composé un ouvrage sur les droits et les privilèges de son Église, ouvrage qui fut détruit dans un incendie : *Libertates ecclesiae S. Johannis Beverlae, cum privilegiis apostolicis et episcopalibus, quas magister Aluredus sacrista ejusdem ecclesiae de anglico in latinum transtulit*.

G. G. Vossius, *De historicis latinis libri tres*, Amsterdam, 1627, p. 369. — Casimir Oudin, *Commentarius de scriptoribus ecclesiasticis*, Leipzig, 1722, t. III, p. 759-760. — Fabricius, *Bibliotheca latina mediae et infimae aetatis*, Hambourg, 1734-1736, t. I, p. 64. — Tanner, *Bibliotheca Britannico-Hibernica*, Londres, 1748, p. 30-31. — Macray, *A manual of british historians to A. D. 1600 containing a chronological account of the early chroniclers and monkish writers, their printed works and unpublished mss.*, Londres, 1845, p. 10. — Thomas Wright, *Biographia Britannica literaria* (Période anglo-normande), Londres, 1846, t. II, p. 155-158. — Frère, *Manuel du bibliographe normand ou Dictionnaire bibliographique et historique*, 1858-1860, t. I, p. 18. — T. D. Hardy, *Descriptive catalogue of materials relating to the history of Great Britain and Ireland* (jusqu'en 1327), édit. des *Rolls series*, Londres, 1862-1871, t. II, p. 169.

G. CONSTANT.

3. ALFRED LE GRAND, roi des Anglo-Saxons (871-901). Il naquit, en 849, à Wantage (Berkshire). Il était fils d'Æthelwulf, roi des West-Saxons et d'Osburh. En 853, il fit le voyage de Rome : le pape Léon IV l'adopta comme son fils spirituel et le créa consul romain. On a même cru qu'il le sacra roi par anticipation. Alfred était le plus jeune, mais aussi le plus chéri des fils d'Æthelwulf. On le conduisit une seconde fois à Rome en 856. Sous le règne de son frère Æthelred, il porta le titre de *secundarius* (vice-roi?). En 868, il épousa Æthelswith, fille d'Æthelred, *ealdorman* des Gaini. Les Danois ayant envahi le Wessex en 871, Alfred prit part à l'expédition dirigée contre eux et se distingua aux batailles d'Ashdown et de Basing. La même année il succéda à son frère sur le trône de Wessex. Il eut à repousser de continuelles invasions danoises durant la majeure partie de son règne. Au cours de cette longue lutte, il se révéla capitaine habile et brave. Après la bataille d'Ethandun (Edington, comté de Wilts), les ennemis prirent l'engagement d'évacuer le Wessex. Guthrum, leur chef, fut baptisé (878). Après l'annexion du Kent et de la Mercie, Alfred se vit maître de toute la région située au sud de la Tamise. De 893 à 897, il eut encore à lutter contre les hommes du Nord, commandés, cette fois, par Haesten, dont il réussit enfin à se débarrasser. Dans l'intervalle de ces deux périodes guerrières et durant les quatre dernières années de son règne, le souverain déploya une grande activité civilisatrice et littéraire. Il se montra fils soumis et zélé de l'Église et protecteur des ordres religieux. Il restaura la justice, publia un nouveau corps de lois empreintes d'un profond caractère religieux (éd. M. H. Turk, Halle, 1894), rétablit les administrations locales ruinées par les invasions, essaya de ranimer le goût des études et s'adonna personnellement à la culture des lettres. Comme Charlemagne, à qui on l'a comparé, il appela des savants étrangers dans ses États, notamment Grimbald, prieur de Saint-Bertin, Jean le Vieux-Saxon et le Gallois Asser. Ce dernier nous a laissé une biographie de son royal protecteur. C'est la meilleure source d'information, avec les *Annales de Saint-Neot*, qui nous soit parvenue sur lui. Le *De rebus gestis Aelfredi* a été composé vers 893. Son authenticité n'est plus contestée. Alfred traduisit en anglo-saxon, avec l'aide d'Asser, un certain nombre d'ouvrages latins dont il jugeait la lecture profitable à ses contemporains laïques ou même clercs, ces derniers étant la plupart incapables de les lire dans l'original. Sont parvenues jusqu'à nous les traductions du *De consolatione philosophiae* de Boèce (édit. Sedgfield, Oxford, 1899), de l'*Histoire ecclésiastique* du vénérable Bède (édit. S. Schipper, 3 vol., Hamburg, 1897-1898), des *Histoires* de Paul Orose (édit. J. Bosworth, 1855), du *Pastoral* de saint Grégoire (édit. Sweet : *Early english text society*, 1871-1872) et d'une petite partie des *Soliloques* de saint Augustin (édit. H. L. Hargrove : *Yale studies in english*, 1902). On lui attribue encore, mais sans preuve suffisante, une traduction des Psaumes et une collection de proverbes (édit. W. W. Skeat, Oxford, 1907). On ne cite qu'une œuvre originale, son testament en anglo-saxon (édit. Manning, Oxford, 1788). Alfred mourut le 28 octobre 901. Il fut inhumé à Winchester. Il laissait plusieurs filles et deux fils, Édouard (901-925), qui lui succéda, et Æthelweard († 922).

Asser's Life of king Alfred together with the Annals of Saint Neots, edit. by William Henry Stevenson. Oxford, 1904. — L. C. Jane, *Asser's Life of king Alfred translated* (King's Classics), Londres, 1908. — Ch. Plummer, *Two of the Saxon chronicles parallel*, 2 vol., Oxford. — Ernst Gropp, *On the language of the Proverbs of Alfred*, Halle, 1879. — A. Leicht. *Ist König Aelfred der Verfasser der alliterierenden Metra des Boetius?* dans *Anglia*, 1883, t. vi. — R. Pauli, *König Aelfred und seine Stelle in der Geschichte Englands*, Berlin, 1851. — Ch. Plummer, *The life and times of Alfred the Great*, Oxford, 1902. — Priese, *Die Sprache der Gesetze Aelfreds des Grossen*, Strasbourg, 1883. — Stenton, *Aethelwerd's account of the last years of king Aelfred's reign*, dans *English historical review*, 1909, t. xxiv, p. 79-84.

L. GOUGAUD.

ALFREDA. Voir ETHELDRITHA.

1. ALFRIC (*Aelfric*), d'après Fabricius, moine de Crowland qui aurait traduit en anglo-saxon, vers 740, la vie de saint Guthlac, par le moine Félix. *Biblioth. latina med. et infimae aetat.*, Florence, 1858, t. I, p. 25. Le texte de cette traduction a été publié par Ch. Wycliffe Goodwin : *The anglo-saxon version of the Life of St. Guthlac, hermit of Crowland*, Londres, 1848. L'éditeur déclare, p. iv, qu'on ne connaît ni l'époque, ni l'auteur de cette traduction.

U. ROUZIÈS.

2. ALFRIC (Bienheureux), archevêque de Cantorbéry (990-1005), fêté le 28 août. Moine d'Abingdon, puis abbé de Saint-Albans, Alfric devint, en 990, évêque de Ramsbury et de Wilton, évêché qu'il cumula probablement avec l'archevêché de Cantorbéry dont il reçut le pallium à Rome, le 21 avril 995. L'auteur B de la Vie de saint Dunstan parle de la grande habileté d'Alfric. *Memorials of saint Dunstan*, éd. W. Stubbs, *Rolls series*, Londres, 1874, p. 3. On lui attribue les *Canones ad Wulfsinum episcopum*, publiés par Labbe, *Concilia*, t. IX, col. 1003 sq., reproduits dans *P. L.*, t. cxxxix, col. 1469-1476. Ces canons sont aussi attribués à Aelfric le Grammairien (t. I, col. 648), avec lequel on l'a confondu. L'archevêque Alfric mourut, le 16 novembre 1005 ou le 28 août 1006, au monastère d'Abingdon, où il fut d'abord enterré et d'où son corps fut transféré à Cantorbéry, avant la mort du roi Canut (1035).

Acta sanctor., 1743, aug. t. vi, p. 141. — Mores, *De Alfrico Doroberniensi archiepiscopo*, Londres, 1789. — Wharton, *Anglia sacra*, t. I, p. 125; reprod. dans *P. L.*, t. cxxxix, col. 1459-1470. — Mabillon, *Acta sanctor. ord. S. Bened.*, saec. vi, pars 1, p. 61-64, reprod. dans *P. L.*, loc. cit., col. 1455-1460. — Wright, *Biographia Britannica literaria*, Londres, 1842, t. I, p. 480-494. — W. G. Searle, *Onomasticon anglo-saxonicum*, Cambridge, 1897, p. 17; *Anglo-saxon bishops, kings and nobles, ibid.*, 1899, p. 10-11, 88-89. — *Dictionary of national biography*, t. I, p. 162-163. — *Diction. de théologie*, t. I, col. 826-827.

A. TAYLOR.

3. ALFRIC, archevêque élu de Cantorbéry (1051). Élevé au monastère de l'église du Christ à Cantorbéry et parent du comte Godwine, Alfric fut élu comme archevêque, par le chapitre de Cantorbéry, avec l'assentiment du clergé de la province, en 1051, lors de la mort de l'archevêque Eadsige. A la demande des moines, le comte Godwine pria le roi Édouard le Confesseur de confirmer l'élection d'Alfric, mais saint Édouard, qui était hostile au comte, s'y refusa et le nom d'Alfric ne paraît plus.

Lives of Edward the Confessor, éd. H. R. Luard, *Rolls series*, Londres, 1858, p. 399-400. — *Dict. of nat. biogr.*, t. I, p. 164.

A. TAYLOR.

4. ALFRIC BATA (*Chauve-souris*), moine de Winchester et disciple d'Aelfric *Grammaticus* (t. I, col. 648), vivait avant 1005. D'après le manuscrit d'Oxford, Alfric Bata compléta le *Colloquium* de son maître (ci-dessus, t. I, col. 650). Comme celui-ci, Alfric Bata a été regardé comme un des adversaires de la doctrine de la transsubstantiation. Cf. ci-dessus, t. I, col. 649.

F. Wright, *Biographia Britannica literaria*, Londres, 1842, t. I, p. 496. — *Diction. of national biography*, t. I, p. 164.

A. TAYLOR.

5. ALFRIC PUTTOC (*le milan*), archevêque d'York (1023-1051). De prieur de Winchester, Alfric devint, en 1023, archevêque d'York, et il reçut le pallium le 12 novembre 1026, à Rome, des mains du pape Jean XIX. Alfric combla de bénéfices les églises de Southwell et de Beverley. Il transféra dans cette dernière les reliques de saint Jean de Beverley avec grande pompe. Guillaume de Malmesbury, qui semble être prévenu contre Alfric, l'accuse d'avoir persuadé au roi Hardicanut de profaner le corps de son frère Harald, tandis que Florent de Worcester ne dit point qu'Alfric ait pris part à cette affaire. En 1040, Alfric et d'autres dignitaires accusent le comte Godwine et l'évêque Lyfing de Worcester d'avoir assassiné Alfred, demi-frère du roi Hardicanut. Celui-ci prive Lyfing de son évêché qu'il donne à Alfric, qui le cumule avec celui d'York. Les habitants du Worcestershire s'étant révoltés contre le roi en furent cruellement punis. Guillaume de Malmesbury accuse Alfric d'avoir conseillé au roi de prendre ces mesures, mais Florent de Worcester dit seulement que la révolte et sa répression eurent lieu pendant l'épiscopat d'Alfric à Worcester. En 1041, Lyfing fut replacé dans son évêché. Alfric mourut à Peterborough, le 22 janvier 1051, et fut enterré à Southwell. La Chronique anglo-saxonne loue sa prudence et sa piété.

Anglo-saxon chronicle, éd. B. Thorpe, *Rolls series*, Londres, 1861, t. I, p. 312; t. II, p. 127, 146 note. — William de Malmesbury, *Gesta pontificum*, éd. Hamilton, *Rolls series*, Londres, 1870, p. 250, 251. — Florent de Worcester, *Chronicon ex chronicis*, ann. 1023-1051. — *Dict. of nat. biogr.*, t. I, p. 166-167.

A. TAYLOR.

ALFUINUS (Saint), garde royal et un des compagnons de saint Théodoric (voir ce nom) fut martyrisé avec lui, selon la tradition, par les Normands à Ebbeckensdorf (maintenant Ebstorf), dans le Hanovre, en 880. Fête, 2 février.

Acta sanctor., 1658, feb. t. I, p. 309-316. — J. E. Stadler, *Vollstaendiges Heiligen-Lexikon*, Augsbourg, 1857, t. I, p. 141; t. III, p. 460-463.

A. TAYLOR.

ALFWOLDUS (II) (Saint), évêque de Sherborne (1045-1058). Moine de Winchester, il succéda à son frère Brightwy comme évêque de Sherborne, en 1045.

Guillaume de Malmesbury nous apprend que saint Alfwoldus se fit remarquer par une grande austérité à une époque où, depuis les Danois, on avait conservé le goût des repas somptueux. Il avait une grande dévotion pour saint Swithun et pour saint Cuthbert, et il visita la châsse à Durham. Il mourut en chantant l'antienne de saint Cuthbert. Fête le 25 mars. Après la mort d'Alfwoldus, l'évêché de Sherborne fut uni à celui de Ramsbury.

Guillaume de Malmesbury, *Gesta pontificum*, II, 82, éd. W. Stubbs, *Rolls series*, Londres, 1887, p. 179-180. — W. G. Searle, *Anglo-saxon bishops, kings and nobles*, Cambridge, 1899, p. 84, 85.

A. TAYLOR.

ALGARE ou **ALGAIRE**, évêque de Coutances, prit possession de son siège en 1132, fonda les confréries de chanoines réguliers à Saint-Lô, à Saint-Laud de Rouen, à Cherbourg et à Coutances. Il se trouva mêlé à la lutte entre Geoffroi Plantagenet et Étienne de Blois, qui désola neuf ans la Normandie. Sa présence est signalée à Saint-Denis en 1144. Il mourut en 1150 ou 1151, au mois de novembre, et fut inhumé sous l'autel de Saint-Éloi en la cathédrale de Coutances. Arnoul, évêque de Lisieux, écrivit son épitaphe.

Gallia christiana, 1759, t. XI, col. 874. — Rouault, *Abrégé de la vie des évêques de Coutances...*, Coutances, 1742, p. 185-190. — Lecanu, *Histoire des évêques de Coutances...*, Coutances, 1839, p. 147-150; *Histoire du diocèse de Coutances et Avranches...*, Coutances, 1877, t. I, p. 233-239.

Michel PRÉVOST.

ALGARVE, évêché de Portugal. Par sa filiation historique, c'est un des plus anciens diocèses du Portugal et de toute la péninsule ibérique. Algarve se rattache, en effet, à l'ancien diocèse d'Ossonoba, dont nous connaissons un titulaire, Vincent, signataire des actes du concile d'Elvire ou Eliberi (Grenade), réuni dans une des premières années du IVe siècle. Mansi, *Concil. ampl. collect.*, t. II, col. 5. La ville d'Ossonoba, située non loin de la mer, sur le lieu où se trouve aujourd'hui le village d'Estoï, un peu au nord de la ville de Faro, était une des plus florissantes de l'Espagne romaine, par sa population, son commerce et ses richesses; aussi est-il vraisemblable qu'elle fut une des premières à recevoir le christianisme. Malheureusement, l'invasion des Arabes en Espagne (711) fit disparaître le diocèse d'Ossonoba, qui jusque-là avait été suffragant de Mérida.

Quand Sancho Ier, roi de Portugal, conquit la ville de Silves et quelques autres lieux de la province d'Algarve, en 1189, il rétablit l'ancien diocèse d'Ossonoba. Le siège de l'évêché fut placé à Silves, et le premier évêque élu fut Nicolas, peut-être étranger, auquel Sancho donna la ville de Mafra et d'autres revenus, ayant égard à la pauvreté du diocèse, ravagé par les guerres. Mais, deux ans après, Silves retomba sous le domaine des musulmans et le diocèse disparut de nouveau.

En 1249, le roi Alphonse III acheva la conquête de l'Algarve, mais le diocèse ne fut rétabli qu'en 1253 par le roi de Castille, Alphonse X, qui mettait en avant des prétentions sur la possession de l'Algarve et réussit même à établir son autorité sur une partie de cette province. Il nomma évêque le frère dominicain Roberto, en lui ordonnant toutefois de demander l'approbation du roi de Portugal en qualité de patron. Roberto se rendit à cet effet à Lisbonne; mais le roi Alphonse III, en présence de Robert, de l'archevêque de Braga, des évêques de Coïmbre et de Porto et de quelques autres ecclésiastiques et seigneurs du royaume, fit dresser une protestation contre la nomination faite par le roi de Castille, en revendiquant son droit comme patron et seigneur de la ville et de la cathédrale de Silves; il défendit à Roberto de prendre possession et d'exercer toute juridiction, ecclésiastique ou civile, dans le diocèse de Silves. Les contestations sur l'Algarve ne finirent qu'en 1263, et ce fut depuis lors que le diocèse resta définitivement sous le patronat du roi de Portugal.

L'évêque Manuel de Sousa, nommé vers 1537, ayant obtenu l'autorisation du roi Jean III, demanda au pape que la cathédrale fût transférée de Silves à Faro. La population de Silves se trouvait réduite à un petit nombre d'habitants, par suite de l'insalubrité du climat, qui obligeait les chanoines et tout le clergé à la quitter, surtout pendant l'été. La ville de Faro était, au contraire, riche et populeuse, avec un bon port et toutes les conditions de prospérité. Le pape Paul III transféra la cathédrale de Silves à Faro, par la bulle *Sacrosancta romana Ecclesia*, du 28 octobre 1539. Mais la bulle ne fut pas mise à exécution, par suite de l'opposition qu'elle souleva de la part du peuple, de la noblesse, de la municipalité, du clergé et des chanoines eux-mêmes. On fit des appels dont la décision se fit attendre pendant de longues années.

Par ses résolutions de 1560 et 1576, la *Mesa da consciencia* prononça que le chapitre ne pouvait, en conscience, percevoir des revenus, s'il continuait à siéger à Silves au lieu de se rendre à la ville de Faro, que le pape lui avait assignée. L'évêque, qui était alors le célèbre Jeronymo Osorio, après avoir pourvu à la cure de l'église de Silves, en conformité de la bulle pontificale, se rendit à Faro avec son chapitre, le 30 mars 1577. C'est depuis cette époque que l'église Sainte-Marie devint cathédrale.

L'évêque Lourenço de Santa Maria, sous la pression du marquis de Pombal, ministre du roi dom José Ier, donna sa démission le 24 septembre 1773. Le roi décida alors de diviser le diocèse de l'Algarve en deux, dont les sièges seraient l'un à Faro, l'autre à Villa Nova de Portimão. Il nomma évêque du premier de ces sièges João Teixeira de Carvalho, chanoine de la cathédrale de Faro, docteur en droit canonique et professeur de l'université de Coïmbre; pour le second, il choisit Manuel Tavares Coutinho, chanoine de la cathédrale de Guarda et aussi professeur de l'université de Coïmbre. Il réservait pour l'évêque résignataire une pension annuelle de deux contos de reis (dix mille francs à peu près). On demanda la confirmation du Saint-Siège pour les deux évêques nommés, avec déclaration des limites de leurs diocèses.

En attendant cette confirmation, on eut recours à divers expédients pour le gouvernement des diocèses. En 1777, le nonce à Lisbonne nomma vicaire apostolique, à la demande du roi, le docteur Manuel Tavares Coutinho, un des évêques élus. Peu de jours après, le 24 février, le roi dom José mourait, sa fille dona Maria Ire était acclamée reine du Portugal, le ministre Pombal perdait son omnipotence et l'évêque Lourenço de Santa Maria, dont la résignation n'avait jamais été acceptée par le pape, ne tardait pas à reprendre le gouvernement de son diocèse.

La dernière division ecclésiastique du Portugal fut arrêtée en 1882, en conformité de la bulle de Léon XIII, *Gravissimum Christi Ecclesiam regendi et gubernandi munus*, du 30 septembre 1881, et de l'avis royal du 6 décembre de la même année, qui chargea l'évêque de Porto de l'exécution de la bulle. La sentence de l'évêque de Porto, à la date du 4 septembre 1882, fut approuvée par une lettre du roi, du 14. *Diario do governo*, numéro 208, du 15 septembre 1882. Par cette division le diocèse de l'Algarve fut composé de soixante-six paroisses, toutes comprises dans le district de Faro, qui occupe toute la contrée la plus méridionale du pays. En 1882, la population de ces paroisses était de 205 901 habitants. L'évêque de l'Algarve est suffragant de l'archevêque d'Évora.

L'organisation des études ecclésiastiques à Faro ne remonte qu'à la fin du XVIIIe siècle. L'évêque André Teixeira Palha institua, en 1783, dans l'évêché quatre chaires pour l'enseignement de l'histoire ecclésiastique, le droit canonique, la théologie dogmatique et la théologie morale. Les professeurs étaient payés sur les revenus épiscopaux. En même temps il y avait une chaire de théologie morale à la ville de Tavira, dans le couvent des religieuses de la Graça, et une autre fut établie à Lagos, dans le couvent des capucins de la province de la Piété. Tous les membres du clergé qui n'avaient pas atteint l'âge de soixante ans devaient suivre les leçons publiques. La réformation des études fut poursuivie par les évêques José Maria de Mello, qui posa les fondements du séminaire, et Gomes de Avelar, qui le vit terminer. La dernière réformation des études a été faite par l'évêque Antonio Mendes Bello, patriarche actuel de Lisbonne.

LISTE DES ÉVÊQUES. — *A Ossonoba*: Vicente, 306. — Ithacio, 379, 387. — Pedro, 589. — Gregorio (?). — Servo (?). — Saturnino, 653. — Exarno, 666. — Plusiano (?). — Belito, 683. — Agripio, 688-693.

A Silves: Nicolau, 1189. — Roberto, 1253. — ? — Garcia, 1261-1268. — Bartholomeu, 1268, 1288. — Domingos Soares, O. P., 1292-1296 ou 1297. — João Soares Alão, 1297-1312. — Affonso Annes, 9 oct. 1313-† 1331. — Pedro, 31 juillet 1331, transféré à Astorga, 9 juin 1333. — Alvaro Paes ou Pelagio, franciscain, 1333-† 1353. — Vasco, 1353-1365. — João II, 1365, transféré à Porto, 9 février 1373. — Martinho, 1373, transféré à Lisbonne, 7 février 1379. — Pedro II, 1379. — Paio de Meira, 1383. — João Affonso de Azambuja, 11 mai 1389, transféré à Porto, 15 février 1391. — Martim Gil, évêque de Porto, 1391, transféré à Évora, 6 février 1404. — João Affonso Aranha, 6 février 1404, transféré à Porto, 3 février 1407. — Martin Gil, de nouveau. — Fernando da Guerra 2 juillet 1409, transféré à Porto, 18 juin 1414. — João Avaro, 1414-1418. — Garcia de Meneses, 15 juillet 1418, transféré à Lamego, 25 juillet 1421, en permutation avec Alvaro de Abreu. — Lisbonne, 1848. — Rodrigo, 12 mars 1429. — Rodrigo Didogo, 22 mai 1441. — Luis Perez, 26 janvier 1450, transféré à Porto, 24 août 1453. — Alvaro Affonso, transféré à Évora, 8 février 1468. — João de Mello, transféré à Braga, 5 septembre 1481. — Jorge da Costa, 1481-1486. — João Camello, augustin, 27 janvier 1486, transféré à Lamego, 24 janvier 1502. — Fernando Coutinho, 1502-† 1536. — Manuel de Sousa, 1538, transféré à Braga, 22 mars 1545. — João de Mello e Castro, 13 mars 1549, transféré à Évora, 21 juin 1564. — Jeronymo Osorio, 1564, † 20 août 1580 (le siège est transféré à Faro, 30 mars 1577).

A Faro: Affonso de Castello Branco, 5 juin 1581, transféré à Coïmbre, 3 juin 1585. — Jeronymo Barreto, évêque de Funchal, † 1589. — Francisco Cano, 30 août 1589-† 1593. — Fernando Martins Mascarenhas, 1594-1616. — João Coutinho, 1618-1626. — Francisco de Meneses, 1627-1634. — Francisco Barreto Ier, 1636-1649. — Siège vacant, 1649-1671. — Francisco Barreto II, 1671-1679. — José de Meneses, 1680-1685. — Simão da Gama, 1685-1704. — Antonio Pereira da Silva, 1704-1715. — José Pereira de Lacerda, 1716-1738. — Ignacio de Santa Theresa, 1740-1751. — Lourenço de Santa Maria, 1752-1783. — André Teixeira Palha, 1783-1786. — José Maria de Mello, 1787-1788. — Francisco Gomes de Avelar, 1789-1816. — Joaquim de Sant' Anna Carvalho, 1819-1823. — Innocencio Antonio das Neves Portugal, 1823-1824. — Bernardo Antonio de Figueiredo, 1824-1838. — Antonio Bernardo da Fonseca Monis, 1840-1854. — Carlos Christovam Genuez Pereira, 1855-1863. — Ignacio do Nascimento Moraes Cardoso, 1864-1871. — Siège vacant, 1871-1884. — Antonio Mendes Bello, 1884-1908. — Antonio Barbosa Leão, transféré d'Angola et Congo, le 19 décembre 1907.

Fr. Vicente Salgado, *Memorias ecclesiasticas do reino do Algarve*, t. I (le seul publié), Lisbonne, 1786. — João Baptista da Silva Lopes, *Memorias para a historia ecclesiastica do bispado do Algarve*, Lisbonne, 1848. — Francisco Xavier de Athaíde Oliveira, *Memorias para a historia ecclesiastica do bispado do Algarve*, Porto, 1908. — Fortunato de Almeida, *Historia da Igreja em Portugal*, Coïmbre, 1910, t. I, p. 10, 133, 162, 189, 631. — João Pedro Ribeiro, *Dissertações chronologicas e criticas*, Lisbonne, 1836, t. V, p. 191. — Alexandre Herculano, *Historia de Portugal*, Lisbonne, 1868, t. III, p. 15, 27, 28. — Brito Rebello, dans *A Arte e a natureza em Portugal*, Porto, 1906, t. VI, n. 69. — Gams, *Series episcoporum*, p. 106-107. — Eubel, *Hierarchia catholica medii aevi*, t. I, p. 476; t. II, p. 261; t. III, p. 319.

Fortunato DE ALMEIDA.

ALGER. — 1. L'ÉVÊCHÉ ANTIQUE. — Alger (*el-Djezair*, *l'île*, en arabe), aujourd'hui capitale de l'Algérie française, est situé sur l'emplacement de l'antique cité d'Icosium. Plusieurs inscriptions en font foi. La légende attribue la fondation de cette ville à des compagnons d'Hercule, qui s'y fixèrent au nombre de vingt (εἴκοσι, vingt). Conquis par les Carthaginois, puis par les Romains, Icosium fit partie de la Maurétanie Césarienne, dont la capitale était Jul. Caesarea (aujourd'hui Cherchell). On connaît le nom de trois de ses évêques, dont l'un, Victor, souffrit l'exil pour la foi orthodoxe. Les limites de leur territoire étaient fort restreintes, car il y avait d'autres diocèses à Rusgunia (cap Matifou?) et à Tipaza.

II. ALGER SOUS LES MUSULMANS. — Avec les invasions musulmanes, l'histoire perd la trace d'Icosium, jusqu'au xie siècle. L'émir Bologguin, fils de Ziri, fonda el-Djezaïr dans les îlots qui dépendaient d'Icosium. Au siècle suivant, El-Bekri y trouvait encore debout les ruines d'une église chrétienne; ce qui permet de supposer qu'à Icosium, comme à Carthage ou à Tlemcen ou dans les oasis de Castillia (Tozeur), le christianisme s'était longtemps conservé, malgré la domination musulmane.

En 1510, lorsque le grand cardinal Ximénès dirigeait vers l'Afrique musulmane l'expansion espagnole, une flotte commandée par Pedro Navarro s'empara de l'îlot d'Alger, le Peñon d'Argel, où elle mit garnison. Chassés vingt ans plus tard par les deux Barberousse, les Espagnols tentèrent vainement, en 1541, de reprendre la ville.

C'est de cette époque que date son importance. Les corsaires turcs en firent le centre de leurs établissements sur les côtes barbaresques. Alger devint le dépôt de leurs pirateries. Les bagnes se remplirent d'esclaves chrétiens, dont le sort était des plus misérables s'ils persévéraient dans leur foi. De temps à autre, les religieux de la Merci ou de la Trinité venaient en racheter quelques-uns et donner aux autres les secours de la religion. En 1650, les lazaristes nouvellement fondés par saint Vincent de Paul, qui avait été lui-même captif à Tunis, obtinrent, par l'action de Louis XIV, le droit de résider auprès des esclaves chrétiens. Vicaires apostoliques d'Alger sans avoir le titre épiscopal, ils joignaient à leur service religieux la charge du consulat de France. Voir l'article ALGÉRIE.

III. L'ÉVÊCHÉ MODERNE. — La piraterie barbaresque ne cessa pleinement qu'en 1830, avec la conquête d'Alger qui ne fut pas une victoire moins grande pour la civilisation que pour l'Église et pour la France. Ce fut en 1838 que l'évêché d'Alger fut rétabli par une bulle de Grégoire XVI, en date du 10 août, sous le titre de Julia Caesarea. L'on croyait, à tort, que cette ville située à Cherchell correspondait à l'emplacement d'Alger. Le nouvel évêché était suffragant d'Aix-en-Provence.

Le premier titulaire fut Mgr Dupuch, qui apporta dans l'évangélisation des Arabes et dans la création d'un diocèse dépourvu de tout un zèle plus large que ses ressources financières. Obligé de démissionner, le 9 décembre 1845, il fut remplacé, le 25 février suivant, par Mgr Pavy. Celui-ci devait voir, le 25 juillet 1866, quelques mois avant sa mort, son diocèse érigé en métropole ecclésiastique. Deux évêchés suffragants étaient créés en même temps dans les provinces de Constantine et d'Oran.

Le successeur de Mgr Pavy fut le cardinal Lavigerie, grand citoyen en même temps que grand évêque. Il créa et organisa le vicariat apostolique du Sahara et du Soudan, puis, après l'occupation de la Tunisie, l'archevêché rétabli de Carthage. L'un et l'autre restèrent sous son autorité personnelle; le titre de primat d'Afrique fut relevé en sa faveur : il le mérita par son zèle admirable pour l'évangélisation de l'Afrique et pour l'abolition de l'esclavage, par la fondation des Pères blancs, des frères armés et des sœurs missionnaires du Sahara.

Après sa mort, le vicariat apostolique et l'archevêché de Carthage se trouvèrent, par le fait, détachés d'Alger. Pie X a confié à l'archevêque de Carthage l'administration du diocèse d'Alger.

IV. VICAIRES APOSTOLIQUES. — Philippe Levacher, 1650-1662. — Benjamin Hughier, 1662-1663. — Jean Levacher, 1668-1683. — Michel Montmasson, 1685-1688. — Yves Laurence, 1693-1705. — Lambert Duchesne, 1705-1736. — Pierre Faroux, 1737-1740. — Charles Poirier-Dubourg, 1741-1743. — Arnoult Bossu, 1746-1757. — Théodore Groiselle, 1757-1763. — Louis de Lapie de Savigny, 1763-1765. — Joseph Leroy, 1765-1772. — Louis de Lapie de Savigny, de nouveau, 1772-1773. — François Viguier, 1773-1778. — Claude Cosson, 1778-1782. — Michel-René Ferrand, 1782-1784. — Jean Alasia, 1785-1798. — Claude Vicherat, 1798-1801. — François Chossat, 1823-1825. — Jean-Louis Solignac, 1825-1827.

ÉVÊQUES D'ALGER : Antoine-Adolphe Dupuch, 1838, démissionnaire, 1845. — Louis-Antoine-Augustin Pavy, 1846-1866.

ARCHEVÊQUES D'ALGER : Charles-Martial Allemand-Lavigerie, 1867, cardinal, archevêque de Carthage et primat d'Afrique, † 1892. — Prosper-Auguste Dusserre, d'abord coadjuteur du précédent, 1892-1897. — Frédéric-Henri Oury, 1898, démissionnaire en 1907. — Barthélemy-Clément Combes, archevêque de Carthage et primat d'Afrique, administrateur apostolique de l'archidiocèse d'Alger, puis archevêque en 1909. — Alexandre Piquemal, évêque titulaire de Thagora, auxiliaire.

V. ÉTAT ACTUEL. — L'archidiocèse d'Alger est limité au nord par la Méditerranée, à l'est par le diocèse de Constantine, à l'ouest par celui d'Oran, au sud par le vicariat apostolique du Sahara. Ses limites à l'est et à l'ouest sont celles de la province; au sud, il est séparé du vicariat apostolique du Sahara par la limite extérieure du cercle militaire de Laghouat, c'est-à-dire par une ligne idéale, qui passe au-dessus du 33e degré de latitude, entre Laghouat (au nord) et Ghardaïa (au sud).

Le diocèse est partagé en douze vicariats forains, sans compter la circonscription de la cathédrale. Ces vicariats sont : Aumale, Blida, Boufarik, Cherchell, El-Biar, Koléa, L'Agha, Maison-Carrée, Médéa, Miliana, Orléansville et Tizi-Ouzou.

Il renfermait, ces dernières années, une abbaye de trappistes : Staouéli, fondée dès les temps de la conquête sur le lieu du débarquement des troupes françaises. Il contient encore la maison-mère des Missionnaires d'Afrique (Pères blancs) à Maison-Carrée, près d'Alger, celle des sœurs missionnaires de Notre-Dame d'Afrique à Saint-Charles (Kouba), ainsi que plusieurs maisons de leur ordre.

L'on y trouve, dans l'étendue du diocèse, une résidence de lazaristes (Alger), plusieurs maisons de Frères des écoles chrétiennes, un carmel (Saint-Eugène, des couvents du Sacré-Cœur, de la Doctrine chrétienne de Nancy, des trinitaires de Valence, du Bon-Pasteur et du Bon-Secours, des sœurs de la charité, des petites sœurs des pauvres, de nombreuses écoles primaires de divers ordres.

La ville est partagée entre les paroisses suivantes : Saint-Philippe (église métropolitaine), Notre-Dame des Victoires, Saint-Augustin, Sainte-Croix de la Casbah, Saint-Joseph de la cité Bugeaud, Sainte-Marie-Saint-Charles de L'Agha. Mustapha, commune tantôt annexée et tantôt séparée, renferme deux paroisses : Saint-Bonaventure (Mustapha inférieur) et Sainte-Marie (Mustapha supérieur).

Le chapitre comprend des chanoines, des dignitaires et des chapelains. Le grand séminaire se trouve à Kouba et le petit à Saint-Eugène. Il faut citer encore la basilique de Notre-Dame d'Afrique, création de Mgr Pavy, objet d'un culte important.

La population catholique du diocèse dépasse 200 000 âmes; près de la moitié réside dans Alger même.

Mgr TOULOTTE, *Géographie de l'Afrique chrétienne*, Maurétanie, Montreuil-sur-Mer, 1894; Césarée, p. 24-30; Icosium, p. 88-92. — Mgr Dupuch, *Fastes sacrés de l'Afrique chrétienne*, Bordeaux, 1849, 4 vol. in-8°. — *L'épiscopat français depuis le concordat jusqu'à la séparation*, Paris, 1907, p. 31-39. — J. de Pradts, *L'Église africaine*, 1894.

A. RASTOUL.

ALGER DE LIÉGE. Chanoine, diacre et écolâtre de Saint-Barthélemy à Liége, Alger fut nommé, vers 1101, chanoine de Saint-Lambert par l'évêque Otbert, qui le choisit pour secrétaire, charge qu'il remplit jusqu'à la mort de l'évêque Frédéric (1121). On le rencontre comme chanoine de Saint-Lambert à Liége en 1107 (Chartrier de Saint-Jean de Liége, original aux archives de l'État à Liége), et en 1112 (Martène, *Ampliss. coll.*, t. IV, col. 1187), date à laquelle on voit aussi figurer un chanoine de ce nom à Saint-Pierre de Liége. E. Poncelet, *Invent. analyt. des chartes de la collégiale de Sainte-Croix à Liége*, Bruxelles, 1911, t. I, p. 11. Malgré les offres brillantes qui lui furent faites par divers prélats d'Allemagne, Alger ne voulut pas quitter sa position de Liége. Mais, après la mort de l'évêque Frédéric, il se retira à l'abbaye de Cluny, où le suivit le souvenir reconnaissant des Liégeois, attesté par l'éloge que lui dédia le chanoine Nicolas. Il y reçut la prêtrise et vécut encore une dizaine d'années (*Chronic. Cluniac.*, dans Marrier, *Bibliotheca Cluniac.*, p. 138), édifiant ses confrères par l'exemple de ses vertus. Pierre le Vénérable, *Epist.*, II, II, *P. L.*, t. CLXXXIX, col. 279. Il y avait renouvelé en faveur du prieuré de Villars la donation qu'il avait faite étant chanoine de Liége, sous l'abbé Ponce, donc entre 1109 et 1122. Mabillon, *Annales*, Paris, 1739, t. VI, p. 72; Bruel, *Chartes de Cluny*, Paris, 1894, t. V, p. 330-331. Si la donation qu'il fit au prieuré de Villars se rapporte à Villars-les-Moines, on pourrait peut-être reconnaître Alger parmi les défunts signalés au 3 janvier dans le nécrologe de cette maison. G. Schnürer, *Das Necrologium des Cluniacenser-Priorats Münchenwiler*, Fribourg, 1909, p. 3. On ignore la date de sa mort, qu'on peut placer vers 1132-1135.

Alger a écrit : 1° pendant qu'il était secrétaire des évêques Otbert et Frédéric, un certain nombre de lettres (Nicolas de Liége, *loc. cit.*), au nombre desquelles M. Alphonse De Meester a cru reconnaître les deux lettres publiées d'après le *codex Udalrici* par Jaffé, *Biblioth. rerum Germanic.*, t. V, p. 262-268, 373-379; 2° Un traité sur la dignité de l'église cathédrale, qu'on ne peut identifier avec une œuvre perdue dont le *Vita Notgeri* serait un fragment, comme j'en avais émis l'hypothèse (*Revue bénédict.*, 1891, t. VIII, p. 309-312), mais qui a été retrouvé par Mgr Monchamp, dans l'appendice au *Liber officiorum Ecclesiae Leodiensis*, publié par Chapeauville, *Gesta pontif.* Tungren., Liége, 1612, p. 311-318, et par Bormans et Schoolmeesters, dans *Bull. de la Comm. royale d'hist. de Belgique*, 5° série, 1896, t. VI, p. 505-520; voir Monchamp, *L'écrit d'Algerus sur la dignité de l'Église liégeoise identifié avec l'appendice du Liber officiorum Ecclesiae Leodiensis*, dans *Bull. de la Soc. d'art et d'histoire du dioc. de Liége*, 1900, t. XII, p. 207-229; 3° *De sacramentis corporis et sanguinis Domini*, composé à Liége (Nicolas, *loc. cit.*); mentionné par Pierre le Vénérable, *Epist.*, II, 2, *P. L.*, t. CLXXXIX, col. 279, et *Contra Petrobrusianos*, 9, *ibid.*, col. 788. Ce traité a été édité par Érasme à Bâle et Fribourg, 1530; réédité par Malou, Louvain, 1847; *P. L.*, t. CLXXX, col. 439-854, et Hurter, *SS. Patrum opuscula*, XXIII, Innsbruck, 1873, p. 58-370, traduit en allemand, Mayence, 1551. Le manuscrit theol. *120* de Berlin mérite une mention spéciale. Écrit par le moine Otton d'Afflighem dans la seconde moitié du XII° siècle, il fut donné à l'abbaye de Laach, fondation d'Afflighem. Une inscription des XV°-XVI° siècles donne à

Alger le titre de moine de Corbie, ce qui explique l'erreur de Trithème, *De scriptor. eccl.*, c. 328. Le traité *De sacramento altaris* est précédé d'une épître dédicatoire du moine O., qui envoie le livre *De corpore Domini : a viro erudito nunc nostri ordinis domestico luculenter editum*. L'éditeur Val. Rose (*Verzeichniss der latein. Handschriften ... der königl. Bibl. zu Berlin*, Berlin, 1901, t. II, 1re part., p. 184-185) suppose que ces mots indiquent que l'auteur de la lettre écrivait de Cluny et qu'il s'adressait aux chanoines de Liége. Il est plus vraisemblable d'admettre que l'auteur est Otton d'Afflighem et ses correspondants les moines de Sainte-Marie de Laach; il savait qu'Alger s'était fait moine à Cluny, mais il ignorait son décès; 4° *Tractatus de misericordia et justitia*, composé à Liége (Nicolas, *loc. cit.*), édité par Martène, *Thes. anecd.*, t. V, col. 1020-1138; *P. L.*, t. CLXXX, col. 857-968; 5° *Liber sententiarum magistri A.*, revendiqué pour Alger par A. Hueffer, *Ueber Algerus von Lüttich und einen noch ungedruckten « Liber sententiarum »* ..., dans *Beiträge zur Gesch. der Quellen des Kirchenrechts*, Munster, 1862, p. 1-67. Cette attribution a été adoptée par Maassen, *Krit. Vierteljahrschrift f. Gesetzgebung und Rechtswissenschaft*, 1863, t. V, p. 186; P. Fournier, *Bibl. de l'École des chartes*, 1897, t. LVIII, p. 651-656; Patetta, *Il manoscritto 1317 della Bibl. di Troyes*, dans *Atti della R. Acad. delle scienze di Torino*, 1897, t. XXXII, p. 135, n. 1. L'objection qu'on pouvait soulever, en présence des points de contact entre le traité des sept ordres et les chapitres de Hugues de Saint-Victor sur la même matière, disparaît devant le fait qu'Alger a simplement reproduit dans les *Sententiae* le long sermon d'Yves de Chartres sur les sept ordres, au même titre qu'il utilisait ailleurs les écrits de l'auteur chartrain, comme l'a montré le P. J. de Ghellinck; ce travail, assez dépendant d'Yves de Chartres, a été utilisé par Gratien (*Revue d'hist. eccl.*, Louvain, 1909, p. 299-302); 6° *Tractatus de gratia et libero arbitrio* (Pez, *Thes. anecd. noviss.*, t. IV, part. 2, p. 111-118; *P. L.*, t. CLXXX, col. 969-972); 7° *De sacrificio missae*, ms. à la Bibl. nat. de Paris, lat. 812, où le traité se trouve à la suite du précédent, ce qui l'a fait attribuer à Alger. Mai, *Script. veterum nova coll.*, Rome, 1837, t. IX, p. 371-374; *P. L.*, t. CLXXX, col. 853-856; Hurter, *SS. Patrum opuscula*, t. XXIII, p. 371-377.

Nicolas de Liége, Éloge d'Alger, dans Mabillon, *Vetera analecta*, Paris, 1723, p. 129; *P. L.*, t. CLXXX, col. 737-738. — Ceillier, *Hist. gén. des auteurs sacrés*, 2° édit., t. XIV, p. 379-386. — *Hist. litt. de la France*, 2° édit., t. XI, p. 158-167. — Richter, *Beiträge zur Kenntniss der Quellen des kanon. Rechts*, Leipzig, 1837, p. 7-17. — J. de Theux, *Le chapitre de Saint-Lambert à Liége*, Bruxelles, 1871, t. I, p. 109-110. — Bach, *Dogmengeschichte des Mittelalters*, Vienne, 1873, t. I, p. 389-391. — Schnitzer, *Berengar von Tours*, Stuttgart, 1892, p. 370-390. — Hurter, *Nomenclator literar.*, Inspruck, 1899, t. IV, p. 11-13. — Wagemann, dans *Realencyklop. f. protest. Theol.*, 3° édit., t. I, p. 363-365. — V. Schulte, dans *Allgem. deutsche Biographie*, t. I, p. 341. — U. Berlière, dans *Dict. de théol. cathol.*, t. I, p. 827-828. — Hauck, *Kirchengesch. Deutschlands*, 1896, t. III, p. 595. — S. Balau, *Les sources de l'histoire de Liége*, Bruxelles, 1903, p. 304-307. — Alph. de Meester, *Notice sur le canoniste Alger de Liége* (Fédération archéol. et histor. de Belgique, XVI° session, congrès de Bruges, Bruges, 1903, p. 450-460).

U. BERLIÈRE.

ALGÉRIE. Les grandes lignes de l'histoire du christianisme en Algérie, aux époques romaine, vandale et byzantine, ayant été tracées par M. Aug. Audollent dans son article sur l'AFRIQUE (t. I, col. 705-861), il suffit d'y renvoyer le lecteur, comme aussi, pour les détails de l'histoire de chaque circonscription ecclésiastique, de renvoyer aux monographies qui leur seront, chacune à sa place, consacrées dans ce *Dictionnaire*. Mais les conditions se modifient avec l'arrivée des Arabes dans le Maghreb. Le pays qui porte aujourd'hui le nom d'Algérie perd dès lors beaucoup de son ancienne importance au point de vue chrétien et ne tarde pas à être converti tout entier à l'islamisme qui, jusqu'à l'époque où les Français firent la conquête de la Régence d'Alger, est demeuré la religion à peu près unique de la contrée. Comment l'Algérie contemporaine en est-elle arrivée là? Comment quelques vestiges de foi chrétienne y ont-ils subsisté? Comment enfin, à partir de 1830, le christianisme a-t-il commencé à refleurir dans ce pays avec une nouvelle vigueur? Voilà les trois questions qu'il importe de traiter brièvement ici, et qui constitueront en quelque manière l'esquisse d'un tableau que complètera, dans d'autres articles, l'énumération des différents faits dont l'ensemble constitue l'histoire de l'Algérie chrétienne au moyen âge et dans les temps moderne et contemporain.

I. DISPARITION DE LA FOI CHRÉTIENNE SOUS LA DOMINATION ARABE. — Pas plus dans le territoire de l'Algérie actuelle, compris sur le rivage méditerranéen, entre l'embouchure de la Moulouïa et le cap Roux, que dans le reste de l'Afrique Mineure, l'arrivée des musulmans n'a suffi pour amener la disparition du christianisme. Cf. *Afrique*, t. I, col. 861-862. Tout au moins dans les provinces littorales et dans les villes de la côte, mais sans doute aussi dans l'intérieur du pays, subsistèrent durant plusieurs siècles des populations chrétiennes dirigées par des évêques et par des prêtres, et en relations avec Rome; parfois même des prêtres africains, las d'une vie de luttes et de misères que nous ne pouvons que soupçonner, vinrent chercher un asile en Italie et demander au clergé de la péninsule de leur ouvrir ses rangs. De ce que les prélats africains n'ont pas figuré aux conciles généraux de Nicée (777) et de Constantinople (869), on aurait tort de conclure à l'anéantissement complet de la religion chrétienne en Algérie dès les VIIIe et IXe siècles; car on sait de manière absolument certaine que près de quarante villes épiscopales, réparties entre les quatre provinces que Rome distinguait encore dans l'Afrique Mineure, existaient alors dans le Maghreb. Carthage conservait, et devait conserver jusqu'au dernier jour, c'est-à-dire jusque vers la fin du XIIIe siècle, la prééminence, la primatie, sur toutes ces villes, dont quinze se trouvaient en Numidie et une (Rhinocorurum) en Mauritanie première. On sait également qu'à la fin du XIe siècle existait, dans la première capitale des Hammadites, à El-Cala — dans le département actuel de Constantine, à sept lieues dans le nord-est de Smilah, entre cette localité et Sétif — une population chrétienne que gouvernait un chef auquel les Arabes donnaient le nom de *calife*, un évêque en réalité; il en était de même à Bône, ainsi qu'à Tlemcen, où El-Bekri signale en 1068 « les restes d'une population chrétienne » et « une église qui est fréquentée encore par les chrétiens. » Par contre, l'Évangile semble avoir dès lors totalement disparu de l'ancien Icosium. Néanmoins, si elle décline dans toute l'Afrique Mineure de manière très sensible, ce qui excite dès 1053 les amers regrets du pape Léon IX (de Mas-Latrie, n. I), la foi chrétienne y est cependant encore assez pratiquée pour que, au mois de juin 1076, Grégoire VII estime nécessaire de pourvoir aux besoins des populations chrétiennes de la contrée en adjoignant de nouveaux évêques à ceux qui subsistent encore à Carthage et à Bône. De Mas-Latrie, n. V. En même temps qu'il donne au clergé et au peuple de Bône pour pasteur le prêtre Servand, il les exhorte vivement à obéir à leur nouveau prélat et à pratiquer toujours l'observance de la loi divine, jusqu'à ce que, dit-il, *quatenus POPULI SARACENORUM QUI CIRCA VOS SUNT, videntes sinceritatem fidei vestrae, puritatem quoque mutuae inter vos divinae caritatis ac fraternae dilectionis, potius ad aemulationem quam ad contemptum christianae fidei ex vestris operibus provocentur*. De Mas-Latrie, n. VI.

Ce sont là autant de preuves irréfragables de la persistance, à tout le moins sporadique, du christianisme indigène dans la partie centrale du Maghreb, dans celle qui porte aujourd'hui le nom d'Algérie.

A quelle époque les populations indigènes cessèrent-elles d'y pratiquer la religion chrétienne? En l'absence des documents, il est impossible de l'indiquer avec quelque précision; mais il semble permis de penser que le XIIe siècle, époque où les princes hammadites de Bougie, très tolérants, et qui vivaient en excellente intelligence avec le Saint-Siège, furent détrônés par les Almohades, vit disparaître de chez les Berbères de l'Afrique les dernières sociétés chrétiennes, du moins dans l'intérieur du pays. C'est vers 1152, en effet, qu'est prise l'ancienne capitale des Hammadites, El-Cala, à qui s'est substituée Bougie, et Abd-el-Moumen, en dispersant ses habitants, porte un coup mortel à la population chrétienne, qui y vit groupée autour d'une Église dédiée à la vierge Marie et d'un *calife*. Dès lors, si le christianisme s'est maintenu en Algérie, c'est exclusivement sur le littoral. Le 25 octobre 1246, Innocent IV écrivant au roi de Bougie, parle des chrétiens qui habitent cette ville : *cum igitur, sicut accepimus, sub potentatus magnifici tui sceptro plures permaneant christiani* (de Mas-Latrie, n. XIV); et ces chrétiens doivent être en bien petit nombre, puisqu'ils sont désormais placés, comme tous les chrétiens d'Afrique, sous l'autorité de Loup, le nouvel évêque de Maroc. Cf. la suscription de la lettre d'Innocent IV du 19 décembre 1246 : *universis christianis in Africanis partibus constitutis*. De Mas-Latrie, n. XVI.

Mais, beaucoup plus qu'aux chrétiens indigènes, c'est aux étrangers venus d'Europe que l'Évangile a dû, dans la période suivante, de se maintenir sur le territoire des différents royaumes qui se succédèrent alors en Algérie; si même, au XVe siècle, il y persistait encore, c'est exclusivement grâce à ces étrangers : religieux franciscains ou dominicains; religieux des ordres spécialement fondés pour la rédemption des captifs faits par les musulmans (trinitaires, mercédaires); soldats chrétiens à la solde des princes hammadites de Bougie et Abd-el-Ouadites de Tlemcen; marchands vénitiens, pisans, génois, marseillais, majorcains, aragonais, établis à Bône, à Djidjelli, à Bougie, à Tlemcen, dans des *fondouks* pourvus d'une chapelle; captifs tels que ceux rachetés, dès 1300, à Tlemcen et à Alger, par le prieur général des Pères de la Merci, Raymond Albert (ci-dessus, t. I, col. 1572). Rome finit par se rendre compte qu'à l'intérieur du pays toute foi chrétienne avait totalement disparu, et, le 30 juillet 1512, le pape Jules II autorisa le P. Christophe Radelenes, nommé par lettres du même jour évêque de Constantine, à ne pas se rendre dans son diocèse et à résider dans le diocèse de Brême, à cause du danger qu'offrait le séjour en Afrique. De Mas-Latrie, n. XXI.

A ce moment même, on pouvait croire que la foi chrétienne allait à nouveau jeter en Algérie de vigoureuses racines. Au début du XVIe siècle, en effet, sous l'impulsion du grand cardinal Ximenès de Cisneros, qui regarde la conquête de l'Algérie comme nécessaire à l'expansion du peuple espagnol, qui veut châtier les corsaires musulmans et faire refleurir la religion du Christ sur la terre d'Afrique, Mers-el-Kebir est occupé dès 1505, Oran et Bougie le sont en 1509, puis Ténès, Cherchell, Dellys, Alger se soumettent aux Espagnols, qui s'établissent et se fortifient dans l'îlot barrant le port de cette dernière ville, le Peñon; Bougie recouvre son évêché, et Ximenès aspire au rétablissement de celui d'Oran. Mais bientôt, en dépit du titre de « capitaine général de la ville d'Oran, de la place de Mers-el-Kebir et du royaume de Tlemcen » donné à Diego de Verra, la cour d'Espagne porte son attention vers les Indes Occidentales, se désintéresse de ses nouvelles possessions d'Afrique et en laisse les garnisons sans poudre ni vivres; elle fait si bien, et Charles-Quint abandonne si complètement toute idée de conquête durable de ce côté que, dès 1529, le corsaire turc Khaïr-ed-Din, après avoir chassé les Espagnols des points dont ils se sont emparés à l'est d'Alger, enlève le Peñon, ne laissant plus aux chrétiens qu'Oran et Mers-el-Kebir. Un peu plus tard (1541), il fait subir aux armes de Charles-Quint, désireux de combattre les Turcs, en la personne des corsaires, devant Alger un échec retentissant. Alors disparaît définitivement, malgré la présence des Espagnols à Oran jusqu'en 1708, toute idée de conquête de l'Algérie par les rois très chrétiens, et les Turcs dominent plus ou moins directement la contrée tout entière.

II. Corsaires barbaresques et religieux catholiques. — L'échec de Charles-Quint devant Alger en 1541, succédant à d'autres échecs antérieurs, eut dans l'Europe du temps une immense répercussion; de ce moment date vraiment cette réputation d'invincibles, dont jouirent durant plusieurs siècles les corsaires barbaresques et qui eut pour résultat de détourner les puissances européennes de châtier énergiquement leurs brigandages. Seuls, les Vénitiens et surtout les chevaliers de Malte luttent au XVIe siècle contre les pirates partis des différents ports de la Berbérie, en particulier contre ceux de cette ville d'Alger, dont le frère d'Aroudj, Khaïr-ed-Din, a offert, dès 1519, la souveraineté au sultan Sélim Ier, qui lui a envoyé en échange les titres de pacha et de beglierbey, c'est-à-dire de bey des beys. En faisant aux navires chrétiens une guerre de course, et ravageant les côtes méditerranéennes des États européens, les Barbaresques continuent le *Djehad*, la guerre sainte, et réalisent en même temps des bénéfices matériels très appréciables; ils ne cessent donc de faire de nouvelles entreprises, surtout les Turcs d'Alger, qui est devenue la grande ville maritime de la Berbérie, le centre principal de la piraterie, le point où la plupart des prises faites sur les chrétiens viennent aboutir et s'accumuler, les objets précieux dans les palais des pachas et des reïs ou capitaines corsaires, les esclaves dans les bagnes.

Ce n'est pas ici le lieu d'indiquer comment, vers la fin du XVIe siècle, le caractère religieux des expéditions des corsaires barbaresques s'effaça presque complètement; il importe au contraire de signaler que le lucre inspira dès lors exclusivement les entreprises des reïs d'Alger. Ceux-ci n'étaient plus, à cette époque, recrutés parmi les marins de l'empire turc; ils l'étaient surtout parmi les captifs chrétiens qui, pour se soustraire à un sort des plus misérables et sortir du bagne, n'avaient pas hésité à abjurer leur foi et à embrasser l'islamisme. Que l'on se représente la situation de ces malheureux, accablés de travaux, insuffisamment nourris, insuffisamment vêtus, dormant fort peu, exposés à des injures abominables et à des châtiments terribles, privés des secours de leur religion (à moins qu'ils n'eussent avec eux quelque prêtre, captif lui aussi), ayant perdu tout espoir de sortir de la captivité où ils languissaient, en proie au découragement, en butte à des sollicitations, à des tentations de toute nature. Ainsi s'explique l'existence à Alger, dès la fin du XVIe siècle, d'un grand nombre de renégats, sceptiques, ambitieux, avides de jouissances, plus durs le plus souvent pour leurs anciens coreligionnaires que les musulmans de naissance; c'est à eux qu'est due la modification survenue alors dans le caractère de la guerre de course.

Déjà, toutefois, des ordres fondés depuis longtemps pour la rédemption des captifs, les ordres de la Merci et de la Trinité, poursuivant avec un zèle inlassable cette œuvre de dévouement qu'ils ne cessaient de pratiquer dans la mesure de leurs forces et de leurs ressources pécuniaires, s'étaient ménagé les moyens de pénétrer à nouveau dans les grandes villes des rivages de la Berbérie; aussi avaient-ils recommencé d'envoyer dans les différents ports corsaires, quelques-uns de leurs religieux dans le but de délivrer quelques esclaves et de donner aux autres le secours de la religion catholique. Il est question dès 1540 d'un court voyage des trinitaires à Alger, à Bougie ou à Collo, en tout cas en Barbarie, dans ce double but. Mais un peu plus tard, les séjours deviennent plus longs et permettent à ces rédempteurs, tels que Jean Gil, celui qui racheta l'illustre Michel Cervantès en 1580, d'acquérir une grande influence sur les chrétiens captifs et d'en être en quelque sorte les arbitres; enfin, vers la fin du XVIe siècle, on voit les trinitaires séjourner à Alger dans l'intervalle même des rédemptions. Ils y desservent régulièrement les chapelles des bagnes, au nombre de cinq à la même époque (l'un d'entre eux, le P. Gervasio Magnoso, assiste encore les cent vingt-deux esclaves enfermés au bagne en 1830); ils y sont délégués pontificaux jusqu'au jour où Alger a des vicaires apostoliques lazaristes, et c'est l'un d'eux, le P. Bionneau, un trinitaire de Marseille, qui est l'un des premiers consuls de France à Alger (en 1585-1587 et peut-être en 1595). Un peu plus tard, au début du XVIIe siècle, ce sont d'autres trinitaires encore — trois trinitaires espagnols — qui fondent à Alger « l'hôpital espagnol », qu'un de leurs compatriotes, du même ordre, répara de ses deniers, en 1667, et que des religieux de la même nationalité ne cessèrent d'administrer jusqu'en 1824, ainsi que les hôpitaux secondaires des bagnes. Si quelques-uns des Pères trinitaires de l'hôpital se laissèrent parfois entraîner par l'esprit de corps, ou par la rivalité entre ordres religieux, à des actes regrettables à l'égard des prêtres français de la Mission, lorsque ceux-ci furent arrivés à Alger, il est de stricte justice de reconnaître qu'ils leur rendirent, en temps de crise, de grands services; ils déployèrent d'autre part dans leurs fonctions de garde-malades une admirable charité, se dévouant sans réserve, si bien qu'un grand nombre d'entre eux succombèrent lors des épidémies de peste, continuelles dans cet Alger des Barbaresques où se trouvait entassée dans les conditions les moins hygiéniques, dans des rues extrêmement étroites, une population qui dépassa au XVIIe siècle le chiffre de 150 000 âmes.

A cette époque, les trinitaires n'étaient plus seuls à venir en aide aux malheureux captifs d'Alger; saint Vincent de Paul, qui avait été lui-même pris par les Barbaresques et avait été esclave à Tunis, leur avait envoyé des collaborateurs. Il avait obtenu de la duchesse d'Aiguillon, en l'année 1643, la fondation d'une mission destinée à entretenir d'une manière permanente sur les galères de Marseille et en voyage « en Barbarie, « alors et quand ils le jugeront à propos, » des prêtres « pour consoler et instruire les pauvres chrétiens captifs dans la foi, amour et crainte de Dieu, et y faire leurs exercices spirituels ordinaires » (contrat de fondation du 25 juillet 1643), puis il avait presque immédiatement, dès 1646, envoyé à Alger quelques-uns de ses fils, les prêtres de la Mission. Chacun sait avec quel zèle ceux-ci, répondant aux intentions de « Monsieur Vincent », ne cessèrent dès lors, et jusqu'au moment où, à l'époque consulaire, ils quittèrent Alger (1801), de se consacrer à l' « œuvre des esclaves », passant toutes leurs journées à les consoler, intervenant en leur faveur ou partageant leur sort, leur rendant tous les services possibles sans se décourager ni se lasser jamais. « Ces hommes pieux, dévoués et bienfaisants, a très justement dit H.-D. de Grammont, dans son excellente *Histoire d'Alger sous la domination turque*, ces chrétiens résignés qui acceptaient comme une faveur divine les incarcérations, les bastonnades et la mort, méritent à un haut degré le respect dû au courage et à la vertu. » Sans doute, sortirent-ils parfois, dans l'excès de leur zèle apostolique, des limites qui leur étaient assignées et M. Barreau se fit-il reprendre par saint Vincent, pour avoir oublié que « Dieu ne vous a appelé de delà que pour l'office et non pour le trafic » (lettre du 27 juin 1659); mais il est juste de se rappeler, en constatant le fait, que les prêtres de la Mission s'y trouvèrent entraînés par la condition même que leur faisait leur rôle temporel comme consuls de la nation française à Alger.

Quand, en effet, la duchesse d'Aiguillon eut acheté, en 1646, à son propriétaire Balthazar de Vias, la charge de consul d'Alger, elle l'offrit, avec l'assentiment du roi, à saint Vincent de Paul, et celui-ci, pour seconder son « œuvre des esclaves », l'accepta aussitôt. Du moins, en présence de la résistance du Saint-Siège, confia-t-il ce poste à un membre laïc de la maison de Saint-Lazare, et non pas à un prêtre; mais un laïc n'aspirant qu'à se détacher complètement des préoccupations terrestres ne pouvait guère être un très ferme défenseur du commerce. C'est pourquoi, dès 1669, Colbert fit indemniser la Mission, qui accepta avec joie d'être relevée de ces attributions consulaires dont, dès 1655, « Monsieur Vincent » eût souhaité décharger ses prêtres, à la condition toutefois d'entretenir l'un d'entre eux auprès du consul de France à Alger.

Cela ne veut nullement dire d'ailleurs que les lazaristes aient cessé d'être mêlés aux affaires temporelles. Bien que leur charge de vicaires apostoliques (cette fonction leur avait été donnée dès 1650 par la cour de Rome, à la requête de saint Vincent de Paul, et le premier vicaire apostolique, M. Philippe le Vacher, avait été nommé le 17 décembre) impliquât pour eux le souci exclusif des affaires spirituelles d'Alger, les prêtres de la Mission se virent contraints à bien des reprises différentes de gérer le consulat en l'absence des agents français; ils servirent alors de leur mieux les intérêts de leur patrie et lui rendirent de toutes les manières des services parfois éminents et toujours désintéressés. Citer les noms de MM. Barreau, Dubourdieu, Jean le Vacher, Montmasson, Bossu, Groiselle, c'est évoquer le souvenir d'excellents serviteurs de la France en même temps que d'excellents serviteurs de la foi.

D'hommes très pondérés aussi, qui ne tombèrent pas dans les excès de zèle de certains trinitaires, dont le frère convers Pierre de la Conception est le plus frappant exemple. Ce religieux n'avait pas hésité à contrevenir, en juin 1667, aux défenses du Saint-Siège, et à provoquer, dans une mosquée d'Alger, les musulmans aux controverses religieuses en prêchant contre Mahomet; jamais les prêtres de la Mission n'agirent de la sorte; saint Vincent de Paul d'ailleurs avait écrit à ce sujet à M. Philippe le Vacher, dès décembre 1650, une lettre admirable, pleine de bon sens et de prudence, dans laquelle il lui avait tracé sa conduite et lui avait défendu d'avoir aucune communication avec les renégats. « Il est plus facile et plus important d'empêcher, lui disait-il, que plusieurs esclaves ne se pervertissent que de convertir un seul renégat... Vous n'êtes point chargé des âmes des Turcs ni des renégats, et *votre mission ne s'étend point sur eux*, mais sur les pauvres chrétiens captifs. » Ainsi s'explique le caractère spécial qu'affecta l'apostolat des lazaristes à Alger durant le XVIIᵉ et le XVIIIᵉ siècle;

apostolat de consolation, d'affermissement dans la foi, de soulagement des misères temporelles des chrétiens captifs, mais nullement d'évangélisation des infidèles musulmans et des renégats. Sans doute les lazaristes n'hésitèrent pas à étendre sur les uns et sur les autres l'activité de leur zèle, mais ils ne le firent jamais qu'avec la plus grande prudence, en évitant toute démonstration extérieure (le martyre de Borguni, en août 1654, en avait montré la nécessité) comme aussi toute hâte. Soucieux du danger que couraient leurs néophytes, et pareillement du danger qu'ils couraient eux-mêmes, ils attendaient même souvent que les convertis fussent à l'article de la mort pour leur conférer le baptême. Ainsi s'explique que les lazaristes d'Alger n'aient jamais converti au catholicisme qu'un nombre relativement infime de musulmans.

Telle est, dans ses grands traits, la mission des vicaires apostoliques lazaristes et de leurs collaborateurs aux XVIIᵉ et XVIIIᵉ siècles; tel encore a été, après une courte absence (30 janvier 1801-fin de 1801, ou début de 1802), le rôle des prêtres de la Mission qui, d'abord comme simples missionnaires, puis, à partir de 1823, comme vicaires apostoliques d'Alger, demeurèrent dans cette ville jusqu'en 1827. Ils la quittèrent alors à nouveau (12 juin), en même temps que le consul français Deval, dont, en présence des refus du dey Hussaïn de donner satisfaction à son représentant, la France faisait sienne l'injure.

III. LES DÉBUTS DE L'ÉVANGÉLISATION CONTEMPORAINE. — Lorsque, trois ans plus tard, les armes de Charles X se furent emparées d'Alger, les évêques de France et le Saint-Siège conçurent les plus grandes espérances et se plurent à envisager comme immanquable la reprise de la contrée par le catholicisme. Le duc de Clermont-Tonnerre, dans un rapport destiné à décider le roi à entreprendre l'expédition, n'avait-il pas envisagé comme une de ses conséquences les plus importantes la possibilité « de civiliser les Arabes et de les rendre chrétiens? » et le général en chef de Bourmont n'avait-il pas, au lendemain même de l'occupation d'Alger, fait ériger une croix au point le plus élevé de la ville? Il semblait que le pape n'eût plus qu'à relever l'ancien siège épiscopal d'Icosium! Mais, quelques semaines après la destruction définitive du principal repaire des pirates barbaresques, la Révolution de juillet 1830 renversait Charles X du trône de France et lui substituait un souverain dont le gouvernement, moins bien disposé d'ailleurs que le précédent à l'égard de l'Église, dut commencer par se préoccuper de se maintenir et ne sut pas (ou plutôt n'osa pas) déclarer immédiatement ce qu'il ferait de la dernière conquête des Bourbons. Comment, dans de telles conditions, songer à l'évangélisation de l'Algérie? Provisoirement, les aumôniers de l'armée se trouvèrent donc seuls à assurer le service religieux dans les points du littoral occupés par nos soldats, et, tout naturellement, ils ne prodiguèrent leurs soins qu'aux hommes de troupes ou encore aux colons européens qui s'adressaient à eux.

Une telle situation ne pouvait guère se prolonger. Du jour où le gouvernement eut officiellement manifesté sa résolution de ne point abandonner la Régence d'Alger, le Saint-Siège se préoccupa de pourvoir d'une organisation régulière un pays dans lequel (sans parler de la population catholique venue des rivages septentrionaux de la Méditerranée) situation géographique et souvenirs historiques le poussaient à voir un champ de fécond apostolat. Il débuta par proposer au gouvernement français de confier l'administration spirituelle d'Alger et de ses dépendances à cette congrégation de la Mission qui, pendant près de deux cents ans, avait desservi à Alger même une mission fondée par saint Vincent de Paul (1833); puis, un arrangement conclu dans ce sens en 1835 étant demeuré sans effet, il s'entendit avec lui pour ériger dans la capitale des établissements français non plus un vicariat apostolique comme naguère, mais un évêché semblable aux évêchés de la métropole, desservi par le clergé séculier; et, le 10 août 1838, une bulle pontificale de Grégoire XVI relevait à Alger l'ancien siège épiscopal, non pas d'Icosium, mais de Julia Caesarea (ou Cherchell).

Alors commence, avec l'épiscopat de Mgr Dupuch, suffragant de l'archevêché d'Aix-en-Provence, une histoire qui ne se restreint plus comme celle de l'époque barbaresque à la seule ville d'Alger, mais qui embrasse un territoire de plus en plus étendu et qui, une fois la conquête achevée, n'a pas d'autres limites dans l'espace que celles de l'Algérie même. Histoire aujourd'hui glorieuse et consolante, mais dont les débuts, pour être moins douloureux que l'histoire antérieure du pays depuis la conquête arabe, n'en sont pas moins pénibles à raconter. Sans doute l'actif évêque d'Alger fait beaucoup en rattachant le présent au passé, en évoquant les souvenirs glorieux de l'ancienne Église d'Afrique et en érigeant à Bône, dès 1839, un monument à la mémoire de saint Augustin; il fait davantage encore en s'occupant, avec un clergé singulièrement restreint, d'une population de 60 000 soldats et de 25 000 colons, et en négociant avec l'émir Abd-el-Kader des échanges de prisonniers. Mais, quand il veut aller plus loin encore, c'est-à-dire s'occuper des indigènes, Mgr Dupuch se heurte aux obstacles inattendus que lui oppose l'administration française. C'est que le gouvernement, en intronisant un évêque à Alger, a surtout entendu empêcher Abd-el-Kader de reprocher désormais aux Français de n'avoir ni religion, ni culte, ni prêtre; mais il n'a pas voulu davantage. Pour lui, et plus encore pour les directeurs de la politique algérienne, le clergé ne doit s'occuper que de la seule population catholique du pays; il ne doit nullement s'adresser aux indigènes. « L'Évangile aux colons, le Coran aux indigènes, » telle est la formule qui résume la politique du gouvernement en matière religieuse.

Comment est née cette curieuse politique de coquetterie, de bienveillance particulière à l'égard de l'islam qui, aujourd'hui encore, compte des partisans si chauds et si autorisés? Comment a pu se former l'idée de désarmer l'islam par l'islam, et, en le favorisant, d'enlever tout prétexte à la guerre sainte? Ce n'est pas ici le lieu de le rechercher; mais il convient d'en indiquer les lamentables résultats au point de vue de l'extension du catholicisme en Algérie. Interdiction au clergé algérien de faire la moindre démarche ayant pour but d'amener un musulman à se convertir, refus d'accéder sur le territoire algérien à un prêtre syrien parlant l'arabe, défense à l'évêque de faire imprimer un catéchisme en langue arabe, voilà quelques-unes des mesures prises par l'administration pour paralyser, au temps de la monarchie de Juillet, le zèle apostolique du clergé algérien. Ne parlons pas comme d'une vexation de l'établissement d'une sentinelle à la porte de la cathédrale d'Alger, afin d'empêcher les musulmans d'assister aux cérémonies religieuses, car cette mesure peut s'expliquer par le souci d'assurer la paisible célébration du culte; mais notons une singulière opposition entre les paroles du roi des Français et les actes de l'administration algérienne. Louis-Philippe a beau penser que les Arabes seront Français le jour seulement où ils seront chrétiens (paroles adressées par lui à Mgr Pavy, successeur de Mgr Dupuch), les rigueurs administratives vont jusqu'à expulser un jésuite, le P. Schembri, qui, envoyé en éclaireur aux environs de Sétif, a su gagner la confiance des indigènes au milieu desquels il vit! Elles vont encore jusqu'à empêcher les lazaristes à qui a été confiée, dès juillet 1842, la direction du grand séminaire d'Alger et qui sont ainsi revenus dans la ville qu'ils ont quittée quinze ans auparavant, elles vont jusqu'à les empêcher de développer un catéchuménat fondé par eux en 1843 et jusqu'à les contraindre à le fermer! Plus tard encore, longtemps après que l'ancien élève de Mme de Genlis eut été renversé du trône, en 1855, une association de prêtres fondée à Alger dans le but de se consacrer à la conversion des indigènes, le « Cénacle », fut obligée par l'autorité de se dissoudre!

Si du moins, simultanément, l'administration n'avait pas inconsidérément travaillé à l'arabisation des Berbères! « Nos ancêtres, disait un jour au général Bedeau un chef de ces derniers, ont connu les chrétiens; plusieurs étaient fils de chrétiens, et nous sommes plus rapprochés des Français que des Arabes!» L'ignorance où l'on était des différences existant entre les populations indigènes de l'Algérie ne permit pas aux administrateurs du pays de tirer parti d'une situation éminemment favorable à l'établissement de la domination française. En frappant indistinctement l'Arabe et le Berbère, en imposant à tous (sans tenir compte des *Kanoun* kabyles) un même code civil, le Coran, et une même langue officielle, l'arabe (qu'ignoraient tant de Berbères), on inspira à toutes les anciennes populations une égale aversion contre les conquérants, et on prépara des insurrections aussi redoutables que celles de 1871; on rendit aussi singulièrement plus difficile la tâche des futurs évangélisateurs de l'Algérie.

Pour commencer une œuvre qu'avaient pu seulement, par suite des circonstances, préparer les premiers évêques d'Alger, ceux-ci n'attendaient qu'un signal; ils le reçurent du premier archevêque d'Alger, de Mgr Lavigerie, de qui relèvent désormais les deux évêchés suffragants d'Oran et de Constantine créés en 1867 et le vicariat apostolique du Sahara et Soudan, constitué en 1868. Dès qu'il a obtenu de l'empereur Napoléon III le principe de la liberté d'action pour les missionnaires, Mgr Lavigerie fonde la « société des missionnaires d'Afrique » (Pères Blancs) et les « sœurs missionnaires de Notre-Dame d'Afrique » (sœurs blanches); et le voici qui, bien avant que le mot ait été prononcé, inaugure une « politique de collaboration » avec les indigènes, par le moyen de ses orphelinats, de ses écoles, de l'assistance médicale et des hôpitaux, de la charité sous toutes ses formes si variées et si efficaces, enfin, suivant les expressions mêmes du grand archevêque, par « une prédication discrète, préparée par une grande diffusion des bienfaits de la charité chrétienne. »

On sait quels admirables fruits a donnés, par toute l'Algérie et jusque dans le Sahara, cette large politique religieuse, dans laquelle le cardinal Lavigerie a eu pour collaborateurs plus ou moins immédiats, indépendamment des Pères blancs et des sœurs blanches, tous les clercs séculiers et réguliers (jésuites entre autres) et toutes les religieuses établies de son temps en terre d'Afrique. Tous les prélats qui, depuis la mort du grand archevêque (1892), se sont succédé dans les différents diocèses constituant actuellement la province archiépiscopale d'Afrique (Carthage, Constantine, Alger, Oran), n'ont cessé de la pratiquer, comme la pratiquent aussi les Pères blancs chargés de l'évangélisation des territoires du Sahara et du Soudan, détachés depuis 1892 de l'Algérie. Sans doute ne sont-ils pas arrivés à de grands résultats, même parmi les populations kabyles, les moins réfractaires à l'évangélisation chrétienne; mais que l'on songe à la jeunesse relative de l'œuvre entreprise, à la grandeur de la tâche, aux multiples difficultés qu'elle a dû et qu'elle doit encore surmonter, soit de la part des hommes, soit du fait des circonstances! Que l'on songe aussi à la méthode préconisée par le cardinal Lavigerie et fidèlement suivie par des héritiers et par ses continuateurs! On ne pourra dès lors, sans prétendre préjuger le secret de Dieu, trouver dans les résultats obtenus que des motifs d'espérance et des raisons de penser, comme les évêques de France en 1830, à une future résurrection en Algérie-Tunisie de la glorieuse Église primitive d'Afrique.

L. de Mas-Latrie, *Traités de paix et de commerce et documents divers concernant les relations des chrétiens avec les Arabes de l'Afrique septentrionale au moyen âge*, recueillis et publiés avec une introduction historique, Paris, 1865-1873, passim. — Paul Deslandres, *L'ordre des trinitaires pour le rachat des captifs*, Toulouse-Paris, 1903, t. I, c. VII, IX, XII, XIII de la 4e partie. — H.-D. de Grammont, *Histoire d'Alger sous la domination turque*, Paris, 1887, passim. — Relations entre la France et la Régence d'Alger au XVIIe siècle : *Les consuls lazaristes et le chevalier d'Arvieux*, Alger, 1885. — *Mémoires de la congrégation de la Mission*, Paris, 1883, t. II, III. — Eugène Plantet, *Correspondance des deys d'Alger avec la cour de France, 1579-1833*, Paris, 1889, 2 vol., passim. — *Le triomphe de la charité en Algérie sous NN. SS.* Dupuch, Pavy et Lavigerie, Lille, s. d. — R. P. Comte, *L'Afrique du nord*, dans *Les missions catholiques françaises au XIXe siècle*, Paris, 1902, t. II, p. 47-96. — Groffier, *Héros trop oubliés de notre domaine colonial*, Lille, 1908.

H. FROIDEVAUX.

ALGHERO (*Algaren.*), évêché d'Italie (Sardaigne), suffragant de Sassari.

I. SITUATION ET ÉTENDUE. — Le diocèse d'Alghero a la forme d'un trapèze allongé, dont une des bases est formée par la côte de la Méditerranée et l'autre est située au centre même de la Sardaigne. Il est borné au nord par l'archidiocèse de Sassari, au nord-est par le diocèse de Bisarchio, à l'est par celui de Nuoro, au sud par l'archidiocèse d'Oristano, à l'ouest par le diocèse de Bosa.

II. ORIGINE ET HISTOIRE SOMMAIRE. — La ville d'Alghero a été érigée en évêché le 8 décembre 1503 (voir la bulle de fondation dans Tola, *Codice diplomatico sardo*, t. II, p. 168; cf. Pintus, *Sardinia sacra*, t. I, p. 19-20), à la suite du concile de Sassari du 26 octobre 1502, qui supprima plusieurs diocèses de la judicature (province) de Logdouro. Au diocèse d'Ottana furent unis ceux de Castro, dont le dernier évêque, Antonio de Toro, était mort cette année même 1503, et de Bisarchio, et le siège épiscopal fut transporté de la ville d'Ottana, qui était presque ruinée, à celle d'Alghero, beaucoup plus florissante et excellemment fortifiée. C'est ce qui explique comment, après la mort, en 1503, du dernier évêque de l'ancien diocèse d'Ottana, Juan Perez, un successeur, le 8 décembre (Arch. Vat., *Reg. Lat.*, t. 1129, fol. 354 v°), Pedro Parient (Parente, disent à tort Cappelletti et Pintus, de Parene, dit Eubel), chanoine de Jaen (et non pas de Gênes, comme le disent Cappelletti et Pintus), ait reçu, dans les bulles de préconisation, le titre d'*electus Othanen.*, qu'il porta longtemps encore, ce qui semble prouver qu'il continua à résider, au moins par intervalles, à Ottana, et aussi qu'il ne fut sacré qu'assez tard. Il assista toutefois, avec le titre d'évêque d'Alghero, au concile général de Latran en 1512. Sous le successeur de Parient, Juan de Loaysa, nous trouvons (arch. Vat., arm. XL, t. III, n. 21), un bref de *revalidatio unionis pro electo Algaren.*, daté du 9 juillet 1515, rendant, par conséquent, définitive l'union des trois évêchés. Le nouveau diocèse eut d'excellents évêques, qui, en divers synodes, promulguèrent de sages constitutions, par exemple Pedro Vagner, le 2 avril 1549, Pietro Fragus, en 1567-1570, Tomaso Carnicer, en 1701, Lomellini, le 8 avril 1728, Gioacchino Domenico Radicati, en 1785 (constitutions publiées en juillet 1786); il est vrai que, si elles attestent leur zèle, elles sont en même temps un témoignage des dissentiments qui séparèrent souvent le clergé de ses pasteurs. Ainsi que les autres diocèses de Sardaigne, celui d'Alghero a compté nombre d'évêques espagnols à l'époque de la domination de l'Aragon et ensuite de l'Espagne, et plusieurs Piémontais, après que l'île eut passé sous le sceptre de la maison de Savoie. Le diocèse de Bisarchio a été détaché d'Alghero et rétabli comme évêché indépendant, mais avec siège à Ozieri, par bulle du 9 mars 1803.

III. ABBAYES ET COMMUNAUTÉS RELIGIEUSES. — Il n'existe plus qu'une maison religieuse dans le diocèse. A. Manno cite, comme en possédant au XVIIIe siècle, les ordres suivants : mercédaires, depuis environ 1654; conventuels, depuis le XIVe siècle; mineurs observantins depuis 1508; carmes, depuis 1644; clarisses, depuis la fin du XVIe siècle; capucins, depuis 1595; augustins, depuis 1525; jésuites, avec un collège fondé en 1692; bénédictins aux monastères de San Fruttuoso et Santa Maria; frères de Saint-Jean-de-Dieu, depuis 1640.

IV. LISTE DES ÉVÊQUES. — Pedro Parient, 1503. — Juan de Loaysa, 13 novembre 1514, transféré à Mondonedo. — Francesco de Barconuovo, élu d'après Mattei, mais non sacré. — Gulielmo Cassador, 19 juin 1525-1528. — Domenico Pastorelli, mineur conventuel, 27 janvier 1528, transféré à Cagliari. — Giovanni Renna, 13 novembre (et non le 3 octobre, comme le dit Pintus) 1534-13 mai 1538, transféré à Pampelune. — Durante dei Duranti, 25 juin 1538-11 février 1541, transféré à Cassano (de Calabre) et cardinal en 1544. — Pedro Vagner (*alias* Baguer ou Vaglier), 4 mai 1541. — Pietro Fragus (*alias* Chierici?), transféré d'Ales, 29 décembre 1566-26 novembre 1572 (et non 1562, comme le porte Pintus), transféré à Huesca. — Antioco Nin, 26 novembre 1572-† novembre 1576. — Andrea Baccallar, 13 janvier 1578-1604 (Eubel : 1606), transféré à Sassari. — Nicolò Canavera, 1er octobre 1604. — Cavino Manca Cedrelles, transféré d'Ales, 26 mars 1612-1613, transféré à Sassari. — Lorenzo Licto, O. S. B., transféré d'Ales, 12 août 1613-1621, transféré à Oristano. — Ambrosio Machin, général des mercédaires, 16 (et non 15, comme le dit Pintus) novembre 1621-1627, transféré à Cagliari. — Gaspare Prieto, mercédaire, 6 ou 7 octobre [1627-18 février 1636, transféré à Perpignan. — Ximenès de Embrun, carme, 1637-† 18 septembre 1637, meurt sans être sacré. — Cipriano Atzcon, *alias* Azor, vicaire général de Valence (Espagne), 7 septembre 1637; meurt avant avoir pris possession. — Antonio Nusco, 28 février 1639-1642. — Vicente Agustino Claveria, transféré de Bosa, 17 octobre 1644-1652. — Francisco Boyl, mercédaire, 22 septembre 1653-1655 ou 1656. — Dionigi Carta Senes, franciscain réformé, 24 septembre 1657-1658. — Salvatore Mulas (*alias* Mullus) Pinella, 9 juin 1659- † 1662. — Andrea Aznar, augustin, 15 janvier 1663-15 (et non 2, comme le dit Gams) janvier 1672, transféré à Jaen. — Lussorio Roger, 15 janvier 1672-† 1676. — Francisco Lopez de Urraca, augustin, transféré de Bosa 13 septembre 1677, transféré à Barbastro. — Louis Diaz, mercédaire, 1er septembre 1681-18 mars 1686, transféré à Cagliari. — Gerolamo Fernando Velasci, O. S. B., 1er avril 1686. — Giuseppe di Gesù-Maria, augustin déchaussé, nommé 18 mai 1693, meurt sans être sacré. — (Francisco Fernandez, mercédaire, nommé en 1694, refuse.) — Tomaso Carnicer, provincial des dominicains, 19 septembre 1695-13 juillet 1720. — Giovanni Battista Lomellini, O. P., 16 décembre 1720-17 août 1729, transféré à Saluces. — Dionigi Gioacchino Canières de Belmont, servite, provincial de son ordre en Piémont, 3 septembre 1730-1732. — Matteo Bartolini, de Mondovi, 5 mai 1733-1741, transféré à Sassari. — Carlo Francesco Casanova, vicaire général de Rimini, 27 novembre 1741-1751, transféré à Sassari. — Giuseppe Antonio Delbecchi, général des scolopes, 16 avril 1751-1763, transféré à Sassari. — Giuseppe Maria Incisa Beccaria, 1764-1772, transféré à Sassari. — Gioacchino Domenico Radicati, O. P., 1772-† 19 mai 1793. — Salvatore Giuseppe Mameli, chanoine de Cagliari, préfet de la faculté de théologie de l'université de cette ville, 1799-† 26 février 1801, sans être sacré. — Pietro Bianco, vicaire général de Sassari, sacré 22 décembre 1805-† 28 mai 1827. — Filippo Arrica, 24 février 1832-† 29 janvier 1839. — Efisio Casula, chanoine et curé de la cathédrale de Cagliari, préconisé, 22 juillet 1842, mais refuse. — Pietro Raffaele Arduini, vicaire apostolique de Moldavie, transféré de Carra *in partibus*, 30 janvier 1843-† 12 novembre 1863. — Giovanni Maria Filia, vicaire général de Cagliari, 24 novembre 1871-† 22 octobre 1882. — Eliseo Giordano, carme chaussé, 13 mars 1883-† 7 janvier 1906.

V. ÉTAT ACTUEL. — L'évêque actuel est Mgr Ernesto Piovella, des missionnaires de Rho, né à Milan, le 29 octobre 1867, préconisé le 15 avril 1907. La ville d'Alghero, fondée, en 1102, par les Doria de Gênes, possède une très belle cathédrale de 1510, dédiée à l'Immaculée Conception. L'évêque était, jusqu'en 1841, curé de la ville. Le diocèse, qui comprend 22 communes de la province de Sassari et 4 de celle de Cagliari, est divisé en 6 vicariats forains et 26 paroisses, et compte 120 églises, chapelles ou oratoires, 80 prêtres séculiers, 21 confréries et 54 300 habitants (recensement de 1901). Il ne s'y trouve, d'après l'*Annuario ecclesiastico*, qu'une maison religieuse, celle des filles de Saint-Vincent-de-Paul, à Alghero. Patron du diocèse : saint Michel, archange.

Cluverius, *Sicilia antiqua, item Sardinia et Corsica*, Leyde, 1619, p. 488; *Sardinia antiqua*, Turin, 1819, p. 16. — Mattei, *Sardinia sacra*, Rome, 1761, p. 171-180. — Orlandi, *Delle città d'Italia e sue isole adiacenti compendiose notizie*, Pérouse, 1770, t. I, p. 374-375. — Cossu, *Descrizione geografica della Sardegna*, Gênes, 1785, 1re part. p. 38-44; 2e part., p. 65. — F. Horschelmann, *Geschichte, Geographie und Statistik der Insel Sardinien*, Berlin, 1828, p. 344-348. — Mimaut, *Histoire de Sardaigne*, Paris, 1825, t. II, p. 500-507. — Casalis, *Dizionario geografico-storico-statistico-commerciale degli Stati di S. M. il re della Sardegna*, Turin, 1833, t. I, p. 229-236. — Bima, *Serie cronologica degli arcivescovi e vescovi del regno di Sardegna*, Asti, 1845, p. 64-70. — Martini, *Storia ecclesiastica della Sardegna*, Cagliari, 1842, t. II, III, passim. — Cappelletti, *Le Chiese d'Italia*, Venise, 1844, t. XIII, p. 141, 147-154. — Spano, *Sardegna sacra e le antiche diocesi*, dans *Bullettino archeologico sardo*, 1858, t. IV, p. 42, 45; *Itinerario dell' isola di Sardegna del conte Della Marmora, tradotto e compendiato con note*, Cagliari, 1868; *Memoria sopra l'antica cattedrale di Ottana*, Cagliari, 1870, p. 7; *Emendamenti ed aggiunte all' itinerario dell' isola di Sardegna del conte Alberto Della Marmora*, Cagliari, 1874, p. 122-124. — Amati, *Dizionario corografico dell' Italia*, Milan, t. I, p. 198. — G. Petri, *L'orbe cattolico*, Rome, 1858, 1re part., p. 431. — H. Freiherr von Maltzan, *Reise aus der Insel Sardinien*, Leipzig, 1869, p. 365-373. — Gams, *Series episcoporum*, p. 832; Supplément, p. 34. — O. Werner, *Orbis terrarum catholicus*, Fribourg-en-Brisgau, 1890, p. 35. — A. Manno, *Bibliografia storica degli Stati della casa di Savoia*, Turin, 1891, t. II, p. 175-179. — Eubel van Gulik, *Hierarchia catholica medii aevi*, t. III, p. 116-117. — Cugia, *Nuovo itinerario dell' isola di Sardegna*, Ravenne, 1892, t. II, p. 130-153, 297. — Bertolotti, *Statistica ecclesiastica d'Italia, Italia meridionale*, Genova, 1894, p. 180-181. — S. Pintus, *Sardinia sacra : Vescovi di Ottana e di Alghero*, dans *Archivio storico sardo*, 1909, t. V, p. 106, 112-121. — D. Filia, *La Chiesa di Sassari nel secolo XVI e un vescovo della Riforma*, Sassari, 1910, p. 9, 19, 20, 25-26.

J. FRAIKIN.

1. ALGHISI (CAMILLO ANGELO), religieux augustin, né à Casale San Evasio, l'an 1560. Il appartint à la congrégation observante des augustins de Lombardie. Dans les dernières années de sa vie, il fut nommé prieur du couvent de Sainte-Marie *del Popolo* à Rome, et mourut l'an 1608. On a de lui plusieurs sermons et une pièce historique inédite touchant l'histoire de l'ordre de Saint-Augustin et son organisation : *Disputatio inter reverendiss. P. Augustinum Fivixanum totius ordinis fratrum eremitarum S. Augustini generalem, et eiusdem instituti observantium Lombardiae congregationem super petitione ab eodem facta de activo et passivo concursu congregationis ad generalatus praelaturam Romae acta coram illustriss. et reverendiss. DD. Antonio Saulio S. R. Ecclesiae cardinale*, anno 1593.

Rizzotto, *Syllabus scriptorum Pedemontii*, Montereale, 1667, p. 133-134. — Calvi, *Delle memorie istoriche della congregazione osservante di Lombardia*, Milan, 1669, p. 404-406. — Mazzuchelli, *Gli scrittori d'Italia*, Brescia, 1753, t. I, 1re partie, p. 486.

A. PALMIERI.

2. ALGHISI ou **ALCHISI** (FULGENTIO), religieux augustin de la congrégation de Lombardie, né à Casale San Evasio le 1er avril 1610. Il prit l'habit religieux dans sa ville natale, le 8 novembre 1626. Après avoir enseigné dans plusieurs couvents de son ordre, il fut appelé à Rome comme procureur général, et en 1659, par *motu proprio* d'Alexandre VII, nommé vicaire général des augustins. Sa mort eut lieu en 1684. On a de lui : *Della vita di S. Nicola da Tolentino, libri sei*, Casale, 1647. On cite aussi de lui plusieurs ouvrages inédits, en latin et en italien : *Miscellanea di otto centurie* ; *Il cemeterio del mondo* ; *Riflessioni morali* ; *De juribus Iudaeorum* (deux volumes, où l'auteur recueille les lois ecclesiastiques et civiles touchant les juifs) ; *Chronicon congregationis sancti Augustini de observantia Lombardiae* (écrit par l'auteur en 1655, et conservé dans les archives de l'ordre de Saint-Augustin à Rome).

Calvi, *Delle memorie istoriche della congregazione osservante di Lombardia*, Milan, 1669, p. 504-508. — Gandolfi, *Dissertatio historica de ducentis celeberrimis augustinianis scriptoribus*, Rome, 1704, p. 350. — Iöcher, *Allgemeines Gelehrten-Lexicon*, t. II, col. 270. — Ossinger, *Bibliotheca augustiniana*, p. 23. — Lanteri, *Postrema saecula sex religionis augustinianae*, Rome, 1863, t. III, p. 152, 447. — Crusenius-Lopez, *Monasticon augustinianum*, Valladolid, 1903, t. II, p. 181.

A. PALMIERI.

ALGIMUNT (PAUL), prince de Holszany, petite ville sur la rive gauche de la Vilja, en Lithuanie. Dans sa jeunesse, il fréquenta les cours de l'université de Cracovie. En 1512, il était déjà prêtre. Il prit part au Ve concile de Latran. Retourné en Lithuanie, il fut nommé archidiacre et occupa cette charge jusqu'en 1530, où il fut consacré évêque de Luck. En 1536, Paul III le transféra au siège de Vilna. Il consacra sa grande fortune à restaurer et à embellir sa cathédrale et d'autres églises. C'était le moment où le protestantisme, importé de Prusse, se répandait en Lithuanie et y faisait beaucoup de prosélytes. Le prince Nicolas IV Radziwill protégeait de son autorité et de ses richesses les prédicateurs lithuaniens de la nouvelle hérésie, tels qu'Abraham Kulwa, Czechowicz, Wendrychowski, Kozubowski, Stanislas d'Opoczna. L'évêque de Vilna travaillait avec la plus grande énergie à délivrer de ce mal son diocèse. La lutte n'était pas facile. Le protestantisme s'était concilié les sympathies de la noblesse, et une partie du clergé, qui prônait la suppression du célibat ecclésiastique, lui était favorable. Le prélat eut même la hardiesse d'arrêter à mi-chemin le roi Sigismond II Auguste (1548-1572), qui se rendait au temple protestant du prince Radziwill, et de lui dire : « Majesté, vous ne suivez pas la route que vos ancêtres suivaient pour rendre gloire à Dieu; vous abandonnez la mère qui vous a nourri et comblé de bienfaits, pour vous attacher à une marâtre. » Le roi obéit à la voix de l'évêque et resta fidèle à l'Église catholique. Le premier février 1555, Algimunt réunit un synode dans sa ville épiscopale, mais sa mauvaise santé ne lui permit pas d'y assister. Il mourut le 4 septembre de la même année. On lui éleva un monument dans la cathédrale, qu'il avait si bien restaurée. Ce monument subsista jusqu'à l'an 1780.

Rzepnicki, *Vitae praesulum Poloniae*, Posen, 1762, t. II, p. 180-182. — Przyalgowski, *Zywoty biskupów wileńskich* (Vies des évêques de Vilna), Saint-Pétersbourg, 1861, t. I, p. 132-160. — Eubel, *Hierarchia*, t. III, p. 246, 355.

A. PALMIERI.

1. ALGISE DE ROSCIATE, évêque dominicain de Rimini, puis de Bergame, naquit à Bergame au commencement du XIIIe siècle. Comme beaucoup de prêcheurs de la première génération, il était déjà engagé dans le clergé séculier lorsqu'il se voua à l'ordre récemment fondé par saint Dominique. Il semble avoir été d'abord chanoine de la cathédrale de Bergame. A peine entré dans l'ordre, il en devint bientôt un des personnages en vue; Grégoire IX le choisit, en 1240, pour l'envoyer, en qualité de nonce extraordinaire, auprès de la république de Gênes, afin de l'engager à fournir un certain nombre de galères armées, pour le passage et la sûreté des prélats que le pape appelait d'Espagne, de France et d'Angleterre, dans le dessein de célébrer un concile en Italie. Le projet n'aboutit point. L'évêque de Rimini, Ugolino, lui aussi de l'ordre des frères prêcheurs, étant mort en 1249, le chapitre de cette église choisit Algise pour lui succéder. Dans son diocèse, le nouvel évêque eut beaucoup à lutter contre l'hérésie cathare, qui avait fait d'un certain bourg appelé *Cortenova* comme le siège de sa puissance en cette région. Bernard Guidonis le fait mourir le 26 janvier 1267. D'après Eubel, Algise aurait été transféré sur le siège de Bergame, le 11 février 1251. Il l'aurait occupé jusqu'en 1259, date à laquelle il aurait résigné son siège. Il se serait retiré à l'abbaye de San Sepolcro d'Astino, de l'ordre de Vallombreuse, et y serait mort en 1267.

Michele Piò, *Delle vite degli huomini illustri di S. Domenico*, Bologne, 1613, 2e partie, col. 33. — Ughelli, *Italia sacra*, t. IV, col. 475. — Touron, *Histoire des hommes illustres de l'ordre de saint Dominique*, Paris, 1743, t. I, p. 642, 644. — Eubel, *Hierarchia catholica*: t. I, p. 108; Il ignore sa profession de dominicain et l'appelle *Rosatta*; p. 415, il ne paraît pas soupçonner que c'est le même que l'évêque de Rimini.

R. COULON.

2. ALGISE ou ALOISIO ROXIATE ou ROSCIATE, issu d'une noble famille de Bergame, vers le commencement du XVe siècle, prit l'habit dominicain au couvent de sa ville natale, faisant partie de la province de Lombardie. Après ses premières études, il fut envoyé à Padoue pour y conquérir ses grades théologiques. Quelques auteurs prétendent qu'il y enseigna avec éclat, pendant plusieurs années, la philosophie et la théologie. Cela ne nous semble pas confirmé par les faits, car la théologie de saint Thomas, la seule que Fra Aloisio eût pu enseigner, ne fut dotée d'une chaire à l'université de Padoue que le 21 octobre 1490, en vertu d'un décret du sénat; Scot était enseigné depuis plus longtemps. Cf. Giambattista Contarini, *Notizie storiche circa li pubblici professori nello studio di Padova scelti dall' ordine di san Domenico*, Venise, 1769, p. 10. De même, il règne sur son activité une grande obscurité. Cavalieri, *Galleria de' sommi pontefici*, t. I, p. 279, assure qu'il aurait été d'abord élu évêque de Bergame, mais que par humilité il aurait refusé d'accepter cet évêché. L'auteur prétend avoir tiré ce renseignement d'un manuscrit qui se conservait à l'évêché de Mantoue; mais il peut se faire qu'il y ait là confusion avec le précédent. Mais en 1461, malgré ses prières, il fut nommé évêque *in partibus infidelium* et auxiliaire ou vicaire du cardinal François de Gonzague. C'est sans doute de là que vient l'erreur de présenter Aloisio comme évêque de Mantoue, alors que de fait le titulaire de ce siège fut, de 1466 à 1483, le cardinal François de Gonzague. Il mourut en 1469, le 30 janvier, en grand renom de sainteté. Il fut enseveli dans l'église San Luca, de Mantoue, appartenant à son ordre. D'après Michele Piò, on voyait, de son temps, dans une des salles du palais épiscopal de Mantoue, un portrait d'Aloisio, le front ceint d'une auréole. D'après le même auteur, il serait mort le 10 avril.

Michele Piò, *Delle vite degli huomini illustri di S. Domenico*, Bologne, 1607, 1re partie, col. 192; 2e partie, col. 50. — Brémond, *Bullarium ordinis*, Rome, t. III, p. 477. — Cavalieri, *op. cit.*, Bénévent, 1696, t. I, p. 279. — Ni Ughelli, ni Gams, ni Eubel ne le mentionnent.

R. COULON.

ALGISE. Voir ADALGISE, t. I, col. 455.

ALGISIUS (ALGISIO PIROVANI), archevêque de Milan, 1176-1185, appartenait à une famille notable de cette ville, qui avait déjà fourni un pasteur au diocèse, Uberto Pirovani (1146-1166). Celui-ci fit sans doute la fortune de son parent, le pourvut d'un canonicat à la cathédrale et même de la charge de *cimeliarque*, secrétaire ou trésorier gardien des vases sacrés et des reliques. Du Cange, *Glossarium*, t. II, p. 350. Il confirme en cette qualité un acte concernant l'abbaye de Morimond de Milan, en février 1160, l'avant-dernier de plusieurs chanoines, ce qui prouve qu'il était encore jeune ou du moins nouveau dans le chapitre. On l'y qualifie de diacre, mais il avait reçu la prêtrise, lorsqu'il parvint à l'épiscopat. Cette même année (1160), il accompagna l'archevêque au-devant du pape Alexandre III, qui venait débarquer à Gênes, en fuyant les Romains révoltés contre lui, avec l'appui de l'empereur Frédéric Barberousse. Plus tard, il devint en outre chancelier de l'Église de Milan, titre qu'il porte dans un autre acte de Morimond, le 6 octobre 1173, où il signe immédiatement après le représentant de l'archevêque et le mandataire de l'archiprêtre, évêque de Turin.

A la mort du premier, saint Galdin de Sala, le chapitre se partagea entre l'archidiacre Uberto Crivelli, plus tard Urbain III, et ledit archiprêtre, Milo de Cardano, qui succédèrent tous deux à notre prélat. Celui-ci fut finalement élu le 2 juillet 1176, comme candidat de conciliation. Il avait certainement joué un rôle à côté de son prédécesseur dans les grandes luttes des Milanais contre le Barberousse. Aussi son premier acte fut-il d'instituer dans sa cathédrale un service commémoratif, en l'honneur de la victoire décisive de Legnano remportée par les Lombards, le 29 mai de cette année. La paix fut signée à Constance en 1183, mais nous ne pouvons déterminer la part qu'y prit l'archevêque; nous savons seulement qu'il consulta, avec les autorités de la commune de Milan, à nommer les huit ambassadeurs chargés d'y soutenir les intérêts de la puissante cité. En septembre 1184, il reçut l'empereur dans la ville, assista à une cour solennelle que celui-ci y tint, et siégea comme le troisième archevêque de l'empire, à côté de Conrad de Mayence et de Robert de Vienne. Le 22 notamment, il souscrivait avec eux le diplôme par lequel Frédéric dispensait tout seigneur ecclésiastique de l'obligation de payer les dettes de son prédécesseur, contractées sans l'assentiment du chapitre de la cathédrale et de l'empereur. On ne voit pas qu'Algise ait protesté contre la bulle d'or du 11 février 1185, promulguée à Reggio, par laquelle e Barberousse, en retour de l'alliance offensive et défensive qu'il contractait avec les Milanais, leur cédait, entre autres faveurs, les droits régaliens de l'archevêché. Il manque à la signature de l'acte, et était sans doute atteint de la maladie dont il mourut. Il y a tout lieu de croire que cet acte est le même que l'accord placé par Corio et autres historiens à la date du 3 février 1184, année 32e du règne et 31e de l'empire.

Algisius assista au troisième concile général de Latran, en 1179, avec douze de ses suffragants. En 1181, Alexandre III le chargeait, selon Saxius, de faire exécuter l'acte par lequel le pape unissait l'ancien diocèse d'Acqui au nouveau d'Alexandrie. En 1184, toujours selon le même annaliste, il prononçait en concile provincial la déposition de Guala, évêque de Verceil, ou le décidait à résigner son siège. L'administration épiscopale d'Algise n'est connue que par quelques actes en faveur des religieux du pays : le 2 juillet 1181, il participe à un accord entre les abbés de Morimond et de Saint-Celse de Milan. En février 1183, il confirme plusieurs donations de ses prédécesseurs à l'abbesse de Sant-Ambrogio, de Florence.

Il y a quelques divergences sur la date de sa mort, comme sur celle de son exaltation. Ughelli, mettant en avant deux copies d'autres actes de Morimond, dans lesquels il est mentionné comme archevêque en novembre 1173, place son exaltation à cette date, ou, du moins, croit qu'il était coadjuteur de Galdin. La plupart des historiens s'en tiennent cependant à l'opinion des bollandistes qui, d'après les archives archiépiscopales, le font élire en 1176 et mourir le 29 mars 1185. Saxius affirme de plus que jamais archevêque de Milan ne fut assisté d'un coadjuteur. Selon lui, Algisius fut enseveli, *in ecclesia hyemali prope suggestum*, près de la crédence, dans la chapelle où les chanoines chantaient l'office pendant l'hiver.

Acta sanctorum, maii t. VII, p. LXXVIII, catalogue des archevêques de Milan; april. t. II, p. 599. — Ughelli-Coleti, *Italia sacra*, Venise, 1719, t. IV, col. 152-165. — Jos. Ripamontii, *Historiarum Eccl. Mediolanensis pars altera*, Milan, 1625, p. 125-129, plusieurs inexactitudes ou renseignements peu sûrs. — *Historia di Milano... dell'oratore Bernardino Corio*, Padoue, 1646, p. 117-119, même remarque. — Jos. Ant. Saxius, *Archiepisc. Mediolanensium series historico-chronologica*, Milan, 1755, t. II, p. 551-590 passim, 591-598. Réfute l'opinion d'Ughelli, et comme lui cite tout ou partie de plusieurs documents officiels. — Scheffer-Boichorst, *Kaiser Friedrich I letzter Streit mit der Kurie*, Berlin, 1866, p. 43-44, 79, 222, 227-228.

P. RICHARD.

ALGORIA (ETTORE), évêque de Patti. Né à Palerme, il fut nommé évêque de ce siège, le 17 (et non le 18, comme le dit Cappelletti) décembre 1703, et fit son entrée dans sa ville épiscopale le 5 mars suivant. Il mourut, le 24 juillet 1713, à Giojusa, et fut enterré dans sa cathédrale.

Pirro, *Sicilia sacra*, Palerme, 1734, t. II, p. 792. — Cappelletti, *Le Chiese d'Italia*, t. XXI, p. 587.

J. FRAIKIN.

ALGUAIRE (province de Lérida, Espagne) —
I. COMMANDERIE DE L'HÔPITAL. — Le château d'Alguaire, qui appartenait au roi d'Aragon, fut échangé par celui-ci aux hospitaliers, en 1186, contre le château de Cetina (province de Saragosse), que ceux-ci lui abandonnèrent. Avant cette époque l'ordre de l'Hôpital avait déjà des biens à Alguaire (donations de 1159 et 1163), qui, dès 1159, étaient constitués en commanderie.

Commandeurs. — Raymond Pinya, 1154. — Bernard Carrovira, 1181. — Bernard de Bellvehi, 1185-1188. — Guillaume de Zurriana, 1195. — Étienne de Filella, 1198-1207. — Pierre d'Andos, 1216. — Bertrand Amill, 1221-1222. — Raymond de Cavilla, 1226. — Bérenger de Benviure, 1229. — Arnau d'Abella, 1230. — Pierre d'Olivella, 1230-1231 — Arnau de Vilaragut, 1233. — Bérenger de Peramola, 1239. — Arnau des Pallargues, 1247. — Martin de Copons, 1262. — Raymond Granell, 1268. — Guillaume Canicer, 1279. — Bernard de Ventalola, 1280. — Pierre de Belltall, 1284. — Jacques de Salanova, 1285. — Pierre de Figueras, 1288. — Bernard de Castluc, 1289. — Guillaume de Rubi, 1294. — Pierre Ferrer, 1298. — Pierre Destaras, 1302. — Pons de Buire, 1306. — Mathieu de Passanant, 1316. — Antoine Ferrera, 1333. — Barthélemy de Vilafranca, 1353. — Pierre Sanyet, 1378. — Pierre Sanchez de Mayassen, 1380. — Pierre Roca, 1384. — Raymond de Rajadell, 1385. — Raymond Roger d'Erill, 1415. — Gauceraud Ça Roca, 1417. — François Guosol, 1419-1421. — Bernard de Rocabruna, 1436. — Louis de la Sala, 1455. — Jean Gilbert de Cruilles, 1456. — François Calaf, 1475. — Guillaume de Peguera, 1492.

II. COUVENT DES SŒURS HOSPITALIÈRES. — Il fut fondé, au milieu du XIIIe siècle, par Marquesa de Cervera, veuve de Guillaume de Guardia-Helada (province de Lerida). Elle prit l'habit avec sa fille Gueralda et cinq autres dames nobles, Ermessende de Castellnou, Marquesa de Rajadell, Ermessende de Odena, Elissende d'Alentorn et Ermessende d'Offegat. Cette petite communauté fut autorisée (22 juillet 1248) à s'établir à Cervera, mais la fondatrice, désirant s'installer à Alguaire, donna à l'hôpital les villes d'Amettla (province de Lérida) et de Llorach (province de Tarragone), à condition qu'elle puisse se transporter avec ses compagnes à Alguaire. Le chapitre prieural d'Amposte, tenu à Huesca en 1250, autorisa ce transfert. Il affecta au nouveau monastère, que Marquesa fit édifier, Alguaire avec la Portella, Amettla et Llorach, spécifiant que ce monastère continuerait à être administré par le commandeur d'Alguaire et resterait soumis à la juridiction supérieure du châtelain d'Amposte (cette juridiction passa plus tard du châtelain d'Amposte au prieur de Catalogne, quand, par suite de remaniements administratifs, Alguaire fut rattachée au prieuré de Catalogne). Cette fondation fut confirmée par les papes Urbain IV (18 mars 1262) et Clément IV (21 décembre 1265). Les religieuses suivaient la règle de saint Augustin, le grand-maître Hélion de Villeneuve leur donna leur statut et leur règlement, le 12 décembre 1330. Après un abandon momentané d'Alguaire (1640-1652), les hospitalières quittèrent définitivement Alguaire en 1699 pour Barcelone, où elles furent installées dans le palais prieural de Catalogne (riera de San Juan). Elles y restèrent jusqu'en 1880, époque à laquelle elles se transportèrent dans un couvent neuf, bâti pour elles à San Gervasio de Cassolas, dans la banlieue de Barcelone; elles y sont encore aujourd'hui. Leur communauté fut très florissante; en 1330, elles comptait dix-huit religieuses et en 1636, trente-quatre; elle se recrutait dans les rangs de la noblesse catalane; aujourd'hui elle compte vingt-deux religieuses de chœur avec hâit d'obédience, et son recrutement est moins aristocratique.

Prieures. — On considère généralement Marquesa de Cervera (1250, † 1 mai 1268) comme la première prieure; elle était « commendatrix » de Cervera et d'Alguaire, tandis que Gueralda, sa fille, qui résigna avant 1279, fut en réalité la première prieure dès 1254. — Sibylle de Oluja, 1279-† vers 1294. — Léonore de Ribelles, 1294-1296. — Inès de Queralt, 1297. — Sibylle de Castellvell, 1310, † 21 février 1329. — Marquesa de Ribelles, 1330-1348. — Romia de Vilanoval 1348-† 31 juillet 1389. — Inès de Montpao, août 1389-† 15 septembre 1415. — Constance de Masdovelles, 20 septembre 1415-30 décembre 1421. — Blanche de Vilallonga, 1422-† 28 janvier 1446. —

Francesquine de Carcassonne, 1446-† 12 octobre 1494. — Catherine de Vilanova, 1494-† 31 août 1505. — Marguerite d'Urrea, 2 septembre 1505-† 24 février 1525. — Francine de Pons, 1525-† 18 novembre 1538. — Violante de Saint-Clément, 1538-† 9 août 1544. — Marguerite de Pou, 18 août 1544-† 1 octobre 1557. — Marguerite Zurita, octobre 1557-† 25 décembre 1559. — Geronima d'Olzinelles, 8 janvier 1560-† 23 août 1573. — Aldonce de Montsuar, 1573-† 14 décembre 1573. — Mariagna Çorita, 22 décembre 1573-† 2 octobre 1576. — Geronima de Montgay, octobre 1576-† 11 novembre 1585. — Anne Devalls (prieure intruse), 1583-fin 1585. — Geronima Gort, 1586-† 10 novembre 1601. — Hélène de Remolins, 17 novembre 1601-† 20 septembre 1604. — Jeanne de Pons, 24 septembre 1604-† 6 avril 1615. — Marie-Jeanne d'Ager, 1615. — Geronima de Castellvell, 20 janvier 1616-† 24 mars 1620. — Anne de Clermont, 1620-† 27 juin 1625. — Geronima Voltor, 1625-† 11 juin 1642. — Isabelle de Gomar, 1642-† 4 juin 1646. — Isabelle de Claramunt, 1646-† 12 septembre 1652. — Anna Gilbert y Carvi, 18 février 1653-† 17 novembre 1668. — Françoise de Castellbell y Jossa, 1668-† 5 décembre 1672. — Stéphanie Çaportella, 1672-† 12 janvier 1684. — Agnès de Montargull, 1684-† 3 juillet 1693. — Raymonde Camporrells, 1693-† 29 décembre 1719. — Eulalie del Rio y Azcon, 1720-† 25 juillet 1727. — Thérèse de Balazategui, 1727-† 2 avril 1733. — Baptista Sabater de Llados, 1733-† 22 avril 1741. — Thérèse Soldevila, 1741-† 2 janvier 1767. — Marie-Françoise Villalba de Meca, 1767-† 2 avril 1780. — Marie-Antonia de Berart, 1780-† 12 octobre 1800. — Marie-Thérèse de Jalpi, 1800-1803. — Marie-Ventura Valls, 1803-1839. — Raymonde de Pont y de Travi, 1860-† 19 février 1893. — Carme Grau, 1893-1895. — Maria Monserrat Ajesan y Noguès, 1895.

Les archives d'Alguaire, relativement modernes (xve-xvie siècles), sont conservées dans les archives du grand-prieuré de Catalogne à San Gervasio de Cassolas; quelques pièces subsistent à Malte (div. xiv, vol. 1971), concernant le chapitre provincial d'Amposte de 1589. — Delaville Le Roulx, *Cartulaire général de hospitaliers*, Paris, 1894-1906, *passim*. — J. Miret y Sans, *Noticia historica del monestir d'Alguayre*, Barcelone, 1899, passim.

J. Delaville Le Roulx.

ALHANDI ou **ALPHANDI** (Antonio). Voir Ailhaud (Antoine), t. i. col. 1146.

ALHEARD, évêque d'Elmham (Angleterre), 781 ou 785-814, est appelé Hunfrith ou Hunferth par Florent de Worcester, et Alchbertus dans la charte de consécration de l'abbaye de Winchcombe (Gloucestershire) en 811. La ccxvii^e lettre d'Alcuin lui est adressée de même qu'à Eidfrith, évêque de Dunwich, dont Alcuin avait entendu parler par Lullus, un des abbés de ce dernier diocèse. *P. L.*, t. c, col. 491-492.

Dict. of christ. biography, Londres, 1877, t. i, p. 87. — W. G. Searle, *Anglo-saxon bishops, kings and nobles*, Cambridge, 1899, p. 46-47.

A. Taylor.

ALHONDIGA (Roque), frère mineur déchaussé de la province Saint-Joseph en Espagne, passa aux îles Philippines en 1721, et s'embarqua le 2 octobre de la même année pour les missions de Chine. Il étudia la langue du pays à Canton et y mourut le 4 mars 1731. On lui doit le travail suivant, resté inédit : *Relacion de los arabajos y frutos apostolicos de los religiosos franciscanos en el vasto imperio de la China*.

Marcellino da Civezza, *Saggio di bibliografia sanfrancescana*, Prato, 1879, p. 13.

Antoine de Sérent.

ALHSTAN ou **ATHELSTAN**, évêque de Sherborne (824-867). Cet évêque fut le conseiller principal pour les affaires civiles du roi Ethelwulf (839-858).

H. Wharton, *Anglia sacra*, Londres, 1691, t. i, p. 200, 201. — W. G. Searle, *Anglo-saxon bishops, kings and nobles*, Cambridge, 1899, p. 78-79.

A. Taylor.

ALHUN ou **AELHUN**, huitième évêque de Dunwich (Angleterre), de 790 à 797. Il mourut à Sudbury et fut enterré à Dunwich.

Dict. of christ. biogr., Londres, 1877, t. i, p. 87. — W. G. Searle, *Anglo-saxon bishops, kings and nobles*, Cambridge, 1899, p. 40-41.

A. Taylor.

1. ALIA, τὰ "Αλια, évêché en Phrygie Pacatienne. Cette ville n'est mentionnée que par Hiéroclès, *Synecdemus*, 668, 1 (sous la forme corrompue Ἀδιοί), et, comme évêché dépendant de Laodicée, par la Notice d'Épiphane (Gelzer, *Ungedruckte und ungenügend veröffentlichte Texte der Notitiae episcopatuum*, p. 540), celle de Basile (Gelzer, *Georgii Cyprii descr. orbis rom.*, p. 19), les Notices I, VIII et IX de Parthey (Ἀλύνων). Elle doit être cherchée entre Acmonia et Siokharax d'une part, entre Siokharax et Eluza de l'autre, ce qui l'a fait identifier avec Islam Keuy, village au nord-nord-ouest d'Ahat Keuy (Acmonia), vilayet de Brousse. On y a trouvé quelques inscriptions, dont une chrétienne. Le nom d'Alia est sans doute apparenté au mot phrygien *ala*, qui signifie cheval. Ses monnaies (autonomes, Ἀλιηνῶν, et impériales, à l'effigie de Gordien le Pieux) montrent que Mēn y était la principale divinité. Mais Alia avait probablement aussi une déesse locale, θεὰ Ἀλιανή, mentionnée dans une inscription trouvée à Koula (Waddington, *Inscriptions... Asie Mineure*, n. 699^a) et dont il faut rapprocher l'héroïne Alia dont parle Élien, *De anim.*, xii, 39. Une inscription de Kir Gueul, entre Tchavdir Hissar (Æzani) et Egri Gueuz (Tiberiopolis?), mentionne une Ἀλιανῶν κατοικία, qui paraît distincte de notre ville. Les évêques d'Alia connus sont : Gaius, πόλεως Ἀλιανῶν, pour qui son métropolite signa deux fois à Chalcédoine (451); Glaucus, *Alianorum civitatis*, au concile de Constantinople (553); Léon Ἀλίων, à Nicée (787); Michel et Georges, partisans, l'un d'Ignace, l'autre de Photius, au concile de Constantinople (879).

Le Quien, *Oriens christ.*, t. i, col. 807. — Head, *Hist. numorum*, Oxford, 1887, p. 556. — Radet, *En Phrygie*, Paris, 1895, p. 112. — Ramsay, *The cities and bishoprics of Phrygia*, Oxford, 1895, p. 592. — S. Reinach, dans *Revue des études grecques*, 1890, t. iii, p. 51.

S. Pétridès.

2. ALIA, Ἀλεία, évêché en Lycie. La Notice I de Parthey, qui date de 840 environ, accole ce nom à celui de Caune, un des évêchés suffragants de Myra : ὁ Κάυνου (lire Καύνου) ἤτοι τῆς Ἀλείας. Le Quien, *Oriens christianus*, t. i, col. 981, écrit Ἀκαλείας, d'après la *Geographia sacra* de Charles de Saint-Paul. Il s'agit sûrement d'une localité distincte de Caune, mais qui n'est signalée par aucun autre document.

S. Pétridès.

1. ALIAGA (Isidro), dominicain, naquit à Saragosse, en 1561, et prit l'habit des prêcheurs dans le couvent de la même ville en 1585; il fit profession l'année suivante, 4 juin. Ses études achevées et promu au grade de lecteur, il enseigna tour à tour à Saragosse, dans le couvent de son ordre, puis à Catalayud. Il fut fait maître en théologie à Valence, en 1606. Il remplit aussi l'office de régent des études au collège Saint-Thomas-de-la-Minerve, à Rome. En 1607, il fut élu provincial de la province d'Aragon, et, en cette qualité, il assista au chapitre général de son ordre, tenu à Rome le 25 mai 1608. Il semble bien que le nouveau provincial ait appuyé dans ce chapitre les vœux de la cour d'Espagne, qui volontiers eût vu un Espagnol placé à la tête de l'ordre des prêcheurs. Mais l'ambassadeur de France travailla à faire élire un autre candidat, italien, Augustin Galamini. Durant son séjour à Rome, Aliaga sut se concilier les bonnes grâces de Paul V, qui le chargea d'une mission de confiance auprès de Philippe III; ses lettres de créance sont du 13 janvier 1608. Le roi d'Espagne le présenta, le 21 septembre de la même année, pour le siège épiscopal d'Albarracin; le 7 avril 1611, il fut transféré à Tortosa; enfin, le 29 janvier 1612, il était promu à l'archevêché de Valence, qu'il ne voulut plus quitter. C'est là qu'il mourut le 2 janvier 1648; il fut enseveli dans l'église de son ordre, devant l'autel de saint Louis Bertrand. Frère de Louis Aliaga, confesseur du roi, il eut beaucoup à souffrir des cabales ourdies contre eux par un parti qui les accusait d'abuser de leur influence sur Philippe III. Isidore Aliaga se montra toujours protecteur éclairé des lettres. Il fut un des premiers à dénoncer la fausseté des *Chronica* publiés par le P. Jérôme Roman de la Higuera, S. J., soi-disant de Flavius Dexter, Marcus Maximus et Luitprand. Cf. Sommervogel, *Bibl. de la Compagnie de Jésus*, t. IV, col. 370. On a de lui un certain nombre d'écrits : 1° *Advertencias à los predicadores sacadas del ceremonial romano de los obispos*, in-fol., Valence, 1622; 2° *Epistola ad Fr. Joan. Bapt. de Lanuza, episcopum Albarracinensem, super vestibus episcopalibus ab his, qui ex ordine monachorum assumuntur, deferendis*; cf. Villanueva, *Viage literario*, t. I; 3° *Epistola ad Paulum V de persona et virtutibus presbiteri Valentini (Jeronimi Simonii)*; 4° *Synodus dioecesana celebrata Valentiae anno 1635*, Valence, 1635.

Échard, *Scriptores ord. praed.*, Paris, 1721, t. II, p. XXVI. — Thomas Madalena, *Allegatio historica scriptorum ordinis praedicatorum*, Saragosse, 1738, p. 10. — Fontana, *Sacrum theatrum dominicanum*, Rome, 1666, p. 110. — Jac. Villanueva, *Bibliothecae scriptorum ordinis praedicatorum... continuatio*, ms. [Arch. gen.].

R. COULON.

2. ALIAGA (LUIS), frère d'Isidore Aliaga, naquit à Saragosse, en 1565. Il fit profession dans le couvent dominicain de la même ville, le 3 novembre 1582. Voué d'abord à l'enseignement, il en parcourut tous les degrés et fut reçu maître en théologie à Valence, en même temps que son frère, en 1606. Il fut le premier prieur du couvent nouvellement fondé à Saragosse (1606), sous le vocable de Saint-Ildephonse; il enseigna aussi la théologie à l'université de la même ville. En 1607, le général de l'ordre, Xavierre, le prit comme compagnon et lui conféra le titre de provincial de Terre Sainte avec la charge de visiteur pour la province de Portugal. L'année suivante (1608), Philippe III le prit pour confesseur et le nomma inquisiteur général d'Espagne, en même temps qu'archimandrite de Sicile. Il refusa le siège de Tolède qui lui avait été offert. En qualité de confesseur du roi, son influence était grande et lui suscita beaucoup d'ennemis qui ne craignirent pas de chercher à se débarrasser de lui, même par le poison. En 1626, il se retira dans son couvent de Saragosse où il mourut le 11 décembre de la même année. On a de lui : 1° *Pareceres sobre la causa que se hizo al P. Mariana* (Sommervogel, *Bibl. de la Cie de Jésus*, t. V, art. *Mariana*, n'a pas eu connaissance de cet écrit, qui se conserve manuscrit à la Bibl. nat., à Madrid, *G 84*); 2° *Representación sobre los excessos de Felipe III. Año de 1622*, également ms. à la Bibl. nat. de Madrid, *C 85*. Villanueva cite *Una memoria de los sucesos de su siglo*, qui aurait été imprimée.

Jac. Villanueva, *Bibliothecae scriptorum ordinis praedicatorum... continuatio*, ms. [Arch. gen. ord.]. — Thomas Madalena, *Allegatio historica scriptorum ord. praed.*, Saragosse, 1738, p. 9. — Martinez-Vigil, *Ensayo de una biblioteca de dominicos españoles (La orden de predicadores)*, Madrid, 1884, p. 231.

R. COULON.

ALIAS (VINCENZO), jésuite sicilien, professa durant de longues années les sciences mathématiques à Messine et à Malte, et fut souvent consulté par les savants étrangers. Il publia sous l'anonyme : *Trigonarithmus ad aureum proportionum nova facilique methodo expediendam regulam*, in-4°, Naples, 1670, avec deux planches, et laissa en manuscrit un *Trattato d'algebra numerosa*, in-4°, conservé à la bibliothèque de la ville de Palerme. Très versé également dans la connaissance du grec, il traduisit en latin plusieurs poésies d'anciens poètes siciliens; elles furent publiées par Giovanni da Ventimiglia dans son *De'poeti siciliani*, in-4°, Naples, 1663. Né à Messine, le 21 octobre ou le 17 décembre 1624, Alias mourut à Malte, le 7 août 1704; il était entré dans la Compagnie de Jésus le 9 juin 1640.

Mongitore, *Bibliotheca Sicula*, Palerme, 1714, t. II, p. 273-274. — Sommervogel, *Bibliothèque S. J.*, Bruxelles, 1890, t. I, col. 177; Append., p. IV.

E.-M. RIVIÈRE.

ALIBRANDI (FRANCESCO), né à Messine, le 26 avril 1637, et mort dans la même ville, le 14 août 1711, passa quelques années dans la Compagnie de Jésus. Entré le 24 septembre 1651, il y enseigna la grammaire et rentra dans le monde, le 23 novembre 1660. On trouve de lui deux mémoires — le premier sur la prétendue lettre de la Vierge aux habitants de Messine — dans les *Prose degli Accademici della Fucina*, in-4°, 1663 et 1669. Dans une polémique avec le célèbre Vincenzo Auria, qui faisait naître le Bienheureux Agostino Novello à Palerme et de la noble famille Termine, Alibrandi publia, sous l'anagramme de Bernardino Afscalci : *Termine rimessa in stato*, in-4°, Venise, 1664. Il écrivit aussi : *Dell' opinione probabile ad uso delle coscienze*, in-4°, Messine, 1707, et laissa en manuscrit : *De usura*, in-fol.

Mongitore, *Bibliotheca Sicula*, Palerme, 1708-1714, t. I, p. 200; t. II, Append., p. 39. — *Archives S. J.*

E.-M. RIVIÈRE.

ALICANTE, l'ancienne *Al Kant* des Maures, importante ville d'Espagne (53 942 habitants) et chef-lieu de la province du même nom (494 542 habitants), prétend remonter aux temps les plus reculés. Quelques auteurs la regardent comme l'antique *Alona*, d'autres croient qu'elle est bâtie sur l'emplacement de la colonie romaine de *Lucentum*. Alicante fut évangélisée dès les premiers siècles de l'ère chrétienne, mais on ne peut citer aucun document qui prouve la date approximative de sa conversion. Elle appartient au diocèse d'Orihuela. Ce fut près d'Alicante que Genséric surprit la flotte de Majorien et la défit. Les Arabes s'en emparèrent en 815; mais Ferdinand II, roi de Castille, la reprit pendant les dernières années de son règne et la réunit au royaume de Murcie. A partir de 1304, elle fit partie du royaume de Valence. En 1490, Alicante prit le titre de ville et, en 1684, elle eut à souffrir de la peste qui décima sa population. Ce fut une des premières villes espagnoles qui se déclarèrent pour Philippe V. En 1706, elle fut occupée, après une longue résistance, par les troupes de l'archiduc Charles et celles de l'amiral anglais J. Leak, qui contestaient à Philippe V le trône d'Espagne; mais en 1708, le chevalier d'Asfeld la rendit à son légitime souverain. En 1844, il y éclata une insurrection carliste.

La ville, assez jolie, est bien bâtie et d'aspect tout moderne, avec ses rues larges et droites; mais on y chercherait en vain les minarets chantés par Victor Hugo dans ses *Orientales* :

Alicante aux clochers mêle les minarets.

Le culte religieux est assuré par l'église collégiale, *Saint-Nicolas-de-Bari*, patron de la ville, construite en 1616, dans le style de Herrera, et desservie par un abbé et un chapitre de seize chanoines. Il y a encore deux autres paroisses, *Santa Maria* et *San Vicente*. Aux termes de l'article 5 du Concordat de 1851, le siège épiscopal d'Orihuela devra être transféré à Alicante, lorsque la translation sera jugée opportune, *ubi primum opportunum existimetur*.

Il y a trois communautés de femmes cloîtrées à Alicante : les religieuses *de la Santa Faz*, à 3 kilomètres de la ville, où l'on conserve un *santo sudario* (saint suaire) très vénéré dans les alentours; les religieuses capucines, et celles *de la Santisima Sangre de Cristo* (religieuses du Précieux-Sang). Il y a aussi un asile de vieillards dirigé par les petites sœurs des pauvres. Il n'y a pas de communauté d'hommes.

Florez, *España sagrada*, t. VII, p. 224-244.

A. TONNA-BARTHET.

ALICHAN (LÉONCE), religieux mékhitariste de la branche de Venise, né en 1820, à Constantinople : il entra, en 1832, au monastère de Saint-Lazare de Venise. Il annonçait qu'il serait aussi remarquable par son érudition que par sa taille déjà très élancée. Il fut ordonné prêtre en 1840, deux ans après avoir fait ses vœux. Il enseigne ensuite au collège Raphaélian, de Venise, dirigé par les mékhitaristes. En 1843, il devient le principal collaborateur du P. Aïvazovsguy au *Pazmaveb*, revue *polyhistorique*, etc., nouvellement fondée au monastère de Saint-Lazare. Voir t. I, col. 1234. Après le départ d'Aïvazovsguy, Alichan le remplace en qualité de rédacteur en chef. Il visite Rome, Londres, Berlin, où il étudie les manuscrits arméniens. De l'an 1862 à l'an 1866, il est à Paris, à la tête du collège Mouradian ; et là, il fortifie l'amour des élèves pour l'étude, leur patrie, leur religion. En 1872, il rentre au monastère de Saint-Lazare. C'est là, désormais, qu'il travaille à la composition de ses nombreux ouvrages, jusqu'au 23 novembre 1901, où il meurt presque subitement, en se rendant à l'office du matin. Journal *Keghouni*, 1902, n. 2, en arménien. — Ses principaux ouvrages sont de vastes recueils, bien illustrés, contenant de nombreux et curieux documents historiques et géographiques sur l'Arménie et les Arméniens. Tous ont été publiés en arménien, à Venise. 1° *Principales œuvres poétiques : Poèmes* en 5 volumes, 1857-1858; *Souvenirs de la patrie arménienne*, 1869-1870; *l'Italie* de lord Biron, traduite en vers arméniens, 1860, 1891 ; *Transport de l'amour divin* de saint François d'Assise, en vers arméniens, 1901. — 2° *Œuvres bibliographiques*, c'est-à-dire édités avec études ou introductions, le tout en arménien : *l'Histoire de Vartan Vartabed*, auteur du XIII° siècle, dont l'histoire de l'Arménie va des origines jusqu'à l'an 1267, 1862. — *Sopherq Haïgaganq*, écrits arméniens d'anciens auteurs, discours, exhortations, histoires, en 22 petits volumes, 1854-1861. — *Guiragos l'Historien, de Kantzag*, 1860. — *Chosrov Antzévatsi*, auteur du X° siècle, explication du saint sacrifice de la messe. — *Lettre d'Abgar* (Abkar) au Christ, 1868; traduction française, 1868. Voir ABGAR, t. I, col. 113. — *Sempad le connétable, Assises d'Antioche*, XIII° siècle, publié en arménien et en français, 1876. — *Abousahl l'Arménien, Histoire des églises et couvents* (arméniens) *d'Égypte*, 1876, voir traduction anglaise, *Anecdota Saxoniensia, Semitic series*, part. VII, Oxford. — *Sur les couvents de la sainte ville de Jérusalem*, avec traduction française, brochure. — 3° *Œuvres historiques et géographiques : Géographie de l'Arménie*, illustrée, 1853; traduction partielle dans *Journal asiatique*, par Dulaurier. — *Géographie politique des cinq parties du monde*, illustrée, 1853. — *Fragments et vestiges de l'Arménie*, descriptions géographiques, au milieu desquelles sont insérés maints évènements d'ordre civil et ecclésiastique, avec trente-six gravures, 1870 et 1902. — *Topographie du district de Chirag*, dans l'Ararad, avec nombreuses cartes, inscriptions et illustrations, 1891. — *Le Sissouan*, description du royaume de l'Arméno-Cilicie, et histoire de Léon le Magnifique. Grand nombre de cartes, reproductions de manuscrits, etc., in-4°, 1895, traduction française 1899. Le *Sissagan* (district de la Grande-Arménie), *Topographie*, etc., œuvre analogue à la précédente et encore plus vaste. Elle contient d'intéressants chapitres sur les frères uniteurs, 1893, in-4°. — *Airarad*, œuvre géographique et historique, analogue à la précédente et plus considérable, avec détails intéressants sur Edschmiadzin, in-4°, 1890. — *Haïabadoum*, histoire de l'Arménie, grand recueil composé de deux parties. La première, de 142 pages, contient des notices des historiens qui ont parlé sur l'Arménie ; la seconde, illustrée comme les œuvres précédentes, et de 650 pages, comprend 400 articles ou extraits de ces historiens, sorte de compilation précieuse, mais où la critique, comme dans les autres ouvrages de notre savant auteur, est assez souvent insuffisante, in-4°, 1901, 1902. Le même ouvrage, sans illustrations, en 4 volumes. — *L'ancienne foi* ou *Le paganisme des* (anciens) *Arméniens, mythologie arménienne*, 1895. — *Relations entre les Arméniens et les Vénitiens du XIII° au XIV° siècle*, 1896, et, en italien, 1893. — *L'aurore du christianisme des Arméniens*, 1901. — 4° *Œuvres ascétiques* : traduction en arménien de *La préparation à la mort* de saint Alphonse de Liguori, 1852. — *Les anges*, traduction en aschrapar des *Considérations* de saint Louis de Gonzague *sur les anges gardiens*, 1892. — *L'Imitation de S. Louis de Gonzague*, 1853. — *L'âme amie de la communion*, prières avant et après la communion, 1865. — *Prières d'Abéla*, petite brochure. — *La cène de Jésus*, traduction de Bossuet, 1890. — *Considérations sur les souffrances du Christ*, traduction de l'œuvre de Gaëtan de Pergame, 1879. — *Discours spirituels*, 1904. — *Théodore le Salahounien*, martyr arménien, 1872.

Brosset, *Mélanges asiatiques du Bulletin de l'académie impériale de Saint-Pétersbourg*, t. IV, p. 255-269, 392-412. — Le journal *L'Arménie*, 1890, n. 8. — Le *Pazmaveb*, revue arménienne de Venise, 1896, p. 96; 1890, p. 235. — *Hantess amsoria*, revue arménienne des mékhitaristes de Vienne, 1890, p. 141. — Arsène Gazikian, *Nouvelle bibliographie arménienne*, Venise, 1909, en arménien, donne une analyse détaillée des œuvres d'Alichan, avec l'indication des nombreux articles qui lui ont été consacrés par les revues et journaux arméniens, t. I, col. 34-68.

Fr. TOURNEBIZE.

ALICHOUX (DOMINIQUE-BALTHAZAR D'), nommé grand-archidiacre d'Angers, le 21 avril 1767, joua un rôle important dans l'Assemblée provinciale d'Anjou, établie en 1787. Il représenta le clergé dans la commission intermédiaire qui fonctionna depuis le 13 novembre 1787 jusqu'à la formation du département de Maine-et-Loire, le 29 juin 1790. Il était vicaire général d'Angers.

Archives de Maine-et-Loire, C *164-215*. — *Anjou historique*, t. I, p. 446.

F. UZUREAU.

ALICUS, inscrit au Martyrologe hiéronymien, au 23 juin, comme martyr de Nicomédie, avec Avitus, Cinzamus, Arion, Emeritus, Capito et autres soixante-dix-huit qui ne sont pas nommés.

Acta sanct., jun. t. IV, p. 471. — *Martyrol. hieronymian.*, éd. De Rossi et Duchesne, p. 81.

U. ROUZIÈS.

1. ALIDOSI (ALIDOSIO), évêque de Rimini. Originaire d'Imola, il était archiprêtre de l'église de Mazancollo, au diocèse d'Imola, lorsque Jean XXII le promut à l'Église de Rimini, vacante par la translation de Guido de Baislo à Ferrare (29 février 1332). Il fut témoin au testament de Gozio Battaglia, cardinal du titre de Sainte-Prisque (1345), qui fonda dans la cathédrale de Rimini, où il avait été baptisé, une chapelle en l'honneur de sainte Prisque. Alidosi mourut vers 1353. Le 20 octobre de cette année, Innocent VI lui donna pour successeur André, prieur de S. Paolo all' Orto, de Pise.

Cappelletti, *Le Chiese d'Italia*, t. II, p. 405. — Eubel, *Hierarchia*, t. I, p. 108. — Nardi, *Cronotassi dei pastori della Chiesa Riminese*, Rimini, 1813. — Ughelli, *Italia sacra*, Venise, 1717, t. II, col. 425-426.

J.-M. VIDAL.

2. ALIDOSI (CARLO), évêque d'Imola, de l'illustre famille des Alidosi d'Imola. D'abord chanoine de la cathédrale et archiprêtre de la pieve de Santa Maria di Selustra, dans ce diocèse, il fut élu évêque, à la mort de Rambaldo Romandiola, le 18 juillet 1342. Il entreprit la réforme des mœurs ecclésiastiques et tint, en 1346, un synode diocésain demeuré célèbre. Il eut à défendre sa mense contre des usurpateurs. Il bâtit ou dédia plusieurs églises et monastères, et par ordre du légat Albornoz, publia l'excommunication contre les tyrans Francesco Ordelaffi et Guglielmo Manfredi. Il mourut à la fin de 1353. Le 29 janvier 1354, son neveu Lito lui succéda.

Cappelletti, *Le Chiese d'Italia*, t. II, p. 221. — Eubel, *Hierarchia*, t. I, p. 295. — Manzoni, *Episcoporum Corneliensium sive Imolensium historia*, Faenza, 1719, p. 235-238. — Ughelli, *Italia sacra*, Venise, 1717, t. II, col. 639. — Zaccaria, *Series episcoporum Forocorneliensium*, etc., Imola, 1820, t. II, p. 140-143.

J.-M. VIDAL.

3. ALIDOSI (FRANCESCO), cardinal (1460?-1511), était issu d'une famille, aujourd'hui éteinte, de podestats de la ville d'Imola, qui ne régnait plus de son temps que sur Castel del Rio, château fort de la région. Il se transporta de bonne heure à Rome, sous le pontificat de Sixte IV, qui l'admit dans sa maison, le créa *scriptor apostolicus* et finalement le donna à son neveu, le cardinal Giuliano della Rovere. Il s'attacha à celui-ci, le suivit lors de son exil en France (1494-1503), devint son secrétaire, son confident, et entra tellement dans son intimité qu'il n'y eut plus de secret entre eux. L'influence exclusive qu'Alidosi prit sur un homme qui, par ailleurs, ne se laissait dominer par personne, fit suspecter leurs relations d'une manière odieuse. Les contemporains ont incriminé les mœurs du cardinal, et réellement Alidosi, qui était hautain, ambitieux, avide, jouit de tout temps d'une réputation détestable, parce que tous les moyens lui étaient bons pour s'avancer, lui et sa famille. Des annalistes comme Guichardin, Paul Jove, Gozzadini, Paris de Grassis, se sont faits l'écho de ces accusations, que les historiens protestants Brosch et Creighton ne prennent pas au sérieux. Quand Giuliano della Rovere fut devenu le pape Jules II, la fortune d'Alidosi s'éleva rapidement; son factotum indispensable pour les entreprises les plus délicates, comme les négociations avec César Borgia, et la surveillance de ce prisonnier d'importance, il fut successivement camérier secret, secrétaire apostolique, trésorier général de l'Église romaine, évêque de Mileto en Calabre (1504), de Pavie (1505), après la mort du camerlingue Ascanio Sforza, enfin cardinal le 12 décembre de la même année. Le Sacré Collège opposa une résistance opiniâtre à cette promotion. Mais la discussion, qui dura dix heures, témoigna surtout que les contradicteurs redoutaient principalement la trop grande puissance que prendrait, au moyen de ses créatures, un pape énergique, volontaire et redoutable par sa violence.

La faveur d'Alidosi se maintint jusqu'au bout, et ce ne fut pas toujours à l'avantage du pontificat.

Outre qu'il ne songeait qu'à s'enrichir par tous les moyens, il travailla, du reste sans succès, à rétablir l'antique prépondérance de sa famille dans la région d'Imola. Il reçut tour à tour les légations de Viterbe (mars 1507), de Bologne (mai 1508), à laquelle fut jointe, en juin de l'année suivante, celle de la Romagne et des Marches. C'était au moment de la grande lutte contre Venise. Non seulement les extorsions répétées et les rigueurs non moins excessives du cardinal faisaient croître parmi les populations un mécontentement dont il fallait tout craindre, mais sa conduite politique provoquait le soupçon qu'il entretenait des relations équivoques avec les Français, au moment où ceux-ci se tournaient contre le pape. Le neveu de Jules II, Francesco-Maria della Rovere, général des armées de l'Église et duc d'Urbin, jaloux de sa faveur, le fit même arrêter et l'accusa de haute trahison, mais l'astucieux personnage sut si bien se justifier, que le pape le dédommagea de sa mésaventure en lui donnant l'archevêché de Bologne, le théâtre même de ses tristes exploits (octobre 1510).

Le châtiment ne se fit pas attendre. La *furia francese* ne rencontra que peu de résistance dans Bologne; d'ailleurs Alidosi et Francesco-Maria, surpris à l'improviste, perdirent la tête, et la chute de la ville entraîna un vrai désastre pour l'armée pontificale. Les deux chefs s'en renvoyèrent mutuellement la responsabilité, lorsqu'ils vinrent se défendre devant le pape. Celui-ci avait encore une fois donné raison à son favori, et le duc sortait furieux de l'audience où il avait été accablé de reproches, lorsqu'il rencontra Alidosi à cheval. Il se jeta sur lui et le poignarda en lui criant : « Traître ! voilà ton salaire ! » Ses gens achevèrent le malheureux. On conserve encore à Ravenne un souvenir de cette fin tragique, qui s'y passa le 24 du même mois.

Alidosi fut le type du courtisan de la Renaissance italienne, intelligent, habile, d'une grande souplesse et fécondité de ressources, sans scrupule, comme il se faisait alors sa place, même à la curie et dans l'Église romaine. Il protégea les lettres, encouragea la culture artistique en achevant le palais qu'il habitait au Borgo, aujourd'hui palais des Pénitenciers de Saint-Pierre, un beau morceau d'architecture Renaissance, en agrandissant la résidence des papes à la Magliana, près de Rome. Il protégea Michel-Ange, lui servit d'intermédiaire auprès de Jules II et signa au nom de celui-ci le contrat d'exécution pour les peintures de la chapelle Sixtine. Il reste chargé de la plupart des lourdes accusations que les contemporains ont portées contre lui, et tout au plus est-il inadmissible d'admettre le rôle équivoque qu'on lui a fait jouer auprès de Jules II.

Litta, *Glie famiglie celebri italiane*, t. I. — Pastor, *Geschichte der Päpste*, 4ᵉ éd., t. III. — *Diarii* de Sanuto, Venise, 1879, t. V-XI. — Giov. Gozzadini, *Di alcuni avvenimenti avvenuti in Bologna... 1500-1511*, dans *Atti e memorie della reale deputazione di Storia patria per la provincia di Romagna*, 3ᵉ sér., 1886, t. IV; 1889, t. VII. — Reumont, *Geschichte der Stadt Rom*, Berlin, 1868-1870, t. III, passim. — Lod. Frati, *Il cardinale Francesco Alidosi e Francesco Maria della Rovere*, dans *Archivio storico italiano*, 1910, t. XLVII, p. 144-158. — Fanti, *Imola sotto Giulio II*, dans *Memorie di storia patria*, et après lui J. Klaczko, *Jules II*, Paris, 1898, p. 287 sq., ont tenté un essai de réhabilitation; voir Pastor, *ibid.*, p. 666 et note 2.

P. RICHARD.

4. ALIDOSI (GUGLIELMO), d'abord évêque de Cervia, puis d'Imola. Probablement de la même famille que Carlo et Lito. Il succéda à ce dernier, sur le siège d'Imola (19 avril 1382), n'ayant fait que passer sur celui de Cervia. Il mourut de la peste, le 22 décembre 1382, et eut pour successeur Giacomo Caraffa.

Cappelletti, *Le Chiese d'Italia*, t. II, p. 222. — Manzoni, *Episcop. Corneliensium sive Imolensium historia*, Faenza

1719, p. 250-254. — Ughelli, *Italia sacra*, t. II, col. 475, 639. — Zaccaria, *Series episcop. Forocorneliensium*, Imola, 1820, t. II, p. 147-150.

J.-M. VIDAL.

5. ALIDOSI (LITO), évêque d'Imola. Fils de Robert et neveu de Carlo Alidosi, auquel il succéda à Imola. Il était chanoine et prévôt de la cathédrale, lorsqu'il en fut fait évêque (29 janvier 1354). Il continua l'œuvre de son oncle pour la réforme de la discipline ecclésiastique et la défense des droits de sa mense. Durant son épiscopat, Azo et Bertrando, ses frères, nommés vicaires d'Imola pour le pape, firent peser sur le peuple des charges si lourdes que les mécontents en appelèrent au Saint-Siège. L'évêque eut à souffrir de l'impopularité de ses frères. La ville de Conselice, irritée aussi contre son administration, tenta de s'en affranchir. Mais Urbain V intervint et réprima la révolte (1365). Sous Urbain VI, Lito fut nommé trésorier apostolique et s'en alla résider à Rome. Il se démit de son évêché en 1379 et mourut en 1382. Guglielmo Alidosi lui succéda, le 19 avril de cette même année.

Cappelletti, Eubel, Ughelli, *locis citatis*. — Manzoni, *op. cit.*, p. 238-247. — Zaccaria, *op. cit.*, t. II, p. 143-147.

J.-M. VIDAL.

6. ALIDOSI (LODOVICO), seigneur d'Imola (1391-1424), puis franciscain, né à Imola, mort à Modène ? En 1391, date de la mort de son père Bertrand, il fut mis, avec son frère Philippe, à la tête de la seigneurie d'Imola, possession du Saint-Siège, et, en 1399, Boniface IX conféra à Louis seul le titre de vicaire d'Imola pour les affaires temporelles. S'étant allié à Visconti, duc de Milan, ennemi du Saint-Siège, Alidosi fut privé du vicariat (1403-1404), qui ne lui fut restitué qu'après sa soumission au cardinal-légat Balthasar Cossa (Bologne, septembre 1404). Ce cardinal, devenu pape (obédience de Pise) sous le nom de Jean XXIII, lui confirma, par bulle du 11 octobre 1412, ce même vicariat d'Imola, en y adjoignant plusieurs bourgades et places fortes circonvoisines, droits ratifiés à plusieurs reprises par Martin V. Louis se distingua par la sagesse de son gouvernement, sa piété et son amour des belles-lettres, comme en témoignent plusieurs lettres à lui adressées par Coluccio Salutati, le fameux secrétaire de la ville de Florence. Voir Novati, *Epistolario di Coluccio Salutati*, Rome, 1893, t. II, p. 283-286; *ibid.*, p. 380-384, et surtout t. III, Rome, 1896, p. 598-611. Cependant, en 1424, Louis perdit pour toujours, pour lui et sa famille, la seigneurie d'Imola. La raison en fut l'infortune de sa fille Lucrèce, mariée à George Ordelaffi, seigneur de Forli. A la mort de ce dernier (1422), Lucrèce régna pour Thiébaut, son fils mineur, que, pour soustraire à l'influence de son tuteur, Visconti, duc de Milan, elle avait confié à son propre père, Louis Alidosi. Mécontents du gouvernement de Lucrèce protégée par Florence, les nobles de Forli invoquèrent le secours de Visconti. Dans la guerre soulevée à cette occasion, Louis resta neutre et se retrancha dans son château fort à Imola. Mais ce château ayant été livré par trahison aux Milanais, Alidosi fut fait prisonnier (février 1424) et renfermé par le duc de Milan à Monza (1424-1426). Lorsque Philippe-Marie Visconti rendit Imola à Martin V (mai 1426), Louis recouvra la liberté. Dégoûté du monde par cette expérience, l'ancien seigneur d'Imola se retira chez les franciscains, et revêtit leur habit au couvent de Modène ou, selon Sbaralea, à Ferrare. La date de sa mort est inconnue. En même temps que lui, Thadée, son épouse, et Lucchina, sa fille, quittèrent le monde et se firent clarisses au monastère du *Corpus Christi* à Ferrare. Thadée en était abbesse en 1438. On attribue à Louis Alidosi plusieurs écrits, entre autres des traités de piété qu'il aurait composés dans sa prison. Le *Vocabolario della Crusca*, Venise, 1741, t. V, p. 259-260, signale dans un manuscrit de Florence des vers italiens comme étant d'Alidosi. Mazzuchelli, *Gli scrittori d'Italia*, Brescia, 1753, t. I, 1re part., p. 491, cite encore d'autres œuvres poétiques dans le codex *517* de la bibliothèque Chigi à Rome, d'où Crescimbeni, *Istoria della volgar poesia*, t. III, p. 212, a tiré un sonnet.

Outre les sources citées, voir surtout le livre anonyme, *Memorie storiche della antica ed illustre famiglia Alidosia*, Rome, s. d. [XVIIIe siècle], p. 56-82, avec riche documentation. — Sbaralea, *Supplementum ad scriptores ord. min.*, Rome, 1806, p. 495. — (C. Guasti), *I capitoli del communne, di Firenze*, Florence, 1866, t. I, p. 547-549. — Muratori, *Rer. Ital. script.*, t. XVIII, p. 229; t. XXIII, p. 869-870; t. XXIV, p. 186. — Sur les relations d'Alidosi avec l'humanisme, voir l'intéressante lettre de Vergerio, Muratori t. XVI, p. 215-220.

L. OLIGER.

ALIENORDIS (Sainte), martyre irlandaise, fêtée le 29 décembre.

J. E. Stadler, *Vollständiges Heiligen-Lexikon*, Augsbourg, 1857, t. I, p. 142.

A. TAYLOR.

ALIFE (*Aliphan., Alifan.*). Évêché de l'Italie méridionale, suffragant de Bénévent, borné au nord par le diocèse d'Isernia et Venafro, à l'est par celui de Telese, au sud par celui de Cajazzo, à l'ouest par ceux de Calvi et de Teano, compris tout entier dans la province de Caserte. La ville d'Alife, située sur un affluent de gauche du Vulturne, fut, sous les noms d'Alipha, Allifa et Alifa (Ἄλιφα, Strabon, édit. Didot, t. I, p. 198; Ἄλιφα, Ptolémée, édit. Didot, 1re part., p. 358), une des principales cités des Osques et des Samnites. On en trouve pour la première fois mention dans Tite-Live, qui relate une victoire remportée sous ses murs par Fabius Maximus, en 335 avant J.-C., et attestée par une inscription qui subsiste encore. Soumise par les Romains au IVe siècle de Rome, elle eut d'abord le rang de préfecture, puis fut érigée en municipe, lorsque les Samnites reçurent le droit de cité romaine. Marius s'en empara et en détruisit les murailles. L'Évangile, prêché aux temps apostoliques dans la voisine Bénévent, ne tarda pas à y pénétrer; mais il n'y a pas de preuves que, comme le veulent quelques auteurs, le pape saint Silvestre y ait fondé un siège épiscopal en 314. Le premier évêque dont on connaisse le nom est un certain Clarus, dont on trouve la signature au bas des actes du concile réuni à Rome sous le pape Symmaque, en 499. Puis, lacune de près de quatre siècles. On voit, en 969, l'Église de Bénévent érigée en archevêché et l'évêché d'Alife cité parmi ses suffragants, mais sans que le nom de son pasteur soit prononcé. Le deuxième évêque connu est Paulus, dont dans trois actes de Pandolphe II, prince de Bénévent, en 960, 965 et 985. Gattola, *Historia abbatiae Cassinensis*, Venise, 1733, t. I, p. 37. Viennent ensuite Vitus, dont un long acte, daté de 1020, est cité dans le même Gattola (*ibid.*, p. 32-37), et en 1059, Artis ou Arichis, présent au concile de Rome tenu en cette année sous Nicolas II, ainsi qu'à un jugement prononcé par l'archevêque de Bénévent, deux ans plus tard. Mansi, *Concil.*, t. I, col. 1338; Muratori, *Rerum Italicarum scriptores*, t. II, 2e part., col. 647; Martène, *Veterum monumentorum amplissima collectio*, t. VII, col. 61. Puis deux évêques cités également par Gattola : Robertus, en octobre 1098 et août 1100 (p. 44 et 49); Petrus, le 22 avril 1148. Après, nous trouvons Balduinus, présent au concile général de Latran en 1179 et cité encore en 1189; Landulfus, dont la mort est indiquée sous la date du 5 des calendes d'octobre 1210, dans le nécrologe de Saint-Benoît de Capoue; et un anonyme, intrus, contre lequel Honorius III fait procéder le 21 août 1217. A partir d'Alferius, d'abord chapelain du cardinal-diacre de Saint-

Adrien, Ottoboni, puis chanoine d'Alife et évêque de cette ville le 27 avril 1252, la série continue régulièrement. Notons seulement qu'en 1818 la bulle *De utiliori* du 27 juin, en application du concordat conclu, le 16 février précédent, avec le roi des Deux-Siciles, décréta la suppression du diocèse d'Alife et son incorporation à celui de Cerreto (appelé ainsi parce que les évêques de Telese y résidaient depuis plusieurs siècles) et Telese. Mais cette suppression, comme beaucoup de celles d'autres diocèses qui furent opérées par la même bulle, donna lieu à divers inconvénients et ne put durer. La bulle *Adorandi*, du 14 décembre 1820, rétablit le diocèse d'Alife, tout en le déclarant uni *aeque principaliter* à celui de Telese, et décida que l'évêque des deux diocèses porterait le nom d'*episcopus Allifanus et Telesinus*. Cette demi-mesure ne satisfit, d'ailleurs, personne, si bien que, à la suite d'une visite du roi Ferdinand II à Cerreto, Pie IX, par la bulle *Compertum nobis* du 6 juillet 1852, sépara de nouveau les deux diocèses d'Alife et de Telese, et l'évêque qui les gouvernait, Gennaro di Giacomo, continua à présider aux destinées spirituelles du premier, tandis que Mgr Luigi Sodo fut nommé évêque du second.

ABBAYES ET COMMUNAUTÉS RELIGIEUSES (d'après arch. Vat., *Collectorie*, t. 161, qui donne l'état du diocèse en 1310; *ibid.*, Indic., t. 438, de Mathieu de Flandin, qui donne l'état du diocèse vers 1680, et Lublin, *Abbatiarum Italiae brevis notitia*, 1693, p. 8-9, etc.). — Le diocèse d'Alife comprenait autrefois l'abbaye bénédictine de San Salvatore, fondée en 770 et qui dépendait de celle de San Vincenzo di Volturno *in territorio Beneventano* (Pflugk-Harttung, *Acta romanorum pontificum inedita*, Stuttgart, 1884, t. II, p. 40-41); elle fut supprimée et ses revenus furent attribués à l'ordre des dominicains par bulle du 14 juin 1395. Arch. Vat., *Reg. lat.* 38, fol. 94-95. Les autres abbayes étaient celles, de San Casiano; de San Spirito *in agro Aliphano*; de Santa Maria e Santo Pietro, près du confluent du Vulturne et du Torano, fondée en 719; de Sant' Agostino di Prata; de San Ligio; de San Simeone; de Sant' Antonio Abate *delli Luccari* de Santa Maria in Cingla, O. S. B., construite vers la fin du XIᵉ siècle (cf. *P. L.*, t. LXXIII, col. 878); de Santa Maria Maddalena et de S. Spirito di Maiella di Capua. Il y avait aussi un monastère de tertiaires de Saint-François dans la ville d'Alife, et des couvents de dominicains, de carmes, de capucins, de religieux déchaussés de Saint-Pierre d'Alcantara, et de bénédictines à Piedimonte d'Alife. Il n'existe plus aujourd'hui qu'un monastère de bénédictines, un couvent de frères franciscains et une maison de filles de la charité, toutes les trois à Piedimonte d'Alife.

LISTE DES ÉVÊQUES. — Clarus, cité vers 500. — Paulus, 980-985. — Vitus, 985-juillet 1020. — Artis ou Arichis, cité 1059, 1061. — Robertus, cité octobre 1098, août 1100. — Petrus, 22 avril 1148. — Balduinus, 1179-1189. — Landulfus, † 27 septembre 1200. — Anonyme, intrus, contre lequel Honorius III fait procéder le 21 août 1217. — Alferius, 27 avril 1252-27 janvier 1254; non sacré, transféré à Viterbe. — Romanus, O. P., 28 mars 1254. — Gentilis, O. M., évêque de Reggio de Calabre, administrateur apostolique, 1292. — Petrus II, 1305. — Philippus, 1309. — Nicolaus, † 1346. — Tommaso delle Fonti ou Infantis, chanoine de Chieti, 8 mars 1346. — Bertrandus, cité 3 décembre 1348. — Joannes, archidiacre d'Alife, 10 novembre 1361. — Andrea da Castel San Severino, 1356. — Gulielmus, † vers 1389. — Giovanni Alfieri, cité 10 mai 1389-† vers 1412. — Angelo da San Felice, archidiacre d'Alife, 13 février 1413. — Antonio Maresi ou Moretti (*alias* Maresse), O. P., 1ᵉʳ mars 1458-† vers 1482. — Bartolomeo ou Giovanni Bartoli,

archidiacre d'Alife, 16 décembre 1482-† 1486. — Juan de Zefra, clerc de Tolède, 6 septembre 1486-† 1504. — Angelo Sacco ou Sarri, archidiacre d'Alife, 15 avril 1504-† 1529. — Bernardino Fumarelli, transféré de Minervino, 16 août 1529-13 novembre 1532, transféré à Valve et Sulmona. — Miguel Torcella ou Torcellos, chanoine de Valence (Espagne), 13 novembre 1532-6 avril 1541, transféré à Anagni. — Ippolito Marsigli, clerc de Larino, 6 avril 1541-† 1546. — Sebastiano Pighi, chanoine de Capoue et auditeur de Rote, 27 août 1546-4 juin 1548, transféré à Ferentino. — Filippo (*alias* Angelo) Seragli, olivétain, transféré de Modrus (Croatie), 4 juin 1548-† vers 1557. — Antonio Agostini, clerc de Saragosse, 15 décembre 1557-8 août 1561, transféré à Lerida. — Jacopo Gilberto de Nogueras, espagnol, doyen de l'église de Viane, 8 août 1561-† 1566. — Angelo Rossio, 31 janvier 1567-†1568. — Giambattista Santorio, archiprêtre de Gravina, majordome du pape, 19 novembre 1568-8 janvier 1586, transféré à Tricarico. — Enrico Gino ou Cino, conventuel, 8 janvier 1586-† 1598. — Modesto Gavazzi, O. M., 7 août 1598-† 1608. — Valerius Seta, servite, 24 novembre 1608-† 1625. — Hieronimo Zambeccari, O. P., 7 avril 1625-1633, transféré à Minervino. — Gian Michele Rossi, carme, transféré de Minervino, 11 avril 1633-† 1639. — Pietro Paolo Medici, 11 avril 1639-† octobre 1656. — Enrico Borghesi ou Borgo, servite, 25 février-† novembre 1658. — Sebastiano Dossena, barnabite, 21 avril 1659-† 1665. — Domenico Caracciolo, 31 mars 1664 (et non 1665, comme le dit Gams)-† 1676. — Giuseppe Lazara, des clercs réguliers mineurs, 23 mars 1676-† mars 1702. — Angelo Maria Porfiri, 11 février (?) 1703-† 1721 (*alias* 1730). — Francesco Antonio Fini, 1721-1723, transféré à Damas *in partibus*. — Cajetano Ivone, 1ᵉʳ janvier 1731-31 octobre 1732. — Pietro Abbondio Battiloro, transféré de Guardia Alflera, 28 décembre 1732-17 octobre 1735. — Egidio Antonio Isabelli, 2 ou 6 décembre 1735-† 3 janvier 1752. — Carlo Rosati, 10 mars 1752-† 13 février 1753. — Innocenzo Sansevernio, transféré de Montemarano, 12 mars 1753-3 avril 1757, transféré à Philadelphie *in partibus*. — Filippo Sanseverino, son frère, 3 janvier 1757. — Francesco Sanseverino, 29 janvier 1770-15 avril 1776, transféré à Palerme. — Emidio ou Emilio Gentile, 15 (ou 20 ?) juillet 1776-† 27 (Gams, 24) février 1822.

Évêques d'Alife et Telese. — Raffaele Longobardi, général de la congrégation des *pii operaii* (évêque de Telese le 7 septembre 1818), 1822-† 29 septembre 1823. — Giambattista De Martino, des ducs de Pietra d'Oro, de la même congrégation, 3 mai 1824-† 1ᵉʳ mai 1826. — Carlo Puoti, transféré de Rossano, 15 (et non 3, comme le dit Gams; 13 mars, affirme Jannachina) juillet 1826-† 14 mars 1847. — Gennaro Di Giacomo, 27 décembre 1848-† 1ᵉʳ juillet 1878.

Évêques d'Alife. — Luigi Barbato Pasca, évêque de Sinopolis *in partibus* et coadjuteur de Mgr Sodo le 21 décembre 1874, évêque d'Alife le 1ᵉʳ juillet 1878-† 1879. — Girolamo Volpe, hiéronymite, transféré de Venosa, 27 février 1880. — Antonio Scotti, transféré de Sarepta *in partibus*, 15 janvier 1886, démissionnaire, évêque titulaire de Tiberiopolis, 24 mars 1898. — Settimio Caracciolo di Torchiaro, 24 mars 1898, transféré à Aversa, 10 avril 1911.

ÉTAT ACTUEL. — L'évêque actuel est Mgr Felice Del Sordo, né à Nusco le 10 février 1850, préconisé évêque titulaire de Claudiopolis le 14 octobre 1906, transféré à Venosa le 15 juillet 1907, préconisé évêque d'Alife le 12 octobre 1911. Le diocèse comprend 12 communes de la province de Caserte, avec 25 140 habitants, il est divisé en 6 vicariats forains et 17 paroisses, et compte 54 églises ou oratoires, 50 prêtres séculiers, 16 religieux (franciscains) et 14 religieuses. Patron : saint Sixte Ier, pape.

La ville d'Alife, détruite presque entièrement par un tremblement de terre en 1456, n'a jamais pu retrouver son ancienne splendeur, à cause de la *malaria* qui y sévit. Elle ne compte que 3816 habitants, d'après le recensement de 1901, et forme une simple commune de l'arrondissement de Piedimonte d'Alife. La cathédrale, dédiée à l'Assomption, fut construite au début du XIIe siècle, peut-être par Rainulfe III, mais modernisée depuis, sauf la crypte (plan dans Schulz, *Denkmäler der Kunst des Mittelalters in Unteritalien*, t. II, p. 159) et le portail, surmonté de curieux monstres, œuvres de l'école lombarde. Bertaux, *L'art dans l'Italie méridionale*, Paris, 1903, t. I, p. 86, 424, 473-475. L'évêque Porfirio a cru y retrouver, le 8 avril 1711, le corps du pape saint Sixte Ier (cf. Niccolò Giorgio, *Notizie istoriche della vita, martirio e sepoltura del glorioso san Sisto papa e martire e dell' ultimo ritrovamento fattone nella città di Alife*, Naples, 1721), tandis que l'évêque d'Alatri, Ignazio Danti, a cru le reconnaître dans cette dernière ville, en 1584. Voir t. I, col. 1351. On remarque aussi, à Alife, les thermes dits de Glabrion et de Fabius Maximus, des restes d'un amphithéâtre et des murs d'Adrien, qui attestent son ancienne splendeur. Entre la porte *Romana* et celle *degli Angioli* sont les restes d'une église dédiée à la Vierge, qui daterait du règne de Constantin. Enfin, à quelques minutes de la ville, le sarcophage des Glabrions. Elle possède un chapitre, mais la résidence des évêques est à Piedimonte d'Alife, chef-lieu d'arrondissement de la province de Caserte (5970 habitants, d'après le recensement de 1901). Piedimonte a deux collégiales. La chapelle de Sant' Antonio Abate, dans l'église de Sant' Angelo à Ravescacina, possède des fresques curieuses du XVe siècle. Cf. Venturi, *Storia dell' arte italiana*, Milan, 1911, t. VII, 1re part., p. 154.

Ughelli-Coleti, *Italia sacra*, t. VIII, col. 206-212. — Vincenzo d'Avino, *Cenni storici*, Naples, 1820, p. 8-10. — Niccolò Trutta, *Dissertazioni istoriche delle antichità alifane*, Naples, 1776, p. 379-400. — C. Moroni, *Dizionario di erudizione storico-ecclesiastica*, t. I, p. 263-264; t. LXXIII, p. 267-270. — Giovanni Rossi, *Catalogo de' vescovi di Telese*, Naples, 1827, p. 206-216, 225-229. — Petri, *L'orbe cattolico*, Ire part., Rome, 1858, p. 236. — Cappelletti, *Le Chiese d'Italia*, t. XIX, p. 89-115. — *Dizionario corografico-universale dell'Italia*, t. IV, 1re part., p. 18-19. — Gams, *Series episcoporum*, p. 847; Supplément, 1886, p. 8. — O. Werner, *Orbis terrarum catholicus*, Fribourg-en-Brisgau, 1890, p. 23. — Eubel, *Hierarchia catholica medii aevi*, Munster, 1898-1911, t. I, p. 83; t. II, p. 96; t. III, p. 117. — *Notizie degli scavi di antichità comunicate alla R. Accademia dei Lincei*, ann. 1876, p. 29 ann., 1877, p. 15, 329; ann. 1878, p. 141; ann. 1880, p. 83-84; ann. 1882, p. 168. — Ciarlanti, *Memorie istoriche del Sannio*, Campobasso, 1823, t. I, p. 53-56; t. II, p. 26, 63, 119, 125, 170; t. IV, p. 18, 27, 81, 95, 192, 227. — Magrini et Vaccari, *Dizionario corografico dell' Italia*, t. I, p. 68-69. — Bertolotti, *Statistica ecclesiastica d'Italia*, Savone, 1895, Ire part., p. 6. — Groner, *Die Diözesen Italiens*, Fribourg-en-Brisgau, 1904, p. 7, 35-39, 42, 45. — R. Poupardin, *Étude sur les institutions politiques et administratives des principautés lombardes de l'Italie méridionale* (IXe-XIe siècles), Paris, 1907, p. 16, 59, note 66, 88, 112, 123. — Jannucchino, *Storia di Telese*, Bénévent, 1900, p. 284-289.

J. Fraikin.

ALIFIA (François d'). Créé cardinal-diacre du titre de Saint-Eustache, entre 1379 et 1385, par Urbain VI, il devint camérier du Sacré-Collège en juillet 1386 et mourut le 26 septembre 1390.

Eubel, *Hierarchia catholica medii aevi*, Munster, 1898, t. I, p. 23. — P. M. Baumgarten, *Untersuchungen und Urkunden über die Camera Collegii cardinalium für die Zeit von 1295 bis 1437*, Leipzig, 1898, p. LIII-LIV, 270.

G. Mollat.

ALIGERNE, abbé du Mont-Cassin. Noble napolitain, formé à Saint-Paul ou à Sainte-Marie de l'Aventin, à Rome, par l'abbé Baudouin, disciple de saint Odon de Cluny, il fut élu abbé du Mont-Cassin en 949. Il consacra son activité à restaurer le monastère, qu'il enrichit de livres et d'objets précieux, à reconstituer le patrimoine de l'abbaye et à donner un nouvel essor à la culture de ses terres. Il y fit également fleurir l'observance régulière et contribua de la sorte à la régénération de l'Italie méridionale. Il mourut le 23 novembre 986.

Léon d'Ostie, *Chronica monast. Casinensis*, dans *Mon. Germ. hist., Script.*, t. VII, p. 628-636. — *Vita S. Nili*, c. XI, dans *Acta sanct.*, 1760, sept. t. VII, p. 326-327. — Gattola, *Historia abbatiae Cassin.*, Venise, 1733, t. I, p. 90-92, 99. — Mabillon, *Acta sanct. ord. S. B.*, saec. V, Paris, 1685, p. 645-653. — Tosti, *Storia della badia di Monte Cassino*, Naples, 1842, t. I, p. 113-158, 223-232. — E. Sackur, *Die Cluniacenser*, Halle, 1892, t. I, p. 113-114, 330.

U. Berlière.

ALIGNAN (Benoît d'), naquit à Alignan-du-Vent (Hérault), dont sa famille était seigneur. Salimbene a raconté d'une manière charmante, dans sa *Chronique*, que tous les événements marquants de sa vie coïncidèrent avec la fête de saint Benoît. Il se fit bénédictin et, sur la fin de 1224, étant sacristain de l'abbaye de Villemagne, il fut élu abbé de la Grasse; par bulle du 3 janvier 1225, Honorius III chargea l'évêque de Nîmes de confirmer son élection et de lui donner la bénédiction abbatiale. Il rendit d'importants services au roi Louis VIII pour la soumission de Béziers, de Carcassonne et autres lieux. Il fit, en 1228, le voyage d'Italie et séjourna à la cour pontificale, où il fit renouveler les privilèges de son abbaye. Mahul, *Cartulaire et archives de Carcassonne*, t. II. Il fut élu évêque de Marseille en 1229, succédant à Pierre de Montlaur, mort le 29 août. Arrivé sur son siège, il trouva les Marseillais frappés d'excommunication et d'interdit pour avoir violé les libertés de l'Église et commis toute sorte d'attentats contre les habitants de la ville épiscopale. Ayant reçu d'eux le serment d'obéir aux ordres du cardinal-légat Romain et aux siens, il leva les censures, le 1er janvier 1230, dans le cimetière de la Major; le 30 du même mois, il mit fin aux dissensions qui existaient entre la commune et l'abbaye de Saint-Victor. La situation resta des plus tendues. Après s'être délivrés à prix d'argent de leurs vicomtes, les Marseillais avaient l'intention bien arrêtée d'annexer la ville épiscopale à la ville basse, de reprendre sur Saint-Victor la portion du vicomte Roncelin et de s'affranchir du comte de Provence. Benoît crut bon de faire alliance avec Raimond Bérenger et le podestat d'Arles (29 avril 1230). Pris pour arbitre entre le comte de Toulouse et la commune de Marseille, dont il s'intitulait lui-même seigneur, il condamna les citadins, représentés par leur syndic Nicolas Aicard, à reconnaître la haute juridiction du comte (2 août). Puis, sur la réquisition de ce dernier, il lui remit les châteaux que la commune avait donnés en gage; ce qui lui attira la colère des Marseillais (28 août). Il fut contraint plus d'une fois de s'exiler et son éloignement dut se prolonger. Plusieurs de ses chanoines joignirent leurs armes à celles de ses ennemis. Il s'en plaignit au pape Grégoire IX, qui écrivit à l'archevêque d'Arles et à l'évêque de Carpentras de se rendre sur les lieux, pour corriger et réformer ce qui méritait de l'être (27 novembre 1235). Quatre ans après, Benoît partit pour Jérusalem, en compagnie de Thibaud, comte de Champagne et roi de Navarre (1239); il séjourna trois ans en Palestine et posa, le 17 décembre 1241, la première pierre du château de Saphet, ce qu'il a raconté dans un opuscule publié par Baluze, *Miscellanea*, 1713, t. VI, p. 357; 1761, t. I, p. 228. De retour à Marseille, il présida à la fondation de l'abbaye des cisterciennes du Mont-de-Sion (3 avril 1212), concéda un oratoire aux frères de Saint-Jacques-de-l'Épée (1248), donna la règle de saint Augustin aux frères de la Pénitence de J.-C. (10 mai 1251) et aux serfs de la bienheureuse Vierge Marie (4 janvier 1258). Il assista aux conciles tenus de son temps à Lyon (juin-juillet 1245), à Valence (5 décembre 1248) et à l'Isle-sur-Sorgues (19 septembre 1251). Lui-même promulgua à plusieurs reprises des statuts pour réformer les mœurs des chanoines et des clercs de son Église et promouvoir le service divin (27 mars et 24 mai 1230, 30 juin 1235, 4 avril 1259, 24 octobre 1263 et 13 mars 1267). Entre temps, les conseillers de la ville vicomtale ne cessaient d'usurper la juridiction de la ville supérieure ou épiscopale. Benoît dut les faire excommunier de nouveau par son vicaire (13 octobre 1249). L'affaire semble s'être arrangée, car Innocent IV prit sous sa protection le podestat et la commune de Marseille (1er mai 1251). Benoît eut des difficultés au sujet de limites de son territoire avec le sénéchal de Provence (24 février 1253) et avec l'archevêque d'Aix. Alexandre IV commit, pour trancher cette dernière affaire, l'évêque de Carpentras (qui s'excusa), l'archidiacre de Fréjus et le sacristain d'Arles (13 avril 1255), qui mirent fin à cette querelle par un jugement motivé (27 octobre). Deux ans après, Benoît, las des difficultés sans cesse renaissantes que lui occasionnait sa qualité de seigneur de la ville haute, en fit cession à Charles d'Anjou, comte et marquis de Provence, qui était devenu maître de la ville vicomtale ; il reçut en échange le fief de divers châteaux (30 août 1257). Le métropolitain d'Arles confirma cet échange, que légitimait l'utilité évidente de l'église de Marseille (2 septembre). Benoît fonda son anniversaire sous forme de testament, le 27 août 1260. Il entreprit ensuite un second pèlerinage en Terre Sainte ; il envoya de Saint-Jean-d'Acre, le 21 septembre 1261, à l'évêque de Bethléhem, le traité *De summa Trinitate et fide catholica in decretalibus* (Paris, Bibl. nat., fonds latin, n. *4224*), qu'il venait de dédier au pape Alexandre IV. Baluze, *Miscellanea*, t. VI, p. 349; t. II, p. 243. Petit-Radel en a donné l'analyse dans l'*Hist. littéraire de la France*, t. XIX, p. 92-93. Il était de retour à Marseille le 9 août 1263, jour où il écrivit au patriarche de Jérusalem et à Gérard de Frachet. Il établit ensuite un office d'aumônier dans sa cathédrale (17 juillet 1266). L'année suivante, il se démit de son siège, qu'il occupait depuis trente-huit ans, et se fit frère mineur; il mourut le 11 juillet 1268.

Albanès-Chevalier, *Gallia christiana novissima*, t. II, col. 117-172, 687, 920-922. — Golubovich, *Biblioteca bio-bibliografica della Terra Santa e dell' Oriente francescano*, Quaracchi, 1906, p. 236-253.

U. CHEVALIER.

ALIGNÉ (SAINT-JEAN D'). Ce prieuré, dépendant de l'abbaye des chanoines réguliers de Saint-Augustin de Melinais (près La Flèche), attenait à la cure de Lué, commune du canton de Seiches, en Maine-et-Loire.

La date de fondation est inconnue, mais les noms de quelques prieurs nous sont parvenus : Guillaume Deniau, 1465; Laurent Hivet, 1569; Vincent Collin, dont le testament est du 13 décembre 1600; Jean de la Follye, 1684; Guillaume Coubard, 1638-1671, déjà prieur de Sermaise (canton de Seiches); Charles Vaillant, 1691; Louis-Maximilien Lebrun, 1692; Antoine Goiraud, 1775.

Ce prieuré était encore connu sous le nom de *la Prêverie*, peut-être du nom d'une ferme de Sainte-Colombe (près La Flèche), dépendant de Mélinais. Dès 1446, Macé Guillot rend aveu à Jean de Boislanfray pour cette ferme, dont il lui doit douze deniers de devoir, et sept sols six deniers de rente « aux religieux, abbé et couvent de Melinais. » Archives de la Sarthe. Peut-être aussi ce nom de la Prêverie lui vient-il d'une autre ferme du même nom, sise commune de Lué, mais dont nous ne pouvons prouver qu'elle dépendait de Melinais. Quoi qu'il en soit du nom de la Prêverie, celui d'Aligné semble provenir de propriétés que le prieuré possédait à la chapelle d'Aligné (Sarthe), pour lesquelles les prieurs réclamaient paiement aux XVIIe et XVIIIe siècles. Archives de la Sarthe.

Ce prieuré était affermé à bail pour 240 francs par an. Les bâtiments en furent vendus nationalement le 24 février 1791 et acquis par la famille Letourneux de la Perraudière.

Archives de la Sarthe, *II 457, II 491*. — Archives de Maine-et-Loire. — Célestin Port, *Dictionnaire historique, géographique et biographique de Maine-et-Loire*, Angers, 1876, t. II, p. 559.

Paul CALENDINI.

ALIMONDA (GAETANO), cardinal, archevêque de Turin. Né à Gênes, le 23 octobre 1818, il fut préconisé évêque d'Albenga, le 23 septembre 1877. Auparavant il s'était fait une grande réputation d'orateur dans le Piémont et dans le pays de Gênes. Mgr Alimonda occupa peu de temps le siège d'Albenga, car il fut promu cardinal, le 12 mai 1879, du titre de Sainte-Marie *in Trastevere*. Le 9 août 1883, il fut appelé au siège archiépiscopal de Turin. Il mourut à Gênes, le 30 mai 1891, après une longue maladie. Son corps fut transporté à Turin. On a de lui une quinzaine d'ouvrages. Voici la liste des plus importants : *Il dogma dell'Immacolata; Ragionamenti*, in-8°, Gênes, 1856; *L'uomo sotto la legge del sovrannaturale*, 4 in-8°, Gênes, 1864-1867; *I problemi del secolo XIX*, 4 in-8°, Gênes, 1876; *Il mio episcopato*, 2 in-8°, Gênes, 1880; *Il sovrannaturale nell'uomo*, 4 in-8°, Gênes, 1881; *Panegirici*, 2 in-8°, Turin, 1886; *Lutero e l'Italia*, ibid.; *Quattro anni in Roma*, 2 in-8°, Turin, 1886; *Lettere al canonico Vinelli*, in-12, Gênes, 1892.

La Civiltà cattolica, 1891, t. X, p. 741-743. — Fr. Zanotto, *Storia della predicazione nei secoli della letteratura italiana*, Modène, 1899, p. 519. — G. Bonetti, *Monografia sulla vita e sulle opere del card. Alimonda*, Turin, 1883.

P. ARCARI.

ALIMPIUS ou **ALIPIUS**, bienheureux russe, moine de la laure Pétcherskaïa de Kiev. D'après les sources hagiographiques russes, il apprit l'art de la peinture et de la mosaïque sous la direction des artistes de Constantinople, que l'higoumène Nicon (1078-1088) appela à Kiev pour embellir l'église de la laure. Lorsque les peintures de cette église furent achevées, Alipius embrassa la vie monastique, et peu de temps après il fut consacré prêtre. On le considère comme le premier peintre d'icônes en Russie. Ses biographes lui attribuent plusieurs miracles, en particulier, des guérisons de malades. Parmi les œuvres peintes par lui on cite une icône de la sainte Vierge, conservée dans une église de Rostov. Sementovsky raconte qu'un tableau, où le bienheureux avait représenté les saints martyrs russes Boris et Glièbe, se trouvait, au XIIIe siècle, dans la basilique de Sainte-Sophie à Constantinople, et y était admiré pour la beauté de son dessin. Les hagiographes russes placent la mort d'Alipius vers l'année 1114. Il est fêté, d'après les ménologes slaves, le 17 août. Ses reliques reposent dans les grottes de la laure de Kiev.

Martinov, *Annus ecclesiasticus græco-slavicus*, dans *Acta sanctor.*, octobr. t. XI, p. 202. — *Dictionnaire historique des saints vénérés dans l'Église russe*, Saint-Pétersbourg, 1862, p. 16-17. — Philarète, *Les saints russes vénérés en culte général ou local*, août, Tchernigov, 1864, p. 67-72. — Mouraviev, *Les vies des saints de l'Église russe*, août, Saint-Pétersbourg, 1867, p. 167-174. — Viktorova, *Le paterikon* de la laure petcherskaia de *Kiev* d'après les anciens manuscrits, Kiev, 1870, p. 145-157. — Ignace, *Description abrégée des vies des saints russes*, xi° siècle, Saint-Pétersbourg, 1875, p. 67-72. — Barsoukov, *Les sources de l'hagiographie russe*, Saint-Pétersbourg, 1882, col. 33. — Tolstoï, *Le livre appelé la description des saints russes*, Moscou, 1888, p. 19-20.

A. PALMIERI.

ALINAKH (Baron), seigneur de Tarse, de Lampron, de Molevon et de Gouglag, ou Meloun, fils de Léon III, roi de l'Arméno-Cilicie; il était frère jumeau du roi Ochïn. Attaché à la religion catholique comme presque tous les seigneurs arméniens et le haut clergé de l'Arméno-Cilicie, il fut, avec l'ex-roi Héthoum II, l'un des principaux conseillers qui déterminèrent leur jeune neveu Léon IV à solliciter les secours du pape Clément V. Voir Rainaldi, *Annal.*, an. 1306; Lettre de Clément V à Léon IV, corriger *Almech*. En 1307, il fut l'un des grands seigneurs qui signèrent, après les évêques et le roi, les actes du synode national catholique d'Adana. L'année suivante, le jeune roi, l'ex-roi Héthoum et d'autres seigneurs ayant été, par fanatisme musulman et esprit de vengeance, massacrés par le général mongol Bilarghou, Alinakh courut à la cour de Khardenbeh-khan ou Oldjaïtou et obtint la condamnation du meurtrier. *Chronique de la Petite-Arménie*, par le connétable Sempad, année 1307, dans Dulaurier, *Historiens des croisades, Docum. arméniens*, t. I, p. 664. Alinakh signa aussi les actes du concile arménien catholique d'Adana en 1314 ou 1316, qui confirma tous les décrets de Sis en vue de consolider l'union avec l'Église romaine. Tchamitchian, *Histoire de l'Arménie*, en arménien, t. III, p. 310 et 314; Mansi, *Concilior. nova et amplissima collectio*, t. xxv, col. 135, 668-669. C'est donc par erreur que le chroniqueur de la Petite-Arménie (Dulaurier, *Docum. armén.*, t. I, p. 666) le fait mourir en 1309-1310. Le continuateur de la *Chronique de Samuel d'Ani*, cité par Alichan, le *Sissouan*, p. 315, paraît plus exact quand il dit qu'Alinakh mourut en 1317, d'un coup de pied de son cheval, en se baignant dans le fleuve de Tarse (Cydnus). Il fut enseveli au couvent de Trazargh.

F. TOURNEBIZE.

ALINARD. Voir HALINARD.

ALINDA, τὰ Ἄλινδα, évêché en Carie. Alinda était une des plus fortes places de la Carie; la reine Ada la rendit à Alexandre, qui lui en laissa le gouvernement. Arrien, *Anabasis*, I, 23; Strabon, xIV, p. 657; Ptolémée, v, 2, 20; Étienne de Byzance; Hiéroclès, *Synecdemus*, 688, 3. Sur ses monnaies, voir Head, *Hist. num.*, p. 519. Comme évêché dépendant de Stauropolis, elle figure dans la Notice d'Épiphane (Gelzer, *Ungedr. und ungenügend veröffentlichte Texte der Notitiae episcopatuum*, p. 555), la Notice de Basile (Gelzer, *Georgii Cyprii descriptio orbis Romani*, p. 18), les *Nova Tactica* (ibid., p. 70), les Notices I, III, VIII, IX, X, XIII de Parthey. Quatre évêques sont connus : Promachius, présent au concile d'Éphèse, 431; Jean, à Chalcédoine, 451; Théodoret, à Constantinople, 536; Théophile, à Constantinople, 879. Le Quien, *Oriens christianus*, t. I, col. 911. On a placé Alinda à Moughla, qui est en réalité Mobolla (Pape, *Wörterbuch*), et à Démirdji Déré, au sud-ouest d'Arab Hissar (Alabanda). Fellows, *Discoveries in Lycia*, p. 58. D'après Kiepert, il faut la chercher dans une vallée latérale du Marsyas, au-dessus de Mezevlé (vilayet de Smyrne). Alinda est demeuré siège titulaire pour la curie romaine.

S. PÉTRIDÈS.

ALINGTON, ALYNGTON ou **ALAUNODUNUS** (ROBERT), frère mineur anglais. Élevé à Queen's College, puis docteur en théologie et agrégé (*socius*) de New College, Alington fut chancelier de l'université d'Oxford en 1394. Il attaqua avec beaucoup de zèle les doctrines de Wiclef. On a de lui : *De adoratione imaginum; Quaestiones de sacris imaginibus; De mendicitate spontanea; Sophistica principia; De Christi humanitate; Super constitutis Joannis XXII; De eucharistia; De eleemosyna*, etc. Cf. Tanner, *Bibliotheca Britannico-Hibernica*, Londres, 1748, p. 38. Alington mourut vers 1400.

J.-A. Fabricius, *Bibliotheca latina mediae et infimae aetat.* éd. Mansi, Padoue, 1754, t. vi, p. 94. — *Historical register of the university of Oxford (1220-1900)*, Oxford, 1900, p. 18.

A. TAYLOR.

1. ALIOTTI (GIROLAMO), bénédictin. Né à Arezzo, le 1er juillet 1412, Jérôme fit ses études dans sa ville natale et à Sienne (1425-1430), puis entra, le 19 avril 1430, à l'abbaye de Sainte-Flore d'Arezzo, encouragé par le célèbre camaldule Ambroise Traversari. En 1437, il obtint le prieuré de Sainte-Cécile de Foiano et s'attacha, en 1440, à l'archevêque Barthélemy Zabarella, nonce du pape en France, qu'il accompagna à l'assemblée de Bourges, En 1442, il fut nommé à l'abbaye de Sainte-Marie *in Mamma*, puis, le 30 mai 1446, à celle des Saintes-Flore-et-Lucille d'Arezzo, où il avait fait profession. Ce monastère était ruiné et appauvri. Jérôme reconstitua péniblement une communauté et parvint, en 1472, à faire affilier sa maison à la congrégation de Sainte-Justine de Padoue; ce fut le point de départ d'une restauration sérieuse de la vie monastique et intellectuelle dans le monastère. L'abbé Aliotti mourut le 20 juillet 1480.

On a de lui un recueil de lettres fort intéressantes, car elles contiennent de précieux renseignements sur la vie politique et religieuse de l'époque, plus particulièrement sur les réformes monastiques en Italie. Elles ont été éditées par Gabriel-Marie Scarmalli, O. S. B., sous le titre de : *Hieronymi Aliotti Aretini ordinis S. Benedicti abbatis monasterii SS. Florae et Lucillae epistolae et opuscula*, 2 vol. gr. in 8°, Arezzo, 1769. On y trouve les principaux opuscules de Jérôme Aliotti (*De felici statu religionis monasticae; De monachis erudiendis*), des discours et des allocutions. Scarmalli a publié la Vie d'Aliotti en tête de ce recueil, avec la liste complète de ses travaux conservés manuscrits à Arezzo. Armellini lui attribue aussi divers travaux historiques sur sa ville natale et sur le monastère d'Arezzo.

Armellini, *Bibliotheca Benedictino-Casinensis*, Assise, 1731, t. I, p. 201-208. — Scarmalli, *Hieronymi Aliotti... epistolae*, Arezzo, 1769, t. I, p. xIII-xxxvi.

U. BERLIÈRE.

2. ALIOTTI (LODOVICO), évêque de Volterra. Lodovico Bartolomeo di ser Pagano degli Aliotti était originaire de Prato, en Toscane. Il faut peut-être l'identifier avec Lodovico, qui fut fait évêque d'Olenus, en Grèce, en 1388. En tout cas, il faut le reconnaître dans cet archevêque d'Athènes, portant le même nom, qui souscrit ses services communs, le 12 juin 1392. Pour l'aider à tenir son rang, on lui avait concédé certains biens de la mense archiépiscopale de Thèbes. Le 1er juin 1398, Boniface IX le nomma à l'évêché de Volterra, vacant par la mort de Giovanni Ricci. L'année suivante, le même pape l'envoya en Angleterre comme nonce et collecteur de la Chambre apostolique. Il s'y trouvait encore en 1400. On le voit, en 1409, au concile de Pise. Puis Alexandre V le mande en ambassade à Florence, et la Seigneurie se montre enchantée de ce négociateur. Jean XXIII le nomme trésorier apostolique et l'envoie comme commissaire à l'armée de Louis d'Anjou, roi de Naples. Mais il tombe malade et meurt à Sienne, le 6 avril 1411. Il a pour successeur à Volterra Giacomo Scolari. Ses biens furent attribués au trésor apostolique.

Cappelletti, *Le Chiese d'Italia*, t. xvIII, p. 251. — *Commissioni di Rinaldo degli Albizzi per il comune di Firenze da*

1399 al 1433, Florence, 1867-1873, t. I, p. 182, note. — Garampi, *Schede ; vescovi*, t. 37, p. 101. — Eubel, *Hierarchia*, t. I, p. 116, 365, 393, 569. — Ughelli, *Ital. sacra*, Venise, 1717, t. I, col. 1457.

J.-M. VIDAL.

3. ALIOTTI (STEFANO), évêque de Volterra. Voir GERI (Stephano di).

4. ALIOTTI (TEDISIO), évêque de Fiesole, auparavant archiprêtre de la cathédrale de Florence et vicaire général de Fiesole. Il n'était encore que sous-diacre lorsque, le 20 juillet 1312, il fut promu à l'évêché de Fiesole, auquel le chapitre l'avait élu, et dont il prit possession le 8 septembre suivant. Le 19 septembre 1314, il confirma le traité de paix entre Florentins et Arétins. En 1321, le cardinal-légat Jean Orsini lui confia la réforme du monastère bénédictin de Sainte-Marie de Florence. En 1329, Jean XXII l'établit juge d'une controverse entre l'évêque de Massa Marittima et l'abbé de San Galgano, au diocèse de Volterra. Il mourut en octobre 1336 et eut pour successeur sur le siège de Fiesole Filigno Carboni. Il fut enseveli dans l'église de Santa Maria Novella à Florence. Dans son épitaphe il est donné comme étant *filius domini Nerii, ex vicedominis Florentinis magnatibus*.

Ammirato, *I vescovi di Fiesole, di Volterra e di Arezzo*, Florence, 1637. — Cappelletti, *Le Chiese d'Italia*, t. XVII, p. 52-53. — Eubel, *Hierarchia*, t. I, p. 258. — Lami, *Sanctae Ecclesiae Florentinae monumenta*, etc., Florence, 1758, t. II, p. 1030. — Ughelli, *Italia sacra*, Venise, 1718, t. III, col. 253.

J.-M. VIDAL.

1. ALIPRANDI (LORENZO). Théologien de la fin du XVIIIe siècle. Il a laissé des *Osservazioni teologico-polemiche*, in-8°, Pavie, 1787, où il réfute les théories du protestant Pertsch, qui, dans son *Vom Recht der Beichstühle*, attaquait la confession auriculaire.

Hurter, *Nomenclator literarius*, Innsbrück, 1895, t. III, col. 682. — *Dict. de théolog. cath.*, t. I, col. 829.

J. FRAIKIN.

2. ALIPRANDI (SIMONE). De la grande famille de ce nom (cf. Corti, *Famiglie milanesi*, Milan, 1894, et *Giornale araldico-genealogico* de Bari, ann. 1898, p. 32), il entra dans la congrégation des chanoines réguliers de Saint-Jean-de-Latran et en fut élu général en 1445, mais il semble ne pas avoir accepté cet honneur. Nommé, l'année suivante, préfet de Saint-Jean-de-Latran, qui appartenait alors aux chanoines réguliers, il a laissé des *Regulae pro reformatione patriarchii Lateranensis*, qui semblent être demeurées manuscrites.

Rosinus, *Lycaeum Lateranense*, Cesena, 1649, p. 404. — Argellati, *Bibliotheca scriptorum Mediolanensium*, Milan, 1745, t. II, 2e part., col. 1714.

J. FRAIKIN.

ALIPRANDO DEI VISCONTI, évêque de Verceil. Chanoine de la métropole de Milan, il succéda, en 1208, à Lotario Rosario sur le siège de Verceil. Le 12 mai de cette année, il investit solennellement la commune de Verceil de tous les biens ou fiefs qu'elle tenait de l'évêque. Lorsque Otton IV descendit en Italie, en 1209, Aliprando alla au-devant de lui et l'accompagna jusqu'à Rome. Le 20 avril 1210, il souscrivit un diplôme de l'empereur. En 1212, les Milanais, ayant à donner un successeur à Gerardo Sessa, leur archevêque, l'élurent en concurrence avec l'archidiacre de Milan; mais cette élection n'eut pas de suites. En 1212 et 1213, Aliprando, nanti des pouvoirs et du titre de légat apostolique, fut chargé par Innocent III de diverses missions, relatives à des collations de bénéfices, à des litiges en suspens, ou à des approbations d'actes épiscopaux. Il mourut le 26 septembre 1213.

Cappelletti, *Le Chiese d'Italia*, t. XIV, p. 394. — Eubel, *Hierarchia*, t. I, p. 347, 550. — Innocent III, *Lettres*, dans Potthast, n. 4524, 4570, 4654, 4760, 5020. — Savio, *Gli an-*

tichi vescovi d'Italia. Il Piemonte, Turin, 1899, t. I, p. 488, 598. — Ughelli, *Italia sacra*, Venise, 1719, t. IV, col. 796.

J.-M. VIDAL.

ALIPSA. Voir ADÈLE, t. I, col. 525.

ALISCAMPS. Ancien cimetière d'Arles, dont l'origine remonte à l'époque romaine. Il était situé au sud-est de la ville, sur la colline du Mouleyrès. Les tombeaux s'y trouvaient disposés, suivant l'usage, de chaque côté d'un embranchement de la grande *via Aurelia*, qui conduisait de Rome à Arles par les côtes de la Ligurie et de la Provence. Dès le principe, les chrétiens y enterrèrent leurs morts, comme le prouvent un grand nombre d'inscriptions, dont certaines peuvent remonter jusqu'au IIIe siècle. Parmi les pontifes d'Arles qui y avaient leur sépulture, et ce là a conservé les épitaphes, il faut citer Concordius, qui vivait en 374, saint Hilaire († 449) et peut-être (si l'on se rapporte à un document du XIIIe siècle) saint Honorat, Aurélien, Eonius, Virgile et Roland. La présence de ces morts illustres incitait les fidèles à se faire enterrer en ce lieu. D'après une inscription datée de 530, un certain Pierre, fils d'Asclepius, y avait fondé une basilique dédiée aux saints Pierre et Paul. Peut-être aussi, d'après la tradition, est-ce là que saint Césaire établit primitivement son monastère de filles (512). Ceci expliquerait en tout cas la possession par ce monastère de plusieurs églises des Aliscamps. La principale, placée précisément sous le vocable de saint Césaire, est confirmée à diverses reprises, par les bulles de papes, aux religieuses d'Arles, qui y avaient un prieur. Ruinée pendant les guerres de la fin du XIVe et du commencement du XVe siècle, elle était occupée, vers 1425, par un ermite, du nom de Dominique de Germay, qui employait à la reconstruire les aumônes que lui octroyaient les fidèles. Elle dut être entièrement anéantie au XVIe siècle. L'église Notre-Dame de Beaulieu (*de Bello loco, de Pulcro loco*) appartenait aussi au monastère de Saint-Césaire; détruite, elle aussi, en 1374, le titre en fut uni à l'église Notre-Dame-la-Principale d'Arles.

Une autre église importante du cimetière des Aliscamps était celle de Saint-Honorat, dédiée aussi à saint Geniès et dont on attribue la fondation à l'évêque Virgile. Donnée, vers 1040-1044, par Rambaud, archevêque d'Arles, à l'abbaye de Saint-Victor de Marseille, confirmée par Gébelin, un de ses successeurs, puis par les différentes bulles des papes, elle reçut de nombreuses dotations des fidèles. Elle conserva le corps de saint Trophime jusqu'à 1152, date à laquelle il fut transporté à Arles. L'église de Saint-Honorat étant tombée en ruines, l'archevêque d'Arles. Michel de Mouriès, adressa, vers 1205, un appel exhortant le clergé et les fidèles à l'aider, par leurs aumônes, dans l'œuvre de la réédification. Ce document est très important, car il nous donne un résumé des traditions et des légendes qui avaient cours, à cette époque, sur le cimetière des Aliscamps. Saint-Honorat des Aliscamps resta au pouvoir des moines de Marseille jusqu'en 1450, époque à laquelle ils l'échangèrent avec les religieuses bénédictines de Saint-Honorat de Tarascon. Elle passa ensuite, en 1616, aux minimes d'Arles, qui y établirent leur couvent et y restèrent jusqu'à la Révolution; elle subsiste encore aujourd'hui.

Sans vouloir énumérer toutes les autres églises des Aliscamps, dont le nombre s'éleva, dit-on, jusqu'à trente au moyen âge, il faut citer cependant les suivantes, que l'on rencontre le plus souvent dans les textes : Saint-Pierre de *Fanabregolis*, Saint-Pierre-du-Mouleyrès, Notre-Dame de *Bellis*, Saint-Bardolphe, Saints-Serge-et-Bacchus qui, vers 1166, appartenait aux chanoines d'Arles, Notre-Dame-de-Miséricorde, construite par Jean de Porcellet en 1451, Saint-Accurse qui date de 1521, et dont quelques vestiges subsistent encore, Saints-Jacques-et-Philippe, réédifiée en 1529 au lieu dit *la Genouillade*. La renommée de ce cimetière, accrue encore par les traditions légendaires, était si puissante, que l'on venait s'y faire enterrer de fort loin. Les morts descendaient d'ordinaire par le Rhône, soit en barque, accompagnés, soit même seuls, dans des cercueils enduits de bitume. Dans ce dernier cas, l'argent destiné aux funérailles était mis sous scellés à côté du mort. La légende rapporte que les corps, ainsi confiés à l'eau, s'arrêtaient toujours devant Arles et qu'ils y restaient jusqu'à ce qu'on les fît atterrir. La coutume était que l'argent, la barque qui avait amené le corps et les draps du mort appartinssent à l'église qui lui avait donné la sépulture. Ces divers profits furent souvent une source de querelles entre les églises de Saint-Césaire et de Saint-Honorat qui, toutes deux, se disputaient le monopole de la Gaule dans un passage de l'*Enfer* (ix, 112). Mais pendant les xive et xve siècles, par suite de l'usage de plus en plus d'enterrer dans les églises, le cimetière fut peu à peu délaissé, et l'on commença à en extraire les inscriptions et les tombeaux qui, surtout à partir du xvie siècle, vinrent figurer dans les différentes collections d'Europe. En 1720, on élevait encore aux Aliscamps un monument aux prêtres et aux consuls morts victimes de la peste.

Le cimetière des Aliscamps a donné lieu à toute une série de légendes qu'il est nécessaire d'exposer succinctement. Les premières se rapportent à saint Trophime. Celui-ci aurait, au i^{er} siècle, transformé la nécropole païenne en un cimetière chrétien qu'il aurait béni en présence des premiers évêques de la Gaule, disciples de Jésus-Christ : Maximin, évêque d'Aix, Eutrope d'Orange, Sergius Paulus de Narbonne, Martial de Limoges, Saturnin de Toulouse, auxquels se joignait sainte Marthe. Pendant la cérémonie, Jésus apparut aux assistants et, en remontant au ciel, laissa sur le sol l'empreinte de ses pieds ; le lieu où ce miracle s'était produit fut appelé *la Genouillade*, et c'est là que fut édifiée plus tard l'église dédiée aux saints Jacques et Philippe. Ce n'était d'ailleurs pas seulement des saints illustres qui avaient reçu leur sépulture en ce lieu : une légende, accréditée dès la seconde moitié du xiie siècle, voulait qu'un grand combat eût été livré dans la plaine d'Arles contre les Sarrasins par Charlemagne, le roi Louis ou encore Guillaume d'Orange ; dans ce combat auraient péri un grand nombre de héros qui furent enterrés aux Aliscamps. L'église de Saint-Honorat prétendait posséder le corps du plus célèbre d'entre eux, Vivien, neveu de Guillaume d'Orange. Ces légendes furent le point de départ de toute une littérature épique, dont il ne peut être question plus longuement ici.

Albanès-Chevalier, *Gallia christiana novissima*, Arles. — J. Bédier, *Les légendes épiques*, Paris, 1908, t. i, p. 365. — Bouche, *Histoire de Provence*, Aix, 1664, t. i, p. 314; t. ii, p. 142. — *Cartulaire de Saint-Victor de Marseille*, éd. Guérard, 1857. — Chantelou, dans *Histoire de Montmajour*, éd. de la *Revue hist. de Provence*, 1890-1891, p. 11. — Gilles Duport, *Histoire de l'Église d'Arles*, Paris, 1691, p. 405. — J.-J. Estrangin, *Description de la ville d'Arles*, Aix, 1845, p. 129. — Gervais de Tilbury, *Otia imperialia*, l. III, c. xc. — L. Jacquemin, *Guide du voyageur dans Arles*, 1835, p. 242. — Dom H. Leclercq, art. *Aliscamps*, dans *Dict. d'archéol. chrét. et de liturg.*, t. i, col. 1211. — J.-M. Trichaud, *Les Champs-Élysées d'Arles*, 1853.

L. ROYER.

ALISEI (ONOFRIO). Né à Foligno, d'une famille noble, il fit partie à Rome des confréries de Saint-Jérôme de la Charité et de la Trinité des Pèlerins, et fut protecteur de l'Institut de la Doctrine chrétienne. Préconisé évêque de Bagnorea le 8 juin 1705, il réunit, en 1710, le synode diocésain, dont il publia les constitutions l'année suivante à Viterbe. Cappelletti s'étonne à tort qu'Artemi ne dise rien de lui dans ses *Memorie storiche della città di Bagnorea e sua diocesi*, Rome, 1842, car cet auteur lui a consacré une assez longue notice, p. 30 de cet ouvrage, sous le nom d'Elisei. Il fut transféré, le 10 septembre 1722, au siège d'Orvieto, et y réunit également, en mai 1723, le synode diocésain, dont il publia les constitutions à Montefiascone en 1730. Il mourut le 27 novembre 1733 et fut inhumé dans la cathédrale d'Orvieto. On peut voir, aux archives du Vatican, dans les *Lettere de' Particolari*, t. 92, fol. 421, 427, 442 ; dans les *Lettere de' Vescovi*, t. 106, fol. 131, 161, 308, 416 ; t. 108, fol. 16 ; et dans les *Lettere de' Principi*, t. 139, fol. 85 et 210, diverses lettres en latin, adressées par lui aux papes Clément XI et Innocent XIII, et aux cardinaux secrétaires d'État Paulucci et Spinola : quelques-unes sont relatives à la peste, ou du moins, à la fièvre épidémique qui désola Bagnorea en 1705-1707 (cf. Corradi, *Annali delle epidemie occorse in Italia dalle prime epidemie fino al 1850*, dans *Memorie della Società medico-chirurgica di Bologna*, t. vi, fasc. 6, p. 1309) et pendant laquelle il semble avoir montré un grand zèle et un grand courage.

Ughelli, *Italia sacra*, Venise, 1717, t. i, col. 519. — Cappelletti, *Le Chiese d'Italia*, t. v, p. 522, 604.

J. FRAIKIN.

ALISTRA, évêché d'Isaurie ou de Lycaonie, suffragant d'Iconium. Le vrai nom de la ville est *Ilistra*, siège épiscopal qui se trouve mentionné dans presque toutes les *Notitiae episcopatuum* et dont Le Quien, *Oriens christianus*, Paris, 1740, t. i, col. 1087, signale deux évêques présents aux conciles d'Éphèse et de Chalcédoine. Par contre, il a omis l'évêque Tibère d'Alistra ou d'Ilistra qui signe, en 325, au concile de Nicée (Gelzer, *Patrum Nicaenorum nomina*, Leipzig, 1898, p. LXIII) et qu'en revanche il place à tort sur le siège de Lystres, *Oriens christianus*, t. i, col. 1075. Voir ILISTRA.

S. VAILHÉ.

ALITHE ou **ALETHE** (Saint), évêque de Cahors, au début du ve siècle. Peut-être est-ce lui qui souscrit au concile de Nîmes en 396, et alors il faut avancer un peu l'épiscopat de Florent, son prédécesseur. Grégoire de Tours, en son *Hist. Franc.*, II, XIII, reproduit le prêtre Paulin (peut-être Paulin de Bordeaux, avant qu'il fût évêque de Nole, 409) un passage souvent cité, où Alithe de Cahors est nommé parmi les évêques de la région remarquables par leur sainteté, leur foi et leur religion ; plusieurs de ces évêques sont connus seulement par ce passage ; mais quelques-uns, comme le saint Vénérand de Clermont ou saint Exupère de Toulouse, sont connus par d'autres données comme ayant vécu à la fin du ive siècle et au commencement du ve. Peut-être est-ce lui qui est nommé dans une lettre de saint Jérôme à une Gauloise du nom d'Algasie, dont on a fait sans preuves une dame du Quercy, et même de Cahors. Le prêtre savant du nom d'Alithe auquel il la renvoie comme à une source de science claire et pure, et dont il ne parle pas autrement, peut-il être le même qu'un Alithe indiqué comme gendre de sainte Paule dans une lettre de saint Paulin de Nole que cite notre historien Lacroix ? Outre que certains auteurs croient le passage apocryphe ou du moins déplacé et interpolé, il est bien étrange que saint Jérôme, dans aucune de ses lettres à Paula, à Eustochium, ou dans la lettre à Algasie, n'ait pas fait la moindre allusion à ce mariage. Les bollandistes, en la Vie de sainte Paule, admettent le mariage de Rufine et d'Alithius, mais ne démontrent pas l'identité du gendre de Paula et de l'évêque de Cahors. Il est impossible, en tout cas, que l'évêque Alithe qui souscrit au concile de Nîmes en 396 soit le même que l'époux de Rufine. Le recueil des lettres de saint Paulin renferme une autre lettre à Alithe, « à notre... très cher frère Alithe, » qui ne peut servir à rien préciser. Les éditeurs de l'édition de Cologne ont cru — nous ne savons sur quoi ils se sont basés — qu'Alithe était frère de Florent, évêque de Cahors, à qui est adressée la lettre précédente du recueil. Cela a fait une multiple identification que nos auteurs locaux ont acceptée. Quant aux bréviaires actuels, ils disent de même qu'Alithe était le frère de Florent et le gendre de sainte Paule, non moins que le prêtre de science éminente vanté par saint Jérôme. Il est curieux de noter que l'évêque Alithius n'est mentionné comme saint ni dans Lacroix (*Series episc. Cad.*, Cahors, 1626, p. 17), ni dans Dominici (mss. de l'*Hist. du païs de Querci*, à la bibl. de 1640 environ, ni dans Vidal, *Abrégé de l'Hist. des év. de Caors*, 1664), ni dans le *Calendaria des saints honorés dans le diocèse* (calend. depuis 1590 jusqu'à 1746), ni dans les *Ordo* jusqu'en 1745, ni dans les *Propres des bréviaires* (Alain de Solminihac, 1659 ; Henri de Briqueville de la Luzerne, édit. de 1710, 1715 et 1735), ni dans le *Gallia*, t. i, col. 119. Sa fête apparaît pour la première fois en même temps que le *Breviarium Cadurcense*, d'inspiration gallicane, de Bertrand-Baptiste-René du Guesclin (imprimé en 1745, publié en 1746). La fête de saint Alithe y est au 8 juillet, du rite simple avec une leçon unique, *ex ann. Eccl. apud Godeau et alios*. Ce bréviaire a été conservé sans aucun changement jusqu'au moment de la reprise du bréviaire romain, sous Mgr Bardou. Mais déjà, depuis plusieurs années, cet évêque avait élevé la fête de saint Alithe au rite double. Dans le nouveau bréviaire, cette fête, pour rendre sa place à sainte Élisabeth de Portugal, fut fixée au 11 juillet.

Une autre chose assez curieuse à noter, c'est que les *Acta sanctorum*, qui ne donnent pas la vie de notre évêque, mentionnent au 8 juillet un Alithius parmi une trentaine de martyrs de Nicée. Peut-être les auteurs du bréviaire gallican de 1746, en insérant à cette date notre évêque dans la liste des saints du diocèse de Cahors, se sont-il servis de quelque catalogue où était mentionné simplement le nom de ce martyr d'Asie ; et, pour croire à la sainteté d'Alithe, ils ont pu s'appuyer sur le passage du prêtre Paulin cité par Grégoire de Tours et sur la lettre de Paulin de Nole à l'époux de sainte Rufine, fille de sainte Paule. Voir saint FLORENT, évêque de Cahors.

Outre les ouvrages nommés au cours de l'article, nous citerons Lacoste, *Histoire de la province de Quercy*, Cahors, 1887, t. i, p. 150. — Ayma, *Hist. des évêques de Cahors*, qui est la trad. de Lacroix, Cahors, 1878, t. , p. 94. — Lacarrière, *Hist. des évêques de Cahors, des saints du Quercy*, Martel, 1876-1877, t. iii, p. 37. — Duchesne, *Fastes épiscopaux de l'anc. Gaule*, t. i, p. 346 ; t. ii, p. 21.

Ed. ALBE.

ALITTO (GIANDONATO). Né à Bitonto, d'une famille noble de cette ville (cf. Crollalanza, *Dizionario storico-blasonico delle famiglie nobili italiane e straniere*, Pise, 1886, t. i, p. 32, 473, et Volpicella, *Bibliotheca storica della provincia di Terra di Bari*, Naples, 1884, n. 338, 985, 1010), il fut chanoine et vicaire général de sa ville natale. Préconisé évêque de Ruvo, le 11 mars 1680, il mourut, en 1698, à Bitonto et fut inhumé dans la cathédrale de Ruvo. On peut voir, aux archives du Vatican, *Lettere de' Vescovi*, t. 83, fol. 75, une lettre écrite par lui, le 23 mai 1693, au cardinal secrétaire d'État.

Sal. Fenicia, *Monografia di Ruvo di Magna Grecia*, Naples, 1857, p. 43. — E.-T. De Simone, *Pochi giorni a Bitonto, Lettere*, Naples, 1876, t. ii, p. 22. — Cappelletti, *Le Chiese d'Italia*, Venise, 1870, t. xxi, p. 38-39.

J. FRAIKIN.

ALIUFFI (GIUSEPPE). Né à Rieti, d'une famille noble, il fut préconisé, le 11 mai 1764, évêque de Bagnorea. Il restaura, en 1778, la nouvelle cathédrale de San Donato (inscription à ce sujet dans Artemi), qui avait été, en 1705, substituée à l'ancienne, détruite par un tremblement de terre. Il donna sa démission en 1788 et mourut la même année.

Pietro Artemi, *Memorie storiche della città di Bagnorea e sua diocesi*, Rome, 1842, p. 39, 234. — Cappelletti, *Le Chiese d'Italia*, t. v, p. 61.

J. FRAIKIN.

ALIX, ancien prieuré de femmes, sous le patronage de saint Denis l'Aréopagite, dans le département du Rhône, canton d'Anse, à 8 kilomètres de Villefranche, à 27 de Lyon. Une tradition, qui n'est appuyée sur aucune preuve, prétend que son établissement fut contemporain de la fondation de Savigny, dans le cours du viiie siècle. Il est au moins vrai que cette communauté était sous la juridiction de l'abbé du monastère, qu'un prieur nommé par lui la dirigeait et qu'elle suivait la règle de saint Benoît.

L'acte le plus ancien que les archives ont conservé est un hommage déjà rendu, au mois de mars 1285, par Henri de Marzé, fils d'Henri de Brienne, pour ses rentes nobles d'Alix, Charnay et Thézé. Une seconde pièce intéressante est l'accord, daté du 21 octobre 1278, entre Béatrice, prieure, et Claude Pin, curé de Marcy, qui lui servait de chapelain. L'autel paroissial est dédié à saint Antoine : les offrandes qu'on y dépose appartiennent au curé, dans les grandes solennités ; les autres jours, la prieure en prend la moitié ; en échange, le curé se charge d'enterrer gratuitement les serviteurs de la maison.

Il était nécessaire de faire preuve de quatre quartiers de noblesse pour entrer à Alix : le nombre des professes varia beaucoup ; de dix il descendit à sept, puis à quatre ; il y avait deux dignités, la prieure et la sacristaine qui prenaient double part aux revenus. La prébende du prieur était acquittée par le cellerier de Savigny ; elle consistait en sept miches par semaine et douze asnées de vin par an.

Les abus s'introduisirent là comme ailleurs : nous avons en entre les mains une supplique, adressée à Rome, le 15 juillet 1509, sollicitant de ratifier l'élection au titre d'abbesse de Jeanne de Faverge, âgée de douze ans et non professe.

Le 16 novembre 1723, Louise de Muzy de Veronin prenait possession de la stalle priorale ; sous son gouvernement Alix fut renouvelé, réformé, rebâti et sécularisé. Avant de raconter ses innovations importantes, il faut traiter pour ce qu'elle vaut, c'est-à-dire rien, la légende qui ne cesse de la donner comme une fille naturelle de Louis XV ; elle était en réalité plus âgée que le père qu'on s'obstine à lui attribuer. Elle avait prononcé des vœux au couvent de Saint-Andoche d'Autun et, pendant près d'un demi-siècle, elle porta la crosse abbatiale avec une énergie et une habileté qui méritent d'être louées. Elle obtint de Benoît XIV de transformer ses sujettes en chanoinesses séculières, et le roi, sur ses instances, les décora d'une croix émaillée à huit pointes, surmontée d'une couronne comtale et suspendue à un ruban ponceau qu'elles portaient en écharpe. Le nombre des dames prébendées fut élevé à dix-huit et il y en eut autant d'honoraires ; à chacune on bâtit un charmant cottage et, dans le cercle formé par les jardins et ces maisons uniformes, on éleva une superbe église. La première pierre fut posée en 1768 et l'architecte Décrenice en dirigea les travaux.

A la veille de la Révolution, le chapitre fut appelé pour un tiers à s'enrichir des biens de Savigny sécularisé ; mais il n'en jouit pas : les décrets de l'Assemblée nationale dispersèrent ses membres et on mit en vente ses possessions. On commença par l'adjudication des bois, le 14 mai 1791, de 382 bêcheries de vigne, peu de semaines après. En 1798, le 29 mars, la maison dite du Roi, le Prieuré, l'Aumônerie furent cédés au prix de 183.400 francs. Les bâtiments claustraux et la chapelle, en 1807, furent acquis par le cardinal Fesch qui en fit don à la mense épiscopale ; on y installa un petit séminaire, transformé plus tard en un scholasticat de philosophie très prospère, aujourd'hui abandonné.

SOURCES : Aux archives départ. du Rhône un fonds assez considérable non inventorié. — Th. Ogier, *La France par cantons* : arrondissement de Villefranche. — G. Guigue, *Les possessions du prieuré d'Alix en Lyonnais*, Lyon, 1883.

J.-B. VANEL.

1. ALIX (FERDINAND-JOSEPH) naquit en 1740, à Frasne, canton de Levier (Doubs). Un de ses oncles, curé de Borey, de 1738 à 1785, se chargea de sa première éducation. Il continua ses études au collège de Besançon et demanda à être admis dans la Compagnie de Jésus : mais sa santé ne lui permit pas d'achever un noviciat trop rigoureux pour lui : il reprit ses études de théologie à Besançon, et reçut les ordres sacrés. Quelques mois après son ordination, il est nommé vicaire de son oncle ; son premier acte est signé le 13 mai 1783. Il devait, deux ans plus tard (1785), prendre l'administration de cette paroisse de Borey, dont l'église venait d'être reconstruite en 1779 et consacrée, le 17 mai 1781, par Mgr de Rans. La Révolution le force à s'éloigner de sa paroisse, après avoir refusé le serment à la constitution civile ; son dernier acte est du 13 octobre 1791 ; il se réfugie momentanément sur les limites de la Suisse, veillant sur ses fidèles, leur procurant les secours de son ministère, les détournant d'acheter les biens ecclésiastiques et seigneuriaux mis en vente par les districts. Durant cet exil, il composa plusieurs ouvrages destinés à les prémunir contre le schisme, indépendants, du reste, de toute question politique. Puis, il vient s'établir dans sa famille : les lettres du préfet du Doubs au gouvernement le signalent comme habitant Frasne (septembre 1797), puis Roset. L'archevêque de Besançon le propose, le 24 décembre 1802, pour la cure de Vercel, où il est nommé le 12 mai 1803. Sous son pastorat, un incendie terrible détruisit presque entièrement le village et mit en relief son dévouement et sa charité. C'est dans cette paroisse qu'il mourut le 4 février 1825. Sa dépouille repose dans le sanctuaire de l'église.

ŒUVRES. - On a de lui : *Manuel des catholiques, ou recueil de divers entretiens familiers sur la religion* ; — *Les impôts modernes* ; — *Le dernier prône d'un prêtre du Jura*.

Ces ouvrages furent imprimés en Suisse de 1794 à 1796.

Suchet, *Histoire de l'éloquence religieuse en Franche-Comté*, Besançon, 1897, p. 159 ; reproduit dans L. Loye, *Histoire de l'Église de Besançon*, Besançon, 1902, t. IV, p. 387.

L. GAUTHIER.

2. ALIX (PIERRE), prêtre et chanoine, né en 1600 à Dôle, en Franche-Comté. En 1634 il obtint en commende l'abbaye de Saint-Paul, à Besançon. En 1654, il eut des démêlés avec l'abbé de Luxeuil au sujet de la préséance qu'il prétendait sur celui-ci ; les États de la Province, saisis de la question dans les discussions que souleva la nomination de Mgr Antoine-Pierre de Grammont à l'archevêché de Besançon, la tranchèrent en sa faveur. Il publia à cette occasion plusieurs pamphlets populaires écrits en patois, pleins de verve et d'esprit caustique. Le plus célèbre est le *Dialogue entre Porte noire et le Pilori*, brochure anonyme parue à Besançon en 1661 et qui eut un succès considérable. On n'en connaît plus aujourd'hui qu'un seul exemplaire, qui se conserve dans la bibliothèque des missionnaires diocésains de Besançon, à École.

Alix a donné quelques *Mémoires juridiques* concernant les droits et privilèges du chapitre cathédral, dont il était théologal.

Il fut un moment consulteur de la Sacrée Congrégation de l'Index. Il est mort à Dôle, le 6 juillet 1676.

Filsjean, *Vie de A.-P. de Grammont*, passim ; *La Franche-Comté ancienne et moderne*, t. II, p. 252 sq. — M. Perrod, *Répertoire bibliogr. des ouvrages franc-comtois*, Paris, 1912, p. 13-14.

M. PERROD.

1. ALIX DE BLOIS, abbesse de Fontevraud. Fille du comte de Blois, Thibaud le Bon, et, par sa mère Alix, petite-fille du roi de France Louis VII, elle entra fort jeune au monastère de Fontevraud. Elle en fut nommée abbesse en 1227 ou 1228, et se fit remarquer par une sage administration et par l'énergie qu'elle déploya pour la défense des privilèges de son ordre. Elle se démit de sa charge en 1244 et mourut un 11 octobre, au plus tard en 1266. Le *Gallia christiana* place son abbatiat de 1209 à 1217 et, à la date de 1228, donne comme abbesse de Fontevraud Alix de Bretagne. *Gallia christ.*, t. II, col. 1321-1322. Mais M. L. Delisle, *Biblioth. de l'École des chartes*, 1856, t. XVII, p. 520, a établi les dates ci-dessus. Une lettre inédite publiée *ibid.*, p. 526, montre l'abbesse Alix de Blois siégeant près de son cousin, le roi Louis IX, à la cour plénière qui se tint à Poitiers en 1241.

L. Delisle, *loc. cit.*, p. 518-523.

U. ROUZIÈS.

2. ALIX. Voir ADÉLAÏDE, ADELINE.

ALIXAN (Drôme, arrondissement de Valence, canton de Bourg-de-Péage), membre de la commanderie de Malte établie à Valence et dépendant du grand-prieuré de Saint-Gilles. L'origine de l'établissement des hospitaliers de Saint-Jean de Jérusalem dans ce bourg est inconnue. Les seules mentions relatives aux possessions de l'ordre de Malte à Alixan se trouvent dans des titres qui ne remontent pas au delà du XVIIIe siècle et qui confirment l'exemption de dîmes pour les fonds situés dans ce lieu et relevant de la directe de l'ordre.

Guigue, *Inventaire sommaire des arch. départ. Rhône ; série H, Ordre de Malte*, 1895, p. 25, 26, 31.

L. ROYER.

ALIXAND (JEAN-FRANÇOIS), né en 1673, entra chez les frères mineurs récollets de la province Saint-Denis, en 1688, devint lecteur de théologie, s'attaqua au jansénisme, et mourut à Nevers le 3 février 1758, doyen de sa province, ayant quatre-vingt-cinq ans d'âge et soixante-dix de religion.

Ses ouvrages, à part le dernier, sont restés manuscrits. *Le parfait parallèle de la doctrine des prétendus disciples de saint Augustin et de saint Thomas avec celle de Pélage, Calvin, Jansénius et Quesnel, sur les mystères de la prédestination et de la grâce ; dénonciation faite à M. de Bezons archevêque de Rouen, au sieur de la Guérinière abé et général de l'ordre de Saint-Étienne de Grammont, d'une thèse publique soutenüe dans l'église de son ordre au monastère de Grammont lez Rouen, par frère Varillas religieux clerc profès de ce monastère, sous la présidence de frère Guy de Mayence disciple du P. Noël Alexandre, dominicains et professeurs successivement audit monastère, du jeudi 7 novembre 1720...*, Paris-Mazarine, n. *1174*, p. 1-217. — *Dénonciation de la réplique du P. Lebrun de l'Oratoire à l'ouvrage du*

P. Bougeans de la Compagnie de Jésus, réfutant son système nouveau sur les formes de l'eucharistie. Signé : J. F. Alixand, récollet, et Antoine Boncat, minime. Mazarine, n. *1174*, p. 236-249. — *Le jansénisme démasqué*. Lettre à Gaufridi, avocat général au parlement d'Aix (Rouen, 7 août 1721). Mazarine, n. *2470*. — *Lettre à la prieure des dominicaines du Précieux-Sang à Rouen, contre les nouvelles opinions* (Rouen, 10 août 1722). Mazarine, n. *2470*. — *Le jansénisme démoli jusqu'aux fondements, lettre historique, dogmatique et polémique*, 1722. Mazarine, n. *2469*. — Lettre signée M⁰ de la Bucaille, contre les adversaires de la bulle *Unigenitus* (Rouen, 20 septembre 1724). — *Dissertation où l'on réfute l'opinion de la distinction des trois Marie*. Mazarine, n. *2470*. — *Dénonciation des excès du parlement de Paris sur le fait de religion, aux évêques assemblés à Paris le 25ᵉ de may 1730*. Mazarine, n. *1174*, p. 249-269. — *Dénonciation des livres du sieur Courroyer cy-devant chanoine régulier de l'abbaye de Sainte-Geneviève de Paris, bibliothécaire de la maison, réfugié en Angleterre, contenans une dissertation sur la validité des ordinations des Anglois... A l'assemblée du clergé* (1730). Mazarine, n. *1174*, p. 269-277. — *Dénonciation au général des dominicains de la doctrine de Baïus et de Jansénius prêchée dans la cathédrale de Nevers durant l'avent de 1736, au grand scandale du peuple catholique, par le P. Charuel dominicain*, Nevers, 28 décembre 1736. Mazarine, n. *1174*, p. 360-376. — *L'Augustin prétendu de C. Jansénius réfuté par la méthode de saint Augustin*, 1741. Mazarine, n. *1172*. — *Lettre polémique à une compagnie nouvellement déclarée protestante*, 1741. Mazarine, n. *1173*. — *Réponse à un vicaire général sur ces paroles : Je ne prends point de parti*, s. l., 1722, in-4°.

Nécrologe des récollets, Biblioth. nat., ms. fr. *13875*, fol. 34. — *Copie d'une lettre en faveur du P. Alixand, de Nevers*, Mazarine, n. *1857*, n. 78.

ANTOINE de Sérent.

ALLA. Le ms. d'Epternach du Martyrologe hiéronymien (*Parisinus* lat. *10837*) introduit ce nom dans une longue liste de martyrs africains aux nones de mai (7 mai). Le personnage ainsi désigné — homme ou femme, on ne sait — ne doit peut-être l'existence qu'à une erreur de transcription. Il vient en effet immédiatement après *Pudentella* ou *Potentella*, dont la terminaison a pu être répétée par inadvertance, avec une légère déformation. De toute façon, nous ne possédons aucun renseignement ni sur la date du supplice de ces chrétiens, ni sur le lieu où ils le subirent.

Acta sanctorum, 1680, maii t. II, p. 136. — *Martyrologium hieronymianum*, édit. De Rossi et Duchesne, p. 56.

Aug. AUDOLLENT.

ALLADEN. Nom de curie de l'évêché de KILLALA (Irlande).

ALLAHABAD. Ville de l'Inde anglaise, située dans l'angle intérieur formé par le Gange et la Djemna à leur confluent, et principalement sur la rive gauche ou septentrionale de la Djemna; 172 000 habitants au recensement de 1901. Élevée de 104 mètres au-dessus du niveau de la mer, cette ville antique, que sa situation au confluent de deux rivières sacrées prédestinait à être une ville sainte, demeure toujours une des cités sacrées de l'Inde; c'est le Prayâga ou le « confluent » par excellence, — le Trivéni, les « trois voies », dont les deux premières sont le Gange et la Djemna en amont du confluent, la dernière, le fleuve constitué par la réunion des deux cours d'eau, — Allahabad la « demeure de Dieu ». Aussi n'est-elle pas seulement le chef-lieu du district et de la province de son nom, et la capitale des provinces anglaises du nord-ouest; en dépit de la présence des cantonnements européens — établis d'ailleurs sur la rive droite du Gange, au nord de la cité indigène qui s'étend le long de la Djemna — Allahabad est également, aujourd'hui comme aux anciens jours, un des lieux de pèlerinage les plus célèbres et les plus fréquentés de l'Inde, avec son pilier, avec son temple bouddhiste enfoui dans le sol. Ses foires religieuses des mois de décembre et de janvier n'y attirent-elles pas, chaque année, 250 000 visiteurs? et son *Koumb-Méla* ne groupe-t-il pas, tous les douze ans, une masse de près d'un million de pèlerins et d'acheteurs?... Sa situation au milieu d'un pays au climat sain, bien que chaud, et au sol fertile, au point de jonction des voies fluviales du Bengale, à l'endroit où se réunissent toutes les lignes ferrées de l'Inde, l'accroissement de sa population — Allahabad ne comptait que 20 000 habitants en 1801 — en ont même fait en 1887, au détriment de Patna, le chef-lieu d'un des diocèses de l'Inde.

Ce n'est pas à dire que très nombreuse fut, vers cette date de 1887, la population catholique d'Allahabad; on n'avait compté en effet, en 1881, que 5 080 chrétiens, non pas seulement dans la ville, mais même dans le district d'Allahabad, qui s'étendait sur une superficie de 7 387 kilomètres carrés. Néanmoins, l'essor de plus en plus considérable pris par la vieille cité, son importance au point de vue politique et bouddhique, tout la désignait pour devenir la métropole d'un diocèse. C'est là précisément ce que fit le pape Léon XIII, conformément aux conclusions d'un rapport qui lui avait été présenté par la congrégation de la Propagande, en transférant à Allahabad, par un bref en date du 7 juin 1887, le siège épiscopal de Patna. Ainsi fut consacrée, au point de vue de la hiérarchie catholique, la déchéance de cette ville, en dépit des souvenirs des capucins italiens du XVIIIᵉ siècle; ainsi fut officiellement sanctionnée une déchéance de fait qu'avait nettement manifestée, quelques semaines plus tôt, le 24 février 1887, la tenue à Allahabad de la troisième et dernière des séances présidées par Mgr Agliardi, délégué apostolique du Saint-Siège, en vue de traiter avec les évêques du pays de la détermination des diverses provinces ecclésiastiques de l'Inde et de leur délimitation.

De ce bref est résultée pour l'ancien vicariat apostolique, puis évêché de Patna devenu diocèse d'Allahabad, une réduction de territoire. Jusqu'alors, depuis sa séparation d'avec Agra qui constituait avec lui le vicariat apostolique du Tibet-Hindoustan (voir AGRA, t. I, col. 1010), le vicariat apostolique de Patna n'avait cessé de s'accroître au détriment du territoire d'Agra, si l'on n'avait subi qu'un démembrement : le district d'Hazareebaugh avait été séparé en 1871 du vicariat de Patna et attribué aux missionnaires du Bengale occidental pour leur servir de sanatorium. Mais cette amputation n'est rien par rapport à celle que subit le diocèse de Patna, après que son siège épiscopal eut été transféré à Allahabad. Alors en furent distraites, dès l'année 1887, les parties les plus orientales, c'est-à-dire le Sikkim indépendant, une partie du district de Djargeling et cette ville elle-même, le district de Purnea, enfin l'extrémité septentrionale du pays des Sontals Perghannah, soit une superficie territoriale de 850 milles carrés et une population de 250 000 habitants réunis à l'archidiocèse de Calcutta. Un peu plus tard, en décembre 1890, un district du diocèse d'Allahabad, celui de Bettiah, fut détaché et confié aux capucins de la province du Tyrol septentrional. Bientôt après, le 20 avril 1892, les districts de Champarun, de Sarun, de Tiroot, de Mazzafargur, de Darbhanga et certaines parties de ceux de Bhagalpur et de Monghyr vinrent s'y ajouter pour former la préfecture apostolique de Bettiah, qui fut grossie, le 19 mai 1893, du royaume de Nepaul, toujours au détriment d'Allahabad. Aussi le diocèse d'Allahabad ne couvre-t-il plus actuellement qu'une surface de 180 000 milles carrés anglais. Il est délimité au nord-ouest par les monts Himalaya, au nord par le vicariat apostolique de Bettiah (Nepaul, etc.), dont le séparent partiellement le Gogra et le Gange, à l'est par l'archidiocèse de Calcutta, au sud par les diocèses de Vizagapatam et de Nagpour, à l'ouest par la préfecture apostolique du Radjpoutana et par l'archidiocèse d'Agra.

Entre ces frontières, le diocèse d'Allahabad est peuplé de plus de 35 millions d'âmes (38230000, d'après les « Notices statistiques » accompagnant l'*Atlas des missions catholiques* du R. P. Charles Streit); mais, pour les mêmes raisons auxquelles il a déjà été fait allusion à propos de l'archevêché d'Agra, les conversions y sont très difficiles et très rares. Aussi ne comptait-on, en 1891, dans le diocèse d'Allahabad que 8 353 catholiques, et ne pouvait-on y signaler que 144 conversions au cours de l'année précédente. C'est à peu près le même chiffre que donnaient en 1906 les « Notices statistiques » du P. Ch. Streit, d'après les différents documents antérieurs; d'après les *Missiones catholicae* de l'année suivante, le diocèse d'Allahabad comptait, en 1907, 11 680 catholiques, soit un peu moins d'adhérents que les sectes protestantes, parmi lesquelles l'anglicanisme possédait le plus grand nombre d'adeptes (19346 protestants en tout). Quel chiffre infime que celui de ces 31000 chrétiens, par rapport aux millions de païens, Hindous et musulmans, occupant cette vaste et populeuse contrée !

Pour y répandre la vraie foi, comme aussi pour desservir les vingt-deux stations principales de son diocèse, parmi lesquelles des cités telles que Lucknow, Bénarès, etc., ainsi que quelques stations secondaires, l'évêque d'Allahabad dispose de vingt-huit prêtres (trois séculiers, vingt-cinq réguliers capucins) et de douze catéchistes. Des frères capucins et des religieuses bavaroises de Sainte-Marie résident aussi dans différents établissements religieux, à côté desquels il convient de signaler, comme maisons d'instruction, un petit séminaire peuplé de cinquante élèves, quatre écoles paroissiales (deux pour les garçons avec cent trente enfants, deux pour les filles avec cent quarante enfants), neuf écoles supérieures avec trois cent quatre-vingt-dix élèves et six orphelinats avec cinq cent dix enfants.

VICAIRES APOSTOLIQUES DE PATNA. — Après le R. P. capucin Gaétan Carli, évêque titulaire d'Almira (coadjuteur de Mgr Borghi, vicaire apostolique d'Agra), désigné en 1843 pour prendre possession du vicariat apostolique de Patna, mais qui demeura auprès de Mgr Borghi, les titulaires du poste de Patna ont été les suivants :

Anastase Hartmann, évêque titulaire de Derbe, 1845, transféré, en 1854, au vicariat apostolique de Bombay, dont il est administrateur depuis 1852. — Athanase Zuber, évêque titulaire d'Augustopolis, 1854-1858. — Anastase Hartmann pour la seconde fois, 1858-† 1866. — Paul de Cesina (Antoine Tosi), évêque titulaire de Rhodiopolis, 1868, devenu vicaire apostolique du Pendjab en 1881. — François-Vincent Pesci, évêque titulaire de Marclana, 1881, devenu évêque d'Allahabad en 1886.

ÉVÊQUES D'ALLAHABAD. — François-Vincent Pesci, 1886-1896. — Gaétan Sinibaldi, 1899-1903. — Pétrone-François Gramigna, 1904.

Missiones catholicae, 1907, p. 188-190.

H. FROIDEVAUX.

1. ALLAIN (ERNEST-JULES-MARIE), prêtre et érudit français, né le 23 avril 1847 à Granville (Manche), mort, le 9 janvier 1902, à Bordeaux. Issu d'une vieille famille de petits commerçants et petits propriétaires du Cotentin, son père Édouard (1806-1877) était entré en 1826, à titre de conducteur, dans l'administration des ponts et chaussées. Les hasards de la carrière le conduisirent dans le midi de la France, où il fut attaché à Cap-Breton, puis à Bordeaux, aux travaux de la défense des côtes. Ernest Allain, le sixième de sept enfants, qui avait commencé ses études au collège de Granville, les poursuivit avec succès aux petits séminaires d'Aire-sur-l'Adour, puis de Bordeaux. L'éducation qu'il y reçut, jointe à l'esprit de foi religieuse dont sa famille lui donnait l'exemple, développa en lui la vocation sacerdotale. Il entra donc au grand séminaire, où il se distingua par son esprit sérieux et où un savant sulpicien, M. Bertrand, exerça sur lui une influence décisive. Trop jeune à la fin de ses études pour recevoir l'ordre de la prêtrise, il dut aller enseigner (28 octobre 1869) les mathématiques au petit séminaire de Bazas. Il y resta deux ans encore après son ordination (30 octobre 1870), puis fut appelé successivement comme vicaire aux paroisses bordelaises de la Bastide (5 décembre 1872) et de Saint-Louis (15 octobre 1875). Sans négliger aucun des devoirs du ministère, il occupait ses rares loisirs à des travaux d'érudition, dont l'abbé Bertrand avait développé le goût en lui. Il faisait surtout porter ses recherches sur l'histoire de l'enseignement, et, dès 1875, il donnait à la *Revue des questions historiques* un article fort remarqué sur l'*Instruction primaire en France avant 1789*. Ce travail fut développé plus tard dans un petit volume : *L'instruction primaire en France avant la Révolution*, in-18, Paris, 1881, 2ᵉ édit., dont le mérite scientifique fut reconnu par ceux mêmes qui ne partageaient pas les idées de l'auteur : « C'est un travail, disait M. G. Monod (*Revue hist.*, t. XIX, p. 376), où la question est reprise depuis le moyen âge et où l'auteur étudie à la fois l'état matériel des écoles, l'organisation et la nature de l'enseignement. Ce qu'il donne, ce ne sont pas des renseignements vagues, mais des chiffres, des noms, des détails précis sur chaque province, sur chaque département. » Mgr Donnet, qui estimait ses qualités et qui l'avait retenu dans le diocèse, quand son père, après avoir pris sa retraite en 1865, avait quitté Bordeaux pour se retirer à Granville, le nomma archiviste diocésain (1ᵉʳ février 1881) : les archives diocésaines étaient particulièrement importantes, l'archevêché ayant recouvré, sous la Restauration, une partie des archives anciennes (en principe celles qui intéressaient davantage l'administration spirituelle). Il ne fallait pas moins que sa patience et la clarté de son esprit méthodique pour classer ces archives qui étaient « dans un désordre navrant. » Quelques années plus tard une dépêche ministérielle (17 novembre 1885) ordonnait justement le classement des archives diocésaines, et l'inventaire rédigé par M. Allain fut imprimé avec l'inventaire de la série G des archives départementales. Ces fonctions jointes aux devoirs du ministère, dont il s'acquittait avec un zèle exemplaire, ne suffisaient pas à absorber son activité : il donnait des articles à divers recueils périodiques : *Revue catholique de Bordeaux*, *Polybiblion*, *Revue des questions historiques*, *Le contemporain*, et rassemblait les éléments d'un nouvel ouvrage, moins documenté que le précédent, sur *La question d'enseignement en 1789, d'après les cahiers*, in-18, Paris, 1886. Ces travaux attiraient à l'abbé Allain les respects et les sympathies de tout le public pensant; le ministère de l'Instruction publique l'avait nommé correspondant en 1884; Sorel, Taine entraient en correspondance avec lui; et ce dernier dut plus d'un renseignement précieux à l'érudition de l'archiviste diocésain de Bordeaux. Mgr Guilbert nomma (12 mai 1886) l'abbé Allain aumônier des dames du Sacré-Cœur et peu après il l'élevait à la dignité de chanoine honoraire (28 septembre 1886). Ayant ainsi plus de loisirs, le chanoine Allain multiplia ses occupations; la *Revue catholique de Bordeaux* ayant perdu son directeur, il en prit (1er juillet 1889) la direction, avec un de ses anciens camarades de séminaire, qu'il avait retrouvé comme vicaire à la Bastide, M. l'abbé Lafargue, actuellement archiprêtre de Lesparre, et alors curé de Saint-Médard-en-Jalles. Le successeur de Mgr Guilbert, Mgr Lecot, voulut récompenser les travaux de l'abbé Allain et utiliser ses lumières et son zèle en lui confiant l'une des cures les plus importantes du diocèse, Saint-Ferdinand de Bordeaux (31 juillet 1895). La manière dont le chanoine Allain comprenait le rôle d'un curé, particulièrement d'un nouveau curé, lui-même l'a exposée dans de *Simples notes de philosophie pratique* (*Revue du clergé français*, t. XX, XXI), où se manifestent son jugement et sa sagesse. Il ne prétendit pas bouleverser l'œuvre de ses prédécesseurs, mais la consolider et la développer; il apporta dans l'administration de sa paroisse la même méthode et le même scrupule que dans ses travaux d'érudition; aussi son application à tous les devoirs de sa charge pastorale, son dévouement à tous les intérêts, même matériels, de ses paroissiens, pour lesquels il n'épargnait ni ses conseils, ni ses démarches, sa haute valeur intellectuelle, sa courtoisie envers chacun, lui attirèrent peu à peu le respect et les sympathies de tous. Le tableau des œuvres existant dans sa paroisse qu'il présenta à l'exposition de 1900 lui valut une médaille d'or. L'on pouvait croire que la cure de Saint-Ferdinand n'était qu'un échelon qui devait le conduire à l'épiscopat; et, en décembre 1900, le *Temps* annonçait sa nomination à l'évêché de Mende : la nomination n'eut pas lieu, l'abbé Allain s'étant dérobé à un honneur et à une charge que sa santé déclinante ne lui permettait pas d'accepter. Sans rien retrancher de ses devoirs pastoraux, il avait voulu poursuivre dans la mesure du possible les recherches et les études qui lui étaient si chères; il y usa ses forces. Atteint mortellement le 1er décembre 1901, il succomba le 9 janvier 1902. Les obsèques solennelles qui lui furent faites et auxquelles assistèrent, avec le maire de Bordeaux, des personnalités de tous les partis, témoignèrent de la considération dont il jouissait. Le gouvernement l'avait nommé en 1892 officier d'Académie; membre correspondant de l'Académie de Nancy en 1888, membre de l'Académie des sciences de Bordeaux en 1897, il aurait sans doute, s'il avait vécu, été appelé à faire partie à un titre quelconque de l'Académie des sciences morales, où il comptait de chaudes sympathies.

Aux ouvrages mentionnés au cours de cette notice, il convient d'ajouter tout d'abord les listes bibliographiques qu'il a données aux t. X, XI, XII et XXII du *Polybiblion* sous le titre : *Histoire de l'instruction primaire*, et les deux rapports rédigés sous le même titre pour le *Congrès bibliographique international* (1878, p. 276 sq.; 1888, p. 178 sq.); *L'Église et l'enseignement populaire sous l'ancien régime*, dans la collection *Science et religion*, in-12, Paris, 1901; divers articles sur l'*Œuvre scolaire de la Révolution*, dans les *Lettres chrétiennes* (juillet et septembre 1882), et dans la *Revue des questions historiques* (octobre 1886 et octobre 1887), sur l'*Enquête scolaire de l'an IX* dans ce dernier recueil (octobre 1892), enquête dont il avait proposé la publication intégrale à la Société d'histoire contemporaine; enfin trois mémoires sur le diocèse de Bordeaux : *Un grand diocèse d'autrefois, organisation administrative et financière du diocèse de Bordeaux avant la Révolution*, même revue, octobre 1894; tiré à part; *Pouillé du diocèse de Bordeaux au XVIIIe siècle*, extrait de l'*Inventaire sommaire des archives*, in-fol., 1893; *L'Église de Bordeaux au dernier siècle du moyen âge*, dans la *Revue des questions hist.*, octobre 1895; tiré à part.

Médaillons bordelais, 66e livr., in-fol., Bordeaux, 1902;
portrait et facs. — *L'Aquitaine*, 1902, p. 26-28, 35-42. — Renseignements particuliers. — Communications de M. H. Juin, neveu de l'abbé Allain; de M. le chanoine Lafargue, archiprêtre de Lesparre; de M. l'abbé Tuillier, vicaire à Notre-Dame de Bordeaux.

E.-G. LEDOS.

2. ALLAIN (FRANÇOIS-CÔME-DAMIEN), né, le 16 février 1743, à Yvignac, alors diocèse de Saint-Malo, venait de prononcer ses vœux dans la Compagnie de Jésus quand elle fut supprimée. Il était recteur depuis 1774 de Notre-Dame du Roncère à Josselin quand il fut nommé député aux États généraux de 1789. Il fut un des premiers à se réunir au tiers état; mais il refusa de voter la constitution civile du clergé et, le 19 novembre 1790, il adhéra à l'*Exposition des principes de l'Église catholique sur la constitution civile du clergé*, rédigée par le cardinal de Boisgelin. L'abbé Allain non seulement refusa de prêter le serment, mais s'employa à répandre le bref de Pie VI qui le condamnait. En 1793, il émigra en Angleterre, où il établit une maison de missionnaires qu'il dirigea jusqu'à son retour en France, en 1801. Il refusa l'évêché de Tournay auquel Bonaparte l'avait nommé et se contenta du poste de vicaire général titulaire de l'évêque de Vannes. Il mourut le 18 juin 1809.

R. Kerviler, dans *Revue historique de l'Ouest*, 1885, t. 1, p. 103-115.

U. ROUZIÈS.

ALLAMAND DE SAINT-JEOIRE, évêque de Genève (1342-1366). Il appartenait à une vieille famille de Savoie, et siégeait au chapitre de Genève dès 1329. Il eut, dès sa nomination, de grands conflits avec le comte de Savoie qui, en sa qualité de vidame héréditaire de Genève, prétendait à l'exercice de toute la justice dans cette ville. Il fut un des conseillers d'Humbert II, dernier dauphin du Viennois, et l'encouragea à céder son État au roi de France. Enfin, il reçut, en juin 1365, de l'empereur Charles IV des lettres patentes érigeant à Genève une université des sept arts libéraux. Allamand mourut le 2 avril 1366, avant d'avoir obtenu du même empereur la révocation de la donation du vicariat de Genève faite au comte de Savoie.

Mém. et docum. de la Soc. d'histoire de Genève, 1843, t. II, p. 151; 1872, t. XVIII, p. XXXV sq., 171 sq. — Fleury, *Hist. de l'Église de Genève*, 1880, t. I, p. 121-128. — Mercier, *Chapitre de Genève*, Annecy, 1891, p. 88. — Besson, *Mémoires pour l'hist. eccl. des diocèses de Genève...*, Nancy, 1759, p. 38-39. — Gautier, *Histoire de Genève*, Genève, 1896, t. I, p. 234 sq.

M. REYMOND.

ALLAMONT (EUGÈNE-ALBERT D'), fils de Jean, seigneur d'Allamont, élu gouverneur de Montmédy, et d'Agnès de Mérode, né à Bruxelles en 1609, filleul des archiducs Albert et Isabelle, suivit d'abord la carrière des armes et fut fait prisonnier à la bataille de Lens, en 1648. Il entra alors dans l'état ecclésiastique, devint chanoine de Liège en 1653, fut présenté, le 15 mars 1658, pour l'évêché de Ruremonde et nommé par le pape le 2 mai suivant. Il prit possession de son siège le 11 juin 1659 et fut sacré à Malines, le 24 août. Son zèle pour la défense des droits de son Église lui valut les éloges d'Alexandre VII, qui le nomma, en 1662, vicaire apostolique administrateur de l'évêché de Bois-le-Duc. Le 1er février 1666, il fut transféré au siège de Gand et en prit possession le 4 juillet. L'évêque Allamont donna l'exemple de toutes les vertus; sa charité pour les pauvres était inépuisable; son zèle pour les intérêts de son peuple sans limites. S'étant rendu à Madrid pour obtenir la décharge de la pension dont son évêché était grevé en faveur de celui de Ruremonde, il mourut dans cette ville, le 29 août 1673. Il fut enterré dans l'église de l'hospice de Saint-André des Flamands, mais son cœur fut rapporté à

Gand et déposé dans le beau mausolée dû au ciseau du sculpteur liégeois Jean Delcour.

Gallia christ., t. III, col. 166-167, 383-384. — J. F. Foppens, *Historia episcop. Silvaeducensis*, Bruxelles, 1721, p. 119, 122-125. — Hellin, *Hist. chronol. des évêques et du chapitre Saint-Bavon à Gand*, Gand, 1772, p. 48-54. — De Saint-Genois, dans *Biogr. nationale* de Belgique, 1866, t. I, col. 230-232. — De Theux, *Le chapitre de Saint-Lambert à Liége*, Bruxelles, 1871, t. III, p. 332-334. — *Précis histor.*, 1882, t. XXXI, p. 506. — J. Habets, *Geschiedenis van het tegenwoordig bisdom Roermond*, Ruremonde, 1890, t. II, p. 494-501. — F. Vanderhaeghen, *Bibliographie gantoise*, Gand, 1860, t. II, p. 154, 160, 204, 259. — G. Brom, *Archivalia in Italie*, La Haye, 1909, t. I, p. 1008 (index).

U. Berlière.

1. ALLARD (Claude), né à Laval, au début du XVIe siècle; il fut précepteur du prince de Talmont et chantre de Saint-Tugal et mourut à Laval, le 4 juillet 1672. Il s'occupa de recherches historiques dans les chartriers capitulaires et composa : *Le miroir des âmes religieuses ou la vie de très haute et religieuse princesse Mme Charlotte Flandrine de Nassau, très digne abbesse du monastère de Sainte-Croix de Poitiers*, in-4°, Poitiers, 1653, où il fait un éloge outré d'une fille de Guillaume de Nassau et de Charlotte de Bourbon, morte à Poitiers, le 10 avril 1640.

Hauréau, *Hist. littér. du Maine*, Paris, 1870, t. I, p. 70. — Boullier, *Recherches historiques sur l'église de la Trinité de Laval*, Laval, 1845, p. 349. — A. Angot, *Dict. de la Mayenne*, Laval, 1900, t. I, p. 20.

Louis Calendini.

2. ALLARD (Jean-François-Marie), oblat de Marie-Immaculée, premier vicaire apostolique de Natal. Il naquit à La Roche (Hautes-Alpes), le 27 novembre 1806, et entra en 1820 au petit séminaire d'Embrun et en 1825 au grand séminaire de Gap. Ordonné prêtre, le 30 juin 1830, par Mgr Arbaud, il devint curé de La Rochette et de Pouillouse et de là passa, en 1832, au petit séminaire d'Embrun où il professa successivement la philosophie et les mathématiques. En 1837, il entra dans la congrégation des oblats de Marie-Immaculée et y fit les vœux perpétuels, le 1er novembre 1838. Il se livra d'abord au ministère des missions dans les diocèses d'Aix et d'Avignon, puis, en 1842, il fut nommé professeur au scolasticat des oblats à Marseille. Une année plus tard, il partit pour les missions du Canada, où il fut d'abord maître des novices à Longueil, dans le diocèse de Montréal, et contribua en même temps à la fondation de l'institut des sœurs des Saints-Noms de Jésus et Marie à Montréal. Le 29 janvier 1851, il fut nommé évêque de Samarie *i. p. i.* et premier vicaire apostolique de Natal. Le 13 juillet de la même année, il reçut la consécration épiscopale à Marseille. Son vicariat s'étendait sur toute l'Afrique méridionale, sauf le Cap, et comprenait les vicariats actuels de Natal, Transvaal, Kimberley et la préfecture du Basutoland. Tout était à organiser : il fallait s'occuper des rares catholiques blancs auxquels jusqu'ici un prêtre du Cap, à de longs intervalles, avait fait une visite, et il fallait songer à l'évangélisation des millions de noirs pour lesquels rien du tout n'avait été fait jusqu'alors. Il fonda plusieurs stations pour ces derniers : Roma, Sainte-Monique, Saint-Michel. D'après un rapport qu'il présenta, en 1873, au chapitre général de sa congrégation, son vicariat comptait cinq missions et deux succursales, huit prêtres, cinq frères et plus de 3 000 catholiques, dont un millier de Basutos convertis par son apostolat. Les forces cependant venant à lui manquer, il donna sa démission. Pie IX le nomma archevêque de Taron et consulteur titulaire de plusieurs congrégations romaines. Il se retira à Rome et y passa encore quinze ans dans une sainte retraite, pour mourir le 26 septembre 1886.

Archives de la maison générale des oblats à Rome. — *Petites annales des miss. oblats de Marie-Immaculée*, année 1908, p. 407-410.

J. Pietsch.

3. ALLARD (Jean-Marie), né à Craon en 1736, curé de Bagneux près Saumur, prêta le serment à la constitution civile et se rétracta en juin 1793, pendant l'occupation de Saumur par les Vendéens. Il fut ensuite envoyé devant le tribunal révolutionnaire de Paris. Il était accusé d'avoir eu des intelligences avec les brigands de la Vendée, d'incivisme et de fanatisme. Il s'était plaint de la suppression de la religion et avait dit que les sacrements conférés par les intrus étaient nuls; en outre, il aurait fait un prône pour recommander Louis XVII comme roi. Il invoqua en vain son serment et la contrainte exercée sur lui par les Vendéens et fut condamné à mort le 25 décembre 1793.

Wallon, *Histoire du tribunal révolutionnaire*, Paris, 1900, t. II, p. 410. — Guillon, *Les martyrs de la foi pendant la Révolution*, t. II, p. 68.

F. Uzureau.

4. ALLARD (Louis), né au Lion-d'Angers le 1er août 1761, était vicaire à Sainte-Croix d'Angers quand éclata la Révolution. Il refusa le serment, fut déporté en Espagne et à son retour devint curé de sa paroisse natale, où il mourut en 1843. Une partie des lettres qu'il écrivit à sa famille pendant son séjour en Espagne a été conservée.

Anjou historique, t. v, p. 475.

F. Uzureau.

5. ALLARD (Mathurin), né à Angers le 9 août 1728, prieur-curé de Beausse, prêta le serment constitutionnel, malgré sa répugnance, pour pouvoir rester avec ses paroissiens, auxquels il était très attaché. Chassé par les Vendéens vainqueurs en mars 1793, il se réfugia à Angers et mourut réconcilié avec l'Église le 4 août 1805. Nous mentionnons cet ecclésiastique, parce qu'il ne voulut jamais avoir de rapports avec l'évêque constitutionnel ni avec les intrus ses voisins. C'était pour « rester dans sa paroisse » qu'il avait juré le 20 février 1791. Il y a d'autres exemples de ce genre dans le diocèse d'Angers.

Uzureau, *Histoire de la constitution civile du clergé en Anjou*, p. 54.

F. Uzureau.

6. ALLARD (Michel), né à Andrezé (Maine-et-Loire), le 12 novembre 1816. Après ses études au séminaire, il devint professeur au collège de Cholet, puis il entra au noviciat de la compagnie de Jésus, où pendant cinq années il étudia sa vocation. A son retour en Anjou, Mgr Angebault lui confia les fonctions de vicaire à Châteauneuf-sur-Sarthe et à Saint-Serge d'Angers. Vers 1847, il partit pour Rome où il resta quelques années, voyageant, consultant, prenant des notes qu'il a laissées dans ses nombreux manuscrits. Bientôt après, il parcourt la Palestine et la Syrie et trouve l'occasion de s'employer pendant quelques années aux missions du Liban. Plus tard nous le voyons poursuivre ses courses apostoliques dans l'Autriche, la Hongrie, le Danemark et la Russie, pénétrer jusqu'en Géorgie et s'établir à Tiflis où il ne cesse d'évangéliser les catholiques. Un jour de vendredi saint, il est saisi par la police russe, accablé de coups et laissé pour mort devant l'église catholique. On attendit plusieurs jours pour le transporter de Tiflis à Saint-Pétersbourg. Vainement ses juges veulent lui imposer le costume des prêtres schismatiques, il le met en pièces, et les Russes embarrassés de leur prisonnier se hâtent de le renvoyer en France. Le gouvernement russe fut obligé de s'excuser et d'accorder à M. Allard une assez forte indemnité. Notre voyageur infatigable s'occupait à différentes missions dans le midi de la France lorsque la guerre éclata contre la Prusse. Bientôt il se fixe à Paris, où il accepte les fonctions d'infirmier. Chaque jour, après les heures de son service à l'hôpital Necker, il se rend aux retranchements, se mêle aux soldats, les encourage, leur parle de Dieu et de la patrie, s'agenouille près des mourants, emporte les morts, multiplie son zèle de mille manières. Saisi par les communards sur la place Vendôme, traîné, sans interrogatoire, à la prison de Mazas et de là transféré à la Roquette, il y fut fusillé en même temps que Mgr Darboy et eut l'honneur d'être frappé le premier. Le procès-verbal fut trouvé à la mairie du XIe arrondissement : « Aujourd'hui 24 mai 1871, à 8 heures du soir, les nommés Darboy (Georges), Bonjean (Louis-Bernard), du Coudrai (Léon), Allard (Michel), Clerc (Alexis) et Deguerry (Gaspard) ont été exécutés à la prison de la grande Roquette. »

Semaine religieuse d'Angers, 5 novembre 1871.

F. UZUREAU.

ALLARDET (CLAUDE-LOUIS). Précepteur du duc Emmanuel-Philibert de Savoie, il paraît comme chanoine de Genève, en 1529, et fit partie, en 1535, du chapitre reconstitué à Annecy. Il fut ensuite abbé de Filly, et il était en 1559 doyen de la Sainte-Chapelle de Chambéry et du décanat de Savoie, lorsque le pape le nomma évêque de Mondovi. Il ne prit pas possession de ce siège, Pie IV l'ayant appelé, le 17 juillet 1560, à l'évêché de Lausanne, vacant par la mort de Sébastien de Montfalcon. Il mourut en 1565, probablement en octobre.

En 1559, Claude Allardet, évêque élu de Mondovi, fut chargé par le duc de Savoie d'aller à Genève, aux fins d'y faire accepter la souveraineté du prince. Celui-ci croyait pouvoir compter sur l'appui d'Amblard Corne, syndic de Genève, lequel donna en effet à l'évêque l'autorisation de séjourner dans la ville pour sa santé. Claude fut même reçu par quelques membres du conseil, auxquels il exposa l'offre du duc. Les conseillers répondirent évasivement, et le 23 janvier 1560, ils informèrent Calvin et les autorités des projets d'Emmanuel-Philibert. Claude Allardet fut éconduit et quitta Genève.

Élu évêque de Lausanne, Claude continua à résider à Chambéry. En 1561, il s'excusa auprès de Charles-Quint de ne pouvoir fournir un subside demandé aux princes de l'empire, à cause de la pauvreté de son évêché et de la perte de ses revenus. Il semble avoir fait quelques démarches auprès du gouvernement bernois pour les recouvrer, mais on ne connaît pas d'acte émanant de lui et relatif à l'administration de l'évêché de Lausanne.

Schmitt et Gremaud, *Mémoires historiques sur le diocèse de Lausanne*, Fribourg, 1858, t. II, p. 392. — Mercier, *Le chapitre de Saint-Pierre de Genève*, Annecy, 1891, p. 201, 377. — Eubel, *Hierarchia*, t. III, p. 237.

M. REYMOND.

ALLARMET (JEAN). Il naquit, en 1342, au Petit-Brogny, paroisse et commune d'Annecy-le-Vieux. D'après une légende qui n'a aucun fondement, il serait issu de parents très pauvres et dans son enfance aurait gardé les pourceaux. Des frères prêcheurs, l'ayant par hasard rencontré, frappés de sa vive intelligence, lui auraient fait donner une instruction soignée. Pour accréditer cette fable, on prétendit que, loin de rougir de son humble origine, il tint à être représenté sur les murs de la chapelle des Macchabées, qu'il avait fondée à Genève en 1406, sous les traits d'un gardeur de pourceaux. On a prouvé que la scène de la chapelle genevoise était une allusion à la parabole de l'enfant prodigue et que la vignette insérée par Lenfant dans son *Histoire du concile de Constance* était de pure imagination. Silvius, *Le cardinal de Brogny, évêque de Viviers*, dans *Revue du Vivarais*, 1903, t. XI, p. 339-341. Enfin, des documents d'archives établissent avec certitude que le futur cardinal était fils de Mermet Fraczos, personnage fort riche, allié aux plus nobles familles du Comtat-Venaissin et que son vrai nom n'est pas Allarmet, encore moins Fraczon ou d'Allonzier. Cf. L. Duhamel, *Le cardinal de Brogny. Son origine, sa famille, ses alliances*, dans *Revue savoisienne*, 1900, t. XLI, p. 327-338.

Jean Mermet étudia à Genève, puis à Avignon où, en 1370, il prit le grade de docteur ès droits. Le duc de Bourgogne, Philippe le Hardi, l'envoya, en 1378, notifier son adhésion à Clément VII. Le pape lui confia l'éducation et l'instruction de son neveu, le jeune Amé de Saluces, plus tard cardinal. A l'intention de son élève, Jean de Brogny rédigea un abrégé de droit, *Breviarium juris*, qu'il revisa en 1384 ou 1385. Ce manuel, dont M. L.-H. Labande a retrouvé, à la bibliothèque d'Avignon, une copie fort imparfaite et surchargée de corrections et d'annotations, la plupart de la main d'Allarmet, était divisé en deux parties principales, relatives l'une au droit civil, l'autre au droit ecclésiastique. L.-H. Labande, *Un légiste du XIVe siècle : Jean Allarmet, cardinal de Brogny*, dans les *Mélanges Julien Havet*, Paris, 1895, p. 487-497.

Le 11 août 1382, Clément VII le nomma évêque de Viviers (à cette époque il était diacre, chambrier du pape et doyen de Gap); puis, le 12 juillet 1385, cardinal-prêtre du titre de Sainte-Anastasie. Il fut plus connu sous les noms de cardinal de Viviers ou d'Ostie, après qu'il eut été promu à ce siège, le 2 juin 1405, ou de cardinal de Brogny. En 1386, on le trouve mêlé aux négociations entreprises par la reine Jeanne pour reprendre Naples à Charles de Duras. Baluze, *Vitae paparum Avenionensium*, Paris, 1693, t. I, col. 1353-1356.

Après le décès du cardinal Jacques de Menthonnay, survenu le 16 mai 1391, il géra les importantes fonctions de vice-chancelier et se les vit confier à nouveau par Benoît XIII, le 28 septembre 1394. Dès 1395, il montra de l'hostilité à celui-ci et ne cacha pas ses préférences pour la voie de cession. Fidèle à ses principes, il adhéra solennellement à la soustraction d'obédience (15 septembre 1398), après s'être emparé, le 10, des matrices qui servaient à frapper les sceaux de plomb appendus aux bulles. Cependant, en 1403, il se soumit de nouveau au pape, il lui rendit les matrices (1er avril), faute desquelles l'expédition des actes pontificaux avait été entravée, et reprit ses fonctions de vice-chancelier. Le 7 mai 1405, il s'embarqua à Villefranche sur les navires qui devaient conduire Benoît XIII en Italie. Vers le mois de février 1409, il rompit définitivement avec l'opiniâtre pontife, qui le priva de l'archidiaconé qu'il possédait dans l'église de Huesca, et se rendit au concile de Pise. Alexandre V, puis Jean XXIII, le chargèrent encore de la chancellerie. De Jean XXIII, qu'il consacra prêtre et évêque, Jean Mermet obtint l'administration de l'évêché d'Arles le 24 novembre 1410; il prit possession le 27 décembre. En mars 1412, il séjourna à Rome; puis, du 17 avril 1415 jusqu'au 11 novembre 1417, il préside le concile de Constance, en qualité de doyen du Sacré-Collège, et expédie des bulles comme vice-chancelier de l'Église romaine; quelques historiens lui ont faussement attribué des démarches près de Jean Huss pour l'engager à abjurer ses erreurs doctrinaires; J. Lenfant, *Histoire du concile de Constance*, Amsterdam, 1714, t. I, p. 341-343, et Hefele, *Histoire des conciles*, Paris, 1874, t. X, p. 488-489, ont démontré qu'il était impossible d'identifier le cardinal de Brogny avec le *Révérend Père* auquel le célèbre hérétique adressa une lettre. Profondément dévoué à Martin V, qui le nomma son vice-chancelier, il ,le suivit à Genève et à Seyssel (16 septembre 1418), séjourna à Avignon du premier octobre 1418 au mois de janvier 1419, passa quelques semaines à Salon, entra le 1 mai à Florence où il reçut, le 17, l'administration du diocèse d'Arles à nouveau. Dès lors, il ne quitte plus la cour romaine, sauf en 1421 et 1422. Le 3 décembre 1423, il obtient la commende de l'évêché de Genève et meurt le 15 février 1426.

Prélat riche, comblé de bénéfices lucratifs, Jean de Brogny fit bon usage de ses biens. A Genève, il fonda la chapelle Notre-Dame, appelée plus tard des Macchabées, et dota un collège de douze prêtres placés sous la tutelle d'un archiprêtre; à Annecy, il établit un couvent de dominicains (2 mars 1422) et un hôpital; à Avignon, il secourut puissamment les célestins et, surtout, il fonda le collège de Saint-Nicolas d'Annecy, par deux codicilles ajoutés à son testament le 23 juillet 1424 et le 24 septembre 1425. M. Fournier, *Statuts et privilèges des universités françaises*, Paris, 1891, t. II, n. 1296, 1299. Le collège Saint-Nicolas, d'après ses prescriptions, était destiné à héberger vingt-quatre étudiants en droit civil et ecclésiastique, dont huit devaient appartenir au diocèse de Genève, huit aux provinces de Vienne et d'Arles, huit au duché de Savoie ; il héritait aussi de la bibliothèque du cardinal, riche en ouvrages de droit, de théologie et d'Écriture sainte, dont M. Fournier a dressé l'inventaire, *op. cit.*, n. 1302 ; *Les bibliothèques de l'université et des collèges d'Avignon pour les étudiants en droit*, dans *Nouvelle revue historique de droit français et étranger*, 1891, t. xv, p. 79-94.

La légende s'est emparée du cardinal de Brogny, et Scribe, dans *La Juive*, lui a prêté des mœurs légères. Au cours d'une vie peu régulière il aurait eu une fille qui serait disparue dans un incendie : quelques années plus tard, il la reconnaît au moment où elle achève d'expirer dans les flammes d'un bûcher auquel son fanatisme religieux l'a condamnée. Les documents authentiques n'autorisent pas la fiction inventée par l'esprit ingénieux de Scribe et le relèguent dans le domaine de la pure fantaisie.

SOURCES. — Albanés, *Gallia christiana novissima* (Arles), Valence, 1900, col. 775-787, 1272-1285, 1309-1312. — Besson, *Mémoires pour l'histoire ecclésiastique des diocèses de Genève...*, Moutiers, 1871, p. 43-48, 434-445. — Fr. Blanchi de Vellate, secrétaire apostolique, a écrit un éloge funèbre du cardinal qui a été publié par Besson, *op. cit.*, p. 443-445, et A. Roche, *Armorial généalogique et biographique des évêques de Vienne*, Lyon, 1891, t. II, p. 412-415. — Fr. Duchesne, *Histoire de tous les cardinaux français*, Paris, 1666, t. II, p. 512-526. — Fr. Ehrle, *Martin de Alpartils. Chronica actitatorum temporibus domini Benedicti XIII*, Paderborn, 1906, *passim*. — A. de Foras, *Notes et documents sur le Grand Collège des Savoyards d'Avignon autrement dit de Saint-Nicolas d'Annecy*, dans *Mémoires et documents publiés par l'Académie chablaisienne*, 1888, t. II. p. 76-139. — Mansi, *Sacr. conciliorum nova et amplissima collectio*, t. XXVII, *passim*.

BIBLIOGRAPHIE. — J.-F. Gonthier, *Le cardinal de Brogny et sa parenté d'après des documents inédits*, Annecy, 1889. Cet opuscule doit être lu avec prudence et corrigé par A. Mazon, *Essai historique sur le Vivarais pendant la guerre de Cent ans*, Tournon, 1890, p. 212-248, 304-310. — J.-L.-G. Souliave, *Histoire de Jean d'Alonzier Allarmet de Brogny, cardinal de Viviers*, Paris, 1774. — N. Valois, *La France et le grand schisme d'Occident*, Paris, 1902, t. III, IV, *passim*. — Mgr P. M. Baumgarten a réuni de nombreux détails biographiques, ainsi que des documents concernant l'office de vice-chancelier exercé par le cardinal pendant trente-quatre ans, dans *Aus Kanzlei und Kammer. Erörterungen zur Kurialen, Hof und Verwaltungsgeschichte im XIII, XIV und XV Jahrhundert*, Fribourg-en-Brisgau, 1907, p. 150-152, 181, 213, 333-335, et dans *Von der apostolischen Kanzlei*, Cologne, 1908, p. 119-123, 127-131, 136-137. — K. Eubel, *Hierarchia catholica medii aevi*, t. II, p. 3, note 3, a donné son itinéraire partiel de 1419 à 1422.

G. MOLLAT.

ALLART (GERMAIN), que le *Gallia* appelle Théodore, naquit, en 1618, à Sézanne en Brie. Il fit profession chez les récollets de la province Saint-Denis, le 22 février 1637, et enseigna quelque temps la théologie. Il était gardien de Corbeil en 1648 et 1649, de Rouen en 1650, de Saint-Denis en 1657-1660, de Paris en 1666-1669. Son élection au définitoire est datée du 15 février 1654. Par trois fois il fut élu ministre de sa province, de 1660 à 1663, de 1668 à 1671 et du 4 mai 1678 au 28 juin 1679, date où il démissionna. Entre temps il avait gouverné la province de Saint-Antoine en Artois, de 1674 à 1677.

Ce fut lui qui rétablit les récollets au Canada. Ces religieux, arrivés à la Nouvelle-France en 1615, appelèrent, en 1625, les jésuites pour les aider dans leur vaste mission. Les uns et les autres durent quitter, en 1629, le pays surpris momentanément par les Anglais. Les jésuites revinrent les premiers et pendant près de trente ans entravèrent le retour des récollets. En 1669, Louis XIV ordonnait au P. Allart, provincial, d'envoyer trois religieux « pour le bien de mon service et le salut des mes sujets qui composent la colonie de la Nouvelle-France. » L'année suivante, le 4 avril, le roi lui enjoignait de passer lui-même au Canada, avec quatre récollets. Le provincial s'embarqua à la Rochelle et arriva à Québec après trois mois de navigation. Au bout de deux mois de séjour, il était de retour en France, en décembre 1670.

Une lettre de cachet du 13 avril 1662 lui donnait ordre d'incorporer à la province de Saint-Denis onze couvents de récollets situés dans les Pays-Bas nouvellement conquis. Son rôle dans la circonstance ne paraît guère conforme à la justice, mais il avait l'armée pour exécuter les ordres *sollicités* du roi. Le couvent de Versailles fut fondé en septembre 1671, pendant son second triennat.

En 1666, le roi lui fit écrire d'envoyer des religieux pour soigner les pestiférés de Gravelines. En 1671, il en destinait vingt-quatre pour administrer les sacrements aux officiers et soldats malades. L'année suivante, il fit lui-même partie de la campagne de Hollande avec trente et un récollets, et revint en France avec le roi.

Il semble bien que le P. Allart était plus sensible au bon plaisir royal qu'aux ordres du ministre général. On le vit dans la tenue de l'assemblée du 12 avril 1671 à Saint-Germain-en-Laye, « laquelle congregation fut celebrée nonobstant la défense par sainte obedience et sous peine d'excommunication majeure et de nullité de tous actes, faite par le Rme P. François Marie Rhiny a Politio, ministre general, ainsi qu'il paroist par son décret donné au grand couvent des Cordeliers de Paris le 10 avril 1671 et signifié au definitoire le lendemain 11. » Le définitoire fit répondre respectueusement qu'on y aurait égard « autant que de raison » et passa outre.

Cette frondeuse attitude ne l'empêcha pas d'être élu, le 10 février 1675, commissaire général des trois nouvelles custodies de Flandre : Saint-Hubert, Saint-Pierre d'Alcantara et la Sainte-Famille. Le 26 septembre 1676, le ministre général Joseph Samaniégo l'établissait son commissaire sur toutes les provinces des récollets, observants et cordeliers du royaume. Louis XIV, qui avait pu apprécier par lui-même ses loyaux services, le nomma à l'évêché de Vence, en juin 1681, et fit les frais de son installation. Il fut sacré, le 12 juillet suivant, dans l'église des récollets de Paris, au faubourg Saint-Martin, par l'archevêque de Cambrai, assisté des évêques de Lavaur et de Saint-Brieuc. Il prit possession de son Église le 25 septembre 1682, visita son diocèse en septembre et octobre 1683, et mourut à Vence le 13 décembre 1685, après son retour de l'assemblée générale du clergé. Son corps fut enterré dans la cathédrale.

H. Le Febvre, *Histoire chronologique des récollets de la province Saint-Denis*, Paris, 1676, p. 42-167 ; VII, suppl. — Sixte Le Tac, *Histoire chronologique de la Nouvelle-France*, Paris, 1888, p. 123, 200. — *Gallia christiana*, t. III, col. 1231.

— G. Doublet, *Le jansénisme dans l'ancien diocèse de Vence*, Paris [1901], p. 64, 76. — Tisserand, *Histoire de Vence*, Paris, 1860, p. 219. — *Archives provinciales des frères mineurs de Belgique à Bruxelles*.

Antoine de Sérent.

ALLAS ou **HALAS**, martyre, au 26 mars, avec saint Anépas. Voir ce nom, t. 1, col. 104.

ALLASSAC. Dans la paroisse d'Allassac, canton de Donzenac (Corrèze), était un prieuré appelé aussi de Bonnefond, *alias* Gorse, qui avait une origine fort ancienne. Il remontait à Adémar, vicomte des Échelles, qui donna, vers l'an 930, l'église de Saint-Laurent-Gorsa, à Saint-Martin et aux moines de Tulle. Il est qualifié prévôté en 1439 et en 1454, mais ensuite, il est dit prieuré, sous le patronage de Saint-Laurent, *alias* de Sainte-Catherine. En 1615, il appartenait à l'abbé de Saint-Martin de Limoges, et fut uni à ce monastère par décret du 11 septembre 1624, homologué au parlement de Bordeaux, le 3 mars 1688. Les religieux de Saint-Martin de Limoges en prirent possession en mars 1688. N...Martin en était prieur en 1783.

Lecler, *Pouillé historique du diocèse de Limoges*, Limoges, 1903, p. 563.

A. Lecler.

ALLATIUS (Léon), est un des précurseurs les plus remarquables des études néo-helléniques.

I. Vie. — Allatius naquit, dans l'île de Chio, en 1586, et mourut à Rome, en 1669. Son père, Nicolas Allatius, appartenait à l'Église grecque; sa mère, Sebaste Neuridis, était la sœur du jésuite Michel Neuridis. Ce fut cet oncle qui emmena Allatius en Italie à l'âge de neuf ans et lui fit faire ses études à Saola en Calabre, puis à Naples, où il apprit le latin. En 1599, il fut admis au collège grec de Saint-Athanase, que le pape Grégoire XIII avait créé à Rome en 1577, pour y élever de jeunes Grecs destinés à devenir clercs et à propager dans leur pays l'idée du retour au catholicisme. Un des membres de la commission chargée de surveiller ce collège, le cardinal Giustiniani, s'attacha Léon Allatius comme vicaire général, bien qu'il n'eût pas reçu les ordres, et lui confia l'administration, d'abord de son diocèse d'Anglona en Calabre (1610), ensuite de son évêché latin de Chio. Mais Allatius ne fit pas un long séjour dans son pays natal. En 1613, il revint à Rome avec l'intention d'abandonner la théologie pour la médecine. Il suivit les leçons de Jules-César Lagalla, médecin des galères du pape, puis professeur de philosophie au collège romain. En 1616, Allatius était reçu docteur en médecine, mais son esprit mobile le porta encore ailleurs. Le goût de l'érudition reprit le dessus chez lui et, sans vouloir jamais recevoir les ordres, tout en restant célibataire, il se fixa à Rome et se consacra aux études théologiques et philosophiques. Il entra à la bibliothèque Vaticane en qualité de *scriptor* et reçut la chaire de langue grecque au collège de Saint-Athanase. Il dut abandonner cet emploi au bout de deux ans, à cause de sa rivalité avec Mathieu Caryophyllis. En 1622, le pape Grégoire XV lui confia la mission d'aller prendre possession de la bibliothèque de l'électeur palatin, que Maximilien de Bavière lui avait offerte après sa victoire sur les princes protestants. Mais lorsque Allatius revint à Rome, Grégoire XV qui lui avait promis un canonicat était mort. Non seulement il ne reçut aucune récompense, mais, accusé d'avoir distrait des livres, il fut mis en prison. Son innocence fut cependant reconnue, et, de 1622 à 1638, il entra au service du cardinal Biscia, qui lui confia l'administration de sa belle bibliothèque. A la mort de ce protecteur, il passa chez le cardinal François Barberini, neveu du pape Urbain VIII, et fut son bibliothécaire jusqu'en 1661.

A ce moment, le bibliothécaire de la Vaticane, Luc Holstenius, venait de mourir : le pape Alexandre VII choisit Allatius pour être son successeur. Il était en relations avec les principaux savants de l'Europe. Parmi ses nombreux correspondants, on trouve François Combefis, Jacques Goar, Gabriel Naudé, Henri Valois, Scévole de Sainte Marthe et même le cardinal Mazarin.

Sa réputation était telle que, lorsque Louis XIV résolut d'accorder des pensions à des écrivains étrangers, Allatius fut compris dans la première liste, dressée en 1663, par Colbert, pour une somme de 1500 livres. *Lettres de Colbert*, éd. P. Clément, t. v, p. 240. Le moment était mal choisi, puisqu'à la suite de l'affaire des gardes corses, le pape et le roi de France étaient alors engagés dans un grave conflit. Voir ci-dessus, col. 241-242. Aussi Allatius refusa-t-il, par ordre d'Alexandre VII, la libéralité de Louis XIV. Voir la lettre de Chapelain à Colbert, du 8 janvier 1664, dans P. Clément, p. 595. Une nouvelle tentative fut faite en 1666 et Chapelain fut chargé de conduire la négociation (*ibid.*, p. 610), qui paraît ne pas avoir abouti. Allatius mourut à Rome en 1669, et fut enseveli dans l'église du collège grec de Saint-Athanase, auquel il avait légué sa précieuse bibliothèque.

II. Œuvre. — L'existence d'Allatius a été remplie par un travail acharné et il est impossible de dresser une liste complète de tous les ouvrages qu'il a écrits ou auxquels il a collaboré. Sa nationalité grecque lui donne une place originale parmi les érudits du XVIIe siècle et il a écrit avec la même facilité en grec, en latin et en italien. Au milieu de la société cosmopolite qui l'entourait, il a gardé une véritable tendresse pour son pays d'origine et il a représenté, en plein XVIIe siècle, la tradition du patriotisme hellénique. Mais, catholique ardent et dévoué au Saint-Siège, il a vu, dans le schisme entre les deux Églises, la cause principale des malheurs de ses compatriotes et l'on peut dire qu'il a travaillé toute sa vie à hâter le moment de la réconciliation qui mettrait fin à leurs maux. C'est au moyen de l'érudition qu'il a cherché à défendre cette cause. Son but a été d'agir sur l'opinion des membres les plus éclairés du clergé grec et, pour mettre cette propagande plus facile, il n'a pas hésité à publier en grec populaire de petits traités théologiques destinés à être répandus dans les masses. Dans tous ses livres, une idée revient sans cesse, c'est celle de la conformité véritable qui existe entre l'Église grecque et l'Église latine, et que des différences de rites ou des querelles d'amour-propre n'ont pu détruire.

Au service de cette idée, Allatius a mis une érudition prodigieuse et il a contribué à faire connaître aux Occidentaux l'hellénisme du moyen âge; par là, il est un des initiateurs des études byzantines. Ce n'est pas que tout soit à louer dans son œuvre. Il s'est souvent contenté d'entasser les documents, sans se soucier d'en faire la critique. La plupart de ses livres semblent dénués de toute composition et la digression paraît être son procédé favori. Les sujets mêmes qu'il a choisis nous paraissent aujourd'hui présentés sous une forme quelque peu enfantine. Il s'est véritablement amusé à étudier dans une même série les personnages qui ont porté le même nom : les Psellos, les Nicétas, les Philons, les Théodores, etc. A propos d'une poésie de Siméon Métaphraste sur les douleurs de la Vierge, il étudie tous les personnages qui se sont appelés Siméon, puis de là passe aux Simons, puis aux Simonides, etc. Malgré ces défauts, très communs à son époque, Allatius n'en a pas moins rendu de très grands services à l'érudition, soit en publiant pour la première fois des textes inédits d'auteurs byzantins, soit en écrivant, sur les usages liturgiques de l'Église grecque, des livres qui sont encore consultés utilement aujourd'hui. On peut diviser en cinq catégories les nombreux ouvrages qu'il a écrits :

1° *Antiquité païenne*. — Allatius s'est intéressé surtout aux philosophes, dont il a donné des éditions ou des extraits : *Socratiques : Socratis, Antisthenis, Aristippi, Simonis, Xenophontis, Aeschinis, Platonis, Phaedri et aliorum socraticorum epistolae graece et latine, cum notis et dialogo de scriptis Socratis*, in-4°, Paris, 1637.

Néoplatoniciens : Procli Diadochi paraphrasis in Ptolemaei libros IV de siderum effectionibus, in-4°, Leyde, 1635. — *Sallustii philosophi opusculum de diis et mundo*, in-8°, Rome, 1639. Ce fut la première édition de ce traité du Gaulois Secundus Sallustius Promotius, ami de Julien l'Apostat ; c'est un sommaire de la doctrine néoplatonicienne. L'établissement du texte fut fait par Gabriel Naudé, la traduction latine par Allatius.

Allatius a donné en outre une édition de Philon de Byzance : *De septem orbis spectaculis*, in-8°, Rome, 1640 ; il a fourni à Frédéric Morel le texte et la traduction latine du second volume de son Libanius (*Libanii sophistae operum tomus II*, in-fol., Paris, 1627) et il a publié lui-même des *Excerpta varia graecorum sophistarum ac rhetorum...*, in-8°, Rome, 1641. Dans un traité *De patria Homeri*, in-8°, Lyon, 1640, il a cherché à montrer que Chio était la patrie d'Homère et il a pris à partie Jules César Scaliger qui avait témoigné du mépris contre les auteurs grecs et placé Homère au-dessous de Virgile. Notons aussi son édition du *Monumentum Adulitanum Ptolemaei Evergetae*, in-8°, Rome, 1631. Cette inscription, qui rappelle les triomphes du roi Ptolémée Évergète, n'est connue que par la copie que Cosmas Indicopleustes en a faite en Nubie.

Enfin, l'antiquaire Curzio Inghirami ayant publié en 1636, à Florence, une prétendue chronique étrusque, écrite en l'an 700 de Rome par un certain Prosper Fesulanus, et découverte dans des fouilles, Allatius, dans ses *Animadversiones in Etruscarum antiquitatum fragmenta*, in-4°, Paris, 1640, démontra la fausseté de ce texte. Inghirami lui répondit, puis finit par avouer qu'il avait été dupe d'un faussaire.

2° *Patristique*. — Allatius a donné la traduction latine de la *Catena SS. Patrum in Jeremiam prophetam*, in-8°, Lyon, 1623, éditée par Michel Ghisleri. Il a édité à son tour les commentaires d'Eustathe de Thessalonique : *Eustathius archiepiscopus in Exahemeron. Eiusdem de Engastrimytho in Origenem dissertatio*, in-4°, Lyon, 1629, et il a tiré de la Vaticane quelques ouvrages inédits de saint Anselme, que Théophile Raynaud inséra dans son édition de Lyon, *Mantissa ad opera sancti Anselmi episcopi Cantuariensis*, in-fol. Lyon, 1630.

3° *Auteurs byzantins*. — Allatius a pris une part importante à la constitution des études d'érudition byzantine et il a été le collaborateur des savants français qui travaillaient à ce moment à la publication de la Byzantine du Louvre. Il a donné à cette collection les œuvres de Georges Acropolita, dont Théodore Donsa avait publié seulement un texte abrégé, Leyde, 1614. Cf. ci-dessus, t. I, col. 378. L'édition d'Allatius : *Georgii Acropolitae Historia byzantina... Joelis Chronographia compendiaria et Joannis Canani Narratio de bello Constantinopolitano*, in-fol., Paris, 1651, est donc la première édition complète. Elle est accompagnée d'une dissertation sur les écrits de Georges Acropolita et d'un traité, comme on les aimait alors, *De Georgiis*. Allatius a publié dans le même cadre : *De Psellis et eorum scriptis*, in-8°, Rome, 1634. Il insiste avec raison sur Michel Psellos, qu'il a

contribué le premier à faire connaître ; il trace sa biographie et donne une liste de ses ouvrages. Ce traité est reproduit dans la *P. G.*, t. CXXII, col. 477-525. *De Simeonum scriptis*, in-4°, Paris, 1664 (à propos de Siméon Métaphraste): *Diatriba de Nilis et eorum scriptis*, in-fol., Rome, 1668, (à la suite d'une édition des œuvres de saint Nil): *De Nicetarum scriptis*; *De Philonibus*; *De Theodoris et eorum scriptis*, ouvrages inédits, publiés par Mai, *Bibliotheca Patrum*, Rome, 1853, t. VI, 2e part., n. 1-202.

Dans un recueil factice, les *Symmicta, seu opusculorum graecorum ac latinorum vetustiorum ac recentiorum libri II*, Cologne, 1653, in-8°, Allatius a publié pour la première fois, avec la collaboration de Barthold Nihus : 1. une série de textes relatifs à la topographie de la Terre Sainte : *Johannes Phocas, De locis Palestinae*, XIIe siècle (*P. G.*, t. CXXXIII, col. 927-962); *Epiphanii Hagiopolitae Syria*, IXe siècle (*P.G.*, t. CXX, col. 259-272); *Perdiccae Ephesini Hierosolyma*, XIVe siècle (*P. G.*, t. CXXXIII, col. 963-972); *Anonymus de locis Hierosolymitanis*, XVe siècle (*P.G.*, t. CXXXIII, col. 973-990); *Eugesippus, De distantiis locorum Terrae Sanctae* (*P. G.*, t. LXVII, col. 1179-1194). Nihus y a joint un auteur occidental : *Wilebrandi ab Oldenburg Itinerarium Terrae Sanctae*; 2. des traités de liturgie grecque et orientale; 3. des éditions d'historiens byzantins : Constantin Porphyrogénète, *De vita et gestis Basilii Macedonis imperatoris* (première édition); Jean Cameniates et Jean Anagnosta, *De excidio urbis Thessalonicae* (première édition); Theodorus Gaza, *De origine Turcharum*, etc. ; 4. une Vie de sainte Élisabeth de Hongrie. Enfin, à cette catégorie, se rattache l'édition du *Convivium X virginum sive de castitate*. de saint Méthodius, un des rares spécimens de dialogues dramatiques du VIe siècle, in-8°, Rome, 1656.

4° *Études sur le schisme des grecs et l'union avec Rome*. — Les écrits apologétiques destinés à démontrer qu'aucun obstacle sérieux ne s'oppose à la réconciliation des grecs avec Rome, forment la part la plus considérable de l'œuvre d'Allatius ; c'est elle qui offre aujourd'hui le plus d'intérêt historique. Le plus important de ces traités est le *De Ecclesiae occidentalis atque orientalis perpetua consensione libri III*, in-4°, Cologne, 1648. Dans le premier livre, l'auteur réunit les textes qui montrent que la primauté de Pierre a passé à ses successeurs qui ont les trois puissances, épiscopale, patriarcale et apostolique. Pierre a fondé également les sièges d'Antioche et d'Alexandrie, tandis que celui de Jérusalem n'a obtenu que des privilèges honorifiques et que celui de Constantinople, dénué de toute tradition apostolique, n'apparaît qu'au concile de Chalcédoine. Le IIe et le IIIe livre sont consacrés à l'histoire des différends entre les deux Églises ; Allatius démontre que grecs et latins s'accordent dans leur foi et même sur les principaux points de leur discipline. Il raconte l'histoire du patriarche Cyrille Lucaris, déposé pour avoir voulu introduire le calvinisme chez les grecs ; il conclut que la différence des rites n'est pas une cause de division. Un grand nombre de textes et de documents officiels sont insérés dans cet ouvrage et publiés pour la première fois. Dans le *De utriusque Ecclesiae orientalis atque occidentalis perpetua in dogmate de purgatorio consensione*, in-8°, Rome, 1655, Allatius nie que l'Église grecque, dans son ensemble, refuse d'admettre le purgatoire. Le recueil de textes intitulé *Graeciae orthodoxae scriptores*, 2 vol. in-4°, Rome, 1652-1659, imprimé aux frais de la congrégation de la Propagande, contient les ouvrages de tous les théologiens grecs qui ont défendu le dogme de la double procession du Saint-Esprit, entre autres les écrits du défenseur de l'union, le patriarche Jean Veccos (réédition de H. Lämmer, Fribourg-en-Brisgau, 1864).

Afin d'agir sur l'opinion des simples fidèles, Allatius eut même l'idée, nouvelle à son époque, de composer deux petits traités, sortes de catéchismes en grec populaire, imprimés aussi aux frais de la Propagande, l'un sur la procession du Saint-Esprit, in-12, Rome, 1658, l'autre sur le symbole de saint Athanase, in-12, Rome, 1659.

De même il prit à partie les auteurs protestants qui essayaient de représenter les grecs comme favorables à leurs doctrines. Dans une histoire de l'Église, l'orientaliste de Zurich, Hottinger, avait avancé cette proposition. Allatius lui répondit : *Joannes Henricus Hottingerus fraudis et imposturae convictus circa graecorum dogmata*, in-8°, Rome, 1661. Hottinger riposta par un : *De Leone Allatio nimiae temeritatis convicto et perpetuo Ecclesiarum latinae et graecae dissensu*, Zurich, 1662. La polémique se termina par un dernier traité d'Allatius, *De octava synodo Photiana*, in-8°, Rome, 1664, où il réfutait les arguments d'Hottinger.

En 1660, Robert Creygton, chapelain de Charles II, roi d'Angleterre, avait publié, d'après un manuscrit de Paris, le récit du concile de Florence, laissé par Sylvestre Syropoulos, grand ecclésiarque qui, après avoir souscrit les décrets du concile, s'était rétracté à son retour à Constantinople. Allatius publia sur ce texte une étude critique : *L. Allatii In Roberti Creygtoni apparatum, versionem et notas ad historiam concilii Florentini scriptam a Sylvestro Syropulo... exercitationes*, in-4°, Rome, 1666.

On retrouve la même pensée d'apologétique dans la *Confutatio fabulae de Joanna papissa ex monumentis graecis*, in-4°, Rome, 1630, imprimé dans Ciaconius, *Vitae et res gestae pontificum romanorum*, Rome, 1630, col. 1981. Allatius montre que le fameux passage de Martin Polonus est dû à une interpolation et que, dans ses polémiques avec le Saint-Siège, Photius n'a jamais fait allusion à cet événement, ce qu'il n'eût pas manqué de faire, s'il en avait eu connaissance.

Enfin, Allatius a cherché aussi, afin de hâter le rapprochement, à faire mieux connaître aux Occidentaux les usages de l'Église grecque. De là, ses traités sur les livres ecclésiastiques, in-4°, Paris, 1645, et sur les églises des grecs, Cologne, 1645, ou sur la collation des ordres religieux, Rome, 1638; de là aussi, les biographies, composées en italien, de deux personnages vénérés dans l'île de Chio, la sœur Marie Raggi, du tiers-ordre de Saint-Dominique, in-4°, Rome, 1655, et le P. Alexandre Baldrati, martyr chez les Turcs, in-12, Rome, 1657.

5° *Varia*. — Malgré le labeur écrasant que supposent ces recherches, Allatius trouvait du temps pour des œuvres d'un caractère plus léger. Il composa un grand nombre de poèmes grecs, presque tous à la louange de quelque haut personnage, le cardinal Antonio Barberini, Rome, 1635; le pape Urbain VIII, Christine de Suède, Rome, 1656; Gabriel Naudé, le P. Petau, etc. En 1642, il publia une pièce en l'honneur de la naissance du dauphin de France, le futur Louis XIV, *Hellas in natales delphini Gallici*, in-4°, Rome, 1642. Le traité *De erroribus magnorum virorum in dicendo* est une œuvre de fantaisie, in-4°, Rome, 1635. Dans les *Apes Urbanae*, in-8°, Rome, 1633 (le titre est tiré des armes d'Urbain VIII), il passe en revue les principaux auteurs contemporains vivant à Rome. Enfin, il a écrit la biographie de son maître, le philosophe Jules César Lagalla (publiée par Gabriel Naudé, in-8°, Paris, 1644) et il a fait imprimer sa *De caelo disputatio*, in-4°, Rome, 1622.

On voit combien est mêlée cette œuvre, dans laquelle une réelle et prodigieuse érudition s'allie à un défaut complet d'ordre et de méthode. Il y a un véritable contraste entre cet amas un peu confus de dissertations et l'érudition appuyée sur des recherches systématiques, qui est celle des bénédictins français du XVIIe siècle. Entre eux et les savants de la Renaissance, Allatius forme la transition, mais il est plus près des savants du XVIe siècle; il a leur curiosité universelle, leur répugnance à choisir un ordre d'études exclusif, leur goût de la digression et leur exubérance un peu touffue.

E. Gradi, *Leonis Allatii vita*, dans Mai, *Nova bibliotheca Patrum*, t. VI, 2e part., p. 5-28. — E. Dupin, *Bibliothèque des auteurs ecclésiastiques du XVIIe siècle*, Paris, 1708, t. III, p. 4-56. — Niceron, *Mémoires pour servir à l'histoire des hommes illustres dans la république des lettres*, Paris, 1724-1745, t. VIII, p. 91-144. — Sathas, *Étude sur Allatius*, dans Νεοελληνικὴ φιλολογία, Athènes, 1868, p. 268-274. — Demetrios Rhodokanakis, *Leonis Allatii Hellas...*, Athènes, 1872 (détails apocryphes; voir *Byzantinische Zeitschrift*, 1896, t. V, p. 377-379). — E. Legrand, *Bibliographie hellénique du XVIIe siècle*, Paris, 1895, t. III, p. 435-471. — L. Petit, dans *Diction. de théologie catholique*, t. I, col. 830; *Diction. d'archéol. chrétienne*, t. I, col. 1220 sq. — Les papiers et ouvrages inédits d'Allatius forment 236 volumes conservés à la bibliothèque Vallicellane. Le dépouillement de la correspondance a été commencé par Curzio Muzzi, dans *Rivista delle bibliotheche*, 1889; celui des pièces grecques a été entrepris par E. Martini, *Catalogo di manoscritti greci existenti nelle bibliotheche italiane*, Milan, 1902, p. 201-233.

L. BRÉHIER.

ALLAUME. Voir ALEAUME, col. 77.

ALLÈ (GIROLAMO). Né à Bologne, en 1582, ou plutôt légitimé en cette année (il était fils naturel de Niccolò Borghesani ou Allè), il entra, en 1607, dans l'ordre de Saint-Jérôme de Fiesole, dont il devint définiteur. Prédicateur en renom, professeur à l'université de Bologne, où il enseigna l'Écriture sainte durant une trentaine d'années, membre de l'académie des *Costanti* de Camerino, sous le nom de *il Ruggente*, il mourut en 1660, laissant les ouvrages suivants : *Il Folle sogno*, discours prononcé à l'académie des *Costanti*, in-4°, Camerino, 1613. — *I convinti e confusi Hebrei*, sermons prononcés dans l'église de San Silvestro à Venise, in-4°, Ferrare, 1619. — *Orazione in lode del defonto signor cardinale Lorenzo Magalotti*, in-4°, Ferrare, 1637 (et non 1634, comme le porte Orlandi). — *S. Niccolò, nuova rappresentazione* (c'est-à-dire drame sacré), in-4°, Ferrare, 1638. — *Predica falta nel capitolo generale della Congregazione*, in-4°, Bologne, 1639. — *Estratto generale per curare un' anima*, in-12, Bologne, 1640. — *Nuova rappresentazione spirituale della beata Caterina da Bologna*, in-12, Bologne, 1641. — *La sfortunata e fortunata Clotilde, rappresentazione*, in-12, Bologne, 1644. — *Anatomia delle religiose*, in-12, Bologne, 1645. — *L'uomo che parla poco e ragiona molto*, in-12, Bologne, 1646. — *La sconosciuta e conosciuta sposa di Salomone, cogli intermezzi di Sansone, di Davide e di Assalone*, in-12, Bologne, 1650. — *Il concatenato sconcatenamento de i pensieri, parole e attioni umane, che letto e praticato concatena la virtù nell' animo e li sconcatena i vitii..., coll' annesso del disinganno d'alcuni delle sinistre apprensioni che tengono delli sempre venerabili Padri della Compagnia di Gesù*, in-8°, Bologne, 1653. — *Le Chimere Pitagoriche, cabalistiche, chimiche e giudiziarie dissipate dal vento della verità*, in-12, Bologne, 1654. Comme le dit la *Biographie Michaud*, l'affectation antithétique de tous ces titres annonce celle qui régna dans les ouvrages mêmes : c'était le style à la mode, dans le temps où elles furent écrites.

Alidosi, *I doltori bolognesi di teologia*, Bologne, 1623, p. 223. — Bumaldi, *Bibliotheca Bononiensis*, Bologne, 1641, p. 86. — Orlandi, *Notizie degli scrittori bolognesi*, Bologne, 1714, p. 171. — Quadrio, *Della ragione d'ogni poesia*, Milan,

1743, t. III, 1re part., p. 591. — Fantuzzi, *Notizie degli scrittori bolognesi*, t. II, p. 194-196. — Mazzuchelli, *Gli scrittori d'Italia*, t. I, 1re part., p. 500-501. — Morni, *Bibliografia storico-ragionata della Toscana*, Florence, 1805, t. I, p. 25. — Mazzetti, *Memorie storiche sopra l'Università e l'Istituto delle scienze di Bologna*, Bologne, 1840, p. 327.

J. FRAIKIN.

ALLEAS. Voir AEGAE, t. I, col. 646.

1. ALLEAUME. Voir ALEAUME, col. 78.

2. ALLEAUME (GILLES), jésuite français, traduisit un ouvrage estimé du Portugais Thomas de Jésus, des ermites de Saint-Augustin : *Les souffrances de Nostre-Seigneur Jésus-Christ*, 4 in-12, Paris, 1692. Cette traduction, très souvent rééditée, même de nos jours, en France et en Belgique, n'a servi de base aux traductions allemande, flamande, italienne et polonaise. Alleaume a aussi traduit : *Les œuvres spirituelles de S. François de Borgia*, in-12, Paris, 1672; mais le P. François Oudin, dans ses notes manuscrites sur la *Bibliotheca scriptorum S. J.*, attribue cette traduction au P. Antoine Verjus, qui publia, en cette même année 1672, *La vie de S. François de Borgia*. Né à Saint-Malo, le 20 mai 1641, admis chez les jésuites le 19 septembre 1658, Alleaume fut précepteur du duc de Bourbon et mourut à Paris, le 2 juillet 1706.

Sommervogel, *Bibliothèque S. J.*, Bruxelles, 1890, t. I, col. 179-181; 1898, t. VIII, col. 1610.

E.-M. RIVIÈRE.

ALLÉGEANCE (AFFAIRE DU SERMENT D'). A la suite de la conspiration des poudres, Salisbury, le mauvais génie de Jacques Ier, profita de l'horreur causée par cet attentat pour imposer à tous les Anglais, comme preuve de leur loyalisme, un serment de fidélité au roi. Dans la formule de ce serment, on introduirait des clauses qu'un catholique ne pourrait accepter et les papistes, refusant de prêter ce serment, se déclareraient par là même les adversaires du gouvernement établi. Ce plan habile fut suggéré au ministre par l'adversaire le plus acharné du catholicisme en Angleterre, Richard Bancroft, archevêque de Cantorbéry. Un jésuite apostat, Christophe Perkins, familier avec les irritantes controverses qui divisaient les catholiques eux-mêmes, se chargea de la rédaction du serment. Le texte officiel parut en juillet 1606. En voici les principaux articles, extraits de la traduction française, faite par ordre du roi Jacques, et sous ses yeux. *Apologie*, p. 11 sq. Le texte officiel dans les *Lois* de Jacques Ier, 4e année, c. IV.

Je, N***, fais profession vraye et sincere... que Nostre souverain Seigneur le Roy Jaques est légitime Roy de ce Royaume et de toutes ses autres terres et pais, et que le Pape, ny de son estoc, ny par aucun tiltre de l'Église ou siège de Rome..., n'a pouvoir ou auctorité quelconque de déposer le Roy, ou disposer d'aucuns des Royaumes et seigneuries de sa Majesté..., ou libérer aucun de ses sujets de leur obéissance et féauté deuë à sa Majesté... De mesme je jure du plus entier de mon cœur que nonobstant quelque déclaration ou sentence d'excommunication, ou privation faicte ou à faire par le Pape, ou ses successeurs... deffendray de tout mon pouvoir, envers et contre toutes conspirations, machinations et attentats quelconques contre S. M. ou leurs personnes, couronne ou dignité... Comme au surplus je jure et proteste, du meilleur de mon cœur, que je deteste et abjure, comme impie et hérétique, ceste damnable position et doctrine, que les Roys excommuniez ou privez par le Pape, peuvent estre deposez ou assassinez par leurs sujets, ou autre que ce soit. Croy, et suis resolu en conscience, que ny le Pape, ny personne du monde n'a pouvoir de m'afranchir de ce serment ou d'aucune de ses parties.

Les évêques anglicans, aussi bien que les magistrats, avaient mission d'exiger ce serment de tous les Anglais catholiques. En cas de refus, c'était la prison; on présentait une seconde fois aux prisonniers la formule royale; s'ils refusaient encore de l'admettre, ils étaient exposés à toutes les pénalités énumérées dans le statut de *Præmunire*.

Il était impossible de mêler avec plus d'art des déclarations parfaitement légitimes (reconnaissance des droits de Jacques Ier, condamnation du tyrannicide) à d'autres fort discutables, ou même absolument interdites aux catholiques. Quel partisan des doctrines romaines pouvait dénier en ces termes au souverain pontife le pouvoir de déposer les rois et surtout « abhorrer, détester et abjurer, comme impie et hérétique, cette damnable position et doctrine que les rois excommuniez ou privez par le Pape peuvent estre déposez par leurs sujets, ou autres que ce soit? »

Ce pouvoir sur les couronnes, les papes du moyen âge, de saint Grégoire VII à Boniface VIII, l'avaient revendiqué. A l'époque même de Jacques Ier, l'immense majorité des théologiens catholiques, tout en se divisant sur l'origine, la nature, les limites de ces droits pontificaux, et surtout sur l'opportunité de leur exercice, en admettaient l'existence. L'école gallicane elle-même, qui soutenait les théories exprimées dans le serment royal, ne les soutenait que comme des opinions probables et librement discutables; elle n'eût jamais consenti à les ériger en dogmes de foi, et à noter d'hérésie les opinions de ses adversaires ultramontains. Quelques années plus tard, Bossuet appréciant, dans un de ses plus violents ouvrages contre Rome, le serment de Jacques Ier, écrira : « Repousser la doctrine romaine, comme nous le faisons en France, c'était licite et juste; la condamner comme hérétique, sans intervention de l'autorité de l'Église, c'était excessif et téméraire. » *Defensio declarationis*, c. XXIII. Les catholiques anglais devaient donc non seulement affirmer avec serment que les papes, pendant trois siècles, s'étaient arrogé des droits qui ne leur appartenaient pas, mais surtout condamner comme hérétique et impie une doctrine admise comme vraie par la plupart de leurs docteurs, et par tous comme probable. Et ce doigne nouveau, c'était le pouvoir civil, c'était un roi hérétique qui le leur imposait.

Le devoir du clergé et des catholiques anglais nous parait clair aujourd'hui; il l'était moins il y a trois cents ans. Dans ses entretiens particuliers avec ses courtisans catholiques, comme dans ses discours au Parlement, Jacques Ier allait répétant que son autorité n'entendait, par le serment, exiger de ses sujets « que ce qui appartient directement à la profession de fidélité naturelle, et obéyssance temporelle et civile, » qu'il leur reconnaissait même le droit d'obéir aux sentences et excommunications pontificales, « se contentant que nulle excommunication des papes ne peut donner authorité à ses sujets de conspirer contre sa personne ou Estat. » *Apologie*, Préface, p. 13. Ne pouvait-on s'appuyer sur ces déclarations du souverain pour trouver un sens acceptable au terrible serment dont le refus coûterait si cher? N'oublions pas non plus que beaucoup de prêtres séculiers anglais, élevés en France et gradués de Sorbonne, étaient les adversaires convaincus de ces opinions ultramontaines que le serment déclarait hérétiques et impies. On conçoit, chez ces hommes, de légitimes hésitations.

Le premier dignitaire de l'Église anglaise était alors George Blackwell, archiprêtre d'Angleterre et protonotaire apostolique depuis 1598. Après une carrière fort méritoire de missionnaire, l'âge et les fatigues l'avaient affaibli ; il était entouré de quelques prêtres qui, jadis, sous Élisabeth, avaient pensé acheter la paix au prix de concessions semblables à celles qu'exigeait Jacques Ier (Dodd, *Church history*, t. III, appendice, p. 188; cf. J. de la Servière, *Une controverse*, p. 63), et le serment nouveau n'était pas pour leur déplaire.

D'abord décidé à refuser et à condamner la formule royale, Blackwell se laissa influencer par son entourage, et à la suite d'un conseil où les principaux ecclésiastiques présents à Londres ne purent s'entendre, toléra la prestation du serment jusqu'à décision du pape.

Paul V, auquel adversaires et partisans de la formule royale en avaient appelé, ne fit pas longtemps attendre sa réponse. Après quelques démarches infructueuses tentées auprès de Jacques par l'ambassadeur français La Boderie, et par un envoyé pontifical Magdelène, le pape adressa, le 22 septembre 1606, un premier bref au clergé et aux fidèles d'Angleterre. Après avoir cité la formule du serment, il déclarait « qu'un tel serment ne peut estre presté sans endommager la foy catholique et le salut de voz âmes, attendu qu'il contient plusieurs points directement contraires à l'un et à l'autre. » Cité dans l'*Apologie*, p. 13.

Blackwell eut connaissance du bref par le provincial des jésuites, Holtbey, mais ne le promulgua pas, prétextant qu'il n'en avait pas reçu notification officielle. Le 24 juin 1607 au soir, le malheureux archiprêtre fut saisi, dans le petit village de Clerkenwell, près de Londres, par la police royale, et amené au palais de Lambeth, où l'archevêque Bancroft réunit une commission d'évêques et de docteurs pour l'examiner. Rien n'est plus triste que la lecture de ces interrogatoires, publiés en anglais par Bancroft, traduits en latin et en français, et répandus à profusion en Angleterre et sur le continent par les agents de Jacques Ier. Dès les premiers jours, Blackwell déclara que le bref de Paul V n'avait changé en rien son opinion sur la licéité du serment d'allégeance, et prêta ce serment; bien plus, le 7 juillet 1607, il écrivit une lettre à ses assistants et au clergé d'Angleterre, les engageant à prêter eux-mêmes le serment et à le faire prêter aux fidèles. Bancroft se chargea de faire imprimer et répandre cette lettre. *Quaestio*, p. 8, 14; cf. J. de la Servière, *Une controverse*, p. 66 sq. A la suite de ces événements, une pénible division se produisit parmi les catholiques anglais. Le bref étant connu, la plupart des prêtres anglais lui obéirent, et nombre de laïcs, qui avaient prêté le serment d'allégeance, le rétractèrent. Mais d'autres se crurent autorisés à suivre l'exemple de Blackwell; controverses et disputes entre prêtres et fidèles allaient leur train.

Une seconde intervention de Paul V devenait nécessaire. Elle eut lieu le 22 août 1607. Une courte lettre aux catholiques anglais réduisait à néant tous les prétextes allégués par eux pour désobéir au premier bref. « Vous estes totalement tenus d'y obéir et les observer (ces lettres), renonçant à toute interprétation de vostre sens à ce contraire. » *Apologie*, p. 30.

Paul V, dans ces documents, ne nommait pas Blackwell, voulant ménager le malheureux archiprêtre en souvenir de ses mérites passés. Il lui fit seulement écrire par le fameux P. Persons, S. J., et par le cardinal Bellarmin. Cette dernière lettre, spécialement, est fort belle. Le cardinal y faisait une critique rigoureuse de la formule royale, et exhortait Blackwell au repentir. Citée dans l'*Apologie*, p. 37 sq. Blackwell ne se rendit pas. Le 13 novembre 1607, il écrivit à Bellarmin une réponse pleine d'honneur de quelles étranges illusions il se berçait alors. Il prétendait que le serment d'allégeance ne refusait au pape « que la puissance impériale et civile sur les rois, qui en ferait ses simples lieutenants, remplaçables à sa fantaisie. » *Quaestio*, p. 38 sq. En le prêtant il n'avait pas nié le pouvoir indirect du pape sur les couronnes, tel que Bellarmin lui-même l'avait décrit. *Quaestio, ibid.* C'était méconnaître complètement le sens du serment royal. La lettre de Blackwell ayant été interceptée et livrée à Bancroft, l'archevêque, dans une nouvelle série d'interrogatoires, força le malheureux prisonnier à abandonner peu à peu ses positions, et finalement lui arracha la signature de la déclaration suivante, qui lui fermait toute échappatoire. « Le pontife romain ne peut, ni par lui-même, ni en vertu d'une délégation de l'Église, ni directement, ni indirectement, déposer un roi. » *Quaestio*, p. 118.

Paul V n'avait plus qu'à sévir pour arrêter le scandale. Le 1er février 1608, il adressa un nouveau bref à George Birkhead, un des assistants de Blackwell, qui lui avait courageusement résisté dans l'affaire du serment. Blackwell était déclaré déchu de ses fonctions d'archiprêtre, et Birkhead établi à sa place. Le premier soin du nouvel archiprêtre devait être d'amener à rétractation tous les ecclésiastiques qui auraient admis le serment; s'ils refusaient, ils seraient frappés d'interdit. Dodd, *Church history*, t. IV, appendice 31.

Ce rude châtiment lui-même n'ouvrit pas les yeux de Blackwell; après de nouvelles démarches pour l'amener à obéir aux ordres de Rome, Birkhead, le 16 août 1611, par une lettre adressée à tous les catholiques anglais, annonça que l'ancien archiprêtre et les autres prêtres qui avaient prêté le serment d'allégeance étaient frappés d'interdit. La mort du vieillard suivit de près ce dernier avertissement (25 janvier 1612). Au lit de mort, il affirma qu'il avait agi suivant sa conscience dans l'affaire du serment et suivi l'opinion qui lui paraissait la plus probable; il mourait en vrai fils de l'Église catholique; s'il avait, par sa conduite, offensé Dieu, il en demandait pardon. Cf. J. de la Servière, *Une controverse*, p. 74. A la suite des décisions pontificales sur le serment d'allégeance, la persécution éclata violente contre les « récusants »; elle fit quelques martyrs; généralement cependant on s'en tint aux pénalités énoncées dans le bill de 1606; et les Écossais faméliques qui avaient accompagné le roi Jacques en Angleterre profitèrent des dépouilles des confesseurs de la foi.

Jusqu'à la fin du XVIIIe siècle, le serment d'allégeance fut pour les catholiques anglais une occasion de vexations et de tracasseries. Oublié par Jacques Ier lui-même, et par ses successeurs, quand les intérêts de leur politique les rapprochaient des catholiques, il reparaissait aussitôt que le fanatisme populaire ou les besoins du moment leur commandaient de nouvelles rigueurs. Charles Ier pensa un instant à en modifier la forme, d'accord avec le pape; mais il recula à la fois devant les résistances des protestants et les divisions des catholiques au sujet du serment. Délaissé sous Charles II et Jacques II, exigé avec rigueur sous Guillaume d'Orange, il ne disparut qu'à la fin du XVIIIe siècle. En 1778, au moment de leur guerre avec la France, les membres du gouvernement anglais, voulant s'assurer la fidélité de la catholique Irlande, présentèrent et firent accepter au Parlement une nouvelle formule qui ne contenait que la doctrine des quatre articles de 1682; Rome la toléra. Maziere Brady, *Annals*, p. 127, 169; Flanagan, *History*, t. II, p. 493; Ward, *The dawn*, t. II, p. 273 sq. On sait que le serment d'allégeance fut l'occasion d'une fort intéressante controverse. Le roi Jacques d'Angleterre, très irrité des deux brefs du pape contre le serment, et de la lettre de Bellarmin à Blackwell, voulut réfuter en personne ces trois documents. Il le fit dans un ouvrage anonyme portant ce singulier titre: *Triplici nodo triplex cuneus, sive apologia pro juramento fidelitatis*, Londres, 1608. Bellarmin répondit la même année, par un opuscule signé de son aumônier Mathieu Torti, *Responsio ad librum inscriptum « Triplici nodo triplex cuneus »*. Furieux de cette riposte, pénible à sa vanité, le roi Jacques réédita son œuvre en mai 1609, en la signant et en la laissant précéder d'une longue *préface monitoire* adressée à l'empereur Rodolphe II et à tous les princes de la chrétienté. Bellarmin répondit par une *Apologie* de son livre, également dédiée à l'empereur Rodolphe. Une foule d'auxiliaires surgirent aux côtés du roi et du cardinal. Cette controverse, qui à l'époque passionna les cours aussi bien que les écoles, servit à mettre en lumière les idées régaliennes et les idées ultramontaines sur le pouvoir royal et ses relations avec le pouvoir ecclésiastique. C'est, en particulier, dans les deux ouvrages ci-dessus mentionnés que le roi Jacques exposa clairement sa théorie du droit divin des rois, connue depuis sous le nom de doctrine du roi Jacques, *sententia Jacobi regis*. Cf. J. de la Servière, *De Jacobo I*, p. 36 sq.

De la Boderie, *Ambassades en Angleterre*, Paris, 1750. — Jacques Ier, *Apologie pour le serment de fidélité*, Londres, 1609. — Jacobus, Angliae rex, *Opera*, Londres, 1619. — *Quaestio bipartita in Georgium Blackwellum*, Londres, 1609. — Bellesheim, *Geschichte der katholischen Kirche in Schottland*, Mayence, 1883. — Couzard, *Une ambassade à Rome sous Henri IV*, Paris, 1900. — Dodd, *Church history of England*, édit. Tierney, Londres, 1841, t. IV. — Flanagan, *History of the Church in England*, Londres, 1857. — Gardiner, *History of England from the accession of James I*, Londres, 1895. — Maziere Brady, *Annals of catholic hierarchy in England and Scotland*, Londres, 1883. — J. de la Servière, *De Jacobo I Angliae rege cum card. Roberto Bellarmino S. J. super potestate, cum regia, tum pontificia, disputante*, Paris, 1900; *Une controverse au début du XVIIe siècle*, dans *Études*, 5 oct. 1901, p. 58 sq. — Ward, *The dawn of the catholic revival in England*, Londres, 1909.

J. DE LA SERVIÈRE.

ALLEGRANZA (GIUSEPPE), dominicain, fut en Italie un des hommes les plus savants du XVIIIe siècle. Il naquit à Milan, le 16 octobre 1713, et fut baptisé le même jour. Son oncle, le P. Jean-Baptiste Allegranza, lui aussi dominicain, était un théologien de valeur et fut prieur du couvent de Saint-Eustorge, à Milan, où il mourut de vieillesse en 1720. C'est aussi pour le couvent de Saint-Eustorge que le jeune Joseph prit l'habit dominicain au couvent de Brescia. La licence du provincial est du 25 août 1731. Il se trouvait ainsi incorporé à la province de Saint-Pierre-Martyr. Il étudia les belles-lettres et la philosophie à Plaisance, puis la théologie à Bologne. Reçu lecteur en théologie, il enseigna tout à tour à Novare, puis à Verceil. Il fut fait maitre en théologie à Rome, le 8 décembre 1746. C'est alors qu'il tourna toutes ses études du côté des antiquités chrétiennes qui devinrent dès lors sa science favorite. Il entreprit de nombreux voyages d'études dans le nord de l'Italie, ainsi que dans le midi de la France, puis dans l'Italie méridionale, en Pouille, en Sicile et jusqu'à Malte. Partout il se liait d'amitié avec les savants les plus remarquables, pour profiter de leurs observations, en échange des siennes. Dès l'année 1750, il avait formé avec le savant Constantin Grimaldi le projet d'une Bibliothèque universelle, sous le nom de *Pansofia* (voir catalogue des œuvres, n. XXVIII); mais la mort de Mgr Galliani vint ruiner le projet, dont il ne nous reste que le prospectus. En 1752, Joseph Allegranza se rendit à Chieti, où il enseigna pendant deux années la théologie au séminaire. Son amour de l'étude de l'antiquité s'accrut surtout à partir de son séjour à Rome, en 1754. Il vécut le reste de sa vie dans son couvent de Saint-Eustorge de Milan, dont il fut plusieurs fois prieur. C'est là qu'il mourut, le 18 décembre 1785; des notes de la bibliothèque Casanate, à Rome, reportent sa mort au 27 décembre 1786. Si le P. Allegranza n'atteignit pas à la science ni à la réputation des Maffei, des Winckelman ou des Lanzi, néanmoins il tient un peu au-dessous d'eux une place honorable.

Le P. Joseph Allegranza fut d'une fécondité littéraire extraordinaire. Nous avons de ses œuvres deux catalogues : l'un, composé par le P. Allegranza lui-même, en 1758, dans ses *Fratres scriptores in monasterio S. Eustorgii Mediolani*, etc. (mss. Arch. gen. ord.); l'autre, par Tipaldo, dans *Biografia degli Italiani illustri*, etc., t. IV, p. 69-72. Enfin, en 1781, le camaldule Isidore Bianchi a formé la collection des opuscules du P. Allegranza.

I. *Sopra li Palici e un antica città, o terra della Palermo in Sicilia presso Paternò. Al signore dottore Giovanni Lami*. Ce mémoire, écrit en Sicile, fut imprimé en 1752 dans les *Novelle letterarie di Firenze*, 1752, col. 779 sq., n. 16 de la collection Bianchi. — II. *Descrizione di vari monumenti de i Marrucini osservati nell'antichissima città di Chieti e nel suo contorno*. Ce mémoire parut d'abord dans les *Novelle letterarie di Firenze*, 1754; à part, in-4° de XXX p., Chieti, 26 octobre 1753. Il y manque, dit le P. Allegranza dans son catalogue ms. cit., *Inscriptiones monasterii Casauriensis*, dont il conservait un exemplaire et le P. Calogerà un autre à Venise. C'est le n. 17 de la collection Bianchi où le mémoire figure de la page 212 à 236. — III. *Riflessioni sopra un antico breviario francescano*, dans les *Novelle letter. di Firenze*, 1754. — IV. *Confutazione del sig. Prideaux e del suo editore d'Ollanda circa il serpente di bronzo che esiste nel tempio di S. Ambrogio di Milano*. Dal Convento di Cortona, 23 novembre 1754. Inséré dans le *Giornale di letterati di Roma*, décembre 1754, p. 347-360. Reproduit avec plus d'étendue dans l'ouvrage indiqué, n. 9. — V. *Pessimo criterio di Adriano Baillet intorno la santita del B. Giacomo di Voragine*. Al. Sig. N. N. in Napoli, Chieti, 30 novembre 1754. Écrit à Rome et publié dans le *Giorn. de lett. di Roma*, décembre, p. 360-364. Dans la collection Bianchi n. 12, p. 173-176. — VI. *Ricerca dell'origine, e significazione di que' rozzi Animali che nelle fabbriche dette gotiche veggons i communemente in marmo scolpiti* Chieti, 9 novembre 1754, dans *Giorn. de letterati*, décembre 1754, p. 364 à 370. Ce mémoire parut ensuite dans l'ouvrage indiqué au n. IX. — VII. *Spiegazione di un basso relievo in marmo, scoperto in S. Giacomo, chiesa parrochiale di Messina, l'anno 1750, fatta in Messina 22 décembre per l'Ill° e R^{mo} Monsignor Tommaso Monurda dell'ord. de' pred. arcivescovo di Messina*, etc., dans *Giornale de lett. di Roma*, fév., 1755, p. 33-46. — VIII. *Lettere famigliari di un religioso domenicano toccanti varie singolari antichità, fenomeni naturali, vite ed opere di alcuni uomini illustri del regno di Sicilia e Malta*, dans *Giornale di Roma*, 1755, janvier, p. 1-18. Plusieurs autres lettres sur le même sujet, que l'auteur conservait manuscrites, furent ensuite publiées par les soins de Domenicho Schiavo, dans le *Giornale de lett.*, la même année 1755. Cf. Melzi, *Dizionario delle opere anonime e pseudonime*, t. II, p. 118. — IX. *Spiegazione e riflessioni del P. Gius. Allegranza, domenicano, sopra alcuni sacri monumenti antichi di Milano*, in-4°, Milan, 1757, p. XII-190. Avec 8 planches sur cuivre. Cet ouvrage renferme dix dissertations sur les antiquités chrétiennes de Milan. L'auteur s'attache surtout à la partie symbolique et à la signification des animaux représentés dans les monuments du moyen âge, en particulier de la porte de marbre de la basilique ambrosienne. Voici le sujet de ces dissertations : 1° sur la tradition suivant laquelle Galla Placidia, fille de l'empereur Théodose le Grand, a fait construire le temple de Saint-Genest, aujourd'hui Saint-Aquilin, où elle est inhumée; 2° sur une mosaïque représentant la dispute de Jésus avec les docteurs dans le temple; 3° sur le tombeau de Galla Placidia existant actuellement dans l'église de Saint-Aquilin; 4° sur un sarcophage dit de Galla Placidia qui se trouve sous le pupitre de la basilique impériale à Milan; 5° et 6° voir plus haut, n. IV; 7° voir plus haut, n. VI; 8° sur une Agape sculptée sur un marbre et ses symboles; 9° sur le portail de la basilique impériale de Saint-Ambroise de Milan et divers animaux qui y sont représentés; 10° sur le portail de Saint-Celse et celui de Saint-Simplicien. Ces dissertations ont été louées pour leur érudition par le *Journal des savants*, 1758. —

X. *Lettera al Co. Francesco d'Adda, toccante il sito dell'antica città di Barra, degli Arabi ed un vento ivi singolare detto Montivo simile ad un altro vento osservato dall'autore in Tocco, terra dell'Abbruzzo.* Cette lettre, datée du 29 octobre 1755, a été insérée dans la *Raccolta Milanese*, 1756, fol. 24. L'auteur avait déjà écrit quelque chose sur le même sujet dans les *Novelle di Firenze*, 1754, col. 277. — XI. *Difesa del canonicato de' frati predicatori, tradotta dal francese, con varie annotazioni*, in-8°, Venise, 1758. Il s'agit du livre de Pierre Jacob· *Mémoires sur la canonicité*, etc. — XII. *Lettera sopra un antico curiosissimo anello cristiano legato in oro.* Il s'agissait d'un morceau de jaspe avec le monogramme du Christ, qu'Allegranza regardait comme un monument ambrosien du IV° ou du V° siècle. Cette lettre fut insérée dans les *Memorie per servire alla storia letteraria*, Venise, 1759, t. II, p. 194. Le barnabite Angelo-Maria Cortinovi ayant, dans un opuscule intitulé : *Agli amatori delle antichità cristiane*, publié à Milan en 1760, attaqué cette dissertation et insinué que l'anneau en question n'était qu'une imposture moderne, le P. Allegranza fit paraître : *Risposta ad un foglio anonimo contro la suddetta Dissertazione*, Milan, 1760. — XIII. *Estratto dell'opera di Rousseau contro le Commedie ed i teatri*, dans les *Memorie letterarie*, Milan, 1760. — XIV. *Spiegazione di figure e lettere scolpite in lapis lazzoli, al sig. conte Zaccaria Serunau in Venezia*, dans les *Memorie per servire alla storia letteraria*, Venise, 1760. Dans la collection Bianchi, n. 13, p. 177 à 187. — XV. *Conghietture sopra un empio consorzio e principato di alcuni detti in Ferrara diaconi nel 1313. Al Reverendissimo Padre Maestro Tommaso Agostino Ricchini dell'ordine de' predicatori, segretario della S. Congregazione dell' Indice in Roma*, imprimé à Venise en 1759, dans Calogerà, *Raccolta di opuscoli*, t. V. — XVI. *Dell'antico fonte battesimale di Chiavenna. Dissertazione del P. Mro. Giuseppe Allegranza de pred. dedicata al nobilissimo sig. D. Girolamo Castiglioni, marchese di Castiglione*, etc., Venise, 1765. Éditée aussi dans 'a *Nuova raccolta Calogerà*, t. XIV, p. 121 à 210, 1766, avec planche; elle est dédiée ici al *sig. Giuseppe Casali* et datée de Milan, Sant Eustorgio li 2 agosto 1763. Dans la collection Bianchi, p. 109 à 155. — XVII. *De monogrammate D. N. Jesu Christi et usitatis ejus effingendi modis*, in-4°, Milan, 1773, avec fig. — XVIII. *Dissertazione sopra un voto per i cappelli fatto a Minerva, all' Ill.mo Sig. d. Carlo Berni degli Antonii, in Abbiategrasso*. Inséré dans le nouveau Journal de Modène, t. XIX, p. 128. Dans la collection Bianchi, p. 306 à 319. — XIX. *De sepulcris christianis in aedibus sacris. Accedunt inscriptiones sepulcrales christianae seculo septimo antiquiores in Insubria austriaca repertae; item Inscriptiones sepulcrales ecclesiarum atque aedium PP. ord. praed. Mediolani*, in-4°, Milan, 1773, avec figures, fol. IV-LXIV-164, et fol. IV pour la table. C'est là l'ouvrage le plus important du P. Allegranza. Voici, d'après Bianchi, *Opusculi eruditi latini ed italiani del P. M. Giuseppe Allegranza*, p. IV, quelle fut l'origine de cet ouvrage : *Verso 1770 essendo dalla Corte di Vienna mandato a Milano un Dispaccio, in cui si ordinava che in avvenire i cadaveri di coloro, che non avessero la lor propria sepoltura dovessero esser seppelliti non più nelle Chiese, ma ne' Cimiteri, piglio occasione l'instancabile P. Allegranza di trattar l'argomento de' sepolcri di Cristiani...* Dans cet ouvrage, le P. Allegranza étudie l'origine des sépultures dans les églises chrétiennes, la forme des tombeaux, leurs ornements, les inscriptions chrétiennes antérieures au VII° siècle, qui se rencontrent à Milan, Crémone, Crema, Lodi, Pavie et Côme, et toutes les inscriptions que renfermait l'église dominicaine de Saint-Eustorge à Milan. L'ouvrage du P. Allegranza est d'autant plus précieux que la plupart des monuments qu'il décrit et des inscriptions qu'il rapporte ont péri par l'injure du temps ou l'incurie des hommes. Cf. Predari, *Bibliografia*, etc., p. 208; *Giornale di Modena*, 1773, t. VI, p. 228; *Effemeridi di Roma*, 1774, n. III, p. 20. — XX. *Della basilica dei Re e del Monastero Eustorgiano de' FF. predicatori.* Cet ouvrage était déjà commencé en 1758, mais c'est au cours d'une longue convalescence, en 1784, qu'il put le mener à terme. Il put consulter tous les livres, tous les mémoires, conservés dans les archives de son couvent, et étudier en détail cette église, l'une des plus curieuses de l'Italie et l'une des plus riches en monuments funéraires. L'ouvrage demeuré manuscrit se conserve aujourd'hui à l'Ambrosienne. — XXI. En 1765, le P. Joseph Allegranza fut choisi pour dresser le catalogue de la bibliothèque Pertusati; il en fit d'abord comme un premier essai, qui lui valut de l'impératrice Marie-Thérèse une lettre des plus flatteuses, en date du 10 octobre 1767, accompagnée d'une médaille d'or. En 1770, il fut nommé par la cour de Vienne bibliothécaire de la bibliothèque Brera, à laquelle, sur ces entrefaites, avait été unie la bibliothèque Pertusati. C'est alors qu'avec l'aide de deux seuls assistants, il commença à en dresser le catalogue. La préface de ce catalogue a été éditée par Bianchi dans le recueil : *Opusculi eruditi latini ed italiani del P. M. Giuseppe Allegranza*, etc., sous ce titre : *Praefatio ad Catalogum bibliothecae Pertusatorum in qua potissimum agitur de difficultatibus ad bene recteque constituendum Indicem alicujus bibliothecae occurrentibus. Bibliophilis lectoribus Joseph Allegrantia ord. praed. praefectus bibliothecae Pertusatensis*, p. 90-99. — XXII. *Fr. Josephi Allegrantiae ord. praed. de addendis corrigendisque locis nonnullis tomi secundi bibliothecae ord. praed. Echardi, deque litteris apostolicis corrigendis in Bullario ord. praed. edito a R.mo P. Fr. Antonino Bremondio, magistro generali ord. FF. praed.* Ms. conservé aux archives générales de l'ordre. Ce supplément très important fut composé en 1758. — XXIII. *Esposizione sincera de' sacri misteri del Rosario di M. V, accomodati ad ogni Salutazione angelica. Discorso prodromo ascetico-critico di Rosario Maria Eulabio*, in-8°, Chieti, p. II-34. Parmi les nombreuses études du P. Allegranza, citons encore celles qui peuvent avoir un rapport plus direct avec l'histoire, par exemple : XXIV. *Parere sopra la gran questione se il naufragio di S. Paolo sia avvenuto in Malta o in Meleda; con un appendice intorno il vescovado di S. Publio*. Ms. in-folio. — XXV. *Vita e culto di S. Aquilino prete e martire colla descrizione del suo tempio in Milano e la spiegazione di alcuni bassi rilevi antico-profani e di un Musaico sagro nuovamente ivi scoperto e colle note critiche oltre a quelle letterali del signr Canonico Guttierez poste alla vita dello stesso santo, scritta in terza rima da Girolamo Claricio verso il principio del 1500, videlicet : vita di S. Aquilino prete e martire scritta in terza rima da Girolamo Claricio d'Imola, con alcune osservazioni.* Mss. déjà composé en 1758. — XXVI. *Contradizioni del sigr Locke intorno la divina rivelazione. Al. sigr Barone Alessandro Jardin.* Ms. — XXVII. *Dubbi intorno la adorazione di latria che secondo S. Tommaso d'Aquino vuol farsi alla croce; aggiuntavi la soluzione degli stessi dubbi del P. Bernardo de Rubeis.* Ms. — XXVIII. *Idea d'una Pansofia. Al sigr don Fulgenzio Pascali*, dans la collection Bianchi, p. 273. — XXIX. *Risposta al sig. Moro sopra la traslazione della casa di Loreto.* Ms. — XXX. *Del S. Chiodo o sia della celebre corona ferrea di Monza. Ragionamenti tre con alcune osservazioni preliminari.* Ms.

Outre les opuscules déjà cités précédemment et qui ont trouvé place dans le recueil composé par Isidore Bianchi, nous trouvons reproduits dans la même collection les opuscules suivants écrits en latin :

1° *Josepho Spergesio Lib. Baroni Palentiano et Reisdorfiano,* etc... *Joseph Allegrantia ord. praed. a regia bibliotheca Mediolanensi S. P. D. de Diptycho Consulari Cremonensi,* p. 1 à 15. — 2° Au même, *De diptycho ecclesiastico Cremonensi,* p. 16 à 34. — 3° *Reverendissimo P. D. Josepho Mariae Lunato abbati privilegiato, perpetuo et visitatori generali congregationis Lateranensis Joseph Allegrantia ord. praed. Dissertationem de cultro oblationum christianarum DDD.,* p. 35 à 57. — 4° *De sacro amuleto Vercellensi,* p. 58 à 62. — 5° *Acta ignoti adhuc concilii Mediolanensis saeculi IX cum aliquo specimine Codicis conciliorum descripti saeculo X a Stephano canonico Novariensi. Accedit Mantissa de altero sequiore concilio Mediolanensi celebrato et de Attone episcopo Vercellarum ejusque donatione facta Ecclesiae Mediolanensi,* p. 63 à 80. — 6° *Commentarius de vita et scriptis Jo. Francisci Bonamici Melitensis ex ejusdem mss. potissime collectus digestusque Valetae anno 1751,* p. 81 à 89. — 7° Voir plus haut n. XXII. — 8° *Epistola supra Codicem missalem S. Gaudentii,* p. 99 à 104. Parmi les opuscules écrits en italien, et contenus dans le recueil de Bianchi, nous avons déjà cité les principaux. Signalons encore l'opuscule : *Di alcuni codici esistenti nell' archivio della cattedrale di Novara, o specialmente intorno all' Alessandreide di Gattero,* p. 276 à 284. Daté de Milan, au couvent de Saint-Eustorge, le 28 juin 1774 (opusc. 25°); *Sopra l'edizione imperfetta di un Salterio, ossia Catena sopra i Salmi, tradotti e commentati da Sante Pagnini.* Al sig. Carlini Regio custode della R. biblioteca Milanese di Brera, p. 285 à 288 (opusc. 26°); etc.

Tipaldo, *Biografia degli italiani illustri,* etc., Venise, 1837, t. IV, p. 69-72. — P. D. Isidoro Bianchi, *Opusculi eruditi latini ed italiani del P. M. Giuseppe Allegranza,* Crémone, 1781. — Hurter, *Nomenclator,* Innsbrück, 1911, t. V, col. 462. — Allegranza Giuseppe, *Fratres scriptores in monasterio S. Eustorgii Mediolanensi recensiti anno 1758.* Ms., Arch. génér. de l'ordre.

R. COULON.

1. ALLÈGRE (JEAN). Peut-être originaire du Quercy; alors qu'il était archidiacre de Ravello, il fut élu évêque d'Ugento en Italie, contradictoirement à Gervais de Corminaco, chanoine de Ravello. S'étant désisté en faveur de son concurrent, il fut bientôt nommé au siège de Ravello (29 septembre 1291). E. Langlois, *Les registres de Nicolas IV,* n. 6157-6160. Le 18 juin 1304, il remit le pallium à l'archevêque de Salerne, Guillaume de Goudou (Ch. Grandjean, *Les registres de Benoît XI,* n. 982) et mourut avant le 23 octobre 1321, date à laquelle un successeur lui fut désigné.

G. Mollat, *Lettres communes de Jean XXII,* t. IV, n. 14621. — E. Albe, *Autour de Jean XXII. Les familles du Quercy,* Rome, 1904, t. II, p. 138.

G. MOLLAT.

2. ALLEGRE (PAOLO LAMBERTO). Né à Turin le 17 octobre 1751, il fit ses études à Rome, et devint successivement secrétaire de Mgr Balbi Bertone, évêque de Novare, chanoine de la cathédrale et vicaire général de ce diocèse. Nommé par Napoléon Ier conseiller d'État du royaume d'Italie et comte, il fut promu, en 1807, évêque de Pavie. Secrétaire du concile national de 1811, il fit partie de la députation envoyée à Savone auprès de Pie VII. Après la réunion du royaume lombard-vénitien à l'Autriche, il fut chargé de haranguer l'archiduc Jean d'Autriche, en 1815, et l'empereur François II en 1816. Il écrivit beaucoup, paraît-il, mais aucun de ses ouvrages n'a été imprimé. Il mourut le 6 octobre 1821, après une longue maladie, laissant toute sa fortune à son séminaire.

Cappelletti l'a omis dans la notice consacrée au diocèse de Pavie dans *Le Chiese d'Italia,* t. XII. — Meyranesi-Bosio, *Pedemontium sacrum,* Turin, 1863, t. II, p. 60. — Fr. Magani, *Cronotassi dei vescovi di Pavia,* Pavie, 1894.

J. FRAIKIN.

1. ALLEGRI (GIROLAMO MARIA). Né, le 29 août 1659, à Firenzuola (aujourd'hui arrondissement de Pesaro, province de Pesaro et Urbino), il entra dans l'ordre des servites. Ferdinand II, grand-duc de Toscane, le choisit pour son théologien, et il fut également consulteur du Saint-Office de Florence. Il devint prédicateur du Vatican et du conclave de 1721, puis théologien du concile de Latran en 1725. Benoît XIII le nomma, le 15 décembre de l'année suivante, évêque de Cagli et assistant au trône pontifical. Il mourut en 1754.

ŒUVRES. — *Esercizio di preparazione alla visita di Maria Vergine nella sua miracolosa immagine dell' Impruneta,* imprimé à la fin de *Memorie istoriche della miracolosa immagine dell' Impruneta, raccolte per Gio. Battista Casotti,* in-4°, Florence, 1714. — *Lo Spirito della Corte apostolica e degli abitanti di Roma nel giubileo dell' anno santo MDCCXXV, alla Santità di Benedetto XIII,* 2 vol. in-12, Rome, 1725.

Giani-Buonfrizzeri, *Annalium sacri ordinis fratrum servorum B. Mariae Virginis centuriae quatuor,* Lucques, 1725, t. III, p. 726-729. — Carrachini, *Catalogo generale dei teologi dell' università Fiorentina,* Florence, 1725, p. 56-57, 61. — Ughelli-Coleti, *Italia sacra,* Venise, 1721, t. I, col. 2. — Mazzuchelli, *Gli scrittori d'Italia,* t. I, 1re part., p. 508-509.

J. FRAIKIN.

2. ALLEGRI (MARIOTTO). Né à Arezzo d'une famille noble, il entra dans l'ordre de Vallombreuse et fut successivement prieur du monastère de San Marco au diocèse de Volterra, abbé de Santa Maria de Deciano, au diocèse de Città di Castello, vicaire de Vallombreuse, prieur de Camaldoli et enfin, de 1453 à sa mort, en 1478, général de cette congrégation. Remarquable par son austérité, il favorisa le développement des études parmi ses religieux et fut lié avec les plus grands lettrés de son temps. Ziegelbauer semble dire qu'il a écrit sur saint Romuald.

Augustinus Florentinus, *Historiarum camaldulensium libri tres,* Florence, 1575, p. 246-249. — Ziegelbauer, *Centifolium camaldulense,* Venise, 1750, p. 38. — Mazzuchelli, *Gli scrittori d'Italia,* Brescia, 1753, t. I, 1re part., p. 509. — Mittarelli et Costadoni, *Annales camaldulenses,* Venise, 1762, t. VII, passim (voir la table, col. 467).

J. FRAIKIN.

ALLEGRO (FILIPPO). Né le 29 juin 1829, à Costa Bacelega (hameau de la commune de Ranzo, dans la province de Port-Maurice et le diocèse d'Albenga), d'une grande famille de Gênes (cf. di Crollallanza, *Dizionario storico-blasonico delle famiglie nobili italiane e straniere,* Pise, 1886, t. I, p. 30), il fut préconisé évêque d'Albenga le 29 mai 1879 et y fit son entrée solennelle le 7 septembre suivant. Cf. l'homélie prononcée par lui en cette circonstance, précédée de l'allocution de l'archidiacre de la cathédrale et suivie du discours prononcé par le cardinal Alimonda, prédécesseur de Mgr Allegro, petit in-4°, Albenga, 1879. Assistant au trône pontifical en 1901, il est mort le 2 décembre 1910, un an après avoir fêté la trentième année de son épiscopat. Cf. *Acta apostolicae Sedis,* 1909, p. 535; *Analecta ecclesiastica,* 1909, p. 332. Il a fondé une congrégation de capucines chargées de soigner les malades.

J. FRAIKIN.

ALLEMAGNE. — I. L'ÉGLISE D'ALLEMAGNE ET LE SAINT EMPIRE ROMAIN GERMANIQUE, LEUR ORIGINE, LEUR HISTOIRE AU MOYEN AGE, JUSQU'AU CONCORDAT DE NICOLAS V (1448). II. L'ÉGLISE ET L'EMPIRE A LA RENAISSANCE ET A LA RÉFORME (1417-1648). — III. L'AGONIE DU SAINT EMPIRE (1648-1805). — IV. L'ÉGLISE D'ALLEMAGNE AU XIXe SIÈCLE.

I. L'ÉGLISE GERMANIQUE ET L'ALLEMAGNE CHRÉTIENNE JUSQU'AU CONCORDAT DE NICOLAS V (1448).

— La civilisation allemande est née du contact prolongé pendant plusieurs siècles des barbares germains avec le monde romano-chrétien, comme de la fusion de plusieurs races, entre lesquelles la race germanique a toujours gardé la prépondérance et la direction. Comment le christianisme, avec le concours de la culture romaine, a transformé les peuplades éparses à travers les forêts de l'Europe centrale, en race, en nation allemande, en leur assurant un rôle de premier ordre dans les fastes de l'Église, c'est un problème qui englobe toute l'histoire du moyen âge, depuis la fin de l'empire romain jusqu'au grand schisme d'Occident.

I. L'apostolat en Germanie. II. La féodalité ecclésiastique (814-1250). III. L'Église allemande souveraine (1250-1448).

I. L'APOSTOLAT EN GERMANIE. — Dans la mêlée des peuples qui prépara l'Europe moderne, la christianisation de la Germanie nous apparaît comme une œuvre des plus complexes, à cause de la diversité des agents qui y ont concouru, apportant chacun des éléments nouveaux. Les Romains, les Gaulois, les Francs, les Saxons, les Bavarois y sont intervenus successivement, mais ont modifié tour à tour la civilisation qui avait servi de base et de point de départ. D'un autre côté, si les Francs, les Burgondes, les Suèves, les Alamans, les Thuringiens, etc., appartenaient à une seule et même race, qu'on a coutume d'appeler germanique, les Boïi (Bavarois), les Wendes, Poméraniens, Prussiens, etc., qui se sont amalgamés avec eux en des proportions plus ou moins grandes, ont amené dans les régions est et sud-est de l'Allemagne des éléments de populations où dominaient les Slaves, sans exclure les Celtes et les Goths.

1° L'apostolat gallo-romain au IVᵉ siècle. — 2° La conquête franque du Vᵉ au VIIIᵉ siècle. — 3° Organisation de l'Église germanique par saint Boniface. — 4° La germanisation des Slaves du IXᵉ au XIIIᵉ siècle.

1° *L'apostolat gallo-romain jusqu'au Vᵉ siècle.* — Le christianisme pénétra en Germanie avec la conquête romaine, c'est-à-dire qu'il ne dépassa pas d'abord la ligne que forment le cours du Rhin à l'est et celui du Danube au nord. Au delà, c'était la forêt sans fin, sans moyen de communication, avec des peuplades farouches, plus hostiles à tout ce qui venait de l'envahisseur à mesure que la conquête avançait. Ces motifs expliquent pourquoi l'évangélisation fut moins lente, fit plus de progrès dans les régions autour du Danube, habitées par les races celtiques, que sur les bords du Rhin, où les Germains dominaient exclusivement. La culture romaine absorba les premières, qui étaient d'ailleurs en contact perpétuel avec l'Italie; le conquérant ne fut jamais qu'une minorité au milieu des seconds, le maître craint et mal vu qu'on subit plutôt qu'on ne l'accepte. Tandis que les deux provinces de Germanie furent surtout des marches militaires, des campements en permanence sur la frontière, celles de Norique, de Rhétie, de Vindélicie se laissèrent pénétrer et transformer par la civilisation romaine, en adoptèrent la langue, les mœurs, les usages, même les raffinements.

Le christianisme fut introduit en Germanie par les marchands romains, italiens et gaulois. Avant même la conquête, des caravanes se rendaient de Rome et de Marseille jusqu'aux extrémités du Rhin, sur la mer du Nord, au delà du Danube, échangeaient les marchandises, et en même temps les nouvelles, les découvertes, les idées, les croyances, les cultes et les pratiques religieuses avec les convictions. Les relations se resserrèrent, devinrent incessantes, quand les légions eurent ouvert des routes, multiplié et garanti les moyens de communication, établi finalement des marchés fixes ou périodiques à Ratisbonne, Cologne, etc. Les gens de petits métiers et ouvriers émigraient facilement, et nous savons que ce fut parmi eux que le christianisme trouva ses premiers adeptes et ses plus zélés propagateurs. Marchands et artisans n'apportaient pas moins d'ardeur à communiquer leurs convictions qu'à faire valoir leurs produits, et les habitants de l'Europe centrale n'échappèrent pas au prosélytisme que Gaulois, Romains, Grecs et Orientaux pratiquaient les uns à l'égard des autres.

Ces marchands étaient grecs et syriens autant qu'occidentaux; avec le temps ceux d'Orient prirent la prépondérance et s'établirent en nombre dans le pays. Il faut y joindre les esclaves et gens de condition inférieure qu'amenaient avec eux les fonctionnaires romains, parfois déplacés d'Orient en Occident, comme Junius Pastor, qui vint de l'Asie Mineure en Belgique, passa ensuite à Mayence, du temps d'Antonin le Pieux, et dont deux esclaves grecs ont laissé un monument funéraire à leur enfant. Enfin les légions elles-mêmes furent souvent transférées des régions orientales sur les bords des deux grands fleuves européens, et, bien que l'évangélisation des soldats se heurtât à des difficultés toutes spéciales, il ne manqua pas d'adeptes parmi eux, encore plus et surtout dans les rangs de la populace qui accompagnait à titres divers les armées romaines. Si le miracle de la légion fulminante est un fait historique, ce qu'on ne peut guère nier, il dut laisser une impression profonde sur les populations du Danube, comme aussi le passage de ce corps de troupe qui séjourna plusieurs années dans la région.

Tout est incertain en ce qui concerne les origines et les premiers progrès de l'Église germanique, comme du reste pour les Églises occidentales les plus anciennes. Les légendes fort vénérables par leur antiquité (quelques-unes remontent à Grégoire de Tours), qui ont transfiguré ces commencements, s'efforcent de les rattacher à la prédication des apôtres, mais réellement n'ont fait qu'établir leur rapport avec les premières missions gallo-romaines. Crescent, le disciple de saint Paul, qui s'enfuit en Galatie, II Tim., IV, 10, en Gaule, selon saint Épiphane et Théodoret, aurait fondé l'Église de Mayence et compte parmi les prédicateurs envoyés par les apôtres aux populations de la Gaule Celtique. Les créateurs des autres Églises rhénanes, Clément à Metz, Eucharius à Trèves, Maternus à Cologne, etc., portent des noms gallo-romains, et les légendes revendiquent pour eux la qualité de disciples de saint Pierre. En réalité, rien n'empêche d'admettre l'existence d'évêques de ce nom, mais ils ont dû apparaître et travailler bien après le premier pape, dans le cours du IIIᵉ siècle ou tout à fait sur la fin du second.

Le premier témoignage à peu près certain sur l'existence du christianisme dans les régions germaines, est celui de saint Irénée, qui mentionne, comme preuve de la vaste extension qu'avait prise le nom chrétien, les églises ou communautés de Germanie: Αἱ ἐν Γερμανίαις ἱδρυμέναι ἐκκλησίαι. *Adversus haereses*, I, 3 (vers 180). Quelles sont ces églises, les documents ne permettent pas de le préciser davantage, et le texte ne vaut que dans sa portée générale; c'est même une exagération que d'en induire, comme on l'a fait (*Kirchenlexikon*, t. III, col. 1617), que ces premiers groupes pouvaient se rattacher par une filiation quelconque à l'Église de Lyon, berceau de l'Église gallo-romaine. Même pour les chrétientés du Rhin, dont nous venons de nommer les ancêtres probables, et qui avaient tant de moyens de communiquer avec Lyon, aucun document irrécusable ne vient, avant le IVᵉ siècle, attester leur vie, encore moins leur point de départ et les relations entre elles.

A cette époque seulement, nous commençons en effet à rencontrer quelques points de repère sûrs, des noms et des dates sur lesquels on puisse tabler. Dans la Germanie du sud, le monde romano-celtique, nous tâtonnons moins, à la lumière de quelques renseignements certains des *Acta sanctorum*. La mémoire de sainte Afra, martyrisée à Augsbourg sous Dioclétien (304, cf. ci-dessus, t. i, col. 700-702), qu'on ne peut mettre en doute (elle est confirmée par des témoignages presque contemporains), montre un évêque Dionysius travaillant dans la région. Le martyre de saint Florian en Norique, à Lauriacum (Lorsch sur l'Enns), est nettement affirmé par le Martyrologe hiéronymien, et on admet aussi l'authenticité d'un autre saint du même pays, Maximilien, qui aurait été évêque régionnaire. On ne conteste nullement l'existence d'évêchés à Augsbourg et à Lauriacum au début du ive siècle, à Tiburnia en Carinthie, sur la Drave supérieure, plus tard à Sabiona (Seben) dans le Tyrol, à Emona (Laibach) en Carniole, etc. On possède plusieurs noms d'évêques au ive et au ve siècle, et à cette dernière date toute la région des Alpes, Norique et Rhétie, passait pour entièrement chrétienne. Encore qu'il faille apporter des réserves à la légende de saint Lucius, premier évêque de Coire au iiie siècle, le siège existait cependant dès le ive. Enfin jusqu'à Juvava (Salzbourg), Batava (Passau), Petovium (Pettau en Styrie sur la Drave), où fut martyrisé en 303 l'exégète Victorin, les évêchés couvraient le pays quand parut l'invasion, mais ils étaient tournés vers l'Italie, d'où leur était venue la lumière, et se rattachaient à la métropole d'Aquilée ou à celle de Milan. Ce n'est que plus tard que les invasions ont lentement germanisé ces provinces.

Ces évêchés furent pour la plupart établis sous la domination romaine; de même Vindonissa (Windisch), capitale de la Vindélicie, et Strasbourg, mentionné en 314. Mais dès le ive siècle, cette dernière partie de la Germanie, au nord des Alpes jusqu'au Rhin, fut désolée par les incursions des Alamans, qui finirent par l'occuper et y ruinèrent les chrétientés, pendant que les Huns achevaient leur œuvre de dévastation en Pannonie et sur le Danube. Aussi la Germanie rhénane proprement dite, qui fut évangélisée plus tard, où la religion se développa plus lentement et péniblement au milieu des indigènes soumis à la domination romaine, la Germanie rhénane, provinces de Germanie inférieure et supérieure, avec les deux Belgiques, fournit un terrain plus solide pour l'établissement définitif de l'Église.

S'il faut entendre par ces contrées les Germanies de saint Irénée, assurément des communautés chrétiennes durent être créées et se développer, au moins dans les colonies romaines plus denses qui constituaient les chefs-lieux de ces provinces, le siège des gouverneurs, Trèves, Mayence, Cologne, Tongres. Et surtout depuis 287, date où l'auguste Constance Chlore, favorable aux chrétiens, y établit sa résidence, devenait par la suite une des capitales de l'empire, Trèves offrait plus d'un avantage qui devait attirer les fidèles des autres parties de la Gaule, et faciliter les conversions. Hauck, *Kirchengeschichte Deutschlands*, 2e édit., t. I, p. 27. Néanmoins là, comme dans les autres cités rhénanes, la vie chrétienne ne se manifeste pour nous qu'au ive siècle, et lorsque, la liberté rendue à l'Église, la prédication put s'étaler au grand jour, avec l'appui des gouvernants. Et d'abord par l'action des évêques. Le premier qui se révèle à Trèves est Agricius, qui prit part au concile d'Arles (314), avec Maternus de Cologne. De celui-ci nous savons encore qu'il souscrivit les résolutions du concile de Rome (313), contre les donatistes. A Mayence Martin, Victor à Metz, Mamertius de Toul, etc., leur sont de peu postérieurs.

L'épiscopat rhénan consolida peu à peu ses positions en développant l'apostolat dans le monde gallo-romain, organisa l'administration ecclésiastique avec la vie chrétienne et le culte public; ainsi l'Église rhénane se trouva prête à recevoir les barbares, qui devaient lui fournir un nouveau champ de prédication avec les éléments d'une société d'avenir. Les populations des campagnes étant restées peu ouvertes à la civilisation romaine, il fallut apprendre leur langue pour les convertir. Un siècle ou deux après, il y avait encore beaucoup de païens dans ces régions, mais ils furent entraînés par l'exemple et la terreur des Francs.

La présence de saint Athanase, pendant près de trois ans (334-337), ne fortifia pas seulement l'orthodoxie de ces Églises, en les préservant de l'arianisme; elle y renouvela la ferveur des fidèles et le zèle du clergé. De même les leçons, les exemples de saint Martin de Tours, dont l'écho se répercutait au loin dans toutes les régions gauloises. Lui-même vint trois fois à Trèves dans l'espace de deux ans (384-386), s'efforçant d'adoucir la rigueur des évêques rhénans à l'égard des priscillianistes, indice de plus de son action sur le développement de la vie cénobitique, que des amis de saint Augustin établirent alors à Trèves sous le titre de *pauvres spirituels*.

Ainsi orienté dès l'origine, l'épiscopat germanique s'appuyait sur l'Église romaine et il évolua dans l'orbite de saint Hilaire de Poitiers, comme dans celui d'Athanase. Ce fut sous cette discipline qu'il prit part aux conciles du ive siècle, à Sardique, Arles, où l'évêque Paulin de Trèves, non moins actif et zélé que son prédécesseur saint Maximin, soutint seul Athanase et se vit frapper d'une sentence de bannissement par l'empereur arien Constance, à Milan (355), à Rimini, etc. Le zèle pour la vraie doctrine se révéla surtout au concile de Cologne (346), dont l'existence contestée semble cependant hors de doute. Hefele-Leclercq, *Histoire des conciles*, t. i, p. 830-834. Les évêques de la région y déposèrent comme fauteur d'arianisme celui de Cologne, Euphratès, qui venait de jouer un rôle en vue au concile de Sardique, et l'avait ensuite représenté comme légat auprès de Constance (344). Un autre type d'évêque rhénan fut Servatius (Servais), de Tongres, qui soutint l'orthodoxie au concile de Rimini (359), mais compromit sa cause, ainsi que le loyalisme d'Athanase, en acceptant de défendre devant le même empereur les intérêts de l'usurpateur Magnence.

Évêques missionnaires, théologiens ou politiques réussissaient également à fortifier la puissance organique du corps épiscopal, en sorte qu'il ne se révéla pas seulement aux barbares comme l'avant-garde de l'Église de Gaule, mais comme la seule autorité autour de laquelle se groupaient, avec les populations sans chefs et sans force de résistance, les débris de la société et les représentants de la civilisation romaine. que seul il avait été en état de conserver. Les évêques avaient su grouper dans les communautés chrétiennes du ive siècle l'élite de ces populations par la richesse, l'esprit, le savoir et l'habileté, les chefs du gouvernement, de la force publique, les notables de l'administration locale et municipale, en un mot tout ce qui représentait le monde romain. Ces communautés restaient à peu près seules debout, et quand les barbares eurent ruiné les villes, bouleversé les cités et toutes les institutions, mis sens dessus dessous l'ordre social et économique, ils trouvèrent devant eux ces mêmes communautés, à la tête desquelles les évêques, défenseurs de la cité, leur parlèrent fermement, imposèrent leur volonté et arrêtèrent l'œuvre de destruction, en attendant de pouvoir édifier le nouveau régime social sur la conversion des conquérants.

2° *La conquête franque, du ve au viiie siècle.* — Les

invasions, qui se généralisèrent au début du v⁰ siècle, avec la poussée des Goths et des Vandales, produisirent des résultats divers, selon les envahisseurs et les circonstances de leur marche en avant. Trois peuples à ce moment forcèrent la ligne du Rhin moyen (407). Pendant que les farouches Suèves Alamans, qui, durant deux siècles de luttes, avaient pris en abomination le nom romain et tout ce qui s'y rattachait, tenaient obstinément au culte d'Odin et détruisaient le christianisme en Alsace, les Burgondes se laissaient convertir dans le Palatinat, avant 417. *Realencyklopädie*, t. III, p. 568-569. Un évêque, on a nommé Crotoldus de Worms, en baptisa toute une tribu, après l'avoir instruite et préparée par le jeûne (430). Malheureusement la défaite que la nation subit, en voulant arrêter l'invasion hunnique (435), la poussa tout entière pêle-mêle dans la Suisse romande et le bassin du Rhône, où le contact des Goths l'infecta des erreurs ariennes.

Le troisième peuple, celui des Francs qui, maître de Cologne en 405, s'étendit sur le cours du Rhin et de la Meuse, occupant les côtes de la mer du Nord et le territoire voisin jusqu'à la Somme, garda d'abord une attitude plus réservée : il ne se convertit pas, mais il respecta l'Église partout où il la trouva établie. Les chefs du clergé purent continuer leurs fonctions de défenseurs de la cité. A Trèves, à Cologne, Mayence, etc., la série des évêques se maintint à peu près sans interruption, tandis que les chrétiens, qui se réfugièrent dans les îles de la Meuse devant l'invasion hunnique, transférèrent à Maestricht l'évêché de Tongres.

Dans un contact prolongé avec les Romains, depuis 250, les Francs, bien loin de se montrer farouches, hostiles comme les Alamans, furent promptement séduits par les mœurs romaines, les avantages de la civilisation ; ils entrèrent par bandes dans les armées ; l'administration les employa ; ils fournirent des consuls, des gouverneurs. Ce long contact avec les vaincus et la pratique de leur vie civile les préparaient à embrasser leur religion. Ce ne fut pas le clergé rhénan qui la leur transmit. Quand Clovis conquit la Gaule comme on cueille un fruit mûr, il dut prendre contact avec les évêques du pays, et l'ascendant de l'épiscopat transforma de bonne heure sa politique : ce que sainte Clotilde avait préparé par ses prières et ses exhortations, saint Remi le réalisa dans des avances qui répondaient aux vœux de ses collègues, et la bataille dite de Tolbiac donna l'impulsion qui précipita le mouvement.

L'Église put dès lors reprendre sa marche en avant vers l'est, avec la conquête des Francs, qui retournaient contre leurs frères encore barbares la soif de butin et d'aventures qui les avait lancés sur l'empire romain. Le clergé rhénan se dévouait à l'évangélisation des campagnes encore païennes et les Francs orientaux (Austrasiens), en retard sur les autres, se convertirent pour imposer leur foi avec leur joug aux Germains non civilisés. Dans un travail constant dicté par la nécessité, on crée, on organise partout, les diocèses reprennent vie et activité, en même temps contact entre eux : des relations suivies s'établissent, et on voit apparaître pour la première fois les trois grandes métropoles allemandes avec leurs suffragants, Trèves et les trois évêchés, Metz, Toul et Verdun ; Cologne avec Maestricht, Mayence à laquelle se rattachent Spire, Worms et Strasbourg. Toutefois les souverains austrasiens, absorbés par les campagnes vers l'est et occupés à surveiller les leudes turbulents ainsi que de belliqueux voisins, furent loin d'enrichir le clergé autant que les autres Mérovingiens ; en particulier ils ne prirent que fort peu de part aux fondations de monastères qui se multiplient dès le vi⁰ siècle. A côté de la belle floraison de la région française, on rencontre tout au plus quelques essais à Trèves et à Metz.

L'état de guerre absorbait l'attention des deux pouvoirs dans ces régions frontières, et l'apostolat ne pouvait s'avancer qu'appuyé sur la conquête. Les Bavarois, dernières immigrations germaines, paraissaient sur le Danube, et occupaient en 500 le Norique, Alpes orientales, que les Huns et les Avares avaient dévasté au siècle précédent. Derrière les Bavarois, l'avant-garde slave commençait à poindre. Pour parer au danger qui menaçait la monarchie, les héritiers de Clovis chez les Francs Ripuaires, Théodoric et Theudebert, se portèrent à sa rencontre, achevèrent la conquête des Alamans dans la Suisse orientale, soumirent les Thuringiens et arrêtèrent les Bavarois. L'arianisme avait pénétré chez ces peuples sous l'influence des Goths et de Théodoric le Grand, mais se retira promptement devant l'orthodoxie. Toutefois, celle-ci ne prit pied que lentement, avec la protection des Mérovingiens, sous l'action des ducs ou gouverneurs chrétiens que ceux-ci intronisaient, des fonctionnaires et colons gallo-francs, qui unissaient leurs efforts aux bons exemples des débris, chrétiens maintenant, de l'ancienne population celtique romanisée. Les chefs et les notables germains suivaient sans peine l'entraînement des vainqueurs, mais la masse des barbares ne pouvait se détacher de ses divinités forestières. Les Alamans en particulier ne s'ébranlèrent que peu à peu et tardivement, au cours du vii⁰ siècle. Les conquérants avaient soin, cependant, de réorganiser la hiérarchie parmi eux, et les évêchés restaurés de Coire, Augsbourg, Vindonissa-Constance, Augusta-Bâle, Argentoratum-Strasbourg se rattachaient à l'Église franque, leurs évêques figuraient dans ses conciles. En Bavière, la dynastie des Agilolfinges, ducs francs chrétiens, prenait l'initiative de rétablir, dès le vii⁰ siècle, la religion et le culte dans les anciennes églises florissantes du Norique, Lauriacum, Sabiona-Brixen, etc., etc.

A ce moment l'apostolat se transformait. Dagobert I⁰ʳ, réunissant les divers États de la monarchie franque, avait imprimé un élan aux missions : avec son appui, les évêques Amand de Maestricht et Éloi de Noyon évangélisaient les bords du Rhin jusqu'à ses bouches, y compris les sauvages Frisons. Mais après ce règne, la décadence de la puissance mérovingienne augmenta et la dynastie ne s'occupa plus guère de conquêtes ni de conversions. Une école de missionnaires, qui avait déjà fourni ses preuves, allait suppléer à cette défaillance momentanée des conquérants apôtres. Ce sont les moines celtes de l'Irlande et de l'Écosse, que saint Colomban venait d'introduire en Gaule, en leur traçant une règle, où leur prosélytisme puisait son ardeur et sa persévérance, sinon la méthode et l'esprit de suite.

Après la fondation de Luxeuil (590), qui ne tarda pas à devenir le séminaire des nouvelles missions, Colomban s'établit quelque temps à Bregenz, sur le lac de Constance, où il se mit en rapport avec les Bavarois, que son disciple, Eustasius, l'abbé de Luxeuil, fit évangéliser par ses moines. La province fut convertie dans le cours du vii⁰ siècle : des évêques régionnaires y travaillèrent, créant des couvents, autour desquels ils organisaient souvent, sinon un diocèse, du moins un service de prédication et d'administration des sacrements, qui rayonnait dans la contrée. Le défaut de la méthode celtique était de tenir trop peu compte de la hiérarchie, de ne pas s'appuyer sur l'épiscopat, qui seuls donnaient à la vie chrétienne une organisation durable. Saint Rupert ouvrit, en 691, l'église monastique de Salzbourg, saint Emmeran, celle de Ratisbonne un peu plus tard, saint Corbinien travailla à Freising et à Meran (Tyrol). Tous étaient évêques, mais ne fondèrent pas de diocèse. On ne voyait donc que des monastères, comme Fussen sur le Danube, dont les moines commençaient par défricher, avant de partir en tournée d'apostolat. Quand la Bavière fut convertie, il fallut que le duc Théodo sollicitât du pape Grégoire II une répartition diocésaine, qui ne put se réaliser pour le moment (716).

Dans le pays des Alamans, plus tard la Souabe, sur le Danube et le Rhin supérieurs, les Celtes procédèrent de même. Un autre disciple de Colomban, saint Gall, fonda en Suisse un monastère qui devint très florissant et envoya dans cette région des phalanges rivales de celles de Luxeuil. Agrestius, moine de cette dernière maison, saint Fridolin, saint Trudpert travaillèrent à la conversion des farouches Suèves dans le cours du VIIe siècle. Fridolin fonda l'abbaye de Soeckingen au bord de la Forêt Noire. Ils ne créèrent rien de durable dans le sens de la hiérarchie; et pourtant la foi chrétienne avait réalisé en ces pays des progrès sérieux, puisque la *lex Alamanica*, promulguée au début du VIIIe siècle, est tout imprégnée de christianisme.

La Thuringe fut évangélisée de même, et la ville de Wurtzbourg conserve le souvenir du moine irlandais saint Kilian, qui y prêcha et fut martyrisé par ordre d'un noble thuringien. Au VIIIe siècle cette province, gouvernée par des ducs baptisés et où les hautes classes avaient accepté la religion des Francs, leurs suzerains, passait pour chrétienne; il y avait toutefois encore beaucoup à faire, comme dans les pays voisins, au delà du Rhin. Le paganisme retenait toujours les masses et ne pouvait disparaître que devant une organisation cultuelle procédant d'ensemble; or il n'y avait pas d'unité, pas d'entente ni de direction générale chez les moines missionnaires. La règle de saint Benoît, qui commençait à s'implanter à côté de celle de Luxeuil, concevait l'apostolat d'une manière plus rationnelle et dans une certaine connexion avec la hiérarchie. Le réformateur Pirminius l'appliqua à son œuvre, l'abbaye de Reichenau (lac de Constance) en 724, et pendant près de trente ans la répandit en Alsace et en Palatinat, dans une foule de couvents qu'il fut appelé à réformer, Murbach, Hornbach, etc.

Bref, la Germanie attendait encore son apôtre au vrai sens hiérarchique du mot.

3° *Organisation première de l'Église germanique avec saint Boniface au VIIIe siècle*. — Deux faits importants vinrent préparer l'œuvre, en lui donnant son cachet propre : les maires du palais d'Austrasie, les Pippinides, ayant imposé leur tutelle aux Mérovingiens et pris en main les rênes de la monarchie franque (687), recommencèrent la conquête au delà du Rhin (interrompue depuis bientôt un siècle), qui devait aboutir à la civilisation de l'Europe centrale. En moins de cinquante ans, le fondateur de la dynastie, Pépin d'Héristal, et son fils Charles Martel ramenèrent à la domination franque les provinces germaines qui avaient autrefois accepté le tribut, Frise, Alamanie, Thuringe, Bavière, mais avaient reconquis leur autonomie au moment de la décadence mérovingienne. Les Alamans s'étaient adoucis au contact du christianisme; par contre, les Frisons, qui dominaient les côtes de la mer du Nord jusqu'au Jutland, avaient hérité de leur férocité, de leur antipathie contre la religion et l'Église; ils opposèrent à la civilisation une résistance acharnée, qui se réveillait sans cesse, qu'il fallut vaincre par les armes, par de longues et sanglantes campagnes; ils ne furent convertis et soumis qu'à la fin du VIIIe siècle.

On allait donc faire marcher de front, comme par le passé, l'apostolat et la conquête : la culture chrétienne seule pouvait humaniser et policer ces barbares. Les missions reprirent une grande activité à travers les provinces allemandes; Charles Martel surtout les fit entrer dans son programme de reconstitution monarchique (716-742), et elles reçurent des moines anglo-saxons la méthode qui devait les acheminer vers l'organisation hiérarchique. Ceux-ci puisèrent dans leur esprit d'union avec Rome, dont Grégoire le Grand et l'apôtre Augustin avaient pénétré l'Église d'Angleterre, et dans cette union elle-même, le zèle pour la discipline, un sens pratique et administratif, une orthodoxie plus complète, qui avaient manqué aux Celtes isolés et indépendants. En faisant intervenir la papauté dans une œuvre qu'elle n'avait jusque-là contrôlée et soutenue que de loin en loin, ils donnèrent à celle-ci ce qui lui manquait, la vraie hiérarchie, la vie chrétienne, la discipline que Rome seule peut et sait entretenir. Ainsi le premier contact de la papauté avec le pouvoir civil dans l'histoire du moyen âge aboutit à la création de l'Église d'Allemagne.

Les moines anglais du Northumberland abordèrent le continent germanique par la Frise, qui faisait face à leurs côtes. Wilfrid, archevêque d'York, après avoir évangélisé ces parages (678), y envoya son disciple Willibrod, qui en fut l'apôtre (690). Celui-ci se mit sous la protection du maire du palais Pépin, qu'une première campagne venait de rendre maître de la Frise méridionale, jusqu'au Zuidersee; il sollicita de Rome l'investiture, selon la tradition établie par saint Augustin. A la demande du prince, il obtint les pouvoirs d'archevêque d'Utrecht (695), qui lui permettaient de créer, sous forme de province ecclésiastique, un organisme complet ayant sa vie propre, hiérarchie, culte et discipline. Pendant plus de quarante ans d'épiscopat, jusqu'en 739, il consolida l'Église d'Utrecht, convertit les aborigènes, et, s'il ne put établir de métropole ni d'autres diocèses, du moins le paganisme disparut à peu près de la Frise franque.

Un de ses compatriotes, un instant son auxiliaire, Winfrid, se tourna bientôt vers l'Allemagne transrhénane, dont il se fit l'apôtre et le missionnaire, en dépensant trente-cinq ans à fonder et consolider l'œuvre que les Celtes avaient à peine ébauchée. En deux voyages à Rome (719 et 722), il reçut des pouvoirs, des instructions et se rattacha au centre de l'unité par des relations de dépendance, qu'il ne cessa un instant d'entretenir. Dans le second, il fut sacré évêque et Grégoire II le chargea de réformer en son nom le clergé et les fidèles des régions centrales, Hesse et Thuringe, dont le christianisme n'était que de surface, parce que la discipline et le culte y manquaient encore d'organisation. Boniface (c'est le nom que le pontife lui assigna) avait déjà fait de nombreuses conversions dans le premier pays, de son quartier général, sa cellule d'Amoeneburg sur la Lahn, qui ne tarda pas à devenir un monastère. Il fit reconnaître ses pouvoirs de Charles Martel, et, après avoir porté le dernier coup au paganisme de cette province, en abattant le chêne sacré d'Odin à Geismar, il passa en Thuringe (724), où, avec l'appui du pape et le concours de ses enseignements multiples, il surmonta l'opposition des missionnaires celtes et du clergé franc : il évinça les uns et parvint à garantir son œuvre de la mauvaise volonté de l'autre.

En 732, cette œuvre avait pris assez de développement pour que Grégoire III jugeât nécessaire de lui conférer les pouvoirs de métropolitain, c'est-à-dire le droit de créer des évêques, et de leur assigner une circonscription. Il n'en usa d'abord que pour fonder de nouveaux monastères anglo-saxons, Eichstätt, Fritzlar, Kitzingen et les premiers couvents de femmes qu'ait vus l'Allemagne, avec des vierges insulaires : sa parente Lioba dirigea Bischofsheim sur la Tauber. Il prêcha alors en Bavière à titre de visiteur apostolique (734), mais quand il voulut évangéliser les Saxons, Grégoire III le renvoya avec des pouvoirs plus étendus dans la Germanie centrale (738). Il fut appelé par le duc de Bavière Odilo, qui voulait organiser la hiérarchie dans la contrée, établit des évêchés à Passau, Ratisbonne, Salzbourg, Freising et fixa les limites de leur territoire. Il tint avec eux le premier synode allemand, régla la réforme des mœurs et de la discipline dans le clergé, fonda ou réorganisa des monastères, Altaïch et, pour les femmes, Beuren de Bavière.

Ce fut ensuite le tour de la Thuringe, qui forma trois diocèses, Burabourg, non loin de Fritzlar, Wurtzbourg et Erfurt (741). Le successeur du Martel, Carloman, voulut avoir un métropolitain pour ses États de Francie orientale et il fit conférer le titre à Boniface par un concile national, où l'on compléta les mesures du synode bavarois pour la division en paroisses, la nomination des évêques. Celui d'Eptines en 743, que présida le nouveau métropolitain, confirma ces mesures, et régla le sort des *précaires*, domaines d'Église, que Charles Martel avait aliénés, et dont la jouissance fut maintenue à vie. En 744 la défaite d'Odilo amena la dislocation de la Bavière : l'abbaye d'Eichstätt, que gouvernait Willibald, parent de Boniface, fut transformée en évêché, et reçut le Nortgau franc jusqu'à la Saale, comme un avant-poste de futures missions chez les Slaves de l'Elbe (745). L'Église bavaroise se trouva rattachée à celle d'Austrasie, et Boniface put la réglementer à titre de métropolitain, sous la garantie des princes francs, et non simplement comme visiteur apostolique.

L'apôtre fit enfin proclamer le triomphe de la suprématie pontificale au concile de Soissons (745), où il avait convoqué les évêques de toute la Germanie. On y déposa l'évêque de Mayence Gewillip, coupable d'assassinat avec guet-apens, et deux prélats régionnaires qui séduisaient les masses par les rêveries de leurs prédications erronées. Voir ci-dessus, t. I, col. 442, ADALBERT, évêque imposteur. Les coupables en appelèrent eux-mêmes à Rome, et le pape Zacharie s'empressa de confirmer la sentence. Il adjugea le siège vacant de Mayence à Boniface, en lui conservant ses titres d'archevêque et de vicaire papal. Un nouveau synode en 747, toujours sous la présidence du primat, envoya ses règlements à Rome, et ils eurent la pleine approbation du Saint-Siège, ainsi qu'une profession de foi signée de tous les évêques présents.

Ce fait assez nouveau de l'intervention de Rome, et pour n'importe quelle petite difficulté, Boniface savait s'en servir à propos, comme en faveur de sa plus chère création, l'abbaye de Fulda (744), qu'il destinait à devenir un séminaire pour les futures missions chez les Saxons et les Slaves : il la soumit à la règle de saint Benoît et à la juridiction directe du Saint-Siège, en dehors de l'ordinaire et métropolitain de Mayence (752). Mais aussi, il plaça sous la protection de Pépin le Bref et de la nouvelle dynastie franque les monastères et autres fondations issues de son activité. L'organisation qu'il laissait à l'Église germanique assurait l'exercice des prérogatives papales en même temps que des droits régaliens, et de son côté le pouvoir civil s'efforçait de consolider ceux-ci dans les Églises naissantes, comme conséquence de la conquête franque et de l'apostolat officiel. Peu d'années après la mort de Boniface (753), Pépin fit donner ses titres d'archevêque vicaire papal en Austrasie à Chrodegand, évêque de Metz, pour qu'il s'en servît en faveur de la royauté. Le nouveau métropolitain favorisa l'extension de la règle bénédictine et fonda plusieurs abbayes, dont celle de Gorze, non loin de Metz.

Charlemagne poursuivit la tactique de régenter l'Église, ses affaires sous prétexte de missions, ses biens par droit de fondation. Il refusa toujours de compléter l'organisation ecclésiastique en rétablissant, comme le demandait le pape, les métropolitains, dont l'autorité contrecarrait les prétentions royales. Il en excepta la Bavière, où le chef de l'Église nationale devait, dans sa pensée, travailler à l'annexion de celle-ci. Après la défaite du duc Tassilo (787), les évêques du pays combinèrent leurs efforts sous la direction de l'archevêque qu'on établit à Salzbourg (798), et ce fut pour franciser le pays que la création d'abbayes germaniques, la tenue de synodes tels que celui de 799. La chute des Agilulfinges mettait l'empire en contact avec les Slaves qui, au temps de l'empire avare (VIe siècle), s'étaient avancés le long de la Save et de la Drave. Charlemagne les soumit et confia l'évangélisation des pays entre l'Enns et le Raab aux diocèses de Passau, Salzbourg et Aquilée. Sous l'action des monastères allemands du Danube, des colonies germaines s'établirent dans les Alpes orientales à côté des populations celto-romaines et de leurs conquérants slaves. En 795, l'assemblée ecclésiastique de Passau partagea le pays entre les trois diocèses évangélisateurs, et Aquilée reçut toute la région au sud de la Drave.

Pendant que la race allemande achevait de s'installer dans le massif alpestre, Charlemagne reprenait l'offensive de conquête et d'apostolat de ses ancêtres, dont l'aboutissant allait être la création d'un pouvoir nouveau, qui était d'Église et d'État, le *saint empire romain germanique*. Les Saxons, le dernier rempart du paganisme odinique, la citadelle de la barbarie entre le haut Weser et la Baltique, du bassin du Rhin à l'Elbe, avaient révélé leur acharnement antiromain contre les Francs transfuges du culte national. On sait quelle opiniâtre résistance ils opposèrent à l'achèvement de la civilisation germanique. Après les premières campagnes, Charlemagne régla, dans l'assemblée de Paderborn (777), le programme d'évangélisation, et partagea les *gaue* saxons entre les diocèses de Mayence, Cologne et Wurtzbourg, ce dernier agrandi récemment du pays que les Slaves occupaient sur le Main supérieur, autour de Bamberg et Forcheim. Chaque diocèse dut envoyer des missionnaires dans une région déterminée, une première église fut élevée à Paderborn même, et l'abbaye de Fulda reçut la direction générale : Sturm, le disciple chéri de Boniface, mort en 779, puis l'Anglo-Saxon Willibad eurent charge d'organiser cet apostolat difficile.

La prise d'armes générale de 782 remit tout en question, mais son organisateur Widukind se soumit et accepta le baptême (785). Willibad fonda les évêchés de Brême, Verden et Minden (787-792), et le pays se couvrit d'églises. Une nouvelle révolte en 792 décida Charlemagne à prendre des mesures extrêmes, la déportation des barbares récalcitrants à travers l'empire et leur remplacement par des colonies franques et autres plus faciles à gouverner. La diète d'Aix-la-Chapelle (797) acheva l'organisation du pays, civile et ecclésiastique, et ajouta les évêchés de Munster et de Paderborn à ceux qui existaient déjà (799).

La soumission de la Saxe entraîna la christianisation définitive de la Frise, dont les habitants manquaient rarement de répondre à l'appel de leurs voisins. La coalition de 782 fut le dernier sursaut des Frisons indépendants, ils se montrèrent plus accessibles aux prédications d'un autre Anglo-Saxon, Grégoire, abbé de Saint-Martin d'Utrecht, et de ses disciples. L'évêché de cette ville, si souvent détruit, organisé définitivement et la *lex Frisonum*, promulguée à la fin du siècle, suppose déjà un peuple chrétien.

La christianisation des races germaines était terminée, mais en s'avançant sur la Baltique, au contact des races scandinaves qui habitaient le Jutland, la conquête franque s'essaya contre elles au temps de Louis le Pieux : de trois évêchés nouveaux, Hambourg, Osnabruck et Hildesheim, les missionnaires devaient rayonner sur les côtes septentrionales. Le premier fut confié au moine Anscharius, de l'abbaye de Corbie (831), qui avait déjà opéré en Danemark et Suède; il reçut les pouvoirs d'archevêque et de légat du pape pour le nord et l'est, et se mit aussitôt à l'œuvre, en créant dans son diocèse des églises, d'où les missionnaires devaient rayonner vers les contrées païennes. Mais, en 845, les Danes s'emparèrent de Hambourg, ruinèrent la nouvelle église et mirent fin aux missions.

Vers l'est, la civilisation germanique s'arrêtait au cours de l'Elbe et aux monts de Bohême : au sud-est elle poussait une pointe sur le Danube jusqu'à la Moravie, et embrassait le massif des Alpes orientales, dont la partie extrême, sous le nom de *Carentanum* (Carinthie, Styrie et Carniole), abritait une race mêlée, combinée par la fusion successive d'éléments celtes, romains, germains et slaves. Au delà de ces limites, du sud au nord, s'échelonnaient les tribus sans nombre de la barbare Slavonie, et c'est sur ces populations païennes que va s'exercer désormais, pour en faire des Germains et des chrétiens, l'esprit de conquête et de prosélytisme qui avait animé les Francs et leurs chefs, de Clovis à Charlemagne, et qui s'était transmis dans toute sa vigueur à leurs convertis du glaive, Alamans, Bavarois et Saxons.

4° *La germanisation des Slaves du X° au XIII° siècle*. — Un fait nouveau se produit au X° siècle: après la christianisation successive par conquête des diverses tribus germaines, la race allemande unifiée travaille à convertir la slave et, les armes n'y suffisant pas, aura recours à la colonisation, qui finira par éliminer les éléments indigènes. Le grand mouvement de peuples qui avait d'abord provoqué, puis suivi les invasions du V° siècle, avait pénétré jusqu'à l'Elbe et le débordait maintenant, ainsi que le Danube et ses affluents : au sud-est, les Tchèques et les Moraves avaient reconnu la suprématie de Charlemagne, mais la faiblesse de ses successeurs favorisa la prépondérance de Constantinople, qui les fit évangéliser par saint Méthode. A l'est, les Wendes occidentaux ou Polabes se répartissaient en trois masses de populations : entre la Saale et l'Oder, les Sorabes; entre l'Elbe et l'Oder, les Wilzes s'étendaient vers le nord-est jusqu'au Haff sur la Baltique; et au nord-ouest des précédents, aux bouches de l'Elbe, les Abotrites formaient une confédération qui touchait au Jutland et à la mer du Nord.

Les Francs avaient imposé aux clans de la frontière des tributs et traités d'alliance, mais Charlemagne ne s'était pas soucié d'en entreprendre l'évangélisation, se contentant de réprimer les courses et brigandages qu'ils se permettaient sur les territoires de l'empire. Après lui, les barbares s'enhardirent et reprirent leurs pilleries; ils se croyaient revenus aux temps où ils s'étendaient librement vers l'ouest, sur des terres inoccupées, et les ducs de Saxe, leurs voisins, durent recommencer pour leur compte la conquête civilisatrice. Henri Ier, devenu roi de Germanie, éleva une première citadelle, Meissen (933), dans le pays des Sorabes; Otton Ier, son successeur, Brandebourg et Havelberg chez les Wilzes. Des marches militaires furent organisées : Misnie, Altmark; mais les guerres qui recommençaient sans cesse, les massacres, les exécutions en masse, les déportations et asservissements provoquèrent chez les Slaves l'horreur du christianisme : ceux à qui le baptême s'imposait comme une nécessité n'avaient de chrétien que le nom, et retenaient tout ce qu'ils pouvaient du paganisme, pour y revenir à la première occasion. Et il en fut ainsi pendant plus de trois cents ans.

Les premières églises du pays s'élevèrent à l'abri des forteresses allemandes, et l'on ne compta de chrétiens que les garnisons qui les occupaient. Les rois saxons créèrent cependant des diocèses, Havelborg et Brandebourg en 948, plus au nord Aarhus et Sleswig, qui furent rattachés, ainsi qu'Aldenbourg, à la métropole de Hambourg, dont Brême était devenue le siège (ci-dessus, col. 48-50). Dans les régions du sud, Otton Ier obtint du pape l'institution de l'archevêché de Magdebourg sur l'Elbe (955-962), qui reçut pour suffragants en 966, outre les évêchés existant de Brandebourg, Havelberg et Mersebourg, ceux récemment fondés de Meissen et Zeits. Mais les évêques allemands résidaient à peine, ne s'occupaient de leurs diocèses que pour en percevoir les revenus, ne déployaient que de loin en loin un zèle stérile et vite lassé pour la conversion des indigènes. On ne fonda pas de monastère dans le pays, les anciennes abbayes allemandes y reçurent des propriétés comme un encouragement à l'apostolat; toutefois domaines, exploitations et droits divers rapportaient si peu, par suite de la sourde hostilité des Slaves et de l'incertitude de la situation, que les moines partageaient, à l'égard de l'œuvre d'évangélisation, le mauvais vouloir ou l'indifférence des prêtres allemands attachés aux burgs de la contrée.

Les premières fondations furent d'ailleurs ruinées, ainsi que les marches militaires, par le soulèvement général des Slaves en 983, qui eut pour cause l'expédition malheureuse d'Otton II en Italie méridionale et sa mort dans une bataille contre les Sarrasins, pour signal, l'invasion des Danois, qui détruisirent les églises du nord, pendant que les Wendes anéantissaient celles de leur pays. Les évêques émigrèrent en terre allemande et les missions cessèrent. L'empereur Henri II eut cependant une heureuse idée, en créant, en 1007, et en dotant richement le diocèse de Bamberg, à la limite des deux races, dont les évêques et le clergé réussirent en peu de temps à transformer les populations slaves de leur circonscription, soumises au joug allemand depuis Charlemagne, et s'il n'en résulta pas un rapprochement sensible entre seigneurs et sujets, du moins il se forma, dans ce diocèse, une véritable école de missions, d'où sortit une pépinière d'apôtres pour les régions du nord.

L'Évangile atteignait cependant peu à peu les notables du pays, les princes, leur cour et leur clientèle; par suite des rapports avec la noblesse allemande, avec les ducs et l'élite qui les entourait, les anciens chefs de tribu se détachèrent du culte national, pour se rapprocher de celui qui les polissait et les élevait d'un degré dans la hiérarchie sociale et politique; en même temps ils s'érigeaient en ducs et rois de leur province, entraient dans la féodalité, en un mot, de barbares devenaient civilisés. Le duc Boleslas de Bohême favorisa la fondation de l'évêché de Prague (975) et la prédication allemande, mais abandonna l'évêque Adalbert (ci-dessus, t. I, col. 451), sous prétexte qu'il ne respectait pas assez les traditions nationales. Après le désastre d'Otton II, il ne renia pas la foi chrétienne, et se contenta d'assurer son indépendance politique. Au siècle suivant, le prince des Abotrites, Gotteschalk, qui avait été élevé dans un monastère, fit de son mieux pour développer l'Église de son pays en s'appuyant sur le duc Bernard de Saxe, sur l'archevêque Adalbert de Hambourg (ci-dessus, t. I, col. 445). Des communautés de moines se formèrent à Mecklembourg, Ratzebourg, Lubeck et les deux premières furent bientôt assez florissantes pour s'ériger en monastères, dont on tira deux évêchés nouveaux (1052).

Mais les masses ne se laissaient toujours pas entamer : partout on avait détruit les temples, renversé les idoles, anéanti tout signe extérieur, toute trace de l'ancien culte; malgré cela, le peuple restait fidèle aux coutumes, aux usages et aux traditions païennes. Une réaction se produisait souvent, à la faveur de laquelle le prince chrétien devait céder la place à un païen. Gotteschalk fut tué en 1066, et l'intervention armée de l'empereur Henri IV ne fit qu'accroître l'entêtement des révoltés, que soutenaient leurs voisins les Wilzes. Il en fut de même de la croisade que prêcha saint Bernard en 1147 : les deux armées qui s'avancèrent du sud et du nord échouèrent et durent se disperser.

On se rendit ainsi compte avec le temps que la colonisation pouvait seule venir à bout de cette opiniâtreté, en refoulant les Slaves ou en les noyant dans les flots d'immigrants allemands. Le mouvement s'accentua au début du XIIe siècle ; il venait des colons même de Hollande, et des cités slaves telles que Leipzick se peuplèrent en majorité d'Allemands. On fonda partout des paroisses, Plauen, Reichenbach, Zwickau, Pirna, avec des couvents, Chemnitz, etc., des collégiales, Wurzen, Altenzell, Altenbourg. L'élément slave se trouva rapidement expulsé de la rive droite de l'Elbe. L'archevêque saint Norbert, de Magdebourg prit en main la direction de l'apostolat, et fit de ses prémontrés de Marienkloster, dans sa ville épiscopale, un séminaire de mission qui poussa toujours en avant les conquêtes de l'Évangile (1129). Le prince de Brandebourg, Pribislaw, était chrétien, mais le seul acte qu'il fit en faveur de sa religion fut d'adopter Albert l'Ours (ci-dessus, t. I, col. 1469-1472), margrave de l'Altmark, pour son héritier. Celui-ci encouragea et soutint les prémontrés, reprit Havelberg (1136) et, ayant hérité du Brandebourg en 1150, répandit partout les missionnaires et chanoines réguliers.

Après la désastreuse tentative de la croisade de 1147, il fallut revenir au système de colonisation. Albert établit partout des Allemands et des étrangers, même de Flandre. Les Slaves ne restèrent qu'en petit nombre, le reste émigra vers l'est au delà de l'Oder. En 1157, Brandebourg fut réoccupé et la pose de la première pierre de la cathédrale (1165) indiqua que l'évêché était rétabli. En 1170, celle de Havelberg fut consacrée. Les prémontrés occupent les deux chapitres et multiplient leurs collégiales, les cisterciens fondent Zinna (1170), Lehnin (1180), puis une foule d'autres maisons au XIIIe siècle. On voit apparaître aussi les couvents de femmes, à Spandau, etc. Les paroisses et les églises augmentent à proportion.

En même temps que le marquisat de Brandebourg, les Allemands organisaient le duché de Mecklembourg, chez les Abotrites. Le fils de Gotteschalk, Henri, put reprendre sa succession au début du XIIe siècle, mais, s'il était chrétien, sa politique ne le manifesta guère, et de son temps il n'y eut qu'une église à Lubeck, sa résidence. Le chanoine Vicelin de Brême, envoyé par l'archevêque Adalbéron (ci-dessus, t. I, col. 450), reprit les missions vers 1127 et fonda les abbayes de Neumunster et Segeberg. En 1140, le duc de Saxe Henri le Lion soumit la contrée, en entreprit la colonisation, fonda l'évêché de Mecklembourg-Schwerin (1149), reconstitua ceux d'Aldenbourg-Lubeck et Ratzebourg, dont les cathédrales furent consacrées en 1171, 1156 et 1158, et reçurent des chapitres de prémontrés. Les Wendes furent expulsés et remplacés par des colonies allemandes ; néanmoins, le Lion rétablit en Mecklembourg le Slave Pribislaw (1167), ancêtre de la lignée des ducs, dont le fils Henri (1178-1227) travailla à la christianisation du pays avec les cisterciens de Doberan. Au siècle suivant se multiplient les couvents de moines, de religieuses et de mendiants.

En s'avançant vers l'est, l'immigration allemande ne parvint pas à éliminer complètement les Slaves : ainsi en Poméranie, où l'influence polonaise s'exerçait plus efficacement, à mesure que l'on s'éloignait du centre d'action germanique. Implantée depuis le Xe siècle, elle avait subi des vicissitudes que le christianisme avait naturellement partagées. Cependant en 1119, Boleslas III y établit définitivement sa suzeraineté et, comme dans les autres pays slaves, le contact régulier avec la noblesse polonaise décida de la conversion des notables, en tête le duc Wratislaw et sa cour. N'ayant pas réussi dans sa tentative d'organiser des missions issues de ses États, sous la tutelle de la métropole de Gnesen, Boleslas fit appel au zélé et saint évêque Otto de Bamberg. Celui-ci, en deux campagnes (1124 et 1128), parcourut la Poméranie orientale, jusqu'aux îles de la Baltique, baptisa des milliers de païens, fonda onze églises, organisa plusieurs paroisses dans des centres importants, Stettin, Jullin, Colberg, Cammin, etc., prépara même une résidence épiscopale à Wollin. Il avait amené avec lui des prêtres de Bamberg, et se mit sous la protection de Lothaire, roi de Germanie, en 1128. La Pologne ne renonçait pas à ses droits, et cette situation équivoque accentua le conflit entre les métropoles de Gnesen et de Magdebourg, qui prétendaient également à la tutelle de la nouvelle Église. Aussi, en 1140, le pape Innocent II consacra-t-il l'évêque Adalbert, et déclara l'évêché soumis immédiatement au Saint-Siège. Cammin en devint plus tard la résidence.

Adalbert fonda l'abbaye bénédictine de Stolp, où il mit des religieux allemands, mais la conversion des indigènes fut assez rapide pour qu'on n'eût pas besoin de recourir au moyen exceptionnel de colonisation : en 1180, paraissent les premiers prêtres indigènes et, un siècle après l'apostolat des missionnaires de Bamberg, la transformation religieuse du pays était complète. L'immigration allemande, assez faible d'ailleurs, put y contribuer ; elle commença par les paysans ; au XIIIe siècle, ce fut le tour des bourgeois, bientôt en majorité dans les villes et centres importants ; en 1235 vinrent les chevaliers. A cette époque aussi abondèrent les fondations monastiques, venues pareillement d'Allemagne, cisterciens, prémontrés ; les dominicains à Cammin en 1228, les abbayes de femmes de Marienberg et Marienwerden, etc.

Si nous avançons toujours vers l'est, la Prusse, qu'habitait la race lettone ou finnoise du même nom, fut aussi conquise par les Polonais et évangélisée sans grand résultat. Au XIIIe siècle, le moine allemand Christian d'Oliva, du monastère de ce nom, près Dantzick, entreprit une mission sous le protectorat de Conrad, duc de Mazovie, qui lui céda la souveraineté du Culmland, et reçut d'Innocent III le titre d'évêque de Prusse. Ayant peu réussi, il s'entendit avec les chevaliers de l'ordre teutonique, qui revenaient d'Orient, et leur conféra une partie de ses droits, par exemple la dîme (1226). La conquête commença en 1231, mais les Prussiens opposèrent une résistance acharnée et ne furent à peu près soumis qu'en 1283. Les teutoniques s'unirent aux chevaliers porte-glaive (1237), et firent appel à la croisade allemande, sous forme de colonisation. Ainsi furent fondées la plupart des villes du pays. Les porte-glaive qui, depuis 1201, étaient occupés à l'apostolat armé de la Livonie et des régions voisines, Esthonie, Courlande (voir ci-dessus, ALBERT DE RIGA, t. I, col. 1440-1441) connaissaient suffisamment, pour l'appliquer, la méthode d'évangélisation qui convenait aux barbares de la Baltique. Les chevaliers seigneurs du pays y organisèrent le christianisme à leur guise, et obtinrent d'Innocent IV (1243) un règlement en ce sens. Les quatre évêchés créés alors, Kulm, Pomésanie, Ermland et Samland furent placés sous la métropole de Riga, archevêché de Livonie. La bulle statuait que le clergé, évêques, chanoines et curés, serait à la nomination du grand-maître. Dans ces régions lointaines, fréquentées par les marchands allemands, et où les côtes subissaient aussi l'influence des races scandinaves, l'élément allemand ne conserva sa prépondérance que dans les centres commerciaux.

L'intérieur, couvert de forêts, avec de rares moyens de communication, qui n'ouvraient aux étrangers qu'un accès difficile, resta toujours occupé par une masse de population slave; la Pologne put y maintenir son influence, y faire pénétrer son christianisme; elle reprit toute prépondérance en 1411, en enlevant aux chevaliers la Prusse occidentale et les bouches de la Vistule (traité de Thorn).

Les Slaves du sud, Silésie, Bohême et Moravie, bien qu'entrés de bonne heure dans l'orbite de la civilisation germanique, se convertirent assez tard et ne se laissèrent transformer qu'imparfaitement : là aussi, l'action polonaise contrebalançait celle des Allemands. La Moravie et la Silésie passèrent à l'Autriche à la fin du XIIIe siècle et plus tard ; la Bohême était catholique et restait elle-même, lorsque, au cours du même siècle, les derniers Przémyslides, Ottokar Ier et Ottokar II, profitèrent de la désagrégation de l'empire pour se tailler un vaste État au détriment de leurs voisins. Leur administration se germanisa comme leur politique ; ils favorisèrent autant qu'ils purent la race qui leur fournissait des serviteurs et leur promettait des territoires. Mais ce fut surtout au siècle suivant que le gouvernement de la maison de Luxembourg, avec Charles IV, introduisit en Bohême la race et la civilisation teutoniques, non sans créer, entre les anciens et les nouveaux habitants, l'antagonisme qui fait encore de nos jours le malheur du pays.

A la fin du XIIIe siècle, les Allemands avaient à peu près assuré leurs positions, ainsi que celles de l'Église, dans l'Europe centrale. C'était l'époque où le chroniqueur dominicain de Colmar marquait les frontières de la race par trois lignes plus ou moins régulières : une au sud, allant de Fribourg en Suisse à Vienne en Autriche, mais en décrivant une courbe le long de la crête des Alpes; la seconde, à l'est, partait de Vienne, suivait les monts de Bohême, s'infléchissait vers l'est jusqu'à l'Elbe pour embrasser la Lusace et le Brandebourg et finir à Lubeck; la troisième, à l'ouest, remontait de notre côté de l'Alsace entre le Rhin, la Moselle et la Meuse jusqu'à Utrecht. On laissait ainsi en dehors les régions orientales, où les deux races se trouvaient aux prises et en compétition. Dès lors la domination de l'allemande ne variera guère quant au territoire, mais la constitution, l'organisation du pays poursuivaient une série de transformations remontant loin : la féodalité, qui s'était développée en même temps que la civilisation chrétienne, établissait sa souveraineté définitive, dont le fonctionnement se régularisera, dont les caractères s'accentueront au cours des deux siècles suivants.

II. LA FÉODALITÉ ECCLÉSIASTIQUE EN GERMANIE (814-1250). — Comme dans les autres États européens, la féodalité ecclésiastique se développa en Allemagne sous les faibles successeurs de Charlemagne ; elle fut menacée de prendre un caractère laïque, en perdant son indépendance lors du débat sur les investitures, puis, hésitant entre les deux pouvoirs aux prises, papauté et empire, elle assista à la chute du dernier, non sans recueillir les droits régaliens que ses chefs avaient laissé échapper dans leur lutte pour la suprématie universelle.

1° *Origine de la féodalité ecclésiastique (814-1002).* Le rétablissement en faveur des Pippinides de l'empire romain d'Occident fut la récompense de la conversion des tribus germaniques par la conquête franque. De cette origine même découlait le double caractère, spirituel et temporel, de la nouvelle autorité. En fondant et en dotant les évêchés germains, les rois empereurs avaient acquis le droit de les protéger, ainsi que les Églises nouvelles d'outre-Rhin; et d'ailleurs, à commencer par Charlemagne, ils ne se firent pas faute d'étendre sur des institutions naissantes, qui réclamaient encore beaucoup de soins, la tutelle que les premiers empereurs chrétiens s'étaient arrogée en vertu du droit païen. Après comme avant l'an 800, les Carolingiens nommèrent aux évêchés, convoquèrent et présidèrent les synodes, comme ils avaient organisé les missions et assuré le fonctionnement des premières chrétientés qui en étaient issues.

D'un autre côté, les pasteurs, évêques et abbés, remplissaient des fonctions multiples d'utilité publique, puisqu'ils administraient les biens royaux qui leur étaient dévolus, en même temps qu'ils cultivaient les âmes. Les circonstances leur permirent au IXe siècle d'amplifier leur rôle au détriment du pouvoir impérial affaibli. Les détenteurs de celui-ci les y incitèrent eux-mêmes : par exemple Charles le Germanique leur imposa l'obligation de tenir leurs serfs et métayers en armes, pour repousser les invasions normandes. En vingt ans (886-908), dix évêques germaniques sont tombés sur les champs de bataille. Mais surtout les grands dignitaires ecclésiastiques délibèrent, à côté des laïcs, dans les assises générales où l'on décide des affaires de l'empire, et contribuent, par une action égale, avec la même ardeur, à mettre en tutelle les Carolingiens dégénérés. Si l'évêque Drogon de Metz exerce, au profit de Louis le Pieux, les pouvoirs de légat du pape dans les régions rhénanes, sinon dans une plus vaste circonscription, Luitbert, archevêque de Mayence et archichancelier de l'empire, dispose de la personne du Germanique, et finit par attribuer la couronne royale de Germanie au duc de Carinthie Arnulf (888). Hatto, son successeur, éleva au trône Louis l'Enfant, qu'Adalbéron d'Augsbourg (ci-dessus, t. I, col. 429-430) tint en garde (899), sans pouvoir amoindrir le prestige de l'archevêque sur les affaires de l'empire.

La royauté des Carolingiens se trouva donc à la merci des puissants primats de Germanie, jusqu'au moment où elle put s'émanciper avec les Ottonides (919). L'épiscopat développait ainsi ses prérogatives féodales à la faveur de l'anarchie universelle. De nombreux conciles, quatre tenus à Mayence, concourent à ce développement, dans le dernier quart du IXe siècle, tout en achevant l'organisation spirituelle de l'Allemagne. La division en paroisses est un fait accompli, et au-dessus, les archiprêtrés s'établissent peu à peu, dont l'objet le plus positif est d'assurer le paiement des dîmes. La visite pastorale, autre institution qui se régularise, revêt un caractère judiciaire toujours plus prononcé : elle assure le maintien de la foi, de la discipline, la correction des mœurs par des enquêtes, qui ne négligent pas non plus les questions de police, de bon ordre. De ces visites est né le *Sendgericht*, tribunal ambulant, composé de juges laïcs, sous la direction de l'évêque, de l'archidiacre, etc., qui sera une des bases de la justice ecclésiastique dans la féodalité allemande, jusqu'à ce qu'il retombe entièrement du ressort de la justice laïque. Hauck, *Kirchengeschichte Deutschlands*, t. v, 1re partie, p. 226-235.

Ce qui facilita les progrès de la féodalité épiscopale, ce fut son alliance avec la royauté pour maintenir l'unité nationale contre les ducs-gouverneurs de Souabe, Franconie, Bavière, Saxe, qui aspiraient à l'indépendance, et n'y trouvaient pas de voie plus sûre que de mettre la main sur les biens d'Église et de disposer des évêchés : ainsi Arnulf de Bavière, au temps du roi Conrad le Salique (911), et Henri de Saxe, dont l'archevêque Hatton de Mayence ne put arrêter les empiétements. Conrad chercha son appui du côté de l'épiscopat, et le synode de Hohenaltheim, où le clergé allemand se réunit sous la présidence d'un légat du pape, prit des mesures contre la violation du serment de fidélité et des libertés ecclésiastiques (916). Le même Henri de Saxe, devenu roi et fondateur de la dynastie des Ottonides, dut reconnaître au duc de Bavière la jouissance des droits régaliens sur l'Église régionale, mais, pour les autres duchés, il s'arrogea celui d'intervenir dans les élections épiscopales, de désigner lui-même les candidats.

Cette politique aboutit sous son fils Otton Ier (936-973), qui la poursuivit avec persévérance et fit de l'épiscopat son allié, et un instrument de réaction contre la féodalité ducale, malgré l'opposition de Frédéric, archevêque de Mayence, représentant irréductible de la vraie tradition ecclésiastique. Il habitua les évêques et abbés à se comporter comme de simples détenteurs des domaines et droits royaux, par suite, comme des fonctionnaires, serviteurs et auxiliaires du pouvoir civil. Il ne se contenta plus du serment qu'ils rendaient au roi pour ces domaines et avantages temporels, il s'arrogea le *droit d'investiture*, jusqu'alors l'apanage du métropolitain, et se réserva de présider la cérémonie par laquelle celui-ci conférait au nouvel évêque la crosse, signe de sa juridiction spirituelle, en lui disant : *Accipe Ecclesiam N.* Le clergé électeur dut solliciter la permission d'exercer son droit canonique, et il ne le faisait qu'en faveur d'un candidat agréable au roi, que celui-ci désignait parfois d'avance. La confusion entre les deux pouvoirs et juridictions que créait forcément cette politique nouvelle, aboutissait à la laïcisation des dignités ecclésiastiques plus sûrement encore qu'à leur transformation féodale.

Cette laïcisation entrait d'ailleurs dans l'esprit du programme d'Otton. Pour les opposer plus efficacement aux ducs, il fit des évêques des princes temporels, d'abord en augmentant leur propriété territoriale. Eux-mêmes y travaillaient de leur mieux : des échanges et acquisitions renouvelés ne cessaient d'accroître ce domaine. Souverain et prélats s'entendirent pour transformer les détenteurs de l'autorité locale en officiers de l'évêque, recevant leur pouvoir de lui, et non plus de la curie royale. Les fonctions de justice en particulier s'absorbèrent dans celles de l'avoué ecclésiastique, et alors se généralisa le privilège de l'*immunité*, au moyen duquel les Mérovingiens avaient encouragé le progrès des missions. Otton laissa prévaloir l'idée que tout territoire jouissant de ce privilège ne relèverait plus que du tribunal de l'avoué épiscopal.

La juridiction civile passait ainsi aux prélats, avec les revenus afférents, le produit des amendes et les confiscations. De même les trois Otton leur abandonnèrent en une foule de cas les droits de douane, impôts indirects ou redevances sur les marchandises, revenus fiscaux, etc., le droit de battre monnaie, de fonder des foires et marchés, divers privilèges qui n'avaient été pour le clergé jusque-là que des exceptions. La justice des comtes, qui s'était constituée dans les *gaue* germains, comme dans les *pagi* gallo-romains, résista plus longtemps, parce que ces agents royaux avaient réussi un peu partout, par les progrès du mouvement féodal, à rendre la fonction indépendante et héréditaire. Otton III le premier céda à l'Église quelques-unes de ces dignités avec leurs droits et revenus. Ses successeurs l'imitèrent et les comtés entrèrent en assez grand nombre dans la féodalité ecclésiastique.

Concessions purement pécuniaires à l'origine, ces divers privilèges apparaissent dans les diplômes royaux, au moins à partir d'Otton II, comme ayant pour but de placer l'autorité épiscopale sous la suzeraineté immédiate du souverain. Les ducs, qui travaillaient sans cesse à confisquer les droits de souveraineté locale, prétendaient soumettre les prélats comme les agents impériaux; de la sorte, il y avait conflit perpétuel entre celui de Saxe et l'archevêque de Brême, entre la Bavière et les évêques d'Augsbourg et Passau, entre le patriarche d'Aquilée et le duc de Carinthie. Les dignitaires ecclésiastiques en appelaient au pouvoir central, qui les affranchissait de toute autorité autre que la sienne, et parfois leur confiait des duchés, comme Otton Ier fit pour celui de Lorraine, dont il investit son frère Bruno de Cologne. A une époque où les duchés secouaient toute sujétion, les évêques prenaient rang parmi les princes d'empire, de par le vouloir de l'autorité centrale, et acquéraient légitimement les droits régaliens sur des territoires souvent dispersés et sans continuité entre eux. Les rois préféraient aliéner des parcelles de leur pouvoir en faveur de personnages qui ne les léguaient pas à leurs héritiers, et quand ils les recouvraient à la mort du détenteur, ils ne manquaient pas de les transmettre à des serviteurs dévoués.

Ils ne pouvaient empêcher cependant que ces princes d'empire ne dépendissent du pape pour l'exercice de la juridiction ecclésiastique. Le moyen d'atténuer les inconvénients qui en résultaient, c'était d'amener le pape sous la dépendance des rois de Germanie. Otton Ier se rendit donc à Rome (962), et y reçut la couronne impériale des mains de Jean VIII. Ses successeurs firent de même. La papauté affaiblie et sans prestige, devenue le jouet de la populace romaine et des indignes seigneurs du voisinage, gagnait à renouveler l'empire de Charlemagne au profit de princes étrangers, lointains, qui la protégeraient sans l'asservir. Voilà comment les Ottonides disposèrent du pouvoir pontifical dans des conditions qui sauvegardaient l'autorité du vicaire de Jésus-Christ. Du moins le pontife ainsi promu ne pouvait guère contester à son protecteur le rôle qu'il s'arrogeait sur l'Église d'Allemagne.

Il ne s'agissait pas de rétablir l'empire d'Occident, puisqu'une partie de l'Europe lui échappait, mais Otton et ses successeurs n'admirent pas que le *saint empire romain germanique*, qui avait pris naissance à Saint-Pierre de Rome, perdît une seule des prérogatives de Charlemagne. S'ils ne les exercèrent qu'en Allemagne et en Italie, ils entendaient rester les maîtres de l'Église nationale qu'ils avaient organisée, même au-dessus du pontife romain. L'onction sainte qu'ils recevaient ne les sacrait pas seulement représentants de Dieu et évêques du dehors, comme les autres rois du moyen âge, mais en outre chefs de la chrétienté et bras droits de l'Église romaine, caractères que justifiait amplement la politique religieuse inaugurée par eux et tendant à fonder un empire théocratique, une aristocratie cléricale et une Église séparée. Toutefois ils allaient voir se dresser devant eux, non seulement la papauté avec ses auxiliaires, mais une caste ecclésiastique, qui se laïcisait, s'assimilait à la noblesse héréditaire et ne pouvait que renforcer cette féodalité princière en s'émancipant, à son exemple, de la tutelle impériale.

2° *Sujétion de l'Église germanique pendant la querelle des investitures (1002-1122)*. — Au XIe siècle, l'empire profitait des progrès réalisés par la dynastie saxonne. Henri II, saint Henri, le dernier prince de cette famille (1002-1024), nous apparaît comme le modèle du souverain théocrate, qui dispose de l'Église et la gouverne, mais qu'elle a pu élever sur les autels, parce qu'il montra toujours un réel souci de son bien, spirituel autant que temporel. Il fit passer en coutume, par la pratique, renouvelée une cinquantaine de fois sous son règne, la prétention royale de diriger les élections canoniques, c'est-à-dire de disposer par le fait des évêchés; mais il s'appliqua toujours à faire tomber le choix sur des personnages dignes et capables; il ne cessa d'augmenter la propriété ecclésiastique par des donations multiples, et l'évêché de Bamberg (1008), sa création, devint, grâce à lui, un des plus riches de l'empire.

Mais où se révèlent surtout les conquêtes de la politique religieuse impériale, c'est dans la tenue des synodes, qu'Henri convoquait et présidait lui-même, comme ses prédécesseurs, mais plus souvent qu'eux, et à peu près périodiquement. Il fit de l'assistance à ces assemblées une obligation du service que lui devaient les évêques. Il leur adressait des discours, les exhortant à remplir leurs devoirs, à faire observer la discipline par leurs ouailles. Il y institua des fêtes, des vigiles, régla les jeûnes, termina des procès de mariage : on y arrêta même, à son instigation, des mesures qui supposaient la légitimité de celui des prêtres, contrairement aux prescriptions canoniques (1019). L'évêque de Metz, pour avoir porté plainte à Rome contre l'empereur, fut suspendu *a divinis* (1013); Henri n'hésitait pas à citer les prélats devant son tribunal, à prononcer des sentences de déposition, quand il le jugeait nécessaire pour le bien public et le bon ordre, dont seul il avait la responsabilité. Et cette politique d'empiétements, poursuivie avec méthode, l'épiscopat l'accepta sans résistance, telle que le prince la concevait, comme partie intégrante des obligations royales. Une collection canonique du temps, celle de Burchard de Worms, proclame les évêques serviteurs du pouvoir suprême, reconnaît la cour royale de justice tribunal ecclésiastique d'appel, même en dernière instance. A. Hauck, *Kirchengeschichte Deutschlands*, t. III, l. VII, c. 1.

Ces convictions, qui s'imprimaient toujours davantage dans l'opinion et la vie publique du peuple allemand, véritables articles de sa constitution politique, incitaient les successeurs d'Henri II à poursuivre ses conquêtes. Le premier, Conrad II (1024-1039), fondateur de la dynastie franconienne, fut particulièrement entreprenant et exigea de ses évêques qu'ils ne se rendissent pas à Rome sans sa permission. Son prédécesseur lui avait donné l'exemple de traiter le pontife romain en créature et subordonné, en exécuteur des volontés impériales. Benoît VIII, après avoir couronné le roi de Germanie, vint en Allemagne, présida le synode de Bamberg (1020), où il renouvela formellement l'interdiction du mariage des prêtres, et fut partout reçu avec enthousiasme, à cause de son union étroite avec la royauté, qui n'allait pas sans marque de dépendance. Jean XIX dut révoquer au concile de Latran (1027), en faveur d'un favori de Conrad, la bulle disjoignant les patriarcats d'Aquilée et de Grado. Quand la simonie se fut installée avec Benoît IX sur le siège de saint Pierre (1033), la dignité du pontificat sombra après son indépendance. Rien n'empêcha plus le monarque germain de pratiquer en grand les marchandages dans la collation des évêchés : pour lui cessèrent d'exister et le droit d'élection, et les règles canoniques, et la primauté romaine, dans les traditions de l'Église. C'était ouvrir une large porte aux abus, et le mariage des prêtres menaça de tourner en habitude.

Henri III (1039-1056) prétendit remédier au mal causé par la politique de son père, et accentua en ce sens les empiétements du pouvoir civil dans le domaine religieux. Il combattit partout la simonie et s'en abstint dans les provisions ecclésiastiques : ses choix d'évêques furent en général irréprochables. Désireux de promouvoir la réforme de l'Église, il s'efforça pour cela d'assurer la paix publique, tint là-dessus, au synode de Constance (1043), un véritable sermon devant les évêques assemblés. L'épiscopat ne lui opposait guère de résistance et se souciait peu des lois de l'Église, puisqu'il ne prouva pas même son silence devant le mariage d'Henri avec Agnès de Poitou, sa parente à un degré prohibé (1042). Celui-ci put contrôler impunément et en toute occasion l'administration des diocèses, en synode et ailleurs : il fit déposer l'archevêque Widger de Ravenne, pour n'avoir pas reçu la consécration après deux années d'épiscopat (1046).

En Italie, la situation religieuse autorisait Henri III à se poser aussi en réformateur de l'Église, en arbitre de l'élection à la tiare, que se disputaient toujours le peuple et la noblesse romaine. Au synode de Sutri (1046), il fit démettre trois papes promus à la fois, dont l'irréprochable Grégoire VI, qui avait cependant acheté la dignité. Il les remplaça de sa propre autorité, et, à quatre reprises, il éleva sur le trône papal des évêques allemands : Suitgard de Bamberg (Clément II), décembre 1046; Poppo de Brixen (Damase II), octobre 1047; son propre cousin Bruno de Toul (Léon IX), août 1048; Gebhart d'Eichstätt (Victor II), avril 1055. Tout quatre se montrèrent zélés pour la réforme. Le troisième surtout, après avoir arrêté en plusieurs synodes des mesures contre la simonie et l'incontinence des clercs, vint lui-même en surveiller l'exécution dans l'Allemagne occidentale et la Lorraine, à trois reprises, 1049, 1050 et 1052. Il prenait résolument en main le gouvernement de l'Église dans l'intérêt de la réforme, malgré l'opposition qui ne manqua pas de se produire, et il savait la soustraire peu à peu à la tutelle impériale. Au synode de Reims (1052), dont il fit insérer les décisions dans le droit canon, il décréta le principe de la nécessité des élections, sans s'opposer à la prérogative royale, qu'il admit en une foule de cas. Hauck, *op. cit.*, c. III, p. 601-614.

La minorité d'Henri IV (1056-1066) arrêta net les progrès de la puissance impériale, et la papauté en profita pour recouvrer son indépendance. Nicolas II fit décréter, au synode de Rome (1059), le règlement d'élection des pontifes romains par les cardinaux, sans mentionner la confirmation impériale. On défendit même aux clercs de recevoir aucun bénéfice de la main des laïques. L'élection d'Alexandre II en 1061, faite aussi sans la participation des Allemands, rencontra chez eux une vive opposition, mais l'archev que Annon II de Cologne, qui venait de s'emparer de la régence en renversant l'impératrice Agnès, inclinait par politique à interposer la médiation du clergé national. Il ne sut pas soutenir la dignité de l'empire au synode de Mantoue (mai 1064), où le pape fut reconnu par les Allemands, après qu'on eut reconnu cependant que l'Église romaine ignorait le droit, revendiqué par l'empire, de confirmer l'élection papale. Les évêques eux-mêmes tenaient maintenant plus compte de Rome, qui les surveillait et poursuivait leur simonie, que du pouvoir impérial. Siegfried de Mayence entreprit le pèlerinage de Terre Sainte avec trois autres évêques, sans demander le congé de la cour.

Quand Henri IV se fut débarrassé de son tuteur (1066), il se préoccupa de couper court à ces tentatives d'indépendance et reprit la pratique de Conrad, son grand-père, dans les provisions ecclésiastiques. Rome patienta, tout en s'efforçant de faire prévaloir ses règlements dans les cas particuliers. Enfin le roi ayant pris parti à Milan pour un candidat que le pape rejetait, Alexandre II lança l'excommunication contre ses conseillers (1073). Mais il mourut et Grégoire VII entra en scène.

Il inaugura immédiatement une politique plus décidée et cita à Rome les évêques suspects de simonie; au synode de 1075, il prononça la destitution *ipso facto* de tout clerc reconnu coupable et condamna les investitures laïques, expressément celles de l'empereur. Ces décrets soulevèrent une révolte générale du clergé allemand; Henri IV feignit d'ignorer l'interdiction qui le concernait, et le synode de Worms (janvier 1076) sanctionna l'alliance renouvelée de l'épiscopat avec son souverain, contre les empiétements prétendus de Rome sur la constitution de l'Église et au détriment de la paix publique. Henri proclama le pontife déchu de ses droits, et l'invita par lettre à déposer les insignes du pouvoir suprême. La réponse fut une sentence d'excommunication personnelle, que Grégoire promulgua solennellement à la face de l'Église. Il en résulta une scission dans l'Église d'Allemagne : les archevêques Udo de Trèves, Gebhard de Salzbourg, et plus tard Siegfried de Mayence, entraînèrent nombre de prélats et de princes dans la révolte des ducs de Saxe, vieux adversaires de la dynastie franconienne. Les diètes d'Ulm et de Tribur délibérèrent sous l'œil des légats du pape. On fixa un terme à l'empereur pour s'accommoder avec Rome (octobre).

Ce fut alors qu'il joua la tragédie de Canossa (Hauck), dans laquelle il contraignit le pape à l'absoudre en confession (janvier 1077). S'il ne le brouilla pas complètement avec ses alliés d'Allemagne, sa démarche embarrassa la politique romaine d'une nécessité de conscience. Cependant, les princes coalisés poursuivaient leur programme ; la diète de Forcheim, en mars, déposa Henri et élut à sa place Rodolphe de Souabe. Il s'ensuivit une guerre d'extermination, dans laquelle Grégoire resta neutre, pendant que ses légats s'épuisaient en efforts stériles pour rétablir la paix. Henri continuait à distribuer évêchés et abbayes, et le pape renouvelait en vain et l'excommunication contre lui, et la défense à peine de nullité de recevoir l'investiture laïque (novembre 1078 et carême 1080). La division persévérait parmi les évêques, bien que l'empereur gardât la majorité et pût faire déposer le pape aux synodes de Mayence (juin 1080) et de Brixen. La guerre avec les Saxons fortifiait le parti anticésarien, toujours dirigé par les archevêques de Mayence et de Salzbourg. Rodolphe mort, on s'empressa de le remplacer par Hermann de Luxembourg (août 1081).

Les victoires d'Henri IV en Italie, la mort de Grégoire (mai 1085), et les oscillations qui la suivirent pendant trois ans dans l'Église romaine consolidèrent la prépondérance impériale : partout les candidats césariens l'emportèrent. En dehors de la Saxe, dont les évêques subissaient les vicissitudes d'une rivalité de familles princières, le parti pontifical ne comptait plus que Gebhard de Salzbourg et quatre évêques. A la mort de Hermann (sept. 1088), personne ne se soucia de lui donner un successeur. Ainsi, qu'il fît cause commune avec l'empereur ou les grands feudataires, le haut clergé s'enchaînait de plus en plus aux affaires terrestres et à la politique.

Urbain II (1088-1099) put reprendre le dessus, grâce aux prédications des moines en Souabe, en Franconie et dans toute l'Allemagne occidentale. Depuis que Guillaume, abbé de Saint-Bénigne de Dijon, avait introduit la réforme clunisienne dans les pays lorrains au début du siècle, et que celui de Saint-Vannes, à Verdun, Richard, en avait institué une autre, un mouvement sérieux d'amélioration s'était manifesté, même dans les abbayes royales, qu'Henri II fit réformer par Poppo de Stavelot, disciple de Richard et fondateur, au temps de Conrad II, de l'abbaye de Limbourg, dans le Hardt. Celui-ci reçut la surveillance d'une foule de monastères dans la région rhénane et meusienne, jusqu'à Saint-Gall. Henri IV, par contre, distribua ces abbayes et d'autres en nombre à ses fidèles, même laïcs, et ce ne fut pas un des moindres griefs de l'Église contre lui. Toutefois les abbés se partageaient, comme les évêques, entre les deux adversaires. Mais de nouvelles fondations, Saint-Blaise dans la Forêt Noire, Hirschau près du Neckar en Wurtemberg, sous la réforme d'Einsiedeln, assurèrent dans la région la prépondérance du parti rigoriste. Le créateur de la dernière, Wilhelm, prit parti ouvertement pour le chef de l'Église, répandit la réforme dans une foule de monastères, jusqu'en Bavière, et habitua ses moines à vivre au milieu des populations, pour les prêcher et les catéchiser.

L'effet de ces prédications, qui se fit sentir surtout sous le pontificat d'Urbain II, ne tarda pas à marquer dans l'épiscopat lui-même, qui dut céder à l'entraînement irrésistible des masses populaires. Dès 1093, les évêques durent renoncer à soutenir les clercs concubinaires, et le pape de son côté les regagnait en proclamant valable toute consécration, d'où qu'elle vînt, qui ne serait pas notoirement entachée de simonie. Après une dernière campagne en Italie, Henri IV trouva son parti en décadence (1097). Mais il ne pouvait renoncer aux investitures, comme le démontra l'exemple de son fils Henri V, et l'attitude ultérieure de la féodalité cléricale. Le premier, qui avait dû s'appuyer sur l'Église pour combattre son père, contraignit partout les schismatiques à reconnaître Pascal II, successeur d'Urbain (1105). Mais après que ses ambassadeurs eurent réservé en général les droits de l'empire, au concile de Guastalla (octobre 1106), qui renouvela les décrets contre les investitures, le nouveau roi de Germanie reprit les errements de son père, et finit par déclarer qu'il ne pouvait sacrifier un des plus précieux privilèges de sa couronne (mai 1107). En réalité, il était plus enchaîné qu'Henri IV aux exigences des princes, qui l'avaient poussé au trône comme un intrus. Laïcs et ecclésiastiques ne songeaient qu'à conserver l'ordre politique déjà consolidé, par lequel ils avaient mis le pouvoir impérial en tutelle. Ils le manifestèrent hautement en février 1111, par la clameur universelle qui accueillit à Saint-Pierre de Rome la bulle dans laquelle Pascal II renonçait, au nom du haut clergé, aux droits régaliens. Trois années ne s'étaient pas écoulées, qu'une nouvelle ligue se forma contre Henri V, ayant à sa tête l'ambitieux Adalbert de Mayence (ci-dessus, t. 1, col. 446), ancien chancelier de l'empereur, qui ne travaillait qu'à arrondir son territoire. On vit reparaître les vieilles compétitions et luttes civiles, les dualités d'évêques sur un même siège. Mais l'intérêt du parti clérical était plutôt d'imposer un accommodement par transaction aux deux pouvoirs. On en avait assez de cinquante années de conflit, et pendant que l'opinion publique, dans la chrétienté, pesait sur le pape Calixte II, la féodalité allemande prétendait recueillir, comme fruit du compromis, la confirmation de ses conquêtes.

Le concordat de Worms (23 sept. 1122) réglait le débat sur deux points : le roi de Germanie respecterait la liberté des élections, qui auraient lieu sous la présidence de ses délégués ; il donnerait l'investiture par le sceptre de la juridiction temporelle, sur quoi le métropolitain ou les suffragants conféreraient la crosse et l'anneau, emblèmes des pouvoirs spirituels. Comme Hauck l'a remarqué en conclusion, la victoire revenait à la féodalité ecclésiastique : quelque avantage que retint l'empire, l'épiscopat, groupé par les élections et la dernière investiture, conservait son indépendance et faisait bloc : avec l'appui des seigneurs laïcs, il pouvait désormais prendre une attitude intermédiaire et d'arbitrage entre les deux pouvoirs rivaux, le pape et l'empereur.

3° *L'épiscopat germanique dans la lutte pour la présidence de la république chrétienne (1122-1250).* — Le conflit qui venait de mettre aux prises ces deux puissances allait se resserrer de plus en plus, jusqu'à menacer l'indépendance du pape en Italie. En réalité, c'était toujours le même problème qui se posait, depuis que Constantin et les empereurs romains étaient entrés dans l'Église : à qui revenaient la décision et la conduite des affaires générales de la chrétienté, dans les pays qui avaient été conquis à l'Évangile par les organisateurs de l'Europe, du pape qui avait créé l'empire d'Occident, ou des rois de Germanie qui se prétendaient héritiers de ses fondateurs, les Carolingiens. Dans ce débat insoluble, il n'était pas difficile à l'Église d'Allemagne de faire prévaloir son autonomie féodale entre et même contre ses deux suzerains.

L'avènement de la dynastie saxonne avec Lothaire II (1124-1137), qui, toute sa vie, avait combattu dans le camp clérical, semblait renforcer le triomphe de la papauté. Il commença par afficher la neutralité la plus complète, laissant l'Église d'Allemagne faire ses élections, arranger elle-même ses affaires, sous la direction des légats de Rome, et du tout-puissant Adalbert de Mayence, le grand-électeur du moment. Ce furent eux qui poussèrent sur le siège de Magdebourg saint Norbert, le fondateur des prémontrés (1126). Quand éclata le schisme d'Anaclet, Lothaire n'intervint qu'à l'appel de l'abbé de Clairvaux, saint Bernard, qui entraîna l'épiscopat allemand, réuni à Wurtzbourg (1131), du côté d'Innocent II. Mais après que Lothaire eut établi celui-ci à Rome, et en eut reçu la couronne impériale, il estima, avec l'Église nationale et son porte-parole Adalbert, que l'empire devait recouvrer ses privilèges, et il réclama l'abrogation du concordat. Conrad III de Hohenstaufen, nommé par la faveur d'Albéron de Trèves (ci-dessus, t. I, col. 1420-1423), reçut la couronne de Germanie des mains d'un légat, et ne se soucia pas davantage d'enrayer les progrès de la puissance pontificale, dont les représentants gouvernaient maintenant l'Église d'Allemagne, et annihilaient l'autorité des métropolitains par l'évocation des procès et la confirmation des prélats élus.

Leur situation nouvelle ne poussait que trop les princes ecclésiastiques à négliger les obligations pastorales pour s'occuper d'affaires temporelles, étendre leurs droits féodaux et agrandir le territoire de leurs principautés. Ils s'assuraient l'appui des laïcs, en respectant leur patronat dans la pratique et par des compromis, malgré les règlements des derniers conciles généraux de Latran (1123 et 1139). Toutefois, l'ingérence continuelle des agents de la papauté, les charges qu'elle faisait peser sur l'empire, par exemple pour la croisade, indisposaient l'opinion publique contre Rome, et le second Hohenstaufen, Frédéric Barberousse (1152-1190), n'eut pas de peine à recruter des alliés, quand il voulut reprendre la politique religieuse des Franconiens. Le concordat ne l'avait pas privé du pouvoir de diriger les élections, par les divers moyens dont dispose l'autorité suprême. Wichman de Zeist fut transféré à Magdebourg (1152), bien que le droit canon réservât au pape tous les déplacements. La diète d'Ulm décréta qu'une sentence ecclésiastique pour dommage à la propriété cléricale ne vaudrait qu'après la constatation du tort par le juge laïc. Eugène III tout en protestant contre ces mesures, signait l'accord de Constance (mars 1153), et, en vertu de la protection qu'il y promettait au roi, ses légats débarrassaient ce dernier des prélats opposants, Henri de Mayence, qui avait combattu son élection, Burkhard d'Eichstätt, Bernhard d'Hildesheim.

Frédéric s'enhardissait, il en venait à conférer aux princes laïcs des fiefs ecclésiastiques. Sa politique antiromaine s'accentua, quand il eut pris pour exécuteurs de ses volontés des adversaires irréconciliables de la curie, hommes de première valeur du reste, les chanceliers Rainald de Dassel, archevêque de Cologne (1159) et Conrad de Scheyern, qu'il dut cependant écarter du siège primatial de Mayence (1165). Une démarche imprudente d'Adrien IV leur procura la satisfaction de tourner contre lui ses partisans les plus avérés. Dans des instructions à ses légats, il proclamait l'empire bénéfice pontifical; Frédéric répondit dans un manifeste qu'il ne tenait sa couronne que de Dieu par l'élection. C'était introduire la nation allemande comme partie prépondérante dans le conflit. Elle osa bientôt se poser en juge de l'Église et de la chrétienté. Frédéric voulut décider le conflit issu du conclave de 1161, bien que l'épiscopat se fût partagé, et qu'Eberhard de Salzbourg eût entraîné l'Allemagne du sud du côté d'Alexandre III. Le roi convoqua un synode à Pavie, les prélats italiens et germains qui le composaient s'en remirent au jugement du souverain, et parce qu'Alexandre avait refusé de comparaître, Frédéric se prononça pour Victor V, l'antipape. Bien que la chrétienté se rangeât rapidement du côté de celui qu'il excluait, il réussit à grouper autour de lui l'épiscopat allemand, au point qu'à la diète d'Augsbourg (mai 1165) on jura de ne jamais reconnaître Alexandre III, ni aucun de ses partisans qui serait candidat à la papauté. Le seul évêque qui n'eût pas abandonné cette cause, Conrad de Salzbourg, se voyait expulsé de son diocèse. La chancellerie impériale devenait la pépinière nouvelle de l'épiscopat allemand et, trois ans après, l'Église germanique, à commencer par les trois électeurs, était entre les mains de son souverain (1168).

A la diète de Fulda (juin 1170), il renouvelait les serments ci-dessus. Et quand sa défaite de Legnano (mai 1176), par la ligue des cités lombardes, eut réveillé l'audace d'un parti de la paix, à la tête duquel se plaçait son chancelier, l'archevêque Philippe de Heinsberg (Cologne), le traité de Venise (juillet 1177) ne changeait guère la situation créée par Frédéric. Alexandre confirmait les choix qu'il avait faits durant le schisme : ainsi ses candidats l'emportaient sur ceux du parti pontifical, partout où il y avait deux évêques. On passa sous silence les conquêtes réciproques, l'empereur garda le droit de régenter l'Église et Rome continua d'être tribunal suprême d'appel en Allemagne, comme dans le reste de la chrétienté.

Ce fut surtout le triomphe de l'aristocratie. On avait vu les princes, lors de la guerre, obliger Frédéric, sinon pour la première fois, du moins avec une insistance particulière, à se rapprocher de son adversaire. La chute d'Henri le Lion, duc de Saxe et de Bavière, contre lequel le clergé se ligua avec l'empereur, fut moins un succès de celui-ci, qui se débarrassait d'un vassal dangereux, qu'un progrès de plus de la féodalité ecclésiastique. L'archevêché de Cologne reçut et garda le duché de Westphalie, qui prolongeait son territoire sur le cours du Weser, et en faisait la première principauté ecclésiastique allemande en puissance territoriale. Les archevêchés de Brême et de Magdebourg (rive gauche de l'Elbe) et quelques évêchés voisins furent avantagés de la même façon (1182). La maison de Wittelsbach s'établissait en Bavière, et un de ses membres, Conrad, occupait déjà l'archevêché de Salzbourg.

L'empire avait néanmoins atteint l'apogée de sa puissance, et Barberousse était vraiment le maître de l'Italie comme de l'Allemagne. Il réussissait à faire accepter son fils Henri comme son successeur et lui faisait décerner successivement les couronnes de Germanie, d'Italie et d'Arles qu'il avait réunies sur sa tête. Quand le pape Lucius III lui eut contesté les droits qu'il avait reconquis sur l'épiscopat, dépouilles, régales, etc., Clément III revint à la politique de fermer les yeux et lui sacrifia ses deux ennemis du moment, Philippe de Cologne et Folmar de Trèves, à la diète de Mayence (mars 1188). C'était pour obtenir de lui son secours en faveur de la Terre Sainte opprimée par les infidèles. Et, en effet, le dernier empereur chrétien d'Occident termina sa carrière dans le rôle qu'il avait rêvé, de chef de l'Église à la Charlemagne, en s'ensevelissant avec ses preux dans les déserts d'Orient (1190).

Il y ensevelissait aussi l'empire romain germanique, qui ne fut plus après lui qu'un fantôme. L'aristocratie allemande allait se partager ses dépouilles, y compris les nominations prélatices, que chaque famille princière accaparait dans le ressort de sa puissance. Déjà, en 1192, le comte de Brabant dispute à Henri VI, le fils du Barberousse, l'évêché de Liége. Frédéric a commis la faute de transférer en Italie l'activité du pouvoir impérial, pour assurer à son fils la succession du royaume normand des Deux-Siciles, et ses héritiers, absorbés dans la politique italienne, où la papauté leur oppose toutes ses forces, parce qu'il y allait de toute son indépendance, ses héritiers laisseront aux princes et archevêques allemands les mains libres pour achever le dépècement féodal de la monarchie. Henri VI dépense son court règne (1190-1197) à conquérir son nouveau royaume, malgré l'opposition du pape qui en était le suzerain. Il n'intervint en Allemagne que pour essayer de transmettre la couronne à son fils Frédéric, et il échoua contre une ligue princière dont le chef, l'archevêque Adolphe de Cologne (ci-dessus, t. I, col. 578), n'admettait pas ce moyen détourné de rendre la couronne héréditaire, en faveur d'un enfant de quelques mois (octobre 1196).

Le long conflit entre Philippe de Souabe, frère du défunt, et Otton de Brunswick (1197-1208), puis entre ce dernier et le jeune Frédéric de Hohenstaufen, devait profiter à l'aristocratie, qui se faisait payer son adhésion en passant d'un candidat à l'autre. Le vieux Conrad de Scheyern, revenu à Mayence après la réconciliation générale (1183), prétendit même terminer le débat par un arbitrage entre huit princes de chaque parti (1199). Mais ce fut la papauté surtout qui, sous Innocent III, le dernier architecte de sa toute-puissance, sut, par l'activité des légats qu'elle faisait se succéder en Allemagne, substituer son autorité à celle du roi dans les élections. A Mayence et à Cologne triomphèrent ses candidats Siegfried de Eppenstein (1202) et Bruno de Sayn (1205). Elle se réserva le jugement définitif entre deux élus, dévolu jusqu'alors au roi, le transfert d'un diocèse à un autre, la provision qui dispensait d'un empêchement canonique. Enfin Innocent III régla par une bulle et inséra dans le droit que le chapitre de la cathédrale serait le seul collège des électeurs, à l'exclusion du clergé, du peuple et des princes. Les évêques devenaient seigneurs et maîtres sur le territoire qu'ils ne cessaient d'arrondir, mais ils étaient les sujets du pape, et comme le pape était loin, les élections dépendaient d'un petit nombre de familles aristocratiques locales, qui se transmettaient les prébendes canoniales (Hauck, *Kirchengeschichte Deutschlands*, t. v, 1re partie, p. 195), entraient d'ordinaire en conflit les unes avec les autres et aboutissaient à des élections doubles ou triples, qui ne pouvaient se résoudre que devant le tribunal de la curie romaine.

Frédéric II (1215-1250), dans sa longue lutte contre la papauté, abandonna les élections, parce qu'il séjourna rarement en Allemagne, et se contenta de donner l'investiture. Mais il sut retenir dans son parti la plupart des hauts dignitaires de l'Église par une profusion de faveurs, de privilèges, de concessions territoriales. Engelbert de Cologne, puis Siegfried III de Mayence, furent successivement vicaires impériaux en Germanie, l'un avant Henri VII, l'autre en 1235, avant Conrad IV, les deux fils de Frédéric, qui les éleva au trône pour le suppléer en son absence. Il mit le ban impérial au service de l'Église contre les hérétiques, en sorte que l'excommunication épiscopale eût son plein effet au bout de huit semaines. Aussi fut-il longtemps soutenu par l'Église d'Allemagne; ses prélats refusèrent de publier l'excommunication portée par Grégoire IX, et plusieurs furent frappés nommément de censures. On chassait de leurs bénéfices les clercs qui exécutaient les ordres du pape. Les moines mendiants, qui se faisaient ses porte-parole, furent particulièrement maltraités. Cependant, en 1241, Siegfried de Mayence, Conrad de Cologne et le duc de Bavière concluent une ligue de neutralité, et publient les censures. Trèves et plusieurs évêques les imitent. La sentence du concile général de Lyon en 1245 et la citation qu'il lança contre les clercs récalcitrants jettent le désarroi dans le clergé allemand. Les moines prêchent partout la croisade, les légats du pape déposent trois archevêques, douze évêques, cinq abbés, et réussissent à faire proclamer anticésar le landgrave de Thuringe, Henri Raspe (1246), puis Guillaume de Hollande (1248). Une partie de l'Allemagne se trouve sous l'interdit. Dès 1245 il n'y avait plus un clerc à la cour de Conrad IV, et quand Frédéric mourut (décembre 1250), presque tout l'épiscopat allemand était soumis à Rome.

La papauté avait dû faire de larges concessions pour arriver à ce résultat; elle ne se montra pas avare de privilèges et dispenses. Si les chapitres eurent défense d'élire sans permission, que n'accordait-on pas à ceux qui remplaçaient un évêque déchu, et à l'élu qui avait leurs suffrages ! D'une manière générale, la plupart des faveurs, spirituelles et autres, que le clergé allemand reçut du pape pendant cette période et pendant le grand interrègne qui suivit (1250-1273), aboutirent à encourager et rendre plus facile la sécularisation qui se consommait des dignités cléricales, c'est-à-dire l'effacement des fonctions et des devoirs pastoraux devant les splendeurs et les soucis de la puissance seigneuriale.

Effectivement, le règne de Frédéric II a vu s'achever la formation territoriale et l'autonomie féodale des seigneuries ecclésiastiques. Hauck, *op. cit.*, t. v, 1re partie, p. 77 sq. La propriété de l'église ou du monastère, que le prélat gérait pour le bien commun, s'était transformée en fief par l'investiture de la charge, et peu à peu en seigneurie avec l'acquisition des droits régaliens. Trois mesures de Frédéric II couronnèrent le progrès. En 1216, en renonçant aux droits de dépouilles et de régale, il reconnut comme droit princier, qu'aucun transfert de souveraineté ou partie de souveraineté ne se fit sans le consentement du détenteur et de ses sujets. Le privilège de 1220 subordonnait de même au consentement des princes ecclésiastiques la création des douanes et monnaies, et leur reconnaissait le droit d'élever des forteresses. Enfin ils reçurent (1231-1232) pleine garantie pour la possession de ceux de suite, justice et comtés. Dans tout le st tut domine le souci de ne pas laisser endommager la souveraineté principale par l'exercice de l'autorité royale. Avec Guillaume de Hollande, les princes peuvent exiger le service militaire des habitants de leur territoire (1214), et la seigneurie est complète.

Ainsi jusqu'au bout ce sont les rois de Germanie qui ont fait la féodalité ecclésiastique. Ils avaient pareillement jeté les bases de sa formation territoriale, dans les débuts; puis les prélats continuèrent en unissant les unes après les autres les parcelles éparses de leur domaine. Ce ne fut cependant que dans le siècle qui suivit Barberousse (1190-1273) que ce domaine s'arrondit, de manière à former une masse compacte, sur laquelle reposât fermement la puissance princière. Nous savons ce que les archevêques gagnèrent au dépècement du duché de Saxe par Frédéric Ier. A la même époque, Wichman de Magdebourg (1152-1192) étendit son domaine au pays des Wendes, en colonisant Jerichow et Juterbock en Brandebourg. En 1257, son successeur acquit le gros comté de Sechussen (Basse-Saxe), région d'Halberstadt.

Dans la période ci-dessus, on voit Liége compléter le nombre de ses vingt et une abbayes annexes; Munster s'étendre sur l'Ems et au dépens des prévôtés de la circonscription diocésaine, où l'évêque, devenu le seul juge et le plus grand seigneur, s'intitula dès les *dux per terminos diocesis nostræ*. Trèves fit plus que doubler son territoire sur un long parcours de la Moselle; Metz s'étendit sur la Sarre et jusqu'aux Vosges (Épinal); Mayence sur le Main moyen (Aschaffenburg), la Tauber (Bischofsheim), vers l'Odenwald et le Neckar. Frédéric II lui céda encore l'abbaye de Lorsch. Du même, Strasbourg acquérait le bailliage de Saverne, etc., par ailleurs Rheinau, le comté de Neubourg, la vallée de la Kintzig, etc. Augsbourg gagnait le comté de Dillingen (1258); Eichstätt celui de Hirschberg et le fief de Leuchtenberg; Wurtzbourg s'enrichissait à la succession des comtes de Meran (1260); Brême, Ratisbonne, Passau s'agrandirent notablement sur l'Elbe inférieur (Stade), le Danube et en Autriche; Freising dans les Alpes (Pusterthal), en Autriche, Styrie, Carniole; Brixen jusqu'à la frontière italienne; Salzbourg acquit le Pinsgau, le Zillerthal, Windisch, Gastein, etc. Ce fut au XIIIe siècle seulement que se forma le territoire des évêchés d'Osnabruck, Minden, Hildesheim, que ceux de Verden, Paderborn, Ratzebourg, Schwerin prirent quelque figure et conformation.

En somme, avec les annexions moins importantes qui furent réalisées plus tard, c'était le sixième ou le septième de la superficie du territoire allemand que couvrait la féodalité ecclésiastique. Hauck, *op. cit.*, p. 128. Au moment même où l'ancienne Germanie se transformait en l'Allemagne moderne, les princes-abbés de Fulda, Hersfeld, Saint-Gall, Reichenau, etc., aussi bien que les princes-évêques, atteignaient, peu s'en faut, le degré d'organisation et de force qu'ils ont conservé dans la suite, même sous la domination protestante, jusqu'à la sécularisation de 1803. D'ailleurs, la part prépondérante, décisive, que les grands archevêques des bords du Rhin prenaient tout à tour, nous l'avons vu, selon les circonstances, dans les élections royales dans l'assemblée encore mal définie des électeurs, leur assurait des prérogatives et une place exceptionnelle à la tête de la féodalité. Et leur situation n'en encore grandir après la mort de Frédéric II : la papauté ayant prononcé à tout jamais la déchéance des Hohenstaufen, à ces archevêques incombait la tâche délicate de prévenir l'anarchie et la ruine de l'empire, d'orienter pour cela le choix des princes vers un candidat que Rome acceptât aussi facilement que la nation germanique. La féodalité ecclésiastique tenait en ses mains l'avenir de l'Allemagne.

III. L'EMPIRE ALLEMAND FÉODAL ET LA SOUVERAINETÉ ECCLÉSIASTIQUE (1250-1448). — Le nouvel ordre politique en Allemagne allait s'établir, comme le fait supposer ce qui précède, sur le régime féodal. L'éveil des nationalités, qui débutait alors, se mettait en opposition avec les droits que la papauté avait exercés à l'égard de l'empire, sa création, depuis les origines. De là une élaboration pénible, surtout de la part des vassaux d'Église qui avaient à ménager Rome. Après un siècle de luttes et d'anarchie (1250-1347), les Allemands parviendront à s'entendre entre eux sur la constitution nouvelle, qui prendra pied au milieu des embarras et des luttes de l'Église universelle (1347-1448).

1° *Le saint empire romain sombre dans l'anarchie* (1250-1347). — Pour achever la ruine des Hohenstaufen, la papauté maintint ferme sa politique de gouverner l'Église d'Allemagne par des légats, qui, dans l'intérêt de la croisade qu'ils organisaient contre Conrad IV (1250-1254) et Conradin, les héritiers de Frédéric II, disposaient des évêchés et des abbayes : Christian II de Mayence, jugé trop tiède, fut déposé en faveur du belliqueux Gerhard Wildgraf (1251). Par contre, Alexandre IV dut contraindre les prélats peu scrupuleux, ainsi promus par nécessité de parti, à se faire consacrer (1255); celui de Salzbourg, Philippe de Ortenbourg, fut déposé. Rome n'en continua pas moins à distribuer les bénéfices inférieurs comme les grandes dignités, et les élections devinrent rares et difficiles, même du fait des électeurs.

Non moins récalcitrants se montraient les électeurs à l'empire, dont le pape prétendait confirmer le vote, la dignité impériale n'étant à ses yeux qu'un bénéfice plus relevé. A la mort de Guillaume de Hollande (1256), les princes allemands se divisèrent entre Richard de Cornouailles et Alphonse de Castille, les uns et les autres se contentèrent d'annoncer leur choix à Rome et de solliciter la couronne impériale pour leur élu. Les Allemands n'admettaient pas que le rôle de la papauté allât plus loin. Ils lui permettaient toutefois de décider entre deux prétendants, et c'était précisément le cas. Mais lorsque Urbain IV évoqua le conflit (1263), aussi bien Alphonse que Richard prétextèrent des défaites sans fin.

L'élection de Rodolphe de Habsbourg (12 octobre 1273), qui mit fin au grand interrègne, fut conduite par l'archevêque de Mayence, Wernher de Eppenstein, ayant pour auxiliaire celui de Cologne, Engelbert de Falkenbourg. C'était une solution, même pour Rome, que harcelaient d'autres candidats : aussi Grégoire X se mit-il sans peine d'accord avec le nouvel élu; le 6 juin 1274, il le proclama roi des Romains, bien qu'il fût couronné depuis le 24 octobre précédent, et lui promit la consécration impériale. Il nomma plusieurs évêques, qu'il lui recommandait, par exemple, à Cologne Siegfried de Westerbourg. La politique italienne des empereurs avait fait son temps, même cette couronne impériale que conférait le pape ne fascinait plus les princes allemands. Ils ratifièrent de bon cœur la cession de la Romagne, que le pape réclamait comme patrimoine de saint Pierre (1278), mais, au synode national de Wurtzbourg (mars 1287), quatre archevêques et trente évêques protestèrent, à la face du cardinal légat, contre les exigences pécuniaires croissantes de la curie romaine et de la croisade.

Le couronnement de Rodolphe empereur, toujours différé, ne s'effectua jamais. Il en fut de même pour ses deux successeurs. Adolphe de Nassau, le premier, était un candidat purement ecclésiastique. Vassal des archevêques du Rhin, il fut opposé par eux à la maison de Habsbourg et signa avec chacun d'eux une convention préalable, qui leur assurait les douanes du fleuve, etc. Celui de Mayence, Gérhard II d'Eppenstein, le quatrième de sa famille, se fit donner la direction des affaires de l'empire avec le titre d'archichancelier (1291). Et parce que ces promesses ne furent pas tenues plus que celles faites aux électeurs laïques, le mécontentement général favorisa les visées ambitieuses du fils de Rodolphe, Albert d'Autriche. A la sollicitation des seigneurs lésés, Gérhard convoqua une diète à Francfort, le 23 juin 1298, et, sur l'exposé des griefs multipliés à l'infini, prononça l'indignité d'Adolphe et sa déchéance. Le 27 juillet, Albert élu, fut plus avare renouvelé les promesses faites par son prédécesseur. Il va sans dire qu'il ne les tint pas plus que lui, mais il fut plus habile et, avec le concours des villes libres du Rhin, contraignit les archevêques révoltés à mettre bas les armes, heureux de s'en tirer au prix des concessions en litige (1302).

Il fut moins heureux du côté de Rome. Boniface VIII, l'indomptable héritier de Grégoire VII et d'Innocent III, lui défendit de s'allier avec Philippe le Bel et lui imposa le serment de reconnaître que lui et les électeurs tenaient leurs pouvoirs du Saint-Siège (17 juillet 1303). Voir ci-dessus, ALBERT Ier D'AUTRICHE, t. I, col. 1445. Ceux-ci prirent leur revanche à sa mort. Ceux de Mayence, Pierre d'Aichspelt, et de Trèves, Baudouin, firent élire le frère du dernier, Henri, comte de Luxembourg (6 janvier 1309), et en revinrent à la tradition germanique de ne pas demander la confirmation pontificale. L'élu entreprit néanmoins le voyage d'Italie et reçut la couronne impériale à Rome, des mains d'un cardinal légat. L'acquisition de la Bohême, dont il fit épouser l'héritière à son fils Jean, lui permettait toutefois d'établir une puissance familiale capable de contrebalancer celle de la maison d'Autriche.

Pour le remplacer, les électeurs se divisèrent, celui de Cologne opposa Frédéric, duc d'Autriche, à Louis de Bavière, que soutenaient les deux autres archevêques (octobre 1314), et le premier parti crut s'assurer un avantage en sollicitant le pape Jean XXII de confirmer leur choix. Celui-ci refusa de se prononcer, puis il défendit au Bavarois, resté seul et vainqueur, d'exercer les pouvoirs royaux avant d'en avoir reçu sa confirmation (1322). Mais il se heurta à une résistance inattendue, parce que nationale. La féodalité, qui s'était trempée dans les luttes des derniers siècles, se repliait sur elle-même et, perdant le goût des expéditions au dehors, prenait conscience de la vie nationale, qui s'éveillait aussi chez le peuple, et prétendait renouveler la constitution de l'empire indépendamment de tout concours étranger.

Malgré leur sujétion à l'égard de Rome, les seigneurs ecclésiastiques ne pensaient, n'agissaient pas autrement, à mesure qu'ils se confondaient chaque jour davantage dans la féodalité laïque. Dans la transformation politico-religieuse qui se produit, ils apportent leur contingent à la désagrégation de l'Église nationale, dont les soucis temporels ruinent la vie et la discipline organique. Ils relèguent au second plan la conduite du diocèse, la prédication, les sacrements, la visite des paroisses, délèguent des inférieurs à ces fonctions. Les synodes provinciaux se font beaucoup plus rares; ainsi disparaît la cohésion du clergé germanique, alors que la constitution du droit canonique consolide l'action du pouvoir pontifical.

Chef du diocèse, l'évêque a plutôt gagné que perdu en prestige. On voit progresser les fonctions qui le suppléent dans le gouvernement, official, vicaire général, suffragants, etc., mais ce sont de simples officiers délégués, révocables *ad nutum*. Chaque année, l'ordinaire promulgue ses ordonnances au synode diocésain; il assure la visite par le droit de procuration, qui enrichit plus encore que les visiteurs, ses représentants. Il est parvenu à réprimer les empiétements de l'archidiacre qui, depuis le XIe siècle, menaçait d'établir son autorité en face et aux dépens de la sienne.

Au point de vue temporel, la juridiction épiscopale avait subi plus d'une atteinte. On avait pu sacrifier aux princes-évêques les abbayes de fondation royale, il en restait quarante-deux, dont le chef avait aussi rang et puissance de prince d'empire. Une centaine de monastères, cisterciens, chartreux, mendiants, etc., dont le territoire relevait de l'avouerie impériale, ne comptaient pas cependant dans la hiérarchie princière, non plus que les collégiales et chapitres réguliers, augustins, prémontrés. Il en résultait toutefois, pour les évêques, un amoindrissement au point de vue politique et territorial, comme aussi de la part des chapitres de cathédrale, qui, maintenant, géraient eux-mêmes leurs propriétés sans intervention de l'ordinaire, et élisaient les candidats que celui-ci installait ensuite aux prébendes vacantes.

Le progrès des principautés ecclésiastiques fut surtout arrêté par le développement des villes libres au XIIIe, et surtout au XIVe siècle. Les évêques étaient parvenus à établir leur suzeraineté sur celles où était située la cathédrale, qu'elles fussent de fondation impériale ou seigneuriale. Mais ces villes s'enrichirent par le commerce et l'industrie, la bourgeoisie s'y forma en corporations ou *gildes* et racheta aux évêques besogneux les libertés civiles et économiques par la confirmation des règlements arrêtés en commun. La question des douanes et marchés mit ces villes aux prises avec leurs seigneurs, dès le XIIIe siècle, avec l'extension du commerce, et ce fut pour échapper à l'exploitation des électeurs ecclésiastiques que celles du Rhin appuyèrent Albert d'Autriche contre eux (1302). Elles étendirent leurs libertés corporatives en franchises municipales, puis, pour se garantir de la malveillance des féodaux, se groupèrent en ligues de soutien mutuel. Celle du Rhin, qui se fonda durant le grand interrègne (1253-1256), groupa la plupart des villes épiscopales de la région, de Constance à Cologne. La *Hanse teutonique*, ou confédération de commerce maritime, unissait vers la même époque les villes commerçantes de la précédente aux cités maritimes et fluviales du nord, Brême, Lubeck, Magdebourg, Brandebourg, Riga, Breslau, Osnabruck, Munster, pour ne mentionner que les épiscopales. Les unes et les autres imposèrent leur émancipation ou la payèrent à prix d'argent : bien que l'appauvrissement progressif de la noblesse se fît moins sentir dans la féodalité ecclésiastique, des villes riches comme Cologne, Mayence, Worms, Strasbourg, Bâle, Liége, Utrecht surent dicter des conditions qui garantissaient leur autonomie municipale. Zeller, *Histoire d'Allemagne*, t. VI, *Les empereurs du XIVe siècle*, *passim*, surtout l. XIII, c. XXVIII, XXIX, § 2.

L'état perpétuel de guerre et d'insécurité poussait paysans et peuple à s'organiser en associations pour s'aider, se soutenir, l'autorité manquant à son devoir de protection, depuis l'empereur impuissant jusqu'au comte qui exploite les gens de son fief. De même, parce que le clergé est infidèle à ses obligations d'instruire, d'édifier, il se forme des confréries, où les simples fidèles satisfont leur besoin de piété, d'édification, de mysticisme. A côté d'associations secrètes, judiciaires, comme la célèbre sainte Vehme, qui avait son siège en Westphalie, et que l'archevêque de Cologne prit sous sa protection dans la seconde moitié du XIIIe siècle, on voyait se former, parmi les populations, ces groupements de tertiaires, béguins et béguines, qui vivaient sous la dépendance des ordres religieux, par conséquent en dehors du pouvoir de l'ordinaire. Leur but était aussi de favoriser les œuvres de pénitence et de charité, le soin des pauvres et des malades. Certains d'entre eux se tenaient plus ou moins cachés, en dehors non seulement de l'autorité ecclésiastique, mais de l'orthodoxie et de la foi catholique. Pour les préserver, les séparer de l'hérésie, on prit l'habitude de réunir les tertiaires, surtout les femmes, dans des maisons où elles vivaient en commun, sous la surveillance des supérieurs. Ces institutions florissaient aux Pays-Bas; dans l'Allemagne proprement dite, les béguines, vierges ou veuves, habitaient isolément, groupées par maisons ou quartiers. Les béguins ou bégards constituaient des confréries d'hommes beaucoup moins nombreuses, qui vivaient pauvrement, en mendiant leur pain. Ce fut chez elles surtout qu'on découvrit des germes, et aussi des foyers d'erreurs.

Certaines de ces confréries étaient hérétiques; les vaudois, les frères du libre esprit, qui supplantèrent les anciens cathares, se répandirent en Allemagne sous forme d'associations pieuses, ou de communautés secrètes ayant leur règlement et leurs réunions. De 1200 à 1350, ces deux sectes formèrent des groupements importants, qui travaillèrent avec zèle et ardeur à la diffusion de leurs fausses doctrines. Elles comptaient parmi leurs membres des clercs et des prêtres. Frédéric II ordonna une enquête générale qui dura deux ans (1231-1233), promulgua contre l'hérésie un véritable code de procédure et, par ses mesures de rigueur comme par la jurisprudence qu'il établit, prépara les voies à l'Inquisition. Elle ne s'implanta cependant en Allemagne que sur la fin du siècle, appelée par les évêques et des princes en plusieurs lieux, où l'hérésie se répandait d'une manière visible, inquiétante pour la foi et l'ordre public, sur le Rhin, en Autriche, à Vienne même, en Bohême, où notamment elle semble avoir préparé les voies aux hussites. Souvent elle opposait église à église, et il fallut à diverses reprises exécuter nombre de personnes. Hauck, *ibid.*, t. v, 1ʳᵉ partie, p. 397-416. (L'histoire des hérésies en Allemagne à la fin du moyen âge, question délicate et compliquée, est encore à faire.)

Cette transformation religieuse, politique et sociale qui se produisait alors en Allemagne, plus accentuée que dans le reste de l'Europe, à cette fin du moyen âge, explique le caractère particulier que revêtit la dernière lutte du sacerdoce et de l'empire, ouverte par le refus déguisé de Louis de Bavière, de soumettre à la confirmation papale son titre de roi de Germanie, et par la sentence d'excommunication et de déposition que Jean XXII lança contre lui (juillet 1324). Le haut clergé, inféodé à la curie romaine par la nomination papale, ne fit pas trop de résistance à promulguer la bulle; ainsi le primat de Mayence, Mathias de Buchegg. Cependant un certain nombre d'évêques s'abstinrent, et l'électeur de Trèves, Baudouin de Luxembourg, ne se soumit qu'après des années. Mais le clergé inférieur et les laïcs refusèrent en très grande majorité d'admettre les sentences papales. Les villes libres notamment restèrent fidèles au roi et maintinrent de force la continuité du service divin. L'incendie qui s'allumait en Allemagne fut encore attisé par Marsile de Padoue qui, dans son *Defensor pacis*, faisait reposer sur l'assemblée des fidèles l'autorité doctrinale de l'Église, et par les franciscains révoltés contre Jean XXII, qui, le supérieur général Michel de Cesena en tête, avec le célèbre nominaliste Guillaume Occam, apportèrent au peuple allemand leur doctrine de la pauvreté absolue et sans limite.

Le Bavarois accepta ces auxiliaires et s'en servit. Ce furent eux qui le décidèrent à se faire couronner, en empereur démocrate, par le préfet de Rome, représentant le peuple romain (17 janvier 1329). La coalition des clercs et laïcs allemands, à laquelle se joignirent les chapitres privés de leur droit d'élection, empêcha les évêques nommés par le pape de prendre possession de leur siège. Les chanoines de Mayence déférèrent à Baudouin de Trèves l'administration de l'archevêché (1328). Quelques-uns de ces prélats se réconcilièrent avec le Bavarois, et celui-ci, enhardi par l'attitude de la bourgeoisie, fit procéder contre les clercs qui observaient l'interdit, en particulier contre les dominicains (1330). L'opinion publique se soulevait devant la prétention papale de créer à nouveau un roi régulièrement élu à son point de vue, et la révolte grondait partout.

Les négociations se prolongeaient depuis des années, lorsque l'épiscopat intervint. Après entente avec le roi, Henri de Virnbourg, archevêque de Mayence, celui de Cologne et huit évêques envoyèrent une ambassade à Avignon, solliciter la reconnaissance de Louis, moyennant les satisfactions que comportaient la justice et l'honneur des deux partis (juin 1338). En même temps, ils négociaient avec les électeurs laïques et, avant d'avoir reçu réponse de Benoît XII, formèrent à Rense, le 16 juillet, une ligue pour la défense des droits du royaume, en particulier de ceux des électeurs et de leur indépendance. Ils décidèrent que celui qu'ils avaient élu n'avait nullement besoin de la confirmation papale pour exercer les pouvoirs souverains. La diète de Francfort décréta ensuite, toujours en présence du Bavarois et par la loi d'empire *Licet juris*, que la puissance impériale procédait de Dieu seul et que le vote des électeurs suffisait à la conférer avec tous les droits royaux. A la réunion plénière de Coblentz, Louis reçut l'hommage des évêques hésitants et même des ordres religieux.

Ainsi s'établissait le droit constitutionnel du nouvel empire allemand, tel qu'il a subsisté plusieurs siècles. En 1344, à l'assemblée princière de Cologne, Baudouin de Luxembourg présenta un mémoire, insistant pour qu'on sollicitât du pape la reconnaissance des droits électoraux. Aussi Clément VI déclara peu après, dans une lettre à l'archevêque de Cologne, que son intention n'avait jamais été de contrevenir aux droits et coutumes de l'empire. Déclaration peu compromettante, qui suffit cependant à dissoudre l'union électorale. Baudouin travailla dès lors à remplacer le Bavarois par son frère Charles. Le procès que Virnbourg avait en cour de Rome, sur la régularité de son élection, fut résolu contre lui, et Clément VI lui opposa un rival, Gerlach de Nassau, qui, de concert avec Baudouin, fit l'élection que souhaitait la curie (11 juillet 1346).

L'acte de Rense n'aurait pas une grande portée, s'il n'avait été préparé par la pratique constante des électeurs, que nous avons suivie pendant un siècle. Même ceux de 1346, malgré les promesses faites à Avignon par l'élu, ne parlèrent pas de confirmation, mais simplement du couronnement impérial comme complément indispensable de l'élection. Le tout était de savoir si le nouveau souverain, débarrassé de son rival (1347), se préoccuperait de faire respecter la constitution allemande, et réussirait à l'implanter définitivement.

2° *Organisation politique et religieuse de l'empire allemand (1347-1447).* — Les manifestations des électeurs correspondaient assez peu à la réalité du moment, et surtout n'affaiblissaient nullement l'anarchie qui désolait l'Allemagne. L'archevêque Virnbourg, qui n'acceptait pas la sentence apostolique dont le parti de Luxembourg profitait, créa un césar, Gunther de Schwarzbourg (janvier 1349). Mais la diète de Spire déclara que le pape avait le droit de déposer un évêque pour démérite, et qu'on ne devait plus obéissance à celui-ci. Le césar et son protecteur disparurent promptement de la scène, et l'équipée n'eut d'autre résultat que de resserrer un peu plus les liens dont Rome avait enlacé l'Église germanique, parce que l'intérêt du moment faisait admettre ce qu'à d'autres époques on appelait usurpation.

Plus significatifs encore et graves dans leurs conséquences furent les troubles causés par la *peste noire* de 1348. Elle ramena les manifestations absurdes des *flagellants*, qui d'Italie reparurent comme au xiii° siècle, excitant les masses contre les juifs qu'on accusait d'empoisonner les fontaines. Dans les villes libres du Rhin, Bâle, Fribourg, Strasbourg, Worms, etc., et ailleurs, les petits corps de métiers en profitèrent pour renverser le gouvernement des bourgeois et établir un régime municipal démocratique, qui débuta par le massacre des juifs. Le pape Clément VI et des évêques comme Berthold de Strasbourg prirent en vain ces malheureux sous leur protection. D'autres, au contraire, ceux de Bamberg et de Wurtzbourg, l'électeur Baudouin, réclamèrent leur part des dépouilles, car les richesses des Israélites excitaient toujours l'avidité des princes et de la féodalité. Zeller, *op. cit.*, t. XV, c. xxxii, § 3.

L'anarchie était donc un peu partout, dans l'ordre social comme dans l'ordre religieux, comme dans l'organisation politique. Mais Charles IV de Luxembourg, esprit positif, homme d'affaires, un peu marchand, ne manquait pas de ce qu'il fallait pour remédier au mal. Il abandonna l'Italie, où il n'alla que pour recevoir la couronne impériale (1354), et se faire payer la cession de droits illusoires, et d'ailleurs périmés. Son premier souci fut d'organiser le régime électoral de l'empire, qui reposait sur une pratique fort ancienne, mais n'avait encore rien de précis, ni d'arrêté. La constitution écrite résuma et fixa ce qui se faisait. La *bulle d'or* de 1356 consacra le droit des électeurs ecclésiastiques. Depuis un siècle et plus, ils avaient constamment pris l'initiative de diriger la transmission du pouvoir, et c'étaient eux qui avaient assumé la première responsabilité des doubles élections qui, dans l'espace de cent ans, avaient aggravé le désordre dont souffrait l'Allemagne. L'archevêque de Mayence avait inauguré ce rôle bien avant, dès le IX° siècle, et pris le pas sur les deux autres. Seuls de tous les électeurs, leur droit n'avait pas varié et s'était constamment maintenu. Zeller, ibid., l. XIV, c. xxx, § 1. La charte nouvelle leur reconnut donc le premier rang. Mayence garda le droit et le devoir de convoquer le collège électoral, dans le mois qui suivrait le décès de l'empereur, d'ouvrir et de présider les opérations de vote; Trèves de donner le premier sa voix, Cologne de sacrer l'élu à Aix-la-Chapelle, bien que la bulle n'en fît pas mention. Ils portent les titres, purement honorifiques d'ailleurs, d'archichanceliers, le premier pour l'Allemagne, le dernier pour l'Italie, et Trèves pour le royaume d'Arles. En ne mentionnant nulle part l'intervention du pape, Charles IV le mettait en dehors, conformément aux décisions ci-dessus de 1348, qu'il corroborait solennellement; il donnait à l'Allemagne sa constitution propre, nationale, et laissait au temps et aux électeurs le soin de réprimer les prétentions de Rome. On lui concéda désormais quelques déclarations mutuelles de principe; mais les électeurs ecclésiastiques, qui avaient la garde de la constitution, furent aussi appelés à défendre les libertés que l'on disputait à Rome, sans oser les insérer dans le texte de la bulle.

Alors que l'empire féodal s'établissait, englobant l'Église nationale qui avait présidé à sa fondation, l'une et l'autre achevaient de s'annexer le royaume de Bohême, qu'ils avaient en commun converti et civilisé. Si le clergé du pays, appuyé sur l'archevêché de Prague, que les Luxembourg créèrent pour affranchir le royaume de la métropole de Mayence, suivait le mouvement progressif de la population, qui, d'Ottokar II à Charles IV, subit, au moins dans les villes, la prépondérance, toujours plus écrasante, de l'élément allemand, l'université de Prague, fondée par le dernier, ne fut d'abord pourvue que de professeurs germaniques ou étrangers, et compta deux nations allemandes d'étudiants contre deux slaves. L'épiscopat fut surtout ce que le faisait la volonté des souverains, mais le moyen clergé, comme les chapitres, se partagea entre les deux races, avec la noblesse qui le pourvoyait. Évêques et abbés n'entrèrent pas dans la féodalité de l'empire, mais restèrent les sujets de la royauté bohême, dont ils devaient soutenir et renforcer la puissance électorale, non l'affaiblir par leurs prétentions à l'immédiateté.

Quand vint le moment d'appliquer la charte, Charles IV, qui voulait assurer à l'empire une force de plus, avec l'hérédité de fait dans sa famille, fit élire son fils Wenceslas roi des Romains (juin 1378). Il gagna les électeurs de Trèves et de Cologne, l'oncle et le neveu, Kuno et Frédéric de Falkenstein, par des concessions, même territoriales, et il opposa Louis de Misnie à Adolphe de Nassau, que le chapitre de Mayence avait élu, Rome confirmé. Le candidat couronné, alors seulement on prévint le pape, en l'apaisant au moyen d'une correspondance antidatée, par laquelle les deux coupables sollicitaient et obtenaient licence de procéder à l'élection, avec promesse de ne pas recommencer. La bulle d'or avait été à peu près mise en pratique, et les droits pontificaux réduits à une déférence dérisoire.

Dans l'état d'anarchie générale, la première restait d'ailleurs à la merci des électeurs ambitieux, des ecclésiastiques comme des autres, et le grand schisme d'Occident le prouva. L'empire devait prendre parti contre la France, pour le pape de Rome, mais les intérêts privés provoquèrent des défections, surtout dans les régions rhénanes soumises à l'influence française. Wenceslas et les trois électeurs archevêques conclurent une ligue pour faire reconnaître Urbain VI par l'Église d'Allemagne (février 1379). Dans l'acte qu'ils signèrent, le premier revendiquait le privilège d'être seul le véritable et légitime défenseur de l'Église universelle, comme roi des Romains et empereur élu. Mais sa mollesse et son indécision finirent par mécontenter même la féodalité qui en profitait. En avril 1400, Jean de Nassau, élu de Mayence, qu'il refusait de reconnaître, le déposa et, avec les autres archevêques, proclama le comte palatin Robert.

Qui se préoccupait de la bulle d'or? A la mort de Robert (1410), le même Nassau et l'archevêque de Cologne lui donnèrent pour remplaçant Josse de Moravie, cousin de Wenceslas, dont le frère Sigismond de Brandebourg se faisait en même temps reconnaître par celui de Trèves et l'électeur palatin. Il y avait trois empereurs, ce qui ne s'était pas encore vu. Du moins ils étaient de la même famille et, après la mort de Josse, Wenceslas abdiqua en faveur de Sigismond, qui fut accepté par l'unanimité des électeurs (juillet 1411), couronné en novembre 1414. Il allait assurer dans un règne incontesté et fort actif, jusqu'en 1437, le fonctionnement du régime féodal, dont la bulle d'or était la charte constitutionnelle. Il devait même, en alliant sa famille avec les Habsbourg, préparer en faveur de ceux-ci le triomphe du principe d'hérédité par élection, que Charles IV avait essayé d'établir, et qui entrera dans la vie de l'empire, sinon dans son droit politique.

Ce règne réalisa un autre résultat important : il prépara pour l'Église d'Allemagne la constitution religieuse qui devait régulariser, sinon débrouiller l'organisation chaotique léguée par le moyen âge. Devenu maître du saint empire, Sigismond se fit reconnaître par Grégoire XII, un des trois papes qui se disputaient l'Église, et se préoccupa, selon son devoir de chef temporel de la chrétienté, et comme il l'avait promis au collège électoral, de rétablir l'unité religieuse, afin de recevoir du candidat qui lui devrait la tiare la couronne impériale et le pouvoir suprême dans la chrétienté. Mais cette tâche se compliquait de la réforme des abus qui désolaient l'Église, et dont la chrétienté gémissait depuis deux siècles. On les résumait volontiers, même avant le schisme, dans les empiétements de la papauté sur les Églises locales et nationales. Il est certain qu'en Allemagne, par exemple, les élections bénéficiales étaient constamment suspendues par des interventions papales sous mille formes, qui n'avaient qu'un objectif, ainsi que les appels et évocations, qui portaient en cour de Rome les procès les plus importants; assurer l'entretien d'une administration toujours plus compliquée, plus nombreuse, avec sa légion d'officiers toujours plus exigeants. Et l'abus ne s'était-il pas exagéré d'une manière odieuse, depuis trente ans et plus qu'on avait eu deux, puis trois papes, par conséquent trois cours et trois administrations à soutenir!

La rupture de l'unité religieuse donnait ainsi une nouvelle force et de l'importance aux clergés nationaux, et ce furent eux qui, sous la conduite de Sigismond, mirent fin au schisme. Il était naturel que ces Églises fissent reconnaître les libertés et privilèges, souvenirs de l'autonomie qui avait concouru à leur premier développement, dont la disparition avait abouti aux charges qui pesaient sur elles. Celle d'Allemagne, plus fortement constituée, puisque son existence reposait sur une organisation féodale, aspirait plus impatiemment à voir ces charges prendre fin, parce que le joug, à cause de leur fréquence, lui en était plus insupportable. Avant même l'Église gallicane, et plus qu'elle,

elle devait réclamer des conventions précises, qui délimiteraient les droits et les devoirs tant généraux que particuliers.

Dans les longues délibérations du concile de Constance (1413-1418), le clergé allemand joua un rôle considérable, à côté de Sigismond, qui les dirigea jusqu'à l'élection de Martin V (1417). Ce furent les Allemands qui, de concert avec les Anglais, firent décider qu'on délibérerait et voterait par nation (6 février 1414). Les universités toutes jeunes de Cologne et de Vienne ne firent pas trop mauvaise figure à côté de celle de Paris. Les Allemands, fidèles au programme que Sigismond s'était tracé dès son avènement, d'exiger l'abdication des trois papes, décidèrent non sans peine les Français à commencer par le leur, Jean XXIII, qui avait convoqué le concile et le présidait. Et pour que celui-ci ne pût se réclamer de ce fait et des droits qu'il lui garantissait, ce furent eux qui amenèrent l'assemblée, ainsi que le Sacré-Collège, à proclamer la supériorité du concile sur le pape (v^e session, 6 avril). N. Valois, *La France et le grand schisme d'Occident*, t. IV, l. IV, c. III. Ainsi, cette définition gallicane est, en réalité, venue d'outre-Rhin !

Par contre, après la déposition des trois papes, Sigismond et son Église prétendaient procéder tout de suite à la réforme, en commençant par la tête, et l'imposer au futur vicaire de Jésus-Christ, qui aurait été contraint d'accepter les limites que lui imposaient les privilèges et libertés des Églises nationales. Les Gallicans firent admettre qu'on élirait d'abord le chef de la chrétienté. Les Allemands voulaient suspendre pour cette fois le droit électoral du Sacré-Collège, ils durent accéder au statut qu'il proposait et que soutenaient les Français, le choix du pape en commun entre les cardinaux et les délégués des nations. Et Martin V fut unanimement proclamé (11 novembre 1417). Le 24 janvier 1418, sur la requête de Sigismond, il ratifiait son élection comme roi des Romains. L'unité de l'Église était rétablie dans ses deux chefs.

L'élu des nations conciliaires leur donna ensuite satisfaction pour les griefs qu'ils avaient contre Rome. Le 21 mars furent promulguées les bulles renfermant les concessions qu'il leur octroyait, pour une durée de cinq années, *concordata*, accords passés sous forme de réponse aux requêtes de réforme. Mansi, *Amplissima collectio conciliorum*, éd. Welter, 1903, t. XXVII, fin. Aux Allemands en particulier, Martin V garantissait la liberté des élections canoniques (voir ci-dessous, *Allemagne moderne*, et le concordat de 1448), moyennant l'annate, versement de toute année de revenu qui excédait 24 florins. Les gradués des universités pourraient prétendre à une prébende canoniale sur six, et on leur réservait les cures de plus de deux mille âmes. Le pape s'engageait à ne plus autoriser les commendes, ni concéder des provisions, réserves, expectatives, mandats, etc., qui léseraient les droits patronaux, et seulement en cas de nécessité, lorsqu'un cardinal ou autre grand dignitaire aurait besoin d'un second bénéfice pour sa subsistance. Les procès devaient être expédiés sur les lieux, les causes majeures des évêques exceptées, et ne pouvaient être portés à Rome qu'en respectant la hiérarchie des appels.

Le privilège concordataire pouvait être renouvelé ou remplacé dans les assemblées quinquennales, dont les nations de Constance avaient obtenu la convocation. Mais la première, celle de Sienne, échoua (1423), parce que clergé et laïques semblèrent se donner le mot pour n'y point paraître. L'Allemagne ne s'y fit pas mieux représenter que les autres pays, et son porte-parole y fut un archevêque de frontière, celui de Riga. Il ne fut plus question de confirmer les libertés ecclésiastiques et Martin V se contenta, en avril 1423, de limiter le droit des collateurs ordinaires et des électeurs à quatre mois par an. Mais les Églises nationales semblèrent se réveiller au concile de Bâle, qui fut plus fréquenté que le précédent. Le clergé d'outre-Rhin y envoya, non ses principaux évêques, mais quelques-uns de la moindre importance; avec celui de Bâle et le patriarche d'Aquilée, ceux de Worms, Trente et Lubeck, qui du reste n'y figurèrent ni longtemps ni brillamment.

On sait à quel point la lutte devint vive entre le pape et le concile, sur les questions de réforme. Sigismond et les princes allemands, soucieux de consolider les garanties que le concordat de 1418 n'avait laissé qu'entrevoir, s'efforcèrent d'aplanir les difficultés, d'empêcher les heurts, d'interposer leur médiation en toute circonstance. Le premier avait pris officiellement le concile sous sa protection ; en janvier 1433, lui et les électeurs envoyaient une ambassade collective, qui décida le pape Eugène IV à retirer sa bulle de dissolution de l'assemblée. Quelques mois plus tard (juillet), recevant la couronne impériale à Rome, il obtint encore que le pontife fit de nouvelles concessions pour la paix. Mais quand il se rendit à Bâle en octobre, il se montra d'une faiblesse déplorable, et sa présence, qui se prolongea deux ans, sembla encourager tous les excès qu'il s'efforçait d'éviter. Il dut bientôt prendre la défense du pape, auquel le conciliabule ne songeait plus qu'à intenter un procès canonique de déposition.

Après sa mort en décembre 1437, les électeurs choisirent, par égard pour sa mémoire, son gendre Albert V d'Autriche (mars 1438), puis le cousin de celui-ci, Frédéric III, d'une autre branche des Habsbourg (1439). Ils s'étaient encore flattés de faire accepter leur médiation pour la paix et, n'ayant pas réussi, insérèrent dans les deux capitulations électorales que l'empire se proclamerait neutre. Cette neutralité persista plusieurs années, et à défaut des libertés promises et espérées, l'Église d'Allemagne vécut tant bien que mal sous le régime de la Pragmatique sanction teutonique proclamée à la diète de Mayence (voir ci-dessous *Allemagne moderne*), en mars 1439 : élections ecclésiastiques avec droit de présentation des princes, tenue périodique des synodes, réforme du clergé, à commencer par celle des cardinaux, etc. Cf. ci-dessus l'article sur Albert V d'Autriche, t. I, col. 1459-1465. L'archevêque de Trèves, Raban de Helmstadt, protesta seul contre cette manière de régler le conflit.

Eugène IV se montrait insensible aux sommations comme aux sentences conciliaires. En vertu de l'acte de neutralité, Frédéric III s'entendit avec le roi de France Charles VII, pour réunir un nouveau concile général, qui jugerait entre le pape et les Bâlois, et proclamerait les réformes après lesquelles on soupirait (diète de Mayence, mars 1441), mais les alliés ne purent s'entendre sur le lieu où il se tiendrait, chacun prétendant l'avoir dans ses États. Enfin Frédéric céda aux pressantes instances des légats d'Eugène IV, Cesarini, Carvajal, mais surtout aux conseils de son habile secrétaire, Æneas Sylvius, et se prononça pour le pape légitime (février 1446). On verra plus loin les diverses phases des débats, tant dans les diètes impériales qu'avec les représentants d'Eugène, le pontife lui-même et ses cardinaux. A l'automne de cette même année, Æneas avait regagné les électeurs de Mayence et de Brandebourg, et put, avec leur concours, organiser la grande ambassade, qui alla rendre leur obédience, ainsi que celle des archevêques de Magdebourg, Salzbourg et Brême, du duc de Saxe, du landgrave de Thuringe et du margrave de Bade (février 1447). Ces princes obtinrent pour eux un concordat qu'ils surent dans la suite faire confirmer et qu'ils appliquèrent. C'est ainsi que le Brandebourg sépara de l'empire et acheva de soumettre les évêchés de son territoire,

Brandebourg, Havelberg, Lebus. Pour les détails, ci-dessus ALBERT III ACHILLE, t. I, col. 1503-1504.

Restait l'ensemble de la nation, pour laquelle travaillait l'empereur. En retour de l'hommage que lui rendit la diète d'Aschaffenbourg, Nicolas V, successeur d'Eugène, lui renouvela le concordat de Martin V (février-mars 1448) qui, par la suite, régit le saint empire jusqu'à sa chute en 1805. La convention ne fut pas acceptée du premier coup, elle rencontra des résistances çà et là dans tout le cours du xve siècle, et ce ne fut que par les diètes de la fin de cette époque, 1497, etc., qu'il entra dans la constitution de l'Église d'Allemagne. Des ententes successives avec Rome y joignirent le privilège impérial des *primariae preces*, d'après lequel le souverain conférait la première prébende de chaque chapitre qui venait à vaquer après son avènement. C'est tout ce qu'il avait sauvé des anciennes prérogatives de la royauté germanique et de la maîtrise qu'elle avait exercée au xie siècle sur le clergé d'Allemagne.

Ce n'est pas que les Habsbourg aient jamais renoncé à la prétention de gouverner l'Église nationale, mais la constitution aristocratique et féodale, qui la régissait désormais, réduisait ces prétentions à rien, surtout en face de la coalition entre les seigneuries laïques et ecclésiastiques, dont la première conséquence fut la main-mise de quelques familles princières ou nobles sur les grands fiefs cléricaux, tandis que les moindres devenaient la proie des lignées aristocratiques de second ordre. Les Wittelsbach, les Hohenzollern, les Welfs, les Wettin, pour ne citer que les principaux, disputaient aux Habsbourg les électorats, les archevêchés, riches évêchés ou abbayes. A chaque vacance, la cour de Rome devait intervenir, à titre d'arbitre et de pacificatrice, entre de puissants rivaux, pour assurer la liberté de l'élection et la transmission légale de la principauté. La papauté reconquérait ainsi, même dans la vie ordinaire de l'Église germanique, une partie de l'action et du prestige que le sentiment national cherchait à lui dérober.

La situation préparait toutefois de graves embarras pour l'avenir : les princes avaient usurpé le rôle de la royauté dans les affaires ecclésiastiques, ils venaient même de diriger la lutte pour la réforme, et cette conquête ne sera pas perdue. La main-mise de la féodalité sur l'Église se révèlera au temps de Luther, déterminera le caractère de sa réforme ; la première accaparera le mouvement qu'il aura provoqué et achèvera l'asservissement de l'Église nationale, qu'elle détachera violemment de Rome et de l'Église universelle.

Les sources capitales pour l'histoire de l'Église d'Allemagne sont toujours les *Monumenta Germaniae historica* de Pertz, Waitz, etc., répartis en plusieurs sections, jusqu'au xiiie siècle. Puis les divers recueils de *Diplomata regum et imperatorum* de Bœhmer, Bresslau, etc. Voir Dahlmann-Waitz, *Quellenkunde der deutschen Geschichte*, 7e édit., publiée par E. Brandenburg, Leipzig, 1906, avec des suppléments annuels; notamment n. 448-460, 518-612, 2032 sq., etc.; les *Jahrbücher des deutschen Reichs* de Ranke, Giesebrecht, Bresslau, Simson, etc., par règne, jusqu'à Henri IV. — Les histoires ecclésiastiques de Rettberg, Göttingen, 1846-1848, et Friedrich, Bamberg, 1867-1869, ont vieilli. — L'ouvrage capital pour notre sujet est celui d'A. Hauck, *Kirchengeschichte Deutschlands*, Leipzig, 1887-1911. 1re-4e éd., on n'a pu utiliser la 2e partie du dernier tome (paru trop tard, 1912), à partir de Charles IV, 1347. — E. Michael, S.-J., *Geschichte des deutschen Volkes vom xiii Jahrhundert bis zum Ausgang des Mittelalters*, 3 vol. in-8°, Fribourg-en-Brisgau, 1897-1903. — Hergenrœther-Kaulen, *Wetzer und Welt's Kirchenlexikon*, 2e éd., Fribourg-en-Brisgau, 1882-1903, passim, v. g. *Concordat*, *Deutschland*, t. III. — Herzog-Hauck, *Realencyklopädie für protestantische Theologie und Kirche*, 3e éd., Leipzig, 1896-1909, passim. — The catholic encyclopedia, New York, t. I-XII, inachevée, notamment *Germany*, t. VI, p. 484-500. La bibliographie qui termine se rapporte plutôt à l'histoire générale d'Allemagne. — *Dictionnaire de théologie catholique* de Vacant-Mangenot, 1903-1912, t. I-IV, inachevé. — J. Zeller, *Histoire de l'empire d'Allemagne jusqu'à la Réforme*, 7 vol. in-8°, Paris, 1871-1892. — Ch. Mœller, *Histoire du moyen âge jusqu'à la fin de l'époque franque (476-950)*, dans la collection *Histoire politique générale*, Louvain, 1898-1905. — N. Valois, *La France et le grand schisme d'Occident*, Paris, 1896-1902, surtout le t. IV : *Le pape et le concile, 1418-1450; La crise religieuse du xve siècle*, 2 vol., Paris, 1909. — L. Pastor, *Histoire des papes*, trad. Furcy-Raynaud, Paris, 1888, t. I, II. — A. Werminghof, *Verfassungsgeschichte der deutschen Kirche im Mittelalter*, Leipzig, 1907, dans *Grundriss der Geschichte Wissenschaft*, d'A. Meister, t. II, fasc. 6; *Nationalkirchliche Bestrebungen in deutschen Mittelalter*, Stuttgart, 1910, dans *Kirchenrechtliche Abhandlungen* d'U. Stutz, n. 61. — A. Schulte, *Die Adel und die deutsche Kirche im Mittelalter*, Stuttgart, 1910, même collection, n. 65-66. — Pour plus de renseignements, on consultera les notices spéciales à chaque personnage mentionné : par exemple, ci-dessus au t. I, les ADALBÉRON, ADALBERT, ALBERT, princes ou évêques. On se servira encore avec profit d'U. Chevalier, *Répertoire historique des sources du moyen âge. Topobibliographie*, Paris, 1894, col. 54-74.

P. RICHARD.

II. L'ÉGLISE ET L'EMPIRE A LA RENAISSANCE ET A LA RÉFORME (1417 A 1648). — De la fin du grand schisme d'Occident à la conclusion du traité de Westphalie, les préoccupations religieuses tiennent dans la vie de l'Allemagne une place prépondérante.

De 1417 à 1517, l'Église catholique travaille à sa propre réforme, mais ne parvient pas à prévenir la révolution religieuse qui se prépare.

De 1517 à 1555, cette révolution éclate et la Réforme protestante fait de nombreuses conquêtes aux dépens du catholicisme.

De 1555 à 1648, Réforme protestante et Église catholique luttent corps à corps et finissent par s'établir solidement dans les parties de l'Allemagne qu'elles occupent encore de nos jours.

I. TENTATIVES DE RÉFORME DANS L'ÉGLISE ET CAUSES DE LA RÉVOLUTION PROTESTANTE (1417-1517). — Sur le terrain politique, le xve siècle s'ouvre dans l'empire par les compétitions et les intrigues qui, depuis longtemps, étaient la cause de sa faiblesse. On a vu qu'en 1410, à la mort de Robert, Wenceslas, quoique déposé en 1400, Sigismond, son frère, et Josse, margrave de Moravie, son cousin, se considéraient simultanément comme empereurs. Toutefois Josse mourut bientôt (17 janvier 1411), Wenceslas se désista (juin 1411), et Sigismond fut seul empereur (21 juillet 1411). C'était un homme fort instruit, mais indécis. Il régna pendant plus de vingt-sept ans (1410-1437), toujours occupé, comme ses prédécesseurs, de difficultés intérieures. Il en fut ainsi d'Albert II d'Autriche (18 mars 1438-27 octobre 1439), et de Frédéric III (1440-1493). Le long règne de ce dernier ne fut guère qu'une série d'humiliations à l'intérieur et à l'extérieur. Frédéric était instruit, pieux, honnête, économe, mais incapable de grandes vues; il avait horreur de l'action, et ne se préoccupait pas des intérêts de l'empire. Ceux de sa maison le préoccupèrent davantage : il maria son fils Maximilien à Marie de Bourgogne, fille de Charles le Téméraire, et assura ainsi aux Habsbourg une grande partie des riches possessions des ducs de Bourgogne; puis il fit reconnaître Maximilien pour son successeur à l'empire. Depuis lors, sinon de droit, du moins de fait, l'empire a toujours été héréditaire dans la maison des Habsbourg, en sorte que cet empereur apathique a plus fait qu'aucun de ses prédécesseurs pour la grandeur de sa maison.

Avec un caractère chevaleresque et aventureux, mais au milieu des mêmes difficultés et surtout des mêmes embarras pécuniaires, Maximilien Ier (1493-1519) essaya par moment de sortir de la situation effacée de son prédécesseur. A l'intérieur, il lutta péniblement contre les princes et les villes; à l'extérieur, il s'allia tour à tour avec la papauté, la France et l'Angleterre, sans savoir poursuivre un but avec persévérance et mesure. Néanmoins, lui aussi, il posa de nouveaux fondements de la puissance des Habsbourg : il vérifia l'adage : *Tu felix, Austria, nube*; en 1496, il maria son fils Philippe le Beau à Jeanne, fille de Ferdinand d'Aragon et d'Isabelle de Castille; par là il prépara l'union de l'Autriche et de l'Espagne. Puis les traités de Presbourg et de Vienne, en 1515, le mariage de son petit-fils Ferdinand avec Anne, fille du roi de Hongrie Vladislas, permirent à ses héritiers d'aspirer à la possession de la Bohême et de la Hongrie.

Lorsque Maximilien mourut (1519), Luther avait déjà posé les bases de la Réforme.

Au point de vue religieux, pendant le siècle qui suivit le concile de Constance, il se manifesta en Allemagne trois préoccupations principales : une tendance à opposer l'autorité du concile à celle du pape, des tendances nationalistes et absolutistes, des tentatives de réforme de l'Église.

1° *Triomphe de la papauté sur les idées conciliaires.* — Le concile de Constance avait décrété la convocation de conciles à époques déterminées : le premier devait avoir lieu au bout de cinq ans, le second, sept ans après et les autres, au moins tous les dix ans. Ils seraient ainsi devenus une institution permanente. Puis Martin V avait conclu des concordats avec divers États. Dans celui qu'il avait fait avec l'Allemagne, le nombre des bénéfices laissés à la libre disposition du pape était ramené des deux tiers à la moitié; la taxe des annates était légèrement réduite; les dispenses, les appels en cour de Rome et les excommunications, quelque peu limités. Un article important réservait aux Allemands un certain nombre de places dans le Sacré-Collège. Voir l'article précédent.

Mais ce concordat ne fut pas observé.

Pour ne pas heurter les préoccupations qui avaient fait porter le décret sur la fréquente tenue des conciles, Martin V en avait convoqué un à Pise pour 1423; finalement, ce concile s'était ouvert à Bâle en 1431. Très promptement, on y avait vu reparaître les tendances à mettre l'autorité du concile en face de celle du pape. Le 18 septembre 1437, le concile de Bâle avait été dissous par le pape, mais il s'était continué sous forme de synode schismatique; il en était venu à déposer Eugène IV (25 juin 1439), et à élire un antipape, Félix V (5 novembre 1439).

L'Allemagne, de même que la France, n'avait pas reconnu cette déposition. Ces deux nations n'étaient pas disposées à renouveler le schisme. Mais, d'autre part, elles ne voulaient pas renoncer aux réformes ordonnées par le concile. D'où, tout en restant dans l'obédience d'Eugène, elles prirent la résolution de faire entrer dans la législation une partie des décrets portés à Bâle.

Après la mort de Sigismond, les électeurs réunis à Francfort (mars 1438) s'étaient déclarés neutres dans la querelle entre le pape et le concile. L'année suivante, la diète de Mayence confirma cette neutralité, et donna force de lois à toute une série de décrets du concile de Bâle, avec des modifications au gré des princes allemands (26 mars 1439). La déclaration de Mayence présentait beaucoup d'analogie avec la Pragmatique Sanction de Bourges. Toutefois, elle en différait sur deux points essentiels : elle ne fut pas suivie comme en France d'une ordonnance qui en commandait l'exécution; le roi de France avait demandé au concile de Bâle l'approbation de sa pragmatique; la diète de Mayence, au contraire, décida d'ajourner cette démarche. Puis, vers la fin de 1439, la diète renouvela sa déclaration de neutralité. Mais les princes électeurs eux-mêmes violèrent cette neutralité ou la laissèrent violer au gré de leurs intérêts, en sorte que l'Allemagne tomba dans l'anarchie religieuse : souvent, dans le même diocèse, évêque et chapitre étaient divisés, l'un tenant pour le pape, l'autre pour le concile et l'antipape; parfois il y avait deux prétendants pour un même siège épiscopal; dans la même ville, des prédicateurs tonnaient soit contre Eugène IV, soit contre le concile. Enfin contre des avantages pécuniaires et d'autres concessions, l'empereur Frédéric III accorda son adhésion à Eugène IV.

Alors Eugène lança une bulle par laquelle il annonçait solennellement la déposition des archevêques de Cologne et de Trèves, les plus considérables des adhérents au concile de Bâle; leurs dignités étaient transmises à des parents du duc de Bourgogne. C'était une mesure hâtée et peu adroite. Les électeurs se réunirent à Francfort (mars 1446) : ils sommèrent le souverain pontife de reconnaître les décrets des conciles de Constance et de Bâle touchant la supériorité du concile sur le pape; de convoquer un nouveau concile dans une ville d'Allemagne, etc. Puis ils envoyèrent en ce sens une ambassade à Rome sous la conduite du syndic de Nuremberg, Grégoire Heimburg, homme brutal et fort hostile au pape.

Eugène IV fit une réponse évasive, remettant à la diète la solution des questions en litige, mais maintenant la déposition des deux archevêques. La diète se réunit en septembre 1446. Le pape y était représenté par Thomas Parentucelli, évêque de Bologne (le futur Nicolas V), Jean, évêque de Liége, Juan de Carvajal et Nicolas de Cusa. Sur le conseil d'Æneas Sylvius Piccolomini (le futur Pie II), il leur avait donné des instructions conciliantes. Le cardinal d'Arles y représentait le concile de Bâle.

Tout d'abord, la diète montra des dispositions hostiles au pape. Mais tout à coup un revirement se produisit : le principal auteur en fut Æneas Sylvius, alors secrétaire de la chancellerie de l'empereur Frédéric III. Il réussit à rompre la coalition des électeurs et autres personnages influents, et à obtenir d'un grand nombre l'aveu que la proposition du pape était suffisante pour arriver au rétablissement de la paix religieuse. A la fin de 1446, soixante messagers partaient pour Rome de toutes les parties de l'Allemagne. Eugène IV leur fit un accueil très honorable (janvier 1447). Æneas Sylvius exposa avec beaucoup d'habileté et d'éloquence les demandes des Allemands. Les négociations durèrent près d'un mois, retardées par la maladie du pape et par la résistance d'une partie des cardinaux. Le 5 et le 7 février, dans quatre bulles d'un style très calculé, le pape avait accordé aux Allemands le fond de leurs demandes, bien qu'avec des atténuations importantes. C'est ce qu'on appelle le *concordat des Princes*. Le 7 février, le pape étant un peu revenu à lui, les ambassadeurs s'agenouillèrent autour de son lit et lui prêtèrent le serment d'obédience. A Rome, on célébra cet heureux événement comme si l'empire entier avait fait sa soumission. De fait, à la mort d'Eugène IV (23 février 1447), les adversaires du Saint-Siège en Allemagne étaient en plein désarroi.

A peine élu, son successeur Nicolas V tint aux ambassadeurs allemands le langage le plus conciliant : « Mon prédécesseur, leur dit-il, a conclu certaines conventions avec les Allemands; non seulement j'entends les approuver et les confirmer, mais ma volonté est de les exécuter et de les maintenir. Les papes de Rome ont par trop étendu le bras; ils n'ont presque plus laissé de pouvoir aux autres évêques... Je suis fermement résolu à ne pas empiéter sur leurs droits;

car j'espère obtenir d'autant plus de respect pour ma propre juridiction que je m'abstiendrai de m'arroger celle d'autrui. »

La même année, Frédéric III convoqua à Aschafenbourg les princes dont la conduite avait dissous la confédération des électeurs hostiles à Rome. L'empereur se fit représenter par Æneas Sylvius, que Nicolas avait nommé évêque de Trieste, et Nicolas de Cusa se présenta au nom du pape. La diète décida que sur tous les points de l'Allemagne on proclamerait Nicolas V comme seul pape légitime, mais à la condition que celui-ci confirmerait le concordat accepté par son prédécesseur. Une nouvelle diète se réunirait sous peu à Nuremberg pour en finir avec ces difficultés, et s'occuper notamment de l'indemnité à donner au pape, en remplacement des revenus que le concordat lui faisait perdre.

Alors Frédéric III somma le concile de Bâle de se dissoudre et il exigea qu'on reconnût Nicolas V dans l'empire. L'université de Vienne fit une vive opposition. Il fallut encore de longues et délicates négociations avec certains princes pour les amener à faire leur soumission. Les arrangements particuliers avec les princes servirent de préface au grand *concordat* conclu par l'empereur à Vienne, le 17 février 1448, et confirmé par Nicolas V, le 19 mars suivant. C'était à peu près le retour au concordat de Martin V : acceptation des réservations inscrites dans le droit canon au sujet des emplois ecclésiastiques, et de celles qui avaient été ajoutées postérieurement par les papes Jean XXII et Benoît XII; droit de nomination aux évêchés par élection libre, sous réserve du droit de confirmation du pape, qui conserve en outre la faculté de désigner pour le siège à occuper, en cas de motif évident et après avoir pris l'avis des cardinaux, quelqu'un de plus capable; l'alternative des mois, conférant au pape le droit de collation des canonicats et autres bénéfices, pour les vacances qui se produiraient pendant les mois impairs; enfin reconnaissance des annates: désormais elles devaient être fixées à un taux modéré et payées par échéances de deux ans en deux ans.

Sans doute il y avait des inconvénients à ce concordat : la connaissance insuffisante des personnes et des conditions locales exposait le pape à de grandes et nombreuses erreurs qu'il aurait à faire; mais d'autre part la mainmise de la noblesse allemande sur les chapitres était un plus grand mal encore. Ces deux lacunes et le manque d'éducation sacerdotale du clergé allemand feront que, soixante ans plus tard, des centaines de titulaires de bénéfices, et notamment de ceux qui auront été choisis par Rome, se détacheront de l'Église pour passer à Luther. Mais ce concordat scellait du moins le bon accord de l'empire avec la papauté.

Plusieurs princes ecclésiastiques et laïques eurent peine à s'y soumettre. Strasbourg résista jusqu'à 1476. Voir ci-dessus, *Allemagne au moyen âge*, fin.

Ce concordat atteignait mortellement l'opposition conciliaire. Désormais les jours du concile de Bâle étaient comptés. Sur la sommation de l'empereur, le conseil de Bâle dut prier les Pères du concile de s'éloigner; ils se transférèrent à Lausanne. Alors, par l'entremise de la France, un accord fut conclu entre Nicolas V et Félix V, qui déposa sa dignité entre les mains du concile (7 avril 1449). Peu de jours après, le concile élut Nicolas V, et il se sépara.

L'amour-propre et les intérêts de Félix V et de ses partisans avaient été soigneusement ménagés. Mais le triomphe était grand pour la papauté. L'ère des conciles était close; on entrait dans celle des concordats.

En 1450, Nicolas V célébrera le jubilé le plus grandiose qu'on eût vu depuis celui de l'an 1300. Il y apparut comme le maître du monde. Lorsqu'en mars 1452, Frédéric III vint à Rome pour y recevoir la couronne impériale, il ne cessa de prodiguer au pape des marques de déférence, s'agenouillant à plusieurs reprises devant lui, lui baisant le pied, lui tenant l'étrier.

L'ancien secrétaire du concile de Bâle, Æneas Sylvius, devenu pape sous le nom de Pie II (1458), ne se contentera pas de rétracter ses propres erreurs; il condamnera comme une pratique exécrable l'appel du pape au concile (bulle *Execrabilis*, 18 janvier 1460). Paul II (1464-1471) et ses successeurs adopteront la même attitude. C'était la véritable tradition catholique.

Sans doute l'Allemagne comptera encore des théoriciens des idées conciliaires. Sous Nicolas V, par exemple, le chartreux Jacques de Juterbogk appelle un concile de tous ses vœux, pour une réforme dont la nécessité est urgente et qui lui paraît impossible à atteindre par une autre voie. Il vivait à Erfurt où les idées conciliaires restèrent en faveur dans l'université. Mais ce fut le seul centre allemand où elles vécurent désormais : les excès du concile de Bâle avaient plus fait contre les conciles que n'auraient pu plusieurs condamnations papales.

Malheureusement le pouvoir pontifical ne sut pas profiter de sa victoire dans l'intérêt de l'Église; il ne travailla pas assez énergiquement à l'œuvre de la réforme.

Du reste, en Allemagne, il en fut empêché en partie par les luttes qu'il dut encore y soutenir : les idées conciliaires de naguère s'y continuèrent sous la forme de tendances nationalistes et absolutistes.

2° *Tendances nationalistes et absolutistes.* — Les prédications de Jean Huss et le soulèvement de la Bohême marquèrent en Europe le réveil des nationalités. Les tendances nationalistes s'accusèrent aux conciles de Constance et de Bâle; dans la seconde moitié du XV° siècle, elles se dégagèrent de plus en plus des préoccupations auxquelles elles avaient été mélangées jusque-là, et servirent souvent de prétexte aux tentatives d'absolutisme des princes allemands.

Après le concordat de 1448, l'apaisement fut sur bien des points plus apparent que réel; l'opposition antipapale avait de profondes racines. Le 25 novembre 1448, Æneas Sylvius écrivait au pape : « Nous marchons à une crise dangereuse. Les orages menacent de toute part, et c'est au milieu de la tempête qu'on connaîtra l'habileté des nautoniers. Les flots soulevés à Bâle ne sont pas encore apaisés, les vents soufflent encore sous les eaux, ils pénètrent par des canaux mystérieux. Le démon, habile à prendre tous les masques, se métamorphose parfois en ange de lumière. Je ne sais ce qui se prépare en France, mais le concile a encore des partisans. Nous avons un armistice, ce n'est pas la paix. Nous avons cédé à la force, disent ces gens, non à la persuasion; ce que nous nous sommes mis une fois dans la tête y est encore fermement enraciné. Ainsi, on n'attend que d'avoir trouvé le terrain sur lequel on livrera de nouveau la bataille. »

En 1456, le parti de l'opposition a pour chef le nouvel archevêque de Mayence, Thierry d'Erbach, mené par son chancelier, diplomate intrigant et sans scrupule, le docteur Martin Mayr. Déjà en 1455, au synode d'Aschaffenbourg, il avait présenté une longue liste de griefs contre la cour de Rome; par la suite, ce document a souvent servi de base à la rédaction d'actes du même genre. Au synode de Francfort-sur-le-Main (février-mars 1456), l'opposition s'accentua : Thierry y fit rédiger un acte protestant contre l'exploitation de la nation allemande au moyen des dîmes et des indulgences.

La même année, une nouvelle assemblée, ecclésiastique et laïque à la fois, se tient à Francfort et refuse les dîmes pour les frais de la croisade contre les Turcs. L'année suivante (1457), une autre diète de Francfort renouvelait cette attitude menaçante : on reprochait au pape la violation du concordat, ainsi que des décrets des conciles de Constance et de Bâle.

En 1460-1461, Pie II donnait au cardinal Bessarion une mission en Allemagne. Le but en était de préparer la guerre contre les Turcs et de rétablir la paix dans l'empire. On a dit avec raison que cette mission fut un véritable martyre. Bientôt le nouvel archevêque de Mayence (18 juin 1459), Diether d'Isenbourg, entra en lutte ouverte contre le pape et brava ses excommunications. En 1461, il prenait à son service Grégoire Heimburg, dont tous les actes respiraient la haine de Rome et de Pie II; il venait de conseiller Sigismond, duc de Tyrol, dans une lutte violente contre le pape et l'évêque de Brixen, le cardinal Nicolas de Cusa.

A la diète de Nuremberg (1461), l'opposition antipapale atteignit son paroxysme. Frappé d'excommunication, Diether publia un appel au concile, mettant sous la protection de ce concile sa personne, son Église, et tous ceux qui adhéreraient à son appel. Plusieurs princes signèrent l'appel. Les conseillers de l'archevêque de Trèves, notamment, secondaient activement la conduite de Diether. Enfin, le 6 mars, la diète réclamait la convocation d'un concile général et celle d'une nouvelle assemblée à Francfort, et l'on interdisait toute négociation individuelle avec la curie. La rédaction de ce document fut acceptée à l'unanimité.

Mais l'entente n'alla pas plus loin. Pie II envoya comme nonces en Allemagne le chanoine François de Tolède et le doyen du chapitre de la cathédrale de Worms, Rodolphe de Rudesheim. Ils négocièrent habilement et finirent par isoler Diether. Le pape le déposa (21 août 1461) et le remplaça par Adolphe de Nassau. A la fin de 1463, Diether était obligé de renoncer à son archevêché, et faisait, à genoux, amende honorable entre les mains du nonce Pierre Ferrici.

En 1464, l'électeur palatin faisait sa paix avec Rome, mais à des conditions très favorables pour lui. Le conflit avec le Tyrol ne se termina que par la mort du cardinal Nicolas de Cusa (11 août 1464) et de Pie II (14 août 1464).

Le pontificat de Sixte IV (1471-1484), si troublé par les résistances italiennes, connut moins de difficultés en Allemagne. En 1482, il est vrai, le dominicain Andreas Zamometic, archevêque de Craina en Albanie, renouvela, notamment à Bâle et à Berne, l'agitation en vue de la célébration d'un concile. Mais en réalité, il était surtout l'agent des adversaires italiens du pape.

En somme la papauté triomphait. Mais c'est à ce moment qu'elle-même elle commença à décliner profondément. Avec Sixte IV (1471-1484), nous entrons dans une ère de papes politiques et d'esprit généralement peu chrétien. En même temps la vénalité des membres de la curie et l'abus fait par le pape de son droit de lever des contributions provoquèrent contre le Saint-Siège, particulièrement en Allemagne, dans toutes les classes de la population, un mécontentement qui, dans la suite, contribua beaucoup à préparer la voie au schisme. A la grande assemblée du clergé des Églises métropolitaines de Mayence, de Trèves et de Cologne, tenue à Coblenz en 1470, on dressa une liste formidable de griefs à déposer aux pieds du pape. Ils avaient trait à la plupart à l'inobservation du concordat, à l'exagération injustifiable des taxes imposées au clergé, à l'énormité des privilèges accordés aux ordres mendiants, et à la multiplicité des exemptions.

Le 26 juin 1487, Berthold, archevêque de Mayence, les électeurs de Saxe et de Brandebourg écrivirent à Innocent VIII pour des doléances semblables. Souvent reproduites à la fin du xve siècle et au commencement du suivant, elles finirent par former les fameux *Centum gravamina* des diètes de Worms (1521) et de Nuremberg (1522).

3° *Tentatives de réforme.* — Depuis longtemps on demandait une réforme de l'Église « dans son chef et dans ses membres. » Martin V ne fit que des réformes de détail hors de proportion avec les besoins de la situation. Il en fut de même d'Eugène IV, malgré son austérité personnelle. Du reste, à cette époque, une réforme générale était-elle même possible? Dans son traité intitulé *Formicarius*, le célèbre dominicain Jean Nider émet l'opinion contraire : « Rien ne me fait espérer une réforme totale de l'Église, ni pour le présent, ni pour un avenir prochain; d'abord il y manque la bonne volonté de la part des subordonnés; puis les mauvaises dispositions des prélats y font obstacle; enfin il est utile aux élus de Dieu d'être éprouvés par les persécutions des méchants... Au contraire, je ne doute pas qu'il ne soit possible d'accomplir une réforme partielle de l'Église dans beaucoup d'États et d'ordres religieux. »

C'est ainsi que procéda Eugène IV. Il entreprit en ce sens des réformes à Rome et à Florence, et partout où il le put il encouragea la réforme des couvents.

Sous Nicolas V, le chartreux Jacques de Juterbogk réclame énergiquement la réforme. La vigilance des anciens pasteurs de l'Église a paré à tout; il ne s'agit que de faire observer les anciens canons : « Si le Christ vivait encore, dit-il, et qu'il occupât le Siège apostolique, est-il à croire qu'ayant à conférer les bénéfices et les sacrements, il observât, notamment pour le choix et l'installation des sujets, la forme que présentement suit partout le Siège apostolique, avec toutes ces réservations, ces collations, ces annates, ces provisions, ces expectatives, ces bénéfices, qui se donnent pour de l'argent, toutes ces révocations, ces annulations et ces nonobstances, avec tout un système dont le résultat est l'exclusion de ceux qui, d'après les canons, ont les droits véritables ! » Ailleurs, il se plaint de l'opposition que les Italiens faisaient à toute tentative de réforme. « Parmi les fidèles, il n'y a pas de nation qui s'oppose à la réforme autant que l'Italie, influencée qu'elle est par l'espoir de l'avancement, du gain et des avantages temporels, et par la crainte de perdre ses dignités. »

Dans l'ouvrage où il parle ainsi (*De septem Ecclesiae statibus in Apocalypsi descriptis*), Juterbogk témoigne d'un profond découragement. A la fin du siècle, Geiler de Keysersberg se montrera peut-être plus triste et plus abattu encore que Nider et Juterbogk : « Le concile de Bâle tout entier, dit-il, n'eut pas assez de puissance pour réformer un couvent de femmes dans une ville, quand la ville prenait parti pour elles. Comment donc un concile parviendrait-il à réformer toute la chrétienté d'un seul coup ? Et s'il est si difficile de réformer un couvent de femmes, combien le serait-il davantage de réformer les monastères d'hommes, alors surtout qu'ils ne sont pas animés de sentiments plus nobles, et qu'ils ont de nombreuses attaches?... Voilà pourquoi il est si difficile de réformer toute la chrétienté et chacun des États qu'elle renferme, pourquoi l'on n'a qu'à se tenir dans un coin en se fourrant la tête dans un trou, et à ne s'occuper que d'observer les commandements de Dieu et de faire le bien pour gagner son salut éternel. »

Au commencement de son pontificat, Nicolas V s'était montré enflammé d'un zèle réformateur. Peu à peu, malheureusement, avec l'habitude du pouvoir ce zèle se ralentit. Toutefois, après le jubilé de 1450, il résolut d'envoyer des légats dans les pays où les désordres des derniers temps avaient fait le plus de ravages. Pour l'Allemagne, il choisit le grand Nicolas de Cusa, aussi distingué par sa science que par la noblesse de son caractère, et qui, détail important, possédait la langue allemande. Il lui donna les pouvoirs les plus étendus, entre autres, celui de réunir des conciles provinciaux.

Dans toutes les réformes qu'il entreprit, Nicolas de Cusa prit pour point de départ ce principe : « Épurer et renouveler, en se gardant de détruire et d'écraser. » Il commença par s'appliquer ce principe à lui-même : il voyageait modestement, prêchait beaucoup, et enseignait plus encore par l'exemple que par la parole. Il refusa tous les présents qu'on lui offrit. Dans sa réforme il eut trois buts principaux : resserrer les liens religieux avec Rome, réformer les monastères et le clergé séculier.

Au mois de février 1451, il convoqua un synode à Salzbourg; le 3 mars, il expédia de Vienne à tous les abbés et abbesses des monastères bénédictins de la province de Salzbourg une circulaire par laquelle il les avertissait qu'ayant été chargé par le pape de visiter tous les monastères et d'y procéder aux réformes nécessaires, il avait à cet effet désigné trois visiteurs. Ces visiteurs parcoururent l'archiduché d'Autriche, la Styrie, la Carinthie, le pays de Salzbourg et une partie de la Bavière. L'enquête et la réforme atteignirent environ cinquante monastères.

Les chanoines réguliers de Saint-Augustin furent également soumis à la visite.

Puis Nicolas de Cusa tint un synode à Bamberg, présida à Wurtzbourg le quatorzième chapitre provincial des bénédictins, auquel prirent part au moins soixante-dix abbés, alla à Magdebourg où il tint un synode provincial et s'occupa surtout de la réforme des augustins; à Minden, où il sévit contre le concubinage dans le clergé; à Deventer, chez les *frères de la vie commune*, qui avaient donné le signal de la rénovation religieuse. Les synodes provinciaux de Mayence (novembre 1451) et de Cologne (24 février-8 mars 1452) couronnèrent cette œuvre de réforme.

A partir de la mission de Nicolas de Cusa, dit Janssen, « un frais courant de réforme passa au travers de l'Église d'Allemagne. » Janssen-Pastor, 17ᵉ édit., t. I, p. 679. « Nicolas de Cusa, disait Trithème à la fin du siècle, apparut en Allemagne comme un ange de lumière et de paix au milieu des ténèbres et du désordre. » Dans Janssen-Pastor, 17ᵉ édit., t. I, p. 4.

Pendant que Nicolas de Cusa était dans le nord de l'Allemagne, un frère mineur, Jean de Capistran, évangélisait le sud, puis le centre et l'est de l'empire. Frédéric III l'avait demandé à Nicolas V pour amener les religieux à se réformer, pour réveiller la foi et la piété dans la population. « Déjà âgé de soixante-cinq ans, dit de lui Æneas Sylvius, maigre, sec et décharné, n'ayant plus que les os et la peau, mais toujours d'humeur gaie, vigoureux d'esprit, infatigable au travail..., il prêchait tous les jours..., plaisait à tous ses auditeurs, savants et ignorants, et faisait d'eux tout ce qu'il voulait. Tous les jours, il avait un auditoire de vingt à trente mille personnes, qui écoutaient ses paroles sans les comprendre, avec plus d'attention encore que celles de son interprète, car il avait coutume de faire d'abord son sermon entier en latin, puis il le faisait répéter par l'interprète. »

Jean de Capistran évangélisa ainsi Vienne, Ratisbonne, Augsbourg, Nuremberg, Weimar, Iéna, Leipzig, Dresde, Halle, Magdebourg, Erfurt, Breslau et beaucoup d'autres villes. En Moravie, il combattit l'hérésie hussite, et réconcilia avec l'Église un grand nombre d'égarés.

En résumé, sous le pontificat de Nicolas V, il y eut en Allemagne de très importantes tentatives de réforme. Malheureusement on sait que l'opposition et les querelles religieuses devaient renaître sous Pie II et entraîner de fâcheuses conséquences.

Personnellement austère, Calixte III (1455-1458) ne put pas faire beaucoup pour la réforme. Pie II (1458-1464) sembla d'abord devoir agir en ce sens avec vigueur; il pensa à une réforme générale de l'Église, et commença par instituer une commission pour la réforme de la curie. Divers projets furent présentés en ce sens. On possède encore ceux du cardinal Nicolas de Cusa et du savant Vénitien Domenico de Domenichi, évêque de Torcello. Pie II fit étudier ce projet par la commission qu'il avait formée, il y appela saint Antonin, et fit préparer une bulle où il s'élevait en termes très sévères contre les abus régnants. Mais la peur d'une lutte gigantesque l'effraya peut-être, et les progrès menaçants des Turcs finirent par absorber son attention. Il se borna à détruire quelques abus. En Allemagne, il protégea la congrégation bénédictine de Bursfeld; elle constituait une tentative de centralisation dans l'ordre bénédictin, afin de remédier aux maux que l'isolement avait causés dans beaucoup de monastères. Malheureusement, en plusieurs endroits, la noblesse s'opposa à la réforme des monastères.

Comme Pie II, Paul II (1464-1471) reconnut dès son avènement la nécessité des réformes. Mais en réalité, surtout pour l'Allemagne, il fit assez peu de chose contre les abus. Du reste, les pactes électoraux que, depuis Eugène IV jusqu'à Léon X, presque tous les papes signèrent ou même jurèrent avant d'être élus, mais qu'ils s'empressaient de renier ensuite, ne pouvaient empêcher pas leur donner une grande autorité morale pour procéder sérieusement à une réforme décisive.

Sixte IV fut souvent sollicité en faveur de la réforme de l'Église. En principe, lui-même il la désirait et il fit même préparer une bulle en ce sens. Mais cette bulle ne fut jamais publiée; le népotisme de Sixte IV, ses choix de cardinaux aux allures séculières, et qui bientôt élurent Innocent VIII et Alexandre VI, disent assez qu'il n'était pas homme à entreprendre une œuvre aussi difficile que la réforme générale de l'Église à cette époque.

Innocent VIII (1484-1492) et Alexandre VI (1492-1503) ne firent à peu près rien pour la réforme. La cour de Rome devint de plus en plus mondaine et vénale, et « le rendez-vous de tous les vices. » Laurent de Médicis à son fils Jean, le futur Léon X, 1492. Les désordres du pontificat d'Alexandre VI portèrent le scandale à son comble. Savonarole a pu être un esprit étroit et aventureux; il n'en demeure pas moins que dans sa lutte contre Alexandre c'était du côté du moine qu'étaient les vues chrétiennes et la valeur morale, du côté du pape, les vues humaines et la politique. Aussi nombre d'hommes avaient-ils le pressentiment d'une catastrophe prochaine.

Pendant les quelques semaines de son pontificat (22 septembre-18 octobre 1503), le pieux et austère Pie III n'eut pas le temps d'agir. Bien supérieur à Alexandre VI, même au point de vue des mœurs, Jules II (1503-1513) n'était pourtant pas l'homme de Dieu capable de guérir les plaies faites à l'Église par ses prédécesseurs, et Léon X (1513-1521) n'était pas capable davantage de réagir contre le long passé de luxe, de corruption, de vénalité, d'absolutisme, qui pesait sur l'Église.

Aussi, un autre moine va se lever qui n'aura pas les vertus de Savonarole, et qui dans ses attaques ne saura pas respecter l'institution de Jésus-Christ.

En résumé, au commencement du xvie siècle, l'Église universelle et l'Église d'Allemagne en particulier ont des apparences de prospérité; mais, en réalité, elles souffrent de maux profonds.

La papauté a centralisé à Rome l'administration ecclésiastique; mais elle a traité cette administration d'une manière peu religieuse; en outre, elle s'est trop italianisée.

De prime abord, la situation de l'Église d'Allemagne paraît plus rassurante. L'Allemagne du xve siècle a produit une magnifique éclosion d'œuvres religieuses. Janssen a consacré tout un volume de son *Histoire de l'Allemagne depuis la fin du moyen âge* à peindre la situation de ce pays au xve siècle. On y voit qu'il était alors florissant, et surtout qu'il était aussi chrétien que jamais. Les lettres et les arts y sont en plein épanouissement, et la découverte de l'imprimerie répand à profusion les ouvrages de l'esprit. On fonde de nombreuses écoles pour l'instruction du peuple et, dans ces écoles, l'enseignement est animé de l'esprit chrétien. Les humanistes : Rodolphe Agricola, Rodolphe de Langen, Alexandre Hegius, Jacob Wimpheling et d'autres ne sont pas devenus païens comme la plupart de ceux d'Italie : ils considèrent l'étude des écrivains anciens comme un moyen d'éducation, mais ils ne songent pas à prendre les mœurs et la civilisation de l'antiquité païenne. Les universités allemandes sont florissantes et visent à allier la science et la foi. Jamais siècle enfin ne vit s'élever plus de magnifiques églises sur le sol allemand, et ces monuments s'emplissent d'œuvres d'art de tout genre.

A la fin de cette description idyllique, Janssen consacrait quatorze pages à peine (13e édit., 1887, p. 611-625) aux abus qui s'étaient glissés dans l'Église d'Allemagne à cette époque. Dans ces quatorze pages, tout se trouvait ou à peu près, mais à la manière d'un fond de tableau. Un œil attentif devinait que ce fond devait être fort étendu, mais, à première vue, la perspective le faisait à peine remarquer. Et l'on se demandait avec inquiétude comment une situation si brillante, un peu ombrée, avait pu tout à coup engendrer la formidable révolution du xvie siècle, révolution dont les effets subsistent depuis quatre cents ans! En 1897, le docteur Pastor a donné une nouvelle édition de l'œuvre de son maître. Janssen, quelles que soient ses qualités d'historien, était plutôt d'une nature lyrique. Puis, de son temps, les idées ambiantes tendaient encore à faire du xve siècle allemand une époque de décadence et de ruine; il avait donc été amené tout naturellement à lutter contre elles. Depuis lors, sa thèse est acquise; son successeur ne s'est donc pas senti poussé à prendre sur ce point une allure d'apologie. Aussi, dans la nouvelle édition les quatorze pages de jadis font place à soixante-quatorze, où l'on trouve la contre-partie de l'hymne chantée par Janssen à la gloire du xve siècle allemand (p. 681-754). Il n'est que trop vrai, y voit-on, que les abus étaient nombreux dans l'Église d'Allemagne! Dans le monde ecclésiastique, l'on trouvait une soif croissante de l'or. L'Église d'Allemagne était la plus riche du monde : elle possédait le tiers des biens de l'empire. De là, clergé trop nombreux, poussé vers les ordres sans vocation, par le seul appât des bénéfices, haine des laïques contre le clergé, mainmise de la noblesse sur les principaux bénéfices, évêchés, canonicats et abbayes, abandon de l'habit ecclésiastique par le haut clergé, oubli de la loi du célibat; en un mot, esprit séculier et mondain s'infiltrant partout. Des évêques passaient des années ne sont c'est même leur vie entière sans dire une seule fois la messe; oublieux des pauvres, ils vivaient dans le luxe et les somptueux festins. C'était à qui posséderait le plus de bénéfices, et ces bénéfices étaient quelquefois accumulés sur la tête de jeunes gens, d'enfants en bas âge. Au commencement du xvie siècle, Georges, comte palatin du Rhin et duc de Bavière (1486-1529), était à l'âge de treize ans doyen du chapitre de Mayence; puis il devint chanoine du chapitre de Cologne et de Trèves, prévôt de la collégiale Saint-Donatien à Bruges, curé de Hochheim et de Lorch, sur le Rhin, et évêque de Spire. Par un privilège du 22 juin 1513, Léon X lui confirmait la possession de tous ces bénéfices.

Sans doute, dans ces réserves sur les bénéfices et même dans leur cumul tout n'était pas à blâmer. On aurait pu trouver là un moyen de récompenser d'éclatants mérites, de favoriser la science religieuse, de se procurer de l'argent en un mot pour les intérêts généraux, qui dans la chrétienté courent toujours risque d'être facilement sacrifiés. Mais ces buts, qu'on avait eus sans doute autrefois, étaient presque complètement oubliés : ce que l'on voyait, c'était à peu près uniquement l'intrigue et la faveur s'emparant d'un argent destiné au bien de l'Église.

Aussi, pour résumer d'un mot la situation religieuse de l'Allemagne à cette époque, le peuple allemand était encore profondément chrétien, mais l'administration ecclésiastique n'était plus guère digne de le diriger. Le sens chrétien et la piété se montraient dans tous les rangs du peuple, dans la famille et dans la société. Mais la confusion et le trouble étaient partout. Partout régnait une inquiétude fiévreuse et de sombres pressentiments, précurseurs ordinaires des grandes perturbations. L'Allemand trouva là un groupe de prétextes pour rejeter la hiérarchie, s'abandonner à son orgueil ombrageux et à ses tendances individualistes.

Le trouble, cette inquiétude se traduisaient surtout par une violente antipathie contre Rome. Entre l'Allemagne et l'Italie, il y avait toujours eu un antagonisme de race, de tempérament, de caractère, qu'aucun trait d'union, aucune médiation n'était parvenue à supprimer. Pour les Italiens, les Allemands n'étaient que des Barbares, grossiers et insolents; pour les Allemands, les Romains étaient des êtres perfides, vicieux et sans scrupules. Cet antagonisme de l'Allemagne contre l'Italie s'est manifesté plus ou moins sourdement aux époques les plus diverses de la vie des deux peuples; avec les guerres de Maximilien, il avait, reparu avec acuité. Luther l'exploita à satiété et sans scrupules : il dira aux Allemands que leurs compatriotes ne trouvaient place à Rome que dans les écuries.

A la fin du xve siècle, s'accentua aussi la divergence entre l'Allemagne et Rome sur la manière de comprendre la religion. Dans la religion, la Rome de la Renaissance, trop hantée des souvenirs du passé, donna quelquefois au culte chrétien des dehors, pompeux mais vides de sens religieux, des manifestations païennes. Du reste, les Romains ont toujours eu des prédilections pour le culte extérieur. Pour l'Allemand, au contraire, idéaliste et rêveur, l'union avec la divinité devait être avant tout intérieure et suprasensible, avec une tendance à s'évaporer dans un vague panthéisme.

A côté de ces faiblesses administratives et sociales, l'Église d'alors, et tout particulièrement l'Allemagne, souffrait d'une décadence théologique : le système en faveur dans la plupart des écoles était le nominalisme.

Dans la philosophie et la théologie, le nominalisme s'était préoccupé de répondre à ces deux questions : 1° Quels sont les éléments constitutifs de l'ordre naturel et de l'ordre surnaturel; comment ces deux ordres coexistent-ils en nous ? 2° Quelle est la valeur de l'ordre naturel et de l'ordre surnaturel;

c'est-à-dire quelles sont les lumières de la raison et de la foi, les forces de la nature et de la grâce ?

Au moyen âge, on a donné à ces questions deux réponses principales : celle du réalisme modéré, représenté surtout par saint Thomas, et celle du nominalisme ou conceptualisme.

1. Réalistes et nominalistes se querellaient surtout autour des universaux : nos idées générales sur les genres, les espèces... répondent-elles à quelque chose de réel, ou sont-elles uniquement des conceptions de l'intelligence, des mots ; devons-nous nous préoccuper de l'universel ou seulement de l'individu ? Pour employer des expressions très modernes, c'était la querelle sur la distinction entre la valeur de la *raison pure* et de la *raison pratique*, la querelle du positivisme, de l'agnosticisme.

Saint Thomas avait dit : En dehors de notre intelligence, il n'y a que des individus ; les idées-types attribuées à Platon n'existent pas en dehors de Dieu. Les universaux n'existent donc *formellement* que dans mon intelligence ; mais ils ont un *fondement* dans les êtres créés, et ils existent *éminemment* en Dieu. Depuis le plus humble des êtres jusqu'au plus élevé, la création est donc bien à l'image de Dieu : l'univers est un morcellement extrinsèque de la pensée de Dieu.

Ce sont ces universaux qui sont l'objet propre de la science. La vérité ne dépend pas de nous : nous n'avons qu'à la constater. Elle ne dépend même pas du bon plaisir de Dieu : elle est Dieu lui-même, et Dieu ne peut pas se détruire. Les règles de notre activité morale ne sont pas plus arbitraires que les règles de notre activité intellectuelle : la raison dernière de nos préférences doit être la subordination du moins parfait au plus parfait, subordination qui a son appui dans notre nature et en Dieu.

Au-dessus de cet *ordre naturel*, il y a l'*ordre surnaturel*. Comme l'ordre naturel, il est en nous quelque chose de *réel* : dans l'essence de notre âme est déposée la grâce sanctifiante, et dans nos facultés, diverses forces ou vertus surnaturelles. Et pour chacun de nos actes surnaturels, en dehors de ces forces permanentes, Dieu nous donne des *grâces actuelles*. Puisqu'il a voulu nous élever à un état surnaturel, ces réalités permanentes et passagères *doivent* exister en nous : la fin demande des moyens qui lui soient proportionnés.

Au XIVe siècle, le nominalisme commença à dominer avec les franciscains anglais Duns Scot (1274-1308) et surtout Guillaume d'Occam (? 1270-1349 ou 1350), le conseiller de Louis de Bavière. Pour les nominalistes, l'universel n'existe que dans l'intelligence ; il n'est qu'une fiction de l'esprit. Notre science ne va pas au delà du sensible, du phénomène. Aussi, qu'est-ce que l'âme ? qu'est-ce que Dieu ? Par la philosophie, Occam n'en sait rien. Du reste, la vérité dépend du bon plaisir de Dieu ; elle n'a donc rien d'immuable ; si Dieu le voulait, il pourrait faire coexister les contraires. Il en est de même de la morale : rien n'est bon ni mauvais en soi ; l'acte de haine de Dieu pourrait devenir méritoire. La seule règle de démarcation entre le bien et le mal, c'est la loi librement établie par Dieu. Sur cet *ordre naturel*, Occam lui aussi plaçait l'*ordre surnaturel*. Ce qui frappe surtout ici, c'est que les nominalistes ont appliqué à l'ordre surnaturel ce scepticisme, cet agnosticisme qu'ils professaient pour les vérités de l'ordre naturel : pour eux, dans l'ordre surnaturel, tout dépend de l'*acceptation de Dieu*. *De fait*, Dieu nous donne la grâce, mais de *puissance absolue*, il pourrait faire qu'un acte naturel eût une valeur surnaturelle. Du reste, les nominalistes ne s'occupaient même pas de la *grâce actuelle* : pour eux, la grâce sanctifiante suffisait à notre vie surnaturelle.

2. Pour le thomiste, la raison, on l'a vu, peut nous donner la certitude. Et à côté de la lumière de la raison, il y a celle de la foi. Le rôle de la foi est double : elle nous fait connaître certaines vérités où notre raison ne saurait atteindre, et elle rend plus ferme l'adhésion à des vérités de l'ordre naturel. Ainsi, disaient-ils, la foi ne détruit pas la raison ; opposer la raison et la foi, ce serait faire « combattre Dieu contre Dieu. » Leibniz.

L'agnosticisme des nominalistes ne leur permettait évidemment pas de placer ainsi l'une à côté de l'autre la raison et la foi. Occam a déprécié la raison ; mais, en regard, il relevait, assez artificiellement d'ailleurs, le prestige de la foi. La foi, du reste, contenait des affirmations qui contredisaient les premiers principes de la connaissance ; une proposition pouvait être théologiquement fausse et philosophiquement vraie, et inversement. Et au XVe siècle, le nominalisme s'enfonça de plus en plus dans ce scepticisme.

Sur les forces de la volonté pour le bien, le réalisme modéré et le nominalisme avaient une théorie inverse de celle qu'ils professaient à l'endroit des forces de l'intelligence pour le vrai : saint Thomas reconnaissait assez peu de force à la volonté naturelle, les nominalistes lui en attribuaient beaucoup. Ils réduisaient au minimum les conséquences de la chute originelle ; le péché d'origine, disaient-ils, n'avait rien enlevé aux forces de notre nature : dans l'ordre naturel, et sans le secours de la grâce, notre volonté pouvait aimer Dieu par-dessus toutes choses, comme l'auteur de l'ordre de la nature. Dans le même ordre naturel, nous pouvions accomplir les préceptes du Décalogue. Ces affirmations, à vrai dire, n'ont rien que de catholique : depuis lors, elles ont été soutenues par un assez grand nombre de théologiens, notamment de la Compagnie de Jésus. Mais les nominalistes allaient plus loin encore : ils disaient que, par ses seules forces, la nature humaine pouvait se préparer à recevoir la grâce ; si elle agissait bien, il y avait un « mérite de convenance » à l'obtenir de Dieu. De là chez eux la forme particulière d'un axiome fort répandu en théologie : *Facienti quod in se est Deus infallibiliter dat gratiam* ; à celui qui fait ce qu'il peut, Dieu *donne infailliblement* la grâce.

Enfin les tendances rationalistes des nominalistes les poussaient à négliger l'Écriture sainte.

En résumé, le nominalisme était sceptique à l'endroit des forces de la raison, semi-rationaliste à l'endroit des forces de la volonté.

Or, le nominalisme fut prépondérant en Allemagne au XVe siècle. Il fut notamment enseigné avec éclat par Gabriel Biel (? 1425-1495) à l'université de Tubingue.

Ces germes de scepticisme et de rationalisme accentuèrent le désarroi des intelligences et les idées d'indépendance à l'égard de l'Église ; ils préparèrent notamment Luther et son époque à accepter les bizarreries de la théorie de la justification par la foi.

II. NAISSANCE ET PROGRÈS DE LA RÉFORME (1517-1555). — Le 31 oct*bre* 1517, le docteur Martin Luther, de l'ordre des augustins, affichait solennellement quatre-vingt-quinze thèses sur les indulgences à la porte de la chapelle dans le château de Wittenberg.

Dans ces thèses, l'existence des indulgences et du purgatoire, l'autorité du pape sont plusieurs fois reconnues et affirmées. En apparence, elles sont toutes catholiques, mais, en réalité, l'autorité de l'Église y est niée. Cette autorité devient tout extérieure ; l'indulgence n'est plus la remise d'une peine spirituelle, mais simplement d'une peine canonique

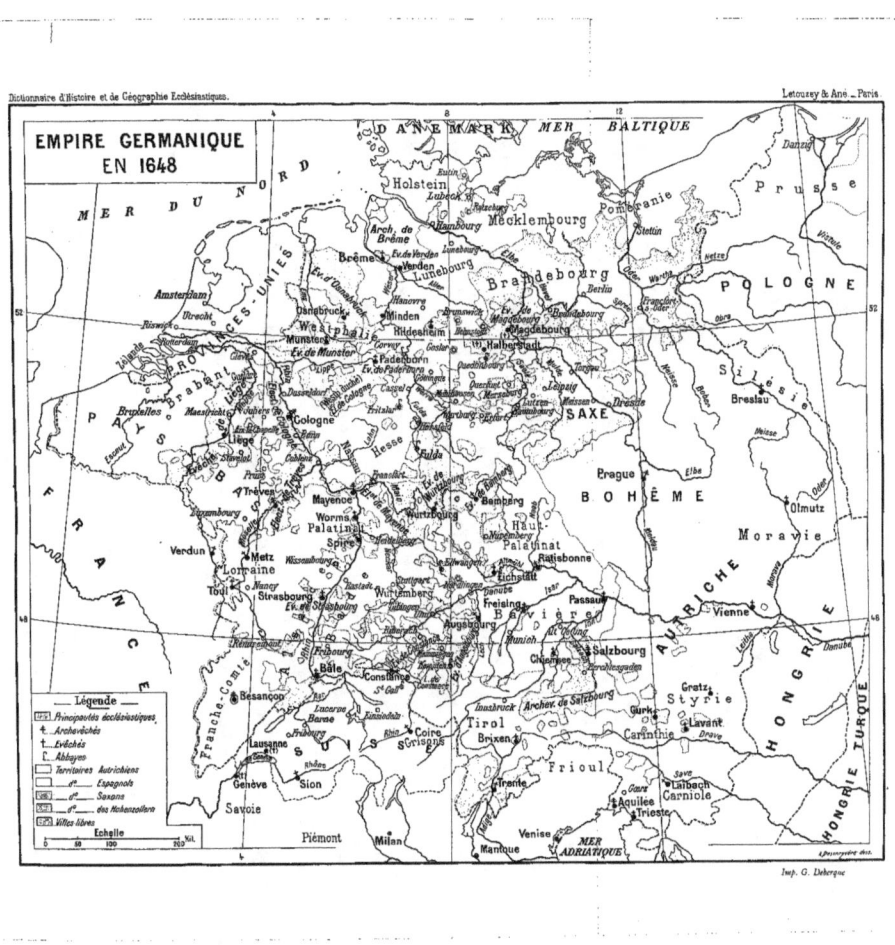

c'est-à-dire d'une pénitence infligée par une société; l'Église n'a pas de pouvoir sur les âmes.

En affichant ces thèses, Luther lui-même était loin d'en saisir toute la portée : bien moins encore avait-il entrevu jusqu'où ce premier acte allait l'entraîner. Mais les contradictions de ses ennemis, une nature fougueuse et emportée, la faveur dont il se sentait entouré l'amenèrent rapidement aux dernières conséquences du principe de la justification par la foi et à la séparation d'avec Rome. Il nia à la papauté toute autorité de droit divin : à ses yeux, le pape devint bientôt l'antechrist et Rome la moderne Babylone. En vain Léon X le cita-t-il à comparaître devant lui; en vain le cardinal Cajétan et Charles de Miltitz cherchèrent-ils à le ramener. Les agressions de Jean Eck relancèrent bientôt cet esprit emporté et déterminèrent sa rupture définitive avec Rome (juillet 1519).

Désormais, toute tentative d'apaisement fut vaine; chaque jour, Luther s'enfonça dans ses hérésies et dans son schisme et il y entraîna l'Allemagne après lui. Les tendances, les mécontentements de naguère se changèrent en un courant formidable contre les croyances, et plus encore contre l'autorité et le gouvernement de l'Église romaine. Le succès, un succès sans précédent et absolument imprévu et inespéré, portait Luther à se croire le nouvel apôtre d'un nouveau règne de l'Évangile.

Le 15 juin 1520, il était condamné par la bulle *Exsurge*; mais, le 10 décembre suivant, il jetait la bulle au feu sur une place publique de Wittenberg.

Cependant, le 28 juin 1519, Charles d'Autriche, petit-fils de Maximilien, était élu empereur. Il avait les plus vastes possessions que l'on eût peut-être jamais vues entre les mains d'un homme. De son père Philippe de Bourgogne, il tenait les Pays-Bas et la Franche-Comté, et il prétendait y ajouter la Bourgogne. De sa mère Jeanne la Folle, il tenait les héritages réunis de Ferdinand et d'Isabelle, dont faisaient partie les vastes territoires du Nouveau Monde. De son aïeul Maximilien, il avait hérité les terres de la maison d'Autriche. Enfin, par un usage qui peu à peu devenait un droit dans la maison de Habsbourg, il lui avait succédé à l'empire.

Il était d'une taille médiocre et, semble-t-il, d'une grande laideur; mais il avait acquis une grande habileté dans les exercices du corps et il était excellent cavalier. Du reste, il parut peu dans les combats, et se consacra surtout à l'administration de ses États; froid, réservé, il laissait venir les événements, essayant d'en tirer le plus grand profit possible. Il plaisait aux Bourguignons par sa bienveillance et sa familiarité, aux Italiens par son esprit et sa prudence, aux Espagnols par l'éclat de sa gloire et de sa sévérité. Ce fut chez les Allemands qu'il plut le moins qu'il s'identifier; il parla toujours fort mal l'allemand et séjourna peu en Allemagne, surtout les premières années de son règne.

A l'extérieur, Charles-Quint laisse ou même fait saccager Rome par des hordes à demi barbares (1527); il dirige une campagne contre Tunis (1535) et l'autre contre Alger (1541), et surtout il lutte contre François 1er. L'histoire intérieure de l'Allemagne est à peu près celle des luttes autour de la Réforme.

Le 23 octobre 1520, Charles fut couronné à Aix-la-Chapelle; dans les premiers mois de l'année suivante, se tenait à Worms l'une des diètes les plus célèbres de l'empire (27 janvier-26 mai 1521). Le 17 et le 18 avril, Luther comparut devant les États et refusa de se rétracter. Ainsi Worms a été le point de départ officiel du protestantisme; c'est à Worms que Luther et les siens ont commencé à être traités par l'empire en personnages avec lesquels il fallait compter.

La France moderne date du 5 mai 1789; l'Allemagne moderne date du jour de la comparution de Luther devant la diète de Worms.

Luther s'éloigna de Worms le 26 avril; le 26 mai suivant, un édit, *l'édit de Worms*, le bannissait de l'empire et ordonnait la destruction de ses écrits. C'est autour de cet édit que jusqu'à 1555 se concentrèrent les revendications catholiques.

Un moment, on crut la Réforme anéantie. En réalité, quelques jours après avoir quitté Worms, Luther était en sûreté au château de la Wartbourg; au commencement de l'année suivante (13 mars 1522); il en partira pour retourner à Wittenberg, où il pourra rester jusqu'à sa mort (1546). Puis, au printemps de 1522, Charles-Quint quittait l'Allemagne pour n'y reparaître qu'à la fin du mois de mars 1530. Pendant ces années, la Réforme ne cessa de faire des progrès, et la discorde de s'accentuer dans l'empire. En 1524 et 1525, la *guerre des paysans* commença l'ère des luttes intestines. En 1526, la diète de Spire laisse à chaque prince la liberté « de vivre et de se comporter dans la question de l'édit de Worms comme il croirait pouvoir en répondre devant Dieu et devant Leurs Majestés. » Ceux des princes qui favorisent la Réforme en profitent pour chasser le catholicisme de leurs États. En 1529, une nouvelle diète de Spire veut, en partie au moins, revenir à l'édit de Worms; mais, le 19 avril, l'électeur de Saxe, le landgrave de Hesse, les margraves d'Anhalt et de Brandebourg avec quatorze villes importantes *protestent* contre cette décision. De ce jour, les Réformés prendront le nom de protestants. Si ce nom leur est resté, c'est qu'en réalité il a une portée beaucoup plus vaste qu'un souvenir attaché à une diète, assez obscure par ailleurs : l'esprit de la Réforme, c'est avant tout d'être une *protestation* contre le catholicisme.

A un autre point de vue encore, cet acte avait une portée considérable. A partir de 1522, le *luthéranisme*, libre d'allures tant qu'il ne s'était agi que de détruire, s'était rapidement acheminé vers le *protestantisme*, fortement organisé sous le contrôle de l'État. La fin de ce luthéranisme avait été marquée par la *visite des églises*, commencée en Saxe en 1526, sous l'impulsion de Luther; des visiteurs envoyés par Jean, électeur de Saxe, avaient fait une inspection pour s'enquérir de l'état des communautés réformées, et notamment de l'attitude, de la doctrine et de la manière de prêcher des ministres. Puis, le 22 mars 1528, on avait publié l'*Instruction sur la visite des églises* : œuvre de Mélanchthon, elle avait été revue par Luther, qui y avait mis un avant-propos. Pour voir qui méritait vraiment d'être pasteur, y disait-il, il avait fallu recourir au représentant de Dieu dans le pays, le prince électeur Jean de Saxe, à qui appartenait l'autorité divine. « Dieu veuille, ajoutait-il, que cet exemple fructifie et soit imité par les autres princes allemands. »

Ainsi Luther donnait au pouvoir temporel tout ce qu'il avait enlevé au pouvoir spirituel. C'était donc vraiment comme chefs de la religion nouvelle qu'à la diète de Spire, les princes réformés avaient présenté leur *Protestation*.

En 1530, la célèbre diète d'Augsbourg, à laquelle assiste Charles-Quint, entend la *Confession de foi* de la nouvelle religion, élaborée par Mélanchthon. C'était une œuvre sans précision, ni fermeté, mais qui achevait de rendre officiel le formidable contre-sens qu'avait commencé la *visite des églises* : une confession de foi générale et extérieure n'a pas sa place dans une religion tout individualiste et intérieure, où chacun doit communiquer directement avec Dieu, et où l'Église n'est que le royaume invisible des âmes.

Le 19 novembre 1530, un décret impérial ordonna

l'application rigoureuse de l'édit de Worms. Au mois de décembre suivant, les princes protestants y répondirent par la ligue de Smalkalde. En 1532, par la paix de Nuremberg, Charles composait pour la première fois avec les protestants : pour faire face aux Turcs menaçants, on y décidait que, jusqu'au prochain concile, ou du moins jusqu'à la prochaine diète, ils ne seraient pas inquiétés.

Les années suivantes, le protestantisme continue ses progrès. Les colloques de Haguenau et de Worms (1540), deux autres tenus à Ratisbonne (1541, 1546) ne parvinrent pas à ramener l'entente entre catholiques et réformés.

La bigamie du landgrave de Hesse (1540), autorisée par Luther et bientôt divulguée, jeta toutefois du discrédit sur les nouvelles doctrines et elle contribua même à engendrer la discorde parmi les alliés de Smalkalde. Vers le même temps, Charles-Quint signait avec François 1er la paix de Crespy (1544). En 1546, il entrait en guerre contre la ligue de Smalkalde ; l'année suivante, sa victoire à Mühlberg sur l'électeur de Saxe, Jean-Frédéric (24 avril 1547) marqua le premier arrêt de la Réforme. Mais Charles ne sut pas se montrer grand dans la victoire : par la dureté avec laquelle il traita les protestants, il contribua à leur rendre courage et à leur conquérir des sympathies.

En 1548, l'*Interim* d'Augsbourg rétablissait en grande partie la religion catholique, tout en accordant aux protestants la communion sous les deux espèces et le mariage des prêtres : Charles avait pensé que l'on s'en tiendrait à ces dispositions transitoires jusqu'à ce que le concile de Trente eût ramené la paix religieuse. Mais les protestants ne voulurent pas de cet *interim*, et les catholiques ne l'approuvèrent pas davantage.

Dès lors, Charles-Quint ne connut plus que des déboires. Il ne put faire agréer son fils Philippe à l'Allemagne comme son successeur à l'empire. Après avoir combattu pour lui, Maurice de Saxe l'abandonna pour s'allier à la France. Celle-ci lui enlevait les Trois Évêchés (1552). En 1555, il vit ses projets contre les réformés s'évanouir : son frère Ferdinand signait avec les luthériens la paix d'Augsbourg ; elle leur reconnaissait le libre exercice du culte ; la juridiction épiscopale était abolie dans leurs domaines et ils pouvaient garder les biens sécularisés avant 1552. Les sacramentaires et les calvinistes n'étaient du reste pas compris dans le traité, et la liberté de conscience n'existait que pour les princes : ils pouvaient imposer à leurs sujets la religion qu'ils professaient eux-mêmes ; si ceux-ci s'y refusaient, il ne leur restait qu'à émigrer.

Catholiques et protestants n'avaient accepté la paix d'Augsbourg que comme transitoire. En réalité, elle fut la base de la situation de l'empire jusqu'au commencement de la guerre de Trente ans, et la paix de Westphalie elle-même ne fera qu'en consolider les principales dispositions.

Ainsi l'unité de l'empire était brisée ; les influences étrangères se feront de plus en plus sentir en Allemagne. La morale s'était abaissée ; la brillante et aimable civilisation du XVe siècle et du commencement du XVIe avait fait place à un affaissement des esprits et des caractères ; la *liberté chrétienne* de Luther, à une orthodoxie protestante, qui pendant trois siècles sera pointilleuse et dominatrice.

Charles ne voulut rien connaître de la paix d'Augsbourg. Malade, désenchanté, avec quelque chose de la sombre mélancolie de sa mère, il se résolut à tout quitter : il laissa les Pays-Bas et l'Espagne à son fils Philippe II, et recommanda aux États son frère Ferdinand pour lui succéder à l'empire (1556). Puis il se retira au monastère de Yuste, où il mourait deux ans après.

III. RÉFORME CATHOLIQUE ET GUERRE DE TRENTE ANS (1555-1648). — Ferdinand 1er (1556-1564) était connu depuis longtemps dans l'empire ; depuis 1521, il y avait pris part à tout ce qui s'y était passé d'important. Noble caractère, Soliman disait de lui qu'il n'avait jamais manqué à sa parole. Énergique, porté même à la dureté, il s'était néanmoins habitué peu à peu à une modération qu'il garda lorsqu'il fut devenu empereur.

Au commencement de son règne, le protestantisme semblait devoir continuer sa marche triomphante. « Les électeurs de Brandebourg et de Saxe étaient depuis longtemps acquis à la Réforme, et les électeurs palatins, tard venus au protestantisme, compensaient leurs hésitations premières par leur zèle belliqueux. La plupart des autres familles princières avaient suivi : dans la Poméranie, le Lauenbourg, le Holstein, le Mecklembourg, le Brunswick, la Réforme était déjà accomplie ou allait l'être. Dans toute l'Allemagne du Nord, une seule maison, celle de Clèves, restait encore fidèle à l'Église, sans que cette fidélité fût d'ailleurs à l'abri de tout soupçon. Parmi les princes de l'Allemagne du Sud, les protestants disposaient aussi de la majorité, avec le Wurtemberg, Bade et les Palatins. Deux villes impériales seules, Cologne et Aix-la-Chapelle, étaient restées catholiques. Même dans les pays où les souverains étaient encore dévoués à l'Église, le sol était comme miné par la sourde infiltration de l'hérésie. » E. Denis. En outre, en maint endroit, le clergé catholique, et particulièrement les évêques, continuaient à vivre hors de l'Église sans avoir rien de sacerdotal, ignorants de la doctrine et insoucieux des intérêts religieux qui leur étaient confiés.

Mais les luttes des protestants entre eux, leur lassitude désormais voisine de l'apathie, l'ignorance et la grossièreté de la plupart des pasteurs enlevaient au protestantisme beaucoup de force et de considération. Par-dessus tout, le concile de Trente (1545-1563), les papes de la fin du XVIe siècle et notamment Paul IV (1555-1559) et saint Pie V (1566-1572), enfin la fondation d'ordres nouveaux, et surtout de la Compagnie de Jésus (1540) amenèrent rapidement un relèvement de la science et des mœurs chez les catholiques, permirent d'élever des digues contre l'ennemi envahissant et même de le faire reculer.

Les protestants avaient fondé de grandes espérances sur le fils de Ferdinand, Maximilien II (1564-1576) : longtemps, il avait paru hostile à Rome et au catholicisme. Mais il se borna à demeurer constamment indécis, dans un scepticisme amer ; finalement, il mourut découragé et aigri.

Sous son règne, la restauration catholique se poursuivit. Le duc Albert V de Bavière arrêta définitivement les progrès de la Réforme dans la vallée du Danube. L'université d'Ingolstadt, dirigée par les jésuites, devint un grand centre de propagande catholique.

Rodolphe II, fils de Maximilien (1576-1612), bien que meilleur catholique que son père, ne fit guère pourtant que continuer ses incertitudes. Fort instruit, il aimait à protéger les sciences et les arts, mais timide, lent, fantasque, il laissait s'accumuler les affaires. A partir de 1600, il eut de longues crises de folie, qui augmentèrent la désorganisation de l'empire.

Sous son règne, la Réforme catholique continua toutefois de s'accentuer et de regagner l'Allemagne. Son frère Mathias (1612-1619) s'occupa peu des affaires de l'empire, dont il laissa le soin au cardinal Klesl. Sa longue lutte contre Rodolphe II, des engagements anciens lui avaient enlevé toute autorité; son règne acheva de discréditer le pouvoir impérial. Il chercha à ménager les protestants, et toutefois ce fut sous lui que commença la guerre de Trente ans.

La cause, ou mieux l'occasion en revient à Ferdinand de Styrie, qui, en 1619, devait lui succéder à l'empire sous le nom de Ferdinand II (1619-1637). Depuis longtemps déjà, il occupait dans l'empire une place considérable, et le 26 juin 1617, il avait été couronné comme futur roi de Hongrie. Élevé à l'université d'Ingolstadt, Ferdinand était profondément catholique, pieux et d'une morale austère; adonné à son devoir plutôt qu'entraîné par l'enthousiasme, il avait choisi pour devise : *Legitime certantibus corona*. Il avait l'âme grande et des sentiments élevés; il aimait à trouver dans ses conseillers une noble sincérité et était très doux pour son entourage. On a dit que son intelligence n'était qu'ordinaire; mais que pouvait-il songer à entreprendre, aux prises avec une situation aussi difficile, aggravée par les fautes de ses prédécesseurs!

Évidemment les protestants ne devaient pas sans suspicion le voir arriver à l'empire. Depuis longtemps la Bohême était en effervescence. La destruction de deux temples amena la défenestration de Prague (1618), et fut l'occasion de la guerre de Trente ans.

Alors se succédèrent les quatre périodes de cette guerre : période bohême et palatine, de 1618 à 1624; période danoise, de 1625 à 1629; période suédoise, de 1630 à 1635; période française, de 1635 à 1648.

En 1637, Ferdinand II était mort. Son fils Ferdinand III lui avait succédé sans difficulté (1637-1657). Le nouvel empereur avait des qualités analogues à celles de son père, mais à un degré inférieur; il était bien doué, fort instruit, avec de nobles sentiments. Mais il manquait de grandes vues, et, du reste, lui aussi, que pouvait-il faire contre des difficultés inextricables? Volontiers, il eût conclu la paix en accordant aux protestants la liberté religieuse. Mais l'Espagne le poussait à continuer la guerre.

Pourtant, il fallut enfin songer à traiter. Pendant plusieurs années, des négociations se poursuivirent à cette fin à Munster et à Osnabruck; elles amenèrent la paix de Westphalie (24 octobre 1648). La France et la Suède recevaient des avantages territoriaux. Au point de vue religieux, la paix de Westphalie confirma la trêve de Passau (1552) et la paix d'Augsbourg (1555), étendant aux calvinistes les avantages qu'avaient alors obtenus les luthériens.

Ainsi la paix de Westphalie marqua la fin de l'Europe catholique du moyen âge. Mais ce ne fut qu'aux princes qu'elle reconnut la liberté de conscience. Pour les sujets, elle maintenait l'obligation d'avoir la religion du pays auquel ils appartenaient : *Cujus regio ejus religio*. Ceux qui n'étaient pas de la religion du prince n'avaient que le droit de vendre leurs biens et d'émigrer.

Pendant trente ans, l'Allemagne avait été profondément rançonnée, pillée, ravagée par les armées amies à peu près autant que par celles des ennemis. Elle avait perdu les deux tiers de sa population; le reste était brisé, abattu et pour ainsi dire retourné à la barbarie. Il lui fallut un siècle pour se relever de ses ruines.

Voir, ci-dessus, col. 74, l'article ALÉANDRE, et les ouvrages suivants, où l'on trouve d'abondantes indications bibliographiques. OUVRAGES GÉNÉRAUX : E. Denis, articles dans l'*Histoire générale* de Lavisse et Rambaud, 1894-1895, t. IV et V. — J.-B. Weiss, *Weltgeschichte*, 1898-1905, t. VI-IX. — J. Hergenröther-J. P. Kirsch, *Handbuch der allgemeinen Kirchengeschichte*, 1904, t. II, 1909, t. III. — OUVRAGES SPÉCIAUX : L. Pastor, *Geschichte der Päpste im Zeitalter der Renaissance*, 1886 sq., traduction Furcy Raynaud, puis Alfred Poizat, *Histoire des papes depuis la fin du moyen âge*, 1888 sq. — J. Janssen, *Geschichte des deutschen Volkes seit dem Ausgang des Mittelalters*, 8 vol., qui doivent désormais être consultés dans les éditions revues par L. Pastor, 1897, t. I-II; 1899, t. III; 1896, t. IV; 1902, t. V; 1901, t. VI; 1904, t. VII; 1903, t. VIII. Traduction française des huit volumes par E. Paris, 1887-1911. Cette traduction se lit fort agréablement; mais elle a deux défauts : 1° elle a des inexactitudes, surtout dans les derniers volumes; 2° à l'exception des t. VII et VIII, elle n'est pas faite sur les éditions revues par Pastor. — J. Paquier, *Jérôme Aléandre*, Paris, 1900. — H. Denifle, *Luther und Lutherthum*, 1904-1906, t. I, en deux parties avec suppléments; *Luther et le luthéranisme*, traduction par J. Paquier avec des annotations, Paris, 1911 sq.; t. II, publié par A. M. Weiss, 1909 : ce volume contient plutôt la science de Denifle et les idées du P. Weiss. — H. Grisar, *Luther*, 1911, t. I et II. — L. Cristiani, *Du luthéranisme au protestantisme. Évolution de Luther de 1517 à 1528*, Paris, 1911.

J. PAQUIER.

III. L'AGONIE DU SAINT EMPIRE ROMAIN GERMANIQUE (1648-1805).

— La paix de Westphalie avait brisé la constitution religieuse de l'Allemagne, aussi bien que son organisation politique, en créant une confédération de trois cent cinquante États dits d'*empire*, dont les souverains, calvinistes, luthériens, catholiques, pouvaient disposer de la conscience de leurs sujets comme de leurs biens temporels. Les conséquences ne se firent pas longtemps attendre, grâce à la diplomatie de Louis XIV, que le traité avait établi le garant des libertés allemandes. L'œuvre de désorganisation se précipita au XVIII° siècle, avec le progrès des idées modernes, qui propagea dans tous les sens et sur tous les terrains le mouvement d'émancipation désigné par les Allemands sous le terme vague d'*Aufklärung*. A la Révolution française, la catastrophe reçoit l'impulsion légère qui suffit à la faire trébucher.

I. L'ŒUVRE DE DÉSORGANISATION DES TRAITÉS DE WESTPHALIE (1648-1715). — En réalité, le congrès de Westphalie n'avait fait que régulariser, au point de vue du droit public, une situation qui s'était créée en Allemagne depuis un siècle, et qui avait eu pour point de départ l'union étroite du trône et de l'autel, telle qu'elle avait été fondée par le saint empire, telle que la féodalité allemande l'avait pratiquée à la fin du moyen âge. La sécularisation des seigneuries ecclésiastiques s'était poursuivie depuis le XIII° siècle, sous l'influence des principales familles féodales, qui en avaient fait leur apanage, en disposant de l'élection par les chapitres et communautés. On avait vu au XVI° siècle les dignitaires fort peu ecclésiastiques issus de ces familles s'efforcer, quelques-uns du moins, de transformer ces seigneuries en fiefs héréditaires. S'ils n'y avaient pas réussi en général, c'est que leurs parents préférèrent les annexer, en arrondir le territoire familial. La Poméranie, la Prusse, que le grand-maître teutonique Albert (t. I, col. 1494) avait su ériger en duché, le Brandebourg, la Saxe avaient ainsi supprimé nombre d'évêchés et d'abbayes, Camin, Samland, Lubeck, Brandebourg, Meissen, Mersebourg, Naumbourg, etc. Là où le protestantisme n'avait pu s'implanter complètement, les ambitions dynastiques avaient amené les hommes d'Église à se contenter du rôle d'administrateurs. Ainsi était-il arrivé à Magdebourg, où les cadets de Hohenzollern avaient préparé l'annexion du pays au Brandebourg; Brême, Hambourg, dont la Suède et le Danemark se disputaient la possession; Minden, Verden, Osnabruck, etc.

Les congrès avaient donc dû ratifier la sécularisation de deux archevêchés, quatorze évêchés et six abbayes, dont le sort était décidé ou restait incertain depuis un siècle. Parmi les évêchés, un des plus étendus, Halberstadt, passait également au Brandebourg. Un seul à peu près, Osnabruck, restait soumis à l'alternative d'administrateurs catholiques et protestants. Ces vingt-deux seigneuries couvraient l'Allemagne du Nord, des bouches du Weser à l'Oder moyen, des hauteurs du Harz à l'extrémité de la Poméranie. Dans le reste de l'empire, provinces rhénanes et danubiennes, le respect de l'orthodoxie n'avait guère sauvé que les formes et apparences. La féodalité régionale avait dû s'effacer devant des prétentions plus puissantes, celles des maisons de Habsbourg et de Wittelsbach par exemple, à pourvoir leurs cadets des évêchés qui accommodaient le mieux leur ambition. La première avait jeté son dévolu sur Gurk, Brixen, Breslau, Olmutz, Passau, Strasbourg, qui comblaient les intervalles territoriaux dans l'émiettement des possessions autrichiennes, et y poussait ses clients, serviteurs et fidèles, quand les cadets ne suffisaient pas. Plus insatiable encore était la maison de Bavière, qui ne se contentait pas de Freising, Ratisbonne, mais visait aux électorats, auxquels les Habsbourg n'osaient prétendre, de peur de faire cabrer l'esprit d'indépendance du collège. Après l'équipée de Gebhard Truchsess, dont les Wittelsbach avaient profité pour mettre la main sur Cologne (1583), cet électorat, la plus puissante des seigneuries ecclésiastiques, fut détenu pendant près de deux siècles, jusqu'en 1761, par cinq princes de cette famille, qui se succédèrent régulièrement, d'oncle à neveu. Et ce n'était pas assez pour l'appétit d'une maison qui se prétendait le bras droit de l'Église romaine: la condescendance papale devait y ajouter une couronne de quatre ou cinq évêchés du voisinage, parmi les riches et les enviables : on y voyait figurer d'ordinaire Liége, Hildesheim, Paderborn, etc.

Le passé laissait donc prévoir qu'à vivre sous la nouvelle constitution, l'attitude des ecclésiastiques ne se distinguerait pas de celle des autres princes. Chez tous c'étaient les mêmes ambitions, la même prétention à l'autonomie, abritée derrière les soi-disant *libertés germaniques*. Le congrès avait reconnu, comme garantie aux dissidents, la première de ces libertés, celle de contracter des ligues entre eux et avec l'étranger, pour se prémunir contre les empiétements de la politique autrichienne. Ainsi se trouva reconnu officiellement le *Directorium evangelicum*, association des États protestants, née de la ligue de Smalkalde, sous la présidence de l'électeur de Saxe, et qui fut renouvelée en juillet 1653. Les catholiques n'avaient rien créé de semblable, sans doute par égard pour l'empereur, et pour les prérogatives d'ordre religieux qu'il tenait du moyen âge. Ils s'armèrent du moins de l'article nouveau pour garantir leurs intérêts, mais, sous prétexte que la tradition impériale réservait au souverain la protection de la cause orthodoxe, ils reléguèrent celle-ci à l'arrière-plan de leurs préoccupations. On voit dès lors catholiques et protestants se coaliser entre eux, et le souci des intérêts religieux n'est jamais invoqué, ni dans leurs manifestes ni dans leurs accords. La constitution allemande avait perdu tout caractère théocratique et le saint empire romain n'existait plus que de nom.

La politique des princes d'Église ne contribua pas peu à la désorganisation définitive du régime qu'ils avaient le devoir de soutenir. Plus que jamais chaque évêque travaille pour son propre compte, et les électeurs ne se soucient pas davantage du bien général, dans un empire dont les destinées sont entre leurs mains. Ils forment des ligues défensives au hasard des nécessités du moment, et au premier danger possible que fait craindre ou supposer toute combinaison nouvelle de la cour de Vienne. La première ligue du Rhin (1651), pour assurer le maintien des traités, groupa les électeurs de la région, les ecclésiastiques avec le Palatin calviniste. Dans la ligue protestante de Brunswick entrent, l'année suivante, avec une puissance étrangère, la Suède, les évêques d'Hildesheim et de Paderborn. Les électeurs bavarois de Cologne se maintiennent dans le parti de la France contre son adversaire d'Espagne, sous l'impulsion de leurs ministres favoris, les frères de Furstenberg, deux chanoines de Cologne, pensionnaires de Louis XIV, dont la faveur les éleva dans la suite au siège de Strasbourg. Sur leur territoire, piétiné sans cesse atrocement par les armées belligérantes, les seigneurs de Cologne trempent dans toutes les intrigues contre l'Allemagne, participent à toutes les guerres de la fin du siècle et subissent à peu près le sort, moins la prison, de leur voisin de Trèves, pendant la guerre de Trente ans.

L'évêque que l'on cite comme le type des prélats politiques de l'Allemagne moderne, remuant, batailleur, diplomate sans scrupule, est celui de Munster, Christophe Bernard de Galen (1650-1678), qui sans cesse a maille à partir avec ses voisins, tantôt du côté de la France, tantôt avec l'Autriche, recevant des deux mains, par-dessus tout déteste les marchands hollandais, et leur fait tout le mal qu'il peut, moins parce que calvinistes, que parce que riches et ses voisins. A la tête de ses soldats, allié à Louis XIV, dans la guerre de Hollande (1672), il conquiert l'Overyssel, une des Provinces-Unies, pendant que son associé de Cologne envahit celle de Drenthe. Ils espèrent bien garder le pays pour eux, et Galen a déjà pris ses mesures en conséquence avec la noblesse locale calviniste, mais son tout-puissant patron de France lui fait lâcher prise.

Il ne faut pas compter que, dans la situation où se trouve l'Allemagne, des hommes même plus généreux que Galen puissent arriver à une entente pour créer une politique vraiment allemande, conforme à l'intérêt général. On refuse de s'associer à celle des empereurs autrichiens, qui voudraient entraîner la nation dans la lutte séculaire contre la France et l'empire ottoman, où ils sont enserrés comme dans un étau. Qui se soucie du bien commun? Les ligues qui se succèdent sont impuissantes à rétablir la paix publique, l'ordre, la sécurité, après tant d'années de guerre et de destruction, du moins en assurant la mise en pratique des derniers traités. Et ce fut l'œuvre à laquelle se consacra vainement, parce qu'il s'y sentait appelé, le président du collège électoral, Christian de Schönborn, archevêque de Mayence (1647-1673). Voir sur son portrait, *Histoire de France* de Lavisse, t. VII, 1re partie, p. 69. On ne saurait nier que le souci de jouer un rôle et d'accroître l'importance de son siège n'ait eu autant de part dans l'orientation de sa politique, que celui de remplir son devoir de prince de paix et de chef de l'Église d'Allemagne.

A la diète de Ratisbonne (1652), qui s'occupa de réorganiser la constitution de l'empire selon les exigences des traités, il sut faire maintenir à peu près, malgré les efforts de la Suède et du Brandebourg, la commission permanente, *Reichsdeputation*, qui, sous sa présidence, expédiait à Francfort les affaires courantes dans l'intervalle des diètes. Il lui donna dans la suite assez d'importance, par sa ferme direction, pour que, pendant l'interrègne qui suivit la mort de Ferdinand III (avril 1657-juillet 1658), il lui fût facile de gouverner l'empire et, dans sa politique extérieure, de tenir la balance égale entre la France et l'Autriche. Mazarin intriguait pour enlever à celle-ci la dignité impériale, mais Schönborn préféra favoriser le jeune fils du défunt, l'archiduc Léopold, en lui dictant les conditions qu'exigeaient les nouvelles libertés de l'empire. Dans la capitulation électorale, il introduisit un article par lequel l'empereur s'engageait à ne pas secourir l'Espagne contre la France; neutralité qui répondait aux vœux de cette dernière, et préservait l'Allemagne d'agitations et de courses de soldats, non moins onéreuses que la guerre.

Ce fut pour assurer la réalisation de cette clause que Schönborn établit le *Rheinbund*, seconde ligue du Rhin, en fondant celle de 1651 avec la fédération catholique de Cologne (1654); les électeurs ecclésiastiques y figuraient à côté de la France et de la Suède, garantes des traités (août 1658). C'était une force indépendante, qu'ils dressaient en face de l'empereur, pour le surveiller et le brider. Schönborn, qui présidait le *Bundesrath* en même temps que la *Reichsdeputation*, jouait au maire du palais, et, Léopold ayant tenté de transférer celle-ci à Ratisbonne, à proximité de ses États héréditaires, l'électeur porta le débat devant la diète de 1662, où le péril turc renaissant fit capituler l'empereur. Pour obtenir des secours contre ses nouveaux ennemis, il consentit même à reconnaître officiellement le *Rheinbund*, en acceptant que le contingent qu'il lui fournissait gardât ses chefs particuliers, sans dépendance à l'égard des généraux autrichiens.

Le programme de Schönborn était d'assurer, comme garantie de la paix, la médiation du *Rheinbund* dans les conflits internationaux où l'intérêt de l'empire se trouvait en jeu. Mais la ligue dépendait trop du protectorat de la France, dont les exigences provoquèrent sa dissolution en 1668. L'électeur reprit son projet dans la confédération défensive de Limbourg, avec Trèves et le duc de Lorraine; à ce moment Cologne et Munster firent défection et passèrent à la France. Sans perdre aucune de ses illusions, Schönborn poursuivait de nouveaux plans, et faisait dresser par le protestant Leibnitz, son conseiller intime, des projets de fédération allemande, en dehors de tout débat confessionnel, pour faire respecter la neutralité de l'empire dans le conflit que Louis XIV soulevait à propos de la succession d'Espagne. Lorsque celui-ci préparait, en 1672, l'invasion de la Hollande, avec le concours de plusieurs États d'outre-Rhin, Leibnitz vint à Paris lui proposer la conquête de l'Égypte! Ce qui rendait ces combinaisons chimériques, c'étaient moins les défiances et hostilités anciennes, provenant des compétitions religieuses, que les brigues ambitieuses de la politique, devant lesquelles la voix de l'Église était impuissante, aussi bien que celle du patriotisme.

Schönborn disparu (1673), personne ne se soucia plus de l'unité de l'empire, et rien ne gêna l'ingérance étrangère, ce fléau de l'Allemagne moderne, que les fautes et les excès de Louis XIV finirent par lui rendre insupportable. L'empressement avec lequel les princes d'empire se mettaient à sa solde, lui donnait, il est vrai, toutes les audaces, et les ecclésiastiques n'y apportaient pas plus de retenue que les laïcs. L'amour-propre national montra cependant qu'il n'était pas complètement éteint et se cabra lorsque, dans l'affaire de l'élection de Cologne, 1687 (voir l'excellent résumé qu'en donne Lavisse, *op. cit.*, t. VIII, 2º partie, p. 12-14), le roi de France se fut maladroitement aliéné sa vieille cliente, la maison de Bavière, qui prétendait avoir des droits prescrits sur cet électorat et ses annexes, sur cette principauté de Liége surtout, qui s'étendait comme un territoire neutre, un État tampon indispensable à la paix. Le candidat national eut finalement gain de cause au traité de Ryswick (1697), mais ne garda pas rancune à la France, puisqu'il se tourna de son côté, avec la Bavière, dans la succession d'Espagne, et se fit mettre au ban de l'empire (1705), après la conquête de ses États par les alliés.

Cette affaire de Cologne avait favorisé les vues de l'empereur Léopold, en ce qu'il réussit à faire élire son fils Joseph roi des Romains (janvier 1690); la crainte de la France lui permit de disposer des électeurs ecclésiastiques, et jeta dans ses bras le Palatin, qui était catholique, depuis l'avènement à cet électorat de la branche de Bavière-Neubourg (1685). De ce côté aussi les exigences de Louis XIV firent la concentration allemande, et s'il n'avait pas soutenu par les armes les droits de sa belle-sœur, la duchesse d'Orléans, à la succession de la branche qui venait de s'éteindre, les Neubourg ne se seraient pas souvenu avec autant de ferveur qu'ils étaient catholiques en même temps qu'allemands.

Il faut reconnaître toutefois que les nouveaux électeurs, Philippe-Guillaume (1685-1690) et Jean-Guillaume (1690-1716), travaillèrent avec zèle et succès au rétablissement du catholicisme, qui n'avait repris pied dans le Palatinat que depuis l'édit de tolérance de leur prédécesseur Charles-Louis (1651). Le premier renouvela cet édit (1687) et garantit les mêmes avantages aux luthériens qu'aux orthodoxes et aux calvinistes, qui n'eurent plus le droit exclusif de culte public. Le second fit appel aux ordres religieux : capucins, franciscains, etc., établit les jésuites à Heidelberg, sa capitale, et, grâce à l'activité de ces missionnaires, le catholicisme pénétra dans les petites villes et les campagnes. Mais ce fut l'occupation française (octobre 1688-1698) qui donna le branle au mouvement. Les agents de Louis XIV restituèrent au culte romain beaucoup de temples protestants, qui avaient été autrefois des églises, et ils insérèrent dans le quatrième article du traité de Ryswick (octobre 1697), énumérant les territoires qu'ils avaient à évacuer, la clause que rien n'y serait changé au point de vue religieux. A la diète de 1699, ils présentèrent une liste de 200 localités tombant sous cette clause et les historiens catholiques en comptent 1922, dans toute la région rhénane, qui furent perdues pour les protestants. *Kirchenlexikon*, t. X, col. 1923.

Les princes dissidents jetèrent les hauts cris et protestèrent contre la mesure avec une indignation qui revit chez leurs annalistes. Ils n'avaient pas tout à fait tort de trembler pour l'avenir du protestantisme, même au point de vue politique. Ils avaient perdu un électorat, et ils faillirent en perdre un second, par l'abjuration de Frédéric-Auguste Iᵉʳ de Saxe (1697), qui se convainquit sans trop de peine que la couronne de Pologne valait bien une messe. En réalité, l'orientation politique de la Saxe ne fut pas modifiée, elle resta puissance protestante et garda la présidence du *Directorium evangelicum*. L'électorat palatin fut remplacé dans le camp hétérodoxe par celui de Hanovre, que Léopold créa en faveur du duc Ernest-Auguste de Brunswick-Lunebourg, administrateur de l'évêché d'Osnabruck (1692). Cet accroc à la constitution allemande ne passa pas sans de vives protestations, même de la part des protestants, par exemple des cousins de l'heureux candidat, la branche aînée de Brunswick-Wolfenbütel, qui appuya sa résistance longue et obstinée sur une ligue avec les évêques de Munster, Bamberg, Eichstätt et autres princes; peine perdue, le neuvième électorat fut reconnu par le traité de Ryswick, et le Hanovre prit sa place au collège électoral en 1708.

Ainsi le catholicisme faisait des progrès en Allemagne, depuis la paix précaire fondée par le congrès de 1648; il paraissait gagner de l'avance sur chacun des cultes dissidents, toujours peu d'accord entre eux, qui se soutenaient avec peine et, en vertu même de leur origine, uniquement sur les vicissitudes de vouloir et de puissance des princes séculiers. La cour de Rome et la congrégation de la Propagande suivaient de près les affaires religieuses de l'empire et les dirigeaient par l'intermédiaire de deux nonciatures : l'une, attachée à la personne de l'empereur, avait fini par se fixer à Vienne avec Ferdinand II, et s'occupait spécialement des États héréditaires, en même temps que de la politique impériale et des actes du conseil aulique.

L'autre, établie à Cologne en 1585, avait dans son ressort la région rhénane ainsi que les pays voisins : elle surveillait la propagande calviniste et anticatholique, en attendant qu'elle devint antireligieuse, qui, des Provinces-Unies, se répandait dans les pays allemands, principalement par l'imprimerie. Le nonce de Cologne combinait son action, par une correspondance régulière, non seulement avec celui de Vienne, mais avec ceux de France et de Flandre ou des Pays-Bas catholiques. Le contrôle qu'il exerçait notamment sur les électeurs ecclésiastiques ne laissait pas que de leur être incommode, leur attitude politique n'étant pas plus orthodoxe que leurs mœurs et leur tenue cléricale.

En l'état de désarroi où la prétendue Réforme avait plongé l'Église d'Allemagne, la direction de Rome lui était d'un grand secours, sinon son unique soutien, et des diplomates comme Buonvisi, Tanara, Davia, en attendant les Archinto et les Pacca du xviiie siècle, savaient faire respecter les décisions papales, en même temps qu'ils apportaient à la maison d'Autriche le concours matériel et moral de la curie, avec celui d'une grande partie de la chrétienté, dans la lutte qu'elle soutint contre le croissant pendant le xviie siècle, lors du siège de Vienne (1683) et en toute circonstance. Mais l'action catholique romaine se prolongeait par le moyen du collège germanique à Rome, que saint Ignace de Loyola avait fondé (1553), Grégoire XIII organisé (bulle *Postquam Deo placuit* du 6 août 1573), où, dans le cours des âges, se forma l'élite du clergé allemand; les princes et les évêques soucieux de procurer le bien et l'avancement de la religion dans leurs États y envoyèrent les meilleurs sujets et les plus distingués. Dès la fin du siècle de fondation, nombre de sièges épiscopaux étaient pourvus de prélats, titulaires ou suffragants, élevés à Rome. Vers 1660 les *germaniques*, comme on les appelait, occupaient toutes les primaties d'Allemagne, Hongrie et pays voisins. Dans l'espace de deux siècles, ils tinrent d'une manière ininterrompue un certain nombre de sièges, et comptèrent vingt-sept cardinaux, près de quatre cents évêques et abbés, sans parler d'un nombre infini de hauts dignitaires inférieurs. *Kirchenlexikon*, t. iii, col 631-632. Avec la formation ultramontaine qu'on s'efforça de leur inculquer, si ces personnages ne réussirent pas complètement dans l'œuvre de réforme qu'on attendait d'eux, ils empêchèrent cependant le mal de prédominer.

Ils avaient pour auxiliaires les ordres religieux, et en première ligne les jésuites; les moines secondaient sans arrière-pensée les efforts du clergé, mais exerçaient peu d'influence sur les masses dans les pays où dominait l'erreur, où ils y intervenaient en étrangers suspects. Ils réussissaient mieux dans les régions catholiques, surtout les capucins, qui furent populaires. Les jésuites, par leurs relations avec l'aristocratie, les princes et leur cour, procurèrent, au siècle qui suivit les traités de Wesphalie, un certain nombre de conversions dans les classes dirigeantes, où le contact avec l'Italie, qui commençait à devenir fréquent, faisait pénétrer la conviction avec les lumières. Le duc Frédéric de Hesse-Darmstadt fut créé cardinal, en 1652, par Innocent X. Christian de Saxe-Zeist devint évêque de Raab et travailla à la conversion du chef de sa famille; il reçut aussi la pourpre en 1706. Avec des Wurtemberg, d'autres ducs de Hesse, des Holstein, etc., nous voyons Jean-Frédéric de Brunswick, duc de Lunebourg en 1669, qui obtint la nomination d'un vicaire apostolique de l'Allemagne du Nord, qui fut son aumônier, l'Italien Valerio Maccioni, évêque de Maroc, mais ne put rien de plus pour le progrès du catholicisme dans ses États.

Ces conversions indiquaient tout au moins que les rapports entre catholiques et protestants devenaient plus faciles dans les hautes classes, où les idées se transformaient avec la culture française. Le rapprochement qui, moins d'un siècle plus tard, allait se consommer, dans ces mêmes classes dirigeantes, au détriment de l'orthodoxie et de la religion, s'opérait encore par les tentatives d'union entre les partis confessionnels, qui remplirent la fin de ce siècle. Les mêmes ducs de Lunebourg et la cour de Hanovre y apportèrent un large esprit de tolérance, assez rare à cette époque. Cette tendance au libéralisme avait débuté dans le monde intellectuel qui dirigea le mouvement du côté hétérodoxe, parmi les professeurs de l'université brunswickoise de Helmstadt, et l'on vit l'un d'entre eux, Georges Callisen (*Callixtus*), opposer aux docteurs intolérants de Leipzick le credo mitigé du *syncrétisme*, qui groupait les articles de foi communs aux trois croyances, fondés sur la tradition unanime des premiers écrivains ecclésiastiques. *Realencyklopädie*, t. iii, p. 644-647. L'électeur Schönborn avait provoqué des conférences d'entente entre des professeurs de cette université et ses chanoines de Mayence (1661-1662) lorsque l'évêque espagnol Royas d: Spinola prit contact avec les premiers. Fort de l'appui de l'empereur Léopold et du nonce à Vienne Albrizzi (voir ce nom, t. i, col. 1739), puis du consentement du pape Innocent XI, il consacra sa vie à ramener les protestants d'Allemagne et, pendant près de vingt ans (1674-1693), suivit des négociations à travers tout l'empire, auxquelles prirent part, sur l'ordre exprès du duc de Lunebourg, l'abbé protestant de Lockum, Johann Molanus, puis le philosophe Leibnitz, qui ouvrit plus tard, du reste en dehors de la précédente négociation, une correspondance suivie avec Bossuet (1691-1694). La duchesse Sophie, femme du futur électeur Ernest-Auguste, qui avait succédé au converti Jean-Frédéric (1679), encouragea sincèrement l'entreprise de Spinola, et ce fut elle qui mit aux prises les deux grands génies, du moins qui la soutint longtemps. L'évêque trouva un accès facile, non seulement à Hanovre, mais à Berlin et ailleurs, même chez quelques théologiens de Leipzick, mais après divers longs voyages, un jusqu'à Rome, plusieurs échanges de propositions et contre-propositions, il se heurta à des difficultés de plus d'une sorte, politiques ou personnelles, qui le découragèrent. Les tentatives d'accord ne furent complètement abandonnées qu'en 1700. Leibnitz reçut alors une dernière mission à Vienne, où il fut question de divers débats religieux et autres. Ces négociations avaient peu de chance de réussir, parce qu'elles s'embrouillaient avec des problèmes temporels. Ce fut le malheur de l'Église catholique d'être, plus encore en Allemagne que dans les autres pays, enchaînée à la politique, qui la favorisait ici, l'empêchait ailleurs de vivre. C'est elle qui lui préparait la situation difficile dans laquelle elle se débattra au xviiie siècle, quand les princes de toute croyance s'entendront pour lui imposer un régime de prétendue liberté, et même les lumières et progrès de l'esprit moderne.

Si la politique n'avait pas été étrangère à la conversion de l'électeur de Saxe, du moins il ouvrit à la vraie foi ses États, qui avaient été le berceau de la révolte luthérienne. Il avait dû y donner à ses sujets des garanties pour l'exercice de leur culte, mais par contre il fit organiser le catholique pour son compte personnel, celui de sa famille, de ses serviteurs et officiers polonais. Son confesseur, le jésuite piémontais Vota, établit des chapelles au palais de Dresde et dans les châteaux royaux, et il en résulta avec le temps de véritables paroisses en ces localités, et aussi à Pleissenbourg, quartier de Leipzick. Vota obtint de Rome les pouvoirs de préfet apostolique, qui furent exercés par les confesseurs royaux ses successeurs, jusqu'à la création du vicariat épiscopal de Saxe, en 1763. La vassalité de la Prusse à l'égard de la Pologne fournit à Vota l'occasion d'intervenir dans les projets de royauté de l'électeur Frédéric III (1700), et il caressa l'espoir de lui faire solliciter l'investiture de Rome. Le prince semble s'être joué du religieux diplomate improvisé, puisqu'en même temps il persécutait ses sujets catholiques dans les évêchés de Magdebourg, Halberstadt, Minden, supprimait des abbayes, multipliait les entraves à l'exercice du ministère ecclésiastique. Et il arrachait à l'électeur palatin la déclaration de religion du 21 novembre 1705, qui garantissait les dissidents contre toute mesure restrictive de leur liberté de culte. Erdmansdörffer, *Deutsche Geschichte vom westfalischen Frieden bis zum Regierungsantritt Friedrich's des Grossen*, t. II, p. 380-382.

C'était d'ailleurs dans les États du nouveau royaume de Prusse que s'organisait le despotisme éclairé, maître des consciences comme des biens temporels, qui, avec Frédéric II, allait prétendre créer la société moderne sur les ruines de la société chrétienne. Le protestantisme n'avait fait que substituer à l'autorité de l'Église le despotisme des consistoires luthériens, mais les princes, en vertu de la suprématie qu'il leur avait reconnue, surent bien y interposer une réaction libérale qu'ils accaparèrent à leur profit! Frédéric Ier accueillit quatre professeurs exclus de l'université de Leipzick, qui s'attribuait l'infaillibilité comme un héritage de Luther, et fonda avec eux celle de Halle (1694). Il encouragea la nouvelle théologie, qui y fut enseignée à la place de la *Formule de concorde* et dans laquelle l'efficacité des bonnes œuvres usurpait le rôle prépondérant de la justification par la foi. Il en sortit le *piétisme*, qui provoqua un mouvement de ferveur avec l'activité, inconnu jusqu'alors dans l'Allemagne protestante, de l'apostolat et de la charité envers le prochain. Il fournissait des armes et des auxiliaires aux princes qui désiraient détourner les forces de leurs États des dissensions doctrinales pour les appliquer au bien public.

Il fut ainsi l'un des précurseurs, sinon le fauteur conscient de cette déviation du progrès humain qui, au siècle suivant, consommera l'œuvre d'anarchie dans l'empire allemand. L'absolutisme politique lui déroba son programme, en s'appliquant désormais à procurer le bien et l'avancement de l'homme, sous toutes leurs formes multiples, mais en dehors de toute préoccupation religieuse, proclamée inutile ou même nuisible. L'Église catholique allemande, mal dirigée par ses chefs qu'absorbaient trop les intérêts temporels, devait ressentir le contre-coup funeste du mouvement, même dans ce qu'il avait de bon, sous les couleurs évangéliques dont il savait se parer. Les traités de Westphalie la laissaient toujours désemparée, ainsi que l'empire, et la logique des faits devait la conduire jusqu'au bout des sécularisations; ce que le protestantisme avait ébauché, l'esprit moderne, son héritier, allait le poursuivre et achever la ruine du saint empire, dont l'héritage reviendra à la puissance sans scrupule qui tirera le meilleur parti des circonstances et sauvera la nation de l'anarchie politique, sans avoir le même succès à l'égard de l'anarchie religieuse.

II. LA DÉSORGANISATION DE L'ALLEMAGNE S'ACHÈVE DANS LE MOUVEMENT DE L'*AUFKLÄRUNG* (1715-1789). — On s'accorde à faire commencer la période de la soi-disant émancipation de l'esprit humain avec la réaction qui suivit la mort de Louis XIV. Les Allemands ont systématisé cette émancipation dans sa forme la plus générale, en la décorant du titre d'*Aufklärung*, ascension dans la lumière, illumination, épanouissement de l'intelligence humaine sous tous les aspects, de la liberté dans toutes les directions, politique, religieuse, morale, intellectuelle, économique (voir l'art. de Troxltsch, dans la *Realencyklopädie*, t. I, p. 225-241), les Allemands font remonter le mouvement plus haut, jusqu'aux traités de Westphalie et au delà. Pour l'Église cependant et l'histoire religieuse, cette date de 1715 a son importance, parce qu'elle marque la fin du régime de contrainte que Louis XIV faisait peser, à titre de garant des traités, et aussi en vertu de la clause de Ryswick, renouvelée par l'accord franco-autrichien de Bade en 1714, non seulement sur les électeurs ecclésiastiques et les catholiques rhénans, mais encore dans les États plus éloignés, chez lesquels il semblait vouloir implanter une sorte de révocation des édits de tolérance, analogue à celle de l'Édit de Nantes.

On sait que la manie des princes allemands, à commencer par ceux de Prusse, fut de l'imiter, de copier l'étiquette de sa cour et tout ce qui venait de France, littérature et modes, langue, usages, conversation, cela encore bien avant dans le XVIIIe siècle. Il n'est pas jusqu'à l'esprit d'intolérance du grand roi, sa politique religieuse parfois arbitraire, qui n'ait eu des contrefaçons, même après sa mort : fausses manœuvres qui compromirent les progrès du catholicisme, et provoquèrent chez ses ennemis une réaction et des mesures de rigueur, dont il fut le premier à souffrir.

Le vicariat apostolique de l'Allemagne du Nord s'était maintenu depuis sa création en 1667 (voir ci-dessus) et son premier chef Maccioni avait eu des successeurs. En 1709, il resta exclusivement allemand, par la séparation des pays scandinaves qui lui donnaient une extension démesurée. Des communautés florissantes formèrent une vingtaine de paroisses, dispersées depuis les bouches de l'Ems jusqu'à l'Oder supérieur, et qui faisaient vivre la vraie foi dans les capitales du luthéranisme, Berlin, Hanovre, Brunswick, Leipzick, Brême, Hambourg, Lubeck, etc. Les épreuves qu'elles subirent avec le *Kulturkampf* du XVIIIe siècle leur portèrent un coup sensible, et leur décadence ne cessa de s'accroître jusqu'à la reprise de l'apostolat dans ces régions par le *Bonifaciusverein* (1849). Voir ci-dessous, IVe partie. La préfecture de Saxe, qui ne se séparait pas encore de ce vicariat, reçut une garantie de durée par la conversion, longuement mûrie, du prince électoral de Saxe, le futur roi de Pologne Frédéric-Auguste II, qui se fit instruire à Venise par deux jésuites (1712), épousa une zélée catholique, l'archiduchesse Maria-Josepha, fille de l'empereur Joseph Ier (1719), et bâtit, avec la belle église de Dresde, plusieurs établissements religieux en cette capitale et à Leipzick, tout en respectant l'*assécuration*, renouvelée en 1717, par laquelle son père avait garanti le libre exercice du culte luthérien.

L'électeur palatin Charles-Philippe (1716-1743), qui n'imita pas cette prudente politique, s'attira, par ses tracasseries à l'égard de ses sujets dissidents, des conflits avec les membres du *Directorium evangelicum*, qui en tirèrent un habile parti. Il prétendit supprimer l'enseignement public du *catéchisme d'Heidelberg*, sommaire de la doctrine calviniste, promulgué par ses prédécesseurs (1563) comme fondement de leur croyance; la mesure fut dénoncée à la diète et à Vienne, et l'université réformée d'Heidelberg, mise sous la protection du roi de Prusse, Frédéric-Guillaume Ier, qui, à titre de représailles, confisqua la cathédrale de Minden, etc.; elle invoqua aussi celle de l'électeur de Hanovre, Georges Ier, roi d'Angleterre, qui ferma l'église catholique de Celle. Le premier s'empressait aussi d'embrigader parmi ses sujets quinze mille paysans du pays de Salzbourg, qui préférèrent l'émigration à l'apostasie de leurs croyances (1732).

L'édit d'expulsion que le prince-archevêque lança contre ces malheureux en dispersa un pareil nombre en diverses contrées de l'Allemagne, et jusque dans l'Amérique du Nord. La mesure fut exploitée par les protestants, en même temps que le *Blutbad* (bain de sang) de Thorn (1724). Ils décorèrent de ce titre vengeur l'exécution du bourgmestre et de neuf notables luthériens de cette ville, condamnés à mort pour une échauffourée, dans laquelle la populace avait mis à sac le collège des jésuites. Une nuée de pamphlets répandus en Angleterre, en Hollande, aussi bien qu'en Allemagne, excitèrent l'opinion publique en faveur des victimes et contre les jésuites, leurs bourreaux. Les philosophes modernes, qui dès lors essayaient leurs forces et leur programme, inscrivirent la tolérance parmi les dogmes de la religion de l'humanité et l'*Aufklärung* débuta en Allemagne par deux scandales : elle y trouvait un terrain bien préparé !

Mouvement essentiellement antireligieux, parce que destructeur de toute autorité, de toute croyance et tradition surnaturelle, l'*Aufklärung*, dans son foyer principal, le royaume de Prusse, avec l'organisation que lui donna Frédéric II, un des créateurs et le modèle parfait du despotisme éclairé (*Realencyklopädie, loc. cit.*, p. 237-238), eut d'abord l'air de ne s'en prendre qu'aux abus et méfaits qui se couvraient du manteau de la religion. Le roi philosophe sut exploiter le catholicisme comme une institution bienfaisante, du moins utile au public, qui avait inscrit parmi ses vertus l'obéissance aux pouvoirs établis. Quand il eut conquis la Silésie, en grande majorité catholique, il obtint, non sans peine, du libéral Benoît XIV, que le cardinal de Sinzendorf, évêque de Breslau, exerçât les fonctions de vicaire apostolique dans l'étendue de la monarchie. C'était l'homme faible de caractère qu'il fallait pour se faire l'instrument de toutes les exigences du souverain et il transmit ses pouvoirs à son successeur, le comte de Schaffgotsch, un ancien favori du roi, que tous deux imposèrent au choix du pape. Par le moyen de pareils délégués, le monarque incrédule pouvait exercer les pouvoirs pontificaux, outrepasser les privilèges de la catholique Autriche, disposer des biens ecclésiastiques, imposer de lourdes contributions qui dévoraient la moitié des revenus : il favorisait uniquement les clercs dont la première préoccupation était la prospérité de la monarchie. Pour avoir préféré les avantages de son diocèse à l'avancement de la Prusse, Schaffgotsch vit ses biens mis sous séquestre, et dut vivre trente ans exilé en Autriche. *Kirchenlexikon*, t. II, col. 1248-1250.

Du reste, les cultes dissidents n'étaient pas moins durement traités et exploités : toute religion doit se faire l'humble servante du despotisme éclairé, unique juge du bien de l'État. Frédéric II n'admettait d'autre croyance que celle de l'université de Halle, qui interprétait la théologie rationnellement, en lui donnant une portée pratique. Les autres universités et écoles du royaume durent s'accommoder au programme. Bientôt en vertu de l'impulsion qu'un régime autoritaire sait imprimer, les consistoires acceptèrent pareillement comme obligatoire l'enseignement qui prêchait le progrès, l'émancipation, faisait pratiquer la tolérance, l'amour du prochain ; plus que jamais on parla des devoirs envers la patrie, où l'on confondait la Prusse avec l'Allemagne.

A côté du progrès social et politique, le monde intellectuel en poursuivait un autre sur le terrain des doctrines, qui accentuait la marche du mouvement. L'école de Halle s'était transformée sous l'influence des théories de Wolf, qui prétendaient simplifier la religion, en la débarrassant du surnaturel et en la fondant sur une théodicée et une morale à raisonnement mathématique. Quand il y mourut en 1754, il y avait longtemps que ses disciples et ses sophismes remplissaient les universités allemandes. L'*Aufklärung* prenait dès lors pied partout, fondait des revues, des ligues, des associations, la loge maçonnique qui portait son nom à Berlin (1753). L'*Allgemeine deutsche Bibliothek*, commencée en 1763, fut l'arsenal où l'on rassembla les armes pour la conquête du monde. En 1774, Lessing publiait ses *Fragments d'un inconnu* ou *de Wolfenbuttel*, qui s'en prenaient à la révélation, aux mystères, à la Bible, à la mission de Jésus-Christ et à sa divinité. Kant, penseur et philanthrope, pouvait dès lors, en quelques pages (1784), dresser le programme et résumer le décalogue de la religion de l'humanité. *Was ist Aufklärung?* Œuvres, édit. Rosenkranz, t. VII, 1re partie. Plus encore que la philosophie de Wolf, celle du solitaire de Kœnigsberg bouleversa de fond en comble la vie morale de l'Allemagne chrétienne.

Elle pénétra dans le monde catholique, ainsi que les théories subversives de l'*Aufklärung*; elles y sapèrent promptement la scolastique, la théologie traditionnelle, les fondements même de la croyance et la constitution de l'Église, quand, avec la suppression de la Compagnie de Jésus (1773), disparut la surveillance qu'elle exerçait sur les centres intellectuels comme Ingolstadt, Cologne, etc. Des bénédictins de Bavière envoyèrent leurs novices étudier à Kœnigsberg, et certains professeurs, surtout en Autriche, se vouèrent à la tâche de mettre les sciences sacrées d'accord avec l'entendement humain. Mais les idées de Kant, dans leurs conséquences religieuses et morales, ne s'épanouirent au dépens de l'orthodoxie que sous de hauts protecteurs, l'archevêque de Salzbourg Jérôme de Colloredo (1772-1812), l'électeur de Cologne Max-Frédéric de Bavière (1761-1784), et dans un foyer tel que l'université de Bonn (1777), qui hérita du collège des jésuites et du revenu de plusieurs couvents, pour remplacer celle de Cologne, en décadence et trop ultramontaine, au goût du temps. Dès lors l'engouement se généralise et, dans la période qui précéda la Révolution (1780-1790), on vit un peu partout, avec la connivence plus ou moins déguisée des princes ecclésiastiques, l'appui de leurs conseillers, suffragants, officiaux, vicaires, éclairés à la mode du jour et plus audacieux, on vit théologiens, canonistes, savants de tout genre répandre dans les universités, les séminaires, les gymnases, etc., et dans les revues qui s'intitulaient catholiques, les nouveautés les plus choquantes sur le dogme, l'Écriture sainte, le droit, l'histoire, contre l'autorité du pape et le magistère doctrinal de l'Église. Cf. l'article de Brück, sur l'*Aufklärung*, dans le *Kirchenlexikon*, t. I, surtout col. 1612-1615.

Ces erreurs, après avoir corrompu les classes cultivées, commençaient à infecter la masse des fidèles par les leçons des pasteurs, dont l'éducation s'en imprégnait de plus en plus. Le haut clergé les transportait sur le terrain des faits et menaçait Rome d'un schisme, sous prétexte d'abus et d'exactions invétérées. Le suffragant de Trèves, Johann Hontheim, publia, en 1763, sous le pseudonyme de *Febronius*, un fameux traité *De statu Ecclesiæ deque legitima potestate romani pontificis* (voir *ibid.*, t. VI, col. 276-281, et *Realencyklopädie*, t. VIII, p. 340-342), qui souleva un long scandale et provoqua en Allemagne une opposition gallicane et janséniste contre la papauté, parce qu'il invitait les princes à ne plus reconnaître les droits fiscaux et de juridiction qu'elle s'était arrogés dans le cours des siècles, soi-disant sur les ruines de la constitution primitive de l'Église. L'appel fut entendu et, en septembre 1769, les électeurs ecclésiastiques dressaient à Coblentz trente et un articles de *gravamina* contre les empiétements de la curie et les pouvoirs judiciaires de ses nonces.

L'affaire n'eut pas de suite, mais elle se réveilla

en 1785, lorsque l'électeur de Bavière Charles-Théodore obtint de Pie VI la création de la nonciature de Munich, avec les mêmes pouvoirs que celles de Vienne et de Cologne. Les évêques intéressés, Salzbourg, Freising, les trois électeurs, en appelèrent à l'empereur Joseph II, qui décréta par un rescrit que les nonces ne devaient s'occuper que de politique, nullement rendre la justice. Forts de cet arrêt, les quatre archevêques firent dresser, à Ems près Coblentz, en août 1786, par leurs ministres, instigateurs du mouvement progressiste, la protestation ou *punctata* d'Ems, qui supprimait d'un trait de plume toutes les prérogatives des nonces. Mirbt, dans *Realencyklopädie*, t. v, p. 342-350; *Kirchenlexikon*, t. iv, col. 484-496. Mais quand ils en vinrent à l'application, ils eurent devant eux le nonce de Cologne, l'énergique Bartolomeo Pacca, soutenu par la Bavière et la Prusse, qui démontra, dans une circulaire aux curés des mêmes diocèses, la nullité des dispenses que leur ordinaire accordait de son propre pouvoir (novembre).

Des intérêts particuliers assoupirent un instant la querelle : Mayence et Trèves sollicitèrent de Rome le renouvellement de leurs facultés quinquennales dans les diocèses qu'ils possédaient en double à l'encontre du droit canon. Le premier avait en outre besoin de son appui pour faire élire son coadjuteur, le baron de Dalberg (juin 1787). Le conflit recommença bientôt, on en appela à la diète, mais les autres évêques se montrèrent froids, et la Prusse ne cessait de conseiller l'entente avec Rome. La guerre à coup de mémoires justificatifs, mandements et rescrits se poursuivait sans relâche, et en 1789 parut la *Responsio Pii papae VI ad metropolitanos super nuntiaturis apostolicis*, l'écrit politique le plus important, au dire de Mirbt, qu'ait produit la chancellerie pontificale. Enfin Trèves renonça le premier à son opposition et reprit contact avec les nonces (février 1790), en même temps que la mort de Joseph II faisait disparaître le principal bouteleu de la discorde (20 février).

L'action des légistes et canonistes de la nouvelle école s'était exercée librement, durant le règne de ce prince (1765-1790), au détriment de l'Église, dans la politique et l'administration des États héréditaires. Maîtres de l'université de Vienne, ils pénétrèrent au conseil aulique, où, avec l'appui du souverain corégnant, ils commencèrent par forcer la main à la pieuse Marie-Thérèse : on supprima toute juridiction ecclésiastique, y compris celle des nonces, dans les conflits qui ne revêtaient pas un caractère exclusivement religieux, et le *placet* royal fut exigé rigoureusement pour tout acte public se rapportant au culte (1768). Des réformes vinrent mettre en ordre les finances des couvents, empêcher l'exportation des espèces monétaires, consacrer à l'enseignement public les biens des jésuites supprimés, et les revenus monacaux qui avaient perdu leur utilité.

Quand Joseph resta seul maître de l'Autriche (1780), ce fut une avalanche de réformes, qui n'avaient plus seulement pour objet de supprimer des abus et d'éclairer l'esprit religieux des masses, mais de transformer le catholicisme en instrument du despotisme éclairé, sur lequel l'empereur sacristain espérait établir l'unification des États héréditaires et le rajeunissement de la puissance impériale. Il posait en principe que le culte, l'action du clergé et toute manifestation religieuse dépendait uniquement de l'État pour la police et la discipline extérieure, les évêques sous la surveillance de l'État au point de vue spirituel. Par suite, les relations avec Rome devenaient inutiles, dangereuses parfois au bien public, donc à contrôler sévèrement.

Des évêchés nouveaux furent créés, Linz, Budweiss, etc., les anciens transférés, leurs circonscriptions remaniées sans l'intervention du pape, en vue d'exclure la juridiction d'évêques étrangers, même allemands, Salzbourg, Bamberg, Passau. Le gouvernement accapara la formation des clercs dans les universités et séminaires, traça les programmes, choisit les professeurs, les livres. Le curé dut être un fonctionnaire enseignant la morale, instruisant les fidèles des meilleures conditions de vie matérielle, prêchant le bien public, celui de l'État. Le 12 janvier 1782, furent supprimés les couvents et ordres religieux qui n'avaient pas d'utilité en ce sens, contemplatifs, mendiants, confréries, collégiales, et leurs biens eussent à fonder des paroisses nouvelles, des hôpitaux, furent employés à d'autres buts religieux. Dix congrégations disparurent ainsi d'un seul coup; de même, plus tard la majorité des riches abbayes autrichiennes. Pour les maisons qui furent maintenues, on limita le nombre des religieux, leurs revenus, et on leur interdit tout rapport avec l'étranger et entre elles.

L'empereur intervenait dans les moindres détails de la prédication et de l'enseignement religieux, les cérémonies, les fêtes, prohibait la liturgie romaine et toute liturgie exportée, imposait de continuels règlements et modifications, ayant pour but de subordonner l'Église et l'ordre clérical. En 1783 fut promulgué un règlement ou calendrier de service divin pour le diocèse de Vienne, sur lequel les autres devaient prendre modèle. Les pèlerinages, les dévotions, les indulgences furent passés au crible, réduits à rien. Un décret du 9 août de la même année fusionna les innombrables confréries de la monarchie en une seule, celle de l'*Amour de Dieu et du prochain*, pour la pratique de la charité sous toutes ses formes. *Realencyklopädie*, t. ix, p. 365-377.

Le réformateur pointilleux qu'était Joseph II ne manqua pas de réglementer dans le détail la tolérance qu'il accorda aux dissidents (octobre 1781). Son programme d'accaparer les richesses des monastères et de supprimer les dernières traces d'indépendance féodale devait faire école chez les princes catholiques, surtout en Bavière. En attendant, Charles-Théodore, qui réunit cet électorat au palatin (1777), laissa l'université d'Ingolstadt devenir un foyer d'enseignement antireligieux et d'idées anarchiques. Un de ses professeurs, Weishaupt, y fonda la société des *illuminés* (1776), prétendant imiter l'esprit et la règle de la Compagnie de Jésus ! Mais elle ne respectait ni la morale, ni l'honnêteté : il fallut poursuivre ses chefs, et prohiber toute association occulte (1784). « Mélange choquant de maximes jésuitiques avec les principes les plus radicaux de l'*Aufklärung*, l'illuminisme fut un vrai *mysterium iniquitatis*. » Tschackert, dans *Realencyklopädie*, t. ix, p. 68. La caricature de la franc-maçonnerie ! Le mouvement libéral, rationaliste et antichrétien de l'Allemagne menaçait de sombrer dans le ridicule ou l'immondice.

Ainsi compromis, il allait traverser, avec la période révolutionnaire, une crise dont il ne sortira sans être bouleversé et exagéré. Dans l'épiscopat, livré aux influences les plus diverses, peu de prélats avaient, par un sentiment exact de leur devoir, tenu tête à l'orage qui dévastait l'Église : l'archevêque de Vienne, cardinal Migazzi (1757-1803), sut opposer à la politique religieuse de l'Autriche une résistance passive, inlassable, dont cinquante années de services rendus à la monarchie augmentait infiniment le prestige. L'évêque de Spire, Auguste de Limbourg-Styrum (1770-1797), refusa d'admettre les résolutions d'Ems et se mit à la tête des opposants. Ceux-là, et d'autres, d'Erthal à Wurtzbourg, le vicaire général administrateur de Munster, qui y fonda l'université en 1780, Guillaume de Furstenberg, réformaient clergé et fidèles, s'efforçaient de réaliser discrètement les progrès que requérait ce siècle de lumière. Il n'en est pas moins vrai que la majorité, endoctrinée par le personnel mêlé d'intellectuels assez peu ecclésiastiques qui accaparait l'enseignement universitaire des sciences sacrées, laissait gâter leurs prêtres dans une éducation moderniste, dont les conséquences se feront sentir à l'Allemagne catholique du XIX° siècle, avec un Dalberg, un Wessenberg, etc., jusqu'au *Kulturkampf* de Bismarck. Cf. A. Roesch, *Das religiöse Leben in Hohenzollern... 1800-1850*, Cologne, 1908, dans *Goerresgesellschaft zur Pflege der Wissenschafts*.

III. La catastrophe finale (1789-1806). — Le saint empire avait donné ses derniers fruits avec le joséphisme, son aboutissant naturel; il était inévitable que ses princes, gâtés par l'esprit révolutionnaire du temps, fussent tentés de mésuser des prérogatives qu'on leur avait toujours reconnues dans l'ordre spirituel, sous prétexte d'assurer les améliorations que des abus séculaires leur faisaient juger indispensables. Malgré l'opposition qu'il souleva, le joséphisme persévéra comme esprit et comme tendance dans la bureaucratie autrichienne; de plus, il trouva de nombreux imitateurs dans les petits États allemands. Il aggrava les dommages causés par l'*Aufklärung*, donna à son œuvre une portée officielle, et l'introduisit dans l'organisation et la vie publique de l'Église. Mais ces tristes effets se firent sentir surtout après la période qui s'ouvre. Nous avons à étudier son œuvre immédiate, qui fut aussi celle de l'*Aufklärung*, le dernier coup porté à la constitution politico-religieuse de l'Allemagne médiévale.

La politique de Joseph II avait consommé la scission du monde germanique, préparée par l'antagonisme entre la Prusse et l'Autriche, Frédéric II et Marie-Thérèse : d'un côté les États héréditaires des Habsbourg, de l'autre une confédération en germe. Dans les dernières années, Joseph avait laissé entrevoir son désir d'imposer la prédominance d'une Autriche forte par l'unité territoriale et la centralisation des pouvoirs. Le programme avait de quoi éveiller les inquiétudes des princes, qui, sous le protectorat de Frédéric II, formèrent une ligue, *Furstenbund* (1785), première ébauche de la confédération de l'Allemagne du Nord. On vit encore deux élections impériales faites d'après le vieux protocole : le frère de Joseph, le grand-duc de Toscane, Léopold (30 septembre 1790), puis François II, fils de Léopold II (5 mai 1792), mais la Révolution française grondait déjà, qui devait accélérer l'œuvre de désorganisation de l'*Aufklärung*. Le dernier électeur de Mayence, Frédéric-Charles d'Erthal (1774-1802), qui dirigea les deux scrutins, n'osa pas rouvrir le conflit religieux des nonciatures, comme il en eut un instant la pensée, et de son côté la Prusse se désista de la candidature de Charles-Auguste, un cadet de Deux-Ponts. Mais les agents électoraux crurent devoir réclamer au nom de Pie VI la restitution du Comtat Venaissin, avait la mission secrète de travailler au rétablissement de la Compagnie de Jésus. Heigel, *Deutsche Geschichte vom Tod Friedrich's des Grossen bis zum Auflösung des alten Reiches*, t. I, p. 553.

Simples incidents, symptômes divers de ce qui se préparait, sinon de la désagrégation générale, d'où l'Allemagne allait sortir bouleversée et l'Église nationale transformée. Et quand les armées françaises se présentèrent sur le Rhin en 1792, occupant la majeure partie des électorats ecclésiastiques, les jacobins groupèrent en clubs les mécontents et les exilés, suppôts des sociétés secrètes, vagabonds en rupture de tout frein social et politique, qu'avait faits le régime le plus bénin de l'Europe. Ces éléments de discorde et de dissolution ne furent pas supprimés par le retour des armées allemandes. Puis, après la conquête de la Belgique en 1794, le mouvement révolutionnaire s'installa sur la rive gauche du Rhin, en vertu du principe des limites naturelles, et ce fut un sauve-qui-peut général dans les cours des électeurs : Max-Joseph d'Autriche, un frère de Joseph II, à Cologne, Clément Wenceslas de Saxe, à Trèves, abandonnèrent la partie pour s'abriter sous l'égide de la puissance familiale. En même temps que les cours, leurs gouvernements se fondirent comme neige, et les chanoines de Cologne, par crainte de profanation, dispersèrent à travers l'Allemagne le trésor de leurs reliques, le plus riche de la chrétienté après celui de Rome. Un régime qui s'abandonnait ainsi lui-même ne méritait pas de vivre !

La Révolution, comme l'*Aufklärung*, avait d'ailleurs décrété sa disparition. On verra dans l'article suivant comment furent dévorées les principautés ecclésiastiques par d'avides convives princiers attablés autour du tapis diplomatique où se dépeçait la vieille Europe. La république française, qui réclamait sa rive gauche du Rhin, et Bonaparte, le petit officier au regard sombre, *der kleine Offizier mit dem finster blickenden Augen* (Heigel, *op. cit.*, t. II, p. 292), qui signifiait au ministre de Mayence Albini « que les souverainetés ecclésiastiques n'étaient pas compatibles avec l'esprit de l'Évangile, » s'accordèrent avec la Prusse pour bouleverser la vieille constitution, dût-elle y périr, et en éliminer de toute manière le catholicisme. En 1801, au fort des négociations internationales qui décidaient de l'avenir de la race allemande, a dernière entremettait son système favori de la force du poing pour empêcher l'archiduc Antoine de recueillir la succession de son oncle Max-Joseph à Cologne et Munster, et la cour de Vienne dut détourner le prince de répondre au vote des chanoines électeurs, puisqu'il était question de laïciser le nouveau régime politique de l'Allemagne.

La France avait trop bien profité depuis deux siècles de l'anarchie que la Réforme avait consommée, pour permettre un bouleversement qui n'aurait profité qu'à la Prusse. Bien mieux qu'une confédération quelconque, l'empire impuissant lui permettait de se faire à sa fantaisie des clients et des alliés, jusque parmi les hobereaux de l'Allemagne centrale. Le traité de Lunéville, en proclamant le principe des compensations au détriment de l'Église, décréta, par son article 6, le maintien de la constitution germanique (9 février 1801). Lorsqu'en août fut composée à Munich la commission extraordinaire qui devait arrêter ces compensations par le moine, ce furent la France et la Russie qui menèrent tout (avant la Prusse et la maison d'Autriche), qui imposèrent les décisions, comme pour signifier clairement ce qu'elles attendaient du nouveau régime. Toutefois, malgré la prétention prussienne d'exclure les princes d'Église, on admit des commissaires pour l'archevêque primat de Mayence et le grand-maître de l'ordre teutonique.

La commission se réunit, en août 1802, à Ratisbonne et délibéra de longs mois, sous la surveillance et la pression d'agents étrangers, qui ne lui laissèrent que le soin d'enregistrer les conventions secrètes arrêtées auparavant entre potentats petits et grands. L'empereur François II, dont le devoir était de défendre la vieille organisation allemande, se trouvait lié par ses engagements pris à Lunéville, et les convoitises de sa maison ne le paralysaient pas moins. Un dernier souffle du vieil honneur allemand fit prolonger quelque temps la conclusion, mais le recès de Ratisbonne du 25 février 1803 consacra d'un texte organique, avec la spoliation de l'Église, la nouvelle constitution de l'empire, qui restait simplement germanique. Ce fut le triomphe du protestantisme plus encore que de l'esprit laïc : parmi les dix électeurs on voyait entrer trois nouveaux dissidents, Bade, Hesse, Wurtemberg, et un seul catholique, le grand-duc de Salzbourg, un archiduc qui remplaçait Trèves et Cologne. Le collège des princes comptait soixante-dix-sept voix protestantes contre trente-quatre orthodoxes. L'électeur de Mayence, Charles-Théodore de Dalberg, fut transféré à Ratisbonne, avec le titre de prince-chancelier de l'empire et primat d'Allemagne. Villes libres et petits États immédiats furent sacrifiés en masse, mais la diplomatie éclairée se montra impitoyable envers la souveraineté cléricale, qui dut disparaître du territoire allemand : électorats, évêchés, abbayes d'hommes et de femmes, chapitres de chanoinesses, collégiales, commanderies, églises restées romaines ou passées à la Réforme, tout fut pillé par les avides tenants du despotisme libéral. La hâte d'en finir fit épargner quelques débris des ordres de chevalerie dans l'Allemagne du Sud, mais Napoléon mit la main dessus deux ans plus tard, à titre de cadeaux de noces pour les nouveaux souverains qui entraient dans sa famille, Bade, Wurtemberg, Westphalie. Il va sans dire qu'on ignora du tout au tout le concordat de 1447 et les droits de la papauté, même son existence.

La Prusse et la Bavière, qui poussaient à la curée, accaparèrent les évêchés du nord et du sud, tandis que l'Autriche, pour sa résistance, dut se contenter de Brixen, une partie de Passau et l'expectative de Salzbourg à longue échéance. Il semblait que les deux premières voulussent expulser l'autre de l'empire pour l'accommoder en deux confédérations, l'une catholique, l'autre protestante. Les circonstances ne le permettaient pas encore, ni les visées de Bonaparte, mais la Bavière, travaillant fiévreusement pour l'*Aufklärung*, s'appropriait le programme centralisateur du joséphisme et, sous la direction du ministre philosophe Montgelas, apportait aussi son coup à l'œuvre de destruction. Elle avait eu la part léonine des dépouilles, six évêchés ou parties d'évêchés, douze abbayes et quinze villes impériales; son gouvernement sécularisait, en trois traits de plume, 13 mars 1802, 30 mars et 5 août 1803, les sept collégiales et soixante et onze abbayes ou prieurés qui relevaient directement de son prince, sans parler de quatre-vingts couvents de moines et mendiants, vingt-huit de femmes, quatre-vingt-treize ermitages. Tous ces biens furent confisqués, mis entre les mains de l'État, devenu éducateur et pourvoyeur des pauvres. *Kirchenlexicon*, t. II, col. 127-128. Un édit de tolérance favorisait les cultes dissidents (10 janvier 1803). L'électeur Maximilien IV avait mérité la couronne royale, elle lui fut bientôt donnée, ainsi qu'à plusieurs autres princes, ou plutôt ils la prirent avec le consentement, non du chef de l'empire François II, mais de son véritable maître Napoléon Ier.

La nouvelle constitution se trouvait, en effet, à la merci de ce dominateur impérieux, qui songeait déjà à créer un concordat pour l'Allemagne, comme il avait fait pour la France et l'Italie, gourmandait la cour de Rome parce qu'elle ne s'y prêtait pas de bonne grâce. Mais les traditions de la monarchie française, dont il était l'esclave, élevèrent contre un empire chancelant le système de confédérations, qui avait toujours servi à la battre en brèche, et ce fut sous ce dernier coup qu'il succomba. L'Autriche l'abandonnait, mais ne s'abandonnait pas elle-même. François II, pour qui le titre d'empereur élu avait perdu toute signification, y joignit, le 11 août 1804, celui d'*empereur héréditaire* d'Autriche. Ce fut le prétexte que Napoléon attendait pour mettre fin à une institution qui le gênait encore dans son impuissance. Lorsqu'il organisa la confédération du Rhin, un nouveau *Rheinbund*, avec seize États de l'Allemagne du centre et du sud, dont il se proclama l'allié et le protecteur, dont il était en réalité le chef (17 juillet 1806), il leur imposa l'obligation de renoncer formellement à toute dépendance envers le vieil empire; et leur premier acte fut de signifier cet engagement à leur ancien souverain. L'Autriche ne leur en délivra acte que sur un ultimatum de la France. Le 6 août, François abdiquait la couronne impériale, et son dernier acte de suzeraineté fut de délier les membres de l'empire de leurs devoirs envers la constitution. Tous étaient d'accord pour porter à celle-ci le dernier coup.

L'Allemagne n'était plus qu'un chaos au point de vue religieux comme au point de vue politique, et il était difficile de prévoir ce que serait son avenir. Dans la désagrégation qui s'accélérait depuis un siècle et demi, le parti protestant avait pris le dessus avec le concours de la monarchie brandebourgeoise. Le mouvement libéral du XVIIIe siècle avait réveillé la nation allemande, mais c'était maintenant un peuple sans croyances précises, qui se défiait de toute action religieuse, et méconnaissait profondément le catholicisme. Celui-ci avait du reste été mal représenté par ses électeurs et son épiscopat. Malgré des essais de renouvellement et de reconstitution, la grande réforme du XVIIe siècle avait tout au plus effleuré la race allemande, et l'on se demandait si l'Église romaine et son culte pouvaient encore avoir droit de cité dans un pays, où même les pratiques luthériennes avaient à peu près perdu toute influence. Ces dernières reprenaient parfois consistance sous un régime piétiste, comme la Prusse savait en donner l'illusion par politique. Il était permis de douter que l'Église montrât une docilité pareille, et surtout Rome ne devait pas permettre qu'on poursuivît l'aventure du joséphisme. Celui-ci était du reste en pleine vigueur, la Bavière venait d'en tirer un parti fort avantageux, et pourquoi la Prusse montrerait-elle plus de condescendance à l'égard des millions de consciences que les traités de 1814 lui annexèrent comme suite naturelle des sécularisations? La parole était à ces masses de croyants comme aux catholiques du sud, que joséphisme et wessenbergianisme rabaissaient en voulant les transformer. Et l'appui de la papauté ne leur fera pas défaut.

Kirchenlexikon de Kaulen, *Realencyklopädie* de Herzog-Hauck, déjà cités, *passim*. — *The catholic encyclopedia*, New York, t. VI, p. 504-509. — E. Lichtenberger, *Histoire des idées religieuses en Allemagne depuis le XVIIIe siècle jusqu'à nos jours*, Paris, 1888, t. I. — Bernh. Erdmannsdörfer, *Deutsche Geschichte vom westfälischem Frieden bis zum Regierungsantritt Friedrich's des Grossen, 1648-1740*, Berlin, 1892-1893, dans *Geschichte allgemeine in Einzeldarstellungen*, de Bamberg, Bezold, Oncken, etc., IIIe partie. — Ph. Hiltebrandt, *Die römische Kurie und die Protestanten in der Pfalz, in Schlesien. Polen und Salzbourg*, dans *Quellen und Forschungen aus italiänischen Archiven*, 1910, t. XIII, p. 135-216; 1911, t. XIV, p. 3. — K. A. Heigel, *Deutsche Geschichte vom Tod Friedrich's des Grossen bis zum Auflösung des alten Reichs, 1786-1806*, Stuttgart, 1890-1911, 2 vol. in-8o. — *Histoire de France* de Lavisse, t. VII, VIII, IX. — Lavisse et Rambaud, *Histoire générale depuis le IVe siècle*, t. IX, 1870-1815. — Mgr H. Brück, *Geschichte der katholischen Kirche im Deutschland im XIX Jahrhundert*, Mayence, 1887, t. I. — J. Sägmuller, *Die Kirchliche Aufklärung am Hofe... Wurtemberg, 1753-1795*, Fribourg-en-Brisgau, 1906. — Chr. Kolbe, *Die Aufklärung in der Wurtembergischen Kirche*, Stuttgart, 1908. — A. Roesch, *Die Geschichte der Aufklärung*, Essen (1910). — S. Merkle, *Die katolische Bearteilung des Aufklärungszeitalter*, Berlin, 1909. Discours prononcé au congrès historique de Berlin en cette même année. Sur la polémique engagée à ce propos par l'auteur avec Sägmuller et Roesch, voir la bibliographia de la *Revue d'histoire ecclésiastique*, notamment, 1911, t. XI, n. 5237, 5238.

P. RICHARD.

IV. L'ÉGLISE D'ALLEMAGNE AU XIXe SIÈCLE. — I. LE CATHOLICISME ALLEMAND SOUS LA PÉRIODE DU CON-

SULAT ET DE L'EMPIRE : CHUTE DES PRINCIPAUTÉS ECCLÉSIASTIQUES, CHUTE DU SAINT EMPIRE. — La chute des principautés ecclésiastiques, la chute du saint empire romain germanique : voilà, au début du XIXe siècle, les deux faits qui dominent l'histoire du catholicisme allemand. La France révolutionnaire et napoléonienne fut l'ouvrière de ces deux bouleversements : cependant, les publicistes allemands exagèrent lorsqu'ils veulent faire peser sur elle seule la responsabilité de la sécularisation. L'idée de séculariser les biens d'Église, émise dès 1743 par le gouvernement prussien, fut développée, en 1785, dans les mémoires qu'adressèrent au baron de Bibra, chanoine de Fulda, plusieurs juristes de valeur. Ce chanoine avait mis au concours l'étude du gouvernement des principautés ecclésiastiques : les conclusions des concurrents furent hostiles à ce gouvernement, hostiles même à l'existence de ces principautés. Les juristes allemands, à l'avance, avaient ainsi préparé l'œuvre des soldats, diplomates et légistes français.

Lorsque la Prusse, par la paix de Bâle (1795), eut cédé à la France la rive gauche du Rhin, le ministre prussien Haugwitz et l'envoyé français Caillard conclurent, le 5 août 1796, un traité secret en vertu duquel la Prusse devait recevoir, à titre de dédommagement, une partie de l'évêché de Munster. Les États de Hesse-Cassel, de Wurtemberg, de Bade firent avec la France de semblables arrangements : leur enrichissement aux dépens de l'Église devait récompenser leur défection à l'endroit du saint empire. L'empereur François II connut le péril : le 6 février 1797, il en prévint, par une lettre, les princes ecclésiastiques d'empire, et réclama d'eux des sacrifices, pour l'aider à maintenir le *statu quo*. La plupart des princes, dans leur réponse, alléguèrent l'impossibilité de contribuer plus largement aux frais de la guerre. Pendant que l'empereur sonnait l'alarme et que les princes d'empire s'excusaient, les armées françaises continuaient de vaincre ; et le résultat de leurs victoires fut le traité de Campo-Formio (17 novembre 1797). En vertu d'un article secret de ce traité, l'empereur lui-même devenait complice du programme de sécularisation ; car, en échange de son adhésion à l'occupation de la rive gauche du Rhin par la France, la France promettait à François II ses services pour lui assurer, entre autres territoires, la principauté ecclésiastique de Salzbourg. Ainsi le chef même du saint empire adhérait, en principe, à la politique dont le résultat devait être la dépossession de l'Église d'Allemagne.

Dans la trente-cinquième session du congrès de Rastadt (20 mars 1798), on discuta l'idée de sécularisation. Les plénipotentiaires français, sentant un certain flottement dans les esprits, signifièrent le 27 mars, dans une note impérieuse, que, sans sécularisation, la paix était impossible. Cette note fut discutée dans les séances des 2 et 4 avril ; et suivant l'expression du comte Lehrbach, représentant de l'Autriche, la décision prise par le congrès fut « l'arrêt de mort » des souverainetés ecclésiastiques. Au moment où l'on allait appliquer l'arrêt et passer aux détails du partage, l'explosion d'une guerre nouvelle interrompit les travaux du congrès ; et lorsque cette guerre, en 1801, eut abouti à la paix de Lunéville, une députation d'empire se réunit à Ratisbonne, pour satisfaire, enfin, l'appétit des États jaloux de s'arrondir aux dépens des biens d'Église.

L'Autriche voulait que les archevêques de Mayence, de Trèves et de Cologne fussent conservés dans la nouvelle organisation du corps germanique et admis au partage des indemnités pour ceux de leurs territoires qu'occuperait la France. Mais Bonaparte s'y opposa : il voulait que la sécularisation des petites principautés ecclésiastiques profitât, non point aux grandes principautés ecclésiastiques, mais aux princes laïques : il visait, écrit Albert Sorel, à « constituer ainsi à la république un système d'alliés, de clients, d'enrichis et d'arrondis. » Bonaparte était le vrai maître de la réorganisation de l'Allemagne. La Prusse et la Bavière le sentirent : elles traitèrent séparément avec lui. La convention secrète du 23 mai 1802 entre Napoléon et la Prusse garantissait à cette puissance les évêchés de Paderborn et d'Hildesheim, l'Eichsfeld, Erfurt, Untergleichen, la ville et une partie de l'évêché de Munster, ainsi que les abbayes d'Elten, d'Essen et de Werden : c'était pour la Prusse un accroissement de plus de 400 000 âmes. Par une convention annexe, le prince de Nassau-Orange recevait l'évêché et l'abbaye de Fulda, les abbayes de Corvey et Weingarten, et d'autres territoires, le tout réversible à la couronne de Prusse, en cas d'extinction dans la ligne directe masculine du prince d'Orange. La convention du 24 mai 1802 garantissait à la Bavière les évêchés de Wurtzbourg, Bamberg, Freising, Augsbourg, Eichstätt et d'autres villes impériales ; elle n'avait perdu que 580 000 habitants, et elle en recevait près de 900 000. L'Autriche, soucieuse de l'avenir d'un de ses archiducs, occupa les terres ecclésiastiques de Salzbourg et Passau. C'était Talleyrand, l'ancien évêque d'Autun, qui, causant à Paris avec les représentants des diverses souverainetés allemandes, aidait Bonaparte à réglementer ainsi, dans l'Allemagne nouvelle, la destinée des puissants et des humbles. Par le recès du 25 février 1803, la députation d'empire, réunie à Ratisbonne, ne fit que dire *Amen*, dans l'ensemble, aux décisions prises à Paris : les gros marchés, au moins, se concertèrent en France ; la députation d'empire n'eut d'initiative réelle que pour les toutes petites tractations. Le recès de Ratisbonne enleva à l'Église, sur la rive gauche du Rhin, 800 600 sujets, et, sur la rive droite, 2 631 176 ; elle fut dépouillée de 21 026 000 florins de revenus annuels.

Les procédés de confiscation et de sécularisation furent odieux. La catholique Bavière, où gouvernait alors le ministre Montgelas, fut particulièrement dure pour les hommes d'Église qu'elle dépossédait. La plupart des magistrats, des fonctionnaires, étaient imbus des idées philosophiques du XVIIIe siècle ; ils saluaient la spoliation de l'Église comme une sanction de ces idées, comme une victoire des lumières ; ils étaient insolemment fiers d'être les exécuteurs d'une telle spoliation. Les brutalités sottes, odieuses, ne se comptèrent pas. Les travaux de détail que M. Seglmann a consacrés à la sécularisation en Bavière et M. Erzberger à la sécularisation en Wurtemberg, abondent en détails cruels. De précieux objets d'art furent dispersés, égarés ; sans l'intervention du futur roi de Bavière, Louis Ier, la cathédrale de Freising eût été adjugée à un boucher, qui en offrait 500 florins. De grandes bibliothèques qui avaient été des foyers de science, comme celle du monastère Saint-Emmeran à Ratisbonne, furent dispersées. On vit s'en aller jusqu'en Amérique et jusqu'en Russie, pour des sommes de 1 à 12 kreuzer, des livres de haute valeur, qui, parce qu'ils étaient des livres de théologie, encouraient le mépris des agents de l'État. « Pour l'exécution d'entreprises littéraires coûteuses et de longue haleine, déclara plus tard Niebuhr, ministre de Prusse, la perte des cloîtres est complètement irréparable. » On voulut détruire, comme l'on disait, « les nids de la superstition » ; et c'étaient des nids de science que l'on détruisait : Montgelas lui-même, vingt ans plus tard, s'en rendit compte, s'en repentit, et prétendit, pour s'excuser, que le véritable instigateur de la suppression des cloîtres avait été, non pas lui, mais Zentner. Des sacrilèges aussi furent commis : on vit à Bamberg, par exemple, le commissaire du gouvernement aller jusqu'à emporter un ostensoir avec des hosties.

Ainsi croula, appauvrie, insultée, la vieille Église d'Allemagne. Beaucoup d'âmes catholiques en étaient accablées; mais le nonce Pacca, qui avait vu de près le gouvernement des principautés ecclésiastiques, augurait qu'il y avait là un châtiment de Dieu pour les abus de cette vieille Église; et dans ses *Mémoires*, il se console à peu près de cette sécularisation, en songeant que les évêques, désormais, furent moins enclins à se détacher du Saint-Siège que ne l'avaient été les princes-évêques de la fin de l'ancien régime; que les soucis de la besogne pastorale prirent une plus grande place dans la vie des prélats de l'Allemagne nouvelle; que la naissance eut moins de poids dans la composition des chapitres.

Mais à son tour, bientôt, la cime même du saint empire s'écroula. En avril 1806, à la suite des victoires napoléoniennes et de la fondation de la Confédération du Rhin, l'empire d'Allemagne, après mille six ans, cessa d'exister; François II, le 6 août, abdiqua le titre d'empereur d'Allemagne et s'appela désormais François Ier, empereur héréditaire d'Autriche. Le célèbre polémiste Gœrres, commentant, à la fin de 1797, l'occupation de Mayence par les armées françaises, avait, dans une intuition prophétique, dressé dès cette date l'acte de décès du « saint empire romain, de douloureuse mémoire, mort après épuisement complet et apoplexie; » et il avait à l'avance, dès 1797, prononcé le nom de l'exécuteur testamentaire : Bonaparte. Le mois d'août 1806 achevait de justifier l'étrange coup d'œil de Gœrres. L'Église d'Allemagne avait cessé d'être souveraine et cessé d'être riche; et l'empereur, vicaire temporel de Dieu, avait cessé d'exister.

II. LES RAPPORTS ENTRE LA SOUVERAINETÉ TERRITORIALE ET L'ÉTABLISSEMENT ECCLÉSIASTIQUE; POLITIQUE RELIGIEUSE DE NAPOLÉON EN ALLEMAGNE. — Dans chacun des États laïques entre lesquels se partageait l'Allemagne nouvelle, une question se posa : celle du statut à donner à l'Église. Des populations catholiques nombreuses étaient soudainement devenues sujettes de certains États qui, jusque-là, ne régnaient que sur des protestants : pour les rapports entre ces États et l'Église, des pourparlers devaient être engagés, une législation devait être créée. La première idée qui vint aux hommes d'État de l'Allemagne fut de réglementer, tout seuls, la situation de l'Église : ils étaient imbus des principes du joséphisme. La Bavière catholique donna l'exemple : Montgelas prétendit, comme l'avait prétendu Joseph II, réglementer l'instruction des clercs, imposer jusque dans les moindres détails la nécessité du *placet*, défendre de raconter des miracles du haut des chaires. De par l'absolutisme de Montgelas, l'autorité épiscopale, en Bavière, était réduite à rien. Les pouvoirs protestants, en Wurtemberg, en Bade, firent comme faisait Montgelas : des bureaucrates décorés du titre de « conseillers spirituels » régnaient sur la vie de l'Église. L'État prussien, qui, en 1802, envoyait comme ministre auprès du Saint-Siège Guillaume de Humboldt, stipulait, dans les instructions données à Humboldt, que toutes les communications entre le Saint-Siège et l'Église prussienne devaient passer par le canal du ministère prussien. Des libelles sur l'unité de l'État et de l'Église, publiés en 1797 par le juriste Zachari, en 1802 par le théologien Stephani, attestent la conception qu'on se faisait, dans l'Allemagne de l'époque, au sujet des rapports entre les deux pouvoirs : ces libelles dénotent, tout à la fois, la survivance active des principes politiques du joséphisme, et le premier éveil d'un certain esprit d'intolérance philosophique qui donne à l'État une mission spirituelle absolutiste, et qui finira par s'incarner dans l'hégélianisme.

Cependant, ne fût-ce que pour tâcher d'obtenir l'obéissance de leurs clergés, les divers États allemands, quelque soucieux qu'ils fussent d'être maîtres des âmes, entrevirent la nécessité de causer avec Rome. Ils l'entrevirent d'autant plus vite que, par le concordat, Bonaparte avait donné l'exemple. Il y eut, en 1803, des ouvertures de la Bavière au Saint-Siège, confiées à l'entremise d'un prélat fébronien, Haeffelin; en 1804, certaines négociations, à Vienne, en vue d'un concordat général s'étendant à tout l'empire — à cet empire qui, deux ans plus tard, succombe; en 1806, en 1807, des projets de concordat, élaborés dans le grand-duché de Bade. Mais tous ces essais avortaient. Il était réservé à Napoléon d'intervenir lui-même, personnellement, dans les rapports des États allemands avec Rome.

Au-dessus de ces États, au-dessus de leurs Églises respectives, il avait maintenu, comme un reste archaïque de l'ancien saint empire, la dignité d'archichancelier, mais en la transportant du siège de Mayence au siège de Ratisbonne. Le titulaire en fut Charles-Théodore de Dalberg. Dans la réorganisation de l'Allemagne, Dalberg fut le seul homme d'Église à qui Napoléon donna des terres : il obtint, en 1803, Ratisbonne, Aschaffenburg, Wetzlar; en 1806, la ville libre de Francfort et le titre de prince-primat de la Confédération du Rhin. Ainsi le pouvoir spirituel et le pouvoir temporel, à Ratisbonne, étaient, de par la volonté de Napoléon, réunis dans les mêmes mains, dans des mains sacerdotales, celles de Dalberg; Ratisbonne formait en Allemagne une sorte d'oasis où l'œuvre de sécularisation n'était pas consommée. En 1810 seulement, cet état de choses se modifia : Dalberg, tout en demeurant l'évêque de Ratisbonne, perdit le droit de souveraineté temporelle sur cette ville; on créa pour lui, comme compensation toute personnelle, un grand-duché de Francfort, dont la possession, après la mort de Dalberg, était d'avance réservée à Eugène de Beauharnais.

Dalberg et Napoléon aspirèrent à la conclusion d'un concordat germanique : le premier comme archevêque métropolitain de Ratisbonne, le second comme protecteur de la Confédération du Rhin, se jugeaient qualifiés pour de telles négociations avec le Saint-Siège. Napoléon les conduisait avec des gestes de menace, souvent même avec des paroles offensantes. Il déclarait, dès 1806, que « pour des intérêts mondains, pour de vaines prérogatives de la tiare, le Saint-Siège laissait périr des âmes, le vrai fondement de la religion, » et il concluait : « Ils en répondront devant Dieu, ceux qui laissent l'Allemagne dans l'anarchie. » Une note du ministre Champagny au cardinal Caprara, du 21 septembre 1807, un Mémoire écrit en novembre 1809 par Bigot de Préameneu au nom de l'empereur, et destiné à être communiqué au conseil ecclésiastique, nous éclairent sur les dispositions et les prétentions de Napoléon à l'endroit du catholicisme allemand : il affectait de s'attribuer, en Allemagne, la même vocation qu'en France, où « Dieu s'était servi » de lui, « comme instrument, pour rétablir la religion; » il dénonçait « l'état de perdition et d'abandon dans lequel le pape laissait les Églises d'Allemagne, » et consultant son conseil ecclésiastique, il lui faisait écrire : « Si le pape continuait, par des raisons temporelles ou par des sentiments haineux, à laisser ces Églises dans cet état, Sa Majesté désire, comme suzerain de l'Allemagne, comme héritier de Charlemagne, comme véritable empereur d'Occident, comme fils aîné de l'Église, savoir quelle conduite elle doit tenir pour rétablir le bienfait de la religion chez les peuples d'Allemagne. »

C'est à tort que Napoléon se plaignait du pape. Il y avait eu, en 1807, entre l'empereur, Dalberg, le cardinal de Bayanne et le nonce Della Genga, alors installé à Ratisbonne, des pourparlers : l'empereur, tranchant et cassant, avait fait signifier que, si l'issue n'était pas rapide, il en appellerait à un concile général. Et puis l'état des rapports avec le pape avait de jour en jour empiré; et lorsque, en 1809, Napoléon semblait faire devant le conseil ecclésiastique le procès du pape, le conseil ne put se défendre d'excuser Pie VII, en observant que le pape, privé de l'assistance ordinaire des cardinaux, ne pouvait étudier avec activité « une affaire liée comme celle-ci aux plus grands intérêts de la religion et des peuples. » En détrônant le pape, en l'emprisonnant, l'empereur avait, en fait, amené Pie VII à suspendre toutes décisions au sujet de l'Allemagne. Il y a des questions qu'un pape ne peut traiter que lorsque, aux yeux du monde, ce pape est libre.

Dalberg, en 1810, entra dans l'esprit de la politique de l'empereur en publiant une brochure intitulée : *De la paix de l'Église dans les États de la Confédération rhénane*. Il y souhaitait que, par un accord entre Napoléon et Pie VII, fût établi en Allemagne un régime analogue à celui du concordat français. Maintiendrait-on, par-dessus les divers évêques que nommeraient les divers États et que confirmerait le Saint-Siège, une juridiction métropolitaine? A cette question, Dalberg n'osait répondre; ce serait au pape et à Napoléon d'en décider. Prince primat, il se montrait prêt à renoncer à cette primatie, le jour où elle paraîtrait un organe superflu.

Mais la brochure de Dalberg n'eut aucune répercussion : le pape captif se refusait à causer de l'Allemagne; et l'empereur, d'ailleurs, eut bientôt d'autres soucis. En 1812, le royaume de Wurtemberg, par un petit coup d'État où l'on reconnaît l'esprit joséphiste, créa un vicariat épiscopal à Ellwangen et s'opposa à ce que le titulaire demandât des pouvoirs, soit au pape captif, soit au nonce de Lucerne, soit au métropolitain Dalberg. En 1813, l'État badois, revenant à l'idée d'un concordat spécial avec le pape, chargea le prêtre joséphiste Haeberlin d'en rédiger un projet. C'étaient là des essais très flottants, très indécis : dans l'Allemagne catholique, décapitée par la chute du saint empire, se prolongèrent, jusqu'à la chute même de Napoléon, le chaos et l'anarchie.

III. LES AFFAIRES D'ÉGLISE AU CONGRÈS DE VIENNE. — Lorsque le congrès de Vienne se donna pour tâche de réorganiser l'Europe, Dalberg, déchu de son grand-duché de Francfort, aspira naturellement à garder sa primatie, qu'il rêvait d'étendre, désormais, sur l'Allemagne tout entière; et ces ambitions personnelles de Dalberg s'appuyèrent sur une école théologique, dont son vicaire général Wessenberg fut le plus actif représentant. Dalberg avait à craindre deux oppositions : d'une part, l'opposition des catholiques imbus des saines doctrines romaines et désireux de restaurer un lien solide entre l'Église d'Allemagne et le Saint-Siège; d'autre part, l'opposition des théologiens fébroniens comme le Wurtembergeois Werkmeister, comme le Badois Haeberlin, qui voulaient que chaque petit souverain fût maître de son Église, et que ni le pape ni un primat qui serait, comme le pape, un étranger, n'eussent à intervenir dans la vie de ces petites Églises, strictement territoriales. « Penser d'une autre façon, disait Haeberlin, c'est être un Hildebrand et un coquin. » A l'encontre des catholiques romains et à l'encontre des fébroniens, Wessenberg développait le rêve d'une Église nationale allemande, dépendante d'un primat, régie par des statuts qui seraient partie intégrante de la constitution germanique. Tenue en haleine par des synodes diocésains, provinciaux et nationaux, et triplement protégée contre les prétentions pontificales, d'abord par les synodes, puis par le primat, enfin par la loi fédérale du Corps germanique, cette Église, ainsi réorganisée, devait, dans la pensée de Wessenberg, travailler au prestige de l'aristocratie allemande, en faisant à cette aristocratie une place à part, et entreprendre la réforme du catholicisme universel. Le « germanisme », dans les écrits de Wessenberg, s'opposait ainsi au « romanisme », non pas seulement comme un mouvement de défensive par lequel l'Allemagne, se retranchant sur elle-même, se barricadait contre les influences romaines, mais comme un mouvement d'offensive et de conquête par lequel l'Allemagne, rivale de ces influences, aspirait à régner sur l'ensemble du catholicisme universel.

Dalberg envoya Wessenberg au congrès de Vienne pour « aviser à une restauration et à une organisation nationale de l'Église allemande. » En face de lui, l'opinion catholique romaine était représentée au congrès par deux chanoines de Worms et de Spire, Wambold et Helfferich, et par un avocat de Mannheim, Schie. Ces trois personnages, assez obscurs jusque-là, durent être fort gênants pour l'action de Wessenberg. Pendant les années douloureuses qu'on venait de traverser, une « confédération », dont le centre était la ville bavaroise d'Eichstätt, avait préparé, discrètement, un renouveau des doctrines et des influences romaines. Cette « confédération » était activement protégée par Stubenberg, évêque d'Eichstätt, et par Zirkel, coadjuteur de Wurtzbourg; un fabricant de tabac, Joseph Schmid, s'occupait sans relâche de ce mystérieux groupement. Grâce à la confédération d'Eichstätt, les « ultramontains » d'Allemagne étaient en rapports fréquents avec Rome, Vienne, Paris, Londres et même Saint-Pétersbourg; le chartreux Luppurger servait d'intermédiaire entre la confédération et la nonciature de Lucerne. Les chanoines Wambold et Helfferich, qui survinrent à Vienne comme « orateurs » de l'Église catholique d'Allemagne, étaient affiliés à la confédération; leur premier soin, en arrivant au congrès, fut de se mettre en relations avec le cardinal Consalvi et le nonce Severoli. A l'encontre de Wessenberg, qui visait à exclure le pape de la vie de l'Église d'Allemagne, les « orateurs » demandaient que le pape pourvût tout de suite aux nombreuses vacances des sièges épiscopaux; que, pour l'avenir, l'élection des évêques dépendît des chapitres sans que les États eussent aucun droit de s'en mêler; et que l'Église fût rétablie dans ses propriétés ou indemnisée pour les propriétés qu'elle avait perdues.

Les diplomates des divers États allemands n'étaient pas disposés à accéder aux vœux des « orateurs »; mais ils n'étaient pas enclins, non plus, à installer une primatie telle que la rêvait Wessenberg; il leur semblait que, si l'on créait une Église germanique, leurs propres souverains seraient, en matière spirituelle, déchus de tous droits; c'était là une solution qui leur déplaisait fort. Ils voulaient, eux, que chaque État traitât avec Rome aux meilleures conditions possibles. Rome profita de leurs dispositions. Le rédemptoriste Clément Hoffbauer, qui joua dans les coulisses du congrès un rôle important, sut exploiter contre Wessenberg les susceptibilités des diplomates. Le vrai danger pour Rome eût été la création, sous les auspices de Dalberg et de Wessenberg, d'une vaste Église germanique. Consalvi le sentait; il affectait, au congrès, de dire toujours, non point : « L'Église catholique d'Allemagne, » mais, « les Églises catholiques de l'Allemagne. » Si soupçonneux qu'ils fussent à l'endroit des doctrines romaines, les diplomates des divers États aimaient mieux ce pluriel, employé par Consalvi, que le singulier, employé par Wessenberg. Ce fut en vain que la Prusse et l'Autriche tombèrent d'accord sur la rédaction d'un article qui énonçait le principe d'une

Église nationale allemande; en dépit de l'insistance de Wessenberg auprès de Metternich, la Bavière fit échouer cet article; et le congrès de Vienne se sépara sans donner à l'idée de primatie la plus légère satisfaction. Les « orateurs de l'Église », que Metternich qualifiait de « têtes folles », n'obtinrent rien de ce qu'ils demandaient; mais Wessenberg aussi, de son côté, s'en retourna fort mécontent. Le cardinal Consalvi, qui, le 17 novembre 1814, avait demandé au nom du pape le rétablissement de l'empire d'Allemagne et des principautés ecclésiastiques, ne fut pas écouté, et il protesta, le 14 juin 1815, contre l'indifférence qu'avait montrée le congrès pour les droits de l'Église; mais l'échec qu'avaient subi devant le congrès les doctrines de Wessenberg et l'idée de primatie avaient la portée d'une victoire de l'orthodoxie romaine, victoire dont l'avenir, peu à peu, révéla la portée.

Les mêmes adversaires se retrouvèrent, l'un en face de l'autre — Helfferich et Wessenberg — au *Bundestag* de Francfort, en 1816. Le péril que faisaient courir à Rome les nouveaux assauts de Wessenberg était aggravé par l'attitude de Metternich: chancelier de l'empereur François, il souhaitait d'empêcher la conclusion d'un concordat particulier entre les États et le Saint-Siège et voulait, ainsi, amener les États de l'Allemagne à se grouper autour de l'Autriche, pour une politique religieuse homogène, unanime. Aussi Metternich trouvait-il quelque intérêt politique à ne pas décourager les partisans des idées de Wessenberg, à ne pas blâmer leurs efforts en vue d'une Église nationale allemande. Mais cette tactique de l'Autriche fut entrevue par la Prusse; et la Prusse, aussitôt, désireuse que l'Église prussienne ne fût pas la satellite de l'Autriche, s'opposa à ce que l'Église allemande fût réorganisée conformément aux aspirations politiques de Metternich, conformément aux aspirations doctrinales de Wessenberg: une fois de plus, à Francfort, Wessenberg échoua. Le 10 février 1817, Dalberg mourut; ce fut pour l'idée de primatie un coup mortel: il n'y avait plus de primat. Wessenberg aspira à reprendre lui-même ce rôle; il s'en fut à Rome pour se faire nommer évêque, même patriarche, menaçant d'en appeler à l'Allemagne, si Rome demeurait indocile à ses vœux. A Rome aussi, Wessenberg échoua. Les prêtres du Brisgau lui faisaient frapper une médaille, le qualifiaient d'ange de l'Église germanique; mais les polémiques théologiques qui s'engageaient autour de ses idées et de ses écrits finissaient par lasser les souverains de l'Allemagne. Rentré à Constance, où il exerçait les fonctions de vicaire capitulaire, il espérait trouver l'appui des gouvernements, devenir l'inspirateur et le centre d'une vaste résistance politico-religieuse que le germanisme opposerait à l'ultramontanisme. Il se faisait illusion: l'heure des schismes était passée.

IV. LES POURPARLERS DES SOUVERAINETÉS ALLEMANDES AVEC ROME: BULLES ET TRAITÉS RÉGLEMENTANT LA SITUATION DES ÉGLISES. — Les souverains allemands, sans être plus « ultramontains » que Wessenberg, étaient plus pratiques: ils ne visaient pas à une croisade contre Rome, à une réorganisation du catholicisme germanique en dehors de Rome. Tout cela leur paraissait trop théorique, trop ambitieux; ce qu'ils voulaient, c'était que rapidement la situation de leurs Églises, celle de leurs sujets catholiques, fût réglée. Il ne restait, en 1817, que six évêques allemands vivants: ceux de Hildesheim, Eichstätt, Passau, Corvey, Mayence et Trèves; cinq d'entre eux étaient plus que septuagénaires. La Prusse avait l'ennui de voir un certain nombre de ses sujets dépendre d'évêques résidant dans le duché de Varsovie. Les longues vacances des sièges épiscopaux, la nécessité d'adapter aux changements politiques les circonscriptions diocésaines nouvelles: voilà de quoi se préoccupaient les souverains, plutôt que de réaliser les plans somptueux de Wessenberg. Et laissant le vicaire capitulaire de Constance se morfondre dans le sentiment croissant de son impuissance, les souverains, dirigés souvent par des théologiens d'esprit fébronien, s'apprêtèrent à traiter avec Rome, chacun de son côté, chacun pour soi. « Au point de vue catholique, disait le ministre des cultes du roi de Prusse, Altenstein, les conceptions de Wessenberg sont un non-sens: » il estimait que, même au prix de grands sacrifices, il fallait traiter avec Rome.

La Bavière aboutit la première: le concordat du 24 octobre 1817 fut ensuite complété par l'État, au moyen d'une série d'articles organiques, appelés « édit de religion », contre lesquels Rome protesta; peu s'en fallut ainsi que le concordat ne fût l'occasion d'un conflit; mais, en 1821, la déclaration royale de Tegernsee parut satisfaisante aux deux parties en présence, à l'Église et à l'État. Les négociations menées par Niebuhr au nom de la Prusse et le voyage à Rome du chancelier Hardenberg eurent pour résultat la bulle *De salute animarum*, de 1821; les négociations menées par le Hanovre eurent pour résultat, en 1824, la bulle *Impensa romanorum pontificum*. Bade, le Wurtemberg, les Hesses et Nassau formèrent une sorte de syndicat pour traiter avec Rome: en 1821, un archevêché et quatre évêchés furent créés; puis des conflits éclatèrent, à la suite desquels deux documents furent élaborés; d'une part, la bulle *Ad dominici gregis custodiam*, du 11 avril 1827, sorte de statut donné par Rome à la province ecclésiastique du Haut-Rhin; d'autre part, les trente-neuf articles, du 30 janvier 1830, collection d'articles organiques par lesquels ces petits États, tout comme la France napoléonienne, prétendaient compléter la charte de l'Église et ne faisaient, en définitive, que léser l'esprit de cette charte. Ainsi furent posées, à l'écart de l'Autriche, les nouvelles bases des diverses Églises d'Allemagne: on trouvera aux articles BADE, BAVIÈRE, HANOVRE, HESSE, PRUSSE, WURTEMBERG, des détails sur les négociations subtiles et laborieuses qui préludaient à ces divers arrangements, et sur les stipulations même de ces bulles ou de ces traités. Nous ne nous étendons avec quelque ampleur, ici, que sur les faits intéressant la vie générale du catholicisme germanique.

Le catholicisme germanique avait, de 1815 à 1830, retrouvé des cadres normaux, également reconnus par Rome et par le pouvoir civil. Il n'avait rien recouvré, ou presque rien, de ce qu'il avait perdu par le fait des sécularisations; mais il possédait, partout, une hiérarchie, avec des statuts légaux. C'était un premier début de relèvement.

V. L'IDÉE CATHOLIQUE ET LES INTELLIGENCES ALLEMANDES: LE ROMANTISME. — Mais pour que ce relèvement s'accentuât et s'accélérât, il fallait qu'un contact s'établît entre le catholicisme germanique et la pensée allemande. On peut dire que, depuis la Réforme jusqu'à la fin du XVIII° siècle, les intelligences allemandes, captives des suspicions protestantes, avaient été généralement enclines, soit à mépriser le catholicisme, soit à l'ignorer. « L'Église de Rome, disait Herder, ne ressemble plus qu'à une vieille ruine, où ne peut entrer, désormais, aucune vie nouvelle. » « Ce n'est que parmi la populace superstitieuse, disait Nicolaï, que la foi romaine peut encore se prolonger; devant la science, devant la culture, elle n'existera plus. » Mais en 1800, la conversion du comte Stolberg au catholicisme avait témoigné à l'Allemagne attentive qu'une intelligence célèbre nourrie par vaste culture hellénique, et familière à tout le mouvement littéraire du temps, pouvait trouver dans la foi romaine lumière et attrait;

cette conversion avait fait un bruit immense ; et l'impression qu'elle produisit fut le point de départ du renouveau catholique allemand. Puis, huit ans après Stolberg, un autre hellénisant, Frédéric Schlegel, ayant, comme le faisait en France Chateaubriand, cherché pour la poésie et pour l'art des inspirations nouvelles, s'attarda dans l'étude des religions orientales et se sentit, à son tour, amené vers le catholicisme : en 1808, il s'y convertit, et devint un si ardent néophyte, qu'on le vit traduire Joseph de Maistre et combattre les doctrines de Wessenberg. L'école romantique devait beaucoup à Schlegel : cette évolution religieuse frappa les esprits. Ce goût du vague, ce besoin perpétuel de rêverie, cette course vers l'Infini — vers un infini toujours fuyant — qui caractérisaient les romantiques allemands, conduisirent, peu à peu, quelques-uns d'entre eux vers le catholicisme. Zacharias Werner, dont les prédications firent fureur à Vienne au moment du célèbre congrès, était un romantique dans toute la force de ce terme : de libertin, il était devenu catholique en 1810, séminariste en 1813, puis prêtre, et finalement rédemptoriste. Des romantiques comme Novalis, comme Tieck, parlaient de la Réforme avec sévérité, et le catholicisme plaisait à leurs imaginations : on a même cru, parfois, que Tieck était mort catholique. Tandis que Herder, jadis, s'était presque excusé d'avoir publié dans *Terpsichore* des vers d'un jésuite sur la Vierge, Novalis publiait des *Hymnes à la Vierge*.

Les romantiques s'éprenaient du moyen âge : ils y retrouvaient le catholicisme et apprenaient à le connaître mieux. Frédéric Schlegel et les frères Boisserée exhumaient les œuvres du vieil art catholique : l'Allemagne entière fit fête au fameux *Dombild* retrouvé par les Boisserée et installé, en 1810, dans la cathédrale de Cologne. La peinture catholique médiévale revenait ainsi à la mode, et, avec elle, l'art gothique ; les Boisserée faisaient campagne pour qu'on achevât la cathédrale de Cologne. En même temps, une colonie d'artistes allemands, installés à Rome à partir de 1810, devenait un véritable foyer de conversions au catholicisme : à la suite du peintre Overbeck, le plus célèbre d'entre eux, qui se convertit en 1813, on vit passer à la foi romaine les peintres Schnorr de Carolsfeld, Schadow, Klinkowström, Muller, Wassmann, d'autres encore. Cette école d'art, qu'on appelle l'école Nazaréenne, considérait l'œuvre d'art comme l'épanouissement d'une prière et comme un moyen d'apologétique, et les peintres de Dusseldorf, disciples des Nazaréens, renouvelèrent en Allemagne l'imagerie religieuse.

Ainsi le catholicisme, dans les vingt premières années du XIXᵉ siècle, apparaissait à l'Allemagne comme un facteur de poésie, comme un facteur d'art ; et il bénéficiait, indirectement, du sentiment de fierté nationale avec lequel l'opinion allemande accueillait la résurrection du gothique et l'avènement d'un art imprégné des vieilles traditions germaniques et chrétiennes. La première exposition nationale d'art allemand fut organisée à Rome en 1819 : c'était Overbeck, un converti, qui en avait formé le projet ; c'était Schlegel, un converti, qui, dans un long article, en rendait compte à l'opinion allemande ; et le tableau qui figurait à la place d'honneur était du peintre Veit, un converti aussi, et s'intitulait : « Le triomphe de la religion. » Ce renouveau très imprévu du prestige catholique coïncidait avec une époque où, comme nous le disions ci-dessus, la plupart des évêchés étaient vacants et où beaucoup de lenteurs paralysaient la réorganisation des diocèses.

Ce mouvement littéraire et artistique frappait surtout les intellectuels ; mais il y avait une région d'Allemagne où s'épanouissait, avec un incontestable éclat, le dévouement de l'Église pour l'instruction des foules : c'était l'ancien territoire épiscopal de Munster, où le prince de Furstenberg et le prêtre Overberg avaient jeté les bases de la pédagogie catholique allemande et créé des institutions dont plus tard tous les diocèses allemands devaient s'inspirer.

Ainsi le catholicisme germanique, même dans l'état de délabrement où étaient tombés les cadres ecclésiastiques, apparaissait, beaucoup plus clairement qu'il ne l'était apparu depuis trois siècles, comme un élément de culture intellectuelle ; et par surcroît, grâce à certains de ses publicistes, il eut la bonne fortune de ne pas être solidaire et complice de certaines exagérations absolutistes commises par les théoriciens politiques de la Sainte-Alliance. Gœrres, Charles-Louis de Haller, Frédéric Schlegel, Adam Müller, tantôt au nom des souvenirs du moyen âge catholique, tantôt au nom de la philosophie catholique, s'insurgèrent, soit par des pamphlets, soit dans leurs leçons, soit dans des traités doctrinaux, contre une conception absolutiste de l'État : la façade religieuse derrière laquelle se retranchait la Sainte-Alliance fut souvent beaucoup plus compromettante pour un certain protestantisme orthodoxe que pour le catholicisme intégral.

Il résulte, de tout cela, qu'en dépit du triste état des Églises, le prestige du catholicisme sur l'opinion allemande, la place du catholicisme dans la pensée allemande, allèrent grandissant et se développant, dans le premier quart du XIXᵉ siècle.

VI. LE RENOUVEAU DE LA THÉOLOGIE CATHOLIQUE. — Mais les Églises catholiques d'Allemagne étaient en butte à de graves périls intérieurs. D'une part, çà et là, des exagérations de mysticisme ; d'autre part, presque partout, des affectations de rationalisme confinant souvent au scepticisme.

Les exagérations de mysticisme sévissaient surtout en Bavière : le metteur en branle de ce mouvement était le prêtre Martin Boos ; des hommes comme Ringseis, le médecin du roi Louis Iᵉʳ, comme le jurisconsulte Savigny, comme Clément Brentano, s'enthousiasmèrent pour les élans de Boos et de ses disciples, dont certains, comme Gossler, comme Lindl, passèrent au protestantisme ; et le pédagogue Sailer, qui mourut évêque de Ratisbonne, fut aussi accusé, à certaines heures, de sympathies exagérées pour ces cercles mystiques.

Ce phénomène, dans le recul de l'histoire, apparaît comme une réaction contre la philosophie desséchante, plus rationaliste que catholique, dans laquelle se complaisaient, au début du XIXᵉ siècle, un certain nombre de théologiens catholiques désireux de passer pour des « hommes de lumières » (*Aufklärung*). L'esprit qu'avaient implanté le théologien Berg à la faculté de Wurtzbourg et le théologien Fingerlos au *Georgianum* de Landshut créait un grave péril pour l'intégrité dogmatique du catholicisme germanique ; dans les catéchismes que rédigeaient des théologiens de cette école, le christianisme devenait une sorte de morale supérieure, à peu près indépendante du dogme ; le surnaturel disparaissait, ou peu s'en fallait, de l'enseignement religieux.

On doit lire dans l'article du *Dictionnaire de théologie* : *Allemagne, publications catholiques sur les sciences sacrées*, t. 1, col. 853-881, l'histoire du renouveau théologique, tantôt hétérodoxe avec Hermès et Günther, tantôt orthodoxe avec Mœhler, avec Dœllinger de la première période, avec les écoles de Munich, de Tubingue et de Mayence. Tandis que littérateurs et artistes avaient révélé le catholicisme à l'Allemagne comme une source d'inspiration et comme un épanchement précieux de l'âme nationale, ces théologiens rendaient au catholicisme allemand le sentiment de ses ressources dogmatiques et de sa vertu morale et sociale.

ALLEMAGNE ECCLÉSIASTIQUE CONTEMPORAINE

Légende

- Diocèses sous la Juridiction directe du Saint-Siège
- Province ecclésiastique de Cologne
- Province ecclésiastique de Munich-Freising
- Province ecclésiastique de Fribourg ou du Rhin supérieur
- Province ecclésiastique de Bamberg
- Province ecclésiastique de Gnesen-Posen
- † Archevêchés
- † Évêchés
- ✶ Siège de Vicariat apostolique
- ✶ Siège de Préfecture apostolique

A l'époque de l'*Aufklärung*, où le catholicisme s'était volontairement humilié, succéda, grâce à eux, une période glorieuse pour l'intelligence catholique allemande.

L'école de Munich, surtout, aux alentours de l'année 1840, eut, sous les auspices de Goerres et de ses amis réunis autour de la fameuse Table ronde, une importance capitale : les représentants du renouveau littéraire et artistique et les représentants du renouveau théologique s'y coudoyaient et s'y secondaient mutuellement ; la fondation des *Feuilles historico-politiques*, succédant à celle du *Catholique* de Mayence, assurait à l'opinion catholique allemande deux organes d'élite ; l'Europe catholique, la France surtout, avait les yeux sur les cercles de Munich ; le philosophe Schelling y venait achever une évolution philosophique, sur laquelle les catholiques fondaient beaucoup d'espoirs.

VII. La politique religieuse des États allemands jusqu'en 1848. — La politique bavaroise, sous le règne de Louis Ier et de son ministre Abel, sanctionnait le glorieux éclat qui désormais s'attachait au catholicisme : la Bavière songeait à jouer un rôle, dans l'Allemagne et dans le monde, comme porte-drapeau du catholicisme.

Au contraire, entre 1830 et 1840, dans tous les autres grands États de l'Allemagne, la politique religieuse était anticatholique : la liberté de l'Église était redoutée comme un péril par les bureaucraties laïques. L'esprit joséphiste sévissait en Wurtemberg : le gouvernement prétendait nommer lui-même les curés, interdisait les anciennes fêtes d'obligation, l'exposition des reliques, limitait le nombre des confréries, invitait les confesseurs à se contenter d'une déclaration générale des péchés. Le gouvernement de Bade voulait exercer un droit de contrôle sur les mandements de l'archevêque de Fribourg, lui refusait le droit de diriger son séminaire, prétendait pourvoir, à lui seul, sans consultation de l'archevêque, à la collation de soixante paroisses sur quatre-vingt-quatre. En Nassau, le gouvernement prétendait imposer au chapitre la nomination d'un évêque ; en Hesse-Darmstadt, il supprimait le séminaire de Mayence et exigeait que les clercs fussent élevés à l'université de Giessen. Les catholiques avaient le droit de s'émouvoir en voyant surgir, dans la tête de certains bureaucrates, l'idée d'un enseignement religieux commun pour les deux confessions : on en fit l'essai en Nassau ; en Wurtemberg, à l'occasion du jubilé du roi, on voyait le clergé catholique venir au temple protestant de Rottweil, entonner des chants protestants, écouter un prêche et célébrer la messe ; en Prusse, le gouvernement faisait inscrire, dans la liste des fêtes soumises à l'agrément du Saint-Siège, le jour de prière et de pénitence prescrit par la liturgie protestante ; et les soldats prussiens des deux confessions devaient, une fois par mois, prendre part à un service religieux commun.

Ainsi les bureaucraties visaient, non point seulement à régner à l'intérieur des confessions religieuses et à traiter l'Église catholique comme elles avaient l'habitude de traiter l'Église évangélique, mais aussi à atténuer les lignes de démarcation entre les diverses confessions, tout comme faisait, dans son royaume de Prusse, Frédéric-Guillaume III, lorsque, amputant le calvinisme et le luthéranisme de leurs originalités dogmatiques, il les amalgamait, souverainement, en une Église prussienne unie.

La Prusse fut le pays dans lequel les prétentions de la bureaucratie aboutirent le plus vite à un conflit : l'État, encouragé par les influences hermésiennes et fort de la complicité de certains prélats comme l'archevêque Spiegel de Cologne, entra en lutte avec Rome au sujet de la législation des mariages mixtes : l'emprisonnement de Droste-Vischering, archevêque de Cologne, et de Dunin, archevêque de Posen, firent grand bruit (1837-1838). Toute l'Allemagne catholique fut secouée ; toute l'Europe catholique fut attentive. L'énergie avec laquelle Droste-Vischering résista aux exigences de la Prusse réveilla les évêques du reste de l'Allemagne ; un esprit nouveau s'introduisit, les hommes d'Église montrèrent plus de virilité vis-à-vis des usurpations des bureaucraties ; et cette « affaire de Cologne », dont il sera question aux articles Cologne, Droste-Vischering, Prusse, était avec raison considérée par le cardinal Hergenroether comme l'événement le plus important que l'Église d'Allemagne eût connu depuis la Réforme. « Le sentiment du droit dans le cœur des Allemands, écrivait Goerres, s'est réveillé contre les assauts de l'arbitraire : ils ont senti la supériorité, la sécurité, la logique de la constitution catholique de l'Église. » La Prusse, en effet, recula devant l'Église : l'avènement du roi romantique Frédéric-Guillaume IV et de l'archevêque Geissel, qui remplaça Droste-Vischering sur le siège de Cologne, inaugura pour l'Église de Prusse une période de liberté, dont le fait caractéristique fut l'institution, au ministère prussien des cultes, de la « division catholique » (*Katholische Abteilung*) (1841). La liberté fut contagieuse : à la Chambre wurtembergeoise l'évêque Keller osa parler, à la Chambre badoise Buss et d'Andlau parlèrent ; dans les parlements des divers petits États, le catholicisme releva la tête. Tout-puissant en Bavière sous le long ministère d'Abel, il avait, dans le reste de l'Allemagne, recouvré sa fierté. « C'est de la graine catholique jetée en Europe, disait Talleyrand à propos de l'affaire de Cologne. Vous la verrez lever et pousser vivement. »

VIII. Les courants perturbateurs dans le catholicisme allemand a la veille de 1848. — Les diverses aspirations qui firent explosion en 1848 travaillèrent, durant les années antérieures, l'Église d'Allemagne. Le courant contre le célibat des prêtres, qu'on avait vu, dès 1828, se déchaîner en Silésie et en Bade, à l'instigation des frères Theiner, et le courant contre la liturgie romaine, favorisé par certains prêtres silésiens et badois, finirent par confluer en un courant synodal, qui, vers 1845, troubla gravement l'archidiocèse de Fribourg. Un prêtre, imbu des idées de Wessenberg, le doyen Künzer, de Constance, fut l'un des avocats du rétablissement des synodes dans l'Église ; le pape catéchiste Hirscher, célèbre par ses travaux de théologie morale, s'engagea aussi dans cette campagne. A la même époque, le mouvement « catholique allemand » (*deutsch katholisch*), schisme étrange dont l'exposition de la sainte Tunique à Trèves (1844) fut l'occasion, visait à la démocratisation complète de l'Église et aboutit, après peu d'années, à une philosophie toute négative, mi-matérialiste, mi-panthéiste, qui finit par être réputée séditieuse aux yeux des gouvernements ; mais durant quelque temps, de 1844 à 1847, l'activité des deux fondateurs de la secte, Ronge et Czerski, et les promenades parfois triomphales de Ronge à travers l'Allemagne, furent pour le catholicisme germanique une cause d'émoi.

IX. L'année 1848 : les intérêts catholiques et le parlement de Francfort ; le congrès catholique de Mayence ; l'assemblée épiscopale de Wurzbourg ; les origines du catholicisme social. — Malgré ces germes de trouble, le catholicisme germanique était devenu assez puissant pour exercer, en 1848, une influence sérieuse sur l'opinion. Il n'y eut pas, à proprement parler, un parti catholique au parlement de Francfort. Les députés catholiques, parmi lesquels trois évêques, étaient disséminés un peu partout ; le général Radowitz siégeait à droite, le futur évêque Ketteler siégea d'abord à l'extrême gauche. Les catholiques n'avaient pas, à Francfort, un programme politique commun; mais durant quelques mois, à l'instigation du prince évêque Diepenbrock, les membres catholiques de l'assemblée tinrent des réunions pour étudier ensemble les questions religieuses discutées. Une première alerte se produisit, en juillet 1848, inquiétante pour les catholiques : le député Gritzner obtint parmi ses collègues cent dix signatures invitant le pouvoir central provisoire à négocier avec Rome pour l'abolition du célibat des prêtres. Les évêques Geritz et Diepenbrock recueillirent soixante-dix signatures protestataires, et l'incident n'eut pas de suite. Les catholiques suivirent avec une attention anxieuse les travaux de la commission parlementaire qui était chargée de déclarer les « droits fondamentaux » (*Grundrechte*). Plusieurs courants y régnaient : catholiques et radicaux s'accordaient pour réclamer la suppression du droit de patronat de l'État et des particuliers sur les Églises. Mais les radicaux réclamaient la séparation de l'Église et de l'État; et les catholiques, au contraire, qui voyaient dans un tel vote un acheminement vers l'athéisme d'État, réclamaient simplement l'indépendance des Églises à l'endroit de l'État. L'indépendance de l'Église, ripostaient les radicaux, ce sera, en fait, la souveraineté despotique des évêques, pesant sur le petit clergé et sur les fidèles; et certains radicaux, animés d'un esprit très hostile à la hiérarchie, rêvaient d'investir le pouvoir communal, dans chaque village, d'une sorte de tutelle sur la paroisse, et d'introduire ainsi, dans la vie de la confession catholique, le principe démocratique. Doellinger, pour plaider la cause de l'indépendance de l'Église, alléguait l'exemple des États-Unis, l'exemple de la Belgique; un prêtre du Palatinat, Tafel, poussait au contraire le cri d'alarme au sujet de l'omnipotence qu'on assurerait à la hiérarchie, si l'on proclamait l'indépendance de l'Église. Au milieu de ces luttes, l'esprit joséphiste reparut : il eut pour représentant Beisler, ministre du nouveau roi de Bavière Maximilien. Beisler demandait que « les affaires de l'Église chrétienne d'Allemagne, notamment ses rapports avec l'État, fussent régies par un synode d'empire. » Ce synode devait comprendre toutes les confessions chrétiennes lorsqu'il déciderait de questions concernant l'ensemble des intérêts religieux; il se fragmenterait en synodes confessionnels, pour étudier les intérêts spéciaux des Églises, et pour légiférer. Les députés catholiques, dans la rédaction qu'ils proposèrent pour clore la discussion, demandèrent que les sociétés religieuses fussent, comme telles, indépendantes de la puissance de l'État, que l'installation des autorités d'Église ne fût soumise à aucune collaboration de la part du pouvoir civil, que la publicité des actes ecclésiastiques fût soumise au droit commun régissant toutes les autres publications et que les sociétés religieuses eussent le libre emploi de leurs biens et des institutions qu'elles possédaient pour le culte, l'enseignement et la bienfaisance. Cette rédaction ne recueillit dans le parlement de Francfort que quatre-vingt-dix-neuf voix. Mais les projets joséphistes déposés par Beisler n'eurent, de leur côté, aucun succès. Le doyen Künzer, de Constance, élabora une formule par laquelle il voulait exprimer tout à la fois l'autonomie de l'Église en ce qui regarde ses propres affaires et la subordination de l'Église au législateur laïque. Elle était ainsi conçue : « Toute société religieuse ordonne et gouverne ses affaires avec autonomie, mais reste comme toute autre société dans l'État soumise aux lois de l'État. » Par le vote de cet article, le Parlement de Francfort, représentant l'ensemble du peuple allemand, mit un terme au système joséphiste : le sacerdoce catholique, en sachant interpréter cette formule, devait y trouver une arme contre les tentatives d'immixtion des pouvoirs civils.

Deux autres votes du parlement de Francfort contristèrent, au contraire, les catholiques d'Allemagne. Le parlement déclara que le clergé devait, « en tant que clergé, » être dépouillé du droit de surveiller l'école, et il vota que « les jésuites, les rédemptoristes et les liguoriens » demeuraient exclus de l'Allemagne. L'ignorance du législateur, qui s'imaginait que les rédemptoristes et les liguoriens formaient deux ordres différents, fit rire l'Allemagne catholique, et ces deux votes furent réparés, avant même que l'année 1848 n'eût atteint son terme, par le parlement lui-même : en seconde lecture, il raya le paragraphe de proscription contre les ordres, et il introduisit, dans l'article supprimant la surveillance du clergé sur l'école, cette restriction : « sous réserve de l'enseignement religieux. »

Ces concessions suprêmes du parlement de Francfort aux susceptibilités catholiques coïncidèrent avec l'octroi par Frédéric-Guillaume IV aux catholiques de Prusse de la constitution du 5 décembre 1848 qui, conformément aux conclusions parlementaires émises par le progressiste Waldeck dans la Chambre prussienne, assurait aux catholiques le libre exercice du culte, l'autonomie de l'Église, la liberté de communication avec les chefs ecclésiastiques, la libre publication des ordonnances ecclésiastiques, la libre collation des charges ecclésiastiques, le droit d'ouvrir des écoles, le droit d'association. Des satisfactions de principe pour les catholiques d'Allemagne, des satisfactions de fait pour les catholiques de Prusse : tel était le bilan de l'année 1848.

Mais à d'autres égards encore elle fut pour le catholicisme germanique d'une souveraine importance : le congrès catholique de Mayence, l'assemblée épiscopale de Wurzbourg, furent deux faits capitaux.

L'instigation du congrès catholique de Mayence fut due à Adam François Lennig, prêtre de Mayence : profitant des libertés nouvelles que l'année 1848 ménageait aux citoyens, il groupa, dans Mayence, quatre cents catholiques. Çà et là, en Allemagne, des associations se fondèrent, à l'exemple de Mayence; et au mois d'octobre 1848, dans la grande salle de l'ancien palais des princes-évêques de Mayence, s'ouvrit le premier congrès catholique des associations catholiques allemandes. « Nous ne combattons pas la liberté de ceux qui croient autrement que nous, proclama Lennig; nous leur offrons plutôt notre aide, conformément à nos statuts, là où il s'agit de défendre leur liberté contre l'empiétement. » Les catholiques d'Allemagne, rassemblés à Mayence, s'affirmaient ainsi comme les adversaires du vieil esprit joséphiste. Un autre trait qui fait l'importance du congrès de Mayence, ce fut la poussée des catholiques vers la besogne sociale : Ketteler, qui allait prochainement devenir évêque, s'écria dans un toast, à la fin du congrès : « Mon dessein est de vous inviter à agir de vos cœurs et de vos bras pour le bien du pauvre peuple, à marcher comme auxiliaires aux côtés de la pauvreté; » et Ketteler buvait aux pauvres. « La question sociale, disait de son côté Lingens, d'Aix-la-Chapelle, est la grande tâche du temps présent. » La préface que mit le prêtre Lennig en tête du compte rendu de ce congrès de Mayence définit d'une façon très exacte l'esprit dont fut animée, durant la seconde moitié du XIXe siècle, l'action catholique allemande : Lennig explique que les associations catholiques ne peuvent pas se borner « au but purement négatif de la liberté juridique de l'Église et de l'éducation; » qu'elles doivent « aviser à réveiller, à vivifier et à répandre l'opinion chrétienne et les mœurs chrétiennes, à implanter les principes catholiques dans l'ensemble de la vie, et à résoudre le grand problème du temps présent, la question sociale. »

Dans les semaines mêmes où cette mobilisation du

peuple catholique produisait en Allemagne une impression profonde, Geissel, archevêque de Cologne, convoquait les évêques à se réunir à Wurzbourg, pour délibérer. Il traçait à l'avance, dans un long mémoire, le programme de l'assemblée de Wurzbourg. Il montrait qu'en face de l'Église catholique d'Allemagne se dressaient deux forces, hostiles d'ailleurs l'une à l'autre, la bureaucratie vieillissante et la démocratie radicale, et que la hiérarchie ecclésiastique devait se tenir prête, soit à se passer de l'État si le radicalisme l'emportait, soit à résister à l'État si la bureaucratie renouvelait ses usurpations. Il observait que le rôle nouveau pris par les laïques dans le mouvement catholique et que les tendances qui se dessinaient dans le petit clergé en faveur de la résurrection des synodes méritaient l'attention des évêques, et que les évêques devaient, les premiers, aviser à des réformes, pour convaincre l'opinion catholique que les réformes devaient venir d'en haut, non d'en bas, et qu'elles devaient être suscitées, non par un certain parlementarisme ecclésiastique, mais par la hiérarchie elle-même. Enfin Geissel voulut que les évêques d'Allemagne réunis rendissent un hommage collectif au Saint-Siège, qu'ils organisassent pour une représentation permanente des intérêts de l'Église allemande, qu'ils soumissent au pape leurs décisions. Il y avait soixante-deux ans que n'avait eu lieu de réunion des évêques d'Allemagne; la réunion de 1786, tenue à Ems, avait été un acte de fronde à l'endroit du Saint-Siège; la réunion que Geissel, en 1848, convoquait à Wurzbourg, était destinée à sceller les liens entre l'épiscopat d'Allemagne et le Saint-Siège. Le rapprochement des deux dates, le parallèle des deux assemblées, permet de mesurer le chemin qu'avait parcouru l'Église d'Allemagne en un demi-siècle.

L'assemblée épiscopale de Wurzbourg réalisa le programme tracé par Geissel. Les timidités de certains évêques bavarois, qui craignaient de déplaire à l'État, faillirent paralyser la réunion; mais Geissel sut en triompher et obtenir que cette réunion épiscopale fût un acte d'unité. Geissel sut aussi écarter les périls que créaient pour le catholicisme allemand certaines des idées présentées par Doellinger à l'assemblée de Wurzbourg. Doellinger réclamait l'institution d'une primatie d'Allemagne et de synodes nationaux; Weis, évêque de Spire, songeait à confier aux métropolitains d'Allemagne le soin d'incarner l'Église d'Allemagne jusqu'au prochain concile national. Geissel se contenta de faire mettre aux actes de l'assemblée le rapport de Doellinger, et de transmettre à Rome, avec instance, le vœu d'un concile national allemand. L'assemblée de Wurzbourg s'occupa sérieusement des rapports entre l'Église et l'État : elle prit des décisions très fermes contre l'exercice du droit de *placet* par le pouvoir civil; elle protesta contre les empiétements commis au nom du droit de patronat et contre l'usage qu'avaient les prêtres d'en appeler à l'État des décisions épiscopales; elle dénia à l'État le droit de s'ingérer dans les concours établis en certains diocèses pour la collation des cures; elle affirma les droits de la hiérarchie ecclésiastique sur les séminaires et les facultés de théologie : par toutes ces décisions, elle battait en brèche les maximes de la bureaucratie joséphiste. Et d'autre part, l'assemblée de Wurzbourg condamna les aspirations du radicalisme, tendant à introduire les influences démocratiques et populaires dans la gestion des paroisses. L'assemblée réclama la liberté de l'enseignement. Certains discours, certains votes, sont l'écho des enthousiasmes de l'époque. « Dans un jardin, s'écriait à l'assemblée de Wurzbourg le chanoine Hennig, il n'est pas mauvais de laisser à toutes les herbes toute leur liberté, pourvu que de bons jardiniers aient l'accès du jardin. » Et dans la lettre des évêques à Pie IX, on lisait : « Nous ne nous opposerons pas aux désirs et aux tentatives des Allemands pour constituer leurs États d'une façon nouvelle, mais nous ferons usage des libertés publiques pour le plus grand avantage de l'Église. »

Enfin l'année 1848 fut marquée par la première affirmation solennelle, du haut d'une chaire allemande, des principes du catholicisme social. Les discours prononcés dans la cathédrale de Mayence, en novembre 1848, par le futur évêque Ketteler, sur les conceptions sociales du christianisme, remirent en lumière les doctrines thomistes sur la propriété et le travail, et furent le point de départ du mouvement catholique social actuel.

Cette orientation que suivirent, en l'année 1848, évêques et catholiques d'Allemagne, ne laissait pas d'inquiéter le chancelier de Metternich : il s'inquiéta bientôt de voir l'Église « chercher sa force dans les associations qui ne sont qu'une copie du gouvernement de la foule par elle-même, » qui « comprennent un public des plus mêlés, » et qui peuvent « fortifier les mauvais éléments inhérents à toute chose humaine. »

X. L'ÉPANOUISSEMENT DU CATHOLICISME ALLEMAND ENTRE 1848 ET 1870. — A la faveur des libertés nouvellement conquises, l'Église d'Allemagne, dans les années 1848 à 1870, s'occupa de développer, avec une activité très digne d'étude, la vie religieuse du peuple catholique. Les grandes missions de jésuites données à cette époque à travers l'Allemagne sont demeurées célèbres. Il n'y avait en Allemagne, au printemps de 1848, que deux jésuites autorisés : ils demeuraient dans la petite ville de Koethen. Une fois la liberté religieuse proclamée, des résidences de jésuites s'ouvrirent en Westphalie, à Aix-la-Chapelle, à Cologne, à Bonn. On lisait dans la *Civiltà cattolica* dès 1850 : « Tous les jours arrivent des nouvelles des fruits immenses que produisent les missions dans les diverses régions de l'Allemagne. » Dans certains diocèses, les missions survenaient avec une régularité périodique : tous les dix ans, ou même tous les six ans, chaque paroisse voyait arriver les missionnaires jésuites, qui parfois prêchaient en plein air, tant était grande l'affluence des auditeurs. La collection des rapports relatifs à ces missions, publiée par le P. Duhr, est un document capital sur l'intensité de la vie religieuse dans l'Allemagne catholique de cette époque. Des orateurs comme le P. Hasslacher, le P. Roder, le P. Roh, le P. de Waldburg-Zeil, sont demeurés célèbres; et l'on garda longtemps le souvenir des grandes missions prêchées à Cologne en 1850, à Heidelberg en 1851, à Francfort en 1852, à Augsbourg en 1853. Martin, l'évêque de Paderborn, disait que la renaissance de l'Allemagne catholique était la gloire du P. Roh et du P. Hasslacher.

L'Église d'Allemagne, en même temps, s'attachait à protéger et à mûrir les germes de catholicisme épars çà et là parmi les populations protestantes, dans la *Diaspora*, comme l'on disait. Paderborn fut le centre de l'association de Saint-Boniface (*Bonifacius Verein*), fondée par le comte Joseph Stolberg et propagée par le vicaire berlinois Müller. Le but de l'association était de soutenir les paroisses catholiques écloses en terre protestante. La création de l'évêché d'Osnabruck en 1858 donna une capitale aux missions catholiques du nord de l'Allemagne : ainsi s'étendait le rayonnement de l'action catholique.

Elle multipliait aussi les efforts sociaux, qui faisaient pénétrer dans les masses profondes l'influence du catholicisme et qui visaient au relèvement de ces masses par la vertu des principes chrétiens. On trouvera aux articles KOLPING, SCHORLEMER-ALST, KETTELER, l'histoire de la fondation des associations de compagnons, *Gesellenvereine* (1849-1850), de la fondation des associations de paysans, *Bauernvereine* (1862), et l'histoire des étapes successives de l'activité sociale de l'évêque Ketteler. Quelques années durant, l'idéal de Ketteler fut de relever la classe ouvrière par la création des coopératives de production; son livre : *La question ouvrière et le christianisme*, publié en 1864, conclut par un pareil plan, et demeure, par ailleurs, un document capital sur l'attitude du catholicisme allemand vis-à-vis du socialisme de Lassalle. Peu à peu Ketteler se tourne vers l'idée d'organisation ouvrière et de législation ouvrière : dans le rapport qu'en 1869 il adressait aux évêques réunis à Fulda, il réclamait l'intervention de l'État dans le domaine du travail. D'autre part, certains laïques catholiques réunis à Soest, en 1864, 1865 et 1866, à l'instigation d'Alfred Hueffer, élaboraient des décisions importantes relatives à l'organisation du petit métier et à la restauration de l'esprit corporatif. Ainsi se prépara par un long travail doctrinal et par une longue observation des milieux populaires, le futur programme social du Centre allemand.

Durant les vingt-deux ans qui s'écoulèrent entre la révolution de 1848 et la fondation de l'unité allemande, une grande intolérance à l'égard de l'Église catholique persista dans certains petits États protestants, comme le Mecklembourg et le Holstein; par exemple, en 1852, le prêtre Holzammer, aumônier catholique d'un seigneur mecklembourgeois, fut conduit à la frontière du Mecklembourg sous escorte de gendarmes, et la diète de Francfort, à laquelle le baron de Kettenburg en appela, se déclara incompétente. Parmi les États plus importants, les seuls où la vie religieuse du peuple catholique fut encore troublée par d'âpres luttes furent le grand-duché de Bade et celui de Nassau : l'emprisonnement de l'archevêque Vicari, en 1854, marqua le point culminant du conflit. Voir les mots BADE et VICARI. L'influence de Ketteler fut assez forte pour décider les petites souverainetés de l'Allemagne du Sud à pacifier ou à prévenir les différends avec l'Église en négociant avec Rome : elles suivirent l'exemple que donnait l'Autriche par la signature du concordat de 1855; à leur tour, elles songèrent à des concordats. Mais cette politique concordataire, dans les années 1860 et suivantes, succomba dans les parlements des divers petits États, devant l'assaut des partis dits « libéraux »; les concordats ou projets de concordats furent déchirés. Cependant, à Wiesbaden, à Darmstadt, à Stuttgart, les réglementations des choses d'Église s'inspirèrent des maximes sur lesquelles l'État et l'Église, au moment des négociations concordataires, étaient tombés d'accord; si bien que l'affront fait au Saint-Siège par ces petits États n'eut aucune répercussion perturbatrice pour la vie de l'Église et la sécurité des consciences catholiques. Au contraire, la politique que suivirent en Bade, de 1860 à 1870, les ministres Lamey et Jolly, politique hostile à l'influence de l'Église dans l'école, au droit électoral des chanoines, à la liberté d'éducation des clercs et aux ordres religieux, fit du grand-duché de Bade une sorte de terrain d'expérience sur lequel s'essayèrent à l'avance les maximes et les méthodes du *Culturkampf*. Voir BADE.

XI. LES PRÉLUDES DU *CULTURKAMPF* : LA VICTOIRE DE LA PRUSSE SUR L'AUTRICHE, LA LUTTE DU GERMANISME CONTRE LE ROMANISME. — Deux faits, entre 1848 et 1870, eurent une portée décisive pour les destinées futures du catholicisme allemand : ce fut la guerre de 1866, à la suite de laquelle l'Autriche fut exclue de la confédération germanique; et ce fut le mouvement doctrinal qui aboutit, à Rome, à la proclamation de l'infaillibilité. C'est seulement en étudiant d'un peu près ces deux faits, qu'on peut comprendre le *Culturkampf* bismarckien; car le *Culturkampf* bismarckien allégua l'hostilité des catholiques contre l'unification de l'Allemagne par la Prusse et s'appuya sur l'hostilité du « germanisme » contre le « romanisme » et l' « infaillibilisme ».

L'idée de « Grande-Allemagne », qui maintenait l'Autriche dans le corps germanique, et l'idée de « Petite-Allemagne », dont la conséquence était l'unification de l'Allemagne par la Prusse, n'étaient pas, en elles-mêmes et théoriquement parlant, des idées d'ordre confessionnel. Un catholique comme le Prussien Radowitz pouvait, sans mentir à sa conscience de catholique, être partisan de l'idée de « Petite-Allemagne ». Mais, en fait, le romantisme catholique, épris du moyen âge et du vieux saint empire, avait habitué le plus grand nombre des catholiques à se tourner vers cette dynastie des Habsbourg qui, depuis des siècles, représentait aux yeux du monde la Germanie; toute une école historique, représentée par des protestants comme Voigt, Leo, Boehmer, et par des convertis comme Frédéric Hurter, avait éveillé dans l'âme des catholiques certaines sympathies pour la notion même de saint empire, et l'Autriche bénéficiait de ces sympathies. Au parlement d'Erfurt, en 1850, le catholique Auguste Reichensperger répudia la perspective de tout autre empire que celui dont Vienne était la capitale : en face de lui se dressa un historien badois, Haeusser, pour soutenir que l'Allemagne devait se cristalliser autour de la Prusse. Ce duel d'idées, engagé, en 1850, entre le catholique Reichensperger et le protestant Haeusser, se prolongea jusqu'à Sadowa. En face de l'école historique qu'avait suscitée le romantisme, une autre école historique surgit, dont tout l'effort scientifique visait à prouver que germanisme équivalait à protestantisme et que dès lors c'était à la Prusse protestante, non point à l'Autriche catholique, qu'il convenait d'unifier l'Allemagne : la Prusse sut faire prévaloir, même dans la catholique Bavière, ces théories nouvelles, en introduisant à l'université de Munich, sous le règne du roi Max, un historien comme Sybel et un juriste comme Bluntschli. De tels hommes, représentaient à la fois, l'idée d'une Allemagne unifiée par la Prusse, et l'idée d'une Allemagne qui personnifierait, dans le monde, la lutte contre l'ultramontanisme. Ainsi interprétée, l'idée de « Petite-Allemagne » devenait de plus en plus suspecte aux catholiques : les *Feuilles historico-politiques* de Munich faisaient à cette idée une guerre acharnée; des historiens comme Hurter, comme le converti Onno Klopp, opposaient aux thèses historiques de Sybel des thèses favorables à l'idée de « Grande-Allemagne ». L'enthousiasme que provoquait, en 1855, parmi les bons catholiques, la signature du concordat autrichien par François-Joseph, accentuait encore la vivacité des sympathies catholiques en faveur de l'Autriche. Mais à Sadowa les armes parlèrent; l'Autriche fut vaincue.

Ce fut une catastrophe pour les imaginations catholiques, comme en témoignent les carnets d'Auguste Reichensperger. Ce fut un triomphe moral pour l'*Association nationale allemande*, groupement de parlementaires et de publicistes qui avait propagé dans toute l'Allemagne l'affirmation des droits de la Prusse et qui, tout en même temps, affectait de se montrer fort hostile à la « prêtraille ». Bluntschli expliquait que l'Autriche battue par la Prusse, c'était l'État du moyen âge battu par l'État moderne, et qu'au contraire « la prêtraille, les féodaux, eussent été les maîtres dans le sud de l'Allemagne, si l'Autriche avait été victorieuse. » Le papisme avait été battu par la Réforme : c'est ainsi qu'une partie de l'opinion publique allemande commenta Sadowa. Le recteur Becker, de Greifswald, attachait à cette guerre austro-prussienne la portée d'une guerre de religion, guerre fatale pour le « catholicisme papal abrupt, qui empêche la liberté de penser. » En Silésie, les prêtres, au moment de Sadowa, furent insultés, traqués, on les accusait d'être les ennemis de la Prusse. Ketteler, évêque de Mayence, sentit quel péril courrait le catholicisme allemand si les catholiques pouvaient être regardés comme les ennemis systématiques de l'ordre de choses nouveau; dans sa brochure, *L'Allemagne après la guerre de 1866*, il émit le vœu de voir la Prusse éconduire les théoriciens qui donnaient à la « vocation allemande » de la Prusse une signification confessionnelle et presque philosophique (il visait, par ces mots, les membres du *Nationalverein*); mais, d'autre part, il invitait les catholiques à ne pas se montrer hostiles ou indifférents aux tendances vers l'unité germanique », et à ne se laisser « surpasser par personne en amour de la patrie allemande, de son unité et de sa grandeur. » Malgré cette brochure de Ketteler, on vit en Bavière, en 1868, les positions électorales des partis se dessiner de telle sorte, que les candidats « ultramontains » furent accusés par les candidats « libéraux » de vouloir livrer la Bavière à l'Autriche; et il fallut de longues années pour que de pareils soupçons à l'endroit des catholiques d'Allemagne devinssent démodés.

Pendant que se jouait entre la Prusse et l'Autriche cette partie décisive, dans laquelle le catholicisme allemand paraissait en quelque mesure compromis, des crises intellectuelles très graves survenaient dans certains cercles théologiques et créaient des malentendus entre le Saint-Siège et une partie de la science catholique allemande. Les mécontentements provoqués, dans plusieurs milieux universitaires, par la condamnation de Günther et de ses adhérents Baltzer et Knoodt furent le point de départ d'un mouvement d'opposition du germanisme contre le romanisme. Le théologien bavarois Frohschammer, lorsque fut condamné son système sur les rapports de la science et de la foi, sortit bruyamment de l'Église. Les conférences dans lesquelles Doellinger, à l'Odéon de Munich, en 1861, traita la question du pouvoir temporel, et l'hostilité de Doellinger et de ses amis contre le renouveau de philosophie scolastique dont le professeur Clemens et le jésuite Kleutgen étaient les représentants, aggravèrent les suspicions de Rome à l'égard de la science catholique allemande. Ces suspicions furent justifiées par le discours dans lequel Doellinger, au congrès des savants catholiques tenu à Munich en 1863, affirma les droits du germanisme à incarner la théologie et à régner à ce titre dans l'Église. Les théologiens de Mayence et de Wurzbourg, Moufang, Heinrich, Hettinger, Haffner, Scheeben, protestèrent; et Pie IX, par un bref du 21 décembre 1863, exprima l'espoir que les bonnes intentions des congressistes de Munich produiraient de bons fruits, mais déplora qu'une assemblée de théologiens se fût ainsi réunie par une sorte d'initiative privée, sans impulsion ni mission de la hiérarchie, à qui pourtant « il appartient, déclarait le pape, de diriger et de surveiller la théologie. » Le Collège germanique de Rome faisait à cette époque l'éducation d'un certain nombre de prélats allemands : à mesure qu'ils rentraient en Allemagne, ils prenaient la défense de l'esprit romain contre les accusations de Doellinger. Les luttes entre les diverses écoles d'universitaires catholiques allemands furent encore exacerbées par les polémiques relatives à l'éducation du clergé, qui mirent aux prises, en 1866, partisans des séminaires et partisans des universités (voir l'article BAVIÈRE); par les polémiques auxquelles donna lieu, entre le professeur Kuhn, de Tubingue, et le philosophe scolastique Schaezler, le projet de création d'une université libre indépendante de l'État et exclusivement dépendant de l'épiscopat;

enfin par les polémiques pénibles auxquelles donna lieu, dans le diocèse de Rottenburg, la dénonciation du directeur du *convict* de Tubingue, Ruckgaber, par le directeur du séminaire de Rottenburg, Mast. Voir l'article TUBINGUE. De là, l'amertume, souvent mêlée d'une certaine superbe intellectuelle, avec laquelle une partie de la science catholique allemande accueillit la nouvelle des travaux préparatoires qui préludaient, à Rome, au concile du Vatican.

On trouvera à l'article CONCILE DU VATICAN les détails sur l'attitude de la majorité des évêques allemands, hostiles à l'opportunité de la définition, et sur leur acceptation finale du vote conciliaire; aux articles DOELLINGER, REUSCH, REINKENS, MICHELIS, HEFELE, les détails sur l'opposition violente de la science germanique aux décisions du concile; aux articles ARNIM, BAVIÈRE, HOHENLOHE, les détails sur l'attitude des divers États allemands à l'endroit du concile. L'article VIEUX-CATHOLICISME déroulera l'épilogue des luttes théologiques entre le germanisme et le romanisme.

XII. L'UNITÉ ALLEMANDE; LE *CULTURKAMPF*. — Les années 1870 et 1871 fondèrent l'unité allemande : l'Allemagne, grand empire protestant, s'incarna, dix-huit années durant, dans la personne de Bismarck. Par une suite logique des vœux qu'il avait émis dans sa brochure de 1866, l'évêque Ketteler, dès le 1er octobre 1870, écrivit à Bismarck pour demander que les articles de la constitution prussienne, garantissant depuis 1848 la liberté de l'Église prussienne, fussent étendus à toute l'Allemagne. Mais cette revendication n'était pas du goût de Bismarck, qui avait toujours été hostile à ces articles de la constitution prussienne.

L'état des esprits en Allemagne justifiait la demande de Ketteler. Le parti national libéral prussien, dans les années 1868 à 1870, avait, à la suite de l'incident dont furent victimes les dominicains de Moabit (voir l'article PRUSSE), réclamé certaines mesures contre les moines : dans d'autres pays de l'empire nouveau, il préparait une offensive parlementaire contre les libertés catholiques. Ce que voulait Ketteler, c'était qu'en inscrivant dans la constitution même de l'empire les garanties données aux catholiques par la législation prussienne, on empêchât à l'avance les législations territoriales de léser, par des lois d'exception, les intérêts catholiques, et qu'on empêchât le législateur prussien lui-même de réviser, un jour ou l'autre, la constitution territoriale qui, dans l'enceinte du territoire prussien, sauvegardait efficacement les libertés catholiques.

De même que pour les élections à la Chambre prussienne, on vit se former et s'agiter, pour les élections au *Reichstag* du nouvel empire, un parti qui, sans être exclusivement composé de catholiques ni exclusivement dévoué à la défense des intérêts catholiques, visait à réaliser ce programme de Ketteler : ce parti s'appela le Centre. Dès l'ouverture du *Reichstag* (seconde quinzaine de mars 1871), le Centre déplut à Bismarck par deux manifestations.

Le Centre, d'abord, voulut faire rayer du projet d'adresse préparé par les nationaux-libéraux, en réponse au discours du trône, une phrase qui signifiait implicitement que l'empire allemand n'interviendrait pas pour les revendications temporelles du pape; le *Reichstag*, par 243 voix contre 63, repoussa la proposition du Centre. Bismarck, très habilement, avait, dans les mois précédents, laissé espérer au futur cardinal Ledochowski, alors archevêque de Posen, puis au cardinal de Bonnechose, que l'Allemagne nouvelle pourrait quelque chose pour le pape; il avait fait miroiter ces perspectives, avec l'espoir d'obtenir une intervention du Vatican auprès du clergé de France pour désarmer les résistances militaires de la France, une intervention du Vatican auprès du clergé et des catholiques de Bavière pour désarmer l'opposition des particularistes bavarois à l'unification de l'Allemagne. Mais ce double espoir de Bismarck avait été déçu; et le Centre, en témoignant tout de suite, dès la réunion du nouveau *Reichstag*, son souci des droits temporels du pape, courut le risque de se faire accuser, par le chancelier, de subordonner les intérêts diplomatiques de l'empire à des intérêts confessionnels.

Au début d'avril, le Centre demanda que des garanties pour la liberté religieuse fussent inscrites dans la constitution du nouvel empire : l'historien national libéral Treitschke déclara que ce serait permettre aux évêques des divers États de faire impunément rébellion, et la motion du Centre fut repoussée. Bismarck alors s'efforça de faire blâmer le Centre par le Vatican : Tauffkirchen, ministre de Bavière, obtint du cardinal Antonelli certaines paroles qui furent interprétées comme un désaveu du Centre. Bismarck s'en arma dans une lettre publique qu'il adressa au comte Frankenberg et qui était un réquisitoire contre le Centre. Mais finalement, à la suite des interventions de Ketteler et du prince de Loewenstein, le Vatican fit savoir qu'il ne blâmait pas le Centre et qu'il se refusait à s'immiscer dans la conduite politique des catholiques d'Allemagne.

Bismarck, très mortifié, inaugura en Prusse, par la suppression de la « division catholique », la politique que l'on appela plus tard politique du *Culturkampf*, politique des lois de mai. Voir les articles PRUSSE, FALK. Le *Culturkampf* ne nous intéresse, ici, qu'en tant qu'il provoqua certaines lois d'empire. D'abord, le 28 novembre 1871, la loi contre les excès de la prédication, dite paragraphe de la chaire : Bismarck fut assez habile pour faire solliciter le vote de cette loi par Lutz, ministre des cultes en Bavière; ainsi ce fut la catholique et particulariste Bavière qui vint réclamer du *Reichstag*, pouvoir législatif central de l'Allemagne unifiée, une protection contre les prétendus excès de langage des prêtres bavarois. Puis, lorsque le Vatican n'eut pas accepté la nomination par Guillaume Ier du cardinal Hohenlohe comme représentant de l'empire auprès du Saint-Siège, le *Reichstag* vota une loi proscrivant les jésuites et les ordres affiliés. Cette loi fut appliquée, dans tout l'empire, avec une grande rigueur. Non seulement on ferma les résidences des jésuites, mais un certain nombre de ces Pères, individuellement, furent frappés d'interdiction de séjour, tracassés parce qu'ils disaient la messe, parce qu'ils confessaient. A la fin de 1872, le poste diplomatique de l'Allemagne auprès du Saint-Siège resta dépourvu de titulaire. Le 13 mai 1873, le conseil fédéral déclara que les lazaristes, les rédemptoristes, les pères du Saint-Esprit, les dames du Sacré-Cœur, étaient affiliés aux jésuites : et dans tout l'empire ces ordres durent disparaître. En 1874, l'impossibilité de triompher de l'héroïque résistance qu'opposaient aux lois de mai 1873 les évêques et prêtres prussiens, amena Bismarck à réclamer du *Reichstag* le vote d'une loi permettant à tout État de l'empire de condamner à l'internement ou à l'interdiction de séjour, ou à la déchéance de la nationalité allemande et à l'expulsion hors de l'Allemagne, les ecclésiastiques qui, après avoir été condamnés pour exercice illégal de leurs fonctions ou après en avoir été révoqués, braveraient la police et continueraient à faire acte de prêtres. Le 4 mai 1874, cette loi terrible pesa sur tous les prêtres qui, en Prusse, en Bade, en Hesse, étaient en conflit avec les lois territoriales. Un peu partout en Allemagne, le *Culturkampf* prussien avait une répercussion : le Wurtemberg et le grand-duché d'Oldenburg furent à peu près les deux seuls États qui, possédant un chiffre notable de citoyens catholiques, surent traverser la période du *Culturkampf* sans léser leurs consciences et violenter leur Église. Mais l'échec absolu du *Culturkampf* prussien, les progrès des doctrines socialistes et de la démoralisation amenèrent l'opinion publique à se sentir lasse du *Culturkampf* c'est sans enthousiasme qu'en février 1876 le *Reichstag* vota un article de loi destiné à compléter le paragraphe de la chaire.

Les congrès catholiques qui, depuis 1848, sauf quelques exceptions, s'étaient régulièrement tenus chaque année, continuèrent, durant le *Culturkampf* l'éducation politique et sociale du peuple catholique et tinrent ce peuple en haleine, pour la lutte contre les lois persécutrices. Mais les catholiques ne se contentaient pas d'organiser une défensive en faveur des libertés confessionnelles si cruellement violées; au *Reichstag*, le 19 mars 1877, par l'organe du comte Ferdinand de Galen, ils prirent l'initiative d'un projet de législation ouvrière; et à la même époque se fondait la Société de Goerres, pour le développement de la science catholique et le soutien des jeunes savants catholiques. Les grands tribuns du Centre, Windthorst Mallinckrodt, les deux Reichensperger, n'avaient pas lutté en vain : le pontificat de Léon XIII ramena la paix. Les rapports entre Rome et l'empire furent renoués en 1881 par l'envoi à Rome du ministre Schloezer; la loi d'expatriation des prêtres, dont le *Reichstag*, en 1882 et 1884, avait à trois reprises voté l'abrogation, fut définitivement supprimée par le conseil fédéral en 1890; l'empire, en 1894, fut rouvert aux rédemptoristes et aux pères du Saint-Esprit; la loi contre les jésuites, abrogée par le *Reichstag* en 1890 fut maintenue par le conseil fédéral, mais en 1904, à la suite de nombreux incidents, le conseil fédéral consentit au moins à l'abrogation de l'article 2 de cette loi, c'est-à-dire de l'article qui rendait les jésuites passibles, en tant qu'individus, de mesures exceptionnelles d'ostracisme et d'expulsion. Ainsi disparurent morceau par morceau, un grand nombre des mesures dont la législation du nouvel empire avait frappé l'Église.

XIII. LE DÉBUT DU XXe SIÈCLE. — Fidèle à ses tendances de 1871, le Centre du *Reichstag* s'est efforcé à plusieurs reprises, depuis le rétablissement de la paix religieuse, de faire prévaloir une « motion en faveur de la tolérance » (*Toleranzantrag*), en vertu de laquelle la législation d'empire garantirait expressément la liberté religieuse des sujets et la liberté des sociétés religieuses. Cette proposition, destinée à mettre un terme aux vexations et aux mesquines mesures d'exception dont les catholiques sont encore l'objet dans certains petits États protestants de l'empire, n'a pas encore rallié, jusqu'ici, la majorité du *Reichstag*.

L'*Association populaire pour l'Allemagne catholique* (*Volksverein für der katholische Deutschland*) fondée par Windthorst en 1890, et dont le centre est à Munchen-Gladbach, organisa, dans tout l'empire les forces catholiques, et multiplia les publications apologétiques et sociales. C'est à Munchen-Gladbach que le mouvement syndical chrétien, qui groupe ouvriers catholiques et ouvriers protestants hostiles au socialisme révolutionnaire, prend son principal point d'appui. En face de ce mouvement se dresse l'école de Trèves et de Berlin, favorable à des syndicats nettement catholiques. Les polémiques qui se sont, dans ces dernières années, engagées à ce sujet, qui ne furent à certaines heures assez violentes, et pour l'exposé desquelles nous renvoyons à l'article MODERNISME. Sur l'état du catholicisme allemand au début du XXe siècle, on peut consulter notre article A

magne, dans le *Dictionnaire de théologie catholique*.
XIV. LE PROTESTANTISME DANS L'ALLEMAGNE DU XIXᵉ SIÈCLE. — L'histoire des Églises évangéliques allemandes au cours du XIXᵉ siècle sera donnée dans les articles concernant les divers États auxquels elles appartiennent. Nous insisterons seulement, ici, sur quelques institutions communes à tout le protestantisme allemand.

1° *Les conférences d'Eisenach pour la cohésion du protestantisme*. — En 1848, le congrès ecclésiastique évangélique allemand de Wittenberg décida la fondation d'une confédération entre les Églises évangéliques des divers États; le projet avorta. Mais, en 1852, les représentants d'un grand nombre de ces Églises créèrent la conférence d'Eisenach; tous les deux ans, des représentants des diverses Églises y étudient certaines questions intéressant la vie ecclésiastique; le programme des conférences d'Eisenach est de « traiter sur la base du symbole, en de libres entretiens, les questions les plus importantes de la vie ecclésiastique, et, sans préjudicier à l'indépendance de chacune des Églises nationales, de montrer leur lien de rattachement, et de garantir l'homogénéité de leur développement. » C'est la conférence d'Eisenach qui décida, en 1861, la revision de la Bible de Luther. Un effort fut fait, au lendemain de l'unification de l'Allemagne, pour créer entre les Églises évangéliques un lien plus solide : la « conférence d'octobre », tenue à Berlin en octobre 1871, parut avancer l'heure où ce lien serait tressé; mais, en raison surtout des irrémédiables divisions doctrinales du protestantisme, cette conférence resta sans lendemain. Les Églises évangéliques allemandes sont affiliées à l'*Alliance évangélique*, fondée en Angleterre au milieu du XIXᵉ siècle pour grouper, en des réunions d'entente, toutes les variétés du christianisme.

2° *L'Association Gustave-Adolphe, pour la propagation du protestantisme*. — Elle fut fondée, en 1843, par Zimmermann, prédicateur de la cour de Hesse, pour soutenir en terre catholique les petites chrétientés évangéliques, et obtint bientôt le protectorat du roi de Prusse. Des polémiques éclatèrent à ce sujet entre la presse prussienne et la presse bavaroise. Goerres protesta, comme patriote, contre l'idée qu'avait une association allemande de prendre pour parrain un héros suédois. Les congrès annuels de l'Association Gustave-Adolphe attestent le souci des Églises évangéliques de créer des groupements confessionnels dans tous les points des territoires catholiques où sont fixées, par immigration, quelques familles protestantes : cette association étend ainsi, sur l'ensemble de l'empire, un réseau de propagande protestante.

3° *La Ligue évangélique pour la défense du protestantisme*. — Elle fut fondée, en 1886, à l'instigation du théologien Beyschlag, au moment où le rapprochement entre le Saint-Siège et le gouvernement de Berlin donnait aux catholiques l'espoir d'une prompte pacification religieuse. La grande-duchesse de Saxe-Weimar, marraine spirituelle de cette ligue, informa de cette fondation la chancellerie de l'empire. Une première assemblée de ses membres se tint à Erfurt en octobre 1886; et la ligue commença la publication d'une longue série de tracts polémiques contre l'Église romaine, qui se prolonge encore aujourd'hui.

4° *La Mission intérieure, pour l'action charitable protestante*. — Le pasteur Wichern, de Hambourg, ayant recueilli, vers 1833, quelques enfants délaissés, eut l'idée, vers 1840, de créer une « Mission intérieure » pour apporter un remède à la sauvagerie (*Verwilderung*), fruit commun de l'ivrognerie, du vice et de la misère. La *Mission intérieure*, dont l'activité essaime dans toute l'Allemagne, multiplie et développe les œuvres de préservation d'un caractère tout à la fois religieux et social; dans chaque grande ville, le pasteur attitré de la Mission intérieure (*Vereinsgeistliche*) rassemble sous un même toit les diverses associations et les comités directeurs des établissements de bienfaisance : ainsi la Mission intérieure aide à la centralisation des œuvres de charité protestante, à travers l'empire. Plus de 13 000 diaconesses et plus de 2 000 frères composent le personnel de la Mission intérieure pour les œuvres philanthropiques. C'est elle, aussi, qui a eu l'initiative de créer des services religieux spéciaux, à certaines heures extraordinaires, pour les divers métiers. On trouvera, sur la *Mission intérieure*, des détails plus complets dans notre article *Allemagne* du *Dictionnaire de théologie catholique*.

5° *Les congrès évangéliques sociaux... pour la diffusion du protestantisme social*. — Ces congrès furent institués en 1890; ils sont annuels. Très rapidement des divergences s'y montrèrent : les tendances de Stoecker, instigateur de ces congrès, et qui avait en Prusse, à partir de 1877, créé le mouvement chrétien-social, furent en conflit avec les tendances plus démocratiques du pasteur Naumann. C'est dans ces congrès que se rencontrent chaque année les représentants des diverses écoles protestantes qui, s'élevant au-dessus de toutes divergences dogmatiques, veulent étudier les réalisations sociales de l'idée chrétienne de justice.

6° *Sectes mystiques*. — Le mysticisme protestant, au cours du XIXᵉ siècle, a créé des communautés religieuses intéressantes dans la vallée de la Sieg et dans le Wurtemberg; sur ces communautés, il faut consulter les articles KRUMMACHER, SJEBEL, HAHN, RAPP, PREZIGER, GUSTAVE WERNER.

I. OUVRAGES GÉNÉRAUX : Heinrich Schmid, *Geschichte der katholischen Kirche Deutschlands von der Mitte des XVIII Jahrhunderts bis in die Gegenwart*, Munich, 1872-1874, 3 volumes (protestant). — Brück, *Geschichte der katholischen Kirche im XIX Jahrhundert*, réédition due à Kissling, Mayence, 1902-1909, 5 volumes (catholique). — Nippold, *Handbuch der neuesten Kirchengeschichte seit der Restauration von 1814*, 3ᵉ édition, Berlin, 1889-1904, 5 volumes (protestant). — Silbernagl, *Die Kirchenpolitischen und religiösen Zustände im XIX Jahrhundert*, Landshut, 1901 (catholique). — Goyau, *L'Allemagne religieuse : le protestantisme*, Paris, 1898; *L'Allemagne religieuse : le catholicisme*, 4 vol., Paris, 1905-1909. — II. Sans empiéter ici sur les bibliographies qui, dans le reste du dictionnaire, seront consacrées, soit aux Églises des divers pays, soit aux personnalités religieuses, nous croyons devoir ajouter quelques indications bibliographiques relatives à certains détails de cet article. Sur le groupement catholique appelé confédération d'Eichstätt, voir : Ludwig, *Weihbischof Zirkel von Würzburg in seiner Stellung zur theologischen Aufklärung und zur kirchlichen Restauration*, Paderborn, 1904; Friedrich, *Geschichte des Vatikanischen Konzils*, Bonn, 1877, t. I. — Sur le congrès de Vienne : Klüber, *Akten des Wiener Kongresses*, 9 vol., Erlangen, 1815-1835. — Sur les rapports entre Rome et les États allemands : Otto Mejer, *Zur Geschichte der römisch-deutschen Frage*, 3 vol., Rostock, 1871-1874; Fribourg, 1885. — Sur les attaches romaines du renouveau artistique allemand : Noack, *Deutsches Leben in Rom*, Stuttgart, 1909. — Sur la portée catholique du romantisme allemand : Eichendorff, *Geschichte der poetischen Literatur in Deutschland*, 3ᵉ édit., Kempten, 1907. — Sur les mystiques allemands de la première moitié du XIXᵉ siècle : Jocham, *Memoiren eines Obskuranten*, Kempten, 1896. — Sur le *Deutschkatholicismus* : Kampe, *Geschichte der religiösen Bewegung der neuen Zeit*, 4 vol., Leipzig, 1852-1860. — Sur les catholiques au parlement de Francfort : Droysen, *Die Verhandlungen des Verfassungsausschusses der deutschen Nationalversammlung*, Leipzig, 1849; Wigard, *Stenographischer Bericht der Frankfurter Versammlung*; Jürgens, *Zur Geschichte des deutschen Verfassungswerkes, 1848-1849*, Brunschwick, 1850; Wichmann, *Denkwürdigkeiten aus dem ersten deutschen Parlament*, Hanovre, 1890. — Sur les grandes assemblées catholiques allemandes : *Congrès de Mayence de 1848*, trad. Bessières, Paris, 1906; May, *Geschichte der Generalversammlungen der Katholiken Deutschlands*, Cologne, 1903. — Sur les grandes missions de jésuites : Duhr, *Aktenstücke zur Geschichte der Jesuitenmissionen in Deutschland*, Fribourg, 1903. — Sur le *Culturkampf* bismarckien : Goyau, *Bismarck et l'Église : le Culturkampf*, 2 vol., Paris, 1910; Kissling, *Geschichte des Culturkampfes im deutschen Reiche*, Fribourg, 1911, t. I. — On trouvera dans la 7ᵉ édition de Dahlmann-Waitz, *Quellenkunde der deutschen Geschichte*, Leipzig, 1906, et dans les suppléments de cette édition, une bibliographie copieuse relative à l'histoire ecclésiastique de l'Allemagne.

G. GOYAU.

1. ALLEMAND (ANTOINE D'), évêque de Cahors, de 1465 à 1475, de Clermont, en 1475-1476, et de nouveau de Cahors, de 1476 à 1493. Il appartient à la même famille que le cardinal d'Arles, sinon à la même branche; d'après notre Dominici, il était le frère de Laurent, qui fut évêque de Grenoble, puis d'Orange, (ci-dessous col. 595) et d'Hélène, qui fut la mère de Bayard. Ces données ne concordent pas avec toutes les généalogies. Dans les pièces diverses que nous avons sur lui, son neveu est appelé Antoine d'Allemand de La Roche-Chinard (canton de Saint-Jean-en-Royans, arrondissement de Valence, Drôme). L'illustration de sa famille lui valut de très bonne heure une haute situation : il était « orateur » du roi de France en la curie romaine, lorsque, le 18 septembre 1465, il reçut ses bulles pour l'évêché de Cahors, vacant par la mort du cardinal Louis d'Albret qui possédait cet évêché en commende. Arch. Vatic., fonds Latran, *639*, fol. 149 et 151. Le pape réservait une pension de 500 florins d'or pour le cardinal Richard, du titre de Saint-Eusèbe. *Ibid.*, *641*, fol. 55. Il arriva dans le diocèse aux premiers jours de 1466. Le 31 janvier, il était dans la bonne ville de Cajarc, située sur son chemin, et le 8 février, il faisait à Cahors son entrée solennelle. Il ne résida pas très longtemps et fut sans doute renvoyé de nouveau à Rome par le roi. Nous l'y trouvons en mai 1469, chargé de quelque enquête (Reg. Vat., *532*, fol. 140), et en juin 1470, le pape l'autorise à faire la visite de son diocèse par quelque délégué (fonds Latran, *703*, fol. 6 v°). Il possédait, au moment de son élection, la prévôté des Saints-Antoine-et-Dalmace, au diocèse de Turin, et il avait été autorisé à la garder en commende; ce fut l'occasion de difficultés dont on trouve le détail dans le registre des brefs de Paul II, Arm. XXXIX, t. 10, fol. 59; t. 12, fol. 32 v°-118 v°. Ces difficultés furent sans doute la cause de son retard à payer la pension du cardinal Richard, ce qui lui fit un moment frapper d'excommunication (bulle d'absolution, le 8 juin 1471, fonds Latran, *704*, fol. 277).

Pendant son absence, le diocèse eut à se prononcer dans le conflit entre le duc de Guienne et son frère : il écrivit de se ranger au parti de Louis XI, ce qui lui fit saisir ses droits par le prince irrité, mais ils lui furent rendus en 1470, dans une réunion des États du Querçy, à Cahors, où, sans doute, l'évêque était revenu. L'année suivante, Antoine d'Allemand se fit représenter par son neveu aux États de Guienne, et il semble probable que ce même neveu gouvernait encore pour lui le diocèse en 1473 quand fut fondé un nouveau collège (Saint-Michel), en l'université de Cahors, et quand furent réglées diverses affaires intéressant la même institution.

Presque tous nos auteurs, à l'exception de Lacoste, le font mourir en 1474 ou 1475. Mais l'évêque était alors en cour de Rome. Le 8 mars 1475, il était transféré à l'évêché de Clermont, et remplacé à Cahors par Guiscard d'Aubusson, évêque de Conserans. Mais les difficultés que lui suscita le cardinal de Bourbon, archevêque de Lyon, qui voulait avoir Clermont en commende, l'amenèrent à demander son retour à Cahors. Il est à noter que pendant cette année 1475, où il tenta, mais fut empêché, de prendre possession de Clermont, on le trouve nommé, dans des actes, évêque de Clermont et administrateur de Cahors: de fait, des bulles de Sixte IV l'autorisaient à jouir des revenus de son ancien évêché jusqu'à ce qu'il eût pris possession paisible du nouveau. Reg. Vat., *546*, fol. 121 v°. Enfin, le 15 juillet 1476, il recevait ses bulles pour revenir à Cahors, pendant que Guiscard d'Aubusson recevait les siennes pour Carcassonne. Antoine gardait pour un temps la prévôté de Saint-Dalmace que devait lui enlever Innocent VIII et obtenait, en compensation de ses ennuis, l'abbaye de Grandmont. Arch. Vat., fonds Latran, *766*, fol. 1. 2, *242* v°; *761*, fol. 150; Arch. nation. X¹ A, *1827*, fol. 19, 81 sq. Cette seconde translation n'a été connue d'aucun de nos auteurs qui ont confondu Antoine de retour avec son neveu. Au temps où Lacroix écrivait en *Series episcop. Cadurc.*, certains auteurs ne parlaient que d'un Antoine seulement, mais ne connaissaient pas l'élection de Guiscard. Martène, en ses *Veter. script.*, t. II, a publié deux lettres du pape au roi de France, relatives à Antoine d'Allemand, qui auraient pu ouvrir les yeux aux auteurs postérieurs. L'évêque fit une seconde entrée solennelle, le 18 décembre 1477, comme la première fois. Les événements les plus saillants de son nouveau pontificat sont un long procès avec Guiscard d'Aubusson, qui ne finit même pas avec lui; un autre long procès avec son chapitre qui avait obtenu une bulle d'exemption à l'égard de sa juridiction et qui dut, après de nombreuses alternatives que Lacroix nous a signalées et qu'on peut suivre dans les bulles d'Innocent VIII, renoncer à son indépendance (arch. Vat., fonds Latran, *838*, fol. 158; *847*, fol. 360; *971*, fol. 94, etc. Invent. de Practis, Armar. XXXIX, t. 20, fol. 39 v°; Bibl. nat., Doat. *120*, fol. 238); enfin la fondation en l'église cathédrale de huit chapellenies pour une chapelle Notre-Dame, bâtie par lui à grands frais et appelée aujourd'hui chapelle profonde : les revenus de deux paroisses étaient affectés à cette fondation dont Lacroix nous a laissé l'acte *in extenso* (confirmation le 25 février 1490, par Innocent VIII, et le 4 juin 1496, par Alexandre VI : Arch. du fonds de Latran, *904*, fol. 333; *988*, fol. 98 v°). Cette fondation est à remarquer parce qu'elle est la première connue intéressant la musique religieuse dans la cathédrale de Cahors. Il fit également reconstruire ou réparer le palais épiscopal et ses châteaux d'Albas et de Mercués et, dans l'église cathédrale, la chapelle du Saint-Suaire. On attribue à son influence le transfert du Querçy dans le ressort du parlement de Toulouse.

Le 14 octobre 1493, Antoine d'Allemand accompagnait le nouvel archevêque de Bourges qui allait prendre possession (*Gallia*, t. II, col. 92); il était bien près de sa fin. Le 12 novembre, le roi promettait à Benoît de Jean l'évêché de Cahors, bientôt vacant par la mort du prélat dont on attendait à chaque instant le dernier soupir. Arch. du Lot, F⁸, p. 101. Nous ne savons pas au juste la date de sa mort qui arriva peu de temps après en Dauphiné, où l'évêque s'était rendu (à Saint-Nazaire, canton de Grenoble). Ses funérailles eurent lieu à Cahors, si nous en croyons les livres de comptes du chapitre de Montpezat, où il en est question à la date du 4 décembre 1493. Arch. de Tarn-et-Garonne, G. *810*.

L'évêque et son vicaire général avaient peuplé le chapitre de Cahors de leur parenté : ainsi, nous trouvons Antoine d'Allemand de la Roche-Chinard qui fut vicaire général de longues années; il fut délégué aux États généraux de 1483. Il avait le titre de protonotaire apostolique et, entre autres bénéfices, l'archidiaconé de Tornès en la cathédrale. Il mourut en 1497. Talabard d'Allemand, grand-archidiacre en 1479, encore en 1491; Charles d'Allemand, ancien vicaire général et chancelier de l'université de Cahors en

1487 ; Pierre d'Allemand, chancelier en 1498, bien qu'il n'eût pas ses grades et fût de naissance irrégulière ; Jacques Allemand, archiprêtre de Névèges et chantre du chapitre vers 1489 ; Jean d'Allemand, qui le remplace comme chantre, au moins vers 1514 ; Gaspard d'Allemand, qui remplace Jean en 1534 ; et, d'après certains auteurs, c'étaient également des parents que Louis de Thesio, chancelier de l'université, de 1496 à 1498, puis archidiacre de Cahors, et Melchior de Theis, chancelier en 1525 ; mais peut-être étaient-ce des membres de la famille de Tieys, qu'on trouve à Montauban, au milieu du XVIe siècle.

Archives du Vatican : Reg. des bulles, reg. de la Chambre apost. — *Archives nat.* : reg. du Parlement, N° 4, *1495, 1527*. — Lacroix, *Series ep. Cad.*, p. 320, 323. et trad. Ayma, t. II, p. 292 sq. — Lacoste, *Hist. du Quercy*, t. III, 425, 448 ; IV, 9, 13, 59, 64 ; *Bibl. mun. de Cahors*, divers mss. d'histoires du Quercy : Foulhiac, n. *56-57*, t. II, p. 506, 516-517 ; Salvat, n. *60-63*, t. II, p. 252-258 ; papiers Lacoste, *H*¹¹, hist. mss. des év. de Cahors par Boiresse? — Vidal, *Abrégé de l'hist. des év. de Cahors*, p. 57. — Guillou, *Les évêques de Cahors*, p. 110-112. — Ed. Albe, dans *Revue relig. de Cahors*, 12e année, p. 615. Armoiries : écartelé ; aux 1 et 4 d'azur (alii de gueules) semé de lys d'or, à la bande d'argent brochant sur le tout ; aux 2 et 3 d'argent au lion de gueules. armé, lampassé et couronné du même. Esquieu, *Armorial du Quercy*.

Ed. ALBE.

2. ALLEMAND (JEAN-BAPTISTE), prêtre du diocèse de Carpentras, naquit à Bédouin, le 6 avril 1737, de Grégoire Allemand et de Marie-Anne Dauberte. Son grand-oncle, Jacques Allemand, mort le 11 janvier 1760, était chanoine de l'église Saint-Pierre d'Avignon ; son neveu lui succéda ; c'est du moins ce que titre que nous le trouvons dans les listes de suspects du district d'Avignon. Il eut encore un oncle prêtre, l'abbé Siffrein Allemand, mort le 13 décembre 1776. Il était à Bédouin au début de 1794, non pas en vacances, quoi qu'on en dise, mais plus probablement pour fuir les poursuites des révolutionnaires d'Avignon. Bibliothèque d'Avignon, ms. *2527*, pièce n. 15, *Supplément à la liste des émigrés du district d'Avignon*, 14 germinal an II, p. 3. Or, c'est à ce moment qu'éclata l'affaire de Bédouin : l'abbé Allemand fut englobé dans la répression sanglante qu'imagina le représentant du peuple Maignet ; emprisonné dès le début, avec les notables destinés à servir d'otages et d'exemples, il fut jugé par le tribunal criminel d'Avignon, transporté à Bédouin le 9 mai, et condamné le 28, comme « prêtre insermenté » (et non par la *Commission populaire d'Orange*, ainsi que le dit l'abbé Guillon, p. 69 : elle ne commence ses séances que le 19 juin). L'exécution devait être immédiate : en effet, le même jour, dans la soirée, à l'âge de cinquante-sept ans, l'abbé Jean-Baptiste Allemand eut la tête tranchée, sur la place publique de Bédouin, où se dressait l'échafaud. Avec lui périrent soixante-deux autres victimes, dont François-Nicolas Allemand son frère, « ci-devant homme de loi, âgé de cinquante-neuf ans, né et domicilié à Bédouin », et Françoise Allemand, sa sœur, « ci-devant religieuse insermentée, âgée de cinquante et un ans, née et domiciliée à Bédouin. » Cf. *Jugement rendu par le tribunal criminel d'Avignon, ... qui déclare en état de contre-révolution la commune infâme de Bédouin... condamne à la peine de mort soixante-trois habitants de ladite commune*. Carpentras, 9 prairial an II, p. 20-21. Le corps de l'abbé Jean-Baptiste Allemand repose à Bédouin, avec celui de toutes les autres victimes de Maignet, à côté de la petite chapelle qui leur a été élevée et dont le terrain fut donné par le neveu même du chanoine, François-Xavier Allemand.

Abbé André, *Histoire de la Révolution avignonnaise*, Avignon, 1844, t. II, p. 281-284. — Ch. Berriat-Saint-Prix, *La justice révolutionnaire à Paris et dans les départements*. n. XI, *Tribunal criminel de Vaucluse, établi alors à Avignon, et s'étant transporté à Bédouin*, p. 9-24. — Abbé S. Bonnel, *Les 332 victimes de la Commission populaire d'Orange en 1794*, Carpentras, 1888, t. I, p. 2, note. — Charpenne, *Les grands épisodes de l'histoire de la Révolution avignonnaise*, Avignon, 1901, t. III : *L'affaire de Bédouin*, p. 117-127. — P. Gaffarel, *L'affaire de Bédouin*, dans *Congrès des sociétés savantes de Provence, Arles, mai-juin 1909*, Bergerac, 1910, p. 303-304 (avec bonne bibliographie). — Émile Le Gall, *L'affaire de Bédouin*, dans *Revue de la Révolution*, 1901, t. XLI, p. 289-310. — Abbé Guillon, *Les martyrs de la foi pendant la Révolution française*, Paris, 1821, t. II, p. 69. — Archives paroissiales et communales de Bédouin.

J. SAUTEL.

3. ALLEMAND (JEAN-JOSEPH), prêtre français, premier fondateur en France, au XIXe siècle, des *Œuvres dites de la jeunesse*, né à Marseille le 27 décembre 1772, décédé le 10 avril 1836. Cadet d'une nombreuse famille de commerçants, dès l'âge de treize ans, Jean-Joseph eut des rapports suivis avec les *prêtres du Sacré-Cœur*, appelés aussi *du Bon Pasteur*, et avec *l'œuvre de la jeunesse*, qu'ils dirigeaient. Malgré les événements qui se déroulaient alors à Marseille, il prit, dès 1792, l'habit ecclésiastique. L'abbé assistait aux rudes travaux de leur apostolat les prêtres traqués par la Révolution, les accompagnait dans leurs courses nocturnes, portait les dépêches, convoquait leurs assemblées. Quatre jours après le coup d'État du 18 fructidor, le 8 septembre 1797, il reçut de Mgr de Prunières, évêque de Grasse, la tonsure et les ordres mineurs, puis, successivement, le sous-diaconat, le diaconat et la prêtrise, les 2 mai, 2 juin et 19 juillet 1798. Il subsista, jusqu'en 1803, à l'aide de la charité. Les souvenirs de l'ancien Bon Pasteur lui faisaient désirer de doter Marseille d'une œuvre semblable à celle dont il avait ressenti les bienfaits durant ses jeunes années et qui sauverait les jeunes gens, pervertis par les doctrines révolutionnaires. Il consacra deux ans à former un petit noyau de vingt jeunes gens : la situation politique était encore bien troublée, mais elle allait ouvrir la voie à ce puissant travail de rénovation religieuse qui a fait chez nous des trente premières années du XIXe siècle une des plus fécondes époques de l'histoire de l'Église.

L'œuvre qui s'érigea rue du Laurier, après la signature du Concordat, commença à prendre sa forme définitive : réunion des jeunes gens les dimanches et jours de fêtes, ainsi que les soirées des jours ouvrables, autant que le permettaient leurs occupations, fondation d'associations pieuses, soutiens de la ferveur et l'un des meilleurs instruments d'action. Peu de temps après l'établissement de l'œuvre de la rue du Laurier, le nombre des congréganistes dépassait cent ; de 1803 à 1809, il s'éleva progressivement jusqu'à deux cents et au delà. En 1809, lors de la suppression des congrégations religieuses à Marseille, l'œuvre de M. Allemand fut suspendue (1809-1814). Peu de jours après l'abdication de Fontainebleau, il obtint la confirmation de l'autorisation donnée à l'œuvre en 1808, par Mgr de Cicé, avec la faculté d'en opérer la translation à la place de Leuche, dans un vaste hôtel qui, de 1757 à 1798, avait reçu les *Pauvres enfants abandonnés*. Il reprenait sa carrière de père de la jeunesse, et il institua les *semainiers*, pour le suppléer dans une certaine mesure. La grande mission de 1820, à laquelle prit part M. de Forbin-Janson — le futur évêque de Nancy — donna beaucoup de nouveaux membres à son œuvre, qu'il fallut établir plus grandement au quartier dit de la Croix-de-Reynier, où elle devait dépasser le chiffre de quatre cents membres ; M. Allemand avait quatre grands moyens de direction : faire obéir, faire pratiquer la mortification, faire pratiquer l'humilité, faire prier.

A partir de ce moment, l'œuvre n'a plus cessé d'exister. Marseille déplora sa mort, en avril 1836, comme un malheur public. La stabilité et la prospérité de l'*œuvre de la jeunesse de Marseille*, après soixante-quinze ans d'existence, sont dues à ce qu'elle était l'œuvre de Dieu et à l'admirable dévouement que ce saint prêtre sut inspirer à un certain nombre de ses disciples. Elle a reçu une grâce de fécondité admirable. Dix ans après la mort de M. l'abbé Allemand (1846), l'abbé Timon-David fondait, sur ce modèle, à Marseille, l'*œuvre de la jeunesse pour la classe ouvrière*. En 1848, les disciples de M. Allemand prêtaient leur concours pour l'organisation plus parfaite de l'*œuvre de la jeunesse de Nîmes*. Est encore issue en droite ligne de M. Allemand l'*œuvre des jeunes gens des Francs-Bourgeois*, fondée à Paris (1860), pour les jeunes gens de la classe moyenne, commis, employés d'administration, étudiants. Outre les trois œuvres de jeunesse, fondées en 1863 et en 1864, à Cassis, à Roquevaire et à la Ciotat, petites villes des environs de Marseille, ses disciples dirigent, depuis 1870, une quatrième œuvre établie à Marseille même, sur la paroisse de Saint-Victor.

F. Brunello, *Vie du serviteur de Dieu, Jean-Joseph Allemand, fondateur de l'œuvre de la jeunesse*, Paris, 1852. — Gaduel, *Le directeur de la jeunesse, ou la vie et l'esprit du serviteur de Dieu Jean-Joseph Allemand, prêtre du diocèse de Marseille, premier fondateur en France, au XIXᵉ siècle, des œuvres dites de la jeunesse*, Marseille, 1885. — *Revue du clergé français*, 1911, t. LXVIII, p. 697-707.

Fénelon GIBON.

4. ALLEMAND (LAURENT Iᵉʳ), évêque de Grenoble, abbé de Saint-Sernin de Toulouse, fut nommé évêque à la mort de son oncle Sybeud, le 19 janvier 1476. Il était fils d'Henri Allemand, seigneur de Laval, et frère d'Hélène Allemand, la mère du chevalier Bayard. Laurent Allemand a laissé une grande réputation de sainteté dont le « Loyal serviteur » s'est fait l'écho. « Le bon évesque qui oncques en sa vie ne fut las de faire plaisir à ung chascun,... icelluy évesque estoit (si ainsi on les peult appeler en ce monde) ung des plus sainetz et abbregé personnages que l'on sceust. »

Son premier épiscopat ne fut pas de très longue durée, car, en 1480, il fut transféré à Orange et son siège passa à Jost de Sillinen. Mais Jost, Suisse et diplomate, ne fit l'affaire ni des habitants, ni du roi, car Laurent fut redemandé par les trois États du Dauphiné et nous voyons que Charles VIII, en février 1484, écrit au cardinal de Milan, Stefano Nardino, pour lui demander d'intercéder auprès du pape, afin qu'il restitue à l'Église de Grenoble son évêque. D'après cette lettre, Jost de Sillinen se serait emparé du siège d'une façon assez peu régulière. Quoi qu'il en soit, le 8 mars 1484, le pape fit droit à la requête du roi de France. Laurent put reprendre possession de son Église à la fin de l'administration de Sillinen. Ce fut une joie immense pour le peuple et le retour de Laurent à Grenoble, le 14 août, fut pour lui un triomphe.

Si Laurent était en bons termes avec le roi de France, il était uni avec Charles Iᵉʳ, duc de Savoie, par d'anciens et intimes liens. Ce fut lui qui présenta Bayard au duc pour qu'il devînt son page et le récit du « Loyal serviteur » nous montre bien l'affection respectueuse que le duc avait vouée à son « évêque », Chambéry dépendant alors au spirituel de Grenoble.

L'épiscopat de Laurent à Grenoble fut on ne peut plus bienfaisant et actif. Visitant continuellement son diocèse, il en connaissait bien les besoins. Aussi le voit-on s'occuper de la réforme des livres liturgiques et des statuts synodaux, qu'il promulgua le 13 mai 1495 ; ce fut lui qui imposa au diocèse la fête de l'Immaculée Conception. Conservateur des privilèges de l'université de Grenoble, nous le voyons intervenir, le 17 novembre 1487, le 1ᵉʳ octobre 1492, le 17 juin 1495, pour confirmer la nomination des juges et sous-conservateurs des privilèges de l'université de Valence. Il conserva probablement, sa vie durant, l'abbaye de Saint-Sernin de Toulouse car, le 10 juin 1482, il s'intitule : « conseiller du roi, commis au gouvernement et à l'administration de la temporalité de l'abbaye du monastère de Saint-Sernin de Toulouse, » et, en 1494, il fonda un couvent de minimes à Toulouse.

A Grenoble, ses fondations charitables durent être probablement nombreuses. Le 16 août 1505, nous le voyons confirmer les antiques possessions de la Grande Chartreuse et, en 1509, fonder un couvent de minimes à la Plaine. C'est dans l'église de ce monastère que Bayard sera un jour enterré. Le couvent, d'après la fondation, devait compter treize religieux prêtres et posséder une école de théologie. Jules II, par bulle de 1509, autorisa l'évêque à unir à ce couvent le prieuré de Notre-Dame de Jarrie, afin d'augmenter les revenus du nouveau monastère. Laurent Iᵉʳ Allemand, qui avait toujours eu la plus tendre affection pour Bayard, qui l'avait équipé de ses deniers lorsqu'il le présenta à la cour de Charles Iᵉʳ, reçut un jour son neveu malade, au retour de la campagne d'Italie. La bonté du vieil évêque se laissa voir dans une lettre qu'il écrivit à cette occasion, en 1512, à la reine, Anne de Bretagne. Celle-ci avait envoyé à Grenoble son médecin qui remit Bayard sur pieds. Elle avait, en outre, le dessein de marier le vaillant soldat à la fille du vicomte de Rodez, probablement Guillaume de Carmain. L'évêque remercia sa souveraine en termes touchants et lui fit part des difficultés qu'il entrevoyait à l'union projetée.

Le 1ᵉʳ juin 1516, Laurent écrivit à Léon X après l'enquête dont il avait été chargé sur la vie de saint François de Paule. Il fit son testament en 1518 et résigna son évêché en faveur de son neveu Laurent II. Il mourut vers 1520.

Gallia christ., t. XVI, col. 252-253. — Rochas, *Biogr. du Dauphiné*, Paris, 1856, t. I, p. 20. — Roman, *Le Loyal serviteur* (Société de l'hist. de France), Paris, 1878, p. 7-13, 435 (lettre à Anne de Bretagne). — Fournier, *Statuts et privilèges des universités françaises*, Paris, 1890-1892, t. I, p. 868 ; t. III, p. 384, 408, 411. — *Invent. des archives hospital. de Grenoble*, Grenoble, 1892, série II, p. 202.

A. VOGT.

5. ALLEMAND (LAURENT II), neveu et successeur du précédent sur le siège de Grenoble. Il fut élu par le chapitre, le 26 avril 1518, et mourut le 5 septembre 1561. De son épiscopat nous savons peu de choses. En 1518 il succéda à son oncle comme abbé de Saint-Sernin ; en 1556 il obtint de Paul IV une bulle, exécutée en 1557, par laquelle l'évêque et les chanoines de Grenoble étaient rendus à la vie séculière qu'ils avaient quittée au XIIᵉ siècle pour la vie régulière. Au mois de septembre 1560, François II lui confirma les antiques libertés du Dauphiné. Nous ignorons quelle fut son attitude à l'égard des réformés qui n'attendirent pas de longues années avant de prêcher en Dauphiné. Nous connaissons cependant son intervention dans le procès de Sébiville. Le 16 novembre 1524, celui-ci fut obligé de se rétracter. L'évêque ne l'en déclara pas moins indigne de posséder des bénéfices dans son diocèse et le bannit à perpétuité. La sentence, du reste, ne paraît pas avoir été exécutée.

Gallia christiana, t. XVI, col. 253-254. — Rochas, *Biographie du Dauphiné*, Paris, 1856, t. I, p. 21. — *Bulletin de l'Académie delphinale*, Grenoble, 1867, t. III, p. 376. — Arnaud, *Histoire des protestants du Dauphiné*, Paris, 1875, t. I, p. 15.

A. VOGT.

6. ALLEMAND (Sybold, Siboud, Sibeud), évêque de Grenoble, Sybold était fils de Jean Allemand, de Séchilienne. Doyen du chapitre de la cathédrale de Grenoble, le 22 mai 1445, nous le trouvons, en septembre 1450, évêque de cette ville. Il ne prit possession de son siège, cependant, qu'en 1454, peut-être parce qu'en 1450 il n'avait pas l'âge canonique. De cet épiscopat nous ne savons pas grand'chose. En 1454, il fit refaire les murs de sa ville épiscopale; le 1er mai 1455, il présida une assemblée de famille en son palais. Le 31 mars d'une année inconnue, entre 1454 et 1456, le dauphin Louis le convoqua pour se rendre à l'assemblée des prélats qui se tiendra à Romans le mardi après Quasimodo. Déjà (le 12 avril 1450?), il l'avait prié de venir conférer, le 25, à Grenoble, relativement à l'assemblée du clergé qui devait avoir lieu à Chartres, le 15 mai, à la demande de Nicolas V, pour discuter de l'annulation de la Pragmatique sanction.

C'est sous son pontificat que les religieuses de Sainte-Claire de Chambéry vinrent fonder un monastère dans le diocèse. En 1461, un acte conservé aux archives de l'Isère (*B 3262*) nous apprend que l'évêque alla, comme il convenait, au sacre du roi-dauphin. Il obtint même pour ses frais de voyage 900 florins; mais ayant affecté une partie de cette somme pour la fondation d'une messe au couvent Saint-Antoine, il reçut le complément des 900 florins, soit 300.

Nous savons qu'il fonda aussi à Séchilienne, son lieu d'origine, un hôpital et quatre prébendes régulières qui, avec le prieuré du même lieu, étaient unis à la cathédrale. Il renouvela enfin les statuts synodaux. Tout ceci nous laisse entrevoir un évêque bienfaisant, pieux et régulier.

Il mourut le 20 ou 29 janvier 1477. Il avait résigné, en janvier 1476, son siège en faveur de son neveu Laurent.

Gallia christiana, t. xvi, col. 251. — Rochas, *Biogr. du Dauphiné*, Paris, 1856, t. i, p. 20. — Vaesen, *Lettres de Louis XI (Soc. hist. de France)*, Paris, 1883, t. i, p. 146-147. — Eubel, *Hierarchia*, t. ii, p. 178. — Beaucourt, *Hist. de Charles VII*, Paris, 1890, t. v, p. 204. — *Bull. Acad. delphinale*, catalogue des évêques de Grenoble, 1867, IIIe série, t. iii, p. 375.

A. VOGT.

7. ALLEMAND-LAVIGERIE (Charles-Martial). Voir LAVIGERIE (Charles-Martial-Allemand).

ALLEMANT (Marne), ancien diocèse de Troyes et doyenné de Sézanne. Il y avait dans la paroisse d'Allemant un prieuré sous le vocable de saint Remy et appartenant à l'ordre bénédictin. Peut-être dut-il son origine aux religieux de Marmoutier, propriétaires, à la suite de donations, de nombreux domaines dans cette région. Bouquet, *Recueil des historiens des Gaules*, t. ix, p. 720-721. Vers 1090, il avait passé sous la dépendance de l'abbaye voisine de Saint-Gond d'Oyes. En 1342, quand celle-ci fut unie au monastère de Montier-la-Celle, près Troyes, le prieuré eut l'abbé pour collateur. Le titulaire était taxé, en 1381, à 50 sous dans l'aide accordée à Charles VI par le clergé troyen. D'Arbois de Jubainville, *Pouillé du diocèse de Troyes*, Troyes, 1853, p. 444. Montier-la-Celle ayant été réunie à son tour en 1770 à l'évêché, le prieuré d'Allemant ne fut plus qu'un bénéfice à nomination royale.

En 1783, le titulaire était J.-B. André, prêtre religieux de Montier-la-Celle. Lalore, *Cartul. de Montier-la-Celle*, Paris, Troyes, 1882, p. xxvi, et archives de l'Aube, *H* et *4 G 14*.

Gallia christiana, t. xii, *Instrum.*, col. 292-294. — Courtalon, *Topog. histor. de la ville et du dioc. de Troyes*,

Troyes, 1784, t. iii, p. 266. — Millard, *Histoire de Sézanne*, 1897, t. i, p. 36.

Arthur PRÉVOST.

1. ALLEN (Edmond), 1519?-1559, théologien anglican, fellow de Corpus Christi College à Cambridge, voyagea pendant plusieurs années sur le continent, à partir de 1539; pendant ces voyages il se perfectionna dans les langues grecque et latine, connus au protestantisme et se maria. De retour en Angleterre en 1549, il fut chapelain de la princesse Élisabeth, plus tard reine, et jugea prudent de s'exiler à l'avènement de Marie. Élisabeth en fit un de ses chapelains, et le nomma au siège de Rochester en 1559. Il mourut avant d'avoir pris possession. Il a laissé une *Introduction chrétienne contenant les principes de notre foi*, Londres, 1548, 1550, 1551; un *Catéchisme*, Londres, 1551, et plusieurs traductions d'ouvrages d'Aless, Mélanchthon, Pelican, Jude, Gribald.

Thomson Cooper, dans le *Dict. of nat. biogr.*, t. i, p. 303sq.

J. DE LA SERVIÈRE.

2. ALLEN (John), archevêque de Dublin (1476-1534). Il naquit à Dublin, étudia à Oxford et à Cambridge et passa plusieurs années de sa jeunesse en Italie. Ordonné prêtre le 25 août 1499, il débuta comme curé de Chislet, dans le diocèse de Canterbury, et ne tarda pas à obtenir de nombreux bénéfices. Il commença, en 1522, à jouir de la faveur de Wolsey et seconda dès lors les desseins du cardinal. En juillet 1527, il l'accompagna dans sa mission en France, qui avait pour but de resserrer l'entente franco-anglaise. L'année suivante il fut élu archevêque de Dublin et créé chancelier d'Irlande. Sa consécration épiscopale eut lieu le 13 mars 1529. Wolsey étant tombé en disgrâce, en octobre 1529, le clergé anglais qui lui était demeuré fidèle se vit frapper d'amende pour violation des fameux statuts de *praemunire*. Allen eut à payer, pour son compte, une amende énorme qui l'appauvrit considérablement. En 1534 éclata le formidable soulèvement de lord Thomas Fitzgerald. L'archevêque de Dublin essaya d'échapper aux fureurs des révoltés en fuyant en Angleterre. Les vents l'ayant rejeté sur la côte irlandaise, il fut saisi par lord Thomas et massacré le 27 ou le 28 juillet 1534. John Allen a laissé deux traités canoniques : *Epistola de pallii significatione activa et passiva; De consuetudinibus ac statutis in tuitoris causis observandis*. Deux registres compilés par ses soins existent encore, qui fournissent d'utiles informations sur le diocèse de Dublin et ses paroisses.

State papers of Henry VIII, Londres, 1834, t. ii. — *Calendars and State papers : Henry VIII*, Londres, 1867 sq., t. iii à vii. — Wood, *Athenæ Oxonienses*, édit. Bliss, Londres, 1813, t. i, p. 76-77. — Stokes, *Calendar of the Liber Niger Angeli*, Dublin, 1893. — Gairdner, art. *Allen*, dans le *Dictionary of national biography*, Londres, 1908.

L. GOUGAUD.

3. ALLEN ou **ALLIN** (John), pasteur puritain, né en 1596, *magister artium* de Cambridge, émigra vers 1637-1638, avec une bande de puritains qui s'embarquaient pour la Nouvelle-Angleterre, afin de fuir la persécution exercée contre lui par le clergé de la haute Église. En 1639, il fut pasteur de l'église congrégationnelle de Dedham (Massachusetts). Il répondit, d'accord avec Thomas Shepard, aux objections soulevées par les théologiens anglais contre les modifications apportées par les émigrés d'Amérique à certains points de discipline; *A defence of the nine positions*. Plus tard, il prit une part active à la discussion engagée entre les puritains de la Nouvelle-Angleterre au sujet du baptême, et défendit les positions adoptées par le synode de Boston en 1662. *Defence of the synod held at Boston in the year 1662*. Il publia, avec Shepard, un traité sur la réforme de l'Église, *Church reformation*.

Lorsqu'en 1646 le Parlement voulut imposer ses

décisions aux colons de la Nouvelle-Angleterre, ceux-ci choisirent Allen pour leur « voix », et dans un remarquable mémoire, il établit les droits respectifs de la mère patrie et de ses colonies. Il mourut en 1671.

A. B. Grosart, dans *Dict. of nat. biogr.*, t. I, p. 307.

J. DE LA SERVIÈRE.

4. ALLEN (NICOLAS), évêque de Meath (Irlande). Abbé du monastère des chanoines de Saint-Augustin de Saint-Thomas près de Dublin, il fut nommé évêque de Meath, au commencement de 1353. Il prêta le serment comme trésorier d'Irlande le 10 mars 1357. Il mourut le 15 janvier 1367.

J. Waraeus, *Hibernia sacra*, Dublin, 1717, p. 35. — Eubel, *Hierarchia catholica medii aevi*, t. I, p. 354.

A. TAYLOR.

5. ALLEN (SAMUEL WEBSTER), évêque de Shrewsbury. Né à Stockport le 23 mai 1844, élevé au collège d'Oscott et au collège anglais de Rome, Allen fut ordonné prêtre à Liscard (Cheshire), le 4 décembre 1870. Secrétaire de Mgr Brown, évêque de Shrewsbury, de 1871 à 1880, administrateur de la cathédrale, de 1875 à 1897, et chanoine théologal à partir de 1882, il jouit d'une grande popularité parmi ses concitoyens, qui lui confièrent de hautes charges municipales.

Lors de la mort de Mgr Carroll, le 14 janvier 1897, Mgr Allen lui succède comme évêque de Shrewsbury. Le 16 juin 1897, il fut consacré par le cardinal Vaughan, archevêque de Westminster. Il fit faire beaucoup de progrès au catholicisme dans le diocèse de Shrewsbury pendant son épiscopat. Très savant, il était versé surtout dans la langue syriaque et dan l'égyptologie. Il mourut le 13 mai 1908, à la suite d'une longue maladie.

The Tablet, 16 et 23 mai 1908.

A. TAYLOR.

6. ALLEN (WILLIAM), cardinal (1532-1594), fut le second des six enfants de John Allen de Rossall (comté de Lancastre) et de Jane Lister de Westby (comté d'York). Par le sang, il se trouvait allié aux principales familles du comté de Lancastre. A l'âge de quinze ans, il entra à Oriel College, à Oxford. Bachelier ès arts en 1550, il fut élu à l'unanimité fellow de son collège. Quatre années plus tard, il devenait maître ès arts ; en 1556, principal de St. Mary's Hall (Oxford) et, en 1557, un des censeurs de l'université.

A Oxford, il eut comme professeur de philosophie le zélé catholique Morgan Philipps, qui devait devenir un jour son collaborateur. Lui-même resta toujours très attaché à sa foi. On a bien allégué, deux siècles après sa mort, qu'« il avait dû professer la religion réformée » au temps d'Édouard VI. Whitaker, *History of Richmondshire*, Londres, 1823, t. I, p. 144. Mais, comme on l'a fait remarquer, cette supposition tardive ne saurait servir de preuve à une accusation que démentent la constance d'Allen durant toute sa vie et le silence de ses adversaires les plus acharnés. Introduction de Thomas Heywood à la *Defence of sir W. Stanley*, p. LXV. Pendant le règne de Marie Tudor, il se destina à l'état ecclésiastique et obtint, en 1558, un canonicat à la cathédrale d'York ; toutefois il ne reçut aucun ordre majeur avant de passer sur le continent.

A l'avènement d'Élisabeth, il résigne sa charge de président de St. Mary's Hall ; mais il reste encore quelque temps à l'université d'Oxford. C'est en 1561 qu'il fuit en Flandre, à Louvain, où il rencontre nombre de ses compatriotes bannis pour leur foi. Il y écrit son premier ouvrage, un traité sur le purgatoire en anglais : *A defense and declaration of the catholike Churches doctrine touching purgatory and prayers for the soules departed*, imprimé à Anvers en 1565. Pour subvenir à ses besoins, William s'était chargé de l'éducation d'un jeune gentilhomme anglais, Christophe Blount, qui devait mourir sur l'échafaud (1600), dans la conjuration du comte d'Essex. Mais les soins assidus qu'il lui prodigua, durant une grave maladie, se joignant à ses études, affaiblirent sa santé au point de nécessiter l'air natal. Déguisé, il retourna dans le comté de Lancastre et se cacha parmi les siens (1562).

Déjà l'esprit apostolique, qui devait l'animer jusqu'à son dernier souffle, enflammait son zèle. Il combat avec énergie et persévérance la théorie des catholiques pusillanimes qui, par crainte des sanctions pénales, se soumettaient aux lois et participaient aux rites de l'Église anglicane, tout en prétendant rester unis de cœur à l'Église catholique. Tous ceux qu'il approche, Allen s'efforce de les persuader qu'agir ainsi c'est apostasier. Aussi détourne-t-il de l'anglicanisme beaucoup de ses compatriotes du Lancashire et des comtés voisins. Strype remarque qu'en 1567, les gens du comté de Lancastre et des pays limitrophes sont en grand nombre papistes, que la messe continue à s'y dire, que les prêtres y sont accueillis et hébergés, que le « Livre de la commune prière » n'est pas observé, que beaucoup d'églises sont vides ou désertes. Bientôt la plupart des catholiques du Lancashire soutiendront l'œuvre des séminaires d'Allen. Et le gouvernement, même après la répression de la révolte du nord, surveillera d'un œil inquiet le pays évangélisé par Allen.

Recherché par les magistrats du Lancashire, Allen se réfugia dans les environs d'Oxford ; c'est alors qu'il composa un traité de controverse sur le sacerdoce et les indulgences : *A treatise made in defence of the lawful power and authoritie of priesthood to remitte sinnes : Of the peoples dutie for confession of their sinnes to God ministers : And of the churches meaning concerning indulgences, commonly called the Popes pardons*, publié à Louvain en 1567. Mais il continuait en cachette son œuvre d'apostolat. Inquiété de nouveau, il trouva un asile dans la famille du duc de Norfolk qui, bien que protestant lui-même, protégea plusieurs savants catholiques. Dans sa retraite, Allen écrivit *Certain brief reasons concerning catholic faith*, ouvrage qui parut à Douai, en 1564. Son zèle ne put rester longtemps inactif. Revenu à Oxford, il convertit une personne de sa connaissance dont les parents le poursuivirent si impitoyablement qu'il dut repasser la Manche et retourner dans les Pays-Bas (1565). Il ne devait plus revoir sa patrie. Il fut ordonné prêtre à Malines, où il avait reçu les autres ordres (J. Knox, *Letters and memorials of cardinal Allen*, Londres, 1882, p. 317) ; et on le chargea d'enseigner la théologie au collège bénédictin de cette ville.

Allen était revenu de son pays avec la persuasion que le peuple n'était protestant que par contrainte, et non par libre élection, que la majorité redeviendrait catholique aussitôt que la prédication et le culte seraient libres. L'avenir tout entier dépendait donc de prêtres et de controversistes instruits, prêts à entrer dans le pays, le moment venu. Il fallait en conséquence préparer l'armée pacifique, qui reconquerrait l'Angleterre à la foi catholique. Bientôt Allen devait réaliser son idée et son désir. A l'automne de 1567, il accompagna à Rome, avec son ancien maître Morgan Philipps, le Dr Vendeville, professeur de droit canonique à l'université de Douai et plus tard évêque de Tournai. Vendeville, qui avait exposé à Pie V sans succès son idée d'évangéliser les infidèles de Barbarie, s'en ouvrit à Allen, sur la route du retour. Celui-ci s'empressa de faire coopérer aux siens les projets apostoliques de son ami. Pourquoi chercher au delà des mers ? Les Pays-Bas et l'Angleterre n'offraient-ils pas au zèle de Vendeville un champ suffisant? L'Église anglaise, privée de prêtres, agonisait. Si le schisme durait longtemps encore, les catholiques instruits qui s'étaient exilés disparaîtraient peu à peu, et l'hérésie triomphante dominerait sans lutte et pour toujours le royaume. Il fallait donc fonder un collège de jeunes Anglais, d'où renaîtrait un jour l'Angleterre catholique. Knox, *op. cit.*, p. 54. Vendeville se laissa persuader. Telle fut l'origine du collège de Douai, sur le modèle duquel se formèrent les autres séminaires ou communautés qui devaient fournir à la Grande-Bretagne une pléiade de missionnaires. Toutefois, l'idée des missions fut d'abord étrangère aux fondateurs, qui voulurent seulement former un clergé capable de restaurer un jour la religion catholique en Angleterre et procurer aux étudiants anglais à l'étranger l'éducation universitaire, ainsi que l'instruction religieuse.

A la Saint-Michel de 1568, s'ouvrit, proche de l'université, le collège anglais de Douai. Allen voulut en faire comme le prolongement de l'université d'Oxford : le premier chancelier, Richard Smith, avait enseigné à Oxford; et d'Oxford venaient les membres les plus influents du nouveau collège. Allen sut s'entourer des professeurs catholiques les plus éminents : Morgan Philipps, Richard Bristow, John Marshall, Edward Risdon, John White, Gregory Martin, Stapleton, tous célèbres encore parmi les catholiques anglais. Ils vivaient ensemble, sans règle imposée et dans une mutuelle harmonie, travaillant pour une cause commune. Philippe II, dans les États duquel Douai se trouvait, patronna le collège, lui donna une abbaye de Calabre et une pension annuelle sur les revenus de l'archevêché de Palerme; Pie V l'approuva et le mit au rang des séminaires que venait de prescrire le concile de Trente. Le nombre des étudiants augmenta d'année en année, malgré les lois pénales portées contre les Anglais qui fréquentaient les séminaires du continent. A la fin de 1576, cent vingt jeunes Anglais suivent les cours du collège et cent soixante ceux de l'université. Pour subvenir aux frais, on recourut aux aumônes des catholiques de Flandre et d'Angleterre. Grégoire XIII, en 1575, s'engagea à verser une somme annuelle de 1 200 écus d'or. Dodd, *Church history*, édit. Tierney, t. II, Append., n. LII. Allen, malgré ses soucis et ses occupations d'ordre extérieur, avait continué ses études théologiques : bachelier en 1569 et licencié en 1570, il fut docteur l'année suivante, et reçut la chaire royale de théologie, aux appointements de 200 ducats. Mais son œuvre en pleine prospérité fut menacée de ruine. C'était le temps où les Pays-Bas étaient en révolte. Les calvinistes du parti du prince d'Orange représentèrent comme partisans de l'Espagne les exilés anglais; on les soumit à des visites domiciliaires, et ils ne purent sortir sans danger. D'Angleterre, des assassins, disait-on, avaient été envoyés à Douai pour se débarrasser des catholiques les plus influents. Allen se retira à Paris. En mars 1578, le parti révolutionnaire arriva au pouvoir et signifia aux Anglais d'avoir à quitter la ville en quelques heures. Ils se réfugièrent à Reims, où leur collège, sous le patronage du cardinal Louis de Guise, put se reconstituer. Grégoire XIII, pour les frais de déplacement, leur octroya 500 écus d'or, et Philippe II leur promit une rente annuelle de 1600 florins. En 1593, ils retournèrent au séminaire de Douai, que, deux siècles plus tard (octobre 1793), devait supprimer la Révolution française. Du collège de Douai sortirent beaucoup de catholiques de la noblesse anglaise, deux archevêques, trente et un évêques, trois archiprêtres, cent un docteurs en théologie, cent soixante-neuf écrivains et beaucoup de religieux éminents.

Dès 1575, lors de son second voyage à Rome, Allen avait jeté les bases d'un séminaire anglais en cette ville. Il fut question de transformer en collège l'hospice pour pèlerins de la via di Monserrato que, depuis 1362, possédait l'Angleterre (cf. W. J. Croke, *The national English institutions in Rome during the fourteenth century*, dans *The Dublin review*, 1904, t. CXXXIV, p. 274-292); et Allen, les années suivantes, envoya à cet hospice les étudiants que ne pouvait plus contenir le séminaire de Douai. Mais ce ne fut qu'en 1579 que Grégoire XIII établit définitivement le *venerabile collegium Anglorum de Urbe*, en lui allouant une pension annuelle de 3 600 écus d'or, outre les 3 000 ducats de revenu de l'abbaye de San Sabino, près Plaisance.

Le nombre des élèves, fixé primitivement à quarante, était déjà de soixante-dix en 1585. Allen eut à rétablir la tranquillité qu'avait troublée la rivalité entre Anglais et Gallois. Cf. H. Morus, *Historia missionis Anglicanae societatis Jesu ab anno 1580 ad annum 1635* (1660), p. 55 sq.; Sacchi, *Historia societatis Jesu*, part IV, Rome, 1652, liv. VII, § 22 sq. Les actes originaux sont aux archives Vaticanes, *Miscellanea*, Arm. XI, t. 94, fol. 101 sq. Il mit le collège, en 1579, sous la direction des jésuites. Mais une rivalité d'un autre genre, entre prêtres séculiers et jésuites, y entretint la division et la zizanie. Deux fois (1585 et 1596), le pape dut nommer des visiteurs, à la tête desquels se trouvait le cardinal Sega, pour se rendre compte des plaintes et rétablir l'ordre. En 1597, il fallut rappeler d'Espagne et nommer recteur du collège le P. Robert Persons qui, plus que personne, possédait le don du commandement et de l'autorité. « Quand j'arrivai à Rome, raconte-t-il lui-même, je trouvai le collège divisé, comme un champ de bataille, en deux camps ennemis. » Sur la fondation et les premières années du collège anglais de Rome, voir aux archives Vaticanes, *Miscellanea*, Arm. XI, t. 94, *De collegiis urbis; Brevis narratio de origine ac progressu collegii Anglorum... ab 1578 usque 1582*, dans le *cod. Vatic. lat. 3494*; Anthony Mundy, *The English romayn life. Discovering of the lives of the Englishmen at home, the orders of the English seminaries...*, Londres, 1582; Humphrey Ely, *Certain briefe note upon a briefe apologie set out under the name of the priestes united to the archpriest...*, Paris [1603]; le diaire du collège avec nombre de documents, dans H. Foley, *Records of the English province of the Society of Jesus*, Londres, 1880, t. VI; le rapport du cardinal Sega, lors de la première visite du collège anglais, août 1585, que A. O. Meyer a publié aux pages 428-454 de son ouvrage: *England und die katholische Kirche unter Elisabeth*, Rome, 1911; le rapport de Robert Persons, S. J., un des recteurs du collège anglais, imprimé par Pollen dans les *Catholic Record Society Miscellanea*, 1906, t. II, p. 83-160.

Sur l'œuvre des collèges anglais vint naturellement se greffer celle des missions, à laquelle Allen s'adonna bientôt, bien qu'il ne semble pas y avoir d'abord songé. En 1574, Douai envoya quatre prêtres en Angleterre; en 1575, sept; en 1576, dix-huit. Knox, *Douai diaries*, p. 24. Une douzaine d'années après la fondation du collège, leur nombre atteignait cent. *Ibid.*, p. 27. « Si grand est le zèle de tous pour retourner en Angleterre, remarque-t-on alors, que le temps de la préparation leur paraît sans fin. » *Alcune cose... parte dall'lettere annali del seminario Inglese... in Fiandra per l'anno 1578, parte da lettere private di là*. Archives Vaticanes, *Miscellanea*, Arm. XI, t. 94, fol. 190. Mais c'est à son troisième voyage à Rome (1580) qu'Allen assura le grand développement des missions anglaises, en obtenant le concours des jésuites. Robert Persons, S. J. (1546-1610), et Edmond Campion, S. J. († 1581), prirent la direction de l'œuvre nouvelle et, les premiers de leur société, débarquèrent en Angleterre. Les efforts combinés des jésuites et des prêtres séculiers d'Allen provoquèrent toute une série de répressions de la part d'Élisabeth : les séminaires étrangers furent dénoncés comme des foyers de trahison; tous ceux dont les enfants, les pupilles ou les parents y étaient élevés eurent ordre de les rappeler dans les quatre mois. *Proclamation recalling students from foreign seminaries*, 10 janvier 1580. Allen répliqua par son *Apologie and true declaration of the institution and endevords of the two English colleges, the one in Rome, the other now resident in Rheimes, against certaine sinister informations given up against the same*, Mons, 1581. La première ordonnance d'Élisabeth étant restée lettre morte, une seconde déclara traîtres les jésuites et les prêtres d'Allen, ainsi que tous ceux qui leur donneraient l'hospitalité : *Proclamation denouncing jesuit traitors*, 1er avril 1582. Allen prit une seconde fois en mains la défense de ses missionnaires : *Apologia Gulielmi Alani, pro sacerdotibus Soc. Jesu et seminariorum alumnis contra edicta regia*, 1583. Les années suivantes les lois persécutrices redoublèrent de rigueur. En 1585 (*Statutes of the realm*, 27º Elizabeth, c. 2), tout prêtre dut quitter l'Angleterre dans le délai de quatorze jours; ceux qui resteraient dans le royaume ou leur hôtes étaient passibles de mort. Mais rien n'empêcha la prospérité des séminaires anglais et l'essor des missions. Le collège de Douai compte cent soixante martyrs et un bien plus grand nombre d'ecclésiastiques qui moururent en prison, ou souffrirent la détention et l'exil pour leur foi. Cf. T. G. Law, *A calendar of the English martyrs of the 16th and 17th centuries*, Londres, 1876; J. H. Pollen, *Acts of English martyrs, hitherto unpublished, with a preface by J. Morris*, Londres, 1891. Allen leur avait déclaré : « Si vous êtes envoyés aux païens on vous dira : Il n'y a pas de salut en dehors du Christ; et si vous êtes envoyés en Angleterre, on vous dira encore qu'il n'est point de salut en dehors de l'Église catholique. Que vous mouriez pour l'une ou l'autre cause, vous êtes assurés du même gain. » *L'Apologie and true declaration* déjà citée, fol. 82. Dès les premières années de son existence, le collège de Rome reçut le glorieux surnom de *Seminarium martyrum* et saint Philippe de Néri, lorsqu'il rencontrait dans les rues les séminaristes anglais, les saluait de ces mots d'admiration : *Salvete flores martyrum*.

Allen voulut toujours que ses œuvres d'apostolat restassent en dehors des préoccupations politiques. Séminaristes et missionnaires durent s'abstenir de ces préoccupations et on évita de traiter devant eux les questions relatives au pouvoir qu'a le pape d'excommunier et de déposer les princes séculiers. Mais lui-même, les dernières années de sa vie, fut mêlé aux diverses tentatives qui eurent pour but de renverser Élisabeth. Séminaires et missions ne suffisant pas pour restaurer le catholicisme en son pays, Allen n'hésita pas à recourir aux moyens politiques, puisque, depuis 1570, Élisabeth était excommuniée et que tout sujet était relevé de son devoir d'obéissance envers elle. En 1582, il commence à correspondre avec le duc de Guise et la reine d'Écosse, Marie Stuart. Dans la suite, il adhère à tous les plans de Persons contre Élisabeth. Quand on songe à faire roi d'Angleterre Jacques d'Écosse, le fils de Marie Stuart, il est convenu qu'Allen sera évêque de Durham. Mais après que Jacques eut adhéré à la Réforme, Allen devint avec Persons le champion du parti espagnol, qui affirmait que nul n'avait plus de droit à la couronne d'Angleterre que Philippe II. En 1587, il approuve hautement le gouverneur anglais sir William Stanley qui, sans se défendre, avait livré la place forte hollandaise de Deventer aux troupes espagnoles; il soutint même que tout Anglais, qui détenait quelque ville de Sa Majesté catholique, dans les Pays-Bas, devait suivre l'exemple de Stanley, sous peine de damnation. Le soldat catholique doit savoir que, « s'il meurt dans ce combat contre Dieu et pour l'hérésie, il est à jamais damné. » *The copie of a letter written by M. Doctor Allen, concerning the yielding up the citie of Daventrie unto his catholike Majestie, by sir William Stanley, Knight, wherein is shewed both howe lawful, honorable and necessarie that action was; and also that al others especiallie those of the English nation, that detayne anie townes, or other places, in the low countries, from the King Catholike, are bound, upon paine of damnation to the like*, Anvers, 1587. Il y eut des traductions latines, italiennes et françaises de cette lettre, qu'a rééditée la Chetam Society, en 1851, avec une introduction et des notes de Thomas Heywood. Le 7 août 1587, Sixte-Quint nommait Allen cardinal. Les projets d'invasion de Philippe réussissant, il fallait qu'il y eût un cardinal anglais, pour réconcilier l'Angleterre avec le Saint-Siège, comme l'avait fait Reginald Pole trente-trois ans plus tôt. « Ici, écrit-on de Rome, la promotion du cardinal Allen a consolé chacun, et réveillé dans les âmes un grand zèle pour le service de Dieu et de notre sainte foi. » Archives Vaticanes, *Nunziatura di Spagna*, t. 35, fol. 493. En lui annonçant la création du nouveau cardinal, le pape pressait Philippe II d'attaquer au plus tôt l'Angleterre; aussitôt Allen serait envoyé comme légat et nommé archevêque de Cantorbéry. Mais le roi tarda plus d'une année; et le désastre de l'*invincible Armada* (1588) ruina pour toujours les espérances des adversaires d'Élisabeth. Avant le départ de la flotte espagnole, Allen apposa sa signature à un pamphlet violent, dont le ton et le style ne sont pas de lui, et qu'avait inspiré Persons : *An admonition to the nobility and people of England and Ireland, concerning the present warres, made for the execution of his Holines sentence by the higge and mightie King Catholike of Spaine, by the cardinal of England*, Aº MDLXXXVIII. Anvers, 1588. A la fin on lisait : *From my lodginge in the palace of S. Peter in Rome this 28 of april 1588. The Cardinal.* (Ce pamphlet a été réédité à Londres, en 1842, avec une préface d'Eupater [Rev. J. Mendham].) On n'en fit qu'une traduction manuscrite à l'usage du duc de Parme et du pape. *Spanish calendars*, p. 289. L'abrégé en anglais fut au contraire répandu de tous côtés par milliers d'exemplaires; il était intitulé : *A declaration of the sentence of deposition of Elisabeth, the usurper and pretended quene of Englande*, 1588. On y exhortait les catholiques à se soulever en faveur de Philippe, contre « la prétendue reine que Pie V et Grégoire XIII avaient condamnée comme hérétique, usurpatrice et cause de la perte de milliers d'âmes, » contre « la bâtarde incestueuse, née dans le péché d'Anne Boleyn, laquelle fut décapitée pour adultère, trahison, hérésie et inceste, » contre une femme qui est « la honte de son sexe et du nom royal, le plus grand spectacle de crimes et d'abominations de notre siècle, la calamité et la destruction de notre église et de notre pays. » *Op. cit.*, p. XII, LIV. Mais les catholiques anglais, presque à l'unanimité, restèrent sourds à cet appel; en voyant leur pays menacé de l'invasion étrangère, ils oublièrent le passé et se joignirent à leurs compatriotes réformés pour repousser l'Espagnol d'un commun effort. Comme les protestants, ils se réjouirent de la défaite de l'invincible Armada. Cet acte de patriotisme leur gagna la sympathie de tous; et la persécution contre eux, sans cesser tout à fait, se ralentit, durant les dernières années du règne.

En octobre 1588, Allen avait passé à Richard Barret la direction du collège de Reims. L'année suivante (novembre), Philippe II le nomma archevêque de Malines et métropolitain de Belgique; mais ce choix, on ne sait pourquoi, resta sans effet, et le roi dut pourvoir, en 1591, au siège vacant. A la mort du cardinal Antonio Caraffa, Allen devint préfet de la bibliothèque Vaticane.

A la fin de sa vie, il y eut de graves dissensions entre ses missionnaires et ceux de la Compagnie de Jésus. Cf. Thomas Graves Law, *A historical sketch of the conflict between jesuits and seculars in the reign of queen Elizabeth*, Londres, 1889. Toutefois ses rapports d'amitié avec Persons n'en furent point troublés; avec lui, en 1589, il fonde le collège anglais de Valladolid. Cf. l'article de Bede Camm et J. H. Pollen dans *The month* d'octobre 1898, de septembre et d'octobre 1899.

Il mourut à Rome, le 16 octobre 1594, à l'âge de soixante-trois ans, convaincu que l'Angleterre était à la veille de se convertir au catholicisme. La grande espérance de sa vie le soutint jusqu'à la fin. Son corps repose dans l'église du collège anglais, où une épitaphe rappelle ses travaux apostoliques : *qui extorris a patria, perfunctus laboribus diuturnis in orthodoxa religione tuenda, sudoribus multis in seminariis ad salutem patriae instituendis, fovendis, periculis plurimis ob Eccl. rom. opere scriptis omni corporis et animi contentione defensam, hic in ejus gremio scientiae, pietatis, modestiae, integritatis fama et exemplo clarus, ac piis omnibus charus occubuit.*

Les écrits d'Allen sont surtout des écrits de controverse. J'ai cité les principaux. Sa réponse au pamphlet de lord Burghley contre les catholiques anglais eut un tel succès que le gouvernement d'Élisabeth la poursuivit avec une extrême rigueur; qui l'importait et la distribuait était pendu comme félon. Voir à l'art. ALFRED, col. 408, le titre de l'ouvrage. Allen écrivit sur le martyre de quelques prêtres de sa mission un court récit, qui eut de nombreuses éditions et traductions : *A briefe historie of the martyrdom of 12 reverend priests executed withine these twelve monthes for confession and defence of catholicke faith, but under false pretence of treason, have a Note of sundries things that befel them in their life and imprisonment, and a Preface declaring their innocence*, 1582. Pollen, S. J., a réédité cet ouvrage, en 1908, d'après l'unique exemplaire de l'édition originale, conservé aujourd'hui au British Museum. La traduction latine a pour titre : *Brevis narratio felicis agonis*, etc. Prague, 1583, et l'italienne (avec l'addition des quatre derniers martyres) : *Historia del glorioso martirio di sedici sacerdoti martirizati in Inghilterra l'anno 1581-1583*, Macerata, 1583. Deux autres éditions de cette traduction italienne, augmentées encore, parurent à Milan et à Macerata, en 1584. Dès le début du collège de Douai, Allen avait entrepris, avec Richard Bristow et Gregory Martin, la version anglaise des Écritures, connue sous le nom de « Bible de Douai ». Le Nouveau Testament parut en 1582, après le transfert du séminaire à Reims. L'Ancien Testament, bien que terminé à cette époque, ne put être publié, faute de fonds, qu'en 1609, deux ans cependant avant « la version autorisée » de l'Église anglicane. Cf. Henry Cotton, *Rhemes and Doway. An attempt to shew what has been done by roman catholics for the diffusion of the Holy Scriptures in English*, Oxford, 1855; W. F. Moulton, *The history of the English Bible*, Londres, 1878, p. 181-189; James G. Carleton, *The part of Rheims in the making of the English Bible*, Oxford, 1902; T. G. Law's *Collected essays and reviews*, édit. H. Brown, Edinburgh, 1904. Plus tard, Grégoire XIV chargea Allen, avec le cardinal Marc-Antonio Colonna et quelques autres consulteurs, de reviser l'édition de la Vulgate. Bellarmin appréciait fort le traité théologique d'Allen, *De sacramentis in genere; De sacremento eucharistiae et sacrificio missae*, Anvers, 1576, 1603. Lorsqu'il mourut, Allen corrigeait, avec quelques collaborateurs, le texte des œuvres de saint Augustin. Voir la liste de ses ouvrages dans J. Gillow, *Biographical dictionary of English catholics*, t. I, p. 20-24.

Nicholas Fitzherbert, *De antiquitate et continuatione religionis in Anglia et de Alani cardinalis vita libellus*, Rome, 1608. — Fr. Godwin, *De presulibus Angliae commentarius*, 1616, édit. Richardson, t. II, p. 378. — John Pits, *Relationum historicarum de rebus Anglicis*, t. I (unique), *quatuor partes complectens*, Paris, 1619 (ouvrage désigné communément sous le nom de *De illustribus Anglicae scriptoribus*), p. 792. — Daniel Bartoli, *Dell'istoria della Compagnia di Gesù*, 1650. etc., partie de l'*Inghilterra*. — Fuller, *Church history*, 1655, l. IX, édit. 1845, t. IV, p. 350-358. — Henricus Morus, *Historia missionis Anglicanae soc. Jesu ab anno 1580 ad annum 1635*, Saint-Omer, 1660. — Thomas Fuller, *The history of the worthies of England* (1662), édit. Nichols, t. I, p. 540. — Ciaconius-Oldoinus, *Vitae et res gestae pontificum romanorum et S. R. E. cardinalium*, Rome, 1677, t. IV, col. 172-175. — Dodd, *Church history* (1737), édit. Tierney, 1839-1843, t. II et III, passim. — Richard Challoner, *Memoirs of missionary priests as well secular as regular and of other catholics of both sexes, that have suffered death in England on religious accounts from... 1577 to 1684* (1741, 1742), édit. 1888, passim. — Camden, *Annales rerum Angliae et Hiberniae regnante Elisabetha*, édit. Hearne, p. 684. — Abbé Mann, *A short chronological account of the religious establishments made by English catholics on the continent*, dans *Archaeologia or miscellaneous tracts relating to antiquity, published by the Society of antiquaries of London*, 1800, t. XIII, p. 251-273. — A. Wood, *Athenae Oxonienses, an exact history of all the writters and bishops who have had their education in Oxford... from 1500... to... 1690*, édit. Ph. Bliss, 1815-1820, t. I, p. 615. — Charles Butler, *Historical memoirs of the English, Irish and Scottish since the Reformation, with a succint account of the principal events in the ecclesiastical history of this country antecedent to that period*, Londres, 1819-1821. — Thomas Whitaker, *History of Richmondshire in the North Riding of Yorkshire*, Londres, 1823, t. II, p. 444. — Charles Butler, *The book of the Roman catholic Church*, 1825 (série de lettres à Robert Southey, en réponse à son *Book of the Church*), p. 259. — Edw. Petre, *Notices of the English colleges and convents established on the continent after the dissolution of religious houses in England*, édit. Husenbeth, Norwich, 1849. — Lingard, *History of England*, 5ᵉ édit., t. VI, p. 331, 498, 499, 508, 706. — *Edinburgh review*, t. CLVIII, p. 354. — A. Teulet, *Relations politiques de la France et de l'Écosse*, Paris, 1862, t. V. — J.-J.-E. Proost, *Les réfugiés anglais et irlandais en Belgique à la suite de la réforme religieuse établie sous Élisabeth et Jacques Iᵉʳ*, dans le *Messager des sciences historiques de Belgique*, Gand, 1865. — Abbé Dancoisne, *Mémoires sur les établissements religieux du clergé séculier et du clergé régulier, qui ont existé à Douai avant la Révolution*, dans les *Mémoires de la Société impériale d'agriculture, des sciences et d'arts, séant à Douai*, IIᵉ série, t. IX, XII, XIV, 1868-1879, particulièrement le t. IX, p. 496-497, et le t. XIV : « Établissements britanniques. » — John Morris, *The troubles of our catholic forefathers, related by themselves*, Londres, 1872-1877. — Henry Foley, S. J., *Records of the English province of Society of Jesus*, Londres, 1877 1883. — Dancoisne, *Histoire des établissements religieux britanniques fondés à Douai avant la Révolution française*, Douai, 1880. — J. B. Mackinlay, O. S. B., *The city of our martyrs*, dans la *Dublin review*, IIIᵉ série, t. IX (1881). — J. Knox, *The first and second diaries of the English colleges, Douay*, Londres, 1878 (précédé d'un *Memoir of Allen*); et du même, *Letters and memorial of cardinal Allen, edited by Fathers of the congregation of the London Oratory*, Londres, 1882 (ces deux ouvrages forment les deux premiers volumes des *Records of the English catholics under the penal laws*). — Labanoff, *Lettres de Marie Stuart*, 1884, t. IV, p. 376. — Bellesheim, *Wilhelm Cardinal Allen und die englishen Seminare auf dem Festlande*, Mayence, 1885. — E. Taunton, *History of the jesuits in England*, Londres, 1901. — J. H. Pollen, *The politics of English catholics during the reign of queen Elisabeth*, dans *The month*, 1902. — Rob. Persons,

The first entrance of the Fathers of the Society into England, édit. J. H. Pollen de la Catholic Record Society, *Miscellanea*, 1906, t. II. — J. H. Pollen, *Unpublished documents*, dans les *Catholic Record Society publications*, 1908, t. V. — *Spanish calendar* (Simancas), 1583-1603, p. 227, 254, 284, etc. — *Dictionary of national biography*. — *The encyclopaedia Britannica*, 11ᵉ édition, Cambridge, 1910.

G. Constant.

ALLENDORF, précédemment Aldendorf, diocèse de Fulda, canton de Meiningen en Saxe, couvent de cisterciennes, fondé entre 1266 et 1272, sous l'invocation de Notre-Dame. Il eut pour protecteur la famille de Falkenstein. L'abbé de Fulda en fut presque constamment le prévôt. En 1518, les religieuses adoptèrent la règle de Saint-Benoît. Dix ans plus tard, le couvent fut sécularisé.

Historische Nachrichten von d. ehem. Nonnenkl. Allendorf, Gotha, 1757. — V. Schultes, *Dipl. Geschichte d. gräfl. Hauses Henneberg*, 1791, t. II, p. 303. — Brückner, *Landeskunde von Meiningen*, Meiningen, 1851-1853, t. II, p. 23.

L. Boiteux.

ALLENGRIN. Voir Alengrin, col. 98.

ALLENIA PRISCILLA. Voir Alénie (Sainte), col. 100.

ALLERSDORF, archidiocèse de Bamberg, circonscription de Bayreuth (Bavière), couvent de franciscains (*Minoriten*), fondé, vers 1420, par le margrave de Brandebourg, Frédéric Iᵉʳ l'Ancien, sécularisé en 1529.

Bavaria, Landes und Volkskunde, 1860-1868, t. III, 1ʳᵉ part., p. 588.

L. Boiteux.

ALLETZ (Pons-Augustin), ancien oratorien français, né à Montpellier en 1703, mort à Paris en 1803, auteur de nombreux travaux de compilation, dont plusieurs sont encore utiles aujourd'hui, comme le *Dictionnaire théologique portatif*, 1756, souvent réédité; le *Dictionnaire portatif des conciles*, 1758 (l'édition de 1822 de l'abbé Filjean est à l'Index). Ses *Principes fondamentaux de la religion ou Catéchisme de l'âge mûr*, Paris, 1760, et son *Esprit des journalistes de Trévoux*, 4 in-12, sont aussi des ouvrages appréciés.

A. Ingold.

ALLEUDS (LES). Abbaye d'hommes de l'ordre de Saint-Benoît, placée sous le vocable de Notre-Dame, située au chef-lieu de la commune actuelle de ce nom, canton de Sauzé-Vaussais, arrondissement de Melle (Deux-Sèvres), diocèse de Poitiers, au centre de la ligne de collines encore relativement boisées qui vont de Ruffec à Saint-Maixent, entre la Charente et la Sèvre Niortaise.

I. Fondation. — L'abbaye des Alleuds doit son origine au mouvement ascétique déterminé en Poitou par les prédications du bienheureux Giraud de Sales et fut fondée par le célèbre missionnaire ou par quelques-uns de ses disciples, vers l'an 1120 (*Chronique de Saint-Maixent*, dans *Chroniques des Églises d'Anjou*, éd. Marchegay et Mabille, Paris, 1869, p. 428-429), en tout cas avant 1125. *Chartes et documents pour servir à l'histoire de l'abbaye de Charroux*, dans *Arch. hist. du Poitou*, Poitiers, 1910, t. XXXIX, p. 141-142. L'installation des moines et la délimitation de leurs domaines n'allèrent pas sans quelques différends avec les propriétaires ecclésiastiques voisins. *Chartes... de Charroux*, *loc. cit.*, p. 135, 141-142; Rédet, *Documents pour l'histoire de l'église de Saint Hilaire de Poitiers*, Poitiers, 1847, t. I, p. 132-134; D. Fonteneau, collection mss. à la bibl. municipale de Poitiers, t. XXI, p. 665; t. XXII, p. 201. Mais la réputation du saint abbé Grimouard, frère du bienheureux Giraud de Sales, qui devint évêque de Poitiers à la fin de 1140, assura au nouveau monastère une place honorable dans le diocèse de Poitiers. *Gallia christiana*, t. II, *Instrumenta*, col. 376; Musset, *L'abbaye de la Grâce-Dieu*, dans *Arch. hist. de Saintonge et d'Aunis*, Saintes, 1898, t. XXVII, p. 136; *Acta sanctor.*, octob. t. x, p. 257. — Pierre Mirmet, archidiacre d'Avila et abbé d'Andres en 1161, fut d'abord moine des Alleuds. D'Achery, *Spicilegium*, éd. 1723, t. II, col. 808-809; *Hist. littér. de la France*, t. xv, p. 48-50.

II. Abrégé historique. — Après la période de la fondation, on ne trouve dans les documents presque aucune mention de l'abbaye des Alleuds. Ce fait ne s'explique qu'en partie par la disparition des archives et on en peut conclure que ce monastère ne joua qu'un rôle très effacé dans l'histoire politique et religieuse du Poitou. On ne trouve à relever que des dissentiments entre l'abbé et la communauté au milieu du XIIᵉ siècle (*Chronicon Andrensis monast.*, dans d'Achery, *loc. cit.*) et les lettres de sauvegarde accordées par Charles le Bel en février 1326. Guérin, *Recueil des documents concernant le Poitou contenus dans les registres de la chancellerie de France*, dans *Arch. hist. du Poitou*, t. XI, p. 239. Le monastère, très éprouvé pendant la guerre de Cent ans, fut ensuite réparé avec soin. A. Favraud, *Sauzé-Vaussais*, dans *Paysages et monuments du Poitou*, publiés par J. Robuchon, Paris, 1896, p. 21. Pendant les dernières guerres de religion, les moines se réfugièrent à Chef-Boutonne. Beauchet-Filleau, *Notes pour servir à l'histoire de l'abbaye des Alleuds*, dans *Bull. de la Soc. de statistique des Deux-Sèvres*, Niort, 1882-1884, t. v, p. 528. Au XVIIᵉ siècle, les abbés commendataires n'introduisirent aucune réforme et, par lettres patentes du 17 septembre 1715, la conventualité fut éteinte et le monastère transformé en un prieuré-cure. La mense abbatiale seule subsista jusqu'à la Révolution. Beauchet-Filleau, *op. cit.*, p. 532.

III. Organisation intérieure. — On ne possède qu'un très petit nombre de renseignements sur l'état intérieur de l'abbaye. On ne sait quel fut le nombre des moines durant le moyen âge; en 1715 il n'en restait « depuis longtemps que deux. » Beauchet-Filleau, *loc. cit.*, p. 533. Les bâtiments conventuels et surtout le chœur de l'église avaient une réelle valeur artistique. Mais le tout a été détruit ou transformé au cours du XIXᵉ siècle et il ne reste plus que la nef de l'église, laquelle n'offre d'ailleurs aucun intérêt, deux tombes d'abbés du XIVᵉ siècle et quelques sculptures. Favraud, *loc. cit.*; Beauchet-Filleau, *op. cit.*, p. 525-526; et *De quelques inscriptions et épitaphes poitevines*, dans *Revue poitevine et saintongeaise*, Saint-Maixent, 1894, t. XI, p. 98-100; cf. *Bulletin de la Soc. de statistique des Deux-Sèvres*, t. VI, p. 713; t. VII, p. 293, 436, 446, 496, 501. L'auteur de la Chronique d'Andres, *loc. cit.*, nomme les Alleuds comme une abbaye cistercienne, et la même indication se retrouve dans quelques rôles de taxes. Mais l'union à Cîteaux dura peu; si jamais elle se fit, car les documents postérieurs mentionnent toujours les Alleuds comme une abbaye bénédictine. Janauschek, *Origines cistercienses*, Vienne, 1877, p. XLVII. Au XVIIᵉ siècle on y pratiquait l'observance mitigée et l'abbé payait une pension aux religieux. Beauchet-Filleau, *op. cit.*, p. 537. La commende fut définitivement introduite en 1551. *Acta consistorialia*, Bibl. nat., ms. lat. *12558*, fol. 1250 vᵒ. Dans un acte de la fin du XVIᵉ siècle, il est fait mention des offices de prieur, d'aumônier et de sacristain, et en 1715 les deux derniers moines étaient l'un prieur claustral, l'autre infirmier. Beauchet-Filleau, *op. cit.*, p. 528, 533. A part la vertu de l'abbé Grimoard on ne sait rien de la vie intellectuelle et morale des moines.

IV. Domaine. — Le domaine de l'abbaye consistait

en terres, bois, droits seigneuriaux et dîmes dans la région de Melle, Brioux, Chef-Boutonne et Sauzé-Vaussais, c'est-à-dire dans un rayon de quelques lieues autour du monastère. Il faut y ajouter des marais à l'embouchure de la Sèvre-Niortaise, au nord de Marans. Richemont, *Cartulaire de l'abbaye de la Grâce-Notre-Dame ou de Charon*, dans *Arch. histor. de Saintonge et d'Aunis*, Saintes, 1883, t. XI, p. 26; Clouzot, *Les marais de la Sèvre-Niortaise et du Lay*, dans *Mém. de la Soc. des antiquaires de l'Ouest*, t. XXVIII, 2ᵉ série, p. 31-98. Le revenu de l'abbaye était évalué 8000 livres en 1744, 4000 livres en 1769. Beauchet-Filleau, *op. cit.*, p. 537. L'*Almanach royal* indique un revenu de 3000 livres; en 1696, l'abbé toucha 5300 livres. Beauchet-Filleau, *op. cit.*, p. 532. Un partage de 1673 attribuait au prieur-curé une pension annuelle de 1350 livres en argent. *Ibid.*, p. 538. L'abbaye jouissait du droit de haute justice sur une partie des paroisses des Alleuds et de Saint-Vincent; les appels étaient portés devant le marquisat de Chef-Boutonne. Beauchet-Filleau, *Mémoire sur les justices du Poitou*, dans *Mém. de la Soc. des antiquaires de l'Ouest*, Poitiers, 1844, t. XI, p. 420.

V. Liste des abbés (d'après le *Gallia christiana*; du Tems, *Le clergé de France*; les *Acta consistorialia, loc. cit.*; Beauchet-Filleau, *ouvr. cités*; de Granges de Surgères, *Répertoire historique et biographique de la Gazette de France*; Bertrand, *La vie de messire Henry de Béthune*, t. II; Audiat-Bertrand et Dangibeaud, *Les Montaigne et l'abbaye des Alleuds*, dans *Revue de Saintonge et d'Aunis*, Saintes, 1885, t. V, p. 86-89, 395-402). — Pierre, premier abbé vers 1120. — Giraud, son successeur, 1125. — Grimoard, qui devint évêque de Poitiers à la fin de 1140. — Aimar ou Adémar 1177 (paraît dans plusieurs actes de la même époque). — N., 1202 (Bibl. nat., ms. coll. de Périgord, t. IV, fol. 87 v°). — Jean Timo, 1232, sans doute le même que Jean nommé en 1240. — Guillaume, 1318. — Autre Guillaume mort au cours du XIVᵉ siècle. — Aimeri, 1422. — Jean Charlot, 1457. — Pierre d'Abzac de la Douze (ci-dessus, t. I, col. 235), 1463. — Hugues d'Abzac de la Douze, 12 septembre 1465-15 août 1508. — Bernard d'Aitz, qui fut aussi abbé de Saint-Liguaire, 1ᵉʳ juillet 1510-†1551. — René Lévesque de Marconnay, pourvu en consistoire le 5 octobre 1551. Déjà abbé de Saint-Nicolas-des-Prés au diocèse de Laon, il conserva les deux abbayes et était encore abbé des Alleuds le 10 avril 1574. — Charles Gontaud de Biron, seigneur de Chef-Boutonne, jouissait de l'abbaye en 1593. — Henri de Béthune, pourvu vers 1622, démissionna en 1629 en faveur de Henri de Sourdis, promu à l'archevêché de Bordeaux et qui lui cédait l'évêché de Maillezais. — Henri de Sourdis. — Raymond de Montaigne, magistrat, puis évêque de Bayonne, 1630-1637. — Nicolas de Montaigne, son fils, 1637. — Isaac Habert, chanoine de Paris et plus tard évêque de Vabres, 1648. — Nicolas de Montaigne reparaît en 1656. — Michel Amelot. — Jacques-Charles Amelot, 1663, 1666. — Charles Amelot, mentionné en août 1680, était sans doute abbé depuis la mort de Jacques-Charles en 1672. Il démissionna en 1692. — Louis-Étienne-Joseph de Brancas de Villars, nommé en août 1692-1717. — Antoine-Joseph de Fiennes, nommé en novembre 1717-30 décembre 1727. — Jean-Baptiste de Vacon, évêque d'Apt, 1728-1745. — Charles Sigoing de Châteauneuf, vicaire général de Sisteron, dont la nomination fut annoncée par la *Gazette de France* du 3 juillet 1745; le dernier acte de son administration abbatiale est du 25 juin 1758, mais il demeura sûrement abbé jusqu'en 1760. — Pierre-François de Graves, chanoine et vicaire général de Saintes, nommé avant le 12 novembre 1760-1788. — Gabriel de Villedon, vicaire général de Noyon, dont la *Gazette de France* annonça la nomination le 5 septembre 1788, était encore abbé lors de la Révolution française.

Les archives de l'abbaye ont été complètement dispersées et peut-être détruites. Quelques pièces ou copies se trouvent aux archives départementales de la Vienne : série H, non définitivement classée, Abbayes diverses, liasse 1 ; série B, liasse 122 ; à la bibliothèque municipale de Poitiers, collection des mss. de D. Fonteneau, t. III, p. 37-53 ; à la Bibliothèque nationale, ms. lat. 12756, fol. 144-156, 500-517 (D. Estiennot); ms. fr. 20890, fol. 17; dans les minutes des notaires de Chef-Boutonne et dans les collections de M. Beauchet-Filleau à Chef-Boutonne. — M. Prévost, maire des Alleuds, possédait un terrier de l'abbaye au XVIIIᵉ siècle. Ce document a été utilisé par M. Beauchet-Filleau, *op. cit.* — Tous les ouvrages que l'on peut consulter avec fruit ont été indiqués au cours de l'article. Le plus important est celui de Beauchet-Filleau. On peut y ajouter : *Gallia christiana*, t. II, col. 1295-1296. — Du Tems, *Le clergé de France*, t. II, 1774, p. 472-473. — Beauchet-Filleau, *Vente du moulin de Lespine*, dans *Bull. de la Soc. de statistique des Deux-Sèvres*, Niort, 1885-1887, t. VI, p. 292-300. — Dangibeaud, *Raymond de Montaigne*, Paris, 1881.

P. DE MONSABERT.

ALLEUDS-SAINT-AUBIN (LES), prieuré situé dans l'archiprêtré de Saumur, diocèse d'Angers. Le 6 mars 975, la comtesse Adèle, femme de Geoffroy Grisegonelle, comte d'Anjou, donna l'égl se et le domaine des Alleuds à l'abbaye de Saint-Aubin d'Angers. Les Alleuds devinrent l'un des plus riches prieurés de l'abbaye angevine. Dans le chartrier du prieuré, conservé aux archives de Maine-et-Loire, se trouvent des lettres patentes du roi René, duc d'Anjou, autorisant le prieur à « fortifier son dit prieuré et y faire murailles crénelées et autres barbecannes, pons levis et foussez, en manière qu'elle soit deffensable, » jusqu'à la fin des guerres (27 septembre 1437). Le prieuré subsistait encore au moment de la Révolution. On possède la liste des prieurs depuis 1127. Au début, les religieux bénédictins desservaient la paroisse, puis ils se déchargèrent de ce soin sur un vicaire rétribué par eux, se réservant pour la prière publique. Quand le bénéfice tomba en commende, tout office cessa par l'éloignement du titulaire du prieuré. Les habitants durent alors s'associer pour entretenir un curé à demeure. Les bâtiments de l'ancien prieuré servent aujourd'hui de presbytère.

Port, *Dictionnaire de Maine-et-Loire*, Paris-Angers, 1878, t. I, p. 12-13. — Yves Besnard, *Souvenirs d'un nonagénaire*, Paris, 1880, t. I, p. 2-5. — Archives de Maine-et-Loire, série H, *197-221*. — Bertrand de Broussillon, *Cartulaire de l'abbaye Saint-Aubin d'Angers*, Angers, 1896-1903, t. I, p. 234-243; t. II, p. 109-114.

F. UZUREAU.

ALLEVA (CAMILLO). Né à Naples, le 12 mars 1770, il fut préconisé évêque d'Ugento le 26 juin 1818, diocèse auquel, deux jours après son élévation, une bulle de Pie VII incorpora celui d'Alessano. Il fut ensuite transféré au siège archiépiscopal de Salerne, et, en même temps, nommé administrateur perpétuel d'Acerno, le 19 décembre 1825. Décoré de la croix de François Iᵉʳ des Deux-Siciles, il se signala par son attachement farouche aux Bourbons de Naples. Sur la demande du maréchal Del Caretto, qui s'était adressé en vain aux évêques de Vallo et de Capaccio, il procéda à la dégradation du chanoine Antonio De Luca et du neveu de celui-ci, Giovanni, compromis dans la sédition de Cilento, en 1828, et mourut peu après, peut-être de remords, le 30 octobre 1829, à Naples. On trouva sous son chevet, écrit du chanoine De Bartolomeis, une lettre de reproches (du pape?) et un décret qui le suspendait *a pontificalibus*. Son neveu Luigi lui fit élever un tombeau dans la cathédrale de Salerne (description et épitaphe dans Staibano).

Cappelletti, *Le Chiese d'Italia*, t. XXI, p. 321. — I. Staibano, *Guida del duomo di Salerno*, Salerne, 1871, p. 44-45. — Matteo De Bartolomeis, *Storia di Salerno*, Salerne, 1871, t. II, p. 70.

J. FRAIKIN.

ALLEVARD (Isère, arrondissement de Grenoble, chef-lieu de canton), membre de la commanderie de Malte établie à Chambéry et dépendant du grand-prieuré d'Auvergne. Si l'on ne peut affirmer qu'Allevard fut le siège d'une commanderie du Temple, il est du moins certain que cet ordre y possédait, dès la seconde moitié du XIIe siècle, des biens qui relevaient sans doute de la commanderie voisine d'Avallon. Unis aux biens des hospitaliers au XIVe siècle, ils dépendirent d'abord de la commanderie de Vizille, puis de celle de Chambéry. Ils ne consistaient plus en 1541 qu'en quelques cens et rentes pour lesquels le commandeur de Vizille prêtait hommage au roi-dauphin.

Delachenal, *Cartulaire du Temple de Vaulx*, 1897, p. 21. — Guigues, *Inventaire sommaire des arch. départ. Rhône*, série II, *Ordre de Malte*, 1895, p. 79, 129, 148. — *Inventaire de la Chambre des comptes du Dauphiné*, Bibl. nat. de Paris, ms. fr. *8494*, fol. 48.

L. ROYER.

ALLEY (WILLIAM), évêque anglican d'Exeter (1510?-1570). Élève de Cambridge et d'Oxford, prêtre marié, il dut se cacher pendant le règne de Marie. A l'avènement d'Élisabeth, il fut nommé lecteur de théologie à Saint-Paul de Londres, et pourvu de plusieurs bénéfices dans cette église ; le 8 juin 1560, il fut promu au siège d'Exeter, et consacré le 14 juillet. Homme de doctrine, il se forma une excellente bibliothèque, et laissa plusieurs ouvrages estimés, parmi lesquels un commentaire de la première épître de saint Pierre, Londres, 1560 ; des *Miscellanea* pleins de curieux détails recueillis dans ses immenses lectures, Londres, 1565, 1570, 1571, et un *Jugement sur la doctrine et la discipline de l'Église*, imprimé dans les *Annals of the Reformation* de Strype, t. I, p. 518, Oxford, 1824. Il fut réviseur du texte du Deutéronome pour la *Bishops' Bible*.

Thomson Cooper, art. *Alley*, dans *Dict. of nat. biogr.*, t. I, p. 326 sq.

J. DE LA SERVIÈRE.

ALLEYRAS, *Aleyracium*, chef-lieu de commune et de paroisse, canton de Cayres (Haute-Loire), sur la rive droite de l'Allier. Il y avait en ce lieu, dès 1253, un prieuré régulier génovéfain, dépendant du prieuré conventuel de Sainte-Croix de Lavoûte-Chilhac, dont les religieux portaient le titre de chanoines et suivaient la règle de Saint-Augustin.

Le prieuré d'Alleyras était à la nomination du prieur de Lavoûte-Chilhac, mais il présentait lui-même à la cure d'Alleyras, dont l'église était sous le vocable de saint Martin de Tours. Il était seigneur du lieu et avait droit de justice sur toutes les terres du prieuré. Du XIIIe au XVIIe siècle, la plupart des prieurs furent les fils des familles nobles du voisinage et s'appelèrent de Châteauneuf, d'Anglard, de Rochefort, de Montclard, de Péladuc.

Au XVIe siècle, Alleyras possédait, outre un prieur et un curé, quelques prêtres sociétaires qui vivaient de leur titre clérical, de leurs honoraires de messes et du produit de certaines fondations. Le prieuré rapportait chaque année à son titulaire une somme d'environ quinze cents livres, sur laquelle il devait prendre la pension du curé et les frais d'un repas annuel qu'il était tenu d'offrir aux religieux génovéfains de Lavoûte-Chilhac. Sous les guerres de religion, vers 1578, « la maison priorale fut incendiée par les huguenots, » et une partie des archives fut dévorée par les flammes.

Au XVIIe siècle, le prieuré d'Alleyras, négligé par ses prieurs commendataires, fut dans un état précaire jusqu'à ce que Joachim Trotti de la Chétardie, né en 1636 au château de la Chétardie en Limousin, professeur de théologie morale au grand séminaire du Puy et abbé commendataire de Saint-Cosme-en-l'Isle, près de Tours, en fût pourvu, par lettres apostoliques du 14 mars 1672. Voyant que le séminaire du Puy se soutenait avec peine, ce prêtre bienfaisant eut l'idée de lui annexer son prieuré d'Alleyras et il y réussit (1677).

M. de Lantages, supérieur du séminaire du Puy, et ses successeurs se préoccupèrent dès lors du bien temporel et spirituel de la paroisse, qu'ils pourvurent de bons curés jusqu'à la Révolution. Ils employèrent toujours scrupuleusement le revenu net de sept ou huit cents livres qu'ils en retirèrent à payer la pension des séminaristes pauvres.

Un héroïque vicaire d'Alleyras, Jacques Chabrier, fut guillotiné au Puy, le 29 mai 1793, pour avoir refusé de prêter le serment schismatique. Son nom figure à la cathédrale du Puy, en tête de la liste des martyrs de la Révolution.

Chassaing et Jacotin, *Dictionnaire topographique du départ. de la Haute-Loire*, Paris, 1907, — Archives départ. de la Haute-Loire, sér. G, liasses *263*, *574-604*. — *Tablettes historiques du Velay*, t. V, p. 101-106 ; t. VI, p. 306-312.

R. PONTVIANNE.

ALLIANCE ÉVANGÉLIQUE. L'Alliance évangélique est née du besoin que les meilleurs, parmi les protestants, ont toujours ressenti d'une union entre les diverses sectes « évangéliques » si tristement divisées. En Suisse, Gaussen ; en Allemagne, Kniewel ; en France, Fisch et Frossard ; en Angleterre, Stewart, James, Liefchild ; en Écosse, Chalmers ; aux États-Unis, Schmucker et Patton, furent les principaux promoteurs de ce mouvement vers 1840. Après de nombreux écrits publiés sur la matière, et des réunions de prière et d'étude préparatoires, une assemblée générale se réunit à Londres le 19 août 1846. Elle comprenait neuf cent vingt pasteurs ou laïcs, représentant cinquante Églises différentes, et venus de la Grande-Bretagne, des États-Unis, de la France, de la Suisse, de l'Allemagne, de la Belgique, de la colonie du Cap et de l'Inde ; des hommes fort distingués en faisaient partie, tels Adolphe Monod, La Harpe, L. Bonnet pour les protestants de langue française. La conférence tint dix-neuf séances, du 19 août au 2 septembre, et vota une série de résolutions, parmi lesquelles figure un exposé de neuf articles « que la plupart nomment évangéliques, » et que tous les associés devaient admettre. *Reports*, 1846, p. 189. Pour le détail, cf. Tanquerey, *art. cit.*, col. 891. On affirma bien haut qu'il ne s'agissait pas de fonder une Église nouvelle, ni une fédération d'Églises, ni surtout d'opérer une fusion des Églises, mais seulement « de proclamer l'unité essentielle de l'Église de Dieu » dans la diversité de ses manifestations extérieures (cf. *Evangelical alliance*, 1846 ; *Reports*, p. 44, 54, 64) et de manifester autant que possible l'unité qui existe entre tous les vrais disciples du Christ. Cf. *Reports*, p. 230, 260, 278 ; Arnold, *A jubilee*, p. 45 sq. Dans ce but, une correspondance officielle dut s'établir entre les sept grandes branches qui formeraient les divisions de l'Alliance : Grande-Bretagne et Irlande ; États-Unis d'Amérique ; France, Belgique et Suisse française ; Allemagne du Nord ; Allemagne du Sud et Suisse allemande ; Amérique anglaise ; Indes occidentales. *Reports*, p. 286 sq. Depuis le 28 octobre 1875, la Suisse forme une branche séparée. Le but de cette correspondance fut d'encourager en tous pays les progrès du protestantisme évangélique, par des secours et des appels à l'opinion publique, et de lutter « contre l'incrédulité, le romanisme, et telles autres formes de superstition, erreur et mondanité, en particulier contre la profanation du jour du Seigneur. » *Reports*, p. 278. Enfin la courtoisie et la charité dans les polémiques, entre chrétiens appartenant à des Églises différentes, furent vivement recommandées. L'Alliance évangélique était fondée. Cf. Arnold, *A jubilee*, p. 43 sq.

Bientôt l'exposé doctrinal noté par la conférence de Londres parut trop étroit et, en 1854, la branche française lui substitua la déclaration suivante, vague à souhait. « La branche française de l'Alliance évangélique admet au nombre de ses membres tous les chrétiens qui, voulant vivre dans l'amour fraternel, expriment l'intention de confesser avec elle, conformément aux Écritures inspirées de Dieu, leur foi commune au Dieu sauveur, au Père qui les a aimés et qui les justifie par grâce, par la foi en son Fils ; au Fils qui les a rachetés par son sacrifice expiatoire et au Saint-Esprit, l'auteur de leur régénération et de leur sanctification, un seul Dieu béni éternellement, à la gloire duquel ils désirent consacrer leur vie. » Comme on l'a fait remarquer, « un unitaire intelligent pourrait signer cette déclaration. » Tanquerey, *art. cit.*, col. 891.

Chaque branche nationale a ses réunions spéciales, plus ou moins fréquentes. Depuis 1857, chaque année au commencement de janvier, elles organisent une « semaine de prières », offertes dans les diverses églises affiliées à l'Alliance, pour les grands intérêts du christianisme. Plusieurs conférences générales se sont tenues, réunissant des délégués des différentes branches : Londres (1851), Paris (1855), Berlin (1857), Genève (1861), Amsterdam (1867), New York (1873), Bâle (1879), Copenhague (1884), Florence (1891), Londres (1896).

Les rapports de ces conférences sont intéressants à étudier. On y constate, avec l'impuissance radicale de nos frères séparés à s'entendre sur aucune question dogmatique, leur activité féconde sur le terrain social et charitable (observation du dimanche, sort des classes laborieuses, missions et civilisation). Cf. Arnold, *A jubilee*, p. 50 sq. L'Alliance évangélique se vante d'avoir obtenu, par ces congrès, « un des buts importants qu'elle s'était proposés dès sa formation, celui de la protection des minorités religieuses et des individus chrétiens. » Libération de quelques protestants incarcérés en Espagne, en Toscane, dans les États pontificaux ; tolérance plus ou moins grande obtenue des gouvernements russe, ottoman, japonais, appui donné aux missions « évangéliques ». Cf. Ruffet, *art. cit.*, p. 198 ; Arnold, *A jubilee*, p. 54 sq. Dans ces événements, la part de l'Alliance fut-elle aussi grande qu'elle le croit et la diplomatie, appuyée des vaisseaux de guerre européens, n'a-t-elle pas souvent exercé une influence plus sérieuse que les platoniques démarches des ministres « évangéliques » ?

Les causes de divisions n'ont pas manqué à l'Alliance évangélique. Dès son premier congrès, la question de l'esclavage faillit lui être funeste. Une motion antiesclavagiste ayant été proposée, les délégués des États-Unis ne crurent pas pouvoir prendre sur eux de la voter, et on fut sur le point de dissoudre l'assemblée. On ne se tira de ce mauvais pas qu'en laissant aux diverses branches leur liberté sur la question. *Reports*, p. 290 sq.

Une scission s'est produite, à la suite de la guerre de 1870, entre les branches allemande et française de l'Alliance. Très noblement la branche française, par une lettre en date du 10 mai 1872, rappela que la cause de cette rupture est dans « le fait de l'annexion à l'empire allemand de l'Alsace-Lorraine, au mépris de la volonté expresse de ses habitants, fait approuvé et glorifié par toute la presse évangélique allemande, » et a signifié aux Allemands : « Vous avez déchiré devant Dieu et devant les hommes la charte qui nous unissait ; car la première des alliances évangéliques est celle de l'Évangile et de la justice. » Pour cette raison, le 13 juin 1876, le comité de l'Alliance évangélique de Paris repoussa à l'unanimité, comme inopportune, la proposition faite par le comité de Londres de convoquer une conférence œcuménique à Paris, à l'occasion de l'exposition universelle de 1878 ; on ne voulait pas fraterniser avec les délégués allemands. Cf. Ruffet, *art. cit.*, p. 199.

La source principale est la collection des *rapports* des diverses conférences générales ; particulièrement ceux de la première conférence de Londres, *Reports of the Evangelical alliance*, Londres, 1847. — *Quelques mots sur l'Alliance évangélique*, Lyon, 1857. — Achelis, art. *Allianz evangelische*, dans la *Realencykl.*, t. I, p. 376 sq. — Arnold, *A jubilee of Evangelical alliance*, Londres, 1897. — L. Bonuet, *L'unité de l'esprit pour le lien de la paix*, Paris, 1847. — Döllinger, *Kirche und Kirchen*, Munich, 1861, p. 410 sq. — Massie, *The Evangelical alliance*, Londres, 1847. — Ruffet, art. *Alliance évangélique*, dans l'*Encyclopédie des sciences religieuses*, t. I, p. 193 sq. — Tanquerey, art. *Alliance évangélique*, dans le *Dictionnaire de théologie catholique*, t. I, col. 890 sq. — Y***, art. *Allianz evangelische*, dans *Kirchenlexikon*, t. I, col. 560 sq.

J. DE LA SERVIÈRE.

ALLIATA (RANIERI). D'une grande famille qui prétend remonter à la *gens Allia* ou *Ellia*, et qui, après avoir joué un rôle important en Crète, au temps de Constantin le Grand, et en Grèce, s'établit successivement à Milan et à Pise (cf. Candida Gonzaga, *Memorie delle famiglie nobili meridionali*, p. 82-84 ; Di Crollalanza, *Dizionario storico-blasonico delle famiglie nobili notabili italiane e straniere*, Pise, 1886, t. I, p. 33 ; *Il Patriziato romano*, ann. 1902, p. 337, et divers ouvrages cités dans Passerini) ; il naquit à Pise, le 29 mai 1752. Après avoir fait ses études à Bologne, au collège des nobles, il fut nommé, à l'âge de vingt ans, chanoine de Pise. Il accompagna, en qualité de théologien, l'évêque de Pescia au concile provincial de Pise, en 1786. Évêque de Volterra le 19 décembre 1791 (et non pas 1792, comme le porte Gams, lequel confond, sans doute, avec son sacre, qui eut lieu à Rome en janvier de cette année), Marie-Louise, reine-régente d'Étrurie, le nomma, en 1806, archevêque de Pise, et cette nomination fut ratifiée par le pape le 19 septembre (le 6 octobre, d'après Cappelletti). Il fit partie de l'assemblée ecclésiastique de Paris en 1809 et du concile national de 1811, où il se fit remarquer par sa fermeté à soutenir les droits du pape. Il mourut le 11 (*alias* 8) août 1836, léguant toute sa fortune à de bonnes œuvres et laissant le souvenir d'un prélat pieux et bienfaisant. Il avait fondé, à Pise, un couvent de capucines et un autre de salésiennes. Son tombeau est dans la cathédrale.

Cinci, *Dall' archivio di Volterra memorie e documenti : La Compagnia della Misericordia*, Volterra, 1785, p. 23, 25. — Cappelletti, *Le Chiese d'Italia*, t. XVI, p. 220 ; t. XVIII, p. 256. — Passerini, *Sommario storico delle famiglie celebri toscane*, Florence, 1862, t. I, p. 3. — Leoncini, *Illustrazione sulla cattedrale di Volterra*, Sienne, 1869, p. 72-73, 126, 294-295. — C. Sainati, *Diario sacro pisano*, Turin, 1898, *passim*. — Niccola Zucchelli, *Cronotassi dei vescovi e arcivescovi di Pisa*, Pise, 1907, p. 238-243, qui cite les sources manuscrites suivantes aux archives capitulaires de Pise : ms. Rossillon (*C 157*) ; Montanelli, *Diario* ; Luigi Della Fanteria, *Elogio funebre* ; *Necrologia* (Filze Atti straordinari, 1835-1836, n. 128-130).

J. FRAIKIN.

1. ALLIBOND (PETER), théologien anglican (1560-1629), *magister artium* d'Oxford, en 1585, après quelques années de voyages sur le continent, reçut les ordres anglicans et fut pourvu du rectorat de Chenies, dans le Buckinghamshire. Tout en s'occupant de sa paroisse, il traduisit du latin et du français plusieurs ouvrages calvinistes et les accompagna de commentaires violemment antiromains. Tels les deux ouvrages traduits du français de Jean de l'Espine : *Consolation pour une conscience troublée*, Londres, 1591, et *Réfuta-*

tion de la transsubstantiation papiste, Londres, 1592, ou la *Chaîne d'or du salut*, traduction du livre latin de Herman Renecker, Londres, 1604.

Dict. of nat. biogr., t. I, p. 330.

J. DE LA SERVIÈRE.

2. ALLIBOND (RICHARD), magistrat catholique anglais (1636-1688), petit-fils du précédent, fut membre du conseil royal sous Jacques II et juge du banc du roi. Dans le procès des sept évêques anglicans, en 1688, il se signala par son acharnement contre eux et sa fureur lors de leur acquittement. Macaulay, *History of England*, Londres 1856, t. II, p. 273, 380, lui reproche son ignorance juridique et son manque d'impartialité. Il était fort impopulaire. Sa mort, survenue le 22 août 1688, le sauva seul des plus dures représailles protestantes, car parmi ceux qui triomphèrent avec Guillaume d'Orange, il comptait de nombreux ennemis.

Thomson Cooper, dans *Dict. of nat. biogr.*, t. I, p. 330 sq. — Gillow, *Bibliographical dictionary*, t. I, p. 24 sq.

J. DE LA SERVIÈRE.

ALLIER (CLAUDE), prêtre, organisateur de la troisième *fédération* de Jalès, naquit à Pont-Saint-Esprit (Gard). Il fit de fortes études chez les doctrinaires de Mende, puis commença la médecine à Montpellier, où il fut reçu bachelier en chirurgie. Mais ce fut tout. L'état ecclésiastique l'attirait, il entra au grand séminaire d'Avignon et fut ordonné prêtre.

Successivement professeur de rhétorique au collège de Bagnols, vicaire dans le diocèse d'Uzès, il est surtout connu sous son titre de prieur-curé de Chambonas.

« Comme pasteur, dit la *République libérale* du 17 octobre 1875, le prieur de Chambonas fut d'une conduite, d'une pureté de mœurs, d'un zèle et d'un dévouement dignes des plus beaux éloges. J'ai entendu raconter de lui certains traits que l'on croirait volontiers de l'immortel archevêque de Cambrai. » Au souci des âmes il ajoutait un dévouement persévérant pour les malades, les faisant bénéficier de ses connaissances médicales. Très estimé de tous, il est délégué, en novembre 1788, par le doyenné de Gravières, à l'assemblée des trois ordres, à Uzès, pour l'élection des députés aux États généraux.

Quand fut votée la constitution civile du clergé, Claude Allier refusa le serment et se prononça contre Lafont-Savine, évêque jureur de Viviers, et Dumouchel, évêque du Gard, gardant sa fidélité à l'ancien évêque, Jules-Henri de Béthizy de Mézières, retiré à Londres.

Malgré son refus du serment, le prieur n'avait pas été inquiété : il resta dans sa paroisse, y tint des réunions de prêtres, et y prêcha encore le 2 février 1792. Mais dénoncé, ce jour, par la société populaire des Vans, il se voit forcé de quitter son presbytère et de se réfugier chez une de ses parentes, Mme Fabre de Piéchegut, à Saint-André-de-Cruzières (3 janvier 1792).

Partisan des deux premières fédérations de Jalès (18 août 1790 et 21 février 1791), Claude Allier devient l'âme de la troisième, à la mort de Bastide Malbos : lui-même préparait les plans et rédigeait les manifestes ; il avait des auxiliaires intrépides : Dominique Allier, son frère, André Perrochon, trésorier du comité et enrôleur de l'armée royaliste, Fontanieu, dit « Jambe de bois », et l'abbé de Siran, ancien grand-vicaire de Mende.

Le 4 février 1792, le prieur de Chambonas est décrété d'accusation comme prêtre réfractaire, et, le jour même, il part pour Coblentz, résidence des frères du roi.

Il leur exposa le but de la troisième fédération : le rétablissement de la monarchie, dégagée des abus du système féodal, et la restauration de la religion catholique. Il soumit son plan de campagne, que les princes acceptèrent ; mais, avant de donner un chef militaire et des secours d'argent, ils exigèrent un engagement signé par les royalistes notables de la contrée de n'agir qu'à la date fixée.

Quatorze jours après son départ, Claude Allier était de retour dans le Vivarais : le 22 février, il réunit soixante chefs royalistes à la Bastide. Ceux-ci jurent d'obéir au chef donné et signent le procès-verbal que Dominique Allier, le frère du prieur, porte à Coblentz.

Le message est remis le 3 mai et les princes désignent, comme général en chef, Thomas Conway, maréchal de camp, ancien gouverneur des Indes et — en attendant son arrivée dans le midi — le comte de Saillans.

De mai à juin, on attend Conway, qui est resté prudemment à Chambéry. Devant ses hésitations, le prieur convoque une réunion plénière à Malons : elle se tint la nuit, dans les gorges de la serre de Bâri.

Les *Pièces justificatives* désignent une trentaine de partisans, ils étaient en réalité quatre-vingt-huit : on décida, après un entraînant discours du chevalier de Melon, d'entrer en campagne à la date fixe du 15 août suivant et de se trouver réunis en armes dans la plaine de Jalès.

Un grand secret était gardé autour de la personne de Claude Allier, à Saint-André : une perquisition faite au presbytère de Chambonas et la saisie de ses papiers ne révéla aucun nom, aucun plan. Le comte de Saillans n'agissait pas avec la même discrétion : un porteur de ses ordres fut saisi par le lieutenant Roger et livra toutes les lettres qui organisaient le soulèvement. Le chef imprudent eut peur ; le 7 juillet 1792, en l'absence de Claude Allier, il précipita l'action, fit sonner le tocsin, ne réunit que 1500 hommes, s'empara du fort de Banne, où il arbora le drapeau blanc.

Premier et dernier succès : l'armée constitutionnelle composée de 8000 hommes, avec quatre pièces de canon, battit les 2000 soldats qui arrivaient aux secours des royalistes et reprit le fort. Saillans s'enfuit : la troisième fédération avait échoué (11 juillet 1792). Apprenant l'imprudente attaque et la défaite, Claude Allier se retire chez son frère, en Gévaudan, d'où il ne cesse d'inspirer et de diriger les nouvelles levées royalistes en 1793 et 1794 : l'insurrection d'Antoine Charrier (24 mai 1793) et plus tard celle de Lyon.

Après l'évacuation de Chanac, déguisé en colporteur, il gagne le département de la Haute-Loire et reste deux mois caché chez Jean Vidal, de Montrezon, maire de Thoras (juin 1793). Il fut arrêté par les gendarmes le 18 août à Montrezon. Traduit devant le tribunal de la Lozère, à Mende, il y est jugé sommairement ; Dalzam, l'accusateur public, demande l'arrivée « sans retard » de la guillotine, qui est à Nîmes et, le 5 septembre 1793, Claude Allier monte à l'échafaud, se recueille un instant, fait le signe de la croix et meurt dignement comme il avait vécu.

Archives nationales : Comité de Sûreté générale, F⁷ 4552 ; F⁷ 4697 ; AA 1592 ; affaire de Jalès, AD¹ 101 — Archives départementales de l'Ardèche. — *Courrier d'Avignon*, 1790-1794. — Dampmartin, *Evénements qui se sont passés sous mes yeux pendant la Révolution*, Berlin, 179. — *République libérale*, 17 octobre 1875. — *Pièces justificatives de la conspiration de Saillans*, Privas, 1792. — A. Guillon, *Les martyrs de la foi pendant la Révolution française*, Paris, 1821, t. II, p. 70. — Boissin, *Les camps de Jalès*, Valence, 1896, passim.

L. GARNIER.

ALLIES (THOMAS WILLIAM), théologien et historien catholique anglais (1813-1903). Élève d'Eton, puis étudiant et *fellow* à Wadham College, Oxford : chapelain de l'évêque de Londres, le docteur Blomfield, en 1842 ; nommé par lui curé de Launton dans d'Oxfordshire. Allies avait toujours été admirateur de Newman; la conversion de celui-ci l'émut profondément; les études patristiques auxquelles il se livra achevèrent l'œuvre; en 1850, il fit son abjuration après avoir donné sa démission de tous ses bénéfices.

Avant sa conversion, il avait publié, pour se rassurer lui-même autant que pour éclairer les autres, une apologie de la Haute Église intitulée : *The Church of England cleared from the charge of schism*, 1846. Après sa conversion, il se donna tout entier à la composition de remarquables ouvrages de controverse, qui firent une profonde impression dans les milieux anglicans. *The See of St. Peter, the rock of the Church*, 1850; *St. Peter, his name and his office*, 1852; *Per crucem ad lucem* (divers sujets de controverse), 1879; *A life's decision* (histoire de sa conversion), 1880. Son maître ouvrage est une grande étude sur le rôle social de l'Église, intitulée *La formation de la chrétienté, The formation of christendom*; huit volumes parurent de 1865 à 1896; les divers sujets traités sont : la foi chrétienne et l'individu, la foi chrétienne et la société, la foi chrétienne et la philosophie, la chrétienté au point de vue de l'Église et de l'État, le trône du pêcheur construit par le fils du charpentier, le Saint-Siège et les migrations des peuples, le roc de Pierre dans le torrent mahométan, la vie monastique depuis les Pères du désert jusqu'à Charlemagne.

En 1853, Allies fut nommé secrétaire du *Comité des écoles pauvres*, institué en 1847 par les évêques d'Angleterre pour représenter devant l'État les intérêts de l'instruction primaire catholique. Léon XIII le fit commandeur de Saint-Grégoire en 1885, et lui décerna la médaille d'or pour le mérite en 1893. Allies mourut le 17 juin 1903.

Cathol. encycl., t. I, p. 323-325. — Pfarr, *Men of the time*, Londres, 1899, p. 19 sq.

J. DE LA SERVIÈRE.

ALLI-MACCARANI (FRANCESCO MARIA). Né le 29 mars 1810, à San Miniato (Toscane), d'une grande famille, il fut successivement chanoine de sa ville natale, pro-vicaire général, vicaire général, vicaire capitulaire à la mort de l'évêque, Mgr Pierazzi, et enfin, le 30 novembre 1854, évêque du diocèse. Sacré le 3 décembre, il fit son entrée solennelle dans cette ville le 1er janvier suivant. Plein de zèle pour la discipline du clergé, et de charité, il se conduisit avec beaucoup de prudence au milieu des bouleversements politiques qui se produisirent au temps de son épiscopat. Il mourut le 10 avril 1863.

Cappelletti, *Le Chiese d'Italia*, Venise, 1862, t. XVII, p. 347. — *Elogi funebri alla memoria di monsignor Francesco Maria Alli-Maccarani*, Florence, 1863 (oraisons funèbres prononcées par Taddei et par Agostino Monti). — *Storia e genealogia delle famiglie illustri italiane*, Florence, s. d. ni pagin., t. 1.

J. FRAIKIN.

ALLIOLI (JOSEPH FRANZ), exégète catholique allemand, né à Sulzbach (Bavière), le 10 août 1793, mort à Augsbourg, le 2 mai 1873. Il étudia les humanités dans sa ville natale, la philosophie à Amberg, la théologie à l'université de Landshut et entra de là au grand séminaire de Ratisbonne, où il fut ordonné prêtre, le 11 août 1816. Après avoir passé quelque temps dans le ministère, il suivit ses inclinations pour les études et, moyennant une subvention du gouvernement bavarois, il passa deux années à Vienne, une à Rome et à Paris pour se perfectionner dans les langues orientales. De retour dans sa patrie, il fut nommé, en 1821, *privat docent*, en 1823, professeur extraordinaire, en 1824, professeur ordinaire de langues orientales, d'archéologie et d'exégèses bibliques à l'université de Landshut. En 1826, cette université fut transférée à Munich et Allioli y continua son enseignement avec beaucoup de succès. Un mal de gorge le contraignit d'y renoncer; il devint, en 1835, chanoine de Ratisbonne, et, en 1838, prévôt du chapitre d'Augsbourg, dignité qu'il garda jusqu'à sa mort.

Outre quelques petits écrits ascétiques et un volume de sermons (*Predigten*, in-8°, Augsbourg, 1847), il publia plusieurs ouvrages relatifs aux sciences bibliques : *Aphorismen über den Zusammenhang der hl. Schrift A. und N. Testamentes aus der Idee des Reichs Gottes*, in-8°, Ratisbonne, 1819; *Häusliche Altertümer der Hebräer nebst biblischer Geographie*, in-8°, Landshut, 1821; *Biblische Altertümer*, in-8°, Landshut, 1825; *Handbuch der biblischen Altertumskunde*, 2 in-8°, Landshut, 1843-1844 (en collaboration avec L. C. Grätz et D. Haneberg); *Leben Jesu, eine Evangelienharmonie*, in-8°, Landshut, 1848; *Biblisches Wörterbuch*, in-8°, München, 1858.

Son ouvrage principal est cependant sa traduction allemande de la Bible : *Uebersetzung der hl. Schrift Alten und Neuen Testamentes, aus der Vulgata mit Bezug auf den Grundtext neu übersetzt und mit kurzen Anmerkungen erläutert*, 6 parties en 10 volumes in-8°, Nuremberg, 1830-1837. L'ouvrage fut d'abord présenté comme troisième édition de la traduction de Braun et Feder, parue pour la première fois à Nuremberg, en 1803. Il s'agissait cependant d'une traduction entièrement nouvelle et d'un commentaire également nouveau. En conséquence, l'auteur donna la seconde édition, parue en 1834, avec son nom tout seul. De nombreuses éditions suivirent et la traduction d'Allioli est encore aujourd'hui de beaucoup la plus répandue parmi les catholiques de langue allemande. La clarté et l'élégance du langage, la fidélité et l'onction en font une œuvre de grand mérite. La traduction est faite sur la Vulgate, dont les notes il est tenu compte des textes originaux. Le commentaire, bref et concis, reproduit les interprétations des Pères et a souvent recours aux antiquités bibliques. Le Saint-Siège, ayant fait examiner la traduction, l'approuva par plusieurs rescrits de la nonciature de Munich. Une nouvelle édition, avec des remaniements considérables tant dans le texte que pour les notes, en a été faite, en 1904, par le P. Augustin Arndt S. J.; elle aussi a reçu l'approbation pontificale. Les notes qu'Allioli a jointes à sa traduction ont été reproduites en français dans l'ouvrage de l'abbé Gimarey, dans son *Nouveau commentaire littéral, critique et théologique, avec rapport aux textes primitifs, sur tous les livres des divines Écritures par M. le Dr. J. F. d'Allioli, traduction revue et approuvée par l'auteur*, Paris, 1853-1854. Cet ouvrage a eu du succès; dans les éditions successives, Gimarey a ajouté beaucoup de notes nouvelles au commentaire primitif de l'exégète allemand.

Literarischer Handweiser, 1873, p. 240. — *Kirchenlexikon*, 2e éd., Fribourg, 1886, t. I, col. 566-567. — *Sion*, 11 octobre 1873. — K. Werner, *Geschichte der kath. Literatur in Deutschland*, Munich, 1866, p. 536, 538. — F. Vigouroux, *Dictionnaire de la Bible*, Paris, 1895, t. I, col. 388.

J. PIETSCH.

ALLION (SAINT-PIERRE D'), prieuré, au diocèse de Rennes, appartenant à l'abbaye de Gâtines. Il aurait été bâti, d'après la tradition, sur l'emplacement d'une bataille entre les Bretons et les Francs, vers 595. Il est question de ce prieuré dans une transaction, passée en 1229, entre l'abbé de Gâtines et celui de Saint-Melaine de Rennes. Le revenu total était évalué à 1 568 livres, avec 620 livres de charges. Ce prieuré tomba de bonne heure en commende. Il fut uni au petit séminaire de Rennes, en 1786. L'abbé Trublet le posséda de 1739 à 1742.

Guillotin de Corson, *Pouillé historique de l'archevêché de Rennes*, Rennes, 1881, t. II, p. 728-734.

U. ROUZIÈS.

1. ALLIOT (Dominique-Hyacinthe). Né à Bar-le-Duc, fils de Jean-Baptiste Alliot, médecin de Louis XIV, qui publia à Paris en 1698 un *Traité du cancer*, et frère d'Alliot, médecin de Louvois. Il entra dans la congrégation de Saint-Vanne, où il fit profession, le 5 mai 1656, à l'abbaye de Saint-Mihiel. Il eut de bonne heure à exercer des charges importantes dans sa congrégation : d'abord prieur de Notre-Dame de Bar, il fut nommé ensuite procureur-syndic auprès du parlement de Paris. Ce fut durant son séjour en cette ville qu'il se lia avec les disciples de Descartes, devint un adepte de la philosophie nouvelle et se donna avec passion à l'étude des sciences.

Il fut abbé de Moyenmoutier de 1676 à 1705 — depuis le 14 juillet 1675, il était coadjuteur du précédent abbé, dom Philibert Galavaux, mort le 17 septembre 1676 — et durant ce long gouvernement, il s'appliqua avec prudence et sagesse à rétablir les affaires temporelles du monastère, très compromises alors; il rebâtit l'abbaye et en écrivit l'histoire; il favorisa de tout son pouvoir les études de ses moines, établit à Moyenmoutier une académie d'Écriture sainte, dont le plus brillant élève fut dom Augustin Calmet. Son ardeur pour le travail altéra même sa santé. Ami intime de dom Mabillon, il reçut de lui, dans la préface du t. I des *Annales O. S. B.*, un juste et aimable tribut de reconnaissance pour sa collaboration et pour les savants mémoires historiques qu'il avait fournis sur les Vosges, l'Alsace et la Lorraine.

Élu visiteur, puis président de la congrégation de Saint-Vanne par le chapitre général de 1704, il mourut en cette charge, à Moyenmoutier, le 22 avril 1705. Dom Ursmer Berlière a publié quatre lettres de dom Mabillon à dom Hyacinthe Alliot dans la *Revue bénédictine*, 1899-1900, t. XVI, p. 330, 332, 520; t. XVII, p. 128; deux autres ont paru dans la *Revue Mabillon* en mai 1909, p. 92, 94.

Dom Antoine de Yepes, *Chroniques générales de l'ordre de saint Benoist*, traduites en français par dom Martin Rethelois, Toul, 1684, t. II, p. 492. — [Dom François], *Bibliothèque générale des écrivains de l'ordre de Saint-Benoît*, Bouillon, 1777, t. I, p. 38. — D. Humbert Belhomme, *Historia Mediani Monasterii*, Strasbourg, 1724, p. VIII, 431-438. — A. Guinot, *Les saints du Val de Galilée*, Paris, 1852, p. 266-267. — A. Beugnet, *Étude biographique et critique sur dom Remi Ceillier*, Bar-le-Duc, 1891, p. 5, 10, 14.

P. Denis.

2. ALLIOT (Hyacinthe), neveu du précédent. Né à Bar-le-Duc, profès de Moyenmoutier, le 24 juillet 1681. Il fut professeur de dom Augustin Calmet à l'académie d'Écriture sainte, fondée par son oncle et dont il était directeur; il composa des prolégomènes sur la Bible et un certain nombre de dissertations sur les langues hébraïque, chaldaïque et arabe, sur l'inspiration des Livres saints, sur la dernière pâque de Notre-Seigneur. Il mourut prieur de Saint-Mansuy-lez-Toul le 5 février 1701.

[Dom François], *Bibliothèque générale des écrivains de l'ordre de Saint-Benoît*, Bouillon, 1777, t. I, p. 38, 39. — *Vie de dom Calmet*, Senones, 1762, p. 6. — Vuillemin, *Biographie vosgienne*, Nancy, 1818, p. 13. — A. Beugnet, *Étude biographique et critique sur dom Remi Ceillier*, Bar-le-Duc, 1891, p. 11.

P. Denis.

3. ALLIOT (Pierre), frère de l'abbé de Moyenmoutier. Né à Bar-le-Duc, le 1er août 1653, il fit profession religieuse à l'abbaye de Saint-Mansuy-lez-Toul, le 31 juillet 1672. Élu cinquante-neuvième abbé de Senones le 3 octobre 1684, confirmé par brevet du roi Louis XIV, en date du 1er novembre suivant, il dut l'être à nouveau le 13 avril 1685, à cause de l'opposition faite par le duc Charles V de Lorraine, et fut élu définitivement par la communauté de Senones, le 4 juin 1685. Dom Calmet, dans son *Histoire de l'abbaye de Senones*, c. XLVII, a très longuement raconté les difficultés qu'éprouva dom Alliot à faire reconnaître son élection par Rome : il dut faire trois longs séjours auprès de la cour pontificale pour défendre ses droits, mais mourut avant d'avoir pu obtenir ses bulles de confirmation, et ce ne fut que grâce à l'appui de Louis XIV, devenu maître des Trois Évêchés depuis le traité de Nimègue en 1679, qu'il avait pu gouverner son abbaye et en régir les biens. Le même historien nous a rapporté les épineuses luttes que dom Alliot eut à soutenir contre la maison de Salm, au sujet des propriétés et droits du monastère.

Il fut successivement visiteur et définiteur dans la congrégation de Saint-Vanne; il rebâtit en 1708 les lieux réguliers de l'abbaye de Senones, sur des plans approuvés l'année précédente par le chapitre général : le reste de la reconstruction fut l'ouvrage de dom Calmet, son second successeur. Il mourut au prieuré de Léomont, qu'il avait restauré magnifiquement, le 21 septembre 1715.

[Dom Calmet], *Histoire de l'abbaye de Senones*, publiée par F. Dinago, Saint-Dié, 1879, p. 357-396. — Gravier, *Histoire de la ville épiscopale et de l'arrondissement de Saint-Dié*, Épinal, 1836, p. 280, 287. — *Vie de dom Calmet*, Senones, 1762, p. 69-71, 76-77. — A. Guinot, *Les saints du Val de Galilée*, Paris, 1852, p. 295. — Compte rendu par M. Frédéric Seillière des fouilles entreprises pour retrouver les restes de dom Augustin Calmet, abbé de Senones, Saint-Dié, 1868, p. 14, 16. — A. Guinot, *Étude historique sur l'abbaye de Remiremont*, Paris, 1859, p. 294.

P. Denis.

ALLOINUS. Voir Bavon (Saint).

ALLOIS (Abbaye des), *de Allodiis*, au diocèse de Limoges, aujourd'hui commune de La Geneytouse (Haute-Vienne).

On ne connaît pas, d'une manière certaine, l'origine de l'abbaye des Allois. Plusieurs ont attribué la fondation de ce monastère à saint Éloi, ou à quelqu'un des premiers abbés de son monastère de Solignac; et pour cela, dit le P. Bonaventure de Saint-Amable, ils s'appuient sur la tradition qui fixait la résidence de ces religieuses dans un lieu voisin et dépendant de Solignac, et ils ajoutent que le bréviaire des religieuses des Allois a toujours été celui dont on se sert à Solignac. D'autres annalistes citent la reine Blanche, mère de saint Louis, comme fondatrice des Allois, qui lui devaient de riches donations; mais cette seconde opinion est peu probable, la reine de France doit être regardée plutôt comme une bienfaitrice que comme une fondatrice.

Le premier acte authentique connu, concernant les Allois, est une charte du Cartulaire d'Aureil, n. 129; elle nous apprend que les frères Pierre et Ranulfe Celarers, ainsi que Jean Curatet, époux de leur sœur Bernarde, pour le salut de leurs âmes et de celles de leurs parents, donnèrent à Dieu et à saint Jean d'Aureil la borderie appelée *Alaudia*, ou les Allois. De cette donation, il naquit un long procès entre le prieur d'Aureil et les religieuses des Allois. Le premier prétendait que le monastère dépendait de son église et que les religieuses lui devaient obéissance; celles-ci soutenaient au contraire qu'elles étaient chez elles et indépendantes. Les deux parties ayant enfin accepté l'arbitrage d'un tribunal présidé par Itier, abbé de Lesterps, il fut réglé qu'Étiennette, prieure des Allois, enverrait, chaque année, au prieur d'Aureil douze deniers, lui promettant de céder à sa décision justifiée, si elle avait dérogé aux usages de son ordre, et qu'après la mort d'Étiennette les religieuses en éliraient librement une autre qui ferait la même promesse d'obéissance au prieur d'Aureil. Cet accord fut promulgué par Gérald, évêque de Limoges, entre 1140 et 1158. Les témoins qui signèrent cet acte furent : Itier, abbé de Lesterps; les abbés de Bonneveau, Prébenoit, Saint-Martial et Solignac; Élie de Gimel, archidiacre; Hugues et Simon, archiprêtres, et cinq religieux d'Aureil.

Il n'est pas probable que les religieuses des Allois aient suivi la règle de Saint-Augustin, comme les chanoines d'Aureil, au prieur desquels l'abbesse devait une certaine obéissance; cette sujétion était pour les choses temporelles, et leur maison semble, dès les commencements, suivre la règle de Saint-Benoît. Peut-être y a-t-on introduit quelque mitigation, conforme à celle de Saint-Augustin, puisqu'il est dit, dans le *Nécrologe*, qu'à certains jours de fête on donnait de la viande au couvent.

Il était d'usage aux Allois, au moins au XVI° siècle, qu'on fit six ans de noviciat avant de faire profession. Presque toutes les familles nobles du pays y mettaient leurs jeunes filles, les unes comme novices, les autres comme pensionnaires, et elles y étaient reçues dès l'âge de huit ou dix ans.

En 1374, il y avait trente deux religieuses aux Allois, et selon le P. Bonaventure, on en comptait, à une autre époque, jusqu'à soixante-quinze, toutes de familles nobles. Lorsqu'elles furent fixées à Limoges en 1750, la communauté se composait de seize religieuses de chœur et de six converses.

L'abbaye des Allois eut pour visiteur, le 1er juin 1291, André Pelot, moine de Cluny. En 1506, le 6 mai, la visite était faite, au nom du prieur de Cluny, par Pierre Gebard, religieux de Brantôme. Le 22 juin 1565, c'est encore un religieux du même ordre qui fait la visite de ce monastère. Le prieur d'Aureil, quatre fois, avait fait la visite de cette abbaye comme député par l'ordre de Cluny ou par le pape lui-même. Au commencement du XVII° siècle, les religieuses ne se croyaient pas assez prémunies contre la juridiction de l'évêque diocésain, car le 8 février 1640, sur l'avis de l'abbesse, on résolut de demander au pape un visiteur régulier ou séculier, afin, disait-on, de se conformer aux décrets du concile de Trente et aux ordonnances du roi, puisque la communauté dépendait immédiatement du Saint-Siège. Cette requête semble avoir échoué auprès de la cour de Rome.

Le 9 août 1653, le visiteur, nommé par François de la Fayette, évêque de Limoges, se vit refuser l'entrée du monastère, d'où de longs démêlés et procès entre l'évêque et l'abbesse, Judith de Jounhac. Enfin cette dernière, condamnée à se soumettre à la juridiction de l'évêque et aux dépens, se désista de son appel, le 6 novembre 1664, et Mgr de la Fayette lui fit grâce de tous les frais qu'elle devait payer.

Quatre prieurés de filles, tous situés dans le diocèse de Limoges, dépendaient de l'abbaye des Allois en 1279, c'étaient : 1° Saint-Blaise de la Bolompnie, ou la Boulonie, paroisse de Montégut-le-Blanc, aujourd'hui canton de Saint-Vaury (Creuse). Sa chapelle tombait en ruine en 1595; 2° Sainte-Anne-de-Fougerat, paroisse de Bussière-Dunoise, canton de Saint-Vaury (Creuse); 3° Sainte-Marie-Madeleine-de-Valet, ou Valeix, paroisse de Rosiers, canton de Châteauneuf (Haute-Vienne). En 1498, l'église de ce prieuré manquait de tout par le malheur des guerres; aussi l'évêque de Limoges accorda des indulgences aux fidèles qui la visiteraient et contribueraient à son rétablissement; 4° Saint-Jean-Baptiste-de-La-Ronze, paroisse d'Arènes, canton de Bénévent (Creuse). En 1317, il y avait treize religieuses dans ce prieuré.

L'abbaye des Allois ne fut jamais bien riche. L'abbesse Volguda, morte la veille de la Toussaint en 1299, avait acheté quelques rentes. Marie Audoin, en 1377, achetait aussi la moitié de la dîme du tènement de Thomas Jaloux, près Limoges. Le 9 juin 1471, noble Guillaume Sauviac, damoiseau, constituait, dans la ville d'Aixe, une rente de cinq sols pour faire son anniversaire dans l'église des Allois. Le seigneur des Cars, pour lequel on faisait un service anniversaire le 4 février, avait donné cent vingt livres. Galienne de Pierrebuffière, dont l'anniversaire était le 3 juin, avait légué trente sols. Marguerite d'Arfeuilles, une des religieuses, avait donné cinq sols de rente pour son anniversaire, que l'on faisait le 24 avril en 1517. Plus d'une fois, le manque de ressources fut une cause de souffrances pour le monastère, comme l'attestent divers documents de l'époque.

En 1750, le roi avait ordonné qu'il serait procédé à la suppression de la communauté des Grandes Claires de Limoges, pour les unir, avec leurs biens, à celle de Saint-Yrieix et donner leur maison, enclos et jardin à l'abbaye des Allois.

C'est par un décret du 30 décembre 1750 que la maison conventuelle, lieux réguliers, jardin et enclos des religieuses urbanistes de Limoges, furent unis à l'abbaye des Allois, à la charge, par les religieuses de cette abbaye, d'y transporter et y établir leur communauté dans les trois mois, à compter du jour de l'enregistrement des lettres patentes.

Sous l'abbesse Louise-Gabrielle d'Ussel de Châteauvert, fut exécuté le transfert de l'abbaye des Allois, à Limoges. Le couvent que ces religieuses venaient habiter existe encore en grande partie; il occupe tout un côté de la place de la cité. Son église seule a été détruite pendant la Révolution; elle était fort belle : son plan était celui d'une croix à bras égaux. Depuis qu'elles sont venues habiter ce couvent, la rue qui y conduit porte le nom de rue des Allois.

Pendant une quarantaine d'années la communauté se maintint à Limoges, édifiant tout le monde par sa régularité et la sainteté de sa vie. En 1758, Marie-Madeleine de Leintilhac en fut nommée abbesse; Marie-Louise de Villoutreix de Faye, sœur de l'évêque d'Oloron, lui succéda en 1771, et, sous Marie-Antoinette d'Ussel de Châteauvert, qui avait été nommée en 1782, le gouvernement révolutionnaire détruisit la communauté et s'empara de tout ce qu'elle possédait, tant à Limoges qu'aux Allois.

LISTE DES ABBESSES. — Étiennette, prieure, entre 1140 et 1158. — Blanche, prieure, puis première abbesse en 1180. — Ayceline de Sarran, vers 1198. — Béatrix de Bovignac, en 1215. — Ayceline, 1228. — Jeanne, 1228-1253. — Alayde de Boisse, 1260-1271. — Auzane ou Otzanie, en 1278 et en 1285. — Volguda, 1288-1299. — Béatrix de Vision, 1304-1316, prenait encore le titre d'abbesse en 1317 et 1321. — Folca de Saint-Jean, 1317-1343. — Marguerite Amici, alias Lamy, de Limoges, 1343-1357. — Marie Audoin, 1362-1426. Il y a eu probablement deux abbesses du même nom pendant ces soixante-quatre ans. — Sérène de Lébolériis, ou d'Arbolieras, 1431, se démit en 1461, néanmoins est qualifiée abbesse en 1469. — Mapia de Lébolériis. 1461. — Jeanne de Lébolériis, 1462-1478. — Marguerite de Lébolériis ou Marbolieyras, 1484-1512, — Françoise de Jounhac, 1512-1555. — Marguerite de Jounhac, 1556. — Jeanne de Montroux, morte en 1593. — Isabeau de Jounhac, 1595, résigna en 1610 à Catherine Jounhac de Foursac, puis peu après à Judith de Jounhac et enfin, le 9 octobre 1613, à Suzanne de Beaufort, ce qui occasionna un procès. — Suzanne de Beaufort, 1614-1625. — Judith de Jounhac de Foursac de la Baume, 1625-1669. — Judith de la Baume de Foursac, 1669-1715. — Anne-Thérèse de Pichon d'Affis, 1715-1741. — Louise-Gabrielle d'Ussel de Châteauvert, 1741-1758. — Marie-Madeleine de Leintilhac, 1758-1771. — Marie-Louise de Villoutreix de Faye, 1771-1781. — Marie-Antoinette d'Ussel de Châteauvert, 1782-1791.

Gallia christiana, 1720, t. II, col. 617-618. — Lecler, *Pouillé historique du diocèse de Limoges*, Limoges, 1903, p. 175. — Roy de Pierrefitte, *Étude historique sur les monastères de la Marche et du Limousin*, n. XIV. — A. Leroux, *Obituaire des Allois*, dans *Archives historiques du Limousin*, t. v, p. 223. — G. de Senneville, *Cartulaire des prieurés d'Aureil et de l'Artige*, Limoges, 1900, p. 86.

A. LECLER.

ALLONNES, prieuré de l'abbaye de Saint-Florent-lès-Saumur. Au IXᵉ siècle, le comte d'Anjou y établit les moines de Saint-Florent en leur donnant tout ce qu'ils pourraient défricher. A la fin du XIᵉ siècle et au début du XIIᵉ, les religieux firent avec le seigneur de Montsoreau une convention solennelle, qui terminait en leur faveur un long différend. Le 5 décembre 1441, le roi accorda au prieuré d'Allonnes des lettres de sauvegarde. Il y avait deux églises dans la « villa » d'Allonnes : Saint-Jean, église de la paroisse primitive, et Saint-Doucelin, chapelle du prieuré, où furent transférés les offices de la paroisse, quand la première tomba en ruines. Le prieur titulaire donnait au curé une rente annuelle pour l'acquittement du service divin au prieuré. Le prieur était tenu, en outre, d'héberger à dîner les desservants, les jours de fêtes solennelles et de la Saint-Doucelin. Nous avons la liste des prieurs depuis 1304. Mgr de Vaugirauld, évêque d'Angers, réunit le prieuré d'Allonnes à son grand séminaire, le 6 décembre 1749. Parmi les victimes des septembriseurs se trouve M. Quéneau, curé d'Allonnes, massacré aux Carmes, le 2 septembre 1792. Allonnes, qui relevait de l'archiprêtré de Bourgueil, dépend aujourd'hui de celui de Saumur.

Port, *Dictionnaire de Maine-et-Loire*, Paris-Angers, 1878, t. I, p. 14-15. — Dom Huynes, *Histoire de l'abbaye de Saint-Florent*, ms. (conservé aux archives de Maine-et-Loire), p. 51. — *Cartulaires de Saint-Florent*, aux archives de Maine-et-Loire. — *Chartrier du prieuré d'Allonnes*, aux archives de Maine-et-Loire, série G, art. 808-828; série H, art. 3038-3040.

F. UZUREAU.

ALLOTT (WILLIAM), théologien catholique anglais († 1590). Après ses études à Cambridge, il se retira sur le continent lors de l'avènement d'Élisabeth, et reçut le sacerdoce à Louvain. Il retourna en Angleterre en 1579, et fut un des meilleurs soutiens de Marie Stuart qu'il visita plusieurs fois dans sa prison. Après quelques années de travail dans la mission anglaise, il fut emprisonné et banni; la recommandation de Marie Stuart lui fit obtenir un canonicat à Saint-Quentin. Il est l'auteur d'un *Thesaurus bibliorum*, souvent réédité au XVIIᵉ siècle.

Thomson Cooper, *Dict. of nat. biogr.*, t. I, p. 337. — Gillow, *Biographical dictionary of the English catholics*, t. I, p. 25 sq.

J. DE LA SERVIÈRE.

ALLOU (AUGUSTE), évêque de Meaux de 1839 à 1884. Il était né à Provins, le 21 janvier 1797. Ses études classiques terminées à Paris, il fit son droit, fut reçu avocat et, après une année de stage, fut nommé juge auditeur au tribunal de sa ville natale (13 septembre 1820). Mais, se sentant attiré vers l'état ecclésiastique, il quitta bientôt la magistrature, après une retraite faite sous la direction de M. Mollevaut, prêtre de Saint-Sulpice, et, en octobre 1822, entra au séminaire d'Issy. Ordonné prêtre, le 28 mai 1825, il fut successivement directeur et supérieur du petit séminaire d'Avon, puis au mois de juillet 1832, son évêque, Mgr Gallard, l'appela auprès de lui en qualité de vicaire général. A la demande de ce prélat devenu coadjuteur de Reims à la fin de 1832, Auguste Allou fut nommé évêque de Meaux par le roi Louis-Philippe, le 19 janvier 1839. Préconisé le 21 février, il fut sacré dans sa cathédrale le 28 avril.

Six mois s'étaient à peine écoulés que commença pour le nouvel évêque une pénible épreuve : sa vue s'affaiblit graduellement au point de lui interdire toute espèce de lecture. Il ne put dès lors faire par lui-même les ordinations et les autres fonctions épiscopales, qui exigent une longue application. Mais cette infirmité ne l'empêcha point d'administrer activement et sagement son diocèse. Soucieux de former un clergé studieux et bien discipliné, il rétablit, dès le 15 mars 1844, l'usage des « conférences ecclésiastiques » et, le 28 août 1863, publia des *Statuts diocésains*. L'année précédente il avait réorganisé son petit et son grand séminaires et en avait confié la direction aux lazaristes. Pour maintenir et développer la foi dans son diocèse, il se préoccupa à plusieurs reprises de fonder des groupements de missionnaires, favorisa beaucoup l'expansion des communautés religieuses et encouragea l'établissement de plusieurs maisons d'éducation chrétiennes. Très attaché au Saint-Siège, il introduisit la liturgie romaine dans son diocèse dès 1858, et au concile du Vatican vota constamment avec la majorité. S'intéressant aux études d'histoire et d'archéologie, il a écrit une petite *Vie de saint Thibaut, prêtre et ermite, patron de la ville de Provins* (1873). On lui doit également une notice sur la cathédrale de Meaux, une étude sur le monastère de la Visitation de cette ville, intitulée les *Mémoires de sainte Marie*, enfin, en 1876, il a publié une *Chronique des évêques de Meaux*. Son infirmité s'étant aggravée avec l'âge, il devint nécessaire de lui donner un coadjuteur au mois de février 1880. Ce fut Mgr Marie-Ange-Emmanuel de Briey, évêque de Roséa, qui succéda à Mgr Allou sur le siège de Meaux, le 30 août 1884.

H. CARRU.

ALLOUEZ (CLAUDE-JEAN), jésuite français, un des plus vaillants missionnaires du Canada et le fondateur des missions indiennes du Wisconsin, surnommé l'apôtre des Ontaouais ou Ottawas qu'il évangélisa pendant plus de trente ans, naquit le 6 juin 1622, « dans la ville de Saint-Didier, au diocèse du Puy » — sans doute Saint-Didier-La-Séauve — et embrassa la vie religieuse au noviciat de Toulouse, en même temps que son frère Claude-Ignace, le 25 septembre 1639. Après avoir enseigné la grammaire et les belles-lettres à Aubenas, à Billom et à Rodez, il partit pour la Nouvelle-France, où il arriva le 11 juillet 1658, en compagnie du gouverneur Pierre de Voyer d'Argenson, peu ami des jésuites. Dès 1660, Allouez est nommé supérieur de la mission des Trois-Rivières, et, le 21 juillet 1663, Mgr de Laval le nomme son vicaire général « pour tous les pays du nord et de l'ouest. » Mais c'est à partir du 8 août 1665 qu'il inaugure réellement sa rude existence de missionnaire chez les Ottawas, dont il est le premier apôtre. En moins de deux ans, il baptise plus de 300 sauvages et fonde, à l'extrémité occidentale du lac Supérieur, à Chagouamigong, la mission du Saint-Esprit, qu'il cède, en septembre 1669, au P. Jacques Marquette, pour établir, en moins de six mois, la mission de Saint-François-Xavier, d'où il rayonne sur les tribus environnantes. Il semblait avoir le don des langues, il en parlait six, au témoignage de la Mère Marie de l'Incarnation (*Lettres historiques*, p. 618), mais il possédait surtout l'algonquin, et c'est dans cette dernière langue qu'il harangua, le 14 juin 1671, les quatorze nations réunies au Sault-Sainte-Marie pour la prise de possession du pays des Ottawas au nom du roi de France. Allouez mourut dans la nuit du 27 au 28 août 1689, chez les Miamis de Rivière-Saint-Joseph, près de Niles (Michigan). Le protestant Bancroft, *History of the United States*, t. II, p. 805, pourra dire de l'intrépide apôtre qu'il a « attaché son nom d'une façon impérissable au progrès des découvertes dans l'ouest. » Pour perpétuer son souvenir, la *State historical Society of Wisconsin* fit élever à De Pere, le 6 septembre 1899, un monument commémoratif de la chapelle de Saint-François-Xavier construite en 1671-1672 par le jésuite. Il faut lire les écrits d'Allouez pour se faire une idée de ce que fut son apostolat; on a de lui : 1° une lettre du 28 avril 1662 au P. Ragueneau, reproduite en fac-similé dans *The jesuit relations*, t. XLVII, entre les pages 308 et 309; — 2° lettre du 20 août 1664 : *Relation* de 1663-1664, p. 135-141, et *The jesuit relations*, t. XLIX, p. 108-116; — 3° lettre de juillet 1665 : *Relation* de 1664-1665, p. 32-33, et t. XLIX, p. 242-244; — 4° *Journal du voyage dans le pays des Outaouacs* : *Relation* de 1666-1667, p. 16-128, et t. L, p. 248-310; t. LI, p. 20-68; c'est dans ce journal qu'on trouve nommée pour la première fois peut-être, du moins sous son nom actuel, « la grande riuière, nommée Messipi; » — 5° lettre du 6 juin 1669 et journal : *Relation* de 1668-1669, p. 93-103, et t. LII, p. 204-212; — 6° *Journal de la mission de Saint-François-Xavier dans la baie des Puans* : *Relation* de 1669-1670, p. 62-100, et t. LIV, p. 196-240; — 7° *Journal de la mission des Maskoutench, des Illinois,* etc. : *Relations* de 1672-1674, t. LVIII, p. 20-70, 264-270; — 8° *Missions des Maskoutench et des Outagamis* : t. LIX, p. 220-234; — 9° *Récit d'un troisième voyage chez les Illinois* et lettre du 26 mai 1676 : t. LX, p. 148-166, 196-200. J'omets quelques écrits de moindre importance.

Claude Dablon, *Lettre circulaire sur la mort du P. Allouez* (Québec, 29 août 1690), dans les *Découvertes et établissements des Français dans l'ouest et le sud de l'Amérique septentrionale*, par Pierre Margry, Paris, 1875, t. I, p. 59-64. — H. H. [Henry Harrisse], *Notes pour servir à l'histoire, à la bibliographie et à la cartographie de la Nouvelle-France*, Paris, 1872, p. 110, 122, 135-137, etc. — Sommervogel, *Bibliothèque S. J.*, Bruxelles, 1890, t. I, col. 183-184; 1898, t. VIII, col. 1611. — C. de Rochemonteix, *Les jésuites et la Nouvelle-France au XVIIe siècle*, Paris, 1896, t. II, p. 351-367. — Jos. Stephen La Boule, *Claude-Jean Allouez, « the apostle of the Ottawas », and the builder of the first Indian missions in Wisconsin*, Milwaukee, 1897. — R. G. Thwaites, *The jesuit relations and allied documents. Travels and explorations of the jesuit missionaries in New France*, Cleveland, 1901, t. LXXII, p. 43, où est indiqué tout ce qui concerne Allouez dans les volumes précédents. — T. J. Campbell, *Pioneer priests of North America*, New York, 1911, t. III, p. 147-164.

E.-M. RIVIÈRE.

ALLOZA (JUAN DE), jésuite péruvien, auteur ascétique et casuiste, naquit à Lima, d'une noble famille aragonaise, en 1597 et fut baptisé le 26 mai de la même année. Après de brillantes études de jurisprudence civile et canonique à l'université de San Marcos, il fut admis au noviciat de Lima par le P. Diego Alvarez de Paz, provincial du Pérou, le 15 avril 1618. Il exerça le saint ministère à Huancavelica, Huanuco, Ica, Huamanga, etc., enseigna quelque temps les belles-lettres à ses jeunes confrères, et fut, un an, vice-recteur du noviciat, à Lima, où il mourut, le 6 novembre 1666. Sotwell, suivi par Sommervogel, se trompe en le faisant naître en 1598 et en affirmant qu'il professa la théologie morale. Voici la liste de ses principaux ouvrages : 1. *Aficion, y amor de S. Ioseph, sus grandes excelencias, y Virtudes*, in-8°, Alcalá, 1652; Madrid, 1655, 1656. — 2. *Cielo Estrellado de mil y veynte y dos exemplos de Maria*, in-fol., (Madrid), 1655; Valencia, 1691, dont le plan a été suggéré par le vers bien connu du P. Bernard van Bauhuysen : *Tot tibi sunt dotes, Virgo, quot sidera caelo*, qui pouvait, sans cesser de former un hexamètre, subir 1022 combinaisons, nombre égal à celui des étoiles connu jusqu'alors. — 3. *Flores summarum, seu alphabetum morale, omnium fere casuum, qui confessariis contingere possunt*, in-8°, Liège, 1665; Lyon, 1666, 1674; Cologne, 1669, 1677, 1702, 1705, 1715 : cet ouvrage, fruit de trente années d'études et d'expérience, était tout particulièrement adapté aux mœurs et à la législation religieuse ou civile du Pérou. — 4. *Convivium divini amoris, Deus hominem amans, Christus in eucharistiae sacramento latens*, in-12, Lyon, 1665, traduit en espagnol et imprimé sans nom d'auteur : *Convite del amor divino, Christo en la eucaristia*, in-8°, Madrid, 1790. — Alloza laissa plusieurs volumes manuscrits : *El perfecto congregante de la Virgen, sacerdote y secular*, 2 volumes composés au collège de Pisco. — Un *Mémorial* de sa vie, en latin, souvent cité par son biographe Irrisarri. — *La escala del cielo de Maria*, 2 vol. — *Sombras sagradas*, 4 vol., en latin et en espagnol, etc. Le procès de l'ordinaire pour la béatification de Juan de Alloza a déjà été approuvé par la congrégation des Rites.

F. de Irrisarri, *Vida admirable, y heroycas virtudes del... V. P. Juan de Alloza*, Madrid, 1715. — Sotwel, *Biblioth. scriptorum S. J.*, Rome, 1676, p. 399-400. — J. Cassani, *Glorias del segundo siglo de la Compañia de Jesus*, Madrid, 1736, t. III, p. 583-613. — Sommervogel, *Bibliothèque S. J.*, Bruxelles, 1890, t. I, col. 184-186; 1898, t. VIII, col. 1611. — Uriarte, *Anónimos y seudónimos S. J.*, Madrid, 1904-1906, n. 495, 3706, 3830.

E.-M. RIVIÈRE.

1. ALLUCINGOLI (GERARDO), parent du pape Lucius III, qui le créa cardinal du titre de Saint-Adrien en 1182. On le trouve parmi les cardinaux souscripteurs des bulles pontificales, de 1182 à 1204. Les papes le chargèrent de plusieurs missions diplomatiques. Célestin III l'aurait envoyé à Bénévent pour veiller à la tranquillité de cette ville et maintenir les populations de la contrée dans l'obéissance de Tancrède. Innocent III, dont l'activité politique fit appel à la collaboration de presque tous les cardinaux, envoya celui-ci en Ombrie, en compagnie d'Ottaviano, évêque d'Ostie, pour y recevoir la soumission et le serment de fidélité de Conrad d'Urslingen, duc de Spolète, officier du défunt empereur Henri VI, et représentant de Philippe de Souabe, candidat à l'empire écarté par le pape. Innocent III entendait remettre la main sur les possessions traditionnelles du Saint-Siège, que cet Allemand s'était adjugées par la force des armes. Conrad, isolé, sans ressources, en pays hostile, fut contraint de restituer les places qui lui restaient encore. Il le fit à Narni, entre les mains des deux cardinaux. Il jura de remettre lui-même ces forteresses aux officiers du pape, et délia ses vassaux du serment de fidélité, les engageant à jurer obéissance au Saint-Siège (avril 1198). L'année suivante, Allucingoli fut envoyé dans le royaume des Deux-Siciles pour y préparer les voies au pape lui-même, qui comptait s'y rendre, pour prendre la tutelle du jeune Frédéric II, que l'impératrice Constance, morte le 27 novembre 1198, lui avait confiée par testament, avec l'administration provisoire du royaume. Mais les projets du pape furent contrecarrés par l'entrée en campagne d'un autre Allemand, Markward d'Anweiler, ennemi juré du Saint-Siège, sénéchal d'Henri VI, prétendant, lui aussi, à la tutelle du jeune prince et à la régence du royaume, qu'il disait lui avoir été confiées par l'empereur défunt et par Frédéric de Souabe, oncle de l'orphelin. La mission d'Allucingoli et de son collègue, le cardinal de Saint-Étienne *in Cœlio monte*, eut pour but, semble-t-il, d'organiser la résistance des barons et des villes de la *Terra di Lavoro* contre l'invasion de Markward, qui menaçait le territoire de l'abbaye du Mont-Cassin. L'ennemi s'empara de San Germano, au pied de la montagne de Saint-Benoît. Les deux cardinaux, qui avaient cherché asile dans cette ville, eurent le temps de s'en échapper, avant qu'elle tombât aux mains de l'ennemi. Leur mission prit fin. Il semble qu'ils n'aient eu aucune part dans les négociations que d'autres légats engagèrent avec Markward, après que celui-c eut échoué devant le Mont-Cassin (printemps de 1199).

Cinq ans plus tard, le cardinal Gérard fut mandé en Sicile comme légat pour l'administration *in spiritualibus et temporalibus*, et pour la négociation d'un traité de paix entre les deux partis qui se disputaient l'influence et le pouvoir auprès du jeune roi Frédéric : le parti de l'Allemand Guillaume Capparone et celui du chancelier Gauthier de Paléar. Innocent III écrivit le 1er avril au clergé, aux nobles, aux prélats de Sicile et de Calabre, pour les inviter à recevoir avec honneur son représentant et à obéir, comme s'il était le pape lui-même, à cet homme : *quem inter caeteros fratres nostros specialis dilectionis brachiis amplexamur*. Le 4 octobre suivant, les négociations pour la paix étant engagées, et Guillaume Capparone ayant fait faire directement des propositions au pape, celui-ci remit la décision de toute l'affaire à son légat, mieux informé, puisqu'il était sur place. Il lui laissait carte blanche pour proroger ou rompre le traité qui était en question. Si la paix fut conclue, elle fut de courte durée. Les luttes continuèrent entre Capparone et le chancelier Paléar. Nous ne savons pas exactement quel rôle que le cardinal Allucingolo joua dans cette histoire complexe et obscure. On perd sa trace à partir de 1204.

Cardella, *Memorie storiche de' cardinali*, Rome, 1792, t. I, part. 2, p. 147-148. — Ciaconius-Oldoinus, *Vitae et res gestae pontificum romanorum et S. R. E. cardinalium*, Rome, 1677, t. I, col. 1116. — *Jaffé*, 2e éd., p. 431, 536, 465, 577. — Luchaire, *Innocent III, Rome et l'Italie*, Paris, 1907, p. 102-107, 158-163, 188-193. — P. L., *Epist. Innoc. III*, t. I, p. 75, n. 88; p. 518, n. 563; t. II, p. 317, n. 36; p. 419-420, n. 129-131; p. 425, n. 135. — Moroni, *Dizionario di erudizione storico ecclesiastica*, art. *Allucingoli*. — Palatio, *Fasti cardinalium omnium*, Venise, 1703 sq., t. I, col. 346-347. — Potthast, n. 82, 553, 2165, 2287, 2288, 2291. — Raynaldi, *Annal. Eccl.*, ad ann. 1199, n. 3; ad ann. 1204, n. 73-74. — Ughelli, *Italia sacra*, t. I, col. 878.

J.-M. VIDAL.

2. ALLUCINGOLI (UBALDINO). Voir LUCIUS III.

ALLUCIO (Saint), confesseur, né à Val di Nievole, aujourd'hui au diocèse de Pescia. Fils d'un certain Homodei, il exerça d'abord la profession de berger ou de bouvier. Ses vertus le désignèrent bientôt pour gouverner l'hospice des pauvres de son village natal. Il en fut pour ainsi dire le second fondateur. Il le restaura et l'agrandit; il y reçut un certain nombre de frères, qui voulaient s'y consacrer au service des pauvres et qui prirent plus tard le titre de frères de Saint-Allucius. Il construisit d'autres hôpitaux dans les passages les plus dangereux, sur les routes et le bord des fleuves. Il bâtit un pont sur l'Arno. La renommée de ses bienfaits et de sa sainteté s'étendit au loin. On prétend qu'il fit cesser une guerre qui mettait aux prises les citoyens de Ravenne et ceux de Faenza. On raconte de lui de nombreux miracles : guérisons prodigieuses, conversions extraordinaires, multiplication de pains, etc. A sa mort (1134), le renom de sa sainteté s'étendit davantage. On honora sa mémoire et son tombeau. Une reconnaissance de son corps ayant été faite, quarante-huit ans après sa mort (1182), ses reliques furent mises en un lieu plus honorable. L'hôpital qu'il avait gouverné prit son nom, mais il passa plus tard aux chevaliers de Saint-Jean de Jérusalem. En 1344, l'évêque de Lucques, Guglielmo Dolcino de Montalbano, reconnut une seconde fois ses reliques. Il autorisa son culte et accorda quarante jours d'indulgence aux visiteurs de son tombeau, à certains jours de fête. Ce ne fut pourtant que sous Clément XIII, en 1764, que furent concédées l'office et la messe du saint. Enfin, sous Pie IX (1851), la congrégation des Rites approuva une messe propre. Depuis 1793, l'église de Saint-Allucio ayant été supprimée, les reliques du saint sont conservées dans la cathédrale de Pescia. Fête, le 23 octobre.

Acta sanct., octobr. t. x, p. 226-239. — *Bibliotheca hagiographica latina*, t. I, p. 50. — Repetti, *Dizionario geografico, fisico, storico della Toscana*, Florence, 1816 sq., t. I, p. 68.

J.-M. VIDAL.

ALLUE Y SESE (ANTONIO), patriarche des Indes, né à Asin, province de Huesca, le 16 août 1766. Après de brillantes études de lettres et de théologie à l'université de sa ville natale, il fut admis comme boursier à l'université de Santiago, en 1787. On l'y retint comme professeur de théologie morale et d'Écriture sainte jusqu'en 1793, où il obtint, par concours, d'être nommé premier chapelain de la cathédrale de Huesca, et, l'année suivante, chanoine de Tarrazona. En 1804, il fut attaché à la chapelle royale de Madrid en qualité de chapelain, puis, dès 1814, comme grand-pénitencier. Le 15 juillet 1816, il fut présenté par le roi à l'évêché de Girone et consacré le 29 juin 1817. Mais, choisi pour confesseur de la reine Maria Isabel de Braganza, il dut renoncer à son siège épiscopal, avant d'en avoir pris possession. Le 15 août 1820, il fut nommé patriarche des Indes. Il conserva ce titre jusqu'à sa mort, en 1842. Mais depuis 1834, il n'exerçait les fonctions du patriarcat que par délégation.

Florez, *España sagrada*, Madrid, 1826, t. XLIV, p. 216. — La Fuente, *Historia eclesiastica de España*, Madrid, 1875, t. VI, p. 285.

P. SICART.

ALLUZO (*Luso, Allezo, Alluco*). Archevêque de Tarentaise (Savoie), il succéda à Teutrand, mort le 8 mars 885. On ne connaît pas le temps qu'il gouverna cette Église. Cependant c'est très probablement lui qui prit part, en 888, à l'élection, faite à Saint-Maurice-d'Agaune en Valais, de Rodolphe 1er, fondateur du royaume de Bourgogne transjurane. La plupart des auteurs ne font que le nommer sans donner sur lui aucune autre indication.

Besson, *Mémoires pour l'histoire ecclésiastique des diocèses de Genève*, Nancy, 1757, p. 193. — *Gallia christiana*, Paris, 1770, t. XII, col. 703. — Pascalein, *Histoire de Tarentaise*, Moutiers, 1903, p. 47.

J. GARIN.

ALLYNGUS, Ἄλλυγγος, évêché en Crète. Cette ville n'est mentionnée que par Hiéroclès, Parthey, p. 13. Elle figure, parmi les évêchés suffragants de Gortyne, dans les Notices VIII et IX de Parthey, qui datent des premières années du IXe siècle; son nom y est écrit Ἄλυγγος. Nous n'avons pas d'autre renseignement sur elle.

S. PÉTRIDÈS.

ALLYRE (Saint), *sanctus Illidius* (orthographe locale : saint Alyre), fut, d'après Grégoire de Tours, le quatrième évêque de Clermont en Auvergne (370-384). D'après Peghoux, *Annales d'Auvergne*, 1853, p. 261, le vocable Allyre ou Alyre, serait la transcription de « Halerius, Aleris ». Ce surnom aurait été donné à saint Allyre parce qu'il était originaire de Dallet sur l'Allier et que de nombreux miracles relatifs à son culte avaient eu lieu sur les bords de cette rivière.

La vie de saint Allyre a été écrite d'abord par Grégoire de Tours (*Liber vitae Patrum*, 2e éd., Krusch, *Mon. German., Scriptor. rer. Merov.*, t. I, p. 668-672), qui lui a consacré aussi une courte notice dans son *Histoire ecclésiastique des Francs*, I, 45. *Script. rer. Merov.*, t. I. p. 53. Il nous avertit qu'il reproduit la tradition conservée dans l'Église de Clermont. *Quae de beato cognovi Illidio, illo quo possum proferam stilo*. *Loc. cit.*, p. 669. Il succéda à saint Leogontius, comme évêque de Clermont, vers 370, et bientôt, nous dit Grégoire, sa réputation de sainteté s'étendit dans les cités voisines de celle des Arvernes et parvint jusqu'au palais impérial de Trèves, où la fille de l'empereur, possédée du démon, était regardée comme incurable. L'empereur dont il s'agit ne peut être que l'usurpateur Maxime (383-388). L'empereur manda l'évêque des Arvernes, à Trèves. Illidius, mis au courant du mal dont souffrait la jeune fille, se mit en prières ; bientôt on lui amena la possédée au milieu des chants d'hymnes et de cantiques. Mais il lui suffit de poser ses doigts sur sa bouche pour la guérir. L'empereur, émerveillé, offrit à l'évêque de grosses sommes d'argent qu'il refusa ; il se contenta d'obtenir de l'empereur que le tribut sur le blé et le vin (*triticum ac vinarium*), que la cité arverne payait jusque-là en nature, serait transformé en contribution en numéraire. Illidius retournait dans sa ville épiscopale, lorsqu'il mourut pendant le trajet, « rempli de jours et de bonnes œuvres. » Cette mort doit se placer en 384, puisqu'au moment du concile de Trèves de 385, Nepotianus était déjà évêque de Clermont.

A l'époque de Grégoire de Tours, c'est à-dire près de deux siècles après ces événements, le culte de saint Allyre était en grand honneur dans la cité des Arvernes, et de nombreux miracles, *ut nec scribi integre queant, nec memoria retineri*, avaient lieu sur son tombeau, placé dans la crypte de l'église Sainte-Marie-entre-les-Saints, devenue, au temps de Grégoire de Tours, la *basilica sancti Illidii*. Grégoire lui-même, étant adolescent, eut, sous l'épiscopat de saint Gal (525-551), l'occasion d'éprouver deux fois la vertu de l'intercession du saint et lui dut la guérison de maladies dangereuses. Devenu évêque de Tours, il lui consacra un oratoire dans lequel il plaça ses reliques.

La basilique de saint Allyre fut brûlée par les Normands en 865, mais elle se releva de ses ruines au xe siècle et devint l'église d'un monastère de bénédictins. L'un d'eux, Winebrand, écrivit, vers 916, peut-être à l'occasion d'une translation de reliques, une nouvelle Vie de saint Allyre, dans laquelle il ne fit que reproduire les données de Grégoire de Tours en y ajoutant de nouveaux récits de miracles. Cf. *Histoire littéraire de la France*, t. vi, p. 176-177.

Une autre Vie de saint Allyre, tirée du bréviaire de Clermont, a été publiée par les bollandistes (*Acta sanct.*, jun. t. i, col. 420-423) ; elle est d'origine plus récente et paraît être une amplification oratoire, pleine de détails suspects. Ses données chronologiques, telles que la conversion des parents de saint Allyre par saint Austremoine, paraissent invraisemblables. C'est dans cette vie que saint Allyre est regardé comme originaire de Dallet ; il y passe aussi pour avoir été chercher dans « la ville de Chersonèse » un bras de saint Clément, auquel il consacra un oratoire qui existait encore en 1789. Les miracles que l'auteur de cette Vie lui attribue sont beaucoup plus nombreux que ceux qui sont rapportés par Grégoire de Tours.

Une élévation du corps de saint Allyre eut lieu le 9 décembre 1311, sous l'épiscopat d'Aubert Aycelin de Montaigu (1307-1329). Le récit en a été publié par les bollandistes (jun. t. ii, col. 423-425). L'église Saint-Allyre, démolie pendant la Révolution, était un des sanctuaires les plus vénérés de l'Auvergne ; les évêques de Clermont y faisaient une retraite de quelques jours, avant de faire leur première entrée dans leur ville ; les reliques y étaient en nombre considérable et on y vénérait surtout un buste en argent et un grand reliquaire de saint Allyre.

Grégoire de Tours, *Vita sancti Illidii*, dans *Acta sanct.*, jun. t. i, p. 416-420, et *Mon. Germ., Script. rer. Meroving.*, t. i, p. 668-672. — Lenain de Tillemont, *Mémoires pour servir à l'histoire ecclésiastique*, Paris, 1702, t. viii, p. 424-428. — *Gallia christiana*, 1720, t. ii, col. 227-228. — Crégut, *Le cénobite Abraham*, Clermont, 1893, p. 89. — Peghoux, *Notice sur une inscription découverte dans le faubourg de Saint-Allyre et sur l'église Notre-Dame-d'entre-les-Saints*, dans *Annales d'Auvergne*, 1853, p. 247.

L. BRÉHIER.

ALMA (GIL), évêque de Porto, puis de Coïmbre (Portugal). Nommé évêque de Porto, le 23 septembre 1398 (Eubel, *Hierarchia medii aevi*, t. i, p. 427), il eut à régler un conflit des plus sérieux et qui n'était pas nouveau. Au commencement du xiiie siècle, la comtesse du Portugal, doña Teresa, avait accordé aux évêques de Porto le bourg de ce nom, sur la rive droite du Douro, avec tous les droits seigneuriaux qui faisaient partie des institutions et des mœurs de l'occident de la péninsule ibérique, assez différents des droits féodaux des pays situés de l'autre côté des Pyrénées. Le bourg s'enrichit et s'élargit, devenant rapidement une ville importante, jusqu'à exciter la convoitise des rois. De vifs conflits se produisirent en diverses circonstances entre le roi et l'évêque, sur l'exercice de la juridiction et d'autres droits à Porto. Un de ces conflits se trouvait depuis longtemps ouvert, quand Gil Alma reçut le gouvernement du diocèse. Il s'accorda en 1405 avec le roi João Ier, en lui cédant tous les droits seigneuriaux à Porto, moyennant une rente annuelle de trois mille livres. Le contrat eut l'approbation du pape Innocent VII, par la bulle *Solet pia mater*, du 1er octobre 1405 ; mais on ne l'exécuta pas, et l'année suivante les intéressés firent une nouvelle convention, qui fut signée le 13 avril à Santarem. En 1407, Gil Alma fut transféré à Coïmbre, dont il eut le gouvernement jusqu'à sa mort (1415). Il se fit représenter au concile de Constance par le chanoine Gil Peres.

Fortunato de Almeida, *Historia da Igreja em Portugal*, t. i, p. 189, 372, 393, 397, 403, 423 ; t. ii, p. 11-14, 582. — *Corpus codicum latinorum et Portugalensium eorum qui in Archivo municipali Portucalensi asservantur*, Porto, 1899, t. i, p. 136-137. — João Pedro Ribeiro, *Dissertações chronologicas e criticas*, t. v, p. 164, 186. — Leitão Ferreira, *Catalogo dos bispos de Coïmbra ; Quadro Elementar das relações politicas e diplomaticas*, t. x, p. 400.

Fortunato DE ALMEIDA.

ALMACHIUS (Saint), martyr ; fête dans le Martyrologe romain : 1er janvier. Le texte du Martyrologe hiéronymien représenté par les deux manuscrits d'Echternach et de Lorsch (fragment. *Laureshamense*) a conservé la notice suivante (*Mart. hieron.*, édit. De Rossi et Duchesne, p. [4]) :

Lauresham.	Epternac.
Romae via Appia coronae et milites XXX. Natale Almachii qui iubente Alypio urbis praefecto cum diceret : « Hodie octavas dominicae dici sunt, cessate a superstitionibus idolorum et sacrificiis pollutis, » a gladiatoribus hac de causa occisus est.	Natale coronae qui iubente *Asclepio* urbis praefecto cum diceret : « Hodie octavae *dei caeli* sunt, cessate a superstitionibus idolorum et sacrificiis pollutis, » a gladiatoribus hac de causa occisus est. *Et plus bas dans la notice, après une lacune* : ... et milites XXX.

Le fait que ces deux seuls manuscrits du Martyrologe hiéronymien nous ont conservé cette notice, qu'elle manque complètement dans les deux manuscrits qui représentent le second type, prouve qu'elle avait été ajoutée après coup, en marge, au texte d'où découlent le *Laureshamensis* et l'*Epternacensis* ; les copistes l'ont insérée dans chacun de ces deux textes, à des places différentes. La recension de l'*Epternacensis* est sans doute tronquée ; la comparaison des quatre manuscrits prouve que l'original qu'ils représentent contenait l'indication : *Romae via Appia coronae et milites XXX* ; le *nat. coronae* de l'*Epternac.* doit être joint au texte : *et milit. XXX*. C'est donc le *Laureshamensis* qui a conservé le nom du martyr ; abstraction faite de deux variantes, les deux textes sont conformes. La notice est tirée d'une bonne source, probablement d'un récit plus long, d'une *Passio*. L'indication du jour (octave de la Nativité du Seigneur) et du nom du préfet proviennent de cette source; nous trouvons en effet comme préfet de la ville de Rome, en 391, Faltonius Probus Alypius. Il faudra sans doute retenir cette indication et placer l'épisode dans cette année. L'historien Théodoret raconte le même fait avec des amplifications et y rattache la défense des jeux de gladiateurs par l'empereur Honorius. Un moine oriental, Telemachios, se rendit à Rome pour y faire cesser le scandale des combats de gladiateurs. Il prit place dans le *stadion* et, les combats commencés, il se précipita parmi les gladiateurs pour les faire cesser. La foule, remplie de la fureur du démon qui se réjouissait de ces jeux sanglants, lapidait l'apôtre de la paix. L'empereur le fit insérer parmi les martyrs et défendit le spectacle indigne des gladiateurs. Théodoret, *Hist. eccl.*, v, 26. Il s'agit sans doute du même événement rapporté par les martyrologes. Cependant les différences dans les détails prouvent que l'historien ne semble pas avoir utilisé la même source écrite que les auteurs de la notice de l'hiéronymien; il paraît reproduire plutôt un récit courant qu'on se racontait en Orient et auquel on avait rattaché la défense des combats de gladiateurs par l'empereur d'Occident. Le martyrologe prouve que le fond du récit est certainement historique et que, très probablement en 391, un chrétien fut tué à Rome, sur l'ordre du préfet, par des gladiateurs, pour avoir voulu empêcher des jeux païens le 1er janvier; il fut vénéré comme martyr. Des deux formes du nom, Almachius ou Telemachios, laquelle est la vraie, il est difficile de le dire; le nom donné par l'historien grec me paraît rappeler un peu trop par son étymologie la « fin du combat » (τέλος μάχης). Quant à un édit de l'empereur Honorius défendant les jeux de gladiateurs à Rome, nous n'en avons pas d'autre renseignement en dehors du témoignage de Théodoret. La notice du Martyrologe hiéronymien passa dans celui de Bède et celui de Florus de Lyon, chez qui le nom prend la forme « Almachius », qu'il conserva depuis dans les martyrologes historiques. On place ordinairement la fin des combats de gladiateurs à Rome, amenée par la mort du courageux ascète, en 404; cette date repose sur une hypothèse qui ne me paraît pas assez bien fondée.

Acta sanct., jan. t. 1, p. 31. — *Martyrologium romanum*, éd. Baronius, Venise, 1609, p. 41. — *Codex Theodosianus*, cum commentariis l. Gothofredi, Mantoue, 1748, t. v, p. 360-365. — Tillemont, *Histoire des empereurs*, Paris, 1703, t. v, p. 533 sq. — Dom Quentin, *Les martyrologes historiques du moyen âge*, Paris, 1908, p. 110, 326. — Schultze, *Die Martyrologien, ihre Geschichte und ihr Wert*, Berlin, 1900, p. 11 sq. — Urbain, *Ein Martyrologium der christlichen Gemeinde zu Rom*, dans *Texte und Untersuchungen*, Leipzig, 1901, p. 116-118.

J.-P. KIRSCH.

1. ALMADA (ANTONIO), religieux augustin, né à Lisbonne, le 18 septembre 1665. Il fut professeur de théologie et de philosophie au collège de Saint-Augustin de Lisbonne et prédicateur très zélé. Sa mort eut lieu le 24 mars 1715. On a de lui : *Desposorios do Espirito celebrados entre o divino amante, e sua amada esposa a ven. Madre Soror Mariana do Rosario, religiosa de veo branco no convento de Salvador de cidade de Evora*, Lisbonne, 1694. La plupart de ses écrits, entre autres un cours de philosophie, se conservent inédits dans la bibliothèque de Notre-Dame des Grâces à Lisbonne.

Barbosa Machado, *Bibliotheca lusitana*, Lisbonne, 1741, t. 1, p. 196. — Moral, *Catalogo de escritores agustinos españoles, portugueses*, dans *La ciudad de Dios*, t. XXXIV, p. 607.

A. PALMIERI.

2. ALMADA (MANUEL DE), évêque d'Angrado Heroísmo (Açores). Né à Lisbonne, il reçut le grade de docteur en droit canon à l'université de Coïmbre et occupa ensuite les charges de chantre de la cathédrale de Lisbonne, commissaire de l'Inquisition et juge de la cour de cassation (*Aggravos*). Le roi dom João III le nomma, en 1561, évêque d'Angra, alors qu'il exerçait aussi la charge de conservateur des ordres militaires. En 1565, il accompagna la princesse dona Maria, qui allait se marier avec Alexandre Farnèse, prince de Parme, et prit part à la cérémonie du mariage, présidée par l'archevêque de Cambrai, dans la cathédrale de Bruxelles.

Pendant son séjour en Flandre, Almada eut connaissance d'un libelle de Gualter Haddon, secrétaire de la reine d'Angleterre, contre l'évêque portugais Jerónymo Osório. Voir ce nom. Il prit aussitôt la défense d'Osório dans un ouvrage intitulé : *Adversus epistolam Gualteri Haddoni serenissimae reginae Angliae a supplicum libellis contra reverendi P. Hyeronimi Osorii lusitani episcopi Silvensis epistolam nuper editam*, Anvers, 1566. Il s'agissait d'une polémique sur le protestantisme.

En 1567, Almada résigna l'évêché d'Angra et se retira à son bénéfice de Medellos, de l'abbaye de Ferreira, qu'il reçut de son oncle Aïres da Silva, évêque de Porto. Il mourut le 2 octobre 1580.

Barbosa Machado, *Bibliotheca lusitana*, Lisbonne, 1752, t. III, p. 168. — Fortunato de Almeida, *História da Igreja em Portugal*, t. III, 2e partie (sous presse). — *Archivo dos Açores*, Ponta Delgada, 1880, t. II, p. 137.

Fortunato DE ALMEIDA.

ALMADEN (ANTOINE), frère mineur déchaussé espagnol, connu aussi sous le nom d'Antoine de la Mère de Dieu, passa en Chine, vers 1729, et y resta caché plusieurs années aux environs de Canton, consolant et encourageant les chrétiens au milieu de la persécution. Découvert, il subit une bastonnade atroce, puis, chargé de chaînes, il fut amené à Pékin où, après avoir subi une dure captivité, il s'entendit condamner à mort. Une relation qu'il écrivit dans sa prison est datée du 22 octobre 1739. Néanmoins, la peine capitale fut commuée en une sentence d'exil. Le missionnaire, ramené à Macao, partit de là en Cochinchine et y travailla pendant cinq ans. Enfin il périt dans un naufrage vers 1749. Son corps, enterré près du rivage, fut trouvé trente jours après sans raideur ni corruption. Les archives des franciscains de Manille conservent deux de ses relations, dont l'une narre les succès de la mission chinoise de la fin de 1730 à août 1731.

Fr. Miggenes, *Missio seraphica in imperio Sinarum*, dans *Analecta franciscana*, Quaracchi, 1885, t. 1, p. 38. — Marcellino da Civezza, *Saggio di bibliografia sanfrancescana*, Prato, 1879, p. 13.

ANTOINE de Sérent.

ALMAIN (JACQUES), célèbre théologien gallican, naquit à Sens, probablement vers 1480, et mourut à Paris en 1515. Élève du collège de Navarre avant 1508 (Launoy, *Navarrae gymnasii Parisiensis historia*, t. I, p. 235), il en devint professeur en 1512. Ce fut un des représentants de l'ancienne école de l'université de Paris et, avec Gerson, Pierre d'Ailly et Jean Major, de la doctrine gallicane; de son vivant on le disait déjà *splendor Academiae*. Quand le conciliabule de Pise, en lutte avec Jules II, eut prié la Sorbonne de réfuter l'écrit de Cajetan sur l'autorité pontificale, injurieux, disait-il, pour les conciles de Constance et de Bâle (*De comparatione auctoritatis papae et concilii*, 1511), la faculté se déroba prudemment. Mais Louis XII, l'adversaire du pape, insista pour que fût « confuté » un livre « lequel a nagueres esté composé par quelqu'un au deshonneur des saincts conciles de l'Église, et depression de l'authorité d'iceux, et auquel... sont contenus plusieurs grands et dangereux erreurs qui ne sont à tolérer. » Alors Jacques Almain, quoique un des plus jeunes docteurs de l'université (il avait pris son doctorat en théologie l'année précédente), fut chargé, avec Jean Major, de répondre à Cajetan et de venger Gerson. « Au temps de Louis XII, comme au temps de Charles VI, dit Launoy, *loc. cit.*, l'illustre collège de Navarre dressa une muraille aux assauts impies de ceux qui attaquaient les conciles de l'Église, *admurmurante Academia, comprobante Gallia, applaudentibus universi regni ordinibus.* » En 1512, paraissait à Paris le *Libellus de auctoritate Ecclesiae seu sacrorum conciliorum eam representantium contra Thomam de Vio*. Il était dédié à l'archevêque de Sens, Tristan de Salazar, un des membres du concile de Pise. Almain y réfutait Cajetan, proposition par proposition, d'après la doctrine des conciles de Constance et de Bâle. Le pape, avait dit Cajetan, est au-dessus du concile, lequel, s'il n'est uni au pape, ne représente pas l'Église universelle. Jésus-Christ, soutient Almain, a donné l'autorité spirituelle immédiatement à Pierre et à ses successeurs, mais il l'a donnée immédiatement aussi à l'Église universelle, c'est-à-dire à l'ensemble de tous les évêques et de tous les fidèles dispersés ou réunis en concile. Le souverain pontife, à qui appartient le pouvoir exécutif suprême, est supérieur à tout évêque ou fidèle considéré individuellement; mais il est inférieur à l'Église universelle, comme la partie l'est au tout. Aussi le concile œcuménique, représentant l'Église universelle, est-il infaillible et supérieur au pape (*caput x in quo... demonstratur papam errare posse, non concilium*); il peut donc le juger et le déposer. Celui qui en France, conclut-il, soutiendrait le contraire serait estimé hérétique. Jean Major, de son côté, avait affirmé la même doctrine. Cajetan répondit à l'un et à l'autre (*Preuves des libertés de l'Église gallicane*, t. I, p. 487), dès la fin de 1512, par une double apologie de son traité : *Apologia primi tractatus ex jure naturali et divino cc. 6. Responsiones ad objectiones cc. 29. — De romani pontificis institutione et auctoritate cc. 14.*

Dans son *Expositio circa decisiones quaestionum magistri Guillelmi Occam super potestate summi pontificis*, Almain dit que les lois des princes séculiers ne lient point en conscience (cf. Pallavicini, *Istoria del concilio di Trento*, l. VIII, 14); il reconnaît au pape le droit de déposer les princes chrétiens, s'ils se rendent coupables d'hérésie ou de schisme ou s'ils commettent quelque crime contre l'ordre social (c. IX). C'était aller plus loin que nombre de contemporains et même que certains défenseurs zélés du pouvoir pontifical. Mais Almain niait que le pape eût quelque juridiction ou pouvoir temporel (c. XI : *Ex institutione Christi, papa non habet dominium aut jurisdictionem temporalem in homines*; c. XIV : *Constantinus neque dedit, neque dare potuit imperium romano pontifici. Justinianus et Carolus Magnus non agnoverunt papam superiorem in temporalibus*). Et il concluait en affirmant de nouveau la supériorité de juridiction du concile sur le pape, qui n'a qu'un pouvoir limité (c. XIII, XV, XVI).

Aussi les défenseurs des libertés gallicanes, les partisans des conciles de Constance et de Bâle ont-ils toujours compté Almain parmi leurs principales autorités. Richer, dans son *Libellus* de 1611, *De ecclesiastica et politica potestate*, le cite, à côté de Gerson, pour prouver que le pape peut être jugé et déposé par le concile (Cologne, 1683, p. 88). Il réédita les deux traités d'Almain, dans ses *Vindiciae doctrinae majorum scholae Parisiensis seu constans et perpetua scholae Parisiensis doctrina de authoritate et infallibilitate Ecclesiae in rebus fidei et morum* (éd. 1683, p. 23-236). Bossuet s'appuie sur la doctrine d'Almain : « ce qui a fait dire à nos docteurs Jacques Almain et Jean Major, auteurs célèbres du temps de Louis XII et de François Ier, savoir à Almain : *c'est une vérité reconnue de tous les docteurs de Paris et de toute la France, que la puissance du pape est inférieure à celle du concile*. Almain et Major publièrent ces livres de l'ordre exprès de la faculté; et lorsqu'ils enseignaient ces maximes et les proposaient à toute l'Église, personne ne s'écriait... que cette doctrine était *détestable* et *schismatique*. Les papes même ne s'en plaignirent pas et ne jugèrent point ces livres dignes d'aucunes censures. » *Défense de la Déclaration du clergé de France de 1682*, 1735, livre I, chap. VIII; cf. livre VI, chap. XXXIII. Et Justin Febronius nomme Almain parmi « les hommes les plus célèbres » qui contredirent « la pure opinion » de l'infaillibilité papale. *Traité du gouvernement de l'Église et de la puissance du pape par rapport à ce gouvernement*, édition 1767, t. I, p. 135. Et Pierre Pithou, au chapitre XII des *Preuves des libertés de l'Église gallicane*, 2e édition, 1651, p. 487, le signale comme un des ardents défenseurs de ces libertés.

Almain avait écrit sur les œuvres morales, les habitudes et les actes, les vertus théologiques, la pénitence et autres sujets théologiques, qui furent publiés avec des additions de l'Écossais Cranston : *Moralia optime recognita cum additionibus. De penitentia*, etc., Paris, 1517, 1518, 1520, 1525. Il s'intéressa à Holcot, nominaliste comme lui, *Dictata super magistri Holcot sententias*, Paris, 1512. Quand il mourut, il étudiait, au collège de Navarre, le troisième livre des Sentences. *Acutissimi divinorum archanorum scrutatoris magistri Jacobi Almain in tertium sententiarum utilis editio... cura Nicolai Mallarii*, Paris, 1516. Deux ans après sa mort, toutes ses œuvres furent réunies et publiées à Paris, chez Chevalier, par les soins d'Olivier, qui les fit précéder d'une préface louangeuse. Les traités d'Almain sur l'autorité du pape et du concile furent réédités non seulement par Richer, mais aussi dans les œuvres complètes de Gerson, édition 1606, t. I; édition 1706, t. II, etc.

Du Boulay, *Historia universitatis Parisiensis*, Paris, 1665-1673, t. VI, p. 50. — Launoy, *Regii Navarrae gymnasii Parisiensis historia*, Paris, 1677, t. I, p. 235, 238, 239; t. II, p. 611-614. — Ellies Dupin, *Nouvelle bibliothèque des auteurs ecclésiastiques*, Paris, 1698, t. I, col. 916-917. — Scheeben, dans le *Kirchenlexicon*. — Hurter, *Nomenclator literarius theologiae catholicae*, 1907, t. II, col. 1119. — Vacant, *Dictionnaire de théologie catholique*, t. I, col. 895-897. — P. Feret, *La faculté de théologie de Paris, époque moderne*, t. II, p. 83-88. — Imbart de la Tour, *Origines de la Réforme*, Paris, 1909, t. II, p. 169-170.

G. CONSTANT.

1. ALMANNE, moine à Hautvillers, au IXe siècle. Dès sa première jeunesse, il vécut au monastère de Hautvillers, au diocèse de Reims. « Dans un temps où il suffisait d'être studieux pour mériter le titre de savant, » disent excellemment les bénédictins de l'*Histoire littéraire*, il s'acquit une grande réputation de science, aussi bien sacrée que profane, jointe à celle d'une piété remarquable. Il devint prêtre, fut envoyé par Hincmar, on ignore dans quel but, hors de son diocèse, peut-être à Besançon, et se fit bientôt rappeler pour avoir recherché des bénéfices et s'être mêlé aux affaires séculières. Il dut réintégrer son monastère et faire pénitence. En 868, il était de retour à Hautvillers et il nous apprend qu'une des formes de sa pénitence était de négliger son style « non par mépris de la grammaire, mais parce que la vérité prévaut sur l'élégance. » Il vivait encore en 882 et décrivit les invasions normandes de cette année. Il mourut un 22 juin.

Sigebert de Gembloux a le premier parlé de cet écrivain. *De scriptor. Eccl. liber*, c. XCVIII. Ses œuvres comprennent :

1° *Vie de saint Sindulphe*, prêtre et confesseur au diocèse de Reims, et mort vers 600. Sa translation se fit à Hautvillers en 866 et fut l'occasion de cet écrit. Almanne semble avoir fait quelques recherches sur son sujet; par exemple, il rapporte l'épitaphe du saint; mais au total il y a dans son récit peu de faits et beaucoup de verbiage. La pièce, par exception, n'a pas de doxologie, sans doute parce que l'histoire de la translation suivait immédiatement la vie. Mabillon a publié cette *Vie*, *Act. sanct. ord. S. Ben.*, saec. I, t. I, p. 368, mais il a supprimé la translation, déjà connue de Flodoard, II, IX, *P. L.*, t. CXXXV, col. 111, par la raison qu'elle ne lui parut pas mériter l'impression. *Acta sanctorum*, oct. t. VIII, p. 892.

2° *Vie et translation de sainte Hélène*. Cette translation ayant eu lieu de Rome à Hautvillers en 841, Hincmar engagea Almanne à en faire le récit. L'ouvrage se divise en trois parties, suivant le plan habituel en ces sujets. La première, Vie de la sainte, comprend, dans les manuscrits, un préambule et vingt et un chapitres, réduits à six par les bollandistes. L'auteur avait comme sources : Eusèbe traduit par Rufin, Théodoret, Socrate, Sozomène, Cassiodore, les faux *Actes* du pape Silvestre et des traditions orales. Ces deux dernières sources expliquent les erreurs où il est tombé et qu'ont relevées les éditeurs. La deuxième partie rapporte la translation et les preuves d'authenticité des reliques. La troisième contient le récit des miracles. La première partie, prolixe et verbeuse, rapporte peu de faits. L'auteur était trop éloigné des événements pour faire autorité. Les deux dernières parties sont écrites plus simplement que la première. Dom Marlot, *Metropolis Remensis historia*, 1666, p. 401, a d'abord publié la seconde partie avec quelques courts fragments de la première. Mabillon a publié ensuite la *Vie*, mais sans la translation, pour les mêmes raisons que précédemment. Enfin les bollandistes ont donné l'écrit en entier, parce que c'est encore la Vie « la moins mauvaise » de sainte Hélène. *Acta sanct.*, aug. t. III, p. 579.

3° *Vie de saint Nivard*, évêque de Reims. Publiée dans *Acta sanct.*, sept. t. I, p. 278. Cette Vie divisée en onze brefs chapitres est, de tous les écrits de l'auteur, celui qui mérite le plus de confiance. Elle vient d'être publiée dans les *Monum. Germ., Script. rerum Meroving.*, t. V, p. 157-171.

4° *Vie de saint Memmius*, premier évêque de Châlons. A l'occasion de la découverte du corps du saint et d'un prodige qui l'accompagna, Theudoin, prévôt de l'église de Châlons-sur-Marne, demanda à Almanne, son ami, en 868, de renouveler la Vie « qu'on ne pouvait plus lire, tant elle était usée. » Marlot, *loc. cit.*, p. 473; Mabillon, *Vetera analecta*, t. II, p. 89. Almanne s'excusa d'abord, puis promit. Mabillon, *loc. cit.* Pourtant Sigebert ne nomme pas ce travail parmi les œuvres d'Almanne. Deux Vies de saint Memmie existaient déjà, l'une du VIe ou du VIIe siècle, l'autre de la fin du VIIe. *Acta sanct.*, aug. t. II, p. 117 et 7. C'est probablement sur la première qu'Almanne a travaillé. Tandis qu'elle plaçait saint Memmie au temps de saint Pierre, il le renvoie à l'époque de saint Clément. Mabillon (*ibid.*) avait vu un manuscrit de cette *Vie*, qui n'a pas été publiée.

5° Une *Vie de saint Berçaire* est attribuée à Almanne par les frères Sainte-Marthe (*Gallia christiana vetus*, 1659, t. IV, p. 33), sans autre preuve.

6° Enfin Sigebert de Gembloux parle de *Lamentations* sur les ravages des Normands, imitées de Jérémie « en quatre alphabets », c'est-à-dire quatre poèmes alphabétiques. Il n'en reste rien.

Ceillier, *Hist des aut. sacrés et eccl.*, 2e édit., t. XII, p. 696. — *Hist. litt. de la France*, 1740, t. V, p. 618. — Leyser, *Poet. med. aevi*, 1721, p. 266. — Mabillon, *Annal. ord. S. Bened.*, I. XXXVI, n. 89. — Tillemont, *Mém. pour servir à l'hist. eccl.*, 1700, t. VII, p. 189, 644. — E. Dümmler, dans *Neu Archiv. Ges. deut. Gesch.*, 1879, t. IV, p. 540. — *P. L.*, t. CXXI, col. 387. — A. Molinier, *Les sources de l'histoire de France*, n. 73, 287, 440, 826, 830.

P. FOURNIER.

2. ALMANNE, abbé bénédictin de Niederaltaich, en Bavière, en 1367, décédé le 26 juin 1402, a laissé un itinéraire très succinct du voyage qu'il entreprit à Cambrai, entre le 18 septembre et le 30 octobre 1367, pour se plaindre, auprès du duc Albert de Bavière, des maux dont souffrait son monastère. Le texte, imprimé dans les *Monumenta boica*, t. XI, p. 93-94, a été réédité dans les *Mon. Germ. hist.*, t. XVII, p. 420-421.

J.-B. Lackner, *Memoriale seu Altachae inferioris memoria superstes*, Passau, 1779, p. 96. — *Mon. Germ. hist.*, Script., t. XVII, p. 360, 367.

U. BERLIÈRE.

3. ALMANNE, évêque de Passau. Voir ALTMANN.

1. ALMANSA (BERNARDINO DE), évêque de Saint-Domingue, puis archevêque de Santa-Fé de Bogota. Né à Lima, où il fut curé de Saint-Sébastien et visiteur de l'archevêché, il devint vicaire général et trésorier de l'église de Carthagène, et archidiacre de Charcas. Nommé à l'inquisition de Tolède et de Logroño, il passa en Espagne, et fonda, à Madrid, le couvent de Jésus-Marie-Joseph pour les religieuses franciscaines dites « del Caballero de Gracia ». Il fut promu au siège de Saint-Domingue en 1630. N'ayant pas encore reçu la consécration épiscopale, et tandis qu'il se disposait à se rendre dans son diocèse, il fut transféré au siège de Santa-Fé de Bogota (1632). Il bâtit la cathédrale de Santa-Fé et fut le premier archevêque d'Amérique décoré du pallium. Il mourut le 27 septembre 1633. Son corps, ramené en Espagne, fut enseveli dans l'église du couvent qu'il avait fondé.

Gams, *Series*, p. 140, 148. — Alcedo, *Diccionario de las Indias occidentales*, Madrid, 1787, t. II, p. 37, 127, 128. — Hernaes, *Coleccion de bullas, breves y otros documentos relativos a la iglesia de america y Filipinas*, Bruxelles, 1879, t. I, p. 126.

J.-M. VIDAL.

2. ALMANSA (DIEGO ENRIQUEZ), fils du marquis de Alcañices et de doña Isabel de Ulloa, fut chargé par Charles-Quint, en 1550, de visiter l'université de Salamanque. La même année, il devenait évêque de Coria, en Estramadure. Lorsque se tint la troisième réunion du concile de Trente, sous Pie IV, il y prit part, mais non un des premiers. Il n'y arriva que le 16 septembre 1562, et ne joua point dans les délibérations un rôle très important. Toutefois il proposa à la cour de Rome certains moyens de transaction pour amener l'entente des Pères sur les questions si âprement discutées de la résidence et de l'institution des évêques. Lettre de Borromée aux légats, du 12 juin 1563. Archives vaticanes, *Concilia*, t. 61, n. 48, orig. En février 1563, Almansa s'absenta du concile pour aller à Rome. Revenu en son pays, il assista aux synodes provinciaux de Saint-Jacques de Compostelle et de Salamanque, qui avaient pour but de mettre en vigueur les décrets de Trente. Il réédifia le couvent de San Marcos, à Coria et, durant son administration, celui de San Francisco se transporta là où il est actuellement. Il mourut en 1566 et son corps fut inhumé à Zamora.

Bibliothèque de Santa-Cruz de Valladolid, ms. *143*, fol. 43 v°. — Gil Gonzalez Dávila, *Teatro ecclesiastico de las Iglesias metropolitanas y catedrales de los reynos de las dos Castillas. Vidas de sus arzobispos y obispos*, Madrid, 1617, t. II, p. 465. — José de Santa-Cruz, *Chronica provinciae S. Michaelis*, I. IV, c. XIII. *Coleccion de documentos iné-*

ditos para la historia de España, Madrid, 1846, t. IX, p. 28. — Snsta, Die Römische Kurie und das Konzil von Trient unter Pius IV, Vienne, 1904 sq., t. II, p. 560, 564; t. III, p. 98, 491.

G. CONSTANT.

ALMARAZ (JUAN DE), religieux augustin, né à Salamanque. En 1581, il obtint la chaire d'Écriture sainte à l'université de Lima. En 1591, il fut élu provincial du Pérou. Il se rendit célèbre par ses vertus et sa pénitence. Les historiens de l'ordre lui donnent le titre de vénérable. Sa mort eut lieu à Truxillo, l'an 1592. Il avait été nommé évêque du Paraguay, mais sa mort prématurée l'empêcha de recevoir la consécration épiscopale.

Herrera, *Alphabetum augustinianum*, Madrid, 1644, t. I, p. 409. — Brulius, *Historiae peruanae ordinis eremitarum S. P. Augustini*, Anvers, 1652, p. 176-178. — Bernard de Torres, *Cronica de la provincia peruana del Orden de los ermitaños de San Agustín*, p. 49-50, 228. — Joseph de l'Assomption, *Martyrologium augustinianum*, Lisbonne, 1743, t. I, p. 268-269. — Lanteri, *Postrema saecula sex religionis augustinianae*, Tolentino, 1859, t. II, p. 303-304. — Alcedo, *Diccionario de las Indias*, Madrid, 1788, t. IV, p. 74.

A. PALMIERI.

ALMARICUS. Voir AMAURY.

ALMARUS, martyr à Chartres. Voir EMANUS.

ALME ou **ALAIN** Ier (Saint), abbé cistercien de Balmerino (Écosse), de 1229 à 1236. Alain et d'autres moines de Melrose prirent possession, le 13 décembre 1229, de l'abbaye de Balmerino que venait de fonder Ermengarde, veuve de Guillaume Ier (1165-1214) et mère d'Alexandre II (1214-1249), rois d'Écosse. Alain est le véritable nom de notre abbé. Alme n'est dû qu'à une erreur de Dempster. Ce même historien affirme qu'Alain écrivit deux ouvrages, *De perfectione religiosa* et *Acta reginae Emergardae*. Dempster prolonge la vie d'Alain jusqu'en 1270, tandis que celui-ci mourut le 28 juin 1236. Le R. P. Augustin Hay cite dans *Scotia sacra* (ms. de la bibliothèque des avocats à Édimbourg) un passage du livre de Cupar, maintenant disparu, d'après lequel saint Alain était le plus grand savant de son époque.

Chronica de Mailros, éd. J. Stevenson, Bannatyne club, Édimbourg, 1835, p. 141, 147. — Thomas Dempster, *Historia ecclesiastica gentis Scotorum*, Bannatyne club, Édimbourg, 1835, t. I, p. 54; *Menologium Scoticum*, dans A.-P. Forbes, *Kalendars of the Scottish saints*, Édimbourg, 1872, p. 221. — J. Campbell, *Balmerino and its abbey*, Édimbourg, 1899, p. 127-129.

A. TAYLOR.

ALMEDA (Sainte), vierge et martyre du pays de Galles (Angleterre), vers 490. Elle aurait été une des vingt-quatre filles de Brachanus, qui doit avoir donné son nom au comté de Brecknock. Fête, le 1er août. *Acta sanctor.*, 1733, aug. t. I, p. 70.

A. TAYLOR.

ALMEDERA. Voir AMMAEDARA.

1. ALMEIDA (ANTONIO DE), jésuite portugais et missionnaire en Chine, a laissé des lettres fort intéressantes pour l'histoire des premières missions de la Compagnie de Jésus dans ce pays. La première (10 février 1586), datée d'une ville de la province de Tché-kiang, qu'il nomme *Ciquione* et qui doit être Chao-hing, se trouve dans les différentes éditions des *Avvisi della Cina et Giapone del fine dell'anno 1586* (ou *1587*), in-8°, Rome, Brescia, Venise, Milan, Anvers, 1588, et en français dans les *Advertissemens nouveaux, des roiaumes de la Chine et du Giapon...*, in-8°, Lyon, 1588, p. 8-27; — la seconde (8 septembre 1588), de Tchao-king, dans les éditions des *Lettere del Giapone et della Cina de gl'anni M.D.LXXXIX & M.D.XC*, in-8°, Rome, Venise, Brescia, Milan, 1591 et 1592, et en français dans le *Sommaire des lettres du Iapon et de la Chine...*, in-8°, Paris, 1592, p. 113-122. Né à Trancoso (Guarda), Antonio de Almeida était entré au noviciat de Coïmbre le 4 janvier 1576, à l'âge de dix-huit ans et deux mois; il partit pour les missions en 1584 et mourut à Chaotcheou le 17 octobre 1591.

Alegambe, *Bibliotheca scriptorum S. J.*, Anvers, 1643, p. 33-35. — Bartoli, *La Cina*, Rome, 1663, l. II, § 15-18, 53. — Sacchini, *Historiæ S. J. pars quinta*, Rome, 1661, l. V, n. 163; l. VI, n. 116. — Franco, *Imagem da virtude... de Coimbra*, Coïmbre, 1719, t. II, p. 391-393. — Sommervogel, *Bibliothèque S. J.*, Bruxelles, 1890, t. I, col. 190-192, et append.; 1898, t. VIII, col. 1612. — Sabatino de Ursis, *P. Mathens Ricci*, Rome, 1910, p. 20, 22, 24 : relation datée de Péking, 20 avril 1611, et publiée par le P. Valeriano Aleixo Cordeiro; elle fait mourir Almeida en 1589.

E.-M. RIVIÈRE.

2. ALMEIDA (ANTONIO DE), dominicain portugais, professeur de théologie et qualificateur de l'Inquisition. Almeida entra au couvent d'Aveiro le 13 janvier 1663. Il mourut à Lisbonne le 4 juillet 1723, après avoir réuni ses sermons en formant une sorte d'année oratoire, en deux tomes : *Sermões panegyricos dos primeiros seis meses do anno*, I parte, Lisboa, 1718. — *Sermões panegyricos dos segundos seis meses do anno*, II parte, Lisboa, 1721.

Pedro Monteiro, *Claustro dominicano*, Lisbonne, 1734, t. III, p. 145. — Barbosa Machado, *Bibliotheca lusitana*, Lisbonne, 1741, t. I, p. 197.

Fortunato DE ALMEIDA.

3. ALMEIDA (APOLLINAR DE), jésuite portugais, évêque de Nicée, coadjuteur du patriarche d'Éthiopie et martyr, naquit à Lisbonne, le 22 juillet 1587. Entré au noviciat de Campoloide, le 5 novembre 1601, à l'âge de quatorze ans, il enseigna six ans les lettres humaines à Évora, trois ans la rhétorique à Coïmbre, la philosophie au collège Saint-Antoine de Lisbonne, et occupa enfin la chaire d'Écriture sainte à l'université d'Évora. Nommé par Philippe IV évêque de Nicée et coadjuteur, avec future succession, du patriarche d'Éthiopie Affonso Mendes (19 juin 1624), il n'accepta cette dignité que sur l'ordre du roi. J'ai lu, en 1887, aux archives de la Torre do Tombo, à Lisbonne, deux lettres d'Almeida au roi pour le prier de faire un autre choix; mais, en ayant perdu la cote, je ne les ai malheureusement pas retrouvées dans des recherches ultérieures : elles seraient la meilleure réfutation de l'accusation, lancée plus tard contre le jésuite, d'avoir ambitionné l'épiscopat. Pendant qu'il attendait à Lisbonne le départ des vaisseaux des Indes, Almeida prononça, à la prière de la colonie française, un sermon sur la prise de La Rochelle : *Sermão na festa, e demonstração de alegria, que fez a nação Franceza residente na cidade de Lisboa pela tomada de Arrochella, e gloriosa victoria del rey Christianissimo Luiz XIII o Justo prégado aos 17 de decembro de 1628*, in-4°, Lisbonne, 1629. Parti de Lisbonne en 1629, sur le vaisseau qui emportait le vice-roi des Indes, dom Miguel de Noronha, il parvint à Goa le 21 octobre, pour en repartir le 18 novembre, et, après plusieurs escales, arriva, le 20 août de l'année suivante, à Fremonâ : il consacra les trois mois qu'il passa dans cette ville à instruire le procès canonique des vertus du patriarche Andrés de Oviedo et du martyre du jésuite maronite Abraham Georges, massacré par les Turcs à Maçuâ (Massaouah), en mai 1595. Le 16 décembre 1630, l'empereur Seïtan Sagâd reçut, à Dancaz, les lettres du roi de Portugal et du vice-roi des Indes que lui présenta l'évêque de Nicée, mais il mourut peu de temps après (16 septembre 1631), et son fils Fasiladâs (ci-dessus, ABYSSINIE, t. I, col. 215), qui lui succéda sous le nom de Seltan Sagâd II, ne montra pas à l'égard des missionnaires les mêmes dispositions que son père : il ne tarda pas à les exiler d'abord à Fremonâ et à les chasser ensuite du royaume. Almeida s'éloigna, avec le patriarche et les autres jésuites, le 29 mars 1633, et fut accueilli sur les terres d'un seigneur ami des Portugais, João Akây, puis, avec le P. Giacinto Franceschi, sous la protection de Cafla Mariam. Celui-ci, cédant aux menaces et aux promesses de Fasiladâs, les relégua dans l'affreux désert de Defalô, où ils passèrent trois mois, mourant de misère et de faim, et les congédia ensuite : Franceschi se réfugia dans une maison amie, Almeida rejoignit le P. Francisco Rodrigues à Adeuxâ. C'est alors qu'il instruisit, du 1er décembre 1635 au 10 juillet 1636, le procès canonique des PP. Gaspar Paes et João Pereira, massacrés avec quatre catholiques indigènes, le 25 avril 1635, par les schismatiques : *Treslado do processo e inquirições que se fizerão sobre a morte de dous religiosos da companhia de Jesus e de mais quatro companheiros mortos pelos schismaticos nas terras de Assâ no reino de Ethiopia em 25 de abril de 1635*. Trahis de nouveau par Akây et livrés à Fasiladâs, Almeida, Franceschi et Rodrigues furent relégués dans une île du lac Tana, uniquement occupée par des moines schismatiques, ennemis acharnés de la foi romaine; après un an de captivité, ils furent pendus et lapidés. Ce martyre eut lieu dans la première quinzaine du mois de juin 1638; la date précise du jour n'en peut être fixée : le patriarche Affonso Mendes la place, par une conjecture assez vraisemblable, entre le 10 et le 15. Outre les deux écrits cités plus haut et dont le second, le *Treslado*, est en entier dans l'*Historia de Ethiopia a alta*, du P. Manuel de Almeida (voir ci-dessous), on a encore du P. Apollinar deux lettres, l'une au P. Gaspar Luis (Mayguaguâ, 4 mai 1633), dans la *Notizia e Saggi di opere e documenti inediti riguardanti la storia di Etiopia*, du P. Beccari, Rome, 1903, p. 357-361; la seconde à dom João de Bragança (Tigré, 15 juillet 1636), dans l'*Agiologio Lusitano*, t. III, p. 612-613.

Les deux compagnons d'Almeida méritent ici une courte mention. Le P. Giacinto Franceschi était né à Florence en 1598; malgré les duretés exercées contre lui par son père pour étouffer sa vocation, il entra au noviciat de Rome, le 16 octobre 1614, et s'embarqua à Lisbonne pour Goa, le 17 avril 1618. Ses études théologiques terminées, il passa en Éthiopie (1625), et y rendit de grands services; il possédait à fond la langue amara. Deux lettres de lui sont signalées par le P. Beccari dans la *Notizia* citée ci-dessus, p. 14 et 17.
— Le P. Francisco Rodrigues, né à Carnide, aux portes de Lisbonne, et entré au noviciat de Coïmbre, le 18 novembre 1618, pénétra dans la mission éthiopienne en 1628. Le patriarche Mendes le prit aussitôt à Dancaz pour diriger les constructions de la nouvelle cathédrale et pour l'accompagner dans ses courses apostoliques.

La cause de ces trois martyrs a été introduite, et l'on espère qu'ils seront béatifiés à bref délai.

J. Cardoso, *Agiologio Lusitano dos santos e varones illustres em virtude do reino de Portugal*, Lisbonne, 1651 sq., t. III, p. 603-605, 611-614. — Alegambe, *Mortes illustres S. J.*, Rome, 1657, p. 518-522. — Tanner, *Societas Jesu... militans*, Prague, 1675, p. 197-200. — Franco, *Imagem da virtude de Evora*, Lisbonne, 1714, p. 278-295; *Imagem de Coimbra*, Évora, 1719, p. 198-199; *Annus gloriosus S. J. in Lusitania*, Vienne, 1720, p. 327-329. — Sommervogel, *Bibliothèque S. J.*, Bruxelles, 1890, t. I, col. 187-188. — Manuel de Almeida, *Historia de Ethiopia a alta*, Rome, 1908, t. II, p. 76-80, 99, 233, 397-401, 508. — Affonso Mendes, *Expeditionis Æthiopicæ libri tres*, Rome, 1908-1909, t. I, p. 120, 289, 328; t. II, p. 44, 111-115, 273-278, 481-482. Ces deux ouvrages d'Almeida et de Mendes font partie de la collection publiée par le P. Beccari : *Rerum Æthiopicarum scriptores occidentales*, t. VII, VIII, IX.

E.-M. RIVIÈRE.

4. ALMEIDA (CHRISTOVÃO), religieux augustin, né à Gollegaá, en Portugal. En 1637, il embrassa la vie religieuse dans le couvent des augustins d'Évora. En 1669, il fut nommé coadjuteur de l'archevêque de Lisbonne, Antoine de Mendoza. On le considère comme un des orateurs les plus célèbres de sa nation. Il mourut le 26 octobre 1679. Il a publié un grand nombre de sermons, qui ont été recueillis en quatre volumes : *Sermones varios que pregou o I. e R. Senhor D. Fr. Christovam de Almeida da Ordem dos Eremitas de S. Agostinho*, Lisbonne, 1673, t. I; 1680, t. II; 1680, t. III; 1686, t. IV; deuxième édition, Lisbonne, 1725. En outre il édita l'*Historia* du capucin Escoses, Lisbonne, 1667, 1708, et laissa inachevée une Vie de saint Thomas de Villeneuve.

Barbosa Machado, *Bibliotheca lusitana*, Lisbonne, t. I, p. 569-570. — Ossinger, *Bibliotheca augustiniana*, p. 24. — Jöcher, *Allgemeines Gelehrten-Lexicon*, t. I, p. 287. — Crusenius-Lopez, *Monasticon augustinianum*, t. II, p. 87. — Moral, *Catálogo de escritores agustinos españoles*, dans *La Ciudad de Dios*, t. XXXIV, p. 608-612; t. LXIX, p. 227-228.

A. PALMIERI.

5. ALMEIDA (ESTÉBAN DE), nommé évêque d'Astorga, en 1539, sur la présentation du roi (alors Charles-Quint); l'évêque précédent était mort le 10 avril 1536; en 1543, nous voyons Almeida transféré à Leon, dont l'évêque précédent avait été transféré à Concha le 29 octobre 1539; enfin, le 16 avril 1546, nous le voyons transféré à Carthagène, cette fois encore sur la présentation royale; son prédécesseur à Carthagène avait été transféré à Tolède.
Étienne d'Almeida assistait, le 5 janvier 1552, au concile de Trente. Il mourut à Carthagène, le 23 mars 1563.

Florez, *España sagrada*, t. XVI, p. 285. — Eubel, *Hierarchia*, t. III, p. 135, 169, 238.

M. LEGENDRE.

6. ALMEIDA (FERNANDO DE), né à Lisbonne, en 1459, élu, en 1488, prieur du monastère des chanoines de Saint-Augustin, à São-Jorge, près de Coïmbre. Le roi João II l'envoya, en 1482, en qualité d'ambassadeur à Rome. En 1493, il était déjà évêque de Ceuta. Resté à Rome comme ambassadeur, le pape Alexandre VI le nomma prélat assistant à la cour pontificale, et l'envoya, en 1498, en qualité de nonce apostolique à Charles VIII de France. Fernando exerça la même charge sous Louis XII.
Il arriva à Paris au mois de juillet 1498, chargé avec le cardinal Philippe de Luxembourg et Louis d'Amboise, évêque d'Albi, du procès d'annulation du mariage de Louis XII avec Jeanne de Berri. Dès le mois d'octobre, il était dispensé d'assister aux audiences. Des historiens prétendent que l'évêque de Ceuta aurait révélé à Louis XII que César Borgia aurait gardé par devers lui les bulles de dispense dont le roi avait besoin pour épouser Anne de Bretagne, bulles que César aurait retenues pour tirer parti de la situation. On ajoute que César se vengea de l'évêque en l'empoisonnant. Ce sont autant d'erreurs. Le mariage de Louis XII fut précédé des procédures canoniques habituelles et Fernando de Almeida ne mourut que deux ans après.
Louis XII avait présenté Fernando de Almeida pour le siège de Nevers (8 juin 1499) et il fut préconisé le 19 juin pour ce siège, mais il ne put en prendre possession.

Levy Maria Jordão, *Historia e Memorias da Academia Real das sciencias de Lisboa*, nouvelle série, t. VI, p. II. — De Maulde, *Procédures politiques du règne de Louis XII*, Paris, 1885.

p. 807 sq., 893, 894, 963 sq., 1131; *Alexandre VI et le divorce de Louis XII*, dans *Bibliothèque de l'École des chartes*, 1896, p. 199. — Alvisi, *Cesare Borgia duca di Romagna*, Imola, 1878, p. 53-56. — P. Richard, dans *Revue des questions hist.*, 1905, t. LXXVIII, p. 135.

Fortunato DE ALMEIDA.

7. ALMEIDA (FRANCISCO DE), historien portugais, né à Lisbonne, le 31 juillet 1701, d'une noble famille. Il fit ses premières études dans la congrégation de l'Oratoire; puis il étudia le droit canonique à l'université de Coïmbre, où il obtint le grade de licencié (1723). Almeida fut archidiacre de São Pedro de França à la cathédrale de Viseu, député de l'Inquisition de Lisbonne et promoteur de celle de Coïmbre. Ses vastes connaissances en histoire ecclésiastique le firent admettre à l'*Academia Real da Historia*, qui avait été créée par le roi Jean V. Il mourut à Almada, le 18 octobre 1745. Voici la liste de ses ouvrages : *Pratica com que congratulou a Academia Real de estar eleito seu collega*, dans la *Collecção dos documentos e memorias da Academia Real da historia Portuguesa*, Lisbonne, 1728, t. VIII; *Conta dos seus Estudos Academicos recitada no Paço a 7 de setembro de 1728*, ibid.; *Conta dos seus Estudos academicos recitada no Paço a 22 de outubro de 1729*, dans la *Collecção* cit., Lisbonne, 1729, t. IX; *Conta dos seus Estudos academicos recitada na Academia em 21 de junho de 1731*, dans la *Collecção* cit., t. XI, Lisbonne, 1731; *Censura de uma opinião do P. Paschasio Quesnel, do Oratorio de Jesus Christo de Paris, que no livro intitulado Disciplina de l'Église tirée du nouveau Testament, et quelques anciens conciles pretende provar que a disciplina ecclesiastica das igrejas de Espanha foi dependente da de França*, Lisbonne, 1731, et dans la *Collecção* cit., Lisbonne, 1731, t. XI; *Primeira dissertação critica contra as Memorias para a historia do bispado da Guarda, sobre alguns pontos da disciplina ecclesiastica de Espanha*, Lisbonne, 1733, et dans la *Collecção* cit., 1733, t. XII; *Apparato para a disciplina e ritos ecclesiasticos de Portugal. Parte primeira na qual se trata da origem e fundação dos patriarchados de Roma, Alexandria e Antiochia, e se descreve com especialidade o patriarchado do occidente, mostrando que as igrejas de Espanha lhe perteciam por direito particular : e por occasião d'esta materia se disputam bastantes questões pertencentes á disciplina ecclesiastica, curiosas e não vulgares*, Lisbonne, 1735-1737; *Carta escripta ao Padre Fr. Marcelliano da Ascenção, monge benedictino, em resposta a outra que se apresenta, em que o consultava sobre varios pontos historicos de religião benedictina*, Lisbonne, 1738; *Acção de graças á Sabedoria divina, tutelar da Academia Valenciana, que se recitou em 18 de janeiro de 1745*, Valencia, 1745.

Francisco José Freire, *Elogio do ex.mo e rev.mo sr. D. Francisco de Almeida Mascarenhas, Principal da sancta Igreja de Lisboa*, Lisbonne, 1745. — D. José Barbosa, *Memorias do Collegio Real de S. Paulo da universidade de Coimbra, e dos sens collegiaes e porcionistas*, Lisbonne, 1727, p. 395. — Diogo Barbosa Machado, *Bibliotheca Lusitana*, t. II, p. IV, p. 125. — Innocencio Francisco da Silva, *Diccionario bibliographico portuguéz*, Lisbonne, 1859, t. II, p. 325.

Fortunato DE ALMEIDA.

8. ALMEIDA (GABRIEL DE), cistercien portugais. Il naquit à Moimenta da Beira et fit profession à l'abbaye d'Alcobaça en 1627. Il fut sacré, en 1671, évêque de Funchal (Madère), où il mourut le 12 juillet 1672, suivant Figueiredo, ou 1674, selon Barbosa. Il a laissé plusieurs écrits parmi lesquels on cite : *Sermão nas exequias do Santo Infante D. Duarte, no real convento d'Alcobaça*, 1650.

Gams, *Series episcoporum Ecclesiae catholicae*, Ratisbonne, 1873, p. 471. — Maurette, *Series summorum pontificum cardinalium et episcoporum ex ord. cisterciensi assumptorum*, ms. 1997, fol. 41. — Veira Navidade, *O mosteiro de Alcobaça (Notas historicas)*, Coimbre, 1885, p. 170.

R. TRILHE.

9. ALMEIDA (JOÃO FERREIRA DE), auteur portugais qui vécut au XVIIe siècle. Sa biographie est très obscure, malgré la célébrité qu'il acquit. Le plus avéré est qu'il était prêtre séculier, et qu'ayant émigré aux Pays-Bas, il y abjura le catholicisme et embrassa le calvinisme. Après avoir séjourné quelques années à Amsterdam, où il se disait prêtre et ministre prédicateur de l'Évangile, il se rendit aux Indes (1658), chez les Hollandais de Tutucorim, sur la côte de Coromandel, d'où il se rendit à Batavia. Nous ignorons la date de sa naissance et celle de sa mort.

Almeida s'est rendu célèbre par sa traduction de la Bible, la première que l'on connaisse en langue portugaise. Il est certain qu'une autre traduction existait au moins depuis le commencement du XVIe siècle; mais il n'en reste aucun exemplaire. Celle-ci ou quelque autre que nous ignorons fut mise à profit par Almeida, car le langage dont il se sert parfois n'est pas celui de son temps, mais d'une époque bien plus ancienne. La traduction d'Almeida est remarquable par la richesse et la propriété du langage; mais il omet les livres saints dont la canonicité n'est pas reconnue par les protestants et favorise en quelques endroits les erreurs calvinistes. Cf. la traduction de Matth., XVI, 26-28; Marc, XIV, 22, 29; Luc, XXII, 17, 19, 20; I Cor., XI, 24.

La première édition du Nouveau Testament, faite sur le texte grec, fut imprimée à Amsterdam, en 1681, par ordre de la Compagnie des Indes orientales des Provinces unies et revue par les ministres Barthélemy Heynen et Jean de Vaught, sous le titre : *Novo Testamento, isto he, todos os Sacrosantos Livros e escriptos evangelicos e apostolicos do novo concerto de nosso fiel Senhor, Salvador, e Redemptor Jesu Christo, agora traduzidos em portugués pelo padre João Ferreira A. de Almeida, ministro pregador do Santo Evangelho*. Cette édition contient un grand nombre de fautes, dues à ce que le correcteur était peu versé dans la connaissance de la langue portugaise. Almeida en signala plus de mille, dans un avis qu'il fit publier à Batavia, le 1er janvier 1683. Il fit la traduction de l'Ancien Testament sur le texte hébraïque, en se servant de la traduction hollandaise de 1618 et de la traduction castillane de Cyprien de Valera de 1602; mais il ne put l'achever, la mort l'ayant surpris quand il travaillait aux derniers chapitres du livre d'Ézéchiel. Cette traduction fut terminée par Jacob Opden Akker et revue par Jean Maurice Mohr et Lebrecht Auguste Behmer. Le tome premier fut imprimé à Batavia, en 1748, sous le titre : *Do Velho Testamento o primeiro tomo que contem os SS. Livros de Moysés, Josua, Juizes, e Ruth, Samuel, Reys, Chronicas, Esra, Nehemias, e Esther. Traduzidos em portugués por João Ferreira A. de Almeida, ministro pregador do Santo Evangelho na cidade de Batavia*. Le tome second fut imprimé à Batavia en 1753, sous le titre : *Do Velho Testamento o segundo tomo que contem os SS. Livros de Job, os Psalmos, os Proverbios, o Pregador, os Cantares com os Prophetas mayores e menores, traduzidos em portugués por João Ferreira A. de Almeida e Jacob Opden Akker, ministros pregadores do Santo Evangelho na cidade de Batavia*. Il y a un grand nombre d'éditions de la traduction d'Almeida faites aux frais des sociétés bibliques d'Angleterre et d'Amérique.

Antonio Ribeiro dos Santos, *Memorias de litteratura portuguesa publicadas pela Academia Real das sciencias de Lisboa*, Lisbonne, 1806, t. VII, p. 23 sq. — J.H. da Cunha Rivara, *O Chronista de Tissuary*, Nova-Goa, 1866, t. I, p. 75 sq. — Manuel do Cenaculo Villas Boas, *Cuidados litterarios*, Lisbonne, 1791, p. 427. — Innocencio Francisco da Silva, *Diccionario bibliographico portuguez*, t. III, p. 42, 368-372, t. x, p. 250. — *Dictionnaire de la Bible*, t. v, col. 562-563.

Fortunato DE ALMEIDA.

10. ALMEIDA (JEAN DE), de son vrai nom **MEADE**, jésuite anglais et missionnaire au Brésil, fut le disciple en même temps que l'imitateur des vertus du vénérable P. José de Anchieta. Né à Londres en 1572, il partit assez jeune pour le Portugal et de là pour le Brésil; il fut admis au noviciat de Bahia, le 1er novembre 1592. Ordonné prêtre à l'âge de trente ans, il évangélisa jusqu'à sa mort les tribus sauvages, voyageant toujours à pied, malgré ses jeûnes rigoureux et les cruels instruments de pénitence dont son corps était continuellement meurtri, et multipliant comme à plaisir les prodiges, à l'exemple d'Anchieta. Il arriva un jour sur un champ de bataille où gisaient, privés de la grâce du baptême, un grand nombre d'enfants massacrés par les Aabuçus : ému de pitié, et sous les yeux de la tribu victorieuse, il recueille tour à tour chacun de ces petits corps inanimés, les presse sur son cœur en invoquant le saint nom de Dieu, ranime en eux un souffle de vie, et, après les avoir baptisés, les dépose de nouveau doucement à terre. Almeida mourut, au collège de Rio de Janeiro, le 24 septembre 1653.

S. de Vasconcellos, *Vida do P. Joam d'Almeida*, Lisbonne, 1658, avec portrait gravé par Richard Collin, d'Anvers; *Continuação das maravilhas que Deus é servido obrar no estado do Brasil por intercessão do... veneravel P. João de Almeida*, Lisbonne, 1662. — [J. Nadasi], *Auctarium annuarum S. J. anni 1653 et 1654 continens elogia seu vitas P. Joannis Almeida...*, Prague, s. a. (1678). — Andrade, *Varones ilustres*, Madrid, 1667, t. VI, p. 537-574. — Ant. de Macedo, *De vita et moribus Joannis de Almeida*, Venise, 1669; Rome, 1671. — Charles Sainte-Foy, *Vie du P. Jean d'Almeida, apôtre du Brésil*, Paris, 1859. — H. Foley, *Records of the English province*, Londres, 1883, t. VII, p. 1321-1329.

E.-M. RIVIÈRE.

11. ALMEIDA (JORGE DE), évêque de Coïmbre (Portugal), frère du célèbre François de Almeida, vice-roi des Indes. Nommé évêque, il fut préconisé le 22 mai 1482, n'ayant pas encore reçu les ordres sacrés et n'étant âgé que de vingt-cinq ans. Eubel, *Hierarchia medii aevi*, t. II, p. 147. Sa carrière épiscopale se prolongea jusqu'en 1543, date de sa mort. Il fut aussi grand-inquisiteur. Ce fut dom Jorge de Almeida qui fit construire le merveilleux retable que nous admirons encore dans l'abside de la vieille cathédrale et la magnifique façade au côté nord de la construction romane. Il offrit aussi à sa cathédrale un grand nombre d'objets précieux.

Pedro Alvares Nogueira, *Catalogo dos bispos de Coimbra*, dans les *Instituições Christãs*, Coïmbre, 1891, IXe année, série 1re, p. 112. — Leitão Ferreira, *Catalogo dos bispos de Coimbra*. — Simões de Castro, dans l'*Instituto*, Coïmbre, 1874, t. XX, p. 136 sq. — Fortunato de Almeida, *Historia da Igreja em Portugal*, Coïmbre, 1911, t. II, p. 549-553. — Jorge Cardoso, *Agiologio lusitano*, t. I, p. 207; t. III, p. 219.

Fortunato DE ALMEIDA.

12. ALMEIDA (JORGE DE), né à Lisbonne en 1531. Après avoir reçu à l'université de Coïmbre le doctorat en droit canonique, il fut grand-aumônier du roi, archevêque de Lisbonne, inquisiteur général et abbé commendataire de la royale abbaye d'Alcobaça. En 1579, il fut un des gouverneurs que le roi de Portugal, Henri le *cardinal*, âgé et malade, nomma pour l'administration du royaume. L'archevêque de Lisbonne s'acquitta de cette charge jusqu'à l'établissement de la souveraineté de Philippe II sur le Portugal. Dom Jorge de Almeida mourut à Lisbonne le 20 mai 1585. Il écrivit : *Index librorum prohibitorum cum regulis confectis per Patres a Tridentina synodo delectos authoritate santissimi domini nostri Pii IV. pont. max. comprobatus. Addito etiam altero Indice eorum librorum, qui in his Portugalliae regnis prohibentur*, Lisbonne, in-4°, 1581.

Diogo Barbosa Machado, *Bibliotheca lusitana*, t. II, p. 791-792. — Fr. Manuel dos Santos, *Alcobaça illustrada*, p. 475.

Fortunato DE ALMEIDA.

13. ALMEIDA (LOPO DE), prêtre de Saint-Pierre, né à Lisbonne, membre du conseil du roi et confesseur de l'infante doña Maria, fille du roi Jean III et mariée avec Philippe II d'Espagne. A l'occasion du mariage de l'infante, il l'accompagna en Espagne. Lopo de Almeida mourut à Madrid, le 29 janvier 1584. Il légua tous ses biens à la Miséricorde de Porto, à la condition qu'elle vêtirait chaque année, le jour de l'anniversaire de sa mort, cinq pauvres, en honneur des cinq plaies de Notre-Seigneur. Cette condition s'accomplit encore tous les ans.

Manuel Pinheiro Chagas, *Diccionario popular*, Lisbonne, 1877, t. II, p. 118. — Costa Goodolphim, *As Misericordias*, Lisbonne, 1897, p. 280.

Fortunato DE ALMEIDA.

14. ALMEIDA (LUIZ DE), jésuite et missionnaire au Japon, durant vingt-huit ans. Né en Portugal, vers 1525, il voyageait pour faire fortune; mais à peine arrivé des Indes au port de Hirado, en 1554, sur le galion de Duarte da Gama, il fonda de ses deniers, à Funai (Bungo), un asile pour les enfants abandonnés et un vaste hôpital, dont une partie était réservée aux lépreux : médecin et chirurgien, Almeida les soignait lui-même. Reçu dans la Compagnie en 1555, il consacra toute sa fortune à l'entretien de la mission naissante. Il se contenta longtemps du rôle de simple catéchiste, car il ne fut ordonné prêtre qu'en 1580, trois ans avant sa mort; il avait un don particulier pour créer rapidement des centres nouveaux de catéchumènes et de fidèles, ne les quittant, pour aller en fonder d'autres, qu'après les avoir solidement établis dans la foi et prémunis contre le danger de l'apostasie. Les soins qu'il donnait gratuitement aux malades, et qui étaient souvent suivis de guérisons merveilleuses, rendaient sa prédication plus efficace. A Hacata, il baptisa, en dix-huit jours, soixante-dix païens, et, parmi eux, un bonze très lettré qui était au service du daimyô de Yamaguchi; à Hondo, il gagne le daimyô lui-même avec un de ses fils naturels; il baptise, à Shimabara, une fille du gouverneur et laisse, à son départ, un groupe de quinze cents chrétiens; à Kuchinotsu, il convertit toute la population au nombre de quatre cents âmes, y compris le seigneur et sa famille. Très versé dans la langue japonaise, il était en outre, au témoignage du P. Luiz Froes, « fort sympathique aux seigneurs japonais, chrétiens ou païens, parce que bien au courant des coutumes du pays et de la manière de traiter avec eux... : son nom, ajoute Froes, ne sera jamais oublié au Japon, de même qu'il est écrit, nous le croyons, dans le livre de vie. » Almeida mourut à Amakusa en octobre 1583. On a de lui quinze lettres dans les *Cartas... de Japao*, in-4°, Évora, 1598, t. I, fol. 52v-53v, 62, 62v-63r, 82v-89r, 103r-112r, 118r-131r, 154v-157r, 159r-171v (lettre du 25 octobre 1565, et non 1566), 213, 213v-221v, 252v-254r, 279r-281v, 290r-296r, 370r-371r et 410r. Plusieurs ont été traduites dans divers recueils en allemand, en espagnol, en italien, en latin; on en trouve cinq en français dans les *Lettres des apôtres du Japon*, par M. A. F. (Faivre), in-8°, Lyon, 1830, p. 157-173, 214-232, 274-284, 310-319, 320-360.

Cartas de Japao, déjà citées, t. II, fol. 89-90, lettre de Froes, du 2 janvier 1584. — B. Ginnaro, *Saverio orientale*, Naples, 1641, p. 264-281. — Nieremberg, *Honor del gran patriarca*, Madrid, 1645, p. 718-722. — Bartoli, *Dell' Asia*, Rome, 1653, l. VIII, §§ 6, 23, 24, 27, 36; *Il Giappone*, Rome, 1560, l. II, § 13. — F. de Sousa, *Oriente conquistado*, Lisbonne, 1710, t. I, p. 703-704, 721-723, 734-735; t. II, p. 361-362, 388-397, 442-444, 574-576. — Sommervogel. *Bibliothèque S. J.*, Bruxelles, 1890, t. I, col. 195-196, et append., 1898, t. VIII, col. 1612. — Hans Haas, *Geschichte des Christentums in Japan*, Tôkyô, 1904, t. II, p. 42, 80-82, 86, 100-106, 144-158, 193-206, 246-258. — Il est souvent fait mention des travaux d'Almeida dans les lettres des missionnaires ses contemporains et aussi dans les ouvrages des PP. Solier, Crasset et Charlevoix sur le christianisme au Japon.

E.-M. RIVIÈRE.

15. ALMEIDA (MANUEL DE), jésuite portugais, missionnaire et historien de l'Éthiopie, naquit à Viseu, en 1580, et entra dans la Compagnie de Jésus le 12 novembre 1594. Parti pour les Indes en 1602, il enseigna successivement les lettres, la philosophie et l'Écriture sainte à Goa. En 1616, il fut choisi comme supérieur d'une mission que l'on désirait fonder dans l'île de Saint-Laurent ou Madagascar — et non Ceylan, comme l'a cru le P. Beccari — mais qui échoua piteusement. De retour aux Indes et après avoir évangélisé quelque temps la paroisse de São Thomé dans l'île de Salsette, il devint, en 1620, recteur au noviciat de Goa et, l'année suivante, du collège de Bazaïm. Le 28 novembre 1622, il s'embarqua à Bazaïm pour la mission éthiopienne, avec le titre de visiteur et ensuite de supérieur de la mission : charge qu'il remplit jusqu'à l'expulsion des missionnaires par l'empereur Fasiladàs. Il expliqua l'Écriture sainte à la cour de Seltan Sagâd et accompagna le patriarche Affonso Mendes dans ses visites. Les sages avis qu'il ouvrit pour le développement et la prospérité de la religion romaine en Éthiopie ne furent malheureusement suivis ni par le Saint-Siège, ni par le roi de Portugal, ni par le général de la Compagnie de Jésus. Aussi, à la mort de Seltan Sagâd, son fils Fasiladàs exila le patriarche et les jésuites à Fremonâ (mars 1633). Après un pénible voyage, traversé de mille péripéties et de dangers, et six mois de captivité à Aden au pouvoir des Arabes, Almeida rentra, à la fin de 1634, à Goa, pour informer ses supérieurs et le vice-roi des Indes de la situation des catholiques en Éthiopie. Il fut de nouveau recteur du collège de Goa, puis provincial, et enfin visiteur de toute la mission des Indes. Le renvoi de plusieurs religieux, le procès des Pères de Salsette avec la maison du noviciat de Goa et l'ordre, qui lui fut intimé par la cour de Lisbonne, de renvoyer tous les missionnaires étrangers à l'Espagne ou au Portugal, l'affligèrent profondément. Il mourut à Goa le 10 mai 1646, fête de l'Ascension.

Il avait achevé, quatre mois avant sa mort, son *Historia Aethiopiae*, Rome, 1907-1908, 3 volumes in-4°, formant les t. V, VI et VII de la remarquable collection des *Rerum Aethiopicarum scriptores occidentales inediti a saeculo XVI ad XIX*, que publie le P. Camillo Beccari, S. J. L'ouvrage est écrit en portugais et a pour titre : *Historia de Ethiopia a Alta ou Abassia*; il est divisé en dix livres, avec une carte dressée par l'auteur même; il comprend la géographie, les mœurs et coutumes, l'histoire politique et religieuse depuis la reine de Sabbâ jusqu'en 1630. Almeida a utilisé des documents officiels éthiopiens et emprunté beaucoup au P. Paez comme à Affonso Mendes; mais, pour les derniers livres, il nous donne le résultat de ses propres observations : son éditeur indique avec soin et dans le détail les sources diverses. A dire le vrai, cette histoire avait été déjà publiée, mais tronquée et passablement remaniée, par le P. Balthazar Telles, in-fol., Coïmbre, 1660 : le P. Beccari l'a éditée sur l'original autographe conservé au British Museum; il avait donné, en 1903, dans son *Notizia e Saggi*, p. 303-307, la carte de l'Éthiopie, dressée par Almeida, vers 1640.

Outre cet ouvrage, on a encore d'Almeida deux lettres, datée l'une de Gabrâmâ, 8 février 1624, dans les *Lettere annve di Ethiopia del 1624, 1625, e 1626*, in-8°, Rome, 1628, p. 85-88; — l'autre, de Gorgorrâ, 17 avril 1627, dans les *Lettere dell' Ethiopia dell' anno 1626 sino al marzo del 1627*, in-8°, Rome, 1629, p. 1-66, et dans les éditions de Milan et de Parme. Nicolas Antonio lui attribue deux autres ouvrages : *De erroribus Abissinorum*, et *Apologia contra o Padre Fr. Luis de Urreta, da ordem dos pregadores, auctor da Historia de Etiopia* : ce sont tout simplement des passages de son grand ouvrage, t. VI, p. 117-180, et t. V, p. 10, 132, 219, etc.

Affonso Mendes, *Expeditionis Aethiopicae*, l. IV, c. XX, Rome, 1909, t. II, p. 361-368. — B. Telles, *Historia general da Ethiopia*, Coïmbre, 1660, p. 669-677. — J. Cardoso, *Agiologio lusitano*, Lisbonne, 1666, t. III, 10 mai. — Al. de Andrade, *Varones ilustres*, Madrid, 1666, t. V, p. 444-458. — Sotwel, *Bibliotheca scriptorum S. J.*, Rome, 1676, p. 188. — Franco, *Imagem de Coimbra*, Évora, 1719, p. 349-359. — Cassani, *Glorias del segundo siglo*, Madrid, 1734, p. 504-512. — N. Antonio, *Bibliotheca Hispana nova*, Madrid, 1773, t. I, p. 340-341. — Sommervogel, *Bibliothèque S. J.*, Bruxelles, 1890, t. I, col. 193-194, et append.; 1898, t. VIII, col. 1612. — C. Beccari, *Notizia e Saggi di opere e documenti inediti riguardanti la Storia di Etiopia*, Rome, 1903, p. 5, 17, 77, 89-103, 303-332; *Rerum Aethiopicarum scriptores occidentales*, Rome, 1907, t. V, introduction.

E.-M. RIVIÈRE.

16. ALMEIDA (MANUEL NICOLAU DE), carme déchaussé, puis évêque d'Angra (Açores), né à Villafranca de Xira, le 25 décembre 1761. Après avoir reçu le grade de docteur en théologie à l'université de Coïmbre, il fut professeur au collège des Arts, et, plus tard, il enseigna la théologie à Funchal (Madère). Nommé évêque d'Angra le 3 mai 1819, il fut confirmé et sacré l'année suivante. On était alors à une époque de luttes politiques, auxquelles il ne put se maintenir tout à fait étranger, ce qui lui valut un emprisonnement en 1823. En cette même année, il publia une lettre anonyme (quelques-uns lui en attribuent plusieurs qui auraient été promises par l'auteur, mais qui ne sont pas connues et n'ont probablement pas été publiées), dans laquelle il émettait sur les indulgences des points de vue qui sentaient l'hérésie. Ses doctrines étant vivement combattues, il publia la même année un opuscule sous le titre *Tratado das indulgencias*, lequel fut également attaqué et réprouvé par plusieurs religieux. Le célèbre évêque de Viseu, dom Francisco Alexandre Lobo, en faisant l'analyse des doctrines exposées dans la lettre, quand il n'en connaissait pas encore l'auteur, concluait par ce jugement : « C'est mon avis que, si j'en étais l'auteur, je ne le ferais pas publier, quand même on ne se soit pas éloigné du dogme; et si j'en avais l'autorité, j'empêcherais non seulement la réimpression de cette lettre-là, mais aussi la publication de celles que l'auteur promet encore, à moins que tout ne fût corrigé et tellement modifié, que les personnes instruites n'y trouvassent rien à censurer et qu'il n'y restât le moindre danger pour les personnes ignorantes. » Ce prélat écrivit à Nicolau de Almeida lui-même, qui ne voulut pas céder. Il répondit à l'évêque de Viseu par un autre opuscule sous le titre *Resposta do Bispo de Angra, eleito de Braganca, a algunas reparos que se fizeram a respeito do opusculo anonymo, publicado pelo mesmo Bispo, e que tem por titulo « Cartas de um amigo a outro sobre as indulgencias*, » in-4°, Lisbonne, 1823, 168 p. On ne jugea pas satisfaisantes les explications de dom Nicolau qui, ayant été transféré au siège de Bragance, n'obtint pas la confirmation du Saint-Siège. Il mourut en 1825.

Canaes de Figueiredo, *Estudos biographicos*, p. 161. — *Almanach do archipélago dos Açores para 1868*, p. 25. — *Archivo dos Açores*, t. II, p. 481-483. — Innocencio Francisco da Silva, *Diccionario bibliographico portuguez*, t. VI, p. 68-69. — *Obras de dom Francisco Alexandre Lobo*, t. I, p. 391-403.

Fortunato DE ALMEIDA.

17. ALMEIDA (MIGUEL DE), jésuite portugais et missionnaire aux Indes, composa en langue concani, qu'il possédait à la perfection, cinq volumes de prônes et d'instructions, qui furent imprimés au collège de Goa. Le troisième seul nous est connu : *Iardim de Pastores, composto em lingoa Bramana*, in-4°, Goa, 1658; il est tout entier en caractères romains. Almeida traduisit aussi en concani le *Thesouro da lingoa portugueza*, du P. Bento Pereira, mais cette traduction n'a pas été imprimée. Né à Gouveia (Guarda), il entra au noviciat de Goa en 1623, à l'âge de seize ans; il évangélisa, treize années durant, les îles de Salsette, fut recteur des collèges de Rachol et de Goa, provincial (1659-1662), et mourut à Salsette, le 17 septembre 1683, ou à Rachol, le 16 novembre 1687.

Sotwel, *Bibliotheca scriptorum S. J.*, Rome, 1676, p. 611. — Sommervogel, *Bibliothèque S. J.*, Bruxelles, 1890, t. I, col. 188-189.

E.-M. RIVIÈRE.

18. ALMEIDA (PAULO DE), trinitaire portugais, né à Lisbonne. Il prononça ses vœux en 1695 et, devenu prêtre, s'adonna au ministère de la prédication. Il mourut à Las Caldas le 23 septembre 1734. Les bibliographes portugais citent de lui plusieurs sermons, presque tous inédits.

Barbosa Machado, *Bibliotheca lusitana*, Lisbonne, 1752, t. III, p. 517. — Jérôme de Saint-Joseph, *Historia chronologica da esclarecida Ordem da Santissima Trinidade da provincia do Portugal*, Lisbonne, 1794, t. II, p. 409. — Antonin de l'Assomption, *Diccionario de escritores trinitarios de España y Portugal*, Rome, 1898, t. I, p. 8.

A. PALMIERI.

19. ALMEIDA (THEODORO DE), oratorien, né à Lisbonne le 7 janvier 1722. A l'âge de treize ans, il entra dans la congrégation de l'Oratoire, où il étudia les humanités, la géométrie et la physique, celle-ci sous la direction du P. João Baptista, célèbre professeur qui le premier enseigna à Lisbonne la philosophie expérimentale. En même temps que les sciences ecclésiastiques, Theodoro de Almeida étudiait les sciences naturelles, et il s'y distingua tellement, qu'à vingt-quatre ans, dans sa congrégation, on le nomma professeur suppléant de philosophie; à vingt-neuf ans, il était professeur effectif et ce fut alors que parut le tome premier de la *Recreação philosophica*. Bientôt il devint aussi un orateur célèbre et le directeur spirituel d'un grand nombre de personnes de la noblesse.

Comme tant d'autres, Almeida n'échappa pas aux haines de Pombal, le trop célèbre ministre du roi José Ier. Le 20 juin 1760, Pombal bannit de la cour les PP. oratoriens Theodoro de Almeida, João Baptista, João Chevalier et Clemente Alexandrino et quelques nobles. Almeida se rendit à la maison de l'Oratoire à Porto. Il ne s'y jugeait pas en sûreté en 1768 : émigré en France, il y fit un séjour de dix années en enseignant les sciences physiques, les mathématiques et la géographie, d'abord à Bayonne, puis à Auch. Sa réputation lui mérita d'être invité à professer la physique à Brest, ce qu'il n'accepta pas; il avait de même refusé des prébendes ecclésiastiques et la direction d'un collège à Bayonne, en attendant de pouvoir revenir dans sa patrie. Malgré la chute de Pombal en 1777, après la mort du roi, Theodoro de Almeida ne retourna en Portugal qu'en 1778. Il se rendit à la maison des *Necessidades*, à Lisbonne, et passa peu après à celle de l'*Espirito Santo*, qui venait d'être rebâtie, après avoir été complètement détruite par le tremblement de terre du 1er novembre 1755.

Après son retour en Portugal, Almeida s'adonna à l'enseignement, à la prédication et à la direction des âmes, en même temps qu'il perfectionnait des ouvrages parus auparavant et en écrivait de nouveaux. Il fut un des membres fondateurs de l'Académie royale des sciences de Lisbonne, membre de la Société royale de Londres et d'autres sociétés scientifiques étrangères. Theodoro de Almeida mourut à Lisbonne le 10 avril 1804, renommé par ses vertus, sa science et sa vie toute dépensée aux labeurs intellectuels.

L'ouvrage le plus remarquable et le plus étendu de Theodoro de Almeida est la *Recreação philosophica*, dans laquelle il se proposa surtout de vulgariser les sciences naturelles, sous la forme de dialogues rédigés avec une grande clarté; mais il y développe aussi des questions philosophiques concernant la psychologie, la logique et la métaphysique. Sa morale est exposée dans le *Feliz independente*, ouvrage de quelque mérite, mais inférieur au *Télémaque* de Fénelon, qui l'a inspiré. Malgré quelques défauts qu'on lui reproche et dont il se défendit, la *Recreação philosophica* n'en resta pas moins une sorte d'encyclopédie des sciences naturelles, avec des points de vue qui accusent de vastes connaissances et un esprit clairvoyant, bien que la prétention d'originalité l'ait quelquefois égaré, par exemple, quand il rejette la théorie newtonienne sur la lumière. La *Recreação philosophica* fut suivie d'une sorte de supplément, les trois volumes des *Cartas physico-mathematicas* (*Lettres physico-mathématiques*), parus sous le pseudonyme de *Dorotheo de Almeida*, et qu'il destinait à la vulgarisation des notions de géométrie et de mécanique.

A côté de certaines questions, traitées d'une manière trop générale, Almeida en a exposé d'autres avec une remarquable pénétration. Dans la recherche de la vérité, il occupe le milieu entre l'esprit conservateur et traditionaliste des anciennes écoles et l'exagération des philosophes démolisseurs de son époque. Il se sert des procédés de la philosophie expérimentale, sans toutefois se laisser entraîner au sensualisme alors en vogue.

Voici la liste des ouvrages du P. Theodoro de Almeida : *Recreação philosophica ou dialogo sobre a philosophia natural*, Lisbonne, 1751, t. I; 1752, t. II et III; 1757, t. IV; 1761, t. V; 1765, t. VI; 1768, t. VII; 1792, t. VIII; 1793, t. IX; 1799, t. X. Tous les volumes ont été réimprimés, quelques-uns quatre et cinq fois. — *Cartas physico-mathematicas de Theodosio Eugenio*, Lisbonne, 1784 sq. Ces lettres furent traduites en langue castillane par Francisco Vasquez. — *Institutiones physicae ad usum scholarum*, Lisbonne, 1785. — *Elogio da ill^{ma} e ex^{ma} sr^a. D. Anna Xavier de Assis Mascarenhas*, Lisbonne, 1758. — *Gemidos da mãe de Deus afflicta*, Porto, 1763. — *Thesouro de paciencia nas chagas de Jesus Christo*, Lisbonne, 1768; ibid., 1784; ibid., 1804. — *Estimulos do amor da virgem Maria, mãe de Deus*, Lisbonne, 1759; ibid. 1791. — *O Feliz independente do mundo e da fortuna*, Lisbonne, 1779; ibid., 1786; ibid., 1835: ibid., 1844; ibid., 1861. Cet ouvrage fut traduit en français par Abbé Jamet, sous le titre *L'homme heureux*, etc., Caen, 1820, et en castillan par Francisco Vasquez, sous le titre, *Hombre feliz*, etc., Madrid, 1806. — *Methodo para a geographia*, Lisbonne, 1787. — *Sermões*, Lisbonne, 1787. — *Preparação para a primeira communhão*, Lisbonne, 1787. — *Formosura de Deus, inferida e declarada por suas muitas perfeições, assim como á fragil capacidade humana é possivel*, anonyme, Lisbonne, 1785. — *Espirito consolador, tratado ascético*, anonyme, Lisbonne, 1785. — *Catechismo da doutrina christã*, Lisbonne, 1791; ibid., 1792. Réimprimé vers le milieu du XIXe siècle. — *En-*

tretenimentos do coração devoto com o Santissimo coração de Jesus, Lisbonne, 1790; ibid., 1829. — *O pastor evangelico*, Lisbonne, 1797; ibid., 1824. — *Meditações dos attributos divinos para todo o anno*, Lisbonne, 1796. — *Sermão para uma missa nova na festa de N. S. dos Martyres*, Lisbonne, 1779. — *Sermão do Espirito Santo*, 1797. — *Opusculos sobre varios assumptos. Tomo I*, Lisbonne, 1797. — *Opusculo II. Descripção do novo planetario universal pela direcção do P. Thodoro de Almeida*, Lisbonne, ?... — *Cartas espirituae sobre varios assumptos*, Lisbonne, 1804.— *Lisboa destruida; poema*, Lisbonne, 1803. La valeur littéraire de ce poème est nulle; il est surtout remarquable par les renseignements qu'il contient sur le tremblement de terre du 1er novembre 1775.

José Maria Dantas Pereira de Andrade, *Elogio do P. Theodoro de Almeida*, Lisbonne, 1831, reproduit dans la collection de *Historia e Memorias da Academia real das sciencias de Lisboa*, Lisbonne, 1831, t. XI, 1re partie. — J. J. Lopes Praça, *Historia da philosophia em Portugal*, Coïmbre, 1868, t. I, p. 206 sq. — *O Panorama*, Lisbonne, 1852, t. IX, p. 28. — Joaquim Caetano Fernandes Pinheiro, *Curso elementar de litteratura nacional*, Paris, 1862, p. 462 sq. — Innocencio Francisco da Silva, *Diccionario bibliographico portuguez*, Lisbonne, 1862, t. VII, p. 301-308. — Ferreira Deusdado, *La philosophie thomiste en Portugal*, extrait de la *Revue néoscolastique*, Louvain, 1898, p. 28. — Hurter, *Nomenclator literarius theologiae catholicae*, Innsbrück, 1911, t. V, col. 604.

Fortunato DE ALMEIDA.

20. ALMEIDA (THOMAS DE), né à Lisbonne le 11 septembre 1670. Docteur en droit canonique, il exerça un grand nombre de charges importantes et fut nommé évêque de Lamego, confirmé le 6 décembre 1706 et sacré à Lisbonne, le 3 avril 1707. Le 30 avril 1709, le roi João V le nomma évêque de Porto, où il entra le 3 novembre. Il fit réunir le synode diocésain en mai 1710. Sur les demandes du roi, le pape Clément XI, par la bulle *In supremo apostolatus solio*, du 7 novembre 1716, érigea à Lisbonne une cathédrale patriarcale et, à cette occasion, l'évêque de Porto fut proposé pour la dignité de patriarche de Lisbonne, dont il obtint la confirmation du pontife, le 7 décembre 1716. Le nouveau patriarche se voua de tout cœur aux affaires de son diocèse, qui lui doit quelques fondations religieuses. Le pape Clément XII le créa cardinal le 20 décembre 1737. Le 3 mai 1745, il expédia un mandement *sur la scandaleuse pratique de quelques confesseurs qui demandaient à leurs pénitents le complice de leurs péchés et le lieu où ils habitaient*. Sur le même sujet, il écrivit deux lettres au pape Benoît XIV, qui condamna une telle pratique dans une bulle du 7 juillet 1745 et, le 10 du même mois, envoya au patriarche de Lisbonne un bref de remerciements. Thomas de Almeida mourut à Lisbonne le 27 février 1754. Voici la liste de ses ouvrages :

Consensus constitutioni Unigenitus praestitus, in-4°, Lisbonne, 1719; *Homilia habita in festo sanctorum apostolorum Petri et Pauli*, in-fol., 1730; *Homilia habita in festo Assumptionis sanctissimae Virginis*, 1730; *Allocutio Thomae I, patriarchae Ulyssiponensis, habita in dedicatione, et consecratione ecclesiae Monasterii Fratrum Arrabidensium oppidi Mafrensis*, 1730; *Homilia habita in festo immaculatae Conceptionis sanctissimae virginis Mariae*, in-fol., 1730; *Homilia habita in festo sanctorum apostolorum Petri et Pauli*, 1731; *Homilia habita in festo Assumptionis sanctissimae Virginis*, 1731; *Homilia habita in festo immaculatae Conceptionis sanctissimae virginis Mariae*, 1731; *Thomae I, patriarchae Ulyssiponensis, pro sacris oleis asservandis feria quinta Coenae Domini a se renovatis commendatio habita*, 1732; *Homilia habita in festo assumptae Virginis*, 1732; *Carta para o Em. e Rev. Senhor Cardeal Pereira Bispo do Reino do Algarve*, respondendo á consulta que lhe propôs da controversia que teve a respeito da jurisdição, que assiste a sua Eminencia em a clausura dos conventos de Freiras sujeitas aos Superiores regulares para approvaros confessores, presidir ás eleições das Abbadessas e tomar contas das rendas dos mesmos Conventos*, Lisbonne, 1735; *Pastoral promulgada a 3 de maio de 1745 sobre a escandalosa pratica de alguns confessores que perguntavam aos penitentes pelo cumplice dos seus peccados e onde habitavam*, in-4°, Lisbonne, 1746; *Duas cartas á Santidade de Benedicto XIV* (le même sujet du mandement que nous venons d'indiquer), Madrid, 1745; *Carta ao Cardeal Valente Secretário de Estado, escripta a 19 de abril de 1746* (le même sujet), Madrid, 1746; *Allocutio eminentissimi domini Thomae I cardinalis patriarchae Lisbonensis, die 13 novembris* M.DCC.XLVI.

Diogo Barbosa Machado, *Bibliotheca lusitana*, t. III, p. 737-738; t. IV, p. 272. — Pinho Leal, *Portugal antigo e moderno*, t. IV, p. 276. — Francisco de Santa Maria, *Anno historico*, t. I, p. 262-263; t. III, p. 2, 471, 490, 520. — Antonio Gaetano de Sousa, *História genealógica da Casa Real*, t. X, p. 840 sq. — *Arte Portuguesa*, Lisbonne, 1895, p. 81. — Fernando Antonio da Costa de Barbosa, *Elogio histórico, vida e morte do em. e rev. sr. cardeal D. Thomás de Almeida*, Lisbonne, 1754. — *Archivo histórico portuguez*, Lisbonne, 1903, t. I, p. 321.

Fortunato DE ALMEIDA.

21. ALMEIDA (THOMAS GOMES DE), évêque d'Angola, puis de Guarda (Portugal), né à Castellões (Macieira de Cambra), le 25 novembre 1836, mort à Guarda, le 3 janvier 1903. Après avoir fait ses études au lycée d'Aveiro et au séminaire de Coïmbre, il suivit, dans cette dernière ville, les cours de la faculté de théologie de l'université. En 1863, il fut nommé chanoine de la cathédrale de Viseu, avec une chaire au séminaire. Ses excellentes qualités furent bientôt reconnues par l'évêque de Viseu, Alves Martins, qui le recommanda au gouvernement pour le siège épiscopal d'Angola. En effet, Thomas Gomes de Almeida fut nommé évêque de ce diocèse le 29 mars et confirmé le 14 août 1871; sacré à Lisbonne, le 21 janvier 1872, il partit le 5 mai et fit son entrée solennelle dans sa cathédrale, le 3 juin.

Le nouvel évêque se consacra entièrement à la réformation ecclésiastique de son diocèse, tant au point de vue matériel que moral. Ses efforts échouèrent souvent, faute d'appui des gouvernements, qui ne lui accordaient pas les moyens indispensables à la réalisation de ses projets et lui soulevaient des difficultés quand il s'agissait de corriger des abus. Découragé par les embarras qu'on lui créait et ébranlé dans sa santé par le climat tropical de son diocèse, Almeida partit pour la métropole, le 17 octobre 1876, avec l'intention de ne pas retourner à Angola. Il rétablissait à peine ses forces, quand le gouvernement portugais, après avoir obtenu que le Saint-Siège lui accordât le titre d'évêque de Jeja, le nomma vicaire capitulaire de l'archidiocèse de Goa, afin d'y remplacer l'archevêque Ayres de Ornellas, qui retournait en Europe. Le moment était très difficile, à cause des conflits aigus et fréquents qui s'élevaient entre l'autorité ecclésiastique portugaise et les missionnaires de la Propagande, dans l'Inde, en matière de patronat. Thomas de Almeida se révéla dans ces circonstances un esprit habile et ferme, tellement qu'il put soutenir les droits du patronat royal sans que la dignité de qui que ce soit eût à en souffrir.

Après la nomination à l'archevêché de Goa d'Antonio Sebastiao Valente, en 1882, Almeida retourna en Portugal au mois d'avril de la même année. Le 26 avril 1883, il fut nommé évêque de Guarda; confirmé le 14 août, il entra dans sa nouvelle cathédrale le 14 octobre. Parmi les œuvres de son gouvernement, il faut citer la réformation et l'agrandissement du séminaire et la fondation d'une conférence de Saint-Vincent de Paul à Guarda, à laquelle il donnait un subside annuel de 440 000 reis (à peu près deux mille deux cents francs) et Thomas de Almeida écrivit, le 25 juillet 1884, un mandement où il recommandait l'observation de l'encyclique *Humanum genus* du 20 avril de la même année ; il publiait pour être mises en exécution les instructions données par l'Inquisition le 10 mai. L'encyclique n'ayant pas obtenu le *placet* royal, Lopo y Vay, ministre des Affaires ecclésiastiques, fit avertir l'évêque, par l'avis du 25 octobre 1884, que sa conduite n'avait pas mérité l'approbation du roi, et « que sa vertu et son zèle permettaient d'espérer dans l'avenir qu'il donnerait l'exemple salutaire de l'obéissance et du respect aux lois du royaume et à l'autorité constituée. » Almeida répondit à l'avis du ministre dans une lettre où il affirmait noblement sa résolution d'obéir aux ordres du pape.

José Osorio da G. e Castro, *Diocese e districto da Guarda*, Porto, 1902, p. 477 sq. — Mgr Rito e Cunha, *Mensageiro popular*, Viseu, 1901, n. 11, p. 455 et 456. — *Collecção official da legislação portuguesa*, Lisbonne, 1884, p. 440. — Nous avons corrigé quelques dates d'après des notes qui nous ont été fournies par Mgr Lima Vidal, évêque actuel du diocèse d'Angola.

Fortunato DE ALMEIDA.

22. ALMEIDA SOARES (CHRISTOVAM DE), évêque de Pinhel (Portugal). Le premier évêque du diocèse de Pinhel, créé en 1770, fut dom Fr. João de Mendonça, qui, avant même d'être sacré, fut transféré à l'évêché de Porto. Pour son successeur à Pinhel, on nomma Christovam de Almeida Soares, qui était professeur de droit canonique à l'université de Coïmbre depuis plus de quarante années. Il mourut en 1788.

Cardeal Saraiva, *Obras completas*, t. I, p. 46. — Pinho Leal, *Portugal antigo e moderno*, t. VII, p. 64.

Fortunato DE ALMEIDA.

ALMENDARIZ (ALFONSO-HENRIQUEZ), religieux de l'ordre de la Merci, né à Séville. Après un fécond apostolat dans la Guatemala, il fut nommé évêque *in partibus*. En 1610, il fut transféré au siège de Cuba et, en 1622, à celui de Mechoacan, où il mourut en 1628. Il est l'auteur d'une *Relacion espiritual y temporal de la isla de Cuba*, inédite.

Gams, *Series episcop.*, p. 146, 155. — Gari y Siumell, *Bibliotheca mercedaria*, Barcelone, 1875, p. 10.

A. PALMIERI.

ALMENÈCHES. L'abbaye de Notre-Dame d'Almenèches était un monastère de femmes de l'ordre de Saint-Benoît, situé près d'Argentan, et qui fut transféré dans cette ville par l'autorité royale, le 19 septembre 1736.

Si l'on en croit la légende, Almenèches aurait été un des quinze monastères fondés au VIIe siècle par saint Évrault, qui aurait établi en ce lieu deux maisons, dont l'une était dirigée par Lanthilde, au VIIIe siècle et dont l'autre, plus petite, qualifiée de *monasteriolum*, avait à sa tête sainte Opportune, morte en 770. L'invasion normande, en 870, les détruisit. Les ducs de Normandie s'étant emparés de ce lieu, Richard II en fit don, en 1026, aux religieux de Fécamp. Quelques moines y vécurent. En 1066, Roger de Montgommery, comte de Bellesme, les ayant indemnisés, rétablit l'ancien monastère de femmes, qu'il plaça sous la direction de sa fille Emma. La guerre entre Henri Ier Beauclerc et Robert de Bellême ne tarda pas à ruiner Almenèches, qui, brûlé en 1102, fut restauré par Emma.

Après la mort de celle-ci, et pendant plus d'un siècle, les religieuses profitèrent de nombreuses fondations, et peut-être la richesse entraîna-t-elle un affaiblissement de la règle, car Eudes Rigaud, archevêque de Rouen, ayant visité l'abbaye en 1250, 1255 et 1260, constata que les religieuses menaient une vie peu dévote, ayant des servantes, ne s'astreignant pas au maigre, négligeant de faire l'aumône, sortant volontiers du monastère, et causant parfois du scandale. Elles étaient alors au nombre de quarante-deux.

Thomas d'Aunou fut chargé d'en opérer la réforme, l'entretien des autels fut assuré et le revenu de la communauté augmentait, quand, en 1308, une partie des bâtiments fut détruite par un incendie.

Les chroniques ne nous donnent pas de détails sur l'histoire de l'abbaye au XIVe siècle et les archives de l'Orne ont seulement gardé la trace de diverses donations et d'un procès important, fait au début de ce siècle par l'abbesse Aude à Charles Ier, comte de Valois et d'Alençon, au sujet du patronage de l'église de Boctron.

Henri V, roi d'Angleterre, s'étant emparé de la Normandie, saisit le temporel de l'abbaye, dont il donna main-levée en 1417.

Le 26 août 1455, Robert Cornegrue, évêque de Séez, la visita et rédigea un nouveau règlement, ordonnant aux religieuses de coucher au dortoir commun, de manger au réfectoire et d'entretenir convenablement le chapitre et les lieux réguliers. Les religieuses n'acceptèrent pas, et firent un procès à leur évêque, procès qui n'était pas terminé en 1460 et, douze ans plus tard, Marie d'Alençon, qui venait d'être nommée abbesse, luttait encore avec les religieuses pour obtenir leur soumission.

En 1517 et 1518, la réforme de Fontevrault fut introduite à Almenèches. La clôture n'existait plus, l'abbesse et les religieuses menaient une vie dissolue, ayant oublié toute règle. Pour faciliter le relèvement, seize religieuses vinrent de Fontevrault s'établir à Almenèches, mais leurs sœurs de cette maison se révoltèrent et refusèrent d'obéir; il fallut expulser les plus violentes. Marie de la Jaille, abbesse, ayant rétabli la paix, une ère nouvelle commença. Louise de Silly et Madeleine de Thouars, qui lui succédèrent, rebâtirent le monastère, l'église et le cloître.

De 1600 à 1727, les abbesses d'Almenèches furent toutes prises dans la même famille : Judith de Médavy, Louise de Médavy, Marie-Louise de Médavy et Marie-Madeleine de Médavy dirigèrent successivement la maison. C'est sous la seconde, en 1623, que fut fondé à Argentan, dans l'ancienne église de Notre-Dame de la Place, un prieuré dépendant d'Almenèches, prieuré qui devait être à la fois un noviciat et une maison d'éducation; elle fondait aussi à Exmes un autre prieuré. Elle eut la joie de voir ses trois maisons prospérer, mais l'accroissement avait peut-être été trop rapide, car, au début du XVIIIe siècle, les religieuses, tant d'Almenèches que d'Argentan, se trouvèrent accablées de dettes. La maison d'Argentan fut vendue en 1705, et les religieuses étaient toutes réunies à Almenèches quand, en 1717, les bâtiments furent en partie brûlés.

Le 19 mars 1727, quand Hélène-Marthe de Chambray fut nommée abbesse, la situation était redevenue prospère, au point que les religieuses songeaient à rétablir une maison à Argentan. L'évêque de Séez, Mgr Lallemand, s'y opposa, déclarant que, si l'abbesse persistait à vouloir retourner à Argentan, elle serait mise en demeure de choisir entre cette maison et son ancienne abbaye. Le 4 mai 1732, il lui fut interdit de recevoir des novices à Almenèches, et au mois d'août 1736, elle fut contrainte de s'installer à Argentan, en l'église de Notre-Dame de la Place.

Ayant achevé l'établissement de la nouvelle maison, Hélène-Marthe de Chambray se démit de ses fonctions et fut remplacée par sa nièce, Marie-Gabrielle de Chambray, en 1744, mais la situation devint obérée et personne ne se trouva pour y porter remède; le 5 août 1790, les officiers municipaux se firent ouvrir les portes, les trente-trois religieuses déclarèrent en vain qu'elles désiraient rester dans la communauté, elles furent dispersées, le mobilier vendu, l'argenterie portée à la monnaie. En 1819, les bâtiments d'Argentan furent démolis, l'église d'Almenêches avait été convertie en église paroissiale.

H. Beaudouin, *Notice historique sur l'abbaye d'Almenêches*, Alençon, 1854. — A. Desvaux, *L'abbaye d'Almenêches et le château d'O*, Caen, 1890. — Hommey, *Histoire générale ecclésiastique et civile du diocèse de Séez*, Alençon, 1899, t. II, p. 112, 399-404. — *Gallia christiana*, 1759, t. XI, col. 735-740. - *Inventaire sommaire des archives départementales antérieures à 1799, Orne, série H*. Alençon, 1899, t. III, p. I-XLII et 1-114.

Michel PREVOST.

1. ALMERADE ou HELMERADE, frère des comtes de Roussillon Bencion et Gausbert, et fils du comte Suniaire, fut sacré évêque d'Elne, le 1er septembre 916. L'année suivante et le jour anniversaire de son sacre, il fit, en présence du comte Gausbert, la dédicace de sa cathédrale, assisté des évêques de Gérone et de Carpentras. À cette occasion, le comte offrit à sainte Eulalie, patronne de l'église et du diocèse d'Elne, son alleu de Mudagons et Almérade, son domaine de Monistrol, dans le comté de Barcelone, une crédence en argent d'un travail remarquable, une aiguière du même métal avec sa cuvette et plusieurs autres objets précieux à l'usage de l'autel.

Marca hispanica, col. 383, 844. — Puiggari, *Catalogue biographique des évêques d'Elne*, Perpignan, 1842, p. 10. — J. Capeille, *Dictionnaire de biographies roussillonnaises*, Perpignan, 1910, p. 265.

J. CAPEILLE.

2. ALMÉRADE, évêque de Riez, de la fin du xe siècle et du commencement du xie (990-1030?). Il est connu par des donations faites en faveur des abbayes de Lérins et de Saint-Victor de Marseille et du monastère des clunistes de Valensole. Il est nommé dans une bulle de Sergius IV en faveur de Montmajeur (*Gallia christ.*, t. I, Instrum., p. 104) et dans une de Benoit VIII en faveur de Cluny. *Recueil des hist.*, t. x, p. 432.

Gallia christiana, t. I, col. 397. — Albanès, *Gallia christiana novissima*, Montbéliard, 1899, col. 584-585.

U. ROUZIÈS.

4. ALMÉRAS (MICHEL D'), évêque de Vaison, de 1629 à 1633. Il naquit à Bagnols dans le Languedoc, vers 1580, d'une famille très considérée dans le pays et aujourd'hui disparue (on trouve dans les actes des xvie et xviie siècles un Alméras, notaire royal à Bagnols, puis un Guillaume d'Alméras, viguier en 1603; la branche aînée a donné, au xviie siècle, René d'Alméras, deuxième supérieur général des lazaristes : voir l'article suivant). Il se destina à l'état ecclésiastique, mais comme des divisions nombreuses entre catholiques et protestants troublaient la ville à cette époque, il préféra probablement quitter le diocèse d'Uzès pour celui de Saint-Paul-Trois-Châteaux. Cf. L. Alègre, *Notices biographiques du Gard*, t. I, p. 19-20. C'est là, en effet, que nous le trouvons en 1614 : les rapports que sa famille avait entretenus avec la noblesse voisine, les d'Ancezune de Vénéjean en particulier, lui facilitèrent la connaissance du comte de Grignan, qui le fit bientôt nommer doyen de sa collégiale de chanoines. Il succède à Jean Gachon, vers 1614 (il paraît avec ce titre dans un acte du 4 avril; cf. Fillet, *Grignan religieux...*, p. 11-12), et jouit comme tous les doyens de Grignan du privilège de la crosse et de la mitre. Cf. L. Alègre, *op. cit.*, p. 20, note. La même année, il a des démêlés avec les consuls de Grignan au sujet de la taille et il figure, en 1615, parmi ceux qui protestent contre l'élection de Raymond du Cros à l'assemblée du clergé. Cf. Fillet, *op. cit.*, p. 12, et *Annales de l'abbaye d'Aiguebelle*, Valence, 1863, t. I, p. 581-583 (texte de la protestation). Sa liaison avec les seigneurs de Grignan le mit en rapport avec l'évêque de Vaison, Guillaume de Cheisolme, dont il gagna bientôt la confiance et l'amitié. Ce prélat, déjà fort âgé, le désigna comme son coadjuteur et son successeur sur le siège de Vaison, « avec brevet de retenue de deux cents écus de pension chaque année, à prendre sur les revenus de l'évêché, pour son neveu, clerc de l'Église de Vaison. » Aussitôt Michel d'Alméras fait intriguer le comte de Grignan auprès de Louis XIII, et part pour Rome avec des lettres de recommandation : là, après les pressantes sollicitations de l'ambassadeur de la France, il obtint la coadjutorerie et est sacré, en 1624, avec le titre d'évêque de Philadelphie. Il ne renonça cependant pas à son doyenné de Grignan, car il paraît avec sa double qualité « dans un acte de mars 1624, relatif à la collégiale, et dans un accord de juin suivant entre celle-ci et le comte de Grignan. » Fillet, *op. cit.*, p. 12. Or, Guillaume de Cheisolme, qui s'était fié un peu prématurément à Michel d'Alméras, fut averti, par amis qu'il avait à Rome, de la façon dont celui-ci avait obtenu la coadjutorerie. En effet, afin d'arriver plus sûrement au résultat désiré, il « n'avait fait aucune mention de la pension de deux cents écus promise au neveu, » et il s'était présenté comme ayant « huit cents écus de rente, alors qu'il n'en avait pas trois cents. » Aussi l'évêque de Vaison adresse une supplique à la congrégation des cardinaux, qui, après avoir examiné l'affaire, condamne Michel d'Alméras « à laisser le gouvernement de l'Église de Vaison avec tous ses revenus à Guillaume de Cheisolme. » Cf. dans Boyer de Sainte-Marthe, *Histoire de l'Église cathédrale de Vaison*, Avignon, 1714, p. 213-216, toutes les pièces et tous les détails du procès. Après ce jugement, le coadjuteur ne reparut plus à Vaison, demeurant tantôt à Grignan, tantôt à Bagnols, où il obtint l'administration de l'évêché qu'à la mort du titulaire, survenue le 30 mai 1629. Cependant ces querelles ne l'empêchèrent pas de jouir d'une certaine considération dans le pays : en 1625, il est présent à l'assemblée générale du clergé de France, tenue à Paris, dans le couvent des augustins, le 1er septembre (c'était un honneur assez rare pour le clergé du Comtat Venaissin, fait remarquer le P. Boyer de Sainte-Marthe, *op. cit.*, p. 216).

Il y figure comme évêque de Philadelphie et coadjuteur de Vaison. Cf. *Collection des procès-verbaux des assemblées du clergé de France de 1560 à 1768*, t. II, p. 325 sq. En 1628, il est présent avec les mêmes titres au sacre de Mgr Louis-François de la Baume de Suze, à Bourg-Saint-Andéol. Enfin, devenu évêque de Vaison en 1629, il exerce toutes les fonctions de sa charge : le 23 novembre 1630, il fait la visite pastorale du Crestet, le 28 juin 1631, il est à Valréas (cf. *Archives départementales de Vaucluse, Évêché de Vaison, série G*, dossier n. 93 et 96); en 1631, il fait lui-même la relation au pape d'un fait considéré comme miraculeux dans le pays : pendant la procession du Rosaire, le battant de la grosse cloche de la cathédrale, s'étant détaché, tomba au milieu de la foule sans blesser personne. Toutefois, il paraît probable que, même après la mort de Guillaume de Cheisolme, Michel d'Alméras habita de préférence son pays natal : c'est là que la mort vint le surprendre « le 16 avril 1633, sur les sept heures du soir, dans la maison de son père »...; il fut enterré « le mardi suivant, 19, à huit heures du soir... à l'église des Récollets, » au quartier appelé aujourd'hui la Poligière; son tombeau fut violé en 1793.

L. Alègre, *Notices biographiques du Gard (canton de Bagnols)*, Bagnols 1880, t. I, p. 19-27. — *Archives départemen* tales de Vaucluse, Évêché de Vaison, série G, dossiers n. 9, 9ª, 9ᵉ, 9ᵖ et 23, 23ᶻ, 23ᵃ. — Boyer de Sainte-Marthe (le P. Louis Anselme), *Histoire de l'Église cathédrale de Vaison, avec une chronologie de tous les évêques qui l'ont gouvernée...*, Avignon, 1731, p. 216-217. — Jean Columbi, *De rebus gestis episcoporum Vasionensium libri IV*, Lyon, 1656, p. 155-156. — L. Devès, *Biographie des magistrats, des ecclésiastiques et des officiers... qui sont nés ou qui ont résidé à Grignan, depuis le xıᵉ siècle jusqu'à nos jours*, Montélimar, 1872. — L. Fillet, *Grignan religieux*, dans le *Bulletin de la Société départementale d'archéologie et de statistique de la Drôme*, 1880, t. xıv p. 11-12. — Fornery, *Histoire ecclésiastique du Comté-Venaissin et de la ville d'Avignon*, bibliothèque d'Avignon, ms. 2772 (bonne copie), fol. 275 r°. — *Gallia christiana*, t. ɪ, col. 936.

J. SAUTEL.

2. ALMÉRAS (RENÉ), deuxième supérieur général de la congrégation de la Mission ou des lazaristes.

Il naquit à Paris, le 5 février 1613, d'une famille très honorable. Le père de René Alméras, qui s'appelait aussi René, était « maître des comptes », et son oncle, Pierre Alméras, était seigneur de la Saussaie, conseiller d'État. La famille était très religieuse : une des sœurs du supérieur général de la Mission, Anne-Marie d'Alméras, fut supérieure de la Visitation d'Amiens. Lui-même, lorsqu'il quitta le monde, était « conseiller au grand conseil, qui était, comme on le sait, une justice souveraine, dont la juridiction s'étendait sur tout le royaume; » il se démit de cette charge en faveur d'un neveu de son nom, en 1639.

C'est à l'âge de vingt-quatre ans et malgré la vive opposition de son père (lequel, d'ailleurs, devait plus tard, comme son fils, entrer dans la famille religieuse de saint Vincent de Paul), que René Alméras fut reçu, en 1637, dans la congrégation des lazaristes. Il fut, aussitôt après son ordination à la prêtrise, chargé, à cause de ses grandes qualités, de fonctions importantes : d'abord directeur du séminaire ou noviciat de sa congrégation, il fut ensuite supérieur de la maison de Rome, et plus tard, à Paris, chargé de la direction de l'importante maison de Saint-Lazare. Saint Vincent de Paul, auprès de qui il vivait, l'associa à la conduite générale de la congrégation.

Quand le saint mourut, c'est René d'Alméras qui fut choisi par l'assemblée générale (1661) pour le remplacer à la tête de la Compagnie. L'œuvre principale de son généralat fut de compléter l'organisation de la congrégation, dont il est regardé comme le second législateur. Il donna sur la manière de tenir les assemblées dites *domestiques*, *provinciales* et *générales* des règlements qui s'observent encore. Au sujet de ces assemblées, M. Eugène Boré, qui fut au xıxᵉ siècle supérieur général de la congrégation comme René Alméras l'avait été au xvııᵉ, fait les réflexions suivantes : « Leur formation, les attributions et les pouvoirs superposés hiérarchiquement peuvent servir de modèle à tous les gouvernements politiques, puisqu'on y trouve la solution du problème vainement cherché par eux : je veux dire l'accord de la liberté individuelle avec les devoirs de l'obéissance due à l'autorité légitime. Le suffrage universel, regardé à tort comme une découverte de la société moderne, a été appliqué chez nous dans les élections, dès le principe, mais avec de sages mesures et des précautions qui écartent le danger et les surprises mensongères de ses votes. » *Circulaires des supér. gén.*, Paris, 1877, t. ɪ. préface. — Ces réflexions peuvent s'appliquer à l'organisation de presque toutes les communautés.

Saint Vincent de Paul avait donné à sa communauté les *Règles* ou *Constitutions communes* qui régissent la vie individuelle; M. Alméras, son successeur, soumit à l'assemblée générale de 1668 et fit voter par elle la législation qui fixe les pouvoirs du supérieur général et qui règle le gouvernement de la Compagnie : *constitutiones quae superiorem generalem totiusque congregationis Missionis gubernationem spectant*. Un choix des principales dispositions de cette législation fut fait et fut soumis à l'autorité de Rome; il fut sanctionné par le pape Clément X dans la bulle *Ex injuncto nobis* du 2 juin 1670 : c'est ce qu'on nomme les *Constitutiones selectae*. L'œuvre de législation entreprise par René Alméras pour sa communauté était accomplie. Il y montra de la persévérance et de la sagesse.

Il procura aussi l'accroissement de sa congrégation par la création de nouvelles maisons. Sur les instances d'Anne d'Autriche, il accepta en particulier les importants établissements de Fontainebleau et de Metz. Il seconda l'organisation des séminaires, ce qui était le désir général de l'Église de France, et il accepta pour sa communauté la direction des séminaires d'Amiens, de Noyon, de Saint-Brieuc, de Narbonne.

Homme vertueux et remarquable par la prudence et la sagesse de sa conduite, René Alméras mourut, supérieur général de sa congrégation, le 2 septembre 1672, en la maison de Saint-Lazare, à Paris.

Vie de M. René Alméras, à la suite de la *Vie de saint Vincent de Paul*, par Abelly, édition de 1839. — *Notices sur les prêtres et frères de la congrégation de la Mission*, Paris, 1885, 1ʳᵉ série, t. ıı, p. 453; et t. ııı, p. 229; d'après un manuscrit du xvııᵉ siècle. Archives de la congrégation de la Mission, à Paris. — *Histoire ms. de la congr. de la Mission*, par Joseph Lacour (xvııᵉ siècle), Paris, archives de la Mission.

A. MILON.

ALMÉRIA, ville d'Espagne, 50 910 habitants, chef-lieu de la province de ce nom, dans l'ancienne Andalousie, à 105 kilomètres sud-est de Grenade et à 420 sud de Madrid, sur la Méditerranée, au fond d'une large baie, qui offre un abri sûr. Évêché suffragant de Grenade. Les Phéniciens ne manquèrent pas de s'établir dans ce mouillage, à proximité des colonnes d'Hercule. Sous les Romains, Alméria s'appelait *Urci* et compta toujours parmi les ports importants de la côte ibérienne.

Les traditions chrétiennes rattachent la conversion de la localité à saint Indalitius, un des sept disciples des apôtres que, d'après le *petit martyrologe romain* et le martyrologe d'Adon, saint Pierre aurait envoyé évangéliser l'Espagne. Historiquement, ces témoignages ne sont confirmés, en ce qui concerne Alméria, que par l'inscription du tombeau du missionnaire, mis à jour au xıᵉ siècle (1084), à Pechina à 12 kilomètres nord d'Alméria. On y lisait : *Hic requiescit Indaletius primus pontifex Urcitanae civitatis, ordinatus a sanctis apostolis Romae*. Les reliques, envoyées en Aragon, furent conservées dans l'église Saint-Jean de la Peña, et le fait consigné aux Annales de Tolède par le moine clunycien Hebretmius, à la date *quinto kal. april.* de cette même année.

En réalité, le diocèse d'Urci n'eut pas d'histoire et les traditions locales n'ont conservé, pour les sept premiers siècles, que le nom de six évêques plus ou moins authentiques. Puis vint l'invasion arabe : l'Église d'Urci se maintint quelque temps et l'on a le nom d'un autre évêque, Genesius, qui vivait en 862. Avec les Arabes, Urci prit le nom d'*Almeria*, *le miroir*, et devint une ville florissante par son industrie et son commerce, la capitale d'un petit État formé du démembrement du califat de Cordoue. Elle fut reconquise par les Espagnols en 1143, avec le concours des marins génois et pisans. La population du district resta cependant mauresque de mœurs et de religion, comme elle l'est encore en partie quant à la race. Un moine bénédictin, que le martyrologe du diocèse honore sous le nom de saint Dominique, entreprit une mission dans le pays et y remplit les fonctions épiscopales. Après lui, les fastes épiscopaux du diocèse donnent encore deux ou trois noms dans l'espace de plus de trois siècles, mais le siège d'Alméria ne date réellement que de l'organisation de la hiérarchie ecclésiastique dans le royaume maure de Grenade, après la conquête de 1492, par les rois catholiques Ferdinand et Isabelle.

Les premiers évêques résidèrent peu et le christianisme ne progressa pas dans ce massif montagneux d'Andalousie, qui resta la citadelle de la race morisque et de l'islam sur la côte de la péninsule ibérique. Les Espagnols conquérants et commerçants eurent à se défendre contre les pirates barbaresques, que leurs coreligionnaires appelaient instinctivement à leur secours, et la cathédrale d'Alméria, bâtie au XVIe siècle, a gardé l'aspect de forteresse, comme elle en eut primitivement le rôle. L'expulsion des Morisques, au commencement du XVIIe siècle, acheva la décadence économique d'Almeria, en délivrant la région d'un péril permanent. Les colons qu'on y établit transformèrent la contrée surtout au point de vue religieux. Le diocèse resta néanmoins pauvre et peu important, et ses évêques ne firent souvent que passer de là à des sièges plus en vue.

LISTE DES ÉVÊQUES. — *Évêques d'Urci* : Saint Indalice, 64-70. — Saint Jacques, ? — Saint Cantonius, 306... — Marcel Ier, 633. — Marcel II, 653-656. — Palmatius, 675-684. — Habitus, 688-693. — Invasion des Maures. — Génésius, 862... — Saint Dominique, O. S. B., 1147... — Didacus, † 1436. — Pierre de Ecija, O. S. F., 1439-1440. — Alphonse Pernas, 1487 ? ? — *Création du siège d'Alméria* : Jean d'Ortéga, 1492-1515. — François de Sosa, 1515-1520. — Jean de la Parra, 1520-1522 : aucun de ces trois évêques ne résida dans le diocèse. — Didace Ferdinand de Villalán, O. S. F., 1523-1556 : inaugura les travaux de la cathédrale. — Antoine Corrionero, 1558-1583 : assista au concile de Trente et consacra la nouvelle cathédrale. — François Cornejo : ne prit pas possession. — François Briceno, † 1584 avant son intronisation. — Didace González, 1584-1589. — Jean Garcia, 1589-1601. — Jean Portocarrero, O. S. F., 1603-1631 : fonda le séminaire de Saint-Indalice. — Antoine de Viedma, O. P., 1631, † la même année. — Garcia Ceniceros : pas sacré. — Barthélemy Santos de Risboa, 1633, transféré à Léon la même année. — Antoine González de Azevedo, 1634, transféré à Coria en 1637, † 1642. — Joseph de la Cerda, O. S. B., 1638-1640. — Jacques Argáiz, 1642-1646. — Louis Vénégas de Figueroa, 1646-1651. — Alphonse de Saint-Victor, O. S. B., 1652-1654. — Henri Peralta y Cárdenas, 1655-1658. — Alphonse Pérez-Humanes, 1659-1663. — Rodéric de Mandéa y Parga, 1663-1673. — François Sarmiento y Luna, O. S. A., 1674, transféré à Coria la même année. — Antoine d'Ibarra, 1675-1681. — Jean Santos de Saint-Pierre, 1681-1684. — André de la Moneda, O. S. B., 1684-1687. — Dominique d'Urrueta, 1688-1701. — Jean de Bonilla, 1705-1707. — Emmanuel de Saint-Thomas y Mendoza, 1707-1714. — Jérôme del Valle y Ledesma, 1714-1722. — Philippe de Perea y Magdalena, 1725-1741. — François Salvador Gilaberte, 1741, renonça la même année, † 1752. — Gaspard de Molina y Roccha, O. S. A., 1741-1760. — Claude Sanz y Torres, 1761-1773. — Anselme Rodriguez, O. S. B., 1780-1798. — Vacance du siège depuis 1833 jusqu'à 1848. — Anaclet Meoro, 1848-1864. — André Rosales y Muñoz, 1864-1872. — Joseph Orbera y Carrión, 1876-1886. — Santos Zárate y Martinez, 1887-1906. — Vicente Casanova y Marzol, 1908.

Actuellement, le diocèse d'Alméria compte cent dix paroisses réparties en sept doyennés. Les petites sœurs des pauvres desservent trois asiles de vieillards, à Alméria, à Véra et à Albor. Les sœurs de Saint-Vincent-de-Paul ont également trois maisons, à Alméria, à Cuévas et à Véra. La congrégation de l'Immaculée-Conception et les religieuses clarisses ont chacune un couvent à Alméria. Les sœurs de *Enseñanza* ont une école à Vélez-Rubio. Il n'y a pas de communauté d'hommes dans le diocèse.

Gabriel Pasqual y Orbaneja, *Vida de san Indalecio, y Almeria illustrada en su antiguedad, origen y grandeza*, Alméria, 1699. — *España sagrada*, t. III, VIII, XXIII. — Munoz, *Bibl. hist. España*, 1858, p. 14. — Gams, *Series episcoporum*, p. 5-6. — Eubel, *Hierarchia catholica medii aevi*, t. I, p. 83; t. II, p. 97; t. III, p. 117.

A. TONNA-BARTHET.

ALMERIDA ou **ALMERIDUS**, d'après le ms. de Corbie du Martyrologe hiéronymien, fait partie d'un groupe d'une vingtaine de martyrs africains, cités avec quelques variantes par les martyrologes, au X des calendes de juin (23 mai). Certains hagiographes rangent ces chrétiens parmi les victimes des rois vandales, sans apporter d'ailleurs la moindre preuve à l'appui de cette hypothèse. Les bollandistes les attribueraient plus volontiers aux persécutions des empereurs païens. Le Martyrologe de Sens (*cod. Vat. Reg. 435*) indique qu'ils auraient souffert à *Caesarea* de Maurétanie, sans doute, aujourd'hui Cherchel.

Acta sanctorum, 1866, maii t. V, p. 249-250. — *Martyrologium hieronymianum*, édit. De Rossi et Duchesne, p. 65 (extrait des *Acta sanctorum*, nov. t. II, 1, Bruxelles, 1894).

Aug. AUDOLLENT.

ALMICI (CAMILLO), de la congrégation de l'Oratoire, né à Brescia, philosophe et théologien. Il mourut en 1779. On a de lui les ouvrages suivants : *Lettera sopra il parallelo della morale cristiana con quella degli antichi filosofi del P. Caunque*, Brescia, 1759; *Risposta di Callimaco Mili a Gaspare Duplino intorno all' animo umano*, Venise, 1763; *Dissertazione sopra i martiri della Chiesa cattolica*, Brescia, 1765; *Riflessioni su di un libro di Giustino Febronio*, Lucques, 1766; *Proverbii e maniere di dire della lingua toscana con molte sentenze di varii generi tanto sacre che non sacre*, Brescia, 1770; *Critica contro le opere del pericoloso Voltaire*, Brescia, 1771.

Mazzuchelli, *Gli scrittori d'Italia*, t. I, 1re partie, p. 513. — Villarosa, *Memorie degli scrittori filippini*, Naples, 1837 p. 6-8. — Hurter, *Nomenclator*, t. V, col. 224-225.

A. PALMIERI.

ALMIRE (Saint), solitaire. Originaire d'Auvergne, Almire étudia au monastère de Menat (diocèse de Clermont), où il rencontra Avit et Calais, qui devaient l'accompagner dans le Maine. Il passa quelque temps à Micy et gagna le Perche où il fonda, avec ses compagnons, l'abbaye de Piciac; puis suivant la vallée de la Braye, il établit l'ermitage de Gréez-sur-Roc (et non Grez-en-Bouère, comme dit U. Chevalier, *Repert.*, *Bio-bibl.*, t. I, col. 159). Ses vertus et miracles lui attirèrent de nombreux disciples; il y mourut le 11 septembre, vers 560. Saint Domnole, évêque du Mans, assista à ses funérailles, parce qu'il avait reçu du saint son monastère et ses dépendances, à titre de possession précaire ou d'usufruit et moyennant une redevance annuelle et certaines faveurs.

La légende de saint Almire est du IXe siècle, transcrite, sans aucun doute, sur des documents contemporains; elle rappelle, tant par son style que par le procédé du travail, la notice de saint Julien des *Actus pontificum Cenomannis*... Elle fut publiée pour la première fois par Labbe, dans *Bibliotheca manuscriptorum*, t. II, p. 463.

Son culte était en honneur dès le IXe siècle Saint

Aldric, évêque du Mans, lui consacra un autel de sa cathédrale en 833. Le monastère qu'il avait fondé à Gréez-sur-Roc (Sarthe), remis entre les mains de l'évêque du Mans, reçut de saint Aldric, vers 837, les troupeaux de Gréez, Fresnay-en-Beauce et Semur. *Gesta domni Aldrici*, édition R. Charles et L. Froger, Mamers, 1889, p. 39, 51, 103. Après le IXe siècle, nous ne rencontrons aucune mention de la *Cella sancti Altiniri*, qui fut sans doute détruite par les Normands et fit place au clergé séculier. On croit que la chapelle de Notre-Dame est le seul vestige qui rappelle son souvenir. L'Église paroissiale de « Monsieur saint Almer » de Gréez, dont les assises sont romanes, occupe l'emplacement de l'oratoire Saint-Pierre édifié par saint Almire.

A. Angot, *Dictionnaire de la Mayenne*, Laval, 1900, t. I, p. 24. — *Archives de la Sarthe*, G 827, 828. — *Bibl. hag. lat.*, 1898, p. 50. — *Actus pontificum Cenomannis in urbe degentium*, édit. Busson-Ledru, Le Mans, 1902, p. LXX-LXXII, XCIV-XCVI, 306. — *Chartularium insignis Ecclesiae Cenomanensis quod dicitur Liber albus capituli*, Le Mans, 1869, p. 68-69. — Cochard, *Les saints de l'Église d'Orléans*, Orléans, 1879, p. 163-165. — *Nécrologe obituaire de la cathédrale du Mans*, édit. Busson-Ledru, 1906, p. 242. — Dom Piolin, *Hist. de l'Église du Mans*, Paris, 1851, t. I, p. 185, 199-203, 206, 208. — Dom Rivet, *Hist. litt. de la France*, 1740, t. V, p. 150. — *Acta sanct.*, 1750, septemb. t. III, p. 801-803. — Em. Vavasseur, *Un moine du Maine au VIIe siècle, saint Almire, abbé de Gréez-sur-Roc*, dans *Revue du Maine*, t. XLVIII-XLIX, et tir. à part, Mamers, 1901.

LOUIS CALENDINI.

ALMOGUERA (JUAN DE), célèbre missionnaire espagnol, né à Cordoue le 18 février 1605. Il embrassa la vie religieuse dans l'ordre des trinitaires, fut nommé prieur des couvents de Ronda, Jaen, Malaga et Cordoue; provincial, et ensuite vicaire général de l'Andalousie. En 1656, il se rendit à Tetouan, où il racheta deux cent cinquante-neuf esclaves chrétiens. De retour à Madrid, il s'adonna à la prédication avec un tel succès, que Philippe IV le nomma prédicateur de la cour et, en 1658, le proposa pour l'évêché d'Arequipa (Pérou). Il fut consacré au mois de février 1661, et arriva à Lima le 7 juillet de la même année. Il prit possession de son siège le 3 décembre 1661. Il réforma le clergé, raviva la piété parmi les fidèles, enrichit les églises et les monastères de son diocèse, qu'il visita plus en simple et zélé missionnaire qu'en évêque. Le 7 mai 1674, il fut promu au siège archiépiscopal de Lima. Il y déploya le même zèle, favorisa beaucoup le développement des familles religieuses, surtout des pères de l'Oratoire, fonda un monastère de religieuses de son ordre, et expira saintement le 2 mars 1676. On a de lui : *Sermón de la Concepción de la Virgen*, Jaen, 1636; *Tractatus brevis de potestate capituli generalis ad condendum leges ad reformationem regulae collapsae et ad novum regimen statuendum in genere, et in specie circa ordinem sanctissimae Trinitatis Redemptionis captivorum*, Naples, 1656; *Instrucción de sacerdotes con aplicación individua á curas y eclesiásticos de las Indias, para donde se escribe*, Madrid, 1671.

Marracci, *Bibliotheca mariana*, Rome, 1648, t. II, Appendice, p. 57. — François de Echave y Assu, *La estrella de Lima*, Amberes, 1688, p. 172. — Antonio, *Bibliotheca Hispana nova*, Madrid, 1783, t. I, p. 630. — Calvo, *Resumen de las prerogativas del orden de la Sma Trinidad*, Pampelune, 1791, p. 530. — Antonin de l'Assomption, *Diccionario de escritores trinitarios de España y Portugal*, Rome, 1898, t. I, p. 9-15. — Alcedo, *Diccionario de las Indias occidentales*, Madrid, 1787, t. II, p. 584-585.

A. PALMIERI.

ALMOICH, ALMOIN (GUILLAUME). Voir ALNWICK (Guillaume) 1.

1. ALMONACID (FRANCISCO JAVIER), évêque de Palencia (1803-1821). Il naquit à Talagüelas, village de la province et du diocèse de Cuenca. Il fut envoyé faire ses études à l'université de Bologne et fut reçu au collège royal espagnol de Saint-Clément, où n'étaient admis que les jeunes gens remarquables par leur noblesse et leurs talents. Devenu prêtre, il obtint au concours le canonicat *magistral* du chapitre cathédral de Salamanque. Il fut nommé évêque de Palencia en mars 1803, préconisé par Pie VII le 16 mai et il prit possession de son siège le 21 juillet. Il l'occupa jusqu'au 17 septembre 1821, date de sa mort, à l'âge de soixante-quatorze ans. Il fut enterré dans la chapelle Saint-Joseph de sa cathédrale. L'histoire n'a enregistré aucun fait bien saillant de son pontificat, sans doute à cause des temps si troublés que traversait alors l'Espagne.

E. BABIN.

2. ALMONACID (JOSÉ DE), cistercien; né d'une famille distinguée de la ville de Torrelaguna, il prit l'habit à l'abbaye de Valbuena, le 24 avril 1637. Docteur en théologie, il fut successivement abbé de San Clodio, de Hoya et de Santa Ana de Madrid, trois fois définiteur général de la congrégation de Castille et général honoraire, prédicateur à gages des rois d'Espagne, Philippe IV et Charles II. Ses biographes louent son érudition, son esprit élevé, sa science des saintes Écritures et sa facilité. Il mourut à Madrid, le 26 juillet 1704. Il a laissé plusieurs ouvrages : *Las minas de oro en el Abulense ilustrado en panegiricos politicos y morales en la vida de Christo Señor ideados*, Madrid, 1662; *Sermones para los domingos y fiestas de la Quaresma*, Madrid, 1672; *El Tostado sobre Eusebio*, 2 vol., Madrid, 1677 et 1679. *Vida y milagros del gran Padre de la Iglesia san Bernardo*, Madrid, 1682; *Cartas de san Bernardo traducidas al castellano con varias notas*, 2 vol., Madrid (1682-1689); *Gobierno politico y santo sobre el libro primero de san Bernardo De consideratione... traducido y glosado*, Madrid, 1689; *El rey vencedor y vencido Arfaxad*; ce dernier ouvrage ne paraît pas avoir été publié.

N. Antonio, *Bibliotheca Hispana nova*, Madrid, 1783, t. I, p. 801. — Janauschek, *Bibliographia Bernardina*, Vienne, 1891, p. 263, 271. — Muñiz, *Bibliotheca cisterciense española*, Burgos, 1793, p. 11 sq.

ALMONAZIR ou **ALMONAÇIR** (JERONYMO), dominicain espagnol; il était fils du couvent de Ciudad-Rodrigo. Pendant près de quarante ans, il enseigna la théologie à Burgos, à Valladolid, à Alcalà, où il occupa un temps la charge de doyen. C'est dans cette université célèbre, où il enseignait la théologie en 1570, que, pendant plusieurs années, il fut professeur d'Écriture sainte et s'acquit une véritable célébrité. Il fut en même temps consulteur au conseil suprême de l'Inquisition espagnole. Il mourut à Alcalà en 1604, plus qu'octogénaire. Malgré les instances de ses amis et le grand renom de ses leçons, on ne put qu'à grand'peine le décider à publier l'ouvrage suivant : *Commentaria in Canticum Canticorum*, in-4°, Alcalà, 1588. Dans cette œuvre, ce n'est pas seulement l'érudition profonde de l'auteur et sa connaissance étendue des Pères qui apparaît, mais on voit qu'il possédait parfaitement l'hébreu et le grec. Almonaçir avait encore composé : *Commentaria in quintum Matthaei caput, epistolam Pauli ad Ephesios, sermonem dominicum et in psalmos aliquot*, ms.; *Controversiarum scholasticarum centuriae, quae theologorum studia forte nonnihil adjuvabunt*, ms.; *Lecturae scholasticae in IIam IIae et in IIIam P. D. Thomae*, ms. Ces divers ouvrages manuscrits sont perdus.

Echard, *Scriptores ord. praed.*, t. II, p. 355. — Jac. Villanueva, *Bibliothecae ord. praed... continuatio*, ms. p. 26 (Arch. gen. ord.) — Hurter, *Nomenclator literarius*, Inspruck, 1907, t. III, col. 474-475.

R. COULON.

ALMOND (John), prêtre anglais et martyr (1577-1612), entra au collège anglais de Rome, en 1597, et y soutint avec succès, en 1601, ses thèses publiques *de universa theologia*. L'année suivante, il commençait à Londres son ministère sous le nom de Francis Molineux ou Lathom. Il fut emprisonné, le 22 mars 1612, conduit devant le Dr John King, plus tard évêque de Londres; et condamné à mort à la suite de son interrogatoire; il subit le martyre à Tyburn, le 5 décembre 1612. Le Dr King semble avoir regretté cette mort dont il était responsable, et même s'être lui-même converti au catholicisme.

Foley, *Records of the english province S. J.*, t. v, p. 8. — Gillow, *Bibliographical dictionary*, t. I, p. 26 sq. — Pollen, *Acts of english martyrs*, Londres, 1891, p. 170-194. — Ryan, dans *The cathol. encycl.*, t. I, p. 328.

J. DE LA SERVIÈRE.

ALMORANDUS (Jean), évêque espagnol, connu aussi sous les noms d'Almoravius (Eubel), d'Almoravit (Zuñiga), d'Almoravid del Carte (Argaiz et Davila). Il était abbé d'Alfaro, quand il fut consacré évêque de Calahorra, le 5 janvier 1287. Le 12 novembre de cette même année, il émit une sentence défendant au trésorier de la cathédrale de prélever une part sur les prémices des fruits qui se recueillaient au couvent de Santo Domingo de la Calzada.

En 1291, il refusa d'accéder aux prétentions du roi Sancho IV, qui réclamait indûment de l'église de Calahorra le paiement d'un impôt annuel de 600 maravédis. Almorandus porta la cause devant l'évêque de Palencia, notaire majeur de Castille, et obtint une cédule d'exonération, qui se trouve dans les archives ecclésiastiques de Santo Domingo de la Calzada (*lettre J*).

En 1299, il fut élu évêque de Séville par le chapitre, qui lui donna vingt voix sur vingt-neuf. Mais le pape Boniface VIII refusa d'abord de ratifier l'élection, parce que le chapitre d'où elle émanait était, à cette époque, frappé d'interdit. Néanmoins, quelque temps après, pour ne pas trop prolonger la vacance du siège, il nomma, de sa propre autorité, Almorandus archevêque de Séville, le 9 juin 1300.

Le 25 avril et le 20 juillet de l'année suivante, l'archevêque confirma divers privilèges du monastère de Samos. En 1302, il donna une ordonnance qui était encore en vigueur à la fin du XVIIIe siècle et par laquelle il réformait les statuts du chapitre et réglementait l'affectation des produits de certains bénéfices. Cette pièce se conserve dans les archives de la cathédrale de Séville, avec le sceau archiépiscopal, où est gravé le portrait du prélat, entouré de cette inscription : S. ALMORAVINI, ARCHIEPISCOPI HISPALENSIS.

Almorandus mourut sans doute peu de temps après, car le 25 mai 1303, dans un acte de confirmation de privilèges que le roi rendit en faveur de Perez de Guzman, le siège de Séville est mentionné comme vacant.

Joseph Gonzalez Tejada, *Historia de Santo Domingo de la Calzada*, Madrid, 1702, p. 223, 224, 381. — Diego Ortiz de Zuñiga, *Anales eclesiasticos y seculares... de Sevilla*, Madrid, 1795, t. II, p. 16-24. — Eubel, *Hierarchia catholica medii aevi*, t. I, p. 161, 289.

P. SICART.

ALMUCHIA, ALMUICH, ALMUIT, ALMUT. Voir ALNWICK (Guillaume) 1.

1. ALNE, localité anglaise où se serait tenu, en 709, un synode qui confirma les privilèges du monastère d'Evesham. Ce synode n'est connu que par un court passage de la *Vita Ecgwini* par Brithwald (XIe siècle), dans lequel Stubbs découvre trois erreurs. Ce lieu est à identifier probablement avec Alne-Chester, aujourd'hui Alcester (Warwickshire).

Mansi, *Amplis. collectio*, t. XII, col. 187-188. — Haddan et Stubbs, *Councils and ecclesiastical documents relating to Great Britain and Ireland*, Oxford, 1871, t. III, p. 283-284. — Mac Clure, *British Place names*, Londres, 1910, p. 203.

L. GOUGAUD.

2. ALNE. Voir AULNE.

ALNETUM. Voir AUNAY.

ALNOBERTUS. Voir AUNOBERT.

ALNOTHUS (Saint), martyr anglais, fêté le 27 février. Selon sa légende, Alnothus était un berger du couvent de Weedon (Northamptonshire), fondé par sainte Werburge. Il se retira ensuite à Stowe, près de Buckingham, où il vécut en ermite jusqu'au jour où il fut assassiné par des brigands, vers 675.

Acta sanctor., 1658, febr. t. III, p. 684-685.

A. TAYLOR.

1. ALNWICK (GUILLAUME), franciscain anglais, mort en 1333, dont le nom a été des plus estropiés : Alveniacci, Almoich, Almvin, Almoit, Almuch(ia), Aluich, Almu(i)t, etc. On a aussi conjecturé qu'il s'appelait Roger. Il était maître et professeur de théologie à Oxford. Il était du nombre des maîtres en théologie qui soutinrent et portèrent le fameux décret du chapitre général de Pérouse (4 juin 1322), destiné à définir la pauvreté absolue du Christ et de ses apôtres contre l'opinion du pape Jean XXII. Il se pourrait qu'il fût identique avec le franciscain *Guillaume l'Anglais*, que Jean XXII ordonna, le 1er décembre 1323, de mettre en prison, parce qu'il avait défendu publiquement à Bologne la décision du chapitre de Pérouse. Grâce à ses idées sur la stricte pauvreté, il obtint la faveur de Robert, roi de Naples, qui le fit élire évêque de Giovinazzo avant le 31 juillet 1330. Il mourut au commencement de l'année 1333. Il a écrit des *Quodlibeta*, et les *Quaestiones super librum I et II Sententiarum*, ainsi que, paraît-il, un commentaire sur l'Apocalypse.

Wadding, *Annales ord. min.*, ad ann. 1322, Rome, 1733, t. VI, p. 396; *Scriptores ord. min.*, Rome, 1650, p. 150; 1806, p. 120; 1906, p. 102. — Sbaralea, *Suppl. ad script. ord. min.*, Rome, 1806, p. 316; 1908, t. I, p. 334-335. — Eubel, *Bull. franc.*, Rome, 1898, t. v, n. 486, 520, 1001, 1016, p. 617. — Little, *The Grey Friars in Oxford*, Oxford, 1892, p. 167.

M. BIHL.

2. ALNWICK (GUILLAUME), prieur de Wymondham (1420), archidiacre de Salisbury (1420), chanoine d'York (1421) et de Bayeux (1423), évêque de Norwich (1426-1436) et de Lincoln (1436-1439), tire son nom de la ville d'Alnwik (Northumberland) où il naquit. Il était moine de Saint-Albans lorsqu'Henri V le choisit pour confesseur des brigittines qu'il venait d'établir à Sion (1414). Henri VI (1422-1460), dont il était le confesseur, le nomma garde du sceau privé, et, en 1426, évêque de Norwich. En 1431, Alnwick célèbre la messe à la cathédrale de Rouen, le 1er janvier et, le 23 mai de la même année, il est présent à l'abjuration de Jeanne d'Arc au cimetière de Saint-Ouen. Il assiste aux conférences d'Arras (1435) et siège avec Pierre Cauchon, en qualité de commissaire du roi, au procès de Le Roy et de Basset (1439), assesseurs qui, au procès de Jeanne d'Arc, avaient montré quelque indépendance.

Dans son diocèse, il poursuivit avec énergie les lollards : cent vingt de ces hérétiques furent condamnés à diverses peines et durent abjurer; l'un d'eux même fut brûlé en septembre 1428. Transféré au siège plus important de Lincoln (1436), il n'y déploya pas un moindre zèle contre le lollardisme. Mais, dans l'administration de son diocèse, il trouva en face de lui un homme à tempérament violent et despotique, avec qui il eut à compter. C'était John Mackworth, doyen du chapitre, qui depuis longtemps était en lutte avec une partie de ses collègues, auxquels il voulait imposer sa volonté omnipotente. Ses partisans venaient en armes dans la salle capitulaire; un jour même, ils firent irruption dans la cathédrale, durant l'office, et y blessèrent le chancelier Pierre Partridge. Les deux partis s'en remirent à l'arbitrage d'Alnwick; celui-ci, après un an de sérieuse enquête, prononça une sentence de quarante-deux articles qui mit fin à toute discorde. L'évêque, encouragé par ce premier succès, voulut même renouveler les statuts du chapitre, et il rédigea à cet effet le *Novum registrum* (1440). Mais Mackworth s'opposa à ce qu'il appelait une innovation. Commissions d'enquête et inhibitions se succédèrent les unes aux autres, durant plusieurs années, jusqu'à ce que la mort d'Alnwick laissât maître de la situation l'entêté doyen.

L'évêque avait aidé Henri VI à fonder Eton's College et King's College, à Cambridge; en 1440, il nomma des commissaires pour convertir l'église paroissiale d'Eton en église collégiale administrée par un recteur; la charte de fondation est du 11 octobre 1440. L'université de Cambridge lui doit aussi une partie de ses bâtiments. *Pretiosarum domuum aedificator*, comme dit son épitaphe, il commença la façade de la cathédrale de Norwich et en acheva les cloîtres; à Lincoln, il agrandit le palais épiscopal de superbes constructions, aujourd'hui disparues. Alnwick mourut à Londres, le 5 décembre 1449, mais fut enterré dans son église cathédrale. *Patent Rolls*, Henry VI (1446-1452), p. 323.

Official correspondence of Thomas Bekynton, secretary to Henry VI, édit. G. Williams des *Rolls series*, 1872, t. I, p. 231; t. II, p. 279, 287-290. — Thomas Gascoigne (1404-1458), *Loci e Libro Veritatum*, édit. Rogers, 1881, p. 29, 153. — Fr. Godwin, *De præsulibus Angliæ commentarius*, 1616, p. 358. — William Dugdale, *Monasticon Anglicanum* (1655-1673), édit. 1821, t. III, p. 326. — Rymer, *Federa*, édit. 1739-1745, t. IV, part. 4, p. 49, 93; t. V, part. 1, p. 31. — John Le Neve, *Fasti Ecclesiæ Anglicanæ or a calendar of the principal ecclesiastical dignitaries of England and Wales to 1715 (1716)*, édit. Hardy, 1854, t. II, p. 18, 467. — William Stubbs, *Registrum sacrum Anglicanum, an attempt to exhibit the course of episcopal succession in England* (1858), édit. 1897, p. 67. — J. Stevenson, *Wars of the English in France, during the reign of Henry VI*, 1861-1834, t. II, p. 431. — W. H. Jones, *Fasti Ecclesiæ Sarisberiensis, or a calendar of the bishops, deans, etc., of the cathedral body at Salisbury*, 1879, p. 161. — *Calendar of entries in the papal registers relating to Great Britain and Ireland*, t. VII, p. 17, 205, 323, 476, 517; t. VIII, p. 261, 266, 582, 612. — *Calendar of the Patent Rolls, preserved in the public Record Office*, Henry VI (1422-1429), p. 114, 567; Henry VI (1429-1436), p. 33, 625; Henry VI (1436-1441), p. 16, 590; Henry VI (1441-1446), p. 18, 474; Henry VI (1446-1452), p. 2,591. — Goulburn, *Sculptures of Norwich cathedral*, p. 462-466. — Robert Willis, *Cathedrals*, t. III, p. 56. — *Quarterly review*, 1871, t. CXXX, p. 225 sq. — Ch. de Beaurepaire, *Notes sur les juges et assesseurs du procès de condamnation de Jeanne d'Arc*, dans les *Précis des travaux académiques de Rouen*, 1889-1890, p. 493.

G. CONSTANT.

1. ALODE (Saint), évêque d'Auxerre. Il succéda sur le siège épiscopal d'Auxerre, après une vacance de quelques années, à l'illustre saint Germain, mort en 448. On ignore tout de son passé, car il ne semble pas qu'on doive le confondre avec Aloge, qui fut abbé du monastère des Saints-Cosme-et-Damien, du vivant de saint Germain. Alode administra le diocèse d'Auxerre durant vingt années environ; ce fut sous son épiscopat, notent ses biographes, que saint Marien vint, du pays de Bourges, se faire religieux à l'abbaye de Saint-Cosme.

Après sa mort, dont la date est très incertaine, on l'inhuma dans l'église Saint-Maurice, qu'on appelait déjà Saint-Germain. En 865, son corps fut déposé dans les cryptes de la basilique. Une première reconnaissance de ses reliques fut faite, en 1636, par Mgr Seguier, évêque d'Auxerre, et une deuxième eut lieu, en 1857, sous l'épiscopat de Mgr Mellon-Joly, archevêque de Sens.

Acta sanctorum, 1760, sept. t. VII, p. 649-651. — Lebeuf, *Mém. concernant l'hist. d'Auxerre*, 1743, t. I, p. 104. — Blondel, *Vie des saints du diocèse de Sens et Auxerre*, Sens, 1885, p. 42.

C. COUILLAULT.

2. ALODE, évêque de Toul. Voir ALBAUD 1, t. I, col. 1386.

ALODIA (Sainte). Voir NUNILO (Sainte).

ALOGES (Ἄλογοι : á Λόγος). Nom donné par saint Épiphane à une secte dont, selon lui, les membres rejettent le Verbe prêché par saint Jean. *Panarion*, haer. LI, 3, *P. G.*, t. XLI, col. 892. Toutefois ce n'est pas par là qu'il les caractérise principalement, mais par leur position à l'égard du quatrième Évangile et de l'Apocalypse. Les aloges ne veulent pas que ces ouvrages soient de saint Jean. Épiphane, réponse aux moines Acace et Paul, *P. G.*, t. XLI, col. 161; *Panarion*, *loc. cit.* Leurs arguments sont tirés de l'examen du texte (en voir le détail dans le Panarion, et aussi *Dictionnaire de théologie catholique*, t. I, col. 898-899). Ils attribuent, sans dire pourquoi, le quatrième Évangile et l'Apocalypse à l'adversaire même de saint Jean, à Cérinthe, opinion étrange qui provoque un jeu de mots de saint Épiphane sur leur nom (ἄλογος, insensé). La difficulté, c'est de les identifier.

Philastre mentionne brièvement des hérétiques qui, eux non plus, ne reçoivent ni le quatrième Évangile ni l'Apocalypse. Haer. LX, *P. L.*, t. XLI, col. 1174. Ils regardent l'Apocalypse comme l'œuvre de Cérinthe. En pensent-ils autant du quatrième Évangile? Le texte ne permet pas de se prononcer là-dessus. En tout cas, il demeure extrêmement probable qu'ils ne font qu'un avec les aloges de saint Épiphane.

Philastre a pu connaître le *Panarion*. Mais on préfère admettre qu'Épiphane et lui ont tous deux puisé à une même source, qui serait le premier traité d'Hippolyte contre les hérésies. Un autre ouvrage où Hippolyte s'adresse peut-être aux aloges, et dont il ne reste, comme du précédent, que le titre, c'est la Défense de l'Évangile et de l'Apocalypse de saint Jean.

On s'accorde à voir les aloges dans ce passage de saint Irénée : *alii illam speciem non admittunt, quae est secundum Joannis Evangelium, in qua Paracletum se missurum Dominus promisit, sed simul et Evangelium et propheticum repellunt Spiritum*. Adv. haer., III, XI, 9, *P. G.*, t. VII, col. 890. Du passage de saint Irénée, il y a lieu de rapprocher les dernières lignes que saint Épiphane consacre aux alog s. *Panarion*, haer. LI, 35, *P. G.*, t. XLI, col. 953. La ressemblance autorise à conclure qu'Épiphane dépend aussi d'Irénée, soit directement, soit par l'intermédiaire d'Hippolyte.

Les aloges seraient nés en Asie Mineure, entre 170 et 180, d'une réaction antimontaniste. Duchesne, *Histoire ancienne de l'Église*, t. I, p. 274; Harnack, *Dogmengeschichte*, t. I, p. 616-621. De fait, Épiphane nous les montre à Thyatire, côte à côte avec les montanistes et exerçant un zèle couronné de succès. *Panarion*, haer. L, 33, *P. G., loc. cit.*, col. 948.

Y a-t-il eu des aloges romains? Théodote de Byzance, venu à Rome à la fin du IIe siècle, est appelé par saint Épiphane un lambeau (ἀπόσπασμα) de l'hérésie aloge. *Panarion*, haer. LIV, 1, *loc. cit.*, col. 961. Mais ici, cette expression se rapporte plutôt à un point de contact fortuit qu'à une dépendance réelle. Des attaches beaucoup plus sérieuses avec les aloges se révèlent chez

Caïus, dans son dialogue contre Proclus, dont Eusèbe nous a conservé des fragments.

Les citations faites par Denys Bar Salibi des *Capita adversus Caium* de saint Hippolyte et publiées en 1888 par M. J. Gwynn, complètent un peu nos renseignements. Caïus exclut du canon des Livres saints l'Apocalypse pour des raisons analogues à celles des aloges de saint Épiphane. Pour lui, comme pour eux, l'Apocalypse est de Cérinthe.

Enfin, il convient de signaler une connexion entre la question des aloges et le problème johannique. Si les aloges retirent le quatrième Évangile à saint Jean, du moins ne le donnent-ils pas qu'à un contemporain de l'apôtre : « ils avouent ainsi d'une manière implicite ce que déclarent hautement saint Irénée et les autres témoins de la tradition chrétienne, à savoir que le quatrième Évangile était aux mains de l'Église dès la fin de l'âge apostolique et les premières années du second siècle. » Loisy, *Histoire du canon du Nouveau Testament*, p. 137.

Outre les ouvrages cités dans l'article, M. Merkel, *Historisch-Kritische Aufklärung der Streitigkeit der Aloger über die Apokalypsis*, Francfort et Leipzig, 1782. — F. A. Heinichen, *De alogis, theodotianis, aique artemonitis*, Leipzig, 1829. — Rose, *Aloges asiates et romains*, dans *Revue biblique*, 1897, t. VI, p. 516-534. — Ladeuze, *Caïus de Rome, le seul aloge connu*, dans *Mélanges Godefroid Kurth*, t. II, p. 49-60. — Cf. A. d'Alès, dans *Études religieuses*, 1909, t. CXX, p. 396-399. — Corssen, *Monarchianische Prologe zu den vier Evangelien*, Leipzig, 1896. — D'Alès, *Théologie de saint Hippolyte*, Paris, 1906, p. 104-106. — Tixeront, *Histoire des dogmes*, Paris, 1906, t. I, p. 216.

A. Lehaut.

ALOIR (Saint), *Allorus*, évêque de Quimper, successeur de saint Goennoc, lui-même successeur de saint Corentin. Il est actuellement honoré le 26 octobre au diocèse de Quimper, sans qu'on donne de détails précis sur son épiscopat, ni qu'on s'accorde sur la date de cet épiscopat.

Gallia christiana, 1856, t. XIV, col. 873. — *Acta sanctor.*, 1864, oct. t. XI, p. 883-884. — L. Duchesne, *Fastes épiscopaux de l'ancienne Gaule*, Paris, 1900, t. II, p. 370, note 6.

U. Rouziès.

ALOIS (Pietro), jésuite italien et exégète, naquit à Naples d'une famille originaire de Caserte, et fut admis dans la Compagnie le 26 septembre 1600, à l'âge de quinze ans. Après avoir enseigné dix ans la philosophie, il expliqua l'Écriture sainte, pendant dix-huit ans, à Naples et publia trois volumes de *Commentarii in evangelia quadragesimae*, in-fol., Paris, 1658. Esprit aimable et enjoué, il cultiva également la poésie latine : *Epigrammatum centuriae sex*, in-8°, Naples, 1646, dont une première édition parut à Lyon, in-12, 1635. Il fut recteur du collège de Lecce et mourut à Naples le 2 juillet 1667. Dupin, *Table universelle des auteurs ecclésiastiques*, Paris, 1704, t. III, col. 189, lui attribue encore : *Discipline morale pour bien vivre*, Naples ; cet ouvrage n'est mentionné par aucun autre bibliographe.

Sotwel, *Bibliotheca scriptorum S. J.*, Rome, 1676, p. 656-657. — N. Toppi, *Bibliotheca napoletana*, Naples, 1778, p. 144. — Sommervogel, *Bibliothèque S. J.*, Bruxelles, 1890, t. I, col. 197-198.

E.-M. Rivière.

1. ALOISI ou **ALVISI** (Andrea). Né à Naples, vers 1493, il fut préconisé évêque de Montemarano, le 19 (et non le 18, comme le portent Ughelli, Cappelletti et Gams) octobre 1520, non pas à l'âge de trente-huit ans, comme l'affirme Eubel-van Gulik, mais *in XXVIII suc etatis consistuti cum opportuna dispensatione etatis*, lit-on dans les Actes consistoriaux, *Acta Cam.*, t. I, fol. 145, et les derniers mots montrent qu'on ne peut soupçonner une erreur de chiffres de la part du rédacteur de ce manuscrit. Il mourut vers 1528.

Ughelli-Coletti, *Italia sacra*, Venise, 1721, t. VII, col. 342. — Ant. Sena, *Montemarano ossia studi archeologici sopra l'oppido irpino*, Naples, 1866, p. 158. — Cappelletti, *Le Chiese d'Italia*, Venise, 1866, t. XX, p. 410. — Gams, *Series episcoporum*, p. 900. — Eubel, *Hierarchia catholica medii aevi*, Munster, 1910, t. III, p. 266.

J. Fraikin.

2. ALOISI (Jacopo Battista), religieux augustin, XVe siècle. Il fut *regens studiorum* dans le couvent de Saint-Étienne de Venise, et eut des relations d'amitié avec plusieurs humanistes, entre autres, avec Coccio Sabellico, et Pomponio Leto, qui en parlent dans leurs écrits. Il publia plusieurs ouvrages de Gilles de Rome et de Paul de Venise, et laissa inédits : *Tractatus de esse et essentia, de mensura et cognitione angelorum* ; *De divi Aurelii Augustini rebus praeclaris commentarii*.

Sabellico, *Rhapsodiae historiarum ab orbe condito, Enneadis*, I. VII, IX, *Opera*, Bâle, 1560, t. II, col. 411. — Herrera, *Alphabetum augustinianum*, Madrid, 1644, t. I, p. 474. — Elssius, *Encomiasticon augustinianum*, p. 325. — Torelli, *Secoli agostiniani*, Bologne, 1682, t. VII, p. 509. — Mazzuchelli, *Gli scrittori d'Italia*, t. I, 1re partie, Brescia, 1753, p. 515. — Ossinger, *Bibliotheca augustiniana*, p. 24-25. — Ginanni, *Memorie storico-critiche degli scrittori ravennati*, Faenza, 1769, t. I, p. 27-29.

A. Palmieri.

3. ALOISI (Salvatore). Né à Naples, il fut successivement vicaire général des évêques de Catanzaro et de Sora, vicaire apostolique de l'archevêché de Santa Severina et enfin évêque de Termoli, le 15 mai (d'après les *schede* de Garampi ; le 23 mars, dit Gams, *Series episcoporum*, p. 933) 1719. Il mourut, sans doute, vers 1729, car Giuseppe Antonio Silvestri, son successeur, *per obitum Salvatoris*, fut préconisé le 28 novembre de cette année.

Cappelletti, *Le Chiese d'Italia*, Venise, 1870, t. XXI, p. 356.

J. Fraikin.

4. ALOISI (Timocrate), né à Apicolo, diocèse de Cagli, fut, pendant quarante ans, représentant à Rome du duché d'Urbin. Il fut nommé évêque de Cagli le 14 mai 1607 et mourut le 17 février 1610.

Eubel, *Hierarchia catholica*, t. III, p. 162. — Ughelli-Coletti, *Italia sacra*, Venise, 1717, t. II, col. 825. — Cappelletti, *Le Chiese d'Italia*, Venise, 1845, t. III, p. 251.

U. Rouziès.

5. ALOISI-MASELLA (Gaetano), cardinal, né à Pontecorvo, dans le royaume de Naples, de noble famille napolitaine, fit ses études chez les barnabites de la capitale de ce royaume, puis au séminaire romain, où il prit ses grades de philosophie et théologie, entra dans les ordres et reçut la prêtrise le 3 juin 1849. Il se consacra à la carrière diplomatique, et débuta en qualité de secrétaire de la nonciature de Naples, passa ensuite comme auditeur à celle de Munich (1858), puis à Paris en 1862. Il rentra à Rome, consulteur pour les affaires diplomatiques (1869). Deux ans après, il accompagnait Mgr Alessandro Franchi, délégué à Constantinople, et nous le retrouvons de nouveau à Rome, en 1874, secrétaire de la Propagande pour les affaires orientales. Il avait dès lors inspiré assez de confiance au vénérable Pie IX, pour qu'il le comprît dans le mouvement diplomatique provoqué par la mort du cardinal Antonelli, en lui confiant la nonciature de Munich, dans les circonstances particulièrement délicates où la persécution religieuse des *lois de mai* (*Maigesetze, Kulturkampf*) battait son plein en Prusse et menaçait de déborder sur les autres États allemands. Il fut préconisé archevêque *in partibus* de Néocésarée, au consistoire du 25 juin 1877 (le journal *L'univers*, n. du 29), et rejoignit immédiatement son poste. Il n'eut d'ailleurs qu'à poursuivre la tactique de son prédécesseur, Mgr Angelo Bianchi, qui, avec toute la prudence désirable, avait soutenu et encouragé l'épiscopat allemand et le clergé dans leur résistance, tout en alimentant la bonne volonté assez précaire du roi Louis II et de ses ministres.

Cependant l'avènement de Léon XIII ayant provoqué un changement de direction dans la politique du Saint-Siège et une détente dans les rapports entre les deux pouvoirs, Mgr Masella, qui s'était déjà signalé par son esprit de conciliation, reçut, au mois de mars 1878, des avances officieuses par l'intermédiaire du comte de Hornstein, grand-écuyer du roi de Bavière. La conversation se prolongea, mais ni Rome ni Berlin ne semblaient vouloir céder sur l'acceptation ou la suppression des lois de mai. Le nonce fut, en juillet, invité d'une manière indirecte aux noces d'argent du roi de Saxe, et reçu avec des démonstrations de vive sympathie par les nobles hôtes du souverain. Bismarck lui fit même proposer de pousser jusqu'à Berlin; enfin le 16, Hornstein lui confia que le chancelier de fer désirait qu'il le visitât en sa résidence-campagne de Kissingen. Masella y parvint le 29, avec l'autorisation de son gouvernement, mais aussi la demande de l'abrogation des *Maigesetze*. Bismarck proposait simplement un armistice qui fournit le temps et les moyens d'assurer un arrangement pratique ou *modus vivendi*; il ajoutait en riant qu'il ferait au besoin un *petit Canossa*. A ce moment, la mort du cardinal Franchi, secrétaire d'État, vint périmer les pouvoirs extraordinaires de Masella, et il reçut de Nina, le nouveau ministre de Léon XIII, l'ordre de rentrer à Munich.

Il avait cependant gagné les bonnes grâces du chancelier, et il espérait mener à bien l'œuvre importante de l'accommodement entre la curie et l'empire d'Allemagne, lorsque, le 1er août 1879, au moment où le pape confiait cette mission au nonce de Vienne Jacobini, il transféra l'archevêque de Néocésarée à Lisbonne. Dans ce pays tourmenté, celui-ci se trouva dérouté par les revirements politiques incessants et brusques, qui faisaient passer le pouvoir tour à tour aux conservateurs et aux libéraux. Un remaniement des circonscriptions diocésaines avait été convenu avec Rome, et la bulle du 30 septembre 1881 en confiait l'exécution au cardinal Ferreira, évêque de Porto (voir ci-dessus, col. 419), mais le gouvernement présenta aux nouveaux sièges cinq candidats que Rome ne pouvait admettre. *The annual register*, Londres, 1883, p. 277; *L'univers*, 7 décembre, rapportant une note officieuse du *Moniteur de Rome*. Le nonce semble avoir pris parti pour l'archevêque de Braga, qui protestait contre les modifications faites à son détriment, et le 11 novembre il lança une note au sujet des choix épiscopaux. La presse portugaise l'attaqua vivement comme *inféodé aux jésuites*, et réclama son renvoi. Cependant Rome acceptait la démission de l'archevêque, et Masella se trouvait dans la situation critique d'un agent à demi désavoué : il fut autorisé à prendre un congé, puis, dans le courant de l'année suivante, remplacé par Mgr Vincenzo Vannutelli.

C'était presque une disgrâce, et en effet, pendant plusieurs années, Mgr Masella vécut en simple chanoine-évêque de Saint-Jean de Latran. Puis, le 14 mars 1887, il reçut la pourpre avec le titre presbytéral de Saint-Thomas *in Parione*, qu'il échangea, le 19 janvier 1893, contre celui de Sainte-Praxède. Il entra comme consulteur dans les congrégations de la Visite, du Concile, de la Propagande, de l'Inquisition, de l'Index, des Indulgences, fut protecteur de l'église nationale allemande de l'*Anima* à Rome, des sœurs italiennes de la Charité, du tiers-ordre de Saint-Dominique en Portugal, et fut nommé préfet de la congrégation des Rites dans la dernière moitié de l'année 1889. Il fut ainsi appelé à préparer la canonisation des bienheureux Pierre Fourier et Antoine-Marie Zacaria,

qui eut lieu en mai 1897, puis celle de saint Jean-Baptiste de la Salle, fondateur des frères de la Doctrine chrétienne, en mai 1900. Ce fut aussi lui qui promulgua le décret introduisant la cause de Jeanne d'Arc, le 27 janvier 1894. Enfin, en janvier ou février 1897, il fut encore appelé à remplacer le cardinal défunt Angelo Bianchi comme pro-dataire de Sa Sainteté, et il remplit cette fonction avec zèle et conscience jusqu'à refuser plusieurs fois des évêchés suburbicaires, pour consacrer tous ses soins à remplir la charge qu'il occupait. Il y apporta des réformes importantes, surtout pour une conclusion plus prompte des affaires, et réalisa aussi des économies appréciables.

Il est mort le 22 novembre 1902, subitement, d'une maladie de cœur, dans sa soixante-dix-septième année, et a voulu être enseveli à Pontecorvo, son pays natal.

A. Battandier, *Annuaire ecclésiastique pontifical*, 1903, p. 569, notice biographique avec portrait; 1902, p. 143. — *Civiltà cattolica*, 1902, t. IV, p. 610-612. — *Le canoniste contemporain*, 1889-1902, passim. — H. Schulthess, *Europäischer Geschichtskalender*, Nordlingen, années 1876-1882. — Lefebvre de Béhaine, *Léon XIII et le prince de Bismarck*, Paris, 1898, p. 65-104, passim. — G. Goyau, *Bismarck et l'Église, Le Culturkampf*, Paris, 1911, t. II, p. 293.

P. RICHARD.

ALON (en latin *Alo*; ce nom n'est donc pas, comme certains l'avaient cru, une abréviation d'Alonso), successeur de Pelayo à l'évêché d'Astorga, de 1122 à 1131.

Au commencement de cet épiscopat, Astorga était encore suffragante de Braga, mais elle commençait à regarder vers Saint-Jacques de Compostelle, dont l'archevêque, sans être encore son métropolitain, quoique dès 1120 l'évêque Diego Gelmirez eût le titre d'archevêque, devint vicaire pontifical sous Calixte II. C'est en vertu de ces pouvoirs de vicaire pontifical qu'il convoqua à Saint-Jacques une assemblée des prélats des provinces de Mérida et de Braga (Saint-Jacques remplaçant désormais Mérida, comme métropole de la Lusitanie); Alon fut présent à cette assemblée (carême de 1124) et à une autre analogue, le second dimanche après Pâques (20 avril 1124). Le 4 février 1130, Alon assistait au concile de San Zoïl de Carrion, où furent déposés trois évêques. Lui-même, en 1124, restaurant le monastère de San Pedro de Zamudia, en avait chassé un intrus.

L'Église d'Astorga prospéra sous son épiscopat; le 23 mars 1131, elle reçut d'Alphonse VII et de sa femme, doña Berenguela, le territoire de el Villar, avec ses dépendances.

Un ancien évêque de Valence s'était intronisé évêque à Zamora et revendiquait, en outre, l'église de Toro. Alon réclama; et le légat pontifical Deusdedit, tout en laissant provisoirement l'évêché de Zamora au nouveau prélat, décida qu'à la mort ou au transfert de celui-ci, Zamora et Toro feraient retour à l'évêché d'Astorga.

En réalité, l'importance croissante de Zamora devait y faire maintenir un évêché.

Florez, *España sagrada*, t. XVI, p. 198 sq. — Gams, *Series episcop.*, p. 7.

M. LEGENDRE.

ALONIUS. Abbé en Égypte, dont il est plusieurs fois question dans les *Verba seniorum* et les *Apophtegmata Patrum*. Il paraît avoir vécu sur les limites des IVe et Ve siècles et les synaxaires signalent sa mort au 4 juin ; mais il ne s'ensuit pas qu'il ait jamais joui d'aucun culte réel.

Acta sanctorum, jun. t. I, p. 389-390.

H. QUENTIN.

1. ALONSO (AMBROSIO), cistercien, né à Beade, province de Tuy en Espagne, moine de Carracedo et docteur en théologie. Il fut abbé du collège d'Alcalá, deux fois de celui de Meyra et élu abbé de San Martin : il devint deux fois secrétaire général et définiteur et enfin il fut réformateur général de la congrégation de Castille. Il mérita par son érudition et ses talents d'être nommé chroniqueur général de l'ordre. Il entretint un commerce épistolaire étendu avec des savants d'Espagne et des pays étrangers. Ces lettres étaient conservées au monastère de Carracedo. Elles avaient trait principalement à des discussions sur divers points d'histoire. Le temps que lui prit cette occupation l'empêcha de mettre la dernière main à plusieurs œuvres importantes. Il publia néanmoins, sous le pseudonyme de don Juan Gregorio Araujo presbitero, *Viage del mundo de Descartes, que escribió y publicó en frances el P. Gabriel Daniel de la Compañia de Jesus*, Salamanque, 1742. Ses autres ouvrages sont inédits : on conservait les deux premiers à la bibliothèque de Carracedo : *Cuenta y razon de las constituciones de los jesuitas dada por Mr. Pedro Julio Dudon, abogado del rey, al parlamento de Burdeos, en los dias 13 y 14 de mayo de 1762, con el decreto que en su consideracion dio el mismo parlamento juntas todas sus Cámaras dia 26 del mismo mes, traducido en nuestra idioma*. Dans son ouvrage intitulé *Doctrina de Caramuel inextinguible*, Alonso se proposait de venger la doctrine de Caramuel des censures de Joseph Rodriguez de Arellano, archevêque de Burgos, et du P. Más, dominicain. Il composa enfin un *Catalogo de los abades de Carracedo desde su primer abad Zacarias*, qui était plutôt une chronique assez développée intéressant l'histoire générale de l'Espagne ; *Vida de la santa reyna, llamada doña Teresa Gil, y de san Gil de Casoyo*. Des nombreuses notes qu'il avait laissées dans ses papiers, sous le titre de *Apuntos sobre todos los monasterios de monges y monjas de la orden, catedrales*, etc., on a conclu qu'il se proposait d'annoter ou de continuer les Annales cisterciennes. D. Alonso mourut le 9 avril 1775, âgé de soixante-neuf ans, la cinquante-cinquième année de sa vie monastique : il fut enterré dans le presbytère de l'église de l'abbaye de Palazuelos.

Muñiz, *Biblioteca cisterciense española*, Burgos, 1793, p. 13 sq.

R. TRILHE.

2. ALONSO (FELICIANO), dominicain et vicaire apostolique du Tonkin, naquit à Soto de Valdean ou de Valdio, dans la province et diocèse de Léon. Il prit l'habit au couvent de Saint-Paul de Valladolid. A l'âge de vingt-sept ans et n'ayant que cinq ans de profession religieuse, il demanda à faire partie de la province des Philippines. Le 5 août 1761, il fut choisi pour la mission du Tonkin, mais il ne put arriver à Macao que le 12 septembre de l'année suivante. Il demeura dans cette ville jusqu'au mois d'avril 1765, en qualité de procureur des missions dominicaines de la Chine et du Tonkin. En 1766, il partit enfin pour le royaume, où, pendant plusieurs années, il fut vicaire provincial à Trung-linh. Il fut enfin nommé vicaire apostolique du Tonkin oriental et évêque de Far-Maroc, par deux brefs, l'un du 1er octobre 1790, l'autre du 8 novembre 1792. Il fut consacré le 10 mars 1793. Il mourut à Doung-hang, le 2 février 1799, âgé seulement de soixante-six ans.

Compendio de la Reseña biografica de los religiosos de la provincia del Santisimo Rosario, Manille, 1895, p. 447-448. — Julian Velinchon, *Relacion nominal*, Manille, 1857, p. 53.

R. COULON.

3. ALONSO (FRANCISCO), jésuite espagnol, auteur des premiers manuels philosophiques qui aient été mis, à Alcalá, aux mains des élèves : jusqu'alors ceux-ci écrivaient les cours sous la dictée des professeurs. Les leçons d'Alonso étaient claires, méthodiques, pondérées ; elles furent jugées aptes à servir de texte classique : il reçut ordre de ses supérieurs de les livrer à l'impression. Il publia, dès 1638, le *De summulis*, qui fut souvent réédité ; les bibliographes n'en mentionnent que deux éditions de la même année 1641, in-8° et in-4°, Alcalá et Madrid. Les diverses parties de la philosophie parurent successivement : *Disputationes in universam Aristotelis logicam*, in-4°, Alcalá, 1639, 1648, 1659. — *Institutionum dialecticarum libri quinque*, in-8°, Alcalá, 1639, 1642, 1670, 1679 ; Madrid, 1663, 1670. — *Disputationes in octo libros Physicorum Aristotelis*, in-4°, Alcalá, 1640, 1665. — *Disputationes in tres libros Aristotelis De anima*, in-4°, Alcalá, 1640. — *Disputationes in duos libros Aristotelis De generatione et corruptione, in quatuor libros De meteoris, et in tres libros De caelo*, in-4°, Alcalá, 1641. Ces manuels d'Alonso furent remplacés, vers 1670, par ceux du P. Ignacio Francisco Peinado ; mais son *De summulis* n'était pas encore détrôné dans le premier quart du XVIIIe siècle, à l'époque où écrivait Cassani. Dans les classes de théologie, on en était encore au système de la dictée. Né en 1600, à Malpartida, près de Plasencia, et entré, le 15 mars 1617, au noviciat de Villarejo de Fuentes, Alonso mourut à Alcalá, le 19 septembre 1649 ; il y avait enseigné la philosophie et la théologie.

Sotwel, *Biblioth. scriptorum S. J.*, Rome, 1676, p. 210. — Cassani, *Glorias del segundo siglo de la Compañia de Jesus*, Madrid, 1734, t. II, p. 185-202. — Sommervogel, *Bibliothèque S. J.*, Bruxelles, 1890, t. I, col. 207-208.

E.-M. RIVIÈRE.

4. ALONSO (JULIAN), évêque espagnol, né en 1773, à la Mota de Toro, province de Zamora ; il prit l'habit des chanoines prémontrés, fut reçu docteur à Salamanque, où il professa la philosophie et la théologie, et devint successivement maître, définiteur et général de son ordre. Il fut sacré évêque de Lérida en 1833. Peu après, éclatait la guerre carliste, qui eut, pour un de ses principaux théâtres, le diocèse de Lérida. L'évêque s'efforça de garder une neutralité pacificatrice. Mais les excès des libéraux le forcèrent à sortir de sa ville épiscopale en 1837 et à chercher un refuge, d'abord chez les carlistes, ensuite en France. En raison de cette fuite, un procès s'instruisit contre lui, qui se termina le 7 octobre 1840, le condamnant par contumace à l'exil, à la perte de ses titres et à la confiscation de ses biens. Il mourut à Nice, en 1844.

Sainz de Baranda, *España sagrada continuada*, Madrid, 1850, t. XLVII, p. 147-149. — Duro, *Coleccion bibliográfico biográfica ...de Zamora*, Madrid, 1891, p. 81-82.

P. SICART.

5. ALONSO DE LOS RIOS (BERNARDO), trinitaire, né à Grenade. Il fut prieur des couvents de Baeza, Ubera et Cordoue, provincial de l'Andalousie et visiteur apostolique de la même province de son ordre. Nommé évêque de Santiago de Cuba, il prit possession de son siège au mois de juin de l'an 1671. L'année suivante, il fut transféré au siège de Ciudad-Rodrigo, et, le 6 février 1678, à l'archevêché de Grenade. Il s'y distingua par sa charité et son zèle durant la peste qui sévit dans sa ville archiépiscopale en 1679. Sa mort eut lieu le 5 novembre 1692.

Calvo, *Resumen de las prerogativas del orden de la Sma Trinidad*, Pampelune, 1791, p. 531. — Antonin de l'Assomption, *Diccionario de escritores trinitarios de España y Portugal*, Rome, 1898, t. II, p. 298-300. — Alcedo, *Diccionario de las Indias*, Madrid, 1786, t. I, p. 701.

A. PALMIERI.

6. ALONSO. Voir ALPHONSE.

ALOPEX, Ἀλώπηξ. La Notice I de Parthey, qui date de 840 environ, termine la liste des évêchés suffragants de Synnades en Phrygie Salutaire par cette mention singulière : ὁ Ἀλώπηξ. La localité décorée de ce nom pittoresque est inconnue par ailleurs ; ce devait être un bourg quelconque n'ayant aucun droit à figurer dans un catalogue de sièges épiscopaux : on remarquera d'ailleurs que le nom est écrit au nominatif, non au génitif, comme il le serait sûrement s'il s'agissait d'un évêché.

S. PÉTRIDÈS.

ALOPUS ou **APOLLOPIUS**, martyr au 8 juillet. Voir ALETHIUS 1, col. 170.

1. ALOS (ANTONIO ESTEVAN DE), religieux augustin du couvent de Saragosse où il prononça ses vœux le 29 juin 1618. On ne connaît pas la date de sa mort. Il fut bon théologien et bon latiniste. Latassa cite de lui une brochure imprimée sans date : *Comprobación del derecho que en fuerza de constituciones, observancias, y aprobaciones del real monasterio de Nuestra Señora de Sixena de la sagrada orden de S. Juan de Jerusalem tienen de elegir prioras las señoras del Esquart*; plusieurs pièces latines.

Latassa, *Biblioteca nueva de los escritores aragoneses*, Pampelune, 1799, t. III, p. 125-126.

A. PALMIERI.

2. ALOS Y ORRACA (MARCO-ANTONIO), célèbre théologien, exégète et orateur de l'ordre des trinitaires. Il naquit à Valence, le 3 septembre 1597. Le 8 février 1614, il entra dans l'ordre des trinitaires et, ordonné prêtre, il se rendit célèbre par sa prédication, à Saragosse, Tarragone, Téruel, Daroca, Calatayud, etc. A ses travaux apostoliques et littéraires, il ajouta l'exemple des plus belles vertus religieuses. Sa mort eut lieu le 23 mars 1667. Voici la liste de ses écrits : *Tratados pios y preparatorios para morir bien y ayudar á bien morir, con algunas consideraciones tiernas y devotas á un enfermo de muerte natural*, Valence, 1637, 1660 ; *Selectae disputationes theologiae scholasticae de distinctione virtuali in divinis, de essentia et attributis Dei, et de visione beatifica*, Valence, 1642 ; *Arbol evangelico, engerto de treinta ramas de sermones de varias festividades*, Valence, 1646 ; *Marial con sermones de la Virgen del Remedio por la batalla y victoria naval de Lepanto, con una historia de los motivos de dicha batalla, siete sermones de titulos extraordinarios de la Virgen, uno de las honras del principe nuestro D. Baltasar, y otro de la Bula de la Santa Cruzada*, Valence, 1647 ; *Sermon de nuestros sagrados patriarcas S. Juan de Mata, y S. Félix de Valois, y vidas de los mismos*, Valence, 1655 ; *Expositio in Genesim cum sacris allegoriis, tropologiis, et anagogiis, cum tractatu appendice De immunitate a culpa originali B. M. Virginis et ejus patrocinio*, Valence, 1657, t. I ; t. II, inédit et conservé à la bibliothèque des trinitaires de Valence. Le premier volume contient aussi : *Scholia marginalia in tractatum De puritate conceptionis B. Virginis Mariae, quem metrice cecinit Fr. Robertus Gaguinus, ord. Ssmae Trin. generalis, contra Vincentium Bandello, alias de Castronovo*; *Sermon de la Concepción de la Virgen, sobre el breve y constitución pontificia de Alejandro VII*, Valence, 1663 ; *Tractatus de sacra et divina Scriptura et reconditis sensibus eius*, Valence, 1663 ; *Breve idea en la dispensada muerte, resurrección triunfante y gloriosa asunción á los cielos de la Virgen Santísima*, Valence, 1665.

Rodriguez, *Biblioteca Valentina*, Valence, 1747, p. 256, 318. — Ximeno, *Escritores del reyno de Valencia*, Valence, 1749, t. II, p. 46-47. — Antonio, *Bibliotheca Hispana nova*, Madrid, 1788, t. II, p. 82. — Calvo, *Resumen de las prerogativas del orden de la Sma Trinidad*, Pampelune, 1791, p. 300. — Antonin de l'Assomption, *Diccionario de escritores trinitarios de España y Portugal*, Rome, 1898, t. I, p. 15-19.

A. PALMIERI.

ALOUVRY (GUY-LOUIS-JEAN-MARIE), évêque de Pamiers. Né à Londres, le 5 mars 1799, d'une famille émigrée, originaire de Normandie ou de Bretagne. Il fit ses premières études sous la direction de l'abbé Caron, émigré lui aussi, qui le confia, en mourant, à l'abbé d'Astros. Ramené en France par celui-ci, il entra à la communauté des clercs de Saint-Sulpice, puis au séminaire (1819). Ordonné prêtre en 1823, ou 1824, il fut attaché au clergé de la Madeleine. M. Feutrier, son curé, ayant été élu à l'évêché de Beauvais (26 janvier 1825), l'abbé Alouvry l'y suivit comme secrétaire, et fut nommé par lui chanoine honoraire (1825), puis chanoine titulaire (1826). En 1828, Mgr Feutrier, devenu ministre des Affaires ecclésiastiques, le prit comme chef de son cabinet. A la mort de son protecteur (1830), M. Alouvry retourna à Beauvais. Il venait d'y être élu vicaire capitulaire. Louis-Philippe ayant nommé à cet évêché M. Guillon, aumônier de la reine et professeur à la Sorbonne, à qui l'on reprochait d'avoir donné les derniers sacrements à l'évêque constitutionnel Grégoire, malgré toutes les règles et toutes les défenses, l'abbé Alouvry approuva publiquement ce choix, en dépit de l'opposition de la majorité du clergé de Beauvais. La nomination de M. Guillon ne fut pas maintenue. Durant l'épiscopat de Mgr Lemercier et celui de Mgr Cottret, M. Alouvry, vicaire général honoraire et doyen du chapitre, se tint presque entièrement en dehors de l'administration. Il s'adonna à l'étude. Le 10 février 1846, une ordonnance de Louis-Philippe le nomma à l'évêché de Pamiers, vacant par la mort de Mgr Ortric. Il fut préconisé dans le consistoire du 16 avril, et sacré à Paris, le 31 mai de la même année. Il prit possession de son siège le 6 juin. En 1850, il assista au concile provincial de Toulouse. Soit difficulté d'adaptation au milieu où il avait à vivre, et défaut de sympathie réciproque entre le pasteur et le troupeau, soit à cause des attaches de son passé politique et de la fidélité de ses sentiments à l'égard du régime à qui il devait son élévation, bref, son épiscopat ne fut heureux, ni pour lui, ni pour son diocèse. L'administration impériale lui infligea mille tracasseries ; et la sienne propre ne rencontra que déboires et mécomptes. Découragé, il donna sa démission, en 1856, laissant, dans son diocèse, des partisans et des adversaires également passionnés. Il vécut à Paris, dans la retraite absolue, et y mourut le 28 décembre 1873. Outre vingt-sept mandements, lettres pastorales ou circulaires, on a de lui des *Tableaux synoptiques de chronologie et d'histoire universelle, civile et ecclésiastique depuis Jésus-Christ jusqu'en 1835*, et une traduction de la *Démonstration évangélique* de Huet, évêque d'Avranches.

Il était chevalier de la Légion d'honneur et portait pour armoiries : *d'argent à trois branches de gui entrelacées de sinople, au chef d'azur chargé d'une croix d'or rayonnante du même*, avec, pour devise : *Non deficit*.

Ami de la religion, t. CXXIX, p. 528. — Gams, *Series*, p. 595. — *Journal L'Ariégeois*. — *L'épiscopat français depuis le concordat jusqu'à la séparation*, Paris, 1907, p. 115-117, 444-445. — *Le monde*, 3 janvier 1874. — Trévns (de), *Notice nécrologique sur Mgr Alouvry, ancien évêque de Pamiers*, in-8°, Paris, 1874, p. 13.

J.-M. VIDAL.

ALPAÏDE, femme de Pépin d'Héristal, donna le jour à Charles-Martel, vers 688. Les biographes de saint Lambert, à partir d'Anselme (XIe siècle), accusent Alpaïde d'avoir été la concubine de Pépin et lui attribuent le meurtre de l'évêque de Maestricht, saint Lambert, qui n'aurait cessé de reprocher au prince ses désordres. Le martyre de saint Lambert, qui eut lieu vers 705, doit être attribué à la vengeance de l'administrateur du domaine royal, Dodon, dont la légende a fait le frère d'Alpaïde. Celle-ci, convertie par saint Hubert, aurait fondé l'église d'Orp-le-Grand et y aurait vécu en pénitence. Ces détails apparaissent pour la première fois dans l'Abréviateur de Gilles d'Orval et leur caractère légendaire n'a pas besoin d'être démontré.

Dewez, *Mémoire pour servir à l'histoire d'Alpaïde, mère de Charles Martel*, dans *Nouv. mémoires de l'Académie royale des sciences et belles-lettres de Bruxelles*, 1826, t. III, p. 315-340. — Tayssius, *Ad natales sanctorum Belgii ...auctarium*, Douai, 1626, p. 194-195. — Breysig, *Jahrbücher des fränkischen Reiches (714-741), Die Zeit Karl Martels*, Leipzig, 1869, p. 7, 116-118. — S. Balau, *Les sources de l'histoire de Liège au moyen âge*, Bruxelles, 1903, p. 42, 214, 254, 462.

U. Berlière.

ALPAIS (Bienheureuse), vierge, née, vers le milieu du XIIe siècle, au village de Cudot (diocèse de Sens), où elle vécut et mourut, le 3 novembre 1211. Elle était d'une famille de très humbles paysans. Son principal biographe, un religieux cistercien de l'abbaye voisine des Escharlis, qui fut au nombre de ses familiers, rapporte qu'après avoir aidé son père, durant plusieurs années, aux travaux des champs, elle fut atteinte d'une horrible maladie, dans laquelle les auteurs modernes, d'après la description qui en est faite, s'accordent à reconnaître la lèpre. Elle la supporta avec résignation, malgré les répugnances dont elle était l'objet et l'abandon même de ses proches, jusqu'au jour où la vierge Marie, lui étant apparue et ayant touché ses plaies, la guérit instantanément.

Alpais mena dès lors une vie étrange : incapable de se mouvoir, affranchie des lois physiologiques de la nutrition, à un point tel qu'à l'exception de la sainte eucharistie elle ne pouvait recevoir aucune nourriture ni boisson, et malgré cela jouissant d'une parfaite santé, elle excita au plus haut degré l'étonnement de ses contemporains.

L'archevêque de Sens, Guillaume de Champagne, légat du Saint-Siège et beau-frère du roi Louis VII, nomma une commission chargée de s'assurer de la réalité du jeûne absolu et perpétuel de la jeune fille; le rapport de la commission ayant été affirmatif, il fit bâtir, attenant à la logette d'Alpais, une église avec un prieuré de chanoines augustins réguliers. De son lit, par une fenêtre percée dans la muraille, la bienheureuse put dès lors voir célébrer chaque jour les saints mystères. La sainteté de sa vie, les miracles qu'elle opérait, les extases presque constantes dont elle était favorisée, sa connaissance profonde des choses de Dieu firent de ce prieuré un important centre de pèlerinage. De nombreux prélats, des abbés surtout de l'ordre de Cîteaux, auquel appartenait l'abbaye voisine des Escharlis, vinrent s'entretenir avec elle et se recommander à ses prières. Césaire d'Heisterbach notamment rapporte qu'Eustache, abbé d'Hermenrod, au diocèse de Trèves, ayant entendu parler de la bienheureuse, se rendit à Cudot pour la voir. *Biblioth. Patrum cist.*, t. II. *Caesarii monachi vallis S. Petri seu Heisterbach, ordinis cisterc., XII distinctiones miraculorum*, dist. VII, c. XX, dist. VIII, c. VII. La reine de France Adèle, épouse du roi Louis VII, la visita plusieurs fois et assura, en 1180, aux chanoines de Cudot, « pour l'amour d'Alpais, qui y mène une vie admirable et glorieuse, » une rente annuelle. L'original de la charte est conservé à la bibliothèque de Sens, fonds de l'abbaye de Saint-Jean; liasse : prieuré de Cudot. En 1184, Philippe-Auguste confirma à perpétuité ce don de sa mère.

Alpais mourut le 3 novembre 1211 et son corps fut déposé dans le chœur de la chapelle du prieuré. Dès l'instant de sa mort, la piété populaire vénéra sa mémoire comme celle d'une sainte et commença de lui rendre un culte. Ce culte *ab immemorabili tempore* a été reconnu et confirmé par décret de la S. Congrégation des Rites du 7 février 1874, ratifié par le souverain pontife Pie IX, le 26 du même mois. Les restes de la bienheureuse ont été retrouvés quatre ans plus tard, par M. Boiselle, curé de Cudot, dans le chœur de son église.

La fête de la bienheureuse Alpais est célébrée le 3 novembre, sous le rite double mineur (avec oraison et leçons propres), dans les diocèses de Sens et d'Orléans.

La *Vita venerabilis Aupaïes* de l'anonyme des Escharlis a été éditée, d'après le ms. *8930* de la bibliothèque royale de Bruxelles, par les bollandistes, dans les *Acta sanct.*, nov. t. II, p. 167-209, et d'après le ms. *84* de la bibliothèque de Chartres, par M. Blanchon, *Vie de la bienheureuse Alpais*, Marly-le-Roi, 1893. On trouvera dans cet ouvrage les divers textes, relatifs à la bienheureuse, des chroniqueurs du moyen âge. — Pour les pièces du procès de reconnaissance de culte, voir *Analecta iuris pont.*, déc. 1874 et mai 1875. — On consultera également : abbé Tridon, *La vie merveilleuse de sainte Alpais*, Avignon, 1886.

C. Couillault.

ALPERT (Saint), honoré, le 5 septembre, à Tortona (Italie) qui garde une partie de ses reliques. Le reste de son corps serait conservé à l'église paroissiale de Cecima, même diocèse, qui aurait été construite sur son tombeau. On ignore l'époque à laquelle a vécu saint Alpert. Ferrari en fait un religieux qui, accusé faussement auprès du pape, aurait changé de l'eau en vin pour montrer son innocence.

Acta sanctor., 1748, sept. t. II, p. 534-535.

U. Rouziès.

ALPES. Voir Aulps.

ALPHANE, ALPHANUS. Voir Alfano, col. 401.

ALPHANT, évêque d'Apt, au XIe siècle, trente-cinquième, suivant J. Terris, p. 31; vingt-cinquième, suivant le *Gallia christiana novissima*, t. I, col. 220, (variantes : *Alfand, Elphandus*, etc..., et *Eliphant*, qui se trouve surtout dans les pièces étrangères à Apt, cf. *Gall. christ. novissima*). Les auteurs ne s'accordent pas sur son origine : les uns, comme Charles de Venasque-Ferréol (*Genealogia gentis Grimaldae*, p. 67), le rattachent à la maison de Grimaldi, de la famille des princes de Monaco. Mais les preuves manquent, et cette filiation est de pure fantaisie, de l'avis des critiques même les moins sévères. Les rédacteurs du *Gallia christiana* le font descendre de la famille de Simiane, et Pithon-Curt, le comte Cais de Pierlos, l'auteur de la *Généalogie des Sabran-Pontevès*, et autres, le considèrent comme le fils de Guillaume, seigneur d'Apt et de Caseneuve, et d'Adelaïde de Reillane, par conséquent comme le petit-fils de cet Humbert, seigneur d'Apt, dès 993, tige des d'Agoult et des Simiane. Leurs arguments ne me semblent pas tout à fait convaincuants, mais on peut s'en tenir pour le moment à cette opinion, qui paraît la plus plausible, en attendant de nouveaux documents.

Les chroniques abondent en détails sur notre évêque, en grande partie plus ou moins authentiques, comme son élection en 1049, à vingt-cinq ans, la présence d'Odilon, abbé de Cluny, à cette cérémonie (cf. Boze, p. 107), sa mort en 1095 ou 1096 (cf. Remerville, p. 194-195), etc. Toutefois, il en est quelques-uns qui méritent plus d'attention et permettent de fixer des points intéressants de la vie d'Alphant. Une charte du chapitre d'Arles fait connaître sa présence à un acte de l'archevêque Raimbaud en faveur des Porcellet : *In praesentia episcoporum, quorum haec sunt nomina...* : *Elifantus Aptensis...* En 1053, il passe une transaction, avec Pons d'Apt (?), au sujet de la donation de terres, *in villa sancti Saturnini, in villa Agnano et in Antinianicos*, dans le même sens que l'avait fait son prédécesseur Nartholdus, l'aïeul de celui-ci, Pons Pulverel. Cf. *Chartularium Aptense*, n. 49, fol. 24. En 1054, il est présent à la dédicace de l'église de Maguelonne : *Adjuere... et Elephantus Aptensis.* Cf. *Gallia christ.*, t. VI, col. 739. Puis, touché de la pauvreté de son Église, il commence la doter : un acte de 1056 rappelle la donation qu'il lui fit d'une métairie au quartier des Tourettes, et plusieurs autres pièces non datées ou de date dou euse énumèrent ses largesses : don d'une condamine à Saint-Pons *ad Cardacias,* cf. *Chart. Aptense,* n. 38, fol. 19 v°; d'une maison et d'une terre ou territoire d'Apt, *ibid.*, n. 38, fol. 19 v°; de l'église Sainte-Marie *sublus castrum Iocastensium, ibid.*, n. 60, fol. 28 r°, etc. Il est lui-même témoin d'autres actes importants en faveur de son Église. Cf. *ibid.*, n. 48, fol. 23 v°; n. 55, fol. 26 v°. Enfin, il assiste à la donation solennelle, par Pons de Bot et son fils unique, Pierre, de tous les biens qui lui venaient de feu son père Geboin. Entre temps, sa présence nous est signalée un peu partout dans les actes des conciles et les grandes réunions ecclésiastiques de l'époque : en 1055 et 1057, il se trouve aux donations du comte de Provence en faveur de l'abbaye de Saint-Victor (cf. *Cartul. Saint-Victor,* n. 153, fol. 104); en 1056, il assiste au concile de Toulouse (cf. Labbe, *op. cit.,* t. IX, col. 1084, 1086; Hardouin, *op. cit*, t. VI, 1re part., col. 1043, 1046); on le remarque encore à la convention entre le comte de Barcelone et le vicomte de Carcassonne (cf. *Marca Hispanica,* col. 1337); enfin, des actes non suspects, malheureusement non datés, font connaître sa participation à la consécration de l'église de Saint-Saturnin (29 avril) et son assistance à la consécration par l'archevêque d'Arles de Saint-Césaire de Vernégues (5 mai). Tels sont les principaux actes de la vie d'Alphant jusqu'en 1076; à partir de cette date, nous perdons sa trace : le *Gallia christiana* le fait coadjuteur de l'évêque de Nîmes, à cause d'une similitude de noms, mais on ne peut guère se servir de tels arguments, et il est plus probable qu'il mourut sur son siège vers 1077; quelques auteurs vont jusqu'en 1080, d'autres le font mourir en 1095 ou 1096, mais sans plus de raisons. Quant au fameux acte de 1076, qui loue l'administration et le zèle d'Alphant, il paraît, du moins la partie qui a trait à cet évêque paraît avoir été rédigée après sa mort et, par conséquent, elle n'est pas de nature à fixer irrévocablement une date.

Boze, *Histoire de l'Église d'Apt,* Apt, 1820, p. 107-112. — *Cartulaire d'Apt,* Bibliothèque nationale, fonds latin, n. *17778,* sous le titre *Chartularium Aptense,* copié en 17(03); autre exemplaire à la bibliothèque de Carpentras, n. 555 (anc. *539*); l'exemplaire de la Bibl. nat. a été analysé par le vicomte O. de Poli, dans la *Revue historique de Provence,* n. 4-7, 1890. — *Gallia christiana,* t. I, col. 356. — *Gallia christiana novissima* (chanoine Albanès), 1899, t. I, col. 220-222. — Généalogie historique de la maison de Sabran Pontevès (extrait de l'*Armorial général de France,* Registre supplémentaire), Paris, 1897, p. 11-12. — Pithon-Curt, *Histoire de la noblesse du Comté-Venaissin d'Avignon...,* t. III, p. 285-286 — D(e) R(emerville) S(aint)-Q(uentin), *Histoire ecclésiastique de la ville et du diocèse d'Apt,* copie de la bibliothèque du musée Calvet d'Avignon, n.*17809,* p. 178-195. — Jules Terris, *Les évêques d'Apt, leurs blasons et leurs familles,* Avignon, 1877, p. 31-32.

J. Sautel.

1. ALPHÉE (Saint). Martyr de la persécution de Dioclétien, en 303. Il appartenait à une bonne famille d'Éleuthéropolis et remplissait, dans l'église de Césarée de Palestine, les fonctions de lecteur et d'exorciste. Après avoir subi divers supplices, il eut la tête tranchée, à Césarée, en même temps que Zachée, diacre de Gadara, le 17 novembre. Son nom figure à cette date dans le Martyrologe hiéronymien et dans les synaxaires.

Eusèbe, *De martyribus Palestinae,* c. I, P. G., t. XX, col. 1459-1464; recension plus longue dans Cureton, *History of the martyrs in Palestine,* Londres, 1861, p. 4-6, et Violet, *Die Palästinischen Martyrer des Eusebius von Casa-rea,* dans les *Texte und Untersuchungen* de O. von Gebhardt et A. Harnack, t. XIV, 4, Leipzig, 1896, p. 7-11. — De Rossi-Duchesne, *Martyrologium hieronymianum,* dans *Acta sanctor.,* nov. t. II, pars prior, p. 144. — H. Delehaye, *Synaxarium Ecclesiae Constantinopolitanae,* dans *Acta sanctor.,* nov. propyl., col. 236, 324, 967. — H. Achelis, *Die Martyrologien,* Berlin, 1900, p. 186. — P. Allard, *Histoire des persécutions.* t. IV (*La persécution de Dioclétien,* t. I), Paris, 1890, p. 232-233.

H. Quentin.

2. ALPHÉE, évêque d'Apamée en Syrie. Il assista au concile de Néocésarée, dans le Pont (Mansi, *Sacrorum conciliorum nova et amplissima collectio,* Florence, 1759, t. II, col. 548), tenu après 313 et avant 325 (Hefele-Leclercq, *Histoire des conciles,* Paris, 1907, t. I, p. 326 sq.), ainsi qu'au concile de Nicée en 325 (Mansi, *op. cit.,* col. 693), et, en 341, au concile d'Antioche dit *in encaeniis* ou *in dedicatione,* parce qu'il fut réuni à l'occasion de la dédicace de l'église d'or. Mansi, *op. cit.,* t. II, col. 1307. Par suite d'une erreur des traducteurs ou des copistes latins, Alphée est nommé Alypius dans plusieurs textes latins des actes de ces conciles. Dans les trois conciles, Alphée est dit évêque d'Apamée de Célésyrie. Il ne faudrait pas en conclure que cette ville fût différente d'Apamée de Syrie; car, dans la première moitié du IVe siècle, la province civile et ecclésiastique de Syria IIa, dont Apamée fut plus tard la métropole, n'existait pas encore.

Le Quien, *Oriens christianus,* Paris, 1740, t. II, col. 910 sq. — *Dictionary of christian biography,* t. I, p 87.

S. Vailhé.

1. ALPHIUS (Saint), l'un des patrons de la ville de Lentini, en Sicile, avec les saints Philadelphe et Cyrinus. Leurs Actes sont très longs, mais modernes et sans valeur. D'après Papebroch, il faudrait placer le martyre de ces saints en 251, sous Dèce, et ils auraient été originaires du sud de l'Italie. Fête le 10 mai.

Acta sanctor., maii t. II, p. 501-549.

H. Quentin.

2. ALPHIUS (Saint). Les synaxaires résument au 28 septembre les Actes d'un saint berger, nommé Marc, originaire des environs d'Antioche de Pisidie. Sous Dioclétien, Marc fut pris et traîné par diverses villes. En un endroit, on chercha des ouvriers en fer pour fabriquer des instruments de torture destinés au supplice du saint. Il se trouva que le fer fut absolument rebelle à tous les efforts de ces artisans, qui se convertirent et furent décapités avec saint Marc. Ils étaient frères et se nommaient Alphius, Alexandre et Zosime. Certains synaxaires disent qu'ils étaient d'un endroit nommé Calyte, ou Catalyte.

Acta sanctor., sept. t. VII, p. 561-563; nov. propyl., p. 86-88.

H. Quentin.

3. ALPHIUS MATTHIOLUS, carme sicilien, né à Alcamo (diocèse de Mazzara), entra dans le couvent de sa ville natale, puis devint maître en théologie, professeur de philosophie et de théologie dans les couvents de Trapani, de Palerme, de Naples et de Padoue, où il fut régent des études; il enseigna ensuite avec éclat à Rome, à la Sapience; c'était un des hommes les plus doctes de son temps. Élu successivement provincial des provinces siciliennes de Saint-Albert et de Saint-Ange, visiteur général des carmes de Sicile, de Naples et d'Espagne; enfin, nommé procureur général par le chapitre général de Crémo et en 1593, et *socius* du général en 1598. Il meurt à Rome, au couvent de la Transpontine, en 1620. Il avait écrit : 1° *Lectiones theologicae et philosophicae;* 2° *Conciones per sacrum Quadragesimae tempus;* 3° *Orationes variae;* 4° *Lucubrationes in metaphysicam.*

Roccus Pirrus et Antoninus Mongitor, *Sicilia sacra,* Palerme, 1733, t. II, p. 897. — Petrus Lucius, *Carmelitana bibliotheca*, Florence, 1593, p. 4. — Ant. Possevin, *Apparatus sacer*, Cologne, 1608, t. I, p. 43. — Alègre de Casanate, *Paradisus carmelitici decoris*, Lyon, 1639, p. 453. — J.-B. de Lezana, *Annales carmelitarum*, Rome, 1656, t. IV, ad an. 1500, p. 1004, n. 5. — Daniel a Virgine Maria, *Speculum carmelitanum*, Anvers, 1680, t. II, p. 1067, n. 3694. — Cosme de Villiers, *Bibliotheca carmelitana*, Orléans, 1752, t. I, col. 41. — François de Sainte-Marie, *Reforma de los descalzos de Nuestra Señora del Carmen*, Madrid, 1655, t. II, p. 654, n. 13. — *Acta sanctorum*, maii t. II, p. 58.

P. Marie-Joseph.

ALPHOCRANON, évêché d'Égypte. Son évêque Harpocration assistait au concile de Nicée, en 325. Gelzer, *Patrum Nicaenorum nomina*, Leipzig, 1898, p. LX. Le Quien a omis cet évêché dans son *Oriens christianus*; par contre, il a placé son évêque sur le siège de Cynopolis, dans la province d'Arcadie ou de l'Heptanome. *Op. cit.*, t. II, col. 591. Il a emprunté ce renseignement fautif à l'historien Socrate, *Hist. eccles.*, I, XIII, *P. G.*, t. LXVII, col. 108, lequel a confondu Harpocration, évêque d'Alphocranon, avec Adamantius, évêque de Cynopolis, dont les noms se suivent immédiatement dans les listes. Et par une erreur qui lui est familière, Le Quien place encore cet Harpocration sur le siège de Naucratis. *Op. cit.*, t. II, col. 523. L'évêché égyptien d'Alphocranon est encore signalé dans deux *Notitiae episcopatuum*, coptes-arabes, publiées par Amélineau, *La géographie de l'Égypte à l'époque copte*, Paris, 1893, p. 572, 576, mais celui-ci avoue, *op. cit.*, p. 46, qu'il est impossible d'en retracer l'histoire, ni d'en fixer l'emplacement.

S. Vailhé.

1. ALPHONSE (Saint), occupa, vers le milieu du VIIIe siècle, le siège archiépiscopal d'Embrun, qui était resté vacant durant cinquante ans, à la suite de la mainmise de l'élément civil sur l'élément ecclésiastique. Dom Piolin, dans la nouvelle édition du *Gallia christiana*, t. III, col. 1063, place l'épiscopat de saint Alphonse vers 750. Mabillon, *Annales ordinis S. Benedicti*, t. II, p. 215, croit que le siège d'Embrun était occupé, en 776, par un prélat du nom de Possessor. Quant aux actes de saint Alphonse, ils sont tout à fait inconnus.

P. Guillaume, *Hist. générale des Alpes-Maritimes ou Cottiennes*, Paris, 1890, t. I, p. 545-546.

J. Capeille.

2. ALPHONSE (Saint), évêque d'Astorga. Les bollandistes signalent, au 26 janvier, ce personnage, dont nous n'avons pas plus qu'eux de raison de révoquer en doute l'existence, mais sur lequel nous ne savons presque rien. Une tradition, recueillie, en particulier, par le dominicain Juan Marietta, auteur d'une *Historie ecclésiastique des saints d'Espagne*, in-fol., Cuenca, 1596, atteste que sept ou neuf évêques s'étaient retirés au monastère bénédictin de Saint-Étienne, sur la rive du Sil, fondé par Ordoño (soit Ordoño Ier au milieu du IXe siècle, soit Ordoño II au commencement du Xe); ils moururent dans cette religieuse retraite et ils y furent ensevelis; Alphonse, évêque d'Astorga et d'Orense, était l'un d'eux. Plus tard, un réformateur (??, au témoignage de Molina, 1551) détruisit leurs tombeaux et mêla leurs ossements qui furent déposés derrière le maître-autel; il est plus probable qu'il y eut reconstruction d'une partie du monastère, et que les tombeaux furent alors détruits, avec les inscriptions qui les recouvraient. Le monastère conserva du moins un privilège d'Alphonse IX de Léon, le père de saint Ferdinand, « témoignage de grande autorité, » disent les bollandistes, qui rappelle la sainteté des neuf évêques ensevelis au monastère.

Acta sanctor., 1643, jan. t. II, p. 751-752. — Florez ne mentionne point saint Alphonse dans sa liste des évêques d'Astorga.

M. Legendre.

3. ALPHONSE, évêque de Tuy. D'après Sandoval et les auteurs qui ont suivi son opinion, Alphonse aurait été abbé de Sahagun, avant d'être élevé à l'épiscopat. Florez combat cette assertion et croit qu'une homonymie aura induit Sandoval en erreur. L'auteur de l'*España sagrada* est dans le vrai. Mais son explication est inutile, car, des nombreux documents de cette époque, conservés dans le monastère de Sahagun, aucun ne porte la signature ni ne fait mention d'un abbé de Alphonse.

Il est probable que ce prélat fut consacré évêque de Tuy en juin 1100, si l'on admet avec Florez que se rapporte à lui, et non à son prédécesseur Adericus, le texte de l'*Historia Compostelana*, l. II, c. II, où l'évêque de Tuy, présent à l'élection de l'évêque de Santiago, est désigné par cette abréviation : *A. Tudensi*. Mais dès 1102, il est fait mention de l'évêque Alphonse en des documents certains, notamment dans l'acte de donation d'une église par l'infante Urraca en faveur d'un serviteur. *Cartulaire de Samos, Escritura* 22. Depuis, sa signature apparaît sur plusieurs écrits des années suivantes : sur une donation du 16 janvier 1105 en faveur du monastère de San Juan del Poyo, près de Pontevedra — Sandoval et Florez ont eu cette pièce sous les yeux; — sur un acte de vente de juin 1106 (cartulaire de Villaza, fol. 41); sur un autre de janvier 1109 (cartulaire de Samos), etc.

Alphonse s'employa avec succès à reconstituer et à étendre le patrimoine temporel de l'église de Tuy qu'avaient ruinée les invasions des Maures et des Normands. Il recouvra la ville de Vinca que l'un de ses prédécesseurs avait donnée en jouissance à un familier et que celui-ci avait transmise à ses héritiers comme un bien propre (1112). La même année, il obtint que la reine Urraca abandonnât, au profit du diocèse de Tuy, l'église de Santa Marina de Arenas et la ville d'Espicinelo. Il reçut encore de plus grandes libéralités de la reine Thérèse de Portugal. Le 3 septembre 1125, celle-ci confirma l'évêque dans la possession des privilèges et des biens précédemment acquis, parmi lesquels était la ville de Tuy. Elle lui réserva, en outre, à lui et au chapitre, le droit exclusif de pêche sur le fleuve Miño; elle leur concéda, pour leurs troupeaux et ceux de leurs serviteurs, le droit de pacage dans toutes les prairies du royaume de Portugal; enfin elle leur laissa la propriété du port de Tuy et de la ville de San Pedro de Turri. Par un acte de donation du 4 octobre 1125, elle céda le monastère d'Azar et l'église de Saints-Cosme-et-Damien.

L'évêque Alphonse prit part aux divers conciles qui se tinrent dans sa région. Le 25 octobre 1113, on le trouve au concile de Palencia; le 8 mars 1122, à celui de Santiago, et le 4 février 1130, à celui de Carrion. Il est probable qu'il mourut en cette dernière année.

Prudencio Sandoval, *Antiguedad de la ciudad... de Tuy*, Braga, 1610, p. 109-115. — Gil Gonzalez Davila, *Teatro eclesiastico*, t. III, p. 444. — Florez, *España sagrada*, t. XXII, p. 69-79; Appendice, p. 251-258. — Villaamil, *Galicia en el siglo XII*, dans la *Revista contemporanea*, 1881, t. XXXIII, p. 193, 200-201, 204.

P. Sicart.

4. ALPHONSE (Ier), évêque de Ciudad-Rodrigo (Espagne) (? - vers 1319); le premier acte où il apparaît avec son titre d'évêque est un décret de 1298, rendu par le roi Ferdinand IV, et dans lequel ce prince confirme les droits de l'évêché de Ciudad-Rodrigo. Par une ordonnance du 24 juillet 1301, ce prélat concéda une série de privilèges aux dominicains établis dans son diocèse. Peut-être ces faveurs ont-elles porté des historiens à croire qu'il appartenait à l'ordre de Saint-Dominique et l'ont fait identifier — sans autre fondement que l'homonymie — avec un dominicain de la même époque, brillant prédicateur, dont parle Alonso Fernandez dans sa *Concertacion predicatoria*. L'évêque Alphonse fut l'un des onze prélats qui, le 22 mars 1310, formèrent le second concile provincial de Salamanque, sous la présidence de l'archevêque de Santiago, par ordre de Clément V, pour juger les templiers de la province de Salamanque. Il signa, avec tous les autres, une sentence de non-culpabilité. Le dernier acte où l'on trouve sa signature est une donation, datée de 1319, de la reine doña Maria à la cathédrale de Ciudad-Rodrigo.

Gil González Dávila, *Teatro eclesiastico*, Madrid, 1700, t. IV, p. 21. — Dorado, *Compendio histórico... de Salamanca*, Salamanque, 1766, p. 242. — Sanchez Cabañas, *Historia civitatense*, ms. D. 150, de l'Académie d'histoire de Madrid, J. III, 2ᵉ part., c. IX.

P. SICART.

5. ALPHONSE, était évêque titulaire de *Citrum*, ou Pydna, en Macédoine lorsque, le 8 mars 1363, Urbain V le promut à l'évêché sarde de Cività, vacant par suite de la mort de Gérard. Il mourut après vingt ans d'épiscopat et fut remplacé, le 15 mai 1383, par Sifredo Tommaso, de l'ordre des carmes.

Eubel, *Hierarchia catholica*, t. I, p. 195.

J.-M. VIDAL.

6. ALPHONSE, roi indigène du Congo, vivait au commencement du XVIᵉ siècle (1492?-1525?) et travailla à consolider le christianisme dans ses États. Nous ne connaissons son rôle que par des témoignages de seconde main, mais dont on ne peut guère contester la valeur, car ils s'appuient sur des sources sûres et sérieuses. Jeronimo Osorio, évêque de Silves (Algarve), qui publia, en 1571, ses chroniques, *De rebus Emmanuelis regis Lusitaniae libri XII*, eut à sa disposition les actes politiques et administratifs, ainsi que les relations des ambassadeurs et navigateurs portugais. L'annaliste Filippo Pigafetta rédigea sa *Relazione del reame di Congo e delle circonvicine contrade*, Rome, 1591, d'après les écrits et les entretiens, *scritti e ragionamenti*, du Portugais Duarte Lopez, qui, après avoir séjourné neuf années au Congo (1578-1587), en était revenu ambassadeur du roi de ce pays auprès de Philippe II et de Sixte-Quint. A.-J. Wauters, *Le Congo et les Portugais*, dans *Bulletin de la Société royale de géographie de Belgique*, 1883, p. 272. Ce personnage avait rassemblé les traditions qui s'étaient formées au Congo, et Pigafetta les recueillit de sa bouche. La manière dont ces deux historiens présentent les faits montre qu'ils s'appuyèrent sur des légendes pieuses, desquelles il est facile de déduire les faits principaux qui constituent le fond de la biographie. Voici le résumé de ce qu'ils racontent du roi Alphonse. Il s'appelait Mani (prince) Sundi, et était le fils aîné du souverain que les missionnaires portugais, venus avec le navigateur Ruy de Sousa, en 1491, baptisèrent et appelèrent Jean, du nom de roi de Portugal Joao II. Lui-même prit celui du prince héritier, Alphonse. Il s'éleva aussitôt contre l'idolâtrie, «qu'il s'appliqua à ruiner dans les terres de son apanage, tandis que le roi et sa cour, baptisés hâtivement, retombaient dans la tiédeur et l'indifférence. Alphonse fut bientôt victime d'accusations calomnieuses auprès de son père, en même temps qu'il s'attirait la haine de son frère cadet, Mani Pango, resté païen, et il n'échappa aux dangers qu'il courut qu'avec l'appui de sa mère, la reine Éléonore. A la mort du roi, vers 1492, les prêtres païens et les idolâtres provoquèrent une réaction qui opposa Mani Pango à son frère, qu'ils se refusaient à reconnaître. Mais la manière miraculeuse dont, avec des forces inférieures, il surmonta cette coalition et sauva sa couronne, consolida sa foi et acheva de le tourner du côté du christianisme et des Européens. Il ruina partout le paganisme, fit abattre les temples et les idoles, bâtit dans sa seule capitale quatre églises dédiées à la sainte Croix, en l'honneur d'une relique insigne que lui avaient apportée les missionnaires : Saint-Sauveur (celle qui devint plus tard cathédrale), Notre-Dame-de-Bon-Secours et Saint-Jacques.

Il était d'ailleurs secondé par les quelques Portugais établis dans le pays comme marchands, et qui restaient en relation avec la mère patrie, et par les religieux missionnaires, franciscains, dominicains, augustins, qui venaient assez nombreux du Portugal. Le roi Emmanuel ne négligea rien, de son côté, pour réaliser la conquête religieuse et politique du Congo, et Alphonse comprit la nécessité qu'il y avait pour lui de s'appuyer sur une puissance chrétienne, en même temps que sur les missionnaires. En 1504, une flotte portugaise amenait, avec de nouveaux apôtres, tout l'attirail indispensable de vases sacrés, vêtements et livres liturgiques, croix, etc. En 1512, nouvelle expédition du même genre. En 1514, une ambassade solennelle, à la tête de laquelle se trouvait l'amiral Alvaro Lopez, semble avoir demandé la reconnaissance de la suzeraineté portugaise. Emmanuel invitait, en effet, le roi Alphonse à accepter ses armoiries, composées de cinq blasons surmontés d'une croix et représentant les cinq plaies de Notre-Seigneur. Alphonse reçut l'ambassade avec grand contentement et s'efforça, suivant un discours dans lequel Osorio a sans doute voulu caractériser sa politique, de faire accepter à son peuple les transformations politico-religieuses que les circonstances imposaient. Nous ignorons s'il se rendit compte de la gravité de sa démarche, mais ce fut sur ce premier rapprochement officiel entre les deux pays que les rois de Portugal s'appuyèrent plus tard pour réclamer la possession du Congo.

A la demande d'Emmanuel, Alphonse lui envoya en même temps une ambassade dirigée par son cousin, le prince Pierre, pour répondre à celle qu'il venait de recevoir, et il lui confia son second fils Henri, avec plusieurs enfants des premières familles du pays, pour être élevés dans la culture chrétienne et occidentale. Du Portugal l'ambassade devait se rendre à Rome, avec une lettre d'hommage au pape, lui annonçant la conversion du pays à la foi catholique. Léon X créa le prince Henri évêque *in partibus* d'Utica, le 5 mai 1518, d'après Eubel-van Gulik, *Hierarchia catholica*, t. III, p. 345. Il est vrai que les documents du Vatican, sur lesquels il s'appuie, font d'Henri un fils du roi Jean, un frère, par conséquent, d'Alphonse. C'est sans doute le même qui fut ensuite un des premiers évêques de San Thomé, d'après Gams, *Series episcoporum*, p. 472.

Alphonse, suivant les chroniques, fut, en somme, un roi convertisseur, qui s'efforçait d'amener ses sujets au christianisme par ses discours, ses exhortations, son exemple et ses règlements législatifs, prêchant en toute rencontre les vérités chrétiennes, dont il s'instruisait lui-même auprès des missionnaires. Il possédait à fond l'Écriture sainte, et en faisait un usage continuel dans ses conversations comme dans ses ordonnances. Toutefois son règne marque une époque encore indécise dans l'histoire de l'expansion du christianisme en Afrique, et ce n'est qu'après sa mort, arrivée vers 1525, que les Portugais songèrent à l'organisation du culte. Ses successeurs consentirent à voir leur royaume rattaché à l'évêché de San Thomé, créé en 1534 dans l'île de ce nom, sur la côte assez rapprochée du golfe de Guinée. Eubel, *ibid.*, p. 332.

Histoire de Portugal contenant les entreprises, négociations et gestes mémorables des Portugallais...., 1496-1578, Paris, 1581 (n'est que la traduction des chroniques d'Osorio. Voir les livres III, VIII, XII). — Pigafetta, *Relatione del reame* di Congo e delle circonvicine contrade, tratta dalli scritti e ragionamenti di Odoardo Lopez, Portoghese, Rome, 1591. — Lafiteau, *Histoire des découvertes et conquestes des Portugais dans le nouveau monde*, Paris, 1733, t. I, p. 46-59. — Hummelauer, dans *Kirchenlexikon*, art. *Congo*, t. III, col. 895-896.

P. RICHARD.

7. ALPHONSE, bienheureux de l'ordre de Saint-Augustin, dont le culte n'a pas été approuvé par l'Église. Il fut tué en haine de la foi par quelques Hollandais protestants, à Manille, l'an 1619.

Lanteri, *Postrema saecula sex religionis augustinianae*, Tolentino, 1859, t. II, p. 388.

A. PALMIERI.

8. ALPHONSE Ier, *el Batallador*, roi d'Aragon de 1104 à 1134, prit, malgré le trouble des affaires intérieures, une part très importante à la *reconquête*.

Par son mariage avec Urraca, fille et héritière du roi de Castille Alphonse VI (le conquérant de Tolède), il réalisa l'union de la Castille et de l'Aragon. Mais l'inconduite d'Urraca, et les efforts d'Alphonse Ier pour bien administrer la Castille à l'aide d'Aragonais surtout, rendirent malheureux le mariage et l'union politique. Lorsque le pape Pascal II déclara nul le mariage pour cause de parenté, beaucoup de grands laïques et ecclésiastiques soutinrent la sentence; de là les persécutions : les évêques de Burgos et de Léon furent chassés de leurs sièges, celui de Palencia emprisonné; de même l'abbé de Sahagun, qui fut remplacé par un frère du roi; l'archevêque de Tolède, Bernard, quoique légat apostolique et primat d'Espagne, dut rester en exil deux ans.

Les grands proclamèrent roi en Galice le fils d'Urraca, Alfonso (le futur Alphonse VII); quant à la reine, elle se réconciliait et se brouillait avec son mari, alternativement. La guerre entre les Castillans et le roi aragonais fut d'abord à l'avantage de celui-ci, qui prit Burgos, Palencia, Léon, etc., mais qui épuisa le nombre de ses partisans en faisant main basse sur le trésor des églises. C'est seulement après la mort d'Urraca (dont la date est incertaine) que l'intervention d'un certain nombre de prélats rétablit la paix entre Aragon et Castille, désormais nettement séparés.

La grande œuvre d'Alphonse est la guerre contre les musulmans, aux dépens desquels il assura l'unité politique de la région aragonaise, par la conquête de Saragosse, 1118 (importante comme l'avait été, pour la Castille, celle de Tolède); plusieurs princes français participèrent à cette campagne, qui compléta la prise de Taragona, de Catalayud, etc. A mesure qu'il chassait les musulmans, le roi relevait les églises.

Sa renommée engagea les chrétiens d'Andalousie, dont la situation était particulièrement misérable, à faire appel à lui, vers 1125. Il vint, après avoir traversé victorieusement les pays de Valence et de Murcie, piller l'Andalousie, d'où il ramena environ 10 000 mozarabes pour coloniser les territoires reconquis au nord. Cette expédition fut, dit Dozy, « le contre-pied de celle qu'Almanzor avait faite plus d'un siècle auparavant contre Saint-Jacques de Compostelle. » La situation était en effet bien retournée, et la défaite que subit Alphonse à Fraga, près de Lérida (1134), put bien causer la mort du roi, mais non ruiner son œuvre.

Mariana, *Historia general de España*, l. X, c. VIII, x, XII, XV. — Dozy, *Recherches sur l'hist. et la litt. de l'Espagne pendant le moyen âge*, Leyde, 1860, t. I, p. 343 sq. — V. de La Fuente, *Historia eclesiastica de España*, t. IV, § 18, 19, 23.

M. LEGENDRE.

9. ALPHONSE II, roi d'Aragon, a réalisé l'union de la Catalogne et de l'Aragon, et l'intérêt de son règne est plus politique que religieux. — Ramiro II, frère et successeur (élu) d'Alphonse Ier, relevé alors par le pape de ses vœux monastiques, eut une fille qu'il maria au comte de Barcelone Berenguer IV et c'est le fils de ceux-ci qui devait être Alphonse II. Quand Ramiro se retira définitivement dans un monastère, en 1137, Berenguer IV gouverna l'Aragon avec la Catalogne et, à sa mort, son fils Ramon Berenguer prit, pour plaire aux Aragonais, le nom d'Alphonse (II en Aragon, Ier en Catalogne). Allié-vassal de la Castille (alors gouvernée par Alphonse VIII), Alphonse II s'étendit un peu du côté de la Navarre, et beaucoup, principalement par héritages, du côté de la France (1167, hérite du duché de Provence); 1172, du comté du Roussillon; 1187, Béarn et Bigorre lui font hommage). La situation d'Aragonais était de ce côté très favorable. « Tout contribue à rendre plus sûrs les progrès de leur influence. Entre la Catalogne et la Septimanie, les relations sont journalières, les intérêts, la langue, la littérature des deux pays sont les mêmes... » A. Molinier. Et il a fallu l'affaire des albigeois pour trancher la question, quelques années plus tard (1213), au profit de la France.

Au sud, Alphonse prit Caspe et une partie du territoire d'Albarracin, où il fonda Teruel (1170). Il obtint, par l'aide qu'il fournit à Alphonse VIII, d'être dispensé du vasselage envers la couronne de Castille; il semble même, dans ses dernières années, avoir été en rivalité avec son ancien suzerain.

Il mourut à Perpignan, le 25 août 1196, laissant pour successeur Pierre II, qui devait être appelé *le Catholique*.

Devic-Vaissete, *Histoire générale de Languedoc*, éd. Privat, t. VI, *passim* (voir la table détaillée). — Altamira, *Historia de España*, 2e éd., § 247-248.

M. LEGENDRE.

10. ALPHONSE III, roi d'Aragon (né en 1265, roi le 10 novembre 1285, mort le 18 juin 1291), arriva au trône dans des circonstances difficiles : la rivalité de la maison d'Anjou et de la maison d'Aragon en Sicile s'était compliquée par l'intervention du pape; Martin IV, très favorable aux Capétiens, avait, le 21 mars 1283, déclaré Pierre III d'Aragon déchu, et Philippe III s'était décidé à faire, en 1285, la croisade d'Aragon, qui se termina d'une manière désastreuse pour les Français. Le nouveau roi d'Aragon n'en avait pas moins difficile à conclure une paix valide avec la France et avec le Saint-Siège. Martin IV était mort le 29 mars 1285, Philippe III le 5 octobre. La turbulence des nobles, qu'Alphonse III avait, un peu imprudemment, voulu rendre moins indépendants, augmentait les difficultés de sa situation. Un premier traité (1288) fut suivi d'un autre, moins avantageux, à Tarascon (1291); Alphonse III se reconnaissait vassal du pape, comme l'avait fait Pierre II, en 1204, et promettait de payer le tribut annuel. En 1295, au traité d'Anagni, son successeur abandonna la Sicile au pape; ce sont les Siciliens qui, refusant de se soumettre, prirent pour roi le troisième fils de Pierre II Fadrique (la Sicile ne fit retour à l'Aragon qu'en 1410). Conformément à la volonté de son père, il prit les Baléares à son oncle, allié des Français, en 1285.

A l'intérieur, Alphonse III dut céder aussi; il avait tenu à se couronner de ses propres mains aux cortès de Saragosse, en 1286; mais il dut ensuite traiter avec la *Unión* des grands, forte du *Privilegio general* concédé par Pierre III en 1283; Alphonse dut à son tour octroyer un *Privilegio* en 1287; il augmentait les pouvoirs du *justicia* (sorte de médiateur entre les grands et le roi) et s'engageait à ne pas procéder contre les membres de la *Unión* sans l'avis préalable des cortès et du justicia, ainsi qu'à laisser nommer ses conseillers par les cortès générales qui se réuniraient chaque année à Saragosse.

Altamira, *op. cit.*, § 402-403.

M. LEGENDRE.

11. ALPHONSE IV, *el Benigno*, né en février 1299, roi le 31 octobre 1327, mort à Barcelone, le 24 janvier 1336; il n'y a pas sous ce règne d'événement important à signaler.

Antonio, *Biblioth. Hispan. vetus*, Madrid, 1788, t. II, p. 155.

M. LEGENDRE.

12. ALPHONSE V, *el Magnanimo*, eut, au contraire, un règne important. Né en 1396, devenu roi d'Aragon et de Sicile, le 2 avril 1416, adopté par Jeanne II de Naples, le 24 septembre 1420, il devint (sous le nom d'Alphonse Ier) roi de Naples (juin 1442), où il mourut le 27 juin 1458. Mais l'importance de ce long règne est plus politique que religieuse, quoique les affaires italiennes aient mis le roi en relations constantes avec la papauté.

Le pape Martin V étant favorable à la maison d'Anjou, Alphonse prit le parti de l'antipape Pierre de Luna (qui était espagnol, né à Illueca, près de Catalayud). Sous Eugène IV, il y eut alternativement alliance et conflit, et, selon les circonstances, le roi s'éloignait ou se rapprochait du concile de Bâle; bientôt, la brouille fut complète; et des troupes pontificales, sous le commandement du cardinal Vitelleschi, coopérèrent avec les troupes françaises; Vitelleschi excommunia Alphonse V, qui fut absous par le concile, tandis que l'évêque de Vich déposait le pape. A la faveur d'une trêve, Vitelleschi essaya de surprendre Alphonse, aux fêtes de Noël 1437. En 1442-1443, Alphonse devint définitivement maître du royaume de Naples, et le pape fit la paix avec lui. L'influence de l'Aragon devenait très grande en Italie; c'est en partie grâce au roi que succéda à Nicolas V (1447-1455) l'Espagnol Calixte III, avec lequel d'ailleurs il ne réussit pas à s'entendre pour organiser une croisade contre Constantinople, récemment prise par les Turcs.

Pendant qu'Alphonse devenait ainsi prince italien, l'Aragon était gouverné par sa femme, doña Maria, pour laquelle il ne dissimulait pas son antipathie.

Le nouveau roi de Naples rivalisa brillamment avec les autres princes italiens dans le domaine des lettres et des arts; sa cour fut un rendez-vous de poètes et d'humanistes aragonais, catalans, italiens (parmi ceux-ci, Aeneas Sylvius Piccolomini, le futur Pie II). Les anecdotes abondent sur l'enthousiasme du roi pour tout ce qui sentait l'antiquité.

Importante bibliographie dans Ul. Chevalier, *Biobibl.*, col. 162-163. — V. de La Fuente, *op. cit.*, t. IV, § 154, 155. — Mariana, *op. cit.*, l. XX, XXI, XXII, *passim*. — N. Valois, *Le pape et le concile*, Paris, 1910, *passim*. Voir *Index*.

M. LEGENDRE.

13. ALPHONSE Ier *le Catholique*, roi des Asturies (739-757). Fils de Pierre, duc de Cantabrie, il porta peut-être aussi ce titre avant de recueillir (après le court règne, 737-739, de Favila), le royaume de son beau-père Pelayo. Celui-ci avait inauguré, en 718, la *reconquête* par la victoire de Covadonga, mais les chrétiens restaient confinés dans le pays montagneux et maritime des Asturies et de la Cantabrie. Ils purent sortir de cette forteresse naturelle, lorsque l'élan des musulmans eut été brisé, en Gaule, et que des guerres civiles acharnées entre Berbères et Arabes (guerres suivies de famine) eurent dépeuplé d'envahisseurs la zone qui s'étendait au sud des Asturies. C'est alors que les Galiciens, insurgés en masse, reconnurent Alphonse pour leur roi. Celui-ci, qui descendrait probablement de Reccared, le premier roi goth catholique, voulut pour cette raison (selon Baronius) prendre, lui aussi, le titre de *catholique*.

En 751, Alphonse massacra un grand nombre de musulmans; beaucoup d'autres durent se réfugier à Astorga. En 753,¹ une nouvelle avancée eut lieu; des Berbères (les Arabes avaient été éliminés par la guerre civile) durent évacuer à l'ouest Braga, Porto, Astorga, Léon, Zamora, Salamanca, etc., à l'est Segovia, Avila, Oca, Osma, Miranda de Ebro, etc.

La frontière musulmane fut dès lors à peu près marquée par les villes de Coïmbra, Coria, Talavera, Tolède, Guadalajara, Pampelune.

Mais le recul des musulmans ne correspondait pas l'occupation effective de tous les territoires libérés; et une zone à peu près déserte sépara les chrétiens des musulmans. Mais sur plusieurs points (comme à Lugo) le repeuplement commença et beaucoup d'indigènes délivrés firent retour de l'islamisme récemment embrassé au christianisme. Alphonse restaura de nombreux évêchés.

Il fut enseveli avec sa femme, au monastère de Santa Maria, à Cangas de Onis.

Mariana, *Historia de España*, l. VII, c. IV. — *España sagrada*, t. XXXVII (par Risco), p. 87 sq. — Baronius, *Ann. eccl.*, Bar-le-Duc, 1857, t. XII, ann. 738, § VII. — Dozy, *Recherches sur l'histoire et la littérature de l'Espagne pendant le moyen âge*, Leyde, 2e éd., 1860, t. I, p. 126 sq. — Sur la chronologie des rois asturiens et léonais, cf. Cirot, *Mariana historien*, Bordeaux, 1904, p. 310. — Les sources, qui ne sont pas très riches pour ce règne, sont indiquées et même, pour la plupart, éditées dans *España sagrada*, t. XXXVII, XIII, XIV, etc.

M. LEGENDRE.

14. ALPHONSE II, *el Casto* (791-842), roi des Asturies. Au moment où mourait Alphonse Ier, l'émirat indépendant de Cordoue s'était constitué, et la domination réduite des musulmans s'était consolidée. Les rois Fruela Ier, Aurelio, Silo, Mauregato, Bermudo Ier n'avaient pu ni poursuivre la reconquête, ni organiser solidement leur pouvoir et le rendre héréditaire. Ils n'avaient pas encore de capitale fixe. Alphonse II, fils de Fruela, fixa la capitale à Oviedo, fondée par des moines qui défrichèrent un plateau, bâtirent une église et un couvent (761), et peuplée par Fruela Ier. Il fit contre les émirs une série d'expéditions, et s'allia avec Charlemagne, puis son fils et successeur, Louis le Pieux. En 794, sa capitale fut prise par les musulmans; mais la retraite de ceux-ci fut désastreuse, et ils furent battus à Lutos (entre Tineo et Cangas de Tineo). En 796, Alphonse II put prendre Lisbonne. En 816, nous le voyons encore battre les musulmans et intervenir dans leurs querelles intestines.

Alphonse II fut un grand constructeur ou reconstructeur d'églises: San Salvador d'Oviedo, Santa Maria, San Tirso, San Julian.

Mais l'événement religieux le plus important de son règne fut la découverte du tombeau et du corps de sant' Iago (saint Jacques) près d'Iria; une église fut construite, autour de laquelle se groupèrent les maisons de Saint-Jacques de Compostelle. Un concile fut tenu à Oviedo en 801. Alphonse II remit en vigueur les lois des Visigoths et s'occupa de rebâtir et de repeupler les centres autrefois habités.

Il fut enseveli dans la basilique de Santa Maria d'Oviedo, dite depuis lors *del Rey Casto*.

España sagrada, t. XXXVII, p. 130 sq. — Dozy, *Recherches...*, p. 138 sq. — Mariana, *Historia...*, l. VII, c. IX-XII.

M. LEGENDRE.

15. ALPHONSE III, *el Magno* (866; abdication, décembre 910). Chassé pour quelque temps de son royaume par le comte de Galice, Fruela, et retiré en Castille, il fut rappelé par ses sujets, las de la tyrannie de Fruela. Il semble en effet avoir eu de grandes qualités personnelles. Comme ses prédécesseurs, il profita des discordes des Mores. Il fit des conquêtes en Alava, prit Deza, Atienza, Coïmbra, et poussa ses incursions victorieuses jusque dans la sierra Morena. Contre les Normands, il fortifia Oviedo, pour protéger les richesses de l'église de San Salvador, et il bâtit le château fort de Gauzon, qu'il donna, quelques années après, à l'église. Sous son règne, cette église devint métropolitaine (bref de Jean VIII, juillet 874); un concile fut tenu à Oviedo, en 896 probablement.

Alphonse III réédifia de nombreuses cités : Braga, Porto, Viseu, Chaves, Oca, Zamora. Il fit bâtir Toro par son fils Garcia. Il reconstruisit et restitua aux bénédictins le célèbre monastère de Sahagun, qu'avaient détruit les musulmans. Peut-être l'augmentation des impôts entraînée par cette politique féconde explique-t-elle le mécontentement qui se manifesta autour de lui, à la fin de son règne. Il abdiqua (décembre 910) « par grandeur d'âme » (Risco) et mourut à Zamora, le 20 décembre 912.

Mariana, *Historia...*, l. VII, c. XVII-XIX. — *España sagrada*, t. XXXVII, p. 210 sq.

M. LEGENDRE.

16. ALPHONSE IV, *le Moine*, roi de León (924; abdication, 931). Ce règne court et troublé porte le caractère d'une époque de transition. La royauté est encore élective chez les Léonais, mais l'élection, qui n'est plus guère qu'une formalité, suscite d'ardentes rivalités dans la famille royale. D'autre part, les territoires conquis et repeuplés ne s'accommodent plus de la domination d'Oviedo, trop peu centrale, ni même de León.

C'est au détriment de son frère aîné Sancho qu'Alphonse, soutenu par le roi de Navarre, son beau-frère, occupa d'abord León. Sancho reprit la ville en 926, Alphonse la reprit en 928. Sancho d'ailleurs se maintint en Galice jusqu'à sa mort (probablement juillet 929). Médiocre et sans prestige, Alphonse abdiqua en 931, en faveur de Ramire II, son frère; il prit l'habit monastique à Sahagun, puis reprit le titre royal, à Simancas; vaincu, il rentra dans le cloître, mais se souleva une fois encore et prit León; son frère le battit, lui creva les yeux et l'emprisonna.

Mariana, *Historia...*, l. VIII, c. v. — Dozy, *Recherches...*, t. I, p. 154 sq.

M. LEGENDRE.

17. ALPHONSE V, roi de León, né en 994, roi en 999, mort en 1027. Arrivé au trône, mineur, au temps de la victorieuse expansion des musulmans sous Almanzor, Alphonse V put, après la mort de celui-ci, recommencer la reconquête. Il fut tué au siège de Viseu.

Il fortifia León, y bâtit l'église de San Juan Bautista, reconstruisit le monastère de San Pelagio, fit aux églises de nombreuses donations. En 1020, il réunit à León un concile politico-religieux, comme les conciles de Tolède et comme ceux d'Oviedo en 801 et 876. Le concile s'ouvrit le 1er août, devant Alphonse et sa femme Elvira. Il y promulgua un *fuero* pour la ville de León et diverses lois générales (en tout, 58 décrets ou canons).

Mariana, *Historia...*, l. VIII, c. X-XI. — *España sagrada*, t. XXXVI.

M. LEGENDRE.

18. ALPHONSE VI (1065-1109), roi de León, et, depuis 1073, roi de Castille. Une nouvelle période commence avec ce prince. La Castille était devenue un fait indépendante de León depuis le milieu du xe siècle. Cependant Sancho el Mayor, roi de Navarre, était parvenu à réunir à son royaume León, Castille, Aragon et une partie du pays basque, mais il divisa ses possessions en mourant (1035). Fernando Ier, à qui il avait donné la Castille, réunit à ce pays León en 1037. C'est depuis 1035 que la Castille est un royaume. La division que fit à son tour Fernando Ier en mourant suscita des guerres civiles. Alphonse, qui eut León (1065), attaqué par son aîné Sancho, roi de Castille, dut s'enfuir à Tolède (alors aux musulmans). Sancho, poursuivant ses succès aux dépens de ses frères et sœurs, fut tué par un faux transfuge, devant Zamora, et Alphonse, reconnu roi par les Léonais et par les Castillans, annexa même la Galice. A Burgos, le Cid avait pris la parole au nom des Castillans pour poser leurs conditions au nouveau roi : première manifestation d'une défiance qui ne devait jamais disparaître entièrement entre le roi et son puissant vassal.

Alphonse commença par aider son ancien protecteur le roi de Tolède contre le roi de Cordoue. En 1082, il poussa jusqu'à la mer à Tarifa. Trois ans plus tard, le 25 mai 1085, il entrait dans Tolède, détrônant, après l'avoir soutenu contre ses sujets, le successeur du prince qu'il avait épargné : événement capital et conquête solide; désormais l'offensive chrétienne prenait toute son ampleur; Tolède devint le centre de la reconquête. Les musulmans gardèrent leurs biens; ils purent, à leur gré, rester ou partir; la grande mosquée leur fut laissée. Beaucoup de souverains musulmans envoyèrent des ambassadeurs au « souverain des hommes des deux religions; » le seigneur d'Albarracin vint en personne lui rendre hommage. La solidité de cette conquête se confirma dans les alternatives de succès et de revers qui suivirent. L'almoravide Yusuf, venu au secours des musulmans débiles, écrasa l'armée d'Alphonse à Zalaca (à l'est de Badajoz) en 1086. Cependant, à Saragosse et à Valence, qu'il reprenait, le Cid faisait grandir le prestige des chrétiens. De son côté, le roi détruisait la forteresse almoravide d'Aledo, prenait Santarem, Lisbonne et Cintra. En 1108 encore, à Uclés, son armée fut écrasée, et son fils Sancho tué; les Almoravides reprirent plusieurs places du royaume de Tolède : Cuenca, Ocaña, etc. Alphonse se vengea par une expédition dévastatrice, dans le sud, au retour de laquelle il mourut (1109).

Dans l'ordre purement religieux, il faut noter, sous ce règne, l'influence des moines français de Cluny, favorisée par la seconde femme du roi, Constance de Bourgogne, et la substitution de la liturgie romaine à la liturgie mozarabe. Le moine Bernard, un appelé du monastère de Sahagun, où il était abbé, à l'archevêché de Tolède, était français. D'accord avec la reine, il profita d'une absence d'Alphonse pour retirer aux musulmans la mosquée qui leur avait été laissée; le mécontentement du roi, dont la parole était ainsi violée, fut apaisé, dit-on, par les musulmans eux-mêmes. Quant à la liturgie nouvelle, elle ne fut pas introduite sans résistances, et le pouvoir royal ne contribua pas moins que celui du pape à son adoption.

Mariana, *Historia...*, l. IX, c. VIII, x, XI, XV-XX; l. X, c. I, IV, VII. — Dozy, *Histoire des musulmans d'Espagne*, Leyde, 1861, t. IV. — Colmeiro, *Reyes cristianos desde Alfonso VI hasta Alfonso XI en Castilla, Aragon, Navarra y Portugal*, dans *Historia general de España*, Madrid, 1893, Ire part., c. I. — Butler Clarke, *The Cid Campeador*, New York-Londres, 1897.

M. LEGENDRE.

19. ALPHONSE VII, d'abord roi de Galice (1112), deuxième du nom comme roi de Castille et de León (1126), empereur d'Espagne (1135), mort en 1157. Fils de doña Urraca, elle-même fille d'Alphonse VI, le nouveau roi prit le pouvoir après une longue période de désordres et de désorganisation.

Il obligea les Portugais à renoncer à la Galice, et, sans pouvoir conquérir les couronnes de Navarre et d'Aragon, il porta sa frontière à l'Èbre et obtint l'hommage de deux rois voisins menacés. Aux cortès de León, en 1135, il se fit couronner empereur d'Espagne : c'était à la fois répudier toute suzeraineté, même théorique, des empereurs germaniques (déjà Fernando Ier et Alphonse VI l'avaient fait) et donner un certain lien d'unité au régionalisme espagnol, pour achever la reconquête. L'empereur fut couronné par l'archevêque de Tolède; des princes français (comme le comte de Toulouse), le comte de Barcelone, le roi de Navarre, l'émir musulman de Saragosse, etc., reconnurent sa suzeraineté. Mais les jalousies, l'esprit d'indépendance, les révoltes l'empêchèrent de réaliser toute l'œuvre qu'il avait conçue. Il prit Cordoue en 1144, et en 1146 de nombreuses places d'Andalousie; Almeria, qu'il conquit en 1147, lui fut bientôt reprise, ainsi que Cordoue, par les Almohades. En 1151, il s'empara encore de Jaen. Il mourut le 21 août 1157, peu après avoir remporté une grande victoire devant Almeria. Les divisions des chrétiens pouvaient seulement retarder leur expansion, non l'arrêter désormais.

España sagrada, t. xxi. — Dozy, *Musulm. d'Esp.*, t. iv. — Colmeiro, *Reyes cristianos*, 1re partie, c. iii.

M. LEGENDRE.

20. ALPHONSE VIII de Castille (1158-1214), *le Noble*. Alphonse VII avait eu le tort de diviser Castille et Léon entre ses fils Sancho III et Fernando II. Le règne de Sancho III fut très court, et celui de son fils Alphonse VIII, âgé de trois ans, débuta par une minorité. Après sept années d'anarchie dont profitèrent les nobles castillans, les Léonais et les Navarrais, le roi, très jeune encore, fit acte d'autorité, reprit les places fortes et prépara la guerre contre les musulmans. En 1170, il épousa Léonor, fille du roi Henri II d'Angleterre, et, en 1172, il fit alliance avec le roi d'Aragon. Celui-ci l'aida à prendre Cuenca, mais obtint en récompense d'être dispensé de vasselage. Les autres rois chrétiens, eux, employaient, pour échapper à la suzeraineté castillane, l'alliance plus ou moins ouverte avec les musulmans. C'est ainsi qu'aux cortès de Carrion (1192), réunis pour préparer la croisade contre l'almohade Yacoub, les rois de Léon et de Navarre ne promirent leur concours que pour abandonner ensuite Alphonse VIII à ses seules forces. Celui-ci subit à Alarcos (près de la sierra Morena) un désastre (1195), comparable à celui d'Alphonse VI à Zalaca, en 1086. Tandis que Yacoub assiégeait, entre autres places, Madrid et Tolède, Léonais et Navarrais répondaient par la guerre aux reproches d'Alphonse. Celui-ci conclut une trêve avec les musulmans, et, aidé du roi d'Aragon, il imposa la paix à Alphonse IX de Léon, qui avait succédé à Fernando II en 1188. Berenguela, fille d'Alphonse VIII, épousa Alphonse IX (1197). Cependant, Sancho de Navarre était allé en Afrique même solliciter l'alliance des Almohades, et peut-être la main d'une princesse almohade. Pendant son absence, le roi de Castille, aidé du roi d'Aragon, étendit considérablement ses États au nord (San Sébastian, Santander, etc., 1200). Sancho, revenu d'Afrique, sans secours, dut signer une trêve de cinq ans, en 1207.

Cependant la fin de la trêve avec les Mores approchait. Yacoub prépara la guerre sainte, et Alphonse la croisade, avec l'appui d'Innocent III, qui accorda indulgence plénière à ceux qui se croiseraient. L'archevêque de Tolède alla chercher des secours en France. Les étrangers vinrent nombreux, mais la plupart ne firent pas la campagne jusqu'au bout; le massacre, par eux, des juifs de Tolède, faillit amener un conflit avec les Espagnols. Seul, l'archevêque de Narbonne, originaire de Castille, avec environ cent cinquante Français, prit part à la grande bataille de Las Navas de Tolosa (province de Jaen, 16 juillet 1212), dont on peut faire dater la ruine définitive du pouvoir musulman en Espagne; si Alarcos est comparable à Zalaca, cette victoire est comparable à la prise de Tolède.

Alphonse VIII mourut en 1214, après avoir ainsi affirmé l'hégémonie de la Castille; le roi de Léon avait dû se reconnaître formellement vassal.

Alphonse VIII avait marié sa fille cadette, Blanche de Castille, au futur Louis VIII de France. A la mort de l'archevêque batailleur Martin de Pisuerga, il nomma au siège de Tolède le très docte et très pieux Rodrigo Jimenez de Rada. D'autre part, il n'hésita pas à demander de l'argent pour la croisade aux clercs et aux juifs. Une lettre d'Innocent III (5 mai 1205) lui reproche et ses exactions contre l'évêque de Burgos et la protection qu'il accorda aux juifs et aux païens. Il concéda en revanche beaucoup d'immunités aux clercs et fit de nombreuses donations aux églises. Il fonda la cité de Plasencia (1180) et construisit la cathédrale; il bâtit, près de Burgos, le monastère de Las Huelgas (1187), auquel il attribua une large juridiction ecclésiastique et séculière (on conserve encore à Las Huelgas un bel étendard pris aux Mores à Las Navas de Tolosa). Enfin, il fonda, en 1209, l'université de Palencia où il attira des maîtres de France et d'Italie.

Colmeiro, *Reyes cristianos*, 1re part., c. v, outre les ouvrages et articles indiqués par Ulysse Chevalier, *Bio-bibliographie*, t. i, col. 164-165.

M. LEGENDRE.

21. ALPHONSE IX, de Léon (1188-1230), fils de Fernando II, de Léon, et par conséquent cousin germain du précédent, avec lequel nous avons vu ses rapports et auquel il succéda en Castille. Il fit aussi, de son côté, des conquêtes sur les musulmans, en Extremadure : Caceres, Mérida et, en 1229, Badajoz.

Ce prince, fort indépendant, eut de graves conflits avec la papauté, au sujet de ses mariages. Quelques années avant l'avènement d'Innocent III, il avait contracté avec Teresa de Portugal une union, que Célestin III déclara dissoute pour consanguinité. Il refusa d'abord de se soumettre; l'interdit fut lancé sur le royaume de Léon; les rois de Léon et de Portugal furent excommuniés; ils le restèrent cinq ans. En 1196, Alphonse VIII le décida à épouser sa fille Berenguela; Berenguela reçut en douaire de son nouveau mari quelques châteaux, où le roi de Castille mit aussitôt garnison. La nouvelle reine (issue d'un cousin germain) était parente d'Alphonse IX à un degré prohibé. Célestin III n'osa risquer un nouveau conflit; mais Innocent III déclara le mariage dissous; la crise dura sept ans. Alphonse et Berenguela furent excommuniés, l'interdit fut lancé sur le royaume, les évêques furent anathématisés; seul l'évêque d'Oviedo suivit le pape; il fut chassé, et ses biens confisqués. En 1199, sur l'intercession du roi de Castille, qui lui députa l'archevêque de Tolède, avec les évêques de Valence et de Zamora, Innocent III adoucit l'interdit qui favorisait les progrès de l'hérésie, mais il donna à entendre qu'il pourrait déposer les époux rebelles. C'est seulement le 22 mai 1204 que Berenguela demanda sa grâce. L'anathème fut levé le 19 juin, quand Alphonse eut sollicité l'absolution. Dans l'intervalle, étaient nés deux fils et deux filles, que le pape, plus tard, légitima.

Alphonse IX a fondé la glorieuse université de Salamanque (1215).

A. Luchaire, *Innocent III. Les royautés vassales du Saint-Siège*, Paris, 1908. — Chevalier, *Bio-bibliographie*, t. i, col. 165.

M. LEGENDRE.

22. ALPHONSE X. Le règne d'Alphonse X n'est pas moins important que celui de ses grands prédécesseurs, mais son importance est d'un autre ordre. La reconquête est désormais à peu près terminée; si le sud de l'Andalousie, pays plus africain qu'européen, reste sous la souveraineté des Mores, les souverains musulmans n'ont plus vis-à-vis des rois de Castille

ALPHONSE X — ALPHONSE XI, ROIS DE LÉON

qu'une attitude vassale et humiliée. En même temps l'Espagne va pouvoir se mêler davantage aux affaires européennes; les énergies seront moins absorbées par la guerre.

Le règne d'Alphonse X marque bien cette transition. Fils de Fernando le Saint, le conquérant de Cordoue, qui réalisa le type admirable du croisé, comme son cousin Louis IX de France, Alphonse mérite le surnom d'*el Sabio*, le Savant, pour ses connaissances scientifiques et littéraires. Mais il ne fut heureux ni dans la guerre, ni dans le gouvernement intérieur, où ses tendances centralisatrices, inspirées des traditions romaines, réunirent contre lui la plupart des grands.

Alphonse X monta sur le trône en 1252, à Séville. Ses interventions (ou, plus souvent, ses velléités d'intervention) en Navarre, à la mort de Teobaldo Ier (1253), en Gascogne où, appelé par le peuple, mécontent des Anglais, il traita avec Henri III, plus tard en Portugal, où il reconnut un usurpateur, etc., ne furent guère pour lui des occasions de mécontenter les grands, et, par les dépenses qui s'ensuivaient, le peuple.

Après avoir reçu la visite du roi de Grenade, son vassal, Alphonse prépara une expédition en Afrique; mais, malgré les encouragements des papes Innocent IV et Alexandre IV (1254-1255), il ne put, par suite de la mauvaise volonté des rois de Portugal et de Navarre, organiser l'expédition. Il fit quelques conquêtes dans l'Algarve, prit et détruisit Cadix, alors repaire de pirates, etc. A la fin de son règne, il eut encore à lutter contre les Mores qui, cette fois, prirent l'initiative de la guerre : tout cela sans grand résultat.

Un fait autrement important est l'élection d'Alphonse à l'empire, en 1257. Jusque-là, l'Espagne avait paru, en fait, étrangère à l'Europe; théoriquement, les empereurs la revendiquaient (lettre de Conrad III à Jean de Constantinople : *Nobis submittuntur Francia et Hispania, Anglia et Dania*), mais plusieurs rois, en prenant le titre d'empereurs en Espagne, avaient manifesté qu'ils n'admettaient point cette prétention et d'anciens jurisconsultes « tenaient que l'Espagne, ayant été, en ce qui regarde au moins les Romains, une *res derelicta*, recouvrée par les Espagnols eux-mêmes sur les Maures, et ainsi acquise par *occupatio*, ne pouvait être sujette des empereurs. » J. Bryce. Cependant Alphonse X, qui descendait des ducs de Souabe par sa mère Béatrix et dont la renommée de savant était européenne, fut élu empereur, en même temps que Richard de Cornouailles, par trois électeurs qui ne trouvèrent pas le candidat anglais assez généreux. Voir ci-dessus, col. 522.

Cette élection ne rehaussa pas le prestige d'Alphonse en Espagne; et les affaires de la péninsule empêchèrent le roi d'aller sur place revendiquer ses droits d'empereur. Malgré ses instances, les papes Alexandre IV, Urbain IV et Clément IV restèrent neutres. Et lorsque, après la mort de Richard (1271), Rodolphe de Habsbourg fut élu, non seulement Alphonse X n'obtint pas l'appui de Grégoire X, qu'il était allé solliciter à Beaucaire, mais, pour avoir essayé d'agir, avec l'aide de princes italiens, il se vit menacé de peines ecclésiastiques. Les Castillans, de leur côté, murmuraient contre la dépense, et les Mores d'Afrique, profitant de ce que la flotte était à Marseille, attaquaient le sud de l'Espagne (1275).

Ainsi finit pour Alphonse X l'aventure impériale. Toute la fin de son règne fut remplie par un douloureux conflit de famille; la mort de l'aîné du roi, Fernando de la Cerda, amena la rébellion du second fils, Sancho, qui n'admettait point que les enfants de Fernando fussent les héritiers du trône. Alphonse en vint à maudire solennellement Sancho,

qu'il déshérita définitivement (mais en vain), et à démembrer son royaume, parce qu'il y avait trois infants de la Cerda, l'aîné devant avoir la Castille, le second Séville et Badajoz, le troisième Murcie.

Mais le fils rebelle, aidé des mécontents, se maintint malgré l'interdit du pape Martin IV; lorsqu'Alphonse mourut, en 1284, à Séville, il n'y avait plus guère d'autre grande ville qui lui fût demeurée fidèle.

Dans l'ordre de la civilisation et de la culture, ce règne est autrement brillant. Par son exemple personnel, et par son influence royale, Alphonse X a beaucoup fait pour l'avancement des lettres et des sciences. « On peut dire sans paradoxe que le véritable fondateur de la prose castillane fut le roi Alphonse X. » E. Mérimée. Il a laissé une *Crónica general* ou *Estoria de Espanna*, qui est un précieux monument littéraire et historique. Sa *Grande y general estoria* est encore inédite. Il a fait rédiger par des jurisconsultes, disciples du célèbre Irnerius (Martinez, Roldán, Jacómo Ruiz, dit de Las Leyes), le recueil des lois et coutumes des *Siete Partidas*. « L'auteur ne se borne pas à formuler sèchement des lois et des règlements; il les commente en homme d'État; il les discute parfois en philosophe. Il présente en somme un tableau complet de toutes les classes de la société. » E. Mérimée. Enfin, sans parler des œuvres scientifiques, citons encore les *Cantigas* (poésie et musique) destinés à célébrer la Vierge, les *Loores et miragres* [Louanges et miracles] *de Nuestra Señora*. En généralisant l'emploi du castillan dans les documents publics, Alphonse X acquérait un nouveau titre d'honneur au premier rang des fondateurs de la littérature de l'Espagne chrétienne.

Colmeiro, *Reyes cristianos...*, Ire partie, c. x. — Amador de los Rios, *Historia critica de la literatura española*, t. III, c. IX. X, XI, XII. — Et l'abondante bibliographie qu'on trouve dans Ul. Chevalier, *Bio-bibliographie*, t. I, col. 165-166. — A. Hauck, *Kirchengeschichte Deutschlands*, Leipzig, 1911, t. V, 1re partie. — La *Crónica general* a été publiée pour la première fois exactement par R. Menéndez Pidal, *Primera Crónica general*, dans la *Nueva bibl. de autores Esp.*, Madrid, 1906, t. V. Les *Siete Partidas* ont été éditées par la *Academia de la historia*, 1807.

M. LEGENDRE.

23. ALPHONSE XI (1312-1350) avait un an lorsque mourut son père, Fernando IV; son règne débuta par une longue anarchie; à quatorze ans, il fut proclamé majeur et montra une grande énergie. Les Mores de Grenade avaient profité de sa minorité en empiétant à la frontière; les Mores d'Afrique prirent Gibraltar. Les uns et les autres assiégèrent Tarifa; mais les chrétiens de Castille, d'Aragon et de Portugal unis les battirent aux bords du rio Salado. Alphonse XI prit Algésiras et se disposait à assiéger Gibraltar, quand une épidémie l'emporta. « S'il eût vécu plus longtemps, dit Mariana, il eût chassé d'Espagne les derniers restes des Mores. »

Quelque prématurée qu'ait été sa fin, Alphonse XI a fortement marqué sa place dans l'histoire. « Sa grande œuvre, quand il fut venu à bout de rétablir l'ordre si compromis pendant sa minorité, fut l'organisation politique et administrative du pays; il continuait ainsi la pensée et l'œuvre de son bisaïeul, Alphonse X, avec plus de bonheur et plus d'ampleur aussi. » Altamira.

Ses restes, d'abord ensevelis à Séville, furent transférés plus tard à Cordoue, selon un désir qu'il avait exprimé. L'impression de sa valeur resta vive dans la mémoire des musulmans.

Ulysse Chevalier, *Bio-bibl.*, t. I, col. 166. — *Cronicas de los Reyes de Castilla desde d. Alfonso el Sabio...*, dans *Bibl. de autores esp.*, 1875, t. I, p. 173-392 : *Crónica de rey Alfonso el Onceno.* — Mariana, *Historia...*, l. XV, c. XII, XVIII; l. XVI, c. XV. — Altamira, *Historia de España*, § 376-378.

M. LEGENDRE.

24. ALPHONSE Ier (plus communément désigné sous le nom d'*Affonso Henriquez*), premier roi de Portugal (1128-1185). Après avoir porté le titre d'infant, il prit celui de roi qui lui fut reconnu par son cousin Alphonse VII de Léon (ci-dessus, col. 686), dans une conférence tenue à Zamora (1143), en présence du légat du pape Innocent II, le cardinal Guido de Vico. Pour donner plus de force à ce titre, le nouveau roi mit son royaume sous la protection du Saint-Siège et s'obligea à lui payer une redevance annuelle de quatre onces d'or. Le pape Lucius II, par une lettre du 1er mai 1144 (Jaffé, *Regesta*, n. 8590), reçut cette soumission; mais il ne donnait à Alphonse que le titre de *dux Portugalensis* et appelait son royaume *terra*. Le titre de roi lui fut donné, en 1179, par le pape Alexandre III. Jaffé, *Regesta*, n. 13420. Alphonse avait offert au pape la somme de cent *morabitins* et le tribut annuel avait été fixé à deux marcs d'or au lieu de quatre onces. Ce tribut ne fut pas payé régulièrement par Alphonse, ce qui donna lieu à de vives contestations entre son successeur Sancho Ier et le Saint-Siège. Peu à peu cette redevance tomba dans l'oubli; mais elle fut parfois rappelée par les papes dans leurs rapports avec les rois du Portugal.

Alphonse Ier intéresse encore l'histoire religieuse par ses conquêtes sur les Sarrasins et le soin qu'il prit, à mesure qu'il poussait ces conquêtes, de rétablir les anciennes églises. C'est ainsi qu'après la reddition de la ville de Lisbonne (1147), dont le siège avait duré cinq mois, il restaura l'ancienne cathédrale et y fit nommer comme évêque un Anglais, nommé Gilbert, qui avait accompagné l'expédition et qui fut consacré par l'archevêque de Braga. Il fit de même à Évora, en 1166. En 1132, il posait les fondements du célèbre monastère de Santa Cruz, dont il fut un protecteur généreux. En 1148, il commençait la construction du couvent cistercien d'Alcobaça, qui devint la plus remarquable de toutes les maisons religieuses du Portugal. Voir ce nom, ci-dessus, col. 25. Également il fonda à ses frais, à Lisbonne, le couvent de Saint-Vincent pour des chanoines de Saint-Augustin. Alphonse Ier mourut le 6 décembre 1185. Ses restes reposent dans un magnifique tombeau, chef-d'œuvre de l'art manuélin, que le roi dom Manuel fit construire dans la chapelle majeure de l'église de Santa Cruz (Coïmbre), du côté de l'évangile. Vis-à-vis se trouve le tombeau, également manuélin et non moins admirable, de Sancho Ier.

Fortunato de Almeida, *Historia da Igreja em Portugal*, t. I, p. 170 sq., 185, 188, 276, 281, 282, 366 sq. — Alexandre Herculano, *Historia de Portugal*, t. I, p. 337 sq. — Achille Luchaire, *Innocent III. Les royautés vassales du Saint-Siège*, Paris, 1908, p. 6-7. — H. Schæfer, *Hist. de Portugal*, trad. franç., Paris, 1858, t. 1, p. 20-51.

Fortunato DE ALMEIDA.

25. ALPHONSE II, troisième roi de Portugal (1211-1223). Dans les cortès qu'il convoqua l'année même de son avènement et qui se réunirent à Coïmbre, des lois concernant le clergé, les corporations ecclésiastiques et les droits de l'Église en général furent promulguées, « avec avis de dom Pedro, archevêque élu de Braga, et de tous les évêques du royaume, et des hommes de religion, et des riches hommes (*ricos homens*) et des vassaux du roi. » On établit d'abord que tous les droits de l'Église devaient être respectés et que toute loi civile qui leur porterait préjudice serait nulle de droit. On régla le mode de nomination des curés pour les églises de patronat royal; l'élection des curés pour les églises collégiales fut établie. On régla aussi le privilège de la juridiction ecclésiastique. Les gouverneurs des districts (*principes terrae*), les juges et les agents du roi devaient protéger les églises et les monastères contre les violences des séculiers. Les clercs étaient exemptés de l'imposition nommée *colheita*, qui consistait à fournir des vivres au roi quand il entrait dans quelque ville; des tailles (*fintas municipaes*), dans les municipes qui prenaient à ferme les revenus du roi moyennant une certaine somme; des corvées (*anuduvas*) et du logement pour le roi et ses agents. Il restait défendu au roi de forcer des veuves à se marier avec quelque individu déterminé.

Une des lois les plus remarquables que portèrent les cortès de 1211 fut celle qui se proposa de mettre un frein à l'accroissement de la fortune immobilière des personnes de mainmorte. Les églises et les monastères ne pourraient acquérir des biens immeubles par achat, si ce n'était pour appliquer leur revenu à des suffrages, les jours d'anniversaire de la mort des rois; mais ils gardaient la liberté d'acquérir par donation et par legs, et c'était là, en fait, la source la plus abondante des richesses ecclésiastiques. L'expérience montra l'insuffisance de la loi, qui d'ailleurs ne fut jamais rigoureusement exécutée.

Les derniers temps du règne d'Alphonse II furent troublés par des contestations très vives entre le roi et le clergé. Il y avait à la cour un parti qui défendait les idées d'omnipotence royale contre les privilèges ecclésiastiques. Il est bien probable que le chancelier du roi, Gonçalo Mendes, et le majordome, Pedro Annes, incitèrent Alphonse à des hostilités contre le clergé, qui, malgré les lois de 1211, fut quelquefois soumis à la juridiction séculière, forcé à des services militaires et à l'imposition des corvées (*anuduvas*). D'un autre côté, les corporations ecclésiastiques ne respectaient pas la loi sur l'amortissement. En 1220, l'archevêque de Braga, Estevam Soares da Silva, convoqua une assemblée d'évêques et d'autres personnes pour condamner la conduite du roi. Cela ne fit qu'augmenter l'irritation et les violences d'Alphonse II. Alors l'archevêque excommunia le roi, le chancelier, le majordome et toutes les personnes de la cour plus attachées à Alphonse II. Des agents du roi s'emparèrent des biens de l'archevêque; et quand celui-ci les excommunia, ils détruisirent ses granges, ses vignes, ses vergers et ses bois.

Estevam Soares da Silva en appela au pape et se rendit à Rome. Honorius III ordonna aux évêques d'Astorga, de Tuy et d'Orense de remontrer au roi de Portugal ses torts et les offenses faites au clergé, en lui appliquant en cas de besoin les censures ecclésiastiques. En même temps il retirait au patronat royal les églises dont les prédécesseurs d'Alphonse avaient été en possession, et il reprochait à l'évêque de Coïmbre, Pedro, de n'avoir pas suivi le parti de l'archevêque contre le roi. Dans une autre bulle, le pape ordonna aux évêques de Palencia, d'Astorga et de Tuy d'exhorter le roi à chasser les mauvais conseillers, surtout son chancelier et son majordome. Mais Alphonse II resta insensible à ces appels. Dans la bulle *Etsi venerabilis*, du 16 juin 1222, Honorius III l'avertissait de nouveau et le menaçait de dispenser ses vassaux du devoir de fidélité, de les obliger à ne pas le reconnaître, sous peine d'excommunication et de donner pour toujours le royaume du Portugal aux princes et aux nobles qui voudraient s'en emparer. Les circonstances étaient alors bien différentes. Le roi était attaqué de la lèpre; il sentait approcher la mort, et une situation très grave se présentait à ses yeux, le prince héritier étant encore dans sa minorité. Alphonse était déjà incliné à la paix quand la bulle d'Honorius lui parvint. Maître Vincent, doyen de la cathédrale de Lisbonne, fut chargé par le roi de poursuivre les négociations avec l'archevêque de Braga; mais elles ne furent pas conclues du vivant d'Alphonse II, qui mourut le 25 mars 1223.

Portugaliae monumenta historica, Leges et consuetudines, t. I, p. 163 sq. — Fortunato de Almeida, *Historia da Igreja em Portugal,* t. I, p. 234 sq., 346, 378 sq. — Alexandre Herculano, *Historia de Portugal,* t. II, p. 217 sq. — Pour les bulles du pape, *Quadro elementar das relações politicas e diplomaticas de Portugal,* Lisbonne, 1864, t. IX, p. 51-85. — A. Luchaire, *Innocent III. Les royautés vassales du Saint-Siège,* Paris, 1908, p. 21-27. — H. Schæfer, *Hist. de Portugal,* trad. franc., Paris, 1858, t. I, p. 67-87.

Fortunato DE ALMEIDA.

26. ALPHONSE III, cinquième roi de Portugal (1248-1279). Pendant les premières années de son gouvernement, Alphonse vécut dans la plus parfaite harmonie avec le pouvoir ecclésiastique, au point de vue des privilèges et des immunités, qui depuis longtemps étaient le sujet de vives contestations. En 1258, le clergé collaborait encore avec le roi et même l'aidait à la solution d'une affaire, qui était en même temps domestique et politique et qui relevait de l'autorité du pape. En 1253, Alphonse avait épousé Béatrix, fille d'Alphonse X de Castille, encore du vivant de sa première femme, Mathilde, comtesse de Boulogne, qui protesta auprès du pape contre l'acte scandaleux de son mari. Alphonse fut cité à comparaître devant le pontife, dans le délai de quatre mois, afin de décider la cause. Mais l'affaire traîna en longueur. En 1258, le pape ordonna la séparation des époux, qui, du reste ne vivaient peut-être pas ensemble, car Béatrix s'était mariée très jeune; de plus il mit en interdit les lieux du royaume où le roi serait présent. La mort de la comtesse de Boulogne (1258) n'adoucit pas les rigueurs du pontife, parce que la bigamie était accrue d'inceste, Alphonse et Béatrix s'étant mariés sans dispense, nonobstant la parenté en quatrième degré de consanguinité. En mai 1262, quand la reine avait eu déjà deux fils, les évêques adressèrent au pape Urbain IV une exposition de cette affaire, en lui demandant de porter remède aux inconvénients de tout ordre qui dérivaient d'une telle situation. Les évêques de Lisbonne et de Coïmbre se rendirent à Rome pour plaider la cause. On eut recours à la faveur de saint Louis, roi de France, de Thibaud, roi de Navarre, et de Charles, duc d'Anjou. Enfin, le pape déféra aux demandes des évêques: le mariage du roi fut validé et ses fils légitimés. Bulles *Qui celestia simul,* du 18 juin 1263, adressée à Alphonse III; et *In nostra proposuistis,* du 4 juillet de la même année, adressée aux évêques de Portugal.

Mais la paix ne fut pas longue. En 1258, le roi avait ouvert des enquêtes qui révélèrent l'existence d'un grand nombre d'abus, d'usurpations de terres du domaine royal, de faux titres d'exemption et d'autres fraudes mises en pratique par des membres de la noblesse et du clergé et par des agents du roi. Celui-ci ordonna, en 1265, la restitution des biens et des droits usurpés, quels que fussent les possesseurs illégitimes. Peu après, l'archevêque de Braga, Martinho Geraldes et les évêques de Porto, de Coïmbre, de Guarda, de Viseu, de Lamego et d'Évora se trouvaient en hostilité avec le roi et prenaient la résolution de se rendre à Rome, afin d'exposer au pape leurs griefs contre le monarque. Les évêques de Lamego et d'Évora se firent représenter; les autres étaient à Rome en 1267 et, en présence de Clément IV, ils accusaient le roi de se livrer à des violences dans l'administration civile et d'attenter gravement aux libertés ecclésiastiques. Il n'est pas possible de reproduire ici *in extenso* les articles d'accusation dont l'objet était une série de torts, les uns réels, les autres faux ou exagérés, contre les droits des églises et du clergé. Aux accusations des évêques, Alphonse III répondit par un exposé où les municipes défendaient le roi et faisaient l'éloge de son administration. Sur ces entrefaites, Clément IV formait le projet d'une croisade en Orient et Alphonse III se déclarait prêt à y prendre part. Le conflit se trouva en suspens. Clément IV chargea Guillaume Folquini, doyen de Narbonne, de venir en qualité de légat examiner les affaires du Portugal; mais cette mission resta sans effet, à cause de la mort du pape, le 29 novembre 1268, avant le départ de Folquini.

Ce ne fut qu'après l'élection de Grégoire X qu'on reprit la discussion. Mais les circonstances étaient changées: parmi les évêques, les plus terribles adversaires d'Alphonse étaient morts, et le roi n'oubliait pas de se défendre à Rome, en y envoyant, pour soutenir sa cause, l'évêque de Lisbonne, Matheus, avec lequel il était toujours resté en bonnes relations. D'un autre côté, le clergé n'avait pas obtenu satisfaction et, au contraire les nobles se déchaînèrent contre les églises et les monastères, dont la misère était si grande qu'Alphonse les dispensa, en 1272, de rendre à leurs patrons les prestations et les services auxquels ils étaient tenus; et le roi lui-même céda les droits sur les revenus des églises et des monastères du patronat royal.

En 1272-1273, les évêques renouvelèrent devant Grégoire X les anciennes accusations, accrues de quelques articles nouveaux: le roi s'était saisi des revenus des églises de Braga, de Coïmbre, de Viseu et de Lamego; il s'était immiscé dans la juridiction de la ville de Braga, qui relevait de l'archevêque, en nommant des autorités; il avait occupé quelques églises et en avait usurpé le patronat, ainsi que des villages, des maisons, des propriétés, des droits et des revenus de l'évêque et de l'église de Guarda, et il les avait concédés à quelques personnes, clercs et laïques. Bulle *Scire debes,* du 28 mai 1273. Potthast, *Regesta,* n. 20742. Le pape exhortait le roi, sous les plus graves menaces, à corriger les fautes dont on l'accusait; et par une autre bulle, il chargeait le prieur des frères prêcheurs, le custode et le gardien des frères mineurs de présenter ses lettres au roi et de faire connaître, dans le délai de quatre mois, les résultats obtenus.

Alphonse se servit de divers prétextes pour ajourner la réception des commissaires du pape et enfin, après leur audience, il convoqua les cortès à Santarem. Il promit de faire cesser les abus et les motifs de plainte; mais les promesses furent sans résultat. Menacé d'excommunication par Grégoire X (4 septembre 1275), après diverses tergiversations, Alphonse III vit cette menace mise à exécution sous Jean XXI, en 1277. Enfin, le 17 janvier 1279, Alphonse, se sentant malade, fit appeler Durando Paës, évêque d'Évora, seul prélat qui suivît le parti de la cour, quelques clercs et religieux et, en leur présence, il jura sur les saints Évangiles et promit sans restriction de respecter et d'exécuter la volonté du Saint-Siège, en restituant les droits et les biens qu'il avait usurpés, ceux qui appartenaient aux évêques de même que ceux du pontife, et d'en réparer les dommages. Le prince héritier Dinis, qui se trouvait présent, donna son consentement, et s'engagea, à la demande de son père, à accomplir ce que celui-ci n'aurait pas eu le temps de faire. Alphonse fut alors absous, *in articulo mortis,* par Estevam, ancien abbé d'Alcobaça. Il mourut le 16 février 1279.

Fortunato de Almeida, *Historia da Igreja em Portugal,* t. I, p. 422-456. — Alexandre Herculano, *Historia de Portugal,* t. III, p. 72 sq. — *Quadro elementar das relações politicas e diplomaticas de Portugal,* t. IX, p. 167-223. — *Monarchia lusitana,* t. IV, l. XV, c. XLVII. — H. Schæfer, *Hist. de Portugal,* trad. franc., Paris, 1858, t. I, p. 106-122.

Fortunato DE ALMEIDA.

27. ALPHONSE IV, septième roi de Portugal (1325-1357). Sous Alphonse IV, les rapports de l'Église et de l'État ne furent nullement troublés par de violentes tempêtes comme celles qui s'étaient levées sous les cinq premiers rois de Portugal. L'époque des contestations irritantes était passée depuis le règne de Dinis. Voir ce nom. Les mœurs s'étaient un peu adoucies, le clergé se trouvait affaibli, parce que la papauté ne pouvait plus lui prêter l'appui décisif d'autrefois. D'un autre côté, l'autorité royale s'était affermie, elle se montrait supérieure à toutes les influences et en mesure de maintenir son autorité entière, conformément aux principes du droit romain que les légistes répandaient en Europe et qui pénétraient aussi en Portugal. Nous en avons la preuve dans une loi de 1352. Alphonse IV y ordonne aux évêques d'engager les clercs à se conformer dans leurs mœurs et dans toute leur conduite, même dans leurs vêtements, aux lois des Décrétales, sous peine de poursuites par la justice royale, malgré leur qualité d'ecclésiastiques.

Il termine ses recommandations par ces paroles : « Soyez assurés que, si vous négligez de faire ce que nous vous avons ordonné ci-dessus, ainsi que vous y oblige votre devoir, nous vous dénoncerons au Saint-Père, afin d'être déchargé de toute responsabilité, si nous avons recours à d'autres procédés, et si nous vous frappons de châtiments qu'il appartient à Sa Sainteté de vous infliger. »

Fortunato de Almeida, *Historia da Igreja em Portugal*, t. II, c. VI, *passim*. — José Anastacio de Figueiredo, *Synopsis chronologica*, Lisbonne, 1790, t. I, p. 10-16. — *Quadro elementar das relações politicas e diplomaticas de Portugal*, Lisbonne, 1864, t. IX, p. 335-356. — H. Schæfer, *Hist. de Portugal*, trad. franc., Paris, 1858, t. I, p. 201-211, 277-279.

Fortunato de Almeida.

28. ALPHONSE V, douzième roi de Portugal (1438-1481). Alphonse V fut vraiment un chevalier du moyen âge, valeureux, généreux, entreprenant et aussi un peu imprévoyant, en sorte que les erreurs de son gouvernement à l'intérieur égalent ses gloires militaires en Afrique. Il entretint toujours les meilleurs rapports avec le Saint-Siège et le clergé national. Les papes lui donnèrent un appui entier pour ce qui touchait aux conquêtes en Afrique et à la possession des terres nouvellement découvertes, comme du reste ils l'avaient déjà donné aux rois de Portugal, depuis les temps de João Ier et depuis le commencement des travaux maritimes de son fils, le glorieux infant Henrique, surnommé le Navigateur. En 1455, le pape Nicolas V, ayant égard aux travaux entrepris par les Portugais pour répandre la foi chrétienne au milieu des peuples jusqu'alors ignorés, renouvela les concessions que ses prédécesseurs avaient faites. Le pape considérait que les Portugais avaient les premiers navigué à la découverte des côtes africaines, et que tous leurs travaux pourraient échouer, si d'autres navigateurs fournissaient des armes aux infidèles; il défendait à tous de naviguer et de faire du commerce sur les mers et dans les ports découverts par les Portugais, à moins que ce ne fût avec des navires et des marins portugais, avec la permission du roi et de l'infant Henrique, et moyennant un certain tribut. En même temps, le pape confirmait une bulle antérieure, en déclarant que c'était exclusivement au roi de Portugal, à ses successeurs et à l'infant dom Henrique qu'appartiendrait la conquête des terres depuis les caps Bojador et de Não, sur toute la Guinée et au delà, jusqu'à l'extrémité méridionale d'Afrique. Il assurait par d'autres clauses les droits des rois de Portugal. Bulle de Nicolas V, *Romanus pontifex*, du 8 janvier 1455. Cette bulle fut plus tard confirmée par les papes Calixte III et Sixte IV. Les documents pontificaux accordaient le patronat des églises dans les terres nouvellement découvertes aux rois de Portugal et à l'ordre militaire du Christ, dont l'infant Henrique avait la maîtrise. Bulle de Sixte IV, *Aeterni regis*, du 21 juin 1481.

Après la conquête de Constantinople par les Turcs, le pape Nicolas V avait conçu le projet d'une croisade contre les nouveaux envahisseurs de l'Europe, mais la mort l'ayant surpris, ce fut son successeur Calixte III qui se proposa de réaliser le projet, et dans ce but il s'adressa à tous les princes chrétiens pour solliciter leur coopération. En 1456, il envoya au roi de Portugal, en qualité de légat apostolique, Alvaro, évêque de Silves, lui faire part de son projet de croisade et des faveurs temporelles et spirituelles accordées à ceux qui y prendraient part. Le roi s'engagea à faire la guerre pendant un an, à la tête de douze mille hommes nourris à ses frais, et il commença aussitôt les préparatifs de l'expédition. Le pape le félicita de son empressement par la bulle *Charissime in Christo*, de 1456. Le 10 avril 1457, Calixte III écrit à l'évêque de Silves, en lui ordonnant de presser le roi d'attaquer les Turcs par mer le plus tôt possible, afin de distraire les forces qui menaçaient la Hongrie. Bulle de Calixte III, du 10 avril 1457. Alphonse V, dans ses préparatifs de l'expédition, avait fait battre une monnaie d'or, le *cruzado* (croisé), qui tirait son nom de l'objet auquel il était destiné, et dont le poids était tel qu'on le reçut partout sans hésitation et sans diminution de valeur. Il envoya un messager à Naples, afin d'obtenir de son oncle le roi Alphonse des renseignements et des facilités pour l'expédition portugaise; mais le messager ne trouva nulle part en Italie le moindre enthousiasme ni des préparatifs sérieux pour la croisade. Calixte III mourait en 1458 et, en 1460, son successeur, Pie II, moyennant des conditions qu'il imposait, absolvait Alphonse V de son vœu d'expédition contre les Turcs. Bulle de Pie II, *Regis aeterni*, du 1er septembre 1460.

Dans ses rapports avec le clergé national, Alphonse V inclina toujours aux concessions. Depuis Pedro Ier, une loi exigeait l'autorisation du roi pour que les lettres du pontife pussent être publiées et exécutées en Portugal. Le clergé, qui n'avait jamais pu s'accommoder de cette loi, n'en tint pas compte pendant le gouvernement d'Alphonse; et son silence nous permet de supposer qu'on s'abstint de toute rigueur dans la pratique. Le dernier règlement de cette loi se trouvait dans les *Ordenações Affonsinas*, promulguées pendant la minorité du roi. D'après les *Ordenações*, l'autorisation devait être refusée si le document était faux ou subreptice, ou s'il avait été obtenu contre les droits du roi, contre sa juridiction, contre le bien du royaume, ou, d'une manière générale, contre ses sujets. Si l'objet du rescrit intéressait quelque personne déterminée, elle devait être préalablement citée et on devait juger ses motifs d'opposition.

Fortunato de Almeida, *Historia da Igreja em Portugal*, t. II, *passim* (surtout les c. VI, VII, VIII). — Rui de Pina, *Chronica de El Rei D. Affonso V*, c. CXXXV, CXXXVIII, dans les *Ineditos de historia portugueza*, publiés par l'Académie royale des sciences de Lisbonne, t. I, p. 452, 458. — *Quadro elementar das relações politicas e diplomaticas de Portugal*, t. X, p. 35 sq. — *Ordenações Affonsinas*, l. II, tit. XII. — Teixeira de Aragão, *Descripção geral e historica das moedas de Portugal*, t. I, p. 225 sq.

Fortunato de Almeida.

29. ALPHONSE ABNER, rabbin espagnol converti (1270-1346), connu sous le nom d'Alphonse de Burgos et d'Alphonse de Valladolid; le premier lui vint de sa province d'origine, le second de la ville où il passa la plus grande partie de sa vie. Certains auteurs l'ont confondu avec le médecin Alphonse de Burgos, qui n'était pas juif et vivait, d'ailleurs, à la fin du xv⁰ siècle.

Abner exerça la médecine à Valladolid. Il s'occupa d'études bibliques et talmudiques, ainsi que d'astronomie et d'astrologie judiciaire.

A l'âge de vingt-cinq ans, il se convertit à la suite d'une vision miraculeuse qu'il raconte lui-même dans son livre, *El monstrador de la justicia*. Il assistait, avec les autres Israélites de sa province, à une réunion convoquée par les rabbins d'Avila et d'Ayllon, pour attendre la venue prochaine du Messie. Or, sur chacun des vêtements blancs qu'on avait prescrits à tous les assistants de revêtir, Abner vit une croix rouge, qu'il interpréta comme un ordre, venu de Dieu, d'embrasser la religion chrétienne. La sincérité de sa conversion, comme celle des nombreux juifs de son temps, fut mise en doute. Des rabbins, selon Añibarro, affirmèrent qu'après son baptême Abner écrivit un livre de philosophie impie, où il professait que les actes des hommes sont déterminés par le cours des astres. Il aurait été réfuté par Moseh Narboni. Mais on ne trouve aucune trace du livre incriminé ni de sa réfutation. D'autre part, la vie d'Abner fut celle d'un ardent catholique. Il exerça jusqu'à sa mort la charge de sacristain de la cathédrale de Valladolid. Il soutint de grandes polémiques avec les rabbins de son temps et ses écrits apologétiques furent très estimés. Ambrosio de Morales en parle avec éloge et Alphonse de Spina les cite fréquemment. Abner fut le premier qui écrivit des traités de caractère théologique en langue espagnole.

Il est l'auteur de : 1° *Concordia de las leyes*, en hébreu, selon Rodriguez de Castro ; 2° *Glosa al comentario de los diez preceptos de la Ley*, de R. Abraham Aben Hezra ; 3° *El monstrador de la justicia*, ms. 1195 de la Bibliothèque nationale de Paris ; 4° *Impugnacion al Milchamoth hascein de R. Quimchi contra los cristianos*. D'après Bartoloccio, le ms. hébreu se trouvait, au xviii⁰ siècle, dans la bibliothèque Vaticane ; 5° *Este es el lib o de las batallas de Dios* ; Ambrosio de Morales vit une copie de ce livre dans le couvent de San Benito de Valladolid ; 6° *Libro de las tres gracias*, ms. de la bibliothèque nationale de Madrid, *Bb-133* ; un vol., in-4° de 50 pages ; lettre de la fin du xiv⁰ siècle ou du commencement du xv⁰ ; 7° *Libro declarante que es fecho a onrra de Dios et de la sancta fe catholica*, ms. *h. iij-3*, f 1. 110 à 137, de la bibliothèque de l'Escurial.

Alphonse de Spina, *Fortalitium fidei*, Lyon, 1525, p. 119, 131, 167, 193, 222. — Giulio Bartolocci, *Bibliotheca magna rabbinica*, Rome, 1675, t. I, p. 366. — Nic. Antonio, *Bibliotheca hispana vetus*, t. II, p. 152, 153. — José Rodriguez de Castro, *Bibliot. española de los escritores rabinos españoles*, Madrid, 1781, t. I, p. 195, 196. — Florez, *Reinas catolicas*, p. 544. — Manuel Martinez Añibarro, *Intento de un diccionario bio-bibliografico de autores de la provincia de Burgos*, Madrid, 1889, p. 71, 72.

P. SICART.

30. ALPHONSE D'ALCOCER, frère mineur, confesseur d'Henri III, roi de Castille, chargé par ce prince, en 1406, d'une mission auprès d'Innocent VII, à Rome, et de Benoît XIII, à Savone et à Finale, pour les engager à démissionner. A son lit de mort (décembre 1406), le roi fit jurer à la reine de donner Alphonse comme confesseur à Jean, son fils et son successeur, mais, comme depuis 1410 il était ministre provincial de Castille et ne pouvait remplir ses fonctions auprès du roi, la reine-mère obtint, en 1413, de pouvoir choisir un autre confesseur.

N. Valois, *La France et le grand schisme*, Paris, 1901, t. III, p. 427, 451, 452. — Eubel, *Bullarium franciscanum*, t. VII, p. 343, 383.

ANTOINE de Sérent.

31. ALPHONSE DE ALFAMA. Voir ALPHONSE LEITAO.

32. ALPHONSE DE ALPRAM, frère mineur, docteur en théologie, institué inquisiteur en Portugal, par Jean XXIII, le 1ᵉʳ juin 1412. Il dut être élu ministre de la province de Saint-Jacques en Espagne, quelques semaines plus tard, car le pape lui donne ce titre, le 28 juillet suivant, en l'autorisant à conférer la maîtrise en théologie au frère mineur Alphonse de Bénévent. Le 13 septembre 1422, Martin V lui accordait une indulgence plénière à l'article de la mort. Il était à cette date confesseur de Jean Iᵉʳ, roi de Portugal.

Eubel, *Bullarium franciscanum*, t. VII, p. 452, 456.

ANTOINE de Sérent.

33. ALPHONSE DES ANGES, carme déchaussé espagnol, né à Zecluvin, en Estremadure, fit de brillantes études à Salamanque, entra au noviciat de Valladolid où il fit profession, enseigna ensuite avec éclat la philosophie ainsi que la théologie, et remplit diverses charges dans son ordre. Il acheva le *Collegii Salmanticensis Fr. carm. discalc. Cursus theologicus*, en composant la 2ᵉ partie du t. XII, *De pœnitentia*, in-fol., Lyon, 1704 ; ainsi que le t. VI du *Cursus theologiae moralis Salmanticensium*, imprimé de son vivant à Madrid, en 1724.

Martial de Saint-Jean-Baptiste, *Bibliotheca scriptorum carmelitarum excalceatorum*, Bordeaux, 1730, p. 210. — Barthélemy de Saint-Ange et Henri-Marie du Saint-Sacrement, *Collectio scriptorum ord. carm. excalc.*, Savone, 1884, p. 23. — Hurter, *Nomenclator literarius*, 1910, t. IV, col. 276, 1296. — Cosme de Villiers, *Bibliotheca carmelitana*, t. I, col. 43.

P. MARIE-JOSEPH.

34. ALPHONSE D'ARAGON naquit à Valence (Espagne) en 1455. Il était le neveu du roi Ferdinand le Catholique, et le fils du duc de Villahermosa, comte de Ribagorza, grand-maître de l'ordre de Calatrava. Le 31 juillet 1475, Alphonse d'Aragon, à peine âgé de vingt ans, fut promu à l'évêché de Tortose. L'archevêque de *Caller* (Cagliari), qui avait établi sa résidence dans cette dernière ville, prit possession du siège de Tortose, le 22 août 1476, au nom d'Alphonse d'Aragon. Ce prélat administra le diocèse durant un certain nombre d'années, et l'évêque de *Vizanco* (?) recueillit sa succession, avec le titre de procureur d'Alphonse d'Aragon. Au mois de juillet 1513, sur les instances de Ferdinand le Catholique, l'évêque de Tortose fut transféré à l'archevêché de Tarragone. Alphonse d'Aragon n'occupa ce siège que l'espace d'une seule année. Il mourut le 26 août 1514, ainsi qu'en fait foi la brève épitaphe gravée sur son tombeau, qu'on voit dans le sanctuaire de la cathédrale de Tarragone, du côté de l'évangile.

Villanueva, *Viaje literario à las iglesias de España*, t. v, p. 106-107 ; t. XX, p. 22. — *Enciclopedia universal ilustrada europeo-americana*, Barcelone, t. v.

J. CAPEILLE.

35. ALPHONSE D'ARAGON, né à Cervera (Catalogne) en 1470. Fils naturel de Ferdinand le Catholique et d'une noble Catalane, il n'avait que sept ans quand il reçut de son père le titre d'archevêque de Saragosse et diverses abbayes. Après de vives résistances, le pape Sixte IV lui confia l'administration du diocèse jusqu'à ce qu'il eut l'âge canonique de vingt-cinq ans (14 août 1478). Le 24 janvier 1505, Alphonse obtint encore l'archevêché de Monréal, qu'il échangea, le 23 janvier 1512, contre celui de Valence. En même temps qu'il recevait ces titres ecclésiastiques, il était élevé aux plus hautes dignités civiles. Dès 482, il était nommé lieutenant général du royaume ; en 1483, chancelier d'Aragon ; puis vice-roi des trois royaumes de Catalogne, d'Aragon et de Valence.

Le 7 novembre 1501, il fut ordonné prêtre et ne dit la messe que ce jour-là, remarque un de ses successeurs, Fernando de Aragon. Le lendemain, il fut consacré archevêque par l'évêque de Calahorra, Juan de Ortega, en présence des deux fils et des deux filles qu'il avait eus, avant de recevoir les ordres sacrés, et dont l'aîné devait être son successeur immédiat sur le siège de Saragosse.

Si Alphonse vécut moins en prince de l'Église qu'en prince séculier, on doit reconnaître qu'il eut à cœur de bien remplir ses devoirs d'administrateur, comme le témoignent le zèle qu'il déploya à tenir régulièrement les synodes, les ordonnances qu'il rendit sur la discipline des clercs et, enfin, les nombreuses restaurations d'églises exécutées par ses ordres. Il mourut d'ailleurs au cours d'une visite pastorale, le 25 février 1520. Il fut inhumé dans le chœur de l'église de La Seo de Saragosse. Une plaque signale l'endroit où reposent ses restes et porte cette inscription : *Illmo et Rmo DD. || Alphonso Aragon catholici || regis F. Cæsaraugust. || archiepiscopo anno MDXX || defuncto, || Illustrissimus don || Ferdinandus Aragon ejusdem || Ecclesiae archiepiscopus || ponere jussit. Ann. || MDLVIII.*

On trouve publiés sous son nom, d'après Latassa : *Segunda sinodo diocesana de Zaragoza*, 1488. — *Tercera synodo diocesana*, 1495. — *Ordinaciones de la diputacion del reino de Aragon*, 1495. — *Breviario de Zaragoza*, Venise, 1496. — *Cuarta synodo diocesana*, 1500. — *Breviario de Valencia*, Valence, 1533. — *Coleccion de todas las antiguas constituciones asi provinciales como diocesanas hechas por los prelados de Zaragoza*, Saragosse, 1540. Ce dernier ouvrage, terminé en 1517, revu par Jean d'Aragon, est la première tentative qui ait été faite, en Espagne, pour réunir et classer les décrets des conciles provinciaux et les ordonnances épiscopales. Aguirre s'en est beaucoup servi pour sa *Collectio... conciliorum Hispaniae.*

Eubel, *Hierarchia catholica*, t. II, p. 126; t. III, p. 158, 267, 346. — Fernando de Aragon, *Catalogo de los obispos y arçobispos de Çaragoça*, 1627; ms. *F. 199* de la biblioth. nationale de Madrid, fol. 55-56. — Lamberto de Zaragoza, *Teatro histórico de las iglesias del reino de Aragon*, Pampelune, 1785, t. IV, p. 53-66. — Villanueva, *Viaje literario*, Madrid, 1803, t. I, p. 52. — Félix Torres Amat, *Memorias para... formar un diccionario critico de los autores catalanes*, Barcelone, 1836, p. 46. — Félix Latassa, *Bibliotecas antigua y nueva de escritores Aragoneses*, Saragosse, 1884, t. I, p. 117-118.

P. SICART.

36. ALPHONSE DE ARAGON Y BORGIA, religieux espagnol de l'ordre de Saint-Augustin. Il prononça ses vœux le 12 février 1596, et se fit admirer par la sainteté de sa vie. On ne connaît pas la date de sa mort. On a de lui : *Vida de santa Rita de Casia, sacada de sus antiguos historiadores, Iuan Gerónimo de Amicis, Agustin Covellucio, Onofre Martini, y Geronimo de Chertis, de la orden de san Agustin*, Madrid, 1628; Une *Vie du bienheureux Alphonse d'Orozco*, inédite, et un petit *Traité de perfection religieuse.*

Ossinger, *Bibliotheca augustiniana*, p. 68. — Antonio, *Bibliotheca Hispana nova*, Madrid, 1783, t. I, p. 11. — Latassa, *Bibliotheca nueva de los escritores aragoneses*, Pampelune, 1799, t. II, p. 414-415. — Moral, *Catálogo de escritores agustinos españoles*, dans *La Ciudad de Dios*, 1895, t. XXXVI, p. 611-612. — Crusenius-Lopez, *Monasticon augustinianum*, t. II, p. 107.

A. PALMIERI.

37. ALPHONSE D'ARGUELLO, missionnaire au Pérou. Les historiens qui ont écrit de longues pages sur ses travaux et ses vertus ne donnent pas la moindre date sur le temps où il vivait. Seule la fonction de secrétaire de Vaca de Castro, vice-roi du Pérou, qu'il aurait remplie avec éloge, nous reporte entre 1541 et 1544, époque où Castro exerçait sa charge. Ce fut alors qu'Alphonse prit l'habit franciscain, au couvent de Cuzco, dans les Charcas. Après sa prêtrise, il s'adonna à la conversion des Indiens dans le district du couvent de Pocona, au diocèse de Mizque. Ses succès furent considérables. Il mourut saintement à Pocona et fut enterré devant le maître-autel de l'église de Saint-François.

Diego de Cordova, *Chronica de la religiosissima provincia de los doze Apostoles del Peru*, Lima, 1651, l. II, p. 38-40; l. III, p. 142. — Diego de Mendoza, *Chronica de la provincia de S. Antonio de los Charcas... en las Indias occidentales, reyno del Peru*, Madrid, 1664, p. 149-157.

ANTOINE de Sérent.

38. ALPHONSE D'ARNUELLO ou **ARGUELLO**, appelé aussi Erguel, frère mineur du royaume de Castille, familier de l'évêque d'Avila, Jean Guzman, à qui la chambre apostolique de Benoît XIII payait 25 écus d'or, le 23 mai 1398, pour remplir certaines missions concernant la cause pontificale. Le 7 août 1403, le pape le nommait confesseur de Léon. Il était alors docteur en théologie et confesseur de l'infant Ferdinand, qui devint roi d'Aragon en 1412 et mourut en 1416. Le 19 août 1415, il était transféré à l'évêché de Palencia, puis à celui de Siguenza, le 7 juin 1417. Ce fut vraisemblablement peu après cette date qu'il abandonna l'obédience de Benoît XIII, car le 7 juin 1419, Martin V le nommait à l'archevêché de Saragosse, à la place de François Clément dont il annulait l'élection. Le 7 novembre 1422, le même pape l'instituе son nonce apostolique dans la province de Saragosse, avec mission de procéder contre les adhérents de Pierre de Luna. Le 12 février 1426, le pontife lui confie le soin de régler une question concernant les frères mineurs de Majorque. La dureté de son administration excita des mécontentements, et le roi d'Aragon, Alphonse V, le fit saisir et mettre en prison. Il y mourut en février 1429.

Wadding, *Annales minorum*, t. X, p. 16; t. XII, p. 448. — Eubel, *Hierarchia cath. med. aevi*, t. I, p. 159, 312, 405, 467; t. II, p. 325; *Bullarium franciscanum*, t. VII, p. 319, 394, 403, 521, 647.

ANTOINE de Sérent.

39. ALPHONSE DAS ASTURIAS, chanoine de Palencia, évêque de Lamego (Portugal), de 1302 à 1306. En cette dernière année il fut transféré à Salamanque, en Espagne. Il mourut le 22 janvier 1309.

Fortunato de Almeida, *Historia da Igreja em Portugal*, t. I, p. 624. — Eubel, *Hierarchia catholica medii aevi*, t. I, p. 303, 451.

F. DE ALMEIDA.

40. ALPHONSE DE BARRASA, évêque espagnol, d'abord notaire majeur d'Andalousie, puis, en 1361, élu évêque de Salamanque. Il est peu probable qu'il ait été cardinal, comme le dit Davila, car ce titre ne lui est donné dans aucune pièce officielle. Il fut le partisan dévoué et le conseiller d'Henri de Transtamare dans sa lutte contre Pierre le Cruel, pour le royaume de Castille et de Léon. Il lui fournit cinq cents arbalétriers enrôlés parmi les hommes de ses domaines. Il mit à son service ses talents de diplomate et réussit à le faire triompher dans la politique plus encore que sur les champs de bataille. En 1375, il négocia la paix de Zamora entre Henri et Pierre IV d'Aragon. En 1377, il fut envoyé aux congrès de Flandre et de Vérone et réussit à faire reconnaître Henri comme roi légitime par les diverses puissances de l'Europe. Celui-ci le récompensa en lui faisant donner l'évêché de Léon par Grégoire XI, le 5 mars 1375 (archives du Vatican. *Regesta Aveniuniensia Greg. XI*, t. 25, fol. 432), bien que les chanoines lui eussent opposé, par vingt-quatre voix contre dix-neuf, Ramirez de Guzman. Il eut pour successeur Alaramus de Léon (ci-dessus, col. 130). *Ibid., Clementis VII*, t. 30, fol. 328.

Le 20 mai 1381, il assista au concile provincial de

Salamanque, présidé par Pierre de Luna (Benoît XIII). On y déclara nulle l'élection d'Urbain VI et valide celle de Clément VII. Alphonse de Barrasa mourut en 1382.

Gil González Dávila, *Historia de las antiquedades de... Salamanca*, Salamanque, 1606, p. 277; *Teatro eclesiastico*, t. III, p. 297, 305. — Bernardo Dorado, *Compendio histórico de... Salamanca*, Salamanque, 1768, p. 257-260. — Mariana, *Historia de España*, t. VII, p. 107. — Florez, *España sagrada*, t. XXXVI, p. 36. — Antonio Vicente Bajo, *Episcopologio Salmantino*, Salamanque, 1901, p. 73-75. — Eubel, *Hierarchia catholica*, t. I, p. 312.

P. SICART.

41. ALPHONSE EL BATALLADOR. Voir ALPHONSE Ier, roi d'Aragon, col. 681.

42. ALPHONSE EL BENIGNO. Voir ALPHONSE IV, roi d'Aragon, col. 683.

43. ALPHONSE DE BOLANO, frère mineur, procureur, en Andalousie, de la mission des Canaries. Le pape Pie II le chargea, en 1459, de présider le chapitre provincial de ces îles. Une seconde fois, le même rôle lui fut confié. En 1460, après avoir passé quelque temps dans un ermitage, il partit pour la Guinée avec trois ou quatre compagnons. En 1462, Pie II lui accordait pour sa mission tous les privilèges dont jouissaient les frères mineurs des Canaries. En 1464, il était vicaire provincial des Canaries, mais comme il ne plaisait pas à Diégo de Herrera, seigneur temporel du pays, le pape lui donna un successeur, frère Diégo de Belmanua, et lui-même fut envoyé comme nonce apostolique en Éthiopie, le 9 septembre de la même année. En 1472, Sixte IV l'institua internonce en Guinée; en 1475, il lui permettait d'emmener seize franciscains pour sa mission; l'année suivante, il lui envoyait des lettres de protection pour les néophytes exploités par les Portugais et, en 1481, il lui confirmait tous ses privilèges antérieurs.

Wadding, *Annales minorum*, t. XIII, p. 129, 356, 367. — *Chronica Nicolai Glassberger*, dans *Analecta francisc.*, Quaracchi, 1887, t. II, p. 405. — Gubernatis, *Orbis seraphicus* (*De missionibus*, t. I), Rome, 1689, p. 619-621, 651-652.

ANTOINE de Sérent.

44. ALPHONSE DE BURGOS, d'une noble famille de la ville du même nom, reçut l'habit dominicain au couvent de Saint-Paul. Après ses études, il enseigna la théologie au collège de Saint-Paul à Valladolid. Vers 1449, il occupait la charge de prieur dans le couvent de Saint-Paul de Burgos. Il continua son enseignement en diverses chaires célèbres d'Espagne jusqu'en 1477, date de son élévation au siège de Cordoue (30 avril). Le 8 juillet 1482, il fut transféré au siège de Cuenca. Mais il n'y resta pas longtemps, car, le 26 août 1485, il était choisi pour le siège de Palencia. Il mourut dans les derniers mois de 1499. Il fut un bienfaiteur insigne de son ordre. Il fonda en particulier le célèbre collège de Saint-Grégoire de Valladolid et restaura tout le couvent de Saint-Paul de la même ville.

Eubel, *Hierarchia catholica*, t. p. 148, 152, 232. — Cavalieri, *Galleria de' sommi pontefici*, Bénévent, 1696, p. 363. Comme d'ordinaire, très fautif. - - *Bullar. ord. praed.*, t. III, p. 641; t. IV, p. 38; t. VII, p. 430. — Fontana, *S. theatr. dom.*, Rome, 1666, p. 179. - - Gonzalo de Arriaga, *Historia del insigne y real convento de San Pablo de Burgos de la orden de predicadores*, etc., ms., 1690, p. 64-72 [Arch. gén. de l'ordre].

R. COULON.

45. ALPHONSE DE BURGOS. Voir ALPHONSE ABNER, col. 696, et ALPHONSE DE CARTHAGÈNE.

46. ALPHONSE DE CACERES, frère mineur, bachelier en théologie, nommé évêque de Baleze, au Monténégro, le 27 mars 1420. Il était mort avant le 4 juin 1422.

Eubel, *Hierarchia*, t. I, p. 128; *Bullar. francisc.*, t. VII, p. 531. — Wadding, *Annales minorum*, t. X, p. 35.

ANTOINE de Sérent.

47. ALPHONSE CAMPENSIS, franciscain, qui aurait vécu vers 1500 et composé un traité: *De rebus franciscanis*. C'est Sbaralea, *Suppl. ad script. ord. min.*, Rome, 1806, p. 24, qui le dit sur la foi de Joh. Matere: *Dialogus chronologicus de ord. S. Francisci*, p. III, n. 20, sans qu'il puisse indiquer soit l'époque exacte, soit la patrie de ce franciscain.

M. BIHL.

48. ALPHONSE DE CARTHAGÈNE. — I. VIE. — Fils du rabbin converti Paul de Santa Maria, évêque de Carthagène et puis de Burgos, Alphonse naquit à Burgos, en 1384, avant l'abjuration de son père. Il est quelquefois désigné sous les noms d'Alphonse de Burgos et d'Alphonse de Santa Maria.

Après avoir pris les grades de maître en théologie et de docteur *in utroque jure*, il est nommé chroniqueur de Castille, puis doyen des églises de Santiago (1417) et de Ségovie (1420). Pendant ce temps, il demeure à la cour de Jean II de Castille, en qualité de précepteur du prince héritier don Henri, pour lequel il fit de nombreuses traductions d'auteurs latins et composa des traités de morale à l'aide de pensées extraites des philosophes anciens.

En 1420, il est nommé conseiller du roi et, dès ce moment, il prend une part active à toutes les affaires de l'État. En 1421, il est envoyé en Portugal où il réussit à négocier une trève de vingt-neuf ans entre le roi de Portugal et le roi de Castille. Il accompagne la cour dans ses déplacements successifs, à Valladolid en 1429, à Sigüenza, l'année suivante, et à Cordoue (1431), où le roi prend son avis et celui des autres conseillers pour le plan de la guerre de Grenade.

Mais c'est au concile de Bâle que ses qualités de diplomate se révélèrent dans tout leur éclat. En 1434, le cardinal Alonso Carrillo, représentant de l'Espagne, mourut au concile. Une nouvelle ambassade fut envoyée. Elle se composait d'Alvaro de Cuenca, de Juan de Cifuentes et d'Alphonse de Carthagène.

Elle partit dans les derniers jours de mai 1434, mais fit, à Avignon, un séjour de plusieurs semaines. Les ambassadeurs échangèrent des visites avec de nombreuses notabilités ecclésiastiques et civiles. Alphonse invita les docteurs et les licenciés en droit de la ville à une conférence contradictoire, où il s'engageait à expliquer et à commenter les textes de lois les plus obscurs et les plus difficiles qu'on voudrait lui proposer. Il le fit avec tant de bonheur, en présence de tous les juristes d'Avignon, que ceux qui essayèrent de discuter ses conclusions durent bientôt se déclarer vaincus. Mais ce n'étaient point des satisfactions de vaine gloire que poursuivait Alphonse. Par le succès de cette controverse d'école il entendait se faire reconnaître au concile de la réputation d'un éminent jurisconsulte et d'un adversaire redoutable, avec qui aurait à compter la députation anglaise ouvertement hostile aux Espagnols.

Avec une lenteur calculée, l'ambassade arriva à Liestal, à deux lieues de Bâle, le 23 août. Elle y resta trois jours pour régler le cérémonial d'entrée. Le 26, elle s'avança en grande pompe vers la ville où se tenait le concile. A peine sortie de Liestal, elle rencontra successivement les ambassades de chaque nation qui se portaient au-devant d'elle et, après les présentations, se mêlaient au cortège.

Vers la fin de la journée, la commission anglaise apparut, composée de deux docteurs et de deux maîtres, dont les noms ne figuraient pas sur la liste des ambassadeurs. L'intention offensante qui avait inspiré le choix de ces émissaires dépourvus de titre officiel fut soulignée par la lecture du message. Les représentants de l'Angleterre se disaient empêchés par des travaux absorbants de venir en personne recevoir l'ambassade espagnole; c'est pourquoi ils envoyaient « quelques-uns de leurs familiers pour l'accompagner et lui faire honneur. » Alphonse répondit à cette harangue d'une manière si froide que les Anglais se retirèrent sans s'unir au cortège.

Le surlendemain, nouvel incident. Une procession s'était formée pour accompagner le légat du pape. Les Anglais s'y présentèrent armés et prétendirent occuper une place prééminente. Les Espagnols protestèrent si bruyamment que, pour éviter un scandale, les Anglais durent déposer leurs armes et descendre à un rang inférieur.

Alphonse s'attacha à ne laisser empiéter sur aucun des droits du royaume de Castille. Il décida les autres membres de l'ambassade à ne pas se présenter au concile, comme on les y invitait, un jour d'assemblée générale ordinaire, mais il obtint que la députation castillane fût reçue, le 2 septembre, en session extraordinaire, comme l'avait été l'ambassade anglaise, et avec le même cérémonial. A l'entrée de la salle des séances, un conflit éclata quand on désigna aux Espagnols la place qu'ils devaient occuper. Ils voulurent siéger au premier banc de gauche, en face de l'empereur. Mais les Anglais, qui s'étaient fait donner cette place, refusèrent de la céder. Les tentatives d'arbitrage ayant échoué, on dut suspendre les sessions du concile et ouvrir un procès canonique. L'avocat des Anglais fut Henri de Abendon. Alphonse défendit les droits de l'Espagne. Le mémoire qu'il présenta (voir Œuvres) invoqua de si probants arguments d'ordre juridique et historique en faveur de la prééminence du royaume de Castille sur la couronne d'Angleterre que le tribunal donna gain de cause aux Espagnols.

En 1435, l'évêque de Burgos, père d'Alphonse, donna sa démission. Le roi Jean II présenta pour le siège vacant la candidature d'Alphonse de Carthagène, qui fut acceptée par le pape Eugène IV, le 6 juillet 1435. Le nouvel évêque prit possession par procureur le 10 octobre de la même année.

Il continua à prendre part aux travaux du concile et à y défendre les droits de l'Espagne. Les députés du Portugal avaient été admis par les Pères de Bâle à exposer leurs revendications sur les îles Canaries. Alphonse réfuta victorieusement leurs revendications dans un mémoire qui a été conservé. Voir Œuvres.

Vers la fin de 1438, il quitta Bâle pour aller servir de médiateur, au nom du roi Jean et probablement avec une mission secrète du pape, entre Ladislas VI, roi de Pologne, et Albert II d'Autriche, empereur d'Allemagne. L'empereur achevait déjà ses préparatifs de guerre et se rendait à Breslau pour arrêter son plan de campagne. Alphonse résolut pacifiquement le conflit en obtenant une promesse de mariage entre Élisabeth, la fille cadette d'Albert, et Casimir, l'héritier présomptif de la couronne de Pologne.

De ce temps le concile de Bâle avait dégénéré en conciliabule contre le pape. Alphonse n'y retourna que pour se joindre aux autres membres de l'ambassade espagnole et se rendre avec eux à Rome. Juan de Mena, contemporain et ami d'Alphonse, raconte (*Crónica*, cap. 243), qu'à l'annonce de cette visite le pape se serait écrié : « Si l'évêque de Burgos vient ici, j'aurai honte de m'asseoir en sa présence sur le trône de saint Pierre. »

En 1440, Alphonse était de retour en Castille. Il fut chargé de conduire à Valladolid Blanche de Navarre, fiancée du prince des Asturies, depuis Henri IV. Le mariage fut célébré le 15 septembre.

Durant les guerres civiles qui éclatèrent à la suite de cette union, Alphonse resta un loyal serviteur du roi, mais il ne consentit à jouer d'autre rôle dans la lutte que celui de négociateur des trêves et des traités de paix.

Il se consacra de préférence à l'administration de son diocèse. Il enrichit le trésor de son église métropolitaine de quarante et une chapes et d'ornements de grand prix qui avaient servi au concile et dont plusieurs se conservent encore. On lui doit la construction des flèches qui s'élèvent sur les deux tours de la *Puerta Real* de la cathédrale. Cette œuvre, attribuée à Jean de Cologne, fut commencée le 18 septembre 1442 et terminée le 4 septembre 1458, après la mort de l'évêque.

En 1456, année du jubilé de Santiago, Alphonse voulut faire son pèlerinage à Compostelle. Mais, au retour, se sentant malade, il dut s'arrêter au village de Villasandino. Il y mourut le 22 juin, dans des sentiments de piété, qui édifièrent ceux qui l'entouraient, comme en témoigne Fernando de la Torre, dans une lettre gardée à la bibliothèque de la *Real academia de la historia*, de Madrid, coll. Salva, t. XLIV, fol. 176. Un tombeau lui fut construit au milieu de la chapelle de la Visitation, dans la cathédrale. Sur la pierre tombale est sculptée une statue d'évêque où l'on s'accorde à reconnaître le portrait du prélat. Une longue épitaphe rappelle les principales circonstances de sa vie et les services qu'il rendit à l'Église et au roi.

C'était une des plus grandes figures de l'épiscopat espagnol du XVe siècle qui disparaissait. On a vu plus haut en quelle estime le tenait le pape Eugène IV. Aeneas Silvius (Pie II), dans ses *Commentarii*, l'appelle *deliciæ Hispaniarum..., scientiæ speculum* et lui prodigue les éloges les plus flatteurs. En Espagne Fernan Perez de Guzman pleura sa mort dans une élégie célèbre, qui commence par ce vers : *Aquela Seneca expiró*. Pulgar reflète, dans le portrait suivant, l'opinion de ses contemporains : « Il avait une majestueuse prestance, les membres bien proportionnés, la voix sonore et agréable. Par son affabilité il s'attachait tous ceux qui l'approchaient. Il fut universel en connaissances, politique habile, évêque vertueux et exemplaire, écrivain docte et élégant, puissant orateur, philosophe profond et poète délicat. »

II. ŒUVRES. — On peut grouper sous les chefs suivants, d'après leur caractère, les œuvres d'Alphonse de Carthagène.

1° *Œuvres de théologie ascétique*. — 1. *Apologia sobre el psalmo : Judica me, Deus*, c'est la glose littérale de ce psaume. L'original écrit en latin est perdu. Un manuscrit de la traduction espagnole se trouve à la bibliothèque de l'Escurial, *Est. ij, h-22*, p. 158. Celle-ci fut imprimée à Murcie, par les soins du familier Almella, après la mort de l'évêque en 1487. Dans le même volume on trouve l'*Oracional* et le *Tratado de san Juan Crisostomo*. — 2. *Aqueste es comienço de un tractado que fiso sant iohan crisostomo.* C'est un commentaire d'une glose de saint Chrysostome sur le psaume *Miserere mei Deus*. Le manuscrit fait partie du codex de l'Escurial cité précédemment, fol. 167 à 172 v°. — 3. *Oracional*, traité sur l'oraison mentale. Il en existe deux manuscrits, l'un à l'Escurial, *iij, y-8*, l'autre à la bibliothèque nationale de Madrid, *Bb, 62*. On a vu que cet ouvrage figure dans l'édition d'Almella.

2° *Œuvres d'histoire et de politique*. — 1. *Anacephaleosis* (récapitulation), généalogie des rois d'Espagne, des empereurs romains, des rois de France, des papes et des évêques de Burgos. Le texte est disposé en forme d'arbre généalogique et orné des portraits des rois, reines, infants, papes et évêques de Burgos, depuis Athanaric jusqu'à Henri IV. Cet ouvrage, écrit en latin, fut imprimé pour la première fois par Nebrija dans le corps d'un volume qui contenait d'autres traités historiques, dont la liste est énumérée dans le titre : *Rmi ac illmi domini Roderici Toletanae dioecesis archiepiscopi rerum in Hispania gestarum Chronicon libri novem nuperrime excussi, et ab injuria oblivionis vindicati. Adiecta insuper Ostrogothorum, Hugnorum, Vandalorum, caeterorumque historia. Necnon Genealogia rerum Hispanarum reverendi patris domini Alphonsi de Cartagena episcopi Burgensis. Apud inclytam Granatam. Anno MDXLV.* La bibliothèque provinciale de Burgos possède un exemplaire de cet ouvrage. L'opuscule de l'évêque Alphonse fut réimprimé dans *Hispania illustrata*, un vol. in-4°, Francfort, 1605. Il fut traduit plusieurs fois en espagnol, notamment par Fernan Perez de Guzman et par Juan de Villafuerte. Trois manuscrits de la traduction de ce dernier se trouvent à la bibliothèque de l'Escurial sous le titre de *Genealogia de los reyes de España*, Est. *ij, x-23; Est. iiij. a-7; Est. ij, h-22*. La bibliothèque nationale de Madrid possède trois traductions manuscrites, qui paraissent émaner d'auteurs différents et dont chacune porte un titre distinct : *V-44; Bb-105, K-11;* ces deux dernières ont été écrites au XV° siècle. Le P. Mariana, et quelques auteurs après lui, attribuent par erreur cet ouvrage à Garcia Alvarez. — 2. *Libro de las mujeres ilustres* (livre des femmes illustres), composé à la demande de la reine doña Maria, pour protester contre la campagne de diffamation des femmes, inaugurée dans la littérature par Boccace. — 3. *Libro mauriciano*, copie de bulles, priviléges et écritures concernant l'Église de Burgos. — 4. *Extracto de la ssuma de las Crónicas de España*, commencé par son père et terminé par Alphonse. — 5. *Allegationes factae per reverendum patrem dūm Alphonsum de Cartaiena epūm Burgensem in consilio bassilensi sup. conqūta insularum Canarie contra Portugalenses. Anno domini MCCCC tressimo 5°*. C'est le mémoire que présenta Alphonse, devant les Pères de Bâle, pour réfuter les prétentions des Portugais à la possession des îles Canaries. On en connaît trois exemplaires manuscrits, l'un à l'Escurial, *a, iv-14*, un autre à la bibliothèque Vaticane, d'après le témoignage de Nicolas Antonio; et enfin le dernier à la bibliothèque nationale de Madrid, *H-49, p. 409*. — 6. *De concordia*, collection de bulles pontificales et de sentences de tribunaux ecclésiastiques se rapportant à la question de la prééminence du royaume de Castille au concile de Bâle, à l'attribution des îles Canaries et à diverses négociations de paix où intervint Alphonse. — 7. *Tratado sobre la ley Gallus. De liberis et postumis instituendis. Tratado de sessiones*, manuscrit in-folio conservé dans la cathédrale de Burgos. Il comprend deux parties. La première, qui occupe les seize premières pages, est le discours que prononça l'évêque dans une conférence contradictoire qui eut lieu à l'université de Bâle, le 19 juillet 1434. La seconde partie contient des documents se rapportant au concile, tels que la bulle de convocation, les formules de prières, etc. Le reste est une sorte de journal des sessions, tenu assez exactement depuis 1434 jusqu'au 2 septembre 1435. — 8. *Propositio facta per rev. P. Alphonsum, ep. Burgensem, super altercationē praeeminentiae sedium inter ambasciatores sereniss. et potentiss. nostri regis et ambasciatores illustriss. principis dom. regis Angliae*. C'est le mémoire qui fut présenté en défense des droits de Castille au procès de préséance ouvert à l'occasion du concile de Bâle. Il en existe un manuscrit à la bibliothèque Vaticane, *4151*, et un autre à l'Escurial. *iij, Z-2*. L'auteur fit une traduction espagnole de ce traité. On en trouve deux exemplaires au British Museum de Londres, *Eg-2081-1* et *Eg-337*; un à l'Escurial, *Est. ij, h-22*, fol. 137; et sept autres, avec des titres différents, à la bibliothèque nationale de Madrid, *Cc-79; E-169; Cc-119; Bb-64; X-250; M-100*, fol. 101; *Aa-5*.

3° *Traités de morale.* — 1. *Declinaciones* (observations) *sobre la traduccion de las éticas de Aristoteles*, controverse avec Léonardo Bruno Aretino, ouvrage perdu. — 2. *Defensorium unitatis christianae*; cet opuscule fut écrit, en 1450, pour défendre les juifs convertis, qui protestaient contre le statut sévère qu'on leur avait imposé après la persécution de Tolède; manuscrit de la bibliothèque nationale de Madrid, *B-89*. — 3. *Doctrinal de caballeros*. C'est un code de chevalerie qui a joui d'une grande estime. Il se divise en quatre livres. Le premier traite des conditions de naissance et des aptitudes requises pour être admis dans les divers ordres de chevalerie. Il se termine par l'énumération des fonctions qui correspondent à chaque grade. Le second s'occupe des obligations qui incombent aux chevaliers en cas de guerre; le troisième des duels, des trêves et des tournois; et le quatrième des vassaux, de leurs droits et de leurs devoirs. L'ouvrage complet se trouve à l'Escurial dans un manuscrit de 276 folios, *Est. iij, h-4*. La bibliothèque nationale de Madrid possède une copie du II° livre, faite au XV° siècle (*S-22*) et une du IV° livre, qui date de la même époque (*Ec-20*). On connaît deux éditions du *Doctrinal*, l'une imprimée à Burgos en 1487 et l'autre de la même ville en 1497. Certains auteurs croient à l'existence d'une édition intermédiaire, mais on n'en trouve pas de traces. — 4. *Duodenario*, réponses à douze questions touchant la chevalerie, posées à l'évêque par Fernan Perez de Guzman. — 5. *Memorial de virtudes*, traité de morale sur les vertus, composé à l'aide de maximes tirées des auteurs païens et des Pères de l'Église. La bibliothèque de l'Escurial en possède deux manuscrits, l'un en latin, *Est. iij, q-9*, l'autre en espagnol, *Est. iij, h-2*. La bibliothèque nationale de Madrid en a aussi deux autres, *Bb-63* en latin et *Bb-69* en espagnol. D'après Goiri, ce livre aurait été imprimé en 1635. — 6. *Respuesta de una letra y quistion... sobre el acto de la cavalleria*, traité sur le serment militaire que prêtaient les soldats romains; bibliothèque nationale de Madrid, *Dd-149*, fol. 87; *T-130; M-100*, fol. 132.

4° *Sermons et discours.* — Divers recueils de sermons ont été attribués à Alphonse de Carthagène, mais un seul sermon revêt des caractères d'authenticité certaine. C'est celui qui figure dans le manuscrit *232* de la bibliothèque Vaticane, sous le titre de *Sermon predicado en el concilio de Basilea*. Nicolas Antonio a connu un *Tractatus et questiones dñi Alphonsi Burgensis*, qui devait contenir le canevas des principaux discours et la copie des propositions développées par le prélat au concile de Bâle. Cet ouvrage paraît perdu.

5° *Poésie.* — Dans le *Cancionero de Castilla*, il y a d'assez nombreuses poésies qui portent la signature de *Cartagena*. Elles furent longtemps attribuées toutes à l'évêque de Burgos, bien que plusieurs d'entre elles, par leur caractère anacréontique, s'accommodent mal de la gravité de leur prétendu auteur. Cristobal de Castillejo († 1556) et, de nos jours, Amador de los Rios ont soutenu cette opinion. Mais les raisons péremptoires invoquées par le marquis de Pidal (p. LXVIII du *Discours préliminaire du Cancionero de Baena*) et la démonstration qu'a faite Jiménez de la Espada, dans ses notes aux *Andanças et viages de Pero Tafur*, de l'existence, à la cour de Jean II, d'un Pedro de Cartagena, chevalier et poète, permettent d'attribuer à ce dernier les pièces légères signées Cartagena. Mais il est hors de doute que l'évêque écrivit des vers appréciés. Plusieurs témoignages contemporains en font foi. Fernan Perez de Guzman va jusqu'à lui décerner le titre de « maître de toute poésie subtile ».

Il reste à la critique de faire le départ exact des œuvres du chevalier et de celles de l'évêque.

6° *Lettres.* — La bibliothèque nationale de Madrid possède un recueil de lettres d'Alphonse intitulé *Cartas latinas* (*Bb-64*).

7° *Traductions.* — L'évêque de Burgos traduisit divers ouvrages pour le prince Henri, dont il était le précepteur. Les traductions suivantes ont été conservées : 1. *Traduccion castellana de las caidas de Principes de Bocacio*; bibliothèque nationale de Madrid, *E-6.* — 2. *De officiis, De senectute* de Cicéron; bibl. nat. de Madrid, *V-152;* imprimés à Séville, en 1501, sous le titre de *Tulio De officijs y De senectute*, un vol. in-fol. — 3. Divers traités de Sénèque; Escurial, *iij, T-4; iij, T-5; iij, T-6; iij, T-7; ij, I-15;* bibliothèque nationale de Madrid, *q-145; X-109, 170; L-1;* autre manuscrit dans la bibliothèque universitaire de Salamanque. La traduction de Sénèque eut cinq éditions sous le titre de *Cinco libros de Seneca*, etc., Séville, 1491; Tolède, 1510; Alcala de Hénarès, 1530; Anvers, 1548; *ibid.*, 1551.

Hernando de Pulgar, *Crónica del señor rey don Juan II*, Valencia, 1779, p. 171, 204, 220, 278, 342. — Nicolas Antonio, *Bibliotheca vetus*, t. i, p. 261-265. — Florez, *España sagrada*, t. xxvi, p. 372-374, 388-402. — Bartolomé José Gallardo, *Ensayo de una biblioteca española de libros raros*, t. ii, p. 249-264; Appendice, p. 25. — Martinez Añibarro, *Diccionario biográfico e bibliográfico de... Burgos*, Madrid, 1889, p. 89-115. — Eubel, *Hierarchia medii aevi*, t. ii, p. 126.

P. SICART.

49. ALPHONSE DE CASARUBIOS, originaire de la ville de ce nom, en Espagne, frère mineur de la province de Saint-Jacques, surnommé le Compilateur, vivait dans la première moitié du xvi° siècle. Il est célèbre pour avoir publié un *Compendium privilegiorum fratrum minorum necnon et aliorum mendicantium ordine alphabetico congestum*, Valladolid, 1525; in-4°, Séville, 1530; Venise, 1532; Salamanque, 1532; Paris, 1578, 1582, 1590. L'édition de 1578 fut publiée par les soins de Christophe de Cheffontaines, général des frères mineurs. Peu après, Jérôme de Sorbo, qui devint général des capucins, revit ce *Compendium* et l'édita *reformatum secundum decreta sacri concilii Tridentini ac summorum pontificum qui a Clemente VII usque ad Clementem VIII fuere*, et il y ajouta des *Annotationes valde notabiles P. Antonii de Corduba*, in-4°, Naples, 1595; in-4°, Brescia, 1550, 1559, 1599; in-4°, Venise, 1603, 1609, 1617; Cologne, 1519.

Il publia encore le *Supplementum monumentorum ordinis*, s. l. n. d. Sbaraglia le croit aussi l'auteur du *Collectorium regularium fratrum et monialium sub regimine praelatorum ordinis degentium*, Salamanque, 1532.

Joannes de Sancto Antonio, *Bibliotheca franciscana*, Madrid, 1732, t. i, p. 40. — Wadding, *Scriptores minorum*, Rome, 1906, p. 11. — Sbaralea, *Supplem. script. min.*, Rome, 1908, p. 25. — *Dictionnaire de théologie*, t. i, col. 1821.

ANTOINE de Sérent.

50. ALPHONSE EL CASTO. Voir ALPHONSE II, col. 684.

51. ALPHONSE DE CASTRO, franscicain, naquit en Castille, près de Zamora, en l'année 1495. A peine âgé de quinze ans, il fut admis au noviciat au couvent de Saint-François à Salamanque. Dès qu'il eut prononcé ses vœux, il fut envoyé à l'université d'Alcala, et il y devint bientôt un théologien accompli.

De retour à Salamanque, ses supérieurs lui conférèrent la chaire de théologie, et il l'occupa durant trente ans, aux applaudissements de tous. Il mérita d'être placé parmi les grands théologiens de son temps, à côté de Soto, Cano, etc., et fut un des principaux restaurateurs de la théologie au xvi° siècle. Il eut des disciples fameux, entre autres Michel de Médina,

François Orantes et Antoine de Cordoue. Non content d'enseigner la théologie, il distribua avec un succès merveilleux le pain de la parole divine au peuple de Salamanque, et il se fit un grand nom parmi les plus célèbres prédicateurs de l'époque.

On ne sait pas exactement quelles charges il exerça dans son ordre, mais, à en juger par les lettres que lui adressèrent ses supérieurs, il en était fort estimé.

Quand s'ouvrit le concile de Trente en 1545, Castro y fut envoyé comme théologien du roi d'Espagne, ainsi que son confrère Véga, et il prit une part active aux délibérations.

Prédicateur et conseiller de Philippe II, il suivit ce prince en Angleterre et fit de louables efforts pour ramener cette nation à l'Église catholique. De là il se rendit dans les Pays-Bas. Philippe II lui offrit l'archevêché de Saint-Jacques de Compostelle, mais Alphonse mourut à Bruxelles, le 11 février 1558, à l'âge de soixante-trois ans, avant d'avoir reçu les lettres de Rome.

Castro s'est immortalisé surtout par ses écrits. Ils sont tous en latin. Dès l'année 1531, il fit paraître à Paris, en un vol. in-fol., un ouvrage intitulé : *Adversus haereses*. Il y réfute toutes les hérésies parues jusqu'à lui. En 1545, l'ouvrage avait déjà eu trois éditions à Paris et une à Cologne, quand l'auteur le fit imprimer de nouveau, après l'avoir revu et considérablement augmenté; il en avait eu plus de dix en France, en Italie et en Allemagne, quand il le modifia pour la troisième fois, en 1556. Après sa mort, il fut souvent réédité, notamment en 1571, à Paris, en Anvers, en 1568, à Paris, en 1565 et 1578, à Madrid, en 1773.

En 1537, Castro publia à Salamanque vingt-cinq homélies sur le psaume *Miserere*, qu'il dédia à Jean III roi de Portugal. Cet ouvrage fut édité de nouveau à Salamanque, en 1547 et 1568, à Paris, en 1565 et 1578, enfin à Madrid, en 1773.

En 1540, il fit paraître à Salamanque vingt-quatre homélies sur le psaume *Beati quorum remissae sunt...*, dédiées à Henri, infant de Portugal. Elles furent rééditées depuis à Salamanque, en 1568, à Paris, en 1565 et 1578, et à Madrid, en 1773.

En 1547, Castro publia un ouvrage juridico-théologique intitulé : *De justa haereticorum punitione*. Il fut réédité à Salamanque, en 1557, à Lyon, en 1556, à Paris, en 1565, 1571 et 1578, et à Madrid, en 1773.

Enfin, en 1550, il fit paraître un dernier ouvrage en deux livres : *De potestate legis poenalis*. Il fut réédité à Lyon en 1556, à Paris en 1565, 1571 et 1578, et enfin à Madrid en 1773.

Joannes A.-S. Antonio, *Bibliotheca franciscana*, t. i. — Wadding, *Scriptores ord. minorum*, Rome, 1650. — Sbaralea, *Supplement et castigatio ad scriptores ord. min.*, Rome, 1806. — Sixtus Senensis, *Bibliotheca sancta*, l. IV. — N. Antonio, *Bibliotheca Hispanica nova*, t. i, p. 22. — Andreas Scotus, *Bibliotheca Hispanica*, t. ii, class. 3, p. 243. — Petrus Annatus, *Methodus ad posit. theol. apparatus*, Paris, 1705, t. ii, l. VII, art. 10. — Aubertus Miraeus, *De scriptoribus ecclesiasticis saeculi* xvi, 1653, p. 52. — Hurter, *Nomenclator literarius*, 1899, t. iv, col. 1184. — Merkle, *Concilii Tridentini diarii*, Fribourg-en-Brisgau, 1901, t. i. — *Dictionnaire de théologie catholique*, t. ii, col. 1835-1836; on y trouvera quelques renseignements en plus sur les œuvres d'Alphonse et leur destinée.

DOMINIQUE de Caylus.

52. ALPHONSE LE CATHOLIQUE. Voir ALPHONSE I°r, col. 683.

53. ALPHONSE DE CHARTRES, docteur en droit, puis frère mineur capucin, le 18 avril 1631, au couvent de Saint-Jacques de Paris, prédicateur et théologien, gardien à Saint-Honoré, mort au couvent du Marais à Paris, le 27 octobre 1687. On a de lui des

Demonsirationes evangelicae, in-4°, Paris, 1663, 1666. La préface est écrite de Meudon. Il a aussi édité les œuvres du P. Yves de Paris, trois vol. in-fol., et une traduction de *La Fenice di Ludovico Manzoni cioe Esercizi dell' anima crocefissa*, in-8°, Paris, 1659.

Bibl. nat., ms. fr. 25046, p. 412. — Bernard de Bologne, *Bibl. script. ordin. min.*, S. *Francisci capuccin.*, Venise, 1747, p. 6. — Emmanuel de Lanmodez, *Les pères gardiens des capucins du couvent de la rue Saint-Honoré à Paris*, Paris, 1893, p. 22-23.

P. Ubald d'Alençon.

54. ALPHONSE DE CORDOUE, religieux augustin, né à Cordoue vers la fin du xve siècle, docteur en Sorbonne et successivement professeur aux universités d'Alcala de Hénarès et de Salamanque, fut célèbre en Espagne, non seulement pour la profondeur de ses connaissances théologiques et philosophiques, mais aussi parce qu'il était versé dans les langues anciennes. Lorsque l'université de Salamanque lui ouvrit ses portes, en 1518, il y fonda la chaire des *Nominales* qu'il occupa pendant de longues années. Il s'efforça d'expliquer cette théorie philosophique, si fameuse dans le moyen âge, mais en essayant de la présenter sans l'escorte des subtilités dont l'avaient entourée Roscelin et ses disciples. Il défendit constamment la doctrine de Platon et de saint Augustin contre celle d'Aristote. Il était, au jugement de ses contemporains, un des professeurs qui contribuèrent le plus à soutenir la renommée de l'université de Salamanque. Après avoir refusé l'évêché de Badajoz, que Charles-Quint lui avait offert, il se retira à Avila, où il mourut, l'an 1542.

On a de lui : *Principia dialecticae in terminos, suppositiones, consequentias, et parva exponibilia distincta*, Salamanque, 1519; — *Lectiones theologicae juxta mentem nostri doctoris authentici;* — *Commentaria in libros Ethicorum, Oeconomicorum et Politicorum Aristotelis;* — *Hexameron, seu expositio in Genesis priora capita de opere sex dierum;* — *Commentaria in epistolas D. Pauli;* — *Explanationes Apocalypsis; Vergel de nobles doncellas* (dédié à l'infante Isabelle, fille de Charles-Quint), 1542; — *Alabanzas de la virginidad*.

Ossinger, *Bibliotheca augustiniana*, Ingolstadt, 1768, p. 226. — Nicolas Antonio, *Bibliotheca Hispana*, t. 1, p. 15. — Fabricius, *Bibliotheca latina, med. et infimae aetat.*, Padoue, 1754, t. v, p. 37. — Elssius, *Encomiasticon augustinianum*, Bruxelles, 1654, p. 35. — Gandolphi, *Dissertatio historica de CC scriptoribus augustinianis*, Rome, 1704, p. 46. — Torelli, *Secoli agostiniani*, Bologne, 1686, t. viii, p. 218, 259.

A. Tonna-Barthet.

55. ALPHONSE DE LA CROIX, cistercien portugais. Né à Alemquer ou à Fundão, il fit profession, en 1574, à l'abbaye d'Alcobaça. En 1600, il fut élu abbé triennal de ce monastère et général de la congrégation de Saint-Bernard de Portugal. Il a écrit deux ouvrages ascétiques : *Espelho de perfeição colhido na doutrina de alguns santos padres e outros aroes contemplativos*, 1615; et *Espelho de religiosos, o qual vendo-se e compondo-se as pessoas religiosas, poderão com favor divino chegar com facilidad de à perfeição*, 1622. Il mourut à Alcobaça en 1626.

Manrique, *Cisterciensium seu verius ecclesiasticorum annalium*, Lyon, 1642, t. ii, Appendix, p. 13. — Veira Navidade, *O mosteiro d'Alcobaça (Notas historicas)*, Coïmbre, 1885, p. 164.

R. Trilhe.

56. ALPHONSE DE LA CROIX, célèbre missionnaire de la congrégation des augustins déchaussés, né à Villar de Pedroso, diocèse de Tolède. Il convertit huit mille Indiens dans la province d'Uraba. Il fut tué dans la même ville, le 13 février 1630, par un néophyte, à qui il reprochait ses mauvaises mœurs.

Elssius, *Encomiasticon augustinianum*, Bruxelles, 1654, p. 35. — Joseph de Saint-Antoine, *Flos sanctorum augustinianorum*, Lisbonne, 1721, t. 1, p. 471-482. — Crusenius-Lopez, *Monasticon augustinianum*, Valladolid, 1903, t. ii, p. 353, 460.

A. Palmieri.

57. ALPHONSE DE LA CROIX, né d'une famille noble, à Valdemoro, au royaume de Tolède, entra chez les franciscains déchaussés de la province de Saint-Paul. Il devint gardien des couvents de Médina, d'Avila (1599) et de Salamanque; il fut cinq fois définiteur de sa province et deux fois visiteur de celle de Saint-Jean-Baptiste. Il mourut à Médina, le 24 janvier 1631. Selon Jean de Saint-Antoine, il serait le premier à avoir publié ses sermons en langue vulgaire.

On a de lui : *Primera parte de discursos evangelicos y espirituales en las fiestas principales de todo el año*, in-4°, Madrid, 1599; in-4°, Barcelone, 1600; — *Varios discursos, o anotaciones para las festividades principales de los Santos*, Madrid, 1599; in-4°, Barcelone, 1600; — *De la pureza del apostol san Pablo*, Madrid, 1599; — *Camino de la salvacion*, Salamanque, 1625; — *Manual de Prelados; Sermones de quaresma*, inédits.

Wadding-Melchiorri, *Annales minorum*, t. xxiii, p. 336, 388. — Wadding, *Scriptores minorum*, Rome, 1906, p. 12. — Sbaralea, *Supplem. ad scriptores minorum*, Rome, 1908, p. 26. — Joannes de Sancto Antonio, *Bibliotheca franciscana*, Madrid, 1732, t. 1, p. 43. — Antonio, *Bibliotheca Hispana nova*, Madrid, 1783, t. 1, p. 20.

Antoine de Sérent.

58. ALPHONSE CUSANZA, évêque espagnol. D'abord dominicain du couvent de San Esteban de Salamanque, puis prieur du couvent de Rivadaira, d'où il sortit pour prendre la charge de confesseur du roi Henri III. Il assista, en qualité de conseiller de Ferdinand d'Aragon, à l'entrevue qu'eut ce prince avec l'antipape Benoît XIII à Morella, en 1415. Quelques historiens espagnols le font nommer évêque de Salamanque en 1413, mais ils se confondent avec Alphonse, archidiacre de Nebula à l'église de Séville, que l'antipape Benoît XIII nomma en effet, à ce siège, le 16 septembre 1412. Eubel a constaté, d'après les archives du Vatican, que le dominicain Alphonse Cusanza n'était pas évêque quand il fut promu à Orense, le 6 mars 1420, par Martin V. Il n'y resta que quatre ans. Le 28 juillet 1424, il passa au siège de Léon. Peu de jours après, il assistait comme témoin à l'acte par lequel Jean II fit reconnaître pour son héritière sa seconde fille Éléonore.

Le 12 juin 1426, il donna une constitution tendant à réprimer les violations des immunités ecclésiastiques commises fréquemment par les nobles du diocèse de Léon. Sur le *grand livre des testaments*, conservé dans la cathédrale (IIIe partie, fol. 88), on trouve de lui un décret, portant la date de 1428, par lequel il institue un synode annuel où il convoque ses prêtres, avec l'obligation pour eux de s'y rendre, chacune des années ultérieures, le jour de saint Barthélemy, sans qu'il soit besoin de les y appeler. Le 4 octobre 1132, il signa comme témoin un acte de donation par lequel Jean II distribuait diverses villes à ses partisans. Les derniers documents qu'on ait de lui sont de 1435. *Libro de constituciones de la catedral de Leon*, fol. 45.

La date de sa mort se place entre 1435 et 1438, parce qu'en cette dernière année éclata une insurrection au cours de laquelle fut saccagé le palais de l'évêché « alors sous séquestre. » Son successeur, Juan de Mello, souscrit son obligation le 26 août 1437. Archives du Vatican, *Obligationes*, t. 66, fol. 37.

Francisco Truxillo, *Antiguedades de la iglesia de Leon*, ms. q. 16 de la biblioth. nationale de Madrid, p. 8. — Gil

González Dávila, *Historia de las antiguedades de... Salamanca*, 1606, p. 279; *Teatro eclesiastico*, t. III, p. 339, 358. — Bernardo Dorado, *Compendio histórico de... Salamanca*, 1768, p. 290-302. — Florez, *España sagrada*, t. XXXIX, p. 54-58. — Eubel, *Hierarchia catholica*, t. I, p. 451, 312, 121; t. II, p. 193.

P. SICART.

59. ALPHONSE DINIS, évêque de Guarda, puis d'Évora (Portugal). Il était déjà évêque de Guarda en 1346, car le 2 octobre de cette année, le pape Clément VI lui accorda la faculté de disposer de quelques biens qu'il avait acquis pour sa cathédrale. En 1347, il figure dans un acte de donation de quelques cadeaux du roi Alphonse IV à sa fille doña Leonor, qui allait se marier avec le roi Pierre IV d'Aragon; mais, en 1349, il était déjà évêque d'Évora, car en cette qualité il reçut de Clément VI la faculté de disposer de quelques biens. D'après Fonseca, il aurait pris possession de la cathédrale d'Évora en 1348. Il montra un grand esprit de charité en secourant les pestiférés à l'occasion d'une épidémie qui sévit dans sa ville épiscopale pendant plus d'une année. Les derniers renseignements que nous avons sur Alphonse se rapportent à 1350.

Silva Leal, *Catalogo dos bispos da Idanha e Guarda*, dans la *Collecção dos documentos e memorias da Academia real da historia portuguesa*, 1722. — José Osorio da G. e Castro, *Diocese e districto da Guarda*, Porto, 1902, p. 413. — Antonio Caetana de Sousa, *Historia genealogica da casa real portuguesa*, Lisbonne, 1735, t. I, p. 361; *Provas da Historia genealogica*, Lisbonne, 1739, t. I, p. 258. — Francisco de Fonseca, *Evora gloriosa*, Rome, 1728, p. 282. — Fortunato de Almeida, *Historia da Igreja em Portugal*, Coïmbre, 1910, t. II, p. 553, 563.

Fortunato DE ALMEIDA.

60. ALPHONSE D'ERENA, d'abord soldat de Charles-Quint en Flandre, entra chez les frères mineurs réformés d'Italie. Revenu en Espagne, il s'attacha à saint Pierre d'Alcantara dont il fut le *socius*. Bien que frère convers, il fut gardien et définiteur dans la province de Saint-Joseph. Il fonda le couvent d'Illica, au royaume de Valence, et devint le premier custode de la custodie de Saint-Jean-Baptiste, composée de six monastères. Accablé de vieillesse, il retourna dans la province de Saint-Joseph et mourut au couvent solitaire de Vitiosa, en 1565 et non en 1575, comme l'ont avancé plusieurs historiens.

Wadding-Michelesio, *Annales minorum*, t. XX, p. 63. — Arthurus a Monasterio, *Martyrologium franciscanum*, Paris, 1653, p. 316.

ANTOINE de SÉRENT.

61. ALPHONSE D'ESCALONA, naquit dans cette ville, au diocèse de Tolède, en 1496. Après la mort de son père, il prit l'habit franciscain dans la province de Carthagène en 1514, à l'âge de dix-huit ans. Plus tard il fut élu gardien du couvent de San Miguel del Monte. En 1531, il partit pour la Nouvelle-Espagne, passa trois ans à Tlaxcalla dans la province du Saint-Évangile, apprit si rapidement le mexicain qu'il fut le premier à composer des sermons dans cette langue, sermons qu'il traduisit plus tard dans celle du Guatémala. En même temps que les rudiments de la grammaire, il enseigna les éléments de la religion à 600 enfants environ à Tlaxcalla. Quelques années plus tard il devint maître des novices à Mexico, puis gardien et définiteur.

Lorsqu'en 1554 il fut question d'envoyer des missionnaires au Guatémala, Alphonse s'offrit l'un des premiers et il partit à la tête de neuf religieux. Bientôt après il fut rappelé au Mexique, pour négocier l'érection d'une nouvelle province franciscaine qu'il voulait établir au Guatémala. Nommé premier ministre provincial, il partit de nouveau pour cette contrée, en 1562, avec deux compagnons, se mit à l'étude de la langue malgré son âge avancé, afin de pouvoir entendre les confessions des indigènes. Ses historiens lui attribuent la résurrection d'un enfant au Guatémala. Après avoir passé six ans à convertir les infidèles, il dut regagner une seconde fois la province du Saint-Évangile, car l'évêque, qui était alors Bernardin de Villalpando, s'opposait aux travaux des religieux. Rentré à Mexico, en 1568, il fut élu provincial, deux ans plus tard. Il visita sa province nu-pieds, donnant à tous l'exemple d'une rigide mortification. Il mourut au couvent de Mexico, le 10 mars 1584, âgé de quatre-vingt-huit ans, après en avoir passé soixante-dix en religion.

Ses deux ouvrages qui suivent ne semblent pas avoir été imprimés : *Sermones en lengua Megicana que tradujo despues a la Achi Guatemalteca el Padre Fr. Alonso...*; *Commentario sobre los diez preceptos del Decalogo en lengua Megicana*.

Wadding-Melchiorri, *Annales minorum*, t. XXI, p. 447. — Wadding, *Scriptores minorum*, Rome 1906, p. 13. — Joannes de Sancto Antonio, *Bibliotheca franciscana*, Madrid, 1732, t. I, p. 43. — Arthurus a Monasterio, *Martyrologium franciscanum*, Paris, 1653, p. 109. — Marcellino da Civezza, *Saggio di bibliografia sanfrancescana*, Prato, 1879, p. 164. — Juan de Torquemada, *Monarchia Indiana*, Madrid, 1723, t. III, p. 490-499. — P. M. Ortega, *Chronica de la santa provincia de Cartagena*, Murcia, 1740, t. I, p. 356-368.

ANTOINE de SÉRENT.

62. ALPHONSE D'ESCARCENA, l'un des douze franciscains espagnols qui débarquèrent à Puerto Viejo, au Pérou, vers 1535. Après avoir fait trois cents lieues à pied, il arriva à Cuzco, capitale des Incas, passa dans la province de Charcas, où il fit plusieurs miracles et convertit un grand nombre d'Indiens. On le nomma maître des novices au couvent de Lima, fondé en 1536. Il mourut dans cette époque en 1566. La vénération du peuple était telle que, le jour des obsèques, son habit fut mis en pièces pour avoir des reliques.

Diego de Cordova, *Chronica de la santissima provincia de los doze apostoles del Peru*, Lima, 1651, I. I, p. 109; l. III, p. 7-12. — Hueber, *Menologium franciscanum*, Munich, 1698, p. 712.

ANTOINE de SÉRENT.

63. ALPHONSE FERDINAND, curé de la paroisse de Santa Justa, de Tolède, vers 1390, et auteur d'un *Sanctorale* ou *De Sanctorum vitis*, que le jésuite Martin de Roa affirme avoir vu dans les archives de l'église de Santa Justa.

Nic. Antonio, *Biblioth. Hispana vetus*, t. II, p. 188.

P. SICART.

64. ALPHONSE FERNANDEZ. Voir ALPHONSE RAMIRI.

65. ALPHONSE DE GUADALAXARA, appelé aussi *Boroxius*, frère mineur de la province de Castille, était bachelier en théologie lorsque, le 1er septembre 1406, Benoît XIII lui permit de se faire recevoir docteur. Il était ministre de sa province en 1416 et, le 5 juin 1417, le pape lui enjoignait de faire élire par le chapitre deux religieux de haute vertu pour visiter les ermitages des observants de la province et y corriger les abus. Ce même Alphonse avait confirmé le convers saint Didace d'Alcala comme supérieur de l'ermitage de *Villaviridi*. Le 9 décembre 1417, Martin V, nouvellement élu à Constance, nommait provincial de Castille Jean de Saint-Jacques qui, paraît-il, avait été jadis le compétiteur d'Alphonse. Celui-ci, peu après 1421, se joignit au groupe d'observants qui habitaient l'ermitage de Saint-Barnabé en dehors d'Ocaña au diocèse de Tolède. Sa réputation de prédicateur augmenta leur nombre et leur considération. Il assistait au chapitre de Medina del Campo (28 décembre 1427), en qualité de custode de son groupe qu se composait de deux couvents, Ocaña et la Cabrera. Un troisième, Notre-Dame de la Oliva, au diocèse de Tolède, fut constitué un peu avant 1435. En 1444, Eugène IV chargeait Alphonse de recueillir des subsides au royaume de Castille et de confédérer les princes en vue d'une croisade contre les Turcs. En 1447, il était établi premier vicaire provincial des observants de Castille. Thierri Voiturier, qui avait été élu vicaire général de l'observance au chapitre de Barcelone, le 23 juin 1451, l'appela à Fontenay-le-Comte, l'institua son commissaire sur la nation espagnole et lui enjoignit d'amener avec prudence et douceur les frères observants à l'obédience des vicaires. Il fit si bien que la custodie de Séville adhéra à son groupe. La même année 1451, il obtint un diplôme pontifical qui ne contribua pas peu à affermir la réforme, ce fut la stabilité des religieux dans les couvents fondés ou à fonder, de telle sorte que les ministres de la province ne pouvaient les changer selon leur bon plaisir. Il gouverna ses religieux pendant quinze ans, en qualité de vicaire provincial, fonda le couvent d'Alcala en 1454, unit à sa vicairie celui de Val de Moralès, près de Pastrana, dans la Nouvelle-Castille, travailla sans relâche à ramener sous la juridiction des vicaires les custodies d'observants disséminées en Espagne, et mourut au couvent d'Ocaña, en 1469. Le roi Philippe II fit transporter son corps dans la nouvelle église qu'il bâtit en 1563.

Wadding, *Annales minorum*, t. x, p. 55-57, 264, 441, 549; t. xi, p. 22, 211, 292; t. xii, p. 110, 238, 483, 542-543; t. xiii, p. 438. — Eubel, *Bullarium franciscanum*, t. vii, p. 345, 397, 401, 404, 496, 693. — *Speculum minorum*, Rouen, 1509, fol. 69 r° du *Memoriale ordinis*. — Gonzalez de Torres, *Chronica seraphica*, VII° parte, Madrid, 1729, p. 83-88.

ANTOINE de Sérent.

66. ALPHONSE HENRIQUEZ. Voir ALPHONSE Ier, roi de Portugal, col. 691.

67. ALPHONSE D'HERRERA, originaire de la Vieille-Castille, étudiait avec succès le droit civil à Salamanque, lorsqu'il entra, dans cette ville, chez les frères mineurs de la province de Saint-Gabriel. Il passa au Mexique, où il fit l'instructeur et le défenseur des Indiens. Sa vertu le rendit cher, non seulement aux sauvages, mais encore aux Espagnols, aux évêques et aux diverses congrégations religieuses du Nouveau Monde. Il devint gardien de plusieurs couvents et commissaire pendant deux ans, aux environs de 1536. Il mourut saintement au couvent de Mexico, le 6 avril 1566 selon les uns, 1574 selon les autres. On lui attribue des sermons en langue mexicaine qui ne paraissent pas avoir été imprimés.

Arthurus a Monasterio, *Martyrologium franciscanum*, Paris, 1653, p. 153. — Wadding-Michelesio, *Annales minorum*, t. xx, p. 86. — Wadding, *Scriptores minorum*, Rome, 1906, p. 12. — Sbaralea, *Supplem. ad scriptores min.*, Rome, 1908, p. 26. — J. de Torquemada, *Monarchia Indiana*, Madrid, 1723, t. iii, p. 464, 386.

ANTOINE de Sérent.

68. ALPHONSE DE JÉSUS-MARIE, carme déchaussé espagnol, né le 14 juillet 1565, à Villarejo de la Peñuela, dans le diocèse de Cuenca, était fils posthume d'Alphonse de Ribera y Sandoval et de Jeanne de Guzman, fondatrice du monastère des carmélites de Cuenca. Il étudiait à l'université d'Alcala de Hénarès, lorsqu'il entra chez les carmes déchaussés de cette ville qui lui donnèrent l'habit, le 20 avril 1586. Envoyé au célèbre noviciat de Pastrana, il y fit profession l'année suivante, étudia ensuite la théologie au couvent d'Alcala de Hénarès; mais telles étaient déjà sa douceur et son humilité que, dès 1592, à vingt-sept ans, on le chargea de fonder et de gouverner le désert des carmes déchaux à Bolarco, où il put satisfaire son amour de la solitude et de l'oraison. Il est élu provincial de la Nouvelle-Castille en 1600, puis prieur du couvent de Valladolid en 1604, et quatrième général de l'ordre de 1607 à 1613. Il revient alors au désert de Bolarque, mais on l'en tire pour lui faire remplacer le provincial de la Nouvelle-Castille de 1614 à 1616. Il est choisi, en 1616, comme prieur du couvent de Madrid, et nommé une seconde fois général de l'ordre en 1619 : il déploie aussitôt le plus grand zèle pour la canonisation de sainte Thérèse. On le voit rentrer, à l'expiration de sa charge, au désert de Bolarco (1625), mais on l'en fait sortir en 1626, pour passer à Alcala de Hénarès, en 1627, et fonder le couvent de Guadalaxara en 1632; enfin, devenu aveugle, il meurt en odeur de sainteté, le 8 décembre 1638, dans le collège d'Alcala de Hénarès, après avoir donné constamment l'exemple du parfait supérieur, consommé en prudence, et en avoir consigné les règles dans les précieux écrits qu'il a composés, la plupart en espagnol : 1° *Doctrina de religiosos*, 4 vol. in-4°, Madrid, 1613; 2° *Peligros, y reparos de la perfeccion, y paz religiosa*, t. i, in-4°, Alcala de Hénarès, 1625. Une deuxième et une troisième édition, revues et notablement augmentées par l'auteur, ont été publiées à Barcelone, in-4°, en 1636 et 1638. Le tome ii, in-4°, parut, en 1638, à Barcelone. Le P. Optat de Saint-Charles, carme déchaussé, a fait imprimer à Naples, en 1650, une traduction italienne de la première édition du 1er tome. Les deux volumes ont été traduits de l'espagnol en français par le P. Gaspar de la Mère de Dieu, carme déchaussé, sous les titres : tome i, *Les maximes pernicieuses qui destruisent la perfection et paix religieuse*, in-4°, Mons en Hainaut, 1645; tome ii, *Les remèdes des maximes pernicieuses qui destruisent la perfection et paix religieuse*, in-4°, ibid., 1648; 3° *Manual de prelados*, in-4°, Alcala de Hénarès, 1621; 4° *Cartas pastorales para toda la orden*, in-4°, ibid., 1621; 5° *Advertencias para entender las leies, y acierto de los capitulos*, in-4°, ibid., 1621; et nombre d'autres ouvrages, en espagnol : sur l'art de gouverner les religieux; sur les avantages et les inconvénients des réélections; sur la réception et l'éducation des novices, etc. On peut citer encore : 6° *De monialium regimine dissertatio*, in-4°, 1623; 7° *Compendium diplomatum ac privilegiorum carmelitis excalceatis concessorum*, 1623; 8° *Ordinarium sive caeremoniale carmelitarum excalceatorum, usibus antiquis suae religionis conforme, cum epistola et prologo ad caeremonias Ecclesiae exacte peragendas*, in-16, Madrid, 1608; qu'il faut distinguer du *Caeremoniale carmelitarum excalceatorum*, publié à Madrid, en 1679, par le P. Sébastien de Jésus-Marie, carme déchaussé.

François de Sainte-Marie, *Reforma de los Descalzos de Nuestra Señora del Carmen*, Madrid, 1655, t. ii, p. 617-624; ibid., 1706, t. v (du P. Manuel de Saint-Jérôme), p. 631-690. — Nicolas Antonio, *Bibliotheca Hispana nova*, Madrid, 1788, t. i, p. 30. — Martial de Saint-Jean-Baptiste, *Bibliotheca scriptorum carmelitarum excalceatorum*, Bordeaux, 1730, p. 211. — Louis de Sainte-Thérèse, *La succession du saint prophète Élie en l'ordre des carmes*, Paris, 1662, p. 648. — Philippe de la Très-Sainte-Trinité, *Historia carmelitani ordinis*, Lyon, 1656, p. 605. — Paulus ab omnibus Sanctis, *Catalogus illustrium carmelitanae religionis scriptorum*, Cologne, 1643, p. 66. — Daniel a Virgine Maria, *Speculum carmelitanum*, t. ii, p. 1127, n. 3961; p. 1129, n. 3964, art. Gaspar a Matre Dei; *Vinea Carmeli*, p. 597, n. 1067. — Cosme de Villiers, *Bibliotheca carmelitana*, t. i, col. 45-46, 711-713. — Philippe Labbe, *Bibliotheca bibliothecarum*, Paris, 1664, p. 75.

P. MARIE-JOSEPH.

69. ALPHONSE LEITAÕ, ou DE ALFAMA, carme portugais de l'ancienne observance, naquit, vers 1355, à Lisbonne, dans le quartier de Alfama, d'où il tira son surnom, entra au couvent des carmes de Moura; il y déploya tant de zèle pour l'acquisition de la vertu et de la science, qu'on l'envoya, disent les chroniques de l'ordre, prendre ses grades à Oxford, où il reçut le titre de maître en théologie. Il fut nommé, par le général Jean de Rhô, vicaire général des carmes de Portugal. On le vit, en 1389, poser la première pierre du magnifique couvent de Lisbonne, dont la construction dura trente-trois ans, et que faisait élever l'illustre Nuno Alvarez Pereira, connétable du royaume, sous le titre de Sainte-Marie de la Victoire. Alphonse de Alfama réunit à Lisbonne le premier chapitre de la province de Portugal, en 1423, qui l'élut premier provincial. Il reçoit la même année, dans ce Carmel, la profession de son fondateur, Nuno Alvarez, qui, à l'âge de soixante-trois ans, revêt l'habit de frère convers sous le nom de frère Nuno de Sainte-Marie, et termine sa glorieuse et sainte vie en 1431, vénéré comme saint. Alphonse de Alfama meurt plein de jours et de mérites, en 1435. Il avait écrit : 1° *Super Cassiani collationes lib. I*, sous le titre : *Doctrinale Patrum*; 2° *De ordinis carmelitarum progressu lib. II*.

Joseph Pereira de Santa Anna, *Chronica dos carmelitas da antiga observancia*, Lisbonne, 1745, t. I, p. 349-451, 822-824; t. II (1751), p. 3 sq., 41-44. — Oliveira Martins, *A vida de Nun' Alvares*, Lisbonne, 1902, p. 407, 408, 461-463. — Manoel de Sá, *Memorias historicas da ordem de Nossa Senhora do Carmo da provincia de Portugal*, Lisbonne, 1727, p. 80 sq.; *Catalogo dos escritores Portuguezes da ordem de N. S. do Carmo*, 1721, fol. 1. — Antonio, *Bibliotheca Hispana vetus*, Madrid, 1788, t. II, p. 241. — Barbosa Machado, *Bibliotheca Lusitana*, t. I, p. 27-28. — Paulus ab omnibus Sanctis, *Catalogus illustrium carmelitanae religionis scriptorum*, Cologne, 1643, p. 66; et, même volume, *Origo atque incrementa ordinis carmelitani*, authore Auberto Miraeo, c. VII, p. 212. — J.-B. de Lezana, *Annales carmelitarum*, t. IV, Appendix, p. 1045. — Daniel a Virgine Maria, *Vinea Carmeli*, p. 577, n. 1028. — Alègre de Casanate, *Paradisus carmelitici decoris*, p. 343. — Cosme de Villiers, *Bibliotheca carmelitana*, t. I, col. 42.

P. MARIE-JOSEPH.

70. ALPHONSE DE LIGUORI (Saint), docteur de l'Église, fondateur de la congrégation des rédemptoristes (1696-1787). — I. Vie dans le monde (1696-1726). II. Début de la vie apostolique (1726-1732). III. Fondation de la congrégation des rédemptoristes (1732-1762). IV. Alphonse, évêque (1762-1773). V. Dernières années du saint. VI. Œuvres.

Nous n'avons pas à parler de son système et de ses idées théologiques, ni à retracer l'histoire des polémiques qu'elles soulevèrent. Notre but est de raconter brièvement les faits les plus saillants de sa vie, consacrée à l'exercice des vertus héroïques, au bien spirituel des âmes et au progrès de la théologie catholique.

I. VIE DANS LE MONDE (1696-1726). — Saint Alphonse de Liguori naquit le 27 septembre 1696, à Marianella, près de Naples, et reçut le baptême le 29. Il appartenait à une des plus anciennes familles de la noblesse napolitaine. En 1190, un Marc Liguori était le premier magistrat de la ville. D'autres Liguori s'illustrèrent par leurs exploits militaires, aux XIVᵉ et XVᵉ siècles. Voir Pasini-Frassoni, *Gli antenati di sant' Alfonso de' Liguori, nel secondo centenario della nascita di sant' Alfonso*, Rome, 1896, p. 56-61. Les membres de cette famille, qui dut s'appeler d'abord Ligarius, sont mentionnés par les historiens sous les noms de Ligori, Liguoro, Liguori. Le père d'Alphonse, Giuseppe de Liguori, capitaine des galères, était bien vu du souverain autrichien de Naples, Charles VI. Sa mère, Anna-Catarina Cavalieri, descendait d'une noble famille espagnole (Caballero). Le P. Tannoia fait un grand éloge de sa piété. Elle vivait dans sa maison comme dans un cloître, et récitait tous les jours les heures canoniales. Elle sut de bonne heure inspirer à ses enfants son horreur du péché, et ses sentiments de piété. De sept qu'elle eut de son mariage, en dehors de saint Alphonse, l'un devint bénédictin, un autre prêtre séculier; deux de ses filles prirent le voile. On raconte que saint François de Hieronymo, célèbre missionnaire jésuite, ayant rendu visite au père, prédit la future sainteté d'Alphonse. Il le prit entre ses bras, et se tournant vers la mère, lui dit : « Cet enfant sera évêque, et fera de grandes choses pour la gloire de Dieu. »

A l'âge de neuf ans, Alphonse fut enrôlé dans une congrégation de jeunes nobles, dirigée par les prêtres de l'Oratoire. Sa pieuse mère l'amenait souvent se confesser à son directeur spirituel, le P. Pagano, qui exerça une grande influence sur l'âme d'Alphonse. En 1705, il fit sa première communion. Sa piété était déjà si grande que la jeunesse elle-même en était saisie d'admiration. Il professait, en particulier, une tendre dévotion envers la sainte Vierge.

Avec l'ardeur de sa piété croissait aussi son intelligence et ses progrès dans les études. Il sut cultiver les rares talents que Dieu lui avait donnés. Pour le soustraire au danger des mauvaises compagnies, ses parents décidèrent qu'il ferait ses études à la maison, sous des maîtres particuliers. Le jeune Alphonse apprit rapidement le latin, le grec et le français et étudia avec passion les mathématiques et la philosophie. Il s'appliqua aussi aux arts libéraux et révéla du talent pour la peinture et la musique. Le 21 janvier 1713, il fut proclamé docteur en droit civil et canonique et, après trois ans de stage, il commença à plaider. Il ne tarda pas à se rendre célèbre par son éloquence et sa science juridique, et à s'acquérir une nombreuse clientèle.

Il ne négligea pas ses pratiques de piété. Il passait des heures aux pieds des autels, visitait les hôpitaux, s'adonnait à la lecture des vies de saints. Sa délicatesse de conscience était grande. Il s'était tracé des règles pour exercer chrétiennement sa profession d'avocat. La première était de ne jamais se prêter à la défense d'une cause injuste. En 1715, il assista avec son père à une retraite prêchée par un jésuite, le P. Buglione, dont il garda un souvenir ineffaçable. Il se tenait à l'écart des réunions mondaines et sa chasteté n'eut à subir aucune atteinte. En 1716, son père voulut lui faire épouser une de ses parentes, Teresina Liguori, fille de dom Francesco, prince de Presiccio. Mais l'aversion qu'Alphonse éprouvait pour le mariage fit échouer le projet. Teresina prit le voile chez les sœurs du Saint-Sacrement (1719) et mourut en odeur de sainteté, le 30 octobre 1724. Saint Alphonse écrivit sa vie, trente-sept ans plus tard.

Don Giuseppe ne se découragea pas. Il engagea son fils à fréquenter les théâtres, les bals, les réunions mondaines. Celui-ci obéit, mais au milieu de la dissipation où il vivait, il ne faillit point. Ce fut sans doute une période de troubles qui amena dans son âme un refroidissement : toutefois, de son propre aveu, il ne se laissa pas entraîner même à un simple péché véniel volontaire. Deux retraites, prêchées en 1722 et 1723, par le P. Vincenzo Cutica, supérieur de la maison des lazaristes à Naples, contribuèrent à maintenir sa piété. C'est ainsi, remarque un de ses récents biographes, que dans sa formation spirituelle se fondaient les influences de saint Ignace de Loyola, de saint Vincent de Paul et de saint Philippe de Néri. Ces retraites lui inspirèrent la résolution de se consacrer entièrement au service de Dieu.

En 1723, on lui proposa un mariage avec la fille de Domenico del Balzo, duc de Presenzano. La froideur d'Alphonse froissa la jeune fille, et le mariage n'eut pas lieu. La même année, un événement imprévu fit entrer Alphonse dans la voie que le Seigneur voulait lui tracer. Il avait été chargé de défendre contre le grand-duc de Toscane une cause qui devait rapporter à son client une somme d'environ deux millions et demi de francs. Après avoir étudié à fond les pièces du procès pendant un mois, Alphonse plaida avec une telle conviction et une telle science juridique que le tribunal allait se prononcer en sa faveur. A la fin de sa plaidoirie, l'avocat de la partie adverse lui présenta une pièce du procès, le priant de la lire. Saint Alphonse la parcourut et la rendit avec une extrême confusion en avouant qu'il s'était trompé. Il ne sut jamais s'expliquer comment cette pièce lui avait échappé, mais sa loyauté l'obligea à reconnaître qu'elle réduisait son argumentation à néant. Il en garda une vive impression et s'éloigna du palais de justice, en disant adieu aux tribunaux. Il resta deux jours enfermé dans sa chambre et n'en sortit que sur les instances de sa mère, après avoir pris la résolution de renoncer au barreau. Il congédia ses clients et vécut en ermite, ne recevant personne. La lecture des livres de piété et des vies des saints, l'adoration du saint sacrement remplirent dès lors son temps. Ce changement de vie n'était pas de nature à plaire à son père, mais le jeune homme montra que sa résolution était inébranlable. Il refusa d'accompagner son père dans une réception du vice-roi de Naples et se rendit à l'hôpital pour y prodiguer ses soins aux malades. Tandis qu'il se livrait à cette charitable fonction, il lui sembla que la maison éprouvait une violente secousse, et une voix mystérieuse lui dit : « Quitte le monde : donne-toi tout entier à moi. » Il sortit de l'hôpital, ne se rendant pas compte de ce qui se passait. Mais en descendant l'escalier, il entendit la même voix. Tremblant d'émotion, il s'arrêta, et s'écria : « Seigneur, j'ai trop résisté à votre grâce. Me voici : faites de moi ce qu'il vous plaira. » Il entra dans l'église des mercédaires, fit vœu de renoncer au monde et, comme gage de sa promesse, déposa son épée sur l'autel de la sainte Vierge. Il se rendit ensuite chez le P. Pagano, et lui exprima le désir d'embrasser l'état ecclésiastique.

Trois jours après cet événement, Alphonse s'ouvrit à son père de son projet et lui exprima le désir d'entrer dans la congrégation de l'Oratoire. Il rencontra de sa part la plus vive résistance. Le père mit tout en œuvre pour détourner son fils de son projet et requit l'aide de quelques membres du clergé. Un bénédictin, dom Miro, s'efforça dans plusieurs entretiens d'ébranler la résolution d'Alphonse, mais celui-ci ne se laissa pas convaincre : il devait au tempérament espagnol de sa mère cette ténacité et cet esprit de suite inflexible qui caractérisa dans la suite toutes ses entreprises. Son père lui-même disait : « Je connais son obstination; quand il s'est mis une fois quelque chose dans l'esprit, il est inflexible. » *The catholic encyclopædia*, t. I, p. 334. Don Giuseppe finit par céder, sur les instances de son beau-père, le vénérable Emilio Giacomo Cavalieri, devenu évêque de Troia, du P. Cutica et du P. Pagano, qui s'étaient convaincus du caractère surnaturel de cette vocation. Mais le père ne donna son consentement que sur la promesse que son fils lui fit de rester prêtre séculier. Le 23 octobre 1723, Alphonse prit l'habit ecclésiastique. Le cardinal Pignatelli, archevêque de Naples, l'attacha au clergé de la paroisse de Sant'Angelo a Segno. Il s'y distingua par sa fidélité aux offices divins, par sa piété exemplaire, par sa modestie. Le 23 septembre 1724, il reçut la tonsure, le 22 septembre 1725, le sous-diaconat et, la même année, fut agrégé à la congrégation des missions apostoliques, qui se proposait d'évangéliser le peuple et de l'instruire de ses devoirs de piété. Le 6 avril 1726, il reçut le diaconat et le pouvoir de prêcher. Il fit son premier sermon dans l'église paroissiale de San Giovanni in Porta et, bientôt, par la conviction et l'ardeur de son éloquence, toute nourrie de l'Écriture sainte et des Pères, il attira les foules autour de sa chaire. Il donnait beaucoup de temps à la prière, à l'enseignement du catéchisme, à l'étude des sciences sacrées. Sa santé ne put résister à tant de travaux auxquels il joignait des mortifications et il tomba dangereusement malade. On lui administra l'extrême-onction. Mais il se fit apporter la statue de Notre-Dame de la Merci, aux pieds de laquelle il avait fait vœu de se consacrer à Dieu et recouvra aussitôt la santé. Le 21 décembre 1726, il reçut la consécration sacerdotale et inaugura aussitôt cette vie d'apostolat qui lui valut les plus beaux succès dans la ville de Naples.

II. DÉBUTS DE LA VIE APOSTOLIQUE. — Le cardinal Pignatelli le chargea de prêcher une retraite spirituelle à l'église de Santa-Restituta, et Alphonse y réussit au point que les paroisses et les monastères de Naples le demandèrent à l'envi comme prédicateur. Devant les nobles et devant le peuple, il parlait toujours avec la même simplicité. Son éloquence n'avait rien d'artificiel, elle pénétrait si bien les âmes, que les esprits raffinés, les savants, se laissaient toucher. Alphonse remporta sur son père son plus beau triomphe. Don Giuseppe entra un jour à l'église du Saint-Esprit où son fils prêchait et, touché par les accents de son éloquence, il fondit en larmes; le sermon fini, il courut à son fils et lui dit : « Aujourd'hui vous m'avez fait connaître Dieu. Je vous bénis mille fois de ce que vous avez choisi un état si saint et si agréable à Dieu. »

En 1727, le cardinal Pignatelli lui donna les pouvoirs de confesser et son action s'en accrut considérablement. Les pécheurs obstinés, qui se laissaient émouvoir par son éloquence, tombaient à ses pieds pour lui confesser leurs fautes. Il trouva parmi ces convertis des collaborateurs qui le secondèrent bientôt dans son œuvre d'apostolat. Le P. Tannoia cite parmi eux un maître d'école, Pierre Barbarese, et un soldat, Luc Nardone, qui, à leur tour, réunissaient les gens du peuple et s'efforçaient de les ramener à Dieu. Mais cet apostolat de laïcs, qui s'exerçait sur les places publiques et n'importe où, fut mal vu de beaucoup de gens et provoqua des soupçons de la part des pouvoirs publics. On accusa Alphonse de former une secte. Il en profita pour mieux organiser son œuvre. Des prêtres zélés remplacèrent les laïcs dans le travail d'évangélisation. Les réunions n'eurent plus lieu sur les places publiques. On créa des chapelles partout où l'on put; on en compta, en 1734, trois cents, auxquelles étaient inscrites 30 000 personnes. Ainsi fut constituée l'*Œuvre des chapelles*, qui s'est continuée jusqu'à nos jours avec l'*Archiconfrérie de la Sainte Famille*.

En 1729, Alphonse demanda à faire partie de la congrégation établie par un ancien missionnaire en Chine, Mathieu Ripa, pour préparer des missionnaires indigènes à la propagation du christianisme dans leur patrie. Il redoubla alors de ferveur, d'esprit de pénitence, se revêtit de cilices, se livra à des jeûnes rigoureux, auxquels s'ajoutèrent les souffrances intimes de l'âme. Dieu l'éprouvait par la sécheresse dans la prière, mais le saint ne se décourageait pas et produisait une telle impression, surtout quand il parlait du bonheur de l'état religieux, qu'un jour, après son sermon, quinze jeunes filles demandèrent à consacrer à Dieu leur virginité. Le confessionnal était pour lui une école de vocations religieuses. « En chaire, disait-il, l'ouvrier du Christ sème; au confessionnal, il récolte. »

Sa charité pour le prochain éclata pendant l'épidémie qui ravagea Naples en 1729. Il se prodigua au chevet des malades. Le fléau disparu, il recommença sa vie d'apostolat. En 1730, il prêcha à Marano, à Cusoria, à Capodimonte. En 1731, il fit entendre la parole de Dieu dans les villes importantes de la Pouille, à Bari, à Lecce, à Foggia. Rentré à Naples, il reçut une réprimande du supérieur du collège chinois, parce que, cédant aux instances de personnages influents, il s'était arrêté à Foggia sans permission. Le saint accepta avec humilité ces reproches et continua à se dépenser au service des âmes.

III. Fondation de la congrégation des Rédemptoristes. — L'excès de travail apostolique ayant épuisé ses forces, il accepta l'offre d'aller se reposer à Amalfi, chez dom Giuseppe Panza, prêtre de ses amis. Il y rencontra Matteo Criscuoli, vicaire général du diocèse de Scala, qui l'engagea à s'établir avec ses amis, pour quelques semaines, à l'ermitage de Santa Maria dei Monti, près de Scala, où ils trouveraient à exercer leur ministère auprès de la population du voisinage, composée de pasteurs et de bergers privés de tout secours religieux.

Quelque temps après l'installation, Alphonse fut invité à prêcher dans la cathédrale de Nardo et aux religieuses de San Salvatore. Une de ces religieuses, Maria-Céleste Costarosa, qui jouissait de grâces célestes, raconta que Notre-Seigneur lui était apparu et lui avait révélé une congrégation de missionnaires, présidée par Alphonse, qui se dévouerait au bien des âmes abandonnées. Une autre religieuse raconta une vision semblable. Alphonse fut surpris de ces récits. Depuis quelque temps en effet, il songeait à fonder une famille religieuse pour le ministère apostolique auprès des humbles. Mais il se montra d'abord défiant à l'égard de sœur Maria-Céleste, l'interrogea longuement, mais les réponses de la voyante dissipèrent ses doutes. Il décida donc d'obéir à la voix de Dieu et fut affermi dans cette résolution par de religieux éminents, les PP. Pagano, Cutica, Manulio, jésuite, et Fiorillo, dominicain, qui lui assurèrent que l'entreprise était de circonstance et voulue de Dieu.

Les difficultés surgirent dès les débuts. On taxa le fondateur d'orgueil, de présomption, on le traita de fou et de visionnaire. Les contradictions les plus acharnées vinrent des rangs du clergé. Les Pères du collège chinois surtout, et le supérieur Ripa, blâmèrent l'entreprise, qui menaçait de ruiner leur œuvre en leur enlevant un collaborateur qui leur rendait chaque jour de plus grands services. Le chanoine Torni, supérieur des missions apostoliques, déclarait sans détour à Alphonse que son entreprise allait contre la gloire de Dieu et le salut des âmes, et de ce côté l'opposition alla si loin que les missionnaires décidèrent à l'unanimité de rayer Alphonse de la liste de la congrégation. Ce dernier, plein de confiance en Dieu, ne se laissa nullement impressionner par les critiques, les calomnies et les attaques personnelles. Il se retira à l'ermitage de Santa Maria avec quelques amis, D. Vincente Mandarini, d'une noble famille de Rossano; un gentilhomme de Troia, Silvestro Tosquez; D. Pietro Romano, de Scala, et le docteur Cesare Sportelli, Vito Curzio, qui fut le premier frère convers de la congrégation. Ils s'assemblèrent le 8 novembre 1732 et la première maison de la nouvelle congrégation compta huit membres; ils commencèrent aussitôt à donner des missions dans les villages du diocèse de Scala. Mais l'entente et la bonne harmonie ne purent s'établir entre eux, car l'on ne s'entendait pas sur le but et les constitutions du nouvel institut. Alphonse voulait qu'il s'adonnât à la sanctification du clergé par les retraites spirituelles, à l'évangélisation des chrétiens délaissés dans les hameaux et les lieux écartés. Le P. Mandarini insistait pour que, dans le champ d'apostolat, fût comprise l'éducation de la jeunesse. Les uns désiraient que l'on ne récitât pas l'office en commun et que la règle ne fût pas très sévère; d'autres voulaient remettre en honneur les traditions d'austérité des Pères du désert. La douceur d'Alphonse ne triompha pas de ces dissentiments.

Mandarini quitta l'ermitage de Santa Maria, entraînant avec lui Tosquez et Donato, et fonda une congrégation du Saint-Sacrement, qui s'éteignit en 1860. Alphonse resta avec Sportelli et le frère Vito.

Cette dispersion fit la joie des adversaires d'Alphonse. On le citait en chaire comme un exemple des châtiments que Dieu réserve aux présomptueux. Mais il montra tant de confiance en Dieu et un propos si ferme pour la continuation de son œuvre, que le cardinal Pignatelli, archevêque de Naples, l'excusa, disant qu'il fallait encore attendre pour connaître la volonté de Dieu. Celle-ci ne tarda pas à se manifester. Quatre mois s'étaient à peine écoulés depuis le départ de Mandarini, que le fondateur put, avec quatre nouveaux confrères, recommencer une mission dans les villages du diocèse de Scala. Parmi ces recrues, mentionnons D. Gennaro Sarnelli, fils aîné du baron de Ciorani, déclaré vénérable en 1874. En 1734, il fonda une autre maison de sa communauté dans le diocèse de Cajazzo, à Villa dei Schiavi; l'année suivante une troisième à Ciorani. La nouvelle congrégation, par ses missions et retraites, relevait l'esprit sacerdotal du clergé en même temps que la foi dans le peuple. Mais le bien qui se faisait provoquait de nouvelles contradictions. Le clergé de Cajazzo craignit que la nouvelle fondation ne diminuât les ressources du diocèse, et en 1737 on dut l'abandonner. A Scala, une opposition analogue empêcha d'agrandir l'ermitage de Santa Maria, et, le 24 août 1738, les missionnaires quittèrent le berceau de leur congrégation et se retirèrent à Ciorani.

Le 22 juillet 1742, les PP. Mazzini, Sportelli, Rossi et Villani, avec quatre frères convers, prononcèrent leurs vœux perpétuels et, dès lors, la congrégation alla toujours se développant. Entre 1743 et 1749, furent ouvertes les maisons de Pagani, Caposele, Iliceto. Ce fut dans cette dernière qu'en 1747 Alphonse composa les *Visite al SS. Sacramento ed alla SS. Vergine Maria*, qui eurent un grand succès. Ce développement rapide décida Alphonse à solliciter du Saint-Siège l'approbation de son institut. Une supplique fut adressée à Benoît XIV, qui la remit à la congrégation du Concile. Sur un rapport élogieux du cardinal Spinelli et la recommandation de plusieurs évêques, le 25 février 1749, la congrégation du Concile promulguait le décret d'approbation de l'institut du Très-Saint-Rédempteur. Le fondateur fut désigné pour son recteur perpétuel. Alphonse aurait voulu renoncer au gouvernement de sa famille religieuse: mais ses confrères n'y consentirent pas.

L'approbation de Rome donna un nouvel essor à l'institut. Des prêtres zélés et des jeunes gens demandèrent à y entrer. Le P. Mandarini proposa d'agréger ses maisons à la congrégation du Très-Saint-Rédempteur; mais Alphonse refusa et ne voulut même pas accepter les religieux qui, du consentement de Mandarini, voulaient se ranger parmi ses fils. Au mois de novembre 1749, on tint à Ciorani le premier chapitre général. Alphonse fut confirmé, malgré sa répugnance, dans la charge de recteur général. Le chapitre sanctionna d'utiles décisions pour l'observance de la règle et l'organisation des centres d'études. En 1761, on fonda une maison à Girgenti en Sicile. Les treize années qui s'écoulèrent après l'approbation de l'institut jusqu'à l'épiscopat de saint Liguori, virent s'ouvrir, comme on l'a remarqué déjà dans le *Dictionnaire de théologie* (t. 1, col. 909), la période dans laquelle il se livra au travail littéraire pour former ses disciples à la théologie la plus orthodoxe et perpétuer les enseignements de sa prédication, sans que du reste il n'interrompit jamais, dans des ouvrages sur les sujets religieux les plus multiples, surtout moraux et mystiques. Il débuta donc comme écrivain et commença à se faire connaître vers 1750. Ses premiers pas dans cette voie lui furent suggérés par le désir d'entretenir la piété chez ses confrères et dans toute âme chrétienne, d'augmenter la dévotion envers le saint sacrement et la sainte Vierge, et de rendre plus facile aux confesseurs l'exercice de leur saint ministère; en 1750 il publiait un de ses ouvrages les plus populaires, les *Glorie di Maria*. En 1753 paraissait son cours classique de *Théologie morale*. Il n'y avait rien écrit, disait-il, sans s'être auparavant recommandé à Jésus et à Marie, dont il avait toujours les images devant les yeux pendant son travail. En 1756 il faisait paraître un abrégé de sa théologie morale, et la *Pratique des confesseurs*. Ces ouvrages donnaient lieu à des critiques et à des attaques de la part des théologiens rigoureux, infectés de jansénisme : mais le saint, qui était un polémiste avisé, savait les réduire au silence par son érudition théologique et la droiture de ses arguments.

Dans la congrégation du Saint-Rédempteur, les œuvres de son saint fondateur complétèrent, le rendant plus solide et plus durable, le travail de progrès dans les vertus chrétiennes et le zèle apostolique commencé par son propre exemple. Les premiers religieux qui terminèrent leur carrière dans l'apostolat auquel ils s'étaient consacrés moururent très avancés en perfection, les PP. Sarnelli, dont on fait le procès de béatification, Sportelli en 1750, Paul Cafaro en 1753, enfin le frère Gerardo Majella (1755), que Léon XIII a récemment élevé aux honneurs de l'autel. Le P. Tannoia décrit ainsi la vie de ferveur et la haute perfection morale qu'avaient réalisées les six maisons rédemptoristes, qui en 1762 comptaient plus de cent membres : « Les manquements volontaires à la règle y sont en horreur. L'observance, l'amour de la sainte pauvreté et l'obéissance y fleurissent; on n'y entend ni répliques, ni excuses; on y adore, pour ainsi dire, non seulement les ordres, mais jusqu'aux intentions, jusqu'à la pensée de celui qui y tient la place de Dieu. Les exemples des anciens animent les jeunes à la fidélité et la ferveur des jeunes réveille et aiguillonne celle des anciens. »

IV. ALPHONSE ÉVÊQUE. — En 1762, Alphonse était âgé de soixante-six ans, affaibli moins par la vieillesse et les maladies que par les travaux, les luttes souffertes pour ses opinions et dans son ministère, auxquels s'ajoutaient les austérités. Autant par le juste sentiment de cette situation que par humilité, il ne se croyait donc pas en état d'assumer les lourdes charges de l'épiscopat et il estimait que le parti le plus sage et le plus raisonnable pour lui était de poursuivre jusqu'au bout de sa carrière l'œuvre assez complexe en elle-même qu'il avait entreprise. Aussi lorsque, au mois de mars 1762, il reçut de Nocera dei Pagani la nouvelle de sa nomination au petit évêché de Sainte-Agathe-des-Goths, dans la province de Bénévent, il en fut bouleversé. Lui qui avait pu refuser l'archevêché de Palerme, que lui avaient offert les souverains de Naples, supplia le pape de lui épargner ce fardeau trop lourd pour son âge et ses infirmités; il fit intervenir toutes les influences dont il pouvait disposer parmi ses amis. Mais Clément lui commanda, au nom de la sainte obéissance, d'accepter l'épiscopat. Alphonse se soumit à sa volonté, en s'écriant : *Obmutui, quoniam tu fecisti*; mais il tomba dangereusement malade. Quand il fut remis, il partit pour Rome et fit un pèlerinage à Lorette, pour solliciter la protection de la sainte Vierge, envers laquelle il avait toujours professé une tendre dévotion. Le 14 juin il fut sacré dans l'église de la Minerve. Les membres de sa congrégation obtinrent non sans peine du pape qu'il continuât à les diriger en qualité de recteur général. A Rome, il fut vénéré partout comme un saint et Clément XIII dit :

« Quand Mgr de Liguori sera mort, nous aurons un saint de plus dans l'Église du Christ. »

Alphonse retourna aussitôt dans le royaume de Naples et arriva à Nocera le 3 juillet. Il répandit des larmes en quittant la maison-mère de sa congrégation. Le 18, il était à Sainte-Agathe, où il reçut un accueil triomphal, se mit aussitôt à prêcher, à réformer les abus qui s'étaient glissés dans le clergé, à édifier son troupeau par son zèle et sa charité. Ses nouvelles occupations ne lui firent nullement diminuer ses austérités, ses prières et ses méditations. Il était toujours accessible aux visiteurs, qu'ils fussent de la haute noblesse ou des rangs infimes du peuple. Il recevait avec empressement et sans retard les prêtres qui avaient charge d'âmes. Les rares moments dont il disposait étaient consacrés à la rédaction ou à la revision de ses ouvrages.

Ses aumônes absorbaient la plus grande partie de ses revenus et il vivait dans une extrême pauvreté. La même chambre lui servait de salle d'audience, d'oratoire et de cabinet de travail. Son repas était très frugal. Il s'appliquait à instruire le peuple sur les vérités chrétiennes, à lui apprendre des cantiques pieux, à enseigner le catéchisme aux enfants; il assistait à tous les offices solennels dans sa cathédrale. Les malades recevaient sa visite et bien souvent ses aumônes.

Sa préoccupation constante était de former un clergé pieux, zélé, instruit. Il réforma tout de suite son séminaire, en renvoyant chez leurs parents les élèves d'une conduite peu régulière, ou peu appliqués à l'étude. Il élabora un nouveau programme d'enseignement et ranima l'esprit de piété au milieu des jeunes clercs, en introduisant de nouvelles pratiques de dévotion.

Ses tournées pastorales, renouvelées tous les ans, étaient bien remplies. Chaque village devait entendre la voix de son pasteur : il prêchait alors une mission au peuple et une retraite au clergé. Il établissait partout la pratique de la visite au saint sacrement et appelait à son aide les meilleurs missionnaires. Il leur recommandait la simplicité dans les prédications. Il organisait des congrégations pour les jeunes gens. Il veilla surtout à ce que son clergé se rendît capable de remplir avec fruit son ministère, en étudiant à fond la théologie; pour cela il multiplia ses œuvres, dont les éditions et adaptations aux besoins divers se renouvelaient sans cesse. Il institua même dans son palais une académie de morale.

Sa charité envers le prochain éclata surtout pendant une famine, qui ravagea son diocèse en 1763 et 1764. Prévoyant la calamité, il avait acheté une grande quantité de légumes, qu'il distribua aux affamés, mais bientôt il n'eut plus de quoi nourrir son troupeau. Il vendit son modeste équipage et sa croix pastorale : il voulait se défaire aussi des vases précieux de la cathédrale, des bijoux et riches ornements dont il se servait dans les offices pontificaux : mais le chapitre s'opposa à l'aliénation. Le saint frappait souvent à la porte des riches, sollicitait des secours en argent et en nature. Il apaisa plusieurs fois la colère du peuple, que la faim poussait à la révolte contre les fonctionnaires de l'État. Enfin l'été de 1764 ramena l'abondance dans la région, et saint Alphonse reprit ses travaux apostoliques.

Ses infirmités cependant se faisaient plus pressantes et presque intolérables. En 1768, de vives douleurs de rhumatisme lui tordirent violemment les vertèbres du cou, le mirent un temps entre la vie et la mort, et le laissèrent courbé et la tête penchée pour le reste de sa vie. Pendant deux mois que durèrent ses tortures, il ne consentit jamais à interrompre la moindre de ses occupations. Au milieu de ses souffrances, il écrivit la *Prattica di amare Gesù Cristo*, où il traite en quelques pages émues de la patience au milieu des maladies. Ce qui le chagrinait le plus, c'était de ne pouvoir pas toujours dire la messe. La paralysie le clouait sur son lit, et il suppliait le pape Clément XIII, puis Clément XIV, d'accepter sa démission. Mais celui-ci répondait : « Une prière qu'il récitera dans son lit vaudra mieux que toutes les visites qu'il pourrait faire dans un an de tournée pastorale. »

Une autre cause de souffrances était la guerre qu'il voyait se déchaîner contre les familles religieuses et en particulier contre sa congrégation. L'annonce de la suppression des jésuites par Clément XIV le frappa au cœur. Mais il se garda bien de proférer le moindre blâme. « Pauvre pape, disait-il ; que pouvait-il contre tous les rois ligués pour la ruine de la Compagnie ? »

La haine que les passions aveugles amoncelaient sur les communautés religieuses n'allait pas épargner les rédemptoristes. Au chapitre de 1764 qu'il présida, saint Alphonse se fit nommer un vicaire général dans la personne du P. Villani. Mais des inimitiés personnelles provoquèrent bientôt la tempête. Le baron Maffei, qui en voulait aux Pères d'Iliceto, parce qu'ils ne l'avaient pas assisté dans un procès, et le baron Sarnelli, qui se prétendait frustré par la compagnie d'un fief ayant appartenu à son frère, le P. Giacomo, portèrent plainte contre elle auprès du roi de Naples, Ferdinand IV, lui reprochant de s'enrichir, de négliger les travaux apostoliques, de ruiner le peuple, d'usurper les prérogatives du pouvoir civil. Cette persécution dura dix ans. Saint Alphonse ne voulut employer contre ces attaques que les armes surnaturelles et engagea ses fils à prier, à observer plus fidèlement leur règle. En 1767 cependant, il se rendit auprès du roi et réussit à déjouer les intrigues contre sa congrégation.

D'autres persécutions lui vinrent d'un prêtre janséniste de Palerme, D. Cannella, qui accusait les rédemptoristes de morale relâchée. Mgr Lanza, évêque de Girgenti, prit leur défense. Néanmoins, Alphonse se vit contraint de rappeler ses religieux de cette ville. Mais au milieu des contradictions son œuvre se développait. En 1773 et 1774 surgissaient deux nouvelles maisons de rédemptoristes, à Scifelli et à Frosinone, dans l'État pontifical.

V. DERNIÈRES ANNÉES DE SAINT ALPHONSE. — Aussitôt après l'exaltation de Pie VI, saint Alphonse lui représenta son état de santé, qui le réduisait à une paralysie presque complète. Pie VI ne donna d'abord pas suite à sa requête. Mais deux rédemptoristes, qu'il reçut en audience, insistèrent sur l'état d'impuissance dans lequel leur supérieur semblait plutôt un cadavre qu'un homme vivant. Le pontife se décida donc à relever le saint de ses fonctions, en juillet 1775. Au comble de la joie, Alphonse s'empressa de quitter le diocèse qu'il avait gouverné treize ans et se retira dans son ancienne résidence, la maison de ses religieux, à Nocera dei Pagani. Il se contenta de deux cellules, qu'il appela son paradis.

Mais son séjour à Pagani ne lui ménagea pas la tranquillité et l'oubli. Les religieux avaient continuellement recours à lui pour les affaires publiques ou privées, spirituelles et temporelles. Évêques, prêtres, laïcs venaient souvent implorer le secours de ses conseils et de ses lumières. Il entretenait une incessante correspondance de direction et ne savait jamais refuser les consolations qu'on lui demandait, dans sa congrégation et au dehors. Sa vie sans trêve, sans repos, était un perpétuel martyre de souffrances physiques. Déjà, en janvier 1776, il écrivait : « J'ai la tête épuisée ; j'ai des lettres à écrire, et j'ai besoin de tenir continuellement auprès de moi un linge mouillé, que j'applique au front pour prévenir les vertiges. Vous me conseillerez peut-être de ne plus écrire. Mais que dois-je faire ?... Je suis supérieur ! »

Les affaires de sa congrégation prenaient une mauvaise tournure. Le baron Maffei n'avait nullement renoncé à sa haine et à ses griefs. Il présenta contre les rédemptoristes un nouvel acte d'accusation, dont le ministre de Naples, Tanucci, très hostile aux ordres religieux, fit examiner le dossier par un magistrat imbu de préventions contre le clergé et l'Église. En 1777, celui-ci fit paraître un *memorandum*, où les rédemptoristes étaient qualifiés de jésuites déguisés, de confesseurs et théologiens à morale relâchée. Rédigé avec beaucoup d'habileté, l'écrit produisit une profonde impression sur l'esprit public. Le saint y répondit avec modération et n'eut pas de peine à prouver la fausseté des accusations lancées contre ses religieux. Sur ces entrefaites, le ministre Tanucci était remplacé par un homme plus modéré, le marquis Sambuca. L'affaire des rédemptoristes fut jugée en 1779. Le roi de Naples émit une ordonnance qui les autorisait à continuer leurs travaux et à suivre leur règle.

Mais ce triomphe ne fut qu'éphémère. Un danger plus grave menaçait l'œuvre d'Alphonse. Dieu permit que le saint ne se trouvât pas en état de le prévenir, ce qui abreuva ses dernières années d'amertume et d'angoisses. En 1779, les membres les plus influents de la congrégation demandèrent à Alphonse qu'il sollicitât pour son institut l'approbation royale. On sonda d'abord Mgr Testa, grand-aumônier du roi, qui promit son appui, pourvu que l'on introduisît dans la règle quelques changements insignifiants. Un consulteur général de la congrégation, le P. Maione, fut chargé de s'entendre avec Mgr Testa, et de travailler avec lui aux modifications et démarches nécessaires. Mais il trahit la confiance de saint Alphonse et la cause de l'institut. D'accord avec Testa, il remania la règle d'une façon arbitraire et composa un *règlement*, d'après lequel les rédemptoristes ne devaient pas prononcer des vœux, mais un simple serment. En outre, ils dépendraient désormais des évêques pour les affaires spirituelles et temporelles. En septembre 1779, le P. Maione présenta la règle ainsi falsifiée au saint, qui, ne pouvant la lire à cause de la faiblesse de sa vue, la transmit au P. Villani. Celui-ci déplora vivement les modifications qu'on y avait introduites et en témoigna sa surprise, mais Maione s'excusa sur ce que le roi ne voulait plus entendre parler de vœux religieux. Le P. Villani n'eut pas le courage d'informer Alphonse de ce qui se passait, craignant de lui causer une grande peine.

Au commencement de 1780, le roi approuva la règle des rédemptoristes. Le 27 février, les Pères de Pagani en eurent un exemplaire, et la lecture les remplit à la fois de stupeur et d'indignation. Lorsque Alphonse eut pris connaissance de la nouvelle règle, il pensa mourir de douleur et de désespoir. Il répétait sans cesse : « J'ai été trompé. » Il prescrivit à ses religieux de maintenir l'observation de l'ancienne règle. Il supplia le P. Maione de réparer le mal qu'il avait fait, de revenir au milieu de ses frères, il l'assurait de toute sa bienveillance. Mais le P. Maione ne se laissa pas émouvoir par les prières et les larmes du saint et l'accusa même, auprès de Mgr Testa, de désobéissance aux ordres du roi. Alphonse recourut alors aux mesures disciplinaires et le déclara déchu de sa charge. Un autre danger vint bientôt menacer son œuvre. Un religieux de la maison de Frosinone, le P. Leggio, avec un zèle trop précipité, dénonça au pape Pie VI la falsification de la règle. Le pontife, qui était en désaccord politique avec le royaume de Naples, jugea bon de prendre sous son protectorat, pour les garantir des intrusions des légistes régaliens de la monarchie, les quatre maisons des États pontificaux, Frosinone, Sant'Angelo, Schifelli, Bénévent. *The catholic encyclopedia*, t. I, p. 338. En même temps, la congrégation des Évêques et Réguliers demandait à Alphonse des explications sur les griefs invoqués contre lui. Le saint très perplexe demanda un délai pour répondre et promit de donner ses explications de vive voix. Leggio représenta qu'Alphonse voulait gagner du temps pour faire oublier ses méfaits. Le 22 septembre 1780, un bref du pape Pie VI déclara les maisons rédemptoristes des États pontificaux affranchies de l'autorité du supérieur général et placées sous la direction d'un recteur majeur, le père François de Paul, supérieur de Frosinone.

Cette triste nouvelle n'altéra pas le calme résigné

30. — Saint Alphonse de Liguori.

du saint. « Le pape le veut ainsi, Dieu soit béni. Volonté du pape, volonté de Dieu. » Il écrivit au nouveau recteur, se déclarant prêt à lui obéir en tout. Celui-ci l'assura qu'il faisait toujours partie de la congrégation.

Le saint ne cessa pas de travailler pour rétablir l'unité de sa congrégation. Mais ses efforts échouèrent. Un rescrit pontifical du 24 août 1781 confirmait la décision du 22 septembre précédent. La scission des rédemptoristes en deux tronçons était complète. Un autre bref du 17 décembre 1784 aggravait encore la situation, en déclarant que les maisons seules de l'État pontifical faisaient partie de la congrégation et que la maison mère était transférée à Rome.

Frappé par ces épreuves douloureuses, Alphonse se contentait de répéter : « Seigneur, je ne veux que ce que vous voulez. » Il se sentait heureux de ce que la congrégation se répandait dans les États du pape, de ce que des étrangers, le P. Clément Hofbauer et le P. François Hubl, s'y faisaient agréger. Des évêques, des prélats s'efforçaient en vain de justifier la conduite du fondateur et la faire révoquer, tout au moins atténuer, les mesures pontificales. L'état des maisons du royaume de Naples était précaire. En 1785, celle de Girgenti revendiquait son autonomie, et nommait un supérieur, le P. Pietro Blasucci. Mais le saint ne perdit jamais confiance. Il annonçait, ce qui arriva effectivement après sa mort, que l'épreuve cesserait et que ses fils dispersés formeraient de nouveau une seule famille.

A ces épreuves se joignirent celles de l'âme, les tentations et les scrupules. « D'épaisses ténèbres, écrit le P. Tannoia, obscurcirent l'esprit du saint et un torrent d'iniquités vint jeter l'alarme dans son cœur. En tout, il voyait le péché, le péril d'offenser Dieu. Le confesseur, qui avait dirigé des milliers d'âmes, fut lui-même en butte aux illusions du démon. Il avait perdu la paix et la sérénité. Des pensées de vanité, de présomption, d'incrédulité s'ajoutaient en lui à la révolte des sens. La prière même ne lui donnait pas la tranquillité. Il disait parfois qu'il souffrait un enfer. Et ces tourments travaillèrent son âme dix-huit mois, en 1784 et 1785. Cependant au milieu des tentations les plus fortes, dans ses accès de désespoir, il avait des extases et des ravissements en Dieu, qui donnaient à son âme la force de lutter. Ayant atteint sa quatre-vingt-dixième année, il sentit que sa fin était proche et annonça qu'en 1787 il rendrait son âme à Dieu. Le 18 juillet, il tomba gravement malade. Son état parut bientôt désespéré. Le P. Villani s'empressa d'en informer les religieux. Un grand nombre vinrent lui demander sa bénédiction. Il les accueillit avec joie et bonté. Le 28 juillet, il reçut le saint viatique. Le 1er août, il expira doucement au moment où les cloches sonnaient l'angelus. Un moment avant, ses yeux se fixèrent sur l'image de la sainte Vierge et rayonnèrent de bonheur.

Des milliers de personnes se pressèrent autour de ses restes et à ses funérailles, aussi bien pour l'honorer que pour avoir sa bénédiction, des prélats, des nobles, des magistrats s'agenouillèrent devant son cercueil. Des prodiges opérés sur son tombeau confirmèrent sa renommée de sainteté. Le 4 mai 1796, fut promulgué le décret d'introduction de la cause de béatification. Pie VI avait reconnu son erreur à l'égard d'Alphonse. Le 7 mai 1807, il était déclaré vénérable. Le 15 septembre 1816, avait lieu la cérémonie de sa béatification dans la basilique de Saint-Pierre et, le 26 mai 1839, la cérémonie solennelle de sa canonisation. Par décret du 23 mars 1871, Pie IX lui conférait le titre de docteur de l'Église universelle.

VI. ŒUVRES. — Le bref *Qui Ecclesiae suae*, qui consacra cette prérogative, proclame saint Alphonse le maître de la théologie morale et ascétique dans les temps modernes et le présente comme modèle aux pasteurs et aux fidèles, à ceux qui enseignent comme à ceux qui s'instruisent. C'est en effet sous cet aspect qu'il s'est présenté à son époque et le rôle qu'il a joué depuis avec ses écrits innombrables, qui se sont répandus rapidement et n'ont cessé d'avoir une grande popularité. Non seulement son système du probabilisme a triomphé partout (voir le *Dictionnaire de théologie*, t. I, col. 912 sq.), ruinant définitivement les pernicieux et très damnables principes du rigorisme janséniste, mais il a donné une orientation nouvelle à la piété et à la dévotion, en les précisant dans le culte de la sainte Vierge et du saint sacrement. Hallbach, dans *Kirchenlexikon*, t. VIII, col. 2040 sq. Ce caractère et la multiplicité des traductions ont fait pénétrer les œuvres du docteur de l'Église universelle dans toutes les littératures, en sorte qu'il n'appartient plus exclusivement à la langue italienne.

Malheureusement, cette multiplicité de traductions, et aussi d'éditions, complique l'établissement d'une bibliographie, et nous n'en avons pas de complète. D'un autre côté, il est à peu près impossible de fixer un ordre chronologique entre tant d'œuvres qui ont occupé une longue vie, et de les énumérer dans leur rang de publication. Remaniées selon les nécessités du moment, elles se confondent les unes dans les autres, et il est difficile de ne pas se répéter dans l'énumération, même sans s'attacher à l'ordre chronologique. Le professeur Candido Romano a publié un essai de classification, en empruntant ses renseignements aux lettres du saint : *Delle opere di S. Alfonso Maria di Liguori, vescovo e dottore di santa Chiesa : saggio storico, ricavato specialmente dalla corrispondenza epistolare del santo*, Rome, 1896. Mais cet ouvrage laisse à désirer au point de vue de l'exactitude, et ressemble plus à un traité oratoire de vie ascétique qu'à une bibliographie critique.

Nous n'avons à nous occuper ici que des éditions complètes, qui renferment les textes définitifs, par conséquent des dernières.

Il y a plusieurs de ces collections en diverses langues. En italien, les éditions de Monza (Corbetta), 1823-1845, cinquante-deux volumes, divisés en œuvres morales et œuvres dogmatiques. L'édition de Venise (Antonelli), cent un volumes, 1831-1840. La première édition de Turin (Marietti), 1824-1829, divisée en œuvres morales, ascétiques et dogmatiques, soixante-sept volumes; la seconde, en dix volumes, 1844-1848; la troisième et dernière en 1887, dix volumes; l'édition napolitaine de 1871, en dix volumes aussi.

Une traduction française a été faite par les PP. Dujardin et Jacques : elle comprend dix-huit volumes d'œuvres ascétiques et neuf volumes d'œuvres dogmatiques, Tournai, 1858-1878 (plusieurs éditions).

Un recueil d'œuvres ascétiques a été publié par le P. Pladys, rédemptoriste, Paris, 1884-1891, en six volumes. L'édition allemande est divisée en trois sections; deux sections ascétiques, et une section morale et dogmatique, Ratisbonne, 1843-1854 (quarante et un volumes). La plupart des versions appartiennent au P. Hugues. Une édition complète des œuvres ascétiques de saint Alphonse, en anglais, a été faite par le P. Grimm, rédemptoriste, vingt volumes, New York, 1886-1894. Le P. Loijoaard a traduit en hollandais les œuvres ascétiques et dogmatiques, vingt-deux volumes, Utrecht, 1849-1855.

Nous donnons la liste des écrits du saint d'après l'édition du P. Dujardin, comparée à l'édition italienne de Turin, la dernière (1887), qui présente quatre volumes d'œuvres ascétiques, cinq d'œuvres dogmatiques, et, au t. x, la Vie du saint par le P. Tannoia.

1° *Œuvres ascétiques*. — 1. *Considérations sur les vérités éternelles, Œuvres*, t. 1, Tournai, 1858, p. 9-412. Saint Alphonse avait donné à cet ouvrage, écrit en 1758, le titre de *Apparecchio alla morte* (Turin, t. 11).— 2. *Maximes éternelles, ibid.*, p. 414-433 (Turin, t. 111). Ces méditations faisaient partie à l'origine des *Opere spirituali*, Turin, t. 1, publiées en 1747. — 3. *Règlement de vie pour un chrétien, ibid.*, p. 436-505; inséré par le saint dans la *Via della salute* (Turin, t. 1), éditée en 1766. — 4. *Quatre avertissements nécessaires à toute personne de tout état pour se sauver, ibid.*, p. 508-515; composé en 1775. — 5. *Voie du salut et de la perfection*, t. 11, p. 1-544. *Via della salute*, Turin, t. 1. Le traducteur a compris sous ce titre général les *Méditations qu'on peut faire en tout temps*, publiées en 1767, *Les réflexions pieuses sur divers points de spiritualité*, parues en 1773, et une série d'opuscules spirituels écrits à diverses époques : *De l'amour divin; De la passion; De la conformité à la volonté de Dieu; Manière de converser continuellement avec Dieu; De la prière; Des peines intérieures; Des signes certains de l'amour de Dieu; Règlement de vie abrégé*. — 6. *Du grand moyen de la prière pour obtenir le salut et toutes les grâces*, 1858, t. 111,

p. 3-250. Cet ouvrage, datant de 1759, sous le titre *Del gran mezzo della preghiera*, est considéré comme un des meilleurs travaux ascétiques du saint (Turin, 11). — 7. *De l'oraison mentale et de la retraite, ibid.*, p. 253-402. Sous ce titre le traducteur a réuni quelques extraits de la *Vera sposa di Gesu Cristo*, Turin, t. IV, des *Méditations composées à diverses époques* et la *Lettre à un jeune homme délibérant sur le choix d'un état*, composée en 1769 ou en 1771. — 8. *Du choix d'un état et de la vocation, ibid.*, p. 403-553. Le traducteur publie, sous ce titre, les *Avvisi spettanti alla vocazione religiosa*, Turin, t. IV, et les *Considerazioni per coloro che son chiamati allo stato religioso, ibid.*, parus en 1750, un petit traité sur la *Vocation au sacerdoce*, tiré de l'ouvrage intitulé : *Selva di materie predicabili*, 1760, Turin, t. III; enfin, *Avvertimenti ad una donzella sullo stato da eleggere, ibid.*, t. IV, écrits en 1774 ou 1775. — 9. *Discours pour la neuvaine de Noël*, t. IV, p. 3-169, écrit en 1750. — 10. *Méditations pour chaque jour de l'avent, pour la neuvaine de Noël, pour l'octave de l'Épiphanie, et cantiques spirituels, ibid.*, p. 170-384 (Turin. t. II). La plupart de ces opuscules ont paru en 1758. — 11. *Traits de feu ou preuves que Jésus-Christ nous a données de son amour dans l'œuvre de la rédemption, ibid.*, p. 385-440. Ce petit traité a été inséré par saint Alphonse dans la *Voie du salut*, 1766. Il est suivi de plusieurs cantiques et opuscules spirituels, tels que les *Pieux sentiments d'une âme qui veut être toute à Jésus; Soupirs d'amour vers Dieu* (Turin, t. 1); *Aspirations d'amour à Jésus-Christ; Maximes pour la direction d'une âme qui veut aimer Jésus-Christ*, etc., p. 385-512 (Turin, t. 1.). — 12. *Réflexions et affections sur la passion de Jésus-Christ*, Tournai, 1876 (5e édition), t. v, p. 3-151 (Turin, t. 1). Il a été écrit en 1750. — 13. *Simple exposé des circonstances de la Passion d'après les saints évangiles, ibid.*, p. 153-221. Imprimé en 1761. — 14. *Considérations sur la passion de Jésus-Christ, ibid.*, p. 223-403. Écrit en 1773 (Turin, t. 1). Le traducteur a ajouté à la fin du volume une série de méditations sur la passion, dispersées dans plusieurs recueils du saint. — 15. *Du sacrifice de Jésus-Christ avec une courte explication des prières de la messe*, 1861, t. VI, p. 3-53 (Turin, t. III). Composé en 1775. — 16. *Actes pour la sainte communion, ibid.*, p. 54-99, écrits en 1744. — 17. *Visites au saint sacrement et à la sainte Vierge, ibid.*, p. 103-222 (Turin, t. 1). Cet ouvrage, qui eut un succès prodigieux, qui a été traduit dans toutes les langues, et continue à nourrir d'une piété solide les âmes chrétiennes, a paru en 1744. — 18. *Méditations pour l'octave du saint sacrement, ibid.*, p. 223-241 (Turin, t. II). — 19. *Neuvaine du Cœur de Jésus, ibid.*, p. 242-278. Extrait de la *Voie du salut*. — 20. *Pratique de l'amour envers Jésus-Christ, ibid.*, p. 281-510 (Turin, t. 1). Cet ouvrage, paru en 1768, est considéré comme le chef-d'œuvre de saint Alphonse, comme un guide admirable pour les âmes chrétiennes animées du désir de la perfection. — 21. *Neuvaine du Saint-Esprit, ibid.*, p. 511-542. Tirée de la *Voie du salut*. — 22. *Gloires de Marie*, t. VII et VIII (Turin, t. 1). Cet ouvrage, qui contribua beaucoup à répandre la dévotion envers la sainte Vierge, parut en 1750. « C'est un choix de perles fines, écrit le P. Dujardin, habilement enchâssées dans un cadre qui en rehausse encore l'éclat et la valeur; c'est une mosaïque de pierres précieuses, dont l'aspect attire et charme le regard, l'élève et le purifie, sans le fatiguer jamais, dont l'œil n'est point gâté. » Le traducteur a donné comme suite à cet ouvrage une série de *Méditations sur les litanies et les principales fêtes de la sainte Vierge*, t. VIII, p. 176-216 (Turin, t. 1), et des neuvaines et prières en l'honneur des saints anges, de saint Joseph et de sainte Thérèse, p. 329-492. — 23. *Victoires des martyrs*, t. IX, 1864 (Turin, t. IV),

Cet ouvrage, qui contient en abrégé les Vies des martyrs les plus illustres, a été composé par Alphonse dans son extrême vieillesse, en 1775. — 24. *La véritable épouse de Jésus-Christ*, 1867, t. x, xi (Turin, t. iv). Cet ouvrage parut en 1760, 1761. C'est un des meilleurs traités de perfection spirituelle. Le saint y révèle sa grande expérience dans la direction des âmes. Le xi⁰ volume contient aussi des sermons et des exhortations aux religieuses, des lettres spirituelles et une *Notice sur la vie et la mort de la sœur Thérèse-Marie de Liguori*, p. 326-346 (Turin, t. iv), composée en 1761. — 25. *Constitutions et règles de la congrégation du Très-Saint-Rédempteur*, t. xii, p. 3-72 (Turin, *ibid.*). — 26. *Considérations pour les personnes appelées à l'état religieux*, *ibid.*, p. 73-122. — 27. *Avis aux novices*, *ibid.*, p. 123-148. Ces deux traités ont été composés en 1750. — 28. *Vie du révérend père Paul Cafaro*, *ibid.*, p. 493-580 (Turin, t. iv). Composée peut-être en 1762. Ce même volume contient quelques lettres et circulaires du saint à ses religieux, p. 149-190. — 29. *Recueil de matériaux pour les retraites ecclésiastiques* (en italien : *Selva di materie predicabili*, 1869, t. xiii, p. 3-410 (Turin, t. iii). Ce livre eut aussi un succès énorme, et fut traduit en plusieurs langues. « Il est, écrit Mgr Gaume, comme une tribune sacrée, du haut de laquelle parlent tour à tour les prophètes, les apôtres, les hommes apostoliques, les martyrs, les solitaires, les plus illustres pontifes de l'Orient et de l'Occident, les docteurs les plus fameux, les maîtres les plus habiles dans la science des saints, les successeurs de Pierre et les conciles, organes de l'Esprit-Saint, en un mot, l'antiquité, le moyen âge, les temps modernes, l'Église tout entière. » Alphonse le composa en 1760. A la même époque appartiennent les autres opuscules insérés dans ce volume : *Règlement de vie pour un prêtre séculier* (Turin, t. iii); *Règles spirituelles pour un prêtre qui aspire à la perfection*; *Maximes spirituelles pour un prêtre*, *ibid.*; *Avertissements aux jeunes gens qui se livrent à l'étude des sciences ecclésiastiques*, *ibid.*; *Discours sur la nécessité de l'oraison mentale pour un prêtre*, *ibid.*, p. 413-460. — 30. *Du sacrifice de Jésus-Christ avec une courte explication des prières de la messe*, t. xiii, p. 3-53, composé en 1774 ou 1775. — 31. *Des cérémonies de la messe*, *ibid.*, p. 57-244 (Turin, t. iii). Cet ouvrage est donné par Romano comme écrit en 1768. D'après Villecourt, il a paru en 1761, avec une dissertation sur *Les honoraires de messes*, *ibid.*, p. 245-274. Le même volume contient des prières, considérations, méditations, aspirations, touchant le saint sacrifice de la messe, et composées par Alphonse à différentes époques. — 32. *La messe et l'office à la hâte*, *ibid.*, p. 448-498 (Turin, t. iii), ouvrage imprimé par le saint en 1760. — 33. *Traduction des psaumes et des cantiques de l'office divin*, t. xv, p. 3-587 (Turin, t. ii). Saint Alphonse édita en 1774 la version italienne des psaumes avec des notes et une préface. Elle a été dédiée à Clément XIV, dont le saint loue « la glorieuse prudence dans l'emploi des moyens pour apaiser les dissentiments qui agitent les amis du bien de l'Église. » — 34. *Lettre à un religieux sur la manière de prêcher avec la simplicité apostolique*, t. xvi, p. 3-52 (Turin, t. iii). Composée par le saint en 1761. — 35. *Réfutation d'un livre français intitulé* : « *De la prédication* », *ibid.*, p. 53-63. Le saint y réfute l'ouvrage d'un certain abbé Coyer. Cette réfutation a été écrite en 1767. — 36. *Lettre à un nouvel évêque sur la grande utilité spirituelle que les peuples retirent des missions*, *ibid.*, p. 64-84 (Turin, t. iii). Écrite en 1771. — 37. *Des exercices de mission*, *ibid.*, p. 87-362. Cet ouvrage est la troisième partie de la *Selva*, imprimée en 1760. Le saint y traite de la manière dont on doit prêcher les missions dans le royaume de Naples. — 38. *Avis au catéchiste afin qu'il puisse instruire avec plus de fruit*, *ibid.*, p. 365-616.

Publié en 1767, et traduit en latin par le saint lui-même avec ce titre : *Institutio catechistica ad populum in praecepta Decalogi et sacramenta*, 1768. — 39. *Sermons abrégés pour tous les dimanches de l'année*, Tournai, 1877, t. xvii, p. 3-606 (Turin, t. iii). Ces sermons ont paru pour la première fois en 1771. — 40. *Neuf discours pour les temps de calamité*, t. xviii, p. 37-148 (Turin, t. iii). Composés en 1758. — 41. *Réflexions utiles aux évêques pour bien gouverner leurs Églises*, *ibid.*, p. 151-196 (Turin, t. iii). Imprimé par le saint en 1745 et envoyé à tous les évêques italiens. — 42. *Règlement pour les séminaires*, *ibid.*, p. 197-219 (Turin, *ibid.*). Composé en 1777. — 43. *Ordonnances et lettres pour le gouvernement du diocèse de Sainte-Agathe*, 1762-1775, p. 273-376 (Turin, t. iv). — 44. *Lettres diverses*, *ibid.*, p. 377-426 (Turin, t. iv). — 45. *La fidélité des sujets envers Dieu les rend fidèles à leur prince*, *ibid.*, p. 429-450 (Turin, t. iii). Composé en 1777.

2° *Œuvres dogmatiques*. — Cette traduction a été faite par le P. Jules Jacques: 1. *Vérité de la foi*, Tournai, 1876 (2⁰ édition), t. i, p. 3-388 (Turin, t. viii). Cet ouvrage a été publié en 1767 contre les matérialistes, qui nient l'existence de Dieu, les déistes, qui nient la révélation révélée, et les sectaires, qui attaquent l'Église catholique. Saint Alphonse disait que cet ouvrage lui avait coûté des sueurs de sang. — 2. *Courte dissertation contre les matérialistes et les déistes*, *ibid.*, p. 391-471; ii, p. 5-347 (Turin, *ibid.*). Publié par le saint en 1756. — 3. *Réflexions sur la vérité de la révélation divine contre les principales objections des déistes*, *ibid.*, p. 475-529 (Turin, *ibid.*). Ce traité a paru en 1773. — 4. *Réfutation d'un ouvrage français intitulé* « *De l'esprit* » (Helvétius), t. ii, p. 348-373 (Turin, *ibid.*). — 5. *Évidence de la foi catholique démontrée par ses signes de crédibilité*, *ibid.*, p. 377-515 (Turin, *ibid.*). Paru en 1762. — 6. *Triomphe de l'Église*, Tournai, 1867, t. iii, p. 3-488; iv, 3-629; v, 3-613 (Turin, *ibid.*). Cet ouvrage, publié en 1772, comprend l'histoire des hérésies depuis le premier siècle jusqu'aux jansénistes et à Michel Molinos. La troisième partie (v⁰ volume) comprend la réfutation des principales hérésies anciennes et modernes. — 7. *Défense des dogmes catholiques, définis par le concile de Trente ou traités dogmatiques contre les prétendus réformés*, 1871, t. vi; t. vii, p. 3-381 (Turin, *ibid.*). Saint Alphonse parle ainsi de cet ouvrage : « Dans ce livre je traite seulement des points de foi définis par les conciles, et non des événements arrivés à leur époque. Mon livre forme une bonne théologie dogmatique; car je ne me borne pas à relever les difficultés qui furent agitées dans le concile, mais dans chaque traité j'ajoute la doctrine des auteurs. De plus, j'ai ajouté d'autres traités de théologie, par exemple la manière dont la grâce opère en nous, et je rappelle presque tous les systèmes des écoles sur la grâce efficace et la grâce suffisante. A la fin de l'ouvrage, je place un traité très utile sur l'infaillibilité de l'Église. » — 8. *Dissertation sur les questions relatives à la conception immaculée de la bienheureuse Vierge Marie*, t. vii, p. 385-426. Publiée par saint Alphonse en latin en 1749. — 9. *Conduite admirable de la divine Providence dans l'œuvre du salut de l'homme opéré par Jésus-Christ*, t. viii, p. 1-208 (Turin, *ibid.*). Cet ouvrage, paru en 1776, développe l'idée de saint Augustin et de Bossuet touchant l'unité et la perpétuité de l'Église. — 10. *Dissertations dogmatiques et morales sur les fins dernières*, *ibid.*, p. 211-487 (Turin, *ibid.*). Ce traité parut aussi en 1776. Le saint s'y propose de réveiller la foi des catholiques touchant la vie future, et de les armer contre les sarcasmes de l'impiété. — 11. *De l'espérance chrétienne*, *ibid.*, p. 495-507. Composé en 1764. — 12. *Dissertation sur l'autorité du pontife romain, au sujet de la 29⁰ proposition condamnée par Alexandre VIII*, t. ix, p. 281-382, publiée par le saint en 1748, en latin, et inséré dans la *Theologia moralis*. — 13. *Défense du pouvoir suprême du souverain pontife contre Justin Febronius*, *ibid.*, p. 3-278 (Turin, t. VII). Cet ouvrage, paru à Venise en 1768, est appelé par Bouix un vrai livre d'or, où le saint attribue au pape le pouvoir suprême dans l'Église, et prouve en même temps qu'il est infaillible dans les questions de foi, et supérieur au concile général. — 14. *Dissertation sur les livres défendus*, *ibid.*, p. 397-533, publié en latin en 1759.

3° *Œuvres morales.* — 1. *Medulla theologiae moralis R. P. Hermanni Busembaum, cum adnotationibus adjunctis post dubia seu articulos praefati auctoris, ubi operae pretium visum fuit, juxta litteras alphabetico ordine ibi interjectas*, Naples, 1748. Déjà, dans ce premier ouvrage de morale, l'auteur est obligé de se défendre contre les détracteurs de ses doctrines. On y trouve, en effet, une dissertation intitulée : *Expiatio a nonnullis in me disseminatis calumniis ob epistolam super maledictionem in defunctos illatam*, col. 1029-1032. — 2. *Pratica del confessore per ben esercitare il suo ministero*, insérée dans la seconde édition de la *Theologia moralis* de Busembaum, Naples, 1755, t. II, p. 709-760; traduite en latin en 1757. Voir *Œuvres complètes*, éd. italienne de Monza, 1832, t. XXIII, p. 5-306 (Turin, t. VII). — 3. *Dissertatio scolastico-moralis pro usu moderato opinionis probabilis in concursu probabilioris*, Naples, 1749. Saint Alphonse a composé douze dissertations sur cette matière. Celle que nous venons de mentionner est la première, éd. de Monza, 1832, t. XXVI, p. 7-79. — 4. *Dissertatio de absolutione deneganda clerico habituato in vitio turpi, cupienti initiari in sacris*, Naples, 1751. Benoît XIV sanctionna sur ce point la décision du saint. Berthe, *Saint Alphonse de Liguori*, Paris, 1900, t. I, p. 479. — 5. *Theologia moralis concinnata a R. P. D. Alphonso de Ligorio per appendices in medullam Hermanni Busembaum*, Naples, 1753, 1755. Ce chef-d'œuvre de l'activité littéraire du saint fut dédié à Benoît XIV. Bien qu'il soit la seconde édition de la *Medulla* de Busembaum, on y trouve une méthode si originale, et l'on y traite tant de questions nouvelles, qu'il sera justement appelé *Theologia moralis Alphonsi de Ligorio*. Nous n'avons pas à retracer l'histoire du livre qui, dans le domaine de la théologie morale, a la même autorité que la *Somme* de saint Thomas dans le domaine de la théologie dogmatique. Le saint y a traité quatre mille questions et examiné les théories de huit mille théologiens. Le nombre des citations s'y élève à trente quatre mille. Voir Vittozzi, *S. Alfonso de Liguori e la teologia morale*, dans *La scienza e la fede*, 1873, t. XC, p. 353-369, 441-462. Nous ne pouvons pas citer les nombreuses éditions de cette œuvre monumentale. La meilleure est celle du P. Léonard Gaudé, rédemptoriste: *Theologia moralis : editio nova cum antiquis editionibus diligenter collata, in singulis auctorum allegationibus recognita, notisque criticis et commentariis illustrata*, Rome, 4 volumes, 1905-1912. On y trouve, dans la préface, les titres des différentes éditions, faites du vivant du saint. — 6. *Dissertatio secunda scholastico-moralis pro usu moderato opinionis probabilioris in concursu probabilioris*, Naples, 1755. — 7. *Istruzione e pratica pei confessori, colle avvertenze delle dottrine pius notabili sovra tutti i trattati della teologia morale*, Naples, 1757. A la fin de cette édition on trouve quatre opuscules sur la tranquillité des âmes spirituelles, l'assistance aux mourants, l'examen des ordinands, et les avertissements les plus utiles pour les confesseurs et les curés. L'auteur résume ses livres sa Théologie morale. — 8. *Homo apostolicus instructus in sua vocatione ad audiendas confessiones sive praxis et instructio ad usum confessariorum cum notabilioribus doctrinis super omnibus tractatibus theologiae moralis*, Venise, 1759. C'est la version latine remaniée de l'ouvrage précédent. Elle a eu un grand nombre d'éditions (Turin, t. VII). — 9. *Breve dissertazione dell'uso moderato dell'opinione probabile*, Naples, 1762. — 10. *Dissertatio tertia de usu moderato opinionis probabilis*, Bassano, 1763; éd. Monza, t. XXVI, p. 261-388. — 11. *Il confessore diretto per le confessioni della gente di campagna*, Bénévent, 1764. Un grand nombre d'éditions (Turin, t. IX). Traduit en français par le P. Pladys, Paris, 1891. — 12. *Risposta apologetica ad una lettera di un religioso circa l'uso dell'opinione egualmente probabile*, Naples, 1764. Le saint y défend son système contre le P. Vincenzo Patuzzi, dominicain. — 13. *Difesa della dissertazione sull'uso moderato dell'opinione probabile dalle opposizioni di un molto reverendo lettore che si nomina Adelfo Dosileo*, Venise, 1764. — 14. *Dell'uso moderato dell'opinione probabile*, Naples, 1765; éd. Monza, t. XXVII, p. 9-364. — 15. *Nova dissertatio de usu moderato opinionis probabilis*, Bassano, 1767 (?); éd. Monza, t. XXVI, p. 391-446. — 16. *Istruzione al popolo, sovra i precetti del Decalogo per bene osservarli e sovra i sacramenti per ben riceverli*, Naples, 1767. Un grand nombre d'éditions (Turin, t. IX). Traduite en latin par le saint, Bassano, 1768. — 17. *Apologia della teologia morale tacciata da taluni per lassa, come seguace del lasso sistema probabilistico e specialmente della opinione meno probabile*, Naples (?), 1769; éd. de Monza, t. XXVII, p. 7-71. — 18. *Dichiarazione del sistema che tiene l'autore intorno alla regola delle azioni morali e si risponde ad alcune nuove opposizioni che gli vengono fatte*, Naples, 1774; éd. Monza, t. XXVIII, 2, p. 7-95. Cet ouvrage est dirigé contre le chanoine Magli. — 19. *Risposta ad un autore che ha censurato il libro della beata Vergine sotto il titolo Glorie di Maria, e insieme l'opera morale*, Turin, 1829; publiée en 1756. — 20. *Opuscolo in cui si prova che la legge incerta non può produrre una obligazione certa*, Turin, 1829. Cette brochure a été composée en 1765. — 21. *Examen ordinandorum*, Turin, 1829, paru d'abord à Naples en 1758. Cet ouvrage, ainsi que la *Praxis confessarii*, ont été insérés dans le IVe volume de l'édition de la *Theologia moralis* par le P. Gaudé, Rome, 1912, p. 523-628.

La théologie morale de saint Alphonse, résumée en latin par le P. Neyraguet, a été traduite en arabe par le P. Louis Omegna, franciscain, et publiée à Jérusalem en deux volumes, 1858-1859.

Le rédemptoriste P. Walter a commencé à éditer une version latine des œuvres dogmatiques de saint-Alphonse : *S. Alphonsi Mariae de Ligorio, Ecclesiae doctoris, Opera dogmatica ex italico sermone in latinum translata, ad antiquas editiones castigata notisque aucta*, Rome, 1903, t. I; 1908, t. II. Le P. Dumortier a publié dans la traduction française un recueil complet des lettres du saint docteur, Lille, 1888-1898 (cinq volumes).

Tannoia, *Vita ed istituto di S. Alfonso Maria de Liguori, dottore di S. Chiesa, vescovo di Sant'Agata de' Goti, e fondatore della congregazione del SS. Redentore*, Naples, trois volumes, 1796, 1800, 1802; Turin, 1877, 4e éd. revue par le P. Chiletti. Les Pères rédemptoristes de la province belge, en particulier les PP. Lebouchier et Buggenoms ont traduit en français cet ouvrage : *Mémoires sur la vie et la congrégation de saint Alphonse-Marie de Liguori, évêque de Sainte-Agathe-des-Goths, et fondateur de la congrégation des prêtres missionnaires du Très-Saint-Rédempteur*, par le P. Antoine-Marie Tannoia, de la même congrégation, Paris, 1842 (trois volumes). Le P. Tannoia a vécu quarante ans à côté de saint Alphonse et a pris note au jour le jour de ce qu'il voyait et entendait touchant le saint. Ses *Mémoires* sont donc la source la plus complète et la plus autorisée de la biographie du saint docteur, bien qu'il y donne parfois trop de place au surnaturel. Sur l'ouvrage du P. Tannoia, voir Dumortier, *Le P. Antoine-Marie Tannoia, premier historien de saint Alphonse*, Paris, 1902, p. 106-112. — *Oratio in parentalibus Alphonsi de Ligorio, congregationis sanctissimi Redemptoris fundatoris ac rectoris majoris, necnon olim Sanctagathensis Ecclesiae episcopi meritissimi a* clerico regulari scholarum piarum elucubrata, Naples, 1787. — Compendio della vita, virtù e miracoli del venerabile servo di Dio Alfonso Maria de Liguori, estratto dai processi esibiti alla sagra congregazione dei Riti, dal sacerdote Giacinto Amici, difensore della causa, e dal Padre D. Vincenzo Antonio Giattini, Rome, 1802. — Omelie e panegirici in lode del beato Alfonso Maria de Liguori, Naples, 1817. — Ristretto dell'epoche principali della vita del beato Alfonso Maria de Liguori, e degli atti della beatificazione e canonizzazione del medesimo, Rome, 1830. — Jeancard, Vie du bienheureux Alphonse-Marie de Liguori, évêque de Sainte-Agathe-des-Goths, Louvain, 1829; Lyon, 1855, troisième édition; traduction allemande par Haringer, Ratisbonne, 1840. — Ristretto della vita e gesta di S. Alfonso Maria de Liguori, Rome, 1839. — Riflessioni sulla santità e dottrina di sant'Alfonso Maria de Liguori, Turin, 1839. — Amici, Compendio della vita di S. Alfonso Maria de Liguori, estratto da' processi giuridici di sua causa, Turin, 1839. — Brevi cenni sulla canonizzazione e sulle opere di S. Alfonso Maria de Liguori, Turin, 1839. — Giattini, Vita del beato Alfonso Maria de Liguori..., dedicata al regnante sommo pontefice Pio VII, Rome, 1816, 1839; traduction allemande, Vienne, 1835. Il y a une version française de cet ouvrage, Tournai, 1873. — Rispoli, Vita del beato Alfonso Maria de Liguori, Naples, 1834. — Guzzoni, De Alphonso Maria de Ligorio, viro sancto, libri II, in usum collegii adolescentium ephebonorum Trebien., Foligno, 1845. — Villecourt (Cardinal), Vie et institut de saint Alphonse-Marie de Liguori, évêque de Sainte-Agathe-des-Goths, ...d'après les mémoires du P. Tannoia et divers documents authentiques, quatre volumes, Tournai, 1863 - 1864. — Vite dei primi discepoli e compagni di S. Alfonso de Liguori, dottore di santa Chiesa, con un ristretto della storia della congregazione del santissimo Redentore, Naples, 1870. — Panegirici in onore di S. Alfonso Maria de Liguori, nella sua esaltazione a dottore della Chiesa universale, Naples, 1871. — Saint Alphonse de Liguori, docteur de l'Église, par l'auteur de la Vie du bienheureux Pierre Fourier, Tournai, 1873. — Lojodice, Vida del glorioso doctor de la Iglesia S. Alfonso Maria de Ligorio, fundador de la congregacion del santissimo Redentor y obispo de Santa Agueda de los Godos, Madrid, 1874. — Histoire de saint Alphonse de Liguori, fondateur de la congrégation du Très-Saint-Rédempteur, précédée d'une lettre de Mgr Dupanloup, évêque d'Orléans, Paris, 1877. — Vita S. Alphonsi Mariae de Ligorio, congregationis SS. Redemptoris fundatoris et Ecclesiae doctoris, Turin, 1877. — The life of St. Alphonsus Liguori, bishop, confessor and doctor of the Church, founder of the congregation of the most holy Redeemer, by a member of the order of Mercy, New York, 1882 — Zivot sv. biskupa a ucitele cirkevniho Alfonso Marie de Liguori, zakladatele kongregace Nejsvetejsiho Vykupitele, Prague, 1887. — Dilgskron, Leben des heiligen Bischofs und Kirchenlehrers Alphonsus Maria de Liguori, deux volumes, Ratisbonne, 1887. Une des meilleures Vies du saint au point de vue critique. — Le feste centenarie di S. Alfonso Maria de Liguori, Scafati, 1887. — Schepers, Alfons Maria von Liguori, und seine Mission als Heiliger, Ordenstifter, und Kirchenlehrer, Mayence, 1887. — Capecelatro (Cardinal), La vita di sant' Alfonso Maria de Liguori, deux volumes, Rome, 1893 : traduction française par Le Monnier, Lille, 1895. L'auteur y donne un tableau historique de l'époque où vivait le saint. — Magnier, Life of St. Alphonsus Maria de Liguori for the joung, Rome, 1896. — Berthe, Saint Alphonse de Liguori, deux volumes, Paris, 1900; traduit en italien, Florence, 1903; et en anglais (Castle), Dublin, 1905. C'est la meilleure Vie critique et savante de saint Alphonse qu'on ait écrite jusqu'ici. — Angot de Rotours, Saint Alphonse de Liguori, Paris, 1903. — Godts, L'apôtre moderne du très saint sacrement, S. Alphonse de Liguori, 1906; Quelques notes sur saint Alphonse et l'importance actuelle de sa doctrine et de son œuvre, Langres, 1908. — Warren, St. Alphonsus de Liguori, a saint for our times, Ilchester, 1910. — Pour la sainteté et les œuvres de saint Alphonse, voir Berruti, Lo spirito di S. Alfonso Maria de Liguori, Naples, 1873 (deuxième édition). — Leone, S. Alfonso redivivo nel secolo decimonono, Naples, 1887. — Bogaerts, S. Alphonse de Liguori musicien, et la réforme du chant sacré, Paris, 1899. — Meffert, Der heilige Alfons von Liguori, der Kirchenlehrer und Apologet des XVIII Jahrhunderts, Mayence, 1901. On trouve aussi beaucoup de renseignements sur les écrits du saint docteur dans les Acta pro concessione tituli doctoris in honorem sancti Alphonsi Mariae de Ligorio, Rome, 1870 (leur liste chronologique, p. 81-90), et dans l'article de Kannengieser, Dictionnaire de théologie catholique, t. I, col. 911-920. — Kirchenlexikon, t. VII, col. 2023-2045. — Realencyklopädie, t. XI, p. 489-496. — The catholic encyclopedia, New York, t. I, p. 334-341.

La théologie morale de saint Alphonse a été vivement attaquée par des protestants, vieux-catholiques et orthodoxes. Voir Döllinger-Reusch, Geschichte der Moralstreitigkeiten in der römisch katholischen Kirche, Nordlingen, 1889. — Hoensbroech, Beitrag zur Liguori-Moral, Berlin, 1901; Das Papsthum in seiner sozial-kulturellen Wirksamkeit : die ultramontane Moral, Leipzig, 1902. — Grassmann, Moraltheologie des Liguori, und die furchtbare Gefahr dieser für die Sittlichkeit der Völker, Stettin, 1803, 1909; Auszüge aus der Moraltheologie des hl. Alphonsus Liguori, Stettin, 1901. — Bronzov, Moral starago i novago iezuitizma, Saint-Pétersbourg, 1902. — Bronzov, Iezuitskaia moral, dans Pravoslavnaia bogoslovskaia enlz ciklopedia Saint-Pétersbourg, 1905, t. VI, col. 225-249. Quelques points aussi du système moral de saint Alphonse ont été pris à parti par des théologiens catholiques, de son vivant, par le dominicain Vincenzo Patuzzi (pseudonyme Dositeo), La causa del probabilismo richiamata all'esame da Monsignor D. Alfonso de Liguori, e convinta novellamente di falsità, Ferrare, 1764. — Plus tard Rosmini, et le P. Ballerini, S. J. Voir Ballerini, De morali systemate S. Alphonsi Mariae de Ligorio, Rome, 1864. - — De Buck, Vindiciae Ballerinianae seu gustus recognitionis vindiciarum Alphonsianarum, Bruxelles, 1873. Sur ces polémiques, Picerni, Fondamenti dei due sistemi della morale teologia in difesa del venerabile Monsignor De Liguori, vescovo di Sant-Agata dei Goti, Naples, 1797. — Coppola, Morale sistema del beato Alfonso Maria de Liguori, discusso dalla sacra congregazione dei Riti, con autorità apostolica difeso da quattro sillogismi del canonico Gaetano De Folgore che l'oppugnano, e confermato da altri nuovi sillogismi in sua difesa, Naples, 1824. — Gousset, Justification de la théologie morale du bienheureux Alphonse-Marie de Liguori, Besançon, 1832. — D. M. A., S. Alfonso de Liguori presso il signor D. Antonio Rosmini-Serbati, Monza, 1850. — Fedelini, S. Alphonsus a Ligorio seipsum vindicans, Vérone, 1852. — Montrouzier, De l'autorité de saint Alphonse en matière de théologie morale, dans Revue des sciences ecclésiastiques, 1867, t. XVI, p. 302-325; 1870, t. XXI, p. 204-224, 289-304, 509-521; t. XXII, p. 113-118. — A D., Saint Alphonse de Liguori et le probabilisme, ibid., 1874, t. XXIX, p. 32-66; t. XXX, p. 544-577. — Dejardins, De l'équiprobabilisme de saint Alphonse de Liguori, ibid., t. XXX, p. 340-358, 411-438. — Vindiciae Alphonsianae seu doctoris Ecclesiae sancti Alphonsi de Ligorio episcopi et fundatoris congregationis SS. Redemptoris doctrina moralis vindicata a plurimis oppugnationibus cl. p. Antonii Ballerini, S. J., cura et studio congregationem theologorum e congregatione SS. Redemptoris, Bruxelles, 1873, 1874. — Vindiciarum Alphonsianarum alterius editionis praefatio apologetica : accedunt Dissertationes de auctoritate doctrinae moralis eiusdem S. doctoris, Bruxelles, 1874. — Vittozzi, S. Alfonso de Liguori ed il probabilismo comune, Naples, 1874; S. Alfonso de Liguori e l'assoluzione dei recidivi dubbiamente disposti, Naples, 1875; traduction allemande, Ratisbonne, 1876. — Van Reeth, De probabilismo S. Alphonsi, doctoris Ecclesiae : quaestio facti el juris, Bruxelles, 1875. — Kuper, Introductio ad systema morale sancti Patris Alphonsi, Ilchester, 1887. — Wittmann, Saint Alphonse el le pur probabilisme, Porsel, 1889. - - Huppert, Der Probabilismus, dans Der Katholik, 1893, IIIe série, t. VIII, p. 97-120, 193-213, 289-302, 385-410, 481-494. — Taglialatela, Dottrina di S. Alfonso Maria de Liguori utilissima a formare buoni seminaristi, buoni chierici, buoni religiosi, Naples, 1893. — Gaudé, De morali systemate S. Alphonsi Mariae de Ligorio, Rome, 1894; Der hl. Alfons und die Kritik der Dr. Huppert, Paderborn, 1896. — Noldin, Die Briefe des hl. Alfons von Liguori und dessen Moralsystem, dans Zeitschrift für katholische Theologie, 1896, t. XX, p. 72-101. — Ter Haar, Der hl. Alfons von Liguori und seine Mission in der Kirche, dans Der Katholik, IIIe série, 1896, t. XIV, p. 289-307. — Arendt, Apologeticae de acquiprobabilismo Alphonsiano historico-philosophicae dissertationis a R. P. J. de Caigny exaratae crisis juxta principia angelici doctoris instituta, Fribourg, 1897. — Le Bachelet, La question liguorienne : probabilisme et équiprobabilisme, Paris, 1899. — Jansen, La question liguorienne : réponse au P. Le Bachelet, Galoppe (Hollande), 1899. — De Caigny, De genuino morali systemate S. Alphonsi, Bruges, 1901. — Keller, St. Alphonsus von Liguori oder Robert Grassmann,

Wiesbaden, 1901. — Mausbach, *Die ultramontane Moral nach Graf Paul von Hoensbroech*, Berlin, 1902; *Die katholische Moral, ihre Methoden, Grundsätze und Aufgaben*, Cologne, 1902. — Ter Haar, *Venerabilis Innocentii PP. XI de probabilismo decreti historia et vindiciae*, Rome, 1904. — Wouters, *De minusprobabilismo seu de usu opinionis quam quis solide sed minus probabilem esse judicet*, Paris, 1905; Amsterdam, 1908. — Cathrein, *Das Grundprinzip der Probabilismus*, dans *Theologisch-praktische Quartalschrift*, 1905, t. LVIII, p. 745-765; [*Die kirchliche Autorität und der Probabilismus, ibid.*, p. 543-561. — Lehmkuhl, *Probabilismus vindicatus*, Fribourg, 1906. — Mondini, *Il sistema morale di S. Alfonso*, Milan, 1911. Extrait de la *Scuola cattolica*, année XXXIII, 1910. — *Liguori-Leben*, Paderborn, 1886. — Ratte, *Der hl. Alphonsus und der Redemptoristen-Orden*, Luxembourg, 1887. — Gisler, *Leben des hl. Alfons von Liguori*, Einsiedeln, 1887. — Janssen, *Zur Fixierung des Probabilismus-Frage*, dans *Jahrbuch für spekulative Philosophie und Theologie*, 1897, p. 176-184; *Probabilistische Beweisführung*, 1897, p. 455-470. — Knöppel, *Leben des hl. Alfons von Liguori*, Kempten, 1897. — Saintrain, *Leben des hl. Alfons von Liguori*, trad. Krebs, Ratisbonne, 1898. — Hillebrand, *Katholische und protestantische Wahrheits-Liebe : Untersuchung gewisser Lehren Liguoris und Gurys über Wahrheitsmitteilung unter Eidespflicht*, dans *Katholik*, 1899, p. 117-135. — Packer, *Die Moraltheologie des Alphons von Liguori*, Odin, Munich, 1899, n. 36-37. — Egger, *Die katholische Moral, ihre Gegensätze, ihre Verläumder*, Saint-Gall, 1899. — Künn, *Die Controverse Prinz Max von Sachsen-Grassmann*, dans *Sächsisches Kirchenblatt*, 1900, n. 17-19. — Seidl, *Der hl. Alfons von Liguori und sein Gegner R. Grassmann*, Augsbourg, 1901. — Schreckenbach, *Römische Moraltheologie und das 6 Gebot*, Barmen, 1901. — Nippold, *Prinz Max von Sachsen und Prälat Keller in Wiesbaden, als Vertheidiger der liguorischen Moral*, Leipzig, 1901. — Minor, *Die Moraltheologie des hl. Dr. Alfons de Liguori, Documente der Frauen*, 1901, t. IV, p. 753-756; *Die Rettungen Liguoris durch Prälat Keller*, dans *Deutsche Stimmen*, 1901, t. II, p. 723-727. — Eisenkolb, *Liguori oder Luther*, Vienne, 1901. — Kurz, *Der Moerser Liguoristreit*, Kempen, 1901. — Aldermann, *Pharisaer in neumodischen Gewande*, Mayence, 1901. — Weiss, *Die Beichtregeln vor dem oesterreichischen Abgeordneten-Hause, nach der Moraltheologie des Alfons Maria de Liguori*, Leipzig, 1901. — Max, prince de Saxe, *Vertheidigung der Moraltheologie des Alfons von Liguori gegen die Angriffe Grassmanns*, Nürnberg, 1901; *Grassmann und die Wahrheit*, Augsbourg, 1901. — Kohlschmidt, *Alfons von Liguori im neuesten protestantischen und römischen Gerichte*, dans *Korrespondenz fur die Mitglieder des evangelischen Bundes*, 1902, p. 62-65, 88-91. — Heigel, *Der hl. Alfons von Liguori, Grassmanns Broschüre und seine Gegner*, Berlin, 1902. — Müller, *Alfons von Liguori und der Madonnen Fetischismus*, Halle, 1902; *Liguori, der Geburtshelfer des Unfehlbarkeits-Dogmas : ein Totengräber der Sittlichkeit*, Barmen, 1902. — Herrmann, *Die jesuitische Moraltheologie*, Leipzig, 1903. — Nippold, *Meine Gutachten vor Gericht in Sachen der liguorischen Moral*, Iéna, 1903. — Hoepel, *St. Liguori und die christliche Moral*, dans *Christliche Welt*, 1903, n. 29, 30. — Bruckner, *Die Zehn Gebote im Lichte der Moraltheologie des hl. Alfonsus von Liguori*, Scheuditz, 1904. — Jansen, *Der hl. Alfons von Liguori gegen Hoensbroech vertheidigt*, Munster, 1904. — Heiner, *Der hl. Alfons von Liguori und der Exjesuit Hoensbroech*, dans *Katholische Seesorger*, 1904, p. 10-17. — Lubienski, *Zycie sw. Alfonsa Liguorego*, Cracovie, 1911, p. XVI-906. — Thamiry, *La théologie morale de saint Alphonse de Liguori*, dans *Les questions ecclésiastiques*, 1912, t. II, p. 55-57.

A. PALMIERI.

71. ALPHONSE DE MADRID, bénédictin espagnol. Bien que Nicolas Antonio le place parmi les auteurs de date incertaine, on peut préciser qu'Alphonse naquit en 1458, dans le village de Madrid, aujourd'hui Villarcayo (province de Burgos). En effet, le *Libro de grados* du couvent de San Salvador de Oña porte qu'Alphonse prit l'habit dans ce monastère, à l'âge de seize ans, le 12 avril 1474. On sait encore qu'il était abbé de Oña en 1508, puisqu'on le prouve une inscription gravée sur la vasque d'une fontaine conservée dans la cour du couvent et où on lit : *Simon a Colonia me fecit, anno MDVIII, allatum jussu abbatis Fr. Alonso de Madrid*. Il mourut le 1er février 1515. Il a laissé une *Historia del monasterio de San Salvador de Oña*, manuscrit connu seulement par références. Nicolas Antonio dit qu'il se trouvait de son temps dans la bibliothèque du même monastère. Muñoz y Romero ne le connaît que par une citation qu'en donne Trelles, *Nobleza de España*, t. II, p. 27. Añibarro attribue encore à Alphonse de Madrid un *Catálogo de los obispos de la iglesia de Burgos*.

Argaiz, *La perla de Cataluña*, Madrid, 1675, p. 414. — Antonius de Yepes, *Historiae benedictinae*, cent. 6, cap. 3, num. 43. — Nic. Antonio, *Bibliot. Hispania vetus*, t. II, p. 356. — Muñoz y Romero, *Diccionario de los antiguos reinos*, etc., p. 205. — Manuel Martinez Añibarro, *Intento de un diccionario bio-bibliografico de autores de la provincia de Burgos*, Madrid, 1889, p. 327.

P. SICART.

72. ALPHONSE DE MADRID, frère mineur observant de la province de Castille, de la première moitié du XVIe siècle, dont les œuvres eurent une très grande vogue. *Arte para servir a Dios*, in-4°, Alcala, 1526, 1555; Burgos, 1532; Madrid, 1578, 1598; Tarragone, 1591. Il fut traduit en latin par Jean Hentenius, dominicain belge, et parut à Louvain, 1576, in-16; Ingolstadt, 1578, 1717; Cologne, 1608. Jean-Michel de Constance, général des chartreux, le publia à Lyon, 1598, in-8°. Une édition française parut à Toulouse, 1555, in-16; à Douai, 1599, in-12. Il en parut aussi une édition allemande et italienne; — *Espejo de ilustres personas*, in-12, Burgos, 1542; édition française, in-12; Douai, 1599; édition italienne, in-16, Rome, 1603, 1604, édition latine par le dominicain Hentenius, in-12, Louvain, 1560, 1576, avec l'*Arte*; Paris, 1584; in-12, Cologne, 1606, 1608, 1625. Il composa en outre le *Mémorial de la vie de Jésus-Christ*, traduit en français par Gabriel Chapuis et publié à Paris en 1587. Jean de Saint-Antoine lui attribue aussi un Traité de la vie chrétienne souvent édité avec l'*Arte*.

On ne doit pas le confondre avec un autre Alphonse de Madrid, frère mineur réformé de la province Séraphique, qui paraît cependant avoir adapté en italien l'œuvre de son homonyme : *Arte di servire Dio, di nuovo con molta diligenza abbreviato, e per maggior chiarezza ridotto a sette punti*. *Analecta franciscana*, Quaracchi, 1885, t. I, p. 410.

Joannes de Sancto Antonio, *Bibliotheca franciscana*, Madrid, 1732, t. I, p. 47. — Sbaralea, *Supplem. ad scriptores minorum*, Rome, 1908, p. 27. — Antonio, *Bibliotheca Hispana nova*, Madrid, 1783, t. I, p. 33-34. — Hurter, *Nomenclator literarius*, 1906, t. II, col. 1334.

ANTOINE de Sérent.

73. ALPHONSE EL MAGNANIMO. Voir ALPHONSE V, roi d'Aragon, col. 683.

74. ALPHONSE EL MAGNO. Voir ALPHONSE VII, roi d'Aragon, col. 684.

75. ALPHONSE MARTIN, de Cordoue, appelé par Gandolfo Martinus Alphonsi. Il fut professeur de théologie à Cordoue (1420), à Salamanque (1424) et à l'université de Toulouse. En 1453, on le nomma vicaire général du couvent de Salamanque et, en 1470, il fut envoyé, avec la même charge, au couvent de Valladolid. Le roi de Castille Henri IV lui proposa l'évêché de Badajoz et l'invita à rester avec lui à la cour. Mais l'humble religieux refusa ces honneurs. Comme prédicateur, il travailla beaucoup au bien des âmes. Il mourut à Valladolid, après l'an 1476. On lui attribue plusieurs écrits inédits : *Super Genesim liber qui dicitur Hexameron, seu de operibus sex dierum*; *In D. Pauli Epistolas quaestiones et commentaria*; *Apocalypsis explanatio*; *Vergel de nobles doncellas*;

Alabanza de la virginidad; *De prospera et adversa fortuna.*

Gandolfo, *De ducentis celeberrimis augustinianis scriptoribus*, Rome, 1704, p. 259-260. — Ossinger, *Bibliotheca augustiniana*, p. 266-267. — Antonio, *Bibliotheca Hispana vetus*, Madrid, 1788, t. II, p. 307. — Lanteri, *Postrema saeculi sex religionis augustinianae*, Rome, 1859, t. II, p. 124-126.

A. PALMIERI.

76. ALPHONSE DE MÉLINDE, espagnol, du tiers-ordre séculier de Saint-François. Il était compagnon d'Alphonse, ancien évêque de Jaen, confesseur de sainte Brigitte de Suède, depuis 1361. En 1378, Alphonse de Mélinde se trouvait à Rome lors de l'élection d'Urbain VI et, en décembre 1380, il assista à la réunion de Medina del Campo, qui s'occupa du grand schisme. On lui attribue un traité *De schismate.*

Raynaldi, *Ann. eccl.*, ad ann. 1379, n. XVI. — Baluze, *Vitae paparum Avenionen.*, Paris, 1693, t. I, p. 1281. — Sbaralea, *Suppl. ad script. ord. min.*, Rome, 1806, p. 26; 1908, t. I, p. 27.

M. BIHL.

77. ALPHONSE DE LA MÈRE DE DIEU, carme déchaussé espagnol, appelé dans le monde Marquinez, naquit en 1568, à Valle de San Roman, près d'Astorga, dans les Asturies; il était frère de l'illustre P. Ferdinand de Sainte-Marie, qui exerça quatre fois la charge de préposé général de la congrégation des carmes déchaussés d'Italie. Il entra, en 1587, au noviciat de Ségovie que gouvernait saint Jean de la Croix, et fut son premier novice, très estimé de lui. Il fit profession l'année suivante, si pénétré des exemples que donnait le saint qu'il voulut, plus tard, écrire sa vie; lui-même se distingua toujours par son humilité, son amour pour l'observance régulière et son érudition. On le choisit pour vice-recteur du couvent de Salamanque, puis comme maître des novices à Pampelune; mais craignant qu'on ne l'élevât à quelque prélature, il profita d'un léger accident qui lui survint pour ne plus marcher qu'appuyé sur un bâton. Obligé, néanmoins, d'accepter la charge de prieur du couvent de Toro, il demanda à son frère, le P. Ferdinand, l'appui de ses conseils; celui-ci répondit que tout l'art de gouverner était renfermé dans le verset 5º du Ps. XLIV : ...*Propter veritatem, et mansuetudinem, et justitiam : et deducet te mirabiliter dextera tua.* Il est alors chargé des informations pour la canonisation de la bienheureuse Thérèse de Jésus, et la béatification du vénérable P. Jean de la Croix. Élu prieur de Ségovie, en 1604, il y entoure d'honneur les reliques de ce dernier. Contraint d'accepter la charge de provincial de Vieille-Castille, en 1619, il en conçut un chagrin, qu'on dut l'en relever. Rendu à son couvent de Ségovie, il en fit un modèle admirable de vie régulière et fervente et y mourut le 28 août 1636, en grande opinion de sainteté. Il a écrit, en espagnol : 1º *Cronica de nuestra reforma*, 3 vol.; 2º *Sanctoral carmelitano*; 3º *Vida del V. P. Fr. Juan de la Cruz*; 4º *Bibliotheca carmelitana excalceatorum et animadversiones ad ordinis martyrologium, vel Index scriptorum carmelitarum*, qu'Emmanuel Roman, carme de l'ancienne observance, a édité en espagnol et en latin à la fin de son ouvrage : *Elucidaciones varias de la antiguedad, dignidad, y escritores ilustres de la orden del Carmen*, in-4º, Madrid, 1624, et dans la 2ª édition augmentée de 1628, et la 3ª de 1630; 5º *De scapulari B. Virginis, ejusque favoribus, miraculis*, etc.

Diego de Colmenares, *Historia de las grandezas de la insigne ciudad de Segovia y compendio de las historias de Castilla*, Ségovie, 1634, 1637, p. 580. — François de Sainte-Marie, *Reforma de los descalzos*, t. II, p. 297. — Manuel de Saint-Jérôme, *Reforma*, etc., t. V, p. 155-462. — Nicolas Antonio, *Bibliotheca Hispana nova*, t. I, p. 35. — Paulus ab omnibus Sanctis, *Catalogus illustrium carmelitanae religionis*

scriptorum, p. 66, et, même volume, *Origo atque incrementa ordinis carmelitani*, authore Auberto Miraeo, p. 212. — Philippe Labbe, *Bibliotheca bibliothecarum*, Paris, 1664, p. 198. — Daniel a Virgine Maria, *Speculum carmelitanum*, t. II, p. 1133, n. 3968. — Martial de Saint-Jean-Baptiste, *Bibliotheca scriptorum carmelit. excalc.*, p. 212. — Cosme de Villiers, *Bibliotheca carmelitana*, t. I, col. 47.

P. MARIE-JOSEPH.

78. ALPHONSE LE MOINE. Voir ALPHONSE IV, roi de Léon, col. 685.

79. ALPHONSE DE MOLINA, l'un des plus savants missionnaires du Mexique, naquit en Espagne entre 1510 et 1520. Tout enfant, il passa au Mexique, avec sa famille, en 1523. Sa parfaite connaissance de la langue du pays le fit choisir comme interprète par les franciscains, dont il embrassa la règle dans la suite. En 1555, il était gardien du couvent de Saint-Antoine de Tezcuco. Il mourut en renom de sainteté au couvent de Mexico, le 18 mars 1580, après avoir été missionnaire pendant cinquante ans. Possevin et d'autres écrivains cités par le P. Marcellin da Civezza l'ont confondu avec Alphonse d'Escalona.

On lui doit plusieurs ouvrages, entre autres le *Vocabolario en la lengua castellana y mexicana*, in-4º, Mexico, 1555, œuvre, unique en son genre, qui nous reste sur la langue mexicaine. D'après Leclerc (*Bibliotheca Americana*, Paris, 1878, p. 605), il aurait édité un second *Vocabolario Mexicano*, in-fol., Mexico, 1571; — *Arte de la lengua mexicana y castellana*, in-8º, Mexico, 1571, 1576, 1578; — *Doctrina christiana en lengua mexicana*, in-8º, Mexico, 1578, 1732; — *Confessonario breve en lengua mexicana y castellana*, in-4º, Mexico, 1565; — *Confessonario mayor en lengua mexicana y castellana*, in-4º, Mexico, 1565, 1578.

Outre ces ouvrages imprimés, Alphonse de Molina aurait encore traduit en mexicain les évangiles de toute l'année, l'office de la Vierge, des sermons, une Vie de saint François, un traité des sacrements, un grand nombre de pieuses prières à l'usage des Indiens : manuscrits qui n'ont pas été retrouvés.

J. de Torquemada, *Monarchia indiana*, Madrid, 1723, t. III, p. 33, 154, 387, 520. — Marcellino da Civezza, *Saggio di bibliografia sanfrancescana*, Prato, 1879, p. 405-407. — Sbaralea, *Supplem. ad scriptores minorum*, Rome, 1908, p. 27. — Wadding-Melchiorri, *Annales minorum*, t. XXI, p. 273. — Wadding, *Scriptores minorum*, Rome, 1906, p. 13.

ANTOINE de SÉRENT.

80. ALPHONSE DE MONROY, grand-maître de l'ordre d'Alcantara, né, vers 1430, de Belvis, Almaraz y Deleitosa, et de Juana de Sotomayor. Il fut élevé par son oncle, grand-maître de l'ordre d'Alcantara, qui lui conféra, à l'âge de dix-huit ans, la dignité de *clavero* de l'ordre. En 1465, le grand-maître Gomez de Cacérés y Solis, qui avait succédé à son oncle, prit les armes contre le roi Henri IV. Monroy se rallia au parti de son souverain légitime et entreprit contre son chef félon une lutte qui, après des alternatives diverses, aboutit à la déposition du grand-maître en 1472 et ne se termina que par la mort de ce dernier, l'année suivante. En récompense de ses services, le roi le désigna pour succéder au grand-maître et un chapitre de chevaliers se réunit pour l'élire. Mais cette élection fut contestée par un nouveau chapitre, qui nomma Juan de Zuñiga. Un procès s'ouvrit à Rome. Sans en attendre l'issue, Monroy prétendit défendre ses droits les armes à la main et envahit les domaines de son concurrent. D'abord fait prisonnier, il réussit à s'échapper, en 1474, après huit mois de captivité. Il se mit aussitôt au service de Ferdinand et d'Isabelle la Catholique et, sur leur ordre, il attaqua l'armée du roi de Portugal. Il venait de s'emparer de la ville d'Alegrete, lorsqu'il obtint de ses souverains une provision, datée du 6 janvier 1476, par laquelle il était confirmé dans sa dignité de grand-maître de l'ordre d'Alcantara. Mais elle lui fut retirée peu après, lorsque Ferdinand et Isabelle prirent connaissance de la sentence du pape Sixte IV, qui annulait l'élection de Monroy et nommait à sa place Juan de Zuñiga. Monroy, condamné par le pape et par ses souverains, refusa de se soumettre et passa au service du roi de Portugal. En 1479, la paix fut conclue entre le Portugal et la Castille. Le traité spécifia que Ferdinand et Isabelle accorderaient leur pardon à Monroy. Celui-ci devait garder seulement le titre de grand-maître, tandis que la dignité et les pouvoirs seraient exercés par Juan de Zuñiga. Il recevait en outre une pension annuelle et demeurait exempt de la juridiction du grand-maître. Il se soumit à ces conditions honorables et mena une vie paisible jusqu'à sa mort, en juin 1511.

Alonso de Torres y Tapia, *Crónica de la orden de Alcantara*, Madrid, 1763, t. II, p. 415-455. — Alonso de Maldonado, *Hechos de don Alonso de Monroy*, publié dans le *Memorial historico español*, Madrid, 1853, t. VI, p. 1-110.

P. SICART.

81. ALPHONSE DE MONTFORT, prit l'habit de frère mineur chez les capucins de Meudon, le 22 juin 1603; il mourut, le 7 mai 1636, à Boulogne-sur-Mer. On a de lui *Histoire de l'ancienne image de Notre-Dame de Boulogne*, in-8°, Paris, 1634. On signale d'autres éditions en 1625, 1633 et 1690. L'ouvrage est dédié au roi.

Bibl. nat., ms. fr. 25046, p. 218. — Bernard de Bologne, *Biblioth. script. ordin. minor. S. Francisci capuccinorum*, Venise, 1747, p. 7.

P. UBALD d'Alençon.

82. ALPHONSE LE NOBLE. Voir ALPHONSE VIII, col. 687.

83. ALPHONSE DE NOYA, frère mineur, nommé évêque d'Orense en Espagne le 23 août 1361. Innocent VI lui permettait, le 19 octobre suivant, de se faire sacrer par n'importe quel évêque; et le 31 du même mois, il l'autorisait à différer sa consécration jusqu'à Pâques 1362. Il était mort avant le 15 janvier 1367.

Eubel, *Hierarchia*, t. I, p. 121; *Bullarium franciscanum*, t. VI, p. 335.

ANTOINE de Sérent.

84. ALPHONSE DE ORDOZ, originaire de Saroi, prit l'habit franciscain au couvent del Monte, à cinq lieues de Cordoue, dans la province d'Andalousie. Il partit pour le Mexique en 1538, apprit la langue du pays et l'idiome otomique qu'il parla avec succès. Il remplit plusieurs fois l'office de gardien, au grand contentement des indigènes. Il mourut au couvent de Mexico en 1584, laissant un grand renom de vertus.

J. de Torquemada, *Monarchia indiana*, Madrid, 1723, t. III, p. 242, 526. — Hueber, *Menologium franciscanum*, Munich, 1698, p. 802.

ANTOINE de Sérent.

85. ALPHONSE D'OROPEZA, religieux hiéronymite espagnol, profès dans le couvent de Guadeloupe (province de Cacérès), ensuite prieur de Sainte-Catherine de Talavera et élu général de l'ordre, le 29 octobre 1457. Sa haute vertu et sa réputation de sagesse firent de lui le conseiller écouté, non seulement de son ordre, mais encore des évêques et de la cour. C'est sous son inspiration que le roi Henri IV établit le premier essai d'inquisition, pour mettre fin aux désordres qui éclataient fréquemment entre juifs et chrétiens. Les juifs espagnols de cette époque se convertissaient en grand nombre à la vraie religion. Mais trop souvent les nouveaux convertis donnaient le scandale de bruyantes apostasies ou retournaient secrètement à la synagogue. Si bien que les « vieux chrétiens », remplis de défiance, décidèrent d'interdire aux anciens juifs l'accès des charges ecclésiastiques et l'entrée dans leurs confréries. Ces mesures provoquèrent des querelles et des luttes à main armée. A Tolède, on découvrit un complot de vieux chrétiens, qui se proposaient de massacrer tous les juifs de la ville. Sur les conseils d'Alphonse d'Oropeza, le roi constitua un tribunal ecclésiastique, seul chargé de connaître des affaires ayant trait à la religion, de punir toute exécution faite par le peuple et de soumettre la conduite privée et les discours des juifs à un étroit régime de surveillance. Alphonse d'Oropeza fut chargé d'établir le premier tribunal de l'inquisition à Tolède, « où était la racine du mal. » Il s'acquitta de ces fonctions avec tant de prudence et d'impartialité qu'au bout d'un an il avait rétabli la paix entre les habitants de cette ville.

En 1460, il fonda à Madrid le couvent de San Jeronimo el Real.

Il mourut le 28 octobre 1478. Les religieux du couvent de Saint-Barthélemy de Lupiana, dérogeant à leurs coutumes, gravèrent sur la pierre de son tombeau cette inscription élogieuse : HIC DILECTUS DEO ET HOMINIBUS CUIUS MEMORIA IN BENEDICTIONE EST : *aqui yace el R^{do} padre fray Alonso de Oropeza que fue de esta casa y general de la orden*.

Il a laissé un écrit : *Lumen ad revelutionem gentium et gloriam plebis tuae Israel*, connu encore sous le titre de *De unitate fidei et de concordia et pacifica aequalitate fidelium*. Il n'existe que de rares copies de cet ouvrage. Nicolas Antonio en signale un exemplaire dans le couvent de Saint-Barthélemy de Salamanque. L'auteur expose la doctrine qu'il fit prévaloir dans l'institution des premiers tribunaux de l'inquisition. Il interdit aux chrétiens toute relation avec les juifs obstinés, mais il leur fait un devoir d'accepter dans leur communion les nouveaux convertis, dont la sincérité aura été démontrée par l'examen de leur vie privée. — Sigüenza lui attribue une Vie de saint Jérôme, dont on ne retrouve pas de trace. — On a encore d'Alphonse d'Oropeza trois recueils de sermons et des lettres de direction, où il recommande aux hiéronymites d'Aragon de ne point abandonner leur résidence, malgré l'insécurité que faisait régner, dans leur pays, la guerre civile déclarée entre Jean, roi de Navarre, et son fils Charles.

José de Sigüenza, *Historia de la orden de San Jerónimo*, Madrid, 1600, t. II, p. 495-532. — Nicolas Antonio, *Biblioth. Hispana vetus*, t. II, p. 292, 293.

P. SICART.

86. ALPHONSE D'OROZCO (Bienheureux), de l'ordre de Saint-Augustin, né à Oropesa, diocèse d'Avila, en 1500, mort à Madrid le 19 septembre 1591, écrivain mystique fécond, confesseur et directeur de conscience, fut un des personnages qui, par ses exemples et ses enseignements pieux, contribuèrent le plus à maintenir l'esprit chrétien à la cour de Philippe II et dans la haute société qui l'entourait. Des nombreuses Vies d'édification qu'on a écrites sur lui, voici les principaux faits que l'on peut retenir. A six ans, il fit vœu d'entrer dans la carrière ecclésiastique, étudia à Talavera, puis à Tolède, où il apprit la musique, dont les mélodies lui servirent plus tard à témoigner son amour envers Dieu. Pendant qu'il suivait les cours de droit à Salamanque, les prédications de saint Thomas de Villeneuve, de l'ordre des augustins, le décidèrent à entrer dans cette congrégation, le 8 juin 1522.

Il y émergea rapidement et se signala de bonne heure à l'attention de ses supérieurs, en sorte qu'il fut successivement prieur à Soria. Medina. Séville et Grenade. Dans l'avant-dernière maison, il eut une vision, la sainte Vierge lui apparut et lui dit : *Écris !*

Sa vraie vocation était décidée, et il crut de son devoir de composer chaque année un livre d'édification en l'honneur de la Reine des cieux. En 1554, il reçut la direction du couvent de Valladolid, où résidait alors le gouvernement de la monarchie espagnole. Ce fut le couronnement de son œuvre et le point de départ de son rôle public dans la vie chrétienne de la noblesse. Il devint même prédicateur de la cour. Lorsque Philippe II se fut établi en Espagne, le gouvernement de la péninsule fut transféré à Madrid et Alphonse l'y suivit, mais demanda une cellule au monastère augustin de San Felipe el Real. Son lit se composait de trois planches, recouvertes d'une grosse pièce de bure. Ce fut de là que, pendant plus de trente ans, il alla prêcher, confesser et diriger les consciences, tout en composant des ouvrages d'ascétisme, qui l'ont fait classer parmi les principaux mystiques espagnols du xvie siècle.

Ses supérieurs, ne voulant pas que ses exemples d'édification fussent perdus pour la postérité, lui ordonnèrent d'écrire une relation de sa vie, mais il la rédigea sous forme de *Confessions*, voulant prévenir des hommages qui auraient compromis le but de l'œuvre. Il mourut de vieillesse et de consomption, après une courte maladie, dans laquelle il s'éteignit à l'âge de quatre-vingt-onze ans. Léon XIII l'a béatifié en 1881.

OUVRAGES. — Outre les Confessions, dont nous venons de parler, ses œuvres, écrites en latin et en espagnol, se composent de lettres de direction, de sermons et de traités ascétiques. Ces derniers, d'un style simple, d'un sentiment ardent, ne font pas mauvaise figure à côté de ceux de sainte Thérèse et de saint Jean de la Croix.

Liste des travaux imprimés, dans l'ordre chronologique : *Vergel de oración y monte de contemplación*, Séville, 1544, ouvrage traduit en français, en 1604, par le chartreux Jacques Giraud d'Eres ; — *Memorial de amor santo*, avec trois appendices publiés sans date ; — *Regla de vida cristiana*, 1544 ; — *Tratado de la pasión* ; — *Declamatio in laudem P. N. Augustini*, 1546 (?) ; — *Examen de conciencia*, Séville, 1551 ; — *Desposorio espiritual*, 1551 ; — *Crónica de N. P. S. Agustin*, Séville, 1551 ; — *Regimiento del alma*, 1552 ; — *Las siete palabras de la Virgen*, Valladolid, 1556 ; — *Bonum certamen*, Salamanque, 1562 ; — *Regalis institutio*, Alcala, 1565 ; — *Historia de la reina Sabá*, Salamanque, 1565 ; — *Victoria del mundo*, 1566 ; — *Epistolario cristiano*, Alcala, 1567 ; — *Declamationes Deiparae Mariae virginis*, Alcala, 1568 ; — *Las siete palabras que Ntra. Sra. habló*, Medina del Campo, 1568 ; — *Declamationes decem et septem pro adventu D. N. J. C. usque ad Septuagesimam*, Mantuae Carpentanae, 1569 ; — *Arte de amar á Dios y al projimo*, 1569 ; — *Declamationes quadragesimales*, Mantuae Carpentanae, 1570 ; — *Declamationes post Pascha usq. ad Pent.*, Alcala, 1570 ; — *Libro de la vida del bienaventurado Padre Fr. Juan de Sahagun*, 1571 ; — *Declamationes a Pentecoste usque ad Adventum*, Salamanque, 1571 ; — *Exámen de la conciencia*, Saragosse, 1572 ; — *Declamationes in omnibus festis sanctorum*, Salamanque, 1573 ; — *Catecismo provechoso*, Salamanque, 1575 ; — *Libro de la suavidad de Dios*, Salamanque, 1576 ; — *Libro de las vidas de los dos Juanes*, Madrid, 1580 ; — *Vidas y martirios de S. Juan Bautista y S. Juan Evangelista*, Alcala, 1581 ; — *Commentaria in Cantica canticorum*, Burgos, 1581 ; — *Victoria de la muerte*, Burgos, 1583 ; — *Tratado de la corona de Nuestra Señora*, Madrid, 1588 ; — *Guarda de la lengua*, 1590 ; — *Confesiones*, Valladolid, 1601 ; — *Expositio super regulam*, Rome, 1686 ; — *Cartas del beato Alonso de Orozco á doña Maria de Córdoba y Aragón*, dans le tome IV de la *Revista agustiniana*. A la bibliothèque des augustins de Valladolid, on conserve quatre manuscrits de plusieurs ouvrages inédits du même bienheureux : la *Ciudad de Dios*, t. XVII, 1889, en a publié les titres. Mgr Cámara y Castro, évêque de Salamanque, découvrit en 1880 une vingtaine d'opuscules autographes inédits du même auteur.

OUVRAGES PERDUS. — *Epístola á una religiosa de la misma órden, en que trata cuan dulce es á Dios la conversación del alma devota* ; mentionnée dans le catalogue de la bibliothèque de l'Escurial ; — *Hacecito de mirra*, mentionné dans le registre *Inform. Sumar.*, fol. 112.

Confesiones del muy venerable Padre Fray Alonso de Orozco, de la orden de S. Augustin, Valladolid, 1601. — Juan Marquez, *Vida del venerable P. Fr. Alonso de Orozco*, Madrid, 1648. — Archives générales de Simancas, *Casa Real, Quitaciones*, liasse 65. — Tomás Cámara, *Vida y escritos del beato Alonso de Orozco*, Valladolid, 1882.

A. TONNA-BARTHET.

87. ALPHONSE DE PALENZUELA, franciscain, vicaire des observants de la province de Saint-Jacques de 1450-1456. Le 21 février 1457, Calixte III l'envoya en Castille, en le chargeant de recueillir la dîme pour la croisade contre les Turcs, et Pie II le nomma évêque de Ciudad-Rodrigo le 22 août 1460. Cependant il fut transféré sur le siège d'Oviedo le 20 octobre 1469 et c'est là qu'il mourut le 17 avril 1485, ayant dû interrompre quelques fois son activité ecclésiastique pour aller en France et en Angleterre, comme ambassadeur de son roi. Il traduisit en espagnol un opuscule de saint Jean Chrysostome et publia quelques commentaires sur divers livres de la sainte Écriture.

Wadding, *Annales minorum*, Rome, 1733, t. XII, p. 292 ; t. XIII, p. 23, 167, 440. — Sbaralea, *Suppl. ad scriptores ord. min.*, Rome, 1806, p. 26 ; 1908, t. I, p. 28.

M. BIHL.

88. ALPHONSE DE PALMA, religieux portugais, un des compagnons de Vasco Martins da Cunha, qui, vers la fin du XIVe siècle, établit en Portugal l'ordre de Saint-Jérôme. Palma se transféra avec Vasco da Cunha au couvent de Cordova, où il donna de grands exemples de pénitence et de vertu. Diogo Barbosa Machado lui attribue l'ouvrage suivant : *Confessionário, ou méthodo da confissão distribuido em boa ordem*. Il reproduisit quelques livres liturgiques avec le plain-chant qui leur était propre et traduisit du latin en langue castillane un *Flos sanctorum*, qui fut imprimé à Saragosse, en 1521, par l'initiative de Pedro da Veiga, religieux du même ordre.

Jorge Cardoso, *Agiológio lusitano*, Lisbonne, 1657, t. I, p. 755, 762. — Barbosa Machado, *Bibliotheca lusitana*, t. I, p. 46 ; t. IV, p. 3. — Fortunato de Almeida, *História da Igreja em Portugal*, Coïmbre, 1910, t. II, p. 151 sq. — Manuel da Esperança, *História seráfica*, t. I, p. 38 ; t. II, p. 351 sq. — Rodrigo da Cunha, *História ecclesiástica de Lisboa*, Lisbonne, 1642, p. 249 sq.

Fortunato DE ALMEIDA.

89. ALPHONSE PEDRO, évêque d'Astorga, puis de Porto. D'après les auteurs portugais, il était chanoine de la cathédrale de Lisbonne quand le roi Alphonse IV le chargea d'accompagner sa fille doña Maria, qui allait se marier avec Alphonse XI de Castille. Cependant Eubel (*Hierarchia catholica medii aevi*, t. I, p. 115, 426, 476) le suppose évêque de Silves en 1331, avant d'occuper la cathédrale d'Astorga, en l'identifiant avec un prélat de Silves que les Portugais connaissent sous le nom de Pedro et qui vivait en 1331.

En Castille on le nomma évêque d'Astorga. Il se distingua par le dévouement qu'il garda toujours à la reine doña Maria, maltraitée par son époux et abandonnée de quelques personnes de la cour. Quand doña Maria se rendit auprès de son père, afin de lui demander du secours contre les musulmans qui menaçaient les États de son mari, Alphonse Pedro l'accompagna en Portugal (1340). Il se trouva à la bataille de Salado; mais, en 1343, il était déjà évêque de Porto.

Dans sa nouvelle cathédrale, il dut soutenir de longues disputes pour défendre sa juridiction dans la ville de Porto. Ses droits ayant été lésés par un magistrat royal, l'évêque présenta ses réclamations au roi en proposant de soumettre le conflit au jugement de l'archevêque de Braga. Alphonse IV s'obstina; et l'évêque, après avoir réuni un synode dans l'église de Cédofeita, fit annoncer que le roi encourrait la peine d'excommunication, si dans quatre mois il ne restituait pas à la cathédrale tous ses anciens droits.

Alors le prince dom Pedro, pour défendre le roi son père, menaça l'évêque; celui-ci dut prendre la fuite; à peine arrivé en Castille, il excommunia solennellement le roi et ses ministres. Malgré les bonnes dispositions dont témoignait le roi en l'invitant à rentrer en Portugal, Alphonse Pedro se rendit à Avignon pour formuler ses griefs devant Clément VI. Le roi de Portugal envoya à son tour ces ambassadeurs au pontife, et peu après il confisqua les revenus de l'évêque. Cependant les évêques de Castille soutenaient leur collègue, qui ne retourna en Portugal qu'après une absence d'environ six ans. Les différends ne tardèrent pas à se renouveler jusqu'à ce qu'un arbitrage y mit fin.

Alphonse Pedro mourut en 1357.

Fortunato de Almeida, *História da Igreja em Portugal*, Coïmbre, 1910, t. I, p. 635; t. II, p. 12, 13, 580. — Rodrigo da Cunha, *Catálogo dos bispos do Porto*, IIe partie, p. 150 sq.

Fortunato DE ALMEIDA.

90. ALPHONSE PERNAS, frère mineur de la province de Castille, était institué, en 1441, lecteur de théologie au couvent de San Miguel del Monte dans la custodie de Murcie. Le 16 octobre 1447, il était nommé évêque d'Almeria au royaume de Grenade. Il obtint d'exercer les fonctions pontificales dans le diocèse de Séville, avec une pension annuelle de 200 florins sur les revenus de cette église. Le 7 avril 1449, il était transféré à l'évêché de Lugo et en 1482 il devenait auxiliaire de l'évêque d'Orense, en Espagne. Il dut mourir dans le cours de 1487, car au mois de décembre il avait un successeur à Maroc. Il fut inhumé dans la salle capitulaire du couvent de Betanzos en Galice.

Wadding, *Annales minorum*, t. XI, p. 144, 311; t. XII, p. 37. — Eubel, *Hierarchia*, t. II, p. 97, 205. — Gubernatis, *Orbis seraphicus* (De missionibus, t. I), Rome, 1689, p. 544.

ANTOINE de Sérent.

91. ALPHONSE PIERRE, *Petrus Alphonsi*, juif converti, médecin et théologien. Né en 1062, à Huesca (Aragon), Rabbi Moïse Séphadi fut élevé dans la religion de sa famille, le judaïsme. Il se livra à l'étude avec ardeur, en particulier dans les écrits des savants arabes. A quarante-quatre ans, en 1106, il se convertit au catholicisme, fut baptisé par l'évêque de Huesca, le jour de la fête de saint Pierre, dont il prit le nom, auquel il ajouta celui d'Alphonse, en l'honneur d'Alphonse VI, roi de Castille et de Léon, qui voulut lui servir de parrain et le prit comme médecin de son palais. Alphonse Pierre rapporte lui-même ces détails dans le *Prologue* de son *Dialogus*. Il ajoute que ses anciens coreligionnaires, qui connaissaient sa science personnelle de l'Écriture, attribuèrent sa conversion, les uns à l'indifférence religieuse, les autres à l'ambition, les autres à une interprétation erronée des Prophètes et de la Loi. C'est pour leur exposer les motifs de sa conversion qu'il écrivit le *Dialogus*. On ignore l'époque et le lieu de la mort d'Alphonse Pierre. Oudin propose la date de 1110.

Ses œuvres sont : 1° *Dialogus Petri cognomento Alphonsi, ex Judeo christiani et Moysi Judaei*. Les deux interlocuteurs représentent l'auteur lui-même avant (Moïse) et après sa conversion (Alphonse Pierre). L'ouvrage est divisé en douze dialogues : Moïse propose des difficultés, Alphonse Pierre les résout. L'ouvrage est intéressant pour étudier les idées des juifs espagnols du XIIe siècle, leur religion matérielle et formaliste. Un chapitre, le cinquième, est consacré à la controverse avec les Maures. Les discussions sont menées avec méthode, dans un style très net. Les *Dialogues* ont tenu une grande place dans l'apologétique de leur temps. Ils ont été imprimés tout d'abord sous ce titre : *Dialogi in quibus impiae Judaeorum opiniones evidentissimis argumentis confutantur*, in-8°, Cologne, 1536. Quelques écrits juifs du XIIe siècle semblent être des réponses à l'ouvrage d'Alphonse Pierre.

2° *Disciplina clericalis*, ouvrage didactique, composé d'un prologue et de trente fables traduites de l'arabe. Le tout est encadré dans un dialogue entre un vieil Arabe et son fils, auquel il donne, sur son lit de mort, ses derniers enseignements. Ce n'est pas une morale très sévère, et l'on y voit, tout comme dans nos conteurs du moyen âge, les tours que jouent les femmes à leurs maris. L'ouvrage a été publié en 1824, à Paris, en 2 vol. in-12, par Labouderie, vicaire général d'Avignon, avec une traduction française assez inexacte, en prose, datant probablement du XVe siècle, *La discipline de clergie*, et une autre ancienne traduction en vers, *Le chastoiement*. Barbazan avait déjà publié une autre version en vers du XIIIe siècle, *Le castoiement d'un père à son fils*, dans ses *Fabliaux*, in-8°, Paris, 1760, reprise et améliorée dans Méon, *Fabliaux et contes des poètes français des XIe, XIIe, XIIIe, XIVe et XVe siècles*, Paris, 1808, t. II. Une traduction en gascon girondin a été publiée par J. Ducamin, Toulouse, 1908, d'après un ms. de la Bibliothèque nationale de Madrid.

Un *De scientia et philosophia* attribué à Alphonse Pierre est identique à la *Disciplina clericalis*; une *Logique* (Lambecius, *Biblioth. Caes. Vindob.*, t. VIII, p. 285) qu'on lui attribue également est d'un « maître Pierre, espagnol, » qui mourut en 1277.

P. L., t. CLVII, col. 527-703. — J. Labouderie, préface de la *Disciplina clericalis*, dans *Mélanges de la Soc. des bibliophiles français*, 1824, t. III (reproduit dans *P. L.* et résumé dans Ceillier, *Auteurs ecclésiastiques*, 2e édit., t. XIV, p. 170). — A. Wallenfels, dans *Jarbuch für Roman.-Engl. Liter.*, 1864, t. V, p. 339. — *Notices et extraits des mss. de la bibl. du roi*, publ. par l'Acad. des inscript., t. XXXIV, 1re part., p. 209. — G. Paris. *La littérature franç. au moyen âge*, Paris, 1901, n. 73.

P. FOURNIER.

92. ALPHONSE DE POITIERS, cinquième fils du roi de France Louis VIII et de Blanche de Castille, naquit le 11 novembre 1220. Ce fut lui qui, avec son frère le roi saint Louis, plus âgé que lui de cinq ans et demi, reçut la plus forte empreinte de l'éducation virile, disciplinée et chrétienne que leur mère sut leur donner. Elle développa grandement chez eux, en même temps que la conscience et le sentiment du devoir, la fidélité et le dévouement aux intérêts de la monarchie française, qui entraient dans les traditions de la famille capétienne. Cette formation, un profond esprit de religion et de foi, l'ascendant que prit sur lui le roi son frère, qui témoignait de plus de caractère et de décision, tout cela contribua à faire d'Alphonse son premier auxiliaire, et c'est surtout à ce titre d'instrument de la grandeur monarchique qu'il nous apparaît dans l'histoire, même des affaires religieuses, et qu'on doit juger son rôle de caractère, d'ailleurs encore peu connus. Le traité de Paris, en 1229, l'avait fait l'héritier présomptif du comte Raymond VII de Toulouse, en qualité de mari de sa fille Jeanne, par conséquent l'avait appelé à terminer le conflit de l'hérésie albigeoise, le grand et difficile problème de l'histoire religieuse du moyen âge; il n'y intervint cependant, même dans la portion de territoire qui lui revenait, que secondairement et sous la direction de la royauté; tout se passa entre celle-ci et l'Église romaine, avec en tiers l'Inquisition, qui livrait à la première les corps et les biens des hérétiques, sans garantir à la dernière le salut des âmes.

Jusqu'à sa maturité, Alphonse vécut, au milieu de la cour, sous l'ascendant de l'énergique Blanche de Castille et du roi son frère. Ce fut ce dernier qui l'introduisit dans la vie publique du moyen âge, au sommet de la hiérarchie politico-religieuse et au service de l'Église, en l'armant lui-même chevalier, le 24 juin 1241. Devenu vassal apanagé, avec le titre de comte de Poitiers et d'Auvergne, qui lui assurait la possession des domaines royaux dans le Massif central, jusqu'à la côte occidentale (Saintonge), il se trouva complètement enchaîné à la cause de la monarchie, lorsque Louis IX, pour lui assurer l'hommage de son nouveau vassal, le comte de la Marche Hugues de Lusignan, eut entrepris contre l'Angleterre la campagne de Taillebourg (1242). Ajoutons qu'il vécut ordinairement à la cour ou dans ses domaines de l'Ile-de-France, ne visita que rarement et de passage ses possessions, surtout le lointain comté de Toulouse, les gouverna par ses officiers, et fut toujours retenu sous la dépendance de la régente sa mère, puis du roi Louis IX. D'ailleurs, ceux-ci l'associèrent au gouvernement de la monarchie plus qu'aucun autre membre de la famille royale, et il semble s'être imposé dans les conseils par sa sagesse, sa modération et son esprit de religion.

Son rôle politico-religieux commença réellement avec la part très active qu'il prit aux préparatifs de la septième croisade (1246-1248). Il reçut la croix, ainsi que ses frères, au grand parlement que le roi tint à Paris (octobre 1245), des mains du cardinal-légat Eudes de Châteauroux. A la fin de novembre, il assistait à l'entrevue de Cluni, où le roi de France pressa le pape Innocent IV de se réconcilier avec Frédéric II pour faciliter la croisade. Mais son action ne se détacha bien en relief que dans les préparatifs de l'expédition, auxquels saint Louis semble lui avoir assigné la part prépondérante. Il fut chargé en particulier de la question financière, non la moins importante, de surveiller la perception de la dîme et autres redevances ou contributions affectées à la guerre sainte : fonction qui le mit en rapports fréquents avec le souverain pontife et sa cour. Il choisit son chapelain Philippe, trésorier de la collégiale de Saint-Hilaire de Poitiers, pour percepteur des sommes, comme des donations et legs en faveur de la guerre sainte dans ses domaines, et celui-ci remplit les mêmes attributions pour le royaume, et pour la rentrée de l'argent qui affluait de toute la chrétienté en faveur des projets de saint Louis. Du 26 au 28 octobre 1248 notamment, ce personnage et son maître reçurent sept bulles du pape, qui amplifiaient leurs pouvoirs, en y joignant par exemple les facultés de disposer en vue de la croisade des legs pieux sans assignation précise dans l'étendue du comté de Poitiers, des restitutions faites par les usuriers et spoliateurs repentants, du rachat des vœux et revenus casuels provenant des croisés, etc. Élie Berger, *op. cit.*, p. CXLVII-CLII. Plus tard le même trésorier eut pouvoir de relever de l'excommunication les croisés qui n'étaient pas partis en même temps que saint Louis sans excuse valable. Enfin, en juillet 1249, Alphonse obtint du pape des exécuteurs et conservateurs pour le maintien des indulgences de la croisade.

En s'embarquant à Aigues-Mortes (28 août 1248), le souverain avait dû laisser son frère derrière lui pour achever les préparatifs, hâter le rassemblement des troupes, et lui préparer une armée de renfort. Le tout dura encore une année, et ce ne fut que le 26 août 1249 qu'Alphonse s'embarqua à son tour, emmenant avec lui son jeune frère Charles d'Anjou et sa femme Jeanne de Toulouse. Ils arrivèrent en Égypte au mois de novembre. Le roi les attendait pour reprendre l'offensive. Alphonse prit part à la bataille de Mansourah, assista au désastre, en combattant vaillamment, fut fait prisonnier avec saint Louis et toute sa suite, vit se fondre rapidement l'armée chrétienne, malgré les prodiges de valeur et les actes de haute vertu qu'il ne manqua pas de prodiguer, à l'exemple de son frère. Celui-ci, qui ne voulait pas encore désespérer de la sainte cause, le renvoya en Occident pour rassembler de nouveaux renforts, persuadé que l'ascendant et les capacités d'Alphonse le suppléeraient suffisamment auprès du pape et dans la chrétienté.

Le comte était d'ailleurs rappelé par la nécessité de régler la succession de son beau-père Raymond VII, mort en 1249, le 27 septembre, règlement auquel la papauté et l'Église romaine avaient une part prépondérante, depuis que la croisade des albigeois, confirmée par la convention de Paris, avait mis à leur disposition les biens des hérétiques, à commencer par les seigneurs qu'une série de sentences canoniques avaient dépossédés. Le comte, reparti depuis l'été de 1250, toujours avec son frère Charles, reparut en France, en novembre, alla trouver Innocent IV à Lyon pour s'entendre avec lui sur les préparatifs d'une nouvelle campagne et s'efforça de lui démontrer à nouveau la nécessité de sa réconciliation avec Frédéric II. Alphonse fut lui-même longtemps absorbé par les affaires fort embrouillées du Toulousain, les villes d'Aix, Marseille et Avignon se refusant à reconnaître son autorité. Le testament de Raymond VII n'était pas moins compliqué, et son héritier dut faire examiner les clauses de legs pieux par une assemblée de clercs, moitié théologiens, moitié conseillers, qui décidèrent qu'il n'était pas tenu d'en remplir toutes les conditions. Toutefois, après une sérieuse maladie en 1253, il renouvelait son vœu de croisade et obtenait du pape cinq bulles rétablissant ses pouvoirs financiers de 1249, ainsi que ceux du trésorier de Saint-Hilaire. Berger, *ibid.*, p. CCXXXVIII.

Mais la mort de la régente Blanche de Castille (fin novembre) empêcha la réalisation de ce vœu, et le comte dut prendre la direction des affaires en l'absence du roi, toujours en Palestine. Les actes administratifs nous le montrent procédant comme *lieutenant du roi en son royaume*, par exemple une réponse du conseil royal à l'archevêque de Sens sur un débat de régale. *Ibid.*, p. CCLXII. Quand saint Louis aborda en France, le 10 juillet 1254, il y avait trop à faire dans le royaume et en Europe pour que l'on pût reprendre de si tôt la croisade. Alphonse lui-même, sans avoir renoncé complètement à ses desseins d'outre-mer, dut employer plusieurs années à réorganiser l'administration de ses vastes domaines, qui s'étendaient maintenant jusqu'aux Pyrénées. De cette question, qui a suffisamment été mise en lumière par M. A. Molinier, nous n'avons que deux points à retenir, les rapports d'Alphonse avec l'Église et le clergé, et les mesures inquisitoriales contre l'hérésie. Même à ce dernier point de vue, son rôle se bornait à faciliter l'action des inquisiteurs par des mesures de défense et de protection : il ne s'en fit pas faute, et y apporta beaucoup d'esprit de suite et de persévérance. Douais, *Documents pour servir à l'histoire de l'Inquisition dans le Languedoc*, Société de l'histoire de France, 1900, t. I, Introduction, p. CCXII-CCXIX, nombreux documents cités. Il stimula le zèle des évêques et hauts dignitaires du clergé à seconder les défenseurs de la foi, surveilla de près l'application des peines canoniques, en écartant les accommodements par rançon ou compensation pécuniaire, organisa la saisie et la gestion des biens des hérétiques mis à sa disposition et pour lesquels il sut créer une administration spéciale.

L'Inquisition était un instrument entre les mains du pouvoir civil, plus qu'elle n'était au service de la papauté. Alphonse, qui, à l'exemple de son frère, n'approuvait pas toujours la politique de celle-ci, nous l'avons vu, favorisa cependant en maintes rencontres ses principaux auxiliaires, les moines et les ordres religieux. Pendant sa régence, il dut intervenir dans le conflit de l'Université de Paris avec les mendiants, et s'il ne put faire accepter un accommodement au moyen de son arbitrage, du moins il empêcha les étudiants de se porter aux dernières extrémités, et même d'expulser les dominicains. Il encouragea par des fondations et des aumônes l'établissement des franciscains en plusieurs villes de ses domaines, aumônes dont la liste a été donnée par Boutaric, p. 459-468. Une rente qu'il fonda au collège Saint-Bernard de Paris lui fit conférer par l'abbé de Clairvaux le titre, avec les privilèges afférents, de fondateur et patron de ce monastère (1253) des futurs bernardins.

La faveur entraîne la confiance et Alphonse se servit souvent de gens d'Église et de moines mendiants. En particulier on le voit choisir parmi eux les *enquêteurs*, qu'il chargeait souvent de surveiller la gestion de ses officiers : ce sont des dominicains surtout (A. Molinier, *Correspondance administr. d'Alphonse de Poitiers*, t. II, p. XXXVII-XXXVIII), et il demande parfois aux supérieurs, prieurs ou provinciaux, de mettre à son service les hommes de confiance qu'il a distingués. Il choisit aussi des mineurs ou des chanoines séculiers, Thibaut, écolâtre de Saint-Hilaire de Poitiers. Une fonction moins importante, qu'il confiait aussi à des ecclésiastiques, était celle de conservateur de ses privilèges apostoliques, faveurs anciennes et nouvelles à lui accordées par les papes; ils demeuraient à poste fixe et surveillaient surtout la juridiction ecclésiastique. Le trésorier de Saint-Hilaire de Poitiers, dont nous avons parlé, remplit longtemps cet office en Poitou; il fut remplacé par l'évêque de Chartres, Pierre de Minci. Dans le midi, c'était l'abbé de Moissac, Bertrand de Montaigu, qui contrôlait, de Toulouse au Comtat-Venaissin. Pour la croisade, Bertrand de l'Isle-Jourdain, chanoine, puis évêque de Toulouse, porte le titre d'*executor gratiarum apostolicarum*. *Ibid.*, p. L-LI.

Se servir du clergé et de l'Église, et les réduire à leur minimum d'indépendance et de juridiction, telle fut la politique d'Alphonse, à l'exemple de la royauté française. Il ne semble pas qu'il ait réclamé le droit de régale sur les diocèses du Midi, à part une tentative infructueuse de ses officiers à Toulouse en 1267, mais il s'arrangeait pour que les évêchés et monastères ne fussent attribués qu'à ses créatures ou ses amis. Il les protégeait contre ses officiers, l'évêque de Poitiers contre le sénéchal de Poitou, leur rendait la justice et les préservait de toute violence et persécution, par exemple, l'évêque de Cahors, victime d'une coalition que l'abbé de Moissac avait organisée contre lui avec la noblesse de la région. Vivien, évêque de Rodez, fut, par contre, l'objet d'une enquête qui le soumit à la justice comtale, en attendant l'intervention de Rome. Celui de Clermont dut renoncer, sous peine des censures ecclésiastiques, à faire accepter, comme il le prétendait, la mauvaise monnaie qu'il fabriquait. On reconnaît dans toute la conduite d'Alphonse les mêmes soucis que chez le roi son frère, d'arrêter les progrès de la féodalité ecclésiastique, progrès que la longue lutte contre les albigeois avait grandement favorisés. Les hauts dignitaires d'Église avaient, pendant cette période de troubles, conquis une indépendance, qui était fort préjudiciable aux droits supérieurs du comte leur suzerain. Cf. Molinier, *Mémoire sur l'administration de saint Louis et Alphonse de Poitiers en Languedoc*, dans Devic-Vaissete, *Hist. générale de Languedoc*, éd. Privat, t. VII.

Ainsi, tout en prenant plusieurs mesures pour assurer le paiement des dîmes, par la suppression desquelles avait débuté l'hérésie, Alphonse s'efforça de réduire la juridiction cléricale au moyen de deux règlements, qui ne nous sont pas parvenus, mais dont l'application se rencontre parfois dans ses actes : il défendit, sous peine d'amende, à tout laïc d'en citer un autre devant un tribunal ecclésiastique, pour des causes dont la connaissance ne reviendrait pas à celui-ci, et il nomma un avocat consulteur pour défendre ses intérêts devant ces cours. Les mêmes actes reviennent souvent sur l'interdiction de donner aux clercs aucun emploi public, leur responsabilité ne dépendant pas des pouvoirs publics. La mise en pratique de l'ordonnance royale de 1228 (*Cupientes...*), qui déterminait le rôle de l'État et l'application des peines temporelles contre les excommuniés, permit au comte d'intervenir souvent en faveur de ses officiers, que leurs conflits fréquents avec le clergé local exposaient à des censures renouvelées. Le concile provincial de Bordeaux, en 1264, avait ajouté l'interdit *ipso facto* contre toute usurpation de biens d'Église. Alphonse en demanda l'annulation à Rome, mais les soucis prolongés de la dernière croisade permirent seuls de laisser tomber la mesure en désuétude.

Les relations politiques des Capétiens et de la royauté française avec les souverains pontifes devinrent plus fréquentes que jamais, lorsqu'ils eurent réussi à faire de Charles d'Anjou l'adversaire irréductible de la maison de Hohenstaufen (1262). Pour Alphonse, les rapports prirent de l'importance à propos de la dernière croisade, dont nous allons parler. Dans les questions administratives et d'ordre intérieur, son attitude fut la même qu'à l'égard du clergé : concédant tout ce que lui permettaient d'accorder le bien de l'État et les droits de la couronne, non seulement contre les hérétiques, mais à l'égard de ses officiers; s'efforçant par contre d'arrêter les empiétements de la papauté, les progrès de son pouvoir par les réserves de bénéfices et de causes judiciaires, comme ses perpétuelles demandes d'argent. Pendant la longue vacance du Saint-Siège (1268-1271), il fit exécuter les sentences du cardinal d'Albano, Raoul de Chevrières, légat du Sacré-Collège, contre les clercs qui refusaient de payer les droits pécuniaires qu'il leur imposait, mais recommanda à ses officiers la modération dans la saisie du temporel et autres dommages matériels qu'entraînaient les peines canoniques.

Pas plus que son frère, Alphonse n'avait renoncé à la croisade, et même il est probable que tous deux avaient gardé la croix depuis la malheureuse expédition de 1248. Les papes leur recommandaient sans cesse les malheurs grandissants des chrétiens orientaux (nombreuses faveurs, même temporelles, accordées par le pape Urbain IV, en juillet 1264. Guiraud, *Regesta...*, t. III, n. 144-181). Le comte de Poitiers, soucieux de remplir le vœu qui l'obligeait depuis longtemps, n'accorda même que des secours insignifiants pour la croisade de Charles d'Anjou contre les Hohenstaufen, et dès 1261, il recueillait l'argent nécessaire à son expédition sous forme de fouage (redevance par foyer ou famille), que Guillaume du Plessis devait percevoir dans le comté de Toulouse. Celui-ci réussit et rapporta beaucoup d'argent. Dans le Poitou et les régions de l'est, Jean de Nanteuil et Guichard, chanoine de Cambrai, allèrent demander une subvention. Molinier, *Corresp. ad min.*, p. XLII-XLVI. En 1265, le comte sollicitait du pape Clément IV un décime à percevoir sur le clergé de France. Ce fut le roi qui obtint ce secours supplémentaire en 1267.

Dès l'année précédente, Alphonse était tout entier à ses préparatifs. Il parcourait ses terres du Midi pour les pacifier, accommoder les différends, réparer les injustices, etc. Tillemont, t. IV, p. 393-396. Dès lors il rechercha tous les moyens de se procurer de l'argent. Un de ses officiers, Gilles Camelin, remplissant les fonctions de receveur extraordinaire en ces régions, poursuivait toute sorte d'affaires, ventes de forêts, aliénation de domaines, enquêtes sur les aliénations anciennes, nouvelles charges imposées aux roturiers pour la possession des fiefs et domaines nobles. En 1269, Alphonse prenait dans le Poitou les mêmes arrangements que pour le Midi. Par son testament, qu'il fit avant de s'embarquer en juin 1270, il restitua les dîmes qu'il avait empruntées aux églises, lui ou son prédécesseur Raymond VII, et il fit diverses fondations pieuses. La plus importante avait trait à l'abbaye augustine de femmes de Gerci-sur-Yère, en Brie, qu'il fonda en 1269, avec la comtesse Jeanne. Il lui assura une rente de 500 livres parisis sur ses terres d'Auvergne, pour l'entretien de trente religieuses.

Le comte et la comtesse s'embarquèrent à Aigues-Mortes, dans les premiers jours de juillet 1270 et arrivèrent devant Tunis avec l'armée royale (qu'ils avaient rejointe à Cagliari) le 17. On sait comment l'expédition finit malheureusement par la mort de saint Louis : Alphonse revint avec son neveu, le roi Philippe III, au mois de novembre, en Sicile, où il séjourna tout l'hiver. En juin 1271, il passa en Italie, et traversa la péninsule. Il visita Rome avec le roi, puis le Sacré-Collège qui siégeait toujours à Viterbe depuis trois ans. Les deux princes exhortèrent les cardinaux à en finir promptement avec la vacance du Saint-Siège. Ils se séparèrent ensuite pour voyager chacun de son côté. Mais Alphonse tomba malade, ainsi que Jeanne de Toulouse, et ils moururent tous deux à Corneto, ou plutôt à Savone (Tillemont, t. v, p. 206, *apud Sairam* ou *Sainam, villam maritimam*), Alphonse, le 21 août. Il n'avait pas cinquante et un ans.

A. Molinier, *Correspondance administrative d'Alphonse de Poitiers*, Collection des documents inédits, 2 vol., Paris, 1895-1900. — E. Boutaric, *Saint Louis et Alphonse de Poitiers*, Paris, 1870. — Le Nain de Tillemont, *Vie de saint Louis*, roi de France, Société de l'histoire de France, 6 vol., Paris, 1847-1851. — B. Ledain, *Histoire d'Alphonse de Poitiers, frère de saint Louis, et du comté de Poitou sous son administration, 1241-1271*, Poitiers, 1869. — Devic-Vaissete, *Histoire générale de Languedoc*, éd. Privat, t. VII, VIII. — Lavisse, *Histoire de France*, t. III, 1re partie. — E. Berger, *Saint Louis et Innocent IV*, dans les *Registres d'Innocent IV*, Paris, 1887, t. II, Préface. — Lecointre-Dupont, *Philippe, trésorier de Saint-Hilaire de Poitiers, chapelain et intendant d'Alphonse de Poitiers*, dans le *Bulletin de la Société des antiquaires de l'Ouest*, Poitiers, 1841, t. III, p. 407-113.

P. RICHARD.

93. ALPHONSE DE PORTUGAL succéda comme grand-maître de l'ordre de l'Hôpital à Geoffroy de Donjon; son avènement au magistère se place entre le 20 mai 1202 et l'année 1203. On sait peu de choses sur ses origines, les historiens portugais disent, sans preuves, qu'il était fils naturel du roi de Portugal Alphonse Ier. Quoiqu'il ne soit jamais désigné dans les documents que sous le nom d'Alphonse, il était certainement portugais, puisqu'il revint mourir en Portugal, le 1er mars 1207. Il était en Occident quand il fut élu grand-maître, et passa ensuite en Orient pour y exercer sa charge. Il s'en démit en 1206, ne pouvant se faire obéir de ses chevaliers, et se retira en Portugal, où il fut empoisonné par ses gens.

L'événement le plus saillant de son gouvernement est la promulgation des statuts qui portent son nom. Le chapitre général qui les élabora fut tenu à Margat (au comté de Tripoli), et ce fait fut la cause de la désobéissance des chevaliers, et par suite de la démission d'Alphonse. Les prescriptions statutaires de l'ordre, en effet, exigeaient que le chapitre général se réunît sur le territoire du royaume de Jérusalem. En le tenant à Margat, hors du royaume, Alphonse les transgressa, et cette infraction l'obligea à abandonner le magistère.

Delaville Le Roulx, *Les hospitaliers en Terre Sainte et à Chypre*, Paris, 1904, p. 130, 408.

J. DELAVILLE LE ROULX.

94. ALPHONSE DE PORTUGAL, né à Évora, fils d'Alphonse, comte d'Ourem et premier marquis de Valença, petit-fils d'Alphonse, premier duc de Bragance. On rapporte que le roi Jean II, ayant égard à ses talents, lui conseilla très instamment de suivre la carrière ecclésiastique. Peut-être le roi se laissa-t-il moins guider par les talents d'Alphonse que par le désir de l'éloigner de la succession à la maison de Bragance, qui par deux fois faillit lui revenir. La bâtardise d'Alphonse explique la répugnance du roi. Alphonse fut nommé évêque d'Évora en 1485. Pendant son épiscopat, quatre couvents se sont fondés à Évora. En 1502, Alphonse aspirait au cardinalat; mais il en fut écarté peut-être à cause de l'opposition du cardinal Gorge da Costa. Le 11 mars 1517, Léon X chargeait l'évêque de Funchal et le ministre du couvent des trinitaires de Lisbonne de faire une enquête sur les reproches adressés à l'évêque d'Évora, en particulier sur l'abus des interdits. Nous ignorons la suite de cette affaire. Alphonse mourut le 24 avril 1522. Il est l'auteur d'un *Tractatus perutilis de indulgentiis*. Cet ouvrage est suivi d'un autre : *Tractatus de numismate ad illustrissimum Emmanuelem Lusitaniae regem*.

Francisco da Fonseca, *Evora gloriosa*, p. 293. — Barbosa Machado, *Bibliotheca lusitana*, t. I, p. 48-49. — Fortunato de Almeida, *Historia da Igr. ja em Portugal*, Coïmbre, 1910, t. II, p. 561-562. — *Corps diplomático português*, t. I, p. 35; t. XI, p. 147.

Fortunato DE ALMEIDA.

95. ALPHONSE DE PORTUGAL, fils du roi Manuel Ier, né à Évora le 23 avril 1509. Léon X le créa cardinal du titre de Sainte-Lucie *in Septem Foliis*, le 1er juillet 1517, à la condition qu'il ne serait pas investi de cette dignité avant le quatorzième année. Le titre de Sainte-Lucie fut échangé, le 13 août 1535, contre celui des Saints-Jean-et-Paul. Le 23 février 1519, il est nommé évêque de Viseu et, le 20 février 1523, archevêque de Lisbonne, où il déploya un grand zèle religieux. Il ordonna le premier en Portugal qu'on enseignât le catéchisme dans les églises aux enfants et aux gens de la campagne et qu'il y eût des livres pour enregistrer les baptêmes et les mariages. Pour ce qui touche les mariages, une loi d'Alphonse IV, du 7 décembre 1352, en avait ordonné l'enregistrement; mais il est bien probable que cette loi n'avait pas été exécutée. Alphonse de Portugal mourut le 21 avril 1540.

Don Antonio Caetano de Sousa, *Historia genealogica da casa real portuguesa*, t. III, p. 417 sq. — Francisco da Fonseca, *Evora gloriosa*, p. 294. — Silva Leal, *Catálogo dos bispos da Idanha e Guarda*, dans la *Collecção de documentos e memorias da Academia Real da Historia Portuguesa* (1722). — João Colt, *Catálogo dos bispos de Viseu*, dans la *Collecção* cit. — Barbosa Machado, *Bibliotheca lusitana*, t. I, p. 21. — Eubel, *Hierarchia catholica*, t. III, p. 19, 71, 343, 356.

Fortunato DE ALMEIDA.

96. ALPHONSE RAMIRI ou **RAMIREZ** (ou encore Fernandez), évêque d'Orense, 1174-1213. D'après la *España sagrada*, il n'est pas sûr qu'Alphonse Ramiri eût été, comme le croit Sandoval, moine de Sahagun. Il fut consacré par Fernando, évêque d'Astorga, assisté de Pedro, évêque de Ciudad-Rodrigo.

L'évêque rendit d'importants services au roi Fernando II de Léon († 1188); en 1175, Fernando et son fils lui font donation de la terre de Rio Caldo, près du *castillo* de Araujo; l'année suivante, ils donnent le *Castillo*. Le 24 octobre 1181, Fernando II donne à l'évêque une partie de Porquera « pour les services considérables qu'il lui a rendus. » En 1188, il concède à l'évêque et à son Église que les habitants d'Orense qui se rendraient à Saint-Jacques de Compostelle ne paieront point de péage pour leur vin. En 1189, le roi (Alphonse IX) confirme les *Fueros* et *Privilèges* concédés à Orense par l'évêque don Diego; le 28 septembre 1190, puis le 29 mars 1192, le roi, présent à Orense, accorde des privilèges et des immunités à l'Église et à son clergé, en l'honneur des saints Martin et Euphémie; en 1204, à l'occasion d'une guerre entre Léon et Castille, les ministres du roi prétendent lever un impôt de guerre; le roi, étant à Orense (25 septembre), déclare exempts les chanoines et les habitants.

En 1204, l'évêque acheta la partie du monastère de Porquera, qu'il ne possédait point encore; en 1209, il achetait la terre de Niñodaguia et celle du Lugar de Paradela. En 1200, il consacre l'église de Santa Maria de Fuente Fria; outre diverses autres consécrations, citons celle de l'autel de sa cathédrale faite en grande solennité par l'archevêque de Braga, Godino, assisté des évêques d'Orense, de Lugo et de Tuy, 1194 (?).

Il chercha en vain à imposer sa juridiction au monastère de Celanova : le pape Innocent III, après enquête de l'évêque de Léon et de l'abbé de Melon, déclara le monastère exempt (1198).

Alphonse mourut probablement le samedi de la Passion (6 avril) 1213.

On lui attribue un livre sur les miracles de sainte Euphémie, et une traduction latine de la Vie de saint Antoine, par saint Athanase; mais comme l'œuvre grecque avait été déjà traduite en latin par saint Jérôme, Antonio conjecture non sans vraisemblance que l'évêque Alphonse dut traduire en langue vulgaire l'œuvre de saint Jérôme.

Le roi Alphonse IX de Léon avait profité de la mort de l'évêque pour prendre certains biens de l'église; il dut, par la suite, donner satisfaction à son successeur.

Antonio, *Bibl. Hispana vetus*, t. II, p. 32, n. 6. — *España sagrada*, t. XVII, p. 95 sq.

M. LEGENDRE.

97. ALPHONSE (II) DE ROBLES, évêque de Ciudad-Rodrigo, né à Logroño. Après avoir pris part à plusieurs expéditions contre les Maures, et devenu veuf, il entra dans les ordres et ne tarda pas à être élu évêque de Ciudad-Rodrigo. Diacre, abbé commendataire de Saint-Michel de Alfaro, au diocèse de Tarazona, il vit son élection épiscopale confirmée par Clément VI le 28 juin 1344. Il paraît avoir ménagé la rencontre, dans sa ville épiscopale, de Pierre de Castille et d'Alphonse de Portugal, qui signèrent un traité de paix perpétuelle. Il mourut en 1346 et fut enterré dans sa cathédrale, ainsi que les trois enfants qu'il avait eus de son mariage. Au-dessus de son tombeau, sur une faces latérales du maître-autel, est sculpté son portrait avec une inscription qui relate l'année de sa mort.

Gil González Dávila, *Teatro eclesiastico*, Madrid, 1700, t. IV, p. 21, 22. — Sanchez Cabañas, *Historia civitatense*, ms. D. 199, de l'Académie de l'histoire de Madrid, l. IV, c. III, sans numération de pages (1623). — Eubel, *Hierarchia medii aevi*, t. I, p. 196.

P. SICART.

98. ALPHONSE RODRIGUEZ (Saint), jésuite espagnol, mort à Majorque, le 31 octobre 1617. Il naquit à Segovia le 25 juillet 1531, et, à la mort de sa femme et de ses deux enfants, il fut admis dans la Compagnie de Jésus, en qualité de frère coadjuteur, le 5 avril 1573. Envoyé presque immédiatement après au collège récemment fondé de Palma (île Majorque), il y exerça, durant près de quarante ans, la charge de portier. C'est dans ces humbles fonctions qu'il s'éleva bientôt à une remarquable sainteté. Ses lumières surnaturelles le faisaient consulter par les plus hauts personnages, tels que le cardinal Gaspar de Borja et le saint archevêque de Valencia, Francisco Ribera. Le récit des faveurs célestes dont il fut l'objet et les divers traités de spiritualité qu'il composa ont été publiés par le P. Jaime Nonell : *Obras espirituales del beato Alonso Rodriguez*, 3 vol. in-8°, Barcelona, 1885-1887; une partie en a été traduite en français par le P. Octave de Bénazé : *Vie admirable de saint Alphonse Rodriguez..., d'après les mémoires écrits de sa main*, in-18, Paris, 1890; *Explication des demandes du Pater*, in-32, Paris et Lille, 1893; *De l'union et de la transformation de l'âme en Jésus-Christ, suivi de quelques autres traités spirituels*, in-32, Paris et Lille, 1893. C'est à tort qu'on lui a attribué la composition du *Petit Office de l'Immaculée-Conception*, qui lui est bien antérieur. Béatifié par Léon XII, le 12 juin 1825, Alonso Rodriguez fut canonisé par Léon XIII, le 15 janvier 1888.

Nieremberg, *Ideas de virtud en algunos claros varones de la Compañia de Jesus*, in-4°, Madrid, 1643, p. 626-678. —. Francisco Colin, *Vida, hechos, y doctrina del Venerable Hermano Alonso Rodriguez*, in-4°, Madrid, 1652. — Antoine Boissieu, *La Vie du vénérable frère Alph. Rodriguez... Avec un traité de dévotion des maximes spirituelles recueillies de ses écrits*, in-12, Lyon, 1688. - - Arcangelo Arcangeli, *Vida del venerabil servo di Dio Alfonso Rodriguez..., cavata da'processi autentici*, in-4°, Rome, 1761. — Jaime Nonell, *Vida de San Alonso Rodriguez*, in-8°, Barcelone, 1888; cette Vie, avec les trois volumes des *Obras espirituales*, forme le recueil le plus complet sur le saint. — Paul Debuchy, *Recherches sur le Petit Office de l'Immaculée Conception*, dans les *Précis historiques*, t. XXXV, p. 15-31, 97-122, 233-254.— Uriarte, n. 1472, 1474.

E.-M. RIVIÈRE.

99. ALPHONSE DE ROXAS, frère mineur de la province de Castille, fut le premier commissaire général de la Nouvelle-Espagne, en 1531. Voyant que les religieux du Mexique, animés d'une grande ferveur, pouvaient se passer de sa direction, il démissionna en 1533. Au bout de quelque temps il repassa en Espagne où il mena une sainte vie, mais il eut des remords d'avoir abandonné son poste chez les sauvages. Il retourna une seconde fois dans les missions, devint à deux reprises custode du Mechoacan et du Xalisco, avant l'érection de la province des Saints-Pierre-et-Paul. Il habita le couvent de Huexotla et mourut, plein de jours et de mérites, à Mexico, en 1570.

Arthurus a Monasterio, *Martyrologium franciscanum*, Paris, 1653, p. 58. — Wadding-Michelesio, *Annales minorum*, t. XX, p. 302. — Gonzaga, *De origine seraphicae religionis*, Venise, 1603, p. 1458. — Salazar, *Cronica de la provincia de Castilla*, Madrid, 1612, p. 114. — Torquemada, *Monarchia indiana*, Madrid, 1723, t. III, p. 374.

ANTOINE de Sérent.

100. ALPHONSE LE SAGE. Voir Alphonse X, col. 688.

101. ALPHONSE DE SAINTE-ANNE, né à Ponferrada, au diocèse d'Astorga, en Espagne, était déjà prêtre, lorsqu'il entra chez les frères mineurs déchaussés de la province Saint-Joseph. Il partit pour les Philippines, en 1594, apprit à la perfection l'idiome tagalog chez les indigènes qu'il évangélisait, devint gardien du couvent de la Puebla de Sampalos et mourut à Manille en 1630.

On a de lui : *Esplicacion de la doctrina christiana en tagalog*, Manila, 1628, 1637; *Version de la doctrina de cardenal Belarmino al idioma tagalog*, Manila, 1637. On lui attribue aussi un traité de l'office divin.

Marcellino da Civezza, *Saggio di bibliografia sanfrancescana*, Prato, 1879, p. 550. — Joannes de Sancto Antonio, *Biblioth. francisc.*, Madrid, 1732, t. I, p. 39. — Sbaralea, *Supplem. ad scriptores minorum*, Rome, 1908, p. 24.

Antoine de Sérent.

102. ALPHONSE DE SAINT-ANTOINE, né dans la ville d'Avis, province d'Alentejo (Portugal), en 1602. Il prit l'habit religieux dans l'ordre des trinitaires à Madrid, le 4 décembre 1616. Nommé supérieur du même couvent, il y donna l'exemple des plus belles vertus religieuses et mourut le 18 mai 1668. On a de lui : *Gloriosos titulos apostolicos y reales, originarios y privativos de la sagrada orden de la santisima Trinidad, Redencion de cautivos, por los cuales se les debe por todos los reinos de la corona de España la primacia y antiguedad de religion aprobada redentores de cautivos, respecto de la ilustre orden de Nuestra Sra. de la Merced*, Madrid, 1661. Il est l'auteur aussi de deux ouvrages inédits : *De la Immaculada Concepcion de la Virgen Maria*; *Arbol eucaristico de la vida natural, espiritual y eterna, representada en los tres arboles, de que se hace memoria en los libros sagrados, Genesis, Proverbios, y el Apocalipsis*.

Melchior du Saint-Esprit, *Diamante trinitario*, Madrid, 1713, p. 466. — Luc de la Purification, *Cuarta parte de la Cronica de los religiosos descalzos del orden de la sma. Trinidad*, Grenade, 1733, p. 254. — Barbosa Machado, *Bibliotheca lusitana*, Lisbonne, 1736, t. I, p. 29. — Michel de Saint-Joseph, *Bibliographia critica sacra et prophana*, Madrid, 1740, t. I, p. 180. — Antonin de l'Assomption, *Diccionario de escritores trinitarios de España y Portugal*, Rome, 1898, t. I, p. 30-32.

A. Palmieri.

103. ALPHONSE DE SAINT-BONAVENTURE, appartenait au couvent de récollection de Loreto dans la province franciscaine d'Andalousie. Dans la seconde moitié du XVIe siècle, il passa au Paraguay, découvert en 1529 et évangélisé dès 1538 par cinq franciscains. Sans connaître la langue ni les mœurs du pays, il pénétra au Rio de la Plata et poussa jusqu'au Brésil. Il fut le premier missionnaire de la Plata, convertit une foule de païens et bâtit quinze églises sur les rives du Picer et du Buay. Au bout de trois ans, il fut expulsé, pour s'être opposé au lieutenant du gouverneur espagnol, qui accablait les Indiens de mauvais traitements. Il alla dans la province de Guaira et bâtit vingt-cinq églises dans un district de quatre-vingts lieues. Les Indiens, disséminés dans les déserts et sur les montagnes, furent rassemblés en villages pour être plus facilement évangélisés. Les cruautés des Espagnols furent cause de la fuite des sauvages. Alphonse avec son compagnon, Jean de Saint-Bernard, passa dans la province de Catayna pour ramener les fugitifs et leur administrer les sacrements.

Considérant l'étendue de la moisson et le peu d'ouvriers, il partit pour l'Espagne en 1588. Après avoir fait plus de mille lieues à pied par des chemins impossibles, il arriva au couvent de Lima où ses confrères, édifiés de sa vertu, le contraignirent à être maître des novices. Ce ne fut qu'au bout de deux ans qu'il pût s'embarquer pour l'Espagne, d'où il revint avec vingt-cinq missionnaires. Dans une seconde traversée, il en ramena vingt autres, parmi lesquels un évêque de son ordre, frère Martin Ignace de Loyola, qui occupa le premier le siège de Rio de la Plata. Une troisième fois il retourna en Espagne; il était à la veille de s'embarquer pour les Indes à Cadix, lorsque les officiers du port remarquèrent des vices de forme dans les passeports des religieux et refusèrent de les laisser partir. Alphonse part pour Madrid, distant de Cadix de 400 kilomètres, et les historiens racontent qu'après avoir fait régulariser ses papiers à la cour, il était de retour à Cadix le même jour, après une absence de vingt heures. Dans cette dernière traversée, naviguant de Lima au Chili, il prédit sa mort, qui arriva en effet au couvent de San Francesco del Monte, à 28 kilomètres de Santiago de Chili. C'était en 1596.

Diego de Cordova, *Chronica de la religiosissima provincia de los doze Apostoles del Peru*, Lima, 1651, l. I, p. 146-148; l. III, p. 270-273. — Arthurus a Monasterio, *Martyrologium franciscanum*, Paris, 1638, p. 620. — Mazzara, *Leggendario francescano*, Venise, 1689, t. IV, p. 876. — Hueber, *Menologium franciscanum*, Munich, 1698, p. 1914.

Antoine de Sérent.

104. ALPHONSE DE SAINTE-MARIE. Voir Alphonse de Carthagène, col. 702.

105. ALPHONSE DE SALAMINA, franciscain, connu seulement comme auteur d'un ouvrage, très rare d'ailleurs, dont voici le titre : Alph. de Salamina, *Laudes beatissimi Patris nostri Francisci. Regula et vita fratrum minorum una cum laudibus eiusdem regule a beatissimo patre nostro Francisco prolate*, Paris, Denis Rose, s. d. (1500), in-8°, goth.

Copinger, *Supplement to Hain's Repert. bibliogr.*, Londres, 1898, t. II, 2e part., n. 403, p. 46.

M. Bihl.

106. ALPHONSE DE SAN LUCAR DE BARRAMEDA, frère mineur nommé par Benoît XIII premier évêque de Rubicon aux îles Canaries, le 7 juillet 1404. Pour des raisons inconnues du pape qualifie de « raisonnables », il fut suspens *a pontificalibus*. Benoît XIII, le 1er avril 1416, lui rend le pouvoir d'exercer ces fonctions, mais au bout de trois mois il ne pourra officier que dans son diocèse. Il avait dû, sans doute, se retirer en Espagne, car le pape lui permet d'emmener avec lui tous les religieux de bonne réputation qui voudront partir, en en chargeant sa conscience et celle de l'archevêque de Séville. Le 2 avril de l'année suivante, il était transféré à l'évêché de Libaria dans la même contrée. Il dut mourir vers 1434, car il avait un successeur à cette date. — Gams prétend qu'Alphonse ne résida jamais à Rubicon et qu'il fut transféré à Libaria en 1406. Il lui donne comme successeur en cette année le frère mineur Albert de Las Casas, qu'il fait mourir en 1410. Les bulles de Benoît XIII ne permettent pas cette manière de voir. — Néanmoins *Le Canarien*, composé au XVe siècle par Pierre Boutier, compagnon d'expédition du seigneur de Béthencourt, rapporte que, sur la recommandation du roi d'Espagne, le pape de Rome (Grégoire XII) nomma Albert de Las Casas premier évêque des Canaries. Béthencourt et Albert allèrent à Rome chercher les bulles. De là le conquistador s'en alla en Normandie et le prélat à Fortaventure emmené par la cour d'Espagne. A son arrivée, « on lui fit fort grand chère, et plus encore pour ce qu'il entendoit le langage du païs. Icellui evesque ordonna en l'esglise ce qu'il voulut et se qu'il estoit à faire, et se gouverna si bien et si gracieusement, et si debonayrement, que il eut la grace du peuple, et fut cause de bien grans biens au païs. Il preschoit bien fort souvent, puis en une isle, puis en une autre, et n'y avoit point d'orgeul en lui... Le dit evesque se gouverna sy bien que nul ne le saroit reprendre. » Une note le dit mort en 1410 et apparenté aux Béthencourt. — Il faut sans doute attribuer au grand schisme d'Occident cette simultanéité de deux évêques à un même siège.

Gams, *Series episc.*, p. 474. — Eubel, *Hierarchia*, t. I, p. 317, 448; t. II, p. 195; *Bullar. francisc.*, t. VII, p. 328, 396, 400. — *Le Canarien*, édit. Gravier, Rouen, 1874, p. 186, 188, 190, 191.

Antoine de Sérent.

107. ALPHONSE DE SAN VITTORES DE LA PORTILLA Y FRANSARSENS, né en 1590, à Trasniera, province de Burgos. Entré à seize ans, chez les bénédictins de San Juan de Burgos, il y prit le grade de maître en théologie, alla achever ses études à Salamanque et se consacra ensuite à la prédication. Il ne tarda pas à être nommé prédicateur de la cour. Élu abbé de San Juan de Burgos en 1621, puis définiteur de l'ordre en 1625, abbé de San Vicente de Salamanque en 1629, général de l'ordre de 1633 à 1637, ensuite de 1645 à 1649, il fut nommé évêque d'Almeria en 1650, transféré au siège d'Orense, le 19 janvier 1654, et, enfin, à celui de Zamora le 21 mai 1659. Il mourut le 11 juillet 1660.

Il existe un portrait de ce prélat, exécuté par le peintre bénédictin Juan de Rizi, et conservé dans le musée de Burgos.

Alphonse de San Vittores a laissé : 1° une Vie de saint Benoît, intitulée : *El sol de Occidente. N. glorioso Padre S. Benito, principe de todos los monges*, 2 vol. in-fol., Madrid, 1645-1647 ; — 2° *Vidas de algunos varones*, manuscrit que Nicolas Antonio a vu dans la bibliothèque du marquis del Carpio.

Argaiz, *La perla de Cataluña*, Madrid, 1675, p. 459. — Francisco Berganza y Arce, *Antiguedades de España*, Madrid, 1721, t. II, p. 332. — Nicolas Antonio, *Bibliot. Hispana nova*, t. I, p. 48. — Manuel Martinez Anibarro, *Intento de un diccionario biográfico de Burgos*, Madrid, 1889, p. 467-469.

P. SICART.

108. ALPHONSE DE SÉVILLE, religieux de l'ordre de la Merci. Jacques de Volterra le mentionne parmi les hommes qui, à la fin du XVe siècle, illustrèrent l'Espagne par leur sainteté. Il naquit à Séville, on ne sait pas en quelle année, et prit l'habit religieux dans le couvent de Sainte-Eulalie, à Barcelone. Son biographe ne nous donne pas de renseignements sur sa vie. On ne sait pas même s'il fut élevé au sacerdoce. Il se distingua par ses vertus. On raconte beaucoup de miracles qu'il opéra de son vivant. A sa mort, selon son biographe, on entendit les anges chanter dans les airs, et son corps se conserva longtemps intact au couvent de Barcelone.

Remon, *Historia general de la orden de Nuestra Señora de la Merced, Redencion de cautivos*, Madrid, 1618, t. I, col. 220-223. — Arana de Varflora, *Hijos de Sevilla ilustres en santidad*..., Séville, 1791, p. 29-31.

A. PALMIERI.

109. ALPHONSE DE SOLANA, né dans la localité de ce nom au diocèse de Tolède, étudia le droit canon à Salamanque, prit l'habit franciscain au couvent de Saint-Jean-des-Rois à Tolède, dans la province de Castille, et après sa profession se retira au couvent de Salceda. Cédant aux instances de Diego de Landa, qui devint plus tard évêque du Yucatan, il partit pour cette contrée avec son confrère Laurent de Benvenida, en 1560. Pendant quarante ans, il travailla à l'évangélisation des sauvages. Il mourut en renom de sainteté au couvent de Mérida en 1600. — On lui doit un *Vocabulario muy copioso en lengua española y maya de Yucatan*, des mêmes écrits dans le même idiome et *Noticias sagradas y profanas de las antequedades y conversion de los Indios de Yucatan*, manuscrit qui a servi à Bernardino de Lezana pour composer son Histoire ecclésiastique du Yucatan, imprimée en 1633.

Wadding-Melchiori, *Annales minorum*, t. XXI, p. 353. — Joannes de Sancto Antonio, *Bibliotheca franciscana*, Madrid, 1732, t. I, p. 51. — Sbaralea, *Supplem. ad scriptores minorum*, Rome, 1908, p. 29. — Marcellino da Civezza, *Saggio di bibliografia sanfrancescana*, Prato, 1879, p. 574.

ANTOINE de SÉRENT.

110. ALPHONSE DE SOLEDADE, né à Olmedo, dans la Vieille-Castille, prit l'habit de frère mineur convers dans la province des déchaussés de Saint-Joseph, laquelle ayant été scindée peu après, il fit partie de la nouvelle dédiée à saint Paul. Envoyé aux Philippines, en 1599, il fonda un hôpital à Naya. Comme il se rendait à celui de Bagatao, il fut pris par les Turcs à Mindanao et mis sur un navire. Son zèle à réfuter le mahométisme lui valut d'avoir les mains coupées et d'être jeté à la mer, le 28 novembre 1616.

Wadding-Fermendzin, *Annales minorum*, t. XXV, p. 215.

ANTOINE de SÉRENT.

111. ALPHONSE DE SORIA, religieux espagnol, de l'ordre de Saint-Augustin. Il vécut au XVIIe siècle et écrivit : *Historia de la gloriosa Virgen S. Catarina de Alexandria*, Cuenca, 1599 ; *Historia y milicia christiana del cavallero Peregrino conquistador del cielo, symbolo de qualquier santo*, Cuenca, 1601.

Jordan, *Historia de la provincia de la sagrada orden de los ermitaños de San Augustin*, Valence, 1712, t. II, p. 230. — Jöcher, *Allgemeine Gelehrten-Lexikon*, Leipzig, 1751, t. IV, col. 688. — Antonio, *Bibliotheca Hispana nova*, Madrid, 1788, t. I, p. 49. — Ossinger, *Bibliotheca augustiniana*, p. 862. — Lanteri, *Postrema saecula sex religionis augustinianae*, Rome, 1860, t. III, p. 119. — Crusenius-Lopez, *Monasticon augustinianum*, t. II, p. 484.

A. PALMIERI.

112. ALPHONSE DE SOTO, canoniste espagnol de la fin du XVe siècle, qui fut longtemps au service de la curie romaine. Nous ne savons de lui et de sa vie que ce qu'il nous en dit dans ses ouvrages. La dédicace de son *Mare magnum et spatiosum* (commentaire sur le recueil canonique de ce nom, renfermant les privilèges accordés par les papes à l'ordre de Saint-François et confirmés en bloc par Sixte IV, sans lieu ni date) à l'évêque d'Aleria Ardicino delle Porta, référendaire d'Innocent VIII (1484-1492), l'intitule archidiacre de Ciudad-Rodrigo (où il serait né) et trésorier de la cathédrale de Salamanque. Le plus important de ses ouvrages, *Commentarius in regulas cancelleriae Innocentii VIII*, nous révèle encore qu'il le rédigea après vingt-trois années de pratique de l'un et l'autre droit, dont vingt-deux passées à la curie romaine (il y serait venu jeune par conséquent) ; qu'il avait en outre professé ces sciences pendant cinq années. L'ouvrage fut publié, sous le titre ci-dessus, en 1621, in-4°, par Jean de Chokier, chanoine de Liège, mais, selon divers commentateurs, il était depuis longtemps apprécié et suivi couramment par les tribunaux de la Rote et pour leurs décisions, sous cet autre titre : *Glossa perpetua ad regulas*... On l'attribuait à tort au chancelier de l'Église romaine, contemporain et supérieur hiérarchique de Soto, le cardinal Rodrigue Borgia, plus tard Alexandre VI, sans doute parce qu'il l'avait revêtu de son autorité, en l'approuvant ou le conseillant.

Dans la préface de ce même ouvrage, Soto énumère les titres de plusieurs autres écrits sur le droit ou la discipline qu'il aurait composés : *Tractatus jubilaei Sixto IV dedicatus* ; — *Tractatus Camerariatus* ; — *Tractatus de futuro concilio ad eumdem Sixtum*. Il aurait donc vécu à Rome sous les pontificats de Sixte IV (1471-1484), d'Innocent VIII, et même d'Alexandre VI, jusqu'après l'an 1500, s'il est vrai, comme l'affirme Jöcher, qu'il ait commenté la constitution de ce dernier pape, *De beneficiis*. Le cérémoniaire pontifical Burckhard raconte en détail dans son diarium (éd. Thuasne, t. III, p. 341-342) qu'un maître Alphonse, D. *Alphonsus*, défendit à titre d'avocat, en 1504, contre un auditeur de Rote, l'évêque de Massa Maritima, Ventura Benassai, trésorier général apostolique et clerc de la Chambre, sacriste du pape, accusé de concussion. C'est sans doute notre personnage.

Nic. Antonio, *Bibliotheca Hispana vetus*, Madrid, 1788, t. II, p. 350. — Jöcher, *Allgemeine Gelehrten Lexikon*, Leipzig, 1750, t. IV, col. 694-695. — Hain, *Repertorium bibliographicum*, Stuttgart, 1826, t. I, col. 160. - J. Fr. v. Schulte, *Geschichte der Quellen und Litteratur des canonischen Rechts*, Stuttgart, 1877, t. II, p. 361.

P. RICHARD.

113. ALPHONSE DE SPINA, franciscain, maître en théologie de Salamanque, prédicateur célèbre, durant quelque temps compagnon de saint Pierre Regalada, nommé archevêque des Thermopyles, le 2 décembre 1491, et mort, semble-t-il, peu après. Ce qui l'a rendu célèbre, c'est son ouvrage, *Fortalitium fidei in universos christianae religionis hostes*, sorte d'exposé apologétique de la foi chrétienne, qu'il composa de 1458 à 1461, en y ajoutant quelques passages plus tard, si les éditeurs eux-mêmes n'ont pas pris la liberté de changer les dates. On a attribué ce livre, mais absolument à tort, aux dominicains Barthélemy Spina, à Guillaume Tutani, à un Thomas *Patriarcha Barbartensis*, etc. Le *Fortalitium* parut d'abord à Strasbourg, s. d. (v. 1471), ensuite à Bâle, s. d. (v. 1475), à Nuremberg, 1485-1487, 1494, à Lyon, 1511 (deux fois), 1525, etc. Alphonse composa aussi quelques recueils de sermons inédits, *Sermones 22 de nomine Jesu*; *De eccellentia fidei* et peut-être un *Tractatus de fortuna*.

Wadding, *Annales minorum*, Rome, 1735, t. XII, p. 144, 446; t. XIV, p. 523; *Scriptores ord. min.*, Rome, 1650, p. 14; 1806, p. 10; 1906, p. 14. — Sbaralea, *Suppl. ad script. ord. min.*, Rome, 1806, p. 27-28; 1908, t. I, p. 29 sq. — Nic. Antonio, *Bibl. Hisp. vetus*, Madrid, 1788, t. II, p. 279-280. — *Dict. de théol.*, t. I, col. 921. — Ul. Chevalier, *Rép. bio-bibl.*, 2ᵉ édit., t. I, col. 169.

M. BIHL.

114. ALPHONSE DE TORO (TAURO), franciscain qu'Urbain V nomma, le 2 juin 1362, évêque de Fermo, dans la Marche d'Ancône, mais le 1ᵉʳ juillet 1370, il le transféra sur le siège d'Astorga en Espagne. Il y mourut avant le 29 octobre 1392.

Eubel, *Hier. cathol.*, t. I, p. 116, 259; *Bullar. francisc.*, Rome, 1902, t. VI, n. 850, 1093. — Wadding, *Annales min.*, Rome, 1733, t. VIII, p. 166, 231.

M. BIHL.

115. ALPHONSE DE LA TORRE, originaire de Marchena, prit l'habit franciscain dans la province d'Andalousie, où il s'acquit la réputation de prédicateur et de théologien. Il passa aux Indes, devint custode des couvents du Tucuman et du Paraguay avant leur réunion en province. La relation envoyée au chapitre général de Tolède en 1633 lui attribue d'éclatants miracles et estime à plusieurs milliers le nombre des Indiens qu'il convertit. Il mourut à Santiago del Estero, capitale du Tucuman, non pas en 1623, comme le dit Gaspard de la Fuente dans l'histoire du chapitre de Tolède, mais la nuit du jeudi saint de 1614. Son corps, resté trois jours exposé, guérit des infirmes, et son habit fut lacéré par la foule pour avoir des reliques.

Diego de Cordova, *Chronica de la santissima provincia de los doce apostoles del Peru*, Lima, 1651, l. I, p. 149, 150; l. III, p. 288.

ANTOINE de Sérent.

116. ALPHONSE DE TORRÉS, frère mineur de la province de Grenade, lecteur émérite, ce qui suppose un enseignement d'une douzaine d'années, composa une *Chronica de la santa Provincia de Granada de la regular observancia de N. S. P. San Francisco*, Madrid, 1683, in-fol. L'année précédente, au chapitre général réuni à Tolède, il avait prononcé un discours sur saint Jean devant la Porte Latine, imprimé à Madrid, in-4º.

Joannes de Sancto Antonio, *Bibliotheca franciscana*, Madrid, 1732, t. I, p. 52. — Sbaralea, *Supplem. ad scriptores minorum*, Rome, 1908, p. 30. — Marcellino da Civezza, *Saggio di bibliografia sanfrancescana*, Prato, 1879, p. 596.

ANTOINE de Sérent.

117. ALPHONSE TOSTAT. Voir TOSTAT (Alphonse).

118. ALPHONSE DE TOULOUSE. Alphonse Jourdain, comte de Toulouse et de Saint-Gilles (1103-1148), était fils de Raimond IV et d'Elvire, infante de Castille, et sa vie témoigne des relations étroites que la première croisade avait établies entre la féodalité française et la Terre Sainte. Il naquit au Château-Pèlerin, que son père avait bâti non loin de Tripoli de Syrie, après la conquête de ce comté. Il reçut le nom de son aïeul le roi Alphonse VI de Castille, et le surnom de Jourdain, parce qu'il fut baptisé avec l'eau du fleuve de ce nom. Le comte Guillaume de Montpellier le ramena en France en 1107, où il fut investi de son apanage, le comté de Rouergue. Après la mort de son frère aîné Bertrand, en 1112, il fut mis en possession du Toulousain et du Narbonnais, mais ces fiefs lui furent disputés par son suzerain Guillaume IX de Poitiers, duc d'Aquitaine, qui s'empara même de Toulouse (1114). Il se retira auprès du comte de Provence, dont il était d'ailleurs un des héritiers, et le partage de 1125 lui assura le marquisat de Provence, c'est-à-dire Avignon, le Comtat-Venaissin et la partie nord du comté entre la Durance et l'Isère. Il était déjà reconnu à Toulouse en 1120, par les habitants de la région, soulevés contre Guillaume IX, et resta seul maître du pays à partir de 1123. Il fut dès lors le seigneur le plus puissant du Midi. Il gouverna sagement et fut populaire; son nom est resté comme un souvenir impérissable dans la reconnaissance des peuples, qui l'invoquaient chaque fois qu'ils réclamaient une amélioration, une liberté, la répression d'un abus. Il accorda notamment de nombreux privilèges à la ville de Toulouse, et c'est sous son administration qu'on voit apparaître les *capitouls* ou consuls de cette cité.

Tout autre fut l'attitude d'Alphonse à l'égard de l'Église et du clergé; il eut même avec eux de perpétuelles hostilités, ce qui caractérise bien les rapports des deux féodalités, laïque et ecclésiastique, surtout dans le midi de la France, où l'une et l'autre se montraient plus entreprenantes. Les moines de la grande abbaye de Saint-Gilles (Gard), que ses ancêtres avaient comblée de bienfaits, avaient néanmoins pris parti pour Guillaume de Poitiers, du moins admis dans les murs de leur ville une de ses garnisons. Alphonse s'en vengea, non seulement en s'emparant de la place et en confisquant les biens du monastère, sur quoi il reçut un avertissement sévère du pape Calixte II, avec menace d'excommunication (Jaffé-Wattenbach, n. 6913-6917, 21-22 juin 1121), mais en les chassant de leur monastère, ce qui lui valut une excommunication répétée avec interdit (*ibid.*, 7125-7128), le 22 avril 1122 ou 1123. Alphonse ne se soumit pas, et il semble s'être appuyé, en unissant sa cause à la sienne, sur le dauphin du Viennois, Gui d'Albon, qui persécutait aussi les moines de Saint-Barnard de Romans. Innocent II envoya contre eux, comme légat, l'archevêque de Rouen, Hugues, le 31 août 1135. *Ibid.*, 7726.

Le conflit s'apaisa à la longue, et les moines rentrèrent dans leurs droits et propriétés, mais Alphonse en souleva d'autres, qui provoquèrent de nouvelles interventions de Rome. Il soutint les habitants de Montpellier révoltés contre leur comte Guillaume (1142). Or le pape Innocent II venait de prendre celui-ci et ses territoires sous la protection de l'Église romaine. *Ibid.*, 7559, 24 mars 1132. Il fit menacer Alphonse d'excommunication, s'il ne se désistait de son entreprise, le 3 mars 1142. *Ibid.*, 8203. Que les évêques de la région aient fulminé la sentence ou non, elle n'eut bientôt plus d'objet, car en décembre 1143 les Montpelliérois se soumettaient à leur seigneur. *Ibid.*, 8458.

Enfin la fondation de Montauban fut l'occasion d'une nouvelle lutte du comte de Toulouse avec l'Église. Pour attirer les habitants de Montauriol, bourg voisin qui dépendait de l'abbaye de Saint-Théodard, autour du château qu'il venait de fonder sur l'emplacement actuel de cette ville, Alphonse leur céda deux alleux parmi les terres qu'il venait de transmettre aux moines en octobre 1244, au confluent du Tarn et de l'Aveyron. C'était léser deux fois les intérêts du couvent. Selon quelques historiens, il aurait même chassé les religieux du monastère. En tout cas, le 23 juin 1145, le pape Eugène III chargeait l'archevêque de Narbonne et l'évêque de Toulouse de prévenir le comte que ses injustices envers l'abbaye pourraient lui attirer l'interdit. Jaffé, n. 8772. Le pape alla-t-il jusqu'à l'excommunication, c'est possible, car la réparation ne vint qu'en juillet 1147, lorsque Alphonse, au moment de partir pour la croisade, céda à l'abbé la moitié de la seigneurie de Montauban et Villemade, avec les églises que renfermaient ces deux bourgs, et cela par un codicille de son testament.

Cette attitude tracassière révélait bien dans Alphonse l'ancêtre des seigneurs que les Français du Nord devaient si rudement châtier au siècle suivant. Il ne manqua pas d'ailleurs de faire pénitence selon les pieuses traditions du temps et finit ses jours où il avait pris naissance. Quand saint Bernard eut prêché la seconde croisade en Bourgogne et en France, il vint dans le Midi, se trouva à Albi en juin 1147 et probablement poussa jusqu'à Toulouse, où il décida le comte, qu'il avait déjà préparé par une de ces lettres circulaires qu'il expédiait alors à travers la chrétienté, à prendre la croix en expiation de ses péchés. Après avoir arrêté ses dernières dispositions, celui-ci s'embarqua au port de Bouc en Provence au mois d'août. Mais il ne parvint en Palestine qu'en avril de l'année suivante, sans qu'on sache où sa flotte s'était arrêtée dans l'intervalle, évidemment pour attendre la fin de la mauvaise saison. Il débarqua à Saint-Jean-d'Acre, mais mourut peu après à Césarée, sans avoir pris part aux opérations de la croisade (14 avril 1148).

Devic-Vaissete, *Histoire générale de Languedoc*, éd. Privat, t. IV, p. 217-224; t. V, col. 845 sq., 906, 907. — H. de Crazanne, *Toulouse sous Alphonse Jourdain*, dans Mémoires de la Société archéologique du Midi, Toulouse, 1875-1880, t. XI, p. 135-151. — A. Coujet, *Satisfactions données aux abbayes dépouillées par le comte de Toulouse*, dans Bulletin archéologique de Tarn-et-Garonne, Montauban, 1870, t. I, p. 195-197. — Roschach, *Étude sur les relations diplomatiques des comtes de Toulouse avec la république de Gênes, 1101-1173*, dans Mémoires de l'Académie des sciences, lettres et arts de Toulouse, Toulouse, 1867, t. V, p. 59-61. — Jaffé-Wattenbach, *Regesta pontificum*, n. 6913-8772, passim. — U. Chevalier, *Répertoire... Bio-bibliographie*, t. I, col. 169. — A. Richard, *Histoire des comtes de Poitou*, Paris, 1903, t. I, p. 466 sq., 430, 435, 486 sq.

P. RICHARD.

119. ALPHONSE URBANI, missionnaire au Mexique. Né à Mondejar au royaume de Tolède, il entra chez les franciscains de la province de Castille, au couvent de Saint-Jean des Rois à Tolède. Après ses études de théologie, il passa au Mexique, où il s'acquit la réputation de grand prédicateur. Il parlait en moyenne trois fois par jour, tantôt en espagnol, tantôt en mexicain ou dans l'idiome otomique. Il fut trois ou quatre fois définiteur de la province du Saint-Évangile, gardien des principaux couvents, entre autres de Tetzcuco, Tulantzinco, los Angeles, Mexico, Tulla, etc. Pendant son gardiennat de Tetzcuco, il voulut suivre les Pères déchaussés qui passaient pour aller en Chine et prendre leur habit, mais le provincial, Domingo de Areiçaga, s'y opposa pour ne pas perdre un religieux qui connaissait si bien les langues. Dans la peste qui désola Tulantzinco, en 1577, il fit preuve d'un dévouement héroïque en soignant les malades et en leur administrant les sacrements. Il mourut en septembre 1591, au couvent de Tulla, où il résida sur la fin de sa vie.

J. de Torquemada, *Monarchia indiana*, Madrid, 1723, t. III, p. 569-573. — Wadding-Melchiorri, *Annales minorum*, t. XXIII, p. 27.

ANTOINE de SÉRENT.

120. ALPHONSE DE VALENCE, évêque espagnol. Nommé au siège de Zamora en 1355, il bâtit dans sa cathédrale la chapelle de Saint-Bernard; il y fit élever un magnifique sépulcre, où il fut enterré et sur l'épitaphe duquel on lit que le défunt était le petit-fils de l'infant don Juan et l'arrière-petit-fils du roi Sancho de Castille. Les documents qui font mention de ce prélat, et qui se conservent dans la cathédrale de Zamora, s'arrêtent à l'année 1367.

Davila, *Teatro eclesiastico*, t. II, p. 381, 404. — Cesare Fernandez Duro, *Coleccion bibliográfico-biográfica... de Zamora*, p. 545; *Memorias históricas de la ciudad de Zamora*, Madrid, 1891, t. I, p. 565.

P. SICART.

121. ALPHONSE DE VALLADOLID. Voir ALPHONSE ABNER, col. 696.

122. ALPHONSE DE LA VALLE, bienheureux de l'ordre de Saint-Augustin, dont le culte n'a pas été approuvé par l'Église. Il fut martyrisé par les Maures à Ecija en Andalousie, avec treize de ses compagnons, l'an 1368.

Herrera, *Alphabetum augustinianum*, Madrid, 1644, t. I, p. 22. — Elssius, *Encomiasticon augustinianum*, Bruxelles, 1654, p. 38. — Arpe, *Giornale dei santi e beati agostiniani*, Gênes, 1721, t. II, p. 382-383. — Lanteri, *Postrema saeculi sex religionis augustinianae*, Tolentino, 1859, t. II, p. 388.

A. PALMIERI.

123. ALPHONSE DE VARGAS, célèbre théologien de l'ordre de Saint-Augustin. Il naquit à Tolède, de l'illustre famille des Vargas. Après avoir conquis le diplôme de docteur à l'université de Paris, pendant dix ans, à partir de 1345, il y expliqua le Maître des Sentences. De retour dans sa patrie, il fut nommé évêque d'Osma, et accompagna le cardinal Gil Albornoz, qui avait été chargé par Innocent VI de rétablir l'ordre dans l'État pontifical et de ramener les villes rebelles à l'obéissance du Saint-Siège. Alphonse aida de son expérience juridique et militaire l'énergique cardinal, et se distingua par sa bravoure dans la prise de Faenza. Par sa science et ses mérites, à son retour d'Italie, il fut élevé au siège archiépiscopal de Séville, et travailla avec ardeur à la conversion des mahométans. Il mourut en odeur de sainteté le 26 décembre 1366. Les historiens de l'ordre lui donnent le titre de vénérable. On a de lui : *Lectura super primum sententiarum subtilissimi theologorum monarchae Alphonsi Toletani, qui legit Parisiis 1345*, Venise, 1490; *Quaestiones super libris de anima*, Florence, 1477; Venise, 1566; Vicence, 1608; Rome, 1609; *Liber de potentiis animae*, mentionné par le P. Ambroise de Cora dans sa *Chronique de l'ordre de Saint-Augustin*; *Super secundum, tertium et quartum Sententiarum*, mentionné par Possevino et Ange Rocca.

Panfilo, *Chronica ordinis fratrum eremitarum S. Augustini*, Rome, 1581, p. 54. — Roman, *Chronica de la orden de los ermitaños del glorioso Padre Santo Augustin*, Salamanque, 1619, p. 62. — Torelli, *Secoli agostiniani*, Bologne, 1680, t. VI, p. 85-86. — Gandolfo, *De ducentis celeberrimis augustinensis scriptoribus*. Rome, 1704, p. 47-48. — Trithème, *De scriptoribus ecclesiasticis*, dans Fabricius, *Bibliotheca ecclesiastica*, Hambourg, 1718, p. 145. — Ximeno. *Escritores del reyno de Valencia chronologicamente ordenados*, Valence, 1747. t. I, p. 10-11. — Fabricius-Mansi. *Bibliotheca latina*, Padoue, 1751, t. I, p. 73. — Ossinger. *Bibliotheca augustiniana*, p. 913-914. — Corvalan, *Descripcion historica del obispado de Osma*, Madrid, 1788, t. I, p. 299-303. — Antonio, *Bibliotheca Hispana vetus*, Madrid, 1788, t. II, p. 170. — Lanteri, *Postrema saecula sex religionis augustinianae*, Tolentino, 1858, t. I, p. 225-227; *Eremus sacra augustiniana*. Rome, 1875, t. II, p. 90-91.

A. PALMIERI.

124. ALPHONSE DE VARGAS, né à Cordoue, chanoine de la cathédrale, évêque d'Avila, puis de Cordoue (1372). Salazar, dans son *Hispano Mart.*, jan. 24, fol. 81, affirme qu'il fut promu à Carthagène vers 1360. En réalité les recherches du P. Eubel aux archives du Vatican permettent de distinguer deux, et même trois évêques du nom d'Alphonse. Un premier, archidiacre de Ledesma à la cathédrale de Carthagène et sous-diacre, fut nommé évêque par Clément VI, le 24 juillet 1349, et transféré à Avila par Innocent VI le 4 août 1361. Celui-ci étant mort vers 1370, fut remplacé, le 21 février 1371, par Alphonse, archidiacre de Tolède, qui serait Vargas, puisque le même pape Grégoire XI le transféra à Cordoue, le 11 novembre 1372. Un troisième Alphonse, archidiacre de Tolède, lui aussi, qui reçut, le 3 du même mois, des bulles de nomination au même évêché d'Avila, serait sans doute un parent de Vargas, qui lui aurait succédé successivement à l'archidiaconé, puis à l'évêché. Eubel, *Hierarchia catholica*, t. I, p. 65.

Les guerres qui désolèrent l'Espagne au XIVᵉ siècle avaient provoqué du relâchement dans la discipline ecclésiastique; Vargas s'efforça de remédier à ce mal, en réformant la partie du clergé de Cordoue placée sous son autorité immédiate, les membres du chapitre. Ceux-ci avaient perdu l'habitude de chanter en commun l'office divin. Pour les encourager à reprendre les pieuses traditions, l'évêque arrêta, le 8 octobre 1373, que les revenus de certaines prébendes, ainsi que les ressources des paroisses, que la guerre avait forcé d'abandonner, seraient distribués quotidiennement entre les chanoines qui se rendraient au chœur. Le 22 mars 1375, il augmenta le montant de ces indemnités de présence; il fixa les conditions et les obligations qu'il fallait remplir pour en bénéficier et les fonctions où devaient se faire les distributions. Enfin, il établit des règles de régime intérieur du chœur, qui subsistaient encore à la fin du XVIIIᵉ siècle.

En 1374, l'archidiacre de Cordoue avait péri de mort violente. Le doyen Anton Martin, dont la participation à cet événement fut établie, se justifia en avouant qu'il avait obéi aux ordres du roi Henri II. Ce dernier, furieux de se voir découvert, fit mettre à mort le doyen. Sur la plainte de l'évêque et du chapitre, le pape Grégoire XI obligea le roi à faire dire, tous les jours, dans la cathédrale, une messe expiatoire. L'évêque prescrivit, en outre, la célébration annuelle d'un service funèbre pour le repos de l'âme des deux victimes.

Alphonse de Vargas mourut en 1378, et fut enterré dans sa cathédrale.

Bernardo Alderete, *Relacion histórica de los obispos de Córdoba*, ms. DD. 86 de la bibl. nationale de Madrid, fol. 228-230. — Josef Antonio Moreno, *Antiguedad y grandezas... de Cordoba*, ms. de l'Académie d'histoire : gr. 2, n. 1879, p. 267-269, 275-276. — Gil González Dávila, *Teatro eclesiastico*, t. I, p. 312. — Juan Gomez Bravo, *Catalogo de los obispos de Cordoba*, Cordoue, 1778, t. I, p. 313-315. — Bartolome Sanchez de Feria y Morales, *Palestra sagrada*, Cordoue, 1782, t. IV, p. 417-418. — Eubel, *Hierarchia catholica*, t. I, p. 65, 174, 217.

P. SICART.

125. ALPHONSE DE VERA-CRUZ, religieux augustin, né à Caspueñas, diocèse de Tolède, l'an 1504. De son nom de famille il s'appelait Gutierrez. Il étudia à l'université de Salamanque, et en 1535 accompagna, étant encore laïc, le P. François de la Croix, qui se rendait au Mexique avec plusieurs de ses confrères. Il embrassa la vie religieuse à Vera-Cruz, et passa au Mexique, où il prononça ses vœux le 20 juin 1537. En 1540, les augustins fondèrent la première maison d'études à Michoacán, province de Tiripitio, et le P. Alphonse y fut appelé à l'enseignement de la théologie. En 1542, Mgr Vasco de Quiroga, évêque de Michoacán, se mit en route pour assister au concile de Trente et confia l'administration de son diocèse au P. Alphonse. La même année, celui-ci refusa le siège épiscopal de Nicaragua. En 1545, il fut nommé prieur de Tacambaro et, peu après, lecteur de théologie à la maison d'études d'Atotonilco. Élu provincial en 1548, il travailla à répandre sa famille religieuse et fonda les couvents de Cuitzeo, Yurirapundaro, Cupandaro, Charoi et Guayangareo. En 1553, il fut appelé à la chaire d'Écriture sainte et de théologie scholastique à l'université de Mexico qu'on venait de fonder. Il fut confirmé deux autres fois dans la charge de provincial. En 1562, avec les P. François de Bustamante, franciscain, Pierre de Peña, dominicain, et Augustin de Coruña, augustin, il se rendit en Espagne, pour défendre à la cour les privilèges des ordres mendiants, menacés à la fois par le clergé séculier et l'administration civile. Leur mission était difficile, surtout après les décrets du concile de Trente, qui supprimaient plusieurs de ces privilèges. Le P. Alphonse toutefois défendit les intérêts des religieux avec tant d'énergie que Philippe II, roi d'Espagne, obtenait de saint Pie V le bref du 24 mars 1567, en vertu duquel les religieux des Indes Orientales gardaient leurs anciennes prérogatives. *Bullarium diplomatum et privilegiorum sanctorum romanorum pontificum*, Turin, 1862, t. VII, p. 558-560. Pendant son séjour en Espagne, on lui offrit le siège épiscopal de Michoacán, et la charge de commissaire général de son ordre au Mexique, Pérou et Philippines. Il refusa ces dignités. Nommé prieur du couvent de Madrid, et visiteur de la province de Castille, il retourna au Mexique en 1572, et fut nommé vicaire général. En 1575, il fut nommé provincial pour la quatrième fois, et fonda le collège augustin de Saint-Paul, qu'il enrichit d'une bibliothèque, et organisa admirablement. Il fonda aussi les bibliothèques des couvents de Mexico, Tiripitio, et Tacambaro. Il défendit les religieux des îles Philippines contre les empiétements de l'évêque de Manille, Dominique de Salazar. Sa mort eut lieu au mois de juin 1584. A une grande vertu, le P. Alphonse ajoutait une connaissance approfondie de la théologie et du droit canon. Voici la liste de ses écrits. *Recognitio summularum*, Mexique, 1554; Salamanque, 1569, 1573, 1593; *Dialectica resolutio cum textu Aristotelis*, Mexique, 1554; Salamanque, 1569, 1573; *Speculum conjugiorum* : accessit in fine compendium breve privilegiorum praecipue concessorum ministris S. Evangelii huius Novi orbis, Mexique, 1556; Salamanque, 1562, 1572; *Physica speculatio*; accessit complementum Spherae Compani ad complementum tractatus de caelo, Mexique, 1557; Salamanque, 1569; *Constitutiones religiosissimi collegii divi apostoli Pauli ex ordine S. Patris nostri Augustini*, inédit; *Avisos a los estudiantes de teologia*, inédit; *Compendium privilegiorum regularium*, inédit; *Expositio privilegii Leonis X in favorem religiosorum in Indiis existentium*; *Declaratio Clementinae Religios. de privilegiis*; *Commentarium in secundum Magistri Sententiarum librum*; *Commentaria in epistolas S. Pauli in universitate Mexica*; *Relectio de libris canonicis super illud Pauli II ad Titum* : Omnis Scriptura divinitus inspirata utilis est ad docendum; *Relectio de dominio infidelium et justo bello*; *Apologia pro religiosis commorantibus et evangelizantibus verbum Dei in partibus Maris Oceani*; *Respuesta al Sr. D. Juan de Salcedo, canonigo de México, sobre si los provinciales de Indias pueden dispensar la edad en sus fraciles para ser ordenados presbiteros*; *Carta al Illmo Sr. D. Fr. Domingo de Salazar, obispo de Manila*, publiée par le P. Jean-François de Saint-Antoine, dans la Iʳᵉ partie des *Chronicas de la apostolica provincia de S. Gregorio de religiosos descalzos de N. S. P. San Francisco en las Islas Filipinas*, Manille, 1738, et par Beaumont, *Cronica de la provincia de los Santos Apostoles S. Pedro y S. Pablo de Michoacan*, Mexique, 1874. Trois lettres du P. Alphonse de Vera-Cruz ont paru dans les *Cartas de Indias, publicadas por primera vez al ministerio de Fomento*, Madrid, 1877, p. 88-89, 141-146.

Panfilo, *Chronica ordinis fratrum eremitarum S. Augustini*, Rome, 1581, p. 116, 119, 120, 130. Par erreur Panfilo considère Alphonse de Vera-Cruz comme un personnage distinct d'Alphonse Guttierez. Cette erreur a été aussi commise par Ossinger, *Bibliotheca augustiniana*, Ingolstadt, 1768, p. 279, 421-425. — Elssius, *Encomiasticon augustinianum*, Bruxelles, 1654, p. 39-40. — Herrera, *Alphabetum augustinianum*, Madrid, 1644, t. I, p. 23-24. — Joseph de Saint-Antoine, *Flos sanctorum augustinianorum*, Lisbonne, 1726, t. III, p. 230-231. — Arpe, *Giornale dei santi e beati agostiniani*, Gênes, 1722, t. II, p. 35-37. — Antonio, *Bibliotheca Hispana nova*, Madrid, 1783, t. I, p. 53-54. — Icazbalceta, *Bibliografia mexicana del siglo XVI*, Mexique, 1886, t. I, p. 44-47, 67-68, 76, 87.

A. Palmieri.

126. ALPHONSE DE VILLASANCTA, théologien espagnol. Il s'attacha pendant quelque temps aux frères mineurs de l'observance, puis passa à la communauté de l'ordre, prêta obédience au général Raynald Graziani, en 1509, à *Vallemoti*. Il alla étudier à Paris ; une lettre qu'il adressa à Charles-Quint nous apprend qu'il y séjournait encore en 1518. En 1526, il fut nommé évêque titulaire de Gabala et coadjuteur de son confrère Henri Standisch, évêque de Saint-Asaph en Angleterre.

Il publia *Gulielmi Rubionis commentaria in IV lib. Sentent.*, Paris, 1518. On lui doit un traité du libre arbitre contre Mélanchthon, écrit en 1524.

Wadding, *Annales minorum*, t. XVI, p. 236. — Sbaralea, *Supplem. ad scriptores minorum*, Rome, 1908, p. 30.

Antoine de Sérent.

127. ALPHONSE DE ZAMORA, chanoine de Zamora et chantre du pape Eugène IV. Il mourut à Rome, le 5 août 1445, et fut inhumé dans l'église de Saint-Eustache ; sur la pierre tombale est gravé son portrait en costume ecclésiastique, avec cette inscription : *S. Alfonsi de Zamora, cantoris D. N. Eugenii P. P. IIII, Zamoren ac Saegobien ecclesiar. canonici. Obiit A. D. M. CCCC XLV.*

Cesareo Fernandez Duro, *Coleccion bibliográfica-biográfica ...de Zamora*, Madrid, 1891, p. 566.

P. Sicart.

128. ALPHONSE DE ZAMORA, savant rabbin espagnol qui se convertit à la foi catholique en 1501 et mourut en 1531. Il fut le premier professeur d'hébreu de l'université de Salamanque. Le cardinal Ximénès le chargea de la correction du texte hébreu de sa Bible polyglotte. Alphonse est l'auteur du sixième volume de cette Bible et on lui doit aussi d'autres ouvrages sur l'Écriture sainte.

Antonio, *Bibl. Hispana nova*, t. I, p. 56-57. — Hurter, *Nomenclator literarius totius theolog'ae*, Innsbrück, 1903, t. II, col. 1134. — *Dictionnaire de la Bible*, t. I, col. 420.

U. Rouziès.

ALPINAC (Antoine d'), *Alpiniato, Alpiniaco, Appiniaco*, originaire de Mont-Bonnot (Isère), fut prieur de Saint-Laurent de Grenoble, protonotaire apostolique, doyen de la cathédrale de Grenoble dès 1484 et en même temps évêque d'Aire (*Adurensis*) en Gascogne ; sa nomination à ce siège remonterait, d'après la *Schedae* de Garampi, au 29 juillet 1491. Eubel, *Hierarchia catholica medii aevi*, Munster, 1901, t. II, p. 91. On ne saurait douter que les deux Antoine mentionnés dans le *Gallia christiana nova*, t. I, col. 1164-1165, ne soient le même personnage, à qui Bernard III d'Abadie et Bernard IV d'Amboise disputèrent le siège d'Aire. Le dimanche 10 décembre 1497, Antoine d'Alpinac fut le porte-parole des consuls de Grenoble à la réception du gouverneur de Dauphiné Jean de Foix. U. Chevalier, *Mystère des Trois Doms*, 1887, p. 687-688. Il mourut en 1516, d'après le *Gallia christiana vetus*.

U. Chevalier.

ALPINIEN (Saint) vécut au IIIe siècle. et fut, ainsi que saint Austriclinien, compagnon et auxiliaire de saint Martial. Ce dernier, suivant Grégoire de Tours, fut envoyé par le pape (peut-être saint Fabien) pour évangéliser les Gaules, et devint le premier évêque de Limoges. On prétend que le corps de saint Alpinien fut transféré, au IXe siècle, dans un monastère de Ruffec (aujourd'hui dans le département de l'Indre), et de là, en 1175, à Castelsarrasin, en Languedoc. On célèbre sa fête le 27 avril.

Gregor. Turon., *De gloria confessorum*, XXVII, P. L., t. LXXI, col. 849. — *Acta sanctor.*, 1675, april. t. III, p. 489.

A. Regnier.

1. ALPINUS (Saint), *Albinus, Alpin*, évêque de Lyon, succéda à saint Just, et mourut le 15 septembre d'une année impossible à déterminer, autour de 400. On ne sait rien de sûr à son sujet. Il passe pour avoir érigé l'église de Saint-Étienne, et l'on croit que son tombeau se trouvait en l'église des Machabées, devenue plus tard l'église Saint-Just. Ce dernier fait est d'ailleurs très probable, puisque saint Just et bon nombre de ses successeurs eurent en effet leur sépulture dans cet endroit.

Acta sanctor., 1755, sept. t. V, p. 44. — Colombet, *Les saints du diocèse de Lyon*, 1835, p. 87. — Duchesne, *Fastes épiscopaux*, 1900, t. II, p. 162-163.

M. Besson.

2. ALPINUS ou **ALBINUS** (Saint), évêque de Châlons-sur-Marne, au Ve siècle, est connu surtout par deux Vies assez postérieures, remplies de détails légendaires, que les bollandistes ont publiées, à la date du 7 septembre (voir ci-dessous), où l'on célèbre sa fête à Châlons. La littérature hagiographique le range parmi les évêques qui auraient arrêté Attila, saint Loup de Troyes, saint Aignan d'Orléans (cf. ci-dessus, t. I, col. 1110-1111), etc., et préservé leur troupeau des dévastations hunniques. En réalité, les seuls renseignements certains que nous possédions sur ce personnage se trouvent dans la Vie du même saint Loup de Troyes, à peu près contemporaine et d'autorité incontestable, que les bollandistes ont aussi éditée le 29 juillet. Elle le range parmi les trois disciples les plus signalés de l'évêque, avec la mention : *Sanctum quoque Alpinum, Cathalaunicae pontificem civitatis, resplendentem praerogativa diutinae sanitatis* (*sanctitatis*) *locis plurimis, non silendum esse quam saepe daemonum purgator exstitit*. On sait que saint Loup administra son diocèse de 427 à 470. D'un autre côté, parmi les évêques qui souscrivirent les actes du concile tenu à Tours par l'évêque Perpetuus en 461, figure la signature d'*Amantinus Catalaunensis*, et on admet généralement, avec le texte ci-dessus, qu'Alpinus vécut longtemps. Il aurait donc succédé au précédent vers 465, et serait mort, après quarante-sept ans d'épiscopat, dans le premier quart du VIe siècle. Tout ce qu'on raconte de lui par ailleurs, sa lutte contre Attila et son voyage en Grande-Bretagne, où il aurait accompagné son maître allant combattre Pélage, n'est plus aussi sûr à admettre. Son culte n'est établi que dans les martyrologes postérieurs, celui de Paris et les dernières éditions d'Usuard avec notes. Ses reliques furent reconnues au IXe siècle, vers 860, par l'évêque Erchenrad.

Acta sanctor., septembr. t. III, p. 82-91; julii t. VII, p. 67-68, 81-93. — *Gallia christiana*, t. IX, col. 861. — *Congrès archéologique de France*, 1856, p. 63-64.

P. Richard.

3. ALPINUS, évêque de Dumblane (Écosse). De famille noble et chanoine de Dumblane, Alpinus en fut consacré évêque en octobre 1296, par Mathieu, cardinal-évêque de Porto. Il mourut en 1300.

Jos. Stevenson, *Documents illustrative of the history of Scotland, 1256-1300*, Édimbourg, 1870, t. II, p. 115-118. — J. Dowden, *The bishops of Scotland*, éd. J. M. Thomson, Glasgow, 1912. — Eubel, *Hierarchia med. aevi*, t. 1, p. 238.

A. TAYLOR.

ALPIRSBACH, abbaye bénédictine, située en Wurtemberg et dans l'ancien diocèse de Constance, fondée d'un commun accord par trois nobles, Ruotmann de Hausen, Adalbert de Zollern et Alwik de Sulz. La charte d'érection porte les deux dates du 16 janvier 1095 et du 29 août 1098; la fondation fut approuvée par le pape Pascal II, le 12 avril 1101, et par l'empereur Henri V, le 23 janvier 1123. Le premier abbé, Cunon ou Conrad, lui vint de la grande abbaye de Saint-Blaise. Sous son gouvernement, furent jetés les fondements de la belle église conservée jusqu'à nos jours. Le 28 août 1099, eut lieu la première consécration de cette église, qui fut dédiée à la Trinité, la sainte Croix, la sainte Vierge, saint Benoît et tous les Saints. La nouvelle abbaye prit un rapide essor et agrandit peu à peu ses possessions. Dès le XIVe siècle, avec Schenk de Schenkenberg, commence la série des abbés de naissance noble. En 1341, le prévôt de Kniebis et tout son couvent déclarèrent avoir accepté de plein gré la règle de saint Benoît et se placèrent sous la juridiction et direction d'Alpirsbach. C'est là le seul prieuré qui ait été rattaché à cette abbaye, à laquelle il resta soumis jusqu'à sa suppression, au temps de la Réforme. Au concile de Constance, l'abbaye fut représentée par Hugues de Leinstetten, qui présida le septième chapitre provincial bénédictin tenu à l'abbaye du Michelsberg à Bamberg (Bavière), le 10 avril 1429. C'est l'abbé Hugues aussi qui fit terminer et qui sanctionna le livre des avoués, le *Vogtbuch*, commencé par son prédécesseur. Une commission, instituée par le comte Eberhard de Wurtemberg, enjoignit, le 23 juillet 1451, à l'abbé Volmar de procéder à la réforme de son monastère en se conformant aux ordonnances de l'abbé d'Hirschau, Wolfram. Volmar et ses moines refusèrent de se soumettre à ces ordonnances. La commission n'hésita pas à déclarer l'abbé déchu de sa dignité (30 décembre 1451), et à dissoudre pour cinq ans le monastère, dans lequel une réforme était devenue bien urgente. L'abbé déposé recourut alors à l'évêque de Constance et parvint encore à se maintenir quelque temps. Ce n'est qu'en 1455 (avant le 2 juillet) qu'il résigna ses fonctions. La paix ne fut pas cependant rétablie dans le monastère. Le prédécesseur de Volmar, Conrad Schenk de Schenkenberg, qui avait donné sa démission en 1450, semble avoir repris pour quelque temps les fonctions abbatiales; c'est en effet à lui que l'empereur Frédéric III confirma, le 11 août 1456, les privilèges de l'abbaye. Ce n'est qu'en 1468 que la réforme d'Hirschau, dite aussi réforme de Bursfeld, fut acceptée officiellement par les religieux. Dès 1459, Pie II avait accordé à André de Neuneck et à ses successeurs l'usage de la crosse et de la mitre. Le successeur d'André, élu par le parti zélé, ami de la réforme, rencontra tant de difficultés qu'il abdiqua quelques mois après son élection. L'abbé Hulzing parvint à mener à bonne fin la réforme nécessaire et inaugura pour l'abbaye une nouvelle ère de prospérité matérielle et spirituelle. Malheureusement la Réformation allait bientôt mettre un terme, vers la fin du même siècle, à cette prospérité. Les idées nouvelles ne tardèrent pas à s'infiltrer parmi les religieux. L'un d'eux, Ambroise Blarer (voir ce nom), prieur, profita de sa position pour propager l'hérésie. En 1528, il quitta l'habit religieux et devint un des apôtres du protestantisme dans l'Allemagne du Sud. Cf. Pressel, *A. Blarer*, Elberfeld, 1861. En 1525, éclata la guerre des paysans dans laquelle l'abbaye eut particulièrement à souffrir. L'église fut saccagée, et des broderies précieuses qui l'ornaient furent déchirées ou brûlées. En 1534, le duc Ulric de Wurtemberg envoya des prédicants luthériens dans l'abbaye, avec charge pour l'abbé de les nourrir et entretenir. L'abbé Hamma refusa de se soumettre à un pareil ordre, mais quand il vit le monastère occupé militairement (le 27 octobre 1535), il se résigna à obéir aux ordres du duc, accepta le titre de conseiller ducal ainsi qu'une pension annuelle, et consentit à administrer les biens du monastère sous le contrôle du gouvernement; neuf religieux et deux frères convers acceptèrent aussi des pensions annuelles. Deux autres religieux, Jacques Hohenreuter et Nicolas Hiller, s'enfuirent à Rottweil pour aller de là auprès du tribunal impérial à Spire protester contre les usurpations du duc. L'abbé, quoique lié d'amitié avec Blarer et d'autres protestants, refusa pourtant d'apostasier, mais manqua d'énergie dans la défense de ses droits et devoirs. Après sa mort, les moines restés fidèles élurent comme abbé Jacques Hohenreuter. Celui-ci prit possession de l'abbaye, mais se trouva tout à coup en présence d'un compétiteur, Henri de Jestetten, déjà abbé de Hugshofen (Alsace), Allerheiligen (Bade) et Mariazell (Autriche). Henri montra des lettres d'expectative de Rome, où on lui donnait droit à une abbaye dans la province de Mayence; il sut faire si bien que le roi Ferdinand lui accorda aide et protection et obtint de Rome l'excommunication de Hohenreuter. Ce dernier cependant ne resta pas oisif: l'excommunication fut levée le 7 mai 1549. Hohenreuter, alors maître de la situation, s'appliqua à restaurer le culte catholique dans le domaine de l'abbaye et publia, le 18 janvier 1551, pour ses religieux, un nouveau règlement pour le service du chœur et pour la vie commune. En 1556, le gouvernement ducal installa dans l'abbaye une école avec un directeur protestant et voulut forcer Hohenreuter à enlever les images et tableaux de l'église. Celui-ci résista à cet ordre injuste. Enfin, en 1559, il fut emprisonné et mené à Stuttgart, puis à Maulbronn, d'où il réussit à s'échapper en 1563. En cette même année, le premier abbé luthérien, Balthasar Elenheiz (1563-1577), fut installé dans l'abbaye et le couvent fut transformé en séminaire pour catéchistes luthériens. Ceux-ci, vêtus de longues robes noires, devaient continuer la vie et même les pratiques liturgiques des anciens religieux. En 1629, parut l'*édit de restitution*, d'après lequel cent vingt abbayes ou prévôtés devaient être restituées aux catholiques. Malgré l'appui du duc de Wurtemberg, l'abbé luthérien Zeiter dut s'en aller d'Alpirsbach et les bénédictins rentrèrent dans leur ancienne abbaye. Le P. Caspar Kraus, profès de l'abbaye d'Ochsenhausen, prit possession du couvent comme administrateur le 10 septembre 1630. Kraus, élu peu après comme abbé, eut à subir de nombreuses contrariétés de la part du gouvernement wurtembergeois et payer des contributions exorbitantes, imposées à son couvent par les armées impériales comme par les armées protestantes. Après la victoire des protestants à Leipzig, le 7 septembre 1631, l'abbé dut s'enfuir avec ses religieux et ne put rentrer qu'à la suite des Impériaux après leur victoire de Nordlingen en 1634. Les efforts de l'abbé Kraus, comme ceux de son successeur, A. Kleinhans, se concentrèrent surtout à ramener au culte catholique les localités dépendantes de l'abbaye. Les prédicants se retirèrent tous du territoire, et l'abbaye, pour ne pas trop souffrir de la guerre, se mit pendant quelque temps sous la protection des armes françaises. Une des clauses du traité de Westphalie rendit au duc de Wurtemberg, entre autres, les abbayes de

Bebenhausen, Maulbronn et Alpirsbach. En vain l'abbé F leinhans protesta-t-il contre cette clause; il dut se retirer avec ses religieux, d'abord à Rottweil, puis dans l'abbaye d'Ochsenhausen, où, le 23 février 1658, il fut élu à l'unanimité comme abbé. Les ducs de Wurtemberg mirent de nouveau des pasteurs luthériens à la tête de l'abbaye d'Alpirsbach et de son territoire sous le titre d'abbés, et de 1649 à 1807 il y eut encore dix-neuf abbés. En 1807, l'abbaye fut sécularisée et soumise directement à l'administration de l'État. Depuis ce temps, les vastes bâtiments, datant du xivᵉ et du xvᵉ siècle, sont plus ou moins abandonnés. L'église à trois nefs encore presque entièrement conservée est un beau monument de l'art roman, mais beaucoup de parties ont été renouvelées ou rebâties au xvᵉ siècle en style gothique; à l'intérieur il y a encore des bancs romans en bois tourné, les stalles du chœur sont en style gothique. A l'abbaye appartinrent jusqu'en 1807, avec pleine souveraineté (basse et haute justice, collation des bénéfices ecclésiastiques, impôts, dîmes, services, etc.), vingt-huit villages, hameaux ou métairies; elle avait souveraineté indirecte (basse justice, police, etc.) sur dix métairies et hameaux. Elle possédait le droit de chasse dans les grandes forêts de son domaine et le droit de pêche dans treize étangs et petits lacs, avait quinze moulins à farine, six scieries et le droit des dîmes dans une quinzaine de villages. Comme redevance elle devait payer à la curie romaine, chaque année, un byzantin (à peu près 12 florins ou 25 fr.) et à l'élection de chaque abbé 300 florins. Là où elle avait des possessions sans domaine direct, l'abbaye avait à payer les impôts ou dîmes, tout comme les autres propriétaires.

LISTE DES ABBÉS (d'après Glatz, *Geschichte des Klosters Alpirsbach auf dem Schwarzwald*, Strasbourg, 1877). — Cuno Iᵉʳ ou Conrad, 1098-1114 († 25 déc.). — Conrad (Cuno) II, 1114-1127. — Berthold, Éberhard, Tragebot, entre 1127 et 1186. — Burchard Iᵉʳ, 1186-1222. — Thierry (ou Dieterich), en 1231. — Berthold II, avant 1251. — Berthold III, 1251-1266. — Burchard II, 1266-1271. — Volmar Iᵉʳ, 1271-1297. — Jean Iᵉʳ, 1297-1299. — Albert Iᵉʳ, 1299-1303. — Gautier Schenk de Schenkenberg, 1303-1337 († 12 août). — Bruno Schenk de Schenkenberg, 1338-1378. — Jean II, comte de Sulz, 1380. — Conrad III de Gomaring, 1388, † 1392 ou 1393. — Bruno II, 1395. — Conrad IV de Gomaring, vers 1396 (peut-être identique avec Conrad III). — Henri Hagg ou Hauk, 1347-18 oct. 1414. — Hugues de Leinstetten, 1414-1432. — Pierre Hauck, 1432-1446. — Conrad V Schenk de Schenkenberg, résigna vers 1450. — Volmar II, 1450-1455. — André de Neuneck, 1455-1470. — Érasme, maréchal de Biberach et Pappenheim, 1470-1471. — Georges Schwarz, 1471-14 avril 1479. — Jérôme Hulzing, 1479-17 mai 1495. — Gérard Münzer de Sinkingen, 1495-7 févr. 1505. — Alexius, 1505-23 janv. 1523. — Ulric Hamma de Wehingen, 1523-1547. — Jacques Hohenreuter, 1547-1559. — *Abbés luthériens* : Balthasar Elenheinz, 1563-1577. — Jean Stecher 1577-1580. — Mathieu Vogel, 1580-1591. — Jean Fischer ou Piscarius, 1591-1601. — Jean Esthofer, 1601-1606. — Daniel Schrötlin, 1606-1608. — Caspar Lutz, 1608-1609. — André Véringer, 1609. — Alexandre Wolfart, 1610-1624. — Georges Hingher, 1624-1626. — Élie Zeiter, 1626-1629. — *Abbés (catholiques) bénédictins* : Caspar Kraus de Pforzheim, 1629-20 sept. 1638. — Alphons Kleinhans de Muregg, 1638-1648. — En 1649, commence de nouveau la série des abbés luthériens jusqu'à la sécularisation en 1807 : Joseph Cappel, 1649-1662. — Élie Springer, 1662-1663. — Jean Bauer, 1663-1670. — Joseph Cappel, 1671-1675. — Jean Zeller, 1675-1689. —

Jean Kraft, 1689-1695. — Georges Henri Häberlin, 1695-1699. — Georges-Henri Keller, 1699-1702. — Ernest Conrad Reinhard, 1702-1729. — Herbert Christian Knobel, 1730-1749. — Jean-Albert Bengel, 1749-1752. — G. Fréd. Rössler, 1752-1766. — Jean-Georges Faber, 1767-1772. — Jean Chr. Storr, 1772-1773. — Jean Chr. Schmidlin, 1773-1789. — Guillaume Chr. Fleischmann, 1788-1797. — Fréd. Bernhard, 1797-1798. — Aug. Fréd. Böck, 1798-1804. — David Bernard Sartorius, 1804-1807.

Gallia christiana, t. v, col. 1064-1065. — K. J. Glatz, *op. cit.* — K. Rothenhäusler, *Abteien und Stifte des Herzogtums Württemberg im Zeitalter der Reformation*, Stuttgart, 1886, p. 147-165. — H. Günther, *Das Restitutionsedikt, von 1629 und die katholische Restauration Altwirtembergs*, Stuttgart, 1901, p. 211 sq., 329 sq.

G. ALLMANG.

ALQUIRIN (Bienheureux), et non Alquivin, cistercien, moine à Clairvaux, où il mourut en odeur de sainteté pendant que Ponce était abbé de ce monastère, entre 1165 et 1170. Ses vertus et ce que l'on sait de sa vie, ainsi que ses révélations sont rapportées par l'Exode de Cîteaux. Son nom est inscrit dans les ménologes de l'ordre avec le titre de *bienheureux*, au 10 octobre, mais son culte n'a pas été confirmé par le Saint-Siège.

Exordium magnum ord. cisterciensis, dist. iv, c. i, P. L., t. CLXXXV, col. 1095 sq. — Henriquez, *Menologium cisterciense*, Anvers, 1664, t. i, p. 377. — *Kalendarium cisterciense*, Westmalle, 1880, p. 301. — Le Nain, *Essai de l'histoire de l'ordre de Cîteaux*, Paris, 1697, t. vii, p. 164. — *Ménologe cistercien*, par un moine de Thymadeuc, Saint-Brieuc, 1898, p. 375.

R. TRILHE.

ALRED. Voir AILRED, t. i, col. 1165.

1. ALRIC (FRANÇOIS), naquit à Rodez, le 10 novembre 1749. Il reçut l'habit des frères prêcheurs, à l'âge de vingt-quatre ans, et prononça ses vœux le 6 novembre 1774. En considération de ses études antérieures, on le dispensa d'une année de philosophie, et pendant son cours de théologie, il reçut l'ordination sacerdotale, le 23 février 1779; il se consacra bientôt au saint ministère. De 1787 à 1789, on lit fréquemment sa signature sur les registres du couvent d'Albi, où il remplit les charges de dépositaire et de syndic. En 1790, il ajoutait parfois à sa signature « procureur fondé de pouvoir du Père provincial. » Les supérieurs avaient donc en lui une confiance toute particulière, en des temps singulièrement troublés. Mis en demeure de se prononcer sur sa fidélité à la vie religieuse, le 21 mai 1790, il manifesta son « intention de rester dans son ordre. » Le 14 octobre suivant, il opta pour la vie commune; mais, ne trouvant dans les refuges que lui présentait la loi ni supérieurs canoniquement élus, ni observances conformes à ses engagements, il prit le parti de vivre en son particulier, puisque la violence le jetait hors de son cloître.

Résolu à ne prêter aucun des serments imposés par la Révolution, il prit le chemin de l'exil. Il quitta Albi, en compagnie de MM. de Vesian et Farsac, chanoines de la métropole d'Albi, des PP. Nadau, franciscain, et Boyer, augustin, se dirigeant vers la Suisse, par Castres, Montpellier et Lyon. Arrivés dans le voisinage de Saint-Chinian, ils furent arrêtés, malgré les passeports réguliers dont ils s'étaient munis. C'était le 9 mai, fête de l'Ascension. Enfermés dans une salle de l'hôtel de ville, ils furent assaillis par une troupe sauvage, abreuvés d'outrages, frappés, mutilés, criblés de blessures pendant plusieurs heures, avec une insatiable férocité. Le lendemain matin, leurs cadavres nus furent jetés du dernier étage sur la place publique. Le massacre de Saint-Chinian fut une des scènes les plus barbares de la Révolution française. Une liste dressée dans le département du Tarn, le 1er avril 1794, en vue de s'emparer des biens des émigrés, porte cette mention : « François Alric, à Albi, ci-devant jacobin, assassiné dans le département de l'Hérault, est présumé ne rien avoir. »

Ce qui concerne personnellement le P. Alric est puisé aux archives du Tarn, séries *II* et *L*. — Pour le massacre de Saint-Chinian : Rossignol, *Les prêtres du département du Tarn persécutés pendant la Révolution*, Albi, 1894, p. 25. — Maître, *Nos martyrs*, Albi, s. d., p. 150 ; il donne l'année 1792 comme étant celle du martyre : c'est une erreur manifeste ; lisez 1793. — Salubert, *Les saints et les martyrs du diorèse d'Albi*, Toulouse, s. d., p. 616. — Crozes, *Notice historique sur l'Église d'Albi*, Toulouse, 1841. — Delouvrier, *Histoire de Saint-Chinian*, Montpellier, 1896. — Saurel, *Histoire religieuse du département de l'Hérault pendant la Révolution*, Montpellier, 1894, t. III, p. 25. — *La Croix de Montpellier*, 1er, 8, 15 janvier 1893. — Guillon, *Les martyrs de la foi pendant la Révolution française*, Paris, 1821, t. II, p. 70-72.

X. FAUCHER.

2. ALRIC (PIERRE). Le 31 juillet 1322, maître Pierre Alric était nommé chanoine de Mende, avec faculté de conserver le prieuré séculier de Saint-Quentin au diocèse du Puy, le canonicat et la prébende de Saint-Georges du Puy et les fonctions de clerc dans l'église cathédrale du Puy. G. Mollat, *Lettres communes de Jean XXII*, Paris, 1906, t. IV, n. 15895. Le 10 février 1326, il est indiqué comme nonce collecteur de Lombardie. Eubel, *Bullarium franciscanum*, Rome, 1898, t. V, p. 299, n. 602. Bientôt après, il fut élevé à la dignité d'archidiacre de Bologne, sur la demande du cardinal-légat Bertrand du Pouget.

E. Albe, *Autour de Jean XXII. Les familles du Quercy*, Rome, 1904, t. I, p. 162 ; t. II, p. 7.

G. MOLLAT.

ALRICS DE ROUSSET (LOUIS-CHARLES DES), soixante-dix-huitième évêque de Béziers, était le quatrième fils de Esprit-Joseph des Alrics (ou des Alris) de Corneillan ou Cornillan, seigneur de Rousset, d'une ancienne famille du Dauphiné, et de Gasparde de Rostaing. Docteur en théologie de la faculté de Paris (août 1698), il fut nommé, le 21 août 1700, par Louis-Joseph de Grignan, évêque de Carcassonne, doyen de son chapitre et vicaire général. Appelé bientôt après par le roi à l'évêché de Béziers, vacant par la mort de Rotondy de Biscarras, préconisé le 31 juillet 1702, il fut sacré à Montpellier, le 3 décembre suivant, par son protecteur et ami Grignan, assisté de Fléchier, évêque de Nîmes, et de François de Crillon, évêque de Vence, et prêta serment entre les mains du roi, le 25 janvier 1703, dans la chapelle de Marly.

Son long épiscopat fut marqué par des œuvres de bienfaisance et de charité, que nous appellerions aujourd'hui volontiers œuvres sociales. Très aumônier, il contribua largement de ses revenus à la fondation d'une maison de refuge ou du *Bon-Pasteur* pour les filles repenties, créa dans l'hôpital Saint-Joseph une fabrique de bassins pour permettre aux pauvres valides d'occuper leurs loisirs et d'augmenter les revenus de la maison, tout en se constituant un petit pécule. Il fit preuve de beaucoup d'intelligence, de zèle et de générosité dans la préservation des habitants de Béziers contre l'invasion de la peste en 1721, et s'employa même activement pour l'adduction d'eaux potables dans sa ville épiscopale.

Restaurateur de son séminaire, il fit donner aussi une mission générale par le P. Bridaine. On lui doit encore un *Propre des saints* de son diocèse. Des Alrics de Rousset mourut le 6 décembre 1744, à l'âge de quatre-vingt-deux ans, léguant tous ses biens aux pauvres, et fut enterré dans le cloître de la cathédrale Saint-Nazaire.

Gallia christiana, 1739, t. VI, col. 377. — Pithon-Curt, *Histoire de la noblesse du Comté Venaissin et de la principauté d'Orange*, t. I, p. 42. — Henri Julia, *Histoire de Béziers ou recherches sur la province de Languedoc*, Paris, 1845, p. 249. — Sabatier, *Histoire de la ville et des évêques de Béziers*, Béziers, 1854, p. 384-389. — Eug. Thomas, *Le siège épiscopal de Béziers suivi de la liste chronologique des évêques de cette ville* (Annuaire de l'Hérault, 1855). — *Histoire générale de Languedoc*, éd. Privat, t. IV, p. 273. — L. Charpentier, *Un évêque de l'ancien régime, Louis-Joseph de Grignan*, Paris-Arras, 1899, p. 128.

L. CHARPENTIER.

ALRICY (ANDRÉ-ABEL), né à Crémieu (Isère), le 2 août 1712. Son père, maître apothicaire, qui comptait sur la Providence pour élever ses quinze enfants, mentionne les particularités de sa naissance dans son *Livre de raison* et ajoute : « Dieu lui donne bonne fortune en ce monde et en l'autre. » Au jour de sa tonsure, le 3 août 1726, il écrit : « Dieu donne, s'il lui plaît, à ce néophyte les grâces nécessaires pour devenir un bon prêtre. » André-Abel reçut la prêtrise, le 30 mai 1738, à Grenoble. On ignore la carrière ecclésiastique de ce prêtre de grand savoir ; elle se termina à l'église Saint-Étienne-du-Mont, à Paris, où il refusa le serment à la constitution civile du clergé, en 1791. Malgré ses quatre-vingts ans, il fut arrêté, le 13 août 1792, incarcéré comme prêtre réfractaire, au séminaire Saint-Firmin, avec un grand nombre d'ecclésiastiques fidèles à leur foi. Il était leur doyen d'âge et fut mis à mort avec eux, le 3 septembre 1792. Son nom figure au procès de béatification de ces martyrs.

A. Guillon, *Les martyrs de la foi pendant la Révolution française*, Paris, 1821, t. II, p. 72. — A.-M. de Francleiu, *La persécution religieuse dans le département de l'Isère de 1790 à 1802*, Tournai, 1904, t. I, p. 347.

R. DE TEIL.

ALRUNA ou **ALUINA**, *ex illustri prosapia Chambensium orta*, vécut saintement au XIe siècle, mourut un 27 janvier et fut ensevelie au monastère de Niederaltaich. Sa Vie, écrite, après le XIIIe siècle, par un moine de ce monastère, ne renferme que des éloges généraux, sans détails précis. Elle a été publiée par Pez, *Thesaurus anecdot.*, t. II, 3e part., col. 253-256.

Monum. German. histor., Script., t. XV, p. 846-847.

U. ROUZIÈS.

ALSACE-BOSSU (THOMAS-PHILIPPE, prince de Henin-Liétard, dit le cardinal d'), 1679-1759, archevêque de Malines, appartenait à la famille de Henin-Bossu, dite aussi Bossu de Chimay, une des premières des Pays-Bas, qui prétendait descendre des anciens comtes d'Alsace, et provenait en réalité d'un bâtard de Bourgogne. Anselme, t. I. Il porta dans sa jeunesse le titre de *comte de Beaumont*, fut page de Charles II, roi d'Espagne, la prévôté de la cathédrale de Gand (1696). Il fit sa philosophie à l'université de Cologne, et alla ensuite à Rome achever ses études au collège germanique ; après quatre années de théologie, il soutint ses thèses en argumentation publique, reçut le bonnet de docteur, puis la prêtrise. Revenu dans son pays en 1702, il remplit les fonctions de vicaire général de l'évêque de Gand. Clément XI le fit sous-chantrier d'honneur, puis prélat domestique (1712), l'éleva enfin jusqu'à l'évêché d'Ypres. De son côté l'empereur Charles VI, nouveau maître des Pays-Bas, voulut gagner les sympathies de ses sujets en confiant l'archevêché de Malines à un membre de la haute noblesse du pays et il choisit Alsace (3 mars 1714). Celui-ci dut se rendre à Vienne, où l'appelaient certaines difficultés au sujet de sa nomination. Ce ne fut qu'après de longs pourparlers qu'ayant surmonté tous les obstacles, il put recevoir la consécration épiscopale, le 19 janvier 1716, des mains du nonce Giorgio Spinola. Il revint aussitôt dans son diocèse, où il fit son entrée solennelle le 5 mars. L'empereur l'appela dans son conseil intime, la même année, pour s'assurer l'appui du primat des Pays-Bas auprès de ses nouvelles acquisitions, et, sur sa recommandation, Clément XI le publia cardinal le 29 novembre 1719. Mais il ne reçut le chapeau qu'après le conclave d'Innocent XIII (auquel il avait pris part), le 10 juin 1721, avec le titre de Saint-Césaire. Il revint ensuite à Vienne, prêta serment comme conseiller intime le 22 septembre 1722, et rentra dans son diocèse le 10 août de l'année suivante. Il ne le quitta plus qu'en septembre 1738, lorsqu'il fut chargé par le même empereur de solliciter l'appui du pape Clément XII dans la guerre qui venait d'éclater entre l'Autriche et la Turquie, et aussi la reconnaissance de la pragmatique sanction, qui assurait à l'archiduchesse Marie-Thérèse la totalité des États héréditaires d'Autriche. Cette mission n'était pas terminée quand le pape mourut, le 6 février 1740, et le cardinal prit part au long conclave d'où sortit Benoît XIV (17 août).

Il se consacra dès lors tout entier au soin de son diocèse, et son long pontificat de trente-cinq ans a laissé des traces profondes et un souvenir ineffaçable dans les Pays-Bas. Il avait pris pour modèle saint Charles Borromée, et les exemples de sa vie ne produisaient pas moins de fruits que son zèle apostolique. Il envoya à Rome deux relations de l'état de son diocèse, 1721 et 1730 (publiées dans l'*Annuaire de l'Université catholique de Louvain*, 1840, p. 207 sq.). En 1718, il avait adressé à Clément XI, de concert avec les évêques de Belgique, une lettre d'adhésion à la bulle *Pastoralis officii* contre les jansénistes. Le 17 octobre de la même année, il publiait une lettre doctrinale sur ces mêmes erreurs, qui fut répandue dans les Pays-Bas. Les partisans de Quesnel, les réfractaires à la bulle *Unigenitus* furent poursuivis sans relâche, et le pasteur surveilla spécialement l'université de Louvain et les oratoriens belges, qui suivaient les mauvais exemples de leurs confrères de France. Il frappa d'interdit trois chanoines, quatre oratoriens et sept autres clercs réfractaires, qui se virent contraints de se réfugier en Hollande. Ils y avaient été précédés par le célèbre canoniste Van Espen, professeur à l'université, qui y mourut en 1728. Les rigueurs du cardinal d'Alsace contribuèrent ainsi d'une manière indirecte à développer l'église schismatique d'Utrecht, qui s'organisait à ce moment, ce qui l'obligea de prendre des mesures pour que les évêques jansénistes n'étendissent par leur juridiction dans sa province ecclésiastique.

Il fut donc un ferme champion de la pureté de la doctrine, de l'orthodoxie et de la discipline. Il surveillait la formation de ses clercs autant que leur ministère, il s'occupa toujours de son grand séminaire, le développa et en fit une maison d'études sérieuses. Il défendit l'Église contre les attaques du pouvoir civil, par exemple contre la circulaire du Conseil d'État des Pays-Bas du 25 septembre 1724, qui avait pour objectif « de prévenir les nouveautés de la cour de Rome; » il décida le gouverneur à donner des explications qui mettaient hors de cause le dogme, la morale et la discipline. Tous ces actes et la plupart de ses lettres pastorales ont été publiés au tome II du recueil de Ram, *Synodicum Belgicum*, Malines, 1828.

Plus encore qu'à l'égard des jansénistes, le cardinal avait un politique un rôle difficile à jouer, entre les États de Brabant, dont il était le président de droit, et les représentants de l'empereur, nouveau maître du pays, qui l'avait fait son conseiller intime. Il fallait faire accepter la domination autrichienne, surtout en matière de redevances financières, à des populations qui avaient été libres jusque-là, et par suite en gardaient un grand esprit d'indépendance. Le clergé inférieur prenait volontiers le parti des États, et l'archevêque ne pouvait prudemment que s'interposer comme arbitre. Les gouverneurs et l'empereur lui-même firent plusieurs fois appel à son loyalisme, mais il ne prêcha jamais que la conciliation; opposé à toute mesure de rigueur, il ménageait le clergé, les États, et ne se sépara jamais d'eux dans les démêlés plus importants. Il fit une concession aux nouveaux maîtres, en interdisant les services religieux publics pour l'âme d'Anneessens, instigateur de l'insurrection de Bruxelles en 1718, et que les Belges honoraient comme le martyr de la cause nationale : il se retranchait derrière les règlements de l'Église, qui défendent de faire des obsèques solennelles aux hommes condamnés par la loi civile. Mais il refusa de poursuivre les délinquants selon la rigueur du droit, et obtint en même temps que le corps du supplicié ne serait pas enlevé de l'église où il avait été enseveli, à condition qu'on s'abstiendrait de lui rendre des honneurs.

Les Belges peuvent à bon droit ranger le cardinal d'Alsace parmi leurs grands patriotes; en réalité, il considérait le maintien de la paix publique comme un des principaux devoirs de sa charge pastorale. Lorsque les Français, maîtres de la Belgique, occupèrent Malines en 1746, il reçut Louis XV à sa cathédrale, le 15 mai, et, dans son allocution de bienvenue, lui exprima ses vœux pour une paix prochaine. Son esprit vraiment apostolique avait, au bout d'un long pontificat, conquis, bien plus amélioré, les populations belges, et quand il mourut dans sa ville épiscopale, le 5 janvier 1779, à l'âge de quatre-vingts ans, il laissait des regrets unanimes dans un diocèse florissant et parmi un clergé bien formé. Il instituait pour son héritier le grand séminaire de Malines. Il fut enseveli dans le chœur de sa cathédrale, où l'on voit encore son tombeau.

Biographie nationale de Belgique, Bruxelles, 1886-1887, t. IX, col. 85-93. — Guarnacci, *Vitæ et res gestæ romanorum pontificum et cardinalium* (suite à Ciacconius), Rome, 1751, t. II. — P. Claessens, *Histoire des archevêques de Malines*, Louvain, 1881, t. II, p. 65-111. — La correspondance du cardinal se trouve à l'*Archivio secreto* du Vatican, fonds *Vescovi*, notamment t. 131-134.

P. RICHARD.

ALSFELD, *Adelsfelt*, diocèse de Mayence, chef-lieu de canton (Haute-Hesse), sur le Schwalm. Couvent d'ermites augustins fondé en 1342, supprimé en 1530. Ce monastère fut le berceau d'une des nombreuses passions nées en Allemagne au moyen âge. Celle d'Alsfeld, la plus longue de toutes, fut, comme plusieurs autres, inspirée par le *Dirigierrolle* de Waldemar de Peterweil, deuxième moitié du XIVe siècle. Froning, *Das Drama des Mittelalters*, dans *Deutsche National Litteratur* de Kirschner, Stuttgart, 1891, t. XIV. On n'en connaît pas de représentation avant 1501. Grein l'a éditée en 1874 et Froning en 1891, dans la revue citée. On sait que la fameuse passion d'Oberammergau n'est pas autre chose qu'une adaptation analogue qui s'est conservée en évoluant.

Wagner, *Hessen Darmst. Klöster*, dans *Correspondenzblatt*, 1866; *Die vormaligen geistlichen Stifte im Grossherzogtum Hessen*, 2 vol., Darmstadt, 1873-1878.

L. BOITEUX.

ALSINA (PEDRO), religieux hiéronymite du couvent de la Murta (Espagne), a composé des notices biographiques sur divers moines de son monastère. Le manuscrit de son œuvre est conservé dans la bibliothèque du couvent de la Murta.

Torres-Amat, *Diccionario critico de los escritores catalanes*, Barcelone, 1836, p. 14.

J. CAPEILLE.

ALSINELLES (FRANCISCO) publia en 1698, à Moya (Espagne), sous le nom de Jean Macia, doyen de la cathédrale de Vich, un volume en castillan intitulé : *Alegacion acerca de la obligacion de los capuchinos de Cataluña en la eleccion de discretos.* Jérôme Quintana traduisit cet ouvrage en latin et le fit paraître quatre ans plus tard, à Montpellier, sous la rubrique : *Obligationes religiosorum capuccinorum provinciae Cataloniae filiorum.* En 1714, François Alsinelles édita à Barcelone, chez François Guasch : *Fasciculus myrrhae, concionatarius dolorum Virginis Mariae tractatus.*

Torres-Amat, *Diccionario critico de los escritores catalanes*, Barcelone, 1836, p. 14.

J. Capeille.

ALSLEBEN (Alschleben, Elesleve), originairement diocèse de Halberstadt, en 1130 de Magdebourg, aujourd'hui de Paderborn, sur la Saale, canton de Mansfeld-le-Lac. Abbaye de bénédictines, fondée en 978, par Géron, comte de Alsleben, et sa femme Adèle, sous l'invocation de saint Jean-Baptiste, fut transformée, en 1448, en une collégiale d'augustins, supprimée en 1561. Une des petites-filles du fondateur, Berthe, mourut abbesse du couvent.

Calvoer, *Saxonia inferior antiqua*, Goslar, 1714, p. 523-526. — Dreihaupt, *Saalkreis*, 1751, t. II, p. 834-886. — Hirsching, *Stifts- und Klösterlexikon*, 1792, p. 50-52. — Müllverstedt, dans *Magdeburg. Geschichtsblätter*, t. II, p. 449-450.

L. Boiteux.

ALSPACH. Monastère de clarisses (Haute-Alsace, ancien diocèse de Bâle). D'abord établies dans la petite ville de Kientzheim vers 1280, elles se transportèrent quelques années plus tard à Alspach, près Kaysersberg, dans un couvent abandonné par des bénédictins. Ce monastère dura sans interruption jusqu'à la Révolution. Il reste de l'église un très beau portail roman, et au musée de Colmar de remarquables chapiteaux.

Liste des abbesses, reconstituée d'après les sources originales. — Barbe de Kirschtein. — Dorothée de Luttishoffen. — Barbe de Reichenstein. — Suzanne Erber. — Amélie Tumler. — Régule Woffer. — Catherine Einhart. — Anne de Luttishoffen. — Catherine Lintz, 1416. — Marguerite Glendtner, 1459, morte en odeur de sainteté. — Dorothée de Nillin, 1496. — Barbe de Kuntzen. — Catherine Walfer, 1500. — Claire de Reichenstein, 1502. — Cath. Walfer, pour la 2ᵉ fois, 1509. — Cécile Ulrich, 1511. — Suzanne Erler, 1520. — Apollonie Ochsenfenger, 1534. — Claire Abt, 1543. — Anne Buhler, 1553. — Anne Sänger, 1555. — Catherine Spänig, 1561-1609. — Madeleine Wilhelm, 1610. — Françoise Gertaner, déposée au bout d'un an, 1611. — Ursule Rinck de Baldenstein, 1612-1614. — Séraphine Iäg, 1652. — Euphrasie Eschbach, 1662.—Colette Hauser, 1668. — Éléonore-Victoire Barthler, 1680. — Marie-Madeleine Schad, 1692. — Marie-Pacifique Lander, 1726, morte en 1730 en odeur de sainteté. — Marie-Justine Vogel, 1729. — Claire-Françoise Holdt, 1782. — Marie-Béatrix Menweg, 1786. — Marie-Thérèse Faber, 1790.

Hugo, *Sacrae antiquitatis monumenta*, t. II, p. 299. — *Alsatia sacra*, t. II, p. 35. — Eubel, *Gesch. der oberdeutscher Minoritenprovinz*, 1886, p. 223. — *Revue d'Alsace*, 1891, p. 418. — A.-M.-P. Ingold, *Mère Pacifique, abbesse d'Alspach*. — Clauss, *Wörterbuch*, p. 7. — Archives de la Haute-Alsace, *Protocole d'Alspach.*

A.-M.-P. Ingold.

ALSTED (Johann Heinrich), érudit et théologien protestant, naquit à Wallersbach, près de Herborn (duché de Nassau), en 1558. C'est à Herborn que furent imprimés la plupart de ses ouvrages. C'est aussi à l'université de cette ville qu'il fut d'abord chargé d'enseigner la philosophie et la philologie, comme chargé de cours (1608); en 1611, il devenait professeur à la faculté de philosophie et, neuf ans plus tard, à celle de théologie. Les troubles de la guerre de Trente ans lui firent quitter Herborn, en 1629, pour l'université récemment fondée de Wissembourg en Transylvanie. Au synode de Dordrecht (1618), il représenta l'Église du Nassau, et souscrivit à la condamnation de la doctrine d'Arménius, défendant avec chaleur les sentiments des calvinistes contre les remontrants. Il croyait aux théories millénaristes (*Diatribe de mille annis apocalypticis*, Francfort, 1627, 1630), et il avait fixé à l'an 1694 le commencement du règne de Jésus-Christ sur la terre : « On a le temps, dit Nicéron, de se convaincre de la fausseté de son système. » Il mourut à Wissembourg, en 1638.

Alsted fut célèbre, à son époque, par sa vaste érudition et la fécondité surprenante de son esprit. S'il manqua d'originalité, il eut une facilité d'assimilation peu commune. Mais il n'échappa point toujours au reproche de plagiat : Thomasius, dans son traité de *Plagio litterario*, p. 155, signale un long passage qu'Alsted lui emprunta mot pour mot, sans en citer l'auteur. Rien ne dit qu'il n'en fût pas ainsi pour beaucoup de ses œuvres. Écrivain infatigable, de l'anagramme d'*Alstedius* on l'avait surnommé *Sedulitas.* Il écrivit soixante et un ouvrages différents, dont certains comptent plusieurs volumes. Ce qui le séduisait, c'était l'abondance et la généralité des connaissances; de là, ses conseils sur la mnémonique : *Systema mnemonicum duplex*, Francfort et Herborn, 1610; *Panacea philosophica, id est methodus docendi et discendi encyclopaediam*, Herborn, 1610; *Methodus formandorum studiorum... Accessit consilium de... methodo disputandi de omni scibili*, Strasbourg, 1610, 1627; de là son goût pour l'auteur de l'*Ars universalis*, Raymond Lulle: *Clavis artis Lullianae*, Strasbourg, 1609, 1633 et 1652; *De harmonia philosophiae aristotelico-Lullianae et Rameae*, Herborn, 1610; *Bernardi de Lavenheta opera omnia quibus tradidit artis Raymundi Lulli compendiosam explicationem*, Cologne, 1612.

Son érudition s'étendait aux sujets les plus divers : à la théologie : on trouvera une partie de ses ouvrages théologiques dans le *Dictionnaire de théologie*, t. I, col. 923; à la philosophie : *Philosophia digne restituta*, Herborn, 1612; *Metaphysicae brevissima delineatio*, Herborn, 1611, 1613; *Metaphysica*, 1625, 1631; *Logicae systema harmonicum*, Herborn, 1614; *Theatrum scholasticum*, Herborn, 1620, etc.; — à l'exégèse: *Memoriale biblicum et oeconomia bibliorum*, Herborn, 1620 et 1622; *Pentateuchus Mosaïca et Pleias apostolica; id est quinque libri Mosis et septem Epistolae canonicae notationibus illustratae*, Herborn, 1631; *Trifolium propheticum seu Canticum Canticorum, prophetiae Danielis et Apocalypsis explicata*, Herborn, 1640, etc.; — à l'apologétique : *Turris David de quo pendent mille clypei; hoc est Sylloge demonstrationum quibus invictum robur religionis offertur*, Hanau, 1631; *Turris Babel destructa; hoc est refutatio argumentorum quibus stabilitur confusio in negotio religionis*, Herborn, 1639 ; *Theologia polemica*, 1620, contre laquelle le luthérien Jean Himmel (1581-1642), professeur à l'université d'Iéna, écrivit son *Antialstedius, scilicet examen theologiae polemicae J. H. Alstedii*; — à l'histoire : *Thesaurus chronologiae*, Herborn, 1624, 1637, 1650; — à la philologie et à l'éloquence : *Compendium grammaticae latinae Mauritio-Philippo Rameae*, Herborn, 1613; *Orator sex libris informatus*, Herborn, 1612, 1616; *Artificium perorandi Jordani Bruni*, Francfort, 1612; *Rhetorica*, Herborn, 1616, 1626, etc.; — aux sciences exactes, arithmétique, physique, géométrie, géodésie, optique, etc. : *Methodus admirandorum mathematicorum complectens novem libros Matheseos universae*, Herborn, 1613, 1623, 1657; *Systema physicae harmonicae*, Herborn, 1612; *Elementum mathematicum in quo continentur*: I. *Aritmetica.* II. *Geometria.* III. *Geodoesia.* IV. *Astronomia.* V. *Geographia.* VI. *Musica.*

VII. *Optica*, Francfort, 1611. Le titre de la septième partie d'un de ses ouvrages prouve à quelle variété d'études et d'objets s'appliquait la curiosité de son esprit : *Mnemonica, historica, chronologia, architectonica, critica, magia, alchymia, magnetographia, tabacologia, id est doctrina de natura, usu et abusu tabaci*, etc.

L'originalité d'Alsted est d'avoir voulu grouper des sujets si divers, de s'être efforcé de réduire en systèmes les diverses parties des sciences et des arts, en en donnant les principes. De là, pour chacune de ces parties, les volumineuses encyclopédies et les *compendia* où sont condensées les connaissances de son temps : *Methodus S. theologiae in sex libros distributa quorum* : I. *Theologia naturalis*. II. *Catechetica*. III. *Didactica*. IV. *Polemica*. V. *Theologia casuum*. VI. *Theologia prophetica* (id est *homelitica*). VII. *Theologia moralis*, Offenbach, 1611; Hanau, 1623, 1624. — *Cursus philosophici encyclopaedia*, libri 27, Herborn, 1620; cette encyclopédie philosophique était divisée en trois parties : I. *Quatuor praecognita philosophica : archeologia, hexilogia, technologia, didactica*; II. *Undecim scientiae philosophiae theoriticae : metaphysica, pneumatica, physica, arithmetica, geometria, cosmographia, uranoscopia, geographia, optica, musica, architectonica*; III. *Quinque prudentiae philosophiae practicae : ethica, oeconomica, politica, scolastica, historica*. — *Compendium philosophicum exhibens methodum, definitiones, canones, distinctiones et quaestiones per universam Philosophiam*, Herborn, 1626, etc. — *Triumphus bibliorum sacrorum sive encyclopaedia biblica*, Francfort, 1620, 1625, 1642. — *Thesaurus chronologiae, in quo universa temporum et historiarum series in omni vitae genere ita ponitur ob oculos, ut fundamenta chronologiae... in certas classes memoriae causa digerantur*, Herborn, 1624, 1628, 1637, 1650. — *Methodus universae Matheseos*, Francfort, 1612; *Compendium physicae*, Herborn, 1610. — Alsted, non content de faire la synthèse des principales sciences, composa une encyclopédie universelle, divisée en sept parties (Herborn, 1630) : I. *Praecognita disciplinarum*; II. *Philologia, id est lexica, grammatica, rhetorica, logica, oratoria, practica*; III. *Philosophia theoretica*; IV. *Proetica*; V. *Tres facultates principes : theologia, jurisprudentia, medicina*; VI. *Artes mechanicae*; VII. *Praecipuae farragines disciplinarum*. Moreri, le P. Lami de l'Oratoire, font grand cas de cette encyclopédie; elle fut imprimée de nouveau à Lyon, en 1649, et se vendit beaucoup en France.

Lorenzo Crasso, *Elogii d'huomini letterati*, Venise, 1666, t. II, p. 212. — Adr. Regenvolscii, *Historia ecclesiastica Slavonicarum provinciarum*, p. 379. — Adrien Baillet, *Jugement des savants sur les principaux ouvrages des auteurs*, 1685 et 1686, t. II, p. 329. — Vossius, *De scientia mathematica*, p. 326. — Nicéron, *Mémoires pour servir à l'histoire des hommes illustres dans la république des lettres, avec un catologue raisonné de leurs ouvrages*, 1729-1745, t. LXI, p. 298 sq. — Bayle, *Dictionnaire historique et critique*. — Article d'Alex. Schweizer et de E. F. K. Müller, dans la *Realencyklopädie* de Herzog-Hauck, t. 1, p. 390.

G. CONSTANT.

1. ALTA CRISTA. Voir HAUTCRET.

2. ALTA SILVA. Voir HAUTESEILLE.

ALTABENSIS (*Ecclesia*). Voir ALTAVA, col. 780.

ALTADUS, évêque de Genève. Il signa, en 833, la charte d'Aldric de Sens pour Saint-Remi. Son nom figure au bas d'un diplôme impérial de 838 pour l'évêque du Mans, Aldric; mais ce diplôme est d'authenticité douteuse. Ce qu'en dehors de cela on raconte sur Altadus ne repose sur aucun fondement sérieux.

Duchesne, *Fastes épiscopaux de l'ancienne Gaule*, Paris, 1907, t. I, p. 229.

A. VOGT.

1. ALTAICH (NIEDER). Voir NIEDERALTAICH.

2. ALTAICH (OBER). Voir OBERALTAICH.

1. ALTAMIRANO (DIEGO FRANCISCO DE), jésuite espagnol, missionnaire au Paraguay, naquit à Madrid, le 26 octobre 1625. Admis au noviciat le 27 mars 1642, il passa, vers 1650, dans la province du Paraguay, professa la théologie à l'université de Córdoba del Tucuman, gouverna le collège de la même ville et fut provincial de 1677 à 1681. A son retour d'Espagne et de Rome, où il avait été appelé en 1683, pour les affaires de sa mission, il fut nommé visiteur de la province de la Nouvelle-Grenade, visiteur et vice-provincial du Pérou, et enfin recteur du collège de Lima, où il mourut le 22 décembre 1715. Il est auteur du IIIe livre (p. 284-424) de l'ouvrage : *Insignes missioneros de la Compañía de Jesus en la provincia del Paraguay*, publié par D. Francisco Jarque, doyen de la cathédrale d'Albarracin, in-4°, Pampelune, 1687, et on lui attribue : *Breve noticia de las missiones de infieles que tiene la Compañia de Jesus de esta provincia del Peru en las provincias de los Moxos*, in-8°, s. l. n. d. (Lima, 1699?), reproduit p. 65-82 de l'*Historia de la mision de Mojos*, du P. Diego de Eguiluz, publié à Lima, en 1884, par D. Enrique Torres Saldamando. On a encore de lui : *Epitome rei numariae quam catholici Hispaniarum reges dicatam habent, in viros religiosos e Societate Jesu transportandos in Indiam, ibique alendos*, in-4°, s. l. n. d. (Rome, 1687), et *Carta de edificacion sobre la vida y virtudes del P. Nic. de Olea*, in-4°, 1705. Parmi ses nombreux mss. conservés à Lima, je signalerai seulement : *Historia de la provincia del Perú de la Compañía de Jesus*, de 1568 à 1695, de 1080 fol. in-4°, et prêt pour l'impression; *Relacion de su entrada à las misiones del Gran Chaco y fundacion de la reduccion de San Javier*, 1674; *Doctrina cristiana en lengua Moxoa con algunos apuntamientos para formar arte y vocabulario de ella*.

Fernandez de Aguilar, *Carta,... sobre la muerte y vida exemplar del Padre Diego Francisco Altamirano*, Lima, 1716. — Sommervogel, *Bibliothèque S. J.*, Bruxelles, 1890, t. I, col. 208-209. — Uriarte, *Obras anónimas y seudónimas S. J.*, Madrid, 1904-1906, n. 228, 832, 4108, et *Notes* mss.

E.-M. RIVIÈRE.

2. ALTAMIRANO (LOPE LUIS), jésuite espagnol, né à Cártama (Malaga), le 16 octobre 1698, et reçu le 19 juillet 1716, professa d'abord la philosophie et la théologie. Il était recteur du collège d'Ecija, quand il fut désigné, le 21 juillet 1751, pour faire partie de la commission chargée, avec le marquis de Valdelirios, d'exécuter le traité de délimitation des territoires portugais et espagnols au Paraguay : son zèle indiscret ne réussit qu'à irriter missionnaires et indigènes. De retour en Espagne et attaché au collège de Cordoue, il dut, frappé par l'édit de Carlos III contre son ordre, se retirer en Corse; il mourut bientôt après (10 décembre 1767), à Algajola. La bibliothèque de l'Académie d'histoire à Madrid possède de lui plusieurs lettres, dont une dizaine à D. José de Carvajal y Lancaster, de novembre 1751 à juin 1754, sur l'affaire de la délimitation. Deux d'entre elles (San Borja, 22 septembre 1752; Buenos Aires, 12 juin 1753) ont été publiées dans le *Reyno Jesuitico del Paraguay* et dans la traduction française, p. 82-91 et 155-165 : elles montrent de quelle façon Altamirano entendait se faire obéir de ses confrères. Une lettre au P. Rávago, confesseur du roi (Buenos Aires, 22 juillet 1753), a été récemment donnée par le P. Manuel F. Miguélez dans *Jansenismo y Regalismo en España*, Valladolid, 1895, p. 461-464.

Bernardo Ibañez de Echavarri, *Coleccion general de*

documentos tocantes à la tercera época de las conmociones de los regulares de la Compañía en el Paraguay, t. IV ; *Contiene el Reyno Jesuítico*, Madrid, 1770; *Histoire du Paraguay sous les jésuites et de la royauté qu'ils y ont exercée pendant un siecle & demi*, Amsterdam et Leipzig, 1770, t. II, On comprendra sans peine que cet auteur, chassé deux fois de la Compagnie de Jésus, n'ait pas su garder envers ses anciens confrères l'impartialité qui convient à l'historien. — [Domingo Muriel], *Historia Paraguajensis Petri Francisci Xaverii de Charlevoix, ex gallico latina, cum anim adversionibus et supplemento*, Venise, 1779, p. 337-344, 522-561, 578-600. — José Cardiel et Pablo Hernández, *Misiones del Paraguay. Declaración de la verdad*, Buenos Aires, 1900. — Francisco Javier Brabo, *Atlas de cartas geográficas de los países de la America meridional en que estuvieron situadas las mas importantes misiones de los Jesuitas*, Madrid, 1872, p. 46 sq. — Sommervogel, *Bibliothèque S. J.*, Bruxelles, 1890, t. I, col. 210. — Uriarte, *Obras anónimas y seudónimas S. J.*, Madrid, 1904-1906, n. 1303, cf. 3377, 3379, 3444, et *Notes mss*. — Pablo Hernández, *El extrañamiento de los Jesuitas del Río de la Plata y de las misiones del Paraguay*, Madrid, 1908, p. 27-34; *Historia del Paraguay del P. Fr. J. Charlevoix, con las anotaciones y correcciones latinas del Padre Muriel, traducida al castellano*, Madrid, 1910-1912.

E.-M. RIVIÈRE.

3. ALTAMIRANO (PEDRO IGNACIO), frère du président et jésuite comme lui, passa de bonne heure dans la province de la Nouvelle-Espagne; il y enseigna la philosophie à Puebla et gouverna les collèges de la Havane et de Puerto Príncipe. Il revint ensuite en Europe où y être, durant de longues années, procureur général des Indes à Madrid : par sa profonde connaissance du droit canonique et du droit civil, par sa délicate prudence et son habileté à dénouer les affaires les plus compliquées, il s'attira l'admiration des tribunaux; les ministres D. José Carvajal et le marquis de la Ensenada se plaisaient à recourir à ses lumières. Les nombreux mémoires et factums qu'il écrivit ne sont pas sans intérêt pour l'histoire des difficultés que rencontraient les missionnaires. Le P. de Uriarte signale tous ceux qu'il a trouvés; je mentionne seulement le suivant : *Apologia... in cui vindica l'onore, e la fama de' Gesuiti del Messico, e della sua religione, rispondendo ad una lettera dell'illustrissimo, ed eccelentissimo signore D. Giovanni de Palafox y Mendoza scritta in Angelopoli ai 23 di maggio 1647, stampata... l'anno 1713*, qui a été imprimé dans les actes du procès de béatification de Palafox, in-fol., Rome, 1788, Ire part., t. III, p. 173-347. Né à Cártama (Málaga), le 31 juillet 1693, et entré dans la province d'Andalousie le 29 juin 1708, Altamirano mourut à Rimini le 7 mars 1770.

Beristain, *Bibliotheca hispano americana setentrional*, Amecameca, 1883, t. I, p. 58. — Sommervogel, *Bibliothèque S. J.*, Bruxelles, 1890, t. I, col. 210. — Uriarte, *Obras anónimas y seudónimas S. J.*, Madrid, 1904-1906, n. 43, 87, 171, 207, 620, 624, 697, 1029, 1046, 1047, 1048, 1229, 1601, 1616, 1618, 1936, 2049, 2050, 2054, 3942, 4210.

E.-M. RIVIÈRE.

ALTAN ou **ALTANI** (ANTONIO), dit souvent senior, pour le distinguer de plusieurs autres Antonio Altan, qui ont vécu au XVIe, au XVIIe et au XIXe siècle. Né de la grande famille des Altan, comtes de Salavarolo, à San Vito, château du Frioul (et non pas San Vito des Abruzzes, comme le dit, par erreur, Toppi, *Biblioteca napoletana*, p. 32), vers la fin du XIVe siècle, il fit ses études à l'université de Padoue. Brocardo, *Enciclopedia italiana*, t. I, p. 949, fait de lui un patriarche d'Aquilée, mais il ne fut, en réalité, qu'archidiacre de la cathédrale de cette ville. S'étant rendu à Rome en 1431, Eugène IV le nomma son chapelain et auditeur de Rote, puis, en considération de la probité, de la prudence et de la science qu'il montra dans ces délicates fonctions, l'envoya, l'année suivante, au concile de Bâle, avec les archevêques de Tarente et de Colosses, et l'évêque de Maguelonne, en qualité de légat du Saint-Siège : sauf-conduit pour les quatre légats, en date du 9 juillet, dans Labbe-Coleti, *Sacrosanctorum conciliorum nova et amplissima collectio*, Venise, 1799, t. XXX, col. 159, et Martène et Durand, *Veterum scriptorum et monumentorum amplissima collectio*, t. VIII, col. 112-113. Les légats furent reçus dans le concile, le 14 août, mais, l'assemblée ayant rejeté les propositions du pape et celui-ci l'ayant condamnée, Altan quitta Bâle en mars 1434, sous prétexte de maladie, et revint à Rome, où il fut nommé auditeur de la Chambre apostolique et des causes du sacré Palais. Il faut croire cependant qu'Eugène IV avait eu à se louer de ses services en cette circonstance, car il l'envoya de nouveau à Bâle, en 1435, toujours en qualité de légat, avec le bienheureux Ambrosio Traversari, général des camaldules, qui, dans une lettre du 24 octobre à l'évêque de Cervia, secrétaire du pape, le dit *homo plane bonus atque integer : litterae passus* du pape, 14 juillet, dans Mittarelli et Costadoni; lettres de recommandation des cardinaux et lettres de créance du pape, 22 et 23 juillet, dans Martène et Durand, *op. cit.*, t. VIII, col. 819, 846, et Labbe-Coleti, *op. cit.*, col. 921-922. Les instructions orales données aux deux légats étaient aussi impératives qu'intransigeantes : *qui ad postulationes Basileensium satis ineptas resisterent, ne stulti sapientes sibi viderentur*, écrit Bzovius, mais ils n'avaient pas, semble-t-il, d'instructions écrites ou, du moins, de pouvoirs suffisants. Ils partirent de Rome au début d'août et arrivèrent à Bâle vers la fin du mois, car on les voit écrire, de cette ville, au pape, le 29. Ils furent fort bien reçus par les membres du concile, peut-être parce qu'Ambrosio dissimula d'abord ce manque d'instructions, ainsi qu'il ressort du discours qu'il adressa ensuite,le 26 décembre, à l'empereur Sigismond (bibl. Vat., *Ottob. lat. 1677*,fol. 403), où, affirme-t-il, *missi sumus... cum instructionibus debitis, quibus id cavebatur, ut modestia summa in omnibus uteremur, et in nulla irritaremus concilii Patres*; mais ils ne tardèrent pas à devenir l'objet de leur haine, lorsque ceux-ci eurent connu la vérité, de sorte que, après avoir réclamé en vain des facultés plus étendues, ils demandèrent leur rappel et, l'ayant obtenu, s'empressèrent de quitter la ville; le 11 novembre, ils étaient déjà à Schaffhouse. Voir un historique détaillé de cette légation, d'après la correspondance d'Ambrosio, dans Mittarelli-Costadoni, p. 127-140. Tandis qu'Eugène paraît avoir été assez peu satisfait de la conduite d'Ambrosio dans cette mission, il témoigna sa satisfaction à Altan, en le préconisant, le 8 février 1436, évêque d'Urbin, et en lui confiant, le 2 juillet suivant, une nouvelle légation, celle d'Écosse, dont le roi, Jacques Ier Stuart, venait d'envoyer à Rome l'évêque de Glasgow et un certain abbé Gualterus pour se plaindre de leur précédent. Le pape, qui, dans son bref au souverain, l'appelle *virum utique scientia, claritate, ac virtutum splendore, morumque elegantia refulgentem*, lui donna pour instructions de rétablir la discipline ecclésiastique dans le royaume, avec, à cette fin, les pouvoirs les plus étendus. A peine était-il arrivé à destination que Jacques Ier était assassiné; le pontife lui recommanda alors de s'efforcer de rétablir l'ordre dans le royaume et d'aider le jeune fils de l'infortuné monarque à asseoir solidement son autorité. Bulle à Altan, de Bologne, sans date, sur ce sujet, dans *Reg.Vat.*, t. 359, fol. 156 v°. Il y réussit assez bien, et, l'année suivante (1437), Eugène IV l'envoya en Portugal, où la situation n'était pas moins troublée. Il partit de là pour l'Angleterre et la France, qui étaient en pleine guerre de Cent ans, et fit signer une trêve entre Henri VI, Charles VII et le duc de Bourgogne. Puis il se rendit, pour la troisième fois, à Bâle, avec le cardinal de Santa Croce, l'archevêque de Tarente, l'évêque de Digne, Giovanni Torrecremata, et Nicolas de Cusa, afin d'essayer de faire transférer le concile à Ferrare. Le pape lui donnait aussi le pouvoir, *ut ei, vel personis ab eo deputandis, liceret sumere sanctorum reliquias ex quibusvis locis, etiam in civitate Colonia, illasque aliis tradere*. A la mort de l'empereur Sigismond, nous le voyons à Francfort-sur-le-Mein, où il contribua puissamment à l'élection de l'archiduc Albert d'Autriche. Grâce à la bonne volonté de celui-ci et à l'habileté d'Altan, beaucoup d'évêques quittèrent Bâle, en particulier le cardinal Cesarini, qui avait été, jusqu'alors, le chef principal de l'assemblée.

De 1438 à 1444, il résida habituellement dans son évêché, où, jusqu'à ce moment, il semble n'avoir pas mis les pieds; il fit son entrée, le 15 mars 1438, dans sa ville épiscopale, et le 20 mai 1438 ou 1439, posa la première pierre de la cathédrale. Il paraît cependant avoir rempli, durant cette même année 1438, une nouvelle légation en Écosse. En 1444, nous le revoyons en France, où il fit renouveler, le 20 mai, la trêve entre Charles VII et Henri VI; le premier lui permit, à cette occasion, d'ajouter aux armes de sa famille un serpent d'or, une croix également d'or et la devise : *Droit*. Le 25 juillet, nous le retrouvons à Urbin, où il assiste aux obsèques du premier duc, Oddo-Antonio, assassiné le 22. En 1447, le nouveau pape, Nicolas V, le chargea d'instruire le procès de béatification de saint Bernardin de Sienne, qui était mort trois ans auparavant et avait reçu l'hospitalité, en 1440, dans la maison des Altan, à San Vito, où il avait accompli un miracle. En 1446, Altan intercéda auprès du pape en faveur du nouveau duc Frédéric, qui venait d'être excommunié et privé de son État, fief du Saint-Siège, et réussit à le faire rentrer dans les bonnes grâces de Rome en 1447. Cette même année, il tint le synode diocésain; l'année suivante (1448), il se distingua par sa charité pendant une peste qui ravagea son diocèse, et tomba lui-même gravement malade. Enfin, en 1450, il fut envoyé en Espagne, où il négocia le mariage de l'infante Éléonore de Portugal avec le nouvel empereur Frédéric III, et mourut, cette même année, à Barcelone, au moment où il allait s'embarquer pour Rome, où Nicolas V, dit Mazzuchelli, avait résolu de le créer cardinal.

Il ne reste de lui qu'un discours en latin, qu'il prononça, le 16 octobre 1433, au concile de Bâle, et qui se trouve dans Labbe-Mansi, *op. cit.*, t. xxx, col. 659-663.

Leoniceno, *Orazione per l'elezione di Tano Altani, conte di Salvarolo, in rettore delle scuole di Padova nel 1471*, Venise, s. a., Udine, 1685. — Battaglini, *Istoria universale di tutti i concilij*, Venise, 1686, IIe part., p. 15 sq., 310, 315. — [Enrico Altan] *Memorie sopra la famiglia de' Signori Altan, conti di Salvarolo*, Venise, 1717. — Spondanus, *Annales ecclesiastici*, t. i, p. 815. — Bzovius, *ibid.*, t. xvi, p. 326, 356, 357. — Rainaldi, *ibid.*, ad ann. 1435, 1436. — Ughelli-Coleti, *Italia sacra*, Venise, 1718, t. ii, col. 792-793. — Mazzuchelli, *Gli scrittori d'Italia*, Brescia, 1753, t. i, 1re part., p. 525-526. — Mittarelli et Costadoni, *Annales camuldulenses*, Venise, 1762, t. vii, p. 127-140, 145. — Liruti, *Notizie delle vite ed opere scritte da' letterati del Friuli*, Venise, 1762, t. ii, p. 304-313. — Lazzari, *Serie dei vescovi ed arcivescovi di Urbino*, Rome, 1795; *De' vescovi d'Urbino*, Urbin, 1806, p. xxi, lxxiii, lxxv-lxxviii. — Cicogna, *Delle inscrizioni veneziane*, Venise, 1830, t. vi, 2^e part., p. 310, note. — Cappelletti, *Le Chiese d'Italia*, Venise, 1845, t. iii, p. 196. — *Il quinto centenario di San Bernardino da Siena nel Seminario arcivescovile di Udine*, Udine, 1880. — Occioni-Bonaffous, *Bibliografia storica friulana*, Udine, 1883, t. ii, p. 590. — Haller, *Concilium Basiliense. Studien und Quellen zur Geschichte des Concils von Basel*. Bâle, 1897-1904, t. ii, p. 170, 194, 198, 201, 216; t. iii, p. 43; t. iv, p. 107; t. v, p. 24, 416.

J. Fraikin.

ALTAVA. Il existait dans l'Afrique romaine deux localités de ce nom, qu'on écrivait aussi à une basse époque *Altaba*, par suite de l'assimilation courante de *b* et du *v*. L'une se trouvait en Numidie, sur la voie de Cirta à Theveste, à 18 milles de cette dernière ville (Itinéraire d'Antonin, p. 11, édit. Parthey et Pinder); l'autre, qui seule nous intéresse ici, était en Maurétanie Césarienne. Elle correspond au bourg moderne de Lamoricière, situé à une trentaine de kilomètres à l'est de Tlemcen. C'était une place militaire occupée par une forte garnison. Au commencement du vi^e siècle (508), un roi indigène y construisit un camp permanent. *Corp. inscr. lat.*, t. viii, 9835 et p. 2059. Les ruines romaines, encore assez considérables il y a une cinquantaine d'années, ont à peu près disparu; mais il subsiste de nombreuses inscriptions, surtout des épitaphes. Soixante-quinze d'entre elles, échelonnées depuis 302 jusqu'en 583, semblent bien désigner des chrétiens, quoique les expressions païennes y soient fréquentes. Le christianisme se développa donc à *Altava* au plus tard vers le début du ive siècle, sans parvenir cependant à se dégager pleinement, au moins dans les formules, de toute solidarité avec la vieille religion. Nous avons déjà fait cette remarque à propos des textes d'Albulae. Voir ce mot, t. i, col. 1739.

On ne connaît qu'un évêque de cette chrétienté, *Avus Altabensis*, qui assista, en 484, à la conférence réunie à Carthage par ordre du roi vandale Hunéric. *Notitia provinciarum et civitatum Africae*, Mauretania Caesariensis, 10, édit. Halm, p. 68; *P. L.*, t. lviii, col. 273, 336.

Corpus inscriptionum latinarum, t. viii et Supplément, p. 254, 841-847, 975, 2059-2064, n. 9831-9905, 21719-21777. — *Thesaurus linguae latinae*, Leipzig, 1900, t. i, col. 1730. — Morcelli, *Africa christiana*, Brescia, 1816-1817, t. i, p. 74. — *Notitia dignitatum*, édit. Böcking, Bonn, 1839-1853, t. ii, Annot., p. 626. — De Mas-Latrie, dans *Bulletin de correspondance africaine*, 1886, p. 94; *Trésor de chronologie*, 1889, col. 1872. — E. Cat, *Essai sur la province romaine de Maurétanie Césarienne*, Paris, 1891, p. 212-214, 255-268. — Aug. Audollent, *Sur un groupe d'inscriptions de Pomaria (Tlemcen), en Maurétanie Césarienne*, dans *Mélanges G.-B. de Rossi*, supplément aux *Mélanges d'archéologie et d'histoire*, publiés par l'École française de Rome, 1892, t. xii, p. 127-135. — Cagnat, *L'armée romaine d'Afrique*, Paris, 1892, p. 619. — Toulotte (Mgr), *Géographie de l'Afrique chrétienne*, Rennes-Paris, 1892-1894, Maurétanies, p. 35-37. — Joh. Schmidt, *Altava*, dans Pauly-Wissowa, *Realencyclopädie*, t. i, col. 1692, cf. *Atoa*, t. ii, col. 2133. — L. Demaeght, *Catalogue raisonné des objets archéologiques contenus dans le musée d'Oran*, Oran, 1895, p. 48-54, n. 111-120. — Diehl, *L'Afrique byzantine*, Paris, 1896, p. 43, 263-265, 327. — S. Gsell, *Les monuments antiques de l'Algérie*, Paris, 1901, t. i, p. 86; *Atlas archéologique de l'Algérie*, feuille 31, Tlemcen, n. 58. — Monceaux, *Histoire littéraire de l'Afrique chrétienne*, 1905, t. iii, p. 188-190. — Mesnage, *L'Afrique chrétienne*, Paris, 1912, p. 481.

Aug. Audollent.

ALTAVAUX (Notre-Dame d'), *Beatae Mariae de Altis Vallibus*, prieuré dans la paroisse de Dournazac, au diocèse de Limoges, aujourd'hui canton de Saint-Mathieu (Haute-Vienne).

Ce prieuré fut fondé par Aymeric Brun, seigneur de Montbrun, qui, pour se préparer un lieu de sépulture, choisit un de ses domaines, sur le bord de la Dronne, où il construisit, pendant les années 1178 et 1179, un monastère, avec une église et tous les autres bâtiments nécessaires; il dota ce monastère de manière que treize religieux et autant de servants puissent y vivre en faisant convenablement le service divin, et en priant pour le fondateur et pour ses parents. La première pierre de cette construction fut posée le lendemain de la fête de l'invention du corps de saint Étienne, premier martyr, le 4 août 1178. Le fondateur s'adressa à Jean de Saint-Val, abbé de la

Couronne, pour avoir des religieux de son ordre, et, lorsqu'il eut traité avec lui, il sollicita du souverain pontife l'autorisation nécessaire pour cette fondation.

Le légat du Saint-Siège, Jean, évêque de Poitiers, se trouvait alors au Peyrat, monastère bénédictin, aujourd'hui hameau de Saint-Cybard-de-Peyrat, canton de La Valette (Charente). Il y était encore avec Pierre de Sonneville, évêque d'Angoulême; Pierre Mimez, évêque de Périgueux; Adémar, évêque de Bayonne; Rainulphe, abbé de Saint-Cybard; Bernard, abbé de Nanteuil; Bernard, abbé de Grosbos; Pierre, abbé de Fontdouce; Pierre, abbé de Celles; et aussi Jean de Saint-Val, abbé de La Couronne, accompagné de quelques-uns de ses religieux, clercs et frères laïcs, entre autres de Géraud de Codouin, prieur, et Pierre d'Arrade, sous-prieur et préchantre de l'abbaye. Évêques et abbés s'étaient ainsi réunis au Peyrat pour y traiter certaines affaires que le pape Alexandre III leur avait confiées, quand Aymeric Brun se présenta devant eux, leur exposa son désir, rappela ses pourparlers avec Jean de Saint-Val, expliqua que l'évêque de Limoges Sebrand, consulté par lui sur l'ordre auquel il devait confier son monastère, lui avait formellement désigné celui de La Couronne (ce qu'attestèrent l'archidiacre de Périgueux, Arnaud et maître Guillaume Painvin), et supplia le légat de donner à sa fondation la consécration de l'autorité apostolique dont il était revêtu. Le légat se prêta volontiers à ce désir, et, en présence de tous les vénérables personnages nommés plus haut, Aymeric Brun investit l'abbé Jean de Saint-Val, pour l'anneau de Pierre, évêque d'Angoulême, du lieu d'Altavaux, appartenances et dépendances, pour y établir un monastère suivant les règles et les usages de La Couronne. La charte donnant tous ces détails, datée de 1180, la vingt-et-unième année du pontificat d'Alexandre III, est conservée aux archives départementales de la Charente.

Le pape approuva ce qu'avait fait son légat, par une bulle du 1er mars 1181, et prit sous sa protection le prieuré d'Altavaux.

Les religieux augustins de La Couronne arrivèrent à Altavaux et en prirent possession le 23 août 1180. Deux jours après, Sébrand, évêque de Limoges, vint les y visiter; il était accompagné d'un grand nombre de religieux et de séculiers. Jean, abbé de La Couronne, et Bernard, abbé de Nanteuil, étaient aussi présents à cette visite.

Cinq ans après, le 25 mai 1186, les religieux d'Altavaux commencèrent la construction d'un nouveau monastère qu'ils mirent sous la protection de Dieu et de la sainte Vierge, de saint Jean, évangéliste, de sainte Madeleine et de tous les saints. Ils furent surtout aidés pour cette construction par Aymeric Brun, qui fut l'auteur de ce projet et aussi l'architecte; il leur donna 1 500 sous tant en argent qu'en bestiaux.

Le 5 octobre 1208, Jean de Veyrac, évêque de Limoges, consacra la nouvelle église d'Altavaux qu'il mit sous l'invocation de la sainte et indivisible Trinité, de la bienheureuse vierge Marie et de tous les saints.

Le dimanche 19 octobre 1212, l'autel, qui était du côté du midi dans cette église, fut consacré par Guillaume Brun, évêque d'Angoulême; et, le dimanche 1er février 1225, Bernard de Savenne, évêque de Limoges, y consacra celui qui était au milieu du chœur.

Les religieux d'Altavaux purent enrichir leur église d'un grand nombre de précieuses reliques.

Ces reliques furent toujours en grande vénération dans l'église d'Altavaux, et elles lui valurent l'octroi d'indulgences spéciales. Au XVIIIe siècle, un bref du pape Clément XII, du 30 juillet 1734, accorde une indulgence plénière à tous ceux qui visiteront cette église avec les dispositions requises, et y prieront pour la paix de la chrétienté, l'extirpation des hérésies et l'exaltation de notre sainte Mère l'Église.

Les religieux d'Altavaux reçurent différents dons des seigneurs du pays et particulièrement de la famille de Montbrun, qui avait fondé le prieuré; ils firent aussi plusieurs acquisitions, et bientôt leurs propriétés se trouvaient répandues dans douze paroisses différentes. Les actes que possèdent les archives départementales nous montrent le prieur Pierre de Saint-Macaire achetant, le 1er septembre 1250, pour 50 livres, monnaie de Limoges, à Aimeric de Bussière, 108 sols de rente et 4 setiers seigle, dans la paroisse de Saint-Pierre-de-Frugie. Au milieu du XIIIe siècle, Hélie et Aimeric Bussière vendent au prieur d'Altavaux leur mas d'Arsac, situé dans la paroisse de Cussac. Le 1er mars 1255 (vieux style), Élie, seigneur de Châlus, vend au prieur d'Altavaux le mas et château de Grateloube, dans la paroisse de Sainte-Marie-de-Frugie. En 1317, Hélie de Salles, en devenant oblat d'Altavaux, porte à ce prieuré ce qu'il possédait dans la paroisse de La Chapelle-Montbrandeix. En 1443, Pierre de Maumont vend au prieur « le domaine utile et féodal » du mas du Puy, dans la paroisse de Cussac, etc.

Géraud de Malemort, archevêque de Bordeaux, qui mourut en 1259, donna par testament 20 sols. Guy Brun, seigneur de Montbrun, par son testament du 30 septembre 1340, donna 40 sous, qui, joints à semblable somme léguée par Tissia de La Roche, sa défunte épouse, produiront 4 livres de rente, pour faire chaque année quatre services anniversaires pour le salut de leurs âmes. Pierre de Montbrun, évêque de Limoges, par son testament du 16 février 1456 (vieux style), donne à l'église d'Altavaux, où seront inhumés ses père, mère et autres parents, cent écus d'or, pour acheter cent sous de rente, à condition qu'on fera chaque année, au jour anniversaire de son décès, un service solennel pour le salut de son âme et de celles de ses parents. Guy de Montbrun, évêque de Condom et prieur d'Altavaux, par son testament du 20 octobre 1486, donne 40 écus de la valeur de 27 sous et 6 deniers, et rappelle que son oncle, Robert de Montbrun, évêque d'Angoulême, dont il est l'exécuteur testamentaire, a aussi fait des donations pour qu'eux et leurs parents aient part aux prières qui sont faites dans le prieuré, etc.

Le prieuré d'Altavaux possédait aussi dans le diocèse de Limoges quelques bénéfices, ce sont : 1° la vicairie perpétuelle ou cure de Saint-Sulpice-de-Dournazac, pour laquelle le prieur présentait les titulaires; 2° la cure de Montbrun; 3° le prieuré-cure de Massignac, près Chabanais; 4° la vicairie de la Moitine, dans l'église de Saint-Martial de Limoges; 5° la vicairie de Sainte-Marguerite, alias de Guy Audouin, dans l'église de Saint-Pierre-du-Queyroix, à Limoges.

Les archives départementales de la Haute-Vienne conservent encore un cahier en parchemin, écrit vers la fin du XIIe siècle, et contenant les règles ou statuts du prieuré d'Altavaux. Malheureusement, la première partie de ce document n'existe plus, mais, tout incomplet qu'il est, il nous fait au moins connaître une partie de la vie des religieux dans ce monastère.

Lorsque les prieurs d'Altavaux étaient nommés, ils devaient, en prenant possession, prêter serment au souverain pontife. Nous connaissons, pour ce prieuré, deux de ces actes : celui du prieur Geoffroy, conservé aux archives départementales de la Charente, et celui du prieur Michel Augereau, conservé aux archives départementales de la Haute-Vienne (D 274). Avec cet acte, on trouve la bulle de provision, *Datum Romae apud sanctum Petrum decimo kalendas decembris* (22 novembre 1585), ainsi que la prise de possession datée de 1586.

La vie de bien des religieux de ce prieuré s'est écoulée calme et solitaire, dans les travaux et la prière, pendant de nombreuses années; mais, sur la fin du XVIe siècle, leur recrutement devint plus difficile. C'est aussi à ce moment que des perturbateurs et des ambitieux, sous prétexte de réforme, allumèrent en France la guerre civile connue sous le nom de guerre de religion, et le monastère d'Altavaux eut le même sort que beaucoup d'autres. En 1569, les calvinistes de l'armée de Coligny, pour faire leur jonction avec le duc de Deux-Ponts, traversèrent cette contrée et, après avoir incendié Marval, Lambertie et Montbrun, firent subir le même sort au prieuré d'Altavaux. Grand nombre d'actes attestent la perte de ses titres dans cet incendie, après lequel les religieux eurent bien de la peine à reprendre la vie commune au milieu des bâtiments ruinés. Le prieur n'y habita plus, et la conventualité cessa bientôt. Des contestations et des compétitions s'élevèrent ensuite à la nomination de nouveaux prieurs. On trouve aux archives départementales de la Haute-Vienne (*D 274*) une procédure engagée par Pierre Deschamps, prêtre de Châlus, pourvu canoniquement du prieuré d'Altavaux, à la mort de Pierre Noailhac, dernier titulaire, contre Jehan de Prohet, religieux de l'abbaye de La Couronne, et Jacques Censolz, « pour raison du possessoire dudit prieuré. » Le procès, porté devant la juridiction de Saint-Yrieix, fut d'abord décidé en faveur de Pierre Deschamps, puis porté en appel devant le parlement de Bordeaux. Mais dès 1573, Jehan Charretier, religieux d'Altavaux, fut substitué « au lieu, droictz et procès » desdits Prohet et Censolz, qui résignèrent en cour de Rome. Le procès se poursuivit alors entre Pierre Deschamps et Jehan Charretier; il fut évoqué au parlement de Paris, en 1576, puis au conseil du roi, et après la sentence finale, Jehan Charretier resta paisible possesseur.

Dans les premières années du XVIIe siècle, le prieuré d'Altavaux, dont les bâtiments avaient été en grande partie détruits en 1569, et peu réparés depuis, fut uni au collège des jésuites de Limoges, après la démission volontaire du sieur Augereau qui en était titulaire, et avec le consentement de Jean de Volvyre, abbé de La Couronne. « L'évêque de Limoges, Henri de La Marthonie, après avoir visité et fait visiter son diocèse, avait reconnu la grande nécessité qu'il y avait de former et instruire les ecclésiastiques au devoir de leur charge; de mettre aux principales paroisses des prédicateurs et des ecclésiastiques pour fortifier et instruire le peuple en la foi et religion catholique, et pourvoir à l'avenir que la jeunesse, tant de la capitale que de l'étendue du diocèse, fût instruite à la piété, vertu et bonnes lettres. Pour cet effet, il s'adressa aux PP. jésuites de Limoges, pour en tirer secours et aide; il se transporta plusieurs fois pour les semondre de l'assister et coopérer dans cette bonne œuvre. Il les trouva dans de bonnes dispositions, et totalement à sa dévotion. Néanmoins, ils lui remontrèrent que depuis huit ans qu'ils étaient dans cette ville, ils s'étaient mis en devoir d'instruire le peuple et la jeunesse, et leur administrer les sacrements, et qu'ils n'avaient fondation suffisante pour entretenir et nourrir la moitié des pères régents et autres religieux nécessaires. Que sur le commandement de leurs supérieurs, ils étaient sérieusement sur le point de se départir de Limoges et du diocèse, si l'évêque ne leur fournissait un remède convenable, ce qu'il leur promit et fit au plus tôt. Car, pour les arrêter et retenir, le prélat a uni à perpétuité à leur collège de Limoges ce prieuré, par décret du 13 août 1605. Ils en prirent possession le 17 du même mois. Le pape confirma cette union par bulle du 3 avril 1608, fulminée le 1er avril 1617. » Le décret de l'évêque de Limoges, la bulle du pape Paul V, et toutes les autres pièces se rapportant à cette union, sont aux archives départementales de la Haute-Vienne, *D 269*.

Les Pères jésuites succédèrent aux religieux augustins, mais ils habitèrent peu ou pas ce prieuré, qui devint une simple exploitation, une ferme. Ils conservèrent cependant une petite chapelle dans une partie des bâtiments du monastère; la grande chapelle où les religieux avaient prié depuis des siècles était ruinée.

Enfin, à la Révolution, tout fut pris et vendu comme bien national. L'inventaire dressé à cette époque le décrit en ces termes : « Le château noble d'Altavaux, composé d'un corps de logis, avec tours, pavillon, chapelle, écurie, granges, colombier, cour, jardin, prés, bois, taillis, forge à fer. »

Aujourd'hui, ce prieuré, fondé par les puissants seigneurs de Montbrun, qui y fixèrent le lieu de leur sépulture, est connu seulement sous le nom de Tavaux. On y trouve encore quelques parties des anciens bâtiments, mais une tristesse mortelle semble régner tant sur les ruines du monastère que sur la solitude des rives sauvages de la Dronne.

PRIEURS D'ALTAVAUX. — Guillaume Dinsel, 1181. — Pierre, 1182. — Gombaud, vers 1182. — Gérald, après 1182. — Arnaud de Clermont, vers 1200. — Hugues d'Aubeterre, 1250. — Pierre de Saint-Macaire, *de sancto Machario*, 1er septembre 1253. — Bernard, 1256. — Arnauld, 1256, 1269. — Étienne, 22 avril 1270. — Aymeric Bussière, 1300, 1310. — Pierre Brun, 1314, 1328. — Geoffroy, installé en 1339, est encore en titre en 1385. — Raymond de Villars, *de Villaribus*, 9 août 1424. — Adémar Céret, 1458. — Adémar Gaye, 1463-1464. — Gui, ou mieux Guillaume de Montbrun, qui devint évêque de Condom, est qualifié prieur d'Altavaux dans son testament du 2 mars 1486. — François de Montbrun, 1501, 1513. — Geoffroy de Montbrun, neveu de François, lui succéda en 1529. — Jean de La Romagière, 1536. — N... Minut. — Pierre de Noailhac, 1563, confidentiaire de Deschamps, puis son compétiteur. — Pierre Deschamps, 1573. — Jean de Prohet, installé le 25 février 1573. — Jean Charretier, du 29 décembre 1579 au 28 novembre 1584. — Michel Augereau, 1585-1605.

A. Lecler, *Pouillé historique du diocèse de Limoges*. Limoges, 1903, p. 486. — J. Nanglard, *Pouillé historique du diocèse d'Angoulême*. Angoulême, 1894, t. I, p. 400-401. — A. Leroux, *Inventaire des archives de la Haute-Vienne*, Limoges, 1882, D 269-334. — A. Lecler, *Monographie du canton de Saint-Mathieu*, 1881, p. 33. — Blanchet, *Histoire de l'abbaye royale de Notre-Dame de La Couronne*, Angoulême, 1889, t. II, p. 355-360.

A. LECLER.

ALTBRONN, abbaye de moniales cisterciennes réformées, à Ergersheim (Alsace), à un kilomètre environ du célèbre pèlerinage de Notre-Dame d'Altbronn, dont elle a pris le nom. Le monastère doit son origine à quelques moniales de Notre-Dame de la Sainte-Volonté de Dieu, à La Riedra, en Valais (Suisse), qui s'étaient réfugiées en Russie, en 1798, et avaient fondé, en 1800, à Rosenthal, près de Darfeld (Westphalie), une maison, sous le nom de Notre-Dame de la Miséricorde. La communauté augmenta rapidement, mais elle dut se disperser, en 1811, lorsque Napoléon supprima toutes les maisons de l'ordre. En 1814, les religieuses allemandes rentrèrent dans leur monastère de Rosenthal, tandis que les moniales françaises allaient s'établir à Laval. Le gouvernement prussien ordonna, en 1825, l'expulsion des moniales de Darfeld, qui se réfugièrent à Oelenberg (Alsace), où vinrent les rejoindre, en janvier 1826, les religieuses d'Aix-la-Chapelle. Le monastère fut érigé en abbaye, le 8 juillet 1827. En 1830, la révolution dispersa encore une fois la communauté, qui se réfugia en Suisse : les moniales purent rentrer dans leur abbaye, le 14 septembre 1833, et, depuis cette époque, leur tranquillité n'a plus été troublée. L'accroissement du nombre de religieuses rendait indispensable un agrandissement des lieux réguliers, que ne permettait pas le voisinage de l'abbaye des moines. Dom François Strunck, abbé d'Oelenberg et Père immédiat des moniales, acheta pour elles, à Ergersheim, une maison de campagne de la famille Müller-Simonis, qui est devenue le monastère actuel. La communauté y fut transférée, le 6 décembre 1895; elle se compose de quatre-vingt-quatre personnes : trente-cinq moniales et trois novices, quarante-deux converses, une novice et trois oblates.

Supérieures et abbesses : Edmond-Paul (Marie-Marguerite) de Barth, 1re prieure de Notre-Dame de la Miséricorde, à Darfeld, 1800-1808. — Hélène (Cécile-Thérèse) van de Broech, 1808-1826. — Stanislas (Marie-Anne) Scheij, 1re abbesse, 1826-1848. — Marie-Joséphine Merklin, 1848-1854. — Humbeline (Hyacinthe) Clercx, 1854-1860, ✝ 24 octobre 1876. — Pélagie (Anna) Faulhaber, 1860-1863. — Élisabeth (Cornélie) van der Grootveen, 1863-1866, ✝ 15 sept. 1867. — Jérôme (Lucie) Lietart, 1866-1881. — Raphaël (Françoise) Lichtlé, 9 février 1881-27 décembre 1881. — Scholastique (Clémentine) Dibling, abbesse depuis le 21 janvier 1882.

Archives d'Altbronn et d'Oelenberg. — Gaillardin, *Les trappistes ou l'ordre de Cîteaux au XIXe siècle*, Paris, 1844, t. II, p. 418. — Gaillemin, *Status generalis abbatiarum... ord. cisterciensis*, Lérins, 1894, p. 72, 88. — Renseignements fournis par D. J. Berchmans, bibliothécaire d'Oelenberg.

R. Trilhe.

ALTBURG, diocèse de Spire, canton de la Forêt-Noire (Wurtemberg), couvent fondé originairement pour des béguines, occupé entre 1460 et 1480 par des dominicaines du tiers-ordre.

Pfaff, *Verzeichn. Würtemb. Klöster*, dans *Correspondenzblatt*, 1876, n. v. — Sauter, *Die Klöster Württembergs, Alphabetische Übersicht*, Stuttgart, 1879.

L. Boiteux.

1. ALTDORF, abbaye bénédictine, située en Basse-Alsace, canton de Molsheim, fondée à la fin du Xe siècle. Saint Léon IX y consacra un autel en 1049 et lui fit don d'un bras de saint Cyriaque, ce qui attira dès lors les pèlerins. Unie au XVe siècle à la congrégation de Bursfeld, l'abbaye d'Altdorf fit jusqu'à la Révolution, où elle disparut, partie de la congrégation alsato-bénédictine. La belle église, du XIIe siècle, sert d'église paroissiale.

Liste des abbés, d'après les sources originales. — Bennon, 999. — Adeloch, 1052. — Ingelbert, 1052. — Welichon, 1083. — Hartmann, 1083. — Diepold, 1097. — Otton, 1138. — Albert. — Berthold, 1171. — Sigefroy. — Gauthier, 1198. — Conrad Ier, 1200. — Jean Ier, 1214. — Henri Ier, 1214. — Rodolphe Ier, 1224. — Conrad II, 1247. — Henri II, 1251. — Jean II, 1267. — Sygmond, 1267. — Wolphelm Ier, 1270. — Jean III, 1310. — Henri de Limpertheim, 1343. — Wolphelm II, 1344. — Jean IV, 1350. — Frédéric Ier, 1381. — Conrad III, 1385. — Henri III, 1415. — Jean V, 1443. — Henri de Rore, 1452. — Wernher, 1466. — Jean de Haguenau, 1480. — Frédéric Hess, 1510. — Kilian, 1550. — Jean Knepfell, 1553. — Gisbert Agricola, se démet en 1556. — Laurent Faust, 1560. — Bernard Mönchberger, abdique en 1578. — Laurent Gutjahr, 1579. — Jean Caspar Brunner, 1594, compétiteur de Georges Laubach, 1623. — Jean Besenmayer, 1634. — Roman Beck, 1639. — Thomas Metzger, 1651. — Bede Held, abdique en 1688. — René Virault, mauriste, 1688, mort en 1691, sans avoir pris possession. — Jean Pfeiffer, 1711. — Grégoire Mattern, 1719. — Benoît Ulrich, 1720. — Amand Zimmermann, 1733. — Antoine Gug, abdique en 1765. — Gall Leugel, 1768. — Cyriaque Spitz, 1790.

Notitia brevis fundationis Altorfiensis, dans Grandidier, *Œuvres inéd.*, t. I, p. 320. — Sattler, *Kurze Geschichte der Bened. Abtei von Altdorf*, 1887. — Schulte, *Mittheil. d. Inst. f. öst. Gesch. Forschungen*, 1883, t. IV, p. 209-213. — Heilig, *Die Bened. Abtei Altdorf*, 1890. — Clauss, *Studien de Raigern*, 1895 et *Wörterbuch*, p. 11. — *Alsatia sacra*, t. I, p. 177.

A.-M.-P. Ingold.

2. ALTDORF (Wurtemberg). Le monastère de bénédictines, fondé en cet endroit, en 910, fut transféré, en 1047, à Altomünster (Bavière) et les moines d'Altomünster à Altdorf. En 1053, ceux-ci transférèrent le monastère à Weingarten. Voir Altomünster, col. 828; Weingarten.

U. Berlière.

ALTDORFER (Georg), fils d'un conseiller d'État à Landshut. Il était docteur en théologie et chancelier à la curie de Salzbourg, lorsqu'il fut élu évêque de Chiemsee, en 1477. En 1490, il assista au concile provincial de Muhldorf et prit une part très active à ses travaux, qui visaient à la réforme de la discipline ecclésiastique. En 1495, à la suite de l'archevêque de Salzbourg, il se rendait à la diète de Worms, convoquée par Maximilien Ier (1493-1519). Mais en traversant la Saale, il fut frappé d'apoplexie et, transporté à Salzbourg, y mourut le 2 mai de la même année.

Jean Aventinus, *Episcoporum Chiemensium catalogus*, dans Oefele, *Rerum Boicarum scriptores*, Augsbourg, 1763, t. I, p. 779. — Rauchenbichler, *Reihenfolge der Bischöfe zu Chiemsee*, dans Deutinger, *Beiträge zur Geschichte, Topographie und Statistik des Erzbisthums München und Freysing*, Munich, 1850, t. I, p. 221-222.

A. Palmieri.

ALTÉMIR Y PAUL (Bartolomé), frère mineur espagnol, né en 1783, fut successivement procureur général, vicaire général et ministre général de l'ordre. Il fut nommé à cette dernière charge par un bref apostolique du 30 janvier 1835. Il fut remplacé dans son office le 13 mai 1838. Chassé d'Espagne par la révolution, il vint se réfugier à Bordeaux et y mourut, le 21 mai 1843. Son corps repose au cimetière de la Chartreuse, dans le caveau des prêtres.

L. Patrem, *Tableau synoptique de l'histoire de l'ordre séraphique*, Paris, 1879, p. 92, 93. — Othon de Pavie, *L'Aquitaine séraphique*, Tournai, 1907, t. IV, p. 486. — Holzapfel, *Manuale historiae ordinis fratrum minorum*, Fribourg, 1909, p. 330.

Antoine de Sérent.

ALTEMPS ou **HOHENEMBS** (Marx Sittich d'), était le fils cadet d'un riche seigneur du Vorarlberg, Wolf Dietrich von Hohenembs, qui avait épousé, vers 1529, la sœur aînée du cardinal Gian-Angelo de Medicis de Milan, le futur Pie IV. Il naquit à Emps, le 19 août 1533. Sa mère souhaitait qu'il suivît la carrière ecclésiastique. Mais celle des armes l'attirait davantage. De bonne heure, il s'engagea avec son frère aîné, Jakob Hannibal, sous les ordres de son oncle, le terrible *condottiere* Gian-Giacomo Medicis, marquis de Marignano, dont le nom était fameux près de tous les hommes de guerre du temps. Il le suivit dans ses campagnes d'Allemagne et d'Italie. A la mort du marquis, il se mit au service de Cosme Ier de Florence, prit part au siège de Sienne et fut fait chevalier de l'ordre espagnol de Saint-Jacques, tandis qu'Hannibal se battait, dans les Pays-Bas, sous les drapeaux du roi d'Espagne. Tous les deux entrèrent en litige, pour l'héritage du marquis de Marignano, avec le plus jeune frère de celui-ci, Agosto Medici, et il lui firent un procès qu'envenimèrent les suspicions mutuelles. Mais ils surent conserver l'amitié du frère aîné, le cardinal Gian-Angelo, dont l'assomption au pontificat (25 décembre 1559) fut saluée par eux comme le commencement de leur fortune.

Dès janvier 1560, ils sont à Rome, où ils disputent les faveurs papales à deux autres neveux de Pie IV, Charles et Frédéric Borromée. Déjà ils ont italianisé leur nom et s'appellent Altaemps ou Altemps. Le 27 avril, Pie IV obtenait de l'empereur, pour eux et leur famille, le titre de comtes d'empire. Bientôt Jakob Hannibal recevait une mission à la cour d'Espagne; mais il s'y conduisit de telle sorte qu'il encourut la disgrâce du pape. Marx Sittich, au contraire, était au début d'une brillante carrière.

Son oncle le pressait d'entrer dans la cléricature. Mais lui restait sourd à de telles exhortations. Un jour qu'il passait près de Saint-Pierre-aux-Liens, ses chevaux s'emportèrent, sa voiture versa et son épée fut brisée en deux tronçons. Cet accident, qui faillit lui coûter la vie, le détermina, dit-on, à se faire ecclésiastique. Le 23 mars 1560, l'ambassadeur impérial écrit à Ferdinand I*er* : *Dominus Marcus Empsus Camerae clericus creatus est.* Presque aussitôt, Marx recevait l'évêché de Cassano, que l'élévation de Pie IV à la papauté avait rendu vacant.

C'était le temps où le pape cherchait à obtenir de l'empereur, des rois de France et d'Espagne, leur assentiment à la troisième réunion du concile de Trente. Il leur envoya trois de ses neveux : Gabriele Serbelloni partit pour la France, Hannibal Altemps pour l'Espagne, et son frère Marx pour l'Allemagne. Celui-ci arriva à Vienne, le 28 juin 1560, *et me et aliis omnibus nescientibus,* écrit au pape, le jour même, le nonce Hosius. Il avait apporté, au dire de Pallavicini, nombre d'objets de dévotion d'un grand prix, pour en faire cadeau à tous les princes de la famille impériale. Sa mission consistait en grande partie à rapprocher du Saint-Siège le fils de Ferdinand, le futur Maximilien II, qui, dans la crainte de n'être pas élu empereur, croyait-on, penchait pour l'hérésie. On lui devait persuader que son élection dépendait plus encore des princes catholiques que des princes luthériens. Comme le jeune nonce était assez peu au courant des affaires ecclésiastiques, son oncle lui avait donné pour mentor l'évêque de Bitonto, Fra Cornelio Musso, le plus célèbre théologien et prédicateur de l'Italie, comme écrit le concile de Trente à Ferdinand I*er*, le 4 juin 1560. C'est à Musso que Maximilien répondit : « Je préfère la paix de la conscience à tous les avantages que le monde pourrait me promettre. »

Pie IV avait envoyé Altemps à la cour impériale, avec l'idée de préparer sa nomination à l'évêché de Constance, dont le titulaire était prince d'empire. Marx serait coadjuteur *cum jure succedendi* de l'évêque, Christof Metzler von Andelberg, qui avait atteint sa soixante-quatorzième année. L'évêque de Lavant, Martin Herkules Rettinger, eut charge de persuader Metzler que c'était là l'unique moyen d'empêcher Constance de tomber, après lui, entre les mains des protestants. Philippe II et Ferdinand appuyèrent la proposition papale. Mais le vieil évêque, *senex et multum heteroclytus,* selon le mot de l'empereur, ne voulut rien entendre. Altemps, disait-il, ne serait que le *devastator episcopatus* et le *proditor patriae.* » Contre lui excite catholiques et hérétiques, écrit Hosius le 8 juillet 1560, et il implore leur secours, comme si on le voulait chasser par force de son siège. » Tout au plus put-on faire élire Altemps chanoine de Constance, du vivant de Metzler. Pie IV tourna alors les yeux vers l'archevêché de Salzbourg, devenu vacant le 17 novembre 1560. Commendone, à son départ pour sa légation d'Allemagne (décembre 1560), eut ordre de solliciter l'aide de Ferdinand I*er* et de son fils. Mais le chapitre, craignant d'être influencé ou empêché par Rome dans son choix, comme dit l'ambassadeur vénitien Soranzo, élut en grande hâte Jakob Kuen-Belasy, successeur de Michael von Kuenburg (28 novembre). Il fallut attendre.

A l'automne de 1561, Metzler tomba malade. A peine le bruit de sa mort est-il parvenu à Rome que Pie IV écrit à son nonce Delfino : « Puisqu'il a plu à Dieu d'appeler à lui l'évêque de Constance, nous désirons que se fasse après sa mort ce que nous n'avons pas voulu exiger de son vivant : c'est-à-dire que le cardinal d'Altemps, notre neveu, lui succède en son évêché, puisqu'il est déjà chanoine de Constance. » Ce bref partit de Rome le 5 septembre 1561, alors que Metzler mourut le 11 seulement. L'empereur tenait à témoigner au pape sa reconnaissance pour la récente restauration de l'archevêché de Prague; à la première demande de Delfino et avant même d'avoir appris la mort de Metzler, il écrivit (13 septembre) au baron Nicolas de Polweiler et au gouverneur impérial de Constance, Georg Spätt, d'avoir à proposer de sa part au chapitre l'élection d'Altemps. Le 6 octobre, celui-ci était enfin élu; et le 11 décembre, il résignait son évêché de Cassano. « La nomination d'Altemps comme évêque de Constance a rempli Sa Sainteté d'une joie inexprimable, écrit, de Rome, l'ambassadeur impérial (25 octobre); le pape reconnaît qu'on la doit surtout aux soins de Votre Majesté et lui en rend de très vives actions de grâces. »

Depuis le 26 février de la même année, Altemps était déjà cardinal-diacre de *S. Angelo in Pescheria*; dans la suite il eut successivement pour églises cardinalices les Saints-Apôtres, Saint-Georges *in Velabro*, Saint-Clément et enfin Sainte-Marie-au-Transtévère.

Cardinal et prince d'empire, Altemps allait être revêtu d'une dignité qu'il n'avait point ambitionnée. Tandis qu'il se trouve à Constance pour prendre possession de son siège et en choisir l'administrateur, Pie IV le nomme cinquième légat au concile de Trente (10 novembre 1561), avec les cardinaux Ercole Gonzaga de Mantoue, Seripando, Hosius et Simonetta. « Pour être neveu de Sa Sainteté, bien vu de la nation allemande et très lié avec la famille des Madruzzi (famille du Trentin, dont les membres occupèrent longtemps le siège de Trente), Altemps ne pourra qu'être très utile au concile, » écrit Borromée au cardinal de Mantoue, le 15 novembre 1561. Pie IV avait déclaré en consistoire que son choix s'était porté sur Altemps, *propter usum Germanicarum rerum et clientelas et vicissitudines, quas habuit cum illa gente.* On espérait qu'un légat d'origine germanique attirerait davantage au concile les évêques allemands. Mais les actes consistoriaux rapportent que beaucoup de cardinaux, surtout de cardinaux-diacres, s'élevèrent contre cette nomination, quoique s'en remettant au pape en dernier ressort. A Rome, on disait tout haut que c'était un coup de la jalousie des Borromée, qui cherchaient à éloigner de Maximilien le neveu. Galeazzo Cusano à Maximilien, 15 novembre 1561; de Lisle à Charles IX, 9 décembre 1561. A l'extérieur, la légation d'un jeune homme de vingt-huit ans, plus au courant de l'art de la guerre que de la science ecclésiastique, ne fit pas bonne impression dans les cours catholiques; et chez les protestants elle éveilla la suspicion et la crainte, en leur permettant d'attribuer au concile un caractère offensif. Luna à Philippe II, 8 décembre 1561; Vergerio au duc de Wurtemberg, 5 décembre 1561.

Altemps apprit sa nomination sur la route du retour, et n'en fut nullement enthousiasmé. Arrivé à Rome le 22 novembre, il retarda tant qu'il put son départ pour le concile. Le 17 décembre, il reçut la croix de légat et, le 10 janvier 1562, il prit le chemin de Trente, qu'il atteignit le 30 du même mois.

Ses aptitudes et sa formation ne le destinaient guère à ses nouvelles fonctions. « Un des légats de Sa Sainteté est en train d'apprendre son Notre Père en latin, » écrit de lui le conseiller impérial Adam Schenkle. Et Pasquin plaisantait ainsi sur sa nomination : *De Mantua, non audit; de Scripando, non audet; de Simoneta, semper scribit; de Varmiense* [Hosius], *semper legit; de Altemps, nec audit, nec audet, nec scribit, nec legit*. L'empereur ne trouvait même dans Altemps aucune qualité pour le cardinalat : *al quale S. Sta potiva far bene con altro che promoverlo al cardinalato*. Delfino à Borromée, 21 février 1563. Tout au plus, comme parent du pape et *persona grata* en cour de Rome, aurait-il pu tenir quelque rôle dans le conflit des intérêts en jeu; mais il n'avait point des gens et des choses l'expérience suffisante. Son manque de lettres et de connaissances théologiques l'empêchait de prendre une part quelconque aux affaires conciliaires. « Le cardinal d'Altemps, écrit Pie IV au cardinal de Mantoue, le 11 janvier 1562, a de Nous l'ordre exprès de se gouverner d'après votre jugement éprouvé et de conformer toutes ses actions aux conseils de votre Seigneurie. Nous vous prions de vouloir bien prendre cette tutelle par amour pour Nous, et de considérer ledit cardinal non seulement comme notre neveu et fils, mais comme très désireux de vous obéir. » Plus tard, quand la confiance du pape se fut retirée de Mantoue pour se porter sur Simonetta, lors de la grande lutte pour la résidence, Altemps eut ordre de suivre ce dernier en toutes les questions qui intéresseraient le service de Dieu, Sa Sainteté et le Saint-Siège. Borromée à Altemps, 11 mai 1562.

La présence à Trente du neveu de Pie IV ne fut point toutefois sans quelque utilité. Altemps travailla, avec l'évêque de Vintimille, Visconti, à rapprocher Mantoue et Simonetta, dont la division avait failli devenir fatale au concile. Et lorsque, après la réconciliation des deux légats, l'évêque de la Cava continuait à mal parler de Mantoue, ce fut Altemps qui eut charge, au nom du pape, de le réprimander vertement. D'autre part, les rapports du jeune légat avec les princes de l'empire ou leurs agents lui permirent de renseigner la curie sur tout ce qui se passait en Allemagne. Il fut en relation avec le duc de Braunschweig, avec les Suisses et, par Pollweiler, avec le duc de Wurtemberg et le roi de Navarre, Antoine de Bourbon.

En juin 1562, il reçut tout à coup de Rome un ordre qui convenait mieux à son caractère que la charge de légat. Pie IV se décidait à intervenir dans les événements de France et à soutenir Charles IX contre les huguenots par les armes et par l'argent. Tandis que le plus jeune des Altemps, Gabriel, recruterait 4 à 6000 Suisses, le cardinal devait lever en Allemagne 2.000 reîtres et 4,000 fantassins, pour passer en France, à la tête des troupes pontificales, comme légat du Saint-Siège. Borromée à Altemps, 6 juin 1562. Mais les conditions imposées par le pape à Charles IX ne furent pas acceptées, et Altemps dut rester à Trente.

A force d'instances, il obtint, le 12 octobre 1562, de visiter son diocèse, à condition qu'il retournerait au concile, aussitôt les affaires urgentes expédiées. Mais à Constance, il apprend qu'une mort prématurée et presque subite vient de ravir le comte Frédéric Borromée à l'affection de Pie IV (19 novembre 1562); en grande hâte il écrit au pape de « se souvenir qu'il n'a pas de plus proche parent que moi et certainement de plus affectionné. » Il veut revenir à Rome, et prendre près du pape et dans ses faveurs la place du défunt. Cette grâce ne lui est point d'abord concédée. Du moins ne retournera-t-il plus à Trente. Borromée en écrit la raison à Mantoue, le 12 décembre 1562 : « Puisque le cardinal d'Altemps est allé à Constance pour ses affaires, Sa Sainteté croit bon de lui faire écrire d'y rester; Elle juge que, Lorraine se trouvant au concile (il y arriva le 13 novembre 1562), la présence d'Altemps est préférable en son évêché qu'à Trente. Votre Seigneurie illustrissime sait en effet que le pape ne l'a pas envoyé au concile comme théologien ou savant, mais seulement comme son neveu et parent des Madruzzi, et parce que son origine germanique pouvait être de quelque utilité pour la cause publique. Maintenant, Sa Sainteté craint, s'il retourne à Trente, que Lorraine ou quelque autre comme lui ne le couvre un jour de honte, en le traitant d'ignorant. » Altemps, de son côté, priait Borromée qu'on le relevât de ses fonctions « pour les raisons que vous savez bien. » Lettre du 3 janvier 1563. Mantoue, qui jusqu'ici avait insisté pour le retour d'Altemps, ne s'opposa plus à son désir. Aussi, quelques jours après avoir reçu l'empereur en sa ville épiscopale (7-13 janvier 1563), le cardinal était autorisé à venir à Rome *a pia er suo*, « où Sa Sainteté et nous tous, ajoutait Borromée, vous verrons volontiers. » La maison de Trente qu'il avait occupée fut donnée à Lorraine, et, le 9 mars suivant, Navagero était officiellement désigné comme son remplaçant au concile.

Tant que vécut son oncle, honneurs et dignités ne manquèrent point à Altemps. Déjà il avait reçu le gouvernement de Fermo (janvier 1562) et avait eu sa part des gratifications concédées par Philippe II aux neveux du pape. Pie IV lui donna encore la légation perpétuelle d'Avignon, l'archiprêtré de Saint-Jean-de-Latran, la charge de grand-pénitencier, l'abbaye de Casanova, au diocèse de Saluces, le gouvernement et la légation de la Marche d'Ancône. A l'avènement de Maximilien II (25 juillet 1564), il l'envoya saluer en son nom le nouvel empereur.

Altemps vit encore les pontificats de Pie V, de Grégoire XIII, de Sixte-Quint, d'Urbain VII, de Grégoire XIV, d'Innocent IX et de Clément VIII. Dans les conclaves qui préparèrent ces pontificats, il joua parfois un rôle prépondérant, comme chef des nombreuses créatures de son oncle. En 1565, il laissa saint Charles Borromée, son cousin, diriger à peu près l'élection de Pie V. De même fit-il, en 1572, pour l'élection de Grégoire XIII. Mais, resté seul chef des conclavistes en 1585, il vit échouer son candidat Sirleto; se laissant alors gagner par le cardinal Ferdinand de Médicis, il fit élire, de concert avec lui, le cardinal Montalto (Sixte-Quint), qu'ils avaient opposé au parti espagnol. En 1591, il se ligua avec Francesco Sforza, neveu de Grégoire XIII, et procura l'exaltation d'Innocent IX.

En dehors des conclaves, le rôle d'Altemps se borna, après la mort de son oncle, à des actes d'ordre religieux. Sous Pie V, il réunit un synode à Constance, pour réformer son clergé et assurer l'application du concile de Trente. Grégoire XIII le nomma protecteur du Collège germanique, avec Morone et trois autres cardinaux. Altemps céda son bénéfice de Mirasol, près Milan, au collège helvétique que saint Charles avait fondé dans sa ville épiscopale; il restaura la basilique de Sainte-Marie-au-Transtévère et fit de nombreuses donations au sanctuaire de Lorette.

Il mourut à soixante-deux ans, le 15 février 1595. Son corps repose dans la chapelle de Sainte-Marie-au-Transtévère qu'il avait édifiée.

Grâce à lui, s'établit en Italie la famille des Altemps, dont plusieurs membres se rendirent célèbres dans le monde des lettres. Cf. Mabillon, *Museum Italicum*, t. I, p. 78, 79. Rome conserve le palais qui porte leur nom.

Archives Vaticanes, *Concilio Tridentino*, 49; *Nunziatura di Germania*, 4; *fonds Barberini*, lat. 2877. — Archives d'État de

Vienne, *Romcorrespondenz*, fasc. 12 et 15. — Ambrosienne de Milan, ms. *241* p. — Paolo Sarpi, *Istoria del concilio Tridentino*, Londres, 1619, l. V, § 57, 78 ; l. VI, § 25 ; l. VII, § 63. — [Dupuy], *Instructions et missives des roys tres-chrestiens de France et de leurs ambassadeurs*, Paris, 1608, p. 68 ; 1654, p. 115. — Pallavicini, *Istoria del concilio di Trento*, Rome, 1656-1657, l. XIV, c. XIII, n. 7 et 8 ; l. XV, c. VI, n. 4, c. XII, n. 10 ; l. XVI, c. XI, n. 10 ; l. XVII, c. III, n. 1 ; l. XVIII, c. XVI, n. 1 ; l. XIX, c. XV, n. 5. — Ciaconius-Oldoinus, *Vitae et res gestae pontificum romanorum et S. R. E. cardinalium ab initio nascentis Ecclesiae usque ad Clementem IX*, Rome, 1677, t. III, col. 934. — Calvi, *Le famiglie notabili Milanesi*, t. III, tavola 15. — Cardella, *Memorie storiche de' cardinali*, t. V, p. 40. — Litta, *Altaemps di Roma*, 1824. — *Acta concilii Tridentini... a Gabriele cardinale Paleotto descripta*, édit. Mendham, Londres, 1842, p. 16. — A. von Steichele, *Das Bistum Augsburg, historisch-statistisch beschrieben*, continué par A. Schröder, Augsbourg, 1861-1903, t. II, p. 128, 134. — Döllinger, *Beiträge zur politischen, kirchlichen und Cullur-Geschichte der sechs letzten Jahrhunderte*, Ratisbonne et Vienne, 1862-1882, t. I, p. 581. — *Miscellanea di Storia italiana*, Turin, 1868, t. V, p. 1019, 1039 ; t. VI, p. 12, 16. — A. Kluckhohn, *Briefe Friedrich des Frommen, Kurfürsten von der Pfalz mit verwandten Schriftstücken*, Braunschweig, 1868-1872, p. 211, 231. — Sickel, *Zur Geschichte des Concils von Trient*, Vienne, 1872, p. 27, 47, 138, 230, 235, 320 ; *Römische Berichte*, Vienne, 1895, t. I, p. 51, 125-127 ; Vienne, 1899, t. III, p. 25, 34 sq., extrait des *Sitzungsberichte der Kais. Akademie der Wissenschaften in Wien, philosophish-historische Classe*, t. CXXXIII et CXLI. — Kausler et Schott, *Briefwechsel zwischen Christoph, Herzog von Würtemberg, und P. P. Vergerius*, Stuttgart, 1875, p. 309. — Diaire de Pedro Gonzalez de Mendoza, dans Döllinger, *Ungedruckte Berichte und Tagebücher zur Geschichte des Concils von Trient*, Nördlingen, 1876, t. II, p. 118. — J. Bergmann, *Die Rheingrafen von und zu Hohenembs*, dans les *Denkschriften der k. Akademie der Wissenschaften in Wien, philosophisch-historische Classe*, t. X, XI. — Turba, *Venetianische Depeschen vom Kaiserhofe*, Vienne, 1889-1895, t. III, p. 152, 155, 164, 175, 319, n. 4. — B. Hilliger, *Die Wahl Pius V zum Papste*, p. 10 sq. — *Documentos inéditos para la Historia de España*, Madrid, 1891, t. XCVIII, p. 98, 262. — Ricardo de Hinojosa, *Los despachos de la diplomacia pontificia en España*, Madrid, 1896, p. 162 sq. — Steinherz, *Nuntiaturberichte aus Deutschland, II*^{re} *Abtheilung*, Vienne, 1897-1903, t. I, p. 59, 69, 71, 72, 74, 96, 100, etc. ; t. III, p. XXI, 1, 5-6, 7, 96, 97, etc. — J. G. Mayer, *Das Konzil von Trient und die Gegenreformation in der Schweiz*, Stanz, 1901-1902, p. 61. — J. Šusta, *Die römische Kurie und das Konzil von Trient unter Pius IV*, Vienne, 1904-1911, t. I, p. 99, 101, 109, 114, 115, 120-121, etc. ; t. II, p. 2, 11, 14-16, 26, 53, etc. ; t. III, p. 28, 38, 60, 80, 98, etc. — P. Herre, *Papstum und Papstwahl im Zeitalter Philipps II*, Leipzig, 1907, p. 106, 349, 578, 584, etc.

G. Constant.

ALTEN (Thierry von), archidiacre de Sarstedt (Hanovre), chanoine de la cathédrale d'Hildesheim, mort le 8 décembre 1502. Il appartenait à une famille bourgeoise d'Hildesheim, qui fournit plusieurs autres ecclésiastiques, notamment un oncle et un frère de Thierry, tous deux du nom de Jean. Le premier, chanoine et trésorier de la collégiale de Saint-Maurice, avait fait un legs destiné à l'érection d'un hôpital dans sa ville natale. Thierry, de concert avec son frère, chanoine et trésorier de la collégiale de Saint-Maurice, augmenta considérablement la fondation en 1488 et put édifier, en 1497, l'hôpital qui porte encore son nom, bien que les bâtiments aient été démolis en 1837. Thierry était licencié en droit canon et official de l'évêque Ernest Ier, comte de Schaumbourg.

A. Bertram, *Die Bischöfe von Hildesheim*, Hildesheim, 1896, p. 103.

L. Boiteux.

1. ALTENBERG, célèbre abbaye cistercienne de la province rhénane, située près de Mülheim. Elle fut fondée, en 1133, par les deux frères Eberhard et Adolphe, comtes d'Altena. Eberhard était convers à Morimond, d'où sortit la première colonie de cisterciens destinée à Altenberg. En 1139, le pape Innocent II prit l'abbaye sous sa protection. Les moines s'étaient d'abord installés au château des comtes d'Altena ; en 1145, ils transférèrent l'abbaye dans la vallée arrosée par la Dhuna et y construisirent la première église. Le nouveau monastère se développa heureusement, grâce à la protection bienveillante des archevêques de Cologne et des comtes de Berg. L'église primitive fut sérieusement endommagée en 1222 par un tremblement de terre ; en 1255, les moines commencèrent la construction d'une nouvelle église en style gothique.

Au XVIe et au XVIIe siècle, l'abbaye eut beaucoup à souffrir des guerres, surtout de la guerre de Trente ans. Les moines durent s'enfuir ; l'église et le monastère furent saccagés. Le désastre se renouvela à la fin du XVIIIe siècle, principalement lors du passage des troupes du général Hoche, qui imposa à l'abbaye une contribution de guerre presque exorbitante. L'abbaye fut supprimée le 12 septembre 1803 et les bâtiments vendus pour la somme de 26 415 écus, sous la condition que l'église serait conservée. En 1816, le monastère fut détruit par un incendie ; l'église souffrit beaucoup et s'écroula en partie, mais elle a été restaurée peu à peu, principalement par les soins d'une société établie dans ce but, l'*Altenberger Domverein*. Depuis 1856, l'église, regardée par tous comme un monument remarquable pour l'histoire de l'art, attire de nombreux visiteurs.

Liste des abbés (d'après le *Gallia christiana* et le *Nécrologe*, *Totenbuch*, de l'abbaye). — Bernon, d'abord moine à Morimond et premier abbé, 1131-1151. — Dudelin, 1151-1155. — Hermann Ier, 1155-1162. — Rixo, 1162-1173. — Bodo, 1173-1181. — Goswin, 1181-1202. — Arnold Ier, 1202-1203. — Richold ou Ricolph, 1203-1216. — Hermann II, 1216-1225. — Godefroy Ier, 1225-1238. — Bruno, 1238-1242. — Eberhard, 1242-1250. — Gyseler, 1250-1265. — Théodoric Ier, 1265-1276. — Otton, 1276-1280. — Marsile, 1280-1289. — Henri Ier, 1289-1303. — Jacques Ier, 1303-1312. — Jean Ier, 1312-1314. — Théodoric II, 1314-1320. — Reynard, 1320-1330. — Philippe, 1330-1335. — Henri II, 1335-1338. — Hermann III de Horrichem, 1338-1346. — Louis, 1346-1362. — Pilger ou Pelegrin, 1362-1366. — Guillaume Ier, 1366-1370. — Jean II de Schalverenburg, 1370-1380. — André de Monhem, 1380-1388. — Jean III de Hauenbergh, 1388-1419. — Henri III de Werden, 1420-1430. — Jean IV Rente, 1430, résigne en 1440. — Jean V Rodenhoven, 1440-1462. — Jean VI Schlebusch, 1462, déposé en 1467. — Arnold II de Munckendam, 1467-1490. — Barthélemy Frinck de Castert, 1490, résigne en 1496. — Henri IV Reuffer ou Ruyffer de Brauweiler, 1496-1517. — Gérard de Neuenahr, 1517-1524. — André II Boir, 1524-1536. — Mathias Boir, 1536-1538. — Guillaume II Hittorp, 1538-1560. — Winand Duxman, 1560-1568. — Godefroy II Zundorp, 1568-1591. — Pierre Ier Neuenahr, 1591-1601. — Barthélemy II d'Anstell, 1601-1614. — Pierre II Rodenkirchen, 1614-1627. — Melchior de Mondorff, le premier abbé mitré d'Altenberg, 1627-1613. — Jean VII Blanckenberg, 1643-1662. — Godefroy III Gummersbach, 1662-1679. — Gilles Siepen, 1679-1686. — Jacques II Lohe, 1686-1707. — Jean VIII Henning, 1707-1720. — Paul Euskirchen, 1720-1723. — Godefroy IV Engels, 1723-1739. — Jean IX Hoerdt, 1739-1779. — François Cremer, 1779-1795. — Joseph Greef, 1796, jusqu'à la suppression de l'abbaye ; il mourut à Cologne le 26 mars 1814, âgé de soixante-dix ans.

Clemen et Renard, *Die Kunstdenkmäler der Rheinprovinz*, Düsseldorf, 1901, t. V. — Flormann, *Altenberg im Dhuntal und der bergische Dom*, Düsseldorf, 1881. — O. Schell, *Führer*

durch Altenberg im Dhuntal, Elberfeld, 1899. — Biercher, *Die Kirche zu Altenberg in histor. und architektonischer Beziehung*, dans *Kölner Domblatt*, 1843, n. 32, 33. — H. Höfer, *Beiträge zur Geschichte der Kunst der Cistercienser in den Rheinlanden (Altenberg)*, dans *Studien und Mittheilungen aus dem Benediktiner- und Cistercienser-Orden*, 1899, t. xx, p. 3-17. — *Gallia christiana*, t. III, col. 787 sq. — D. G. Wellstein, *Ein Totenbuch der Abtei Altenberg*, dans *Cistercienser-Chronik*, 1909, t. xxi, p. 257, 291, 324 sq.
A. STEIGER.

2. ALTENBERG (ou **ALDENBURG**), sur la Lahn, arrondissement de Wetzlar, diocèse de Trèves, monastère de religieuses de l'ordre de Prémontré. Un prêtre, nommé Nicolas, fit l'acquisition de la colline d'Altenberg et y bâtit une maisonnette avec une chapelle, dont il fit don, en 1178, à l'abbé Engelbert de Rommersdorf. Celui-ci agrandit les bâtiments et y installa les religieuses prémontrées de Wülfersberg. La translation fut approuvée par l'archevêque Arnold Ier de Trèves (1169-1183); le pape Alexandre III confirma la fondation en 1180, et l'empereur Frédéric Ier prit le monastère sous sa protection. Successivement les rois ou empereurs, Henri VI, Guillaume de Hollande, Richard de Cornouailles, Rodolphe Ier, Adolphe de Nassau, Henri VII, Louis de Bavière, Charles de Bohême, Frédéric III, etc., lui donnèrent des lettres de protection et confirmèrent ses privilèges. Le monastère devint surtout célèbre durant l'administration de sainte Gertrude, la fille de sainte Élisabeth de Hongrie. Au temps de la réforme protestante, les religieuses, malgré toutes les sollicitations et les tribulations, restèrent fidèles à leurs vœux et à la religion de leurs pères. La prieure Agnès II de Solms supporta, avec quarante-six religieuses, toutes sortes de vexations de la part de son frère Bernard de Braunfels, luthérien, qui convoitait les biens du monastère et aurait voulu en chasser sa sœur. Le couvent eut beaucoup à souffrir durant la guerre de Trente ans. La prieure Christine Bayer, native de Coblenz la seule prieure qui ne fût pas d'origine noble, se transporta avec ses religieuses à Wetzlar, dans une maison nouvellement bâtie (24 septembre 1643). L'année suivante, Altenberg fut brûlé par les protestants et réduit en cendres. Quelque temps après, les religieuses revinrent dans leur monastère, qui fut de nouveau dévasté par les Suédois en 1684. Vers 1730, Altenberg avait treize sœurs de chœur et quatre sœurs converses. En 1803, le couvent fut sécularisé par décret de Napoléon Ier. Les quatre paroisses de Ober-Biel, Nieder-Biel, Steindorf et Albshausen, sur lesquelles il avait exercé le droit de patronage (en nommant le curé) pendant le moyen âge, étaient devenues protestantes lors de la Réforme et naturellement par là même le patronage avait cessé. L'église du monastère, bâtie vers 1250-1267, du temps de sainte Gertrude, était en forme de croix et à une nef. Elle gardait les reliques de sainte Gertrude, un bras de sainte Élisabeth de Hongrie, l'anneau de fiançailles de la même sainte, une chasuble rouge faite de la robe nuptiale de la sainte veuve, un plat d'argent avec l'inscription : *Cantharus sanctae Elizabeth* MCCXXXVII, un calice donné par sainte Gertrude, etc. L'église est désaffectée depuis la sécularisation.

LISTE (incomplète) DES PRIEURES OU MAÎTRESSES (d'après les *Annalen des hist. Vereins für den Niederrhein*, 1855, t. 1). — Laodimia (?). — Christine de Biel, † 22 avril 1248. — Sainte Gertrude, † 13 août 1297. — Catherine, comtesse de Nassau, † 1322. — Gertrude (sœur de Catherine de Nassau), 1329. — Magna ou Mena, 1343 et 1349. — Catherine de Solms, 1350 et 1351. — Heilka (ou Hélica) de Ziegenhain, 1356. — Anne de Solms, † 10 mars 1385. — Catherine de Nassau, † 1399. — Lysa. — Hedwige de Driedorf. — Willeburge. — Gutta. — Anne, comtesse de Rheineck. — Imagina. — Agnès de Solms, 1478, † 21 mai 1490. — Agnès II de Solms, † 1531. — Anne de Dudelsheim, 1552. — Marie de Rolshausen, 1559. — Marie Schenk de Schweinsberg, † 1580. — Dorothée de Dudelsheim, † 1605. — Élisabeth Scheid, dite Weschpfennig, † 1626. — Anne-Élisabeth Ridesel de Bellersheim, † 1635. — Christine Bayer. — Catherine de Ders, † 1655. — Marthe-Madeleine de Hoppen, † 1684. — Anne-Marguerite Forstmeister de Gelnhausen, † 26 juillet 1721. — Catherine-Marguerite de Calenberg, † 30 sept. 1732. — Anne-Françoise de Kelschau (ou Katschau), † 1749. — Catherine de Schleifras, † 1766. — Julienne de Lehrbach, † 1771. — Françoise de Wevelt, † 1780. — Éléonore de Bastheim, † 1795. — Louise-Norbertine de Bode, se retira, après la suppression du couvent, à Coblenz où elle mourut le 10 avril 1814.

Hugo, *Sacri et canonici ordinis Praemonstratensis annales*, Nancy, 1734, t. i, col. 155-158; t. III, col. LXXXII-CII (documents). — *Gallia christiana*, t. XIII, col. 667-668. — *Annalen des histor. Vereins für den Niederrhein*, 1855, t. i, p. 147-149.
G. ALLMANG.

3. ALTENBERG, plus tard *Kirchberg*, diocèse de Wurzbourg, circonscription de Volkach (Basse-Franconie), couvent de béguines, fondé au XIVe siècle par une colonie de Hohenbirkbach, près d'Ébrach (même diocèse), supprimé, en 1442, par l'évêque Jean de Braun. La dernière religieuse se retira à l'ermitage de Hohefeld.

Bavaria, Landes und Volkeskunde, 1860-1868, t. IV, 1re part., p. 557.
L. BOITEUX.

ALTENBOURG. L'abbaye bénédictine de Saint-Lambert d'Altenbourg, près de Horn (Basse-Autriche), fut fondée, en 1144, par Hildeburge, née comtesse de Rebegau, veuve du comte Gebhard de Buige, et peuplée par une colonie de moines venus de Saint-Lambrecht en Styrie. L'histoire du monastère n'offre guère d'événements remarquables avant le commencement du XIVe siècle, où il fut pillé et détruit par les Hongrois (1304). Les comtes de Gars ne tardèrent pas à le relever. En 1427 et 1467, il eut à souffrir des incursions des hussites qui l'incendièrent. Le XVIe siècle fut une époque de décadence : vexations des voisins, contributions de guerre, révoltes des paysans, invasion du protestantisme, tout contribua à la ruine matérielle et morale du monastère. Les incursions des protestants ne cessèrent qu'avec la reddition de la ville de Horn, où le culte catholique fut rétabli en 1621 En 1645, nouveau pillage par les Suédois. L'abbé Benoit Leiss, profès de Melk, prit une part importante à l'œuvre de la recatholisation du pays. En 1663, ordre fut donné de fortifier le monastère contre les Turcs. En retour d'une contribution importante pour la construction de la forteresse d'Arath, Léopold Ier unit à Altenbourg l'abbaye de Tyhani en Hongrie (9 avril 1701), mais Altenbourg s'en dessaisit, en 1716, en faveur de l'abbaye de Martinsberg.

Au nombre des écrivains qu'a produits le monastère, il y a lieu de mentionner le P. Amand Raiser († 1716), auteur ascétique, et l'abbé Honorius Burger, auteur de nombreux travaux historiques relatifs à Altenbourg.

Le monastère compte une trentaine de religieux; il a sous sa dépendance neuf paroisses incorporées et quatre filiales.

LISTE DES ABBÉS. — Godefroid, 1144-† vers 1168. — Wichard, vers 1169-† vers 1182. — Erchenfride, † 13 juillet, vers 1196. — Winther, cité en 1200, 1204, † vers 1206-1207. — Adalbert, cité 1207. — Pabon, cité 26 juillet 1210, † vers 1237. — Winther, 1237, 1259. — Ulric, cité 1262, 1282. — Conrad, 1283, 1289. — Walchun, 1290, 1295. — Sifride, 1297-† 5 mai 1320. — Henri, 1320-1327. — Albert, 1327-16 février 1333.

— Matthieu, 1333-vers 1354. — Sifride II, 1355, 1384. — Sifride III, 1385-1392-1393. — Jean, 1396-1ᵉʳ octobre 1411. — Laurent, † vers 1416. — Conrad, 1417, 1449. — Wolfgang, 1451-1459. — Wolfgang de Meissau, 1459-1466. — Étienne Vetz, 5 septembre 1466-9 juillet 1484. — Paul Khren, 1485-1488. — Mathieu, 1488-1491. — Laurent, 1491-9 janvier 1502. — Jean Premb, résigne en 1511, † 18 avril 1517. — André, 30 octobre 1511-15 octobre 1519. — Gall, 5 novembre 1519-7 mai 1552. — Léopold Hasberger, 14 décembre 1552-13 septembre 1575. — Georges Striegel, 13 janvier 1576, abbé des Écossais à Vienne, 13 avril 1582, † 22 février 1608. — Gaspar Hofmann, 13 août 1583, abbé de Kleinmariazell, 1575, et de Melk, 1587, † 2 mars 1623. — Thomas Zenner, 1600-10 juin 1618. — Jean Anser, 1618-11 mars 1622. — Georges Federer, 1622-3 septembre 1635. — Zacharie Frey, 27 septembre 1635-9 mars 1648. — Benoît Leiss, 8 juin 1648-2 août 1658. — Maur Boxler, 21 octobre 1658-12 septembre 1681. — Raymond Regondi, 26 octobre 1681-22 mars 1715. — Placide Much, 19 mai 1715-15 avril 1756. — Juste Stuer, 20 octobre 1756-24 février 1762. — Willebald Palt, 12 avril 1762-18 janvier 1768. — Berthold Reisinger, 20 avril 1768-29 septembre 1820. — Aloys Messerer, 24 janvier 1821-21 janvier 1842. — Honorius Burger, 31 octobre 1842-21 juillet 1878. — Placide Leidl, 16 juin 1879-23 juillet 1889. — Ambroise Delré, 30 octobre 1889-12 mars 1903. — Augustin Mayrbaeurl, élu le 2 juillet 1903.

Austria sacra, t. VIII, p. 40-46. — Alois Messerer, *Succinctum chronicon praecipuorum domus nostrae momentorum e documentis tabularii nostri excerptum (usque ad annum 1820 incl.)*, s. l. n. d., Vienne, 1839. — Honorius Burger, *Geschichtliche Darstellung der Gründung und Schicksale des Benedictiner-Stiftes St. Lambert in Altenburg in Niederösterreich, dessen Pfarren, Besitzungen...*, Vienne, 1862; *Verbesserungen, Zusätze und Nachträge...*, Horn, 1869; *Catalogus religiosorum... monasterii... in Altenburg ...e necrologio monasterii excerptus*, Vienne, 1864; *Catalogus..., ab anno 1800-1804*, Vienne, 1864; *Catalogus..., ab anno 1800-1868*, Horn, 1868; *Urkundenbuch der Benedictinerabtei zum hl. Lambert in Altenburg, 1144-1522 (Fontes rerum Austriac., XXI)*, Vienne, 1865. — C. Wolfsgruber, *Stift Altenburg*, dans S. Brunner, *Ein Benediktinerbuch*, Wurzbourg, 1880, p. 76-83. — P. Friedr. Endl, *Baugeschichte des Stiftes Altenburg*, dans *Mittheil. des Wiener Alterthumsvereines*, 1890, t. XXVI, p. 173 sq.; *Ueber Studium und Wissenschaften im Benedictinerstifte Altenburg ...seit den ältesten Zeiten bis um die Mitte des XIX Jahrh.*, dans *Studien und Mittheil. aus dem Bened. Orden*, 1899, t. XX, p. 146-151, 458-470; *Aus unruhigen bedrängten Zeiten*, ibid., 1901, t. XXII, p. 568-577; *Ein Znaimer Bildhauer des XVII Jahrh. ...im Stifte Altenburg*, ibid., 1902, t. XXIII, p. 632-633; *Beziehungen des Stiftes A. zum Piaristencolleg zu Horn*, ibid., 1903, t. XXIV, p. 58-67, 282-303, 582-597; *Die Statue des Stifts-Baumeisters Munkenast...*, ibid., 1906, t. XXVII, p. 114-119. — Alf. Grenser, *Die Wappen der Aebte von Altenburg mit historischen Notizen*, dans *Adler, Neue Folge*, 1891, t. I, p. 1-20. — Pirmin Lindner, *Monasticon metropolis Salzburgensis antiquae*, Salzbourg, 1908, p. 265-268.

U. BERLIÈRE.

ALTENBURG. Voir ALDENBURG, col. 48.

ALTENCAMP. Voir CAMP.

ALTENHOHENAU (Haute-Bavière), monastère de dominicaines, fondé et doté par le comte Conrad de Wasserburg (3 février 1235). L'empereur Frédéric II donna au couvent une lettre de protection (juin 1235), et le pape Innocent IV en confirma les biens, possessions et privilèges et le soumit à la direction spirituelle des dominicains (26 avril 1246). Le 9 juin 1294, le pape Nicolas IV exempta le monastère de toute redevance qu'on pourrait exiger au nom du pape. Vers la fin du XVᵉ siècle, le monastère compta parmi ses membres la fille du duc Georges de Bavière, Marguerite, à laquelle le provincial des dominicains d'Allemagne, Jacques Sprenger, octroya par un privilège particulier de nombreuses dispenses de la règle commune. La princesse avait d'abord été religieuse bénédictine au monastère de Neubourg (diocèse d'Augsbourg), auquel elle retourna en 1522. Les privilèges et immunités d'Altenhohenau furent très souvent confirmés par les ducs de Bavière, entre autres par Guillaume IV et Louis en 1531, Albert V en 1551, Guillaume V en 1580, Maximilien Iᵉʳ en 1599, etc. En 1716, le couvent obtint du duc Maximilien-Emmanuel le privilège de vendre de la bière moyennant une redevance annuelle de 3 florins, 25 sous et 5 deniers. Le couvent fut sécularisé en 1803. Les anciens bâtiments n'existent plus qu'en partie; dans l'ancienne église, dédiée à saint Pierre, il y a encore, plusieurs fois par année, des services religieux.

LISTE DES PRIEURES (d'après les documents). — Benoîte (?). — Alheit de Mosen, en 1290-1294. — Élisabeth, en 1296. — Ita, 1302. — A..., 1311. — Catherine, 1392. — Mechtilde, 1328-1339. — Irmgarde, 1342. — Elgeben, 1348. — Gertrude d'Aerding, 1351. — Catherine, 1355-1361. — Diemuth von Mall, 1370. — Gertrude Geroltin, 1372. — Adélaïde, 1381 (?). — Anne Krayburger, 1388. — Erntrude, 1393-1396. — Catherine Drescher, 1400. — Élisabeth Volckwein, 1421. — Wandelbourg Sawer. — Wandelbourg Eder, 1456. — Apollonie im Hof. — Marguerite Kienzelmann, 1479. — Barbe Schueler. — Anne Zinner. — Claire Rueshamer, 1518. — Catherine Fraunhofer, 1521. — Hildegarde d'Utenriedt, 1524. — Marguerite Fux, 1540. — Anne Hund, 1553. — Afre Stadler, 1560. — Élisabeth Stettner, 1593. — Anne Degenhardt, 1616.

Monumenta Boica, Munich, 1806, t. XVII, p. 1-94 (contient 73 documents, de 1235-1716; publication fautive et très incomplète). — Al. Mitterwieser, *Regesten des Frauenklosters Altenhohenau am Inn*, dans *Oberbayerisches Archiv*, Munich, 1909 sq., t. LIV sq. (publication très complète, d'après les archives du monastère, conservées dans la bibliothèque royale de Munich).

G. ALLMANG.

ALTENMARKT, diocèse de Passau, près de Osterhofen (Basse-Bavière), couvent de bénédictins fondé en 740, par Odilon, duc de Bavière. En 1002, le duc Henri IV (saint Henri II) y introduisit des chanoines réguliers. En 1138, Otton, évêque de Bamberg, les remplace par des prémontrés. En 1288, ils reçoivent un abbé. En 1783, la princesse Marianne Sophie y installe des chanoinesses nobles. Le couvent fut supprimé en 1814.

Bavaria, Landes-und Volkeskunde, 1860-1868, t. I. 2ᵉ part., p. 1143. — Böhmer, *Fontes rerum Germ.*, 1813-1868, t. II, p. 554.

L. BOITEUX.

ALTENMEDINGEN, dans l'ancien diocèse de Verden, aujourd'hui d'Hildesheim, canton de Uelsen (Hanovre), couvent de cisterciennes transplanté de Bodendorf, en 1237, transféré, en 1333, à Tzellensen, aujourd'hui Medingen. Le couvent était patron de Altenmedingen. Il est occupé actuellement par des religieuses protestantes.

Büsching, *Neue Erdbeschreibung*, 1754-1792, t. III, p. 160. — Manecke (U. F. C.), *Topographisch-historische Beschreibungen der Städte, Aemter... im Fürstentum Lüneburg*, 1858, t. I, p. 389. — Mithoff (H.W.H.), *Kunstdenkmäler und Alterthümer im Hannoverschen*, 1871-1880, t. IV, p. 14.

L. BOITEUX.

1. ALTENMÜNSTER, premier emplacement de l'abbaye de Lauresham (ou Lorsch, voyez cet article), fondée en 763 par le comte Cancor et sa mère Williswinde. Le monastère, situé sur un îlot (maintenant disparu) formé par la petite rivière de la Weschnitz, fut bientôt insuffisant pour le nombre toujours croissant des religieux, et un nouvel emplacement fut choisi tout près du village de Lorsch. Altenmünster resta un prieuré sans importance qu'on trouve mentionné pour la dernière fois en 1179.

W. Wagner et Fr. Schneider, *Die vormaligen geistlichen Stifte im Grossherzogtum Hessen*, Darmstadt, 1873, t. I, p. 162-165, 508-510. — Fr. Falk, *Geschichte des Klosters Lorsch*, Mayence, 1866.

G. ALLMANG.

2. ALTENMÜNSTER (*Monasterium veteris cellae* ou *Sanctae Mariae*), ancienne abbaye de religieuses bénédictines à Mayence, dédiée à la sainte Vierge, fondée vers 700 par sainte Bilhilde. En 1212, l'archevêque Siegfried III adressa au chapitre général de l'ordre de Cîteaux une supplique pour demander que les religieuses qui, jusque-là, avaient servi Dieu dans l'habit noir des bénédictins et qui, à son instigation, avaient pris l'habit blanc de Cîteaux, fussent agrégées à cet ordre. La supplique fut agréée en 1243, et le monastère subordonné à l'abbaye d'Éberbach. En 1254, Innocent IV prit l'abbesse et le couvent sous sa protection. Quand, en 1657, le prince-archevêque voulut élargir les fortifications de Mayence, les religieuses durent se retirer vers l'intérieur de la ville et l'ancien couvent avec son église, situés sur la nouvelle ligne des remparts, furent démolis. Le nouveau monastère fut supprimé le 15 novembre 1781, par un décret de l'archevêque Frédéric-Charle d'Erthal et ses revenus réunis au fonds de l'université de la ville. Les religieuses survivantes devaient recevoir jusqu'à leur mort, selon leur âge et leur rang, des pensions de 300, 200 ou 100 florins. Il est à remarquer que la dernière religieuse, morte seulement le 15 septembre 1832, Bilhilde Hahn, s'appelait du nom de la sainte fondatrice. Le couvent devint, en 1785, une école de maternité; l'église fut cédée en 1802 aux protestants, qui la gardèrent jusqu'en 1808. Ensuite, couvent et église servirent d'hôpital militaire et, depuis 1866, sont devenus des casernes.

LISTE DES ABBESSES. — Sainte Bilhilde (voir ce nom), vers 700. — Hadewige, 1158. — Sophie, 1170-1184 et 1193. — Irmentrude d'Eppstein, 1236. — Mathilde (date inconnue), morte un 21 décembre). — Isengarde, 1259. — Élisabeth, 1277. — Marguerite, 1279. — Cunégonde, 1336. — Marguerite Bart, 1387-1389. — Claire, 1409. — Dyne, 1415. — Pétronille de Bubenhausen, 18 mars 1495. — Irmela, 1503. — Irmengarde de Düttelsheim, † 15 juin 1521. — Cunégonde, 1537. — Catherine de Staffel, † 20 avril 1560. — Catherine de Lindau, 1563. — Christine de Bingen, au XVIIᵉ siècle (?). — Agnès Boltzhofler, XVIIᵉ siècle (?), morte un 1ᵉʳ avril. — Élisabeth Zinner, 1632-6 avril 1663. — Anne-Catherine Rommerskirchen, 1671-30 avril 1698. — Anne-Christine Fischer d'Eltville, 1698-11 août 1720. — Marie Lutgarde Wlich, 1720-18 janvier 1728. — Marie Fides Peetz, 1728-8 janvier 1767. — Élisabeth-Thérèse Fritz, dernière abbesse, de 1767-1781, † 21 août 1794. Cette liste a bien des lacunes et n'est à peu près complète qu'à partir du XVᵉ siècle, où les noms commencent à être marqués dans un nécrologe malheureusement un peu mutilé.

W. Wagner et F. Schneider, *Die vormaligen geistlichen Stifte im Grossherzogtum Hessen*, Darmstadt, 1878, t. II, p. 95-98, 134-146.

G. ALLMANG.

ALTENSTADT, diocèse d'Augsbourg, circonscription de Schongau (Haute-Bavière), commende de l'ordre des templiers.

Bavaria, Landes und Volkeskunde, 1860-1868, t. I, p. 911. — Boxler, *Geschichtl. Nachrichten von Schongau Altenstadt*.

L. BOITEUX.

ALTENSTEIG ou **ALTENSTAIG** (JEAN), théologien. Il était originaire de Mindelheim en Souabe. En 1510, on le trouve professeur de philosophie et de théologie à Polling, chez les chanoines réguliers de Saint-Augustin. Vers 1523, il devint curé de sa ville natale. Outre plusieurs écrits philologiques, il composa un *Vocabularium theologicum*, in-fol., Haguenau, 1517, réimprimé plusieurs fois. Une édition augmentée parut à Cologne en 1619, grâce aux soins de Jean Tytz.

Hurter, *Nomenclator*, Innsbrück, 1899, t. IV, col. 1051. — Jöcher, *Allgemeines Gelehrtenlexikon*, Leipzig, 1750, t. I, p. 306. — Adelung, *Fortsetzung zu Jöchers Gelehrtenlexikon*, Leipzig, 1784, t. 1, p. 652.

J. PIETSCH.

ALTENSTEIN (KARL FREIHERR VON STEIN ZUM), né à Ansbach le 1ᵉʳ octobre 1770, mort le 14 mai 1840, à Berlin. Après des études de droit à Erlangen et à Gœttingue, au cours desquelles il s'occupa aussi de philosophie religieuse et de botanique, il entra dans le fonctionnarisme prussien. Il devint référendaire à Ansbach et, dans ce poste, fut remarqué par Hardenberg, qui l'appela à Berlin en 1799. Après avoir occupé avec un médiocre succès, du 24 novembre 1808 au 4 juin 1810, les fonctions de ministre des Finances, Altenstein fut appelé, le 3 novembre 1817, à la tête du « ministère des Affaires ecclésiastiques, scolaires et médicales, » ministère nouvellement créé, dont il fut le premier titulaire. Ces diverses affaires, auparavant, dépendaient d'une section du ministère de l'Intérieur. Schuckmann, qui dirigeait cette section, était un bureaucrate à poigne rude et d'une logique un peu despotique; Altenstein, plus fin, plus nuancé, plus opportuniste aussi, apporta au ministère des Cultes d'autres méthodes. Il ne chercha pas à donner une impulsion personnelle, à exercer une influence d'ensemble; il aimait mieux s'adapter aux circonstances que d'adapter les circonstances à des plans préconçus. Les collaborateurs excellents dont il sut s'entourer, Nicolovius, Süvern, Jean Schulze, Beckedorf, le trouvaient fort accessible à leurs suggestions. Le ministère d'Altenstein coïncidait avec une période où se développaient, dans la protestantisme, par réaction contre le rationalisme, certains courants piétistes et mystiques : la haute bureaucratie de l'Église évangélique était hostile à ces courants, et la circulaire ministérielle de 1826 « sur le mysticisme, le piétisme et le séparatisme » satisfit ces haines de la haute bureaucratie. Altenstein apparut aussi comme trop autoritaire dans la lutte qu'il soutint contre les vieux luthériens, qui refusaient de se laisser docilement « amalgamer » dans l'Église évangélique unie, fondée par Frédéric-Guillaume III. Malgré sa douceur de formes et le calme naturel de son humeur, il était imbu de certaines idées sur les droits de la souveraineté territoriale à l'endroit de l'Église, et les conclusions pratiques qu'il en tirait risquaient fort, sans qu'il s'en doutât, de ressembler à des actes d'intolérance.

C'est ainsi que, dans un rapport du 2 novembre 1833, Altenstein expliqua que le roi, en vertu de son *jus liturgicum*, pouvait prescrire une *Agende* à toutes les communautés luthériennes et calvinistes; que toutes les plaintes sur la violation de la conscience étaient sans fondement, et que tous ceux qui, à cause de la liturgie nouvelle, sortaient de l'Église, devaient être poursuivis et punis comme de dangereux sectaires. Le ministre de la Justice Mühler contesta ce dernier avis, et la plupart des accusés furent acquittés.

Altenstein, pour la collation des chaires universitaires de théologie protestante, cherchait, sans grand souci des nuances exactes de leur *credo*, des hommes modérés; il peupla de disciples de Schleiermacher l'université de Bonn, fondée en 1818. Après 1830, lorsque les milieux politiques, à Berlin, jugèrent nécessaire de réagir contre le rationalisme et lorsque les doctrines professées à la faculté de Halle par Gesenius et Wegscheider eurent, à la suite d'une dénonciation faite par Gerlach dans la *Kirchenzeitung* de Hengstenberg, été soumises à une enquête qui fit grand bruit, Altenstein, pour défendre les professeurs de Halle, expliqua à Frédéric-Guillaume III, dans un rapport, que le but de l'étude à l'université n'est pas d'inculquer aux étudiants la foi; que l'essentiel, c'est qu'ils reçoivent une formation théologique scientifique telle que la comporte le service de l'Église. Le roi en tomba d'accord, mais signifia néanmoins à Altenstein qu'à l'avenir, dans la collation des chaires, il faudrait examiner avec un soin très sérieux l'attachement des postulants aux conceptions dogmatiques de l'Église évangélique. Altenstein eut dès lors ses coudées moins franches; cependant, sans éclat, il favorisa dans les universités l'influence de l'hégélianisme. A deux reprises, il voulut faire nommer Baur, le célèbre théologien de Tubingue, dans une université prussienne : le futur Frédéric-Guillaume IV s'y opposa. Supportant patiemment les rebuffades et les demi-marques de disgrâce, Altenstein trouvait le moyen d'y passer outre et d'assurer, bon gré mal gré, la carrière d'un certain nombre de professeurs hégéliens; on le vit parfois prendre l'avis de Hegel, et il soutenait avec une vraie générosité le périodique hégélien : *Jahrbücher für wissenschaftliche Kritik*.

Nous diviserions volontiers en deux périodes l'histoire de ses rapports avec l'Église catholique : la première fut plus satisfaisante que la seconde. Au moment du congrès de Vienne, Altenstein estimait que les idées de Wessenberg (cf. ci-dessus, col. 571-573) au sujet d'une primatie allemande étaient un non-sens et qu'il fallait, même au prix de grands sacrifices, traiter avec Rome. Il se rendait compte que, par suite des récents traités qui avaient donné au roi de Prusse un surcroît de sujets catholiques, la politique de la Prusse à l'égard du catholicisme devenait une question délicate, importante : un mémoire d'Altenstein, du 30 mars 1818, montre qu'à cet égard il comprit très bien les complexités de la situation nouvelle. Il remontrait dans ce mémoire que tenir compte de certaines réclamations de l'Église catholique « ne serait point une grâce, mais une obligation sacrée d'hommes d'État. » Aussi peut-on dire que la politique de demi-concessions que pratiqua le diplomate Niebuhr à l'endroit du Saint-Siège et qui aboutit à la bulle *De salute animarum* fut favorisée par une certaine largeur de vues d'Altenstein.

Altenstein se montra assez peu favorable au courant d'idées hostiles au célibat des prêtres et à la liturgie latine, que développait à l'université de Breslau le professeur Theiner; il fut au contraire assez enclin à protéger les professeurs hermésiens, jusqu'à la condamnation de l'hermésianisme par Grégoire XVI.

Lorsque, en 1820, Hermes fut appelé de Münster à Bonn, et que le vicaire général de Münster, Clément-Auguste de Droste Vischering, défendit aux étudiants ecclésiastiques du diocèse de Münster de suivre les cours de l'université de Bonn, Altenstein voulut que Droste revint sur cette défense, ne l'obtint pas, et finalement ferma la faculté théologique de Münster : elle ne put rouvrir ses portes que lorsque Droste eut cessé d'être vicaire général.

Il n'était pas de son humeur, d'ailleurs, d'engager avec l'Église des luttes sans merci pour des questions théologiques : dans un rescrit ministériel du 13 février 1824, il faisait savoir aux professeurs de Breslau que pour les collations de chaires ils devaient éviter toute proposition susceptible d'exposer à des soupçons l'orthodoxie de la faculté.

En revanche, c'est par la volonté formelle d'Altenstein que le canoniste Phillips, professeur extraordinaire à la faculté de droit de Berlin, fut, à la suite et en raison de sa conversion au catholicisme et de la sévérité de ses écrits historiques à l'endroit du protestantisme, privé de toute perspective d'avancement : l'activité scientifique de Phillips dut émigrer à Munich.

D'ailleurs, au nom de l'esprit scientifique, Altenstein chercha très sincèrement à amener dans les facultés de théologie catholique certains savants réputés : il adressa de vains appels à Sailer, à Hug, à Doellinger, à Moehler.

C'est dans la seconde période du ministère d'Altenstein (après 1830), que se déroula, en Prusse, le grave conflit entre l'Église et l'État au sujet des mariages mixtes. Voir les articles PRUSSE, BUNSEN, DROSTE VISCHERING, SPIEGEL. Lorsque le Saint-Siège eut la preuve expresse, par les révélations de l'évêque de Trèves, Hommer, que la convention de 1834 entre l'épiscopat prussien et l'État était contraire au bref papal de 1830, la politique d'Altenstein et du bureaucrate Schmedding, qui avaient provoqué certaines lettres des évêques à Rome, destinées à « calmer » les craintes du pape, fut démasquée; et l'archevêque de Cologne, Droste Vischering, qu'Altenstein avait accepté pour ce siège, sur la recommandation du futur Frédéric-Guillaume IV, s'illustra par une résistance courageuse aux sommations ministérielles. Altenstein écrivit au chapitre de Cologne pour accuser l'archevêque de complicité avec les partis révolutionnaires; puis, ayant fait arrêter l'archevêque (20 novembre 1837), il fit afficher une déclaration par laquelle il accusait Droste de « s'être arrogé un pouvoir arbitraire, d'avoir foulé aux pieds les lois du pays, méconnu l'autorité royale et porté le trouble là où régnait le plus bel ordre. » Ces accusations, signées d'Altenstein et de deux autres ministres, furent publiquement réfutées dans une brochure de Lasaulx. Le conflit s'étendit et Dunin, archevêque de Posen, fut à son tour poursuivi et emprisonné. Altenstein mourut avant que la paix religieuse eût été rétablie par l'avènement de Frédéric-Guillaume IV.

« Notre droit d'État, écrivait, en 1837, Altenstein au curateur de l'université de Bonn, repose essentiellement sur l'unité du pouvoir suprême. » Tel était l'esprit de sa politique religieuse, tant à l'endroit de l'Église romaine qu'à l'endroit du protestantisme; et le légiste qui était en lui trouvait dans l'hégélianisme une raison nouvelle de professer cette maxime, et de l'appliquer.

« Altenstein, écrivait Sulpice Boisserée, est un homme étrange, un ministre philosophant, un idéaliste comme je n'en ai point encore rencontré parmi les hommes d'affaires de la haute classe, un homme qui prend avec piété la philosophie de Hegel et qui cherche, par l'entremise de la morale et de la religion, à l'appliquer à la vie. »

Von Stein zu Hochberg, *Aus Altenstein's Cultusministerium. Ein preussischer Staatsmann, Deutsche Revue*, t. VII. — Goldschmidt, *Allgemeine deutsche Biographie*, t. XXXV, p. 645-660. — Tholuck et Bosse, dans Hauck, *Real Encyklopädie*, 3e édit., t. I, p. 404-412. Le travail de Tholuck et Bosse utilise un manuscrit de Jean Schulze sur Altenstein conservé à la bibliothèque royale de Berlin. — Otto Mejer, *Zur Geschichte der römisch-deutschen Frage*, 3 vol., Rostock, 1871-1874, et Fribourg, 1885. — Goyau, *L'Allemagne religieuse ; le catholicisme (1800-1848)*, 2 vol., Paris, 1905.

G. GOYAU.

ALTENWEISEL (JOSEPH), prince-évêque de Brixen ou Bressanone (1904-1912). Né le 6 décembre 1851, à Niederndorf, près Kufstein (dans le nord du Tyrol). Il fréquenta d'abord l'école primaire de son village et se rendit ensuite (1862) au *Borromaeum* de Salzbourg, où il fit de brillantes études. En 1870, il alla passer son examen de maturité à Méran. Le 16 novembre de la même année, il partit pour Rome afin de faire ses études au Collège germanique. En 1873, il obtint le grade de docteur en philosophie et, en 1877, celui de docteur en théologie. Il fut ordonné prêtre le 10 juin 1876. Après avoir quitté Rome au mois de juillet 1877, il fut nommé professeur au Borromaeum de Salzbourg, où on lui confia le cours d'instruction religieuse et de philosophie préparatoire. En 1883, il fut nommé, au concours, professeur de dogmatique spéciale à l'université de cette ville. En 1896, on le chargea en outre du cours de théologie fondamentale. Il remplit à plusieurs reprises (1887, 1890, 1894, 1898 et 1901) les fonctions de doyen. Tout en occupant brillamment la chaire de théologie, Altenweisel s'adonna sans compter aux œuvres sociales et de charité et fonda en particulier la crèche François-Joseph (1898). Aussi jouissait-il d'une grande popularité et d'une profonde estime dans les milieux pauvres. Il s'occupa aussi activement de l'organisation des bibliothèques populaires.

L'empereur l'élut prince-évêque de Brixen, le 6 mai 1904, après que Mgr Aichner (t. I, col. 1098) eut démissionné pour des raisons de santé; cette élection fut confirmée par bref pontifical le 2 juillet. Consacré à Rome le 11 septembre, il fut solennellement intronisé le 18 du même mois et préconisé au consistoire public du 14 novembre suivant. L'administration de ce vaste diocèse montagneux n'allait pas sans difficultés, surtout à cette époque où il existait une profonde division parmi les catholiques et aussi dans les rangs du clergé au sujet de la politique. Les catholiques étaient partagés en deux partis irréconciliables : les conservateurs ou modérés et les chrétiens-sociaux ou intransigeants (on trouvera sur cette question, qui ne rentre pas dans notre article, une étude excellente dans les *Historisch-politische Blätter*, 1908, t. CXLI, p. 781-805). Pour se faire une idée du soin que le nouveau pasteur donna à l'administration de son diocèse, il suffit de parcourir le *Diözesanblatt* (revue religieuse) où ses travaux se trouvent résumés année par année. Il s'occupa surtout du développement des congrégations des enfants de Marie. Il poussa activement la revision du Propro du diocèse entreprise par son prédécesseur et dont la dernière partie parut quelque temps avant sa mort. Il fit construire dans la cathédrale un nouveau trône tout en marbre, grâce à la générosité de l'association des pèlerins de Terre Sainte.

Pendant sa dernière tournée pastorale il fut atteint à Matrei (entre Innsbruck et Brixen) d'une attaque d'apoplexie (20 juin), qui l'emporta en quelques jours. Il mourut le 25 juin 1912, à l'âge de soixante et un ans, après avoir occupé pendant huit ans le siège de saint Cassien. En dehors de ses mandements et de quelques articles de revue, Mgr Altenweisel n'a rien écrit; toute sa vie a été pour ainsi dire absorbée par les œuvres sociales. Il jouissait d'une grande réputation d'administrateur.

A. BAYOL.

ALTER (FRANZ KARL), jésuite silésien, philologue et exégète, naquit à Engelsberg, le 27 janvier 1749 et mourut à Vienne, le 29 mars 1804. Entré dans la province de Bohême le 21 octobre 1766, il enseigna l'histoire, le grec et l'hébreu au collège de Saint-Clément de Prague. A la suppression de son ordre, il fut nommé professeur de grec et bibliothécaire à l'université de Vienne et se distingua par son érudition et sa connaissance variée des langues. Ses ouvrages, tous publiés à Vienne, se ramènent à trois groupes : 1° études et éditions d'auteurs classiques et anciens : *Uebersicht verschiedener Ausgaben der griechischen und römischen Klassiker*, traduit de l'anglais d'Edward Harwood, in-8°, 1778; *Nachricht von einer Ausgabe griechischer Klassiker mit teutschen Uebersetzung*, in-8°, 1785; *Lysiae quae exstant ad codicem Vindobonensem historicum LXVII graece expressa*, in-8°, 1785; Χρονικὸν Γεωργίου Φραντζῆ τοῦ πρωτοβεστιαρίου. Νῦν πρῶτον ἐκδοθέν, in-fol., 1796; éditions de Platon, de Cicéron, de Lucrèce, de Thucydide, et d'Homère avec variantes de mss. conservés à Vienne; *Philologisch-kritische Miscellaneen*, in-8°, 1799 : dix-sept dissertations; — 2° travaux critiques sur la Bible : *Bibliographische Nachrichten von verschiedenen Ausgaben orientalischer Bibeltexte, und der Kirchenväter*, in-8°, 1779; *Novum Testamentum ad codicem Vindobonensem graece expressum*, 2 in-8°, 1787: cette édition reproduit le *codex Lambecii I*, corrigé d'après le texte de Robert Estienne et avec des variantes de plus de vingt autres mss. de Vienne ; *Descriptio summaria codicis Caesarii purpurei aurei argentei, inter cimelia Bibliothecae Palatinae Vindobonensis asservati, quo continentur fragmenta latina Lucae et Marci juxta versionem latinam antiquam antehieronymianam*, dans *Neues Repertorium für Biblische Morgenländische Litteratur*, de Paulus, in-8°, Iéna, 1791, IIIe part., p. 115-170; plusieurs études dans les *Memorabilien* : *Eine philosophisch-theologische Zeitschrift der Geschichte und Philosophie der Religion*, de Paulus, in-8°, Leipzig, 1792-1796, IIIe part., p. 199-201; Ve part., p. 188-196, 197-201, etc.; — 3° études sur diverses langues : *Ueber Georgianische Litteratur*, in-8°, 1798; *Beitrag zur praktischen Diplomatik für Slaven, vorzuglich für Böhmen*, in-8°, 1801; *Ueber die Tagalische Sprache*, in-8°, 1803; *Ueber Samskrdamische Sprache vulgo Samskrit...*; enfin de nombreux articles dans *Allgemeine Litterarischer Anzeiger*, de juillet 1796 à fin 1801; dans *Annalen der Oesterreichischen Litteratur*, janvier 1802 sq., etc.

Franz Martin Pelzel, *Boemische, Maehrische und Schlesische Gelehrte und Schriftsteller aus dem orden der Jesuiten*, Prague, 1786, p. 292-293. — R. Diosdado Caballero, *Bibliothecae scriptorum S. J. supplementum alterum*, Rome, 1816, p. 1-2. — Hurter, *Nomenclator literarius*, Innsbruck, 1912, t. V, col. 674-675. — Alter a dressé lui-même la liste de ses écrits dans : *Ueber Georgianische Litteratur*, p. 165-256; *Philologisch-kritische Miscellaneen*, p. 246-250; *Ueber Samskrdamische Sprache*, p. 173-182.

E.-M. RIVIÈRE.

ALTERIACUM. Voir AUTREY.

ALTERIIS (CIRO DE) et non degli Alteri, comme le porte Cappelletti. Né à Giugliano, dans le diocèse d'Aversa, le 5 mars 1694 et ordonné prêtre en 1717, il s'adonna particulièrement à la littérature et au droit canon. Il réunit, dans une maison de campagne qu'il avait achetée au village de l'Arenella, près de Naples, une académie, devant laquelle il prononça plusieurs discours, entre autres une dissertation sur l'excommunication, publiée le 29 novembre 1732. Il fit partie également de l'Académie sacrée archiépiscopale, fondée en 1741 par le P. Annibale Marchesi, de l'Oratoire de Naples. Nommé chanoine de la cathédrale de sa ville natale, le cardinal-archevêque Spinelli le fit entrer dans la commission chargée d'examiner le culte rendu à certains anciens évêques de Naples. Préconisé évêque de Monopoli le 24 octobre (et non pas le 16 décembre, comme le portent Cappelletti et Gams, ni le 22 décembre, comme le porte Nardelli) 1754, il fut transféré, sur sa demande, au siège d'Acerra, le 6 avril (et non le 29, comme le porte Nardelli) 1761, et mourut le 13 octobre 1775.

Sparano, *Memorie storiche per illustrare gli atti della Chiesa Napoletana*, Naples, 1768, t. IV, p. 371. — Pl. Troili, *Istoria generale del reame di Napoli*, Naples, 1772, t. IV, p. 226-227. — Aless. Nardelli, *La Minopoli o sia Minopoli manifestata*, Naples, 1773, p. 191. — Mazzocchi, *Dissertatio historica de cathedralis Ecclesiae Neapolitanae vicibus*, Naples. 1731, II° part., p. 148; *De sanctorum Neapolitanae Ecclesiae episcoporum cultu dissertatio*, Naples, 1753, p. 5, note 2. — Zigarelli, *Biografie dei vescovi ed arcivescovi della chiesa di Napoli*, Naples, 1861, p. 221, 338, note. — Parente, *Origini e vicende ecclesiastiche della città di Aversa*, Naples, 1857, p. 90, 336. — G. Caporale, *Ricerche archeologiche, topografiche e biografiche sulla diocesi di Acerra*, Naples, 1893, p. 531-541. — Cappelletti, *Le Chiese d'Italia*, Venise, 1864-1870, t. xix, p. 515-546; t. xxi, p. 588.

J. Fraikin.

ALTERNATIVE. — I. Divers sens du mot. — Le mot alternative a, en droit canonique, plusieurs acceptions. Il désigne : 1° le privilège en vertu duquel les chanoines de certains chapitres peuvent organiser leur assistance au chœur en *alternant* une semaine de repos ou d'absence avec une semaine de service ou de présence; c'est le privilège de l'alternative proprement dite. Dans un sens moins exact, on garde aussi le nom d'alternative quand le service du chœur comprend dans les mêmes conditions une semaine d'assistance ou d'activité contre deux de repos : cette dernière organisation est connue aussi sous le nom de *tierce* (*tertiaria*), la première prenant plus proprement celui d'*alternative* (*alternativa* ou *mediaria*). Cf. Lucidi, *De visitatione sacrorum liminum*, t. 1, § 3, art. 1, n. 14 sq. Il désigne : 2° une coutume introduite dans certains ordres religieux, consistant à choisir leurs supérieurs, généraux, provinciaux et les autres officiers majeurs *alternativement*, tantôt dans une nation, tantôt dans une autre. Cf. Fagnan, in cap. *Cum dilectus*, *De consuetud.*, qui mentionne et discute un décret du chapitre général des somasques, en vertu duquel on ne pouvait élire successivement dans cet ordre deux supérieurs généraux de la même nation. *Ibid.*, n. 9, 37 sq. Fagnan affirme, en s'appuyant sur des exemples conformes, la validité du décret. Il désigne enfin : 3° une règle canonique suivant laquelle le souverain pontife et l'évêque nomment à tour de rôle, en alternant de mois en mois, aux bénéfices vacants dans chaque diocèse.

II. L'alternative bénéficiale. — 1° *Définition*. — C'est cette dernière alternative qui fait le sujet de cet article. Riganti, dont l'ouvrage (*Commentaria in regulas, constitutiones et ordinationes Cancellariae apostolicae*) est classique dans la matière, la définit ainsi : l'alternative est la faculté donnée à l'évêque de pourvoir aux bénéfices ecclésiastiques pendant six mois, alternativement avec le souverain pontife, de telle sorte que le pape ait les six mois de janvier, mars, mai, juillet, septembre, novembre, l'évêque alternant avec lui pour les six autres. Cette faculté est énoncée et définie dans la deuxième partie de la IX° règle de la Chancellerie.

2° *Origine*. — L'alternative a son origine historique dans la lutte des évêques et des peuples contre le mouvement de centralisation qui entraînait les papes, surtout depuis le XIII° siècle, à exercer sur tous les bénéfices du monde chrétien, par des réserves indéfiniment multipliées, le droit de provision directe que la doctrine canonique leur reconnaît. Ajoutés aux grâces expectatives, au droit résultant de la *vacatio in Curia*, ces mandats de provision réunissaient entre les mains du pape tant de concessions bénéficiales que le droit des collateurs ordinaires paraissait parfois annihilé. Depuis Clément IV (1265), cap. *Licet, De praebend.*, in *Sexto*, qui en a énoncé le premier le principe et la règle générale, les papes, en particulier Boniface VIII, cap. *Praesenti*, *ibid.*; Jean XXII, Extrav. *Execrabilis, De praebend.*; Benoît XII, Extrav. *Ad regimen, Inter commun.*, ne firent qu'étendre la pratique des réserves, jusqu'au jour où la réserve générale fut introduite dans les règles de la Chancellerie, par Urbain V (1362-1370).

Ce fut précisément à cette époque que s'accentua la protestation des peuples et des évêques contre ce qu'ils nommaient l'abus des réserves, et ce fut cette protestation qui aboutit à la concession de l'alternative. Dès la fin du XIV° siècle, durant le grand schisme qui suivit la mort du successeur d'Urbain V (1378), des efforts avaient été faits afin de soustraire, en France, la collation des bénéfices à toute réserve papale. Cette opposition connut des intermittences d'activité et d'indécision; elle n'en aboutit pas moins, lors du concile de Constance, aux concordats germanique, anglais et français, du 15 avril 1418, signés par Martin V avec les représentants des nations germanique, anglaise, française, italienne, espagnole. Ces concordats accordaient, pour la collation des bénéfices, l'alternative entre le pape et le collateur ordinaire. Après avoir marqué certaines réserves, le pape disait dans les concordats des nations latines (France, Italie, Espagne) : *De aliis quibuscumque dignitatibus, officiis et beneficiis medietas sit in dispositione papae, alia medietas in dispositione collatorum, patronorum, et constituentium ordinariorum seu provisorum. Et alternatis vicibus, unum cedat apostolico, et aliud collatori, patrono aut provisori. Ita quod per quamcumque aliam reservationem... non fiat collatori, patrono vel provisori praejudicium in dicta medietate.* Acta conc. Constantien., sess. XLIII, can. 2, Mansi, *Conc. ampl. coll.*, t. XXVII, col. 1187. — Le texte était identique sur ce point dans le concordat anglais, lequel était perpétuel. De même dans le concordat germanique conclu pour cinq ans : le pape n'a pas l'intention d'empêcher *quominus de media parte illarum et illorum, cum vacabunt, alternatis vicibus libere disponatur per illos ad quos collatio, provisio, praesentatio, electio aut alia quaevis dispositio pertinebit, prout ad ipsos spectabit de consuetudine vel de jure*, Ibid., col. 1190. — Il s'agissait donc ici, non d'une alternative de mois, mais d'une alternative de vacances. Le concordat français fut appliqué dans la partie de l'État soumise au duc de Bourgogne; quant au reste de la France, il y demeura sans application : le Parlement de Paris, auquel il fut présenté, le 10 juin 1418, par l'évêque d'Arras, refusa de l'accepter. Bien plus, un édit de Charles VI, publié la même année, décidait que l'on n'aurait désormais en France aucun égard aux expectatives, mandements et provisions de Rome. — Thomassin affirme, *Ancienne et nouvelle discipline*, II° part., l. I, c. XLIX, n. 6, en renvoyant à l'*Histor. universit. Parisien.* de du Boulay, t. v, p. 348, qu'en 1421 le pape et les évêques étaient convenus d'une alternative de mois; je ne crois pas que l'affirmation soit exacte; l'alternative dont parle en effet l'historien de l'Université, *loc. cit.*, n'est pas différente de celle qui avait été concédée dans les concordats de 1418 : c'est une alternative de vacances : *Cum inter pontificem et episcopos Ecclesiae Gallicanae convenisset de quadam alternativa et media parte beneficiorum conferendorum... attento quod eis* [*praelatis*] *incumbebat virtute alternativae conferre mediam partem beneficiorum...*, t. v, p. 348, 349. Rien ici ne fait penser à une alternative de mois inconnue jusque-là. La réaction qui avait abouti à l'obtention de l'alternative poussa plus loin encore : le concile de Bâle, session XXIII, can. 6, *De reservationibus*, Mansi, *op. cit.*, t. XXIX, col. 120 (25 mars 1436), cassa toutes les réserves générales et particulières, notamment celles de Jean XXII et de Benoît XII, hors celles contenues dans les Décrétales de Grégoire IX, et ce décret fut inséré dans la Pragmatique sanction de Bourges, de 1438, tit. III. *De reservationibus sublatis*. Les papes travaillèrent avec une inlassable ténacité à obtenir l'abrogation de cette Pragmatique sanction. Sixte IV crut enfin y parvenir en promettant, par l'Extrav.

Ad universalis, De treuga et pace, du 7 août 1472, aux évêques de France, le droit de nommer en toute liberté aux bénéfices, dignités, etc., *cum cura et sine cura*, séculiers et réguliers pendant six mois de l'année (les six mois *alternés* que l'on a désignés plus haut), *perinde ac si... exspectativae litterae non emanassent*. Cette bulle subit le sort du projet de concordat dont elle faisait partie : elle ne fut pas mise en application.

En Allemagne, l'alternative, concédée dans le concordat de 1418, fut maintenue et confirmée par le concordat de Vienne (17 février -19 mars 1448), mais, cette fois, comme alternative mensuelle : *cum vacabunt de februarii, aprilis, junii, augusti, octobris et decembris mensibus libere disponatur per illos ad quos eorum collatio, provisio, praesentatio, electio, seu quaevis alia dispositio pertinebat* (Gasp. de Luise, *De jure publico seu diplomatico Ecclesiae catholicae*, p. 519, n. 3), avec concession au collateur ordinaire de pourvoir aux bénéfices vacants dans les autres mois, si le pape n'y a pas pourvu dans les trois mois. Cette alternative était donc de droit concordataire particulier. De droit particulier encore les indults d'alternative concédés à divers évêques : Riganti affirme en avoir tenu entre les mains un qui avait été accordé par le pape Innocent VIII (1484-1492) à Rodrigue d'Avila, évêque de Plasencia. Ce fut Clément VII (1523-1534) qui fit entrer l'alternative proprement dite dans le droit commun et la mit à la disposition de tous les évêques. Elle fut insérée dans les règles de la Chancellerie par Grégoire XIV (1590-1591), et reçut sa formule actuelle sous Clément XI (1700-1721). Jusqu'à Sixte V (1585), elle était concédée à tous les prélats qui avaient droit de collation bénéficiale; ce pape la réserva aux évêques et la supprima aux prélats inférieurs, même si leur juridiction s'étendait sur un territoire indépendant. Dès lors, l'alternative, qui occupe dans la IXe règle de la Chancellerie toute la deuxième partie, forme comme une atténuation à la *Reservatio mensium apostolicorum* qui en occupe la première partie. Celle-ci réserve au pape la nomination à tous les bénéfices dont la vacance se produit les deux premiers mois de chaque trimestre : janvier, février, avril, mai, juillet, août, octobre, novembre; celle-là, présente comme une concession gracieuse du pape en faveur des patriarches, archevêques et évêques fidèles à la résidence, leur accorde la libre disposition *de omnibus et quibuscumque beneficiis, cum cura et sine cura, secularibus et regularibus (ad liberam ipsorum dumtaxat, non autem aliorum cum eis, dispositionem, seu praesentationem vel electionem, nec etiam cum consilio, vel consensu, seu interventu capitulorum, vel aliorum, aut alias pertinentibus) quae antea in mensibus februarii, aprilis, junii, augusti, octobris et decembris, extra curiam ipsam vacare contigerit (dummodo alias dispositioni apostolicae reservata vel affecta non fuerint)*. Ce n'était pourtant pas une concession gracieuse pure et simple; c'était un contrat proposé à chaque évêque. Chacun de ceux qui avaient l'intention de l'accepter devait en informer le dataire et s'engager à observer scrupuleusement la résidence. Ce dernier point fut même un de ceux que sanctionna spécialement Sixte V, car il ne tint pas pour suffisante, afin de jouir de l'alternative, la *residentia ficta* attribuée à ceux qui s'absentaient de leur diocèse, *ex justa et rationabili causa*, résidence qui jusque-là suffisait.

Si l'évêque accepte le contrat, il en informera le dataire par lettres patentes, signées de sa main, scellées de son sceau, datées de son diocèse; ces lettres vérifiées par le dataire seront inscrites sur un registre *ad hoc* : dès lors le contrat est parfait, l'alternative acquise.

3° *Bénéfices exclus de l'alternative*. — En principe, tous les bénéfices entrent dans la convention d'alternative. Plusieurs, toutefois, sont exclus. Sont exclus expressément, on l'a vu ci-dessus, ceux dont l'évêque n'a pas la libre disposition, et pour lesquels est requis le conseil, consentement, intervention du chapitre ou de tout autre collateur; mais non ceux auxquels l'évêque élit ou présente seul, alors même que la collation lui appartient en commun avec une autre personne. Sont exclus les bénéfices vacants *in curia*, c'est-à-dire ceux dont le titulaire est mort à la curie pontificale ou dans un rayon ne dépassant pas *duas dietas legales* (environ neuf lieues), et ceux qui auraient été l'objet de dispositions ou d'affectations spéciales dans la bulle du pape. Sont exclues les paroisses relevant du droit de patronage laïque. Leurenius, *Forum beneficiale*, part. II, q. DLVI. Sont exclus les bénéfices manuels ou amovibles, car il s'ensuivrait que le collateur ordinaire pourrait à son gré, en déplaçant un bénéficier, rendre caduque la nomination faite par le pape. Sont exclus, enfin, les bénéfices à la nomination des cardinaux.

En France, furent exclus de l'alternative, par le concordat de Bologne (1516), les bénéfices situés dans le royaume de France, le Dauphiné, les comtés de Die et de Valentinois, et les collations remises aux évêques, en conformité avec les titres IV et V de ce concordat; au contraire, dans les provinces annexées plus tard, dites *pays d'obédience*, comme la Bretagne, la Provence (édit d'Henri II, 24 juin 1549), les évêques purent souscrire au contrat; de même dans les Trois-Évêchés, qui gardèrent, après leur annexion, la situation qu'ils avaient antérieurement. L'alternative fut inconnue également sous le régime du concordat de 1802.

4° *Alternative concordataire*. — L'alternative bénéficiale n'a pas disparu avec l'ancien état de l'Europe : elle existe encore aujourd'hui dans certains pays, mais en vertu de stipulations nouvelles et sous des formes particulières. En vertu du concordat sicilien, conclu en 1818 entre Pie VII et Ferdinand II, les canonicats de libre collation dans les chapitres cathédraux et collégiaux sont à la nomination du pape pendant les six premiers mois de l'année et de l'évêque pendant les six autres. Gasp. de Luise, *op. cit.*, p. 581. Tous les bénéfices paroissiaux sont à la collation des évêques. — En Bavière, d'après l'art. 10 du concordat de 1817, règne, pour la nomination aux canonicats, une alternative spéciale : la nomination appartient au roi durant les six mois apostoliques, à l'archevêque ou à l'évêque durant trois mois, au chapitre durant les trois autres. De Luise, *op. cit.*, p. 576. — En Prusse, l'alternative est stipulée par l'art. 21 de la bulle *De salute animarum*. La nomination appartient au pape durant les six mois impairs, janvier, mars, etc., aux évêques, durant les six autres. — En Autriche, une sorte d'alternative existe entre l'empereur et l'archevêque de Salzbourg pour la nomination de l'évêque de Gurk : l'empereur nomme deux fois et l'archevêque une fois. Il semble que cette alternative date d'une convention conclue en 1535 entre la maison d'Autriche et l'archevêque. — On se bornera simplement à mentionner une sorte d'alternative improprement dite, entre l'évêque et le roi, stipulée par le concordat espagnol de 1851, pour la nomination aux canonicats.

5° *Cessation*. — L'alternative cessait par la renonciation qu'en faisait l'évêque, avec le consentement du pape; par la mort du pape; par la mort ou la translation de l'évêque à un autre siège; par l'abus, si l'évêque s'immisce dans la collation d'un bénéfice réservé au pape, à raison soit de la vacance dans l'un des mois pontificaux, soit de la mort d'un titulaire appartenant à la famille pontificale ou dans la curie : l'excuse d'ignorance est toutefois admise.

L'ouvrage essentiel est celui de J. B. Riganti, *Commentaria in regulas, constitutiones et ordinationes Cancellariae apostolicae* (le commentaire de la IXe règle est au t. II, p. 1-151, Rome, 1745). — Chokier, *Comment. in regulas Cancellariae romanae*. — Hieron. Gonzales, *Comment. ad reg. octavam Cancellar.* (c'était à son époque le numéro sous lequel était inscrite la *reservatio mensium et alternativa*). — Leurenius, *Forum beneficiale*. — Lotterius, *De re beneficiaria*, et les autres auteurs cités par Riganti. Cf. aussi Ferraris, *Bibliotheca canonica*, au mot *Beneficium*, art. 10. — L. Thomassin. *Ancienne et nouvelle discipline*, IIe part., l. 1, c. XLIV, XLIX, LIII. — Rousseaud de Lacombe, *Recueil de jurisprudence canonique et bénéficiale*, au mot *Alternative*. — Leo Jackowski, *Die päpstlichen Kanzleiregeln und ihre Bedeutung für Deutschland*, dans *Archiv für katholisches Kirchenrecht*, 1910, n. 2, en particulier, p. 224-235.

A. VILLIEN.

ALTES SERA. Voir HAUTESERRE.

ALTEUS (*Altheus, Altée*), occupait déjà le siège épiscopal d'Autun en 843 et mourut peu avant 850. Son premier soin fut de faire reconnaître les droits de son Église, dont les titres avaient été brûlés par les Sarrasins. Il présenta sa supplique à Charles le Chauve, qui, par un privilège donné à Attigny et daté du 5 juillet 843, rétablit l'autorité de l'Église d'Autun sur les monastères de Saint-Andoche d'Autun, Saint-Étienne de Lestrier, Saint-Georges de Couches, etc. Alteus désirait obtenir le pallium. Il fit appuyer sa demande par l'empereur Lothaire; mais le pape s'y refusa, alléguant que ce privilège n'avait point été concédé aux évêques d'Autun depuis Grégoire Ier.

Gallia christiana, 1728, t. IV, col. 363. — A. de Charmasse, *Cartulaire de l'Église d'Autun*, Autun, 1865, p. 46-48. — Jaffé, *Regesta*, n. 2603.

M. FALCONNET.

1. ALTFRID, troisième évêque de Munster, en Westphalie. D'abord abbé de Verden sur la Ruhr, il succéda, en 839, sur le siège de Munster à Gerfrid, son parent. Il mourut le 22 avril 849 et fut enseveli à Verden. Altfrid fut l'auteur d'une biographie très estimée de saint Ludger, premier évêque de Munster et, selon toute probabilité, son oncle du côté maternel. Il écrivit cette vie à la prière des moines de Verden; le style en est simple et l'auteur s'attache, avant tout, à montrer Ludger comme missionnaire.

L. Diekamp, *Geschichtsquellen des Bistums Münster*, Munster, 1881, t. II, p. XV sq. — W. Wattenbach, *Deutschlands Geschichtsquellen*, Stuttgart, 1904, t. I, p. 295. — La Vie de saint Ludger est éditée dans *P. L.*, t. XCIX, col. 769-796; édition critique par Diekamp, *op. cit.*

G. ALLMANG.

2. ALTFRID (Saint), évêque d'Hildesheim. D'abord moine à Corvey. Devenu évêque, en 851, il déclara invalides les ordinations de son prédécesseur Ebbon, parce que celui-ci avait été transféré du siège de Reims à celui d'Hildesheim contrairement aux lois canoniques; deux conciles de Soissons en 853 et 866 confirmèrent cette sentence. Altfrid, lié d'amitié avec le roi Louis le Germanique, fut employé par celui-ci, à différentes reprises, à des missions diplomatiques. La préoccupation constante de l'évêque fut de rétablir l'ordre dans le royaume et la paix dans les querelles intimes de la dynastie carolingienne. Il eut une part assez active aux différents traités et accords passés entre les trois fils de Lothaire Ier. Aux conciles de Mayence en 852 et 857, ainsi qu'à celui de Worms, il occupa un rang éminent. Vers 860, il fonda l'abbaye des religieuses bénédictines à Essen et, plus tard, il érigea le monastère bénédictin de Saleghensted (peut-être Osterwieck, près Halberstadt). Il favorisa aussi la fondation du monastère de Brunshusen, transféré,

en 856, à Gandersheim. Altfrid mourut le 15 août 874 et fut enterré dans l'église du monastère d'Essen, où son tombeau fut réouvert et reconnu en 1890.

Acta sanctorum, 1737, aug. t. III, p. 210-214. — K. Grube, *Der heilige Altfrid*, Hildesheim, 1875. — *Allgemeine deutsche Biographie*, Leipzig, 1875, t. I, p. 364. — *Kirchenlexikon*, Fribourg, 1882, t. I, col. 640-641. — *Kölner Pastoralblatt*, 1891, t. XXV, p. 28-30. — A. Bertram, *Geschichte des Bistums Hildesheim*, Hildesheim, 1899, t. I, p. 36-38. — Ahrens, dans *Beiträge zur Geschichte Essens*, 1901, t. XXI.

G. ALLMANG.

ALTHALDENSLEBEN, autrefois du diocèse de Magdebourg, aujourd'hui de Paderborn, canton de Neuhaldensleben sur la Beber (Saxe prussienne), couvent de bénédictines, fondé en 965, sous l'invocation de la Vierge et de saint Jacques, par Albert Ier, archevêque de Magdebourg, et Géron, comte de Haldensleben. En 1228, il fut réformé par des cisterciennes venues de Wöltingerode. Dès 1260, il était patron de Petit-Emden, dès 1365 de Grand-Emden, et de plusieurs autres églises ou chapelles du voisinage. L'un des prévôts les plus distingués fut le controversiste Nihus (1627). Jérôme Napoléon supprima le couvent en 1810 et les bâtiments, achetés par Nathusius, furent adaptés à une fabrique de poterie.

Bucelinus, *Germania topo-chrono-stemmato-graphica sacra et profana*, Augsbourg, 1655-1662, t. II, p 137. — Leibniz, *Scriptores rerum Brunsw.*, 1707-1711, t. III, p. 602. — Ledebur, dans *Correspondezblatt*, 1866, p. 43. — Winter, *Die Zistercienser des nordöstlichen Deutschland*, Gotha, 1868-1871, t. II, p. 91. — Mülverstedt, *Klöster im Kreise Neuhaldensleben*, dans *Magdeburg. Geschichtsblätter*. — Behrends, (Pct. Wilh.), *Neuhaldenslebische Kreischronik, oder Geschichte aller Oerter des landräthl. Kreises*, Neuhaldensleben, 1832.

L. BOITEUX.

ALTHAMER (ANDREAS), théologien protestant. Dans l'un ou l'autre de ses ouvrages il se nomme *Palaeosphyra*, traduction grecque de son nom allemand. Il naquit, vers 1500, à Brenz, près Gundelfingen (Wurtemberg), d'où ses surnoms *Brentius, Gundelfingius*. Il fit ses études aux universités de Tubingue et de Leipzig. En 1524, nous le trouvons prêtre succursaliste à Schwäbisch-Gmünd, sans qu'on sache où et quand il a reçu l'ordination. Il se rangea du côté des novateurs luthériens et, quand on le déposa de ses fonctions, il se rendit à Wittenberg, foyer du mouvement anticatholique. Les neuf mois qu'il y passa furent consacrés à l'étude de la nouvelle théologie. En 1526, on l'appela à Nuremberg où la réforme avait été introduite peu auparavant. Il prit part à la disputation de Berne (1528) et y défendit, contre les zwingliens, l'opinion luthérienne sur l'eucharistie. Sur l'invitation des margraves d'Ansbach-Brandenbourg, il se rendit ensuite à Ansbach pour introduire la réforme tant dans cette ville que dans le territoire. A cette époque, il publia le premier catéchisme luthérien : *Catechismus. Das ist Unterricht zum christlichen Glauben, wie man die Jugend lehren und ziehen soll, in Frageweis und Antwort gestellt*, Nuremberg, 1528. Les prières qu'il y ajouta ont passé dans la plupart des agendas liturgiques des protestants. On ne sait rien de précis sur la fin de sa vie. Il est mort vers 1539, sûrement avant 1541. D'après une autre tradition, il aurait passé en Silésie et serait mort comme premier pasteur protestant de Jägerndorf, mais Kolde (p. 75) montre la fausseté de cette assertion. Il a laissé de nombreux ouvrages dont la liste se trouve dans Kolde (p. 129-138). Dans ses *Annotationes in epistolam B. Jacobi*, Strasbourg, 1527, il va encore au delà de Luther dans le mépris de cette lettre et ne craint pas d'accuser l'apôtre de mensonge. Dans un commentaire allemand sur la même épître, publié vers la fin de sa vie, il rétracte implicitement ces propos et professe une grande estime pour cette lettre. Un autre de ses ouvrages : *Silva biblicorum nominum*, Nuremberg, 1530, espèce de dictionnaire biblique, a eu plusieurs éditions, il en est de même d'un autre ouvrage biblique : *Diallage, hoc est conciliatio locorum Scripturae qui prima facie inter se pugnare videntur*, Nuremberg, 1527. Un commentaire étendu sur la *Germania* de Tacite, publié pour la première fois à Nuremberg en 1529, a joui d'un grande estime jusqu'à notre temps.

Kolde, *Andreas Althamer*, Erlangen 1895. — Ballenstadius, *Andreae Althaemeri vita*, Wolfenbüttel, 1740. — E. Wagner, *A. Althamer in Schwäbisch-Gmund* dans *Blätter für Würtembergische Kirchengeschichte*, 1891, p. 75 sq.. — *Realencyclopädie der protest. Theologie.*, 3e édit., Leipzig, 1896, t. I, p. 413.

J. PIETSCH.

1. ALTHAN (MICHEL-CHARLES D'), prélat romain, secrétaire du concile tenu à Rome sous Benoît XIII, en 1725. Il fut préconisé évêque de Bari le 20 septembre 1728 et prit possession de son siège l'année suivante. Il restaura et dota le monastère de Sainte-Claire dans sa ville épiscopale et travailla à réformer les mœurs de son clergé. Par suite de la guerre entre Charles VI, empereur d'Allemagne (1711-1740), et Philippe V, roi d'Espagne (1700-1746), et l'établissement de la domination espagnole dans l'Italie méridionale, il fut obligé de quitter son siège et de se réfugier à Rome. Il fut transféré, en 1734, à l'évêché de Vacz en Hongrie et mourut à Vienne, le 15 juillet 1756.

Garruba, *Serie critica dei sacri pastori baresi*, Bari, 1844, t. I, p. 415-418.

A. PALMIERI.

2. ALTHAN (MICHEL-FRÉDÉRIC D'), cardinal (1682-1734). Naquit à Glatz, en Silésie, d'une famille noble du pays, et fut chanoine d'Olmutz et de Breslau. L'empereur Charles VI le désigna comme auditeur de Rote à Rome pour l'Autriche, et il remplit cette fonction quatre ans (juin 1714-1718). Il reçut alors en récompense l'évêché de Vacz (Waitzen), dans la Hongrie danubienne, important surtout parce qu'il comprenait Budapest, capitale du royaume. Il revint alors dans son pays, prit possession de son diocèse, et fut promu conseiller d'État de Hongrie. Le 19 novembre 1719, Clément XI l'éleva à la pourpre; il reçut la barrette des mains de l'empereur le 18 février 1720, entra dans le conseil intime de l'empire, et vint à Rome prendre le chapeau, le 22 août, avec le titre de Sainte-Sabine. Le 26, il présenta ses lettres de créance comme chargé des affaires publiques à Rome, à la place du cardinal del Giudice. Il assista au conclave d'Innocent XIII et prononça l'exclusion, au nom de l'Autriche, contre le cardinal Paolucci (Fabrizio), secrétaire d'État du pape défunt. Il contribua surtout à rapprocher les deux puissances, pontificale et impériale, que la succession d'Espagne avait désunies sous Clément XI, et ne fit pas peu pour la fin du conflit principal, la possession de Commachio, sur les bouches du Pô, que l'empereur se décida à évacuer en 1724. Voir ALBANI ALESSANDRO, t. I, col. 1369. Les jansénistes de France faisant courir le bruit que l'empereur rejetait la bulle *Unigenitus*, Althan écrivit, le 10 mars 1722, au cardinal de Bissy, une lettre de protestation diplomatique, qui fut imprimée aussitôt et existe encore en un certain nombre d'exemplaires. Le 30 avril, il passait à la vice-royauté de Naples, et il en prenait possession le 23 juin, après avoir reçu, le 9 du même mois, l'investiture que le pape Innocent XIII en fit au même empereur Charles VI. Son administration dura six ans (1722-1728). Elle fut sage, modérée, sans grand éclat; il s'efforça de concilier les populations mobiles et impressionnables du pays à la domination autrichienne, en respectant et en faisant exécuter les diverses ordonnances organiques ou *pragmatiques*, que ses prédécesseurs leur avaient octroyées depuis l'occupation de 1707.

En juillet 1728, il transmit ses pouvoirs à son successeur, le marquis d'Almenara, et se retira à Rome, y séjourna environ une année, et finalement rentra dans son diocèse, auquel il se consacra dès lors. Il surveilla les hérétiques, qui y étaient nombreux et remuants; si le zèle apostolique lui manqua pour les convertir (Il était plus homme d'État mondain que prélat apôtre), du moins il les empêcha de nuire à son troupeau. Il ne put d'ailleurs consacrer au diocèse un long dévouement et des soins expérimentés, car il mourut après cinq années d'administration, le 21 juin 1734. Il avait agrandi beaucoup sa résidence épiscopale en encourageant les habitants, par des remises d'impôts et des secours matériels, à bâtir de nouvelles maisons.

Moreri, *Dictionnaire historique*, Paris, 1759, t. I, p. 410. — Guarnacci, *Vitae et res gestae... cardinalium*, Rome, 1751, t. II. — Const. von Wurzbach, *Biographisches Lexikon des Kaiserthums Oesterreichs*, Vienne, 1856, t. I, avec des erreurs graves.

P. RICHARD.

ALTHAUS, diocèse de Kulm, canton de Kulm (Prusse occidentale). Commende de l'ordre teutonique, aujourd'hui domaine national.

Hartknoch (Christoph), *Alt und neues Preussen oder Preussicher Historien*, Francfort et Leipzig, 1684. — Toeppen, *Zinsverfassung Preussen*, dans *Zeitschrift für Preussische Geschichte*, t. IV, p. 614.

L. BOITEUX.

ALTHAUSEN (Alschhausen, Alshausen, Altschhausen), diocèse de Constance, canton du Danube (Wurtemberg), commende de l'ordre teutonique, dépendante du bailliage d'Alsace, fondée en 1264, supprimée en 1806. Elle possédait le patronat de Lontheim.

Staelin, *Würtembergische Geschichte*, Stuttgart, 1841 sq., t. II, p. 750; t. III, p. 795. - Voigt, *Deutscher Orden*, 1837-1859, t. I, p. 81-82. — Fr. Sauter, *Die Klöster Würtembergs, Alphabetische Übersicht*, 64 p. in-8°, Stuttgart, 1879.

L. BOITEUX.

1. ALTHÉE, évêque de Sion. Ce personnage, d'abord honoré de charges assez importantes, à ce qu'il semble, à la cour de Charlemagne, se retira à l'Ile-Barbe. Il fut choisi, après 780, pour à Wilchar (Vulchaire) comme abbé de Saint-Maurice et évêque de Sion. C'est durant le gouvernement d'Althée que Charlemagne fit don à l'abbaye de Saint-Maurice d'objets fort précieux, entre autres d'un devant d'autel en or massif qui fut plus tard vendu par un prince de la maison de Savoie, afin de subvenir aux frais d'une croisade. La sacristie de la cathédrale de Sion conserve aussi un beau reliquaire, sur lequel figurent la sainte Vierge et saint Jean, et qui porte l'inscription suivante : *Hanc capsam dicata in honore sanctae Mariae Altheus episcopus fieri rogavit*. Nous ne pouvons rien dire, ni sur la durée de l'épiscopat d'Althée, ni sur la date de sa mort.

Chronique de l'abbaye de Saint-Maurice, édit. Gremaud, dans *Mémorial de Fribourg*, 1857, t. IV, p. 344-348. — E. Aubert, *Le trésor de l'abbaye de Saint-Maurice*, 1872, p. 28-29.

M. BESSON.

2. ALTHÉE. Voir ALTEUS, col. 807.

ALTHEIM. Voir HOHENALTHEIM.

ALTHIBUROS ou **ALTHIBURUS**. Évêché d'Afrique, situé dans la Province Proconsulaire, sur les hauts plateaux de la Tunisie centrale, non loin des limites de la Byzacène et de la Numidie. Le nom a été fréquemment déformé; les documents donnent, par exemple, l'ethnique *Altiburitanus*, *Alloburitanus* et

Altuburitanus. C'était une ville très ancienne, dont l'origine est bien antérieure à l'occupation romaine. Sous l'empire, son importance s'accrut. De simple *civitas*, elle fut élevée par Hadrien au rang de municipe et devint, au temps des Antonins et des Sévères, un centre commercial de premier ordre, l'un des plus florissants de l'Afrique. Aussi ne devons-nous pas être surpris de l'importance des ruines qui en subsistent à Henchir Medeïna : capitole, forum, théâtre, porte triomphale, quais, habitations privées, décorées souvent avec un grand luxe.

On peut supposer qu'*Althiburos*, placée sur la grande voie stratégique de Carthage à Theveste, en relations constantes, par conséquent, avec la capitale, connut d'assez bonne heure le christianisme. Pourtant, aucun document n'y signale une communauté chrétienne avant la fin du IVe siècle. Le premier évêque dont le nom nous a été conservé, Victor, est un maximianiste, qui assista au synode de Cabarsussi, en 393, et s'associa à la condamnation de Primianus, primat donatiste de Carthage. Augustin, *Enarrationes in psalmos*, XXXVI, serm. II, XX, *P. L.*, t. XXXVI, col. 382. Voir ci-dessus, t. I, col. 783. Il y a toute vraisemblance qu'en face de lui se trouvait un évêque catholique. C'est, du moins, la situation que nous révèlent les actes de la conférence de 411. Lors de la vérification des pouvoirs, à la première séance, Basilius, qualifié de *episcopus plebis Altiburitanae*, fut formellement reconnu par son compétiteur donatiste, Augustalis; *Gesta collationis Carthagine habitae inter catholicos et donatistas*, 1, c. CXXVIII, CXCVII. Mansi, *Sacrorum conciliorum nova et amplissima collectio*, t. IV, col. 105, 145, 265, 269. En 484, l'un de ses successeurs, Vindemius, se rendit à la conférence que le roi vandale Hunéric réunit à Carthage; sa fermeté dans la foi lui valut d'être exilé. *Notitia provinciarum et civitatum Africae*, Provincia Proconsularis, 44, édit. Halm, p. 64; *P. L.*, t. LVIII, 269, 289. Enfin, en 646, *Constantinus, gratia Dei episcopus sanctae ecclesiae Altoburitanae*, signa la lettre adressée par l'épiscopat de la Proconsulaire au patriarche Paul de Constantinople. Voir ci-dessus, t. I, col. 846. Sur cet évêché aux VIe et VIIe siècles, voir la liste du Θρόνος Ἀλεξανδρίνος, dans *Byzantinische Zeitschrift*, 1893, p. 26, 31.

Corpus inscriptionum latinarum, t. VIII et supplément, p. 213-214, 1574-1575, n. 1822-1836, 16468-16485. — Morcelli, *Africa christiana*, Brescia, 1816-1817, t. I, p. 74. — *Notitia dignitatum*, édit. Böcking, Bonn, 1839-1853, t. II, p. 616. — Tissot, *Géographie comparée de la province romaine d'Afrique*, Paris, 1884-1888, t. II, p. 455-453, 567, 816. — De Mas-Latrie, dans *Bulletin de correspondance africaine*, 1886, p. 85; *Trésor de chronologie*, 1889, col. 1858. — Toulotte (Mgr), *Géographie de l'Afrique chrétienne*, Rennes-Paris, 1892-1894, Proconsulaire, p. 121-123. — J. Mesnage, *L'Afrique chrétienne*, Paris, 1912, p. 109. — Joh. Schmidt, *Althiburus*, dans Pauly-Wissowa, *Realencyclopädie*, t. I, col. 1697. — Diehl, *L'Afrique byzantine*, Paris, 1896, p. 269, 281, 417. — Toutain, *Les cités romaines de la Tunisie*, Paris, 1896, p. 382. — Cagnat et Gauckler, *Les monuments historiques de la Tunisie*. 1. *Les monuments antiques*, Paris, 1898, p. 8-10. — *Les temples païens*, Paris, 1898, p. 8-10. — P. Gauckler, *Un catalogue figuré de la batellerie gréco-romaine. La mosaïque d'Althiburus*, dans *Monuments et mémoires publiés par l'Académie des inscriptions et belles-lettres*, 1905, t. XII, p. 113-154, avec une abondante bibliographie sur les ruines de Medeïna. — A. Merlin, *Rapport sur les inscriptions latines de la Tunisie*, dans *Nouvelles archives des missions scientifiques*, 1907, t. XIV, p. 215. — *Bulletin archéologique*, 1908, p. CCXXIX-CCXXXV; 1909, p. CXCIX. — *Comptes rendus de l'Académie des inscriptions et belles-lettres*, 1909, p. 91-92; 1912 p. 417-426.

Aug. AUDOLLENT.

ALTHOFER (CHRISTOPH), théologien et controversiste luthérien. Il naquit à Hersbruck, près Nuremberg, le 9 novembre 1606, étudia aux universités d'Altorf, Wittenberg, Leipzig, Iéna, devint, en 1629, professeur à Altorf, et fut ensuite surintendant de Culmbach jusqu'à sa mort (11 mai 1660). Il a laissé de nombreux ouvrages, des commentaires sur les Évangiles et les Épîtres de saint Paul et des écrits polémiques contre les calvinistes et les catholiques. Parmi ces derniers, c'est surtout Mathias Faber, célèbre prédicateur et plus tard jésuite, qu'il attaqua vivement dans deux ouvrages : *Pseudostereomatis religionis pontificaei adversus pontificios et imprimis An. Matth. Fabrum institutae disputationes tres*, Altdorf, 1637; *Disputationes quatuor apologeticae oppositae defensioni petrae religionis pseudo-catholicae a M. Fabro adornatae*, Altdorf, 1637.

Zeltner, *Bibliotheca theologica Allorfiensis*, p. 268 sq.

J. PIETSCH.

ALTIBURITANA (*Ecclesia*). Vois ALTHIBUROS.

1. ALTICOZZI (ALTICOZIO DEGLI). Né à Cortone, de la grande famille de ce nom, il y fut ordonné prêtre, et, *vir probus*, lit-on dans Ughelli, *vita morumque integritate conspicuum*, lit-on dans Arch. consist., *Acta Cam.*, t. 10, fol. 112, courts mais significatifs éloges; fut préconisé évêque de Guardialfiera, le 13 août 1572. Il mourut en 1575.

Ughelli-Coleti, *Italia sacra*, Venise, 1721, t. VIII, col. 299-300. — Cappelletti, *Le Chiese d'Italia*, t. XIX, p. 563. — Eubel, *Hierarchia catholica medii aevi*, t. III, p. 223.

J. FRAIKIN.

2. ALTICOZZI (LORENZO), jésuite italien, né à Cortone le 25 mars 1689, embrassa la vie religieuse le 24 mai 1706; il fut recteur du collège des Écossais, à Rome, où il mourut en 1777. On a de lui : *Dissertatio historico-critica de antiquis novisque manichacis*, in-4°, Rome, 1763; in-8°, Vienne, 1765; Gratz, 1766; — *Dissertationes de mendaciis et fraudibus Isaaci Beausobrii calviniani gregis pastoris in historia critica Manichaei et manichaeismi*, in-4°, Rome, 1767; — *La storia delle antiche persecuzioni ai primi secoli della Chiesa*, publiée par le P. Giuseppe Paria, in-8°, Rome, 1879. Mais son principal ouvrage est la *Summa Augustiniana, ex collectis, ordinatis, disputatis, explicatisque sententiis theologicis divi Aurelii Augustini Hipponensis episcopi*, 6 volumes in-4°, Rome, 1744-1761, véritable théologie de la grâce d'après le saint docteur.

Sommervogel, *Bibliothèque S. J.*, Bruxelles, 1890, t. I, col. 215-216. — Hugo Hurter, *Nomenclator literarius*, Innsbruck, 1912, t. V, col. 115-116.

E.-M. RIVIÈRE.

1. ALTIERI (EMILIO), voir CLÉMENT X.

2. ALTIERI (GIANBATTISTA) l'ancien, cardinal, 1589-1654, appartenait à une vieille famille romaine, qui avait déjà depuis longtemps participé aux fonctions administratives de la ville et de la curie, et était le frère aîné du pape Clément X, dont il fit en grande partie la fortune; son aîné d'une année seulement, il le précéda de beaucoup dans la carrière des honneurs. Après de brillantes études au Collège romain, il prit son doctorat *in utroque jure*, et fut à vingt-quatre ans, sur la recommandation du cardinal Bellarmin, nommé chanoine théologal de Saint-Pierre, dignité que son oncle, Mario Altieri, savant canoniste, avait longtemps remplie avec un éclat qui le fit connaître en dehors de Rome. Après avoir été trois ans évêque de Camerino (1624-1627), siège qu'il résigna en faveur de son frère, il se consacra tout entier aux fonctions spirituelles dans la curie, surtout pour les affaires de la Sacrée Pénitencerie. Son protecteur, le cardinal Scipion Borghèse, grand-pénitencier, le prit pour second, après l'avoir fait nommer garde du sceau de la congrégation. Il fut encore chargé de la visite des évêchés suburbicaires et enfin, comme vice-gérant du cardinal-vicaire, administra aussi le diocèse de Rome.

Le 13 juillet 1643, Urbain VIII le créa cardinal du titre de la Minerve, et peu après le nomma à l'évêché de Todi, en Ombrie. Il s'occupa dès lors surtout de son diocèse, tint son synode en 1647, bâtit un hôpital dans sa ville épiscopale et se signala par diverses fondations. Il venait faire sa visite *ad limina* lorsqu'il mourut à Narni, le 25 novembre 1654, dans sa soixante-sixième année. Il joignait à de grandes connaissances en théologie une sérieuse culture littéraire et artistique, comme beaucoup de princes de l'Église de cette époque. Sur l'emplacement de la maison familiale, il fit construire le beau palais Altieri, qui orne encore la place du Gesù à Rome, sous le porche duquel on lit l'inscription commémorative de ce fait, avec la date du jubilé de 1650. Il fit tracer aussi le plan actuel de la chapelle Altieri dans son église titulaire de la Minerve, où il fut enseveli avec plusieurs de ses parents. Le pape Clément X lui fit élever un tombeau que l'on voit encore dans cette chapelle.

Ciaconius-Oldoinus, *Vitae et res gestae pontificum romanorum et cardinalium*, Rome, 1677, t. IV, col. 626-627. — Cappelletti, *Le Chiese d'Italia*, Venise, 1846, t. V, p. 240.

P. RICHARD.

3. ALTIERI (GIANBATTISTA PALUZZI), le jeune, cardinal (1673-1740), fils de Gaspare Paluzzi degli Albertoni, que Clément X, son oncle par alliance, avait adopté (voir plus loin cardinal Paluzzi ALTIERI) pour perpétuer la famille qui s'éteignait avec lui. Il prit au Collège romain le doctorat *in utroque jure*, puis entra dans la prélature en 1703 et suivit dès lors la carrière curiale. Il fut vice-légat du cardinal Tanara à Urbin (1704), et, à son retour à Rome, pourvu d'un office de clerc de la Chambre apostolique; en cette qualité, il remplit diverses fonctions dans l'administration civile, *praeses viarum*, *praeses zecchae*, préposé à l'entretien des rues et à la frappe de la monnaie (avant 1715); il fit partie aussi de la chambre camérale des comptes. Il était doyen des clercs de la Chambre lorsque le pape Benoît XIII, en souvenir de Clément X qui avait fait sa fortune, voulut l'avancer, le créa archevêque *in partibus* de Tyr et peu après cardinal, le 11 septembre 1724. Homme de pratique, plus solide par son expérience que brillant par ses capacités, Altieri fit partie de plusieurs congrégations, notamment de la Propagande et de la Consistoriale. Il devint évêque suburbicaire de Palestrina en janvier 1739 et mourut le 12 mars 1740, pendant le conclave de Benoît XIV, d'une attaque d'apoplexie; il fut enseveli à la Minerve.

M. Guarnacci, *Vitae et res gestae...*, Rome, 1751, t. II, col. 431-434. — Moroni, *Dizionario di erudizione*, t. I, p. 286-287. — Moreri, *Dictionnaire historique*, t. I, p. 421.

P. RICHARD.

4. ALTIERI (LODOVICO), cardinal (1805-1867), créé par Léon XII camérier et ablégat pour porter la barrette au cardinal Latil à Paris (1826), devint, sous Grégoire XVI, premier camérier secret et *coppiere maggior*, grand-échanson, enfin secrétaire de la congrégation des études. Le même pape le nomma nonce à Vienne, et le sacra lui-même archevêque *in partibus* d'Éphèse le 17 juillet 1836; il le créa même cardinal *in petto* le 14 décembre 1840, mais n'osa le publier de suite, à cause de sa jeunesse et de la jalousie qu'avait excitée sa rapide fortune. Lodovico sut d'ailleurs répondre à l'attente du pontife, en se faisant bien venir du tout-puissant ministre Metternich, et il se montra, avec sa souplesse et son amabilité, un excellent intermédiaire entre l'homme d'État qui personnifiait la réaction et la lutte contre les idées libérales, et le pape qui cherchait auprès de ce dernier un appui en présence de la révolution italienne. Altieri fut enfin publié le 21 avril 1845, et reçut la barrette à Vienne, puis rentra peu après à Rome. Le pape le nomma pro-secrétaire des mémoriaux, fonction importante qui disposait de toutes les requêtes présentées au pape. Il signala son entrée en charge par un règlement nouveau qui facilitait aux requérants l'accès auprès du Saint-Père. Pie IX le conserva, en dépit de la réaction que marquait son avènement. Dans les réformes administratives provoquées par cette réaction, Altieri reçut, en novembre 1847, le titre de président de Rome et de la Comarque, c'est-à-dire le gouvernement du patrimoine. En cette qualité, il ouvrit, au nom du pontife, le parlement élu en 1848, en vertu de la constitution que celui-ci venait d'accorder. Il suivit le pape à Gaëte, et fut renvoyé à Rome dans la commission des trois cardinaux chargée de réorganiser les États pontificaux (août 1849). Altieri se montra le plus modéré, et s'efforça d'atténuer les mesures prises contre les fauteurs de la révolution romaine. Ses fonctions de président de Rome cessèrent vers 1854, mais il était déjà préfet de la congrégation de l'Index, et ce ne fut pour lui qu'un piédestal pour s'élever au poste important de camerlingue de l'Église romaine, auquel il arriva en mars 1857, et qui lui donnait, avec la direction de la Chambre apostolique, l'intendance de tout le temporel de l'Église. Il reçut en outre l'évêché suburbicaire d'Albano, le 17 décembre 1860, et il mourut dans sa résidence épiscopale moins de sept ans après (11 août 1867). C'était le vrai type du noble prélat romain : intelligence et travail facile, manières de grand seigneur, amabilité naturelle, ton aisé, enjouement et grâce. Seul il était à même d'opposer un contre-poids salutaire à l'influence du cardinal Antonelli sur Pie IX, et malheureusement il disparut trop tôt.

Moroni, *Dizionario di erudizione storico-ecclesiastica*, passim, surtout t. I, XLIV et LIII. — *La grande encyclopédie moderne*, t. II, p. 551.

P. RICHARD.

5. ALTIERI (LORENZO), cardinal (1671-1741), frère aîné de Gianbattista le jeune, de la branche des Paluzzi Albertoni, était petit-neveu par adoption de Clément X. Une alliance de sa famille avec les Ottoboni attira sur lui les yeux d'Alexandre VIII; il fut créé cardinal le 13 novembre 1690, à l'âge de dix-neuf ans, dernier fruit du népotisme expirant, et placé sous la tutelle de son grand-oncle, le cardinal Paluzzo Altieri (voir plus loin). Le pape le fit entrer dans plusieurs congrégations, comme celles du Concile, de l'Index, de la Consistoriale, etc. Son successeur, Innocent XII, le nomma légat d'Urbin vers 1696, mais il resta peu de temps à ce poste et donna sa démission à la suite d'un procès de péculat dans lequel avait été impliqué un de ses domestiques, son favori, qu'il estimait innocent, et dont il refusa toujours de se séparer. Il vécut dès lors à Rome (1698), complètement effacé, et prit part aux conclaves de Clément XI, Innocent XIII, Benoît XIII et Clément XII (1700-1740), et il mourut le 3 août 1741, la cinquante-et-unième année de son cardinalat. Son nom passerait inaperçu dans l'histoire s'il n'avait été, pendant vingt ans, avec le cardinal Pietro Ottoboni, le représentant et le dernier survivant d'un régime rétrograde, désavantageux à l'Église, et auquel Benoît XIV mit fin non sans peine.

M. Guarnacci, *Vitae et res gestae...*, t. I, col. 377-380. — Bibl. nationale de Paris, manuscrits, fonds italien, t. 368, notices presque contemporaines sur les cardinaux vivants en 1699, fol. 31 et 123.

P. RICHARD.

6. ALTIERI (MARIO). Né à Rome, de la grande famille de ce nom, et oncle de Clément X, il fit ses études à l'Université romaine et, étant entré dans les ordres, fut nommé chanoine-théologal de Saint-Pierre. Canoniste de valeur, mais modeste à l'excès, il refusa plusieurs fois la dignité épiscopale. Il mourut le 29 juillet 1613, laissant divers manuscrits conservés dans la bibliothèque de sa famille. Un seul a été imprimé, après sa mort, par les soins de son frère Orazio, qui le dédia au pape Paul V : c'est un traité *De censuris ecclesiaticis, nempe de excommunicatione, suspensione et interdicto, cum explicatione bullae Coenae Domini...*, 2 in-fol., Rome, 1616 et 1620.

J. N. Erithraeus (Gianvittorio De Rossi), *Pinacotheca imaginum illustrium virorum*, Cologne, 1643, pinac. II, n. 5. — Ghilini, *Teatro d'uomini letterati*, Venise, 1647, t. I, p. 192. — Cartari, *Advocatorum sacri consistorii syllabus*, Rome, 1656, p. 202. — Mandosio, *Bibliotheca romana*, Rome, 1682, t. I, p. 333-334. — *Magna bibliotheca ecclesiastica*, Cologne, 1734, t. I, p. 348. — Mazzuchelli, *Gli scrittori d'Italia*, t. I, 1re part., p. 534-535. — P. E. Visconti, *Città e famiglie dello Stato pontificio*, Rome, 1845, t. III, p. 560-652.

J. FRAIKIN.

7. ALTIERI (PALUZZO PALUZZI DEGLI ALBERTONI), cardinal (1623-1698), appartenait à la vieille famille romaine des Albertoni qui, dès le moyen âge, joua un rôle dans l'histoire municipale de Rome. Il reçut la cléricature de bonne heure et étudia la jurisprudence à l'université de Pérouse. Urbain VIII le fit entrer dans le collège des clercs de la Chambre, et il s'y comporta assez bien pour qu'Alexandre VII le nommât auditeur général, puis le promût à la pourpre le 14 janvier 1664, et deux ans après, évêque de Montefiascone et Corneto (1666). L'administration de ce diocèse, à laquelle il se consacra tout entier, lui fournit l'occasion de révéler sous une autre forme ses talents et son activité. Mais l'union de sa famille avec celle des Altieri vint hausser sa fortune au sommet du pouvoir. Emilio Altieri, dernier rejeton de cette dernière, avait marié sa nièce unique à Gaspare Paluzzi, neveu du cardinal. Devenu pape sous le nom de Clément X, il adopta non seulement son neveu par alliance, mais le père de celui-ci, Angelo, et le cardinal son oncle, et leur fit prendre son nom. Dès lors, Paluzzi ne fut plus connu que sous le titre de cardinal Altieri.

Le nouveau pape avait quatre-vingts ans, peu de pratique des affaires politiques et romaines, ayant passé une partie notable de sa vie dans son diocèse de Camerino. Il était faible, il était vieux : il choisit Altieri pour premier ministre ou cardinal patron, et s'en remit à lui de tout le gouvernement. Celui-ci, par son activité, ses connaissances pratiques, l'ascendant qu'il sut prendre sur le pape, se rendit promptement maître de tout et indispensable. Surintendant ou gouverneur des États pontificaux, correspondant avec les nonces à l'étranger comme avec les ambassadeurs à Rome, il dirigea la politique et l'administration, non sans habileté, en même temps qu'il accumulait sur sa tête les charges et les honneurs. D'abord vicaire du pape à Rome, pro-secrétaire des brefs, etc., il devint préfet de la Propagande (1671), légat d'Avignon, archevêque de Ravenne, et enfin, camerlingue de la sainte Église romaine en 1673, protecteur et procureur de plusieurs ordres religieux, confréries et royaumes.

Cette accumulation de dignités ne faisait qu'accroître le labeur, les embarras et, par suite, les responsabilités. D'ailleurs, le gouvernement papal du XVIIe siècle, débonnaire et large, tournait aisément à la faiblesse, et les abus qui s'enracinaient avec le temps s'étayaient encore sur la connivence intéressée de tous. Plus encore que dans les autres États, les finances en particulier souffraient du manque d'ordre et d'équilibre dans les comptes, auxquels s'ajoutaient le gaspillage et les dépenses excessives des neveux. Depuis Urbain VIII, qui, plus que personne, avait contribué à cette situation, on n'avait guère songé à y porter remède, et la famille Altieri ne marchait que trop sur les traces des Barberini. Fût-ce pour lui procurer de nouvelles richesses ou pour rétablir l'ordre dans les finances publiques? en tout cas, lorsque le premier ministre voulut établir, en septembre 1673, une accise ou droit de 3 0/0 sur les marchandises introduites à Rome, il rencontra une vive résistance. Il lésait les cardinaux qui recevaient tout en franchise, et les ambassadeurs, dont le pavillon couvrait de temps immémorial la contrebande pratiquée par leurs serviteurs et toute personne qui leur était attachée à n'importe quel titre. Ceux de l'empereur, de France, d'Espagne et de Venise présentèrent une protestation commune, dont Altieri ne voulut pas tenir compte. Il refusa audience à leur secrétaire, et même, par suite d'un malentendu, ils ne purent pénétrer en personne auprès du souverain pontife.

En même temps, le cardinal envoyait à tous les nonces un mémoire, dans lequel il exposait les abus qui avaient donné occasion à l'édit. Il en résulta une polémique, des démentis regrettables et une série d'échanges d'observations, de notes et de manifestes qui remplirent l'année 1674. Le pape se décida à faire retirer l'édit en 1675. C'était un grave échec pour Altieri, et il se trouvait dans une situation d'autant plus fausse que le roi de France avait rompu tout rapport avec lui et le poursuivit longtemps de ses rancunes. La mort du pape (22 juillet 1676), en le relevant de ses fonctions, le délivra de ces embarras. Il contribua cependant à l'élection d'Innocent XI, et obtint plus tard, par son entremise, que Louis XIV lui rendit ses bonnes grâces. Il se retira dans la retraite, fort riche, en conservant toutes ses charges, auxquelles s'en ajoutèrent d'autres, comme celle d'archiprêtre de Saint-Jean de Latran, et les évêchés suburbicaires de Sabine (1689), Palestrina (1690), Porto (1698).

Il s'effaça sous Innocent XI, se confinant dans la gestion de ses charges. Il reprit quelque action politique avec son ancien allié, Alexandre VIII, et encore sous Innocent XII, successeur de celui-ci. Il servit même d'intermédiaire au conclave de 1691, entre le cardinal Pignatelli et les agents français, pour préparer les clauses d'un accord sur le conflit de la régale et des quatre articles de 1682. *Recueil des instructions données aux ambassadeurs et ministres de France*, t. XVIII, Rome, t. II, Paris, 1911, p. 86-87. Il avait achevé le palais Altieri, et sa famille se trouvait être, grâce à lui, la plus riche et la plus influente de Rome; mais par sa mort, le 29 juillet 1698, elle subit un coup sensible et disparut de l'avant-scène des intrigues curiales.

Paluzzi Altieri, maltraité pendant des années par les diplomates et les hommes d'État français, valait mieux que la réputation qu'ils lui ont faite dans leurs rapports tendancieux, et que l'histoire a trop facilement enregistrée. Il est vrai que, s'étant formé dans l'administration, il se montra inférieur en politique et en diplomatie, ce qui lui attira les foudres des héritiers de Lionne et des serviteurs de Louis XIV. Il se trouva aux prises avec une situation embarrassante qu'il n'avait pas créée, et il n'était guère de taille à supprimer des abus enracinés depuis plusieurs pontificats. Son rôle dans la curie, après Clément X, fut celui d'un conseiller prudent et sage, qui réussissait plus au second rang qu'au premier. Somme toute, l'histoire n'a pas dit son dernier mot sur lui; le personnage est encore à étudier, et à l'aide de la correspondance diplomatique du Vatican, où sa personne revient sans cesse, il serait facile d'établir la véritable physionomie d'un homme qui tint une place importante dans la société et les affaires romaines, pendant toute la seconde moitié du XVIIe siècle.

Ciaconius-Oldoinus, *Vitae et res gestae...*, t. IV, col. 757-758. — Moreri, *Dictionnaire historique*, t. I, p. 420-421. —

Novaes, *Elementi della storia de' sommi pontifici*, Rome, 1822, t. x. — Archives du Vatican, *Nunziatura di Francia*, passim. — Ch. Gérin, *Louis XIV et le Saint-Siège*, Paris, 1894, t. II, l. III.

P. RICHARD.

8. ALTIERI (VINCENZO-MARIA), cardinal (1724-1800), entra dans la prélature comme cadet de famille romaine, et végéta longtemps aux degrés inférieurs de la hiérarchie curiale. Pie VI, au début de son pontificat (1775), le nomma enfin président du tribunal de grâce, puis le prit un an après pour son maître de chambre, enfin il le créa cardinal *in petto*, le 23 juin 1777, et le publia le 11 décembre 1780. Il était premier cardinal diacre, lorsque les Français, maîtres de Rome, dispersèrent le Sacré Collège (février 1798). Malade et menacé d'emprisonnement, il s'effraya, perdit courage et, après avoir consulté deux religieux sur la légitimité de son acte, il renonça au chapeau par un acte public (mars), en même temps que le cardinal Antici. Voir ce nom. Pie VI, sur le conseil de plusieurs de ses collègues et notamment du cardinal Leonardo Antonelli, accepta sa démission, non sans répugnance (bref du 7 septembre 1798). Cet acte de faiblesse, qu'expliquerait l'état de santé et peut-être la situation mentale d'Altieri, fut généralement blâmé comme contraire au vœu qu'il avait fait de défendre l'Église jusqu'à l'effusion de son sang. Il mourut à Rome en février 1800, en regrettant sa démarche étrange.

Moroni, *Dizionario di erudizione storico-ecclesiastica*, Venise, 1840, t. I, p. 287; L, p. 146-147. — Gendry, *Pie VI, sa vie, son pontificat*, Paris, 1906, surtout t. II, p. 309-311.

P. RICHARD.

9. ALTIERI CORRADUCCI (ANGELO). Né à Rome, vers 1382, de la famille noble des Altieri, fut chanoine de Saint-Jean de Latran, juge des causes spirituelles dans le Patrimoine de Saint-Pierre, et gouverneur de la province de Marittima et Campagna, enfin, en 1441, trésorier général du Saint-Siège (du moins d'après les auteurs, mais peut-être fut-il avant, car le personnage que, dans le *Reg. Vat. 382*, fol. 167, nous voyons nommé à cette charge le 13 septembre 1441, n'est pas Angelo Altieri, mais Angelo Cavazza, évêque de Traù en Dalmatie). Eugène IV le préconisa, le 30 avril (d'après Eubel, qui reproduit très exactement *Obligazioni* 72, fol. 56, et non le 20, comme le portent Ughelli, Lucentius et Cappelletti) 1453, évêque de Nepi et Sutri. Il mourut à Rome, en 1472, à l'âge de quatre-vingt-dix ans, et fut inhumé dans la chapelle de sa famille, en l'église de la Minerve (épitaphe dans Ughelli et Cappelletti). Casimiro rapporte un acte de lui, en date du 15 octobre 1465, attestant la consécration qu'il avait faite, ce jour même, de deux autels, dans l'église franciscaine de Santa Maria del Prato près de Campagnano.

Galletti, *Canonici lateranensi*, ms. à la bibliothèque Vaticane, *Vat. lat. 8036*, III° part., fol. 26-27. — Casimiro da Roma, *Memorie storiche delle chiese e dei conventi di FF. minori della Provincia romana*, Rome, 1674, p. 40-41. — Lucentius, *Italia sacra*, Rome, 1704, t. I, col. 1393. — Ughelli-Coleti, *Italia sacra*, Venise, 1717, t. I, col. 1032. — Ranghiasci, *Memorie storiche della città di Nepi e de' suoi dintorni*, Todi, 1845-1847, p. 229 (l'appelle à tort, sans doute par suite d'une coquille d'imprimerie, Alfieri). — P. E. Visconti, *Città e famiglie nobili e celebri dello Stato pontificio*, Rome, 1845, t. III, p. 532-533. — Cappelletti, *Le Chiese d'Italia*, Venise, 1847, t. VI, p. 239. — Forcella, *Iscrizioni delle chiese di Roma*, Rome, 1869, t. I, p. 420, n. 1602. — Eubel, *Hierarchia catholica medii aevi*, t. II, p. 268. — J.-J. Berthier, *Nécrologe lapidaire de la Minerve: L'église de la Minerve à Rome*, 1910, p. 202, 205 (avec la reproduction de sa pierre tombale).

J. FRAIKIN.

ALTIGIEN (Saint), moine à Saint-Seine. Il n'était pas disciple immédiat de saint Seine, fondateur du monastère, comme le disait l'ancien *Bréviaire* des religieux, mais vivait au début du VIII° siècle. Il fut mis à mort par les Sarrasins, le 23 août 731 ou 732, avec saint Hilarin, moine du même monastère. Leurs corps furent ensevelis dans l'église de Saint-Seine.

Acta sanctor., aug. t. IV, p. 647. — Mabillon, *Annal. ord. S. Bened.*, ann. 732, n. 6; ann. 525, n. 24; *Acta sanct. ord. S. Bened.*, t. I, p. 527.

P. FOURNIER.

ALTILIO (GABRIELE). Né, vers 1428, suivant D'Afflitto, vers 1449, suivant Mazzuchelli, à Mantoue, d'après Girolamo Amalteo (*Poematia*, édit. de Venise, 1627, p. 47) et Basilio Zanchi (*Poemata*, Bergame, 1747, p. 176), qui ont pris prétexte de cette circonstance pour le comparer à Virgile; la plupart des auteurs lui assignent cependant pour patrie la Basilicate, mais, tandis que D'Afflitto le fait naître à Cuccaro, dans cette région, Percopo a démontré que c'est à Caggiano, dans la province de Salerne, qu'il a vu le jour. Selon D'Eugenio, *Napoli sacra*, p. 508, Leonardo Malatesta de Pistoie l'aurait mis parmi les personnages de sa *Présentation au Temple*. Il fut précepteur, puis secrétaire, du prince héréditaire de Naples, Ferdinand d'Aragon (et non pas de Ferdinand I°r, comme on le lit dans quelques auteurs), qui devint plus tard roi sous le nom de Ferdinand II, et l'accompagna dans ses expéditions contre les Vénitiens en 1482-1484, et dans celle de Romagne contre Louis le More et Charles VIII en 1494. Envoyé à Rome, avec Pontano, par Ferdinand I°r, pour arranger un différend qui s'était produit entre celui-ci et le pape Innocent VIII, il fut ensuite député, le 22 mai 1493, à Julien de la Rovère, qui s'était enfermé dans sa forteresse d'Ostie, par Ferdinand et les cardinaux opposés à Alexandre VI. On trouve sa signature au bas de plusieurs lettres et actes de Ferdinand I°r. Il fut aussi professeur à l'université de Naples. Préconisé évêque de Policastro le 8 janvier 1493, comme le démontrent les *schedae* de Garampi et Percopo (longues discussions, dans les auteurs, au sujet de cette date, qui manque dans les *Actes consistoriaux*), il semble avoir peu résidé dans son diocèse, du moins au début, mais, après l'entrée du roi de France à Naples, il se retira dans son évêché et s'adonna uniquement aux études théologiques. Il était l'ami des plus fameux poètes de son temps, en particulier d'Alessandro Alessandri qui le nomme souvent dans ses *Dies geniales*, de Sannazar, qui chanta sa naissance (*Epigram.*, l. I, 7; cf. *Eleg.*, l. I, 11, vs. 17-18; l. II, 2, vs. 21-22) et composa son épitaphe (la voir dans Ughelli), de Pontano, qui lui dédia son poème *De magnificentia*, chanta son trépas et, dans son élégie *Aegidius*, feint qu'après sa mort il a apparu à un moine du Mont-Cassin, le priant de recommander aux académiciens de s'abstenir des sujets frivoles et profanes pour s'appliquer aux sujets sérieux et chrétiens (*Pontani opera*, 2° édit., Naples, 1507, t. III); celui-ci apprécie très bien son génie dans l'ode *de Altilio* (*Ioannis Ioviani Pontani carmina*, éd. Soldati, Florence, 1902, t. II, p. 267; cf. p. 180, 254), où il l'appelle *dulcem Altilium*. Basilio Zanchi a également composé une élégie (*op. cit.*, p. 143) et Caramella une épigramme sur sa mort. *Museum illustrium poetarum*, Venise, 1651, p. 107. Il fut lui-même l'un des poètes latins les plus renommés du XV° siècle, mais il ne reste pourtant de lui que quelques poésies, du moins imprimées, savoir un remarquable *Epithalamium in nuptias Joannis Galeatii Sforliae ducis Mediolanensis, et Isabellae Aragoniae, Alphonsi regis Neapolitani filiae*, loué par Jules-César Scaliger, qui se trouve dans les *Carmina illustrium poetarum Italorum* de Matteo Toscano, Florence, 1719, t. I, p. 129-136, et dans les *Deliciae poetarum Italorum* de Gruter, I°° part., p. 57; une *Lamentatio ad Christum sepultum*, une élégie *Ad Actium Syncerum et M. Antonium Sannazarios fratres in matris funere*, et cinq épigrammes, publiées, avec l'Épithalame, dans le recueil des poésies de Sannazar et autres auteurs, édité à Venise en 1533, in-8°, et dans le recueil des poésies latines de Sannazar, Padoue, 1719, 1731, 1751; Venise, 1752. Enfin D'Afflitto a publié une lettre latine en prose adressée par lui à son ami Cariteo et datée de Naples, *pridie idus quintiles*, s. a., où il fait l'éloge de Sannazar et se déchaîne contre ses ennemis. Percopo donne la liste de trente et une poésies latines inédites d'Altilio, contenues dans le ms. *9977* de la Bibliothèque impériale de Vienne, fol. 281 sq. Cf. *Tabulae cod. mss. bibliothecae Palatinae Vindobonensis*, t. VI, p. 117 sq. L'épithalame a été traduit, ou plutôt paraphrasé, en italien par l'abbé Carminati, in-4°, Padoue, 1730, avec le texte latin. Tafuri a publié une nouvelle édition du texte latin de l'épithalame, Naples, 1803, en le faisant précéder d'une excellente notice sur la vie de l'auteur. Enfin Percopo donne le texte de divers actes administratifs adressés à Altilio. Il mourut dans son diocèse, vers 1501 (et non pas en 1584, comme le portent Ughelli et Gams), « juste au moment où, écrit Percopo, à la suite de la ruine définitive de la maison d'Aragon, les Muses épouvantées fuyaient de Naples avec Sannazar. »

Paul Jove, *Elogia virorum literis illustrium*, Bâle, 1577, p. 206-207. — Gaddi, *De scriptoribus non ecclesiasticis*, Florence, 1648, t. I, p. 23-24, 29. — Caramella, *Cardinalium nunc viventium laudes*, Venise, 1653, p. 100. — Toppi, *Biblioteca napoletana*, Naples, 1678, p. 101-102. — L. Nicodemo, *Additioni copiose alla Biblioteca napoletana del Dott. N. Toppi*, Naples, 1683. — Ughelli-Coleti, *Italia sacra*, Venise, 1721, t. VII, col. 564. — G. M. Toscano, *Peplus Italiae*, Hambourg, 1734; l. II, p. 104; l. III, p. 63. — Bayle, *Dictionnaire critique*, 1741, t. I, p. 168. — Tafuri, *Istoria degli scrittori nati nel regno di Napoli*, Naples, 1749-1755, t. II, 2ᵉ part., p. 294-297; t. III, 4ᵉ part., p. 349-353. — Antonini, *La Lucania illustrata*, Naples, 1750, IIᵉ part., p. 340. — Mazzuchelli, *Gli scrittori d'Italia*, Brescia, 1753, t. I, 1ʳᵉ part., p. 535-538. — Paolino Origlia, *Istoria dello studio di Napoli*, Naples, 1753, t. I, p. 250. — Chioccarelli, *De illustribus scriptoribus regni*, Naples, 1780. — Eustachio D'Afflitto, *Memorie degli scrittori del regno di Napoli*, Naples, 1782, t. I, p. 244-254. — *Biographie universelle Michaud*, t. I, p. 644-645. — *Biografia universale*, Venise, 1822, t. II, p. 215-216. — Tiraboschi, *Storia della letteratura italiana*, Milan, 1824, t. VI, 3ᵉ part., p. 1431. — Minieri Riccio, *Memorie storiche degli scrittori nati nel regno di Napoli*, Naples, 1844, t. I, p. 14. — *Cenno storico dell'Accademia pontaniana*, Naples, 1876. — Cappelletti, *Le Chiese d'Italia*, 1866, t. XX, p. 371. — Gams, *Series episcoporum*, p. 912. — Narducci, *Giunte al Mazzuchelli*, Rome, 1881, p. 19-20. — G. Amalfi, *Gabriele Altilio e una sua poesia inedita*, dans *Napoli letteraria*, 2ᵉ ann., 1885, n. 1. — Ad. Gaspary, *Die italienische Literatur der Renaissancezeit*, Berlin, 1888, t. II, p. 301; traduction italienne par Vitt. Rossi, 2ᵉ édit., Turin, 1900, t. II, 1ʳᵉ part., p. 286. — Vitt. Rossi, *Il Quattrocento*, dans *Storia letteraria d'Italia*, s. a., p. 350-352, 433. — E. Percopo, *Nuovi documenti su gli scrittori e gli artisti dei tempi aragonesi*, dans *Archivio storico per le province Napoletane*, 1894, t. XIX, p. 560-571.

J. FRAIKIN.

ALTIN (Saint), l'un des soixante-douze disciples de l'Évangile et le fondateur apostolique des Églises d'Orléans et de Chartres, suivant l'opinion traditionnelle des diocèses de Sens, Chartres, Orléans et Troyes.

Le nom d'Altin est inséparable de celui des saints Savinien et Potentien. Aux termes de leurs Actes, ils auraient tous les trois commencé d'annoncer l'Évangile en Palestine du vivant même du Christ et, après son Ascension, auraient suivi Pierre à Antioche, puis à Rome. Chargés par l'apôtre de prêcher le christianisme en Gaule, ils seraient venus s'établir à Sens. Ils se seraient ensuite séparés; Potentien aurait gagné Troyes, tandis qu'Altin, accompagné d'un converti sénonais, Éodald, se serait dirigé sur Orléans. Il y aurait séjourné quelque temps et fondé une église. Puis il aurait également consacré une église et établi la hiérarchie ecclésiastique à Chartres, où le gouverneur Quirinus l'aurait fait battre de verges. Miraculeusement délivrés, les deux apôtres auraient ensuite prêché l'Évangile aux environs de Paris, notamment à Créteil, où ils auraient converti un grand nombre d'habitants, dont deux nobles, Agoard et Aglibert, qui devaient être peu après martyrisés par ordre du gouverneur Agrippinus. Altin aurait ensuite regagné Sens, où il aurait retrouvé ses compagnons. Après le martyre de Savinien, Potentien aurait pris la tête de la communauté sénonaise; mais un an plus tard exactement, Potentien, Altin et Éodald auraient été décapités après avoir subi de cruelles tortures.

Suivant les partisans de l'opinion traditionnelle, le récit, connu sous le nom de *Grande passion* de saint Savinien, qui relate ces faits, daterait du VIIᵉ siècle, ou tout au moins serait antérieur à l'an 847, où les corps des martyrs furent retrouvés par l'archevêque Wenilon, près de l'église abbatiale de Saint-Pierre-le-Vif, à la porte de Sens. Il en résulterait pour les événements qu'il rapporte une présomption sérieuse d'authenticité.

Par contre, à partir du XVIIᵉ siècle, de nombreux érudits, principalement de nos jours Mgr Duchesne, ont dénié toute valeur historique aux Actes des martyrs sénonais. Ce serait, selon eux, dans la découverte fortuite des sépultures des deux premiers évêques de Sens qu'il faudrait voir l'origine de leur culte. Les noms de ces évêques étaient connus par la liste épiscopale, mais, affirment-ils, on ne savait absolument rien, en 847, de leur histoire. L'inspection de leurs reliques donna à penser qu'ils auraient dû, ainsi que leurs compagnons de sépulture, être martyrisés. On les honora donc comme martyrs, bien qu'on ignorât les circonstances de leur mort. Peu à peu cependant une légende s'accrédita, avec la complicité tacite des moines de Saint-Pierre-le-Vif. Il s'agissait de donner au diocèse une origine apostolique; on fit de saint Savinien et de ses compagnons des disciples immédiats du Christ. On imagina la fondation par saint Potentien de l'Église de Troyes et par saint Altin des Églises d'Orléans et de Chartres. Puis, vers le milieu du XIᵉ siècle, Gerbert, abbé de Saint-Pierre, chargea un de ses religieux d'écrire les Actes des martyrs : ce fut la *Grande passion* de saint Savinien que nous possédons.

Quoi qu'il en soit, qu'il faille voir en saint Altin le fondateur apostolique de l'Église d'Orléans ou simplement un martyr sénonais du IVᵉ ou du Vᵉ siècle, toujours est-il qu'à partir du IXᵉ siècle, on trouve de nombreuses attestations de son culte, toujours uni à celui de ses compagnons. Les reliques découvertes par Wenilon avaient été déposées dans l'église abbatiale de Saint-Pierre-le-Vif; en 937, lors de l'invasion des Hongrois, on les porta à la cathédrale. Elles revinrent au monastère sous l'abbé Samson, qui les cacha dans un souterrain. En 1006, l'archevêque Léothéric en fit l'élévation et les plaça dans des cercueils de chêne. Quelques années plus tard, le roi Robert et la reine Constance firent ciseler par le moine Odoranne une châsse en vermeil où l'on déposa les corps des saints Savinien et Éodald; ceux des saints Altin et Potentien furent déposés plus tard, en 1218, par l'archevêque Pierre de Corbeil, dans une châsse d'argent.

Il est difficile de dire à quelle date le culte des martyrs sénonais pénétra dans le diocèse d'Orléans. L'absence de documents liturgiques interdit nécessairement toute indication précise. À partir du XVᵉ siècle, on trouve leur fête dans les bréviaires orléanais, mais elle en disparaît en 1693, sous l'influence des idées critiques de Launoy et de son école. Au cours du xvIIIe siècle, elle est supprimée ou ses leçons sont modifiées dans les bréviaires de Sens (1702-1725), de Troyes (1718) et de Chartres (1782). C'est seulement au milieu du xixe siècle que s'est effectué le retour des quatre Églises à leurs anciennes traditions liturgiques. Celle d'Orléans distingue même actuellement, dans le culte qu'elle leur rend, saint Altin des autres martyrs sénonais. Elle célèbre la fête du premier, sous le rite double de 2e classe, le 19 octobre, et celle de saint Savinien et de ses compagnons, sous le rite double mineur, le 22 octobre.

Grande passion et documents divers dans *Bibl. hist. de l'Yonne*, Paris, 1863, t. II, p. 294 sq. — Mabillon, *Acta sanct. O. S. B.*, saec. VI, t. I, p. 259 sq. — Cochard, *Origine apostolique de l'Église d'Orléans, saint Altin, premier évêque d'Orléans*, Orléans, 1872. — Hénault, *Recherches historiques sur la fondation de l'Église de Chartres et des Églises de Sens, de Troyes et d'Orléans*, Chartres, 1884. — Blondel, *L'apostolicité de l'Église de Sens*, Sens, 1902. — Duchesne, dans *Bulletin critique*, 15 mars 1885 et 1er avril 1892; *Fastes épiscopaux de l'anc. Gaule*, Paris, 1899, t. II, p. 396-410.

C. COUILLAULT.

1. ALTING (HENRY), théologien calviniste, 1583-1644. Fils de Menso (voir l'article suivant), il naquit le 17 février 1583, à Emden, fit ses études à Gröningue et Herborn; en 1613, il est professeur de dogmatique à Heidelberg; en 1616, directeur du séminaire au *Collegium Sapientiae*; en 1618, il prend part au synode de Dordrecht et s'y montre adversaire décidé des *Remontrants*. Lorsque Tilly, en 1622, envahit le Palatinat et saccagea Heidelberg, Alting courut un grand danger et dut s'enfuir en Hollande. En 1627, il obtint une chaire de théologie à Gröningue et l'occupa jusqu'à sa mort (25 août 1644).

Il a laissé des écrits intéressants pour l'histoire de l'Église dans le Palatinat et les controverses de son époque; on en trouvera la bibliographie dans l'article de Freherus indiqué ci-dessous. Il a travaillé, à Leyde, à la traduction hollandaise de la Bible.

Axon, *Effigies et vitae professorum Acad. Groning.*, Gröningue, 1654-1688, p. 88 sq. — Freherus, *Theatrum virorum eruditione clarorum*, t. I, p. 512 sq. — Gass, dans *Allgem. deutsche Biogr.*, t. I, p. 367 sq. — Maresius, *Oratio funebris J. H. Altingii*, Gröningue, 1644.

J. DE LA SERVIÈRE.

2. ALTING (MENSO), théologien calviniste (1541-1612), naquit le 11 novembre 1541, à Eelde, province de Drenthe, passa à la Réforme en 1565 et vint à Heidelberg; consacré pasteur en 1566, il exerça son ministère à Heidelberg, en Frise, et finalement, pendant trente-sept ans, à Emden, où il fut pasteur de la principale paroisse et président du consistoire. Lorsqu'en 1594 Gröningue, jusque-là catholique, dut se soumettre aux princes de Nassau, Alting prêcha le premier sermon, lors de la nouvelle dédicace de la cathédrale. Il mourut le 7 octobre 1612. Ses écrits, peu nombreux, s'inspirent du pur calvinisme et sont, plus d'une fois, dirigés contre les luthériens.

Allgem. deutsche Biogr., t. I, p. 368 sq. — Emmius, *Mensonis Altingii vita*, Gröningue, 1728. — Lesturgeon, *Menso Alting*, Kœvorden, 1867.

J. DE LA SERVIÈRE.

ALTINI (TADDEO), religieux augustin, né à Camerino, en 1603. Il embrassa la vie religieuse à Fermo et, en 1635, fut nommé provincial de la Marche d'Ancône et, en 1639, prieur du couvent de Saint-Augustin à Rome. Le 29 septembre de la même année, il fut nommé par Urbain VIII sacriste du Vatican et, le 17 décembre 1645, consacré évêque de Porphyre. En 1652, Innocent X lui conféra l'administration de l'évêché d'Orta et de Civita Castellana. Il mourut dans la première ville, le 27 août 1655.

Ughelli, *Italia sacra*, t. I, col. 603. — Elssius, *Encomiasticon augustinianum*, Bruxelles, 1654, p. 641. — Lanteri, *Eremus sacra augustiniana*, Rome, 1874, t. I, p. 69-70. — Crusenius-Lopez, *Monasticon augustinianum*, Valladolid, 1903, t. II, p. 103.

A. PALMIERI.

1. ALTINO (*Altin.*), ancien évêché d'Italie (Vénétie). La ville d'Altino, dont l'origine se perd dans la nuit des temps, les uns attribuant sa fondation aux Euganéens, d'autres aux anciens Vénètes, d'autres encore aux Cimmériens, aux Celtes ou aux Phéniciens, était située jadis sur le littoral du golfe de Venise, à l'intersection de la via Aemilia, qui l'unissait à Ravenne et de la via Annia, qui l'unissait à Aquilée, dans un endroit actuellement recouvert en partie par les eaux de l'Adriatique (longue dissertation sur son emplacement dans Cluverius, *Italia antiqua*, Leyde, 1524, t. I, p. 161-162). Elle fut une des villes les plus florissantes de l'empire romain, et Vitruve, I, 4, parle d'elle comme d'un municipe aussi important que Ravenne et Aquilée. Martial, IV, 25, n'est pas moins élogieux, lorsqu'il dit :

Aemula Bajanis Altini littora villis.

Plusieurs empereurs y résidèrent temporairement et y promulguèrent des lois; Lucius Verus, le collègue de Marc Aurèle, y mourut. Son importance s'accrut encore sous les premiers rois barbares, et ses richesses étaient proverbiales. D'antiques *passionnaires* attribuent la prédication de la foi chrétienne dans ses murs à un disciple de saint Pierre, saint Prosdocimus, qui, en effet, aurait évangélisé toute la Vénétie actuelle; mais le premier évêque dont le nom nous soit parvenu est saint Heliodorus, élu après 377, ami de saint Jérôme, avec lequel il vécut quelque temps à Jérusalem, d'où il rapporta un bras de l'apôtre saint Jacques, et adversaire implacable des ariens, contre lesquels il signala son zèle, en particulier au concile d'Aquilée, en 381. Cf. *Memorie storiche forogiuliesi*, septembre 1911, n. I, p. 21, et F. Apollonio, *S. Eliodoro, vescovo di Altino*, Rome, 1910, etc. Quelques auteurs le rangent parmi les Pères de l'Église. L'un de ses disciples fut saint Liberalis, citoyen d'Altino, célèbre par sa charité et son esprit de pénitence. Heliodorus désigna lui-même son successeur, qui fut Ambrosius, vers 407. La chronique d'Altino nomme, comme troisième évêque, un certain Blandus, mais Ughelli semble être davantage dans le vrai en l'appelant Hilarius, car un évêque de ce nom est cité comme prenant part, en 429, avec d'autres prélats, à la consécration de l'église de Rialto. Ce fut, sans doute, sous son épiscopat que, en 425, l'évêque de Philippes, Theonistus, qui s'était réfugié à Altino, y fut martyrisé par les ariens avec deux de ses disciples, Tabra et Tabrata. Le quatrième évêque serait, d'après la même chronique, Sambatinus, ce qui est, probablement, une erreur de copie pour Septimius; le pape saint Léon le Grand adresse, en effet, en 447, une lettre à Septimius, et parle de lui, dans une autre lettre écrite à Januarius, patriarche d'Aquilée, en 444, le louant de ce qu'il lui a rapporté de la conversion de prêtres pélagiens. De Rubeis, *Monumenta Ecclesiae Aquileiensis*, p. 135. Après lui, la ville fut ravagée par Attila (bien que Bonifacio, *Storia di Trevigi*, prétende que les Altinates l'arrêtèrent en inondant les environs) et les habitants concoururent à émigrer dans les îles voisines. On cite cependant encore les évêques suivants : Petrus Ier, qui prit parti pour Théodoric contre le pape Symmaque et, nommé par lui visiteur du Saint-Siège (*sic*), fut excommunié au IIIe concile de Rome, en 501 (Labbe-Coleti, *Sacrosancta concilia*, t. V, col. 457; Mansi, *ibid.*, t. VIII, col. 228; Baluze, *Miscellanea*, t. IV, p. 58); Vitalis, qui se retira à Mayence, afin d'éviter de souscrire aux décisions du Ve concile œcuménique de Constantinople, en 553, et fut exilé en Sicile par

Narsès en 565 (Paul Diacre, *Historia Longobardorum*, l. II, c. IV); Petrus II, qui assista, en 579, au concile provincial tenu à Grado par Élie, patriarche d'Aquilée, et refusa, avec neuf autres évêques, de prendre part au conciliabule schismatique réuni à Mariano, en 587, par le nouveau patriarche d'Aquilée Severus ; enfin Septimus, Angelus, Dominicus, Stephanus, Aurelianus, Marinus, Joannes, Maurianus et Leo, que la chronique d'Altino énumère simplement sans nous donner aucun détail ni aucune date sur leur épiscopat. Le dernier évêque fut Paulus. La ville ayant été presque complètement détruite, entre 635 et 641, par Rotari, duc de Brescia, puis roi des Lombards, les habitants se réfugièrent dans les îles de la lagune, emportant avec eux les corps d'Heliodorus, de Liberalis et autres saints et martyrs d'Altino, et Paulus fixa son siège dans la plus importante d'entre elles, Donio ou Dorcea, qui fut appelée d'abord *Novum Altinum*, puis *Turris Caeli*, ou Torcellae, du nom, dit la légende, d'une porte d'Altino. Cette prétendue quasi-destruction de la ville est, il est vrai, assez douteuse. Ainsi fut fondé le nouvel évêché, mais Paulus, qui mourut un mois après la translation du siège, et ses successeurs, jusqu'à la fin du XIe siècle, continuèrent à porter le titre d'évêques d'Altino. Il ne resta plus, de l'antique évêché, que le monastère bénédictin de Santo Stefano, dont on connaît un abbé, Dominicus Calopini, en 874, et qu'on voit encore cité en 1186 et 1206. Lubin, *Abbatiarum Italiae brevis notitia*, Rome, 1693, p. 9; Monticolo, *Cronache veneziane anticissime*, t. I, p. 121. Mathieu de Flandin, dans son *Apparatus ad universalem episcopatuum orbis christiani notitiam* (Indic., n. 438, t. I, fol. 65 v°, aux archives du Vatican), dit, vers 1680, qu'il n'existe plus que la tour de ce couvent. Les ruines d'Altino servirent de carrière aux habitants de Venise, et la plupart des maisons de la reine de l'Adriatique furent construites, paraît-il, jusqu'au XIIe siècle, avec des marbres de l'ancienne émule de Baïes. Filiasi dit qu'à son époque, c'est-à-dire à la fin du XVIIIe siècle, on en retirait encore une multitude de médailles et autres antiquités. Il n'en reste plus aujourd'hui que quelques tumulus, sur un plateau, entre l'embouchure du Pô de Mestre et celle du Dese. Voir aussi, pour l'histoire et pour la bibliographie, l'article suivant.

Concile. — Labbe et Cossart, *Sacrosancta concilia*, Venise, 1671, t. VII, col. 1187-1189, et, après eux, Hardouin, *Acta conciliorum...*, Venise, 1714, t. IV, col. 965, et Labbe-Coleti, *Sacr. concil.*, Venise, 1729, t. IX, col. 259, mentionnent un concile qui se serait tenu à Altino en 802. Mais, outre que la ville n'existait plus à cette époque, ils se bornent à citer une lettre de saint Paulinus, patriarche d'Aquilée, à Charlemagne, à qui, écrit-il, il envoie les actes d'un concile qu'il affirme *habitum Altini fuisse sub nomine regis*. C'est ainsi, du moins, que lisent Labbe, Madrisio, *S. Paulini opera*, Venise, 1737, p. 191, ainsi que Baronius, *Ann. eccl.*, ad. ann. 802, qui, le premier, a publié le début et la fin de cette lettre. D'un manuscrit de la bibliothèque Vaticane, qui contient une autre version de cette lettre, donne, au lieu d'*Altini*, *alti*, qui, évidemment, se rapporte à *regis*; et cette leçon est adoptée par Mansi, *Sacr. conc.*, t. XIII, col. 1099; Baluze, *Miscellanea*, édit. Mansi, t. II, p. 59-60; Dümmler, *Monumenta Germaniae historica*, *Epistolae*, t. IV, p. 516-520, n. 15; De Rubeis, *Dissertatio*, Venise, 1762, p. 331, 375; Della Stua, *La vita di S. Paolino, patriarca d'Aquileia*, et *Se il concilio che S. Paolino, patriarca d'Aquileja, dicesi aver celebrato in Altino, sia da distinguersi dal concilio di Forogiulio o no?* dans *Nuova raccolta d'opuscoli*, Venise, 1783, t. XXXVIII, p. 28. Il est donc probable que le concile dont il y est question n'est autre que celui qui se tint, en 796, sous la présidence de saint Paulinus, à Cividale, où avait été transporté le siège patriarcal. C'est ce que démontrent assez bien Paschini, *San Paolino patriarca e la chiesa Aquileiese alla fine del secolo VIII*, Udine, 1900, p. 168-172, et Marcuzzi, *Sinodi Aquileiesi*, Udine, 1910, p. 52-56. Charlemagne, en effet, y est appelé simplement roi, ce qui prouve que la lettre est antérieure à Noël de l'an 800, date à laquelle il fut couronné empereur par le pape saint Léon III; et Paschini répond péremptoirement aux arguments de Madrisio, qui voudrait la reporter à l'an 803. S. Paulinus y dit, de plus: *...in hac cui Deo auctore... deservio sede, concilium habitum*, expression qui désigne évidemment Cividale. Enfin celles par lesquelles le patriarche résume les délibérations du concile : *de causa siquidem orthodoxae fidei...; de statu quin etiam ac formosa ecclesiastici culminis dignitate, de rerum quarumcunque dispendiosa jactura...; de quibuscumque necessariis susurrantium quamquam petitionem, de quibus juste recteque conquiri potest, quarumque querulae disputationis exhibitio, nodosa lilium allegatione contrita, sacerdotali nihilominus desiderabal enodatim diremptione*, peuvent s'appliquer assez exactement aux actes du concile de Cividale, dont la profession de foi porte sur la Trinité et l'Incarnation, les sept premiers canons, sur les principes, et les sept autres, sur des points particuliers de la discipline ecclésiastique. Voir aussi, sur cette question, Girou, *Pagine Friulane*, Udine, 1902, p. 72.

L. Schrader, *Monumentorum Italiae libri quatuor*, Helmstadt, 1592, fol. 317 v°. — Ughelli-Coleti, *Italia sacra*, Venise, 1719, t. V, col. 1539-1418. — De Rubeis, *Monumenta Ecclesiae Aquilejensis*, Strasbourg, 1740, p. 133, 135, 138, 161, 187-188, 211, 210, 258. — *Chronica Dandolana*, dans Muratori, *Rerum Italicarum scriptores*, t. VII; cf. t. XVI, *Vitae episcoporum et patriarcharum Aquilejensium*. — M. Foscarini, *Della letteratura veneziana libri otto*, Padoue, 1752, t. I, p. 11. — Flaminius Cornelius, *Ecclesiae Venetae antiquis monumentis illustratae*, Venise, 1748, t. X, p. 5-6; *Notizie storiche delle chiese e monasteri di Venezia e di Torcello*, Padoue, 1758, p. 560-561. — N.-A. Licinius, *Ecclesiae Altinensis et Torcellanae notitia*, Venise, 1776. — (Anonyme), *Venezia e le sue lagune*, Venise, 1847, t. I, p. 4; t. II, p. 85, 87. — Cicogna, *Delle inscrizioni veneziane*, Venise, 1842-1853, t. V, p. 243, 463; t. VI, p. 453, 567. — Cappelletti, *Storia della republica d'Italia*, Venise, 1848, t. I, p. 26; *Le Chiese d'Italia*, Venise, 1853, t. IX, p. 510-521. — G. Stefani, *Dizionario corografico-universale dell'Italia*, Milan, 1854, t. I. 2[e] part., p. 25-26, 707-709. — N. Battaglini, *Torcello antica e moderna*, Venise, 1871, p. 12-13, 16-20. — Gams, *Series episcoporum*, p. 771. — Amati, *Dizionario corografico dell'Italia*, Milan, 1878, t. I, p. 241-242. — Cipolla, *Fonti edite della storia della regione Veneta*, dans *Miscellanea* publiée par la R. Deputazione Veneta sopra gli studii di storia patria, Venise, 1882, sér. IV, t. II, p. 71, 116. — Zulian, *Torcello e la sua cattedrale*, Venise, 1883, p. 23-43. — *Archivio Veneto*, t. XXVI, p. 231-237; t. XXVII, p. 267-280. — Chevalier, *Topo-bibliographie*, t. I, col. 87.

J. Fraikin.

2. ALTINO (Chronique d'). L'une des plus anciennes chroniques d'Italie. Elle nous a été conservée en trois manuscrits : 1° celui de la bibliothèque du séminaire patriarcal de Venise, *H. V.*, *11*, ancien *B. III, 10*. C'est probablement l'exemplaire qu'ont connu Montfaucon, *Diarium Italicum*, dans *Bibliotheca bibliothecarum*, Paris, 1739, p. 77, et Foscarini, *Della letteratura veneziana libri otto*, Padoue, 1752, p. 105-111 (cf. Zeno, *Giornale de' letterati italiani*, t. IX, p. 390; Filiasi, *Memorie storiche de' Veneti primi e secondi*, Venise, 1796, t. III, p. 261), et qu'on croyait ensuite perdu. En réalité, après avoir appartenu d'abord au fameux historien Marino Sanuto, puis à un gentilhomme vénitien, Bernardo Trivigiano, il était en la possession du comte Calbo Crotta, podestat de Venise, et l'abbé Sante Della Valentina, l'ayant eu entre les mains, fit, en 1816, une communication à ce sujet à l'Athénée de Venise, sous ce titre : *Relazione e trassunto di un antico esemplare d'importantissima cronaca veneta creduta sinora irreparabilmente perduta*, et, le 23 août 1821, adressa au même corps savant un mémoire intitulé : *Prove che l'antico esemplare d'importantissima cronaca veneta già da qualche tempo scoperta contiene l'anonimo Altinate cronista del XII secolo creduto finora irreparabilmente perduto*. Cf. Zannini, *Relazioni acc. in sessioni pubbliche dell' Ateneo di Venezia*, ann. 1817, p. 114; et *Archivio Veneto*, t. IV, p. 69. Légué par Crotta, à sa mort, en 1827, à la bibliothèque du séminaire, qui n'en entra cependant en possession qu'en 1832, il a été édité par Antonio Rossi, dans *Archivio storico italiano*, sér. I, t. VIII, p. 3-228, mais d'une façon si fautive que Simonsfeld se demande si cette édition n'a pas été faite plutôt sur une copie moderne et très mauvaise de ce manuscrit, conservée au Musée civique, Correr de Venise (n. *274*). Rossi y a, de plus, édité, p. 116-129, comme IVe livre de la chronique d'Altino, la chronique de Grado. — 2° Le manuscrit de la bibliothèque de Dresde, *F. 168*, retrouvé par Thomas Gar, plus complet et plus exact, publié par le même Antonio Rossi et F. Polidori, avec un glossaire, dans la même revue, sér. I, t. V, appendice, p. 1-128. — 3° Le *Vat. lat. 5273*, le plus ancien, le plus complet et le plus exact, bien que le plus barbare au point de vue de la latinité. Il a été édité par Simonsfeld, dans *Monumenta Germaniae historica, Scriptores*, t. XIV, p. 1-97, et, en traduction italienne (quant aux commentaires) de Rosada, dans *Nuovo archivio Veneto*, 1879, t. XVIII, p. 235-275; 1880, t. XIX, p. 294-326; 1882, t. XXI, p. 167-202. Ces trois manuscrits, dont aucun n'est l'original, appartiennent au XIIIe siècle, sont indépendants l'un de l'autre et contiennent chacun nombre d'erreurs historiques et d'obscurités.

Les parties communes aux trois manuscrits, ou, au moins, à deux d'entre eux, sont les suivantes : 1° Histoire de l'émigration des Altinates, après la destruction de leur ville, de la fondation de Torcello et de l'institution du patriarcat de Grado. — 2° Liste des patriarches de Grado. — 3° Liste des évêques de Torcello. — 4° Liste des évêques d'Olivolo. — 5° Liste des églises et monastères fondés par certaines familles de Venise. — 6° Liste des familles vénitiennes qui se sont établies, au début du IXe siècle, dans les îles de Rialto, Malamocco et autres de la lagune. — 7° Autre histoire des débuts de Grado et de la vie publique et privée des habitants de la région. — 8° Divers détails historiques sur Venise. — 9° Histoire fabuleuse de l'expédition de Charlemagne contre les Vénitiens. — 10° Liste des doges. — 11° Liste des doges de Venise. — 12° Liste des empereurs de Rome et de Byzance. — 13° Histoire fabuleuse des guerres de Troie et de Rome jusqu'à Jules César. Les parties spéciales les plus importantes sont, dans le premier manuscrit, les annales de Venise, éditées par Simonsfeld dans *Neues Archiv*, t. I, p. 400; et, dans celui de Dresde, la liste des patriarches d'Aquilée, des dissertations scolastiques, des passages sur la donation de Constantin, sur le concordat de Worms, sur un privilège accordé par le pape Léon VII à Otton Ier. Les parties les plus anciennes sont la première, la deuxième et la sixième, qui semblent remonter au Xe siècle; longue discussion, sur la date des autres parties, dans Simonsfeld, *Monumenta...*, qui démontre, contrairement à ce qu'il avait d'abord soutenu dans *Andreas Dandolo und seine Geschichtswerke*, 1876, et *Archivio Veneto*, t. XIV, p. 105, qu'elles sont l'œuvre de plusieurs auteurs. La chronique d'Altino a été l'une des principales sources des chroniques postérieures, qui l'ont résumée ou même copiée textuellement, par exemple celle de Marco (cf. Angelo Zon, dans *Archivio storico italiano*,

sér. I, t. VIII, p. 253-267, 769-783, où il l'a publiée en partie à l'occasion de la première édition de la chronique d'Altino), de Sagorno, du diacre Giovanni (cf. Monticolo, *Intorno agli studi fatti sulla Cronaca del diacono Giovanni*, dans *Archivio Veneto*, t. XV, 1ro part., et *Bullettino dell'Istituto storico italiano*, n. 9), d'Andrea Dandolo (cf. Simonsfeld, *Andreas Dandolo...*); la *Chronaca Venetorum* de Giustiniani et celle de Grado. Cf. Monticolo, *Cronache veneziane antichissime*, dans *Fonti della storia d'Italia*, de l'*Istituto storico italiano*, Rome, 1890, t. I. Ce sont ces vieux chroniqueurs qui ont donné à la chronique d'Altino le nom sous lequel on continue à la désigner et qu'elle ne mérite qu'en partie, puisqu'il n'y est question d'Altino qu'au début. M. Monticolo en avait annoncé, dans le second volume de ses *Cronache veneziane*, une nouvelle édition, mais la mort l'a empêché de mettre ce projet à exécution.

Cicogna, *Delle inscrizioni veneziane*, Venise, 1830-1853, t. IV, p. 517, 533, 536, 537, 564, 588-593; t. VI, p. 67, 437, 446, 466; *Origine della biblioteca di Emmanuele Cicogna*, dans *Archivio Veneto*, 1872, t. IV, p. 69-70; *Saggio di bibliografia veneziana*, Venise, 1847, p. 3-4. — L. Bethmann, *Chronicon Altinate*, dans *Neues Archiv der Gesellschaft für ältere deutsche Geschichtskunde*, 1877, t. II, p. 347-356. — Giesebrecht, art. dans *Zeitschrift für Geschichtswissenschaft*, t. II, p. 43-47. — Simonsfeld, *Venetianische Studien* : *Kurze venezianer Annalen*, Hanovre, 1876; *Das Chronicon Altinate*, Munich, 1878; *Appendice agli studi di Enrico Simonsfeld sulla Cronaca altinate*, dans *Archivio Veneto*, 1882, t. XXIV, p. 111-131. — A. Prost, *Les chroniques vénitiennes*, dans la *Revue des questions historiques*, 1882, t. XXXI, p. 522, 543 note 17. — Wattenbach, *Deutschland Geschichtsquellen*, Berlin, 1885, p. 400. — Soranzo, *Bibliografia veneziana*, Venise, 1885, t. I, n. 578; t. II, n. 10105, 10403. — Occioni-Bonaffous, *Bibliografia storica Friulana*, Udine, 1887, t. II, n. 809. — Balzani, *Le cronache veneziane nel medio evo*, 2e éd., Milan, 1900, p. 139, note. — U. Chevalier, *Topo-bibliographie*, t. I, col. 87.

J. Fraikin.

ALTLANDSBERG, diocèse de Breslau, canton de Niederbarnim (Brandebourg), couvent de servites, fondé en 1335, par le margrave Louis de Brandebourg, sous le patronage de la sainte Vierge, supprimé en 1540. Il reste une église gothique.

K. F. Klöden, *Zur Geschichte der Marienverehrung, besonders im letzten Jahrhunderte vor der Reformation in der Mark Brandebourg*, Berlin, 1840, p. 53. — J. K. Gäde, *Geschichte der Stadt Altlandsberg*, ouvrage posthume, Halle, 1857.

L. Boiteux.

ALTMANN (Saint), évêque de Passau, né en Westphalie, entre 1010 et 1020, acheva ses études à Paris, puis dirigea pendant plusieurs années l'école de la cathédrale de Paderborn, où il avait reçu sa première formation intellectuelle. L'empereur Henri III ne tarda pas à le nommer prévôt du chapitre d'Aix-la-Chapelle et à le recevoir au nombre de ses chapelains à Goslar. A la mort d'Engilbert, évêque de Passau (17 mars 1065), Altmann fut nommé son successeur, grâce surtout à l'entremise de l'impératrice Agnès. Il se trouvait alors encore en pèlerinage en Terre Sainte. Une députation vint à sa rencontre jusqu'en Hongrie pour lui remettre les insignes de sa nouvelle dignité : crosse et anneau. La consécration épiscopale lui fut donnée par son métropolitain Gebhard, archevêque de Salzbourg. Le nouvel évêque s'attacha avant tout à relever la discipline ecclésiastique. Il réforma les monastères de Saint-Hippolyte à Saint-Pölten, de Saint-Florian et de Kremsmünster et fonda, en 1083, celui de Göttweig. Quand, le 26 décembre 1074, il publia la bulle de Grégoire VII contre le clergé concubinaire, il rencontra une violente opposition. Mais l'évêque ne se laissa pas intimider; il excommunia le prévôt de la cathédrale, Engilbert, le chef de l'opposition et éloigna peu à peu les prêtres indisciplinés et scandaleux. Avec Gebhard de Salzbourg, il prit résolument le parti du pape et, en 1076, il publia la sentence d'excommunication lancée par Grégoire VII contre l'empereur Henri IV. Celui-ci s'en vengea aussitôt en ravageant le territoire de Passau (1077-1078) et en déposant Altmann, qui dut s'enfuir. Au commencement de 1079, l'évêque persécuté se rendit à Rome et y assista au concile du printemps de 1080. Le pape le nomma son vicaire perpétuel pour l'Allemagne. Soutenu par Luitpold d'Autriche, Altmann put rentrer, en 1081, dans son diocèse, mais après la défaite de son protecteur, à la bataille de Mailberg, en 1082, il dut de nouveau s'en aller en exil. Il se retira à Göttweig et dut laisser son siège au compétiteur nommé par l'empereur, Hermann d'Eppenstein (1085-1087), et ensuite à Thiemon de Wurzbourg (1087-1092). Altmann mourut le 8 août 1091 et fut enterré à Göttweig. Vénéré depuis longtemps comme saint, son office a été approuvé par Rome pour les deux diocèses de Linz en Autriche (1884) et de Passau (1890). Sa vie a été écrite, vers 1130, par un moine de Göttweig. Le *Liber canonum contra Henricum IV*, parfois attribué à Altmann, est l'ouvrage de Bernard de Constance.

Acta sanctorum, 1735, aug. t. II, p. 356-389. — *Monumenta Germaniae, Scriptores*, t. XII, p. 226-243. — Th. Wiedemann, *Altmann von Passau*, Augsbourg, 1851. — J. Stülz, *Leben des Bischofs Altmann*, Vienne, 1853. — *Allgemeine deutsche Biographie*, Leipzig, 1875, t. I, p. 369-371. — *Kirchenlexikon*, t. I, col. 659-661. — M. Sdralek, *Streitschriften Altmanns von Passau*, Münster, 1890. — Linsenmayer, *Altmann von Passau*, Munich, 1891. — *Realencyklopädie für protestantische Theologie*, Leipzig, 1896, t. I, p. 425-426.

G. ALLMANG.

ALTMÜHLMÜNSTER (*Monasterium Alemanne*), diocèse de Ratisbonne, canton de Riedenbourg (Haut-Palatinat), commanderie de l'ordre du Temple, fondée par Henri et Otton de Riedenbourg au début du pontificat de Hartwich II, évêque de Ratisbonne (1155-1164). Après le procès général des templiers (1311), elle fut cédée, par le duc Louis IV de Bavière, plus tard empereur, à l'ordre de Rhodes, et supprimée en 1803.

Brunner, *Annales virtutis et fortunae Boiorum*, Munich, 1626, t. III, p. 206. — Hirsching, *Stifts und Klösterlexikon*, 1792, t. I, p. 90. — *Bavaria, Landes und Volkeskunde*, t. II, 1re part., p. 608.

L. BOITEUX.

ALTMÜNSTER. Voir ALTENMÜNSTER, col. 796, et LUXEMBOURG.

ALTOBELLI (HILARIO), né à Montecchio della Marca, vers 1560, entra chez les frères mineurs conventuels de la province de la Marche, où il devint docteur en théologie, au chapitre de Fermo, 8 décembre 1591. L'année suivante, il était à Rome, au couvent des Douze-Apôtres. C'était un homme accompli dans toutes les branches du savoir humain. Outre le latin et l'italien, il parlait si facilement le français, l'espagnol et l'illyrien, qu'il composa des vers dans ces langues. Il devint régent de plusieurs écoles théologiques dans son ordre, entre autres de celles de Fermo, en 1595, de Rimini et de Vérone. Il fut ministre de la province d'Orient, secrétaire de l'ordre, commissaire général sur les provinces de la Marche, des Abruzzes, de Styrie, et théologien du cardinal François Boncompagni. Toujours au travail, il s'adonna particulièrement aux mathématiques, à la gnomonique, l'algèbre, la géométrie et l'altométrie, sans négliger l'histoire ni la prédication. Les instruments d'optique qu'il inventa le rendirent célèbre même à l'étranger. Osimo lui donna droit de cité le 1er octobre 1620. Il prêcha dans nombre de villes et donna des carêmes, notamment à Vérone, Césène et Ancône. Au chapitre général de Rome, 1617, il fut nommé chronologiste de son ordre et mourut octogénaire, vers 1640, étant agrégé au couvent de Rome.

Il a publié et laissé en manuscrits divers ouvrages scientifiques. Ses travaux historiques sur l'ordre franciscain et la province de la Marche se trouvaient autrefois au couvent des frères mineurs de Saint-Isidore, à Rome.

Sbaralea-Nardecchia, *Supplementum ad scriptores minorum*, Rome, 1908, p. 377-378. — Franchini, *Bibliosofia di scrittori francescani conventuali*, Modène, 1693, p. 375.

ANTOINE de Sérent.

ALTOBURITANA (*Ecclesia*). Voir ALTHIBUROS, col. 810.

ALTOFONTE (*Santa Maria d'Altofonte* ou *Santa Maria del Parco*), abbaye cistercienne située dans la commune de Parco (à onze kilomètres nord-est de Palerme, en Sicile), s'élevait sur la colline dominant la vallée de Mazzara. La charte de fondation, octroyée par le roi Frédéric II de Sicile, est datée de Messine, 28 juin 1307. Le premier abbé du monastère, dont les premiers moines paraissent être venus de Santa Cruz de Catalogne, fut Pierre Gutius. L'église de l'abbaye, autour de laquelle se forma peu à peu la commune de Parco, devint bientôt église paroissiale, soumise comme telle à l'autorité de l'archevêque de Monreale, tandis que l'abbé était maître temporel du territoire. L'histoire de cette abbaye est peu connue.

Aug. Lubin, *Abbatiarum Italiae brevis notitia*, Rome, 1693, p. 10. — H. Celani, *Abbatiarum auctore Lubino additiones*, Rome, 1895, p. 10. — V. Amico et Statella, *Lexicon topographicum Siculum*, Catane, 1759, t. II, 2e part., p. 66-68. — Janauschek, *Originum cisterciensium*, Vienne, 1877, t. I, p. 268. — G. Strafforello, *La Sicilia*, Turin, 1894, p. 158.

G. ALLMANG.

ALTOMONTE (MARTIN), peintre, né à Naples, le 8 mai 1657, étudia la peinture à Rome sous Gaulli, dit le Baciccio, et entra dans l'académie romaine de peinture. Vers 1685, il trouva un engagement avantageux à la cour du roi de Pologne, Jean III Sobieski, et c'est à cette occasion qu'il changea son nom de famille Hohenberg en celui d'Altomonte. Il peignit pour le roi, qui le nomma son peintre de cour, un grand tableau représentant la défaite des Turcs devant Vienne (victoire de Sobieski). Le pendant de ce tableau est *L'assaut des Turcs contre le bastion du Lion devant Vienne*. Sa renommée lui vient surtout par un grand tableau représentant « le parlement polonais ». En 1703, il se fixa à Vienne pour travailler à l'Académie de peinture et de sculpture récemment fondée. Il se mit alors surtout à peindre des tableaux d'autels, et en compagnie un grand nombre pour des églises de la Basse et de la Haute-Autriche et pour la ville de Salzbourg. Il passa ses dernières années à l'abbaye cistercienne d'Heiligenkreuz (Autriche), et y reçut, selon quelques-uns, l'habit de frère convers. Il y mourut le 14 septembre 1745 et fut enterré dans l'église du couvent. Martin Altomonte est un des peintres religieux les plus habiles et surtout des plus féconds du style baroque, ses tableaux frappent le spectateur à première vue par la grandeur de la conception, mais les personnages manquent un peu de vie. Son fils Barthélemy, mort à Linz, le 12 septembre 1775, se fit aussi connaître par ses peintures religieuses.

Jul. Meyer, *Allgemeines Künstlerlexikon*, Leipzig, 1872, p. 562 (on y trouve l'énumération de ses tableaux). — U. Thieme et F. Becke, *Allgemeines Lexikon der bildenden Kunste*, Leipzig, 1907, t. I, p. 356. — *Allgemeine deutsche Biographie*, Leipzig, 1875, t. I, p. 372.

G. ALLMANG.

ALTOMÜNSTER ou **ALTENMÜNSTER** (*Altonis monasterium*), abbaye du diocèse de Freising dans la Haute-Bavière. Elle fut fondée vers le milieu du VIIIᵉ siècle par saint Alton (voir ce nom); saint Boniface en consacra probablement l'église vers 753. Mabillon, *Acta sanctorum ord. S. B.*, t. III, 2ᵉ part., p. 196. Au Xᵉ siècle, le monastère fut dévasté par les incursions des Hongrois. La famille des Guelfes, originaire du pays, en renouvela la fondation vers l'an 1000, en y introduisant des moines bénédictins d'Ammergau, sous la conduite de l'abbé Rodolphe. Celui-ci n'eut que deux successeurs, Éberhard et Henri. Sous ce dernier, vers 1047, les Guelfes firent passer les moines d'Altomünster à l'abbaye d'Altdorf, près Ravensburg, occupée jusque-là par des religieuses de Saint-Benoît, et installèrent les religieuses d'Altdorf à Altomünster. Celles-ci y restèrent jusqu'en 1485; elles ne semblent jamais avoir été bien nombreuses, les titres de noblesse étant requis pour y entrer. Vers 1485, le monastère étant tombé en ruines, les religieuses l'abandonnèrent. Le duc Georges le Riche de Bavière voulut y établir l'ordre du Saint-Sauveur, fondé un siècle auparavant par sainte Brigitte. Il envoya un noble du pays, Wolfgang Sandizeller, à Rome, pour négocier avec le Saint-Siège et obtint d'Innocent VIII un bref du 28 février 1487, qui transféra tous les biens et possessions de l'ancienne abbaye à l'ordre de Sainte-Brigitte. Wolfgang Sandizeller rebâtit le couvent et y entra plus tard lui-même comme frère convers, tandis que son épouse y prit le voile comme religieuse. D'après la règle de sainte Brigitte, le monastère était double, c'est-à-dire qu'il abritait une communauté d'hommes et une autre de femmes; les deux communautés étaient séparées par une haute muraille, l'église située entre les deux corps de bâtiment était commune. Il devait y avoir place pour vingt-cinq moines et soixante religieuses. En 1497, l'ordre de Sainte-Brigitte prit possession du nouveau monastère; les premiers membres des deux communautés vinrent de Maria Maihingen. Les religieuses étaient gouvernées par une abbesse, les religieux par un prieur. En 1730, le monastère célébra par de grandes solennités le millénaire de sa fondation. En 1803, la sécularisation lui enleva tous ses biens; les trésors artistiques et littéraires furent en grande partie gaspillés, un calice de saint Alton fut envoyé à la Monnaie de Munich pour y être fondu. Au moment de sa suppression, le couvent comptait cinquante-trois membres, vingt-sept religieuses de chœur, dix converses, dix prêtres, cinq frères convers, un novice. Le couvent des moines fut vendu; celui des religieuses ne trouva pas d'acheteur et les religieuses y restèrent; la dernière abbesse, mère Generosa, mourut en 1823; les religieuses parvinrent à se maintenir jusqu'à ce qu'un décret du roi Louis Iᵉʳ de Bavière, en date du 17 février 1841, rétablit le monastère. Dès lors, il commença à prospérer de nouveau. En 1850, on racheta les bâtiments dont le fisc était propriétaire et on y fit de grandes réparations. Le couvent d'hommes ne fut pas rétabli et Altomünster est actuellement le seul monastère de l'ordre de Sainte-Brigitte en Allemagne. La supérieure n'est plus abbesse, elle s'appelle, depuis 1861, prieure. Le couvent compte une quarantaine de religieuses.

Les dévastations des Hongrois, le départ des moines pour Altdorf, la décadence de l'abbaye au XVᵉ siècle, la sécularisation ont anéanti un grand nombre de documents. La meilleure liste des abbés, abbesses et prieurs se trouve dans Binder (ouvrage cité plus bas), p. 345-348.

Voici les noms des abbés et abbesses; les dates qui y sont ajoutées indiquent ou bien la durée de leur gouvernement, ou les années pour lesquelles un document portant leur nom a été conservé.

Abbés : Saint Alton. — Rodolphe. — Éberhard. — Henri.

Abbesses : Hiltrudis I, 1047. — Diemudis I. — Ermentrudis. — Euphemia von Andechs, † 17 juin 1180 et vénérée comme sainte. — Gisila I. — Hiltrudis II, 1253, 1256, 1261. — Luitgardis, 1281, 1282. — Odile, 1305, 1315. - Anna I, 1343, 1368. — Elsbeth, 1378, 1404. — Gisila II. — Catharina Eisolzriederin, 1408, 1417. — Diemudis II. — Brigida Clanielis, 1425, 1431. — Anna II, 1435. — Agnes Reickerin, 1435-1477. — Anna Hutterin, 1497-1498. — Christina Weiglin, 1498-1499. Comme la précédente, elle ne porte que le titre de supérieure. — Ursula Cloeblin, 1499-1503. — Anna Hutterin, 1503-1512. — Ursula Cloeblin, 1512-1519. — Catharina Oertlerin, 1519-1530. — Ottilia Oefller, 1530-1557. — Martha Petschner, 1557-1563. — Barbara Steudl, 1563-1570. — Catharina Pleicher, 1570-1582. — Anna Preuss, 1582-1604. — Anna Diether, 1614-1618. — Anna Mayr, 1618-1634. — Apollonia Wagner, 1634-1649. — Magdalena Carl, 1649-1669. — Birgitta Stoebler, 1669. — Febronia Coernl, 1669-1676. — Clara Reischl, 1676-1704. — Candida Schreivogel, 1704-1715. — Rosa Coegl, 1715-1745. — Candida II Schmid, 1745-1758. — Victoria Huber, 1758-1790. — Josepha Magg, 1790-1791. — Generosa Hibler, 1791-1823.

Le célèbre Œcolampade, disciple de Luther, était aussi moine d'Altomünster. Entré en 1520, il en sortit deux ans après et entraîna dans son apostasie quatre prêtres, cinq frères convers et une religieuse du monastère. Parmi les prieurs, le plus connu est Simon Hörmann, qui devint en 1675 prieur général de tout l'ordre de Sainte-Brigitte et le gouverna jusqu'en 1701; son successeur dans le priorat d'Altomünster, Karl Schmidhammer, fut également prieur général de 1701 à 1724.

Jac. Scheckh, *Maria-Altomünster sive templum et monasterium S. Altonis*, Freising, 1730; *Maria-Altomünster oder tausendjähriges Jubelfest*, Munich, 1731. — *Monumenta Altomonasteriensia*, dans *Monumenta Boica*, Munich, 1768, t. X, p. 323-372. — Fried. Hector Hundt, *Urkunden des Klosters Altomünster in Auszügen mitgeteilt*, dans *Oberbayrisches Archiv*, Munich, 1858, t. XX, p. 3-52; 1859-1861, t. XXI, p. 194-230; t. XXXVIII. — Maurus Gandershofer, *Kurzgefasste Geschichte des Birgittenklosters Altmünster*, Munich, 1830. — G. Binder, *Geschichte der bayerischen Birgittenklöster*, dans *Verhandlungen des hist. Vereins der Oberpfalz*, Ratisbonne, 1893, t. XLIX, p. 241-348.

J. Pietsch.

ALTON (*Altonen.*), évêché aux États-Unis (Illinois), érigé le 29 juillet 1853, par démembrement du diocèse de Chicago, qui comprenait alors tout l'État d'Illinois. Le siège du nouvel évêché fut d'abord fixé à Quincy, sur la rive gauche du Mississipi; mais, le 19 juillet 1857, il fut transféré à Alton, ville située à 34 kilomètres au-dessus de Saint-Louis. Le 7 janvier 1887, le diocèse de Belleville a été séparé d'Alton.

Évêques. — Henri-Damien Juncker, 26 avril 1854- † 2 octobre 1868. — Pierre-Joseph Baltés, 24 septembre 1862-† 15 février 1886. — James Ryan, élu le 28 février 1888, sacré le 1ᵉʳ mai suivant.

En 1906, le diocèse comptait 75 000 catholiques, sur une population de 751 100 habitants, 119 prêtres séculiers, 35 religieux, 428 religieuses, 143 paroisses, 65 écoles paroissiales avec 9 000 enfants, 9 hôpitaux, 7 collèges ecclésiastiques avec 710 enfants et 23 étudiants ecclésiastiques.

The catholic encyclopedia, New York, 1907, t. I, p. 367-368.

U. Rouziès.

1. ALTON (Saint), fondateur du monastère d'Altomünster (ci-dessus, col. 828). D'après sa *Vita*, écrite au XIᵉ siècle par un moine de Saint-Emmeran,

Othloh (1010-1070?), Alton serait d'origine écossaise (origine que l'étymologie semble confirmer); quelques écrivains veulent voir en lui un Irlandais, parce que l'on suppose qu'il est venu en Bavière en compagnie de saint Virgile, évêque de Salzbourg. Après avoir vécu un certain temps en reclus, dans les épaisses forêts qui couvraient la région située entre le Paar, le Glon et l'Ilm, il reçut du roi Pépin la contrée boisée qui porta plus tard son nom, Altoforst (forêt d'Alton), et fonda un monastère bénédictin vers 749 ou 750. Saint Boniface consacra l'église du nouveau monastère vers 753. Kunstmann, dans *Oberbayerisches Archiv*, t. I, p. 155, 160; Meichelbeck, *Historia Frisingensis*, t. I, p. 2, Instr., 90. Alton et ses moines s'occupèrent activement au défrichement des forêts. La date de sa mort ne nous est pas connue (peut-être vers 770); sa fête se célèbre le 9 février. On possède une charte datant des règnes de Pépin et du duc Tassilo, où l'on voit la signature d'un *Alto reclausus*. Meichelbeck, *Hist. Frising.*, 1724, I, 2, n. 10, 30.

Vita sancti Altonis, dans *Monumenta Germaniae historica*, Scriptores, t. XV, p. 843-846. — Hundt, *Metropolis Salisburgensis*, Ingolstadt, 1582, II, p. 81-84; édition de Gewolt, Ratisbonne, 1719, t. II, p. 55-57. — *Acta sanctorum*, febr. t. II, p. 359-360. — Mabillon, *Acta sanctorum ord. S. Bened.* (édit. de Paris), t. III, p. 217-220; 2e édit. (édit. de Venise), t. III, p. 196-198 (Mabillon place à tort la composition de la *Vita S. Altonis* au IXe siècle). — Bouquet, *Recueil des historiens des Gaules et de la France*, t. V, p. 431. — Scheidius, *Origines Guelficae*, 1751, II, p. 244-246. — Hess, *Prodromus monumentorum Guelficorum*, 1781, p. 6-7. — Crammer, *Frisinga sacra*, 1775, p. 82-93. — Raderus, *Bavaria sancta*, 1704, t. I, p. 117-119. — Sachs, dans *Kirchenlexikon*, t. II, col. 661-662 (la plus grande partie de l'article est consacrée à l'histoire du couvent d'Altomünster).

A. BAYOL.

2. ALTON ou **ALTUN**, moine bénédictin, abbé de Weihenstephan (diocèse de Munich-Freising), de 1182 à 1197. Sous son gouvernement, les moines se livrèrent surtout aux humanités. Dans un manuscrit de cette abbaye qui contient les œuvres de Virgile et d'Horace qu'il avait copiées lui-même, il est représenté offrant les deux poètes latins au patron de son monastère, saint Étienne.

Pohle, dans *Kirchenlexikon*, 1883, t. II, col. 794. — Michael, *Geschichte des deutschen Volkes*, 1903, t. III, p. 21. — Röckinger, *Zum bayerischen Schriftwesen im Mittelalter*, dans *Abhandlungen der historischen Klasse der königl. bayer. Akademie der Wissenschaften*, 1873, p. 172-173. — Wattenbach, *Das Schriftwesen im Mittelalter*, Leipzig, 1896, p. 490.

A. BAYOL.

ALTOONA (*Altunen.*), évêché des États-Unis (Pensylvanie), érigé le 30 mai 1901. L'évêque est Mgr Eugène-Augustin Garvey, élu le 10 mai 1901, sacré le 8 septembre suivant. Sur une population de 432131 habitants, on compte 84131 catholiques. En 1906, le diocèse avait 64 prêtres séculiers, 16 réguliers, 40 frères, environ 300 religieuses, surtout employées à l'enseignement, 30 écoles paroissiales avec 6000 élèves.

The catholic encyclopedia, New York, 1907, t. I, p. 368-369. — Battandier, *Annuaire pontifical catholique*, 1912, p. 161.

U. ROUZIÈS.

ALTOPASCIO (S. JACOPO DELL'). Ancien hospice de Toscane, maison générale de l'ordre des hospitaliers ou chevaliers du Tau, situé à Altopascio, hameau de la commune de Monte Carlo (arrondissement et province de Lucques). L'époque de la fondation de cette célèbre maison religieuse, qui était située près du lac de Bientina, au centre de la région nommée la Cerbaia, dans le duché et le diocèse de Lucques, et dont les domaines étaient bornés par la rivière Teupascio, aujourd'hui Tassinaia, et le Fossé de la Comtesse [Mathilde], est des plus obscures. Stiavelli croit, d'après Fr. Galeotti, *Memorie ecclesiastiche di Pescia*, manuscrit de 1656, à la bibliothèque de Pescia, que l'hospice a pu être fondé, en 746, par un certain Tenualdus, prêtre de San Regolo, mais Galeotti se borne à citer un contrat, conservé, dit-il, aux archives épiscopales de Lucques, par lequel ce prêtre fait cession de trois *parties* de biens qu'il possédait à Teupascio. Fanfani prétend, au contraire, que la fondation eut lieu en 952, mais il n'existe non plus, de cette année, qu'une simple donation de terres faite à un particulier à Teupascio. Giovanni Villani fait remonter la fondation à l'an mil, mais sans donner aucune preuve de son assertion. Une tradition populaire nomme, comme fondatrice de l'hospice, la célèbre comtesse Mathilde, mais il suffit, dit fort justement Muciaccia, de se rapporter aux *Antichità italiane del medio evo*, Naples, 1752, t. II, p. 367, de Muratori, pour se rendre compte que l'hospice fondé par elle était ou *l'Ospedaletto*, situé sur la route qui conduit de la région de Bologne à celle de Pistoie, par les Apennins, ou quelque autre situé dans les montagnes du Modenais, sur la route qui conduit dans la Garfagnana et la Toscane. D'ailleurs Mathilde naquit en 1046 et ne commença à gouverner qu'en 1076, ce qui n'empêche pas que les étrangers, conformément à cette tradition, désignaient couramment la maison d'Altopascio sous le nom d'hospice de Mathilde. En réalité, le premier acte où il soit question de l'hospice d'Altopascio est une bulle d'Innocent III, en 1198, qui mentionne les dîmes accordées à cette maison par deux évêques de Lucques, Anselmus et Vilelmus, lesquels ont gouverné ce diocèse, le premier en 1058-1073, et le second en 1073-1086. C'est donc avant 1073 qu'il faut placer la date de la fondation. D'autre part, une charte du chapitre de San Martino de Lucques, datée d'avril 1056, contient une donation, faite par des propriétaires de Pozzevoli, d'un domaine borné par le rio Teupascio, à l'église de San Piero, dans cette paroisse, en la personne de Teupertus, Omiccius et Bonizzus, prêtres, afin qu'ils puissent faire vie commune. Le bourg de Pozzevoli appartenait aux Porcari. Lorenzi croit, en conséquence, que ceux-ci furent les fondateurs de l'hospice. La règle des religieux de l'Altopascio semble affirmer, il est vrai, que les fondateurs furent douze pieux personnages, mais il n'y a aucune impossibilité à admettre que, comme il le suppose, les prêtres nommés dans la charte de San Martino se soient adjoint neuf autres compagnons, d'autant plus que, comme le démontrent divers documents de 1058 et 1062, ils n'ont dû véritablement fonder l'hospice qu'à cette dernière date. L'assertion de certains, que les douze fondateurs furent florentins, est en contradiction expresse avec une lettre, adressée, le 10 novembre 1449, par la république de Lucques, à Giovanni Capponi, grand-maître de l'ordre, où il est dit qu'ils appartenaient à « cette ville ». Non moins controversée est l'assertion de Mansi, *Diario sacro delle chiese di Lucca*, 1836, p. 303, et de Streghi, dans son poème inédit, *Il Piccinino* (bibliothèque de Lucques, ms. *942*), que les fondateurs ont été les prétendus *Cavalieri della Ragione*. On peut admettre cependant que les Porcari ont fondé seulement l'hospice, et que l'église et le campanile, avec sa fameuse cloche *la Smarrita* (la Perdue), qu'on sonnait trois fois durant la nuit pour guider les voyageurs en détresse, ont été fondés par la comtesse Mathilde, entre 1084 et 1090. Outre la tradition populaire, cette hypothèse s'accorderait assez bien avec la dévotion particulière que professait la grande comtesse pour saint Jacques. L'église du couvent était dédiée, en effet, aux saints Jacques le Majeur, Gilles et Christophe.

Quant à la raison de la fondation de l'hospice, elle se trouve dans la situation où était, à cette époque, la Cerbaia, région aujourd'hui fertile, mais alors couverte de marécages, de bois et de buissons et traversée par la *via Romea* ou *Francesca*, que devaient suivre les pèlerins pour se rendre à Rome. Guerra la cherche dans l'affluence, considérable surtout dans la seconde moitié du xie siècle, des pèlerins qui allaient vénérer la Sainte-Face à Lucques, mais il n'est nulle part question d'eux ni dans la règle, ni dans aucun des actes de l'histoire d'Altopascio. Le but de l'institution était essentiellement de recevoir et entretenir les voyageurs pendant trois jours, de construire et entretenir des routes et des ponts — l'ordre était une branche de celui des frères Pontifes et ils construisirent un pont, entre autres, à Fucecchio — d'accompagner les voyageurs dans les endroits dangereux, d'assister et soigner les malades. L'hospice devait être ouvert jour et nuit. Il prospéra rapidement. Deux époux lucquois, Pasqualis et Villa, lui donnèrent de vastes terrains en 1082, et d'autres lui furent donnés par les fils du comte Uguccione, en 1097. Nous avons vu déjà que deux évêques de Lucques lui accordèrent le droit de lever des dîmes; plusieurs papes l'enrichirent également de privilèges, et Grégoire IX approuva la règle en 1239. Une description du diocèse de Lucques, en 1260, atteste que l'hospice avait 6 700 livres de rentes par an et était la maison religieuse la plus riche de tout le diocèse. Le titre V des statuts de la commune de Lucques en 1308, dans *Memorie e documenti per servire alla storia di Lucca*, Lucques, 1867, t. III, 3e part., p. 9-11 (cf. p. 339, *De defendendo domum et mansionem et fratres Sancti Jacobi de Altopassu*), les met sous la protection du podestat et de la commune de Lucques et leur permet, par un privilège unique, de faire paître leurs troupeaux dans la Cerbaia. La grande chaudière, où l'on faisait cuire la soupe pour les voyageurs, était célèbre (cf. Boccace, *Décaméron*, nouvelle X, 6e journ., et Paceli, *Modi di dire toscani*, p. 277-278), et la nourriture qu'on leur servait aussi excellente qu'abondante. « Tu mourrais de faim à Altopascio, » disait-on populairement aux gens insatiables. Innocent III ayant permis la fondation de nouvelles maisons sur le modèle de celle d'Altopascio, moyennant l'autorisation des évêques, il s'en établit rapidement un grand nombre, afin d'échapper aux impôts, mais la maison du moins d'Altopascio dut y renoncer, sur les protestations de la commune de Pescia. Puis les guerres dont le Valdinievole fut le théâtre et à la suite desquelles la république de Lucques céda à celle de Florence, le 1er février 1392, les territoires de Pescia, de Buggiano et d'Altopascio, précipitèrent encore cette décadence. En 1428, nous voyons le cardinal de Sienne, nommé par le Saint-Siège administrateur de l'hospice d'Altopascio, afin de le réformer et de mettre un terme aux malversations qui s'y commettaient, présenter une supplique aux anciens de Florence, lesquels avaient soumis la Cerbaia de nouvelles lois et frappé d'impôts les biens de l'hospice. A partir de 1446, l'ordre devint comme un fief de la famille des Capponi, dont quatre membres se succédèrent dans la charge de maîtres généraux. Le 18 janvier 1459, Pie II comprit l'ordre des hospitaliers dans le nombre des congrégations supprimées par lui et assigna ses revenus au nouvel ordre de Bethléem; mais les hospitaliers résistèrent et, grâce à l'appui du gouvernement de Florence, réussirent à sauver leur existence, si bien qu'en 1472 Sixte IV donna le patronat de l'hospice d'Altopascio aux Capponi. Paul III essaya de les en priver pour le donner à son neveu le cardinal Farnèse, qu'il nomma maître général, mais, en 1544, le duc de Toscane, Cosme Ier, réussit à l'écarter et à faire nommer maître général Ugolino Grifoni. Enfin, en 1584, les Capponi cédèrent tous leurs droits aux Médicis, et, en 1588, une bulle de Sixte-Quint mit fin à l'ordre, en érigeant l'hospice d'Altopascio en commanderie royale de l'ordre de Saint-Étienne. L'église fut érigée, en 1600, en paroisse du diocèse de Lucques, et fait partie actuellement, au même titre, du diocèse de Pescia. Un souvenir de sa destination primitive se retrouve, encore aujourd'hui, dans l'obligation qui incombe au curé, de donner un subside aux femmes qui viennent d'accoucher. L'église actuelle date de 1830; l'ancienne en forme une simple chapelle, ou plutôt il n'en reste plus que la façade, sur laquelle sont représentés saint Pierre et saint Gilles ou saint Jacques, quelques fragments des parties latérales, et le campanile, d'environ 40 mètres de haut, où l'on conserve encore, fêlée, *la Smarrita*. Les archives d'État de Lucques possèdent de nombreux documents relatifs à l'histoire de l'hospice. Mgr Bini, membre de l'académie de Lucques, avait entrepris d'écrire cette histoire (cf. *Atti della R. Accademia Lucchese*, t. XIII, p. 397, et, aux archives d'État de Lucques, les mss. *56* et *57*, *Bini, Corrispondenza*), mais la mort l'empêcha de réaliser ce projet, qui a été ensuite mené à bien par Muciaccia, Stiavelli et Lorenzi.

Bosio, *Istoria della sacra religione... di San Giovanni Gierosolimitano*, 3 vol., Rome, 1594, t. I. — Angelo Salvi, *Delle historie di Pistoia e faxioni d'Italia*, Rome, 1656, p. 364-365. — Placido Puccinelli, *Istoria di Ugo il Grande con le memorie di Pescia*, Milan, 1564, p. 329, 331, 343, 406-407. — G. Lami, *Hodoeporicon*, t. IV, p. 1314 sq.; t. V, p. 50 sq, dans *Deliciae eruditorum*, ann. 1754-1769; *Monumenta Ecclesiae Florentinae*, t. XI, p. 628-629; t. XIII-XIV, p. 1186; t. XVI, p. 1314, 1317, 1332-1334, 1363-1431. — Fr. Fiorentini, *Memorie di Matilde, la gran contessa*, 2e éd., Lucques, 1756. — R. Galeazzi, *Istoria del granducato di Toscana*, Livourne, 1781, t. I, p. 18, 46-47. — P. O B[aldassari], *Istoria della città di Pescia e della Valdinievole*, Pescia, 1784, p. 211-214. — Bertini, dans *Memorie e documenti per servire alla storia di Lucca*, t. IV, 1re part., p. 5-54; t. V, p. 31. — Ripetti, *Dizionario geografico-fisico-storico della Toscana*, Florence, 1833, t. I, p. 76-77. — *Istorie pistolesi*, Prato, 1835, p. 288 sq. — G. Tigri, *Pistoia e il suo territorio. Pescia e i suoi dintorni*, Pistoia, 1853, p. 382-383. — Cappelletti, *Le Chiese d'Italia*, Venise, 1864, t. XVIII, p. 322. — *Inventario del R. Archivio di Stato in Lucca*, Lucques, 1872, t. I, p. 7 sq.; t. IV, p. 188. — L. Burgiacchi, *Storia degli istituti di beneficenza, d'istruzione ed educazione in Pistoia e suo circondario*, Florence, 1883, t. I; cf. *Archivio storico italiano*, sér. IV, t. XV, 1883, p. 77-94. — B., *Pergameni dell'Altopascio al R. archivio di Stato in Lucca*, dans *Archivio storico italiano*, 1888, sér. IV, t. XIII, p. 126-127. — (Anonyme), *Archivio di Stato in Lucca, acquisti del 1894*, dans *Archivio storico italiano*, sér. IV, t. XV, p. 86 sq. — F. Muciaccia, *I cavalieri dell'Altopascio*, dans *Studi storici*, 1897, t. VI, p. 33-92; 1898, t. VII, p. 215-232; 1898, t. VIII, p. 347-397. — Pflugk-Harttung, *Iter Italicum*, Stuttgart, 1883, p. 269, n. 602. — Carlo Stiavelli, *I cavalieri dell'Altopascio*, dans *Bullettino storico pistoiese*, 1903, t. V, p. 8 sq. — Temistocle Lorenzi, *L'ospizio e il paese di Altopascio*, Prato, 1904. — Schneider, *Regestum Volaterranum*, dans *Regesta chartarum Italiae*, Rome, 1907, n. 301, 679, 685, 689, 734, 746, 751, 759, 802. — Kehr, *Italia pontificia*, Berlin, 1908, t. III, p. 470-472.

J. FRAIKIN.

ALTÖTTING. Ce nom proviendrait étymologiquement d'Otton, duc de Bavière, qui y fut baptisé par saint Rupert (VII-VIIIe siècle, et non pas VIe, comme le croit Anthaller, *Der heilige Rupert*, Salzburg, 1902). Lieu de pèlerinage national de Bavière, souvent appelé le Lorette bavarois, sur le Marenbach, cercle de la Haute-Bavière, diocèse de Passau, non loin de la frontière autrichienne.

I. Le sanctuaire. II. Le pèlerinage. III. Les communautés religieuses.

I. LE SANCTUAIRE. — Ce qui attire les fidèles à Altötting est une antique statue de la Vierge, haute de 66 centimètres. Elle est représentée debout, tenant sur le bras droit l'enfant Jésus, la figure et les mains noircies par le temps et la fumée des cierges. On assigne quelquefois à cette image une haute antiquité; d'aucuns la datent même de l'époque de saint Rupert. Elle ne remonte qu'au XIVe ou au XIIIe siècle.

La statue trône au centre d'un retable d'un riche autel d'argent, donné par le Palatin Philippe-Guillaume de Neuburg (1678), dans une chapelle des plus modestes dimensions. C'est un octogone, comme à Aix-la-Chapelle, mais beaucoup plus simple, puisqu'il ne mesure que 42 mètres carrés de superficie et 11 mètres de hauteur jusqu'à la toiture.

Sont ensevelis dans la sainte chapelle : Albert VI, duc de Bavière, mort le 5 juillet 1666, et sa femme Mathilde, morte le 1er juillet 1634. Dès lors, Urbain VIII défendit toute sépulture dans le sanctuaire; mais il fut permis d'y déposer les cœurs des défunts. Dans des urnes funéraires se trouvent ceux de l'empereur Charles VII, décédé le 20 janvier 1745, et de sa femme Marie-Amélie, décédée le 11 décembre 1756, des princes électeurs, Max III, † 30 décembre 1777, Charles-Théodore, † 16 février 1799, des rois de Bavière, Max Ier, † 12 octobre 1825, Max II, † 10 mars 1864, Louis Ier, † 29 février 1868, Louis II, † 13 juin 1886, de la reine Marie, mère du précédent, † 17 mai 1889.

D'autres cœurs sont ensevelis sous le pavé ou emmurés et parmi ces derniers, celui du général Tilly, † 30 avril 1632, et celui du prince-électeur Max Ier, † 27 septembre 1651.

II. LE PÈLERINAGE. — Les renseignements précis sur le pèlerinage sont assez tardifs. On sait qu'au XVe siècle, les pèlerins accouraient non seulement de Bavière, de Franconie, de Souabe, mais d'Autriche, de Bohême, de Hongrie, même de France et d'Italie. Le trésor formé par les dons des visiteurs s'élevait au chiffre de 80 000 florins, lorsqu'en 1502, Georges le Riche, duc de Bavière, s'en empara et le fit transporter à Burghausen. Comme compensation, il donna en 1509, entre autres objets d'art, le « coursier d'or ». C'est une pièce d'orfèvrerie, offerte, en 1404, par Isabeau de Bavière à son mari Charles VI. Il avait été rapporté en Bavière par le frère de la reine, Louis le Barbu, en 1413. Ce magnifique spécimen de l'art parisien, haut de 58 cent. et large de 43, représente Charles VI vénérant Marie, tous deux sur un socle élevé soutenu par des colonnes et flanqué de deux escaliers. En bas, entre les colonnes, le cheval du roi tenu par un écuyer a donné son nom à l'œuvre entière. *Oberbayerisch. Archiv.*, 1854, t. XIV, p. 283 sq.

Avec l'ère de la Réforme (1517-1555), commença ici, comme partout, une période de relâchement. En 1522, un prédicant, du nom de Wolfgang Russ, vint prêcher à Altötting contre le culte de la Vierge et les pèlerinages. Mais il dut s'enfuir à Ulm. Pourtant, dans le voisinage, à Burghausen, un prêtre fut mortellement blessé, parce qu'il accompagnait un pèlerinage à Altötting. Le fléchissement, d'ailleurs, ne fut pas de longue durée. Le 23 janvier 1570, une possédée, Anne Bernhausen d'Augsbourg, était délivrée du malin dans la sainte chapelle en présence de Pierre Canisius. Bientôt après, Guillaume V le Pieux (1579-1598) se fit envoyer, la première année de son règne, un rapport sur le pèlerinage. Il y était relaté que la période des saints exercices s'ouvrait à l'Annonciation (25 mars), que la plupart des processions se présentaient la veille de la fête de saint Philippe et saint Jacques, puis durant la semaine de la Croix, aux fêtes de la Pentecôte et de la dédicace, c'est-à-dire au dimanche dans l'octave de la Fête-Dieu, enfin durant l'été tout entier au vus trois samedis *dorés*. Ce rapport ne paraît pas avoir satisfait complètement le duc, car il établit des Pères de la Compagnie de Jésus à côté des chanoines chargés du pèlerinage. L'influence des jésuites ranima peu à peu l'ancienne ferveur. Une vingtaine d'années après leur arrivée, Schrenck pouvait publier, à Ingolstadt, le récit des miracles opérés par la Vierge d'Altötting, entre 1604 et 1613. C'est que les Pères eux-mêmes avaient payé de leurs personnes. A leur arrivée, on comptait à peine 20 communions en dehors du temps pascal. En 1600, ils en enregistraient déjà 7600 et, en 1648, 94 000. Comme on le voit, la guerre de Trente ans (1618-1648) ne paralysa pas le nouvel essor du pèlerinage. Les deux champions du catholicisme, Maximilien Ier de Bavière et Tilly, ce dernier en 1624 et 1630, visitèrent plusieurs fois le sanctuaire d'Altötting.

Pourtant, en 1632, la statue dut être mise à l'abri au château de Burghausen, puis à Salzbourg, dans la chapelle domestique de la duchesse, femme de Maximilien Ier, et enfin dans la cathédrale, d'où elle fut rapportée à Altötting, le 25 novembre 1632. Le jésuite Drexelius prêcha à cette occasion. Une seconde fois, le 5 juin 1648, la sainte image fut portée à Salzbourg, cette fois dans la chapelle des franciscains, d'où elle revint le 22 octobre.

De 1700 à 1740, la moyenne annuelle des confessions notées par les jésuites s'élève à 115 000. La guerre austro-bavaroise (1742-1745) diminua le nombre des pèlerins. L'incroyance philosophique, la Révolution, vinrent à leur tour peser dans la balance. Le pèlerinage fut bien délaissé, de 1780 jusqu'au delà de 1800. Bientôt, il ne resta plus à Altötting que des capucins âgés tenus en réclusion, auxquels on permit cependant d'accueillir les rares pèlerins qui n'avaient pas oublié le chemin du vénérable sanctuaire. Aux termes du concordat de 1817, une nouvelle subdivision diocésaine ayant eu lieu, Altötting se trouva détaché de l'archevêché de Salzbourg, auquel il appartenait jusque-là, et rattaché à l'évêché de Passau. En 1827, le service du pèlerinage fut attribué à des prêtres séculiers. Le directeur de la société, Buchfelner, écrivit, en 1839, l'histoire du culte de la Vierge à Altötting. Peu après, alors que les pèlerinages renaissaient, les séculiers firent place aux rédemptoristes (1841), dont l'œuvre est dignement continuée par les capucins depuis 1874.

Le nombre des pèlerinages régionaux s'élève en moyenne à 160 par année. Parmi les plus importants, citons celui de Munich. Guillaume V de Bavière reçut de Grégoire XIII, le 11 novembre 1579, l'autorisation d'établir à Munich une archiconfrérie de Notre-Dame d'Altötting. Les statuts prescrivaient, entre autres choses, une procession au sanctuaire, tous les quatre ans. Elle avait lieu le 24 août, sous la conduite d'un commissaire du prélat. En 1616, elle comptait 1 000 pèlerins, chargés de remercier la sainte Vierge de sa protection contre les Suédois. En 1658, les pieux visiteurs étaient au nombre de 1700. La tradition interrompue reprit en 1839. Dès lors, la confrérie des pèlerins, sous le patronage de saint Raphael, organise, chaque année, un pèlerinage comptant de 1 600 à 1 700 personnes, pour le premier dimanche de juillet.

La ville de Landshut envoyait déjà un pèlerinage de 1 500 personnes en 1493. Depuis 1838, il a lieu en juin et compte de 7 à 800 pèlerins. La procession de Neumarkt (Haut-Palatinat), déjà mentionnée en 1665 comprend annuellement de 400 à 600 participants. Celle de Ried, en Autriche, fixée à la première semaine de juillet, depuis 1849, envoie de 500 à 600 personnes.

Tout récemment, ont été inaugurés de nouveaux pèlerinages spéciaux de vétérans et d'hommes. Ceux de Welldorf, près de Teisendorf, et de Bergen, près de Traunstein (11 mai, 24 septembre 1892), donnèrent l'impulsion. Le 15 août 1903, se présenta le premier pèlerinage d'hommes de Munich, au nombre de 2 500, bientôt suivi de celui d'Augsbourg, 3 octobre (2 224 pèlerins). La série continue.

III. LES COMMUNAUTÉS RELIGIEUSES. — 1° *Bénédictins (876-907?)*. — En 876, Carloman, fils de Louis le Germanique, bâtit près de sa résidence royale, à Altötting, un couvent de bénédictins qui fut chargé du pèlerinage. Le monastère, avec sa nouvelle église, étant dédié à saint Philippe, le roi lui procura comme reliques un bras du saint apôtre rapporté de Rome et les corps de saint Maximilien, évêque et martyr, ainsi que de sainte Félicité et ses fils. Il dota richement le monastère, lui abandonna, outre la sainte chapelle, l'abbaye de Matsée et plusieurs autres possessions. Carloman mourut à (Alt) Oetting, le 22 mars 880, et fut enseveli dans l'église des bénédictins, comme l'attestent encore deux inscriptions latines, conservées dans le même édifice. Comme lui, ses successeurs, Charles le Gros, Arnoulf, Louis l'Enfant, comblèrent l'abbaye bénédictine de leurs dons. Ce dernier naquit même à Altötting, où il fut baptisé par Atton de Mayence et Adalbéron d'Augsbourg (893). Dans une donation du 7 août 901, Louis appelle Oetting un *sanctuaire*. En 907, en compensation de pertes subies en Autriche, il cédait les revenus de l'abbaye et de la chapelle d'Oetting à la mense de l'évêché de Passau, dont l'évêque Burchard (903-915) pourrait bien être le même personnage que Burchard, successeur de Wérinolf, premier abbé d'Altötting. L'abbaye ne compte, d'ailleurs, que ces deux abbés. Elle fut détruite par les Hongrois, avec toute la localité, sauf l'hexagone. Les reliques du monastère furent pourtant sauvées. Huber, *Einführung und Verbreitung des Christentums in Südostdeutschland*, Salzbourg, 1874, t. I, p. 126 sq. Après l'invasion, le bras de saint Philippe revint à Altötting, les reliques de sainte Félicité et de saint Vital furent transportées au couvent d'Au, celles de saint Maximilien furent cédées à Passau en 985.

2° *Collégiale (1231-1803)*. — Pendant deux siècles, on perd toute trace d'histoire religieuse d'Altötting. En 1231, une contestation y ressuscite une communauté religieuse : Éberhard II, archevêque de Salzbourg, était en désaccord avec Louis de Bavière sur le patronage de Gastein et d'Oetting. Éberhard abandonna Oetting, à condition que le duc y établirait une collégiale de chanoines réguliers, sous le vocable de saint Philippe et saint Jacques. Dans la concession apparaît pour la première fois le nom de *Alt* Oetting, par opposition à un *Neu* Oetting, qui venait d'être bâti. Le fondateur y stipulait qu'il serait enseveli dans la nouvelle église. Assassiné le 16 septembre de la même année, il fut enterré, comme ses ancêtres, dans l'abbaye bénédictine de Scheyern. L'archevêque de Salzbourg gratifia aussi la collégiale des deux paroisses de Alzgern et Burgkirchen, et accorda au prévôt d'Altötting le droit de préséance sur tous les autres prévôts séculiers de la province. Meiller, *Regesta archiepisc. Salisb.*, Vienne, 1866, p. 242, 253.

Outre le prévôt, la collégiale comprenait douze chanoines, qui vivaient en commun et chantaient au chœur. Après les vêpres, ils se rendaient à la sainte chapelle pour y faire leurs dévotions. Chargés du pèlerinage, ils constatèrent, à la fin du xv° siècle, que leur église était trop petite pour l'affluence des fidèles.

Ils en bâtirent donc une nouvelle de 1499 à 1511. De cette époque date une cloche suspendue dans la tour méridionale, de 2m32 de haut et 5m50 de circonférence, avec l'inscription : *En ego campana nunquam pronuncio vana. Ignem vel festum, bellum aut funus honestum*, 1497, *Hanns Reither*. De peu postérieur sont les battants de bois sculpté des portails nord et sud. Cf. Halm, *Die Thüren der Stiftskirche in Altötting und ihr Meister*, München, 1905.

En 1637, le duc Ferdinand, frère du duc Guillaume V, augmenta la collégiale en y installant six prêtres, qui devaient être attachés à la sainte chapelle et réciter l'office de Marie. De là le nom de marianistes. En 1673, le prince électeur, Ferdinand-Marie, établit huit nouveaux chanoines et régla par une ordonnance, quatre ans plus tard, les conditions d'existence des trois groupes. Enfin, en 1741, la prévôté fut rattachée à l'ordre des chevaliers de Saint-Georges, récemment restauré par Charles-Albert de Bavière. Elle fut supprimée et confisquée en 1803.

La plupart des prévôts sont ensevelis dans l'église. Le premier fut Frédéric Striphius (1231-1245). Plusieurs de ses successeurs furent chanceliers des ducs de Bavière, tels Henri Ier (1270-1279), Henri II (1376), Michel Riederer (1453-1472), Frédéric Maurkircher (1472, mort en 1485, évêque de Passau), Jean Neuhauser (1508-1516). Ce dernier avait été précédé par Jean Mayer, à qui on doit la reconstruction de l'église. Parmi les plus célèbres, mentionnons Martin Eisengrein, professeur à l'université de Vienne, prévôt de 1567 à 1578, honoré d'un bref de Pie V, qui en fit un prélat mitré. Il écrivit sur le pèlerinage.

François-Guillaume, comte de Wartenberg, fils du duc Ferdinand de Bavière, s'installa solennellement comme prévôt d'Altötting, à l'âge de onze ans, en 1604. Il devint évêque simultané d'Osnabruck, Ratisbonne, Minden et Verden. Il bâtit, en 1616, aux frais de la chapelle, le couvent collégial qui subsiste encore aujourd'hui et qui rentrait dans un plan de restauration et de réforme générale du monastère en décadence. En 1619, il fonda une archiconfrérie en l'honneur de Notre-Dame ; en 1654, posa la première pierre du couvent des franciscains, fut nommé cardinal en 1660 et mourut l'année suivante, le 6 mai. Son corps repose dans l'église de la collégiale, son cœur dans la sainte chapelle.

Clément-Auguste, duc de Bavière, fils de Max-Emmanuel, prévôt en 1718, résigna trois ans plus tard. Il fut aussi évêque de Ratisbonne et prince électeur de Cologne. C'est lui qui introduisit les dames anglaises à Altötting. Le premier prévôt d'Altötting rattaché à l'ordre de Saint-Georges, Jean-Philippe-Charles, baron de Fechenbach (1746), devint évêque du même ordre, du titre de Tenaria (1766), tout en conservant la prévôté. Furent revêtus également de cette double dignité les derniers prélats d'Altötting, comte de Spaur, † mars 1789, comte de Törring-Jettenbach, † 1789, comte de Königsfeld, † 6 décembre 1805.

3° *Jésuites (1591-1773)*. — A la suite du rapport sur le pèlerinage d'Altötting, Guillaume V de Bavière résolut d'installer les jésuites auprès du sanctuaire. En 1591, il obtint du général Acquaviva deux Pères, Charles Peutinger et Michel Marcus, accompagnés d'un frère lai, que suivirent postérieurement quatre autres Pères. Ils s'établirent dans la collégiale et y occupèrent chaires et confessionnaux. En 1596 seulement, ils s'installaient dans une maison particulière, bâtie aux frais de la chapelle, ainsi qu'une église dédiée à sainte Madeleine. Mais ils n'eurent un collège proprement dit qu'en 1640, grâce à la libéralité de la princesse Marie-Anne, fille de l'empereur Ferdinand II. Leur nombre s'éleva bientôt à dix-huit. En 1700, ils faisaient consacrer une nouvelle église, bâtie comme la première en l'honneur de sainte Madeleine. Leur activité se manifesta non seulement à Altötting, où ils introduisirent les confréries, les représentations théâtrales chères à la compagnie, mais dans les paroisses du voisinage, où ils donnèrent de fréquentes missions. A Pfarrkirchen, en 1594, quinze personnes avaient fait la communion pascale. A la mission donnée par les jésuites en 1597, 1 500 fidèles s'approchèrent des sacrements. Beaucoup de renseignements analogues sur l'état religieux de la région, sur l'évolution du pèlerinage ont été consignés par les jésuites dans les annales qu'ils écrivirent à Altötting. L'un des Pères, Jacque Balde, un poète, célébra l'intérieur de la sainte chapelle en 1640. Deux autres, Irsing, en 1643, et Schilcher, en 1720, écrivirent l'histoire du sanctuaire. Parmi les autres jésuites dignes de mention, citons le P. Rottenbucher et le P. Landerdinger qui, tous deux, périrent victimes de leur dévouement pendant la peste de 1649.

Les jésuites d'Altötting, au nombre de dix-sept, furent sécularisés comme tous les autres, par Clément XIV, le 21 juillet 1773. La gestion de leurs biens échut à un administrateur laïque, chargé de leur verser une pension. Ils furent toutefois autorisés à rester, en qualité de prêtres séculiers, à Altötting, sous la surveillance du doyen de la collégiale, et à continuer leur mission religieuse dans l'église Sainte-Madeleine et la sainte chapelle.

4° *Franciscains (1653-1802)*. — Après la guerre de Trente ans le pèlerinage de plus en plus florissant exigea de nouveaux ouvriers. Le prévôt, comte de Wartenberg, avec l'autorisation de l'archevêque de Salzbourg, Paris de Lodron, introduisit les franciscains à Altötting en 1653. Trois pères et deux frères s'installèrent d'abord dans la collégiale. Le couvent fut bâti en 1655-1656 et la chapelle consacrée à sainte Anne, le 8 septembre 1657, avec trois autels édifiés aux frais de la maison de Bavière. En 1672, les franciscains étaient au nombre de douze, en 1687 vingt-six. Après cent cinquante ans de ministère à Altötting, ils furent, comme tous les ordres mendiants, supprimés en 1802 et durent se réfugier à Tölz sur l'Isar (Haute-Bavière).

5° *Ordre de Malte (1781-1808)*. — Le prince électeur Max-Emmanuel nourrit longtemps le projet d'établir les chevaliers de Malte en Bavière, mais il se heurta à l'opposition des évêques, auxquels il aurait par là enlevé des bénéfices. La suppression des jésuites fournit l'échappatoire. Dans les possessions de la Compagnie de Jésus d'Altötting, Charles-Théodore, successeur de Max-Emmanuel, établit, le 14 décembre 1781, l'une des quatre commendes qu'il voulait avoir en Bavière. En même temps que les anciens jésuites, les chevaliers de Malte s'engageaient à pourvoir au service du pèlerinage, en entretenant à cet effet quatorze prêtres. Dans l'église Sainte-Madeleine, le commandeur von Eisl édifia le maître-autel de marbre (1794), encore caractérisé aujourd'hui par la croix de Malte. L'ordre fut supprimé en Bavière, au bout de vingt-sept ans d'existence.

6° *Rédemptoristes (1841-1873)*. — De 1808 à 1841, le pèlerinage fut desservi par des prêtres séculiers qui suffisaient à la tâche, la ferveur ayant subi de notables détriments à la suite de la Révolution.

A partir de 1835, un renouveau de vie catholique fit sentir le besoin de ramener à Altötting une communauté religieuse. L'évêque de Passau installa en personne les rédemptoristes au nombre de dix, six prêtres et quatre laïques, dans l'ancien couvent des jésuites (1841). Leur nombre s'éleva bientôt à vingt. Ils donnaient des missions à l'extérieur et réveillaient le zèle pour la dévotion à la sainte Vierge, en accueillant solennellement, avec allocutions à l'arrivée et au départ, toutes les processions de pèlerinage. Suspects au même titre que les jésuites, les rédemptoristes furent comme eux atteints par les lois du Kulturkampf (20 mai 1873).

7° *Capucins (1802-1912)*. — Le couvent de Sainte-Anne, abandonné par les franciscains lors de l'expulsion de 1802, fut assigné aux capucins, qui devaient y être centralisés au nombre de cent cinquante. A la suppression de la collégiale, ils furent autorisés à se charger du pèlerinage. La mort faucha largement parmi ces religieux, la plupart âgés. En 1819, plus de quatre-vingt étaient morts. Louis Ier, sept ans plus tard, leur permit enfin de se recruter en admettant des novices. Au temps du Kulturkampf, leur maintien était discuté ; mais Louis II déclara que, tant qu'il vivrait, il ne souffrirait pas qu'on touchât aux capucins. Mieux, ils furent bientôt pourvus d'un second couvent, celui de Sainte Madeleine, que venaient d'abandonner les rédemptoristes. Le curé Krauthahn fit appel à d'autres capucins, pour remplacer, dans les soins du pèlerinage, les religieux exilés.

D'abord logés avec leurs confrères au couvent de Sainte-Anne, ils furent autorisés le 14 juillet 1874 à s'établir dans le monastère de Sainte Madeleine, qu'on avait vainement offert aux bénédictins et aux carmes. Le provincial continue à résider à Altötting.

Les deux maisons réunies ont déployé un zèle peu ordinaire surtout depuis 1890. En 1892, le P. Cyprien (Fröhlich) transplanta à Altötting l'œuvre séraphique (*Seraphisches Liebeswerk*), née à Ehrenbreitstein, près de Coblenz, en 1889. La nouvelle maison, ouverte le 4 octobre 1895, reçut le nom de Saint-François et fut confiée aux franciscains de Mallersdorf, sous le protectorat du prince et de la princesse Louis-Ferdinand de Bavière et la direction des PP. Cyprien et Engelbert. L'œuvre a pour but l'éducation des enfants pauvres ou délaissés. Elle a essaimé à Herzogenaurach, Baden, Aibling, Markt, Coblenz, Assise, Lucerne et Herman (Amérique du Nord).

On doit aussi aux capucins une autre œuvre, le foyer de Sainte-Crescentia (*Crescentiaheim*). C'est un séminaire pour la formation de religieuses destinées à l'évangélisation des païens. Les commencements en sont dus à une veuve, qui réunit quelques filles pieuses et les convia en même temps à pratiquer l'adoration perpétuelle.

8° *Dames anglaises (1721-1772)*. — Cet institut, fondé à Munich par des exilées anglaises, créa un établissement à Altötting en 1721, dans une maison qui lui fut donnée par le prévôt Clément, et bâtit une église de 1735 à 1737 dans le style jésuitique. Après la tourmente révolutionnaire, en 1824, les dames anglaises furent autorisées à recevoir de nouvelles novices. Le couvent est devenu une maison mère qui, en 1900, comptait 157 membres et onze filiales (Birnbach, Damenstift, Heiligenstadt, Hengersberg, Hofkirchen, Karpfham, Neuötting, Osterhofen, Pfarrkirchen, Rotthalmünster et Triftern). Les religieuses s'adonnent à l'enseignement. Outre un pensionnat particulier, les dames anglaises ont pris, depuis 1852, la direction de l'œuvre pour les jeunes filles pauvres, fondée en 1775 à Altötting, dans la Johannisburg, par le chanoine Ignace de Schiessl et sa sœur. Environ cinquante enfants y reçoivent une éducation pratique.

9° *Sœurs de Saint-Vincent-de-Paul (1862)*. — Détachées de la maison-mère de Munich, ces religieuses s'établirent d'abord à l'hôpital. En 1888, elles y adjoignirent un pensionnat, qui porte le nom de Marienstift. Elles y possèdent donc deux établissements, où le service religieux est assuré par les capucins du couvent de Sainte-Anne.

Aventinus, *Deiparae virgini Ottingensi sacrum*, Nuremberg, 1518; en allemand, Ingolstadt, 1519. — Eisengrein, *Libellum de sacello D. V. Oettingae*, Ingolstadt, 1571. — Schrenk,*Hundert herrliche mirakel zu Altenötting von 1604-1613*, Ingolstadt, 1613. — Irsing, *Historia D. V. Oettinganae, Pars I*, Munich, 1643. — Küpferle, *Idem, Pars II*, ibid., 1661. — Pepe, *Istoria e Meraviglie delle B. Virg. d'Etinga*, Monaco, 1664. — Kobolt, *Geschichte der uralten h. Kapelle U. L. Frauen, zu Altenötting...*, Altenötting, 1800. — Lipowsky,*Geschichte und Merkwürdigkeiten von Altenötting*, Munich, 1814. — Hoheneicher, *Historisch-topograph. Beschreibung des berühmten Wallfahrtsortes Altenötting*, Munich, 1817. — *Neue kurzgefasste Chronik von Altenötting*, Altenötting, 1817; 5e édition, 1863. — Buchfelner, *Die Geschichte der Verehrung der gnaden reichsten Jungfrau und Gottesmutter Maria zu Altötting*, Altötting, 1839; 6e édition, 1855. — Pichlmaier, *Geschichte*, etc., Altötting, 1879. — Maier,*Gedenkblätter und Kulturbilder aus der Geschichte von Altötting*, Augsbourg, 1885. — Krauthahn, *Geschichte der uralten Wallfahrt in Altötting*, 9e édition, Altötting, 1893. — Sepp, *Aelteste Geschichte von Altötting*, 1901. — *Kunstdenkmale des Königreiches Bayern vom XI-XVIII Jahrhunderte*, Munich, 1903, t. I, p. 2328 sq. — Landgraf, *Illustrierter Führer für Besucher der Wallfahrt Altötting*, Altötting, 1906.

L. BOITEUX.

1. ALTOVITI ou **ALTOVITA** (ANTONIO), archevêque de Florence, naquit le 9 juillet 1521. Son père, Bindo Altoviti,et sa mère, Fiametta Soderini, appartenaient l'un et l'autre à deux nobles familles florentines. Cf., sur la famille Altoviti, Ammirato, *Dell' Istorie Fiorentine libri venti*, Florence, 1600, passim. Jeune, il suivit à Rome la carrière ecclésiastique et devint clerc, puis doyen des clercs de la Chambre apostolique. Il avait à peine vingt-sept ans lorsque le cardinal Nicoló Ridolfi résigna son siège en sa faveur et que Paul III le nomma archevêque de Florence : ce fut le 15 mai 1547, selon Gams, *Series episcoporum*, et le 25 mai 1548, selon Eubel, *Hierarchia*, t. III, p. 213. Quoi qu'il en soit, il ne put prendre possession effective de son siège qu'en 1567. Suspect à Cosme Ier, il resta tout ce temps à Rome, comme en exil. Cf. Ammirato, *Istorie Fiorentine*, Florence, 1641 [réédition en 1824-1827],part. II,1. XXXV. Quand il entra enfin dans son diocèse, ce fut une joie délirante et un concours extraordinaire de fidèles. Cerrachini, *Cronologia sacra dei vescovi e arcivescovi di Firenze*, p. 184-185. A la dernière réunion du concile de Trente, sous Pie IV, il se fit remarquer par sa doctrine. Antonio se distingua surtout dans l'administration de son diocèse, qu'il réorganisa complètement. Deux synodes, à son instigation et sous sa présidence, y furent célébrés : l'un diocésain en 1569 (*Decreta dioecesonae Florentinae sinodi celebratae sub Antonio Altovita archiepisco Florentino, anno 1569*, Florence, 1569), l'autre provincial en 1573. *Decreca provincialis sinodi Florentinae, procedente in ea Reverendissimo D. Antonio Altovita archiepiscopo Florentiae*, Florence, 1574. Il mourut subitement, à cinquante-deux ans, le 28 décembre 1573, et fut pleuré de tous. Ammirato, *Storie Fiorentine*, part. II, p. 563. Le chanoine Matteo Sanminiato, qui, en 1592, devint archevêque de Chieti, prononça, à la cathédrale de Florence, son oraison funèbre; et le P. Augustin Cristoforo Amaroni en fit une autre, à l'église des Saints-Apôtres, où l'archevêque fut enterré. C'est durant l'épiscopat d'Altoviti que les jésuites fondèrent leur grand collège de Florence, sous les auspices d'Éléonore de Tolède, femme de Cosme Ier (1551). Il posa la première pierre de l'hospice Saint-Thomas-d'Aquin (1568) et consacra l'église de Santo Spirito en 1573. A Lorette, il fit construire et orner de fresques la chapelle Sainte-Élisabeth de la basilique. Gamerini, *Istoria genealogica delle famiglie nobili di Toscana*, t. I, 461-462. Personne ne mit en doute la pureté de ses mœurs : *Non solo da tutti stimato per humo castissimo, ma da molti riputato per vergine*; mais il était, dit-on, si gros mangeur et de manières si peu raffinées, que le pape ne voulut point le faire cardinal. Ammirato, op. cit., part. II, p. 563.

Antonio avait la réputation de savant : *Dialectus acutissimus*, dit de lui Poccianti (*Catalogus scriptorum Florentinorum*, p. 18), *philosophus sagacissimus, theologus percelebris, et vir denique undequaque doctissimus.* Plusieurs ouvrages lui furent dédiés, comme la traduction, par Domenico Domenichi, de Paul Diacre, *Della chiesa d'Aquileja*, 1548, les *Stratagemmi di Polieno* (1552) de Lelio Carani, la *Pittura del tempo* de Doni. Très docte, aussi philosophe que théologien, il écrivit de nombreux traités : sur la proposition, le syllogisme, la démonstration, les Catégories de Porphyre, les éléments, l'essence de l'âme, la nature des vents, la transmutation des métaux,le vide,l'infini en acte et autres sujets métaphysiques. Poccianti en a donné le catalogue (op. cit., p. 19). Il composa aussi un traité pour défendre Dante contre Castravila. Mais de tout cela rien ne vit le jour : *Multos tractatus scripsit*, dit Gaddi, *de variis logicae et philosophiae argumentis, sed quia non excudit eos, ipsum jure non colloco in hoc theatro. De scriptoribus non ecclesiasticis*, t. I, p. 28. Nous n'avons de lui, outre les deux lettres à ses prêtres qui précèdent les décrets synodaux de 1569 et de 1573, que deux avis canoniques donnés au tribunal de la Rote et imprimés à Rome en 1676 : *De praecedentia; De fructibus in Salviano restituendis non a die remotae litis.*

Orazione funerale fatta nel sacro tempio de' SS. Apostoli di Firenze nell' esequie dell' Illustrimo e Reverendissimo Monsignor Antonio Altoviti arcivescovo Fiorentino, presente il defunto, dal Rmo P. Maestro Fr. Cristoforo Amaroni Senese, Florence, 1574. — *Notizie dell' Accademia Fiorentina*, p. 1. — Salvino Salvini, *Fasti consolari dell' Accademia Fiorentina*, p. 220. — Ghilini, *Teatro d' uomini letterati*, t. II, p. 24. — P. Negri, *Istoria degli scrittori Fiorentini*, p. 54. — Cerrachini, *Fasti theologati dell' Università Fiorentina*, p. 246; *Cronologia sacra de' vescovi e arcivescovi di Firenze*, p. 183-193. — Ughelli, *Italia sacra*, t. III, col. 244-245. — Mazzuchelli, *Gli scrittori d'Italia*, t. I, p. 546-547. — Theiner, *Acta genuina concilii Tridentini*, t. I et II passim.

G. CONSTANT.

2. ALTOVITI (FILIPPO NERI ANTONIO). Né à Florence, le 10 septembre 1634, de la grande famille de ce nom, il devint chanoine de la cathédrale de sa ville natale, en 1657, et fut élu vicaire capitulaire à la mort de l'archevêque Francesco Nerli, en 1670. Il fut ensuite auditeur de la nonciature apostolique en Toscane et remplaça le nonce à diverses reprises en qualité de chargé d'affaires. Préconisé évêque de Fiesole le 27 mai 1675 (et non pas en 1674, comme le dit Gams), il réunit le synode diocésain en 1679 et 1690, et en fit imprimer les constitutions à Florence en ces deux mêmes années. Il fit aussi traduire en italien et imprimer à Florence, en 1684, un ouvrage de pastorale, sous le titre : *L'opera dei parrochi*. Il eut un long différend avec l'archevêque de Florence, à l'occasion de l'église de Santa Maria del Campo. Enfin il agrandit et embellit l'évêché (ou plutôt, dit Cappelletti, le palais de sa famille à Florence), en 1675, et le séminaire en 1697, ainsi que le rappellent deux inscriptions placées sur ces édifices et reproduites dans Bandini. Il mourut à Rome le 28 (le 25, dit Cappelletti) novembre 1702, durant une visite *ad limina*, et fut inhumé dans la chapelle de Saint-Ignace en l'église du Gesù.

Ughelli-Coleti, *Italia sacra*, Venise, 1718, t. III, col. 268. — Ang. Maria Bandini, *Lettere XII della città di Fiesole*, Sienne, 1800, p. 146-147, 150. — Cappelletti, *Le Chiese d'Italia*, Venise, 1862, t. XVII, p. 65-66. — L. Passerini, *Genealogia e storia della famiglia Altoviti*, Florence, 1871, p. 172. — Michele Pecci, *Carmen nuptiale*, Rome, 1909, p. 12.

J. FRAIKIN.

3. ALTOVITI (FRANCESCO). Né à Florence, de la grande famille de ce nom, il entra d'abord dans la congrégation bénédictine du Mont-Cassin, à l'abbaye de Florence, le 22 septembre 1426, mais, le Saint-Siège, l'ayant cru propre à réformer la congrégation de Vallombreuse, l'autorisa à s'y agréger. Élu abbé du monastère de San Michele de Passignano, il devint, en 1450, abbé général de l'ordre et s'établit à l'abbaye même de Vallombreuse, qu'il reconstruisit et agrandit, ajoutant à l'église une chapelle et une sacristie. Il obtint aussi du Saint-Siège l'union à son ordre du monastère de San Bartolomeo a Ripoli, mais il ne paraît pas avoir réussi dans la mission de réorganisation qui lui avait été confiée. On abusa de sa simplicité pour lui faire signer une constitution qui déclarait le monastère de San Salvi chef de l'ordre. Il en résulta de grands désordres, et Altoviti, déjà malade, mourut de chagrin, le 22 avril 1479.

Gamurrini, *Istoria e genealogia delle famiglie nobili toscane ed umbre*, Florence. 1668, t. I, p. 465. — Armellini, *Bibliotheca Benedictino-Casinensis*, Assise, 1733, t. VI, p. 7. — Hain, *Repertorium bibliographicum*, Stuttgart, 1826, t. I, p. 885. — L. Passerini, *Genealogia e storia della famiglia Altoviti*, Florence, 1871, p. 179-180.

J. FRAIKIN.

4. ALTOVITI (JACOPO), florentin, issu de l'illustre famille du même nom, revêtit l'habit dominicain, sur les conseils de Pierre Strozzi, à Santa Maria Novella de Florence, en 1359. Ses rares mérites le firent élire, à peine âgé de trente ans, prieur, et c'est en cette qualité que, d'après la tradition, il aurait donné l'habit à Jean Dominici, qui devait plus tard travailler à la réforme de son ordre en Italie et qui mourut cardinal. En 1379, par lettres apostoliques du 30 novembre, Jacques Altoviti reçut mission d'Urbain VI de porter à Fr. Raymond de Capoue, alors résidant à Sienne, les insignes de maître. Ce dernier, l'année suivante, allait être élu maître général de l'ordre tout entier; de son côté, Jacques Altoviti fut élu provincial de la province romaine, au chapitre de Foligno, tenu le 31 octobre 1380; il occupa cette charge jusqu'en 1388, et se montra toujours un partisan dévoué et convaincu d'Urbain VI. Les Florentins eussent fort désiré qu'il leur fût donné pour évêque, mais le pape le choisit pour le siège de Fiesole (21 janvier 1390). Il succédait à Antoine Cipolloni, lui aussi dominicain. Il contribua beaucoup à la réforme de Jean Dominici par la protection qu'il ne cessa d'accorder au nouvel établissement dominicain de San Domenico di Fiesole, dû surtout à ses largesses. Il en consacra lui-même l'église encore inachevée, en 1407, le jour de la fête de saint Dominique. Par deux fois il fut député par les Florentins auprès des papes Innocent VII et Grégoire XII. D'après Fontana, il aurait aussi rempli, vers 1400, plusieurs missions diplomatiques auprès de princes italiens. Il mourut le 5 juin 1408, à Florence. Il est vrai que le nécrologe du couvent de Santa Maria Novella donne 1416 comme date de sa mort; Ughelli la place en 1409, mais il résulte clairement de la constitution IV de Grégoire XII, du 14 juin, que Jacques Altoviti mourut en réalité le 5 juin 1408. Il fut enseveli dans l'église de Santa Maria Novella. En 1650, un membre de la famille Altoviti fit élever à son illustre parent un monument de marbre, au cloître dit *Chiostro Verde* du même monastère de Santa Maria Novella. Labbe, dans sa *Bibl. mss.*, p. 18, cite *Dialogum Jacobi de Altovitis et Joannis de Siglero de sedando schismate Petri de Luna*.

P. Th. Masetti, *Monumenta et antiquitates*, etc. Rome, 1864, t. I, p. 344-346. — Mazzuchelli, *Scrittori d'Italia*, 1753, t. I, p. 547-518. — Negri, *Scrittori Fiorentini*, 1722, p. 320. — Fabricius, *Biblioth. latina med. et inf. aet.*, Florence, 1858, t. III, col. 294. — Eubel, *Hierarchia*, t. I, p. 258 — *Nécrologe de Santa Maria Novella*, t. I, fol. 56 v° [569].

R. COULON.

5. ALTOVITI (JACOPO). Né, en 1604, de la grande famille florentine de ce nom, il fit ses études au séminaire romain. Ami de Mgr Flavio Chigi (on conserve, à la bibliothèque Magliabechiana de Florence, de beaux distiques en latin et en italien, qu'il lui adressa en 1649, ainsi que la correspondance échangée entre eux), il l'accompagna, en qualité de secrétaire, à Ferrare, quand ce prélat y fut envoyé comme vice-légat (cf. col. 230). Très intrigant, il contribua fortement à son élévation à la pourpre, grâce à l'influence de son propre cousin, le cardinal Sacchetti. Ce fut aussi, en grande partie, à son action que Chigi dut de devenir pape, à la mort d'Innocent X, sous le nom d'Alexandre VII. Le nouveau pape le récompensa en le nommant prélat domestique, puis archevêque d'Athènes et nonce à Venise (1658). Il dut, dans l'exercice de ces dernières fonctions, soutenir des luttes continuelles contre le gouvernement de Saint-Marc, à l'occasion de l'inquisition, de l'immunité ecclésiastique et de questions d'étiquette; y ayant eu constamment le dessous, il fut rappelé en 1666. Sa correspondance durant sa nonciature est conservée également à la Magliabechiana. Rentré à Rome, il fut nommé secrétaire de la Congrégation de l'Immunité ecclésiastique et patriarche d'Antioche. Le soir du 30 novembre 1672, des *bravi* l'attaquèrent et le laissèrent pour mort sur place, mais il guérit et travailla à obtenir le chapeau cardinalice. Dépité de ne l'avoir pas reçu au consistoire de 1686, il donna sa démission de toutes ses charges et se retira d'abord au couvent de Camaldoli, en Toscane, puis dans sa villa du Valdarno, et mourut le 20 mars 1693. Lié avec le Guide, il a laissé un grand nombre d'ouvrages manuscrits, conservés à la Magliabechiana. Un seul a été imprimé, dans Giustiniani, *Lettere memorabili*, t. II, p. 335; c'est une relation, adressée par lui, le 19 mai 1662, au cardinal-vicaire, de l'audience publique accordée, à Venise, aux ambassadeurs de Moscovie.

Mazzuchelli, *Gli scrittori d'Italia*, Brescia, 1753, t. I, 1re part., p. 147-148. — L. Passerini, *Genealogia e storia della famiglia Altoviti*, Florence, 1871, p. 82-87. — Bart. Cecchetti *La republica di Venezia e la corte di Roma nei rapporti della religione*, Venise. 1874. t. II, p. 286-289. — Discours d'Altoviti, pendant sa nonciature, aux Archives du Vatican, *Miscellanea*, armarum IX. t. 240.

J. FRAIKIN.

6. ALTOVITI (ROBERTO). Né à Florence, de la grande famille de ce nom, il entra, le 17 avril 1485, dans la congrégation bénédictine du Mont-Cassin, et devint abbé de divers monastères de Toscane, entre autres de l'abbaye de Santa Maria de Florence. Alexandre VI lui offrit en vain un évêché. Oddo, son frère, lui céda la commende de l'abbaye de Bugliano ou Boiano, mais il s'en démit en 1511, afin de rendre la direction de l'abbaye aux moines mêmes de son ordre. Elle fut alors unie par Léon X à l'abbaye de Florence. Aussi savant que pieux, il était lié avec Pic de la Mirandole, Girolamo Benivieni, Ange Politien et autres grands lettrés de son temps. Il mourut en 1519.

Armellini, *Bibliotheca Benedicto-Casinensis*, Assise, 1733, t. VI. p. 51-52. — L. Passerini, *Genealogia e storia della famiglia Altoviti*, Florence, 1871, p. 53-54.

J. FRAIKIN.

7. ALTOVITI (ROBERTO). De la grande famille toscane de ce nom, il entra dans l'ordre de Saint-Benoît et fit profession, le 8 mai 1615, dans l'abbaye de Santa Maria à Florence, où il devint maître des novices, et fut ensuite visiteur des monastères bénédictins de la province de Rome, puis du royaume de Naples et de la province de Ferrare. Il mourut, en

1651, abbé de S. Michele de Gaëte. Nous ne savons pourquoi Passerini ne l'a pas nommé dans son ouvrage sur les Altoviti.

Gamurrini, *Istoria e genealogia delle famiglie nobili toscane ed umbre*, Florence, 1668, t. I, p. 465-466.

J. FRAIKIN.

ALTRINGEN (JEAN-MARC D'), évêque de Gratz. La famille des Altringen habitait à Thionville. Son renom lui vint du général Jean Altringen, qui était arrivé à la gloire par la guerre de Trente ans. Il laissa en héritage à son frère Jean-Marc la bibliothèque du prince de Mantoue, qui contenait beaucoup de manuscrits de grande valeur. C'est aussi l'influence de ce général Jean Altringen qui permit à Jean-Marc de faire sa carrière ecclésiastique, où nous le voyons d'abord chef du consistoire à Salzbourg, puis chanoine à Olmutz, enfin, le 28 août 1633, consacré évêque de Gratz par l'archevêque de Salzbourg, Paris de Lodron (1619-1653); le général Jean Altringen avait un second frère, Paul Altringen, qui fut évêque de Tripoli et suffragant de Strasbourg.

Jean Marc d'Altringen fut le trente-cinquième évêque de Seckau avec résidence à Gratz; il succéda à Jacques Eberlin, qui, suivant les traces de son célèbre prédécesseur, Mgr Martin Brenner, avait mené à bout l'œuvre de la contre-réforme. Aussi Altringen trouvait-il le diocèse en bon état. Il est resté de cet évêque un travail important sur la statistique exacte du clergé séculier et régulier, à laquelle contribua d'une façon particulière Mgr Daniel, chanoine de la collégiale de Vorau en Styrie. Altringen fut aussi chargé de diverses affaires politiques et fut gouverneur de la ville de Gratz. Il mourut le 3 février 1664.

Allgem. deutsche Biogr., Leipzig, 1876, t. IV, p. 276. — A. Klein, *Geschichte des Christenthums in Österreich u. Steiermark*, Vienne, 1842, p. 157. - - A. J. Caesar, *Geschichte Steiermarks*, Gratz, 1788, t. VII, p. 423 sq.

M. KNAR.

ALTUBURITANA (*Ecclesia*). Voir ALTHIBUROS, col. 810.

ALTUELZEN ou **OLDENSTADT** (*antiqua civitas*), monastère bénédictin dans l'ancien diocèse de Verden (aujourd'hui Hildesheim), fondé en 973, par l'évêque de Verden, Bruno Ier, que l'on a parfois confondu avec le pape Grégoire V, sur ses propres domaines de Bardengau. Le roi Henri II confirma la fondation en 1006. D'abord habité par des religieuses cisterciennes, il fut transformé par l'évêque Tiethmar ou Dithmar (1031-1034) en un monastère bénédictin d'hommes et peuplé (probablement) avec des moines de Corvey. Il avait pour patrons la très sainte Vierge et saint Jean. Une charte de 1006 nomme comme lieu de fondation Ullishusen (maintenant Uelzen), nom qu'il conserva jusqu'au moment où la ville d'Uelzen (dans le gouvernement de Lunebourg) eut pris un développement assez considérable. Le monastère s'appela désormais Altülzen ou Oldenstadt (c'est sous cette dernière forme que le donnent un certain nombre de *monastica*; le village actuel d'Oldenstadt compte près de 700 habitants). En 1481, le monastère se réunit à la congrégation de Bursfeld, près Göttingen. En 1529, les moines embrassèrent la Réforme; l'abbé Haino livra le couvent au duc Ernest « afin que les bénéfices servissent à la fondation de messes et à des œuvres pies. » En 1531, les moines se virent assurer une pension viagère. Les bâtisses entièrement restaurées par le duc Christian (1625) devinrent maison commune.

Sudendorf, *Urkundenbuch*, t. VIII, p. 335-336. — Von Hodenberg, dans *Zeitschrift für Niedersachsen*, 1852, p. 24 sq.; *ibid.*, 1853, p. 249 sq., article de Mooyer. — Grotefend, *ibid.*, 1856, p. 122 sq. — Von Hammerstein, *Der Bardengau*. — Manecke, *Beschreibung des Fürstentums Lüneburg*, t. II, p. 63 sq. — Grube, *Johann Busch*, 1881, p. 251. — Wrede, *Einführung der Reformation im Lüneburgischen*. — Mithoff, *Kunstdenkmale und Allerthümer im Hannoverschen*, Hanovre, 1877, IV, p. 223 sq. — Hoogeweg, *Verzeichnis der Stifter und Klöster Niedersachsens vor der Reformation*, Hanovre et Leipzig, 1908, p. 102.

A. BAYOT.

ALTUS. Voir ALCIATOR, col. 24.

1. ALTWIN, moine du monastère de Saint-Alban, près de Mayence, en 837. Sans doute était-il à la tête des écoles du monastère. *Acta sanctorum ordinis S. Benedicti*, saec. IV, pars II, p. 60. Il était en correspondance avec Servat Loup, au temps où celui-ci enseignait à Ferrières, et il semble avoir été en quelque façon son disciple. On a trois lettres de Loup adressées à Altwin. L'une, du mois de mai 837, où il est question de la grave maladie de Loup, de la comète du 11 avril, et surtout de grammaire et de métrique. *P.L.*, t. CXIX, epist. XX; Desdevizes du Désert, *Lettres de Servat Loup*, dans *Bibl. des hautes études*, 1888, fasc. 77, p. 63. Dans un billet de septembre 837, on voit qu'Altwin avait projeté le voyage de Ferrières. *Epist.*, XXXVIII; Desdevizes du Désert, *loc. cit.*, p. 67. La troisième lettre, de date inconnue (839-842), est également consacrée à des questions de métrique et de grammaire. *Epist.*, XXXIV; Desdevizes du Désert, *op. cit.*, p. 70.

P. FOURNIER.

2. ALTWIN, évêque de Brixen (Tyrol), consacré en 1049 (*Annales Salisburg.*, dans *Mon. Germ. Script.*, t. I, p. 90), mort le 28 février 1097; *Annales Augustani*, *ibid.*, t. III, p. 135; *Necrolog. eccl. metrop. Salisburg.*, dans *Fontes rerum Austriac.*, t. IV, p. 577.

En 1065, il reçut d'Henri IV le couvent de Polling, à droite de la rivière Ammer. Dans la querelle des investitures, il prit le parti de l'empereur. On a encore d'Henri IV une lettre à Altwin, le convoquant au concile de Worms pour le 15 mai 1076, afin d'y délibérer sur Grégoire VII. Cette lettre, dont l'authenticité fut contestée par Baronius (ad ann. 1076, n. 8), est authentique. Cf. Mansi, *Concilia*, t. XX, p. 466, et mieux *Monum. Germ., Leges*, t. II, p. 48. Chemin faisant pour répondre à cet appel, Altwin fut capturé et emprisonné par le comte Hartmann de Dillingen. *Chroniq. de Berthold*, dans *Monum. Germ., Script.*, t. V, p. 284.

Renvoyé à Mayence, le concile ne réunit, le 31 mai 1080, que dix-neuf évêques allemands. Pour attirer davantage les Italiens, on fixa une nouvelle réunion à Brixen, ville plus méridionale. Trente évêques, dont huit allemands, s'y rassemblèrent dans l'église de Saint-Jean, le 25 juin 1080. On y déposa le pape, excommunia l'anti-roi Rodolphe, duc de Souabe, le duc Welf et leurs partisans, et, le lendemain, on élut pape, sous le nom de Clément III, Wibert de Ravenne. Cf. les actes dans Harduin, *Concil.*, t. VI, 1, col. 1595; Mansi, *Concil.*, t. XX, p. 547, et mieux *Monum. Germ., Leges*, t. II, p. 51.

Pour prix de ses services, Altwin reçut d'Henri IV le comté de Pusterthal, en 1091. Mais il fut pris la même année par Welf et chassé de son siège.

Redlich, dans *Zeitschrift des Ferdinandeums*, 1884, p. 36. — Hefele-Leclercq, *Histoire des conciles*, 1886, t. V, p. 291. — Hauck, *Kirchengeschichte Deutschlands*, 1896, t. III, p. 995 et *passim*.

L. BOITEUX.

ALTZELLE(*Cella Sanctae Mariae*), abbaye de l'ordre de Cîteaux, située dans l'ancienne marche de Meissen, aujourd'hui royaume de Saxe, sur la rive gauche de la Mulde, tout près de la petite ville de Nossen. Fondée en 1175, par les moines de l'abbaye de Pforta et largement dotée par la libéralité du comte Otton de Meissen, Altzelle fut pendant quatre siècles le centre de la civilisation germanique pour la population slave de cette province frontière de l'Allemagne. L'abbaye se distinguait par le zèle de ses religieux pour les études. Elle prit part à la fondation de l'université de Leipzig (1409), dont un des premiers recteurs, Vincent Gruner, était moine d'Altzelle. C'était surtout aux abbés d'Altzelle que l'ordre devait le développement du célèbre collège cistercien, fondé en 1441 à Leipzig; il rivalisait avec le collège Saint-Bernard de Paris. L'abbaye possédait une bibliothèque considérable, qui, après la suppression du monastère par la réforme protestante, en 1540, a été transportée à Leipzig, où elle devint le fonds principal de la grande bibliothèque universitaire.

Le nombre des abbés d'Altzelle est de 35 pendant les 375 ans de l'existence de l'abbaye. Presque tous se distinguèrent par leur érudition. Les plus connus sont : Henri de Fulda, premier abbé, 1175-1192. — Luiger, 1210-1234, avant son élection professeur de théologie et auteur de plusieurs traités théologiques. — François, 1385-1411. — Vincent, 1411-1442, fondateur du collège cistercien de Leipzig. — Jean Hylger, 1449-1470. — Antoine Schröter, 1470-1486. — Léonard Steinmetz, 1486-1493, qui fit ses études à Paris et à Leipzig. — Martin de Lochau, 1493-1522, sous lequel la bibliothèque de l'abbaye fut considérablement augmentée. — Paul Bachmann, 1522-1535, qui publia plusieurs thèses contre la nouvelle doctrine de Luther : *De auctoritate papae, De invocatione sanctorum, De missa, De una specie sacramenti, De meritis operum, De conjugio sacerdotum, De votis monasticis*, etc. Le dernier abbé, André Schmiedwald, ne survécut que cinq ans à la suppression de son abbaye († 1545).

Beyer, *Die Abtei Altzelle*, Leipzig, 1855. — Schmidt, *Beiträge zur Geschichte der wissenschaftlichen Studien in den sächsischen Klöstern*, 1897. — Hasse, *Geschichte der sächsischen Klöster*, Gotha, 1838. — Winter, *Die Cistercienser des nordöstlichen Deutschland*, Gotha, 1868-1871. — *Annales Vetero-Cellenses* dans Pertz, *Monum. Germ. histor., Script.*, t. xvi, 1859, p. 41 sq. — Janauschek, *Originum cisterc.*, Vienne, 1877, t. i, p. 171.

E. HOFFMANN.

1. ALUBERT, évêque de Selsey en Sussex, n'est connu que parce que son nom se trouve sur la liste des évêques de ce diocèse. Il a dû exercer les fonctions épiscopales entre 747 et 765, puisqu'en 747 son prédécesseur Sigga assiste encore au concile de Cloveshoe et qu'en 765 son successeur Osa signe un acte.

Dictionary of christian biography, Londres, 1877, t. i, p. 88.

G. ALLMANG.

2. ALUBERT, évêque missionnaire, venu d'Angleterre rejoindre le disciple de saint Boniface, saint Grégoire d'Utrecht, pour l'aider dans l'évangélisation des Frisons et des Saxons. Pour pouvoir exercer un ministère plus fructueux, Grégoire voulut qu'Alubert, alors encore simple prêtre, se fît consacrer évêque et il l'envoya avec deux autres de ses disciples, Sigibod et Liudger, à son évêque d'origine (l'évêque d'York). Alubert reçut la consécration épiscopale, Sigibod fut ordonné prêtre et Liudger diacre (ce dernier devint plus tard le premier évêque de Münster), mais tous les trois restèrent encore une année en Angleterre et revinrent alors auprès de Grégoire, vers 767. C'est à tort qu'on a cherché à identifier ce chorévêque Alubert avec l'archevêque Aelbrecht d'York. C'est aussi sur une fausse lecture de manuscrit que repose l'existence d'un Alubert, évêque d'Essex (on a lu : *Eastsaxones*, Essex, au lieu de *Ealdsaxones, antiqui Saxones*, c'est-à-dire les Saxons du continent).

Forschungen zur deutschen Geschichte, Göttingue, 1871, t. xii, p. 151, 159, 441-442; 1880, t. xx, p. 564-567; on s'y prononce pour l'identité d'Alubert et d'Aelbrecht d'York, identité que Mabillon avait déjà regardée comme probable dans ses *Annales O. S. Ben.*, t. ii, p. 197; t. xxii, p. 425-432.

G. ALLMANG.

ALUCCI (CESARE), jésuite italien, né à Chieti, le 20 janvier 1568, et reçu au noviciat le 16 avril 1584, professa la théologie morale et s'appliqua ensuite à la prédication; il mourut à Rome le 15 novembre 1634. Il écrivit : *Specchio o vero Compendio dell' antichità di Roma*, in-12, Rome, 1625, sous le pseudonyme de Giorgio Portio et avec une dédicace signée de Giuseppe Mangrossi; — *Il legno della vita, ovvero de' frutti della croce spirituale, della tribulazione e mortificazione*, in-4°, Rome, 1625; in-8°, Brescia, 1626; — *Summarium eorum quae scitu necessaria sunt ad acquirendum jubilaeum anni sancti*, in-12, Rome, 1625 et 1650, qu'il traduisit lui-même en italien, in-12, Rome, 1625 et 1650; traduit en français par P. C. A. [Pierre Colet, avocat], in-16, Paris, 1649; — *Il figliuolo prodigo, istruzione della gioventù*, in-12, Rome, 1627; — *Psychagogia, hoc est animae recreatio, in qua agitur de causis quibus justorum animae recreantur in morte, sive De bono mortis*, in-12, Rome, 1627. Il laissa en manuscrit une Vie de son compatriote le P. Alessandro Valignani.

Sotwel, *Bibliotheca scriptorum S. J.*, Rome, 1676, p. 1225-1226. — Oudin, *Notes mss.* — Toppi, *Biblioteca Napoletana*, Naples, 1778, p. 61-62. — Sommervogel, *Bibliothèque S. J.*, Bruxelles, 1890, t. i, col. 217-218; 1898, t. viii, col. 1614.

E.-M. RIVIÈRE.

ALULPHE, fils de Siger, préchantre de la cathédrale de Tournai, entra à Saint-Martin, peu de temps avant qu'on n'y acceptât la règle de Saint-Benoît, donc vers 1095; il y exerça pendant quarante-sept ans la charge d'*armarius* et de chantre. Herman de Tournai, *Liber de restaur. S. Martini*, i, 8, dans *Mon. Germ. hist., Script.*, t. xiv, p. 290. C'est peut-être le souspicrieur qui figure dans une charte de 1132 (Vos, *Cartul. de l'abbaye de Saint-Médard*, Tournai, 1873, t. i, p. 7), sous la forme fautive d'Adulphus, qu'on ne rencontre point dans le nécrologe. Il mourut un 3 mars (Nécrologe de l'abbaye, dans Berlière, *Documents inédits pour servir à l'histoire eccl. de Belgique*, t. i, p. 159), probablement 1143-1144.

Il composa, en quatre parties, un *Opus excerptionum ex operibus B. Gregorii papae in V. et N. T. quod Gregorialis inscribitur*. Herman, *loc. cit.* Cet ouvrage a été assez répandu au moyen âge. On en trouvait des exemplaires notamment à Saint-Martin de Tournai, (Sanderus, *Bibl. Belg. manuscripta*, Lille, 1641, part.I, p. 98; Delisle, *Cabinet des manuscrits*, Paris, 1871, t. ii, p. 489), dont la quatrième partie forme aujourd'hui le ms. *11, 1400* de la bibliothèque royale de Bruxelles (J. Van den Gheyn, *Catal. des mss. de la bibl. royale de Bruxelles*, t. ii, p. 267), à Saint-Amand (ms. *175* de Valenciennes), à Aulne (ms. *11, 1096*, Bruxelles; Van den Gheyn, *op. cit.*, t. iii, p. 266-267), à Cambron (ms. *11. 948*, Bruxelles: *ibid.*, p. 268), Villers (ms. *11. 948*, Bruxelles: *ibid.*, p. 267). Chartres (ms. *112* de Chartres). Le prologue a été publié par Mabillon (*Analecta vetera*, éd. in-fol., p. 131-132) et la troisième partie, relative au Nouveau Testament, a été éditée en 1516 à Paris et à Bâle (le ms. *341* de Trèves renferme cet imprimé), donnée sous le nom de Paterius dans l'édition romaine des œuvres de saint Grégoire de 1553, republiée par D. Denis de Sainte-Marthe dans son édition de 1705. *P. L.*, t. LXXIX, col. 1137-1424. M. L. Delisle a signalé, dans le catalogue de la vente de Todd à Dublin (1860), un volume d'Alulfe qui a pu faire partie du manuscrit autographe. *Cabinet des manuscrits*, t. iii, p. 368.

Fabricius, *Bibl. latin. med. et infim. aetat.*, Florence, 1858,

t. I, p. 72-73. — Foppens, *Bibl. Belgica*, Bruxelles, 1739. t. I, p. 46-47. — Oudin, *Script. eccles.*, t. II, p. 956. — *Hist. litt. de la France*, t. XII, p. 244-245. — Ceillier, *Hist. des auteurs sacrés*, 2ᵉ éd., t. XI, p. 551; t. XIV, p. 71-72. — Ziegelbauer, *Hist. rei litt. O. S. B.*, Augsbourg, 1754, t. II, p. 34-36.

U. Berlière.

ALUMBRADOS. La secte mystique des *alumbrados* ou illuminés se développa, en certaines provinces d'Espagne, aux XVIᵉ et XVIIᵉ siècles. Mais on en fait remonter l'origine jusqu'au gnosticisme. Le pseudo-mysticisme n'était pas chose nouvelle dans la péninsule ibérique. Les agapètes le professèrent ; les priscillianistes le répandirent en Galicie ; il se perpétua avec les albigeois de Catalogne et de Léon, avec les béghards de Catalogne et de Valence, qui croyaient à la vue réelle de Dieu sur terre et enseignaient que l'âme peut atteindre un degré de perfection où tout est permis au corps. Puis vinrent les *fraticelli*, que les Espagnols appelaient « les hérétiques de Durango » et dont le principal leader fut fray Alonso de Mella (1442). C'est en 1492 que l'on rencontre pour la première fois le nom d'*alumbrado*, à propos d'un religieux d'Ocaña, Antonio de Pastrana, qui fréquentait de saintes femmes, disait-il, pour engendrer en elles des prophètes.

Les *alumbrados* ne prétendaient agir que par l'inspiration divine. « Parmi les clercs et les moines de Castille, dit Wadding (*Annales minorum*, ad. ann. 1524), sévit cette pernicieuse hérésie des illuminés ou abandonnés à la volonté divine, qui ne voulaient faire que ce qu'ils croyaient aisément et faussement leur être suggéré par des inspirations ou des révélations du ciel. » Leur principe, comme celui du quiétisme, était la contemplation pure de la divinité ; par ce moyen, l'âme perdant son individualité et s'annihilant, pour ainsi dire, dans l'essence infinie, arrivait à un tel état de perfection que le péché n'était plus péché. Dans le catalogue des soixante-seize erreurs que dressa, le 9 mai 1623, Andrea Pacheco, grand-inquisiteur d'Espagne, contre les *alumbrados*, on leur reproche d'enseigner que l'oraison mentale est de précepte divin et suffisante au salut ; qu'ici-bas l'on peut voir l'essence divine ; que la vue de Dieu, communiquée une fois à l'âme, dure toujours ; que l'on peut arriver à un tel état de perfection que la grâce anéantit les puissances de l'âme, qui ne peut ni progresser ni déchoir ; que dans l'extase il n'y a plus de foi, parce que l'on voit Dieu clairement.

La perfection intérieure rend inutiles en grande partie les pratiques extérieures de la religion : ceci fit comparer les *alumbrados* aux anabaptistes allemands, ou à Schwenkfeld et à Münzer. Une ordonnance de l'Inquisition du 28 janvier 1558 et le catalogue du cardinal Pacheco relèvent ces propositions : les serviteurs de Dieu n'ont point à exercer de travaux corporels, ni les parfaits à se préoccuper d'œuvres méritoires ; quand on est parvenu à un certain degré de perfection, on ne peut plus voir les images des saints, ni assister au sermon ; le précepte d'entendre la messe n'existe même plus alors ; l'invocation des saints devient inutile.

La conséquence ultime de la doctrine des *alumbrados* fut la corruption des mœurs. « Ils se glorifient à ce point d'être unis à Dieu, écrit-on de ces hérétiques, qu'ils soutiennent pouvoir s'adonner, sans faute, aux actes les plus honteux. » Dès 1498, le médecin de Ferdinand le Catholique, Francisco de Villalobos, les accuse de turpitudes, en des vers qui ne sauraient être cités, et la plupart de ceux que poursuivit l'Inquisition furent convaincus d'obscénités.

En 1529, on découvrit à Tolède une communauté secrète d'*alumbrados* ou *dejados* (quiétistes), en grande majorité illettrés, qui furent condamnés au fouet ou à la prison. Alonso de Santa Cruz raconte tout au long leurs erreurs, mélange d'illuminisme et de protestantisme, dans la quatrième partie (c. v) de sa Chronique de Charles-Quint. Cod. *193*, fonds Mediceo-Palatino, de la *Laurenziana* de Florence. Leur quiétisme absolu aboutissait à l'inefficacité des mérites personnels et des bonnes œuvres, de tout acte extérieur d'adoration. Ils appelaient l'hostie consacrée un morceau de pâte, la croix un bâton, les génuflexions une idolâtrie. Isabel de la Cruz, assistée d'un certain P. Alcázar, fut la plus ardente à répandre la doctrine de la secte.

Entre 1574 et 1578, dans la ville et les environs de Llerena (Estramadure), « surgirent des gens, raconte l'historien de Plasencia, Alonso Fernandez, qui, trompés par les lois bestiales de la chair et la lumière nouvelle qu'ils imaginaient, persuadèrent aux simples et aux ignorants que leur erreur était le véritable esprit qui devait éclairer l'âme des générations futures. Pour cela on les appela *alumbrados*. » A leur tête étaient huit prêtres séculiers, dont Hernando Alvarez et le P. Chamizo. Tout leur enseignement se réduisait à recommander la méditation des plaies de Jésus crucifié ; cette méditation, faite de la façon qu'ils indiquaient, produisait des sueurs sur le visage, des douleurs intimes, des sécheresses, des dégoûts, et enfin des mouvements désordonnés qu'ils osaient appeler « la fusion en l'amour de Dieu, » la grâce étant communiquée à l'âme par des signes sensibles. L'*alumbrado* une fois en extase devenait impeccable, et tous ses actes étaient licites. Ces hérétiques condamnaient le mariage et menaient la vie la plus dissolue. Le P. Chamizo fut convaincu d'avoir corrompu trente-quatre de ses pénitentes. Lui et Alvarez communiaient chaque jour leurs béguines avec plusieurs hosties, selon l'usage des *alumbrados*, qui prétendaient qu'une communication de grâce plus abondante dépendait du nombre et de la grandeur des hosties. Dans la secte, il y avait un franciscain de Valladolid, quelques curés, le prêtre Francisco Gutierrez, dont la stupidité allait jusqu'à dire qu'il voyait l'essence divine sous la forme d'un bœuf, le bachelier Hernando de Ecija, pour qui une béguine communiée était aussi adorable que le saint-sacrement. L'évêque de Salamanque, Francisco de Soto, fut chargé d'excommunier les *alumbrados* de Llerena, qui l'empoisonnèrent (21 juin 1578), mais ne purent empêcher l'Inquisition de procéder contre eux et de les condamner à diverses peines.

La secte eut à Séville de si nombreux adeptes que les inquisiteurs, qui les poursuivirent en 1563, durent fermer les yeux et laisser la plupart impunis. Elle ne disparut point, comme le prouvent les édits de l'Inquisition de 1568 et de 1574, et celui de 1623, plus spécialement adressé aux diocèses de Séville et de Cadix. « La majeure partie de la ville (Séville) en est infectée, rapporte une lettre du temps. Il n'y a duchesse ou marquise, femme de haute ou basse condition, qui n'ait à se reprocher quelque erreur de cette hérésie. » En 1627, on la retrouve à Séville, sous la même forme à peu près qu'à Llerena. Ce fut le temps de la fameuse Catalina de Jesús et du P. Villalpando. Catalina de Jesús, qui était de Linares (diocèse de Jaen), se targuait de sainteté. « Je suis arrivée à un tel degré de perfection, disait-elle, que je ne fais plus l'oraison pour moi, mais pour les autres ; » elle se comparait à sainte Thérèse, prétendait avoir la vision directe de la divinité et être un ange de chasteté ; elle-même distribuait en reliques à ses dévots ses cheveux ou ses vêtements. Cent quarante-cinq témoins déclarèrent que sa sainteté n'était qu'une duperie, et qu'elle avait avec divers ecclésiastiques des relations fort suspectes. Le 28 février 1627, elle dut abjurer *de levi*. Son principal partisan, le P. Juan de Villalpando, originaire de Ténériffe, enseignait que « la vue réelle de Dieu existait ici-bas, » et que « le mariage était un bourbier de pourceaux. » « Le Saint-Office ne censura pas moins de 279 de ses propositions et reconnut sa vie peu édifiante. Il fut condamné à une réclusion de quatre années dans un monastère, et à la défense perpétuelle de confesser et de prêcher.

En 1633, l'Inquisition condamna comme *alumbradas* les religieuses de l'Incarnation de San Plácido, à Madrid, ainsi que leur confesseur, Francisco García Calderon; mais elle revint sur son décret, en faveur des premières, le 5 décembre 1638.

La secte eut ses faiseurs de miracles et ses saints. Certains étaient des simples et des faibles d'esprit, assez fanatiques et illuminés pour croire ce qu'ils disaient, comme la *Beata de Piedrahita*, qui s'adonna avec une telle ardeur à la contemplation qu'elle se persuada de converser avec Jésus-Christ et sa Mère; elle demeurait en extase de longues heures, sans faire le plus léger mouvement. Beaucoup la jugèrent sainte. Le nonce du pape, les évêques de Vich et de Burgos n'osèrent décider quel était l'esprit qui l'inspirait. L'Inquisition l'accusa d'illuminisme; mais ses protecteurs étaient si puissants que le procès fut interrompu. Elle mourut en 1511.

On vit, avec le P. Francisco Mendez, portugais, jusqu'où pouvait aller la folie humaine; il s'habillait en statue et disait parfois des messes de trente-trois heures. Les grandes dames de Séville le prenaient pour un saint, et coupaient avec dévotion des morceaux de son vêtement. Il prophétisa que le 20 juillet 1616 serait le jour de sa mort, laquelle n'arriva point, au grand désappointement de ses fidèles. Une béguine de Castro del Rio et un frère dont le nom est resté inconnu annoncèrent aussi la date de leur mort, pour s'attirer la réputation de sainteté. Tous ces *alumbrados* étaient des détraqués.

Mais la plupart des thaumaturges de la secte furent des imposteurs qui exploitèrent la crédulité publique par des supercheries éhontées. Une clarisse de Cordoue, Magdalena de la Cruz (née à Aguilar près de Cordoue), avoue, le 3 mai 1546, que ses stigmates étaient faux, et que, durant douze ans, elle avait mangé en secret, pour faire croire qu'elle ne vivait que de l'hostie consacrée. Trois fois elle avait été élue abbesse de son ordre, en 1533, 1536 et 1539; et durant trente-huit ans, elle passa pour sainte. Le grand-inquisiteur Alonso Manrique vint la voir à Séville et solliciter ses prières; l'impératrice lui fit toucher la robe que porta Philippe II à son baptême. Sœur Marie de la Visitation, religieuse dominicaine, après avoir trompé longtemps tout Lisbonne et avoir même surpris la bonne foi du vénérable Louis de Grenade, confessa que ses plaies étaient peintes ou faites avec un canif, et que toutes ses révélations et extases n'étaient que mensonges (1587). Au XVIIe siècle, la mère Luisa de la Ascension, à Valladolid, Juana la Embustera (Jeanne la Trompeuse) et la béguine Maria de la Concepcion, à Madrid, la fameuse Lucrecia, à Léon, et Manuela de Jesus-Maria, furent convaincues d'hypocrisie et de supercherie, et condamnées comme *alumbradas*. Ainsi en fut-il, au XVIIIe siècle, d'Isabel Maria Herraiz, la *Beata de Cuenca*, de Maria de los Dolores Lopez, de la *Beata Clara* de Madrid.

La secte des *alumbrados* pénétra en France. On lui attribue l'origine des guérinets de Flandre et de Picardie (1634), ainsi appelés du nom de leur principal fauteur, l'abbé Guérin, curé de Saint-George de Roye (cf. Hermant, *Histoire des hérésies*, 1717), et celle des illuminés qui végétèrent, dans le sud de la France, de 1722 à 1794.

Le pseudo-mysticisme des *alumbrados* rendit parfois suspect le vrai mysticisme qui florissait en Espagne à la même époque: de doctes et de saints personnages eurent à subir l'examen ou les rigueurs des tribunaux ecclésiastiques, de l'Inquisition même. Beaucoup jugeaient dangereux tout livre mystique en langue vulgaire, dans un siècle où l'illuminisme faisait tant de victimes, « car, pour le bien de quelques-uns, disait Melchor Cano, on met beaucoup d'âmes en péril. » C'est pourquoi l'inquisiteur général Valdès mit à l'index le *Guide des pécheurs* et le *Traité de l'oraison et de la méditation* de Louis de Grenade, un des plus grands mystiques qui aient jamais existé. Nul ne fut plus que celui-ci accusé d'illuminisme. Son maître, le vénérable Jean d'Ávila, « l'apôtre de l'Andalousie, » avait été poursuivi comme *alumbrado* et était resté, quelques jours, dans les prisons de Séville.

Les *Exercices spirituels* de saint Ignace et sa méthode d'oraison ne manquèrent point d'attirer sur lui et ses disciples l'accusation d'illuminisme. « Cette Compagnie [de Jésus], écrit, en 1548, l'évêque Melchor Cano, a pour général un certain Ignace, qui s'enfuit d'Espagne, lorsque l'Inquisition voulut le faire arrêter comme hérétique de la secte des *alumbrados*. » Tandis qu'Ignace étudiait à Alcalá, en 1526, les inquisiteurs de Tolède commencèrent à faire son procès; mais son innocence fut reconnue, et le vicaire général, Juan de Figueroa, se contenta de lui défendre, ainsi qu'à trois de ses compagnons, de se vêtir de bure. Mais bientôt, sur de futiles prétextes, l'incarcérait pour quarante-deux jours, et lui défendait de traiter les choses de la foi, quatre ans durant, tant qu'il n'aurait pas achevé sa théologie. Ignace quitta Alcalá pour Salamanque (1527); mais les dominicains de San Estéban murmurèrent de sa doctrine et l'accusèrent d'être *alumbrado*. Frias, le vicaire général de l'évêque, le jeta en prison, où il resta vingt-deux jours, les fers aux pieds. Le livre de ses *Exercices* ayant été jugé orthodoxe, la liberté lui fut rendue; mais on lui défendit de définir, en prêchant, la différence du péché mortel et du péché véniel, jusqu'à la fin de ses études théologiques, bien qu'il fût âgé de trente-six ans. Ignace vint alors étudier à la Sorbonne; on le dénonça à l'inquisiteur Mathieu Ory, qui le déclara innocent. A Venise, il fut de nouveau accusé d'illuminisme, ainsi qu'à Rome, en 1538. Finalement ses juges d'Alcalá, de Paris et de Venise, Figueroa, Ory et Gaspare de Doctis, témoignèrent en sa faveur; et le gouverneur de Rome, Bernardino Corsini, châtia rudement ses accusateurs. Désormais, le saint ne fut plus inquiété ni poursuivi, comme *alumbrado*. Mais ses disciples eurent à souffrir pour la même cause.

Saint François de Borgia, le troisième général des jésuites, fut accusé, à Rome, par les agents de l'inquisiteur général Valdès, de favoriser l'hérésie des *alumbrados*; et l'Inquisition d'Espagne mit deux fois à l'index, en 1559 et en 1583, son traité des *Œuvres du chrétien*. Melchor Cano, parlant de Laynez, Borgia et Ribadeneira, écrit en 1557 : « Je soutiens, et avec vérité, que ce sont là de ces *alumbrados* et de ces hommes de perdition que le démon a tant de fois introduits dans le champ de l'Église, depuis le temps des gnostiques jusqu'à nos jours. »

Le P. La Fuente, qui dénonça les *alumbrados* de Llerena, soutint que les jésuites faisaient partie de cette secte; il remit contre eux toute une série de mémoires aux inquisiteurs de Portugal et au provincial des dominicains. Le cardinal Infant, qui protégeait les jésuites, envoya ces mémoires à

Philippe II, au grand-inquisiteur de Castille et au nonce de Madrid, demandant qu'on châtiât le calomniateur de la Compagnie; il réclama même celui-ci pour l'Inquisition de Portugal. La Fuente mourut sur ces entrefaites.

Sainte Thérèse commençait la réforme du Carmel, au couvent d'Avila, lorsqu'on la menaça de la dénoncer au Saint-Office comme suspecte d'illuminisme; et en 1578 on l'accusa avec ses sœurs de Séville d'être *alumbrada*; plusieurs mémoires contre elle furent remis à l'Inquisition, qui n'entreprit point le procès.

Saint Jean de la Croix, le réformateur, avec sainte Thérèse, de l'ordre du Carmel, saint Joseph de Calasanz, fondateur des *Escuelas pias*, l'illustre mystique Balthasar Alvarez, le bienheureux archevêque de Valence, Jean de Ribera, le vénérable Jean de Palafox, archevêque et vice-roi du Mexique, n'échappèrent point à la même accusation de pseudomysticisme et furent inquiétés ou dénoncés comme *alumbrados*.

Ribadeneira, *Vida del Padre Ignacio de Loyola*, Naples, 1572, l. I, c. XIV, XVI; l. II, c. II, VI, XIV, XXIX. — Cipriano Valera, *Tratado del papa y de la missa*, 2ᵉ édit., s. l., 1599, p. 272, et Appendice. — *Discursos en defensa de la religion católica, contra la secta de los alumbrados, dexados o perfectos*, Séville, 1623. — Alonso Fernandez, *Historia y anales de la ciudad y obispado de Plasencia*, Madrid, 1627, p. 253-254. — Rinaldi, *Annales ecclesiastici*, ad ann. 1524. — Spondanus, *Annales ecclesiastici*, ad ann. 1623. — Cienfuegos, *La heroyca vieda... del grande san Francisco de Borja*, Madrid, 1702, l. IV, c. XV. — Luis de Granada, *Vida del venerable maestro Juan de Avila*, dans le t. I des Œuvres complètes de Louis de Grenade, Madrid, 1787-1800. — Luis Muoz, *Vida de Fr. Luis de Granada*, Madrid, 1788. — Llorente, *Histoire critique de l'Inquisition d'Espagne*, traduction française, par A. Pellier, Paris, 1818, t. II, p. 3-4; t. III, p. 102-126; t. IV, p. 123-127. — Morejon, *Historia de la medicina española*, Madrid, 1842, t. I, p. 362 sq. — Usoz, *Obras antiguas de los Españoles Reformados*, Londres [Madrid], 1847-1865, t. VIII. — Introduction de Vicente de la Fuente à la *Vida de santa Teresa*, dans les œuvres de la sainte, t. LIII, de la *Biblioteca de los autores Españoles*, Madrid, 1849, souvent rééditée. — Latour, *L'Espagne religieuse et littéraire*, Paris, 1863, p. 271-303. — *Memorias de Francisco de Enzinas*, Bruxelles, 1863, t. II. — Fermin Caballero, *Vida de Melchor Cano*, t. II des *Conquenses ilustres*, Madrid, 1871-1876. — Vicente de la Fuente, *História eclesiástica*, 2ᵉ édit., Madrid, 1873-1875, t. v, p. 232 etc. — H. Heppe, *Geschichte der quietistischen Mystik in der katholischen Kirche*, Berlin, 1875. — Barrantes, *Aparato bibliográfico para la historia de Extremadura*, Madrid, 1877, t. II, p. 327-372. — *Memorial histórico español*, t. XIV (lettre du P. Sebastian Gonzalez, du 27 janvier 1637). — Menendez Pelayo, *Historia de los heterodoxos españoles*, Madrid, 1880-1881, t. II, p. 155-55); t. III, p. 403-408. — H. Ch. Lea, *Chapters from the religious history of Spain connected with the Inquisition*, New York, 1890.

G. CONSTANT.

ALURED. Voir AILRED, t. I, col. 1165.

ALURUTH. Une inscription qui provient d'un endroit indéterminé du Fezzan, *Corpus inscriptionum latinarum*, supplément, n. 10991, contient un nombre de noms étranges qu'on propose de lire ainsi : *Mufel, Athualath, Buth, Nasif, Mufel, Aluruth, Iabil, Inema*. C'est une *memoria*. « Commémorerait-elle des martyrs indigènes qui auraient souffert, loin de leur désert natal, dans les amphithéâtres romains? On ne le saurait croire. D'autre part, les Vandales ont-ils jamais poussé aussi loin leurs incursions? On se demande s'il ne s'agirait pas des derniers survivants du christianisme, de ces sujets de petits royaumes maures chrétiens qui résistèrent encore à l'invasion arabe, après la ruine de la domination byzantine en Afrique. » Rabeau, p. 72. L'hypothèse n'est pas invraisemblable; mais les moyens de la vérifier nous manqueront sans doute toujours. Il faut remarquer d'ailleurs que la lecture de ces noms n'est nullement certaine.

Thesaurus linguae latinae, Leipzig, 1900, t. I, col. 1799. — G. Rabeau, *Le culte des saints dans l'Afrique chrétienne*, Paris, 1903, p. 72.

Aug. AUDOLLENT.

ALUTINENSIS (*Ecclesia*). Les collections des conciles font mention d'un *concilium Alutinense*, qui se serait tenu en Afrique, en l'année 304, pendant la persécution de Dioclétien : on y aurait flétri les « traditeurs » qui livraient aux païens les saintes Écritures. Son nom lui viendrait, suivant l'usage, de la ville où il aurait eu lieu, sans doute *Alutina*, localité d'ailleurs inconnue. Mais le seul texte sur lequel on s'appuie pour affirmer la réalité du concile et de la ville, est un passage des Actes des martyrs Saturninus, Félix, Dativus, Ampelius et leurs compagnons, qui les attribue en effet à la *civitas Alutinensis*. Cette leçon, recueillie par Surius, Baronius et Baluze, est fautive. Des manuscrits plus sûrs donnent *civitas Abilinensis*. Il s'agit, en effet, dans ce récit, des célèbres martyrs d'*Abitinae*, en Proconsulaire. Voir ce mot, t. I, col. 129. Avec la ville d'*Alutina* disparaît le *concilium Alutinense*, qui ne devait l'existence qu'à une erreur de copiste.

Acta sanctorum, 1657, febr. t. II, p. 513-519. — Ruinart, *Acta sanctorum Saturnini, Dativi et aliorum plurimorum martyrum in Africa*, dans *Acta primorum martyrum sincera*, 1713, p. 382-390. — Baluze, *Incipiunt confessiones et actus martyrum Saturnini presbyteri, Felicis, Dativi, Ampelii...*, dans *Miscellanea*, édit. Mansi, 1761, t. I, p. 14-18. — Mansi, *Sacrorum conciliorum nova et amplissima collectio*, t. I, col. 1269-1270. — V. De Vit, *Totius latinitatis onomasticon*, 1859-1867, t. I, p. 240.

Aug. AUDOLLENT.

1. ALVA (JOSÉ GUADALUPE), né à La Union, archidiocèse de Guadalaxara (Mexique), le 10 octobre 1841, prit l'habit franciscain au couvent-collège de Zacatecas, dans la province de Xalisco, en 1857. Il exerçait la charge de commissaire général de son ordre au Mexique, lorsqu'il fut nommé évêque de Jucatan, le 28 novembre 1898. Il fut transféré au siège de Zacatecas, le 14 décembre 1899, et y mourut en juillet 1910.

Acta ordinis fratrum minorum, Quaracchi, 1898, p. 205; 1910, p. 7.

ANTOINE de Sérent.

2. ALVA (JUAN DE), un des premiers missionnaires augustins aux Philippines. Il naquit à Ségovie et embrassa la vie monastique dans le couvent de Tolède, en 1514. Saint Thomas de Villeneuve l'engagea à se rendre au Mexique, où il arriva en 1535 et y travailla pendant trente-trois ans à la conversion des Indiens. En 1569, il quitta cette mission pour aller aux Philippines et, chargé d'exercer son ministère dans l'île de Panay, malgré son âge avancé, s'adonna à l'étude de la langue parlée par les indigènes. De nombreux païens se convertirent, grâce à sa prédication. Il fonda l'église de Dumangas et, en 1572, fut nommé premier prieur du couvent de Manille. Provincial de son ordre en 1576, il mourut en odeur de sainteté, dans cette dernière ville, le 17 septembre 1577. Ses biographes lui donnent le titre de vénérable.

Pérez, *Catalogo bio-bibliografico de los religiosos agustinos de las islas Filipinas*, Manille, 1901, p. 8.

A. PALMIERI.

3. ALVA (JULIÃO DE), né à Madrigal (Castille), d'où il vint en Portugal, comme confesseur et aumônier de la reine Catharina. Le roi Jean III le nomma d'abord évêque de Portalegre. Transféré à la cathédrale de Miranda, il y réunit le synode diocésain, le 11 novembre 1563, dit-on, en ajoutant qu'à cette occasion il fit les premières constitutions du diocèse.

En effet, les Constitutions du diocèse de Miranda portent un mandement de cet évêque, ordonnant leur exécution, en date de 1563. Elles furent imprimées à Lisbonne, en 1565, sous le titre que voici : *Constituições synodaes do bispado de Miranda. Em Lisboa em casa de Francisco Correa impressor do Cardeal Iffante. Anno 1565.* Jusqu'alors c'était par les *Constituições* de Braga que se gouvernait le diocèse de Miranda. L'épiscopat de Julião de Alva finit en 1566, où le roi Sébastien le nomma son grand aumônier. Il mourut à Lisbonne, le 13 février 1570.

Fr. Fernando de Abreu, *Catalogo dos bispos de Miranda*, dans la *Collecção de documentos e memorias da Academia real da historia Portuguesa* (1721). — Innocencio Francisco da Silva, *Diccionario bibliographico portuguêz*, t. II, p. 105 ; t. IX, p. 90.

Fortunato DE ALMEIDA.

4. ALVA Y ASTORGA (PEDRO DE), franciscain espagnol. Né à Carbajales, au diocèse de Compostelle, il alla au Pérou, où il prit l'habit franciscain, dans la province observante des Douze-Apôtres, le 23 avril 1620. Lecteur jubilé, ce qui suppose un enseignement théologique d'une douzaine d'années, il était, dès avant 1651, procureur en cour de Rome de la cause du vénérable François Solano. A cette date, il était également qualificateur de la Congrégation du Saint-Office. Il figure au chapitre général de 1654, à Rome, sous le titre de vice-procureur général ; l'année suivante, il s'intitulait procureur général. Le P. Manero, élu général de l'ordre, le 27 mai 1651, l'avait chargé de recueillir, avec six autres religieux, les matériaux du bullaire franciscain. Alva raconte que deux moururent avant de commencer l'œuvre, deux s'excusèrent sur leur âge avancé, et deux furent promus à des dignités supérieures, de sorte qu'il resta seul chargé de toute la besogne. Néanmoins, le 17 septembre 1654, il dédiait au ministère général l'*Indiculus bullarii seraphici*, qui parut à Rome l'année suivante. Les dix volumes de lettres apostoliques qu'il avait amassées n'ont jamais été imprimés.

Un second projet, l'âme de sa vie, fut de recueillir tout ce qui pourrait servir à défendre la cause de l'Immaculée Conception de la Vierge. Dans ce but poursuivi avec une indomptable énergie, il compila les traités les plus divers. Cependant l'ardeur de la lutte l'emporta au point d'adresser aux thomistes les invectives les plus violentes. D'où une tempête formidable qui l'obligea de quitter l'Espagne, en 1661, pour se réfugier dans les Pays-Bas. Il mourut à Bruxelles, en avril 1667. Ses ouvrages, qui sont loin d'avoir été tous publiés, forment la matière d'environ 40 vol. in-fol. Il est, sans contredit, l'auteur qui a le plus écrit sur l'Immaculée Conception.

Le *Dictionnaire de théologie catholique*, t. I, col. 925-926, donne la liste de ses plus importantes publications.

Sbaralea, *Supplem. ad scriptores ordinis minorum*, Rome, 1806, p. 580-581. — Jean de Saint-Antoine, *Bibliotheca franciscana universa*, Madrid, 1732, t. II, p. 426. — Antonio, *Bibliotheca Hispana nova*, Madrid, 1788, t. II, p. 168-169. — Her. Holzapfel, *Bibliotheca franciscana de Immaculata Conceptione B. M. V.*, Quarachi, 1904, p. 91-97. — P. Grammer, dans *Kirchenlexikon*, Fribourg, 1880, t. I, p. 663-664. — Hurter, *Nomenclator literarius totius theologiae catholicae*, Inspruck, 1910, t. IV, col. 13-15.

M. BIHL.

1. ALVARADO (ALFONSO), célèbre missionnaire espagnol de l'ordre de Saint-Augustin. Il naquit à Badajoz et prononça ses vœux dans le couvent de Salamanque en 1530. En 1542, il se rendit au Mexique, d'où il passa à Goa, et retourna à Lisbonne en 1549. Il se rendit ensuite aux Philippines, y apprit à fond l'idiome tagale, administra les paroisses de Taytay, Cainta, Pasig et Bay. Il fut aussi le premier Espagnol qui apprit le chinois pour prêcher l'Évangile aux Chinois résidant à Binondo. Élu provincial de son ordre aux Philippines, en 1575, il mourut saintement dans le couvent de Saint-Paul de Manille, au mois de mai 1576.

Pérez, *Catalogo bio-bibliografico de los religiosos augustinos de las islas Filipinas*, Manille, 1901, p. 11.

A. PALMIERI.

2. ALVARADO Y CASTILLO (AGUSTIN), évêque de Carthagène (Amérique du Sud), en 1772, tranféré à l'archevêché de Santa Fé de Bogota en 1775 et, en 1778, à l'évêché de Ciudad-Rodrigo, en Espagne, mort en 1801.

Gams, *Series episcop.*, p. 66, 140, 142. — Alcedo, *Diccionario... de las Indias orcidentales*, Madrid, 1789, t. II, p. 130. — La Fuente, *Historia eclesiastica de España*, t. II, p. 228.

P. SICART.

1. ALVARE DE CORDOUE, apologiste chrétien, né au commencement du IXe siècle, d'une famille considérable d'Andalousie, prit le nom de la ville où il passa toute sa vie. Son maître, l'abbé Spera-in-Deo, lui inculqua de fortes convictions chrétiennes, une foi tout à fait orthodoxe, qui le préserva des divergences de doctrine, adoptianisme et autres, qui survivaient en Espagne aux anathèmes de l'Église et aux ruines accumulées par l'invasion arabe. Il resta en rapports constants d'amitié, de travaux intellectuels avec son maître et avec son condisciple, le prêtre Euloge de Cordoue. Mabillon croit qu'Alvare et Euloge étaient frères, mais il y a confusion de personnes. Un frère d'Euloge s'appelait bien Alvare, mais vécut constamment hors de Cordoue. D'après les bollandistes, Alvare aurait embrassé l'état ecclésiastique, mais son beau-frère Jean de Séville, dans sa lettre III, le console de la mort de ses trois filles. Il dit lui-même : *Ille* (son ami Euloge) *sacerdotii ornatur munere, ego terra tenus repens hactenus trahor*.

Spera-in-Deo et ses deux élèves, avec quelques-uns de leurs amis, se firent les soutiens et les consolateurs de la chrétienté de Cordoue, au moment de la persécution d'Abderrhaman II ; Alvare en particulier composa des ouvrages d'apologétique, dans lesquels il attaquait hardiment la doctrine de Mahomet. Dans son *Indiculus luminosus*, il présente même l'émir persécuteur de Cordoue comme un précurseur de l'Antechrist. Sa correspondance avec ses amis touche à quelques points de doctrine ; on trouve plus de renseignements sur les affaires de l'époque dans celle avec le prêtre renégat allemand Bodo, qui s'était fait juif et excitait les autorités musulmanes contre la communauté chrétienne.

Le martyre du prêtre Eulogius, en 859, mit fin à la persécution, et Alvare composa en son honneur sa *Vita vel passio S. Eulogii*. Son dernier ouvrage, *Confessio Alvari*, composé vers 860, est une imitation de l'*Oratio pro correptione vitae* de saint Isidore de Séville, et témoigne d'une grande ferveur de pénitence accompagnée d'aspirations au salut. La pensée fondamentale est exprimée en conclusion : *Tolle me, Domine, mihi et redde me tibi*.

Alvare eut à subir des persécutions sur la fin de sa vie, et aurait même encouru une sentence d'excommunication qui s'expliquerait, par les nuances semipélagiennes de son dernier ouvrage, mais il se soumit humblement à la pénitence imposée et paraît être mort en 861.

ŒUVRES. — Les écrits d'Alvare ont été imprimés dans *España sagrada*, t. X et en 1753 dans P. L., t. CXV, col. 705-720 ; t. CXXI, col. 397-566. — 1° *Vita vel passio beatissimi martyris Eulogii, presbyteri et doctoris qui passus est... sub rege Mahomad...*, publiée par Ambrosio en 1574, puis au tome X de Florez.

A la suite de ce dernier texte, on trouve trois petites poésies en l'honneur du même saint. — 2° Le tome XI de Florez reproduit aussi une dizaine de poésies d'Alvare, dont les deux dernières seulement roulent sur des sujets religieux en l'honneur de la croix et l'éloge de saint Jérôme. Les poésies ont été publiées dans *Monum. German., Poetae latini aevi carolini,* t. III, p. 126-142. — 3° A la suite, *Incipit confessio ejusdem Alvari.* Nicolas Antonio la compare à l'œuvre de saint Isidore et en fait un grand éloge dans sa *Bibliotheca Hispana vetus : Demississimi ac vero paenitentiae malleo contriti animi signa prae se ferens manifestissima.* — 4° Puis *Incipit liber epistolarum Alvari,* au nombre de vingt, dont huit venant de Jean de Séville, l'abbé Spera-in-Deo, le juif Éléazar. Un autre recueil de cinq lettres : *Divi Eulogii ad Alvarum cum ejusdem rescriptis et argumentis.* La dernière seule est une réponse d'Alvare, qui fait l'éloge de l'*Opus memoriale martyrum,* composé par Euloge en sa prison, et qu'il venait de recevoir; il l'exhorte à le publier. — 5° *Indiculus luminosus,* exhortation au martyre, qui renferme un enseignement pour éviter les erreurs de Mahomet.

Le *Liber scintillarum,* qui a été imprimé dans les œuvres du vénérable Bède, édition de Bâle, 1565, t. VII, porte pour titre, dans un manuscrit gothique du XIe siècle, qui en renferme les soixante-quatre premiers chapitres : *Incipit liber scintillarum Alvari Cordubensis collectus sententiis sanctorum Patrum.* Bibliothèque royale de Madrid, recueil *Pluteus,* t. CX. — Les autres manuscrits assez nombreux qui complètent l'ouvrage que mentionnent pas l'auteur, et Florez ne l'a pas inséré dans les œuvres d'Alvare. C'est un recueil de sentences morales empruntées à la Bible et aux auteurs ecclésiastiques, réparties sous quatre-vingt-une rubriques. Le collecteur n'y a rien ajouté.

Antonio, *Bibl. Hispan. vetus,* Madrid, 1788, t. I, p. 475-481. — Bourret, *De schola Cordubae christiana,* Paris, 1855, p. 58-72. — Ceillier, *Hist. des aut. ecclés.,* 2e éd., t. XII, p. 521-523. — Ebert, *Hist. générale de la littérat. du moyen âge en Occident,* trad. franç., Paris, 1884, t. III, p. 336-341. — Gallardo, *Bibliotheca española,* 1888, t. III, p. 1240-1241. — Baudinin, *Eulogius und Alvar,* Leipzig, 1872; *Real-Encyclopädie für protestantische Theologie und Kirche,* t. I, p. 426-428. — L. Traube, dans *Monum. German., Poetae latini aevi carolini,* t. III, p. 122-126.

A. TONNA-BARTHET.

2. ALVARE PELAYO, docteur de Bologne, puis frère mineur, enfin évêque de Coron et de Silves.

I. VIE. — Il naquit en Galice, vers 1275 ou 1280. Si la date exacte de son entrée dans la vie nous échappe, par contre, à la lumière de maintes dispenses d'illégitimité octroyées par la curie pontificale, *utpote de conjugato et desponsata per verba de praesenti genitus,* on en sait les conditions. Dans la suite, il rachètera noblement ce vice d'origine. A l'université de Bologne, où il vint étudier l'un et l'autre droit, son maître fut le célèbre canoniste Guy de Baysis, communément dit l'Archidiacre, de qui il reçut la licence, et le doctorat. Il écrit lui-même qu'à cette occasion il paya de faveur une taxe de 15 livres, au lieu des 25 d'ordinaire exigées des candidats.

Ses études couronnées de succès, l'avenir s'ouvrait pour lui glorieux dans le monde. Mais son âme aspirait à la vie parfaite. Il exécuta ce dessein à Assise. C'est là, vraisemblablement au cours du chapitre de 1304, que le général Gonsalve de Valboa, galicien lui aussi, l'agrégea à l'ordre franciscain. Guy de Baysis nous apprend qu'Alvare abandonna ses nombreux bénéfices et distribua ses biens aux pauvres. Les hautes vertus du ministre général et la communauté d'idéal avaient créé entre eux deux comme une affinité d'âmes qui se révèlera encore à Lucques, où ils laveront ensemble la vaisselle du couvent.

Alvare fut reçu dans la province d'Ombrie, dite de Saint-François. Des doctrines subversives de l'état établi par le séraphique fondateur la troublaient à cette heure, comme d'ailleurs l'ordre entier, et, d'autre part, la secte du libre esprit y avait conquis une foule d'adeptes, dont plusieurs expièrent leur crime dans les prisons de l'Inquisition : tel ce *frate,* surnommé l'Apôtre pour le masque de sainteté dont il se couvrait, qui jeta notre novice dans la stupeur par une parole dont il ne comprit la portée que plus tard, quand il sut que l'hérétique était sous les verrous à Florence. Alvare évita les atteintes de ce double dissolvant : adversaire implacable des libertins, il restera l'invincible défenseur de sa règle à l'encontre des partisans de la décadence, si bien qu'il a mérité le glorieux éloge de *nostrae observantiae zelator ferventissimus,* que lui décerna saint Jean de Capistran dans une lettre à Calixte III. Une tradition assez accréditée veut que, sa profession faite, il ait suivi les cours de Scot à Paris (1305-1307). Wadding, qui la rapporte, hésite à l'adopter.

La suite de ses années s'écoula sûrement en Italie. Il connut l'empereur Henri de Luxembourg (1309-1313), quand il chevauchait à la conquête de la péninsule. Au mont Gargan, il visita la crypte dédiée à saint Michel, qui lui parut, dans son dénûment, un antre de fauves plus qu'un lieu de prières. Au mont Alverne, où il séjourna un temps que nous ne pouvons déterminer, il trouva peut-être un refuge contre ceux qui le traquaient pour ses idées de pure observance de la règle. Les afflictions ne lui manquaient pas : la prison, l'expulsion, l'isolement dans un *Ritiro* désert, mille tracasseries enfin étaient, à ce qu'il nous dit, le lot fréquent des âmes qui luttaient pour conserver intacte la pensée du patriarche d'Assise; lui-même assure qu'il en savait quelque chose : *Sicut et ego scriptor frequenter expertus sum in meipso, maxime cum morarer in monte Alvernae.*

Rome aussi servit de théâtre à son zèle. Aux clarisses de Saint-Laurent *in Panisperna,* nous le voyons fouailler d'importance dans ses instructions un bégard venu d'Allemagne; à Sainte-Marie-Majeure, il prêche pour une solennité de l'Immaculée-Conception; à l'Ara Caeli, sa résidence habituelle, il est le commensal du triste Pierre de Corbara, le futur antipape Nicolas V, dont il nous parle comme d'un hypocrite, *quem cognovi in Urbe verum hypocritam, cum conventualis essem ibi Romae in Ara Caeli.*

Quand Louis de Bavière eut envahi la Ville éternelle et, dans un conciliabule, opposé à Jean XXII l'antipape de son choix, Alvare refusa de pactiser avec les schismatiques. Il s'enfuit à trois lieues de Rome, dans l'ermitage de Monte Compatri, situé en terre guelfe, *a persecutione et facie Bavari fugitivus in terra Guelforum.* De là il gagne Anagni et assiste à l'assemblée qui jugea Pierre de Corbara et ses complices passés au parti de l'excommunié. Rentré enfin dans sa province, il continue de guerroyer contre les partisans de la secte du libre esprit, au procès desquels il semble avoir pris une part active, à Todi notamment et à Pérouse.

Malgré sa fermeté en face du schisme, des rapports mensongers le représentaient auprès de Jean XXII comme favorable à Michel de Césène, ministre général des frères mineurs, déposé et transfuge dans le camp de Louis de Bavière. Mais une lettre du recteur du duché de Spolète fit tomber la calomnie : non seulement, y lisait-on, Alvare évite l'erreur et dédaigne de donner des gages aux schismatiques, mais par ses prédications et son enseignement il combat pour l'Église et son chef. Jean XXII, un instant prévenu, lui rendit ses bonnes grâces : au recteur il ordonne de le traiter avec bonté; à lui-même il écrit pour le louer de sa prudence et l'engager à rester fidèle au service de Dieu et du Saint-Siège (23 mars 1329). Il ne tarda pas même à vouloir se servir de sa science et de ses vertus, et dès 1330, peut-être avant, Alvare habite Avignon, où il remplit les fonctions de pénitencier apostolique.

Ici, son zèle sera le même. Son *De planctu Ecclesiae* qu'il compose alors dit assez ce qu'il fit pour l'honneur et la défense de l'Église. C'est en qualité de pénitencier qu'il envoie aux évêques d'Espagne diverses dispenses d'irrégularité pour leurs clercs. Cette situation lui crée un rôle parfois ingrat, qu'il n'hésite pas à remplir. S'avisant un jour de faire observer à un prélat la tenue mondaine des clercs de sa suite, il encourt l'indignation du dignitaire. Quand Gérard Odon intrigua auprès du pape pour qu'il authentiquât son interprétation erronée de la règle de saint François, Alvare essaya d'obtenir le retrait de leur signature de plusieurs des quatorze ministres provinciaux qui, par timidité, crainte ou respect, avaient apposé leur nom au bas de l'acte; ses efforts furent vains. Dans l'entourage pontifical il fut plus heureux, si bien que les intrigues échouèrent devant le refus du pape d'accéder à la supplique.

Un homme que son vaste savoir, *immensus virtutum et scientiae titulus*, et l'excellence de sa vie, *grandium virtutum merita*, rendaient méritant aux yeux de Jean XXII, devait-il, pour cause de tare originelle, être exclu à jamais des charges et dignités? Le pape ne le pensa pas : le 22 février 1332, il le dispensait de l'empêchement canonique; le 16 juin suivant, il le nommait à l'évêché de Coron en Morée, et, le 9 juillet 1333, à celui de Silves en Portugal.

Ici et là Alvare se montra grand. Il ne fut pas prélat courtisan : s'il accorde des marques de déférence au roi de Portugal, *quanquam ab eo non teneam regalia*, il le fait pour l'étiquette seulement. Avec son clergé, il tint ferme les rênes : à preuve son archidiacre qu'il contraignit de se soumettre à son autorité. Néanmoins, il aurait été expulsé de son siège, d'après Gams. Le fait serait antérieur au 18 février 1350, car à cette date Eubel mentionne son successeur. Sa mort arriva le 25 janvier 1352. On l'ensevelit dans le monastère des clarisses de Séville, où son tombeau se voit encore.

II. ÉCRITS. — Considérable est l'œuvre littéraire d'Alvare. On a de lui un *Speculum regum* (bibl. de Troyes, ms. *91*), un Commentaire sur saint Matthieu (Bibl. nat., Paris, lat. *12024*), un *Collyrium adversus haereses* (Bibl. nat., Paris, lat. *3372, 17522*). Dans ce dernier ouvrage il prend à partie un certain *Thomas Scotus*, ex-franciscain et ex-dominicain, qualifié de *seductor et antichristus, immundus concubinarius, immundus haereticus* : ce malheureux parcourait la péninsule hispanique, y semant l'hérésie et déblatérant contre saint Antoine de Padoue, jusqu'au jour où on l'enferma dans une prison de Lisbonne.

Mais son ouvrage sans contredit le plus important est le *De planctu Ecclesiae*, qui seul suffit à immortaliser sa mémoire. On en cite trois éditions : in-fol., Ulm, 1474; Lyon, 1517, et Venise, 1560. Il l'entreprit à Avignon en 1330 au vu et au su de Jean XXII : *Hoc opus quod jam fecisti scribi suppliciter recommendo*, dit-il au pape dans l'adresse finale. Terminé le jour de Notre-Dame-des-Neiges, en 1332, le livre fut corrigé et annoté par lui une première fois en 1335, à Ranna, ville portugaise, et une seconde fois en 1340, à Saint-Jacques-de-Compostelle. Quoique 1330-1332 constituent les dates extrêmes de sa rédaction définitive, l'ensemble de l'œuvre est évidemment le fruit de longues études antérieures, l'auteur le plus érudit étant incapable de réunir en peu de temps les citations innombrables, puisées dans la Bible, les écrivains ecclésiastiques et le droit. Je ne suppose pas pour cela que le chapitre LIX du IIe livre ait précédé dans sa teneur actuelle, comme on l'a prétendu, *Archivum francisc. hist.*, t. III, p. 507, car le document publié par Eubel, *Bull. francisc.*, t. V, p. 256-259, peut tout aussi bien en être extrait.

Écrit sous les yeux d'un pontife tel que Jean XXII, rédigé par un homme qui, de la première à la dernière ligne se montre canoniste consommé, le *De planctu* se recommande encore par les matières traitées et les circonstances qui le conditionnèrent. L'ordre franciscain s'était prononcé, au chapitre général de Pérouse (1322), pour la doctrine enseignée par Nicolas III dans sa bulle *Exiit* (14 août 1279) sur la pauvreté absolue de Jésus-Christ et de ses apôtres, doctrine remise depuis peu en discussion. Diverses bulles, coup sur coup publiées par Jean XXII, semblèrent donner, et pour plusieurs donnèrent, la contre-partie de l'enseignement de Nicolas III. Sur cette question purement doctrinale s'en greffèrent d'autres, non moins graves, d'ordre politique, qui achevèrent de tout envenimer, Louis de Bavière ayant pris fait et cause contre Jean XXII : d'où schisme dans les cloîtres et hors des cloîtres, déposition du pape légitime, élection d'un antipape, libelles hérétiques contre le pontife romain et la divine constitution de l'Église. La crise était on ne peut plus aiguë.

Dans le *De planctu*, Alvare aborde de front chacun des problèmes à l'ordre du jour. Le livre Ier, qui dans l'édition de Venise comprend près de quatre cents colonnes très compactes, traite *ex professo* la doctrine catholique sur le pape et l'Église : soixante chapitres sont consacrés à établir les droits inviolables de Jean XXII, basés sur les prérogatives du pontificat suprême; dix autres exposent ce qu'est l'Église, ses notes et surtout son unité. L'auteur y prend à partie nommément Pierre de Corbara, *crocitantem Petrum Corvinum*, Marsile de Padoue, *haersiarcha novellus, versipellis vulpecula*, et Louis de Bavière, *impius Bavarus, Bavarus intrusus in imperio et caput schismaticorum*.

Le livre II, d'une étendue plus considérable encore (il comprend neuf cent seize colonnes), est à proprement parler la partie où Alvare pleure sur l'Église. Après un début inspiré de Jérémie (c. I-VIII), il passe en revue tous les rangs de la société, tant au spirituel qu'au civil, et les soumet à un rigide examen (c. IX-XLVII). Il scrute ensuite les divers états de l'Église et principalement (c. XLVIII-LXXXIX) celui des religieux. Le tout forme un traité de morale complet, *De statibus particularibus*, peinture très sombre de la société vers 1330, *hujus frigidi et hypocritalis temporis*, suivant l'expression d'Alvare.

Chemin faisant, il s'arrête aux sujets d'actualité. Son chapitre LII, *De erroribus Beguardorum ab Ecclesia condemnatis*, fournit un appoint à l'histoire des dogmes; les pages, où il développe les gloses témérairement osées contre la règle de saint François par Gérard Odon, n'ont pas moins de valeur, et les chapitres LV-LXVII (deux cents colonnes de texte), où il discute à fond la question brûlante de la pauvreté de Jésus-Christ et des frères mineurs, sont d'importance pour l'historien comme pour le théologien. Dans l'étude de cette dernière question, il ne se départ pas de la doctrine solennellement professée à Pérouse (1322), qui est celle même de saint Bonaventure, de Jean Peckam, de saint Thomas et de Nicolas III. Écrivant de 1330 à 1332, à une date où, contrairement à ce que dit saint Antonin, *Chronic.*, part. III, tit. XXIV, c. VIII, § 2, l'Église s'était prononcée, il a devant lui les bulles émanées de Jean XXII. Ainsi c'est à Avignon, sous les yeux du pape et pleinement instruit qu'il rédige les chapitres LVI-LXIII, notamment le c. LX : *Quod non est haereticum*, etc., et le c. LIX : *De concordia inter decretalem « Exiit »... et constitutionem D. papae Joannis.* Dans celui-ci, il démolit la thèse des schismatiques, qui prétendaient mettre en contradiction Jean XXII avec ses prédécesseurs et avec lui-même.

S'il procède en toute rigueur de logique, il se garde scrupuleusement de ne pas le faire avec circonspection et modestie, n'ignorant pas combien la matière est épineuse. Ses réserves sont fréquentes et formelles : *Hoc dico*, écrit-il, *salva veritate per Ecclesiam declarata vel declaranda* (f. 136ʳⁱ); *salvo judicio romanae Ecclesiae sacrosanctae* (f. 143ⁱⁱ); *salvo judicio meliori et sub correctione domini papae et sedis ejus* (f. 145ⁿ); *cum correctione Ecclesiae romanae et capitis ejus domini papae* (f. 145ʳⁱ); *salvis constitutionibus domini papae Joannis de ista materia loquentibus, quarum intellectibus sto, quae etiam non contradicunt veraciter intellectae declarationibus Fr. minorum* (f. 149ᶜⁿ); *loquens cum debita reverentia domini nostri papae et suarum constitutionum... cujus semper in hiis quae scripsi et scribo me correctioni committo et quarum constitutionum intellectibus sto* (f. 153ⁿ); *haec omnia cum omni reverentia loquendo* (f. 153ⁿ); *salvo intellectu constitutionum domini nostri domini papae Joannis, quibus sto* (f. 157ʳⁱ). D'ailleurs il suffit de lire la belle profession de foi au pape, en l'espèce à Jean XXII, placée par lui en tête et à la fin de *De planctu*, pour se convaincre de la pureté et de la vivacité de sa doctrine.

Alvare emploie le premier, pensons-nous, l'expression *Doctor seraphicus*, qu'il applique à l'apôtre saint Paul (f. 75ⁿ). Il a aussi un texte célèbre sur l'Immaculée Conception (f. 110ʳˢ et 110ʳⁱ), qui importe à l'histoire de ce dogme. On a écrit d'autre part qu'il partageait l'erreur de Jean XXII sur la vision béatifique; dans son chapitre LII : *De erroribus Begardorum*, etc., il ne laisse rien soupçonner de pareil (f. 115ᶜⁱ), quoique la discussion l'amène à parler de ce sujet.

Les principaux détails sur Alvare Pelayo ont été pris dans son *De planctu Ecclesiae*, Venise, 1560, une trentaine de passages surtout dans le livre IIᵉ. — C. Eubel, *Bullarium franciscanum*, t. v, n. 778, 779, 962, 985, 1023. — Wadding, *Scriptores*, Rome, 1906, p. 14. — Sbaralea, *Supplementum*, Rome, 1908, p. 31. — Wadding, *Annales minorum*, an. 1304, n. 13; 1308, n. 66; 1317, n. 31-37; 1318, n. 15, 43; 1325, n. 24; 1329, n. 8, 9; 1332, n. 7; 1340, n. 11. — Raynaldi, *Annales ecclesiastici*, Rome, 1652, xv, an. 1332, n. 30. — P. Féret, *La faculté de théologie de Paris*, Paris, 1896, III, p. 362-365. — Athanase Lopez, *Un Gallego celebre*, dans *El eco franciscano*, 15 juillet 1909. — *Analecta franciscana*, Quaracchi, 1887, t. II, p. 353. — Eubel, *Hierarchia*, t. I, p. 220, 476. — Gams, *Series episc.*, p. 106, 431.

G. DELORME.

3. ALVARE (CHRISTOPHE), récollet de la province de l'Immaculée-Conception en Guyenne. Gardien du couvent de Bordeaux, il obtient du cardinal François de Sourdis une ordonnance (4 novembre 1613) contre les PP. Jean Carle et François Tailhade, envoyés en Saintonge par le P. Jean André, ministre provincial non reconnu pour tel par les récollets de Guyenne, pour y presser l'exécution des décrets du chapitre général de 1612. Le 24 avril 1615, il demande au vicaire général d'Agen permission de planter la croix à Port-Sainte-Marie (Lot-et-Garonne), en vue d'une fondation de couvent. On a de lui un opuscule intitulé : *De l'origine et progrez de la réformation des pères récollets*, Bordeaux, 1613.

Arch. dép. de la Gironde, *G. 622*; de la Haute-Garonne, *II. Récollets. 3*.

G. DELORME.

4. ALVARE. Voir ALVARO, ALVARUS.

1. ALVARES, ALVRES (BALTHAZAR), jésuite portugais et théologien, né à Chaves (Traz-os-Montes), entra au noviciat de Coïmbre le 1ᵉʳ novembre 1578, à l'âge de dix-sept ans. Il enseigna huit ans la philosophie, douze ans la théologie, et fut chancelier de l'université d'Évora. On lui doit le *Tractatus de anima separata*, imprimé dans le *Commentarii collegii Conimbricensis Societatis Jesu in tres libros de anima*, in-4°, Coïmbre, 1598; mais c'est à tort que Machado Barbosa lui attribue la *Tractatio aliquot problematum*, qui est à la fin de ce même volume : elle ne lui appartient pas. Alvres revit, mais en respectant soigneusement le texte de l'auteur, et publia les ouvrages posthumes du célèbre théologien Francisco Suarez : *Operis de divina gratia tripartiti Pars prima*, in-fol., Coïmbre, 1619; ... *Pars tertia*, in-4°, Coïmbre, 1619; la *Pars secunda*, relative à la controverse *De auxiliis*, ne parut pas avant l'année 1651, quoi qu'en ait dit Sommervogel; *De angelis*, in-fol., Lyon, 1620; *De opere sex dierum ac... de anima*, in-fol., Lyon, 1621; *Opus de triplici virtute theologica, fide, spe, & charitate*, in-4°, Coïmbre, 1621; les tomes III et IV du traité *De religione*, in-fol., Lyon, 1624 et 1625; et enfin le *De ultimo fine hominis*, avec quatre autres traités, in-fol., Lyon, 1627. Il publia également, à la demande de l'inquisiteur général, Fernão Martins Mascarenhas, l'*Index auctorum damnatae memoriae*, in-fol., Lisbonne, 1624. Alvres mourut à Coïmbre, le 12 février 1630.

Sotwel, *Bibliotheca scriptorum S. J.*, Rome, 1676, p. 98-99. — Ant. Franco, *Imagem da virtude em o noviciado de Coimbra*, Évora, 1719, t. II, p. 613; *Annus gloriosus S. J. in Lusitania*, Vienne, 1720, p. 31. — Machado Barbosa. *Bibliotheca Lusitana*, Lisbonne, 1749, t. I, p. 441-442. — Nicolas Antonio, *Bibliotheca Hispana nova*, Madrid, 1783, t. I, p. 180. — Sommervogel, *Bibliothèque S. J.*, Bruxelles, 1890, t. I, col. 221-222. — Uriarte, *Obras anónimas y seudónimas S. J.*, Madrid, 1904-1906, n. 3538.

E.-M. RIVIÈRE.

2. ALVARES, ALVRES (BARTHOLOMEU), jésuite portugais, décapité en haine de la foi au Tonkin, le 12 janvier 1737. Né à Paramio, district de Bragança, il fut admis au noviciat de Coïmbre, le 31 août 1723, à l'âge de dix-sept ans. Arrivé à Macao en juillet 1731, il en partit une première fois le 13 avril 1735, et de nouveau, après dix-huit mois d'emprisonnement à Nan-tcheou, le 10 mars 1736, pour la mission du Tonkin, où il ne tarda pas à être martyrisé avec ses trois compagnons, les PP. Manuel de Abreu (voir ce nom, t. I, col. 196), Vicente da Cunha et Johann Kaspar Kratz, dont il était le supérieur.

Relação da prizão, e morte dos quatro veneraveis padres da Companhia Bartholomeo Alvarez, Manoel de Abreu, Vicente da Cunha (Portuguezes) *e João Gaspar Cratz* (Alemão), Lisbonne, 1738; en italien, Rome, 1739. — *Lettres édifiantes et curieuses*, Paris, 1717-1776, t. XXIV, p. 92; édit. du *Panthéon littéraire*, Paris, 1838, t. IV, p. 542. — Fr. Ortmann, *Liber de vita et pretiosa morte V. P. Jo. Caspari Cratz... Germani ac sociorum ejus...*, Augsbourg, 1791. — *Annalen des histor. Vereins für den Niederrhein*, Cologne, 1880, t. XXXV, p. 93-132. — C. Platzweg, *Lebensbilder deutscher Jesuiten in auswärtige Missionen*, Paderborn, 1882, p. 285-330.

E.-M. RIVIÈRE.

3. ALVARES (FRANCISCO), bénéficier de l'église de Santa-Justa, à Coïmbre, chapelain du roi de Portugal dom Manuel, Emmanuel le Fortuné, n'est connu que par le rôle qu'il joua dans l'ambassade envoyée par son maître en Éthiopie, et qui révéla à l'Europe chrétienne le royaume mystérieux du Prêtre-Jean, et surtout par la relation remarquable qu'il nous en a laissée. Cet ouvrage révèle une culture peu commune, des connaissances approfondies, par exemple des Pères de l'Église, et un sentiment juste du génie de la langue portugaise, qui l'a fait ranger parmi les œuvres classiques de la nation.

Alvares était avancé en âge, et s'était renfermé dans l'étude au point que nous ignorons tout de ses origines et de sa vie, lorsque son souverain l'adjoignit, comme conseiller-chapelain, à l'ambassade solennelle qui partit, en 1515, pour l'Éthiopie. L'impératrice Hélène, tutrice du négus David, au bruit des exploits des conquérants portugais dans les Indes, avait député un marchand arménien, Abraham ou Mathieu, pour leur proposer une alliance contre les musulmans, leurs communs ennemis. Sur la recommandation du grand Albuquerque, Manuel s'était décidé, après longue et mûre réflexion, à prendre la mission au sérieux. Parti le 7 avril 1515, l'ambassadeur Duarte Galvão se rendit aux Indes et revint vers la mer Rouge, avec la flotte portugaise, envoyée contre les Maures; mais il mourut le 9 juin 1517, dans l'île de Kamaran, devant les côtes d'Abyssinie. Alvares et Mathieu reprirent alors la route de Cochin, où le gouverneur Diogo Lopez de Sequeira leur donna pour chef un soldat peu diplomate, Rodrigo de Lima, et ils ne repartirent qu'en 1520. Arrivés à Arkiko, sur la côte d'Abyssinie, ils s'enfoncèrent, le 30 avril, dans les terres; Mathieu mourut en chemin, et Alvares resta le seul interprète du programme de l'ambassade qu'il avait reçu du roi lui-même.

En octobre, ils arrivèrent à la cour impériale; le négus David gouvernait seul et n'avait pas la même politique que l'impératrice régente. Alvares sut gagner sa confiance par ses connaissances en théologie. Le souverain l'interrogeait sans cesse, comparant les dogmes du catholicisme avec les croyances de ses ancêtres. Alvares profita de cet ascendant pour aplanir les voies à la mission, et atténuer les effets fâcheux que produisait l'attitude parfois raide de l'ambassadeur. Les Portugais restèrent six ans dans le pays, et leur chapelain eut tout loisir de rassembler les renseignements de toute sorte, sur la région, ses habitants, qu'il a joints comme appendice à la relation de son voyage. Ils repartirent, en avril 1526, avec des lettres pour les souverains du Portugal et une autre au pape, dans laquelle le négus faisait sa profession de foi chrétienne.

Le roi de Portugal, Jean III, chargea Alvares de porter ces lettres sous le couvert de l'ambassadeur Martinho de Portugal, qui devait demander des instructions sur les affaires d'Éthiopie. La remise eut lieu au pape Clément VII, le 29 janvier 1533. Nous perdons dès lors la trace du vieux prêtre. Selon les uns, il mourut à Rome, entre 1536 et 1540; selon d'autres, il aurait eu à surveiller l'impression de son livre, impression que la cour de Lisbonne avait décidée, mais qui ne fut achevée qu'en 1540.

Ce travail, fruit d'un voyage long et pénible, d'observations faites sur place, à loisir, d'une manière sérieuse et pendant plusieurs années, est à tous les points de vue un document de première importance. Il présentait en lui-même un grand intérêt, en donnant des notions précises sur l'administration de l'empire du Prêtre-Jean, ce personnage légendaire qui était depuis le xiie siècle l'objet d'un grand nombre de traditions circulant à travers la chrétienté. L'ouvrage fut accueilli avec curiosité, fut reproduit nombre de fois et traduit en toutes les langues.

Voici le titre de la première édition, parue à Lisbonne en 1540 : *Verdadera informação das terras do Preste Joam, segundo vio e escreveo ho padre Francisco Alvarez, capellã del Rey nosso senhor. Agora nouamete impresso por mandado da dito senhor en casa de Luis Rodriguez liureiro de sua alteza.*

Thomas de Padilla traduisit l'ouvrage en espagnol sous le titre : *Historia de las cosas de Etyopia en la cual se cuenta muy copiosamente el estado y potencia del Emperador della* (que es el que muchos an pensado ser el Preste Juan) con otras infinitas particularidades assi de la religion de aquella gente, como de sus cerimonias, segun que de todo ello fue testigo de vista Francisco Alvares, Capellan d'el Rey Manuel, Anvers, 1557. Une autre traduction dans la même langue fut faite par Miguel de Suelves Infançon, Saragosse, 1561 ; Tolède, 1588. Enfin une traduction espagnole parut sous le titre : *Historia del imperio de la Ethiopia monarchia del Preste Juan, traducida y anadida por el P. Fr. Luis de Urreta*, Valence, 1609.

En français plusieurs traductions aussi : *Historiale description de l'Étiopie contenant vraye relation des terres e païs du grand roy e empereur Prete-Jan*, etc., Anvers, 1558, par Christofle Plantin. Une autre parut aussi à Anvers, en 1558, chez Jean Bellere : *Historiale description de l'Éthiopie, contenant vraye relation des terres et païs du grand roy et empereur Prete-Jan, l'assiette de ses royaumes et provinces, leurs coutumes, loix et religion, avec les pourtraits de leurs temples et autres singularitez, cy devant non cogneues*, etc.; *Historiale description de l'Éthiopie, traduite du portugois ; plus une lettre de A. Corsal, écrite de Cochin aux Indes, en 1515*, Anvers, 1588; *Histoire générale du royaume de l'Éthiopie*, Paris, 1674.

Une traduction italienne parut dans le t. 1 de la *Raccolta de navigazione e viaggi* de J.-B. Ramuzio, Venise, 1550. De la *Racolta* l'ouvrage d'Alvares fut traduit en français pour le recueil fait sur celui de Ramuzio, avec le titre : *De l'Afrique, contenant la description de ce pays par Léon l'Africain, et la navigation des anciens capitaines portugais aux Indes orientales et occidentales*, Lyon, 1556; Anvers, 1556; Paris, 1830.

En allemand : *Geschichte von Ethiopien*, Eisleben, 1566. Une autre traduction, augmentée de quelques notices, parut à Francfort, en 1567.

En Portugal, une nouvelle édition de l'ouvrage d'Alvares parut à Lisbonne en 1889.

Fortunato de Almeida, *História da Igreja em Portugal*, Coïmbre, 1912, t. iii, 1re partie, p. 860 sq. — *Corpo diplomático português*, Lisbonne, 1875, t. ii, p. 350 sq.; 1878, t. iv, p. 213, 216 sq., 243, 244. — Damião de Goes, *Chrónica de El-Rei D. Manuel*, Coïmbre, 1790, t. iii, p. 271 sq. — Gaspar Correia, *Lendas da India*, Lisbonne, 1861, t. iii, p. 464 sq. — Diogo Barbosa Machado, *Bibliotheca lusitana*, Lisbonne, 1747, t. ii, p. 101 sq. — Innocêncio Francisco da Silva, *Diccionário bibliográphico português*, Lisbonne, 1859, t. i, p. 328 sq. — *Nouvelle biographie générale*. éd. Didot. Paris, 1859, t. ii, col. 247-256.

Fortunato DE ALMEIDA.

4. ALVARES, ALVRES (Gaspar Affonso), jésuite portugais, missionnaire et évêque de Méliapour, né Anserii ou Anseris au diocèse de Coïmbre, en 1626, embrassa la vie religieuse le 14 juillet 1641. Six ans plus tard (1647), il partait pour les Indes, où il fut recteur du séminaire de Goa, supérieur de Bandora et provincial du Malabar. Venu à Rome pour traiter des affaires de la mission, il s'embarqua de nouveau à Lisbonne, le 19 avril 1677, avec dix-huit missionnaires jésuites. Nommé évêque de Méliapour (19 novembre 1691), il fut sacré à Goa, le 2 août 1693, par le patriarche des Indes, D. Agostinho da Annunciação. Fr. de Sousa, *Oriente conquistado*, t. 1, p. 252. Il dressa, en cette même année, le procès authentique du martyre de João de Britto. Alvres fut un ardent défenseur des rits malabars. L'auteur de la *Giustificazione del praticato sin' ora da' religiosi della Compagnia di Gesù nelle missioni del Madurey, Mayssur e Carnate*, Rome, 1724, le jésuite Broglia Ant. Brandolini, publia, p. 21-23 du *Summarium* qui termine son ouvrage, une lettre de l'évêque de Méliapour à Clément XI (4 août 1704); le vieux missionnaire s'y élève avec énergie contre les prescriptions du cardinal de Tournon relatives à

l'entrée des maisons des parias, à l'usage des cendres et du *tali*, et à l'emploi de la salive dans l'administration du baptême : « Il a été trois ans provincial du Malabar ; voilà plus de dix ans qu'il est sur la côte de Coromandel : il parle donc d'expérience. Or, ces prescriptions ruinent de fond en comble les chrétientés de l'Inde ; elles détruisent en une heure le fruit péniblement recueilli par les missionnaires après soixante-dix ou quatre-vingts ans de durs labeurs : *quibus omnino et radicitus perdit, destruitque illas christianitates, et una hora evertit id omne, quod missionarii tanto sumptu, tantisque laboribus effecerant septuaginta vel octoginta annorum spatio* ; il supplie donc Sa Sainteté d'approuver les pratiques jusqu'alors observées dans la mission, pour que ne soit pas fermée à l'Évangile et à la foi chrétienne l'entrée de ces royaumes... »
Alvres mourut à São Thomé, le 24 novembre 1708. Dans les derniers jours de sa vie, il eut pour coadjuteur — et bientôt après pour successeur — un des plus anciens et des plus zélés apôtres du Maduré, le P. Francisco Laines, sacré à Lisbonne, le 18 mars 1708, avec le titre d'évêque de Sosopolis.

Outre la lettre ci-dessus, on trouve de lui plusieurs lettres adressées aux augustins de Goa et au gouverneur du fort de São Jorge à Madras, dans : *A Jurisdicção diocesana do Bispado de S. Thome de Meliapor nas possessões inglezas e francezas*, recueil de documents publiés probablement par Joaquim Heliodoro Da Cunha Rivara, in-8°, Nova Goa, 1867, p. 164-176, 204-205, 349, 355-356.

Ant. Franco, *Annus gloriosus S. J. in Lusitania*, Vienne, 1720, p. 500 ; *Synopsis annalium S. J. in Lusitania*, Augsbourg-Graz, 1726, p. 292, 363, 430 ; *Imagem da virtude em o noviciado de Évora*, Coïmbre, 1717, p. 656-657, 671, 836 ; ...*em o noviciado de Coimbra*, Coïmbre, 1719, t. II, p. 723, 745. — Sommervogel, *Bibliothèque S. J.*, Bruxelles, 1890, t. I, col. 219-220 ; 1898, t. VIII, col. 1615. — E.-M. Rivière, *Corrections et additions à la Bibliothèque de la Compagnie de Jésus*, Toulouse, 1911-1912, col. 7, 61-62. — Notes communiquées par les PP. Léon Besse, supérieur de la mission du Maduré, et Henri Hosten, missionnaire à Calcutta.

E.-M. RIVIÈRE.

5. ALVARES (João), prêtre portugais, né à Torres Novas, frère de l'ordre militaire d'Avis. Secrétaire de l'infant dom Fernando, il l'accompagna en Afrique, en 1437, à la malheureuse entreprise contre Tanger, et fut son compagnon de captivité. Dom Fernando mourut le 5 juin 1443, mais Alvares ne recouvra la liberté qu'en 1448, par l'intercession de l'infant dom Pedro, et il s'employa à racheter ses compagnons de captivité. A son retour en Portugal, il rapporta les entrailles de l'infant, qu'il remit à dom Affonso V, le 1er juin 1451.

Luiz Pires, évêque de Porto (1454-1465), le nomma visiteur et réformateur des couvents bénédictins de son diocèse ; Alvares nous l'apprend lui-même dans une lettre. En 1461, il devint abbé commendataire de Paço de Sousa, ce qui lui donna l'occasion de déployer sa connaissance de la vie religieuse et un zèle ardent à corriger les abus, dans ce temps-là trop répandus. Il rédigea des constitutions, dont Paul II, à la demande d'Alvares et de l'infante Isabel, duchesse de Bourgogne, confia la revision et l'approbation à l'archevêque de Braga ; celui-ci s'acquitta de cette tâche en 1477. Le premier soin d'Alvares avait été de traduire la règle de saint Benoît ; les religieux excusaient leur conduite en alléguant qu'ils ignoraient la règle écrite en latin, langue qui leur était inconnue. En 1467, se trouvant à Bruxelles pour des motifs que nous ne connaissons pas, il traduisit vingt-cinq sermons de saint Augustin, à l'usage de ses religieux. L'année suivante, il leur envoya un exemplaire de l'*Imitation de Jésus-Christ*, en leur recommandant la lecture fréquente de ce livre. Nous ignorons la date de sa mort ; elle semble être arrivée vers 1480.

Il laissa quelques ouvrages dont la plupart existent encore, les uns manuscrits, les autres imprimés : une histoire de la captivité de l'infant dom Fernando, qui fut imprimée à Lisbonne, en 1527, sous le titre : *Cronica do sancto e virtuoso iffante dom Fernando filho del rey do Johã primeyro deste nome, que se finou em terra de mouros*. Jerónymo Lopes, qui la fit éditer, y mit des additions et quelques modifications de langage. Une deuxième édition parut en 1577, par Jerónymo Ramos, qui, à son tour, modifia le langage et ajouta quelques notices. La dernière édition parut à Coïmbre en 1911, d'après un manuscrit du xv° siècle, à la bibliothèque nationale de Madrid, sous le numéro *8120*, et précédée d'une notice par M. Remedios. L'édition de 1577 a été traduite par les bollandistes dans les *Acta sanctorum*, Venise, 1741, jun. t. I, p. 563 sq.

João Pedro Ribeiro publia dans les *Dissertações chronológicas e criticas*, Lisbonne, 1810, t. I, p. 352 sq., trois lettres d'Alvares aux religieux du Paço de Sousa, importantes pour l'histoire du monachisme au xv° siècle : la première, sans lieu ni date ; la deuxième, de Bruxelles, 24 décembre 1467 ; la troisième, de Bruges, 20 septembre 1468.

Le manuscrit *920* de la bibliothèque de Porto contient les ouvrages suivants d'Alvares : 1° la première des lettres reproduites par J. P. Ribeiro ; 2° la traduction de la règle de saint Benoît, jusqu'au chapitre LXX, qui n'est pas complet, à cause d'une mutilation du volume ; 3° la deuxième des lettres publiées par Ribeiro ; 4° la traduction de neuf sermons de saint Augustin ; 5° la troisième des lettres publiées par Ribeiro ; 6° la traduction du premier livre de l'*Imitation*.

On attribue à João Alvares une biographie latine de l'infant dom Fernando, découverte dans un manuscrit de la bibliothèque du Vatican par Fortunato de São Boaventura ; il la traduisit avec ce titre : *Summário da vida, acções e gloriosa morte do senhor D. Fernando, chamado assim dentro como fora de Portugal o Infante Santo*, etc., Modène, 1836 (avec une préface du traducteur).

Diogo Barbosa Machado, *Bibliotheca Lusitana*, Lisbonne, 1747, t. II, p. 582 sq. — Leão de Santo Thomás, *Benedictina Lusitana*, Coïmbre, 1651, t. II, p. 265. - - *O Panorama*, Lisbonne, 1837, t. I, p. 101. - - Jorge Cardoso, *Agiológio lusitano*, Lisbonne, 1666, t. III, p. 559 sq. — Innocêncio Francisco da Silva, *Diccionário bibliográfico português*, Lisbonne, 1859, t. III, p. 274, 284. — Freire de Oliveira, *Elementos para a história do municipio de Lisboa*, Lisbonne, 1882, t. I, p. 331. — Fortunato de Almeida, *História da Igreja em Portugal*, Coïmbre, 1910, t. II, p. 88, 113, 159, 160, 162, 165, 324, 325, 435 ; *Revista de história*, Lisbonne, 1912, t. I, p. 129, 130. — *The catholic encyclopedia*, t. VI, p. 40.

Fortunato DE ALMEIDA.

6. ALVARES, ALVRES (LUIZ), jésuite portugais, prédicateur et exégète, publia un commentaire intitulé : *Joseph Rachelis filius illustratus*, in-fol., Lyon, 1675, et plusieurs volumes de sermons ou d'ascétisme : *Sermão em o acto da fé que em a cidade de Évora se fez a 3 de avril de 1672*, in-4°, Lisbonne, 1672 ; *Amor sagrado*, in-8°, Évora, 1673 ; in-12, Lisbonne, 1740 ; *Sermões de quaresma...*, *Sermões de advento e dos santos...*, *Sermões*, 3 vol. in-4°, parus le 1er et le 3e à Évora, 1688 et 1698 ; le 2e à Lisbonne, 1693 ; *Ceo de graça, inferno custozo*, in-8°, Évora, 1692. Né à São Romão, diocèse de Coïmbre, le 20 novembre 1614, et entré chez les jésuites le 27 avril 1629, il enseigna à Coïmbre la rhétorique, la philosophie et l'Écriture sainte, fut recteur des collèges d'Angra, de Porto et d'Évora, provincial et supérieur de la maison professe de Lisbonne, où il mourut le 12 janvier 1705, d'après le catalogue manuscrit que j'indique ci-dessous; le 13 février 1709, d'après Franco et Lopez de Arbizu.

<small>Sotwel, *Bibliotheca scriptorum S. J.*, Rome, 1676, p. 558. — *Catalogus scriptorum S. J. provinciae Lusitanae (1675-1725)*, dans les mss. du P. Oudin, aux archives de Loyola. — Franco, *Synopsis annalium S. J. in Lusitania*, Augsbourg-Graz. 1726, p. 434. — Machado Barbosa, *Bibliotheca Lusitana*, Lisbonne, 1749-1759, t. III, p. 54. — Nic. Antonio, *Bibliotheca Hispana nova*, Madrid, 1788, t. II, p. 19. — Sommervogel, *Bibliothèque S. J.*, Bruxelles, 1890, t. I, col. 250-251; 1898, t. VIII, col. 1621.</small>

E.-M. RIVIÈRE.

7. ALVARES, ALVRES (MANUEL), jésuite portugais et célèbre grammairien, naquit à Ribeira Brava (île de Madère), et entra au noviciat de Coïmbre, à l'âge de vingt ans, le 4 juin 1546. Il enseigna le latin, le grec et l'hébreu; fut recteur du collège de Coïmbre, supérieur de la maison professe de Lisbonne, recteur du collège et de l'université d'Évora. Il est surtout connu par la grammaire latine qu'il composa à la fin de sa vie sur l'ordre de ses supérieurs, et qui fut adoptée dans presque tous les collèges de jésuites. Les éditions, intégrales ou partielles, en sont innombrables : la première : *De institutione grammatica libri tres*, in-4°, parut à Lisbonne en 1572. Parmi les éditions ou adaptations étrangères, je signalerai celle qui fut publiée au collège d'Amacusa, au Japon, en 1594, et dont un exemplaire est conservé à la bibliothèque Angelica, à Rome. Mason Satow, *The jesuit mission press in Japan*, 1888, p. 26. Cette grammaire, à raison même de son mérite et de son remarquable succès, fut l'objet de nombreux commentaires et de nombreuses critiques : on en trouvera le détail dans la *Bibliothèque de la Compagnie de Jésus*. On a encore d'Alvres un traité *De mensuris, ponderibus et numeris*, publié, en 1716, à Évora, par le P. Antonio Franco, dans son édition de l'*Indiculus* du P. François Pomey, et imprimé à part, in-8°, Londres, 1719 et 1726; in-12, Dublin, 1786. Silva, *Diccionario bibliographico portuguez*, t. II, p. 41, lui attribue la traduction de : *Copia de algunas cartas que los padres y hermanos de la Compañia de Iesus, que andan en la India y otras partes orientales, escrivieron a los de la misma compañia de Portugal*, in-4°, Coïmbre, 1562 : elle est très vraisemblablement du P. Cipriano Suarez, bien que l'introduction soit signée par Alvres. Alvres mourut à Évora le 30 décembre 1583, et non en 1582, comme le dit Sommervogel.

<small>Fr. Sacchini, *Historiae S. J. pars quinta*, Rome, 1661, p. 93. — Sotwel, *Bibliotheca scriptorum S. J.*, Rome, 1676, p. 188. — Ant. Franco, *Imagem da virtude em o noviciado de Coimbra*, Évora, 1719, t. I, p. 94-104; *Annus gloriosus S.J. in Lusitania*, Vienne, 1720, p. 767-770; *Synopsis annalium S. J. in Lusitania*, Augsbourg-Graz, 1726, p. 36, 137. — Machado Barbosa, *Bibliotheca Lusitana*, Lisbonne, 1749-1759, t. III, p. 170. — Nic. Antonio, *Bibliotheca Hispana nova*, Madrid, 1783, t. I, p. 341. — Sommervogel. *Bibliothèque S. J.*, Bruxelles, 1890, t. I, col. 223-249; 1898, t. VIII, col. 1615-1620. — Uriarte, *Obras anónimas y seudónimas S. J.*, Madrid, 1904-1906, n. 498, 2484, 2563, 4364, 4365.</small>

E.-M. RIVIÈRE.

8. ALVARES (ORDONHO), cardinal portugais, issu de noble origine. On ignore la date et le lieu de sa naissance. Il était abbé du monastère d'Hosillos, au diocèse de Burgos, en Espagne, quand il fut élu par Grégoire X archevêque de Braga. En 1275, il prit part au concile de Lyon. Le pape Nicolas III le créa cardinal-évêque de Tusculum, le 12 mars 1278. Il prit part aux conclaves pour l'élection de Martin IV (1281) et d'Honorius IV (1285). Il mourut le 17 juin 1285. Conformément à son testament, on l'ensevelit dans le cloître de la cathédrale de Salamanca, près de la chapelle de Notre-Dame de l'Étoile.

<small>D. Manuel Caetano de Sousa, *Catálogo historico dos summos pontifices, cardeaes, arcebispos e bispos portugueses*</small> etc., dans la *Collecção de documentos e memórias da Academia real da história Portuguesa*, 1725, p. 11. — Jorge Cardoso, *Agiologio lusitano*, t. III, p. 729. — Alexandre Herculano, *História de Portugal*, t. III, p. 152. — Fortunato de Almeida, *História da Igreja em Portugal*, t. I, p. 581.

Fortunato DE ALMEIDA.

9. ALVARES DE BRITO (DIOGO), prieur de l'église collégiale de Nossa Senhora da Oliveira à Guimarães (Portugal), fut nommé évêque d'Évora vers 1413 et élevé à l'archevêché de Lisbonne vers 1416. Il mourut en 1422 ou 1423. Sa biographie n'est pas bien connue.

<small>Fortunato de Almeida, *História da Igreja em Portugal*, Coïmbre, 1910, t. II, p. 555, 575. — Manuel Caetano de Sousa, *Catálogo dos abbades de Santa Maria de Guimarães e dos priores da collegiada de Nossa Senhora da Oliveira*, dans la *Collecção de documentos e memórias da Academia real da história Portuguesa*, 1726, n. XXX, p. 45. — Francisco da Fonseca, *Evora gloriosa*, p. 285.</small>

Fortunato DE ALMEIDA.

10. ALVARES DA COSTA (MANUEL), né vers 1610, vicaire général de Lisbonne en 1705. Nommé évêque de Pernambouc (Brésil), il prit possession de son diocèse le 6 février 1706, ou 1710, d'après quelques-uns. La province de Pernambouc était alors troublée par des rivalités entre les villes d'Olinda et de Recife, des mésintelligences entre le gouverneur Sebastião de Castro e Caldas et l'auditeur Luis de Valenzuela Ortiz. Les violences se succédaient, et le gouverneur qui, après un attentat dont il faillit être victime, se rendit insupportable, dut s'enfuir à Bahia. L'évêque, élu gouverneur à sa place (novembre 1710), accorda une amnistie générale, que le roi confirma le 2 juin 1711: Après sept mois de gouvernement, une émeute éclata à Recife; l'évêque dut s'y rendre pour apaiser les mécontents, mais alors les habitants d'Olinda refusèrent de lui obéir et, pris entre ces deux populations irréconciliables, l'évêque ne tarda pas à se trouver dans une position très fausse. Le 12 août 1715, il fut rappelé par le roi en Portugal.

En 1720, ou, d'après quelques-uns, en 1721, il fut nommé évêque d'Angra do Heroïsmo (Açores), où il mourut, après un gouvernement pacifique, le 10 janvier 1733, à l'âge de quatre-vingt-treize ans.

<small>Fortunato de Almeida, *História da Igreja em Portugal*, t. III, 2e partie (sous presse). — Pizarro, *Memórias do Rio de Janeiro*, Rio de Janeiro, 1822, t. VIII, p. 127. — Visconde de Porto Seguro, *História geral do Brasil*, Rio de Janeiro, 2e édit., s. d., t. II, p. 820 sq. — Francisco Soares Maric, *Instituições canónico-pátrias*, Rio de Janeiro, 1822, p. 137, 140, 143. — Cândido Mendes de Almeida, *Direito civil ecclesiástico brasileiro*, Rio de Janeiro, 1866, t. I, 2e partie, p. 578. — Manuel Pinheiro Chagas, *História de Portugal*, Lisbonne, s. d., t. IX, p. 50. — Manuel Caetano de Sousa, *Catálogo dos bispos de Pernambuco*, dans la *Collecção de documentos e memórias da Academia real da história Portuguesa*, Lisbonne, 1721. — António Caetano de Sousa, *Catálogo dos bispos da igreja de São Salvador de Angra*, dans la *Collecção citée*. — *Archivo dos Açores*, Ponta Delgada, 1880, t. II, p. 273, 372. — Bernardino de Senna Freitas, *Catholico Terceirense*, p. 180. — Francisco Ferreira Drumond, *Annaes da ilha Terceira*, Angra do Heroïsmo, 1850-1864, t. II, p. 242, 218. — Gams, *Series episcoporum*, p. 134, 474.</small>

Fortunato DE ALMEIDA.

11. ALVARES NOGUEIRA (PEDRO), chanoine de la cathédrale de Coïmbre (Portugal), qui mourut en 1597. Nous ne possédons pas d'autres éléments pour sa biographie. Il écrivit un *Catálogo dos bispos de Coïmbra*, soit une liste des évêques de ce diocèse avec leur biographie. Cet ouvrage existe dans les archives du chapitre de Coïmbre. Au début du XVIIIe siècle, on en envoya une copie à l'Academie royale de l'histoire du Portugal pour servir aux travaux historiques de ses membres. Enfin, le *Catálogo* parut dans la revue *Instituições christãs*, depuis la 7e année, Coïmbre, 1889, série IIe, p. 115 sq., jusqu'à la 10e année, Coïmbre, 1892,

1re série, p. 205 sq. L'ouvrage d'Alvares Nogueira est une des sources les plus importantes pour l'histoire du diocèse de Coïmbre.

Fortunato de Almeida, *História da Igreja em Portugal*, t. III, 2e partie (sous presse). — Francisco Leitão Ferreira, *Catálogo chronológico dos bispos de Coimbra*, p. 4, dans la *Collecção de documentos e memórias da Academia real da história Portuguesa*, Lisbonne, 1724. — Diogo Barbosa Machado, *Bibliotheca Lusitana*, Lisbonne, 1752, t. III, p. 556.

Fortunato DE ALMEIDA.

12. ALVARES PEREIRA (NUNO), portugais, docteur en droit canon, était visiteur du diocèse d'Angra do Heroïsmo (Açores), en 1542. Il eut la même charge au diocèse de Lisbonne, sous le gouvernement de l'archevêque infant dom Henrique; et en 1568, il était évêque d'Angra. Il commença peu après la visite diocésaine, en compagnie du jésuite Pedro Gomes, mais la mort mit fin à ses travaux, le 20 août 1570. Il fut inhumé à la chapelle majeure de sa cathédrale.

Sous son pontificat, le diocèse reçut quelque développement. On s'occupait de construire une nouvelle cathédrale, et la première pierre fut posée le 18 novembre 1570. Par décret du 10 janvier 1568, le roi y contribua pour la somme annuelle de trois mille cruzados (6 000 francs à peu près). En même temps le nombre des bénéfices de la cathédrale fut augmenté. En juin 1568, le roi lui donna pour Sebastião céda aux évêques d'Angra le droit qu'il avait, comme grand-maître de l'ordre du Christ, de nommer à ces bénéfices, et leur accorda trois cent mille reis (1 500 francs à peu près), pour les hôpitaux et les pauvres. Le revenu de la mense fut élevé à six cent mille reis; mais les évêques supportaient une diminution de deux cent mille reis pendant leur absence du diocèse.

Fortunato de Almeida, *História da Igreja em Portugal*, t. III, 2e partie (sous presse). — F.-M. Supico, *Almanack do archipélago dos Açores para 1868*, p. 4. — António Caetano de Sousa, *Catálogo dos bispos da igreja de São Salvador de Angra*, dans la *Collecção de documentos e memórias da Academia real da história*, Lisbonne, 1722. — Francisco Ferreira Drumond, *Annaes da ilha Terceira*, Angra do Heroïsmo, 1850-1864, t. I, p. 151, 156, 626, 640, 643, 650. — *Archivo dos Açores*, Ponta Delgada, 1880, t. II, p. 138.

Fortunato DE ALMEIDA.

13. ALVARES PEREIRA DE MELLO (NUNO), évêque de Lamego (Portugal), né à Lisbonne, fils de Nuno Alvares Pereira de Mello, premier duc de Cadaval. Il reçut à l'université de Coïmbre le doctorat en droit canon; puis il fut doyen de la cathédrale de Portalegre, écolâtre de celle d'Évora, archiprêtre de Barcellos, commissaire de l'Inquisition, inquisiteur à Coïmbre et recteur de l'université, nommé à ce dernier poste le 13 septembre 1703. En mai 1709, il fut élu évêque de Lamego, et prit possession de son siège par procureur le 19 octobre 1710. Il gouverna son diocèse avec un grand zèle jusqu'à sa mort, le 8 mai 1733. Cet évêque légua à la cathédrale de Lamego une somme de vingt mille cruzados, soit à peu près l'équivalent de quarante-cinq mille francs, et ses ornements sacerdotaux.

João Mendes da Fonseca, *Memória chronológica dos prelados de Lamego*, Lisbonne, 1789, p. 118 sq. — Joaquim de Azevedo, *História ecclesiástica de Lamego*, Porto, 1877, p. 86. — Fortunato de Almeida, *História da Igreja em Portugal*, t. III, p. II (sous presse). — Francisco Carneiro Figueiroa, *Memórias da universidade de Coïmbra*, dans *Annuario da universidade de Coïmbra de 1881-1882*, p. 236 sq.

Fortunato DE ALMEIDA.

1. ALVAREZ (ALFONSO), religieux augustin du XVIIIe siècle. Il passa presque toute sa vie dans le couvent de Ciudad-Rodrigo, dont il fut prieur à partir de 1798. Il a écrit : *Memorias de las mujeres ilustres de España*, Madrid, 1796.

Moral, *Catalogo de escritores agustinos españoles*, dans La *Ciudad de Dios*, 1894, t. XXXV, p. 102. — Perini, *Scriptores augustiniani*, Rome, 1911, t. I, p. 59.

A. PALMIERI.

2. ALVAREZ (BALTASAR), jésuite espagnol, fut, durant plusieurs années, et particulièrement de 1559 à 1566, le confesseur de sainte Thérèse, qui appréciait sa prudente et ferme direction. *Libro de su vida*, c. XXVIII. Il naquit à Cervera del Rio Alhama, en avril 1534, d'après son propre témoignage et d'après les archives S. J.; ses biographes le font naître en 1533, et une note manuscrite du P. de Uriarte, ordinairement bien renseigné, place son baptême au 17 mai 1533. Il entra dans la Compagnie de Jésus à Alcalá, le 3 mai 1555, gouverna les collèges d'Avila et de Salamanca, fut maître des novices à Medina del Campo et à Villagarcia, vice-provincial de Castille, visiteur de la province d'Aragon et provincial de Tolède. Il mourut à Belmonte, le 25 juillet 1580, à peine âgé de quarante-six ans. Favorisé de dons surnaturels qui faisaient l'admiration de la sainte fondatrice du Carmel, il renonça, sur l'ordre de ses supérieurs, à sa méthode personnelle d'oraison pour revenir à celle des *Exercices spirituels* de saint Ignace, plus conforme à l'esprit et au genre de vie de son institut. Un mémoire, qu'il écrivit à cette occasion, a été inséré dans sa Vie par le P. Luis de la Puente, c. XIII, p. 135-144 de l'édition de 1880, qui renferme en appendice, p. 603-627, un autre mémoire moins personnel et plus circonstancié sur le même sujet. On trouve dans le même volume un bon nombre de lettres du pieux directeur et aussi, p. 347-362, un *Tratado del modo cómo se ha de hablar en cosas espirituales*. Ses *Pláticas y exposición de las reglas generales de la Compañia de Jesús* ont été récemment mises au jour par le P. Agustin Lara, in-8°, Madrid, 1910.

Luis de la Puente, *Vida del Padre Baltasar Alvarez*, in-4°, Madrid, 1615; in-8°, Madrid, 1880, édition donnée par le P. José de la Torre, qui y a joint de précieux appendices; traduit en allemand, en anglais, en italien, en latin et en français à plusieurs reprises et tout dernièrement par le P. J.-B. Coudere, in-8°, Paris, 1912. — Nieremberg, *Ideas de virtud en algunos claros varones de la Compañia de Jesús*, in-4°, Madrid, 1643, p. 348-397. — Sacchini, *Historiae S. J. pars tertia*, Rome, 1649, p. 133-134; ...*pars quarta*, Rome, 1652, p. 281-285. — Sotwel, *Bibliotheca scriptorum S. J.*, Rome, 1676, p. 98. — Barth. Alcázar, *Chrono-historia de la Compañia de Jesús en la provincia de Toledo*, Madrid, 1710, t. II, p. 620-633. — Nic. Antonio, *Bibliotheca Hispana nova*, Madrid, 1783, t. I, p. 180. — Sommervogel, *Bibliothèque S. J.*, Bruxelles, 1890, t. I, col. 222; 1898, t. VIII, col. 1615. — *Epistolae P. Hieronymi Nadal*, Madrid, 1898, t. I, p. 615-618. — Uriarte, *Obras anónimas y seudónimas S. J.*, Madrid, 1904-1906, n. 24, 3538. — Antonio Astrain, *Historia de la Compañia de Jesús en la asistencia de España*, 1905-1909, t. II, p. 477-480, 538-540, 631, 647; t. III, p. 78-79, 85-88, 189-196, 723.

E.-M. RIVIÈRE.

3. ALVAREZ (BERNARDINO), fondateur de l'ordre de Saint-Hippolyte, au Mexique. Né à Séville, en 1514, il passa au Mexique où il exerça d'abord le métier de soldat et se fit ensuite remarquer par le désordre de sa conduite, au point d'être mis en prison avec douze de ses compagnons. Il s'en échappa, reprit le métier de soldat, s'adonna au commerce et rentra à Mexico. Là il se convertit, se retira à l'hôpital de l'Immaculée Conception, où il s'adonna à la pénitence et au soin des malades. En 1567, il entreprit la fondation d'un hôpital général qu'il dédia à saint Hippolyte. Ce furent les commencements d'un nouvel institut pour le soin des malades, qui fut approuvé, en 1718, sous le nom de Charité de Saint-Hippolyte.

Le fondateur était mort le 12 août 1584. Auparavant il avait fondé d'autres hôpitaux, en particulier celui d'Huaxtepec, où il avait reçu le vénérable Gregorio Lopez. Les règlements qu'il avait faits pour son institut furent publiés en 1621, en 1718 et en 1749.

F. Garcia, *Vida del venerable Bernardo Alvarez, fundador del orden de la Caridad*, Madrid, 1678. — Eguiara y Eguran, *Bibliotheca Mexicana*, Mexico, 1755, p. 417-422. — Beristain y Souza, *Biblioteca hispano-americana setentrional*, Amecameca, 1883, t. I, p. 63-64. — Heimbucher, *Die Orden und Kongregationen der katholischen Kirche*, Paderborn, 1907, t. II, p. 253.

U. ROUZIÈS.

4. ALVAREZ (BERNARDO), cistercien, natif de Revolar, paroisse de Sariego, évêché d'Oviedo, et moine de Valparaiso. Lecteur en Écriture sainte et prédicateur majeur de l'université de Salamanque, Alvarez fut tour à tour abbé des collèges de Belmonte et de Meyra, visiteur et définiteur général de la Congrégation de Castille, et chroniqueur général de l'ordre. Orateur renommé, esprit délicat et subtil, il était versé dans la science de la sainte Écriture et doué d'une éloquence singulière. Il cultiva même la poésie et composa, à peine âgé de vingt ans, plusieurs pièces de vers en latin ou en castillan, qui ne sont pas sans valeur. Il les publia en tête de son principal ouvrage : *Lustro primero de pulpito, consagrado a las gloriosas fatigas de Maria santissima desterrada y vencedora en el original y en la copia*, Salamanque, 1692. Il publia, en 1704, *Razones que concluyen pertenecer al real monasterio de las Huelgas y a su Ilma. Señora abadesa el dominio, jurisdicion y legitima administracion del Hospital del Rey y de todas sus pertenencias, unica y privativamente*. On a de lui quelques discours imprimés. Plusieurs de ses ouvrages sont demeurés inédits : 1° *El Proteo, o Prontuario manual*; 2° *Sermones varios*; 3° *Exposicion del libro de los Macabeos*. Ce dernier travail était déjà perdu à la fin du XVIII° siècle. On croit qu'il avait composé, sous le titre de *Observaciones historicas*, un grand ouvrage pour lequel il désirait tirer parti des documents des meilleures archives de Castille : c'est ce qu'il affirme dans un livre publié en 1697. Il mourut en 1710.

Muñiz, *Biblioteca cisterciense española*, Burgos, 1793, p. 16 sq.

R. TRILHE.

5. ALVAREZ (CLEMENTE), dominicain espagnol, appartenant au couvent de San Esteban de Salamanque. Professeur à l'université d'Alcala, il y occupa la première chaire de théologie. Clément X le nomma au siège de Guadix, suffragant de Grenade, le 15 juillet 1675. Il mourut le 17 juin 1688.

Cavalieri, *Galleria de' sommi pontefici*, etc., Bénévent, 1696, t. I, p. 641. — *Bullar. ord.*, Rome, 1735, t. VI, p. 332. — Échard, *Scriptores ordinis praedicatorum*, 1721, t. II, p. XXVI.

R. COULON.

6. ALVAREZ (DIEGO), jésuite et casuiste espagnol, né à Grenade et mort à Séville, où il était supérieur de la maison professe, le 1er — et non le 18 — novembre 1618. Entré dans la province d'Andalousie le 16 juin 1579, à l'âge de vingt-trois ans, il professa onze ans la théologie morale et la théologie scolastique à Baeza et à Cordoue; il publia, sous le nom de Melchior Zembrano : *Disceptatio casuum occurentium in articulo mortis circa sacramenta*, in-8°, Séville, 1604; Lyon, 1644; Lyon-Milan, 1717. Dans sa *Respuesta... á las dificultades y dudas históricas de don Juan Bautista Pérez, obispo de Segorbe, contra las láminas del Monte Ilipulitano*, in-fol., 1596, il défend à tort l'authenticité des fameuses découvertes du Monte Sacro de Grenade.

Sotwel, *Bibliotheca scriptorum S. J.*, Rome, 1676, p. 167. — Nic. Antonio, *Bibliotheca Hispana nova*, Madrid, 1783-1788, t. I, p. 266; t. II, p. 127, à l'article Melchior Zembrano. — Sommervogel, *Bibliothèque S. J.*, Bruxelles, 1890, t. I, col. 222-223. — Uriarte, *Obras anónimas y seudónimas S. J.*, Madrid, 1901-1906, n. 1036, 3746, 3881, et *Notes mss*.

E.-M. RIVIÈRE.

7. ALVAREZ (DIEGO) naquit à *Medina del Rio Secco*, diocèse de Palencia, vers le milieu du XVI° siècle. Il prit l'habit dominicain dans le couvent de sa ville natale, qui reçut également deux autres de ses frères. Bientôt Diego se fit remarquer par sa science théologique, qu'il eut à dispenser pendant plus de trente années d'enseignement dans les *Studia generalia* de son ordre, à Burgos, à Palencia, Toro, Valladolid, enfin à la Minerve de Rome, où il occupa la charge de régent pendant dix ans. Sa venue à Rome se rattache à l'histoire des disputes sur la grâce, qui se produisirent à cette époque entre jésuites et dominicains. En effet, lorsque Clément VIII eut appelé la cause à son tribunal, l'ordre des prêcheurs députa à Rome, pour y défendre sa doctrine traditionnelle, en même temps que le célèbre Thomas de Lemos, Fr. Diego Alvarez. Il fit son entrée à Rome le 7 novembre 1596. Sur la part qu'il eut dans les différentes phases des discussions au cours des congrégations *De auxiliis*, on pourra consulter les ouvrages spéciaux qui ont retracé l'histoire de ces fameuses joutes théologiques. Paul V, qui avait vu à l'œuvre Diego Alvarez et avait pour son caractère et pour sa science la plus grande estime, le nomma archevêque de Trani (19 mars 1606). Il occupa ce siège pendant près de trente ans jusqu'à sa mort, arrivée en 1635. Son œuvre théologique est considérable et lui valut de son vivant une très grande notoriété.

1° *Commentaria in Isaiam prophetam juxta sensum litteralem et moralem cum annotationibus SS. Patrum, et aliquibus animadversionibus in gratiam praedicatorum in unum collectis*, 2 vol. in-4°, Rome, 1599-1602; 2 tomes in-4°, 599 et 815 p., Rome, 1615; Lyon; 2° *De auxiliis divinae gratiae et humani arbitrii viribus et libertate, ac legitima ejus cum efficacia corumdem auxiliorum concordia libri XII*, in-fol., 816 p., Rome, 1610; Lyon, 1611-1620; in-8°, Trani, 1625; Cologne, 1621; in-8°, Douai, 1635; 3° *Relatio brevis actorum in collegio Ambrosiano S. J.* Pinciano, 1606; 4° *Responsionum ad objectiones adversus concordiam liberi arbitrii cum divina praescientia, providentia et praedestinatione, atque cum efficacia praevenientis gratiae, prout a S. Thoma et thomistis defenditur et explicatur libri IV*, in-4°, 519 p., Trani, 1622; in-4°, xi-914 p., Lyon, 1622; 5° *De origine pelagianae haeresis et ejus progressu, et damnatione per plures summos pontifices et concilia facta historia ex annalibus cardinalis Baronii et aliis probatis auctoribus collecta*, in-4°, XIV-276 p., Trani, 1629; 6° *Responsionum liber ultimus hoc titulo : Opus praeclarum nunquam hactenus editum, in quo argumentis validissimis concordia liberi arbitrii cum divina praescientia, praedestinatione, et efficacia gratiae praevenientis ad mentem S. Thomae et omnium thomistarum contra eos qui eam impugnare volunt, defenditur et explicatur. Huic accessit Historia jam laudata de origine Pelagianae haeresis ab eodem auctore ex variis collecta*, in-8°, 768 p., Douai; 7° *Operis de auxiliis divinae gratiae et humani arbitrii viribus et libertate, ac legitima ejus cum efficacia corumdem auxiliorum concordia summa in IV libros distincta* (18 novembre 1618), in-12, 802 p., Lyon, 1620; in-8°, 586 p., Trani, 1625; 8° *De incarnatione divini Verbi disputationes LXXX, in quibus explicantur et defenduntur quae in tertia parte Summae theologicae docet S. Thomas a q. I ad XXIV*, in-4°, Rome, 1613; in-4°, 199 p., Lyon, 1614; Rome, 1615; in-4°, Cologne, 1622; Rome, 1623, in-1°; 9° *Disputationes theologicae in primam secundae S. Thomae, in quibus praecipua omnia quae adversus doctrinam ejusdem, et communem thomistarum a diversis DD. impugnantur, juxta legitimum sensum praeceptoris angelici explicantur et defenduntur*, in-fol., p. 584, Trani, 1617; Cologne, 1621, in-4°; 10° *Manuale concionatorum selectissimis scripturae divinae et SS. Patrum sententiis per locos communes ordine convenienti digestis adornatum, ac varia ad formandos christiani hominis mores eruditione refertum, in-4°, Trani, 1622; in-4°, Cologne, 1632, 1686; 11° *Responsiones ad censuras quorumdam locorum operum S. Theresiae*, dans *Biblioth. script. ord. carmelitarum excalceatorum P. Martialis a S. Joanne Baptista*, in-4°, Bordeaux, 1730, p. 387-409. Enfin nous pouvons citer encore : 12° *Tractatus brevis de peccato originali per admod. R. Patrem magistrum Didacum Alvarez regentem in collegio D. Thomae de Urbe. Traditus anno 1601, die 18 mense septembris*, ms. in-8°, 18 fol. [Arch. gen.]; 13° *De vita religiosa*, in-12, Lyon, 1613, 1620; Douai, 1634, in-8°.

Échard, *Scriptores ord. praed.*, Paris, 1719-1721, t. II, p. 481-482. — Jac. Villanueva, *Bibliothecae scriptorum ord. praed.... continuatio*, ms. [Arch. gen. ord.], p. 26. — Hurter, *Nomenclator literarius*, Inspruck, 1907, t. III, col. 659-660. — Ughelli-Coleti, *Italia sacra*, Venise, 1720, t. VII, col. 914. — *Bullar. ord.*, Rome, 1740, t. V, p. 549, 718.

R. COULON.

8. ALVAREZ (DUARTE), religieux augustin du XVIe siècle, né à Villaviciosa, en Portugal. Après avoir reçu le diplôme de docteur en théologie à l'université de Salamanque, il fut envoyé à Paris par le cardinal Seripando (1543), qui était alors supérieur général des ermites de Saint-Augustin. Dans cette ville, il fut préfet des études au couvent des augustins et, en 1552, vicaire général de la province française de son ordre. Sa mort eut lieu à Lisbonne, en 1574. On lui attribue deux volumes de *Tractatus theologici*, et un *Compendio succinto dos santos das orden do santo Agostinho*, inédits.

Barbosa Machado, *Bibliotheca Lusitana*, t. I, p. 727, 732. — Moral, *Catalogo de escritores agustinos españoles*, dans *La Ciudad de Dios*, 1894, t. XXXV, p. 103-104; 1906, t. LXIX, p. 125. — Crusenius-Lanteri, *Monasticon augustinianum*, t. I, p. 729. — Perini, *Augustiniani scriptores*, Rome, 1911, t. I, p. 59-60.

A. PALMIERI.

9. ALVAREZ (EUGENIO), religieux augustin, né à Osma (Espagne), en 1837. Il prononça ses vœux de religion en 1857, acheva ses études à Manille et fut ordonné prêtre en 1862. Il travailla avec zèle dans les paroisses de son ordre à San Luis, Porac, Santo Thomas, Apalit (Philippines). En 1873, il retourna en Espagne et fut nommé prieur du collège de la Vid. En 1886, il fut de nouveau envoyé aux Philippines et y administra les paroisses de Bacolor et de Candaba. Sa mort eut lieu à Saint-Thomas de la Pampanga, le 8 juillet 1892. On a de lui : *Relacion nominal de todos los religiosos que han profesado en el real colegio seminario de Valladolid y de La Vid, pertenecientes à la provincia del dulcissimo nombre de Jesus de agustinos calzados de Filipinas*, Guadeloupe, 1886; *Documentos y estados relativos al real colegio seminario de agustinos filipinos de Valladolid*, ibid., 1889.

Perez, *Catalogo bio-bibliografico de los religiosos agustinos de las islas Filipinas*, Manille, 1901, p. 517-518. — Perini, *Scriptores augustiniani*, Rome, 1911, t. I, p. 60.

A. PALMIERI.

10. ALVAREZ (GABRIEL), jésuite espagnol, exégète et historien, d'une vaste érudition, qui lui valut l'estime de Juste-Lipse. Né à Oropesa en 1564, il fut admis au noviciat de Saragosse le 13 novembre 1582, à l'âge de dix-huit ans. Il enseigna les belles-lettres, la théologie morale et l'Écriture sainte, fut recteur des collèges de Majorque et de Barcelone, et mourut à Tarazona le 24 mars 1645. Il nous reste de lui quelques consultations de droit, des sermons et un commentaire estimé : *Isaias expositus*, deux vol. in-fol., Lyon, 1623. Il laissa en 2 volumes manuscrits une *Historia de la provincia de Aragón de la Compañia de Jesús*, qui a été souvent utilisée par les éditeurs des *Monumenta historica Societatis Jesu* et aussi par le P. Fidel Fita, *Boletin de la real Academia de la historia*, Madrid, 1891, t. XVIII, p. 82-85 : *La Sinagoga de Saragoza*, et par X., *Monografia del obispo de Tarazona, D. Pedro Cerbuna*, in-4°, Tarazona, 1894 : *Fundación del colegio de la Compañia de Jesús en la ciudad de Tarazona* (1590).

Sotwel, *Bibliotheca scriptorum S. J.*, p. 269-270. — Nic. Antonio, *Bibliotheca Hispana nova*, Madrid, 1783, t. I, p. 503. — Sommervogel, *Bibliothèque S. J.*, Bruxelles, 1890, t. I, col. 249. — Uriarte, *Obras anónimas y seudónimas S. J.*, Madrid, 1904-1906, n. 705, 1273, 1953, 3929. — Antonio Astrain, *Historia de la Compañia de Jesús en la asistencia de España*, Madrid, 1902, t. I, p. XXXVI.

E.-M. RIVIÈRE.

11. ALVAREZ (HERNANDO). Voir ci-dessus, col. 850.

12. ALVAREZ (JUAN), né à Frama (Asturies), consacré évêque d'Osma le 4 mai 1286. L'un de ses successeurs, Pedro de Montoyas, lui donne le titre de chancelier de la couronne. C'est probablement par erreur, car ce titre n'accompagne nulle part la signature du prélat.

Le 23 mai 1288, il reçut, du roi Sancho IV, la donation des églises de Seron et de Monteagudo. L'original de ce privilège est conservé dans les archives de la cathédrale d'Osma, *fol. 7, num. 2*. Loperraez en donne une copie (t. III, p. 225).

On trouve la signature de cet évêque sur une cédule du roi Sancho du 3 avril 1289, par laquelle ce prince fait don à son secrétaire, Pedro Sanchez, du district de Valle de Osma et de la petite ville d'Alcubilla. On la trouve encore dans un acte du même roi, daté de Hueste, le 20 août 1290, et conservé à Soria dans les archives de la confrérie de *los Recueros*. Il y est question de divers privilèges confirmés à la confrérie, tels que le droit de faire entrer dans la ville le vin en franchise et le monopole de vérification des poids et mesures.

En 1292, il signa, comme témoin, une sentence arbitrale rendue par la reine doña Violante, mère de Sancho IV, pour terminer un procès pendant entre le bourg de Roa et ses villages vassaux, au sujet de la reconstruction des murailles de la cité de Roa.

Juan Alvarez assista, en 1295, aux *cortès* de Valladolid, réunies pour confirmer l'avènement au trône du roi Fernand IV. Il profita de cette circonstance pour faire renouveler les privilèges qui avaient été antérieurement concédés au chapitre et à l'église d'Osma. L'acte original de cette confirmation se garde dans les archives de la cathédrale, *fol. 8, num. 26*. Peu de jours après, l'évêque obtint gain de cause dans deux instances qu'il avait introduites pour la défense de son Église. L'une visait les empiétements de l'ancien secrétaire du roi, Pedro Sanchez, qui s'était emparé de la ville de Torralba, propriété du chapitre. Une cédule royale du 18 août 1295 remit les chanoines en possession de leurs biens. L'autre plainte formulée, en même temps que par Juan Alvarez, par les évêques des royaumes de Castille et de Léon, était dirigée contre les abus de pouvoir que commettaient les ministres de la couronne sur les biens des diocèses, durant les vacances des sièges épiscopaux. Une ordonnance, également du 18 août 1295 (arch. de la cathédrale d'Osma, *fol. 42, n. 11*), défendit aux juridictions séculières de s'approprier les biens des églises à la mort des évêques et de s'entremettre dans les élections ecclésiastiques.

Juan Alvarez fut un partisan fidèle et un conseiller écouté de Fernand IV, comme il l'avait été de son prédécesseur. Il essaya de réconcilier ce prince avec son oncle, l'infant don Juan; mais, après avoir échoué dans ses tentatives, il accompagna son souverain à la guerre. Les services qu'il rendit à la famille royale sont rappelés dans un privilège accordé par Fernand, le 12 octobre 1296. Leur importance se mesure à l'étendue des faveurs énumérées dans cet acte. On y relève, entre autres, l'abandon de la part du prince, de la moitié des droits royaux qu'il percevait sur ses vassaux du diocèse d'Osma, à charge, pour le chapitre, de faire dire deux messes quotidiennes à l'autel de Saint-Pierre, dans la cathédrale, à l'intention des défunts de la famille royale. Archives de la cathédrale, *fol. 8, n. 27.*

Le 12 septembre de cette année, l'évêque fit son testament, où il laissa les biens qu'il possédait dans la cité de Liébana et dans les environs de Frama, pour fonder deux aumôneries dans le monastère de Santo Toribio de Liébana. Il mourut à Palencia, le 20 octobre 1296, et son corps fut transporté à la cathédrale d'Osma, où il est enterré dans la chapelle de Notre-Dame de l'Épine, sans aucune inscription sur la pierre tombale.

Joseph Lopez de Quiros y Losada, *Vida y milagros de San Pedro de Osma*, Valladolid, 1724, p. 71. — Juan Loperraez Corvalan, *Descripcion histórica del obispado de Osma*, Madrid, 1788, t. I, p. 261-269; t. III, p. 225-240. — Eubel, *Hierarchia medii aevi*, t. I, p. 401.

P. SICART.

13. ALVAREZ (LUIS), vénérable de l'ordre de Saint-Augustin, né à Valderas, province de Léon, en Espagne, l'an 1531. Il descendait de l'illustre famille des comtes d'Oropesa. Il embrassa la vie religieuse dans le couvent des augustins de Tolède, en 1555, et fut envoyé au Pérou en 1569. En 1573, le provincial de son ordre, le P. Louis Lopez de Solis, l'envoya fonder la province de Quito. Élu provincial en 1575, bien qu'il eût refusé cette charge par humilité, il commença à visiter les couvents de son ordre. Mais en traversant une rivière près de Guamachuco, il se noya l'an 1576. Son corps fut retrouvé intact après quelque jours, et transféré au couvent de Truxillo. Il est rangé au nombre des vénérables de l'ordre de Saint-Augustin. Ses biographes font surtout ressortir sa dévotion envers la sainte Vierge et l'esprit de prophétie dont Dieu l'avait doué. On a de lui un volume de sermons inédits.

Nicolas Antonio, *Bibliotheca Hispana nova*, Madrid, 1788, t. II, p. 19. — Moral, *Catalogo de escritores agustinos españoles*, dans *La Ciudad de Dios*, t. XXXV, p. 107-108. — Lanteri, *Postrema saecula sex religionis augustinianae*, t. II, p. 336-338. — On trouve des Vies très détaillées de ce saint religieux dans l'ouvrage du P. Antoine de la Calancha, *Cronica moralizada del orden de San Augustin en el Peru, con sucesos egenplares en esta monarquia*, Barcelone, 1638, t. I, p. 664-680. — Joachim Brulius (Bruel), *Historia peruana ordinis eremitarum S. P. Augustini*, Anvers, 1652, p. 98-106. — Bernard de Torre, *Cronica de la provincia peruana del orden de los ermitanos de S. Agustin*, Lima, 1657.

A. PALMIERI.

14. ALVAREZ (MANUEL), missionnaire augustin, né à Buian, en Espagne, en 1729. Il entra chez les augustins à Séville, en 1752, et, quelques prêtre, se rendit aux Philippines, où il travailla avec zèle dans les missions de Bana et de Santiago. Sa mort eut lieu à Manille, au mois de février 1769. Il est l'auteur d'une relation inédite sur la mission augustinienne d'Ilocos Norte, en 1764.

Perez, *Catalogo bio-bibliografico de los religiosos agustinos de las islas Filipinas*, Manille, 1901, p. 307-308. — Perini, *Scriptores augustiniani*, Rome, 1911, t. I, p. 60.

A. PALMIERI.

15. ALVAREZ DE ABREU (DOMINGO PANTALEON), naquit à La Palma (Ténériffe, îles Canaries). Il étudia dans les universités de Valladolid et d'Alcala et reçut le grade de docteur en droit canonique. On le voit successivement chanoine, archidiacre, et visiteur de son diocèse d'origine, jusqu'à l'année 1738 (3 mai), où il fut promu à l'évêché de Saint-Domingue, qu'il gouverna pendant cinq ans (20 mai 1743), après lesquels il passa à celui de Puebla, au Mexique (Tlascala Puebla de los Angeles). Benoît XIV, qui le préconisa, lui conféra en même temps le titre de prélat domestique et d'assistant au trône pontifical. D. Alvarez fit son entrée à Puebla, le 14 août 1743, et gouverna cette Église jusqu'à sa mort (28 novembre 1763). Les historiens reconnaissent à ce prélat » une grande douceur de caractère, une candeur virginale, le zèle du culte et des cérémonies de l'Église. » Ils l'appellent le Mécène des lettres et des grandioses entreprises. Il rebâtit l'église de Saint-Sébastien, pourvut de riches aumônes les couvents de religieuses, fonda de nouvelles paroisses et releva l'ancien béguinage (*beataria*) de Sainte-Rose de Lima. Ils n'oublient pas de noter, à l'exemple du *Liber pontificalis*, qu'il fit don à son église cathédrale d'un encensoir, d'une navette d'or et de brancards d'argent pour la procession de la Fête-Dieu, et qu'il joignit à ces libéralités une fondation pour plusieurs fêtes qui lui étaient chères, celles de saint Dominique, de son patron saint Pantaléon et du double anniversaire de son élection et de sa consécration épiscopale. Protecteur éclairé des lettres et des sciences, il érigea le magnifique collège de Saint-Pantaléon, qu'il annexa au séminaire de Palafox. Outre une somme de 8 000 piastres (pesos), il lui laissa une dotation suffisante pour trois chaires, l'une de liturgie et deux autres pour le droit canonique et le droit civil. Il aida encore de ses générosités le nouveau collège de Saint-Ignace et fonda, à celui de Saint-André de Mexico, des retraites d'exercices spirituels pour les sujets de son diocèse, en résidence dans cette ville. Tant de titres à la reconnaissance de ses contemporains et de la postérité se trouvent résumés dans cette légende inscrite au-dessous du portrait de ce prélat, conservé à la salle capitulaire de la cathédrale de Puebla : *Humanus, ingenuus, misericors.*

Ses relations de famille autant que les idées régaliennes du temps où il vivait, à cette fin du XVIIe siècle, expliquent ce qui nous reste à dire sur ce prélat. Son frère, Félix Alvarez de Abreu, fut le premier marquis de la régale, régale bien différente de celle du XVIe siècle, fondée sur le droit de patronage accordé par les papes au roi d'Espagne, tandis que la nouvelle empiétait sur les droits de l'Église, au temporel et au spirituel. D. Dominique Alvarez montra ses tendances dans la personne qu'il professa pour la mémoire d'un de ses plus célèbres prédécesseurs au siège de Puebla, Juan de Palafox, à l'intercession duquel il attribuait la guérison d'une grande maladie qui lui était survenue à l'âge de soixante-dix-huit ans. En reconnaissance, il laissa une somme de 20 000 piastres pour la cause de la béatification de ce prélat et il voulut, par testament, que son corps fût enseveli près du sien, dans le chœur de l'église cathédrale. On sait la signification qu'avait alors l'enthousiasme de commande pour la cause de Palafox. Le mot d'ordre venait d'Espagne où les ministres de Charles III et avec eux les jansénistes de son pays la sollicitaient au point d'épuiser tous les moyens humains pour la faire réussir, car le jansénisme et le régalisme allaient de front et infestaient les colonies comme la métropole. Dans les œuvres de ce prélat : édits, ordonnances, lettres pastorales, qu'il publia pendant les vingt années de son épiscopat, « œuvres, dit un historien, pleines de prudence et de zèle pour la pure doctrine et conformes aux sacrés canons et à la discipline ecclésiastique, » on se rend compte de ce qu'entendaient alors par la pureté de la doctrine et de la discipline les prélats assujettis à la servitude du pouvoir civil. On a donné le titre d'une de ces lettres qui, par les quatre derniers mots, pourra aider à juger des autres : *Carta pastoral sobre la secularisacion de curatos y doctrinas* que en el Obispado de la Puebla obtenian los religiosos, hecha en virtud de cedula real, Puebla, 1750.

Beristain, Bibliotheca hispano-americana, t. I, p. 5-6. — Hernaes, Coleccion de Bulas, t. II, p. 15-64. — Miguelez, Jansenismo y regalismo, Valladolid, 1895.

F. TOURNIER.

16. ALVAREZ DE ABREU Y VALDÈS (MIGUEL ANSELMO) naquit à La Palma, dans l'île de Ténériffe de l'archipel des Canaries. Il appartenait à la famille de Abreu, grands d'Espagne, qui, dans les hautes charges religieuses et civiles se distinguèrent comme de fameux régaliens. Son père, D. Santiago, était inspecteur général des îles Canaries et son oncle paternel fut évêque de Puebla (voir l'article précédent). D. Miguel Alvarez étudia à l'université de Séville, où il prit le grade de docteur en droit canonique; plus tard, il est secrétaire de l'évêque de Ségovie, D. Dominico Valentin Guerra, qui fut le confesseur de la reine d'Espagne, et archevêque d'Amida; il est enfin chanoine et dignitaire (dignidad) de son église natale de La Palma (Canaries) et juge de la « Santa Cruzada », quand son oncle, l'évêque de Puebla, l'obtient comme coadjuteur, avec le titre d'évêque de Cisame in partibus. En 1762, il fut promu au siège épiscopal de Comayagua (Honduras), auquel il renonça, et, en 1765 (22 mars), à celui d'Antequera (ancien nom ecclésiastique d'Oaxaca, Mexique). Il fit son entrée le 16 décembre 1765 et gouverna cette Église jusqu'à sa mort (17 juillet 1774).

Ce prélat fut remarquable par son activité et sa charité. Une notice manuscrite, publiée récemment par un de ses successeurs, a donné quelques chiffres qui nous montrent qu'il accomplit fidèlement son devoir de visite, qui n'était pas alors sans mérite dans ces régions difficiles. On compte, dans les Vallées, 14734 confirmations, 23695 à Mixtèca, 4594 à Miahuatlan. Le chiffre d'ordinations aux ordres sacrés, en y comprenant celles qu'il conféra à Puebla, comme coadjuteur, s'élève à 2000, chiffre qui ne peut s'expliquer que par le nombre considérable de religieux et de bénéficiers de ces deux Églises. Le 30 septembre 1770, il sacra évêque D. J. Manuel Gareta, religieux mercédaire, élu au siège de Chiapa. La même notice rappelle qu'il consacra l'autel principal de la cathédrale (1772), celui de l'oratoire de Saint-Philippe (1773) et qu'il réédifia à ses frais l'église de Notre-Dame des Neiges. Elle résume enfin dans ces deux lignes un de ses meilleurs titres au souvenir de la postérité : « Il fut très charitable, et se concilia l'affection universelle par sa douceur et une égale bienveillance envers les pauvres et les riches. »

L'évêque d'Antequera appartenait à une famille de régaliens. Son oncle, l'évêque de Puebla, était fortement imbu de ces doctrines : un autre oncle, frère de l'évêque de Puebla, Félix Abreu, fut le premier marquis de la régale : son cousin Antonio Abreu, fils de Félix, hérita de ce titre, en récompense du zèle qu'il déploya dans ses écrits (Victima real) pour défendre ce droit qui enrichissait la couronne d'Espagne des dépouilles de l'Église. Il ne faut pas s'étonner qu'ayant grandi et vécu dans cet entourage, D. Alvarès Abreu ait pu s'inspirer du même esprit. Il est certain qu'il fut grand zélateur de la cause de Palafox; il est certain encore qu'il fit partie du trop fameux IVe concile célébré à Mexico, qui fut, comme tant d'autres à cette époque, le triomphe des doctrines césariennes. Le concile terminé (il avait duré du 19 janvier au 9 novembre 1770), D. Alvarez Abreu rentra dans sa ville épiscopale le 30 novembre de la même année. Il faut dire à sa décharge qu'il ne fut pas sans éprouver du remords et que ses yeux s'ouvrirent en voyant les conséquences de ces doctrines funestes. Déjà il avait assisté dans sa ville épiscopale d'Oaxaca

à l'exécution des décrets de la métropole qui chassèrent les jésuites de leurs maisons. Le 25 juin 1767, au matin, jour de la Fête-Dieu, le sergent D. Louis Milac pénétrait de force dans le collège et en expulsait les religieux, au nom de Sa Majesté. Ces violences, exercées dans les pays de la domination d'Espagne, étaient les préliminaires du bref de suppression de 1773. Un ancien et un récent biographe de l'évêque d'Antequera s'accordent à écrire que cet événement, imprévu pour lui, disent-ils, lui causa une telle impression qu'il en mourut de douleur, tant étaient grandes l'estime et l'affection qu'il portait à la Compagnie de Jésus. Ce fait nous porte à croire que, s'il assista au IVe concile de Mexico, il fut loin d'en approuver toutes les doctrines, ou du moins qu'il n'en comprit pas alors toute la portée. On a de ce prélat les deux ouvrages suivants : Pastoral a los fieles del obispado de Oaxaca sobre las virtudes heroicas del ven. obispo de la Puebla, D. Juan de Palafox, y causa de su beatificacion, Puebla, 1766; Pastoral a los curas y pretendientes de curatos del obispado de Oaxaca, Puebla, 1769.

Beristain, Bibliotheca hispano-americana, t. I, p. 6-7. — F. Hipolito Vera, Apuntamentos historicos de los concilios provinciales mexicanos, Mexico, 1893, p. 35 sq. — R. Gillow, obispo de Antequera, Apuntos historicos, Mexico, 1889, p. 108.

F. TOURNIER.

17. ALVAREZ BARBA Y OSORIO (ALONSO). Né, le 28 juin 1619, à Valderas dans la province et le diocèse de Léon, de Pedro Alvarez et Élisabeth Barba, il prit l'habit du Carmel à l'âge de quatorze ans. Orateur renommé et savant helléniste, il fut, durant vingt-six ans, professeur dans divers couvents, puis aux universités d'Avila et de Salamanque et occupa ensuite les plus hautes dignités de son ordre. Parent du vice-roi de Naples, le duc d'Astorga, il fut préconisé archevêque de Lanciano le 9 septembre 1669, fut sacré à Rome le 22 du même mois et transféré à l'archevêché de Brindisi le 28 mai 1674 (d'après les schedae de Garampi, et non le 2 juillet 1673, comme le dit Gams), mais ne voulut prendre possession de son nouveau siège qu'après avoir rétabli la paix entre deux des principales familles de la noblesse, entre lesquelles existait une inimitié mortelle. Il fit son entrée solennelle dans cette ville le 9 juillet. Deux ans plus tard, le 22 juin (le 16 mars, dit Gams, p. 863, qui se corrige, p. 920) 1676, il fut transféré à l'archevêché de Salerne. Aussi prudent que charitable, il eut cependant des difficultés avec la cour d'Espagne à cause de son zèle pour la défense de l'immunité ecclésiastique contre les empiétements de divers grands personnages. Charles II lui écrivit, le 20 décembre 1686, une lettre où il le blâmait d'avoir lancé une ordonnance prescrivant de lui soumettre tous les écrits sur les bénéfices de son diocèse, et Alvarez dut la rapporter. Il mourut le 28 octobre 1688 et fut inhumé dans la cathédrale de Salerne (épitaphe dans Ughelli) Il ne reste de lui que deux ouvrages manuscrits.

Andrea Della Monaca, Memoria historica della città di Brindisi, Lecce, 1674, p. 714-716. — Daniel a Virgine Maria, Speculum carmelitanum, Anvers, 1680, t. II, p. 937-908, 1081, 1083. — Ughelli-Coleti, Italia sacra, Venise, 1720-1722, t. VI, col. 794; t. IX, col. 45; t. X, col. 333-335.—Bibliotheca carmelitana, Orléans, 1752, t. I, col. 40; t. II, col. 889-890. — V. Guerrieri, Articolo storico su' vescovi della chiesa metropolitana di Brindisi, Naples, 1846, p. 122-123. — Cappelletti, Le Chiese d'Italia, Venise, 1866, 1870, t. XX, p. 312; t. XXI, p. 89, 121.—De Bartolomeis, Storia di Salerno, Salerne, 1895, t. II, p. 63-64. — Vicenzo d'Avino, Cenni storici sulle Chiese di R. delle due Sicilie, Naples, 1848, p. 287-291.

J. FRAIKIN.

18. ALVAREZ DE CALDAS, évêque d'Oviedo (1605-1612) et d'Avila (1612-1615). Né à Caldas (diocèse d'Oviedo), d'une grande famille, souche des comtes de

Nave, il était le plus jeune de nombreux frères, et fit, pauvrement, ses études. Il étudia la grammaire à Léon et la philosophie à Salamanque; dans cette même ville, en qualité de boursier au collège de Santa Maria (fondé en 1522 par don Juan de Burgos et supprimé depuis faute de ressources), puis au *Colegio Mayor* de l'archevêque, il étudia le droit civil et le droit canon. Il enseigna alors, en droit, à l'université. Puis il prit son doctorat, à Sigüenza; à ce moment, il trouva vacante une prébende doctorale de cette église jointe à une chaire de l'université; Alvarez, qui n'avait pas trente ans, l'obtint au concours. Il vécut six années à Sigüenza, où il devint doyen de la faculté de droit canonique. Nommé ensuite inquisiteur à Barcelone, il eut l'occasion de servir le roi Philippe II dans les débats importants des cortès de Monçon, en 1585. Très estimé du vice-roi de Catalogne, il se vit offrir par le roi l'évêché d'Urgel, qu'il n'accepta point, parce qu'il avait eu, en sa qualité d'inquisiteur à Barcelone, à procéder contre certains habitants de cette ville, accusés d'avoir tué un témoin cité devant l'Inquisition. Le cardinal de Quiroga le fit nommer au *Conseil suprême de l'Inquisition* en 1589; il fut peu après envoyé à Grenade par l'inquisiteur général pour juger et châtier sévèrement des judaïsants; il s'en acquitta à l'entière satisfaction de ses supérieurs, et, revenu à Madrid, le roi lui donna en récompense un bénéfice simple à Santa Maria la Mayor de Trujillo.

Philippe III l'utilisa dans de nombreuses commissions et lui conféra le prieuré d'Aracena en Andalousie. Il fut ensuite désigné pour la visite et la réforme de l'université de Salamanque; les statuts qu'il rédigea à cet effet, avec grande prudence, furent approuvés par le roi à Villar del Horno, le 28 février 1604; sa décision de faire durer huit mois l'année scolaire fut imitée à Alcala et à Valladolid.

L'évêché d'Oviedo se trouva alors vacant; Alvarez y fut nommé. Il fut consacré dans le collège des jésuites de Valladolid par don Juan Bautista Azevedo, inquisiteur général et évêque de cette ville. Les constitutions qu'il promulgua aussitôt ont été imprimées à Valladolid en 1608. Il prit possession de son évêché le 29 mars 1605. En 1610, le roi le chargea de visiter l'*audiencia* (tribunal) de la Corogne; l'inspection dura un an; puis l'évêque vint rendre compte à la cour de l'état du tribunal, et il resta à Madrid seize mois; c'est à cette époque que, par ordre du roi, il assista au chapitre général des hiéronymites tenu à San Bartolomé de Lupiana. Il fut également chargé d'organiser les funérailles de l'infant don Alonso el Caro, à l'Escurial.

Il fut alors nommé (1612) à l'évêché d'Avila. Trois ans après, il était promu à Malaga; mais il ne prit point possession de son siège, étant mort à Avila, le 19 octobre 1615, à soixante-treize ans.

Il avait bâti à Caldas une église, qui fut dédiée à saint Jean-Baptiste; il laissa une rente de 400 ducats à Caldas également, pour doter chaque année quatre orphelines pauvres, et une autre somme pour entretenir un maître d'école. Il laissa ses biens aux églises et aux pauvres des lieux où il avait eu des revenus.

Gil Gonzalez Davila, *Teatro eclesiastico*, Madrid, 1647, t. II, p. 310. — *España sagrada*, t. XXXIX, p. 141 sq.

M. LEGENDRE.

19. ALVAREZ DE CORDOUE (Bienheureux), naquit, selon les uns, à Cordoue, ce que semblerait indiquer son surnom; d'autres auteurs, parmi lesquels Lopez, Sousa, le font naître à Lisbonne. Une date fixe est celle de son entrée au couvent des dominicains de Saint-Paul de Cordoue, en 1368. Pendant que saint Vincent Ferrier évangélisait le royaume de Valence et la Castille, Alvarez était l'apôtre de l'Andalousie. Après ces travaux apostoliques, il passe en Italie et delà en Terre Sainte et est de retour en Espagne en 1405. La mort du jeune roi de Castille, Henri II, arrivée en 1406, alors que les Maures étaient plus menaçants, faillit jeter le royaume dans une crise redoutable. Les grands avaient songé un instant à offrir la couronne de Castille à don Ferdinand, frère du roi défunt, au préjudice du fils de ce dernier don Juan. La reine Catherine, effrayée, appela à son aide Alvarez de Cordoue, qui dissuada les grands d'une démarche aussi injuste. Il eut gain de cause et Juan II fut proclamé roi de Castille, sous la régence de sa mère et de don Ferdinand. Alvarez demeura conseiller et confesseur de la reine. Une fois la Castille pacifiée au dedans, on entreprit la guerre contre les Maures, qui fut couronnée de succès. Lorsque la régence eut été divisée, la reine gouvernant la Vieille Castille et don Ferdinand la nouvelle, et surtout lorsque celui-ci eut été proclamé roi d'Aragon, Alvarez demanda à se retirer de la cour. C'est alors qu'il fonda, grâce aux largesses de la reine, à deux lieues de Cordoue, le couvent de *Scala caeli*, où bientôt on accourut de tous les points de l'Espagne pour vivre sous la direction du bienheureux. On était alors en plein grand schisme. Saint Vincent Ferrier venait de détacher de l'antipape Pierre de Luna et, à ses instances, le roi d'Aragon s'était soumis aux décrets du concile de Constance et avait reconnu Martin V; de son côté, le bienheureux Alvarez, après bien des difficultés, obtint que la cour de Castille suivit l'exemple de celle d'Aragon. En effet, la reine envoya d'abord une ambassade au concile de Constance, puis, après avoir consenti à abandonner la cause de Pierre de Luna, en envoya une seconde ambassade composée d'évêques et qui reconnut Martin V. Le bienheureux Alvarez passa le reste de sa vie dans les travaux apostoliques. Il mourut dans son couvent de *Scala caeli*, le 19 février 1420. Le culte dont il fut bientôt l'objet et le concours des fidèles toujours plus nombreux firent que Mgr de Mendoza ordonna que le corps du bienheureux, enfermé dans une châsse, serait placé dans une chapelle de l'église conventuelle. Lorsque les religieux de *Scala caeli* durent abandonner ce couvent pour habiter celui dit des Martyrs, à Cordoue, que leur avait ménagé un des leurs, Fr. Jean de Tolède, alors évêque de Cordoue, ils voulurent emporter avec eux le saint corps, mais à chaque tentative, racontent les hagiographes, il s'éleva une telle tempête qu'on dut y renoncer, persuadé que c'était la volonté du ciel que le bienheureux continuât de reposer au couvent de *Scala caeli*. Un siècle plus tard, le couvent fut restauré par les soins de Louis de Grenade et la vie monastique y put reprendre. Le culte du bienheureux Alvarez de Cordoue fut approuvé par Benoît XIV, par un décret du 22 septembre 1741.

SOURCES MSS. — *Processus Cordubensis* auct. c. anno 1628 factus pro beatificatione et canonizatione B. Alvari, ms. in-fol., 73 p. [Arch. gén. de l'ordre, x-207]. — *Processus* an. 1677, pro beatificatione B. Alvari Cordubensis, ms. in-fol., 708 p. [ibid., x-208]. — *Processus* rituali sorialis auct. apost. factus pro cultu immemorabili, an. ..., ms. in-fol., 871 p. [ibid., x-209]. — *Alia acta causae*, x-210, 211, 212, 213. — IMPR. : Benoit XIV, *De canonizatione sanctorum*, l. I, c. XXXI, n. 18; l. II, c. XXII, c. XXIV, n. 203, 204, 205, 207, 208, 210; c. LIII, n. 14; l. IV, part. 2, c. IV, n. 7. — Juan de Ribas, *Vida y milagros del b. fray Alvaro de Cordoba, del orden de predicadores, hijo del real convento de San Pablo de Cordoba*, Cordoba, 1687. — Touron, *Hommes illustres de l'ordre de Saint-Dominique*, Paris, 1746, t. III, p. 98-110. — *Année dominicaine*, Amiens, 1679, février, p. 643-651; nouvelle édition, Lyon, 1884, févr., p. 649-659. — Thomas Austin Dyson, *Bl. Alvarez of Cordova*, dans *Stars in Saint Dominic's crown*, New York, 1890, n. 163-178. — Mortier, *Histoire des maitres généraux de l'ordre des frères prêcheurs*, 1909, t. IV, p. 210-214, 455, 648.

R. COULON.

ALVAREZ DE LA FUENTE (José), originaire [de Ma]drid, frère mineur de la province de Castille, précepteur du roi, érudit, vivait en 1732. Il écrivit en espa[gnol] la succession des papes, 8 vol. in-8°, Madrid, [un ouvrage] sur la canonisation des saints; sur les anciennes [églises e]t cathédrales d'Espagne, 2 vol. in-fol.; l'histoire [chrono]logique des cardinaux franciscains; la vie de [Jean de] Zumarraga, frère mineur, premier évêque de [Mexi]co; *Diario historico-politico-canonico-moral*, 13 vol. [pet]it imprimés en 1732 et les années suivantes.

[Joh]annes de Sancto Antonio, *Bibliotheca franciscana*, [M., I]I, 1732, t. II, p. 238. — Marcellino da Civezza, *Saggio [di bib]liografia sanfrancescana*, Prato, 1879, p. 15.

ANTOINE de Sérent.

ALVAREZ GUERRERO (ALONSO), et non pas [Gu]ero, comme l'appelle Ughelli-Coleti, ni Equar[og]omme l'appelle Nardelli. Né à Almodavar (Por[tugal], il fut membre du conseil royal et préconisé, le [...]. (et non le 31 juillet, comme le porte Cappelletti) [évêqu]e (et non 1577, comme on le lit dans Nardelli), [siè]ge de Monopoli. Il mourut en 1577. B. J. Gallardo, *[Ensa]yo de una biblioteca española*, Madrid, 1863, p. 164-[16]5; J. E. Serrano y Morales, *Diccionario de las im[pren]tas que han existido en Valencia*, Valence, 1898-1899, [p. 11]0-111, 234-235, mentionnent les trois ouvrages [suiva]nts, imprimés à Valence et composés par le [di]t Alonso Alvarez Guerrero, juriste : *Las [Qui]ñas del Castillo de la Fáma*, dédié à Charles-[Quint], 1520; *Liber aureus perutilis ac necessarius de [adm]inistratione justicie*, in-fol., 1520; *Tractado de la [co]sa que se ha de tener en la celebracion del general con[ci]lio*, in-4°, 1536. Nous ne savons pas cet auteur est le [mêm]e que l'évêque de Monopoli, qui, dans ce cas, [aur]ait été bien jeune quand il composa le premier de [ces] ouvrages, et bien âgé lorsqu'il reçut le caractère [épis]copal. Remarquons, cependant, qu'il est qualifié, [dans] les Actes consistoriaux, de *doctor in utroque* : [un bie]n licencié devenu docteur, et que le titre du der[nier] de ces ouvrages semble indiquer que l'auteur [étai]t un ecclésiastique.

[Ugh]elli-Coleti, *Italia sacra*. Venise. t. I, col. 899. — [Na]rdelli, *La Minopoli o Monopoli manifestata*, Naples, [in-4]°, p. 187. — Cappelletti. *Le Chiese d'Italia*, t. XXI, [p. ...]. — Eubel-van Gulik. *Hierarchia catholica medii aevi*, [Müns]ter, 1910, t. III, p. 265.

J. FRAIKIN.

ALVAREZ GUTIERRE DE TOLEDO, évêque [espag]nol († 1508); il naquit de Garcia Alvarez de [Tol]edo, premier duc d'Albe, et de la duchesse Maria [Enri]quez, sa femme. Il fut élevé par Fernand de Tala[vera], premier archevêque de Grenade, dont le palais, [selon G]onzalez Davila, était la plus haute école de [scien]ce et de vertu qui existât alors en Espagne. [Nom]mé chanoine de la cathédrale, il gouverna le dio[cèse] après la mort de l'archevêque, durant les sept [anné]es de la vacance du siège. Il fut ensuite élu évêque [de P]lasencia. Peu de temps après son installation, le [4 m]ars 1498, il accepta une proposition de permu[tati]on de biens, qui devait lui attirer les plus grands [enn]uis. Il consentit à recevoir du doyen du chapitre [la m]oitié de la ville de Narahizejo, bien capitulaire, [en éc]hange du cinquième du revenu des dîmes perçues [au bé]néfice de la mense épiscopale, à Collado, Torre[jón], Passaron, Texeda, Arroyo-Molinos et Maipartida [de P]lasencia. Mais l'évêque ne tarda pas à s'aperce[voir] qu'il avait grandement perdu au change. Il re[fu]sa d'exécuter les clauses du contrat. Cependant, les [chan]oines réussirent à faire confirmer l'arrangement, [conc]lu entre eux et leur évêque, par le pape, le [5 ja]nvier 1503. Un procès fut engagé et ne se ter[mina] que dix ans plus tard par une transaction sur[venu]e entre le chapitre et le successeur d'Alvarez. [L'év]êque regretta pourtant d'avoir entraîné les cha-

noines dans un procès dispendieux et, tout en maintenant ses prétentions, il laissa par testament au chapitre une somme de cinquante mille maravédis.

L'un de ses premiers soins, en prenant possession de son siège, avait été de faire reconstruire l'église de Plasencia. Dans une des chapelles qui avaient été terminées de son vivant, il fit sculpter son blason sur un panneau doré du côté de l'épître.

En 1505, il profita de la vacance de l'archidiaconé de Truxillo et de Medellin pour se conformer aux instructions du Saint-Siège visant le morcellement des trop grandes circonscriptions ecclésiastiques. Il divisa l'archidiaconé en deux parties égales, affecta à chacune d'elles la moitié des revenus de la prébende primitive et nomma deux titulaires.

Il mourut en août 1506, à Ségovie, où il fut enterré.

Alonso Fernandez. *Historia y Anales de la ciudad y obispado de Plasencia*. Plasencia, 1627. p. 156-158. — Gil Gonzalez Davila, *Teatro ecclesiastico*, 1647. t. II, p. 493, 494.

P. SICART.

23. ALVAREZ DE L'ILE (ANDRÉ), général des franciscains. Il était fils de Fernand Alvarez, secrétaire du roi de Portugal, et naquit à Lisbonne, dans les premières années du XVIe siècle. Le 10 juin 1521, il prit l'habit de saint François, au couvent de récollection de Notre-Dame de l'Ile, situé sur les bords de l'Océan, à l'embouchure du Minho, non loin de la ville de Caminha. Peu de temps après sa profession, on l'envoya étudier au grand couvent de Paris. Au bout de neuf ans (donc vers 1531), son cours d'études était achevé. De Paris, il alla à Anvers, comme prédicateur des Espagnols. Le général de l'ordre, Vincent Lunel, élu en 1535, l'envoya au roi de Portugal, afin de contribuer à pacifier la province franciscaine, qui avait été scindée, en 1533, selon l'historien Gonzague, en province de Portugal et province d'Algarve. Il fut chargé par ses compatriotes, probablement en 1536, d'aller demander, pour ces deux provinces, un commissaire capable, lequel fut Jean de Calvi. Celui-ci, ayant rétabli définitivement la paix, tint un chapitre à Lisbonne, où André Alvarez fut nommé custode. C'est en cette qualité qu'il alla, en 1541, au chapitre de Mantoue, où Jean de Calvi fut élu général. Le chef de l'ordre l'envoya faire la visite de la province de Basse-Allemagne, puis il revint à Naples. Réclamé par le roi, il dut repartir en Portugal et fut élu ministre provincial à Lisbonne. Après son triennat, on lui confia de nouveau la charge de custode. Une seconde fois, il dut se rendre au chapitre général, qui se tenait à Assise, à la Pentecôte de 1547. Les suffrages des vocaux de l'ordre se portèrent sur lui, le 28 mai, au premier tour de scrutin.

Il consacra la première moitié de son sexennat à la famille ultramontaine et la seconde à la famille cismontaine. Après son élection, il se rendit en Portugal, visita l'Espagne, la France et l'Allemagne, tenant partout des chapitres provinciaux. Il était en Allemagne quand le roi de France, Henri II, qui l'avait reçu honorablement à son passage, le réclama de nouveau. Il fit d'excellents règlements pour le bien de l'ordre en France et la conversion des protestants. Ce devait être vers 1550. De France, il passa en Italie, où il érigea, dans le royaume de Naples, deux custodies de frères mineurs réformés.

Son action ne se borna pas aux seuls religieux du premier ordre, il s'occupa également des religieuses et des tierçaires. En 1547, il soumit à Paul III des règles qui furent approuvées pour les tierçaires réguliers et séculiers. C'est grâce à lui que le tiers-ordre prit un nouvel épanouissement. Il ne fut pas moins zélé pour les missions. A la demande du roi de Portugal, Jean III, il envoya aux Indes orientales d'excellents religieux, dont les travaux et les succès prodigieux rappelèrent, sans exagération, les plus beaux temps du christianisme. En 1550, il fonda la province de Santa Fé, dans la Nouvelle-Grenade. Le roi d'Espagne avait pour lui tant d'estime qu'à sa demande il fit nommer six franciscains évêques.

Il indiqua le chapitre général à Salamanque, pour la Pentecôte de 1553. Malgré la guerre entre l'Espagne et la France, tous les vocaux y vinrent. Au moment où l'assemblée allait s'ouvrir, il fut mandé à la cour du roi catholique, mais sa rapide expédition des affaires lui permit de revenir à bref délai à Salamanque. Chaque jour, il faisait un sermon en latin aux capitulaires, et, le 20 mai, dans celui qu'il adressa pour confirmer son successeur, Clément Dolera, les assistants ne purent retenir leurs larmes. Élu commissaire général de la famille ultramontaine, il fut cinq jours avant que de consentir à cette charge, et ce ne fut qu'à la condition d'aller passer en paix deux mois dans son couvent de Notre-Dame de l'Ile, d'où lui est venu son nom latin, *Insulanus*. Pendant son généralat, il y était revenu à deux reprises.

Sa charge de commissaire expira en 1559. Le 7 février 1561, un bref de Pie IV lui enjoignait de venir au plus vite prendre part aux travaux du concile de Trente, avec les évêques de Portugal, et d'y demeurer jusqu'à ordre contraire du pape. Le continuateur des Annales de Wadding, qui écrit qu'André Alvarez était docteur en théologie, fait remarquer que les historiens du concile ne mentionnent même pas son nom.

Deux fois encore, son intervention apparaît : en 1565, pour l'érection d'une custodie de récollets dans la province de Portugal, et en 1568, pour l'érection de cette custodie en province régulière, sous le titre de Saint-Antoine. On ignore la date de sa mort.

Fr. de Gonzaga, *De origine seraphicae religionis*, Venise 1603, p. 920, 937, 939, 1171, 1346, 1349, 1570. — Wadding, *Annales minorum*, Rome, 1733, t. IX, p. 114; t. XVIII, p. 220, 221, 254, 255, 259, 432, 433, 464, 470, 478, 513; t. XIX, p. 13, 86, 212, 250, 551; t. XX, p. 372. — Gubernatis, *Orbis seraphicus*, Rome, 1682, t. I, p. 227-228. — Patrem, *Tableau synoptique de l'histoire de l'ordre séraphique*, Paris, 1879, p. 60. — Van den Haute, *Brevis historia ordinis minorum*, Rome, 1777, p. 333-334. — Holzapfel, *Manuale historiae ordinis minorum*, Fribourg, 1909, p. 276, 521, 621.

Antoine de Sérent.

24. ALVAREZ NUNIUS, archidiacre de la cathédrale de Léon, élu évêque de son diocèse en 1242, le dimanche de la sexagésime, selon une inscription qui se lit sur la couverture d'un livre d'obits de la cathédrale. L'élection fut contestée. Mais Alvarez se saisit de l'administration du diocèse et prit le titre d'*évêque élu*.

C'est ainsi que, le 4 décembre 1242, il rendit un jugement en faveur des vassaux qu'avait le chapitre dans les quatre villages de Santa Christina, de Gallegos, de Vega et de Castro. Il les exonéra de la charge d'entretenir le château fort de Castro-Tierra et la remplaça par une taxe de capitation de deux sous, à la satisfaction des vassaux.

L'année suivante, son nom reparaît sur des actes de caractère privé, avec cette particularité que dans deux d'entre eux une erreur de copie lui substitue le nom de son prédécesseur, Martin Alvarez, décédé à cette époque.

Cependant le pape Innocent IV résolut de mettre fin à la situation irrégulière du diocèse de Léon. Le 27 janvier 1244, il ordonna aux évêques d'Orense et de Palencia de confirmer ou d'annuler l'élection d'Alvarez Nunius. Elle fut confirmée. Dès le commencement de 1246, la signature de l'évêque n'est plus suivie de la mention *élu*. Ainsi apparaît-elle dans une pièce des archives du monastère de Sahagun, datée du 6 février 1246, où l'évêque autorise un accord entre les moines de Sahagun et un prêtre de Vilardiga (Arch. de Sahagun, *art.1146*), et encore dans une lettre du 15 juin 1246, où il nomme chapelains de l'église de San Lorente de Sobradiello deux prêtres présentés par le camérier majeur de Sahagun. Arch. de Sahagun, *art. 1539*. En 1246 il signe, comme partie, le contrat de vente d'une maison, située à Escalada, près de Léon, et cédée au chapitre par les moines de Saint-Rufin, qui occupaient le couvent de San Miguel de Escalada.

Le calendrier des obits de la cathédrale donne pour date de sa mort le 17 avril 1252. Le même registre nous apprend que, pour faire célébrer une messe annuelle où les prêtres devaient revêtir des chapes de soie, il laissa le tiers des maisons de la *herreria*, à côté de San Benito, ainsi que la moitié de l'église de San Juan de Carlamaz de Valderas.

Francisco Truxillo, *Antiguedad de la Iglesia de Leon*, ms. 5560 de la bibliothèque nationale de Madrid, fol.215-217. — Florez, *España sagrada*, t. XXXV, p. 308-313. — *Indice de los documentos del monasterio de Sahagun*, Madrid, 1874, p. 438, 535, 536. — Eubel, *Hierarchia catholica medii aevi*, t. I, p. 312.

P. Sicart.

25. ALVAREZ OSORIO (Juan), évêque espagnol. Descendant de l'ancienne famille des marquis d'Astorga, il reçut très jeune le titre de chanoine d'Astorga, puis celui de chanoine de Séville et enfin d'abbé de Sainte-Léocadie. Son oncle, le cardinal Balthasar Moscoso y Sandoval, archevêque de Tolède, l'attacha à sa personne en qualité de conseiller. Le successeur du cardinal Balthasar le maintint dans cette charge jusqu'au mois de juin 1672, époque où il fut présenté pour l'évêché de Léon; le 4 avril de l'année suivante, il prit possession de son siège. Il autorisa le chapitre à faire une transcription de ses constitutions en un format plus commode que l'énorme in-folio dont on s'était servi jusque-là. Mais la réforme s'arrêta à ces changements matériels et ne porta nullement sur les constitutions, comme l'ont cru certains auteurs. Alvarez fut transféré à l'évêché de Plasencia en novembre 1679. Mais il mourut le 12 mars 1680, avant d'avoir reçu les bulles.

Catalogo de los señores obispos que han ocupado la silla pontificia de la ciudad de Plasencia, ms. de la bibl. de l'Acad. de l'histoire de Madrid C, 7, est. 29 gr. 12, fol. 296 v°. — Florez, *España sagrada*, t. XXXVI, p. 166, 167.

P. Sicart.

26. ALVAREZ DE PALMA (Blas Joaquim), évêque successivement d'Albarracin et de Teruel et archevêque de Grenade de 1815 à 1837, année où il mourut.

La Fuente, *Historia eclesiástica de España*, t. VI, p. 233.

P. Sicart.

27. ALVAREZ DE PAZ (Diego), jésuite espagnol, un des maîtres les plus sûrs de la théologie mystique, naquit à Tolède en 1560. A l'âge de dix-sept ans, le 24 février 1578, il entra au noviciat d'Alcalá, et passa en 1585 dans la province du Pérou. Il enseigna la philosophie, la théologie et l'Écriture sainte au collège de San Pablo de Lima, fut recteur des collèges de Quito, de Cuzco, de San Pablo, et vice-provincial de 1607 à 1609; chargé en 1617 du gouvernement de toute la province, il donna une nouvelle impulsion à l'étude de la théologie et ouvrit (1er janvier 1619), dans les environs de Lima, le *séminaire* destiné à l'éducation des fils de caciques; il inaugura également à Cuzco, le 31 juillet de la même année, le collège San Bernardo pour les fils de *conquistadores*. Il mourut à Potosi, au cours d'une de ses visites, le 17 janvier 1620.

Ce n'est pas ici le lieu d'exposer sa doctrine mystique; elle a été suffisamment étudiée par le P. Auguste Poulain, *Dictionnaire de théologie catholique*, Paris, 1903, t. I, col. 928-930. Ses écrits, souvent réédités, sont encore recherchés et goûtés de nos jours :

1° *De vita spirituali eiusque perfectione*, in-fol., Lyon, 1608, avec dédicace à Paul V; Lyon, 1611; Mayence, 1614; abrégé par le P. Juan Camacho, in-8°, Valencia, 1655; — 2° *De exterminatione mali et promotione boni*, in-fol., Lyon, 1613; Mayence, 1614; Lyon, 1623. Avant même la publication de ce volume, un extrait en avait été imprimé, de l'assentiment de l'auteur, par le P. Gonzalo Barnuevo, in-12, Lyon, 1612, 1613, 1620; Cologne, 1614, 1624; Braunsberg, 1615, sous le titre : *De vita religiose instituenda*, et in-12, Douai, 1613, 1623, sous le titre : *De quotidiana virtutum exercitatione*; puis traduit ou adapté en français, en italien, en polonais, etc.; — 3° *De inquisitione pacis, sive studio orationis*, in-fol., Lyon, 1617, 1623; Mayence, 1619; in-8°, Cologne, 1620, 1628; Trèves, 1868; des extraits en ont été traduits en allemand, en français et en italien; — 4° *Opera Jacobi Alvarez de Paz Toletani e Societate Jesu*, 6 volumes in-fol., Paris, 1875-1876. Je mentionnerai encore : *La journée du prêtre et du religieux d'après Alvarez de Paz*, par l'abbé P. Lejeune, in-18, Paris, 1900.

Nieremberg, *Honor del gran patriarca san Ignacio de Loyola*, Madrid, 1645, p. 654-656. — Sotwel, *Bibliotheca scriptorum S. J.*, Rome, 1676, p. 355-356. — Giulio Cordara, *Historiae S. J. pars sexta*, Rome, 1750, t. 1, p. 277. — Nic. Antonio, *Bibliotheca Hispana nova*, Madrid, 1783, t. 1, p. 266. — Enrique Torres Saldamando, *Los antiguos Jesuitas del Peru*, Lima, p. 349-353. — [Laureano Veres], *El P. Diego Alvarez de Paz de la Compañia de Jesús*, dans *Mensajero del Corazón de Jesús*, Puebla, 1895, t. XXVII, p. 158-161. — Sommervogel, *Bibliothèque S. J.*, Bruxelles, 1890, t. I, col. 252-258; 1898, t. VIII, col. 1621. — E.-M. Rivière, *Moniteur bibliographique de la Compagnie de Jésus*, Paris, 1893, p. 25, n. 437 : sur l'attribution à Alvarez de Paz du *Mensis eucharisticus*. — Uriarte, *Obras anónimas y seudónimas S. J.*, Madrid, 1904-1906, n. 599, 609, 4113, 4224, 4518.

E.-M. RIVIÈRE.

28. ALVAREZ PEREIRA (NUNO). Voir NUNO DE SAINTE-MARIE.

29. ALVAREZ DE QUIÑONES (FRANCISCO), évêque espagnol († 1710). Il naquit à Laquelles (province d'Oviédo) et descendait de la noble et ancienne famille des comtes de La Nava. Il fut nommé professeur au collège de Saint-Antoine de Sigüenza, puis chanoine magistral de la cathédrale et enfin, premier prébendé de Séville, où ses talents et ses vertus lui valurent d'être chargé par le chapitre d'une mission confidentielle auprès du Saint-Siège. En 1691, il fut nommé par Charles II archevêque de Messine, d'où il fut transféré à Sigüenza, le 17 novembre 1698. On lui doit la construction de l'église de Saint-Jérôme de Sigüenza et l'introduction dans ce diocèse du chant solennel du *Salve* tous les samedis. En 1706, d'après Carrascal, il aurait été élu archevêque de Saragosse. Mais, s'il est vrai que cette nomination eut lieu, il ne prit jamais possession et continua à gouverner l'Église de Sigüenza, où, quelques jours avant sa mort, il recevait l'archiduc d'Autriche en qualité d'évêque du diocèse. Il mourut le 22 septembre 1710. Son corps fut inhumé dans la chapelle principale de la cathédrale de Sigüenza. Sur la pierre tombale, une inscription élogieuse rappelle son nom et ses vertus.

Joseph Renales Carrascal, *Catalatto seguntino*, Madrid, 1742, p. 127-129. — Antonio Carillo de Mendoza, *Serie cronológica de los obispos de Sigüenza*, ms. de la bibliothèque nationale de Madrid, n. *13073*, fol. 73.

P. SICART.

30. ALVAREZ RODRIGUE, évêque espagnol, nommé au diocèse de León en juillet 1209. Il figure en cette qualité dans divers actes de donation de cette année-là, mentionnés au *Libro grande* de la cathédrale, fol. 50 et 54. En 1216, le pape Honorius III le chargea, de concert avec l'archevêque de Compostelle et l'évêque d'Astorga, d'obliger, sous peine de censures ecclésiastiques, le roi Henri de Castille à respecter le traité de paix que ce prince avait signé avec le roi de León, à Valladolid, en 1209.

En 1217, il donna des *fueros* à la ville d'Avelgas, vassale du chapitre. Un procès en cour de Rome lui fut intenté par les « portionnaires ». Ceux-ci étaient des ecclésiastiques, dont la fonction consistait à chanter l'office divin à la cathédrale avec les chanoines. On les rémunérait en partageant entre plusieurs d'entre eux les revenus d'une seule prébende. Mais celle-ci était souvent morcelée, ou, comme on disait alors, « portionnée » à l'excès et, par conséquent, insuffisante. Ce fut le cas pour le diocèse de León. Le pape nomma une commission d'enquête composée du trésorier, de l'écolâtre et d'un chanoine de la cathédrale de Zamora, et il confia la résolution de l'affaire au cardinal Pélage Galvan, originaire du diocèse de León. La sentence fut rendue et confirmée par le pape au Latran, le 25 mai 1224. Les plaintes des portionnaires y sont reconnues fondées; mais l'évêque Alvarez est mis hors de cause, parce que le développement excessif de l'institution des portionnaires à León était antérieur à sa nomination et que lui-même n'avait pas les moyens d'assurer leur subsistance. Un règlement concernant la discipline des chanoines compléta la sentence et figura, depuis, dans toutes les constitutions de l'Église de León. On le trouve dans les folios 3 au 8 du *Libro de constituciones*. Certains auteurs ont prétendu qu'à la suite de ce procès l'évêque fut déposé. Mais les termes du jugement n'autorisent pas cette hypothèse et, d'ailleurs, la signature d'Alvarez Rodrigue, « évêque de León », continue de paraître sur divers actes de l'année 1228 et des années suivantes.

Pendant toute la durée de son épiscopat, il eut des luttes à soutenir contre les albigeois, dont l'hérésie s'était introduite dans le diocèse de León. Il dut expulser plusieurs d'entre eux, qui avaient réussi à troubler la piété des fidèles, en représentant comme désagréable à Dieu la coutume de faire brûler des cierges devant les statues de la Vierge.

A la mort du roi Alphonse IX, en 1230, Alvarez munit sa ville épiscopale d'armes et de soldats, pour la défendre contre les attaques des seigneurs de Galice et des Asturies, qui voulaient empêcher l'infant Ferdinand III le Saint, de succéder à son père.

Le dernier écrit où paraît la signature de cet évêque est un acte de donation qu'il fit en faveur de doña Urraca Suarez, le 1ᵉʳ mars 1232. Il mourut quelques jours après, le 8 mars de la même année.

Francisco Truxillo, *Antiguedad de la Iglesia de Leon*, ms. *5500* de la Bibliothèque nationale de Madrid, fol. 207-211. — Florez, *España sagrada*, t. XXXV, p. 282-297, 424-428. — Manuel Risco, *Historia de la ciudad y corte de Leon*, Madrid, 1792, t. I, p. 71, 75. — Eubel, *Hierarchia medii aevi*, t. I, p. 312.

P. SICART.

31. ALVAREZ DE TOLEDO (GARCIA), évêque d'Astorga. Entré dans les ordres comme cadet de famille, il fut nommé à l'évêché d'Astorga, en 1464; le 9 juin de cette année-là, un mandataire se présente en son nom au chapitre pour exercer l'office de *provisor*.

L'évêque Alvarez vit commencer le marquisat d'Astorga, en la personne de don Alvar Perez Osorio, ainsi récompensé d'importants services rendus au roi Henri IV. Il obtint du comte de Benavente, don Rodrigo Pimentel, qu'il se désistât de ses prétentions sur une seigneurie dont les évêques d'Astorga revendiquaient la juridiction, la seigneurie de los Barrios; en 1471, le comte et les habitants de los Barrios furent absous par le pape de l'excommunication encourue au cours du conflit; en 1472, l'évêque se réconcilia avec le comte et, en 1473, don Alonso Ponce de Madrigal, chanoine et *provisor* de l'évêque, affirma solennellement la juridiction épiscopale, du consentement exprès du comte de Benavente. L'évêque mourut le 30 juin 1488. Il avait commencé, en 1471, la construction de la cathédrale, qui existe encore actuellement.

España sagrada, t. XVI, p. 276 sq. — Eubel, *Hierarchia*, t. II, p. 109.

M. LEGENDRE.

32. ALVAREZ DE TOLEDO (JUAN), naquit en 1488, de Frédéric de Tolède, duc d'Albe, et d'Élisabeth de Pimentel. Il prit l'habit dominicain au célèbre couvent de Saint-Étienne de Salamanque. Après de solides études théologiques, il enseigna pendant quelque temps dans l'ordre, mais sa haute naissance en même temps que ses talents le désignèrent bientôt à l'attention de l'empereur Charles-Quint. Celui-ci le fit nommer d'abord à l'évêché de Cordoue, le 31 août 1523. Il occupa ce siège jusqu'au 16 avril 1537, date à laquelle il fut transféré sur le siège de Burgos. L'année suivante, il fit partie de la promotion de cardinaux créés par Paul III, le 20 décembre 1538, et obtient d'abord le titre de *Santa Maria in Portico*, qu'il échangea bientôt, le 6 juillet 1541, contre celui de Saint-Sixte; le 24 janvier 1547, il opta de nouveau pour celui de Saint-Clément, qu'il conserva jusqu'au 4 décembre 1550; mais comme, le 28 février de la même année, il avait déjà obtenu le titre de Saint-Pancrace, il se trouva ainsi cumuler deux bénéfices cardinalices. Le 27 juin 1550, il fut transféré du siège de Burgos à celui de Compostelle. En 1553, Jules III l'appela à Rome et le fit inquisiteur général, en lui donnant le titre cardinalice de Santa Maria in Transtevere. En cette qualité de grand-inquisiteur, il commanda que partout le talmud fût brûlé. Le 11 décembre 1553, le pape le nomma à l'évêché d'Albano et, le 29 mai 1555, à celui de Frascati. Il mourut à Rome, le 15 septembre 1557; mais son corps, sur sa demande, fut transporté à Salamanque et enterré dans la principale chapelle de l'église de son ordre.

Eubel, *Hierarchia catholica*, t. III, p. 28, 157, 194. — Cavalieri, *Galleria de' sommi pontefici*, etc., Bénévent, 1696, t. I, p. 392; t. II, p. 219-220. — *Année dominicaine*, février, t. I, p. 760. — *Bullar. ord.*, 1740, t. IV, p. 416, 675, 677; t. V, p. 34, 38, 55.

R. COULON.

33. ALVAREZ TOLEDO (JUAN BAUTISTA), né à Guatémala, en 1655, entra chez les franciscains, où il enseigna la théologie, fut gardien de plusieurs couvents, visiteur de ceux de Nicaragua et enfin provincial. Il avait été aussi le premier titulaire de la chaire de philosophie scotiste à l'université de Guatémala. En 1708, il fut nommé évêque de Chiapas (Mexique), où il fonda un hôpital. En 1714, il fut transféré à Guatémala, où il établit un couvent de clarisses et une maison de repenties, se fit distinguer par sa générosité à l'égard des pauvres. En 1723, il était transféré à Guadalaxara, mais il ne prit pas possession de ce nouveau siège et mourut à Guatémala, en juillet 1726.

D'après Beristain, il aurait publié en Espagne des *Quaestiones quodlibetae*, et à Guatémala : *El Prelado Querubin, modelo de un perfecto provincial*; à Mexico : *Sermon de gracias por lo feliz celebracion da un capitulo*. Il aurait laissé à la bibliothèque des franciscains de Guatemala un manuscrit sur les soixante-cinq propositions condamnées par Innocent XI et un autre sur la constitution du même pape relative à l'établissement des missionnaires.

Alcedo, *Diccionario geografico-historico de las Indias occidentales o America*. Madrid, 1786-1789, t. I, p. 492; t. II, p. 313. — Beristain y Souza, *Biblioteca hispano-americana*, setentrional, Amecameca, 1883, t. I, p. 65-66. — Wittmann, *Allgemeine Geschichte der katholischen Missionen*, t. II, p. 134, 168.

U. ROUZIÈS.

34. ALVAREZ DE TOLEDO (LUIS). Voir ALVAREZ (LUIS), col. 875.

ALVAREZ (ANTONIA), cistercienne espagnole, née à Valladolid, le 25 juillet 1639. Après avoir surmonté, par de grandes austérités et la pratique de l'oraison, un caractère fort difficile, elle entra chez les cisterciennes de San Quirce de Valladolid, où elle ne voulut être admise, par humilité, que comme sœur converse. Elle fit profession en 1657, fut favorisée de divers dons surnaturels et mourut, en odeur de sainteté, le 27 janvier 1717.

Luis Alvarez de Santa Rosa, *Noticia breve de la vida y costumbres de la venerable sierva de Dios, la madre Antonia Alvarez...*, Valladolid, *Archives du monastère*.

R. TRILHE.

1. ALVARO, deuxième évêque de Lisbonne, après la conquête de cette ville par le roi Alphonse Henriquez. L'évêque Gilbert l'avait nommé son coadjuteur et futur successeur, avec assentiment du chapitre. Toutefois, quand Alvaro, après la mort de Gilbert, en 1166, prit le gouvernement du diocèse, les chanoines lui suscitèrent des difficultés, peut-être parce qu'ils réclamaient le droit d'élire leur évêque. Le différend fut porté devant le Saint-Siège, qui décida en faveur d'Alvaro; il ne s'en suivit pas un apaisement complet, puisque le cardinal Hyacinthe, étant à Braga, en 1173, en qualité de légat du pontife, prit l'évêque de Lisbonne sous sa protection, reconnut aux chanoines le droit d'élire leurs prélats dans l'avenir et ordonna que le sacre des élus serait fait par l'archevêque de Compostelle. Cette dernière disposition devait terminer le conflit qui existait alors entre l'archevêque de Braga et celui de Compostelle pour la détermination de leurs suffragants. Alvaro mourut le 11 septembre 1184.

Fortunato de Almeida, *História da Igreja em Portugal*, Coïmbre, 1910, t. I, p. 628. — D. Rodrigo da Cunha, *História ecclesiástica de Lisboa*, Lisbonne, 1642, t. I, p. 79. — João Pedro Ribeiro, *Dissertações chronológicas e críticas*, t. V, p. 175.

Fortunato DE ALMEIDA.

2. ALVARO ou **ALVARUS**, évêque de Zamora, premier de ce nom, † 1377. C'est à cet évêque et à celui de Palencia que le roi Henri II confia le soin de réconcilier sa tante, la reine doña Leonor de Navarre, avec son mari Carlos. Les prélats décidèrent la reine à retourner auprès de son mari, et le roi Henri l'accompagna jusqu'à la frontière de Navarre, où le roi Carlos la reçut « avec des démonstrations pleines de bonne grâce et d'affection. » Davila.

Eubel, *Hierarchia medii aevi*, t. I, p. 571. — Gil Gonzalez Davila, *Teatro eclesiastico de España*, Madrid, 1647, t. II, p. 404.

M. LEGENDRE.

3. ALVARO, Espagnol du tiers-ordre de Saint-François, de l'entourage de Benoît XIII, entretenait des rapports réguliers avec les magiciens de Provence, se vantait d'avoir prévu la mort accidentelle de Jean Ier, roi de Castille, en 1390, et promettait au pape la victoire finale sur ses adversaires.

N. Valois, *La France et le grand schisme*, Paris, 1902, t. IV, p. 95.

ANTOINE de Sérent.

4. ALVARO, évêque de Lamego (Portugal), depuis 1420. Il n'alla jamais dans son diocèse, en ayant confié le gouvernement à Garcia de Meneses, évêque de Silves. Celui-ci lui succéda en 1424, par l'échange des diocèses, d'après Eubel, *Hierarchia*, t. I, p. 303, 476. João Mendes da Fonseca, *Memória chronológica dos prelados de Lamego*, Lisbonne, 1789, p. 65 sq. — Joaquim de Azevedo, *História ecclesiástica da cidade e bispado de Lamego*, Porto, 1877, p. 59. — Fortunato de Almeida, *História da Igreja em Portugal*, t. II, p. 569.

Fortunato DE ALMEIDA.

5. ALVARO, évêque de Silves (Portugal), peut-être depuis 1443. En 1449, il accompagna en Flandre les infants dom Jaime, dom João et dona Beatriz, qui, après la mort de leur père, le malheureux infant dom Pedro, à la bataille d'Alfarrobeira, se réfugièrent auprès de leur tante Isabelle, duchesse de Bourgogne. Par une bulle du 15 février 1456, Calixte III fit Alvaro son légat en Portugal, en même temps que l'infant Jaime, nommé cardinal du titre de Sainte-Marie *in Porticu* et archevêque de Lisbonne, le chargeait du gouvernement de ce diocèse en son absence. Voir ci-dessus, col. 696. Ce ne fut qu'alors que l'évêque de Silves retourna dans son pays. La cathédrale de Silves étant tombée en ruine, Alvaro la fit reconstruire; et pour trouver des ouvriers, il obtint que le roi, par sa lettre du 15 mars 1458, exemptât du service des flottes les personnes qui s'emploieraient à la reconstruction de l'église. En 1467, il fut transféré au diocèse d'Évora, où il mourut en 1473.

João Baptista da Silva Lopes, *Memórias para a história ecclesiástica do bispado do Algarve*, p. 262 sq. — Francisco da Fonseca, *Evora gloriosa*, p. 291. — António Caetano de Sousa, *História genealógica da casa real Portuguesa*, t. II, p. 93 sq. — Fortunato de Almeida, *História da Igreja em Portugal*, t. II, p. 558, 577, 590.

Fortunato DE ALMEIDA.

6. ALVARO DE ABREU, évêque de Silves (Portugal) depuis 1426, transféré à Évora en février 1429 (Eubel). Le 24 juillet 1429 il présidait à Lisbonne au mariage de la princesse Isabelle, fille du roi Jean Ier, avec Philippe, duc de Bourgogne, représenté par son ambassadeur M. de Roubaix. En octobre suivant, il accompagna la princesse en Flandre, où il débarqua à l'Écluse le 6 décembre. Le mariage y fut ratifié le 7 janvier 1430, en présence d'Alvaro. Cet évêque fut très estimé par les rois João Ier et Duarte, qui lui confièrent les fonctions les plus éclatantes. En 1437, il prit part à la malheureuse expédition de l'infant Henri le Navigateur, contre Tanger. Il mourut en 1440.

Fortunato de Almeida, *História da Igreja em Portugal*, t. II, p. 557, 589. — Rui de Pina, *Chrónica de El-Rei D. Duarte*, c. II, V, VI, XXI, dans *Collecção de livros inéditos de história portugueza*, t. I, p. 77, 78, 90, 91, 137. — José Soares da Silva, *Memórias de El-Rei D. João I*, t. IV, p. 187 sq. — António Caetano de Sousa, *História genealógica da casa real Portugueza*, t. II, p. 121-122. — *Quadro lementar das relações politicas e diplomáticas de Portugal*, t. III, p. 51-52 60-61.

Fortunato DE ALMEIDA.

7. ALVARO DE SALAMANQUE, frère mineur, docteur en théologie, envoyé au pape, à la tête d'une légation, par l'université de cette ville, dont il était professeur, pour exposer les abus qui régnaient par rapport à la collation des grades. Il fut nommé par Martin V, le 22 avril 1419, doyen de la faculté de théologie.

Wadding, *Annales minorum*, t. X, p. 24, 72.

ANTOINE de Sérent.

8. ALVARO DE SÃO BOAVENTURA, évêque de Guarda, puis de Coïmbre (Portugal), fils du premier marquis de Gouvea, petit-fils, par sa mère, du duc d'Aveiro. Innocent X le nomma chanoine de la cathédrale de Coïmbre, lorsqu'il eut fini l'étude des humanités; mais Alvaro ne prit pas possession du canonicat, auquel il renonça en faveur d'Antonio de Figueiredo Andrade, et alla recevoir l'habit de capucin de la province de Saint-Antoine, dans le couvent de Castanheira, le 8 mai 1651. Ses supérieurs lui confièrent plus tard le gouvernement de quelques couvents; et le prince régent dom Pedro le désigna en 1667 comme évêque de Lamego, dignité qu'il n'accepta pas.

Nommé, en 1670, à Guarda, confirmé par Clément X et sacré à Lisbonne le 24 mai 1671, il arriva à Guarda, le 19 juillet. Peu de temps après, Alvaro fit la visite pastorale; mais l'année suivante on le transféra au diocèse de Coïmbre, dont il prit possession par procureur le 16 août 1672.

Le vieux couvent de Santa Clara ayant été envahi par les alluvions du Mondego, l'évêque de Coïmbre transféra le corps de la reine sainte Élisabeth, qui s'y trouvait, au nouveau couvent construit sur le mont voisin, le 29 octobre 1677. Il allait être nommé cardinal quand la mort le surprit le 20 janvier 1683.

Manuel Pereira da Silva Leal, *Catálogo dos bispos da Idanha e Guarda*, n. XXXIX, dans la *Collecção de documentos e memórias da Academia real da história Portuguesa*, Lisbonne, 1722. — Francisco Leitão Ferreira, *Catálogo dos bispos de Coimbra*, dans la même *Collecção*, Lisbonne, 1724. — Fortunato de Almeida, *História da Igreja em Portugal*, t. III, p. II (sous presse).

Fortunato DE ALMEIDA.

9. ALVARO (ANTONIO), cistercien, natif de Villel, seigneurie de Molina, en Espagne, premier abbé triennal du monastère de Piedra. Il était docteur en théologie de l'université de Paris. On a de lui *Oracion gratulatoria pronunciada en Zaragoza al cardenal de Tortosa con motivo de su exaltacion al sumo pontificado*. Bien que le titre soit en espagnol, le discours lui-même est en latin élégant : il fut prononcé en 1522. Alvaro vivait encore en 1541.

Muñiz, *Biblioteca cisterciense española*, Burgos, 1793, p. 20.

R. TRILHE.

10. ALVARO (JUAN), cistercien, que quelques-uns nomment Alvarez et, à tort, Zapata. Il naquit à Torralba, commune de Calatayud, en Aragon, et devint moine de Veruela, où il fit profession, le 13 avril 1565. Il remplit pendant vingt ans l'office de confesseur des moniales cisterciennes de la Zaydia à Valence; il publia pendant ce temps : *Vida penitencia y milagros de nuestro gloriosisimo padre melifluo S. Bernardo*, Saragosse, 1595; Valence, 1597. Il y ajouta, sous le titre de *Doctrina y regla breve como se ha de regir el religioso y religiosa que viven en el monasterio*, un petit traité ascétique estimé, *Fundaciones y verdadera relacion de algunas cosas particulares de los monasterios de la orden de Cister, comunmente dicha de San Bernardo, en la corona de Aragon, sacados de escritos antiguos y otras cosas que se saben por tradicion*, Valence, 1597. Jean Alvaro, chi abbé de Veruela, le 19 mars 1602, fut le dernier abbé perpétuel de ce monastère : il était visiteur des maisons de l'ordre en Catalogne, par commission de l'abbé de Citeaux. En 1612, il fut nommé évêque de Bosa, en Sardaigne, et transféré à l'évêché de Solsona, en Espagne, le 26 juillet 1613; il mourut le 13 octobre 1623, après avoir gouverné saintement son diocèse.

Antonio, *Bibliotheca Hispana nova*, Madrid, 1783, t. I, p. 632. — Gomez Uriel, *Biblioteca antigua y nueva de escritores Aragoneses de Latassa*, Saragosse, 1886, t. III, p. 415. — Janauschek, *Bibliographia Bernardina*, Vienne, 1891, n. 713, 734. — Maurette, *Series sunum. pontificum, cardinalium et episcoporum ex ord. cist. assumptorum*, ms., 1907, p. 67. — Muñiz, *Biblioteca cisterciense española*, Burgos, 1793, p. 20. — C. de Visch, *Bibliotheca scriptorum S. ordinis cisterciensis*, Cologne, 1656, p. 174.

R. TRILHE.

11. ALVARO (RODRIGUE), dominicain, appartenait vraisemblablement à la *Congregatio seu Societas peregrinantium propter Christum*. Le 6 juin 1397, Boniface IX le nomma au siège de Saint-Jean-d'Acre ou Ptolémaïs. Par la bulle de sa nomination, nous apprenons que son prédécesseur, un certain Louis, avait apostasié, *qui extra romanam Ecclesiam diem clausit extremum*. Il ne dut pas occuper longtemps le siège, car dès le 3 mars 1399, nous le voyons possédé par Frédéric de Mülhausen, des ermites de Saint-Augustin, et encore celui-ci n'était-il point le successeur immédiat de Rodrigue Alvare, mais d'un certain Nicolas, inconnu et qui était mort évêque de Ptolémaïs.

Eubel, *Hierarchia medii aevi*, t. I, p. 67. — *Bullarium ord. praed.*, Rome, 1730, t. II, p. 363, 466. — Fontana, *Theatrum dominicanum*, Rome, 1666, p. 114.

R. COULON.

12. ALVARO GARCIA (JUAN JOSÉ), évêque de Coria, occupe le quatre-vingt-dix-septième rang dans la série des évêques de ce siège. Il naquit à Budia, dans le diocèse de Sigüenza; après avoir fait de brillantes études, il fut nommé chanoine doctoral et proviseur de la cathédrale de Sigüenza. Il fut nommé évêque de Coria le 25 mai 1750 et prit possession de son siège le 17 juillet de la même année.

Il est considéré comme un des plus grands bienfaiteurs de sa cathédrale : en effet, il fit faire à ses frais la chapelle du baptistère, le pavage du cloître, les belles grilles de la *capilla mayor* et une grande partie de la chapelle des reliques.

Il mourut à Coria, le 15 décembre 1783, et fut remplacé, le 14 février 1785, par Diégo Martin, évêque de Ceuta.

E. BABIN.

ALVARUS (FERDINAND), théologien français, né vers le milieu du XVIe siècle, à Béja en Portugal, comme nous l'apprennent ses lettres de naturalité signées de Henri IV, le 19 mai 1596 et résumées dans les registres du parlement de Toulouse. Il vint se fixer dans cette ville avec deux de ses frères, médecins de quelque notoriété en leur temps. Il y fut boursier du collège de Foix; en 1586, il était prêtre et prieur de ce même collège. Nommé, en 1592, doyen du chapitre séculier de l'Isle-Jourdain par le cardinal de Joyeuse, archevêque de Toulouse, qui le chargera plus tard de la visite de son diocèse (1603), il devint, vers 1595, docteur régent de l'université de Toulouse et approuva en cette qualité divers ouvrages de science sacrée publiés à cette époque. Il testait le 30 octobre 1615 et sa mort est mentionnée en 1617. Alvarus est surtout connu par un petit traité de l'*Institution des clercs*, ou *Libellus instructorius in gratiam clericorum*, publié en 1616 et dédié à Cospéan, évêque d'Aire, en ce moment administrateur du diocèse de Toulouse. Ce qui fait l'intérêt de ce modeste volume, c'est qu'il permet de se faire une idée de la formation théologique des clercs en France, en dehors des facultés de théologie, entre le concile de Trente et l'établissement des séminaires. L'auteur était très bien placé, nous l'avons vu, pour savoir ce qu'il était d'usage d'exiger des aspirants à l'état ecclésiastique en ce temps. Le livre répondait sûrement aux besoins du moment, puisqu'il eut grand succès : il en fut fait au moins cinq éditions jusqu'en 1665.

Sous forme de catéchisme ou de dialogue entre le clerc et « le maître théologien », c'est un véritable manuel pour l'examen de la prêtrise. Ces matières ne sont toutes trait, nous dit-on dès les premières lignes, à la personne du prêtre, à son office, à son ordre. De fait, il est insisté beaucoup sur les sacrements, principalement sur l'ordre; ils occupent plus de la moitié du volume. La théologie dogmatique est représentée par le commentaire du symbole et quelques notions sur les vertus théologales. La théologie morale, qui occupe tout le reste, comprend quelques pages sur les vertus cardinales, les devoirs ecclésiastiques, l'explication du *Pater*, du décalogue et des commandements de l'Église. Le tout d'un caractère élémentaire qui ne dépasse pas la portée d'un catéchisme de persévérance. Fait significatif, l'exposé est rédigé en deux langues : en latin sur une moitié de page, en français sur l'autre; le français est là sans doute pour que le candidat puisse comprendre et le latin pour qu'il ait de quoi répondre aux examinateurs dans la langue où ils l'interrogent. Alvarus fut donc, à vrai dire, un vulgarisateur plutôt qu'un théologien.

J. Lestrade, *Les huguenots en Comminges*, Paris, 1900. — Archives du parlement de Toulouse, *96 B*, et *150*. — Ferd. Alvarus, *Libellus instructorius in gratiam clericorum*, 5e éd., Toulouse, 1665. — A. Degert, *Histoire des séminaires français*, Paris, 1912

A. DEGERT.

ALVASTRA. L'abbaye d'Alvastra en Ostrogothie (diocèse de Linköping), quarantième fille de Clairvaux, fut fondée, en juin 1143, par le roi Sverker de Suède et son épouse Ulwide; l'église fut consacrée en 1185. Grâce à d'importantes et incessantes fondations, le monastère parvint à un haut degré de prospérité. Les Annales de cette maison ne sont pas riches en événements; on signale des incendies en 1312 et 1415. L'assemblée de Västeras marque la fin de la communauté. Le 26 août 1527, Gustave Vasa exigea une contribution annuelle de l'abbé Torkill, mais il y avait placé un administrateur laïque; on ne sait exactement quand la vie régulière cessa d'y être pratiquée; il y a lieu de supposer que la présence d'un administrateur et d'une domesticité étrangère rendit aux religieux la vie monastique presque impossible et qu'ils abandonnèrent leur cloître. Les bâtiments tombèrent bientôt en ruine, à la suite des permissions données par le roi d'en détruire une partie et d'utiliser les matériaux pour d'autres constructions. Les ruines actuelles témoignent encore de la grandeur et de la beauté de l'ancienne église abbatiale.

LISTE DES ABBÉS. — Robert, 1143-1153 ? — Gérard de Maestricht, 1155, décédé à Clairvaux un 9 octobre. — Henri, 26 juin 1208. — Sven, 18 août 1225. — R(obert?), 1240. — D(avid?), 11 avril 1262. — Silvestre, 28 août 1273. — Jean, 1276. — R(obert?), 10 mars 1281. — Nicolas, abbé de Nydala, avant le 14 mai 1285, puis d'Alvastra en 1285, 4 juillet 1288. — Jean, 1289. — Abraham, 1294, 29 juin 1300. — Birger, 23 mars 1309, 5 janvier 1321, résigna avant 1324, vivait encore 1327. — Pierre, 26 décembre 1330. — Ragvald, 13 avril 1336, 1350. — Daniel, 7 février 1358. — Paul, 9 octobre 1359, 3 mai 1363. — Jean, 4 janvier 1374, 12 juin 1376. — Mathias Knop, 18 janvier 1379, déposé en 1381. — Thideman, 1381-† 1404. — Jean, 17 juin 1406, 23 octobre 1427. — Magnus, 1431, 27 mai 1436. — André, 1437, 1456, abdiqua avant 1462. — Rudolphe, abbé de Juleta?, d'Alvastra, 1459. — André, 1471, déposé en 1483. — Magnus, 1494, 20 juin 1496. — Hakan, abbé de Juleta dès 1506, d'Alvastra dès 1508, † 1513. — André, 1513. — Torkil, 1520, administrateur royal 1527, résigne en 1529.

Au nombre des religieux célèbres sortis d'Alvastra on cite Étienne, archevêque d'Upsal (1164-1185), Jean Runby (1185-1187), le prieur Pierre Olai († 1390), confesseur de sainte Brigitte, qui mit par écrit les révélations de la sainte et les traduisit en latin.

P. Ekermann, *Alvastra in Ostrogothia*, Upsal, 1722. — A. Rhyzelius, *Monasteriologia Sviogothica*, Linköping, 1740, p. 127-133. — L. Janauschek, *Orig. cisterc.*, Vienne, 1877, t. I, p. 73-74. — Frithiof Hall, *Bidrag till Kännedomen om Cistercienserorden i Sverige. I. Munkklostren*, Gefle, 1899, p. 52-61; trad. en allemand : *Beiträge zur Geschichte der Cistercienser-Klöster in Schweden* (*Cistercienser-Chronik*, t. XV, p. 167-177, 193-202), Bregenz, 1903, p. 30-50.

U. BERLIÈRE.

1. ALVÉE (Saint), solitaire. Régulièrement, le nom de cet ermite devrait être Auvieu, puisqu'une église lui est dédiée sous ce nom dans le pays du Passais qu'il habita (Domfront, Orne). Alvaeus, venu probablement d'Auvergne, reçut d'Innocent, évêque du

Mans, un lieu désert nommé Mufa, avec quelques coteaux, à la limite extrême de son diocèse, dans le Passais normand. L'ermite les défricha, s'y bâtit une cellule, puis une église qu'il dédia à saint Pierre. Quarante cellules semblables étaient en même temps élevées dans cette région par d'autres ermites. Il alla saluer Clotaire, qui revenait de Bretagne, où il avait vaincu son fils Chramn révolté, et en reçut des immunités et des privilèges. Il ne mourut qu'après 560, le 11 septembre, et fut inhumé par ses disciples là où il avait vécu.

Sa légende a le même style, parfois des expressions semblables, que les *Actus pontificum* du Mans, attribués au moine Lethald (IXe siècle). Les documents sont-ils de la même main ou remontent-ils à la fin du VIe siècle? Ce qui est certain, c'est que leur auteur, s'il n'a pas fait œuvre de pure imagination, a du moins, ce semble, rapporté, avec plus ou moins d'exactitude, les récits primitifs.

Le bollandiste Stilting déclare n'avoir pas trouvé mention du culte de saint Alvée. *Acta sanct.*, sept. t. III, p. 807-808. Les Archives nationales, *L 967*, mentionnent cependant, en une charte du fonds de Savigny, la fête de saint Auvieu comme une échéance de certaines rentes à Ambrières (Mayenne), au XIIe siècle. Le nécrologe de la cathédrale du Mans, du XIIIe siècle, insère sa fête au 2 septembre; l'abbé Guillois l'indique au 14 novembre.

Biblioth. hagiog. latina, p. 52. — A. Angot, *Diction. histor. topogr., et biogr. de la Mayenne*, Laval, 1900, t. I. p. IV. — S. Couanier de Launay, *Légendaire ou vie des saints du diocèse de Laval*, Laval, 1891, p. 35-41. — Guillois, *L'Évangile en action, ou Histoire de la vie des saints qui se sont sanctifiés dans le Maine et l'Anjou*, Le Mans, s. d., t. VI, p. 286. — Julien Havet, *Les actes des évêques du Mans*, dans *Biblioth. de l'École des chartes*, t. LIV, p. 689-691 — *Actus pontificum Cenomannis in urbe degentium*, édit. Busson-Ledru, 1902, p. XCIV. — Cochard, *Les saints de l'Église d'Orléans*, 1879, p. 203-205. — *Nécrologie obituaire de la cathédrale du Mans*, édit. Busson-Ledru, 1906, p. 242.

Louis CALENDINI.

2. ALVÉE, abbé de Saint-Père de Chartres. Alvée était d'une origine illustre. Son père, Giroard, laïc, figure dans le nécrologue de l'abbaye de Juziers, dépendant de Saint-Père de Chartres, au 8 juin. Un de ses frères, Gertrand, se trouve dans celui de Notre-Dame de Chartres, au 28 mars, sous le titre de *fidelis hujus ecclesiae*; un autre, inscrit aussi dans le nécrologe, s'appelait comme leur père, Giroard, et fut le premier vidame connu de l'évêque de Chartres. Quant à notre Alvée, il fut le premier abbé du monastère bénédictin de Saint-Père (Saint-Pierre) de Chartres, restauré après le passage dévastateur des Normands, dans le premier quart du Xe siècle.

C'est le moine Paul, rédacteur du cartulaire de Saint-Père, vers 1080, qui nous fournit le plus de renseignements.

Alvée était chanoine de Notre-Dame de Chartres quand, de concert avec l'évêque Aganon, il travailla à cette restauration. Voir ci-dessus, art. AGANON, t. I, col. 874, les détails de cette restauration et la substitution des moines bénédictins aux chanoines réguliers. Alvée, avec quelques-uns de ses chanoines, passa près de trois ans auprès de l'abbé de Fleury-sur-Loire, Vulfald, pour se former, sous sa conduite, aux exercices monastiques. Il revint à Chartres, accompagné de douze autres religieux de Fleury choisis parmi les meilleurs, pour introduire la réforme. Ils étaient conduits par Vulfald lui-même. Ragenfroi, qui avait succédé à Aganon, les reçut avec joie; il les installa dans les nouvelles constructions, obligea les anciens chanoines à se conformer à eux, et sacra lui-même Alvée comme leur abbé. Il fit au monastère ainsi réformé de nouvelles et abondantes donations; entre autres, il lui donna douze prébendes dans le chapitre de Notre-Dame. Comme Alvée signait encore une charte après l'évêque de Chartres comme *archiclavus*, le 1er octobre 940, cette restauration bénédictine paraît postérieure à cette date.

Il mourut avant 954, puisque, dans un acte de cette époque, Ragenfroi suppose qu'il n'était plus. Le nécrologe de Saint-Père l'inscrit au 17 août, le qualifie de bienheureux et dit qu'il fut inhumé devant l'autel de la Sainte-Vierge. La bibliothèque de Chartres possède encore, sous le n. *101*, des *Expositiones Origenis in Numeros et Leviticum*, données par l'abbé Alvée. Le ms. *40*, contenant les livres XXVII-XXXIII des *Morales sur Job* de saint Grégoire le Grand, fut apporté par lui de Fleury.

B. Guérard, *Cartulaire de Saint-Père de Chartres*, Paris, 1840, p. CCXL, 9, 10-12, 19-21, 35, 48, 50-53, 351. — Lépinois et Merlet, *Cartulaire de Notre-Dame de Chartres*, Chartres, 1862, t. I, p. 78, 79, 81, 111-113. — Clerval et Merlet, *Un manuscrit chartrain du XIe siècle*, Chartres, 1893, p. 116, 157, 168. — *Gallia christiana*, t. VIII, col. 1214-1215, 1217. — Mabillon, *Acta sanctor. ord. S. Bened.*, sacc. V, p. 279-285.

A. CLERVAL.

ALVELLOS (VASCO MARTINS DE), fut élu évêque de Lamego, le 10 novembre 1297. L'année suivante, il accompagna le roi Dinis à Alcanises, près de Zamora, où un arrangement eut lieu entre le Portugal et don Fernando de Castille. En juin 1302, Boniface VIII le transféra à la cathédrale de Guarda.

Peu après, la question des templiers ayant été soulevée en France, Clément V, par sa bulle *Callidis serpentis*, du 30 décembre 1308, ordonna au roi Dinis de faire emprisonner les templiers portugais, ainsi qu'on l'avait fait en France. Cet ordre rigoureux ne fut pas mis à exécution, parce que les religieux avaient pris la fuite, peut-être pour se justifier devant le pontife, lorsque celui-ci eut prescrit le séquestre de leurs biens. D'ailleurs, en Portugal et en Castille, l'opinion publique et particulièrement celle des rois leur était favorable. En 1310, deux conciles se tinrent à Medina del Campo et à Salamanque, pour faire des enquêtes sur leur culpabilité. Alvellos prit part à ce dernier, convoqué par son métropolitain, l'archevêque de Compostelle. Les évêques réunis reconnurent l'innocence des templiers, mais ils s'abstinrent de porter une sentence, jugeant plus avantageux pour les accusés que l'absolution fût donnée par le pape.

Nous ignorons la date de la mort d'Alvellos, qui, d'après Brandão, vivait encore en 1313.

Fortunato de Almeida, *História da Igreja em Portugal*, Coimbre, 1910, t. I, p. 338 sq., 569, 621, 627. — Silva Leal, *Catálogo dos bispos da Guarda*, dans la *Collecção de documentos e memórias da Academia real da história Portuguesa*, Lisbonne, 1722. — João Mendes da Fonseca, *Memoria chronológica dos prelados de Lamego*, Lisbonne, 1789, p. 38 sq. — Joaquim de Azevedo, *História ecclesiastica da cidade e bispado de Lamego*, Porto, 1877, p. 46. — Francisco Brandão, *Monarchia Lusitana*, Lisbonne, 1672, t. VI, p. 102, 106, 109 sq. — José Osório da G. e Castro, *Diocese e districto da Guarda*, Porto, 1902, p. 409. — Eubel, *Hierarchia catholica*, t. I, p. 244, 303.

Fortunato DE ALMEIDA.

ALVELT (AUGUSTIN), frère mineur de l'observance, enseignait la théologie aux jeunes religieux de sa province de Saxe, quand Luther commença ses attaques contre les dogmes catholiques. Il fut l'un des premiers à combattre ses propositions hérétiques. Dès 1518, il établissait devant le clergé de Magdebourg les vrais fondements de l'Église contre le système du novateur. Il se rencontra avec Luther à Leipzig et le harcela de sa verve mordante. L'hérésiarque, qui ne le cédait à personne dans ce genre, inspira contre lui le pamphlet connu en français sous le nom d'*Alcoran* des cordeliers. Il mourut vers 1532, laissant plusieurs ouvrages de controverse contre les protestants.

Wadding, *Scriptores minorum*, Rome, 1806, p. 30. — Sbaralea, *Supplementum ad scriptores minorum*, Rome, 1816, p. 101. — Hurter, *Nomenclator literarius*, Inspruck, 1906, t. II, col. 1257.

Antoine de Sérent.

ALVENIACI (Guillaume). Voir Alnwick (Guillaume), col. 662.

ALVENSLEBEN (Busso II), dernier évêque de Havelberg (1522-1548), né en 1468. Après avoir étudié le droit à Leipzig et à Francfort, où il obtint le grade de docteur, il fut nommé coadjuteur de Havelberg et enfin (1522) évêque; il ne fut sacré qu'en 1532. Non seulement il resta fidèle à l'Église catholique, mais il lutta de toutes ses forces contre les novateurs qui cherchaient à propager les idées de Luther dans son diocèse. Malheureusement il fut très mal secondé par son chapitre, dont la moitié des membres embrassa la Réforme. Il était en même temps prévôt de la cathédrale de Magdebourg, gouverneur de cet archevêché et conseiller du prince-électeur Joachim Ier, qui le délégua au concile de Latran. Il mourut en 1548, à l'âge de quatre-vingts ans. Après sa mort, le prince-électeur confia l'administration du diocèse à ses fils et ainsi fut accomplie la sécularisation de l'évêché de Havelberg.

Œuvres. — *Librum statutorum suae dioeceseos*, 1528; *Missale ecclesiae Havelbergensis*, 1506.

Jöcher, *Allgemeines Gelehrten-Lexikon*, Supplément par Adelung, Leipzig, 1784, t. I, col. 671. — Th. Becker, *Geschichte des Bistums Havelberg*, 1870.

A. Bayol.

ALVEQUIN (Marie), religieuse française. Elle naquit à Paris, le 17 février 1564, de Philippe Alvequin et de Marie Rolland. Elle entra à l'abbaye des bénédictines de Montmartre et aida beaucoup l'abbesse Marie de Beauvilliers dans la réforme du monastère. Après avoir été maîtresse des novices, elle exerça la charge de prieure. Le 2 juillet 1616, elle fut nommée supérieure des augustines pénitentes de Saint-Magloire, fondées en 1496. Elle rétablit le bon ordre dans la communauté avec de sages règlements et la remit en un état prospère. Elle mourut le 25 janvier 1648.

René de Biesse, *La vie et actions de la vénérable mère Marie Alvequin, dite de Jésus...*, Paris, 1649. — Lacoux, *La vie et les actions de la vénérable mère Marie Alvequin de Jésus...*, Paris, 1687.

U. Rouziès.

ALVERIUS (Saint). Honoré avec saint Sébastien, dans la cathédrale de Fossano, en Piémont. Les corps de ces deux saints furent trouvés en 1427, le 2 janvier, dans une église de la ville. Leur tombeau était recouvert d'une inscription, qui les rattachait à l'époque de Maximien et en faisait des martyrs thébéens; mais on ne dit pas si cette inscription était ancienne.

Ferrarius, *Catalogus generalis sanctorum*, Venise, 1625, p. 3-4. — *Acta sanctor.*, jan. t. I, p. 81.

H. Quentin.

1. ALVES FEIJÓ (José Luís), né à Freixo de Espada Cinta (Portugal), le 8 janvier 1816, mort à Bragance, le 7 novembre 1874. Très jeune encore, il entra dans la congrégation des religieux trinitaires à Miranda do Douro; mais, après l'expulsion des ordres religieux en 1834, il suivit à Coïmbre les études à la faculté de droit. D'abord avocat à Freixo de Espada Cinta, puis professeur de sciences ecclésiastiques au séminaire de Bragance, gouverneur du diocèse, grand-trésorier et chantre de la cathédrale, il se donnait à la prédication avec succès. En 1861, il fut élu député, en 1862, nommé vice-recteur du séminaire de Bragance et, en 1863, évêque de Macao. Toutefois Alves Feijó ne reçut pas la confirmation du pape, peut-être à cause des différends qu'il y avait alors sur le patronat du Portugal en Orient ou encore parce qu'il fut transféré au diocèse de Cabo Verde en 1865. En 1866, il expédia de Lisbonne un mandement à ses diocésains, en leur annonçant son départ prochain pour se rendre au milieu d'eux; il partit, en effet, le 19 décembre de la même année.

Alves Feijó prit part au concile du Vatican et, peu après son retour en Portugal, il fut nommé au siège de Bragance, où il fit son entrée solennelle le 29 octobre 1871. Ainsi qu'il l'avait fait à Cabo Verde, où un séminaire avait été fondé par son initiative, Alves Feijó se dévoua de tout cœur aux affaires ecclésiastiques de son nouveau diocèse. Il fit la visite pastorale et chercha toujours à rendre de plus en plus étroits ses rapports avec le clergé.

Alves Feijó fit imprimer : *Carta pastoral que dirige de Lisboa ao cabido, clero e povo da sua diocese, para sandá-los e avisá-los da sua preconização, segração e próxima partida para o meio d'elles*, Lisbonne, 1866. — *Pastoral ao clero e fieis da sua diocese*, Lisbonne, 1873.

Francisco Manuel Alves, *Memórias archeológico-históricas do districto de Bragança*, Porto, 1910, t. II, p. 118 sq. — Luís Baptista Montes, *Apontamentos para a história da diocese de Bragança*, passim. — Fortunato de Almeida, *História da Igreja em Portugal*, t. IV (sous presse). — Brito Aranha, *Diccionário bibliográphico portuguès*, Lisbonne, 1885, t. XIII, p. 65.

Fortunato de Almeida.

2. ALVES MARTINS (António), évêque de Viseu (Portugal), né à Granja de Alijó, le 18 février 1808, mort à Viseu, le 5 mars 1882. Le 21 mai 1825, il reçut à Lisbonne l'habit du tiers-ordre régulier de Saint-François et commença dès lors ses études de philosophie dans le collège que son ordre avait à Évora, sous l'invocation du Saint-Esprit. La même année, il passa à Coïmbre pour suivre les études dans le collège des Arts. Il étudiait sa troisième année de théologie, quand il fut rayé des cours universitaires à cause de ses sympathies pour la révolution constitutionnelle qui avait éclaté à Porto le 16 mai 1828. Il poursuivit ses études dans son ordre, où il mérita bientôt d'être nommé professeur. Nous n'avons pas à relater les incidents de sa vie pendant la guerre civile, à laquelle il prit part comme soldat, à l'exemple de tant d'autres religieux, dans les rangs de ceux qui soutenaient la reine dona Maria II. Ses idées politiques lui valurent, en 1832, une condamnation à mort, à laquelle il échappa par la fuite.

Après la guerre civile, Alves Martins poursuivit ses études à l'université, où il reçut le grade de docteur en théologie, en 1837. En attendant son nomination au magistère universitaire, il passa son concours pour l'enseignement secondaire et professa l'histoire et la géographie au lycée de Porto. Nommé professeur de théologie à l'université, en 1852, il renonça aussitôt à la chaire pour recevoir un canonicat à la cathédrale de Lisbonne. En 1842, il avait été élu député, et depuis lors recommença pour lui une vie politique bien accidentée. En juillet 1862, il fut nommé évêque de Viseu, confirmé le 25 septembre, sacré le 1er novembre. Le 7, il prit possession par procureur; mais sa santé ne lui permit de venir à Viseu que le 25 janvier suivant et il fit son entrée solennelle le 29. Dès ce moment il s'éloigna de la politique pour se consacrer aux affaires de son diocèse.

Alves Martins se rendit à Rome en juin 1867, pour prendre part aux fêtes du centenaire de saint Pierre. À cette occasion, il fut invité à signer l'adresse qu'un grand nombre de prélats présentèrent à Pie IX, et dans laquelle ils protestaient en faveur du pouvoir temporel et de l'infaillibilité pontificale; mais Alves Martins refusa de se joindre à eux. Cependant l'adresse ayant été publiée, Alves Martins remarqua son nom parmi les signataires, et il en fut si indigné qu'il protesta devant le ministre du Portugal auprès du Saint-Siège. Une délégation de prélats alla s'excuser auprès du ministre de l'équivoque qui avait donné lieu à l'adjonction du nom de l'évêque de Viseu. Cet incident ne refroidit nullement le zèle d'Alves Martins pour la chaire pontificale. Le 24 mars 1868, il publiait un mandement où les attentats des révolutionnaires italiens contre le patrimoine de Saint-Pierre étaient vivement condamnés, en même temps qu'il demandait les prières de ses diocésains pour le pape et pour l'Église.

Alves Martins retourna à la politique en 1868, le roi l'ayant chargé d'organiser un ministère dans des circonstances difficiles; mais il s'en détacha de nouveau en 1871. Il possédait une vive intelligence et des connaissances très vastes. Sa vie fut toujours très simple et modeste, il consacrait toutes ses ressources aux pauvres. Son nom lui survécut en Portugal comme le type de l'austérité, de la bonté et de la rude sincérité.

Entre autres ouvrages, il laissa les discours suivants : *Discurso moral e político, recitado em 4 de abril de 1836, na sé cathedral de Coimbra, por occasião da benção da bandeira do corpo da Guarda nacional da mesma cidade*, Coïmbre, 1836. — *Sermão prègado no mosteiro de N. S. da Conceição de Portalegre na solemnidade de S. Bernardo, patriarcha d'aquella Ordem*, Lisbonne, 1859. — *Sermão nas exéquias de Sua Majestade Fidelissima a Senhora D. Maria II mandadas celebrar pela camara municipal de Alijó*, Lisbonne, 1855. — *Oração fúnebre recitada nas exéquias de S. M. El-Rei o sr. D. Pedro V, no dia 11 de dezembro de 1861, na igreja patriarchal de S. Vicente de fóra*, Lisbonne, 1862.

Camillo Castello Branco, *D. António Alves Martins, bispo de Viseu*, Porto, 1870. — Clemente José dos Santos (Barão de S. Clemente), *Estatisticas e biographias parlamentares*, Porto, 1887, t. I, p. 551. — António Ennes, *O Occidente*, Lisbonne, 1882, t. v, p. 42. — Padre António Duarte Moura, *Album visiense*, Viseu, 1885, p. 65 sq. — Pedro Augusto Ferreira, *Portugal antigo e moderno*, t. XII, p. 1636 sq. — Manuel Pinheiro Chagas, *Diccionário popular*, t. XVI, p. 194-195. — Innocêncio Francisco da Silva, *Diccionário bibliográphico portuguès*, t. I, p. 86; t. VIII, p. 78. — *Portugal, Diccionário histórico, chronográphico, heráldico, biográphico, bibliográphico, numismático e artistico*, Lisbonne, 1904, p. 38 sq. — Avec une biographie, on trouvera des documents encore inédits dans mon *História da Igreja em Portugal*, t. IV (sous presse).

Fortunato DE ALMEIDA.

3. ALVES MATHEUS (JOAQUIM), célèbre orateur portugais, né à Santa Comba Dão, en 1835. Après avoir fait ses études à la faculté de théologie de l'université de Coïmbre, il fut nommé chanoine de la cathédrale d'Angra do Heroïsmo (Açores), et quelques années après transféré à la cathédrale de Braga. En cette dernière ville, il fut professeur de sciences ecclésiastiques au séminaire, jusqu'en 1878, et directeur de la bibliothèque publique. Après avoir été élu député sept fois, il fut nommé pair du royaume par lettre royale du 17 mars 1898 et prit sa place à la Chambre haute, le 15 avril de même année. Alves Matheus fut un des plus remarquables orateurs sacrés de son temps, et se distingua surtout comme apologiste. La substance doctrinale et les beautés du langage font de quelques-uns de ses discours des chefs-d'œuvre d'éloquence. Il est mort à Santa Comba Dão le 29 août 1903.

Les discours d'Alves Matheus n'ont pas été réunis. De ceux qu'il a fait imprimer, nous donnons ici la bibliographie la plus complète qui ait été publiée jusqu'à présent : — *Oração fúnebre que, nas exéquias de Sua Majestade Imperial o Senhor D. Pedro IV, celebradas no Porto na real capella de Nossa Senhora da Lapa, recitou a 24 de setembro de 1860*, Porto, 1861. — *Oração fúnebre que, nas solemnes exéquias de Sua Majestade El-Rei o Senhor D. Pedro V, mandadas celebrar na sé cathedral do Porto pela camara municipal, recitou*, etc., Porto, 1862. — *Oração gratulatória no consórcio de Suas Majestades Fidelissimas o Senhor D. Luis I e a Senhora Rainha D. Maria Pia de Saboia, que, por occasião do Te Deum mandado celebrar pela camara municipal da cidade do Porto, recitou na sé cathedral da mesma cidade em 7 de outubro de 1862*, etc., Angra do Heroïsmo, 1863. — *Oração gratulatória e conumemorativa do 1º de dezembro de 1640, que, em egual dia de 1868, recitou na sé de Braga*, etc., Braga, 1869. — *Sermão de Nossa Senhora da Lapa, pronunciado em 3 de maio de 1872, na sua real casa da cidade do Porto*, Porto, 1872. — *Oração fúnebre do marquès de Sá da Bandeira, nas exéquias mandadas celebrar na igreja da Encarnação, da cidade de Lisboa, no dia 21 de fevereiro de 1876*, Lisbonne, 1876. — *Oração fúnebre do Santo Padre Pio IX nas exéquias celebradas na sé primaz de Braga, no dia 3 de abril de 1878*, Braga, 1878. — *Oração fúnebre do bispo de Viseu D. António Alves Martins na igreja da Encarnação da cidade de Lisboa no dia 7 de março de 1882*, Lisbonne, 1882. — *Sermão na solemne inauguração do congresso cathólico, prègado na sé primacial de Braga*, Braga 1892.

Brito Aranha, *Diccionário bibliográphico portuguès*, Lisbonne, 1883, t. X, p. 380; t. XI, p. 311. — Fortunato de Almeida, *História da Igreja em Portugal*, t. IV (sous presse). — *Portugal, Diccionário histórico, chronográphico, heráldico, biográphico, bibliográphico, numismático e artistico*, Lisbonne, 1904, t. I, p. 338.

Fortunato DE ALMEIDA.

4. ALVES MENDES DA SILVA RIBEIRO (ANTÓNIO), célèbre orateur portugais, né à Penacova le 19 octobre 1838, mort à Porto le 4 juillet 1901. Il reçut la prêtrise le 25 mai 1861, après avoir fait ses études dans le séminaire de Coïmbre, et fut nommé ensuite curé de Valle de Remigio. Le 17 novembre 1863, il fut nommé chanoine de la cathédrale de Porto, charge dont il reçut l'institution canonique le 29 janvier 1864. Depuis lors, il fut professeur au séminaire de Porto. Dans les discours d'Alves Mendes, c'est moins l'éloquence sacrée que le genre académique qui domine; mais il est vraiment admirable par l'élégance du style et par la beauté de ses conceptions.

Quelques-uns de ses discours ont été publiés séparément : *Patria !* Porto, 1886; *Herculano*, Porto, 1888; *Crença e caracter, discurso no templo dos Congregados*, Porto, 1892; *A questão suprema, discurso no templo dos Congregados*, Porto, 1893; *Santo António*, Lisbonne, 1895, etc. Nous avons deux recueils de discours d'Alves Mendes : *Discursos*, 2 vol., Lisbonne, 1888, 1906; *Orações e discursos*, 2 vol., Porto, 1906. Il a écrit d'autres ouvrages dont les sujets n'entrent pas dans notre cadre.

Fortunato de Almeida, *História da Igreja em Portugal*, t. IV (sous presse). — *A Palavra* (journal de Porto), n. 18, du 5 juillet 1904. — *O Commércio do Porto* (journal de Porto), n. 157, de même date. — *O Occidente*, n. 919, du 10 juillet 1904, p. 151. — *Diário illustrado* (journal de Lisbonne), du 14 juillet 1889. — *Portugal, Diccionário histórico, chronográphico, heráldico, biográphico, bibliográphico, numismático e artistico*, Lisbonne, 1904, t. I, p. 389.

Fortunato DE ALMEIDA.

ALVIN (JEAN), général des franciscains. Il appartenait à la province de Saint-Michel en Estramadure, où il avait rempli les fonctions de lecteur de théologie et de ministre provincial, avant 1688. Il était qualificateur du tribunal de l'Inquisition, examinateur synodal du diocèse de Plasencia et custode de sa province, quand, au chapitre de Rome, il fut élu définiteur général, le 5 juin 1688. Avant cette date, il avait été secrétaire général de l'ordre. Le ministre général, Marc de Sarzosa, étant mort le 9 janvier 1690, Jean Alvin fut élu, le 24 février suivant, à Madrid, au quatrième tour de scrutin, par huit voix sur quatorze votants, en qualité de vicaire général. Le 20 août de la même année, un bref d'Alexandre VIII, obtenu à l'instigation du cardinal Cibo, protecteur de l'ordre, lui donnait le titre et les privilèges de ministre général. Il gouverna jusqu'à la tenue du chapitre de Victoria, 29 mai 1694. Alors il se retira dans un couvent solitaire de sa province d'Estramadure et refusa constamment l'épiscopat que lui offrait le roi Charles II. Le 2 février 1696, il présidait, à Ciudad-Rodrigo, une congrégation particulière pour la nomination d'un commissaire général des ultramontains. Il était mort avant la Pentecôte de 1700.

Carolus Maria Perusinus, *Chronologia historico-legalis ordinis minorum*, Rome, 1752, t. III, p. 307, 326, 327, 332-357, 376, 417, 476, 631. — Van den Haute, *Brevis historia ordinis minorum*, Rome, 1777, p. 342. — Patrem, *Tableau synoptique de l'histoire de l'ordre séraphique*, Paris, 1879, p. 76. — Holzapfel, *Manuale historiae ordinis minorum*, Fribourg-en-Brisgau, 1909, p. 289, 621.

ANTOINE de Sérent.

ALVINCZI (PIERRE), protestant hongrois, né à Magy-Enyed (Transylvanie), fréquenta les plus célèbres universités d'Italie, de Suisse et d'Allemagne. De retour dans sa patrie (1602; cette date permet de fixer approximativement celle de sa naissance entre 1570 et 1580), il fut nommé professeur au gymnase de Grosswardein et, peu après, pasteur à Kaschau ou Cassovie (chef-lieu du comitat d'Abauj-Torna, dans la Hongrie septentrionale). Il fut l'un des principaux adversaires du cardinal Pázmány, archevêque de Gran, qui dit de lui : *Ibis illa Cassoviensis* (Alvinczy) *foricas et foetutinas suas plenis in me catharactis infami calamo sparsit*. Ce reproche de manquer de modération, ajoute l'auteur de l'article sur Pázmány dans la *Realencyklopädie*, il aurait dû se le faire tout d'abord à lui-même. Cette violence de langage était d'ailleurs dans les mœurs de l'époque. La date de sa mort n'est pas certaine; il faut cependant la placer vers 1640.

ŒUVRES. — *Tükör* (Miroir), 1614; cet ouvrage, qui était une réponse au *Kalvinista Tükör* (Miroir des calvinistes) de Pázmány, s'est perdu. — *Itinerarium catholicum azaz Nemes vetélkedés*, 1616, 1618 (anonyme); c'est la réponse au *Isteni igazságra vezérlő Kalauz* (Guide vers la divine vérité) de Pázmány. — *Gregorii Molnari grammaticae linguae latinae praecepta versibus inclusa et in usum juventutis vulgata. Postilla, azaz az Ur napjára rendeltett Evangyéliom...*, 2 vol. in-4°, Cassovi, 1633-1634. — *Rövid úti Predikátzió*, discours d'adieu à Teplitz, dans le comitat de Zips, avec une *Epithalamica Paraenesis* au comte Pierre Bethlen, in-4°, Kaschau, 1634. — *T. D. P. Ptöl kuldetett szines et Leveletre rend szerént való felelet...*, réponse au livre de Pierre Pázmány consistant en cinq lettres, Kaschau, 1639. — *Grammaire hongroise.*

Jöcher, *Allgemeines Gelehrten-Lexikon*, Supplément par Adelung, Leipzig, 1784, t. I, col. 672. — *Realencyklopädie für protestantische Kirche und Theologie*, t. XV, p. 97. — P.-C. Debrecen, *Hist. eccl. ref. in Hungaria et Transylvania access. locupl.* a F. A. Lampe, 1728. — Mailath, *Die Religionswirren in Ungarn*, Ratisbonne, 1845, t. I. — Schwicker, *Peter Pázmány und seine Zeit*, Cologne, 1888.

A. BAYOL.

ALVISE, d'abord profés de l'abbaye de Saint-Bertin, étudia à l'université de Paris, devint successivement prieur de Saint-Vaast d'Arras et abbé d'Anchin, au moins avant l'année 1112, date à laquelle le pape Pascal II lui confirme le prieuré de Saint-Georges près Hesdin. C'est en cette qualité qu'il assiste au sacre de Philippe à Reims. Son élection comme évêque d'Arras, en 1131, particulièrement agréable à Louis VI, qui écrivit au comte Thierry d'Alsace pour le recommander, fut confirmée par Innocent II. Partisan de la réforme monastique, qu'il avait introduite à Anchin, il souscrivit à la charte d'institution des chanoines réguliers de Saint-Augustin dans l'église Saint-Martin d'Amiens et introduisit la même réforme dans l'église de Mareuil en 1138. En correspondance fréquente avec saint Bernard, il fut défendu par lui auprès d'Innocent II contre les accusations des moines de Marchiennes, à qui il contestait la liberté de l'élection abbatiale, et de l'abbé de Saint-Vaast d'Arras. Non content de prodiguer ses encouragements aux abbayes, il ne craignit pas d'entrer, pour les défendre, en lutte contre leurs ennemis. C'est ainsi qu'en 1142 il excommunia Clémence, comtesse de Flandre, qui s'était emparée des biens de l'abbaye de Lehun en Santerre.

Baluze, *Miscellanea*, t. V, p. 401-426, a publié trente-quatre lettres qui lui ont été adressées et qui montrent la haute idée que tous, et notamment les souverains pontifes, avaient de son jugement.

Gallia christ., t. III, col. 324-326, 411, 398. — *Biographie nat. de Belgique*, t. I, p. 239-240. — Escallier, *L'abbaye d'Anchin*, Lille, 1852, p. 57-60.

H. DUBRULLE.

1. ALVISET (ARSÈNE), de Besançon, bénédictin, profés à l'abbaye de Faverney, le 21 mars 1644, décédé le 19 mars 1698, auteur d'un commentaire sur la règle de saint Benoît resté manuscrit.

Calmet, *Bibl. lorraine*, Nancy, 1751, p. 42. — *Matricula religiosorum congreg. SS. Vitoni et Hydulphi*, Nancy, 1782, p. 14.

U. BERLIÈRE.

2. ALVISET (ARSÈNE), de Besançon, bénédictin, profés à Saint-Pierre de Luxeuil, le 3 décembre 1707, décédé à Morey, le 17 mai 1726, a laissé : *Philosophia tyrociniana theologorum visui accommodata* (ms. 119 de Vesoul).

Matricula, Nancy, 1782, p. 36. — *Catal. gén. des mss. de France, Départements*, t. VI, p. 432.

U. BERLIÈRE.

3. ALVISET (BENOIT-VIRGINIUS), de Besançon, bénédictin, frère d'Arsène, profés à Faverney, le 23 mars 1628, se retira ensuite dans la congrégation du Mont-Cassin, vécut à Subiaco et à Lérins et mourut en 1673. Il composa : *Murenulae sacrae vestis sponsae regis aeterni vermiculatae opus de privilegiis ordinum*, Venise, 1661, ouvrage mis à l'Index le 17 novembre 1664; 2e édition, Kempten, 1679.

Armellini, *Bibl. benedictino-casinensis*, IIe part., Suppl., p. 28. — *Matricula...*, Nancy, 1782, p. 10. — Calmet, *Bibl. lorraine*, Nancy, 1751, p. 42. — Ziegelbauer, *Hist. rei litt. O. S. B.*, t. III, p. 657. — François, *Bibl. gén. des écrivains de l'ordre de Saint-Benoît*, Bouillon, 1777, t. I, p. 44.

U. BERLIÈRE.

1. ALVISI (ALFONSO). Né à Mont'Elparo, au diocèse de Montalto (Marches), suivant Cappelletti, à Ancône, suivant Fiore-Badolato, il fut d'abord vicaire apostolique d'Alatri, puis de Gerace, vicaire général de Santa Severina, de Catanzaro et de Sora, et enfin évêque de Squillace, le 31 (le 15, dit Ughelli) mai 1688. Il mourut en mai 1694, laissant le souvenir d'un prélat plein de bonté.

Ughelli-Coleti, *Italia sacra*, Venise, 1721, t. IX, col. 448. — Fiore et Domenico da Badolato, *Della Calabria illustrata*, Naples, 1743, t. II, p. 321. — Cappelletti, *Le Chiese d'Italia*, Venise, 1870, t. XXI, p. 235. — Taccone-Gallucci,

Cronotassi dei metropolitani, arcivescovi e vescovi della Calabria, Tropea, 1902, p. 39.

J. FRAIKIN.

2. ALVISI (ANDREA). Voir ALOISI (Andrea), col. 665.

ALVISINI (GIULIO), originaire de Bocchignano près de Farfa (province de Pérouse, Italie), après avoir pris son doctorat en théologie, devint recteur du Collège grec à Rome. Il traduisit alors l'ouvrage bien connu de l'abbé Barruel sur l'histoire du clergé au temps de la Révolution. La traduction parut en 3 volumes in-12, à Rome, 1794-1795, sous le titre : *Storia del clero in tempo della Rivoluzione Francese... tradotta con note e appendice dall' abate Giulio Alvisini di Farfa, rettore del pontif. Collegio greco di Roma e dottore di S. teologia*. Il la dédia à Pie VI (t. I, p. III-XII) et la fit précéder d'un « discours préliminaire » sur le « Projet des impies, parfaitement exécuté par l'Assemblée nationale pour éteindre en France en même temps et le trône et la religion catholique » (t. I, p. XV-XXXIV). Il faut remarquer qu'une autre traduction italienne de cette histoire parut en même temps à Ferrare en 1794, enrichie, elle aussi, de notes et de documents. Dans le consistoire du 11 janvier 1808, Pie VII nomma Alvisini évêque de Fossombrone. Le nouvel évêque se dévoua tout entier à son diocèse. Il réussit à augmenter les revenus de la mense épiscopale dont les biens avaient été dilapidés en bonne partie à l'époque de la Révolution française. Grâce aux secours généreux de quelques bienfaiteurs, il put rouvrir le grand séminaire fermé sous son prédécesseur, faute de revenus suffisants pour entretenir les professeurs. A l'époque du « royaume d'Italie », il dut s'éloigner pendant quelque temps de son diocèse et remplit alors les fonctions d'internonce en Russie. Il mourut en 1823.

G. Moroni, *Dizionario di erudizione storico-ecclesiastica*, Venise, 1844, t. XXVI, p. 38-40. — Cappelletti, *Le Chiese d'Italia*, t. III, p. 279-283.

G. ALLMANG.

ALVOLD. Voir ALFWOLDUS, col. 417.

ALVRES. Voir ALVARES, col. 862 sq.

ALWALA, archevêque de Lyon. Ce prélat figure dans un diplôme de Louis l'Aveugle, daté de 895. Il venait d'être élu, à ce moment, puisque son prédécesseur, Aurélien, assista encore, le 1er mai 894, au concile de Chalon-sur-Saône. Dans l'obituaire de l'Église de Lyon, la mort d'Alwala est marquée au 10 avril; nous en ignorons l'année, qui doit être postérieure à 900.

Severt, *Chronologia Lugdunensis archiepiscopatus*, 1608, p. 61. — L. Duchesne, *Fastes épiscopaux*, 1900, t. II, p. 173.

M. BESSON.

ALWALON, excommunié, au XIe siècle. Il écrivit à un évêque désigné par L... et appelé « souverain pontife », titre non encore réservé au pape, pour se faire absoudre. L'évêque accéda à sa demande, à certaines conditions rappelées à l'abbé Hildric, probablement identique à l'abbé de Saint-Germain d'Auxerre, qui vivait au début du XIe siècle.

La lettre d'Alwalon a été publiée par Martène, *Anecdot.*, t. I, p. 106.

Dom Ceillier, *Hist. des aut. eccl.*, t. XX, p. 117; 2e édit., t. XIII, p. 70. — *P. L.*, t. CLI, col. 641.

P. FOURNIER.

ALWAY. Voir AELFWIG, t. I, col. 651.

ALWIG, évêque, non pas de Lindisfarne, mais des Lindisfari ou Lindissi, peuple de la région de Lindsey (comté de Lincoln). Il fut consacré par Tatwine, archevêque de Cantorbéry, en 733, et il assista au concile de Clovensho, en 747. Simon de Durham place sa mort en 750.

Simon de Durham, *Historia regum*, éd. Th. Arnold, Londres, 1885, t. II, p. 30-40. — *Dictionary of christian biography*, Londres, 1877, t. I, p. 88. — William Hunt, *The English Church from its foundation to the Norman conquest*, Londres, 1901, p. 231. — Mac Clure, *British place names*, Londres, 1910, p. 170-171.

L. GOUGAUD.

ALWRED, pieuse religieuse de Magdebourg. Ditmar de Mersebourg (976-1019), qui l'avait connue personnellement, nous apprend qu'avec sa sœur Irmingerd, elles vivaient en commun, au service d'une église de la ville. Irmingerd, ayant perdu la vue, mourut bientôt après, le 8 février. Alwred lui survécut peu de temps. La veille de sa mort, elle eut une vision dans laquelle lui apparurent, en particulier, Taginon et Walter, archevêques de Magdebourg. Elle mourut le 22 mai, comme elle l'avait annoncé. Son nom se trouve à ce jour dans le calendrier de Mersebourg. *Zeitschrift für Diplomat. und Geschichte Archivkunde*, 1834, t. I, 114.

Monum. German. hist., Script., t. III, p. 854.

U. ROUZIÈS.

1. ALYPIUS (Saint), martyr mentionné dans les synaxaires grecs au 27 mai, avec ces simples mots : « il expira, la tête broyée à coups de pierres, » λίθῳ τὴν κεφαλὴν συντριβεὶς τελειοῦται, suivis du distique ordinaire. Il est nommé en compagnie d'autres martyrs : Eubiotus, Paul et Juliana sa sœur. Certains synaxaires le mentionnent également au 26 et au 28 mai.

Acta sanctorum, maii t. VI, p. 673. — Martinov, *Annus ecclesiasticus graeco-slavicus*, Bruxelles, 1863, p. 140. — Delehaye, *Synaxarium Ecclesiae Constantinopolitanae*, Bruxelles, 1902, col. 713, 714, 1049.

A. CHAPPET.

2. ALYPIUS. Voir ALPHÉE 2, col. 767.

3. ALYPIUS, évêque de Sela ou Sala, ville de l'Augustamnica qui ne figure pas dans les *Notitiae*. Le Quien, *Oriens christianus*, t. II, col. 551. L'assistait au concile d'Éphèse, où il prit la parole pour adhérer à la doctrine cyrillienne et condamner Nestorius; on retrouve sa signature, sous diverses formes, *episcopus civitatis Selenuntis, episcopus Ellae, Seuleus*, après la déposition de Nestorius, l'excommunication des Orientaux, la sixième session.

Mansi, *Sacror. concil. ampl. collect.*, t. IV, col. 1128, 1165, 1221, 1366; t. V, col. 531, 589, 714.

R. AIGRAIN.

4. ALYPIUS, prêtre de l'église des Apôtres, à Constantinople, est l'auteur d'une lettre à saint Cyrille, au moment du concile d'Éphèse (431). Dans cette lettre, Alypius félicitait Cyrille, alors emprisonné, de ses souffrances et le comparait à saint Athanase.

Mansi, *Sacror. concil. ampl. collect.*, t. IV, col. 1464. — Hefele-Leclercq, *Hist. des conciles*, t. II, p. 356.

U. ROUZIÈS.

5. ALYPIUS (Saint), de Thagaste. Le nom d'Alype revient souvent dans les *Confessions*, et c'est à saint Augustin que nous devons le peu près tout ce que nous savons de lui. Comme Augustin, Alype était originaire de Thagaste, en Numidie, d'une famille bien posée dans la ville (*parentibus primatibus municipalibus : Conf.*, VI, VII, 11). Il était plus jeune qu'Augustin (né lui-même en 354). Il suivit ses leçons à Thagaste. Quand Augustin partit pour Carthage, Alype s'y rendit également. Mais, une certaine mésintelligence s'étant élevée entre le père d'Alype et Augustin, Alype devint sensiblement moins assidu à l'école d'Augustin. Celui-ci fut peiné de ce refroidissement, car il voyait avec regret le jeune homme s'enfoncer de plus en plus dans une sotte passion pour les jeux du cirque, et il pouvait craindre d'avoir perdu le meilleur de l'influence qu'il exerçait sur lui. Cependant, un jour qu'Alype se trouvait parmi ses auditeurs, Augustin, sans songer précisément à lui, lança des traits si mordants contre les fanatiques du cirque qu'Alype se sentit atteint, et il renonça à sa manie. Ayant obtenu l'autorisation paternelle, il recommença à fréquenter régulièrement les cours d'Augustin, à qui le lia une amitié de plus en plus étroite. Comme lui, il adhéra au manichéisme, *amans in Manichaeis*, nous dit Augustin, *ostentationem continentiae, quam veram et germanam putabat*. *Conf.*, VI, vii, 12. Il partit ensuite à Rome pour faire son droit. Augustin a raconté, en une anecdote célèbre, comment Alype, oublieux de ses résolutions, se laissa entraîner par des amis à un combat de gladiateurs, tout en se promettant à part soi de garder les yeux fermés. Mais il ne sut pas résister à la curiosité déchaînée soudain en son cœur par une grande clameur du peuple, et du coup il perdit le bénéfice de son précédent amendement : *Cecidit miserabilius quam ille, quo cadente, factus est clamor qui per aures eius intravit et reseravit eius lumina*. En dépit de ces faiblesses, Alype avait un grand fond de probité morale, et c'était ce qu'Augustin, faible lui-même et plus coupablement, mais navré de ses propres déchéances, aimait en lui.

Ils s'étaient retrouvés à Milan, où Augustin venait d'être nommé professeur de rhétorique, sur la recommandation de ses amis manichéens. Alype fut le confident des luttes intérieures d'Augustin, de ses temporisations, de ses angoisses, et aussi de ses rechutes sensuelles que, fort chaste par nature, il ne comprenait guère. Cf. *Conf.*, XI, vii, 21. Le premier, il connut l'étrange scène du mois d'août 386, qui marqua le point décisif de la crise où, depuis si longtemps, s'épuisait Augustin. *Conf.*, VIII, xii, 29-30. Jusqu'alors, les opinions religieuses d'Alype n'étaient point très strictement conformes à l'orthodoxie. Les idées apollinaristes, en particulier, l'avaient assez vivement séduit. Mais, toujours docile à l'influence de son ami, il se décida à le suivre dans sa conversion définitive. Il partagea jusqu'au début du carême de 387 la studieuse retraite de Cassiciacum. *Conf.*, IX, iv, 7. Il figure comme interlocuteur dans deux des opuscules qu'Augustin composa à ce moment, le *Contra Academicos*, P. L., t. xxxii, col. 905, et le *De ordine*, P. L., t. xxxii, col. 977. Il reçut le baptême en même temps que lui, le 24 avril 387. *Conf.*, IX, vi, 14. Nous le voyons, de 388 à 391, auprès d'Augustin, à Thagaste. *Conf.*, IX, viii, puis, de 391 à 394 (*Epist.*, xxii, 1), dans la vie ascétique qu'Augustin, prêtre déjà, y menait avec quelques amis. Il avait aussi reçu lui-même le sacrement de l'ordre quand, peu avant 394, il fit visite à saint Jérôme dans son monastère de Bethléem, et ce fut lui qui renseigna Augustin sur les travaux de l'illustre exégète, comme le prouve la fameuse lettre d'Augustin à Jérôme. *Epist.*, xxviii, dans le recueil des lettres d'Augustin; lvi, dans le recueil des lettres de Jérôme. Quelques mois avant l'époque où Augustin accepta la dignité épiscopale, Alype devint évêque de Thagaste, sa ville natale. Cf. *Epist.*, xxviii, 1, dans Augustin; civ, 2, dans Jérôme. C'était en 394 ou 395. Cf. Rauschen, *Jahrbücher der christlichen Kirche*, Fribourg-en-Brisgau, 1897, p. 465, 550. Il figure à ce titre dans le *De gestis cum Emerito, Caesarensi donatistarum episcopo, liber unus*, P. L., t. xliii, col. 697 et ses propres paroles y sont rapportées (§ 5). Jusqu'aux environs de 430, son nom réapparaît, presque toujours lié à celui d'Augustin dont il partagea les luttes, comme un disciple et comme un ami. Cf. *Epist.*, xxix, P. L., t. xxiii, col. 114; liii, P. L., t. xxxiii, col. 195; lxix, P. L., t. xxxiii,

col. 238; *Epist.*, lxx, P. L., t. xxxiii, col. 240; lxxxiii, P. L., t. xxxiii, col. 291; 11e concile de Milève, en 416, Hefele-Leclercq, *Hist. des conciles*, t. ii, p. 184, etc. Saint Paulin de Nole, avec qui il eut un commerce épistolaire fort amical, l'avait prié de lui raconter l'histoire de sa vie. Mais saint Augustin, craignant, déclare-t-il, que, dans une autobiographie, Alype n'osât pas découvrir toutes les grâces que Dieu avait mises en lui, voulut assumer lui-même cette tâche. Cf. *Epist.*, xxvii, P. L., t. xxxiii, col. 110. S'en acquitta-t-il, effectivement? En tous cas, la lettre où il devait exécuter cette promesse ne nous est pas parvenue.

Tillemont, *Mémoires pour servir à l'étude de l'hist. eccl.*, t. xii, p. 565-580. — *Acta sanctorum*, 1797, aug. t. iii, p. 201-208; et les biographies de saint Augustin.

P. DE LABRIOLLE.

6. ALYPIUS, évêque de Césarée de Cappadoce (ve siècle), succéda probablement à Thalassius, qui prit part au concile de Chalcédoine. Il est signalé pour la première fois en 458, comme un des métropolitains auxquels l'empereur Léon Ier écrivit au sujet du concile de Chalcédoine, après le meurtre de Protérius, patriarche d'Alexandrie. Labbe-Coleti, *Concil.*, t. iv, col. 1904 sq. Un an ou deux plus tard, il eut à sévir contre un Messalien, Lampétius, qui avait surpris sa bonne foi et avait reçu de lui l'onction sacerdotale. Lampétius, convaincu d'hérésie et d'immoralité, fut déposé avec l'assentiment d'Alypius. Photius, *Bibliotheca*, 52, P. G., t. ciii, col. 89-92.

R. JANIN.

7. ALYPIUS (Saint), le Cionite, c'est-à-dire le Stylite. D'abord diacre et économe de l'église d'Adrianopolis en Paphlagonie, dont il était originaire, ce saint quitta le monde vers l'âge de trente ans, pour vivre dans la solitude. Deux ans plus tard, il monta sur une colonne, où il resta jusqu'à la fin de sa vie, c'est-à-dire pendant soixante-sept ans, cinquante-trois ans debout et quatorze ans couché sur le côté, lorsque ses pieds furent devenus incapables de le porter. Il eut de nombreux disciples, hommes et femmes, qui se groupèrent en deux communautés distinctes au pied de sa colonne. La base de cette colonne servait aussi de retraite à quelques reclus. Tous ces disciples unissaient leurs voix à la sienne pour louer Dieu sept fois le jour. Saint Alypius vivait au viie siècle. On a deux Vies de lui, qui sont encore inédites et dont la plus ancienne a été composée par un de ses disciples. Sa fête est célébrée le 26 novembre. Les synaxaires mentionnent le même jour un saint Stylianus, anachorète de Paphlagonie, qui n'est probablement qu'un dédoublement de saint Alypius : le Martyrologe romain ne connaît que ce saint Stylianus, qu'il place à Adrianopolis, le 26 novembre.

H. Delehaye, *Les Stylites*, dans le *Compte rendu du troisième congrès scientifique international des catholiques, tenu à Bruxelles du 3 au 8 septembre 1894*, cinquième section, sciences historiques, Bruxelles, 1895, p. 202, 206, 215, 222, 224. — *Synaxarium Ecclsiae Constantinopolitanae*, dans *Acta sanctor.*, nov. propyl., p. 257, 969. — Surius, *De probatis sanctorum historiis*, Cologne, 1575, t. vi, p. 588-597, donne, après Lipomano, la traduction latine de la plus ancienne des deux Vies grecques.

H. QUENTIN.

ALYRE. Voir ALLYRE, col. 628.

ALZANO (BARTOLOMEO DE), dominicain italien de la fin du xve siècle. Il était originaire de Bergame et fit profession dans le couvent de la même ville. Très dévot à sainte Catherine de Sienne, il entreprit à travers toutes les villes d'Italie des voyages dans le but de rechercher toutes les lettres de la sainte, pour en donner une édition nouvelle. Il y avait eu déjà à Bologne une édition des lettres, la première, faite par Fontanesi (1492). Ce recueil n'en contenait que trente et une. Il est vrai que l'éditeur disait : *Vero è che la dicta gloriosa vergine Caterina molte altre epistole serisse a diverse persone, prelati, religiosi, et seculari homini e donne, de diverse condizione, ma queste sole al presente sono recolte.* Les recherches d'Alzano furent très fructueuses, puisque, dans l'édition qu'il confia à Alde Manuce, il réunit trois cent soixante-huit lettres. Le nouveau recueil porte comme titre : *Epistole devotissime de sancta Cathari|na da Siena.* Le privilège commence ainsi : *Sappia ciascuno ne le cui mano verrano queste Epistole : che essendo state|Adunate insemi con grandissima diligentia et faticha per spatio di circa uinti anni per il Venerabile seruo di Dio frate Bartholomeo da Alzano da Bergamo del ordine de la obsuervantia deli frati predicatori : et essendo stampate di|ligentissimamente : et con grande spesa,* etc. L'édition est dédiée au cardinal *D. Francesco de Piccolhomini da Siena.* 10 ffnc.; 412 flc. i. cccxxIII. Bibl. nation., *D. 798, 799,* exposé 603; Mazarine, *1100, D. 1100* (Hain, 4688). Fini d'imprimer, 15 septembre 1500, à Venise, chez Alde Manuce. L'exemplaire de la Bibliothèque nationale est celui qui fut envoyé en don par la république de Venise à la reine Anne de Bretagne, et qui appartenait au roi François 1er. Cette édition est donnée d'ordinaire comme l'édition *princeps,* mais on voit qu'en réalité elle fut précédée de celle de Fontanesi, préparée par un dominicain également. En réalité, l'édition de Venise (1500) ne nous donne le texte que de trois cent cinquante lettres, il y en a dix-huit qui ne sont que des répétitions d'autres déjà reproduites. Malgré tout, elle a servi de base aux trois éditions publiées au xvie siècle, à Venise : Toresano, 1548; 1562 (*al segno della speranza*); Domenico Farri, 1584. Cependant le premier texte fidèle fut celui de G. Gigli, Sienne, 1707, 1713; Lucques, 1721, illustré par le P. Federigo Burlamacchi. Il contient trois cent soixante-treize lettres. On voit néanmoins que le travail le plus considérable fut fait par fra Bartolomeo de Alzano. Il semble bien, par les paroles du privilège que nous rapportons ci-dessus et où il est nommé *venerabile servo di Dio,* qu'il soit mort avant d'avoir vu le résultat de ses travaux. Il est à peu près sûr qu'avant lui circulaient des collections manuscrites de lettres de la sainte.

Échard, *Scriptores ord. praed.,* 1719-1721, t. 1, p. 893. — Mazzuchelli, *Gli scrittori d'Italia,* Brescia, 1753, t. 1, 1re part., p. 557. — Jo.-Bapt. Audiffredi, O. P., *Specimen historico-criticum editionum Italicarum saeculi xv,* Rome, 1794, p. 82. — Comtesse de Flavigny, *Sainte Catherine de Sienne,* nouvelle édition, Paris, 1895, p. 606-607 (bibliographie). — Edmund G. Gardner, *Saint Catherine of Siena,* Londres, 1907, Préface, p. xIII. — Th. Pellechet, *Catalogue général des incunables des bibliothèques publiques de France,* Paris, 1905, t. II, p. 403 (3388).

R. COULON.

ALZATE (BENEDETTO). Voir ALCIATI (Benedetto), col. 21.

ALZEY, diocèse de Mayence, grand-duché de Hesse-Darmstadt, chef-lieu de canton. Une sœur de Charlemagne, Ada, duchesse d'Alzey, devenue veuve, fonda dans cette localité un couvent, où elle prit le voile et dont l'emplacement est sans doute marqué par le lieu dit Atzel (*Ada zelle*), où s'éleva plus tard le monastère des augustins. L'occasion de l'établissement religieux fut une donation, par laquelle Berthold, comte de Ravensberg, sans enfants, leur céda Alzey tout entier au xie siècle. Pourtant les augustins ne le conservèrent pas et l'échangèrent, en 1074, contre des propriétés situées sur la Moselle. Ce ne fut que plus tard, en 1299, qu'ils s'établirent à Alzey.

Depuis la seconde moitié du xiie siècle, Alzey possédait une église paroissiale, sans doute l'église de Saint-Georges. A la fin du xve, une autre, celle de Saint-Nicolas, avait pris la plus grande importance et comptait vingt ecclésiastiques.

En 1520, au nom du comte palatin Louis V et de l'archevêque Albert de Brandebourg, le tribunal d'Inquisition poursuivit vingt accusés, dont onze furent excommuniés, pour s'être fait rebaptiser par maître Jacques à Worms, les autres furent acquittés.

Mais, bientôt, l'indifférence de Frédéric II (1544-1556), le calvinisme de Frédéric III (1559-1576), le luthéranisme de Louis VI (1576-1583), de nouveau le calvinisme avec Jean-Casimir (1583-1592), ruinèrent de fond en comble le catholicisme à Alzey. Entre 1536 et 1564 disparurent l'un après l'autre tous les couvents de la ville; 1° d'abord celui des augustins, appelé couvent neuf ou de Klingen, fondé en 1339, supprimé en 1536; 2° celui des augustins, déjà mentionné et qui disparut en 1550; 3° celui des hospitaliers de Saint-Antoine, fondé en 1314 et qui périt en 1551, avec l'autorisation du pape Jules III; 4° enfin celui des cisterciennes, sous l'invocation de saint Jean, bâti en 1295, comme un agrandissement du couvent du Saint-Esprit, que les mêmes religieuses possédaient à Alzey, depuis 1262. Il avait absorbé en 1479 ce dernier couvent, devenu trop pauvre en personnel, et de même celui du Paradis (*Himmelsgarten*), fondé aussi par des cisterciennes en 1295 et qui, en 1479, ne comptait plus que trois religieuses. Le couvent de Saint-Jean fut le dernier de tous à mourir. En 1564, le prince-électeur Frédéric III le transforma en un hôpital pour les pauvres de la rive gauche du Rhin.

La conséquence de cette révolution religieuse fut la disparition complète des prêtres catholiques d'Alzey. Durant les Trente ans, un capucin de Worms y était chargé du service divin. En 1685 seulement, grâce à l'avènement de Philippe-Guillaume, de la branche catholique de Salzbach, on put saluer un renouveau du catholicisme à Alzey. Le capucin Arnold fut installé dans la ville même et bientôt il y bâtit un couvent, sous l'invocation de saint Joseph, dont le gardien remplissait les fonctions de curé. On a conservé le nom du premier, le P. Felicissimus, qui s'efforça vainement, en 1689, de préserver la ville de la ruine ordonnée par les Français. En 1803, la suppression des capucins donna lieu à l'érection d'une paroisse proprement dite, chef-lieu du doyenné du même nom. Elle comptait, en 1900, 1 656 catholiques contre 4 500 évangéliques et 323 juifs.

Hirsching, *Stifts und Klösterlexikon,* 1792, t. I, p. 96-100. — Wagner, *Die vormaligen geistlichen Stifte in Hessen,* Darmstadt, 1873-1878. — Backes, *Geschichte von Alzey und Umgegend,* Berlin, 1900.

L. BOITEUX.

ALZIARI, évêque de Glandèves. Il était moine de Montmajour quand Innocent VI le nomma abbé de Lérins, après la déposition de Rostang de Cubris, élu par le chapitre. Il fut appelé au siège épiscopal de Glandèves en 1366 et, le 24 janvier 1368, il avait un successeur.

Eubel, *Hierarchia medii aevi,* t. I, p. 274. — Moris, *L'abbaye de Lérins,* Paris, 1909, p. 199.

U. ROUZIÈS.

ALZINA. Voir ALCINA, col. 24.

ALZOG (JOHANN BAPTIST), historien de l'Église et patrologiste, né le 29 juin 1808, à Ohlau (Silésie), mort à Fribourg (Bade), le 1er mars 1878. Les facultés de Breslau et de Bonn le formèrent : après trois ans de préceptorat dans une famille, à Aix-la-Chapelle, il devint prêtre à Cologne, en 1834. L'Académie de Münster le fit en 1835 docteur en théologie; sa thèse s'intitulait : *Explicatio catholicorum systematis de interpretatione litterarum sacrarum : commentatio theologico-polemica.* Il devint professeur d'histoire ecclésiastique et d'exégèse au séminaire de Posen : c'était l'époque où Martin de Dunin, archevêque de cette ville, était en conflit avec l'État au sujet des mariages mixtes : Alzog, dans cette lutte doctrinale et politique, rendit de grands services au prélat. Il accepta, en 1844, d'aller à Hildesheim comme professeur et régent du séminaire, avec le titre de chanoine; l'éclat avec lequel il occupa cette situation lui valut d'être désigné, en 1848, comme théologien consultant auprès de l'assemblée épiscopale de Wurzbourg. En 1853, il fut nommé professeur à l'université de Fribourg : ses cours s'inaugurèrent le 4 mars 1854, et il les continua jusqu'à sa mort.

Du séjour d'Alzog à Posen date la première édition de son *Histoire universelle de l'Église, Universalgeschichte der christlichen Kirche vom Katholischen Standpunkte. Lehrbuch für theologische Vorlesungen*, qui porte le millésime de 1841. L'ouvrage eut un grand retentissement. A la fin du XVIIIe siècle, les historiens allemands de l'Église, desséchés par l'esprit joséphiste, ne donnaient que des compilations sans intérêt et sans vie. Il y avait, au contraire, beaucoup de souffle et de profondeur dans l'*Histoire de la religion de Jésus* de Stolberg et dans l'*Histoire de l'Église* de Katerkamp : mais ce n'étaient pas des professionnels d'histoire; l'art d'exploiter les sources leur faisait défaut. Il fallait que l'impulsion donnée par Moehler aux études de théologie et d'histoire eût une répercussion dans le domaine de l'histoire ecclésiastique : le manuel de Doellinger demeurait incomplet; le manuel de Ritter était insuffisant. L'œuvre d'Alzog se distingua par la liaison qu'elle établit entre l'histoire de l'Église et les études patrologiques : c'était là une nouveauté, et elle fut féconde. Des éditions successives, sans cesse enrichies et augmentées, furent publiées en 1843, 1844, 1846, 1850, 1854, 1859, 1866, 1872 : une dixième édition fut publiée par Kraus en 1882. Des traductions furent faites en huit langues; sur la médiocre valeur de la traduction française, due à l'abbé Goschler et Audley, voir *Bulletin critique*, 1882, p. 226-227.

Du séjour d'Alzog à Hildesheim date la publication d'un « livre de prières, de chants et de méditations » (1849) et l'essai de revue théologique mensuelle (*Theologische Monatschrift*) qu'il tenta en 1850 avec Gams et ses autres collègues du séminaire, et qui dura deux années.

Du séjour d'Alzog à Fribourg date la fondation, en 1857, de la Semaine religieuse de Fribourg (*Freiburger Katholisches Kirchenblatt*), dont il fut directeur jusqu'à la fin de 1858. Mais le principal résultat de son labeur professoral à Fribourg fut la publication, en 1866, de sa Patrologie : *Grundriss der Patrologie oder der ältern christlichen Literärgeschichte*. L'ouvrage eut quatre éditions (1860, 1869, 1876, 1888) et fut, en 1877, traduit en français par l'abbé Belet. Dans les dimensions où s'enfermait ce livre, il rendit pendant de longues années au clergé d'Allemagne les plus précieux services : un exposé très net de la doctrine de chaque Père suppléait à l'analyse des œuvres patrologiques, qui eût trop élargi le format du volume. Alzog collabora au *Kirchenlexikon* publié par Wetzer et Welte; il donna de l'*Apologie* de saint Grégoire de Nazianze une édition qui fut remarquée.

La notoriété même de son nom et de ses travaux ne permit pas à Alzog de rester à l'écart des grands différends religieux de son époque. Il signa, en 1863, avec Doellinger et Haneberg, la lettre qui convoquait les savants catholiques d'Allemagne au célèbre congrès de Munich; mais il ne se mêla pas à la fronde scientifique qui, à la suite de la lettre de blâme écrite par Pie IX au sujet du congrès, revendiqua contre l'« ultramontanisme » les droits du « germanisme ». Au contraire, la doctrine d'Alzog fut assez appréciée à Rome pour qu'il fût du nombre des théologiens allemands que Pie IX, en 1869, appela à Rome comme consulteurs pour la préparation du concile du Vatican. La réputation dont jouissait à Rome l'exactitude théologique d'Alzog ne nuisit jamais, d'ailleurs, à son bon renom auprès de l'État badois : en 1854, au moment même du conflit entre Bade et l'archevêque Vicari, Alzog avait reçu du grand-duché le titre de conseiller ecclésiastique; en 1877, en plein *Culturkampf* badois, il était décoré par le grand-duc. C'est qu'Alzog était un homme de « juste milieu »; les protestants appréciaient le ton pacifique avec lequel, dans ses œuvres historiques, il parlait d'eux. Son souci de la correction doctrinale n'avait rien d'agressif; et, d'autre part, son esprit de tolérance et de paix n'était jamais une abdication.

F.-X. Kraus, *Gedächtnissrede auf Johannes Alzog*, Fribourg, 1879. — Weech, *Badische Biographien*, Carlsruhe, 1881, t. III, p. 1-5. — Lauchert, dans *Allgemeine deutsche Biographie*, t. XLV, p. 759-761.

G. GOYAU.

ALZON (EMMANUEL-MARIE-JOSEPH-MAURICE D'), fondateur des augustins de l'Assomption, naquit au Vigan, le 30 août 1810, du vicomte Henri Daudé d'Alzon, pair de France, et de Jeanne-Clémence de Faventine-Montredon.

Venu à Paris en octobre 1823, Emmanuel entre au collège Saint-Louis, puis à Stanislas. Il prend part aux conférences religieuses de M. de Salinis et suit assidûment les réunions de la Société des bonnes études, fondée par M. Bailly. Il s'y lie d'amitié avec La Mennais, Combalot, du Lac, Montalembert, Ozanam, Parisis, de la Bouillerie, l'élite de la jeunesse chrétienne qui travaille à la renaissance catholique en France.

Obligé de séjourner dans le Midi après la révolution de Juillet, il y mène une vie intellectuelle et religieuse intense. Son but est, dès ce moment, de « se consacrer à la défense de l'Église et de la religion » et, pour cela, « de devenir un saint. » Il fait partie de l'Association pour la défense de la religion catholique. Il devient « le commis-voyageur des idées romaines » par ses lettres, ses articles dans le *Correspondant*, que publie alors M. Bailly, maître et inspirateur de cette ardente jeunesse.

A vingt ans, il a pris son parti. « Il sera prêtre. » En mars 1832, il entre au séminaire de Montpellier. « C'était un saint, » dira-t-on plus tard de lui. Il y contracte une liaison étroite avec le vénérable abbé Soulas. Tel est son ascendant sur ses condisciples que plusieurs ont recours à sa direction pendant les vacances.

Mais Rome l'attire. Il y arrive en novembre 1833. Bientôt il est reçu comme un ami chez les théologiens romains de l'époque : Olivieri, Ventura, le cardinal Micara; il devient l'intime du futur cardinal Wiseman. A cette date, les idées excessives de La Mennais se font inquiétantes. L'abbé Féli, pour se mettre à couvert, voudrait engager plus avant l'abbé d'Alzon en sa faveur. Mais celui-ci n'est point dupe. En dépit de son amitié pour le solitaire de la Chênaie, il souffre de constater ses tendances hétérodoxes. Et quand, en 1834, Grégoire XVI condamne les *Paroles d'un croyant*, Emmanuel d'Alzon qui, depuis 1831, « a perdu la foi mennaisienne, » respire de voir sauvée la vérité catholique. Il dit franchement à La Mennais ce qu'il pense de son attitude de révolte.

Ordonné prêtre le 26 décembre 1834, il ne tarde pas à rentrer en France où, le 28 novembre 1835, Mgr de Chaffoy le nomme chanoine et vicaire général honoraire de Nîmes.

Il a tout juste vingt-cinq ans. Il arrive « avec un

zèle incroyable » et jamais démenti. On lui confie l'Association des dames de la Miséricorde, composée de dames de l'aristocratie. En moins d'un an, il a fondé la Société de Saint-Louis de Gonzague, qui réunit les enfants de la bourgeoisie et de la noblesse; celle de Saint-Stanislas, qui groupe les enfants de la classe ouvrière; puis, c'est l'œuvre des catéchismes de persévérance, établie dans la chapelle du lycée, où les jeunes gens de la ville viennent entendre ses conférences. Les *lundis* de M. *d'Alzon* réunissent chez lui des hommes du monde studieux et préparent des conversions de protestants. Quand il prêche — et cela a lieu souvent — le jeune chanoine « enlève tout le monde. »

En août 1836, il fonde à Nîmes l'œuvre des Filles repenties ou du Refuge; et, en 1845, ce sera la fondation des *Madeleines*, catégorie de repenties désireuses de s'attacher à Dieu d'une manière plus spéciale. Enfin, il attire une partie du clergé nîmois à ses conférences ecclésiastiques.

Mgr Cart, qui succède à Mgr de Chaffoy sur le siège de Nîmes, le 22 novembre 1837, choisit l'abbé d'Alzon comme grand-vicaire effectif. Le zèle de celui-ci n'en est que plus ardent. On voit autour de lui une pléiade d'hommes distingués: des universitaires: Monnier, Germer-Durand, futurs professeurs du collège de l'Assomption; Germain, qui sera doyen de la faculté de Montpellier; le poète Reboul, le doyen de l'Académie de Nîmes, M. Nicot. L'association catholique de visiteurs des pauvres doit beaucoup à son initiative. Mais déjà la question de l'enseignement à tous ses degrés le poussait. Secondé par les dames de Saint-Maur, il crée des écoles pour les petites filles pauvres; en 1839, avec le concours des sœurs de Charité, il fondera une école d'adultes. Aux jeunes gens, il donne des *conférences de philosophie chrétienne*. Son apostolat vise aussi à la conversion des protestants; ses conférences, restées célèbres dans le Midi, attirent à la cathédrale de grands auditoires, où l'on reconnaît plusieurs ministres protestants. L'abbé Mermillod et l'abbé Martin de Genève voulurent se mettre sous sa conduite pour travailler avec lui à combattre l'hérésie. Il fait tant et si bien que des fanatiques jurent sa perte. Leur tentative criminelle, heureusement, échoua.

En août 1841, il établit à Nîmes l'Association du très saint et immaculé Cœur de Marie, pour la conversion des pécheurs. C'est ensuite l'œuvre des soldats, c'est la Société Saint-Maurice. Afin de « faire pénétrer dans le peuple les vérités chrétiennes, » cet apôtre fonde la Bibliothèque populaire catholique, l'Association des catholiques de Nîmes pour la pratique des sacrements, l'œuvre des pèlerinages que ses disciples reprendront en la développant.

Le 20 avril 1839, deux saintes âmes, dont la Mère Eugénie de Jésus (Mlle Eugénie Milleret de Brou), se réunissaient à Paris, pour fonder la congrégation des dames augustines de l'Assomption. Leur premier directeur, l'abbé Combalot, « n'avait pas les qualités d'un fondateur. » Aussi, dès la fin de 1840, la Mère Eugénie se met-elle sous la direction de l'abbé d'Alzon. C'est lui qui l'inspire dans l'orientation de l'œuvre, dans la rédaction des constitutions. Il est « le Père » de cette congrégation naissante. A la mort du « Père », en 1880, la supérieure générale des assomptiades, la Mère Eugénie, pouvait dire à Mgr Besson : « Il est vraiment notre fondateur. »

En 1843, l'abbé d'Alzon fait venir d'Aix sept carmélites et fonde un Carmel à Nîmes.

Cette même année marque une date importante dans son histoire, comme dans les luttes pour l'enseignement libre en France. En dehors de Stanislas, Juilly, Pons, Sorèze, Pontlevoy, aucun établissement privé d'éducation n'existe chez nous. L'Université défend jalousement son monopole. L'abbé d'Alzon, qui veut affranchir l'enseignement du joug universitaire, achète, en 1843, les bâtiments de l'institution Vermot, à Nîmes, et en assume la direction. Parmi ses professeurs, Monnier et Germer-Durand, agrégés de l'Université, « ont tout abandonné pour le suivre. » Non sans difficulté, il obtient que, jusqu'à la troisième, ses élèves soient exemptés de l'obligation de suivre les cours du collège royal. C'est une première victoire. Les élèves affluent à la maison de l'Assomption.

Mais il a rêvé d'avoir un personnel d'un dévouement surnaturel avant tout; aussi, en septembre 1845, inspire-t-il aux maîtres réunis de « former une association établie sur une pensée de foi et unie par des liens religieux. » Ensemble, ils travailleront « à l'extension du règne de Jésus-Christ. » La devise assomptioniste : *Adveniat regnum tuum*, est déjà choisie. Désormais, l'abbé d'Alzon « n'acceptera, parmi ses professeurs, que « ceux qui veulent être religieux. » Il constitue, parmi eux, le tiers-ordre et pose, en même temps, les bases d'une congrégation dont les membres se voueront à l'enseignement sous toutes ses formes. Le jour de Noël 1845, le fondateur baise les pieds aux premiers novices qui se placent sous son obéissance. Lui-même avait déjà fait ses vœux privés de religion à Notre-Dame des Victoires.

Un peu plus tard, il refuse les offres du P. Gratry, qui lui propose de prendre la direction de Stanislas; celle de l'abbé de Cazalès, qui voudrait l'attirer à Paris pour tenter la réforme des séminaires, les avances de l'abbé Bouissinet, préfet des *bleus de Stanislas*, qui méditait le rétablissement de l'Oratoire. Mgr Affre, archevêque de Paris, caresse l'espoir de « le mettre à la tête de ses établissements diocésains d'enseignement, » mais l'abbé d'Alzon veut se consacrer entièrement à son œuvre et il refuse.

Le 21 mai 1847, le courrier de Rome lui apporte la bénédiction du Saint-Père « pour la communauté qu'il a fondée. » Pie IX lui fait dire « qu'il le trouvera toujours prêt à seconder ses pieux travaux. » En même temps, un décret accorde « à la congrégation de l'Assomption » le pouvoir de se servir du calendrier de Rome dans la récitation de l'office. A partir de cette date, les évêques de France, à la suite de Mgr Gousset, rétablirent successivement la liturgie romaine dans leurs églises. Le P. d'Alzon eut sa part dans ce retour.

Au début de l'année scolaire 1848-1849, il obtenait pour son collège le *plein exercice*, réalisation anticipée de la loi Falloux. En cette année, il prépare, de concert avec Mgr Doney, le concile provincial d'Avignon. Pendant la tenue, il fut, au dire d'un témoin, « le factotum, dirigeant tout, » en qui « l'on reconnaissait le vaillant défenseur des idées romaines. » Dans une des dernières sessions, il prit l'initiative d'une revendication de la liberté de l'Église. Une intuition hardie le poussa à proposer aux Pères ce schéma : *Que le souverain pontife daigne prononcer, en vertu de son infaillibilité, le dogme de l'Immaculée Conception*. Enfin, c'est lui qui rédigea l'adresse conciliaire au pape.

L'année 1850 rappelle la loi Falloux et les luttes soutenues en faveur de la liberté d'enseignement. Sans approuver entièrement la loi, Rome l'acceptait comme un bien relatif et désirait qu'on en tirât le meilleur parti possible. Le P. d'Alzon, tout en suivant les indications de Rome, désirait, avec les chefs du parti catholique, L. Veuillot, Mgr Parisis, etc., que l'on revendiquât à l'avenir la liberté complète due à l'Église. Les circonstances allaient lui permettre de travailler à réaliser ce programme. Sur les instances de Montalembert, on le nomme, malgré son refus, membre du Conseil supérieur de l'Instruction publique (31 juillet 1850) et, tout de suite, il se charge de la défense de l'enseignement libre sous ses diverses formes : petits séminaires, collèges, etc. Il crée dans l'épiscopat, pour contrecarrer les prétentions de l'État à contrôler l'enseignement des petits séminaires, et jusqu'à celui des facultés de théologie, un mouvement d'opposition qui aboutit à la reculade gouvernementale; il unit entre eux, pour une action plus coordonnée, les chefs d'institutions libres. En 1851, il contribue au remaniement du plan des études et du programme des examens. Grâce à ces initiatives, la France possédait, en 1854, près de quatre cents établissements fréquentés par vingt mille élèves.

En 1852, le prince-président, venu à Nîmes, se proposait, dans un but politique facile à deviner, de le décorer de la Légion d'honneur. Le P. d'Alzon, prévenu, s'était dérobé. Le prince se vengea en biffant son nom (5 janvier 1853) du nouveau tableau du Conseil supérieur. De 1852 date la fondation à Paris d'un collège qui se transformera, dès 1861, en résidence de religieux.

Le Père voulait reconstituer nos anciennes universités, mais le comité d'enseignement libre n'ose s'engager dans cette voie. Alors, il donne l'exemple. Il ouvre, en 1851, au collège de l'Assomption, une école des hautes études, où il établit des conférences. C'est « le Port-Royal catholique ». Il organise parallèlement pour le clergé une sorte de séminaire d'études ecclésiastiques supérieures, se proposant par là de transporter en France les enseignements de Rome.

Il fonde la *Revue de l'enseignement chrétien* et pousse le cri de guerre : *Delenda Carthago*. Cette revue poursuit un triple objet : rétablissement des auteurs chrétiens dans les études classiques; retour à saint Thomas et à la scolastique; restauration de l'idée chrétienne dans toutes les branches de l'enseignement.

Vers la même époque, il crée avec des prêtres d'Avignon la *Revue des bibliothèques paroissiales*, qui fut la première semaine religieuse de France.

Son zèle pour l'apostolat par la presse datait surtout de 1848. A cette époque, il rédigeait, avec ses professeurs, le journal la *Liberté pour tous*. Quand cessa la publication, il dit : « Nous devrons avoir un jour un journal qui nous permette de répandre nos idées dans le peuple. »

En 1866 et 1867, au moment où la question de la liberté de l'enseignement supérieur semble près d'être résolue, il projette l'université de Saint-Augustin. En 1871, au soir de nos désastres, il reprend sa *Revue de l'enseignement chrétien*, réclame hautement des universités catholiques et revendique le droit d'en fonder, dans son discours de distribution des prix de cette année. La plupart des évêques adhèrent à son programme. La presse catholique applaudit. Pie IX l'encourage. En 1872, il provoque, par l'organe de sa revue, un congrès de l'enseignement chrétien où l'on voit accourir près de quatre cents professeurs.

L'enseignement primaire le préoccupait aussi. Dès 1851, il pousse à la création d'écoles normales libres, « où les instituteurs s'imposeront par la supériorité de leur foi et de leur formation. » Il s'efforce de faire placer les écoles congréganistes sous l'inspection exclusive des évêques. En un mot, on le rencontre toujours sur la brèche, à l'endroit le plus menacé.

Le P. d'Alzon s'occupe aussi de la formation du clergé. Il prêche le retour à la scolastique, l'étude de saint Augustin et saint Thomas. Sa congrégation, il la veut thomiste. Il proclame la nécessité des études « romaines » pour combattre le gallicanisme. Dès 1852, nous le voyons supplier évêques et religieux « d'établir à Rome un séminaire français, où les élèves viendraient puiser, avec les trésors de la science sacrée, l'amour du Siège apostolique et la sainte ardeur pour combattre les idées malsaines du gallicanisme, du jansénisme et du rationalisme. » C'est au cours d'un entretien qu'il eut avec Mgr de Ségur, Mgr Mathieu et le T. R. P. Régis, que fut décidée la fondation du séminaire de Rome. Le Père y prêchera, en 1870, une retraite aux séminaristes.

Nous n'avons pas tout dit des œuvres dues à son zèle. Après avoir fondé, en 1850, dans le Midi, l'Association de Saint-François de Sales, ou la propagation de la foi à l'intérieur, spécialement contre les protestants, le Père vint, en 1856, l'établir à Paris, sous la protection de Mgr de Ségur. Deux religieux, dont le P. Picard, l'accompagnaient.

De 1860 à 1870, il rétablit et développa le Denier de saint Pierre, prit une part active à la défense du pouvoir temporel, démasqua les trahisons du second Empire, et fut l'inspirateur de Mgr Plantier dans ses luttes contre l'empire libéral.

Partisan et défenseur, on l'a vu, de l'infaillibilité pontificale, les évêques présents au concile du Vatican le considéraient comme un des théologiens les plus éclairés et les plus actifs. Il empêcha les évêques orientaux de se laisser entraîner par les inopportunistes et contribua à la rédaction de plusieurs *schemata*.

Qui n'a entendu parler de l'œuvre des *alumnats*? En 1871, le P. d'Alzon ouvrait, à Notre-Dame des Châteaux, en Savoie, une maison ecclésiastique destinée « à élever gratuitement les enfants désireux de se donner à Dieu, trop pauvres pour être reçus dans les séminaires diocésains. » C'était le premier alumnat. Le pape bénissait l'œuvre par rescrit du 18 septembre 1873. Deux ans après, se constituait l'Association de Notre-Dame-des-Vocations, destinée à venir en aide aux alumnats. Bientôt, d'autres maisons du même genre surgissaient à Nice, Arras, Nîmes, au Vigan, etc. Le premier *alumnat d'humanités* (les « grammairiens » sont élevés dans des maisons distinctes) fut établi à Nîmes le 25 avril 1874.

Parallèlement à ces luttes et à ces œuvres, le P. d'Alzon développe sa congrégation. En 1850, on avait fait les premiers vœux. Les vœux publics furent prononcés le 24 1851. L'année suivante, un essaim partait pour Paris. Le 26 novembre 1864, un bref approuvait et constituait la congrégation des augustins de l'Assomption.

En 1862, Pie IX bénissait « ses œuvres d'Orient », leur confiant le soin de travailler au retour des Orientaux et des Bulgares qui esquissaient alors un mouvement vers Rome. Dans les premiers jours de 1863, le P. d'Alzon s'embarquait pour Constantinople, où il se rendit compte des besoins de la nouvelle mission. A son retour, il envoyait un de ses religieux, le P. Galabert, s'établir à Philippopoli (Bulgarie).

En 1865, avait lieu, au Vigan, la fondation des oblates de l'Assomption, auxiliaires des religieux missionnaires. Plusieurs autres œuvres durent aussi leur origine à l'inspiration ou aux encouragements du P. d'Alzon : en 1864, le P. Pernet, un de ses religieux, établissait les petites sœurs de l'Assomption, auxquelles il donnait l'esprit bien caractérisé des assomptionnistes. En 1880, la *Croix-Revue* recevait du P. d'Alzon sa devise, inscrite en tête du premier numéro : *Delenda Carthago!* et il ajoutait : « Elle ne s'appliquera pas seulement à l'enseignement officiel; elle sera un défi à la Révolution ! »

La réponse de la Révolution ne se fit pas attendre: le 24 novembre 1880, le Père agonisait, et, devant le collège, les crocheteurs guettaient son dernier soupir pour envahir le collège et jeter les religieux dehors. A l'heure de l'*Angelus*, il rendait son âme à Dieu. Ses obsèques furent un triomphe. Homme de sûre doctrine, il fut aussi homme de solide piété, d'action féconde, de hardies initiatives et d'organisation, dit Léon XIII : *Sacerdos pietate ac doctrina insignis, animarumque salutis studiosissimus, augustinianorum ab Assumptione congregationis legifer, pater*.

Notes et documents pour servir à l'histoire du P. d'Alzon et de ses œuvres, 5 vol., Paris. — Mgr Besson, *Lettre pastorale à l'occasion de la mort du P. d'Alzon*, Nîmes. 1880. — E. Bailly, dans la *Revue augustinienne*, t. I, p. 337-374, 408. — E. Bouviy, *Le centenaire de la naissance du P. d'Alzon*, *ibid.*, t. XVII, p. 5-24.

S. Peitavi.

1. AMABILIS. Martyr africain, cité le XIII des calendes d'août (20 juillet), par le Martyrologe hiéronymien, dans un groupe de trente-deux saints. Neuf d'entre eux sont désignés nommément, dans l'ordre suivant : Sabinus, Lucianus, Petrus, Amabilis, Nonnina, Sandus, Agripianus, Megadulus, Respectatus; les vingt-trois autres sont anonymes. Le lieu de leur supplice n'est pas mentionné. Ils durent être mis à mort à la date ci-dessus, car un ms. (*codex Wissenburgensis*) y indique leur *natale*.

Acta sanctorum, jul. t. v, p. 45-46. — *Martyrologium hieronymianum*, édit. De Rossi et Duchesne, p. 94.

Aug. Audollent.

2. AMABILIS, évêque d'Ostie. Nous n'avons pas de renseignements sur sa vie. On sait seulement qu'il prit part au concile de Latran, tenu en 649 sous le pape Martin Ier.

Ughelli, *Italia sacra*, Venise, 1717, t. I, col. 49. — Mansi, *Sacr. concil. ampl. collect.*, t. X, col. 866.

A. Palmieri.

1. AMABLE (Saint), prêtre à Riom (397?-475?). Grégoire de Tours rapporte, dans le *De gloria confessorum* (c. XXXIII), qu'il a existé un saint Amable à Riom, dont le tombeau au VIe siècle était l'objet d'une grande vénération, mais la Vie de saint Amable, par Juste, traduite et publiée par Faydit, n'est pas antérieure au XIe siècle; elle est assez insignifiante, recueil de miracles peut-être empruntés à d'autres vies de saints, et ne contenant guère de renseignements précis.

D'après son biographe, saint Amable serait né à Chauvance ou à Riom, en 397, et aurait étudié à Verghéas, non loin de ce lieu. Ayant embrassé l'état ecclésiastique, il remplit les fonctions de chantre à Clermont, puis devint curé de Riom, où il fit construire une église dédiée à saint Bénigne. Il fit plusieurs voyages pour rapporter des reliques à son église et serait même allé jusqu'à Rome. Il mourut le 1er novembre, peut-être en 475.

Il fut inhumé dans l'église qu'il avait fait construire à saint Bénigne. Il ne reste naturellement aucune trace de cet ancien temple, mais en 1120 fut consacrée, peut-être au même emplacement, une église dédiée à saint Amable, dont quelques parties subsistent encore aujourd'hui.

L'archiprêtre Juste mentionne, pour l'année 649, la translation des reliques du saint en une chapelle spéciale érigée par saint Gall, évêque d'Auvergne, à Riom.

Au XVIIe siècle, s'éleva à leur sujet une contestation, Riom et Clermont se disputant l'honneur de posséder les dépouilles du saint. Savaron, auteur des *Origines de Clermont*, défendit les prétentions de cette ville contre Faydit, habitant de Riom. Cette dernière cependant honorait encore au XVIIIe siècle son saint d'un culte assez suivi, promenant ses reliques à travers la ville, dans les circonstances solennelles.

Vita S. Amabilis, par Juste (Bibliothèque de Clermont-Ferrand, ms. 622). — Faydit, *La Vie de saint Amable, …par Juste, traduite par l'abbé Faydit*, Paris, 1702. — L. Bernet-Rollande, *Saint Amable; sa vie, son église, son culte*, Clermont-Ferrand, 1891, dans *Mémoires de l'académie des sciences, belles-lettres et arts de Clermont-Ferrand*, 11e série, fasc. 4 (contient une bibliographie). — Évrat, *Saint Amable, patron de la ville de Riom*, Clermont-Ferrand, 1912.

Michel Prevost.

2. AMABLE DE SAINT-JOSEPH, carme déchaussé français, nommé dans le monde Joseph Fournier, né à Vézelise, diocèse de Toul, le 27 octobre 1657, entra chez les carmes déchaussés et fit profession au couvent de Paris, le 25 février 1674. Après avoir exercé plusieurs fois la charge de définiteur provincial, il fut élu provincial, le 23 avril 1706 et mourut à Paris, le 10 mars 1727. Il avait traduit de l'italien : *La vie de saint Jean de la Croix*, in-12, publiée à Paris, en 1727.

Catalogus chronologic. et histor. carmelit. discalc. provinciae Parisiensis, bibliothèque de l'Arsenal, Paris, ms. *1155*, p. 55, 117. — Martial de Saint-Jean-Baptiste, *Bibliotheca scriptorum carmelit. excalc.*, Bordeaux, 1730, p. 9-10. — Cosme de Villiers, *Bibliotheca carmelitana*, t. I, col. 59. — Barthélemy de Saint-Ange et Henri du Saint-Sacrement, *Collectio scriptor. excalc.*, t. I, p. 29.

P. Marie-Joseph.

AMABLE (Sainte), vierge à Rouen. Cette sainte avait vécu à l'abbaye de Saint-Amand de Rouen, à une date que l'on ignore; la tradition la représentait comme fille d'un roi d'Angleterre. Ses reliques furent dispersées en 1562 par les hérétiques; on l'invoquait encore dans cette abbaye au XVIIe siècle.

Acta sanctorum, 1731, jul. t. VII, p. 865. — Pommeraye, *Histoire de l'abbaye de Saint-Amand de Rouen*, Rouen, 1662, p. 61.

Michel Prevost.

AMACIUS. Évêque de *Sufetula* (Sbeitla), en Byzacène, connu seulement par une inscription découverte, en 1908, dans une chapelle chrétienne de cette ville. Elle est ainsi conçue :

HIC INVENTA EST DP ✱ SCI ✱ IVCVNDI ✱
✠ EPSC PER INQVISITIONE AMACI EPSCPI ✱

Hic inventa est d(e)p(ositio) s(an)c(t)i Jucundi ep(i)sc(opi) per inquisitione(m) Amaci ep(i)sc(o)pi. Ce texte, gravé sur le couvercle d'un sarcophage, relate que l'évêque Amacius fit entreprendre des recherches pour retrouver la tombe de Jucundus, l'un de ses prédécesseurs, et qu'il fut assez heureux pour y parvenir. Il mentionna cette *inventio* pour la postérité, comme fit son collègue, Alexandre de *Tipasa*, quand il recueillit honorablement les restes des *justi priores*. Voir Alexandre, ci-dessus, col. 187.

Jucundus vivait, selon toute vraisemblance, au commencement du Ve siècle. Amacius doit donc être reporté à une date assez postérieure, pour qu'on ait eu le temps d'oublier l'endroit précis où Jucundus avait été déposé en terre.

M. Merlin, qui a publié l'inscription, dit que la lecture du nom Amacius « peut prêter à quelque doute. » Voir Jucundus, Sufetula.

Merlin, *Bulletin archéologique du Comité des travaux historiques*, 1909, p. CLXVIII; *Forum et églises de Sufetula*, 1912, p. 41-42, fasc. 5 des *Notes et documents* publiés par la *Direction des antiquités et arts de la Tunisie*. — Cagnat et Besnier, *L'année épigraphique*, 1909, n. 17.

Aug. Audollent.

AMADA Y TORREGROSSA (José-Félix de). Chanoine de la basilique *del Pilar* à Saragosse, né à Sort (Urgel), le 21 avril 1625, mort à Saragosse, le 16 janvier 1706. Il devint prieur du chapitre du *Pilar* dont il vit, un peu malgré lui, la fusion avec celui de la *Seo*, et vicaire général de l'archevêque Castrillo. On lui doit, en partie, la construction du monumental édifice actuel du *Pilar* qui remplaça, vers la fin du XVIIe siècle, l'ancienne église devenue insuffisante. Avocat ecclésiastique fort réputé en son temps, il intervint avec éclat dans la plupart de ces procès, parfois séculaires, entre les grandes corporations ecclésiastiques d'Espagne, autour desquels se passionnaient alors tous les esprits : lutte des chartreux espagnols contre leur général dom Innocent Le Masson et leur opposition aux *Statuta nova* que celui-ci venait de donner à l'ordre ; défense historique des privilèges des mercédaires contre les attaques des trinitaires ; querelles de prééminence entre les chapitres de la *Seo* et du *Pilar* à Saragosse, lutte homérique dont les origines remontent au moins au début du xive siècle. La collection de ses œuvres, conservée aux archives du *Pilar* avec sa volumineuse correspondance, fournit plusieurs volumes de *Varia*, parmi lesquels gardent encore un réel intérêt historique les ouvrages suivants : *Compendio de los Milagros de Nra. Sra. del Pilar de Zaragoza...*, in-8o, Saragosse, 1680; nouvelle édition, in-8o, *ibid.*, 1796. — *Breve relacion del culto con que se venera la Virgen del P...*, en su Angelica... *Capilla...*, in-12, Saragosse, s. d. — *Discurso juridico en que la S. Iglesia del Pilar representa las razones porque se deve mandar recoger un Papel escrito por D. L. Exea y Talayero*, in-fol., s. l. n. d. (documents). — *Discurso apologetico a lo nuevamente añadido a los Estatutos de la S. Religion Cartujana*, etc., in-fol., Saragosse, 1682 (condamné par l'Inquisition espagnole à la requête de dom Le Masson). — *Parangon historico... por la... Religion de la Merced cotejando su fundacion, instituto, progresos y privilegios con la de la SSma. Trinidad Calzada y Descalzada*, in-fol., Madrid, 1663.

Latassa, *Biblioteca nueva de los escritores Aragoneses*, Pampelune, 1800, t. iv, p. 204-207. — Arbiol, *España feliz...*, Saragosse, 1718, p. 432 sq., *passim*.— M. V. Aramburo de la Cruz, *Historia cronologica de la... Capilla... del Pilar...* Saragosse, [1766], *passim*.

A. LAMBERT.

AMADASSE, évêché en Phrygie-Salutaire. Au concile de Chalcédoine (451), Marinien, métropolite de Synnades, signa pour son suffragant absent, Paul, évêque πόλεως 'Αμαδάσσης. Léonce, évêque *Amadassenorum civitatis*, souscrivit les actes du concile de Constantinople (553). L'évêché d'Amadasse dut se fondre de bonne heure dans les juridictions voisines, car il n'est mentionné par aucune des Notices. Wesseling, Bekker, Parthey, etc., supposent qu'Amadasse est le ὁῆμος 'Αλαμάσσου de Hiéroclès, *Synecdemus*, 678, 6 ('Αλλαμάσσου, *cod. Ottobon. 180*). Ramsay, *Asia minor*, p. 143, corrige en *demos Amadassos*, se demande s'il ne faut pas identifier ce nom avec l'Άμμαοῦσα sur l'Άμβούα) de Ptolémée, V, 11, 24, et le chercherait entre Augustopolis, Polybotus, Holmi et Lysias. Pour Radet, *En Phrygie*, p. 118, « Amadassa, cataloguée entre Acrœnos (un des villages dont la réunion a constitué Afioun Kara Hissar) et Prepenissos (Guedjek), tombe vers le sud-ouest de la nécropole d'Ayazin, aux environs d'Ak Eurèn, » vilayet de Brousse.

Le Qaien, *Oriens christianus*, t. 1, col. 849.

S. PÉTRIDÈS.

1. AMADEI (FILIPPO). Né à Rome, il fut nommé chanoine de Saint-Pierre et devint évêque de Pérouse le 22 novembre 1762. Il mourut en janvier 1776.

Cappelletti, *Le Chiese d'Italia*, Venise, 1846, t. iv, p. 498.

J. FRAIKIN.

2. AMADEI (GIROLAMO). Né à Sienne, vers 1483, il entra dans l'ordre des servites et fit profession à Lucques, d'où le nom de *frater Hieronymus Lucensis*, sous lequel on le désignait dans l'ordre. Théologien remarquable, il enseigna les sciences sacrées dans sa ville natale, dont ses concitoyens le nommèrent sénateur, et occupa ensuite les principales dignités de l'ordre. Il fut envoyé en Allemagne, en 1521, afin de visiter les maisons des servites, mais surtout de combattre par la parole les progrès du protestantisme naissant. Adrien VI le nomma général de sa congrégation en 1523, et cette nomination fut confirmée par le chapitre général réuni à Faenza, le 1er mai 1524. Il s'acquitta de cette charge avec le plus grand zèle et opéra de nombreuses réformes, en particulier dans les couvents de femmes, mais son énergie lui attira une telle opposition qu'à l'avènement de Paul III il remit sa démission entre les mains du nouveau pape, qui l'obligea cependant à conserver le titre de vicaire général de la congrégation jusqu'à sa mort, qui eut lieu en 1543. Il laissa une *Apologia per l'immortalità dell'anima*, in-4o, Milan, 1518, un autre ouvrage imprimé (du moins d'après Giani, qui n'indique ni le lieu ni la date de l'impression), dédié au cardinal Roberto Pucci contre Luther, et plusieurs ouvrages qui sont demeurés manuscrits : *De cambiis, De jure divino* (contre Luther), un recueil de sermons de carême, etc. Giani cite souvent le *Regestum Fr. Hieronymi Lucensis*, et publie un acte de lui.

Giani-Garbi, *Annalium sacri ordinis fratrum servorum B. Mariae Virginis centuriae quatuor*, Lucques, 1721, t. ii, p. 35, 75, 79, 81, 84, 109-113, 136. — Merkel, *Speculum virtutis et scientiae ordinis servorum beatae Mariae*, t. v, p. 150. — Hurter, *Nomenclator literarius theologiae catholicae*, Innsbrück, 1906, t. ii, col. 1155. — Marini, Soulier et Vangelisti, *Monumenta ordinis servorum sanctae Mariae*, Bruxelles, 1897-1910, t. i, p. 213, 214, 220; t. ii, p. 70; t. xii, p. 27, 81.

J. FRAIKIN.

AMADEIS (CALISTO DE), fut, à partir du 20 avril 1534, date de sa nomination, évêque titulaire d'Argos (Grèce), siège qui jusque-là, depuis le début de l'occupation latine, avait été résidentiel et suffragant de Corinthe. Eubel, *Hierarchia catholica medii aevi*, Munster, 1910, t. iii, p. 130. Ce personnage, qui appartenait au diocèse de Vérone, avait été auparavant recteur de la paroisse de Mignayo, notaire apostolique, référendaire de la signature et prélat domestique de Sa Sainteté. Créé évêque titulaire d'Argos, le 20 avril 1534, il fut auxiliaire du cardinal Francesco Pisani, évêque de Padoue. Eubel, *op. cit.*, p. 19, 130, 284.

S. SALAVILLE.

AMADÉISTES, congrégation de franciscains fondée par le bienheureux Amédée de Portugal. Ils avaient vingt-huit couvents en Italie à sa mort, en 1482. Jules II, puis Léon X, en 1520, essayèrent en vain de leur enlever leur gouvernement particulier. Clément VII le leur confirma en 1524. Saint Pie V finit par en avoir raison et les incorpora au reste de l'ordre en 1568. Voir FRANCISCAINS.

Wadding, *Annales minorum*, Rome, 1736, t. xvi, p. 108-109, 567; t. xx, p. 200, 202-204, 207-214. — Holzapfel, *Manuale historiae ordinis fratrum minorum*. Fribourg, 1909, p. 122, 131, 132, 277.

ANTOINE de Sérent.

AMADESI (GIUSEPPE LUDOVICO), célèbre historien ecclésiastique, né à Livourne le 28 août 1701, de Jacques Amadesi, citoyen de Bologne. En 1718, il se rendit avec sa famille à Ravenne, s'adonna à l'étude des sciences sacrées et des belles-lettres et embrassa la vie ecclésiastique. En 1734, il fut nommé curé de l'église Saint-Nicandre de Ravenne et préfet des archives diocésaines; il mit en ordre les pièces qu'on y gardait et en dressa l'inventaire. Par son érudition et son ardeur à défendre les droits du siège archiépiscopal de Ravenne, il fut très apprécié et estimé par les évêques qui gouvernèrent tour à tour ce diocèse et lui conservèrent la charge de secrétaire de l'évêché, qui lui avait été confiée par Mgr Jérôme Crispi. Ses travaux littéraires lui valurent la dignité de président de l'académie littéraire de Ravenne. A Rome, on appréciait aussi ses talents. Clément XIV le chargea, avec l'abbé du Mont-Cassin, Galletti, d'examiner l'authenticité d'un fragment des *Histoires* de Tite-Live, découvert à la bibliothèque Vaticane. En 1772, il se rendit à Rome pour y soutenir les droits du siège de Ravenne contre les prétentions de la commune d'Argenta (province de Ferrare). Mais il y mourut le 8 février 1773. Presque tous les travaux d'Amadesi n'ont d'autre but que celui d'éclaircir l'histoire ecclésiastique du diocèse de Ravenne et de défendre les droits et la juridiction de ses pasteurs contre les usurpations des archevêques de Milan et des évêques de Pavie et de Ferrare. Voici la liste de ses écrits : 1. *Raccolte di rime*, Rome, 1727. Elle est dédiée au cardinal Cornelio Bentivoglio; 2. *La metropolitana di Ravenna : architettura del cavalier Gianfrancesco Bonamici*, Bologne, 1748. Dans cet ouvrage l'auteur parle aussi des douze évêques de Ravenne qui y succédèrent à saint Apollinaire; 3. *Dissertationes de metropolitana Ecclesia Ravennatensi*, Venise, 1750; Augsbourg, 1758; *P. L.*, t. LII, col. 91-179. La première dissertation est intitulée : *Utrum Mediolanensi Ecclesiae subiecta fuerit Ecclesia Ravennas quatuor prioribus aerae christianae saeculis*. L'auteur y répond négativement. Dans la seconde : *De litteris Clementis II romani pontificis praeeminentiam in conciliis Ravennati episcopo super Mediolanensem asserentis*, on démontre que la pièce de Clément II est authentique. La troisième est intitulée : *De origine metropoliticae dignitatis in Ecclesia Ravennate*; 4. *Lettera al P. D. Bonifazio Collina, monaco camaldolese*, dans Calogera, *Raccolta di opuscoli scientifici e filologici*, Venise, 1750, t. XLIV, p. 399-468. L'auteur y établit la chronologie d'Honestus Ier, archevêque de Ravenne, mort probablement en 924; 5. *Difesa del diploma di S. Gregorio Magno, a Mariniano arcivescovo di Ravenna (595-606)*, Venise, 1751, ibid., t. XLVI, p. 1-71; 6. *De jure Ravennatium archiepiscoporum deputandi notarios officiales, aliosque ministros, in alienis civitatibus et dioecesibus nec non jus dicendi in controversiis quibuscumque eorundem ministrorum, et ubicumque ii degeant, et signanter in civitate, et dioecesi Faventina*, Rome, 1752; 7. *Lettera a Lorenzo Mehus in difesa dei letterati Ravennati*, Ravenne, 1762; 8. *De comitatu argentanon unquam diviso, quo respondetur argumentis Ferrariensium propositis contra Ravennatis Ecclesiae jura in sacro romanae rotae auditorio*, Rome, 1763; 9. *Dissertazione intorno alla vantata maggioranza della Chiesa pavese sopra la ravennate, provando la falsità del privilegio dei vescovi di Pavia di chiamare ai loro sinodi gli arcivescovi di Ravenna*, Cesena, 1765; 10. *De jure fundiario universali Ecclesiae Ravennatis, in comitatu argentano nunquam diviso : dissertatio posthuma, in qua agitur etiam de sinceritate documentorum, quibus illud jus probatur*, Rome, 1774; 11. *In antistitum Ravennatum chronotaxim ab antiquissimae ejus Ecclesiae exordiis ad haec usque tempora perductam disquisitiones perpetuae dissertationibus ad historiam et nonnullos veteris Ecclesiae ritus pertinentibus illustratae : opus posthumum in tres tomos distributum monumentis magna ex parte nunc primum editis auctum*, Ravenne, 1783. Cet ouvrage en trois volumes n'a pas vieilli : il est la meilleure source pour l'histoire du diocèse de Ravenne. Amadesi a laissé aussi plusieurs ouvrages inédits sur les démêlés entre les évêques de Ravenne et de Ferrare; sur l'orthodoxie des archevêques de Ravenne; sur le martyre de saint Apollinaire, premier évêque de cette ville.

Mazzuchelli, *Gli scrittori d'Italia*, Brescia, 1753, t. I, p. 561-562. — *Effemeridi letterarie di Roma*, 1774, t. XXVIII, p. 216-219; t. XXIX, p. 225-227. — Fantuzzi, *Notizie degli scrittori bolognesi*, Bologne, 1781, t. I, p. 198-201. — Hurter, *Nomenclator literarius totius theologiae*, Innsbrück, 1912, t. V, col. 157.

A. PALMIERI.

AMADEUS (CHARLES), religieux augustin, né à Munich, au XVIIIe siècle. Il fut prieur de plusieurs couvents et mourut à Munich, le 23 septembre 1751. Il traduisit en allemand l'ouvrage du P. Arpe, *Giornale de' santi beati agostiniani*, Munich, 1733; le *Tableau de l'Innocence*, du P. Antoine Girard, S. J., Munich, 1748; et un *Cours de méditations pour tous les jours du mois*, Munich, 1749.

Ossinger, *Bibliotheca augustiniana*, p. 206-207. — Sommervogel, *Bibliothèque de la Compagnie de Jésus*, t. III, col. 1435.

A. PALMIERI.

AMADIA et **AKRA**, diocèses chaldéens catholiques, tantôt réunis et tantôt séparés. On ne connaît la date de fondation ni de l'un ni de l'autre. Par la lettre apostolique *Ob impensam*, du 23 avril 1895 (S. Giamil, *Genuinae relationes inter Sedem apostolicam et Assyriorum orientalium seu Chaldaeorum Ecclesiam*, Rome, 1902, p. 453 sq.), Léon XIII les réunissait d'une manière provisoire; par la lettre apostolique *Quae ad spirituale fidelium*, du 24 février 1910 (*Acta apostolicae Sedis*, Rome, 1910, p. 142), Pie X les a de nouveau séparés, en nommant provisoirement le patriarche chaldéen de Babylone administrateur apostolique du diocèse d'Akra. La situation ne s'est pas encore modifiée.

1° Le diocèse d'*Amadia* a dû succéder à un autre d'un nom différent et ne prendre le nom actuel que quand la ville d'Amadia, centre du pouvoir des beys Kurdes, acquit une grande importance. En 1630, Amadia avait un évêque nestorien, appelé Moïse, avec plusieurs prêtres et clercs, trois églises dans la ville même et quinze aux environs; il comptait alors 4 200 familles nestoriennes, mais pas de catholiques. P. Aziz, *Statistique inédite de l'ancienne Église chaldéo-nestorienne*, Beyrouth, 1909, p. 13. En 1867, l'abbé Martin donnait, dans *La Chaldée, esquisse historique*, Rome, p. 208 sq., une statistique détaillée de l'état du diocèse, station par station. Il comptait alors vingt-sept stations, 6 020 catholiques, dix prêtres, vingt églises ou chapelles, une école avec trente élèves; les plus forts groupements de catholiques se trouvaient à Amadia (500), Araden (600), Manguesché (1 200). La dernière statistique des *Missiones catholicae*, Rome 1907, p. 811, donnent 4 500 catholiques, vingt et un postes, vingt et un prêtres, sept églises, quinze chapelles et sept écoles primaires pour les garçons. La ville elle-même d'Amadia, qui est un chef-lieu de caza, dans le vilayet de Mossoul, situé à 80 kilomètres environ au nord de cette ville, compte 5000 habitants, dont 2 500 musulmans, 1 900 juifs et 600 chaldéens catholiques. Les dominicains de Mossoul y vont parfois pendant l'été; dans le district, il y a 3 000 nestoriens et plusieurs stations de protestants avec écoles.

Les évêques catholiques connus sont : Hénanjésus, vers 1785. — Siméon ou Chimoûn, 1791-?. — Basile 'Asmar, 1824-?. — Joseph Audô, 1833-1848, où il devint patriarche chaldéen. — Thomas Darchô, 1851-1859. — Georges 'Abdjésus Khayyât, 28 octobre 1860-1874. — Paul ou Mathieu Chamînâ, 24 mai 1874-1879. Sur lui, voir Giamil, *op. cit.*, p. 431, en note. — Georges ou Cyriaque Kôka ou Goga, 10 février 1882-1893. Sur lui, voir Giamil, *op. et loc. cit.* — Joseph Elie Khayyât, 1er octobre 1894-23 avril 1895. — Jean Fathâllah Sahhâr, 23 avril 1895-1909. — François David, l'actuel, élu le 25 janvier 1910.

2° Le diocèse catholique d'*Akra*, ou mieux *Aqra*, n'a pas, lui non plus, d'origine connue. En 1630, il existait un diocèse nestorien de ce nom, lequel avait Hénanjésus pour titulaire, plusieurs églises dans la ville et aux environs, et 1 700 familles nestoriennes. Aziz, *Statistique inédite de l'ancienne Église chaldéo-nestorienne*, p. 13. En 1867, d'après l'abbé Martin, *op. cit.*, p. 209, le diocèse d'Aqra comptait dix-neuf stations, dix prêtres, quinze églises, 2 718 catholiques, une école avec trente élèves. La dernière statistique des *Missiones catholicae*, Rome, 1907, p. 812, donne 1 500 catholiques, huit prêtres, sept paroisses ou stations, deux écoles primaires de garçons. La ville elle-même d'Agra, qui est un chef-lieu de caza du vilayet de Mossoul, située dans une belle position sur le flanc du Chindar, compte 4 700 habitants, dont 4 050 musulmans Kurdes, 300 juifs, et 250 chrétiens, chaldéens ou jacobites. Zebbar ou Zibar, dont le nom est parfois joint au titre épiscopal d'Aqra, est un autre caza du même vilayet, mais situé plus à l'est.

Les évêques catholiques connus sont : Élie Safrô, 1852-1864. — Élie Mellous, 5 juin 1864-1890; c'est le fameux schismatique mort évêque de Mardin. — Jean Fatballah Sahhâr, élu le 25 mars 1893 et qui, à partir du 23 avril 1895, devint évêque d'Amadia et Agra.

J.-B. Chabot, *État religieux des diocèses formant le patriarcat chaldéen de Babylone*, dans *Revue de l'Orient chrétien*, 1896, t. I, p. 449 sq. — S. Pétridès, *Amadia et Akra*, dans *The catholic encyclopedia*, New York, t. I, p. 373. — Pierre Nasri, *Les éparchies chaldéennes et la série de leurs évêques* (en arabe), dans *Al-Machriq*, Beyrouth, 1906, t. IX, p. 744-747.

S. VAILHÉ.

AMADIO AMIDEI (Saint). Né à Florence, d'une grande famille de cette ville (il s'appelait, dans le monde, Bartolomeo de Amideis), il fut l'un des sept fondateurs de l'ordre des servites. Voir ce mot et ALEXIS FALCONIERI, ci-dessus, col. 395. Le premier général, Bonfigli, le nomma prieur de la maison du mont Senario, en 1252. Remarquable à la fois par sa douceur et sa fermeté, Poccianti rapporte de lui plusieurs points édifiants aussi touchants que ceux de saint François d'Assise. Son austérité était telle que ce même auteur dit que sa vie ressemblait à une mort continuelle. Il accomplit, durant sa vie et après sa mort, des guérisons miraculeuses; on lui attribue, entre autres, la résurrection d'un enfant qui s'était noyé en tombant dans un puits. Son amour de Dieu (symbolisé par son nom de religion, a-t-on observé justement) était si ardent que, comme plus tard saint Philippe Neri, il devait parfois découvrir sa poitrine toute embrasée, et, à sa mort, qui eut lieu le 8 avril 1265, le mont Senario parut tout en flammes. Son culte fut approuvé, avec les autres fondateurs de l'ordre, le 20 novembre 1717, et il fut canonisé avec eux le 15 janvier 1888. Leur fête a été fixée au 11 février.

Giani, *Annalium sacri ordinis fratrum servorum B. Mariae Virginis centuriae quatuor*, Lucques, 1719, t. I, p. 17, 57-58, 96. — Canali, *Istoria breve dell'origine dell'ordine de' Servi*, Parme, 1727. — P.-M. Soulier et A. Morini, *Storia dei sette fondatori dell'ordine de'servi di Maria*, Rome, 1888. — *Monumenta ordinis servorum sanctae Mariae*, Bruxelles, 1899, t. III, p. 556.

J. FRAIKIN.

1. AMADOR était évêque de Gérone en 683. Cette année-là, le tyran Paul, s'étant emparé de Gérone, vola la couronne et qui se trouvait dans le tombeau de saint Félix, martyr, et dont le roi Recarède avait fait donation. L'évêque Amador lui adressa une lettre pour lui reprocher son crime et le prier de restituer un si précieux trésor.

Villanueva, *Viage literario à las iglesias de España*, Madrid, 1850, t. XIII, p. 5.

J. CAPEILLE.

2. AMADOR (avant le X° siècle), ermite, vénéré en Portugal, en Espagne, en Navarre, en Béarn, dans le comté de Foix et ailleurs encore; la dévotion était en ces pays de faire célébrer pour les âmes du purgatoire des trentains de messes, dits de Saint-Amadour, analogues aux messes de Saint-Grégoire. L'existence de cette coutume est attestée, pour l'Espagne, par un récit de religieux rapporté à la suite de la Vie de saint Amator, honoré à Lucques (voir ce nom), pour le Béarn et pour le comté de Foix par de nombreux testaments. La dévotion aux messes de Saint-Amador (en réalité trente-trois ou trente-quatre, distribuées en messes de la sainte Vierge, de la sainte Trinité, des apôtres, des anges, de sainte Marie-Madeleine, etc.), est recommandée à la fin d'une Vie de ce saint personnage, en catalan, publiée par M. Lieutaud, archiviste de Marseille, en 1878; cette Vie offre plus de développements — avec quelques variantes — que la Vie portugaise. D'après celle-ci, saint Amador vivait à Monsazto, dans l'évêché de Guarda; il délivra miraculeusement un enfant que les démons emportaient, l'éleva, le fit ordonner prêtre et lui indiqua les messes à dire pour sauver l'âme de ses parents. Les reliques de l'ermite, longtemps vénérées à Monsazto, furent dispersées lors de l'invasion française. Les *Acta sanctorum* n'ont pas connu ce saint, dont la fête se faisait au 27 mars. Il existe en Portugal au moins deux villages qui portent le nom de Santo ou Sao Amador, dont l'un dans le diocèse de Béja. Il y a un *saint Amadou*, dans le canton de Pamiers (Ariège); or, on a retrouvé (note de M. l'abbé Robert, curé de Bajou) de nombreux testaments où il est question des trentains de messes de saint Amadour dans ce comté de Foix; de même il y a un *saint Amadour* dans la Mayenne (commune de Craon); or, Mgr Barbier de Montault a publié l'extrait d'un registre d'un curé du Maine qui parle aussi de ces trentains de messes. Le rapprochement est curieux.

Ed. Albe, *La vie et les miracles de saint Amador*, dans *Analecta bollandiana*, 1909, t. XXVIII, p. 5-90; *Bulletin de la Société des études du Lot*, t. III, p. 190. — Jorge Cardoso, *Agiologio Lusitano*, Lisbonne, 1657, t. II, p. 321. — *Études historiques et religieuses du diocèse de Bayonne*, 1893, 2° année, p. 470, etc. — Barbier de Montault, *Œuvres complètes*, t. XII, p. 357.

Ed. ALBE.

AMADOUNIQ, ou *Amatouniq*, nom d'une famille satrapale et d'un district de la Grande-Arménie appelé domaine du Arakadzodn (Pied de l'Ararat). Voir AMATOUNIQ, col. 990.

1. AMADOUR (Saint), *Amator*, solitaire honoré en Quercy et en Limousin, à qui est attribuée la fondation de l'église de Roc-Amadour (Lot), l'un des plus anciens pèlerinages de France. On ne sait pas quel est ce personnage, ni à quelle époque il vécut; et l'on n'a aucun document qui donne une certitude au sujet des reliques conservées sous son nom à Roc-Amadour. L'on n'a pu faire sur son compte que des hypothèses. En voici le résumé : 1° Amadour est un personnage quelconque, d'ailleurs inconnu, qui a donné son nom à Roc-Amadour, dont l'étymologie serait ainsi analogue à celle de Rochechouart ou La Rochefoucauld : *Rupes Amatoris, Rupes Cavardi*, etc.; 2° Amadour est un solitaire qui a vécu, à une époque mal déterminée, dans une grotte du val d'Alzou. C'est l'opinion acceptée par la plupart des auteurs; elle fut longtemps officielle. On la retrouve dans les bréviaires du diocèse de Cahors jusqu'en 1854 : au Propre de 1659 (Alain de Solminihac), où l'office de saint Amadour est tout entier du commun d'un solitaire, confesseur non pontife; aux diverses éditions du *Proprium sanctorum eccl. et dioec. Cad.* de Mgr de la Luzerne (1710, 1715, 1731), où sont deux leçons très vagues sur le solitaire Amadour, sans date; dans le bréviaire gallican, tout rempli d'emprunts aux traditions locales, de Mgr Duguesclin, que l'on a conservé dans le diocèse de Cahors, sans aucun changement, de 1746 à 1854 : une simple leçon résumant les deux de l'ancien Propre. Cette opinion a été encore soutenue, mais avec des raisons sans grande valeur, par le restaurateur du pèlerinage, au XIXe siècle, M. l'abbé Caillau (1834); elle a été également soutenue dans le *Roc-Amadour* de M. E. Rupin (1904); 3° L'abbé de Foulhiac, vicaire général de plusieurs évêques de Cahors au XVIIe siècle, a soutenu une troisième opinion dans une lettre, adressée à Mgr Lejay (1682). Il pense qu'il y a eu confusion avec saint Amatre d'Auxerre, dont des reliques, données à l'abbaye de Coronzac près Cahors, par un de ses successeurs, saint Didier, originaire du Quercy, auraient été transportées à Roc-Amadour, par des moines de l'abbaye de Marcilhac. Cette abbaye posséda Coronzac et fut en litige, au XIIe siècle, avec l'abbaye de Tulle, au sujet de la possession de Roc-Amadour. On a réfuté l'abbé de Foulhiac en disant que l'église d'Auxerre avait toujours eu le corps de saint Amatre; le savant vicaire général aurait pu répondre qu'il ne s'agissait que de reliques secondaires, mais, dans le cas où il aurait eu raison, que pouvaient bien être les reliques conservées à Roc-Amadour? 4° Une autre opinion, qui se dit *traditionnelle*, rattache Amadour à l'évangélisation des Gaules au Ier siècle. Cette opinion a parcouru diverses étapes. Notons qu'il n'est question de saint Amadour dans *aucun* document historique ou légendaire avant la fin du XIIIe siècle. Le pèlerinage existait, bien organisé, longtemps avant la découverte, en 1166, sur le seuil de la chapelle de Notre-Dame, d'un corps bien conservé que l'on crut être saint Amadour. C'est peut-être la conservation remarquable de ce corps qui suffit — le cas n'est pas isolé — à une sorte de canonisation. Il est étonnant toutefois que cette découverte ne soit pas mentionnée dans le recueil des miracles de Notre-Dame de Roc-Amadour, qui fut composé peu de temps après (en 1172), ni dans aucun chroniqueur de la région. Mais, si nous en croyons Robert de Thorigny, on parlait depuis déjà longtemps de saint Amadour, de qui le roc portait le nom, sans savoir où il était enterré. Quel était cet Amadour? Quelques-uns disaient que c'était un Palestinien, ancien domestique de la sainte famille, venue dans les Gaules sous l'inspiration de la Vierge Marie.

Les brèves lignes de Robert de Thorigny ne suffisaient pas à la curiosité populaire. Sous l'influence des légendes d'Aquitaine et du Limousin, les *Actes* du saint furent composés dans le courant du XIIIe siècle; nous ne la connaissons que par une copie fournie aux bollandistes par le P. Odo de Gissey, auteur d'une histoire de Notre-Dame de Roc-Amadour; il est probable qu'on les lisait au Propre de l'église de Roc-Amadour. D'après la nouvelle légende, sainte Véronique, l'hémorrhoïsse, que des chroniques bazadaises venaient d'identifier avec la femme de la sainte Face, et de mettre en relations avec saint Martial pour la conversion de l'Aquitaine, devenait l'épouse d'Amadour. Ce sont eux qui auraient opéré la conversion du duc de Bordeaux. Après avoir fait un voyage à Rome pour rendre compte à saint Pierre de l'apostolat de Martial, et fondé quelques monastères (par exemple Baignes, au diocèse de Saintes), Amadour, devenu veuf, se retirait dans la vallée sauvage du Quercy et y mourait le 20 août, laissant de nombreux disciples. Le fond de ce récit se retrouve fort abrégé chez les auteurs qui se sont occupés, aux XIIIe, XIVe et XVe siècles, de l'apostolat de saint Martial.

Bernard Gui ajoute cependant quelques traits relatifs aux reliques apportées par Véronique, dont il fait l'*amie de cœur* de la sainte Vierge, et à l'autel bâti par Amadour qui aurait été consacré par l'apôtre de Limoges; mais il restitue l'honneur de la conversion de l'Aquitaine à saint Alpinien et saint Aus'richinien.

5° Au XVe siècle, la légende hasarde un pas de plus, en identifiant Amadour avec le publicain Zachée;

nous ne savons sur quelles données, car les légendes relatives à Zachée, ainsi que ce qu'on lit dans les ouvrages d'Adhémar de Chabanes et dans la *Légende dorée*, n'ont aucun rapport, même indirect, avec notre Amadour. Cette opinion se fait jour, d'ailleurs de façon incidente, dans une supplique reproduite en tête d'une bulle d'indulgences de Martin V (1427). Il n'en est plus question jusqu'en 1631, où le P. Odo de Gissey la renouvelle et la popularise, en s'appuyant précisément sur l'autorité de cette bulle et sur une interprétation douteuse de l'office célébré à Roc-Amadour. Reproduite par divers auteurs contemporains : Bertrand de la Tour, auteur d'une histoire de l'église de Tulle (1633), Dominici, dans une étude sur le saint suaire de Cahors; combattue par Baluze; rejetée par le bréviaire de Cahors, elle devient officielle dans le diocèse de Tulle (Roc-Amadour appartenait aux abbés, puis aux évêques de Tulle), ainsi qu'on le voit par les propres des saints de 1669 et de 1720, pour disparaître d'ailleurs dans le bréviaire gallican de 1777 et années suivantes, où l'on ne trouve plus que les deux vagues leçons du bréviaire de Cahors. Mais, si elle n'est pas acceptée par le monde officiel, elle gagne dans le peuple, ce qui permettra plus tard de la fonder sur la *tradition*. Et même, à la fin du XVIIIe siècle, on trouve mention de la paroisse sous ce titre : *par. eccl. de St Amadour, seu de St Zachée de Rocamadour*, en un registre d'insinuations ecclésiastiques. Défendue au XIXe siècle par des auteurs plus convaincus qu'autorisés, comme Le Guennec, Bourrières, abbé Layral, etc., cette opinion a pris place dès 1854 dans le nouveau propre cadurcien, et elle a été reproduite sans changement dans celui de 1894.

6° Une dernière étape a été franchie, mais sans devenir populaire, ni officielle. Zachée ayant été évêque de Césarée, d'après certains anciens auteurs, on représenta notre Amadour avec les attributs épiscopaux sur une tapisserie à l'aiguille du XVIIe siècle; ce qui amena M. Bourrières à faire de lui le premier évêque de Cahors, affirmation acceptée comme historique dans une petite histoire de la Guienne récemment composée pour les écoles laïques.

Voir, comme complément de cet article, les notices sur saint AMADOR, ermite en Portugal, et saint AMATOR, dont on a des reliques à Lucques. La fête de saint Amadour (comme aujourd'hui encore celle du saint de Lucques) se célébra longtemps le 20 août; elle n'était pas très populaire, puisque, même à Roc-Amadour, il fallut, en 1278, un rappel à l'ordre pour qu'elle fût célébrée; ni très importante au point de vue liturgique, puisqu'on la transféra successivement au 21, puis au 26 août dans le diocèse de Cahors; au 23 août, au 26 et au 3 septembre dans celui de Tulle. Le saint Amadour du Quercy n'est pas dans le martyrologe romain.

Ernest Rupin, *Roc-Amadour*, Paris, 1904, p. 12-72. — Ed. Albe, *Le livre des miracles de Notre-Dame de Roc-Amadour*, Paris, 1907, p. 14-42. — Il suffira, pour se rendre compte de la bibliographie relative à la question d'Amadour, de lire le dernier ouvrage de M. E. Rupin, qui est consacré à la discussion des arguments des partisans de la légende : *La légende de saint Amadour, à propos d'un mois de Marie historique sur Roc-Amadour*, Paris, 1909. M Layral a essayé de réfuter le travail de M. Rupin dans une brochure intitulée : *Défense de la tradition de saint Amadour*, Paris, 1911.

Ed. ALBE.

2. AMADOUR. Voir AMATEUR, AMATOR.

AMALAIRE, évêque de Trèves et liturgiste. Dom G. Morin a définitivement montré qu'Amalaire, le liturgiste, et Amalaire, l'évêque, sont un seul et même personnage. Après avoir étudié sous Alcuin, il fut nommé, en 811, au siège de Trèves. Deux ans plus tard, chargé d'une ambassade, il partit pour Constantinople. Mais, à son retour, il ne reprit point le gouvernement de son Église. Nous le voyons, en 817, au concile d'Aix-la-Chapelle; en 825, à celui de Paris; vers 834, à Lyon, où il remplace Agobard pendant sa disgrâce. Voir ci-dessus l'art. AGOBARD, t. I, col. 998. La diète de Kiersy, en 838, le condamna : le diacre Florus avait réussi à faire réintégrer Agobard. Amalaire mourut vers 850, après avoir pris une part assez active aux controverses touchant Gottschalk. Il fut enseveli à Metz. Sur les ouvrages liturgiques auxquels il doit sa célébrité, *De ecclesiasticis officiis*, *De ordine antiphonarii*, etc., et sur les travaux publiés à son sujet, on trouvera dans le *Dictionnaire d'archéologie chrétienne et de liturgie*, t. I, col. 1323-1330, un article de M. E. Debroise, auquel nous renvoyons le lecteur.

M. BESSON.

AMALARIC, seul fils légitime du roi des Wisigoths Alaric II (voir ce mot, t. I, col. 1344), et petit-fils, par sa mère Théodogothe, de Théodoric, roi des Ostrogoths, n'avait que quatre ou cinq ans lorsque, en 506, son père fut battu et tué par Clovis, à la bataille de Vouillé. Gésalic, fils naturel d'Alaric II, se fit reconnaître comme successeur de ce dernier dans une assemblée tenue à Narbonne, pendant qu'Amalaric était emmené par ses partisans en déroute au delà des Pyrénées. Gregorii Turon., *Hist. Francorum*, II, XXXVII, dans *Monum. Germ. histor., Script. rerum Meroving.*, t. I, p. 101. Lorsque Gésalic eut succombé sous les coups des Ostrogoths (511), Théodoric étendit son autorité, en qualité de tuteur de son petit-fils, sur les territoires encore soumis aux Wisigoths. Isidore de Séville, *Historia de regibus Gothorum*, 39, *P. L.*, t. LXXXIII, col. 1068; Procope, *De bello Gothico*, I, XII, éd. Dindorf, dans le *Corpus script. histor. Byzantinae*, t. II, p. 67-68.

A sa mort (30 août 526), ses deux petits-fils, Athalaric et Amalaric, furent reconnus, le premier en Italie comme roi des Ostrogoths, le second en Gaule et en Espagne comme roi des Wisigoths. Isidore, *loc. cit.* Par un traité conclu peu après, les deux cousins convinrent que le cours inférieur du Rhône marquerait désormais la séparation des deux royaumes. Procope, LXIII, *loc. cit.*, p. 69-70.

Amalaric séjourna habituellement à Narbonne, devenue, depuis la prise de Toulouse par les Francs, la capitale des Wisigoths. *Vita S. Dalmatii*, ad ann. 524, dans Bouquet, *Recueil des hist. des Gaules et de la France*, t. III, p. 419. Il reprit la politique religieuse de son père et provoqua ainsi une nouvelle intervention franque, qui ne tarda pas à lui être aussi fatale que l'avait été pour Alaric l'expédition de Clovis. Il avait d'abord pour vouloir s'assurer contre les ambitions de ses dangereux voisins, en épousant Clotilde, fille de Clovis et de sainte Clotilde. Procope, *loc. cit.*; Greg. Tur., III, I, *loc. cit.*, p. 109. Mais il ne sut se résigner à laisser sa femme vivre en catholique et il s'efforça bientôt de la contraindre à embrasser l'arianisme. En butte aux pires traitements, Clotilde en appela à ses frères les rois francs. Ceux-ci ne furent pas infidèles aux traditions paternelles et ne laissèrent pas passer cette occasion d'agrandir leurs États vers le midi. Les chroniqueurs racontent longuement les vexations et les outrages dont fut victime la jeune reine. Il ne semble pas néanmoins qu'il faille voir en Amalaric un acharné persécuteur des catholiques. Les égards qu'il témoigna à saint Dalmatius, évêque de Rodez (cf. *Vita Dalmatii, loc. cit.*), et la liberté qu'eurent les évêques de se réunir en conciles sont un indice du contraire. C'est en effet sous son règne que se tint le 11e concile de Tolède, placé par Baronius et Pagi en 531 (*Annales*, ad ann. 531, n. 12; Pagi, *Critica*, ad ann. 531, n. 9), mais que les historiens plus récents préfèrent, à la suite de Florez, mettre à l'an 527. H. Florez, *España sagrada*, t. II, p. 198; t. VI, p. 130-134; Hefele-Leclercq, *Hist. des conciles*, t. II, p. 1080-1082.

Mais déjà le roi franc Childebert se préparait à répondre par une invasion aux appels de sa sœur. Il entra en Septimanie, à la tête d'une armée, et marcha directement sur Narbonne. Amalaric tenta en vain de résister. Il éprouva une sanglante défaite sous les murs de sa capitale. Isidore, 40, *loc. cit.*; Greg. Tur., III, X, *loc. cit.*, p. 117. D'après Grégoire de Tours et Procope, Amalaric fut massacré dans la déroute qui suivit le combat, tandis que, suivant Isidore de Séville et Frédégaire (*Fredegarii Chron.*, III, XXX, XLI, éd. Krusch, dans *Mon. Germ. hist., Script. rer. Merov.*, t. II, p. 103, 105), il périt, peu après son arrivée à Barcelone où il s'était réfugié, dans un soulèvement excité par le gouverneur Theudis, qui depuis longtemps déjà intrigait pour arriver au trône. Cette dernière version est peut-être la vraie.

La mort d'Amalaric arriva en 531, puisqu'il régna cinq ans à partir de 526. Isidore, 40, *loc. cit.* La puissance wisigothique était désormais définitivement ébranlée en Gaule. Theudis, élu à la place d'Amalaric, transporta en Espagne le siège du gouvernement et la plupart de ses successeurs firent de même. Greg. Tur., III, XXX, *loc. cit.*, p. 134.

Procope, I, XIII, *loc. cit.*, p. 71, a confondu les campagnes dirigées contre Theudis par Thierry, roi de Metz, avec son fils Théodebert, la prise de Childebert et c'est à la suite de cette erreur qu'il fait de Théodebert le vainqueur d'Amalaric.

A. Fernandez Guerra, Eduardo de Hinojosa y Juan de Dios de la Rada, *Historia de España desde la invasión de los pueblos germanicos hasta la ruina de la monarquía Visigoda*, Madrid, s. d., t. I, p. 219-231. — Juan Ortega Rubio, *Los Visigodos en España*, Madrid, 1903, p. 21-22. — Devic-Vaissete, *Histoire générale de Languedoc*, éd. Privat, t. II, p. 538, 548, 563-566; t. II, p. 143-145 et col. 14, 17.

M. ANDRIEU.

AMALASONTE. Voir ATHALARIC.

1. AMALBERGE (Sainte), née à Saintes en Brabant, épouse de Witger et mère d'Émebert, plus tard évêque de Cambrai, et des saintes Reinelde et Gudule, aurait, ainsi que son mari, embrassé plus tard la vie religieuse. Elle serait morte à Maubeuge, d'où son corps fut transféré à l'abbaye de Lobbes. Elle vécut au VIIe siècle. Sa Vie légendaire, en partie extraite de celle de sainte Reinelde, date de la fin du XIe siècle, et fut probablement composée par un moine de Lobbes.

Acta sanct., jul. t. III, p. 67. — *Acta sanctorum Belgii*, t. IV, p. 639-641. — Balau, *Sources de l'histoire du pays de Liège*, Bruxelles, 1903, p. 247. — L. Van der Essen, *Étude critique et littéraire sur les Vitae des saints mérovingiens de l'ancienne Belgique*, Louvain, 1907, p. 301-302.

U. BERLIÈRE.

2. AMALBERGE (Sainte), née en Ardenne dans la *villa Rodingi*, d'après une tradition consignée au XIe siècle, aurait été élevée à Bilsen par sainte Landrade et aurait reçu le voile des mains de saint Willibrord, ce qui permet de fixer l'époque de sa naissance dans la seconde moitié du VIIe siècle. Sa vie est purement légendaire. Amelberge passa ses dernières années à Tamise (Flandre), villa qui lui appartenait par droit héréditaire; elle y mourut et y fut enterrée. Plus tard ses reliques furent transférées au monastère de Saint-Pierre de Gand, où on en fit une élévation solennelle en 1073. Sa fête se célèbre le 10 juillet. Les sources documentaires de l'histoire de sainte Amelberge sont assez tardives ; Radbode d'Utrecht, au Xe siècle; le *Vita S. Amelbergae*, qu'on a attribué à Thierry de Saint-Trond, mais sans raison probante, serait plus vraisemblablement l'œuvre d'un moine de Saint-Pierre de Gand de la première moitié du xɪᵉ siècle.

Radbode, *Tomellus ou sermo de vita... Amelbergae*, dans Mabillon, *Acta sanct., O. S. B.*, saec. ɪɪɪ, 2ᵉ part., p. 241-213. — *Acta sanct.*, jul. t. ɪɪɪ, p. 85-87. — *P. L.*, t. cxxxɪɪ, col. 549-554. — De R oo, *De wonderbare maagd Sinte Amelberga Geschiedenis van haar leven en van haar reliquien*, Bruxelles, 1872, p. 423-427. — *Vita S. Amelbergae*, dans *Acta sanct., loc. cit.*, p. 87-98; De R oo, p. 429-460. — *Translatio Tamisia Gandavum an. 870*, dans *Acta sanct.*, p. 98-100; De R oo, p. 463-467; *Miracula*, saec. xɪv, dans *Acta sanct.*, p. 100-106; De Ro , p. 475-494. — S. Balau, *Les sources de l'histoire du pays de Liége*, Bruxelles, 1903, p. 358-359. — L. Van der Essen, *Étude critique et littéraire sur les Vitae des saints mérovingiens de l'ancienne Belgique*, Louvain, 1907, p. 477-482. — A. Poncelet, *Les biographies de sainte Amalberge*, dans *Analecta bollandiana*, 1912, t. xxxɪ, p. 401-409.

U. Berlière.

3. AMALBERGE (Sainte), abbesse de Susteren, vers 900, époque à laquelle elle reçut dans son monastère les deux filles du roi de Lorraine, Zuentibold. Elle était honorée à Susteren le 21 novembre.

Gallia christiana, t. ɪɪɪ, col. 997.

U. Rouziès.

1. AMALBERT, administrateur du diocèse de Verdun, vers 765-778, était, au dire de Bertarius, chroniqueur des évêques de ce diocèse au ɪxᵉ siècle, un pieux solitaire qui vivait dans un oratoire dédié aux saints apôtres. Il succéda à saint Madalvé, mais n'eut que le titre de chorévêque, *corepiscopus*, administra le diocèse avec zèle, et y maintint la discipline que son prédécesseur avait introduite dans le clergé et les fidèles. Mais il ne put empêcher que l'évêché ne perdît plusieurs de ses droits et propriétés, ainsi que l'administration de l'abbaye de Beaulieu. Ce qui fait induire à l'abbé Roussel, historien du diocèse, d'après les pratiques de la monarchie absolue et de l'Église gallicane de son temps, qu'Amalbert avait été élu évêque par les chanoines de Verdun contre la volonté du roi Pépin le Bref, et qu'ils encoururent par là la disgrâce du souverain, qui favorisa contre eux les revendications de plusieurs voisins, comme les religieux de l'abbaye de Saint-Eucherius à Trèves. Charlemagne ayant désigné comme évêque Pierre d'Italie (774), le clergé de Verdun refusa pendant plusieurs années de le recevoir, d'après Hugues de Flavigny, qui amplifia Bertarius à la fin du xɪᵉ siècle. Mais enfin il fallut céder et Amalbert dut rentrer dans l'obscurité en 778.

(Abbé Roussel), *Histoire ecclésiastique et civile de Verdun*, Paris, 1731, p. 122-124. — *Monumenta Germaniae, Scriptores*, t. ɪv, p. 44; t. vɪɪɪ, p. 351.

P. Richard.

2. AMALBERT, deuxième abbé de Saint-Florent du château de Saumur, succéda à Hélias (955). Comme son prédécesseur, il avait fait partie de la petite colonie de moines que Thibault, comte de Blois et seigneur de Saumur, avait appelés de Fleury-sur-Loire, pour repeupler l'abbaye de Saint-Florent. Pendant son abbatiat, on rebâtit l'ancien couvent du Montglonne, qui prit le nom de Saint-Florent-le-Vieil. C'est de son temps aussi que fut donnée à l'abbaye l'église de Saint-Louant (973). Il acheva la construction de son église et de son monastère, qu'il fit couvrir de peintures. Les reliques du saint patron, saint Florent, précédemment conservées dans un vase de cuivre, y furent déposées dans une riche châsse, dont le comte Thibault voulut faire tous les frais. A partir de 976, Amalbert gouverna les deux abbayes de Fleury-sur-Loire et de Saint-Florent-le-Jeune, jusqu'à sa mort, arrivée le 11 avril 986.

Archives de Maine-et-Loire, *Livre rouge de Saint-Florent*, fol. 28 vᵒ, 49 vᵒ, 89-90. — Dom Huynes, *Histoire de l'abbaye de Saint-Florent*, aux archives de Maine-et-Loire, ouvrage manuscrit, fol. 23 rᵒ - 42 rᵒ. — *Gallia christiana*, t. xɪv, col. 624-625. — Barthélemy Roger, *Histoire d'Anjou*, p. 80-81.

F. Uzureau.

3. AMALBERT (Saint). Voir Gamelbert (Saint).

AMALFI (*Amalphitan.*). Évêché de l'Italie méridionale, royaume de Naples, immédiatement soumis au Saint-Siège, borné, à l'ouest, par le diocèse de Sorrente, au nord par celui de Nocera de' Pagani, à l'est par celui de Cava dei Tirreni et Sarno, et au sud par la mer Tyrrhénienne.

Histoire sommaire. — Suivant le *Chronicon Amalphitanum* (339-1082, avec addition postérieure jusqu'en 1296), ouvrage demeuré manuscrit (quelques parties publiées dans Ughelli, *Italia sacra*, t. vɪɪ, col. 237 sq.; Muratori, *Antiquitates Italicae medii aevi*, t. ɪ, col. 207-216; Pelliccia, *Raccolta di croniche e diarij del regno di Napoli*, Naples, 1782, t. v, p. 140-161; Camera, *Memorie di Amalfi*, Capaccio, *Hist. Neap.*, t. ɪ, p. 150), sans critique, mais précieux parce qu'il a été composé, en grande partie, d'après un *Catalogus Amalphitanus* plus ancien (cf. Pelliccia, p. 142; Potthast, *Bibliotheca historica medii aevi*, 2ᵉ édit., 1896, t. ɪ, p. 249; Weinrich, *De conditione Italiae inferioris Greg. VII pont.*, p. 76-79. Capasso, *Le Fonti....*) la ville d'Amalfi aurait été fondée par Constantin, mais ce n'est qu'au vɪᵉ siècle qu'on la voit citée pour la première fois. Quoi qu'il en soit, elle dut être chrétienne dès sa fondation, mais le premier évêque connu est Pimenius ou Primenius ou encore Pigmenius, nommé, en janvier 596, dans une lettre de saint Grégoire le Grand, qui ordonne de l'enfermer dans un couvent, parce qu'il n'observe pas la résidence (l. VI, ep. xɪv, *P. L.*, t. lxxvɪɪ, col. 813-814), ce qui fait que cette lettre a pris force de loi et est insérée dans le décret de Gratien, l. VII, q. ɪ, c. xx. Les diptyques d'Amalfi le font mourir en 597. Après lui, lacune de deux siècles, jusqu'à Petrus, qui, suivant la Chronique anonyme de Salerne, c. lxɪv, transporta de Minori à Amalfi, vers 833, le corps de sainte Triphomène, vierge et martyre, afin de le soustraire à Sicardo, prince lombard de Bénévent, qui allait partout à la recherche de reliques, pour en enrichir sa ville. Il était déjà mort le 1ᵉʳ mars 838, car Sicardo, s'étant emparé d'Amalfi ce jour-là, viola son tombeau dans la cathédrale et emporta ensuite le corps de sainte Triphomène, d'abord à Salerne, puis à Bénévent. Ses deux premiers successeurs furent Leo, vers 840, et Petrus II, élu en 848, sous l'épiscopat duquel les Amalfitains vinrent au secours du pape Léon IV, attaqué par les Sarrasins à Ostie (849). Petrus fut chassé de son siège cette année même (Muratori, *op. cit.*, t. ɪ, p. 209), et remplacé par Bonus, mais seulement vers 860. Sous Leo II Orso-Comite Scaticampolo, fondateur et premier abbé du monastère bénédictin des SS. Cirico et Giulitta, à Atrani, dans le diocèse, élu évêque d'Amalfi le 13 février 987, le pape Jean XV, sur la demande du pieux doge Manson III, éleva l'Église d'Amalfi à la dignité d'archevêché, en lui donnant pour suffragants les évêchés de Scala, de Minori, de Lettere et de Capri. Cf. Fabre, *Le Liber censuum*, t. ɪ, p. 40, note 7. Il sacra lui-même le nouvel archevêque dans la basilique de Saint-Jean-de-Latran, le 30 novembre suivant, et celui-ci sacra ensuite immédiatement les évêques de ces trois derniers diocèses. Après sa mort, survenue le 25 avril 1029, la série continue régulièrement. Cf. *Chronicon archiepiscoporum Amalphitanorum*, manuscrit dont analyse dans Ughelli, t. vɪɪ, col. 393, et quelques fragments dans Pelliccia, p. 163-181. Par la bulle *De utiliori*, du 27 juin 1818, Pie VII supprima les trois évêchés de Scala, de Ravello et de Minori et les incorpora au diocèse d'Amalfi. Une singularité de l'histoire de cette Église, c'est que, du xe au xive siècle, il est question, dans les documents, de diacres et de prêtres-cardinaux, qui jouissaient d'une certaine prééminence sur les autres clercs. Comme on le sait, Amalfi forma, de 839 à 1131, une puissante république commerciale, rivale de celles de Gênes et de Venise, et gouvernée, comme elles, par des doges. Cf. Mercey, *La république d'Amalfi*, dans *Revue des deux mondes*, ann. 1840, p. 231-252, 339-366; Manfroni, *Storia della marina italiana*, Livourne, 1899, t. I, *passim*. Ce fut un hôpital, fondé à Jérusalem par des marchands d'Amalfi, vers l'an 1020, sous le nom de Saint-Jean-l'Aumônier, qui devint le berceau du fameux ordre militaire des chevaliers de Saint-Jean de Jérusalem, dont le premier grand-maître Gerardus semble avoir été amalfitain. Cf. Delaville Le Roulx, *Les Hospitaliers en Terre Sainte et à Chypre*.

ABBAYES ET COMMUNAUTÉS RELIGIEUSES. — Le diocèse d'Amalfi et les trois qui lui ont été incorporés furent jadis tout couverts de monastères bénédictins: à Amalfi, S. Lorenzo del Piano, appelé ensuite de la SS. Trinità (il existe à la bibliothèque Brancacciana de Naples, *IV*, F. 4, un *Repertorium monasterii S. Laurentii de Amalfia*, manuscrit; cf. Caspari, *Annali del regno di Napoli*; Camera, *op. cit.*, t. II, p. 12; Capasso, *op. cit.*, p. 26-27), fondé, en 980, par Mansone III; San Basilio, fondé au xie siècle et supprimé par Grégoire XIII, le 25 novembre 1581; S. Elena, S. Nicola *a Campo*, tous les quatre pour les femmes; à Pogerola, faubourg d'Amalfi, S. Sebastiano, également pour les femmes, cité dès 1020; à Atrani, SS. Cirico et Giulitta, fondé en 970, S. Maria *de Fontanella*, fondé vers la même époque, S. Michele Arcangelo, fondé en 1040, et S. Tommaso Apostolo, le premier pour les hommes, les trois autres pour les femmes, tous supprimés en septembre 1269, sauf le second, dont il existe un cartulaire, connu sous le nom de *Codice Perris*; à Scala, S. Maria *de Aqua bona*, SS. Giuliano e Marciano, cités dès avant le xe siècle, S. Benedetto e Scolastica *de Monte*, puis *de Tavernata*, supprimé probablement vers la fin du xive siècle, et S. Cataldo, fondé vers le ixe siècle, les deux premiers pour les hommes, les deux derniers pour les femmes; à Positano, S. Maria e S. Vito, cité dès 994 et supprimé à la fin du xviiie siècle, pour les hommes; à Ravello, S. Trifone, fondé au xe siècle, S. Maria di Castiglione, fondé vers le xe siècle, SS. Trinità, fondé en 944, les deux premiers pour les hommes, le dernier pour les femmes; à Minori, S. Lucia, pour les femmes, cité dès 993. Il faut ajouter comme ces monastères bénédictins, ceux de S. Maria *de Olearea*, de S. Nicola *de Carbonario* et de S. Maria *de Erele*. Les cisterciens avaient, à Amalfi, S. Pietro *de Toczolo* ou *in Canonica*, ancienne *rectorie*, où ils furent amenés de Fossanova, en 1212, par le cardinal Pierre de Capoue, et remplacés par les capucins en 1583, édifice remarquable par son cloître avec de merveilleux arcs entrelacés, aujourd'hui transformé en hôtel et très endommagé, il y a quelques années, par un tremblement de terre; S. Maria de Vistela, appelé encore Ave Stella ou Auristella, près de Maiori, fondé vers l'an 1213 et supprimé en 1586; près de Scala, S. Elena, pour les femmes, uni ensuite à S. Nicola *a Campo* d'Amalfi. Enfin Camera, qui donne, à la fin de son t. II, la série des abbés et l'histoire de la plupart de ces monastères, cite, à Maiori, le monastère de S. Angelo *in Vetici*, mais sans pouvoir dire s'il était pour hommes ou pour femmes, ni à quel ordre il appartenait. Les conventuels avaient, à Amalfi même, le couvent de Sainte-Marie-des-Anges, fondé, en 1220, par saint François lui-même, où, dans la cellule qu'il habita pendant deux ans, est conservé le corps du vénérable Domenico Girardelli de Muro; il fut supprimé en 1809, avec tous les ordres religieux possédants. Les clarisses avaient un couvent à Ravello. Il n'y a plus aujourd'hui dans le diocèse que deux couvents de franciscains, un de conventuels et dix de femmes, dont deux de clarisses.

LISTE DES ÉVÊQUES. — Pimenius, Primenius ou Pigmenius, 596-† 620 (?). — Petrus Ier, vers 829. — Leo, vers 840. — Petrus II, 848-849. — Bonus, vers 860. — Sergius, vers 873. — Ursus, vers 892 ou 897. — Hyacinthus, Giaguinius ou Jaquintus, cité 925. — Constantinus, cité 949, siégea dix-sept ans. — Mustalus ou Mastolus, 960-† 987. — Leo II, premier archevêque, sacré 13 février 987-† 25 avril 1039. — Saint Laurentius, O. S. B., 1040-† 1048. — Petrus III, † avant 1063. — Joannes Ier, transféré de Minori, 1103-1128. — Siège vacant, 1128-1142 environ. — Joannes II, vers 1142-† 1166. — Joannes III de S. Paulo, juillet 1166-† août 1167. — Robaldus, 1168-† 28 juin 1174. — Dionysius, transféré de Teramo, 22 octobre 1174-mars 1202. — Matteo Capuano, 1202-† 1215. — Joannes IV, 1215-† 1239. — Bartolomeo Pignatelli, mars 1254-4 novembre 1254; transféré à Cosenza. — Gualterius, transféré de Larino, 23 octobre 1254-† vers juin 1259. — Filippo Austaricci, 1266-† après 10 mars 1292. — Andrea d'Alanco, 29 mars 1295, élu en désaccord avec Pietro di Piperno, vice-chancelier de la S. E. R., † après 27 novembre 1329. — Matteo de Alanco, 25 mai 1331. — Landolfo Caracciolo Rossi, O. M., transféré de Castellamare de Stabia, 20 septembre 1331-† 1351. — Pietro Capuano, 20 mai 1351 (et non 1355, comme le porte Eubel). — Marino de Giudice, transféré de Chieti, 16 avril 1361-1374. — Giovanni Acquaviva, transféré d'Ascoli, 20 décembre 1374-24 novembre 1378; transféré à Salerne. — Bertrando de Mormillis, 7 février 1379. — Nicola de Sora, O. M., 27 novembre 1385. — Sergio Grisoni, transféré de Ravello, 1379-† 1392. — Paolo, transféré de Minori, 3 octobre 1393-† 1401. — Bertrando d'Alaneo, transféré de Gubbio, 26 janvier 1401-† 18 juin 1408. — Roberto Brancia, transféré de Sorrente, 6 février 1413 (et non 18 novembre 1410, comme le porte Eubel)-† 18 juin 1423. — Andrea de Palearia, 28 juin (et non 15 juillet, comme le porte Eubel) 1424-† 26 juillet 1449. — Antonio di Carleno, O. P. (coadjuteur le 25 juillet 1448), 11 août 1449-† 23 mars 1460. — Nicolo de' Mirabelli, 26 avril 1460-† 15 avril 1474. — Antonio, de Naples, O. P., 1472-1475, d'après Ripoll, *Bullarium ordinis praedicatorum*, t. III, p. 631, mais douteux. — Giovanni Nicolini, 2 octobre 1475-26 avril 1482, transféré à Athènes. — Battista de Giudici, transféré de Vintimille à Amalfi, le 26 avril 1482, mais cette translation n'a pas d'effet, et il revient à Vintimille le 4 février 1484. — Andrea de' Cunti, transféré de Minori, 4 février 1484-† 27 décembre 1503. — Tommaso Regolano, 19 janvier 1504-† 1510. — Cardinal Robert de Guibé ou Challand, administrateur apostolique, 1510. — Cardinal Giovanni de Médicis, administrateur apostolique, 9 décembre 1510, élu pape, le 11 mars 1513, sous le nom de Léon X. — Antonio Balestrari, cistercien, 15 juin 1513-1516. — Card. Lorenzo Pucci, administrateur apostolique, 1516. — Girolamo Planca degl' Incoronati, 17 juin 1517. — Girolamo Vitelli de' Gianderoni, 6 juin 1519-21 octobre 1530, transféré à Massa Marittima (et non à Messine, comme le porte Eubel). — Ferdinando Giovanni Annio, transféré de Calino, 21 octobre 1530-3 mai 1541; transféré à Bovino (card. Nicola Caetani de Sermoneta, administrateur apostolique, 30 mars 1539, à cause, d'abord de la prétendue mort, puis de l'emprisonnement de l'archevêque, accusé de crimes énormes). — Alfonso Oliva, O. S. A., transféré de

Bovino, 13 mai 1541-† 24 décembre 1544. — Francesco Sfondrati (plus tard cardinal), transféré de Sarno, 27 décembre 1544-23 mars 1547; transféré à Capaccio. — Card. Tiberio Crispi, administrateur apostolique, 1er avril 1547-1561. — Massimo de' Massimi, 17 mars 1561-21 juin 1564. — Card. Tiberio Crispi, de nouveau administrateur, 21 juin 1564-7 septembre 1565. — Marc' Antonio Bozzuti, 7 septembre 1565-† 1570. — Carlo Montili, 20 novembre 1570-28 mars 1576; transféré à Viterbe. — Giulio Rossini, 28 mars 1576-† 9 janvier 1616. — Paolo Emilio Filonardi, 8 février 1616-† 23 août 1624. — Giacomo Teodoli, 7 avril 1625-7 juin 1635; transféré à Forli. — Matteo Granito, transféré de Cava, 17 septembre 1635-† 30 mai 1638. — Angelo Pico, 10 novembre 1638-1649 (?); transféré à San Miniato. — Stefano Quaranta, théatin, 11 (et non 14, comme le portent Cappelletti et Gams) octobre 1649-† 30 novembre 1678. — Gaetano de' Mirabili, théatin, 27 novembre 1679-† 8 septembre 1681. — Simplicio Caravita, O. S. B., 25 mai 1682-† 1er février 1701. — Michele Bologna, théatin, transféré d'Isernia, 14 (et non 11, comme le porte Gams) mars 1701-24 février 1731. — Pietro Agostino Scorza, transféré de Teramo, 9 avril 1730-1747. — Nicola Cioffi, transféré de Sora, 19 février 1748-† 1758. — Antonio Puoti, 22 novembre 1758-† 2 novembre 1792. — Silvestro Miccio, O. M., transféré de Scala et Ravello, dont il conserve l'administration, 29 octobre 1804-† 28 janvier (et non pas 26 janvier, comme le porte Gams dans sa *Series episcoporum*, ni 26 février, comme il le porte dans son Supplément) 1830. — Mariano Bianco, transféré de Nicotera et Tropea, 30 septembre 1831-1849. — Domenico Ventura, transféré de Termoli, 20 avril 1849-† 11 février 1862. — Francesco Majorsini, transféré de Lacedonia, 27 octobre 1871-† 1893. — Enrico de Dominicis, transféré du siège des Marses, 21 mai 1894-† 17 juin 1908. — Antonio Maria Bossito, évêque titulaire de Scythopolis et coadjuteur d'Amalfi le 11 décembre 1905, archevêque d'Amalfi le 17 juin 1908-† 1910.

ÉTAT ACTUEL. — L'archevêque actuel est Mgr Angelo Maria Dolci, né le 12 juillet 1867, à Civitella d'Agliano (province de Rome, arrondissement de Viterbe), préconisé évêque de Gubbio le 19 avril 1900, transféré au siège titulaire de Nazianze le 9 décembre 1906, et à celui d'Amalfi le 27 janvier 1910. Le diocèse, peuplé de 46 000 habitants, d'après le recensement de 1904, comprend treize communes de la province de Salerne, et compte cent quatre-vingts prêtres séculiers. La ville d'Amalfi, qui avait 60 000 habitants au moyen âge, n'en avait plus, en 1901, que 6 681, et sa seule industrie est aujourd'hui celle des étrangers. La cathédrale, construite, sans doute, à peu près à l'époque de la fondation de la ville et placée alors sous le vocable de l'Assomption, fut considérablement agrandie sous le doge Manson III, à la fin du Xe siècle, mais complètement reconstruite en 1204 par le cardinal Pierre de Capoue, lorsqu'il transporta, de Constantinople, les reliques de l'apôtre saint André, qui en est, depuis cette époque, le titulaire. « Rien ne subsiste de l'édifice antérieur à la reconstruction de 1204, » affirme M. Bertaux, sauf cependant, ajouterons-nous, les portes de bronze, qui datent de 1066. De plus, le portique a été refait en 1891, et la façade en 1891. C'est, malgré toutes ces modifications, un des plus beaux spécimens de l'architecture lombardo-normande. Le campanile, commencé en 1180, fut terminé en 1276. La châsse du saint attire de nombreux pèlerins, à cause de la « manne, » qui en coule et à laquelle on attribue de nombreux miracles. L'archidiacre et le chantre du chapitre ont le privilège de porter la mitre et d'officier pontificalement. Quarante-huit archevêques ou évêques et quatre cardinaux sont nés dans le diocèse.

CONCILES. — Deux conciles provinciaux se sont réunis à Amalfi : le premier en 1048, sur lequel il ne reste qu'une lettre écrite par Nicolas Ier aux Amalfitains (Labbe-Mansi, *Sacros. concilia*, Venise, 1774, t. XIX, col. 631-632); le second, en 1059 (*ibid.*, col. 919-920), dans lequel ce même pape déposa l'évêque de Trani et donna à Robert Guiscard l'investiture des Pouilles et de la Calabre, moyennant un tribut annuel au Saint-Siège : copie du serment de fidélité du duc, sans date, aux archives du Vatican, invent. de Pretis, arm. XXXV, t. 18, fol. 137. Léon d'Ostie, *Chronicon monasterii Casinensis*, t. III, p. 12, suivi par Baronius, *Ann. eccl.*, Rome, 1605, t. XI, p. 268-269, et par Racioppi, *Storia dei popoli della Lucania e della Basilicata*, Rome, 1889, t. II, p. 111, fait cependant tenir ce dernier concile à Melfi.

Lubin, *Abbatiarum Italiæ brevis notitia*, Rome, 1693, p. 10-11, 35-36, 83-84, 169-170, 199, 237, 263, 283, 374, 393-394, 395. — Ughelli-Coleti, *Italia sacra*, Venise, 1721, t. VII, col. 183-256. — G. Petri, *L'orbe cattolico*, Rome, 1858, Ire part., p. 250-251. — Schulz, *Denkmäler der Kunst des Mittelalters in Unteritalien*, Dresde, 1860, t. II, p. 249-258. — Fr. et G. Pansa, *Istoria dell'antica republica d'Amalfi*, Naples, 1724, 2 vol. (t. II, p. 284-307, liste des évêques et archevêques, avec notices sur eux). — Di Meo, *Annali critico-diplomatici del regno di Napoli*, t. I, II, VI, XII, passim. — Matteo Camera, *Istoria della città e costiera di Amalfi*, Naples, 1836 (p 429-453, liste des évêques et archevêques, avec notices sur eux); *Memorie storico-diplomatiche dell'antica città e ducato d'Amalfi*, 2 vol., Salerne, 1876-1881. — Cappelletti, *Le Chiese d'Italia*, Venise, 1866, t. XX, p. 601-612. — Scipione Volpicella, *Delle antichità d'Amalfi e dintorni*, dans *Studi di letteratura, storia ed arte*, Naples, 1876, p. 221-330. — Werner, *Orbis terrarum catholicus*, p. 11. — Gams, *Series episcoporum*, p. 847-848; Supplément, p. 9. — N. F. Faraglia, *Il Comune nell'Italia meridionale*, Naples, 1883, p. XII, 9, 10, 86, 192, 228, 372. — Dem. Salazaro, *Studi sui monumenti dell'Italia meridionale dal IV al XIII secolo*, Naples, 1871, p. 30. — *Bullettino di archeologia cristiana*, IIe sér., t. II, ann. 1871, p. 158. — Pflugk-Harttung, *Iter Italicum*, Stuttgart, 1883, p. 1. — *Mémoires de la Société des antiquaires de France*, t. XXVI, p. 201. — *Revue de l'art chrétien*, 1884, IIIe sér., t. II, p. 315. — A. Maresca, *Sulla vita e sulle opere di M. Naccherino*, Naples, 1890, p. 33. — Eubel, *Hierarchia catholica medii ævi*, t. I, p. 84-85; t. II, p. 17; t. III, p. 118. — Flangieri, *Documenti per la storia delle arti e delle industrie delle provincie napoletane*, Naples, 1891, t. v, p 483; t. VI, p 200. — L. Duchesne, *Le Liber pontificalis*, Paris, 1892, t. II, p. 117, 383. — Benedetto Croce, *Sommario critico di storia dell'arte nel Napoletano*, dans *Napoli nobilissima*, 1898, t. II, p. 57, 85-88. — L. M. Mansi, *Illustrazione dei principali monumenti di arte e storia del versante amalfitano*, Rome, 1898. — Bertolotti, *Statistica ecclesiastica d'Italia*, Savone, 1894, IIIe part., p. 7-8. — U. Chevalier, *Topo-bibliographie*, t. I, col. 89. — B. Capasso, *Le fonti della storia delle provincie napoletane dal 568 al 1500*, Naples, 1902, p. 26-27, 36-37. — Basilio Magni, *Storia dell'arte italiana dalle origini al secolo XX*, Rome, 1900-1901, t. I, passim; t. II, p. 373, 451. — A. Venturi, *Storia dell'arte italiana*, Milan, 1902-1904, t. II, p. 572; t. III, p. 507, 509, 513-516, 608. — Bertaux, *L'art dans l'Italie méridionale*, Paris, 1903, p. 13, 67, 282, 352, 461-463, 616-617, etc. — A. Grisar, *Die Diözesen Italiens*, Fribourg-in-Brisgau, 1904, p. 9, 23, 39; trad. italienne de Guarini, Melfi, 1908, p. 20, 21, 47-48, 83. — M. Tamassia, *Libri di monasterii e chiese nell'Italia meridionale*, dans *Nuovo Istituto Veneto*, ann. 1905. — D'Addosio, *Illustrazioni e documenti sulle cripte di S. Andrea in Amalfi e S. Matteo in Salerno*, dans *Archivio storico per le provincie napoletane*, 1909, t. XXXIV, p. 19-48. — R. Caggese, *Chiese parrocchiali e Università rurali*, dans *Studi storici*, 1912, t. XX, p. 136-137. — *Annuario ecclesiastico*, Rome, 1913, p. 223-229.

J. FRAIKIN.

AMALFI (FEDELE), religieux augustin, du diocèse de Policastro. Il passa bon nombre d'années à Naples, où il fonda un monastère de religieuses de clôture. Sa mort eut lieu le 2 avril 1839. Il était vénéré comme saint à cause de ses vertus, et la curie diocésaine de Naples a ouvert le procès de sa béatification. Ses dépouilles mortelles reposent dans l'église de Saint-Augustin *alla Zecca*, à Naples.

Lanza, *Memorie storiche intorno al servo di Dio P. Fedele Amalfi, sacerdote professo dell'ordine eremitano di S. Agostino*, Naples, 1891.

A. PALMIERI.

AMALFITANI (MARC' ANTONIO). Né à Castelmonardo (aujourd'hui Filadelfia, dans la province de Catanzaro et le diocèse de Mileto), il fut d'abord avocat consistorial et canoniste renommé. Il fut préconisé évêque d'Ortona et Campli le 26 septembre 1735, avec la charge, lit-on dans les Actes consistoriaux, vol. ann. 1734-1740, fol. 58, d'établir un séminaire à Campli et un mont-de-piété à Ortona. Il se fit remarquer, sur ce siège, par son humilité, sa douceur et sa piété. Ce fut durant son épiscopat, en 1764, qu'Ortona fut désolée par la famine et par une violente épidémie de typhus, qui cessa miraculeusement à la suite d'une procession en l'honneur de la Vierge immaculée. Il mourut un an après, le 11 novembre 1765.

Niccola Palma, *Storia ecclesiastica e civile della regione più settentrionale del regno di Napoli*, Teramo, 1832, t. 1, p. 206-207, 221. — Cappelletti, *Le Chiese d'Italia*, Venise, 1866, t. xx, p. 93. — Taccone-Gallucci, *Monografie di storia culabra ecclesiastica, Mileto e la sua diocesi*, Reggio-Calabria, 1900, p. 121; *Memorie della città e diocesi di Mileto*, 2e édit., Modène, 1882, p. 18.

J. FRAIKIN.

1. AMALGAR ou **AMALGER**, nom de moine de l'abbaye de Saint-Gall, qui figure une vingtaine de fois dans les actes du monastère, de 820 à 855. Il semble bien qu'il s'agisse du même personnage dans le plus grand nombre de cas, mais nous n'en avons pas de preuve décisive. A partir de 821, il figure dans les premiers rangs parmi les signataires, deux fois comme célérier du couvent. De 825 à 837, il est mentionné prêtre, puis prévôt, *praepositus*, et en cette qualité il expédie les actes ou les fait expédier (*nomine Amalgari praepositi*) *scripsi et subscripsi*. En 847, il signe immédiatement après l'abbé, comme doyen, *decanus*, son suppléant et le second du monastère. Vers la même époque, le chroniqueur Ermenrich d'Elwangen, dans sa lettre à l'abbé Grimald, vante, parmi les autres religieux, sa sagesse, sa bonne conduite et sa piété monacale : *Quid memorem de domno Amalgero, in consilio provido, atque in universa morum honestate praeclaro. In divino autem cultu quam religiosus sit, testatur altare aureum, ante quod sedet, vel iacet orans*. Il mourut, d'après l'obituaire du couvent, le 30 décembre, on ignore en quelle année.

H. Wartman, *Urkundenbuch der Abtei St. Gallen*, Zurich, 1863-1866, t. 1, 11, *passim*. Voir l'index du 2e volume, aux mots *Amalgarus* et *Amalgerus*. — *Ermenrici Elwangensis epistola ad Grimaldum abbatem*, dans *Monumenta Germaniae, Epistolae karolini aevi*, Berlin, 1899, t. 111, p. 565, et note 6.

P. RICHARD.

2. AMALGARD, prêtre de Liége, pseudonyme de Thomas Basin, évêque de Lisieux, auteur de l'*Histoire des règnes de Charles VII et de Louis XI*, publiée par Quicherat en 1855-1859.

S. Balau, *Les sources de l'histoire du pays de Liége*, Bruxelles, 1903, p. 659-660.

U. BERLIÈRE.

AMALRIC, AMALRICUS. Voir AMAURY.

1. AMALTEO (ATTILIO). Dernier héritier de toute une dynastie d'humanistes et littérateurs, originaire de la Marche trévisane, et qui illustra l'Italie du Nord au XVIe siècle, naquit à Oderzo, petite ville de cette province, vers 1550. Son père Girolamo était médecin et professeur à l'université de Padoue, une de ses sœurs fut la mère de Girolamo Aleandro le jeune (ci-dessus, col. 76). Lui-même étudia le droit civil et canonique, la théologie, à Padoue, et il fut attiré à Rome sans doute par le renom et l'influence de son oncle Giambattista, secrétaire des lettres latines sous le cardinal Borromée, au temps du pape Pie IV, puis secrétaire de la Congrégation du Concile, mort en 1573. Un passage de sa notice, dans Janus Nicius Erythraeus, semble indiquer qu'il fut attaché à la secrétairerie du chiffre, qu'il remplit même les fonctions de secrétaire, à la fin du XVIe siècle, tout en continuant à suivre les cours de théologie du collège romain. Il était d'ailleurs protonotaire apostolique, d'après un traité de droit que son neveu Aleandro lui dédia en 1600. Vers la même époque, il entra certainement dans les services de la curie, Clément VIII l'ayant nommé référendaire de la signature. Enfin Paul V l'envoya nonce à Cologne, le 1er septembre 1606, avec le titre d'archevêque d'Athènes *in partibus*. C'était l'époque où l'Allemagne s'agitait dans les convulsions qui provoquèrent la guerre de Trente ans, et où les deux partis, catholique et protestant, préparaient leurs forces. Amalteo se tint à l'écart de toute menée : il se cantonna dans son programme, qui était de surveiller les calvinistes des Provinces-Unies et leur propagande dans les régions du Rhin, puis de travailler à la conversion des protestants, il y employa tous les moyens de douceur et de persuasion. Il fut remplacé le 26 avril 1610 et revint à Rome, où il vécut dans la retraite et la piété, y joignant la pratique d'œuvres de charité. Il y mourut en 1633 et fut enseveli en l'église des jésuites, *le Gesù*.

Jani Nicii Erythraei (nom grec latinisé de J.-V. Rossi), *Pinacotheca altera imaginum illustrium virorum*, Cologne, 1648, p. 30-31. C'est dans ce recueil que Moreri, Mazzuchelli et autres biographes ont puisé leurs renseignements. — Lep. Rocco, *Motta di Livenza e suoi dintorni*, Trévise, 1897, p. 356, 357. — H. Biaudet, *Les nonciatures apostoliques permanentes jusqu'en 1648*, Helsingford, 1910, dans *Annales Academiae scientiarum Fennicae*, série B, t. II, n. 1, p. 183, 198.

P. RICHARD.

2. AMALTEO (PAOLO), de Pordenone, franciscain, conventuel, poète et humaniste de renom. En 1486, il était maître régent des étudiants franciscains de l'université de Padoue et, en 1506, il assista au chapitre général de Rome. Il était alors maître en théologie. Il était estimé comme épigrammatiste. On trouve de ses compositions dans l'édition de la *Metaphysica Scoti*, Venise, 1497 et 1499; aussi dans Wadding, *Annales minorum*, ad. an. 1508, n. XVIII, Rome, 1733, t. VI, p. 42; et à la fin du *De pluralitate animarum* de Trombetta, Venise, 1498. On lui attribue aussi un *poema de bello Germanico*.

Sbaralea, *Suppl. ad script. ord. min.*, Rome, 1806, p. 575.

M. BIHL.

AMALVI (ÉTIENNE), prêtre et bénéficier de la communauté ecclésiastique d'Elne, à la veille de la Révolution, était né près de Nîmes. Il refusa le serment exigé par les décrets de l'Assemblée nationale et resta dans la ville de Perpignan, jusqu'à ce qu'il fût arrêté avec un autre prêtre, nommé Joseph Godall. Traduit devant le tribunal, le 6 octobre 1793, Amalvi s'y montra d'un courage et d'un esprit de foi dignes des premiers chrétiens. Il fut condamné à mort et exécuté le lendemain, 7 octobre, après avoir adressé au peuple présent un discours qui arracha des larmes à l'assistance.

Guillon, *Les martyrs de la foi pendant la Révolution française*, Paris, 1821, t. II, p. 73-74. — Torreilles, *Mémoires de M. Jaume, avocat au Conseil souverain, professeur à l'univer-*

1. AMALVIN, archevêque de Besançon, successeur de Bernuin le Bon, vers 837. Il donna ses soins surtout à la reconstruction des églises de son vaste diocèse, qui avaient été brûlées durant les invasions aux siècles précédents.

En 840, il signa à Engelheim, comme témoin, l'acte par lequel Lothaire Ier rétablit sur le siège épiscopal de Reims Ebbo, frère de lait de Louis le Débonnaire. On sait que cet évêque avait été déposé au synode de Thionville, en 835, que le pape Sergius s'opposa à son rétablissement, qu'il se retira d'abord à l'abbaye de Bobbio, dont Lothaire lui fit cadeau, et qu'il mourut un peu plus tard, évêque d'Hildesheim.

C'est sous l'épiscopat d'Amalvin que fut mis à mort saint Mainbœuf, si célèbre en Franche-Comté.

Amalvin mourut vers 857.

Gallia christiana, t. xv, col. 21-22.

M. PERROD.

2. AMALVIN, moine bénédictin de l'abbaye de la Sauve-Majeure au diocèse de Bordeaux, en devint le douzième abbé, en 1206, et y mourut vers 1222. Amalvin se distingua surtout par sa dévotion à la sainte Vierge et par sa charité envers les pauvres. Il aurait pris cependant une part assez importante aux événements de son temps. Sous son gouvernement sage et éclairé, l'abbaye de la Sauve-Majeure parvint à une grande prospérité : de puissants protecteurs, entre autres le roi de Castille et de Léon, Alphonse *le Noble*, qui était en même temps seigneur de Gascogne, la dotèrent richement ; le pape Innocent III confirma les privilèges qu'elle tenait de ses prédécesseurs et lui en accorda de nouveaux.

Gallia christiana, t. II, col. 871. — Archives municipales de Bordeaux, copie d'un manuscrit disparu contenant l'histoire de la Sauve-Majeure par dom Étienne Dulaura, de l'ordre de Saint-Benoît, t. IV, p. 214, 215 et passim.

G.-G. LAPEYRE.

AMAMA (SIXTIN), célèbre orientaliste et théologien hollandais, né à Franeker, dans la Frise, le 13 octobre 1593, mort le 9 novembre 1629. Après avoir étudié les langues orientales à l'université de sa ville natale, sous la direction de Jacques Drusius, avec un éclatant succès, il se rendit à Leyde pour se perfectionner dans la connaissance de l'arabe et se lia d'une étroite amitié avec Erpenius. Successeur de Drusius dans la chaire de langue et de littérature hébraïques, il eut à subir une enquête fort sévère au sujet de ses doctrines que l'on disait entachées d'arianisme, et ce fut pour ce motif que les États de la Frise refusèrent de ratifier sa nomination à la chaire de langues orientales, vacante à l'université de Leyde par la mort d'Erpenius. Il a laissé de nombreux ouvrages, soit sur la réforme des études théologiques, soit sur la Bible et sur la langue hébraïque, soit sur la version de la Vulgate. Sa thèse fondamentale est que toutes les erreurs de l'Église catholique tiennent au texte défectueux de la Vulgate et à la connaissance imparfaite du texte hébraïque. Cf. *Dissertatio qua ostenditur praecipuos papismi errores ex ignorantia hebraismi et Vulgata versione partim ortum, partim incrementum sumpsisse*. Franeker, 1618 ; — *Censura Vulgatae atque a Tridentinis canonizatae versionis quinque librorum Mosis*, ibid., 1620 ; — *De recta lectione linguae sanctae*, ibid., 1620 et 1623 ; — *Paraenesis ad synodos, episcopos et superintendentes ecclesiarum protestantium de excitandis S. S. linguarum studiis*, ibid., 1624 ; — *Antibarbarus criticus*, Amsterdam, 1628. Cet ouvrage, publié d'abord sous forme de lettre adressée au P. Mersenne, traite des livres historiques de l'Ancien Testament.

Van der Aa, *Biographisches Woordenboek der Nederlanden*, p. 212. — Bayle, *Dictionnaire critique*, t. I, col. 22. — Saxe, *Onomasticon*, t. IV, p. 274.

P. BERNARD.

AMAN (Saint), archevêque de Besançon. Saint Aman monta sur le siège épiscopal de Besançon vers la fin de l'année 366, où mourut, croit-on, son prédécesseur saint Just. Les historiens, par une faute de lecture, ont souvent défiguré son nom, pourtant très nettement écrit *Amanus* dans les différentes copies du *Sacramentaire de l'archevêque Hugues*, et qu'ils ont lu *Anianus*, d'où l'on a fait *Agnan*.

On ne sait rien des origines d'Amanus. Les bollandistes même émettent un doute sur son existence. Mais les litanies de Besançon le mentionnent régulièrement, et Grégoire de Tours le nomme à plusieurs reprises.

On lui attribue l'invention des reliques des saints Ferréol et Ferjeux et la construction de la première église au lieu de leur tombeau, ainsi que l'institution, pour desservir ce sanctuaire, d'une communauté de clercs réguliers.

Suivant la liturgie bisontine, saint Aman mourut le 5 septembre 374. Son corps aurait été relevé au XIe siècle par les soins de l'archevêque Hugues. Il est aujourd'hui perdu. On fait la fête de ce saint au jour anniversaire de son décès.

Acta sanctor., 1748, sept. t. II, p. 533-534. — Pidoux, *Vie des saints de Franche-Comté*, Lons-le-Saunier, 1908, t. I, p. 76-78.

M. PERROD.

1. AMANCE ou **AMACE** (Saint), aurait été évêque d'Avignon, lorsque les Alamans, conduits par Chrocus, envahirent la Gaule, la saccagèrent et poussèrent jusqu'à la vallée du Rhône. Ces événements sont rapportés à l'an 266, d'après une tradition ancienne. Amantius était alors au début de la troisième année de son épiscopat ; voyant que lui-même ne pouvait résister aux assauts des barbares, il exhorta les fidèles à rester fermes et inébranlables dans la foi, puis il s'offrit lui-même à ses bourreaux et emporta au ciel la palme du martyre qu'il venait de recevoir.

Ce récit, établi d'après un document unique de D. Polycarpe de la Rivière, a soulevé de nombreuses discussions. Certains auteurs, comme le *Gallia*, les historiens locaux et, à leur suite, les chronologistes contemporains, Gams, Mas-Latrie, s'en sont tenus au témoignage du célèbre chartreux. Mais un groupe important d'historiens, arrêtés par les nombreuses difficultés qu'ils ont trouvées dans le document en question, ne lui accordent aucune autorité : le P. Eusèbe Didier, Mgr Duchesne, E. Duprat, etc. Serait-il confirmé par l'existence d'une petite chapelle dédiée à saint Amance, sur le territoire d'Avignon, près de la route allant de cette ville à Montdevergues, que les actes les plus authentiques mentionnent dès le XIIIe siècle ? Cf. Archives d'Avignon, boîte *82*, n. 15 : achat d'une vigne à Saint-Amant en 1276 ; archives départementales de Vaucluse, série *G, Archevêché*, 132, p. 78, 21 novembre 1363 : vigne *prope ecclesiam sancti Amantii*. Certains auteurs, M. E. Duprat en particulier, mettant à profit les travaux récents sur les rapports fréquents qui existaient entre l'Auvergne et la Provence, au moment où celle-ci était marche austrasienne (cf. G. de Manteyer, *La Provence du Ier au XIIe siècle*, 1908, p. 35 sq.), se sont efforcés de prouver que saint Amant nous est venu d'Auvergne et que son culte a été apporté par quelque patrice burgonde. Il est facile de remarquer en effet la quantité de chapelles construites en l'honneur de ce saint : elles sont échelonnées sur la grande voie qui va d'Avignon à Marseille, par Cavaillon ; cf. en particulier celle de Sénas, près du poste auvergnat de Vernègues. Enfin les martyrologes, le *Hiéronymien*, celui d'Adon, et celui d'Usuard, les martyrologes locaux mentionnent tous saint Amans de Rodez, dont la fête était célébrée le même jour à Avignon. C'est pourquoi il a paru possible à ces critiques de conclure que le *sanctus Amantius* de la petite chapelle rurale de Montdevergues n'est autre que celui de Rodez, et que Polycarpe, usant d'un procédé qui lui est familier, a pris tout simplement le titulaire de cette chapelle pour en faire un évêque d'Avignon.

Barjavel, *Dictionnaire historique, biographique et bibliographique du département de Vaucluse*, 1841, t. I, p. 49-50. — Marquis de Cambis-Velleron, *Catalogue raisonné des principaux manuscrits de la collection de M. de Cambis*, 1770, p. 426. — Canron, *Revue des bibliothèques paroissiales*, 1865, p. 316. — P. Eusèbe Didier, *Panégyrique de saint Agricol..., avec des notes... sur l'histoire tant sacrée que profane d'Avignon*, 1755, p. 68; cf. sa réponse au marquis de Cambis-Velleron, p. 18. - Duchesne, *Fastes épiscopaux...*, t. I, p. 259. — Duprat, *Les origines de l'Église d'Avignon*, 1909, p. 45-50 (capital). — Fornery, *Histoire ecclésiastique du Comté-Venaissin et de la ville d'Avignon*, t. III, p. 3, 29-33. — *Gallia christiana*, 1715, t. I, col. 795-797; *Instr.*, p. 137. — Granget, *Histoire du diocèse d'Avignon*, t. I, p. 47-50. — D. Polycarpe de la Rivière, *Annales*, ms. 515. — Du Tems, *Clergé de France*, t. II, p. 3.

J. SAUTEL.

2. AMANCE (Saint), *Amantius*, figurait comme évêque de Saint-Paul-Trois-Châteaux dans un ancien bréviaire de cette église, communiqué par P. Boyer de Sainte-Marthe, *Hist. de l'église cathédrale de Saint-Paul*, Addit., p. 11. Les bollandistes n'apprennent rien de plus que la crémation de son corps par les calvinistes, le 24 décembre 1561. *Acta sanctor.*, 1658, februar. t. I, p. 962. Une abbaye fut fondée sous le vocable de Saint-Amand, à 6 kilomètres de Saint-Paul. Elle fut confirmée à Cluny en 958.

U. CHEVALIER.

3. AMANCE, évêque de Nice, au IVe siècle, assista au concile d'Aquilée (381) contre les évêques ariens Palladius et Secundianus. Mansi, *Sacror. concil. ampl. collect.*, t. III, col. 600.

Gallia christiana, t. III, col. 1270. — Duchesne, *Fastes épiscopaux de l'ancienne Gaule*, Paris, 1907, t. I, p. 296.

U. ROUZIÈS.

4. AMANCE (*Amantius*), onzième évêque de Sisteron, vivait au IXe siècle, comme le témoignent Mabillon et, après lui, Albanès, et n'est pas mort en 729, comme on l'affirme généralement avec le *Gallia christiana*. Il confirma la charte de 812, par laquelle son prédécesseur Jean II fonda l'abbaye de Notre-Dame de Baulis ou de Volx, avec le consentement de l'empereur Charlemagne. Le *Livre vert* des évêques de Sisteron lui donne le quatrième rang après cet évêque, et en le comptant immédiatement après Magnibert, et le fait gouverner le diocèse pendant onze ans. Il aurait donc vécu dans la seconde moitié ou sur la fin du IXe siècle.

Gallia christiana, t. I, col. 476. — Albanès, *Gallia christiana novissima*, t. I, col. 676-677. Voir aussi col. 673.

P. RICHARD.

5. AMANCE. Voir AMANS, AMANT, AMANTIUS.

6. AMANCE, diacre, martyr. Voir LANDOALD.

1. AMAND (Saint), honoré avec Luce, Alexandre et Audalde, à la date du 5 juin, dans le diocèse de Carcassonne. Les chartes carolingiennes, nombreuses pourtant dans la région qui nous occupe, ne font aucune mention de ces saints. Pour la première fois, ils sont mentionnés dans un document de 983; on y déclare que leurs corps reposent dans le monastère de Saint-Pierre-Saint-Paul de Caunes. En 1080, il est fait allusion aux saints martyrs de Caunes dans un plaid tenu à Narbonne; on y déclare une fois de plus que « saint Alexandre et ses compagnons » reposent dans le monastère de Caunes. Par un document authentique, on sait qu'en 1391, l'abbé de Caunes, Jean de Castelpers, fit fabriquer une châsse pour les saints martyrs Amand, Luce, Alexandre et Audalde. De nouvelles translations, officiellement constatées, eurent lieu en 1724, 1833 et en 1858. Voilà tout ce que l'on peut dire de sûr au sujet de ces saints : depuis le Xe siècle au moins jusqu'à nous, la ville de Caunes a possédé les reliques des saints Amand, Luce, Alexandre et Audalde.

Les bollandistes ont publié les actes de ces martyrs d'après un manuscrit d'André Duchesne, mais avec la qualification d'apocryphes, sous la date : *in Nividuno civitate, VIII idibus junii*; et, quant à la translation, *ab Ireneo sanctissimo episcopo, in ecclesia sancti Tertullini episcopi et martyris, VII idibus septembris*. Dans ces actes, il n'est fait aucune mention de Caunes; ils portent même ce titre : *Incipit passio beatorum martyrum Amandi episcopi, Lucii, Alexandri et Audaldi, qui passi sunt tempore Antonini principis, sub Aurelio praeside, in Nividuno civitate, pro Christi nomine*. D'après ce récit, Amand était évêque de Nividunum; il avait trois frères : Luce, Alexandre et Audalde; Luce, le plus jeune d'entre eux, avait dix-neuf ans. Après avoir subi l'interrogatoire habituel et confessé vaillamment leur foi, ces soldats du Christ furent successivement soumis à divers supplices, Amand et Luce furent décapités; Alexandre et Audalde, fouettés avec des lanières plombées jusqu'à ce que mort s'ensuivit.

Quel est le lieu d'origine de ces martyrs? Le document rapporté par les bollandistes n'en dit rien. Seul, André de Saussaye, dans son *Supplément au Martyloge gallican*, les fait naître à Caunes; « encore aujourd'hui, dit-il, l'on y montre leur maison paternelle. » D'après un auteur récent (O. Calvet), la rue où se trouvait cette maison porte encore le nom de *rue des Martyrs*.

Quel est le lieu de leur martyre? A Caunes, évidemment, d'après la tradition locale : l'endroit où ces saints furent martyrisés s'apelle le *champ de Victoire*. D'ailleurs, « on y conserve leurs corps, les fioles qui renfermaient leur sang et des fragments des anciennes châsses. » Or, d'après leurs actes, ils furent martyrisés dans la ville de Nividunum, dont la topographie n'est rien moins que certaine, mais que rien n'autorise à identifier avec la ville de Caunes : l'antique *Bufintis*, la *villa Caunensis* de 791, la *villa Caunas*, *Cuonas* de 749.

L'église de Noyon, au diocèse de Beauvais, honore, à la même date, les trois premiers saints, c'est-à-dire Amand, Luce et Alexandre, conjointement avec les saints André, Donat et Pérégrin; et l'église d'Imola, en Italie, honore, encore en ce même jour, saint Luce et saint Amand. L'Église de Lausanne et Genève honore encore ces mêmes saints le 9, ayant dans le diocèse un *Nivedunum* ou *Nevedunum*, connu dès l'antiquité chrétienne. Les religieux de Caunes, en l'absence d'actes authentiques de leurs saints, n'auront-ils pas eux-mêmes appliqué à ceux-ci des actes plus anciens des martyrs de Nividunum, qui portaient le même nom et qui étaient honorés le même jour?

Les martyrs de Caunes étaient, avant le concordat de 1802, honorés dans le diocèse d'Alet, le 1er juin; dans celui de Carcassonne, le 5 juin; dans ceux de Narbonne et de Saint-Pons, le 6 juin.

Acta sanctorum, jun. t. I, p. 618-621. — *Hist. littér. de la France*, t. VI, p. 515. - Mahul, *Cartul. de Carcassonne*, t. IV, p. 77, 102, 107, 133-134, 173. — Devic-Vaissete, *Hist. de Languedoc*, édit. Privat, t. I, p. 350; t. II, p. 207; t. V, p.., 137, 343. — Calvet, *Notice sur les saints martyrs de Caunes*, Toulouse, 1891.

A. SABARTHÈS.

2. AMAND (Saint), évêque de Strasbourg, ouvre la liste des évêques dans les anciens catalogues épiscopaux de ce diocèse. Son nom se rencontre, en outre, parmi les signataires du concile de Sardique (343-344) et du concile provincial de Cologne de l'année 346. C'est dans ce dernier concile que fut prononcée la sentence de déposition d'Euphratas et, d'après les actes, Amand de Strasbourg déclara se ranger à l'avis de ses confrères dans l'épiscopat et consentir à la condamnation de l'évêque de Cologne, qui niait la divinité de Jésus-Christ et se faisait ainsi adhérent de l'arianisme. Si l'on admet l'authenticité de ces actes conciliaires (et il y a de bons arguments pour l'admettre), on y trouve une preuve certaine de l'époque à laquelle vécut le premier évêque de Strasbourg. La liste de Sardique, donnée par saint Athanase dans son *Apologia contra arianos*, 50, *P. G.*, t. xxv, col. 337, pour les noms des évêques de Gaule, dépend évidemment de la liste de Cologne et ne nous fournit ainsi aucune nouvelle preuve pour le temps de saint Amand. Une légende du xv° siècle le fait vivre du temps de Dagobert Ier et dit qu'il gouverna le diocèse pendant trois ans. L'histoire des origines du siège de Strasbourg et de la succession de ses premiers évêques reste encore enveloppée d'obscurité. Dès le x° siècle on vénérait le corps de l'évêque à Honau (arrondissement d'Offenbourg, Bade), à deux lieues au nord de Strasbourg. A cause des fréquents débordements du Rhin, on transporta ces reliques en 1290 à Rheinau (arrondissement d'Erstein, Basse-Alsace), au sud de Strasbourg, et enfin, le 22 mai 1390, dans la ville épiscopale. Placé d'abord dans l'église de Sainte-Catherine des dominicaines, le corps fut transféré, le 19 octobre 1398, dans l'église de Saint-Pierre-le-Vieux, où il est resté depuis. Il fut reconnu et examiné plusieurs fois (1371, 1697, 1700, vers 1736 et 1759) et l'on constata qu'à l'exception d'un os du bras, aucune partie des ossements ne manquait. Dans le diocèse de Strasbourg l'office propre du saint évêque est fixé au 26 octobre et correspond ainsi avec la deuxième fête de l'apôtre de la Belgique, avec lequel du reste plusieurs historiens ont cru devoir l'identifier.

Schoepflin, *Alsatia illustrata*, t. I, p. 336 sq. — *Acta sanctorum*, octobris t. xi, p. 827-845. — Sur le concile de Cologne, cf. Mgr L. Duchesne, *Le faux concile de Cologne*, dans la *Revue d'histoire ecclésiastique*, 1902, t. III, p. 16-29. — D. H. Quentin, *Le concile de Cologne de 346*, etc., dans la *Revue bénédictine*, 1906, t. XXIII, p. 77-86. — Hefele-Leclercq, *Histoire des conciles*, Paris, 1907, t. I, p. 830-834. — Wentzke, *Regesten der Bischöfe von Strassburg*, Innsbruck, 1908, t. I, 2° part., p. 211-214.

G. ALLMANG.

3. AMAND, évêque de Worms. On parle de deux évêques de ce nom qui auraient occupé le siège de Worms. D'après une charte, datée du 21 septembre 627, le roi Dagobert Ier fit présent à la cathédrale de Worms, « où préside le seigneur apostolique Amand » (II° de ce nom), de tous ses droits et revenus dans le bourg de Ladenbourg. La fausseté de cette charte malheureusement ne fait plus de doute aujourd'hui (cf. Bréquigny, *Diplomata, chartae*, etc., Paris, 1791, t. I, p. 127, n. 65; J.-M. Pardessus, *Diplômes mérovingiens*, Paris, 1843, t. I, p. 228, n. 242; Pertz, dans *Monumenta Germaniae historica, Diplomata*, Hanovre, 1872, t. I, p. 139, n. 21), et sans elle l'existence de cet Amand II paraît bien problématique. Amand Ier aurait été le successeur du premier évêque de Worms, Victor; son nom se rencontre avec celui d'Amand de Strasbourg parmi les signataires des actes du concile de Cologne tenu en 346. D'après une tradition, rapportée seulement vers le milieu du xvi° siècle par le chroniqueur de l'abbaye de Saint-Pierre de Salzbourg, saint Rupert, d'abord évêque de Worms, puis archevêque de Salzbourg, fit transporter le corps de son prédécesseur dans sa nouvelle résidence. A l'occasion des travaux de restauration que Martin Hattinger, abbé de Saint-Pierre de 1584-1615, fit exécuter dans son église, on retrouva, en 1606, sous le maître-autel les ossements encore intacts et le bâton pastoral de saint Amand. Ces ossements furent répartis dans divers reliquaires, dont on fit une nouvelle reconnaissance en 1661 et qui se conservent encore aujourd'hui dans le trésor de la cathédrale de Salzbourg. Il faut cependant remarquer qu'à l'époque de la première consécration du maître-autel, en 1143, on ne fait aucune mention des reliques de saint Amand. La première notice en est faite dans les quatre hexamètres latins que Pierre Klughamer, abbé de 1436 à 1466, fit inscrire au-dessus du maître-autel, notice confirmée par le document dressé à l'occasion de la nouvelle consécration de l'autel, le 13 mai 1443, où il est dit que le maître-autel fut consacré en l'honneur « des saints apôtres Pierre et Paul, des saints confesseurs Rupert, Amand et Virgile, etc. » Mais il n'y a rien pour nous indiquer qu'il s'agisse d'un saint Amand, évêque de Worms; au contraire, un manuscrit de la même époque (clm. *23846* à la biblioth. de Munich) nous insinue qu'il s'agit de saint Amand, l'apôtre de la Belgique, en nous rapportant que le corps de ce saint fut d'abord transféré d'Elnone à Worms, puis de Worms à Salzbourg. Les données de ce manuscrit sont-elles exactes, c'est ce qu'on ne peut pas facilement prouver. D'ailleurs le recueil des offices propres du diocèse de Salzbourg, publié en 1598, par Wolfgang Thierry de Raitenau, archevêque de 1587 à 1612 et contemporain de la première invention du corps de saint Amand à Salzbourg, assigne au saint comme jour de fête le jour de la mort (6 février) et le jour de la translation ou élévation des reliques de l'apôtre de la Belgique (le 26 octobre) et nous donne une preuve de plus que c'est ce dernier saint qu'il voulait faire honorer dans son archidiocèse.

Fr. Falk, *Zur ältesten Wormser Bistums-Geschichte*, dans *Katholik*, 1872, t. I, p. 742-746; t. II, p. 359-367; le même, dans *Kirchenlexikon*, t. I, p. 680-681. — *Kirchliches Handlexikon*, Munich, 1907, t. I, p. 172. — *Acta sanctorum*, octobris t. XI, p. 912-922. — Br. Krusch, dans *Monumenta Germaniae historica, Scriptores rerum Merovingicarum*, Hanovre, 1910, t. IV, p. 399-401, 410, 419. — *Amand Pachler (abbé de Saint-Pierre), De corpore sancti Amandi... episcopi Wormatiensis a S. Ruperto Wormatia translato... et hoc anno in ecclesia S. Petri Salisburgi invento*, Salzbourg, 1661.

G. ALLMANG.

4. AMAND (Saint), archevêque de Bordeaux, le troisième d'après la tradition. On ne connaît d'une façon certaine ni la date de sa naissance ni celle de sa mort. Il succéda, vers 404, à saint Delphin, qui l'avait élevé sous son toit, ordonné prêtre et admis au nombre de ses familiers. Saint Amand partage avec saint Delphin la gloire de la conversion du futur évêque de Nole, Amicius Paulinus. Il fut probablement son catéchiste, peut-être même son parrain, quand celui-ci se décida enfin, vers 389, à se faire baptiser par saint Delphin; en tout cas, il resta toujours son ami et son conseiller, comme le montre leur correspondance, ou du moins ce qui en est parvenu jusqu'à nous. Au témoignage de saint Grégoire de Tours et de saint Paulin de Nole, Amand se distingua par une remarquable érudition et par une angélique pureté de mœurs. Devenu évêque, il s'appliqua avec un grand zèle à détruire le paganisme et l'hérésie priscillianiste, qui désolaient alors l'Église de Bordeaux. Saint Amand désespérait d'en venir à bout, lorsque la Providence lui envoya un aide en la personne de saint Seurin. Saint Grégoire de Tours et Fortunat nous ont raconté dans tous leurs détails l'arrivée de saint Seurin à

Bordeaux, la rencontre émouvante des deux saints qui s'appellent de leur nom, sans se connaître, et se jettent dans les bras l'un de l'autre; leur entrée triomphale dans la cathédrale de Saint-André, au milieu des acclamations populaires. Saint Amand se démit-il de sa charge d'évêque en faveur de saint Seurin et celui-ci fut-il réellement titulaire du siège de Bordeaux, ou bien seulement auxiliaire de saint Amand? Voir l'art. SEURIN, pour la réponse à cette question, sur laquelle les avis sont partagés.

Quoi qu'il en soit, nous retrouvons saint Amand sur le siège épiscopal de Bordeaux, après la mort de saint Seurin. Peut-être même l'occupa-t-il longtemps encore, car les auteurs du *Gallia christiana* se demandent s'il n'est pas ce saint Amand qui signa la lettre synodale que les évêques des Gaules adressèrent en 451 au pape saint Léon.

S. Grégoire de Tours, *In gloria confessorum*, c. XLV. — Dom Quentin, *La plus ancienne vie de S. Seurin*, passim. *Histoire littéraire de la France*, t. II, p. 175-179. — *Gallia christiana*, t. II, col. 789, 790. — Mgr Duchesne, *Fastes épiscopaux de l'ancienne Gaule*, t. II, p. 59. — Chanoine J. Callen, dans les *Actes de l'Académie nationale des sciences, belles-lettres et arts de Bordeaux*, année 1908, p. 91-341. — A. Baudrillart, *Saint Paulin, évêque de Nole*, p. 36, 103-111.

G.-G. LAPEYRE.

5. AMAND ou **AMANDIN**, évêque de Châlons-sur-Marne au ve siècle, duquel nous savons seulement qu'il assista au 1er concile de Tours en 461, et en signa les règlements : *Amandinus episcopus Catalaunensis civitatis interfui et subscripsi*. Labbe, *Concilia*, t. IV, col. 1053. Un *Amandus* figure parmi les évêques de Gaule qui, en 451, écrivirent une lettre synodale au pape saint Léon. Si c'est notre évêque de Châlons, on aurait une raison de plus pour placer après lui le long pontificat de saint Alpin (ci-dessus col. 764), qui par suite n'aurait pu se trouver en présence d'Attila et de ses hordes.

Gallia christiana, t. IX, col. 862. — *Acta sanct.*, sept. t. III, p. 83, 85.

P. RICHARD.

6. AMAND (Saint), solitaire en Limousin. La Chronique d'Étienne Maleu, chanoine de Saint-Junien, écrite en un latin assez barbare, rapporte les événements qui intéressent la ville de Saint-Junien (Haute-Vienne) et ses environs, depuis l'an 500 jusqu'en 1316. C'est cette Chronique qui nous fait connaître à peu près tout ce que l'on sait sur le solitaire saint Amand. Nous le rapportons ici en abrégé.

Sous l'épiscopat de Rorice Ier, évêque de Limoges, au ve siècle, saint Amand, venu de dehors, et désirant servir Dieu dans la solitude, choisit pour ermitage des rochers que couvrait une forêt, sur le bord de la Vienne, au confluent de la Glane. Ce lieu, ainsi que le petit village voisin nommé Comodoliac, faisait partie du domaine de l'évêque de Limoges. Des bergers du voisinage découvrirent la cabane de l'ermite et en informèrent l'évêque Rorice. Celui-ci, s'étant assuré du genre de vie du pieux solitaire, non seulement l'autorisa à rester dans ce lieu, mais encore lui fit construire une cellule.

Quelque temps après, saint Junien, que l'on dit fils d'un comte de Cambrai et âgé de quinze ans, ayant quitté ses parents et sa patrie, vint à Limoges. Là, ayant eu connaissance de la vie que menait saint Amand, il se rendit auprès de lui, le priant de le recevoir en sa compagnie pour lui enseigner la voie du salut. Saint Amand, après avoir reconnu que son désir de servir Dieu dans la solitude était bien réel, le reçut avec une grande joie. Ils menèrent ensemble une vie toute de mortification et de prière; un grand nombre de personnes venaient de toutes parts les consulter sur les choses se rapportant à leur salut et demander leurs prières pour la guérison des malades.

Saint Amand, après avoir passé sa vie dans la prière et les mortifications, fut appelé par Dieu pour recevoir la récompense réservée aux bons serviteurs. Saint Junien ensevelit le corps de son maître près du rocher, dans la cellule même qu'il habitait. Le jour exact de son décès n'est pas connu, mais lorsqu'il arriva, saint Rorice, mort en 507, gouvernait encore le diocèse de Limoges.

Les nombreux miracles opérés par saint Junien, et sa grande réputation de sainteté, firent un peu oublier son maître, et en 1083 on ignorait même où se trouvait exactement son tombeau. A cette époque, saint Hugues, abbé de Cluny, vint à Saint-Junien, l'ancien Comodoliac, et sur ses instances on en fit la recherche. On le découvrit le 26 août de cette même année, et une église ou chapelle fut élevée sur l'emplacement même. C'est ce qui est rapporté dans la Vie de saint Hugues écrite par son disciple Hildebert, évêque du Mans (*Act. sanct.*, april. t. III, p. 646); seulement, les éditeurs de cette Vie, au lieu de dire que saint Hugues vint à Saint-Junien, ont mis à Saint-Vivien.

L'église élevée sur le tombeau de saint Amand fut consacrée le 26 février 1094, puis donnée par le chapitre de Saint-Junien aux frères mineurs récollets, le 29 mai 1598. Aujourd'hui, les reliques de saint Amand sont vénérées dans l'église paroissiale de Saint-Junien (Haute-Vienne), et solennellement portées en procession tous les sept ans, à la fête des Ostensions.

Chronique de Maleu, et documents sur la ville de Saint-Junien, par l'abbé Arbellot, Limoges, 1847.

A. LECLER.

7. AMAND, *Amandus* (Saint), évêque de Rennes, dont la fête locale se célèbre le 13 novembre ou le 14. On le trouve dans l'office du diocèse et de certaines abbayes du pays, comme Saint-Melaine, et il en est fait mention dans les plus anciens martyrologes régionaux, et aussi dans ceux d'Adon et de Florus. On sait peu de chose sur la vie du personnage, sinon qu'il succéda au premier évêque de Rennes, Arthemius ou Athenius, à la fin du ve siècle, et serait mort vers 505. A ses derniers instants, il fit venir Melaine, abbé de Platz, et lui confia son troupeau, le fit reconnaître évêque par son clergé assemblé pour cela. Il fut enterré en la même abbaye, appelée plus tard de Saint-Melaine, où ses reliques furent conservées, et, de tout temps, l'objet d'une grande vénération. La ville de Rennes a pareillement gardé le culte de sa mémoire.

D. Lobineau-Tresvaux, *Histoire des saints de Bretagne*, Paris, 1836, t. I, p. 107-108. — *Gallia christiana*, t. XIV, col. 710.

P. RICHARD.

8. AMAND (Saint), comte de « Gisalba » près Bergame, où il est honoré le 6 avril, sans office propre. On ne possède sur sa vie qu'un récit sans base documentaire d'aucune sorte et regardé par les bollandistes comme un pur roman historique. Ce texte le représente comme un grand chef d'armée, victorieux, avec Ricimer, des Alains dans une bataille sur les bords de la Scalve. Il aurait de même victorieusement combattu Odoacre et les Hérules, puis Théodoric et ses Ostrogoths, dans lesquels il poursuivait l'hérésie arienne. Enfin il serait mort le 6 avril 515, martyr de la foi, dans des circonstances aussi vagues que possible : *ob innumeras persecutiones ac damna*. Ce qui semble certain, c'est qu'il fonda et dota l'église Saint-Laurent. On ajoute même qu'il y vécut avec l'austérité d'un cénobite. On célébrait le 6 février sa translation.

Acta sanct., 1675, april. t. I, p. 547-548.

P. FOURNIER.

9. AMAND (Saint), ermite et prêtre vers le vie (?) siècle, honoré dans le diocèse de Reims. Sa vie n'est connue que par des écrits plus que suspects : 1° une *Vie* anonyme *de saint Bertaud*, écrite après 1147, donc postérieure de six siècles aux événements et même sans aucune valeur historique. *Histoire littéraire de la France*, 1763, t. xii, p. 441; *Analecta bollandiana*, t. xv, p. 348; *Acta sanct.*, 1701, junii t. iii, p. 98; 2° une *Légende de saint Amand*, rédigée vers le xvie siècle et fréquemment en contradiction avec la précédente. *Acta sanct.*, 1701, junii t. iii, p. 106; 3° un récit postérieur encore, donné par Marlot, *Historia Remensis*, 1666, l. II, c. xvi, cité dans *Acta sanct., loc. cit.*, p. 99. Voici les grandes lignes de ces récits. Écossais d'origine, régulièrement ordonné prêtre dans son pays, ou, d'après la *Vie* de saint Bertaud, ordonné plus tard à Reims, Amand serait parti en pèlerinage, pour Rome avec toute sa famille, selon sa légende, pour Jérusalem avec son compatriote Bertaud seulement, suivant la *Vie* de ce dernier. Au retour, ils auraient passé par le diocèse de Reims, sous l'épiscopat de saint Remy, se seraient arrêtés, épuisés et mourant de soif, à Beaumont, près de Château-Porcien, dans une forêt infestée de serpents et de mauvais esprits. D'après le récit de Marlot, ce serait un lion familier, compagnon habituel de saint Bertaud, qui les aurait guidés dans cette forêt. Là, saint Amand, par ses prières, fait jaillir une source miraculeuse. Ils obtiennent ensuite de Clovis récemment converti un emplacement pour leur ermitage. C'est là qu'ils passent leur vie dans la pauvreté, demandant leur pain à la charité des fidèles. Amand survécut à son compagnon très cher. Après sa mort, on lui attribua plusieurs miracles très singuliers.

Le Bréviaire de Reims de 1630 contenait un office de trois leçons pour saint Bertaud et saint Amand associés. Leur fête commune est au 16 juin. Le 16 août, on célébrait la translation à l'hôpital Sainte-Marie de Reims des reste de saint Amand.

Acta sanct., 1701, junii t. iii, p. 106-108. — Jean Lietau, *Vie du glorieux saint Berthauld, premier abbé de Chaumont en Portien*, 1634. — R. P. Henri Dussart, *Vie de saint Bertaud, ermite, apôtre de Chaumont-Porcien*, Hirson, 1894. — R. P. Ch. Clair, *Notice sur saint Berthauld*, Paris, 1895. Interprète allégoriquement l'épisode du lion.

P. FOURNIER.

10. AMAND (Saint), de Genouillac, solitaire, en Périgord, au vie siècle. Ce saint, *Amandus Genuliacensis*, a été confondu dans *Acta sanct.*, 1744, junii t. v, p. 78, avec un autre ermite du même nom, *Amandus Commodoliacensis* (ci-dessus, col. 939). C'est dans *Acta sanct.*, octob. t. viii, p. 835, que cette confusion se trouve débrouillée. Saint Amand de Genouillac nous est connu par la *Vie de saint Sour*, document postérieur au viiie siècle, d'après A. Molinier, *Sources de l'histoire de France*, 1901, t. i, p. 123, n. 318, et du xe siècle d'après l'*Histoire littéraire de la France*, t. v, p. 226. Originaire du Limousin, Amand le quitta pour aller mener la vie monastique, en compagnie de saint Sour et de saint Cyprien, dans le Périgord, à « Genoliacum ». Ce monastère n'est connu que par ce document. Cf. *Bulletin de la Société historique et archéologique du Périgord*, 1883, t. x, p. 583. Ils y prirent l'habit des moines et vécurent quelque temps sous l'abbé Savalus. Au bout de trois ans, ils quittent Genouillac, sous l'impulsion de Sour, pour chercher une solitude. Ils se seraient retirés d'abord à *Peyre-Levade*, que leur firent quitter bientôt les importunités des pèlerins. Ils partirent de nouveau et allèrent s'établir à quelque distance l'un de l'autre, près du confluent de la Vézère et de la Dordogne. Amand éleva sa cellule à Saint-Amand-de-Coly (Dordogne). Il avait beaucoup de disciples dans les laures environnantes et fut le fondateur du monastère de Saint-Amand, qui devint plus tard une célèbre abbaye de chanoines réguliers de saint Augustin. *Gallia christiana*, 1720, t. ii, col. 1536. Amand assista aux derniers moments de saint Sour et mourut lui-même vers la fin du vie siècle, un 25 juin. Il était honoré à cette date dans le diocèse de Limoges avec saint Donnolenus, mais ne figure plus aujourd'hui au propre de ce diocèse.

Bibl. hag. latina, 1898, p. 54. — A.-B. Pargot, *Vie de saint Sour*, 1857.

P. FOURNIER.

11. AMAND (Saint). Saint Amand a évangélisé, au milieu du viie siècle, les contrées encore païennes du nord de la Gaule, en particulier les plaines basses arrosées par l'Escaut. Suivant son plus ancien biographe (fin du viiie siècle?), il était originaire de l'Aquitaine; la sévérité avec laquelle le pape Martin Ier s'exprime dans une lettre adressée au missionnaire sur le compte du clergé des régions du nord semble aussi indiquer qu'il était étranger au pays.

Son biographe fait précéder ses missions d'un pèlerinage au tombeau des apôtres. Comme plus tard Willibrord et Boniface, il y reçut, en vue de ses prédications, la bénédiction du pontife romain. Plus tard, il interrompit ses missions pour faire un nouveau voyage à Rome. Suivant le récent éditeur de la Vie du saint, M. Krusch, ces voyages seraient une fiction inspirée à son biographe par l'histoire des missionnaires anglo-saxons. Il est pourtant incontestable que saint Amand entretenait avec Rome des relations fort étroites. Le pape Martin Ier, en 649, mis au courant par lui des difficultés qu'il rencontre, l'encourage à persévérer dans son entreprise; il le charge de faire accepter par le roi Sigebert et par l'épiscopat franc les anathèmes prononcés à Rome contre le monothélisme. Cette lettre nous apprend encore que saint Amand avait demandé au pape des reliques et des manuscrits. Les églises qu'il fonde au monastère d'Elnone et à Anvers sont dédiées à saint Pierre. Les pèlerinages du missionnaire au tombeau des apôtres n'ont donc rien d'invraisemblable et il est permis de penser que son biographe, même s'il écrit tardivement, recueille une tradition exacte.

Ses missions furent certainement protégées par les rois francs Dagobert et Sigebert II. Suivant le biographe du saint, il aurait reçu du roi Dagobert pouvoir de forcer les païens voisins de Gand à recevoir le baptême. Ce trait est probablement imaginé par un contemporain des conquêtes de Charlemagne en Saxe; aucune prince, aucune contrainte, semble-t-il, n'a été exercée sur les néophytes. Mais il n'est pas douteux qu'Amand n'ait joui d'un grand crédit au palais des rois francs. C'est à ce missionnaire, en effet, que Martin Ier s'adresse pour obtenir que Sigebert II envoie des évêques à Rome, où le pape les chargera d'une mission auprès de l'empereur. S'il faut en croire son historien, Amand avait reproché à Dagobert les désordres de sa conduite et encouru ainsi sa disgrâce; il aurait été exilé, mais le roi, revenu à de meilleurs sentiments, l'aurait fait ensuite prier de venir baptiser son fils, le jeune Sigebert; il se peut que ce récit soit légendaire.

Saint Amand s'était voué, au rapport de son biographe, à la *peregrinatio* perpétuelle. Jonas de Bobbio, l'historien de saint Columban, s'est fait pendant trois ans le compagnon des courses apostoliques d'Amand. Il n'est pas douteux, par conséquent, que celui-ci n'ait subi l'influence des moines irlandais. Comme eux, il a été avant tout un missionnaire, voyageant sans cesse et ne se reposant que dans les monastères, qu'il fonde à leur exemple dans les contrées qu'il évangélise; comme plusieurs missionnaires scots, il a été évêque sans siège fixe.

Son biographe rapporte que le roi (Clotaire II ou plus probablement Dagobert) et les évêques francs l'obligèrent à recevoir l'onction épiscopale avant d'entreprendre ses missions. Plus tard, le siège de Maestricht, étant devenu vacant, probablement vers 646, lui fut attribué par le roi (Sigebert II et non Dagobert, comme semble le penser le biographe). Amand entreprit de réformer les mœurs du clergé de son église, et n'y réussissant pas, fit part en 649, au pape Martin, des difficultés qu'on lui suscitait et de son intention de déposer sa charge pastorale. En dépit des instances du pontife romain, il quitta Maestricht après un séjour de trois ans, pour reprendre ses courses de missionnaire. A la condition de placer son épiscopat de 646 à 649, on fait tomber les objections soulevées contre l'exactitude des traditions recueillies par son biographe qui, s'il était, comme il semble, étranger au monastère de Saint-Amand, clerc et peut-être évêque de l'église de Noyon-Tournai (suivant l'hypothèse de M. Krusch), n'avait aucun intérêt à faire d'Amand un évêque de Maestricht. Le fait rend compte aussi des données fournies par la lettre du pape Martin, de la dépendance où se trouvent placés vis-à-vis d'Amand non ses compagnons choisis par lui, mais des clercs de mauvaises mœurs qu'il ne parvient pas à réformer, et de son dessein de résigner, en raison de leur désobéissance, la charge épiscopale (*pastorale obsequium pro eorum inobedientia deponere*).

Aux termes du testament qu'aurait écrit saint Amand, à la fin de sa vie, il avait pour l'amour du Christ annoncé la parole de Dieu et distribué le baptême de tous côtés, en tous pays et au milieu de toutes les nations (*nos longe lateque per universas provincias seu gentes*). Son plus ancien biographe lui attribue, outre ses missions dans les pays de l'Escaut, des prédications chez les Slaves au delà du Danube, chez les Gascons qui habitent les Pyrénées; il le montre fondant un monastère en Rouergue, prêchant en Beauvaisis. Le saint a certainement fondé à Barisy en Laonnais une *cella* dépendant du monastère d'Elnone. Si les renseignements conservés par son biographe sur ses pérégrinations en contrées très éloignées les unes des autres, ne sont pas très sûrs, il est néanmoins probable que son activité ne s'est pas bornée à l'évangélisation des pays riverains de l'Escaut.

C'est dans ces régions pourtant que son zèle s'est dépensé le plus longtemps et avec le plus de fruit. Il a prêché la foi aux Flamands et sans doute aussi déjà aux Frisons. Ses missions dans la plaine basse de l'Escaut sont certainement commencées déjà en 639. Pendant trois ans, à partir de cette date, Jonas de Bobbio, devenu son compagnon, comme il le raconte lui-même dans la préface de la Vie de saint Columban, l'a aidé à extirper les erreurs des Sicambres, a navigué à ses côtés sur les eaux de la Scarpe et de l'Escaut, sur les marais de l'Elnon, descendant le cours des rivières jusqu'à l'Océan.

La principale fondation du missionnaire fut le monastère qu'il édifia pour en faire le centre de ses courses apostoliques (*elegit sibi locum praedicationis aptum*). Ce monastère, dont la biographie du saint ne relate ni le site ni le nom, fut évidemment celui qui s'éleva aux bords de l'Elnon, entre cette rivière et la Scarpe, sur un terrain donné par le roi. La fondation est antérieure à l'année 639, car Dagobert, mort en cette année, avait délivré au monastère un privilège d'immunité qui est perdu. (La charte de Dagobert du 1er mai 637, Pertz, *Diplom. regum spuria*, 42, p. 160, est fausse.) Une communauté était donc établie à Elnone au temps où Jonas parcourait les marécages de l'Elnon; c'est sans doute pour instruire ses religieux qu'Amand retint pendant trois ans le moine de Bobbio. Ce monastère favori où, suivant l'ordre que renferme son testament, le saint fut inhumé, prendra son nom (Saint-Amand).

Ses navigations sur l'Escaut l'ont conduit notamment à Gand, à Anvers, dans une île de l'embouchure de l'Escaut, à Calloo, où, suivant son biographe, ses prédications restèrent sans effet. A Anvers, il construisit une église dédiée aux saints apôtres. A Gand, raconte son historien, il détruisit des idoles. Le moine de Saint-Amand, Milon, qui complète la Vie du saint au IXe siècle, lui fait honneur de la création du monastère de Saint-Pierre-au-mont-Blandin. La Vie de saint Bavon lui attribue aussi la fondation à Gand d'un autre monastère qui prit le nom de son disciple, Bavon, mort et inhumé dans cette maison. Suivant Milon, Amand serait aussi le fondateur des monastères de Marchiennes, de Leuze et de Renaix, en même temps que le créateur de la *cella* de Barisy.

Le saint, parvenu à une extrême vieillesse, aurait fait écrire au monastère d'Elnone, par le prêtre Baudemundus, ses dernières volontés, à la date du 17 avril 674 ou 675. La pièce qui nous est conservée est tenue pour authentique par M. Van der Essen et par M. Krusch, en raison surtout des expressions très humbles employées par le testateur, qui se qualifie de *miserrimus peccator*. Le saint demande que son *corpusculum* soit enseveli au monastère d'Elnone. En quelque lieu qu'il vienne à mourir, on devra rapporter son corps au monastère. Il jette l'anathème sur quiconque essaierait d'enlever de force ses dépouilles à ses moines. Cette prohibition, étrange dans la bouche du saint, éveille des soupçons. L'humilité d'Amand pouvait-elle soupçonner qu'on se disputerait ses restes? Cette clause paraît destinée, comme la précédente, à sauvegarder les droits des moines de Saint-Amand à de précieuses reliques et répond à des préoccupations très ordinaires au IXe siècle. Le document est cité pour la première fois par Milon, au IXe siècle, comme un *terribile scriptum* établissant les droits de son monastère; il figurait alors aux archives de Saint-Amand; il nous a été conservé comme appendice de l'œuvre de Milon. La pièce fut, croyons-nous, fabriquée ou interpolée à cette époque. Le saint mourut le 6 février, en 676 au plus tôt.

La *Vita Amandi* attribuée sans raison à Baudemundus, le rédacteur du testament, a été écrite par un biographe qui prétend avoir connu des témoins oculaires. Suivant M. Krusch, elle a été composée dans la seconde moitié du VIIIe siècle, par un auteur qui ne s'intéresse pas spécialement au monastère de Saint-Amand et qui est favorable à la juridiction des évêques de Noyon-Tournai, peut-être par Gislebert, à la fois évêque de ces deux églises et abbé de Saint-Amand, mort en 782. A tort, croyons-nous, M. Krusch lui refuse tout crédit et prétend reconstruire la vie du saint sans tenir compte de cette biographie. Bien que composée probablement un siècle après la mort du saint, elle consigne vraisemblablement des souvenirs traditionnels. Le texte est édité par M. Krusch, dans les *Monumenta Germaniae*, au t. V des *Scriptores rerum Merovingicarum* publié en 1910, p. 428-449, d'après une recension A d'une langue plus barbare que la recension B qu'ont seule donnée avant lui les divers éditeurs, en particulier Henschenius. *Acta sanctor.*, feb. t. I, p. 859-864; Mabillon, *Acta sanct. ord. S. B.*, sæc. II, Venise, 1733, p. 679-688. — Au IXe siècle, entre 815 et 855, Milon, moine de Saint-Amand, mit en vers la biographie du saint, *Monum. Germ.*, *Poetae latini*, éd. Traube, t. III, p. 567-610. Le même moine, après 855, composa en prose un supplément (*Suppletio*) à la première Vie, dans lequel il reproduit la lettre du pape Martin, établit une chronologie d'ailleurs fautive de la vie du saint, célèbre les translations de ses reliques dans des légendes destinées à être lues aux anniversaires de la mort et des translations. Les manuscrits donnent en appendice le testament du saint. La *Suppletio*, éditée partiellement par Mabillon et Henschenius, a été intégralement publiée par M. Krusch, p. 450-485. — La Vie composée au XIIe siècle par l'abbé cistercien Philippe, éditée par Henschenius, ne renferme aucune donnée nouvelle. Voir aussi la préface de Jonas à la *Vita Columbani*, dans *Script. rerum Merov.*, t. iv, p. 62. Il a subsisté deux pièces concernant la création par saint Amand de la *cella* de Barisy : un diplôme de Childéric II, vers 661, cédant cette *cella* au saint (Pertz, *Diplomata regum*, 25, p. 25) et la charte de fondation par saint Amand (Pardessus, *Diplomata*, t. ii, n. 350, p. 133). — Les privilèges du pape Martin, délivrés à la prière du saint aux monastères d'Elnone et de Saint-Pierre-au-mont-Blandin (Jaffé-Wattembach, n. 2073-2074), ne sont pas authentiques. Les chartes de Rohingus concernant la fondation d'une église à Anvers par saint Amand (Pardessus, n. 538-539, p. 348-349), suspectes aux yeux de M. Van der Essen, sont tenues pour authentiques par M. Krusch. — Sur l'utilisation des sources, voir les préfaces de M. Krusch et d'Henschenius et Van der Essen, *Étude sur les Vitae des saints mérovingiens*, Louvain, 1907. — Sur la vie du saint, voir Hauck, *Kirchengeschichte Deutschlands*, t. i; Van der Essen, op. cit.; De H. *Amandus, apostel van Vlaanderen*, dans *Geschiedkundige Bladen*, 1905, t. ii; abbé Destombes, *Histoire de Saint-Amand*, Paris, 1850; De Smedt, *Vie de saint Amand*, Gand, 1861. — La préface de Krusch représente la principale étude critique des documents et des faits qu'ils rapportent au sujet de l'histoire du saint.

E. Lesne.

12. AMAND (Saint), abbé de Lérins, en 690. Sous son abbatiat, l'abbaye était à un tel degré de prospérité qu'il aurait gouverné jusqu'à trois mille sept cents moines. Vincent Barral avoue n'avoir pas trouvé d'autres détails sur ce saint.

Barral, *Chronologia... sacrae insulae Lerinensis*, Lyon, 1613, ii, 80. — Moris, *L'abbaye de Lérins*, Paris, 1909, p. 24.

U. Rouziès.

13. AMAND, évêque de Bisceglie (anciennement : Veglia), ville de l'Apulie. D'après Cappelletti, il monta sur ce siège en 1153. A la quatorzième année de son épiscopat, eut lieu dans le village de Sagina l'invention des corps des saints martyrs Maur, évêque, Pantaléon et Serge. Ces dépouilles sacrées furent transportées à Bisceglie et ensevelies dans la cathédrale. Amand écrivit une relation de cet événement. Elle a paru dans les *Acta sanctorum* sous ce titre : *Historia inventionis primae sanctorum Mauri episcopi, Pantaleemonis et Sergii, Vigiliis in Apulia*, jul. t. vi, p. 359-372. Ughelli cite un autre évêque de Bisceglie, appelé Amand de Trani, auteur d'un récit sur la canonisation et translation des reliques de saint Nicolas Pellegrini, protecteur de Trani. Ce récit est inséré aussi dans les *Acta sanctorum : De sancti Nicolai canonizatione et translatione auctore Amando diacono Tranensi*, jun. t. i, p. 248-253. Mais cet Amand, diacre de Trani, est identique avec Amand, auteur du récit de l'invention de saint Maur. Dans ce récit, en effet, Amand, qui s'appelle évêque de Bisceglie, écrit de lui-même : *Sicut jamdudum apud nobilissimam urbem Tranensium nos scripsisse beati Nicolai Peregrini confessoris Christi translationem recolimus*. Loc. cit., p. 360. En 1179, Amand prit part au concile de Latran.

Ughelli-Coleti, *Italia sacra*, t. vii, col. 900-906, 939-940. — Mazzuchelli, *Gli scrittori d'Italia*, Brescia, 1753, t. i, p. 574. — Cappelletti, *Le Chiese d'Italia*, Venise, 1870, t. xxi, p. 71-72.

A. Palmieri.

14. AMAND, dominicain, xiiie siècle. Prédicateur; on a de lui un sermon de l'année 1273 et deux autres contenus dans le livre des Distinctions de Pierre de Limoges, aux mots *Peccator* et *Peccatum*, 82 et 85. Ms. Lt. Paris, n. *16482*. Lecoy de la Marche a identifié cet Amand avec Amand de Saint-Quentin, à tort d'ailleurs, car, en 1273, Amand de Saint-Quentin n'aurait guère eu que vingt-deux ans, âge auquel la prédication n'était point permise aux jeunes religieux.

Échard, *Scriptores ordinis praedicatorum*, t. i, p. 266. — Lecoy de la Marche, *La chaire française au moyen âge*, p. 459.

R. Coulon.

15. AMAND DU CHASTEL (de *Castello*, de Castel, du Câteau ?), chanoine de Notre-Dame-de-Tournai, puis moine à Saint-Martin, dans cette ville, après 1095 (Herman. Tornac., *De restauratione monast. S. Martini Tornac.*, dans *Mon. Germ. hist.*, t. xiv, p. 306), devint prieur à l'abbaye d'Anchin, au plus tard en 1109. Baluze, *Miscellanea*, t. v, p. 345-346; *P. L.*, t. clxii, col. 684-685. C'est là qu'il assista à ses derniers moments l'évêque de Cambrai, Odon, restaurateur de Saint-Martin de Tournai, son ancien abbé, qui mourut le 19 juin 1113. Odon lui avait jadis dédié un traité, *De blasphemia in Spiritum Sanctum*. P. L., t. clx, col. 1111. En 1116, Amand fut promu à l'abbaye de Marchiennes (*Annales Marchianen.*, dans *Mon. Germ. hist.*, t. xvi, p. 615), qui était alors profondément déchue; il en releva la discipline en même temps que les finances. Il exerça la même action à l'abbaye d'Hamaye, où il transféra le corps de sainte Eusébie dans une châsse précieuse, le 17 mai 1133. Mabillon, *Acta sanct. O. S. B.*, saec. ii, p. 988; *Analecta bollandiana*, t. xx, p. 461. Il est cité dans une charte de 1133. Archiv. départ. du Nord, à Lille, *Cartul. de Saint-Amand*, t. i, fol. 108. Il mourut probablement en cette année.

On a de lui une lettre encyclique sur la mort de l'évêque Odon de Cambrai : *Acta sanct.*, jun. t. iii, p. 911-913; Martène, *Thesaurus anecdot.*, t. v, col. 855-858; *P. L.*, t. clx, col. 1128-1132; *Mon. Germ. hist., Script.*, t. xv, p. 942-945.

Miracula S. Rictrudis, dans *Acta sanct.*, mail t. iii, p. 99, 101-107. — Mabillon, *Acta sanct. O. S. B.*, saec. ii, p. 987-988. — *Gallia christ.*, t. iii, col. 396. — *Histoire littéraire de la France*, t. xi, p. 211-213. — Paquot, *Mémoires pour servir à l'hist. litt. des Pays-Bas*, Louvain, 1763, t. ii, p. 393-396.

U. Berlière.

16. AMAND DE SAINT-QUENTIN, dominicain, † 1301. Originaire du Vermandois, il enseigna en qualité de maître à Paris, à la faculté de théologie. Bernard Guy le mentionne comme le quarante-huitième. Vers l'année 1301, il lisait les Sentences dans la même faculté. On a de lui *Sermo in die Pentecostes* (avec en marge *valde bonus*), ms. lat. *3557* de la Bibliothèque nationale de Paris.

Quétif-Échard, *Scriptores ordinis praedicatorum*, t. i, p. 384, 492. — Hauréau, dans *Hist. litt. de la France*, t. xxvi, p. 455-457. — Lecoy de la Marche, *La chaire française au moyen âge*, p. 459. — Denifle, *Archiv für Litteratur und Kirchengeschichte des Mittelalters*, Berlin, 1886, t. ii, p. 211.

R. Coulon.

17. AMAND DE SAINTE-ROSE, carme déchaussé de la province napolitaine, fut remarquable dès l'enfance et l'adolescence, mais plus encore en religion, par son humilité profonde unie à la mortification et à la pénitence la plus rigoureuse, vivant inconnu du public, même lorsqu'il était lecteur en théologie. Il mourut en odeur de sainteté au mois d'avril 1623 ; mais aussitôt, sans que l'on eût convoqué personne, toute la ville s'ébranla pour ses funérailles, et de nombreux miracles, assure-t-on, s'accomplirent sur son tombeau. Il avait publié à Naples, en italien, 3 volumes in-4°, d'*Œuvres spirituelles*, en 1615, 1616 et 1619.

Martial de Saint-Jean-Baptiste, *Bibliotheca script. carmelit. excalc.*, Bordeaux, 1730, p. 10. — Cosme de Villiers, *Bibliotheca carmelitana*, t. i, col. 59. — Barthélemy de Saint-Ange et Henri du Saint-Sacrement, *Collectio scriptor. carm. excalc.*, t. i, p. 29.

P. Marie-Joseph.

18. AMAND DE ZIERICZÉE, franciscain, † 1525. Il naquit dans l'île de Walcheren, prit l'habit franciscain, passa docteur en théologie et se rendit célèbre par sa connaissance du grec et de l'hébreu. Ayant été élu provincial de la province de Cologne, en 1502, il la gouverna jusqu'en 1506. Dégoûté des intrigues de Wessel Gasbrink, qui briguait le provincialat, avec l'aide du parti conventualiste, il résigna sa charge et se retira chez les colétans au couvent de Louvain, qui passa la même année (1506) aux observants. Il y enseigna la théologie et mourut en 1525. Outre plusieurs commentaires des *saints Livres*, il composa aussi un traité manuscrit : *De XV stationibus* (c'est-à-dire sur les stations des Israélites dans le désert) et il publia en 1534, à Anvers, sa célèbre *Chronica compendiosissima ab exordio mundi ad annum 1534*. Il y édita plusieurs pièces très intéressantes et curieuses. Une seconde édition parut *ibid.*, en 1537.

S. Dirks, *Histoire littéraire et bibliographique des frères mineurs de l'obs. en Belgique*, Anvers, [1885], p. 37-39. — P. Schlager, *Beiträge zur Geschichte der Köln. Franziskaner-Ordensprovinz im Mittelalter*, Cologne, 1904, p. 153 sq.

M. BIHL.

AMANDIN, *Amandinus* (Saint), autrefois très honoré en Auvergne, mais sur lequel nous n'avons pas de détails. On en a fait, sans aucune preuve, un disciple de saint Sidoine Apollinaire, ou même de saint Austremoine. Au Xe siècle, son corps reposait dans l'église Saint-Saturnin de Clermont, à côté de celui de saint Sidoine, et un autel lui était dédié dans l'église Saint-Symphorien. Il était honoré au 7 novembre.

Acta sanctor., 1658, feb. t. II, p. 4; 1910, nov. t. III, p. 321. — Quentin, *Les martyrologes historiques du moyen âge*, Paris, 1908, p. 230. — Mosnier, *Les saints d'Auvergne*, Paris, 1900, t. II, p. 588-589.

U. ROUZIÈS.

1. AMANDUS (AENEUS SYLVIUS), général de Dioclétien. En 285, lors de l'avènement de Maximien Hercule, il se mit à la tête des Bagaudes (celtique *Baga*, lutte?), bandes pillardes de paysans gaulois révoltés à la fois contre le fisc romain qui les pressurait et contre les propriétaires de *latifundia* qui les traitaient en esclaves. En cette compagnie, il devint, un moment, une manière de personnage, parut aspirer à l'empire et prit même, associé à un certain *A. Pomponius Aelianus*, le titre d'*auguste*. Pourchassés vivement par Maximien (286), ces *outlaws* furent écrasés définitivement à Saint-Maur-des-Fossés, dans la presqu'île de la Marne, dont ils avaient fait leur camp retranché. Amandus périt dans la tourmente. Cf. Aurelius Victor, *De Caesaribus, Diocletianus*; Eutrope, *Breviarium*, IX, 20; P. Orose, *Historiae*, VII, 25.

Cette guerre de pâtres et de paysans, de *pagani*, qui éclatait en pleine paix de l'Église, n'avait assurément rien de chrétien. Mais le populaire avait conservé de ces jacqueries un souvenir reconnaissant. Insensiblement, Amandus et ses hordes devinrent chrétiens avec la foule. La légende, qui doit être assez ancienne, a été utilisée au Ve siècle, par l'*Epistula S. Eucherii de martyrio legionis Thebaeae*, ce qui, sans doute, assura sa fortune. La célèbre légion, on le sait, aurait, d'après l'*Epistula*, fait partie de l'armée venue d'Orient avec Maximien pour réduire les Bagaudes. Et c'est le refus de marcher contre leurs frères chrétiens qui amena leur martyre : *Cum hi, sicut et ceteri militum ad pertrahendam christianorum multitudinem destinarentur*. Voir également le texte de la *Passio* dite interpolée, 1 et 2. Un document tardif, la *Vita S. Baboleni*, écrite à Saint-Maur-des-Fossés, vers le XIe siècle, enrichit de divers motifs locaux la vieille légende. L'auteur affirme, sans ambages, le christianisme d'Amandus. Il ajoute même que ceux qui lui obéissaient s'étaient soulevés en haine du paganisme et refusaient de se soumettre aux adorateurs des dieux.

Il existe des monnaies frappées pour ces empereurs des esclaves et des paysans. Ce sont d'anciennes monnaies impériales surfrappées des noms d'Amandus et d'Aelianus. Au revers de l'une d'elles, se lit le mot : *Spes*.

Acta sanctorum, sept. t. VI, p. 342 sq. : *Epistula Eucherii*, etc. *Passio*. Voir aussi, p. 336 sq., le *Comm. praevius* de J. Clé. — Bouquet, *Recueil des historiens*, t. III, col. 568-569 : la *Vita S. Baboleni* (ce texte a été écarté par les bollandistes). — P. Allard, *La persécution de Dioclétien*, Paris, 1908, t. I, p. 13-32. — G. Bloch, *La Gaule indépendante*, etc., Paris, 1904, p. 321, 441. — Dubourdieu, *Dissert. hist. et crit. sur le martyre de la légion Thébaine*, Paris, 1705, c. XVI. — A. Dufourcq, *Étude sur les Gesta martyrum romains*, Paris, 1907, t. II, p. 1 sq. — Duruy, *Histoire des Romains*, Paris, 1904, t. VII, p. 5-10.

A. LAMBERT.

2. AMANDUS (JEAN), nommé « le premier ministre protestant de la Prusse. » Cf. Adelung, *Fortsetzung und Ergänzungen*, t. I, p. 685. Né en Westphalie, il entra de bonne heure chez les augustins, qui se destinèrent à la prédication. La querelle luthérienne des indulgences le trouva mûr pour le protestantisme. Son éloquence tumultueuse et populaire l'avait mis en relief au temps où lui-même prêchait les indulgences. Aussi fut-il bientôt appelé par le grand-maître de l'ordre teutonique, Albert de Prusse, à remplir les fonctions de prédicateur dans une des églises de Königsberg en Prusse. Son premier prêche eut lieu au temple d'Altstadt, le 29 novembre 1523. Mais Jean Briessmann avait été chargé du même emploi, sur le conseil de Luther, quelques mois auparavant, et la date exacte du premier prêche protestant à Königsberg remonte au 27 septembre 1523. Cf. Erdmann, *Albrecht von Preussen*, p. 313. Albert de Prusse avait compté sur la vigueur oratoire de Jean Amandus pour exciter en faveur de la réforme les classes populaires, encore très attachées au catholicisme. Par son zèle intempestif et par ses violences de langage, surtout par les emportements de sa fureur iconoclaste, il ne tarda point à provoquer le plus vif mécontentement parmi ses ouailles et le peuple finit par se soulever en masse contre l'agitateur. Albert, qui lui avait conféré de lui-même sa « mission », alors qu'il avait demandé pour Jean Briessmann le placet épiscopal, prit énergiquement parti pour sa créature, en faisant observer que le prédicant n'avait attaqué que des abus humains et que le Christ lui-même « n'avait pas été du goût de tout le monde. » Mais Amandus, déjà brouillé avec son collègue Briessmann, indisposa contre lui le conseil de la ville d'Altstadt; Albert lui retira enfin son emploi et la municipalité le bannit de la ville. Tenant tête à l'orage, le prédicant voulut continuer à évangéliser le peuple dans la maison d'un paysan de Kneiphof. Ordre lui fut alors donné par le grand-maître de quitter « en plein jour » le territoire de Königsberg : il se retira à Dantzig avec sa femme, dans l'automne de 1524. Chassé de cette dernière ville, il s'enfuit à Stolpe en Poméranie. Le thème habituel de ses prédications n'était qu'un appel à la révolution : plus de prêtres, plus de moines, plus de princes. Il appartenait au peuple de se faire justice à lui-même et de se délivrer de cette engeance. Des troubles graves suscités à Stolpe et à Stettin, à la suite de ces discours, déterminèrent le duc de Poméranie à faire arrêter l'agitateur. Il est probable que celui-ci passa plusieurs années dans la prison de Garz. On le retrouve ensuite à Gosslar, dans la paroisse nouvellement organisée par Amsdorf, avec la charge de surintendant. Il s'occupe activement de la fondation d'une école; mais, de nouveau, il sème la discorde dans la ville, soulève le peuple contre la municipalité, transforme à son gré la liturgie et se fait accuser de zwinglianisme. Sa mort inopinément survenue en 1530 ramena dans la paroisse une paix relative. Il est l'auteur d'un ouvrage intitulé : *Vom geistlichen Streit der Christen*.

Outre les auteurs cités, cf. H. Arnoldt, *Historie der*

Königsberg. Universität, t. II, p. 475. — *Kirchengeschichte des Königreichs Preussens*, p. 274. — Corvinus, *Wahrheit bericht, das das wort Gotts ohn Tumult ohn Schwermerey zu Gosslar und Braunschweig gepredigt wird*. Wittenberg, 1529.

P. BERNARD.

3. AMANDUS. Voir AMAND, AMANTIUS.

AMANI ou **AMANIO** (GIOVANNI PAOLO). Né à Crema (Vénétie), d'une famille illustre, il fut abbé commendataire de Sainte-Marie de Valbenoîte, au diocèse de Lyon. Son expérience dans les affaires et sa science le firent choisir comme conclaviste par le cardinal de Ferrare, après la mort de Paul IV, en 1559. Ughelli dit qu'il fut aussi attaché au cardinal d'Este. Préconisé, le 5 avril 1560, évêque d'Anglona et Tursi (et non pas d'Enghien, en Hainaut, comme le disent Crescimbeni et Quadrio), on le voit de nouveau au concile de Trente le 14 juin 1562. « Accablé par la vieillesse, » il reçut pour coadjuteur, le 12 décembre 1578, Nicolò Grana, de Ferrare, qui lui succéda. Il mourut, le 13 novembre 1579 (1580, disent Ughelli et Cappelletti), à Senise ou Sinnesio, dans son diocèse, et fut inhumé dans la chapelle de la Conversion de Saint-Paul, qu'il y avait fait construire pour servir de lieu de sépulture aux évêques. Poète latin et italien estimé, quelques poésies italiennes de lui sont imprimées dans *Rime di diversi*, Venise, 1550, et cinq sonnets dans le t. I de *Rime scelte di diversi autori*, Venise, 1563, p. 358 sq.; deux de ceux-ci se trouvent aussi dans Gobbi, *Scelta di sonetti e canzoni*, 4ᵉ édit., Venise, 1739, p. 374. Des vers latins de lui sont dans U. Foglietta, *Elogi degli uomini illustri della Liguria*, p. 64. Le poète Bernardo Tasso lui adressa une lettre en 1554 (*Lettere*, Padoue, 1733, t. II, p. 632), et Alemanio Fino lui a dédié la première de ses *Seriane*, Crema, 1700.

Quadrio, *Storia e ragione d'ogni poesia*, Milan, 1741, t. II, p. 354. — Crescimbeni, *Istoria della volgare poesia*, Venise, 1730, t. V, p. 236. — Ughelli-Coleti, *Italia sacra*, Venise, 1721, t. VII, col. 102-103. — Mazzuchelli, *Gli scrittori d'Italia*, Brescia, 1753, t. I, 1ʳᵉ part., p. 575. — Tiraboschi, *Storia della letteratura italiana*, Milan, 1833, t. IV, p. 241. — A. Nigro, *Memoria topografica istorica sulla città di Tursi e sull'antica Pandosia di Eraclea oggi Anglona*, Naples, 1851, p. 150. — Fr. Sforza Benvenuti, *Storia di Crema*, Milan, 1859, t. I, p. 574-575; t. II, p. 320. — Cappelletti, *Le Chiese d'Italia*, Venise, 1866, t. XX, p. 160. — Fr. Flamini, *Storia letteraria d'Italia. Il Cinquecento*, Milan, s. a., p. 519. — Eubel, *Hierarchia catholica medii aevi*, Münster, 1910, t. III, p. 123, qui le dit, par confusion sans doute, ainsi que Merkle, prêtre du diocèse de Crémone. — Merkle, *Concilii Tridentini diaria*, Fribourg-en-Brisgau, 1911, t. II, p. 62, note 4.

J. FRAIKIN.

AMANRICH (THOMAS), fils du célèbre médecin Cyr Amanrich, de Perpignan, entra dans l'ordre des frères prêcheurs. Il fut pendant vingt-sept ans professeur de théologie dans l'université de Perpignan et recteur de cette compagnie en 1733. Il était regardé comme le flambeau des théologiens du Roussillon et de la Catalogne. Amanrich n'acquit pas moins de réputation dans les fonctions du ministère apostolique. Son nom était cité et ses décisions respectées dans les écoles de toute l'Espagne. Son mérite le fit choisir par le général de son ordre pour occuper une chaire au collège de Casanate, de la Minerve, à Rome. L'amour du pays natal l'empêcha d'accepter. Amanrich demeura fixé à Perpignan, où il mourut.

J. Capeille, *Dictionnaire de biographies roussillonnaises*, Perpignan, 1909, p. 13.

J. CAPEILLE.

1. AMANS (Saint), évêque de Rodez. Le document le plus ancien que nous ayons sur ce saint est une Vie latine, faussement attribuée à Fortunat, qui se présente comme l'œuvre d'un clerc anonyme de l'Église de Rodez et qui a dû être écrite dans la seconde partie du VIᵉ siècle. Une première édition en a été donnée, en 1570, par Surius dans ses *Vitae sanctorum*, t. XI, p. 54, une seconde plus complète, en 1643, par Labbe dans sa *Nova bibliotheca*, t. II, p. 474 sq., et plus tard par Lucchi, dans ses *Fortunati opera*, pars IIᵃ, p. 96 sq., par Migne, dans *P. L.*, t. LXXXVIII, col. 513 sq., et par Bruno Krusch, dans les *Monumenta Germaniae, Auct. antiq.*, t. IV, p. 55, une troisième, enfin, plus critique que les précédentes, par le P. de Smedt, dans *Acta sanctorum*, novemb. t. II, p. 270-287.

D'après ce récit, d'un caractère hagiographique très marqué, Amans naquit à Rodez, y professa de bonne heure la foi chrétienne, y fut élevé au sacerdoce et à l'épiscopat et y mena une vie exemplaire qui lui valut d'opérer de grands miracles et notamment de détruire un jour par ses prières une idole très vénérée du peuple.

Divers auteurs l'ont fait vivre, comme premier évêque de Rodez, aux temps apostoliques. D'autres seulement à la fin du IVᵉ siècle et au commencement du Vᵉ. La première thèse a été soutenue récemment par J. Touzery, dans *Les anciens bénéfices du Rouergue*, Rodez, 1906; la seconde par A. Servières, dans une *Vie de saint Amans*, Rodez, 1885, où on trouvera toutes les pièces du procès.

U. ROUZIÈS.

2. AMANS DE LAVAL (*Amancius de Valle*), natif apparemment de Laval, commune de Puycelsi (Tarn), était cordelier du couvent d'Albi. Le 7 août 1468, il prêcha à la foule, lors de la procession des reliques de sainte Cécile. Ministre provincial de Guyenne entre 1485 et 1495 (non en 1380, comme on l'a écrit), il succéda à Arnaud *de Pinu*, pensons-nous. En cette qualité, il dut se désister d'une certaine opposition qu'il faisait contre la solide établissement de la réforme au couvent de Rodez. Sur un ordre de Charles VIII, il manda à son vicaire (10 avril 1491) de réformer les couvents de Rabastens et d'Albi. Il devint finalement sympathique aux efforts tentés sous ses yeux pour la restauration intégrale de la discipline régulière. Un contemporain l'appelle *profundissimus sacrae theologiae professor*. Il enseigna de longues années à Toulouse, où il fut régent des études. Il composa divers ouvrages restés manuscrits, entre autres un commentaire sur le premier livre du *Scriptum Oxoniense* de Duns Scot.

Arch. municip. d'Albi, A A 4, fol. XXII rᵒ. — Wadding, *Scriptores minorum*, Rome, 1806, p. 11. — Sbaralea, *Supplementum et castigatio ad scriptores trium ordinum S. Francisci*, Rome, 1908, p. 33. — Othon de Pavie, *L'Aquitaine séraphique*, Auch, 1901, t. II, p. 98, 466. — *Albia christiana*, 1912, p. 308-319.

G. DELORME.

AMANT (Saint), fondateur de l'abbaye de Saint-Amant-de-Boixe (Charente). Dans sa Vie, publiée par les bollandistes, il est difficile de découvrir ce qui peut correspondre à une réalité. Amant, rapporte-t-elle, né à Bordeaux, d'une mère africaine nommée « Amantia », après avoir poursuivi de fortes études et donné l'exemple de toutes les vertus chrétiennes, s'embarqua pour l'Espagne, afin d'y vivre dans la solitude. Mais la tempête poussa son vaisseau sur les côtes de la Saintonge, où il entra en réclusion. La renommée d'un autre reclus, saint Cybard, l'incita bientôt à se rendre à Angoulême, pour être « initié » par lui « à la philosophie de la vie érémitique. » Cybard ne garda son disciple sous sa direction que peu de temps, et lui conseilla de se retirer dans la forêt de Boixe, près des ruines d'une basilique, jadis élevée en l'honneur de saint Pierre, sur l'emplacement d'un ancien temple d'Apollon, et détruite depuis par les barbares avec le monastère y attenant. Amant se rendit d'abord au bourg de Vars, où un miracle lui ouvrit les portes de l'église. Il revint de Vars recevoir une dernière bénédiction de son « père » Cybard, avant de se fixer dans son ermitage. Après la mort de Cybard, considéré comme son héritier spirituel, il multiplia les mortifications et les miracles, se couvrant de lourdes chaînes, s'isolant pour prier tantôt sur le sommet d'une haute colonne, tantôt dans le bas-fond d'une fosse où il demeurait parfois trois jours sans manger, et mourut vers la fin du vi[e] siècle.

L'auteur de la *Vita* avoue qu'il n'existait presque plus rien, de son temps, qui intéressât directement la Vie de saint Amant. On peut retrouver les sources de son œuvre dans la vie de saint Amand, évêque de Bordeaux, dans les *Virtutes* de saint Cybard, non antérieures, semble-t-il, à 942, dans les Vies des Pères du désert, et l'hypothèse des bollandistes qui l'attribuent à Hugues, évêque d'Angoulême (974-992), paraît très vraisemblable. Nous pousserons plus loin l'hypothèse. On ne connaît pas le saint patron du premier monastère restauré, sinon fondé dans la forêt de Boixe par saint Géraud d'Aurillac, dans la seconde moitié du ixe siècle. Le monastère fut transféré en un autre lieu de la forêt par les soins de l'évêque Hugues, qui lui attira les dons des comtes d'Angoulême. On doit se demander si la Vie de saint Amant n'a pas été écrite dans le but de soustraire le monastère de la Boixe au patronage de l'abbaye de Saint-Géraud d'Aurillac, en imaginant, presque de toutes pièces, un saint fondateur, disciple de saint Cybard, dont l'abbaye fut, longtemps, un simple collège de chanoines étroitement uni à la mense épiscopale; en donnant à la première basilique de la Boixe le même patron qu'à la cathédrale d'Angoulême.

Analecta bollandiana, t. viii, p. 330-355. — J. de la Martinière, *Saint Cybard*, Paris et Angoulême, 1908, p. 116-123. — L. Delisle, *Notice sur les manuscrits originaux d'Adémar de Chabannes*, p. 82. — Roger Grand, Étude sur *Les origines de l'abbaye de Saint-Amant-de-Boixe*, qui doit paraître dans le *Bulletin de la Société archéologique et historique de la Charente*.

J. DE LA MARTINIÈRE.

AMANTE (GIUSEPPE D'). Né à Procida, il fut préconisé évêque d'Ischia en 1818 et mourut le 17 novembre 1843, d'après Gams et Cappelletti, en 1844, d'après D'Ascia. « Faible et entêté, » affirme ce dernier auteur, « il laissa, à sa mort, le clergé de son diocèse divisé en différentes factions. »

Cappelletti, *Le Chiese d'Italia*, Venise, 1861, t. xix, p. 557. — G. D'Ascia, *Storia dell' isola d'Ischia*, Naples, 1868, p. 281-282.

J. FRAIKIN.

AMANTEA (*Amanthean*.). Ancien évêché de l'Italie méridionale (Calabre).

I. HISTOIRE SOMMAIRE. — La ville d'Amantea, située sur le golfe de Sant' Eufemia, à l'embouchure du petit fleuve Oliva, appelée dans l'antiquité *Nepetia, Lametia, Dompetia, Clampetia* ou *Amantia* (Lenormant, *La Grande-Grèce*, t. ii), semble avoir été fondée par les Phocéens. Après avoir été détruite plusieurs fois, entre autres par les Sarrasins, en 985 (*Chronicon Cavense*, Naples, 1755), elle n'est plus, aujourd'hui, qu'une petite ville de 5 851 habitants, suivant le recensement de 1901, à seize milles de Cosenza, de la province de laquelle elle fait partie. Il n'est pas question de cet évêché dans les lettres de saint Grégoire le Grand, qui fait cependant mention des différents évêchés de Calabre, ni dans les actes du IIIe concile général de Constantinople en 553. On le voit cité, pour la première fois, au viiie ou ixe siècle, dans la troisième *Diatyposis* (catalogue) de Léon III l'Isaurien ou plutôt de Léon VI le Philosophe, comme appartenant au rite grec, suffragant de Reggio et dépendant du patriarche de Constantinople. Cf. Schelestrate, *Antiquitates Ecclesiae*, Rome, 1692. La création de ce diocèse « est une conséquence de la conquête byzantine, » écrit Gay. C'est sans doute l'empereur Léon VI et le patriarche Étienne qui « y ont établi des évêques... Amantea devient siège épiscopal, quand les troupes du basileus en ont chassé définitivement l'émir sarrasin, qui de cette ville avait fait sa capitale; » et Minasi croit qu'il fut érigé à la fin du ixe siècle ou au début du xe, par les Byzantins, avec les diocèses de Rossano, de Bisignano et de Cassano, pour remplacer les diocèses de Turio et de Tempsa, détruits probablement par les Lombards à la fin du viie. On ne lui connaît qu'un seul évêque, le bienheureux Josué ou Giosuam, dont le corps est encore conservé dans l'église de S. Bernardino. Barrio et Taccone-Gallucci citent aussi un certain Gregorius, mais peut-être est-il identique à Josué. Le diocèse d'Amantea, qui n'existait déjà plus à la fin du ixe siècle, remplacé peut-être, pense Mgr Duchesne, par celui de Martirano, ne tarda pas à être uni à celui de Tropea : le 10 décembre 1094, dans un diplôme adressé à Tustinus ou Justenus, successeur de Colochirius, le duc de Calabre, Roger, appelle celui-ci le premier évêque latin de Tropea et Amantea, ajoutant que ses prédécesseurs étaient grecs, mais cela ne prouve pas que l'union n'ait eu lieu qu'alors. Il s'agit d'abord d'une union *aeque principalis*, dans laquelle Amantea gardait son existence propre, sous le nom de *diocèse inférieur*, mais son nom disparut ensuite dans la qualification de l'évêque de Tropea. Les Amantéens, appuyés par le roi de Naples, demandèrent le rétablissement de ce titre à la mort de Giuliano Mirto Frangipani, évêque de Tropea, survenue le 26 septembre 1499, et dans le consistoire de février 1500, Alexandre VI, faisant droit à leurs vœux, ordonna à Sigismondo Pappacoda, en le transférant de Venosa à Tropea, de prendre le titre d'évêque de Tropea et Amantea *invicem unitarum*; mais, sur les réclamations des habitants de Tropea, il annula cette décision par bref du 30 avril 1503, qui fut confirmé par Clément VII en 1534. Cette nouvelle décision fut sanctionnée par Ferdinand d'Aragon en 1506 et par Charles-Quint en 1536, et le fameux Giannone ne fut pas plus heureux en réitérant cette demande auprès du pape Benoît XIII et de l'empereur Charles VI au xviiie siècle. Ce fut inutilement aussi qu'en 1827 l'évêque de Nicotera et Tropea, Bianco, demanda l'incorporation d'une partie du territoire de l'ancien diocèse d'Amantea à celui de Cosenza et de l'autre partie à celui de Nicastro. Trois bulles de Calixte II à Bernardus, archevêque de Tolède, sont datées de Mantiae, iii des nones de novembre 1122 (Jaffé, *Regesta romanorum pontificum*, t. i, p. 802); il semble donc que ce pape ait résidé quelque temps à Amantea, à cette époque où il était venu en Calabre pour essayer de réconcilier entre eux les différents chefs normands.

II. ABBAYES ET COMMUNAUTÉS RELIGIEUSES. — Il y avait à Amantea, en 1795, dit Fr. Sacco, *Dizionario geografico-istorico-fisico del regno di Napoli*, t. i, p. 36, trois couvents : un de franciscains de l'observance, fondé en 1216 par le bienheureux Pierre, l'un des compagnons de saint François, dans un ancien monastère des basiliens; un de capucins, et un de religieuses cloîtrées qui donnaient l'instruction à des jeunes filles nobles. La ville de Fiumefreddo, située dans l'ancien diocèse, avait un couvent de clarisses et une abbaye qui, fondée par des ermites, appartint successivement aux bénédictins, aux minimes et aux carmes. Près de cette ville était située une autre abbaye de S. Maria *de fonte Laureato*, mais nous ne savons à quel ordre elle appartenait. Les clarisses avaient un autre monastère à Aiello, les minimes à Longobardi, les capucins à

Belmonte, et les augustins près de Falerna. Toutes ces maisons ont disparu aujourd'hui, et Amantea compte simplement quatre églises paroissiales. Remarquons, en terminant, que son territoire est séparé du diocèse de Tropea par les diocèses de Mileto et de Nicastro, de sorte que l'on comprend fort bien le projet de l'évêque Bianco.

Marrafioti, *Croniche ed antichità di Calabria*, Naples 1596; Padoue, 1601. — Cluverius, *Italia antiqua*, Leyde, 1644, t. II, p. 1285. — Amato, *De Amanthea laconismus*, Messine, 1701. — Ughelli-Coleti, *Italia sacra*, Venise, 1722, t. x, col. 11-12. — Fiore-D. da Badolato, *Della Calabria illustrata*, Naples, 1743, t. II, p. 321. — Rodotà, *Dell' origine, progresso e stato del rito greco in Italia*, Rome, 1758, t. I. — C. Orlandi, *Delle città d'Italia ed isole adiacenti compendiose notizie*, Pérouse, 1770, p. 426-427. — D. Magnan, *Bruttia numimastica*, Rome, 1773, p. x-xiv. — Di Meo, *Annali del regno di Napoli*, Naples, 1795, t. II, III, IX, XI, passim. — Capialbi, *Memorie per servire alla storia della santa Chiesa Tropeana*, Naples, 1852, p. IV-VII. — Serena, *Della città di Amantea*, Naples, 1867. — Cappelletti, *Le Chiese d'Italia*, Venise, t. XXI, 1870, p. 153, 217, 221, 225-226. — Taccone-Gallucci, *Monografie di storia calabra ecclesiastica*, Reggio-Calabria, 1887, p. 22; 2ᵉ édit., Rome, 1900, p. 319-321; *Cronotassi dei metropolitani, arcivescovi e vescovi della Calabria*, Tropea, 1902; *Regesti dei romani pontefici per le Chiese della Calabria*, Rome, 1902, p. 252-253, 268-270, 370, 374; *Monografia delle diocesi di Nicotera e Tropea*, Reggio, 1904, p. 134-163; *Fonti e bibliografia della storia ecclesiastica della Calabria*, dans *Rivista storica calabrese*, ann. 1904, p. 332-334. — Gelzer, *Georgii Cyprii descriptio orbis romani*, Leipzig, 1890, p. 57, 90. — Minasi, *Le Chiese di Calabria dal quinto al duodecimo secolo*, Naples, 1896, p. 231, 234, 245-248, 270, 311; *I regesti pontifici per le Chiese di Calabria*, dans *Rivista storica calabrese*, 1903, p. 116. — G. M. Moscato, *Amantea. Ragguagli storici*, dans *Rivista storica calabrese*, ann. 1896, 1897, 1898. — L. Duchesne, *Le Liber pontificalis*, Paris, 1886, t. I, p. 9-10; *Les évêchés de Calabre*, Paris, 1902, p. 9, 10, 15. — Gröner, *Die Diözesen Italiens*, Fribourg-en-Brisgau, 1904, p. 32-33, 54; trad. italienne de Guarini, Melfi, 1902, p. 42, 44-45, 63. — J. Gay, *Les diocèses de Calabre à l'époque byzantine*, Lyon, 1900; *L'Italie méridionale et l'empire byzantin*, Paris, 1904, p. 180.

J. FRAIKIN.

AMANTIA, ancien évêché de la Nouvelle-Épire. La ville était située à trente milles au sud d'Apollonia, aujourd'hui Poianni, sur la route qui allait vers Hadrianopolis, aujourd'hui Libochovo; elle était également au sud de la colonie romaine de Bullis, maintenant Graditza. Elle est citée par la Table de Peutinger qui écrit Amatria, par Ptolémée, *Geographia*, III, XII, 19, édition Mueller, t. I, p. 505; et, pour la dernière fois, vers l'année 535 de notre ère, par le *Hieroclis synecdemus*, édition Burckhardt, 635, 5, qui la distingue avec soin des villes de Bullis et d'Apollonia, avec lesquelles Le Quien voudrait la confondre; et par Procope, *De aedificiis*, IV, 8, qui attribue à Justinien la restauration de sa forteresse. César, *Bellum civile*, III, 40, distingue nettement Amantia qui lui appartenait et de Bullis et d'Apollonia; de même Cicéron, *Oratio Philippica*, XI, 11, 26, qui montre qu'Antoine occupa successivement ces trois villes. D'après Leake, Amantia serait la moderne Niviva, à la source du Souchica, qui coule au sud de la Viosa, mais cette identification est difficilement conciliable avec les indications des géographes. La ville possédait un port du même nom, dans le golfe d'Aulon ou Valona sur l'Adriatique, près d'Oricos, c'est-à-dire le port Raguseo des anciennes cartes. Les habitants passaient aux yeux des Grecs pour les descendants des Abantes homériques de l'Eubée, lesquels, après la destruction de Troie, firent voile, sous la conduite d'Elephenor, vers la Thesprotia. Voir Étienne de Byzance, au mot *Amantia*. Il ne faut pas les confondre avec d'autres Amantini, qui nous sont connus par les géographes et les historiens classiques, et dont le centre principal,

révélé par une inscription (*Corpus inscript. latin.*, t. III, n. 3224), se trouvait au moderne Putineza, dans le comitat de Sirmium, en Pannonie.

On ne connaît d'Amantia qu'un évêque, Eulalius, qui prit part en 344 au concile de Sardique et de là se retira à Philippopolis avec le groupe arien. Encore le P. Feder, *Studien zu Hilarius von Poitiers*, Vienne, 1911, t. II, p. 71-72, place-t-il cet Eulalius sur le siège d'Amasea dans l'Hélénepont, parce que Sozomène, *Hist. eccl.*, VII, 2, parle d'Eulalius, évêque d'Amasea, qui revint d'exil sous Gratien, vers 378.

Le Quien, *Oriens christianus*, Paris, 1740, t. II, col. 250 sq. — Fariati, *Illyricum sacrum*, t. VII, p. 393. — E. de Ruggiero, *Dizionario epigrafico*, Rome, 1895, au mot *Amantinus*. — Tomaschek dans la *Real-Encyclopädie der classischen Altertums-wissenschaft* de Pauly-Wissowa, au mot *Amantia*.

S. VAILHÉ.

1. AMANTIUS (Saint). Nom d'un martyr, à Rome, au dixième mille de la voie Lavicane, avec Irénée, Zoticus et Hyacinthe. Fête, le 10 février.

De Rossi-Duchesne, *Martyrologium hieronymianum*, dans *Acta sanctor.*, nov. t. II, pars prior, p. 19.

H. QUENTIN.

2. AMANTIUS (Saint), de Tifernum (Città di Castello). Saint Grégoire rapporte au livre troisième de ses dialogues, chap. XXXV, ce qu'il avait constaté lui-même du don des miracles accordé à un prêtre de Tifernum, nommé Amantius. Ce saint personnage est honoré d'un culte public, dont les bollandistes ne citent pas de témoignage antérieur au XVᵉ siècle, mais qui est probablement plus ancien. Fête, le 26 septembre.

Acta sanctor., 1760, sept. t. VII, p. 274-276.

H. QUENTIN.

3. AMANTIUS. Acolythe, qui appartenait peut-être au clergé de Carthage. Il fut chargé par saint Cyprien, avec deux de ses collègues et un sous-diacre, d'aller porter des consolations et des secours aux confesseurs condamnés au travail des mines, en Numidie, pendant la persécution de Valérien (257). Voir t. I, col. 751. Cypriani *Opera*, epist. LXXVII, 3; LXXVIII, 1, édit. Hartel, t. II, p. 835, 836; *P. L.*, t. IV, col. 434, 435.

La forme *Amandus*, qui se rencontre dans plusieurs mss., paraît moins exacte.

Aug. AUDOLLENT.

4. AMANTIUS (Saint), évêque de Côme dans la première moitié du Vᵉ siècle. Les détails que donne Ughelli, *Italia sacra*, t. V, col. 238, sur son origine et sa famille, sont inacceptables. Les bollandistes mettent vers 420 son élévation à l'épiscopat. Il succéda à saint Provinus et fut lui-même remplacé par Abonde, qu'il avait désigné et consacré avant de mourir, s'il faut en croire la *Vita Abundi*. Voir ABONDE, t. I, col. 155. Cet événement dut avoir lieu un peu avant l'an 450. Saint Amantius est honoré à Côme le 8 avril.

Acta sanctor., apr. t. I, p. 747. — Cantu (Cesare), *Storia della città e della diocesi di Como*, Florence, 1856, t. I, p. 38.

U. ROUZIÈS.

5. AMANTIUS, évêque de Narni. Ughelli nous donne seulement la date de sa mort (1337). D'après Wadding, il aurait été vicaire de l'archevêché de Naples et, au nom de celui-ci, en 1334, il aurait signé un acte par lequel l'archevêque renonçait à sa juridiction sur le monastère de sainte Magdaléne. Cependant Parascandolo croit que cet acte est daté de l'an 1341.

Ughelli, *Italia sacra*, 2ᵉ éd., t. I, col. 1018. — Cappelletti, *Le Chiese d'Italia*, t. IV, p. 562-563. — Parascandolo, *Memorie storico-critiche-diplomatiche della Chiesa di Napoli*, Naples, 1849, t. III, p. 135.

A. PALMIERI.

6. AMANTIUS (Saint), diacre, martyr. Voir LANDOALD (Saint).

7. AMANTIUS. Voir AMANCE, AMANS, AMANT.

AMANTON (HENRI), né le 21 octobre 1822 à Villers-les-Pots, près d'Auxonne (Côte-d'Or), étudia au grand séminaire de Dijon. Après s'être appliqué au ministère paroissial pendant trois années, il entra dans l'ordre de Saint-Dominique au couvent de Flavigny-sur-Ozerain, où il reçut l'habit le 7 octobre 1849. Un an après, il faisait profession. Attiré par la vie de missionnaire, dès le mois de juin 1851, nous le trouvons à Constantinople, jusqu'au 15 février 1852, en qualité de prieur et préfet apostolique. La même année 1852, il revient à Rome, occupe au couvent de Sainte-Sabine l'office de maître des novices, puis de prieur (23 octobre 1852-23 octobre 1854). Prieur du couvent dit des Carmes à Paris (1854-février 1857), il fut choisi par la Propagande comme délégué du Saint-Siège en Mésopotamie, avec le titre d'évêque d'Arcadiopolis. Il fut sacré à Rome et prit aussitôt la route de l'Orient ; il arriva à Mossoul en juillet 1857. Dès le mois de décembre de la même année, il voulait démissionner. Il fit un voyage à Rome et en France (1859-1860) et rentra à Mossoul en juillet 1860, il y demeura jusqu'à la fin de 1863 ou le commencement de 1864. C'est alors qu'il quitta définitivement la mission et revint en France avec le titre d'évêque de Théodosiopolis *in partibus*. Il se retira à Paris, où il mourut le 12 octobre 1869. Son corps fut transporté au couvent de Flavigny.

Correspondance sur les affaires de la mission de Mossoul, aux archives de l'ordre. — *Registres du couvent de Sainte-Sabine, ibid.* — *Année dominicaine, novembre 1869.* — Boitel, *Cinquantenaire du couvent des dominicains de Flavigny-sur-Ozerain* (1889), Tours, 1900, p. 67.

R. COULON.

AMANZÉ (D'), vieille famille bourguignonne du Mâconnais, portant *de gueules à trois coquilles d'or*, connue dès le XIIIe siècle, qui a fourni au chapitre noble de Lyon onze chanoines-comtes et nombre de religieux et de religieuses à diverses abbayes. Voici les principaux de ces personnages : d'abord, un Jean d'Amanzé, non signalé dans la généalogie de d'Hozier citée plus loin, chanoine de Montbrison en 1298, puis chanoine et enfin doyen de Lyon en 1304. *Gallia christiana*, 1728, t. IV, col. 205. — Jean d'Amanzé, chapelain de Saint-Éloi à Mâcon, chanoine de Lyon (13 février 1401), fit partie à Bourges de l'assemblée qui arrêta les articles de la Pragmatique sanction. Il mourut le 21 janvier 1479. Il avait trois frères, Beraud, Pierre et Renaud, également chanoines de Lyon. *Gallia christiana*, t. IV, col. 955. — Un autre Jean d'Amanzé fut chamarier du même chapitre, en 1479, et devint vicaire général de Charles de Bourbon. — En 1515, Claude d'Amanzé devient chanoine-comte ; en 1533, il est doyen et, vers 1510, devient prieur de Saint-Romain-en-Jarez. *Gallia christiana, loc. cit.*, col. 210. — La branche de Chauffailles donna également plusieurs membres au même chapitre, dont Antoine (1558), qui devint doyen et vicaire général de Lyon et abbé de Saint-Rigaud (1578), et enfin Jacques, onzième des d'Amanzé, qui clôt la liste en 1595. *Gallia christiana, loc. cit.*, col. 1175. — Plusieurs abbesses du même nom figurent également dans le *Gallia christiana* : Marguerite (1537-1548), Cécile (1574-1618) et Gilberte-Françoise (1618-1651), abbesses de Chazaux-lez-Cornillon. *Gallia chr., loc. cit.*, col. 293. — Marie, abbesse de Saint-Pierre de Lyon (1456-1473). *Gallia christ., loc. cit.*, col. 287.

Pierre d'Hozier et P. Palliot, *Généalogie et alliances de la maison d'Amanzé*, in-fol., Dijon, 1659.

P. FOURNIER.

AMANZEY-LES-BOURBON-LANCY. Le prieuré d'Amanzey ou d'Amanzy (de *Amanziaco*), qui appartenait à l'ordre de Saint-Augustin, était situé sur la route de Digoin à Bourbon-Lancy, à deux kilomètres environ de cette dernière ville. Il fut fondé au XIIe siècle, sous le vocable de Sainte-Madeleine, par l'un des successeurs d'Anseric de Bourbon, qui, vers 1030, avait fait édifier, à proximité des thermes, le prieuré de Saint-Nazaire, dont l'intéressante église romane subsiste encore.

L'histoire du prieuré d'Amanzey demeure assez obscure. Placé d'abord à l'origine sous la dépendance de l'abbaye de Saint-Symphorien-les-Autun, il appartint plus tard à l'évêché d'Autun.

Quelques titres conservés aux archives départementales de Mâcon (*H 205-212*) mentionnent plusieurs noms de ses anciens prieurs. Au XIIIe siècle et au début du XIVe, nous trouvons Amalric, Jean de Marigny, chanoine de Saint-Symphorien d'Autun, et Jean de Cordesse. Arch. départ., *H 205*.

Avant la fin du XIVe siècle, d'après un pouillé éduen de cette époque, le prieuré d'Amanzey était alors sous la dépendance immédiate des évêques d'Autun. Aussi, dans un titre du XVe siècle (*H 206*), Jean Rolin, cardinal-évêque d'Autun, s'intitule « prieur et perpétuel administrateur des prieurés de Sainct-Symphorien-les-Ostun et d'Amanzey. »

A partir du XVIe siècle jusqu'à l'époque de la Révolution, nous trouvons successivement, comme prieurs commandataires, Georges Oudot et Jean de Marry ; dom Guillaume Ragot ; Pierre Grassot, prêtre ; Jean Laureault, prêtre ; Henri, puis Philibert Gevalois ; René Pictory ; Joseph et Jean-François Pictory (*H 207-212*).

Le dernier prieur fut Couston de Colombe, qui était en même temps prévôt de la collégiale de Notre-Dame de Bourbon.

Ces deux établissements conventuels ont disparu à l'époque de la Révolution et tous leurs biens ont été aliénés.

Courtépée, *Description historique du duché de Bourgogne*, Dijon, 1779, t. IV, p. 373, 376. — Abbé Paul Muguet, *Recherches historiques sur la persécution religieuse dans le département de Saône-et-Loire, 1789-1803*, t. III, arrondissement de Charolles, Chalon-sur-Saône, 1901, p. 138. — Pouillé éduen du XIVe siècle, publié par A. de Charmasse, dans le *Cartulaire de l'évêché d'Autun dit Cartulaire rouge*, Autun, 1880, p. 389 sq. — Archives départementales de Mâcon, *H 205-212*.

V. TERRET.

1. AMARAL (ANDRES DE), d'une famille de bonne noblesse portugaise, naquit vers 1452 et entra de bonne heure dans l'ordre de Saint-Jean de Jérusalem, où il se distingua par sa bravoure et ses exploits contre les infidèles. On le voit à Rhodes pour la première fois un des ordonnateurs des funérailles du cardinal grand-maître Pierre d'Aubusson (1503), puis un des électeurs de son successeur, Aimeri d'Amboise. Voir ce nom. Il est qualifié commandeur de la Vera Cruz, probablement dans son pays natal. Il prend part au chapitre général de 1501, et porte dès lors le titre de conservateur conventuel, et en 1506 il fait partie d'une commission d'arbitrage pour accommoder un différend entre le grand-maître et un des dignitaires, le *turcopolier*. Quatre ans plus tard, on le retrouve lieutenant du grand-chancelier, et il se fait nommer capitaine des galères qui prirent part à la bataille de l'Ajazzo. Voir AIMERI D'AMBOISE. Il eut, au cours de cette campagne, une vive discussion avec son collègue Villiers de l'Isle-Adam, qui commandait les autres vaisseaux de la religion. On échangea de vives paroles, des insultes même, et ce fut, disent les chroniqueurs de l'ordre, l'origine de la haine entre ces deux hommes, qui devait aboutir à une catastrophe. On perd ensuite la trace d'Amaral, et ce fut alors, sans doute, qu'il alla ambassadeur en Portugal et visiteur général des maisons de l'ordre en ce pays. Il confirma alors l'établissement à Évora d'un couvent de religieuses selon la règle de l'Hôpital et leur donna des statuts qu'approuva le chapitre général de 1519. Il reparaît à ce moment à Rhodes, comme grand-chancelier, grand-croix, un des personnages les plus en vue de l'ordre, un des principaux conseillers du grand-maître. Il est choisi comme un des cinq commissaires et superintendants sur les fabriques et réparations des défenses de l'île. Après la mort du grand-maître Fabrizio del Carretto, il eut une attitude assez louche pendant l'élection de son successeur, combattit violemment et par jalousie la candidature de Villiers de l'Isle-Adam et se posa comme son concurrent. Son heureux rival ne l'en nomma pas moins un des trois procureurs du trésor, et au moment du siège de Rhodes, un des quatre capitaines de secours préposés aux quatre principaux conseillers de la défense : Amaral fut chargé de celui qu'on appelait d'Auvergne et d'Allemagne.

Que se passa-t-il alors? Le Portugais voulut-il se venger du grand-maître et des chevaliers qui le lui avaient préféré? Quoi qu'il en soit, il entra en correspondance secrète avec les assiégeants, par l'intermédiaire d'un de ses serviteurs nommé Blas Diez, qui leur envoyait des lettres au bout d'une flèche, et les renseignements que le traître donnait contribuèrent à remonter le courage des Turcs, qui commençaient à désespérer du résultat, et les décidèrent à rester. Le 30 octobre 1522, les deux coupables furent arrêtés sur la dénonciation d'une femme. Diez fit des aveux complets, mais Amaral nia toujours avec obstination. Ils furent condamnés à mort, le 4 novembre, Amaral par une assemblée générale des chevaliers, et le 5, il eut la tête tranchée; son corps fut écartelé et dispersé aux quatre points principaux de la défense. Le récit que Bosio nous a transmis de la trahison, appuyé sur le témoignage de deux chevaliers, présents au siège, qui en ont laissé une relation succincte, Jacques de Bourbon (*Oppugnation de la noble et chevaleureuse cité de Rhodes*, Paris, 1525) et le Génois Pietro Lomellino del Campo (relation manuscrite que Bosio eut entre les mains) et sur une allusion claire de Fontano (*De bello Rhodico libri III*, Rome, 1524), est confirmé par les relations que les Vénitiens recevaient à ce moment du théâtre de la guerre et qui ont été publiées dans le recueil de Sanuto. Bien qu'attestée par les documents et sources d'un seul des deux partis, la trahison d'Amaral ne peut être révoquée en doute.

Giac. Bosio. *Dell' Istoria della sacra religione ed ill^{ma} militia di San Giovanni Gierosolimitano*, Rome, 1594, part. II, passim, notamment, p. 493, 524, 526, 571, 576-577. Le récit de la rivalité entre les deux chevaliers en 1510 et 1521, venant d'un seul témoin, Jacques de Bourbon, compatriote et partisan de Villiers de l'Isle-Adam, peut être sujet à caution. — M. Sanuto, *Diarii*, Venise, 1892, t. XXXIII, col. 568, 570. - - Vertot, *Histoire des chevaliers de Rhodes*, Paris, 1726, t. II, p. 627 sq., réimpression du récit de Jacques de Bourbon.

P. RICHARD.

2. AMARAL (ANTÓNIO CAETANO DE), un des plus savants érudits portugais, né à Lisbonne, le 13 juin 1747. Après avoir étudié les humanités à Lisbonne, Amaral suivit les cours de la faculté de droit canon à l'université de Coïmbre, où il obtint le baccalauréat en 1773. A son retour à Lisbonne, il avait déjà une certaine renommée par son érudition, et les fondateurs de l'Académie royale des sciences l'admirent en 1780 parmi les vingt et un premiers membres surnuméraires de leur société.

Dès lors, Amaral se consacra aux labeurs littéraires, et justifia son admission dans l'Académie par des mémoires historiques pleins d'érudition, sur l'histoire politique et sociale des anciens peuples de la Lusitanie et des premiers temps de la monarchie portugaise. Ses ouvrages sont un vaste et précieux recueil de renseignements dont il n'est pas possible de se passer quand on désire étudier les questions qui font leur objet; en particulier, pour l'histoire ecclésiastique de la péninsule hispanique, ils sont une source abondante et très appréciable.

Amaral eut d'abord un bénéfice à l'église de São Lourenço, à Lisbonne. Le 30 mai 1791, on le nomma commissaire de l'Inquisition, et en 1799, chanoine de la cathédrale d'Évora; mais il renonça à ce bénéfice, parce qu'il ne pouvait l'occuper, en réservant pour son entretien une pension annuelle de deux cent mille reis (1000 francs à peu près). Le 31 août 1816, il fut nommé inquisiteur à Lisbonne, charge qu'il occupa jusqu'à sa mort, le 13 janvier 1819.

Voici la liste de ses ouvrages : *Vida e opusculos de S. Martinho Bracarense, impressos pela primeira vez neste reino por cuidado e ordem do... Sr. D. Fr. Caetano Brandão, arcebispo primaz. Ajuntam-se algumas notas, como pequenas dissertações, e a traducção dos opúsculos em portugués; notas e lições variantes*, etc., Lisbonne, 1803. Il y a un autre volume appartenant au même ouvrage avec le titre : *Collecção de cánones, ordenada por S. Martinho Bracarense, com a versão, em portugués, notas á letra do texto de cada canon, e commentários sobre á sua matéria, publicada por ordem do... Sr. D. Fr. Caetano Brandão*, Lisbonne, 1803. — *Vida e regras religiosas de S. Fructuoso Bracarense, impressas pela primeira vez neste reino por cuidado e ordem do... Sr. D. Fr. Caetano Brandão, arcebispo primaz*, Lisbonne, 1805. Cet ouvrage est précédé d'une Introduction assez longue sur l'état de la discipline ecclésiastique en Espagne, et surtout en la province de Braga au VIIe siècle. Il renferme aussi les actes du IIIe concile de Braga, réuni en 675, avec une traduction et des commentaires. — *A monarchia* (traduction de l'espagnol de Clemente Peñalosa y Zuniga), Lisbonne, 1798. — *Evangelho em triumpho, história de um philósopho desenganado* (trad. de l'espagnol), Lisbonne, 1802. — *Memórias para a história da vida do veneravel arcebispo de Braga D. Fr. Caetano Brandão*, 2 tomes, Lisbonne, 1818. Cet ouvrage renferme un grand nombre de faits pour l'histoire ecclésiastique du Portugal à la fin du XVIIIe siècle et au commencement du XIXe. L'auteur profita surtout des lettres et des documents de l'archevêque Brandão. — *Memórias sobre a forma do governo e costumes dos povos que habitaram o terreno lusitano desde os primeiros tempos conhecidos, até ao estabelecimento da monarchia portuguesa*. I. *Estado da Lusitánia até ao tempo em que foi reduzida a província romana*, dans les *Memórias de litteratura portugueza publicadas pela Academia Real das Sciencias*, Lisbonne, 1792, t. I, p. 16-30. — *Memória II para a história da legislação e costumes de Portugal. Sobre or estado civil da Lusitánia no tempo em que esteve sujeita aos romanos*, dans les *Memórias de litteratura cit.*, t. II, p. 313-353. — *Memória III para a história da legislação e costumes de Portugal. Sobre o estado civil da Lusitánia desde a entrada dos povos do norte até á dos árabes*, dans les *Memórias de litteratura cit.*, t. VI, p. 127-437. — *Memória IV para a história da legislação e costumes de Portugal. Sobre o estado do terreno que hoje occupa Portugal, desde a invasão dos árabes até á fundação da monarchia portuguesa*, dans les *Memórias de litteratura cit.*, t. VII, p. 60-236. — *Memória V para a história da legislação e costumes de Portugal. Primeira época da monarchia portugueza, desde o conde D. Henrique até o fim do reinado de el-rei D. Fernando*, dans la collection de *História e memórias da Academia Real das Sciencias de Lisboa*, Lisbonne, 1820, t. VI, 2e partie, et

t. VII. — *Cartas espirituaes de Santa Joanna Francisca Fremiot, baronesa de Chantal, traduzidas do original francês da edição de Paris, 1753*, 2 tomes, Lisbonne, 1816. Mme Mello Breyner, de Lisbonne, possédait en 1860 l'original d'un autre ouvrage d'Amaral, qui n'a pas été imprimé : *Memórias para a vida da madre Anna Ludovina de São Lourenço*. Le R. P. Sipolis en fit une copie. Il semble que la religieuse en question était sœur d'Amaral.

Sebastião Francisco de Mendo Trigoso, *Notizia histórica da vida e escriptos de António Caetano do Amaral*, dans la collection de *História e memórias da Academia Real das sciências*, Lisbonne, 1823, t. VIII, 2e partie, p. XLVII sq. — Innocêncio Francisco da Silva, *Diccionário bibliográphico português*, Lisbonne, 1858, t. I, p. 99; t. VIII, p. 106. — Fortunato de Almeida, *História da Igreja em Portugal*, t. IV (sous presse).

Fortunato DE ALMEIDA.

3. AMARAL (LUÍS DE), évêque de Lamego (Portugal), nommé en 1426, transféré à la cathédrale de Viseu, sa patrie, le 11 mars 1431. Autant qu'on en peut juger, Luís de Amaral fut envoyé en 1433 au concile de Bâle comme ambassadeur du roi dom João Ier. Il fut un des prélats qui désobéirent aux instructions d'Eugène IV, qui avait transféré le concile de Bâle à Ferrare; et en présidant à la session du 1er octobre 1437, à Bâle, il fit lire solennellement la déclaration de contumace contre le pontife. Amaral fit partie d'une ambassade que les prêtres de Bâle envoyèrent à Constantinople, afin d'attirer à leur parti l'empereur Jean Paléologue; et en 1439 il prit part à l'élection de l'antipape Félix V, qui le créa cardinal, le 6 avril 1444.

Le 15 février 1438, Eugène IV, au concile de Ferrare, renouvela la sentence d'excommunication contre les prêtres de Bâle, et les déclara privés de toutes leurs dignités et bénéfices. La même sentence fut encore renouvelée dans le concile de Florence le 4 septembre 1439; et comme l'évêque de Viseu s'y trouvait compris, le pape lui substitua Luís Coutinho en 1438 ou 1439. Eugène IV ne tarda pas à informer le roi du Portugal de toutes ces occurrences en lui ordonnant de faire arrêter et punir l'évêque de Viseu comme désobéissant, si par hasard il retournait dans le royaume, et de faire obtenir possession pacifique de la cathédrale à Luís Coutinho, qui venait d'être nommé. L'infant dom Pedro, qui régissait le Portugal à la minorité de son neveu, le roi dom Affonso V, ne voulut pas consentir que Luís Coutinho prit possession du diocèse, dont il confia le gouvernement à un autre, se fondant sur ce que l'approbation royale n'avait pas été donnée à la nomination de Coutinho. En même temps il écrivait au pontife en intercédant pour l'évêque déchu. Eugène IV répondit dans une bulle très énergique, où il censurait vivement l'auteur de la lettre écrite au nom du roi, qu'il exhortait à rendre la cathédrale de Viseu à Luís Coutinho. Luís de Amaral mourut réconcilié avec le pape, le 10 février 1444-1445.

Fortunato de Almeida, *História da Igreja em Portugal*, Coïmbre, 1910, t. II, p. 52 sq., 17J sq., 569, 596. — João Col, *Catálogo dos prelados da igreja de Viseu*, n. XLII, XLIII, dans la *Collecção de documentos e memórias da Academia real da história Portuguesa*, Lisbonne, 1722. — Oliveira Berardo, *Notícias históricas de Viseu*, dans le journal *O Liberal*, n. 8, Viseu, le 30 mai 1857. — Rui de Pina, *Chrónica de El-Rei D. Duarte*, dans la *Collecção de livros inéditos de história portuguesa*, Lisbonne, 1790, t. I, p. 98. — *Quadro Elementar das relações económicas e diplomáticas de Portugal*, t. X, p. 21 sq. — António Pereira de Figueiredo, *Portugueses nos concílios geraes*, Lisbonne, 1787, p. 53 sq. — Hefele, *Histoire des conciles*, t. XI, p. 370, 371, 382, 505. — Edel, *Hierarchia*, t. I, p. 303; t. II, p. 10, 189, 295.

Fortunato DE ALMEIDA.

4. AMARAL (MIGUEL), jésuite portugais, était provincial de la mission portugaise en Chine, quand y fut promulguée la constitution *Ex illa die* de Clément XI (19 mars 1715) sur les rites chinois. Quinze lettres de lui, adressées, du 24 août 1716 au 13 août 1717, au P. Domingo de Britto, supérieur de la résidence de Canton, et publiées par l'abbé C.-P. Platel [le P. Norbert], *Mémoires historiques sur les affaires des jésuites avec le Saint-Siège*, Lisbonne, 1766, t. VII, p. 59-89, le montrent préoccupé à l'excès de la ruine, imminente à son avis, de la chrétienté chinoise, mais beaucoup moins soucieux d'obéir promptement et simplement au souverain pontife. Ces lettres sont-elles de tous points authentiques? On peut se le demander, car leur éditeur, ennemi acharné des jésuites, accuse si légèrement ses adversaires de duplicité et de falsification de documents qu'on est en droit de lui supposer les mêmes procédés. Le P. de Amaral traduisit de l'italien en portugais et publia en un seul volume les *Esercizi spirituali* du P. Gian Pietro Pinamonti et les *Verità eterne* du P. Carlo Gregorio Rosignoli, Lisbonne, 1726, 1752, 1863; Porto, 1890. Né le 5 décembre 1657, à Azurara (Porto) d'après le P. Franco, à Mangualde (Vizeu) d'après les archives S. J., entré au noviciat le 2 juillet 1677, il s'embarqua pour les missions d'Orient le 29 mars 1682 et passa en Chine en 1691. De retour en Europe vers 1725, il mourut à Coïmbre, le 14 décembre 1730.

Antonio Franco, *Synopsis annalium S. J. in Lusitania*, Augsbourg-Graz, 1726, p. 372-373. — Diogo Barbosa Machado, *Bibliotheca Lusitana*, Lisbonne, 1749-1759, t. III, p. 463. — C.-P. Platel, *loc. cit.*; cf. p. 48 sq. — Sommervogel, *Bibliothèque S. J.*, Bruxelles, 1890, t. I, col. 262, et appendice, 1898, t. VIII, col. 1622; 1900, t. IX, col. 1726, 1754. — E.-M. Rivière, *Corrections et additions à la Bibliothèque de la Compagnie de Jésus*, Toulouse, 1911-1912, col. 7, n. 51.

E.-M. RIVIÈRE.

5. AMARAL (PEDRO DE), jésuite portugais, auteur d'un commentaire plein d'érudition sur le *Magnificat* : *Canticum Marianum, hoc est, sanctissimae Dei genitricis Virginis Mariae canticum, nempe eius Magnificat, litteralibus pariter ac mysticis illustrationibus investigatum*, in-4°, Évora, 1709. Il avait expliqué pendant quinze ans l'Écriture sainte au collège de Coïmbre; il fut aussi recteur du collège de Braga (1688-1691) et se distingua par son zèle dans la prédication et les missions populaires : on assure qu'il monta en chaire huit mille fois, mais ses sermons, dont il laissa plusieurs volumes, soit en latin, soit en portugais, ne furent jamais imprimés, sauf un panégyrique de saint Pierre d'Arbués, in-8°, Lisbonne, 1672. Amaral mourut à Lisbonne, le 29 décembre 1711; il était né à Azurara (Porto) et était entré au noviciat de Lisbonne le 10 janvier 1636.

Antonio Franco, *Imagem da virtude em o noviciado de Coimbra*, Coïmbre, 1719, t. II, p. 695-701; *Annus gloriosus S.J. in Lusitania*, Vienne, 1720, p. 764-766; *Synopsis annalium S. J. in Lusitania*, Augsbourg-Graz, 1726, p. 439. — Diogo Barbosa Machado, *Bibliotheca Lusitana*, Lisbonne, 1749-1759, t. III, p. 557. — Juan López de Arbizu, *Catalogus scriptorum S. J. provinciae Lusitanae*, p. 200. — Sommervogel, *Bibliothèque S. J.*, Bruxelles, 1890, t. I, col. 263; 1900, t. IX, col. 1728, 1751.

E.-M. RIVIÈRE.

6. AMARAL (PRUDENCIO DE), jésuite brésilien, né à Rio de Janeiro, en 1675, et mort dans la même ville le 27 mars 1715, laissa un *Catalogo dos bispos que teve o Brasil até o anno de 1676, em que a capital da cidade da Bahia foi elevada a metropolitana, e dos arcebispos que nella tem havido*, qui fut imprimé après sa mort dans les *Constituições primeiras do arcebispado da Bahia*, in-fol., Lisbonne, 1719; Coïmbre, 1720. On a encore de lui un poème sur la fabrication du sucre, publié également après sa mort : *De sacchari opificio, carmen*, in-4°, Pesaro, 1780, et réimprimé dans *De rusticis Brasiliae rebus*, de José Rodriguez de Mello, in-4°, Rome, 1781, p. 171-206. Dans ce poème, comme dans le poème resté manuscrit : *Elegiarum liber de pietate erga beatam Mariam virginem,* l'auteur montre, dit Oudin, « un génie aisé, fin, délicat, agréable. »

Diogo Machado Barbosa, *Bibliotheca Lusitana,* Lisbonne, 1749-1759, t. III, p. 629. — Oudin, dans Moréri, *Le grand dictionnaire historique,* Paris, 1759, t. I, p. 435. — Innocencio Francisco da Silva, *Diccionario bibliographico portuguez,* t. VII, p. 28. — Sommervogel, *Bibliothèque S. J.,* Bruxelles, 1890, t. I, col. 263-264; 1898, t. VIII, col. 1622. — E.-M. Rivière, *Corrections et additions à la Bibliothèque de la Compagnie de Jésus,* Toulouse, 1911-1912, col. 7, n. 53.

E.-M. RIVIÈRE.

1. AMARAND, martyr d'Albi. *Amarandus autem martyr apud Albigensem urbem, exacto agonis fidelis cursu, sepultus, vivit in gloria.* Grégoire de Tours, en reproduisant ce fragment de martyrologe, a dit tout ce qu'il savait de l'existence terrestre du héros chrétien. Mais l'*Historia passionis,* qu'il a lue et que nous n'avons plus, le renseignait davantage sur le culte du martyr et sur ses miracles. On y apprenait que le corps saint, longtemps négligé, avait été manifesté par une intervention divine. Les fidèles se portaient vers le caveau, *crypta,* et l'affluence ne diminua point, lorsque la localité où il se trouvait eut été dévastée et détruite par l'ennemi. Cette circonstance fut l'occasion d'un prodige permanent. Un pèlerin, qui n'avait point porté de feu avec lui, vit son cierge s'allumer de lui-même, dès qu'il l'eut fixé sur le sarcophage. Le miracle se reproduisit indéfiniment pour tous les pieux visiteurs jusqu'à ce que la localité se fût repeuplée.

Ces détails nous sont rapportés sans aucune indication de lieu ni de date. Les hostilités auxquelles il est fait allusion, *hostilitate impellente,* nous reportent sans doute au passage des Goths et des Vandales, ce qui nous empêche de faire remonter l'*Historia passionis* au delà du milieu du ve siècle. Quant à la date du martyre d'Amarand, Surius et Tillemont, suivis par Devic-Vaissete, la reportent à une persécution du IIIe siècle, celles du IVe ayant fait peu de victimes en Gaule. Que l'on opte d'ailleurs pour l'époque de Dèce (250) ou l'époque de Valérien (258), le martyre de saint Amarand restera l'événement le plus anciennement attesté de l'histoire religieuse de l'Albigeois.

Quant au lieu où Amarand fut enseveli, ce ne saurait être Albi, cette ville n'ayant jamais été complètement désertée par ses habitants : *cum ...locus ille ab habitatoribus fuisset evacuatus.* Au xe siècle, le tombeau du martyr était vénéré à Vieux (*Viancium*), dans le Gaillacois, et une communauté de clercs s'était organisée autour. Cependant l'église portait pour principal vocable celui de saint Eugène, évêque de Carthage. Grégoire de Tours nous en donne la raison. La *Passio* d'Eugène et de ses compagnons lui avait appris que le prélat africain, chassé de son siège par le roi vandale Hunnéric, s'était vu assigné comme lieu d'exil la cité d'Albi chez les Wisigoths ariens. Eugène, qui avait un culte pour saint Amarand, rendit l'âme sur son tombeau et fut enseveli dans la crypte, à côté de lui. La renommée du nouveau saint éclipsa celle du martyr inconnu. Vieux recueillit encore d'autres reliques : saint Longin, saint Vindémial, sainte Carissime. Il semble qu'avec le temps la piété des fidèles se soit refroidie vis-à-vis d'elles. L'évêque d'Albi, Louis d'Amboise Ier, les transféra solennellement, en 1494, dans son église cathédrale et leur dédia une chapelle dite des « Cinq-Saints du diocèse ».

Fête de saint Amarand, le 7 novembre.

Grégoire de Tours, *De gloria sanctorum,* I, 57-58, *Monum. German., Script. rer. Meroving.,* t. I, p. 527. — Translation des reliques de Vieux, dans *Arch. communales d'Albi, AA 4,* publiée dans C. Compayré, *Études historiques... sur l'Albigeois...,* 1841, p. 89 note. — Tillemont, *Mémoires pour servir à l'histoire eccl. des six premiers siècles,* Paris, 1693, t. III, p. 335. — Devic-Vaissete, *Hist. gén. de Languedoc,* édit. Privat, t. I, p. 334, 525. — *Bibl. hag. lat.,* p. 58.

L. DE LACGER.

2. AMARAND (Saint), est donné par le *Catalogue des abbés de Moissac* comme abbé du monastère, puis comme évêque d'Albi, vers le début du VIIIe siècle. Mais les pièces relatives à l'origine de l'abbaye de Saint-Pierre de Moissac ont trop peu d'autorité pour qu'il soit prudent, sur leur seul témoignage, de faire entrer ce personnage dans la liste des évêques d'Albi. Le *Gallia christiana* a commis une bévue en supposant que cet Amarand pourrait être identique au précédent.

Gallia christiana, 1716, t. I, col. 61, 160.

L. DE LACGER.

AMARANTA. Voir AMARANTUS.

AMARANTUS. Martyr africain, honoré le V des calendes de novembre (28 octobre), avec deux compagnons, Quintus et Lucius. C'est probablement par erreur qu'on les a attribués à Carthage. La forme féminine AMARANTA, qui se lit dans un ms., paraît être aussi le résultat d'une méprise.

Acta sanctorum, oct. t. XII, p. 576-577. — *Martyrologium hieronymianum,* édit. De Rossi et Duchesne, p. 136.

Aug. AUDOLLENT.

AMARELLA, clarisse urbaniste du monastère de Ciudadela dans l'île de Minorque, massacrée par les Turcs en 1558, lorsqu'ils s'emparèrent de la ville.

Arthurus a Monasterio, *Martyrologium franciscanum,* Paris, 1653, p. 199.

ANTOINE de SÉRENT.

AMARIZ (PEDRO) — appelé aussi Clasquerin par Villanueva et par Eubel, et Clasqueri par l'historien catalan Bofarull — archevêque de Tarragone et patriarche d'Antioche. Il était d'origine catalane. Nommé chanoine de Barcelone, il prit part, en cette qualité, à la cérémonie de la prestation du serment du roi d'Aragon, Pierre IV le Cérémonieux, quand ce prince prit possession de sa charge de chanoine en 1338.

Il fut depuis évêque de Huesca, ensuite de Mallorque et enfin archevêque de Tarragone, en février 1358. Au mois d'août de la même année, il assistait aux cortès de Barcelone. Peu après, il était élevé à la dignité de patriarche d'Antioche et recevait le titre de conseiller du roi d'Aragon.

Le pape Grégoire XI le chargea de l'examen de la doctrine de Raymond Lulle, dénoncée par Nicolas Eymerich. Mais, à cause de ses occupations, il dut déléguer à cette affaire les vicaires généraux de Barcelone.

Il célébra trois conciles provinciaux et quatre conciles diocésains. Les constitutions de ces derniers, ne figurant pas dans la collection d'Antonio Agustin, ont été recueillies par Villanueva, qui en donne, dans les appendices du tome XX de son *Viage literario,* une copie critique avec l'indication des variantes qu'il a relevées dans les divers manuscrits. Les ordonnances qui y sont édictées visent la réforme de la discipline ecclésiastique et s'occupent surtout de la défense des immunités de l'Église contre les entreprises du pouvoir civil. Sur ce dernier point, l'archevêque eut à repousser, pendant tout le cours de son épiscopat, les prétentions sans cesse renouvelées de son obstiné souverain, Pierre IV. Le roi avait le domaine utile sur la ville de Reus et la campagne qui entoure Tarragone. Le domaine direct appartenait à l'archevêque. Mais, tantôt par des invasions à main armée des domaines ecclésiastiques, tantôt par la nomination illégale de procureurs royaux, le roi s'efforçait de rester le seul maître des biens du diocèse. Le concile de Tarragone de 1367 décida, à l'instigation de l'archevêque, de protester contre la conduite de Pierre IV auprès du Saint-Siège. Une commission fut nommée sous la présidence de Guillaume de Torrellas, évêque de Barcelone. Elle revint satisfaite de son entrevue avec Urbain V, et crut sa cause gagnée; *res ad Ecclesiae votum terminata est*, déclara-t-elle. Mais le roi persévéra dans sa politique d'exactions. Il alla si loin qu'il fut pris de remords, au cours d'une maladie qu'il eut en 1379. Zurita raconte que le bras de sainte Thècle, patronne de Tarragone, aurait apparu au souverain et l'aurait soufflété. A la suite de cette scène miraculeuse, le roi aurait dicté un testament où il prescrivait de restituer à l'Église de Tarragone tous les biens dont il l'avait dépossédée. La pièce qui figure dans *Archivo de la Corona de Aragon*, n. 2641, avec le titre de testament de Pierre d'Aragon, ne peut être invoquée ni à l'appui ni à l'encontre de ces faits. Ce n'est que le fragment d'une copie. Mais quoi qu'il en soit de la réalité de ce retour du roi à de meilleurs sentiments, ils ne s'étaient pas manifestés assez tôt pour empêcher l'archevêque de Tarragone d'aller à Avignon réclamer l'assistance de Clément VII. Il mourut pendant son voyage de retour, à Agde, le 10 janvier 1380. Huit ans après, ses restes furent transportés à la cathédrale de Tarragone et inhumés dans la chapelle de Notre-Dame, où on lit cette inscription : *Anno Domini MCCCLXXX X die mensis januarii in civitate Achde obiit reverendissimus in Christo pater et dominus Petrus miseratione divina patriarcha Antiochiae et administrator ecclesiae Tarraconensis: ossa cuius sunt translata in hoc tumulo die sabati XVIII aprilis anno Domini M.CCC.LXXX.VIII, cuius anima requiescat in pace.*

Geronimo Zurita, *Anales de Aragon*, éd. Dormer, Saragosse, 1671, t. II, p. 326, 388, 389. — Jaime Villanueva, *Viage literario à las iglesias de España*, Madrid, 1851, t. XX, p. 5-8, 179-191. — A. de Bofarull, *Historia crítica civil y eclesiástica de Cataluña*, Barcelone, 1876-1878, t. IV, p. 614-619, 635.

P. SICART.

1. AMARO, pieux personnage à demi légendaire, dont le tombeau, que renferme une chapelle de l'hôpital del Rey, dans un faubourg de Burgos, est depuis plusieurs siècles l'objet d'un culte populaire, que l'autorité diocésaine et le Saint-Siège ont ratifié d'une manière indirecte, en accordant des indulgences au pèlerinage. Chaque année, avant le premier dimanche de mai, une neuvaine, à laquelle prennent part une foule de pieux visiteurs de la région, prépare la fête solennelle. La chapelle renferme quantité d'ex-voto, rappelant des guérisons miraculeuses. Depuis longtemps, en effet, les habitants de la Vieille-Castille attribuent à ce tombeau le don des miracles. La statue du saint dans un retable au-dessus de l'autel et une autre sculptée sur sa lourde pierre tombale le donnent en habit de pèlerin. De même les peintures murales, œuvre d'un peintre du XVIIe siècle, Juan del Valle, où on le voit soignant les malades, distribuant des pains aux pauvres, portant sur ses épaules les pèlerins fatigués, leur lavant les pieds. Enfin une peinture fort ancienne de l'hôpital le représente vêtu d'une longue tunique qui descend jusqu'aux pieds, avec une belle barbe, un rosaire à la main droite, tandis que la gauche porte un livre et un bourdon.

D'après la légende, Amaro vivait à la fin du XIVe siècle, et aurait quitté son pays, probablement la France, pour entreprendre le pèlerinage de Saint-Jacques de Compostelle. En passant à Burgos, il fut si touché de l'accueil qu'il reçut à l'hôpital del Rey (ainsi appelé de son fondateur, le roi Alphonse VIII), qu'il résolut de s'y consacrer au service de Dieu et des pauvres. A son retour, il réalisa son projet, obtint l'autorisation de s'établir dans le pieux établissement et y donna de tels exemples dans la pratique des œuvres de miséricorde et de toutes les vertus, que les supérieurs de l'hôpital l'appelaient le *ministre des pauvres* et que les peuples le canonisèrent de son vivant. Dieu lui accorda le don des miracles, et son corps, enseveli dans le cimetière de l'hôpital, devint de suite l'objet de la vénération populaire et attira les foules par les prodiges de toute sorte qu'il réalisa.

Florez, *España sagrada*, Madrid, 1772, t. XXVII, p. 783-798. — Garcia San Juan, *Glorias de la Iglesia Española*, Madrid, 1871, t. II, p. 531. — Antonio Buitrago y Moreno, *Guía general de Burgos*, Madrid, 1876, p. 211. — P. Ernest Marie, *Six mois d'exil au pays du Cid*, Paris, 1904, p. 215-217.

P. RICHARD.

2. AMARO DE AREGAS, cistercien portugais, originaire du lieu de ce nom, situé à cinq lieues au nord de la ville de Thomar. Il fut moine d'Alcobaça et théologien remarquable; il a écrit un traité *De matrimonio*, dont le manuscrit original était conservé à Alcobaça.

Barbosa, *Bibliotheca Lusitana*, Lisbonne, 1741, t. I, p. 126.

R. TRILHE.

3. AMARO DE PENICHE, cistercien portugais, originaire de la ville de Peniche et moine d'Alcobaça. On conservait dans cette abbaye un volume autographe de *Sermones dominicarum* de cet auteur.

Barbosa, *Bibliotheca Lusitana*, Lisbonne, 1741, t. I, p. 127.

R. TRILHE.

4. AMARO (JOSÉ DE SANTO THOMÁS), religieux dominicain de la congrégation de l'Inde portugaise, né à Braga, le 15 janvier 1747. En 1781, l'archevêque de Goa le chargea de la prélature de Moçambique. Sur la demande du roi, du 25 août 1782, Pie VI le confirma le 18 juillet 1783, avec le titre d'évêque de Pentacomia. Sacré à Goa, le 25 octobre 1785, la mort l'emporta à Tete (Moçambique), quand il faisait la visite pastorale. Amaro fut le premier prélat de Moçambique qui ait eu la dignité épiscopale, puisque Domingos Torrado, évêque titulaire de Salé et nommé à la prélature en 1613, mourut avant d'avoir pris possession.

Fortunato de Almeida, *História da Igreja em Portugal*, t. IV (sous presse). — Francisco Ferreira da Silva, *A obra missionária na província de Moçambique*, Porto, 1911, p. 18-19.

Fortunato DE ALMEIDA.

AMASEA, métropole de la province d'Hélénopont en Asie Mineure. Une légende que l'on trouve sur les plus vieilles monnaies de la ville lui donne le dieu Hermès pour fondateur (Babelon et Reinach, *Monnaies d'Asie Mineure*, t. I, p. 35, n. 53); au fond, on n'en connaît pas les vraies origines. Après avoir été comprise dans l'empire perse, la ville devint la capitale des rois du Pont, de l'an 306, semble-t-il, à l'an 183 avant Jésus-Christ, où le roi Pharnace, grand-père de Mithridate le Grand, s'empara de Sinope et y établit le siège de la dynastie. Th. Reinach, *Mithridate Eupator*, p. 41. On voit encore les tombeaux de ces rois du Pont creusés dans le roc. Le même Pharnace y tenait garnison. En 70 avant Jésus-Christ, Amasea se rendit à Lucullus et fut probablement une des onze villes auxquelles Pompée, six ans plus tard, distribua le territoire du Pont (Th. Reinach, *op. cit.*, p. 400); elle fut, quelque temps après, donnée à des rois. Strabon, *Geographia*, XII, p. 561. Le grand géographe Strabon, qui naquit à Amasea vers l'an 63 avant Jésus-Christ, mais qui écrivait vers l'an 18 de notre ère, a laissé de sa patrie une description très précise. *Op. cit.*, XII, 3, 39, p. 561, 547, 556. L'ère propre à cette ville part très probablement du mois d'octobre de l'an 3 avant Jésus-Christ, date à laquelle Amasea devint la métropole du Pont Galatique. Cette province ayant été unie, peut-être sous Trajan, au Pont Polémoniaque pour former le *Pontus Mediterraneus*, Néocésarée devint alors le chef-lieu de cette nouvelle province, mais Amasea conserva le titre de métropole. A partir d'Antonin le Pieux, elle prend même le titre de πρώτη τοῦ Πόντου, sans doute à cause de son ancienne importance; depuis Hadrien, elle ajoute à son nom celui de Ἀδριανεία; depuis Septime Sévère et Caracalla, ceux de Σευηρεία et Ἀντωνινεία; depuis Alexandre Sévère, celui de Σευηρεία Ἀλεξανδρεία. Après Dioclétien, elle devint la métropole civile du *Diospontus*, que Constantin appela ensuite Hélénopont; elle le resta jusqu'à ce que Justinien, par la Novelle 28, eût de nouveau réuni l'Hélénopont et le Pont Polémoniaque.

La ville eut beaucoup à souffrir en 529 d'un tremblement de terre. Procope, *Historia arcana*, XVIII, 42; Malalas, *Chronographia*, XVIII, p. 448. En 572, par suite d'une incursion des Perses, les habitants des cités voisines vinrent y chercher un refuge, auprès de sa forte garnison (*Vita S. Eutychii*, n. 62, dans *Acta sanctorum*, aprilis t. I); en 612, lors de la grande invasion du shah Chosroès, les troupes d'Héraclius s'y retirèrent également. Étienne de Taron, traduction Gelzer et Burckhardt, p. 84, 27. En 712, l'Arabe Maslama s'en empara (Théophane, *Chronographia*, anno mundi 6204), mais les musulmans ne la gardèrent pas longtemps et elle devint une des principales places fortes du thème des Arméniaques. En 971, le général Bardas Phocas, qui y était exilé, réussit à s'évader et à s'organiser une expédition contre l'empereur. Schlumberger, *L'épopée byzantine*, t. I, p. 12, 60. En 1071, après sa défaite à Mantzikert, Romain Diogène s'enferma dans Amasea pour résister aux troupes de Ducas et, en 1074, plutôt que de voir tout le thème administré par le Normand Roussel ou Oursel, l'empereur Andronic céda la ville à Malik-Shah ou Soliman, souverain des Seldjoukides, qui l'occupèrent aussitôt. « Danichman, émir de Cappadoce, qui gouvernait Césarée, Néocésarée, Castamouni, réunit Amasia à ses possessions, à une époque inconnue. Toutefois Masoud, sultan d'Iconium, paraît l'avoir administrée directement. Mais elle forma à son décès (avec Ancyre) une principauté indépendante qui fut donnée à Jakoubasan, gendre du sultan. A la mort de leur prince, survenue peu après, les gens d'Amasia se gouvernèrent quelque temps eux-mêmes et réussirent à repousser Dadoun, émir de Césarée; mais la ville fut reconquise par Aseddin-Kilidj-Arslan II, qui reconstitua l'unité de l'empire sedjoucide. Lorsque le sultan mourut, en 1193, un nouveau partage eut lieu : Ancyre, Amasia « et d'autres villes du Pont » formèrent la part de l'émir Masoud, fils de Kilidj-Arslan. Amasea était, à l'époque des Seldjoucides, une belle et grande cité, qui fut rebâtie par Ala-eddin, vers 1220. » Anderson, Cumont et Grégoire, *Studia Pontica*, III, p. 113 sq. De la domination des Seldjoucides, Amasea passa à celle des Osmanlis et résista pendant sept mois aux efforts de Tamerlan, qui ne réussit pas à s'en emparer. Le sultan Sélim Ier y naquit, et nous savons que les premiers souverains osmanlis y firent des séjours fréquents. C'est ainsi que Soliman le Magnifique s'y trouvait en 1555, lorsque Busbecq, qui en a laissé une si curieuse description, y vint en ambassade. *Itinerarium Constantinopolitanum et Amasianum*, Anvers, 1582, p. 59 sq. Aujourd'hui, chef-lieu de sandjak dans le vilayet de Sivas, Amassia, que les Turcs surnomment Bagdad de Roum, à cause de la beauté de son site, est un centre important de commerce entre la Perse, l'Asie Mineure proprement dite et les ports de la mer Noire. Située sur le Yéchil-Irmak, l'ancien fleuve Iris, au pied d'un énorme rocher, qui est à 300 mètres d'élévation au-dessus du niveau du fleuve et dont les murailles d'un château fort couronnent la double cime, la ville provoque l'admiration de tous les voyageurs par la beauté de ses vergers et la richesse de son sol. Elle peut compter environ 30 000 habitants, dont la moitié sont chrétiens de race grecque ou arménienne. Les Arméniens catholiques font partie du diocèse de Trébizonde; les Arméniens schismatiques ont le diocèse d'Amassia et Marsivan, les grecs schismatiques le diocèse d'Amassia. Les Pères jésuites, établis là depuis 1881, y ont une mission pour les catholiques latins et arméniens, et une école; les sœurs oblates de l'Assomption, établies depuis 1891, ont une école de filles avec un dispensaire.

La date précise de l'introduction du christianisme à Amasea ne peut être fixée. Dans la *Vita S. Basilei*, n. 2, *Acta sanctor.*, apr. t. III, p. XLVII, il est dit qu'on montrait encore à Amasea le lieu où saint Pierre aurait prêché et qui s'appelait chaire des apôtres; avant de partir pour Rome, le prince des apôtres aurait choisi et sacré Nicetius comme évêque. Peut-être doit-on en conclure seulement à l'existence d'un ancien évêque de ce nom, sur lequel on n'avait pas de renseignement. Une autre tradition veut que la ville ait été évangélisée par l'apôtre saint André. M. Bonnet, *Acta apostolorum*, t. II, *Praefatio actuum Matthaei*, p. XIII. Saint Basilisque, évêque de Comane et martyr, qui est fêté le 22 mai, était né dans le diocèse d'Amasea et, à l'occasion de sa mort, il est plusieurs fois fait mention de monuments de cette ville. *Acta sanctor.*, mart. t. I, p. 238; H. Delehaye, *Propylaeum ad Acta sanctorum novembris*, col. 699. Nous connaissons aussi un saint Philantes, martyr, avec trois compagnons, qui sont vénérés le 18 août et sur lesquels les détails manquent. Dans la *Vita S. Basilei* de cette ville, qui paraît avoir subi le martyre vers l'année 322, sous l'empereur Licinius (*Acta sanctor.*, apr. t. III, n. 7, p. XLIII; n. 20, p. XLV; Delehaye, *Propylaeum ad Acta sanctorum novembris*, col. 630, 10), on parle d'une église, la première située à l'intérieur des murs, qui aurait été construite par cet évêque et dans laquelle il fut plus tard enseveli. Cela ne s'accorde guère avec ce que rapporte l'historien Eusèbe, un contemporain, qui assure que *plusieurs* églises de la ville d'Amasea furent détruites ou fermées pendant la persécution de Licinius (Eusebius, *Vita Constantini*, II, 12; *Historia ecclesiastica*, X, 8, 14), à moins que toutes ces églises ne fussent situées hors des murs. On mentionne un saint Publius, soldat d'Amasea, martyrisé en même temps que saint Basileus le 26 avril. Delehaye, *op. cit.*, col. 630, 59. Suivant une légende, fort ancienne, puisque saint Grégoire de Nysse semble en être le premier témoin connu, le soldat saint Théodore Tiron aurait été martyrisé en 306 dans notre ville, après y avoir incendié un temple païen; on montrait même, au moyen âge, la colonne à laquelle il aurait été attaché. Delehaye, *Les légendes grecques des saints militaires*, Paris, 1909, p. 11-43, 127-213. Vers la fin du Ve siècle, l'empereur Anastase Ier lui fit construire dans Amasea une basilique, dont on a retrouvé l'inscription dédicatoire. S. Pétridès dans *Échos d'Orient*, t. III, p. 273-278. Il y avait aussi, dans le premier quart du Ve siècle, une église dédiée à saint Phocas, jardinier et martyr de Sinope, et dans laquelle l'évêque Asterius prononça le panégyrique de ce saint, le plus ancien document que nous possédions sur lui. Van de Vorst, dans *Analecta bollandiana*, t. XXX, p. 252 sq. D'après Procope, *De aedificiis*, III, 7, l'empereur Justinien restaura bon nombre d'églises d'Amasea, mais malheureusement il n'en donne pas les noms. Un document de la fin du VIe siècle, la *Vita S. Eutychii*, nous permettra de connaître quelques couvents ou églises à cette époque. Il y avait un couvent, dirigé dans la première moitié du Ve siècle par Mélèce et Séleucus, qui plus tard devinrent évêques de la ville et furent enterrés dans l'église du monastère (*op. cit.*, apr. t. I, n. 16 et 17), ainsi que par Uranius, qui, lui, devint évêque d'Ibora (*op. et loc. cit.*); un couvent dédié à saint Jean et situé sur la montagne dite l'Acropole (*op. cit.*, p. 56); un couvent de femmes dit τῶν Φλαβίας, nom d'un quartier de la ville (*op. cit.*, n. 52); un couvent dont saint Eutychius était abbé avant sa promotion au patriarcat de Constantinople, en 552, et qu'il continua à diriger de 565 à 577, durant ses douze années d'exil; une église dédiée à saint Jean, distincte, semble-t-il, du couvent déjà cité (*op. cit.*, n. 45); une église dédiée à saint Thalélée, martyr, et située sur le sommet de la montagne (*op. cit.*, n. 21); deux chapelles dédiées à saint Michel et à la sainte Vierge, mais qui paraissent n'avoir été que des salles plus ou moins grandes transformées en églises par un riche particulier. *Op. cit.*, n. 53. Bien entendu, les églises Saint-Phocas et Saint-Théodore devaient toujours exister. Nous savons aussi qu'il y avait alors un supérieur de tous les religieux de la ville et qu'il était appelé le catholicos; saint Eutychius, avant de devenir patriarche, avait rempli ces fonctions. *Op. cit.*, n. 18. Il y avait aussi des œuvres de bienfaisance pour les pauvres; c'est ainsi qu'au IVe siècle saint Basile de Césarée parle d'un asile, où on les nourrissait gratuitement. *Epist.*, ccxxxv, *P. G.*, t. xxxii, col. 593. En l'année 792, le métropolite Théophylacte transporta solennellement à Amasea, dans une église dont on ne dit pas le nom, les restes de saint Hésychius le confesseur, un moine de la ville d'Andrapa. Delehaye, *Propylaeum ad Acta sanctorum novembris*, col. 516 [50], 674 [a].

Amasea, qui avait conservé le titre et le rang de métropole au point de vue civil, le garda aussi au point de vue ecclésiastique. Elle exerça sa juridiction sur la province de Diospont, dès la fin du IIIe siècle, puis sur celle d'Hélénopont qui remplaça la précédente. Vers 640, la *Notitia episcopatuum* du pseudo-Épiphane lui accorde le douzième rang parmi les métropoles soumises au patriarche de Constantinople et lui reconnaît six évêchés suffragants : Amissos, Sinope, Ibora, Andrapa, Zalichsa ou Léontopolis, Zéla (Gelzer, *Ungedruckte und ungenügend veröffentlichte Texte der Notitiae episcopatuum*, Munich, 1901, p. 534 et 538); vers 901, elle avait les mêmes évêchés suffragants, sauf Zéla (Gelzer, *op. cit.*, p. 57 et 67); au début du XIVe siècle, elle était descendue du douzième au quinzième rang et ne possédait plus que Zéla et Limnia comme évêchés suffragants (Gelzer, *op. cit.*, p. 597; Wächter, *Der Verfall des Griechentums in Kleinasien im XIV Jahrhundert*, *passim*); à la fin du XVe siècle, elle occupait le treizième rang et n'avait plus de suffragant; enfin aujourd'hui, dans le patriarcat grec de Constantinople, elle détient le onzième rang.

ÉVÊQUES ET MÉTROPOLITAINS. — Peut-être Nicétius avant le IIIe siècle. *Vita S. Basilei*, n. 2, dans les *Acta sanctorum*, apr. t. III, col. XLVII. — Phaidimus qui, vers 240, consacra saint Grégoire le Thaumaturge, évêque de Néocésarée. S. Grégoire de Nysse, *Vita S. Gregorii*, c. XIX, et *Vita S. Basilei*, *op. cit.*, p. XLII. — Athénodore, frère de saint Grégoire le Thaumaturge, et donné par Le Quien, *Oriens christianus*, t. I, col. 523, comme évêque d'Amasée, est dit seulement évêque du Pont par Eusèbe, *Historia ecclesiastica*, VII, 27. — Mélèce est dit aussi par Eusèbe, *op. et loc. cit.*, évêque du Pont, et par Philostorge, *Historia ecclesiastica*, I, 8, évêque de Sébastopolis. — Saint Basileus assiste, en 314, au concile d'Ancyre et meurt martyr sous Licinius, vers 322. — Eutychianus, successeur de saint Basileus, assiste en 325 au concile de Nicée. *Vita S. Basilei*, n. 10, p. XLII; Gelzer, *Patrum Nicaenorum nomina*, p. LXII. — Eulalius, catholique, aurait, d'après Feder, *Studien zu Hilarius von Poitiers*, Vienne, 1911, t. II, p. 71, assisté au concile de Sardique en 343-344; puis aurait été expulsé de son siège sous Valens et remplacé par N..., arien, pour revenir à Amasea en 378, après la mort de cet empereur. Sozomène, *Hist. ecclesiastica*, VII, 2. — Saint Asterios, entre les années 380 et 410. Bauer, *Asterios Bischof von Amasea*, Wurzbourg, 1911. — Palladius assiste en 431 au concile d'Éphèse. Mansi, *Sacrorum conciliorum nova et amplissima collectio*, t. V, col. 611. — Mélèce, *Vita S. Eutychii*, n. 16, 17, dans *Acta sanctor.*, apr. t. I, p. 551. — Saint Séleucus, son successeur (*Vita S. Eutychii*, *loc. cit.*), fêté le 5 avril, assiste en 448 au concile de Constantinople contre Eutychès (Mansi, *op. cit.*, t. VI, col. 685, 756), en 449 au brigandage d'Éphèse (Mansi, t. VI, col. 609), en 451 au concile de Chalcédoine (Mansi, t. VI, col. 568), et signe en 458 la lettre adressée à l'empereur Léon Ier par l'épiscopat de la province d'Hélénopont. Mansi, t. VI, col. 605-608. — Mamas, entre les années 491 et 518. *Échos d'Orient*, t. III, col. 273-278. — Étienne délégué au concile œcuménique de 553 son représentant Eutychius, qui est fait patriarche de Constantinople, et se rend alors lui-même au concile. Mansi, t. IX, col. 395. — Jean assiste au sixième concile œcuménique de 680-681 (Mansi, t. XI, col. 672) et à celui de 692 (Mansi, t. XI, col. 989); cependant Théodore signe également les actes de ce dernier concile comme évêque d'Amasea. Mansi, t. XI, col. 997. Le Quien, *Oriens christianus*, t. I, col. 528, signale un traité sur l'Ecclésiaste et le Cantique des cantiques, ainsi qu'une *Panoplie dogmatique contre les Juifs, les Arméniens et les Sarrazins* d'un Théodore, évêque d'Amasea; est-ce le nôtre ou un autre qui aurait vécu plus tard? — Daniel assiste en 787 au second concile œcuménique de Nicée. Mansi, t. XIII, col. 381. — Théophylacte transfère en 792 à Amasea les restes de saint Hésychius. Delehaye, *Propylaeum ad Acta sanctorum novembris*, col. 516, 550, 674. — Nicéphore assiste en 868 au huitième concile œcuménique. Mansi, t. XVI, col. 158. — Malacenus fut envoyé en vain par Élie III, patriarche de Jérusalem, vers l'année 900, afin d'obtenir l'argent nécessaire à la rançon de plusieurs prisonniers des Turcs; on a encore la lettre de recommandation de ce patriarche dans, *Acta sanctor.*, mali t. VII, p. 688 sq. — Étienne devient, en août 925, patriarche de Constantinople. — N... signe, le 26 avril 1067, un acte patriarcal de Jean Xiphilin sur les fiançailles. Le Quien, *Oriens christianus*, t. I, col. 529. — Léon assiste, en 1166, à un concile tenu contre les Allemands (*P. G.*, t. CXL, col. 281) et, en 1170, à un autre concile; cet archevêque eut aussi des difficultés avec son patriarche, parce que, ayant refusé par trois fois de nommer un titulaire à l'évêché vacant d'Amisus, le patriarche avait fini par le nommer lui-même. Le Quien, t. I, col. 529. — Michel, son successeur, qui accepta ensuite les diocèses d'Ancyre et de Cerasus. Nicéphore Calliste, *Hist. ecclesiastica*, XIV, 38. — X... assiste, le 10 septembre 1186, à un concile. Le Quien, *op. cit.*, t. I, col. 530. — Étienne assiste à un concile en février 1197. Le Quien, *op. et loc. cit.* — En 1315, les habitants d'Amasea, privés depuis longtemps de pasteur, demandent comme évêque celui de Zéla; leur demande est rejetée, mais on finit par leur accorder Calliste, qui dirige en même temps le diocèse de Limnia, soumis à sa métropole, et se fixe même dans cette ville. A. Wächter, *Der Verfall des Griechentums in Kleinasien im XIV Jahrhundert*, p. 10 sq., 17-20. — Michel, signalé en janvier 1370, en mars 1371, comme administrateur de Néocésarée; en 1379, 1381 et mai 1387, comme administrateur de Média. Miklosich et Mueller, *Acta patriarchatus Constantinopolitani*, t. I, p. 531, 551; t. II, p. 6, 27, 39, 99. — Joseph, évêque de Limnia, administre en octobre 1384 l'archidiocèse d'Amasea. Miklosich et Mueller, *op. cit.*,

t. II, p. 65 sq. — Joasaph signe, en 1439, le décret d'union de Florence. Le Quien, t. I, col. 530. — X..., ardent partisan de l'union avec Rome, est nommé métropolitain d'Amasea. *Op. et loc. cit.* — Daniel, en 1450, mais il est peu sûr. Le Quien, t. I, col. 531.— Sabbatios en 1546 et 1547. Miklosich et Mueller, *Acta patriarchatus Constantinopolitani*, t. v, p. 238. — Gennadios en 1563. Regel, *Analecta byzantino-russica*, p. 78. — Joasaph, de 1572 à 1578; on trouve aussi un Joasaph qui signe en juin 1591 un acte patriarcal concernant le monastère de Saint-Jean à Andrinople (L. Petit, *Actes de l'Athos*, t. II, *Actes du Pantocrator*, p. 49); on ne saurait dire si c'est le même métropolitain, d'autant plus qu'on trouve, en 1590, un Anthime sur le siège d'Amasea, si toutefois le nom a été bien lu. Regel, *op. cit.*, p. 89. — Grégoire, signalé déjà en juin 1617 et qui devint patriarche de Constantinople un peu avant le 30 avril 1623. Semnoz, dans *Échos d'Orient*, t. VI, p. 98 sq. — Mélèce, élu le 15 juin 1623 et déposé en juillet 1626. — Zacharie, 1626-1633. — Mélèce pour la seconde fois, 1633-mars 1635 où il fut déposé; d'après Le Quien, t. I, col. 532, il serait allé à Rome et aurait embrassé le catholicisme. — Ézéchiel, élu le 13 mars 1635 et nommé à Euripos en 1641.— Métrophane, 1641-1644. — Arsène, élu le 2 février 1644 et mort en 1652. — Cosmas, élu en mars 1652 et déplacé en 1656. — Gérasime, de novembre 1656-1665. — Cosmas, 1665-1668. — Gérasime, 1668 et 1672. — Joasaph, Joannice et Denys, ce dernier, signalé en janvier 1717 et en 1724. — Agapet, vers 1725. — Callinique en 1732. — Benjamin en 1756. — Gabriel, déjà démissionnaire en 1766. — Denys, 1771-1780. — Païsios, élu peu avant le 8 octobre 1780 et mort en 1809. — Néophyte, élu en décembre 1809, jusqu'en 1826. — Denys, 1826-1827. — Néophyte, pour la seconde fois, démissionne en août 1828. — Mélèce Pancalos, d'août 1828 à novembre 1831. — Denys, pour la seconde fois, de novembre 1831 à septembre 1835. — Callinique, de septembre 1835 à mars 1847. — Cyrille, de mars 1847 à septembre 1855, où il devient patriarche de Constantinople. — Sophrone, de septembre 1855 à septembre 1863. — Autre Sophrone, de janvier 1864 à juin 1887. — Anthime Alexoudis, 1887-1909. — Germain Karavanghélis, 1909.

Amasea est, de plus, un archevêché titulaire pour les catholiques. Par la bulle *Ad supremam*, du 15 février 1743, le pape Benoît XIV unit à perpétuité le siège métropolitain d'Amasea et le siège épiscopal de Pavie, de sorte que l'évêque de Pavie fut, à partir de ce moment, archevêque d'Amasea, eut le droit de porter le pallium et releva directement du Saint-Siège. Les évêques de Pavie qui revêtirent cette dignité sont : 1743, François VI Pertusati; 1753, Ch.-Fr. Durmi; 1769, Barth. Olivazzi; 1792, J. Bertieri di Ceva; 1807-1819, P. Lamberto d'Allegre. Le 16 ou le 20 février et le 16 mars 1819, par les deux bulles *Paternae charitatis studium*, le pape Pie VII sépara de nouveau la métropole d'Amasea du siège épiscopal de Pavie et plaça ce dernier sous la juridiction de l'archevêque de Milan. Le titre d'Amasea, resté libre jusqu'en 1824, fut alors conféré à Jean de Pins, administrateur de l'archidiocèse de Lyon; après quoi, on le conféra comme les autres titres *in partibus infidelium*. Pourtant, l'évêque de Pavie a conservé le droit de porter le pallium, qui est désormais attaché à son siège.

Le Quien, *Oriens christianus*, Paris, 1740, t. I, col. 520-532. — Anthime Alexoudis, dans Ἀνατολικὸς Ἀστήρ, Constantinople, 1890-1891, p. 148. — Perrot, *Exploration archéologique de la Galatie et de la Bithynie*..., Paris, 1872, t. I, p. 3-C6, 377, 381-385; *Souvenirs d'un voyage en Asie Mineure*, 1864, p. 439-473. — Ch. Texier, *Asie Mineure*, Paris, 1882, p. 603-607. — Th. Reinach, dans *Revue des études grecques*, t. VIII, p. 77-87. — S. Pétridès, dans *Échos d'Orient*, t. III,

p. 273-278. — A. Wächter, *Der Verfall des Griechentums in Kleinasien im XIV Iahrhundert*, Leipzig, 1903, *passim*. — Anderson, Cumont et Grégoire, *Studia Pontica*, Bruxelles, 1906, t. II, p. 146-184; 1910, t. III, p. 108-148; c'est à ce dernier ouvrage que sont empruntés presque tous les renseignements non chrétiens sur Amasea. — Piollet, *Les missions catholiques françaises au XIXᵉ siècle*, Paris, t. I, *passim*.

S. VAILHÉ.

AMASEO (ROMOLO), célèbre humaniste, naquit à Udine, en 1489, d'une famille de lettrés originaire de Bologne, fit ses études à Padoue, où il suivit les leçons de son père, de son oncle et de plusieurs autres professeurs célèbres de lettres anciennes. Il enseigna lui-même de bonne heure ces matières à Bologne (1512-1519), où il reçut le doctorat et recouvra le droit de cité dont avaient joui ses ancêtres, puis à Padoue (1519-1524). Sur l'invitation de Clément VII, il reprit la chaire de Bologne, et, le 1ᵉʳ janvier 1530, prononça dans l'église de Saint-Pétrone, devant le pape et l'empereur Charles-Quint, lors du congrès tenu dans cette ville, une harangue sur la paix, qui fut fort appréciée de toute la noble assistance. Il avait déjà écrit dans le même sens un discours académique, exhortant Adrien VI à rétablir la paix et à réunir tous les princes chrétiens contre les Turcs (1522). Diverses missions remplies au nom du sénat de Bologne, dont il était secrétaire depuis 1531, l'avaient fait connaître à la cour de Rome et, en 1545, Paul III l'invita à venir enseigner les belles-lettres à la Sapience ou université romaine, avec un traitement de 600 écus d'or. Amaseo quitta sa chaire de Bologne, et d'aucuns prétendent que le cardinal Alessandro Farnèse, petit-fils et principal ministre du pape, aurait suivi ses leçons, aurait en tous cas étudié les belles-lettres auprès de lui. L'historien de Thou ajoute même qu'Amaseo fut chargé de missions diplomatiques auprès de l'empereur, des princes allemands et du roi de Pologne, missions sans doute peu importantes et de peu de durée. A la mort du pape (1549), Amaseo prononça son oraison funèbre, qui fut imprimée en 1563 par son fils Pompilio et dédiée au cardinal Farnèse. Enfin Romolo fut créé par Jules III, en 1550, secrétaire des brefs, à la place de Bosio Palladio, poste qu'il occupa jusqu'à sa mort, le 6 juillet 1552. Outre ses traductions du grec, de Pausanias et Xénophon, qui ont été imprimées, nous devons mentionner surtout le recueil de dix-huit de ses discours académiques, y compris les deux premiers ci-dessus, imprimé à Bologne en 1564, par les soins de son fils : *Orationum Romuli Amasaei volumen*, Bononiae, per Joannem Rubeum, in-4°, 1564.

Tout ce que l'on connaît de sa vie et de ses écrits a été rassemblé avec de nombreuses notes par Mazzuchelli, *Gli scrittori d'Italia*, Brescia, 1753, t. I, p. 579-589; sur son père et son oncle, p. 576-579; et par G. Fantuzzi, *Notizie degli scrittori Bolognesi*, Bologne, 1781, t. I, p. 206-219. — M. Sanuto, *Diarii*, t. XXXI, col. 278, 484, 485. — S. Merkle, *Concilium Tridentinum, Diariorum, actorum*..., pars II, Fribourg-en-Brisgau, 1911, p. 14, note 4, 183, note 3 et index.

P. RICHARD.

1. AMASIUS (Saint), second évêque de Teano en Campanie. Les bollandistes ont publié ses leçons *ex actis ecclesiae Teanensis*, où sa vie est résumée. D'après ces leçons, il était d'origine grecque et fut consacré par le pape saint Jules Iᵉʳ. Fête, le 23 janvier.

Acta sanctor., 1643, jan. I, II, p. 484-486.

H. QUENTIN.

2. AMASIUS, évêque de Spolète. On ne sait presque rien sur sa vie. Ughelli le place entre 382 et 395. Mais, le 4 février 1650, les ouvriers qui déplaçaient le pavé de la cathédrale de Saint-Pierre-hors-les-Murs à Spolète, découvrirent une arche, où reposaient les dépouilles mortelles du saint évêque. Une inscription latine, gravée sur sa pierre funéraire, disait que le saint évêque était mort sous le consulat de Probinus, à l'âge de quatre-vingt-cinq ans, après vingt-trois années d'épiscopat. Or Probinus a été consul en 489. Il s'ensuit donc qu'Amasius était évêque de Spolète en 466. Il est mentionné comme saint par Jacobilli, *Vite dei santi dell' Umbria*, Foligno, 1661, t. III, p, 263. Mais les bollandistes remarquent que son épitaphe n'est pas à l'abri de tout soupçon touchant son authenticité et que l'épithète de saint gravée sur son tombeau ne se donne pas d'ordinaire aux défunts tout de suite après leur mort. *Acta sanctorum*, jul. t. v, p. 325.

Ughelli, *Italia sacra*, 2ᵉ éd., t. I, col. 1256. — Bernardino di Campello, *Delle historie di Spoleto*, 1672, t. I, p. 228-229, 239-241. — Cappelletti, *Le Chiese d'Italia*, t. IV, p. 337.

A. PALMIERI.

AMASTRIS, évêché grec d'Asie Mineure. La ville doit sa fondation et son nom à la princesse Amastris, nièce de Darius, le dernier roi des Perses, et veuve de Denys, roi d'Héraclée du Pont. C'est vers l'année 300 avant Jésus-Christ que cette reine réunit en une confédération les villes ou bourgs de Sésamos, Kytoros, Kromna et Tium, situés sur les bords de la mer Noire, et à laquelle elle donna son nom. Tium se rendit peu après indépendant; quant à Kytoros et à Kromna, ils restèrent dans la sujétion de Sésamos, qui constitua vraiment la ville d'Amastris. Strabon, *Geographia*, XII, p. 544. La fondatrice y fut ensuite tuée par ses enfants, ce qui donna lieu à son second mari, le roi Lysimaque, alors divorcé d'elle, d'éloigner les meurtriers et de s'emparer du pays. Pendant la guerre de Mithridate, la région d'Amastris fut ravagée par Nicomède (Appien, *Bellum Mithrid.*, 11), puis prise par Lucullus. La ville eut des monnaies jusqu'à l'empereur Maximin (Head, *Historia nummorum*, p. 432); soutint avec succès, sous l'épiscopat de saint Georges (fin du VIIIᵉ siècle), un siège contre les Arabes (*Vita S. Georgii*, dans *Acta sanctor.*, febr. t. III, n. 25, col. 278); fut prise, sans doute en 860, par les Russes encore païens qui pillèrent et saccagèrent la ville et les églises. *Op. cit.*, n. 43, col. 282. Prise et reprise par les Grecs de Nicée et de Trébizonde, ainsi que par les Turcs, elle devint en 1453 un comptoir de la république de Venise et se rendit, en 1460, au sultan Mahomet II. Les Génois y établirent à plusieurs reprises des dépôts pour leurs marchandises. Elle appartient toujours à l'empire ottoman et, sous le nom d'Amasra, constitue aujourd'hui une petite ville au milieu des ruines de l'ancienne.

Depuis l'an 65 avant Jésus-Christ où le *Pontus* et la *Bithynia* furent réunis en une seule province, sous un seul gouverneur, tout en conservant une certaine autonomie administrative, Amastris fut la métropole des *Ora Pontica*, qui comprenaient onze villes en tout; c'est là que se tenait le κοινὸν τοῦ Πόντου et que résidait le Pontarque. Sous Antonin le Pieux, la frontière de la *Bithynia-Pontus* s'arrêtait à Amastris et aux bourgs de Kromna et de Kytoros qui en dépendaient. Ptolémée, *Geographia*, v, I, 7. Au IVᵉ siècle, à une date qu'il n'est pas possible de déterminer, la province fut divisée en deux, la *Bithynia* et l'*Honorias*, et même certaines villes en furent détachées pour être réunies à d'autres provinces; c'est ainsi que, depuis lors, Amastris fait partie de la Paphlagonie et relève de la métropole de Gangres. Ceci, au point de vue civil. Au point de vue ecclésiastique, qu'en était-il au juste? Il est bien difficile de se prononcer pour les trois premiers siècles. Sans doute, vers l'année 190, Palmas, évêque d'Amastris, préside un synode des évêques du Pont (Eusèbe, *Historia ecclesiastica*, v, 23), mais c'est en qualité de plus ancien, dit expressément Eusèbe. Le P. Lübeck, *Reichseinteilung und kirchliche Hierarchie des Orients*, Munster, 1901, p. 39, 43, veut en conclure qu'Amastris était déjà à cette époque la métropole religieuse de la province des *Ora Pontica*, mais, découlant d'un seul texte, et si peu net, pareille conclusion semble un peu forcée. Quoi qu'il en soit, quand, en 325, après un long silence causé par le manque de documents, nous retrouvons un évêque sur le siège d'Amastris, il fait partie de la province de Paphlagonie et il est suffragant de Gangres. Gelzer, *Patrum Nicaenorum nomina*, p. LXII, n. 116. Il en est de même en 458, quand l'épiscopat de cette province adresse une lettre à l'empereur Léon. Mansi, *Sacrorum conciliorum nova et amplissima collectio*, t. VII, col. 610. Vers 640, dans la *Notitia episcopatuum* du pseudo-Épiphane, Amastris est le premier évêché suffragant de Gangres. Gelzer, *Ungedruckte und ungenügend veröffentlichte Texte der Notitiae episcopatuum*, Munich, 1901, p. 538. Dans les premières années du IXᵉ siècle, saint Georges obtient de l'empereur (Nicéphore?) que son siège soit érigé en archevêché autocéphale et ne soit plus sous la juridiction du métropolitain de Gangres. *Acta sanctor.*, febr. t. III, n. 21, p. 277. De fait, dans la *Notitia episcopatuum* du clerc arménien Basile, vers l'année 840, Amastris figure parmi les archevêchés soumis directement au patriarche de Constantinople. Georgii Cyprii *Descriptio orbis romani*, édit. Gelzer, p. 5, n. 78. Il en est de même, vers 901, dans la *Notitia episcopatuum* dite de Léon le Sage (Gelzer, *Ungedruckte... Texte der Notitiae episcopatuum*, p. 551, n. 81), où Amastris occupe le vingt-sixième rang parmi les archevêchés. Un peu plus tard, le siège fut érigé en métropole, mais sans avoir de suffragant; c'était déjà un fait accompli en 940, où Amastris occupe le cinquante-deuxième rang parmi les cinquante-trois que comptait alors le patriarcat œcuménique. Gelzer, *Georgii Cyprii Descriptio orbis romani*, p. 59, n. 1164. La métropole fut maintenue à travers bien des vicissitudes jusque dans les premières années du XVᵉ siècle, mais le nombre des chrétiens diminuait progressivement et l'archidiocèse d'Amastris a disparu de la *Notitia episcopatuum* qui date probablement de la fin du XVᵉ siècle. Gelzer, *Ungedruckte... Texte der Notitiae episcopatuum*, p. 628 sq.

Les souvenirs chrétiens d'Amastris qui nous sont connus ne sont pas nombreux, bien que cette ville eût embrassé le christianisme et possédait déjà un évêque dès le IIᵉ siècle. Elle avait eu un martyr au IVᵉ siècle, saint Hyacinthe, fêté le 18 juillet, auquel Nicétas le Paphlagonien a consacré un de ses panégyriques, *Bibliotheca hagiographica graeca*, p. 106, n. 757; on y trouve la mention du tombeau du martyr, qui était le théâtre de nombreux miracles.

Saint Georges était né au bourg de Kromna, près d'Amastris, au VIIIᵉ siècle; de religieux, il devint évêque de la ville et, après avoir accompli des prodiges extraordinaires, il mourut dans les premières années du IXᵉ siècle. Il est fêté le 21 février. V. Vasiliewskij, *Analecta byzantino-russica*, 1895, t. III, p. CL-1 à 73. Saint Jean, évêque de Gothia en Crimée, de 755 à 785 environ, dut se réfugier à Amastris par suite d'une incursion des Khazars dans sa ville épiscopale et il y mourut; il est fêté le 26 juin. Delehaye, *Propylaeum ad Acta sanctorum novembris*, col. 772. On connaît aussi saint Serge le Magister, proche parent de l'impératrice Théodora et de l'empereur Michel l'Ivrogne au IXᵉ siècle, qui était né à Nicétia tout près d'Amastris et qui est fêté le 28 juin. Delehaye, *op. cit.*, col. 777.

ÉVÊQUES ET MÉTROPOLITAINS D'AMASTRIS. — Palmas, mentionné vers l'an 170, dans une lettre de Denys de Corinthe (Eusèbe, *Historia ecclesiastica*, IV, 23), et qui présida, vers 190, le synode des évêques du Pont au sujet de la controverse pascale. Eusèbe, *op. cit.*, v, 23. — Eupsychius, présent, en 325, au concile de Nicée. Gelzer, *Patrum Nicaenorum nomina*, p. LXII, n. 116. — Thémistius, représenté, en 451, à Chalcédoine par le prêtre Philotimus. Mansi, *Sacrorum conci-*

liorum... collectio, t. VII, col. 150 B. — Saturnellus signe, en 458, la lettre de l'épiscopat de la Paphlagonie à l'empereur Léon Ier. Mansi, *op. cit.*, t. VII, col. 610. — Astérius assiste, en 536, à un concile de Constantinople. Mansi, *op. cit.*, t. VIII, col. 974. — Cometas se fait représenter, en 680-681, au concile œcuménique de Constantinople par le diacre Irénarque. Mansi, *op. cit.*, t. XI, col. 677. — Zoïle se fait représenter, en 692, au concile *in Trullo* par le diacre Georges. Mansi, *op. cit.*, t. XI, col. 1000. — Grégoire assiste, en 787, au second concile œcuménique de Nicée. Mansi, *op. cit.*, t. XIII, col. 369. — Saint Georges, élu et consacré au temps du patriarche Taraise, donc après le 25 décembre 784 (*Acta sanctor.*, febr. t. III, n. 18, p. 276), vécut sous les empereurs Constantin et Irène et même sous Nicéphore Ier (802-811). *Op. cit.*, n. 35, p. 280. Il ne semble pas que saint Georges doive se confondre avec le Grégoire qui assista au concile de Nicée, bien que ces deux noms se prennent aisément l'un pour l'autre dans les manuscrits, car son biographe ne fait aucune allusion à ce grand événement, qu'il n'aurait probablement pas passé sous silence. — Étienne assiste au huitième concile œcuménique, en 869. Mansi, *op. cit.*, t. XVI, col. 191. — Eudocimus assiste au concile photien de 878-879. Mansi, *op. cit.*, t. XVII, col. 373. — Vers 1054, Nicéphore, métropolite de Gangres, obtient la métropole d'Amastris. Le Quien, *Oriens christianus*, t. I, col. 564. — X..., en 1083, métropolitain d'Amastris. Le Quien, *op. cit.*, *loc. cit.* — X..., en 1141, sous le patriarche Léon le Styplote. Le Quien, *op. et loc. cit.* — Constantin, suspect d'hérésie bogomile et déposé dans un synode. L. Allatius, *De Ecclesiae occidentalis atque orientalis perpetua consensione*, p. 686. — X..., en 1148, assiste à un concile. Le Quien, *op. et loc. cit.* — Jean, cité le 12 mai 1157 (Sakkellion, Παθμία ἡ βιβλιοθήκη, p. 327) et assiste à un concile en 1166. L. Allatius, *op. cit.*, p. 690. — X..., diacre élu par le patriarche grec de Nicée après 1207, est renvoyé par l'empereur de Trébizonde. *Bulletin de l'Institut archéologique russe de Constantinople*, t. VIII, p. 163. — Nicolas, en 1232 et un peu plus tard. Le Quien, *op. et loc. cit.* — X..., favorable à l'union avec les latins, un peu avant le concile de Lyon en 1274. Le Quien, *op. et loc. cit.* — Constantin, cité le 7 septembre et en novembre 1278. *Vizantiiski Vremennik*, t. IX, p. 103, 108; Papadopoulos-Kerameus, Ἱεροσολυμιτικὴ βιβλιοθήκη, t. IV, p. 382. — Des métropolites anonymes sont cités entre les années 1315 et 1345, dans toute une série de pièces. Miklosich et Müeller, *Acta patriarchatus Constantinopolitani*, t. I, *passim*. — Callinique, cité en septembre 1350 (*Acta patriarchatus...*, t. I, p. 300), et assiste, en 1351, à un concile tenu contre Barlaam de Calabre et ses partisans. — Anastase reçoit, en juillet 1387, la métropole d'Héraclée en bénéfice. *Op. cit.*, t. II, p. 103. — X... est invité, en mars 1400, par le patriarche œcuménique, à se réconcilier avec le moine Calliste. *Op. cit.*, t. II, p. 370 sq. [Héraclius, donné par Le Quien, n'est autre que le martyr saint Hyacinthe, et Jean, signalé sous Léon l'Isaurien, doit avoir été confondu avec saint Jean de Gothie.]

Le Quien, *Oriens christianus*, Paris, 1740, t. I, col. 561-566. — Texier, *Asie Mineure*, Paris, 1882, p. 622 sq. — A. Wächter, *Der Verfall des Griechentums in Kleinasien im XIV Iahrhundert*, Leipzig, 1903, p. 22 sq. — E. de Ruggiero, *Dizionario epigrafico*, à ce mot. — Perrot, *Mémoires d'archéologie, d'épigraphie et d'histoire*, Paris, 1875, p. 167-181. — Marquardt, *Organisation de l'empire romain*, Paris, 1892, *passim*. — J. Pargoire, *Inscriptions d'Héraclée du Pont*, dans le *Bulletin de correspondance hellénique*, 1898, t. XXII, p. 492-496.

S. VAILHÉ.

1. AMAT ou AIMÉ D'OLORON, archevêque de Bordeaux; un des principaux légats de Grégoire VII et son actif collaborateur dans son œuvre de réforme du clergé.

I. ORIGINES. — On le croit avec quelque raison d'origine béarnaise ou gasconne, mais l'affirmation de l'abbé Menjoulet, historien des évêques d'Oloron (*Chronique du diocèse et du pays d'Oloron*, Oloron, 1864, t. I, p. 158), qu'il est né à Mauléon-en-Soule (Basses-Pyrénées), manque de preuves solides. Vraisemblablement il appartenait à l'ordre de Cluny; mais Baluze, dans ses *Miscellanea*, Paris, 1679, t. II, Préface et p. 168, 215, et, après lui, dom Mabillon (*Annales ordinis sancti Benedicti*, Paris, 1713, t. V, p. 123, 146, 163, etc.) et dom Rivet, *Histoire littéraire de la France* (nouvelle édition, Paris, 1868, t. IX, p. 226 sq.) se sont trompés en l'identifiant avec son contemporain Aimé, moine du Mont-Cassin. Voir ce nom, t. I, col. 1171.

II. LE LÉGAT. — 1° *En Aquitaine*. — Amat était évêque d'Oloron depuis 1073 quand Grégoire VII le nomma légat en Aquitaine dans les premiers mois de 1074. Il devait en cette qualité présider un concile au monastère de Saint-Maixent (diocèse de Poitiers), 25 juin, pour y trancher un conflit entre l'évêque de Poitiers, Isambert II, et les clercs de l'église de Saint-Hilaire dans la ville épiscopale, et y étudier la valeur canonique du second mariage de Guillaume VIII, duc d'Aquitaine et comte de Poitou, avec sa parente Adélarde, fille de Robert II, duc de Bourgogne. Mansi, *Concil.*, t. XX, col. 447; Jaffé, *Bibl. Germ.*, t. II des *Mon. Greg.*, p. 109, 110. Le concile fut brusquement interrompu par les violences d'Isambert et de ses partisans, qui se livrèrent à des voies de fait sur le légat et le métropolitain Goscelin de Parthenay, archevêque de Bordeaux. Mais il fut repris quelque temps après et le mariage du duc fut approuvé, ses liens de parenté avec Adélarde étant moins étroits que Grégoire VII, mal informé, ne l'avait cru d'abord.

2° *En Gaule Narbonnaise, Gascogne et Espagne*. — Une lettre de Grégoire VII, du 28 juin 1077, étend les pouvoirs du légat dans ces trois pays (Jaffé, *Bibliotheca rerum Germanicarum*, t. II des *Monumenta Gregoriana*, Berlin, 1875, p. 547); l'Aquitaine reste comprise dans sa juridiction; plus tard, le pape ajoutera encore la province de Tours à sa légation. La mission confiée à Amat concernait avant tout, comme celle des autres légats de Grégoire, l'indépendance de l'Église, l'extirpation de la simonie, des investitures, et du mariage des clercs. Sa tâche en Espagne était, en outre, de revendiquer la suzeraineté du Saint-Siège sur les pays enlevés aux Sarrasins. Grégoire lui adjoignit comme auxiliaire dans cette dernière mission Frotard, abbé bénédictin de Saint-Pons de Thomières, au diocèse de Narbonne. Amat se rend d'abord en Catalogne. Il assemble un concile à Girone, qu'interrompt violemment l'archevêque simoniaque de Narbonne, Guifred ou Geoffroy. Forcé de s'enfuir, le légat trouve un asile au château de Besalu près de Girone, résidence du comte Bernard. Il y convoque un second concile (6 décembre 1077), excommunie nommément Guifred et dépose les abbés des États du comte également convaincus de simonie. Mansi, *Concil.*, t. XX, col. 491; Florez, *España sagrada*, t. XXVIII, p. 155; t. XLVI, p. 151. De Besalu, il passe dans le comté d'Urgel où, appuyé par le comte Ermangaud et sa femme Lucie, il réforme les quatre monastères du pays.

L'année suivante (1078), entre les mois de mars et de juin, il convoque un nouveau et plus important concile à Girone, dont il nous est resté treize canons. Mansi, *Conc. nov. et ampl. collectio*, t. XX, col. 517-520; Hefele-Leclercq, *Histoire des conciles*, t. V, p. 245-248. Il s'y montre, à l'encontre de saint Pierre Damien (cf. dom Réginald Biron, *Saint Pierre Damien*, dans la collection *Les saints*, Paris, 1908, p. 69 sq.) et d'accord avec le cardinal Humbert, partisan de la nullité des ordres reçus par les évêques et les clercs simoniaques. Il apporte dans la lutte contre les concubinaires et les usuriers la même énergie que Grégoire VII et Pierre Damien. Les dispositions prises par lui contre Guifred et les autres évêques simoniaques furent approuvées par le pape dans deux conciles tenus à Rome le 3 mars et le 19 novembre 1078. Labbe, *Concil.*, t. x, col. 371. Au cours de cette légation qui dura près d'un an, Amat réussit aussi à déterminer le roi d'Aragon à se déclarer vassal du Saint-Siège par le paiement annuel d'un tribut de deux cents écus. Un acte de Marca (*Marca Hispanica*, Appendic.,' col. 1170) nous le montre souscrivant, le 7 mars 1078, une charte en faveur du monastère bénédictin de Saint-Étienne de Bagnols.

D'Espagne, Grégoire envoie son légat en Béarn, pour y séparer le vicomte Centulle de sa parente Gisela, qu'il avait épousée contre les lois ecclésiastiques. La nouvelle mission est couronnée de succès : Gisela prend l'habit à Cluny. Cf. *Cartulaire de Sainte-Foi de Morlaas*, publié par L. Cadier, Pau, 1884, p. 1; *Gallia christiana*, 1715, t. i, Instrum., col. 161, n. 6. Ceci se passait en 1079. La même année, l'évêque d'Oloron, avec l'appui de Centulle, s'occupe de trancher un conflit de délimitation de territoire entre les diocèses de Dax et d'Oloron : et le légat attribue la possession de l'église de Sainte-Marie de Soulac (diocèse de Bordeaux) à l'abbaye de Sainte-Croix de Bordeaux, au détriment de l'abbé de Saint-Sever, Arnaud d'Estios. Jaffé, *Bibl. Germ.*, t. ii des *Mon. Greg.*, p. 361. En 1079 encore, nous trouvons Amat en Bretagne, chargé d'y couper court à la diffusion de fausses pénitences que l'on y introduisait. Cf. *Chronique de Sainte-Croix de Quimperlé*, dans *Recueil des historiens des Gaules et de France*, nouv. éd., Paris, 1877, t. xii, p. 561. Il tint un concile, probablement à Rennes, au début de 1080. C'est à ce moment (premiers mois de 1080) que le pape détache de la légation de Gébuin, archevêque de Lyon, la province de Tours, pour la confier à Amat.

En redescendant vers Bordeaux, où il avait convoqué en concile les trois provinces ecclésiastiques de Tours, Bordeaux et Auch, l'évêque-légat fait la visite du diocèse de Tours, et s'arrête au monastère de Saint-Savin (diocèse de Poitiers), pour y condamner l'abbé simoniaque Gervais. Le concile se tint à Bordeaux, à l'octave de la Saint-Michel (premiers jours d'octobre 1080). Entre autres questions qui y furent agitées, il convient de mentionner la condamnation définitive de l'hérésiarque Bérenger de Tours et l'approbation donnée à la récente fondation du monastère bénédictin de la Grande-Sauve (diocèse de Bordeaux) par Gérard de Corbie. *Cartulaire de la Sauve-Majeure*, bibl. de Bordeaux, ms. 769, fol. 1, 2; *Gallia christ.*, t. ii, Instr., col. 274, pièce XI; col. 314-316, pièces LIII, LIV. En janvier 1081, nouveau concile à Saintes, puis à Issoudun (18 mars). Cette dernière assemblée ne comprend pas moins de quatre archevêques et de onze évêques. Labbe, *Concil.*, t. x, col. 399. Vers la fin de cette année 1081, Amat assiste, aux côtés de son collègue, le légat Hugues de Die ou de Lyon, qui préside, au concile de Meaux. Mabillon, *Ann. S. B.*, t. v, p. 606, 607, Append. Les progrès de la réforme s'affirment de plus en plus, grâce à l'ardente activité des légats.

En 1082, afin de consolider les résultats acquis, l'évêque d'Oloron réunit de nouveaux conciles à Charroux, abbaye bénédictine du diocèse de Poitiers, et à Saintes (4 novembre). Puis il se rend à Rome pour y prendre part au concile convoqué par Grégoire VII pour la mi-novembre (20-23). Labbe, *Concil.*, t. x, p. 405.

Les cinq années qui suivent se passent pour lui dans le calme de son diocèse d'Oloron.

Le deuxième successeur de Grégoire VII, Urbain II, élu le 12 mars 1088, lui renouvelle bientôt ses pouvoirs de légat. L'évêque d'Oloron préside un concile à Saintes (novembre 1089). Les membres de cette assemblée l'élisent à l'unanimité archevêque de Bordeaux, dont le siège était vacant depuis trois ans par la mort de Goscelin. Bertrand de Broussillon, Archevêque de Bordeaux, il reprend sa mission de légat. Vers la Pentecôte de 1090, il préside un concile à Toulouse et un autre à Bordeaux en 1093. Ces assemblées n'ont guère à régler que des questions de revendications d'églises ou de monastères : entre les chanoines réguliers de Saint-Jean de Ripoll, dans la province de Girone, en Catalogne, et les moines de Saint-Victor de Marseille (*P. L.*, t. cli, col. 299); entre les moines de Saint-Aubin d'Angers et ceux de la Trinité de Vendôme, *Cartulaire de l'abbaye de Saint-Aubin d'Angers*, Angers, 1899, t. ii, p. 218, 223.

Nous trouvons ensuite le légat en Italie, au concile de Plaisance, convoqué, en mars 1095, par Urbain II, pour prêcher la première croisade. Il y signe la bulle qui confirme les privilèges de l'abbaye de Saint-Gilles. Mansi, *Concil.*, t. xx, col. 808; *P. L.*, t. cli, col. 399. D'Italie, Amat accompagne Urbain dans son voyage en France. Le 15 août de cette année 1095, il assiste à la dédicace faite par le pontife de l'église de la Chaise-Dieu, diocèse de Clermont. Il est certainement présent au concile de Clermont ouvert le 18 novembre. Le 23 décembre, sa présence est signalée à celui de Limoges (Mansi, *Concil.*, t. xx, col. 920); à l'abbaye de Charroux, le 10 janvier 1094 (*Rec. des hist. des Gaules*, t. xiv, 103); le 22, à Montierneuf (Richard, *Hist. comté de Poitou*, Paris, 1903, t. i, p.409, 410); puis à Marmoutiers, mais il ne peut assister à la dédicace de l'église (9 mars), car il est alité. A Saintes, le 12 avril, il préside lui-même le concile tenu dans cette ville; à Toulouse, le 24 mai, il assiste à la dédicace de l'église de Saint-Sernin (Mansi, *Concil.*, t. xx, col. 931); enfin, il est à Nîmes où le pape tient son dernier concile français (6 juillet 1096). D'Achéry, *Spicilegium*, t. i, col. 630.

Après le départ d'Urbain II, nous retrouvons Amat en Limousin, puis à Huesca, en Espagne, où, le 13 avril 1097, il consacre au culte catholique la grande mosquée, qui, depuis trois cents ans, ne connaissait plus que les rites musulmans. Marchegay et Mabille, *Chronique des églises d'Anjou*, p. 413. La Chronique de Saint-Maixent (dans *Rec. des hist. des Gaules*) dit qu'Amat fut pris par le comte. *Eo anno fuit ipse captus a comite*. On ne sait de quel comte il est ici question. Quoi qu'il en soit, cet emprisonnement fut de courte durée. En octobre 1098, Amat tient un nouveau concile à Bordeaux, toujours pour apaiser des dissensions entre moines ou entre chanoines. Puis il assiste au synode de Rome tenu par Urbain II (24-30 avril 1099).

III. L'ÉVÊQUE ET L'ARCHEVÊQUE. — Il nous resterait à dire quelle fut l'administration d'Amat dans ses deux diocèses d'Oloron et de Bordeaux. Malheureusement les documents sont peu abondants. Son épiscopat en Béarn n'est signalé que par sa lutte avec l'évêque Bernard de Dax, au sujet d'une délimitation de territoire entre les deux diocèses. A en croire l'auteur (vraisemblablement un chanoine de Dax) de la *Controversia de limitibus Aquensis et Olorensis episcopatuum*, dans *Rec. des hist. des Gaules*, t. xiv, p. 185-187, Amat se serait montré, dans cette longue querelle, trop rusé, trop habile, trop gascon. Mais les violences de langage de l'auteur de la *Controversia* rendent ses dires sujets à caution.

Nous l'avons dit, l'évêque d'Oloron fut élu archevêque de Bordeaux, à l'unanimité des prélats présents et malgré l'opposition du duc Guillaume IX. Les chartes conservées font foi qu'il s'occupa avec bienveillance des établissements religieux de son nouveau diocèse et nous le voyons à plusieurs reprises confirmer à l'abbaye bénédictine de la Sauve-Majeure, à celle de Sainte-Croix de Bordeaux et aux augustins de Saint-Romand de Blaye la possession de plusieurs églises (ouvrage de Fazy, ci-dessous). Le 3 novembre 1097, il confirme un acte en faveur de l'église collégiale de Saint-Seurin de Bordeaux. Brutails, *Cartulaire de l'église collégiale de Saint-Seurin de Bordeaux*, Bordeaux, 1897, p. 22. Il employa aussi son crédit à réconcilier les chapitres de Saint-Seurin et de Saint-André. Le 1er mai 1096, il fit consacrer sa cathédrale par Urbain II.

Le légat mourut le 22 mai 1101. On peut lire de lui un fort bel éloge, écrit en vers, par Baudri de Bourgueil, dans Duchesne, *Rec. des hist. des Gaules*, t. IV, p. 277. En présence des résultats constamment heureux de ses nombreuses légations en divers pays, et durant un espace de plus de vingt-cinq ans, nous pouvons tenir comme de nulle valeur les accusations portées contre lui par le chanoine anonyme de Dax et lui reconnaître les qualités d'un habile et actif diplomate, d'un infatigable et zélé défenseur de l'Église et du Saint-Siège. Il mérita la confiance que lui témoignèrent des pontifes tels que Grégoire VII et Urbain II.

IV. SES ÉCRITS. — La critique contemporaine lui a enlevé une partie considérable de ceux que lui attribuaient les érudits du XVIIe siècle, puisqu'il est impossible de le confondre désormais avec son homonyme contemporain, du Mont-Cassin. Toutefois ce qui nous reste de lui n'est pas sans importance. Nous possédons d'Amat trois lettres à Raoul, archevêque de Tours (*Recueil des hist. des Gaules*, Paris, 1877, t. XIV, p. 669-670), et quinze *Epistolae Amati Ellorensis episcopi* (*ibid.*, p. 763-776), mais il convient de défalquer de ce nombre le numéro VI, p. 768, *Querela Ansegisi abbatis S. Maxentii adversus abbatem Novimonasterii Pictavensis coram Amato*; le numéro XIV, p. 775, *Litterae Gaufridi Andegavensis episcopi*, et quelques décisions conciliaires, qui ne sont pas à proprement parler son œuvre personnelle. M. Max Fazy, *op. cit.*, p. 136 sq., a également publié en 1908 cinq chartes inédites d'Amat, relatives à Saint-Romain de Blaye et à la Sauve-Majeure, tirées du ms. lat. *12773*, p. 72 et 73, de la Bibl. nat., et du *Cartulaire de la Sauve-Majeure*, bibl. de Bordeaux, ms. *769*, p. 60, et p. 13.

Outre les ouvrages mentionnés dans le texte, on peut consulter sur Amat : *Histoire littéraire de la France*, t. IX, p. 226-233. — Dom Ceillier, *Histoire générale des auteurs sacrés et ecclésiastiques*, 1862, t. XIII, p. 551-553, 595. — P. L., t. CLV, col. 1637-1650. — *Gallia christiana*, t. I, col. 1265-1267; t. II, col. 806-809. — Ph. Jaffé, *Bibliotheca rerum Germanicarum*, t. II (*Monumenta Gregoriana*), Berlin, 1865, *passim*. — W. Luke, *Hugo von Die und Lyon, Legat von Gallien*, Breslau, 1898. — Menjoulet, *Chronique du diocèse et du pays d'Oloron*, 2 vol., Oloron, 1864-1869 (avec précaution). — Mais surtout les deux sérieuses et complètes études récentes de A. Degert, *Un ouvrier de la réforme au XIe siècle. Amat d'Oloron*, dans *Revue des questions historiques*, 1908, t. LXXXIV, p. 33-84; et Max Fazy, *Essai sur Amat, évêque d'Oloron, archevêque de Bordeaux et légat du Saint-Siège*, dans le XXIVe fascicule de la Bibliothèque de la faculté des lettres de l'université de Paris, *Cinquièmes mélanges d'histoire du moyen âge*, publiés sous la direction du professeur Luchaire, 1908, p. 77-142.

R. BIRON.

2. AMAT (DALMATIUS), dominicain espagnol de la fin du XVIe siècle, de la province d'Aragon. Il a laissé, sur les origines des discussions entre jésuites et dominicains, une relation fort intéressante intitulée : *Relación del principio que tuvo la causa De auxiliis entre los PP. de la orden de predicadores, y los de la Compañia*. Une copie ms. se trouvait au couvent *Santa Catarina* de Barcelone, une autre aux archives générales de l'ordre. Le P. Hyacinthe Serry s'en est servi pour son Histoire des congrégations *De auxiliis* et la mentionne dans la préface, p. XVIII. Dans cette Relation, Amat raconte, comme témoin oculaire, qu'en 1594, à Valladolid, à l'occasion de thèses défendues par quelques jésuites, on agita la question : *Utrum duo homines habentes aequale auxilium sufficiens, unus convertatur, altero in sua obstinatione et peccato manente?* La question fut résolue dans le sens moliniste. Diego Alvarez assistait à la dispute. Voir ce nom, col. 871.

Jac. Échard, *Scriptores ordinis praedicatorum*, Paris, 1719-1721, t. II, p. 358. — Jac. Villanueva, *Bibliothecae scriptorum ord. praed. ...continuatio*, ms. [Arch. gen.], p. 26. — Hyac. Serry, *Historia congr. De auxiliis divinae gratiae*, Mayence, 1699; Louvain [Bruxelles], 1700, Praef. VI, p. XVIII.

R. COULON.

3. AMAT (FÉLIX) naquit à Sabadell (Espagne), le 10 août 1750. Après avoir appris le castillan et du latin dans le bourg de Sallent, à deux lieues de Manresa, Félix Amat entra, dès l'âge de onze ans, au séminaire épiscopal de Barcelone pour y suivre successivement les cours d'humanités, de rhétorique et de philosophie. Lorsqu'il eut atteint sa dix-septième année, sa taille mesurait déjà deux mètres treize centimètres de hauteur. Clément, évêque de Barcelone, conféra la tonsure à Félix Amat, le 10 janvier 1767, et l'attacha à sa curie, à titre de *familier*. Reçu docteur en théologie par l'université de Gandia, le 10 septembre 1770, Félix Amat fut pourvu, en 1773, d'un bénéfice au sein de la communauté ecclésiastique de Sainte-Marie-la-Mer. L'année suivante, il était ordonné prêtre. L'autorité diocésaine ne tarda pas à lui confier la chaire de philosophie au séminaire de Barcelone. Le jeune professeur remplit en même temps la charge de conservateur de la bibliothèque du palais épiscopal de cette ville. Sur les vives instances de son ordinaire, Félix Amat travailla alors à la composition d'un ouvrage qui parut, en 1782, sous la rubrique : *Ethicae sive moralis philosophiae institutiones*. C'est un remarquable traité de philosophie, qui valut à son auteur l'approbation de plusieurs évêques. Dans la suite, le livre reçut les honneurs de multiples éditions : il fut adopté et enseigné pendant longtemps dans un grand nombre d'établissements ecclésiastiques séculiers et réguliers. Valladares, successeur de Clément sur le siège de Barcelone, s'occupant de la réforme des séminaires de son diocèse, pria Amat d'écrire un programme d'études, de discipline et de formation cléricale pour les aspirants au sacerdoce. Félix Amat consulta les divers règlements des séminaires de l'Espagne et des pays catholiques et mit au jour les *Constitutiones del seminario episcopal de Barcelona*. Peu après, il fit suivre ce travail d'un traité de direction qu'il dédia à ses élèves, ayant pour titre : *El seminarista en el seminario de Maria santissima de Montealegre y de santo Tomas de Barcelona*. En 1785, Félix Amat obtint la stalle de chanoine *magistral* à la cathédrale de Tarragone. Il ne tarda pas à gagner l'estime d'Armaña, archevêque de cette antique métropole. Ce prélat l'ayant fortement pressé d'écrire une Histoire de l'Église, Félix Amat se mit à l'œuvre sans retard. En 1791, il se rendit à Madrid y faire imprimer les premiers tomes de son *Historia ecclesiastica o Tratado de la Iglesia de Jesucristo*, qui contient douze volumes, et dont une seconde édition parut à Barcelone en 1807. En 1802, le roi d'Espagne Charles IV, qui se rendait à Barcelone pour assister au mariage de l'infant Ferdinand avec une princesse de Naples, se trouvait de passage à Tarragone. Il reçut les compliments du chapitre métropolitain de cette cité, de la bouche de Félix Amat. Le monarque fut tellement frappé de la distinction et des qualités du chanoine *magistral* qu'il lui envoya, quelques mois après, le titre d'abbé du monastère royal de Saint-Ildefonse, à Madrid. Félix Amat arriva dans la capitale de l'Espagne le 3 juillet 1803. Il sut s'attirer les sympathies du cardinal de Bourbon, qui le fit nommer par le pape archevêque de Palmyre, *in partibus infidelium*. Ce prince de l'Église sacra Félix Amat dans l'église royale de Saint-Isidore de Madrid, le 6 novembre 1803. Charles IV eut souvent recours aux lumières du nouveau prélat. Il lui confia, en 1805, la visite du célèbre monastère de l'Escurial et le nomma son confesseur, au mois de décembre 1806. Pendant l'occupation du trône d'Espagne par Joseph Bonaparte, Félix Amat avait écrit une lettre aux six curés qui ressortaient de l'abbaye de Saint-Ildefonse, pour exhorter les fidèles à la paix. Le roi Joseph la fit insérer dans le numéro du 16 juin 1808 du *Journal de Madrid*. Le monastère de Saint-Ildefonse ayant été supprimé, le gouvernement offrit en compensation à Félix Amat l'évêché d'Osma, qu'il refusa. En 1813, il fut compris dans le décret que Ferdinand VII publia contre les Espagnols ayant occupé des charges sous le règne de Joseph Bonaparte. Félix Amat quitta Madrid et arriva dans la Catalogne, le 13 juillet 1814. Au mois de décembre 1816, il fut mis dans la nécessité de résigner son titre d'abbé de Saint-Ildefonse. Il publia alors : *Observaciones pacificas sobre la potestad ecclesiastica*, 3 tomes in-4°, Barcelone, 1817-1823. L'apparition de cet ouvrage attira l'attention de Rome. Le nonce de Madrid entretint une correspondance suivie avec l'auteur, et l'amertume que celui-ci en ressentit altéra profondément sa santé. Félix Amat mourut à Barcelone, le 11 novembre 1824. On connaît encore de ce prélat : *Deberes del cristiano en tiempo de revolucion hacia la potestad publica*, in-8° de 246 p., Madrid, 1813; *Seis cartas à Irenico en que se dan claras y distintas ideas de los derechos del hombre y de la sociedad civil*, Barcelone, 1817; divers traités de métaphysique; des oraisons funèbres, celles de l'évêque de Barcelone, Clément, et de l'archevêque de Tarragone, Armaña; des sermons.

Torres-Amat, *Vita del ilm. señor don Felix Amat, arzobispo de Palmyra*, Madrid, 1835.

J. CAPEILLE.

4. AMAT (TADDEO), deuxième évêque de los Angeles, en Californie (États-Unis). Né le 31 décembre 1810, à Barcelone, il entra de bonne heure dans la congrégation de la Mission et fut ordonné prêtre à Paris, en 1838. La même année, il partit pour les missions de la Louisiane et y fut maître des novices de 1841 à 1847, à Missouri et à Philadelphie. Nommé évêque de Monterey, il fut sacré à Rome, le 12 mars 1854. Son diocèse ne comptait alors que dix-sept prêtres. Amat fit venir d'Europe des lazaristes et des filles de la Charité. En 1859, il obtint de Rome que le siège de son évêché fût transporté à Los Angeles. Les lazaristes y fondèrent le collège Saint-Vincent-de-Paul et les franciscains y ouvrirent des écoles paroissiales. Les sœurs du Cœur-Immaculé de Marie furent aussi introduites dans le diocèse. Des infirmités obligèrent Mgr Amat à demander comme coadjuteur Mgr Mora, son vicaire général (1873). Le 9 avril 1876, eut lieu la dédicace de la cathédrale dont Mgr Amat avait commencé la construction. Il mourut le 12 mai 1878. Le diocèse comptait alors cinquante et un prêtres, trente-deux églises, quinze chapelles et six collèges.

The catholic encyclopedia, New York, 1907, t. I, p. 380-381.

C. ROUZIÈS.

5. AMAT DI SAN FILIPPO E SORSO (LUIGI). Né à Cagliari, le 20 (et non pas le 21, comme le porte Pillon) juin 1796, de l'antique et illustre famille catalane des Amat de Castelbells, qui s'établit en Sardaigne lorsque l'île passa sous la souveraineté de l'Aragon, il fit ses études classiques à l'université de Sassari et ses études ecclésiastiques à l'Académie des nobles de Rome. Consalvi, ayant apprécié sa haute intelligence, se l'attacha et le fit nommer par Pie VII prélat domestique et vice-légat de Bologne, dont le cardinal Spina était légat. Grâce à ses conseils, celui-ci accomplit d'importantes réformes, qui contribuèrent à ramener le calme dans cette province, alors fort troublée. Ce fut lui qui prononça à Rome l'oraison funèbre de Victor-Emmanuel Ier, roi de Sardaigne. Nommé délégué de Bénévent, en 1823, puis de Spolète et de Rieti, il gagna l'amour de tous dans ces diverses résidences. Il mérita ainsi d'être préconisé, à l'âge de trente ans seulement, en 1826 (dit Pillon, en 1827, dit Galvani), archevêque de Nicée *in partibus* et envoyé, en qualité de nonce, à Naples, où il mena à bonne fin des affaires difficiles, qui restaient en souffrance depuis longtemps. Six ans après, en 1832, Grégoire XVI lui confia une nonciature plus délicate encore, celle de Madrid. Il ne se rendit dans cette ville qu'en 1833, après la mort de Ferdinand VII, et s'y distingua par sa charité tout apostolique au milieu des luttes sanglantes entre les partisans de Christine et ceux de don Carlos, et par son dévouement au moment des ravages du choléra. Rappelé en 1835, il passa quelque temps à Paris et fut créé cardinal le 2 octobre (et non pas le 29 mai, comme le porte Pillon, ni le 19 mai, comme le porte Galvani) 1837, avec le titre de Santa Maria *in Via*. La pourpre ne lui apporta point le repos, car Grégoire XVI l'envoya, en qualité de légat, à Ravenne, qui avait besoin d'une main à la fois ferme et douce. Il réussit à merveille dans cette mission ardue, si bien que les habitants d'Imola le nommèrent patricien de leur ville, et que Ravenne, Faenza et Imola également lui décernèrent le titre de protecteur. Après avoir échappé, avec les deux cardinaux Mastai et Falconieri, à un guet-apens organisé par Ribotti, qui voulait s'emparer de leurs personnes, il revint à Rome en 1846 et fut nommé préfet de la Propagande. Il ne garda pas longtemps cette charge si importante, car le nouveau pape Pie IX, se souvenant du rôle qu'il avait joué à Bologne, l'y renvoya avec le titre de légat, puis le nomma, en 1848, commissaire extraordinaire pour les légations réunies de Bologne, Ravenne, Ferrare et Forli. Il sauva Bologne de la famine et apaisa, par sa seule présence, la révolution qui menaçait de soulever ces provinces, mais, étant tombé malade, il dut se retirer, au mois de septembre, et suivit Pie IX à Gaëte. Son rôle politique était désormais à peu près fini. Évêque de Palestrina, le 15 mars 1852, il fit beaucoup de bien dans ce diocèse, où il restaura la discipline ecclésiastique, releva les études dans le séminaire, fonda des hôpitaux et apaisa les esprits. Vice-chancelier de l'Église romaine, en 1852, après la mort de Bernetti, il restaura le palais de la chancellerie, puis devint évêque de Porto et Santa Rufina, le 11 octobre 1870, et enfin, le 12 mars 1877, évêque d'Ostie et Velletri et doyen du Sacré-Collège, après la mort du cardinal Patrizi. Gravement malade au début de 1878, au moment du conclave, il se fit transporter sur un lit au Vatican et mourut, quelques jours après l'élection de Léon XIII, le 30 mars 1878.

Pillon de Thury, *Biographies des cardinaux et des prélats contemporains*, Paris, 1862, p. 187-240. — *Gerarchia cattolica per l'anno 1879*, Rome, 1879. — F. Galvan, *Profili biografici degl' eminentissimi cardinali che componevano il Sacro Collegio romano all'epoca del conclave per l'elezione di Leone XIII*, Florence, 1879 (sans pagination).

— Cristofori, *Storia dei cardinali di santa romana Chiesa*, Rome, 1888, p. 8, 25, 184. — Giov. Siotto Pintor, *Storia civile dei popoli sardi dal 1798 al 1848*, Turin, 1877, p. 262, 373-374.

J. FRAIKIN.

6. AMAT DE VOLX (ANTOINE-JOSEPH D'), évêque de Senez (1757-1771), d'une famille noble dauphinoise, qui possédait la seigneurie de Volx, près Forcalquier, suivit quelques années la carrière des armes, comme lieutenant au régiment de Tallard, se tourna ensuite vers la cléricature, fit ses études de théologie au séminaire d'Avignon, reçut la prêtrise et exerça les fonctions de vicaire au village de Volx. Sa famille l'envoya ensuite compléter ses études à Paris, où M. de Jumilhac, archevêque d'Arles à partir de 1746, le distingua, le fit pourvoir de l'archidiaconé de sa cathédrale, le prit pour son vicaire général, et enfin voulut le sacrer lui-même, quand il eut été pourvu de l'évêché de Senez. Le nouvel évêque se distingua par sa bonté encore plus que par son zèle, et gagna promptement toutes les sympathies. Les États provinciaux l'ayant désigné pour leur procureur auprès de l'administration locale, il travailla au bien-être matériel des populations, et sut promouvoir plusieurs constructions d'utilité publique à Senez, Castellane, etc. Il s'occupa surtout de son clergé, le fit décharger d'une partie des lourdes contributions qui pesaient sur lui, le soutint en toute rencontre dans les procès qu'il avait aux parlements, veilla à ce qu'il remplît ses fonctions spirituelles pour le bien et le progrès des fidèles. Il combattit le jansénisme avec une sage et ferme vigilance, visitait son diocèse, prêchait et confirmait. Il s'occupa de développer et d'agrandir son séminaire, auquel il laissa sa fortune, qui lui fut d'ailleurs estimée peu de chose. La cathédrale de Senez hérita de sa chapelle, beaucoup plus riche, et de son argenterie d'église. Il mourut le 18 mars 1771.

[Laurensi], *Histoire de Castellane*, 1775, p. 564-578. L'auteur est au service et dans l'intimité du prélat, p. 575.

P. RICHARD.

1. AMATEUR (Saint), évêque d'Autun, vécut probablement au cours du IIIe siècle. On ne connaît guère de lui que son nom (martyrologes, VI kalend. dec.). Ce nom semblerait le rattacher à une famille sénatoriale de la première Lyonnaise. Il fut inhumé dans le Polyandre de Saint-Pierre-de-l'Estrier (*S. Petrus de Strata*), autour duquel devait se grouper plus tard la petite communauté chrétienne d'Autun, à 1 kilomètre de la ville. Fête le 26 novembre.

M. FALCONNET.

2. AMATEUR (Saint). Le premier évêque de Troyes s'appelait Amateur ou Amadour. Les plus anciens catalogues le font vivre avant l'an 340. On ne connaît rien de ses actes. Il est qualifié de saint et sa fête se célèbre le premier mai, sous le rit des confesseurs pontifes, dans le calendrier troyen, jusqu'en 1718. Il ne doit pas être confondu avec saint Amatre, évêque d'Auxerre, à la fin du IVe siècle, ni avec saint Amateur, premier évêque d'Autun.

Camuzat, *Promptuarium*, fol. 152. — Courtalon, *Topographie historique de la ville et du diocèse de Troyes*, Troyes, 1783, t. II, p. 38.

Arthur PRÉVOST.

3. AMATEUR (Saint), Amator, Amatre, évêque d'Auxerre, succéda à Helladius, nous ne savons en quelle année. Il mourut le 1er mai 418. De très bonne heure on érigea sur sa tombe une basilique, et l'on vénéra sa mémoire : sa fête est marquée, entre autres, dans le Martyrologe hiéronymien. La vie de saint Amateur fut écrite par le prêtre Étienne, à la demande de l'évêque Annachaire, autour de l'an 600.

Acta sanctor., 1680, maii t. I, p. 50-52. — Tillemont, *Mémoires pour servir à l'histoire ecclésiastique*, Paris, 1711,

t. XV, p. 2-12, 835-837. — Duru, *Bibliothèque historique de l'Yonne*, Auxerre, 1850, t. I, p. 158-160. — J. Lacoste, *Études histor. relig.*, Bayonne, 1893, t. II, p. 470-471. — *Bibliotheca hagiographica latina*, n. 59. — Duchesne, *Fastes épiscopaux*, Paris, 1900, t. II, p. 427, 440.

M. BESSON.

4. AMATEUR (Saint), martyr. Né à Martos, il était venu à Cordoue, en compagnie de son père et de ses frères, pour étudier les lettres divines et humaines. Il fut ordonné prêtre à l'époque où Mohamad, successeur d'Abderraman, avait remis en vigueur, contre les chrétiens, les lois persécutrices édictées par son père. Les vexations que les fidèles avaient à souffrir de la part des Maures se multipliaient à tel point que des moines, des prêtres et des laïques préféraient se libérer d'une telle vie en s'offrant spontanément au martyre. Ils se présentaient au juge, déclaraient que Mahomet était un faux prophète et se faisaient condamner au dernier supplice. C'est ainsi que, le 30 avril 855, Amateur, accompagné de saint Pierre le Moine et de saint Louis de Cordoue, frère de Paul le Diacre et parent de saint Euloge, firent profession publique de christianisme et furent mis à mort aussitôt. Leurs corps furent jetés dans la rivière. Celui de saint Amateur ne reparut pas, mais les autres purent être recueillis et enterrés pieusement. L'Église honore, comme martyrs, saint Amateur et ses compagnons. Elle célèbre leur fête le 30 avril.

Divi Eulogii Cordubensis, *Memoriale sanctorum*, éd. Ambrosio de Morales, Alcala, 1574, p 70. — P. Martin de Roa, *Flos sanctorum*, Séville, 1615, p. 77. — *Acta sanctorum*, 1675, april. t. III, p. 866. — Juan Gomez Bravo, *Catalogo de los obispos de Córdova*, Cordoue, 1778, t. I, p. 139. — Florez, *España sagrada*, t. X, p. 417, 418.

P. SICART.

1. AMATHUS, évêché suffragant de Salamine, dans l'île de Chypre. C'était une ville d'origine phénicienne, située sur la côte méridionale de l'île et, avec Paphos, l'un des principaux centres du culte d'Aphrodite et d'Adonis. Pausanias, IX, 41, 2; Virgile, *Énéide*, X, 51; Catulle, XXXVI, 14. Les ruines du temple d'Amathus ont été retrouvées au village dit Haghios Tykhonos, non loin de Famagouste. Lors de la révolte de toutes les villes de l'île contre Darius, roi de Perse, Amathus seule resta fidèle à la cause du roi des rois. Hérodote, V, 114. Elle avait ses rois particuliers et battait monnaie, bien que les monnaies qu'on lui attribue ne soient pas bien sûres. Head, *Historia nummorum*, p. 623. Saint Jean l'Aumônier, qui devint, en 610, patriarche d'Alexandrie, était né à Amathus et c'est dans sa patrie qu'il mourut, le 11 novembre 619. Il y fut enterré dans une église dédiée à saint Tychon, et saint Sophrone fit graver deux inscriptions métriques sur son tombeau. P. G., t. LXXXVII, col. 4009. Néophyte le Reclus, célèbre moine et écrivain ascétique, naquit aussi dans cette ville en l'année 1134, mais c'est ailleurs qu'il bâtit son couvent et composa ses ouvrages. Mgr L. Petit, *Vie et ouvrages de Néophyte le Reclus*, dans *Échos d'Orient*, t. II, p. 257-268, 372; voir aussi R. P. Delehaye, dans *Analecta bollandiana*, t. XXVI, p. 274-297. L'évêché d'Amathus est très ancien, bien qu'il soit impossible de fixer la date de son érection; il dura jusqu'en 1190, où Richard Cœur de Lion s'étant emparé de la ville et l'ayant détruite jusqu'aux fondements, le siège épiscopal fut transféré à Néapolis, qui prit le nom de Lemissus Parva. Aujourd'hui c'est un évêché titulaire, conféré par la curie romaine.

Les évêques connus sont : saint Mnemonius et saint Tychon, vénérés le 16 juin et fort anciens; sur une série de travaux relatifs à saint Tychon, voir *Analecta bollandiana*, t. XXVIII, p. 119-123. — Héliodore, représenté en 451 au concile de Chalcédoine par un de ses collègues. Mansi, *Sacrorum conciliorum nova...*

collectio, t. VII, col. 160. — Théodore, envoyé après 614 à Jérusalem, par saint Jean l'Aumônier, pour racheter des captifs. *Vita S. Johannis*, n. 6, dans *Acta sanctorum*, jan. t. III, p. 132. — Alexandre, présent en 787 au second concile de Nicée. Mansi, *op. cit.*, t. XIII, col. 388. — Jean, au temps de l'empereur Manuel Comnène (1143-1180). Quant à Germain, cité par Allatius, *De synodo photiana*, p. 506, il était archevêque de Chypre et non évêque d'Amathus. Les ruines d'Amathus se trouvent à Palaeo Limisso ou Eski-Limassol, à dix kilomètres à l'est de Limassol, sur la route de Nicosie; on voit quelques tombeaux, l'acropole qui s'élevait près de la mer et des restes de murs datant du moyen âge.

Le Quien, *Oriens christianus*, Paris, 1740, t. II, col. 1063-1066. — Cesnola, *Cyprus*, p. 248 sq. — *Bulletin de correspondance hellénique*, t. III, p. 93.

S. VAILHÉ.

2. AMATHUS, évêché de la Palestine Ire, suffragant de Césarée, dans le patriarcat de Jérusalem. Josèphe, *Ant. jud.*, XIII, XIII, 3, dit qu'Alexandre Jannée, allié de Cléopâtre, veuve de Ptolémée Physcon, contre Ptolémée Lathyre, s'empara d'Amathus, « le plus considérable des abris fortifiés bâtis près du Jourdain. » Le succès dura peu, car Théodore, fils de Zénon, tyran de Philadelphie, auquel appartenait Amathus, lui infligea des pertes sérieuses, au moment où Jannée repartait pour la Judée (96 avant J.-C.). Le roi des Juifs s'en vengea bientôt, en abandonnant la ville à ses mercenaires de Pisidie et de Cilicie. Josèphe, *Ant. jud.*, XIII, XIII, 5. C'est près d'Amathus, à Ragaba, aujourd'hui Radjib, que mourut Alexandre Jannée, en 76 avant J.-C. Josèphe, *op. cit.*, XIII, xv, 5. Gabinius fit d'Amathus le siège d'un petit sénat ou sanhédrin. *Op. cit.*, XIV, v, 4; *Bel. jud.*, I, VIII, 5. L'*Onomasticon* d'Eusèbe (édit de Lagarde, p. 219, 75) en fait un bourg de la Basse-Pérée, situé à vingt et un milles, environ trente et un kilomètres, au sud de Pella. Les talmudistes ont aussi connu la ville sous le nom d'Amatho et l'ont identifiée, avec assez de probabilité, avec Saphon, ancienne possession du roi amorrhéen Séhon et puis de la tribu de Gad. Josue, XIII, 27. On sait que c'est dans ces parages que se produisit le célèbre épisode du Sibboleth, où tant d'Éphraïmites laissèrent la vie. Jud., XII, 1-7. La ville est aussi mentionnée par divers géographes grecs et byzantins, entre autres par Georges de Chypre au début du VIIe siècle (édit. Gelzer, 1016), mais sous le nom de *Apathous*. Sous les Arabes, Amathus sut conserver quelque importance et, en l'année 1154, Idrisi écrit que Amtâ et Beisan sont les plus belles villes de la vallée du Jourdain. Aujourd'hui, il ne reste que des ruines à *Ammata*, disséminées sur deux ou trois collines, à l'est du Jourdain et au nord du Ouadi-Radjib. Près de là s'élève le Mizar Abou Obeydah ou tombe de Obeydah ben el-Djarrah, lieutenant du calife Omar, terrassé là, en l'année 639, par la peste dite d'Amouas.

Les évêques connus sont : Théodose, qui assista, en 449, au brigandage d'Éphèse et accepta la profession de foi d'Eutychès. Mansi, *Sacrorum conciliorum nova... collectio*, t. VI, col. 609, 854; Martin, *Actes du brigandage d'Éphèse*, Amiens, 1874, p. 7, n. 55. — Sergius, originaire de Mélitène, moine, puis abbé du couvent de Castellium en Palestine. Cotelier, *Monumenta Ecclesiae graecae*, t. III, col. 257, n. 27 de la *Vita S. Sabae*, voir aussi *Échos d'Orient*, t. III, p. 338. — Procope, qui signa, en 518, la lettre synodique du patriarche Jean de Jérusalem. Mansi, *op. cit.*, t. VIII, col. 1074. — Denys, qui assista en 536 au concile de Jérusalem. Mansi, *op. cit.*, t. VIII, col. 1176.

Le Quien, *Oriens christianus*, Paris, 1740, t. III, col. 715 sq. — H. Gelzer, *Georgii Cyprii Descriptio orbis romani*, Leipzig, 1890, p. 190. — R. P. Abel, dans *Revue biblique*, 1911, p. 408-413.

S. VAILHÉ.

1. AMATI ou **AMATO** (FELICE). Né à Salerne, il fut préconisé évêque d'Ischia le 15 juillet 1743 et mourut en 1764.

Cappelletti, *Le Chiese d'Italia*, Venise, 1864, t. XIX, p. 557. — G. d'Ascia, *Storia dell'isola d'Ischia*, Naples, 1868, p. 281.

J. FRAIKIN.

2. AMATI (FILIPPO DE). Né à Aiello, près d'Amantea, le 30 novembre 1677, il assista, en 1730, en qualité de conclaviste du cardinal Camillo Cibo, au conclave qui élut le pape Clément XII, et fut nommé, le 24 septembre 1731, évêque d'Umbriatico, avec la charge, lit-on dans les Actes consistoriaux, vol. ann. 1731-1733, fol. 163, de réparer la cathédrale et l'évêché et d'établir un mont-de-piété; mais il mourut le 26 décembre de cette même année.

T. Aceto, *Calabria antiqua*, p. 370. — Fiore-D. da Badolato, *Della Calabria illustrata*, Naples, 1743, t. II, p. 341. — Capialbi, *Memorie per servire alla storia della santa chiesa Tropeana*, Naples, 1852, p. LXXXVI-LXXXVII. — Taccone-Gallucci, *Cronotassi dei metropolitani, arcivescovi e vescovi della Calabria*, Tropea, 1902, p. 94; *Regesti dei romani pontefici per le Chiese della Calabria*, Rome, 1902, p. 449; *Monografia delle diocesi di Nicotera e Tropea*, Reggio-Calabria, 1904, p. 159.

J. FRAIKIN.

3. AMATI (GIANBATTISTA). Né à Pistoia, en 1625, d'une famille noble, il fut successivement chanoine de la cathédrale de cette ville et vicaire général du diocèse. Préconisé, le 3 août 1669, évêque de Nocera Umbra, il mourut en octobre 1689, après avoir défendu avec énergie les droits de son Église.

Ughelli-Coleti, *Italia sacra*, Venise, 1717, t. I, col. 1074. — G. Vincioli, *Catalogo de' vescovi di Nocera*, 1730. — Cappelletti, *Le Chiese d'Italia*, Venise, 1846, t. V, p. 33.

J. FRAIKIN.

4. AMATI (GIANGIACOMO DEGLI). Né à Campli (aujourd'hui province de Teramo), il fut docteur *in utroque* et fut préconisé évêque de Bisignano, le 2 avril 1607, après la démission de Bernardo del Nero. Il dut mourir à la fin de 1610 ou au début de 1611, car Mario Orsini lui succéda, le 31 janvier de cette dernière année, *per obitum*.

Ughelli-Coleti, *Italia sacra*, Venise, 1717, t. I, col. 525. — Fiore-D. da Badolato, *Della Calabria illustrata*, Naples, 1743, t. II, p. 34. — Cappelletti, *Le Chiese d'Italia*, Venise, 1870, t. XXI, p. 414. — Gams, *Series episcoporum*, p. 858. — Taccone-Gallucci, *Cronotassi dei metropolitani, arcivescovi e vescovi della Calabria*, Tropea, 1902, p. 69; *Regesti dei romani pontefici per le Chiese della Calabria*, Rome, 1902, p. 436.

J. FRAIKIN.

AMATIS, AMATO (FRANCESCO MARIA DE), jésuite italien, né à Rome en 1586, et entré dans la vie religieuse le 17 juin 1603, enseigna cinq ans les belles-lettres, s'appliqua au ministère de la prédication et fut recteur du collège de Recanati: il mourut à Sora, le 3 mars 1664. On a de lui : *Oratio ad Politianos*, in-4°, Sienne, 1611, dédiée au cardinal Bellarmin; *Vita del P. Consalvo Silveria sacerdote della Compagnia di Giesu martirizato nella città di Monomotapa, composta in latino dal P. Nicolo Godigno portughese et transportata nell'italiano*, in-12, Rome, 1615; *Vita della reverenda madre suor Giacinta Marescotti*, in-8°, Viterbe, 1642; Rome, 1672. Il donna en latin, sous le pseudonyme de Marcello Cervini, l'éloge du bienheureux Francesco Cervini, frère mineur conventuel, et peut-être aussi l'*Imago virtutum Roberti cardinalis Bellarmini Politiani e Societate Iesu a Marcello Cervino eius nepote adumbrata*, in-16, Sienne, 1622; Ingolstadt, 1625 ; le P. de Uriarte a vu au séminaire de Tuy un exemplaire de l'édition de 1622, portant, d'une main italienne du xvii° siècle, les mots : *Auctore P. Franc. M. de Amalis.*

Alegambe, *Bibliotheca scriptorum S. J.*, Anvers, 1643, p. 126, 451, 550. — Sotwel, *Bibliotheca scriptorum S. J.*, Rome, 1676, p. 236. — Sommervogel, *Bibliothèque S. J.*, Bruxelles, 1890, t. I, col. 265-266. — E.-M. Rivière, *Corrections et additions à la Bibliothèque de la Compagnie de Jésus*, Toulouse, 1911-1912, col. 63, n. 215.

E.-M. RIVIÈRE.

1. AMATO (ALOISIO). Né à Amantea, il fut successivement évêque de Rapolla, le 12 (et non pas le 29, comme le dit Gams) septembre 1497, de Lipari, le 17 janvier (et non pas le 16 septembre, comme le dit Eubel) 1506, et de San Marco, le 26 janvier 1515. Il assista, cette même année, au V° concile général de Latran. Les auteurs commettent, à son sujet, des erreurs et confusions extraordinaires. C'est ainsi que Pirro, Cappelletti, Gams et Ughelli l'omettent dans la liste des évêques de Lipari, et mettent à sa place un certain Franciscus. Fiore Badolato l'omet dans la liste des évêques de San Marco et met à sa place Aloisio ou Ludovico Alferio. Taccone-Gallucci le fait mourir en 1520, et Gams en 1526; de plus, ces deux auteurs, ainsi que Lucentius, lui donnent pour successeur, jusqu'en 1530, L. Alferio, qui, en réalité, occupa ce siège en 1591-1594. Voir ce nom, col. 410.

Ughelli-Coleti, *Italia sacra*, Venise, 1717-1721, t. I, col. 879; t. VII, col. 883. — Lucentius, *Italia sacra*, Rome, 1704, col. 1294-1295. — Pirro, *Sicilia sacra*, Palerme, 1733, t. II, p. 560. — Cappelletti, *Le Chiese d'Italia*, 1870, t. xxi, p. 408. — Gams, *Series episcoporum*, p. 915, 947. — Taccone-Gallucci, *Cronotassi dei metropolitani, arcivescovi e vescovi della Calabria*, Tropea, 1902, p. 77; *Regesti dei romani pontefici per le Chiese della Calabria*, Rome, 1902, p. 441; *Monografia dei diocesi di Nicotera e Tropea*, Reggio-Calabria, 1906, p. 159. — Eubel, *Hierarchia catholica medii aevi*, Münster, 1911, t. III, col. 243, 251, 299.

J. FRAIKIN.

2. AMATO (ANTONIO). Né à Sassari, il fut doyen du chapitre de la cathédrale de cette ville, et abbé de San Giovanni *de Sinis* et de San Nicola d'Oristano. Préconisé évêque de Bosa (Sardaigne), le 6 septembre 1746 (et non le 19 décembre, comme le porte Cappelletti), il ne dut être sacré qu'à la fin de 1747 ou au début de 1748, ainsi que le prouvent deux brefs de Benoît XIV à l'archevêque de Sassari (Arch. Vat., *Epistolae ad principes*, t. 112, p. 277-279 ; t. 113, p. 349-350), en date du 4 août 1747 et du 16 août 1748, dont le second permet à Amat, eu égard à la pauvreté de son église, de conserver, sans aucune réduction, les revenus perçus par lui avant son sacre. Il dut mourir peu après, car son successeur, Giovanni Battista Machin Spiga, fut préconisé le 12 décembre 1748.

Mattei, *Sardinia sacra*, Rome, 1758, p. 206. — Bima, *Serie cronologica degli arcivescovi e vescovi del regno di Sardegna*, Asti, 1845, p. 85. — Cappelletti, *Le Chiese d'Italia*, Venise, 1857, t. XIII, p. 221. — Gams, *Series episcoporum*, p. 834. — Pintus, *Sardinia sacra, I vescovi di Bosa : notizie storiche*, dans *Archivio storico sardo*, 1907, t. III, p. 69.

J. FRAIKIN.

3. AMATO (DOMENICO). Né, en 1696, à Montepeloso (aujourd'hui Irsina, province de Potenza), d'une famille noble, il fut successivement vicaire général des évêques de Recanati et de Velletri. Benoît XIV le nomma évêque de Castro (Pouilles), le 23 février 1750 (avec la charge, lit-on dans les Actes consistoriaux, vol. ann. 1750-1755, fol. 6, d'y établir un séminaire et un mont-de-piété), et non pas 1753, comme le porte Maggiulli. « Sage, savant et généreux, écrit cet auteur, il gouverna ce diocèse avec une mansuétude évangélique vraiment remarquable, dont le souvenir n'est pas encore éteint. » Sa charité envers les pauvres ne fut pas moindre. Il mourut le 28 (suivant Janora, le 27, suivant Cappelletti) juin 1769 et fut enterré dans la chapelle de Saint-François-de-Paule de l'église de S. Francesco à Montepeloso, et non pas dans la cathédrale de Castro, comme le dit à tort Cappelletti.

Cappelletti, *Le Chiese d'Italia*, Venise, 1870, t. XXI, p. 310. — L. Maggiulli, *Monografia di Castro*, Galatina, 1896, p. 169. — M. Janora, *Memorie storiche, critiche e diplomatiche della città di Montepeloso (oggi Irsina)*, Matera, 1901, p. 587-588.

J. FRAIKIN.

4. AMATO (ELIA D'), carme de l'ancienne observance, né en 1666, à Montalto, près de Cosenza, dans la Calabre citérieure (Italie méridionale), reçut au baptême le nom d'Antoine, mais prit celui d'Élie en revêtant l'habit du Carmel. Il devint fameux par sa science universelle, nourrie par une vaste lecture qu'il n'interrompait même pas octogénaire, et fut, successivement, maître et docteur en théologie, professeur, prédicateur renommé à Naples et à Rome, provincial des Calabres en 1702, puis en 1720, visiteur et définiteur général, secrétaire du chapitre général de Rome (1722), théologien du cardinal Alexandre Albani, examinateur synodal, propagateur, parmi les siens, de la philosophie cartésienne, et l'un des restaurateurs de la célèbre Académie de Montalto, dite des *Inculti*. Il mourut dans le couvent de Montalto, en août 1748. Voici la liste des ouvrages qu'il a publiés en latin : 1° *Pantopologia Calabra, in qua celebriorum ejusdem provinciae locorum, virorumque… illustrium monimenta expenduntur*, in-4°, Naples, 1725 ; — 2° *Museum literarium*, in-4°, ibid., 1730 ; — 3° *Epistolae polemicae, quibus nonnulla ecclesiasticae et civilis historiae selectiora dubia resolvuntur*, in-8°, Lucques (et Naples), 1739 : lettres de combat pleines d'érudition, mais exubérante et peu ordonnée ; — 4° *Animadversiones historico-dogmaticae, chronologico-criticae super aliquot acta et canones conciliorum Ecclesiae, atque super nonnulla historicorum scriptorum monimenta strictim concinnata*, 2 vol. in-4°, Venise, 1739 ; — en italien : 5° *Lettere erudite, chiesastico-civili, accademico-critiche, parte I*ª (40 lettres), in-4°, Gênes, 1714 ; *parte II*ª (40 lettres), in-4°, ibid., 1715. A la fin de la I*re* partie se trouvent les *Memorie storiche dell' Accademia degl' Inculti* ; — 6° *Congressi accademici sullo discettabile storico della Bibbia*, 6 vol. in-8°, Venise, 1720 ; — 7° *Il coro delle scienze*, in-12, Naples, 1710 ; — 8° *Pompe funebri nella morte di D. Flaminio Molli*, Orazione, etc., Naples, 1724 ; — 9° *Il Terraqueo* (c'est-à-dire : notre globe *terraqué*, composé de terre et d'eau. Voir Littré, *Supplément du dictionnaire*), in-4°, Naples, 1728 ; — 10° *Parere intorno a' viaggi de' due Gulliver inglesi per alcune isole per l'addietro non conosciute dalla geografia del mondo nuovo* : se trouve dans le t. XVI, p. 405, de la savante *Raccolta d'opuscoli scientifici e filologici* du P. Calogera, in-12, Venise, 1728-1754 (Swift avait publié en 1726 : *Les voyages de Gulliver*, et le P. Calogera, en 1731, *Il nuovo Gulliver* : ce qui explique le titre de l'œuvre du P. d'Amato) ; — 11° La même *Raccolta* contient encore, au t. XXIV, p. 321 : *Variarum animadversionum in aliquot scriptorum monimenta, decas I*ª. Les ouvrages précédents se trouvent tous à Rome, dans la bibliothèque des carmes de la Transpontine ; la mort a empêché le P. d'Amato de publier les suivants, prêts pour l'impression, et qui sont conservés manuscrits : 1° *Theoremata biblica super selectiora sacrae Scripturae dubia*, 2 vol. in-4° ; — 2° *Ramus sibyllae aureus, sive dilucidum ad eloquentiae Elysios iter*, in-4° ; — 3° *Institutio philosophiae rationalis et corpuscularis democratica*, 4 vol. in-8° ; — 4° *Jus et factum in tuendis Carmeli juribus pro conven-*

libus Carol. et Montaltino; — 5° *Secoli cristiani illustrati dalla cronologia chiesastico-civile*, 2 vol. in-4°; — 6° *Galleria storica trasportata al morale*, 2 vol. in-4°; — 7° *Geografia storica, sacro-civile, filosofico-politica*, 4 vol. in-4°; — 8° *Viaggio pel mondo fantastico de' filosofanti*, in-4°; — 9° *La Pallade gloriosa ne' letterati che vissero dal principio del mondo sino a' nostri tempi*, in-4°.

Mazzuchelli, *Gli scrittori d'Italia*, Brescia, 1753, t. I, p. 591-592. — Hurter, *Nomenclator literarius*, 1910, t. IV, col. 1543. — Cosme de Villiers, *Bibliotheca carmelitana*, t. I, col. 429-430.

P. Marie-Joseph.

5. AMATO (Evangelista d'), carme de Crémone, est mentionné à l'année 1495, par Arisi, dans sa *Cremona literata*, sur l'autorité du manuscrit : *Virtù ravvivata de' Cremonesi insigni*, de Joseph Bresciani, lequel cite ces écrits d'Amato : *Super Acta apostolorum lib. II*; *Super Cantica lib. II*; *De philosophia morali tract. I*.

Arisi, *Cremona literata*, Parme, 1702, t. I, p. 373. — Mazzuchelli, *Gli scrittori d'Italia*, Brescia, 1753, t. I, p. 592.

P. Marie-Joseph.

6. AMATO (Gaetano d'), jésuite italien du XVIII° siècle, publia deux mémoires sur les phénomènes volcaniques, qui furent alors remarqués des savants : *Giudizio filosofico intorno a' fenomeni del Vesuvio*, in-4°, Naples, 1755, et *Divisamento critico sulle correnti opinioni intorno a' fenomeni del Vesuvio e degli altri volcani*, in-12, Naples (1757) : le premier fut reproduit en extrait par Zaccaria, *Storia letteraria d'Italia*, 1758, t. XIII, p. 113-126; le second fut analysé dans les *Mémoires de Trévoux*, 1757, p. 2715-2741, et traduit en français par l'abbé Péton, in-12, Paris, 1760. Amato soigna la seconde édition napolitaine de la *Theologia moralis* du P. Nicolò Mazzotta, 4 vol. in-8°, 1760-1761, et en donna un abrégé, in-8°, Naples, 1761. Né à Amantea (Cosenza), le 1er septembre 1708, et admis au noviciat le 27 juin 1723, Amato enseigna la rhétorique, la philosophie, la théologie morale, et exerça, durant plusieurs années, les fonctions d'examinateur synodal à Naples; il fut aussi supérieur de la résidence de Porto et recteur de Massa. Il vivait encore en 1780; on ignore la date de sa mort. D'après les notes communiquées à Oudin, il serait né le 30 octobre 1708 et aurait été admis au noviciat le 28 juin 1722.

Eustachio d'Afflitto, *Memorie degli scrittori del regno di Napoli*, Naples, 1782, t. I, p. 278. — Sommervogel, *Bibliothèque S. J.*, Bruxelles, 1890, t. I, col. 264-265; 1898, t. VIII, col. 1623.

E.-M. Rivière.

7. AMATO (Gian Antonio), dit *il Vecchio*, pour le distinguer de son neveu, qui porte le même nom, peintre napolitain, célèbre par ses sentiments de piété et de dévotion, au point qu'il ne voulut jamais, selon le témoignage unanime de ses contemporains, peindre que des sujets religieux. En 1535, il refusa de participer à la décoration de la ville de Naples, lors de l'entrée solennelle de l'empereur Charles-Quint, parce qu'on prétendait lui imposer des peintures profanes, païennes, avec des nymphes à demi nues. Né vers 1475 et mort en 1555, il passa sa vie à Naples, dont il décora de nombreuses églises, surtout de madones avec le *bambino* et des saints : l'historien Dominici en a donné la nomenclature. Il avait une particulière dévotion pour la Vierge et la peignait de préférence; il se préparait à ses travaux par le jeûne, la prière, la réception des sacrements. Ses contemporains l'estimaient unanimement comme un homme de bien, sage et de bon conseil, en même temps cultivé. Il eut des élèves, qui l'aidèrent dans ses travaux, notamment son neveu Gianantonio Amato le Jeune (1535-1598), qui acheva ou retoucha plusieurs de ses œuvres, pas toujours avec bonheur, par exemple quand il transforma un saint d'un de ses tableaux en Charles Borromée.

Bernardo de Dominici, *Vite de' pittori, scultori ed architetti napoletani*, Naples, 1742, t. II, p. 52-58.

P. Richard.

8. AMATO (Gian Maria), jésuite sicilien d'une immense érudition, né à Palerme le 15 juillet 1660 et mort dans la même ville le 4 juin 1737. Son père, Antonio Amato Folch di Cardona, prince de Galati, duc de Caccamo et chevalier d'Alcantara, était lui-même un lettré; il rédigea, de 1649 à 1677, le *Diarium* de Palerme. Sa sœur Rosalia, qui entra chez les dominicaines sous le nom d'Antonia Felice et y mourut en odeur de sainteté, composa la *Ghirlanda celeste di orationi devote per coronare tutte le opere buone del giorno, offerta alle sacre spose del Crocifisso*, in-16, Gênes, 1692. Ses études à peine terminées au collège des jésuites, Gian Maria embrassa l'état ecclésiastique et fut nommé, le 25 novembre 1675, abbé de Santa Maria Nuova; mais, moins de deux ans plus tard, il entra dans la Compagnie de Jésus (21 janvier 1677) et y fit sa profession le 2 février 1695. Il enseigna au collège de sa ville natale la grammaire, la rhétorique et, pendant un an, la théologie morale. Il possédait de vastes connaissances sacrées et profanes, et étudia avec passion les antiquités siciliennes. Il publia : 1° *Oratio prima in litterariis anni renascentis auspiciis*, et 2° *Oratio secunda in solemni studiorum lustratione*, in-8°, Palerme, 1703 et 1704; les nombreuses notes savantes, qui accompagnent ces deux discours, sont d'Amato lui-même, et non d'un autre écrivain, comme le prétend Mira qui a mal interprété une phrase de Mongitore; — 3° *Sicilia nobilis, sive nomina et cognomina comitum, baronum et feudatoriorum Siciliae anno 1296 sub Federico II et anno 1408 sub Martino II*, in-8°, Rome, 1692, sous le pseudonyme de *Bartolomeo Muscia arcipreste di Caccamo*; — 4° *La Conca d'oro in tripudio per l'anno ventesimo del Cattolico Re delle Spagne e Gran Re di Sicilia Filippo Quinto nel di 19 de decembre del 1703*, in-4°, Palerme, 1703, anonyme; — 5° *Della Cartagine Siciliana di D. Agostino Inveges. Libro terzo*, in-4°, Gênes, 1706; — 6° *Vita della veneranda Madre Suor Elisabetta Maria della Passione. Opera postuma del Sac. D. Francesco Sclafani*, in-4°, Palerme, 1706, avec l'éloge de l'auteur et des additions; — 7° *De principe templo Panormitano libri XIII*, in-fol., Palerme, 1728 : ouvrage plein d'érudition, dans lequel Amato, après avoir établi l'origine apostolique de l'Église panormitaine, décrit l'architecture, les autels, les reliques, les statues et les mausolées que renferme la cathédrale, donne les actes de deux conciles provinciaux tenus à Palerme, entre autres ceux du concile de 1388, et publie en appendice l'*Historia sui temporis ab excessu Friderici II imperatoris Siciliaeque regis ab an. 1250 usque ad annum 1294*, de Bartolomeo de Neocastro; — 8° un volume en italien sur la dévotion des sept lundis en l'honneur de sainte Rosalie, in-16, Palerme, 1733. Il laissa, à sa mort, de nombreux ouvrages prêts pour l'impression, en particulier une *Sicilia numismatica* en cinq livres et *Basilianae abbatiae Sanctae Mariae de Crypta autographa vel authentica monumenta graeca, latina, sicula, italica, hispanica, ex variis archiviis deprompta*; il avait également réuni plus de vingt manuscrits d'auteurs anciens sur l'histoire religieuse ou civile de Palerme, qu'il avait l'intention de mettre au jour; on en trouvera la longue liste dans Mongitore, Mira et Sommervogel.

Le Mercure galant, novembre 1705, p. 121-125. — Antonio Mongitore, *Bibliotheca Sicula*, Palerme, 1708, t. I, p. 348-349. — *Mémoires de Trévoux*, juillet 1713, p. 1290-1291. — *Giornale de' letterati d'Italia*, t. XVII, 1711, p. 430. — Giuseppe M. Mira, *Bibliografia Siciliana*, Palerme, 1875-1881.

t. I, p. 30. — Sommervogel, *Bibliothèque S. J.* Bruxelles, 1890, t. I, col. 266-269 et appendice, 1898, t. VIII, col. 1623.

E.-M. RIVIÈRE.

9. AMATO ou **D'AMATO** (GIUSEPPE), missionnaire aux Indes (1757-1832). Né à Naples vers 1757 et devenu barnabite, Amato partit, en 1783, avec un autre prêtre de son ordre, Louis de' Grandona, pour la Birmanie. Ils y arrivèrent en 1784 et se mirent à exercer leur apostolat dans les villages chrétiens des environs d'Ava. Ces villages étaient peuplés des descendants des Portugais échappés au massacre et envoyés comme esclaves dans la Haute-Birmanie, lors de la prise de la colonie portugaise de Syriam par les Birmans, en 1613. La mission était desservie par les barnabites depuis 1721. Peu de temps après leur arrivée, Amato et Grandona se virent privés de ressources à cause de la Révolution française et du bouleversement des ordres religieux en Italie. Pendant trente ans, ils furent réduits à vivre des aumônes des fidèles indigènes et des ressources que leur procurait la pratique de la médecine. Leur charité, la dignité de leurs mœurs leur attiraient le respect de tous les habitants. Aussi, bien que le district de Daburjin, où demeurait Amato, fût infesté de brigands, son ministère n'en était pas troublé. Il bâtit une église à Ava, avant 1822, pour remplacer une autre qui avait été détruite lors du transfert de la capitale d'Ava à Amarapoura, en 1784. Pendant quarante ans, à l'aide de renseignements recueillis sur place, il réunit les matériaux d'une faune et d'une flore indigènes, qui, malheureusement, disparurent lors de la guerre de 1824-1826 entre les Anglais et les Birmans. Amato s'adonna aussi à l'étude de la religion bouddhique et des langues pali et birmane. Il mit en vers trois ouvrages qu'un de ses prédécesseurs, Mgr Percotto, avait composés en birman au milieu du XVIIIe siècle. Ce sont un livre de controverse entre un chrétien et un païen, un abrégé de la Genèse et une traduction des livres de Tobie et de Daniel. En 1826, lors de l'approche des troupes anglaises, un officier birman emprisonna Amato, qui fut aussitôt délivré par ordre du roi. A partir de la mort du P. de Grandona, en 1823, Amato était demeuré le seul missionnaire catholique en Birmanie jusqu'en 1830. Cette année-là, les missions de Birmanie furent transférées des barnabites au séminaire de la Propagande. Mgr Frédéric Cao arriva en Birmanie, accompagné de quatre prêtres, dont deux furent adjoints au P. Amato. Celui-ci mourut au commencement d'avril 1832, au village de Monhla.

Piolet, *Les missions catholiques françaises au commencement du XIXe siècle*, Paris, t. II, p. 319-320. — Bigandet, *La mission de Birmanie*, trad. Launay, Paris. — *The Asiatic journal*, nouvelle série, Londres, 1833, t. x, p. 274-276. — Sangermano, *The Burmese empire*, éd. Jardine, Londres, 1893, p. 378-379.

A. TAYLOR.

10. AMATO (MARIANO). Né à Naples, il fut préconisé évêque de Cotrone le 28 novembre 1757 (Actes consistoriaux, vol. ann. 1756-1763, fol. 40-41), et dut mourir vers 1766, car son successeur, Bartolomeo Amorosi, fut préconisé à ce même siège le 1er juin de cette année.

Cappelletti, *Le Chiese d'Italia*, Venise, 1870, t. XXI, p. 193. — Taccone-Galluci, *Cronotassi dei metropolitani, arcivescovi e vescovi della Calabria*, Tropea, 1902, p. 410; *Regesti dei romani pontefici per le Chiese della Calabria*, Rome, 1902, p. 410.

J. FRAIKIN.

11. AMATO (MICHELE), né à Naples en 1682, protonotaire apostolique, aumônier, en 1707, de l'église royale de Castel Nuovo à Naples même, visiteur depuis 1719 de toutes les églises et chapelles royales du royaume, mort en 1729. Il a fait imprimer les trois ouvrages suivants : *De opobalsami specie ad sacrum chrisma conficiendum requisita*, Naples, 1722; *De piscium aique avium esus consuetudine apud quosdam Christifideles in Antepaschali jejunio*, Naples, 1723; *Dissertationes quatuor historico-dogmaticae*, Naples, 1728. Dans les recueils poétiques de l'époque, il a publié quelques sonnets et il a laissé une dizaine de manuscrits sur différents sujets.

Mazzuchelli, *Scrittori d'Italia*, t. I, p. 596-597. — D'Afflitto, *Scrittori del regno di Napoli*, 1782, t. I, p. 279.

P. ARGARI.

12. AMATO RONCONI (Bienheureux). Né, vers l'an 1200, à Saludez, près de Rimini (Romagne), d'une famille distinguée, il refusa de contracter un riche mariage, que lui proposait son frère, et, après avoir partagé avec lui l'héritage paternel, se retira dans une maison située sur le bord d'une route, afin de se mortifier et d'exercer l'hospitalité envers les voyageurs. Son esprit de pénitence était tel qu'on voulut le faire passer pour fou; puis son frère et sa belle-sœur le traduisirent devant la justice en l'accusant d'un crime abominable, mais il accomplit, devant ses juges, un miracle qui attesta son innocence. Il fit quatre fois le pèlerinage de Saint-Jacques de Compostelle, et fonda, dans cette ville, un hospice destiné à recueillir tous les indigents sans distinction. Il mourut en 1264, en léguant tous ses biens aux pauvres, et accomplit de nombreux miracles après sa mort. Son culte a été approuvé par Pie VI, le 17 avril 1776. Fête, le 8 mai.

Sebastianus Sericus, *Vie*, dans *Acta sanctorum*, maii t. II, p. 348-354; traduction en italien, par Jacobus Antonius, Rimini, 1599. — Migne, *Dictionnaire d'hagiographie*, t. I, col. 79-80.

J. FRAIKIN.

1. AMATOR (Saint), vénéré à Lucques, chez les franciscaines de San Michele in Borgo, avec ostension de ses reliques, le 20 août. Les bollandistes, qui connaissaient seulement un médiocre résumé de sa vie par Cesare Franciotti, avaient déjà fait le rapprochement entre ce personnage et le saint vénéré à Roc-Amadour. La publication de la Vie complète, telle qu'elle se trouve en un manuscrit latin qui appartient autrefois aux religieuses de Lucques et qui est aujourd'hui à la Bibliothèque nationale de Paris (*N. A. L. 881*), a montré que les rapprochements étaient si nombreux qu'ils toucheraient presque à l'identification; mais l'Amator de Lucques n'a aucune relation avec saint Martial, ni avec sainte Véronique; c'est un Bethléemite, venu, à une date imprécise, d'abord en Espagne, puis en France, à Notre-Dame du Puy et enfin à Roc-Amadour. L'auteur italien a pu d'ailleurs se servir des *Acta* de saint Amadour et de diverses autres Vies de saints : il a copié mot à mot des fragments de celle de saint Léonard de Noblat. C'est dire qu'on ne peut faire état de cette légende pour aucun détail utile à l'histoire. Quant aux reliques possédées à Lucques, qui sont un avant-bras, une main et trois doigts, on ne peut en expliquer l'origine que par un apport du Quercy (un archevêque de Lucques, Gme Doucin, en 1330, 1349, était originaire du Quercy), car, dans les reliques conservées à Roc-Amadour, on trouve encore les deux bras entiers.

Ed. Albe, *La vie et les miracles de saint Amator*, dans *Analecta bollandiana*, 1909, t. XXVIII, p. 57 sq. — Voir les articles AMADOR et AMADOUR, col. 910 sq.

ED. ALBE.

2. AMATOR. Voir AMATEUR, col. 981-982.

AMATOUNIQ. Nom d'une famille satrapale arménienne, qui intéresse à plusieurs points de vue l'histoire ecclésiastique de l'ancienne Arménie.

I. ORIGINES DE CETTE FAMILLE. — Moïse de Khorène, historien arménien du VIIe ou du VIIIe siècle, souvent peu exact dans les détails de son *Histoire nationale*, raconte que les Amatouniq émigrèrent de la ville perse d'Ahmatan, au temps des empereurs romains Trajan et Adrien ; cette famille satrapale, arrivée en Arménie auprès du roi Artachès II (Artaxias), fut établie par ce prince dans un domaine situé au nord de l'Araxe et à l'ouest de la ville actuelle d'Érivan. *Histoire d'Arménie*, Venise, 1841, l. II, c. LVII. Au dire du même historien, Vahan Amatouni, général du roi arménien Khosrov le Petit (328-337?), sur le point d'être écrasé par les tribus caucasiennes, encouragées par Chapouh II (Sapor) de Perse, se tourna vers l'église cathédrale (Kathoghike) de Vaghar chapat, voisine du champ de bataille, invoqua le Dieu qui avait dirigé la pierre de David et, d'un trait, renversa le géant chef des Caucasiens. En récompense de cet exploit accompli près d'Ochakan, Khosrov donna cette place aux Amatouniq (l. III, c. IX). A tout le moins, le détail de ce récit qui a trait à l'église d'Edschmiadzin nous semble controuvé. Nous pensons que la fondation de la métropole arménienne actuelle de Vagharchapat est postérieure aux deux premiers rois chrétiens de l'Arménie, Tiridate III et Khosrov II, et n'est point l'œuvre de Grégoire l'Illuminateur. Voir notre *Histoire politique et religieuse de l'Arménie*, Paris, 1910, p. 444-448, etc. D'ailleurs, Faustos de Byzance, l'historien le plus ancien de l'Arménie, raconte aussi la bataille précédente avec beaucoup de détails ; il parle du rôle joué par Verthanès, fils de Grégoire l'Illuminateur et « grand évêque des Arméniens ; » il décrit la mort de l'Arsacide Sanesan, grand roi des Massagètes ; il signale Vahan Amatouni parmi les chefs arméniens ; mais il ne dit rien de son prétendu fait d'armes, ni de la grande église de Valarsapat. Faustos, *Histoire des Arméniens*, Venise, 1889, l. III, c. VII, p. 16-17, en arménien ; dans la collection Langlois des *Historiens anciens et modernes de l'Arménie*, Paris, 1867, t. I, p. 215-216. Après la mort du chef des évêques Verthanès, vers l'an 339, les principaux satrapes ayant persuadé au roi Tiran d'appeler au poste d'archevêque le vieux chorévêque syrien Daniel, ancien disciple de Grégoire l'Illuminateur, Karen, le chef de la maison des Amatouniq, fut l'un des trois nakharars chargés de lui porter ce message. Faustos, l. III, c. XIV, p. 38, 39 ; dans Langlois, t. I, p. 225. Quand, vers les années 355-363, Nersès Ier, arrière-petit-fils de Grégoire l'Illuminateur, a été désigné par le peuple, les seigneurs, le roi et les évêques pour occuper le siège principal « athorr Gelkhavorouthiann », Faustos nomme encore le prince des Amatouniq, Parguev, parmi les nakharars qui accompagnent l'élu vers Eusèbe, archevêque de Césarée (362-370), auquel est réservé le privilège de le consacrer. Faustos, l. IV, c. IV, p. 72-73 ; Langlois, t. I, p. 238. Vers la fin de 439, le 18e jour du mois de Méhégan, Vahan Amatouni, généralissime de l'Arménie, assista à la mort de saint Mesrop, vice-patriarche et auteur de l'alphabet arménien. Le chef des Amatouniq et Hémaïak Mamikonian firent transporter le corps de Mesrop à Ochakan, à l'ouest de la moderne Erivan. Trois mois après, Vahan bâtit un temple sous le vocable du célèbre Vartabet, et plaça ses reliques au-dessous de l'autel principal. Thodick, Jacques et Jean, trois disciples du bienheureux, furent désignés pour desservir cette église, célébrer le service quotidien et exercer la charge de pasteurs du peuple. Gorioum, *Biographie de Mesrop*, Venise, 1894, en arménien, p. 44, 46 ; traduction française dans Langlois, collection citée, t. II, p. 14, 15.

II. ÉVÊQUES DES AMATOUNIQ. — Comme les autres grandes familles satrapales, les Amatouniq avaient eu, au IVe siècle, un rôle important dans la désignation de certains évêques. Oukhtanès d'Ourha (Édesse) raconte que le siège épiscopal des Amatouniq fut établi au dixième rang par Grégoire l'Illuminateur (295-324?), Histoire écrite en trois parties, traduction de Brosset, Saint-Pétersbourg, 1871, n. 85, p. 269. Mais l'assertion est contestable.

Au Ve siècle, au plus tard, des évêques semblent exclusivement chargés de telle ou telle famille satrapale et de ses clients. Tel, cet Élisée, évêque des Amatouniq, qui, avec dix-sept autres évêques, assiste au synode d'Artachat (voir ce nom), où est décidée la belle réponse à la sommation des Perses Mazdéistes. Élisée, ou l'auteur inconnu qui a écrit l'*Histoire de Vardan et de la guerre des Arméniens*, Venise, 1859, c. II, p. 22, en arménien ; traduction française dans Langlois, t. II, p. 192 ; Lazare de Pharbe, *Histoire des Arméniens*, Venise, 1891, c. II, n. 23, p. 139, en arménien ; dans Langlois, t. II, p. 282, n. 22. Nous ignorons si l'évêque des Amatouniq est lui-même de cette famille. Il est du moins certain que le prince des Amatouniq, l'intendant général Vahan, est après Vardan Mamikonian l'un des chefs les plus ardents et les plus influents dans la guerre soutenue en 451, par l'Arménie chrétienne, contre la Perse Mazdéiste qui veut la contraindre d'apostasier. Les intentions de Vahan A. sont-elles pures? Oui, répond Élisée, dans Langlois, p. 190. Non, prétend Lazare, car il est poussé par sa jalousie contre Vasak Mamikonian, osdigan traître à sa foi. Langlois, p. 290 ; voir notre *Histoire*, p. 521, etc.

En 505-506, à l'issue du synode de Dvin, synode antinestorien, mais favorable à l'Hénoticon de l'empereur Zénon, l'évêque des Amatouniq, Chahèn, avec dix-huit autres évêques, signe la lettre adressée par le catholicos arménien Babguèn aux « orthodoxes » (monophysites) de Perse. *Girq Theghthots, Livre des Épîtres*, Tiflis, 1901, en arménien, p. 42. Une lettre d'objurgations envoyée par le catholicos arménien Nersès II de Bagrevand (548-557), à quelques évêques suspects à ses yeux de sympathiser avec les nestoriens, qu'il confond avec les chalcédoniens, est signée par Khosrov, évêque des Amatouniq, et sept autres évêques. *Op. cit.*, p. 70. Peu après, Bab, successeur de Khosrov (Khosroès), signe deux lettres analogues à la précédente, adressées par le catholicos arménien Jean de Gabéghian (557-571) aux évêques de la Siounie et de l'Aghouanie. *Op. cit.*, p. 78, 81.

Dans le siècle suivant, nous voyons l'évêque des Amatouniq, Jean, prendre part au synode que le marzban d'Hircanie, Sembat Bagratouni, et le vice-catholicos Verthanès Qerdogh (le grammairien) ont réuni à Dvin en 606, pour donner un successeur au catholicos défunt Moïse. Nersès Akinian, *Histoire des relations arméno-géorgiennes au VIIe siècle*, Vienne, 1910, en arménien, p. 138, 140 ; *Girq Theghthots* (Livre des Épîtres), en arménien, Tiflis, 1901, p. 108-109. — Son successeur Matthéos, évêque des Amatouniq, participa au synode réuni à Ctésiphon, en 615, sous le patronage du roi de Perse Khosrov II et du marzban Sembat, en vue d'isoler les Arméniens et les Syriens de la chrétienté occidentale. Sébéos, *Histoire d'Héraclius*, traduction française de Frédéric Macler, Paris, 1904, l. III, c. XXXIII, p. 114 ; N. Akinian, *loc. cit.*, p. 163, 259 ; *Girq Theghthots*, p. 149, 151, 196 ; Stephanos de Taron (Assoghik), *Histoire d'Arménie*, l. II, c. II, en arménien ; traduction allemande de H. Gelzer et A. Burckhard, Leipzig, 1907, p. 67 ; notre *Histoire pol. et relig.*, p. 348, où nous avons écrit, par erreur, synode de Tovin, au lieu de synode de Ctésiphon. Plus tard, Abel, évêque des Amatouniq, prend part au synode arméno-syrien de Manazkert, réuni en 726, sous la présidence du catholicos arménien Jean

Otznetsi. *Chronique de Michel le Syrien*, avec traduction française par Chabot, Paris, 1904, II, p. 457-461; E. Ter-Minassiantz, *Die Armenische Kirche, in ihren Beziehungen zu den syrischen Kirchen*, Leipzig, 1904, p. 188; notre *Histoire pol. et relig.*, p. 388-400. Voir, pour plus amples renseignements sur les Amatouniq, Alichan, *Ararat*, Venise, 1890, en arménien, p. 13, 133, 189-196, 428. Alichan signale T'adjad évêque des Amatouniq après le milieu du IVe siècle; mais nous ne savons d'après quelle source. Il mentionne aussi l'évêque Sargis vers la fin du VIIe siècle, un Grégoire vers la fin du IXe siècle. *Op. cit.*, p. 196. Ces évêques curent tous leur juridiction une dizaine de couvents, dont Alichan donne les noms, p. 133.

Nous voyons signalés deux *couvents des Amatouniq* dans la longue liste des couvents arméniens de Jérusalem d'après Anastase Vartabet. L. Alichan a inséré cette autobiographie dans son ouvrage *Ayapatoum*, t. II, *Patmouthioum Haïots*, Venise, 1901, n. 191 et 192, p. 227. Mais il est certain qu'il ne faut pas prendre au pied de la lettre ce qui est dit au début, à savoir que ces monastères de Jérusalem furent fondés au temps de Grégoire l'Illuminateur et de Tiridate le Grand, c'est-à-dire vers l'an 280-320. L'opuscule d'Anastase (VIIe siècle) *sur les 70 couvents arméniens de Jérusalem* (?) a été publié à Venise, 1896; texte arménien avec traduction française. On y fait mention d'un couvent des Amatouniq pour les hommes et d'un autre pour les femmes, p. 7 et 28.

F. TOURNEBIZE.

AMATRE. Voir AMATEUR, AMATOR.

1. AMATUS, évêque de Nusco. Nous avons de sa Vie deux rédactions, qui diffèrent beaucoup entre elles au point de vue chronologique et historique. La rédaction de Félix Renda de Mercugliano paraît plus conforme à la vérité historique, et les bollandistes lui ont donné la préférence. Suivant ce biographe, Amatus serait né à Nusco, petite ville de l'Italie méridionale, vers l'an 1104. Ses parents étaient nobles et songèrent à lui donner une bonne éducation chrétienne et littéraire. Orphelin de père et de mère à l'âge de quatorze ans, il aurait distribué ses biens aux pauvres et embrassé la vie ecclésiastique. Consacré prêtre à l'âge de vingt-cinq ou vingt-six ans, il fut nommé aussitôt archiprêtre de sa ville natale. Deux ans après, il quitta son troupeau, s'adjoignit un compatriote, nommé Jean, et alla demander l'habit religieux des bénédictins au prieur du monastère du Saint-Sauveur, situé à quelque distance de Nusco. Ce monastère dépendait de la célèbre abbaye de Montevergine, fondée en 1123, par saint Guillaume de Verceil. A la mort de celui-ci (1142), il choisit un endroit aux pieds du mont Lacinio et y fonda l'abbaye de Fontiliano. Il y guérit un jeune homme muet, qui était venu se mettre sous sa direction, et lui donna le nom de Guillaume. Guillaume Ier, roi de Sicile, (1154-1166), le fit nommer évêque de Nusco. Sa nomination fut accueillie avec joie par le clergé et le peuple du diocèse. Il fut consacré par l'archevêque métropolitain de Salerne. Comme pasteur des âmes, il se distingua par son zèle et sa générosité. Il bâtit à ses frais la cathédrale en 1123, par saint Guillaume de Verceil. A la Marie-Nouvelle, une église dédiée à saint Laurent, l'ermitage de Saint-Léon. Il s'y rendait souvent et, par ses conseils et ses instructions, excitait la ferveur des moines. Sa mort eut lieu en 1193. Il opéra un grand nombre de prodiges avant et après sa mort. Son successeur, l'évêque Roger, érigea en son honneur une église. Ses reliques y furent déposées. Un autre évêque, Luc, déposa le chef et les bras du saint dans une chapelle spéciale.

D'après une autre rédaction, qui a été surtout défendue par l'archiprêtre François Noia, le saint serait né à Nusco, au commencement du XIe siècle. Son père, dont le nom a été conservé par le testament du saint, s'appelait Landoni. En 1048 ou en 1071, il fut consacré évêque de Nusco. Ughelli et Noia le considèrent comme le premier évêque de cette ville. Le nouveau diocèse comprenait les villes et bourgades de Nusco, Oppido, Castel di Francia, Bagnoli, Montella et Cassano. Sa mort eut lieu en 1093. Ses reliques furent découvertes en 1191 et en 1200 déposées dans une chapelle érigée en son honneur. Luc, évêque de Nusco, fixa comme date de sa fête le 28 mai. Une nouvelle reconnaissance de ses reliques eut lieu en 1730. On le considère, à Nusco, comme le patron de la ville contre les tremblements de terre. D'après les bollandistes, la première découverte des reliques aurait eu lieu en 1223; la seconde après 1250. Ughelli, *Italia sacra*, 2e éd., t. VII, col. 533-534, et avec lui Noia et les bollandistes, ont publié le testament d'Amatus. Mais Sandulli, dont les bollandistes résument les arguments, prouve très bien que cette pièce est l'œuvre d'un faussaire.

La première biographie du saint a été écrite par François de Ponte, en 1461, imprimée en 1543 et en 1581, et rééditée dans *Acta sanctorum*, aug. t. VI, p. 844-847. C'est plutôt un panégyrique, rédigé en forme de leçons pour le bréviaire. Une Vie plus détaillée est celle de Félix Renda, prieur de l'abbaye de Montevergine, insérée dans l'ouvrage suivant: *Vita et obitus sanctissimi confessoris Guilielmi Vercellensis sacri monasterii Montis Virginis de Monte fundatoris, ac religiosus eiusdem monachorum et monialium institutoris, collecta, additis eiusdem religionis, aliorumque sanctorum vitis et privilegiis in favorem*, Naples, 1581. Elle a été insérée dans les *Acta sanctorum, loc. cit.*, p. 723-728, et enrichie d'une savante introduction, p. 701-723. Ce sont là les sources principales de la vie du saint. Tommaso Costo, *Istoria dell'origine del sagratissimo luogo di Montevergine, dov'è la vita di S. Guglielmo, capo e fondatore di quel monastero e suo ordine, e di S. Amato vescovo di Nusco, già suo discepolo*, Venise, 1591, fol. 27-30. — L'ouvrage de Regio, évêque de Vico Equense, *Delle vite dei santi che si conservate le lor reliquie, o son protettori, o son nati a diverse città, terre, e luoghi del regno di Napoli*, Naples, 1586, 1587, que citent les bollandistes, ne contient pas la biographie du saint. — François Noia, archiprêtre de Chiusano, *Discorsi critici su l'istoria della vita di S. Amato, prete e primo vescovo di Nusco, con una lettera, la quale racchiude una dissertatione ove si dà il giudizio del sacco di S. Francesco*, Gênes, 1707. Ces discours sont dirigés contre Renda et l'abbaye de Montevergine. L'auteur reconnaît comme seules sources historiques de la Vie du saint l'*Octavarium* de François de Ponte et le testament apocryphe du saint. A cause de la violence de la polémique, l'ouvrage, qui révoque en doute la plupart des miracles du saint, a été mis à l'index le 15 janvier 1714. — Paulin Sandulli, *Apologia in risposta ai discorsi eretici di Francesco Noia, arciprete di Chiusano, sulla storia della vita di S. Amato, vescovo di Nusco*, Naples, 1733. On y réfute les discours de Noia. — Mabillon, *Annales ordinis S. Benedicti*, Lucques, 1745, t. VI, p. 335. — Ughelli, *Italia sacra*, 2e éd., t. VII, p. 533-534. — Cappelletti, *Le Chiese d'Italia*, t. XX, p. 402. — A. D. V., *La vera vita del glorioso S. Amato primo vescovo, cittadino e protettore della città e diocesi di Nusco, coll' aggiunta di alcune novene in onor del santo*, Naples, 1856; Monza, 1890. — Sena, *Orazione panegirica per la solenne traslazione delle reliquie di S. Amato, primo vescovo di Nusco*, Naples, 1858. — Tagliatela, *Orazione panegirica di S. Amato, primo vescovo e patrono di Nusco*, Naples, 1890.

A. PALMIERI.

2. AMATUS. Voir AIMÉ, t. I, col. 1171; AMATO, AMÉ.

AMAURENSIS (*Ecclesia*). Évêché d'Afrique, situé en Maurétanie Césarienne; il n'est pas encore identifié. Mgr Toulotte se demande, sans rien affirmer du reste, si cette localité ne correspondrait pas au « bourg actuel d'Amoura, situé sur l'Oued Djedi, et qui a certainement succédé à une ville romaine. » Le nom est en effet très semblable, mais il ne pourrait constituer à lui seul qu'un commencement de preuve; d'ailleurs, l'Oued Djedi est un fleuve de Numidie et non de Maurétanie Césarienne.

Un représentant de cette chrétienté, Urbanus, assistait à l'assemblée qui se tint à Carthage, en 484, sur l'ordre du roi vandale Hunéric. *Notitia provinciarum et civitatum Africae*, Mauretania Caesariensis, 35, édit. Halm, p. 69; *P. L.*, t. LVIII, col. 273, 339. Son nom est suivi, comme beaucoup d'autres dans la liste, de la mention *prbt*, que l'on a interprétée de façons très diverses. Si l'on pense avec M. Otto, *Thesaurus, loc. cit.* à la bibliographie, qu'il faille restituer *pr(es)b(y)t(er)*, Urbanus ne serait donc pas un évêque, mais un simple prêtre. On explique plus volontiers d'ordinaire *pr(o)b(a)t(us)* (Mgr Toulotte, *op. cit.* à la bibliographie, p. 190; Monceaux, *Histoire littéraire de l'Afrique chrétienne*, 1905, t. III, p. 108, n. 4), ou *p(c)r(i)b(a)t* (Papencordt, *Geschichte der Vandalischen Herrschaft in Afrika*, Berlin, 1837, p. 372; Mgr Duchesne, *Histoire ancienne de l'Église*, 1910, t. III, p. 642, n. 1; 645, n. 1); ou même *periit*. Papencordt, *ibid.*; Halm, édit. de Victor de Vita, p. 63, n. 21.

Morcelli, *Africa christiana*, Brescia, 1816-1817, t. I, p. 75. — *Notitia dignitatum*, édit. Böcking, Bonn, 1839-1853, t. II, Annot., p. 650. — V. De Vit, *Totius latinitatis onomasticon*, Prato, 1859, t. I, p. 248, au mot *Amaura*. — Gams, *Series episcoporum*, Ratisbonne, 1873, p. 464. — De Mas-Latrie, *Bulletin de correspondance africaine*, 1886, p. 92; *Trésor de chronologie*, 1889, col. 1871. — Mgr Toulotte, *Géographie de l'Afrique chrétienne*, Rennes-Paris, 1892-1894, Maurétanies, p. 37. — Joh. Schmidt, *Amaura*, dans Pauly-Wissowa, *Real-Encyclopädie*, t. I, col. 1753. — *Thesaurus linguae latinae*, Leipzig, 1900, t. I, col. 1831, au mot *Amaurensis*. — R. P. Mesnage, *L'Afrique chrétienne*, Paris, 1912, p. 488.

Aug. AUDOLLENT.

1. AMAURY, archevêque de Tours sous Charles le Chauve, succéda à Ursmar, ou à Landran, s'il est vrai que ce dernier reprit sa démission à la mort d'Ursmar. C'est le temps des invasions normandes. Tout est bouleversé. Les Chroniques de Touraine sont muettes sur les antécédents et les actes épiscopaux d'Amaury. Les dates qu'elles donnent varient avec les manuscrits et sont contredites par les pièces officielles. Les chartes, les conciles, les correspondances du temps permettent de réparer cet oubli, et de ressusciter une belle figure d'évêque.

Les historiens de Touraine, d'après deux chartes publiées par Baluze, l'identifient avec Amaury, écolâtre de Saint-Martin de Tours en 841, et le premier qui occupe cette fonction au moment où elle prend une importance considérable. A la mort de l'abbé Frédégise, élève chéri et successeur d'Alcuin (834), la dignité abbatiale est tombée aux mains de laïcs, nommés par le roi, qui n'exercent pas d'autorité religieuse sur les deux cents chanoines de l'insigne collégiale. Les pouvoirs de l'abbé sont partagés entre le doyen, qui paraît s'occuper surtout des intérêts temporels, et l'écolâtre en chef, choisi entre les maîtres, jusqu'alors égaux, pour diriger les études et l'atelier de calligraphie, en continuant les traditions littéraires et artistiques d'Alcuin. A l'écolâtre aussi sont attribuées la rédaction des chartes et la conservation des titres de la collégiale et des manuscrits antiques de sa bibliothèque. Chef de l'école de Tours et gardien de ses trésors, successeur immédiat de l'abbé Frédégise, et peut-être lui-même élève d'Alcuin, tel nous apparaît Amaury en 841. *P. L.*, t. CVI, col. 904.

Comment remplit-il ses importantes fonctions? Sut-il maintenir à l'école de Tours sa célébrité? Bibliothécaire, parait-il hostile aux prêts à distance. On le voit par la lettre de l'abbé Loup de Ferrières à l'archevêque Ursmar. « Nous vous supplions, écrit-il, de nous obtenir d'Amaury le manuscrit des Commentaires de Boèce sur les Topiques de Cicéron, qu'il a dans la bibliothèque de Saint-Martin. Nous vous prions ...de cacher notre nom, et de dire que vous l'empruntez pour quelqu'un de vos proches... » *P. L.*, t. CXIX, col. 464. Directeur des travaux de calligraphie, il s'efface, volontairement peut-être, devant les abbés laïcs, qui contribuent aux dépenses de l'atelier, et font inscrire leur nom sur les chefs-d'œuvre. C'est pourtant sous ses ordres, et plusieurs fois de sa main, que furent rédigées les belles chartes carolingiennes conservées jadis dans le trésor de la collégiale, et qui furent choisies, en 1794, pour faire des gargousses d'artillerie, parce qu'elles étaient en excellent parchemin, sans trous. Ch. de Grandmaison, *Inventaire des archives d'Indre-et-Loire*, t. I, p. 6, 7. C'est aussi le temps où l'école artistique de Tours atteint son apogée, et où sortent du *scriptorium* de Saint-Martin les splendides manuscrits en lettres d'or, aux larges miniatures dont le plus fameux est la bible de Charles le Chauve, écrite, croit-on, entre 842 et 850. Comme directeur des études, Amaury donne un gage éclatant de son zèle pour la science. Au mois d'août 841, il fait donation à Saint-Martin, pour le repos de son âme et le rachat de ses fautes, d'une manse seigneuriale et d'une servile, situées en Touraine, dans la viguerie d'Esvres, et d'une troisième dans le Blésois, dans la viguerie de Cheverny, au village d'Aunay, etc., fondation pour le traitement des maîtres de l'école de Saint-Martin, qui devront enseigner gratuitement. Il déplore dans l'acte la funeste coutume introduite du temps de ses prédécesseurs, d'exiger un salaire de l'enseignement comme des autres affaires humaines. Il était encore écolâtre en 849. Vers cette époque, il fut élevé au siège archiépiscopal de Tours. De son administration en Touraine, il ne reste pas trace. Comme métropolitain, il semble avoir pris au sérieux ses droits sur la Bretagne, donnant asile aux évêques persécutés par les Normands, et exigeant la reconnaissance de sa primauté contre les prétentions des évêques de Dol.

Son rôle dans les affaires générales est un peu mieux connu, grâce aux textes conciliaires. Il assista aux trois seuls conciles qui se soient tenus en France pendant son épiscopat, et dont les actes nous soient conservés. Le 20 avril 853, il est un des présidents du concile de Soissons, tenu en présence de Charles le Chauve, et qui promulgue de graves décisions concernant la discipline de l'Église. Choisi par Hincmar, conjointement avec Guenilon, archevêque de Sens, pour juger la délicate question des ordres conférés par Ebbon, il conclut à l'invalidité. La sentence, confirmée par Benoît III, fut plus tard annulée par Nicolas Ier. Flodoard, *Hist. eccl. Remens.*, III, XI. Le même concile lui confia la mission de gouverner l'Église du Mans, dont l'évêque, Audry, était frappé de paralysie. *Concil. antiqua Gall.*, III, 76.

Le 27 août, il siège au concile de Verberie. On annonce alors une invasion nouvelle des Normands, qui ont brûlé Nantes pour la seconde fois et remontent la Loire. Amaury rentre dans son diocèse, aussitôt pour sauver les reliques de saint Martin, qu'on dirige vers Orléans, et pour mettre à l'abri, derrière les murs de Tours, une partie des titres et des manuscrits de la collégiale. Le temps manque pour tout emporter. Les Normands arrivent comme un ouragan. Amaury défend la ville. Il ne peut sauver les faubourgs, qui sont pris d'assaut, saccagés, brûlés. Toute la banlieue est ravagée, vingt et une églises ou abbayes détruites de fond en comble. Dans la seule abbaye de Marmoutier, cent vingt-six moines sont massacrés.

Du haut des remparts de Tours, Amaury assista à l'incendie de la Martinopole, au massacre de ses fidèles, à la ruine de son diocèse. Au milieu de ce désastre, il reçut une lettre consolante de son ami Hincmar. L'archevêque de Reims, dit Flodoard, écrivit à Amaury, pieux archevêque de Tours, pour compatir à ses tribulations et consoler sa patience, lui disant qu'il l'estimait comme le plus cher de ses amis. Il lui envoya des ornements précieux, une chasuble verte, la seule qu'il eût, avec cent sous d'or. Il lui confia aussi l'administration des biens possédés par l'Église de Reims en Aquitaine, et que le roi lui avait fait restituer. Flodoard, *Hist. eccl. Remens.*, III, xxi, P. L., t. cxxxv, col. 201.

Amaury ne put survivre longtemps à ces chagrins. On le voit encore, le 25 août 855, au concile de Bonneuil (*Bonoïlum*). Il mourut cette même année. Le peu que nous savons de lui permet de le considérer comme un homme appliqué à ses devoirs, qui mérita par sa piété et sa droiture la confiance de ses contemporains, qui sacrifia sa personne à sa fonction, et aurait, s'il avait vécu plus longtemps, fait grande figure dans l'épiscopat.

Sirmond, *Concilia antiqua Galliae*, t. III, col. 69-93. — *Hist. litt. de la France*, t. IV, p. 243; t. v, p. 91. — A. Salmon, *Chroniques de Touraine*, p. 101, 215, 297. — E. Mabille, *La pancarte noire de Saint-Martin de Tours*, p. 334, 348, 399, 407; *Les invasions normandes de la Loire*, p. 24, 50, 56. — Maan, *Sancta et metropolitana ecclesia Turonensis*, Tours, 1667, Préface, xxiv, p. 59-60. — Leclerc de Boisrideau, *Éloge des archevêques de Tours* (1687). — Bibl. de Tours, ms. *1262*. — *Gallia christiana*, t. XIV, col. 38-39. — Carré de Busserolles, *Dictionnaire historique de Touraine*, t. I, p. 17. — L. Bossebœuf, *École de calligraphie et de miniature de Tours*, Tours, 1891, p. 71. — E. Vausselle, *La collégiale de Saint-Martin*, Tours, 1907, p. 76, 88, 344, 442.

E. AUDARD.

2. AMAURY (Ier), abbé de Micy, de 865 à 894. Amaury Ier gouverna Micy en des temps difficiles. Le monastère avait été pillé et en partie brûlé lors de la première invasion des Normands en 856. En 865, nouvelle invasion, ce qui reste de l'incendie de 856 est brûlé. C'est en 865 qu'Amaury, élevé à Saint-Benoît-sur-Loire, fut élu abbé de Micy. Le monastère commençait à se relever quand les Normands reparurent en 879, mais ils ne s'arrêtèrent pas à Micy. Revenus en 885, ils massacrèrent les moines et détruisirent tout ce qui avait été restauré. L'énergique évêque d'Orléans, Gauthier, poussa les moines à reconstruire. Le roi Eudes fut, en 888 et en 889, l'hôte d'Amaury à Micy, et dota le monastère. Amaury mourut vers 895.

Gallia christiana, t. VIII, col. 1529.

A. RIGUET.

3. AMAURY, évêque de Spire, dans la première moitié du Xe siècle, mort, selon quelques auteurs, le 7 mai 943. Avant d'occuper le siège de Spire, il était moine à Wissembourg en Alsace.

Kirchenlexikon, Fribourg-en-Brisgau, 1899, t. XI, col. 592. — *Monumenta Germaniae historica, Scriptores*, t. XIII, p. 319 (ancien catalogue des évêques de Spire).

G. ALLMANG.

4. AMAURY (Ier), archevêque d'Aix (991-1018?), est connu par un certain nombre d'actes qu'il souscrivit ou dont il fut le principal promoteur. Le plus ancien, de 991, est la charte de fondation du chapitre d'Apt, qu'il confirma comme métropolitain. Il favorisa les abbayes de Montmajour et de Saint-Victor de Marseille, donna à la première l'église et les dîmes de Saint-Pierre d'Hermès, à la seconde l'église de Saint-Victor de *Dana* et souscrivit, en 1005, l'acte par lequel Pierre, évêque de Marseille, proclamait l'abbaye indépendante de toute suzeraineté. Quelques années auparavant, il avait confirmé la donation de la ville de Pertuis, faite aux moines de Montmajour par la comtesse de Forcalquier, et il condamna en 1004 le comte Guillaume et ses enfants à se reconnaître vassaux de l'abbaye pour cette ville. Plus tard, les rapports entre le métropolitain et les moines se gâtèrent et le pape Sergius IV écrivit à Amaury vers 1060, le menaçant d'excommunication, s'il continuait à tracasser Montmajour, et l'exhortant à reprendre envers les moines ses bonnes dispositions d'autrefois. Amaury mourut en 1018, d'après Albanès.

Gallia christiana novissima, t. I, col. 44-45. — *Gallia christiana*, t. I, Appendice, p. 63-64.

P. RICHARD.

5. AMAURY (II), archevêque d'Aix (1032), sur lequel on sait fort peu de chose. Un seul document permet de l'identifier, en le distinguant de son prédécesseur homonyme : une donation aux moines de Varages, qu'il confirma, d'après une citation de Chantelou, *Histoire de Montmajour*, et à laquelle il apposa sa signature en 1032. On peut le confondre avec le chanoine d'Aix du même nom, qui figure dans un certain nombre d'actes d'Amaury Ier, une vingtaine d'années auparavant. Son épiscopat a pu commencer à une date bien antérieure, mais il était terminé en 1033, où commença l'activité de son successeur Pierre Ier. Cartulaire de Saint-Victor de Marseille.

Albanès, *Gallia christiana novissima*, t. I, col. 46-47.

P. RICHARD.

6. AMAURY (Ier), roi de Jérusalem, deuxième fils du roi Foulque, comte d'Anjou, et de Mélisende, fille de Baudouin II, naquit en 1135. Sous le règne de son frère aîné Baudouin III (1144-1162), il reçut, à l'âge de sa majorité, le comté de Jaffa (1151). En 1152, il prêtait serment de fidélité à la reine Mélisende en désaccord avec Baudouin III. Cependant, en 1153, après la prise d'Ascalon, le roi, « sur le conseil de sa mère, » ajouta cette ville importante à l'apanage de son jeune frère. Will. Tyr., XVII, 30; XIX, 1. En 1157 Amaury épousa Agnès de Courtenai, fille de Josselin III, comte d'Édesse, malgré l'opposition du patriarche Foucher, qui alléguait une parenté au quatrième degré entre les deux époux. De ce mariage naquirent, en 1160, un fils, le futur Baudouin IV, et plus tard une fille, Sibylle. La souscription d'Amaury paraît plusieurs fois dans les chartes (*P. L.*, t. CLV, col. 1154, 1155, 1156, 1158) et il prend part aux affaires du royaume. En 1159, il accompagne à Antioche son frère Baudouin III, assiste à son entrevue avec l'empereur Manuel Comnène et reçoit du souverain grec de magnifiques présents. Rien ne fait présager le rôle important qu'il va être appelé à jouer.

Mais, le 10 février 1162, Baudouin III meurt subitement à Beyrouth, à l'âge de trente-trois ans, empoisonné, d'après la croyance générale, par le médecin musulman du comte de Tripoli. Les grands du royaume s'assemblèrent aussitôt et élurent Amaury pour lui succéder, mais avant de procéder à son couronnement, qui eut lieu le 17 février, dans l'église du Saint-Sépulcre, le patriarche avait exigé qu'il répudiât Agnès de Courtenai; néanmoins ses deux enfants, Baudouin et Sibylle, furent reconnus comme héritiers légitimes du royaume.

Ce jeune roi de vingt-sept ans devait être un des souverains les plus remarquables des États chrétiens d'outre-mer. Guillaume de Tyr, qui a été son familier, a tracé de lui un long portrait (XIX, 2-3, éd. *Hist. occ. des crois.*, t. I, p. 884-888). Au physique, il était grand, avec un nez aquilin, une barbe et des cheveux abondants. Il paraissait un peu lourd, s'exprimait sans facilité et avec un léger bégaiement. En réalité, cet extérieur pesant cachait un esprit très vif. Sans être aussi instruit que Baudouin III, il avait le goût de la lecture et des occupations sérieuses; la seule distraction qu'il se permît était de dresser des hérons et des faucons pour la chasse. Il possédait à fond le droit féodal et veillait scrupuleusement à ce que les assises fussent respectées. Très religieux, il exigeait que toutes les dîmes fussent payées intégralement aux églises, ce qui ne l'empêcha pas à certains moments de leur extorquer de l'argent. Il passait en effet pour avare. Son abord n'avait rien d'agréable et il paraissait taciturne, n'adressant la parole à quelqu'un que s'il y était forcé. Esprit subtil, il aimait à poser des énigmes; il aimait à lire les chroniques et ce fut lui qui poussa Guillaume de Tyr à écrire, d'après des sources arabes qu'il lui fournit, une histoire des musulmans depuis Mahomet. Will. Tyr., Prol. et XIX, 21, *Hist. occ. crois.*, t. I, p. 5, 917. Il se faisait de son autorité royale une très haute idée et exigeait des vassaux le strict accomplissement de leurs devoirs. Enfin ce prince lettré était avant tout un homme de guerre et tout son règne se passa en expéditions : la conquête de l'Égypte, tel fut le but de tous ses efforts.

Dès son avènement, en effet, Amaury résolut de profiter des circonstances exceptionnelles qui rendaient possible une offensive contre les musulmans. Au nord du royaume franc, Noureddin, maître de la Syrie, semblait satisfait de ses victoires : au sud, l'Égypte était en pleine anarchie. Un enfant de neuf ans avait été proclamé calife, en 1160, tandis qu'une famille de vizirs mettait l'Égypte en coupe réglée. Un fonctionnaire du Saïd, Schawer, se révolta contre ce régime, parvint à se faire proclamer grand-vizir, mais fut chassé à la suite d'une révolte de la milice El-Barkia et se réfugia auprès de Noureddin (1163). Amaury fit alors une première tentative contre l'Égypte; il s'avança avec une armée jusqu'à Belbéïs, sur la branche pélusiaque du Nil, mais les habitants ouvrirent les écluses et les Francs durent se retirer devant l'inondation du plat pays. Ils ne devaient pas tarder à trouver une nouvelle occasion de revenir.

Noureddin, en effet, sortant de sa longue torpeur, avait renvoyé Schawer en Égypte avec une armée commandée par Schirkou, un de ses principaux émirs. Le 1er mai 1164, les deux alliés victorieux paraissaient devant le Caire. Le 24 mai, la ville était prise d'assaut et Schawer rétabli comme grand-vizir. Mais la brouille ne tarda pas à se mettre entre Schirkou, qui prétendait placer l'Égypte sous la suzeraineté de Noureddin, et Schawer, qui, après avoir atteint son but, ne songeait qu'à éluder les promesses faites à Damas. Une nouvelle guerre civile éclata en Égypte et Schawer envoya aussitôt des ambassadeurs au roi de Jérusalem pour lui demander son alliance, en lui offrant 1000 dinars par jour de campagne.

Amaury accepta ces offres. Après avoir confié la régence à Bohémond III, prince d'Antioche, il partit avec une armée grossie de quelques chevaliers d'Occident; il rejoignit l'armée de Schawer devant Belbéïs, où Schirkou s'était enfermé avec son neveu Salah-ed-din (Saladin). Le siège se poursuivit plusieurs mois sans succès, puis, à la nouvelle d'une victoire de Noureddin sur les chrétiens, à Harim, Amaury accepta de négocier avec Schirkou, qui consentit à évacuer l'Égypte, tandis que l'armée chrétienne revenait à Jérusalem (1164).

Schirkou n'avait fait que différer sa vengeance contre Schawer. En 1167, il obtint de Noureddin l'autorisation de retourner en Égypte avec 2000 cavaliers. A cette nouvelle, Amaury convoqua à Naplouse la haute-cour du royaume : une expédition en Égypte fut décidée et tous, clercs ou laïques, s'engagèrent à donner le dixième de leurs revenus. Le 30 janvier 1167, l'armée chrétienne partit d'Ascalon et fit sa jonction avec Schawer à Belbéïs, avant l'arrivée de Schirkou. Les alliés avaient décidé de couvrir le Caire. Schirkou vint s'établir en face de la ville, à Gizeh, où il resta deux mois; puis les alliés parvinrent à passer le Nil et à cerner le camp. Schirkou dut s'enfuir dans la Haute-Égypte, suivi de près par l'armée d'Amaury, qui l'atteignit au sud de Daldjah (non loin des ruines d'Hermopolis), le 18 mars. Une bataille sanglante s'engagea, mais les forces étaient trop disproportionnées : les 374 chevaliers et les 5000 piétons de l'armée chrétienne ne purent venir à bout des 20 000 hommes dont disposait Schirkou. Amaury se retira sur le Caire après avoir perdu cent chevaliers, tandis que Schirkou, descendant la vallée du Nil, arrivait à Alexandrie, dont le gouverneur lui ouvrait les portes. Amaury ne tarda pas à paraître devant la place et en fit le blocus. Au bout d'un mois, la famine régna dans la ville et les habitants se montrèrent hostiles aux Syriens. Schirkou engagea des négociations avec Amaury : les prisonniers furent échangés, la bannière d'Amaury fut arborée sur le Phare et les deux adversaires évacuèrent l'Égypte (août 1167). Mais il avait été convenu qu'un corps de Francs resterait au Caire pour la garde des portes et Schawer s'était engagé à payer au royaume de Jérusalem un tribut annuel de 100 000 dinars; une véritable administration de fonctionnaires chrétiens fut établie en Égypte pour le percevoir.

L'Égypte était donc de fait sous le protectorat chrétien, mais Amaury, sentant ses forces insuffisantes pour réussir dans la grande entreprise qu'il méditait, accepta l'alliance que lui offrit l'empereur Manuel Comnène, désireux de jouer un grand rôle en Orient. Le 29 août 1167, Amaury épousa à Tyr Marie Comnène, petite-nièce de l'empereur. Des ambassades furent échangées entre Jérusalem et Constantinople, au cours de l'année 1168, et un plan d'action commune contre l'Égypte fut élaboré. Schawer n'avait cessé de remplir ses engagements, mais il négociait de son côté avec Noureddin. Poussé par son conseil et surtout par le grand-maître de l'Hôpital, Gilbert d'Assaly, Amaury rompit les relations avec Schawer et pénétra en Égypte. Le 1er novembre 1168, il était devant Belbéïs, dont il s'empara, puis il marcha sur le Caire. Schawer, désespérant de défendre la ville, fit incendier le Vieux Caire et la flottille du Nil à l'aide de 2000 cruches de naphte. L'armée franque parut bientôt, mais Schawer avait demandé secours à Noureddin, qui avait fait remettre à Schirkou 200 000 pièces d'or pour marcher au secours de l'Égypte. Le 2 décembre, Schirkou avait réuni à Damas une brillante armée; le 17 décembre, il partait à marches forcées, tandis qu'Amaury, instruit de son approche, se repliait sur Belbéïs.

Le 8 janvier 1169, après avoir évité l'armée franque, Schirkou entrait en triomphe au Caire. Là eut lieu une nouvelle révolution de palais; à la suite d'un complot, dans lequel entra le jeune calife fatimite, Schawer fut massacré par les soldats de Saladin (18 janvier). Schirkou reçut les insignes de grand-vizir, mais, après deux mois de gouvernement, il mourut d'une indigestion (23 mars) et le calife Al-Adid désigna pour lui succéder son neveu Saladin. Celui-ci ne tarda pas à se révéler comme un maître, intercepta les correspondances que le calife cherchait à entretenir avec Amaury et fit massacrer la garde des 50 000 noirs qui avait tenté une révolte.

La situation était menaçante pour le royaume de Jérusalem et les événements démontraient combien avait été impolitique la rupture d'Amaury avec Schawer. Conscient du danger, Amaury avait envoyé des ambassadeurs aux princes d'Occident pour demander des secours et l'alliance avec l'empereur de Constantinople avait été renforcée. En septembre 1169, une escadre byzantine rejoignit la flotte d'Amaury à Tyr. Une attaque par mer contre l'Égypte fut décidée et, le 27 octobre 1169, l'armée alliée débarqua devant Damiette. Saladin, dans la crainte d'une révolte, était resté au Caire, mais il avait pourvu la place d'approvisionnements et de forces. Des divergences entre le mégaduc Andronic Kontostephanos et le roi Amaury paralysèrent l'attaque des chrétiens. La famine se mit dans le camp des Grecs et les Francs refusèrent de les ravitailler. Le mégaduc, irrité, voulut donner l'assaut avec ses seules forces, mais un héraut du roi vint arrêter le combat. Amaury avait conclu un armistice avec les habitants de Damiette et les deux armées se retirèrent. L'échec de cette expédition allait avoir pour les États chrétiens des conséquences redoutables : Amaury devait désormais songer à défendre ses États. Noureddin envoyait des renforts à Saladin et faisait attaquer le château de Karak au delà de la mer Morte (février 1170). De son côté, Saladin allait assiéger Daron, défendue par le roi en personne, et, ne pouvant la prendre, s'emparait du moins de la forteresse chrétienne d'Aïla sur la mer Rouge et rentrait au Caire avec de nombreux captifs (décembre 1170).

Devant ce nouveau danger, Amaury fit un effort suprême pour rétablir les affaires des chrétiens. Tandis qu'il expédiait une nouvelle ambassade en Occident, il se rendait en personne à Constantinople; il y était reçu par Manuel Comnène avec les plus grands honneurs et un nouveau plan d'alliance était élaboré contre l'Égypte. Il semble même que, pour gagner l'empereur, Amaury n'ait pas hésité à se reconnaître son vassal : le fait est affirmé par Kinnamos (1171). L'année suivante, l'église de Bethléem fut couverte de mosaïques exécutées à frais communs par l'empereur et le roi de Jérusalem : dans un esprit de conciliation, on avait fait alterner les saints occidentaux et orientaux; dans l'inscription commémorative qui nous a été conservée, le nom de l'empereur figurait avant celui du roi.

Les circonstances et surtout la dispersion trop grande des efforts politiques de Manuel devaient rendre stérile cet accord, qui eût pu sauver les États chrétiens. Dans le royaume même, des symptômes d'indiscipline contrariaient l'action de la politique royale. En 1172, Amaury, ayant négocié avec la tribu des Assassins, qui voulait se convertir au christianisme, les templiers massacrèrent l'ambassadeur muni d'un sauf-conduit royal; Amaury fit emprisonner le coupable, mais la négociation avec les Assassins échoua.

Le 15 mai 1174, Noureddin mourait à Damas, au moment où il se disposait à aller arracher l'Égypte à Saladin. Amaury crut le moment favorable pour recommencer la lutte contre les musulmans et, marchant sur les États de Noureddin, il attaqua la forteresse de Banias. Mais au bout de quinze jours de siège, le roi fut atteint de la dysenterie et dut se retirer à Tibériade. Il fut transporté à Jérusalem, mais ce fut pour y succomber, le 11 juillet 1174, à l'âge de trente-huit ans. Il laissait comme héritier un enfant de treize ans, atteint de la lèpre, l'infortuné Baudouin de Mezel. Après avoir eu un moment l'espoir de fonder sur des bases inébranlables la puissance chrétienne en Orient, Amaury laissait son royaume exposé aux attaques de Saladin. Les barrières de toute sorte qui arrêtaient l'action royale et constituaient une sorte d'anarchie légale, l'indifférence des princes d'Occident et le caractère brouillon de la politique de Manuel Comnène, telles sont les causes qui ont rendu stériles les efforts d'Amaury. Conscient de ces obstacles, il ne se lança pas moins dans la lutte avec une véritable vaillance et sa persévérance eût peut-être fini par triompher, s'il n'était pas mort prématurément.

Guillaume de Tyr, *Historia Hierosolymitana* (écrite entre 1169-1184), éd. *Histor. occid. crois.*, t. I. — Continuat. de Guillaume de Tyr, éd. *Histor. occid. crois.*, t. II. — Lettres d'Amaury à Louis VII, P. L., t. CLV, col. 1265-1278. — Jean Kinnamos, *Histoire de Manuel Comnène*, édit. de Bonn et P. G., t. CXXXIII, et *Histor. grecs des crois.*, t. I, p. 207-337. — Abou Chamah (1202-1267), *Livre des deux jardins, chronique arabe jusqu'à la fin du XIIe siècle*, *Histor. orient. crois.*, t. IV, v. — Kemal-ed-din, *Crème de l'histoire d'Alep*, traduct. Blochet, dans *Revue de l'Orient lat.*, t. III, IV. — G. Schlumberger, *Campagnes du roi Amaury Ier de Jérusalem*, Paris, 1906. — Röhricht, *Amalrich Ier, Koenig von Jerusalem*, dans *Mittheil. des Instit. für österreisch. Geschforsch.*, 1891. — Bréhier, *L'Église et l'Orient au moyen âge*, Paris, 3e éd., 1911, p. 109-112. — Röhricht, *Regesta regni Hierosolymitani (1097-1291)*, Innsbrück, 1893. — Dodu, *Histoire des institutions monarchiques dans le royaume latin de Jérusalem*, Paris, 1894. — Stevenson, *The crusaders in the east*, Cambridge, 1907, p. 175-230. — Chalandon, *Jean II et Manuel Ier Comnène*, Paris, 1912. — Harvey, Lethaby, Dalton, *The church of the Nativity at Bethleem*, Londres, 1910. — Schlumberger, *Numismatique de l'Orient latin*, Paris, 1878.

L. BRÉHIER.

7. AMAURY, évêque de Sidon, fut d'abord abbé des prémontrés de Sainte-Abacuc ou Saint-Joseph-d'Arimathie. En 1153, il succéda à Bernard comme évêque de Sidon. En 1154, il fit partie de la députation d'évêques que le patriarche Foucher conduisit au pape Hadrien IV, afin de protester contre les privilèges que s'arrogeaient les hospitaliers : il s'embarqua avec eux pour Otrante. Il mourut en 1175.

Guillaume de Tyr, *Histor. Hieros.*, XVII, 26; XVIII, 6; XXI, 11, éd. *Hist. occ. crois.*, t. I, p. 803, 827. — Le Quien, *Oriens christianus*, t. III, col. 1321

L. BRÉHIER.

8. AMAURY, évêque de Senlis (1154-1167), fut d'abord second abbé de Chaalis, dans la forêt d'Ermenonville, au même diocèse, dès 1142, et appartenait à la congrégation de Cîteaux, qui l'a inséré dans son nécrologe au 1er mars; *utramque dignitatem* (d'abbé et d'évêque) *viae sanctimonia decoravit*. Les bollandistes le mentionnent à cette même date. Il avait la confiance du roi de France Louis VII, qui le fit nommer à l'évêché de Senlis, après la mort de Thibaud en 1154, et auquel il écrivit deux lettres, imprimées par Duchesne, au tome IV de ses *Scriptores historiae Francorum*. Le pape Alexandre III mit à profit son influence en l'envoyant en ambassade auprès du roi en 1162, au moment où il venait se réfugier en France. Son administration épiscopale fut marquée surtout par des donations, fondations pieuses, règlements et sentences d'arbitrage, pour lesquelles il reçut plus d'une fois des délégations apostoliques, d'Alexandre III par exemple. Il assista à la consécration de la basilique de Saint-Germain-des-Prés par ce pape en 1063. On nous a surtout conservé (*Gallia christiana, loc. cit.*) ses actes en faveur de Chaalis qui furent innombrables. Il mourut en 1167, le 27 juin, d'après divers obituaires et nécrologes, qui le mentionnent comme bienfaiteur, ceux de Senlis, Chaalis, Cîteaux, Saint-Frambaud de Senlis, et fut enseveli en l'église de Chaalis, non loin du maître-autel.

Gallia christiana, t. X, col. 1401-1403, 1508-1509; Appendice, col. 431. — *Acta sanctorum*, martii t. I, p. 3.

P. RICHARD.

9. AMAURY, patriarche de Jérusalem (1158-1180), naquit à Nesle, diocèse de Noyon, et fut prieur du Saint-Sépulcre à Jérusalem. Le patriarche Foucher étant mort en 1158, la reine Mélisende et Sibylle, comtesse de Flandre, firent élire Amaury *contra iuris regulas*, si l'on en croit Guillaume de Tyr, XVIII, 20, éd. *Hist. occ. des crois.*, t. I, p. 854, qui se montre assez dur pour ce patriarche qu'il qualifie de *vir commode litteratus sed simplex nimium, et pene inutilis*. Hernesius, évêque de Césarée, et Raoul, évêque de Bethléem, firent opposition à l'élection. Amaury envoya à Rome Frédéric, évêque d'Acre, pour soutenir sa cause auprès du pape Hadrien IV. Ses adversaires ayant négligé d'envoyer des représentants, Amaury gagna sa cause, *multa, ut dicitur, interveniente munificentia*, ajoute malicieusement Guillaume de Tyr, qui paraît suspect de partialité.

L'action exercée par Amaury pendant ce long patriarcat est peu connue. En 1161, il dut prendre parti dans le schisme pontifical qui divisait l'Église. Le roi Baudouin III enjoignit au légat d'Alexandre III de rester à Gébaïl jusqu'à ce que la haute-cour eût délibéré. Une assemblée d'évêques et de grands, tenue à Nazareth, reconnut Alexandre III. En 1162, le patriarche ne consentit à couronner le roi Amaury qu'après lui avoir fait prononcer son divorce avec Agnès de Courtenai, sa parente au quatrième degré. Voir AMAURY Ier, roi de Jérusalem. Ce fut lui qui, en 1167, célébra le mariage du même roi avec Marie Comnène, dans la cathédrale de Tyr.

Lorsque le roi Amaury voulut solliciter, en 1169, les secours de l'Occident contre la puissance naissante de Saladin, le patriarche fut choisi avec l'archevêque de Césarée et l'évêque d'Acre pour se rendre auprès de l'empereur, du roi de France et du roi d'Angleterre. Le navire qui les portait subit une forte tempête; ils échappèrent à grand'peine et revinrent en Palestine. D'autres ambassadeurs furent nommés; le patriarche Amaury adressa cependant une lettre encyclique à tous les évêques d'Occident.

En 1173, le patriarche Amaury procéda au couronnement du jeune roi Baudouin IV. Ce fut lui aussi qui sacra archevêque de Tyr Guillaume, l'historien du royaume de Jérusalem. En 1174, il adressait une nouvelle lettre à Henri de France, archevêque de Reims, pour lui dépeindre l'état précaire du royaume de Jérusalem et l'engager à défendre la cause de la croisade auprès du roi d'Angleterre Henri II et de ses fils. Il mourut en 1180. On peut rapprocher du jugement malveillant de Guillaume de Tyr l'appréciation plus équitable de Marino Sanuto, qui déclare que son administration ne fut pas sans profit pour l'Église.

Guillaume de Tyr, *Historia Hierosolymitana*, l. XVIII-XXI, éd. *Hist. occ. crois.*, t. I, p. 854-1068. — Marino Sanuto, *Liber secretorum*, éd. Bongars, t. II, p. 172. — *Lettres d'Amaury aux princes occidentaux*, dans *Rec. histor. des Gaules*, t. XVI, p. 168, et *Archives de l'Orient latin*, t. I, p. 385. — Le Quien, *Oriens christianus*, t. III, col. 1251. — *Histoire littéraire de la France*, t. XIV, p. 162-165. — De Mas-Latrie, *Les patriarches latins de Jérusalem*, dans *Revue de l'Orient latin*, t. I, p. 17.

L. BRÉHIER.

10. AMAURY, archidiacre de Meaux, élu à l'évêché par les chanoines, gouverna peu de temps le diocèse (1221-1223), et n'est connu que par quelques fondations pieuses. Il rétablit les droits de justice des chanoines de Saint-Sainctain de Meaux, que, étant archidiacre, il avait annexés à la cathédrale. Il favorisa surtout les moines de Barbeaux, et leur concéda la dîme des champs nouvellement cultivés, *novalia*, à Néelle. Les chanoines de Saint-Étienne de Meaux reçurent aussi de lui une hypothèque de 20 livres sur la dîme de Port, et une maison à Meaux. Il mourut le 8 janvier 1222 (1223) et fut enseveli à l'abbaye de Saint-Victor de Paris. Sa mémoire persiste dans plusieurs nécrologes, ceux de la cathédrale de Meaux, de Barbeaux, de Sainte-Geneviève de Paris.

Gallia christiana, t. VIII, col. 1623. — Toussaint du Plessis, *Histoire de l'Église de Meaux*, Paris 1731, t. I, p. 203; t. II, p. 112-118. — Molinier, *Obituaires de la province de Sens*, Paris, 1902, t. I, p. 33.

P. RICHARD.

11. AMAURY, frère mineur, était maître en théologie, lorsqu'il fut nommé évêque de Lectoure, le 6 juillet 1453. Il doit être cet *Almaricus Guillardus* dont il est parlé au supplément des *Annales* de Wadding, à l'année 1453. Fils du couvent de Rodez, dans la province d'Aquitaine, il se fit remarquer par son savoir aussi bien que par ses vertus. Il mourut au mois d'avril 1479 et fut enterré au couvent de Rodez, dans la chapelle de la comtesse Bonne.

Wadding, *Annales minorum*, Rome, 1735, t. XII, p. 193. — *Gallia christiana*, Paris, 1716, t. I, col. 1082. — Eubel, *Hierarchia catholica*, t. II, p. 193.

ANTOINE de SÉRENT.

12. AMAURY, moine cistercien, composa quinze conférences incluses au manuscrit *1540* de la bibliothèque de la ville de Troyes. Il est possible qu'il puisse être identifié avec un abbé de Barbeaux, au diocèse de Sens, qui serait mort le 13 janvier d'une année postérieure à 1312 et antérieure à 1321.

Gallia christiana, t. VI, col. 446. — B. Hauréau, dans *Histoire littéraire de la France*, Paris, 1877, t. XXVII, p. 430-431. — A. Lecoy de la Marche, *La chaire française au moyen âge, spécialement au XIIIe siècle*, Paris, 1886, p. 497.

G. MOLLAT.

13. AMAURY DE BÈNES ou **DE CHARTRES**. — I. Vie. II. Œuvres. III. Disciples.

I. VIE. — Amaury était originaire de Bènes, dans le territoire de Chartres (Guillaume le Breton, Albéric de Trois-Fontaines). On ne connaît pas la date de sa naissance. Elle se place vraisemblablement vers le milieu du XIIe siècle. Il est probable qu'il commença ses études dialectiques aux écoles de Chartres, encore florissantes à cette époque. La connaissance qu'il eut des œuvres de Jean Scot, le panthéisme auquel il aboutit laissent croire qu'il subit l'influence des maîtres de Bernard et de Thierry de Chartres. Cf. A. Clerval, *Les écoles de Chartres au moyen âge*, p. 259, 318. Il vint d'assez bonne heure à Paris, où il enseigna la dialectique avec grand succès, mais en professant des idées singulières. Il s'adonna ensuite à la théologie, et transporta dans ce domaine ses habitudes d'esprit (Guillaume le Breton, Anonyme de Laon). Il était prêtre et jouissait d'une réputation considérable; il entretenait même des rapports familiers avec Louis, le fils aîné du roi de France, Philippe-Auguste (Anonyme de Laon).

Pourtant sa doctrine excita des soupçons et il fut appelé à Rome pour en rendre compte. Le pape Innocent III, après avoir entendu les plaintes de l'université et ses explications, le renvoya à Paris, où il dut se rétracter (Guillaume le Breton, Albéric de Trois-Fontaines). Ces faits se passaient vers 1205.

Mais bientôt après, Amaury, de douleur et de dépit, tomba malade et mourut. On ensevelit son corps près de l'abbaye de Saint-Martin-des-Champs (Guillaume le Breton, Albéric de Trois-Fontaines). Une sentence arriva vers 1206 ou 1207, car, d'après Albéric de Trois-Fontaines, l'exhumation exécutée à la suite de la sentence eut lieu quatre ans après le décès.

II. ŒUVRES. — Martin de Pologne et, après lui, Francesco Pippino affirment qu'Amaury aurait composé un ouvrage intitulé: *Peri Physcon*. Mais il y a certainement confusion avec l'ouvrage de Jean Scot portant ce titre et dont Amaury s'inspira en effet. Cf. Krönlein, *Amalrich von Bena und David von Dinant*, p. 287. Il est fort probable qu'Amaury n'a rien écrit; les diverses condamnations portées contre lui après sa mort, tout en réprouvant sa doctrine, ne font jamais allusion à un ouvrage qui la contiendrait.

III. DISCIPLES (AMAURICIENS). — En 1210, on découvrit un certain nombre de clercs et de laïques qui professaient des doctrines suspectes et avaient des mœurs condamnables. Césaire d'Heisterbach nous a raconté comment ils furent reconnus, grâce à l'imprudence de l'un d'eux, Guillaume l'Orfèvre, qui se disait prophète de la secte. Celui-ci vint trouver Rodolphe de Namur, plus tard chantre de Cambrai (Albéric de Trois-Fontaines), et tenta de le gagner à sa cause en lui exposant les articles les plus importants de son credo. Rodolphe feignit de l'écouter et lui demanda si d'autres professaient les mêmes doctrines. Il put ainsi connaître les principaux adeptes, dont les noms ont été conservés par Césaire d'Heisterbach et par la sentence de condamnation de 1210. C'était maître Guillaume de Poitiers, sous-diacre, qui avait enseigné les arts libéraux à Paris et, durant trois années, avait étudié la théologie; Bernard, sous-diacre; Étienne, prêtre de Corbeil; Étienne, prêtre de Celles; Jean, prêtre d'Occines, tous ceux-ci, sauf Bernard, avaient étudié la théologie; Dodon, prêtre, clerc familier d'Amaury, qui avait étudié la théologie durant dix ans; Élinand, acolyte; Odon, diacre, tous deux clercs de Saint-Cloud; Guérin, maître ès arts de Paris, et qui, devenu prêtre, avait étudié la théologie sous Étienne Langton, plus tard archevêque de Cantorbéry; le prêtre Ulric, déjà sexagénaire et qui longtemps avait étudié la théologie; Pierre de Saint-Cloud, prêtre, sexagénaire lui aussi, et ayant fait des études de théologie; Étienne, diacre de Corbeil; Dominique *de Triangulo*.

Ému de ces révélations, Rodolphe alla trouver l'abbé de Saint-Victor, Jean le Teutonique, et deux autres de ses amis. Avec eux, il avertit l'évêque de Paris, Pierre de Nemours. Celui-ci, d'accord avec trois maîtres en théologie de Paris, enjoignit à Rodolphe de Namur et à un autre prêtre de simuler une adhésion au groupe suspect, afin de pénétrer leurs doctrines. Ainsi fut fait; et, de concert avec les hérétiques, Rodolphe parcourut, pendant trois mois, les diocèses de Paris, Langres, Troyes et Sens. Là, il rencontra de nombreux partisans des doctrines nouvelles. De retour à Paris, il raconta à l'évêque le résultat de son enquête.

L'ordre fut alors donné d'arrêter les principaux chefs nommés plus haut et de les garder dans les prisons épiscopales. Pour les juger, on rassembla, sous la présidence de l'archevêque de Sens, Pierre de Corbeil, les évêques voisins et on leur adjoignit quelques maîtres en théologie. Cette réunion conciliaire se tint à la fin de l'année 1210.

Leur doctrine fut résumée en un certain nombre de propositions qui nous ont été conservées. Martène, *Thesaurus novus anecdotorum*, Paris, 1700, t. iv, fol. 163; Denifle, *Chartularium univ. Paris.*, t. i, p. 71. Sans vouloir entrer ici dans l'exposé et l'examen de cette doctrine (cf. *Dictionnaire de théologie catholique*, t. i, col. 937-938), il faut dire cependant qu'elle professait le panthéisme, et sur la Trinité énonçait des idées assez rapprochées de celles de Joachim de Flore. De plus, les amauriciens, en se déclarant « spirituels », se croyaient impeccables et pouvaient impunément se livrer aux pires turpitudes.

La plupart des prévenus demeurèrent attachés à leurs erreurs. En conséquence, ils furent déclarés hérétiques et ceux d'entre eux qui étaient clercs furent condamnés à la dégradation. Le 14 novembre 1210, près de la basilique de Saint-Honoré, cette cérémonie eut lieu pour quatre prêtres, deux diacres et trois sous-diacres. Le roi était alors absent de Paris. Dès son retour, il fit brûler dix amauriciens. L'exécution eut lieu le 20 novembre, en dehors des portes, au lieu dit Champeau. Quatre autres furent condamnés à la détention perpétuelle: Guérin, Ulric, le diacre Étienne et Pierre de Saint-Cloud. Ce dernier, avant d'être appréhendé, s'était fait moine et vivait à l'abbaye de Saint-Denis. Quant aux femmes et aux petites gens affiliées à la secte, on les laissa en liberté.

L'enquête avait montré que ces hérétiques se réclamaient d'Amaury et se rattachaient à lui. En conséquence, malgré ses rétractations, malgré sa mort déjà ancienne de quelques années, il fut, lui aussi, excommunié et condamné comme hérétique. Son corps fut retiré de la terre sainte et ses ossements dispersés.

Vers la même époque, ou du moins peu après, ces doctrines furent l'objet d'une réfutation systématique. On connaît, en effet, un traité anonyme *Contra amaurianos*, conservé dans le ms. *1301* de la bibliothèque de Troyes et publié par Cl. Bäumker (1893). L'éditeur croit que cet ouvrage date du début de 1210; en tout cas, il aurait été composé, au plus tôt, en 1208. Son auteur, très probablement, serait Garnier de Rochefort, moine de Clairvaux, ancien évêque de Langres, dont le même manuscrit contient les sermons; en outre, plusieurs de ceux-ci ont été utilisés par l'auteur du *Contra amaurianos*. Le P. Mandonnet pense, et avec raison, semble-t-il, que le traité est postérieur à l'exécution de 1210. Le fait qu'il s'attaque surtout à Godin (Bäumker, p. 42, 46), « le dernier des amauriciens, » au dire de l'Anonyme de Laon, confirme cette manière de voir. Quant à l'auteur, le P. Mandonnet soutient qu'il n'est pas Garnier de Rochefort, mais bien Rodolphe de Namur, dont il a été question plus haut. Il appuie cette affirmation sur un texte d'Ange Clareno. L'auteur franciscain dit en effet que, sur l'ordre du roi Philippe, maître Rodolphe dut réfuter les amauriciens : *rationibus et auctoritatibus convincere et confutare eos*. S'il était prouvé qu'il s'agit bien là de l'écrit conservé dans le manuscrit de Troyes, le témoignage serait décisif.

La secte ne dut pas subsister longtemps, car l'Anonyme de Laon, qui ne traite pas des événements postérieurs à 1219, parle d'un certain Godin comme du « dernier des amauriciens. » Il ajoute qu'il fut brûlé à Amiens.

Au mois d'août 1215, le légat Robert de Courçon proscrivit à nouveau la doctrine d'Amaury. *Chartularium univ. Paris.*, t. i, p. 79. La même année, en novembre, le concile de Latran porta un décret condamnant en termes très brefs « le dogme pervers » d'Amaury dont « les enseignements doivent moins être tenus pour une hérésie que pour une insanité. » Henri, cardinal d'Ostie, dans sa *Lectura in Decret. Greg.*, suppose qu'on en parla d'une manière si générale (*dogma*) par égard pour quelques disciples survivants, qu'il y avait lieu de ménager. Le P. Denifle, qui rapporte cette opinion, ne la croit pas fondée. Il estime que le concile jugea les idées d'Amaury suffisamment dénoncées par le décret de 1210, pour qu'il n'y eût plus lieu d'insister.

Sources : H. Denifle et E. Chatelain, *Chartularium universitatis Parisiensis*, Paris, 1889, t. i, p. 70, 71, 79, 81. — Œuvres de Rigord et de Guillaume le Breton, éd. Delaborde (Société de l'histoire de France), t. i, p. 230. — Chronicon Anonymi Laudunensis, dans *Recueil des historiens des Gaules et de la France*, t. xviii, p. 714-715. — Césaire d'Heisterbach, *Dialogus miraculorum*, éd. Strange, Cologne, 1851, t. i, p. 304-307. — Albéric de Trois-Fontaines, *Chronica*, dans *Monumenta Germaniae historica, Scriptores*, t. xxiii, p. 890. — *Chronicon Gaufridi de Collone*, dans *Recueil des historiens des Gaules et de la France*, t. xviii, p. 724. — *Chronologia Roberti Altissiodorensis*, dans *Recueil des historiens des Gaules et de la France*, t. xviii, p. 279. — Ange Clareno, *Historia septem tribulationum ordinis minorum*, éd. Ehrle, dans *Archiv für Literatur- und Kirchengeschichte des Mittelalters*, Berlin, 1886, t. ii, p. 130. — Nicolas Triveth, *Chronicon*, dans d'Achery, *Spicilegium*, Paris, 1723, t. iii, p. 184. — *Francisci Pippini Chronicon*, dans Muratori, *Rerum Italicarum scriptores*, Milan, 1726, t. ix, c. 632-633. — Travaux : C. du Plessis d'Argentré, *Collectio judiciorum de novis erroribus*, Paris, 1728, t. i, p. 126 sq. — Daunou, dans *Histoire littéraire de la France*, t. xvi, p. 586 sq. — C. U. Hahn, *Amalrich von Bena*, dans *Theologische Studien*, 1846. — J. H. Krönlein, *Amalrich von Bena und David von Dinant*, dans *Theologische Studien*, 1874. — Ch. Jourdain, *Mémoire sur les sources philosophiques des hérésies d'Amaury de Chartres et de David de*

Dinan, extrait des *Mémoires de l'Académie des inscriptions et belles-lettres*, Paris, 1870, t. xxvi, 2ᵉ part. — F. G. Hahn, *Ueber Amalrich von Bena und David von Dinant, ein Beitrag zur Geschichte der religiösen Bewegungen im Frankreich zu Beginn des xiii Jahrhunderts*, Villach, 1882. — Hefele-Leclerq, *Histoire des conciles*, Paris, 1913, t. iv, 2ᵉ part., p. 1304 sq. — Cl. Bäumker, *Ein Traktat gegen die Amalricianer aus dem Anfang des xiii Jahrhunderts nach der Handschrift zu Troyes herausgegeben*, Paderborn, 1893; d'abord paru dans *Jahrbuch für Philosophie und spekulative Theologie*, 1893, t. vii, p. 346-412; t. viii, p. 217-222. Cf. P. Mandonnet, dans *Revue thomiste*, 1893, t. i, p. 261-263. — H. Delacroix, *Essai sur le mysticisme spéculatif en Allemagne au xive siècle*, Paris, 1900, p. 32 sq.

M. JACQUIN.

14. AMAURY DE LUSIGNAN, prince de Tyr, était fils de Hugue III de Lusignan, roi de Chypre, et frère d'Henri II, élu roi de Jérusalem en 1285. Amaury reçut dans l'île de Chypre un fief composé de plusieurs villages, dont le principal était Aradippo, près de Larnaca. Son frère le créa en outre comte de Tyr et connétable de Jérusalem. Il apparaît en 1288, lorsqu'il conduit un secours à Tripoli, assiégée par Kelaoun, sultan d'Égypte. Il put s'échapper après la prise de la ville et, lorsqu'Henri II eut conclu une trêve de dix ans avec Kelaoun, il laissa Amaury à Saint-Jean-d'Acre avec le titre de « baile du royaume ».

Voyant l'état précaire dans lequel se trouvait la place, Amaury s'efforça d'observer loyalement la trêve et fit désavouer auprès de Kelaoun les chevaliers qui l'avaient violée. Malek-Aschra, fils et successeur de Kelaoun, n'en déclara pas moins la guerre aux chrétiens et parut le 5 avril 1291 devant Saint-Jean-d'Acre, dernier vestige du royaume de Jérusalem. Pendant le siège, Amaury n'exerça aucune autorité générale : les chroniqueurs occidentaux ne citent même pas son nom. Ni Jean de Grailly, ni Eudes de Granson ne reçurent d'ordre de lui. Cependant il ne quitta pas la ville et, en attendant l'arrivée de son frère, il s'établit au poste le plus dangereux, dans la tour dite du roi Henri, qui fut bientôt sapée par les assiégeants. Henri II amena quelques renforts (4 mai) et repartit, outré de la confusion et de l'indiscipline des chrétiens (15 mai), entraînant avec lui 3 000 chevaliers de Chypre. Le 18 mai, la ville succombait.

On retrouve Amaury en 1295. Il se rend alors à Sis, où il épouse Isabelle, sœur du roi Héthoum II d'Arménie ; il en eut un fils, Jean, qui régna en Arménie sous le nom de Constantin III et fut la tige de la maison arménienne de Lusignan. Il avait lui-même pour confesseur le frère Daniel de Tauris, franciscain arménien, qui écrivait des traités destinés à rapprocher les arméniens de la communion romaine. On le voit s'intéresser aux affaires d'Arménie et assister, en 1295, à l'assemblée des barons destinée à détourner le roi Héthoum de se faire moine. Cf. t. i, col. 1227.

En 1301, une alliance avait été négociée entre les États chrétiens et Ghazan, khan des Mongols. Amaury, à la tête des chevaliers de Chypre, débarqua à Tortose, mais la maladie de Ghazan rendit l'expédition impossible.

Bientôt un conflit ne tarda pas à s'élever entre Henri II et son frère. Le roi de Chypre accordait toute sa confiance à son oncle maternel, Philippe d'Ibelin, qu'il avait fait sénéchal du royaume : de là un vif mécontentement des chevaliers et la naissance d'un complot. Le 26 avril 1306, une assemblée des mécontents eut lieu dans l'hôtel d'Amaury : le roi averti lui envoya sa mère et Philippe d'Ibelin. Amaury reçut respectueusement sa mère, mais s'emporta contre son oncle et refusa de prendre aucun engagement. Rentré au conseil, il fut élu gouverneur du royaume, et, montant à cheval, il se rendit au palais, suivi de toute la chevalerie, porter au roi une « sommation respectueuse » qui avait été rédigée et dont le texte a été retrouvé dans les archives du Vatican. Cet acte contient la déclaration des liges et un acte notarié constatant que le roi acceptait de partager la souveraineté avec son frère. Amaury se considéra donc dès lors comme gouverneur du royaume et « fist crier le ban par la terre à son nom. » *Gestes des Chiprois*, Doc. armén., t. ii, p. 860. Le 3 juin, il accordait en cette qualité aux Vénitiens le renouvellement de leur franchise de l'île de Chypre.

Mais le nouveau gouverneur se trouva bientôt dans une position difficile. Plusieurs chevaliers, qui lui avaient prêté serment, s'étaient rétractés. Le roi, sollicité de confirmer solennellement sa nomination de gouverneur, s'y refusa. Alors Amaury souleva une nouvelle émeute et vint en armes au palais royal : la colonie génoise de Nicosie était dans son armée. Le roi était résolu à se défendre avec Philippe d'Ibelin et quelques chevaliers fidèles. Un combat allait s'engager quand la reine-mère, des princesses et plusieurs frères mineurs se précipitèrent entre les adversaires. Un arrangement fut conclu et Philippe d'Ibelin dut se rendre à pied à l'hôtel d'Amaury pour lui crier merci. Non content de cette humiliation, Amaury fit emprisonner un certain nombre de chevaliers ses adversaires (fin 1306).

Ce régime équivoque dura encore deux ans. Soutenu par les templiers, Amauri refusa d'exécuter contre eux les sentences du concile de Vienne et se borna à faire dresser l'inventaire de leurs biens. En même temps, pour justifier sa conduite, il envoyait à Rome et à Paris des ambassadeurs qui reçurent le plus froid accueil. Tous les partisans du roi étaient exilés en Arménie : Philippe d'Ibelin lui-même, arrêté par Aimeri, connétable de Chypre, le plus jeune frère d'Amaury, fut confié à la garde du roi d'Arménie (1309). Enfin pour venir à bout de la résistance du roi, Amaury licencia sa maison et s'établit en maître au palais royal. Henri II fut gardé à vue comme un prisonnier, tandis qu'Amaury s'emparait du trésor royal déposé chez les frères mineurs. Soutenu par sa mère, le roi résistait toujours et le palais retentissait de plus violentes scènes de famille. Enfin, le 31 janvier 1310, le prince de Tyr, suivi de quelques chevaliers, pénétra dans la chambre du roi au milieu de la nuit, le força à s'habiller et l'entraîna au milieu des malédictions des princesses. Henri II fut conduit à Gastria, où on l'embarqua pour l'Arménie. Débarqué à Lajazzo, il fut conduit au château de Lambron. Raymond de Pins, envoyé du pape, arrivait en ce moment proposer un arbitrage aux deux frères ; il se rendit en Arménie pour délivrer le roi.

Mais Amaury ne jouit pas longtemps de la place qu'il avait usurpée. Au mois de mai 1310, un de ses chevaliers, Simon de Montolif, caché dans sa chambre, se jeta sur lui et le massacra après l'avoir coupé littéralement en morceaux. Henri II, délivré de son exil, revint régner sur l'île de Chypre.

Actes d'Amauri, dans Mas-Latrie, *Histoire de Chypre*, t. ii, p. 101-117 ; Giraudin, *Allocution au roi Henri II de Lusignan* (d'après les archives du Vatican), dans *Rev. quest. histor.*, t. xliii, p. 531-533. — Amadi, *Histoire de Chypre*, éd. Mas-Latrie, *Documents inéd. hist. de France*, 1891. — Leontios Macheras, *Chronique de Chypre*, éd. Miller et Sathas, *Publical. Éc. des langues orient.*, t. ii. — Strambaldi, *Chron. de Chypre*, éd. Mas-Latrie, *Doc. inéd. hist. de Fr.*, 1893. — Florio Bustron, *Histoire de Chypre*, ibid., 1886. — *Gestes des Chiprois*, éd. Mas-Latrie et G. Paris, *Rec. hist. crois.*, *Documents arméniens*, Paris, 1907, t. ii. — Sempad, *Chronique de la Petite Arménie*, éd. *Doc. armén.*, t. i. — Jean Dardel, *Chronique d'Arménie*, ibid., t. ii. — Hayton, *La Flor des Estoires*, ibid., t. ii. — Philippe de Mézières, *Songe du vieil Pèlerin*, dans Mas-Latrie, *Hist. de Chypre*, t. ii, p. 115. — Delaville Le Roulx, *La suppression* des templiers, dans *Rev. quest. histor.*, t. XLVIII, p. 48. — De Mas-Latrie, *Histoire de l'île de Chypre*, Paris, 1858, t. I, (s'arrête à 1291). — Tournebize, *Histoire politique et religieuse de l'Arménie*, Paris, 1912, *passim*. — Il n'existe pas encore d'étude complète sur Amaury, prince de Tyr.

L. Bréhier.

15. AMAURY II DE LUSIGNAN, roi de Chypre et de Jérusalem, frère cadet de Guy de Lusignan, roi de Jérusalem (1186-1192), puis de Chypre (1192-1194), fut d'abord, si l'on en croit Jean d'Ibelin, un pauvre gentilhomme venu en Orient pour chercher fortune et qui obtint successivement tous les offices du royaume de Jérusalem, depuis la charge de chambellan jusqu'à celle de connétable. *Assises*, t. I, p. 429-430. Il apparaît comme pourvu de cette fonction sous la royauté de son frère Guy, en 1185; fait prisonnier avec lui à la bataille de Tibériade, il fut mis en liberté par Saladin, en 1188. Lorsque, en 1192, Guy, dépossédé du royaume de Jérusalem, acheta l'île de Chypre aux templiers, Amaury garda sa charge de connétable, mais il eut à souffrir du mauvais vouloir du roi Henri de Champagne contre les Lusignan. A la suite d'une altercation avec le roi, à propos des corsaires pisans, Amaury fut arrêté et il fallut l'intervention des barons pour le faire élargir : il se retira alors en Chypre, où son frère lui donna la terre de Paphos. Cependant il était encore en Palestine en 1194 et résidait à Jaffa, dont il était comte.

Guy mourut en 1194, après avoir désigné pour lui succéder son frère aîné Geoffroi, mais celui-ci préféra retourner en Poitou et les chevaliers choisirent Amaury pour seigneur. Il dut céder à Henri de Champagne son comté de Jaffa, mais garda son titre de connétable. Il organisa véritablement le gouvernement de l'île de Chypre et reprit, de gré ou de force, une bonne partie des concessions de terres ou de privilèges que son frère avait multipliées imprudemment. Un office appelé « la secrète royale » fut créé sur le modèle de ce qui existait à Jérusalem, pour tenir registre des obligations des liges, ainsi que du paiement des pensions et des soldes. Il travailla surtout à l'établissement du clergé latin dans l'île de Chypre. L'archidiacre de Laodicée, envoyé à Rome en 1195, revint avec des pouvoirs apostoliques et, sans toucher à l'organisation du clergé grec, créa toute une hiérarchie latine : archevêché de Nicosie, évêchés de Paphos, Limassol et Famagouste. Chacun de ces diocèses reçut des terres et des dîmes, tandis que les moines réguliers, bénédictins, cisterciens, etc., créaient des monastères. Les templiers gardèrent des châteaux à Nicosie, Limassol, Gastria et Famagouste; les hospitaliers étaient aussi représentés.

Jusque-là Amaury s'était contenté, comme Guy, du titre modeste de seigneur de Chypre. En 1195, après avoir pris l'avis de la haute-cour, il envoya une ambassade à l'empereur Henri VI pour lui demander le titre de roi. Renier de Giblet, chef de l'ambassade, rejoignit l'empereur au palais de Gelnhausen, où il s'occupait de l'organisation d'une croisade. Henri VI considéra la démarche d'Amaury comme un acte de vassalité et il envoya Conrad, évêque d'Hildesheim, chancelier de l'empire, pour le couronner. La flotte impériale arriva en Chypre en 1197 et la cérémonie du couronnement eut lieu dans la cathédrale de Nicosie.

En même temps, Amaury se réconciliait avec Henri de Champagne, mais celui-ci mourut en 1197. Isabelle, dernière fille d'Amaury Ier d'Anjou, était veuve pour la troisième fois, à vingt-six ans. Plusieurs prétendants demandèrent sa main, mais les barons, voyant le royaume épuisé, choisirent comme roi Amaury, qui passait pour avoir 200 000 besants d'argent de revenu. Il fut élu roi, épousa Isabelle et fut couronné en 1198. (Il avait épousé en premières noces Échive d'Ibelin,

dont il eut Hugue.) Le pape Innocent III apprit avec joie cette élection et félicita le comte de Tripoli d'avoir choisi un prince qui, « tant par la distinction de sa personne que par ses richesses, était bien fait pour relever les affaires. » Par une bulle du 2 décembre 1198, le pape plaça le nouveau roi, sa femme et son royaume sous la protection apostolique.

A cette époque, en effet, il ne restait plus que des débris du royaume de Jérusalem. La ligne de défense du Jourdain était perdue et le domaine royal ne comprenait plus que Jaffa, Césarée, Caïphas, Acre, Tyr et Sidon. Les ports de Beyrouth et de Giblet, occupés par les troupes d'Égypte et de Damas, coupaient le royaume du comté de Tripoli. Amaury assembla la haute-cour et promit d'employer à la défense de la Terre Sainte toutes les ressources qu'il pourrait tirer du royaume de Chypre : il fut décidé cependant que chaque État pourvoirait à l'entretien de ses hommes d'armes. Puis, après avoir fait venir de Chypre un corps bien approvisionné, Amaury proposa de profiter de la présence de la croisade allemande pour attaquer les musulmans. Une expédition eut pour résultat la reprise de Beyrouth et de Giblet, ce qui rétablit les communications avec Tripoli. De là les croisés revinrent au sud assiéger le château de Toron, qui commandait la route de Jérusalem, mais, à la nouvelle de la mort d'Henri VI, les Allemands se retirèrent pour rentrer dans leur pays et Amaury, réduit à ses seules forces, renouvela la trêve avec Malek-Adel (février 1198).

Quelques jours après, Amaury fut attaqué et blessé grièvement par quatre chevaliers allemands sur la plage de Tyr. Trois des agresseurs furent pris et décapités : le quatrième s'échappa. On accusa de complicité Raoul de Tibériade, aigri contre Amaury, parce qu'il avait brigué la main de la reine. Sans prendre l'avis de la haute-cour, Amaury le condamna au bannissement. C'était une violation des *Assises*. Les hommes-liges protestèrent et allèrent jusqu'à défier le roi, mais Amaury fut inflexible; il sentait qu'il était nécessaire et que les barons étaient à sa discrétion : Raoul dut s'exiler.

Cependant, le pape Innocent III avait prêché une nouvelle croisade et, dès 1203, des chevaliers arrivèrent en Palestine. Malgré les objurgations d'Amaury, qui ne voulait pas violer les trêves avec les musulmans avant d'avoir des forces suffisantes, ils partirent en campagne et allèrent se faire vicrimes près de Laodicée. La trêve fut cependant rompue en 1204, à la suite d'un acte de piraterie d'un émir sur les côtes de Chypre, mais Amaury refusa de s'engager à fond et se contenta de quelques incursions en deçà du Jourdain. Il se montra plus circonspect encore quand il apprit la nouvelle de la diversion de la croisade sur Zara et Constantinople. Une flottille de croisés aborda près de Damiette : la ville de Foua fut incendiée, puis l'expédition revint à Saint-Jean-d'Acre, chargée de butin. Beaucoup de croisés découragés quittèrent la Syrie et Amaury conclut une nouvelle trêve de cinq ans avec Malek-Adel.

Amaury ne paraît pas être revenu en Chypre depuis son avènement au trône de Jérusalem. Le 1er avril 1205, il se trouvait au pied du Carmel, dans les vergers de Caïphas, avec plusieurs chevaliers : des pêcheurs apportèrent de grandes dorades blanches, dont le roi mangea avec plaisir. Tout à coup il se sentit oppressé, il rentra à Saint-Jean-d'Acre et mourut le lendemain.

Il laissait le souvenir d'un prince accompli et la chrétienté perdit en 1204 une occasion unique d'attaquer les musulmans sous le chef de premier ordre qu'il eût été. Très versé dans le droit féodal, il rêvait une refonte des *Assises*, qui eût augmenté les droits du roi et restreint ceux des hommes-liges, mais il ajourna ce projet devant les résistances qu'il rencontra. Il eut pour successeur à Jérusalem la princesse Marie, fille d'Isabelle et de Conrad de Montferrat, et en Chypre son fils Hugue. Sa fille Sibylle avait épousé Léon II d'Arménie.

Actes d'Amauri de Lusignan, dans Mas-Latrie, *Histoire de Chypre*, t. III, p. 598-608. — *Continuat. de Guillaume de Tyr*, éd. *Hist. occid. crois.*, t. II. — Sanuto, *Liber secretorum*, éd. Bongars, t. II. — Ibn-al-Athir, *Histoire des Atabecs de Mossoul*, éd. *Histor. orient. crois.*, t. II, 2e part. — Röhricht, *Regesta regni Hierosolymit. (1097-1291)*, Innsbruck, 1893. — *Assises de Jérusalem*, dans *Rec. hist. crois.*, t. I, p. 397, 429, 523. — De Mas-Latrie, *Histoire de l'île de Chypre*, Paris, 1858, t. I. — Stevenson, *The crusaders in the East*, Cambridge, 1907. — Dodu, *Institutions monarchiques du royaume latin de Jérusalem*, Paris, 1894. — De Mas-Latrie, *Les comtes de Jaffa et d'Ascalon*, dans *Rev. quest. histor.*, t. XXVI, p. 188-191.

L. BRÉHIER.

16. AMAURY RICHARD. Voir CHAMBRAY (Richard de).

17. AMAURY DE LA ROCHE, chevalier de l'ordre du Temple, au XIIIe siècle, grand-prieur de France. On ignore la date de sa naissance comme celle de sa mort, et on sait seulement qu'il joua un certain rôle à la cour du roi saint Louis et dans son entourage. Nous ne le connaissons pas avant l'année 1262 : il était alors en Palestine et, le 31 mai, signait à Saint-Jean-d'Acre, comme grand-commandeur et premier des dignitaires, deux accords du grand-maître Thomas Bérard avec les chevaliers de l'Hôpital. Delaville Le Roux, *Cartulaire des hospitaliers de Saint-Jean de Jérusalem*, Paris, 1906, t. III, p. 31, 33. Un peu moins de deux ans après, en mars 1264, Urbain IV lui faisait conférer la préceptorerie de l'ordre en France, à la demande de lui-même, dont il était depuis longtemps le familier, *sibi ex antiqua familiaritatis notitia predilectum*. Et pour couper court à toute résistance, il faisait intervenir le patriarche de Jérusalem, Guillaume, son légat en Orient, et lui enjoignait d'annuler, en vertu de ses pouvoirs de légat, toute résolution contraire de l'assemblée. J. Guiraud, *Registres d'Urbain IV*, t. II, n. 760, 763, 771. Amaury revint bientôt après en France, où le pape déclarait ne pas avoir moins besoin de ses services que le roi lui-même. *Ibid.* Le successeur d'Urbain, Clément IV, de son côté, à deux reprises, le 17 mai et le 2 août 1266, enjoignait au grand-maître du Temple de mettre Amaury à la disposition de Charles d'Anjou, en lui confiant l'administration des maisons de l'ordre dans le royaume de Naples. Les espérances du pape ne furent pas trompées : pour venir au secours des Angevins, le précepteur hypothéqua des marchands les propriétés de l'ordre, et, l'année suivante, le pontife promettait la garantie apostolique à cette opération financière. Le titre de maître de l'ordre en France, *magistro domorum militiae in Francia*, qu'Amaury recevait en tête de la bulle, et le fait qu'il pouvait disposer des maisons de Naples ont induit P. Du Puy et quelques autres à croire qu'il était grand-maître de l'ordre. Effectivement, la situation spéciale que le pape lui avait créée lui garantissait une certaine indépendance à l'égard des autres grands dignitaires qui se trouvaient en Palestine, mais l'histoire des templiers à cette époque est restée et restera si confuse, jusqu'à ce que nous ayons le cartulaire ou une histoire de l'ordre, qu'il est difficile, sinon impossible, d'établir une succession complète des grands-maîtres. De Mas-Latrie, *Trésor de chronologie*, col. 2210, ne mentionne pas notre personnage dans sa liste.

Amaury résida en France, souvent à la cour de saint Louis, qui l'honorait toujours de sa confiance, s'occupant, en même temps que de ses fonctions de précepteur, des affaires de Charles d'Anjou, et aussi de la croisade que le roi avait toujours à cœur. Le 8 avril 1269, il écrivait au comte de Bar, Thibaud II, pour lui recommander les templiers de Pierrevillers, en Lorraine, persécutés par un certain Valterus, dit le Loup. Lettre citée, avec reproduction du sceau du chevalier, dans *Mémoires de la Société d'archéologie lorraine*, 1864, IIe série, t. VI, p. 225-226. C'est à lui que Guillaume, patriarche de Jérusalem et légat du pape, adressait, en 1267, un mémoire des moyens de secourir les chrétiens de Palestine, serrés de près par le sultan d'Égypte, et lui demandait d'intervenir auprès du pape, du roi de France et de Charles d'Anjou, pour en obtenir un prompt secours. Publié par G. Servois, dans *Bibliothèque de l'École des chartes*, 1858, IVe série, t. IV, p. 290-293. Ce mémoire donne tout lieu de croire qu'Amaury s'occupa beaucoup de la huitième croisade que préparait saint Louis. Il accompagna le roi à l'expédition, et nous le retrouvons dans l'armée devant Tunis, jouant un rôle important parmi les chefs et dans les travaux du siège. A. Duchesne, *Historiae Francorum scriptores coaetanei*, t. V, p. 390, 391. Il dut revenir en France avec Philippe III le Hardi, après l'échec de l'expédition. Nous perdons ensuite sa trace. Son histoire serait pourtant intéressante pour cette période de décadence de l'ordre des templiers. Nous le voyons reparaître dans le fameux procès de 1308, car un des accusés, Geoffroy de Charnay, reconnaît avoir reçu l'habit de lui une quarantaine d'années auparavant, en 1268 par conséquent, à Étampes. H. Finke, *Papstthum und Untergang des Tempelordens*, Münster, 1907, t. I, p. 325. P. Du Puy ajoute qu'il était proche parent de Guillaume de Châteauneuf, grand-maître des hospitaliers en 1243-1258, par conséquent originaire sans doute d'Auvergne, comme lui.

Aux sources indiquées dans le texte : P. Du Puy, *Histoire de l'ordre militaire des chevaliers du Temple de Jérusalem*, Bruxelles, 1751, p. 169, 533, 535. — *Vie de saint Louis, roi de France*, par Le Nain de Tillemont, 1848-1849, t. IV et V; voir l'Index aux mots *Amauri* et *Roche*.

P. RICHARD.

18. AMAURY DE SÉNERGUES. A la mort d'Aymeric de Roquemaurel, abbé de Moissac au diocèse de Cahors, Amaury de Sénergues, prieur de la Daurade de Toulouse obtint la minorité des suffrages des moines de l'abbaye, concurremment à Pierre de Carmaing. Malgré son mauvais droit, il envahit le monastère (1449), puis se désista en faveur d'Herman de Lustrac, moyennant une pension de 200 écus d'or (23 mars 1450). Un procès s'ensuivit, et Nicolas V, revenu sur sa première décision, débouta Amaury de ses prétentions (1451). En 1455, espérant tirer avantage de la mort de Nicolas V, il porta plainte contre son rival. Une enquête ordonnée par Calixte III démontra la mauvaise foi du plaideur, qui se résigna au silence perpétuel en 1456. Le 4 juin 1479, il fut nommé évêque de Vaison, puis la même année recteur du Comtat-Venaissin. Il géra cet emploi jusqu'en 1482, date à laquelle il abdiqua aussi son évêché.

E. Albe, *Maison d'Hébrard et maisons apparentées ou alliées*, Cahors, 1905, p. 195-196. — Ch. Cottier, *Notes historiques concernant les recteurs du ci-devant Comté Venaissin*, Carpentras, 1806, p. 116-117. — N. Valois, *Histoire de la Pragmatique sanction de Bourges sous Charles VII*, Paris, 1906, p. CXX.

G. MOLLAT.

19. AMAURY (BERTRAND III D'), archevêque d'Arles (1281-1286). Tout ce qu'on sait de sa vie antérieure, c'est qu'il fut nommé, par Grégoire X, collecteur pour la Suède et le Danemark, de la décime décrétée au concile de Lyon en 1274, en faveur d'une nouvelle croisade. Ces pouvoirs lui furent renouvelés par Nicolas III le 13 juin 1279, et la bulle le qualifie chanoine de Reims et chapelain apostolique. De même celle de sa nomination à l'archevêché d'Arles, 20 décembre 1281. Cette dernière ne mentionne pas sa qualité de collecteur et on ne sait ce qu'il advint de cette dernière, ni si Amaury alla remplir ses fonctions dans des pays lointains. Il avait cependant commencé ses opérations en excommuniant des hauts dignitaires du clergé indigène, ses représentants sans doute et sous-collecteurs, qui avaient malversé dans leurs rendements de compte, *in reddenda sibi quadam summa pecuniae defecerant.* Le pape ne lui donna de successeur que le 1er octobre 1282.

Martin IV le nomma archevêque d'Arles de sa propre autorité, à la place du cardinal Bernard de Languissel, transféré à Porto, et contre l'élection, qu'il estimait illégitime, de l'auditeur de la Chambre apostolique Bernard *Johannis,* chanoine d'Agde. Le seul acte saillant de ce pontificat fut le concile provincial qu'Amaury tint à Avignon en 1282, et dans lequel il promulgua des décrets, dont il nous reste onze contre les usuriers, les aliénations de domaine ecclésiastique, sur la résidence des curés, les associations et confréries pieuses, la publicité des sentences canoniques contre les religieux exempts, etc. On ignore la date de sa mort, mais elle est mentionnée dans la bulle de nomination de son successeur Rostaing de Capre (5 août 1286). Gilles du Port vante son éloquence édifiante et sa vie exemplaire.

Principaux actes dans *Gallia christiana novissima*, t. II, col. 529-539. — Gilles du Port, *Histoire de l'église d'Arles*, Paris, 1690, p. 201-205. — Fisquet, *La France pontificale*, Aix, Paris, 1868, p. 586.

P. RICHARD.

20. AMAURY (GUILLAUME), abbé de Saint-Serge d'Angers, succéda à l'abbé Hervé (1150); il était auparavant prieur de Saint-Martin de Beaupréau. Pendant son abbatiat, qui dura jusqu'en sa mort (1168), l'histoire de Saint-Serge eut deux faits mémorables à enregistrer. En 1152, Amaury reçut de l'archevêque de Tours une partie du chef de saint Serge, qu'il déposa en grande solennité dans l'église abbatiale, en présence de quatre évêques voisins et de plusieurs abbés; chaque année, le 18 janvier, on célébra par la suite la fête de la translation de la relique du saint patron. Le corps de saint Brieuc, qui était déposé dans l'église de Saint-Serge depuis 865, fut, en 1166, retiré de son tombeau et exposé publiquement à la vénération des fidèles. A cette cérémonie assista Henri II, roi d'Angleterre et comte d'Anjou, avec toute sa cour; Geoffroy la Mouche, évêque d'Angers, officia, et les abbés de l'Anjou étaient aussi présents.

Péan de la Tuilerie, *Description de la ville d'Angers*, édition Port, p. 378. — Roger, *Histoire de l'Anjou*, p. 134. — Port, *Dictionnaire historique de Maine-et-Loire*, t. I, p. 16.

F. UZUREAU.

21. AMAURY (RAYMOND), fut évêque de Nîmes depuis le mois d'août 1242 jusqu'en 1272. On ne sait à peu près rien de sa vie, sinon qu'il faut lui attribuer des statuts synodaux imposés aux églises de Nîmes et de Béziers.

Dannou, dans *Histoire littéraire de la France*, 1838, t. XIX, p. 431. — *Gallia christiana*, t. VI, col. 446.

G. MOLLAT.

AMAUVIN. Voir AMALVIN, col. 933.

AMAY (*Amanium*), dans la province de Liége (Belgique), possédait avant la Révolution française une collégiale dédiée à saint Georges, dont la tradition attribue la fondation à sainte Ode. La légende a fait de celle-ci une sœur de Dagobert et une tante de saint Hubert. Elle mourut avant 636, année où elle est mentionnée dans une donation du diacre Grimon de Verdun en faveur de l'église d'Amay, où sa tante était enterrée. Il est probable qu'en ce moment l'église d'Amay était simplement paroissiale. Plus tard, le chapitre d'Amay eut à sa tête un abbé séculier, choisi parmi les membres du chapitre de Saint-Lambert de Liége.

Vita Odae, dans *Acta sanct.*, octob. t. x, p. 139-140; nov. t. I, p. 772-777. — *Gallia christ.*, t III, col. 937. — S. Balau, *Les sources de l'histoire du pays de Liége*, Bruxelles, 1903, p. 245-246. — *Bulletin de la Soc. d'art et d'hist. du dioc. de Liége*, 1900, t. xv, p. 266-267. — A. de Ryckel, *Les communes de la province de Liége*, Liége, 1892, p. 18-21. — A. Delescluse, dans *Biographie nationale* (de Belgique), 1901, t. XVI, col. 66-67.

U. BERLIÈRE.

AMAYA (ANDRES DE), religieux de l'ordre de la Merci, provincial de l'Andalousie, professeur d'Écriture sainte à l'université de Séville. On a de lui : 1° *Sermones varios*, Séville, 1723; 2° *Oracion funebre en las exequias de la ven. madre sor Josefa Manuela de Palafox y Cardona, fundadora y abadesa de las capuchinas de Sevilla*, Séville, 1724.

Gari y Siumell, *Biblioteca mercedaria*, Barcelone, 1875, p. 11.

A. PALMIERI.

AMAZONES ou **MANÃOS** (*Amazonen.*), évêché du Brésil, dans l'État de ce nom, érigé le 27 avril 1892, suffragant de Belém de Para. Il est situé au sud de la Colombie, du Vénézuéla et de la Guyane anglaise, à l'est du Pérou et à l'ouest du diocèse de Belém de Para. En 1906, on en a détaché un vaste territoire, baigné par le Rio Grande, pour former la préfecture apostolique du Rio Grande. La résidence de l'évêque est à Manãos, sur le Rio Negro. Le diocèse compte 350 000 catholiques, vingt-quatre paroisses, dix-neuf prêtres séculiers, treize prêtres réguliers, quarante et une églises ou chapelles et cent cinq écoles catholiques. L'évêque actuel est Mgr Federico Beniti de Souza e Costa, nommé le 8 janvier 1907, après la mort du premier évêque, Mgr da Costa-Aguiar, qui avait été élu le 16 janvier 1894.

The catholic encyclopedia, New York, 1907, t. I, p. 381. — Battandier, *Annuaire pontifical catholique*, 1913, p. 209.

U. ROUZIÈS.

AMBACH (MELCHIOR), théologien protestant, naquit, en 1490, à Meiningen, étudia d'abord la théologie catholique, se tourna vers le protestantisme et devint, en 1530, pasteur à Neckarsteinach et, en 1541, à Francfort-sur-le-Mein, où il mourut. Il a laissé plusieurs ouvrages de polémique contre les calvinistes et les catholiques. Contre ces derniers il écrivit : *Vergleichung des Papstthums mit den grössten Ketzereien,* Francfort, 1545. Ses sermons présentent un tableau fidèle des mœurs de son temps et font voir la dissolution des mœurs introduite par la soi-disant réforme. Les plus importants sont *Klage Jesu Christi wider die vermeynten Evangelischen*, s. l., 1551; *Urtheil von den üppigen gewöhnlichen Tanzen*, Francfort, 1543; *Vom Zusauffen und Trunkenheit*, Francfort, 1543.

J. PIETSCH.

AMBARACH (PIERRE), maronite et jésuite, orientaliste distingué, plus connu sous le nom de *Benedetti*, naquit à Gusta (Phénicie), en juin 1663, d'une famille très pieuse. Son père fonda un monastère, dont il prit la direction après la mort de sa femme; deux de ses frères se succédèrent sur le siège archiépiscopal du Mont-Liban. Pierre fut envoyé, à l'âge de neuf ans (décembre 1672), au séminaire maronite à Rome, suivit les cours du collège romain et fit de remarquables progrès dans toutes les sciences et particulièrement dans la connaissance de l'hébreu, du syriaque et de l'arabe. Ses études achevées (1er décembre 1685), il retourna en Orient et fut ordonné prêtre par le patriarche maronite d'Antioche, Étienne Ad-Douaïhy (*Aldoensis*), qui le renvoya bientôt après à Rome pour défendre la validité des ordinations syriaques; celle-ci était sérieusement mise en doute depuis la récente publication des *Syriacarum ordinationum codices*, de Jean Morin. Le grand-duc de Toscane, Cosimo III, l'invita ensuite à venir diriger à Florence l'imprimerie orientale jadis créée par Ferrante 1er, « une des plus riches qu'il y eût en Europe, » écrira Benedetti à Apollonio Bassetti : c'est durant son séjour à Florence que le savant maronite, logeant habituellement chez les bénédictins, se lia d'étroite amitié avec celui qui devait être bientôt le cardinal Querini. Cosimo confia également à Benedetti la chaire d'Écriture sainte à l'académie de Pise; mais celui-ci, renonçant au monde, entra, à l'âge de quarante-quatre ans (30 octobre 1707), au noviciat de la Compagnie de Jésus à Rome. Il fut associé par Clément XI aux savants chargés de la correction des Bibles grecques et, durant plusieurs années, expliqua l'Écriture sainte dans l'église de la maison professe. Le cardinal Querini lui proposa, en 1730, la revision et la publication des œuvres syriaques de saint Éphrem : malgré ses soixante-sept ans, Benedetti accepta ce travail; il mourut, le 25 août 1742, pendant l'impression du troisième volume, qui fut continuée par Étienne Évode Assemani : *Sancti patris nostri Ephraem Syri opera omnia quae extant graece, syriace, latine*, 3 vol. in-fol., Rome, 1737, 1740, 1743; à la fin du second volume se trouvent deux dissertations de Benedetti, dirigées l'une contre Jean Kohlius, professeur d'histoire ecclésiastique à Saint-Pétersbourg, l'autre contre le P. Lebrun, de l'Oratoire, et Eusèbe Renaudot; elles ont été reproduites par Zaccaria, *Thesaurus theologicus*, Venise, 1762, t. x, p. 525-554, 770-789; cf. t. xiii, p. 475. On doit encore à Benedetti : *Stephani Aldoensis patriarchae Antiocheni scripta de sacra liturgia et origine gentis maroniticae*, traduits de l'arabe en latin; *Menologium graecorum iussu Basilii imperatoris graece olim editum… nunc primum graece et latine prodit*, 3 volumes in-fol., Urbino, 1727, par les soins du cardinal Albani. Benedetti a traduit les onze derniers jours du mois de mars, et les mois de juin et de juillet presque intégralement, août a été traduit par les basiliens de Grotta Ferrata, le reste par Clément XI; *Vita arabica sancti Alexii*, et *Acta antiquiora sanctorum septem dormientium*, de Jacques de Sarug, traduits du syriaque, dans les *Acta sanctorum*, jul. t. iv, p. 266-270; t. vi, p. 387-389.

Assemani consacre une notice à Benedetti dans le t. iii des œuvres de saint Éphrem, p. xii-xvi. — *Osservazioni letterarie*, Vérone 1737, t. i, p. 7-20. — *Journal des sçavans*, 1739, p. 213-218; 1744, p. 515-521, 587-594, 669-675; 1745, p. 47-52. — *Mémoires de Trévoux*, 1728, p. 171-172; 1742, p. 749-758, 971-992; 1745, p. 1264-1276, 1765-1783. — *Acta eruditorum*, 1747, p. 577-580, 672-676; *Supplem. ad nova Acta eruditorum*, t. v, p. 102-106. — Moreri, *Le grand dictionnaire historique*, Paris, 1759, t. ii, p. 364-365. — Angelo Fabroni, *Vitae Italorum doctrina excellentium*, Pise, 1785, t. xi, p. 174-185 : il y cite une lettre de Benedetti à Apollonio Bassetti; il donne aussi, dans *Delle lettere famigliari del conte Lorenzo Magalotti*, Florence, 1769, t. ii, p. 141 sq., une lettre de ce personnage au prieur Del Bene en faveur du savant orientaliste, une de celui-ci à Magalotti et six de Magalotti à Benedetti. — Renward Bauer, dans *Kirchenlexicon*, Fribourg, 1882, t. i, col. 682-683. — Sommervogel, *Bibliothèque S. J.*, Bruxelles, 1890, t. i, col. 1295-1298. — Hurter, *Nomenclator literarius*, Inspruck, 1910, t. iv, col. 1461-1464; cf. col. 1315, note.

E.-M. RIVIÈRE.

1. AMBASSADEURS AUPRÈS DU SAINT-SIÈGE. — I. Origines et développement au cours du xve siècle. II. Leur constitution au temps de la Réforme catholique (1534-1648). III. Transformation progressive de leur caractère dans le sens religieux et en dehors de la politique (1648-1789). IV. Rôle des ambassadeurs sous le régime des concordats.

L'objectif et le but spécial des ambassades auprès du Saint-Siège : régler les conflits et débats qui surviennent entre les deux pouvoirs, le spirituel et le temporel, ces affaires mixtes qui intéressent la société des âmes et celle des corps, les distinguent des institutions analogues et font prévoir que leur histoire et leur développement ont suivi un cours particulier. Toutefois, elles ont été à l'origine de simples ambassades politiques de princes italiens, qui se sont transformées à la longue en représentations de la chrétienté auprès de son chef.

I. ORIGINE ET DÉVELOPPEMENT : AMBASSADES ITALIENNES AU XVe SIÈCLE. — Les rapports de la papauté avec les princes chrétiens, comme avec les fidèles, furent de tout temps, et on peut dire sans interruption, entretenus d'un côté par les légations et missions secondaires qui rayonnaient incessamment de Rome dans toutes les directions de l'Europe; de l'autre, et surtout, par les voyageurs et pèlerins de toute condition, qui venaient à Rome pour leurs dévotions ou affaires spirituelles multiples. Les clercs et les moines apportaient des procès en matières bénéficiales, les difficultés de leur église et de leur couvent, venaient prendre langue au centre de la chrétienté ou auprès de leur supérieur général, et se prêtaient volontiers au rôle d'agent public ou politique de leur pays, de leur souverain, dont ils étaient souvent les créatures, les protégés, les familiers. Quelque forme de relations plus suivies commença à se dessiner avec le personnel exotique d'officiers curiaux, qui se développa, en même temps que les services administratifs de la cour romaine se démembrèrent, au xiiie siècle, puis sous les papes d'Avignon, et enfin après le retour à Rome, au temps de Martin V. La curie romaine fut dès lors vraiment internationale, et se composait, par moitié ou peu s'en faut, d'étrangers de toutes les nations chrétiennes, qui se fixaient à Rome, y montaient par tous les échelons de la hiérarchie, fondaient des familles, des dynasties de fonctionnaires, en appelant à eux leur parenté, et ne perdaient jamais de vue le pays d'où ils étaient partis. Voir mon article : *Origines des nonciatures permanentes*, dans *Revue d'histoire ecclésiastique de l'université de Louvain*, 1906, t. vii, p. 53-54. Travaillant aux actes pontificaux du cabinet papal, de la chancellerie, de la chambre apostolique, etc., en qualité de secrétaires, abbréviateurs, expéditeurs, scribes, auditeurs, notaires, etc., ils ne pouvaient manquer de servir d'intermédiaires entre ces bureaux des futures congrégations et leurs compatriotes, clergé ou pouvoirs publics.

Ce n'était pas toutefois une représentation permanente à proprement parler, cela manquait de stabilité et d'organisation précise. Le système d'ambassades que la diplomatie italienne développa à la fin du moyen âge devait fournir un cadre à ces éléments trop incertains, et il était naturel que les princes de la péninsule, puis, à leur exemple et à leur suite, les grandes puissances procédassent à Rome comme dans les autres pays; la représentation permanente auprès de la papauté joua donc à ses origines un rôle politique, d'abord purement italien, parce que de princes italiens auprès d'un prince italien. En se réinstallant à Rome, les papes s'y trouvèrent enlacés dans l'imbroglio des intrigues et des compétitions qui agitaient la péninsule, et leur allure encore française, qui les retenait dans le parti de la maison d'Anjou, les mit aux prises avec celle d'Aragon, qui triomphait à Naples : ils durent s'appuyer sur des voisins plus accommodants, en même temps que maintenir l'équilibre entre eux et leurs exigences opposées. Florence, Venise, les Visconti, puis les Sforza de Milan,

Les relations nécessaires que la contiguïté de territoire établissait entre Rome et ces quatre États (il faut y joindre Naples) durent servir de point de départ à quelques premières ambassades à demeure, avec succession au prorata des besoins de circonstance. Nous savons que Francesco Sforza, duc de Milan, que sa situation de parvenu amena à créer un peu partout, pour son compte, un système de renseignements et d'espionnage, maintint à Rome deux de ses serviteurs les plus expérimentés, Nicodème de Pontremoli en 1451-1452, et Otto del Caretto en 1458-1461. Cf. L. Fumi, *Francesco Sforza contro Jacopo Piccinino*, 1455-1458, dans *Bolletino della R. deputazione di storia patria, per l'Umbra*, t. xiv, 1910. Le roi de Naples, Alphonse d'Aragon, avait trop besoin de surveiller de près la politique papale pour ne pas entretenir à Rome une personne de confiance qui le tînt sans cesse au courant. Mais ce fut Venise vraisemblablement qui inaugura, à Rome, comme ailleurs, la coutume de la représentation officielle. Son historien Malipiero, racontant ses conflits avec Paul II (1464-1471), ajoute qu'ils ne lui permirent pas d'avoir des ambassadeurs en résidence auprès de ce pape, selon son usage, *come era su usanza* (cité par Schaube, *Zur Entstehungsgeschichte der ständigen Gesandschaften*, dans *Mittheilungen des Instituts für Œsterreichische Geschichtsforschungen*, 1889, t. x, p. 519, note). La série des ambassadeurs vénitiens reprit sous Sixte IV : celle de Florence ne s'ouvre guère qu'en 1479, après le conflit de Laurent le Magnifique avec ce même pape. Buser, *Die Beziehungen der Medicis zur Frankreich*, Leipzig, 1878. On peut la reconstituer jusqu'en 1494 dans la suite de leurs dépêches mentionnées ou analysées.

On ne voit pas que ces premiers agents se soient beaucoup occupés de questions religieuses ou ecclésiastiques, à moins qu'elles ne fussent intimement unies avec les débats d'ordre politique, comme dans le conflit ci-dessus à la suite de la conjuration des Pazzi, où l'on ne sait lesquels eurent le plus d'importance, bien que le privilège de cléricature qui fut la cause de la querelle y ait primé la rivalité entre les Médicis et les Rovère. Les collations bénéficiales, les affaires spirituelles et de discipline continuèrent à occuper les clercs de la curie : les plus importantes, celles qu'on traitait en consistoire, réservées aux cardinaux étrangers, qui résidaient à Rome, et auxquels les souverains confiaient la défense de leurs intérêts en ces matières et recommandaient l'action de leurs représentants. Des hommes comme d'Estouteville, Balue, qui vécurent plus de vingt ans auprès des papes, y exerçant des fonctions importantes (le premier celle de camerlingue, une des plus en vue), favorisèrent la monarchie française en toute rencontre. L'Espagne, au moment où elle achevait son unité, vit s'accroître son influence, grâce au concours du cardinal Rodrigue Borgia, vice-chancelier de l'Église romaine, qui, lié à son pays d'origine par des intérêts multiples, remplit la curie et le Sacré-Collège de ses compatriotes, quand il fut devenu pape. Ci-dessus, ALEXANDRE VI, col. 221. Un autre Français, Raimond Péraud, qui seconda Charles VIII au moment de son expédition en Italie, était cependant, à la suite de sa longue nonciature en Allemagne (1487-1490), sur le point de passer au service de Maximilien d'Autriche.

Le mouvement de la diplomatie, né en Italie, dès le xive siècle, avec Venise et Florence, se propagea au suivant parmi les États européens, dont les relations se serrèrent toujours davantage. Le conflit Aragon-Anjou, compliquant de débats moins importants, et du péril turc, établit aussi des contacts incessants entre les princes italiens, par conséquent la papauté, et les grandes puissances. Celles-ci furent donc amenées, comme les premières, à se servir de représenta-

tions à demeure. En ce qui concerne Rome, il est difficile de préciser, de donner des dates, car l'institution ne s'établit qu'à la longue et à l'usage. Pour la France, elle parut tardivement, et les nombreuses missions transitoires que Louis XI envoya (Combet, *Louis XI et le Saint-Siège*, Paris, 1903) ne laissent entrevoir aucune ambassade en résidence. Sous Charles VIII, nous voyons Robert d'Épinay, évêque de Lescar, de 1488 à 1492 (*Joh. Burckardi liber notarum*, édition Muratoriana, 1907, t. i), à côté du cardinal Balue, qui, depuis son retour de France (1486), défend avec lui la cause de René d'Anjou et ses prétentions sur Naples. En 1492, le Gascon Bilhères de la Grolaye (voir ce nom), bientôt cardinal, leur succède et représente la France jusqu'en 1499. L'ambassade parut fondée avec l'alliance étroite entre Louis XII et César Borgia, et, si la politique lui fit subir des vicissitudes sous Jules II (1503-1513), les relations ordinaires reprirent d'une manière suivie avec Léon X, jusqu'à la rupture de 1520, puis sous Clément VII, sans interruption importante (1523-1534).

Les autres puissances chrétiennes ont à peine devancé la France auprès du Saint-Siège. On peut constater, dans le journal du cérémoniaire Jean Burckard (1483-1506), les premières apparitions d'ambassadeurs étrangers, à côté des Italiens plus nombreux. Au conclave d'où sortit Innocent VIII (1484), le roi des Romains Maximilien est représenté par Marquard Brisacher, qui reparaît souvent dans la suite, jusqu'à ce que le rédacteur mentionne son remplacement en 1487. Il cite un évêque de Durham (John Shirword, Eubel, *Hierarchia catholica*, t. i), ambassadeur d'Angleterre, un agent du roi Ferdinand le Catholique, et celui de Hongrie, plus tard celui de Portugal. Il les y ramène fréquemment dans les cérémonies, à leur rang, ou dans certaines fonctions que le protocole leur fait remplir, comme de présenter l'eau ou des ornements au pape, détails qui supposent une tradition établie, de même que les discussions de préséance qu'ils ont entre eux, et les expédients auxquels le pape a recours pour les accommoder. R. de Hinojosa, *Los Despachos de la diplomacia pontificia en España*, Madrid, 1896, p. 37-39, fait commencer l'ambassade d'Espagne en 1486 et donne la liste de ses titulaires jusqu'à Léon X.

Le progrès de ces ambassades est marqué plus nettement encore par les *Diarii* officiels du Vénitien Sanuto (1496-1534), secrétaire de la république, où ils apparaissent dans leur vrai jour, avec leur rôle politique. Sous Léon X, la succession paraît bien établie, autant que le permettent les vicissitudes de la politique, qui font passer le pape d'un parti à l'autre, selon les besoins du moment. Un ambassadeur n'est pas rappelé qu'il ne soit remplacé aussitôt, et cette règle primordiale de la représentation permanente, qui eut à souffrir des malheurs d'un pontificat tourmenté comme celui de Clément VII, était assez sérieusement établie pour se maintenir jusqu'à des temps meilleurs. Au moment des ligues que la papauté provoqua ou favorisa, sainte ligue de 1495, ligue de Cambrai (1509), ligue de 1520, ligue de Cognac (1526), il se produit toujours le même phénomène : les ambassadeurs de la puissance ennemie, France ou maison d'Autriche, font défaut ou se tiennent à l'écart, ceux de la ligue se groupent autour du pontife, délibèrent sous sa présidence et décident aussi bien des armements et plans de campagne que des combinaisons diplomatiques. Depuis Sixte IV et Innocent VIII, le pape s'est transformé en souverain temporel, qui a des agents politiques autour de lui comme tout prince de la chrétienté. Il reste cependant le chef de l'Église, et les puissances ennemies ne rappellent pas toujours leurs représentants, parce que tout point de contact n'est pas supprimé, parce que le bien de la religion tient les deux pouvoirs unis par des nécessités communes et des négociations indispensables. C'est pour la France les relations créées par le concordat de 1516 : bien que les ambassadeurs résidents n'aient guère été mêlés aux négociations qui le préparèrent, on ne pouvait les tenir à l'écart de ses applications. C'était pour l'Allemagne les embarras que lui apportaient la révolte de Luther et le mouvement dangereux et tenace du protestantisme. C'était, en général, la nécessité de protéger et de secourir les clercs et les fidèles, pèlerins ou autres, qui venaient à Rome pour affaires privées, et les nombreux nationaux qui s'y trouvaient établis, et par l'intermédiaire desquels l'agent nouait des intrigues qui le faisaient parfois interner au château Saint-Ange.

A la mort de Clément VII (1534), les ambassades permanentes fonctionnaient auprès du Saint-Siège comme auprès des princes chrétiens, mais, les premières, par leur caractère séculier et politique, gardaient trop de ressemblance avec les autres, elles comportaient des devoirs et des nécessités qui devaient les faire transformer complètement.

II. Développement des ambassades au temps de la Réforme catholique (1534-1648), leur constitution première et leur caractère politico-religieux. — Le pontificat de Paul III (1534-1549) marque un tournant dans l'histoire de la curie romaine : elle fait dès lors sa principale affaire de la réforme de l'Église au moyen d'un concile. Pastor, *Geschichte der Päpste*, 1909, t. v. Les agents diplomatiques, en invoquant cet intérêt majeur, sont sûrs de se faire écouter, et c'est une arme dont ils savent se servir pour la conduite de leurs négociations. C'est l'époque où les deux adversaires, Charles-Quint et François Ier, sollicitent tour à tour ou repoussent la convocation du concile, selon les exigences de leur politique, et leurs représentants n'ont à la bouche que le mot de réforme, entendu dans un certain sens étroit, plus politique que religieux, et qu'ils prétendent imposer à l'Église. François Ier suspecte le concile convoqué à Trente, sur une trève vassale de son adversaire, et approuve son transfert à Bologne (1546), contre lequel Charles-Quint proteste, en empêchant les évêques espagnols et allemands de s'y rendre. Cette tactique, par sa continuité, contribuera à déterminer le caractère propre des ambassades auprès du Saint-Siège, au moins à préparer leur rôle, à l'orienter vers les intérêts et le bien de la religion. Vingt-huit années de négociations à Rome et ailleurs, sur le lieu, la tenue, l'objet, la marche et la clôture du concile, transformèrent en ce sens la diplomatie romaine, qui vit se rouvrir de vieux débats, sur la concession du calice, le mariage des prêtres, etc. Les agents français et impériaux, sous la poussée des protestants et la direction de princes et politiques conciliateurs, ne parlaient plus que de ces questions et autres analogues. Le traité de Cateau-Cambrésis ayant mis fin aux grands conflits internationaux, scellé l'hégémonie de la maison d'Autriche en Italie (1559), c'est sur le terrain religieux que se mesurait dès lors l'influence des ambassadeurs à Rome. Aux revendications des Allemands et Bohémiens, les Français ajoutaient la prétention de faire reconnaître les libertés gallicanes par le concile, les uns et les autres ne voulaient pas que celui-ci fût trop, à leur manière de voir, sous la main du pape, et ce dernier, assailli par des intrigues toujours en lutte, s'efforçait de les neutraliser les unes par les autres, seul moyen de se préserver des empiétements de ces diplomates sur la juridiction pontificale.

Il en fut de même quand le concile de Trente eut pris fin et qu'il fallut en venir à son application. On vit alors un prince, Philippe II, s'imposant le bras droit de la papauté dans l'œuvre de réforme, en prendre l'initiative dans maintes circonstances et, sous ce prétexte, vouloir commander à Rome pendant quarante années par ses ambassadeurs, ceux de l'empereur se dérobant ou marchant à contre-cœur sous l'impulsion des premiers, pendant que ceux de France se voyaient paralyser par la politique incertaine, parfois équivoque des Valois (1563-1598). La nécessité de la réforme semblait justifier les empiétements dans le domaine spirituel de politiques pris d'un beau zèle pour le salut de l'Église et des âmes. Les pontifes eurent de la peine à conserver quelque indépendance devant cette tutelle, qui prenait une forme toute nouvelle : les discussions violentes, les querelles entre Sixte-Quint et l'ambassadeur espagnol Olivarès sont restées célèbres. Baron de Hubner, *Sixte-Quint*, Paris, 1870, t. II, l. VII, c. VI. Elles montrent ce qu'un agent hardi et d'initiative peut par lui-même en interprétant la pensée de son maître, pour pousser à leur extrême les avantages de sa politique, même devant un pape énergique comme Sixte-Quint. La décadence de l'Espagne après la mort de Philippe II et le relèvement de la France avec Henri IV permirent à Clément VIII de secouer cette sujétion. Il se tourna vers la dernière, et pendant la célèbre ambassade du cardinal d'Ossat et son séjour prolongé à Rome (1596-1604), la prépondérance de la France ne fut pas toujours avantageuse à la réforme catholique. Ossat était un politique avant tout, dont la correspondance est un chef-d'œuvre de littérature diplomatique, qui a servi de modèle à Wicquefort, et lui a fourni les traits du parfait homme d'État, dans l'*Ambassadeur et ses fonctions* (1665), mais, par réaction contre la politique espagnole, qui unissait jusqu'à les confondre le temporel et le spirituel, Ossat les distingue le plus possible, et c'était la tactique gallicane, qui fleurit avec Richelieu et Mazarin. Les ambassadeurs français de cette période, pendant la grande réforme du XVIIe siècle, conduisirent dans deux directions parfois opposées les affaires de l'Église nationale et celles de la chrétienté : sur ce dernier terrain, prétendent-ils, le pape doit prendre parti pour la France bien qu'alliée des protestants, contre l'Autriche, qui a trop longtemps asservi l'Église romaine, sous prétexte de la réformer.

Les événements de la guerre de Trente ans donnèrent raison aux premiers, non sans détriment de la religion catholique et de la papauté, qui y perdit le reste de son influence sur la politique européenne. Une nouvelle phase allait s'ouvrir pour le développement des ambassades accréditées auprès d'elle. Jusqu'ici elles avaient subordonné le spirituel au temporel et, comme le voulait la politique de toute monarchie, en avaient fait un instrument, un moyen pour faciliter la marche de celle-ci. On n'avait pas encore l'idée de séparer les deux ordres, ni qu'un agent diplomatique pût négocier sur les destinées de son Église nationale sans autre objectif que de les régler. La transformation s'imposait cependant, étant donné le caractère propre du pouvoir pontifical, mais elle s'opérait lentement et en se conformant aux vicissitudes de ce pouvoir lui-même.

L'institution était munie de ses principaux éléments, qui participaient du caractère mixte de ses attributions : à côté d'un nombreux personnel à fonctions laïques de serviteurs, secrétaires, courriers, interprètes, conseillers de droit public et international, comme celui attaché alors à toute grande ambassade, celle-là avait besoin spécialement de conseillers ecclésiastiques, canonistes, théologiens, qui dressaient des mémoires sur les difficultés de discipline et droit canon, sur les cas de conscience que soulevaient les débats avec la curie romaine. De plus, l'ambassadeur avait pour l'aider, le soutenir, le suppléer, surtout au consistoire secret, où il ne pénétrait pas toujours, le cardinal protecteur, autre institution ecclésiastico-politique, dont il ne peut être davantage question ici, et dont les cardinaux de curie modernes ne donnent qu'un bien pâle reflet. Bien qu'il s'occupât surtout des affaires purement ecclésiastiques, et au consistoire, nominations bénéficiales, etc., le protecteur intervenait souvent sur le terrain temporel, et il n'était pas toujours facile de distinguer ses attributions de celles de l'ambassadeur : quand la répartition ne se faisait pas à l'amiable, il y avait des heurts, des conflits et une situation tendue qui réclamait prompt remède. Ce n'était cependant pas le cas ordinaire, le cardinal subordonnait son action politique à celle de l'agent, il y avait intérêt qu'il fût de même nationalité ou bien romain, ce qui se présenta plus d'une fois. Le cardinal de Joyeuse et l'ambassadeur Pisani surent soutenir leur maître Henri III au temps de Sixte-Quint, et la cause d'Henri de Navarre, excommunié en 1587. Deux ans plus tard, le premier tenait tête au pape en défendant le roi de France menacé à son tour, et se faisait expulser du consistoire. Certains cardinaux remplirent véritablement les fonctions diplomatiques : Gasparo Borgia, qui le fut longtemps pour l'Espagne sous Urbain VIII, fit entendre une protestation célèbre contre l'intervention de celui-ci dans la guerre de Trente ans en faveur de la France (1635). F. Mourret, *Histoire générale de l'Église*, 1912, t. vi, p. 48. Après lui, Carillo Albornoz (ci-dessus t. i, col. 1725), déploya son activité de cardinal-protecteur à la fin de la même guerre, où la papauté se montra trop tiède, à son point de vue, pour la cause catholique.

Combinaison d'éléments laïques et ecclésiastiques, la représentation diplomatique auprès du Saint-Siège au xviie siècle était placée presque indifféremment sous la direction du protecteur ou d'un ambassadeur séculier. Il y avait une circonstance importante dans l'histoire de Rome où l'action des deux ordres se combinait plus particulièrement pour le succès de la politique nationale, c'était au moment du conclave, lorsque devait se décider si le futur pape serait favorable à cette politique plutôt qu'à toute autre. Alors le protecteur groupait, sous la direction de l'ambassadeur, les électeurs nationaux, pensionnés ou amis, le parti en un mot qu'il avait su former au Sacré-Collège, orientait ses votes, écartait les candidats hostiles, même par un véto formulé ou manifesté de diverses manières, et réussissait à faire élire le moins suspect, sinon le plus avantageux.

L'union des deux éléments ci-dessus se révélait en une foule de détails : le même personnage cumulait souvent les deux fonctions, d'ambassadeur et de protecteur, et la première était non moins souvent confiée à un ecclésiastique. Il est vrai qu'en cela l'esprit gallican des rois de France apportait plus de réserve, ceux d'Espagne moins de répugnance. Après Ossat, les agents français furent rarement des clercs et Louis XIV qui, par contre, en employa souvent, ne voulut jamais qu'ils prissent la qualité d'ambassadeurs, mais simplement celle de chargés d'affaires. Hanoteau, *Instructions aux ambassadeurs et ministres de France à Rome*, Paris, 1911, t. ii, p. 85, note 1. Le plus célèbre des successeurs d'Ossat fut cependant l'archevêque de Lyon, Denys-Simon de Marquemont, qui remplit le poste huit ans (1619-1627), et finalement reçut le chapeau, preuve qu'il avait satisfait également ses deux maîtres. Cette manière de finir n'était pas rare pour un ambassadeur d'Église qui avait réussi, et alors il restait ou revenait ordinairement comme protecteur; ainsi d'Estrée, de Forbin-Janson, de la Trémoille, dans les trente dernières années du règne de Louis XIV, et même le fameux cardinal de Bouillon (Em.-Théod. de la Tour d'Auvergne) passèrent indifféremment de l'une à l'autre charge, temporairement ou à demeure, preuve que l'on n'y voyait pas grande différence hiérarchique ou au point de vue de l'objet.

De même au xvie siècle, où l'on rencontre en foule les personnages d'Église, cardinaux notamment, qui travaillèrent à Rome pour les deux pouvoirs dans la sphère politico-ecclésiastique. Les Espagnols Pacheco, Pedro et Francés, sous Paul IV et Pie IV, les deux Madruzzi, l'oncle et le neveu, évêques de Trente à la même époque, le cardinal de la Bourdaisière sous Pie IV et celui de Rambouillet sous Pie V, enfin le Vénitien Navagero, successivement ambassadeur et protecteur. La république de Venise ne tenait cependant pas à ce que ses agents acceptassent de l'étranger des honneurs comme le cardinalat, qui les détachait trop de son service : témoin l'ambassadeur Marcantonio Amulio (voir ce nom), que Pie IV promut à l'insu de son gouvernement : ses compatriotes lui en tinrent rigueur jusqu'à la fin.

Il y avait une fonction curiale, indépendante en principe de l'ambassade, mais dont le titulaire, en fait toujours national, pouvait rendre et rendait des services : c'était l'*auditeur de Rote* (voir l'article) national. Le tribunal de ce nom admit de bonne heure parmi ses membres des jurisconsultes étrangers, français, espagnols, allemands, qui siégèrent comme juges, et au xvie siècle le poste finit par être à la disposition du souverain, d'après une tradition qui se fonda alors et se fortifia au siècle suivant. Les grandes puissances, choisissant ce magistrat, mirent la main sur lui, cela se conçoit, en firent leur créature, un de leurs agents et de leurs serviteurs. L'exemple typique, le premier d'ailleurs, de cette prise de possession se rencontre au xvie siècle : Séraphin Olivier, d'origine lyonnaise, créé auditeur de Rote par Pie IV, sans que nous voyions intervenir la monarchie des Valois, remplit sa charge trente-six ans durant, travailla non sans succès à faire reconnaître Henri IV par le Saint-Siège ; ce monarque l'accapara, lui procura le chapeau, et de son côté il seconda les agents français, Ossat, et ses successeurs; il contribua plus que personne à fonder, au moins pour la France, la tradition des auditeurs de Rote engagés plus ou moins dans la diplomatie de leur pays. Nous voyons, dès lors, ces officiers curieux à la remorque des ambassadeurs, s'occuper avec eux de diplomatie, de politique, les suppléer par intérim pendant leur absence ou la vacance du poste, remplir la fonction d'une manière provisoire plus ou moins longtemps. Mais il en résultait une situation anormale, les fonctions judiciaires étant souvent incompatibles avec la politique; il en résultait aussi des conflits et des difficultés de cérémonial. Benoît XIV décida de ne plus admettre d'auditeur dans la diplomatie romaine. De son temps, à côté de celui de France, de Monboissier-Canillac, qui suppléa plusieurs ambassadeurs dans la longue durée de sa fonction (1733-1761), l'auditeur d'Autriche, le comte de Thun, évêque de Gurk, cumulait les attributions d'agent ordinaire de Marie-Thérèse, pour les États héréditaires (1742). Voir mon article, *Le secret du pape*, dans *Revue des questions historiques*, juillet 1912, t. xcii, p. 42-43.

Ces faits, qui débordent sur la période suivante, présentent les ambassades comme un organisme constitué, assez compliqué dans son objet et son fonctionnement, qui ne pouvait se simplifier qu'à la longue, par suite de la marche des idées modernes, qui devaient lui enlever son importance politique et le cantonner sur le terrain des affaires religieuses et ecclésiastiques.

III. Transformation des ambassades et développement de leur caractère propre, par suite de la décadence du rôle politique de la papauté

(1648-1789). — C'est que ces idées vont en même temps éliminer la papauté de la politique, par suite enlever aux ambassadeurs toute action sur ce terrain. Ce fut d'abord une conséquence de la guerre de Trente ans, qui permit aux puissances protestantes, Suède, Provinces-Unies, Angleterre, Brandebourg, de conquérir une prépondérance dont la diplomatie se ressentit dans la seconde moitié du siècle. Elles intervinrent comme tierces parties, puis comme médiatrices dans les conflits entre Louis XIV et l'Europe, et dirigèrent les grands congrès, qui devaient y mettre fin, Nimègue, Ryswick, Utrecht. Comme d'ailleurs ces congrès se tinrent en pays protestants, la cour romaine jugea contraire à sa dignité d'y prendre part d'une manière officielle, sous la présidence de souverains hétérodoxes, dont elle ne pouvait reconnaître ni la prépondérance dans la chrétienté, ni même la légitimité de leur pouvoir, qu'elle considérait comme des révoltés contre l'ancien droit international, celui du moyen âge. Elle se contenta de recommander instamment aux ambassadeurs accrédités auprès d'elle la foi et les consciences des populations orthodoxes, sacrifiées par le nouveau droit public aux appétits de ces souverains.

Ce n'est pas que ces mêmes ambassadeurs n'eussent, pendant cette période, à traiter encore de grandes questions intéressant le bien général de l'Europe. Celle d'Orient préoccupa constamment les papes, et ils s'efforcèrent de grouper de nouvelles croisades contre les Turcs qui menaçaient à la fois l'Italie et l'Europe centrale. Où Alexandre VII avait échoué (1662), Clément IX réussit, et si Candie ne fut pas sauvé, du moins Louis XIV lui-même céda à l'opinion chrétienne, comme aux instances de Rome, et envoya quelques secours à l'Autriche, sa vieille ennemie, dans sa lutte contre le croissant en Hongrie. Plus tard, au fort de son conflit avec Innocent XI, il espéra le gagner à sa cause contre la ligue d'Augsbourg, et n'osa pas l'empêcher de secourir Vienne assiégée par les Turcs (1683). Les ambassadeurs à Rome rivalisaient toujours d'habileté diplomatique pour entraîner la curie soit du côté de la France, soit du côté de la coalition, et au temps de la succession d'Espagne, Clément XI, qui avait admis le testament de Charles II en faveur des Bourbons contre les Habsbourgs, ne céda aux instances de l'ambassadeur autrichien de Prié, qui le pressait d'abandonner la neutralité, qu'après l'évacuation de l'Italie par les troupes françaises (1707), et lorsque l'archiduc Charles fut maître du royaume de Naples. Il en résulta une rupture diplomatique avec l'Espagne. A. Baudrillart, *Philippe V et la cour de France*, Paris, 1890, t. 1, p. 303-306; cf. ci-dessus, ALDOVRANDI, col. 71.

Le pape bénéficiait toujours de son prestige moral comme de sa situation de prince italien, dont les territoires reliaient le nord et le sud de la péninsule. Les ambassadeurs auprès de lui tenaient le premier rang dans la hiérarchie diplomatique et le cérémonial, à cause de l'importance et de la variété de leurs négociations. C'étaient des puissances à Rome, où l'indulgence débonnaire de l'administration leur donnait la tentation d'amplifier jusqu'à l'abus les privilèges attachés à l'inviolabilité de leur caractère, le droit d'asile et la franchise douanière. Trop appuyés souvent à ce sujet par leur gouvernement, ils entreprirent une lutte contre le pouvoir pontifical, qui dura tout le XVIIe siècle : commencée sous Urbain VIII, elle continua avec Alexandre VII et ne prit fin que grâce à l'énergie indomptable d'Innocent XI, qui réduisit notablement ces privilèges, en supprimant le droit d'asile, que les ambassadeurs prétendaient pour tout quartier, et le restreignit à leur palais. Nous n'avons pas à insister davantage sur les tristes démêlés qui accompagnèrent le conflit en le compliquant, et dans lesquels la France joua le principal rôle, sinon l'unique. Notons seulement que ces débats, survenant au moment où la diplomatie européenne apprenait à se passer du souverain pontife, contribuèrent à l'amoindrissement, sinon de son prestige moral, du moins de sa puissance temporelle et de son action politique. Les ambassadeurs y perdirent aussi quelque chose par contre-coup, et le XVIIIe siècle marque pour eux la décadence qui devait achever la transformation de la charge, alors que les idées modernes portaient le coup de grâce au vieux système politique européen issu du moyen âge.

Dans la première moitié de ce siècle, la seule politique qui se discute à Rome concerne la péninsule, les États de l'Église et leurs annexes, c'est-à-dire la souveraineté du pape sur Naples, les duchés (Parme, Plaisance) et ses rapports de voisinage avec Venise et la maison d'Autriche, maîtresse du Milanais, qui met la main sur la Toscane. Les agents italiens, qui étaient à l'origine les seuls et tinrent longtemps un rang distingué, supérieur à la puissance territoriale du prince qu'ils représentaient, se sont effacés, ou se sont faits les instruments de la politique des Bourbons et Habsbourgs, qui ont accaparé ces États. A côté de celui de Venise, logé au palais de ce nom, et qui a perdu de son importance, celui de Savoie, autrefois insignifiant et qui passait inaperçu, a grandi en même temps que son souverain s'est fait roi de Sardaigne, et prend rang, au moins par les exigences de celui-ci, à côté des plus importants, menace à chaque instant de rupture et se hausse jusqu'à la hauteur des premiers, Espagne, Autriche, surtout quand il peut parler avec eux. *Correspondance de Benoît XIV avec le cardinal de Tencin*, publiée par E. de Heeckeren, Paris, 1912, voir à l'index, *Charles-Emmanuel* et comte *Rivicra*. Restreinte d'une manière notable, l'activité des ambassadeurs se fait tracassière, irrespectueuse, d'une exigence souvent insupportable, parce que leurs maîtres tiennent moins compte que jamais des principes de morale sociale et de vie internationale, comme des droits du Saint-Siège. Mourret, *ibid.*, p. 422-423, 463-464. C'est la caractéristique d'un nouveau système, le *bourbonisme*, ancêtre du joséphisme, imbu des préventions gallicanes. L'ambition a mis les Bourbons à la remorque des puissances protestantes, qui règlent le sort de la péninsule et de ses États vassaux du pape, sans tenir des réclamations de celui-ci, dans toute une série de congrès, d'Utrecht à Aix-la-Chapelle (1713-1748). Habsbourgs et Bourbons se contentèrent de faire transmettre par leurs ambassadeurs les décisions prises pour en solliciter la ratification, et le pape dut s'incliner, se contenter de la demande d'investiture qui lui était présentée au nom des nouveaux souverains de ces pays, et qui sauvegardait tout juste ses droits de suzeraineté.

Par ailleurs, les victoires et les conquêtes de l'Autriche sur les Ottomans en décadence ont mis fin, en transformant la question d'Orient, au système diplomatique des croisades, qui avait si souvent groupé des ligues autour du pape et en vue de la guerre sainte. L'appel contre les infidèles, qui, pendant plusieurs siècles avait figuré en tête du programme de la politique romaine, ne trouvait donc pas plus d'écho auprès des ambassadeurs catholiques, que le souci du bien général de la chrétienté, qu'ils invoquaient encore dans leurs manifestes du siècle précédent, lorsque Louis XIV s'en servait contre Alexandre VII et Innocent XI. Tout l'effort des ambassades allait maintenant à restreindre l'autorité du pape, même sur le terrain religieux, au moyen de concordats, à lui arracher des nominations bénéficiales, la disposition des biens ecclésiastiques et, sous prétexte de réforme, la surveillance du clergé, des ordres religieux, la suppression de fêtes trop nombreuses au détriment des jours ouvriers, etc., etc. C'était leur caractère moderne qui se dessinait de plus en plus et qui devait les séparer complètement des autres sortes d'ambassades, avec lesquelles elles avaient eu jusqu'alors tant de points de contact.

La diplomatie aura toujours sa manière à elle de régler les questions religieuses, qu'elle n'envisage que sous un angle restreint. On connaît assez les interminables négociations qui furent menées à Rome pendant les deux siècles qui précédèrent la Révolution, sous Louis XIV et Louis XV, à propos du jansénisme et de la bulle *Unigenitus*; elles contribuèrent pour leur part à absorber la diplomatie romaine et à la détacher de la politique temporelle. A ce point de vue, nous devions les mentionner, bien qu'elles aient occupé une foule d'agents de passage plus encore que les ministres résidents. Le débat, surtout français, ne s'arrêta que pour faire place à celui qui eut pour objet la suppression de la Compagnie de Jésus, où les Bourbons coalisés, sous la direction du ministre Choiseul, forcèrent la main au pape. Ce fut le dernier assaut que les ambassadeurs de l'ancien régime livrèrent à la papauté; il dura des années et sous deux pontificats, ceux de Clément XIII et de Clément XIV (1761-1773). Ou plutôt ce fut un siège en règle, dirigé de loin par les gouvernements chrétiens, et marqué par des incidents regrettables, qui faisaient prévoir ce que la papauté avait à attendre de diplomates animés du nouvel esprit. Mourret, *ibid.*, p. 438-439. Parce qu'ils représentaient le roi Très-Chrétien, le roi Catholique ou Sa Majesté Apostolique, ceux-ci se croyaient en droit de régenter l'Église comme une institution purement politique.

En réalité, nous sommes à une époque de transition, et l'ancien régime est battu en brèche de toutes parts. Les ambassades auprès du Saint-Siège, pourvues de leurs principaux éléments, s'acheminent vers la transformation de leur rôle dans le sens indiqué. Le personnel est moitié laïc, moitié ecclésiastique, ce qui ne se présente pas autant dans les autres catégories, les clercs y remplissent indifféremment les charges de l'un et l'autre ordre : le cardinal de Tencin avait l'abbé Trublet pour secrétaire dans sa mission de 1721, et il est évident qu'avec des chefs hauts dignitaires de l'Église il venait à Rome des ecclésiastiques investis de n'importe quel emploi.

A part ce que nous avons dit pour les États italiens, il n'y a pas grande modification dans la série des ambassades. Les agents de second ordre font petite figure à côté des représentants des grandes puissances, France, Espagne, Autriche, Portugal, autour desquels se concentrent les affaires, qui dirigent les négociations internationales et la politique de l'Église, assistent au consistoire, y prennent même la parole, manœuvrent dans la curie et font agir un nombreux personnel de clients ou d'instruments de toute sorte, cardinaux protecteurs, pensionnés ou amis, officiers curiaux de leur nationalité, à commencer par l'auditeur de Rote, clergé de l'Église nationale et laïcs de tout rang domiciliés à Rome. La Pologne est vaguement représentée par les cardinaux Albani, Annibale, puis son neveu Gianfrancesco (ci-dessus, t. I, col. 1371), au temps des partages, ou par un Italien quelconque. Voir plus loin cardinal ANTICI. L'ambassadeur de Malte a gardé quelque importance, parce que l'ordre reste le rempart de la chrétienté contre les musulmans, surtout les pirates barbaresques, et que ses intérêts religieux et temporels sont dispersés à travers l'Europe, sous la protection du pape, son chef suprême.

On le voit, l'institution n'a pas encore ses contours précis, et l'action des ambassadeurs a besoin d'être enfermée dans de justes limites, leur initiative personnelle n'est pas assez réglée et produit des revirements trop brusques dans les relations diplomatiques. La correspondance de Benoît XIV en particulier retrace une image assez fidèle de leurs manœuvres et agitations, et nous connaissons par elle les agents français mieux encore que les autres, le duc de Nevers, Choiseul qui se formait au métier de brutaliser la cour de Rome. P. Richard, *Le secret du pape*, dans *Revue des questions historiques*, 1912, t. XCII, notamment p. 42-45, 387-388. Tencin, qui les avait précédés, avait su achever la conquête du pontife à la cause française. En fait, celui-ci voulait affranchir la curie de la sujétion que faisaient peser sur elle, depuis plus de vingt ans, les cardinaux Albani, Alessandro et Annibale, neveux de Clément XI. Ci-dessus, t. I, col. 1369-1373. Ceux-ci représentèrent l'Allemagne et les Habsbourgs comme agents d'affaires ou cardinaux protecteurs, pendant une grande partie du XVIIIe siècle, de Clément XI à Pie VI (1721-1779). Ils suppléèrent les ambassadeurs ordinaires dans les circonstances où les relations étaient interrompues de Rome à Vienne et soutinrent la cause de Marie-Thérèse, au moment où elle était désespérée, avec une persévérance digne d'éloge. D'un caractère accaparant, entier, hautain, ils attiraient les négociations à eux, annihilaient l'action des ambassadeurs et leur attitude mit en lumière la confusion et l'incertitude qui régnaient entre les attributions de l'un et l'autre office, avec ce fait que leur importance dépendait du savoir-faire, du talent et de l'esprit entreprenant de leur titulaire, non d'une délimitation qui existait à peine.

Enfin, dernier signe qui fait présager une époque nouvelle avec des besoins nouveaux, les États protestants commencent à se faire représenter à Rome, d'une manière au moins officieuse, pour régler les destinées et intérêts religieux de leurs sujets catholiques, d'ordinaire par des Italiens qui ont séjourné plus ou moins longtemps dans leur pays. Nous rencontrons plusieurs de ces personnages au temps de Benoît XIV : Frédéric II lui-même, quand il eut conquis la Silésie, s'efforça de faire négocier un statut du culte ou la confirmation de ses règlements, plus ou moins conformes à la discipline romaine, par les évêques de Breslau, le cardinal Sinzendorf et son successeur Schaffgotsch. De Heeckeren, *Correspondance de Benoît XIV avec le cardinal de Tencin*, *passim*. Ces essais de représentation qui n'avaient encore rien de permanent, qui figuraient plutôt en marge des ambassades, sans situation consacrée par le protocole; ces chargés d'affaires, habiles, intrigants, et parfois gênants ou dangereux, prouvaient clairement l'importance que prenait au point de vue religieux la diplomatie auprès du Saint-Siège, et sa nécessité, même pour les gouvernements qui prétendaient n'avoir aucun contact avec Rome.

Ce que nous avons dit du rôle des cardinaux Albani, même la place capitale que tint à Rome, pendant vingt-cinq ans (1769-1794), le dernier des cardinaux protecteurs, Bernis, en même temps ambassadeur de France, ne doit pas nous faire illusion : le rôle de ces derniers est près de sa fin, ils ont perdu de leur importance et s'enferment de plus en plus dans les affaires des congrégations et du consistoire, parce que les puissances catholiques tiennent à ce qu'ils subordonnent leur action à celle de l'ambassadeur, le spirituel au temporel. L'auditeur de Rote se cantonne lui aussi dans ses attributions judiciaires. Plus que jamais, l'un et l'autre ne sont plus que les auxiliaires du tout-puissant ambassadeur. Si lui-même a perdu son importance politique au cours du XVIIIe siècle, bien des symptômes annoncent cependant que les transformations qui se sont produites dans la diplomatie romaine, sous l'action des idées modernes, tout en réduisant l'activité des ambassades, devaient la fixer sur un terrain plus stable et lui garantir un rôle plus précis, plus fructueux et plus en rapport avec leur objet propre.

IV. LES AMBASSADEURS ET LEUR RÔLE SOUS LE RÉGIME DES CONCORDATS. — Bien qu'on les appelât indifféremment *ambassadeurs* et *ministres*, la distinction était cependant établie dans le protocole entre les divers diplomates accrédités auprès du Saint-Siège : le titre d'*ambassadeur* avait quelque chose de plus solennel, de plus définitif que celui de *chargé d'affaires*, qui désignait une fonction provisoire : *ministre* est un terme général qui, au XIXe siècle, prendra un sens plus précis et s'appliquera aux chefs des légations de second ordre, comme au titre diplomatique qui vient après celui d'ambassadeur. Créées à l'origine par le protocole, pour faciliter la solution des conflits si embarrassants de préséance, ces distinctions finirent par constituer la hiérarchie de l'ordre diplomatique, avec les degrés inférieurs, secrétaires, attachés, à côté de laquelle prennent place, sans se rattacher à la carrière, au moins pour l'avancement, les chanceliers, conseillers, archivistes, etc. Les ambassades à Rome ont profité de ce progrès, qui a simplifié leur fonctionnement, en dépit de leur multiplication dans le cours du dernier siècle. Elles ont d'ailleurs gagné en autonomie, sinon pour le fond, où plus que jamais ne se rattachent aux institutions similaires que par le côté extérieur d'une organisation commune, d'un fonctionnement de bureaux, qui n'a rien à voir avec la différence essentielle d'objet et de but.

Le régime concordataire, sous lequel ces ambassades fonctionnent aujourd'hui, a marqué pour elles ce progrès, en précisant leur rôle et leur fonction, et en les multipliant. Après les conflits du XVIIIe siècle, les deux pouvoirs sentirent le besoin de régulariser leurs rapports, sinon de définir leurs droits en matières mixtes, par des conventions diplomatiques ou concordats, et on les multiplia à la suite de celui de Bonaparte en 1801. Les puissances protestantes ne furent pas en retard sous ce rapport, surtout lorsque les traités issus de la Révolution eurent groupé sous leur joug les populations catholiques des principautés ecclésiastiques d'Allemagne. La conséquence naturelle des engagements pris fut l'établissement auprès du Saint-Siège de légations permanentes chargées de concourir à leur exécution. La Bavière et la Prusse donnèrent l'exemple après leur concordat respectif de 1817 et 1821. La Russie montra moins d'empressement, et aucune légation n'a subi plus de vicissitudes que la sienne, dont le sort semble attaché surtout aux convulsions politiques, puis religieuses qui, une fois ou l'autre, ont secoué et secouent la Pologne. La Belgique, pays foncièrement catholique, ne s'est jamais souciée d'avoir un concordat, mais a créé sa légation dès après la proclamation de son indépendance, vers 1835. Enfin la principauté de Monaco a tenu pareillement à se faire représenter d'une manière permanente. En dehors de la Prusse, les autres États protestants d'Allemagne, Hanovre, Wurtemberg, Bade, Hesse, qui signèrent des accords avec Rome, pas plus que la Hollande, qui les avait précédés dès 1827, n'ont songé à en garantir la stabilité par des relations constantes. Voir ci-dessus ALLEMAGNE, IVe partie, col. 569, 574, les vues et les nécessités qui ont poussé les États allemands à se mettre en rapport avec Rome.

Ce sont les nouveaux États et républiques de l'Amérique latine qui ont apporté le principal contingent à l'accroissement du nombre des légations auprès du Saint-Siège. Le Brésil, dont l'indépendance s'était établie d'une manière pacifique, donna le premier l'exemple, et la légation que l'empereur dom Pedro II avait constituée à Rome ne fut pas supprimée par la république de 1889, qui venait cependant de proclamer la séparation de l'Église et de l'État. Les autres pays d'Amérique n'imitèrent cet exemple que tardivement. Leurs rapports avec Rome restèrent longtemps confiés par la curie au gouvernement espagnol, mais les républiques émancipées n'acceptèrent jamais cet intermédiaire. Dans ces pays, perpétuellement secoués par des révolutions, ces rapports sont toujours restés précaires, livrés aux hasards de la politique et de l'esprit de partis. Au Mexique, l'empereur Maximilien prétendit introduire des réformes joséphistes, et plus d'une fois son exemple fut imité là ou ailleurs par des présidents issus des révolutions, qui croyaient avoir à se plaindre du clergé, ou voulaient mettre la main sur ses biens considérables. Néanmoins, sous Pie IX et Léon XIII, une série de concordats ont été signés avec Costa-Rica, le Chili, la Colombie, la république Argentine, le branle a même été donné par les petits États de l'Amérique centrale (le Mexique seul s'est abstenu jusqu'ici), et ces conventions ont eu pour conséquence naturelle l'établissement à Rome de ministres résidents. Rohrbacher, *Histoire universelle de l'Église catholique*, t. XV, complétée par Chantrel; voir dans ce volume, *passim*, la traduction de divers concordats passés tant avec les États américains qu'avec ceux d'Allemagne de 1846 à 1866; *Dictionnaire de théologie catholique*, art. *Concordat*, t. III, col. 735-713.

Cette représentation nouvelle n'avait évidemment rien à voir avec celle de l'ancien régime, les agents américains n'étant nullement appelés à régler avec le pape les conflits politiques de l'un ou l'autre continent. De leur côté, les vieilles légations achevaient de perdre toute portée politique. La Révolution avait consacré le système moderne d'exclure le pape des questions temporelles intéressant l'Europe, mais il restait prince italien, et à ce titre donnait fort à faire aux ambassadeurs accrédités auprès de lui, qui devaient soutenir ce pouvoir sans cesse battu en brèche par les idées révolutionnaires et les partisans de l'unité italienne. Jamais ces ambassadeurs ne furent plus occupés qu'aux années 1848-1849 et dans la période suivante, jusqu'en 1870. Toutefois la Révolution les voyait d'un mauvais œil, comme tout ce qui survivait de l'ancien régime; elle avait emporté l'institution des cardinaux protecteurs, autrefois si puissants, et les cardinaux de curie, qui les ont remplacés, n'en sont qu'un pâle reflet, incertain, intermittent; choisis d'ordinaire avec l'intervention de l'ambassadeur, ils ne s'occupent des affaires religieuses de leur pays que sous sa direction et son contrôle. De même l'auditeur de Rote national ne sortait et ne sort de ses attributions judiciaires qu'avec sa licence, même après 1870, date à laquelle ces attributions ont été réduites à peu de chose.

La rupture entre les deux régimes, entre l'esprit ancien et l'esprit moderne, poursuivie avec persévérance par les tenants du dernier, a été consommée dans les événements de 1860 à 1870, qui mirent fin au pouvoir temporel des papes et cimentèrent l'unité de la péninsule. Avec les premiers disparurent les petites légations italiennes à Rome, Naples, Florence, Parme, Modène, plus politiques que religieuses, et procédant des dynasties bourboniennes ou habsbourgeoises du XVIIIe siècle, qui avaient gardé l'attitude défiante de l'ancien régime envers les idées révolutionnaires. La suspension de l'ambassade de Sardaigne et la rupture diplomatique de la papauté avec la maison de Savoie, conséquences de ces faits, soulignèrent, si l'on peut ainsi parler, la séparation entre les affaires religieuses et les affaires temporelles, qui figurait dans le programme de la Révolution.

En effet, la tournure que prenaient ainsi les évènements, surtout avec l'occupation armée de Rome par les Italiens en 1870, a mis les ambassades auprès du Saint-Siège dans une singulière posture. Sans doute la fin du pouvoir temporel de la papauté les a déchargées d'une lourde tâche, mais pas aussi complètement qu'on veut le croire. Intermédiaires entre des gouvernements qui ont reconnu l'unité italienne et un pouvoir qui se voit obligé de protester contre, elles supposent, par leur existence même et leurs attributions, l'indépendance de la papauté, qui n'est garantie que par une loi que peut défaire l'autorité qui l'a faite. Cette indépendance, dont elles ont besoin pour l'exercice de leurs fonctions, elles ont le devoir de la garantir, leur présence elle-même est une sauvegarde pour le Saint-Siège, elle est d'ailleurs le seul titre diplomatique qu'il puisse invoquer, en dehors d'une loi organique, purement italienne, qui ne peut suffire à ses yeux pour assurer sa dignité et son indépendance de centre de la catholicité. Aussi a-t-il tenu et tient-il toujours à les maintenir, à en augmenter le nombre, et il fait pour cela tous les sacrifices compatibles avec les nécessités de l'Église et des fidèles.

Jusqu'ici ces légations ont fonctionné sans trop de peine dans une situation si délicate, et rempli leur charge nouvelle : procurer l'application des concordats nationaux, faire interpréter dans la pratique certains détails qui en auraient besoin, les difficultés que rencontrent les questions à la fois spirituelles et temporelles, sur lesquelles les deux pouvoirs ont également des droits, police du culte et entretien de ses édifices, nomination des évêques et exercice de leurs pouvoirs, ainsi que de toute fonction religieuse publique requérant un appui quelconque de l'autorité civile, administration des biens ecclésiastiques et vie des congrégations religieuses sous la sauvegarde des lois et pouvoirs constitués. Ce dernier point constitue aujourd'hui le principal objet des négociations avec le Saint-Siège, objet sur lequel il n'est pas facile de se mettre d'accord, car c'est là que se révèle l'opposition entre l'esprit chrétien et le prétendu esprit moderne. Il a même relégué au second plan les conflits que soulèvent les articles organiques, ajoutés par le pouvoir civil aux concordats, soi-disant pour en régler l'application, et qu'on laisse dormir ou que l'on ressuscite selon les besoins du moment. L'ambassadeur est bien obligé de transmettre les protestations que soulèvent les mesures qui sont plus ou moins en opposition avec la discipline ecclésiastique. Il n'est d'ailleurs pas d'État qui ne se croie en droit aujourd'hui d'appliquer ces conventions à sa guise, comme si elles n'engageaient que la partie adverse. De là procèdent la plupart du temps les ruptures qui suspendent souvent les légations, apportent du moins d'étranges vicissitudes dans leur fonctionnement.

Depuis la rupture des rapports diplomatiques avec la France en 1905 et le Portugal en 1911, les ambassades proprement dites auprès du Saint-Siège ne sont plus qu'au nombre de deux, celle d'Autriche, dont le siège est au palais de Venise, et celle d'Espagne au palais du même nom, place d'Espagne. Il faut y ajouter dix-sept légations énumérées avec leur personnel dans Battandier, *Annuaire pontifical ecclésiastique*, année 1913, p. 755-756, dont les principales, Prusse, Russie, Belgique, Bavière, ont l'importance d'ambassades. Les autres, sauf celle de Monaco, représentent toutes l'Amérique latine, Brésil, république Argentine, Chili, Pérou, Bolivie, etc. Tandis que les premières occupent un nombre plus ou moins grand d'officiers, secrétaires, attachés, conseillers, surtout ecclésiastiques, à la tête desquels un ministre plénipotentiaire dirige les affaires, celles-ci se composent plus simplement d'un envoyé extraordinaire, qui a de même le rang de ministre plénipotentiaire et parfois cumule plusieurs de ces charges, même de loin, en résidence à Paris, Berlin, etc., se fait représenter par un secrétaire, italien ou romain, qui a voyagé dans le pays, en connaît la langue, les usages politiques, traditions et mœurs.

Il est évident qu'ainsi constituée l'institution a perdu tout caractère ecclésiastique, en ce sens qu'elle fonctionne avec un minimum de droit canon, le plus souvent sans le secours de théologiens ou clercs susceptibles d'éclairer sa marche au point de vue de la discipline ou doctrine de l'Église. Elle ne peut s'en passer néanmoins et chaque légation principale a conservé son clerc, canoniste ou conseiller ecclésiastique. Somme toute, représentant un gouvernement, des bureaux, des services administratifs, elle s'est organisée sur ce modèle, en bureaux qui sont en relations uniquement avec la secrétairerie d'État, ses bureaux ou le cabinet du cardinal-secrétaire, qui servent d'intermédiaire avec les Congrégations romaines, celle des Affaires extraordinaires pour l'Amérique. Ce caractère bureaucratique s'est accentué à notre époque, depuis la Révolution, dont il a été un des principaux produits, et l'on peut dire que moins que jamais ces légations représentent les Églises nationales, l'épiscopat, le clergé, les fidèles, comme cela se produisait autrefois, alors que la religion, les croyances, le culte créaient des rapports intimes, incessants, nécessaires, entre les gouvernements, leurs représentants au dedans et au dehors et leurs sujets, leurs peuples, la masse des croyants à laquelle ils appartenaient par leur foi et leurs convictions religieuses.

La question n'a pas été étudiée jusqu'ici, et l'on connaît encore moins l'histoire des ambassades à Rome que celle des institutions similaires. Il n'y a sur le sujet ni ouvrages d'ensemble, ni études d'ensemble. Outre les ouvrages mentionnés dans le cours de cet exposé, Schaube, *Liber notarum Johannis Burckardi*, *Diarii* de Sanuto, Rohrbacher-Chantrel, Heeckeren, *Correspondance de Benoît XIV*, les suivants peuvent fournir des renseignements pour des études plus détaillées. — E. Alberi, *Relazioni degli ambasciatori veneti nel secolo xvi*, Rome, t. vii, x; Florence, 1846, 1857, série II, t. iii, iv. — Nic. Barozzi et Gugl. Berchet, *Relazioni degli stati Europei lette al Senato degli ambasciatori veneti*, au xviie siècle, Rome, Venise, 1877, 1878, série III, t. i, ii. — *Recueil des instructions données aux ambassadeurs et ministres de France depuis les traités de Westphalie jusqu'à la Révolution française*, par G. Hanotaux, Paris, 1888, t. vi, *Rome, 1648-1687*; Paris, 1911, t. xvii, *Rome, 1688-1723*. On y trouvera naturellement une série des ambassadeurs et chargés d'affaires. — *Lettres du cardinal d'Ossat... au roy Henri le Grand et à M. de Villeroy, depuis l'année 1594 jusques à l'année 1604*, plusieurs éditions depuis 1624, in-fol., Paris. Les meilleures sont celles avec des notes de M. Amelot de la Houssaye (voir ce nom), in-4°, Paris, et surtout en 5 vol. in-12. Amsterdam, 1708 sq. — Ch. de Mouy, *Louis XIV et le Saint-Siège*. *L'ambassade du duc de Créqui (1662-1665)*, 2 vol. in-8°, Paris, 1893. — Ch. Gérin, *Louis XIV et le Saint-Siège*, Paris, 1894.

Les anciennes ambassades et légations ont conservé des archives plus ou moins complètes; celles de France, transférées aujourd'hui à Saint-Louis-des-Français, commencent en 1706 avec le cardinal de la Trémoille; ce ne sont que des copies des dépêches faites, au fur à mesure, selon le besoin du moment. Beaucoup plus complète est la collection des originaux, qui se trouve au ministère des Affaires étrangères, fonds Rome, environ 900 volumes, à inventorier dans l'*Inventaire sommaire du département des Affaires étrang.*, *Correspondance politique*, dont le t. ii est en cours de publication. Elle a été utilisée par E. Michaud dans son ouvrage partiel, *Louis XIV et Innocent XI*, 4 vol. in-8°, Paris, 1883, qui n'en est qu'une série d'extraits cousus ensemble plus ou moins heureusement.

Il y a fort peu de monographies ou études isolées. Citons cependant : R. Couzard, *Une ambassade à Rome sous Henri IV, septembre 1601-juin 1605* (mission de M. de Béthune, frère de Sully), Paris, 1900. — La thèse de M. Degert sur le cardinal d'Ossat, Paris, 1894, expose longuement l'action du personnage à Rome, t. II, *Le diplomate*.

P. RICHARD.

2. AMBASSADEURS DU SAINT-SIÈGE. Voir NONCES APOSTOLIQUES.

AMBAZAC (*Ambaciacum*), prieuré dans l'ancien archiprêtré de Bénévent, au diocèse de Limoges, aujourd'hui chef-lieu de canton, département de la Haute-Vienne, possédait, dès l'an 613, un monastère dont il est parlé dans la Vie de saint Yrieix (Arédius) par Grégoire de Tours. Gérard, abbé de Saint-Augustin de Limoges, en fit l'acquisition pour son abbaye vers l'an 1086. Aimeric de Rochechouart et ses frères déclarèrent, l'an 1191, qu'ils n'avaient aucun droit sur l'étang, la pêche et le moulin de ce lieu, qui appartenaient au monastère de Saint-Antoine d'Ambazac. Une prévôté y fut établie sous le titre de Saint-Antoine, et les abbés de Saint-Augustin de Limoges y ont toujours nommé les prévôts.

Les moines d'Ambazac possédaient dans la paroisse même un lieu fort sauvage, appelé Muret, que saint Étienne de Thiers choisit, en l'an 1076, pour y vivre en ermite. Après sa mort, la question de propriété fut agitée entre ses disciples et les moines d'Ambazac; pour la terminer, les premiers se fixèrent un peu plus loin, sur la montagne de Grandmont, d'où leur ordre a pris son nom. Mais le lieu de Muret leur fut dans la suite rendu et ils y conservèrent un monastère qui servit de retraite aux derniers Grandmontains.

Au commencement du XVIIe siècle, les revenus de l'abbaye de Saint-Augustin de Limoges ne suffisant plus pour l'entretien de dix-sept ou dix-huit religieux composant la communauté, et pour le luminaire de l'église, on obtint, par décret du 10 juillet 1619, que cette prévôté d'Ambazac serait unie à la mense conventuelle de Saint-Augustin de Limoges. Les religieux en prirent possession le 19 janvier 1620.

Les prévôts d'Ambazac connus sont : Raymond de Veyrinas, 1365. — Mathieu Benoist, 1572. — Antoine de Chavanac, 1575-1576. — Pierre Pabot, 1617.

A. Lecler, *Pouillé historique du diocèse de Limoges*, Limoges, 1903, p. 318; *Histoire de l'abbaye de Grandmont*, dans *Bulletin Soc. arch. Lim.*, t. LVII, p. 138.

A. LECLER.

AMBERG, ville du Haut-Palatinat, diocèse de Ratisbonne. — I. La ville. II. Les couvents. III. Le pèlerinage.

I. LA VILLE. — En 1034, l'empereur Conrad II faisait déjà don à la cathédrale de Bamberg et à son évêque Eberhard de biens et de droits en la ville d'*Ammenberg*. Ils furent cédés, en 1269, par l'évêché au duc de Bavière, Louis le Sévère, dont les successeurs s'approprièrent peu à peu la ville en entier. Le 23 avril 1317, le duc Louis signait à Ratisbonne la fondation d'un hôpital à Amberg. *Mon. Germ., Leg.*, t. v, p. 256; t. VI, p. 398. La Réforme fut introduite dans la ville, en 1538, par André Hugel, émissaire de Luther et Mélanchthon. Amberg devint successivement luthérienne sous le comte palatin Henri (1556 à 1559), calviniste sous Frédéric III (1559-1576), de nouveau luthérienne avec Louis VI (1576-1583), de nouveau calviniste avec Frédéric IV et V jusqu'en 1632, enfin de nouveau catholique, grâce à Maximilien Ier (1623-1651). Quoique peu populeuse (en 1905 : 24 303 habitants), Amberg eut l'honneur d'être en 1884 le siège de l'assemblée générale des catholiques allemands. Elle est le centre de l'un des trois archidiaconés (*Stadtcommissarius*) du diocèse de Ratisbonne.

II. COUVENTS. — 1° Il faut abandonner toute idée de fondation d'un couvent de franciscains, avant le XVe siècle, quoi qu'aient pu affirmer différents historiens. Cf. Minges, *op. cit.*, p. 10. C'est seulement en 1450 ou 1452 que saint Jean Capistran établit, sur un terrain donné par Jean Baumann, le couvent destiné à des franciscains, sous le patronage de saint Bernardin de Sienne. L'église fut consacrée en 1453, par Jean, évêque *in partibus* de Hiérapolis. Schenkel, *op. cit.* p. 136. En 1517, le monastère était rattaché à la custodie de Bavière, qui comprenait huit autres couvents. La Réforme mit en fuite les religieux en 1556 et le couvent devint un collège protestant. Maximilien Ier y réinstalla en 1642 des franciscains réformés, confirmés par la bulle : *Cum sicut dilectus filius* du 26 mars. Dès 1628, le P. Martin Léon, gardien du couvent, y gagnait le surnom d'*apôtre du Haut-Palatinat*, par son zèle à ramener à l'Église les protestants, dont 1600 se convertirent sous sa direction rien qu'à Amberg. Minges, *op. cit.*, p. 131. Au milieu du XVIIIe siècle, le couvent était pourvu de l'enseignement théologique. En 1762, on y comptait trente-huit pères, trois clercs, seize laïcs, trois tertiaires. En 1781, le nombre des pères était tombé à vingt-neuf, qui entendaient annuellement 85000 confessions. La Révolution (1802, d'après Janner, *Geschichte der Bischöfe v. Regensburg*, 1886, t. III, p. 497; 1803, d'après Grote, *Lexikon deutscher Stifter*, etc., 1881, p. 15) transforma le couvent en hôtel et l'église en théâtre « pour faire pénétrer la lumière et la civilisation à Amberg. » Schenkel, *op. cit.*, p. 316. — 2° Les jésuites eurent à Amberg un établissement florissant avec collège, au moins dès 1627, car on y imprime dès cette année-là des pièces de théâtre latines jouées par les élèves, selon la coutume des Pères. Au XVIIIe siècle, ils publièrent différents ouvrages de droit, de physique, de théologie. Le dernier *sur les sacrements* est daté de 1766. Cf. C. Sommervogel, *Bibliothèque de la Compagnie de Jésus, Bibliographie*, 1890, t. I, col. 269-272. Après la suppression de la Compagnie (1773), les bâtiments furent cédés avec l'église Saint-George à — 3° *l'ordre de Malte*. Installé en 1782, il subsista jusqu'à la Révolution. Aujourd'hui les bâtiments sont utilisés, partie par le collège, partie par une brasserie. — 4° En 1652, le couvent des pauliniens, installé sous le patronage de Saint Joseph à Neunburg von dem Walde, fut transféré à Amberg. Il y subsista jusqu'en 1803. — 5° Également supprimé en 1803 le couvent de la Visitation, fondé en 1692 par le prince-électeur Max-Emmanuel, pour les religieuses de Saint-François de Sales. — 6° Le XIXe siècle a vu s'installer à Amberg les sœurs de la Charité avec une école supérieure de filles, une filiale des petites sœurs des pauvres, une filiale des franciscains de Mallersdorf (Basse-Bavière). Enfin les franciscains s'y sont rétablis.

III. LE PÈLERINAGE DE MARIAHILFBERG. — En juillet et août 1633, la peste faisant à Amberg quarante victimes par jour, le supérieur des jésuites, Gaspard Hell, conseilla de faire vœu d'ériger une chapelle à la sainte Vierge, sur une colline voisine, qui depuis s'appela *Mariahilfberg*. Le jésuite donna à cette occasion une copie sur toile (1^{m}30 — 0^{m}80) du tableau sur bois de Notre-Dame Auxiliatrice, de Lucas Cranach, aujourd'hui admiré à l'église paroissiale d'Inspruck. Cette copie fit naître le pèlerinage. Le 20 mars 1696, les franciscains furent autorisés à s'établir à côté du sanctuaire pour le desservir. Ils réédifièrent l'église en 1696 et 1711. Le centenaire du pèlerinage en 1734 amena plus de 56000 communiants, bien que le prince-évêque d'Eichstedt, François-Louis Schenk von Castell, eût défendu aux curés du Palatinat d'organiser des processions. De 1707 à 1801 (sauf huit années) les Pères enregistrèrent plus de 10 000 confessions annuelles. Supprimés en 1802, ils furent remplacés par quatre cisterciens de Waldsassen (31 décembre), dont le supérieur était Pantaléon Senestrey, oncle du futur évêque de Ratisbonne, puis par des bénédictins et divers religieux sécularisés, dont le dernier mourut le 8 mai 1831. Le 29 juin 1832,

Louis Ier de Bavière autorisa les franciscains à occuper leur ancienne résidence, et, dès 1834, le deuxième centenaire du pèlerinage était fêté par 80 000 visiteurs. Le 19 mars 1871, 25 000 personnes s'y réunirent pour protester contre les violences faites à Pie IX; 6 000 vétérans avec 172 étendards s'y sont groupés le 24 juin 1901. Depuis 1908, la station des franciscains a été transformée en vrai couvent.

Différentes archives des couvents, de la ville, du district de Munich. — V. Greiderer, *Germania franciscana*, Insprück, 1781, t. II, *passim*. — Hirsching, *Klosterlexikon*, 1792 t. I, p. 101-105. — J.-B. Schinki, *Neue Chronik der Stadt Amberg*, Amberg, 1817. — P. F. X. J.., *Die Wallfahrtskirche Mariahilfberg bei Amberg*, Amberg, 1851. — P. Minges, *Geschichte der Franziskaner in Bayern*, Munich, 1896, *passim*. — Högl, *Geschichte und Andachtsbüchlein von Mariahilf bei Amberg*, Amberg, 1900. — Högl, *Bekrung der Oberpfalz durch Kurfürst Max I*, 2 vol., 1903. — J.-B. Mehler, *Der Mariahilfberg... und der oberpfälzische Veteranentag*, Amberg, 1906. — C. Schinhamer, *Führer durch Amberg*, Amberg, s. d. — Mader, *Die Stadt Amberg*, dans *Kunstdenkmäler der Konigreichs Bayern*, de Bezold et Riehl, n. 16. — C. Wörtmann, *Der Mariahilfberg bei Amberg*, s. l., 1909. — M. Buchner, *Zur Geschichte und Topogr. d. Stadt Amberg im ausgeh. Mittelalter*, dans *Verhandl. des Vereins v. Oberpfalz*, t. LIX, p. 289-303.

L. BOITEUX.

AMBERGER (JOSEPH), théologien catholique, né le 19 mars 1816, à Pfahl (Bavière), fut ordonné prêtre le 20 septembre 1838 et devint, en 1842, professeur de droit canon à l'université de Munich. Il passa, en 1845, à Ratisbonne, où il prit la direction du grand séminaire et enseigna la théologie pastorale. C'est pendant cette période de sa vie, en 1848, que, sous l'influence des évêques Blum et Vicari, il réfuta les théories assez presbytériennes et démocratiques du professeur Hirscher sur les synodes diocésains. Cf. Goyau, *Allem. religieuse. Le catholicisme*, t. III, p. 93-97. Atteint de cécité, il mourut le 21 octobre 1889 à Ratisbonne. Il a laissé un ouvrage très estimé sur la théologie pastorale : *Pastoraltheologie*, 3 vol., Ratisbonne, 1850-1857; la 4ᵉ édition parut en 1883-1887; et un autre paru à Ratisbonne en 1849, intitulé : *Der Klerus auf der Diozesansynode*.

J. PIETSCH.

1. AMBERT. Petite ville de 8 500 habitants, chef-lieu de l'arrondissement de ce nom dans le département du Puy-de-Dôme, ancienne capitale du pays dit du Livradois, située dans un large vallon et arrosée par la Dore. Les débris gallo-romains y sont rares. Il faut arriver vers le IXᵉ siècle pour trouver une mention précise de cette localité, dont les origines n'ont encore tenté aucun historien muni de méthodes rigoureuses.

Au IXᵉ siècle, Ambert figure, dans la liste des vigueries, à titre de chef-lieu du Livradois. Au XIIIᵉ siècle, Guillaume de Baffie, seigneur du Livradois, lui donne une charte, c'est-à-dire des privilèges et un corps communal avec consulat. Par mariage, il passe aux comtes d'Auvergne et de Boulogne. Au XVᵉ siècle la seigneurie d'Ambert est cédée à Morinot de Tourzel. Nous la voyons, au XVIᵉ siècle, dans la maison de Chalençon de Rochebaron. Au XVIIᵉ siècle, elle est entre les mains de Louis la Rochefoucault, comte de Langeac, qui la cède à Abraham Peyreinc de Moras. Au XVIIIᵉ siècle, elle appartenait au comte de Merle, maréchal de camp et ambassadeur en Portugal.

Ambert doit une grande part de sa célébrité au rôle actif qu'il joua durant les guerres de religion. La ville fut prise d'assaut, le 25 février 1577, par le capitaine huguenot Merle, dont l'audace et la férocité laissèrent dans la région un souvenir qui fut long à s'effacer. Le gouverneur d'Auvergne, comte de Montmorin Saint-Hérem, tenta de reprendre la ville. Les protestants l'évacuèrent pour secourir Issoire que menaçait le duc d'Anjou. A cette même époque, Ambert fut pris et saccagé trois fois.

L'église d'Ambert fixe, avec raison, l'attention des archéologues. Commencée en 1471, elle fut achevée en 1518, comme on peut s'en convaincre par les inscriptions, en caractères gothiques, que l'on voit sur les murs. L'évêque de Clermont, Guillaume Duprat, en fit la consécration en 1551. Le clocher, la maîtresse pièce de l'édifice, avait été achevé l'année précédente. Par son unité, la maîtrise de son dessin et la finesse des détails, le monument mérite sa réputation. Il est classé. Ambert avait vu s'élever dans son enceinte l'église de Saint-Michel, les chapelles de Notre-Dame de Loire, Notre-Dame de Grâces, Notre-Dame de Bon-Secours, du Confalon, de Notre-Dame Marchadière et des Pénitents.

Ces diverses éclosions de la dévotion populaire indiquent suffisamment les sentiments profondément religieux de la région. Aussi la Révolution fut-elle violente, à Ambert, par suite de la résistance des forces vives que de longs siècles de pratique chrétienne avaient déposées dans l'âme de la population. Les ruines matérielles furent considérables.

Parmi les destructions, citons la communauté des ursulines, la première de cet ordre en Auvergne, le couvent des récollets, et celui des minimes, fondations réalisées dans le cours du XVIIᵉ siècle.

Ambert possédait un prieuré bénédictin que le pape Urbain II rattacha à Cluny, lors de son voyage en France, à l'occasion de la croisade, et une communauté de prêtres filleuls, qui comprit au XVIIᵉ siècle jusqu'à cinquante et un membres. Citons encore une maison des templiers, une léproserie, que, en 1549, Jean de Rodde, avocat à la sénéchaussée de Riom, inspecte et trouve « convenable et bien organisée, » et un hôpital solidement doté.

Bien que peu intense dans l'ensemble, la vie communale d'Ambert se maintint à un niveau assez honorable. Il lui manqua le stimulant d'une ville voisine, s'ingéniant à la supplanter dans son privilège de ville principale du Livradois.

Néanmoins, il possède, au XVIIIᵉ siècle, une maîtrise des eaux et forêts, un bureau de contrôle, un dépôt de tabac que le célèbre Mandrin visita, un bureau des messageries royales et une brigade de maréchaussée. Il est protégé par une enceinte, et un pont, sur la Dore, met en communication facile les deux rives de la rivière.

De ce passé, Ambert n'a guère conservé que son église. L'empire y établit une sous-préfecture et un collège. Les ursulines sont revenues au berceau de leur ordre en Auvergne, et une maison religieuse du tiers-ordre enseignant de Saint-Dominique y a pris naissance. Ces deux établissements ont éprouvé la secousse des derniers événements. Ambert a donné le jour à quelques célébrités dont la réputation n'a guère franchi les limites du centre de la France. Seul, le conventionnel Maignet fait exception. Collègue de Couthon, à la Convention, proconsul de Vaucluse, Maignet a attaché son nom à la tuerie de Bédoin et aux massacres d'Avignon.

Chabrol, *Coutumes d'Auvergne*, Riom, 1784, article Ambert. — Tardieu, *Dictionnaire historique du Puy-de-Dôme*, Moulins, 1876, p. 65-69. — Grivel, *Chronique du Livradois*, Ambert, 1852. — Bouillet, *Tablettes historiques de l'Auvergne*, Vigueries. — Villebois, *Luctuosa narratio in obsidionibus Amberti*, Bourganeuf, 1577. — Describes, *Histoire de l'église d'Ambert*, Clermont-Ferrand, 1875. — *Pouillé d'Auvergne et Calendrier ecclésiastique*, année 1766

R. CRÉGUT.

2. AMBERT (NOTRE-DAME D'), prieuré. En 1134, le roi Louis le Gros installa, à onze kilomètres d'Orléans, au lieu d'Ambert, dans le domaine royal, des chamoines réguliers de l'abbaye de Saint-Victor de Paris. Le nouveau monastère, situé au milieu de la forêt d'Orléans, était doté de cinq cents arpents de terres et de bois. Le premier abbé s'appelait Joldonus. La charte de 1134 fut confirmée en 1138 par Louis VII, puis en 1189, par Philippe II. En 1198, Philippe chargea les moines d'Ambert de desservir la petite église de Sainte-Marie de Chanteau, qui servait aussi de chapelle royale pendant les chasses dans cette partie de la forêt d'Orléans. L'église était à quatre kilomètres du monastère; les chanoines recevaient pour ce service 60 sols parisis chaque année.

Le roi Philippe le Bel, désirant établir, en France, l'ordre des célestins, demanda aux chanoines de Saint-Victor de lui faire la remise de l'enclave d'Ambert. Ceux-ci paraissent y avoir très facilement consenti. Le roi leur donna en échange une rente de quarante livres parisis. Douze moines célestins italiens furent présentés au roi, le 14 août 1300; le surlendemain, une charte donnée à Saint-Denis faisait d'Ambert le berceau de l'ordre des célestins en France et remettait à ces moines les biens et privilèges dont avaient joui les chanoines de Saint-Victor. Le domaine de l'abbaye, outre des achats nombreux et des échanges opérés directement par les religieux, fut constitué : 1° par la charte d'août 1300; 2° par le don de 150 arpents de bois et étangs, fait par Charles d'Orléans, le 13 novembre 1457; 3° par l'abandon de 135 arpents de bois et étangs consenti aux religieux en août 1515, par François Ier, en échange de rentes à prendre sur le domaine royal et celui de l'abbaye de Micy.

La jouissance des droits concédés par François Ier fut souvent contestée aux religieux d'Ambert par les officiers royaux. La charte de 1515 fut l'occasion de maints litiges, dont les procès-verbaux et les actes forment la principale partie des pièces conservées aux archives départementales du Loiret et relatives aux célestins d'Ambert. Les autres pièces sont : des baux de location de terres et de maisons, des procès-verbaux de bon usage des bois abandonnés pour l'exploitation, aux religieux, dans la forêt royale. Ces dernières pièces présenteraient quelque intérêt pour un historien de l'exploitation des forêts de l'ancien domaine royal. On y trouve aussi des plans de certaines parties de la forêt d'Orléans.

Ambert fut détruit par le prince de Galles, lors de son expédition de 1360. Les religieux s'étaient réfugiés à Orléans en une de leurs maisons, qui porta depuis le nom de Petit-Ambert. L'église des religieux fut reconstruite à Ambert, en 1392, par les soins de Louis duc d'Orléans, qui affectionnait tout particulièrement les célestins. Des travaux considérables de reconstruction du monastère furent exécutés par les soins des moines en 1676, puis de 1736 à 1739.

Le domaine d'Ambert ne resta pas aux mains des moines jusqu'à la Révolution. Un bref de la cour de Rome du 1er mars 1773 proposait une réforme à tout l'ordre des célestins. Les religieux d'Ambert refusèrent de l'accepter et déclarèrent préférer vivre en leur particulier, sous l'autorité et la conduite de leur évêque diocésain. Un arrêt du Conseil d'État, du 10 mars 1774, remit l'administration des biens d'Ambert au receveur des décimes du diocèse d'Orléans, sous l'inspection de l'évêque, qui faisait servir aux anciens religieux une rente annuelle totale de 6 000 livres.

L'influence du monastère d'Ambert, son rayonnement dans le diocèse d'Orléans furent nuls. Ambert possédait des biens considérables; c'était, en 1743, le plus riche monastère du diocèse d'Orléans. Il ne compta pourtant jamais plus d'une douzaine de religieux et les actes des dernières années ne portent pas plus de sept ou huit signatures. Le prieur d'Ambert était désigné : premier visiteur né de l'ordre des célestins de France. Les armes du monastère étaient : *d'azur à la croix d'or, contournée d'un serpent aussi d'or, accostée de deux fleurs de lys également d'or*. Le sceau, très allongé, représentait la Vierge portant l'enfant Jésus entre deux saints. Il n'existe aucune monographie d'Ambert, qui vraisemblablement n'en mérite pas une. Le registre des délibérations du chapitre est très probablement et malheureusement perdu. Il ne reste absolument rien des bâtiments de l'ancien monastère. Les riches sculptures, les pierres ornementées sont dispersées dans les constructions des châteaux et des fermes des environs. Ambert possédait de très beaux livres liturgiques.

Le fonds des célestins d'Ambert aux archives départementales du Loiret est considérable : série *H*, *270-282*; puis série A, *417, 493, 514, 518, 648, 657, 936, 979, 1081, 2008, 2030, 2049, 2099, 2130*; série B, *18, 116, 241, 864*; série G, *1169, 1170, 1173*.

A. RIGUET.

AMBERT (JOACHIM-MARIE-ALBERT), écrivain français, né à la Grezette, paroisse de Caillac (Lot), le 8 février 1804, mort à Paris, le 31 mars 1890. Il avait, comme son père, suivi la carrière militaire et était arrivé au grade de général de brigade. Il avait aussi été représentant du Lot en 1848 et conseiller d'État en 1866. En dehors de divers ouvrages et articles militaires, il publia plusieurs écrits, inspirés par l'amour de l'Église et de la patrie, qui eurent beaucoup de succès dans les milieux catholiques : *L'héroïsme en soutane*, Paris, 1876; *Le chemin de Damas*, ibid., 1878; *Les soldats français*, Tours, 1878; *Les frères des écoles chrétiennes*, Paris, 1878; *Autour de l'Église*, Paris, 1881; *Gaulois et Germains, Récits militaires*, Paris, 1883-1885.

J. de la Faye [Marie de Sardent], *Le général Ambert, sa vie et ses œuvres*, Paris, 1892.

U. ROUZIÈS.

AMBIACENSE (MONASTERIUM). Voir AMBAZAC.

AMBIALET, prieuré de l'ordre de Saint-Benoît, à 26 kilomètres à l'est d'Albi (Tarn). L'église et le monastère sont situés sur le point culminant d'un mont entouré par le Tarn. Ambialet représente peut-être en France l'exemple le plus typique du méandre encaissé de rivière. La boucle a trois kilomètres de long et l'isthme douze mètres seulement. Le monastère tirait son nom de cet accident topographique : *Sancta Maria ad Voltam*, en roman : *à la Vauto* (xie siècle), ou *de Podio* (1150), à cause de sa position dominante. Le terme d'Ambialet, *Ambiletum*, vient sans doute aussi du latin *ambitus*.

On serait porté à croire que le monastère est antérieur au xie siècle. On voyait, au milieu du siècle-là, sur le mont, une église « d'antique fondation, » dédiée à la Vierge, et desservie par quelques moines. Elle était devenue la chose des vicomtes d'Ambialet, d'Albi et autres lieux, de la maison des Trencavel, les plus puissants barons du Languedoc après les comtes de Toulouse, dont le château imposant, aujourd'hui en ruines, commandait l'isthme. En 1057, ils donnent église et monastère, en guise de restitution, à la célèbre abbaye de Saint-Victor de Marseille, qui recueillera aussi dans la région les anciennes abbayes de Lagrave, de Castres, de Sorèze, pour les réformer et les régénérer. Ils ne manquent pas d'annexer à la fondation églises et mas; en outre, ils lui abandonnèrent, en 1073, les dîmes de tout le *mandumentum* ou juridiction d'Ambialet. Sainte-Marie de la Vaute semble avoir été le monument favori de leur piété dans la vicomté.

Saint-Victor érigea le monastère en prieuré de sa congrégation. Ambialet devint un centre de rayonnement religieux. De petits prieurés (*cellar*), dépendants du grand, furent créés dans la ville forte d'Ambialet (Notre-Dame de la Capelle), à Roumanou, à Cambors, à Saint-Projet de Paulin et à Salvignane (Montcouyoul), tous situés dans le département actuel du Tarn. Les choses en étaient déjà à ce degré d'avancement lorsque Grégoire VII délivrait à Saint-Victor une bulle de confirmation de ses biens (1079).

Le regain de ferveur que Saint-Victor sut infuser aux monastères qui lui étaient affiliés, s'exprima par la reconstruction des églises et des cloîtres. C'est à cette influence qu'il faut attribuer les belles basiliques romanes d'Ambialet et de Roumanou, d'un style sobre et très pur.

Les chartes d'Ambialet font mention de quelques donations et acquisitions aux xiie et xiiie siècles. La fortune du prieuré resta pourtant médiocre. Son revenu net ne dépassait pas 2230 livres au déclin du xviiie siècle. Guillaume de Pierre, évêque d'Albi, au tournant du xiiie siècle, lui abandonna l'église toute voisine de Saint-Pierre de la Condomine, mais son successeur Durant ne consentit à reconnaître cette donation qu'à la condition que l'abbé de Saint-Victor renoncerait aux petits prieurés plus éloignés de Saint-Projet et de Salvignane, et aux chapelles des bourgs nouveaux de Paulin et de Montcouyoul qui en dépendaient.

La vie conventuelle dut être interrompue à Ambialet vers 1366. A cette date, le pape Urbain V, abbé de Saint-Victor, fondait à Montpellier le prieuré-collège des Saints-Benoît-et-Germain, le peuplait avec des religieux de sa congrégation et le dotait avec ses biens. Tout ce que Saint-Victor possédait dans le diocèse d'Albi paraît avoir passé au nouveau monastère. Le prieuré d'Ambialet, notamment, devint le titre de cellerier. L'union fut définitive à dater de 1458. Avec la dignité de prieur, celle de sacristain fut seule maintenue. C'est tout ce qui resta de l'ancienne organisation. Encore les deux dignités n'obligèrent-elles pas à la résidence. En 1536, l'évêché de Maguelonne ayant été transféré à Montpellier, l'église du collège fut choisie comme cathédrale et reçut le vocable de Saint-Pierre que portait l'ancienne cathédrale. Le chapitre de Maguelonne (chanoines réguliers de Saint-Augustin), la sécularisation aidant, fusionna avec la communauté bénédictine de Saint-Benoît-Saint-Germain et hérita de ses bénéfices. La cellererie fut unie à l'archidiaconat-mage. Le prieuré d'Ambialet avec ses dépendances, et notamment l'ancien prieuré de Sainte-Sigolène de Lagrave, devint donc le bénéfice de l'archidiacre dit autrefois de Maguelonne, lequel eut le droit de présentation à toutes rectoreries et vicairies perpétuelles de son titre. On en sépara cependant l'église de Saint-Amans de Cambors et sa filiale Sainte-Marie du bourg récent de Valence, qui furent attribuées au second archidiacre, désigné sous le nom d'archidiacre de Valence, bien que cette localité fût située hors des limites du diocèse.

On se battit à Ambialet pendant les guerres civiles du xvie et du xviie siècle. Le prieur fut sommé de réparer l'enceinte du monastère et de recevoir une garnison. La situation exceptionnelle du prieuré, dominant la ville, rendait critique la position des assiégés, si l'ennemi parvenait à s'en emparer. De fait, Ambialet tomba à deux reprises aux mains des huguenots.

Sous l'ancien régime, Notre-Dame de l'Oder — c'est le nom que l'on donne désormais à l'ancienne Sainte-Marie de la Vaute — est une charge pour le prieur qui voudrait y faire cesser le culte. L'évêque d'Albi n'y consent pas, et le service est assuré deux fois par semaine et les jours de fête par le curé de Saint-Gilles, paroisse d'Ambialet, à laquelle ressortit le prieuré, moyennant un crédit annuel de 204 livres, y compris les frais d'entretien, en 1760. Enfin, le chapitre de Montpellier reçoit l'autorisation de vendre les terres du bénéfice. En 1787, les aliénations ont déjà rapporté 32 758 livres 2 sols.

L'église du prieuré fut épargnée par les démolisseurs de la Révolution. En 1864, les ruines du monastère étaient achetées par le R. P. Clausade, qui y aménagea un noviciat pour le tiers-ordre régulier de Saint-François, qu'il venait de relever. Le nouveau couvent n'échappa point à la confiscation édictée par la loi de 1901. Il est redevenu depuis propriété privée; l'église Notre-Dame ne cesse pas d'être desservie.

DIGNITAIRES CONNUS DU PRIEURÉ. — Étienne, prieur, 1150. — Maître Bernard, prieur, et Laurent de Regannacs, sacristain, 1178. — Tournant du xiiie siècle, Aldebert, prieur; Hector de Panat, prieur, 1291. — Raimond de Castanh, bachelier en droit, cellerier de Saint-Benoît de Montpellier, recteur de la grande université de cette ville, prieur, 1448-1471. — Tristan de Castelpers, cellerier-prieur, 1493. — Guillaume Boscarum, cellerier-prieur, 1516. — Pierre de Nogarède, ci-devant cellerier de Saint-Benoît, archidiacremage au chapitre cathédral de Montpellier, prieur; Pierre de Rabastens, sacristain, 1536-1566. — Derrieux, sacristain, prieur de Roumanou, prieur, clerc tonsuré, 1760.

SOURCES : Cartulaire du prieuré d'Ambialet : 13 pièces des xie, xiie et xiiie siècles, dans *Albia christiana*, 1895, p. 264-272; 1899, p. 95, et *Annales du Midi*, 1891, t. iii, p. 381-389. — Mémoire historique et topographique sur Ambialet (1743-1762), édité par E. Cabié, dans *Revue du Tarn*, t. vi, p. 249-255. — E. Cabié, Analyse de vieilles minutes de notaires de Valence et d'Ambialet, dans *Albia christiana*, 1894, p. 355-361; 1895, p. 222-240. — *Bulla translationis et secularisationis ecclesiae Magalonensis, nunc Monspeliensis (1536)*, dans *Gallia christiana*, 1739, t. vi, Instr., col. 389-410. — Vente des fiefs dépendant du prieuré d'Ambialet (1785 à 1787), dans *Revue du Tarn*, t. vii, p. 191-192. — Archives du Tarn, fonds du prieuré d'Ambialet, G, 855-876 (n. 855 et 859 seuls publiés). — Archives communales d'Albi, CC 468; EE 11, 42, 53; FF 69, 113, 128; GG 19, 23. — TRAVAUX : Cl. Compayré, *Études historiques... sur l'Albigeois*, 1841, p. 327-335. — T. R. P. Ambroise de Bergerac, *Histoire d'Ambialet et du pèlerinage de N.-D. de l'Oder*, Montauban, 1867. — E. Jolibois, *Le prieuré d'Ambialet*, dans *Revue du Tarn*, t. iv, p. 343-346; cf. *ibid.*, t. iii, p. 115; t. v, p. 381-383. — Vue d'Ambialet, dans *Revue du Tarn*, t. ix, p. 187-188.

L. DE LACGER.

AMBIBIUS. Voir AMBIVIUS, col. 1042.

AMBIENSIS (*Ecclesia*), évêché d'Afrique, situé en Maurétanie Césarienne. Un évêque de cette ville, Félix, assistait à l'assemblée qui se tint à Carthage, en 484, sur l'ordre du roi vandale Hunéric. *Notitia provinciarum et civitatum Africae*, Mauretania Caesariensis, 46, édit. Halm, p. 69; P. L., t. lviii, col. 274, 340. Il n'y a aucune raison pour identifier cette localité, comme on l'a proposé, avec *Agbia*, qui est d'ailleurs en Proconsulaire. Voir ce mot, t. i, col. 925. Il n'est pas invraisemblable de supposer, avec M. Gsell (voir à la bibliographie), que l'*episcopus* AMBIENSIS ne fait qu'un avec l'*episcopus* LAMBIENSIS (voir ce mot), et qu'il s'agit dans l'un et l'autre cas de l'évêque de LAMBDIA (aujourd'hui Médéa). Voir LAMBDIA.

Dans ses notes sur les Actes du martyre de saint Maximus, mis à mort au temps de Dèce, Ruinart fait observer qu'un ms. de Saint-Germain-des-Prés le place *apud Ambiensem provinciam*; mais il n'y a pas à faire fond, dit-il, sur cette leçon, les autres mss. donnant *apud Asiam*. Maximus ne semble pas devoir être inscrit au catalogue des saints africains,

Ruinart, *Acta primorum martyrum sincera*, Amsterdam, 1713, p. 155-156. — Morcelli, *Africa christiana*, Brescia,

1816-1817, t. I, p. 75. — *Notitia dignitatum*, édit. Böcking. Bonn, 1839-1853, t. II, Annot., p. 650. — V. De Vit, *Totius latinitatis onomasticon*, Prato, 1859, t. I, p. 251, au mot *Ambiensis*. — Gams, *Series episcoporum*, Ratisbonne, 1873, p. 464. — De Mas-Latrie, *Bulletin de correspondance africaine*, 1886, p. 92; *Trésor de chronologie*, 1889, col. 1871. - Mᵍʳ Toulotte, *Géographie de l'Afrique chrétienne*, Rennes-Paris, 1892-1894, Maurétanies, p. 37-38. — Joh. Schmidt, *Ambia*, dans Pauly-Wissowa, *Real-Encyclopädie*, t. I, col. 1797. — *Thesaurus linguae latinae*, Leipzig, 1900, t. I, col. 1837, au mot *Ambiensis*. — A. Harnack, *Die Mission und Ausbreitung des Christentums in den ersten drei Jahrhunderten*, 2ᵉ édit., 1906, t. II, p. 253. — Gsell, *Atlas archéologique de l'Algérie*, feuille 14, Médéa, n. 48. — R. P. Mesnage, *L'Afrique chrétienne*, Paris, 1912, p. 488.

Aug. AUDOLLENT.

AMBIERLE, commune et paroisse du département de la Loire, arrondissement de Roanne, canton de Saint-Haon-le-Châtel, à l'extrémité du Roannez, 2 278 habitants, un gros bourg, une jolie église, « bijou de la Renaissance française du XVᵉ siècle, » et quelques restes intéressants de bâtiments d'une ancienne abbaye, qui fut une des plus importantes du vaste diocèse de Lyon, et dont la légende fait remonter la fondation à sainte Clotilde, en 505. Ses archives, dont il ne reste à peu près rien, ont été signalées et mises à contribution par l'historien du pays, au XVIIᵉ siècle, Jean de la Mure, qui les représente comme très riches, et il est certain qu'un peu avant la Révolution les titres de propriété du monastère remplissaient encore deux armoires. De tous ces documents, il n'est resté que les quelques indications que le même historien nous donne sur les origines de la maison, et qui permettent d'en préciser les débuts. Il attribue la fondation d'Ambierle à Bertha, femme de Gérard de Roussillon, comte de Lyon, au commencement du IXᵉ siècle, d'où le nom d'*Amberta*, pour *Alberta*, que reçut l'abbaye, et, par altération populaire, *Ambierle*. (En réalité, ces deux appellations, également employées dans les documents, *Amberta*, *Ambriliacus*..., viendraient plutôt du gaulois *Ambluarites*, peuplade éduenne que César mentionne.) La comtesse fut au moins une bienfaitrice insigne du monastère, ainsi qu'un peu plus tard, dans le courant du siècle, Adèle, femme du comte Guillaume d'Aquitaine, et sa belle-fille Tarasia, comtesse de Forez et Lyonnais. La charte de concession de l'abbaye par l'empereur Louis l'Enfant à deux seigneurs de sa cour (902) énumère dans les propriétés du couvent trente métairies, *mansiones*, *mansi*, *mas*, ou groupements d'habitations, qui n'avaient pu être acquises qu'en un certain laps de temps, un siècle ou deux, et il serait difficile de placer la fondation d'Ambierle plus bas que le milieu du VIIIᵉ siècle (750). Rien n'empêche d'admettre que la comtesse Bertha ait établi un monastère sur un ermitage ou pèlerinage dédié à saint Martin de Tours, comme il y en avait beaucoup dans nos régions françaises. Le thaumaturge des Gaules y avait déjà gagné, par sa protection efficace, la faveur des grands avec la dévotion des masses et il fut de tout temps le patron de l'abbaye.

Ambierle resta quelques années sécularisé après la cession ci-dessus mentionnée de l'empereur Louis et faillit devenir un fief laïc. Le second abbé de Cluny, Odon, obtint la cession des seigneurs propriétaires (938), et le monastère passa sous la règle de réforme de cette célèbre maison. Il ne perdit rien de son importance, et fut simplement uni à Cluny; ainsi les documents nous montrent saint Odilon abbé des deux couvents en 1038. Néanmoins, Ambierle fut transformé en prieuré avec d'autres filiales de Cluny, par bulle de Pascal II, en 1101. Les empiètements renouvelés des seigneurs voisins, les comtes de Forez et de Mâcon, qui, revendiquant certains droits et propriétés de la congrégation clunisienne, prétendaient retenir sous leur dépendance la mère et les filles, poussèrent les abbés à se mettre sous la protection des rois de France, et trois diplômes, de Louis VI en 1119, de Louis VII en 1166 et 1169, les deux derniers particuliers à Ambierle, firent de ces maisons des abbayes royales. Le prieuré garda ainsi son premier titre (abbaye-prieuré); avec le temps les rois de France accaparèrent la nomination des prieurs, au détriment de l'abbé chef d'ordre et, en vertu du concordat de 1516. Ambierle fut classé parmi les huit à neuf cents monastères de nomination royale. Le dernier des diplômes énumère dix-huit paroisses ou chapelles paroissiales dépendant du prieuré dans les pays de Forez et Mâconnais, ce qui atteste la puissance de la maison. Aussi les papes d'Avignon et leurs successeurs immédiats s'empressèrent-ils de se réserver la collation d'un bénéfice qui devait être riche, et pouvait rehausser au point de vue matériel le prestige et la condition d'un membre de la curie romaine. L'annate, équivalent d'une année de revenu, que le candidat favorisé payait à la Chambre apostolique, était estimée 250 florins de la Chambre ou 500 livres tournois. Archives de la Chambre apost. à *l'Archivio di Stato* de Rome, *Libri quietanciarum*, *Libri annatarum*, *passim*. C'était l'évaluation d'un bénéfice au-dessus de la moyenne, pouvant prendre place, par sa richesse, immédiatement après les grandes abbayes de la province, comme Ainay, l'Ile-Barbe. L'intervention papale (j'ai recueilli une vingtaine de bulles de collation aux archives du Vatican, du XIVᵉ au XVIᵉ siècle, et il en a sûrement davantage) dut provoquer plus d'un conflit entre candidats indigènes et étrangers, mais les premiers eurent généralement l'avantage — et on compte fort peu de ces derniers dans la liste des prieurs, les indigènes ayant l'art de faire confirmer leurs revendications par Rome. Ils résidaient dans le bourg et contribuèrent à la prospérité du monastère plus que les titulaires que la curie romaine retenait à son service. — Étienne Tachon de la Périère (1365-1400) donna aux habitants du bourg d'Ambierle, en 1382, une charte de franchise, large et généreuse, sous laquelle ils vécurent paisiblement jusqu'à la Révolution. Le prieur, exécuteur testamentaire du cardinal Jean de la Grange, évêque de Frascati, un enfant du pays, qui enrichit le prieuré et fonda dans son église la chapelle du même nom, avec des messes pour le repos de son âme et de celles de ses ancêtres. — Antoine de Balzac, évêque de Valence et de Die (1474), abbé nommé de Savigny, n'en résida pas moins toute sa vie à Ambierle (1435-1491). Il s'appliqua à remédier aux ruines de toute sorte qu'y avait amoncelées la guerre de Cent ans, rebâtit le couvent et l'église, appelée, peut-être avec quelque exagération, la *perle du Forez*, et où il fit exécuter de beaux vitraux, qui conservent encore son portrait en saint Antoine et la scène du Golgotha avec les saints honorés dans la région. Il reçut aussi en 1476, de Michel de Changey, chambellan du duc de Bourgogne, un triptyque représentant la Passion, probablement l'œuvre du Flamand Roger van den Weyden, et qui fait toujours l'admiration des connaisseurs. — Antoine de Chabannes-Lapalice (1494-1535), évêque du Puy, compromis dans la conspiration du connétable de Bourbon, ne dut son salut qu'à l'intercession de son frère le maréchal. — Charles de Boucé (1538-1568) passa au protestantisme et l'introduisit dans son prieuré, où il supprima tout culte catholique. Sous le titre de seigneur d'Ambierle, il combattit pendant plusieurs mois aux côtés du baron des Adrets, fut proscrit, sa tête mise à prix et n'échappa aux poursuites du parlement de Paris que sous le couvert de l'édit de pacification de 1563. — Son successeur, Geoffroy Dumaine Dubourg (1570-1613), réorganisa à Ambierle le culte orthodoxe et la vie claustrale.

Après lui commença au xviie siècle la série des abbés commendataires avec Jacques-Nicolas Colbert, archevêque de Rouen et fils du ministre (1669-1691). Lui et son successeur, l'abbé Tallemant des Réaux, historiographe et académicien (1692-1712), considéraient Ambierle comme leur résidence d'été, n'y venaient que pendant la belle saison et se faisaient remplacer par des prieurs claustraux. La bonne administration de plusieurs de ces prieurs rétablit l'ancienne prospérité matérielle du monastère avec le bon rendement de ses propriétés, mais la sécularisation s'y accentua et la décadence morale avec elle. Comme dans la plupart des couvents bénédictins de cette époque, les prieurs commendataires accaparaient les revenus et réduisaient les moines à une portion mesquine, à peine de quoi vivre : de là des procès lamentables qui s'éternisaient. La destruction de la maison conventuelle par un incendie, en 1748, vint compliquer la situation. Une transaction eut lieu en 1752, qui fixait d'une manière équitable la *portion congrue* ou traitement des moines. En 1757, l'abbé de Larochefoucauld-Magnac put installer ceux-ci dans de nouveaux logements : ils n'étaient plus que sept, de trente que la communauté avait comptés au temps de la ferveur et prospérité morale. Quand la congrégation de Cluny, estimant que ses maisons conventuelles ne pouvaient plus continuer l'office divin et la vie régulière, à cause des charges qui s'étaient accumulées sur elle avec le temps, obtint du pape leur transformation en établissements séculiers (1788), Ambierle fut estimée une des plus riches dans l'évaluation qui en fut faite. Le revenu, y compris la dîme, montait à 20 000 livres, dont 4 200 pour l'entretien des religieux. La Révolution vint arrêter l'application de la mesure, et les biens du prieuré furent vendus le 17 mai 1791, pour la somme de 58 475 livres, sans compter ce qui avait été gaspillé par les émeutes ou accaparé par les voisins.

Liste des abbés-prieurs : saint Odilon, abbé de Cluny, 1038. — Pierre, prieur, 1131. — Guillaume de Roanne, 1140, 1154 — Arthaud, 1166-1169. — Ildimus, 1180. — Hugues, 1190. — Jean de Mure, 1239. — Robert, 1252-1256. — Hugues de Rochefort, 1282. — Béranger, 1291. — Henri de Saint-Christophe, 1296. — Pierre Bernardi ou *Renardi*, † 1330. — Bérenger de Saint-Michel, 1331. — Falques, 1359, 1364. — Simon de Nogent, 1381. — Étienne Tachon, 1365, 1381-1400. — Guillaume de Lespinasse, 1401-1406. — Étienne Condrot, 1406-1422. — Louis Sansel, *alias* Thereil, 1425. — Jean de Changy, 1434. — Jean Mauvoisin, 1435-1435. — Antoine de Balzac d'Entragues, 1435-1491. — Antoine de Chabannes-Lapalice, 1494-1535. — Charles de Boucé, 1538-1568. — Geoffroy Dumaine Dubourg, 1570-1613. — Claude de Bresche, 1613-1637. — Achille de Damas d'Anlezy, 1638-1652. — Jean-François de Damas d'Anlezy, 1652-1656. — Philippe Huault de Bussy, 1656-1667. — Jacques-Nicolas Colbert, 1669-1691. — Paul Tallemant des Réaux, 1692-1712. — Louis-Joseph-César Nègre de Monpied, 1712-1726. — Claude-Joseph Grassin, 1727-1746. — Dom Bonnet, profès bénédictin, 1747-1749. — Isaac-Ignace-Germain de Saint-Pau, 1749-1753. — J.-B.-Fr. de Larochefoucauld-Magnac, 1753-1791.

Histoire du prieuré de Saint-Martin d'Ambierle, par C. Bouillet, curé d'Ambierle, Roanne, 1910, ouvrage sérieux et documenté, complet, qui s'appuie sur les travaux de l'historien La Mure, les débris dispersés des archives de l'abbaye, les témoignages de la Société foréziennne la *Diana*. On y trouvera une bibliographie abondante. — Archives du Vatican. *Regesta pontificum (Avenionensia, Lateranensia, Vaticana), passim.* — *Gallia christiana,* t. iv, col. 220. — F. Noelas, *Dictionnaire géographique ancien et moderne du canton de Saint-Haon-le-Châtel,* dans *Annales de la Société d'agriculture du département de la Loire,* 1870, t. xiv, p. 196-197. — *Terrier du prieuré d'Ambierle,* 1385-1421, en trois volumes petit in-fol., propriété de la Société la *Diana,* inventaire dans son bulletin, 1885-1886, t. iii, p. 154-165. — U. Chevalier, *Topobibliographie,* col. 31.

P. RICHARD.

AMBILLOU (*Ambilloo, Ambilleium*), paroisse du doyenné de Château-la-Vallière, diocèse de Tours. L'église, dédiée à saint Martin, existait dès le xie siècle. Elle a été plusieurs fois rebâtie. On y voyait naguère les tombeaux de la famille de Betz de la Hartelloire. La cure et le prieuré dépendaient de l'abbaye de Saint-Julien de Tours.

Sur cette paroisse, au milieu de la forêt de Champchevrier, se trouve la chapelle de Notre-Dame de la Planche de Vaux, plus connue sous le nom de Notre-Dame de l'Ermitière. Ce dernier titre lui fut donné par la dévotion populaire, depuis le séjour qu'y fit, au xive siècle, la bienheureuse Jeanne-Marie de Maillé, vers l'âge de cinquante ans, avant de se fixer près du cloître des cordeliers de Tours. Reconstruite en 1748, la chapelle ne garde que des fragments de l'édifice du xive siècle, mais on a conservé religieusement la disposition de l'enclos et du jardin. Le souvenir de la sainte ermitière y reste vénéré, entouré de gracieuses légendes. La chapelle est un but de pèlerinage pour une grande partie de la Touraine et de l'Anjou.

Carré de Busserolle, *Dictionnaire historique de Touraine,* t. i, p. 17. — Bourassé et Janvier, *Vie de la bienheureuse Jeanne-Marie de Maillé,* Tours, 1872, p. 111.

E. AUDARD.

AMBIVERI (ALBERTO MARIA), religieux théatin, né à Bergame, le 17 juillet 1618. Il prononça ses vœux à Crémone, le 9 février 1636. Ordonné prêtre, il s'adonna à la prédication et, en 1650, demanda à ses supérieurs d'être envoyé aux missions des Indes orientales. Dans son voyage, il s'arrêta à Lisbonne, où il contribua à la fondation du couvent des théatins en cette ville, et y mourut le 6 août 1651. On a de lui : 1° *Compendio della vita del B. Gaetano Tiene,* Bergame, 1649; Venise, 1651; 2° *Processo della vita del B. Giovanni Marinone Veneziano, clerico regolare,* inséré dans l'ouvrage de Flaminius Cornari, *Ecclesiae Venetae antiquis documentis illustratae,* Venise, 1749; éd. italienne, Padoue, 1758, p. 409-414.

Bagatta, *Vita del venerabile servo di Dio Alberto Maria Ambiveri da Bergamo, clerico teatino, e missionario apostolico alle Indie orientali,* Venise, 1683. — Mazzuchelli, *Gli scrittori d'Italia,* t. i, p. 599. — Vezzosi, *I scrittori de' chierici regolari detti teatini,* Rome, 1780, t. i, p. 33-35.

A. PALMIERI.

AMBIVIUS, évêque catholique de *Pisita,* en Proconsulaire. Par suite de la confusion si fréquente du *b* et du *v* par les Africains, ce nom est parfois orthographié *Ambibius, Abibius, Avivius*; on trouve même les formes plus inattendues *Avidius, Avinius, Abbius* et *Animus*; j'ai retenu celle qui est la plus voisine de l'usage ordinaire. Cet évêque assista, en 411, à la conférence de Carthage entre catholiques et donatistes; son compétiteur schismatique, trop âgé, n'avait pas pu s'y rendre. *Gesta collationis habitae inter episcopos catholicos et donatistas,* 1, c. cxxxiii; Mansi, *Sacr. concil. nova et ampliss. collect.,* t. iv, col. 111, 265. Il siégeait aussi, en 416, au concile de Carthage, qui condamna les doctrines pélagiennes, et signa la lettre synodale adressée au pape Innocent Ier. Mansi, *loc. cit.,* col. 321; Augustin, *Epist.,* clxxv, édit. Goldbacher, p. 652; *P. L.,* t. xx, col. 632; t. xxxiii, col. 758, 780. On le rencontre encore à Carthage, au concile de 419 : il fit partie de la délégation de vingt évêques envoyés par l'assemblée à *Hippo Diarrhytus* (Bizerte), pour régler l'affaire d'Equitius, ancien titulaire de ce siège, en révolte contre l'Église, et lui donner un successeur. Mansi, *op. cit.,* t. iii, col. 779, n. 78; t. iv, col. 493,

n. 45; *P. L.*, t. LXVII, col. 206, n. 78. Voir EQUITIUS, HIPPO DIARRHYTUS, PISITA.

V. De Vit, *Totius latinitatis onomasticon*, Prato, 1859, t. I, p. 252, au mot *Ambivius II*. — *Thesaurus linguae latinae*, 1900, t. I, col. 1863, au mot *Ambivius*.

Aug. AUDOLLENT.

AMBLADA, Ἄμβλαδα, évêché en Lycaonie. Strabon, XII, 7, 12, compte, d'après Artémidore, Amblada parmi les villes de Pisidie et cite son vin comme renommé. Au temps de Ptolémée, elle était comprise dans la Pisidie (Ptol., V, 4; voir les notes de Ch. Muller dans l'édit. Didot, t. I, p. 857); plus tard, elle le fut dans la Lycaonie. Hiéroclès, *Synecd.*, 675, 4. On en possède des monnaies qui vont de Commode à Philippe le Jeune; une, du temps de Caracalla, accole au nom des habitants l'épithète de Lacédémoniens. Head, *Histor. num.*, p. 589. Au IIIe siècle, plusieurs de ses habitants figurent sur les listes des ξένοι τετραμωραῖοι, cette puissante association antichrétienne dont les inscriptions nous ont révélé l'existence. W. M. Ramsay, *Studies in the history and art of the Eastern provinces of the Roman empire*, Aberdeen, 1906, p. 305 sq. Constance exila Aétius à Amblada. Philost., VI, 5, 7, *P. G.*, t. LXV, col. 529. L'emplacement exact de cette ville n'est pas connu; on doit le chercher au nord du lac Egerdir. Voir la carte dans W. M. Ramsay, *op. cit.*, en face de la p. 362. Sur quelques monnaies les habitants sont appelés Ἀμβλαδεῖς. Dans les inscriptions on trouve Ἀντελαῖς pour le nom de la ville et Ἀντελαδηνός; ce sont des formes hellénisées, avec allusion aux vignes du pays; le nom indigène était peut-être Mlada. W. M. Ramsay, *Historical geography of Asia minor*, Londres, 1890, p. 334.

L'évêché d'Amblada, suffragant d'Iconium, figure dans les Notices jusqu'au XIIe ou XIIIe siècle : Notice d'Épiphane (Gelzer, *Ungedruckte und ungenügend veröffentlichte Texte der Notit. episcop.*, p. 541), de Léon le Sage (*ibid.*, p. 556), de Basile (Gelzer, *Georgii Cyprii descriptio orbis romani*, p. 21), notices 1, 3, 7, 8, 9, 10, 13 de Parthey. On trouve dans les manuscrits les variantes : Ἀδλάδων, Ἀρόλέων et Ἀνελάδων.

Sept évêques sont connus : Patrice, qui assista au concile de Nicée (325); Sévère, présent au concile de Constantinople (381); Pierre, pour lequel le métropolitain d'Iconium signa à Chalcédoine (451); Pierre, présent au concile de Constantinople sous Ménas (536); Eustathe, qui signa les canons du concile Quinisexte (692); Constant, présent au second concile de Nicée (787); Jean, au concile photien de Constantinople (879). Le Quien, *Oriens christianus*, t. I, col. 1077.

S. PÉTRIDÈS.

1. AMBLARD, évêque de Cahors vers 909-930. La Vie de saint Géraud par Odon de Cluny le nomme comme ayant assisté le comte d'Aurillac à ses derniers moments; le biographe dit simplement que, se sentant près de mourir, Géraud fit appeler auprès de lui l'évêque Amblard. Comme vers cette époque il y avait à Clermont un évêque du nom d'Adalard, dont Géraud était le diocésain en qualité de seigneur d'Aurillac, de nombreux auteurs, dont Mabillon, ont identifié Adalard et Amblard, oubliant : 1° que l'évêque d'Auvergne est toujours nommé Adalard dans les documents (cf. *Gallia*, t. I, Instrum., p. 29, col. 1). 2° que tous les manuscrits de la Vie de saint Géraud appellent Amblard l'évêque par qui le saint fut assisté. 3° que le comte d'Aurillac était seigneur d'une partie assez considérable du diocèse de Cahors. 4° qu'il résidait souvent et qu'il mourut dans un château de ce diocèse (Cererniac, aujourd'hui Saint-Cirgues, canton de La Tronquière, Lot). 5° qu'il fut en relations d'amitié fort suivies avec le prédécesseur d'Amblard, l'évêque Gausbert, dont on a voulu bien à tort faire un évêque de Rodez. Voir GAUSBERT. L'argument de Mabillon, qui s'appuie sur la mort d'Adalard en 911 pour faire fixer vers l'an 909 la date de celle de Géraud, ne vaut plus, et pour admettre cette date il faut arguer, avec les bollandistes, de la composition de son testament dans le courant de septembre 909. Amblard est nommé comme évêque de Cahors dans deux documents analysés par le *Gallia* (aux *Instrumenta*) : une donation à lui faite par un certain Raynald vers l'an 929 (p. 30); un souvenir de prières données dans le testament de l'archidiacre Benjamin, où Gausbert et Amblard sont désignés comme les prédécesseurs de l'évêque Frotaire (944). Le *Gallia* (p. 29) semble avoir cru, mais à tort, qu'Amblard siégeait à cette date. Un acte de 930, rapporté également par le *Gallia*, col. 179, mentionne, parmi les témoins de la donation de la *curtis* de Souillac au monastère d'Aurillac, *l'évêque de Cahors A.*; ce ne peut être évidemment qu'Amblardus. Siégeant dès 909, il est probable dans le testament de beaucoup l'année 930, mais aucun document ne nous fixe sur ce point.

Gallia christiana, loc. cit. — *Acta sanct.*, octobr. t. VI, p. 277 sq. — Lacoste, *Hist. du Quercy*, t. I, p. 348, 354, 356, 363. — Foulhiac, *Extraits et notes mss.*, à la Bibl. de Cahors, fonds Greil, n. 119, p. 10 v°. — Lacroix, *Series ep. Cad.*, et Dominici n'ont pas connu cet évêque.

E. ALBE.

2. AMBLARD fut archevêque de Lyon de 957 à 973 : il siégea entre les deux Burchard, frère et fils de Conrad le Pacifique, roi de la Bourgogne transjurassique. On croit qu'il était originaire d'Auvergne et qu'il s'engagea d'abord dans la profession religieuse. Une ancienne chronique d'Ainay lui donne le sixième rang dans la liste des abbés de ce monastère. Il entreprit d'en relever les ruines, dont l'invasion des Hungres ou Hongrois, en 937, l'avaient couvert. A cette restauration, d'après le dernier historien lyonnais, M. Steyert, se rattacherait la chapelle dite de Sainte-Blandine, petite église indépendante de la basilique, de dimension étroite : 17 mètres de longueur sur 9 de largeur, primitivement dédiée à saint Martin. Plusieurs chartes témoignent que le prélat ne cessa de s'intéresser à la prospérité des moines qu'il avait gouvernés. Une, entre autres, marque en termes précis la continuation de son rôle : *Sacro sanctae ecclesiae, y lit-on, inter duos fluvios Rodano et Segonna, in loco qui dicitur Aynnaco, ubi domnus Amblardus harchiepiscopus praesul esse viditur et Agelbertus abba*, etc.

Les documents du reste, qui nous ont été transmis sur l'administration d'Amblard, se réfèrent à peu près tous à ses rapports avec les bénédictins, principalement ceux de Savigny et de Cluny. Savigny lui est redevable de son exemption et, pour ainsi dire, du statut nouveau qui découlait de son indépendance complète de l'archevêché. Un diplôme du roi Conrad, dont l'original est encore aux archives du Rhône, consacra cette séparation : il est daté du 7 octobre 976. Un peu auparavant, sur les instances de l'abbé, l'archevêque avait lancé une sentence d'excommunication contre les envahisseurs, prêtres et laïcs, du prieuré de Mornant et, en différentes occasions, il approuva et contresigna des donations faites aux moines, en particulier celle de l'église de Saint-Loup.

On le vit aussi se joindre à quelques-uns de ses collègues pour réclamer contre l'usurpation de biens dépendant du monastère de Saint-Symphorien d'Autun. A Rome, où il se rendit au cours de l'année 962, il contresigna un diplôme d'Otton Ier en faveur de Saint-Pierre de Ratisbonne.

Les clunisiens, qui comptaient à peine un demi-siècle d'existence, mais dont les progrès et l'influence tenaient du prodige, eurent beaucoup à se louer de sa protection. Il défendit leurs privilèges et accrut leurs domaines. Près de sa fin, il disposa de tout ce qu'il possédait en Auvergne, dans les environs de Thiers, pour fonder le prieuré de Riz; il appela ses exécuteurs testamentaires, entre autres le prévôt André et Ornade, le doyen du chapitre, et leur fit jurer qu'ils veilleraient à l'exécution de sa dernière volonté; peu de semaines après, il était mort.

L'obituaire de Saint-Jean inscrit son décès au VIII des calendes de juin (25 mai 978), et ajoute qu'il légua à sa cathédrale un calice d'or et un souvenir à chacun des membres de son clergé.

Gallia christiana, t. IV, col. 74-76. — *Petit cartulaire d'Ainay*, édité par A. Bernard avec celui de Savigny, Paris, 1853, n. 76, 192. — *Cartul. de Savigny*, n. 127, 129, 133, 197. — Péricaud, *Notes et documents pour servir à l'histoire de Lyon*, ann. 957. — De la Mure, *Chronique de l'abbaye d'Ainay; Histoire ecclésiastique du diocèse de Lyon*. — André Steyert, *Nouvelle histoire de Lyon*, t. II, p. 216, 298. — *La construction lyonnaise*, Lyon, 1879. — Abbé J.-B. Martin, *Conciles et bullaire du diocèse de Lyon*, Lyon, 1905. — De Gingins, *Les trois Burchard*, dans *Revue du Lyonnais*, 1852, t. II, p. 97. — Aug. Bernard, *Lettre à M. de Gingins; Réponse* de M. de Gingins, dans *Revue du Lyonnais*, 1853, t. I, p. 33.

J.-B. VANEL.

3. AMBLARD, évêque d'Albi. Le nom de cet évêque était cité dans deux chartes dont les auteurs du *Gallia christiana* ont eu connaissance et qui ne nous sont point parvenues. L'une d'elles était datée *anno secundo regnante Roberto rege*, c'est-à-dire 998.

Gallia christiana, 1716, t. I, col. 9, 43.

L. DE LACGER.

4. AMBLARD, prieur de l'abbaye de Solignac, fut élu abbé de Saint-Martial de Limoges en 1115, en présence de Pons, abbé de Cluny. En l'année 1123, un grand incendie causa des dégâts considérables à l'abbaye; les bâtiments claustraux, peut-être même la basilique, furent atteints, et dans la ville les églises de Saint-Pierre-du-Queyroix, de Saint-Michel-des-Lions et de Saint-Martin, ainsi que les quartiers adjacents, eurent le même sort. Malgré une famine qui dévasta ensuite le pays, Amblard s'occupa immédiatement de réparer ce désastre, et Geoffroy de Vigeois témoigne que les nouvelles constructions furent aussi somptueuses que les anciennes.

En 1126, il offrit l'hospitalité à deux hôtes illustres, les cardinaux Grégoire et Pierre de Léon, légats en France, et qui devinrent, le premier Innocent II, l'autre l'antipape Anaclet. Il les accompagna lors de la visite qu'ils firent à saint Étienne, fondateur de l'ordre de Grandmont, dans sa solitude de Muret, paroisse d'Ambazac. Plus tard, comme témoignage de sa vénération envers ce saint homme, il donna à ses disciples le village et le tènement des Sauvaiges et Sauvagnac, voisins de leur nouveau monastère.

Adémar, vicomte de Limoges, et Gaucelin de Pierrebuffière se faisaient la guerre depuis de longues années, au grand détriment des habitants du pays. Amblard joignit ses instances à celles d'Eustorge, évêque de Limoges, pour leur réconciliation. Ils y réussirent; les deux adversaires firent la paix, et ils vinrent, en 1128, escortés de nombreux chevaliers, renoncer à leur haine sur le tombeau de saint Martial; en présence de l'abbé et de l'évêque, ils se jurèrent une amitié éternelle. Cent chevaliers de chaque parti en firent autant devant une foule immense.

Pendant les réparations que l'abbé faisait exécuter à la basilique de Saint-Martial en 1130, le chef du saint apôtre, renfermé dans une cassette d'or, fut retiré de sous le maître-autel de l'église de Saint-Sauveur, par Vulgrin, archevêque de Bourges, en présence de Gérard, évêque d'Angoulême, et d'Eustorge, évêque de Limoges. Il fut alors exposé à la vénération publique et de grandes fêtes eurent lieu à l'occasion de cette invention.

L'abbé Amblard et l'évêque de Limoges se rendirent, en 1134, au concile de Pise. A leur retour, ils furent du nombre des prélats et abbés qui tombèrent dans l'embuscade de Pontremoli.

Le roi Louis le Jeune passant à Limoges avec sa femme Éléonore d'Aquitaine, le 1er juillet 1137, l'abbé Amblard, accompagné de celui de Saint-Augustin, alla les recevoir aux portes du château, et le roi fit son entrée dans la ville dans un brillant cortège, avec Pierre de la Châtre, archevêque de Bourges, et Geoffroy de Loroux, archevêque de Bordeaux.

Cette même année 1137, le 29 novembre, mourut Eustorge, évêque de Limoges. Le choix de son successeur suscita de nombreuses difficultés. Les uns, en effet, élurent Géraud, doyen de Saint-Yrieix et neveu d'Eustorge; les autres lui opposèrent l'abbé Amblard. Ce dernier, sans se soucier de son concurrent, voulut se mettre en possession de l'évêché, mais Pierre Laurès, curé de Saint-Pierre-du-Queyroix, vint, au nom du pape, le lui interdire, et comme il refusait de l'écouter, une discussion s'ensuivit, au cours de laquelle un homme de sa suite blessa Laurès. Celui-ci partit immédiatement pour Rome en référer au pape. Amblard se rendit à Cluny, demander à l'abbé Pierre le Vénérable de vouloir bien intervenir en sa faveur. Mais ne trouvant pas auprès de lui l'approbation qu'il désirait, il se soumit et rentra à son abbaye, renonçant au siège de Limoges. C'était, dit un manuscrit de l'abbaye, « un homme d'une grande religion et honnêteté. »

L'abbé Amblard mourut le 12 des calendes de septembre 1143 (21 août), après un abbatiat de vingt-huit ans, et fut enterré dans la salle capitulaire, où sa tombe a été retrouvée à la fin du XVIIIe siècle, lorsqu'on a démoli l'abbaye. Sous sa sage administration l'abbaye prospéra; il enrichit le temporel du monastère, notamment par l'acquisition d'un riche domaine aux environs d'Excideuil, où il bâtit un prieuré et une chapelle. Pierre le Vénérable rend le meilleur témoignage de la régularité des moines de Saint-Martial sous sa direction, il atteste que, « depuis Cluny jusqu'aux Pyrénées, on ne trouve pas de monastère aussi édifiant. »

A. Lecler, *Pouillé historique du diocèse de Limoges*, p. 115. — C. de Lasteyrie, *L'abbaye de Saint-Martial de Limoges*, Paris, 1893, p. 92. — Roy de Pierrefitte, *Études historiques sur les monastères du Limousin et de la Marche*, c. II.

A. LECLER.

5. AMBLARD, évêque de Digne, au XIIIe siècle, est vaguement connu par plusieurs témoignages que rapporte le *Gallia christiana*, mais on ignore la date et la durée de son épiscopat. Il résigna l'évêché en 1247, et Innocent IV lui donna un successeur le 22 octobre de l'année suivante. Il mena une vie sainte et pénitente, le martyrologe de l'Église de Digne le mentionne comme vénérable, en signalant sa mort au 19 septembre; il eut un culte pour l'ordre des chartreux, le favorisa en diverses circonstances et mourut dans un de ses couvents, sous son habit qu'il aurait pris en 1256.

Gallia christiana, t. III, col. 1120-1121. — Eubel, *Hierarchia catholica*, t. I, p. 232-233.

P. RICHARD.

AMBLEVILLE (CHARLES D'), jésuite français et musicien, naquit au diocèse d'Évreux, le 6 juin 1588, et fut admis au noviciat le 29 septembre 1610; Sommervogel le fait naître en 1587 et admettre le 21 septembre. Il mourut à Rouen, le 6 juillet 1637. On a de lui deux recueils de musique sacrée, publiés chez Robert Ballard à Paris : *Octonarium sacrum, seu canticum beatae Virginis per diversos Ecclesiae tonos decantatum*, in-4°, 1634, et *Harmonia sacra, seu vesperae in dies tum dominicos, tum festos totius anni, una cum missa ac litaniis beatae Virginis sex vocibus*, in-4°,

1636 ; ce dernier recueil contient également plusieurs hymnes, les quatre antiennes de la Vierge et un *Domine salvum fac regem*. C'est peut-être le P. d'Ambleville qui édita vers la même date, chez le même éditeur, le volume suivant du P. Michel Coyssard. *Les hymnes sacrez, odes et noels pour chanter au catéchisme... avec plusieurs excellens faux bourdons sur les huit tons*, in-8°, 1623.

Oudin, mss. — F.-J. Fétis, *Biographie universelle des musiciens*, 2e édit., Paris, 1860, t. I, p. 84. — Sommervogel, *Bibliothèque S. J.*, Bruxelles, 1890, t. I, col. 273; 1898, t. VIII, col. 1626; cf. t. II, col. 1602-1603, à l'article *Coyssard*. — Louis Carrez, *Catalogi... provinciae Campaniae*, Châlons, t. II, p. 178-179. — E.-M. Rivière, *Corrections et additions à la Bibliothèque de la Compagnie de Jésus*, Toulouse, 1911-1912, col. 63, n. 216.

E.-M. RIVIÈRE.

AMBLULFUS, abbé de Novalaise. Il n'est pas sûr du tout qu'il y ait eu au début du IXe siècle, à Novalaise, un abbé de ce nom. Mais il est indiscutable qu'il y en eut un en 880. Celui-ci, le dix-septième de la série, est connu par un acte daté de cette année même, et dont l'original est conservé aux archives d'État, à Turin.

C. Cipolla, *Monumenta Novaliciensia vetustiora*, 1898, t. I, p. 90, 436, 438.

M. BESSON.

1. AMBOISE (*Ambasia*), petite ville de Touraine (6408 habitants), au confluent de la Loire et de l'Amasse, à 24 kilomètres en amont de Tours. Les Gaulois y eurent un camp retranché, dont les terrassements subsistent, avec de vastes souterrains connus sous le nom de « greniers de César ». Les Romains occupèrent de bonne heure ce point stratégique. Ils y élevèrent un monument idolâtrique important, qui fut détruit par saint Martin. Sulpice-Sévère signale dès lors Amboise comme une « forteresse ancienne », entourée d'un bourg peuplé de nombreux chrétiens. L'église principale, dédiée à saint Denis, est une des sept que saint Martin construisit en Touraine. C'est à Amboise, dans une île de la Loire, qu'eut lieu, d'après saint Grégoire de Tours, l'entrevue solennelle où Clovis et Alaric se promirent amitié, quelques années avant la bataille de Vouillé.

L'histoire de cette ville dans le haut moyen âge est obscure et ne présente pas de faits importants. Les chroniques d'Anjou (*De compositione castri Ambaziae*, *Gesta Ambaziensium dominorum*) ont conservé le récit des luttes féodales dont elle fut le théâtre. Sous la suzeraineté du comte d'Anjou, trois forteresses s'y défiaient, occupées par de puissants seigneurs. Les plus célèbres, les sires de Buzançais, restèrent seuls maîtres d'Amboise à partir du XIIe siècle.

Hugues Ier (1080-1128), seigneur de Chaumont et d'Amboise, fit la première croisade, avec cinq mille de ses vassaux, et se distingua à Nicée, à Jérusalem, à Ascalon. Le Tasse a chanté sa vaillance. De retour, il s'entoura d'une cour brillante et lettrée, et donna à la ville d'Amboise un accroissement considérable. Protecteur des arts, bâtisseur de châteaux et d'églises, pieux et charitable, il était un des chevaliers les plus estimés de ce temps. Choisi pour accompagner Foulques le Jeune à Jérusalem, il y mourut et fut enseveli au mont des Oliviers. Son fils Sulpice se croisa lui aussi, en 1147, et fit le voyage de Palestine. L'histoire des seigneurs d'Amboise aux XIIe et XIIIe siècles n'est guère que celle de leurs fondations pieuses. Une collégiale, sous le vocable de Notre-Dame-et-Saint-Florentin, est établie dans le château, en 1014, par Sulpice de Buzançais, trésorier de Saint-Martin de Tours, reconstruite, en 1030, par Foulques Nerra, et érigée en paroisse par Arnoul, archevêque de Tours, en 1044. Elle comptait au XIVe siècle dix chanoines et vingt-quatre chapelains. L'église paroissiale de Saint-Denis est reconstruite en 1107, dit-on, par Hugues Ier. A l'Hôtel-Dieu, d'origine très ancienne, une fondation suffisante est constituée au début du XIIIe siècle par Sulpice III, par Isabelle et Mathilde, comtesses de Chartres et dames d'Amboise. Il est desservi par des religieuses hospitalières de Saint-Augustin, sous la direction d'un prêtre appelé parfois le « maître de l'aumône ». Aux XIVe et XVe siècles, les seigneurs d'Amboise combattent vaillamment les Anglais, et soutiennent leur rôle religieux et militaire. Une de leurs filles, Françoise, duchesse de Bretagne, morte en 1485, est honorée comme bienheureuse. Leur dernière fondation est celle du couvent des cordeliers, établi en 1412 par Pierre d'Amboise. Ce fut l'œuvre préférée de cette famille. Les derniers seigneurs d'Amboise y eurent leur sépulture, comme aussi plusieurs personnages importants des XVe et XVIe siècles. En 1434, Louis d'Amboise, compromis dans un complot contre La Trémoille, vit ses biens confisqués. La terre d'Amboise fut réunie à la couronne.

A partir de cette date, la présence des rois donne à cette ville un siècle d'importance. Louis XI, dès son avènement, y installe sa cour. C'est sa forteresse préférée. Il entreprend de grands travaux pour la rendre imprenable et digne d'être une résidence royale. C'est là qu'il institue l'ordre militaire de Saint-Michel, le 1er août 1469. Le premier chapitre fut tenu, dit-on, dans l'église des cordeliers. En 1482, le roi déclara la ville d'Amboise franche et exempte de tailles et emprunts. La seule fondation religieuse qui marque son passage est celle de l'église Notre-Dame-en-Grève-et-Saint-Florentin, fondée par lettres patentes en 1473. Louis XI fit construire cette église près de son château, pour en interdire l'accès aux paroissiens de l'église collégiale de Saint-Florentin, à cause « des mortalités et pestilances qui ont régné en la ville d'Amboise..., et afin de tenir et conserver, dit-il, nous, notre compaigne la royne et nos enfens en plus grant seureté. »

Charles VIII, né à Amboise, en 1470, acheva la transformation du château, qui devint un véritable palais et sa demeure habituelle pendant tout son règne. Il l'enrichit de quantité d'œuvres d'art rapportées de son expédition de Naples. Divers artistes italiens furent attirés par lui à Amboise, et maintenus par ses successeurs. Ils formèrent une sorte d'école artistique subventionnée par le trésor royal. Les plus célèbres furent Fra Giocondo, Paganino, Dominique de Cortone et Léonard de Vinci.

La fondation religieuse de ce règne fut celle du couvent des minimes, construit par les soins du roi, sous les yeux de saint François de Paule. L'église fut consacrée en 1497. L'année suivante, Charles VIII mourait à Amboise. Quinze cordeliers et quinze minimes, portant des torches, accompagnèrent jusqu'à Saint-Denis le corps de leur bienfaiteur. La cour continua de séjourner quelques années à Amboise sous Louis XII, jusqu'à son transfert au château de Blois. Elle n'y devait revenir qu'en passant.

Le château garda pourtant au XVIe siècle une importance considérable. C'était la meilleure forteresse de la Loire, entre Orléans et Saumur. Pendant les guerres de religion, il servit plusieurs fois de refuge à la royauté menacée, ou de prison à ses ennemis les plus dangereux. Néanmoins, le départ de la cour avait arrêté les constructions, emmené les familles riches et les officiers royaux. La décadence de la ville commença dès lors et se poursuivit jusqu'à la fin du XVIIIe siècle, où elle fut consommée par l'ouverture de la nouvelle route d'Espagne par Tours.

Le calvinisme eut à Amboise quelques adeptes, qui obtinrent en 1566 permission de célébrer leur culte à

AMBOISE

Villefrau, paroisse de Négron. Dupin de Saint-André, *Le protestantisme en Touraine*, p. 129. Plusieurs officiers du bailliage d'Amboise, accusés d'hérésie, furent poursuivis en 1569 au parlement de Paris. Boulay de la Meurthe, *Les guerres de religion en Touraine*, t. 1, p. 116. Un petit nombre de huguenots, d'après d'Aubigné, y auraient été tués à la suite de la Saint-Barthélemy. L'église protestante d'Amboise disparut entièrement à partir de 1572.

Les établissements ecclésiastiques fondés au cours du moyen âge furent ruinés par les guerres des XVe et XVIe siècles. Le XVIIe s'appliqua à les relever.

A l'avènement de Louis XIII, l'Hôtel-Dieu est administré par des laïcs. Il n'y a plus de religieuses depuis longtemps. Le désordre y règne. En 1625, ses finances sont relevées par l'union avec la léproserie de Saint-Lazare. En 1636, les bourgeois d'Amboise en offrent la direction à l'abbé Bouray, fondateur des hospitalières de Loches. Il y rétablit le bon ordre et y installe des religieuses de sa congrégation. *Vie de M. Bouray*, Paris, 1714, p. 218. De nouvelles fondations contribuent à relever cette maison, qui obtient, en 1652, ses lettres patentes, renouvelées en 1717. Les biens de trois maladreries et de quatre aumôneries des paroisses voisines lui sont attribués en 1698, par un décret royal de suppression et d'union. Elle est administrée par un bureau. La mense des religieuses est séparée de celle des pauvres en 1657. Une œuvre nouvelle, la Charité des pauvres, sorte de bureau de bienfaisance, est établie en 1689 par une pieuse dame d'Amboise. Son revenu atteint jusqu'à 6 000 livres.

La collégiale, moins heureuse que l'Hôtel-Dieu, ne peut reconstituer son patrimoine par des fondations nouvelles. Pour soutenir les canonicats, force lui est de supprimer les chapellenies. Les neuf dernières sont unies à la mense canoniale par ordonnance épiscopale en 1740.

La seule fondation du XVIe siècle fut le collège, établi en 1579 par lettre d'Henri III, à la requête des habitants. Encore est-ce une fondation sans bourse délier. La ville se fit attribuer pour cet usage la léproserie de la Madeleine. Assez prospère au XVIIe siècle, ce collège n'eut au XVIIIe qu'une existence précaire. En 1720, les génovéfains tentèrent vainement de prendre la direction, et d'y transférer leur abbaye de Gastines.

Un pensionnat de jeunes filles fut établi à Amboise en 1626 par les ursulines de la congrégation de Bordeaux. Sa prospérité lui permit de recueillir, en 1730, les religieuses du même ordre établies à Montrichard, qu'avait ruinées la banqueroute de Law. Arch. nat., S 7548. Le couvent des minimes fut durement éprouvé, lui aussi, par la même catastrophe. Arch. départ. d'Indre-et-Loire, C 496.

A cette époque, la collégiale et l'Hôtel-Dieu sont des foyers du jansénisme. Le siège présidial met à leur service la puissance du bras séculier, jusqu'à tenter d'emprisonner, en 1753, le curé d'Amboise et son vicaire, pour refus de sacrements à une religieuse appelante. A. Buisard, *Le jansénisme en Touraine*, Tours, 1904, p. 105. Au milieu de ces querelles, la décadence de la ville s'accentue. Une fortune inespérée l'interrompt brusquement. En 1764, Louis XV crée en faveur de son principal ministre le duché-pairie de Choiseul-Amboise. En 1770, il l'y exile. Choiseul délaisse l'ancien château royal pour son moderne palais de Chanteloup. Mais il s'intéresse à la ville, qu'il cherche à enrichir en relevant l'agriculture et l'industrie. Les couvents n'ont point part aux libéralités du ministre philosophe. Seuls, le chapitre et le collège lui semblent dignes d'intérêt. Il les dote, à la manière du XVIIIe siècle, en détruisant ailleurs. Pour enrichir le chapitre, il fait supprimer la chapelle de Bondésir (1771), le prieuré de Maulévrier, au diocèse de La Rochelle, et même l'abbaye de Saint-Jouin-de-Marnes. Leurs biens sont unis à la mense capitulaire d'Amboise, qui voit son revenu passer de 6 500 à 11 000 livres. Une bulle de Clément XIV, en 1770, lui confère le titre d'insigne église, et des lettres patentes de Louis XVI l'érigent en chapitre noble (1776). Le duc de Choiseul a droit de collation aux canonicats, avec les qualités de prieur et premier chanoine. Le collège était à peu près abandonné depuis quarante ans. Des lettres patentes ordonnèrent d'y transférer le collège de Pontlevoy, dirigé par les bénédictins, et Choiseul, le 4 octobre 1770, posa solennellement la première pierre du nouvel établissement, qui eut le titre d'école militaire.

Choiseul mourut en 1785 et fut enseveli à Chanteloup. Ses héritiers vendirent le duché, un an après, au duc de Penthièvre, qui paraît s'y être peu intéressé.

Amboise est alors un centre de propagande politique et philosophique. Un protégé de Choiseul, Louis-Claude de Saint-Martin, né en 1743, d'une vieille famille amboisienne, devient le fondateur ou le propagateur d'une secte nouvelle, l'illuminisme français ou martinisme. Sous le nom de *philosophe inconnu*, il publie un grand nombre d'ouvrages mystérieux qui préparent la Révolution. L. Caro, *Essai sur la vie et la doctrine de Saint-Martin*, Paris, 1852. A partir de 1792, les clubs d'Amboise, Société des amis de la constitution, Société des sans-culottes, se distinguèrent par la violence de leurs motions contre les prêtres. Bibliothèque de la ville de Tours, fonds Taschereau, *668*. Les convois de déportés y furent spécialement insultés par la populace. *Relation inédite de l'abbé Chambault*, curé de Seuilly. Un convoi de prisonniers vendéens y fut décimé par son escorte en décembre 1793. Arch. départ. d'Indre-et-Loire, L. Reg. 252, fol. 35. Les chanoines du noble chapitre passèrent pour la plupart au service de la Révolution. Il n'y avait plus que trois cordeliers et deux minimes. Un cordelier seulement voulut rester dans son ordre. Les quatre autres religieux déclarèrent vouloir sortir. Les vingt et une ursulines et dix hospitalières sur onze restèrent fidèles à leurs vœux. On les chassa de leurs couvents en septembre 1792. Tous les biens, tous les édifices furent mis en vente, sauf l'Hôtel-Dieu et l'église paroissiale de Saint-Denis. Les églises de Saint-Florentin, des cordeliers, des minimes, étaient célèbres par leurs œuvres d'art. Tout fut ravagé. Les chapes de drap d'or données par Charles VIII furent brûlées pour avoir le métal. Les manuscrits splendides de la collégiale, confiés au « philosophe inconnu », furent dispersés, de même que la riche bibliothèque des minimes.

De toutes les fondations des grands féodaux et des rois, il ne reste que des ruines éparses, avec deux beaux édifices, conservés comme témoins du passé : Saint-Denis et Notre-Dame-en-Grève. L'Hôtel-Dieu, reconstruit en partie, dirigé par les religieuses de la Présentation de Tours. Amboise n'est plus qu'une petite ville, chef-lieu de canton et archiprêtré, sans autre importance que ses monuments et ses souvenirs.

SOURCES : Archives communales d'Amboise (1421-1789). *Inventaire analytique*, par l'abbé C. Chevalier, Tours, 1874. — Archives départementales d'Indre-et-Loire, série G, titres des paroisses d'Amboise et de la collégiale Saint-Florentin; série H, titres des couvents : cordeliers, minimes, ursulines, hospitalières. — Bibliothèque de la ville de Tours, manuscrits, titres d'Amboise. — Bibliothèque nationale, collection de dom Housseau, catalogue par E. Mabille.

IMPRIMÉS : Carré de Busserolle, *Dictionnaire historique... de Touraine*, collection des *Mémoires de la Société archéologique*, Tours, 1878, t. 1, p. 19-33. — L. Bosseboeuf, *Amboise. Le château, la ville et le canton*, collection des Ménoires de la Société archéologique, Tours, 1897. — Mémoires et bulletins de la Société archéologique de Touraine, depuis 1840. Table alphabétique, par H. de Lépinais.

E. AUDARD.

2. AMBOISE (TEMPLIERS ET HOSPITALIERS). Les ordres du Temple et de l'Hôpital avaient chacun une commanderie à Amboise. Elles étaient situées : 1° celle des templiers (avec la chapelle Saint-Oustrille) à droite de la route de Windrichard, sur le territoire de Saint-Denis-Hors, à cinq cents mètres environ des dernières maisons d'Amboise. Une cave voûtée subsiste seule; 2° celle des hospitaliers, dans l'île que forme la Loire, d'où son nom de Saint-Jean de l'Ile-lez-Amboise. La chapelle seule subsiste fort délabrée, c'est un monument de transition entre le roman et le style ogival, à trois travées voûtées. Il sert de servitude agricole. A la suite de l'abolition des templiers (1312), la commanderie du Temple passa aux chevaliers de Saint-Jean de Jérusalem, mais elle conserva son autonomie jusqu'au milieu du xve siècle, époque à laquelle elle fut incorporée à la commanderie de l'Ile.

La commanderie d'Amboise possédait des biens dans la ville d'Amboise et aux environs, à Saint-Martin-le-Beau, à Lussault, à Montlouis, à Nazelles, à Nigren, à Moisay, à Saint-Ouen-des-Bois, à Meslan, à Souvigny, à Vallières et à Pontlevoy. Le moulin du temple, la métairie de l'Auberdière, dans la paroisse Saint-Denis d'Amboise, lui appartenaient.

Elle avait comme membres : 1° la Perchaye près de Château-Renault (qui fut commanderie jusqu'au xvie siècle); 2° Saint-Jean-de-la-Lande à Semblançay (qui fut commanderie au moins jusqu'au milieu du xve siècle); 3° Tours (biens dans la paroisse de Saint-Pierre-du-Boille).

Au xviiie siècle, la commanderie avait un revenu annuel de 4 000 livres environ; des biens furent vendus en 1793 comme biens nationaux. Les archives sont conservées, dans le fonds du grand-prieuré d'Aquitaine, dont elle dépendait, aux archives départementales de la Vienne à Poitiers.

COMMANDEURS : 1° *Commandeurs de Saint-Jean-de-l'Ile jusqu'à la fusion des deux commanderies :* Jean de Saint-Gemme, 1307. — Jean Chauffour, 1360-1367. — Jean Bizou, 1374. — Jean le Roux, 1394-1397. — Jean Moquart, 1405-1407. — Jean Godenat, 1432. — Jean Lecomte, 1443. 2° *Commandeurs du Temple jusqu'à la fusion des commanderies :* Pierre Essart, 1383-1409. — Étienne Richoust, 1417-1438. — 3° *Commandeurs du Temple et de l'Ile réunis :* Pierre Beaupoil, 1443-1458. — Yves Millon, 1466-1495. — André Guyclet, 1497-1516. — Louis du Chilleau, 1523-1525 (en même temps commandeur d'Auzon). — Bault de Lyraines, 1528-1534. — Eutrope de Caillères, 1535. — François le Voyer, 1539-1543. — Antoine de Saint-Gelais-Lusignan, 1547-1568. — Jean de Barbezières de Bois-Berthon, 1572. — Pierre Viault. 1581-1626. — Charles Chenu du Bas-Plessis, 1628-1635. — Jean des Gittons-Baronnières, 1639-1674. — René de Sallo de Semagne, 1674. — Jean de Machault, lieutenant du prieur de France, 1678-† 28 février 1681. — Charles Charbonneau de Fortemyère, 1687-1704. — Jean de Nuchèze, 1705. — Jacques de Bessay, 1722-1737. — Anne-René-Hippolyte de Brillac, 1743. — Jean-Hardenier de Maillé de la Tour Landry, 1755-1760. — Jacques de Brémond de Vernon (en même temps commandeur d'Eusigny et procureur général de l'ordre au prieuré d'Aquitaine), 1762-† 1792. — Charles d'Arsac de Thernay, 1782-1789.

Poitiers, arch. de la Vienne, fonds du grand prieuré d'Aquitaine, commanderie d'Amboise. — Carré de Busserolle, *Dictionnaire géographique, historique et biographique d'Indre-et-Loire*, Tours, 1878-1884, au mot *Amboise*.

J. DELAVILLE LE ROULX.

3. AMBOISE (CONJURATION D'), mars 1560. Le « tumulte d'Amboise » eut pour cause les griefs des huguenots contre les Guise. Le duc François et son frère, le cardinal de Lorraine, avaient gardé le pouvoir à la mort d'Henri II, dans des circonstances difficiles, où il eût été dangereux de convoquer les États généraux, qui avaient le droit de nommer le conseil de régence. D'où mécontentement de Condé et de Coligny, tous deux huguenots. De plus, les protestants, aigris par les persécutions qui redoublent, désirent rendre coup pour coup aux catholiques. Secrètement, ils instruisent le procès des Guise, qui sont trouvés « chargés de plusieurs crimes de lèse-majesté, ensemble d'une infinité de pilleries. » Cf. La Planche, et *Hist. eccl. des Égl. ref.*, t. i, p. 286.

« Les Guise, dit La Planche, provoquèrent le rapprochement de trois sortes de gens, les uns unis par le droict zèle à servir Dieu, leur prince et leur patrie, les autres meus d'ambition et convoiteux de changements, les autres encore aiguillonnez d'appétits de vengeance, pour outrages receus de ceux de Guise, tant en leur personne qu'en leurs parents et alliez. » Condé et Coligny, brouillés avec le duc François depuis leur apostasie, sont leurs chefs. Le prince et l'amiral se rencontrent à La Ferté-sous-Jouarre et à Vendôme; mais Coligny refuse de se compromettre dans un complot, et il se retire dans ses terres de Châtillon. Condé va diriger l'affaire : c'est lui qui donne des instructions, fournit le nom des conjurés, accrédite La Renaudie près des églises. Il est le chef, mais « chef muet » de la conjuration; pour cacher son jeu, il se rend à la cour, attendant le moment où il pourra en retirer tout le bénéfice.

Que poursuivait-on dans ce complot, qui pouvait être l'occasion de troubles très graves en France? Un but religieux? Un but politique? L'un et l'autre à la fois. Des réformés devaient se présenter à la cour, demander au roi la liberté de conscience, la permission de s'assembler au prêche, d'avoir des temples. Ils espéraient provoquer la réunion des États généraux, où ils feraient entendre leurs plaintes, et présenter leur profession de foi. Si leur requête était repoussée — et c'était à craindre, tant que les Guise seraient au pouvoir — alors on ferait marcher les gens de guerre. Ils prendraient de force, à l'improviste, et mettraient à mort le duc de Guise et le cardinal de Lorraine. Le fruit de cette révolution serait pour Condé la lieutenance du royaume, et pour les réformés le libre exercice de la religion. Voulait-on, de plus, attenter aux jours du roi, de la reine et des princes, comme François II en resta toujours convaincu? Non, si l'on s'en rapporte à l'article premier de la convention passée entre les conjurés, et qui porte : « Protestation faite par le chef et tous ceux du conseil de n'attenter aucune chose contre la majesté du roi et les princes du sang. » En livrant cette pièce, La Bigne, serviteur de La Renaudie, avait voulu sauver sa vie. Mais si les conjurés prétendaient ne pas être des régicides, on ne saurait trop blâmer, du moins, leur entreprise coupable et leur démarche révolutionnaire.

Ils semblent, du reste, l'avoir compris eux-mêmes, en se demandant si, pour atteindre leur double but, ils pouvaient avoir recours à la force armée. L'Église calviniste de Strasbourg est pour l'affirmative. Calvin consulté est d'un avis contraire, disant que, « s'il s'espandoit une seule goutte de sang, les rivières en découleroient. » « Il vaut mieux, disait-il encore, que nous périssions tous cent fois que d'estre cause que le nom de chrestienté et l'Évangile soient exposés à tel opprobre. » Il envoie près des conjurés Théodore de Bèze, qui admet la légitimité de la révolte, si tous les princes du sang et les parlements sont unanimes à se prononcer contre le gouvernement des oncles de la reine. Et il est bien difficile de ne pas voir en Th. de Bèze le porte-parole de Calvin. A défaut des autres princes du sang, Condé approuve le plan, « pourveu que tout se fist par forme de justice, et qu'il fust bien exécuté. »

Restait à trouver le chef effectif de la conjuration. Condé choisit un gentilhomme du Périgord, Godefroy de Barry, dit de la Renaudie. C'était un homme perdu de réputation, « plus cogneu par la rupture des prisons criminelles de Dijon, que par autre vaillance, » faussaire, mais fervent calviniste. A Nantes (février 1560), eut lieu la réunion dernière des principaux conjurés. Ils s'y étaient rendus sous différents prétextes. La Renaudie y attaque les Guise, expose les griefs des huguenots, l'espoir des princes; les ministres assurent que l'entreprise a lieu pour leur bien commun et la tranquillité publique. La Renaudie est confirmé dans ses pouvoirs, reçus de Condé. Sept cents hommes sont enrôlés; rendez-vous pris pour le 15 mars, à trois lieues de Blois, où se trouvait alors la cour.

Mais le secret n'est pas gardé : on sait la chose en Italie, en Suisse, en Allemagne; des Flandres, le cardinal de Granvelle, et de Paris, des Avenelles, avocat au parlement, auquel La Renaudie s'est ouvert, avertissent le cardinal de Lorraine. Fallait-il appeler près du roi la fidèle noblesse de province, ou dissimuler pour mieux écraser la conjuration? La reine-mère se range à ce dernier parti. Mais Blois n'est pas assez sûr contre un coup de main; aussi, sous prétexte de changer d'air et d'amuser le roi, la cour gagne Amboise, plus facile à défendre (22 février). Coligny arrive, mandé par la reine; il déclare les Guise responsables du trouble des esprits, et demande plus de sûreté pour les huguenots. Il obtient un édit qui pardonne à qui vivra en bon catholique, mais qui maintient les rigueurs des lois contre les prédicants, fauteurs de trouble (2 mars). C'était l'amnistie sans la liberté de conscience réclamée par les réformés.

Cependant La Renaudie et sa troupe arrivent devant Blois; n'y trouvant plus la cour, ils marchent sur Amboise. Le mot d'ordre est donné pour le 17, les rôles distribués : Maligny et cinquante hommes se glisseront dans la ville, La Renaudie, Castelnau, Mazères et cinq cents gentilshommes se tiendront près des portes, et au signal donné du château par les trente conjurés qui y logeront, grâce aux intelligences qu'on y entretient, ils forceront la ville, aidés par les bandes disséminées dans les bois; et, parvenant près du roi, exigeront de lui qu'il livre le duc de Guise et le cardinal de Lorraine.

La réussite semblait certaine, quand tout échoua. La fortune favorisa encore une fois les partisans de l'ordre. Un des conjurés, le capitaine Lignères, abandonne ses compagnons d'armes, accourt à Amboise, découvre au roi le plan des huguenots, leur nombre, le nom des conjurés, les chemins qu'ils doivent suivre, les points qu'ils doivent attaquer. Aussitôt, Guise compose les gardes d'hommes sûrs, fait murer les portes indiquées, s'assure de Condé auquel il confie une porte à défendre, et qu'il fait surveiller par le duc d'Aumale; enfin, le maréchal de Saint-André, le duc de Nemours et lui-même, Vieilleville ayant refusé, vont faire des sorties, battre la campagne.

Le 16 mars, un groupe de gens se présente au château; ils sont renvoyés avec quelque argent que leur distribue le roi. Nemours en fait d'autres prisonniers, qui « ne sçavoient autre chose de l'entreprise, sinon qu'il leur avoit esté assigné jour pour voir présenter au roy une requeste, qui importoit pour le bien de son service et celuy du royaume. » Mazères, Raunay sont pris; Castelnau se rend à Nemours qui lui assure, foi de prince, qu'il ne lui sera fait aucun mal. Cependant à Amboise, « ils furent tourmentés par cruelles géhennes, » ce dont Nemours eut « grand crèvecœur. » Il fallait bien châtier les rebelles, la justice les punit de mort. Jusqu'alors La Renaudie avait échappé, il se tenait caché dans la forêt de Château-Renaud. Pardaillan le rencontre; on en vient aux mains, la mêlée fut sanglante. La Renaudie, d'un coup d'estoc « qu'il lui enfonça dans la teste, à travers la visière, » renversa mort Pardaillan, mais lui-même succombait un instant après d'un coup « d'harquebuzade que lui tira dans le flanc » le page de Pardaillan.

Le 17, les conjurés, n'ayant plus de chefs, ne pouvant se retirer dans un pays sillonné par leurs ennemis, se décident, conduits par La Motte et Cocqueville, à prendre d'assaut la ville d'Amboise. Refoulés, ils se barricadent dans les faubourgs, attendant les ténèbres pour échapper, quand la cavalerie arrive, qui met le feu aux maisons, tue ou fait prisonniers ceux qui essaient de fuir.

Le tumulte est apaisé. Le 18 mars, le roi publie un édit d'amnistie, dont sont exceptés les chefs. On instruit leur procès, et bientôt, aux balcons du château, aux arbres des routes, pendent des corps de révoltés, tandis que la Loire roule dans ses flots quelques prisonniers que la justice y a jetés.

Telle fut cette « indiscrette » et « coupable » entreprise. Condé, le chef muet de la conjuration, dont il est impossible de nier la participation, se retira de la cour. Il dut y revenir pour se disculper des charges qui pesaient sur lui; il le fit avec hauteur, mais fut condamné à mort (26 novembre). Les protestants tentaient alors de justifier leur conduite, dans la « Requête des états ». Ils se défendent de vouloir avancer par la force le triomphe de l'Évangile, mais ils ne peuvent avoir le même scrupule quand il s'agit d'une cause civile et politique, et d'empêcher les Guise d'opprimer le royaume. Distinction subtile et inadmissible, qui leur permet en politique une action qu'ils se fussent interdits comme chrétiens.

Histoire ecclésiastique des Églises réformées au royaume de France, édit. Baum et Cunitz, Paris, 1883, t. I, p. 285-291, 298-309. — L. Regnier de la Planche, *Histoire de l'estat de la France sous François II*, Paris, 1576, p. 126-187. — Davila, *Histoire des guerres civiles de France*, Paris, 1666, t. I, p. 75-93. — H. de Ferrière, *Lettres de Catherine de Médicis*, Paris, 1885, t. I, p. 132, 134. — François de Guise, Louis de Condé, Gaspard de Saulx-Tavannes, François de Vieilleville, Michel de Castelnau, *Mémoires*, dans Michaud et Poujoulat, *Nouvelle collection des mémoires pour servir à l'histoire de France*, Paris, 1838-1839, t. VI, p. 457, 546-550; t. VIII, p. 229 sq.; t. IX, p. 287, 414-416. — Brantôme, *Hommes illustres*, Londres, 1739, t. I, p. 65, 68-69. — Dareste, *Histoire de France*, Paris, 1866, t. IV, p. 148-152. — Haag, *La France protestante*, Paris, 1877, t. I, col. 889-900; t. II, col. 1039-1041; t. IV, col. 163-164. — Forneron, *Histoire des Guise*, Paris, 1877, t. I, p. 297-307. — Kerwyn de Lettenhove, *Les huguenots et les gueux*, Paris, 1883, t. I, p. 36-40. — Duc d'Aumale, *Histoire des princes de Condé*, Paris, 1889, t. I, p. 60-74. — Mariéjol, dans l'*Histoire de France* de Lavisse, Paris, 1904, t. VII, p. 12-19. — L. Batiffol, *Le siècle de la Renaissance*, Paris, 1909, p. 176-188. — C. Merki, *L'amiral de Coligny*, Paris, 1909, p. 173-210. — H. de Ferrière, *Les huguenots et les gueux*, dans *Revue des quest. hist.*, 1884, t. XXXVI, p. 607; *Catherine de Médicis et les politiques*, ibid., 1894, t. LVI, p. 405-406. — R. d'Aussy, *Le caractère de Coligny*, ibid., 1885, t. XXXVIII, p. 195-196. — A. Baudrillart, art. *Calvin*, dans *Dict. de théologie*, t. II, col. 1392.

L. DE ROQUEFEUIL.

4. AMBOISE (PAIX D'), 7-19 mars 1563. La paix d'Amboise met fin à la première guerre de religion. La bataille de Dreux, 19 décembre 1562, avait privé de leurs chefs les deux armées en présence : le maréchal de Saint-André est mort, le connétable de

Montmorency et le prince de Condé sont prisonniers. Le 22 décembre, le connétable écrit d'Orléans à la reine « la bonne voullenté qu'y a an ceste compagnye d'avoyr ugne bonne pes. » Condé ne désire rien tant que la liberté. La première entrevue du prince et de la reine (janvier 1563) échoue : Orléans réclame des otages qui répondront pour Montmorency, Condé exige le libre exercice de la religion réformée et sa mise en liberté sur parole; mais Catherine de Médicis déclare ne pas pouvoir tolérer l'exercice de deux religions, et subordonne la mise en liberté du prince à la reddition de toutes les villes prises sur le roi. Mais voici que, le 18 février, le duc de Guise tombe sous les coups de Poltrot de Méré, dès lors la reine se décide à faire la paix aux meilleures conditions possibles. Elle n'aimait pas la guerre qui la mettait au second rang; elle n'a plus besoin de recourir aux réformés pour s'en servir comme d'un contrepoids à l'influence des chefs catholiques. Elle souhaite que tous les sujets du roi rentrent en son obéissance comme un moyen « de dissiper les partis pendant que ses enfants croistroient. » Elle est « lassée de voir la France si affligée de guerre civile, en laquelle les victorieux perdoient autant et plus quelquefois que les vaincus. » Elle est vivement émue et de la misère de son peuple, qui fuit la ville et la campagne, abandonnant tout pour « ne demeurer à la miséricorde de ceux qui estoient sans mercy; » et de l'état lamentable du royaume, où la justice ne pouvait être administrée, tant le désordre était grand. Un autre danger presse Catherine de Médicis de terminer la guerre : la crainte des Anglais, « lesquels ne se contentoient pas du Havre de Grace, qu'ils tenoient comme un héritage de bonne conqueste, ains désiroient et taschoient de s'advancer le plus qu'ils pourroient en France, à la faveur de nos divisions. » Aussi bien les catholiques ne demandaient pas moins la paix que les huguenots, tous étant fort lassés de la guerre.

La reine et la princesse de Condé arrêtent les détails de l'entrevue où Montmorency et Condé débattront ensemble les articles de la paix. Le 4 mars, Condé arrive à Blois; le 6, il est au camp de Saint-Mesmin; le 7, conduit par Damville, il arrive sur les bords de la Loire, tandis que sur la rive opposée apparaît le connétable. Le « parlement » eut lieu dans l'île aux Bœufs, un peu au-dessous d'Orléans. L'oncle et le neveu causèrent longuement, puis se séparèrent. Le lendemain, la conférence est reprise, cette fois en présence de la reine. Montmorency ne veut ni de la liberté religieuse contre laquelle lui et les catholiques ont pris les armes, ni de l'édit de janvier, qui accordait la célébration du culte réformé à côté du culte catholique. Aussi, avait-il fallu se faire des concessions réciproques. Une trêve de quelques jours est signée, Condé ayant demandé à prendre l'avis de ses coreligionnaires, et les deux prisonniers sont rendus à la liberté sur parole.

A Orléans, Condé rassemble les huguenots pour discuter avec eux du traité. Il se heurte à une vive opposition. Soixante-douze ministres demandent le maintien de l'édit de janvier, qui exprime la volonté des États, auquel on ne peut toucher sans de graves préjudices pour les églises. En vain Condé représente l'épuisement du royaume, le désir que tous ont de la paix, il assure que la liberté de religion sera maintenue, qu'il faut au moins rendre la paix acceptable aux catholiques, il ne peut les persuader. Les gentilshommes, sur qui pèse le fardeau de la guerre, s'en remettent à lui. Fort de cet avis, le prince passe outre : la paix fut conclue le 12 mars, et homologuée le 19 par l'édit d'Amboise.

Les principaux articles de cet édit portent : Que tous les gentilshommes protestants ayant haute justice et fiefs de haubert peuvent pratiquer leur religion dans leurs maisons avec leurs sujets; — Que dans tous les bailliages et sénéchaussées, sauf la ville et prévôté de Paris, une ville leur serait assignée pour y exercer leur culte, en plus des villes où il y était déjà pratiqué; — Que tous les étrangers devaient sortir de France; — Que tous les Français seraient rétablis dans leurs biens, états, honneurs et offices, sans avoir égard aux jugements portés contre les huguenots depuis la mort de François II; — Que le prince de Condé et ses partisans sont tenus pour bons et loyaux sujets du roi, et qu'on ne pourra les poursuivre pour avoir pillé les deniers publics. Les parlements devaient enregistrer l'édit.

Si nous ajoutons que « les autres gentilshommes ayant simple fief pouvaient pratiquer la religion dans leurs maisons, avec leurs familles seulement, » et que les nobles, ne relevant pas du roi, ne le pouvaient dans les bourgs et villages appartenant aux seigneurs haut-justiciers sans leur permission, on comprendra les mécontentements éprouvés par les huguenots. A les croire, on leur accordait trop peu. Tout était fait en faveur des grands, et encore les faveurs diminuaient selon la qualité des personnes. Condé et ses amis avaient par trop séparé leur cause de la cause commune, en ne donnant pas à tous la liberté dont ils jouissaient; ils n'avaient eu nul souci du peuple, ce qui donnait à croire que la religion réformée était la religion de la noblesse seule. Pour eux, Condé n'avait servi que ses intérêts, mais nullement son Église. Reproche mérité, qu'accentua encore Coligny.

Prévenu de l'issue des conférences, Coligny quitte la Normandie et se rapproche lentement d'Orléans. Là, il ne cache pas son déplaisir d'une paix débattue en dehors de lui. Il s'emporte contre Condé, qui a fait « sa part à Dieu. » On a fait plus de tort aux églises par un trait de plume, disait-il, que les ennemis n'en eussent pu faire en dix ans de guerre; les villes ont été sacrifiées aux nobles. Il reproche à Condé sa trop grande hâte. Le prince répond avec calme, donne ses raisons, entre autres que, par suite de la mort du roi de Navarre, son frère, étant plus près du trône, il se trouvera plus en mesure de servir la cause de ses coreligionnaires. Au fond, il était content de jouir de la liberté recouvrée, et peut-être aussi d'avoir humilié les catholiques. Cependant il intervient près de la reine pour obtenir quelques adoucissements à l'édit. Catherine se refuse à changer la teneur du traité, mais assure de vive voix qu'elle tolérera « les prêches dans les villes de chaque bailliage et que les gentilshommes de la vicomté et prévôté de Paris auront, dans leurs maisons, la même liberté de religion qui est accordée ailleurs. » Middlemore à la reine Élisabeth, 30 mars 1563; cf. d'Aumale, p. 412.

Faut-il croire que Catherine de Médicis ait été satisfaite de cette paix, comme elle l'écrivait à Cossac, alors qu'elle envoyait des ambassadeurs au pape, à l'empereur et au roi catholique, avec mission de l'excuser près d'eux de l'avoir signée, et d'en rejeter tout le blâme sur l'iniquité des temps ?

Le 22 mars, le parlement enregistra cet édit humiliant pour la couronne « par lequel, dit Condé, le roy approuvoit tout ce qui s'estoit faict par les huguenots, et déclaroit que c'estoit pour son service; et par ce moyen toutes les impiétés, indignités et meschancetés sont approuvées; et les bons et fidèles serviteurs du roy déclarés infidelles. »

Pendant cinq ans, la France jouit d'un ordre relatif, car huguenots et catholiques étaient mécontents de la paix, et l'on pouvait se douter, comme dit

Monlluc, « qu'il y avait toujours quelque anguille sous roche. »

Histoire ecclésiastique des Églises réformées au royaume de France, édit. Baum et Cunitz, Paris, 1884, t. II, p. 325, 332, 354-374, 422-424. — Davila, *Histoire des guerres civiles de France*, Paris, 1666, t. I, p. 304-308. — II. de la Ferrière, *Lettres de Catherine de Médicis*, Paris, 1885, t. I, p. 524-531 ; *Catherine de Médicis et les politiques*, dans *Revue des quest. histor.*, 1894, t. LVI, p. 409-410. — Louis de Condé, Gaspard de Saulx-Tavannes, Achille Gamon, François de Vieilleville, Michel de Castelnau, François de la Noue, *Mémoires*, dans Michaud et Poujoulat, *Nouvelle collection des Mémoires pour servir à l'histoire de France*, Paris, 1838-1839, t. VI, p. 699-700 ; t. VIII, p. 271, 613 ; t. IX, p. 344, 489-492, 609. — Daroste, *Histoire de France*, Paris, 1866, t. IV, p. 205-206. — Duc d'Aumale, *Histoire des princes de Condé*, Paris, 1889, t. I, p. 213-230, 396-402, 410 sq. — Mariéjol, dans l'*Histoire de France de Lavisse*, Paris, 1904, t. VII, p. 73-75. — L. Batiffol, *Le siècle de la Renaissance*, Paris, 1909, p. 213-214. — C. Merki, *L'amiral de Coligny*, Paris, 1909, p. 314 sq.

L. DE ROQUEFEUIL.

1. AMBOISE (ADRIEN D'), évêque de Tréguier (1604-1616), né à Paris aux environs de 1560, d'un médecin de Charles IX et d'Henri III qui firent sa fortune, ainsi que celle de ses frères, appartenait à une famille de petite bourgeoisie de la ville d'Amboise, qui s'attacha à la cour et monta dans la noblesse. Adrien fut admis, par la protection des rois ci-dessus, au collège de Navarre, où il suivit les cours de lettres et philosophie, puis, destiné à la carrière ecclésiastique, commença ceux de théologie en 1580. Il fut recteur de l'Université pour le premier trimestre de cette année, et reçut la licence en 1582, le doctorat en théologie dans la suite. Deux ans auparavant, il avait publié chez Abel l'Angelier une tragédie sacrée en vers français, 32 folios, *Holoferne*, tirée du livre de Judith, œuvre de jeunesse et exercice d'écolier dans le goût du temps. Il se consacra à l'enseignement et sa situation de famille le tint à l'écart du mouvement de la Ligue. En entrant à Paris en 1594, Henri IV le choisit pour son prédicateur et aumônier, le nomma grand-maître du collège de Navarre, et en 1595 curé de Saint-André-des-Arts, à la place du ligueur Christophe Aubry. Un autre ligueur, repentant celui-là, Guillaume Rose, évêque de Senlis, lui disputa la grande-maîtrise de Navarre (1598), qu'il avait exercée au temps de la Ligue, dans un procès au parlement, qui n'empêcha pas Adrien de garder la fonction jusqu'à sa prise de possession de l'évêché de Tréguier auquel Henri IV le nomma en 1603. On sait peu de chose de son administration épiscopale. Il assista aux États de Bretagne, qu'il présida le 7 novembre 1607, et à l'assemblée ecclésiastique de la province de Tours, le 8 mars 1611, pour nommer un député à l'assemblée générale du clergé de France. Il mourut le 28 juillet 1616 et fut enterré dans sa cathédrale. Launoi nous a conservé son épitaphe.

J. Launoi, *Regii Navarrae gymnasii Parisiensis historia*, Paris, 1677, p. 360, 370-379, 415, 799-801. — *Gallia christiana*, 1856, t. XIV, col. 1133. — Moreri, *Grand dictionnaire historique*, t. I, p. 447. — *Biographie générale Didot*, t. I, col. 323.

P. RICHARD.

2. AMBOISE (AIMERI, ÉMERI D'), grand-maître des chevaliers de Rhodes (1503-1512), né le 4 juillet 1434, d'après les données de Bosio, était le troisième fils de Pierre de Chaumont d'Amboise, qui donna encore à l'Église de France un cardinal-archevêque et quatre évêques. Quant à celui-ci, il entra de bonne heure dans l'ordre militaire de Saint-Jean de Jérusalem ou de Rhodes, et devint, en 1482, grand-prieur de France. De Mas Latrie, *Trésor de chronologie*, col. 2212. Il avait reçu d'abord la commanderie de Boncourt en Normandie, et on le voit apparaître pour la première fois au chapitre général de l'ordre, que Paul II tint à Rome en 1466 ; il y prit part comme un des huit assistants ou compagnons du grand-maître. Il se rendit ensuite à Rhodes, y passa quelques années et assista au chapitre de 1475. Il était alors trésorier général de la religion, probablement depuis 1471. On le choisit pour un des seize commissaires chargés de formuler les décisions du chapitre, puis on le chargea de surveiller la perception d'une annate qui venait d'être votée, dans les provinces de France, de Champagne et Aquitaine. Il obtint du pape Sixte IV, en passant à Rome, un jubilé pour la guerre sainte qui se préparait entre les chevaliers et Mahomet II, et réussit à le faire ratifier par Louis XI (1477). Il séjourna dès lors en France, ne tarda pas à être nommé grand-prieur, et renonça à la dignité de trésorier. Il ne figure pas dans la liste des chevaliers défenseurs de Rhodes au siège de 1480, donnée par Bosio, p. 341-343. Celui-ci le mentionne pour la première fois comme grand-prieur en 1489, date à laquelle il obtint la fonction de capitaine général des galères de la religion, sans qu'on sache s'il alla l'exercer à Rhodes. Il augmenta par sa bonne administration les revenus et les propriétés du grand-prieuré, et ce fut une des raisons pour lesquelles on le nomma grand-maître, dit le même Bosio. Il éleva à Paris, auprès de l'église et de la commanderie de l'ordre, un oratoire dit du Saint-Sépulcre qu'il dota en 1493.

L'élection eut lieu le 10 juillet 1503, après la mort de Pierre d'Aubusson (voir ce nom). Louis XII venait de conquérir le royaume de Naples et parlait d'une croisade contre Constantinople : il est probable que la perspective de son secours, qu'on pouvait obtenir facilement par l'entremise de son premier ministre et tout-puissant favori le cardinal Georges d'Amboise, frère d'Aimeri, fit aussi quelque impression sur les électeurs. Le nouvel élu n'arriva qu'une année après, en août 1504, et tint son chapitre général à la fin de l'année. Il en reçut les pouvoirs les plus étendus, la disposition du trésor pour trois ans et demi, le détail du budget ayant été réglé soigneusement, la charge de réparer les fortifications de l'île, moyennant une annate qu'on lui permit de lever sur les commanderies qu'il conférerait. Aimeri s'acquitta de ce devoir pour le mieux, augmenta les forces maritimes de la religion, et put donner la chasse aux corsaires turcs qui couraient l'Archipel. Le soudan d'Égypte faisant la guerre aux Portugais dans la mer Rouge, le grand-maître vint à leur secours en 1510, et remporta plusieurs succès sur les flottes égyptiennes, notamment une grande victoire navale près de l'Ajazzo, port vers le mont Amanus, entre Syrie et Caramanie. Jamais grand-maître, ajoute Bosio, ne fit, sous son gouvernement, plus de prises de vaisseaux ennemis. Au règlement du chapitre de 1504 pour réprimer la licence des jeunes chevaliers, les jeux de cartes et de dés, Aimeri en ajouta de personnels qui déterminaient la vente à l'encan des dépouilles des chevaliers défunts, réglaient rigoureusement les relations des religieux avec le monde et la population laïque de Rhodes. Il tint encore un chapitre général au commencement de 1510, dont les actes sont perdus. Il mourut le 13 novembre 1512.

Giac. Bosio, *Dell'istoria della sacra religione et illustr*** militia di S. Giovanni Gierosolimitano*, Rome, 1594, t. II, p. 237, 267, 284-285, 301, 413, 416, 418, 479-498. Cet historien, qui fut longtemps agent de Malte à Rome, eut à sa disposition les archives officielles et administratives de l'ordre. — Moreri, *Grand dictionnaire historique*, t. I, p. 446. — Carré de Busserolle, *Dictionnaire géographique, historique et biographique d'Indre-et-Loire*, Tours, 1878, t. I, p. 35-36.

P. RICHARD.

3. AMBOISE (BERNARD D'). Voir BERNARD D'AMBOISE.

4. AMBOISE (Gentien d'), évêque de Tarbes (1556-1576). Il était né à Blois, d'après le livre des obits du chapitre, et, dans son enfance, très adonné au chant d'église. Archives des Hautes-Pyrénées, G 47. Ces données concordent avec les documents romains relatifs à sa promotion qui le disent clerc du diocèse de Chartres. Abbé Clergeac, *Chronologie des archevêques, évêques et abbés de l'ancienne province d'Auch*, 1912, p. 103. Il appartenait, d'après le *Gallia christiana*, à la grande maison d'Amboise, qui fut illustrée par le cardinal Georges d'Amboise, ministre de Louis XII, et fournit plusieurs autres évêques dans le cours du XVIe siècle. Elle possédait entre autres la terre de Bussy. Cette assertion du *Gallia* est confirmée nettement par le testament de Gentien. On l'y voit choisir pour son héritier Louis d'Amboise, comte d'Aubijoux en Auvergne, qui représentait une branche collatérale de cette maison et joua, à cette époque, un rôle assez important en Languedoc. J. Lestrade, *Le testament de G. d'Amboise*, dans la *Revue de Gascogne*, 1904, nouvelle série, t. IV, p. 267. Le nom de Belin, que lui donnent aussi les auteurs du *Gallia*, avait été porté par l'épouse de Jean d'Amboise, qui vivait à la fin du XVe siècle (Moreri). Par ailleurs, il n'est mentionné dans aucun arbre généalogique de la maison d'Amboise. On est donc porté à donner raison à la tradition recueillie par l'érudit du XVIIe siècle, Jean Larcher, qui le dit de naissance illégitime. Manuscrit de l'évêché de Tarbes, publié dans la *Revue catholique du diocèse de Tarbes*, 21 juillet 1877, p. 466. Il n'est pas inutile de faire remarquer qu'à la même époque et dans la même région plusieurs autres prélats étaient, eux aussi, de naissance illégitime : tels les évêques de Lescar et de Comminges. Gentien d'Amboise avait été précédemment protonotaire apostolique, et vicaire général de l'abbé de Lescale-Dieu, au diocèse de Tarbes. Gaston Balencie, *Chronologie des évêques de Tarbes*, dans la *Revue de Gascogne*, 1905, nouvelle série, t. v, p. 75, et *Bulletin de la Société académique de Tarbes*, avril-juin 1911, p. 160. On connaît plusieurs actes de son administration consignés dans des documents que conservent les archives locales. En 1563, il fut commissaire député par l'autorité royale à la vente de certains biens ecclésiastiques. Bibliothèque municipale de Tarbes : *Glanage* de Larcher, *XII, 276, 292*. Cf. archives des Hautes-Pyrénées, *G 49, 1005*, et les archives de la Haute-Garonne, *B 70, 72, 76*. Voir aussi Louis Caddau, *Monographie de la cathédrale de Tarbes*, 1911, p. 52, 53. Mais le fait capital de l'épiscopat de Gentien fut l'introduction, malgré ses résistances, du protestantisme dans son diocèse, avec les calamités qui l'accompagnèrent. Quand il monta sur le siège épiscopal (1556), celui-ci était vacant depuis plusieurs années. Jeanne d'Albret, comtesse de Bigorre sous la suzeraineté du roi de France, était déjà protestante de cœur. La famille de Gramont, toute-puissante dans la province, considérait l'évêché de Tarbes comme sa propriété, et elle allait en outre suivre la reine de Navarre dans sa défection de 1560. Voir t. I, col. 1731, Albret (Jeanne d').

Un carme de Tarbes, nommé Solon, encouragé sans doute par Jeanne d'Albret, prêcha le premier l'hérésie dans le diocèse, vers 1560. Comme dans tout le sud-ouest de la France, la noblesse et la bourgeoisie donnèrent plus ou moins dans les idées nouvelles, notamment les maisons de Gramont, de Lavedan, de Bénac, et le juge mage de Tarbes. La masse du peuple resta attachée à l'ancienne foi, que soutenait le parlement de Toulouse. En septembre 1562, le curé d'Asté, au diocèse de Tarbes, fut jugé par l'official de l'évêque et brûlé par sentence du parlement. Plusieurs complices furent arrêtés. En 1567, à la suite des entreprises de Jeanne d'Albret en Béarn contre le catholicisme, un moine de Tarbes suscita quelques mouvements qui pouvaient menacer l'autorité de la reine de Navarre. Alors Jeanne réfréna provisoirement en Bigorre son zèle calviniste et rendit à Tarbes un édit de pacification et de tolérance générales. Mais l'année 1568 ouvrit, pour le diocèse de Tarbes, une longue période de troubles. Lors de la troisième prise d'armes générale des protestants, les catholiques de Bigorre se réunirent dans le palais épiscopal, que Gentien d'Amboise venait de réparer, en présence de l'évêque et de deux commissaires royaux. On essaya d'organiser une « croisade » contre les hérétiques. À la vérité, l'évêque ne paraît pas avoir joué, dans cette organisation, un très grand rôle. L'année suivante (1569), Montgomery, envoyé par Jeanne d'Albret retirée à La Rochelle, fit une expédition en Bigorre et Béarn, pour rétablir son autorité. Quantité d'églises furent brûlées, y compris la cathédrale et l'évêché; le temporel de la mense fut mis en vente, et, à quatre reprises en cinq ans, la ville de Tarbes fut mise à sac par les protestants béarnais. Lourdes eut également beaucoup à souffrir. Dubarat, *Le protestantisme en Béarn*, Pau, 1895, p. 119; Guillaume Mauran, *Sommaire description du païs et comté de Bigorre*, chronique publiée pour la première fois par Gaston Balencie, Paris, 1887, p. 116 sq., 197; Durier et J. de Carsalade, *loc. cit.* Gentien d'Amboise n'a laissé, dans les traditions locales, aucun mauvais souvenir. Mais on ne saurait dire s'il fut à la hauteur de la situation, ou s'il mérita les reproches que le clergé du Languedoc, appuyé sur le parlement de Toulouse, adressait aux prélats en 1561, spécialement en ce qui concernait la résidence. Les commissaires du roi en Bigorre semblent bien, à la date de 1568, insinuer à l'adresse de leur évêque des reproches du même genre. Durier et J. de Carsalade, *Les huguenots en Bigorre*, Auch, 1884, p. 116; *Histoire de Languedoc*, t. XII, col. 592; archives de la Haute-Garonne, *B 50, 65*. On constate par ailleurs que Gentien d'Amboise avait eu besoin, pour le suppléer, d'un vicaire revêtu du caractère épiscopal. *Revue catholique*, *loc. cit.*, et biblioth. mun. de Tarbes : *Glanage* de Larcher, *XVI, 72*. En 1562 et 1565, il était à Toulouse où il devait mourir. *Hist. de Lang.*, t. XII, col. 651; t. XI, col. 469. D'après une tradition transmise par les historiens de la Bigorre des deux derniers siècles, l'évêque, pendant la guerre, se réfugia dans les montagnes, et il y aurait alors découvert la source thermale de Saint-Sauveur. Colomez, *Histoire de la province... de Bigorre*, écrite vers l'an 1735, et publiée par M. l'abbé Duffau, 1886, p. 174; Davezac-Macaya, *Essais historiques sur le Bigorre*, 1823, t. II, p. 181. La paix fut rétablie en Bigorre après le printemps de 1574. En 1575, le parlement de Toulouse dut faire injonction à l'évêque de rétablir son église cathédrale, sous peine de saisie de son temporel. Archives de la Haute-Garonne, *B 72*. D'après le livre des obits du chapitre, il mourut à Toulouse, le 14 janvier 1576, et fut enterré dans le cloître de Saint-Sernin. Par son testament, il léguait au jésuite Auger les livres hérétiques qu'il s'était proposé de réfuter. Lestrade, *loc. cit.* Cf. Monluc, *Commentaire*, éd. de Ruble, t. III, p. 401 sq., et Balencie, *Sommaire description...*, p. 83, sur le siège de Rabastens de Bigorre en 1570. C'est l'un des épisodes les plus connus des guerres de religion dans le sud-ouest.

L. GUÉRARD.

5. AMBOISE (Georges, cardinal d'). Dernier fils de Pierre d'Amboise, seigneur de Chaumont-sur-Loire, et d'Anne-Marie de Bueil, il naquit au château de Chaumont en 1460, cadet d'une illustre et nombreuse famille. Ses ancêtres portaient, depuis 1256, le nom et les armes de la famille d'Amboise, que Jean, seigneur de Barric en Loudunois, avait héritées de Mathilde d'Amboise. Georges avait huit sœurs et neuf frères, dont quatre furent évêques (voir leurs notices spéciales). La jeunesse du futur cardinal ne dut pas être très gaie. Son père avait donné dans la Ligue du Bien public avec plusieurs membres de sa famille (1465). Louis XI, à son avènement, les « avoit desappointez et deffaicts de leurs estatz..., nonobstant qu'ils eussent bien servy le roy son père. » Pierre fut alors disgracié et son château confisqué, puis assigné à la duchesse d'Orléans, ce qui n'empêcha pas la demeure des Amboise d'être brûlée et rasée au début de 1466. La disgrâce de la famille dura jusqu'en 1474. A ce moment, Pierre étant mort, Charles, son fils, reconquit les faveurs du roi. Le château de Chaumont fut reconstruit, en partie aux frais de Louis XI, et la famille retrouva sa haute situation d'autrefois.

Georges avait alors quatorze ans. Destiné à la cléricature, il commença, dès le 8 janvier 1475, à recevoir

31. — Cardinal d'Amboise.

des bénéfices, l'abbaye de Saint-Paul de Narbonne, puis, en 1477, celle de Grandselve. Dès lors, sa fortune marcha rapidement. Il est protonotaire apostolique, docteur en droit canon, aumônier de Louis XI. Comme tous les membres de sa famille, son ambition est grande. Il interroge l'horizon pour savoir de quel côté souffle le vent, et, tout naturellement, se tourne du côté de la jeunesse, vers le duc d'Orléans, de deux ans plus jeune que lui, qui s'appellera un jour Louis XII. De bonne heure, une solide amitié, qui ne se démentit jamais, unit Louis d'Orléans et Georges d'Amboise. Aussi, sous le règne de Louis XI, malgré l'antipathie du roi pour le duc, Georges continua à faire son chemin. Indépendamment des nouveaux bénéfices qu'il reçut, il fut élu, à la mort de Réginald de Bourbon (1482), archevêque de Narbonne, contre la volonté, il est vrai, et du pape et du roi. Mais déjà les circonstances le favorisaient. Louis XI se mourait et le jeune archevêque refusa de s'incliner devant l'opposition des deux pouvoirs. C'est que la minorité de Charles VIII allait, semble-t-il, servir ses desseins et son amitié. Malgré les avances d'Anne de Beaujeu qui lui confirma les fonctions d'aumônier du roi, avec une pension de 700 écus et le titre de conseiller du roi, Amboise se jeta dans le complot orléaniste pour arracher le jeune souverain à la tutelle de sa sœur. En 1486, il conseillait le duc dans ses intrigues avec les Bretons, et en particulier Lescun, le favori de leur duc François.

Entre temps, il ne s'oubliait pas. Voyant que le pape avait, le 17 avril 1483, envoyé le pallium à François Hallé, il renonça à Narbonne. A la mort de l'évêque de Montauban, Jean de Monbarbet (1483), il se fit désigner pour ce siège et ne tarda pas à « s'appointer » avec l'archevêque Hallé. Le 24 juillet 1484, des lettres royales faisaient confirmer l'arrangement à Rome et sollicitaient pour Georges l'évêché de Montauban. Innocent VIII l'y nomma le 17 décembre 1484. Amboise conservait une rente de 2 000 livres sur l'archevêché et gardait en commande plusieurs grandes abbayes.

Il tint dès lors à se comporter en ecclésiastique, sinon en évêque, reçut la prêtrise vers cette époque et la consécration épiscopale plus tard. Il serait inexact de le représenter comme un courtisan plongé dans les intrigues. Il ne perdit jamais de vue les intérêts spirituels du duc son ami. Ce fut grâce à lui que Louis d'Orléans revint à la pratique religieuse et à une plus stricte observance des lois morales. Sous la conduite de l'évêque, on le vit faire d'abondantes aumônes, mettre de l'ordre dans sa maison. Une preuve irrécusable de l'esprit religieux qui animait Amboise nous est fournie, en cette année 1486 où il complotait, par l'effort qu'il déploya pour empêcher Louis de divorcer. La question était tout à la fois délicate et urgente et c'est ce qui explique du reste la conduite future de Georges d'Amboise. Louis d'Orléans, on le sait, avait été marié, contre son gré, à Jeanne de France, sainte fille, de chétive complexion et d'extérieur difforme. Jamais Orléans n'avait eu pour sa femme la moindre sympathie et, de tout temps, il avait eu l'idée de demander l'annulation de son union. Or, tout à coup, on apprit, en 1486, que François II de Bretagne était grosse de complications. La nouvelle était grave et grosse de complications. Louis n'eut plus qu'une idée, celle de divorcer pour épouser Anne, héritière de Bretagne. Par ce mariage, il s'assurait une grande situation en France, et il éloignait Maximilien d'Autriche, prétendant redoutable. Malgré toutes ces raisons, cependant, celui qui, alors, s'opposa avec la plus vive énergie au divorce, fut précisément Georges d'Amboise. Il le fit en termes tels que jamais plus, jusqu'à la mort de Charles VIII, Louis ne revint sur ce sujet avec son conseiller.

François II, du reste, ne mourut que plusieurs années plus tard et, entre temps, d'autres événements survinrent. Au début de 1487, les orléanistes s'agitèrent : Louis se sauva en Bretagne, on chercha, une fois encore, à enlever le roi, ce qui échoua grâce aux aveux d'un messager breton, qui se laissa prendre avec des lettres significatives. Georges d'Amboise était au nombre des conjurés. Ses lettres furent remises à Anne de Beaujeu, et il fut arrêté et enfermé avec l'évêque du Puy à Corbeil, où il passa une partie de l'année 1487 sous la garde de François de Pontbriand et tomba malade. Par arrêt du parlement daté du 24 juillet, sa détention fut adoucie et on le soumit à un traitement meilleur. Tout cela était bien ; mais le gouvernement n'avait oublié qu'une chose, c'est que Georges était évêque nommé. Son frère Louis, d'Avignon où il s'était réfugié, écrivit au pape pour dénoncer l'acte de la régente, qui livrait deux évêques au bras séculier. Innocent VIII, naturellement, s'empressa d'intervenir. Par bref papal, l'archevêque de Tours fut chargé du procès. Seulement, comme Brette le faisait fort judicieusement remarquer, le 4 octobre 1487, à Charles VIII, d'après le droit canon, l'archevêque ne pouvait rien en dehors de son diocèse. Le procès allait donc s'instruire devant le parlement, quand les nonces Lionel Chieregato et Antonio Florès arrivèrent et arrêtèrent les poursuites. Ils exigèrent que les deux évêques fussent remis à des juges ecclésiastiques. Malgré l'opposition d'Anne de Beaujeu et des légistes gallicans, le roi finit par accorder, au début de 1488, que le procès serait jugé par les nonces devant le parlement. Dans une lettre au pape du 21 avril, ceux-ci purent, en effet, annoncer que les évêques détenus avaient été remis entre leurs mains au château de Meung-sur-Loire. Cette concession n'empêchait pas la cour de faire bonne garde autour du procès, car la cause des évêques se confondait avec celle des conjurés laïques. Le conflit fit le salut des premiers; le procès traîna en longueur et finalement n'aboutit pas. Sur de pressantes sollicitations de deux cordeliers, Jean Malerne et Olivier Maillart, Georges fut libéré en février 1489 et exilé dans son diocèse.

A cette date, l'évêque de Montauban n'était pas encore sacré et n'avait qu'un désir modéré d'aller dans le midi. Que fit-il? Nous l'ignorons. Louis d'Orléans était prisonnier depuis le 28 juillet 1488 et il est peu probable que Georges soit allé le rejoindre. En tout cas, la disgrâce ne dura pas longtemps. Au printemps de 1490, en effet, l'évêque de Montauban recouvra ses titres et fonctions et rentra à la cour. Du reste, le règne d'Anne touchait à sa fin. En mai ou en juin 1491, grâce à l'influence de Georges d'Amboise, Charles VIII alla, à l'insu de sa sœur, délivrer son cousin et lui donna le gouvernement de Normandie, tandis que le jeune évêque, exactement à cette date, était envoyé en Suisse négocier un projet d'alliance et rétablir, sur le siège de Genève, Charles de Seyssel, expulsé par Philippe de Bresse. Le 1er juin, il assista, à Berne, à la diète, mais il ne put faire adopter l'alliance.

Louis d'Orléans, en remerciement de sa délivrance, promit au roi son appui, se rapprocha des Bourbons, signa, ainsi que ses amis, Louis et Georges d'Amboise, avec Pierre de Bourbon, un premier acte de fidélité à l'égard de Charles VIII, le 4 septembre 1491, et s'entremit pour faire aboutir le mariage du roi avec Anne de Bretagne. L'acte de 1491 fut renouvelé en présence de Georges d'Amboise, « tenant le fust de la vraye croix et aultres sainctes et précieuses reliques, » à Paris, le 5 juillet 1492, entre le duc et la duchesse de Bourbon, la reine Anne et Louis d'Orléans. Chacun jura « de bien loyaulment servir le roi. » En réalité, on se liguait pour empêcher le roi d'aller en Italie et, en tout cas, se prémunir contre toute agitation intérieure, s'il n'était point possible de faire entendre raison à Charles VIII.

Georges d'Amboise n'était plus à ce moment évêque de Montauban. Dès le mois de novembre 1491, il avait reçu de Rome les bulles le transférant à Narbonne, dans le cas où François Hallé viendrait à décéder ou à démissionner. Or, l'archevêque mourut le 23 février 1492. Le 14 mars, Innocent VIII nomma Georges archevêque de Narbonne. Il garda cette charge jusqu'en mai 1494. Si Amboise n'était toujours pas sacré, il paraît bien cependant que, dès cette époque, il se préoccupait de la situation morale et religieuse des diocèses que, de loin, il administrait. C'est ainsi que, dès le 1er mai 1482, nous voyons ses officiers s'aboucher avec le visiteur de Cîteaux pour l'élaboration des statuts du collège Saint-Bernard à Toulouse, tombé en un incroyable état de décadence. En 1489, comme évêque de Montauban, il eut un procès avec les moines de Grandselve au sujet du droit de visite et obtint du pape des bulles, datées du 19 mars, obligeant l'abbaye à accepter une réforme devenue indispensable. Ainsi se dessine chez cet évêque de vingt-neuf ans son rôle trop peu étudié encore de réformateur catholique.

Les choses en étaient là quand mourut à Rouen, le 18 juillet 1493, l'archevêque Robert de Croixmare. Le siège était un des premiers de France. Louis d'Orléans, gouverneur de la province, ne pouvait donc faire mieux que d'y appeler celui que della Casa, ambassadeur de Florence, appelait « le cœur et le conseil de M. d'Orléans. » C'était aussi l'avis du roi. Le 21 août 1493, Georges fut « postulé en archevêque de Rouen » à l'unanimité par le chapitre. Il était trop tard. Le pape, le 24, pourvut, de son chef, le siège, en le donnant en commende au cardinal Frédéric Borgia. Un conflit surgit. Le roi refusa de céder. En octobre 1493, il envoya même Georges présider les États de Normandie. Finalement, Alexandre VI se rendit. Dans le consistoire du 21 mai 1494, l'archevêque de Narbonne fut transféré à Rouen et, le 19 juillet, de Lyon, où il se trouvait avec le roi et le duc d'Orléans, il désigna Godefroy Herbert, évêque de Coutances, et Jean Masselin, haut-doyen du chapitre, pour prendre possession de l'archevêché. La cérémonie eut lieu le 7 août. Un mois après, Georges était chargé du gouvernement de la Normandie en l'absence du duc d'Orléans.

Le nouvel archevêque dut rester à Lyon auprès du roi pour achever les préparatifs de l'expédition d'Italie. Il accompagna même son souverain jusqu'à Vienne où, le 22 août, il prêta serment au pape, entre les mains de Guillaume Briçonnet, évêque de Saint-Malo. Puis il partit pour Rouen, où il fit son entrée solennelle, le 21 septembre. Il avait alors trente-quatre ans. Sa véritable carrière commence, en attendant que l'avènement de Louis XII le porte au pouvoir. A partir de ce moment, en effet, le duc d'Orléans, qui est en Italie, lui écrit régulièrement pour lui demander, avec de sages conseils, de l'argent et des soldats. Lui-même porte le titre d' « archevêque de Rouen, lieutenant de Normandie, en l'absence du duc d'Orléans. »

Les séjours d'Amboise à Rouen, s'ils furent fréquents et importants par leurs résultats, ne purent jamais être de longue durée, malgré les dires de l'ambassadeur Courtevile au roi de Castille. « Monsieur le légat, écrit-il, en août 1506, est encore en Normandie, grant distance d'ichy (de Tours) et entens qu'il y sera longuement. » Trop d'affaires extérieures l'attendaient et bientôt trop de déplacements forcés.

A peine était-il arrivé en Normandie, au mois de septembre 1494, à peine s'était-il mis à l'œuvre, présidant le 25 les États, travaillant à réprimer les brigands qui infestaient le pays, qu'il fut appelé en Italie auprès du duc d'Orléans. Il partit dans les premiers jours d'avril 1495 pour rejoindre le conseil ducal à Orléans. Après y avoir séjourné une huitaine, envoyant argent et artillerie, négociant avec le duc d'Angoulême un emprunt de 40 000 livres, il se dirigea sur Asti. Dès ce moment, au dire de Legendre, les rapports entre Charles VIII, le duc d'Orléans et l'archevêque se tendirent. Du côté de Louis, on trouvait que le roi aurait dû obtenir le chapeau pour Amboise comme il le fit pour Briçonnet; du côté d'Amboise, il y eut dépit et désillusion. Ce fut l'origine du mécontentement qui aliait amener la demi-disgrâce de l'archevêque, et qui subsista jusqu'à la mort de Charles VIII.

Amboise trouva le duc assez vexé de n'avoir pas pu prendre part à l'expédition de Naples et tout disposé à entreprendre quelque action d'éclat. Il l'engagea vivement à s'emparer de Novare, ce qui fut fait le 13 juin 1495. Malheureusement la ligue vénitienne avait été signée en mars et le duc fut assiégé dans Novare, sans vivres et sans moyens de défense. Sur ces entrefaites, Charles VIII arriva à Asti, le 15 juillet, et put recevoir Amboise, qui dès lors servit de négociateur entre le roi et son cousin. L'archevêque désirait ardemment une action militaire. Au dire de Commines, ce fut lui qui empêcha le duc de sortir de Novare et l'engagea à la bataille. Aussi, n'est-il pas étonnant que son activité négociatrice allât à obtenir, dès le mois de juillet, qu'en tout état de cause, la place restât au duc. En cela, du reste, il était d'accord avec Briçonnet, très opposé à la paix et aux vœux pacifiques du conseil. Novare fut pourtant pris en septembre et Amboise se rendit à Chieri auprès du roi pour lui apprendre cette douloureuse nouvelle. Il n'avait pu entraîner Charles VIII contre Milan pour délivrer la ville assiégée; mais il pouvait espérer d'avantageuses conditions en faveur du duc, dans le traité qui allait se signer à Verceil le 9 octobre. Louis d'Orléans obtint qu'Amboise accompagnerait les ambassadeurs au camp de Ludovic le More, et c'est ainsi que l'archevêque de Rouen eut l'heur de célébrer, à Saint-Eusèbe de Verceil, les funérailles du comte de Vendôme, le 5 octobre. Ceci était une mince compensation aux déboires diplomatiques qui l'attendaient. Par le traité, en effet, Louis fut sacrifié. Ludovic recouvra Novare et le duc d'Orléans n'eut plus d'autre ressource que de rejoindre le roi pour rentrer en France en octobre-novembre 1495.

L'archevêque se dirigea vers la Normandie, où il était en janvier 1496, très aigri, ainsi que Louis d'Orléans, par tout ce qui s'était accompli, contre leurs vœux et leurs efforts. Charles VIII leur rendait, du reste, mécontentement pour mécontentement. On allait à la rupture. A Rouen, Amboise se remit à l'œuvre comme avant son départ. Tandis qu'il commençait, dès cette époque, les grands travaux architecturaux et artistiques qu'il poursuivra toute sa vie, il s'efforçait de mettre de l'ordre dans les affaires, réprimant les abus de pouvoir des fonctionnaires, soulageant la misère du peuple; ce qui ne l'empêchait pas de faire de fréquentes apparitions à la cour. Aux mois de mai et juin, nous le trouvons, en effet, à Lyon, d'où il fut chargé d'une mission en Savoie. Le 15 décembre 1496, il était encore à Lyon, où il officia dans la cathédrale de Saint-Jean, au service funèbre du comte de Montpensier. Mais, dès le 20 janvier 1497, il était rentré pour présider les États de Normandie et c'est dans sa ville archiépiscopale que, le 15 janvier 1498, il reçut Louis d'Orléans faisant son entrée solennelle. Au moment où, par la mort imprévue de Charles VIII, le duc et Amboise allaient prendre les premiers rôles en France, pour l'un comme pour l'autre, la situation était devenue très incertaine. Des plaintes nombreuses parvenaient sans cesse aux oreilles du roi contre eux. On se plaignait des règlements et des réformes que le jeune archevêque introduisait; on couvrait tout ce zèle de motifs séparatistes. Charles VIII, qui n'aimait ni son cousin ni l'archevêque, prêta l'oreille à ces dénonciations et Amboise fut obligé de se retirer à Blois, auprès de Louis d'Orléans, attendant son exil à Asti ou à Rome, quand la nouvelle de la mort du roi, dans la nuit du 7 au 8 avril 1498, vint le délivrer. Louis XII était roi et Amboise devenait son ministre.

Immédiatement, celui-ci prit la place du cardinal Briçonnet et dirigea les affaires, contresignant les ordonnances et les traités qui furent alors arrêtés. Le 28 mai, il était à Reims pour le sacre et, au mois d'août, il eut à s'occuper du procès que Louis XII entama pour faire annuler son mariage. Tant que le duc n'avait été qu'un particulier, Amboise s'était opposé au divorce. En décembre 1497, il avait encore fait de vains efforts pour rapprocher les deux époux. Mais une fois sur le trône, Louis XII n'était plus le duc d'Orléans et Amboise ne crut pas devoir refuser son appui à la cause qui s'allait juger. Les destinées de la monarchie étaient en jeu et l'annulation canonique du mariage ne pouvait faire doute (voir à ce sujet l'article JEANNE DE VALOIS), les témoignages étant, ce semble, convaincants.

L'annulation fut prononcée au mois de décembre 1498 et ce fut César Borgia qui apporta la bulle en France, au moment des fêtes de Noël, avec, dans ses bagages, pour Amboise un chapeau de cardinal. Après avoir été reçu à Loches, César alla rejoindre la cour à Chinon, où il arriva le 21 décembre. C'est là que le nouveau cardinal, nommé au titre de Saint-Sixte, reçut des mains de Julien de la Rovère les insignes de sa charge en même temps que la bulle et la promesse de faciliter le mariage projeté entre Louis XII et Anne de Bretagne. En retour, César Borgia obtint l'entremise du cardinal pour son propre mariage avec la fille d'Alain d'Albret.

Pendant que Louis XII allait épouser Anne de Bretagne (janvier 1499), dès le mois de septembre, Amboise avait repris les projets de revanches italiennes, que Charles VIII n'avait cessé de caresser. Tout l'y incitait, aussi bien l'échec que Louis d'Orléans avait subi devant Novare en 1495, que l'astuce de Ludovic et la situation intérieure de l'Italie. Dès le 26 mai, Perron de Baschi fut envoyé à Rome à cet effet. La France signifia à Venise et à Florence sa volonté de reconquérir le Milanais et Naples en assurant ces deux États de l'amitié du roi. Par ailleurs, on négocia avec l'Angleterre et l'Espagne, au mois de juillet. Enfin, le 9 février 1499, Amboise fit signer avec Venise, à Blois, l'acte d'union par lequel, après d'ardus pourparlers, la république de Saint-Marc s'engageait à aider la France dans sa nouvelle conquête. Bientôt le pape et les principaux seigneurs italiens entrèrent dans la ligue. C'était le premier succès diplomatique d'Amboise, éclatant mais peu durable. Tout ceci ne l'empêchait pas de s'occuper des affaires intérieures. Par ses ordres les lois furent revisées, refondues et traduites en ordonnances applicables à tous les tribunaux de la monarchie. A ce travail de réforme se rattache la mesure qui éleva l'échiquier de Normandie au rang de parlement (avril 1499). Dès le 20 mars, Amboise, l'instigateur de cette mesure, était à Rouen, chargé de présider l'assemblée des prélats et notables de la province, qui devaient travailler à la réorganisation de ce tribunal. Un an plus tard, en mars 1507, il fera nommer l'archevêque de Rouen, « conseiller-né » de l'échiquier, avec un tribunal spécial, « les Hauts jours » de l'archevêché, « eschiquier particulier et cour souveraine pour le regard des causes et querelles qui se peuvent mouvoir devant les officiers, dépendantes du temporel et osmosnes d'icellui archeveshé. » Cette sollicitude, au milieu de tant d'affaires, pour son diocèse ne se démentit jamais. Nous en avons la preuve dans les embellissements et constructions de tous genres dont il dota Rouen. Des années 1495 à 1499 datent les travaux qu'il entreprit à l'archevêché, à Vigny, et bientôt, à partir de 1501, à Gaillon.

Lorsque, après la conquête du Milanais, Louis XII, escorté du cardinal et d'une foule de seigneurs ecclésiastiques et laïcs, eut fait son entrée triomphale à Milan, Amboise fut chargé d'organiser la province, créa une sorte d'université et une cour de justice, répartit les impôts et donna à la ville le gouverneur qu'il croyait le plus capable de remplir sa délicate mission. Son choix, en tombant sur Trivulce, fut du reste des plus malheureux, puisque ce fut lui qui devint la cause de la révolte de Milan en mars 1500. Ses affaires achevées, Amboise reprit, au mois de novembre, le chemin de la France et déjà la Cour préparait l'expédition de Naples quand on apprit, en février-mars 1500, qu'aidé par l'Allemagne, Ludovic Sforza était rentré en Italie et avait reconquis Côme, Milan et Novare. Il fallut tout recommencer. Louis XII nomma alors Amboise lieutenant général au delà des monts. Celui-ci arriva à Verceil en avril. Le duché fut repris, Ludovic fait prisonnier et envoyé en France. Le cardinal put s'offrir alors le luxe d'une entrée quasi royale à Milan et présider, le 17, la cérémonie d'expiation que la ville lui offrit comme gage de repentir. Après quoi, il se remit à organiser la conquête par une suite de décrets concernant la justice et les finances, datés des 27, 28, 29 avril et 6 mai, à diriger la soumission de Pise et de quelques autres villes, qui firent entre ses mains acte d'obéissance, et à demander au pape des pouvoirs spéciaux pour sévir contre le haut clergé milanais, soupçonné de manquer de loyalisme à l'égard de la France. Ceci fait, Amboise put rentrer en France, et fut magnifiquement reçu à Lyon le 23 juin. Il était plus puissant que jamais. C'est à cette occasion que Louis XII lui donna le comté de Lomelio.

Vers le milieu de cette année 1500, Alexandre VI, ému du péril turc qui redoublait de gravité depuis 1499, fit d'instantes démarches en faveur de la croisade. Malheureusement, personne dans la chrétienté, sauf l'Espagne, ne se souciait de reprendre la lutte contre le Croissant. Cependant, grâce à Georges d'Amboise, la France se décida à esquisser un geste de défense. Tandis que le pape taxait les cardinaux suivant leurs revenus (Amboise fut taxé pour 7 000 livres; il eut à payer 900 ducats) et autorisait la levée de nouveaux décimes, Louis XII, par les soins de son ministre, arma vingt et un gros vaisseaux. Que voulait par là le cardinal? Attaquer Métélin dans l'Archipel? Ce n'est pas certain. En tout cas, l'expédition échoua. Comme le dit Jean d'Auton, il est plus probable que le cardinal voulait tout simplement donner satisfaction au pape et à Venise, justifier la perception de la dîme qui s'effectua en 1501 et faire une démonstration navale, qui permettait à la flotte des Turcs en respect et d'arriver fort à propos dans les eaux napolitaines. Cette expédition rentrait dans le cadre d'un plan plus général. Tandis qu'elle s'organisait, la diplomatie d'Amboise se faisait active, toujours sous le manteau turc, avec la Bohême, la Hongrie et la Pologne. En juillet 1500, un traité fut signé avec Ladislas de Hongrie et Jean-Albert de Pologne contre les Turcs. Par là la France engageait ostensiblement son action en Orient. En réalité, elle agissait surtout contre l'Autriche. Ces diverses négociations eurent leur épilogue dans le mariage, arrangé en partie par le cardinal, entre Ladislas VI et Anne de Foix, nièce d'Anne de Bretagne.

Cette politique à large envergure n'avait d'autre but que de faciliter l'expédition de Naples, que préparait Amboise. Comme son maître, il était hanté par la pensée de l'Italie. Après le traité de partage de Grenade, le 11 novembre 1500, entre Louis XII et Ferdinand d'Aragon, les troupes françaises marchèrent de Milan sur Naples, qui fut conquise (juin 1501). Dès le début des hostilités, Louis XII envoya Amboise en Italie avec pleins pouvoirs, comme son lieutenant général en Milanais. Il avait la mission de tout diriger, de tout gouverner, de nommer et de destituer. C'est alors qu'il signa avec Jean-Marie de Médicis, ambassadeur de Lucques, le traité qui plaça cette ville sous la protection de la France. La conquête de Naples, qui allait avoir, du reste, un assez triste lendemain pour la France, enchevêtra de plus en plus les fils de l'écheveau diplomatique. Chacun, en Europe, avait son plan, ses « pratiques », suivant le mot du XVI° siècle commençant. Milan, Naples, la Bourgogne étaient les gros enjeux de la partie tenue entre Louis XII, Maximilien, Philippe le Beau et Ferdinand d'Aragon. On essaya de s'en tirer par des mariages. En cette année 1501, Louis XII proposa sa fille Claude à Charles d'Autriche, âgé d'un an, avec la Bretagne, le Milanais et Naples, si elle n'avait point de frère, en échange de l'investiture du Milanais. Cette négociation fut la raison pour laquelle le cardinal d'Amboise alla à Trente comme ambassadeur du 2 au 13 octobre 1501.

Il s'agissait surtout d'obtenir l'investiture et de contracter une alliance pour parer au péril turc. De cette ambassade, Amboise ne rapporta que de bonnes paroles; mais extérieurement la paix semblait si solide que le cardinal put recevoir Philippe le Beau et Jeanne la Folle, traversant la France pour aller en Espagne.

Ce fut le 5 avril de cette année 1501 qu'Amboise reçut pour la première fois le titre de légat en France. Dès son avènement, Louis XII avait demandé au pape cette charge en faveur d'Amboise; mais Alexandre VI avait tout d'abord refusé. Les événements politiques ayant amené l'archevêque de Rouen en Italie comme à la tête de la diplomatie européenne, Rome dut céder. Nommé pour un an, en avril 1501, le pape renouvela en 1502 les pouvoirs du cardinal pour un an, puis pour deux. En réalité, Amboise fut ainsi légat, d'abord jusqu'à la mort d'Alexandre VI, puis jusqu'à sa mort, en 1510, car Jules II lui continua cette faveur, en y ajoutant même la légation d'Avignon. On peut dire qu'à partir de 1501, Amboise est au faîte de toutes les grandeurs humaines. Les honneurs lui arrivent de tous côtés. A Rouen, où il fait, comme légat, son entrée solennelle, le 2 janvier 1502, il est entouré de deux cardinaux, dont cet Ascagne Sforza, frère de Ludovic, qui l'entraînera bientôt dans les compétitions pontificales. En février il arrive à Paris où il est reçu magnifiquement. Ce titre de légat n'était pas, du reste, pour Amboise, une vaine parure. C'était un instrument qu'il entendait mettre au service de la grande pensée qui le dominait : la réforme de l'Église; peut-être aussi, un peu, au service de la politique gallicane. En tout cas, précisément durant ce séjour auprès du roi à Paris, en février-mars, nous le voyons s'occuper de la réforme religieuse et y intéresser le souverain. Déjà, en décembre 1501, il avait autorisé Jeanne de Valois à construire une église et à réunir autour d'elle une trentaine de jeunes filles, pour y mener la vie religieuse. Louis XII reconnut tout de suite l'Annonciade grâce au cardinal; puis, au nom des pleins pouvoirs que les bulles lui donnaient de rétablir la discipline dans les couvents, chapitres, églises, collèges et universités, il choisit ses hommes pour opérer l'œuvre à laquelle il voulait attacher son nom. Tandis que Standonk avait tout son appui dans la réforme qu'il tentait du collège de Montaigu, à Paris, janvier 1501, Jean Raulin et Ph. Bourgoing furent chargés de celle de Saint-Martin-des-Champs; en mars 1502, Olivier Maillard reçut l'ordre de travailler à celle des cordeliers; puis ce fut le tour des jacobins et de Saint-Germain-des-Prés. Enfin ce fut celui de la province. En 1502, l'abbaye bénédictine de Saint-Vincent du Mans est réformée; en 1503, le cardinal oblige les cordeliers de Dijon à se soumettre. A Amiens, à Tournay, à Rouen, en Provence, de sévères mesures de réforme furent édictées. En 1505, Amboise imposa la réforme aux carmes; en 1510, aux jacobins de Figeac. Les monastères de femmes eux-mêmes ne furent pas oubliés : Fontevrault, Chelles, Montmartre, Poissy subirent la volonté du cardinal. Sans doute, ces efforts ne furent pas tous couronnés de succès et la lutte eut parfois d'étranges ardeurs. Rome dut même, en plusieurs circonstances, intervenir pour soutenir le légat. Néanmoins, en quelques années, l'œuvre d'Amboise était solidement établie et se propageait partout. Le malheur fut qu'elle n'avait rien de spontané, qu'elle eut un caractère trop exclusivement administratif, voire militaire, et que, pour la soutenir, il fallut faire appel au pouvoir civil : roi et parlement. Aussi, quoique Amboise ait essayé, pour en assurer la durée, d'étendre aux monastères réformés le système congréganiste, son œuvre ne lui survécut-elle guère. Quant au clergé séculier, et malgré les exemples personnels du cardinal, qui refusa toujours pour lui le cumul des bénéfices, il ne paraît pas avoir été l'objet de mesures spéciales. Le légat se borna à travailler à l'exacte observation des canons.

Cette activité apostolique n'empêchait pas Amboise de vaquer à ses affaires politiques et de suivre Louis XII dans ses pérégrinations italiennes. Vers la fin du mois de mai 1502, il partit, en effet, de Blois pour l'Italie et, en juillet, il tomba gravement malade à Asti. Ce fut, cependant, à ce moment que, pour la première fois, se posa pour lui la question de son élection au souverain pontificat. On a beaucoup dit que le cardinal avait ardemment désiré la tiare et que toute sa diplomatie tendit vers ce succès personnel. Ce n'est pas absolument sûr. Sans doute, une fois la lutte engagée, Amboise en accepta, pour de nombreux motifs, politiques, nationaux et religieux, les conséquences et se berça peut-être de chimériques espoirs. Mais, d'une part, il faut remarquer que ce fut l'étranger et l'ennemi qui lui prêta toujours ces ambitieux projets. C'est Maximilien, par exemple, qui écrit un jour à Jules II, dans un but facile à comprendre, que Louis XII voulait « retirer le papat en France pour avoir temporel et spirituel à son gré et tout ce procedoit par l'exhortation du très révérend père en Dieu, Mgr le cardinal d'Amboise, légat en France, lequel vouloit être pape, toi non seulement vivant, mais, pour à ce parvenir, t'en déjeter et desappointer. » D'autre part, ce ne fut ni Louis XII ni le cardinal qui eurent la première idée du projet. Elle vint du Sacré-Collège et remonte à l'année 1502, au moment où Alexandre VI parut sur le point de mourir. A ce moment, plusieurs cardinaux, dont Julien de la Rovère, se rendirent à Milan, offrir leurs voix à Louis XII, lui promettant « que le maintiendroyent tous pour quelque cardinal qu'il vouldroit estre pape. » A la mort d'Alexandre VI, août 1503, Louis XII et Amboise songeaient si peu à une candidature éventuelle, qu'au dire de Nasi, ambassadeur de Florence en France, le candidat de la couronne était le cardinal de Salerne. Une fois de plus, ce furent les Romains qui lancèrent le nom d'Amboise. Dès que le duc de Valentinois et plusieurs cardinaux, entre autres Ascagne Sforza, virent le pape mourant, ils écrivirent au roi que, si Amboise allait à Rome, la plupart des membres du conclave l'éliraient, « dont fut le roy délibéré luy envoyer et luy d'y aller contant, » d'autant plus que Florence lui promettait son appui. On sait, du reste, comment tournèrent les événements. Quand on apprit à Mâcon, où le roi se trouvait, qu'Alexandre VI était proche de sa fin, Amboise était rentré d'Italie depuis le mois d'octobre précédent, après avoir réorganisé le gouvernement de Gênes. Il avait fait, le 18 octobre 1502, à Lyon, vidimer ses bulles de légat et ne songeait qu'à la réforme qu'il eut le temps de commencer. Les nouvelles arrivées de Rome l'obligèrent à partir vers la fin de l'été. Il arriva dans la Ville éternelle, le 10 septembre. En réalité, la France ne disposait guère que de six voix et avait en face d'elle l'Espagne décidée à obtenir un pape espagnol. Amboise avait, en vérité, une arme formidable en ses mains : les troupes françaises qui campaient dans le voisinage de Rome; mais il n'en fit pas usage et cela seul tendrait bien à montrer que toutes les dépêches diplomatiques sur lesquelles on s'appuie pour affirmer les ambitions du cardinal n'étaient guère que pur racontage. Ceci est si vrai qu'en 1507, au moment où Louis XII aurait pu, sans peine, détrôner Jules II et mettre à sa place son cardinal, il n'en fit rien et licencia une partie de son armée. Quoi qu'il en soit, Amboise n'arriva qu'avec treize voix. Tout ce qu'il put faire fut d'obtenir l'élection du cardinal Piccolomini, Pie III, qui, du reste, mourut quelques jours plus tard. Au conclave qui élut Jules II, le 1er novembre, Amboise disposait de vingt-quatre voix. S'il l'avait voulu, il aurait pu faire un schisme. Mais « tant ne s'arresta à l'ambicion de l'appostolicque prelature ne a l'estat de souveraine dignité que a l'unyon de l'Eglize millitante et a l'utilité de crestienne religion. » Il donna ses voix à Julien de la Rovère. En échange, il reçut la légation d'Avignon, du Comtat et de la France. Par là, Amboise était, sur territoire français, tout-puissant. Il tenait, d'une main, le pouvoir temporel, de l'autre, le pouvoir spirituel. Il était presque roi et pape. C'est bien, du reste, ce que remarquaient ses ennemis, qui reprochaient à Louis XII de lui obéir « comme se yl estoit le pape de Rome. » *Ipse est vere rex Franciae*, disait de lui un contemporain.

Cette situation personnelle, néanmoins, n'allait pas pour Amboise sans d'assez graves difficultés, tant au point de vue intérieur qu'extérieur. Rentré en France au mois de décembre 1503, il ne tarda pas à être mis au courant des projets du maréchal de Gié qui, disait-on, voulait s'emparer, en cas de mort de Louis XII, de la personne du comte d'Angoulême et empêcher la reine Claude de France de quitter le royaume. Rien n'était moins certain que la culpabilité de Gié. Cependant, Amboise ordonna tout de suite d'instruire le procès, qui paraît bien avoir eu surtout pour motif certaines rancunes et certaines jalousies du cardinal comme d'assez perfides intrigues de cour, qui, en tout cas, fut iniquement mené. Malgré tous les efforts de ses ennemis, Gié pourtant s'en tira avec un exil de la cour et, par là, plus que jamais, Amboise resta l'unique chef du gouvernement et le grand directeur de la politique générale de la France.

Cette politique, en ces années 1504-1505, semble avoir été dominée surtout par les projets de mariage de Claude et fut assez malheureuse. Les traités de Blois, en septembre 1504, signés au lendemain d'une grave maladie de Louis XII, ne tendaient à rien d'autre qu'à un démembrement, si cette unique fille de France épousait Charles d'Autriche. Ils étaient, sans doute, le fait d'Anne de Bretagne; mais il est probable que le cardinal les approuva. Les choses, heureusement, s'arrangèrent. Deux mois plus tard, en effet, tandis qu'Amboise, le 18 novembre, couronnait Anne de Bretagne, reine de France, à Saint-Denis, Isabelle de Castille mourait et la situation diplomatique changea subitement. Amboise, au mois de mars 1505, fait partir un magnifique cortège pour aller recevoir des mains de Maximilien l'investiture du Milanais et lui prêter hommage, au nom de Louis XII, comme « à son vray seigneur; » en même temps, du reste, la France se rapprocha de Ferdinand d'Aragon et se prépara à rompre le mariage franco-autrichien. C'était le vœu de la nation. On le vit bien, au mois de mai 1506, à l'ouverture des États généraux, présidés par Amboise, au Plessis-lès-Tours. Louis XII reçut, en présence du cardinal, les députations des trois ordres qui lui demandèrent pour sa fille d'accomplir le seul mariage possible, celui de François d'Angoulême. C'est ce qui fut résolu. Le 21 mai, Amboise bénit les fiançailles des jeunes gens. Cette démarche, il est vrai, ne servait qu'à couvrir le roi devant la reine, très hostile, et devant l'étranger, joué, car dans son testament daté du 31 mai 1505, Louis XII avait déjà ordonné le mariage et réglé la régence, qui serait proclamée à sa mort. Amboise et quelques autres étaient chargés de diriger le gouvernement. Puis, postérieur de quelques mois, le cardinal avait été, en outre, déclaré administrateur de tous les biens de François 1er.

Ce revirement politique mit, naturellement, en fureur Philippe le Beau, qui reprocha amèrement au cardinal d' « avoir bien merveilleusement et deshonnestement changié de vouloir envers lui. » Une rupture et la guerre auraient probablement été la conséquence de cette volte-face, si Philippe le Beau n'était pas mort, le 25 septembre 1506.

C'est sur ces entrefaites que survinrent en France les premières nouvelles de la révolte de Gênes. En février 1507, le roi et Amboise se mirent en route pour l'Italie et, en avril, la ville était soumise. La situation du cardinal était délicate. On disait ouvertement à la cour que Jules II soutenait les Génois; le pape et l'empereur prétendaient que l'expédition avait eu surtout pour but de mettre la main sur le Saint-Siège, de déposer le pape et de faire élire Amboise. Jules II paraît bien avoir travaillé contre la France, malgré les flatteries dont il comblait Amboise, et, d'autre part, Louis XII n'avait pas perdu toute illusion de voir le légat sur le trône pontifical, si l'on en croit les négociations qui s'engagèrent, dès juillet 1506, entre Ferdinand d'Aragon et Louis XII à ce sujet, si, surtout, l'ambassade de Denis Briçonnet à Rome n'eut véritablement pas d'autre but. En tout cas, Amboise n'eut probablement aucune part dans cette combinaison. Il avait trop horreur du schisme et s'arrangea trop, durant tout son gouvernement, et malgré d'innombrables occasions, pour ne pas rompre avec Rome, même sur le seul terrain politique, pour accepter pareille solution. Du reste, on sait qu'il fit licencier, précisément à cette date, une partie de l'armée royale en Italie, comme pour affirmer son inébranlable vouloir de ne rien faire contre le pontife régnant. C'est au cours de cette expédition qu'eut lieu, en présence d'Amboise, la fameuse entrevue de Savone avec Ferdinand d'Aragon, en juin 1507, qui, à défaut d'un accord franco-espagnol, donna l'espoir que, du moins, la paix allait être conservée à l'Europe. En réalité, il n'en fut rien. Tandis qu'Amboise rentrait en France et, dès le 8 avril 1508, de Lyon, écrivait à Marguerite d'Autriche pour qu'elle tînt la main à la réforme du prieuré de Saint-Sauve, près de Valenciennes, qu'elle assistât Jacques d'Amboise dans sa tâche et obligeât les novices à aller à Cluny accomplir leur temps de probation, les événements marchaient. Lui-même, à la fin de novembre, dut aller à Cambrai pour y signer avec l'empereur le traité de paix qui porte ce nom et conclure la Ligue qui remit en question toutes les affaires italiennes. On sait que ce fut le cardinal qui, en cette circonstance, soutint les droits du pape et ce fut lui qui fit entrer Jules II dans la Ligue. Mais tout cela ne se fit pas sans difficulté; les pourparlers faillirent même être rompus. « Et nous sommes, M. le légat et moi, cuidié prendre au poil, » écrira Marguerite aux ambassadeurs du prince de Castille en Angleterre, au mois de décembre 1508. Néanmoins, elle finit par l'emporter et une fois de plus la France fut jetée en Italie pour y faire le jeu de ses adversaires. Le cardinal, du reste, l'avait voulu. Il avait fait d'énergiques efforts afin de rapprocher le roi et l'empereur et c'est en toute vérité que Jean d'Auton pouvait écrire que, cette « entreprise, il l'avait conseillée et traitée en l'honneur de roi et du royaume et de toute la chrestienté, mesmement du Saint-Siège apostolique. » S'il s'était trompé et laissé jouer, il eut, du moins, la joie de l'ignorer. Les derniers mois de sa vie furent comme auréolés par les victoires d'Agnadel, de Brescia et de Peschiera, auxquelles il assista, et par la fastueuse entrée qu'il fit à Milan sous Louis XII, le 1er juillet. Mais déjà, depuis plusieurs mois, Amboise était malade. Il fallut rentrer en hâte à Lyon, d'où le cardinal repartit pour la Normandie. L'année suivante, il voulut aller rejoindre la cour et c'est ainsi qu'il se trouvait à Lyon, quand il mourut au couvent des célestins, le 25 mai 1510. Sur son lit de mort, il put apprendre que, dès le 24 février, Jules II s'était réconcilié avec Venise et que la Ligue de Cambrai était rompue. De magnifiques funérailles furent faites au cardinal et son corps fut transporté à Rouen, où bientôt devait le recevoir le splendide tombeau que son neveu lui éleva dans la cathédrale de Rouen.

On a porté sur Amboise les jugements les plus divers. Nous n'avons pas ici à apprécier sa politique et ses vues d'homme d'État. Ce que l'on peut dire en tout cas, c'est que, comme homme et comme prêtre, le cardinal d'Amboise a été un grand exemple. Sa vie fut dominée par la crainte du schisme et le désir d'une réforme sérieuse. Il mit tout en œuvre pour éviter l'un et accomplir l'autre et si, peut-être, pour atteindre ce double but, il employa parfois des moyens ou trop politiques ou trop administratifs, si ce grand idéal de sa vie le conduisit à accepter la tiare, il paraît bien, à examiner ses actes, que ce ne fut jamais par pure ambition, mais parce qu'il crut que c'était pour lui la plus efficace manière de servir et son pays et l'Église. Avec cela, homme de piété, de charité, d'irréprochable conduite, le cardinal d'Amboise reste, par le rôle qu'il a joué, par la part considérable qu'il a prise au mouvement artistique de la Renaissance, par son action religieuse, enfin, une des plus grandes figures historiques dont puisse s'honorer l'Église de France.

Il n'existe pas de bonne monographie du cardinal d'Amboise. La meilleure esquisse est incontestablement celle qui se trouve aux pages 385 à 392 du volume de Mgr Fuzet et de M. le chanoine Jouen, *Comptes, devis et inventaires du manoir archiépiscopal de Rouen* publiés avec une *introduction historique*, Paris, 1908. Nous ne pouvons indiquer ici toutes les sources qui ont servi à cet article. Ce sont les sources mêmes du règne de Louis XII. Il nous suffira d'indiquer les principaux ouvrages auxquels on doit se reporter; Andrelinus, *Les faicts et gestes de très révérend père en Dieu, M. le Légat*, Paris, 1508. — Baudier, *Histoire de l'administration du cardinal d'Amboise*, Paris, 1634. — Des Montagnes (J. Sirmond), *La vie du cardinal d'Amboise*, Paris, 1631. — *Lettres de Louis XII et du cardinal Georges d'Amboise depuis 1504*, 4 vol., Bruxelles, 1712. — [Legendre], *Vie du cardinal d'Amboise*, Amsterdam, 1726. — Montbard, *Histoire de Georges d'Amboise*, Limoges, 1853. — *Funérailles de G. d'Amboise en 1510*, publié avec une introduction par E. Frère, Rouen, 1864. On trouvera, en outre, de nombreux renseignements dans de Maulde, *Histoire de Louis XII*, 3 vol., Paris, 1889-1891; *Jeanne de France, duchesse d'Orléans*, Paris, 1883; *Les origines de la Réforme*, Paris, 1889; *Alexandre VI et le divorce de Louis XII*, dans *Bibl. de l'École des chartes*, 1896, t. LVII. — L. G. Pélissier, *Recherches dans les archives italiennes : Louis XII et Ludovic Sforza*, 2 vol., Paris, 1896. — P. Pélicier, *Essai sur le gouvernement de la dame de Beaujeu*, Chartres, 1882. — Le Roux de Lincy, *Vie de la reine Anne de Bretagne*, 4 vol., Paris, 1860. — Pastor, *Histoire des papes*, trad. franç., Paris, 1911, t. VI. — Imbart de la Tour, *Les origines de la Réforme*, Paris, 1909, t. II. — Renaudet, *Jean Standonck, un réformateur catholique avant la Réforme*, dans *Bull. de la Soc. de l'hist. du protest. franç.*, janv-fév. 1908. On consultera, en outre, les historiens qui se sont occupés des guerres d'Italie et de la politique française en Europe sous Charles VIII et Louis XII. Il existe aux archives du ministère des Affaires étrangères. *France*, n. 243, fol. 96-156, une vie manuscrite du cardinal d'Amboise. Elle est sans grand intérêt.

A. Vogt.

G. AMBOISE (Georges II d'), neveu et successeur du précédent sur le siège de Rouen, de 1511 à 1550. Il était fils de Jean d'Amboise, seigneur de Bussy, et de Catherine de Saint-Belin, dame de Choiseul. Né en 1488, il vint tout jeune, en 1493, avec son père à Rouen et bientôt, sous l'influence de son oncle, entra dans la cléricature et fut agrégé de sa famille. Successivement chanoine et archidiacre, il devint, à vingt-trois ans, archevêque, à la demande de son illustre prédécesseur mourant. Rome sanctionna l'élection des chanoines et le choix du roi, mais à la condition imposée par le droit canon, que Georges attendrait ses vingt-cinq ans pour être sacré. C'est ce qui eut lieu. Georges II d'Amboise fut sacré à Gaillon, le 4 décembre 1513, et fit son entrée solennelle à Rouen, le 18 suivant.

Il fut un prélat de la Renaissance, grand seigneur fort riche, très cultivé, aimant le luxe, les arts et, dit-on, peut-être un peu trop la bonne chère; au demeurant, régulier dans ses mœurs et charitable à profusion. Il habita le plus souvent les châteaux de Gaillon et de Vigny, recevant avec un faste presque royal la cour et les illustres étrangers qui le venaient visiter.

Prélat sincèrement pieux, Georges II ne fut ni un savant théologien, ni un véritable administrateur. Aussi ne semble-t-il pas, comme du reste beaucoup d'autres, avoir compris la vraie portée du protestantisme naissant. Devant les blasphèmes de l'hérésie, il ordonna des prières publiques de réparation, se fit recevoir personnellement de la confrérie de la Conception et diminua le nombre des fêtes chômées. Il n'alla pas plus loin et, en cela retardant sur son oncle, n'ayant ni sa large compréhension des besoins du moment, ni peut-être son zèle religieux, il ne vit pas qu'il y avait une réforme intérieure à accomplir dans le clergé par la seule autorité de l'Église. Tout ce qu'il fit, à ce sujet, ce fut d'appeler dans son archidiocèse des franciscains, des capucins et des dominicains.

Cet évêque grand seigneur, ami personnel de François Ier, a, dans sa vie, une belle page à son acquit. C'est le zèle qu'il mit à défendre son clergé contre la fiscalité royale. Sans crainte, il refusa des impôts qui lui étaient injustement réclamés. Son temporel fut mis, de ce chef, sous séquestre et lui-même jeté en prison. Il dut se soumettre; mais il s'efforça d'organiser de son mieux la contribution ecclésiastique que le clergé payait sous le nom de « dons caritatifs ».

Indépendamment de sa générosité à l'égard des pauvres, Georges II contribua pour sa très large part à l'exécution d'un grand nombre d'œuvres d'art dans son diocèse et sa ville épiscopale, dont la plus importante est le tombeau de son oncle le cardinal, dans la cathédrale de Rouen. Sur la fin de sa vie, il reçut, par bulle du 16 décembre 1545, avis de sa promotion au cardinalat. N'ayant pu se rendre à Rome, malgré l'invitation du pape, ce fut le nonce Dandino qui lui remit le chapeau à Bourges. Néanmoins, en 1549, quand mourut Paul III, il dut, sur l'ordre d'Henri II, aller comme les autres cardinaux français, au conclave. Il contribua pour son vote à l'élection de Jules III et assista au consistoire du 28 février 1550, où il reçut le titre cardinalice des Saints-Pierre-et-Marcellin.

Georges II mourut deux mois après son retour d'Italie, au château de Vigny, dans la nuit du 25 au 26 avril 1550. Il fut enterré dans le tombeau de son oncle.

Comptes, devis et inventaires du manoir archiépiscopal de Rouen, recueillis et annotés par M. le chanoine Jouen, publiés avec une introduction historique par Mgr Fuzet, Paris, 1908, p. 423 sq.

A. VOGT.

7. AMBOISE (JACQUES D'), évêque de Clermont (1505-1516), était le septième fils de Pierre de Chaumont d'Amboise, le frère du cardinal Georges et du grand-maître de Rhodes. Il entra dans l'ordre de Saint-Benoît et la faveur dont jouissait sa famille le fit nommer abbé de Jumièges en 1474, de Saint-Allyre au diocèse de Clermont (1485), prieur de Saint-Martin-des-Champs à Paris (1493), enfin abbé général de Cluny dès 1481. En cette dernière maison il décora le chœur de tapisseries représentant la vie des quatre premiers abbés. Il travailla à la réforme de Saint-Martin-des Champs par un règlement qui date de 1500. A Jumièges il apporta, soit dans la propriété, soit dans la vie claustrale, plusieurs modifications, qui sont mentionnées par le *Gallia christiana*, t. XI, et finalement céda cette abbaye, en 1505, à son neveu François de Clermont-Lodève. Il venait d'être nommé évêque de Clermont le 23 mai. Il avait renoncé en 1500 à Saint-Allyre en faveur de la réforme de Chezal-Benoit, ce qui ne l'empêcha pas de plaider, avec assez peu de succès du reste, contre l'abbé Jean, en faveur duquel il avait résigné. Plus que son frère Pierre, il avait souci des réformes et de l'amélioration dans l'Église et le clergé, et il y travailla dans son diocèse, où il s'acquit promptement la réputation de prélat savant et pieux. Il fit des règlements pour amender l'ordre ecclésiastique, la discipline et la situation morale du diocèse, en même temps, à l'exemple de son frère, le cardinal Georges, il cultiva les beaux-arts pour l'embellissement de son église. En 1507 il réunit son clergé et en obtint une subvention librement consentie, qui lui permit de recouvrir sa cathédrale d'une toiture de plomb. Il y ajouta à ses frais un clocher, de belles stalles, et gratifia le chapitre de magnifiques ornements et autres objets meubles pour le service du chœur. Il fit élever en face de son palais épiscopal, au nord de la cathédrale, une belle fontaine gothique, qu'on voit encore aujourd'hui en face de l'hôtel de la division militaire. Il reprit avec l'abbé de la Chaise-Dieu les conflits de juridiction qui avaient souvent mis leurs prédécesseurs aux prises, et qui aboutirent, cette fois encore, à une bulle de Jules II portant émancipation totale de l'abbaye, en 1507.

Jacques d'Amboise fut en somme un homme remarquable, digne de sa parenté et dont le court pontificat ne passa pas inaperçu dans son diocèse. Il prit part en 1510 aux États provinciaux d'Auvergne, convoqués, sous la présidence d'Antoine Duprat, par ordre de Louis XII, pour rédiger les coutumes de la province. Il mourut au prieuré de Paray-le-Monial, le 27 décembre 1515, et fut enseveli en la chapelle de Saint-Martial à l'église de Cluny. Il était de quelques années plus âgé que son frère Georges et ne devait pas dépasser de beaucoup la soixantaine.

Gallia christiana, t. II, col. 295-296, 327; t. IV, col. 1159; t. VII, col. 538; t. XI, col. 972-973. — Eubel, *Hierarchia catholica*, t. II, p. 185. — Morin, *l'Auvergne chrétienne du 1er siècle à 1880*, 1880, p. 175-177. — Carré de Busserolle, *Dictionnaire géographique, historique et biographique d'Indre-et-Loire*, 1878, t. I, p. 37. — Anselme, *Généalogie de la maison de France*, t. VII, p. 124.

P. RICHARD.

8. AMBOISE (JEAN Ier D'), évêque de Maillezais (1478-1481), puis de Langres (1481-1497), frère du précédent. D'abord abbé de Saint-Jean-d'Angély et de Bonnecombe, puis évêque de Maillezais, il fut transféré à Langres en 1481 et y fit une entrée fastueuse l'année suivante. Bien qu'il y fût arrivé « non en prélat, dit le *Gallia christiana*, mais en roi tout-puissant, » il s'y conduisit en évêque et mérita d'être appelé « le père des pauvres ». Le 23 octobre 1483, il fut nommé garde des sceaux de la chancellerie de Bourgogne, aux appointements de 600 livres, et, la même année, gouverneur des deux Bourgognes, de l'Auxerrois et du Mâconnais. Il remplit ces fonctions sous Louis XI, Charles VIII et Louis XII. Il assista, en 1484, aux États de Tours, publia, en 1491, des statuts synodaux (non encore identifiés). Sa santé l'obligea à résigner, en 1497, en faveur de son neveu, Jean II d'Amboise. Il se retira à Dijon et y mourut le 28 mai 1498. Il léguait au chapitre sa bibliothèque, riche en manuscrits.

SOURCES INÉDITES : Archives de la Haute-Marne, G 38; G 56; G 100 (légitimation de son fils naturel, Jean de Beaumont, archidiacre de Langres). — *Gallia christiana*, 1728, t. IV, col. 631. — Roussel, *Diocèse de Langres*, Langres, 1875, t. I, p. 117. — A. Roserot, *Catalogue des actes royaux conservés dans les archives de la Haute Marne*, Besançon, 1905, n. 283, 284, 289, 316, 317; *Répertoire historique de la Haute-Marne*, Paris, 1901, p. 18, 61.

P. FOURNIER.

9. AMBOISE (JEAN II D'), neveu et successeur du précédent (1497-1512). Fils de Jean d'Amboise, seigneur de Bussy, gouverneur de Normandie, il fut d'abord doyen de Saint-Mammès à Langres et de la Sainte-Chapelle de Dijon. Il reçut l'épiscopat le 3 décembre 1497. Il eut, de son prédécesseur, les qualités aussi bien que les infirmités. Il prit, comme coadjuteur, le Langrois Jean Genevois, dominicain et évêque d'Hébron. Sous son épiscopat, la peste ravagea le diocèse de Langres (1498 et 1500). Il mourut le 24 septembre 1512.

Archives de la Haute Marne, G 46, 45, 107, 87. — *Gallia christiana*, t. IV, col 632. — Roussel, *Dioc. de Langres*, t. I, p. 118. — A. Roserot, *Catal. des actes royaux* n 307-333.

P. FOURNIER.

10. AMBOISE (LOUIS Iᵉʳ D'), évêque d'Albi (24 janvier 1474-1ᵉʳ juillet 1503), frère aîné de Georges (ci-dessus, col. 1060), naquit vers 1432.

I. L'HOMME D'ÉTAT. — 1° *Carrière administrative.* — Louis est déjà fonctionnaire du roi dans le Languedoc, en 1455. Vers 1472, il est chargé par Louis XI de surveiller les menées de son frère Charles en Guyenne, puis de négocier en son nom avec le comte de Saint-Pol en Bretagne. « Conseiller du roi, maître des requêtes de l'hôtel, » il succède à Jouffroy, cardinal-évêque d'Albi, comme « procureur général du roi en cour de Rome, » le 31 octobre 1472. Il lui succède aussi comme évêque d'Albi (24 janvier 1474) et, comme lui, est appliqué aux affaires de Roussillon et Cerdagne ; le 20 janvier 1475, il reçoit au nom du roi la reddition de la citadelle de Perpignan. Sa charge permanente et ordinaire dans l'État, exercée pendant plus de dix ans (1474-1484), est celle de lieutenant général du roi en Languedoc, « en l'absence » du gouverneur. En outre, il préside annuellement les États de la province en qualité de « premier commissaire du roi ». Des missions temporaires l'amènent à cette époque dans le comté de Roussillon, dans le duché de Guyenne, en Rouergue, puis en Bourgogne et Franche-Comté. Dans cette dernière province, pacifiée par son frère aîné, Charles de Chaumont, il exerce l'autorité du roi en qualité de « lieutenant » (1479-1480), remplit une mission de confiance auprès du jeune duc de Savoie et de sa sœur, neveu et nièce de Louis XI, établit les parlements de Dijon et de Senlis. Le roi lui écrit : « Monsieur d'Alby, mon amy, plus vaillant que oncques l'évêque Turpin, je ne scay comment je vous puisse assez mercier du service, de la peine et diligence que prenez pour mes affaires ; car vous les avez à cueur autant et plus que je n'ay. » Il le nomme chancelier de l'ordre de Saint-Michel. A sa mort (30 août 1483), il le recommande aux Beaujeu qui le font entrer dans le « conseil étroit » et le chargent d'apaiser le différend qui a surgi entre la princesse de Viane et le vicomte de Narbonne (1484).

Mais, à la fin de cette année 1484, la lieutenance du Languedoc lui est enlevée. Il tombe dans la disgrâce, suspect de sympathie pour la faction d'Orléans. Ses frères l'ont compromis. A la septuagésime de l'année 1487, un commissaire du roi arrive à Albi, avec mandat de l'arrêter et de mettre les biens de l'évêché sous séquestre. Prévenu à temps, Louis s'est réfugié à Avignon. Il parvient à se justifier pleinement, rentre en faveur, obtient l'élargissement de son frère Georges (1490), incarcéré à Corbeil, et bénit le mariage de Charles VIII avec Anne de Bretagne (1491).

Sans recouvrer sa charge de « lieutenant en Languedoc », il reçoit, toujours dans la province, les missions les plus importantes : la réforme de la justice (27 septembre 1489), la restitution au roi d'Espagne, Ferdinand, du Roussillon et de la Cerdagne (1492-1494), la vente partielle du domaine royal en prévision des frais de l'expédition en Italie (1494-1495). Pendant le cours de la campagne, il se tient à Moulins, besognant pour le roi.

L'avènement de Louis XII (8 avril 1498) met le comble à sa fortune, comme à celle de Georges, qui s'est engagé plus que lui dans le parti d'Orléans. Il reprend sa place dès le début dans le « conseil secret » et séjourne plus fréquemment à la cour. C'est lui notamment qui notifie au parlement de Paris le programme politique du nouveau règne (15 mai 1498) et lui porte la grande ordonnance sur la justice (10 avril 1499). C'est à lui surtout que le roi confie la conduite du procès d'annulation de son mariage (10 août-17 décembre 1498). Le pape lui adresse la bulle qui autorise Louis XII à épouser la veuve du défunt roi, sa parente. Enfin, il sert de témoin au remariage et signe au contrat (7 janvier 1499). L'année suivante, il aide le cardinal-légat, son frère, à ériger l'échiquier de Rouen en parlement. Le 18 mai 1502, il est préposé au gouvernement de Montpellier.

2° *Le seigneur temporel.* — A Albi, l'évêque est seigneur de la cité. Mais le roi de France y possède la moitié de la basse justice. En 1472, il a vendu sa part à l'évêque avec clause de rachat. Il use de son droit en 1477. Ce retour des officiers royaux à Albi cause tout d'abord des désagréments à l'évêque. Car le consulat, aux mains d'une oligarchie de « prud'hommes », ne cesse de lutter contre la juridiction épiscopale et d'étendre ses franchises : le viguier, représentant du roi, lui prête la main. L'évêque obtient du roi que sa justice ressortisse directement, et sans l'intermédiaire des viguiers et sénéchaux, au parlement de Toulouse (4 décembre 1477). Le nouveau viguier, Pierre Harpin (1480-1499), se montre entièrement dévoué à lui.

Le 18 avril 1484, Louis interdit à Albi telle mascarade du mardi-gras, qui met aux prises « Maures ou Éthiopiens » et « Chrétiens » et provoque parfois des rixes avec effusion de sang. En 1490, il consent à une transaction qui détermine, conformément aux anciennes chartes, les droits respectifs de la commune et du seigneur. En dépit de cet accord, les Albigeois prennent prétexte, l'année suivante, de la réforme du couvent des cordeliers pour provoquer une sédition (5 mai 1491). Les rebelles sont maîtres de la ville pendant cinq jours. Déférés devant le parlement de Toulouse, ils sont condamnés par sentence du 22 décembre 1492. L'évêque use de clémence. Un nouvel accord survient en 1493. Les instances ne cessèrent d'ailleurs pas de se poursuivre devant diverses juridictions royales.

Louis accrut le domaine temporel de son évêché. Il transigea avec quatre-vingt-six communautés de son diocèse, pour le rachat du droit de *passade* ou *commun de la paix*, que l'évêque d'Albi percevait depuis 1191. Avec le fruit de cette vente, il acheta les seigneuries de Castelnau-de-Montmiral, Villeneuve-sur-Vère et Milhavet, terres nobles qui provenaient de la succession de Jean d'Armagnac et que le roi affranchit du droit d'amortissement (1479).

II. L'HOMME D'ÉGLISE. — Louis d'Amboise, élu en 1463 évêque d'Albi par le chapitre, mais non confirmé, reçut en 1472 l'abbaye de Saint-Jean d'Angély en commende et, en 1474, l'évêché d'Albi. Vers 1480, Louis XI lui offrit le prieuré de Quinaut.

A Albi, il s'appliqua pendant trente ans à relever les ruines matérielles et morales que la guerre des Anglais, puis la rivalité de Bernard de Casillac et Robert Dauphin (1434-1461), avaient accumulées dans le diocèse. Il n'y a pas de communauté séculière ou régulière où l'on ne saisisse la trace de son action réformatrice. Il préluda à ce mouvement de renaissance religieuse qui devint général en France au temps de Louis XII et du cardinal-légat.

Déjà le cardinal Jouffroy avait affirmé son droit de visite et de correction sur l'abbaye Saint-Michel de Gaillac et sur le chapitre de sa cathédrale. Mais ses procédés de rigueur, excommunications et incarcérations, lui avaient aliéné bien des esprits. Le chapitre cathédral s'était soustrait à son contrôle en demandant l'exemption. Louis d'Amboise obtint de plus heureux résultats par des moyens plus insinuants. On l'appela plus tard Louis le Bon, Louis le Prudhomme.

Le chapitre cathédral de Sainte-Cécile renonça spontanément à l'exemption (1475), reçut de nouveaux statuts en 1476 et en 1494. L'évêque, à vrai dire, le combla de ses bienfaits : il créa dans son sein une prébende théologale, fonda deux nouvelles hebdomades, donna aux officiers du bas-chœur l'important prieuré de Saint-Mémi de Cayrac, transféra dans l'église les précieuses reliques de Vieux, celles notamment de saint Eugène et de sainte Carissime, consacra l'édifice et surtout le termina. Il lui doit les merveilles de sa décoration extérieure et intérieure, son clocher, son porche, son chœur et son jubé de style gothique flamboyant, son ancien autel majeur en vermeil repoussé, ses châsses et reliquaires, enfin les peintures de sa voûte, exécutées par des artistes italiens entre 1500 et 1513.

Le chapitre collégial de Saint-Salvy à Albi n'était plus régulier que de nom. La règle de saint Augustin était partiellement abandonnée. En vertu d'une coutume immémoriale, les chanoines ne vivaient plus en commun, mais avaient chacun leur appartement dans l'enceinte du vieux monastère. Ils ne desservaient plus eux-mêmes leurs prieurés et y nommaient à leur place des vicaires séculiers. Ils avaient réduit à quinze le nombre des prébendes et portaient au chœur, comme les chanoines séculiers, de longues aumusses de gris. L'évêque obtint qu'ils fissent sanctionner ces changements par l'autorité des souverains pontifes, leur fit rédiger de nouveaux statuts (1497), les aida à obtenir du pape la suppression de quatre chapellenies, dont le revenu fut employé à l'entretien d'une maîtrise de quatre enfants de chœur. Il exigea d'eux qu'ils renvoyassent leurs servantes (*mulierculae*), même âgées et honorables, que leurs sujets ne fussent pas ordonnés hors du diocèse sans lettres dimissoriales et qu'enfin leurs candidats aux vicairies perpétuelles fussent soumis à l'examen canonique avant d'être institués. Sur ces trois points, les chanoines opposèrent une tenace résistance (1486-1498), épuisèrent toutes les juridictions, encoururent toutes les censures. L'évêque semble avoir eu provisoirement le dernier mot. Le chapitre penchait vers la sécularisation. Elle survint en 1523 et mit fin aux litiges.

Louis d'Amboise se heurta à des oppositions plus vives encore, quand il entreprit chez lui la réforme des ordres mendiants. Il avait dans son diocèse trois maisons de frères mineurs. L'une, à Réalmont, fondée peu de temps auparavant sous l'inspiration de sainte Colette, était restée fidèle à l'observance; l'autre, à Rabastens, adopta la réforme; mais la plus importante, celle d'Albi, ferma ses portes au vicaire de l'observance, accompagné de l'évêque. Celui-ci dut recourir à la force publique. Les officiers royaux, viguier d'Albi et prévôt de Réalmont, amenèrent leurs troupes. Les réfractaires furent dispersés et les observantins introduits d'autorité (1491). Les pères expulsés de leur couvent fomentèrent dans la ville une émeute, d'ailleurs sans lendemain.

Le diocèse ne possédait qu'un couvent de frères prêcheurs, celui d'Albi. La réforme y fut introduite par l'organe du frère Tristan Dolle, de la maison de Nantes, en 1492. Mais il fallut que Charles VIII donnât ordre à ses officiers de prêter au réformateur l'appui du « bras séculier », car les religieux avaient « mis grans gardes ès portes d'icelluy » couvent. Cependant le dessein de l'évêque aboutit et le couvent fit partie de la congrégation réformée de France, qui comptait en 1498 huit maisons, toutes du Midi.

En 1497, l'évêque d'Albi était chargé officiellement par le cardinal protecteur des augustins d'introduire la réforme dans l'unique maison que l'ordre possédât dans son diocèse, celle de Lisle; et enfin, en 1502, il est question du couvent des carmes d'Albi, ramenés à l'observance par l'évêque. Cette dernière œuvre eut un retentissement lointain, car la maison des carmes d'Albi fut le siège central de la congrégation des carmes réformés de France, dite congrégation d'Albi, qui groupa au moins quatre maisons, dont Paris, Rouen, Melun, et ne disparut qu'en 1584.

L'évêque d'Albi se montra inépuisablement généreux envers les mendiants réformés. A eux tous, ou peu s'en fallait, il rebâtissait ou agrandissait leur monastère et enrichissait leur église.

Il dut en venir à des mesures extrêmes vis-à-vis d'un couvent de femmes d'Albi, celui de Sainte-Catherine, de l'ordre des chanoinesses de Saint-Augustin. La communauté végétait. L'union de bénéfices accordée par un précédent évêque n'avait pas réussi à arracher les religieuses à la misère et à les ramener à la vie de clôture. L'évêque, avec l'autorisation du pape, ferma le monastère en 1480. En 1486, il le fit reconstruire et y installa des clarisses colettines appelées par lui de Paris.

Quant aux bénédictines de Gaillac, dont la détresse financière était tout aussi grande, il contraignit l'abbaye de Saint-Michel de la même ville, fondatrice de la communauté, à subvenir à ses besoins (1496). La régularité put alors y refleurir.

Ajoutons, pour épuiser la série des maisons religieuses de l'Albigeois, que l'abbaye cistercienne de Candeil fut reconstruite presque en entier à cette époque, sous le gouvernement de l'abbé Guillaume, mort en 1502. Sa déchéance avait été profonde pendant la guerre de Cent ans.

Le succès de l'évêque d'Albi dans cette œuvre de restauration religieuse avait dû être très remarqué, car, en 1502, son frère, le cardinal-légat Georges d'Amboise, le commissionnait. « pour procéder au fait de la réformation … ès provinces de Bourges, Thoulouse et Narbonne. » La mort ne lui permit pas de pousser bien loin cette œuvre immense.

L'évêque apporta vraisemblablement le même soin à restaurer la vie religieuse dans les paroisses, à relever le niveau intellectuel et moral du clergé, à réparer les églises. Ici les documents sont rares : ils ont trait à des répétitions de dîmes, à des érections de paroisses, à des « élévations » de reliques. Il faut cependant faire une mention spéciale des deux ouvrages que l'évêque fit imprimer à Lyon, à l'usage du clergé albigeois, le *Synodale dioecesis Albiensis* en 1499 et le *Confessionale dioecesis Albiensis* en 1500.

Louis d'Amboise semble avoir été le favori des papes comme celui des rois de France. Le nombre des bulles, brefs et induits qu'il reçut de Sixte IV, d'Innocent VIII et d'Alexandre VI est fort considérable. D'ailleurs il ne prenait pas une mesure d'ordre ecclésiastique de quelque importance qu'il ne se fût assuré du concours du Saint-Siège. Il se garantissait ainsi contre les appels en cour de Rome. Les papes lui rendaient sa confiance. Innocent VIII, en 1491, le conjurait de s'opposer aux abus de la Pragmatique sanction et de défendre les droits de l'Église romaine. Sur sa demande, Alexandre VI réservait l'évêché d'Albi et le donnait en expectative à son neveu (1497).

Sa piété se révèle dans le culte qu'il portait aux

reliques des saints, dans le souci qu'il avait de la splendeur des édifices religieux et des cérémonies; son esprit chrétien, dans le zèle qu'il déploya pour réformer le clergé et élever le niveau des mœurs de son peuple; sa générosité, dans ses donations sans nombre aux églises, aux couvents, aux hôpitaux, aux pauvres, dont son testament en date de 1485 est un rare témoignage. Son désir de se réformer lui-même était sincère. Il avait songé à renoncer aux affaires de l'État pour rester fidèle à la résidence dans son évêché. Il avait même fait le vœu de ne plus séjourner à la cour. Louis XI ne voulut pas se priver d'un tel serviteur. En 1482, il le fit relever de son vœu par le pape Sixte IV.

Louis d'Amboise mourut à Lyon, le 1er juillet 1503. Son corps fut transporté à Albi et inhumé dans sa cathédrale, au lieu qu'il avait choisi pour sa sépulture.

On trouvera l'indication des sources dans L. de Lacger, *Louis Ier d'Amboise ; esquisse biographique*, dans *Albia christiana*, 1912, t. IX, p. 513-533, et *Louis Ier d'Amboise, évêque d'Albi. Notice albigeoise de 1638*, ibid, 1913, t. X. p. 5-28. — Consulter *Lettres* de Louis XI, de Charles VIII, de Louis XII, de Jeanne de France, de Robert Gaguin, puis les nombreuses quittances, les actes administratifs et les rares lettres de Louis d'Amboise à la Bibliothèque nationale, *Manuscrits français, Nouvelles acquisitions françaises, Collection du Languedoc*, etc., passim, et surtout : *Fonds Doat.*, t. CXI, fol. 236-t. CXII, fol. 244, et, pour la réforme des couvents, t. XIX, XX, passim. — Les archives locales fournissent d'abondants renseignements sur les relations de l'évêque avec ses diocésains et celles du seigneur avec ses vassaux. Voir surtout : Arch. com. d'Albi, FF 73, 74, 75, 76. — Plusieurs de ces actes ont été publiés : ceux qui intéressent le chapitre cathédral de Sainte-Cécile, dans *Ordonnance de Charles Le Goux de la Berchère en conséquence de la visite de l'église métropolitaine*, Alby, 1701, 11e partie : *Bullae et statuta*, p. 205-273; le procès-verbal de la visite au couvent des cordeliers, par F.-M. Delorme, dans *Albia christiana*, 1912, t. IX, p. 308-319; plusieurs pièces des arch. com. d'Albi, par Cl. Compayré, *Études historiques sur l'Albigeois*, 1841, p. 85-89, 415. — Consulter la collection entière de la *Revue du Tarn* (1875-1912), notamment : A. Vidal, *Révolte des Albigeois contre l'évêque Louis d'Amboise en 1491*, 1890-1891, t. VIII, et E. Cabié, *Testament de Louis Ier d'Amboise 1485*, t. IX, p. 4-20. — Notices dans *Gallia christiana*, t. I, col. 33-35; voir aussi une brève notice d'après les actes du fonds Doat, Bibl. nat., *Coll. Languedoc* (bénédictins), t. XLVI, fol. 122-123. — Un exemplaire du *Synodale dioecesis Albiensis* de 1499 se trouve à la bibliothèque de la faculté de médecine de Montpellier; un exemplaire du *Confessionale dioecesis Albiensis* de 1500, sur vélin, à la Bibl. nat., *Inc. 312, n. 421*.

L. DE LACGER.

11. AMBOISE (Louis II d'), neveu du précédent par son père, Charles de Chaumont, l'aîné de la famille, naquit en 1479. Clerc du diocèse de Chartres, maître és arts, bachelier en théologie, notaire apostolique, archidiacre de Narbonne et sous-diacre à l'âge de dix-huit ans, il est, par dispense du pape, ordonné prêtre à vingt et un ans et sacré évêque à vingt-quatre. Il n'a que dix-huit ans en 1497, lorsque Alexandre VI, à la requête de son oncle, lui réserve le siège d'Albi, avec le droit d'administrer le diocèse, en cas de décès ou de démission du titulaire, jusqu'à ce qu'il ait atteint ses vingt-quatre ans, âge à lui fixé pour la réception du caractère épiscopal.

Pourvu de la commanderie de Saint-Pierre (hôpital), à Gaillac, en 1497, du prieuré de Notre-Dame de Fargues, à Albi, vers 1500, il est « élu » évêque d'Autun en 1501, à l'âge de vingt-deux ans, par l'institue à condition que, dans les cinq mois qui suivront la vacance du siège d'Albi, il se démettra de celui d'Autun pour le précédent (bulle du 9 août 1501). Le 23 septembre de la même année, son oncle et son cousin, les évêques d'Albi et de Langres, sont délégués par le pape pour lui remettre le pallium, insigne appartenant au siège d'Autun. Jeanne de France, duchesse de Berry, l'ayant nommé à la trésorerie de l'église collégiale dite de la Sainte-Chapelle à Bourges, son oncle, le légat Georges d'Amboise, le confirme dans cette dignité par lettre du 9 juin 1502.

La succession au siège d'Albi s'ouvre par le décès de Louis Ier, le 1er juillet 1503. Louis prend possession par son oncle Jacques d'Amboise, abbé de Cluny (ci-dessus, col. 1073), le 19 juillet. Louis XII, par lettres du 31 juillet, mande à ses « chers et bien amez » habitants d'Albi de faire bon accueil à son « amé et féal cousin et conseiller l'evesque d'Albi. » Celui-ci fait son entrée solennelle le 16 août suivant, reçoit les clefs de la ville et le serment de fidélité et hommage des consuls. Le 18 décembre 1506, il est promu au cardinalat par le pape Jules II, au consistoire de Bologne.

A Albi, pendant ses huit années d'épiscopat, Louis II semble s'appliquer à continuer l'œuvre de son oncle et à réaliser ses desseins inachevés. A la fois homme d'État et homme d'Église, il préside, en qualité de premier commissaire royal, les États de Languedoc, assemblés à Montpellier en décembre 1504. Il est l'un des agents du cardinal-légat dans l'œuvre de la réforme des monastères et églises et s'intitule, dans un acte du 2 septembre 1503, « juge spécialement député par autorité apostolique sur le fait de la réformation. » En 1508, il réalise un projet cher à son oncle, à savoir l'installation à Albi des religieuses de l'*Ave Maria* ou de l'Annonciade, dont la première maison avait été fondée à Bourges, en 1500, par l'épouse répudiée de Louis XII. Il leur donne le prieuré de Notre-Dame de Fargues, qu'il avait possédé antérieurement et que résigna en 1507 son présent titulaire, Jean de Buis. Il consacra 4 000 livres à la construction du monastère en contiguïté avec la chapelle qui remontait au XIVe siècle. Les religieuses furent mises en « possession et saisine » le 22 avril 1508 par l'évêque de Montauban, Jean d'Auriol, député par le pape en cette partie. Pour promouvoir l'instruction religieuse parmi les fidèles, il fit traduire en langage albigeois le *Livre de sapience* de Guy de Roye (1388), en fit remettre un exemplaire à chaque curé ou vicaire, leur prescrivant d'en lire publiquement au prône, chaque dimanche, un ou deux chapitres, et accordant aux lecteurs et aux auditeurs de vingt à quarante jours de « vrai pardon ». L'ouvrage parut en 1511.

Louis d'Amboise était à Rome le 8 janvier 1510. Ce jour-là, il était admis au baiser et recevait le chapeau. Le 30 septembre suivant, il résignait son évêché en faveur du cardinal de Guibé, et, quelques semaines après, mourait à Ancône, « en cour de Rome. » A la nouvelle de son décès, les consuls d'Albi firent célébrer un service de neuvaine le 27 novembre. Son cœur fut transporté à Albi et placé dans le tombeau de son oncle. Son corps resta à Ancône. Trente-huit ans après, le cardinal d'Armagnac, son parent et son ancien élève (*alumnus*), prit soin de ses restes et les fit transporter dans l'église de Lorette. On y lit encore une inscription rappelant cette translation, dont le texte est par endroits fautif et inexact.

Mêmes sources que pour le précédent, notamment : Doat, t. CXII, CXIII; Arch. com. d'Albi, AA 24; FF 74-80; CC 222, 453; Arch. du Tarn, H 674. — Travaux et textes par Cl. Compayré, *Études historiques... sur l'Albigeois*, 1841, p. 89-90. — *Revue du Tarn*, t. IV, p. 160; t. VI, p. 304. — *Albia christiana*, 1897, t. V, p. 158. — *Gallia christiana*, t. I, col. 35-36; t. IV, col. 422-423. — Eubel, *Hierarchia*, t. II, p. 80; t. III, p. 95. — *Lo doctrinal de sapience*, in-8°, goth. de 91 folios, Lyon, chez Pierre Mareschal et Barnabé Chaussard, 18 mars 1511. Un exemplaire se trouve à la bibliothèque municipale de Castres (Tarn).

L. DE LACGER.

12. AMBOISE (PIERRE D'), évêque de Poitiers (1450?-1505), un des plus jeunes des dix-sept enfants de Charles de Chaumont d'Amboise, et le cinquième évêque de cette nombreuse lignée, était frère aîné du cardinal d'Amboise. Agrégé, dès son enfance, au monastère de Saint-Jouin-de-Marnes (Deux-Sèvres), au diocèse de Poitiers, il en fut fait abbé en 1467. Il reconstruisit le cloître, dont il reste encore de beaux morceaux, et les locaux des religieux. L'influence de sa famille, toute-puissante auprès du roi Louis XI, le fit nommer à l'évêché de Poitiers le 21 novembre 1481, et il obtint même de retenir son abbaye en commende. Bien que conseiller du roi (*Lettres de Charles VIII*, t. III, p. 223), il s'occupa peu des affaires publiques : il n'avait pas l'ambition de ses frères, et il semble s'être soucié surtout de vivre princièrement, tantôt en son diocèse, tantôt à la cour, où le réclamaient parfois ses fonctions et la situation des siens. Ce fut un évêque du temps, administrant son évêché comme un grand seigneur son fief. Il en employa les revenus à cultiver les arts, pour lesquels il avait du goût, et il se fit construire une résidence dans le style français, le château de Dissay en Poitou (Vienne), qui reste à peu près intact dans ses plus belles parties. P. Joanne, *Dictionnaire géographique de la France*, t. II, p. 1245. Il se réserva un tombeau dans la chapelle, où l'on voit encore son inscription funéraire. Et, dernier trait qu'il avait de commun avec le haut clergé de son temps, il entretint une demoiselle Catherine de Genoilhac, dite du Plessis, que l'on prétendait la fille d'un apothicaire, et en eut deux fils, dit les *bâtards d'Amboise*, qu'il établit convenablement. Il mourut en cour, à Blois, le 1er décembre 1505.

Gallia christiana, 1720, t. II, col. 1202, 1276. — Abbé Bélis. Ledain, *Notes historiques et archéologiques sur l'abbaye Saint-Jouin de Marnes*, Poitiers, 1884, p. 66-67. — Bibliothèque nationale, manuscrits, *Dossiers bleus* d'Hozier, t. XVI, *Amboise*.

P. RICHARD.

AMBOISE (FRANÇOISE D'). Voir FRANÇOISE D'AMBOISE (Bienheureuse).

AMBOURNAY. Voir AMBRONAY, col. 1131.

AMBOURNET. Voir BOURNET.

AMBRACIA. Voir PLASENCIA.

AMBRESBURY (maintenant **AMESBURY**), ancienne abbaye de religieuses bénédictines, dans le comté de Wilts, à sept milles au nord de Salisbury. Des légendes recueillies par Geoffroy de Monmouth et par Leland racontent la fondation d'un monastère à Ambresbury au VIe siècle. Il aurait compté trois cents moines. Sa fondation fut attribuée soit à l'abbé Ambrius, soit au prince Ambrosius, qui y fut enterré, dit-on, après son meurtre par le païen cruel Gurmundus, qui ravageait tout le pays. Il est plus certain que la fondation de l'abbaye d'Ambresbury ne remonte qu'au Xe siècle. Le 18 mars 978, Ethelfride (Aelfthryth), veuve d'Edgar, roi d'Angleterre (959-975), fit assassiner son beau-fils, le roi Édouard le Martyr, au château de Corfe (Dorsetshire). Pour expier son crime, elle fonda deux couvents de femmes, l'un à Wherweel (Hampshire) et l'autre à Ambresbury. Ce dernier fut dédié à la sainte Vierge et à saint Magloire, dont on y conservait les reliques. Selon le rôle de recensement des propriétés, appelé par les Anglais le *domesday-book*, qui fut achevé en 1086, l'abbaye d'Ambresbury possédait à cette époque cinquante-deux et demi *hidae* de terre dans le Berkshire et dans le Wiltshire, qui rapportaient £55. 15s. de revenu annuel. Les biens de l'abbaye avaient subi un amoindrissement depuis le règne d'Édouard le Confesseur, dont le *domesday-book* n'explique pas la cause. Il nous apprend cependant que le comte de Mortain s'était emparé depuis peu d'une partie des terres de l'abbaye. Le 22 mars 1177, l'abbaye étant tombée en décadence, le roi Henri II d'Angleterre en expulsa l'abbesse et les trente religieuses, qu'il remplaça par une prieure et vingt-quatre religieuses envoyées de Fontevrault par sa troisième abbesse, Audeburge de Haute-Bruyère. Le roi dota richement le nouveau prieuré. Cette fondation était une de celles que fit Henri II pour expier le meurtre de saint Thomas de Cantorbéry. En 1199 et en 1200, Jean, roi d'Angleterre, confirma et augmenta les privilèges et les richesses du prieuré. En 1200, les religieuses avaient déjà fondé une colonie à Nuneaton (Warwickshire). A partir de cette époque, le prieuré devenait un des couvents les plus aristocratiques de l'Angleterre. En 1241, Éléonore, fille de Geoffroy, comte de Bretagne, y fut enterrée. Marie, sixième fille du roi Édouard Ier, et treize jeunes filles de nobles familles prirent l'habit à Amesbury, en 1285.

Deux ans plus tard, Éléonore, veuve d'Henri III et mère d'Édouard Ier, suivit l'exemple de sa petite-fille. Éléonore mourut et fut enterrée à Amesbury, en 1291. Le prieuré devenait toujours plus riche. Du moins, à partir de 1227, il y avait un prieur qui était chargé de l'administration des biens du couvent. Tanner affirme que le prieuré finit par être sécularisé. Le 4 décembre 1540, la dernière prieure remit le couvent au roi Henri VIII. Les revenus de la maison furent évalués, selon Dugdale, à £495, 15s. 2d.; selon Speed, à £558. 10s. par an. Des pensions furent accordées à la prieure et aux trente-trois religieuses. En 1541, le couvent fut donné à Édouard, comte de Hertford. L'emplacement du prieuré est occupé par un château, mais la belle église conventuelle sert encore de paroisse anglicane.

Les prieures dont les noms sont connus sont les suivantes : Isabelle de Lancastre, de la famille royale, vers 1202. — Jeanne de Gennes, nommée par l'abbesse de Fontevrault, en l'an 1294. — Sibille de Montaigu, † 1420, et Jeanne Darell, qui se démit en 1540.

Un concile fut tenu à Ambresbury en 928. Voir Mansi, *Concilia*, Venise, 1774, t. XIX, col. 65, 66.

Dugdale, *Monasticon Anglicanum*, Londres, 1846, p. 333. — Tanner, *Notitia monastica*, Cambridge, 1787, *Wiltshire*, p. 1, 2. — Hoare, *History of modern Wiltshire*, Londres, 1825, p. 58-74. — Geoffroy de Monmouth, *Historia Britonum*, VI, 15, Londres, 1844, p. 113. — Leland, *Collect.*, 1770, t. III, p. 29, 31, 32, 34. — *Domesday-book*, éd. James : *Berkshire*, Southampton, 1863, n. XVI, fol. IX; *Wiltshire*, 1862, n. XVI, fol. IX. — *Chronica de Mailros*, édit. Bannatyne Club, Édimbourg, 1835, p. 36. — Bromton, dans Twysden, *Scriptores X*, Londres, 1652, col. 876. — Roger de Howeden, *Chronica, Pars posterior*, éd. Stubbs, 1859, t. II, p. 118-119. — Ricquet, *Histoire de l'ordre de Font-Evraud*, Paris, 1642, p. 266, 267, 411. — R. Jones, *Charters illustrating the history of Salisbury during the twelfth and thirteenth centuries*, Rolls series, Londres, 1891, p. 79, 183, 34.

A. TAYLOR.

AMBRICHON (*Embricho*, *Emerich*, le premier nom presque toujours dans les documents, les autres chez les chroniqueurs), évêque abbé (864-891) de Ratisbonne (l'abbaye de bénédictins ne fut séparée de l'évêché qu'en 975). C'était un moine, sans doute de la famille des Helmuni, puisque son neveu l'abbé Hitton en était. Les *Annales S. Emmerammi minores*, dans *Mon. Germ.*, *Script.*, t. I, p. 94, le font sacrer déjà en 858, du vivant de son prédécesseur Erchanfrid, dont il aurait été le chorévêque. Le fâcheux état de santé du titulaire rend le fait tout à fait vraisemblable. En 864, Louis le Germanique, se basant sur cette maladie, fit solliciter du pape Nicolas Ier de provoquer la démission d'Erchanfrid. Le pape autorisa, mais n'ordonna pas la démission, stipulant d'ailleurs qu'Erchanfrid ne pourrait désigner son successeur, dont le choix était réservé au clergé et au peuple.

Jaffé, *Regest.*, n. 2684; Baluze, *Miscellanea*, 1678, t. i, p. 400. On ignore si l'évêque abdiqua ou s'il mourut. Quoi qu'il en soit, Ambrichon était déjà en fonctions en 864. On possède un grand nombre de documents relatifs à des échanges de biens d'Église durant son épiscopat. La personnalité du prélat lui-même est restée assez effacée, bien qu'il eût pu jouer un rôle saillant, Ratisbonne étant alors résidence des rois allemands. *Vir patiens, humilis, sobrius, fidusque manebat*, disent de lui les *Annales de Fulda*. *Mon. Germ., Script.*, t. i, p. 407. Un manuscrit de Vienne, cité par Hansiz, *Germania sacra*, 1727, t. i, p. 161, mentionne sa présence au synode de Worms (10 mai 868), qui réunit vingt-deux évêques et dont le résultat principal fut une *responsio contra Graecorum haeresim de fide SS. Trinitatis* et en outre une profession de foi et quatre-vingts canons plus ou moins authentiquement conservés. Cf. Hefele-Leclercq, *Histoire des conciles*, t. iv, p. 458-465.

En 872, Louis le Saxon et Charles le Gros se soulevèrent contre leur père, Louis le Germanique. Ambrichon prit part à une expédition dirigée par Carloman contre eux et leur allié Swatopluk (en allemand *Zwentibold*), duc de Moravie. L'évêque se chargea avec une partie des Bavarois de surveiller les bateaux sur le Danube. Surpris par Swatopluk, il essuya une défaite complète et n'échappa à la mort que par une fuite accélérée. *Chron. Herim.*, dans *Mon. Germ., Script.*, t. v. p. 107. Deux ans plus tard, Ambrichon accompagnait Louis le Germanique à Francfort, pour prévenir un nouveau soulèvement de Louis le Saxon. Au dire d'un chroniqueur, Louis le Débonnaire apparut dans cette ville à son fils, lui demandant de le faire sortir du purgatoire. Les bénédictins de Saint-Emmeran à Ratisbonne saisirent cette occasion de se faire exempter. Hochwart, dans Oefele, *Rerum Boicarum scriptores nusquam antehac edit.*, Augsbourg, 1763, t. i, p. 173. On ignore si ce fut du consentement d'Ambrichon. Au reste, son gouvernement n'eut rien de despotique, comme le fait voir un document de 880, relatif à un échange. Ce n'est qu'après avoir consulté ses moines et ses chanoines, ainsi que le roi, qu'Ambrichon, d'ailleurs assisté des conseillers susdits, effectue l'échange. Pez, *Thesaurus noviss. anecdotorum*, 1721, t. i, p. 213. Le 5 avril 883, avec l'autorisation de Charles le Chauve, il donnait l'abbaye de Mondsee à son neveu Hitton. *Monumenta Boica*, t. xxvii, 72. Hauck, *op. cit.*, se fondant sur Böhmer-Muhlbacher, *Regesten*, 1869, *ad annum*, fixe à l'année 888-889, par conséquent sous l'épiscopat d'Ambrichon, l'établissement du couvent de Roding par le roi Arnulf. Il est probable qu'il se trompe et qu'il faut la reculer avec Janner, *op. cit.*, p. 268, à l'année 896. *Monumenta Boica*, t. xxviii, p. 113.

La fin de la carrière d'Ambrichon a donné lieu à deux hypothèses, la seconde admise par Hauck : il abdiqua ou il reçut un coadjuteur (chorévêque). Son successeur, en effet, Aspert, chancelier d'Arnulf, fut ordonné en 890. *Annales S. Emmeram. minores*, *loc. cit.* Ce n'est que l'année suivante, le 14 juillet, qu'Ambrichon mourut *gravis aetate*. *Necrolog. Weltenburgs*, dans *Monument. Boica*. t. xiii, p. 473; *Annales Fuldae*, dans *Mon. Germ., Script.*, t. i, p. 407.

Ried, *Codex chronolog. diplomaticus episcop. Regensb.*, 2 vol., 1816 sq. — F. Janner, *Geschichte der Bischöfe von Regensburg*. Ratisbonne, 1883, t. i. p. 214-249. — A. Hauck, *Kirchengeschichte Deutschlands*, Leipzig, 1890, t. ii, p. 731.

L. BOITEUX.

AMBROGI (ANTON MARIA), jésuite italien, composa : *Ragguaglio istorico della vita, virtù e morte del Padre Marcello Francesco Mastrilli*, in-8°, Florence, 1749; *La morte di Gionata Macabeo, tragedia*, in-8°, Florence, 1755; *In electione Iosephi II. Romanorum regis. oratio habita in collegio romano anno CIƆ IƆ CCLXIV. III. kal. ianuar.*, in-4°, Rome. Ses autres ouvrages sont des traductions du latin ou du français : *Le tragedie del signor di Voltaire adattate all'uso del teatro italiano*, 2 vol. in-12, Florence, 1752; *L'iride e l'aurora boreale descritte in verso latino dal P. Carlo Noceti della Compagnia di Gesù e tradotte in verso toscano*, in-8°, Florence, 1755; *Lettere del P. Giunjacopo Scheffmacher della Compagnia di Gesù a un gentiluomo protestante. Dal francese linguaggio recate nell'italiano*, 2 vol. in-8°, Venise, 1757; Milan, 1832-1835; *P. Virgilii Maronis Bucolica et Aeneis ex cod. Mediceo Laurentiano descripta, italico versu reddita, adnotationibus atque variantibus lectionibus et antiquissimi codicis Vaticani picturis pluribusque aliis veterum monumentis aere incisis et Cl. Virorum dissertationibus illustrata*, 3 vol. in-fol., Rome, 1763-1765 : superbe édition ornée de gravures sur cuivre et de vignettes; *La realtà del progetto di Borgo Fontana dimostrata dalla sua esecuzione*, 2 vol. in-8°, s. l. n. d. (Rome, 1765); Colonia (Lucca), 1771; Assise, 1787; 4 vol. in-8°, Venise, 1799-1800, par les soins du P. Francesco Gusta, qui ajouta le dernier volume dirigé contre le synode de Pistoie; 2 vol. in-8°, Monza, 1852 : c'est sur l'ordre de Clément XIII qu'Ambrogi entreprit cette traduction de l'ouvrage du P. Henri-Michel Sauvage; *Lettere scelte di M. T. Cicerone*, in-12, Rome, 1780; Bassano, 1780 et 1800; Turin, 1843; *Storia del pelagianismo tradotta dal francese*, du P. Patrouillet, 2 vol. in-12, Assise, 1783. Le P. Ambrogi fut conservateur du musée Kircher et Diosdado Caballero lui attribue, à ce titre : *Musaei Kircheriani in romano Soc. Iesu collegio aerea notis illustrata*, 2 vol. in-fol., Rome, 1763-1765; mais cet ouvrage appartient au P. Contuccio Contucci, et c'est seulement après la mort de celui-ci qu'Ambrogi prit la direction du musée. Né à Florence le 13 juin 1713 et admis au noviciat de Rome le 31 octobre 1729, il mourut dans cette dernière ville, le 11 février 1788, après avoir occupé pendant près de trente ans la chaire de rhétorique et de poésie au collège romain.

Francescantonio Zaccaria, *Storia letteraria d'Italia*, Venise, 1752, t. iii, p. 640; 1757, t. xi, p. 56. — *Efemeride litterarie di Roma*, 1780, t. ix, p. 241-242. — R. Diosdado Caballero, *Bibliothecae scriptorum S. J. supplementa*. Rome, 1814-1816, t. i, p. 79-80; t. ii, p. 4-5. — Tipaldo, *Biografia degli Italiani illustri nelle scienze, lettere ed arti del secolo xviii*, Venise, 1834, t. i, p. 134. — Fr. Heinrich Reusch, *Beiträge zur Geschichte des Jesuitensordens*, München, 1894, p. 159-161. — Sommervogel, *Bibliothèque S. J.*, Bruxelles, 1890, t. i, col. 273-276; 1898, t. viii, col. 1626. — J. Eug. de Uriarte, *Catálogo razonado de obras anónimas y seudónimas S. J.*, Madrid, 1901, n. 1139.

J.-M. RIVIÈRE.

AMBROGINI (ANTONIO), dominicain, né à Diecimo, république de Lucques. Il se fit une grande réputation comme ingénieur militaire et fut employé en cette qualité par le duc de Modène et par la république de Lucques, qui lui confia plusieurs travaux importants d'hydrographie. Il mourut à Diecimo, le 17 août 1722, âgé de soixante-sept ans. On lui attribue la construction du pont Saint-Pierre sur le Serchio; du moins, on a de lui, sur ce sujet, toute une correspondance des années 1699 et 1700 avec le sénat de Lucques, ainsi qu'un mémoire. Il dressa aussi la carte de Diecimo et de son territoire, ainsi que celle du duché de Milan.

Vinc. Marchese, *Memorie dei più insigni pittori, scultori e architetti domenicani*, Bologne, 1879, t. ii, p. 480-82. *Libro publico della fortificazione della città di Lucca*, ms., fol. 119 (bibl. de Lucques). R. Coulon, *Scriptores ordinis praedicatorum*, nouvelle édit., Paris, 1912, p. 337-338.

R. COULON.

AMBROGINO DE' TORMOLI, convers dominicain, peintre-verrier, né à Soncino (Lombardie), à une date incertaine, mais vers le milieu du xvᵉ siècle. Il fut dans son art l'élève du célèbre Jacques d'Ulm, lui aussi convers dominicain, l'espace de trente-deux ans. Il est néanmoins difficile de déterminer aujourd'hui les verrières qui peuvent lui être attribuées avec certitude. Il travailla d'abord à Milan, au Duomo. D'après Lattantio Guarinoni, il aurait exécuté les verrières du chœur, avec les scènes de l'Ancien Testament. Mais tout a été tellement remanié qu'il est impossible aujourd'hui, même en se servant de ce qui peut lui être certainement attribué ailleurs, de déterminer si les verrières de Milan conservent encore quelque chose de lui. D'après un document authentique, daté du 22 juillet 1492, et délivré au couvent de Santa Maria delle Grazie de Milan à fra Ambrogino, nous savons qu'il travailla dans cette église et aussi dans celle de Santa Maria della Rosa. C'est même en retour de ce travail qu'il lui fut concédé, pour son couvent d'origine de Soncino, une parcelle de la relique de la sainte épine, conservée à Sainte-Marie des Grâces. Malheureusement, dans cette église, il n'y a plus trace du travail de fra Ambrogino; d'autre part, de son côté, Santa Maria della Rosa a été détruite en 1829. D'après Mongeri, il aurait aussi travaillé à Venise, aux Frari, mais plus vraisemblablement dans une église de l'ordre, et à Bologne dans les églises de San Domenico, San Petronio. C'est dans l'église paroissiale de Soncino, San Giacomo, qui était autrefois l'église de l'ordre, que l'on peut voir deux verrières authentiques de fra Ambrogino; elles mesurent 1ᵐ20 de haut sur 0ᵐ98 de large et représentent l'Annonciation. Elles ont été restaurées. Il mourut en 1527. Il écrivit la vie de son maître Jacques d'Ulm. Deux copies, du xvIIIᵉ siècle, s'en conservent aux archives générales de l'ordre, à Rome : in-fol., min., p. 172; p. 40, in-fol., maj., incomplet. Un convers dominicain de Bologne, frère Joseph, a publié Vita del B. fra Giacomo d'Alemagna converso dell'ordine de' predicatori scritta dal divoto religioso, e discepolo suo frat'Ambrosino da Soncino dell' istesso ordine, in Bologna, MDCXIII, in-8°, p. 40. C'est la légende abrégée. Fra Ambrogino aurait aussi écrit La vita della B. Luchina da Soncino del terz'ordine di san Domenico.

Echard, Scriptores ordinis praedicatorum, Paris, 1721, t. II, p. 35. — Leandro Alberti, De viris illustribus ord. praed., Bologne, 1517, fol. 267 v°; Descrittione dell'Italia, Venise, 1557, p. 360. — Lattantio Guarinoni da Morbegno, O. P., La sacra Iride Domenicana, ovvero Raccolta di varie cose insigni del sacro ordine de' PP. predicatori, mss. (bibl. munic. de Bologne), 1650, p. 601. — G. Mongeri, Fra Ambrogino di Tormoli e le sue vetriere al Soncino, dans Archivio storico Lombardo, Milan, 1877, t. IV, n. 3. - - Vinc. Marchese, Memorie dei piu insigni pittori, scultori e architetti domenicani, Bologne, 1879, t. I, p. 461-463.

R. COULON.

1. AMBROGIO (FILIPPO D'). Né à Naples, il fut chanoine de la cathédrale de cette ville, et fut préconisé évêque de Cazzajo le 3 mars 1792. Il mourut le 3 avril 1799, suivant Gams.

Cappelletti, Le Chiese d'Italia, Venise, 1866, t. XX, p. 275.

J. FRAIKIN.

2. AMBROGIO (RAFFAELE DE), franciscain, missionnaire en Albanie, archevêque de Durazzo. Né le 2 février 1810, à Boscoreale, dans le diocèse de Nola, il embrassa la vie religieuse dans l'ordre de Saint-François et fut ordonné prêtre en 1834. Envoyé dans les missions d'Albanie en 1838, il fut nommé archevêque de Durazzo le 17 décembre 1847. Durant quarante-cinq ans, il travailla sans relâche à son poste, au milieu de difficultés de toute sorte, surtout de la part des Turcs. Même le sultan reconnut ses mérites et lui conféra un ordre de la Sublime-Porte. Accablé par le poids de la vieillesse, il résigna son évêché en 1893 et se retira au couvent de Deserto, où il reprit avec ardeur la vie religieuse. Il mourut au mois de décembre 1899.

Acta ordinis fratrum minorum, Quaracchi, 1900, t. XIX, p. 39-40. — Katholische Bewegung, 1888, p. 493.

A. GROETEKEN.

3. AMBROGIO (TESEO), des comtes d'Albanese, né près de Pavie, en 1469, docteur en droit à Pavie, en 1488, chanoine de Saint-Jean de Latran, délégué par le cardinal de Santa Croce, en 1512, au moment de l'inauguration du concile de Latran, pour examiner la liturgie d'un prêtre syriaque, avant de l'admettre à célébrer la messe dans sa propre langue. Il n'est pas certain qu'il ait été nommé par Léon X à la chaire de syriaque et de chaldaïque, à l'université de Bologne; très versé dans la connaissance des langues orientales, il avait recueilli des matériaux très précieux et, pour l'impression d'un psautier chaldaïque, il avait préparé quantité de caractères, lorsque le tout fut dispersé, en 1527, à la prise de Pavie par les Français. Le psautier ne fut retrouvé qu'en 1534, chez un marchand de fromage. Réfugié à Venise, où il fut lié avec Guillaume Postel (1510-1581), Ambrogio commença peu de temps après la publication de son ouvrage : Introductio in chaldaicam linguam, syriacam atque armenicam et decem alias linguas, in-4°, Ferrare, 1539. Il mourut à Pavie en 1540.

Mazzuchelli, Scrittori d'Italia, t. I, p. 608. - - Tiraboschi, Storia d. letter. ital., t. VII, l. III, c. II.

P. ARCARI.

4. AMBROGIO STEFANI DI FOSSANO. Voir BORGOGNONE (Ambrogio).

1. AMBROISE (Saint), centurion. Le codex Parisin. 3278, du xIVᵉ siècle, conte la brève histoire qui le fait connaître : en revenant d'Espagne, Datianus traverse la Ligurie; il y remarque un certain Ambroise qu'il fait centurion, emmène à Rome, puis en Campanie. Accusé par les païens, Ambroise avoue sa foi, paré d'un collier d'or, est emprisonné et mis à mort, avec quatorze nobles, à Ferentino, le 17 des kalendes de septembre, sous Dioclétien. — Ambroise centurion est inconnu du férial hiéronymien, d'Adon, d'Usuard, de Notker. Sans doute est-il un saint de Ferentino dont on aura modelé l'image sur Marcellus de Tanger, en empruntant certains traits à Pontien ou à Grégoire de Spolète, à Sabinus, Valentin-Hilaire, etc. Le texte peut avoir été rédigé à l'époque lombarde.

Je ne connais pas la version Cum omnipotentis Dei clementia... (Bibl. hag. latin., n. 376), qu'a imprimée Cappelletti, Le Chiese d'Italia, t. VI, p. 392.

Albert Dufourcq, Étude sur les Gesta martyrum romains, t. III, Le mouvement grégorien, Paris, 1907, p. 251.

A. DUFOURCQ.

2. AMBROISE (Saint), martyr en Catalogne. Voir SIMPLICIUS (Saint).

3. AMBROISE (Saint), diacre, d'après saint Jérôme, De viris illustr., 56, P. L., t. XXIII, col. 667, disciple et ami d'Origène, qui l'avait ramené de l'hérésie à la foi catholique; fêté le 17 mars, d'après d'anciens martyrologes. Acta sanctorum, mart. t. II, p. 509.

Ambroise était de famille noble et riche, peut-être chrétienne. Il devait occuper un certain rang dans la société et dans l'administration impériale, puisque Origène atteste qu'on l'avait reçu solennellement dans beaucoup de villes. Exhortatio ad martyrium, 36, P. G., t. XI, col. 609. Cf. Origène, op. cit., 14, col. 581; S. Jérôme, loc. cit.; S. Épiphane, Haeres., LXIV, 3. Origène nous apprend aussi qu'Ambroise eut pour épouse Marcella, « femme très fidèle et très chrétienne » (Epist. ad [Julium] Africanum, 16, P. G., t. XI, col. 85), et qu'il en eut plusieurs enfants. Exhort. ad martyrium, 37, P. G., ibid., col. 612. Il semble qu'il ait eu une sœur du nom de Tatienne; car Origène, en leur adressant à tous deux son traité de la prière, les appelle « véritables frères dans la piété, » φιλομαθέστατοι καὶ γνησιώτατοι ἐν θεοσεβείᾳ ἀδελφοί, Ἀμβρόσιε καὶ Τατιανή. *De oratione*, 33, *in fine*, P. G., t. xi, col. 561; cf. *ibid.*, 2, col. 417.

Qu'Ambroise soit né de famille chrétienne ou ne soit venu que plus tard au christianisme, il avait en tout cas dans l'esprit la passion de la vérité. Il s'égara quelque temps dans une secte gnostique, chez les valentiniens, au dire d'Eusèbe, *Hist. eccl.*, vi, 18, *P. G.*, t. xx, col. 560-561; chez les marcionites, d'après saint Jérôme et saint Épiphane, *loc. cit.* D'autres, pour concilier ces deux opinions, croient qu'il passa de l'une à l'autre de ces deux sectes. Suidas, *Lexicon*, au mot Ὠριγένης, éd. Bernhardy, 1853, t. ii, pars prior, col. 1279-1280. Il fut éclairé et converti par Origène, à une date qu'on peut, avec Eusèbe, *loc. cit.*, fixer vers l'an 212.

Dès lors Ambroise s'attacha à Origène avec un dévouement qui ne se démentit jamais et qui fut un véritable culte. Le converti pria son maître de lui servir de guide et de s'appliquer à lui donner l'intelligence des Écritures. Non content de ses instantes sollicitations, il lui fournit des copistes et lui prodigua les libéralités de sa fortune. Eusèbe, *Hist. eccles.*, vi, 23. Ce fut une sorte d'émulation constante entre le disciple et le docteur pour la connaissance et l'amour de la vérité. Saint Jérôme a pu déclarer que c'est aux soins d'Ambroise que nous devons le grand nombre des écrits d'Origène, dont beaucoup, d'ailleurs, lui ont été dédiés. Une lettre d'Origène, citée par Cedrenus et Suidas, *loc. cit.*, est le plus bel éloge qui puisse être fait de l'influence exercée par Ambroise sur le grand docteur. « Il (Ambroise) me surpasse si fort, dans l'ardeur qu'il a pour la parole de Dieu, que je succombe presque à l'étude et aux travaux qu'il m'impose. Je ne saurais souper, qu'il ne me propose quelque question. Après le souper, il ne me donne pas un moment pour me promener et me reposer un peu. Il faut toujours examiner quelque point et le vérifier sur les livres. Il ne me laisse pas même les nuits libres pour le soulagement de mon corps et pour dormir, car nous en passons une grande partie à discuter et à traiter diverses difficultés. Je ne parle point du temps qui est depuis le matin jusqu'à trois ou quatre heures du soir, puisque c'est le temps que ceux qui veulent travailler emploient tous à la lecture et à la méditation des divins oracles. » Cf. Tillemont, *Mémoires pour servir à l'histoire ecclésiastique des six premiers siècles*, Paris, 1695, t. iii, p. 269, où on lit, à la suite de cette citation, la remarque suivante : « Cette lettre est d'autant plus authentique qu'elle a beaucoup de rapport avec ce que Jérôme cite d'une autre, qui est d'Ambroise même, où il dit que, lorsqu'il avait Origène avec lui, il ne prenait jamais son repas qu'il n'y joignît sa lecture; qu'il ne se couchait jamais que quelqu'un de ses frères ne fit retentir à ses oreilles le son des Lettres sacrées; à quoi il ajoute ces belles paroles : que son emploi jour et nuit était de faire succéder la lecture à la prière et la prière à l'étude. » *Ibid.* Cf. S. Jérôme, *Epist.*, xliii, *ad Marcellam*, 1, *P. L.*, t. xxii, col. 478. Cette sorte de collaboration du disciple avec le maître est plusieurs fois exprimée dans les œuvres d'Origène, par exemple dans les *Commentaria in Joannem*, t. ii, *P. G.*, t. xiv, col. 106; t. v, *ibid.*, col. 185, où le grand exégète loue la curiosité éclairée d'Ambroise comme le meilleur stimulant de son travail. Nous verrons plus loin comment cette même influence d'Ambroise nous a valu le *Contra Celsum*, c'est à lui que fut aussi adressée l'*Exhortatio ad martyrium* et le *Libellus de oratione*, *P. G.*, t. xi, col. 417, 561, 564 644, etc.

Origène fait à maintes reprises, *loc. cit.*, l'éloge des vertus d'Ambroise et de sa piété. Aussi ne faut-il pas s'étonner d'apprendre par saint Jérôme, *De viris illustr.*, 56, son élévation à la dignité de diacre : il en aurait exercé les fonctions dans l'Église d'Alexandrie, d'après le témoignage d'anciens martyrologes. *Acta sanctorum*, mart. t. ii, p. 509. « C'est peut-être pour cela, remarque Tillemont, *op. cit.*, p. 270, qu'Origène lui donne ordinairement le titre de *sacré*, ἱερὲ Ἀμβρόσιε. » On relève cependant, dans les écrits d'Origène, un reproche à l'adresse d'Ambroise, mais c'est un reproche amical concernant le zèle du disciple, zèle indiscret parfois, au dire du maître, jusqu'à devenir compromettant. « Il (Origène) se plaignait néanmoins de lui en une chose, qui est qu'il publiait les écrits qu'il lui envoyait pour être tenus secrets; c'est-à-dire apparemment qu'il communiquait aux autres les ouvrages qu'Origène lui envoyait pour les revoir, et auxquels il n'avait pas encore mis la dernière main, ou qu'il n'avait peut-être faits que pour lui et pour peu d'autres personnes et pour les exposer au jugement du public. Et il est aisé qu'Ambroise, dans l'estime qu'il avait pour son ami, ait montré trop facilement aux autres ce qui n'était pas en état de paraître et ait ainsi donné des prétextes à ceux qui en cherchaient pour décrier Origène. » Tillemont, *op. et loc. cit.* C'est saint Jérôme qui, écrivant à Pammachius et à Oceanus au sujet d'Origène, *Epist.*, lxxxiv, 10, nous signale au reproche du grand exégète alexandrin à son trop zélé disciple. Rappelant une lettre, aujourd'hui perdue, d'Origène au pape Fabien, saint Jérôme dit : *Ipse Origenes, in epistola quam scribit ad Fabianum Romanae urbis episcopum paenitentiam agit car talia scripserit et causas temeritatis in Ambrosium refert, quod secreto edita in publicum protulerit*. P. L., t. xxii, col. 751.

Nous savons par saint Jérôme (*Epist.*, xliii, 1, *P. L.*, t. xxii, col. 478) qu'Ambroise fit un voyage en Grèce et en Bithynie. Tillemont, *op. cit.*, p. 271, écrit à ce sujet : « Ce fut peut-être avec Origène, qui y alla aussitôt après son ordination en 228. Car il semble que ce soit en ce temps-là qu'Origène étant à Nicomédie, écrivit à Jules Africain pour l'histoire de Suzanne. *P. G.*, t. xi, col. 48. Et Ambroise y était aussi pour lors, avec sa femme et ses enfants, car Origène y salue Africain de leur part, ajoutant qu'Ambroise, son seigneur et son sacré frère avait travaillé avec lui à composer sa lettre et y avait corrigé ce qu'il avait jugé à propos. » *Ibid.*, col. 85.

C'est au retour de ce voyage qu'Origène écrivit ses Commentaires sur l'évangile de saint Jean. Il les dédia à Ambroise, sur la prière duquel il déclare les avoir entrepris. « Il dit dans la préface [du t. v, *P. G.*, t. xiv, col. 185] qu'il était alors séparé d'Ambroise, sans marquer en quel pays il l'avait laissé; et il y a quelque apparence que c'était dans la Grèce même, puisque saint Jérôme, *loc. cit.*, nous apprend qu'Ambroise écrivit d'Athènes à Origène. » Tillemont, *op. et loc. cit.*

Pendant la persécution de Maximin, tandis qu'Origène, qui était principalement recherché, se cachait à Césarée de Cappadoce, Ambroise fut pris avec un prêtre de Césarée de Palestine appelé Protoctète. Eusèbe, *Hist. eccles.*, vi, 28. « On pilla leurs biens, on les traita avec ignominie, on les mena comme en pompe et en triomphe par les provinces et par les villes, pour être présentés aux magistrats et aux princes. » Tillemont, *op. et loc. cit.*, d'après l'*Exhortatio ad martyrium* d'Origène. Un passage de ce dernier ouvrage, *Exhort.*, 1, *P. G.*, t. xi, col. 612, ἐν Γερμανίᾳ, fait croire à Tillemont qu'« on les menait dans la Germanie, c'est-à-dire dans les parties des Gaules voisines du Rhin, où Maximin fut fait empereur, ou dans l'Allemagne, où il fit longtemps la guerre. Et c'était sa coutume de se faire ainsi amener des extrémités de l'empire les personnes les plus qualifiées, pour leur faire souffrir par les chemins toute sorte d'ignominies et d'incommodités, avant que de les immoler à son avarice et à sa cruauté barbare. » En note, l'honnête critique ajoute cette observation : « On fait de grandes difficultés sur cette Germanie, dont je ne vois pas le sujet. » Voir sur cette question Harnack, *Geschichte der altchristlichen Litteratur bis Eusebius*, II° part., *Die chronologie*, Leipzig, 1904, t. II, p. 56-57. Harnack suppose une faute de copiste ayant altéré un nom syrien ou palestinien. Quoi qu'il en soit du lieu où les confesseurs furent conduits, Origène leur adressa une éloquente et fort touchante *Exhortation au martyre*, P. G., t. XI, col. 563-638, où se trouvent maintes allusions que nous avons signalées à la vie d'Ambroise, à son caractère, à sa famille.

Cependant, les deux confesseurs échappèrent à la mort. Ambroise vivait encore sous le règne de Philippe l'Arabe (244-249), époque où Origène composa ses huit livres contre Celse. Eusèbe, *Hist. eccles.*, VI, 36 ; Origène, *Contra Celsum*, Préface, P. G., t. XI, col. 644. C'est d'ailleurs Ambroise qui nous a valu cet ouvrage important : il envoya à Origène le livre de Celse, en le priant de le réfuter. Le maître se rendit une fois de plus au désir de son disciple. A la fin de cette précieuse réfutation, en signalant la promesse faite par Celse d'un nouvel ouvrage, Origène prie Ambroise de s'informer si cette promesse a été tenue et, dès qu'elle l'aura été, de lui envoyer ce nouveau recueil, afin de le soumettre à la même critique. *Contra Celsum*, VIII, 76, P. G., t. XI, col. 1632.

Ambroise dut peu survivre à la réception du *Contra Celsum*, qui paraît n'avoir été achevé que vers la fin du règne de Philippe (249). Saint Jérôme, *De viris illustr.*, 56, dit en effet qu'il mourut avant Origène. Or Origène mourut sous Gallus, en l'an 253. Eusèbe, *Hist. eccles.*, VII, 1. On peut donc placer la mort d'Ambroise sous Dèce, vers 250. On l'a accusé, au témoignage de saint Jérôme, *loc. cit.*, de n'avoir pas, en mourant, assuré par une partie de sa fortune la vieillesse d'Origène. Mais ce reproche doit probablement être regardé comme injuste : cette prétendue négligence d'Ambroise mourant doit être rapportée, selon l'expression de Tillemont, *op. et loc. cit.*, « à l'amour qu'Origène avait pour la pauvreté, plutôt qu'à aucun oubli de celui qui avait pris tant de soin de lui durant sa vie. »

Saint Jérôme, *De viris illustr.*, 56, a mis Ambroise au nombre des écrivains ecclésiastiques, tout en ne lui attribuant pas d'autres écrits que quelques lettres à Origène. Son véritable titre de gloire est d'avoir été pour Origène, selon l'expression du grand docteur alexandrin lui-même, un ardent excitateur au travail, ἐργοδιώκτης. *Comment. in Joannem*, t. V, Préface, P. G., t. XIV, col. 185.

Tillemont, *op. cit.*, p. 273 et 692, estime que c'est de cet Ambroise, ami d'Origène, qu'il est question dans plusieurs anciens martyrologes mentionnant, le 17 mars, à Alexandrie un saint Ambroise, diacre de cette Église et confesseur de la foi : *Alexandriae natalis S. Ambrosii ejusdem Ecclesiae diaconi, qui confessionis dominicae gloria insignis fuit*. Cf. *Acta sanctorum*, mart. t. II, p. 509. Les bollandistes, *loc. cit.*, rapportent cette indication, non point à l'Ambroise ami d'Origène, mais à un autre Ambroise d'Alexandrie, disciple de Didyme l'Aveugle, auteur de quelques écrits et dont l'activité est à placer au début du V° siècle. Voir col. 1108. Mais, ainsi que le fait observer Tillemont, *op. cit.*, p. 692, « qui que ce soit ne dit qu'il [cet Ambroise du V° siècle] ait eu une piété particulière digne d'être révérée publiquement par l'Église, ni qu'il ait été diacre ou confesseur. Il serait même fort difficile de prouver comment il aurait pu acquérir l'honneur et le titre de confesseur en un temps où il n'y a eu aucune persécution ni de païens ni d'hérétiques. Au contraire, tout cela convient parfaitement à Ambroise ami d'Origène, et les termes des martyrologes, *qui confessionis dominicae gloria insignis fuit*, sont ceux mêmes que saint Jérôme (*De viris illustr.*, 56) emploie en parlant de lui. Ainsi nous ne voyons pas qu'il puisse y avoir aucune difficulté à croire, avec le P. Halloyx, que c'est lui que l'Église a voulu honorer le dix-septième de mars. Et on peut dire qu'il mérite bien cet honneur. » L'on a vu en effet que tout témoigne en faveur de sa haute vertu, et que le seul reproche qu'on puisse lui adresser, c'est son zèle parfois un peu indiscret pour son éminent maître et ami.

La notice d'Ambroise, dans le *De viris illustribus*, 56, de saint Jérôme, étant un précieux document sur ce personnage, nous croyons utile de la transcrire ici pour servir de résumé à tout l'article : *Ambrosius primum Marcionites, deinde ab Origene correctus, Ecclesiae diaconus, et confessionis dominicae gloria insignis fuit, cui et Protocteto presbytero liber Origenis De martyrio scribitur. Hujus industria et sumptu et instantia adjutus infinita Origenes dictavit volumina. Sed et ipse, quippe ut vir nobilis, non inelegantis ingenii fuit, sicut ejus ad Origenem epistolae indicio sunt. Obiit ante mortem Origenis ; et in hoc a plerisque reprehenditur quod vir locuples amici sui senis et pauperis moriens non recordatus sit.* P. L., t. XXIII, col. 667-669. Ces lettres d'Ambroise à Origène, signalées par saint Jérôme, ne nous ont pas été conservées.

Références, indiquées au cours de l'article, aux œuvres d'Origène, d'Eusèbe, de saint Épiphane et de saint Jérôme. — Tillemont, *Mémoires pour servir à l'histoire ecclésiastique des six premiers siècles*, Paris, 1695, t. III, p. 267-273, 692. — *Acta sanctorum*, mart. t. II, p. 509. — Ceillier, *Histoire générale des auteurs sacrés et ecclésiastiques*, 2° éd., Paris, 1861, t. II, p. 132-134 ; t. VII, p. 613. — Wescoot, art. *Ambrosius*, dans le *Dictionary of christian biography*, Londres, 1877, t. I, p. 90-91. — Harnack, *Geschichte der altchristlichen Literatur*, Leipzig, 1893, p. 328-330 ; II° part., *Die chronologie*, Leipzig, 1904, t. II, p. 30, 33, 50, et surtout p. 54 sq. — Bardenhewer, *Geschichte der altkirchlichen Literatur bis Eusebius*, Fribourg-en-Brisgau, 1903, t. II, p. 161 sq. — Voir d'autres indications au sujet d'ouvrages anciens dans U. Chevalier, *Répertoire..., Bio-bibliographie*, Paris, 1905, t. I, col. 185.

S. SALAVILLE.

4. AMBROISE, sénateur chrétien d'une cité grecque qui, au III° siècle, remania l'*Oratio ad gentiles* attribuée à saint Justin. Ce remaniement fut assez considérable, puisque, des cent sept lignes environ qui constituaient l'écrit original, Ambroise n'en conserva que cinquante-sept, tandis qu'il y introduisit à peu près soixante-quinze lignes nouvelles empruntées à diverses sources. Cette compilation, dont le texte grec s'est perdu, a été conservée dans une ancienne version syriaque, découverte et publiée par Cureton, *Spicilegium Syriacum*, Londres, 1855, p. 38-42, 61-89. Elle porte ce titre : « *Hypomnemata* qu'a écrits Ambroise, un chef de Grèce devenu chrétien. Tous ses collègues du sénat avaient écrit contre lui ; il leur répondit en leur montrant leur folie. » C'est donc pour justifier devant ses collègues son abandon du paganisme qu'Ambroise transforma une apologie plus ancienne, y fit quelques additions et se l'appropria. Le plan de l'*Oratio ad gentiles* a été conservé dans son ensemble ; les additions ne portent que sur des accessoires, exemples ou preuves. Bardenhewer croit que peut-être le titre de *Hypomnemata*, passé du grec dans la traduction syriaque, était, dans la pensée de l'auteur, une allusion à l'utilisation qu'il avait faite en sous-œuvre d'un écrit plus ancien. Il nous paraît préférable de traduire simplement ce terme par *Memorandum*.

Cet Ambroise doit avoir vécu à l'époque des persécutions, et donc avant Constantin. Cureton l'identifiait avec Ambroise, diacre d'Alexandrie, disciple et ami d'Origène. Mais cette hypothèse semble difficile à concilier avec ce que nous savons de cet homonyme plus connu. Voir ci-dessus, col. 1089. Les derniers éditeurs de dom Ceillier proposaient de voir dans le compilateur des *Hypomnemata* le fameux Abercius, évêque d'Hiéropolis, t. I, col. 106. Mais rien n'autorise une telle hypothèse.

Cureton, *Spicilegium Syriacum*, Londres, 1855, p. 38-42, 61-69. — Bardenhewer, *Geschichte der altkirchlichen Literatur*, Fribourg-en-Brisgau, 1902, t. I, p. 214. — Harnack, *Die pseudojustinische « Rede an die Griechen »*, dans *Sitzungsberichte der k. preuss. Akademie der Wissensch. zu Berlin*, 1896, p. 627-646. — Ceillier, *Histoire générale des auteurs sacrés et ecclésiastiques*, nouvelle édition, Paris, 1865, t. I, p. 412. — Brooke Foss Westcott, art. *Ambrosius* (2), dans *Dictionary of christian biography*, Londres, 1877, t. I, p. 91.

S. SALAVILLE.

5. AMBROISE (Saint), évêque de Milan. Pour connaître la vie et la personnalité morale de saint Ambroise, nous pouvons puiser à trois sources principales : 1° ses écrits, et surtout sa *Correspondance*. Nous possédons quatre-vingt-onze lettres de lui : celles qu'on peut dater s'échelonnent entre 379 et 396. Un passage de l'epist. XLVIII, 7, *P. L.*, t. XVI, col. 203, laisse conjecturer qu'Ambroise avait pris soin d'en former lui-même un dossier et de les grouper par séries ; 2° la biographie rédigée par le diacre Paulin, vingt-cinq ans environ après la mort de saint Ambroise. Paulin avait connu personnellement l'évêque de Milan ; il utilisa aussi les souvenirs de Marcellina, la sœur d'Ambroise, et le témoignage d'hommes tout à fait dignes de foi, *probatissimi viri*, qui avaient eu des relations avec lui. Cette *Vita Ambrosii* eut les honneurs d'une traduction en grec. M. Papadopoulos-Kerameus en a publié à Saint-Pétersbourg, en 1891, le texte grec qui doit remonter au VIIIe ou au IXe siècle, d'après un manuscrit du XIe trouvé à Saint-Saba de Jérusalem. Paulin met surtout en relief les prodiges accomplis par le saint, guérisons miraculeuses (§ 10, 28), victoires sur le démon (§ 16, 21, 33, 43), etc. Il n'insiste que faiblement sur son rôle politique (sur toutefois § 23 et 24), préoccupé avant tout d'être édifiant. Il n'y a pas à tenir compte de deux autres *Vies* insérées dans les ménologes et qui n'ont aucune valeur originale. L'une a été faite directement d'après le texte de l'historien Théodoret : elle se trouve dans la *P. G.*, t. CXVI, col. 861-882. La seconde n'est qu'un remaniement de la première : elle est imprimée dans la *P. L.*, t. XIV, col. 51 sq. Cf. Van Ortroy, *Les Vies grecques de saint Ambroise*, dans *Ambrosiana, scritti varii pubblicati nel XV centenario della morte di S. Ambrogio*, Milan, 1897 ; 3° enfin, un certain nombre d'indications nous sont fournies par les écrivains ecclésiastiques contemporains, spécialement par saint Augustin. Ces *testimonia* sont réunis au complet dans l'édition des œuvres de saint Ambroise par Ballerini, Milan, 1875-1883, t. I, p. XVI sq.

I. LA VIE ET LA FORMATION INTELLECTUELLE D'AMBROISE JUSQU'À SON ÉPISCOPAT. — Nous ignorons la date exacte de la naissance d'Ambroise. Il déclare, dans la lettre LIX, 4, qu'il a achevé déjà sa cinquante-troisième année : malheureusement nous ne pouvons déterminer au juste l'époque où cette lettre fut écrite. Il y dit bien, au § 3 : *Nos autem objecti barbaricis motibus et bellorum procellis in medio versamur omnium molestiarum freto*. Mais à quels troubles fait-il allusion ? À ceux que déchaînèrent les compétitions de Maxime en 387-388 ou à ceux qui suivirent la proclamation d'Eugène comme empereur en 393-394 ? Nous ne savons. Dans le premier cas, il faudrait placer sa naissance en 333, dans le second cas, en 340. Sa famille était chrétienne depuis assez longtemps déjà ; elle avait compté parmi ses membres une martyre, la vierge Sotheris, mise à mort pendant la persécution de Dioclétien. Cf. *Exhort. virginitatis*, XII, 82, *P. L.*, t. XVI, col. 376 ; *De virginibus*, III, VII, 38 ; *ibid.*, col. 244. Le père d'Ambroise exerça à Trèves les fonctions si importantes de préfet du prétoire dans les Gaules. Quand il mourut, sa veuve conduisit à Rome ses trois enfants, Ambroise, Satyrus et Marcellina. Nous n'avons guère de détails sur l'adolescence d'Ambroise, mais il est indubitable qu'il reçut la formation intellectuelle coutumière des jeunes gens de son monde. Il passa par l'école du grammairien et par celle du rhéteur et il subit, comme tant d'autres, l'empreinte de cette discipline spéciale qu'il ne désapprit jamais plus. Une traduction latine de la *Guerre des Juifs* de l'historien Josèphe, qu'il dut faire vers 370, peu d'années avant son élévation à l'épiscopat, nous le montre préoccupé d'enrichir son modèle de traits oratoires et de *sententiae* frappantes. Cf. C. Weyman, *Archiv für lateinische Lexicographie*, 1905, t. I, p. 51 sq. Plus tard même, quand il aura conquis toute sa maîtrise de théologien, il lui arrivera de s'attarder à décrire les péripéties de telle histoire romanesque, véritable *suasoria* chrétienne, comme ce petit roman chrétien, ampoulé et édifiant, qu'il narre au livre II du *De virginibus* (IV, 22, *P. L.*, t. XVI, col. 224), ou comme ce tableau pathétique d'un père réduit à l'extrême misère et qui se demande lequel de ses deux fils il va vendre d'abord. *De Nabuthae*, V, 22. Et toujours maintes réminiscences de Salluste, de Cicéron, de Virgile, etc., éclaireront son style. Cf. Ihm, *Jahrbücher f. Klassische Philologie*, Supplementbd., 1890, XVII, p. 82 sq.

L'exemple de son père ne pouvait que l'inciter à s'engager dans le même *cursus honorum*. Il s'attacha à la personne de Sextus Petronius Probus, préfet du prétoire d'Italie, de 368 à 376, et son puissant protecteur conçut pour lui tant d'estime qu'il ne tarda pas à le faire nommer gouverneur des provinces de Ligurie et d'Émilie, avec le titre de consulaire.

Ambroise s'installa donc à Milan, dont le siège épiscopal était alors occupé par Auxence, qui appartenait au parti arien. Quand celui-ci mourut, un an après l'arrivée d'Ambroise, le choix de son successeur fut l'occasion de grands débats entre les chrétiens de Milan, dont les uns étaient partisans d'Arius, tandis que les autres s'en tenaient fermement à la foi orthodoxe. Les factions adverses se réunissaient, pour discuter, dans la basilique. Ambroise, qui craignait les troubles, crut devoir s'y rendre de sa personne pour maintenir l'ordre public. Tous l'aimaient, le vénéraient, et sa présence était un gage de paix : « Il haranguait la foule, nous raconte Paulin, son biographe, quand une voix d'enfant s'éleva soudain : « Ambroise évêque ! » Tout le peuple répéta ce cri, et, du coup, le conflit entre ariens et catholiques fit place à une merveilleuse et incroyable unanimité. » *Vita S. Ambrosii*, 6. Ambroise s'attendait bien peu à un honneur pareil. Son premier mouvement fut de s'y dérober. Mais, pour impromptu qu'il fût, le choix apparut à tous si excellent qu'il dut se résigner à le subir. Les évêques d'Italie, puis l'empereur Valentinien y donnèrent leur approbation. Cf. *Epist.*, LXIII, 65, *P. L.*, t. XVI, col. 1258. Ambroise reçut le baptême (qu'il avait jusqu'alors différé, selon l'usage du temps) et, huit jours après, le sacerdoce (7 décembre 374).

II. L'ÉPISCOPAT D'AMBROISE. SON ACTION POLITIQUE. — Depuis la fin du IIIe siècle, Milan était considérée comme la seconde ville de l'Occident, après Rome. Le poète Ausone vante la beauté de ses édifices, son cirque, son théâtre. *Mediolani mira omnia,* « A Milan, tout est admirable, » déclare-t-il. *Ordo urbium nobilium,* vii, éd. Peiper, p. 146. Les empereurs firent de cette ville leur résidence dans la seconde moitié du ive siècle : tour à tour Valentinien Ier, Gratien, Valentinien II, Théodose s'y attardèrent en de fréquents séjours. Par là même, Ambroise se trouva en contact presque permanent avec les maîtres du monde romain. Ce fut pour lui une bonne fortune unique. L'utilisation des caractères et des circonstances pour le plus grand bien des idées qui lui étaient chères, l'action pratique, voilà où il excellait. Pendant près de vingt ans, de 378 à 397, date de sa mort, il y exerça dans les conseils des empereurs une influence prépondérante, et qui n'eut que de rares éclipses. Nous étudierons quelques-uns des plus célèbres épisodes où elle se manifesta.

1° *L'affaire de l'autel de la Victoire.* — Dès 380, l'ascendant d'Ambroise sur Gratien s'était fortement établi. Nourri aux leçons d'Ausone, vieux rhéteur puéril, Gratien fut émerveillé de tant de droiture, d'une vue si ferme et si haute de la vie. Il se plut à le considérer comme un père, comme un guide, et c'est peut-être à son instigation qu'il se décida, en 382, à reprendre la lutte contre le paganisme, lutte suspendue pendant dix-huit années par la politique tolérante de Valentinien Ier. Un édit priva les collèges de prêtres et de vestales. Les allocations accordées pour l'exercice du culte furent supprimées au bénéfice du fisc, et il en fut de même des biens-fonds que ces collèges avaient reçus en legs. Enfin, pour comble de vexations, Gratien ordonna d'enlever de la salle de la curie la fameuse statue de la Victoire, qui, depuis Auguste, s'y dressait au-dessus d'un autel, comme pour symboliser, devant les sénateurs réunis, le glorieux passé romain.

Les sénateurs païens résolurent d'envoyer à Gratien une députation pour le prier d'annuler une mesure aussi blessante. Mais leurs collègues chrétiens, qui formaient déjà la majorité dans la curie, refusèrent formellement de se solidariser avec eux, et, par l'intermédiaire d'Ambroise et du pape Damase, firent connaître à l'empereur leur décision. Gratien ne reçut point la députation.

L'année suivante, le 25 août 383, il tombait en Gaule, à Lyon, sous les coups des partisans de l'usurpateur Maxime. Valentinien II assuma bien jeune encore (il avait environ douze ans) les responsabilités du pouvoir. Le parti païen songea à revenir à la charge. Justement, en 384, Symmaque, un des représentants les plus distingués de ce parti, occupait les fonctions de préfet de Rome. Le préfet du prétoire d'Italie, Vettius Agorius Praetextatus, était, lui aussi, un adepte convaincu de la religion traditionnelle. L'occasion parut favorable. Vers le milieu ou la fin de l'été, Symmaque composa son fameux rapport, qu'une délégation sénatoriale remit entre les mains du jeune empereur.

Cette pétition (voy. l'édition de Seeck, *Monumenta Germaniae historica, Auctores antiquissimi,* t. vi, p. 280 sq.), des critiques modernes l'ont trouvée froide et sans énergie. Elle mérite une appréciation plus clémente. Écrite en un style d'une sobre élégance, elle se donnait pour mission de défendre « les institutions des ancêtres, les droits et les destinées de la patrie, » § 2. « Eh quoi ! s'écriait Symmaque, la religion romaine est-elle mise en dehors du droit romain? Les affranchis touchent les legs qui leur sont faits; on ne conteste pas aux esclaves les avantages légaux que les testaments leur concèdent : et de nobles vierges, les ministres d'un culte sacré, seraient exclus des biens qui leur arrivent par succession? Que leur sert-il de dévouer leur chasteté au salut public, de donner à l'éternité de l'empire la protection d'en haut, d'attacher à vos armes, à vos aigles, des puissances amies, de faire pour tous des vœux efficaces, s'ils ne jouissent même pas du droit commun? » § 13. Et, évoquant la grande image de Rome, en une sorte de prosopopée, il lui faisait prononcer des paroles empreintes d'une majestueuse tristesse pour déplorer les attentats dont des traditions si vénérables venaient d'être victimes.

Lu dans le conseil de l'empereur, le document y produisit grand effet. Chrétiens et païens parurent un instant d'accord pour y donner une réponse favorable. *De obitu Valentiniani,* 19, P. L., t. xvi, col. 425. Ambroise comprit qu'il fallait agir au plus tôt. Il adressa à Valentinien la lettre xvii (P. L., t. xvi, col. 1001), pour lui démontrer le mal-fondé des doléances dont Symmaque s'était fait l'interprète : « Ils viennent se plaindre de leurs pertes, y disait-il, eux qui furent si peu économes de notre sang, et qui, de nos églises, ont fait des ruines !... Ils réclament de vous des privilèges, quand, hier encore, les lois de Julien avaient refusé le droit dévolu à tous de parler et d'enseigner... » § 4. De quel droit les païens prétendaient-ils imposer à leurs collègues chrétiens, dans la curie même, l'image d'un culte réprouvé par ceux-ci? Au nom de son frère mort, au nom de sa conscience d'empereur chrétien, Ambroise suppliait Valentinien de rejeter la pétition : « La présente cause est celle de la religion, j'interviens donc en tant qu'évêque... Si une décision contraire est prise, nous ne pourrons, nous évêques, nous en accommoder d'un cœur léger, ni dissimuler notre opinion. Il vous sera loisible de vous rendre à l'église, mais vous n'y trouverez point de prêtre, ou il ne sera là que pour protester, » § 13.

Cette menace voilée eut son plein effet. Valentinien décida, à l'encontre de ses conseillers, de ne rien changer à la décision prise deux ans auparavant par Gratien. L'échec du parti païen était complet. Pour le rendre plus désastreux encore, Ambroise rédigea une riposte détaillée à la pétition de Symmaque, sous la forme d'une lettre à Valentinien. *Epist.,* xviii, P. L., t. xvi, col. 1013. Avec une verve jaillissante, il prit un à un les arguments de Symmaque, pour les réfuter. Il s'attacha à rompre toute solidarité entre les gloires romaines et les rites sacrés de la religion officielle. Il appesantit son ironie sur la désolation des vestales et des prêtres, frustrés de leurs revenus et, à ces dévouements rémunérés, il opposa le magnifique désintéressement de l'Église : « L'Église ne possède rien, si ce n'est sa foi : voilà ses revenus, voilà ses bénéfices. L'entretien des pauvres, tel est son patrimoine. Que nos adversaires nous disent combien de captifs les temples ont rachetés, combien de pauvres ils ont nourris, à combien d'exilés ils ont fourni le moyen de vivre, » § 16. Enfin, gourmandant les doléances réactionnaires de Symmaque et son culte superstitieux du passé, il n'hésita pas à affirmer le caractère inévitable de l'évolution par où l'humanité, se dégageant de formes religieuses désormais périmées, avait marché vers une vérité de plus en plus lumineuse et complète.

La cause était entendue. En dépit de plusieurs tentatives [cf. *Epist.,* lvii], hasardées auprès de Théodose, de Valentinien II et d'Eugène, l'élément païen ne réussit jamais à récupérer intégralement ce qu'il avait perdu. Et il est indubitable que, de cette défaite humiliante, l'évêque de Milan avait été l'artisan principal.

2° *Les luttes ariennes.* — A mesure qu'Ambroise affermissait son influence, il se créait aussi, dans les cercles de la cour, plus d'inimitiés jalouses. L'impératrice-mère, Justine, qui favorisait systématiquement les ariens, nourrissait une vive hostilité contre lui. Elle suggéra à son fils, Valentinien II, l'idée de réclamer à Ambroise la basilique Porcienne. Dans les premiers mois de l'année 385, l'évêque fut mandé au palais, et Valentinien lui ordonna, en présence de son conseil, de céder cette église. Ambroise répondit par un refus respectueux, mais catégorique. Il est malaisé de dire comment l'entretien aurait tourné : une émeute populaire, qui se déchaîna dès que la rumeur courut que la cour voulait attenter là-là vie ou à la liberté d'Ambroise, intimida les intrigants du conseil, et Ambroise dut haranguer lui-même la foule pour l'inviter à revenir au calme. Mais, quelques semaines plus tard, au moment de la fête de Pâques, il reçut une sommation nouvelle. Ce n'était plus la basilique Porcienne que l'on réclamait, c'était la basilique neuve qui, à la différence de l'autre, se trouvait dans l'intérieur des murs de la ville. Ambroise a raconté, dans une lettre singulièrement dramatique et vivante (*Epist.*, xx, *P. L.*, t. xvi, col. 1036), les péripéties du conflit. Devant un premier refus, la cour s'était décidée à ne plus exiger que la basilique Porcienne, § 3. Mais Ambroise n'était pas plus disposé à s'en dessaisir. Ni les menaces que lui apportaient les *comites* de l'empereur, ni les sévices dont ses partisans étaient victimes, ne purent le fléchir. « Si l'empereur me demandait ce qui est à moi, mes terres, mon argent, répondit-il aux envoyés du palais, je ne lui opposerais aucun refus, encore que tous mes biens soient aux pauvres. Mais les choses divines ne sont point sous la dépendance de l'empereur. S'il vous faut mon patrimoine, prenez-le. Si c'est ma personne, la voici. Voulez-vous me jeter dans les fers, me conduire à la mort? J'accepte tout avec joie... » § 8. Enfermé dans l'église, il ne cessa d'exhorter le peuple, de remonter son courage, sans craindre les allusions les plus transparentes à l'impératrice. Mais déjà les soldats manifestaient leurs sympathies pour les catholiques persécutés. Cette fois encore, la cour dut céder, et annuler ses prétentions.

L'année suivante (386), Justine essaya de prendre sa revanche. Elle suscita à Ambroise un compétiteur, un certain Mercurinus, Scythe d'origine, et qui prit le nom d'Auxence, en souvenir du prédécesseur arien d'Ambroise sur le siège de Milan. Le 23 janvier, Valentinien promulgua une loi qui accordait aux ariens, ou plus exactement, à ceux qui professaient la *formule de Rimini*, le droit de réunion (*Code théodosien*, l. XVI, tit. i, leg. 4) et il ordonna à l'évêque de livrer les églises aux ariens. Cf. *Epist.*, xxi, 11, 12. Ambroise ne dit mot. Il se contenta de ne tenir nul compte de l'injonction. Fort embarrassée, la cour lui proposa de désigner des arbitres laïcs, qui se réuniraient avec le consistoire avec d'autres arbitres choisis par Auxence. Il refusa, en faisant observer qu'il n'appartenait point à des laïcs de prononcer sur un évêque dans une affaire de foi. *Epist.*, xxi, *P. L.*, t. xvi, col. 1045. Cette fois, la cour résolut d'employer la force. Les soldats en armes investirent la basilique Porcienne, où Ambroise s'était enfermé avec une multitude de fidèles. Ce fut un siège en règle, pendant lequel, pour tenir son monde en haleine, Ambroise eut l'idée d'introduire dans l'office cet usage de chanter des psaumes et des hymnes en deux chœurs alternés, qui devait se répandre plus tard par tout l'Occident. (Sur les hymnes d'Ambroise ou attribuées à Ambroise, voir plus loin *Ambroise liturgiste.*) Dans un sermon prononcé durant ces jours de captivité volontaire, il établissait avec une énergique netteté les droits de l'Église : « L'empereur est dans l'Église, disait-il, il n'est pas au-dessus de l'Église. Un bon empereur recherche l'assistance de l'Église, il ne la refuse pas. Je le dis avec humilité, mais je le publie aussi avec fermeté. » *Sermon contre Auxence*, § 36, *P. L.*, t. xvi, col. 1049

Un événement imprévu, la découverte des reliques des martyrs Gervasius et Protasius, causa un grand enthousiasme populaire, fournit à la cour le prétexte qu'elle cherchait pour se tirer honorablement d'affaire. Une sorte d'amnistie implicite mit fin aux hostilités. Ambroise sortait donc avec les honneurs de la guerre d'une crise qui avait failli devenir sanglante. Il y avait gagné de resserrer davantage encore l'étroite solidarité d'affection et de confiance qui l'unissait à son peuple, en sorte que ceux-là qui avaient essayé de le diminuer ne réussirent qu'à le grandir et qu'à le montrer plus nécessaire et plus redoutable.

3° *Les missions diplomatiques.* — L'hostilité du pouvoir impérial était d'autant plus ingrate que déjà il avait dû solliciter le secours de sa diplomatie et l'appui de son influence. Durant l'hiver de 383-384, quelques mois après l'assassinat de Gratien, l'usurpateur Maxime menaçait les Alpes. Il s'agissait d'obtenir de lui, sinon la paix, du moins une trêve qui permît à la résistance de s'organiser. Touché de la faiblesse du jeune empereur Valentinien, Ambroise accepta la responsabilité de ces négociations malaisées. Justine se rendait bien compte, malgré toute son animosité, que nul ambassadeur n'aurait chance de réussir mieux que lui. En fait, Ambroise atteignit pleinement l'objet de sa mission. Il essuya sans se plaindre les procédés peu courtois de Maxime et, par d'habiles temporisations, il donna à Justine et à Valentinien le temps de fortifier les passages des Alpes et, avec l'aide de Théodose, de préparer la résistance.

Une ou deux années plus tard — dans les tout derniers mois de 384 ou au début de 385 — la cour délégua de nouveau pour réclamer à Maxime le corps de Gratien assassiné. Ambroise partit donc pour Trèves, et se présenta au palais. Mais Maxime se refusa à lui accorder une audience particulière et ne consentit à le recevoir qu'au milieu de son conseil. Ambroise ne craignit pas de lui faire sentir l'indélicatesse d'un tel procédé et, aux reproches furieux de l'usurpateur, qui incriminait sa prétendue fourberie lors de sa précédente ambassade, il opposa la justification la plus ferme de toute sa conduite. Mais Maxime était résolu à ne rien accorder, et Ambroise dut repartir au plus vite, sentant que sa vie même était menacée. Dans un rapport détaillé adressé à l'empereur (*Epist.*, xxiv, *P. L.*, t. xvi, col. 1079), il le supplie de se tenir sur ses gardes et de prendre ses précautions « contre un homme qui (disait-il), sous le voile de la paix, dissimule la guerre. » *Ibid.*, § 13. Mais la cour affecta de croire que, si Ambroise n'avait pas mieux réussi, c'était que sa raideur naturelle avait compromis le succès des négociations. On envoya à Maxime le Syrien Domninos, de qui on attendait plus de souplesse. Maxime l'amusa de belles promesses et, quand Domninos repartit, confiant et ravi, il le suivit avec toutes ses troupes et s'abattit sur l'Italie désemparée. Justine et Valentinien s'enfuirent à Aquilée, puis à Thessalonique. En janvier 388, Rome tombait au pouvoir de l'usurpateur.

Tout eût été perdu sans l'énergique intervention de Théodose qui, depuis longtemps déjà, voyait venir les événements et avait su s'y préparer. Parti de Constantinople, Théodose atteignit Maxime et le battit à Sciscia, en Pannonie, et à Petavium, en Styrie. Quelques semaines après, Maxime, qui s'était enfermé dans Aquilée, fut pris, mis à mort, et ses actes politiques et administratifs annulés.

Théodose et Valentinien II demeuraient les maîtres du monde romain, mais l'hégémonie du premier, sauveur du second, et qui par l'âge aurait pu être son père, éclatait à tous les yeux. Ambroise entra naturellement en rapport avec lui et l'on peut dire que jamais amitié ne fut plus virilement loyale que celle qui lia Théodose à l'évêque de Milan. Mais, conscient des devoirs de sa charge, Ambroise ne craignit jamais d'élever la voix, fût-ce au péril de son crédit, quand il lui apparut que Théodose outrepassait ses prérogatives impériales et menaçait les intérêts de l'Église. Dans quelle mesure son intervention fut-elle toujours heureuse, c'est ce que permettra de juger un bref exposé des principaux incidents où elle se fit sentir.

4º *L'affaire de Callinicum.* — Théodose apprit au cours de l'année 388, par un rapport du commandant des troupes romaines en Orient, le *comes Orientis*, que des désordres fort graves venaient d'avoir lieu dans la ville de Callinicum, une des principales cités de la province d'Osroène. Des moines, bousculés par les partisans d'une secte gnostique, avaient incendié, en manière de représailles, un sanctuaire de cette secte. Fait plus fâcheux encore, et sur quoi l'attention de l'empereur se porta principalement, une synagogue juive avait été brûlée à l'instigation de l'évêque de la ville.

Soucieux comme il l'était du bon ordre public, Théodose jugea indispensable de sévir. Il ordonna que la synagogue serait reconstruite aux frais de l'évêque, considéré comme responsable.

A cette nouvelle, Ambroise, qui se trouvait à Aquilée, revint précipitamment à Milan, dans l'intention de s'opposer formellement à la mesure portée par l'empereur. S'apercevant que celui-ci éludait ses demandes d'audience, il lui adressa une lettre (*Epist.*, XL, *P. L.*, t. XVI, col. 1148) pour essayer de le faire revenir sur sa décision. Il lui reprochait de n'avoir pas demandé à l'évêque un rapport, de l'avoir condamné sans l'entendre. Il évoquait le souvenir de faits semblables, où bien souvent les juifs avaient assumé les responsabilités les plus graves sans être inquiétés sérieusement. Enfin, et surtout, il protestait contre l'injure faite aux catholiques, humiliés de telle sorte devant des juifs, et obligés de rebâtir avec de l'argent chrétien une synagogue, repaire d'impiété. « Si mon crédit personnel est trop faible, concluait-il, veuillez réunir les évêques qu'il vous plaira. Qu'ils examinent ce qu'on peut faire sans porter atteinte à la foi. Pour les affaires d'argent, vous consultez vos comtes : combien est-il plus équitable de consulter, dans les choses religieuses, les ministres du Seigneur, » § 27. Cette argumentation si pressante n'eut pas tout d'abord l'effet qu'Ambroise en avait espéré. L'empereur n'y donna pas de réponse. Alors Ambroise résolut de frapper un grand coup, dans l'église même. Il a lui-même raconté dans une lettre à sa sœur (*Epist.*, XLI, *P. L.*, t. XVI, col. 1160) la mise en scène dont il usa. En une série d'allusions, il rappela à l'empereur, du haut de la chaire, les responsabilités de la fonction qui était la sienne, les dettes de gratitude qu'il avait contractées envers le ciel, et il l'invita à « protéger le corps du Christ » pour que le Christ lui-même protégeât son royaume. Le sermon fini, il descendit : « C'est de moi que vous avez parlé? » lui demanda l'empereur. « Je répondis : « J'ai « dit ce que je croyais devoir vous être utile. » — « Oui, « reprit-il, l'ordre que j'avais donné de faire réparer « par l'évêque la synagogue était trop dur, mais je l'ai « adouci. Les moines se portent à bien des excès ! » Je restai debout quelque temps, puis je dis à l'empereur : « Faites en sorte que j'offre pour vous le saint « sacrifice en pleine sécurité. Déchargez mon âme. » L'empereur, assis, fit un signe d'assentiment, mais sans rien promettre formellement. Je restai planté devant lui. Il me dit qu'il corrigerait son rescrit. Je lui demandai immédiatement d'arrêter l'instruction de l'affaire. Il me promit que la chose serait faite. « J'ai votre « parole? » lui demandai-je, et j'insistai : « J'ai votre « parole? » - - « Vous l'avez ! » - Alors seulement je montai à l'autel, dont je ne me serais pas approché,

s'il ne m'avait fait une promesse positive, » § 27 et 28. Ambroise avait vaincu. Cette victoire est-elle de celles dont il convient de le louer de plein cœur? La chose est discutable. A coup sûr, Théodose aurait pu procéder avec plus de sang-froid et de doigté qu'il ne se l'était proposé d'abord, attendre les explications de l'évêque, obliger la ville, et non l'évêque personnellement, à payer les frais. Mais une impunité totale était injustifiable et ne pouvait qu'encourager les fauteurs de désordre. Ambroise s'était laissé guider par la considération des intérêts religieux, auxquels l'ordre public lui-même devait le céder : *Cedat oportet censura religioni*, § 11. Mais en paralysant toute répression, il n'avait point servi la justice, ni par suite la religion elle-même.

5º *Le massacre de Thessalonique et la pénitence de Théodose*. — Thessalonique, résidence du gouverneur de Macédoine, et l'une des places commerciales les plus importantes de l'empire, fut, en 390, le théâtre d'une sédition née de circonstances assez futiles et où périrent un certain nombre de fonctionnaires importants. Théodose était à Milan, lorsque le rapport où ces événements étaient relatés lui parvint. Il en éprouva une irritation profonde et, mal conseillé par son entourage, il expédia un ordre atroce, qu'il essaya bien de révoquer peu après, mais quand, déjà, il était trop tard. La population de Thessalonique, réunie dans le cirque sous prétexte d'une représentation, fut massacrée en grande partie par les soldats qu'on lâcha contre elle.

Quand la funeste nouvelle fut connue à Milan, plusieurs évêques s'y trouvaient réunis en synode. L'opinion générale fut qu'on devait exiger de l'empereur une expiation publique. Ambroise, dont on connaissait les attaches avec Théodose, sentit qu'il lui appartenait d'obtenir de lui qu'il s'y résignât. Il comprit qu'exclu de l'Église par son crime, il n'y pouvait rentrer qu'au prix d'un sincère repentir. Il n'attendit pas que Théodose, alors absent de Milan, fût revenu; fort souffrant lui-même, il quitta la ville et adressa de loin à l'empereur, à titre tout confidentiel, la lettre I, *P. L.*, t. XVI, col. 1209. Après quelques plaintes discrètes sur l'éloignement où Théodose l'avait tenu à dessein, pendant le temps où il machinait d'aussi abominables représailles, il indiqua catégoriquement à l'empereur le devoir qui s'imposait à lui : devoir de repentir et de pénitence, dont David et d'autres personnages bibliques lui proposaient l'exemple. « Si vous avez confiance en moi, lui disait-il, faites ce que je dis; si vous avez confiance, reconnaissez la vérité de ce que je vous dis. Sinon, pardonnez-moi ce que je fais, c'est que je mets Dieu au-dessus de tout, » § 17. Au milieu de ces témoignages affectueux, il avait su glisser pourtant un avertissement : il lui serait impossible, à lui, évêque, d'offrir le saint sacrifice devant un pécheur qui n'aurait rien fait pour récupérer la communion ecclésiastique.

Quelle fut l'attitude de Théodose en face de cette sommation respectueuse? Il vint à résipiscence, la chose n'est pas douteuse; mais sur certains détails de cette pénitence historique la critique moderne élève de sérieuses difficultés. Voir Foerster, *Ambrosius. Bischof von Mailand*, Halle, 1884, p. 64 sq.; Rauschen, *Jahrbücher der christlichen Kirche*, Fribourg-en-Brisgau, 1897, p. 320 sq.; le P. Van Ortroy, *Les Vies grecques de saint Ambroise et leurs sources*, dans *Ambrosiana*, Milan, 1897; le même, dans *Analecta bollandiana*, 1904, t. XXIII, p. 418 sq.; duc de Broglie, *Les Pères bollandistes et la pénitence de Théodose*, dans le *Correspondant* du 25 août 1900, p. 644 sq.; *Archiv. für Katholisches Kirchenrecht*, 1906, t. LXXXVI, p. 168-172 (c'est une traduction de la *Scuola cattolica*, 1905, p. 284); Hugo Koch, *Die Kirchenbusse des Kaisers*

Theodosius d. Gr. in Geschichte und Legende, dans *Historisches Jahrbuch*, 1907, t. XXVIII, 2º partie, p. 257-277; Pierre de Labriolle, *Saint Ambroise*. Paris, 1908, Collection *La pensée chrétienne*, p. 136 sq.; Chr. Baur, *Zur Ambrosius-Theodosius-Frage*, dans *Theolog. Quartalschrift*, 1908, t. XC, p. 401-409. De tous les historiens qui ont raconté les faits (à savoir : Rufin, *Hist. eccl.*, II, 18, *P. L.*, t. XI, col. 526 : écrit en 402-403; S. Augustin, *De civitate Dei*, V, 26 : entre 413 et 426; Paulin, *Vita S. Ambrosii*, § 24 : vers 422; Sozomène, VII, 25, *P. G.*, t. LXVII, col. 1493 : entre 443 et 450; Théodoret, V, 17, *P. G.*, t. LXXXII, col. 1232 : vers 450), c'est Théodoret qui a sûrement exercé le plus d'influence sur la tradition ultérieure. « L'empereur, de retour à Milan, raconte-t-il, voulut entrer comme de coutume dans l'église. Mais Ambroise marcha à sa rencontre en dehors du vestibule et lui interdit de mettre le pied sur le saint parvis.» Ambroise adresse ensuite (dans le récit de Théodoret) un discours grandiloquent à Théodose, qui se retire avec des gémissements dans son palais. Huit mois plus tard, à l'approche de la fête de Noël, l'empereur, accablé de tristesse, dépêche Rufin, maître des offices, à Ambroise pour essayer de le fléchir, mais en vain. Il se décide alors à venir implorer lui-même son pardon. Ambroise lui impose l'obligation de promulguer une loi portant que toute sentence de confiscation ou de mort ne deviendra exécutoire qu'au bout de trente jours, après avoir été de nouveau examinée et confirmée. Théodose obéit et Ambroise lève l'excommunication prononcée contre lui. L'empereur entre dans l'église et il y donne le spectacle du plus touchant repentir. Il n'est pas encore arrivé pourtant au bout de ses humiliations. Théodoret rapporte en effet que, l'empereur s'étant avancé, pour recevoir la communion, jusque dans l'enceinte la plus voisine de l'autel, Ambroise lui fit signifier par un diacre que ce lieu était réservé aux seuls prêtres, et qu'il eût à se retirer. Théodose obéit, en alléguant pour son excuse que les usages étaient différents à Constantinople.

Voilà la narration de Théodoret, telle qu'elle s'est imposée à la postérité. Il n'est guère douteux que l'historien n'y ait laissé se glisser quelques bévues de détail. D'abord la loi dont il parle et qui aurait été promulguée par l'empereur sur l'injonction d'Ambroise figure bien au Code théodosien, mais elle y figure à l'année 382, et non à l'année 390 ou 391. Cf. éd. Mommsen, vol. I, pars posterior, Berlin, 1905, p. 503. Puis, c'est très vraisemblablement à tort que Théodoret coordonne à l'histoire de la pénitence de Théodose l'épisode qui nous le montre exclu des lieux réservés aux clercs. Le moyen de croire qu'à la fin de 390 Théodose ignorât l'usage de l'Église de Milan, où déjà il avait séjourné à plusieurs reprises?

Quant à l'anecdote la plus caractéristique, la rencontre d'Ambroise et de Théodose sous le portique de la basilique, Ambroise n'y fait aucune allusion, ni dans sa correspondance, si riche pourtant en détails circonstanciés, ni dans l'oraison funèbre de Théodose. Saint Augustin, Rufin, observent la même discrétion. Voilà qui est assez étrange. Et l'on en vient à se demander si toute cette mise en scène à grand spectacle n'aurait pas été inventée par Théodoret, qui aurait fécondé une brève indication de Sozomène (*Hist. eccles.*, VII, 25, *P. G.*, t. LXVII, col. 1493), avec toutes les ressources de son imagination et de sa rhétorique. Si cette hypothèse est exacte, la gloire d'Ambroise n'en saurait d'ailleurs souffrir, puisqu'il demeurerait acquis qu'une simple lettre de l'évêque aurait suffi pour faire venir Théodose à résipiscence.

6º *Ambroise et Eugène. Conclusion sur son œuvre politique.* — Quelques mois plus tard, au printemps de 391, Théodose partait pour Constantinople, laissant l'Occident aux mains de Valentinien II, alors âgé de dix-neuf ans. Depuis la mort de Justine, le caractère du jeune Valentinien s'était affirmé de la façon la plus favorable, et, mieux en état de se former des opinions personnelles, il rendait pleine justice à l'admirable loyauté de l'évêque autrefois persécuté en son nom. Aussi Ambroise donna-t-il les larmes les plus sincères à sa mémoire, quand le jeune prince eut été assassiné à l'instigation d'Arbogast, que Théodose trop confiant avait placé auprès de lui en qualité de *magister militum*. Cf. le *De obitu Valentiniani*, *P. L.*, t. XVI. A l'égard d'Eugène, un ancien rhéteur à qui Arbogast venait de faire conférer la dignité impériale, Ambroise garda une attitude pleine de réserve, quoique très déférante en la forme. Fait significatif. A peine devenu empereur, Eugène lui avait adressé deux lettres pour essayer de gagner sa sympathie (cf. *Epist.*, LVII, 11, *P. L.*, t. XVI, col. 1228) : tant il sentait l'importance de l'appui que l'évêque pouvait lui prêter. Mais les procédés équivoques d'Eugène dans les questions d'ordre religieux, la faveur de plus en plus manifeste qu'il marquait aux partisans du vieux culte romain, tout cela disposait mal Ambroise, qui évita soigneusement les occasions de se rencontrer avec lui. Bientôt l'usurpateur tombait sous les coups de Théodose, accouru de Constantinople. Ambroise obtint de Théodose qu'il usât de la plus large indulgence à l'égard des partisans d'Eugène. *Epist.*, LXII. Quelques mois plus tard, le 17 janvier 395, Théodose mourait à son tour. Ce fut Ambroise qui fut chargé de prononcer son oraison funèbre, à Milan même, en présence d'Honorius (un des deux fils de l'empereur défunt) et de l'armée.

Il y célébra en termes magnifiques la transformation par où les princes, maîtres de l'univers romain, étaient devenus les prédicateurs de la foi, après en avoir été les persécuteurs : *ut sint praedicatores qui persecutores esse consueverunt*. *P. L.*, t. XVI, col. 1465.

A cette œuvre, nul n'avait coopéré plus efficacement que lui. Sa politique religieuse s'était proposé, en somme, un triple objet. D'abord, protéger l'Église contre toute violence ou toute indiscrétion de l'État : l'empereur n'a le droit, à ses yeux, ni de mettre la main sur les édifices sacrés, ni de prononcer, en lieu et place des évêques, dans les choses de foi. Ensuite, obliger le pouvoir civil à respecter la loi morale, même dans des actes dépourvus de caractère spécifiquement religieux, et ce, sous peine des censures de l'Église. Tel est le principe dont il s'inspira dans l'affaire de Thessalonique. Enfin sceller une étroite union entre l'Église et l'État, de telle sorte que, loin de mettre sur le même pied les différents cultes, l'État marquât inlassablement, quoique sans violence ni effusion de sang, sa faveur spéciale et unique au culte catholique et décourageât tous les autres. Cette image prestigieuse d'un empire chrétien hantait sa pensée. Il faudra des siècles encore avant qu'elle ne se réalise.

III. L'APOSTOLAT D'AMBROISE. — Les liens d'amitié qui unissaient Ambroise aux empereurs, sa qualité d'évêque métropolitain chargé du vicariat d'Italie, enfin ses dons personnels, lui assuraient un prestige remarquable, devant lequel tous s'inclinaient. Il fut l'âme du concile d'Aquilée, ouvert le 3 septembre 381, sur la demande de Palladius, évêque d'Illyrie, et de Secundianus, son collègue, tous deux suspects d'arianisme. Ce fut lui qui, après la condamnation des deux évêques, communiqua à Gratien, Valentinien et Théodose la sentence du concile (*Epist.*, X) et se fit le porte-parole des Pères, soit pour remercier l'épiscopat gaulois (*Epist.*, IX), soit pour exprimer le sentiment de l'Occident dans les débats orientaux relatifs à Paulin et à Mélèce. *Epist.*, XIII-XIV. Il s'était donné pour tâche principale de pourchasser l'arianisme, et c'est à ce dessein que se rattachent le *De fide*, dont les deux premiers livres furent composés en 378, à la prière expresse de Gratien, et les deux suivants, plus développés et mieux approfondis, en 380. La matière lui parut si complexe qu'il se résolut à réserver un ouvrage spécial à la démonstration de l'identité d'essence du Saint-Esprit avec le Père et le Fils. Les trois livres du *De Spiritu Sancto*, également dédiés à Gratien, furent élaborés en 381. Ambroise s'y inspire largement de la théologie grecque contemporaine. Cf. Schermann, *Die griechischen Quellen des hl. Ambrosius in l. III de Spiritu Sancto*, München, 1902. Il faut citer encore le *De Incarnationis dominicae sacramento*, qui paraît bien avoir été publié entre le *De fide* et le *De Spiritu Sancto*. Trois autres opuscules dogmatiques se sont perdus : le *De sacramento regenerationis de philosophia*, auquel saint Augustin fait souvent allusion; l'*Ad Pausophium puerum*, attesté par Paulin, son biographe (§ 28); l'*Expositio fidei*, dont Théodoret, évêque de Cyr, cite un fragment, *Eranistes sive Polymorphus*, dial., II. Les théologiens modernes vantent le don qu'il avait de s'approprier et de repenser les données que ses lectures lui fournissaient. Cf. Foerster, *Ambrosius von Mailand*, Halle, 1884, p. 123-175; Niederhuber, *Die Lehre des hl. Ambrosius vom Reiche Gottes auf Erden*, dans les *Forschungen* d'Ehrhard et Kirsch, Mayence, 1904, IV, 3-4; id., *Die Eschatologie des hl. Ambrosius*, même collection, Mayence, 1907, VI, 3.

Mais, plus encore que par la discussion théorique, c'est par l'apostolat que valait Ambroise. Saint Augustin nous apporte dans ses *Confessions*, V, 13, le témoignage du ravissement que lui causait son éloquence. Nous savons qu'un des thèmes favoris sur lesquels il aimait à s'exercer, c'était l'immoralité du contraste entre l'extrême pauvreté des uns et le luxe effréné des autres. Particulièrement significatif à ce point de vue est le sermon sur Naboth (Schenkl, *op. cit.*, pars. II), qui date vraisemblablement de ses toutes dernières années. Avec une vigueur qui rappelle les invectives des satiriques et des moralistes romains, il y flétrit la rapacité des riches et l'oppression qu'ils font peser sur les misérables. Il ne craint même pas de leur rappeler le caractère tout conventionnel et arbitraire de la propriété humaine. « L'économie politique » d'Ambroise, si le mot n'est pas trop ambitieux, est toute pénétrée de charité et d'amour. Voy. Seipel, *Die wirtschaftethischen Lehren der Kirchenväter*, Vienne, 1907.

Pour avoir une idée de ses catéchèses, c'est le *De mysteriis* qu'il faut lire. P. L., t. XVI, col. 405; édition spéciale par Rouschem, *Florilegium patristicum*, fasc. 7, Bonn, 1909. Voir aussi Semenov, *Zu Ambrosius De mysteriis*, dans le *Berl. philol. Wochenschrift*, t. XXX, p. 286-287; traduction dans P. de Labriolle, *op. cit.*, p. 273 sq. Saint Ambroise s'y adresse aux catéchumènes, qui ont déjà reçu le baptême et l'eucharistie, et il leur explique la signification profonde des gestes rituels qui ont été accomplis devant eux ou sur eux. Pour prévenir les objections ou les doutes qui pourraient naître dans leur esprit, il s'attache à leur démontrer qu'il n'y avait rien d'indifférent dans ce qu'ils ont vu, que tout comportait un sens mystérieux, une efficacité morale, et était instrument de la régénération préfigurée par tant de récits scripturaires.

Un recours constant à l'Écriture, telle est la méthode ordinaire de saint Ambroise dans le sermon. « La sainte Écriture, écrivait-il à l'évêque Constantius, est une mer qui a en soi des sens profonds et tout le mystère des énigmes prophétiques. » *Epist.*, II, 3, *P. L.*, t. XVI, col. 917. C'est à déchiffrer ces énigmes qu'il a consacré nombre de traités.

1° *Saint Ambroise exégète.* — L'œuvre proprement exégétique d'Ambroise est considérable. Elle remplit déjà trois volumes du *Corpus* de Vienne (vol. XXXII, pars I, II, IV), où, pourtant, ni les *Enarrationes in XII psalmos Davidicos*, ni l'*Expositio in psalmum* CXVIII ne figurent encore. Et il faut y inclure également un certain nombre de lettres qui sont de véritables « consultations » sur l'Écriture. Cf. *Epist.*, VI, VII, VIII, XIX, XXVII-XXXIII, XLIII-XLV, L, LVIII, LXIV-LXX, LXXII.

La date des traités n'est pas toujours facile à déterminer, car, dans ces développements tout abstraits, l'historien ne trouve que peu de points de repère. Voici toutefois l'ordre chronologique qu'on peut leur assigner approximativement. On trouvera les discussions de détail dans Rauschen, *Jahrbücher der christlichen Kirche*, Fribourg-en-Brisgau, 1897, et Schanz, *Geschichte der römischen Litteratur*, 1904, t. IV, p. 1, auxquels je renvoie.

375 à 378. *De paradiso.* Cf. Rauschen, p. 34, 492, 494; Schanz, p. 294.
— *De Cain et Abel.* R., p. 34, 492, 494; Sch., p. 295.
378. *De Noe et Arca.* R., p. 492-494; Sch., p. 295.
Entre 383 et 386-387. *Apologia prophetae David.* R., p. 186; Sch., p. 304.
386-388. *Expositio evangelii secundum Lucam.* l. X. R., p. 293, 74, 494; Sch., p. 307.
Après 386. *De Helia et jejunio.* R., p. 273; Sch., p. 301.
— *In psalmum I.* R., p. 247; Sch., p. 306.
Après 387. *In psalmum* CXVIII. R., p. 293, 495; Sch., p. 307.
Après 388. *De Abraham.* R., p. 494; Sch., p. 296.
— *De Isaac et anima.* R., p. 494; Sch., p. 297.
— *De bono mortis.* R., p. 494; Sch., p. 298.
— *De Jacob et vita beata.* R., p. 494; Sch., p. 299.
— *De Joseph patriarcha.* R., p. 494; Sch., p. 300.
— *De patriarchis.* R., p. 494; Sch., p. 301.
— *Exameron.* R., p. 491; Sch., p. 292.
— *De interpellatione Job et David.* R., p. 293, 310; Sch., p. 303.
— *In psalmos* XLV, XLVII, XLVIII, LXI. R., p. 309; Sch., p. 306.
Après 391. *De fuga saeculi.* Sch., p. 298.
Après 394. *In psalmos* XXXV-XL. R., p. 457; Sch., p. 308.
Après 397. *In psalmum* XLIII. R., p. 565; Sch., p. 306.
Le *De Tobia* (cf. Rauschen, *op. cit.*, p. 423; Sch., p. 302) et le *De Nabuthae* (cf. R., p. 422; Sch., p. 301) n'offrent aucune référence qui permette de les dater.
Il faut encore citer un opuscule exégétique, l'*Expositio Esaiae prophetae*, qui est perdu. Saint Augustin nous en fait connaître, par citations, quelques passages. Cf. Schanz, *op. cit.*, p. 308.

On s'étonne d'abord que saint Ambroise ait trouvé le loisir de rédiger de si abondantes paraphrases des Écritures, au milieu d'une vie qu'accaparaient tant de soucis divers. Mais, à l'analyse, la chose s'explique assez bien. C'est de sa tâche quotidienne de prédicateur qu'il faisait sortir la plupart de ces opuscules. Il se contentait de rédiger ses sermons. C'est ainsi que l'*Exameron* — pour choisir cet exemple — est constitué par neuf sermons qui furent prêchés durant six jours de suite, au cours du carême. Du premier livre, le troisième et le cinquième, six homélies sont entrées : deux pour chaque livre. Les autres livres, le second, le quatrième et le sixième, sont formés chacun par une seule homélie. Et on peut ressaisir çà et là la trace de leur origine, qu'Ambroise n'a pas pris la peine d'effacer : finales ou reprises de sermon (cf. *Exameron*, I, VI, 24, éd. Schenkl, t. I, p. 23, ligne 3; V, XXIV, 92, éd. Schenkl, p. 203, ligne 23, etc.); allusion au jour qui baisse (*ibid.*, V, XXIV, 84, Schenkl, p. 199, ligne 7), à la fatigue des auditeurs (VI, I, Schenkl, p. 204, ligne 1), etc.

Il est indiscutable que, de son temps, Ambroise eut

une véritable renommée d'exégète. De toutes parts on le consultait sur les difficultés qu'offrent l'Ancien et le Nouveau Testament. Pourtant, au point de vue historique, son mode d'interprétation n'offre qu'une médiocre originalité. Ne visant point à composer des traités scientifiques d'herméneutique sacrée, mais soucieux seulement d'offrir à ses ouailles les vérités du salut sous la forme la plus propre à les toucher, Ambroise usa de préférence de l'exégèse dite allégorique. Dès les premiers temps du christianisme, saint Paul l'avait pratiquée : elle était d'ailleurs en usage depuis longtemps déjà parmi les Juifs, qui en devaient eux-mêmes l'idée, semble-t-il, à la philosophie grecque. Cf. P. de Labriolle, *Saint Ambroise*, Paris, 1908, p. 164 sq. Toute une tradition l'autorisait donc : mais c'est surtout en Orient, avec Clément d'Alexandrie et Origène, que l'allégorie avait été le plus délibérément érigée en système. Dans la pensée d'Origène, l'allégorie devait servir à exclure de l'Écriture les contradictions, les invraisemblances, ces « scandales », ces « pièges », ces « mystères » qu'il avait plu à l'Esprit de Dieu de semer « dans la Loi et dans les Histoires » (cf. *De principiis*, IV, n. 15, 19); et par suite à dégager des apparences les intentions véritables des auteurs inspirés et à mettre en lumière la substance de leur enseignement. *Ibid.*, n. 17.

Il serait peu exact de dire, comme on l'a fait à tort quelquefois, que ce soit Ambroise qui ait introduit le premier l'exégèse allégorique en Occident. Il suffit, pour annuler cette affirmation, de rappeler les noms de Tertullien, de l'auteur du *De cibis judaicis*, et d'Hilaire de Poitiers. Mais il lui a donné une importance spéciale, parce qu'elle lui permettait de multiplier à l'infini, à propos des textes, les considérations édifiantes, et de combattre efficacement les hérétiques auxquels il avait affaire. N'est-ce pas grâce à elle qu'il conquit l'intelligence d'Augustin, encore imbu de bien des préjugés manichéens? Cf. *Confessions*, VI, 4, P. L., t. XXXII, col. 722. Ses maîtres furent surtout le juif alexandrin Philon, et Origène. Il ne les a nommés que rarement l'un et l'autre (trois fois Origène : *De Abraham*, II, VIII, 54; *Expos. in Ps.* CXVIII, IV, 16; *Epist.*, LXV, 1; une seule fois Philon : *De Paradiso*, IV, 25); il lui est même arrivé de les combattre. Mais, en fait, il se servit d'eux comme de ses guides préférés, pour passer du sens littéral à ce qu'il appelle le *sensus altior* ou la *subtilior interpretatio*. On trouvera une analyse très exacte et complète de ses divers procédés dans Kellner, *Ambrosius als Erklärer des alten Testaments*, Ratisbonne, 1891. Le lecteur moderne ne laisse pas de se montrer choqué parfois, dans cette partie de l'œuvre d'Ambroise, par certaines fautes de goût (cf. la démonstration de la virginité de Marie tirée de l'exemple du vautour, *Exameron*, V, xv, 64; Schenkl, *op. cit.*, t. 1, p. 188), ou certaines spiritualisations bien audacieuses. Elle mérite pourtant une étude attentive. C'est là que saint Ambroise a mis le plus de qualités proprement littéraires, le plus de rhétorique et d'éclat; et c'est là aussi qu'on peut le mieux se rendre compte de la valeur propre d'une méthode d'exégèse qui, en dépit de maintes attaques, devait avoir une si longue fortune au sein du catholicisme. Cf. P. de Labriolle, *op. cit.*, p. 204 sq.

2° *Saint Ambroise moraliste.* — Il nous reste à dégager la substance de l'enseignement d'Ambroise en l'étudiant en tant que moraliste, dans le *De officiis ministrorum* et dans les traités sur la virginité.

a) Le *De officiis ministrorum* est certainement postérieur à 386, comme le prouve une allusion à la persécution exercée par Justine, l'impératrice-mère, contre les catholiques en 385-386. Cf. I, xviii, 72. Ambroise était donc en pleine possession de son expérience pastorale, quand il écrivit ce traité, où il se défend de vouloir donner une *Somme* de la morale chrétienne, mais qui n'en est pas moins une œuvre de haute importance. Pour le plan général, Ambroise a imité le *De officiis* de Cicéron, en dépit de quelques digressions nécessaires à son point de vue particulier. Ier livre : de l'honnête; des quatre vertus cardinales et des devoirs qui dérivent de l'honnête; IIe livre : de l'utile et des devoirs qui s'y rattachent. Ambroise développe pourtant ici la notion du *summum bonum* que Cicéron n'avait traitée que dans son *De finibus*; IIIe livre : des conflits entre l'honnête et l'utile. Dans le détail des idées, et parfois dans les expressions mêmes, il suit de près son modèle.

Le principal intérêt d'une étude sur le *De officiis ministrorum*, c'est donc de discerner comment Ambroise s'y approprie le *De officiis* de Cicéron, trésor de la sagesse antique, ce qu'il en rejette et ce qu'il en retient. Cette comparaison a déjà fait l'objet d'études très complètes. Voir en particulier R. Thamin, *Saint Ambroise et la morale chrétienne au IVe siècle. Étude comparée des traités Des devoirs de Cicéron et de saint Ambroise*, Paris, 1895. Nous n'en indiquerons que les points essentiels.

Ambroise a beau devoir beaucoup à Cicéron, il le traite sans aménité. Il s'abstient de toute complaisance, de toute coquetterie à l'égard de la philosophie païenne, là même où il l'utilise le plus évidemment. Pour lui, ce qu'il y a de bon dans cette philosophie a été dérobé originairement à la sagesse hébraïque (cf. I, 133, 141, etc.) ; et dans la quasi-totalité de ses affirmations elle a besoin d'être retouchée et redressée d'après les principes chrétiens.

C'est qu'en effet la base même sur laquelle elle est fondée est absolument différente de celle sur quoi repose la morale chrétienne. Celle-ci n'est qu'une pièce d'un vaste édifice dogmatique : les païens, eux, ignorent le devoir sous sa forme religieuse, en tant qu'expression de la volonté de Dieu.

Dès lors, si Ambroise emprunte à la morale stoïcienne, dont Cicéron avait été le plus éloquent interprète, une foule de notions — telles que la distinction entre la raison et les passions, la préoccupation du « souverain bien », la classification des vertus (sagesse, justice, courage, tempérance), la division des devoirs en devoirs parfaits et devoirs moyens, la valeur attribuée au jugement de la conscience, etc. — ce n'est qu'à condition de les pénétrer d'un esprit très différent, et de les justifier par des raisons auxquelles Cicéron n'avait pu songer. C'est ainsi, par exemple, que dans la *tempérance*, Ambroise fait entrer le concept chrétien de la *modestia*, de la *verecundia*, si peu familier à l'esprit païen; de même, à ses yeux, la *sagesse* implique la piété, car la recherche de la vérité se coordonne nécessairement à la connaissance pratique de Dieu, etc. Chaque notion morale prend ainsi, en passant par son âme de chrétien, un sens, une efficacité, une portée nouvelles.

A coup sûr, l'ouvrage est loin d'être sans défauts. La composition est défectueuse; il y a du flottement dans l'exposé, et Ambroise a une propension un peu fatigante à substituer à sa pensée personnelle les citations scripturaires. On voudrait des développements plus substantiels et plus vigoureux. Là comme ailleurs et plus encore qu'ailleurs, Ambroise garde l'allure très libre, dont la pratique du sermon lui avait donné l'habitude. Puis, à qui s'adresse-t-il au juste? Est-ce aux clercs seulement ou à l'ensemble des chrétiens? L'hésitation est quelquefois permise, et de là un certain manque de netteté et d'unité. Enfin plusieurs des conceptions d'Ambroise n'offrent pas toute la limpidité désirable. Par exemple, il lui arrive de célébrer la vertu sur le mode stoïcien, comme si, dès ce bas monde, au sage, c'est-à-dire au vertueux, rien ne manquait. Cf. *De off.*, II, III, 8; II, v, 18; II, XIV, 66. Et voici que réapparaît l'idée transcendantale : la vertu n'est plus le bien suprême en soi ; elle n'est que le moyen d'accéder au bien suprême, c'est-à-dire à la vie éternelle. Des éléments divers s'offraient à sa pensée : il n'a pas su toujours les concilier ni les fondre.

Et pourtant, quelque déception qu'il inflige au lecteur, ce traité *De officiis ministrorum* sollicitera toujours l'attention des historiens de la pensée humaine : car nulle part on ne saisit mieux à quel point les dogmes capitaux du christianisme, croyance en la Providence, foi en Jésus-Christ, espoir en l'immortalité de l'âme et en la rémunération d'outre-tombe, ont déplacé ou transformé maints problèmes moraux.

b) Les traités sur la virginité et son excellence particulière nous font connaître une des formes de propagande auxquelles Ambroise attachait le plus de prix et où il obtenait le plus de succès. De tous les points de l'Italie, et de l'Afrique même, des jeunes filles venaient à Milan prendre le voile. Cf. *De virginibus*, I, x, 57 sq., *P. L.*, t. XVI, col. 216. Ces opuscules sont sortis, partiellement tout au moins, des sermons prononcés par Ambroise en l'honneur de cette vertu préférée. Le premier en date, le *De virginibus*, remonte probablement à 377 : Ambroise y déclare, en effet, qu'au moment où il écrit il est *nondum triennalis sacerdos*. Il est adressé à Marcellina, la sœur d'Ambroise, qui faisait elle-même profession de virginité et qui, associée à toutes les œuvres de son frère, était devenue la maîtresse spirituelle de quelques jeunes filles qui avaient embrassé le même état. Peu après, parurent le *De virginitate*, où Ambroise réfute les objections que le *De virginibus* avait soulevées, et le *De viduis*, où l'évêque s'adresse exclusivement aux veuves. Treize ou quatorze ans plus tard, en 391, il composa le *De institutione virginis*, à l'occasion de la prise de voile d'une jeune fille, Ambrosia, qui avait été confiée à ses soins. Enfin, l'*Exhortatio virginitatis*, publiée en 393, n'est autre chose que le sermon donné à Florence par Ambroise à propos de la consécration des martyrs Vitalis et Agricola.

Il est aisé de dégager de ces divers écrits quelques idées maîtresses qui en indiqueront l'esprit général. Ambroise ne nourrit contre le mariage aucune hostilité systématique. Il s'abstient même, avec son bon sens habituel et son souci des justes nuances, de certaines brutalités misogynes dont les écrivains ecclésiastiques n'ont pas toujours été suffisamment économes. Cf. Mausbach, *Altchristliche und moderne Gedanken über Frauenberuf*, Gladbach, 1906, p. 39-52. Il se défend de vouloir déconseiller ou discréditer le mariage. Cf. *De virginibus*, I, VII, 34-35, *P. L.*, t. XVI, col. 209 ; *De viduis*, XII, 72, *P. L.*, t. XVI, col. 269. Il le conçoit comme une association permanente, que la loi divine défend de rompre, et où le mari doit garder la prépondérance et demeurer le *gubernator*. Pour l'influence de cette conception sur la législation ultérieure, cf. Lefebvre, *Leçons d'introduction à l'histoire du droit matrimonial français*, Paris, 1899, t. I, p. 190 sq. Sur la question du second mariage, il est beaucoup plus sévère. De longue date, la tradition chrétienne tenait en suspicion les secondes noces. Ambroise y aperçoit, lui aussi, un signe de faiblesse, un manque de contrôle sur soi-même. Toutefois il se refuse à les considérer comme une faute à proprement parler. *Neque enim prohibemus secundas nuptias, sed non suademus*. Cf. *De viduis*, XI, 68, *P. L.*, t. XVI, col. 267. Et s'il les déconseille, c'est tout à la fois pour des raisons d'ascétisme, et aussi par des considérations d'ordre pratique ment il ne craint pas de développer tout le détail.

Quant à la virginité, elle est à ses yeux la vertu spécifiquement chrétienne. Elle existe chez les païens sans doute, mais alors elle s'inspire de motifs purement temporels. Dans le christianisme seul, la virginité est pratiquée pour des motifs surnaturels et s'accompagne d'une incomparable pureté morale. Il n'hésite donc pas, afin de mieux précipiter les âmes dans le renoncement, à signaler les tracas dont s'accompagne ordinairement l'état de mariage et à exalter par les mots les plus enthousiastes l'incomparable sacrifice que la vierge consomme en sa propre personne. *De virginitate*, VI, 27, *P. L.*, t. XVI, col. 286. Il s'attache aussi à dénouer les difficultés d'ordre moral ou même économique que l'on élevait, dans la société milanaise, contre les maximes qu'il propageait. Au surplus toutes ces critiques, encore qu'il les réfute une à une, viennent se briser contre un argument qui, selon Ambroise, dispenserait au besoin d'en donner d'autres. C'est que la virginité est d'institution divine, et que la vierge Marie la couvre de son exemple et de son patronage. Cf. *De virginibus*, II, II, 6 sq., *P. L.*, t. XVI, col. 219 ; *De institutione virginis*, v, 32 sq., *P. L.*, t. XVI, col. 327 ; *De exhortatione virginitatis*, x, 70 sq., *P. L.*, t. XVI, col. 372.

Telle est, dans ses lignes principales, la doctrine d'Ambroise sur le mariage, les secondes noces et la virginité. Ambroise a certainement contribué pour sa large part à donner à l'idéal ainsi tracé le prix qu'il a conservé au sein du christianisme et à faire de la vertu qu'il célèbre la vertu féminine par excellence. Cf. Thamin, *op. cit.*, p. 355. P. DE LABRIOLLE.

3° *Saint Ambroise liturgiste.* — Il est bon sans doute de relever le rôle et l'influence de saint Ambroise dans la liturgie latine en formation, encore que ce rôle et cette influence aient souvent été envisagés sous un faux jour. Mais ils ont une importance considérable par ce fait qu'à part les essais, peu réussis, de saint Hilaire de Poitiers, en hymnographie, c'est à saint Ambroise qu'on doit les premières hymnes latines en vers, qui se soient répandues dans les Églises d'Occident et aient servi de modèles en ce genre, pendant plusieurs siècles. Les hymnes de saint Ambroise dont l'authenticité est certaine sont : *Aeterne rerum conditor, Deus creator omnium, Jam surgit hora tertia, Veni, redemptor gentium*. Les hymnes douteuses, mais cependant probables, sont : *Illuminans Altissimus, Splendor paternae gloriae, Aeterna Christi munera, Somno refectis artubus, Consors paterni luminis, O lux, beata Trinitas, Fit porta Christi pervia*. Ces hymnes font toujours partie de l'office milanais, et sont en partie entrées dans les livres romains. Le fragment *Orabo mente Dominum*, rapporté par Cassiodore *In ps.* CI, 1, semble apocryphe ; quant à l'opinion qui faisait de saint Ambroise l'auteur du *Te Deum*, elle n'a aucun fondement, et l'on sait que son nom a été supprimé (avec celui de saint Augustin) en tête de cette hymne, dans la récente édition Vaticane du chant liturgique, ainsi que dans le nouveau Psautier de Pie X.

Saint Ambroise est, de plus, l'importateur, dans nos contrées, des *antiennes* et du chant des *psaumes* à deux chœurs, les uns et les autres directement imités par lui de l'usage des Églises d'Orient. C'est uniquement en raison de ces innovations de saint Ambroise que certains auteurs l'ont considéré comme un musicien. Mais prétendre qu'il aurait imaginé le système des quatre tons « authentes », auxquels plus tard saint Grégoire aurait ajouté les quatre « plagaux », c'est un récit sans base sérieuse, et que l'examen du chant de la liturgie milanaise, appelée aussi *ambrosienne*, ne justifie pas. On trouvera les plus amples détails sur l'hymnographie de saint Ambroise, ainsi que sur le chant et les rites qui portent son nom, dans les articles du *Dictionnaire d'archéologie chrétienne et de liturgie*, t. I, col. 1347-1470. Cf. aussi Bardenhewer, *Gesch. der altkirchlichen Literatur*, 1912, t. III, p. 543-547. A. GASTOUÉ.

IV. CONCLUSIONS GÉNÉRALES. — Lue de suite aujourd'hui, l'œuvre d'Ambroise offre un intérêt bien moindre que l'œuvre de saint Augustin ou de saint Jérôme. Il n'a ni la profondeur de l'un, ni l'imagination ardente, la verve passionnée, les aptitudes scientifiques du second. Quelques lettres mises à part, la lecture de ses écrits ne laisse pas que d'être souvent pénible : c'est un littérateur de deuxième ordre. Il était impossible que l'art ne souffrît pas de l'habitude qu'Ambroise avait contractée de composer ses livres avec ses sermons, au prix de quelques préparations et de quelques sutures. D'autre part, il était arrivé à l'épiscopat sans culture théologique préalable, sans formation spéciale. Il lui avait fallu, comme il l'avoue lui-même (*De officiis*, I, 1, 4), « enseigner avant d'avoir appris. » Il fut donc obligé de se mettre au courant sans tarder, et pour cela c'est aux écrivains de langue grecque qu'il s'adressa de préférence. Philon et Origène furent ses maîtres en fait d'exégèse. Pour l'enseignement moral et dogmatique, il utilisa les plus notoires parmi les écrivains ecclésiastiques grecs de son temps, Athanase, Basile, Cyrille de Jérusalem, Didyme, Épiphane, Grégoire de Nazianze, s'emparant avec avidité de leurs ouvrages, même de ceux qui n'avaient paru que de la veille. Cf. Wilbrand, *S. Ambrosius quos auctores quaeque exemplaria in epistulis componendis secutus sit*, Munster, 1910; *Ambrosius und Plato*, dans la *Römische Quartalschrift*, 1911, p. 42 sq. Il se forma ainsi une culture un peu tumultuaire, un peu composite, encore qu'elle décèle chez lui, à défaut d'une originalité bien marquée, une remarquable faculté d'assimilation.

Au surplus, ce n'est point dans ses livres qu'il a mis le principal de son activité ni le meilleur de lui-même. C'est surtout dans l'action pratique qu'il a donné sa mesure et manifesté la lucidité et l'énergie de sa volonté. Il a conquis par là l'admiration de ses contemporains (voy. les *testimonia* dans l'édition de Ballerini, t. 1), à part de rares dissonances (cf., pour l'attitude de saint Jérôme, P. de Labriolle, *op. cit.*, p. 26, note 2), et celle de la postérité. Quelques siècles plus tard, il sera compté, avec Jérôme, Grégoire et Augustin, parmi les quatre grands docteurs de l'Église.

V. BIBLIOGRAPHIE. — L'édition *princeps* des œuvres d'Ambroise parut à Venise en 1485. Aucun progrès décisif pour la constitution du texte ne fut réalisé avant l'édition des bénédictins Du Frische et Le Nourry, publiée en deux in-folio à Paris, de 1686 à 1690; réimprimée à Venise en 1738-1751, 4 vol. in-fol.; et en 1781-1782, 8 vol. in-8°.

L'édition bénédictine a été reproduite par Migne dans la *P. L.*, t. XIV-XVII, Paris, en 1845; il y a eu en 1866 et en 1880 une réimpression avec pagination nouvelle. Elle a également servi de base à l'édition de P. A. Ballerini, donnée à Milan de 1875 à 1883. Ballerini s'est contenté de collationer quelques manuscrits milanais. Son travail, très luxueusement présenté, a été sévèrement jugé par la critique. Une bonne partie des traités exégétiques d'Ambroise ont déjà trouvé place dans le *Corpus de Vienne*, par les soins de M. Schenkl, t. XXXII, pars I et II (1897), pars IV (1902). Signalons enfin l'édition spéciale du *De officiis* par Krabinger, Tubingue, 1857, avec notes critiques; et celle du Ier livre du *De excessu fratris Satyri*, par Schenkl, dans la collection d'opuscules relatifs à Ambroise qui ont été groupés sous le titre d'*Ambrosiana*, Milan, 1897.

Un certain nombre d'études de détail ont déjà été signalées dans les divers paragraphes ci-dessus. Nous indiquerons simplement ici les ouvrages généraux dont notre auteur a été l'objet. Ce sont Tillemont, *Mémoires pour servir à l'étude de l'histoire ecclésiastique*, 1705, t. x, p. 78, qui reste le guide consciencieux et indispensable. — A. Baunard, *Histoire de saint Ambroise*. 2e éd., Paris, 1872, très habilement agencé, mais d'une méthode plus littéraire que scientifique. — Th. Foerster, *Ambrosius, Bischof von Mailand, eine Darstellung seines Lebens und Wirkens*, Halle, 1884, excellente et très complète monographie. — Duc de Broglie, *Saint Ambroise*, Paris, 1899 (collection *Les saints*), qui est à consulter surtout pour l'activité politique d'Ambroise. — Un grand nombre de morceaux ont été traduits par P. de Labriolle, *Saint Ambroise*, Paris, 1908 (collection *La pensée chrétienne*) et reliés par des analyses. — Ce qui touche la chronologie de sa vie et de ses œuvres, Ihm a mis au point avec beaucoup de sagacité, dans *Jahrbücher für Klassische Philologie, Supplementband*, 1890, t. XVII, p. 1 sq., les résultats déjà dégagés par les bénédictins Du Frische et Le Nourry. — Beaucoup de discussions précieuses sont incluses aussi dans l'ouvrage de Rauschen, *Jahrbücher der christlichen Kirche unter dem Theodosius dem Grossen*, Fribourg-en-Brisgau, 1897. — Bardenhewer a classé les travaux récents dans sa *Gesch. der altkirchlichen Literatur*, 1912, t. III, p. 498-547.

La langue d'Ambroise n'a pas encore été étudiée à fond. On trouvera des indications utiles dans Steier, *Jahrbücher für Klassische Philologie, Supplementband*, 1903, t. XXVIII, p. 553-562; dans Francesco Lora, *Saggio sintetico comparativo su Girolamo, Agostino, Ambrogio*, Padoue, 1900; dans Engelbrecht, *Philologisches aus Augustinus und Ambrosius*, *Zeitsch. für österr. Gymn.*, t. VIII, n. 7, et Carl. Weyman, *Zu Ambrosius*, *Rh. Museum*, 1909, p. 328.

Pour l'iconographie du saint, cf. Wieland, *Zur Ikonographie des hl. Amb.*, dans la *Römische Quartalschrift*, n. 1 et 2, p. 132-135.

P. DE LABRIOLLE.

6. AMBROISE, évêque d'Altino. Voir ci-dessus, col. 822.

7. AMBROISE, disciple de Didyme l'Aveugle, qui ne nous est connu que par la notice suivante de saint Jérôme, dans le *De viris illustribus*, 126, *P. L.*, t. XXIII, col. 713 : *Ambrosius Alexandrinus, auditor Didymi, scripsit adversus Apollinarium volumen multorum versuum de dogmatibus ei, ut ad me nuper quodam narrante perlatum est, commentarium in Job qui usque hodie superest*. De ce volume dogmatique considérable, *multorum versuum*, contre Apollinaire de Laodicée, non plus que des commentaires sur Job, rien ne nous a été conservé. Et l'éditeur du *De viris illustribus* a pu écrire au-dessous du court passage de saint Jérôme cette note : *Ambrosii autem hujus nedum scripta, quae nulla superant, vix aut ne vix quidem nomen apud veteres invenias*. *P. L.*, t. XXIII, col. 713, note *b*. On a dit plus haut (col. 1089) que les premiers bollandistes, *Acta sanctorum*, mart. t. II, p.509, ont vu à tort dans ce personnage le saint Ambroise d'Alexandrie inscrit au 17 mars dans les martyrologes anciens, et qui est le diacre ami d'Origène et confesseur de la foi au IIIe siècle.

S. Jérôme, *De viris illustribus*, 126, *P. L.*, t. XXIII, col. 713. — Tillemont, *Mémoires pour servir à l'histoire ecclésiastique des six premiers siècles*, Paris, 1705, t. x, p. 397. — G. Bardy, *Didyme l'Aveugle*, Paris, 1910, p. 9. — Voir des références dans les deux auteurs dans U. Chevalier, *Répertoire..., Biobibliographie*, Paris, 1905, t. 1, col. 185.

S. SALAVILLE.

8. AMBROISE (Saint), archevêque de Sens, succéda à Siclin, vers le milieu du Ve siècle. Son nom ne se trouve inscrit, avec le titre de saint, que dans les martyrologes d'époque récente. On ne sait rien de sa vie, et la date même de sa mort, généralement fixée en 455, est incertaine. Son corps fut inhumé dans l'église des Saints-Gervais-et-Protais; on le transféra plus tard, en 876, avec ceux de plusieurs autres saints, au monastère de Saint-Pierre-le-Vif; il est actuellement conservé à la cathédrale.

Acta sanct., 1746, sept. t. I, p. 660.

C. COUILLAULT.

9. AMBROISE, évêque de Saintes, est mentionné dans la Vie de son successeur, saint Vivien ou Bibien comme ayant siégé au moins quatorze ans. Quant à la date de son épiscopat, on ne peut la connaître que d'une manière approximative, par déduction. Vivien, si nous en croyons sa Vie, fit une visite à un Théodoric, roi des Wisigoths, qui peut être soit le premier (419-451), soit le deuxième (453-466) du nom. L'épiscopat d'Ambroise, prédécesseur de Vivien, se placerait ainsi soit au début, soit dans le deuxième quart du ve siècle.

Vita Bibiani episcopi Santonensis, c. II, Krusch, *Monumenta Germaniae historica, Scriptores rerum Merovingicarum*, 1896, t. III, p. 95. — *Acta sanctor.*, 1743, aug. t. VI, p. 212. — L. Duchesne, *Fastes épiscopaux*, 1900, t. II, p. 72.

M. BESSON.

10. AMBROISE, abbés de Saint-Maurice (Valais, Suisse). Si l'on groupe les indications fournies par les sources diverses, on conclut à l'existence de quatre abbés de ce nom, vivant, le premier au IVe, les deux autres au VIe, et le dernier au VIIe siècle. Un examen plus attentif montre que ce nombre est exagéré. Le premier Ambroise est un personnage imaginaire, auquel il n'y a pas lieu de s'arrêter. Le dernier figure dans une chronique d'Ebersheim (Mabillon, *Annales ordinis sancti Benedicti*, 1739, t. I, p. 449), comme ayant donné des reliques de saint Maurice à saint Dié, évêque de Nevers, que plusieurs font vivre vers 670, mais dont l'époque exacte est impossible à déterminer. Duchesne, *Fastes épiscopaux*, 1900, t. II, p. 480. D'ailleurs, le fait que l'Ambroise du VIIe siècle manque dans le catalogue local et dans la chronique de Saint-Maurice rend son existence douteuse, jusqu'à nouvel ordre. Les deux autres Ambroise sont attestés par des documents sûrs.

Ambroise Ier fut d'abord abbé de l'Ile-Barbe, près de Lyon. Il vint avec Hymnémode à Saint-Maurice, lors de la fondation du monastère par Sigismond, au mois de mai ou de juin 515. Il succéda à Hymnémode dans la direction de l'abbaye, dès le début de 516, et mourut en 521, d'après certaines sources, en 523 d'après d'autres, le 2 novembre, jour où l'on vénère encore sa mémoire. De son temps, une nouvelle basilique, plus grande et plus riche que la première, fut élevée en l'honneur des martyrs saint Maurice et ses compagnons.

La chronologie des anciens abbés de Saint-Maurice étant très incertaine, on ne peut assigner de date précise ni au commencement ni à la fin du gouvernement d'Ambroise II. Il resta en charge trente ans, d'après la *Series abbatum Acaunensium*, vingt et un ans à peine, d'après la *Nomenclatura abbatum*, et mourut le 15 octobre, vers 580-590, après avoir vu son monastère saccagé par les Lombards en 574.

Aubert, *Trésor de l'abbaye de Saint-Maurice*, 1872, p. 21-22. — *Acta sanctor.*, 1887, nov. t. I, p. 543-551. — Hyrvoix, *Revue de la Suisse catholique*, 1889, t. XX, p. 881-883. — M. Besson, *Les origines des évêchés de Genève, Lausanne et Sion*, 1906, p. 24, 40.

M. BESSON.

11. AMBROISE, évêque de Novare. Deux évêques de Novare ont porté le nom d'Ambroise. Le premier vivait vers le milieu du VIe siècle ; le second, au début du VIIIe. Nous ne savons d'eux que le nom, qui figure au catalogue épiscopal.

F. Savio, *Gli antichi vescovi d'Italia. Il Piemonte*, 1898, p. 251-253.

M. BESSON.

12. AMBROISE, évêque d'Albi, se fait représenter au Ve concile d'Orléans, en 549, par son archidiacre, du nom de Viventius. Maassen, *Concilia aevi Merovingici*, p. 112.

L. Duchesne, *Fastes épiscopaux de l'ancienne Gaule*, Paris, 1900, t. II, p. 42.

L. DE LACGER.

13. AMBROISE, évêque de Troyes. L'évêque de Troyes Vincent, mort en 546, eut pour successeur Ambroise, sur lequel les documents sont de toute rareté. Les catalogues lui assignent le onzième rang et donnent seulement son nom. Le Cointe le croit décédé en 550 ou 551 ; mais Pithou, Camuzat, Desguerrois font durer son épiscopat jusqu'à l'année 570. Quoi qu'il en soit, Ambroise assista au concile d'Orléans de 549. Sa signature est la huitième et, au lieu d'*episcopus Tricassinus*, il écrivit *episcopus Trecensis*, sans doute pour se mieux distinguer de l'évêque de Saint-Paul-Trois-Châteaux, en latin *Tricastinus*.

Le Cointe, *Annales ecclesiastici Francorum*, t. I, p. 703, 750. — Pithou, *Bref recueil des évêques de Troyes*. — Camuzat, *Promptuarium*, fol. 156. — Desguerois, *La sainceté chrestienne*, fol. 119. — Hardouin, *Acta conciliorum*, t. II, col. 1430.

Arthur PRÉVOST.

14. AMBROISE, évêque de Carpentras, *ex civitate* Vindesca, connu par les souscriptions du concile de Paris de 614. Maassen, *Concilia aevi Merovingici*, p. 192.

Duchesne, *Fastes épiscopaux de l'ancienne Gaule*, Paris, 1907, t. I, p. 273.

U. ROUZIÈS.

15. AMBROISE, évêque de Marseille, figurait, au dire des historiens de ce siège, dans un diplôme de Pétrone, évêque de Vaison, du 1er février 683, en faveur du monastère de Groseau. Le chanoine Albanès l'avait maintenu « à titre provisoire et par déférence pour le grand nom de Mabillon » (*Armorial et sigillographie des évêques de Marseille*, 1884, p. 21) ; mais il s'aperçut plus tard qu'on avait invoqué à tort l'autorité du fondateur de la diplomatique dans cette attribution. *Gallia christiana novissima*, t. II, col. 31-33.

U. CHEVALIER.

16. AMBROISE (Saint), évêque de Cahors vers le milieu du VIIIe siècle. Sa légende dit ceci en résumé : malgré sa grande vertu et sa charité, malgré ses miracles, il éprouva de telles difficultés qu'il alla se cacher dans une caverne située en amont de la ville, sur les bords du Lot, ayant pour seul confident de sa retraite l'archidiacre Agrippinus. Il y resta trois ans, le corps enveloppé d'une chaîne dont il avait jeté la clef dans la rivière ; cette clef ayant été retrouvée dans le ventre d'un poisson, il vit dans cet événement un avertissement miraculeux et consentit à sortir de sa caverne ; mais ce ne fut pas pour remonter sur le siège épiscopal, bien que le peuple fût revenu à de meilleurs sentiments et que l'évêque, élu après sa disparition, lui demandât de reprendre sa place. Il s'en alla en pèlerinage à Rome et, à son retour de la ville sainte, vint terminer ses jours près de Bourges.

Cette Vie, dont certains détails sont assez bizarres et paraissent empruntés à d'autres légendes, même profanes, ne nous apprend rien de précis ni sur le temps ni sur les circonstances de l'épiscopat de saint Ambroise ; elle est cependant acceptée dans son fond comme certaine par les historiens. Son auteur assure avoir écrit presque sous la dictée de l'archidiacre Agrippinus, et de fait plusieurs détails sont si précis qu'ils paraissent indiquer un témoin oculaire. Bien des choses seraient propres à éveiller des doutes, mais les martyrologes les plus anciens mentionnent saint Ambroise ; quelques-uns omettent cependant sa qualité d'évêque, sans doute à cause des circonstances de sa vie d'ermite. Mgr Duchesne, *Fastes épiscopaux*, t. II, p. 46, parle d'un martyrologe du VIIIe siècle qui mentionne le saint évêque de Cahors. Il aurait donc eu de bonne heure grande réputation de sainteté, puisque les bollandistes placent le son épiscopat vers 745. Le Sanctoral de l'église de Cahors, cité par Lacroix, dans sa *Series episc. Cad.*, le fait siéger dans les premières années du règne de Pépin, roi des Francs :

c'est le seul texte de la légende de saint Ambroise qui donne une date approximative. Le bourg où il mourut, appelé *Ernotum* dans la légende, a pris dans la suite le nom de Saint-Ambroise (Saint-Ambroix); c'est également le nom qui fut donné à une église Saint-Pierre de la ville de Bourges, où son corps fut transféré au xe siècle, et à une abbaye fondée tout à côté au début du xie siècle et donnée à des chanoines réguliers de Saint-Augustin dès 1150. Cette abbaye de Saint-Ambroise de Bourges, détruite en 1562, fut restaurée peu de temps après et unie à la congrégation de France; il n'en reste plus aujourd'hui que le nom donné à ce quartier de la ville (Saint-Ambroix). Le diocèse de Bourges célébrait la fête de saint Ambroise le 18 octobre (bréviaire de 1625), celui de Cahors, le 16 du mois (calendriers du xvie siècle : bréviaires du xviie). En 1306, l'évêque Raymond Pauchel fit édifier une chapelle au-dessus de la caverne où le saint s'était enfermé trois ans, et que des miracles nombreux, disait-on, achevaient de rendre illustre; la chapellenie en fut unie, au xviiie siècle, aux chanoines réguliers de Cahors; le chemin de fer de Cahors à Capdenac a presque complètement détruit la chapelle et la caverne de Saint-Ambroise, ou Ambré, comme on dit dans le pays.

Textes dans Lacroix, *Series ep. Cad.*, § 44, traduct. Ayma, t. i, p. 156. — *Gallia christ.*, t. i, *Instrumenta*, col. 25; c'est à peu près le même, sauf le nom d'Allogiosus donné à l'évêque; textes plus complets dans *Acta sanct.*, octob. t. vii, p. 1031-1046. — Dominici, *Hist. du païs de Querci*, ms. de la Bibl. de Cahors, t. iii, c. xiv; d'après un ms. de la bibliothèque de Saint-Victor; cf. à la Biblioth. nation., fonds lat. *11757*, fol. 145; *14651*, fol. 69. — Anciens bréviaires de Bourges et de Cahors; le plus ancien *propre* connu pour Cahors, 1659, p. 34-35. — Lacoste, *H. du Quercy*, t. i, p. 273. — *Bibl. hag. lat.* (1898), p. 61. — Ceillier, *Hist. des aut. eccl.*, 2e édit., t. xii, p. 119-120. — *P. L.*, t. lxxxix, col. 197-236. — *Hist. litt. France*, 1738, t. iv, p. 137-141. — Lacarrière, *Hist. des év. de Cahors*, etc., V[e] part., p. 5-37, etc. — On peut comparer certains détails de la légende de saint Ambroise : fuite du personnage, clefs jetées à l'eau et retrouvées dans le corps d'un poisson, etc., avec quelques détails analogues de la légende de saint Maurille, évêque d'Angers (ve siècle).

E. ALBE.

17. AMBROISE, prêtre de Milan, est connu par une lettre qu'il écrivit à Atton, évêque de Verceil († 960). Celui-ci l'avait consulté au sujet du mariage d'un certain Théodoric, qui avait épousé la fille de son parrain. Ambroise répondit que ces sortes de mariages étaient défendus dans son église, et, en même temps, il demandait à Atton le sens des mots *presbytera* et *diacona*, qui se trouvaient dans la prétendue lettre du pape Zacharie. *P. L.*, t. cxxxiv, col. 112.

Argelati, *Biblioth. script. Mediol.*, t. i, p. 44. — Ceillier, *Hist. génér. des aut. sacrés et eccl.*, 2e éd., t. xii, p. 825.

P. ARCARI.

18. AMBROISE, moine de Saint-Ouen de Rouen. Au temps de l'abbé Nicolas Ier († 1092), le monastère de Saint-Ouen fut un centre d'études remarquable. A côté des moines Thierry et Jean, qui composèrent divers ouvrages sur saint Nicaise et sur saint Ouen, figure un certain Ambroise qui s'intitule *servus Christi*. Nous lui devons une *Passio sanctae Agnetis virginis et martyris quae est* xiie *kl. februarii*. L'œuvre est dédiée *virginibus sacris*. Elle commence par les mots : *Diem festum Agnetis*, etc. L'avant-dernière phrase surtout est à considérer : *Haec ego Ambrosius servus Christi, dum in voluminibus abditis inveniserem scripta, non sum passus infructuoso silentio tegi. Ad honorem igitur tantae martyris sicut gesta ejus agnovi, conscripsi*, etc. L'auteur se borna-t-il simplement à remplir le rôle de copiste? A-t-il modifié, et dans quelle mesure, un texte antérieur qu'il avait sous les yeux? Nous ne saurions le dire.

La tradition manuscrite de cette *Passio* ne paraît pas remonter plus haut que notre Ambroise. C'est ce texte que donnent les bollandistes, dans leurs *Acta sanctorum*, jan. t. ii, p. 351-354. La *Bibliotheca hagiographica latina*, n. 156, n'en connaît pas d'autre. Elle la signale parmi les œuvres de saint Ambroise (*P. L.*, t. xvii, p. 735-742) et l'attribue à un pseudo-Ambroise. Il y aurait lieu d'examiner la filiation des manuscrits de Trèves et d'ailleurs, que les bollandistes ont eus entre les mains. S'ils sont contemporains du *Livre noir* ou antérieurs à lui, l'Ambroise du commencement et de la fin de la *Passio* ne saurait être roucunais. Un moine anonyme de Saint-Ouen se serait tout simplement borné à transcrire le texte traditionnel sans y rien changer. Mais il y a quelque apparence que le copiste était vraiment rouennais et s'appelait Ambroise, comme l'indique la place qu'occupe son récit ns le *Livre noir*, réservé aux œuvres des écrivains de l'abbaye.

Il est assez difficile de fixer exactement l'époque où il vécut, du moins les dates extrêmes de sa vie. Il fut sûrement le contemporain du moine Jean, l'un des copistes du *Livre noir*. D'après une conjecture de dom Pommeraye, le moine Jean aurait rempli les fonctions de notaire au concile tenu à Reims, en 1119 par Calixte II. Mais cette conjecture est risquée. Du moins nous savons que le catalogue métrique des archevêques de Rouen, que contient le *Livre noir* s'arrête, pour le premier copiste, à Guillaume Bonne Ame, mort le 9 février 1110. On en peut conclure que le *Livre noir* est du premier quart du xiie siècle. Or le récit d'Ambroise figure, dans le manuscrit, entre les œuvres de Jean sur saint Nicaise et sur saint Ouen. Il est vraisemblable que toutes ces compositions datent de la même époque, et donc de la fin du xie siècle ou du commencement du xiie.

Dom Pommeraye estime que la *Passio* de saint Agnès en vers hexamètres léonins, qui fait suite à l'ouvrage précédent dans le *Livre noir*, doit être attribuée au même Ambroise. De cela, pas d'autre preuve que la similitude de sujet. Comme ce texte, autant que nous pouvons le savoir, est inédit, nous en donnerons ici l'*Incipit* et le premier vers :

Virgae regalis de germine flos specialis.

Pro fidei norma, mundi caput aurea Roma
Protulit hunc florem mundi qui sprevit amorem.
Scilicet Agnetem sacris opibus locupletem.

Error damnatur, rex regum magnificatur.

La pièce contient 201 vers de cette sorte.

Pour dire toute notre pensée, il ne nous semble pas que les transcriptions du récit en prose et du poème en vers, bien que du même temps, soient de la même main.

Livre noir de Saint-Ouen de Rouen, coté Y 41 = 140 dans Omont, *Manuscrits de la bibliothèque municipale de Rouen*, t. i, p. 406. — Dom Pommeraye, *Histoire de l'abbaye royale de Saint-Ouen de Rouen*, Rouen, 1662, p. 339. — *Histoire littéraire de la France*, Paris, 1868, t. x, p. 261. — *Acta sanct.; Bibliotheca hagiographica latina*, loc. cit. — Albert Poncelet, *Catalogus codicum hagiographorum latinorum bibliothecae publicae Rotomagensis*, dans *Analecta bollandiana*, 1904, t. xxiii, p. 221.

E. VACANDARD.

19. AMBROISE, évêque de Trévise. Le chapitre de cette ville l'élut en 1199, et demanda au Saint-Siège la confirmation de ce choix. Mais, paraît-il, cette réponse tarda beaucoup, parce qu'un document daté de l'an 1201 l'appelle encore *electus*. On ne connaît pas la date de sa mort, mais sa démission eut lieu en 1208. Nous apprenons ce détail par deux lettres du pape Innocent III au chapitre de Trévise et à l'évêque de Concordia. *P. L.*, t. cxvi, col. 71-73. Ambroise donna sa démission, parce qu'il craignait que son élection n'eût été entachée de simonie. Il avait appris, en effet, qu'un de ses parents aurait donné de l'argent pour le faire évêque. Une autre lettre du même pape, *ibid.*, col. 805, nous apprend que la commune de Trévise avait enlevé à Ambroise des droits de perception, pour lesquels elle donna deux mille livres à son successeur.

Ughelli, *Italia sacra*, 2ᵉ éd., t. v, col. 535-536. — Cappelletti, *Le Chiese d'Italia*, t. x, p. 632.

A. PALMIERI.

20. AMBROISE, évêque de Verceil. Mabillon, *Bibliotheca bibliothecarum manuscripta nova*, Paris, 1739, t. I, col. 128, cite une lettre d'Ambroise, *episcopus Vercellensis Ecclesiae ad Vercellenses*. Cette lettre se trouverait dans le *cod. Vat.* latin *281*. Le renseignement de Mabillon a induit en erreur Mazzuchelli, qui, à la liste des évêques de Verceil dressée par Ughelli, ajoute le nom de cet Ambroise, évêque inconnu du XIIIᵉ siècle. C'est à ce siècle, en effet, que remonte le *codex* cité plus haut. Tous les catalogues des évêques de Verceil ne mentionnent pas cet Ambroise, et à bon droit. Le *cod. Vat.* latin *281* contient tout simplement la lettre de saint Ambroise aux habitants de Verceil. *P. L.*, t. XVI, col. 1189-1220.

A. PALMIERI.

21. AMBROISE, évêque de Nicastro. Il aurait été élu en 1323; sa mort, d'après Ughelli, serait survenue en 1333. Nous ne savons rien sur sa vie.

Ughelli, *Italia sacra*, 2ᵉ éd., t. IX, col. 405. — Cappelletti, *Le Chiese d'Italia*, t. XXI, p. 202.

A. PALMIERI.

22. AMBROISE, nommé évêque de Cesena, le 25 juin 1326, par Jean XXII. Eubel, *Hierarchia medii aevi*, t. I, p. 158. On ne sait rien sur sa vie. Nous savons qu'il était augustin (Eubel, *loc. cit.*), quoiqu'on ait aussi affirmé qu'il était franciscain. Sa mort eut lieu en 1332.

Ughelli, *Italia sacra*, 2ᵉ éd., t. II, col. 458-459. — Braschi, *Memoriae caesenates sacrae et profanae*, Rome, 1738, p. 261. — Cappelletti, *Le Chiese d'Italia*, t. I, p. 541. — Crusenius-Lanteri, *Monasticon augustinianum*, Valladolid, 1890, p. 347.

A. PALMIERI.

23. AMBROISE D'ABBIATE, dominicain italien, appartenait au couvent de Saint-Eustorge, de Milan. Il aurait été nommé par Boniface IX à l'archevêché de Mitylène, dans l'île de Lesbos, en 1402. Il fut envoyé au concile de Constance par Jean XXIII ou plutôt par Grégoire XII. Son nom figure parmi les signataires de la condamnation des neuf propositions de Jean Petit (23 février 1414).

Échard, *Scriptores ord. praed.*, 1721, t. I, p. 757. — Gams, *Series episcoporum*, p. 449.

R. COULON.

24. AMBROISE ALENTSENIUS. Voir ALANTSEE (Ambroise), t. I, col. 1338.

25. AMBROISE D'ALTAMURA, de son vrai nom, *del Giudice*, naquit le 16 novembre 1608, à Altamura (Bari), et entra dans le couvent dominicain de sa ville natale. Après avoir enseigné plusieurs années dans l'ordre, il fut promu au grade de maître en théologie, au chapitre général de Valencia (1647), et désigné comme régent des études au couvent de San Domenico di Andria. Il mourut peu avant 1677. Il a laissé un certain nombre d'ouvrages signalés par Échard, *Scriptores ord. praed.*, t. II, p. 661. Il est plus connu par son essai d'histoire littéraire de son ordre, qui porte le titre suivant : *Bibliothecae dominicanae accuratis collectionibus primo ab ordinis constitutione usque ad annum 1600 productae hoc seculari apparatu incrementum et prosecutio*, in-4°, Rome, 1677, p. 550. L'auteur mourut, alors que son travail était en cours d'impression. L'ouvrage est réparti en quatre centuries, correspondant aux quatre siècles d'existence de l'ordre. De la p. 427 à 550, l'auteur, en forme d'*Appendix*, a introduit un très grand nombre de corrections et d'additions. La table des noms d'écrivains remplit les pages 551-590. Altamura n'offre guère de garanties sérieuses. Ainsi que le fait remarquer Échard, les anachronismes sont très fréquents, plaçant un auteur soit cent ans avant, soit cent ans après la date véritable de son existence; très souvent aussi, il mutile une biographie en faisant deux personnages d'un seul. C'est sans doute à cause de ces graves défauts et d'un manque complet de critique qu'on ne jugea pas à propos de faire imprimer un second volume où il traitait des écrivains du XVIIᵉ siècle. Dans le cours de son ouvrage, il renvoie souvent à une *Chronologia* qui n'a jamais paru. Altamura, et c'est justice de le dire, ne se faisait nullement illusion sur les défauts de son travail et, en tête de son *Appendix*, il se déclare prêt à recevoir *hilariter* toutes les corrections qu'on lui adresserait.

Échard, *Scriptores ordinis praedicatorum*, Paris, 1721, t. II, p. 661.

R. COULON.

26. AMBROISE D'AMIENS, frère mineur capucin. Il était licencié de Sorbonne, quand il prit l'habit au couvent de Saint-Honoré de Paris, le 20 décembre 1575. On le trouve prédicateur dès 1584, et il reçoit de Grégoire XIII les patentes de missionnaire apostolique. Il fut nommé plusieurs fois gardien et partit pour le Brésil en 1611, avec les PP. Yves d'Évreux, Claude Foulon d'Abbeville et Arsène de Paris. Il mourut en l'île Marañon, le 9 octobre 1612.

Bibl. nat. Paris, *f. fr.* 25045. Catalogue des morts, p. 17, et *f. fr.* 25046, p. 72-77 (15ᵉ éloge). — Arsène de Paris, *Discours et congratulation de la France sur l'arrivée des PP. capucins en l'Inde nouvelle... en la terre du Brésil*, Paris, 1613; *Dernière lettre du R. P. Arsène de Paris estant de present... en une isle appelée Marugnan*, Paris, 1613. — *Études franciscaines* 1912, t. XXVII, p. 276. — Timoteo Dani da Brescia, *Alto Brasile. Missione e colonie dei capuc.* Lombardi, Milan, 1911.

P. UBALD d'Alençon.

27. AMBROISE DES ANGES, célèbre missionnaire portugais de l'ordre de Saint-Augustin. Il prit l'habit monastique dans le couvent de Sainte-Marie-des-Grâces, à Lisbonne, et prononça ses vœux le 2 décembre 1612. Pendant dix-huit ans, il travailla à la conversion des schismatiques dans la Perse et dans la Géorgie, et il se rendit ensuite dans les Indes (Goa), où il mourut, on ne sait à quelle époque. On a de lui plusieurs relations historiques imprimées ou inédites sur les missions des augustins en Géorgie, et un récit du martyre de la reine Kéthéwan, martyrisée le 12 septembre 1624, par Chah-Abaz, qui voulait la contraindre à embrasser l'islamisme. Brosset, *Histoire de la Géorgie*, Saint-Pétersbourg, 1856, t. II, 1ʳᵉ part., p. 166. Cette relation a été publiée par Michel Tamarati, dans *L'Église géorgienne des origines jusqu'à nos jours*, Rome, 1910, p. 482-484.

Antoine de la Purification, *De viris illustribus antiquissimae provinciae Lusitanae ordinis eremitarum S. Augustini*, Lisbonne, 1741, t. I, p. 130. — Moral, *Catálogo de escritores agustinos*, dans *La Ciudad de Dios*, 1894, t. XXXV, p. 365-366. — Crusenius Lopez, *Monasticon augustinianum*, p. 481.

A. PALMIERI.

28. AMBROISE D'AQUILA, frère mineur convers, né à Pizzoli, bourgade près d'Aquila, accompagna saint Jean de Capistran dans sa mission d'Allemagne, en 1451. Il assista à la bataille de Belgrade, le 22 juillet 1456, et à la mort de l'apôtre, le 23 octobre suivant. Il fut un de ceux que le saint chargea de rapporter ses ouvrages en Italie, au couvent de Capestrano, où ils sont encore. Après une vie consacrée aux exercices de la prière et de la charité, il mourut au couvent des observants de Sant' Angelo sur Ocre, non loin d'Aquila, dans la province de Saint-Bernardin, vers 1508. Pendant sa vie et après sa mort, il fit des miracles en très grand nombre. Durant trois siècles, les gens de Pizzoli venaient, au mois de mai, en procession, au couvent de Sant' Angelo, pour vénérer les reliques du bienheureux Ambroise.

Wadding, *Annales minorum*, Rome, 1735, t. xii, p. 80, 394, 397; t. xv, p. 332. — Gonzaga, *De origine seraphicae religionis*, Venise, 1603, p. 478. — Arthurus a Monastero, *Martyrologium franciscanum*, Paris, 1653, p. 131. — *Analecta franciscana*, Quaracchi, 1885, t. i, p. 78. — Gerol. Costa, *Il convento di S. Angelo di Ocre e sue adiacenze*, Aquila, 1912, p. 163-166.

ANTOINE de Sérent.

29. AMBROISE AUTPERT, né en Gaule, moine à Saint-Vincent du Vulturne (Italie), où il fut ordonné prêtre et où il s'adonna au ministère de la prédication auprès du peuple, fut élu abbé par les moines francs du monastère, tandis que les Lombards élisaient Pothon. Cité, avec son compétiteur, devant le pape Adrien, il mourut en se rendant à Rome. Étant donné le terme de *spirituali compatri*, dont se sert le pape dans les lettres qu'il écrivit à ce sujet à Charlemagne, on a été amené à supposer que la date de décès d'Autpert, 19 juillet 778, donnée par la Chronique de Saint-Vincent, n'est pas correcte, et qu'il faut reporter cet événement après le 15 avril 781. Jaffe, *Monumenta Carolina*, Berlin, 1867, cp. LXVIII-LXIX, p. 212-218.

On a de lui : 1º un Commentaire sur l'Apocalypse, commencé sous le pontificat de Paul Iᵉʳ (757-767) et achevé sous celui d'Étienne III (768-772); — 2º *Conflictus vitiorum atque virtutum*, dédié à l'abbé Lantfride de Benedictbeuern en Bavière, ouvrage ascétique très répandu au moyen âge, époque où il passa sous les noms de saint Augustin (*P. L.*, t. xl, col. 1091-1106), de saint Ambroise (*P. L.*, t. xvii, col. 1057-1074), de saint Grégoire le Grand, de saint Léon, de saint Isidore de Séville (*P. L.*, t. lxxxiii, col. 1131-1144); voir Arevalo dans ses *Isidoriana*, n. 20-41, *ibid.*, t. lxxxi, col. 615-624), tandis qu'au xviiᵉ siècle on crut pouvoir l'identifier avec l'*Antirrheticum* d'Évagrius ou avec le *De compugnantia virtutum et vitiorum* attribué à saint Jean Chrysostome, et que Constantin Cajetan y voyait l'œuvre d'un bénédictin de Milan. La véritable origine du traité fut reconnue par les mauristes, dans leur édition de saint Augustin; — 3º Vies des saints Paldon, Tason et Taton, fondateurs du monastère de Saint-Vincent, attribuées à Autpert par Paul Warnefride (*Histor. Longob.*, vi, 40, dans *Mon. Germ. hist., Script. rer. Langob.*, éd. Waitz, 1878, p. 179) et le chroniqueur de Saint-Vincent (Mabillon, *Acta sanct. ordin. S. Bened.*, saec. iii, 1ʳᵉ part., p. 423-433; Muratori, *Script. rer. Italic.*, t. i, p. 339-344; *Acta sanct.*, octob. t. v, p. 655-661; *P. L.*, t. lxxxix, col. 1319-1332); — 4º Homélies sur la cupidité, la Purification de la sainte Vierge, la Transfiguration (Martène, *Ampl. coll.*, t. ix, col. 219-235; *P. L.*, t. lxxxix, col. 1277-1320), sur l'Assomption de la sainte Vierge (Mabillon, *op. cit.*, saec. iii, 2ᵉ part., p. 266-267; *P. L.*, t. xxxix, col. 1275-1278), donnée auparavant dans les œuvres de saint Augustin (serm. cxciv, *P. L.*, t. xxxix, col. 2104-2107). Dom Morin a signalé dans le ms. *Paris. 3783* (vol. ii, fol. 158 b-273) la série des homélies d'Autpert *in natale S. Mariae* et fait remarquer que le fameux *sermo S. Hieronymi, Qualis et quanta esset*, qu'on lit dans le bréviaire au 8 décembre, est l'œuvre d'Autpert (*Revue bénédictine*, 1891, t. viii, p. 275-276, 278); — 5º divers sermons signalés par dom Rivet, donnés dans les manuscrits sous le nom d'Ambroise ou de l'abbé Autpert du Mont-Cassin, mais dont la critique n'a pas encore été faite; — 6º des commentaires sur le Lévitique et sur le Cantique des cantiques, au dire du chroniqueur de Saint-Vincent; — 7º *Oratio contra septies septena vitia* (*P. L.*, t. xvii, col. 755), attribuée à Autpert dans le *Clm. 6910* et dans un manuscrit Barberini aujourd'hui au Vatican. D. Morin est porté à croire qu'il faut aussi regarder Autpert comme l'auteur de la prière *Summe sacerdos et vere pontifex* (*P. L.*, t. xvi, col. 751) encore conservée dans la préparation à la messe dans le missel romain. « Par son érudition comme par sa façon d'écrire, dit D. Morin, Autpert constitue un véritable phénomène, une sorte d'énigme; on se demande où et comment il a pu acquérir une telle formation, dans ce temps et dans un pareil milieu. »

Mabillon, *Acta sanct. ord. S. Bened.*, saec., iii, 2ᵉ part., p. 259-267; *P. L.*, t. lxxxix, col. 1265-1276. - - *Acta sanct.*, jul. t. iv, p. 646-651. — Fabricius, *Bibliotheca latina*, Florence, 1858, t. i, p. 77-78. — Muratori, *Rer. Ital. script.*, t. i, 2ᵉ part., p. 359-360, 365. — Ceillier, *Hist. des auteurs sacrés*, 2ᵉ éd., t. xii, p. 120-126. — J. Haussleiter, dans *Realencyklop. für protest. Theologie*, 1897, t. ii, p. 308-309. - - G. Morin, *Le « Conflictus » d'Ambroise Autpert et ses points d'attache avec la Bavière*, dans *Revue bénédictine*, 1910, t. xxvii, p. 204-212.

U. BERLIÈRE.

30. AMBROISE D'AUXERRE, frère mineur capucin, prédicateur à Amiens contre les jansénistes. Il fut interdit par l'évêque en 1644. On le trouve à Beauvais, le premier dimanche d'août 1653, chez les dominicains, prêchant le rosaire. Il avait pris l'habit au couvent de Saint-Jacques à Paris, le 4 décembre 1633.

Bibl. nat. Paris, *f. fr. 25045*. — God. Hermant, édition Gazier, *Mémoires*, t. i, p. 297; t. ii, p. 207.

P. UBALD d'Alençon.

31. AMBROISE DI BINDO, religieux dominicain du couvent de San Domenico de Sienne, pratiqua avec succès l'art de la peinture sur verre. En 1398, il travaillait avec *maestro di Niccolò* à la grande verrière du chœur du *Duomo*; en 1404, il fait les verrières des chapelles de *Sant' Ausano, San Vittorio* et de *San Savino*, également dans la cathédrale; en 1409, autre verrière pour la chapelle de Saint-Sébastien. Dans un livre de comptes du grand hôpital *della Scala*, il est encore fait mention de fra Ambrogio à la date du 24 avril 1411. On lui commande deux verrières. La même année, il travaille encore pour la cathédrale et, sur le livre *Debitori e creditori*, il figure comme ayant fait quatre verrières représentant quatre martyrs et de plus trois fenêtres rondes, avec une grande rosace large de six bras. Entré dans les bonnes grâces des recteurs de la cité, il occupa plusieurs charges rétribuées, celles par exemple de *Spenditore del Palazzo* (1414), de gardien de l'horloge publique (1406-1415). Le 29 février 1415 (style nouveau 1416), nous le trouvons de nouveau occupé à des travaux de peinture sur verre dans la salle dite *delle Balestre*, au palais communal. Mais on le dit religieux camaldule, ce qui ferait supposer qu'il aurait quitté l'ordre dominicain. Après cette date (1415), on ne trouve plus trace de lui.

Vinc. Marchese, *Memorie dei più insigni pittori, scultori e architetti domenicani*, 4ᵉ édit., Bologne, 1878, t. i, p. 449.

R. COULON.

32. AMBROISE CALEPINO. Voir CALEPINO (Ambrogio).

33. AMBROISE DE CAMBRAI. Voir CAMBRAI (Ambroise de).

34. AMBROISE DE CORA (*Coranus, Coriolanus, Khoranus*), religieux augustin, célèbre par sa science, et les luttes soutenues contre les adversaires de sa famille religieuse. Il était né à Cora ou Cori, petite ville de l'État romain, de la famille Massari, et avait pris l'habit religieux dans le couvent de son pays natal. En 1463, il fut nommé regens des études au couvent de Pérouse et, en 1465, à celui de Naples. En 1476, après la mort du P. Jacques d'Aquila, prieur général des augustins, il fut élevé par Sixte IV à la charge de vicaire général de son ordre et, l'année suivante (1477), dans le chapitre général de Rome, élu prieur général. Il travailla avec zèle à rétablir l'observance religieuse dans les couvents de son ordre, à organiser la congrégation des augustins de Lecceto, et à défendre les traditions augustiniennes. Pendant qu'il était prieur général, les chanoines réguliers de Saint-Augustin attaquèrent violemment, dans plusieurs brochures, les ermites de Saint-Augustin. La ville de Milan voulait élever dans sa cathédrale quatre statues aux quatre grands docteurs de l'Église latine. Les chanoines réguliers exigèrent que la statue de saint Augustin reproduisît leur habit religieux. Les ermites protestèrent à leur tour, et eurent gain de cause. Mais deux chanoines réguliers, le P. Eusèbe Corradi de Milan et le P. Dominique Franchi de Trévise, publièrent deux brochures, où l'on attaquait les ermites de Saint-Augustin. Le P. Ambroise de Cora composa alors un *Defensorium ordinis*, qu'il publia en 1481 et dédia à Sixte IV. Comme ce différend s'envenimait, Sixte IV défendit, en 1484, aux uns et aux autres de continuer leurs disputes. La lettre du pape a été publiée par Bzovius, *Annales ecclesiastici*, Cologne, 1627, t. XVIII, p. 250-251. En 1485, par ordre d'Innocent VIII, le P. Ambroise fut enfermé au château Saint-Ange. On ne sait pas au juste le motif de cette mesure de rigueur. D'après Ciacconius, le P. Ambroise aurait attaqué Innocent VIII, en disant publiquement qu'il était né dans les ténèbres et qu'il devait y vivre et mourir, *Vitae et res gestae pontificum romanorum*, Rome, 1677, t. III, col. 93. Bzovius raconte que le *Defensorium ordinis*, par la violence de son style, avait déplu au pape et aux cardinaux. Sixte IV avait décidé qu'il fût brûlé et Innocent VIII, pour couper court aux querelles entre chanoines réguliers et ermites, aurait jeté en prison le P. Ambroise. D'après Torelli, il y aurait eu des différends entre le P. Ambroise et Innocent VIII, avant que celui-ci fût élevé au souverain pontificat. Le P. Gaspard d'Orvieto, ex-procureur général de l'ordre, que le P. Ambroise avait déposé de sa charge, profitant de cette inimitié, accusa son supérieur général d'avoir employé des mots blessants à l'adresse du pape, et telle aurait été la cause de l'emprisonnement de ce religieux. Après un mois de captivité, le P. Ambroise reçut l'ordre de sortir du château Saint-Ange et de se retirer dans le couvent de Saint-Augustin de Rome. Mais la douleur que lui causa cet affront fut si grande qu'il mourut quelques jours plus tard, en pardonnant à son calomniateur.

Le P. Ambroise de Cora était un savant théologien et historien. En 1481, il publia à Rome, *typis Georgii Herolt de Bamberga*, un recueil qu'on garde à la bibliothèque Angelica et qui est un joyau typographique. On y trouve : 1º *Vita praecellentissimi Ecclesiae doctoris divi Aurelii Augustini Iponensis antistitis, edita a sacrae theologiae professore magistro Ambrosio Coriolano, cive romano, et totius sacri ordinis fratrum heremitarum eiusdem sancti generali, et praefatio in commentarios super regula ipsius ab eodem generali compositos*; 2º *Commentarii super regula divi Augustini Iponensis episcopi …per modum dialogi*; 3º *Commentarii Ambrosii Choriolani generalis augustiniani in secundam regulam S. Augustini*. Ces deux commentaires très étendus sur les deux règles de saint Augustin sont de vrais traités de perfection religieuse, dont les matériaux sont puisés en grande partie dans les œuvres du saint docteur. Ils ont été traduits en français sous ce titre : *Explication de la règle de S. Augustin, publiée sous forme de dialogue en 1480 par Ambroise Coriolan, traduite pour la première fois par le secrétaire du vice-gérant de l'ordre*, Abbeville, 1861-1863. Mansi cite aussi une édition de ces Commentaires, parue à Strasbourg en 1480. Cette date est erronée. Il faut lire 1490; 4º *Defensorium ordinis fratrum eremitarum S. Augustini responsivum ad maledicta canonicorum assertorum regularium congregationis Frisonariae*. Dans cet ouvrage fameux dédié à Sixte IV, le P. Ambroise s'efforce de démontrer que le capuce (*cuculla*) et la ceinture faisaient partie de l'habit religieux de saint Augustin; que l'ordre des ermites a été fondé par le saint docteur; que, les basiliens exceptés, les ermites sont l'ordre le plus ancien de l'Église catholique; que saint Augustin fonda plusieurs couvents d'ermites; que cet ordre a été approuvé et confirmé par l'Église; que les sermons de saint Augustin *ad heremitas* sont authentiques. Le *Defensorium* est suivi de plusieurs sermons de saint Augustin. Un de ceux-ci a été publié par le P. Pierre de Alva sous ce titre : *Incipit sermo S. Augustini de assumptione Virginis vel Ambrosii Corani Bibliotheca virginalis seu Mariae mare magnum*, Madrid, 1648, t. III, p. 588-590. Comme pièces à l'appui du *Defensorium*, le P. Ambroise publia aussi la lettre de Sigebert *in epistolam ad Macedonium de beato Augustino episcopo*; la *Chronica divi Antonini archiepiscopi Florentini de regula, habitu et constitutionibus fratrum ord. heremitarum S. Augustini*, la vie de saint Augustin par Possidius, la bulle de canonisation de saint Nicolas de Tolentino; 5º *Cronica sacratissimi ordinis fratrum heremitarum S. Augustini ex dictis eiusdem S. Augustini, Ambrosii, Possidonii, Sigisberti, multorumque aliorum antiquorum doctorum, nec non et modernorum, utpote magistri Herrici de Urimaria, Jordanis, Francisci Petrarchae, Antonini archiepiscopi Florentini, ac insuper ex innumeris privilegiis et indultis a Sede apostolica praefato ordini concessis*. Le *Defensorium* avec ses pièces annexes, et la Chronique de l'ordre de Saint-Augustin ont été réimprimés à Rome, l'an 1482. Le manuscrit *5621* de la Bibliothèque nationale de Paris contient les ouvrages suivants inédits du P. Ambroise de Cora : *Vita beatae Christinae Spoletanae*; 2º *Epistola ad Benedictum de Anania*; 3º *Oratio de lectoriae gradu*; 4º *Principium in legendam astrologiam*; 5º *Oratio de sacerdotum vita*; 6º *Orationes duae de laudibus theologiae*; 7º *Oratio de laudibus Joannis evangelistae, et de vitae contemplativae celsitudine* publiée à Rome, sans date; 8º *Oratio de laudibus S. Augustini*; 9º *Oratio de sapientia et scientia Christi*; 10º *Oratio de eligendo novo generali, Bononiae, anno 1470 habita*; 11º *Oratio de pace*; 12º *Oratio in illud* : « *Erat Jesus ejiciens daemonium*, »; *Catalogus codicum manuscriptorum bibliothecae regiae*, Paris, 1744, IIIe partie, t. IV, p. 142. Dans sa Chronique de l'ordre de Saint-Augustin, Panfilo cite aussi de lui les traités suivants : 13º *De regimine principum*; 14º *De inventione artium*; 15º *De sphaera Virginis*; 16º *De dignitate sacerdotii*; 17; *De immortalitate animae*; 18º *De modo orandi*; 19º *De idea*; 20º *De veritate fidei christianae*; 21º *De proprietatibus angelorum*; 22º *De essentia Dei*; 23º *De conceptione Virginis Mariae*, publié à Rome, en 1473; 24º *De ineffabili verbo Dei*; 25º *De circumcisione Christi*; 26º *Super primum Sententiarum*; 27º *Super libros Posteriorum Aristotelis*; 28º *Super artem veterem*; 29º *Super tractatum de sphaera*; 30º *De laudibus urbis Romae*; 31º *Sermonum volumina duo*. *Chronica ordinis fratrum eremitarum sancti Augustini*, Rome, 1581, fol. 93.

On trouve à la bibliothèque Angelica un autre traité du P. Ambroise, *De animae dignitatibus*, qui n'est pas mentionné par Panfilo et Ossinger, *cod.*

835. Narducci, *Catalogus codicum manuscriptorum in bibliotheca Angelica,* Rome, 1893, t. I, p. 337. Les bibliophiles citent de lui ces ouvrages rarissimes : *Oratio de conceptione Virginis, ad reverendissimum in Christo patrem ot dominum Guilielmum episcopum Ostiensem, sacrosancte romane Ecclesiae cardinalem Rothomagensem,* 1472 ; *Ad maximum romanorum pontificem Paulum II, De Joannis apostoli et evangeliste laudibus, et de vite contemplative celsitudine,* Rome, 1478 ; *Orationes in die S. Augustini, ordinis eremitarum patris et fundatoris, habitae coram Pio II totoque cardineo coetu, opera F. Augustini Carillo e tenebris erutae et denuo editae in lucem,* Romae, anno 1663, *Bibliotheca aprosiana,* Hambourg, 1734, p. 4.

Gesner-Simler, *Bibliotheca,* Zurich, 1574, p. 30. — Panfilo, *Chronica ordinis fratrum eremitarum sancti Augustini,* Rome, 1581, fol. 90, 92-93. — Possevinus, *Apparatus sacer,* Venise, 1606, t. I, p. 72. — Gratianus, *Anastasis Augustiniana,* Anvers, 1614, p. 24. — Roman, *Chronica de la orden de los ermitanos de sancto Agustin,* Salamanque, 1619, p. 94-95, 99. — Herrera, *Alphabetum augustinianum,* Madrid, 1644, t. I, p. 41. — Marracci, *Bibliotheca mariana,* Rome, 1648, t. I, p. 64. — Elssius, *Encomiasticon augustinianum,* Bruxelles, 1654, p. 44-45. — Fabricius, *Bibliotheca ecclesiastica,* Hambourg, 1718, p. 198. — Le Mire, *Auctarium de scriptoribus ecclesiasticis, ibid.,* p. 97. Cet auteur se trompe en affirmant que le P. Ambroise était dominicain. Cf. Quétif-Échard, *Scriptores ordinis praedicatorum,* t. I, p. 907. — Gandolfi, *De ducentis celeberrimis augustinianis scriptoribus,* Rome, 1904, p. 56-59. — Infessura, *Diarium Romanae urbis,* dans Muratori, *Rerum Italicarum scriptores,* t. III, 2ᵉ partie, col. 1192. — Jacques de Volterra, *Diarium romanum, ibid.,* t. XXIII, col. 200. — Cave, *Appendix ad historiam litterariam Gulielmi Cave,* Oxford, 1743, p. 191. — Argelati, *Bibliotheca scriptorum Mediolanensium,* Milan, 1745, t. I, 1ʳᵉ part., p. 181-182. — Jöcher, *Allgemeines Gelehrten-Lexicon,* Leipzig, 1750, t. I, col. 2085. — Apostolo Zeno, *Dissertazioni vossiane,* Venise, 1753, t. II, p. 162-165. — Fabricius-Mansi, *Bibliotheca latina,* Padoue, 1754, t. I, col. 84-85. — Ossinger, *Bibliotheca augustiniana,* Ingolstadt, 1768, p. 260-264. — Tiraboschi, *Storia della letteratura italiana,* Milan, 1833, t. II, p. 605-606. — Lanteri, *Postrema saecula sex religionis augustinianae,* Tolentino, 1859, t. II, p. 24-27.

A. PALMIERI.

35. AMBROISE DEL CORNO, chanoine de Lodi, neveu d'Ardéric II, évêque de cette ville. En 1218, il fut nommé, lui aussi, évêque de Lodi par Honorius III, Cappelletti reproduit un document signé par lui et ayant trait au privilège de la famille Trissino de fournir aux évêques de Lodi le cheval blanc pour leur entrée solennelle dans la ville.

Il mourut le 8 novembre 1218.

Cappelletti, *Le Chiese d'Italia,* t. XII, p. 353-354. — Zaccarin, *Laudensium episcoporum series,* Milan, 1763, p. 217.

A. PALMIERI.

36. AMBROISE DE FLORENCE, dominicain du XIIIᵉ siècle, remplissait à Orvieto la charge de prieur dans le couvent de son ordre, lorsqu'il fut préconisé par Clément IV évêque de Rimini, le 5 octobre 1265. Il gouverna son Église l'espace de douze années et mourut sous Jean XXI, en 1277.

Eubel, *Hier. eccl.,* t. I, p. 108. — Potthast, *Reg. pontif.,* t. II, p. 1568 (19385), 1574 (19468). — Ughelli, *Italia sacra,* Venise, 1717, t. II, col. 421. — *Bull. ord.,* Rome, 1729, t. I, p. 458, 501. — Touron, *Histoire des hommes illustres de l'ordre de Saint-Dominique,* Paris, 1743, t. I, p. 645. — Jean Mactei Caccia, O. P., *Chronique du couvent des prêcheurs d'Orvieto,* éd. Viel-Girardin, Viterbe, 1907, p. 51. — Fontana, *Sac. theatrum dominicanum,* Rome, 1666, p. 141.

R. COULON.

37. AMBROISE DE FLORENCE, religieux augustin du XVᵉ siècle. Par sa piété et ses vertus, au dire de ses biographes, il était appelé *l'homme de Dieu.* Comme écrivain, il est connu par un volume de *Sermones Quadragesimales* qui n'ont pas été imprimés.

Possevinus, *Apparatus sacer,* Venise, 1606, t. I, p. 73. — Elssius, *Encomiasticon augustinianum,* p. 45. — Negri, *Istoria degli scrittori fiorentini,* Ferrare, 1722, p. 30. — Ossinger, *Bibliotheca augustiniana,* p. 345. — Lanteri, *Postrema saecula sex religionis augustinianae,* Tolentino, 1858, t. I, p. 365.

A. PALMIERI.

38. AMBROISE DE GÉRONE, disciple de saint Narcisse, évêque de Gérone, vivait au commencement du IVᵉ siècle. Il a laissé une *Vie de saint Narcisse* qui est demeurée inédite. On conserve l'original aux archives de la cathédrale de Barcelone.

Torres-Amat, *Diccionario critico de los escritores catalanes,* p. 39.

J. CAPELLE.

39. AMBROISE DE HEILIGENKREUZ, moine cistercien du monastère de Heiligenkreuz (Basse-Autriche). Nous n'avons pas de détails sur sa vie ; il écrivit, en 1312, l'opuscule : *De actis Judaeorum sub duce Rodolpho.* Un manuscrit de cet ouvrage se trouve actuellement dans la bibliothèque de l'abbaye de Klosternenburg (Basse-Autriche) et commence par une indication exacte de la date : *Anno Domini millesimo CCCXII in quadragesima scribo ego frater Ambrosius istud in monasterio Sancte Crucis...* Cette œuvre intéressante pour l'histoire des juifs à cette époque a été publiée par Th. G. v. Karajan, dans *Kleinere Quellen zur Geschichte Oesterreichs,* Vienne, 1859.

Lorenz, *Deutschlands Geschichtsquellen,* 1876. — Xenia Bernardina, Vienne, 1891, t. III, p. 83. — Watzl, *Die Cistercienser von Heiligenkreuz,* Graz, 1898, p. 21.

A. FAVIER.

40. AMBROISE DE LISIEUX, du tiers-ordre régulier de Saint-François, de la congrégation de France, était procureur de son ordre et gardien du couvent de Notre-Dame-des-Miracles à Rome, au moins en 1625-1627. Il publia dans cette ville, en 1629, un poème sur la prise de La Rochelle par Louis XIII. Il y mourut en 1630. La bibliothèque Mazarine, n. *244* et *245,* conserve deux volumes manuscrits contenant ses commentaires sur les Évangiles, les Épîtres de saint Paul et les Épîtres canoniques.

Bordonus, *Cronotogium tertii ordinis S. Francisci,* Parme, 1658, p. 547. — Joannes Maria, *Annales tertii ordinis S. Francisci,* Paris, 1686, p. 621. — Wadding, *Scriptores minorum,* Rome, 1806, p. 11. — Sbaralea, *Supplem. ad scriptores minorum,* Rome, 1806, p. 21.

ANTOINE de SÉRENT.

41. AMBROISE DE LOMBEZ, frère mineur capucin, dans le siècle Jean de Lapeyrie. Né à Lombez, le 21 mars 1708, il fait ses études classiques au collège de Gimont, puis commence la philosophie et la théologie à l'école Saint-Thomas-d'Aquin, à Auch, où il reçoit la tonsure. Il entre ensuite au couvent le 25 octobre 1724, est nommé plus tard, en 1732, professeur de philosophie à Médoux, qui devint sa résidence préférée. En 1765-1766, il est à Paris, travaillant en qualité de commissaire général à la réforme du couvent de Saint-Honoré, et publie dans ce but ses *Moyens qui paraissent absolument nécessaires pour rétablir la paix et l'observance régulière dans la province de'''* [Paris].

En 1771, il prend part au « chapitre national » tenu par ordre du roi à Paris, et son influence considérable aboutit à faire rejeter les constitutions nouvelles que voulait imposer Loménie de Brienne.

Mais c'est surtout en qualité de confesseur, de directeur d'âmes (entre autres, de la reine Marie Leczinska) et d'écrivain ascétique que le P. Ambroise est connu. On a de lui le *Traité de la paix intérieure,* dont la première édition (1756) fut dédiée à la reine, des *Lettres* spirituelles, *Trois méditations sur le Salve Regina*, une *Exhortation sur le renouvellement des vœux*, des *Réflexions contre l'irréligion du temps*, une *Lettre à une dame protestante sur l'autorité de l'Église romaine*, enfin un *Recueil de prières*, sans compter le *Traité de la joie de l'âme chrétienne*. Ces écrits sont de forme très littéraire, à tel point que certains critiques regardent le P. Ambroise comme un des grands écrivains du xviiie siècle. Ces œuvres ont été réunies en une édition complète par le P. François de Bénéjac, trois vol. in-16, Paris, 1881-1882. Les multiples éditions des écrits du P. Ambroise ont été indiquées par J. Bénac, dans sa vie du P. *Ambroise de Lombez*, in-12, Paris, 1908, p. 204-217.

D'une santé très délicate, le P. Ambroise était à prendre les eaux à Luz-Saint-Sauveur (Hautes-Pyrénées) en 1778. C'est là qu'il mourut, le 25 octobre de cette même année, en odeur de sainteté. Il fut enterré au cimetière de Luz, à l'entrée de la chapelle de Notre-Dame du Rosaire. Son corps fut transféré, en 1866, sur le plateau de Solférino, à Luz, au pied d'un mausolée érigé dès 1861, par ordre de Napoléon III, en son honneur.

Le portrait du P. Ambroise a été peint par Campanella et gravé par Antonini (1782). Un autre portrait a été exécuté également du vivant du P. Ambroise, pendant qu'il était gardien à Bayonne.

Léonard d'Auch, *Histoire de la vie du R. P. Ambroise de Lombez*, Toulouse, 1782. — P. Irénée d'Aulon, *Hist. des fr. min. cap. de la prov. d'Aquitaine*, Rome, 1906. — Théas, *Notre-Dame de Médoux*, Tarbes, 1896. — Sabatier de Castres, *Les trois siècles de la littér. française*, Paris, 1772, t. I. — Apollinaire de Valence, *Bibliotheca fr. min. cap. prov. Occitaniae et Aquitaniae*, Rome, 1894, p. 28. — Couture, dans *Revue de Gascogne*, t. XXXV, p. 31. — *Dict. de théol. catholique*, t. I, col. 952-953. — François de Bénéjac, *Étude ascétique sur la vie et les écrits du P. A. de Lombez*, Saint-Étienne, 1881. — J. Bénac, P. *Ambroise de Lombez*, Paris, 1908. — Joan. Maria a Ratisbona, *Catalogus script. ord. min. cap. S. Franc., Appendix*, Rome, 1852, p. 11. — *Annales franciscaines*, Paris, août 1878 et juillet 1879. — *Voix franciscaines*, Toulouse, septembre 1906. — *Études franciscaines*, Paris, janvier 1913, p. 91-92.

P. UBALD d'Alençon.

42. AMBROISE DE MASSA, franciscain. Il naquit près de Massa, dans les Maremmes toscanes, et prit l'habit franciscain au couvent de Massa, vers 1225. A la fin de sa vie, il passa au couvent d'Orvieto, qu'il rendit bientôt célèbre à cause des miracles qu'il y opérait. Peu de temps après sa sainte mort, le pape Grégoire IX ordonna, par sa bulle du 8 juin 1240, d'instituer son procès de canonisation, qui dura du 22 septembre de cette même année jusqu'au 15 février 1241. Cependant Innocent IV le cassa pour quelques vices de forme, le 2 décembre 1252, et ordonna ensuite, le 24 mars 1253, de le reprendre. On ne connaît pas le résultat de ce second procès, mais dès 1242 les habitants d'Orvieto rendaient un culte public au saint religieux et, le 14 juin 1257, Alexandre IV manda à l'archevêque de transporter dans un endroit plus décent les restes du bienheureux.

Fumi, *Processo della canonizzazione del B. Ambrogio da Massa*, dans *Miscellanea francescana*, Foligno, 1886, t. I, p. 77-81, 129-136. — L. Lemmens, *Dialogus de vitis sanctorum fratrum minorum* (c. 1245), Rome, 1902, p. 51-53.

M. BIHL.

43. AMBROISE DE MILAN, frère mineur capucin (1535-1615). Dans les manuscrits contemporains, il est appelé Gobbino, le petit bossu; était-ce son nom de famille ou un surnom? Élevé chez les augustins de Saint-Marc de sa ville natale, il voulut à quinze ans entrer chez les capucins. Il s'y distingua par sa piété et sa science, ce qui le fit choisir comme lecteur, fonction qu'il exerça dans les provinces de Bologne, de la Marche d'Ancône et de Toscane. Revenu dans sa patrie, il y remplit toutes les charges, maître des novices, gardien, définiteur et provincial (1587 et 1590). Le cardinal Frédéric Borromée le tenait en haute estime et lui confia la direction de plusieurs monastères; le comte de Fuentès, gouverneur du duché de Milan pour le roi d'Espagne, le choisit pour son théologien et son confesseur. Quand il mourut, le 14 mai 1615, on taillait des morceaux de son habit comme des reliques. Le P. Ambroise avait écrit des sermons sur les paroles *Ecce homo* et pensait à les imprimer, comme on le voit par une lettre du cardinal susdit. On rapporte qu'il publia des commentaires sur l'oraison dominicale et d'autres opuscules de piété; il laissait aussi un Carême complet.

Sylvestre de Milan, *Appendice al tomo III degli Annali dei min. cappuccini*, traduction du P. Joseph Olgiati de Côme, Milan, 1744. — Argelati, *Bibliotheca scriptorum Mediolanensium*, Milan, 1745, t. I, p. 11. — Bernard de Bologne, *Bibliotheca scriptorum ord. min. capuccinorum*, Bologne, 1747. — Vladimir de Bergame, *I capuccini della provincia Milanese*, Crema, 1898, t. I, 2e part.

P. ÉDOUARD d'Alençon.

44. AMBROISE DE MONTESINOS, né à Huete, dans la Nouvelle-Castille, entra chez les franciscains, où il devint un prédicateur distingué. Il fut même confesseur des rois catholiques, Ferdinand et Isabelle. En 1504, il prit part à la fondation du monastère des conceptionnistes de Cuenca, venues de Tolède, dont il écrivit la relation. Ce fut par l'intermédiaire du roi que le pape Jules II le nomma à l'évêché de Sarda, en Albanie, 30 juillet 1512 (les historiens ont cru, à tort, qu'il avait été évêque en Sardaigne). Le 20 novembre 1514, il eut un second remplaçant sur son siège, preuve qu'il ne fit qu'y passer. On ignore la date de sa mort. Son corps fut enterré dans le caveau de sa famille, en l'église franciscaine de Huete. Une inscription placée en 1598 affirme qu'il mourut évêque élu de Malaga.

A la demande de la reine Isabelle, il traduisit en espagnol la *Vita Christi* de Ludolphe le chartreux. Elle parut à Alcala, 1502, 3 vol. in-folio, puis à Séville, en 1537 et 1551. Il composa des sermons en espagnol sur les épîtres et les évangiles de toute l'année, imprimés à Anvers, en 1542; des sermons divers imprimés à Médina del Campo, en 1586; des cantilènes dédiées au roi Ferdinand, imprimées en 1518, puis à Tolède, en 1547. Il serait également l'auteur du *Toletanum breviarium Immaculatae Conceptionis Virginis Mariae*.

Wadding, *Scriptores ordinis minorum*, Rome, 1806, p. 12. — Sbaralea, *Supplementum ad scriptores ordinis minorum*, Rome, 1806, p. 32. — Joannes de Sancto Antonio, *Bibliotheca franciscana*, Madrid, 1732, t. I, p. 58. — Pablo Manuel de Lortega, *Chronica de la santa provincia de Cartagena de la regular observancia de S. Francisco*, Murcia, 1740, t. I, p. 128, 168-171. — Eubel, *Hierarchia catholica*, t. III, p. 310.

ANTOINE de Sérent.

45. AMBROISE D'OSSERO, en Dalmatie, né en 1529, dans l'île de Cherso, golfe de Quarnero, appartenait à la famille *Capiti*. Dans sa jeunesse, il entra dans l'ordre des frères mineurs, où il devint un prédicateur célèbre. Il avait cinquante ans lorsque, le 9 janvier 1579, Grégoire XIII le nomma archevêque d'Antivari et lui confia l'administration de l'Église de Budua. En arrivant dans son diocèse, privé d'évêque depuis sept ans, trouvant Antivari occupé par les Turcs, il fixa sa résidence à Budua, qui était au pouvoir des Vénitiens. Néanmoins, l'entrée d'Antivari ne lui était pas interdite. Elle comptait quatre églises, avec chacune cinq ou six prêtres. Aux jours de fête, l'archevêque s'y rendait. Mais les Turcs, qui respectaient les chrétiens et les églises, s'emparaient de leurs biens peu à peu, de telle sorte que les menses archiépiscopale, capitulaire et presbytérale n'étaient plus qu'un nom. Pour parer au mal, Ambroise se rendit à Venise, dans le but d'obtenir du sénat des lettres à son ambassadeur près la Porte, afin de faire cesser la déprédation et obtenir la restitution des biens. La République n'osa se compromettre.

Pendant son séjour à Venise, il consacra, le 14 novembre 1582, l'église du Saint-Sépulcre. Il y était encore l'année suivante, car il fit une ordination à Torcello. Il alla à Rome demander des subsides pour son diocèse; il s'y trouvait en 1585, car un registre du Château-Saint-Ange mentionne à cette date le don d'une aumône mensuelle à lui faite par Sixte V. Les Turcs, qui connaissaient son zèle pour la religion et son projet de rentrer en possession des biens de l'Église d'Antivari, attentèrent à sa vie. Un jour qu'il prêchait dans sa ville épiscopale, ils se saisirent de lui, le mirent en prison et le rouèrent de coups; peu s'en fallut qu'ils ne le brûlassent vif, pour avoir déclamé contre Mahomet et sa doctrine. Il mourut en 1598.

Gonzaga, *De origine seraphicae religionis*, Venise, 1603, p. 504. — Wadding-Melchiorri, *Annales minorum*, Ancône, 1844, t. xxi, p. 13, 231, 494, 517. — Eubel, *Hierarch.*, t. iii, p. 123. — Fabianich, *Storia dei frati minori in Dalmazia*, Zara, 1863, t. i, p. 314-316, 334.

ANTOINE de Sérent.

46. AMBROISE DE PARME. Il était fils d'Orlando de Parme, décédé le 29 janvier 1300. Après avoir conquis le diplôme de docteur en droit canon, il fut nommé chanoine d'Aquilée. En 1364, il est mentionné comme évêque d'Oristano en Sardaigne. Eubel, *Hierarchia catholica medii aevi*, t. i, p. 102. En 1377, il fut transféré au siège de Cittanova (Istrie). *Ibid.*, p. 72. Il est mentionné comme évêque de Concordia en 1380 (*ibid.*, p. 209), et de Viterbe en 1382. *Ibid.*, p. 564. Un document cité par Cappelletti nous le présente comme vicaire de Jacques Rossi, évêque de Vérone. D'après l'*obituarium* de Cittanova, il serait mort le 30 juin 1393. Il est plus probable qu'il soit mort en 1391. La date de la mort de son père, donnée par Cappelletti, ne paraît guère probable. En supposant qu'il soit né le jour même où son père mourut, il aurait été transféré au siège de Viterbe à l'âge de quatre-vingt-neuf ans! Il est à remarquer que les historiens ecclésiastiques de la Sardaigne ne le mentionnent pas dans leurs listes épiscopales d'Oristano. Cf. Martino, *Storia ecclesiastica di Sardegna*, Cagliari, 1841, t. iii, p. 357.

Ughelli, *Italia sacra*, 2e éd., t. v, col. 359. — Cappelletti, *Le Chiese d'Italia*, t. vi, p. 139; t. viii, p. 755; t. x, p. 445. — Zambaldi, *Storia di Concordia*, Vito, 1840, p. 104.

A. PALMIERI.

47. AMBROISE ROCA DE LA SERNA, carme espagnol de l'ancienne observance, né à Valence en 1597, docteur en théologie à l'université de cette ville, puis professeur, visiteur et provincial d'Andalousie; présida le chapitre de 1642 et mourut à Madrid, le 29 mai 1649, au cours d'une mission dont ses compatriotes l'avaient chargé auprès de Philippe IV. Il avait publié : 1° sous le pseudonyme de Gérard de Jésus-Marie, *Luz del alma* (Lumière de l'âme), in-24, Valence, 1634, qui eut aussitôt plusieurs éditions; on imprima ensuite cet ouvrage avec le nom de l'auteur, à Valence, en 1657, et en 1665, à Madrid, in-8°, augmenté d'*Additions*, par le P. Emmanuel de Zurita, du même ordre; 2° *Bosquejo de la vida de san Andres Corsino, carmelita, y obispo de Fiesoli* (Esquisse de la vie de saint André Corsini, carme, évêque de Fiésole), in-8°, Valence, 1630.

Antonio, *Bibliotheca Hispana nova*, Madrid, 1788, t. i, p. 68. — Daniel a Virgine Maria, *Speculum carmelitanum*, t. ii, p. 1079, n. 3791. — Cosme de Villiers, *Bibliotheca carmelitana*, t. i, col. 63.

P. MARIE-JOSEPH.

48. AMBROISE DE SAINT-ANDRÉ, religieux augustin déchaussé, né à Rossiglione, en 1590. De son nom de famille, il s'appelait Benoît Salvo. Il prit l'habit religieux à Rome, dans le couvent de Saint-Nicolas de Tolentino, en 1612. Après avoir été procureur et commissaire général de sa congrégation, il mourut en 1680. Il a publié : 1° *La divotissima orazione giaculatoria, Gesù e Maria, vi dono il cuore e l'anima mia*, Rome, 1652; 2° *Breve raccolta delle grazie e beneficii ottenuti per mezzo della devotissima orazione giaculatoria, Gesù e Maria, vi dono il cuore e l'anima mia*, Rome, 1655; 3° *Esposizione della divotissima orazione giaculatoria, Gesù e Maria, vi dono il cuore e l'anima mia*, Rome, 1656. L'abbé Giustiniani cite d'autres traités inédits sur le même sujet.

Giustiniani, *Gli scrittori liguri*, Rome, 1667, t. i, p. 45-46. — Oldoini, *Athenaeum ligusticum*, Pérouse, 1680, p. 15-16. — Mazzuchelli, *Gli scrittori d'Italia*, t. i, p. 692. — Ossinger, *Bibliotheca augustiniana*, p. 49-50. — Lanteri, *Postrema saecula sex religionis augustinianae*, Rome, 1863, t. iii, p. 434. — Crusenius-Lopez, *Monasticon augustinianum*, Valladolid, 1903, t. ii, p. 109-110.

A. PALMIERI.

49. AMBROISE DE SAINT-CHARLES (*Christophorus de Nobilibus*, d'après Argelati), religieux augustin déchaussé. Il prit l'habit religieux en 1659 et se distingua comme orateur et écrivain. Sa mort eut lieu en 1715. Voici la liste de ses écrits : 1° *Oscula caelestia, sive explanatio in Cantico canticorum*, Milan, 1677; 2° *Prediche per l'avvento*, Milan, 1688; 3° *Discorsi sacri*, Milan, 1690; 4° *Prediche quaresimali*, Milan, 1696, deux volumes; 5° *Discorsi sopra i dolori di Maria Vergine*, Milan, 1702; 6° *Discorsi sopra le eccellenze del santissimo rosario*, Milan, 1711.

Argelati, *Bibliotheca scriptorum Mediolanensium*, Milan, 1745, t. ii, 1re part., col. 995. — Ossinger, *Bibliotheca augustiniana*, p. 207-208. — Lanteri, *Postrema saecula sex religionis augustinianae*, 1863, t. iii, p. 434.

A. PALMIERI.

50. AMBROISE SANSEDONI. Voir AMBROISE DE SIENNE (Bienheureux).

51. AMBROISE DE SERRIÈRES, des frères mineurs capucins, dans le siècle Auguste-Baptiste-Pierre Potier, né le 9 janvier 1857, en Savoie, parti chez les Gallas le 8 février 1887 et massacré le 22 décembre de cette année-là par les Somalis, avec le frère Étienne d'Étoile, entre Zeilah et Harar.

Annales franciscaines, 1890, t. xvi, p. 644-645.

P. UBALD d'Alençon.

52. AMBROISE DE SIENNE (Bienheureux), né dans cette ville, le 16 avril 1220, de l'illustre famille de Sansedoni. Le 16 avril 1237, il prit l'habit dominicain au couvent de San Domenico in Campo Regio. Après l'année de sa probation, il dut, soit dans son couvent d'origine, soit dans une autre maison de son ordre, en Italie, s'adonner pendant au moins quatre ans à l'étude de la philosophie, de sorte que ce n'est guère que vers 1242 qu'il commença à étudier la théologie. En tout cas, ce ne fut qu'à partir de 1245 qu'il put être envoyé à Paris pour y suivre les leçons d'Albert le Grand, qui commençait son enseignement cette année même. Sur la chronologie des premières années d'Ambroise Sansedoni, voir Échard, *Scriptores ordinis praedicatorum*, t. i, p. 401. Aux leçons d'Albert le Grand, il eut comme compagnon frère Thomas d'Aquin.

En 1248, Albert le Grand ayant été promu maître, il revint à Cologne avec ses deux disciples, Ambroise de Sienne et Thomas d'Aquin, et, sous sa direction, ils commencèrent à enseigner. La chronologie de la vie de notre bienheureux, comme d'ailleurs celle de son illustre compagnon, est difficile à fixer, à cause des confusions et des contradictions des premiers biographes. Si réellement, ainsi que le veulent quelques-uns, Ambroise a enseigné à Paris, ce ne peut être qu'à partir de 1253, date du départ de Thomas d'Aquin de Cologne pour Paris, où il commença à lire les Sentences. Ambroise de Sienne, qui y interprétait soit l'Écriture sainte, soit le livre des Sentences, ne voulut jamais enseigner *pro forma magisterii*, c'est-à-dire pour être maître un jour. Probablement après un séjour de trois ans à Paris, il revint à Cologne et parcourut l'Allemagne, soit en enseignant, soit en prêchant. En quelle année fut-il appelé à Rome et par quel pape? il est assez difficile de le déterminer. Les quatre compilateurs de la première biographie du bienheureux disent que ce fut par le pape Grégoire, mais sans préciser (n. 26). Il ne peut s'agir de Grégoire IX, mort dès 1241, mais seulement de Grégoire X, créé en 1271. En tout cas, ce ne saurait être Innocent IV, ainsi que les compilateurs, sans autre souci de ce qu'ils ont affirmé un peu plus haut, le déclarent au n. 38. En effet, Innocent IV mourut en 1254, à Naples, alors qu'Ambroise de Sienne devait se trouver à Paris; c'est donc sous l'un de ses successeurs qu'il vint à Rome. Dans sa légende, insérée dans les *Acta sanctorum*, martii t. III, p. 211, n. 12, fr. Recuperus dit : *Fuerunt autem scholae ejus in Romana provincia, post decessum admirandae memoriae fr. Thomae de Aquino, solenniores : quibus praefuit fere per triginta annos in ordine*. Ainsi que le fait remarquer Échard, le bienheureux Ambroise étant mort âgé de soixante-sept ans et non pas de quatre-vingt-sept ans, comme on le lit dans les *Acta sanctor.*, par suite d'une faute d'impression, il aurait dû commencer à enseigner à Rome à l'âge de trente-sept ans, donc vers 1257, trois ans après la mort d'Innocent IV. Mais, semble-t-il, il vaut mieux tenir pour l'année 1270 ou 1271. Ces trente dernières années de la vie d'Ambroise de Sienne ne furent pas entièrement consacrées à l'enseignement, car nous savons par les compilateurs (n. 38) *variis in Italiae conventibus contemplationi et orationi vacantem annis quindecim moras traxisse*. Échard réduit ces quinze années à peu près à dix. L'année de la mort du bienheureux Ambroise de Sienne présente aussi des divergences selon les auteurs. Ils se divisent en deux classes, soit qu'ils se réfèrent aux quatre compilateurs, soit qu'ils s'inspirent de la légende de fr. Recuperus. Les quatre compilateurs tenaient pour l'année 1285 (à noter que les bollandistes ont corrigé cette date primitive de 1285 en 1287 [édit. 1865], tout en avertissant que 1285 est la date des compilateurs). Après eux, l'auteur de la version italienne, Flaminius, Léandre Alberti, Lusitanus adoptent cette même date de 1285. Recuperus, qui, pendant plusieurs années, fut le disciple du bienheureux Ambroise, le fait mourir en 1286 (que les bollandistes, mart. t. III, p. 214, n. 34, changent en 1287). A sa suite, le nécrologe du couvent de Sienne, Pie II dans sa Chronique de Sienne, Bernard de Luxembourg, Giulio Sansedoni dans sa Vie du bienheureux Ambroise, le Bréviaire dominicain lui-même acceptent la date de 1286. Enfin, toute une série de miracles opérés au cours des mois de mai et juin, qui suivirent sa mort, sont datés de l'année 1287. C'est d'après ces dernières données que les bollandistes choisirent l'année 1287. Cf. *Prolegomena*, p. 180, n. 10. Très facilement cependant Échard a démontré que ces divergences n'étaient qu'apparentes et se ramenaient à une seule et même date, 20 mars 1286. En effet, les compilateurs, écrivant à Rome, acceptent le style romain, d'après lequel l'année part du 25 mars suivant (Annonciation) : d'où le bienheureux Ambroise est mort en 1285 (style de l'Annonciation), mais en 1286, style ordinaire (style de la Nativité); et ainsi tous ceux qui se sont inspirés des quatre compilateurs. A Sienne, au contraire, l'année commençait au 25 mars précédant la Nativité, de sorte que le 20 mars, jour de la mort du bienheureux, tombait à la fin de l'année 1286, puisque l'année 1287 partait du 25 mars; de sorte que les auteurs siennois fixant la date de la mort à l'année 1286 sont dans la vérité, étant donné que, depuis le 1er janvier, leur façon de compter coïncide avec l'ère vulgaire. Et ainsi les miracles des mois de mai et juin peuvent être parfaitement rapportés dans le style siennois et pisan à l'année 1287. Les bollandistes se sont donc trompés; il est vrai que, dans un cas analogue, à propos de la bienheureuse Claire Gambacorta, ils ont su interpréter ces différents computs. Une légende veut qu'Ambroise de Sienne, devant l'influence toujours croissante des écrits de saint Thomas d'Aquin, ait lui-même jeté au feu ses propres écrits. Rien de semblable dans les Vies contemporaines du bienheureux. Les quatre compilateurs (n. 26) écrivent d'abord : *Edidit tunc temporis* (séjour à Paris) *nonnulla opuscula, prout infra dicemus*, mais ils n'ont pas tenu parole. Ils attribuent à l'humilité du bienheureux son peu de production. Fr. Recuperus, dans sa légende (n. 10), nous parle de recueils de sermons faits par les auditeurs d'Ambroise de Sienne, mais très défectueux. Il nous donne une raison plus valable de la pénurie complète de ses ouvrages (n. 11) : *Pauca scripsit propter ineptitudinem manus ac scriptorum inopiam; quae vero scripsit sic succincte et inculte quasi propter verborum suorum contemptum scripsit, ut nequaquam leporem suae eloquentiae et profunditatem suae sapientiae conservarent*.

Aussitôt après la mort du bienheureux, Honorius IV chargea quatre religieux, qui avaient particulièrement connu Ambroise de Sienne, d'écrire sa vie : Gisbertus Alexandrinus, Recuperatus de Petramala, Aldobrandinus Papparonus et Oldradus Visdomini. C'est cette Vie qui a été publiée dans les *Acta sanctor.*, martii t. III, p. 181-200. Aussitôt après sa mort, Ambroise de Sienne fut l'objet d'un culte qu'un bref d'Eugène IV, du 16 avril 1443, reconnut, et le même pontife permit qu'on célébrât sa fête *comme d'un saint canonisé* pour toute la province romaine et Sienne en particulier. Plus tard, Clément VIII et Grégoire XV étendirent cette fête à l'ordre tout entier. Le nom et l'éloge du saint furent introduits dans le Martyrologe romain par un décret de la Congrégation des Rites du 26 février 1597. Une confrérie que, de son vivant, le bienheureux Ambroise dirigeait à Sienne et qui était sous le vocable de saint Barthélemy, prit après sa mort le titre de confrérie de Saint-Ambroise. Grégoire XIII, par une bulle du 4 mars 1578, l'enrichit de précieuses indulgences. *Bull. ord.*, t. v, p. 354.

Acta sanctor., mart. t. III, p. 179-250. Les actes contiennent la Vie écrite par les quatre contemporains du bienheureux mentionnés plus haut (p. 180-206). Une autre Vie par Fr. Recuperus (Recuperatus), p. 209-239. — Giulio Sansedoni, *Vita del beato Ambrosio Sansedoni da Siena*, Rome, 1611; Venise, 1717, donne au commencement une bibliographie assez étendue, tirée soit des annotations de Baronius au Martyrologe romain, soit d'autres sources, manuscrites ou imprimées. — Ulysse Chevalier, *Bio-bibliographie*, Paris, 1905, t. I, col. 190, où se trouvent indiquées les principales sources.

R. COULON.

53. AMBROISE DE SIENNE, religieux augustin du xve siècle, provincial de son ordre en 1483. Il est l'auteur d'une Vie de saint Nicolas de Tolentino, publiée à Venise, en 1511, en italien; traduite en latin, par Scipion Jardino et publiée à Macerata, en 1592.

Elssius, *Encomiasticon augustinianum*, p. 48. — Torelli, *Secoli agostiniani*, Bologne, 1682, t. VII, p. 624. — Jöcher,

Allgemeines Gelehrten-Lexicon, Leipzig, 1750, t. I, col. 337. — Ossinger, *Bibliotheca augustiniana*, p. 826-827. — Lanteri, *Postrema saecula sex religionis augustinianae*, Rome, 1863, t. III, p. 410.

A. PALMIERI.

54. AMBROISE DE SONCINO, des frères mineurs capucins, Maximilien II, sénateur de Milan et marquis de Soncino, de la famille des Stampa, né en 1546. Il succéda à son père Ermes, à l'âge de vingt et un ans. Il épousa Marianne de Leyva, princesse d'Ascoli, qui mourut en 1594, après lui avoir donné cinq fils. Il entra dans l'ordre en 1595 et fut envoyé, avec d'amples pouvoirs du pape Clément VIII, en qualité de missionnaire, avec un compagnon, à Alger où il arriva au début de 1601. Il s'y employa au rachat des esclaves et y mourut l'année même de son arrivée. Son corps fut plus tard transporté à Milan.

Bernard de Bologne, *Bibliotheca script. ord. min. S. F. capuccinorum*, Venise, 1747, p. 8. — Rocco da Cesinale, *Statist. delle missione dei capuc.*, Rome, 1872, t. I, p. 423. — Valdemiro Bonari da Bergamo, *I conventi ed i capuccini Bresciani. Memorie storiche*, Milan, 1891, p. 137-142.

P. UBALD d'Alençon.

55. AMBROISE TRAVERSARI, appelé le *Camaldule*, de la congrégation dont il fut le supérieur général, célèbre humaniste, théologien et homme d'Église du XV° siècle, naquit en 1386 à Portico, dans l'Apennin romagnol, d'une famille noble, qui gouverna Ravenne au moyen âge, et fut agrégé en 1400 au couvent camaldule de Sainte-Marie des Anges, à Florence. Cette maison était un centre important de culture littéraire, et les religieux y passaient leur temps à étudier les langues anciennes, et à copier des manuscrits. Ambroise ne suivit pas, comme beaucoup l'ont cru, les leçons de l'helléniste Manuel Chrysoloras, qui n'enseigna à Florence que de 1397 à 1400, mais sous la direction de Nicolo Nicoli et autres maîtres, il se développa grandement dans la connaissance du grec et du latin. Devenu moine et prêtre, il se consacra aux travaux et études de son couvent, y prit une part prépondérante et ne tarda même pas à les diriger.

Dans la première période de sa vie, jusqu'à 1431, il est exclusivement religieux et humaniste : il étudie les auteurs grecs, les Pères de l'Église, saint Jean Chrysostome surtout, les traduit, en surveille la transcription. On lui doit ainsi la traduction de plusieurs traités de ce docteur, quelques homélies sur saint Matthieu, les trois livres à Stagirius, le traité contre les contempteurs de l'ordre monacal, la vie de Chrysostome par Palladius; en outre l'*Échelle du paradis* de saint Jean Climaque, la *Hiérarchie céleste* de Denys l'Aréopagite, le traité sur la *Virginité* de saint Basile, le *Contra gentiles* de saint Athanase, des discours de saint Ephrem, sans parler de diverses œuvres d'auteurs profanes.

Il se formait ainsi aux sciences sacrées et à l'enseignement de l'antiquité, qu'il entreprit de bonne heure, non seulement pour les religieux de son ordre, mais pour les jeunes gens de la bourgeoisie florentine, qui suivirent en foule ses leçons, à la suite des fils de Cosme de Médicis le Grand, et pour les humanistes, comme Giannozzo Manetti. Sa réputation se répandit rapidement à Florence, où beaucoup de notables devinrent ses amis, et même les deux Médicis, Cosme et Laurent l'Ancien l'admirent dans leur intimité; elle se répandit aussi en Italie et dans la chrétienté. On peut se rendre compte du nombre et du mérite de ses relations par l'ampleur de sa correspondance, imprimée par Canetti et Méhus, *Sancti Ambrosii Camaldulae Epistolae et orationes*, Florence, 1759. Entre ses amis on compte le patriarche de Venise, saint Laurent Justinien, et des hommes bien différents, comme les humanistes le Pogge, Léonard Arétin, qu'il protégea, secourut et qui le payèrent par des attaques et des calomnies. Ces divers correspondants s'ingéniaient à lui procurer des manuscrits de toutes les parties de l'Europe, qu'il s'empressait de faire copier.

Ses nombreuses occupations n'empêchèrent jamais Ambroise de remplir exactement les devoirs de la vie monastique, avec les fonctions que ses supérieurs lui confiaient, comme celle de cellerier du couvent. Il menait une vie exemplaire et pratiquait les vertus chrétiennes à un degré éminent, qui lui valut plus tard les honneurs des autels. Il se montrait d'un caractère doux et pacifique, recherchant en tout la concorde et la charité, s'efforçant de les faire régner entre les hommes, surtout entre les humanistes, et il s'entremit pour réconcilier le Pogge et Laurent Valla, à quoi il ne réussit que pour un temps.

Cette vie de retraite et d'études avait préparé Ambroise à agir sur un plus vaste théâtre, pour l'enseignement, la réforme et la pacification de l'Église. A peine arrivé au pontificat, Eugène IV le distingua et le nomma de sa propre initiative général de son ordre, afin qu'il en entreprît la réforme (1431). Il se mit aussitôt à l'œuvre, visita les monastères d'Italie, ramena à la stricte observance ceux qui étaient en commende, obligea les religieux à vivre dans la clôture, et interdit aux séculiers l'entrée des couvents les jours de grandes fêtes. Il a consigné le récit de ses voyages dans son journal l'*Hodoeporicon*. Il réussit si bien que le pape lui confia aussi la réforme de Vallombreuse.

Il ne négligeait pas ses occupations antérieures et profitait de ses voyages pour explorer les bibliothèques et se procurer de nouveaux manuscrits. Ce furent ces travaux, ainsi que ses traductions, qui le mirent en relations plus intimes avec Eugène IV (J. Giraud, *op. cit.*, p. 139-143), achevèrent de le faire connaître de lui et décidèrent de son rôle ultérieur dans l'Église. En février 1432, il venait à Rome pour les affaires de son ordre et prenait contact avec le pape et les cardinaux, puis travailla pour eux dans les bibliothèques. Mais la venue à Florence du pape fugitif et proscrit par les Romains acheva de les unir (juin 1434). Ambroise employa son crédit auprès de ses compatriotes pour le faire bien recevoir, et lui allégea de toute manière les rigueurs de l'exil, puis fit servir le haut prestige du pontife à procurer le rappel de Cosme de Médicis, alors réfugié à Venise et qui, par la médiation du pape, put reprendre le pouvoir et triompher définitivement de ses ennemis. Perrens, *Histoire de Florence*, Paris, 1883, t. VI, l. XII, c. IV; Fr. Masetti, *op. cit.*, p. 20-21, 31.

Traversari figura parmi les humanistes qui ornèrent la cour florentine du pape et, pendant le long séjour d'Eugène sur les bords de l'Arno, il fut aussi un de ses hommes de confiance, un des serviteurs les plus habiles de sa politique. Dans la mission qu'il remplit peu après auprès du concile de Bâle, en août 1435 (voir ci-dessus, ALTAN, col. 778), s'il réussit peu, il sut du moins défendre les prérogatives de la primauté papale dans un vigoureux discours, il sut réveiller la conscience de plus d'un membre de l'assemblée, il on a pu lui attribuer la soumission ultérieure du cardinal Cesarini, un des plus remarquables. Mais son grand mérite fut d'observer ce qui se passait et d'éclairer le pape, en le mettant au courant des hommes et des affaires telles qu'elles se présentaient, en sorte que l'attitude d'Eugène s'explique dans la suite par les connaissances précises qu'il reçut de lui. N. Valois, *Le pape et le concile*, Paris, 1909, c. IV, V; voir surtout Fr. Masetti, *op. cit.*, t. II, p. 18, 19. Après ces résultats, obtenus en un séjour de deux mois et demi, Traversari se rendit auprès de l'empereur Sigismond en Hongrie, et travailla, non sans succès, à détacher du concile, dont il se faisait le protecteur.

Les négociations qui mirent Traversari en évidence comme homme d'Église se rapportent à l'union des grecs avec l'Église latine. Sa connaissance du grec, de la théologie orientale et des Pères de l'Église, lui permit de servir d'interprète entre les deux peuples et les deux croyances; il joua, du côté des latins, le rôle que tenait Bessarion du côté des grecs; ils étaient l'un et l'autre un lien vivant entre les deux Églises (J. Guiraud). Il fut chargé par le pape d'aller chercher à Venise et d'amener au concile de Ferrare l'empereur d'Orient, le patriarche de Constantinople et leur suite de représentants de l'Église grecque (1438). Il avait traduit les quatres livres de Manuel Calecas, patriarche de Constantinople, *Contra graecos de processione S. Spiritus*, P. G., t. CLII. Il prit une part active, comme interprète et théologien, aux discussions, qui se continuèrent à Florence sous les yeux du pape, et l'empereur Jean Paléologue témoigna que personne parmi les latins ne comprenait le grec mieux que lui. Son caractère conciliant, son esprit de charité et aussi la générosité discrète avec laquelle il soulagea les besoins matériels des pauvres évêques grecs lui acquirent une grande influence sur les orthodoxes et contribuèrent au rapprochement. Aussi fut-il chargé de rédiger l'acte d'union, dont Bessarion avait préparé les matériaux, et qui fut signé le 6 juillet 1439.

Traversari mourut subitement peu après, le 20 octobre de la même année, universellement regretté, et le pape fut le premier à déplorer la perte d'un serviteur précieux. Des lis qui poussèrent sur sa tombe accrurent la vénération qu'on avait pour lui, et le culte que les Florentins lui vouèrent s'est perpétué comme une tradition dans l'ordre des camaldules et dans l'Église universelle. Ambroise fut un des grands théologiens et des féconds écrivains de son temps, et la délicatesse timorée de sa conscience d'humaniste ne s'est pas maintenue chez ses héritiers. G. Voigt, *Die Wiederbelebung des klassichen Alterthums*, Berlin, 1893, t. I, p. 322. Outre les traductions que nous avons signalées et dont plusieurs furent imprimées de son temps ou peu après sa mort, on lui attribue une chronique du Mont-Cassin, deux livres sur son généralat, un traité sur la sainte cène et l'eucharistie, etc., qui sont en manuscrits à la bibliothèque de Saint-Marc à Florence. Mais cette attribution n'est pas entièrement fondée, et Hefele la révoque en doute après Bayle. Article dans *Kirchenlexikon*, t. I, col. 701-702.

U. Chevalier, *Bio-bibliographie*, col. 185, 4553. — Francesco Maselti, *Supplemento istorico alla vita del B. Ambrogio Traversari*, publié à la suite du *Teatro storico del sacro eremo di Camaldolii*, Lucques, 1723. — J. Guiraud, *L'Église et les origines de la Renaissance*, Paris, 1902, p. 136-143; détails empruntés à Vespasiano da Bisticci. — Ouvrages de Masius et Luiso cités par Chevalier. — F. Ravagli, *Cenno storico sul beato Ambrogio Traversari*, dans *Erudizione e belle arti*, Arezzo, 1894, p. 176. — L. Pastor, *Histoire des papes*, trad. Furcy Raynaud, t. I, p. 51-53; bel éloge de l'homme et de l'écrivain. — *Dictionnaire de théologie catholique*, t. I, col. 953-954. — *Realencyklopädie* der Herzog-Hauck, t. I, p. 443; appréciation sévère. — Vit. Rossi, *Il Quattrocento*, Milan, 1900, p. 17, 25-26. — Ph. Monnier, *Le Quattrocento*, Paris, 1901, t. I, p. 148. — L'ouvrage capital et définitif sur le personnage est : Cav. Avv. A. Dini Traversari, *Ambrogio Traversari e i suoi tempi*, Florence, 1912, avec un arbre généalogique de la famille et une édition critique de l'*Hodoeporicon*. — Voir, en outre, une liste importante, sinon définitive, des œuvres d'Ambroise Traversari, dans Ziegelbauer, *Centifolium camaldulense*, Venise, 1750, p. 3-7. — Analyse de nombreuses lettres et ouvrages dans Mitarelli-Costadoni, *Annales camaldulenses*, Venise, 1761-1763, t. VI, VII, *passim*.
P. RICHARD.

56. AMBROISE DE VÉRONE, augustin, prieur du couvent de Saint-Marc dans cette ville. D'après les historiens de l'ordre, il prit part au concile de Trente et y prononça le panégyrique de saint Augustin, le 28 août 1561.

Panfilo, *Chronica fratrum ordinis eremitarum S. Augustini*, Rome, 1581, fol. 124. — Elssius, *Encomiasticon augustinianum*, Bruxelles, 1654, p. 48. — Ossinger, *Bibliotheca augustiniana*, p. 928.
A. PALMIERI.

57. AMBROISE (RENÉ-LOUIS), prêtre français, guillotiné le 21 janvier 1794, avec ANDRÉ (Jacques). Voir ce nom.

58. AMBROISE-MARIAN DE SAINT-BENOÎT, nommé dans le monde Ambroise-Marian de Azaro, fut l'un des premiers carmes déchaussés de la réforme de sainte Thérèse. Il naquit, vers 1510, à Bitonto, ville de la province de Bari, dans l'ancien royaume de Naples. Son père était Nicolas de Azaro, et sa mère, Polixène de Clementis, tous deux de noble race et chrétiens parfaits. Après de brillantes humanités, il étudia la philosophie, reçut le bonnet de docteur en théologie, en droit civil et en droit canon, et devint, en outre, savant mathématicien, géomètre et ingénieur habile : il fut alors le condisciple de Hugues Buoncompagni, depuis Grégoire XIII, qui l'honora toujours de son amitié. Envoyé au concile de Trente, les Pères y apprécièrent sa science, sa sagesse et sa prudence; aussi le mandèrent-ils dans les Flandres, en Allemagne, et autres pays du Nord, pour régler plusieurs affaires concernant la religion : alors Catherine d'Autriche, que Sigismond II, roi de Pologne, avait épousée en 1553, l'attacha à son service comme intendant de son palais. Mais il n'avait aucun goût pour le monde et ne voulait pas se marier; c'est pourquoi il fit vœu de chasteté et entra dans l'ordre des hospitaliers de Saint-Jean de Jérusalem, nommés, depuis 1530, chevaliers de Malte. Pourvu d'une commanderie, il se joignit à l'armée espagnole, prit part à la bataille de Saint-Quentin (10 août 1557), et aida si puissamment par ses talents d'ingénieur Philippe II à prendre la ville, que ce prince conçut pour lui une estime et une affection qui ne se démentirent jamais. Un jaloux suscita deux faux témoins qui l'accusèrent du meurtre d'un gentilhomme; emprisonné durant deux années, il ne voulut jamais prendre d'avocat, s'en remettant de tout à Dieu et à son bon droit. La vérité se découvrit enfin, il fut libéré; mais en vrai disciple du Christ, il employa argent et crédit pour sauver la vie des deux coupables et celle du misérable fauteur de la calomnie. Il rentre en Italie, d'où, peu après, Ferdinand de Lannoy, prince de Solmona, l'envoie négocier quelques affaires à la cour d'Espagne. Mais ce séjour lui pesait, il méditait de répudier le monde. Philippe II le charge alors d'étudier les moyens de rendre le Guadalquivir navigable entre Cordoue et Séville. Près de cette dernière ville, au désert d'*El Tardon*, le P. Mathieu de la Fuente gouvernait un groupe d'ermites, dont Ambroise-Marian voulut prendre l'habit en 1562. Mais en 1568, Philippe II l'appelle encore au domaine royal d'Aranjuez, près Madrid, et le charge de fertiliser la plaine en y amenant les eaux du Tage et du Jarama par des canaux. C'est alors qu'il rencontre, à Madrid, sainte Thérèse, qui se rendait de Tolède à Pastrana pour y établir un monastère de carmélites (fin mai 1569). Il se laisse persuader par elle de s'adjoindre aux deux premiers carmes déchaux, Antoine de Jésus et saint Jean de la Croix, et fonde le célèbre noviciat de Pastrana, où il ne veut être que frère convers (1569). Il est envoyé à la fondation d'Alcala de Hénarès; puis à celle de Séville. En y allant (1573), il reçoit, à Tolède, l'ordre exprès du Père général de prendre les ordres sacrés. Prêtre en 1574, il remplit au couvent de Séville la charge de maître des novices. Pendant la furieuse tempête qui agite la réforme du Carmel à partir de 1576, il gagne Madrid pour la défendre auprès du roi; mais le nonce l'interne au noviciat de Pastrana. Cependant Grégoire XIII sépare la réforme de sainte Thérèse d'avec les carmes mitigés par la bulle du 22 juin 1580; le premier chapitre provincial des carmes déchaussés se réunit à Alcala (1581); le P. Ambroise-Marian est élu secrétaire du chapitre et recteur du collège des jeunes frères étudiant en philosophie. Il va fonder un couvent à Lisbonne, en 1582, avec l'appui de Philippe II, auquel il était resté très cher. Élu, en 1583, second définiteur au chapitre provincial d'Almodovar del Campo (Nouvelle Castille), il est chargé de la fondation de Madrid (1586), où il reçoit, comme prieur, le chapitre général des carmes déchaux de 1588. Nommé troisième conseiller, il fait encore partie des chapitres de 1590 et 1591; enfin, après avoir donné durant vingt-cinq ans, dans la réforme, les plus beaux exemples de ferveur, d'observance et de dévouement, il meurt plein de jours et de mérites, en odeur de sainteté, à Madrid, en 1594. Sainte Thérèse professait la plus haute estime pour ses vertus; il fut, en effet, un des plus fermes soutiens de la réforme naissante. On a de lui : 1° *Oratio habita anno 1581 in primo capitulo carmelitarum excalceatorum Compluti celebrato*, imprimé à Jerez de los Caballeros. - 2° *Acta et decisiones Tridentinae synodi*, ms.

Sainte Thérèse de Jésus, *Le livre des fondations*, c. XVII. — Louis de Sainte-Thérèse, *La succession du saint prophète Élie en l'ordre des carmes*, Paris, 1662, c. CCLXXVI, p. 634; c. CCLXXVIII, p. 646. — François de Sainte-Marie, *Reforma de los descalzos de Nuestra Señora del Carmen*, Madrid, 1644, t. I, l. II, c. XXVII, XXVIII, XXXVII. — Joseph de Sainte-Thérèse, *Reforma de los descalzos*, Madrid, 1683, t. III, l. IX, c. VI, VII, p. 22-30. — Philippe de la Très-Sainte-Trinité, *Decor Carmeli religiosi*, Lyon, 1665, part. II, p. 56-58. — Daniel a Virgine Maria, *Speculum carmelitanum*, t. II, p. 1052, n. 3639. — Martial de Saint-Jean-Baptiste, *Biblioth. carmelit. excalc.*, p. 10-12. — Cosme de Villiers, *Bibliotheca carmelitana*, t. I, col. 61-63. — P. Jérôme Gratien, *Peregrinación de Anastasio*, Burgos, 1905, dialogo XIII, p. 196.

P. MARIE-JOSEPH.

59. AMBROISE-MARIE DE SAINTE-BARBE, carme déchaussé italien, nommé dans le monde Jean-Dominique Solari, naquit à Milan, le 8 novembre 1645; il y entra au Carmel et fit profession le 15 avril 1664; il mourait le 31 octobre 1720. Religieux parfait, plein de zèle pour le salut du prochain, il souffrit, dans ses dernières années, de grandes maladies, avec une patience héroïque. On a de lui : 1° *La monaca ritirata*, Bologne, 1706 et 1714 : exercices spirituels de dix jours pour les religieuses, avec quatre méditations quotidiennes; — 2° *Provisione spirituale per il desastroso viaggio di questa all' altra vita*, in-12, Bologne, 1698, réédité en 1723 : ouvrage destiné à ceux qui assistent les mourants; — 3° *Il mistico ritratto di santa Teresa, cioè dieci mercordi in apparecchio alla festa della Santa*, in-12, édité d'abord à Bologne, puis à Milan.

Argellati, *Bibliotheca scriptorum Mediolanensium*, Milan. 1745, t. I, p. 1423, n. 1609, et *Supplément*, p. 2035. — Martial de Saint-Jean-Baptiste, *Bibliotheca carmelit. excalc.*, Bordeaux, 1730, p. 10. — Cosme de Villiers, *Bibliotheca carmelitana*, Orléans, 1752, t. I, col. 61. — Barthélemy de Saint-Ange et Henri-Marie du Saint-Sacrement, *Collectio scriptor. carmelit. excalc.*, Savone, 1884, t. I, p. 31.

P. MARIE-JOSEPH.

AMBRONAY (*Ambroniacum, Ambournay*), commune de 1 282 habitants, dans le canton d'Ambérieu-en-Bugey (Ain), où une petite ville sise au pied des montagnes du Bugey, groupant ses maisons autour d'une belle église et d'une ancienne abbaye, de l'ordre de Saint-Benoît. L'histoire de celle-ci peut se diviser en quatre parties, suivant les événements qui ont le plus influé sur sa vie religieuse : sa fondation vers l'an 800; la transaction de 1282, qui la met sous la protection du comte de Savoie, l'avènement du premier abbé commendataire, vers 1470; l'introduction de la réforme de Saint-Maur, en 1651; la suppression par la Révolution française, en 1790.

I. FONDATION ET PREMIERS SIÈCLES (800-1282). — L'abbaye d'Ambronay fut fondée, vers l'an 800, par saint Barnard. Né à Izernore (Ain), Barnard fut marié et vécut à la cour de Charlemagne, fit partie de ses armées durant sept ans. Son père et sa mère étant morts, il songea à réaliser ses projets de vie religieuse. Quittant donc sa femme et ses enfants, il se mit en route.

Arrivé dans le Bas-Bugey, il rencontra le petit village d'Ambronay. Charmé par la beauté du site, Barnard résolut de s'établir dans ce lieu. Il y trouva les restes d'un prieuré dépendant de l'abbaye de Luxeuil et les ruines d'une église dédiée à la Vierge Marie. Barnard acquiert de l'abbé la terre d'Ambronay, y fait relever l'église et bâtir un monastère, auquel il assigne des revenus considérables; puis il y fait venir des religieux, probablement de Luxeuil, et les place sous la conduite d'un saint abbé, dont le nom ne nous est pas parvenu.

Barnard finit par embrasser lui-même la vie monastique et, l'abbé étant mort, il fut élu à sa place (vers 807). Il gouverna son abbaye jusqu'en 810, puis, la renommée de ses vertus s'étant répandue au loin, il fut appelé au siège métropolitain de Vienne en Dauphiné, qu'il occupa trente-deux ans.

Des premiers siècles de la vie du monastère, presque rien n'est parvenu jusqu'à nous. Si l'on excepte un abbé, dont on ne connaît que le nom et les vertus, saint Hugues Ier, et une bulle du pape Sergius III (mai 910), confirmant les privilèges d'Ambronay et établissant les droits respectifs de l'archevêque de Lyon et de l'abbaye, l'histoire est muette jusqu'à l'année 1050.

A cette date, l'abbé Dudon gouvernait les moines. Le pape Léon IX lui adressa, le 30 avril 1050, une bulle relative à la fondation et aux privilèges de l'abbaye. Voici le résumé de ce document, le plus ancien qui soit dans archives de l'Ain (*H 88*).

Le pape expose que le monastère d'Ambronay, étant soumis directement au Saint-Siège, en avait obtenu, comme déjà l'avait reconnu Sergius III, liberté pleine et entière. Il confirme donc cette liberté et cette dépendance vis-à-vis de Rome. Que si le couvent est l'objet d'une oppression quelconque, la cause devait être portée à l'assemblée synodale du palais de Latran. Tout clerc ou laïque qui vexerait l'abbaye serait passible des peines de l'enfer; quiconque l'aiderait ou la protégerait s'assurerait, par la bénédiction apostolique et avec l'aide de la Vierge, dont l'abbaye porte le nom, le royaume du ciel. Si, sur le territoire d'Ambronay, pèse quelque anathème, il est levé par l'absolution de saint Pierre.

Cette bulle laisse entrevoir quelle devait être, au milieu du XIe siècle, la prospérité du couvent. L'abbaye, en effet, avait acquis une bonne partie de son domaine et ses religieux avaient plus d'une fois essaimé pour établir des prieurés ou des cures.

L'abbaye ne possédait pas moins de vingt prieurés et neuf doyennés; elle nommait à douze cures.

Les prieurés, occupés par quelques religieux sous la conduite d'un prieur, étaient Anglefort, Arbent, Brou, la Bruyère (monastère de bénédictines à Saint-Barnard près de Trévoux), Ceyzériat, Dompierre de Chalamont, Lagnieu, Leyment, Loyettes, Marcilleux, Merland, Ratenelle, Rignieu-le-Désert, Saint-Germain d'Ambérieu, Saint-Jean de Meximieux, Saint-Jean-le-Vieux, Saint-Martin de Chalamont, Saint-Sorlin, Heyrieu en Dauphiné et Nobles en Comté. Les doyennés, dont le titulaire appelé doyen était originairement à la tête de dix religieux, étaient : Château-Gaillard, Druillat, Jujurieux, Lantenay, Mollon, Saint-Jérôme, Tossiat, la Tranclière et Villeversure.

De toutes les fondations d'Ambronay, il n'en est qu'une dont l'origine nous apparaisse clairement : c'est la chartreuse de Portes. En 1115, Bernard et Ponce, religieux d'Ambronay, désireux de mener une vie plus parfaite et en trouvant l'expression dans la nouvelle règle que saint Bruno venait de rédiger, demandèrent à leur abbé, Didier, permission de se retirer dans les montagnes du Bugey, sur des terres dépendant de l'abbaye. Ils obtinrent cette autorisation et vinrent prendre possession de leur désert. Ils unirent leur établissement à l'ordre des chartreux et Didier leur fit plein abandon de ce qu'Ambronay possédait dans ces parages. Ismion, son successeur, confirma cette donation. Guichenon, *Histoire de la Bresse et du Bugey*, Preuves, p. 220, 223.

Quelques auteurs ont voulu attribuer à Ambronay l'origine d'une autre chartreuse, celle de Seillon, près de Bourg-en-Bresse. Mais leurs prétentions ne paraissent pas fondées. Cf. dom Ambroise Bulliat, *La chartreuse de Seillon*, c. 1, p. 1-26.

II. La protection de la Savoie (1282-1470). — Indépendante de tout pouvoir ecclésiastique autre que le Saint-Siège, la terre d'Ambronay était également indépendante de tout pouvoir civil. Lorsque saint Barnard en acquit la propriété, il en devint maître et seigneur. Plus tard, la féodalité ayant émietté l'empire de Charlemagne, cette terre se trouvait enclavée dans les domaines des sires de Coligny, qui possédaient, sous le nom de « Manche de Coligny », le Bas-Bugey. Mais les guerres du moyen âge obligèrent le monastère à chercher appui près de voisins plus puissants.

Ce fut d'abord la maison de Savoie. Déjà maîtresse du Bugey oriental, elle s'était assuré la Bresse par le mariage d'Amédée V avec Sibylle de Baugé (1272). Quelques années plus tard (1289), elle allait s'annexer le Revermont par un autre mariage, en attendant qu'au siècle suivant (1337), par un échange avec le dauphin de Viennois, elle mit la main sur le Bas-Bugey. Il était donc naturel qu'Ambronay demandât protection au comte de Savoie.

Le 2 avril 1282, une transaction fut passée entre l'abbé Jean de Corent et Philippe, comte de Savoie, ancien archevêque de Lyon. Le comte prend l'abbaye sous sa protection et sauvegarde, ainsi que tous ses biens meubles et immeubles et tous ses hommes. De son côté, l'abbé donne en fief au comte certaines redevances énoncées dans l'acte.

En 1285, le neveu et le successeur de Philippe, Amédée V, passe avec Ambronay un nouveau traité qui confirme le précédent et maintient la sauvegarde sur la ville et le monastère. L'abbé concède la moitié de ses droits seigneuriaux, se réservant toujours *omne merum mixtum imperium et omnimodam jurisdictionem*, ainsi que le droit de *committimus*. Les considérants du traité en montrent bien la raison : « Attendu, disent les moines, que nous n'avons pas de plus puissant voisin auprès de qui nous puissions trouver un plus sûr refuge, par qui notre abbaye puisse être défendue contre les insultes des méchants, que le comte de Savoie, nous recourons à ce seigneur comme au refuge le plus spécial et le plus assuré. » Archives de l'Ain, H 98.

Mais ces alliances entre moines et seigneurs eurent souvent un pernicieux effet sur l'esprit religieux et l'observance de la règle. Il était bien difficile de se défendre contre l'envahissement de l'esprit mondain. Ne fallait-il pas, dans le choix des dignitaires et surtout de l'abbé, plaire au protecteur dont les intérêts n'étaient pas toujours ceux d'une fervente communauté? L'abbaye d'Ambronay n'échappa pas à ce danger. Nous trouvons, parmi les abbés de ce temps, Pierre, Jean, Guillaume et Amédée de la Baume, Amblard de Briord, Louis de la Palud, qui appartenaient aux plus illustres familles de la région. Le comte de Savoie était sans doute pour quelque chose dans leur élection. Ces grands personnages ne pouvaient s'astreindre à la vie commune et garder la résidence. Afin de vivre plus librement, ils firent construire, au nord de l'église, à l'opposé du monastère, la résidence abbatiale où ils habitaient, quand des devoirs profanes ne les fixaient pas à la cour des princes.

Un autre inconvénient du protectorat séculier fut de séparer les moines de la population qui s'était groupée autour de l'abbaye. Tant que l'abbé avait été l'unique maître, ils avaient vécu en bonne harmonie; mais lorsque le comte de Savoie eut commencé à prendre en main les intérêts temporels des habitants, ceux-ci recherchèrent d'autres garanties que le bon plaisir du prince.

Le 28 décembre 1297, les bourgeois et paroissiens d'Ambronay demandent à l'abbé la codification de leurs coutumes « pour icelles être conservées intactes et appliquées en temps et lieu. » L'abbé, Guillaume de la Baume, fait bon accueil à cette demande et le travail est confié à une commission choisie par les deux parties. L'année suivante (février 1298), l'abbé accorde aux bourgeois et paroissiens d'Ambronay une charte de franchises. Arch. de l'Ain, H 98. Cette charte réglait les droits de succession, les lods et ventes, les emphytéoses, la dotation des filles, les amendes et peines pour usage de fausses mesures et de faux poids ou autres méfaits, le ban vin, le four banal, les citations, les pâturages, l'entretien de la maladière, les droits de sépulture, les réunions, etc.

Ces réglementations, il fallut aussi les introduire dans les rapports entre l'abbé et ses religieux, puisqu'ils ne formaient plus une même famille. Ce fut l'objet du statut du 6 décembre 1341.

Auparavant, l'abbaye, outre la règle bénédictine, observait certains usages. Un coutumier, qui a été perdu, réglait les détails de la vie matérielle et chaque fête de l'année. En voici un exemple relatif aux jours des Rogations.

Le premier jour, on faisait la procession sur le territoire d'Ambronay; le curé servait aux religieux du pain, des œufs et des *tartres*. Le second jour, on allait à Saint-Jean-le-Vieux; le curé devait venir au-devant de la procession, jusqu'à un endroit déterminé, lire l'épître à la messe, et, avant de reconduire la procession, régaler la communauté de pain, de vin, d'œufs et d'une écuelle de millet cuit dans du lait. Le troisième jour, la procession se rendait à Saint-Pierre-de-Douvres, annexe d'Ambronay; le curé devait également venir au-devant de la procession et la reconduire, puis offrir des tartres bonnes, convenables et en quantité suffisante.

Ces usages et d'autres furent codifiés, en 1341, par l'abbé Jean III de la Baume. Le traité qu'il fit à ce sujet avec ses religieux détermine la manière de conférer les offices et bénéfices, les prieurés et doyennés, qui ne pourront être confiés qu'à des prêtres religieux de l'abbaye et après avis du chapitre. Il donne des règles relatives à la visite annuelle des prieurés et doyennés, à la présentation et nomination aux bénéfices-cures, à la perception des fruits de certains prieurés, à la quantité journalière de pain et de vin due à chaque religieux, etc.

Au commencement du xve siècle, Ambronay paraît jouir d'une certaine prospérité; l'abbé Jacques de Mauvoisin fait rebâtir une grande partie de l'église abbatiale. En 1456, le 2 mai, le concile de Bâle, où siégeait l'abbé Pierre du Saix, déclare qu'il prend sous sa protection l'église et le monastère, pour les défendre avec leurs biens, contre tout dignitaire ecclésiastique ou laïc.

III. La commende (1470-1651). — La séparation qui s'accentuait entre l'abbé et ses religieux acheminait Ambronay vers la commende. Déjà, sur la fin de la période précédente, Théodore de Montferrat (1456) est qualifié de *quasi-commendataire*. Il faisait administrer l'abbaye par Bertrand de Loras, religieux d'Ambronay et prieur de Brou.

La transformation fut consommée qu'à la mort de son successeur, Antoine d'Allemand. A la place de ce dernier, est nommé Richard Olivier de Longueil, évêque de Coutances et cardinal, que le *Gallia christiana* qualifie de premier abbé commendataire.

Ce fut une facilité de plus, pour la Savoie, de faire sentir son influence dans le gouvernement du monastère et d'y placer des abbés de son choix. Tels sont Jean-Louis de Savoie, fils du duc Louis, Étienne Morel, évêque de Saint-Jean-de-Maurienne et prieur de Brou, Louis de Gorrevod, cardinal, et son neveu Philibert de Challes, successeurs du précédent à Saint-Jean-de-Maurienne et titulaires de l'évêché éphémère de Bourg, Claude de la Coux, conseiller du duc de Savoie et prieur commendataire de la Boisse. Ce furent là des agents actifs de la politique savoyarde.

Étienne Morel était un homme de valeur, grand officier de la curie romaine et dataire du pape Innocent VIII (1484-1492). Il fit bâtir le cloître, le dortoir et la salle capitulaire vers la fin du XVe siècle; il tint plusieurs chapitres où furent réalisées des réformes.

Il était d'usage de tenir le chapitre le 2 février de chaque année. Les moines de l'abbaye, les doyens et prieurs étaient tenus d'y assister. Ceux qui ne pouvaient s'y rendre étaient obligés d'en faire connaître les motifs par écrit et de se faire représenter.

En 1490, Étienne Morel présenta au chapitre un coutumier indiquant les devoirs de chaque dignitaire. C'était le résultat d'une étude approfondie sur les précédents statuts et règlements du monastère. Il y est question des devoirs de l'abbé quant à la réparation et à l'entretien de l'église, de la clôture, des prébendes, des mendiants, des malades, des novices, des cloches, du « rouleau des morts » ou catalogue des défunts pour lesquels on priait. On y réglait minutieusement les charges des officiers, les *masages* ou redevances des prieurés, les *réfusions* ou redevances mutuelles de certains offices, la *pitance*, c'est-à-dire tout ce qui se mangeait en dehors de la prébende de pain et de vin fournie par l'abbé.

Les charges aux offices étaient au nombre de neuf, celles de grand-prieur, chamarier, cellerier, sacristain, infirmier, aumônier, corrier, réfectorier et chantre. Ils formaient ensemble ce que l'on appelait le *petit couvent*.

Chacun avait ses revenus, les religieux aussi. La diminution des revenus fit limiter le nombre des moines, et, au chapitre de 1495, on décida qu'à l'avenir il n'y en aurait pas plus de vingt-cinq; l'abbé était compté pour deux, comme ayant double prébende. Les vocations d'ailleurs se faisaient rares et, au même chapitre, il n'y avait que vingt-trois religieux profès. Les revenus de l'abbaye se montaient à environ 28950 livres, sans compter les redevances en nature. Mais les charges étaient considérables.

Au commencement du XVIe siècle, l'abbaye était entre les mains de Louis de Gorrevod, évêque de Saint-Jean-de-Maurienne. La création à Bourg d'un évêché comprenant ce que le diocèse de Lyon possédait en Bresse, Dombes et Bugey, devait avoir pour conséquence de faire passer ces provinces sous l'autorité d'un prélat savoyard et de les rattacher plus étroitement à la Savoie. L'évêque désigné fut l'abbé d'Ambronay. Mais les chanoines de Lyon protestèrent contre cette amputation, et le roi de France la vit de mauvais œil. L'évêché établi en 1515 fut supprimé l'année suivante; rétabli en 1521, il disparut définitivement en 1534. Cf. abbé Chagny, *L'évêché de Bourg-en-Bresse*, dans le *Bulletin de la Société Gorini*, 1905, t. II.

Cependant, François Ier déclarait la guerre à la Savoie et, en 1535, faisait envahir la Bresse et le Bugey par Philippe de Chabot, amiral de France. L'invasion fut pacifique; à Ambronay elle eut pour résultat de substituer pendant vingt-trois ans l'autorité du roi de France à celle du duc; mais l'abbaye n'eut pas à en souffrir.

Il n'en fut pas de même pour la seconde invasion, celle que commandait le maréchal de Biron et qui fut suivie de la réunion à la France de la Bresse, du Bugey et du pays de Gex, au traité de Lyon (1601). Les terres dépendant de l'abbaye d'Ambronay furent à ce point ravagées que les revenus furent presque réduits à néant, « ayant esté notoirement l'esglise, la ville, le terroir et juridiction, tellement saccagez par trois diverses fois et abandonnez des dietz religieux et sujetz, la ville dépeuplée d'habitans, les dietz religieux fugitifz, l'esglise saccagée et prins tous ses ornements, reliques et reliquaires; icelle prophanée par meurtres, de sang et autres actes d'hostilités de guerre... » Cf. J. Baux, *Histoire de la réunion à la France des provinces de Bresse, Bugey*, etc., p. 293.

L'abbaye était alors gouvernée par la famille de Bachod, dont le premier représentant, François, était aussi abbé de Saint-Rambert, évêque de Genève, grand dignitaire de la curie romaine et dataire de Paul III en 1545-1546, légat *a latere* auprès du duc de Savoie. Son petit-neveu, Claude de la Coux, était membre du sénat de Savoie et jurisconsulte à Chambéry. Avocat de métier, il ne tenait à l'ordre religieux que par son titre d'abbé et au monastère que par les revenus qu'il en tirait. Il suscita des religieux bien des difficultés et l'on comprend que, sous un tel régime, l'abbaye s'en allât à la décadence.

Avec Jean de Cussigny les difficultés continuèrent. On fit un nouveau traité le 2 octobre 1628; mais l'abbé ne tint pas ses engagements. Les ornements sacrés font défaut; les cloches manquent de beffroi; on chante les offices *à voix basse*, parce qu'on n'a pas de livres. Pour comble de malheur, la foudre tombe sur le clocher (10 septembre 1628) et consume une partie du monastère. Les réparations nécessitées par l'accident vont être une source nouvelle de conflit, lorsque l'abbé de Cussigny est assassiné près de Faverney, le 29 mai 1634.

Ainsi la commende conduisait peu à peu l'abbaye à sa ruine. Il fallait une réforme. Elle allait s'accomplir sous les trois successeurs de Cussigny, qui appartiennent à la maison de Livron de Bourbonne.

IV. La réforme de Saint-Maur (1651-1790). — Bien qu'elle n'ait été chose accomplie qu'en 1651, la réforme d'Ambronay fut préparée, dès 1637, par l'abbé François de Livron, Ier du nom. Agit-il, en cela, de son plein gré, ou obéit-il à un concours de circonstances qui l'obligèrent à se décider? On penche pour cette dernière alternative, lorsqu'on songe à l'arrêt rendu, le 4 avril 1622, par le parlement de Dijon, arrêt ordonnant à toutes les maisons de bénédictins, qui se prétendent exemptes de la juridiction de l'évêque, de choisir entre cette juridiction et la soumission à une congrégation de leur ordre. François de Livron préféra ce dernier parti, qui maintenait son indépendance vis-à-vis de l'évêque diocésain, et, comme la congrégation de Saint-Maur jouissait déjà d'une grande réputation, ce fut à elle qu'il s'adressa. Il proposa au supérieur général, dom Grégoire Tarisse, de prendre Ambronay sous sa direction. Le supérieur consentit et l'acte de cession fut passé le 14 août 1637. Arch. de l'Ain, H 153. Il y est dit que l'abbé, désirant rétablir la vraie observance de la règle de saint Benoît dans son monastère, pour la plus grande gloire de Dieu et l'édification du prochain, n'a pas trouvé de meilleur moyen que de la céder aux Pères de Saint-Maur. Il a eu plusieurs conférences avec leur supérieur à ce sujet, et, sachant que l'état de l'abbaye ne permet pas de faire aussitôt la transformation, il a du moins voulu l'assurer pour l'avenir.

Dans ce but, il cède l'abbaye aux réformés, aux conditions suivantes : cession de toutes les prébendes monacales; les religieux devront être en nombre suffisant pour le service; les charges et les chapelles ne pourront être résignées qu'en faveur des membres de l'abbaye, les religieux anciens et les nouveaux seront indépendants les uns des autres, mais les anciens garderont leur place au chœur, au chapitre, etc.; la mense conventuelle, avec tous ses revenus, sera incorporée à la congrégation de Saint-Maur, l'abbé jouira, comme par le passé, de ses titres temporels et honorifiques; on établira une salle d'archives; les meubles de l'église et de la sacristie seront remis, après inventaire, aux nouveaux religieux qui en laisseront jouir les autres.

L'article 14 stipulait que les réformés ne pourraient s'installer que lorsqu'il y aurait dix prébendes vacantes et 2 000 livres de revenu pour leur entretien. En 1641, les mauristes demandèrent à prendre possession. L'abbé de Livron répondit que, pour de légitimes raisons, il ne pouvait encore faire droit à leur demande. A cet abbé, en 1643, succède son neveu, nettement opposé à la réforme. Les religieux de Saint-Maur ne se découragent pas. Le supérieur général envoie dom Lambert Chevrier, avec un autre religieux, prendre possession des locaux réguliers. La réunion eut lieu le 17 mars 1651. On y élabora un traité et on jura d'en observer les clauses.

La prise de possession se fit le 31 juillet 1651. Il y avait neuf anciens religieux et cinq réformés. Quand ces derniers furent dans le chœur de l'église, le grand-prieur rappela le traité de 1637 et celui qui venait de se conclure, et il annonça que le soin du chœur et la direction de l'office divin appartiendraient désormais aux réformés, mais que les anciens y garderaient l'ordre auquel ils étaient accoutumés. Les religieux de Saint-Maur agréèrent et furent conduits par les anciens dans tous les lieux réguliers.

Ainsi fut accomplie la réforme d'Ambronay. Elle était à peine achevée que les difficultés recommencèrent. La première vint des réparations; elles étaient urgentes et pourtant l'abbé refusait de s'en occuper. Il fallut entamer des procès et faire une visite des lieux. Le compte rendu de cette visite (13 novembre 1651), estimant les réparations à 4 660 livres, nous fait connaître l'état lamentable de l'abbaye. Néanmoins on dut contraindre l'abbé à coup d'arrêts du parlement.

Cette situation tendue dura jusqu'à l'avènement de Charles de Livron qui, pacifique par nature, s'entendit avec les moines pour les réparations. Le *Gallia christiana* nous apprend en effet que, par ses soins, le dortoir fut reconstruit, la cuisine, le réfectoire, deux chambres d'étrangers, la bibliothèque réparés, le jardin entouré de murs et l'église dotée d'un jeu d'orgues.

Avec Claude Bouchu, fils de l'intendant de Bourgogne, un simple laïque, dont le gouvernement dura trente-quatre ans, les procès recommencèrent. Ce ne fut pas seulement avec l'abbé, mais avec les habitants d'Ambronay. Des litiges éclatèrent à propos des eaux, des chemins, du cimetière et surtout de l'aumône.

Chaque jour, à l'abbaye, se faisait une distribution aux pauvres qui se présentaient. Le moine à qui était dévolu ce soin se nommait l'aumônier. Fondée sans doute dès l'origine du monastère, l'aumône fut régularisée par le concordat de 1490, et elle fonctionna sans encombre durant des siècles. Malheureusement les habitants finirent par considérer comme un droit ce qui n'était qu'une faveur et, en 1634, les récoltes du prieuré de Dompierre ayant manqué, la distribution ne put se faire pour le carême. Il s'ensuivit une mutinerie de la foule et un procès dans lequel la municipalité voulut s'établir juge entre les moines et les habitants.

Les religieux de Saint-Maur n'en continuèrent pas moins les libéralités de leurs devanciers et les habitants persévérèrent dans leur prétention. La grande aumônerie avait été unie à la mense conventuelle en 1651 et les religieux voulurent obvier à tous les inconvénients, en faisant déclarer indigents et incapables de témoigner en justice tous ceux qui se présenteraient à l'aumône. La population résista. Finalement, une transaction fut signée entre les religieux et les syndics (13 janvier 1730). Mais les résultats ne furent pas tels qu'on les avait espérés; de nouvelles infractions furent commises et l'état de lutte dura jusqu'à ce qu'un arrêt du parlement de Dijon, du 10 février 1783, supprimât l'aumône et attribuât ses revenus à l'hôpital, en attendant que tout sombrât dans la tourmente révolutionnaire.

L'abbé de Maugiron, en chargeant le prieur du spirituel et le cellerier du temporel de l'abbaye, fit disparaître bien des causes de conflit. Mais la guerre reprit avec l'abbé de la Tour du Pin, qui avait confié le temporel à un intendant nommé Duval. Une visite fut faite le 9 janvier 1757; elle nous fait connaître l'état du monastère à cette date.

A l'abbé de la Tour du Pin succéda, en 1765, Paul de Murat, vicaire général de Sens. Sous son administration s'accomplit l'union de l'abbaye à l'évêché de Belley, dont les revenus étaient insuffisants. Louis XVI permit cette réunion, le 10 juin 1780; le pape Pie VI donna la bulle, le 14 janvier 1781, et délégua pour l'exécution le vicaire général de Lyon, Péronneau. Celui-ci prononça l'union le 28 janvier 1783. Il n'y avait plus alors que douze moines profès à Ambronay.

Rien ne fut changé jusqu'à la mort du titulaire, qui arriva en 1787. Alors seulement Mgr Cortois de Quincey, évêque de Belley, entra en possession des biens de l'abbaye. Il ne devait guère en jouir : en août 1789, les biens ecclésiastiques sont déclarés appartenir à la nation et, le 13 février 1790, tous les ordres religieux étaient supprimés. L'abbaye d'Ambronay disparaissait, après mille ans d'existence.

Son histoire se résume presque en luttes causées surtout par l'ingérence du pouvoir civil, luttes où les religieux épuisèrent leurs forces. Aussi, à part le fondateur et saint Hugues, on ne cite parmi eux aucun saint; à part dom Estiennot, qui n'est guère connu, aucun savant ou écrivain. Il est vrai qu'ils eurent au nombre de leurs abbés cinq cardinaux, mais ces princes de l'Église ne sortaient pas de leurs rangs. Les archives ne nous ont conservé que le souvenir de leurs procès; ils ne s'occupèrent de l'abbaye que pour en percevoir les revenus.

V. LISTE DES ABBÉS. — *1re période*. — N..., préposé par le fondateur au gouvernement du monastère, vers 800-807. — Saint Barnard, 807-810, fête 23 janvier. — Saint Hugon ou Hugues Ier. — Dudon, destinataire de la lettre de saint Léon IX (1050). — Didier, abbé en 1100, préside à la fondation de Portes (1115). — Ismion paraît en 1129, 1132, 1135, 1141, 1150 dans diverses chartes. En 1129, il est envoyé par Étienne, archevêque de Vienne, et Ponce, évêque de Belley, terminer un différend entre les moines de Luxeuil et de Saint-Bénigne de Dijon. Il confirme les possessions de Portes. — Aimon gouvernait en 1171. A cette date, il fut envoyé pour régler certaines affaires entre la chartreuse de Portes et le prieuré d'Ordonnas. — Boson Ier transigea avec Jean, archevêque de Lyon, le 20 novembre 1187. — Manassès de Buenc, nommé en 1198 et 1200, céda Loyettes à la garde du seigneur d'Authon. — Pierre Ier de la Baume, de la maison de la Balme-sur-Cerdon, 1208, 1211. — Guy de Sure, d'une famille du Forez, signe, en 1220, une donation faite à Portes par Hugues de Coligny. — Pierre II de la Baume, mentionné dans une charte de Guillaume de Coligny du 6 septembre 1227. Il mourut le 22 octobre 1229 et fut inhumé dans la chapelle de Saint-Jean. — Bernon se trouve, à la date 1230, dans la liste de la Chassagne. Il est peut-être le même que le suivant, cité à cette même date dans une liste de Portes. — Boson II eut, avec les chartreux de Portes, un procès que Guy de la Tour, archevêque de Lyon, termina en 1234. — Hugues II apparaît, en 1247, dans des titres de la chartreuse de Montmerle. — Guillaume Ier, prieur de Saint-Sorlin, fut abbé de 1247 à 1267; on trouve en 1254 et 1258, dans des conventions avec les seigneurs de la Tour. Il reçut l'obédience de la prieure de la Bruyère. Guichenon, 2e partie, p. 5. Il est peut-être le même que Guy de Vassallieux, un abbé dont le tombeau a été découvert en 1888, dans la salle capitulaire, avec une inscription du XIIIe siècle. — Jean de Corent siégeait déjà en 1270 (titres de Meyriat). Il mourut le 6 novembre 1282, après avoir fait avec le comte de Savoie le traité qui mettait Ambronay sous la protection de ce prince.

2e période. — Pierre III de la Baume, 1283, évêque de Belley, 1285. — Jean II de la Baume, son frère, et son successeur à l'évêché de Belley, en 1298. — Guillaume de la Baume, frère des précédents, auteur de la transaction de 1298, † 14 novembre 1309. — Amblard de Briord, de la famille de la Serra, frère de Jean de Briord, abbé de Saint-Rambert, devint abbé d'Ambronay en 1310 et fut assassiné en 1316, pour des raisons politiques. — Jean de la Baume, de la branche de Perrex, 1317; il résigna en 1336, en faveur du suivant, son petit-neveu. — Amédée de la Baume, nommé en 1338, 1341. En 1349, il devient abbé de Saint-Vincent de Besançon. — Étienne de Mugnet, sous lequel les comtes de Savoie accordèrent des libertés aux gens d'Ambronay. Il mourut le 5 octobre 1361 et fut inhumé dans le chapitre, aux pieds du crucifix. — Pierre du Molard, fit, en 1362, serment de fidélité à l'église de Lyon et, en 1376, un pacte de prières avec l'abbaye d'Ainay. En 1388, il unit le prieuré de Merland à la correrie. Il mourut en 1399. — Louis de la Palud de Varambon, abbé d'Ambronay en 1400, puis de Tournus en 1414, obtint du pape d'Avignon, Benoît XIII, la faculté d'user des ornements pontificaux; nommé évêque de Maurienne en 1432, † à Rome, 22 septembre 1451. — Jacques Mitte de Chevrières, gouvernait Ambronay en 1415 et 1419. Il était également abbé de la Chassagne. — Jacques II de Mauvoisin, mentionné comme abbé en 1425 et 1437. Il démissiona et mourut quelque temps après (1439). — Pierre V du Saix, 1438, assista au concile de Bâle et au couronnement de l'empereur Sigismond, comme envoyé du duc de Savoie, † 3 février 1455. — Théodore de Montferrat, protonotaire apostolique, 1456. — Antoine d'Allemand, 1460-1469.

3e période (1470-1651). — Richard Olivier de Longueil, évêque de Coutances et cardinal, † 15 août 1470. — Jean-Louis de Savoie, protonotaire apostolique, évêque et prince de Genève, fit administrer Ambronay par Pierre de la Garde, chamarier de l'abbaye, puis par Jean Teste, prieur de Marboz, † 11 juillet 1482. — Étienne II Morel, de la famille comtoise de Virechâtel, chanoine-comte de Lyon, prieur de Saint-Pierre de Brou, évêque de Saint-Jean-de-Maurienne; son vicaire général à Ambronay est Philibert de Charmes, † 24 juillet 1499. — Louis de Gorrevod, évêque de Saint-Jean-de-Maurienne, 1499; Bourg-en-Bresse, 1515; cardinal et légat a latere auprès du duc de Savoie, 1530, † 1545 ou 1547. — Jean-Philibert de Challes, neveu du précédent, comme lui, évêque de Maurienne et de Bourg, † 1544. — François Ier de Tournon, archevêque de Lyon et cardinal, obtint l'abbaye en 1544. Il dut la résigner; son successeur l'a en 1550. — Marcel Crescenzi, cardinal, † 1552. — François II de Bachod de la Verdatière, évêque de Genève, démissionna en 1558 ou 1560 et mourut le 1er juin 1568. — Jean III de Bachod, prieur de la Boisse, succéda à son oncle et donna sa démission vers 1592. — Claude de la Coux de Chenavel, neveu du précédent et, comme lui, prieur de la Boisse, † 4 février 1614. — Jean IV de Cussigny, 1614-1634, se fit remarquer par sa mauvaise administration et le désordre de ses mœurs. Il fut assassiné le 29 mai 1634. — François III de Livron de Bourbonne fit les démarches pour introduire à Ambronay la réforme de Saint-Maur, † 1643.

4e période (1651-1790). — François IV de Livron, sous lequel la réforme fut accomplie. — Charles de Livron entra, à la mort de sa femme, dans l'état ecclésiastique et fut pourvu, en 1664, de l'abbaye, qu'il gouverna vingt-sept ans, jusqu'à sa mort, 28 août 1691. — Antoine d'Aix de la Chaize, † janvier 1694. Il était le frère du P. de la Chaize, confesseur de Louis XIV. — Claude Bouchu, fils de l'intendant, 10 avril 1694-1er février 1730. — Guillaume-Joseph de Maugiron, agent du clergé, 1730-1753. — Jacques-François de la Tour du Pin, chanoine de Tournay, vicaire général de Riez, mars 1753-26 juin 1765. — Paul de Murat, doyen de Mauriac, vicaire général de Sens, 1765-1787. L'abbaye est unie à l'évêché de Belley.

VI. LES ÉDIFICES D'AMBRONAY. — Avant la Révolution, l'abbaye d'Ambronay comprenait une vaste cour centrale; au fond, l'église abbatiale; à droite, le monastère; à gauche, le presbytère, l'église paroissiale et le logis abbatial.

La façade de l'église possédait trois portails. Celui de droite a été muré. Au-dessus du portail central, un bas-relief court dans toute la largeur. Il représente le jugement dernier. Au centre, Dieu tient une draperie dans laquelle il reçoit les âmes des justes. De chaque côté, des portes semblent sortir de leur tombeau. A droite, les bons apportent dans leurs mains leurs œuvres méritoires; à gauche, sont les réprouvés, les mains vides et prêts à recevoir leur châtiment.

Un autre bas-relief surmonte le portail de gauche. Il semble représenter la chute de l'homme et la réparation par la naissance du Sauveur. Au-dessus, s'élève le clocher que couronne une flèche élancée.

Le vaisseau comporte une belle nef ogivale avec deux bas-côtés. Celui de droite, avec ses piliers massifs aux lignes sévères, est la partie la plus ancienne de l'édifice; il remonte peut-être au temps de la fondation. Le bas-côté gauche, par la suite de ses piliers, de ses chapiteaux à feuille d'acanthe et de ses ogives, nous fait assister à tout l'épanouissement de l'art gothique. A l'extrémité, le XVe siècle est encore représenté par la chapelle de Mauvoisin. Le tombeau de l'abbé, avec sa statue couchée et surmontée de deux élégants fleurons, est d'un goût parfait. Le chœur est de la même époque. Il est ajouré par trois élégantes baies gothiques, dont les vitraux aux tons clairs et nacrés, aux élégantes architectures, sont une merveille. Au milieu, de belles stalles de chêne aux figures grimaçantes et, à l'entrée, un jubé, maintenant démoli, séparaient le sanctuaire de la nef.

L'église a conservé plusieurs tombes avec épitaphes; celles d'Antoine et de Bertrand de Loras, de Pierre du Saix, d'Amédée Guyot, réfectorier, d'Étienne Morel, de Claude de la Coux, etc.

Le monastère a pour centre le cloître, adossé au bas-côté droit de l'église. Il comprend une galerie quadrangulaire, ajourée par une vingtaine de baies à fenestrages ; au-dessus, court une autre galerie de même étendue, dont d'élégantes colonnes doriques supportent la toiture. « Ce cloître est un des plus charmants caprices de l'art du XVe siècle. » Jarrin, *La Bresse et le Bugey*, t. II, p. 237.

Sur son côté oriental s'allonge la salle capitulaire, dont la voûte en ogive repose sur deux gracieux piliers. Les autres parties du bâtiment attenant au cloître représentaient les divers services, chambres, infirmerie, réfectoire, bibliothèque.

Au nord de l'église, à l'opposé du monastère, étaient le presbytère et l'église paroissiale. Ambronay était une des cent paroisses de l'archiprêtré qui portait son nom, et qui comprenait toute la partie du diocèse de Lyon située sur la rive gauche de l'Ain, longue bande de terre s'étendant du Rhône à la rivière même de l'Orbe. L'église était une construction très simple, avec abside arrondie et clocher octogonal. En arrière et près de son chevet se dressait la résidence abbatiale, avec deux ailes et un escalier circulaire, le tout en style Renaissance.

Ces divers bâtiments, fort endommagés pendant la période révolutionnaire, ont été réparés dans le cours du XIXe siècle ; l'église Notre-Dame, devenue paroissiale, a été aménagée; la flèche du clocher a été relevée, le mur de façade reconstruit, le portail de gauche restauré et orné de nouvelles colonnettes, les vitraux du chœur réparés à neuf, et le cloître déblayé a recouvré quelques-uns de ses fenestrages. Enfin, ces précieux débris ont été classés comme monuments publics et placés sous la protection de l'État.

Archives de l'Ain, fonds d'Ambronay, H 88-195; fonds de Portes, H 218 sq. — Archives de la Côte-d'Or, B 6787-9033. — Archives municipales d'Ambronay. — Alexandre Bérard, *L'abbaye d'Ambronay*, extrait des *Annales de la Société d'émulation de l'Ain*, Bourg, 1888; réédition dans *La Bresse et le Bugey historiques et pittoresques*, Paris, s. d. (ouvrage gâté par son esprit tendancieux et l'interprétation fantaisiste des documents). — Joseph Delaigue, *L'abbaye d'Ambronay*, histoire manuscrite du monastère, aux archives de la société Gorini, Bourg. — *Gallia christiana*, t. IV, col. 270 sq. — Guichenon, *Bresse et Bugey*, 2e partie (continuation), p. 4; Preuves, p. 175; *Savoie*, Preuves, p. 85, 132, 151; *Bibliotheca Sebusiana*, p. 280. — Guigue, *Topographie historique du département de l'Ain*, Trévoux, 1873; article *Ambronay*, terminé par une bibliographie. — Frédéric Marchand, *La grande aumônerie d'Ambronay, au XVIIe et au XVIIIe siècle*, Bourg, 1897 (suivi d'une réfutation de M. Bérard). — Dom Piolin, *Supplément aux vies des saints et spécialement aux petits bollandistes*, Paris, s. d., p. 206, 23 janvier, notice sur saint Barnard, suivie de la bibliographie des principaux ouvrages qui traitent du fondateur d'Ambronay, dom Bouquet, Depéry, Fleury-Trual, Mabillon, Nadal, etc. — Rouyer, *Revue du Lyonnais*, 1846, t. XXIV.

L. ALLOING.

1. AMBROSI (FILIPPO). Né à Ascoli-Piceno, le 17 juillet 1762, il fut préconisé évêque de Montalto (Marches), le 17 novembre 1820, et mourut en 1825. Cappelletti l'omet, à tort, dans l'énumération des évêques de ce siège.

Notizie per l'anno MDCCCXXIV, Rome, p. 225. — Gams, *Series episcoporum*, p. 704.

J. FRAIKIN.

2. AMBROSI (JACOPO DE), dominicain italien, de la province d'Arménie, qu'il gouverna à partir du 17 juillet 1652. Il écrivit au général de son ordre, alors Nicolas Ridolfi, une lettre datée de Chanioli, en Arménie, le 15 avril 1630, où il raconte qu'un grand mouvement de conversion s'est produit chez les Turcs et les Arabes d'Aremoli, à la suite de la disparition du tombeau de Mahomet et d'une apparition de la Vierge. Cette lettre fut traduite en espagnol et se trouvait dans la bibliothèque du couvent dominicain de Santa Catalina de Barcelone, où Villanueva la vit. Une autre copie a figuré au catalogue n. XXXVII, de Rosenthal, n. 2123.

Jac. Villanueva, *Bibliothecae scriptorum ordinis praedicatorum continuatio*, ms. arch. gen. ord. , p. 27.

R. COULON.

AMBROSIGNAN (Saint), honoré, le 1er septembre, à Fontaine-lès-Dijon, dès le XIIe siècle. Jean l'Ermite rapporte que la mère de saint Bernard avait une grande dévotion pour lui et qu'en 1171, on enferma de ses reliques dans l'autel de la crypte de Saint-Étienne de Dijon.

La *Vie de S. Ambrosignan* a été éditée par Chifflet, *S. Bernardi genus illustre*, 1660, p. 452, d'après un manuscrit conservé à Fontaine. Elle est purement légendaire, fait naître le saint en « Ibérie asiatique », de parents longtemps stériles, raconte sa fuite en Arménie, puis son arrivée à « Sarlatus », où il succède à l'évêque Nicéphore. Rien ne permet de faire d'Ambrosignan un évêque ni un martyr. On ne sait ni où, ni comment il a vécu.

Chifflet, *loc. cit.*, p. 457. — *Act. sanct.*, septemb. t. I, p. 207.

P. FOURNIER.

1. AMBROSIO (CARLO DI). Né à San Severo (Calabres), il fut préconisé évêque de Larino (aujourd'hui province de Campobasso), le 11 septembre 1775, et mourut dans sa ville natale, en 1796. Ce fut pendant son épiscopat que, par décision de l'aumônerie majeure du roi de Naples en date du 15 juin 1790, le siège de Larino fut déclaré soumis au patronage royal.

Cappelletti, *Le Chiese d'Italia*, t. XIX, p. 251. — Giandomenico Magliano, *Considerazioni storiche sulla città di Larino*. Campobasso, 1895, p. 249.

J. FRAIKIN.

2. AMBROSIO (DOMENICO DE), religieux de l'ordre de la Merci, définiteur de la province italienne de son ordre en 1777. Il mourut en 1791, à Naples. Il publia : *Compendio della vita di S. Raimondo Nonnato*, Naples, 1752.

Gari y Siumell, *Biblioteca mercedaria*, Barcelone, 1875, p. 12.

A. PALMIERI.

AMBROSOVSKY (MICHEL), historien ecclésiastique hongrois, né le 17 avril 1702, à Galantha, mort le 1er février 1792, à Erlau, dans le comitat de Heves. Il fut successivement chanoine, doyen du chapitre et abbé titulaire d'Erlau, préfet des écoles épiscopales. Tous ses ouvrages ont trait à l'histoire religieuse et profane de la Hongrie : *Historiae ducum et regum Hungariae synopsis*, Erlau, 1757; *Mausoleum potent. Hungariae regum et primorum militant. Hungariae ducum*, 1758; *Compendiosa chronologia Hungariae sive catalogus aut series Hungariae regum*, etc., 1758; *Appendix ad Compendiosam chronologiam Hungariae*, etc., 1758; *Nova series episcoporum Agriensium*, 1759; *Ilias in nuce, sive Chronologia sacra*, etc., 1759.

Bermann, *Oestr. biograph. lexikon*, 2 Heft. — Von Wurzbach, *Biographisches Lexikon Oesterreichs*, 1856, t. I, p. 28.

A. BAYOL.

AMBRUS (CALIXTE), franciscain hongrois. Né à Bezeny, en 1783, il revêtit l'habit franciscain en 1803 et fut ordonné prêtre en 1806. Après avoir enseigné la philosophie à Gran, il devint, en 1811, aumônier militaire et enseigna l'histoire à l'école militaire de Milan, qui appartenait alors à l'Autriche. Il mourut à Kis-Márton, le 19 janvier 1845, après avoir été prédicateur à Pozsony (Presbourg). On a de lui : *Der heilige Kreuzweg*, in-8°, Presbourg, 1835; *Svéti Krisni Put Kogaj J. Kr. na véliki Pétak*, in-8°, Soprón, 1844.

Ser. Farkas, *Scriptores ord. min. S. P. Francisci prov. Hungariae ref.*, Presbourg, 1879, p. 129-130.

M. BIHL.

AMBSCHELL (ANTON), jésuite hongrois, né à Raab (Györ), le 9 mars 1751, fut reçu dans la vie religieuse en 1768 et appliqué à l'étude des mathématiques. A la suppression de la Compagnie de Jésus (1773), il professa la physique et la mécanique pendant onze ans à Laibach et dix-neuf ans à l'université de Vienne, où il fut doyen de la faculté de philosophie. Il fut aussi membre de la société agraire de Laibach, chanoine de Presbourg et abbé mitré de Sankt-Eustachius de Csuth. Il légua en mourant (14 juillet 1821) sa bibliothèque à l'académie de Presbourg. Il laissa : 1° *Joseph von Herbert Abhandlung von der Federkraft des Wassers*, etc., *aus dem Lateinischen übersetzt*, in-8°, Laibach, 1778. — 2° *Dissertatio de centro gravitatis*, in-8°, Laibach, 1779. — 3° *Dissertatio de motu*, in-8°, Laibach, 1780. — 4° *Predigt an dem Festage des heil. Antonius von Padua gehalten zu Laybach in Krain*, in-8°, Vienne, 1782. — 5° *Anfangsgründe der allgemeinen auf Erscheinungen und Versuche gebauten Naturlehre*, 3 dissertations in-8°, Vienne, 1791-1792. — 6° *Grundsätze der allgemeinen Physik*, 6 vol. in-8°, Vienne, 1791-1793. — 7° *Elementa physicae phaenomenis et experimentis deducta, aut attentione stabilito..., ac in dissertationes sex divisa*, in-8°, Vienne, 1807. — 8° *Elementa matheseos*, 3 vol. in-8°, Vienne, 1807. — 9° *Elementa algebrae*, in-8°, Pesth, 1799, en collaboration avec Franz Rausch.

Sartori, *Catalogus librorum in Bibl. Caesar. reg. et academiae Theresianae extantium*, Vienne, 1802-1805, t. IV, p. 123. — Stoeger, *Scriptores provinciae Austriacae S. J.*, Vienne, 1856, p. 9. — Sommervogel, *Bibliothèque S. J.*, Bruxelles, 1890, t. I, col. 277; 1898, t. VIII, col. 1626.

E.-M. RIVIÈRE.

AMBUEL (FRANÇOIS-FRÉDÉRIC), évêque de Sion. Après avoir rempli dans sa ville natale, comme chanoine, les fonctions de grand-sacristain du chapitre, depuis 1746, il fut élu par ses confrères, le 18 décembre 1760, évêque de Sion. Confirmé par Rome, le 25 mai 1761, sacré le 30 novembre, il mourut le 11 avril 1780.

De l'épiscopat d'Ambuel, l'histoire n'a rien à retenir. Le Valais, à cette époque, tant au point de vue religieux que politique, est dans une paix profonde. Seule la suppression des jésuites, en 1773, bouleversa quelque peu l'organisation ecclésiastique. Ambuel fit les plus généreux efforts pour retenir les religieux; mais en vain. Ce fut Ambuel qui, le dernier, fit frapper des monnaies aux coins réunis de l'évêché et de la république.

Martignier et Crousaz, *Dictionnaire historique, géographique et statistique du canton de Vaud*, Lausanne, 1867, p. 370. — Boccard, *Histoire du Valais*, Genève, 1844, p. 253. — Guy, *Histoire du Valais*. Genève. 1888-1889, t. II, p. 78.

A. VOGT.

AMBURENSIS. Voir AMPORENSIS (*Ecclesia*).

1. AMÉ (Saint), abbé de Remiremont. Né à Grenoble, vers 565-570, Amé fut conduit par son père Héliodore à l'abbaye de Saint-Maurice (581), où il demeura une trentaine d'années, édifiant ses frères par la pratique des plus austères vertus. En 611, désireux d'atteindre à une plus haute perfection, il se retira sur la montagne, à quelque distance de l'abbaye, pour mener dans une grotte isolée la vie contemplative. L'on vénère encore aujourd'hui cette grotte, transformée en chapelle, sous le nom de Notre-Dame-du-Scex. Lorsqu'en 614 saint Eustase, revenant d'Italie et retournant à Luxeuil, passa par Saint-Maurice, il emmena Amé à sa suite. Le solitaire d'Agaune, devenu moine luxovien, ne tarda pas à se signaler par sa haute sainteté. Romaric le choisit bientôt pour le mettre à la tête de l'abbaye de Remiremont qu'il venait de fonder. Alors se place dans la vie de Luxeuil la lamentable histoire des troubles suscités par Agrestius. Voir ce nom, t. I, col. 1016. Romaric et Amé, entraînés dans le parti de l'opposition, vécurent un certain temps en mauvais termes avec Eustase. Le concile de Mâcon (vers 626) prit la défense de Luxeuil, et, peu après, Agrestius ayant été assassiné, la bonne harmonie se rétablit. Amé, pleinement réconcilié avec les moines de Luxeuil, mourut entouré de la vénération de ses disciples (vers 628-630).

Mabillon, *Acta sanct. ord. S. Bened.*, 1669, t. II, p. 129. — *Histoire littéraire de la France*, 1735, t. III, p. 609-610. — *Acta sanct.*, 1753, sept. t. IV, p. 95-102. — M. Besson, *Mémoire pour servir à l'histoire de saint Amé*, dans *Revue d'histoire ecclésiastique suisse*, 1907, t. I, p. 20-31.

M. BESSON.

2. AMÉ (Saint), évêque de Sion. Dans un martyrologe du XIIe siècle, conservé aux archives de Valère à Sion (Suisse), on trouve la mention suivante : *Idus septembris, sancti Amati presbiteri et abbatis sancti Romerici et pontificis Sedunensis*. On fêtait donc jadis en Valais, le 13 septembre, un saint Amé, vénéré comme abbé de Remiremont et comme évêque de Sion. D'autre part, un personnage homonyme est honoré en Flandre et dans le diocèse de Sens comme évêque de cette dernière ville. Il est certain qu'Amé l'abbé est différent d'Amé l'évêque. Celui-ci est contemporain du règne de Thierry III (675-691); celui-là meurt peu après 627. Voir l'article précédent. Mais, de l'avis de tous, il n'y a qu'un seul Amé évêque, et, s'il fut à Sens, il ne fut pas à Sion. Le doute n'a pour objet que la ville épiscopale, les uns préférant Sion, et les autres, Sens. Le moine Hucbald, au début du Xe siècle, dit dans sa Vie de sainte Rictrude : *qui beatus vir [Amatus] electus et sublimatus ad episcopatum urbis Sidunensium, eo tempore quo Theodericus rex iniquam exercebat tyrannidem*... Il tient pour Sion. Mais la variante *Senonensium* existe. Est-elle légitime? Pas le moins du monde. La série des évêques de Sens est conservée dans plusieurs documents. Les quatre listes les plus anciennes, qui d'ailleurs concordent, ignorent Amé. On ne rencontre celui-ci que dans des catalogues postérieurs au XIIe siècle; et encore il figure alors entre Lupus et Médérius, soit entre 614 et 627, un bon demi-siècle trop tôt. Il faut donc, avec Mgr Duchesne et d'autres, laisser Amé sur le siège de Sion. C'est au XIe ou au XIIe siècle seulement qu'on en a fait un évêque sénonais; c'est alors aussi qu'on a composé sa Vie, d'ailleurs sans grande valeur, et dans laquelle nous ne trouvons rien de positif, sauf la mention des persécutions dont Amé fut victime de la part du roi Thierry III, probablement à l'instigation d'Ébroïn. L'épiscopat de saint Amé se place autour de 660. En tout cas, son prédécesseur Protais est encore en fonctions en 650. Amé fut exilé vers 676, à Péronne. On l'enferma dans le monastère de Saint-Furcy, sous la surveillance de saint Ultan, qui fit tout pour adoucir les rigueurs de son séjour. A la mort d'Ultan, Amé fut transféré à l'abbaye de Breuil (Nord), que saint Mauront venait de fonder avec sa mère sainte Rictrude, et dont l'exilé semble avoir pris la direction. Amé mourut entouré de la plus grande vénération, vers 690, le 13 septembre. Ses reliques furent transportées à Douai, en 870, lors de l'invasion des Normands. Sa fête est célébrée de temps immémorial le 13 septembre.

Lebeuf, dans les *Mémoires de Trévoux*, année 1753, p. 1338-1342, 2658; année 1754, p. 1235-1245. — Ghesquière, dans *Acta sanctorum Belgii*, 1787, t. IV, p. 572-589, 595-598. — *Histoire littéraire de la France*, 1738, t. IV, p. 191-192; 1759, t. IX, p. XI-XII. — *Acta sanctor.*, 1753, sept. t. IV, p. 128-131. — Gremaud, dans *Mémoires et documents de la Société d'histoire de la Suisse romande*, 1863, t. XVIII, p. 484-486. — *Analecta bollandiana*, 1886, t. V, Appendice, p. 43-59. — *Bibliotheca hagiographica latina*, 1898, n. 60-61. — H. Bouvier, *Histoire de l'Église de Sens*, 1906, t. I, p. 133, 134, 457-460. — M. Besson, *Mémoire pour servir à l'histoire de saint Aimé, moine à Saint-Maurice*, dans *Revue d'histoire ecclésiastique suisse*, 1907, t. I, p. 20-22. — P.-E. Martin, *La Suisse mérovingienne*, 1910, p. 276-282.

M. BESSON.

3. AMÉ, évêque de Carpentras. Il est au nombre des prélats qui se réunirent à Narbonne, sous la présidence de Daniel, évêque de cette ville, pour juger les erreurs de Félix, évêque d'Urgel : *Ego Amatus Carpentoractensis episcopus subscripsi*. Les actes de ce concile ont été fortement suspectés : publiés par Guillaume Castel, dans son *Histoire des comtes de Toulouse*, ils ont été défendus par Baluze, *Concilia Galliae Narbonensis*, et par Froben, *Œuvres d'Alcuin*; cf. *P. L.*, t. CI, p. 307 sq. Mais Pagi (année 788, n. 11) et Walch, *Histoire de l'adoptianisme*, p. 100, ont élevé contre leur authenticité des objections si fortes que Hefele, dans son *Histoire des conciles*, trad. Leclercq, t. III, p. 1025-1026, et Mgr Duchesne, *Fastes épiscopaux de l'ancienne Gaule*, t. I, p. 265, se rangent à l'opinion de ces derniers auteurs et proclament le concile *faux*. Cependant, sans aller jusque-là, on pourrait peut-être admettre des interpolations postérieures, inspirées par le désir de faire condamner une fois de plus les erreurs de Félix, ou de fixer plus tôt les limites du diocèse de Narbonne : ce qui n'atteindrait en rien l'authenticité des signatures épiscopales. Hefele-Leclercq, *Histoire des conciles*, t. IV, p. 1026-1027.

La date de ce concile, et par conséquent de l'épiscopat d'Amé est elle-même discutée : la majorité des historiens est pour le 27 juin 788; tels sont Catel, le *Gallia*, Gams, Albanès, *Gallia christiana novissima*, Arles, t. I, col. 77; de Terris, Fornery, etc. Le Cointe, Mas-Latrie et Devic-Vaissete, *Histoire de Languedoc*, t. I, 2ᵉ part., p. 888, sont pour 791, et D. Polycarpe de la Rivière (d'après Fornery) pour 792. On affirme même qu' « Amatus assista Eliphantus, archevêque d'Arles, lorsqu'il sacra Agemondus, évêque d'Avignon en 792. » Malheureusement les preuves et les moyens de contrôle font totalement défaut.

Mgr Duchesne, *Fastes épiscopaux de l'ancienne Gaule*, t. I, p. 265. — Fornery, *Histoire ecclésiastique du Comté-Venaissin et de la ville d'Avignon*, Avignon, 1910, t. III, p. 157. — *Gallia christiana*, Paris, 1715, t. I, col. 898-899. — Gams, *Series episcoporum...*, p. 529. — Labbe, *Concilia*, t. VII, col. 965. — Du Tems, *Clergé de France*, t. II, p. 25. — De Terris, *Les évêques de Carpentras*, Avignon, 1886, p. 80.

J. SAUTEL.

AME (Sainte), vierge, honorée à Joinville (Haute-Marne). Sœur aînée de sainte Menehould et des vierges Pusinne, Lintrude, Hoïlde, Francule et Liberge, elle vivait dans le Perthois, au VIᵉ siècle. A la mort de leur père, Sigmar, toutes se consacrèrent à Dieu; d'après la *Vie de S. Léger de Perthes*, écrite au XIIIᵉ siècle et tirée d'un manuscrit de Sainte-Marie de Perthes (*Acta sanct.*, 1707, juin. t. IV, p. 485), cette consécration aurait coïncidé avec celle de l'église de Perthes par saint Aubin et la transmission, par celui-ci, de « son alleu de Perthes à Dieu et à la Vierge Marie. » Mais il y a là une confusion de dates à peu près certaine. Un ancien prieuré de bénédictins à Joinville portait, dès le XIIᵉ siècle, le nom de sainte Ame. Fête le 24 septembre.

Acta sanctorum, 1757, sept. t. VI, p. 691; cf. april. t. III (1675), p. 165. — Roussel, *Diocèse de Langres*, Langres, 1875, t. II, p. 534. — *P. L.*, t. LXXXVIII, col. 1212. — Pierre Testenoire, *Discours concernant les louanges de sainte Menehould*, Paris, 1632.

P. FOURNIER.

1. AMÉDÉE (*Amadeo*), évêque d'Astorga (1141-1143). La première mention de cet évêque se trouve dans une donation faite à l'Église d'Astorga, le 13 novembre 1141, et la dernière dans une donation faite par l'infante doña Sancha à l'hospice de Foncebadon, le 4 décembre 1143 (Foncebadon était alors concédée au roi de Portugal; on voit que l'église formait un lien entre les possessions, encore mal délimitées, des deux pays).

Amédée eut à revendiquer, contre les héritiers de la mère de son prédécesseur Gimeno III, les biens que celui-ci possédait à Ozuela, et il les obtint pour son Église. L'infante doña Elvira, fille d'Alphonse VI, lui concéda le monastère de San Pedro de Forcellas. Il consacra l'église du chemin à Santiago, à Espinoso, fondée et donnée, en même temps qu'un hospice, au chapitre d'Astorga, par le prêtre Miguel Juan.

Florez, *España sagrada*, t. XVI, 1762, p. 205-206.

M. LEGENDRE.

2. AMÉDÉE Iᵉʳ, successeur de Foulques à l'archevêché de Lyon, en 1144, l'occupa trois ou quatre ans au plus. Dès son élection il obtint du pape Célestin II une bulle en faveur de la primatie de son siège sur Sens, Tours et Rouen, et reçut ensuite d'Eugène III le titre de légat apostolique.

En cette qualité, il présida le concile de Belley, où furent discutées les plaintes portées contre Étienne, archevêque de Vienne. Il confirma en faveur de la cathédrale de Mâcon une importante donation de Guichard d'Auton; il négocia le retour de l'église Saint-Andéol entre les mains des chanoines réguliers de Saint-Ruf; il apaisa les dissentiments qui s'étaient élevés, à propos de leurs limites respectives, entre les moines de Nantua et les chartreux de Meyriat; il intervint au profit des abbayes de Tournus et de Cluny.

On lit, dans le premier missel édité par les bénédictins d'Ainay, qu'il consacra l'église de Saint-Pierre et son autel le 7 juin 1146. Cependant un des actes les plus remarquables de son administration a été l'établissement du prieuré de Jourcey, près Saint-Galmier en Forez. C'était une communauté de religieuses dépendantes de Fontevrault. La notice de fondation, publiée par le chanoine La Mure, nous apprend qu'on en fut redevable à une pieuse veuve et à ses deux fils Pierre et Palatin Roncins. Le comte de Forez et d'autres seigneurs, tels que Guillaume de Lavieu et Guillaume de Saint-Bonnet, y prirent part, sur les instances du prélat.

Amédée, d'après le nécrologe, rendit son âme à Dieu le 21 juin de l'année 1147 ou 1148; son église Saint-Étienne hérita d'une chape.

Severt, *Chronologia historica successionis... Lugdunensis archiepiscopatus*, Lyon, 1628, p. 242. — La Mure, *Histoire ecclésiastique du diocèse de Lyon*, Lyon, 1671, pièces justificat., p. 302. — Martin, *Conciles et bullaire du diocèse de Lyon*, Lyon, 1905, p. 150, 153. — *Gallia christiana*, t. IV, col. 119-120.

J.-B. VANEL.

3. AMÉDÉE, évêque de Grasse au XIVᵉ siècle, avait pour surnom *de Dignis*, au dire du *Gallia christiana*, sans qu'on puisse savoir si c'était le nom de sa famille, ou si ce surnom lui venait de son lieu d'origine. Il était abbé de Saint-Mihiel, au diocèse de Verdun, d'après la bulle par laquelle le pape Clément VI le promut au siège de Grasse, le 4 novembre 1349. Toutefois, son nom ne figure pas dans la liste des abbés de ce monastère, donnée par le *Gallia christ.*, t. XIII, col. 1279. Son long pontificat n'est marqué que par quelques actes peu importants, contrats, etc., que mentionne le même recueil. En 1362, il présida au transfert d'une relique insigne de sainte Marie-Madeleine, une côte, en l'église de Biot, près d'Antibes. En 1365, il assista par procureur au concile d'Apt, présidé par l'archevêque d'Arles. En 1367, il porta une sentence réduisant les droits du sacriste de sa cathédrale. En 1369, il procède à un acte de vente passé avec plusieurs de ses diocésains. Il était mort le 9 octobre 1374, quand Grégoire XI désigna son successeur, Adhémar de la Voute.

Gallia christiana, t. III, col. 1166. — Eubel, *Hierarchia medii ævi*, t. I, p. 278.

P. RICHARD.

4. AMÉDÉE D'ALBE, frère mineur, fut pourvu de l'évêché de Lango, dans les Cyclades, d'abord par le patriarche de Constantinople, qui s'en était cru le droit, puis par Clément VI, le 17 juillet 1342. Le même pape le transféra au siège de Noli, dans la Haute-Italie, le 15 février 1346, en le louant de sa parfaite administration à Lango. Il était mort avant juillet 1360.

Wadding, *Annales minorum*, Rome, 1733, t. VII, p. 253, 337, 495, 576. — Eubel, *Bullarium franciscanum*, Rome, 1902, t. VI, p. 88, 173; *Hierarchia*, t. I, p. 304, 374.

ANTOINE de SÉRENT.

5. AMÉDÉE DE CHALON. Amé ou Amédée de Chalon, frère de Louis II de Chalon-Auxerre, marié à Marie de la Trémoille et tué, en 1424, à la bataille de Verneuil. On ignore la date de sa naissance. Il fut abbé de Baume (Jura) en 1389 ou 1390, et mourut le 16 février 1431. Restaurateur de l'abbaye, c'est lui qui répara l'église, y établit un jubé monumental, aujourd'hui disparu, mais dont les deux autels latéraux subsistent encore, ainsi que le maître-autel du chœur et les stalles. Son tombeau mutilé se voit aussi dans une chapelle à gauche du chœur et présente deux statues : saint Jean et saint Michel, magnifiques spécimens de l'art bourguignon au XVe siècle.

B. Prost, *Dalles funéraires de Baume*, Lons-le-Saunier, 1878. — P. Brune, *Le mobilier et les objets d'art de l'église de Baume-les-Messieurs*, Paris, 1894.

M. PERROD.

6. AMÉDÉE DE CLERMONT (Bienheureux), seigneur d'Hauterives (Drôme). Né au château d'Hauterives, il quitta le monde, rapporte son historien, vers 1119, avec seize autres gentilshommes, ses vassaux, et alla prendre l'habit à Bonnevaux. Trouvant que son fils n'y était pas suffisamment bien instruit, il se retira bientôt à Cluny, mais revint ensuite à Bonnevaux. Il s'y fit remarquer par son austérité, dota cette abbaye de biens considérables et fonda quatre filiales : Léoncel en Dauphiné (1137), Mazan au diocèse de Viviers, Montperoux en Auvergne et Tamis. Il mourut vers 1150, un 14 janvier.

Sa *Vie* fut écrite, jointe à celle de son fils, par un moine de Bonnevaux, vers 1185, sur l'ordre de l'abbé Burnon de Voyron. Le fond de cet écrit est un tableau des vertus claustrales. On en trouve des extraits dans Manrique, *Annales cistercienses*, t. I et II, ad ann. 1118 et 1158. Elle a été traduite par [Cousin], *Histoire de plusieurs saints de Tonnerre et Clermont*, in-16, Paris, 1698, p. 1-73.

Hist. litt. de la France, 1814, t. XIII, p. 597. — Rochas, *Biographie du Dauphiné*, Paris, 1856, t. I, p. 254.

P. FOURNIER.

7. AMÉDÉE DE FAUCIGNY, évêque de Maurienne, en Savoie (1112-1124). Fils de Guillaume, baron de Faucigny, Amédée eut pour oncle paternel Guy, évêque de Genève, et pour frères, Rodolphe, baron de Faucigny à la mort de Guillaume, et Gérard, qui devint évêque de Lausanne. On ne sait rien de sa jeunesse. La première charte qui parle de lui nous le montre déjà évêque de Maurienne. Elle est du 5 décembre 1112 et nous apprend que, sur le conseil d'Amédée, évêque de Maurienne, Berlion, seigneur de Faverges, rendit à l'église de Saint-Jean-de-Maurienne et aux chanoines qui la desservaient la quatrième partie de l'église de Saint-Michel et de toutes les autres églises qu'il possédait dans le diocèse.

De nouveau l'on rencontre le nom d'Amédée de Faucigny dans une charte du 2 septembre 1119. L'évêque de Maurienne, à Genève, est témoin avec son frère, l'évêque de Lausanne, de la donation que fait leur oncle Guy, évêque de Genève, du prieuré de Contamine à Ponce, abbé de Cluny.

De Genève Amédée se rendit à Oulx auprès du pape Calliste II. Le prévôt d'Oulx, Albert, profita de la circonstance pour se plaindre au souverain pontife de ce que les évêques de Maurienne retenaient comme leur propriété l'église Sainte-Marie-de-Suse. Calliste II jugea la défense de l'évêque insuffisante, et ordonna à Amédée de rendre l'église aux chanoines d'Oulx avant le mois de mai 1120. L'évêque n'obéit pas et, le 28 mars 1120, le pape jeta l'interdit sur l'église, objet du litige.

Cet état de choses prit fin en 1123. Le pape, alors convaincu du bon droit d'Amédée, lui adressa une bulle, le 26 avril, par laquelle il l'autorisait à revendiquer tous les biens de son église qu'avait aliénés l'évêque Artaud, son prédécesseur sur le siège de Maurienne; de plus, le souverain pontife lui confirmait la possession de l'église et de la ville de Suse, mais il rappelait que le siège de Maurienne dépendait de l'archevêque de Vienne.

Le 27 novembre suivant, l'évêque, eu égard à la pauvreté de ses chanoines, leur donna de son propre domaine les deux églises des Villards, et trois autres églises. Puis, conformément à la bulle du 26 avril 1123, il se rendit au concile de Vienne (1124), qu'avait convoqué l'archevêque Pierre. Les actes de ce concile, où l'on frappait d'anathème les usurpateurs des biens ecclésiastiques. Ce fut son dernier acte épiscopal. A partir de 1124, les chartes ne parlent plus de lui; on ignore la date précise de sa mort et le lieu de sa sépulture.

Cardinal Billiet et chanoine Albrieux, *Chartes du diocèse de Maurienne*, Chambéry, 1864, n. 12, 13, 14, p. 22-26, dans *Documents de l'Académie impériale de Savoie*, t. II. — Besson, *Mémoires pour l'histoire ecclés. des diocèses de Genève, Tarentaise, Aoste et Maurienne et du décanat de Savoie*, Nancy, 1759; Moutiers, 1871, p. 286-287. — A. Angley, *Histoire du diocèse de Maurienne*, Saint-Jean-de-Maurienne, 1846, p. 70-73. — *Gallia christiana*, t. XVI, col. 624. — Amédée de Foras, *Armorial et nobiliaire de l'ancien duché de Savoie*, Grenoble, 1878, t. III, p. 323.

J. GARIN.

8. AMÉDÉE (II) DE GENÈVE, évêque de Maurienne (1214-1220). Fils d'Aimon, comte de Genève, Amédée, d'après Guichenon, se serait aussi appelé Aimon et avait cinq ans en 1179. Le même historien le dit chanoine de Genève en 1191, tandis que Besson affirme qu'Amédée fut chartreux avant d'être évêque de Maurienne. Son épiscopat commença peut-être en 1213, car, dès le 28 mars 1214, Amédée négocie un mariage pour Pierre, fils de Richard, seigneur de La Chambre, son diocésain.

L'année suivante, il céda, avec le consentement de ses chanoines, l'église de Saint-Michel de Montmayeur à la métropole de Tarentaise, se réservant un revenu de cinq sols et le droit de nomination du curé. En 1214, il constitua une rente de 40 sols à la maison de l'Aumône établie à Saint-Jean-de-Maurienne, mais une partie de cette rente devait servir à l'entretien d'une lampe dans la chapelle Saint-Michel.

C'est grâce à son intervention auprès de Guillaume, comte de Genève, son frère, que la vallée d'Hauteluce en Tarentaise fut restituée aux archevêques de cette province. Cette vallée, autrefois propriété de ceux-ci, était passée, on ne sait à quelle époque, dans la maison des comtes de Genève. En la restituant à ses premiers possesseurs, Guillaume de Genève, à qui elle fut ensuite donnée en fief, reconnut solennellement les droits des archevêques et s'engagea à leur donner chaque année deux grandes truites en signe de reconnaissance (29 juillet 1220).

Amédée mourut peu après cette date.

Cardinal Billiet et chanoine Albrieux, *Chartes du diocèse de Maurienne*, Chambéry, 1864, n. 41, 63, p. 61, 103, dans *Documents de l'Académie impériale de Savoie*, t. II. — Besson, *Mémoires pour l'hist. ecclés. des diocèses de Genève, Tarentaise, Aoste et Maurienne et du décanal de Savoie*, Nancy, 1759; Moutiers, 1871, p. 290-291 et doc. 43, 45, p. 364, 366. — A. Angley, *Histoire du diocèse de Maurienne*, Saint-Jean-de-Maurienne, 1846, p. 116-118. — Amédée de Foras, *Armorial et nobiliaire de l'ancien duché de Savoie*, Grenoble, 1878, t. III, p. 71. — *Gallia christiana*, t. XVI, col. 630.

J. GARIN.

9. AMÉDÉE DE GENÈVE, évêque de Die, second fils de Guillaume II, comte de Genevois. Chanoine de Lausanne dès 1233, il combattit, en 1240, la nomination à l'évêché de Lausanne de Philippe de Savoie qui devait devenir, l'année suivante, évêque de Valence et, plus tard, archevêque de Lyon. Il remplaça, en 1244, Conon d'Estavayer comme prévôt du chapitre de Lausanne. Il fut nommé, en 1251, évêque de Die, et s'opposa pendant longtemps à l'union de son diocèse à celui de Valence. Il finit par s'y résigner, lorsque son neveu et filleul Amédée de Rossillon fut monté sur le siège de Valence, et l'union devint définitive à sa mort, survenue le 21 janvier 1275. Il eut, au cours de son épiscopat, à soutenir plusieurs conflits avec les bourgeois de Die et se préoccupa fort de la lutte contre la secte hérétique des vaudois.

Regeste genevois, Genève, 1867, n. 951, 956, 1070, 1117. — *Cart. Lausanne*, Lausanne, 1851, p. 40-592. — Reymond, *Dignitaires de l'église de Lausanne*, Lausanne, 1912, p. 343. — Eubel, *Hierarchia*, t. I, p 232. — Jules Chevalier, *Essai historique sur l'église et la ville de Die*, t. 1, p. 329.

M. REYMOND.

10. AMÉDÉE DE GENÈVE, évêque de Toul de 1321 à 1330, était fils d'Amédée, comte de Genève, et d'Agnès de Châlons. Il était clerc et chanoine de Paris et était né en 1293. Nommé par le pape Jean XXII à l'évêché de Toul vaquant par la mort de Jean d'Arzillières, Amédée reçut ses bulles en 1321, prit possession de son siège le 18 juillet de cette année et ne fut toutefois sacré qu'en 1323, sans doute à cause de son âge, car il dut obtenir dispense d'âge, n'ayant en 1321 que vingt-huit ans. Cf. Mollat, *Lettres comm. de Jean XXII*, t. III, n. 13837. L'empire alors était divisé par le schisme. Deux compétiteurs, Louis de Bavière et Frédéric d'Autriche, prétendaient au trône impérial, chacun ayant ses partisans parmi les seigneurs et parmi les cités. C'est pourquoi le prélat fut assez longtemps sans recevoir l'investiture du temporel de son évêché dépendant de l'empire.

Pour terminer un différend qui s'était élevé entre le chapitre de sa cathédrale et celui de Saint-Dié, Amédée de Genève donne, le 5 décembre 1322, en qualité d'évêque élu de Toul, un acte par lequel il reconnaît que l'Église de Saint-Dié est sous la juridiction immédiate du Saint-Siège. Le 31 août 1325, Amédée donne des lettres de confirmation et d'approbation au chapitre collégial de Brixey, avec l'énumération de ses biens. Il confirma aussi, en 1325, la fondation de la collégiale de Vaudémont.

L'empereur Henri VII avait accordé, en 1310, au duc Thibaut II de Lorraine, le gouvernement de la cité de Toul. A la prière de l'évêque Jean d'Arzillières, le duc voulut bien, au lieu de cette charge, accepter une rente de 100 livres, rente qui n'avait pas été payée depuis la mort de Thibaut, en 1312. Son successeur Ferry IV prétendit faire revivre ce droit. Amédée s'y opposa, n'admettant point la légitimité du traité consenti par son prédécesseur, affirmant que lui seul, en qualité de seigneur temporel de Toul, avait droit d'y établir un gouverneur. Cependant Ferry, favorisé par les bourgeois hostiles à l'autorité épiscopale, accompagné de quarante hommes d'armes, entra dans la cité où il prit possession du gouvernement, puis il se rendit solennellement à la cathédrale, où il fit le serment accoutumé. Le duc conclut ensuite avec les bourgeois un traité par lequel il s'engageait à les défendre contre leurs ennemis, contre le roi de France et contre l'évêque, à condition que les arrérages de la rente lui fussent payés.

A cette provocation, Amédée répondit en chargeant de censures Ferry et ses partisans, et en jetant l'interdit sur la cathédrale. Puis il alla porter ses plaintes au roi de France, Philippe VI de Valois. Celui-ci ordonna au bailli de Chaumont de réprimer les désordres occasionnés par les bourgeois de Toul, auxquels s'était joint Édouard Ier, comte de Bar, mécontent du roi de France. Le duc de Lorraine finit par s'excuser auprès du roi; le comte de Bar ne tarda pas à l'imiter et la sédition soulevée par les Toulois fut apaisée (1328).

Amédée de Genève mourut au château de Brixey, au mois d'avril 1330. Son corps, transporté à la cathédrale de Toul, fut inhumé près de la chapelle Saint-Georges.

Calmet, *Histoire de Lorraine*, Nancy, 1728, t. II, p. 495 sq. — Gillant, *Pouillé du diocèse de Verdun*, Verdun, 1904, t. III, p. 586. — Eubel, *Hierarchia medii aevi*, t. I, p. 530. — *Gallia christiana*, t. XIII, col. 1024. — Eug. Martin *Histoire des diocèses de Toul, de Nancy et de Saint-Dié*, Nancy, 1900, t. I, p. 347-351.

J. NICOLAS.

11. AMÉDÉE DE LAUSANNE (1102-1159).

I. VIE. — Amédée de Lausanne, allié à la maison de Franconie, alors régnante en Allemagne, parent par sa mère, Adélaïde d'Albon, du dauphin de Viennois, naquit au château de Chatte, à trois kilomètres au sud-ouest de Saint-Marcellin, le 21 janvier 1110.

En 1119, son père, nommé Amédée de Clermont (cidessus, col. 1147), se fit religieux avec plusieurs autres chevaliers au couvent cistercien de Bonnevaux (près Saint-Jean-de-Bournay), fondé en 1117 par les soins de l'archevêque de Vienne, Guy de Bourgogne, le futur Calliste II. *Gall. christ.*, t. XVI, col. 74, 207. Le jeune Amédée l'accompagna et étudia sous la direction des moines. La mère de l'enfant s'était retirée à l'abbaye de Val de Bressieux. *Gall. christ.*, t. XVI, col. 212.

Espérant trouver pour son fils une éducation plus soignée, Amédée le père quitta Bonnevaux et vint avec l'enfant se fixer à Cluny. Là les lettres étaient plus en honneur que dans l'ordre cistercien, et le monastère où Ponce terminait son abbatiat était dans toute sa splendeur temporelle. Mais bientôt, inquiet d'avoir abandonné pour la règle plus large de Cluny les austères pratiques de Bonnevaux, Amédée l'ancien rentrait à son premier couvent, tandis que son fils se rendait auprès de son parent l'empereur. Lorsque, le 23 mai 1125, Henri V eut expiré, Amédée le jeune quitta l'Allemagne et se fit moine à Clairvaux.

Il y resta quatorze ans. En 1135, l'abbaye de Hautecombe (*Gall. christ.*, t. xvi, col. 473), destinée à devenir si célèbre, adopta la réforme de Cîteaux. Quatre ans après, son abbé Vivien, l'ami de saint Bernard (*P. L.*, t. clxxxii, col. 160), démissionnait et revenait mourir à Clairvaux. Sur la demande des moines de Hautecombe, Amédée fut désigné pour remplir le poste vacant. Il paraît que dans l'abbaye la situation matérielle était bien précaire, et qu'Amédée l'ancien s'épouvantait des privations que devrait endurer son fils. Mais celui-ci, formé par la discipline de Clairvaux, sut résister aux sollicitations débilitantes et s'obstina courageusement à rester à son poste. Ajoutons d'ailleurs que, sous son administration, le temporel du couvent s'améliora.

En 1144, l'évêque de Lausanne, Guy de Merlen, dut abandonner son siège; le choix des électeurs se porta sur l'abbé de Hautecombe. Les biographes nous disent ses résistances et racontent qu'il fallut un ordre de Lucius II pour mettre fin à ses hésitations. Il fut sacré le 21 janvier 1145.

De l'administration d'Amédée retenons la confirmation qu'il sut obtenir de l'empereur (1145) et du pape Eugène III (1146), pour les biens et privilèges de son diocèse (voir Jaffé, n. 8899), les luttes, victorieuses presque toujours, mais pénibles, périlleuses parfois, qu'il eut à soutenir contre les barons ses voisins, par exemple contre le comte de Genevois, contre l'avoué impérial Berthold de Zähringen. A sa mort, un conflit était encore pendant avec le seigneur d'Aubonne, Humbert. Il signa un certain nombre d'accords mettant fin à des litiges entre gens d'église. De son épiscopat date aussi une convention entre l'évêque et le chapitre de Lausanne.

En 1147, lorsque Amédée III de Savoie partit pour la seconde croisade, l'évêque de Lausanne exerça une sorte de régence auprès du jeune Humbert III. On le voit à la suite de Barberousse, à la diète de Spire, à Besançon, où commencèrent les démêlés de l'empereur et du pape Adrien IV. Amédée sut profiter de ses relations en faveur de son église et des abbayes : il sut intéresser Humbert III au couvent de Hautecombe. Lui-même ne ménagea aux monastères ni donations, ni confirmations de privilèges.

Ce fut au mois de mai de cette année 1147 qu'Eugène III vint passer une dizaine de jours à Lausanne auprès de son saint ami. En 1155, Frédéric Barberousse le nomma chancelier de l'empire pour le royaume de Bourgogne.

En termes abstraits les biographes d'Amédée nous disent sa pureté de mœurs, sa charité, son zèle. C'est aussi le témoignage que lui rendait par avance le secrétaire de saint Bernard, Nicolas de Clairvaux, au début de son épiscopat. On dit qu'au moment de mourir il refusa un remède qui eût mis en péril sa chasteté. La date de sa mort est rapportée au 27 août 1159. Il fut enseveli dans sa cathédrale, devant le crucifix, à côté d'un de ses prédécesseurs, l'évêque Henri. Les ossements ont été retrouvés le 9 décembre 1911. Son culte a été approuvé par l'Église, le 25 septembre 1910.

II. ŒUVRE. — 1º *Epistola ad filios suos Ecclesiæ Lausanensis*, *P. L.*, t. clxxxviii, col. 1299. — 2º *Homélies*: ces homélies, prêchées dans la cathédrale de Lausanne, sont au nombre de huit : 1. *De fructibus et floribus SS. Virginis Mariæ*; 2. *De justificatione vel ornatu Mariæ Virginis*; 3. *De incarnatione Christi*; 4. *De partu Virginis*; 5. *De mentis robore seu de martyrio beatæ Virginis*; 6. *De gaudio et admiratione beatæ Virginis in resurrectione Christi*; 7. *De beatæ Virginis obitu, assumptione, in cælum exaltatione*; 8. *De Mariæ Virginis plenitudine seu perfectione, gloria et erga suos clientes patrocinio*.

Éditions : in-8º, Bâle, 1557. L'édition du P. Gibbon a été reproduite dans la *Maxima bibliotheca veterum Patrum*, Lyon, 1677, t. xx, p. 1263; et dans *P. L.*, t. clxxxviii, col. 1303. On trouvera aussi les homélies dans le très rare ouvrage de Alva y Astorga : *Marc magnum*, Madrid, 1648. On les a attribuées sans aucune raison à un franciscain.

Si le style d'Amédée devient fatigant par ses citations perpétuelles du Cantique des cantiques, il faut également reconnaître que souvent la langue s'élève avec la pensée. Voir par exemple : *P. L.*, t. clxxxviii, col. 1313, un passage sur l'Incarnation; *ibid.*, col. 1321, sur la grandeur de Dieu, sur les opérations de la sainte Trinité. On trouvera aussi des méditations de belle venue sur la sainte Vierge et l'Enfant Jésus (col. 1324), sur Marie à la Croix (col. 1329).

Il ne faut pas s'attendre à rencontrer en notre prédicateur un partisan et un défenseur de l'Immaculée Conception; on ne l'était guère au xiiᵉ siècle, sauf en Angleterre, on l'était moins encore dans l'entourage de saint Bernard. On ne notera donc chez Amédée que des généralités sur la pureté de Marie (ce qui montre assez, comme le note l'*Histoire littéraire*, *loc. cit.*, p. 579, que les homélies ne sauraient être l'œuvre d'un franciscain au xvᵉ siècle. Sur l'Assomption, question assez controversée à l'époque, Amédée est, au contraire, très net en faveur du privilège de Marie, et cela, surtout à cause de la souveraine convenance de ce privilège.

3º Notice d'Amédée, évêque de Lausanne, touchant la donation faite à l'abbaye de Saint-Maurice. Guichenon, *Histoire généalogique de la royale maison de Savoie*, Lyon, 1660, t. ii, p. 38.

4º Lettre au comte Humbert de Savoie, *ibid.*

Vie d'Amédée l'ancien écrite, vers 1160, par un moine de Bonnevaux, à la demande du prieur Burnon. — De la même époque, une Vie d'Amédée le jeune; cf. *Hist. litt.*, t. xiii, p. 597. — On trouvera des extraits de ces deux Vies dans Manrique, *Cisterciensium seu verius ecclesiasticorum annalium*, t. i, p. 103, 129, 160, 377, 463; t. ii, p. 312. — Alain d'Auxerre, *Vita Bernardi*, xx, *P. L.*, t. clxxxv, col. 502. — Ernaud de Bonneval, *Vita Bernardi*, viii, *P. L.*, t. clxxxv, col. 297. — *Histoire littéraire de la France*, t. xii, p. 575-581. — Ceillier, *Histoire générale des auteurs sacrés et ecclésiastiques*, Paris, 1863, t. xiv, p. 623. — Rochas, *Biographie du Dauphiné*, Paris, 1856, t. i, p. 255. — Gremaud, *Notice*, dans *Mémorial de Fribourg*, 1854, p. 126, ou *P. L.*, t. clxxxviii, col. 1277. — Comte, *Vie de saint Amédée, évêque de Lausanne*, Grenoble, 1877. — Coquet, *l'abbaye de Haute-Combe* (rapport sur les *Mémoires de l'Acad. de Savoie*), Lyon, 1883. — Blanchard, *Histoire de l'abbaye de Hautecombe en Savoie*, dans *Mémoires de l'Acad. des sciences, belles-lettres et arts de Savoie*, Chambéry, 1875, IIIᵉ série, t. i. — Bourgain, *La chaire française au xiiᵉ siècle*, Paris, 1879, p. 44, 360. — E. Dupraz, *La cathédrale de Lausanne*, Lausanne, 1906, p. 58 sq. — *Cartulaire du chapitre de N.-D. de Lausanne*, dans *Mém. et docum. de la Société d'hist. de la Suisse romande*, 1851, t. vi, surtout p. 41.

A. Noyon.

12. AMÉDÉE DE LISBONNE. Voir Amédée de Portugal.

13. AMÉDÉE DE PLAISANCE, religieux augustin, du xvᵉ siècle. Il obtint le diplôme de docteur à l'université de Paris, et se rendit célèbre comme prédicateur. Il a publié : *Oratio habita in ecclesia cathedrali Vercellensi in festo S. Eusebii episcopi et martyris*, Venise, 1473.

Gandolfo, *De ducentis celeberrimis augustinianis scriptoribus*, Rome, 1704, p. 18-19. — Jöcher, *Allgemeines Gelehrten-Lexicon*, Leipzig, 1750, t. i, col. 322. — Ossinger, *Bibliotheca augustiniana*, p. 697-698.

A. Palmieri.

14. AMÉDÉE DE PORTUGAL (Bienheureux). Amédée de Menez Silva était le fils d'un noble portugais, Rodrigue Gomez de Silva, et de son épouse

Isabelle Menez. Il était frère de Béatrix da Silva, fondatrice en Castille de l'ordre de la Conception. Les historiens portugais et autres affirment qu'il reçut au baptême le nom de Jean Menez, tandis que la Vie italienne prétend qu'il fut appelé Amadio, sur l'indication d'un ange habillé en pèlerin... Il se retira, vers 1442, au monastère des hiéronymites de Guadalupe (Castille). Bientôt après, brûlant d'être martyr, il obtint d'aller à Grenade, où il fut arrêté comme espion des chrétiens et battu de verges. De là il partit pour l'Afrique et s'embarqua à Séville, mais une tempête le jeta sur un rocher. Rentré dans son monastère, il accomplit plusieurs prodiges, tomba gravement malade, et fut guéri miraculeusement.

Inspiré d'entrer dans l'ordre de Saint-François à Assise, il en obtint la permission de Gonzalve d'Illescas, prieur de son monastère (11 octobre 1452). Les franciscains d'Ubeda, où il se dirigea, lui donnèrent des lettres de recommandation, et il partit pour l'Italie. Après un voyage rempli de diverses péripéties, arrivé à Pérouse, il sollicite du ministre général, Ange de Pérouse, d'être admis dans son ordre. Repoussé par le chef des mineurs, il parvient à Assise où sa demande n'a pas plus de succès. Cependant Jacques de Mozanica, qui succéda dans le généralat à Ange de Pérouse, en 1453, étant venu à Assise, reçut à la profession le noble Portugais en qualité de frère convers. La renommée de ses vertus lui attirait de nombreux visiteurs, mais comme il refusait tous les présents qu'on lui offrait, il s'attira la haine du sacristain et du portier du Sacro Convento. Les remarques qu'il faisait aux religieux sur leur vie trop libre lui valurent d'être expulsé d'Assise. Il se retira à Pérouse, puis alla à Brescia, où le général présidait le chapitre de la province de Milan.

Des historiens ont insinué que son départ pour l'Italie n'avait d'autre cause que de revoir Éléonore, fille du roi de Portugal, mariée à l'empereur Frédéric III, qui devait venir se faire couronner à Rome, princesse qu'Amédée aurait aimée éperdument. Ces calomnies, loin d'avoir aucun fondement, sont en contradiction formelle avec ce que nous savons de la vie austère du moine hiéronymite. D'ailleurs, le couronnement d'Éléonore eut lieu le 15 mars 1452, et le départ d'Amédée est postérieur au 11 octobre.

Le général l'envoya au couvent de Milan, où on lui confia la charge de sacristain. Cet emploi ne lui permettant pas de vaquer à l'oraison selon son attrait, il obtint de se retirer avec un compagnon dans une cellule d'un hôpital abandonné, où il passait jusqu'à quatorze heures et plus en prières. Sa vie mortifiée, les miracles qu'il opérait le firent apprécier par le duc de Milan François Sforza, qui avait recours à ses conseils. Mais ces visites des séculiers troublant la quiétude du pieux solitaire, il obtint des supérieurs de l'ordre, en 1457, d'aller en Lombardie à Marliano, où un frère vivait tout seul dans un petit couvent. L'ermitage fut bientôt transformé et plusieurs religieux vinrent se joindre à Amédée. Là encore le renom de ses vertus attire la foule, il s'enfuit à Oreno, envoie à Marliano le solitaire qui habitait le couvent en ruines, bâtit l'église sous l'invocation de saint François, et rassemble un certain nombre de frères mineurs, qui voulaient pratiquer un genre de vie plus austère. Ils prirent le titre de frères de la régulière observance, tout en restant soumis aux prélats ordinaires de la province de Lombardie et de la custodie de Monza.

A la suggestion du provincial, Amédée consentit à recevoir les ordres et célébra sa première messe le 25 mars 1459. Sa science était médiocre, mais son esprit très pénétrant. Il se mit à parcourir le Milanais en exerçant son zèle apostolique. La duchesse de Milan, Blanche, le chargea d'une mission auprès du pape Pie II, et il remplit diverses autres légations de la part de nobles personnages.

Les habitants de Castiglione Cremonese, de concert avec la duchesse de Milan, travaillèrent à le mettre en possession du couvent de Santa Maria de Bersanore, qu'elle avait fait bâtir peu auparavant. En août 1460, il s'y installa avec l'autorisation du général (sept ans plus tard, Paul II recommandait dans un bref cette maison à la charité des fidèles). Les guérisons prodigieuses qu'il accomplissait partout lui attachèrent les populations environnantes, mais les religieux qui avaient dû lui céder la place tentèrent plusieurs fois de le chasser du couvent. Le duc de Milan prit sa défense. Bientôt les attaques recommencèrent plus fortes. Amédée alla trouver Pie II à Rome, obtint gain de cause et la confirmation de ses quatre couvents sous le titre de la régulière observance.

En 1465, des habitants de Brescia, ayant expulsé les franciscains d'Iseo, lui donnèrent le couvent à réformer. Au mois d'avril 1467, ceux de Quintiano, diocèse de Brescia, lui offrirent de bâtir un monastère près de leur ville. Il fut appelé Notre-Dame-de-Grâces. Le bienheureux y demeurait, quand des envieux mirent du poison dans son pain. Les médecins désespéraient de le sauver, et les habitants entouraient sa cellule pour empêcher que ses reliques ne leur fussent ravies, mais encore une fois la Vierge guérit son serviteur.

Visitant au début de 1466 la duchesse de Milan, il lui annonça la fin prochaine de son époux, qui mourut en effet le 8 mars. Après la mort du duc François, son protecteur, les religieux, qui ne voyaient pas sans déplaisir tant de couvents passer dans la congrégation d'Amédée, recommencèrent leurs intrigues auprès du nouveau duc, Galéas Marie Sforza, et de l'archevêque de Milan. Sur ces entrefaites, le ministre général François de la Rovère, de Savone, qui venait d'être créé cardinal, vint à passer à Milan en 1468. Il n'eut pas de peine à découvrir la malveillance des calomniateurs et à reconnaître l'innocence du saint réformateur. Celui-ci dut partir pour Rome peu de temps après, afin de se défendre de nouveau contre ses accusateurs. Là encore le cardinal de la Rovère se fit son défenseur. Enfin, il obtint que la cause fût déférée au duc de Milan, qui la confia à son lieutenant, Alexandre Sforza. Celui-ci, bien que circonvenu par les ennemis du saint, finit par lui rendre justice.

Le 22 avril 1469, le pape Paul II permettait à Amédée de recevoir trois nouveaux établissements en Lombardie. De plus, il érigeait tous ces monastères en custodie, nommant le fondateur custode, et après sa mort, autorisant ses compagnons à en élire un autre qu'ils feraient confirmer au chapitre de la province de Milan. L'archevêque de Milan, Étienne Nardini, à qui la bulle était adressée, avait déjà procuré la fondation d'un couvent dans un faubourg de sa ville. Le 29 octobre 1466, il en avait béni la première pierre, entouré du duc et d'une foule énorme. L'église, dédiée à Notre-Dame-de-la-Paix, s'était élevée majestueuse avec quinze chapelles, et le couvent, où rien ne manquait, était devenu le plus vaste et le mieux aménagé de toute la congrégation. Mais les frères de l'observance autonome, qui avaient un établissement à deux milles de là, suscitaient des difficultés aux nouveaux venus et leur reprochaient de fonder une custodie nouvelle, dans le but de se séparer plus tard de la province. Amédée écrivit alors au pape de vouloir bien effacer de la bulle ce qui concernait le titre de custodie, car lui et les siens n'avaient d'autre but que d'observer simplement la règle de saint François, sous l'obédience du général et des autres ministres de l'ordre. Paul II acquiesça à ses désirs le 23 mai 1470.

Le 1er août 1469, le même pape lui accordait de recevoir le couvent de Burno, au diocèse de Brescia, que les frères du tiers-ordre se proposaient de lui céder. Il habitait ce couvent, quand il fut accusé auprès des Vénitiens de venir sur leur territoire, sous apparence de religion, pour être l'espion des Milanais. Il reçut l'ordre de quitter les lieux, mais la calomnie fut bientôt découverte. Rappelé avec honneur, il reçut l'autorisation de bâtir des couvents de sa réforme dans toute la République. En cette année 1469 ou l'année suivante, il accepta celui de Notre-Dame-de-Grâces d'Antignano, entre Soncino et Bergame.

François de la Rovère, cardinal de Saint-Pierre-aux-Liens, que nous avons déjà vu favorable à Amédée, fut élu pape à Rome le 10 août 1471, et prit le nom de Sixte IV. Il ne tarda pas à l'appeler près de lui et à en faire son confesseur et son conseiller. Le 19 juin 1472, il lui concédait le couvent de Saint-Pierre in Montorio sur le Janicule, jadis habité par des religieuses qui étaient toutes mortes sans pouvoir se recruter. Il arriva que le prieur de Saint-Clément de Rome, qui se croyait des droits sur ce monastère, fit expulser Amédée et les siens. Sixte IV donna raison à son confesseur et lui confirma la possession du couvent le 8 mai 1481. Entre temps, le 24 mars 1472, le pontife le comblait de faveurs spirituelles et, le 7 février 1477, il le faisait mettre en possession du monastère des chanoines de Saint-Georges de Lodi, dont la vie était scandaleuse.

Depuis l'avènement de Sixte IV, Amédée paraît avoir habité Rome habituellement. Quelques mois avant sa mort, il demanda congé au pape pour aller visiter les couvents de sa congrégation. Arrivé à Piacenza, il reçut d'un certain frère Jacques, du tiers-ordre, un couvent et une église dédiée à saint Bernardin, où il séjourna quelque temps pour satisfaire au désir des habitants. De là, il se rendit à Milan, puis se remit en route pour Rome, mais une maladie d'entrailles le força à revenir sur ses pas. Il mourut à Milan, dans son couvent de Notre-Dame-de-Paix, le 10 août 1482.

Quand son corps fut porté le lendemain à l'église, le peuple se précipita pour le baiser et mit son habit en lambeaux. On dut le laisser trois jours exposé à la vénération de la multitude qui proclamait sa sainteté. Il fut enterré devant le maître-autel et de nombreux miracles s'opérèrent à son tombeau.

Bzovius a écrit que les franciscains de Saint-Pierre in Montorio à Rome montraient le tombeau d'Amédée dans leur église, mais que ni miracles ni aucun indice ne témoignaient en faveur du soi-disant bienheureux. Wadding, qui habita six ans ce couvent, avoue n'avoir constaté rien de pareil, et qu'au sur et au vu de tous, c'était à Milan et non à Rome qu'il fallait chercher la tombe du bienheureux Amédée.

ŒUVRES. — Dans sa caverne du Janicule, le pieux solitaire aurait eu des révélations célestes par l'entremise de l'ange Gabriel. C'est la matière d'un ouvrage qui a pour titre : *Apocalypsis nova sensum habens apertum, et ea quae in antiqua Apocalypsi erant intus, hic ponuntur foris*. Cette apocalypse est inédite, sauf quelques fragments imprimés dans des collections mariales, entre autres dans la *Bibliotheca virginalis* de Pierre Alva y Astorga, Madrid, 1648, t. 1. D'après Wadding, l'œuvre, qui renferme des puérilités et des extravagances, aurait été interpolée. D'ailleurs, comme toutes les productions de ce genre, elle échappe au contrôle et ne mérite pas qu'on s'y arrête. On lui a parfois attribué des *Homiliae de beata virgine Maria*, qui sont d'Amédée de Lausanne, ci-dessus, col. 1150.

La vie du bienheureux Amédée a été écrite en italien, en 1486, par un anonyme et publiée s. l. n. d. avant 1500. Elle est insérée en latin dans les *Acta sanctorum* à la suite d'un commentaire critique, t. II d'août, Paris, 1867, p. 572-606. Elle a été traduite en italien et publiée à Venise en 1621, par Barthel. Cimareili. Wadding l'a suivi dans ses *Annales minorum*, en y ajoutant les bulles pontificales : t. XIII (Rome, 1735), p. 138, 197, 356-362, 375, 387-388, 393, 408, 410, 427-428, 411-412, 560, 563, 561; t. XIV, p. 20, 313-325, 542, 568, 573; *Scriptores minorum*, Rome, 1806, p. 11. — Sbaralea, *Supplem. ad script. min.*, ibid., 1908, p. 30, 723. — Joannes de Sancto Antonio, *Bibliotheca franciscana*, Madrid, 1732, t. I, p. 51. — Arthurus a Monasterio, *Martyrologium franciscanum*, Paris, 1653, p. 561. — Alphonse de Brizeno, en tête du t. I de ses *Celebriores controversiae*, Madrid, 1638, a vengé le bienheureux Amédée des attaques de Bzovius. — Jeronymo Mascarenhas, *Amedeo de Portugal... fundador de la ilustrissima congregacion de los Amadeos en Italia*, Madrid, 1663. — Marc. de Lisbonne, *Terceira parte das Chronicas da ordem dos frades menores*, Lisbonne, 1615, l. III, c. IV. — Barbosa Machedo, *Bibliotheca lusitana*, Lisbonne, 1741, t. I, p. 119. — Hurter, *Nomenclator literarius*, Inspruck, 1906, t. II, col. 90. — Chevalier, *Biobibl.*, t. I, col. 192, qui le fait naître à Ceuta en 1431. — Eusebio Gonzalez de Torres, *Chronica seraphica*, Madrid, 1729, t. VII, p. 191-221. — Bzovius, *Annales ecclesiastici*, ad an. 1471, t. XVIII, n. 36. — *Bibliotheca hagiographica latina*, Bruxelles, 1898, t. I, p. 53. — Sevesi, *B. Amedeo Menez de Silva* (d'après Mariano de Florence), dans *Luce e amore*, Florence, 1911, t. VIII, n. 10, 12, 13.

ANTOINE de Sérent.

15. AMÉDÉE (IV) DE SAVOIE, évêque de Maurienne (1349-1376). Fils de Philippe de Savoie, prince de Piémont, et d'Isabelle de Villehardouin, Amédée eut deux frères évêques : Thomas, évêque de Turin, et Édouard, successivement évêque de Belley et de Sion, puis archevêque de Tarentaise. Dès son enfance, il fut destiné par son père à l'état ecclésiastique. Il était chanoine d'Orléans, chanoine-comte de Lyon, quand le chapitre de Saint-Jean-de-Maurienne l'élut évêque, le 2 avril 1349. Il ne reçut pas immédiatement la consécration épiscopale, car, le 23 décembre 1351, une charte le dit encore *Mauriensis electus*. Soucieux de maintenir dans leur intégrité les droits et revenus de son siège, il établit, en 1355, quatre notaires pour constater les mutations de fiefs, se fit rendre hommage, en 1356, par Anthelme de Miolans, pour les fiefs que ce puissant seigneur possédait en Maurienne et qui relevaient de l'évêché. Le 21 avril 1365, Jean de la Chambre, vicomte de Maurienne, dut faire hommage aussi pour tous les biens qu'il tenait en fief de l'évêché de Maurienne. En excellents rapports avec le comte de Savoie Amédée VI, il fut nommé par lui membre du conseil suprême de justice, et lorsque le même comte eut à soutenir une lutte contre le dauphin de Vienne, l'évêque de Maurienne lui prêta secours.

Plus grand seigneur qu'évêque, Amédée ne négligea pas cependant complètement son diocèse au point de vue spirituel. Il veille à ce que ses paroisses soient pourvues de recteurs (1351); il favorise l'établissement d'un couvent de cordeliers à La Chambre, en 1369. A vrai dire, il n'est pas le fondateur de cette maison religieuse, mais c'est très probablement sous son inspiration que Jean de la Chambre, époux d'Isabelle de Savoie, sœur de l'évêque, fait cette bonne œuvre.

D'après l'obituaire de Maurienne, Amédée IV de Savoie mourut le 12 juin 1376.

Cardinal Billiet et chanoine Albrieux, *Chartes du diocèse de Maurienne*, Chambéry, 1864, n. 97, 98, 99, p. 201-205. — Besson, *Mémoires pour l'histoire ecclésiastique des diocèses de Genève, Tarentaise, Aoste et Maurienne et du décanat de Savoie*, Nancy, 1759; Moutiers, 1871, p. 297. — A. Angley, *Histoire du diocèse de Maurienne*, Saint-Jean-de-Maurienne, 1846, p. 187-194. — *Gallia christiana*, t. XVI, col. 639. — E. Plaisance, *Histoire des Savoyens*, Chambéry, 1910, t. I, p. 248.

J. GARIN.

16. AMÉDÉE Ier DE SAVOIE, comte de Maurienne (Savoie), 1030-1051, apparaît pour la première fois dans les documents en 1030, s'il est vrai qu'en cette année il ait fondé à Maltacène, au pied du mont du Chat, le prieuré bénédictin qui, plus tard, prit le nom du Bourget. Toutefois, selon quelques écrivains, l'origine de cette maison serait due à un autre Amédée, son oncle ou son cousin. Amédée fit cette première donation pieuse, de concert avec son frère, Humbert Ier aux blanches mains. Il est pareillement associé à son père, en 1040, dans une deuxième donation faite, à Aoste, aux chanoines de Saint-Jean et de Saint-Ours et, en 1042, dans la donation de l'église des Échelles à l'église Saint-Laurent de Grenoble. A ces deux dates, Amédée porte le titre de comte. La date de sa mort est incertaine, mais vraisemblablement antérieure à 1051. Amédée fut enterré à Saint-Jean-de-Maurienne.

Carutti di Cantogno, *Regesta comitum Sabaudiae*, Turin, 1889, p. 21-48. — L. Cibrario, *Précis historique sur les princes de la maison de Savoie*, traduction Boullée, Paris, 1833, p. 41. — E. Plaisance, *Histoire des Savoyens*, Chambéry, 1910, t. I, p. 110. — A. Perrin, *Histoire de Savoie*, Chambéry, 1900, p. 52. — Victor de Saint-Genis, *Histoire de Savoie*, Chambéry, 1869, t. I, p. 178. — Guichenon, *Histoire généalogique de la maison de Savoie*, Lyon, 1660, t. I, p. 194-208. — J. Burlet, *L'église de Bourget du Lac*, dans la *Savoie littéraire et scientifique*, 1911, p. 275. - - *Chroniques de Savoie*, édition de Tournes, Lyon, 1561, t. I, p. 105.

J. GARIN.

17. AMÉDÉE II DE SAVOIE, comte de Maurienne (Savoie), 1057-1080. Neveu d'Amédée Ier, fils d'Odon et d'Adélaïde de Suse, il figure avec sa mère dans les chartes concédées à l'abbaye de Novalaise, et à celle de Saint-Laurent d'Oulx (1057), ainsi que dans l'acte de fondation de l'abbaye Sainte-Marie de Pignerol, en 1064. Beau-frère d'Henri IV, empereur d'Allemagne, qui avait épousé Berthe de Maurienne, Amédée II, avec sa mère, intervient dans la querelle entre ce prince et le pape Grégoire VII. Henri IV, excommunié et menacé d'être déposé, cherchait à se rendre en Italie pour fléchir le souverain pontife. Averti que les Alpes centrales étaient gardées par les seigneurs allemands, il prit le chemin de son royaume de Bourgogne. Amédée et Adélaïde accoururent au-devant de lui, sur la route de Genève à Turin, et lui facilitèrent le passage du mont Cenis, en janvier 1077. En reconnaissance, l'empereur leur donna une province voisine du Rhône, que le chroniqueur Lambert ne nomme pas, mais qu'on suppose être le comté de Belley ou le petit Bugey. Amédée II mourut en 1080, le 26 janvier, laissant trois enfants. Guichenon lui donne pour épouse Jeanne, fille de Gérold II de Genève.

L. Cibrario, *Précis historique...*, Paris, 1833, p. 54. — E. Plaisance, *Histoire des Savoyens*, Chambéry, 1910, t. I, p. 112. — A. Perrin, *Histoire de Savoie*, Chambéry, 1900, p. 53-54. — Victor de Saint-Genis, *Histoire de Savoie*, Chambéry, 1869, t. I, p. 180. — Guichenon, *Histoire généalogique de la maison de Savoie*, Lyon, 1660, t. I, p. 208-221. — Carutti di Cantogno, *Regesta comitum Sabaudiae*, 1889, p. 51-71. — *Revue savoisienne*, Annecy, 1889, p. 11.

J. GARIN.

18. AMÉDÉE III DE SAVOIE, comte de Savoie (1103-1148), fils d'Humbert II et de Gisèle de Bourgogne, succéda à son père, à l'âge de huit ans. Il eut pour tuteurs sa mère et le comte de Genevois, Aymon Ier. Plein de déférence envers l'Église, il consentit, en 1108, à la fondation de l'abbaye d'Abondance et, en 1133, rendit aux chanoines de Saint-Maurice d'Agaune le droit d'élire leur abbé. En 1139, il donne à l'église de Tarentaise ou plutôt à son archevêque, saint Pierre Ier, les dîmes de Conflans, Saint-Sigismond, Pallud et Marthod. L'année suivante, en faveur du même prélat, il renonce au droit de dépouille sur les bénéfices. C'est aussi en 1140 qu'il confirme l'établissement du monastère de Hautecombe, fondé en 1125. Dans ce dernier acte, Amédée, le premier de sa dynastie, porte le titre de « comte de Savoie ».

Ce comte, en 1137, fut menacé d'une guerre par son beau-frère, le roi de France, Louis VI le Gros. La femme de ce prince, Adélaïde de Maurienne, poussait son mari à s'emparer des États d'Amédée III, qui n'avait pas alors d'héritier direct. L'intervention de l'abbé de Cluny, Pierre le Vénérable, empêcha la guerre. La mort du roi de France survint et le désaccord n'eut pas de suite; Amédée resta en bons rapports avec son neveu, le roi Louis VII. Son beau-père, le dauphin de Vienne, Guigue IV, ayant été tué dans une guerre avec lui, des historiens affirment que, pour expier cette mort, Amédée dota la chartreuse d'Arvières près de Seyssel et que le pape Eugène III lui imposa de partir pour la seconde croisade.

Quoi qu'il en soit, Amédée III se croisa avec toute l'aristocratie savoyarde. L'expédition était comme une revanche des incursions sarrasines subies au Xe siècle.

Parmi les croisés, on remarquait une nombreuse noblesse savoyarde, le sire de Blonay, Aymon Ier de Faucigny et son fils Rodolphe; le sire de Viry; les seigneurs de Grésy, d'Aix, de Chignin, de Montmayeur, de Miolans, de Chevron, de Tours, de Briançon; enfin les seigneurs de la Chambre.

Avec eux, Amédée III rejoignit à Metz son neveu, le roi de France Louis VII, et le suivit jusqu'à la fin de la campagne. Odon de Deuil écrit : » Le dict roy aveque ledict comte ne se ménageoient guères sautant à cheval sitost la messe, puis, au sortir des batailles, réclamant vespres et complies. » L'expédition fut malheureuse; après les désastres subis en Asie Mineure, Amédée III mourut, avant d'atteindre Jérusalem, à Nicosie, dans l'île de Chypre, le 30 mars 1148.

De sa femme, Mathilde d'Albon, Amédée III avait eu deux fils et cinq filles, dont son successeur, Humbert III le Bienheureux.

Carutti di Cantogno, *Regesta comitum Sabaudiae*, Turin, 1889, p. 89-107. — L. Cibrario, *Précis historique sur les princes de la maison de Savoie*, traduction Boullée, Paris, 1833, p. 57-60. — L. Bréhier, *L'Église et l'Orient au moyen âge*, Paris, 1907, p. 105-108. — E. Pascalein, *Histoire de Tarentaise*, Moutiers, 1903, p. 69. — E. Plaisance, *Histoire des Savoyens*, Chambéry, 1910, p. 130-131. — A. Perrin, *Histoire de Savoie*, Chambéry, 1900, p. 56-58. — Victor de Saint-Genis, *Histoire de Savoie*, Chambéry, 1869, t. I, p. 201-203. — Guichenon, *Histoire généalogique*, t. I, p. 221-267. — Couret, *La Savoie en Terre Sainte*, Chambéry, 1895, p. 9-11. — Besson, *Mémoire pour l'histoire ecclésiastique*, Nancy, 1759; Moutiers, 1871, Preuves, 17, 19.

J. GARIN.

19. AMÉDÉE IV DE SAVOIE, comte de Savoie (1233-1253), naquit au château de Montmélian, en 1197, du comte Thomas et de Marguerite de Genevois. Il était l'aîné de sept frères, dont Guillaume, évêque de Valence, Boniface, archevêque de Cantorbéry, Philippe, archevêque de Lyon. Au début de son règne, il octroie des franchises à la ville de Montmélian (1233).

Il profita de la lutte engagée entre la papauté et l'empereur Frédéric II pour étendre sa puissance, trafiquant des passages des montagnes, négociant avec tous les partis, allant au plus fort, sauf à l'abandonner ou à revenir à lui, selon que la fortune lui est contraire ou propice.

En 1238, Frédéric II se fait amener des troupes par Amédée IV et son frère Pierre et, en récompense, érige le Chablais en duché. L'année suivante, le 16 septembre, le pape Grégoire IX écrit au comte de Savoie que, Frédéric II étant excommunié, il ne lui doit plus fidélité. Le même souverain pontife, pour s'attacher Guillaume, frère d'Amédée IV, ajoute à son évêché de Valence l'administration des deux importants diocèses de Liège et de Winchester.

Innocent IV eut aussi à compter avec les princes de

Savoie. En novembre 1244, ce pape arrivait de Gênes, sa patrie, au mont Cenis, d'où, accompagné de Philippe, frère d'Amédée, il se rendait à Hautecombe, puis à Lyon, où il convoquait un concile général. Le même Philippe de Savoie, à la tête des troupes pontificales, protégea les délibérations du concile, qui excommunia solennellement Frédéric II et le déclara déchu de toutes ses couronnes (17 juillet 1245).

En même temps, Amédée, en 1246, se portait médiateur auprès du pape à Cluny et auprès de Frédéric II à Crémone, et jugeant qu'il y aurait plus de bénéfice à suivre le parti d'un empereur anathématisé que celui d'un pape fugitif, il fiança, en 1247, sa fille Béatrix à Manfred, l'un des fils de Frédéric II. Il obtint ainsi, par l'intervention de son tout-puissant allié, que l'évêque de Turin lui rendît son château de Rivoli en Piémont. Il s'engagea à ouvrir les défilés alpins à une armée impériale, qui fondrait sur Lyon et dicterait la loi à Innocent IV. Une révolte survenue à Parme, au dernier moment, empêcha Frédéric II d'accomplir son dessein. Le comte de Savoie cependant retint sur le versant occidental des monts 1 500 hommes d'armes enrôlés par le Saint-Siège, pour secourir ses partisans en Italie; il ferma même le passage des Alpes au légat Octavien, qui portait aux Lombards les encouragements du pape.

Quand, le 23 décembre 1250, l'empereur mourut, les princes de Savoie se rapprochèrent du pape. En juin 1251, Thomas de Piémont, frère d'Amédée, est relevé de l'excommunication et se remarie à une nièce du pape, Béatrix de Fiesque. Onze mois plus tard, Amédée lui-même se fait absoudre.

Son alliance avec un empereur réprouvé avait causé du scandale. Les contemporains crurent en voir le châtiment dans l'une des plus terribles commotions qui aient ébranlé la région des Alpes. Le 24 novembre 1248, une partie du mont Granier, à l'ouest de Montmélian, s'écroula, engloutissant cinq villages et la petite ville de Saint-André, chef-lieu de la circonscription du diocèse de Grenoble, appelée décanat de Savoie.

Amédée IV mourut à Montmélian, le 13 juillet 1253.

Carutti di Cantogno, *Regesta comitum Sabaudiae*, Turin 1889, p. 197-319. — E. Plaisance, *Histoire des Savoyens*, Chambéry, 1910, t. 1, p. 148-153. — A. Perrin, *Histoire de Savoie*, Chambéry, 1900, p. 64-67. — Guichenon, *Histoire généalogique*, Lyon, 1660, t. 1, p. 267. — Victor de Saint-Genis, *Histoire de Savoie*, t. 1, p. 234-242.

J. GARIN.

20. AMÉDÉE V DE SAVOIE, comte de Savoie (1285-1323), fils de Thomas, comte de Flandre, et neveu de Philippe Ier, duc de Savoie, naquit au château du Bourget, en 1249. Captif en Piémont, à l'âge de huit ans, il avait été rappelé par son oncle, qui l'associa au pouvoir, avec l'approbation des États de Savoie, réunis à Chambéry. Nous n'avons pas à redire ici les différentes péripéties des cinq guerres qu'il soutint contre le dauphin du Viennois et ses alliés, mais seulement ce qui intéresse l'histoire religieuse, les rapports d'Amédée V avec l'évêque de Genève, l'empereur et le pape.

En 1285, eut lieu sa première intervention à Genève. Pendant la guerre de l'évêque contre Amé II de Genevois, Amédée s'était établi solidement à Genève, où la plupart des citoyens l'appelaient, prêts à lui prêter serment contre l'autorité épiscopale. Cependant, sur la réclamation de l'évêque, Robert de Genevois, le comte le dégagea de l'engagement, déclarant toutefois qu'il maintiendrait sa protection à qui la demanderait (octobre 1285). Deux ans après, à la mort de l'évêque, Amédée V s'empara du château de l'Ile du Rhône, qui commandait le pont jeté sur le fleuve à la sortie du Léman, déclara qu'il ne le rendrait que contre le remboursement des 40 000 marcs d'argent que lui avait coûté le siège (février-juin 1287). L'année suivante, il installait dans le vidomnat de l'église de Genève Girard de Compey, son commandant du château de l'Ile : le nouvel évêque, Guillaume de Conflans, dut consentir à un arrangement. Le 19 septembre 1290, le comte de Savoie reçut le vidomnat à titre de fief et, provisoirement, le château de l'Ile, en attendant une sentence arbitrale qui ne devait jamais être rendue.

Cette situation forte dans Genève le mettait en opposition continuelle avec l'évêque et le rendait sympathique aux citoyens de la ville. En 130. Édouard, fils d'Amédée V, acheta même à prix d'argent la fidélité de cinquante-trois bourgeois. À cette nouvelle, le dauphin viennois et Amé II de Genevois introduisirent des soldats dans la ville pour défendre les droits de l'évêque. Une mêlée sanglante s'ensuivit et l'évêque Aymon du Quart fut chassé de la ville (1307). Une guerre sans merci commença. Humbert Ier dauphin et le comte de Genevois saccagèrent les propriétés que les citoyens possédaient aux environs de la ville. Le roi de France et le premier des Avignon, Clément V, intervinrent et une trêve fut conclue. Cependant la paix ne fut vraiment assurée que par la mort de Humbert Ier, en avril 1307, et celle d'Amé, en mai 1308.

L'année suivante, Henri VII de Luxembourg, allant à Rome recevoir la couronne impériale, passa à Genève et prit Aymon du Quart comme secrétaire, puis gagna le mont Cenis, et s'adjoignit encore deux frères du dauphin et le comte de Savoie lui-même. Le 24 mai 1311, à Asti, il conférait à celui-ci l'investiture de ses domaines, dans laquelle le Chablais et Aoste sont qualifiés de duchés.

Pendant ce voyage, une nouvelle guerre s'étant allumée entre la Savoie, le Viennois et le Faucigny, que termina, le 10 juin 1314, l'intervention de Bertrand, archevêque de Tarentaise. En 1320, le fils d'Amédée V, entrant brusquement à Genève, s'empara du château de Bourg-de-Four, alors aux mains de l'évêque, Pierre de Faucigny. L'évêque, réfugié en terre de Viuz en Salaz, excommunia les envahisseurs de sa cité ; sur l'intervention de Jeanne, reine de France une trêve fut conclue, le 5 septembre 1322, dans un château qu'Amédée possédait près de Paris, à Gentilly.

L'année suivante, le comte de Savoie s'était rendu à Avignon, pour entretenir le pape Jean XXII d'un projet de croisade, quand la mort le frappa, le 16 octobre 1323, à l'âge de soixante-quatorze ans. On l'avait surnommé le Grand, à cause de sa « moult belle stature, » disent les chroniques.

Cardinal Billiet et chanoine Albrieux, *Charles du diocèse de Maurienne*, Chambéry, 1861, p. 160, 169, 170. — S. Guichenon, *Histoire généalogique*, Lyon, 1660, t. 1, p. 347. — L. Cibrario, *Précis historique sur les princes de la maison de Savoie*, traduction Boullée, Paris, 1833, p. 63-65. — V. de Saint-Genis, *Histoire de Savoie*, Chambéry, 1869, t. 1, p. 268, 285. — A. Perrin, *Histoire de Savoie*, Chambéry, 1900, p. 74-77. — E. Plaisance, *Histoire des Savoyens*, Chambéry, 1910, t. 1, p. 172-187.

J. GARIN.

21. AMÉDÉE VI DE SAVOIE, comte de Savoie (1343-1386), a exercé une action décisive sur le développement de la puissance territoriale de sa maison et a commandé une des dernières croisades. Son long règne se divise naturellement en quatre périodes :

I. La minorité (1343-1347). II. La jeunesse, période d'acquisitions territoriales (1347-1364). III. La croisade (1364-1367). IV. Les entreprises en Italie (1367-1383).

I. LA MINORITÉ (1343-1347). — Amédée VI, né 4 janvier 1334, à Chambéry, était fils d'Aimon le Pacifique, comte de Savoie (1329-1343), et de Yolande de Montferrat. Il avait neuf ans à la mort de son père et, durant sa minorité, la régence fut exercée par son parent Louis de Savoie, baron de Vaud, et par le comte de Genève. Philippe, duc d'Orléans, fils de Philippe VI de Valois, réclama l'héritage de Savoie, sur lequel des droits lui avaient été transmis par Jeanne de Savoie, duchesse de Bretagne. Il fallut le désintéresser par une transaction qui lui assurait une rente de 200 livres et la propriété de deux châteaux (février 1346).

II. La jeunesse (1347-1364). — Devenu majeur en 1347, Amédée VI entra dans la ligue formée par les Visconti de Milan, le marquis de Montferrat et le marquis de Saluces, pour enlever à Jeanne de Naples, à ce moment fugitive devant Louis de Hongrie, ses domaines de la Haute-Italie. Le Piémont fut envahi et Amédée enleva Chieri, Chivasso, Mondovi, Savigliano, Coni. Ces places lui furent disputées par Luchino Visconti, mais Amédée l'attaqua avec l'aide du duc de Bourgogne et du comte de Genève et lui infligea une sanglante défaite. Au retour de cette expédition, le comte de Savoie donna à Chambéry un magnifique tournoi où il parut revêtu d'une armure verte, sur un cheval caparaçonné de vert, suivi d'un écuyer en livrée verte. Il fut dès lors appelé le Comte Vert.

En 1349, Humbert, dauphin de Viennois, céda ses États au duc de Normandie, fils de Jean le Bon. L'établissement d'un prince capétien en Dauphiné était un danger d'autant plus grand pour la maison de Savoie que les frontières des deux États étaient enchevêtrées d'une manière tout artificielle : presque tout le Viennois, sauf Vienne, relevait de la Savoie, tandis que le Faucigny et Gex, ainsi que la baronnie de la Valbonne sur la rive droite du Rhône, étaient en Dauphin. Les deux maisons étaient donc en état de conflit permanent. Un premier accord fut conclu entre Jean le Bon et Amédée VI à Villeneuve-lez-Avignon (27 octobre 1351), mais les Savoyards se prétendirent lésés et réclamèrent le Faucigny. Le chancelier Georges Solier, accusé d'avoir trahi les intérêts de son maître, fut traduit en justice et les hostilités commencèrent avec le Dauphiné. Après quelques chevauchées sans résultats, le roi de France intervint de nouveau et un traité fut signé à Paris le 5 janvier 1355. Les frontières étaient rectifiées : le comte abandonnait sa part du Viennois et recevait en échange le Faucigny, Gex et la Valbonne. Des commissaires furent nommés pour procéder aux nouvelles délimitations, mais leur œuvre laborieuse ne fut terminée qu'à la mort de Charles V (convention du 24 février 1377).

Cet accord fut suivi d'une véritable alliance entre la maison de Savoie et la France. Au mois d'août 1355, Amédée VI épousait Bonne de Bourbon, sœur de Jeanne, mariée au dauphin Charles. Dans la querelle franco-anglaise, Amédée VI prit donc parti pour la maison capétienne, et l'on trouve des vassaux de Savoie dans les rangs français à la bataille de Poitiers. En 1358, le dauphin Charles, régent de France, envoya au comte de Savoie une longue lettre destinée à justifier sa conduite dans l'affaire de la conjuration d'Étienne Marcel et de Charles le Mauvais. Texte, d'après l'Archivio di Stato à Turin, dans Delachenal, *Histoire de Charles V*, t. II, p. 424-432.

Ce fut sans doute cette amitié avec la France qui poussa le Comte Vert à chercher l'expansion de ses États du côté italien. En 1358, il se brouilla avec son cousin Jacques de Savoie, prince d'Achaïe, gouverneur du Piémont, qui prétendait imposer les marchandises venues de Savoie. Amédée s'empara de Turin et de la plupart des châteaux de son adversaire, dont l'allié, le marquis de Saluces, dut également se soumettre. Le vainqueur fut d'ailleurs modéré et restitua ses conquêtes en 1363.

Les rapports étaient toujours excellents avec la maison de France. En 1360, Amédée VI, beau-frère de Galeas Visconti, négocia le mariage d'Isabelle de France, fille de Jean le Bon, avec le fils de Jean Galeas. Lorsque le roi de France entreprit, en 1362, son voyage d'Avignon, le comte de Savoie l'escorta jusqu'à Lyon et lui donna l'hospitalité dans son hôtel du quartier du Temple. Il le suivit même à Avignon et se laissa gagner par lui à la cause de la croisade.

III. La croisade (1364-1367). — Chevalier accompli et prince magnifique, ami du luxe et des fêtes chevaleresques, Amédée VI est, comme Jean le Bon, un des représentants les plus curieux de cette génération nourrie de la lecture des romans de chevalerie et amoureuse des belles apertises. De même que Jean le Bon avait créé l'ordre de l'Étoile, le Comte Vert résolut aussi de devenir le chef d'un ordre de chevalerie. Ce fut l'ordre de l'Annonciade (en l'honneur de l'Annonciation), qui comprit quinze chevaliers auxquels furent distribués des colliers d'argent doré au chiffre du comte et ornés de « lacs d'amour ». L'époque de cette création est restée douteuse : les chroniques indiquent la date de 1362, mais il est possible qu'elle soit un peu postérieure à cette année et qu'elle se rattache à l'idée de la croisade qui allait désormais absorber l'activité du comte. Voir sur cette question : Terrier de Loray, *Jean de Vienne*, p. 36, et *Revue de l'Orient latin*, t. XII, p. 468.

A ce moment, les États chrétiens d'Orient, menacés par les progrès des Ottomans, réclamaient les secours de l'Occident. La cause de la croisade était défendue par de véritables apôtres, le jeune roi de Chypre, Pierre de Lusignan, qui venait par un coup de main hardi de s'emparer de Satalie (23 août 1361), par son chancelier Philippe de Mézières et par le cardinal Pierre Thomas. Le 20 mars 1363, jour du vendredi saint, à Avignon, le pape Urbain V donna la croix rouge aux rois de France et de Chypre et à une foule de seigneurs. Il n'est pas absolument certain qu'Amédée VI ait assisté à cette assemblée : des doutes ont été émis à cet égard. Voir Jorga, *Philippe de Mézières*, p. 164, auquel le silence de Froissart paraît décisif. Cependant les termes de la bulle pontificale, datée d'avril 1364 et destinée à accorder à la Savoie les indulgences de la croisade, sont formels : il y est dit que le comte a pris la croix *apud apostolicam Sedem*, c'est-à-dire à Avignon.

Ce qui est certain, c'est qu'Amédée VI poussa ses préparatifs avec activité dès 1364. Il reçut en Savoie Philippe de Mézières et l'archevêque de Crète et se déclara prêt à soutenir Pierre de Lusignan en Crète et en Terre Sainte. Le pape lui avait accordé les décimes ordinaires, ainsi que le produit des dons et legs faits à l'Église pendant la durée de la croisade, mais comme il lui fallait de l'argent comptant, il traita avec des banquiers de Lyon qui se substituèrent à ses droits et lui avancèrent 10 000 florins ; il engagea en outre son argenterie pour 778 ducats d'or de Venise ; aucune contribution extraordinaire ne fut levée sur les sujets du comte.

A ce moment, l'empereur Charles IV, désireux de contrebalancer l'influence capétienne dans la vallée du Rhône, traversa la Savoie. Amédée VI obtint de lui le titre important de vicaire impérial en Haute-Italie. Le Comte Vert accompagna à Avignon l'empereur, qui se montra favorable à la cause de la croisade et promit les secours des princes d'empire : c'était là, en réalité, une vaine promesse. Tout à coup, sous l'influence de certains conseillers hostiles au passage, l'enthousiasme du comte pour la croisade parut diminuer. En dépit de la lettre indignée que lui écrivit Philippe de Mézières, le comte ajourna son départ et en juin 1365, le roi de Chypre s'embarqua seul à

Venise. Amédée n'avait pas cru devoir quitter ses États au moment où le marquis de Saluces excitait un soulèvement dans le val d'Aoste, tandis qu'une compagnie d'aventuriers anglais avait fait son apparition en Savoie. En janvier 1365, le pape avait révoqué toutes les indulgences de la croisade et Amédée avait même dû restituer au légat Gilles de Montaigu une partie des sommes déjà perçues.

Amédée VI était cependant décidé à accomplir son vœu, mais ce fut à cette époque que se produisit l'incident qui devait faire dévier son expédition de la route de Palestine. L'empereur Jean V Paléologue, cousin germain d'Amédée VI (sa mère, Anne de Savoie, était la sœur d'Aimon le Pacifique), menacé par les Ottomans, était allé en personne demander secours au roi Louis de Hongrie. Il revenait à Constantinople dans l'hiver de 1365 et s'était arrêté à Vidin, à la frontière de Bulgarie. Le prince bulgare Schischman III, brouillé avec la Hongrie, fit savoir à l'empereur qu'il ne lui permettrait pas de traverser son pays pour rentrer à Constantinople. Jean dut donc rester l'hôte du ban hongrois de Vidin (c'est à tort que les historiens en ont conclu qu'il avait été le captif de Schischman; cf. Jorga, *Geschichte des Osmanischen Reiches*, t. I, p. 223-224), jusqu'à ce qu'un allié lui ouvrît la route de ses États. Or, au moment même où ces événements avaient lieu, un ambassadeur hongrois arrivait à Chambéry et un plan général d'attaque contre les Ottomans était arrêté : le roi de Hongrie devait envahir les possessions terrestres des Turcs, tandis que Pierre de Lusignan et Amédée VI agiraient par mer. En janvier 1366, le chancelier de Jean V, Georges Magnikartes, venait à Avignon assurer le pape des bonnes dispositions de son maître pour la réunion des deux Églises. Le 25 janvier 1366, le pape proclamait le passage général. Amédée VI avait déjà quitté ses États.

Le 3 janvier 1366, il avait délégué la régence à sa femme, Bonne de Bourbon, assistée d'un conseil. Son départ de Chambéry eut lieu dans la deuxième moitié de mai. Le 27 mai, il était à Pavie où il passa quelques jours : ce fut là qu'il engagea Lucchino dal Verme avec cent hommes d'élite. Il assista au baptême de Valentine, fille de Galeas Visconti, son beau-frère. Il arrivait à Venise dans les premiers jours de juin avec soixante de ses chevaliers et ses mercenaires.

Depuis plusieurs mois, des négociations se poursuivaient entre les agents du comte et le gouvernement vénitien pour le passage. En raison des intérêts économiques qu'elle avait en Orient, la république de Venise craignait de s'engager dans une croisade et refusa simplement les vaisseaux qui lui étaient demandés. Il fallut s'adresser directement à des armateurs de Venise, de Gênes et de Marseille. La flotte, frétée aux dépens du comte, comprit six galères vénitiennes, six galères génoises et trois navires marseillais. Encore Amédée dut-il s'engager par écrit à ne pas attaquer la Syrie sans en donner avis à Venise. Il fut d'ailleurs fort bien reçu par le doge et le grand conseil et ce fut là qu'il prit contact avec une partie de sa petite armée. Les troupes de la croisade comprenaient les vassaux de Savoie qui, devant servir hors de leur pays, n'avaient été engagés que moyennant une solde, et un ensemble disparate d'auxiliaires de toute nationalité. Il y avait vingt-huit hommes d'armes allemands levés par Galeas Visconti, une compagnie anglaise sous Lebron et Guillaume, une compagnie française sous un connétable, des Bohémiens, des Gascons et un grand nombre de chevaliers de Bourgogne, de Franche-Comté et du Bourbonnais, parmi lesquels Guillaume de Granson, Aymon Bonnivard, Guy de Pontarlier, maréchal de Bourgogne, et Jean de Vienne, le neveu de l'héroïque défenseur de Calais. On évalue à 1 500 ou 1 800 hommes au plus l'effectif des troupes qui s'embarquèrent sur les quinze galères.

Vers le 19 juin 1366, Amédée VI, après avoir reçu sur la place Saint-Marc la bénédiction du patriarche de Venise, s'embarquait au milieu des acclamations. Il touchait à Pola le 24 juin, à Raguse le 1er juillet, à Modon le 17 juillet, à Coron le 19 juillet. Là il fut rejoint par une partie de son escadre et il fut sollicité d'intervenir dans la querelle entre l'archevêque de Patras, Angelo Acciajuoli, et l'impératrice latine de Constantinople, Marie de Bourbon, qui se disputaient la Morée. Après avoir imposé sa médiation en faveur de l'impératrice, tante de sa femme, Amédée VI reprit sa route le 27 juillet, pour aborder à Négrepont le 2 août. Mais déjà le but primitif de la croisade avait été abandonné. Avant son départ, Amédée avait appris que le roi de Chypre avait traité avec le soudan d'Égypte et, renonçant à attaquer la Palestine, il s'était engagé vis-à-vis du roi de Hongrie à travailler à la délivrance de l'empereur Jean V.

Aussi, le 15 août, l'expédition cinglait vers les Dardanelles et les croisés attaquaient la place importante de Gallipoli, dont les Turcs s'étaient emparés en 1356. Les Turcs n'avaient pas de flotte : les Occidentaux entrèrent donc facilement dans le port et s'emparèrent de quelques maisons qui formaient la ville, mais les Turcs se retranchèrent dans le château, d'où ils ne cessèrent de lancer des flèches barbelées et des projectiles de toutes sortes qui firent beaucoup de mal à l'armée chrétienne. Cependant une brèche fut ouverte et, dans la nuit du 24 août, les assiégés se retirèrent. Le Comte Vert avait ainsi conquis du premier coup une des positions les plus importantes des routes maritimes.

Après avoir laissé à Gallipoli Aymon Michel et Jacques de Lucerne, avec 200 soudoyers allemands, Amédée alla débarquer à Constantinople, où il fut reçu avec honneur par l'impératrice. Un conseil de guerre fut tenu et on décida d'attaquer les ports bulgares de la mer Noire, afin de forcer Schischman à laisser la route libre à l'empereur. L'impératrice donna de l'argent et deux galères; deux autres navires furent équipés par les habitants de Péra et un cinquième aux dépens du comte. Amédée laissa à Constantinople Gaspard de Montmayeur, avec quelques troupes pour défendre au besoin la ville contre les Turcs, puis il pénétra dans la mer Noire et prit facilement quelques petites places bulgares (fin septembre). Mesembria, habité par des Grecs, des juifs et des Génois, capitula et paya une « taille », mais la garnison se réfugia dans la citadelle qu'il fallut enlever de force. Après avoir pris Emona et Anchiale, les croisés attaquèrent la forte place de Varna, qui fit une énergique résistance (25 octobre). Des négociations s'engagèrent avec les habitants, qui offrirent de ravitailler l'armée et d'envoyer des ambassadeurs à Schischman. Bientôt après, le patriarche latin de Constantinople et trois chevaliers se rendirent à Tirnovo, mais là ils durent attendre longtemps le bon plaisir du prince bulgare. Enfin un accord fut conclu avec Schischman, qui s'engagea à laisser la route libre à l'empereur, moyennant la restitution des places qu'on lui avait prises. Mais, contrairement à ses promesses, Schischman garda les prisonniers faits à Varna, parmi lesquels le maréchal de Bourgogne : refusant de se dessaisir de ce précieux gage, il les interna au château de Provadija et ce fut seulement en février 1367 que Jean V put obtenir leur libération.

L'empereur avait pu enfin quitter Vidin et les envoyés d'Amédée revinrent avec lui à Varna le 21 décembre. Avant de revenir à Constantinople, les deux souverains tinrent des conférences à Sozopolis (janvier 1367). Jean V promit avec son fils Andronic de reconnaître l'autorité du pape et s'engagea à verser 15 000 florins au comte pour l'indemniser de ses dépenses. Ce fut seulement en avril 1367 qu'eut lieu le retour à Constantinople. Là le comte de Savoie fut indignement trompé par le gouvernement impérial. Il dut se loger à Péra dans une maison particulière : aucune de ses dépenses ne fut payée et il lui fallut emprunter de l'argent pour revenir dans son pays.

Cependant, avant de terminer son expédition, le Comte Vert désirait encore accomplir quelques exploits. Il s'employa à attaquer les châteaux turcs, qui menaçaient la sécurité des environs de Constantinople. Le 14 mai, Enneakosia et Kalovryi furent pris et incendiés. Mais les troupes étaient parvenues au terme de leur engagement; le retour était donc inévitable. Le 4 juin, Amédée quittait Constantinople; le 14 juin, Gallipoli était restituée à l'empereur; le 31 juillet, le comte débarquait à Venise où la croisade se disloqua. Après être allé à Viterbe présenter au pape les ambassadeurs de Jean V, Amédée revint à Venise; le 19 août, il dînait avec un des principaux propagateurs de l'idée de croisade, Philippe de Mézières. Le 10 septembre, il était de retour à Chambéry. Si l'on réfléchit à l'exiguïté des forces avec lesquelles le Comte Vert s'était engagé dans une si périlleuse entreprise, on ne pourra qu'admirer la vaillance qu'il a montrée et les résultats en somme très honorables obtenus par lui. Malheureusement, cette expédition démontrait l'impuissance des princes de l'Europe à s'entendre pour tenter un effort commun.

IV. LA POLITIQUE ITALIENNE (1367-1383). — La dernière partie du règne d'Amédée VI fut consacrée à des entreprises en Italie. On peut dire que ce fut surtout avec ce prince que la maison de Savoie commença à devenir une puissance italienne. En 1372, on le trouve à la tête d'une ligue formée par le pape Grégoire XI, l'empereur et la reine Jeanne de Naples contre les Visconti de Milan. Deux campagnes fructueuses aboutirent à un traité signé en 1375, qui n'accorda aucun avantage au comte de Savoie. Ses rapports étaient toujours mauvais avec le marquis de Saluces qui, en 1375, transporta son hommage au roi de France; Amédée VI envahit ses États, mais n'osa pousser très loin ses avantages et se résigna au fait accompli. Ses rapports avec Charles V, son beau-frère, paraissent avoir été bons. Lorsqu'éclata le grand schisme, en 1378, les deux princes se déclarèrent pour Robert de Genève (Clément VII), qui était parent du comte de Savoie. Enfin, lorsqu'en 1382 Clément VII appela Louis, duc d'Anjou, en Italie, Amédée VI, à la demande du pape, joignit ses forces à celles du prétendant et l'accompagna dans le royaume de Naples; il avait obtenu en échange la reconnaissance de sa souveraineté sur le Piémont. L'expédition fut d'abord heureuse, mais le comte de Savoie, atteint de la peste, mourut à San Stefano près de Bitonto, le 2 mars 1383. Par un contraste étrange, ce prince romanesque et aventureux avait fixé pendant son règne les destinées futures de sa maison en lui donnant la base territoriale qui devait en faire une puissance italienne.

Comptes d'Amédée VI, conservés à Turin (Archivio di stato), Conti tesor. gen. Savoia). — Chroniques de Savoye, dans Monum. hist. pat. S. S., Turin, 1840, t. I (récit romanesque). — Guichenon, Histoire généalogique de la maison royale de Savoie, réimpression de Turin, 1778. Cibrario, Origine e progressi della casa di Savoia, Turin, 1855, t. II; Della economia politica del medio evo, Turin, 1842, t. II, p. 181-185; t. III, p. 128. — Datta, Spedizione in Oriente di Amedeo VI conte di Savoia, Turin, 1826. — Canale, Della spedizione in Oriente di Amedeo VI di Savoia, Gênes, 1887. — Bollati di S. Pierre, Illustrazioni della spedizione in Oriente di Amedeo VI, Turin, 1900. — Terrier de Loray, Jean de Vienne, Paris, 1878. — Delaville Le Roulx, La France en Orient au xive siècle, Paris, 1885, p. 141-158. — Jorga, Philippe de Mézières et la croisade au xive siècle, Paris, 1896; Geschichte des Osmanischen Reiches, Gotha, 1908, t. I. — Gabotto, La guerra del Conte Verde contro i marchesi di Saluzzo e di Monferrato nel 1363, Saluces, 1901. — Delachenal, Histoire de Charles V, Paris, 1909, t. I. — N. Valois, La France et le grand schisme d'Occident, Paris, 1896, t. I, c. III; Le schisme en Italie. — Durrieu, Le royaume d'Adria, dans Revue des questions histor., juillet 1880. — Dino Muratore, Les origines de l'ordre du collier de Savoie dit de l'Annonciade, Genève, 1910; Un principe sabaudo all'i presa di Gallipoli turca, dans Rivista d'Italia, juin 1912.

L. BRÉHIER.

22. AMÉDÉE VII DE SAVOIE, comte de Savoie (1383-1391), fils d'Amédée VI et de Bonne de Bourbon, naquit en 1360. Il fut grand batailleur, entraîna sa noblesse en Flandre, au service du roi de France, et en Piémont, au secours des princes d'Achaïe.

L'histoire ecclésiastique doit noter ses interventions dans le Valais et en Tarentaise.

Les Valaisans avaient chassé l'évêque de Sion, Édouard d'Achaïe, et arboré l'étendard des Visconti de Milan. Amédée, aidé par les princes d'Achaïe, Amédée et Louis, et quinze cents mercenaires de Berne et de Fribourg, s'empara de Sion. En indemnité de guerre, il garda Ardon, Chamosson et Martigny (21 août 1384); quelques années après, il intervint encore pour protéger l'évêque de Sion, Humbert de Billens, contre ses diocésains révoltés.

En Tarentaise, l'archevêque, Rodolphe de Chissé, avait été assassiné dans son château de Saint-Jacques, près de Moutiers, le 27 décembre 1385, suivant quelques chroniqueurs, avec tous ses gens. Amédée prescrivit une enquête, et seul un criminel obscur, Pierre Reliour ou Ralion de Combloux, fut condamné au supplice (1387). Les esprits étaient fort surexcités; pour les apaiser, Amédée VII convoqua, à Moutiers, des chevaliers et des légistes, pour diverses réformes et, le même jour, 8 août 1391, il donna une charte qui réprimait les violences et les abus de pouvoir de ses officiers. Il mourut à Ripaille, le 1er novembre 1391, et fut enterré à Hautecombe.

Cardinal Billiet et chanoine Albrieux, Chartes du diocèse de Maurienne, Chambéry, 1861, p. 228. — Chroniques de Froissart, édit. de Witt, Paris, 1881, p. 507-508. — Guichenon, Histoire généalogique, Lyon, 1660, t. I, p. 431. — L. Cibrario, Storia del conte Rosso e frammenti storici sul regno di Amedeo VIII, Turin, 1851; Précis historique sur les princes de la maison de Savoie, Paris, 1833. p. 69-70. — V. de Saint-Genis, Histoire de Savoie, Chambéry, 1869. t. I, p. 378-384. — A. Perrin, Histoire de Savoie, Chambéry, 1900, p. 92-93. — E. Pascalein, Histoire de Tarentaise, Moutiers, 1903, p. 122-125. — E. Plaisance, Histoire des Savoyards, Chambéry, 1910, t. I, p. 223-228.

J. GARIN.

23. AMÉDÉE VIII DE SAVOIE. — I. Attitude pendant le grand schisme d'Occident. II. La fondation de l'ordre de Saint-Maurice à Ripaille. III. Le schisme de Félix V. IV. L'obédience de Félix V. V. Félix V et le concile de Bâle. VI. La fin du schisme.

I. ATTITUDE PENDANT LE GRAND SCHISME D'OCCIDENT. — Amédée naquit à Chambéry, le 4 septembre 1383, et devint comte de Savoie à la suite de la mort tragique de son père, le comte Rouge, survenue le 1er novembre 1391. Pendant le grand schisme d'Occident, il se rallia à la politique française et vota la soustraction d'obédience à Benoît XIII, lors du concile tenu à Paris en juin 1398. Toutefois sa condescendance pour le roi de France s'en tint là, car les États de Savoie se prononcèrent contre la soustraction. En dépit des exhortations de la cour et des instances des cardinaux, il resta fidèle à Benoît XIII. Quand, cependant, il vit le rusé pontife s'ingénier par de savants subterfuges à empêcher que le schisme prît fin, il se détacha de lui et ses ambassadeurs parurent au concile de Pise (1409). De même encore, à l'exemple de la France, il reconnut Alexandre V et Jean XXIII. Cf. N. Valois, *La France et le grand schisme d'Occident*, Paris, 1902, t. III, IV, *passim*.

II. LA FONDATION DE L'ORDRE DE SAINT-MAURICE A RIPAILLE. — Les goûts simples d'Amédée, sa piété profonde, son horreur du monde, ses mœurs plutôt ecclésiastiques que laïques, la perte prématurée de sa femme, Marguerite de Bourgogne, qu'il avait beaucoup aimée, la mort successive de plusieurs fils, la découverte en 1433 d'un complot de deux seigneurs savoyards contre sa propre personne, le portèrent à renoncer à la vie de cour et à se retirer, sur les rives du lac Léman, au prieuré de Ripaille, qu'il avait fondé en 1410. Le 7 novembre 1434, le duc annonça solennellement son intention de quitter le monde et institua l'ordre de Saint-Maurice.

Cet ordre comprenait sept membres, tous chevaliers, choisis, suivant l'intention du fondateur, parmi « des personnages d'âge mûr, distingués par leurs services dans les armées ou les ambassades, instruits par l'expérience des lointains voyages, purs de toute souillure criminelle, entourés enfin de l'estime générale et dignes d'une œuvre créée dans l'intérêt de l'État. » A leur tête était placé un doyen. Comme ils composaient « une manière de conseil politique donnant son avis sur la direction des affaires publiques, » leur nomination appartenait au souverain. Tenus de résider à Ripaille, ils avaient sous leurs ordres des gentilshommes qui s'acquittaient des ambassades et des missions politiques. Leur pension annuelle s'élevait à 200 florins; celle du doyen, à 600. Les chevaliers de Saint-Maurice — on les appelait les ermites de Ripaille — étaient vêtus d'une longue robe grise, serrée à la taille par une ceinture et tombant jusqu'aux talons. Suivant la saison, ils portaient des chausses de drap ou de toile. Leur manteau et leur « chaperon » étaient de couleur grise. Sur leur poitrine resplendissait une croix en or. C'est en leur compagnie qu'Amédée, le premier doyen, vécut « dans la continence et la pratique des vertus, et servit Dieu avec humilité, » comme l'atteste Aeneas Sylvius Piccolomini. Cependant, jugeant que son fils Louis était encore trop inexpérimenté, il garda la direction des affaires.

La retraite d'Amédée VIII à Ripaille étonna les contemporains, d'autant plus que le prince jouissait d'un renom mérité d'habile politique et d'homme intègre. Aeneas Sylvius l'a même appelé le Salomon de son siècle, *alterum Salomonem. Pii secundi pontificis maximi Commentarii*, Rome, 1584, p. 331. Son impartialité était si grande que, tant en France qu'en Italie, on soumettait les questions litigieuses à son arbitrage. Une légende se créa. Le chroniqueur Monstrelet, servant la haine de la maison de Bourgogne, écrira d'Amédée et des chevaliers de Saint-Maurice : « Et se faisaient servir lui et les siens, en lieu de racines et de fontaine, du meilleur vin et des meilleurs viandes qu'on pouvait recouvrer. » *Chronique d'Enguerran de Monstrelet* (Société de l'histoire de France), Paris, 1861, t. v, p. 111. Aeneas Sylvius, devenu pape, ajoutera que l'ermite de Ripaille menait « une vie voluptueuse, qui n'avait rien d'ascétique. » Les rédacteurs de la bulle d'excommunication prononcée le 23 mars 1440, par Eugène IV, contre Amédée VIII, prétendront que « ce fils de Satan depuis longtemps mûrissait son projet. La rumeur publique disait qu'il écoutait volontiers les prédictions des enchanteurs et des sorcières. Ces misérables créatures, connues sous le nom de stryges ou vaudois, si nombreuses dans ses États, l'auraient poussé depuis nombre d'années à diriger l'Église de Dieu, l'engageant à se faire ermite ou plutôt à cacher hypocritement la férocité et la rapacité d'un loup sous la peau d'une brebis. » Max Bruchet. *Le château de Ripaille*. Paris, 1907, p. 113. Le Pogge, Blondus et d'autres écrivains de la cour pontificale renchérirent encore sur ces accusations. C'en fut assez pour donner corps à la légende qu'une épître de Voltaire accrédita plus tard. Faire ripaille devint le synonyme de « s'adonner au plaisir, boire et manger avec excès. » Les documents publiés par M. Max Bruchet prouvent la fausseté de la légende. Les calomnies propagées à plaisir contre la mémoire d'Amédée VIII remontent au schisme qu'il suscita. Ses adversaires, faisant flèche de tout bois, répandront les insinuations les plus malveillantes sur sa personne. C'est que, suivant le mot de Voltaire, en voulant être pape, il avait cessé d'être sage.

III. LE SCHISME DE FÉLIX V. — Le 25 juin 1439, les Pères du concile de Bâle avaient publié le décret de

32. — Amédée VIII de Savoie (Félix V).

déposition d'Eugène IV. Aussitôt se posa la question de savoir qui on opposerait au pape de Rome. L'assemblée semblait incliner au choix d'un pauvre clerc, pieux, savant, décidé à réformer l'Église, et surtout disposé à être son instrument servile. Le cardinal Louis Aleman, président du concile, jugeait, au contraire, nécessaire d'élire un homme ayant des relations suivies ou des alliances avec les cours européennes, jouissant de revenus suffisants pour soutenir la lutte avec Eugène IV, pouvant, au besoin, accueillir dans ses États les Pères; en un mot, il fallait que le futur candidat disposât de la force et de l'or. Amédée VIII, semblait-il, réalisait toutes ces conditions. Le cardinal s'acharna avec une rare habileté à persuader le concile. Au reste, il eut soin de faire venir le plus possible de Savoyards à Bâle. Le 5 novembre 1439, Amédée VIII fut élu pape par un collège électoral composé d'un cardinal, d'un archevêque, de dix évêques, de sept abbés, de cinq maîtres en théologie, de huit docteurs et d'un licencié en droit. Ces trente-trois électeurs appartenaient en majorité à la nation française, où dominait l'élément savoyard. Le 17 décembre 1439, Amédée accepta la tiare, non sans feindre de vives répugnances, et prit le nom de Félix V. Son couronnement eut lieu à Bâle, le 24 juillet 1440.

L'acceptation de la tiare par un prince aussi réputé qu'Amédée pour sa sagesse a de quoi surprendre. Ses adversaires prétendirent — on l'a vu — qu'il prépara de longue date son élection. Dans ce but il se serait retiré à Ripaille; puis, il se serait abouché avec le cardinal Aleman, qui aurait déchaîné le schisme, afin de faire donner la dignité pontificale à son souverain. Les documents démentent cette grave accusation. Avant août 1431, c'est-à-dire avant l'ouverture du concile de Bâle, Amédée affirma son intention de quitter le monde. D'autre part, ses rapports avec les Pères de Bâle furent très tendus. C'est ainsi qu'il refusa toujours de reconnaître Louis de la Palud, pourvu par eux du siège épiscopal de Lausanne, et qu'il porta appel au Saint-Siège. Sans doute, il adhéra au concile, mais fort tard et sans pour cela rompre avec Eugène IV. A l'exemple des princes de son temps, il joua double jeu et s'efforça d'arracher aux deux partis adverses des avantages matériels. Au reste, il était si peu hostile à Eugène IV qu'à maintes reprises le pape loua son dévouement à sa cause. Enfin, près d'un mois après la déposition du pontife, le 20 juillet 1439, Amédée désavoua tout propos tenu par ses représentants soit à Bâle, soit à Florence, et de plus dépêcha un messager à Eugène IV.

Ses dispositions changèrent à la suite des ouvertures que vint lui faire Jean de Raguse, au nom du cardinal Aleman. Coiffer la tiare, c'était pour Amédée le moyen d'accroître la puissance de sa maison. Un tel projet flattait les goûts romanesques du prince, son orgueil, sa passion de commander. Dès qu'il se sut du pape, le duc de Savoie se ménagea l'adhésion de son gendre, Philippe-Marie Visconti, seigneur de Milan, pressentit le roi de France et s'assura des ressources pour tenir son rang; après quoi, il accepta la tiare.

IV. L'OBÉDIENCE DE FÉLIX V. — La déposition d'Eugène IV ayant eu lieu, malgré l'opposition des gouvernements représentés à Bâle, les Pères pouvaient craindre que l'élection de l'antipape ne fût pas reconnue. De fait, dès l'abord, le roi René de Naples et le duc de Bourgogne, Philippe le Bon, protestèrent de leur fidélité au Saint-Siège. Bien plus, le roi Henri VI d'Angleterre menaça « de confiscation et de forfaiture » quiconque refuserait « dévote obéissance et redevance au Saint-Siège de Rome. » En Écosse, le comte Jacques de Douglas était favorable à Félix V; mais les États se décidèrent à décréter, le 4 novembre 1443, des peines sévères contre les partisans qu'il comptait en nombre très restreint dans le clergé. Le roi Jean de Castille s'était empressé de rappeler ses ambassadeurs de Bâle, ayant vu le conflit avec la papauté tourner à l'aigu. Quant à la France, le concile avait quelque espoir de la rattacher à sa cause. Il savait que les idées exprimées à Bâle, telle que la suprématie conciliaire sur le pape, y étaient en faveur. D'ailleurs, le duc Jean V de Bretagne avait accepté le chapeau de cardinal, que lui avait envoyé Félix V, pour son chancelier, Jean de Malestroit, sans toutefois adhérer ouvertement à l'antipape. Il changea d'attitude par la suite et conclut un concordat avec Eugène IV (1441). Son successeur, le duc François Ier, entra en négociations avec les Pères de Bâle et accueillit le légat qu'ils lui envoyèrent (1443). En 1446, Eugène IV s'inquiétait des partisans nombreux que Félix V comptait parmi le clergé breton. Le roi de France jouait double jeu. Tout en protestant de sa fidélité à Eugène IV, il n'en continuait pas moins à entretenir des relations avec les Pères de Bâle. Le 28 et le 29 août 1440, une assemblée du clergé se tint à Bourges. On y entendit les délégués de Félix V et d'Eugène IV plaider la cause de leurs maîtres respectifs. Finalement, le 2 septembre, Charles VII ne se déclara pas convaincu de la validité de la déposition du pape de Rome et de la légitimité de l'élection de son adversaire. Il se prêt à s'incliner devant la décision d'un concile. En attendant, il tiendrait Eugène pour vrai pontife, mais il le priait de s'interdire toute procédure contre Félix V. De même, il engageait les Pères de Bâle à ne pas procéder contre Eugène IV.

La décision de Charles VII n'était guère encourageante pour l'antipape. Pourtant celui-ci crut bon de promouvoir à la dignité cardinalice Denis du Moulin, patriarche d'Antioche, Amédée de Talaru, archevêque de Lyon, Philippe de Coëtquis, archevêque de Tours, et Gérard Machet, confesseur du roi. Aucun d'eux n'accepta. Il est vrai qu'Eugène IV éprouva le même refus de la part de Regnault de Chartres, chancelier de France et archevêque de Reims. Quant à l'Université de Paris, pour laquelle la suprématie des conciles sur la papauté était quasi un dogme, elle déclara solennellement, le 22 décembre 1440, qu'elle persisterait dans l'obédience de Bâle. Tout espoir n'était donc point perdu pour Félix V.

A l'imitation du roi de France, le nouveau roi des Romains, Frédéric III, tint une diète à Mayence (mars 1441), où parurent les délégués de Bâle et les nonces d'Eugène IV. Toutefois, Jean Grünwalder et Jean de Ségovie, créés cardinaux par Félix V, se virent refuser les honneurs réservés à leur rang et durent renoncer à porter les insignes de leur dignité. Une joute doctrinale s'ouvrit entre eux et les envoyés d'Eugène. L'éloquence des uns et des autres ne vint pas à bout de Frédéric III. Le prince se retrancha dans la neutralité et préconisa la réunion d'un concile qui trancherait le débat. Quand il vint à Bâle (novembre 1442), il ne daigna point paraître à une séance du concile et ne décerna pas une fois le titre de Sainteté ou de Béatitude à Félix V, au cours d'une entrevue qu'il eut avec lui. La lésinerie de l'antipape fit échouer, d'autre part, des projets de mariage entre sa fille Marguerite et le roi des Romains.

Les princes-électeurs n'observèrent pas la réserve de Frédéric III. Ceux de Trèves (mars 1443) et de Cologne adhérèrent officiellement à Félix V; celui de Saxe accepta la main de sa petite-fille pour son fils; l'électeur Palatin épousa Marguerite de Savoie. Dans le reste de l'empire, Félix put compter dans son obédience le duc de Bavière-Munich, le duc de Simmern et de Deux-Ponts ainsi que ses deux fils, le duc d'Autriche, les universités de Cologne, d'Erfurt et de Vienne.

En Pologne, l'université de Cracovie et le clergé se rangèrent dans son parti. En Bohême, l'évêque élu de Prague, le clergé et le gérant du royaume, puis le grand-maître de l'ordre teutonique, le grand-duc de Lithuanie, les ducs de Stettin, de Wolgast et de Poméranie adoptèrent la même conduite. Quant à la Suisse, la politique l'obligeait de maintenir son alliance avec la maison de Savoie. Il est inutile d'ajouter que les États de Savoie demeurèrent fidèles à leur ancien prince.

Parmi les ordres religieux, la plus grande partie des chartreux reconnut Félix V. Les frères prêcheurs se partagèrent en deux camps ennemis, et l'antipape nomma, le 24 novembre 1445, Antoine Bernard comme vicaire général. Mortier, *Histoire des maîtres généraux de l'ordre des frères prêcheurs*, Paris, 1909, t. IV. Les frères mineurs de l'obédience de Bâle furent assez nombreux pour tenir un chapitre à Berne, en 1443, et élire Mathias Dœring en qualité de ministre général. Wadding, *Annales minorum*, Rome, 1733, t. X. On manque de savoir dans le détail le nombre des adhésions du clergé séculier. Mais on manque de renseignements suffisants, puisque le bullaire de Félix V reste encore inédit.

En Italie, le duc de Milan ne se pressait pas d'adhérer à son beau-père; du moins il marchandait le prix de son adhésion. Il réclamait le titre de gonfalonier de l'Église et un fort contingent de troupes (mars 1440). Félix V trouva les conditions exorbitantes; il se contenta de nommer gonfalonnier un capitaine de son gendre, Nicolas Piccinino.

Piccinino s'achemina vers Bologne où le décret de déposition d'Eugène IV avait été publié, puis vers Pérouse et de là menaça les États pontificaux. La sanglante défaite d'Anghiari, que lui infligea l'armée de l'Église, arrêta sa marche en avant (29 juin 1440).

Les négociations reprirent entre Félix V et Philippe-Marie Visconti. Le duc réclama le titre de gonfalonier, une pension mensuelle de 13 000 ducats, la ville de Bologne. L'antipape, qui se défiait de son gendre, promit d'autres avantages, dès qu'il lui aurait fait obédience (1441). Mais le Visconti changea brusquement de politique et s'allia avec Eugène IV. Félix V, fort dépité, entra en pourparlers avec le comte Francesco Sforza, qui venait de quitter le parti d'Eugène. Il lui fit des conditions magnifiques, si les États pontificaux, Rome et le pape même tombaient entre ses mains (1442). Les pourparlers en restèrent là. L'accès au trône de Naples d'Alphonse V d'Aragon et, peu après, l'anéantissement de la puissance de Francesco Sforza les rendirent vains.

La politique fit fatalement, au début, du roi Alphonse V d'Aragon un ennemi d'Eugène IV, puisque celui-ci soutenait, dans le royaume de Naples, la cause du roi René. Aussi trois sujets du prince, Nicolas Tudeschi, Georges d'Onos et Eudes de Moncada (octobre-novembre 1440), acceptèrent la pourpre cardinalice des mains de Félix V. Alphonse V promit même de s'emparer des États de l'Église au nom de l'antipape, si, entre autres choses, on lui garantissait l'investiture du royaume de Naples et de Bénévent, ainsi que des subsides. L'offre était tentante. Félix V ne crut pas possible d'y souscrire, dans la crainte de s'aliéner la France, qui était l'alliée du roi René. La prise de Naples (2 juin 1442) et la fuite de René en Provence obligèrent Eugène IV à changer d'attitude. Les circonstances étaient d'ailleurs fort critiques pour lui. Après stipulation de conditions très onéreuses, Alphonse V s'apprêtait à vendre son adhésion à Félix V. A l'annonce du danger, Eugène IV se réconcilia avec le roi et conclut la paix à Terracine, le 14 juin 1443. Dès lors, Félix V perdit tous les avantages qu'il s'était acquis en Italie. Les pires avanies l'accablèrent. Les Aragonais, sur l'ordre formel de leur souverain, quittèrent la ville de Bâle; et Alphonse s'employa activement à amener la fin du schisme.

V. FÉLIX V ET LE CONCILE DE BÂLE. — Les déboires vinrent à Félix V du côté où il était en droit de n'en point attendre. Les Pères du concile montrèrent, dès le début, une antipathie singulière pour leur élu et, obéissant à leurs aspirations démocratiques, se plurent à l'humilier. Ils lui cherchèrent noise, à propos de son couronnement, à propos de la fixation de ses revenus et du droit de collation des bénéfices. Le 10 juin 1440, ils osèrent même casser la bulle par laquelle, le 8 janvier précédent, l'antipape avait nommé Louis Aleman président du concile.

Lorsque Félix se fut rendu à Bâle, les difficultés, bien loin de diminuer, augmentèrent encore. Les Pères prétendirent s'immiscer dans l'administration des affaires ecclésiastiques et, de fait, supplantèrent l'antipape. Ainsi, ils firent rédiger, en leur nom seul, le décret qui leur ordonnait la célébration de la fête de la Visitation et poussèrent l'outrecuidance jusqu'à n'en avertir le pontife qu'au moment de la promulgation. Tout d'abord on avait permis à Félix de prélever, pour l'entretien de sa cour, le cinquième des revenus annuels de tout bénéfice pourvu d'un nouveau titulaire. Les cardinaux lui disputèrent ces maigres avantages; ils en réclamèrent la moitié, et les officiers de la cour une autre part. L'antipape demanda des compensations. Une violente dispute éclata, si bien qu'on fut obligé de laisser à une commission le soin de dirimer le conflit. Finalement, Félix obtint la commende d'un évêché ou d'un archevêché, d'une abbaye et d'un prieuré venant à vaquer en Savoie.

Lassé des avanies qu'on lui faisait à tout instant, l'antipape partit de Bâle le 17 novembre 1442, suivi de quelques cardinaux, et alla vivre tranquille tantôt à Lausanne, tantôt à Genève. Son départ porta un coup funeste au concile et acheva de déconsidérer une assemblée qui ne se composait plus, à cette époque, que de deux cents membres environ, dont dix seulement étaient évêques.

VI. LA FIN DU SCHISME. — La politique qui domina le schisme dès le début devait en amener le terme. Le roi des Romains, que n'avait pas su acheter Félix V, accepta les conditions que lui proposa Eugène et qui étaient le don d'une décime, le paiement d'une forte somme d'argent, la concession du droit de présentation à six évêchés autrichiens. Frédéric III se déclara ouvertement pour Eugène en février 1446. L'adhésion des princes-électeurs fut plus difficile à obtenir; l'or impérial, l'habileté de Charles VII, l'esprit conciliateur du successeur d'Eugène, Nicolas V, vinrent à bout de leur mauvais vouloir.

Le duc Louis de Savoie, comprenant que l'aventure de son père tournait au détriment de sa maison, ouvrit, dès 1445, des pourparlers avec le roi de France et le pria de s'entremettre entre Félix V et Eugène IV. Il fit plus : il refusa des subsides aux Pères de Bâle.

Charles VII accueillit avec joie les propositions du duc. Il dirigea vers Bâle et vers Rome des ambassades, afin de négocier une entente. L'archevêque d'Aix, Robert Roger, parvint à Rome le 18 février 1447. Le 23, Eugène expirait. Nicolas V, qui lui succéda, autorisa volontiers le rôle de France à remplir le rôle de médiateur et promit des dédommagements importants à Félix V, dès que celui-ci aurait opéré sa soumission.

Une conférence tenue à Lyon (août-septembre 1447) entre les représentants des puissances et le duc Louis de Savoie. Les ambassadeurs du roi de France y tinrent le rôle principal. Ils avaient l'ordre de ne pas négocier avec l'antipape et de ne pas tolérer la présence d'un cardinal schismatique. Ils devaient s'aboucher avec le duc Louis et lui imposer l'abdication de son père. C'eût été assez facile à obtenir, car Louis, escomptant la mort prochaine de Philippe-Marie Visconti — elle eut lieu, en effet, le 13 août · — songeait à s'emparer du Milanais. Une telle entreprise n'était réalisable qu'avec le concours de la France ou du moins avec son acquiescement. Or, le dauphin, le futur Louis XI, convoitait, lui aussi, le duché de Milan et avait réuni environ 6 000 chevaux pour s'en emparer. On avait compté sans l'astuce de Louis Aleman. Le cardinal imposa sa présence aux conférences de Lyon et obligea les chargés d'affaires de Charles VII à discuter avec lui les conditions de l'abdication de Félix V. Il réussit même à transférer le siège de la conférence à Genève (novembre 1447), où résidait l'antipape. Reçus en audience par celui-ci, les ambassadeurs s'entendirent dicter des conditions quelque peu exorbitantes. On ne réussit pas à conclure la paix. Toutefois, Charles VII envoya une ambassade solennelle à Rome (juillet 1448). Tout en repoussant certaines prétentions des schismatiques, incompatibles avec la dignité pontificale, Nicolas V se montra très conciliant et offrit des avantages précieux aux rebelles, dès qu'ils auraient effectué leur soumission. De nouveaux pourparlers furent entamés avec les membres du concile chassés de Bâle par ordre de Frédéric III (24 mai 1448) et réfugiés à Lausanne. Ils traînèrent en longueur jusqu'en février 1449.

Vers cette époque, la situation du duc Louis de Savoie dans le Milanais était des plus critiques. Francesco Sforza lui disputait avec avantage l'héritage de Philippe-Marie Visconti. Le duc Louis, sans argent, s'était adressé à des banquiers français pour obtenir le prêt immédiat de 50 000 ducats. On lui posa comme condition préalable l'abdication de son père. Circonstance plus grave encore, Charles d'Orléans s'apprêtait à soutenir par la force les droits qu'il possédait sur le duché de Milan. Le duc de Savoie se trouvait acculé à passer par les volontés du roi de France. Félix V, si jaloux des intérêts de sa maison, comprit que l'heure des sacrifices nécessaires était venue. Il se résigna à abdiquer le 7 avril 1449. Le 19 suivant, le concile de Lausanne élisait pape à l'unanimité Nicolas V; le 25, il votait le décret de dissolution d'une assemblée qui comprenait à peine une centaine de membres.

Nicolas V ménagea l'orgueil de l'antipape. Des bulles lui concédèrent le titre de cardinal-évêque de Sabine, le premier rang dans le Sacré-Collège, une pension de 500 florins par mois, l'administration de l'évêché de Genève, la commende de divers prieurés et abbayes. De plus, Félix V fut nommé, le 18 juin 1449, légat et vicaire perpétuel du Saint-Siège dans les pays relevant de son obédience, c'est-à-dire en Savoie, en Suisse et sur les confins de l'empire. Les diocèses de Lausanne, Bâle, Strasbourg, Constance, Coire et Sion firent ainsi partie de sa légation.

Un peu moins de deux ans après son abdication, l'ancien antipape mourut, le 7 janvier 1451, à Genève, sans avoir reconnu les errements de sa vieillesse. Le 9, on l'enterrait dans le chœur de l'église du prieuré de Ripaille. Des miracles se produisirent sur sa tombe, s'il fallait en croire un chroniqueur de la fin du xve siècle. *Chronica latina Sabaudiae*, dans les *Monumenta historiae patriae, Scriptores*, t. I, col. 615. Une enquête, ouverte du mois d'avril au mois de juin 1452, publiée M. M. Bruchet (*Le château de Ripaille*, p. 537-544), lui attribue vingt-six miracles. Mais il y a tout lieu de croire à une pieuse supercherie, car la maison de Savoie ne s'est jamais avisée de présenter la cause d'Amédée VIII en cour de Rome.

Sources manuscrites. — Les huit volumes qui contiennent le bullaire de l'antipape Félix V, de 1441 à 1448, existent aux archives d'État de Turin, *Matières ecclésiastiques*, catégorie 45; cf. M. Bruchet, Notice sur le bullaire de Félix V, conservé aux archives de Turin, dans *Mémoires et documents publiés par la Société savoisienne d'histoire et d'archéologie*, 1898, t. xxxvii, p. xxx-xxxiii. — Le registre des lettres d'Amédée, légat du Saint-Siège dans les pays soumis à son ancienne obédience, est inclus au manuscrit latin 126 de la bibliothèque de Genève; il forme deux volumes. — P. n. 2 des manuscrits des archives départementales de Vienne est constitué par la *Relation de ce qui se passa aux conférences tenues à Lyon et à Genève en 1447* [du 1er août au 4 décembre] *entre les ambassadeurs du roi de France et de quelques autres souverains, pour parvenir à éteindre le schisme occasionné par l'élévation d'Amédée VIII, duc de Savoie, à la papauté*. — Jacques Huglin, *Protocole du concile de Bâle, de 1438 à 1443*, manuscrit de la bibliothèque publique de Soleure. — Jean de Ségovie, *Historia gestorum generalis synodi Basiliensis*, partie inédite conservée à la bibliothèque de l'université de Bâle.

Sources documentaires imprimées. — M. M. Bruchet a publié un bon nombre de pièces concernant l'ordre de Saint-Maurice et le schisme, dans *Le château de Ripaille*, Paris, 1907. — V. Promis, *Inventaire fait au xve siècle des meubles, ornements religieux, vaisselle, tapisserie, etc., empruntés par le pape Félix V à l'hôtel de la maison de Savoie* [acte du 30 juillet 1440], dans *Mémoires et documents publiés par la Société savoisienne d'histoire et d'archéologie*, 1876, t. xv, 2e part., p. 297-323. — E.-H. Gaullieur, *Correspondance du pape Félix V (Amédée VIII) et de son fils, Louis, duc de Savoie, au sujet de la ligue de Milan et de l'ac-quisition du Milanais (1446-1449)*, dans *Archiv für Schweizerische Geschichte*, 1851, t.viii, p. 269-364; copieux extraits de cette correspondance qui figure aux archives du canton de Genève sous la cote 24, Affaires étrangères. — [P. Monod], *Amedeus pacificus seu de Eugenii IV et Amedei Sabaudiae ducis, in sua obedientia Felicis papae V nuncupati, controversiis commentarius*, Turin, 1624; réfutation très documentée et impartiale des accusations répandues dans la chrétienté contre Amédée VIII; elle a été presque entièrement insérée dans le t. xvii des *Annales ecclesiastici* d'A. Bzovius. — J. Haller, *Concilium Basiliense, Studien und Quellen zur Geschichte des Concils von Basel*, Bâle, 1890-1910, 7 vol. — D'Achery, *Spicilegium*, éd. Baluze, Paris, 1723, t. iii. — *Monumenta conciliorum generalium saeculi decimi quinti. Concilium Basiliense*, Vienne, 1857-1896, t. i-iv; surtout l'histoire remarquable du concile par Jean de Ségovie. - J. Haller, *Urkundenbuch der Stadt Basel*, Bâle, 1899. — Martène et Durand, *Amplissima collectio*, t. viii. — Guichenon, *Histoire généalogique de la royale maison de Savoie*, Turin, 1778. — F. Cognasso, *Quattro documenti riguardanti la politica estera di Amedeo VIII*, dans *Bollettino storico-bibliografico subalpino*, 1912, t. xvii, p. 114-132. — G. Pérouse, *Documents inédits relatifs au concile de Bâle (1437-1449)*, dans *Bulletin historique et philologique du Comité des travaux historiques et scientifiques*, 1905, p. 364-399; *Originaux de brefs et lettres de princes conservés aux archives de la Savoie*, ibid., 1901, p. 397-406. — L. Cibrario e D. Cl. Promis, *Documenti, sigilli e monete appartenenti alla storia della monarchia di Savoia raccolti*, Turin, 1833.

Sources littéraires imprimées. — Aeneae Sylvii de Picolominibus *De rebus Basileae gestis stante vel dissoluto concilio commentarius*, Fermo, 1803; *Opera quae extant omnia*, Bâle, 1551. — Gobelinus, *Pii secundi commentarii rerum memorabilium*, Rome, 1584. — Guillaume Paradin, *Chronique de Savoye*, Genève, 1602. — Ch. Wurstisen, *Bassler Chronick*, Bâle, 1883. — *Chronica latina Sabaudiae*, dans *Monumenta historiae patriae, Scriptores*, Turin, 1840, t. i. — Fr. Bonivard, *Chroniques de Genève*, Genève, 1867.

Ouvrages. — Il n'existe aucune biographie d'Amédée VIII. Les éléments de sa vie sont épars dans trois ouvrages excellents : M. Bruchet, *Le château de Ripaille*, Paris, 1907. — G. Pérouse, *Le cardinal Louis Aleman, président du concile de Bâle, et la fin du grand schisme*, Paris, 1904. — N. Valois, *La crise religieuse du xve siècle. Le pape et le concile (1418-1450)*, Paris, 1909; cet ouvrage rectifie quelques erreurs de détails de Pérouse et supplée L. Pastor, *Histoire des papes depuis la fin du moyen âge*. 3e éd., Paris, 1907, t. ii. — On peut encore consulter L. Costa de Beauregard, *Souvenirs du règne d'Amédée VIII, 1er duc de Savoie, mémoires accompagnés de pièces justificatives et de documents inédits*, dans *Mémoires de l'Académie des sciences, belles-lettres et arts de Savoie*, 1861, t. iv, 2e série, p. 1-275. — E. Pascalein, *Lieu et date du mariage du comte Amédée VIII de Savoie*, dans *Revue savoisienne*, 1894, t. xxxv, p. 259-265. — A. Lecoy de la Marche, *Amédée VIII et son séjour à Ripaille*, dans *Revue des questions historiques*, 1866, t. i, p. 192-203. — P. M. Baumgarten, *Die beiden ersten Kardinalskonsistorien des Gegenpapstes Felix V*, dans *Römische Quartalschrift*, 1908, t. xxii, p. 153-157. — A. Eckstein *Zur Finanzlage Felix V und des Basler Konzits*, Berlin, 1912. — P. Lazarus, *Das Basler Konzil, seine Berufung und Leitung, seine Gliederung und seine Behördenorganisation*, Berlin, 1912. — L. Scarabelli, *Paralipomeni di Storia Piemontese dall'anno 1285 al 1637*, dans *Archivio storico Italiano*, 1847, t. xiii, 1re série, p. 157-398. — L. Cibrario, *Origine e progressi delle istituzioni della monarchia di Savoia*, Florence, 1869. — E. Vaucelle, *La Bretagne et le concile de Bâle*, dans *Annales de Saint-Louis des Français*, 1906, t. x, p. 485-552 (avec documents en appendice). — A. Bachmann, *Die deutschen Könige und die Kurfürstliche Neutralität, 1438-1447*, dans *Archiv für Osterreichische Geschichte*, t. lxxv, p. 1-236 (document en appendice). — W. Puckert, *Die kurfürstliche Neutralität während des Basler Konzils*, Leipzig, 1858. — M. Longhi, *Niccolò Piccinino in Bologna, 1438-1443*, dans *Atti e memorie della deputazione di storia patria per le provincie di Romagna*, t. xxiv, 3e série (1906), p. 145-238, 461-507; t. xxv (1907), p. 109-162, 273-377 (avec documents en appendice). — G. de Beaucourt, *Histoire de Charles VII*, Paris, 1881-1891; cet ouvrage doit être souvent corrigé à l'aide du livre, cité plus haut, de N. Valois. — Articles Aleman et Allemagne du présent Dictionnaire, col. 86-88 et 533-536.

G. Mollat.

24. AMÉDÉE IX DE SAVOIE (Bienheureux), duc de Savoie (1465-1472), naquit à Thonon, le 1er février 1435, du duc Louis et d'Anne de Lusignan. Dès sa naissance, il fut fiancé avec Yolande, fille de Charles VII, roi de France, dans un traité conclu entre le dauphin Louis et le roi de France.

En sa prime jeunesse, Amédée eût voulu, dit-on, entrer dans les ordres. Il ne se maria que pour obéir à son père. Toute sa vie fut faussée par cette vocation contrariée. Sa très mystique éducation, dirigée par messire Jehan Fosson, franciscain de la stricte observance, fit de lui, à l'inverse de ceux de sa race, un vrai saint, en même temps qu'un mauvais politique, et, selon un vieux mot charmant, il « pèlerinait en paradis plus que sur terre. »

A l'âge de dix-sept ans (1452), Amédée IX réalisa le mariage projeté. Jamais princesse ne fut plus digne d'un tel choix.

Inclinée aux pratiques religieuses, Yolande s'intéressait en même temps aux affaires du gouvernement. Un auteur écrit d'elle : « Aussi dévote qu'ambitieuse, on la voyait toujours égale à elle-même, qu'il s'agît d'une chevauchée avec ses gentilshommes, d'un conseil avec ses ministres, ou d'un pèlerinage avec les gens d'Église, dont le duc, son mari, se tenait toujours bien approvisionné. »

Aussitôt après la mort de son père, Amédée assembla les Trois-États pour délibérer sur le parti à prendre dans la guerre entreprise par les seigneurs feudataires contre Louis XI. L'assemblée se prononça en faveur du roi, conformément au désir de la duchesse Yolande. Un corps de nobles savoyards se rendit en France et se signala, au témoignage de Commynes, à la bataille de Montlhéry, le 16 juillet 1465.

Depuis lors, le duc ne s'occupa plus des affaires publiques, en laissant tout le souci à son épouse. Les premiers symptômes de la maladie dont il devait mourir commençaient à se déclarer. « Il était subject au mal caduc, » dit Paradin. Bien que son intelligence, claire et nette, ne souffrît des fatigues de son corps, les penchants de son âme l'entraînèrent vers les choses du ciel. Il aimait à en parler, surtout avec sa fille Louise, la future bienheureuse.

« Affligé par le spectacle des troubles qui désolaient la Savoie, joints aux malheurs qu'amenaient la disette, la peste et des saisons très rudes, Amédée s'imposait tous les sacrifices en faveur des victimes de tant de fléaux. Il alla jusqu'à briser son collier de l'ordre de l'Annonciade et en distribuer les débris aux pauvres. Un jour, montrant à un ambassadeur une foule de gueux, logés dans un pavillon de son jardin, il lui dit : « Mes chiens, mes faucons, les voici : ou « voicy ceux qui, pour moi, pourchassent le paradis. » Aussi, sous son règne, on appelait la Savoie le « paradis des pauvres ».

Cependant, sa santé gravement atteinte exigeait qu'il quittât la Savoie et vînt dans un climat plus doux, à Verceil (1471). Là, son dépérissement augmenta. C'était la fin pour le bon duc ; mais nul de sa longue lignée ne fut plus grand sur le champ de bataille que lui devant la triste mort que lui apportait sa maladie. « Las ! pourquoi nous affliger de ce qui nous humilie, disait-il, puisqu'ainsy nous est ouvert l'étroit passage d'éternité. » Sentant sa fin toute prochaine, il appela près de lui ses enfants, pour recevoir devant eux les derniers sacrements. « Que Dieu, dit-il, ayt pitié de mon âme, s'il est ordonné, par ses très sacrés desseins, que je finisse à ceste heure ! » Alors que près de son lit la roule des serviteurs et des seigneurs était en grande affliction, il dit encore : « Mes amis, faictes bonne justice. Aimez les pauvres, protégez veufves et orphelins... faictes fleurir religion. C'est mon dernier avis... Pour vous, je vous bénis, ajouta-t-il, voyant ses petits princes et princesses pleurer autour de lui, afin que vous viviez en crainte de Dieu, et respect de votre mère. » Puis s'adressant à Yolande : « Je vous laisse ces orphelins... » Ce fut sa dernière parole. Il était environ 11 heures du lundi de Pâques, 30 mars 1472.

Suivant son désir, Amédée IX fut inhumé sous les degrés du maître-autel de l'église de Saint-Eusèbe de Verceil.

Rapidement, la piété populaire envisagea le défunt comme un saint, et en moins de dix ans, on l'honora à Chambéry, à Seyssel, à Annecy. En 1479, un tableau, à Conflans (Albertville actuel), le représente entouré de quatre cercueils pour témoigner des résurrections que son intercession aurait obtenues.

Devant l'extension de ce culte, l'archevêque de Turin, Claude de Seyssel, fait exhumer le corps d'Amédée, le 11 juin 1518, et prépare le procès de canonisation. Mais les choses traînent en longueur et saint François de Sales doit écrire au pape Paul V pour hâter le procès (1612). Cinq ans plus tard, le saint prélat consacre l'église des capucins de Thonon et en dédie une chapelle à saint François d'Assise et au bienheureux Amédée.

Ce ne fut cependant que le 3 mars 1677 qu'Innocent XI autorisa le culte du bienheureux en Savoie. On l'honore, le 30 mars, dans les quatre diocèses qui composent les deux départements actuels de la Savoie et de la Haute-Savoie.

Acta sanctor., mart. t. III, p. 874-896. — Chanoine Gonthier, *Le bienheureux Amédée IX*, dans *Œuvres historiques*, Thonon, 1903, t. III, p. 95-121. — Offices propres des diocèses de Savoie, Chambéry, 1858, p. 152-154. — Léon Ménabréa, *Chroniques de Yolande de France*, Chambéry, 1859, p. 8-19, et *passim*. — Chronique manuscrite d'un chanoine de Verceil sur la mort d'Amédée IX. Arch. du château à Turin. — Marquis Costa de Beauregard, *Madame Loyse de Savoie*, Paris, 1907, p. 9, 10, 20, 25, 27, 224, 225. — Cibrario, *Précis historique sur les princes de la maison de Savoie*, Paris, 1855, p. 77. — V. de Saint-Genis, *Histoire de Savoie*, Chambéry, 1869, t. I, p. 461-466. — A. Perrin, *Histoire de Savoie*, Chambéry, 1900, p. 110-111. — E. Plaisance, *Histoire des Savoyens*, Chambéry, 1910, t. I, p. 290-293. — S. Guichenon, *Histoire généalogique*, Lyon, 1660, t. I, p. 547-562.

J. GARIN.

AMÉE (Bienheureuse), fille de Martin Corano, noble assisiate, était sœur de la bienheureuse Balbine, clarisse, et nièce de sainte Claire d'Assise. L'exemple de sa tante l'arracha au monde, qui la séduisait déjà, et l'entraîna au monastère de Saint-Damien, où elle prit l'habit en 1213. Son nom figure dans une charte du 8 juin 1238. Sainte Claire, qui paraît l'avoir spécialement affectionnée, la guérit d'une hydropisie et l'interpellait encore quelques instants avant sa mort (11 août 1253). Elle survécut peu à la fondatrice et mourut le 20 février 1254 ou 1255. Son corps inhumé dans l'église du monastère fut transféré, en 1260, dans la nouvelle église de Sainte-Claire, à l'intérieur de la ville. Une seconde translation de ses restes fut faite en 1602, par l'évêque d'Assise Marcel Crescentio, qui les plaça dans une urne de pierre sous un autel de la basilique.

Wadding, *Annales minorum*, Rome, 1731, t. I, p. 180 ; t. III, p. 13, 304, 356. — Arthurus a Monasterio, *Martyrologium franciscanum*, Paris, 1653, p. 78. — Jacobilli, *Vite de' santi dell' Umbria*, Foligno, 1647, t. I, p. 273. — *Acta sanct.*, 1658, feb. t. III, p. 169.

ANTOINE de Sérent.

AMEL, aujourd'hui paroisse du diocèse de Verdun (Meuse, arrond. de Montmédy), fut primitivement une collégiale fondée en 959, pour douze clercs, par la comtesse Hildegonde. En 982, Conrad, fils de la comtesse, légua à l'abbaye de Gorze tout ce qu'il possédait en Lorraine. Dès lors, les bénédictins établirent dans l'église Saint-Pierre d'Amel un prieuré de leur ordre, et transportèrent le service paroissial dans une église voisine, dédiée à saint Martin. L'évêque de Verdun, Raimbert, sanctionna cet arrangement par une charte datée de 1032. Une bulle de Pascal II (6 février 1105) soustrait le prieuré d'Amel à l'autorité épiscopale et le rattache au Saint-Siège. En 1126, Henri de Blois, évêque de Verdun, confirme à l'abbaye de Gorze tous les biens qu'elle possède à Amel. A la sécularisation de cette abbaye, en 1572, Amel fut attribué aux jésuites de Pont-à-Mousson, qui firent de l'ancien prieuré une de leurs résidences. Après la suppression de l'ordre, les chanoines réguliers de Notre-Sauveur reçurent l'investiture des collèges et des bénéfices appartenant aux jésuites. Ces chanoines firent d'Amel une sorte de ferme administrée par des gens d'affaires. Amel possédait un hôpital fondé en 1312, qui, après la suppression du prieuré, appartint aux jésuites.

Gillant, *Pouillé du diocèse de Verdun*, Verdun, 1910, t. I, p. 140 sq. — Clouët, *Histoire ecclésiastique et civile de Verdun*, Verdun, 1867, t. II, p. 35 sq. — Roussel, *Hist. de Verdun*. Bar-le-Duc, 1863, t. I, p. 233, 254; t. II, p. 25.

J. NICOLAS.

AMELAND. Voir FOSWERD.

AMÈLE. Voir AMELIUS.

AMELIA (*Amelien*, ou *Amerin*.), évêché de l'Italie centrale (Ombrie), dépendant immédiatement du Saint-Siège, situé entre les diocèses de Todi au nord, de Spolète à l'est, de Narni au sud-est, de Civitacastellana au sud et de Bagnorea à l'ouest.

I. HISTOIRE SOMMAIRE. — La ville d'Amelia, fondée plusieurs siècles (387 ans, affirme, d'après Caton, Pline l'Ancien, *Hist. nat.*, III, XIV, qui lui attribue pour fondateur Ameroe, *lucumon* des Étrusques Véiens) avant Rome, ainsi que l'attestent les ruines de ses murs dits cyclopéens (cf. Luigi Luzi, *Le mura di Amelia*, Amelia, 1895, et X., *Analecta Umbra*, dans *Bollettino della Società Umbra di storia patria*, 1895, t. I, p. 159-160) fut ensuite conquise par les Romains, qui en firent le point de départ de la *via Amerina*, l'une des sept grandes voies militaires, et élevée au rang de municipe, comme l'atteste Cicéron dans son plaidoyer *pro Roscio Amerino*. La foi dut y être prêchée de bonne heure, mais, comme dans le reste de l'Ombrie, on n'a conservé aucun monument écrit ni figuré de ses origines chrétiennes, et il n'est même pas question de cette ville dans le *Martyrium hieronymianum*, où sont nommées plusieurs cités de la province. La tradition y place cependant le martyre du consulaire Olympias et de sainte Firmina, fille d'un préfet de Rome. En écartant Orthodolphus, qu'Ughelli fait vivre vers l'an 344, mais qui, en réalité, comme nous le verrons, dut vivre beaucoup plus tard, le premier évêque connu est Stephanus, qui vivait vers 420. Après lui viennent Hilarius, Tiburtius ou Tiburtinus, Martinianus et Salustius, qui assistèrent à divers conciles romains, le premier à celui de 465, le second à celui de 466, le troisième à ceux de 484 et de 487, le quatrième à celui de Symmaque en 499. Le successeur de Salustius fut saint Himerius, qui paraît avoir vécu vers l'an 520 et dont le corps fut transféré à Crémone, par ordre de l'empereur Otton Ier, en 965. Ensuite viennent cinq autres évêques, dont chacun aussi fut présent à un concile romain : Diodatus ou Adeodatus, à celui de 647; Theodorus, à celui de 680; Petrus, à celui de 721; Sinibaldus, à celui de 761; et Benedictus, à celui de 826. Ce dernier eut pour successeur Albinus, sous lequel, vers l'an 853, le pape Léon IV fit restaurer les remparts et les portes d'Amelia, et qui dut mourir peu de temps après, car, en 861, on trouve un autre évêque d'Amelia, Leo, parmi ceux qui souscrivirent aux actes du concile de Latran réuni contre l'archevêque de Ravenne. Enfin Paschatius ou Pasqualis est cité (par exemple par Muratori, *Rerum Italicarum scriptores*, t. III, 3e part., p. 308) en différentes circonstances, en 868, 877 et 879; ce fut lui qui transporta les corps de sainte Firmina et de saint Olympias, des environs de la ville, où on les avait retrouvés, dans la cathédrale. Ensuite lacune de près d'un siècle et demi, jusqu'en 1015. On cite pourtant un évêque d'Amelia, sous lequel eut lieu, en 965, la translation à Crémone du corps de saint Himerius, ainsi que nous l'avons dit plus haut, et Cappelletti suppose assez gratuitement que ce pouvait être cet Orthodolphus, dont Ughelli a prétendu pouvoir faire le premier évêque d'Amelia. C'est seulement en 1015 qu'on rencontre la signature d'un autre évêque de ce siège, Diodatus II ou Deusdedit, au bas d'une bulle de Benoît VIII, et, après lui, vient une autre lacune d'un siècle, jusqu'en 1116, année où l'on voit à la tête de l'Église d'Amelia un certain Jacobus. Dix ans plus tard, on trouve la signature d'un Gerardus (cité encore en 1146) au bas d'une bulle du pape Eugène III, et, en 1179, celle de Petrus II parmi celles des évêques présents au IIIe concile œcuménique de Latran. On cite ensuite, en 1195, Obertus ou Gibertus; en 1196, Jacques II, qui vivait encore en 1217; et, en 1225, Otto. A sa mort, le chapitre élut l'évêque de Bagnorea — sans doute Rusticus de Montefiascone — au siège d'Amelia, mais Alexandre IV refusa de confirmer l'élection et nomma à sa place, le 26 janvier 1255 (et non pas 1234, comme le porte Cappelletti), le cardinal Gualterus, qui fut transféré, le 25 janvier 1264, au siège d'Atri et Penne. Le 18 février de cette année, il fut remplacé par le dominicain Bartholomaeus de Bénévent, transféré du siège de Larino (et non pas d'Aleria, comme le portent Cappelletti et Gams), qui dut mourir avant 1280, car en cette année diverses sources citent Maurus, dont Cappelletti et Gams font un franciscain, et Eubel un bénédictin. Eubel omet ensuite, à tort, Michael, chanoine d'Amelia, qui devint évêque le 24 juillet 1321, et enfin, avec Alemanno di Galgano, transféré du siège de Castro (du patrimoine de Saint-Pierre), le 8 janvier 1322, la série continue à peu près régulièrement. Bien que brûlée, dit-on, par Frédéric Barberousse, Amelia, qui faisait partie des États de l'Église depuis le pontificat du pape Zacharie, fut, avec Todi et d'autres villes de l'Ombrie, l'un des principaux centres de l'opposition des gibelins et des fraticelles contre Jean XXII, à l'époque de la lutte de l'empereur Louis IV de Bavière contre le pape. Divers procès y furent instruits contre les hérétiques en 1329 et 1331, mais sans grand résultat, car, après une première tentative de rébellion dirigée par Federico de Montefeltre, en 1319, une insurrection générale y éclata, en 1332, et ne fut que très difficilement réprimée par Pierre d'Artois; une autre insurrection éclata en 1339, mais fut plus rapidement arrêtée. Cf. Franz Ehrle, *Ludwig der Bayer und die Fraticellen und Ghibellinen vom Todi und Amelia im Jahre 1328*, dans *Archiv für Literatur und Kirchen-Geschichte des Mittelalters*, 1885-1886, t. I, II, etc. Remarquons de plus, avec Lucenzio, que les évêques d'Amelia ont été maintes fois confondus avec ceux d'Aleria et de Camerino, à cause de la similitude des noms de ces trois Églises, ce qui rend assez difficile l'établissement de la liste des pasteurs de la première.

II. ABBAYES ET COMMUNAUTÉS RELIGIEUSES. — Lubin, *Abbatiarum Italiae brevis notitia*, Rome, 1693, p. 12 (cf. p. 77 et 400), ne cite que les bénédictines de *Sancti Manni* (sans doute San Magno), abbaye qui fut unie, dit-il d'après le *Bullarium casinense* de Léon d'Ostie, t. II, p. 288, par bulle de Boniface VIII, en 1300, à celle des bénédictines de *Sancta Maria de Canali*. M. Celani, *Abbatiarum Italiae... Additiones et adnotationes*, Rome, 1895, p. 12, y ajoute l'abbaye de S. *Ambrosii della Ranchia*, de l'ordre de Saint-Ambroise. Le Liégeois Mathieu de Flandin, *Apparatus ad universalem orbis christiani notitiam* (*Ind.* n. 437, aux archives du Vatican), fol. 73 v°, lui attribue sept monastères de religieux et six de religieuses. Les congrégations sont encore aujourd'hui relativement nombreuses dans ce petit diocèse : *hommes* : franciscains, capucins, augustins déchaussés, à Amelia ou auprès; capucins à Lugnano; cisterciens à Foce; oblats de Saint-François de Sales à Giove; *femmes* : bénédictines (deux couvents, celui de San Giovanni et celui de San Magno), franciscaines, augustiniennes, sœurs vincentines du vénérable Cottolengo (dans quatre établissements de charité) et *Maestre Pie Venerini*, à Amelia; sœurs de l'institut Doria Pamphili, à Alviano; sœurs du Précieux-Sang, à Giove; sœurs de Notre-Dame-du-Calvaire, à Guardea; capucines, filles de Marie-Immaculée, et *Maestre Pie Venerini*, à Lugnano.

III. LISTE DES ÉVÊQUES. — Stephanus, vers 420. — Hilarius, cité 465. — Tiburtinus, 466. — Martinianus, 484. — Salustius, 499. — Saint Himerius, vers 520. — Diodatus ou Adeodatus, 647. — Theodorus, 680. — Petrus, 721. — Sinibaldus, 761. — Benedictus, 826. — Albinus, 853. — Leo, 861. — Paschatius ou Paschalis, 868, 877, 879. — Orthodolphus, vers 965 (?) — Diodatus II ou Deusdedit, 1065. — Jacobus I⁰ʳ, 1116. — Jacobus II, 1196-13 juin 1217. — Otho, 1225. — Cardinal Gualterus, 26 janvier 1255-25 janvier 1264; transféré à Atri et Penne. — Bartholomaeus, de Bénévent, O. P., transféré de Larino, 8 février 1264-† avant 1280. — Maurus, O. S. B., 23 août 1286-† 1300 (?) — Michael, 24 juillet 1321-† 1322. — Alemanno di Galgano, transféré de Castro, 8 janvier 1322. — Giovanni Grocei, 4 mai 1327-6 septembre 1328; transféré à Venafro. — Manno Tornibelli, 6 septembre 1328-† 1363. — Gerardo Roberti (ou Rossi?), O. M., 13 novembre 1363. — Francesco d'Amelia, 21 février 1373-6 février 1389; transféré à Terni. — Corrado de Cloaco (?), transféré de Sulcis, 25 août 1390-5 décembre 1392; transféré à Oristano. — Stefano Bordoni, 3 décembre 1392-1410 (?); transféré à Telese, mais meurt avant que cette translation ne soit accomplie. — Giovanni Berardi (ou Moriconi?), O. Er. S. A., 16 juin 1410. — Filippo Ventorelli (?), 10 avril 1426-† 18 décembre 1442. — Ugolino Nacci, O. Er. S. A., 14 janvier 1443. — Ruggero Mandosi, 6 novembre 1444-1484. — Cesare Nacci, 31 mars 1484-1504. — Giustiniano Moriconi, 26 août 1504-1523. — Giovanni Domenico Moriconi (d'abord coadjuteur), 6 juillet 1523-1558. — Cardinal Baldo Ferratini, transféré de Lipari, 28 novembre 1558-1562. — Bartolomeo Ferratini, 9 décembre 1562-1571. — Mariano Vettori, 17 décembre 1571-2 juin 1572; transféré à Rieti. — Giovanni Antonio Lazari, 9 juin 1572-† 28 juin 1591. — Anton-Maria Graziani, 17 février 1592-1⁰ʳ avril 1611. — Anton-Maria Franceschini, 18 mai 1611-† 1612. — Francesco Cennini de' Salamandri (cardinal en 1621), 1⁰ʳ octobre 1612-27 septembre 1623; transféré à Faenza. — Domenico Pichi, 20 (et non 30, comme le porte Gams) novembre 1623-† 4 mai 1633. — Torquato Perotti, 20 juin 1633-† septembre 1642. — Gaudenzio Pola, 23 février (et non pas avril, comme le porte Gams) 1643-1679. — Giuseppe Salustio Fandolfi, 13 (et pas 27, comme le porte Gams) novembre 1679-15 janvier 1685; transféré à Ascoli. — Giovanni Battista Antici, 8 avril 1685-† 15 juillet 1690. — Giuseppe Crispini, transféré de Bisceglie, 13 novembre 1690-1721. — Giovanni Battista Renzoli, 14 juillet 1721-1743 (?). — Giacomo Filippo Consoli, transféré de Germanicopolis *in partibus*, 2 décembre 1743-† 1770. — Tommaso Struzieri, passioniste, transféré de Tine et Micone, 10 septembre 1770-18 décembre 1775; transféré à Todi. — Francesco Angelo Jacoponi, 13 décembre 1775-† 30 août 1785. — Carlo Fabi, 26 septembre 1785-† 31 mars 1798. — Francesco Gazzoli, transféré de Città della Pieve, 11 août 1800-23 septembre 1805; transféré à Todi. — Vincenzo Macioti, 23 juin 1828-1⁰ʳ février 1836; transféré à Ferentino. — Mariano Brasca Bartocci, 11 juillet 1836-17 février 1851. — Salvatore Valentini, 17 février 1851-† 2 août 1855. — Niccolò Pace, 28 septembre 1855-12 mai 1881; transféré à Eumenia *in partibus*. — Eusebio Magner, capucin, 13 mars 1881-25 septembre 1882; transféré à Orvieto. — Eugenio Clari, 25 septembre 1882-1892, transféré à Viterbe. — Vincenzo Giuseppe Veneri, 16 janvier 1893-† 18 mars 1906.

IV. ÉTAT ACTUEL. — L'évêque actuel est Mgr Francesco Maria Berti, des mineurs conventuels, né, le 23 janvier 1868, à Popiglio, dans la province et le diocèse de Pistoia, préconisé évêque d'Amelia le 3 août 1907. Le diocèse, qui comprend sept communes de la province de Pérouse et est divisé en quatre vicariats *forains* et vingt paroisses, compte soixante-dix-huit églises, chapelles ou oratoires, trente prêtres séculiers, vingt et un religieux, soixante-quatre religieuses, trente-cinq confréries et 19 650 habitants, d'après le recensement de 1901. La ville d'Amelia, située dans une position riante, à 450 mètres au-dessus du niveau de la mer, est peuplée de 9 544 habitants, dont environ 6 000 agglomérés, d'après le recensement de 1911, et possède, outre ses anciennes murailles, quelques antiquités intéressantes et un palais épiscopal remarquable, restauré en 1517 par Antonio da Sangallo, mais dont il n'est cependant pas question dans G. Claussc, *Les San Gallo architectes, peintres, sculpteurs, médailleurs*. Cf. *Bollettino della Società umbra...*, 1902, t. VIII, p. 173.

Archives du Vatican, *Actes consistoriaux* et *Fiches de Garampi*. — *Synodus dioecesana Amerina ab Antonio Maria Graziani Lagomarsini habita anno 1595*, 2ᵉ édit. (avec liste des évêques), Pérouse, 1658. — G. Crispino, *Relatio Ecclesiae Amerinae ad Clementem XI*, Amelia, 1702. — Lucenzio, *Italia sacra*, Rome, 1704, p. 253-262. — Ughelli-Coleti, *Italia sacra*, Venise, 1717-1724, t. I, col. 285-305; t. X, col. 206. — C. Orlandi, *Dell' Italia ed isole adjacenti compendiose notizie*, Pérouse, 1772, t. II, p. 1-18. — [Ranghiasci], *Bibliografia storica delle città e luoghi dello Stato pontificio*, Rome, 1792, p. 2-3. — Moroni, *Dizionario di erudizione storico-ecclesiastica*, Venise, 1840, t. I, p. 3-5. — Cappelletti, *Le Chiese d'Italia*, Venise, 1716, t. V, p. 195-211. — Amati, *Dizionario corografico-illustrato dell' Italia*, Milan, t. I, p. 258-259. — Gams, *Series episcoporum*, p. 661-663; *Supplément*, p. 326. — L. Duchesne, *Le Liber pontificalis*, Paris, 1886-1892, t. I, p. 313, 426, 428; t. II, p. 127. — Werner, *Orbis terrarum catholicus*, Fribourg-en-Brisgau, 1890, p. 11. — Bertolotti, *Statistica ecclesiastica d'Italia*, Savone, 1898, 11ᵉ part., p. 6. — Vallardi, *La nuova Italia*, Milan, s. a., t. I, p. 87. — Eubel, *Hierarchia catholica medii aevi*, Munster, 1898-1910, t. I, p. 85; t. II, p. 97; t. III, p. 119. — Groner, *Die Diöcesen Italiens*, Fribourg-en-Brisgau, 1904, p. 3, 24; trad. italienne de Guarini, Melfi, 1905, p. 13-14. — U. Chevalier, *Topo-bibliographie*, t. I, col. 94. — *Annuario ecclesiastico*, Rome, 1913, p. 129-130.

J. FRAIKIN.

AMÉLIE (Sainte) de Lyon. On sait que les répétitions sont fréquentes dans le Martyrologe hiéronymien et qu'un même nom de saint s'y trouve quelquefois reproduit à plusieurs reprises dans un même jour. C'est le cas de sainte Amélie honorée le 2 juin. Son nom est, avec une légère différence, un doublet de celui de sainte Émilie, une des compagnes de saint Pothin.

De Rossi-Duchesne, *Martyrologium hieronymianum*, dans *Acta sanctor.*, nov. t. II, pars prior, p. 72-73.

H. QUENTIN.

AMELIN (JACQUES), évêque de Tulle, est, parmi les prélats qui ont occupé ce siège, un des moins connus. Secrétaire, aumônier et confesseur du roi François Ier, il fut aussi abbé de Saint-Georges-de-Bocherville, en Normandie, et chanoine de la Sainte-Chapelle de Paris. Il succéda dans l'évêché de Tulle à François de Levis, prit possession le 9 mai 1536, et l'administra pendant trois ans. Il mourut à Sens, le 30 avril ou le 1er mai 1539, et y fut enterré chez les franciscains. Il portait pour armes : *d'argent à deux barres de gueules*.

A. Lecler, *Pouillé historique du diocèse de Limoges*, p 73.
— J.-B. Poulbrière, *Histoire du diocèse de Tulle*, p. 238.

A. LECLER.

AMELINE (CLAUDE), oratorien français, né et mort à Paris (1635-1706). Archidiacre de Paris, il eut en cette qualité part à la rédaction du bréviaire de 1680 et du missel de 1684. Auteur d'un *Traité de la volonté*, in-12, Paris, 1684; d'un *Traité de l'amour du souverain bien qui donne le véritable caractère de l'amour de Dieu opposé aux fausses idées de ceux qui ne s'éloignent pas assez des erreurs de Molinos...*, in-12, Paris, 1699. On lui a aussi attribué *L'art de vivre heureux formé sur les idées les plus claires de la raison et du bon sens et sur de très belles maximes de M. Descartes*, in-12, Paris, 1694, qui est, selon d'autres, de Louis Pascal.

Batterel, *Mémoires*, t. III, p. 258.

A. INGOLD.

1. AMELIUS, évêque de Bordeaux. Nous ne savons rien de lui, sinon qu'il érigea une basilique en l'honneur de saint Denis. Son épiscopat se place entre celui de Cyprien, attesté en 506 et 511, et celui de Léontius, contemporain de Fortunat. On peut donc le dater du deuxième quart du VIe siècle.

L. Duchesne, *Fastes épiscopaux*, 1900, t. II, p. 61.

M. BESSON.

2. AMELIUS, évêque de Paris au VIe siècle. Il occupe le dix-septième rang dans la liste la plus ancienne et la plus autorisée des évêques de ce siège, celle du sacramentaire de Paris, qui ne remonte pas plus haut que le Xe siècle. Il assista au second concile d'Orléans, en 533, au troisième, en 538, et se fit représenter au quatrième (541), par Amphilochus, abbé (de Saint-Denis? d'après Mabillon, *Gallia christiana*, t. VII, col. 328). Il fit construire une basilique, la première qui se soit élevée dans l'enceinte des murs de Paris, prétend Launoi. Il était mort en 549, date à laquelle son successeur Saffaracus figure au Ve concile d'Orléans.

Gallia christiana, t. VII, col. 16-17. — Duchesne, *Fastes épiscopaux de l'ancienne Gaule*, Paris, 1900, t. II, p. 460, 461, 464.

P. RICHARD.

3. AMELIUS, évêque de Saint-Bertrand de Comminges, au VIe siècle, assista, en cette qualité, au concile d'Orléans de 549 et, en 551, au concile provincial réuni par Aspasius, métropolitain d'Eauze. Maassen, *Concilia aevi Merovingici*, p. 111, 115.

Duchesne, *Fastes épiscopaux de l'ancienne Gaule*, Paris, 1900, t. II, p. 98.

U. ROUZIÈS.

4. AMELIUS (Ier), évêque de Bigorre (Tarbes), à la fin du VIe siècle. Nous ne sommes renseignés sur ce personnage que par trois textes. Le premier est une signature donnée en 585 par Amelius, *episcopus ecclesiae Bioretanae*, au IIe concile de Mâcon. Maassen, *Concilia aevi Merovingici*, p. 97. Ce concile avait été réuni par le pieux roi Gontran qui, soit en son nom personnel, soit plutôt au nom de son neveu Childebert II, dominait en Bigorre. Le second texte est tiré de Grégoire de Tours, *Historia Francor.*, VIII, XXVIII. Amelius y est encore donné comme évêque en 585. D'après le récit de Grégoire, le roi wisigoth et arien Leovigild, alors en guerre avec Gontran, considérait Amelius comme capable de se laisser gagner à la cause des Wisigoths par des présents, et de faciliter ensuite, grâce sans doute à la situation de la Bigorre, le passage des ambassadeurs que le roi se proposait d'envoyer à Frédégonde. Le même texte associe à Amelius, dans les projets de Leovigild, une « matrone » nommée Leuba. Celle-ci était belle-mère du duc Bladaste, fortement compromis, l'année précédente (584), dans les entreprises de l'usurpateur Gondebaud, vaincu et tué dans la cité de Comminges ; Amelius paraît cependant, à la différence de plusieurs évêques aquitains, s'être tenu à l'écart de cette révolte. Le troisième texte dans lequel figure Amelius, *episcopus Beorretanae urbis*, est encore emprunté à Grégoire de Tours, IX, VI. D'après le contexte, il paraît se rapporter à l'année 587 ou 588. Amelius était alors à Paris, dit Grégoire, pour assister à un concile. Il s'agit probablement du concile qui, sur la convocation de Gontran, devait se réunir le 1er juin 588 et sur lequel on n'a aucun détail. Pendant le repas offert aux évêques, Amelius eut la surprise de reconnaître, en triste posture, un de ses anciens serviteurs qui avait été arrêté comme faisant métier de charlatan montreur de reliques. Amelius le ramena dans son pays. *Dictionnaire d'archéologie chrétienne et de liturgie*, t. III, col. 655.

L. GUÉRARD.

5. AMELIUS. C'est à tort que les historiens font figurer Amelius dans la liste des évêques d'Agde. Ils ont été induits en erreur par dom Vaissete, *Hist. gén. de Languedoc*, t. III, p. 169, qui donne seulement aux Preuves (*op. cit.*, t. V, col. 267) un plaid tenu à Nîmes en 972 et dans lequel le siège de cet évêque n'est pas indiqué. Il s'agit, en effet, d'un évêque d'Uzès, ainsi qu'il résulte de quatre actes du *Cartulaire de Gellone*. Le premier, dont la date est inexacte (*anno decimo regnante Lodoico imperatore*, qu'il faut lire *anno decimo regnante Lotario rege*), nous reporte en juin 964, époque où un certain Raynald donne à son frère (*germanus*) Amelius, évêque d'Uzès, les biens patrimoniaux qu'il possédait dans le comté d'Agde, en particulier l'église de Saint-Martin de Caux, à condition qu'à sa mort tous ces biens appartiendront à l'Église d'Uzès. Le deuxième est la donation de ses biens, plus des biens qu'il possédait lui-même dans le comté d'Agde, faite par l'évêque Amelius à son Église d'Uzès, en juin de la treizième année du règne de Lothaire (967). Le troisième est le plaid tenu à Nîmes en 972, cité par dom Vaissete, au sujet d'une contestation survenue entre Amelius et Raymond, comte de Rouergue, qui prétendait avoir acquis ces biens d'une femme, nommée Hermegutis. Bernard, évêque de Nîmes, et Fulcran, évêque de Lodève, donnèrent raison à Amelius. Enfin le quatrième, qui explique la présence de ces actes dans le *Cartulaire*, est la donation faite par Raymond, évêque d'Uzès, de ces mêmes biens au monastère de Gellone. Tout en maintenant (*Hist. gén. de Languedoc*, t. IV, p. 306) Amelius parmi les évêques d'Agde en 971 (faute d'impression, probablement 972), M. Molinier cite Amelius II parmi les évêques d'Uzès, d'après le *Cartulaire de Gellone*, aux années 966 et 969. *Op. cit.*, p. 299. Ces dates concordent avec celles que nous donnons (964 et 967) ; M. Molinier doit compter depuis le jour où Lothaire fut reconnu dans la province (956) ; mais il aurait dû retarder jusqu'en 974 le plaid tenu à Nîmes, tandis que dom Vaissete le fixe en 972, la dix-huitième année de Lothaire. Amelius d'Uzès et Amelius d'Agde ne sont qu'un même évêque.

P. Alaus, abbé Cassan et E. Meynial, *Cartulaire de Gellone*, Montpellier, 1898, doc. CCLXXVIII-CCLXXXII, p. 230-235.

J. ROUQUETTE.

6. AMELIUS (II), évêque de Bigorre (Tarbes), dans la seconde moitié du Xe siècle. Cet évêque, ignoré du *Gallia christiana*, ne nous est connu que par une donation non datée, qu'il fit à l'abbaye de Saint-Orens de Lavedan, vers l'an 980, à ce qu'il semble, donation dont l'authenticité est appuyée par la mention de divers personnages qui sont connus par d'autres documents. Le texte en a été publié et étudié par M. Balencie dans le *Bulletin de la Société académique des Hautes-Pyrénées*, partie documentaire, 1902, t. I, p. 175. Cf. *Bulletin local*, 1911, t. VII, p. 106. Dans ce document, Amelius figure sous le nom altéré, dit-on, d'Etmelius, et s'accuse d'avoir manqué à ses devoirs en donnant son consentement, malgré les canons, à l'union du comte de Bigorre, parent de sa femme au troisième degré. Il se dit aussi parent, probablement beau-frère, *cognatus*, du vicomte de Lavedan. Il est probable qu'il appartenait à la famille des comtes de Bigorre ou des vicomtes de Lavedan. Jean Bourdette, *Notice des vicomtes de Labeda*, Toulouse, 1900, p. 23, 460. Il n'était déjà plus évêque de Tarbes, au moment de la fondation de l'abbaye de Saint-Orens de Larreule au diocèse de Tarbes, fondation non datée et attribuée par Marca à l'an 970, mais que l'on croit aujourd'hui avoir eu lieu un peu plus tard. Marca, *Histoire de Béarn*, 1640, p. 358; Jean de Jaurgain, *La Vasconie*, 1902, t. II, p. 412, note 1.

L. GUÉRARD.

7. AMELIUS, évêque d'Albi, siégeait en 987. Il était vraisemblablement neveu ou petit-fils (*nepos*) de Pons et de Garsinda, comte et comtesse d'Albi et autres lieux, et il succédait à Frotier II, covicomte d'Albi et de Nîmes, qui opta pour ce dernier siège au plus tard en 987. La féodalité avait alors triomphé dans l'Albigeois : les églises, évêchés, abbayes et paroisses étaient aux mains des seigneurs. Il est à présumer qu'Amelius ne monta point sur le siège d'Albi sans avoir acquitté un *service* féodal. Quoi qu'il en ait été, il s'employa à la libération de la propriété ecclésiastique, favorisant le mouvement qui portait alors les grands féodaux, notamment les comtes de Toulouse et d'Albi, à restituer aux églises et monastères les domaines, manses et dîmes que leurs ancêtres avaient usurpés. C'est ainsi qu'en 987, il amena le comte d'Albi, Pons, fils de Garsinde et son parent, à rendre au chapitre collégial de Vieux, arrondissement de Gaillac (Tarn), l'église Saint-Eugène et toutes ses dépendances, en outre à lui conférer la seigneurie du *vicus* et à y constituer une sauveté. Vieux (*Viancium*) était alors le sanctuaire le plus vénéré de l'Albigeois : on y conservait les reliques du martyr Amarand, de saint Eugène, primat de Carthage, de saint Carissime et autres saints. Le chapitre cathédral de Sainte-Cécile d'Albi s'était assujetti la communauté des clercs réguliers de Vieux. En 951, l'évêque Bernard s'était arrogé la dignité abbatiale avec ses revenus. Dans la nouvelle organisation, l'abbaye des chanoines de Vieux resta soumise à l'église Sainte-Cécile et à son évêque, mais elle jouit de l'autonomie avec son abbé distinct, son prévôt, son écolâtre et ses quatre autres clercs réguliers. Cet épisode de la réforme, le premier que l'histoire signale dans l'Albigeois, se place en l'année 987. La villa de Brutia (village de Brôze ou hameau de Brousse, dans les parages de Vieux) qu'Amelius avait reçue en viager de la succession de Garsinde avant son élévation à l'épiscopat, fit retour après son décès au chapitre de Vieux, selon les intentions de la donatrice.

Deux actes de donation du comte Pons en 987, dans *Histoire générale de Languedoc*, éd. Privat, t. v, col. 304-306. — Testament de la comtesse Garsinde, *ibid.*, col. 276. Cf. E. Cabié, *Le codicille de Garsinde : étude géographique*, dans *Revue du Tarn*, t. XVII, p. 188. — Voir aussi *Hist. gén. de Lang.*, t. IV, p. 42, XXXV; t. III, p. 177. — *Gallia christ.*, t. I, col. 9.

L. DE LACGER.

8. AMELIUS, évêque d'Albi entre 1019 et 1040. Ce sont les dates des documents extrêmes qui font mention de lui. Mais son épiscopat a pu s'étendre sur une période beaucoup plus longue, car aucun autre nom épiscopal n'apparaît dans les textes depuis celui d'Amblard, en 998; d'autre part, son successeur Guillaume n'est signalé qu'en 1042. Il a dû vivre fort âgé, car, au concile de Limoges, en 1310, on le donnait déjà comme un prélat *moribus et aetate grandaevus, veneranda canitie angelicus*.

A la faveur du désordre féodal, l'évêché d'Albi, en ce temps-là, avait absorbé les abbatiats des deux chapitres de la ville, Sainte-Cécile et Saint-Salvy. De plus, il s'était constitué en temporalité et possédait la seigneurie de la cité et du *château* (peut-être le Castelviel, la vieille ville). Il n'en fallait pas davantage pour tenter l'avidité des grands féodaux de la région, le comte et le vicomte d'Albi. Ceux-ci le regardent comme faisant partie intégrale de leur domaine; ils l'attribuent, lors des partages de famille, à l'un des leurs ou le cèdent au plus offrant. On ne sait si Amelius était issu de leurs maisons comme son prédécesseur du même nom. Dans la négative, il dut verser une somme d'argent pour en être investi. C'est précisément sous son épiscopat que s'étale cyniquement, dans les actes notariés, le trafic de l'évêché. En 1037, Pons, le comte de Toulouse et Albigeois, constitue en faveur de sa femme, Majore de Foix, un douaire dans lequel il met sa part sur l'évêché d'Albi, comme aussi sur l'évêché de Nîmes et sur l'abbaye de Saint-Gilles. Majore percevra un droit de mutation élevé lors de la succession au siège et désignera son candidat. Deux ou trois ans plus tard, Amelius touchant à sa fin, les vicomtes d'Albi, deux frères, dont l'un laïque, Bernard, s'intitule pompeusement *prince d'Albi* et *proconsul de Nîmes*, et l'autre, Frotier, est évêque de Nîmes, baillent l'expectative du siège à un laïque albigeois du nom de Guillaume, fils de Bernard, moyennant la taxe globale de dix mille sous, qui devra être payée par moitié à eux les vicomtes et au comte Pons, veuf ou divorcé d'avec Majore. L'acte d'inféodation spécifiait pour Guillaume le droit de sous-louer l'évêché à un tiers s'il renonçait à se faire sacrer. L'acquéreur simoniaque succéda de fait à Amelius II : il assiste en qualité d'évêque d'Albi au concile de Saint-Gilles en 1042.

Amelius fut un vassal fidèle et pacifique. Les vicomtes lui rendaient témoignage après sa mort qu'il avait respecté et fait respecter vis-à-vis d'eux « la paix et la trêve de Dieu... en conscience et sans félonie. » Ils proposaient sa conduite en exemple à son successeur. Son épiscopat fut marqué à Albi par la construction sur le Tarn d'un pont en pierres de taille qui subsiste encore. La rive, le bac et son atterrissage appartenaient en alleu au chapitre de Saint-Salvy. L'évêque convoqua à Albi une assemblée composée des vicomtes, des évêques de Cahors et de Rodez, des notables de la cité et du bourg, des châtelains du voisinage, dans le dessein d'arracher à l'abbé et au chapitre propriétaires l'abandon de leurs droits. Il eut gain de cause (1034-1035). Le vicomte Bernard fit rédiger un mémoire de cet événement après le décès d'Amelius « de sainte mémoire ».

Amelius fut assurément favorable au mouvement de restauration de la discipline ecclésiastique. Il souscrit à l'acte du rétablissement de la vie commune parmi les chanoines de la cathédrale de Girone en Espagne, en date du 20 novembre 1019. Il prend part aux deux conciles réformateurs qui se tiennent en 1031 dans sa province, l'un à Bourges, l'autre à Limoges. Il contresigne les actes du concile de Cuxa en Roussillon (1035). Il est présent aux dédicaces de l'église Saint-Martial à Limoges en 1028, de l'église

Notre-Dame au monastère de Ripoll en Catalogne en 1032, de l'abbaye de Vendôme en 1040. Peut-être fut-il l'inspirateur du bon mouvement qui amena ses diocésains, les vicomtes de Lautrec, à libérer le monastère de bénédictines qu'ils avaient fondé à Vielmur-sur-Agout, dans leur propre domaine, et à le soumettre au chapitre cathédral du Puy-en-Velay, alors gouverné par l'évêque Étienne de Mercœur, neveu de saint Odilon, abbé de Cluny. Toujours est-il qu'il signa l'acte de donation immédiatement après les vicomtes et avant l'abbesse. Après Vieux, Vielmur était le second monastère de l'Albigeois qui échappait à l'étreinte des seigneurs féodaux et embrassait résolument la réforme.

Les actes analysés dans cette notice se trouvent dans *Gallia christiana nova*, t. I, Intr., p. 4, chartes VI, VII, VIII, et *Histoire générale de Languedoc*, éd. Privat, t. v, col. 433-435, 452-453, 132-133; cf. *op. cit.*, t. III, p. 187, 253, 265, 272, 274, 283, 300, 305. — Labbe et Cossart, *Sacrosancta concilia*, t. IX, p. 868, 903. — *Gallia christ.*, t. I, col. 10.

L. DE LACGER.

9. AMELIUS, évêque de Senez, assista à la consécration de l'église de Saint-Victor de Marseille, qui eut lieu le 25 octobre 1040, et souscrivit, en compagnie de plusieurs autres prélats, la bulle *Supernae divinitatis potentia* donnée par Benoît IX en cette circonstance.

Paul Guillaume, *Histoire générale des Alpes-Maritimes ou Cottiennes*, Paris, 1890-1892, t. III, p. 633, note 1.

J. CAPEILLE.

10. AMELIUS, nommé aussi Emilius, treizième abbé de Saint-Géraud d'Aurillac, vers la fin du XIe siècle. D'après le *Breve chronicon Aureliacense*, il se montra prodigue des revenus du monastère, mais très attaché à la bonne discipline et mourut dans un âge avancé. Mabillon, *Veterum analectorum*, 1676, t. II, p. 243; 1723, p. 349. Il reste de lui une lettre à Hugues, abbé de Cluny, dans laquelle il confie à celui-ci la celle de « Coriacum » pour la réformer. Martène, *Thesaurus anecdotorum*, t. I, col. 313; *P. L.*, t. CLIX, col. 942. *Gallia christiana*, 1720, t. II, col. 443.

P. FOURNIER.

11. AMELIUS (*Emelius*, souvent dans les actes administratifs) Raimond du Puy, évêque de Toulouse (1106-1139), fut un des prélats qui contribuèrent le plus à développer la puissance temporelle et spirituelle de ce siège au moyen âge, surtout par son activité et son influence sur les seigneurs du pays, en commençant par le comte de Toulouse. On ignore ses origines, on sait seulement qu'il appartenait à une famille noble, qui avait des domaines importants dans le pays de Foix, et son frère, Pierre-Raimond du Puy, épousa une fille du comte de Melgueil, qui était apparentée à ceux de Toulouse, de Barcelone et d'Auvergne. A cette famille appartenait probablement, selon Vaissete (t. IV, p. 236-237), le second grand-maître des chevaliers hospitaliers de Saint-Jean de Jérusalem, Raimond du Puy. Amelius entra dans l'ordre monastique, ce qui explique la faveur dont jouirent auprès de lui les diverses familles religieuses établies dans le diocèse, et dont il ne cessa d'encourager le progrès. En tout cas, il était abbé de Saint-Volusien de Foix et prieur de Saint-Antonin de Frédelas, à Pamiers, quand il succéda à l'évêque Izarn, qui était mort avant les ides de novembre 1105.

De son temps, on vit s'établir dans le diocèse la congrégation de Fontevrault, avec la fondation du prieuré de Lespinasse près Toulouse, en 1114, par donation de la comtesse de Poitiers, Philippie, faite à Robert d'Arbrissel et approuvée par l'évêque. En 1122, celui-ci approuvait encore l'union au même ordre du prieuré de Notre-Dame de Bragayrac. Les chevaliers de Saint-Jean de Jérusalem purent étendre aussi leurs propriétés grâce à lui. En 1110, il obligea bien à restituer l'église de la Dalbade au prieur de la Daurade, mais, moins de dix ans après, il confirma la donation faite à Géraud, prieur de Saint-Gilles, de l'église de Saint-Remi, et en 1121 lui permit d'acquérir des biens dans le diocèse : ce fut l'origine du grand prieuré, fort important plus tard, de Toulouse. Il obligea les chevaliers à reconnaître la suzeraineté de l'abbé de Saint-Théodard (Montauban) sur l'église de Verlhac, et, en 1130, leur concéda celle de Lassalles. Enfin il ratifiait, comme ordinaire et suzerain, la donation que leur faisait le comte de Foix, Roger, du pays de Nogarède, où fut établie la commanderie de Villedieu (1136). Il contribua aussi à la fondation de l'abbaye de Grandselve, en confirmant la concession du terrain où elle fut élevée (1115), et en 1130 augmenta ses possessions de la paroisse de Ricanelle. Le pape Innocent II le chargeait, plus tard, d'amener les moines de cette maison à reconnaître la suprématie de ceux de Cadouin.

Les maisons religieuses déjà établies ne furent pas moins favorisées. Cluny reçut de lui la paroisse de Sainte-Colombe, près de la rivière de Lhers (1110), et, l'année suivante, les moines de Conques la montagne où fut construit plus tard le sanctuaire vénéré de Sainte-Foi. Amelius y établit immédiatement une *ville neuve*. Il décidait le pape Calliste II à prendre l'abbaye de Sorèze sous sa protection et juridiction immédiate (1120); celle de Lezat reçut de lui deux paroisses, dont Saint-Cyr en 1137, et en sa présence le comte de Foix et autres seigneurs renonçaient à toute revendication sur les propriétés du même couvent (avril 1139). Amelius réconciliait le comte de Toulouse, Alphonse Jourdain (voir ci-dessus, col. 758), avec ses nouveaux sujets, en le décidant à restituer les biens que son père Raymond V avait usurpés sur le chapitre de Saint-Sernin (1126). Moissac, Sarlat, etc., furent avantagés dans le même sens.

Amelius portait néanmoins toute son attention, cela va de soi, sur les intérêts de son église cathédrale : ses efforts tendaient à développer la richesse et la puissance de son siège, qui effaçait déjà la suprématie de la métropole de Narbonne, alors en décadence. On le voit recevoir, pour lui et son chapitre de Saint-Étienne, la vassalité de l'abbé de Lombez, qui le reconnut pour son suzerain en 1127. Avant de mourir, il put voir le même comte Alphonse Jourdain renoncer, pour lui et ses successeurs, au droit de dépouilles sur les évêques de leur capitale (1138). Il fut moins heureux contre le chapitre de Saint-Sernin, dont il réclamait une partie des revenus, comme en avaient joui certains de ses prédécesseurs. Calliste II était disposé à maintenir cet état de choses, mais Amelius négligea, on ne sait pour quelle cause, de se rendre à sa citation, et les chanoines surent conserver leur privilège.

C'est surtout en dehors, dans la région du Languedoc, que s'étendirent, sous Amelius, le prestige et la suprématie des évêques de Toulouse, même au détriment des métropolitains, qu'il semblait prendre sous sa protection. Ainsi il obligea, par une sentence d'arbitrage, Bernard Atton, comte de Béziers et de Carcassonne, à reconnaître la suzeraineté de l'archevêque Richard sur la terre de Capestan (1107), et il faisait encore restituer le dernier le village de Canet (1110).

Amelius eut à sa disposition bien d'autres moyens d'agrandir sa situation épiscopale, surtout par ses rapports avec les chefs de l'Église ou les souverains du pays. Le cardinal Richard, évêque d'Albano et légat du pape en Languedoc, différent de son homonyme, l'archevêque de Narbonne, chargeait Amelius de lancer l'interdit sur les moines de Mas-Garnier, qui refusaient l'obéissance à l'abbé de Moissac, et lui enjoignait de faire exécuter, par la menace des peines canoniques, les décrets du dernier concile de Toulouse contre les usurpateurs des biens de la cathédrale (1110). En 1118, au concile suivant, le VIII°, il recevait le vœu des seigneurs qui s'engageaient pour la croisade au secours d'Alphonse d'Aragon. En juillet 1119, le pape Calliste II vint à Toulouse, l'évêque le reçut, l'accompagna dans sa tournée à travers la province mais ne figura pas au concile régional que le pontife présida à Toulouse.

Ce furent surtout ses relations avec les maîtres du comté qui, mettant en valeur les capacités d'Amelius, contribuèrent à rehausser le prestige de son siège. Le Toulousain était alors disputé entre l'héritier des anciens seigneurs, Alphonse Jourdain, en bas âge, et son suzerain Guillaume IX, comte de Poitiers. Celui-ci vint à Toulouse, en 1113 ou 1114, se présenta en cette qualité de suzerain; l'évêque le reçut sans difficulté et, sur sa demande, ordonna des prières publiques pour la paix et une procession solennelle de tout le clergé du pays, où il pontifia. Elle eut lieu le 1er novembre 1114, on y vit figurer aussi les évêques et abbés de la province, avec les principales châsses de reliques qui furent portées à travers la ville. En août de l'année suivante, Amelius confirmait encore un acte de donation du comte, à Toulouse même, en faveur de Saint-Antonin de Lezat; mais quand les Toulousains eurent secoué le joug (1119), Amelius ne tarda pas à se ranger avec eux du côté du souverain légitime, et à travailler pour celui-ci, en procurant sa réconciliation avec Bernard Atton, comte de Béziers et de Carcassonne (1120). Il s'attacha d'ailleurs au jeune Alphonse, avec lequel il eut toujours de bons rapports, en sorte que l'évêque et le comte purent s'aider mutuellement dans leurs affaires et consolider leur puissance par cette union. Ils entreprirent ensemble le voyage d'Espagne, en 1125, auprès des souverains d'Aragon et de Castille, firent le pèlerinage de Saint-Jacques de Compostelle et en rapportèrent des reliques insignes, qui enrichirent la cathédrale de Toulouse. Dès l'année précédente, leurs noms figurent côte à côte dans plusieurs actes. Peu après, Alphonse renonçait à la prétention qu'il avait émise dans ses débuts de nommer à Moissac des abbés séculiers ou commendataires, et cet acte, passé devant Amelius comme témoin, avait été sans doute inspiré par lui. Il ne fut pas non plus étranger aux libéralités que les églises de Toulouse reçurent d'Alphonse, à son retour de Compostelle, ni à la fondation du prieuré de Saint-Antonin de Toulouse, dépendance de Lézat, ou plutôt à l'accomplissement de cette fondation, décidée et réglée, nous l'avons vu, par Guillaume IX (1126).

Les relations entre le comte et l'évêque restèrent toujours aussi pacifiques et aussi conciliantes qu'elles pouvaient l'être entre deux puissants seigneurs vivant côte à côte, également jaloux de leurs droits et de leur indépendance, et dont l'un, le comte, ne fut jamais facile pour ses vassaux ecclésiastiques. Voir ci-dessus, col. 758-759. Il est probable que celui-ci subit l'ascendant d'Amelius qui, par son âge, sa position, ses qualités personnelles, sut s'imposer au jeune seigneur, arrivé au pouvoir en bas âge, sans appui, sans conseiller et dans des conditions particulièrement difficiles.

Amelius mourut vers l'an 1139, après trente-trois ou trente-quatre ans de pontificat. Son successeur, Raimond II de Lautrec, est mentionné dès l'année suivante dans les documents et actes officiels.

Gallia christiana, t. XIII, col. 14-16. — Devic-Vaissete, *Histoire de Languedoc*, t. III, IV, V, *passim*; voir index, *Amelius*. — Salvan, *Histoire générale de l'Église de Toulouse depuis les temps les plus reculés jusqu'à nos jours*, Toulouse, 1857, t. II, l. XV, XVI. — Cayre, *Histoire des évêques et archevêques de Toulouse*, Toulouse, 1873, p. 109-111.

P. RICHARD.

12. AMELIUS, originaire de Montels (Tarn), fut nommé à un canonicat de la cathédrale d'Albi par Jean XXII, le 6 septembre 1316; il en devint sous-chantre (*succentor*); il succéda comme trésorier pontifical à Gasbert de la Val, quand celui-ci devint camerlingue; il eut aussi une prébende de chanoine à Amiens, après la mort du cardinal Guillaume de Longis (17 février 1321). Il succéda encore à Gasbert comme évêque de Marseille, le 26 août 1323, et rendit hommage au roi Robert à Avignon, dans le couvent des dominicains, le 8 mars 1324. Dès le 31 du même mois, il donnait commission à ses officiers pour recevoir les hommages, reconnaissances et serments de fidélité que lui devaient les nobles, les communautés et les particuliers de son diocèse. Il acquit de Bertrand Porcellet, seigneur de Cabriès, la moitié de la seigneurie de Signe, au prix de 700 livres coronats (21 juin 1325); le pape l'autorisa à lever un subside sur son clergé pour s'acquitter. Le 18 juin 1326, il assista au 1er concile de Saint-Ruf, où se trouvèrent réunis, sous les murs d'Avignon, tous les évêques de Provence, avec leurs trois métropolitains d'Arles, Embrun et Aix; on y fit de nombreux décrets disciplinaires. *Gallia christiana novissima*, t. III, col. 612-633. Amelius résida continuellement à Avignon. Sa santé paraît avoir été peu florissante. Il était malade, quand le roi Robert lui fit demander de rendre hommage aux princesses Jeanne et Marie, enfants de son fils, le duc de Calabre; son procureur remplit cette formalité devant le sénéchal de Provence, Philippe de Sanguinède (20 avril 1331). Le juge des premières appellations du comté de Provence ayant voulu connaître d'une cause qui relevait de l'évêque, celui-ci protesta énergiquement (24 mai 1333). Il touchait prématurément au terme de sa vie. Le 8 novembre, il fonda, pour le repos de son âme, une chapellenie perpétuelle dans sa cathédrale; il en institua deux autres, le même jour, à Signe et à Saint-Cannat; le 15, il fit, en présence de l'archevêque d'Arles, Gasbert, un codicille plein de généreuses dispositions en faveur de ses serviteurs; le 23, il réitéra son intention d'être inhumé à Montels et ordonna de déposer son corps provisoirement à Notre-Dame des Doms. Il mourut le même jour; ses funérailles furent célébrées à la cathédrale d'Avignon : les frais comprennent 972 livres de cire.

Albanès-Chevalier, *Gallia christiana novissima*, t. II, col. 245-260.

U. CHEVALIER.

13. AMELIUS, issu très vraisemblablement de la famille seigneuriale de Brassac, était abbé de Saint-Michel de Cuxa, au diocèse d'Elne, en 1350. Le 17 avril 1351, il promulgua de nouvelles constitutions, qui existent dans le manuscrit *6472* de la bibliothèque publique de Perpignan et dont F. Font, *Histoire de l'abbaye royale de Saint-Michel-de-Cuxa*, Perpignan, 1881, p. 407-408, a édité le texte d'après un vidimus de 1740. Il vivait encore le 3 mai 1356. Son sceau a été reproduit par Chabouillet, *Un sceau d'un abbé de Cuxa*, dans *Bulletin archéologique du Comité des travaux historiques et scientifiques*, 1887, p. 429-430; cf. même bulletin, année 1890, p. 347-350.

P. Font, *op. cit.*, p. 217-219. — P. Vidal, *Notes sur l'abbaye de Saint-Michel de Cuxa*, dans *Bulletin historique et philologique du Comité des travaux historiques et scientifiques*, 1891, p. 110-112, 118.

G. MOLLAT.

14. AMELIUS (MARTIN), de son vrai nom Achtsnicht, grécisé en Amelius, suivant la mode régnante, célèbre jurisconsulte allemand né à Fribourg-en-Brisgau, le 30 octobre 1526, mort en 1590. Fils du professeur de droit canonique à l'université de Fribourg, Georges Amelius, il prit, à l'âge de quatorze ans, ses inscriptions à la faculté de décret et dut s'enfuir précipitamment, en décembre 1542, pour se soustraire à une condamnation d'emprisonnement. Réfugié à Pforzheim, il se mit au service du chancelier badois Oswald Gut, qui négocia sa réintégration à l'université de Fribourg, où il enseigna le droit. En 1554, devenu chancelier du margrave de Bade, Charles II, il aida puissamment ce prince à faire pénétrer dans ce pays la religion réformée. Après la mort de Charles, il fut nommé régent et fit bâtir plusieurs établissements, parmi lesquels on remarque le château de Niefernburg et le gymnase de Durlach.

Schreiber, *Geschichte der Universit. Freiburg*, t. II, p. 357 sq. — Adamus, *Vitae jureconsult.*, p. 110. — Vierordt, *Gesch. der Reformation im Grossherzogtum Baden*, t. I, p. 420-429.

P. BERNARD.

AMELLON (PIERRE). Né à Sablé (Sarthe), en 1549, de Denis Amellon et de Marguerite Ménage, de la famille du célèbre Gilles Ménage. « Les Amellon, dit Hauréau, étaient seigneurs de Fatines, de Saint-Cher et de Chassillé... La branche principale était du Mans. Il y en avait une seconde branche à Sablé, à laquelle appartenait Denis Amellon. » *Histoire littéraire du Maine*, t. I, p. 60.

Pierre Amellon fut le second novice du couvent des cordeliers observantins de Notre-Dame de la Salle, à Précigné (Sarthe). Il y fit profession, à l'âge de soixante-deux ans, le 2 février 1611, et changea son nom de Pierre en celui de Philippe, en considération de Philippe de Laval, seigneur de Bois-Dauphin (à Précigné), fils du maréchal de Bois-Dauphin et protecteur du couvent.

Pierre devint le gardien de son couvent et passa ensuite, au même titre, dans les couvents de Cholet (Maine-et-Loire), d'Ancenis (Loire-Inférieure), d'Ollonc en Poitou et de Plaix, près de Cluis, en Berry. C'est dans ce dernier monastère qu'il mourut, dans un âge très avancé.

Était-il déjà prêtre et prédicateur renommé, lorsqu'il se fit cordelier, nous serions tentés de le croire. En tout cas, au dire de Gilles Ménage, son parent, il fut « fameux prédicateur et l'un des religieux de son ordre le plus considéré. C'était un homme agréable dans la conversation. Il ne disait que de bonnes choses, et s'il en eût dit de mauvaises, il les eût fait trouver bonnes, par le ton de sa voix, qui était merveilleux. »

Gilles Ménage, *Seconde partie de l'histoire de Sablé*, Le Mans, 1844, p. 86-87. — Grillon des Chapelles, *Esquisses biographiques du département de l'Indre*, Paris, 1865, t. II, p. 470. — Armand de Maulde, *Suite à l'essai sur l'armorial de l'ancien diocèse du Mans*, Le Mans, 1865, p. 383. — *Histoire littéraire du Maine*, Paris, 1870, t. I, p. 60-61. — Ledru, *Les cordeliers de Notre-Dame de la Salle à Précigné*, dans la *Revue historique et archéologique du Maine*, Mamers, 1876, t. I, p. 168-191.

Paul CALENDINI.

1. AMELOT (SÉBASTIEN-MICHEL), évêque de Vannes, naquit à Angers, paroisse de Saint-Maurice, le 5 septembre 1741. Son père, « haut et puissant seigneur messire » Michel-Denis Amelot, sieur de Chaillou, était colonel d'un régiment d'infanterie, qui portait son nom. Après de brillantes études à l'université d'Angers, M. Amelot fut reçu docteur en théologie en 1765. Il s'attacha ensuite à Mgr de Boisgelin, dont il fut le grand-vicaire à Lavaur, puis à Aix. Il n'avait que trente-trois ans, quand il fut nommé à l'évêché de Vannes, le 23 avril 1775. Par son assiduité au travail, ses habitudes modestes, le soin qu'il donnait à l'administration de son diocèse, Mgr Amelot se concilia l'affection générale. En 1780, il fut nommé abbé commendataire de Saint-Vincent, au diocèse de Besançon, et sept ans après, le roi lui donna la direction du collège de la marine, récemment fondé à Vannes.

Le diocèse de Vannes est un de ceux qui ont fourni le contingent le plus faible au parti de la constitution civile du clergé : sur cinq cents curés et vicaires, il n'y eut que cinquante assermentés. C'est à Mgr Amelot que ce résultat est dû en grande partie. On sait que le serment fut décrété par la Constituante, le 27 novembre 1790. Aussitôt, plusieurs recteurs consultèrent leur évêque sur la conduite à tenir. Mgr Amelot leur répondit, le 16 décembre : « Après l'examen le plus réfléchi des nouvelles lois, nous n'y avons reconnu ni la discipline actuelle, ni les usages de nos pères, ni l'esprit des anciennes élections. La piété du roi l'a porté à consulter le chef de l'Église. Attendons sa décision et celle des premiers pasteurs. » Il ajoutait : « Nous n'hésitons pas à vous déclarer que, sur un objet aussi intéressant pour la religion, vous ne devez connaître d'autres lois que celles qui seront approuvées par l'Église. » Le décret du serment, sanctionné par le roi le 26 décembre, arriva à Vannes, à l'administration départementale, le 4 janvier 1791.

Au Bondon, près de Vannes, des habitants de la ville et les paysans des alentours se réunirent dès le 7 février, afin de pourvoir à la sûreté de leur évêque et de protester contre les décrets de la Constituante. Sous prétexte de présenter à Mgr Amelot une cocarde tricolore, les patriotes envahirent l'évêché. Aussitôt, le bruit se répandit que le prélat serait forcé de prêter le serment ou de donner sa démission. Le dimanche 13 février, plusieurs bandes de paysans armés, malgré les appels répétés du clergé au calme et à la paix, se dirigèrent sur Vannes, pour délivrer leur évêque; ils furent accueillis à Liziec par une fusillade des troupes; le sang coula et plusieurs paysans furent tués. Le lendemain, Mgr Amelot quitta secrètement la ville et se retira à quelques lieues, dans la cure de Plumergat.

Mise au courant des troubles qui avaient eu lieu dans plusieurs parties de la Bretagne, l'Assemblée constituante porta le décret suivant, dans sa séance du 14 février : « L'Assemblée nationale décrète que les ci-devant évêques de Tréguier, Saint-Pol-de-Léon et Vannes seront tenus de se rendre à la suite de l'Assemblée nationale. » En même temps, on envoyait trois commissaires dans le Morbihan « pour y rétablir l'ordre et la tranquillité. » Mgr Amelot étant rentré dans la ville de Vannes vers la fin de février, les commissaires parisiens forcèrent le département à exécuter le décret du 14 février. Conduit à Paris, sous la surveillance de deux gardes nationaux, le prélat arriva le 5 mars au ministère de l'Intérieur. On se contenta de le consigner dans ses appartements, où il demeura jusqu'à l'amnistie générale du 14 septembre 1791. Il se réfugia alors en Suisse, accompagné de René-Michel Amelot de Guépéan, son frère.

Il en partit pour rejoindre l'expédition anglaise, qui devait jeter une armée sur les côtes de Quiberon, mais il apprit en route la catastrophe. Il revint séjourner en Suisse et, lors de l'invasion française, se retira à Augsbourg, dans le couvent des récollets. Il vint en Angleterre, dans les premiers jours de l'année 1800, et c'est à Londres que lui parvint le bref de Pie VII, sollicitant la démission de son siège. Mgr Amelot fut du nombre des prélats qui refusèrent leur démission. Sous l'influence de Mgr Dillon, archevêque de Narbonne, il s'associa à tous les actes du groupe de la résistance. Il signa, avec le cardinal de Montmorency, la lettre adressée par ce dernier au pape, le 26 mars 1802, puis les *Réclamations* de 1803 et une *Déclaration sur les droits du roi*, le 8 avril 1804.

Toutefois les mémoires du temps s'accordent à dire combien il était loin de la pensée du prélat de chercher à établir un schisme ou à fomenter des divisions. On eut la preuve de ses dispositions pacifiques dans une lettre qu'il écrivit au recteur de Guern, où s'était formé un groupe d'adhérents à la *Petite Église*, pour l'inviter à se soumettre à Mgr de Pancemont, le nouvel évêque de Vannes. Mgr Amelot s'abstint de tout exercice de juridiction sur le diocèse de Vannes, bien que, personnellement, il se refusât à adhérer au Concordat.

En 1814, Mgr de Bausset-Roquefort, deuxième évêque concordataire de Vannes, offrit généreusement à Mgr Amelot de lui rendre son siège. Cette démarche toucha profondément Mgr Amelot, mais il ne consentit pas au sacrifice que proposait son collègue. Cependant, l'année suivante, Mgr de Talleyrand, grand-aumônier de France, lui ayant écrit, de par du roi, pour lui demander sa démission afin de favoriser les préliminaires du nouveau concordat, l'ancien évêque de Vannes s'empressa d'envoyer cette démission.

Mgr Amelot rentra en France au mois de septembre 1815 et assista à plusieurs conférences entre les prélats soumis et les hésitants. Avec MM. de Caux et de Vintimille, évêques d'Aire et de Carcassonne, il refusa d'apposer sa signature à la lettre collective que six autres évêques adressèrent au pape, le 8 novembre 1816 (les anciens archevêque et évêques de Reims, Nancy, Agen, Chalon-sur-Saône et Moulins).

Malgré cette regrettable divergence, Mgr Amelot prenait part aux offices publics et vivait en communion avec les prêtres et les évêques concordataires. Devenu tout à fait aveugle après son retour en France, on le voyait assister à la messe, dans la chapelle du Carmel de la rue de Vaugirard ou à Saint-Sulpice, sa paroisse. Il désapprouva hautement les excès de quelques prêtres schismatiques, tels que MM. Blanchard, Vinson et Gaschet, qu'il appelait des « insensés ».

Après une courte maladie, pendant laquelle il reçut avec une grande édification tous les sacrements, Mgr Amelot s'éteignit pieusement à Paris, le 2 avril 1829, entre les bras du marquis de Guépéan, son neveu. Ses obsèques eurent lieu à Saint-Sulpice. Il laissait aux pauvres et au séminaire de Vannes le témoignage de sa munificence et de sa charité.

Archives municipales d'Angers, *GG 104*. — Archives de Maine-et-Loire, *E 1472-1474*. — Port, *Dictionnaire de Maine-et-Loire*, t. I, p. 17-18. — Bretaudeau, *Pierre-René Rogue*, p. 49, 50, 51, 55. — Pisani, *Répertoire biographique de l'épiscopat constitutionnel*, p. 148-149. — *Réimpression de l'ancien Moniteur*, t. VII, p. 383, 556. — *L'épiscopat français depuis le Concordat jusqu'à la Séparation*, p. 667-668. — Drochon, *La Petite Église*, p. 59, 68, 134, 285, 286, 287, 339. — *Ami de la religion*, t. XL, p. 317.

F. UZUREAU.

2. AMELOT DE GOURNAY (MICHEL). Né le 17 août 1624 (des historiens disent encore le 15, d'autres le 18) de Jean Amelot, seigneur de Gournay et de Neuvy, conseiller d'État et président du grand-conseil, et de Catherine de Creil. Sa famille, originaire d'Orléans, occupa des charges importantes au parlement de Paris, et lui-même y fut nommé conseiller, le 17 janvier 1648. Mais, destiné à la cléricature, il obtint de bonne heure les plus riches bénéfices, cumula les commendes et sembla surtout affectionner les prieurés et abbayes du Maine.

En 1637, à treize ans, il est encore au collège de Beauvais, on lui donne les prieurés de l'Isle-Adam, au diocèse de Beauvais, et de Sainte-Opportune de Moussi-le-Neuf, au diocèse de Meaux. L'année suivante, il est prieur de l'Abbayette, au diocèse du Mans. En 1651, il permute ce dernier prieuré ainsi que celui de l'Isle-Adam pour l'abbaye de Saint-Calais, au diocèse du Mans.

Michel Amelot n'est encore que sous-diacre. Il n'en travaille pas moins à la réforme de son abbaye, où il veut introduire les bénédictins de Saint-Maur : ceux-ci, malgré ses efforts, ne prirent possession de l'abbaye que le 4 novembre 1659.

Entre temps, Amelot s'était fait pourvoir, en 1656, de l'abbaye du Gué de Launay, à Vibraye (diocèse du Mans), puis, en 1657, de celle d'Évron (diocèse du Mans), que lui cédait Achille Le Petit de Gournay, en échange du prieuré de Sainte-Opportune et de différents autres bénéfices : il fut ainsi abbé commendataire de trois abbayes, au diocèse du Mans.

A Évron, il débuta par un procès avec ses religieux, au sujet de réparations qu'il avait négligé de faire au monastère. Mais il ne négligeait pas autant les recettes et tâchait de les multiplier. Par je ne sais quel moyen, « il fit décharger, dit l'abbé Angot, dans son *Dictionnaire*, le pays d'Évron d'une partie des impositions pour augmenter le profit de ses fermes, cela au détriment des autres paroisses de l'élection. » Le maire et les échevins de Laval en portèrent plainte à Colbert lui-même.

Nommé évêque de Lavaur, le 5 janvier 1671, il abandonne pour cet évêché l'abbaye de Saint-Calais, et est sacré le 23 juin à la Visitation de Paris. Deux ans plus tard, le 14 janvier 1673, il est promu à l'archevêché de Tours en remplacement de Charles de Rosmadec, et en prend possession le 16 novembre.

C'est lui qui posa, le 22 avril 1675, la première pierre de la chapelle Saint-François-de-Paule du collège des jésuites. La même année, il établit à Tours les religieuses de l'Union chrétienne. Il s'occupa aussi du séminaire créé par un de ses prédécesseurs, Victor Le Bouthillier, et en confia la direction aux prêtres de la Mission.

On le voit assister à la petite assemblée de 1681. Puis, le 17 avril 1682, il résigne l'abbaye d'Évron en faveur de son neveu, Michel Amelot (voir l'article suivant), mais en demandant, en échange, les prieurés de Gesnes et de Torcé qui dépendaient d'Évron, prieurés qu'il céda, en 1686, à Jean-François de Marescot.

Avant d'être évêque, il était encore chanoine et archidiacre de Chartres. Il mourut à Tours, le 17 février 1687, et son tombeau, avec son portrait en bas-relief, se voit dans l'une des chapelles de la cathédrale.

Archives de la Sarthe, *H 1-34; H 88-89; H 1422*; *Insinuations ecclésiastiques*, 27e registre, fol. 377-378. — Titres de la fabrique d'Évron. — *Gallia christiana*, t. XIII, col. 350; t. XIV, col. 138-139, 452, 492, 498. — Dom Piolin, *Histoire de l'Église du Mans*, Paris, 1851, t. IV, p. 76; t. VI, p. 282, 299. — Carré de Busserolle, *Dictionnaire historique, topographique et biographique d'Indre-et-Loire*, Tours. — Abbé Angot, *Dictionnaire historique, topographique et biographique de la Mayenne*, Laval, 1900, t. I, p. 5, 36; t. II, p. 110. — Abbé Louis Froger, *Histoire de Saint-Calais*, Mayenne, 1901, p. 120-132, 148.

Paul CALENDINI.

3. AMELOT DE GOURNAY (MICHEL) (1654-1724), conseiller du roi et ministre plénipotentiaire, neveu du précédent. D'abord conseiller au parlement de Paris (décembre 1674), puis maître des requêtes (août 1677), il entra ensuite dans la diplomatie et fut envoyé ambassadeur extraordinaire à Venise, où il suivit de près les négociations de la république avec Rome et l'Autriche pour la guerre contre les Turcs (septembre 1682 - octobre 1684). Il passa de là en Portugal, puis en Suisse où il resta longtemps (1688-1697), sans avoir à y jouer qu'un rôle insignifiant. Il revint à Paris exercer ses fonctions de conseiller d'État de semestre, auxquelles il avait été promu en août 1695, et devint, en outre, président du bureau du conseil de commerce, en 1699. Plus tard, Louis XIV le jugea capable d'exercer auprès de son fils Philippe V les fonctions de tuteur et de premier conseiller, qui étaient alors inséparables de celles d'ambassadeur ordinaire en Espagne. Pendant plus de quatre ans (mai 1705-septembre 1709), il soutint et développa l'œuvre réformatrice du surintendant Orry dans l'administration du royaume et contribua à relever les finances, l'armée, la marine. Il sut faire accepter de Philippe V la nécessité de sacrifier quelques provinces pour sauver la monarchie elle-même, mais en même temps il s'efforçait d'introduire dans la péninsule les maximes gallicanes, surtout en matière d'immunités ecclésiastiques et de contribution des clercs aux charges publiques. Sur son conseil, Philippe V entra en lutte avec Rome, rappela son ambassadeur et renvoya le nonce (1708), parce que Clément XI s'était vu contraint, après l'expulsion des Espagnols et des Français d'Italie, de reconnaître la domination des impériaux à Naples (1707). Le clergé espagnol avait accueilli Philippe avec enthousiasme, et ne lui avait pas ménagé son concours, mais il entendait payer à sa guise, et non par contributions forcées. De son côté, Clément XI qui, le premier des princes de la chrétienté, avait accepté le testament de Charles II, et qui n'avait pas refusé au duc d'Anjou l'appui de son prestige spirituel, estima qu'on le payait assez mal, et dut s'en souvenir plus tard, lorsque Amelot se présenta devant lui comme ministre du roi de France.

Quand, après Oudenarde, Louis XIV se vit obligé d'abandonner l'Espagne, le premier résultat de cette mesure fut l'exclusion d'Amelot du conseil de gouvernement, et, se sentant amoindri, il demanda son rappel. Il inaugura, en septembre 1709, la charge de conseiller d'État ordinaire qu'il venait de recevoir (juin). Parlementaire et gallican, il n'avait pas ce qu'il fallait pour traiter avec Rome, quoiqu'il fût, prétend Saint-Simon, « ce qu'on avait de mieux en ce temps pour les négociations. » Il fut cependant chargé, en décembre 1714, de demander à Clément XI la tenue d'un concile national, qui statuerait sur le cas du cardinal de Noailles, rebelle à la bulle *Unigenitus*. Il avait plutôt l'air de plaider pour celui-ci les circonstances atténuantes. Ce fut du moins l'impression du pape, et cela ne le disposa pas en faveur d'une mesure qui lui répugnait. Toutefois, après avoir longtemps tergiversé, amusé Amelot, il lui donna, le 4 août 1715, un projet de bref qui autorisait la tenue du concile et promettait d'y envoyer ses légats. Le projet fut expédié, et on attendait la réponse lorsque, le 3 septembre, Amelot reçut une dépêche qui lui annonçait l'état désespéré du roi et lui enjoignait de revenir aussitôt. En récompense des services qu'il venait de rendre, il fut admis dans les conseils institués par le duc d'Orléans pour administrer les affaires d'État, et prit place en celui de l'extérieur. Après l'existence éphémère de cette polysynodie, il rentra dans la retraite, et mourut le 21 juin 1724.

Moreri, *Dictionnaire historique*, Paris, 1759, t. I, p. 454-456. — A. Baudrillart, *Philippe V et la cour de France*, Paris, 1890, t. I. — A. Leroy, *La France et la cour de Rome, de 1700 à 1715*, Paris, 1892, c. XII. — Baron de Girardot, *Correspondance de Louis XIV avec M. Amelot, son ambassadeur en Espagne, 1705-1709*, 2 vol., Paris, 1864.

P. RICHARD.

4. AMELOT DE LA HOUSSAYE (ABRAHAM-NICOLAS), 1634-1706. Issu d'une branche de la famille Amelot qui était restée en Orléanais, historien, polygraphe et traducteur qui se fait plus remarquer par son exactitude consciencieuse que par les qualités de son style, qui est dur. On ne sait à peu près rien de sa vie, sinon qu'il mourut dans la misère à Paris, rien même sur le titre de secrétaire de l'ambassade à Venise, qu'il se donne en tête de sa traduction de Sarpi. Il a écrit beaucoup, parfois sous le voile d'un pseudonyme, sur l'histoire ecclésiastique et profane. Ses principales publications au point de vue ecclésiastique sont : *Histoire du gouvernement de Venise*, Paris, 1676, 1677, avec un supplément postérieur, qui expose le démêlé de la république avec Paul V; — *Le Prince*, traduit de Machiavel, Paris, 1683, où l'auteur soutient cette thèse que le politique italien a voulu faire la satire des hommes d'État de son temps; — *Histoire du concile de Trente*, de Paolo Sarpi, Paris, 1683, traduite sur l'édition latine de Newton, publiée sous un pseudonyme, et qui ne manque pas d'erreurs graves : elle valut à son auteur plus d'un désagrément; — *Lettres du cardinal d'Ossat*, Paris, 1698, mais l'édition la meilleure, avec des notes historiques, ne vit le jour qu'après la mort de l'auteur, en 1707, 5 vol. in-12. — Amelot a collaboré au travail de Léonard, *Recueil de traités de paix...* faits par les rois de France, publié en 1693, pour lequel il composa, l'année précédente, un *Discours préliminaire sur les traités faits... depuis le règne de Charles VII jusques à l'an 1690*, où il définit la politique *l'art d'en imposer aux hommes*.

Gallican décidé, Amelot prend place à ce point de vue parmi les historiens ecclésiastiques du XVIIe siècle en France. Il est de l'école des Pithou et des Dupuy, et a frayé de le relief avec leurs élèves et héritiers, peut-être même avec Bayle. Aussi lui a-t-on attribué plusieurs écrits d'une doctrine avancée, et qui parurent en Hollande : en outre, des *Mémoires historiques, politiques et littéraires*, publiés à Amsterdam en 1722, qui renferment beaucoup d'inexactitudes, et qui furent composés par un faussaire quelconque à l'aide de quelques notes recueillies dans ses papiers.

Chaufepié-Bayle, *Nouveau dictionnaire historique et critique*, Amsterdam, 1750, t. I, p. 290-292. — Moreri, *Dictionnaire historique*, t. I, p. 457-458. — Hœfer, *Biographie Didot*, Paris, 1859, t. II, col. 351-352.

P. RICHARD.

AMELOTE (DENYS), oratorien français, né à Saintes en 1609, mort à Paris en 1679. Il fut un des principaux disciples du P. de Condren et remplit à l'Oratoire les fonctions importantes d'assistant et de supérieur de la maison-mère. *Ardentissimus antijansenista*, comme l'a appelé le P. Henri de Saint-Ignace, son principal ouvrage de controverse est *La défense des constitutions d'Innocent X et d'Alexandre VII et des décrets de l'assemblée générale du clergé de France contre la doctrine de Jansénius*, in-4°, Paris, 1660, qui fut traduit en latin, Cologne, 1690, et combattu par Nicole, *Idée générale de l'esprit et du livre du P. Amelote*, Paris, 1661, et par plusieurs autres jansénistes.

Le P. Amelote n'est pas moins connu par sa traduction du Nouveau Testament, Paris, 1666-1670, qui a mérité les éloges de Richard Simon et eut un nombre incalculable d'éditions. Cf. *Dictionnaire de la Bible*, t. I, col. 474; *Diction. de théologie*, t. I, col. 1042. On a aussi de lui *La vie du P. de Condren*, in-4°, Paris, 1643; *La vie de sœur Marguerite du Saint-Sacrement...*, de Beaune, in-8°, Paris, 1654, dont il publia le *Manuel des dévotions...*, in-12, Paris, 1655, et le *Petit office de l'enfant Jésus*, in-24, Paris, 1668; et un excellent *Abrégé de la théologie ou des principales vérités de la religion*, in-4°, Paris, 1675.

Batterel, *Mémoires*, t. II, p. 551. — Ingold, *Essai de bibliographie oratorienne*, p. 7.

A. INGOLD.

AMELTRUDE (Sainte), vierge, à Jumièges, au VIIe ou VIIIe siècle. Rollon et les Danois auraient déposé à Jumièges le corps de cette vierge sur l'autel de saint Vaast, dans des circonstances romanesques. Les bollandistes pensent qu'il s'agissait plus simplement de reliques prises par les Normands, à cause des objets précieux qui y étaient joints et restituées par eux après la paix, ou de reliques apportées d'Angleterre par des mains pieuses, pour les soustraire aux profanations et au pillage que Rollon et les Danois faisaient subir aux églises. Il n'existe aucun document. Cette sainte était honorée à Jumièges le 30 août.

Acta sanct., 1743, aug. t. VI. col. 620.

P. FOURNIER.

AMELUNGSBORN, abbaye cistercienne du duché de Brunswick en Allemagne, au diocèse de Hildesheim, tout près de la ville de Halzminden. Elle dut son origine à la générosité du comte Sigefroy de Hombourg. Saint Bernard l'en aurait félicité, en 1129, dans une lettre adressée au premier abbé du monastère; malheureusement l'authenticité de cette lettre paraît douteuse. Janauschek, *Originum cisterc.*, t. I, p. 38. Les bâtiments ne furent achevés qu'en 1135. Ils furent occupés, le 30 novembre de cette année, par des religieux venus de Camp. Dès le début, les moines d'Amelungsborn déployèrent une activité extraordinaire dans la mise en valeur de leur domaine. En cinquante ans, ils formèrent autour de l'abbaye tout un réseau de centres agricoles. Ils travaillèrent avec zèle à civiliser les Obotrites; et c'est à un moine d'Amelungsborn, Bruno, évêque de Schwerin, que les deux grands duchés de Mecklembourg doivent leur conversion au christianisme.

L'église abbatiale, la nef tout au moins, date du XIIe siècle. En 1360, l'abbé Engelhard ajoutait un nouveau chœur gothique à la nef romane, devenue insuffisante pour le nombre des religieux. L'église sert actuellement de temple protestant, car, comme la plupart des abbayes cisterciennes de l'Allemagne du Nord, Amelungsborn passa aux mains des protestants lors de la Réforme religieuse du XVIe siècle. Elle fonda les abbayes de Riddagshausen, en 1145, et de Doberan, en 1171.

LISTE DES ABBÉS (d'après Leuckfeld, dont la critique est parfois en défaut). — Henri, 1135-1141. — Werner, 1141-1171. — Hoico, 1171-1190. — Éberhard, 1190-1204. — Gottschalk, 1204-1223. — Théodoric, 1223-1236. — Arnold, 1236-1257. — Rather? — Maurice, ...-1272. — Balduin, 1272-1292. — Bertram, 1292-1303. — Giseler, 1304-1322. — Ludolphe? — Henri, ...-1353. — Engelhard, 1353-1363. — Jean Masco, † après 1366. — Engelhard? — Henri Reckleff, 1385-1400. — Reiner, 1400-1417. — Herwic, 1417-1428. — Jean, 1428-1433. — Alexandre, 1433-1439. — Jean, 1439-1464. — Henri Horn, 1464-1469. — Engelhard? — Jean de Dassel, ...-1487. — Bernard de Haseln, 1487. — Werner *de Insula*, 1488. — Gérard Masco, 1488-1499. — Hermann Kannengiesser, 1499-1532. — Vit Tegetmeister, 1532-1555. — Adam Steinhaer, né à Londres en 1512, il abandonna le catholicisme et se maria en 1572; en 1577, il signa par ordre du duc Jules de Brunswick la formule de concorde; il mourut à Amelungsborn en 1588. — Vit Buchins; il épousa la veuve de son prédécesseur et occupa l'abbaye jusqu'en 1598. — Antoine George? — Théodore Berckelmann, 1625-1645. — Jean Mesichen. Cet abbé, auquel Berckelmann dut céder la place, vint, en 1629, de l'abbaye de Bredelar avec quelques bons religieux, rétablir la religion catholique à Amelungsborn; il en fut chassé par les Suédois en 1631. Depuis cette époque l'abbaye est occupée par les protestants.

Leuckfeld, *Antiquitates Michaelsteinenses et Amelunxbornenses*, Wolfenbüttel, 1710. — Bertram, *Geschichte des Bisthums Hildesheim*, Hildesheim, 1899, t. I, p. 154 sq. — Dürre, *Beiträge zur Geschichte der Cist. Abtei Amelungsborn*, Holtminden, 1876. — Winter, *Die Cistercienser des nordöstl. Deutschlands*, Gotha, 1868. — Uhlhorn, dans *Zeitschrift des hist. Vereins für Niedersachsen*, 1890. — R. Rustenbach, dans *Jahrbuch des Geschichtsvereins f. das Herzogtum Braunschweig*, 1909, 1910.

E. HOFFMANN.

AMENDE, AMENDE (GEORG), jésuite allemand, prédicateur de la cour à Vienne sous les empereurs Rudolf II et Matthias, de 1607 environ à 1619. Né à Dresde en 1572, il entra dans la Compagnie de Jésus en décembre 1598, à l'âge de vingt-six ans; appliqué au ministère de la prédication, il se distingua par son habileté à convertir les hérétiques. Il mourut à Vienne, le 17 juillet 1624. Am Ende est auteur de deux ouvrages de controverse : *Funiculus triplex oder Dreyfacher Strick, durch welche die Jenigen, so sich von der H. allgemeinen catholischen römischen, recht apostolischen Kirchen abgesondert, also gebunden und verstrickt werden, dass sie sich in ewigkeit dar von nicht loss machen konnen*, in-4°, Vienne, 1615, et réédité en 1616; *Drei Fragen von der Kirchen Gottes und dem H. Abendmahl*, in-16, Neisse, 1622, questions auxquelles entreprit de répondre, après la mort de leur auteur, un théologien protestant : *Laur. Laelii Onoltzbac. theol. Beantwortung derer 111 Fragen Georg am Ende S. J.*, in-12, Nuremberg, 1627.

Sotwel, *Bibliotheca scriptorum S. J.*, Rome, 1676, p. 285. — Stoeger, *Scriptores provinciae Austriacae S. J.*, Vienne, 1856, p. 409. — Sommervogel, *Bibliothèque S. J.*, Bruxelles, 1890, t. I, col. 278-279. — Bernhard Duhr, *Geschichte der Jesuiten in den Ländern deutscher Zunge*, Fribourg-en-Brisgau, 1913, t. II, 2e part., p. 210.

E.-M. RIVIÈRE.

AMENDOLIA (TOMASIO MARIA), dominicain italien de la fin du XVIIe siècle, né à San Giorgio, en Calabre, diocèse de Mileto. Il appartenait à la province dominicaine de Calabre, où il enseigna la théologie. Il a publié un certain nombre d'ouvrages de théologie morale et de droit canonique : 1° *Collectanea in omnes fere sententias de sacramento paenitentiae, quae in praxi occurrere possunt*, in-12, Messine, 1687; 2° *Collectanea in septem Ecclesiae sacramenta*, in-12, Naples, 1699, ouvrage en trois tomes; Naples, 1702, 1719, 1729; 3° *Collectanea in ecclesiasticas censuras et poenas*, 2 vol. in-12, Naples, 1702; *ibid.* 1717; 4° *Resolutiones morales et practicae*, 2 vol. in-12, Naples, 1706; 5° *Collectanea tria de justitia et jure*, 2 vol. in-8°, Naples, 1718. Il mourut vers 1719. Un *Tractatus de potestate praelatorum*, in-4°, Naples, 1705, est de Giuseppe Amendolia, frère de Tommaso et dominicain comme lui. Il mourut en 1708.

Jac. Echard, *Scriptores ordinis praedicatorum*, nouvelle édition, saec. XVIII, p. 113, 260-261, avec la bibliographie. — Hurter, *Nomenclator literarius*, Inspruck, 1910, t. IV, col. 945.

R. COULON.

AMER (*Santa Maria de*), ancienne abbaye bénédictine située dans le diocèse de Gérone (Espagne), existait déjà sous le règne de Charlemagne. En 836, Louis le Pieux confirma à ce monastère et à l'abbé Déodat les privilèges que leur avait jadis accordés son illustre père. L'abbaye ne s'élevait point alors sur l'emplacement qu'elle occupa dans la suite des temps. Elle n'était pas connue non plus sous le nom de Santa Maria de Amer. C'était une *cella* ou une dépendance d'un monastère bénédictin placé sous le vocable des saints Hemeterius et Génis, et ses bâtisses, construites à une distance de trois lieues de la maison-mère, s'élevaient sur les bords du fleuve *Amera*. C'est l'appellation de *cellule* que lui attribuent tour à tour un diplôme de Charles le Chauve, en date du 14 mai 844,une charte de ce même souverain, en date du 19 novembre 860, un document du roi Othon à l'abbé Hautvir et un *praeceptum* de Charles le Simple porté en l'année 922. L'abbaye de Sainte-Marie de Amer fut édifiée sur l'emplacement actuel, entre les années 922 et 949. Le 5 novembre de cette dernière année et sur les instances de Borell, comte de Barcelone, Godmar, évêque de Gérone, « consacra les églises cénobitiques de Sainte-Marie, de Saint-Jean et de Saint-Benoît, nouvellement bâties sur les rives du fleuve Amera. » Ce noble personnage fit donation au monastère des dîmes, des prémices et des offrandes faites par les fidèles des localités de Lloret, Riusech, Albecarri, Gallizano et de toute la vallée d'Amer. En 1187, une bulle de Clément III ratifia, en faveur du monastère d'Amer, la possession des églises de Saint-Hemeterius, de Saint-André del Terri, de Sainte-Marie de Colomés, de Saint-Pierre et Sainte-Marie de Carcere, de Saint-Julien de Lloret, de Saint-Genès de Costa, de Saint-Christophe de Cogolls, de Saint-Michel de Ordeig, de Saint-Vincent de Vilarasalto et de Sainte-Marie del Coll. Dans la nuit du 15 mars 1427, un effroyable tremblement de terre démolit de fond en comble l'église, le couvent et la ville de Sainte-Marie-de-Amer. L'abbé Raimundo Sagra obtint, en 1427, du roi Alphonse V, un privilège lui concédant le droit de reconstruire le monastère et la ville d'Amer, détruits par les récentes secousses sismiques. Les guerres dont la Catalogne fut le théâtre, au milieu du XVIIe siècle, contribuèrent beaucoup à l'appauvrissement de l'abbaye. Le 10 février 1657, les Français envahirent le monastère d'Amer, saccagèrent l'église et la pillèrent. La part du butin qu'ils emportèrent fut évaluée à la somme de 9 000 livres. Une nouvelle invasion des troupes de Louis XIV eut lieu le 26 juillet 1696. La soldatesque enleva les cloches de l'abbaye. L'abbé Juan Antonio Climent s'employa durant vingt-cinq ans (1675-1701) à relever les ruines du monastère d'Amer. Il restaura l'église abbatiale, en modifia le plan, et plaça, sur les piliers des trois nefs, des colonnes doriques d'une hauteur de douze pans qui soutiennent les arcs de la voûte.

L'abbaye de Sainte-Marie de Amer a eu une durée de dix siècles. Elle a été peuplée jusqu'à la révolution de 1835. Dans la liste de ses abbés, on distingue des personnages ecclésiastiques qui ont une notoriété historique. On cite entre autres Jean de Margarit, évêque d'Elne, de Gérone et cardinal du titre de Sainte-Balbine (1449-1476), le cardinal Nicolas Fieschi (1519-1523), Pierre de Puigmari y Funes (1605-1610), évêque de Solsone, et Eustache de Azara, successivement évêque de Ibiza et de Barcelone (1772-1784).

ABBÉS. — Déodat, 814(?)-840. — Wilera, 844. — Theodosio, 860-861. — Superfulcus, 872. — Hautvir, 890. — Lupersulleo, 890-899. — Guinade, 922. — Alejandro, 948. — Aimerico, 949-951. — Amalrico, 960-1005. — Raimundo, 1006-1014. — Witardo, 1014-1017. — Suniario, 1017-1041. — Pedro, 1041-1049. — Arnaldo, 1051-1102. — Esteban, 1104-1107. — Pedro, 1126-1156. - - Rigall, 1156-1158. — Raimundo, 1159-1187. - - Arnaldo, 1192. — Raimundo, 1196. — Pedro Hugo, 1200-1211. — Arnaldo, 1212-1217. — Bernardo, 1220-1230. — Berenguer, 1238-1241. — Ramon de Perafort, 1242. — Arnaldo de Riu, 1249-1252. — Pedro, 1255-1271. — Berenguer, 1272-1284. — Bernardo, 1285. — Berenguer de Cogolls, 1288-1307. — Francisco, 1310. — Ferrer de Montrodo, 1311-1343. — R. de Roca Salva, 1343. — Guido de Causaco, 1343-1348. — Bosso, 1348-1351. — Bernardo, 1358-1362. — Raimundo, 1363-1367. — Bernardo de Olmi, 1367-1373. — Bernardo de Vilafraser, 1374-1403. — Dalmacio de Cartella, 1403-1409. — Pedro de Casas, 1409. — Arnaldo, 1410. — Bernardo de Pontons, 1411. — Esteban-Juan Agramont, 1414-1416. — Pedro de Corona, 1417. — Berenguer de Espasens, 1417. — Raimundo Sagra, 1418-1440. — Bernardo Ferrer, 1441-1445. — Bernardo Cavalleria, 1445-1448. — Juan de Margarit, 1449-1476. — Galceran de Cartella, 1476-1480. — Lorenzo Marull, 1483-1498. — Salvador Marull, 1499-1519. — Nicolas Fieschi, 1519-1523. — Juan de Urrea, 1526-1534. — Francisco de Giginta, 1536-1579. — Juan Bosch, 1596-1603. — Pedro de Puigmari y Funes, 1605-1610. — Francisco de Copons, 1613-1614. — Miguel Alentorn, 1621-1639. — Francisco Vails, 1639. — Samatier, 1642. — Andrés de Pont de Osséja, 1643-1652. — José Sastre y Prats, 1660-1662. — Jeronimo Climent, 1668-1674. — Juan-Antonio Climent, 1675-1701. — Lorenzo Comas y Costa, 1710. — Francisco de Guanter y Pi, 1716-1733. — Francisco de Miranda y Testa, 1735-1739. — Gaspard de Queralt y Réart, 1741-1772. — Eustaquio de Azara, 1772-1784. — José Cruilles de Tort, 1784-1788. — Pelegrin de Bertamon y Carreras, 1789-1803. — Joaquim de La Plana y Natola, 1803-1809. — Jaime de Llanza y de Valls, 1815-1835.

España sagrada, t. XIV, p. 322, 324; t. XLII, p. 358. — Villanueva, *Viage literario à las iglesias de España*, Madrid, 1850, t. XIV, p. 216-233, 305-314. — Baluze, *Capitularia*, t. II, Append., col. 1480. — D. Bouquet, *Recueil des historiens*, t. VIII, p. 561. — Monsalvatje, *Los monasterios de la diócesis Gerundense*, Olot, 1904, p. 337-371. — *Bibliothèque de l'École des chartes*, année 1904, p. 364.

J. CAPEILLE.

AMER (PEDRO DE), issu d'une famille noble de Catalogne, fut un des premiers religieux de la Merci. Il reçut l'habit monastique au couvent de Barcelone, des mains de saint Pierre Nolasque, fondateur de l'ordre. Pedro de Amer se distingua dans l'œuvre du rachat des esclaves et, à cette fin, dut endurer beaucoup de souffrances à Grenade. En 1271, il fut élu supérieur général de la Merci. Jacques le Conquérant en fit son conseiller. Le roi d'Aragon Pierre III lui confia à son tour plusieurs missions importantes. C'est ainsi qu'il l'envoya, en 1282, à la cour de Castille, pour essayer de réconcilier Alphonse X en guerre avec son fils Sanche. Pedro de Amer négocia aussi le mariage de sainte Élisabeth, fille de Pierre III d'Aragon, avec le roi de Portugal, Denis le Libéral. En 1300, il se retira au couvent du Pucha, de Valence, et y mourut en odeur de sainteté, le 8 juin 1301. Pedro de Amer a composé : *Vida de S. Pedro Nolasco*; *De la diferencia de las edades, y de lo que es propio de cada una*; *De la diferencia de los vestidos*. Il rédigea encore les constitutions de son ordre, qu'il présenta au chapitre général tenu à Barcelone, le 1er mai 1272, après les avoir revisées et augmentées.

Remon, *Historia general de la orden de Nuestra Señora de la Merced, redencion de cautivos*, Madrid, 1618, t. I, p. 228. — Gari y Sinmell, *Biblioteca mercedaria*, Barcelone, 1875, p. 12-13. — Torres-Amat, *Diccionario critico de los escritores catalanes*, Barcelone, 1836, p. 39-40.

J. CAPEILLE.

AMERBACH ou **AMERPACH** (VEIT), humaniste, converti, naquit vers 1503, à Wembding (Bavière). Après avoir reçu la première formation scientifique à Eichstädt, il se rendit à Wittemberg, où il fit la connaissance de Luther et fut bientôt entraîné dans l'hérésie. Il étudia la philosophie, le droit, les langues et la théologie luthérienne. Après un court séjour à Eisleben, il retourna à l'université de Wittemberg comme professeur de philosophie. Il y eut occasion de connaître plus familièrement les coryphées du protestantisme : Luther, Mélanchthon, Bugenhagen, Cruciger, et cette intimité le convainquit de la fausseté de leurs doctrines. La lecture des Pères de l'Église et de quelques ouvrages d'Eck achevèrent de le ramener à la foi de sa jeunesse. Luther et Mélanchthon, auxquels il avait plusieurs fois communiqué ses doutes, essayèrent en vain de le retenir dans l'erreur. En 1543, il quitta Wittemberg et rentra avec sa femme et ses enfants dans le giron de l'Église catholique. L'évêque d'Eichstädt, Maurice de Hutten, le nomma professeur d'éloquence au lycée d'Eichstädt, mais Amerbach quitta bientôt ce poste pour devenir professeur de philosophie à Ingolstadt. Il essaya plus tard d'obtenir une chaire de philosophie à Erfurt, mais ses tentatives n'aboutirent pas. Il mourut à Ingolstadt, le 13 septembre

1557, à l'âge de cinquante-quatre ans. Amerbach était un des plus célèbres humanistes de son temps. La longue liste de ses ouvrages se trouve dans le *Kirchenlexikon*, 2 éd., t. i, p. 709-711. Quelques-uns sont philosophiques, comme *De anima libri IV*, Strasbourg, 1542; réimprimé à Lyon, 1555; *De philosophia naturali libri VI*, Bâle, 1548. La grande majorité cependant est consacrée à expliquer et commenter les auteurs classiques, surtout latins. On lui doit l'édition *princeps* des capitulaires de Charlemagne : *Praecipuae constitutiones Caroli Magni de rebus ecclesiasticis et civilibus*, Ingolstadt, 1545; Paris, 1588. Bien que les luttes religieuses de son temps ne le laissassent point indifférent, comme le prouvent ses lettres, pour la plupart encore inédites, il n'a cependant jamais écrit contre le protestantisme. Quelques détails sur sa vie et la genèse de sa conversion se trouvent dans un de ses ouvrages qui a figuré assez longtemps à l'Index : *Antiparadoxa cum duabus orationibus de laudibus patriae et de ratione studiorum*, Strasbourg, 1541; édition augmentée, Bâle, 1551. Un autre écrit : *Tres epistolae de rebus gravibus et minime a controversiis ecclesiasticis horum temporum alienis*, Augsbourg, 1548, traite de controverses antérieures à la Réforme.

Döllinger, *Die Reformation*, Ratisbonne, 1846, t. i, p. 155-160. — *Kirchenlexikon*, 2ᵉ éd., t. i, p. 705-711. — Strauss, *Viri scriptis, eruditione ac pietate insignes, quos Eichstadium vel genuit vel aluit*, Eichstädt, 1799, p. 20-25. — Kobolt, *Baierisches Gelehrtenlexikon*, Landshut, 1795, p. 35-38. — *Ergänzungen und Berichtigungen zum Baierischen Gelehrtenlexikon*, Landshut, 1824, p. 10.

J. PIETSCH.

AMÉRICANISME. On a donné le nom d'*américanisme* à une forme de pensée religieuse et à des méthodes d'apostolat soi-disant préconisées par certains catholiques surtout américains. Ceux-ci, dès que Léon XIII en eut montré le danger, s'empressèrent, pleins de bonne volonté et parfaitement soumis à l'Église, de réprouver les exagérations auxquelles voulaient les entraîner les adversaires du catholicisme ou qu'on leur prêtait, dans une intention polémique.

Celui dont le nom a été le plus souvent prononcé à propos de l'américanisme, et à cause de son influence sur le haut clergé contemporain d'Amérique, est le P. Hecker.

Isaac Thomas Hecker naquit à New York en 1819. D'abord méthodiste, il se convertit, se consacra à l'apostolat et fonda une communauté de prêtres : les *paulistes*, dont le but principal était la prédication. Ame ardente, esprit un peu chimérique, mais d'une véritable élévation morale, sa pensée et son œuvre ont pu être discutées, sans que fussent mises en doute la sincérité de ses convictions ni la droiture de sa conscience. Il faut, pour le bien juger, le replacer dans son temps et dans son milieu, faire la part surtout de sa formation religieuse antérieure et de son ardent désir d'amener à sa foi nouvelle ses anciens coreligionnaires. Il mourut en 1888. Sa vie a été écrite quelques années après par un de ses disciples, le P. W. Elliot, traduite et adaptée de l'anglais (1897) avec une Introduction de Mgr Ireland, archevêque de Saint-Paul de Minnesota, et une Préface de l'abbé F. Klein. La sixième édition française fut augmentée d'une préface de S. Ém. le cardinal Gibbons.

Les promoteurs du *congrès des religions*, tenu à Chicago en 1893, ayant émis l'idée d'en réunir un second à Paris, en 1900, l'abbé Charbonnel fit une vigoureuse campagne de presse et de conférences en France, en Belgique et en Suisse pour recruter des adhérents. Comme les promoteurs essayaient (1895-1893) de mettre au compte de l'Église d'Amérique un catholicisme diminué plus souple, disaient-ils, plus approprié aux besoins de la société moderne, et que, même en dehors d'eux, cette fausse opinion se répandait, Rome vit le péril et, prenant à partie les théories dangereuses sous le nom dont on les désignait le plus ordinairement, condamna l'américanisme, en faisant observer qu'elle ne les imputait pas directement au clergé ni aux fidèles d'Amérique.

Déjà, dans l'encyclique *Longinqua Oceani...* (1895), Léon XIII avait donné un premier avis, bien que cette lettre eût une portée plus disciplinaire que théorique. Le souverain pontife parla clairement et définitivement, à la fin de janvier 1899, par la lettre *Testem benevolentiae...*, adressée au cardinal Gibbons et, par lui, à tout l'épiscopat du Nouveau Monde.

Cette lettre formulait en termes précis et condamnait les théories dites *américanistes*. Elle disait en substance qu' « aucun dogme ne peut être changé ni être tu, comme le voudraient les novateurs; que la discipline de l'Église peut s'adapter aux temps et aux lieux, mais que le lien de la hiérarchie ne doit pas se relâcher; que c'est à tort que les américanistes préconisent l'action intérieure de l'Esprit-Saint au détriment de la direction extérieure et que les vertus naturelles sont mieux adaptées au temps présent que les vertus surnaturelles; et encore que les vertus actives doivent être préférées aux vertus passives; qu'ils ont encore le tort de préconiser une méthode nouvelle pour amener les dissidents à l'Église. » Cf. *Dictionnaire de théologie*, t. i, col. 1044-1048.

Le cardinal Gibbons et l'archevêque Ireland, au nom de l'épiscopat tout entier d'Amérique, protestèrent aussitôt qu'avec Rome ils condamnaient ces opinions dangereuses et subversives, qui n'étaient point du reste le fait de leurs fidèles. La traduction de la Vie du P. Hecker, qui pouvait prêter à des méprises, fut retirée du commerce.

G. Bonet-Maury, *Le congrès des religions à Chicago en 1893*, Paris, 1895. — V. Charbonnel, *Le congrès des religions et la Suisse*, Genève, 1897; *Congrès universel des religions en 1900*, Paris, 1897. — Delassus, *L'américanisme et la conjuration antichrétienne*, Paris, 1899. — A. Houtin, *L'américanisme*, Paris, 1904. — Ch. Maignen, *Le P. Hecker est-il un saint?* Paris, 1897. — *Dictionnaire de théologie*, t. i, col. 1048-1049. — *The catholic encyclopedia*, t. xiv, p. 537-538.

M. PERNOD.

AMÉRIQUE. Des grandes masses continentales disséminées au milieu des eaux marines à la surface du globe, l'Amérique est incontestablement la dernière à qui a été annoncé l'Évangile. Ceux mêmes qui veulent identifier le Nouveau Monde avec la fabuleuse île de Saint-Brandan ou qui sont parvenus à établir l'existence de relations religieuses entre le Groënland, les archevêques de Drontheim et les habitants des Orcades, ceux-là même ne peuvent nier l'exactitude de ce fait : aussi bien au point de vue catholique qu'au triple point de vue politique, économique et social, l'Amérique mérite réellement le nom de Nouveau Monde, et c'est seulement du 12 octobre 1492, c'est-à-dire du jour où Christophe Colomb atterrit à Guanahani, que date son entrée définitive dans le monde chrétien.

Il est, par contre, permis de dire que, dès le jour où il a été découvert, le Nouveau Monde a commencé d'être évangélisé et que, depuis lors, aucun continent n'a été, de la part des missionnaires catholiques, le théâtre de prédications plus continues, plus persévérantes et peut-être même plus systématiques; partout en Amérique, l'annonce de la « bonne nouvelle » a marché de pair, pour ainsi dire, avec la découverte et avec la conquête. C'est ce qui apparaît clairement à qui étudie l'histoire de la prédication de la foi chrétienne au Nouveau Monde; mais de cette histoire considérable, il n'est possible de donner à cette place qu'un bref « raccourci », un aperçu d'ensemble, et, pour parler plus exactement encore, le cadre général; quant aux précisions, aux compléments, aux détails, il conviendra de les aller chercher ailleurs dans ce *Dictionnaire*, c'est-à-dire dans les monographies consacrées non seulement à chaque pays, à chaque diocèse de l'Amérique, mais aussi à chaque missionnaire ayant marqué sa place dans l'histoire de son évangélisation.

I. LA DÉCOUVERTE. — En fait, cette histoire commence avant même la découverte, car Christophe Colomb, dès le jour où il conçut son grand projet, comprit la nécessité de conquérir à la foi chrétienne les terres qu'il se proposait de découvrir et, au cours de ses démarches auprès des rois catholiques, il fit de leur évangélisation un argument dont il sut habilement se servir. La preuve s'en trouve dans une ordonnance du 30 avril 1492, où Ferdinand et Isabelle déclarent que Colomb se rend « dans certaines parties de la mer Océane pour des choses très utiles au service de Dieu et au nôtre, *sobre cosas muy complideras á servicio de Dios e nuestro*. » Navarrete, *Colección*, t. III, n. VIII. Il ne semble pas, cependant — du moins jusqu'à plus ample informé — qu'aucun ecclésiastique ait accompagné Colomb, lors de ce célèbre voyage de 1492, qui aboutit à la découverte de l'Amérique; mais on sait que le promoteur de l'expédition débarqua le 12 octobre à Guanahani, dans l'archipel des Lucayes, porteur de la bannière royale, tandis que les deux Pinzon, qui l'accompagnaient, tenaient chacun une bannière sur laquelle était représentée une croix entourée des deux initiales royales F. et I.; on sait par Oviedo qu'il débuta par s'agenouiller et par remercier Dieu de sa découverte; on sait enfin qu'il donna à l'île où il venait d'atterrir le nom de San Salvador. Ainsi est-on en droit de dire que Christophe Colomb a pris simultanément possession du Nouveau Monde au nom du Christ et au nom des souverains catholiques.

C'est bien ainsi d'ailleurs que l'a entendu le pape Alexandre VI, comme le montrent trois célèbres bulles de ce pontife, en date des 3 et 4 mai 1493; ces bulles débutent en effet par expliquer que l'objet de Ferdinand d'Aragon et d'Isabelle de Castille, en entreprenant de nouvelles conquêtes, a été de servir la religion. En conséquence, et pour récompenser les rois catholiques de leur zèle, le souverain pontife reconnaît à eux et à leurs successeurs, sur les terres de l'Ouest ainsi découvertes ou à découvrir, des droits de souveraineté identiques à ceux qui ont été précédemment reconnus aux rois de Portugal à l'occasion de découvertes du même genre (bulles *Inter cetera* et *Eximie devotionis* du 3 mai); puis (bulle *Inter cetera* du 4 mai), pour compléter et préciser la bulle du pape Nicolas V de 1454, accordant aux rois de Portugal les pays à découvrir en Afrique et en Éthiopie, et les bulles subséquentes confirmant cette première concession; pour supprimer toute contestation entre Lusitaniens et Espagnols, il détermine les régions ouvertes à l'activité de chacun des deux peuples, et les sépare l'une de l'autre par une ligne idéale de démarcation passant dans l'ouest des Açores et des Canaries et suivant à peu près le 55e degré longitude ouest de Paris. Tout ce qui sera découvert à l'est de cette ligne dite *de marcation* — que l'on croit traverser uniquement des solitudes marines — appartiendra au roi de Portugal (voilà pourquoi le Brésil, dont on ne soupçonnait pas encore l'existence, a échu à ce souverain) tandis que les terres occidentales seront du domaine espagnol... Mais cette concession émanant du Saint-Siège entraîne pour les bénéficiaires des charges que la bulle du 4 mai 1492 énonce expressément : les souverains de Portugal et d'Espagne devront travailler à convertir à la foi chrétienne les peuples des pays sur lesquels est reconnue leur autorité temporelle.

Ni les Espagnols ni les Portugais n'ont failli à cette obligation, et toujours, peut-on dire, au Nouveau Monde la prédication de l'Évangile a marché de pair avec la découverte et avec la conquête. Un rapide coup d'œil jeté sur l'histoire des missions catholiques, d'abord dans les possessions espagnoles, puis dans les territoires lusitaniens du Nouveau Monde, en fournira une irréfragable démonstration.

II. INTRODUCTION DU CATHOLICISME DANS L'AMÉRIQUE ESPAGNOLE. — Quelques mois après la publication des bulles pontificales des 3 et 4 mai 1493, une flotte équipée par les rois catholiques à destination des terres nouvelles s'éloignait du port de Cadix (25 septembre); douze prêtres, les uns séculiers, les autres appartenant à différents ordres, avaient pris place sur dix-sept bâtiments, vaisseaux et caravelles, que commandait l'Amiral, et traversaient les solitudes de l'Atlantique, sous la conduite d'un bénédictin de Montserrat, le P. Catalan Bernard Buil (voir ce mot), investi des pouvoirs de vicaire apostolique. Prodiguer les secours spirituels aux Européens se lançant à la découverte des pays inconnus, et surtout entrer en contact avec les indigènes de ces pays et travailler à leur évangélisation, tel était le désir ardent des différents membres de cette véritable « Mission »; tel était également, alors comme toujours, le désir de Christophe Colomb (voir ce mot), et aussi celui des souverains catholiques, soucieux de remplir les volontés du pape, telles que les avait formellement énoncées la bulle *Inter cetera* du 4 mai 1493. « Nous vous ordonnons, avait dit Alexandre VI, en vertu de la sainte obéissance qui nous est due, de pourvoir à ce qu'il soit envoyé dans les terres fermes et dans les îles en question des sujets d'une vertu reconnue, craignant Dieu, sages, éclairés, en vue d'instruire les habitants dans la foi catholique et de leur inspirer le goût des bonnes mœurs; et nous vous rappelons le devoir d'y travailler avec tout le soin possible, comme vous nous l'avez promis... » Ainsi s'explique que, dès le début du mois de janvier 1494, une modeste église en pisé ait été érigée dans la ville fondée par Christophe Colomb à Hispaniola, sous le vocable d'Isabelle; le jour de l'Épiphanie, les treize prêtres venus d'Europe y officièrent au milieu d'un énorme concours de naturels, dont l'attitude recueillie frappa vivement tous les spectateurs.

C'est bien de ce jour que date vraiment la prédication du catholicisme en Amérique. On verra ailleurs (HAÏTI) comment la religion chrétienne s'est immédiatement affermie dans l'« île espagnole », comment elle a gagné de là les autres Antilles et la « terre ferme »; il suffit de noter ici que, depuis ce moment, pas une flotte n'est partie des ports espagnols de la péninsule ibérique sans emmener, à côté d'administrateurs, de soldats et de colons, quelques missionnaires; pas une grande expédition ne s'est lancée dans l'inconnu sans aumônier ou chapelain. Lorsque Vasco Nuñez de Balboa a entrepris, en 1513, la traversée de l'isthme de Panama, il était accompagné du prêtre Andrès de Vera; en 1519, Fernand Cortez partit pour le Mexique avec Olmedo pour chapelain; on sait enfin quel rôle a joué, dans l'histoire de François Pizarre et d'Almagro, le riche ecclésiastique de Tabago, Fernand de Luque, et que, lorsqu'ils quittèrent Panama pour atteindre les côtes du Pérou, les futurs *conquistadores* de l'empire des Incas comptaient le prêtre Vincent Valverde dans leur petite troupe. Quant aux navigateurs qui déroulèrent le long des rivages de la mer des Antilles l'« écheveau de fil » commencé de dévider par Christophe Colomb, ils avaient toujours, eux aussi, des prêtres avec eux... Ainsi, de concert avec la reconnaissance des « terres neuves », des îles en avant du continent (Antilles) et de la « terre ferme », marchait la reconnaissance des contrées que, depuis la Floride et les plateaux du Mexique jusqu'au détroit de Magellan, les missionnaires devaient ensuite conquérir à la foi chrétienne.

Tâche singulièrement difficile, étant donné la manière d'agir des *conquistadores* à l'égard des indigènes du Nouveau Monde, des « Indiens », leur cruauté, leur cupidité !... La grande découverte de Christophe Colomb avait déchaîné les convoitises et excité les appétits; de là non pas seulement ces querelles et ces luttes à main armée, entre les Espagnols mêmes, dont est pleine l'histoire des débuts de la conquête, mais aussi les étranges méthodes de colonisation et de mise en valeur auxquelles recoururent les sujets des rois catholiques dans leurs nouvelles possessions, de là le travail forcé intensif et exagéré, une sévérité outrée, la violence érigée en système et une perfidie qui allait jusqu'à tirer parti de l'ignorance religieuse des Indiens pour les rançonner ou même les tuer ! Rien de plus probant à cet égard, rien de plus abominable aussi, que le rôle de Pizarre envers Atahualpa, que l'indigne comédie machinée entre lui et son aumônier Valverde pour aboutir à la mort de l'Inca... Que l'on joigne à cela la manière dont se comportèrent, durant les premières années qui suivirent la découverte de 1492, certains missionnaires espagnols, que l'on tienne compte de l'esprit d'ambition et de lucre animant quelques-uns d'entre eux (un Fernand de Luque, par exemple), et l'on comprendra sans peine les sentiments de défiance et d'hostilité des Indiens à l'égard des missionnaires. Même lorsqu'ils étaient animés des meilleures intentions, ceux-ci, par leurs maladresses involontaires, par leur ignorance des coutumes indiennes, par leurs préjugés européens, par leur intolérance, par l'ardeur même de leur zèle apostolique, ne parvenaient pas à réagir. Ainsi s'expliquent parfaitement les réponses du cacique haïtien Hattuey (1511), sur le point de périr par le feu, au franciscain qui, pour le convertir, lui vantait les délices du paradis : « Y a-t-il quelques Espagnols dans ce lieu de délices dont vous me parlez ? — Oui, mais ceux-là seulement qui ont été justes et bons. — Le meilleur d'entre eux ne peut avoir ni justice ni bonté ! Je ne veux pas aller dans un lieu où je rencontrerais un seul homme de cette race maudite. »

Mieux que bien des commentaires, de telles paroles permettent de comprendre les difficultés auxquelles se heurtèrent les premiers véritables évangélisateurs des populations du Nouveau Monde, frères mineurs et frères prêcheurs surtout. Ils durent surmonter des obstacles de toute nature; les uns tenaient à l'exaspération des Indiens, qui ne voyaient dans les missionnaires que des oppresseurs comme les autres, qui les massacraient sans écouter leurs prédications et qui en faisaient des martyrs (Jean de Garces, François de Cordoue, Ferdinand Salzedo, Didace Botellio, etc.); les autres provenaient des Espagnols irrités de voir les missionnaires se poser en défenseurs des Indiens, combattre la dissolution des mœurs et la cupidité, rappeler aux dominateurs les lois de la morale et de l'humanité, et protester jusqu'auprès des rois catholiques contre les déportements de toute nature des Européens (le franciscain Antoine des Martyrs, le dominicain Antoine de Montesinos, Barthélemy de Las Casas, etc.). Si, malgré de telles difficultés, les missionnaires arrivèrent très vite à des résultats tout à fait remarquables, ils durent leurs succès à la protection constante des souverains catholiques, à l'appui que leur prêtèrent les *conquistadores*, à la force armée, au prestige des Européens, à la situation privilégiée faite par les ordonnances royales aux néophytes. Mais on aurait tort de croire que, malgré une docilité dont les missionnaires se sont très fréquemment plu à louer l'existence chez leurs catéchumènes, la conversion ait toujours été sincère et complète; dans les campagnes subsistèrent en fait nombre d'idolâtres; dans les grandes villes mêmes, certains indigènes, catholiques d'apparence, demeurèrent en réalité attachés à leurs anciennes divinités, comme le montre le curieux procès intenté en 1539 par le procureur du Saint-Office de l'Inquisition au cacique mexicain Miguel. La destruction de la plupart des idoles par le clergé espagnol, l'érection d'églises et de calvaires sur les anciens téocallis mexicains et sur d'autres emplacements consacrés, la corrélation plus ou moins heureusement établie entre certaines croyances indigènes et des croyances catholiques, la rédaction de prières et de catéchismes en langues indigènes, etc., tout cela n'aboutit guère d'abord qu'à une conversion apparente, officielle bien plutôt que réelle, à un catholicisme presque exclusivement de surface. Les chefs ecclésiastiques du Nouveau Monde le comprirent; pénétrés de « l'ignorance et de la faiblesse d'esprit » de leurs ouailles, ils s'attachèrent soigneusement à empêcher autant que possible la formation de relations suivies entre les indigènes et les hérétiques, les juifs et les Mores de l'ancien monde. De là, dès le début du XVIe siècle, l'ordonnance royale interdisant leur immigration dans les colonies espagnoles; de là les mesures restrictives à l'introduction des esclaves; de là encore, un peu plus tard, l'établissement en Amérique de l'Inquisition, qui ne servit pour ainsi dire pas contre les Indiens, mais qui, dans l'ensemble des possessions espagnoles partagées dès 1569 entre les deux audiences de Mexico et de Ciudad de los Reyes (Lima), travailla sans relâche à préserver les indigènes contre toute infiltration des doctrines juives ou de l'hérésie protestante.

Avant même l'introduction du Saint-Office en Amérique, les terres nouvelles avaient commencé de recevoir une véritable organisation ecclésiastique. Dès 1508, le roi catholique Ferdinand d'Aragon avait obtenu du Saint-Siège, sur les Indes occidentales, un patronage ecclésiastique aussi étendu que celui qu'il exerçait en Espagne même; bientôt après, reprenant des négociations qui n'avaient pas abouti en 1504, le même souverain obtint, le 8 août 1511, du pape Jules II, une bulle érigeant à Santo Domingo et à Concepcion de la Vega d'Hispaniola, enfin à San Juan de Porto Rico, les trois premiers sièges épiscopaux qu'ait possédés l'hémisphère occidental. De là, graduellement, à mesure que se poursuivait et s'affermissait la conquête espagnole, l'organisation ecclésiastique s'étendit sur les autres Antilles, puis sur la terre ferme où, dès 1546, alors même que le siège de Santo Domingo (d'abord suffragant de Séville comme tous les évêchés du Nouveau Monde) eût été élevé à la dignité archiépiscopale, Lima et Mexico devinrent des églises métropolitaines. Dès lors, l'Église espagnole d'Amérique est définitivement constituée, avec sa hiérarchie et ses cadres, son clergé séculier et son clergé régulier, avec ses conciles provinciaux, dont les premiers ont été tenus à Mexico en 1555, à Lima en 1567; au début du XVIIe siècle, au témoignage d'Herrera, les Indes occidentales comptaient cinq archevêchés, vingt-sept évêchés, quatre cents monastères et à peu près autant de districts ou paroisses.

III. Le catholicisme dans l'Amérique espagnole aux XVIIe et XVIIIe siècles. — Quels furent ces sièges archiépiscopaux et épiscopaux; à quelle époque ils furent fondés; comment, dans le cours des XVIIᵉ et XVIIIᵉ siècles, leur nombre s'est encore accru, nous aurons occasion de l'indiquer en reprenant ailleurs, avec quelque détail, l'histoire religieuse de chacune des républiques hispano-américaines. A cette place, il importe seulement de définir d'une manière toute générale quelle fut, dans les différents pays du Nouveau Monde soumis aux rois catholiques, et à partir du jour où en fut achevée la conquête, l'action du clergé, et de quelle manière s'exerça cette action, soit sur la population d'origine européenne, soit sur la population indigène.

1° *Le clergé colonial séculier et régulier.* — Quelques mots d'abord sur le clergé colonial lui-même. Si, au spirituel, il relevait du Saint-Siège, au temporel il était complètement soumis aux souverains espagnols, ou plutôt, sous leur nom, à la *Camara de Indias*, c'est-à-dire à une section du Conseil suprême des Indes (*Consejo supremo de Indias*), particulièrement chargée de la juridiction gracieuse et du patronage des églises, en vertu du droit dont avait été investi par Rome Ferdinand le Catholique de nommer à tous les postes ecclésiastiques des possessions d'outremer, et de régler les dîmes, les impôts et les bénéfices y afférents. Si le souverain pontife nommait toujours les plus hauts dignitaires du clergé colonial, il ne le faisait, par suite de cette concession, que sur la présentation du souverain catholique, à qui la *Camara de Indias* proposait les candidats aux sièges archiépiscopaux et épiscopaux, aux canonicats, aux doyennés; quant aux bénéfices inférieurs, la même section du Conseil suprême des Indes confirmait les nominations faites par les prélats coloniaux ou par les ordres monastiques, suivant les cas. Aucun ecclésiastique ne pouvait même quitter la métropole pour se rendre au Nouveau Monde, sans avoir sollicité et obtenu l'autorisation formelle du roi. Ainsi le clergé colonial dépendait entièrement du gouvernement métropolitain qui, pour maintenir son influence, entretenait une correspondance active avec ses membres, et se faisait renseigner par eux sur les agissements des fonctionnaires civils, comme il était tenu au courant par ces derniers de tous les actes des autorités ecclésiastiques.

A la tête du clergé colonial du Nouveau Monde se trouvaient quelques archevêques (il y eut même un patriarche au milieu du XVIIᵉ siècle) et des évêques relativement nombreux, auxquels étaient subordonnés des prêtres venus de la métropole ou recrutés parmi les créoles. De ces derniers, très rares furent toujours ceux qui parvinrent à s'élever jusqu'aux plus hautes fonctions ecclésiastiques; sur les trois cent soixante-neuf évêques qui, depuis la découverte jusqu'en 1637, furent placés à la tête des diocèses existant dans les colonies espagnoles du Nouveau Monde, on n'a, en effet, compté que *douze* créoles! Là, comme dans l'administration civile, la politique du gouvernement de la métropole confinait le plus souvent les Hispano-Américains dans les postes inférieurs, et réservait les grades supérieurs de la hiérarchie à des Espagnols venus de la métropole. A ces derniers les prébendes de chanoines, les délicates attributions de commissaires de l'Inquisition, les chaires universitaires de Mexico et de Lima; aux prêtres créoles la tâche moins brillante et plus pénible du ministère paroissial, qui les maintient d'ailleurs en contact intime avec les classes populaires — ce qui explique, dans une certaine mesure, le rôle considérable joué par les curés de telle ou telle possession espagnole dans les guerres de l'Indépendance.

A côté du clergé séculier, qui prélève depuis l'année 1501 la dîme dans toutes les colonies espagnoles, qui jouit des plus grandes facilités pour acquérir des terres et pour ériger de nouveaux sanctuaires, qui dessert de nombreuses paroisses, voici un clergé régulier considérable, des franciscains, des dominicains, des augustins, des jésuites, d'autres encore, qui ont introduit en Amérique leurs coutumes et leurs pratiques d'Europe; c'est ainsi que sainte Rose de Lima est une tertiaire de l'ordre de Saint-Dominique. Ces religieux sont possesseurs de multiples couvents, qui constituent parfois un sujet d'orgueil, mais parfois aussi une gêne pour les villes où ils s'élèvent. Sans doute, pour apprécier l'importance d'une cité, tient-on compte davantage du nombre de ses habitants; mais la multiplicité et l'étendue des établissements religieux est un obstacle au développement d'une capitale ou à des améliorations projetées. Ainsi comprend-on que la municipalité de Mexico ait demandé au roi Philippe III, en 1644, de mettre un terme à la fondation des couvents.

Ce clergé régulier, qui jouit parfois d'une extrême influence, partage le plus souvent avec les prêtres séculiers les travaux du ministère paroissial, tout au moins la charge de la prédication; il assume seul la responsabilité de l'instruction des jeunes créoles, pour qui il fonde des collèges décorés parfois du titre d'universités. Malheureusement, dans l'ensemble, sa conduite n'est pas irréprochable; au contact de populations de civilisation très inférieure, réparties sur de si vastes espaces dans des pays de climat tropical, la discipline s'est adoucie et les mœurs se sont relâchées; les clercs, tant réguliers que séculiers, s'adonnent au jeu et à toutes sortes d'excès. Seules, le plus souvent, avec les membres du haut clergé colonial, les religieuses, recrutées en très grande partie dans la population créole, mènent dans leurs couvents une vie exempte de reproches et exclusivement consacrée au service de Dieu; mais elles ne s'adonnent pas tant à l'éducation des jeunes filles et au soulagement des pauvres malades qu'à la contemplation et à la prière.

2° *Action du clergé sur la population d'origine européenne.* — Voilà, très succinctement indiquée, l'organisation et la composition du clergé dans les possessions espagnoles du Nouveau Monde; quelques mots maintenant sur son rôle à l'égard de la population d'origine européenne, c'est-à-dire à peu près exclusivement castillane, car les rares étrangers établis dans les possessions hispano-américaines se sont très vite fondus dans la masse des colons venus de la métropole à une date plus ou moins rapprochée de la découverte. Le rôle du clergé est exactement le même qu'en Europe, c'est-à-dire religieux, moralisateur et éducateur. Religieux, car il procure aux Espagnols ayant traversé l'Atlantique et aux créoles du Nouveau Monde, sous toutes les formes, les secours de la religion, et il travaille avec la plus grande vigilance à combattre et à étouffer les moindres germes d'hérésie; moralisateur, car, sans se laisser décourager par le peu de succès relatif de ses efforts, il lutte sans relâche contre les mauvais instincts de toute nature, contre l'influence déprimante du milieu ambiant et du climat, contre les défaillances que favorisent la situation éminente des Espagnols et la facilité de mœurs des Indiens; éducateur enfin, puisque à lui incombe exclusivement le soin de donner aux enfants des colons, non seulement l'instruction religieuse, mais encore, comme en Espagne, l'instruction générale à tous les degrés et sous tous ses aspects. Rien de plus important, on le voit, et rien de plus complexe qu'un tel rôle, sinon celui que remplit d'autre part le clergé à l'égard des indigènes de l'empire espagnol du Nouveau Monde.

3° *Action du clergé sur la population indigène.* — Pour ceux-là en effet, du moins dans certaines parties de l'Amérique, il n'est nullement exagéré de dire que, aux XVIIe et XVIIIe siècles, le clergé, plus encore régulier que séculier, fut absolument tout. Si, aussitôt après la découverte, le gouvernement métropolitain souhaite encourager la fusion entre Castillans et Indiens, entre dominateurs et dominés, il cesse bientôt de désirer cette fusion, pour songer bien au contraire à créer entre ces deux catégories de sujets une barrière morale, dont le caractère orgueilleux des conquérants facilite d'ailleurs la création : *divide ut imperes*, telle devient alors sa devise... Le clergé colonial ne combattit nullement cette tendance, mais l'encouragea bien plutôt. Instruit par une première et lamentable expérience, par le spectacle de ces excès de toute nature qu'ont stigmatisés Las Casas et tant d'autres, il renonça très vite à voir dans les Espagnols venus au Nouveau Monde les protecteurs et les éducateurs des Indiens; pour protéger ces derniers contre les mauvais traitements des colons métropolitains, il se réserva exclusivement à lui-même ce double rôle, que les souverains catholiques avaient d'abord assigné à leurs sujets laïques. La composition très défectueuse de la société coloniale, la manière dont, sous forme de corvée (*mita*), un travail exagéré était imposé aux Indiens soit dans les mines, soit dans les plantations la manière aussi dont, dans les *repartimientos* ou *encomiendas*, les indigènes étaient exploités par les possesseurs des commanderies, tout amena très vite le clergé à envisager comme la meilleure solution celle qui séparait complètement des Espagnols les naturels du Nouveau Monde. Grâce à l'influence considérable exercée par les ecclésiastiques dans les conseils royaux, cette solution — qui ne contredisait d'ailleurs nullement la politique coloniale du gouvernement espagnol — ne tarda pas à prévaloir, si bien que, suivant les très justes expressions d'un historien contemporain, « les indigènes furent mis en tutelle et placés sous la direction exclusive de l'Église. »

En faut-il fournir des preuves? Les textes législatifs, les documents de toute nature, les faits enfin sont là pour les donner. Ils montrent les membres du clergé espagnol soucieux de procurer aux Indiens une instruction religieuse suffisante et chaque curé d'abord astreint, pour ce motif, à se mettre en mesure de parler la langue des indigènes de sa paroisse (loi de 1619); ils montrent les indigènes obligés à leur tour un peu plus tard, pour la même raison, et même contraints d'apprendre la langue castillane (loi de 1634); ils montrent encore les évêques du Nouveau Monde non seulement pleins de bienveillance et d'indulgence, mais désireux d'agir avec les plus grands ménagements, préoccupés de faciliter à leurs ouailles l'accomplissement de leurs devoirs religieux, faisant fléchir dans ce but la rigueur des lois canoniques et de certaines prescriptions. En dépit de la « parenté spirituelle », le mariage fut autorisé entre un filleul et sa marraine; la longue chevelure d'un Indien ne l'empêcha pas de recevoir le baptême, etc... Voilà pour l'instruction religieuse; voici maintenant pour l'instruction profane : des écoles de toute nature, écoles primaires, ateliers d'apprentissage, collèges, sont fondés par les soins du clergé pour les enfants des indigènes, parfois même pour ceux des métis, et les langues indiennes tiennent leur place dans l'enseignement, et jusque dans les universités.

Le couronnement et la consécration de tels efforts eût dû être l'accession des naturels des différentes parties de l'Amérique espagnole à la vie monastique et au sacerdoce; les membres du clergé ne reculèrent nullement devant une telle perspective et l'admission des indigènes aux ordres mineurs et majeurs, ainsi qu'à l'observance d'une règle rigoureuse, fut en effet le but que se proposèrent à différentes reprises les missionnaires. Malheureusement, leurs efforts dans ce sens ne furent jamais couronnés de succès. Des métis embrassèrent bien la carrière sacerdotale, et chacun sait quel rôle de premier plan des curés ayant du sang indien dans les veines, comme Hidalgo, Morelos et tant d'autres, jouèrent dans les différentes périodes des guerres de l'Indépendance; mais on ne peut guère citer de prêtres, et moins encore de religieux d'origine purement indigène. Pas plus par les femmes que par les hommes, la vie souvent sédentaire, parfois recluse, toujours minutieusement réglée des couvents ne pouvait être pratiquée comme il eût convenu. Très peu nombreux furent donc toujours, au temps de la domination espagnole, les moines et même les prêtres séculiers recrutés parmi les purs indigènes; force fut aux missionnaires européens de se passer des auxiliaires et des collaborateurs qu'ils souhaitaient ardemment, et dont l'aide eût été pour eux la plus douce et la plus enviée des récompenses; force leur fut d'assumer à eux seuls, ou à peu près, la charge de l'évangélisation et de l'instruction des naturels du continent américain.

Mais à cela ne se bornait pas exclusivement la tâche des pasteurs ecclésiastiques du Nouveau Monde; ils ont parfois servi de médiateurs entre les conquérants et les indigènes révoltés contre la tyrannie et l'oppression espagnoles. Tel fut, par exemple, sous le règne de Philippe III, le rôle du jésuite Luis de Valdivia, à l'égard des Araucans. Mais ce rôle de médiateurs, les missionnaires ne l'ont rempli qu'officieusement, et c'est en droit de dire ou l'institution qu'ils ont été officiellement les protecteurs des Indiens. Un devoir de protection leur était en effet reconnu même par les lois officielles de l'Espagne, si bien qu'il appartenait aux archevêques et aux évêques de défendre, du moins dans des cas très soigneusement spécifiés, la personne ou la propriété des indigènes. Pour remplir de son mieux et cette obligation et son rôle d'éducateur, le clergé colonial fit tout ce qui dépendait de lui; de bonne heure, on le voit s'attacher à conserver les Indiens sous son influence, à les soustraire aux attractions de la vie nomade et aussi à celle de la vie civilisée des colons européens, à les isoler autant que possible, afin de les maintenir sous sa seule autorité et de les marquer plus complètement de son empreinte. Interdiction d'éloigner les Indiens, pour les corvées qu'ils devront fournir, de plus de deux lieues de leurs habitations; défense répétée faite aux mêmes Indiens, par les lois de 1560, de 1604, de 1618, de quitter leurs villages; interdiction aux blancs, aux métis, aux mulâtres, de s'établir dans les villages indigènes (loi de 1536), où les marchands eux-mêmes ne peuvent pas séjourner plus de trois jours (loi de 1600)... Ainsi les directeurs de ce que l'on pourrait appeler la « politique indigène » du clergé espagnol, s'inspirent-ils, de manière plus ou moins consciente, du projet préconisé, puis appliqué par Barthélemy de Las Casas après la mort de Ferdinand le Catholique; ainsi préludent-ils graduellement à ce système des « missions » qui, sérieusement appliqué par différents ordres religieux — franciscains, dominicains, augustins, jésuites, etc. — dès la seconde moitié du XVIIe siècle, finit par aboutir à l'établissement des fameuses *missions* du Paraguay.

L'organisation tout à fait remarquable donnée par les jésuites à leurs *misioneras* de ce pays, la discipline rigoureuse qu'ils y instituèrent dans les *doctrinas*, la manière dont y était comprise l'institution du travail des indigènes, tout cela fournit naguère ample matière à déclamation et à discussion, et il conviendra d'y revenir (PARAGUAY); il suffira de noter ici que, malgré tout ce que l'on a pu prétendre, l'action des jésuites s'est exercée de manière profitable pour les Indiens, non seulement au Paraguay, mais même dans les pays où l'institution des missions n'a pas atteint le même développement ni la même perfection. Dans le terrain aujourd'hui contesté entre le Pérou et la Colombie, par exemple, les jésuites fondèrent entre 1616 et 1767, sur les bords des rivières Marono, Pastazza, Napo, Putumayo et Caqueta, une vingtaine de villages, dont les habitants retournèrent, après l'expulsion des missionnaires, à leur état antérieur. Il n'en fut heureusement pas de même partout; mais, après le départ des jésuites, on a pu constater un recul partout, même au Paraguay. Là cependant ont vécu des indigènes que leur vie admirablement réglée, leurs divertissements même ont, maintenus les convictions à eux inculquées par les prédications des missionnaires; là d'indolents sauvages ont volontairement donné, de façon régulière et continue (du moins tant que leurs éducateurs n'ont pas été bannis d'auprès d'eux), un travail productif qu'il semblait chimérique d'en attendre; de là enfin sont partis, pour propager plus loin l'Évangile, de nouveaux apôtres, pleins de foi, d'ardeur et de zèle.

Le corps, par conséquent, comme l'âme des indigènes, leur bien-être matériel comme leur santé morale ont retenu l'attention des missionnaires espagnols du Nouveau Monde, et il est de stricte justice de reconnaître que ces missionnaires se sont efforcés d'agir, en général, au mieux des intérêts, non seulement du Maître dont ils travaillaient à répandre la doctrine, mais aussi des populations qu'ils avaient assumé la lourde tâche d'évangéliser. Voilà pourquoi, non contents d'enseigner aux Indiens les méthodes agricoles en honneur en Espagne, non contents de soigner leurs malades avec un inlassable dévouement, les membres du clergé colonial se sont efforcés d'introduire, dans les différentes parties de l'empire castillan du Nouveau Monde, des végétaux qui y étaient jusqu'alors inconnus; voilà pourquoi ils ont fait des enclos des couvents et des presbytères de véritables jardins d'acclimatation pour les plantes importées d'Europe; voilà pourquoi encore ils ont créé pour les indigènes des ateliers d'apprentissage industriel. Ainsi se sont-ils montrés, dans le sens le plus large, des éducateurs, des moralisateurs, des civilisateurs, en même temps que des évangélisateurs.

4° *Le clergé espagnol et les noirs d'Afrique.* — Cette dernière tâche a été, à proprement parler, celle que le clergé espagnol du Nouveau Monde ait dû remplir à l'égard des noirs d'Afrique. On sait que ces malheureux ont été de très bonne heure introduits dans certaines régions de l'Amérique, aux Antilles en particulier, pour suppléer à la pénurie de la main-d'œuvre indigène, à peu près détruite par la barbarie des aventuriers qui se ruèrent, aussitôt après la découverte, à la curée. Aux termes des premières ordonnances rendues par les rois catholiques, les nègres esclaves ne devaient être ni juifs ni maures; ils devaient être nés en pays chrétien (1501) et même exclusivement dans un milieu soumis à la domination espagnole (1509). Ces restrictions, inspirées par le désir de n'introduire dans le nouveau continent aucune religion autre que le christianisme, ne purent être maintenues en présence du besoin extrême et toujours croissant que l'on avait des travailleurs étrangers; de l'Espagne même, où la confinait l'ordonnance de 1509, la traite s'étendit donc bientôt à toutes les côtes de l'Afrique noire, et particulièrement à celles de la Guinée; on se contenta d'autre part d'exiger des seuls esclaves domestiques certaines conditions d'orthodoxie, le séjour chez les chrétiens depuis l'âge de douze ans, la constatation de leur identité et l'attestation de leur catholicité par des témoins vraiment dignes de foi, qui ne furent pas exigées des autres. Des noirs fétichistes furent ainsi amenés en Amérique et attachés à la mise en valeur des domaines des grandes Antilles, comme aussi de certains pays de « terre ferme », tels que la Floride au sens historique du mot, — et le clergé colonial trouva dans la conversion de ces esclaves noirs, comme aussi des Indiens *bravos* enlevés en territoire insoumis et asservis, puis dans leur consolation et dans leur excitation à la résignation et au bien, un nouvel emploi de son zèle apostolique et de son activité.

Ni cette activité ni ce zèle ne trouvèrent toujours leur récompense. Le culte du Vaudoux se maintint secrètement parmi les noirs esclaves des plantations, recouvert chez certains d'entre eux d'une couche superficielle de christianisme; aussitôt redevenus libres, les *cimarrones*, réfugiés dans les parties les moins accessibles des Antilles, s'empressèrent le plus souvent, pour ne pas dire toujours, de revenir à leurs grossières superstitions africaines. Là plus qu'ailleurs, par conséquent, l'œuvre du clergé castillan ne fut complète, ni couronnée d'un plein succès; elle fut bonne néanmoins, et vraiment utile et civilisatrice.

Ainsi, au total, et sous quelque aspect qu'on l'envisage, l'œuvre du clergé colonial des XVII° et XVIII° siècles fut une œuvre inspirée de l'esprit de l'Évangile. Sans doute n'en faut-il pas exagérer la profondeur ni l'étendue, ni croire que les missionnaires espagnols de ces temps n'ont rien laissé à faire à leurs successeurs du XIX° siècle. Sans doute encore est-il d'une stricte vérité historique de reconnaître que, même sur les rivages et surtout à l'intérieur des différents pays sur lesquels s'étendait réellement ou nominalement la domination castillane, bien des tribus américaines importantes ne reçurent jamais la visite d'un prédicateur de l'Évangile; les rois espagnols le comprenaient bien, et ne cessèrent jamais d'envoyer des missionnaires dans leurs possessions de Terre Ferme. C'est ainsi qu'en 1715, avec le vice-roi du Pérou, prince de Santo Buono, passèrent en Amérique les deux évêques de Panama et de Santa Marta, et quarante prêtres ou religieux, dont douze Pères capucins destinés à l'évangélisation des Caraïbes de la province de Maracaïbo. Sans doute enfin ne doit-on pas dissimuler les défaillances regrettables, les abus de toute nature et de déplorables excès de zèle, comme ceux qui poussèrent certains missionnaires à se mettre à la tête de soldats espagnols et d'Indiens convertis (*reducidos*), pour faire des incursions (*entradas*) en territoire insoumis et pour y enlever des jeunes gens... Toutefois, dans l'ensemble, l'œuvre accomplie durant l'époque coloniale par le clergé espagnol, d'un bout à l'autre des vastes territoires soumis aux rois catholiques, depuis les rivages atlantiques de la Floride, des Antilles, du Vénézuéla et de la vice-royauté de la Plata jusqu'à la ligne ininterrompue des côtes du Pacifique, entre le détroit de Magellan et la baie de San Francisco, cette œuvre est considérable et elle commande le respect.

IV. LES MISSIONNAIRES PORTUGAIS AU BRÉSIL. — En peut-on dire autant de l'œuvre accomplie par les Portugais dans la seule partie du Nouveau Monde qui (accidentellement, à ce que l'on admet communément, et grâce aux hasards d'une tempête) ait échappé à la domination de l'Espagne? Dès l'époque même de la découverte (1500), les rivages du pays que ses premiers visiteurs lusitaniens appelèrent l'Ilha da Vera Cruz furent témoins des actions de grâces et des prières adressées au ciel par les seize religieux embarqués sur les treize navires qui composaient la flotte de Pedro Alvarès Cabral; mais l'évangélisation n'en commença véritablement qu'un peu plus tard, à partir du jour où la crainte de voir les Français s'établir à demeure sur les côtes du Brésil détermina les Portugais à y faire-acte de souveraineté effective, à y fonder leurs premiers établissements, à diviser la contrée en *capitaineries* ou *capitanies*. Des comptoirs du littoral partirent bientôt, non pas avant tous les autres Européens, mais à la suite des rudes *bandeirantes* qui firent la découverte de l'intérieur du pays, d'ardents missionnaires jésuites; ils pénétrèrent dans les immenses solitudes de l'énorme Brésil et travaillèrent, à l'exemple du saint apôtre que fut le P. Anchieta (voir ce nom), à compenser par leur zèle leur très petit nombre.

Il est inutile de jeter ici même un rapide coup d'œil sur l'histoire de l'évangélisation de la grande colonie portugaise du Nouveau Monde, car c'est au mot BRÉSIL qu'il conviendra d'exposer dans leurs grandes lignes les vicissitudes de cette histoire, comme aussi d'indiquer quels hommes en furent les principaux acteurs et quelles localités en furent les plus importants centres d'action. Qu'il suffise d'indiquer à cette place que, dans l'ensemble, le clergé colonial portugais, pas plus que le clergé espagnol, ne se montra inférieur à sa lourde tâche, et que cette tâche fut également complexe et ardue; édification, moralisation, instruction, éducation, civilisation, voilà ce que les missionnaires durent distribuer, au Brésil comme dans les colonies espagnoles, aux Européens venus de la métropole, aux créoles, aux Indiens, aux noirs esclaves exportés d'Afrique par les traitants négriers; Bahia, la ville des églises, des monastères et des écoles, fut de bonne heure, en même temps que la métropole religieuse et le centre gouvernemental du Brésil, le foyer intense d'où les missionnaires firent rayonner l'Évangile et la civilisation jusque sur les hauts plateaux et les districts miniers au centre et jusque dans les mystérieuses profondeurs des *Selvas*.

Mais, pas plus que les Espagnols, les Portugais ne purent, durant les trois siècles des temps modernes, remplir toute leur tâche; la vigne était trop étendue, et trop restreint le nombre des bons ouvriers. Aussi, multiples sont les tribus, amazoniennes ou autres, dont, lors de la séparation du Brésil d'avec la mère patrie (1822), personne encore ne soupçonnait l'existence; la comparaison des listes contemporaines avec celles qu'avaient pu dresser naguère d'éminents missionnaires comme le P. Acuña ou le P. Fritz, montre combien peu importante, encore que déjà très considérable relativement, était l'œuvre accomplie au début du XIXe siècle auprès des pauvres Indiens, en dehors des territoires vraiment colonisés par les Portugais. Moins efficace, en définitive, en dépit de calculs imposants, mais peu sûrs, à l'égard des tribus guaranies que ne le fut l'action des missionnaires espagnols auprès des indigènes de leurs colonies du Nouveau Monde, semble avoir été l'œuvre des évangélistes portugais; mais ils n'en acquirent pas moins une grande influence sur les Indiens : le seul fait que, lors des révoltes des tribus, les missionnaires étaient toujours aux côtés des gouverneurs pour travailler à l'apaisement en fournit une preuve manifeste. Et par ailleurs, à l'égard des blancs, des métis et des nègres esclaves du Brésil, les membres du clergé de ce pays furent vraiment les dignes émules des clergés séculier et régulier des contrées soumises aux rois catholiques, quand, simultanément, ils dénoncèrent les abus des autorités et flétrirent les vices des colons, quand ils s'unirent et s'imposèrent, en dépit de leur petit nombre, par leurs ardentes croisades contre l'immoralité et la violence.

V. LES MISSIONS FRANÇAISES DES INDES ET DE L'AMÉRIQUE DU NORD. — Chaque pays de mission présente, au Nouveau Monde, son caractère particulier; on en a la preuve en comparant aux contrées de colonisation espagnole et portugaise celles où s'est fait sentir un peu plus tard — au XVIIe siècle seulement — l'action colonisatrice de la France, c'est-à-dire un certain nombre des terres auxquelles s'appliquait souvent le nom commun d'« Indes du Pérou » et les vallées du Mississipi et du Saint-Laurent. Entre ces différentes régions, aucun caractère commun, pour ainsi dire; de là de sérieuses différences dans la colonisation, et aussi, par contre-coup, dans l'œuvre de ceux qui entreprirent d'y faire triompher la religion du Christ.

Dans les Antilles françaises, ou, d'une manière plus précise, dans la partie occidentale de l'ancienne Hispaniola de Colomb et dans de nombreuses petites terres insulaires des Indes Occidentales, comme d'ailleurs dans les Antilles espagnoles, la population autochtone, caraïbe, a disparu de très bonne heure. Les propagateurs de la « bonne nouvelle » n'ont donc eu, effectivement, à s'adresser qu'à des colons européens planteurs, « petits blancs », engagés — ou à des noirs esclaves venus d'Afrique, ou encore à des mulâtres. Avec quel zèle l'ont fait les jésuites, qui pendant longtemps — jusqu'au jour où les imprudences du P. Lavalette servirent de prétexte à la condamnation de leur ordre par le Parlement de Paris (1761) — furent vraiment les seuls évangélisateurs des Antilles françaises, tous les historiens impartiaux de la colonisation française l'attestent avec énergie. Ils n'attestent pas moins nettement avec quelle ardeur au XVIIIe siècle, à l'époque où les Français s'établirent en Louisiane pour environ un demi-siècle, les missionnaires s'efforcèrent de défricher le champ inculte dont, des tout premiers, quelques-uns de leurs avaient, au siècle précédent, parcouru les solitudes.

Sur les rives de ce Mississipi, où la domination des fleurs de lis fut si éphémère, les missionnaires français n'ont pas eu toutefois le temps de faire une œuvre durable; ils ont pu, par contre, durant environ un siècle et demi, agir avec efficacité dans la vallée du Saint-Laurent et sur les bords des grands lacs, dans cette Nouvelle-France, aux sauvages de laquelle, dès le XVIe siècle, Jacques Cartier et Roberval avaient déjà, au cours de leurs explorations, fait connaître le christianisme. A la fin du règne d'Henri IV, l'évangélisation des pays où Champlain vient de fonder Québec (1608) préoccupe différents ordres religieux; bientôt récollets, jésuites, sulpiciens arrivent en Acadie et en Nouvelle-France; aussitôt établis dans le pays, ils se consacrent, avec un zèle inlassable et une ardeur que rien ne parvient à rebuter, à l'exercice de leur saint ministère auprès des colons et à la conversion des sauvages hurons, abénaquis, iroquois. Au prix de quels efforts et de quelles souffrances, parfois même de quels martyres, ces infatigables missionnaires et surtout les jésuites (dont le P. Jogues est le plus connu) qui ont évangélisé les Iroquois, sont parvenus à obtenir quelques résultats, les relations originales de l'époque même le font parfaitement connaître; elles ne permettent au contraire que de soupçonner le travail accompli dans les paroisses de la Nouvelle-France par le clergé canadien, auprès d'une population exclusivement catholique, et de laquelle le gouvernement de la métropole écarta soigneusement de très bonne heure tous les éléments hétérodoxes. Mais, ce que les documents ne disent point, même pas des textes comme les lettres de la Mère Marie de l'Incarnation, les faits le laissent conjecturer; et la fidélité avec laquelle les Canadiens français ont gardé leur religion catholique, l'ascendant conservé par le clergé sur le peuple, après la conquête définitive de la Nouvelle-France par les Anglais, constituent des preuves indéniables de l'activité avec laquelle, dans ce pays où ne fut jamais introduit l'esclavage africain, le clergé s'est donné à sa tâche et s'est efforcé de la bien remplir. Le protestantisme prédomine complètement et se montre d'une extrême intolérance dans les colonies anglaises de la côte orientale de l'Amérique du Nord; en face de lui s'est constituée à la Nouvelle-France, avant l'année 1760, une population catholique absolument homogène, qui suit docilement les instructions de son clergé, qui aime et qui vénère ses pasteurs. Cette population admire profondément les efforts tentés, parfois avec succès, depuis plus d'un siècle, par les missionnaires pour déborder de la vallée du Saint-Laurent jusque vers les territoires du nord-ouest et surtout jusqu'en plein cœur de la vallée du Mississipi (missions autour des grands lacs et chez les Illinois).

Ainsi, au total, si l'on se place au point de vue non pas du christianisme, mais uniquement du catholicisme, la situation apparaît au milieu du XVIII° siècle, dans l'Amérique du Nord, un peu moins favorable que dans l'Amérique méridionale. Là, seuls en face de la barbarie des populations indigènes de l'intérieur du continent, apparaissent les missionnaires catholiques. Dans le nord, entre les Espagnols de la Floride, les Français de la Louisiane et les colons, catholiques encore, de la Nouvelle-France, existe un groupe compact de protestants dans les différentes colonies anglaises des rivages de l'Atlantique; ces protestants, qui ont la haine du catholicisme, ont débordé sur l'ancienne Acadie française depuis le début du XVIII° siècle, en ont chassé les colons français et catholiques, et ont atteint les rives méridionales de l'estuaire du Saint-Laurent. Il semble toutefois que ce groupe doive être bientôt complètement enserré entre la mer et des populations d'origine exclusivement latine et de religion uniquement catholique. On sait que les victoires de la France au cours de la guerre de Sept ans en ont décidé autrement; la France a été complètement chassée de l'Amérique septentrionale, qui est devenue, pour un temps très court, presque exclusivement soumise à la domination britannique. Le catholicisme a-t-il souffert de ce nouvel état de choses, voilà ce qu'il est nécessaire de rechercher maintenant.

VI. LE CATHOLICISME DANS LES PAYS DE L'AMÉRIQUE ANGLO-SAXONNE AU XIX° SIÈCLE. — Il en a certainement souffert dans les premiers temps qui ont suivi la conquête, en dépit des stipulations relatives à la pratique et au libre exercice du culte catholique, introduites dans les actes qui consacrent la cession de la Nouvelle-France à l'Angleterre. Mais le départ définitif des troupes françaises en 1760, puis, après le déplorable traité de Paris de 1763, celui des marchands, des hommes de loi et des quelques fonctionnaires demeurés dans les villes du pays, s'ils réduisirent sensiblement le nombre des colons français et catholiques (c'était tout un au Canada), ne les déterminèrent pas plus à renoncer à leur religion pour adopter celle de leurs vainqueurs que les persécutions officielles ne déterminèrent les très rares catholiques du Maryland, du Massachusetts et du pays de New York à embrasser le protestantisme. Les uns et les autres furent successivement récompensés de leur courage, de leur fidélité, de leur patiente et chrétienne persévérance, à débuter par les catholiques des futurs États-Unis, placés, depuis la Révolution d'Angleterre de 1688, dans la situation la plus précaire et la plus dure. Grâce aux modifications introduites dans les idées des colons des bords de l'Atlantique par les vexations britanniques (aux alentours de 1770), grâce aux principes énoncés dans la Déclaration de l'année 1776, les catholiques des colonies révoltées se trouvèrent jouir, durant tout le cours des opérations militaires, d'une situation bien meilleure que précédemment. Cette situation, le sixième article de la Convention de Philadelphie de 1787 et le premier amendement (apporté en 1789) à la Constitution l'améliorèrent encore.

Dès lors, l'Église catholique jouit, sinon d'une véritable reconnaissance officielle, du moins d'une complète liberté de fait aux États-Unis, dont le gouvernement s'est engagé à ne pas mettre d'obstacle au libre exercice de la religion; elle peut se développer, sans craindre d'être comprimée, dans une société où l'arrivée de nombreux immigrants venus de pays très variés introduit des éléments appartenant à des nationalités et à des religions différentes. On sait avec quel succès elle l'a fait dans le courant du XIX° siècle, sous la conduite des prélats à qui, à partir de l'année 1784, la Cour de Rome a confié le gouvernement spirituel des catholiques des États-Unis d'Amérique. Le P. Carroll, S. J., d'abord préfet apostolique, puis évêque de Baltimore, enfin archevêque du même siège en 1808, et les évêques, ses collaborateurs — les « Pères de l'Église américaine », comme on les appelle avec raison — surent établir vraiment et organiser solidement le catholicisme aux États-Unis, assurer le présent et préparer l'avenir, recruter le clergé nécessaire pour donner satisfaction aux besoins religieux de leurs fidèles et pour étendre leur champ d'évangélisation, mettre ce clergé en état de subir sans en être ébranlé la crise produite par l'indiscipline des commissions laïques des *trustees* des églises, fonder des œuvres d'éducation absolument indispensables, créer (grâce à la crise produite au delà de l'Atlantique par la Révolution française) la vie monastique aux États-Unis, enfin reprendre la prédication de la « bonne nouvelle » parmi les Peaux-Rouges... Aux premiers successeurs des Pères de l'Église américaine a échu le soin d'affermir et de développer aux États-Unis le catholicisme, de diriger leurs ouailles au fort de la tourmente, c'est-à-dire lors de la véritable persécution déchaînée par le *Native Americanism*, de fortifier la discipline ecclésiastique, comme aussi d'accroître l'intensité de vie catholique de leurs fidèles, enfin de prendre ou de reprendre possession de territoires récemment annexés aux États-Unis (Texas, Nouveau-Mexique, Californie, etc.), et d'y commencer ou d'y poursuivre l'œuvre d'évangélisation que les missionnaires espagnols avaient naguère menée aussi loin qu'ils l'avaient pu... Tous ces efforts, dont les actes des conciles nationaux et des conciles provinciaux, dont les délibérations des synodes diocésains permettent de saisir la continuité et l'opportunité, ont sorti leurs résultats au cours de la terrible guerre de Sécession. Alors, en dépit de la transformation des États de l'est et du sud en un immense champ de bataille, dont les rives du Mississipi, de l'Ohio et du Potomac marquaient les limites, au-dessus des scissions politiques qui divisèrent les citoyens d'un même État, d'une même ville, d'une même famille en adversaires irréconciliables, en abolitionnistes et en esclavagistes, le catholicisme maintint son unité et sa discipline; alors, on vit au milieu des camps, dans les hôpitaux, dans les prisons, prêtres et religieuses faire preuve d'un dévouement qui ne distinguait nullement les sudistes d'avec les nordistes... Ainsi l'Église s'assura-t-elle le respect de tous, en même temps qu'elle se montrait soucieuse du salut des quatre millions de nègres devenus, de par la volonté des abolitionnistes, citoyens américains; ainsi préluda-t-elle à ce merveilleux épanouissement dont, grâce à un nouvel affermissement de sa discipline, au zèle apostolique et au sens pratique de son clergé, à l'obéissance et à l'affection de ses fidèles, les nations européennes constatent depuis bientôt un demi-siècle et parfois même envient la superbe continuité. Expansion des ordres religieux et des congrégations, multiplication des séminaires et des universités catholiques, ouverture de nombreux collèges ou écoles marqués du même caractère, création d'une presse puissante, de cercles et d'associations de toute nature, d'importantes œuvres postscolaires, etc., enfin constitution de missions catholiques parmi les protestants, chez les Indiens et chez les nègres, voilà le spectacle admirable et vraiment digne d'être proposé en exemple que présentent aujourd'hui aux autres catholiques ceux du « pays de la vie intense ».

Tandis que progressait ainsi aux États-Unis l'Église catholique, tandis qu'elle étendait son évangélique activité jusque sur l'Alaska — l'ancienne Amérique russe, achetée par le gouvernement de Washington en 1867, où jusqu'alors des prêtres orthodoxes avaient, seuls réalisé quelques conversions — l'Église du Canada, demeurée soumise à l'Angleterre, triomphait de toutes les difficultés. Restés seuls dans le pays, en 1763, en face de leurs nouveaux maîtres, les colons français des campagnes s'étaient groupés autour des prêtres qui partageaient leur sort et avaient débuté par opposer une résistance latente, mais énergique, aux empiétements et aux persécutions des Anglais protestants arrivés après la conquête. Dès 1774, soucieux de ne pas se s'aliéner au moment où les habitants des futurs États-Unis se détachaient de la mère patrie, le Parlement britannique les dispensait du serment de fidélité et d'abjuration de leur religion que les nouveaux venus auraient voulu leur faire imposer; en 1791, accentuant la même politique, il leur garantissait le libre exercice du catholicisme. Mais, une fois délivrés des craintes que leur avaient successivement causées la guerre de l'Indépendance américaine et la Révolution française, les Anglais se remirent à fouler aux pieds les droits des vieux Canadiens et leurs sentiments les plus chers; un bill déposé à la Chambre des Communes, puis retiré, menaça même un moment de porter atteinte à la liberté du culte, en mettant ses ministres à la discrétion du pouvoir... Si, depuis lors, on vit une fois encore, aux alentours de 1850, les Anglais du Haut-Canada poursuivre leur campagne contre les Français aux cris de *No popery! No French domination!* on doit reconnaître que la première partie de ce programme tout au moins n'éveilla aucun écho; la pleine liberté de conscience dont jouissaient les Canadiens catholiques ne fut en aucune manière troublée. Aussi l'histoire du catholicisme canadien ne contient-elle plus depuis lors aucun événement dont mention doive être faite dans un article aussi général que celui-ci. Seule la reprise jusque dans l'Athabasca-Mackenzie de l'œuvre d'évangélisation commencée sous la domination française par tant de vaillants apôtres doit être notée à part. Jusqu'à ces dernières années, aucun nuage, pour ainsi dire, n'est venu assombrir la sérénité de cette histoire ; la progression de l'élément catholique dans la population des anciennes provinces du Dominion, son développement dans quelques provinces nouvelles, l'accroissement de son influence sont des faits indéniables, et il est également indéniable que le clergé n'a jamais cessé d'exercer une influence très considérable sur ces ouailles dont, depuis l'abandon de la Nouvelle-France à l'Angleterre, il a toujours partagé les dures épreuves et travaillé sans relâche à améliorer le sort. Actuellement encore, la situation demeure à peu près la même; et l'on peut constater chez les catholiques du Canada une égale affection pour leurs pasteurs et une égale docilité à tenir compte de leurs avis, à suivre leurs conseils, à obéir à leurs prescriptions. Néanmoins, le traitement de faveur dont jouit depuis quelques années le clergé irlandais, la partialité de celui-ci contre tout ce qui est français, sa lutte contre la majorité de ses ouailles éveillent très légitimement chez les Canadiens français un mécontentement indéniable, qu'il suffit de signaler à cette place, mais sur les causes duquel il conviendra de revenir, en étudiant plus tard avec quelque détail, au mot CANADA, la situation générale du catholicisme canadien absolument contemporain.

VII. LE CATHOLICISME DANS LES ÉTATS DE L'AMÉRIQUE LATINE AU XIXᵉ SIÈCLE. — Ce ne sont pas de simples nuages, mais bien de véritables tourmentes qui ont, dans un certain nombre de pays de l'Amérique latine, altéré la sérénité du ciel dans le cours du XIXᵉ siècle. A la suite en effet de ces sanglantes guerres d'indépendance, auxquelles participèrent activement tant de membres du clergé colonial, soit dans un parti, soit dans l'autre, les différentes parties de l'ancienne Amérique espagnole ont constitué des républiques, dont bien peu ont pu, du moins durant un temps, échapper aux dissensions intestines et aux guerres civiles. De là, comme aussi de la perturbation des relations avec Rome par l'intermédiaire de l'ancienne métropole et de la propagation et de l'application abusive de tant d'idées révolutionnaires, de là des jours très sombres pour les Églises de presque toutes les républiques hispano-américaines (dont il faut exclure la république cubaine, Cuba ayant été officiellement séparée de l'Espagne à la fin de 1898 seulement). Alors ces malheureuses Églises n'ont pas été seulement dépouillées de tous leurs biens temporels et réduites au seul casuel et aux aumônes des fidèles (Mexique), ou encore au paiement d'une rente par le gouvernement (Colombie, Vénézuéla, etc.), aussi elles se sont vues parfois privées, par l'expulsion des communautés religieuses, de toute vie monastique (Mexique, Brésil), elles ont même été persécutées par les francs-maçons qui, sans aller ailleurs qu'en Équateur jusqu'à l'assassinat d'un président contraire à leurs idées (Garcia Moreno en 1875), n'en ont pas moins fait très fréquemment prédominer leurs idées et qui ont gêné de tout leur pouvoir, plus ou moins ouvertement, l'action du catholicisme. Rares sont les États qui, aussitôt devenus indépendants les uns après les autres, en proclamant le catholicisme religion officielle du pays, firent de cette déclaration officielle une réalité véritable. Il semble toutefois qu'un courant favorable au catholicisme tende actuellement à l'emporter partout, au Brésil (qui se sépara sans grandes difficultés du Portugal en 1822, mais qui subit bientôt des influences antireligieuses), et aussi dans les différentes républiques constituées dans l'ancien domaine colonial des Espagnols. L'établissement de relations diplomatiques avec le Saint-Siège, soit directement, soit par l'intermédiaire officiel ou officieux du chargé d'affaires envoyé depuis 1836 en Nouvelle-Grenade, pour s'occuper de toutes les républiques américaines dépourvues de délégué apostolique ou de représentation quelconque du Saint-Siège, en est une cause; mais il en est d'autres : la très grande majorité de la population des vingt républiques de l'Amérique centrale et méridionale est officiellement catholique et tend de plus en plus à devenir également catholique de fait et de conviction, grâce à l'heureuse évolution de son clergé, tant séculier que régulier. Prêtres et moines avaient pendant trop longtemps laissé extrêmement à désirer à tous les points de vue; voici qu'ils s'améliorent depuis quelques années de manière très appréciable. L'érection à Rome, par le pape Pie IX, d'un collège destiné à recevoir de jeunes clercs de l'Amérique latine suivant les cours des universités romaines, en est une des causes; mais en voici d'autres, non moins importantes : la tenue (également dans la Ville éternelle, en mai-juillet 1899) d'un premier concile plénier des pasteurs de toute l'Amérique latine; les décisions prises par ce concile et le maintien perpétuel ou temporaire, par le souverain pontife Léon XIII, des privilèges qui constituent la partie la plus importante de la discipline particulière de cette vaste Église; enfin l'intérêt porté par les chefs suprêmes de l'Église à l'éducation du clergé chargé de diriger des populations aussi mêlées. Quelques-uns des privilèges mentionnés dans la lettre apostolique *Trans oceanum* du 18 avril 1897 et dans trois décrets subséquents de 1899 et de 1900 — ceux par exemple qui permettent aux Indiens et aux noirs de contracter mariage aux troisième et quatrième degrés d'affinité et de consanguinité, etc. — ne sont que le renouvellement de privilèges déjà relativement anciens, et dont le clergé colonial avait naguère reconnu l'opportunité. De là, comme aussi des recommandations et des prescriptions formulées par le concile de Rome de 1899, au sujet de la formation des clercs et de leur instruction dans les sciences sacrées, est très vite résulté une heureuse modification dans les mœurs du clergé; de là un véritable essor (dans des pays comme le Chili) de la vie monastique, une plus grande intensité générale de la vie chrétienne. Quant à la reprise de l'évangélisation, naguère amorcée et poussée si loin, des tribus indiennes existant encore dans toutes les parties du continent américain du sud, elle demeure l'œuvre de vaillantes missions dont l'Europe fournit tous les membres : jésuites, dominicains, franciscains, lazaristes, salésiens. De même, c'est l'Europe qui fournit, à défaut d'un clergé indigène, la majeure partie des membres du clergé séculier chargé du service religieux dans les deux républiques noires entre lesquelles est divisée la grande île d'Haïti.

Tous ces faits expliquent comment l'Amérique latine ne présente plus aujourd'hui, au point de vue catholique, ce lamentable contraste qu'elle offrait naguère avec les parties anglaises du continent du nord; l'œuvre à accomplir demeure toutefois très considérable encore, plus grande que dans le Dominion canadien et aux États-Unis, où, abstraction faite du Groënland et des terres polaires de l'archipel arctique, il n'est guère de points où les missionnaires n'aient commencé d'exercer une influence bienfaisante. L'incertitude de toutes les statistiques relatives aux païens du Nouveau Monde, aussi bien aux féticheurs du continent du Nord qu'à ceux de l'Amérique centrale et de l'Amérique du Sud, est beaucoup trop grande pour que nous nous aventurions à donner ici le moindre chiffre; mais on peut dire que l'œuvre d'évangélisation à effectuer n'est pas comparable à la tâche déjà menée à bonne fin. L'ardeur, doit-on dire encore, avec laquelle cette œuvre est continuée presque partout permet de bien augurer de l'avenir et d'envisager le moment, qui demeure cependant encore éloigné, où le catholicisme aura réalisé sa conquête de l'Amérique centrale et méridionale tout entière.

Pour un article aussi général que celui-ci, il ne convient pas d'indiquer autre chose que des ouvrages d'ensemble. Bornons-nous donc à renvoyer aux articles insérés par MM. A. Tanquerey, G. André et P. Termoz sur la *Situation religieuse générale des États-Unis d'Amérique, le catholicisme dans ce pays et l'Amérique latine*, dans le *Dictionnaire de théologie catholique*, t. I, col. 1049-1074, 1081-1107; — aux livres du baron Henrion, *Histoire générale des missions catholiques*, Paris, 1846; et du P. J.-B. Piolet, *La France au dehors. Les missions catholiques françaises au XIXᵉ siècle*, t. VI, *Missions d'Amérique*, Paris, 1903; — enfin aux *Acta et decreta concilii plenarii Americae latinae*, Rome, 1900.

H. FROIDEVAUX.

AMES (WILLIAM), 1576-1633, théologien et casuiste puritain; élève de Christ's College à Cambridge, quitta cette université à cause des difficultés que lui créaient ses tendances puritaines. Il passa dans les Pays-Bas, et engagea dans ce pays, avec les arminiens, de violentes polémiques. Au synode de Dordrecht (1618-1619), il défendit le calvinisme le plus strict, et le synode se déclara en sa faveur. Poursuivi par l'hostilité des anglicans, Ames se vit refuser tout poste dans sa patrie, malgré son mérite reconnu, et accepta, en mai 1622, la chaire de théologie à l'université de Franeker; en 1626, il fut recteur de cette université. Son enseignement attira un grand nombre d'étudiants étrangers.

L'œuvre théologique d'Ames, d'inspiration strictement calviniste, est importante. Ses principaux ouvrages sont dirigés contre les catholiques : *Bellarminus enervatus*, et contre les arminiens : *Coronis ad collationem Hagiensem; Antisynodalia; Demonstratio logicae verae*. Son *Puritanismus anglicanus*, claire exposition des doctrines puritaines, n'est que la traduction d'un livre anglais de W. Bradshaw. Ames a de plus composé, à l'usage des protestants de toute secte, un traité de morale appliquée, intitulé *De conscientia, ejus jure, et casibus*. Grâce à ce dernier ouvrage, qui manquait jusque-là aux protestants, le nom d'*Amesius* est resté classique dans leurs écoles.

Les œuvres latines d'Ames ont été réunies à Amsterdam, en 1658, en cinq volumes in-16, par Nethenus, un de ses admirateurs, qui les fit précéder d'une bonne notice biographique.

Dict. of nat. biogr., t. I, p. 355 sq. — Schweizer-Müller, dans *Realencyklopädie*, t. I, p. 447 sq. — Hugo Visscher, *Guilelmus Amesius*, Haarlem, 1894.

J. DE LA SERVIÈRE.

AMESBURY. Voir AMBRESBURY, col. 1081.

AMET (FRANÇOIS), de Montargis, augustin déchaussé. Il embrassa la vie religieuse en Italie. Le P. André de Fivizzano, général de l'ordre de Saint-Augustin, l'autorisa à établir en France la congrégation des augustins déchaussés. Le P. Amet s'y rendit en 1596 et prit possession du prieuré de Saint-Martin dans le diocèse de Grenoble. Quelques années plus tard, grâce à la générosité de la reine Marguerite de Valois, il put ouvrir un autre couvent à Paris, dans le faubourg de Saint-Germain. Le P. Maurice de la Mère de Dieu rapporte tous les documents ayant trait à cette fondation. Il mourut en Italie, dans l'ermitage de Tolfa, en 1624.

Maurice de la Mère de Dieu, *Sacra eremus augustiniana*, Chambéry, 1658, p. 167-189. — Crusenius-Lopez, *Monasticon augustinianum*, Valladolid, 1903, t. II, p. 43-41, 169.

A. PALMIERI.

AMEYDEN (THÉODORE), 1570?-1656, appelé aussi *Amydenus*, Théodore de Meyden, né à Bois-le-Duc, fut attaché dès son enfance, en 1576, au cardinal André d'Autriche (voir ce nom), qui le fit élever parmi la jeunesse de cour, *propemodum adhuc infans, inter aulae pueros in Germaniam superiorem eductus*, comme il le raconte dans son *De pietate*, et l'emmena à Rome lors de son pèlerinage en 1599. Son protecteur étant mort, lui-même, malade, retourna en Allemagne (1600), et voyagea dans ce pays, ainsi qu'en Belgique et Hollande. Vers 1605, il revint à Rome recueillir la succession de son oncle Christian, chantre de la chapelle papale, dans la maison que lui avait laissée son parent. Il se fit agréger au collège des avocats de la curie, dont il devint même le doyen, et se fit un renom dans les causes ecclésiastiques, surtout devant la Daterie. Sous Urbain VIII, auquel il adressa un panégyrique, après son élection, il se lança dans le métier d'écrivain, et écrivit beaucoup sur divers sujets, des *Elogia summorum pontificum et cardinalium*, des *Discorsi* et autres ouvrages inédits, qui se trouvent dans les bibliothèques de Rome, principalement à la Barberine. Il collabora aux fameux *Avvisi*, qui faisaient le tour de l'Europe, et rédigea un *Diario della città e corte di Roma* (1640-1650); il mérita par là, dit Hense son biographe, la réputation d'un grand rédacteur de périodiques, et même de père du journalisme italien. Par contre, il s'attira le mécontenttement du pape Innocent X, dont les histoires familiales alimentaient la chronique scandaleuse de Rome, alors sans pitié et sans vergogne. Lorsque parut, en 1645, son traité, *De officio et jurisdictione datarii et de stilo Datariae*, le livre fut dénoncé au Saint-Office et finalement condamné le 10 décembre 1653, comme publié sans approbation. Ameyden dut alors quitter Rome. Après le conclave d'Alexandre VII en 1655, le cardinal de Médicis lui obtint la permission d'y revenir, et il reparut avec le titre d'avocat royal et d'agent de Milan pour la cour d'Espagne. Il y mourut l'année suivante et fut enterré à l'église nationale allemande de l'*Anima*, dont il avait été recteur à plusieurs reprises, et dont il était proviseur depuis 1645. Il n'était pas dans les ordres, et avait été marié deux fois.

Outre les ouvrages mentionnés ci-dessus, imprimés ou inédits, il publia en 1625 : (tractatus) *De pietate romana in quatuor partes divisus*, Rome, 1625, où il donne un certain nombre de détails sur sa vie, surtout ses débuts.

Hense, *Dirk Gerritszoon Ameyden*, cité par le suivant. — Jos. Schmidlin, *Geschichte der deutschen National-Kirche in Roma, S. Maria dell'Anima*, Fribourg-en-Brisgau, 1906, surtout p. 476-477, avec de nombreuses références. — Foppens, *Bibliotheca Belgica*, Bruxelles, 1739, t. 1, p. 1119.

P. RICHARD.

1. AMEYSIN (AMÉDÉE D'), évêque de Belley (1349-1355). Ameysin ou Amésin est un hameau de la commune d'Yenne (Savoie), dans l'ancien diocèse de Belley. C'est le berceau d'une famille qui a donné deux évêques à ce diocèse. Amédée d'Ameysin, prieur du chapitre de Belley, fut pourvu de l'évêché, après la résignation de Jacques de Saint-André, par le pape Clément VI, le 8 janvier 1349. Le 14, il passait procuration à Boniface Maréchal, chanoine de Belley, et à quatre autres députés pour solder à Avignon le service commun et, le 7 juin de la même année, il passait une nouvelle procuration pour présenter au pape la formule du serment qu'il avait prononcé lors de sa consécration par l'évêque de Grenoble, Jean de Chissey.

L'abbé de Saint-Rambert-en-Bugey ayant demandé l'union du prieuré bénédictin d'Yenne à son abbaye, à cause de la modicité de ses revenus et de l'état de délabrement où les bâtiments étaient tombés, l'évêque, après avoir consulté le chapitre, prononça cette union le 4 novembre 1351.

D'après Guichenon, Amédée d'Ameysin aurait eu plusieurs difficultés avec le comte de Savoie Amédée VI, dit le comte Vert, au sujet des limites entre les terres de l'évêché et le mandement de Rossillon. Ces querelles n'auraient pris fin qu'en février 1381.

Amédée d'Ameysin dut mourir vers la fin de 1355, puisque son successeur, Guillaume de Martel, est déjà pourvu le 18 janvier 1356.

Arch. Vatic., *Instrumenta miscellanea*, an. 1359. — Archives de l'Ain, fonds de Saint-Rambert, II 47. — Eubel, *Hierarchia catholica medii aevi*, t. 1, p. 134. — *Gallia christiana*, t. XV, col. 628. — Guichenon, *Bresse et Bugey*, continuation de la 11e partie, p. 31.

L. ALLOING.

2. AMEYSIN (BERLION D'), évêque de Belley. Ce prélat est peu connu. Il est fait mention de lui, ainsi que de plusieurs membres de sa famille, dans le testament de Pierre, comte de Savoie (1268); mais il ne devint évêque que plus tard. Guichenon dit qu'il fut élu, en 1272, comme coadjuteur de l'évêque Jean de Plaisance, auquel il aurait succédé; toutefois la succession ne put pas être immédiate, puisque Jean était mort en 1269. Aussi Guigue, Mas-Latrie, Eubel nous signalent-ils vers 1272 un évêque intermédiaire, Bernard. Celui-ci aurait apposé son sceau à une transaction de 1273. Par ailleurs, Pierre de la Baume ayant succédé à Berlion en 1285, c'est entre 1273 et 1285 qu'il faut placer l'épiscopat de ce dernier.

Guichenon ajoute que Berlion, étant contraint de s'éloigner de son diocèse pour des affaires importantes, nomma David, abbé de Saint-Sulpice (Bugey), et l'archidiacre de Belley ses vicaires généraux, et que ceux-ci, en l'absence de l'évêque, rédigèrent des *Statuts synodaux* qui s'observaient encore de son temps dans le diocèse. On peut se demander quelles affaires importantes tinrent Berlion éloigné de son diocèse. Peut-être à cette époque où la Savoie était gouvernée par le comte Philippe (1268-1285), ancien archevêque de Lyon, et prenait une nouvelle extension du côté de la Saône, l'évêque de Belley fut-il employé par ce prince à des missions diplomatiques. Plusieurs textes indiqués par le *Gallia christiana* nous montrent en ce prélat un pacificateur. En 1280, il travailla à réconcilier Thomas de Savoie et Thomas de Montferrat, et en, 1282, à rapprocher la Savoie de l'Allemagne.

Gallia christiana, t. XV, col. 626. — Guichenon, *Bresse et Bugey*, continuation de la 11e partie, p. 27; *Savoie*, t. 1, p. 287, et *Preuves*, p. 75. — J.-B. Martin, *Conciles et bullaire du diocèse de Lyon*, Lyon, 1905, p. 476-478.

L. ALLOING.

1. AMEZQUITA (JOSÉ PERFECTO), lazariste, successivement évêque de Tabasco et de Puebla, naquit à Ciudad Fernandez, diocèse de San Luis Potosi (Mexique), le 18 avril 1837.

Après avoir fait, au séminaire de Léon, des études qui révélèrent une belle intelligence, José Amezquita y Gutierrez entra en 1854 dans la congrégation des lazaristes, à Mexico. Employé aux œuvres du ministère ecclésiastique à Guanajuato, il s'y distingua par son talent pour la prédication et par son activité pour le bien. Lorsque, en 1874, des lois hostiles à la religion furent édictées au Mexique, les communautés religieuses et notamment les sœurs de Saint-Vincent-de-Paul durent disparaître. A Guanajuato, où ces sœurs avaient des œuvres importantes, M. Amezquita sut immédiatement pourvoir aux moyens de recueillir les enfants qui se trouvaient abandonnés et de suppléer dans la mesure du possible au vide qui venait de se faire.

L'œuvre à laquelle il se dévoua particulièrement fut celle de l'éducation de la jeunesse. A Guanajuato, les lazaristes avaient, en 1864, fondé un collège; on le mit à la tête et l'œuvre acquit une grande prospérité; il procura la création d'autres écoles dans cette ville et notamment, en 1878, d'une importante école professionnelle, où les jeunes garçons apprenaient des métiers : menuisier, tailleur, cordonnier, tanneur, forgeron, typographe. L'administration diocésaine nomma M. Amezquita curé de la ville.

Le 18 juin 1886, M. Amezquita fut nommé évêque de Tabasco; il fut sacré le 5 septembre suivant. Onze ans après, il fut nommé à l'évêché de Puebla ou Tlascala, diocèse beaucoup plus important, et il en prit possession le 14 mars 1897. Il consacra ces deux diocèses au Sacré-Cœur de Jésus, y raviva la foi par des missions auxquelles il s'associait au besoin. Il obtint de Rome des privilèges pour le chapitre cathédral de Puebla. Partout il s'appliqua à promouvoir l'enseignement. A Puebla, entre autres œuvres établies dans ce but, il créa une école normale d'instituteurs, la dota très convenablement et y plaça d'excellents maîtres.

Il mourut le 27 octobre 1906. Sur sa tombe est gravée l'inscription suivante : *Ossa et cineres hic tumulus contegit Ilmi. ac Rmi. DD. Perfecti Amezquita et Gutierrez, Angelopolitani* (Puebla de los Angeles) *antistitis, qui sibi semper pauper, aliis, erudiendae praesertim juventuti, munificentissimus fuit. Qui Dei verbum pro veritate et justitia tuendis gregeque servando mira eloquentia et indefesso zelo divulgavit. Quique in sacri Cordis Jesu gloriam et cultum amplificanda ad ultimum usque spiritum incubuit.*

Annales de la congrégation de la Mission, t. LXXIII, p. 294. — Boletin para las Hijas de Maria, Mexico, novembre 1910.

A. MILON.

2. AMEZQUITA (LUIS), religieux augustin, né à Alba de Tormes, dans la province de Salamanque. Il embrassa la vie religieuse dans le couvent de Saint-Philippe à Madrid, en 1640, et en 1645 il fut envoyé aux missions des Philippines. Il exerça son ministère dans les paroisses de Bauan, Tiaong, Tanauan, Batangas, Caruyan et Sala et apprit à fond la langue des Tagal. Il mourut à Manille, le 26 juin 1667. Il traduisit en tagal le catéchisme du P. Jérôme de Ripalda, S. J., Manille, 1666, 1747, 1762, 1774, 1878, 1886-1888. Le même catéchisme, réduit en abrégé, parut à Manille en 1731, et fut réédité un grand nombre de fois. Il laissa inédits deux volumes de *Sermons moraux* et un *Commento sobra las soledades y el Polifemo de D. Luis de Gongora*.

Moral, *Catálogo de escritores agustinos españoles*, dans La Ciudad de Dios, t. XXXV, p. 109-111. — Perez, *Catálogo bio-bibliografico de los religiosos agustinos de las islas Filipinas*, Manille, 1901, p. 119-120. — L. Crusenius-Lopez, *Monasticon augustinianum*, Valladolid, 1903, t. I, p. 267-268.

A. PALMIERI.

AMEZTI (JUAN DOMINGO), religieux augustin, né à Mallavia, en Biscaye, le 24 juin 1818. Il embrassa la vie religieuse dans le couvent de Burgos, en 1832, et en 1848 il fut envoyé au Mexique. Commissaire de son ordre à Madrid en 1855-1856, vice-recteur du collège de Santa Maria de La Vida, en 1869, maître des novices à Valladolid en 1879, il ouvrait, en 1881, le collège augustin de Calella et, nommé provincial peu de temps après, il travaillait avec zèle à restaurer l'ordre de Saint-Augustin en Espagne et dans les Philippines. Sa mort eut lieu le 10 août 1893. On a de lui : *Regla de nuestro gran padre san Agustin para las religiosas por él fundadas, y constituciones acomodadas a las ermitanas, sucesoras de la misma orden, basadas en las antiguas generales en latin*, Vittoria, 1888.

Moral, *Catalogo de escritores agustinos españoles*, dans La Ciudad de Dios, 1894, t. XXXV, p. 111-112. — Perez, *Catálogo bio-bibliografico de los religiosos agustinos de las islas Filipinas*, Manille, 1901, p. 765-766.

A. PALMIERI.

AMFORA (ONOFRIO), religieux théatin de Sorrente. Il prononça ses vœux à Naples, le 14 juin 1609. En 1639, il fut nommé supérieur général de son ordre, mais il mourut l'année suivante, le 7 septembre, à Rome. Il est l'auteur d'un cours d'*Exercices spirituels*, imprimé à Naples.

Silos, *Historiae clericorum regularium a congregatione condita*, Palerme, 1666, t. III, p. 171, 229. — Toppi, *Biblioteca napolitana*, Naples, 1678, p 227. — Placcius, *Theatrum anonymorum et pseudonymorum*, Hambourg, 1708.

A. PALMIERI.

AMFREVILLE (ANTOINE-MARIE-FRANÇOIS HALLÉ D'), né en 1759, d'une famille noble des environs de Lisieux, chanoine de la collégiale d'Écouis, fut reçu, en 1784, conseiller clerc au parlement de Normandie. N'ayant pas prêté le serment à la constitution du clergé, il fut arrêté près de Pont-Audemer, le 22 messidor an II, transféré à Évreux, jugé, condamné et exécuté le 25.

L. Boivin-Champeaux, *Notices historiques sur la Révolution dans le département de l'Eure*, Évreux, 1868, p. 540-545.

Michel PREVOST.

AMHERST (FRANCIS-HERRIL), évêque de Northampton (Angleterre). Né à Londres, le 21 mars 1819, d'une ancienne famille catholique, il fut élevé à Oscott de 1830 à 1838. Il y revint en 1841 et fut ordonné prêtre par Mgr Wiseman, le 6 juin 1846.

Il fut d'abord membre du tiers-ordre de Saint-Dominique à Leicester et retourna ensuite à Oscott comme professeur (1855). Recteur de l'église catholique à Stafford à partir de 1856, il fut consacré évêque de Northampton le 4 juillet 1858, en remplacement du premier évêque, William Wareing. Nommé assistant au trône pontifical en 1862, il fut obligé par la maladie de se démettre en 1879. L'année suivante, il fut préconisé évêque titulaire de Sozusa. Le 21 août 1883, il mourut à sa résidence de Fieldgate à Henilworth (Warwickshire). Mgr Amherst a composé : *Norton Broadland, a story*; *Lenten thoughts*, Londres, 1873; 4ᵉ édition, 1880; quelques poésies et des lettres pastorales.

Memoirs of Francis Herril Amherst D. D. lord bishop of Northampton, by M. J. Roskell, edited by H. J. G. Vaughan, Londres, 1903.

A. TAYLOR.

AMI DE DIEU. Au XIVᵉ siècle, l'expression d'Ami de Dieu, que l'on rencontre déjà de-ci de-là dans l'époque antérieure, revient fréquemment sous la plume des écrivains mystiques pour désigner les âmes qui, s'élevant au-dessus du gros des chrétiens, aspirent à une plus haute perfection. Les écrivains sacrés eux-mêmes semblent inviter à l'emploi de ce terme : saint Jacques, au chap. II, y. 23 de son épître, applique le terme à Abraham, qui fut justifié tout ensemble par sa foi et par ses œuvres (*et amicus Dei appellatus est*); et dans l'évangile de saint Jean (XV, 14-15), c'est Notre-Seigneur lui-même qui dit aux apôtres : *Vos amici mei estis, si feceritis quae ego praecipio vobis. Jam non dicam vos servos, quia servus nescit quid faciat dominus ejus. Vos autem dixi amicos.* Le mouvement mystique qui sollicita au XIVᵉ siècle tant d'âmes non seulement de prêtres ou de religieux, mais même de laïques, comme par un besoin de protestation d'une part, de réparation de l'autre, en face des querelles qui affligeaient la chrétienté, de la licence et du débordement de la vie mondaine, auxquels des désastres comme la grande peste ne mirent pas même un terme, ce mouvement mystique multiplia le nombre de ces amis de Dieu, surtout dans l'Allemagne rhénane. A la suite de maître Eckhart, les écrits des Jean Tauler, des Henri Suso, des Ruhman Merswin exercent une action profonde sur tout un cercle de pieux chrétiens; ils précisent et restreignent le sens de ce terme : Ami de Dieu, qui prend une sorte de valeur technique.

Parallèlement au mouvement orthodoxe, il y a d'ailleurs tout un mouvement hétérodoxe; le faux mysticisme et un dangereux quiétisme risquent de faire tort au vrai et sûr mysticisme. Les béguards, les frères du libre esprit s'arrogent aussi le nom d'amis de Dieu. C'est un ami de Dieu notamment que le bénédictin Martin de Mayence, qui fut brûlé en 1393 et qui ne craignait pas, lui prêtre, d'attribuer à un simple laïque, Nicolas de Bâle, brûlé quelques années plus tard à Vienne, le pouvoir de dispenser aux prélats de l'Église la vertu d'administrer les sacrements.

Naturellement les amis de Dieu orthodoxes repoussent toute assimilation avec les hérétiques et rejettent toute pensée de vouloir former une secte. Que des relations se soient établies entre des âmes obéissant aux mêmes tendances, visant à la même perfection par des moyens analogues, il n'y a rien là que de fort naturel. Des directeurs de conscience, comme Henri Suso, Jean Tauler, Henri de Nordlingen, Nicolas de Strasbourg, servaient eux-mêmes de liens; leurs voyages, leur action apostolique aidaient à la diffusion de ces idées. On trouve des traces de ces rapports dans la correspondance, par exemple, d'Henri de Nordli gen et de Marguerite Ebner, de Maria-Medingen. Les frères prêcheurs étant de grands propagateurs de ce mouvement, les couvents de leur ordre abritaient naturellement des âmes qui s'y laissaient entraîner : comme Marguerite Ebner, son homonyme Christine Ebner d'Engelthal était une dominicaine. Mais les adhésions n'étaient pas moins nombreuses en dehors de l'ordre; rappelons le nom de la béguine bâloise Marguerite de l'Anneau-d'or (*zum goldenen Ring*) et de deux laïques, le chevalier Henri de Rheinfelden en Argovie et le bourgeois de Strasbourg Rulman Merswin. Ce dernier, par sa fondation de l'Ile-Verte (*Grüne-Wörth*), confiée aux chevaliers johannites, et par ses écrits, a exercé une influence assez considérable. C'est à lui, en grande partie du moins, et en tout cas à son entourage que l'on doit les légendes qui ont fait croire longtemps à l'existence d'une véritable association secrète des amis de Dieu, dont la tête et l'âme aurait été le Grand Ami de Dieu de l'Oberland.

Sous le nom de ce personnage mystérieux nous sont parvenus un certain nombre de traités, en partie autobiographiques, et une vingtaine de lettres; les uns et les autres ne nous ont été gardés que par l'intermédiaire de la maison de l'Ile-Verte, à la fondation et à la propriété de laquelle il aurait pris, par ses conseils, une part importante. Malgré le soin que ce grand ami de Dieu semblait prendre de cacher son identité (il ne l'avait révélée qu'à une personne), sa personnalité (il venait à l'Ile-Verte, sans que personne, sauf Merswin, soupçonnât sa présence), le lieu de sa retraite (on savait seulement qu'il était situé dans un haut pays appartenant à l'Autriche), la critique s'était flattée de percer le mystère qui l'entourait. Et le rôle même qu'il semblait avoir joué rendait plus ardente et plus légitime cette curiosité : il avait converti un prédicateur célèbre, dans lequel, dès le XVe siècle, on avait cru reconnaître Tauler; plus tard il avait fait le voyage de Rome pour ouvrir les yeux de Grégoire XI sur les besoins de la chrétienté et le pontife avait tenté en vain de le retenir, prêt, pour suivre les avis de ce simple laïque, à abandonner ses conseillers les plus autorisés, à se soustraire même à l'influence d'une sainte Catherine de Sienne. On avait conjecturé qu'il était né vers 1317 et on prolongeait son existence au delà de 1420, sur la foi d'un des documents — en dehors de ceux de l'Ile-Verte — où il était question de lui, le Livre de la réforme des monastères de l'ordre des frères prêcheurs (*Buch der Reformacio der Clöster Prediger-Ordens*) qui nous le montre, vers cette date, en relations avec une religieuse de Colmar, Marguerite de Kentzingen.

Le pasteur Charles Schmidt, un des érudits qui se sont le plus occupés de la question, avait proposé une identification malheureuse du Grand Ami de Dieu avec l'hérétique notoire Nicolas de Bâle. Un prêtre suisse, l'abbé Lütolf, crut retrouver sa trace au Schimberg dans l'Entlebuch. A. Jundt le reconnut dans un certain de Rütberg, originaire de Coire et fondateur d'un ermitage à Ganterschwyl. Le P. H. Denifle, dans une série d'articles sensationnels, mit à néant toutes ces identifications et coupa court à toutes recherches ultérieures en mettant hors de doute la non-existence du Grand Ami de Dieu. W. Preger, l'historien de la mystique allemande, a été l'un des rares érudits qui aient continué à croire à l'existence du mystérieux personnage. Mais la critique a été presque unanime à reconnaître le bien-fondé des négations du P. Denifle. Déjà le savant dominicain avait établi que le prédicateur prétendument converti par le Grand Ami de Dieu ne pouvait être Tauler, celui-ci n'ayant jamais été que lecteur, tandis que l'autre était qualifié de maître de la sainte Écriture. Il avait montré que le récit de cette conversion était imaginaire et il fit la même preuve pour tous ceux où l'Ami de Dieu se met lui-même en scène. Il y a relevé des divergences, des contradictions qui feraient du personnage un véritable Protée, qui ne s'expliquent que par le caractère imaginaire des récits où il est question de lui et dont le rédacteur, écrivant à diverses époques, ne s'est pas suffisamment soucié de demeurer d'accord avec lui-même. Le P. Denifle a montré également les impossibilités auxquelles se heurte l'historicité du prétendu voyage de Rome.

Comme tous les documents, à peu près, qui concernent le Grand Ami de Dieu, émanent des papiers de l'Ile-Verte — le Livre de la réforme des couvents des frères prêcheurs, écrit d'ailleurs à une époque relativement tardive, est sous l'influence des récits strasbourgeois — il était naturel de chercher de ce côté le mystificateur qui a inventé ce personnage et ses écrits. Le P. Denifle émit l'opinion que ce devait être le fondateur même de l'Ile-Verte, Rulman Merswin; il était remarquable en effet qu'il eût été le seul intermédiaire par lequel passaient toutes les communications du Grand Ami de Dieu et qu'après la mort de Rulman les chevaliers johannites eussent fait de vains efforts pour retrouver la trace de ce mystérieux ami; en outre, d'autres écrits de Merswin portent la marque de la même officine et nous offrent les mêmes procédés d'invention et de composition. Ici encore, les conclusions du P. Denifle ont été assez généralement acceptées, même par ceux qui, à la suite de A. Jundt, les atténuent en essayant de mettre hors de cause la bonne foi de Merswin, et en faisant de lui, à l'aide de considérations psychologiques plus ou moins hasardées, une sorte de victime d'un état psychique particulier. Il y a quelques années cependant, M. Karl Rieder a remis en cause ces conclusions : il a essayé de substituer à la personnalité de Merswin, comme auteur de la mystification, celle d'un frère johannite de l'Ile-Verte, Nicolas de Löwen (c'est-à-dire de Louvain), né en 1339, ancien secrétaire d'un marchand de Strasbourg, qui entra dès l'origine à l'Ile-Verte, se fit prêtre en 1367, devint johannite en 1371 et mourut le 4 avril 1402. Ce personnage, très mêlé aux affaires de la maison et à celles de Merswin, et qui reçut des communications de l'Ami de Dieu, prit à la transcription des Mémoriaux et autres recueils du Grüne Wörth une part importante. Une complicité de lui avec Merswin dans l'œuvre de mystification, des interpolations faites par lui à cette œuvre s'expliqueraient assez facilement. En faire le seul rédacteur et auteur de ces falsifications est une entreprise plus difficile, et la démonstration de M. Rieder n'a pas satisfait l'ensemble de la critique : on ne comprendrait plus l'intérêt qu'il pouvait avoir, après 1390, à l'époque à laquelle M. Rieder place son travail, à inventer les lettres de l'Ami de Dieu relatives à la fondation et aux constructions de l'Ile-Verte et qui s'expliquent si naturellement, fabriquées à l'époque de cette fondation ou de ces constructions. On ne comprend pas bien non plus comment il aurait pu faire accepter son faux dans un temps où vivaient encore des témoins dont la complicité ne semble pas admissible.

Bien que les questions délicates qui se rapportent à l'Ami de Dieu ne soient peut-être pas encore définitivement résolues, il reste hors de doute que ce personnage est fictif et qu'il n'a point existé d'association secrète des amis de Dieu.

Carl Schmidt, *Die Gottesfreunde im xiv Jahrhundert*, Iéna, 1854, extrait des *Beiträge zu den theologischen Wissenschaften*, t. v; *Nikolaus von Basel, Leben und auserwählte Schriften*, Vienne, 1866; *Nikolaus von Basel, Bericht von der Bekehrung Taulers*, Strasbourg, 1875. — H. S. Denifle, *Der Gottesfreund im Oberland und Nikolaus von Basel*, dans *Historisch politische Blätter*, 1875, t. LXXV; *Taulers Bekehrung kritisch untersucht*, fasc. 36 des *Quellen und Forschungen zur Sprach-und Culturgeschichte der germanischen Völker*, Strasbourg, 1879; *Die Dichtungen des Gottesfreundes im Oberlande* et *Die Dichtungen Rulman Merswins*, dans *Zeitschrift für deutsches Alterthum*, 1880, t. XXIV; 1881, t. XXV. — Aug. Jundt, *Les amis de Dieu au xive siècle*, Paris, 1879; *Rulman Merswin et l'Ami de Dieu de l'Oberland*, Paris, 1890. — Wilhelm Preger, *Geschichte der deutschen Mystik im Mittelalter*, Leipzig, 1893, t. III. — Friedrich Lauchert, *Des Gottesfreundes im Oberland (= Rulman Merswins) Buch von den zwei Mannen*, Bonn, 1896. — Karl Rieder, *Zeitschrift für die Geschichte des Oberrheins*, Neue Folge, 1903, t. XVII, *Der Gottesfreund vom Oberland, eine Erfindung des Strassburger Johanniterbruders Nikolaus von Löwen*, Innsbruck, 1905. — Philipp Strauch, *Zur Gottesfreundfrage*, dans *Zeitschrift für deutsche Philologie*, 1902, t. XXXIV; compte rendu critique de l'ouvrage de Rieder, même revue, 1907, t. XXXIX; article *Rulman Merswin*, dans *Realencyklopädie für protestantische Theologie und Kirche*, 4e édition, t. XVII, p. 203-227, dans lequel on trouvera une ample bibliographie de la matière.

E.-G. LEDOS.

AMI DE LA RELIGION. La chute de Napoléon Ier et le retour de Louis XVIII en 1814, les espérances que la restauration en France du régime bourbonien faisaient concevoir d'un nouvel épanouissement des idées et des institutions catholiques suggérèrent au libraire-imprimeur Adrien Le Clère la pensée de faire revivre une feuille périodique qu'il avait publiée jadis et qui, sous les noms divers d'*Annales catholiques*, d'*Annales philosophiques*, de *Mélanges de philosophie*, s'était efforcée de défendre les intérêts de la religion, en dépit des sévérités et des tracasseries de la censure impériale, sous les coups de laquelle elle avait fini par succomber. A. Le Clère ne pensa pouvoir mieux s'adresser pour cette tâche qu'à un rédacteur de l'ancien recueil, Michel-Pierre-Joseph Picot (24 mars 1770-15 octobre 1841), bien connu par ses *Mémoires pour servir à l'histoire ecclésiastique du XVIIIe siècle* (1806), et sur lequel avait reposé presque exclusivement la charge des *Mélanges*. Sûr des sympathies d'une grande partie des évêques et du clergé, notamment des sulpiciens, dont l'ancien supérieur, M. Émery, avait encouragé ses travaux antérieurs, Picot accepta. Le 20 avril 1814, fut lancé le prospectus et le premier numéro de *l'Ami de la religion et du roi, journal ecclésiastique, politique et littéraire*, dont le titre était à lui seul un programme. « Ce journal, disait M. Picot, sera consacré particulièrement à présenter le tableau de tout ce qui pourra intéresser la religion. Nous y consignerons tout ce qui concerne son histoire et ses revers passés et ses consolations futures et toutes les particularités de cette restauration générale, dont elle a le droit de se promettre tant d'avantages. Nous tournerons souvent nos regards vers ce siège antique (de Rome)... nous rendrons un compte fidèle de tout ce qui émanera de cette chaire auguste... » La partie politique ne devait être « qu'un accessoire » et M. Picot entendait ne rendre compte dans son journal que « des principaux événements politiques. » Le journal s'efforça de remplir son programme et, grâce à ses nombreux correspondants, il abonda dès les premiers numéros en renseignements, qui en font une source précieuse pour l'histoire religieuse de cette époque; et non seulement tout ce qui intéresse la France religieuse y est noté avec soin, mais on y trouve aussi plus d'une information sur l'état de la religion dans les pays étrangers. Dès l'abord, *l'Ami de la religion* s'était montré trop hostile contre tout ce qui rappelait le régime impérial, pour songer à paraître pendant les Cent jours; mais ce ne fut qu'une courte interruption, après laquelle il reprit une vie d'autant plus active que M. Picot groupait alors autour de lui les représentants les plus éminents de la pensée catholique : Mgr de Boulogne, l'abbé Frayssinous, l'abbé Lecuy, l'abbé de La Mennais, M. de Bonald entre autres lui apportaient leur collaboration. Il menait notamment la campagne contre Grégoire et les constitutionnels, contre la petite Église, contre les jansénistes : il polémiquait contre *le Constitutionnel*, contre *le Courrier*, contre *le Censeur*, contre *la Chronique religieuse*. L'ancien oratorien Tabaraud l'appelait « la Trompette de l'ultramontanisme. » Et cependant M. Picot restait et maintenait son journal dans les idées des gallicans modérés, que l'abbé Frayssinous exposait dans ses *Vrais principes de l'Église gallicane* (1818). Rendant compte de la réfutation par l'abbé Baston du livre *Du pape* de Joseph de Maistre, il félicitait (1821, t. XXIX, p. 384) ce « théologien de profession » de « réduire l'ultramontanisme en poudre. » Il n'hésitait pas cependant à déclarer (1821-1822, t. XXX, p. 227) que « trop d'exemples prouvent que l'Église gallicane nourrissait dans son sein des factieux qui conspiraient contre elle en prétendant l'affranchir. » Il jugeait d'ailleurs que des discussions sur les quatre articles étaient une matière convenable pour des théologiens et non pour le public (1814, t. III, p. 319-320). Néanmoins, ses idées sur ce point, sa modération, son attachement à la monarchie bourbonienne éloignèrent bientôt de lui les ardents qui se groupèrent autour de La Mennais.

Le Mémorial catholique qui, lors de sa fondation (1824), avait commencé par rendre (t. I, p. 11-12) « un juste hommage à ceux des journaux... qui défendent noblement la cause de la religion » et qui se contentait de constater que « ces écrits, obligés d'alimenter la curiosité publique par les nouvelles détaillées de chaque jour et de renfermer souvent leurs discussions dans le cercle borné des intérêts du moment, » ne comportaient pas « une exposition pleinement développée des doctrines catholiques appliquées aux besoins actuels de la société, ni une réfutation complète des opinions philosophiques, » *le Mémorial catholique* en vint bientôt à une âpre polémique contre *l'Ami de la religion*. Les réserves que ce journal se croyait obligé de faire sur la suite de l'*Essai* de La Mennais, les critiques qu'il insérait contre son ouvrage *De la religion*, tout en regrettant (1826, t. XLVII, p. 236) les poursuites exercées contre le grand écrivain catholique, tandis qu'il laissait en paix Montlosier et ses amis, la méfiance qu'il témoignait contre tout ce qui sortait de l'entourage de La Mennais, donnaient à ces querelles des prétextes ou des aliments. « On est frappé d'étonnement, disait *le Mémorial* (1826, t. VI, p. 74), quand on compare *l'Ami de la religion* actuel avec celui d'autrefois; on ne peut voir sans douleur combien sa couleur a changé. » On l'appelait en plaisantant *l'Ami de la religion du roi*. Le fossé se creusait plus profond, à mesure que *le Mémorial* se dépouillait davantage de ses attaches monarchiques et se lançait plus avant dans les doctrines libérales, tandis que *l'Ami* demeurait fidèle aux Bourbons et ne cessait de manifester son opposition au libéralisme, applaudissant par exemple aux discours ou aux mesures contre la liberté de la presse. D'aucuns crurent même pouvoir le dénoncer comme ayant inspiré les fameuses ordonnances de juillet, qui provoquèrent la chute de Charles X. La Révolution de 1830 fut un coup pénible pour M. Picot, elle rompit les liens entre le gouvernement et le journal, qui, après une interruption de quelques jours, reparut avec un titre plus court : il était désormais simplement *l'Ami de la religion*. En même temps qu'il prenait vis-à-vis du nouveau gouvernement une attitude de réserve, de défiance, d'hostilité presque, *l'Ami de la religion* crut nécessaire de modifier sa périodicité. Il avait paru jusque-là deux fois par semaine (le mercredi et le samedi); il parut le mardi, le jeudi et le samedi (à partir du t. LXV); il y fut poussé surtout par la nécessité de satisfaire aux demandes de ses abonnés, en donnant plus de place au compte rendu des débats parlementaires. La dissidence entre lui et les Mennaisiens s'accentua davantage encore. *L'Avenir* l'accusa de « quinze ans d'injures envers le clergé, » et outra contre lui l'accusation de gallicanisme : « Alors même que vous paraissez n'attaquer au grand jour que les personnes, la doctrine romaine est là dans l'ombre comme l'éternel et invisible ennemi que cherchent vos coups. » Rome n'en jugeait pas aussi sévèrement que ses trop ardents défenseurs et, tandis qu'à deux reprises, en 1824 et 1827, le souverain pontife avait tenu à encourager par des brefs élogieux les efforts faits par M. Picot pour la défense des intérêts religieux, *l'Avenir* allait se voir condamner pour ses imprudences, ses exagérations et ses violences. M. Picot déclarait (1831, t. LXVII, p. 114) : « Non, je ne suis pas gallican dans le sens que ces messieurs l'entendent, et si je ne suis pas ultramontain comme eux, je suis, plus qu'eux peut-être, un enfant soumis et docile de l'Église romaine. » Déjà, en 1828, il avait relevé non sans malice la contradiction entre les doctrines des Mennaisiens, qui défendaient le principe d'autorité, et les attaques qu'ils ne ménageaient point à l'autorité des évêques, quand elle s'exerçait contre leurs idées. Quand les rédacteurs de *l'Avenir* partirent pour Rome, annonçant leur ferme intention de se soumettre au jugement du Saint-Siège, M. Picot, exprimant des doutes, que La Mennais, hélas ! devait justifier, sur l'étendue de cette soumission, disait (1831, t. LXVII, p. 403) : « Il est bien plus aisé de s'épargner les torts par une conduite réservée et prudente que de les avouer après coup. » Un peu plus tard (1834, t. LXXVIII, p. 278), il faisait une déclaration que nous relevons ici, parce qu'elle est assez caractéristique de l'attitude de son journal : « Nous ne nous sommes pas perdus dans de vastes systèmes et d'étourdissantes théories, nous avons été terre à terre peut-être, ce qui est plus sûr que de prendre un vol si haut pour retomber ensuite. » Ce terre-à-terre, cette attitude un peu terne, l'attachement trop marqué du journal pour la maison de Bourbon, la méfiance exagérée, injustifiée trop souvent, qu'il témoignait pour les catholiques d'avant-garde, des insinuations comme celles qui risquèrent d'entraver la prédication de Lacordaire à Notre-Dame, retiraient à *l'Ami* les sympathies de bien des catholiques; aussi la création par l'abbé Migne d'un nouvel organe religieux, *l'Univers*, devait-elle être accueillie par beaucoup avec faveur; Montalembert l'appelait « le seul journal catholique de l'Europe, » et en 1838 l'empêchait de succomber. *L'Ami de la religion* conservait d'ailleurs beaucoup de partisans; son zèle ne peut guère être mis en doute; malgré quelque étroitesse dans ses idées et une grande difficulté à s'adapter aux idées et aux conditions modernes, il rendait des services à la cause catholique; aussi le pape nommait-il successivement M. Picot chevalier de la Milice d'or (1835) et chevalier de l'ordre de Saint-Grégoire (27 novembre 1840). A cette dernière date, il y avait trois mois déjà que, tout en continuant de s'intéresser à *l'Ami de la religion* et d'y collaborer,

M. Picot en avait abandonné la direction au baron Henrion, écrivain actif, dévoué à la cause religieuse que, depuis longtemps déjà, il s'efforçait de servir par ses livres et par ses articles. Sous sa direction, *l'Ami de la religion* garda la même attitude, mais avec une tendance plus marquée peut-être à se détacher des partis purement politiques; une évolution lente, mais remarquable, l'inclinait peu à peu aux idées libérales et le rapprochait des rédacteurs du *Correspondant* et du parti que représentaient des hommes comme l'abbé Dupanloup et M. de Falloux. En 1844, M. de Genoude, qui dirigeait déjà la *Gazette de France*, voulut, sous le prétexte qu'il était copropriétaire de *l'Ami de la religion*, en accaparer la direction et lui imposer ses opinions politiques et son gallicanisme intransigeant : « Vouloir séparer la religion de la politique, disait-il, est une aberration inexprimable, » et il proclamait qu'il entendait que *l'Ami* suivît une direction « catholique dans sa généralité, gallicane ou française dans sa ligne particulière. » Il appelait le pape « un souverain étranger »: *l'Ami* trouva que c'était aller un peu loin; il faillit y avoir un procès; il ne fut évité que parce que M. de Genoude se décida à vendre sa part de propriété. Le succès de *l'Univers*, dû surtout à la verve et au talent de Louis Veuillot, faisait perdre à *l'Ami* une partie de sa clientèle; mais il restait soutenu par ceux qui redoutaient une polémique trop violente ou qui jugeaient utile à l'indépendance du clergé et de l'épiscopat l'existence de deux organes catholiques dont l'un fit contrepoids à l'autre. Deux déclarations faites en 1845 par *l'Ami de la religion* indiquent bien son attitude : « Tous les droits consacrés par les saints canons nous sont chers; nous les défendrons avec une pleine indépendance. L'agitation nous est odieuse; nous ne cesserons de la signaler à nos frères comme l'obstacle le plus sérieux qui puisse retarder l'accomplissement de nos communes espérances » (t. CXXIV, p. 3); « M. l'abbé Bernier croit et nous pensons comme lui que, si les évêques associent prêtres ou laïques à la défense des droits dont ils sont les seuls défenseurs compétents, c'est à la condition bien légitime que, dans ces questions qui se rattachent au gouvernement spirituel de l'Église ou touchent aux rapports de l'Église et de l'État, nous ne mettions jamais notre ardeur impatiente au-dessus de leur zèle pastoral » (t. CXXVI, p. 207). Disons en passant que *l'Ami* qui, depuis le t. LXXXVII (1er octobre 1838), avait jugé bon de s'imprimer sur deux colonnes, revint en 1845 (t. CXXIV) à la disposition primitive, à longues lignes. Si, sur plus d'un point, *l'Ami de la religion* se trouvait en désaccord et parfois en polémique avec *l'Univers*, il fit campagne avec lui dans la question si grave de la liberté d'enseignement. Son point de vue était celui de l'abbé Dupanloup, qui s'employait d'ailleurs de son mieux à le soutenir. Il était à cette époque dirigé par l'abbé Veyssières. La Révolution de 1848 et l'établissement du régime républicain amena bientôt des modifications importantes dans la direction du journal et un violent effort pour le galvaniser, lui donner plus de vie et d'entrain. L'abbé Dupanloup, le P. de Ravignan, Montalembert, M. de Falloux s'entendirent pour le réorganiser. Un avis du premier d'entre eux (t. CXXIX, p. 157) mit le public au courant de ce qui était fait. Le comte Henri de Riancey devenait rédacteur en chef de la partie religieuse et politique. M. Romain Cornut, de la partie philosophique, critique et littéraire. Le directeur était l'abbé Cognat, ami de l'abbé Dupanloup. A côté d'eux, toute une élite de rédacteurs distingués apportèrent au journal une collaboration précieuse : dom Pitra, les abbés Glaire et Dassance, MM. F. Nourrisson, Ch. de

Riancey, Lavedan, de Vatimesnil, de Valroger. Bien que quelques-uns de ces collaborateurs fussent d'anciens rédacteurs de *l'Univers*, les deux journaux semblaient devoir vivre d'accord : les deux Veuillot assistèrent au banquet d'inauguration de la nouvelle rédaction. Mais les divergences de vues ne tardèrent pas à se manifester et les polémiques à renaître : dans les discussions nouvelles sur la loi de l'enseignement, tandis que Veuillot et ses collaborateurs se montraient hostiles à toute concession, *l'Ami de la religion* soutenait naturellement le projet transactionnel défendu par M. de Falloux et Mgr Dupanloup. En 1853, les attaques de l'abbé Gaduel contre les prétendues erreurs théologiques de Donoso Cortès amenèrent une nouvelle polémique. Mais, dans la lutte qui se poursuivait entre les deux journaux, nombre d'évêques, et non des moindres, Mgr Parisis, Mgr Doney, etc., étaient du côté de *l'Univers*. *L'Ami* perdait chaque jour de son crédit et de son influence. En novembre 1855, la direction était passée entre les mains d'un jeune prêtre du diocèse de Strasbourg, ancien professeur de philosophie, l'abbé A. Sisson (aujourd'hui encore vivant), collaborateur du journal depuis 1851 et attaché à sa rédaction en 1854, sur les conseils de Mgr Dupanloup. La pensée émise par M. Jules Gondon, un ancien rédacteur de *l'Univers*, de fonder une nouvelle feuille catholique, *l'Universel*, poussa l'abbé Sisson à demander au gouvernement impérial l'autorisation de transformer *l'Ami* en journal quotidien : déjà en 1848, d'avril à octobre, puis, au moment des discussions sur la loi de l'enseignement du 16 octobre 1849 au 1er juin 1850, le journal, avait paru tous les jours. Il s'agissait maintenant de lui donner le format des grands quotidiens. La transformation s'accomplit en mars 1859. Il y eut désormais deux éditions : l'une quotidienne en grand in-folio; l'autre demi-quotidienne en format in-4°. Ni cette transformation ni le nombre de collaborateurs distingués dont il s'honorait (à ceux déjà nommés, il faut ajouter MM. de Poujoulat, H. et Ch. de Lacombe, Loudun, Duilhé de Saint-Projet, Bautain, Foisset, le comte de Carné, de Mas Latrie, Viollet-le-Duc, de Caumont), ne purent sauver le journal de la ruine. A la fin de 1861 (14 décembre), une grave scission se produisit dans la rédaction : MM. de Carné, Audley, les deux Lacombe, Galitzin, Lavedan, F. Lenormant, etc., quittèrent avec quelque éclat le journal, qu'ils craignaient de voir devenir un instrument docile, presque servile, du pouvoir. L'abbé Sisson fit une déclaration (2 janvier 1862. Nouvelle série, in-4°, t. XII, p. 1 sq.), pour affirmer que le journal continuerait « avec un zèle croissant à faire disparaître les malentendus que mille causes ne cessent d'entretenir entre l'Église et un grand nombre d'esprits éclairés de notre époque... Catholiques, ajoutait-il, aimons les institutions libérales; elles sont en tout temps la garantie de la dignité humaine et, sagement pratiquées, une force pour les souverains aussi bien que pour les peuples. » Moins de cinq mois après, il abandonnait complètement (6 mai 1862) la direction, la rédaction et l'administration de *l'Ami de la religion*, dont la propriété passait entre les mains de M. Jules Gondon. Celui-ci n'avait acheté d'ailleurs *l'Ami* que pour le faire disparaître et établir en sa place un nouveau journal, *le Globe*; devant les difficultés que lui faisait l'administration, il se décida purement et simplement à cesser la publication (mai 1862), n'ayant jamais eu, avouait-il, dans un prospectus aux souscripteurs, « ni l'ambition ni les ressources nécessaires pour relever *l'Ami de la religion* du discrédit qui avait frappé son ancienne direction. »

Au milieu des transformations qu'il avait subies pendant près d'un demi-siècle d'existence, *l'Ami de la religion* garda toujours un double caractère commun : celui d'être à la fois un journal et une revue et celui de s'efforcer d'être un recueil doctrinal et théologique. La collection en reste une des mines les plus abondantes de renseignements sur la vie religieuse au XIXe siècle; deux tables, l'une pour les t. I-XL, parue en 1824, l'autre pour les t. XLI-LXXXII, publiée en 1836, facilitent les recherches dans cette partie de la collection et font regretter qu'un travail analogue n'ait pas été accompli pour la période suivante.

E.-G. LEDOS.

AMIAS (JOHN), prêtre anglais, né à Wakefield. Il entra dans les ordres après la mort de sa femme et fut ordonné prêtre à Reims, en 1581. Arrêté dans le Lancashire, il fut mis à mort, à York, le 16 mars 1589. Il a été déclaré vénérable en 1886.

Challoner, *Memoirs of missionary priests...*, 1741, t. I, p. 237. — *The catholic encyclopedia*, t. I, p. 428.

U. ROUZIÈS.

AMICH (JOSÉ), frère mineur du collège de Santa Rosa de Ocopa au Pérou, missionnaire et géographe, à qui l'on doit la découverte et la démarcation des îles Carolines dans l'océan Pacifique, en 1772. Il a écrit : *Compendio historico de los trabajos, fatigas, sudores y muertes que los ministros evangelicos de la Seráfica religion han padecido por la conversion de las almas de los gentiles en las montañas de los Andes pertenecientes a las provincias del Peru*, in-8°, Paris, 1857.

Marcellino da Civezza, *Saggio di bibliografia sanfrancescana*, Prato, 1879, p. 16-18, 430, 602.

ANTOINE de Sérent.

1. AMICI, DE AMICIS (BARTOLOMEO), jésuite italien, philosophe et moraliste, naquit à Anzi (Potenza), en mai 1560, et entra en religion le 19 juin 1581. Il enseigna dix ans la philosophie, huit ans la théologie scolastique au collège de Naples. Sa profonde connaissance du droit et sa prudence le firent souvent prendre pour arbitre dans les différends entre les seigneurs napolitains. Il mourut à Naples, le 7 septembre 1649. On a de lui les écrits suivants : *In universam Aristotelis logicam explicatio et quaestiones*, in-fol., Rome, 1622, volume qui fut réimprimé dans l'édition complète : *In universam Aristotelis philosophiam notae et disputationes, quibus illustrium scholarum Averrois, D. Thomae, Scoti et Nominalium sententiae expenduntur*, 7 vol. in-fol., Naples, 1623-1648; *Meditationi delle sagre piaghe di Giesu e di Maria*, in-8°, Naples, 1635; *De aliquibus principiis communibus philosophis et theologis*, 3 vol. in-fol., Naples, 1638-1644; un extrait du premier volume parut sous le titre de *Tractatio de variis formalitatum et distinctionum generibus*, in-8°, Naples, 1638. Il laissa encore : *Regole per governo della coscienza scrupulosa scelte dalla dottrina de' santi Padri*, in-8°, Naples, 1648.

Sotwel, *Bibliotheca scriptorum S. J.*, Rome, 1676, p. 104. — Eustachio d'Afflitto, *Memorie degli scrittori del regno di Napoli*, Naples, 1782, t. I, p. 295. — Sommervogel, *Bibliothèque S. J.*, Bruxelles, 1890, t. I, col. 279-280; 1898, t. VIII, col. 1626. — H. Hurter, *Nomenclator literarius*, Inspruck, 1907, t. III, col. 934.

E.-M. RIVIÈRE.

2. AMICI (GUILLAUME). Il naquit à Limoges vers 1299. Son nom, qui nous est parvenu sous la forme latine *Amici*, a été interprété de diverses façons, Ami, L'Ami, Lami et Lamy. Il était commensal et familier de Roger d'Armagnac (voyez ce nom) en 1316. G. Mollat, *Lettres communes de Jean XXII*, t. I, n. 1768. Le 12 mars 1318, il fut pourvu d'un canonicat et d'une prébende dans la cathédrale de Lavaur. *Ibid.*, t. II, n. 6582. Dans deux documents, du 3 octobre et du 16 novembre 1324, il s'intitule vicaire général de Roger d'Armagnac, devenu évêque de Lavaur. *Ibid.*, t. V, n. 23196, 23242. Il eut encore pour bénéfices la prévôté de Lavaur et celle d'Eymoutiers au diocèse de Limoges. U. Berlière, *Suppliques de Clément VI*, Paris, 1906, n. 13: Docteur ès lois, il fut aussi chapelain pontifical et auditeur des causes du palais apostolique.

Benoît XII l'envoya comme nonce à la cour de France (27 août 1340), avec mission de persuader Philippe de Valois de conclure une paix durable avec le roi d'Angleterre. Guillaume Amici réussit à faire accepter l'arbitrage du Saint-Siège. Il était évêque d'Apt depuis le 3 octobre 1341, quand il fut de nouveau délégué près de Philippe de Valois par les cardinaux pendant la vacance du Saint-Siège (2 mai 1342), pour reprendre des négociations de paix entre la France et l'Angleterre. A peine élu pape, Clément VI lui confirma ses pouvoirs, le transféra, le 7 octobre 1342, sur le siège de Chartres. En 1343 et 1344, il reçut la faculté extraordinaire de contrôler l'action judiciaire du camérier et des deux trésoriers de la cour d'Avignon et de connaître de leurs abus de pouvoir. Ch. Samaran et G. Mollat, *La fiscalité pontificale en France au XIV° siècle*, Paris, 1905, p. 138, et E. Déprez, *Clément VI. Lettres closes, patentes et curiales*, Paris, 1907, fasc. 1, n. 619. Le 7 mars 1344, il lui fut permis de visiter son diocèse par procureurs. E. Déprez, *loc. cit.*, n. 715. Le cardinal Aimeric de Châlus n'ayant pu s'acquitter de sa légation à Naples (cf. t. I, col. 1175), Guillaume Amici lui fut substitué (30 janvier 1345), avec mission de couronner la reine Jeanne et le roi André. F. Cerasoli, *Clemente VI e Giovanna I di Napoli. Documenti inediti dell' Archivio segreto Vaticano*, dans *Archivio storico per le provincie Napoletane*, 1896, t. XXI, p. 247. Il s'occupa de l'exécution des legs testamentaires de la reine Sanchie (Wadding, *Annales minorum*, Rome, 1733, t. VII, p. 571-572) et ne s'éloigna de Naples qu'après l'assassinat de l'infortuné mari de la reine Jeanne (18 septembre 1345). En 1347, il fut envoyé pour la troisième fois, avec Pasteur de Sarrats, archevêque d'Embrun, près du roi Philippe de Valois pour obtenir la révocation d'ordonnances qui prononçaient la confiscation des bénéfices des prélats ne résidant pas dans le royaume de France. Les deux nonces furent obligés de séjourner longtemps à Paris et ne parvinrent à leurs fins que grâce à l'intervention de la reine Jeanne. Wadding, *op. cit.*, t. VII, p. 225-226; Baluze, *Vitae paparum Avenionensium*, Paris, 1693, t. I, col. 785, 893-894; t. II, col. 701-708, 716; Raynaldi, *Annales ecclesiastici*, ad annum 1347, § XXIV. Nommé patriarche de Jérusalem le 2 mars 1349, il reçut en même temps l'administration de l'Église de Fréjus. Quoi qu'on ait dit le chanoine Albanés, il se rendit dans l'île de Chypre et fut mêlé aux tentatives d'union avec le catholicos d'Arménie. J. Gay, *Le pape Clémen VI et les affaires d'Orient (1342-1352)*, Paris, 1904, p. 149 sq., Wadding, *op. cit.*, t. VIII, p. 52-53. A son retour en France, il mourut à Montpellier, le 9 juin 1360, et fut inhumé à la cathédrale de Limoges. Le P. Bonaventure de Saint-Amable, *Histoire de Saint-Martial*, Limoges, 1685, t. III, p. 633-635, lui a attribué un grand nombre de guérisons miraculeuses obtenues par son intercession après sa mort, mais sans produire de preuves.

Albanés, *Gallia christiana novissima*, t. I (Aix), col. 249-250, 368-369; *Instrum.*, col. 153-156, 237-239. — Arbellot, *Étude biographique sur Guillaume Lamy, patriarche de Jérusalem*, Limoges, 1892. — Baluze, *Vitae...*, t. I, col. 269, 290-291, 910-912, 1433. — J. Collin, *Histoire sacrée de la vie des saints principaux... du diocèse de Limoges*, Limoges, 1672, p. 274-282. Sauf quelques détails authentiques, la Vie écrite par Collin, ainsi que celle du P. Bonaventure de Saint-Amable, ne méritent pas confiance; ce sont des panégyriques ampoulés. — E. Déprez, *Les préliminaires de la guerre de Cent ans. La papauté, la France et l'Angleterre (1328-1342)*, Paris, 1902, p. 337-340,

348, 353, 389, 391. — L. Lamy, *Recueil de la vie et des miracles du bienheureux Lamy, évêque de Chartres et patriarche de Jérusalem*, Limoges, s. d.; cet opuscule, indiqué par le P. Lelong dans sa *Bibliothèque historique de la France*, Paris, 1768-1775, t. I, n. 9381, et t. IV, Supplém., aurait été imprimé vers 1665, d'après Arbellot, et aurait été reproduit par Collin et Bonaventure de Saint-Amable. — *La vie du bienheureux saint Guillaume Lamy, patriarche de Jérusalem*, Limoges, 1854, est une réédition anonyme des Vies de Collin et de Bonaventure de Saint-Amable. — Raynaldi, *Annales ecclesiastici*, ad ann. 1345, § XXIII, XXIV; ad ann. 1346, § XLIV, XLV. — J.-M. Vidal, *Lettres communes de Benoît XII*, Paris, 1905, t. II, n. 8432 et p. 434.

G. MOLLAT.

3. AMICI (LUCA). Préconisé évêque de Ferentino en 1815, il fut en même temps, jusqu'à l'année suivante, administrateur apostolique d'Anagni, dont l'évêque, Gioacchino Tosi, ainsi qu'on le verra au nom de ce diocèse, fut retenu à Rome après la restauration de Pie VII. Amici mourut le 8 février 1818 et fut enterré dans la cathédrale de Ferentino.

Cappelletti, *Le Chiese d'Italia*, Venise, 1847, t. VI, p. 425.

J. FRAIKIN.

4. AMICI (LUIGI). Né, vers 1735, à Camerino, d'une famille noble, il fut successivement chanoine de la cathédrale de cette ville et vicaire capitulaire du diocèse. Préconisé évêque de ce siège, en 1768, d'après Savini, ou en 1769, d'après Santoni, *Cam. ec. pont...*, il embellit la cathédrale et le palais épiscopal. Ce fut sous son épiscopat que, le 8 juillet 1785, Matelica et Fabriano furent érigées en diocèses séparés. En compensation, Camerino fut élevée au rang d'archevêché, le 17 décembre 1787, et Amici reçut le *pallium* le 2 février de l'année suivante. Il mourut en 1796. On a de lui: *Amici Aloysii archiepiscopi Camerinensis Epistola pastoralis ad Gallos presbyteros in civitate ad dioecesi Camerinensi commorantes*, Camerino, 1793; cf. Santoni, *Biblioteca storica marchigiana*, dans *Atti e memorie della R. Deputazione di storia patria per le province delle Marche*, 1903, t. VI, p. 60, 88. Ses lettres pastorales ont été réunies en quatre volumes in-4°, 1778-1781. Trois lettres à lui adressées par la Secrétairerie d'État, le 17 novembre 1792, le 9 janvier et le 20 juin 1793 (Arch. Vat., *Lettere di Vescovi*, t. CCCLXXI, fol. 113-114; t. CCCLXXII, fol. 8 et 149-150), ainsi que diverses circulaires à lui adressées en même temps qu'à d'autres évêques des États pontificaux (mêmes volumes), attestent sa charité envers les prêtres français réfugiés dans son diocèse sous la Révolution.

Patrizio Savini, *Storia della città di Camerino*, Camerino, 1864, p. 236. — Gams, *Series episcoporum*, p. 680. — M. Santoni, *Camerinensis ecclesiae pontificum series chronologica*, Camerino, 1882, p. 22, 179. — Hurter, *Nomenclator literarius*, t. V, col. 553.

J. FRAIKIN.

AMICIS (GIAN-GIORGIO DE), augustin du couvent de Cascia, au XVI° siècle. Il édita une Vie de sainte Rita de Cascia en italien, Viterbe, 1600. Nous n'avons trouvé aucun exemplaire de cette Vie dans les bibliothèques de Rome. Herrera est le seul à la mentionner. Il a puisé ce renseignement dans la préface de la Vie de sainte Rite, composée par Cavallucci. Cf. *Acta sanctorum*, maii t. V, p. 222.

Herrera, *Alphabetum augustinianum*, Madrid, 1644, t. I, p. 475. — Elssius, *Encomiasticon augustinianum*, Bruxelles, 1654, p. 377. — Jacobilli, *Bibliotheca Umbriae*, Foligno, 1658, p. 160. — Ossinger, *Bibliotheca augustiniana*, p. 31. — Perini, *Augustiniani scriptores*, Rome, 1911, t. I, p. 75.

A. PALMIERI.

1. AMICO (ANTONINO D'). Né à Messine, il y fut ordonné prêtre et devint ensuite chanoine de Palerme. Philippe IV d'Espagne le nomma son historiographe. Il composa sur l'histoire de Sicile un grand nombre d'ouvrages, dont la plupart sont demeurés manuscrits, et exhuma aussi des archives de Naples et de

Sicile une foule d'ouvrages d'autres écrivains, qu'il espérait publier. La liste des uns et des autres se trouve à la fin de sa dissertation : *De Syracusarum archiepiscopatu* et dans la *Bibliotheca Sicula* de Mongitore, t. I, p. 42-43. Il mourut à Palerme, le 22 octobre 1641, et fut enterré dans la cathédrale. Les seules œuvres de lui qui aient été imprimées sont les suivantes : *De Messanensis prioratus sacrae hospitalis domus militum S. Joannis Hierosolymitani origine*, in-fol., Palerme, 1636 ; — *Dissertatio historica et chronologica de antiqua urbis Syracusarum archiepiscopatu ac de eiusdem in universa Sicilia metropolitico jure*, in-4°, Naples, 1640, où il réfute le *De antiquo jure Siculae Ecclesiae* d'Alberto Piccolo, Messine, 1624, où celui-ci soutenait que la dignité de siège métropolitain de la Sicile appartenait à Messine, et le *De Panormitana majestate* de Baronio, Palerme 1630, qui revendiquait cet honneur pour Palerme. Amico s'efforça de démontrer qu'il revenait à Syracuse, et Francesco Baronio lui répondit dans un autre ouvrage, intitulé : *Francisci Baronii ac Manfredi historicae et chronologicae dissertationis Antonini de Amico de antiquo urbis Syracusarum archiepiscopatu ac de eiusdem in universa Sicilia metropolitico jure judicium*, Palerme, 1641. Ces différentes dissertations ont été réimprimées dans le t. II du *Thesaurus antiquitatum Siciliae*, Leyde, 1723. — *Series Ammiratorum insulae Siciliae ab anno Domini 842 usque ad annum 1640*, in-4°, Palerme, 1640. — *Chronologia de los virreyes, presidentes y de otras personas que han governado el reyno de Sicilia despues que sus reyes han dexado de morar y vivir en el*, in-4°, Palerme, 1649 ; nouvelle édition, continuée jusqu'en 1687 par Giuseppe Scoma, Palerme, 1687.

Ne pas le confondre avec Antonio degli Amici, écrivain du XVI° siècle, ni avec Antonio Amico, en religion fr. Lorenzo, qui fit profession chez les minimes et sur lequel on peut voir Mazzuchelli, *loc. cit.*, p. 624, 628.

Pietro Carrera, dédicace de son *Discorso sopra quella scrittura... L'Antichità di Sicilia...*, Catane, 1636. — Girolamo Renda-Ragusa, *Elogia Siculorum*, p. 170. — Placido Caraffa, *Sicaniae descriptio*, Palerme, 1653, p. 49. — Pierre Burmann, dans préface du t. I du *Thesaurus antiquitatum Siciliae*, p. 9. — *Magna bibliotheca ecclesiastica*, Cologne, 1734, t. I, p. 391. — *Giornale de' letterati d'Italia*, 1713, t. XIII, p. 236-247. — Mazzuchelli, *Gli scrittori d'Italia*, Brescia, 1753, t. I, 2° part., p. 623-624. — Dom. Schiavo, *Memorie per servire alla storia letteraria di Sicilia*, Palerme, 1756, t. I, 2° part., p. 3-7 ; 3° part., p. 49-52, 5° part., p. 3-8, 35-37 ; t. II, 1° part., p. 33-43, 117-127, 173-174 (extraits des deux dissertations *De Messanensis* et *Dissertatio historica*, et publication de quelques-uns des documents copiés par Amico dans les archives). — Narbone, *Bibliografia sicola sistematica*, Palerme, 1850-1851, t. I, p. 247, 251 ; t. II, p. 49.

J. FRAIKIN.

2. AMICO (BERNARDINO), franciscain. Il était né à Gallipoli dans l'Italie méridionale vers 1560 et alla en Terre Sainte, où il étudia et dessina les vues, plans et coupes des Lieux saints. De retour en Europe, il publia ces dessins, qui sont très estimés et dont les palestinographes se sont toujours servis : *Trattato delle piante e immagini dei sacri edifizi di Terra Santa, disegnate in Jerusalemme secondo le regole della perspettiva e vera misura della lor grandezza*, in-fol., Rome, 1609. La deuxième édition, beaucoup moins rare que la première, parut à Florence en 1620. Les vues, plans, coupes, etc., des monuments de la Palestine ont été dessinés par Jacques Callot.

Wadding, *Scriptores ord. min.*, Rome, 1906, p. 40. — Golubovich, *Iconographiae locorum et monum. vet. Terrae S. descript. a P. Biz. Horn*, Rome, 1902, p. XIV sq. — Melch. de Vogüé, *Les églises de la Terre Sainte*, Paris, 1860, p. 48, 165, 170, 184 sq., etc. — E d'Afflito, *Memorie degli scrittori del regno di Napoli*, Naples, 1782, p. 296-297, le fait custode du Saint-Sépulcre à Jérusalem en 1596.

M. BIHL.

3. AMICO (FRANCESCO), jésuite italien et théologien de grand mérite, né à Cosenza le 2 avril 1578 et admis au noviciat en 1596. Après avoir enseigné quelques années la philosophie, il occupa pendant vingt-quatre ans la chaire de théologie, à Aquila et à Naples d'abord, puis à Graz et à Vienne, où il fut neuf ans préfet des études ; de retour à Graz, il y exerça cinq ans les fonctions de chancelier de l'université et y mourut, non moins remarquable par ses vertus que par sa science, le 31 janvier 1651. Son *Cursus theologicus juxta hujus temporis Societatis Jesu methodum*, en neuf volumes in-fol., fut imprimé à Douai, 1640-1649, et réédité à Anvers, 1650 ; le premier volume seul avait déjà paru à Vienne dès 1630. Le 5° volume, *De iure et iustitia*, fut condamné par la Congrégation de l'Index (8 juin 1651), à cause de trois propositions, qui furent de nouveau condamnées par Alexandre VII (17°) et par Innocent XI (32° et 33°) ; mais un décret du 6 juillet 1655 permit la lecture du volume, *donec corrigatur*. On peut voir dans d'Argentré, *Collectio judiciorum de novis erroribus*, Paris, 1736, t. III. 2° part., p. 267-271, et dans les *Annales de la société des soi-disans jésuites*, Paris, 1769, t. IV, p. 177-188, les censures de la faculté de théologie de Louvain (6 septembre et 8 octobre 1649), portées à la réquisition du procureur général du conseil souverain de Brabant, avec une dénonciation au Saint-Office par l'archevêque de Malines, Jacques Boonen. Pascal ne pouvait manquer d'exercer sa verve contre « notre célèbre Père l'Amy ; » il le fait à la fin de sa septième lettre, au sujet de la proposition sur l'homicide. *Les provinciales*, édit. Maynard, Paris, 1851, t. I, p. 339-344.

Sotwel, *Bibliotheca scriptorum S. J.*, Rome, 1676, p. 210-211. — Domenico Viva, *Damnatae theses ab Alex. VII, Innoc. XI et Alexandro VIII*, Francfort-sur-Mein, 1711, p. 101-103 ; cf. p. 133. — [Vincenzo Patuzzi], *Osservazioni di Eusebio Eraniste... dirette al M. R. P. Francesco Antonio Zaccaria*, Venise, 1756, t. II, p. III-XII ; *Storia d'un fatto del Padre Amico Gesuita scritta da un dottore di teologia dell' università di Lovigna*. — Stoeger, *Scriptores provinciae Austriae S. J.*, Vienne, 1856, p. 9-10. — Bauer, dans *Kirchenlexicon*, Fribourg-en-Brisgau, 1882, t. I, col. 741-742. — Fr. Heinrich Reusch, *Der Index der verbotenen Bücher*, Bonn, 1885, t. II, p. 315-316. — Sommervogel, *Bibliothèque S. J.*, Bruxelles, 1890, t. I, col. 280-282. — H. Hurter, *Nomenclator literarius*, Insprück, 1907, t. III, col. 933-934. — Bernhard Duhr, *Geschichte der Jesuiten in den Ländern deutscher Zunge*, Fribourg-en-Brisgau, 1913, t. II, 2° part., p. 368, 390.

E.-M. RIVIÈRE.

4. AMICO (IGNAZIO D'). Né à Catane, d'une grande famille de cette ville, il se fit remarquer également par sa science, par l'austérité de ses mœurs et sa charité envers les pauvres, pour lesquels il se dépouillait de tout. D'abord chanoine de la cathédrale de Catane, puis vicaire général du diocèse, il fut nommé évêque de Patti le 31 juillet 1662, et sacré le 6 août, alors que la ville était le théâtre d'une rébellion provoquée par la vente que le gouvernement espagnol en avait consentie à Ascanio Ansalone. D'Amico, qui se trouvait à Rome, fit tous ses efforts pour arranger cette déplorable affaire et offrit même à Ansalone de l'indemniser en partie. La mort de ce personnage y mit heureusement bientôt fin. D'Amico fut transféré, le 15 décembre 1666, à l'évêché de Girgenti, et mourut deux ans après, le 15 décembre 1668.

V. Auria, *Historia cronologica dei vicerè di Sicilia*, Palerme, 1692, p. 132. — Pirro, *Sicilia sacra*, Palerme, 1733, t. I, p. 725 ; t. II, p. 790. — Cappelletti (qui l'omet dans la liste des évêques de Patti). *Le Chiese d'Italia*, Venise, 1870, t. XXI, p. 586. — R. Giglio, *Chiesa di Girgenti*, dans *La Sicilia sacra* (revue), 1908, t. IV, p. 452.

J. FRAIKIN.

5. AMICO (Raimondo de), dominicain sicilien du xvii⁰ siècle. Il était originaire de Noto et fit profession dans le couvent de la même ville. Il était musicien et compta parmi les maîtres de son temps. Il publia à Messine, chez Pietro Brean en 1621, *Delli motetti ad una, due, tre e quattro voci libro primo e secondo*, in-4°. C'est tout ce qu'Échard, *Scriptores ordinis praedicatorum*, Paris,1719-1121, t. ii, p. 429, nous rapporte sur ce personnage; lui-même d'ailleurs ne faisait que copier Ant. Mongitore, *Bibliotheca sicula*, Palerme, 1707-1714, part. II, p. 196.

Lombardi, *Storia della letteratura italiana del secolo* xviii. Modène, 1828, t. ii, p. 72-74. — Michaud, *Biographie universelle ancienne et moderne*, t. i, p. 593-594.

R. Coulon.

6. AMICO (Stefano d'), né en 1572, entra à l'abbaye de Saint-Martin de Palerme, le 30 octobre 1590, en fut abbé en 1625, ainsi qu'à Monréale, fonda, en 1634, l'abbaye de San Carlo à Palerme, qu'il gouverna jusqu'en 1637. Il mourut le 2 février 1662. Il a publié, sous le pseudonyme de Fanesto Musica : *Sacra lyra variorum auctorum cantionibus contexta in latina epigrammata conversis*, in-12, Palerme, 1650, et a laissé divers recueils manuscrits de poésies.

Armellini, *Bibliotheca benedictino-casinensis*, II⁰ part., 1732, p. 178-179.

U. Berlière.

7. AMICO (Vito-Maria). Né à Catane en 1603, il reçut l'habit bénédictin au monastère de San Nicola delle Arene à Catane, le 16 février 1713, enseigna l'histoire à l'université de cette ville, puis la philosophie et la théologie dans l'ordre et fut nommé, en 1751, historiographe de la Sicile. Il s'occupa de l'histoire de ce pays. Il publia : 1° de concert avec Mongitore, une nouvelle édition de la *Sicilia sacra* de Pirro, 2 vol. in-fol., Palerme (= Venise), 1733; 2° *Siciliae sacrae libri quarti integra pars secunda, reliquas abbatiarum O. S. B. quae in Roccho Pirro desiderantur, notitias complectens*, auctore... Vito Maria Amico. Accessit supplementum... Editio 2ª correctior, variis documentis ac diplomaticis aucta, in-fol., Catane, 1733. C'est la partie qui lui appartenait en propre dans la réédition de 1733 de l'ouvrage de Pirro; 3° *Catana illustrata sive sacra sive civilis urbis Catanae historia*, 4 vol. in-fol., Catane, 1741-1746; 4° *Fratris Thomae Fazelli Siculi praed. ord. De rebus Siculis decas prima criticis animadversionibus atque auctario... illustrata*. 3 vol. in-fol., Catane, 1749; 5° *Lexicon topographicum Siculum*, 6 vol. in-4°, Palerme, 1757-1760, qui a été traduit et annoté par G. Dimarzo, *Dizionario topografico delle Sicilia*, 2 vol. in-4°, Palerme, 1855-1856.

Vito Amico mourut le 5 décembre 1762.

Armellini, *Bibliotheca benedictino-casinensis*, II⁰ part., App., p. 34. — Gaetano M. Garrasi, *Orazione in morte del Rmo P. B. Vito Maria Amico e Statella, abbate Cassinese, regio istoriografo, etc.* (bibl. du Mont-Cassin, Opusc. di SS. Siciliani, vol. x, p. 324).

U. Berlière.

1. AMICUS et **AMELIUS** (Saints), vénérés comme martyrs, le 12 octobre, à Mortara, diocèse de Novare, aujourd'hui de Vigevano (Lombardie), où ils avaient leur tombeau, n'apparaissent dans quelques martyrologes qu'à partir du xv⁰ siècle. Le bienheureux Charles Bescapé, évêque de Novare (1593-1615), mentionne encore leur culte dans son diocèse : le premier avait même une chapelle à sa cathédrale, et une autre à Milan. Le *Speculum historiale* de Vincent de Beauvais, le plus ancien document où on en parle (xiii⁰ siècle), fait d'eux des guerriers francs qui auraient succombé le même jour sous les coups des Lombards, lors de l'expédition de Charlemagne contre le roi Didier, en 773. Le fait d'avoir reçu la mort de païens ennemis de l'Église romaine, qu'ils ne cessaient de molester, explique cette canonisation, qui se fonde sur un culte séculaire.

Acta sanct., octob. t. vi, p. 124-126. — U. Chevalier, *Bibliog.*, col. 198.

P. Richard.

2. AMICUS (Saint), souvent confondu avec un homonyme, abbé de Rambone dans la Marche d'Ancône, mentionné dans une lettre de saint Pierre Damien (*P. L.*, t. cxlv, col. 142), naquit dans le pays de Camerino, où il vécut quelque temps comme prêtre séculier. Il embrassa alors la vie religieuse, puis celle d'ermite, et se retira ensuite dans le monastère de Saint-Pierre d'Avellana, qui devint une dépendance du Mont-Cassin à partir de 1069. Il y passa les dernières années de sa vie en reclus et y mourut à l'âge de cent vingt ans, vers l'an 1045-1050, un des premiers jours de novembre, peut-être le 3, jour où l'on célébra plus tard sa fête au Mont-Cassin. Il existe deux Vies de ce saint, dont la plus longue fut écrite par le moine Bernard du Mont-Cassin, avant la fin du xi⁰ siècle.

Mabillon, *Acta sanct. O. S. B*, sæc. ii, 1ʳᵉ part., p. 766-771. — *Bibliotheca Casinensis*, 1873, t. i, *Florilegium*, p. 244-254. — *Acta sanct.*, nov. t. ii, p. 89-102.

U. Berlière.

3. AMICUS, évêque d'Orange, appartenait à la noble famille des Amic, dont le nom et les biens ont passé à celle des Ancezune, d'après Bastet, p. 134.

Avant son élection, il était archidiacre d'Arles, sous l'archevêque Hugues Béroard; son passage dans cette ville est marqué par de nombreux actes, en 1221, 1222 et 1223, dans lesquels son nom paraît soit comme témoin, soit comme acteur principal: échanges, achats, transactions, ventes, etc. Cf. *Gallia christiana novissima, Arles*, n. 876-880, 881, 885, 889, 890, 892-897, 898. Élevé sur le siège épiscopal d'Orange, il met d'abord de l'ordre dans les finances de son évêché; dans ce but, en 1223 (suivant *Gallia* et du Tems), en 1224 (suivant Bastet et Prévost), il fait un échange de biens avec son chapitre; en août 1224, il aliène, avec le consentement de ce même chapitre et sur le conseil d'Hugues, archevêque d'Arles, divers cens dûs à Rixende, abbesse du Bouchet, pour le prix de 15 000 sous; il lui cède ensuite, par un autre acte, les églises de Gigondas et d'Auteville, sous la redevance d'un cens (cf. *op. cit.*, n. 908, 909); cette vente et cette donation sont confirmées par le pape Honorius III, le 17 décembre 1224. Cf. *op. cit.*, col. 359, n. 916, 917. C'est pour arriver au même résultat qu'en 1225 il obtient de l'empereur Frédéric II le pouvoir d'acquérir toutes sortes de biens, soit par achat, soit par donations. Cf. le texte du privilège dans Prévost, p. 123-124. Deux événements assez importants marquent l'épiscopat d'Amicus : la réception, comme chanoine de sa cathédrale, de Guillaume, fils de Hugues des Baux, prince d'Orange, en 1228, et surtout la célébration du IV⁰ concile d'Orange, en 1229, comme le veulent certains auteurs : Labbe, Hefele, Hardouin...: en 1228, ainsi que tendrait à le prouver un document, dans lequel intervient Amicus et qui détermine un différend entre lui et l'évêque de Saint-Paul-Trois-Châteaux, au sujet de l'église de Bollène. Cf. *Gallia christiana novissima, Saint-Paul-Trois-Châteaux*, col. 75, n. 135. Amicus paraît avoir joui d'une grande autorité et d'une grande réputation de justice dans la région : on en trouve facilement la preuve dans les nombreux arbitrages qu'il a rendus : le 10 août 1224, entre Guillaume, prince d'Orange, et les hospitaliers de Saint-Jean de Jérusalem (cf. *Gall. christ. noviss.*, n. 910); le 21 septembre 1224, entre Hugues, archevêque d'Arles, et Raymond, comte de Toulouse (cf. *op. cit.*, n. 914); en 1235, entre le commandeur de

Clansayes et l'évêque Laurent, de Saint-Paul-Trois-Châteaux (cf. *op. cit.*, *Saint-Paul-Trois-Châteaux*, n. 143); en 1238, entre l'évêque d'Avignon et l'abbé de Saint-André (cf. *Gallia*, 1715, col. 777); en 1244, entre les templiers de Richerenches et les moines de Saint-Saturnin (confirmation par Adhémar de Grignan). Cf. *Gall. christ. noviss.*, *Saint-Paul-Trois-Châteaux*, col. 80, n. 159, etc. Il obtient lui-même des chanoines d'Arles la restitution du prix de plusieurs domaines. C'est lui qui intervient dans la fameuse révolte des habitants d'Orange contre leur prince, résout le conflit et absout solennellement les rebelles, le 1er juin 1247. Entre temps, il ne cesse d'encourager les bonnes œuvres (cf. donation du chapitre à l'hôpital de Saint-Jean : Bastet, p. 136), de veiller à la bonne organisation de son Église (cf. le long règlement de 1246 donné par Prévost, p. 128-132) et de doter sa mense épiscopale : l'affectation qu'il fit du prieuré de Gigondas à l'évêché d'Orange fut approuvée par Innocent IV, le 28 avril 1251. D'après Bastet, p. 133, il mourut la même année, mais il est difficile de trouver la preuve de cette affirmation.

J. Bastet, *Essai historique sur les évêques d'Orange*, 1837, p. 134-137. — Eubel, *Hierarchia catholica medii aevi*, t. I, p. 119. — *Gallia christiana*, 1715, t. I, col. 766-777. — *Gallia christiana novissima*, *Arles* et *Saint-Paul-Trois-Châteaux*, numéros cités ci-dessus. — J.-L. Prévost, *Pontifices Arausicani quorum seriem et gesta exquirebat J.-L. Prévost, Parisinus*, etc., 1705, ms. de la bibliothèque d'Avignon, fonds Moutte, n. *2407*, p. 123-134. — *Du Tems*, *Clergé de France*, t. I, p. 381.

J. SAUTEL.

4. AMICUS, mentionné comme évêque de Santa Severina, diocèse de l'Italie méridionale. Il fut nommé le 3 août 1377. Sa mort eu lieu probablement en 1387, parce que son successeur, le P. Jean de Eboli, franciscain, fut nommé évêque le 21 février 1388. Un document, cité par Cappelletti, nous présente Amicus comme témoin d'un acte de donation du 20 juillet 1386. Par cet acte, Thomas, comte de Marsico, renonce à une partie de ses biens en faveur de l'église de Saint-Thomas de Cantorbéry à Santa Severina.

Cappelletti, *Le Chiese d'Italia*, t. XXI, p. 247. — Eubel, *Hierarchia catholica medii aevi*, Munster, 1898, t. I, p. 472.

A. PALMIERI.

5. AMICUS PIERRE, (*Vriends*), franciscain observant, provincial de Cologne, 1596. Né à Louvain, il étudia à l'université de cette ville, surtout les langues orientales. Il fut ensuite gardien à Nimègue et, de 1594 à 1596, gardien à Cologne, au couvent *ad Olivas*. En même temps, il gouverna la province comme ministre provincial, ayant été nommé à cette charge au chapitre de Cologne, le 28 août 1594. C'est là qu'il mourut le 22 juillet 1596. A cette époque demeurait au couvent de Cologne le célèbre controversiste François Feuardent, O. F. M; il y composa son commentaire à l'épître de saint Jude, en 1595, et le dédia au P. Pierre Amicus.

Schlager, *Geschichte der kölnischen Franziskaner-Ordensprovinz während des Reformationszeitalters*, Ratisbonne, 1909, p. 95, 101, 104, 109, 125 sq.

M. BIHL.

6. AMICUS (BONAVENTURE). Voir BONAVENTURE AMICUS.

AMID ou **AMIDA**, nom ancien de la moderne Diarbékir, ville de la Haute-Mésopotamie, siège de plusieurs évêchés chrétiens. — I. Notions géographiques et historiques sur Amid. II. Des origines au VIe siècle. III. Évêché jacobite. IV. Évêché syrien catholique. V. Évêché nestorien. VI. Évêché chaldéen catholique. VII. Évêché arménien. VIII. Métropole melkite. IX. Missions latines.

I. NOTIONS GÉOGRAPHIQUES ET HISTORIQUES SUR

AMID. — La ville d'Amid, ou mieux Amida, est située sur la rive gauche du Tigre supérieur, sur la route Alep-Orfa-Diarbékir-Mossoul. Les documents assyriens la citent sous les formes *Amedi* et *Amidi*. Achournasirpal, qui la donne comme la capitale de Ilani, fils de Zamâni, s'en empara. Elle figura plus tard dans une liste de villes importantes de l'empire assyrien, et plusieurs de ses gouverneurs sont nommés dans le canon des éponymes, c'est-à-dire des gouverneurs qu donnaient leur nom à l'année, aux années 800, 762, 725 et 705. Cf. Maximilian Streck, *Das Gebiet der heutigen Landschaften Armenien, Kurdistan and Westpersien nach den babylonisch-assyrischen Keilinschriften*, dans *Zeitschrift für Assyriologie*, 1898, t. XIII, p. 73. Strabon ne la mentionne pas; Ptolémée (V, XV. 10) l'appelle Ἀμμαία. Elle fit partie successivement de l'empire perse, du royaume des Séleucides et de l'empire romain. Elle avait, à vrai dire, peu d'importance : Ammien Marcellin, qui y fit la guerre au IVe siècle de notre ère, l'appelle (XVIII, IX, 1) *civitatem olim perquam brevem*. Son identification avec Tigranocerta n'est pas sûre. Voir des références dans Pauly-Wissowa, *Realencyclopädie der classischen Altertumwissenschaft*, art. *Amida*. Malgré son peu d'importance, elle devint, dans la préfecture d'Orient, le chef-lieu de la douzième province du diocèse d'Orient, la Mésopotamie. Placée à la frontière romano-perse, elle fut plusieurs fois disputée entre les deux empires. Justinien y bâtit, en grosses pierres basaltiques, une enceinte fortifiée qui sert encore de substructure à l'enceinte actuelle, œuvre des Arabes, comme l'attestent de nombreuses inscriptions en cette langue, et réparée par les Turcs. Les Arabes y entrèrent en 638, et elle fit partie au moyen âge de l'empire des khalifes abassides, jusqu'au moment où les Turcs en firent la conquête en 1517. L'aspect sombre de ses murs lui fit donner le nom de *Kara-Amid*, *Amid la Noire*, dont les écrivains de l'Europe occidentale au XVIe siècle firent par corruption *Caramit*. Le nom de *Diarbékir*, qui est plutôt celui de la région, finit par supplanter l'ancienne dénomination, et aujourd'hui il est seul en usage. De bonne heure, siège d'un pachalik, elle est, depuis la réorganisation administrative de la seconde moitié du XIXe siècle, le centre du vilayet de Diarbékir. C'est une ville d'un climat fiévreux et malsain, surtout en été, et peut compter environ 30 000 habitants, dont 20 000 musulmans et 10 000 chrétiens : syriens jacobites et catholiques, nestoriens et chaldéens, arméniens monophysites et catholiques, auxquels il faut ajouter quelques centaines de melkites orthodoxes et catholiques et un nombre infime de latins. On y rencontre aussi en minorité des arméniens protestants et des juifs. Enfin la ville est le siège d'un consulat de France.

II. DES ORIGINES AU VIe SIÈCLE. — Le christianisme fut introduit à Amid par des missionnaires venus, selon toute probabilité, d'Édesse, ville toute proche, et qui était, dès le début du IIIe siècle, un centre d'apostolat pour les contrées de langue syriaque. Un auteur malheureusement trop postérieur, Ebedjésus Bar Berika, le célèbre métropolitain nestorien de Nisibe, mort en 1318, rapporte, dans un passage cité par Assémani, *Biblioth. orientalis*, t. II, p. 48, en note, que Siméon, évêque d'Amid, aurait pris part au concile de Nicée en 325. Il n'y a rien d'impossible à ce que Amid ait dès cette époque possédé un évêque. Voir la liste d'Ebedjésus dans H. Gelzer, *Patrum Nicaenorum nomina*, Leipzig, 1898, p. 127. Le second évêque dont l'histoire fasse mention est Mara, qui souscrivit les actes du concile de Constantinople en 381. Mansi, t. III, col. 569. Le troisième est mieux connu : c'est Acace, qui figura au concile réuni en 420 par le catholicos nestorien Iaḥbalaha Ier. Chabot, *Synodicon orientale*, Paris, 1902, p. 276 sq. Voir t. Ier, col. 244, ACACE. La générosité qui lui fit vendre les vases sacrés des églises d'Amid, pour racheter sept mille prisonniers perses (Socrate, VII, 21, *P. G.*, t. LXVII, col. 781), lui a valu l'inscription au Martyrologe romain, à la date du 9 avril. Cf. *Acta sanctorum*, april. t. I, p. 826. Mais il n'est pas douteux qu'Acace n'ait été entaché de nestorianisme. Wright, *A short history of Syriac literature*, 2e éd., p. 51. Aussi cette insertion est-elle assez curieuse. Elle a dû se faire par l'intermédiaire de Cassiodore, *Historia tripartita*, XI, XVI. *P. L.*, t. LXIX, col. 1198, qui n'a fait que reproduire Socrate. En effet, les martyrologes anciens, de Bède à Adon, c'est-à-dire du VIIIe au IXe siècle, n'en parlent pas. Usuard (fin du Xe siècle) n'en dit rien non plus, mais Acace figure déjà dans les additions à Usuard par Molanus, théologien de Louvain, qui, dans l'édition du Martyrologe qu'il donna en 1558, cite déjà à ce propos la *Tripartita* de Cassiodore. Voir *Martyrologium Usuardi... opera... J. B. Sollerii*, Paris, réimpression de 1866, p. XLIII, 184, col. 2. Par contre, Pietro Galesini, autre éditeur du Martyrologe antérieur à Baronius, n'en dit rien. *Martyrologium sanctae romanae Ecclesiae... ad Smum patrem Gregorium XIII pontificem optimum maximum, Petro Galesino auctore*, Venise, 1578, p. 49-50. Tous ces martyrologes, d'ailleurs, n'ont aucune autorité officielle : le premier en date de ce genre est celui de Baronius, Rome, 1585, qui donne à l'évêque d'Amid le nom légèrement altéré de *Acatius*, et cite en note les ménologes grecs, Socrate, Cassiodore et Nicéphore Calliste. Cette inscription au martyrologe est donc d'origine purement littéraire et s'est faite par l'intermédiaire de Molanus.

Le quatrième évêque est Astérios, nestorien lui aussi, et qui à ce titre figure dans les actes du brigandage d'Éphèse en 431. Mansi, t. IV, col. 1269. Le cinquième est Pamphile, dont Le Quien a relevé une lettre à Jean d'Antioche, dans le ms. grec *Regius* (aujourd'hui codex grec *1296* de la Bibl. nation. de Paris) *2961. Oriens christianus*, t. II, col. 991. Cette lettre pourrait servir à déterminer sa confession.

Le sixième est Siméon, qui occupa le siège au moins depuis 448, date à laquelle on le trouve non parmi les signataires du synode d'Antioche (Mansi, t. VII, col. 217), et qui prit part au concile de Chalcédoine, en 451. Mansi, *ibid.*, col. 137; Michel le Syrien, *Chronique*, éd. et traduction Chabot, t. II, p. 62, n. 117. Mais il devait être mort en 458, car il ne répondit pas à la lettre de l'empereur Léon au sujet du meurtre de Protérius d'Alexandrie (Mansi, t. VII, col. 523) : ce fut son successeur, Mara (7e), qui envoya la réponse. *Ibid.*, col. 555. Mara était monophysite, et il fut chassé de son siège après l'exil de Sévère d'Antioche. Michel le Syrien, t. II, p. 171. Jean de Qarṭamin (8e), qui vint après lui et mourut peu avant la reprise d'Amid sur les Perses par l'empereur Anastase en 502, était aussi monophysite. Michel le Syrien, t. II, p. 173; Assémani, *Bibl. orient.*, t. I, p. CCLXXX. Monophysite encore fut Nonnos (9e), prêtre d'Antioche originaire d'Amid, que ses concitoyens demandèrent pour évêque au patriarche Flavien II, après la reprise de la ville, et qui fut de fait consacré. Ayant envoyé à Constantinople le chorévêque Thomas pour régler certaines affaires, ce dernier obtint de l'empereur l'annulation de la première élection et sa propre nomination à la place de Nonnos, qui fut pourvu du siège de Séleucie. Après l'exil définitif de Sévère d'Antioche, Nonnos revint à Amid, mais il ne put en occuper le siège qu'après la mort de Thomas, d'ailleurs monophysite lui aussi, et il ne fut que pour quelques mois. Michel le Syrien, t. II, p. 174. Voir aussi la chronique du pseudo-Denys de Tell-Mahré dans Assémani, *Bibl. orient.*, t. I, p. 280, t. II, p. 50, fragment de Jean d'Asie.

Le onzième évêque, Mara, succéda, en 520, à Nonnos. Il était encore monophysite et fut chassé par Justinien, dans la seconde année de son règne, en 529 : il mourut en exil, à Alexandrie, où l'influence de l'impératrice Théodora, dont les sympathies monophysites sont connues, lui avait permis de se réfugier, vers l'an 538. Voir Jean d'Asie, dans le pseudo-Denys de Tell-Mahré, *Bibl. orient.*, t. II, p. 48; Michel le Syrien, t. II, p. 244.

Justinien essaya d'en finir avec l'hérésie monophysite à Amid, en nommant à ce siège Abraham Bar Kaïli (12e). *Bibl. orient.*, t. II, p. 52. Orthodoxe, Abraham est très malmené par Michel le Syrien, qui attribue à son action la ruine presque complète du monophysisme à Amid. Il occupa le siège durant trente ans, sous les empereurs Justinien et Justin II. En 559, une peste terrible ravagea la ville, et Michel ne manque pas d'y voir le châtiment des menées d'Abraham. Voir Michel le Syrien, t. II, p. 181-182, 185-189, 223, 267-268; Assémani, *Bibl. orient.*, t. II, p. 52.

III. ÉVÊCHÉ JACOBITE. — Cette vigoureuse réaction n'empêcha pas la constitution de la hiérarchie jacobite en 543, grâce à la complicité de l'impératrice Théodora. Jacques Bar Addaï, consacré cette année même pour Édesse, paraît avoir gardé la juridiction sur tout le pays environnant jusqu'en 546, date à laquelle le pseudo-Denys de Tell-Mahré (Assémani, *Bibl. orient.*, t. II, p. 48) place la consécration d'Eunome, qui ouvre ainsi la série jacobite ouvertement schismatique. Cette conclusion paraît d'autant plus vraisemblable que Cyriaque, dont on trouve le nom parmi les souscriptions du Ve concile œcuménique en 551 (Mansi, t. IX, col. 175, 390), est omis par le pseudo-Denys, qui donne Jean (2e) en 551. Assémani, *Bibl. orient.*, t. II, p. 48, note. Les listes des évêques jacobites, conservées par Michel le Syrien à la suite de sa chronique, nous permettent, par contre, de placer sur le siège d'Amid Joseph (3e) avant l'année 591. Michel le Syrien, t. III, p. 448. Viendrait ensuite (4e) Cyriaque, moine du monastère de Mar-Zakaï, qui parvint, au dire de Michel, II, 380, à conserver la foi jacobite dans les campagnes, malgré la réaction orthodoxe byzantine. Après le meurtre de l'empereur Maurice, en 602, le roi de Perse Khosrau se déclara contre son meurtrier Phocas, et envahit les terres de l'empire. Partout il envoya des évêques nestoriens pour s'assurer des chrétiens, mais ces évêques ne furent pas bien accueillis en tous lieux, précisément parce que nestoriens. Les évêques melkites, c'est-à-dire orthodoxes, furent chassés de partout par ordre de Khosrau, et les jacobites profitèrent de ces troubles pour mettre la main sur les monastères et les églises que les melkites abandonnaient. A Amid, l'évêque jacobite Cyriaque paraît avoir eu ainsi un compétiteur nestorien dans la personne d'un certain Samuel. Michel le Syrien, t. II, p. 380. Le texte est, il est vrai, peu clair; mais ce qui paraît confirmer cette conjecture, c'est que le même Michel dit un peu plus loin, t. II, p. 394, que Cyriaque finit par être lui aussi chassé de son siège, mais après l'avoir occupé fort longtemps.

Les Arabes, accueillis comme des libérateurs par les jacobites, laissèrent les choses dans l'état où ils les trouvèrent, et il ne fut plus possible à une communauté de s'agrandir aux dépens d'une autre. L'évêque d'Amid avait été alors probablement Thomas (5e), que le pseudo-Denys de Tell-Mahré place en 622. Assémani, *Bibl. orient.*, t. II, p. 48. Il faut aller jusqu'à la fin du siècle pour retrouver le nom d'un évêque d'Amid dans la personne de Sévère Bar Machqa (6e), qui occupait le siège avant son élection au patriarcat, laquelle peut se placer vers 684. Michel le Syrien, t. II, p. 453; t. III,

p. 449, note 11. Il était moine du monastère de Faghimta. Après lui, il doit y avoir une lacune jusqu'au VIIIe siècle. A cette époque, le pseudo-Denys nous donne Théodote, de 713 à 729 (7e), Cosmas en 729 (8e), Sabas (9e) après lui, sans date précise, puis Sévère (10e), enfin, avant la mort du patriarche jacobite Jean (octobre 754), un autre Sévère (11e), du monastère de Zouqenîn, dont le patriarche Jean avait divisé l'éparchie en deux pour en donner cinq districts à Isaïe d'Achfarin, village près d'Amid. Michel le Syrien, t. II, p. 510. A Sévère succéda Athanase (12e), toujours avant octobre 754. Michel, t. II, p. 512, 516. Puis le pseudo-Denys nous donne Abas, mort en 765 (13e), et un autre Abas (14e), qui vivait en 776, date à laquelle fut rédigée la chronique du pseudo-Denys. Assémani, *Bibl. orient.*, t. II, p. 48, note.

Jusqu'au XIe siècle, on en est réduit aux listes de Michel le Syrien, publiées par M. J.-B. Chabot dans la *Revue de l'Orient chrétien*, t. IV et V, et reproduites par lui à la fin du t. III de sa traduction de la chronique de Michel, p. 448-482. Voici les résultats que l'on en peut tirer :

15. Jean, vers 807. — 16. Ignace, après 818. — 17. Habib, après 846. — 18. Abraham, successeur de Habib. — 19. Jean, après 878. — 20. Moïse, après 896. — 21. Ignace, aussitôt après. — 22. Jean après 923. — 23. Joseph, après 936. Voir, sur ce dernier, Michel, t. II, p. 124. — 24. Ignace, après 965. — 25. Timothée, aussitôt après. — 26. Jean, après 1004. — 27. Basile, aussitôt après. Les listes de Michel sont chronologiques, et ces dates sont conjecturales, basées sur la durée de chaque patriarcat et le plus ou moins grand nombre d'évêques consacrés par chaque patriarche.

En 1031, le patriarche jacobite Denys IV fut chassé de Mélitène, où il résidait, par le gouverneur grec; il se réfugia à Amid, alors soumise aux Arabes, et en fit le siège du patriarcat. Michel le Syrien, t. III, p. 147. Il fut enseveli à Amid (Michel, t. III, p. 148); de même son successeur Jean IX. Michel, t. III, p. 162. Voir aussi le *Chronicon ecclesiasticon* de Bar Hebracus, éd. Abbeloos-Lamy, Louvain, 1872, t. II, p. 434. Le successeur de Jean IX, Athanase Haiyé, fut pris par les Grecs et mourut à Constantinople. Michel, t. III, p. 166. Mais Jean X Bar Choûchân, successeur d'Athanase, revint habiter Amid (Michel, t. III, p. 171) et y mourut en 1072. La résidence des patriarches à Amid se prolongea jusque vers 1133. Durant un espace de cinq ans (1133-1138), elle fut alors transférée à Kaichoûm, ville située dans la principauté franque d'Édesse. Michel, t. III, p. 242. Mais Athanase VIII Bar Qatreh, élu en décembre 1138, rétablit le siège du patriarcat à Amid. Michel, t. III, p. 251, qui copie là, comme souvent d'ailleurs, Bar Hébraeus, col. 494. Il dut y avoir encore des interruptions, jusqu'au moment où les patriarches jacobites quittèrent définitivement Amid pour aller habiter le monastère de Deïr 'az-Za'farân, où ils sont encore aujourd'hui. A la fin du XVIe siècle, en 1583, Léonard Abel, évêque de Sidon, trouva le patriarche résidant à Amid, bien que le monastère de Za'farân fût déjà le siège du patriarcat. Voir la traduction de sa relation dans la *Revue de l'Orient chrétien*, 1898, t. III, p. 203, 214.

Le séjour du patriarche dans la ville n'entraînait pas nécessairement la suppression du siège lui-même comme éparchie épiscopale, pas plus que sa conservation rigoureuse. Cette manière de procéder se retrouve chez d'autres communautés orientales, les melkites par exemple. En 1140, on voit, par Michel le Syrien, t. III, p. 255, que l'évêque de Mayyafâriqîn ou Maipherqat administrait l'éparchie d'Amid pendant les absences du patriarcat; en 1152, nous retrouvons un autre vicaire patriarcal, Jean, alors que le patriarche était à Hesna de Ziad. Michel, t. III, p. 306. Par contre, après Basile, auquel nous avons donné le n. 27, les listes mêmes de Michel nous donnent Ignace (28e), peu avant 1042. — Basile (29e), vers 1133, lors du transfert de la résidence à Kaichoûm; puis Athanase (30e), transféré de Mayyafâriqîn. — Ignace (31e), vers 1160.

Denys-Jacques, le Rhéteur (32e), qui fut peut-être évêque dès 1160 et l'était sûrement en 1171, date à laquelle Michel, t. III, p. 340, parle de lui comme ayant restauré l'église de la Mère-de-Dieu à Amid. — Abraham (33e), en 1180. Michel, III, 383. — Un autre Abraham après celui-ci (34e). — Jean (35e). — Un autre Jean (36e). Là se terminent les listes de Michel le Syrien.

Pour continuer la série épiscopale, nous n'avons plus que la ressource des colophons de manuscrits. C'est ainsi que Dioscore était évêque d'Amid peu après 1283 (37e), d'après un ms. syriaque de Cambridge. Catalogue de Wright, p. 987. — Farjallah en 1576 (38e), d'après un ms. de la Bodléienne à Oxford. Catalogue de Payne Smith, p. 248. — Siméon en 1583 (39e), date à laquelle Léonard Abel le rencontra à Amid. *Revue de l'Orient chrétien*, loc. cit., p. 215. — 'Abd'al Jalîl en 1660 (40e), d'après un autre ms. de la même bibliothèque. *Ibid.*, p. 567. Comme on le verra plus loin, il occupait déjà le siège en 1638. — Une relation de missionnaire publiée par le P. Antoine Rabbath, *Documents inédits pour servir à l'histoire du christianisme en Orient*, 1905, t. I, p. 465, mentionne comme évêque Choukrallah, en 1661 (41e). — Enfin l'histoire du siège syrien catholique nous donne les noms de Timothée Isaac, évêque jacobite d'Amid en 1715, devenu catholique en 1725 environ (42e), probablement le même qui est mentionné sur un manuscrit syriaque de Berlin (Catalogue de Sachau, p. 699), et du célèbre Jules-Antoine Samhîrî, évêque jacobite d'Amid en 1826, converti vers 1850 (43e). Voir plus loin, IV, *Évêché syrien catholique*. Enfin, le catalogue des mss. syriaques du Musée Britannique, p. 1180, et celui de Cambridge, p. 543, mentionnent Timothée ou Isaac Bar Ébed Haiyâ, auteur d'une grammaire syriaque, d'époque et de confession inconnues.

Aujourd'hui, Amid est l'une des trente-deux éparchies encore soumises au patriarcat jacobite; elle compterait, ville et villages compris, 14 000 fidèles. Ministère russe des affaires étrangères, *Sbornik konsoulskikh donecenii* (Recueil de relations consulaires), Saint-Pétersbourg, 1902, 5e année, n. 11, p. 91-101; cité dans le *Bessarione*, série II, t. II, p. 351-352.

C. KARALEVSKY.

IV. ÉVÊCHÉ SYRIEN CATHOLIQUE. LISTE DES ÉVÊQUES A PARTIR DU XVIIe SIÈCLE. — Denys David, évêque de Mahden, résidant à Amid, devient patriarche en 1619. — Timothée Abdil-Jalîl, né à Mossoul, vers la fin du XVIe siècle, est, sous le nom de Timothée, consacré évêque d'Amid par son patriarche, vers l'an 1638. Jacobite, il abjure l'hérésie à Mossoul, entre les mains des PP. capucins. Il est, dès lors, ardent zélateur de l'union et souffre beaucoup pour cette cause. En 1662, il se rend à Alep et a la consolation d'offrir au patriarche catholique syrien André (voir ALEP) la soumission de tout son troupeau. — Timothée Isaac Gebeïr, également jacobite d'origine; né à Mossoul en 1643, appris à la monophysisme en 1657, apprit l'italien et le latin chez les PP. capucins, fut ensuite envoyé par le patriarche André d'Alep au séminaire romain de la Propagande, fut ordonné prêtre en 1670 au monastère de Canobin dans le Liban, par le patriarche maronite, et consacré évêque d'Amid par le patriarche Pierre VI, en 1682. Voir ALEP. Sur Gebeïr, voir *Machriq*, 1908, t. XI, p. 286-291. On a de lui une lettre, où il expose à Louis XIV les tribulations et le dénuement dont il est accablé. Il mourut en 1725. — Timothée Aslan, consacré évêque d'Amid en 1715, par Ignace Isaac II, l'un des principaux évêques jacobites de l'époque; il redevint catholique à

Alep, vers l'an 1725. — Julius-Antoine, né près de Diarbékir, entra chez le patriarche catholique Michel III Garwé comme domestique, abjura l'hérésie jacobite, devint religieux à Charfé, dans le Liban, et fut élevé au sacerdoce en 1798, et en 1800 ordonné évêque d'Amid; il se retira, en 1814, au couvent syrien de Saint-Éphrem, près de Hammana dans le Liban, et y mourut en 1816. — Basile-Michel, né à Alep, en 1783, fut élevé au séminaire de Charfé, ordonné prêtre pour le diocèse d'Alep en 1815, et, l'année suivante, chorévêque, et, sept jours après, évêque d'Amid; mais, un an plus tard, il est transféré sur le siège d'Alep, où il meurt en 1827. — Julius-Antoine Semhiri, né à Mossoul, en 1801, de parents jacobites, ordonné prêtre à Charfé, et évêque d'Amid en 1826 par le jacobite George V. En arrangeant la bibliothèque, il découvre une liste de quatre patriarches syriens qui se sont convertis au catholicisme; c'est donc la vraie religion, dit-il à son patriarche. Celui-ci n'en disconvint pas et Julius Semhiri abjure le schisme entre les mains de Joachim Tasbassian, évêque arménien de Mardin. *Les chaînes historiques des évêques des sièges syriens*, par le vicomte Philippe de Tarazi, en arabe, Beyrouth, 1910, p. 45. Plusieurs prêtres et cent cinquante familles de Mardin se convertirent à son exemple; son patriarche ayant obtenu de Mahmoud II un firman contre lui, on lui donna le choix entre le retour au jacobitisme et la prison; il préféra le cachot, où il resta huit mois. Il en sortit en 1853. Élu patriarche syrien à Charfé, sous le nom d'Ignace-Antoine Ier, il mourut en 1864. — Julius-Philippe Arcous, né à Diarbékir, en 1827, étudie et est ordonné prêtre à Charfé, vers l'an 1853; puis consacré évêque d'Amid par Ignace-Antoine Ier, en 1862. Après la mort du patriarche, en 1866, il est désigné au synode d'Alep pour le siège patriarcal vacant. Deux ans après, il se rend à Rome avec quatre évêques, parmi lesquels se trouve le célèbre David (Daoud), évêque de Damas. Il démissionne en 1870 pour cause de maladie et meurt en 1874 à Mardin. — Marouta Topal Pierre, né à Diarbékir en 1826, élevé et ordonné prêtre à Charfé en 1848, chorévêque, présent à Rome en 1887, pour le jubilé de Léon XIII, ordonné en 1888 évêque de Meïafarkin, puis vicaire patriarcal d'Amid. Là, par ses soins, a été bâtie l'église de Saint-Pierre-et-Saint-Paul. Le vicaire patriarcal syrien siège à Amid, en vertu d'un décret de la Congrégation de la Propagande de l'an 1888, qui a uni Amid et Mardin à titre de diocèse patriarcal. Le diocèse patriarcal Mardin-Amid garde à sa tête Mgr Ignace-Ephrem Rahmani, patriarche d'Antioche, qui depuis plusieurs années réside à Beyrouth. Quant au diocèse proprement dit d'Amid, il est limité à la ville. Il compte quatre prêtres, ne possède qu'une église paroissiale. *Missiones catholicae de Propag. fide*, ann. 1907, p. 801.

Fr. TOURNEBIZE.

V. ÉVÊCHÉ NESTORIEN. — On a vu ci-dessus (col. 1238) comment Amid était, dès le début du ve siècle, gouverné par un pasteur nestorien, le célèbre Acace. Néanmoins, le groupe de ses adhérents ne devait pas être très nombreux, car nous ne voyons aucun nom d'évêque nestorien d'Amid parmi les signataires des synodes de cette confession durant les huit premiers siècles, synodes dont le recueil a été publié par M. J.-B. Chabot, dans son *Synodi orientale*. Au début du xive siècle, Ebedjésus de Nisibe inséra dans son ouvrage canonique, intitulé : *Règle des jugements ecclésiastiques*, le canon 21 du synode du catholicos Isaac, en 410, mais en le modifiant profondément, pour le mettre d'accord avec l'état de la hiérarchie nestorienne, telle qu'elle se présentait de son temps. Pour le texte et la traduction dans Chabot, *op. cit.*, p. 618-619. On y voit qu'Amid était le onzième évêché dépendant de la seconde province métropolitaine, à savoir celle de Nisibe. Dans la suite, et peut-être même avant, le siège fut réuni, soit à celui de Mardin, soit à celui de Mayyafâriqîn ou Maipherqat, mais pas toujours, comme le dit Le Quien, *Oriens christianus*, t. II, col. 1303. La série épiscopale est très incomplète; le premier évêque dont on ait le nom est de la fin du xiie siècle. La voici cependant, telle que l'on peut la reconstituer :

1. Michel, évêque d'Amid et de Mayyafâriqîn, en 1180; écrivain nestorien mentionné par Assémani, *Bibl. orient.*, t. II, p. 509; t. III, part. 2, p. 717; part. 1, p. 557; de même dans un manuscrit syriaque de Berlin, Catalogue de Sachau, p. 108, et dans un autre de Cambridge. Voir le catalogue, p. 779. — 2. Jean, en 1257. Assémani, t. II, p. 455. — 3. Jésusdenha, en 1266-1282. *Ibid.*, p. 456. — 4. Marouta. — 5. Selibha Zekha. — 6. Gabriel. — 7. Siméon. — 8. Nathanaël. — 9. Israël. — 10. Choubhâlemaran. Cette liste, qui nous donne les noms des xiiie-xive siècles, pour les deux sièges d'Amid et Mayyafâriqîn réunis, est tirée du manuscrit syriaque 11 de Berlin, fol. 187 b. Catalogue de Sachau, p. 30. Le manuscrit a été écrit en 1386, et la liste est donnée à l'occasion d'une fête commune de tous ces évêques « et de leurs compagnons. » — 11. Élias en 1554, indiqué par Le Quien sans aucune référence, *Oriens christianus*, t. II, col. 1306. Voir plus loin, VI. A cette époque, Amid était de nouveau réuni à Mayyafâriqîn. Ms. syriaque de Cambridge, add. 1988. Catalogue, p. 339. — En 1562, le catholicos Ebedjésus compte Amid comme une de ses métropoles. Giamil, *Genuinae relationes*, p. 64. — 12. Joseph Élias, entre 1583 et 1586, mentionné comme catholique par Léonard Abel, évêque de Sidon, dans sa relation à Sixte-Quint. Archives du Vatican, fonds Borghèse, série I, vol. 137-138, fol. 104, ou Giamil, *Genuinae relationes*, doc. 29, p. 121 sq. D'après cette relation, Amid aurait été alors un centre très important pour les chaldéo-nestoriens. — 13. Siméon, mort en 1590, d'après Le Quien, *op. cit.*, II, 1306, qui n'indique pas où il a puisé ce renseignement. — 14. Élias, en 1607 et en 1610 (Giamil, p. 514 et 110); il démissionna en faveur du suivant, son disciple, en 1616 au plus tard. Giamil, p. 143, 146. — 15. Timothée en 1616. Ce Timothée est le même que l'archidiacre Adam, envoyé au pape Paul V par le catholicos Élias Hormuz Abi 'Asmar, dont il est question plus loin. Voir plus loin, VI. — 16. Siméon, en juin 1655, mentionné sur un ms. syriaque de Berlin. Catalogue de Sachau, p. 128. — 17. Ebedjésus, en 1669. Giamil, p. 540. — 18. Joseph, évêque nestorien, devenu patriarche catholique chaldéen, après 1670, sous le nom de Joseph Ier. Aujourd'hui, avec les progrès du catholicisme, le siège nestorien d'Amid n'existe plus.

C. KARALEWSKY.

VI. ÉVÊCHÉ CHALDÉEN. — Les *chaldéens* eurent aussi de bonne heure un évêque à Amid. Le patriarche nestorien, Siméon, qui, en 1653, envoya sa profession de foi catholique à Innocent X, désignait Amid sur la liste des vingt-huit évêchés de son rite. Assemani, *op. cit.*, t. III, p. 622. Mais ce siège comprenait aussi anciennement Maïafarkin et Mardin. Assemani raconte qu'en 1080 le nestorien Michel, évêque d'Amida, Maïafarkin et Mardin, avait fait une profession de foi orthodoxe. *Ibid.*, p. 557-561. Vers le milieu du xviie siècle, le P. Alexandre de Rhodes, en se rendant en Perse, s'arrêtait à Amid, où il signalait la présence de 3 000 chrétiens, très bien disposés, *oppido dispositi*, disait-il, pour la religion catholique. D'ailleurs, leurs évêques, arménien, syrien, chaldéen, au dire du même missionnaire, étaient catholiques. P. Poiresson, supérieur des missions de Syrie, S. J., *Relatio eorum quae gesta sunt in Syriae missionibus*, ann. 1654-1655, ad Petrum de Cazre, assistentem Franciae, *Archives de la*

Compagnie de Jésus. Mss. du P. Rabbath, p. 864

1° *Patriarches et évêques catholiques chaldéens depuis le XVIᵉ siècle*. — Quelques évêques distingués et bien méritants sont signalés dans la seconde moitié du XVIᵉ siècle : d'abord Rabban Sulaka, puis Abdjesus IV, métropolite de Géziré : celui-ci, ordonné évêque en 1554, à Amid, par Sulaka, devint patriarche après ce martyr. Il se rendit auprès de Pie IV et, au retour, voyant Mossoul occupée par le patriarche nestorien, demeura dans Amid (1562). A ce moment, ce siège était occupé par le catholique évêque Mar Elia Hormez Habib Asmar. Mar Elia qui avait été, lui aussi, consacré évêque à Amid par Sulaka, reçut alors une mission auprès des nestoriens du Malabar; et plus tard il fut élu patriarche. A la suite de la lettre synodale envoyée d'Amid au pape Paul V par ce patriarche et ses évêques, en 1616, nous voyons le nom d'un autre archevêque d'Amid, Timothée, qui vient d'abandonner ce siège à son patriarche, Mar Élia, et d'être transféré à celui de Seert et Jérusalem. La succession des évêques catholiques sur le siège d'Amid fut quelque temps interrompue. *Genuinae relationes inter Sedem apostolicam et Assyriorum orientalium seu Chaldaeorum Ecclesiam*, par Samuel Giamil, Rome, 1902, p. 142, 514, 540, 541. A partir du dernier tiers du XVIᵉ siècle, il y eut une double ligne de patriarches et d'évêques, dont la seconde surtout fut continue.

2° *Patriarches d'Amid*. — Joseph Iᵉʳ. En 1667, les Pères capucins s'établirent à Amid et furent bien accueillis du clergé nestorien. L'évêque d'Amid, Joseph, se convertit vers l'an 1670 et persévéra dans sa foi, malgré toute sorte de vexations, la bastonnade, la prison, auxquelles il fut condamné, sur la requête de son patriarche. Dans la suite, il partit pour Rome en 1675 et y resta quatorze mois. Quand il revint, on gardait encore quelque défiance sur sa sincérité; c'était la conséquence de la versatilité de quelques anciens pontifes nestoriens. Cependant, après qu'il eut été choisi comme patriarche, à la mort du titulaire nestorien Élie V (Jean), et qu'il eut été reconnu légalement par le sultan en 1677, il obtint facilement, par l'intermédiaire de Mgr Piquet, la confirmation du pape. Devenu presque aveugle, il démissionna en 1695 et mourut saintement en 1707. *Machriq*, revue de langue arabe, Beyrouth, 1900, p. 878 sq.; *Vie de Mgr Piquet*, p. 264 sq. — Le vénérable patriarche avait formé son successeur. Celui-ci, né en 1695 à Telkef, près de Mossoul, fut consacré évêque sous le nom de Joseph II, puis nommé patriarche et confirmé par le pape en 1695. A sa mort, en 1713-1714, il laissait plusieurs ouvrages de valeur, entre autres une *réfutation du nestorianisme*, et divers écrits sur la *liturgie chaldéenne*. — Joseph III, né à Kerkouk, ou, selon d'autres informations, à Amid, avait déjà été, sous le nom de Timothée, consacré évêque de Mardin, quand il fut nommé, en 1713-1714, au siège patriarcal d'Amid. En 1714, le pape Clément XI le confirma sous le titre, décerné pour la première fois, de patriarche de Babylone et lui remit le pallium. A la mort du patriarche nestorien, résidant à Alkosch, Joseph III obtint du sultan d'être reconnu légalement comme le patriarche des chaldéens de Mossoul; et il transporta son siège dans cette ville en 1730. Mais les nestoriens lui opposèrent un concurrent, Élie X; et il dut revenir à Amid, où il mourut en 1757. — Joseph IV, originaire de Diarbékir, portait le nom d'Éléazar Hindi. Élevé au séminaire de la Propagande, il fut d'abord consacré évêque de Mardin par Joseph III; puis, nommé patriarche, il fut confirmé par le pape Clément XIII et reçut le pallium, le 24 mars 1759. Il obtint, en 1763, le brevet lui permettant de bâtir à Amid la grande église de Saint-Pithion, martyr. Il séjourna ensuite six ans à Rome, où il fit imprimer, en 1767, la liturgie chaldéenne, la messe, les évangiles, les épîtres. De retour à Amid, il eut de longs démêlés avec le délégué apostolique latin de Bagdad, Mgr Emmanuel; sa succession, en 1779, fut l'occasion d'un regrettable conflit. Quelque temps avant lui, était mort le patriarche nestorien converti au catholicisme. Rome avait aussitôt nommé administrateur de ce dernier patriarcat Jean Hormez. Celui-ci, à la mort de Joseph IV, se prétendit de droit son successeur. D'autre part, Rome avait reconnu, comme archevêque et administrateur du patriarcat d'Amid, Augustin Hindi. Le 26 juin 1818, elle lui conféra le titre d'administrateur du patriarcat de Babylone et de Mossoul et de délégué apostolique; et, trompée par des accusations plus ou moins exagérées, elle lui prescrivit de suspendre le vice-patriarche de Babylone de sa charge. Hindi, ancien élève de la Propagande et neveu de Joseph IV, se hâta de suspendre Jean Hormez, se posa en patriarche titulaire et signa du nom de Joseph V. Le délégué de la Mésopotamie, Mgr Couperie, évêque latin de Babylone, saisi du différend, décida en faveur de Hormez. Le 5 juillet 1830, Hormez fut réhabilité et confirmé par Pie VIII comme patriarche de Babylone résidant à Mossoul. Il mourut le 16 août 1838. Augustin Hindi était mort en 1826. Il porte dans les annales chaldéennes le nom de Joseph V, comme administrateur patriarcal à Amid, et délégué apostolique.

3° *Évêques chaldéens catholiques depuis 1670*. — Joseph Sliba (Croix) de Telkef, disciple du patriarche Joseph Iᵉʳ et nommé par celui-ci son vicaire, puis évêque de Diarbékir, à l'âge de vingt-quatre ans. Il est ensuite patriarche sous le nom de Joseph II. — Basile de Diarbékir, ordonné prêtre sous le nom de Dominique, 1712, † 1727. — Timothée, †1757. — Timothée II ou Éléazar Hindi, 1757. — Joseph Accarie. — Augustin Hindi, 1804, † 1826. — Basile Asmar, religieux de l'ordre de Saint-Hormisdas, évêque d'Amadie en 1824, transféré sur le siège d'Amid vers 1830. — Pierre de Natali, élève de la Propagande; il fut nommé en 1833 vicaire provincial, et, après la démission de Basile Asmar, il fut chargé d'administrer l'évêché d'Amid. — Timothée Attar, élevé dans l'ancien séminaire des jésuites à Ghazir, près de Beyrouth, puis au séminaire de la Propagande; d'abord évêque de Mardin, puis transféré en 1869 sur le siège d'Amid, après le décès de Basile Asmar, mort du choléra en 1867, près de Rome. Attar mourut en 1890. — Gabriel Farso, qui fut nommé évêque d'Amid, mais n'eut point le temps de s'y transférer. — George Ebed-Jesu Khayyatt, élève de la Propagande, né à Mossoul en octobre 1827, évêque d'Amadia en 1860, chargé d'administrer le diocèse d'Amid après la démission d'Attar et transféré sur ce siège le 24 février 1879. — Mousa Soleïman (Salomon) Sabagh, élève du séminaire patriarcal de Mossoul, élu évêque de Diarbékir le 23 juin 1897. Il occupe encore ce siège en janvier 1912. Cf. *Machriq*, année 1906, p. 644 sq. *Statistique du diocèse chaldéen d'Amid*. Il compte un peu plus de 2 000 catholiques. Les principales stations sont Amida, Cerakig, Alipuar, Meïafarkin, Bakoz, Boschatti. Prêtres indigènes : six; églises ou chapelles : quatre; écoles élémentaires : deux pour les garçons et deux pour les filles. *Missiones catholicae S. C. de Propaganda fide*, ann. 1907, p. 809.

Fr. TOURNEBIZE.

VII. ÉVÊCHÉ ARMÉNIEN. — Le diocèse arménien catholique comprend aujourd'hui les sandjacs de Baker-Maden et de Diarbékir, dans le vilayet de Diarbékir, et le sandjac d'Orfa (Ourha, Édesse), dans le vilayet d'Alep. Le siège d'Amid semble n'avoir été occupé par des Arméniens qu'à partir du VIIᵉ siècle, c'est-à-dire après la séparation de la majorité des

Arméniens d'avec l'Église catholique. Depuis longtemps, ce siège n'est plus archiépiscopal comme au temps des croisades. Voir *Supplément à la chronique de Sempad*, dans le *Recueil des historiens des croisades, Documents arméniens*, t. I, p. 675.

Évêques catholiques arméniens. — D'après le témoignage d'Alexandre de Rhodes, l'évêque arménien d'Amid, vers l'an 1650, était catholique. Voir plus haut. Il en est de même de l'évêque arménien qui occupait ce siège en 1681. *Vie de Mgr François Picquet* (par Cl.-L. d'Antelmy), Paris, 1732, p. 358. En 1727, Pierre Der Boghossian, évêque arménien d'Amid, envoya sa profession de foi au pape, par l'intermédiaire du carme Léonard. Ses successeurs furent Eugène, qui demeura à Mardin chez l'évêque Marcar; Jean de Smyrne, consacré par Michel-Pierre III, en 1755. Il séjourna à Rome et au Liban et mourut à Constantinople, en 1785. Après une vacance de plus d'un demi-siècle, le siège d'Amid fut occupé par Jacques Vartabed Bahdiarian, consacré par Grégoire-Pierre VIII en 1850. Assez longtemps après que ce dernier se fut démis de son siège, il eut pour successeur Joseph Ferahian, né à Damas et consacré évêque le 19 octobre 1884. Pendant son épiscopat (1884-1896), beaucoup de grégoriens se convertirent, mais ne persévérèrent pas. Son successeur, André-Élie Tchélébian, né à Diarbékir, le 3 janvier 1848, fut élu le 6 février 1899 et consacré la même année. *Statistique pour l'année 1907* : *Missiones catholicae*, p. 730 : catholiques arméniens, 5 000 sur 50 000 Arméniens ; prêtres séculiers, dix-huit ; paroisses, dix ; églises ou chapelles, dix ; stations : Diarbékir, Orfa, Beredjik, Djibin, Cinkusci, Gamourtch, Carit, Tchencouch, Basenit, Eghel, Argana ; écoles élémentaires : six pour les garçons et six pour les filles. — L'évêque arménien grégorien d'Amid, depuis le XVIIe siècle, est soumis à la juridiction du patriarche de Constantinople. Le diocèse ne comprenait d'abord que la ville d'Amid. Depuis 1849-1854, il embrasse aussi les prélatures (*arradschnortouthioung*) d'Arghn, Agn ; et, depuis 1865, une partie de la prélature de *Seert* (Sgherd). Bref, il réunit aujourd'hui les sandjacs de Diarbékir et de Mardin. Enfin, Amid est aussi le siège de trois évêques non unis : nestorien, jacobite et grec.

Machriq, revue arabe de Beyrouth, t. V, p. 1115 ; t. VI, p. 493 ; t. IX, p. 639, 683, 744. — S. Giamil, *Genuinae relationes inter Sedem apostolicam et Chaldaeorum Ecclesiam*, Rome, 1902, documents latins et syriaques, p. 90-97, 130-131, 136-137, 145-150, 189, 201 sq. ; sur Mar Elia Hormez (Rabban Hormisdas Asmar Abib d'Amid), p. 486 ; *Lettres échangées entre les papes et les pontifes chaldéens Joseph I*er, II, III, p. 201-217, 312-344, 374 ; sur Joseph IV Timothée, p. 375, 385 ; sur Augustin Hindi, p. 301 sq. ; Jean Hormez, p. 394 sq. ; Ebed Jesu Khayyath, p. 443 sq. ··· Sur les évêques d'Amid Syriens, etc., Assemani, *Biblioth. orient.*, t. II, p. 48, 98, 107, 349, 351, 457. — Le Quien, *Oriens christianus*, t. I, col. 170, 196 ; t. II, col. 429, 430 ; t. III, col. 1413-1417, 989-995. — Sur les évêques arméniens catholiques, Ormanian, *Histoire abrégée des sièges archiépiscopaux et épisc. de Cilicie*, brochure de 92 p., Beyrouth, 1908, p. 33-37. — Comte de Cholet, *Arménie, Kurdistan et Mésopotamie*, Paris, 1892, p. 218 sq. — P. Galemgjar, *Biographie de l'archevêque Sarquis Sarafian et des catholiques de son temps*, Vienne, 1908, en arménien, p. 46, 135-138, 148-150, 196-197, 407-408.

Fr. TOURNEBIZE.

VIII. MÉTROPOLE MELKITE. — On a vu plus haut, col. 1240, que l'énergie d'Abraham Bar Kaili avait maintenu à l'Amid un bon noyau orthodoxe. La constitution jacobite n'empêche pas la série des évêques légitimes de se continuer. Je lui conserve la même numérotation, comme étant celle qui se rattache seule en droite ligne aux premiers apôtres d'Amid. La population de l'éparchie, pour le dire tout de suite, était composée, non de grecs, mais uniquement, à part quelques fonctionnaires byzantins, de chrétiens de race syrienne, les vrais melkites. D'après la *Notice* du patriarche Anastase I*er*, heureusement restaurée par le P. S. Vailhé, et qui remonte au VIe siècle, Amid était une métropole pourvue de huit évêchés suffragants, qui n'ont pas tardé à disparaître après la conquête arabe. La métropole elle-même dura un peu plus longtemps.

Après Abraham Bar Kaili, le treizième métropolite est Cyriaque, qu'il ne faut pas confondre avec le jacobite du même nom, presque contemporain, et dont on trouve la signature dans les actes du Ve concile œcuménique en 551. Mansi, t. IX, col. 175, 390. Le Jean qui suit dans la chronologie catholique de Le Quien, *op. cit.*, t. II, col. 992, est en réalité jacobite, comme on l'a vu plus haut. Autrement, le pseudo-Denys de Tell-Mahré ne l'aurait pas mentionné, car il se borne aux évêques jacobites, à ses yeux les seuls orthodoxes. Le quatorzième métropolite est Siméon, mentionné par Théophylacte Simocatta, II, 3, à l'année 586. Le quinzième est inconnu, mais il a certainement existé, car ce n'était pas l'habitude de la chancellerie byzantine de laisser les cadres ecclésiastiques vacants dans ces pays de lutte contre les hérésies, et d'ailleurs le pseudo-Denys nous apprend que, en 629, Héraclius fit construire à Amid une grande église, qui ne pouvait être que catholique, c'est-à-dire melkite. Le seizième nom est celui d'Abraham, que l'on voit féliciter Photius, en 879, d'avoir reconquis le siège patriarcal. Il signe (Mansi, t. XVII, col. 445) « métropolite d'Amid et de Samosate d'Arménie. » Cette dernière ville est évidemment Arsamosate, l'un des anciens évêchés suffragants, peut-être le seul qui existât alors. On perd ensuite pour bien longtemps toute trace de la métropole melkite d'Amid.

On peut conjecturer qu'au XVIIe siècle, peut-être plus tôt, une colonie melkite alépine vint se fixer à Amid. Je dis alépine, car toute la diaspora melkite de ces régions est d'origine alépine, suivant le chemin des caravanes. J'en conjecture la venue au XVIIe siècle, car, dès 1715, le *Syntagmation* de Chrysanthe de Jérusalem, énumérant les sièges alors soumis au patriarche orthodoxe, c'est-à-dire non catholique, d'Antioche, compte parmi eux Amid ou Diarbékir. C. Charon, *Histoire des patriarcats melkites*, t. III, p. 239. Il ajoutait que ce siège tenait lieu de la métropole disparue d'Édesse. Or, Alep a été travaillé dès le milieu du XVIIe siècle par la propagande catholique, et les melkites de cette ville n'ont pas tardé à être presque tous conquis à l'union. Au début du XVIIIe siècle, les melkites d'Amid furent aussi gagnés par les prédications de Néophyte Naṣri, évêque de Saïdnâyâ, mais ils n'eurent pas tout d'abord un évêque. Ils persévérèrent cependant, car en 1766 on constate l'existence d'un moine basilien de la congrégation salvatorienne, qui était d'Amid. C. Charon, t. II, p. 117.

En 1775, la série des métropolites se rouvre avec le catholique Agapios Qonaïsser, basilien de la congrégation chouérite, consacré par le patriarche Théodose VI Dahân, et mort vers 1810, sans avoir probablement jamais résidé dans son éparchie. Ce serait le dix-septième de la série. Le dix-huitième fut Ignace 'Ajjoûri, consacré en 1816 par le patriarche Ignace V Qaṭṭâl, mais transféré la même année sur le siège d'Amid, afin qu'il pût vivre. Voir, sur ce personnage, t. I, col. 1279. Ainsi abandonnés, les melkites catholiques d'Amid repassèrent au schisme, mais peu sérieusement, puisque, en 1835, ils envoyèrent une requête au patriarche Maxime III Maẓloûm, demandant un prêtre. Ils pouvaient être au haut trois cents personnes. Maẓloûm leur donna, non un prêtre, mais un métropolite, Macaire Sammân, prêtre d'Alep, qu'il consacra le 25 décembre 1837, vieux style. C'est le dix-neuvième de la série. Désireux d'obtenir une éparchie plus riche, et n'ayant pu arriver à avoir celle d'Alep, Macaire se mit en rapports avec Méthode, patriarche orthodoxe d'Antioche, et par son intermédiaire avec Anthime VI de Constantinople. En 1846, il abjura solennellement le catholicisme, fut rebaptisé et réordonné, et rebaptisa de même ses fidèles qui le suivirent presque tous. Deux familles seulement restèrent fidèles à l'union; elles dépendent aujourd'hui directement du patriarche melkite catholique d'Antioche, et ont gardé une petite chapelle desservie par un vieux prêtre marié. C. Charon, t. II, p. 116-122; t. III, p. 280-281. Amid figure toujours parmi les sièges qui relèvent du patriarche orthodoxe d'Antioche (C. Charon, t. III, p. 241), mais le titre n'est plus conféré que d'une manière intermittente; en 1913, si mes renseignements sont exacts, il serait vacant.

IX. MISSION LATINE. — Amid est l'une des neuf résidences de la mission apostolique de Mardin, confiée aux capucins italiens. Les *Missiones catholicae* de la Propagande, édition de 1907, p. 161, donnent pour Amid 3 500 catholiques, mais dans ce chiffre sont compris les arméniens, les chaldéens, les syriens et les melkites. Les latins ne dépassent pas quelques unités.

L'ouvrage capital pour l'histoire d'Amid, à l'époque musulmane et chrétienne, est Max van Berchem et Josef Strzygowski, *Amida*, in-4°, Heidelberg, 1910. La première partie, due à van Berchem, est formée de « matériaux pour l'épigraphie et l'histoire du Diyâr Bèqir; » la deuxième, de Strzygowski, étudie l'histoire de l'art au moyen âge dans la Mésopotamie du nord; la troisième, de Gertrude L. Bell, est consacrée aux églises et aux monastères du Toûr-'Abdîn. Une partie de la Chronique du pseudo-Denys de Tell-Mahré, tirée de deux manuscrits, l'un de la Vaticane, l'autre du Musée Britannique, a été éditée par M. Nau, dans le fascicule 112 de la *Bibliothèque de l'École des hautes études*, Paris, 1896. L'auteur de cette chronique, importante pour l'histoire d'Amid jacobite, est un moine du monastère de Zouqenin, peut-être Josué le Stylite. Voir l'histoire du ms. dans E. Tisserant, *Codex Zuqninensis rescriptus Veteris Testamenti*, dans les *Studi e testi* de la bibliothèque Vaticane, Rome, 1911, Introduction, p. 1-32. — Pour les écrivains originaires d'Amid, Rubens Duval, *La littérature syriaque*, 2e éd., Paris, 1900. — Pour les monuments, voir encore X. Hommaire de Hell, *Voyage en Turquie et en Perse exécuté par ordre du gouvernement français pendant les années 1846, 1847 et 1848*, Paris, 1854-1860, 4 vol. in-8° et un atlas.

C. KARALEVSKY.

1. AMIDANI (ELISEO DEGLI), franciscain de Crémone, prédicateur de renom de la seconde moitié du XVe siècle. Il composa un recueil de sermons sur les Évangiles, un Commentaire du livre des Sentences et une exposition du *Pater noster*, tous ouvrages qui semblent perdus. Il mourut vers 1497.

Arisius, *Cremona litterata*, Crémone, 1705, t. I, p. 386. — Mazzuchelli, *Gli scrittori d'Italia*, Brescia, 1753, t. I, p. 631. — Flam. Bottardi, *Memorie storiche dell' osservante provincia di Bologna*, Parme, 1760, t. I, p. 370.

M. BIHL.

2. AMIDANI (GUGLIELMO). Originaire de Crémone, il entra au couvent des augustins de sa ville natale. Dans le chapitre tenu à Florence, il fut élevé à la haute dignité de prieur général de son ordre (28 février 1326) et resta en charge jusqu'à sa nomination au siège épiscopal de Novare (17 juillet 1342). Dans sa bulle de promotion, il est dit maître en théologie. De son vivant, il montra un grand zèle pour l'expansion de l'ordre des augustins : les maisons de Crémone et de Novare furent agrandies par ses soins; celle de Pavie lui dut sa fondation. Il mourut le 29 janvier 1355. En 1608, son corps fut transporté dans l'église des augustins de Pavie.

ŒUVRES. — 1° Un traité composé sur les ordres de Jean XXII contre Marsile de Padoue et Jean de Jandun, *De auctoritate apostolica*. Incipit : *Reprobatio sex errorum sequentium...* — 2° *Expositiones super quatuor evangeliis* (4 livres). — 3° *Commentarii super quatuor libris Sententiarum* (4 livres). — 4° Un livre de sermons variés. — 5° Un livre de discours. — 6° *Decreta generalia ad clerum Novariensem anno 1347.* — 7° *Additiones ad statuta ecclesiae S. Julii in Insula et Eumenia.* — 8° *Decreta ad perfectam disciplinam.* — 9° *Liber de bonis ecclesiarum dioecesis Novariae.* — 10° *Statuta plebis Gandianae.*

Arisius, *Cremona literata*, Parme, 1702, t. I, p. 163-165. — D. A. Gandolfo, *Dissertatio historica de ducentis celeberrimis augustinianis scriptoribus*, Rome, 1704, p. 144-147. — Ossinger, *Bibliotheca augustiniana*, Ingolstadt, 1768, p. 31-42. — Tiraboschi, *Storia della letteratura Italiana*, Florence, 1807, t. V, 1re partie, p. 153-155. — Ughelli, *Italia sacra*, Venise, 1719, t. IV, col. 714-715. — Perini, *Scriptores augustiniani*, Rome, 1911, t. I, p. 72-75.

G. MOLLAT.

3. AMIDANI (NICCOLÒ). Né à Crémone, il se fit remarquer par sa science du droit civil et canonique. D'abord chanoine de Mantoue, il assista au concile de Bâle, en qualité d'auditeur de l'archevêque de Palerme, et fut successivement camérier secret du pape, protonotaire apostolique et gouverneur de Rome. Préconisé évêque de Plaisance, le 15 janvier 1448 (et non en 1446, comme le portent Arisio et Lancetti, ni le 17 décembre 1447, comme le porte Poggiali, ni en mars 1448, comme le porte Ughelli), il résida peu dans son évêché, car, après avoir été envoyé, en 1448, à Bologne et à Ferrare, par le pape Nicolas V, pour y apaiser des troubles, il demeura presque constamment à Rome, comme *locumtenens* du cardinal camerlingue. Transféré au siège archiépiscopal de Milan, le 19 mars (et non le 26 mars, comme le porte Sassi, ni le 26 mai, comme le porte Ughelli) 1453, on a de lui des lettres du 16 avril de la même année, en faveur de l'hôpital *Pietatis pauperum Christi*. Il mourut le 21 (le 15, d'après Lancetti) mars de l'année suivante et fut enterré dans la cathédrale, mais son tombeau, sur lequel on voyait sa statue et une épitaphe, où il était dit que *ille animo invicto, docta pietate fideque acquabat priscos et pietate patres*, disparut lors de la restauration de cet édifice opérée à l'époque de saint Charles Borromée. Une lettre adressée par lui à Aeneas Silvius est imprimée dans les *Epistolae et varii tractatus* du fameux pontife humaniste, qu'il avait connu à Bâle, et montre l'amitié qui les unissait, comme aussi trois lettres du même Aeneas, imprimées dans le même recueil (n. 8, 28, 144); dans cette dernière, adressée, le 15 septembre 1453, à l'évêque de Grosseto, le futur Pie II exprime sa joie de le voir promu au siège de Milan.

Campo, *Cremona fedelissima città*, p. 126. — Carlo Torre, *Ritratto di Milano*, p. 401. — Puccinelli, *Memorie antiche di Milano*, p. 52, n. 29-30. — Arisius, *Cremona literata*, Parme, 1702, t. I, p. 279-281. — Argelati, *Bibliotheca Mediolanensis*, Milan, 1744, t. I, 2e part., col. 45-46. — Vagliano, *Sommario delle vite ed azioni degli arcivescovi di Milano*, Milan, 1715. — Ughelli-Coleti, *Italia sacra*, Venise, 1717, 1719, t. II, col. 232; t. IV, col. 307. — Mazzuchelli, *Gli scrittori d'Italia*, Brescia, 1753, t. I, 2e part., p. 631. — Saxius, *Archiepiscoporum Mediolanensium series historico-chronologica*, Milan, 1755, t. III, p. 898-900. — Poggiali, *Memorie storiche di Piacenza*, Plaisance, 1759, t. VII, p. 248-249. — V. Lancetti, *Biografia cremonese*, Milan, 1819, t. I, p. 117-119. — Cappelletti, *Le Chiese d'Italia*, Venise, 1856-1859, t. XI, p. 253; t. XV, p. 47. — *Annali della fabbrica del duomo di Milano*, Milan, 1880-1883, t. IV, p. 230, Appendice II, ad ann. 1454. — Forcella, *Iscrizioni delle chiese e degli altri edifici di Milano*, Milan, 1889, t. I, p. 11. — Eubel, *Hierarchia catholica medii aevi*, Munster, 1901, t. II, p. 207, 239.

J. FRAIKIN.

AMIDEIS (BARTOLOMEO DE). Voir AMADIO AMIDEI, col. 919.

1. AMIEL (ARNAUD), dominicain français de la première partie du xiv° siècle. Étudiant des *Naturalia* au couvent de Saint-Sever, en 1317, au couvent d'Auvillar, en 1318, de Saint-Girons, en 1319; étudiant de théologie à Toulouse, en 1320; sous-lecteur au couvent d'Auvillar, en 1322, et de Saint-Girons, en 1323; visiteur, en 1334, des couvents de Montauban, d'Auvillar, d'Agen, de Condom et de Lectoure; et, en 1340, des couvents d'Orthez, de Morlaas, de Bayonne et de Marciac.

C. Douais, *Les frères prêcheurs en Gascogne au xiii° et au xiv° siècle*, Paris, 1885, p. 358; *Essai sur l'organisation des études dans l'ordre des frères prêcheurs au xiii° siècle et au xiv° siècle (1216-1342)*, Paris-Toulouse, 1884, p. 259, 266.

R. COULON.

2. AMIEL (JEAN). On le trouve cité dans une bulle du 18 décembre 1317, qui le nomme trésorier du duché de Spolète. G. Mollat, *Lettres communes de Jean XXII*, t. II, n. 8142. Il obtint de nombreux bénéfices : les canonicats de Lichfield en Angleterre (28 décembre 1317; G. Mollat, *loc. cit.*, n. 6127), de Capdrot au diocèse de Sarlat (13 décembre 1318; *ibid.*, n. 8743), d'Albi et de Sarlat, l'archidiaconat de Fréjus (1323). Le 28 décembre 1323, il succéda à Reynaud de Sainte-Arthémie dans la charge de recteur du duché de Spolète. Il eut beaucoup à lutter contre les Pérugins, qui s'efforcèrent de provoquer à Spolète et à Spello la rébellion des habitants contre l'Église romaine. G. Mollat, *op. cit.*, n. 20355, 20370, 20498, 20585, 20600, etc. Le 12 février 1333, une bulle lui concède le titre de notaire apostolique, afin de lui faciliter l'exercice des fonctions de clerc de la Chambre apostolique qui lui avaient été récemment confiées. P. M. Baumgarten, *Von der apostolischen Kanzlei*, Cologne, 1908, p. 32-34. En 1339, à Avignon, il dresse l'inventaire des archives pontificales.

E. Albe, *Autour de Jean XXII. Les familles du Quercy*, Rome, 1904, t. II, p. 100-101. — J.-M. Vidal, *Lettres communes de Benoît XII*, t. I, n. 3364.

G. MOLLAT.

3. AMIEL (PIERRE). Avant d'être nommé archevêque de Narbonne, le 16 mars 1226, il fut clerc de Saint-Nazaire de Béziers (1201), camérier, chanoine et archidiacre de Narbonne (1216). Louis VIII lui concéda la jouissance des biens dont les albigeois avaient été dépossédés (octobre 1226). Il tint un synode à Narbonne en 1227 et assista, en 1229, à celui de Toulouse : dans ces deux assemblées le fonctionnement de l'inquisition épiscopale fut organisé sur de nouvelles bases. Mgr Douais, *L'Inquisition*, Paris, 1906, p. 63-82. En 1228, il conduit des troupes à l'empereur Frédéric II, mais ne va pas en Orient à la croisade. En 1231, il établit les frères prêcheurs à Narbonne. Son zèle contre les hérétiques lui aliène les habitants de sa ville épiscopale, qui refusent de prêter serment d'observer les statuts du concile de Béziers (1233) et le forcent à s'exiler (1234). Le 19 avril 1238, avant de partir au secours du roi Jayme I°° d'Aragon qui guerroie contre les Maures, il dicte son testament. *Gallia christiana*, 1739, t. VI, *Instrum.*, col. 62. Il se couvre de gloire au siège de Valence et, au retour de son expédition en Espagne, oblige Carcassonne à rentrer sous l'autorité du roi de France (1240). A la suite de différends avec le vicomte Amauri de Narbonne au sujet du droit de battre monnaie, il doit fuir Narbonne. En son absence, le chapitre de sa cathédrale lui écrit une lettre fort curieuse (22 octobre 1241), où est censurée sa conduite peu cléricale. En 1242, peu troublé par les remontrances de ses chanoines, le prélat guerrier monte à l'assaut du château de Montségur, que détenaient les hérétiques. Vers le même temps, il préside le synode réuni à Narbonne dans le but de régler la procédure des juges d'inquisition. Il refait son testament et meurt le 20 mai 1245.

Petit-Radel, au t. XVIII, p. 331-338, de l'*Histoire littéraire de la France*, a écrit une excellente notice biographique de Pierre Amiel, qui épuise le sujet. — On peut consulter aussi le t. VI du *Gallia christiana*, col. 65-71, et *Instrum.*, col. 59-64.

G. MOLLAT.

4. AMIEL (PIERRE), cardinal. Peut-être originaire d'une famille des environs de Sarlat (E. Albe, *Autour de Jean XXII. Les familles du Quercy*, Rome, 1904, t. II, p. 101-102), il fut abbé de Saint-Bénigne de Dijon. Nommé archevêque de Vienne le 27 avril 1362, il fut transféré sur le siège de Naples le 9 janvier 1363. Urbain V lui donna les pouvoirs de légat et le chargea de rétablir la paix dans le royaume de Naples (3 mai 1363; cf. P. Lecacheux, *Urbain V. Lettres secrètes et curiales*, Paris, 1902, n. 404 et 405), de faire respecter la délimitation du territoire de Bénévent fixée sous Clément VI (*ibid.*, n. 433 et 434) et de réformer des abus parmi le clergé de sa province. *Ibid.* n. 671; cf. aussi n. 914 et 1009. De Naples Pierre Amiel fut bientôt déchargé; on lui conféra l'archevêché d'Embrun le 5 septembre 1365. A Embrun, il défendit énergiquement ses droits contre ses diocésains et le dauphin, qu'il excommunia. Il s'interposa entre la Provence et le Dauphiné (1368-1369) et réussit à rétablir la concorde entre ces deux provinces. Il s'occupa aussi de la délimitation de la Savoie et du Dauphiné. L. Jacob, *La formation des limites entre le Dauphiné et la Savoie*, Paris, 1907, *passim*. Il se déclara en faveur de Clément VII et reçut en récompense le chapeau de cardinal avec le titre de cardinal-prêtre de Saint-Marc (16 décembre 1378). Il poursuivit avec vigueur les partisans d'Urbain VI et, par délégation du Saint-Siège, put les priver de leurs bénéfices, confisquer leurs biens et les condamner à la prison. N. Valois, *La France et le grand schisme d'Occident*, Paris, 1896, t. I, p. 308. Il fut très mêlé aux négociations de la reine Jeanne de Naples avec le duc d'Anjou. H. Moranvillé, *Journal de Jean le Fèvre, évêque de Chartres*, Paris, 1887, t. I, *passim*. Le 10 août 1389, il mourut. Durant son cardinalat, il avait été surtout connu sous le nom de cardinal d'Embrun (*cardinalis Ebredunensis*).

ŒUVRES. — 1° Le P. H. Denifle a trouvé aux archives Vaticanes, Armario LIII, un registre des lettres écrites par Pierre Amiel pendant son séjour à Naples et à Embrun, de 1363 à 1369. C'est une sorte de copie de lettres, où est insérée la correspondance de l'archevêque avec le pape régnant, des cardinaux, des amis vivant à la cour pontificale, Raoul de Louppy, gouverneur du Dauphiné, avec le roi de France. On peut le diviser en deux parties : l'une qui a trait au royaume de Naples; l'autre qui concerne la guerre survenue en 1368-1369 entre le Dauphiné et la Provence, les incursions des grandes compagnies en Dauphiné et diverses affaires de juridiction. La correspondance de Pierre Amiel est importante, surtout relativement aux événements qui eurent lieu pendant son séjour à Naples, car il est bien renseigné, attentif qu'il est à provoquer les confidences de la reine Jeanne ou celles du chancelier Niccolo Acciajuoli. Son impartialité est hors de doute : son seul désir est de sauver le royaume de Naples de l'anarchie qui le menace, de sauvegarder les intérêts du Saint-Siège et d'orienter la politique du pape. Le P. Denifle a publié un choix de ses lettres, écrites pendant son séjour à Embrun (*La désolation des églises, monastères et hôpitaux en France pendant la guerre de Cent ans*, Paris, 1899, t. I, 2° partie, p. 788-820) et M. E. Martin-Chabot a étudié *Le registre des lettres de Pierre Amiel, archevêque de*

Naples, puis d'Embrun, dans *Mélanges d'archéologie et d'histoire*, 1905, t. XXV, p. 273-292. — 2° A une date postérieure au mois d'août 1379 et antérieure au mois de mai 1380, peut-être dans la seconde moitié de l'année 1379, Pierre Amiel écrivit un traité contre le projet d'un concile général, qui aurait jugé de la validité des élections de Clément VII et d'Urbain VI. Ce traité a été édité par Fr. Pl. Bliemetzrieder, *Literarische Polemik zu Beginn des Grossen Abendländischen Schismas*, Vienne, 1909, p. 91-111. Cf. Denifle et Châtelain, *Chartularium universitatis Parisiensis*, Paris, 1894, t. III, n. 1634; N. Valois, *op. cit.*, t. I, p. 319. — 3° En 1386, non en 1379 ou 1380, comme le prétend Baluze, *Vitae paparum Avenionensium*, Paris, 1693, t. I, col. 1293, Pierre Amiel rédigea un mémoire destiné aux ambassadeurs de Clément VII, qui devaient se rencontrer avec les délégués des villes flamandes au soi-disant « synode de Gand ». On le trouvera imprimé dans Baluze, *op. cit.*, t. II, col. 857-864. Cf. N. Valois, *op. cit.*, t. II, p. 258-259.

Baluze, *Vitae...*, t. I, col. 491, 1164, 1252-1255, 1258, 1276, 1386-1387. — Denifle, *La désolation...*, t. II, 1re partie, p. 514-528. — *Gallia christiana*, 1865, t. XVI, col. 110. — Oudin, *Scriptores ecclesiastici*, Leipzig, 1722, t. III, p. 1193-1195. — Liabastres, *Découverte à Carpentras de pièces manuscrites du XIVe siècle provenant de l'archevêché d'Embrun*, dans les *Annales de la Société d'études provençales*, 1904, t. I, p. 168-175, surtout p. 171, où est édité un compte de dépenses à l'occasion d'un repas offert à Amé de Saluces, le 10 janvier 1379.

G. MOLLAT.

5. AMIEL (PIERRE). Il naquit à Brenac, petit village des environs de Limoux (Aude). Entré dans l'ordre des ermites de Saint-Augustin, il devint sacriste de la chapelle pontificale sous Urbain V, puis pénitencier et bibliothécaire de la « librairie » de Grégoire XI. Nommé évêque de Sinigaglia le 5 juillet 1375, il accompagna Grégoire XI dans son voyage en Italie, où il resta et prit parti pour Urbain VI dans le schisme de 1378. Quelques auteurs ont affirmé qu'il occupa les sièges d'Otrante et de Tarente; il semble prouvé qu'il n'abandonna celui de Sinigaglia que pour le patriarchat de Grado (vers le 12 novembre 1387), et ce dernier pour le patriarchat d'Alexandrie (1400). Il eut aussi l'administration du diocèse d'Oloron (16 janvier 1394), qu'il échangea contre celle du diocèse de Dax (19 juin 1400). Le 17 octobre 1394, après la mort de Clément VII, il fut envoyé en France avec le comte de Campanie et un jurisconsulte pour obtenir qu'un successeur ne fût pas élu au pape d'Avignon et pour rétablir l'union dans l'Église. N. Valois, *La France et le grand schisme d'Occident*, Paris, 1902, t. III, p. 38. Le 6 mars 1399, il obtint la faculté de tester et mourut avant le 7 juin 1401. C. Eubel, *Hierarchia catholica medii aevi*, t. I, p. 82, 97, 277, 394, 470.

ŒUVRES. — 1° Vers 1375, avant d'être évêque de Sinigaglia, il dressa un inventaire descriptif de la bibliothèque de Grégoire XI, où les livres sont répartis par ordre de matières et par noms d'auteurs. Signalé par l'abbé, *Nova bibliotheca manuscriptorum*, p. 55, il a été retrouvé aux archives Vaticanes par le P. H. Denifle et publié par le P. F. Ehrle, *Historia bibliothecae pontificum romanorum*, Rome, 1890, t. I, p. 451-574. — 2° Il écrivit une relation du voyage de Grégoire XI en Italie, sous la forme d'un poème versifié. Quoique confus, obscur, d'un style recherché, son récit est très exact. On en trouvera le texte dans Muratori, *Rerum Italicarum scriptores*, t. III, pars 2^a, col. 690-712, et dans Ciacconius, *Vitae et res-gestae pontificum romanorum*, Rome, 1677, t. II, col. 576-585. Cf. aussi L. Mirot, *La politique pontificale et le retour du Saint-Siège à Rome en 1376*, Paris, 1899, p. 127, 155 sq. — 3° Vers 1400, il composa un cérémonial romain, qui comprend cent soixante-sept chapitres et a été édité par Mabillon, *Museum Italicum*, Paris, 1689, t. II, p. 443-544. Quoiqu'il ne soit point intitulé, ce cérémonial est bien l'œuvre de Pierre Amiel, qui s'en déclare l'auteur (c. LXXX et LXXXX) et fait allusion à son itinéraire du voyage de Grégoire XI en Italie. Quelques interpolations (c. XC, CXXXI, CLXVI) sont dues à Pierre Assalbit. Mercati, *Appunti per la Storia del Breviario romano nei secoli XIV-XV*, Rome, 1903.

F. Ehrle, *op. cit.*, p. 735-738. — M. Faucon, *La librairie des papes d'Avignon*, Paris, 1886, t. I, p. 56. — Gandolfi, *Dissertatio historica de augustinianis scriptoribus*, Rome, 1704, p. 293-296. — J. P. Kirsch, *Die Rückkehr der Päpste Urban V und Gregor XI von Avignon nach Rom*, Paderborn, 1898, passim. — Ossinger, *Bibliotheca augustiniana*, Ingolstadt, 1768, p. 29-31. — Oudin, *Scriptores ecclesiastici*, Leipzig, 1722, t. III, col. 1274-1275. — Quetif-Échard, *Scriptores ordinis praedicatorum*, t. I, p. 743. — Perini, *Scriptores augustiniani*, Rome, 1911, t. I, p. 69-71. — N. Valois, *op. cit.*, t. II, p. 326, 327.

G. MOLLAT.

6. AMIEL. Voir AMELIUS.

1. AMIENS. — I. Histoire sommaire. II. Églises, chapelles. III. Abbaye de Saint-Martin-aux-Jumeaux. IV. Abbaye de Saint-Jean. V. Abbaye de Notre-Dame du Paraclet. VI. Communautés d'hommes. VII. Communautés de femmes.

I. HISTOIRE SOMMAIRE. — A une époque reculée, des relations de voisinage et de commerce entre les peuplades situées en deçà et au delà de la Somme ont amené la construction, à l'endroit reconnu le plus favorable, d'une chaussée et de ponts auxquels *Samarobriva* (Pont-sur-Somme), bourgade primitive et berceau de la ville d'Amiens, a dû son nom.

A l'époque de l'invasion romaine, *Samarobriva*, dont César parle plusieurs fois dans ses Commentaires, était la ville principale des *Ambiani*, l'une des tribus les plus peuplées de la Gaule belgique. Peu à peu le vieux nom *Samarobriva* s'effaça devant la désignation gallo-romaine : *Ambianos* (apud Ambianos), qui, conformément aux règles phonétiques, a donné Amiens. La substitution était complète à la fin du IVe siècle.

A cette date, la ville d'Amiens avait été évangélisée par saint Firmin, originaire de Pampelune, qui y subit le martyre au temps des empereurs Maximien et Dioclétien (284-305). Le diocèse d'Amiens en a fait son premier évêque et son patron. Sa fête est célébrée le 25 septembre. Après lui vinrent saint Quentin, saint Fuscien, saint Victorin, enfin saint Martin, qui partagea son manteau aux portes d'Amiens.

Le premier oratoire chrétien s'éleva sur le tombeau de saint Firmin. Cette église, appelée Sainte-Marie-aux-Martyrs, deviendra plus tard l'église de Saint-Acheul. Les chrétiens se multiplient au IVe et au Ve siècle, sous l'autorité des premiers évêques successeurs de Saint-Firmin. La *civitas* des *Ambiani*, qui formera dans son ensemble le diocèse d'Amiens, se divise alors, au point de vue administratif, en trois pagi : le *pagus Ambianensis* (l'Amiénois), le *pagus Pontivensis* (le Ponthieu), le *pagus Vimacensis* (le Vimeu).

L'histoire d'Amiens est obscure du IVe au IXe siècle. Il semble néanmoins certain que la région fut occupée par les Francs bien avant la défaite de Syagrius à Soissons, en 486. En 511, la ville d'Amiens était attribuée à Clotaire Ier. Elle passa, en 561, à son fils Caribert, puis à Chilpéric, roi de Neustrie. Les Normands parurent quatre fois sur les bords de la Somme et à Amiens, en 859-860, 881, 883, 890. A ces dates, les fonctionnaires ou comtes carolingiens, qui devaient être chargés de l'administration du *pagus Ambianensis*, n'apparaissent nulle part. Mais, dans les premières années du Xᵉ siècle, Herbert II, comte de Vermandois, prend le titre de comte d'Amiens (902-943) et substitue sa lignée féodale au pouvoir royal. Eude de Vermandois, son fils, hérite du comté d'Amiens et le défend contre les revendications du roi de France. Le comté d'Amiens passa un peu plus tard dans la maison des comtes du Vexin et de Pontoise. Il appartenait, au commencement du XIIᵉ siècle, à Enguerrand de Boves, qui eut à défendre contre l'insurrection des bourgeois sa forteresse féodale, connue sous le nom de Castillon. La commune était encouragée par l'évêque Geoffroy. La lutte se termina par la prise du Castillon, en janvier ou février 1117. Le roi Louis VI, qui soutenait les Amiénois, ordonna de raser la forteresse et enleva le comté d'Amiens à la maison de Boves pour le restituer à celle de Vermandois. A cette date, la charte jurée par les bourgeois fut ratifiée par le nouveau comte et la ville d'Amiens s'organisa en seigneurie collective populaire, représentée par les échevins et le maïeur.

Le comté d'Amiens fut réuni à la couronne en 1185, par Philippe-Auguste, qui confirma à cette date les franchises communales. C'est à Amiens que le même roi épousa Ingelburge, la veille de l'Assomption de l'année 1193. Un peu plus tard, la milice amiénoise combattait avec les troupes royales à la journée de Bouvines.

Amiens, par sa situation sur la ligne de la Somme, était un poste stratégique important. On commença à cette époque l'enceinte fortifiée qui porte le nom de Philippe-Auguste et qui marqua une notable extension de la ville.

La paix a régné en Picardie au cours du XIIIᵉ siècle. Cette période de tranquillité, qui fut aussi une époque de grande prospérité, permit aux Amiénois d'achever leur enceinte et de construire leur cathédrale. L'ancienne cathédrale ayant été détruite par un incendie, la construction de l'édifice actuel fut entreprise en 1220, par l'évêque Évrard de Fouilloy. La nef, élevée rapidement, dut être livrée au culte au plus tard en 1236, sous l'épiscopat de Geoffroy d'Eu, successeur d'Évrard. L'édifice était presque terminé en 1269.

Deux industries, appelées à devenir très florissantes, se développaient en même temps à Amiens, grâce aux avantages qu'offraient les nombreux cours d'eau traversant la ville : la fabrication et la teinture des draps.

La guerre de Cent ans vint entraver cet essor. C'est dans la cathédrale d'Amiens qu'Édouard III prêta, le 6 juin 1329, l'hommage exigé de lui par Philippe VI pour la Guyenne et le comté de Ponthieu. Le roi de France revint à Amiens après la défaite de Crécy ; il décida, à cette date, de construire de nouvelles fortifications autour des faubourgs. Une bataille fut livrée sous les murs d'Amiens, la nuit du 16 septembre 1358, entre les partisans du dauphin Charles, fils de Jean le Bon, et les troupes de Charles le Mauvais, roi de Navarre, qui avait des intelligences dans la place. Le maïeur Firmin de Coquerel et dix-sept bourgeois payèrent de leur vie leur participation au complot ourdi en faveur des Navarrais.

Le mariage de Charles VI avec Isabeau de Bavière eut lieu à Amiens le 17 juillet 1385. Dans les troubles qui suivirent, l'échevinage d'Amiens, après avoir hésité, se rallia au duc de Bourgogne, Jean sans Peur. Le rachat par Louis XI, au mois d'août 1463, mit fin à la domination bourguignonne. La ville fut cependant rendue à Charles le Téméraire, en 1465, par le traité de Conflans, mais Louis XI la reprit à l'improviste en 1471. Charles VIII, Louis XII, François Iᵉʳ visitèrent Amiens à plusieurs reprises. En 1557, après le désastre de Saint-Quentin, la ville craignit un moment d'être assiégée par les impériaux. Mais Philippe II ne sut pas tirer parti de sa victoire et la brillante campagne du duc de Guise délivra les villes de la Somme.

A cette date, les protestants commençaient à se compter à Amiens. L'élection municipale de 1558 introduisit plusieurs huguenots dans l'échevinage ; ils se nommaient François de Biencourt, Raoul Forestier, Firmin Le Cat, Adrien Vilain. Leur influence devint prépondérante, accrue par la nomination du prince de Condé au gouvernement de Picardie. La mairie tomba en leur pouvoir, par l'élection de Firmin Le Cat comme maïeur. L'échevinage comptait alors dix-sept huguenots et huit catholiques. Mais Catherine de Médicis, sollicitée par les catholiques, fit un véritable coup d'État. Elle destitua le maïeur Firmin Le Cat, le remplaça par un catholique, François de Canteleu, et institua d'office dix échevins qui mirent les protestants en minorité. Cette réaction catholique empêcha la ville de passer au protestantisme. En 1562, Condé avait d'ailleurs été remplacé dans sa charge de gouverneur de Picardie. Les catholiques demeurèrent tout-puissants à Amiens. En 1588, après l'assassinat du duc de Guise, la ville se révolta ouvertement contre Henri III, et devint bientôt le quartier général des ligueurs. En août 1594, une insurrection populaire la rendit enfin à Henri IV, qui y fit son entrée le 18 du même mois. Surprise par les Espagnols en mars 1597, la ville d'Amiens retomba définitivement aux mains du roi de France, le 25 septembre suivant.

Henri IV châtia sévèrement les Amiénois, en supprimant, par édit du 18 novembre 1597, la plupart de leurs privilèges municipaux. Épargnée par l'invasion espagnole de 1636, la ville ne joua désormais qu'un rôle politique secondaire, mais elle demeura florissante. Sa prospérité matérielle et son industrie s'accrurent parallèlement jusqu'à la fin de l'ancien régime.

La Révolution causa relativement peu de désordre à Amiens. La municipalité jacobine fit preuve d'une modération qui encourut, en maintes circonstances, les blâmes de la Convention. Le représentant du peuple, André Dumont, se montra tapageur, mais non sanguinaire. Des prêtres constitutionnels exerçaient le ministère dans les cinq églises paroissiales de Notre-Dame, de Saint-Jacques, de Saint-Remy, de Saint-Germain et de Saint-Leu. La Convention ayant proscrit, le 10 novembre 1793, l'exercice de l'ancienne religion, l'inauguration du culte de la déesse Raison eut lieu, le 20 novembre, dans la cathédrale transformée en temple de la Raison.

La réaction thermidorienne fut accueillie avec satisfaction à Amiens ; il en fut de même du coup d'État de brumaire. Le culte catholique fut officiellement rétabli à la fin de l'année 1802 ; Mgr Villaret, évêque concordataire, nommé le 9 avril 1802, prit possession de son siège le 11 juillet. Le serment de fidélité prescrit par l'article 7 du concordat fut prêté par le clergé le 24 octobre 1802. Le traité de paix qui mit fin aux hostilités entre la France et l'Angleterre fut signé à Amiens, au milieu d'une grande pompe, le 27 mars de la même année. Amiens, devenue ville ouverte sous la Restauration, continua à jouir d'une prospérité croissante sous les différents régimes qui se succédèrent en France. La translation des reliques de sainte Theudosie, martyre dont l'inscription tumulaire découverte dans les catacombes de Rome faisait supposer l'origine amiénoise, eut lieu en 1853, au milieu d'une affluence considérable de prélats. Trois cardinaux, huit archevêques et dix-huit évêques avaient répondu à l'invitation de Mgr de Salinis, alors évêque d'Amiens. Au début de la même année, un synode provincial s'était tenu à Amiens. La ville fut occupée par les Prussiens du 28 novembre 1870 au

22 juillet 1871. La population, qui était d'à peine 50 000 âmes au milieu du XIX⁰ siècle, dépasse aujourd'hui le chiffre de 90 000 (90 920 habitants en 1912).

II. Églises. Chapelles. — Amiens était le siège d'un évêché suffragant de l'archevêché de Reims. Voir ci-après : Amiens (*Diocèse*). Le diocèse se divisait en deux archidiaconés, dont l'archidiaconé d'Amiens, qui comprenait, en 1730, quatorze doyennés. Le doyenné d'Amiens se divisait en quinze paroisses, dont onze dans la ville, déjà existantes au XIII⁰ siècle.

Les onze églises anciennes n'ont pas toutes subsisté. Celles qui ont disparu depuis la Révolution étaient : 1° Saint-Firmin-le-Martyr ou en-Castillon, bâtie au XII⁰ siècle, sur l'emplacement de la prison du château où saint Firmin fut décapité; c'est aujourd'hui la place de l'Hôtel-de-Ville. Son revenu, en 1730, était de 600 livres; 2° Saint-Firmin-à-la-Porte, à-la-Pierre, ou au-Val, dont le revenu était, en 1730, de 419 livres; 3° Saint-Martin-au-Bourg, ou aux-Waides, d'un revenu de 831 livres, en 1730; 4° Saint-Michel, 5° Saint-Sulpice, d'un revenu de 438 livres, en 1730.

Les églises conservées sont : 1° la cathédrale Notre-Dame. Commencée en 1220, achevée, dans ses parties essentielles, en 1269, et terminée définitivement au XV⁰ siècle, elle eut pour principal architecte Robert de Luzarches. La rapidité de sa construction lui donne une grande homogénéité, qui en fait le type accompli de l'édifice gothique du XIII⁰ siècle. Orientée avec une inclinaison d'environ 23 degrés vers le sud, elle a la forme d'une croix latine. Elle comprend une nef de six travées, flanquée de bas-côtés simples et accompagnée de chapelles latérales; un transept de trois travées à chaque croisillon, flanqué lui-même de bas-côtés; quatre travées de chœur à doubles bas-côtés; un rond-point à sept pans avec déambulatoire et sept chapelles rayonnantes.

Cinq portes monumentales donnent accès dans l'intérieur : trois dans la façade occidentale, les deux autres aux extrémités des bras du transept. Les deux tours élevées sur la façade principale ont respectivement 65 et 66 mètres de hauteur; la flèche de bois élevée sur le carré du transept, 112 mètres. La hauteur de la voûte de la nef au-dessus du pavé actuel atteint un peu plus de 42 mètres. La cathédrale d'Amiens est la plus vaste des églises françaises; elle couvre une superficie de 7 700 mètres carrés. La statuaire des porches est fort belle. Les sculptures du pourtour du chœur et des stalles des chanoines, dues au ciseau des huchiers picards du XVI⁰ siècle, passent pour uniques en France. La cathédrale contient les tombeaux (XIII⁰ siècle) des deux évêques qui ont commencé sa construction : Évrard de Fouilloy, mort en 1222, et Geoffroy d'Eu, mort en 1236, ainsi que l'*Enfant pleureur*, chef-d'œuvre du sculpteur Nicolas Blasset. Elle possède peu de vitraux remarquables.

Avant la Révolution, outre le chapitre et une communauté de chapelains, la cathédrale comprenait neuf dignités : le doyenné, d'un revenu brut de 1 485 livres, en 1728; la prévôté, d'un revenu de 740 livres; la chancellerie, d'un revenu de 1 465 livres; l'archidiaconat d'Amiens, d'un revenu de 1 000 livres; l'archidiaconat de Ponthieu, d'un revenu de 1 612 livres; la préchantrerie, d'un revenu de 447 livres; la chantrerie, d'un revenu de 300 livres; l'écolâtrerie, d'un revenu de 700 livres, et la pénitencerie, d'un revenu de 578 livres.

Les revenus du chapitre, qui comprenait quarante-quatre prébendes, étaient, à la même époque, de 89 730 livres, et ses charges s'élevaient à 54 730 livres.

La communauté des chapelains, composée de soixante-quatre membres, jouissait d'un revenu de 14 788 livres.

2° Saint-Firmin-le-Confesseur, l'une des plus anciennes églises de la ville. Son revenu était, en 1730, de 847 livres; 3° Saint-Germain-l'Écossais, bâtie dans les premières années du XII⁰ siècle, reconstruite au XV⁰. Son revenu était de 770 livres; 4° Saint-Jacques, d'un revenu de 1 137 livres, en 1730. L'édifice actuel est de construction moderne; 5° Saint-Leu, d'un revenu de 1 100 livres; l'église date de 1481, pour la partie la plus ancienne; 6° Saint-Remy, érigée en cure en 1100, changée d'emplacement par les cordeliers, enfin reconstruite en entier dans les dernières années du XIX⁰. Depuis la Révolution, quatre églises nouvelles ont été construites dans l'intérieur de la ville : Sainte-Anne, Saint-Martin, Saint-Honoré, Saint-Roch.

Chapelles : de Fauvel, fondée par Aubert Fauvel, au XV⁰ siècle, dans le cimetière de Saint-Denis; de Saint-Jacques-le-Majeur, au cimetière de Saint-Denis; de Lameth, fondée au même lieu, par Adrien de Lameth, doyen de la cathédrale; de Liénard-le-Sec, rue de Saint-Acheul; de Saint-Didier, rue Neuve-Saint-Denis; de Saint-Valery, dans la même rue; de Saint-Laurent, dans la grande rue de Beauvais, déjà existante au XIII⁰ siècle; de Saint-Quentin, fondée par les maïeur et échevins en 1316, dans la rue Saint-Martin; de Saint-Vincent, au palais épiscopal; de Saint-Nicaise, au faubourg de Hem; de Saint-Montain, hors la porte Montrescu.

III. Abbaye de Saint-Martin-aux-Jumeaux (ordre de Saint-Augustin). — 1° *Histoire sommaire.* — Dès les premiers siècles de l'ère chrétienne, sans doute au V⁰ siècle, une petite chapelle fut bâtie sur le lieu même où saint Martin avait partagé son manteau avec un pauvre. Ce lieu était voisin d'une ancienne porte que l'on dit avoir été nommée Porte-aux-Jumeaux, à cause d'un bas-relief placé au fronton représentant la louve allaitant Remus et Romulus. Une petite communauté de femmes, au témoignage de Grégoire de Tours, desservait cette chapelle. Elle était détruite en 1073, lorsque Guy de Ponthieu, évêque d'Amiens, la fit reconstruire et y adjoignit une communauté de clercs abondamment dotée sur les dîmes de l'évêché et sur les biens du chapitre, qui donna son assentiment à l'acte de fondation.

En 1109, les clercs de Saint-Martin-aux-Jumeaux furent autorisés, par une bulle du pape Paschal II, à adopter la règle de saint Augustin. Ils formèrent alors un prieuré de chanoines réguliers de Saint-Augustin. En 1145, un décret de l'évêque Thierry, confirmé par une bulle du pape Eugène III de l'année 1147, érigea ce prieuré en abbaye. Nous ne savons à peu près rien de l'histoire de l'abbaye du XII⁰ au XVI⁰ siècle. En 1564, elle fut unie à la manse épiscopale en vertu d'une bulle du pape Pie V, suivie d'un mandement du roi Charles IX, en date du 29 mai 1566. Les évêques d'Amiens prirent la place des anciens abbés, dont le dernier en exercice avait été Antoine Picquet. Les religieux vécurent des revenus que l'évêché était tenu de leur faire. Ils tombèrent bientôt en décadence et, comme ils ne se trouvaient plus que quatre ou cinq dans le cloître, le roi Louis XIII, par lettres patentes du mois de mai 1634, les supprima, donna leurs bâtiments aux religieux célestins et amortit les revenus au profit de l'évêché, tout en fixant pour chacun des religieux alors existants une pension viagère. Mais les chanoines de Saint-Augustin firent opposition. Un arrêt rendu par le roi en conseil d'État, le 27 janvier 1635, ordonna que 30 000 livres fournies par la généralité seraient employées à l'achat d'une maison pour y établir les religieux, réunis aux chanoines réguliers réformés de la congrégation de France. De plus, il leur attribua les matériaux provenant du couvent démoli des célestins ou, au choix de ceux-ci, 16 000 livres, qui furent payées le 6 octobre suivant. Par bref du 5 octobre 1636, le pape Urbain VIII confirma les lettres patentes, qui furent enregistrées au parlement le 14 mai 1639.

Les chanoines réguliers de Saint-Martin-aux-Jumeaux, après leur éviction par les célestins, se retirèrent dans une maison sise en la grande rue de Beauvais, où pendait pour enseigne : *les 12 pairs de France*. En 1681, l'évêque François Faure tenta vainement de les faire supprimer. Ils défendirent énergiquement leurs privilèges. Ils réclamaient, en 1733, à Mgr Sabatier la réédification de leur église tombée en ruines. On plaida. Le prélat étant mort au cours du procès, son successeur, Mgr de la Motte, pour se soustraire à la dépense considérable que pouvait entraîner la reconstruction d'une église, proposa au roi la fusion de l'abbaye de Saint-Martin-aux-Jumeaux avec celle de Saint-Acheul. Les chanoines réguliers protestèrent de nouveau contre ce projet, qui d'ailleurs n'eut pas de suite. Les nombreux factums échangés au cours de ces divers débats sont, à vrai dire, les seuls témoignages que l'abbaye de Saint-Martin-aux-Jumeaux nous ait laissés de son activité au cours des XVIIe et XVIIIe siècles. Ses revenus étaient, en 1775, de 4123 livres.

2° *Abbés*. — Théobald, 1145-1166. — Eude, 1167-1187. — Willard, 1187-1189. — Jean Ier, 1189-1203. — Hubert, 1203-1204. — Raoul Ier de Beauvais, 1204-1209. — Pierre Ier, 1209-1249. — Raoul II de Molain, 1249-1254. — Artaud ou Bertaud, 1254-1280. — Jacques Ier Bruhart, *alias* de Boubers, 1280-1307. — Jean II d'Aubigny, 1307-1325. — Mathieu de la Vacquerie, 1325-1344. — Jean III de Moy, 1344-1353. — Raoul III de Saint-Quentin, 1353?-1368. — Gérard Hardy, 1368-1373. — Jacques II Marbot, 1374-1398 ? — Firmin Grimault, 1398-1412. — Jean IV Chastellain, 1412-1419. — Guillaume Mareschal, *alias* Forestier, 1419-1420. — Raoul IV de Soubbite, 1420-1450. — André Le Clerc, *alias* Murgale, 1450-1469. — Pierre II Dubois, 1469-1470. — Jacques III de Mouchy, 1470-1477. — Jean V L'Hoste, 1477-1506. — Jacques IV L'Hoste, 1506-1520. — Noël L'Hoste, 1520-1558. — Antoine Picquet, 1558-1564. Antoine Picquet étant décédé le 4 février 1564, les religieux lui élurent pour successeur Adrien Pinquerel, mais, la même année, à la prière de l'évêque Antoine de Créquy, le pape Pie V ordonna la réunion de l'abbaye à la mense épiscopale. Les évêques qui se succédèrent sur le siège d'Amiens furent, jusqu'à la Révolution, les abbés commendataires de Saint-Martin-aux-Jumeaux. Voir AMIENS (*Diocèse*) : liste des évêques.

Armes de l'abbaye : *d'azur à une roue d'or, cantonnée de quatre fleurs de lis de même.*

IV. ABBAYE DE SAINT-JEAN (ordre de Prémontré). — 1° *Histoire sommaire*. — Mathilde, femme de Gui, seigneur de Vinacourt et de Flichecourt, châtelain d'Amiens, avait fondé en 1115, pour le repos de l'âme de son frère Adelelme, le prieuré de Saint-Firmin-au-Val, ou à-la-Porte, près de la paroisse de ce nom. La règle de Prémontré y fut introduite et les religieux, se trouvant trop à l'étroit, allèrent bientôt s'établir hors les murs, dans un domaine qui leur avait été donné, en 1124, par un certain Raoul « qui ne rit point » (*qui non ridel*), et s'était accru, vers 1136, d'un second domaine donné par Gérard de Picquigny, vidame d'Amiens. Ces domaines s'étendaient sur une grande partie du quartier Saint-Roch actuel et sur le Petit-Saint-Jean. C'est principalement sur Saint-Roch, ou plutôt un peu à l'ouest de la gare de ce nom, que furent élevés, dans le second quart du XIIe siècle, les bâtiments claustraux. L'évêque Garin érigea, en 1135, le prieuré en abbaye sous le nom de Saint-Jean. A l'origine, cette abbaye était double, suivant un usage alors répandu. Dans des bâtiments contigus à ceux des prémontrés s'était établies des religieuses vivant sous la même règle. Mais dès l'année 1148, l'abbé Foulques de Montdidier les transféra à Val-Vion (ferme dépendant de Vauchelles-lès-Authie) et à Bertricourt (ferme voisine de Longpré-lès-Amiens), où il leur fit bâtir une église et une maison. Les religieuses ne restèrent à Val-Vion que quelques années. Elles subsistèrent plus longtemps à Bertricourt et y suivirent, sous la juridiction de l'abbé de Saint-Jean, la règle de Prémontré. On ne connaît, sans autres détails, que les noms de six prieures de Bertricourt, savoir : Anne, Agnès de Coisy, Emmeline, Marie, Gillette Martine de Renault.

L'abbaye de Saint-Jean, qui devint rapidement très riche, fut entièrement détruite en 1358, lorsque les Navarrais tentèrent de s'emparer d'Amiens. Des lettres patentes du roi, du 8 avril 1361, autorisèrent sa reconstruction. L'abbaye se rétablit assez rapidement, mais sa situation, aux portes d'Amiens, l'exposait aux convoitises et aux représailles des partisans. En 1471, le maréchal de Lohéac y mit de l'infanterie et quatre pièces de canon pour arrêter le duc de Bourgogne, qui tentait de prendre Amiens. Puis, craignant que l'abbaye ne fût occupée par l'assiégeant et ne devînt dangereuse pour la ville, il fit abattre une partie des murs et le clocher de l'église. Fort heureusement, le Téméraire ne put s'emparer d'Amiens. Mais, un peu plus d'un siècle plus tard, en 1597, l'abbaye de Saint-Jean fut brûlée par les Espagnols. Le 26 août 1599, les religieux achetèrent de Gédéon de Mouchy, chevalier, seigneur de Sénarpont et de Vismes, l'hôtel et le fief de Marconnelles, situés à l'intérieur de la ville, où ils s'établirent. Ils y demeurèrent jusqu'à la Révolution. Les anciens bâtiments de l'abbaye de Saint-Jean sont aujourd'hui occupés par le lycée.

Les biens de l'abbaye avaient été partagés, en 1679 entre l'abbé et les religieux. Une sentence arbitrale du 25 septembre 1679, homologuée en parlement le 22 février 1680, ordonna que tous les biens fussent divisés en trois lots égaux, dont l'un appartiendrait aux prieurs et chanoines réguliers, un autre à l'abbé, et le troisième, destiné à l'acquit des charges, resterait entre les mains de l'abbé. En 1736, les revenus de la mense abbatiale étaient de 16 700 livres ; ceux de la mense conventuelle montaient à 9 400 livres.

2° *Abbés*. — Eustache Ier, 1124-1130. — Foulques de Montdidier, 1130-1157. — Eustache II, 1157-1185. — Thomas Ier, 1186-1192. — Odon de Crécy, 1192-1205. — Milon, 1205-1206. — Raoul, 1206-1215. — Nicolas Ier, 1215-1231. — Herbert, 1231-1252. — Jean Ier d'Amiens, 1252-1256. — Alard, 1256-1266. — Wicard ou Ricard, 1266-1268. — Jacques Ier, 1268-1274. — Pierre Ier de Varcheville, 1274-1287. — Jean II d'Ausenne, 1287-1295. — Nicolas Ier, 1295-1296. — Jean III de Vreton, 1296-1310. — Jean IV ou Renaud de Marchel, 1310-1348. — Jean V de Rieu, 1348-1377. — Firmin Ier Le Mongnier, 1377. — Guillaume Ier Kierret de Montonvillers, 1377-1411. — Pierre II Boulet, 1411-1414. — Firmin II Morel, 1414-1418. — Jean VI de Torcy, 1418-1419. — Pierre III de Bainvilliers, 1419-1432. — Mathieu II Cotterel, 1432-1435. — Jean VII Le Vasseur, 1467-1474. — Jacques II Le Foullon, 1474-1488. — Guillaume II de Montesson, 1488-1499. — Thomas II de l'Écluse, 1499-1513. — Nicolas II Lagrené, 1513-1540. — Gilles Binet, 1540-1552. — Antoine des Prés, 1552-1578. — Pierre IV de l'Épinay, 1578-1583. — Geoffroy de Billy (dernier abbé régulier), 1583-1612. — Antoine II Séguier (premier abbé commendataire), 1612-1635. — Dominique Séguier, 1636-1651. — Dominique II de Ligny, 1651-1657. — Pierre V du Cambout de Coislin, 1658-1706. — Michel Le Pelletier, 1706. — Louis-Gaston de Fleuriau, 1707-1730. — Nicolas-Joseph de

Paris, 1730-1758. — De Crillon, 1760-1780. — Louis-André de Grimaldi, 1780-1790.

Armes de l'abbaye : *d'azur, semé de fleurs de lis d'or sans nombre.*

V. Abbaye de Notre-Dame du Paraclet (abbaye de femmes, ordre de Cîteaux). — 1° *Histoire sommaire.* — L'abbaye du Paraclet fut fondée, au mois de juin 1219, par Enguerrand II, chevalier, seigneur de Boves, dans un lieu de sa seigneurie dit *As mosneaus*, où sainte Ulphe aurait mené la vie érémitique. La première abbesse fut la fille du fondateur. Par sa situation isolée au milieu de la campagne, l'abbaye se trouvait exposée aux insultes des gens de guerre. Elle en souffrit particulièrement au XVI° et au XVII° siècle. Les religieuses, avec l'assentiment du cardinal de Richelieu, abbé de Cîteaux, obtinrent de l'échevinage d'Amiens, le 24 septembre 1642, l'autorisation de se transporter en ville, autorisation confirmée par l'évêque d'Amiens, le 24 août 1648.

L'abbesse, Suzanne des Friches de Brasseuse, fit construire les bâtiments nécessaires à la communauté sur l'emplacement de l'hôtel de Rely, que lui céda, en 1648, Charles du Fresne du Cange, trésorier de France au bureau des finances d'Amiens. L'église fut consacrée le 13 août 1679. L'abbaye comprenait, en 1717, trente-sept religieuses et douze sœurs converses. Les revenus montaient à la somme de 3 178 livres, déduction faite des charges.

2° *Abbesses.* — Marguerite Ire de Boves, 1219-1230 ? — Aveline, 1230-1246. — Isabelle de Boves, 1246-1248. — Marguerite II, 1248-1257. — Hélaïde, 1270. — Jeanne, 1277. — Marguerite III, 1295. — Helvide, 1300. — Marie de Hellin ou d'Halwin, 1300-1307. — Marie, 1321-1327. — Philippe de Lorraine, 1338-1347. — Gillete, 1350. — Marguerite IV, 1395. — Philippe Marbot, 1397. — Guillemette de Coronne, 1445. — Toussaint de Fosseux ? — Honorée, 1517. — Jacqueline Héraul ou Héraud, 1519-1547. — Barbe de Parthenay, 1547-1557 ? — Marguerite de Pellevé, 1567-1575 — Magdelaine de Longvy, 1575-1580 ? — Antointte de Pellevé, 1580 ?-1589. — Renée de Pellevé, 589-1598. — Charlotte de Lannoy, 1598-1612. — Marie des Friches de Brasseuse, 1612-1626. — Suzann des Friches de Brasseuse, 1626-1681. — Éléonore a Goyon Matignon, 1681-1706. — Marie-Louise Paltine de Dyo de Montpeyroux, 1706-1711. — Claudin Le Vergeur de Saint-Souplet, 1711-1720. — Anne de Mailly e Mesnillon, 1744-1785. — Claude-Thomas-Alexis l'Inval de Saint-Martin, 1785-1790.

Armes de abbaye : *d'azur une Notre-Dame d'argent.*

VI. Communautés d'hommes. — 1° *Prieuré de Saint-Denisles-Prés* (ordre de Saint-Benoît). — Ce prieuré aurit été construit en 1085. Il se trouvait alors dans les prairies avoisinant la ville, qui ne l'engloba mais en enceinte qu'à la fin du XV° siècle. Saint Geoffroy, évêque d'Amiens, confirma, en 1113, les possessions u prieuré, qui fut réuni, au mois de mai 1610, par le prieur commendataire Jean Leroi, au collège des jésuites d'Amiens, réunion confirmée par une bulle du pape Paul V du 13 septembre 1610.

2° *Couvent des augustins*, fondé au faubourg Saint-Michel, en 131, par Jean de Nesles, chevalier, seigneur de Faly. Il se composait, en 1729, de quinze religieux, dont les revenus étaient de 1 753 livres.

3° *Couvent les capucins*, fondé en 1593, rue des Jardins, par le duc d'Aumale, gouverneur de Picardie. Le comte e Saint-Pol posa la première pierre de la chapelle, le 1 août 1606.

4° *Couvent de carmes*, établi sous la protection du duc d'Elbeuf. La chapelle fut consacrée le 17 juillet 1655. Il comprenait, en 1728, vingt-huit religieux, dont les revenu étaient de 632 livres.

5° *Couvent des célestins*, établi dans l'ancien hôtel de Mailly, situé entre la porte Saint-Pierre et le pont de Mailly, en 1389. L'église fut consacrée par l'évêque Jean de Boissy, le 10 avril 1401. Le roi Henri II y tint le chapitre solennel de l'ordre de Saint-Michel, en 1558. Gênés par le voisinage des remparts, les célestins obtinrent, en 1634, l'autorisation de se transporter dans l'abbaye de Saint-Martin-aux-Jumeaux et y restèrent jusqu'à leur suppression en 1781. Leurs revenus étaient, en 1730, de 19 300 livres, pour vingt à vingt-deux religieux qui se trouvaient dans le couvent.

6° *Couvent des cordeliers*, établi au faubourg Saint-Remy en 1244, l'un des premiers de l'ordre en France. En 1730, il comprenait trente-cinq religieux, avec 2 728 livres de revenus.

7° *Couvent des feuillants*, ordre de Cîteaux. Les cisterciens réformés du nom de feuillants achetèrent, des deniers de Charles d'Estournel, seigneur de Plainville, l'hôtel d'Esclebecq, situé dans la rue des Rabuissons, et vinrent y demeurer, le 7 mars 1620. Les religieux, au nombre de cinq en 1729, jouissaient d'un revenu de 4 140 livres.

8° *Couvent des frères prêcheurs*, dits *dominicains* ou *jacobins.* — Ces religieux furent admis dans le faubourg Saint-Remy d'Amiens en 1243, moins de trente ans après la fondation de leur ordre. Leur église, bâtie des libéralités de saint Louis, était une des plus belles de la ville ; le portail donnait sur la rue des Jacobins. Le couvent comprenait, en 1729, dix-huit religieux, avec un revenu de 4 500 livres.

9° *Couvent des minimes*, fondé par Louis de Hédouville, chevalier, seigneur de Sandricourt, conseiller et chambellan du roi Louis XII, et son épouse, Françoise de Rouvroy Saint-Simon. Ces derniers achetèrent, le 14 février 1498, une maison et ses dépendances, connues sous le nom d'hôtel d'Espagny, situées paroisse Saint-Leu, et en firent don, le 15 avril 1499, au frère Rose, religieux minime envoyé par saint François de Paule pour créer en France des maisons de l'ordre. L'église fut consacrée en 1515. Le couvent comprenait, en 1730, douze religieux, avec 3 540 livres de revenus.

10° *Couvent des Pères de l'Oratoire.* — Appelés par l'évêque Le Febvre de Caumartin, après avis favorable donné par l'échevinage à la requête du P. de Bérulle (20 avril 1624), les oratoriens achetèrent l'ancien hôtel de Contay, situé rue du Soleil. Leur couvent et la chapelle, bâtie en 1689-1690, sont devenus, au début du XIX° siècle, la propriété des dames religieuses du Sacré-Cœur de Jésus. Les Pères de l'Oratoire étaient au nombre de trois en 1728 et leurs revenus s'élevaient à 1 267 livres.

11° *Collège des jésuites.* — Les jésuites furent autorisés à ouvrir un collège à Amiens, le 20 octobre 1608. Ils y enseignèrent jusqu'au 6 août 1761, date de leur dispersion. Ce collège comprenait vingt jésuites en 1727 ; les revenus étaient de 1 577 livres.

VII. Communautés de femmes. — 1° *Couvent des carmélites.* — Le couvent des carmélites d'Amiens a été le quatrième établi en France selon la réforme de sainte Thérèse. La première pierre fut posée par la comtesse de Saint-Pol, en 1606, et bénite par l'évêque Geoffroy de la Marthonie. L'église fut commencée le 25 juin 1608. Le couvent comprenait vingt-neuf religieuses, en 1728 ; les revenus s'élevaient, à cette date, à 3 300 livres.

2° *Couvent des religieuses de Sainte-Claire*, appelées aussi *capucines*, fondé en 1442, avec l'agrément de l'échevinage, par Philippe de Saveuse, chambellan du duc de Bourgogne. Sainte Colette, née à Corbie, réformatrice de l'ordre, assista à la bénédiction de la chapelle, qui eut lieu le 25 avril 1445. Le couvent comprenait trente religieuses en 1727, avec 44 000 livres de revenus.

3° *Couvent des religieuses du tiers-ordre de Saint-François*, ou *sœurs grises*. — Obligées par les guerres continuelles d'abandonner leurs monastères d'Hesdin et de Maineville, en Artois, ces religieuses obtinrent de l'échevinage d'Amiens l'autorisation de se retirer dans les bâtiments de l'ancien hôpital de Saint-Nicolas-en-Coquerel, le 13 février 1480. Elles étaient au nombre de quarante-cinq en 1730; leurs revenus s'élevaient à 4 400 livres.

4° *Couvent des religieuses de Moreaucourt*, ordre de Saint-Benoît. — Ces religieuses, qui occupaient le prieuré de Notre-Dame de Moreaucourt, au village de l'Étoile, se réfugièrent à Amiens, avec l'autorisation de l'échevinage, le 3 juillet 1638. La bibliothèque municipale est bâtie actuellement sur une partie des terrains des dames de Moreaucourt. Elles étaient cinquante religieuses en 1730; leurs revenus montaient à 11 860 livres.

5° *Couvent de la Providence*, ou *des religieuses de Sainte-Geneviève*, fondé en 1690, pour l'éducation des jeunes filles, par Charles Dufresne, curé de la paroisse de Saint-Remy. Cette communauté comprenait, en 1728, vingt-quatre religieuses, qui jouissaient d'un revenu de 3 600 livres.

6° *Couvent des ursulines*. — Le 20 février 1614, l'échevinage accueillit favorablement la requête que lui présentaient les demoiselles Marie d'Ainval, Marguerite et Françoise Moucquet, pour former une congrégation sous le titre de « filles de la Vierge », dans l'intention de se vouer à l'éducation des jeunes filles. Elles achetèrent l'hôtel de Crèvecœur. L'évêque Lefebvre de Caumartin posa la première pierre de la chapelle, le 3 mai 1624. Les religieuses étaient au nombre de soixante-seize en 1730, avec 4 560 livres de revenus.

7° *Couvent des religieuses de la Visitation*. — La construction de ce couvent fut autorisée par lettres patentes du mois de juin 1646. Au mois de septembre 1640, le duc de Chaulne avait cédé aux religieuses son hôtel, situé dans la rue des Rabuissons. Elles étaient, en 1728, au nombre de quarante-cinq religieuses, jouissant d'un revenu de 5 535 livres.

8° *Le béguinage*. — Enfin des béguines, pieuses femmes se soumettant, sans prononcer de vœux, aux règles claustrales mises en honneur dans les Flandres par Lambert Beggh, s'installèrent près de la porte Saint-Firmin-au-Val. Le béguinage était à peu près ruiné en 1444. Les béguines se dispersèrent. On réunit les maisons à l'hôpital Saint-Nicolas-en-Coquerel.

Ville d'Amiens, *Inventaire sommaire des archives communales antérieures à 1790*, par Georges Durand, archiviste de la Somme, Amiens, 1891-1905 (séries *AA-EE*). — *Gallia christiana*, t. X, col. 1147-1377; Instrumenta, col. 281-360. — Baron A. de Calonne, *Histoire de la ville d'Amiens*, Amiens-Paris, 1899-1906. — Antiquaires de Picardie (Fondation Ledieu), *Dictionnaire historique et archéologique de la Picardie*, t. I, Arrondissement d'Amiens, Paris-Amiens, 1909, p. 1-80. — F.-J. Darsy, *Bénéfices de l'Église d'Amiens ou état général des biens, revenus et charges du clergé d'Amiens en 1789*, Amiens, 1869-1871 (*Mém. de la Soc. des antiquaires de Picardie*, série in-1°, t. VII, VIII), t. I, p. 1-142. — *Annales de l'abbaye de Saint-Jean d'Amiens...*, réunies et classées par le R. P. Maurice du Pré..., trad. et publ. par Aug. Janvier et Ch. Bréard, Amiens, 1899. — A. Janvier, *Bones et ses seigneurs*, Amiens, 1877, p. 358-417 (abbaye de Notre-Dame du Paraclet). — Pour une documentation complète, voir Henri Macqueron, *Bibliographie du département de la Somme*, Amiens, 1904-1907 (*Mém. de la Soc. des antiquaires de Picardie*, série in-4°, t. XV, XVI), t. I, p. 211-419 (n. 2648-5192). Nomenclature méthodique de tous les ouvrages — dont un grand nombre de factums et de mémoires introuvables ailleurs — imprimés avant 1900. Consulter les tables alphabétiques qui terminent l'ouvrage, aux noms des abbayes, couvents, personnages, etc.

M. GODET.

2. AMIENS (DIOCÈSE). — I. Origines. Délimitation. II. Histoire sommaire. III. Liste des évêques. IV. Établissements religieux. V. Pèlerinages.

I. ORIGINES. DÉLIMITATION. — On a beaucoup discuté sur la date de la mort de saint Firmin, premier évêque d'Amiens. Certains auteurs la font remonter aux premières années du II° siècle. L'opinion la plus accréditée — et la seule soutenable aujourd'hui — veut que saint Firmin ait subi le martyre au temps des empereurs Maximien et Dioclétien (284-305). L'existence d'une communauté chrétienne au sein de la *civitas* des *Ambiani* remonte donc aux premières années du IV° siècle.

Le nouveau diocèse eut le même territoire que la *civitas* et, comme celle-ci appartenait à la seconde Belgique, province dont Reims était la capitale, l'évêque d'Amiens fut l'un des suffragants du métropolitain de Reims.

Le diocèse d'Amiens était compris entre la Mancle à l'ouest, le diocèse de Noyon à l'est, les diocèses de Boulogne et d'Arras au nord, et les diocèses de Rouen et de Beauvais au midi. Sa limite suivait le cours de la Canche depuis son embouchure jusqu'au-dessous de Brimeux; elle laissait au dehors Brimeux, Beaurain et Maresquel, puis elle reprenait le cours de la Canche, en passant au-dessous de Hesdin et s'échappait au-dessus de Conchy, pour enserrer plusieurs bourgs et villages qui appartiennent aujourd'hui au diocèse d'Arras (Monchel, Blangerval, Beaucoavres, Balbers, Ligny, Frévent, Cercamp, Bonnières, Barly, Neuvillette, Souich, Grouches, Halloy, Thièvres, Oin). A Cercamp, la ligne de démarcation se séparait nettement de la Canche et décrivait plusieurs courbes, en s'inclinant vers l'est, jusqu'auprès du village de Bazentin-le-Petit; de là elle descendait presque perpendiculairement au midi jusqu'à Conchil-les-Pots, en laissant de côté la ville de Péronne, qui, avec la majeure partie de son arrondissement actuel, appartenait jadis au diocèse de Noyon. Au midi, les ondulations de la ligne frontière enveloppaient de nombreuses paroisses qui sont maintenant du diocèse de Beauvais (Boulogne-la-Grasse, Conchil, Hinvil, Rollot, le Ploiron, Godenvillers, Ferrières, Welles, la Hérelle, Mesnil-Saint-Firmin, Rocquencort, Quiry, Paillart, Hallivillers, L'Hortoy, Fleschies, Cormeille, Crocq, Vieuvillers, Gallet, Choqueuse, Mesnil-Conteville, Cempuis, Halloy-Briot, Sarcus, Molens, Monceaux-l'Abbaye, Formerie, Blergies, Abancourt, Romescamps). A partir de Saint-Germain, elle suivait les bords de la Bresle et rejoignait la Manche entre le Tréport et Mers.

Des contestations s'élevèrent anciennement entre les évêques d'Amiens et les archevêques de Rouen, au sujet de leurs limites respectives du côté de la ville d'Eu. Le différend ne portait que sur des points isolés. Il fut tranché définitivement en 1308, par une sentence du bailli de Rouen. Depuis le commencement du XIV° siècle jusqu'à la Révolution, aucune modification importante ne paraît avoir été apportée aux frontières du diocèse.

Le diocèse était divisé en deux archidiaconés : celui d'Amiens et celui de Ponthieu. L'archidiaconé d'Amiens se composait de l'Amiénois proprement dit et du Corbiois; l'archidiaconé de Ponthieu du Ponthieu et du Vimeu.

Les archidiaconés étaient partagés en doyennés, les doyennés en paroisses. En 1730, l'archidiaconé d'Amiens comprenait, outre la ville d'Amiens, quatorze doyennés ruraux et quatre cent trente-cinq paroisses; l'archidiaconé de Ponthieu comprenait douze doyennés et trois cent vingt-sept paroisses.

L'évêché d'Amiens fut réorganisé en 1801, par la bulle *Qui Christi Domini vices*. Il comprit alors les départements de la Somme et de l'Oise, par suite de la suppression des sièges de Beauvais et de Noyon. L'évêque d'Amiens joignait à son titre celui de ces deux églises; il devenait le troisième suffragant de la métropole de Paris. Cet état de choses dura jusqu'au 22 août 1822, date à laquelle un bref du pape Pie VII, en rétablissant le siège épiscopal de Beauvais avec le département de l'Oise tout entier pour diocèse, restreignit au seul département de la Somme la juridiction des évêques d'Amiens. La bulle *Paternae pietatis sollicitudo*, du 6 octobre 1822, replaça l'évêché sous la dépendance de son ancienne métropole, l'archevêché de Reims.

Le diocèse d'Amiens a donc pour territoire actuel le département de la Somme. Il a perdu, depuis le concordat, les doyennés d'Auxi-le-Château, de Montreuil, de La Broye, au nord, et celui de Grandvillers, au sud, avec un grand nombre de cures des anciens doyennés de Conty, Montdidier et Moreuil. Mais, en échange, cent trente paroisses environ des importants doyennés de Péronne, Ham, Nesle, Athies, Curchy, etc., lui ont été attribuées, à l'est, dans le démembrement de l'ancien diocèse de Noyon. Il est divisé aujourd'hui en deux archidiaconés, cinq archiprêtrés et quarante-deux doyennés, comprenant treize cures de première classe, quarante-six de seconde classe, six cent neuf succursales, vingt-huit chapelles vicariales, sept chapelles, cent trente-sept chapelles de secours et annexes et cent deux églises sans titre. Vingt communes n'ont ni église ni chapelle (*Ordo*).

II. HISTOIRE SOMMAIRE. — L'histoire du diocèse d'Amiens n'offre aucun fait saillant jusqu'au XVIᵉ siècle, époque à laquelle la Réforme fut introduite en Picardie. Les évêques qui se succédèrent au cours du XVIᵉ siècle étaient pour la plupart de grands seigneurs, gros bénéficiers, qui résidèrent peu. Philippe de Clèves, évêque de 1501 à 1503, ne vint jamais à Amiens; Philippe de Halluin, son successeur, qui plaida continuellement contre son chapitre, mourut d'un accident de chasse, en 1538; le cardinal Hémard de Denonville, administrateur de 1538 à 1540, n'eut que le temps de terminer les procès que ses prédécesseurs avaient eus avec le chapitre; Claude de Longwy, qui lui succéda, ne vint jamais à Amiens. François de Pisseleu, Nicolas de Pellevé, Antoine de Créquy ne paraissent pas avoir pris de mesures exceptionnelles contre

33. — Diocèse d'Amiens.

l'hérésie, qui commençait à faire des adeptes dans leur diocèse, notamment à Amiens. Le protestantisme avait été introduit en Picardie par un gentilhomme artésien, Louis de Berquin, vers 1524. Les réformés eurent un temple à Amiens en 1561; ce temple fut détruit au cours d'une émeute populaire. A la faveur de l'édit de tolérance de Charles IX, les protestants ouvrirent, en 1563, un nouveau prêche au faubourg de Hem; il fut fermé six ans après. La proximité de l'Angleterre permit aux religionnaires de se mettre rapidement à l'abri des confiscations et vexations dont ils devinrent bientôt l'objet, quoique la Saint-Barthélemy, par suite des mesures de prudence du gouverneur, le duc de Longueville, n'ait fait aucune victime en Picardie. On relève un certain nombre de noms picards dans les *Letters of denization and acts of naturalisation for aliens in England*, publiés par The huguenot *Society of London*, 1509-1603, vol. VIII, Londres, 1893.

Le culte réformé continuait à être célébré dans quelques châteaux; mais le développement que prit la Ligue dans toute la région picarde lui interdit toute manifestation publique. L'évêque Geoffroy de la Marthonie (1577-1617) se montra d'une intransigeance particulière. Même après l'abjuration d'Henri IV à Saint-Denis, en 1593, il enjoignit à son clergé de ne pas se soumettre au roi avant qu'il n'en fût absous par le souverain pontife. Il publia dans ce sens un mandement et deux monitoires, que le parlement de Paris jugea séditieux. A l'occasion du refus de quelques membres du clergé d'Abbeville de faire à Henri IV le serment de fidélité, un arrêt de prise de corps fut rendu contre l'évêque, le 9 juin 1594, et défense fut faite aux diocésains de lui obéir désormais. Geoffroy de la Marthonie reconnut d'ailleurs le roi, dont il devint le loyal sujet. Les protestants demandèrent, en 1601, un lieu pour établir un nouveau prêche à Amiens; la ville s'y opposa. Des demandes semblables faites pour Conty en 1611, et pour Montdidier en 1619, éprouvèrent le même échec. Les lieux où, à la faveur de l'édit de Nantes, le nouveau culte put s'établir dans le diocèse furent : Havernas, Guignemicourt, Oisemont, Cannessière, Feuquières, Regibay, Bertangles, Salouel (à une lieue d'Amiens), Montdidier, Autheux, Saint-Valery, Vaudricourt, La Neufville (près Abbeville), Wargnies, Prouville. Lors de la révocation de l'édit de Nantes, une partie des protestants picards se convertirent et conservèrent leurs biens. Beaucoup de familles nobles n'avaient d'ailleurs pas attendu cette époque pour rentrer dans le catholicisme. La plupart de ceux qui émigrèrent passèrent en Angleterre et de là en Écosse où, se joignant aux protestants de Cambrai et de Tournai, ils peuplèrent un quartier de la ville d'Édimbourg, qui fut appelé le *quartier de Picardie*. Un quartier de Spitalfields à Londres servit également de refuge à des Picards. Voir baron F. de Schickler, *Les églises du refuge en Angleterre*, Paris, 1892. François Faure, qui fut évêque d'Amiens de 1653 à 1687, avait déployé une grande activité pour la conversion des protestants. Il organisa à Amiens et dans d'autres villes de son diocèse des conférences pour éclairer les dissidents et fortifier les nouveaux convertis. Il reçut au cours de ses visites pastorales, notamment à Doullens, à Oisemont et à Abbeville, un certain nombre d'abjurations.

Le même prélat, en dépit des liens d'amitiés qui l'unissait à Nicolas Pavillon, évêque d'Alet, suspect de jansénisme, réprouva très nettement cette doctrine. Il avait confié la direction de son séminaire, fondé en 1655, aux oratoriens. Ceux-ci, connus pour leurs sympathies à l'égard des jansénistes, furent bientôt exclus par l'évêque et suppléés par des sulpiciens, que remplacèrent, en 1662, des lazaristes.

Mais c'est au successeur médiat de François Faure, Pierre Sabatier (1706-1733), qu'il appartenait surtout de défendre l'Église d'Amiens contre les novateurs. On lui doit une condamnation des *Institutions théologiques* du P. Juénin, donnée le 23 juin 1709. Il censura le livre des *Réflexions morales sur le Nouveau Testament*, dans l'assemblée du clergé de 1714. Il donna, en 1727, 1728, 1729, plusieurs mandements et avis synodaux pour faire rendre obéissance à la bulle *Unigenitus*. Le diocèse d'Amiens lui doit d'être un de ceux où le jansénisme compta le moins d'adeptes. Mgr d'Orléans de La Motte continua courageusement l'œuvre de son prédécesseur. Il eut à sévir contre plusieurs ecclésiastiques, qui avaient assisté à la mort des jansénistes impénitents. Il les envoya en exil à Cercamp, à Corbie, à Saint-Riquier. Il adressa, le 19 décembre 1746, aux prêtres de son diocèse un *Avis* très détaillé, où il leur traçait la conduite à suivre pour obéir à la bulle *Unigenitus*. Le parlement condamna cet *Avis* et en ordonna la suppression, par arrêt du 7 janvier 1747. Mgr de La Motte envoya alors son mandement à tous les évêques du royaume et fut approuvé par le plus grand nombre d'entre eux. En 1752, sept curés qui avait refusé les sacrements, conformément aux instructions de leur évêque, furent déclarés de prise de corps et contraints de chercher un refuge à l'étranger. L'archevêque de Malines leur offrit asile. Ils ne purent rentrer dans leur patrie qu'en 1771. Loin de se décourager, Mgr de La Motte monta en chaire, dans sa cathédrale, le jour de la Fête-Dieu de l'année 1752, et exposa avec netteté, devant un nombreux auditoire, les motifs qui devaient faire refuser les sacrements aux indignes. Il fit imprimer son discours pour l'adresser aux fidèles de son diocèse; un nouvel arrêt du parlement le supprima.

L'évêque d'Amiens prit une part active aux assemblées du clergé de 1755 et de 1761. A la suite de cette dernière assemblée, non content d'avoir témoigné de sa sympathie pour la Compagnie de Jésus, alors poursuivie, il écrivit directement au roi pour faire connaître les suites funestes que pouvait avoir la proscription de cette société pour la religion et le royaume. Il donna publiquement son adhésion au mandement que publia à ce sujet, le 25 octobre 1763, l'archevêque de Paris, Mgr de Beaumont, mandement qui fut condamné au feu par le parlement et qui valut l'exil à son auteur.

Après la profanation d'un crucifix à Abbeville par le chevalier de La Barre, Mgr de La Motte se rendit dans cette ville, le 8 octobre 1765, pour y prononcer solennellement l'amende honorable; mais il demeura étranger au procès et tenta même de sauver La Barre du supplice.

Louis-Charles de Machault, qui lui succéda en 1774, représenta le clergé du bailliage d'Amiens aux États généraux de 1789. Il y vota constamment contre les innovations et, d'ailleurs, parut rarement aux séances, préférant résider dans son diocèse. Le 25 août 1790, il signalait dans une instruction pastorale, la première qui ait paru sur ce sujet, tout ce que la Constitution civile du clergé renfermait d'attentatoire aux droits de la religion. Il adhéra un peu plus tard à l'*Exposition des principes*, rédigée par Mgr de Boisgelin, archevêque d'Aix, contre les erreurs de la Constitution et, pour se soustraire aux violences et à l'incarcération, quitta son diocèse au mois de décembre 1790. Il revint cependant à Amiens le 28 janvier suivant; trois prêtres qui avaient prêté le serment civique furent interdits par lui ce même jour. Il partit définitivement pour l'exil, le 2 février 1791.

Il se retira à Tournai, d'où il donna, le 4 mars 1791, une *Lettre pastorale* pour prévenir le schisme et l'élection d'un nouvel évêque. Ses conseils ayant été inutiles, il adressa de la même ville, le 6 mai suivant, une nouvelle lettre pastorale pour protester contre l'élection de Desbois de Rochefort, évêque constitutionnel d'Amiens, et tracer à ses curés les règles de conduite qu'ils devaient suivre en la circonstance. Il fulminait contre son successeur schismatique une sentence d'excommunication et accordait à son clergé, pour jusqu'au 1er janvier 1793, des pouvoirs spéciaux dans les circonstances périlleuses où se trouvait la religion, pouvoirs qui furent prorogés plus tard jusqu'à révocation.

La Constitution civile du clergé du 24 avril 1790 fixait à Amiens le siège de l'évêché du département de la Somme, qui relevait de l'arrondissement métropolitain des Côtes de la Manche, dont le siège était Rouen. L'abbé Éléonore-Marie Desbois de Rochefort, curé de Saint-André-des-Arts, à Paris, fut sacré le 3 avril, par Gobel, évêque constitutionnel de Paris, et, le 10 suivant, prit possession de son évêché d'Amiens, après avoir prêté le serment requis par la loi. Desbois célébra la fête de la Fédération, le 14 juillet 1791. Il représenta le département de la Somme à l'Assemblée législative et écrivit de Paris son mandement pour le carême de 1792. Il publia, le 1er février 1795, une lettre pastorale aux pasteurs et aux fidèles sur les principaux actes de catholicité, puis fut emprisonné dans le courant de la même année. Libre, après une détention de vingt-deux mois, il continua d'administrer son diocèse. Il se déclara toujours respectueux de Mgr de Machault et tenta vainement, avec l'abbé Grégoire, dont il était l'ami personnel, de réunir en un synode, qui se tint à Amiens au mois d'avril 1800, les prêtres orthodoxes et les prêtres constitutionnels. Ces derniers seuls répondirent à son appel. En 1802, Mgr de Machault, pour se conformer aux instructions du souverain pontife, donna sa démission ; Desbois l'ayant précédé, le successeur de Mgr de Machault, Jean-Chrysostome Villaret, fut nommé le 15 mai 1802.

Le diocèse d'Amiens a relativement peu souffert de la tourmente. Si le culte fut interdit en 1793, les églises fermées et pillées, les objets religieux les plus précieux dispersés ou brûlés, la Révolution se montra du moins clémente pour les personnes. Les anciens couvents regorgeaient des prisonniers qu'y entassait le représentant du peuple, André Dumont ; ce dernier écrivait tous les jours à la Convention qu'il avait découvert des complots et qu'il allait châtier des coupables ; mais il s'est vanté plus tard d'avoir fait couler plus d'encre que de sang, ce qui fut parfaitement vrai. Il n'y eut à Amiens que deux victimes de la persécution religieuse, qui montrèrent sur l'échafaud : un carme, étranger au diocèse, Firmin Vigneron, et un prêtre, ancien vicaire de Saint-Georges d'Abbeville, Joseph Ringard.

III. LISTE DES ÉVÊQUES. — Saint Firmin le martyr, IIIe-IVe siècle. — Saint Eloge, IVe siècle. — Saint Firmin le confesseur, seconde moitié du IVe siècle. — Léonard ou Léodard, Ve siècle. — Audouen ou Ouen, Ve siècle. — Edibius, le premier évêque daté, 511. — Béat, 549. — Saint Honoré, † 600. — Saint Salve ? — Saint Berchond ? — Bertefride, 644. --- Théofride? 666. — Déodat ? — Dudon ? — Ursinien, 692-697. — Chrétien, 728-?. — Raimbert, 747-† 767. — Vitulphe, † 777. — Dominique, 789. - - Grégoire ou Georges, 798. —. Jessé, 799, déposé en 831. — Ragenaire, 834-† 846. — Himeraldus, 849-872. — Gérolde, 872-891. — Otger, 892-928. — Dérolde, 929-946. — Ragembault, 947-972. — Thibault, 972-975. — Alvian, 975-980 ? — Gotesman, 980-991. — Foulques Ier, 991-1030. — Foulques II, 1030-1058. — Guy de Ponthieu, 1058-1074. — Raoul, 1078-1081. — Roricon, 1081-1085. — Gervin, 1091-1102. — Saint Geoffroy, 1104-1115. — Enguerrand de Boves, 1115-1127. — Garin de Châtillon, 1127-1144. — Thierry, 1144-1164 ? — Robert de Camera, 1164-1169. — Thibault d'Heilly, 1169-1204. — Richard de Gerberoy, 1204-1210. — Évrard de Fouilloy, 1211-1222. — Geoffroy d'Eu, 1222-1236. — Arnoul, 1236-1247. — Gérard de Conchy, 1247-1257. — Aléaume de Neuilly, 1258-1259. — Bernard d'Abbeville, 1259-1278. — Guillaume de Mâcon, 1278-1308. — Robert de Fouilloy, 1308-1321. — Simon de Goucans, 1321-1325. — Jean de Cherchemont, 1325-1373. — Jean de La Grange, 1373-1375. — Jean Rolland, 1375-1388. — Jean de Boissy, 1389-1410. — Bernard de Chevenon, 1411-1413. — Philibert de Saulx, 1413-1418. — Jean de Harcourt, 1418-1433. — Jean Le Jeune, 1433-1436. — François Condelmerio, 1436-1437. — Jean Avantage, 1437-1456. — Ferry de Beauvoir, 1457-1473. — Jean de Gaucourt, 1473-1476. — Louis de Gaucourt, 1476-1482. — Pierre Versé, 1482-1501. — Philippe de Clèves, 1501-1503. — François de Halluin, 1503-1538. — Charles Hémard de Dénonville, 1538-1540. — Claude de Longwy, 1540-1545. — François de Pisseleu, 1546-1552. — Nicolas de Pellevé, 1552-1562. — Antoine de Créquy, 1564-1574. — Geoffroy de La Marthonie, 1577-1617. — François Le Febvre de Caumartin, 1618-1652. — François Faure, 1653-1687. — Henri Feydeau de Brou, 1692-1706. — Pierre Sabatier, 1706-1733. — Louis-François-Gabriel d'Orléans de La Motte, 1734-1774. — Louis-Charles de Machault, 1774-1801 [évêque constitutionnel : Éléonore-Marie Desbois de Rochefort, 1791-1800]. — Jean-Chrysostome Villaret, 1802-1805. — Jean-François de Demandolx, 1805-1817. — Marc-Marie de Bombelles, 1819-1822. — Jean-Pierre de Gallien de Chabons, 1822-1837. — Jean-Marie Mioland, 1838-1849. — Antoine de Salinis, 1849-1856. — Jacques-Antoine Boudinet, 1856-1873. — Louis-Désiré Bataille, 1873-1879. — Aimé-Victor Guilbert, 1879-1883. — Pierre-Henri Lamazou, 1883. — Jean-Baptiste-Marie-Simon Jacquenet, 1884-1892. — René-François Renou, 1893-1896. — Jean-Marie-Léon Dizien, depuis 1896.

IV. ÉTABLISSEMENTS RELIGIEUX. — 1° *Avant la Révolution.* — Grand séminaire à Amiens, petit séminaire à Montreuil. Chapitres : de Notre-Dame, d'Amiens ; de Saint-Firmin-le-Confesseur, d'Amiens ; de Saint-Nicolas, d'Amiens ; de Saint-Vulfran, d'Abbeville ; de Saint-Martin, de Doullens ; de Saint-Riquier, de Dourier ; de Saint-Mathieu, de Fouilloy ; de l'Assomption de Notre-Dame, de Gamaches ; de l'Assomption de la Sainte-Vierge, de Longpré-les-Corps-Saints ; de Saint-Firmin, de Montreuil ; de Notre-Dame, de Noyelles-sur-Mer ; de Saint-Martin, de Picquigny ; de Saint-Florent, de Roye ; de Saint-Firmin, de Vinacourt.

Abbayes. Prieurés : 1. *Ordre de Saint-Augustin.* Abbayes d'hommes : Saint-Acheul-lès-Amiens (1085), Saint-Martin-aux-Jumeaux (1073), Clerfay (1136). Prieurés de : Conty, Saint-Denis de Pois, Domvast, Épécamps. — 2. *Ordre de Prémontré.* Abbayes d'hommes : Saint-Jean-d'Amiens (1115), Sery (1127), Selincourt (1131), Dommartin (1120), Saint-André-au-Bois (XIIe siècle). — 3. *Ordre de Saint-Benoît.* Abbayes d'hommes : Corbie (662), Saint-Fuscien (1105), Saint-Vast de Moreuil (1109), Saint-Sauve de Montreuil (VIIe siècle), Saint-Josse-sur-Mer (793), Forestmontier (Xe siècle), Saint-Riquier (625), Saint-Valery (613). Abbayes de femmes : Saint-Michel de Doullens (XIIe siècle), Bertaucourt (1095), Sainte-Austreberthe de Montreuil (VIIe siècle). Prieurés de : Saint-Denis d'Amiens, Méaulte, Leuilly, Notre-Dame-de-Grâce ou Saint-Remy-au-Bois, Pierrepont, Saint-Sulpice de Doullens, Sarton, Démuin, Bouzencourt, Heilly, Wagny, Courcelles, La Falloise, Saint-Albin en Harponval, Saint-Nicolas de Regny, Camps-en-Amiénois, Floxicourt, Molliens-le-Vidame, Notre-Dame-sur-le-

Mont à Picquigny, Saint-Pierre, à Gouy, Notre-Dame de Poix, Frestmontier, Flinecourt, Canchy-lès-Pont-de-Remy, Laleu, Ligny-sur-Canche, Gamaches, La Trinité d'Eu, Harnoy, Biencourt, Dompierre, Verjolay, Mareuil, Maintenay, Saint-Germain-sur-Bresle, Senarpont, Coutainvillers, Domart-en-Ponthieu. — 4. *Ordre de Cluny.* Prieurés de : Encre ou Albert, Davenescourt, Maresmoutiers, Lihons, Méricourt, Montdidier (conventuel), Boves, Esclainvillers, Saint-Thaurin, Saint-Pierre et Saint-Paul d'Abbeville (conventuel), Saint-Esprit d'Abbeville, Airaines, Cayeux-sur-Mer. — 5. *Ordre de Citeaux.* Abbayes d'hommes : Le Gard (1137), Cercamp (1137), Lieu-Dieu (1191), Valloire (1137). Abbayes de femmes : Le Paraclet (1219), Épagne (1178), Villancourt (xii° siècle). Prieurés de : Authie, Bagneux.

Couvents : augustins, Amiens (1301); capucines, ou dames de Sainte-Claire, Amiens (1442); capucins, Abbeville (1601), Amiens (1593), Montdidier (1623), Montreuil (?); carmélites, Abbeville (1631), Amiens (1606); carmes déchaussés, Amiens (1648), Montreuil (1294); célestins, Amiens (1389); chartreux, Abbeville (1301); cordeliers, Abbeville (1237), Amiens (1244), Bouttencourt (1499), Doullens (1452), Mailly (1499), Roye (1222); dominicains ou jacobins, Abbeville (1604), Amiens (1243); feuillants, Amiens (1619); jésuites, Amiens (1584); minimes, Abbeville (1499), Amiens (1497), Roye (1633); religieuses de Moreaucourt (institut de Fontevrault), Flinecourt (1146), puis Amiens (1635); prêtres de l'Oratoire, Amiens (1624); filles de Sainte-Geneviève ou de la Providence, Amiens (1689); dames de Saint-Julien, Amiens (1655); soeurs grises, cordelières, ou dames de Sainte-Élisabeth, Abbeville (1456), Amiens (1480), Doullens (1488), Montdidier (1476), Montreuil (1459), Rue (?); ursulines, Abbeville (1613), Amiens (1615), Montdidier (1623); religieuses de la Visitation, Abbeville (1650), Amiens (1640).

Commanderies de Saint-Jean-de-Jérusalem : Beauvoir-lès-Abbeville, Éterpigny, Fieffes, Fontaine, Oisemont, Saint-Maulvis, Saint-Vast, Sommereux, Le Val. — Commanderies du Temple : Bellinval, Berlincourt, Conchil, Domart-en-Ponthieu, Fontaine.

2° *Après la Révolution.* — Établissements religieux du diocèse à la fin du XIX° siècle : grand séminaire, à Amiens; petit séminaire, à Saint-Riquier. Chapitre de Notre-Dame, d'Amiens. Ordres religieux, Amiens : franciscains, dominicains, jésuites, frères de Saint-Vincent-de-Paul, augustines, carmélites, clarisses, franciscaines, ursulines, religieuses de la Visitation, religieuses des SS. Coeurs de Jésus et de Marie, dites de Louvencourt, dames du Sacré-Coeur, fidèles compagnes de Jésus, fidèles compagnes de l'Immaculée-Conception, religieuses de la Sainte-Famille, petites soeurs des pauvres; dames de Notre-Dame des Sept-Douleurs, petites soeurs de l'Assomption, soeurs de Notre-Dame de l'Espérance, religieuses de la Retraite; Péronne : clarisses; Ham : religieuses de Saint-Enfant-Jésus; Montdidier : religieuses du Saint-Enfant-Jésus; Roye : religieuses de Louvencourt; Abbeville : eudistes, frères de Saint-Vincent-de-Paul, carmélites, ursulines, soeurs de Saint-Joseph, augustines, soeurs de Bon-Secours; Saint-Valery-sur-Somme : augustines; Crécy-en-Ponthieu : augustines; ancienne abbaye du Gard ; moniales de l'ordre des chartreux; ancienne abbaye de Valloire : frères de Saint-Vincent-de-Paul; Le Rossignol : prêtres salésiens.

V. PÈLERINAGES. — Notre-Dame-de-Brebières, à Albert (t. I, col. 1428); Notre-Dame des Joies, à Ennemain; Notre-Dame d'Hargicourt; Notre-Dame de l'Heure; Notre-Dame de Monflières; Notre-Dame de Liesse, à Francières; Notre-Dame des Vertus, à Nampty; Notre-Dame de Bon-Secours, à Nesle; Notre-Dame des Victoires, à Vironchaux; Notre-Dame de Foy, à Canchy; saint Jean-Baptiste, à la cathédrale d'Amiens; saint Martin, à l'abbaye de Saint-Martin-aux-Jumeaux; saint Acheul, à Saint-Acheul-lès-Amiens; saint Vast, à Camon; saint Domice, à Fouencamps; le Saint-Esprit, à Rue (crucifix miraculeux); saint Honoré, à Port-le-Grand; saint Millefort, à Abbeville et à Saint-Aubin-Rivière; saint Gautier, à Andanville; saint Germain, à Saint-Germain-sur-Bresle; saint Antoine, à Conty; saint Blaise, à Forest-l'Abbaye; saint Josse, à Saint-Josse-au-Bois et à Saint Josse-sur-Mer (aujourd'hui au diocèse d'Arras); saint Léonard, à Gauville; saint Leu, à Marquivillers; saint Druon, à Cottenchy; saint Léger, à Thory; saint Sulpice, au Quesnoy-le-Montant; saint Pierre, à Divion; saint Fiacre, à Seux; saint Christophe, à Mareuil; saint Valery, à Saint-Valery-sur-Somme; saint Lambert, à Neslette.

Inventaire sommaire des archives départementales antérieures à 1790, par Georges Durand, *Somme,* t. v, vi (archives ecclésiastiques, série G), Amiens, 1902-1910. — *Gallia christiana,* t. x, col. 1147-1377; *Instrumenta,* col. 281-360. — Mgr Mioland, *Actes de l'Église d'Amiens.* Recueil de tous les documents relatifs à la discipline du diocèse de l'an 811 à l'an 1848, avec une notice sur tous les évêques d'Amiens, Amiens, 1848-1849. — F.-I. Darsy, *Bénéfices de l'Église d'Amiens ou état général des biens, revenus et charges du clergé d'Amiens en 1730,* Amiens, 1869-1871 (*Mém. de la Soc. des antiquaires de Picardie,* série in-4°, t. VII, VIII). — Abbé J.-B.-M. Roze, *l'Église d'Amiens de 1734 à 1856,* ou notes pour servir à la continuation du *Gallia christiana* (extrait de *La Picardie,* années 1869 et 1870). — L. Rossier, *Histoire des protestants de Picardie,* Paris-Amiens, 1861. — F.-I. Darsy, *Le clergé et l'Église d'Amiens en 1789,* Amiens, 1892 (*Mém. de la Soc. des antiquaires de Picardie,* série in-4°, t. XII). — Abbé Le Sueur, *Le clergé picard et la Révolution,* Amiens, 1904-1905. — Edmond Soyez, *Notices sur les évêques d'Amiens,* Amiens, 1878. — *Ordo...,* suivi d'un *Tableau du clergé du diocèse d'Amiens,* Amiens (annuel, sous cette forme, depuis 1824). — Pour une documentation complète, voir Henri Macqueron, *Bibliographie du département de la Somme,* Amiens, 1904-1907 (*Mém. de la Soc. des antiquaires de Picardie,* t. xv, xvi), t. I, p. 110-158 (n. 1343-2038). Consulter les tables alphabétiques qui terminent l'ouvrage, aux noms des évêques, établissements religieux..., etc.

M. GODET.

AMIENS, DAMIANUS (JACQUES D'), jésuite flamand et historien, publia, à l'occasion du premier centenaire de la fondation de la Compagnie de Jésus : *Synopsis primi saeculi Societatis Jesu,* in-fol., Tournai, 1641, avec beau frontispice gravé par Rucholle; traduit en français par le P. François Lahier : *Tableau raccourci de ce qui s'est fait par la Compagnie de Jésus durant son premier siècle,* in-4°, Tournai, 1642. Le P. d'Amiens écrivit encore, sous forme de poème épique, le récit des guerres faites en Allemagne depuis 1617 jusqu'en 1634 : *Bellum Germanicum pro Ferdinandis II et III Caesaribus ab eodem, per eosdem in exercitum suorum supremam ducem electa, gestum,* in-4°, Douai, 1648, et laissa en manuscrit : *Historiarum provinciae Gallo-Belgicae S. J. ab anno 1543 ad annum 1610 libri IV.* Né à Arras, le 6 janvier 1599, il embrassa la règle de saint Ignace le 8 juillet 1619, enseigna sept ans les belles-lettres, fut six ans préfet des classes, et mourut à Tournai, le 16 décembre 1650.

Sotwel, *Bibliotheca scriptorum S. J.,* Rome, 1676, p. 362. — Sommervogel, *Bibliothèque S. J.* Bruxelles, 1890, t. I, col. 288. — E.-M. Rivière, *Corrections et additions à la Bibliothèque de la Compagnie de Jésus.* Toulouse, 1911, col. 7, n. 54.

E.-M. RIVIÈRE.

AMIEU (JEAN), jésuite français qui se distingua par dix-huit années d'apostolat en Syrie, fonda les missions de Tripoli et de Damas, rétablit la chrétienté de Saïda et favorisa l'entrée des premiers missionnaires en Perse. C'est aussi à son zèle qu'on doit la conservation du collège maronite de Rome, alors menacé d'une ruine prochaine. Ses écrits : *Catéchisme arabe, Réfutation du Coran, Dictionnaire turc-latin,* traduction arabe du *Manuel des congrégations de la Sainte-Vierge,* de *La dévotion à saint Joseph,* du P. Paul de Barry, et de la *Perfection du chrétien,* de Richelieu, ne furent pas imprimés, mais furent très utiles aux missionnaires. Outre une trentaine de lettres inédites dont on trouvera quelques extraits dans les *Documents inédits* du P. Antoine Rabbath, on a conservé de lui une lettre au P. Isaac d'Aultry (Alep, 16 août 1641), publiée par le P. Carayon, *Documents inédits*, Paris, 1864, t. XI, p. 152-157, et par Émile Legrand, *Relation de l'établissement des PP. de la Compagnie de Jésus en Levant,* Paris, 1869, p. 17-21, et une *Relation de Syrie pour l'an 1650,* publiée par le P. Rabbath, *Documents inédits pour servir à l'histoire du christianisme en Orient,* Paris, 1905-1907, p. 396-412. Amieu était né à Vinsobres (Drôme), de parents hérétiques, le 27 septembre 1587; il se convertit à la foi catholique vers 1607 et entra, le 26 juin, dans la Compagnie de Jésus. Après avoir enseigné les humanités, la philosophie et la théologie, il fut envoyé en Syrie en 1635, et mourut à Beyrouth, le 6 novembre 1653, dans le couvent des capucins.

Joseph Besson, *La Syrie sainte*, Paris, 1660, p. 50, 94, 96-105, 136, 154. — [Thomas-Charles Fleuriau d'Armenonville], *Nouveaux Mémoires des missions de la Compagnie de Jésus dans le Levant,* Paris, 1754, t. IV, p. 128-147, 177. — Sommervogel, *Bibliothèque S. J.,* Bruxelles, 1890, t. I, col. 288-289; 1898, t. VIII, col. 1628-1629. — Antoine Rabbath, *loc. cit.,* p. 62, 64, 68-72; extraits de lettres du P. Amieu, p. 82-83, 431, 433; sa notice par le P. Nicolas Poirresson, p. 422-431.

E.-M. RIVIÈRE.

AMILIA (BARTHÉLEMY) — l'orthographe *Amilha* est défectueuse et ne figure dans aucune publication ni titre avant le cours du XVIIIe siècle — prêtre français, mort le 29 septembre 1673, à Pamiers. Bachelier en théologie, « ecclésiastique de Toulouse » et prédicateur, est appelé, en 1641, chez les missionnaires diocésains de Roqueville. Nommé vicaire général de Pamiers (31 mars 1655), il devient l'un des plus actifs aides de l'évêque Caulet dans l'œuvre de réforme du clergé; successivement curé de Notre-Dame de Sabart et de son annexe, Sainte-Quitterie, doyen de la collégiale de Notre-Dame du Camp (31 octobre 1656), chanoine de la cathédrale (26 avril 1657), puis chanoine régulier de Saint-Augustin, est nommé de nouveau (1658) vicaire général, archiprêtre de la cathédrale, et se voue pour la seconde fois aux missions jusqu'à la fin de sa vie. Amilia est le grand prédicateur populaire languedocien du XVIIe siècle : il composait lui-même, paroles et musique, des cantiques à l'usage de ses missions, devenus très célèbres. Réunis à la fin de sa vie (les approbations sont de 1672), ces cantiques furent publiés sous le titre de : *Le tableu de la bido del parfet crestia en berssés, que represento l'exercici de la fe,* Toulouzo, per J. Bondo, 1673, avec un « actiounari gascon », petit in-8°. Une 2e édition fut donnée en 1703 (Toulouzo, heuso de J. J. Bondo); la 3e en 1759 (Toulouzo, Antoino Birotto); une 4e qui ne nous est pas parvenue; une 5e, en 1899 (Foix, Pomiès), approuvée par Mgr Rougerie. Une 6e, en préparation, devait être donnée par le R. P. Comire, il y a quelques années; annoncée, la mort de l'éditeur l'empêcha de paraître.

Léonce Couture, *De quelques cantiques gascons inédits du XVIIe siècle,* dans la *Revue de Gascogne,* 1877, p. 175. — Abbé H. Duclos, *Histoire des Ariégeois,* Paris, 1881, t. I, p. 535, 540-546. — Abbé J. Doumenjou, *Le Père Amilia, poète patois de Pamiers au XVIIe siècle,* Foix, 1899, 24 p. (en patois, avec pièces justificatives); extrait du *Bulletin périodique de la Société ariégeoise des sciences, lettres et arts.* —

Abbé H. Duffaut, *Barthélemy Amilia,* dans *Semaine catholique de Pamiers,* 1897, p. 586-590, et Préface de la 5e édition du *Tableu de la bido*. — P. Comire, S. J., dans l'Introduction aux *aires* de la même édition.

A. GASTOUÉ.

AMINGER, abbé de Stavelot, est peut-être le même qu'Amolger, à moins que ce ne soit un nom défiguré pour Ravenger (Rabangaire), qu'on rencontre dans un acte du 6 décembre, probablement de 720.

Acta sanctorum, octobr. t. XII, p. 711. — J. Halkin et C.-G. Roland, *Recueil des chartes de l'abbaye de Stavelot-Malmedy,* Bruxelles, 1909, t. I, p. XXIX, 41. — J. Yernaux, *Les premiers siècles de l'abbaye de Stavelot-Malmedy,* dans *Bull. de la Soc. d'art et d'hist. du diocèse de Liége,* 1910, t. XIX, p. 294, note 4.

U. BERLIÈRE.

AMINGUE, évêque de Troyes. Indiqué par le catalogue de Montiéramey comme ayant gouverné l'Église de Troyes après saint Bobin, mort en 766, Amingue n'a pas laissé de trace dans l'histoire du diocèse. Les années mêmes 766-786, où il fut évêque, ne sont qu'approximatives. Aurait-il porté le nom de Jean, que lui donne une charte de 783, d'après laquelle il aurait été témoin, avec l'archevêque de Reims et l'évêque de Soissons, des libéralités de Charlemagne envers l'abbaye de Saint-Euverte d'Orléans? On ne peut que le supposer.

Camuzat, *Promptuarium,* fol. 158. — Courtalon, *Topographie historique de la ville et du diocèse de Troyes,* 1783, t. I, p. 304. — *Gallia christiana,* t. VIII, *Instrumenta,* col. 481.

Arthur PRÉVOST.

AMINTA (FILIPPO), dominicain sicilien, du couvent de *Santa Zita* de Palerme. Il étudia à San Marco de Florence, puis au collège dominicain de San Tomaso, à Naples. Plus tard, il passa à la Province romaine et enseigna tour à tour à Viterbe, à l'université de Macerata, puis fut régent du collège Saint-Thomas de Rome. La profonde connaissance qu'il avait des langues orientales, et surtout de l'hébreu, le fit nommer prédicateur des juifs établis à Rome. En 1821, il fut élu à faire partie du collège des théologiens de la Casanate. Il mourut le 20 juillet 1828. Il composa : *L'ebraismo senza replica e sconfitto colle stesse sue armi, con cento parafrasi delle profezie avverate in Gesu Christo in cento versetti anacreontici co loro testi originali a fronte con altri discorsi ed Apologie della verità, ed in fine una seconda parte di cui si riporta un opuscolo, o sia lettera d'un illuminato rabbino e sua traduzione,* etc., in-8°, Rome, 1823, p. XX-238. A partir de la p. 111 : *De orroribus* (sic pour err.) *Judaeorum Rabby Samuelis opus aureum, Hæbraeorum odio olim fere suppressum, et annos ultra ducentos occultatum omnibus Christifidelibus et sac. Scripturæ professoribus apprime necessarium. Ab Adm. R. P. magistro Alfonso Bonihomine Hispano ord. præd. circa annum 1339 ex arabico in latinum translatum tempore pontificatus Benedicti fel. m. papae XII,* Venise, 1714. Dans la préface, p. 3, Aminta mentionne trois éditions du texte latin de cette lettre, Venise, 1655, 1693 et 1713. Il dit que les juifs achetèrent et détruisirent à peu près tous les exemplaires; c'est pourquoi il en a donné une nouvelle édition. Le P. Aminta a laissé plusieurs autres ouvrages mss., qui se conservent aux archives générales de l'ordre.

Acta in congregatione Casanat., mss. arch. gen. ord., p. 112. — A. Guglielmotti, *Catalogo dei bibliotecari, cattedratici e theologi del collegio Casanadense.* Rome, 1860, p. 56.

R. COULON.

AMIODT (STEFAN), jésuite hongrois, confesseur de l'archiduchesse Élisabeth, gouvernante des Pays-Bas, naquit à Fülek (Nograd), le 22 décembre 1676. Admis au noviciat le 21 octobre 1692, il enseigna la philosophie et la théologie à Vienne, à Graz et à

Tyrnaw. Confesseur pendant trois ans, à Vienne, des archiduchesses Élisabeth et Magdeleine, il accompagna la première en Belgique, en qualité d'aumônier, et conserva cette charge vingt années durant, jusqu'à la mort de la princesse, sur laquelle il exerça une grande influence. Il se distingua par son zèle à combattre le jansénisme et réunit à cette fin, pour l'instruction de la gouvernante, un très grand nombre de mémoires et de documents formant vingt-six volumes in-quarto : ce recueil, moins les volumes XI et XVI-XXIV, est, avec deux autres recueils du même auteur, à la bibliothèque impériale de Vienne; Sommervogel en donne le détail d'après le catalogue de la bibliothèque. Amiodt mourut à Vienne, le 15 mars 1759. On lui doit : *Exercitationes theatrales scholarum Viennensium*, in-12, Vienne, 1709, qui est aussi attribué au P. Johann Rechbach; *Germania vetus selectis quaestionibus illustrata*, in-12, Vienne, 1712; *Germania in naturae opibus admiranda*, in-12, Vienne, 1713; *Eucharisticon honori Divi Joannis Nepomuceni concinnatum occasione impetratae per eius intercessionem singularis gratiae*, in-12, Vienne, 1744.

Stoeger, *Scriptores provinciae Austriacae S. J.*, Vienne, 1856, p. 10. — *Compte rendu des séances de la Commission d'histoire*, Bruxelles, 1863, III° série, t. v, p. 375 sq. — Sommervogel, *Bibliothèque S. J.*, Bruxelles, 1890, t. I, col. 289-294; 1898, t. VIII, col. 1629.

E.-M. RIVIÈRE.

AMIOT, AMYOT (JEAN-JOSEPH-MARIE), jésuite français, missionnaire en Chine pendant quarante-trois ans, fut un des hommes qui travaillèrent le plus, à la fin du XVIII° siècle, à faire connaître aux Européens l'histoire, les mœurs et la civilisation du céleste empire. Il naquit à Toulon, le 8 — et non le 18 — février 1718. Après avoir étudié trois ans la philosophie et un an la théologie au séminaire de la marine dirigé par les jésuites, il entra, le 27 septembre 1737, au noviciat d'Avignon. Ayant été ordonné prêtre, il sollicita le privilège d'être envoyé dans les missions étrangères : il aborda à Macao le 27 juillet 1750, et, le 22 août de l'année suivante, il entrait à Pékin. Il s'attira bien vite l'estime et l'affection de l'empereur Kien-long. « Il n'en est pas de la mission de Pékin comme des autres, écrivait-il plus tard (1er octobre 1774). Dans celles-ci, la piété, le zèle, le travail, la bonne volonté peuvent suffire. Il faut tout cela à Pékin, et quelque chose de plus encore. Il faut de la science et des talents; il faut tâcher d'être agréable au souverain; il faut se rendre utile au gouvernement. Ce ne sera jamais qu'à ces conditions qu'on nous permettra d'y prêcher l'Évangile. » Ces conditions, Amiot les réunissait en lui : d'une mémoire surprenante, d'une rare aptitude pour les langues, ayant des connaissances approfondies sur les diverses parties de la physique et des mathématiques, musicien, possédant à la perfection les langues, ce qui était plus précieux encore, la langue tartare-mandchoue, la seule que parlât l'empereur, il étudia avec passion l'histoire de la Chine, ses coutumes, ses monuments, ses arts, et aucun de ses confrères ne mérita mieux que lui des lettres et des sciences. Travailleur infatigable, il fut, jusqu'à la veille de sa mort, un des correspondants les plus assidus de l'Académie des inscriptions et belles-lettres. Quand la Compagnie de Jésus fut frappée, d'abord en France, par le parlement et les philosophes, puis, dans l'univers catholique, par Clément XIV, le zélé missionnaire français mit tout en œuvre pour assurer à la mission française de Pékin la protection de son gouvernement et l'influence de son pays : il insista auprès du ministre secrétaire d'État Bertin pour qu'elle fût confiée aux prêtres des Missions étrangères, et, sur leur refus, aux lazaristes. Mais les cruelles épreuves, qui avaient anéanti la Compagnie de Jésus, non moins que le travail opiniâtre auquel il se livrait depuis près d'un demi-siècle, eurent enfin raison de la robuste constitution du P. Amiot : il mourut, à Pékin, dans la nuit du 8 au 9 octobre 1793.

Il composa : *Éloge de la ville de Moukden et de ses environs*, in-8°, Paris, 1770 : c'est la traduction d'un poème écrit par l'empereur Kien-long, avec des notes sur la géographie et l'histoire naturelle du la Tartarie orientale; — *Art militaire des Chinois, ou recueil d'anciens traités sur la guerre, composés avant l'ère chrétienne par différents généraux chinois; ouvrages sur lesquels les aspirants aux grades militaires sont obligés de subir des examens*, in-4°, Paris, 1772, avec 21 planches gravées et coloriées : traduction réimprimée avec additions dans les *Mémoires* que j'indiquerai plus bas; — *Abrégé historique des principaux traits de la vie de Confucius, célèbre philosophe chinois*, in-4°, Paris, s. d. (vers 1788), avec 24 estampes gravées par Helman, d'après les dessins originaux envoyés par Amiot; celui-ci avait, en réalité, envoyé cent dessins relatifs aux diverses circonstances de la vie de Confucius, les éditeurs du mémoire n'en donnèrent que les plus importants; — *Grammaire tartare-mantchou*, in-4°, Paris, 1787, traduite des *Elementa linguae Tartaricae*, attribués du P. Jean-François Gerbillon; — *Dictionnaire tartare-mantchou françois, composé d'après un dictionnaire mantchou-chinois*, in-4°, Paris, 1789-1790, 3 volumes publiés par L. Langlès et qui donnèrent pour la première fois à l'Europe savante une idée exacte de la langue tartare; — *Hymne tartare-mantchou, chanté à l'occasion de la conquête du Kin-tchouen, traduit en français et accompagné de notes pour l'intelligence du texte*, in-4°, Paris, 1792, également publié par Langlès; — *Positions géographiques déterminées par deux missionnaires jésuites dans le Turkestan oriental et la Dzoungarie en 1756*, d'après deux lettres inédites des PP. Amiot et Gaubil, par le P. Brucker, in-8°, Lyon, 1880. — Outre ces ouvrages, on a encore de lui deux lettres sur les poids et les mesures de Chine, dans *Mémoires de mathématiques et de physique rédigés à l'observatoire de Marseille*, 1756, du P. Pézenas, p. 61-83; une *Lettre concernant la vie et les actions du frère Jean-Denis Attiret, peintre et missionnaire*, dans *Précis historiques*, Bruxelles, 1856, p. 437, 461, 485; une lettre à M. de Guignes sur la manière des Chinois d'apprendre leur langue, dans *Journal des savans*, 1773, p. 97, traduite en allemand dans le *Journal* de Christophe de Murr, IV° partie, p. 211-215; trois lettres, dans *Lettres édifiantes et curieuses*, Paris, 1781, t. XXIII, p. 154-181, 302-368, 391-407, et un *Mémoire sur le Thibet et sur le royaume des Éleuthes nouvellement subjugué par l'empereur de la Chine, avec une relation de cette conquête*, t. XXIV, p. 5-56. Les éditeurs des *Mémoires concernant l'histoire, les sciences, les arts, les mœurs, les usages, etc., des Chinois*, 16 volumes in-4°, Paris, 1776-1814, y ont inséré un très grand nombre de travaux du P. Amiot; en voici les plus importants : *L'antiquité des Chinois prouvée par les monuments*, t. II, p. 1-364; *Portraits des Chinois célèbres*, t. III, p. 1-386; t. V, p. 69-466; t. VII, p. 1-111; t. X, p. 1-131; *De la musique des Chinois tant anciens que modernes*, avec 30 planches, t. VI, p. 1-254; *Art militaire des Chinois*, t. VII, p. 1-396, avec supplément et 30 planches, t. VIII, p. 327-375 : édition plus complète et plus exacte que celle de 1772; *Vie de Koung-tsée, appelé vulgairement Confucius*, t. XII, p. 1-508; *Abrégé chronologique de l'histoire universelle de l'empire chinois*, t. XIII, p. 74-308; *Introduction à la connaissance des peuples qui ont été ou qui sont actuellement tributaires de la Chine*, t. XIV, p. 1-238, etc. On trouve dans le t. XV le portrait du savant missionnaire, peint par le jésuite italien Giuseppe Panzi et gravé par

Helman. Parmi les manuscrits d'Amiot, il faut mentionner les 80 lettres adressées presque toutes à Bertin et conservées à la bibliothèque de l'Institut : plusieurs d'entre elles sont de véritables mémoires de 40, 50, 60 pages et plus.

Annales de la propagation de la foi, Lyon, 1837, t. x, p. 100-104 : lettre de M Mouly, 12 octobre 1835 — Michaud, *Biographie universelle*, t. 1, p. 587-588, art. de Grosier. — Augustin et Aloïs De Backer, *Bibliothèque des écrivains de la Compagnie de Jésus*, Li`ge, 1856, t. III, p. 26-14, art. du P. Mathieu Lauras. — Didot-Hoefer, *Nouvelle biographie générale*, t. II, col. 371-373. — *Les missions catholiques*, Lyon, 1875, t. VII, p. 496, avec portrait p. 495. — Aloys Pfister, *Notices biographiques et bibliographiques sur les anciens jésuites missionnaires en Chine*, ms., n. 389. — Alphonse Amyot, *Les hommes utiles. Vie et testament du R. P.Amiot, membre de la Compagnie de Jésus, missionnaire apostolique en Chine 1718-1793*, Paris, 1881. — Camille de Rochemonteix, *Le Père Amiot et la mission française de Pékin à la fin du xviiie siè le*, dans *Études* des Pères de la Compagnie de Jésus, Paris, 1903, t. XCIV, p. 26-47, 175-196, 338-355.

BIBLIOGRAPHIE ET CRITIQUE DES OUVRAGES. — *Mémoires de Trévoux*, 1770, p. 328-341; 1772, p. 144-172. — *Année littéraire*, 1770, t. VII, p. 145-174; 1772, t. IV, p. 289-317. — *Journal encyclopédique*, 1772, t. III, p. 342-355; t. IV, p. 27-40. — Forkel, *Almanach musical de 1784*, p. 233-275. — Jules Klaproth, *Lettres sur la littérature mandchoue*, Paris, 1815, ou dans *Mémoires relatifs à l'Asie*, Paris, 1828, t. III, p. 1-88. — Abel Rémusat, *Recherches sur les langues tartares*, Paris, 1820, p. 97; *Mélanges asiatiques*, Paris, 1826, t. II, p. 143, 145, 171, 177. — J.-B. Biot, *Notice sur des manuscrits inédits du Père Gaubil et du Père Amiot*, par feu Édouard Biot, dans *Journal des savans*, mai 1850, p. 302-307. — F.-J. Fétis, *Biographie universelle des musiciens*, 2e éd., Paris, 1860, t. I, p. 89-90. — Carlos Sommervogel, *Bibliothèque S. J.*, Bruxelles, 1890, t. I, col. 294-303; 1898, t. VIII, col. 1629. — Henri Cordier, *La grande encyclopédie*, Paris, t. II, p. 758-759; *Bibliotheca Sinica*, 2e éd., Paris, 1904-1908, col. 367, 498, 527, 571, 573, 583, 640, 642, 666, 667, 676, 681, 682, 714, 935, 1035, 1039-1045, 1052, 1053, 1456, 1480, 1555-1556, 1572-1573, 1736-1737, 1865, 1867, 1885, 2627, 2714, 2751-2754, 2757, 2804, 2828, 2877-2878 ; il est regrettable que cet ouvrage si important n'ait pas son index alphabétique des auteurs, index souvent promis et toujours vainement attendu. — Pour la critique des travaux parus dans les *Mémoires concernant l'histoire... des Chinois*, voir Sommervogel, t. II, col. 1147, et Cordier, col. 56.

E.-M. RIVIÈRE.

AMIS DE DIEU ou **BOGOMILES**. Secte dualiste originaire de Bulgarie et apparentée à l'hérésie des cathares ou patarins, qui ont toujours rattaché leur doctrine à l'*haeresis Bulgarorum*. Les sources grecques mentionnent une communauté de bogomiles vers 1050, et il ressort des documents que cette communauté n'était point de date récente, car on en avait perdu jusqu'au souvenir de sa fondation. Cf. Euthyme Zigabène, *Panoplia dogmatica*, tit. xxvII, P. G., t. cxxx, col. 1289. Toutefois, Euthyme assigne formellement à cette hérésie, ἡ τῶν βογομίλων αἵρεσις, une provenance bulgare, et c'est dans la langue bulgaro-slave qu'il cherche l'étymologie et l'explication de ce terme : *Bog miloni* signifiant « Dieu aie pitié ». Il est plus exact de ramener l'expression aux composants *Bog*, Dieu, et *Mile*, aimé. Bogomile est la traduction directe du grec Θεόφιλος, et justifie l'appellation d'amis de Dieu.

Si le développement de l'hérésie bogomilienne nous est depuis longtemps connu par les nombreux et minutieux détails fournis par les historiens grecs, l'origine de la secte est restée une énigme jusqu'au jour où les textes paléoslaves compulsés par le savant chanoine d'Agram, Raczki, ont fait sur ce point la pleine lumière. Ces documents, publiés dans les *Mémoires de l'Académie slave d'Agram*, t. VI, VIII, IX, avec l'étude de Raczki sur les *Bogomiles et les patarins*, complètent l'histoire extérieure de la secte et précisent leur organisation et leur doctrine. Il résulte de ces découvertes que l'hérésie gnostique et manichéenne qui a désolé, au cours du XIIe siècle, l'Italie, la France et l'Allemagne (cf. Mansi, *Concil. Lumbariense*, ann. 1165, t. XXII, col. 157), était en réalité d'origine bulgare et que les albigeois, les cathares, les patarins étaient les frères des bogomiles, tenants des mêmes erreurs essentielles. Cf. Martène et Durand, *Amplissima collectio veterum script.*, t. I, p. 776.

C'est sous le règne du tsar Pierre de Bulgarie (927-968) qu'un pope, nommé Bogomile, sema les premiers germes de l'hérésie de Manès. Un document slave, le *Discours du saint prêtre Kosma sur les hérétiques*, qui appartient à la fin du Xe siècle (cf. L. Léger, *L'hérésie des bogomiles*, dans *Revue des questions historiques*, t. VIII, p. 486 sq.), dit en propres termes : « Sous le règne du tsar orthodoxe Pierre, il y avait un pope appelé Bogomile, qui commença le premier à enseigner dans la langue bulgare. » On conjecture que ce pope s'appelait de son vrai nom Jérémie et que, suivant l'ancienne coutume des docteurs, il prit le nom d'un disciple de saint Paul, Théophile, en bulgare Bogomile, pour donner plus d'autorité à sa parole.

Les circonstances favorisaient à l'éclosion et à la diffusion des doctrines hétérodoxes. Convertie depuis un demi-siècle à peine, la Bulgarie avait encore à subir l'agitation des païens slaves et des hérétiques étrangers : arméniens monophysites, pauliciens, massaliens, sans compter les intrigues juives ou musulmanes et les dissidences gréco-latines. Cf. L. Léger, *Cyrille et Méthode. Étude historique sur la conversion des Slaves au christianisme*, Paris, 1868, p. 53 sq. Bogomile flatta sans doute les instincts populaires et consacra certaines superstitions particulièrement chères aux Bulgares. Sa doctrine gagna aisément les esprits. Elle opposait l'un à l'autre les deux principes, le bon et le mauvais, la matière et l'esprit, rejetait l'Ancien Testament, œuvre du mauvais principe, et refusait à l'Église le droit de réglementer l'usage des choses matérielles. Les sacrements, étant signes sensibles, se trouvaient formellement réprouvés, au nom même du Christ. Car Bogomile entendait, comme tous les hérétiques, restaurer le christianisme dans sa pureté primitive, et ses disciples ne s'appelaient point bogomiles, mais « chrétiens ». En somme, c'était le dualisme des gnostiques manichéens, celui-là même que professaient les cathares et les patarins du XIe siècle, ces *bos crestias*, *boni christiani*, affiliés aux *Bougres* (Bulgari, Bugri), au point de se confondre avec eux. Cf. Raynier, *Contra Waldenses*, dans *Biblioth. max. Patr.*, t. XXV, p. 269.

Kosma caractérise ainsi l'attitude et les mœurs de la secte. « Les bogomiles sont au dehors comme des brebis, d'un visage doux et pacifique, silencieux, pâlis par le jeûne. Leurs discours sont mystérieux. Ils ne visent point à l'éclat. Tous leurs actes extérieurs sont tels que le vrai chrétien ne les peut reconnaître : et, au-dedans, ce sont des loups ravisseurs. Les gens, voyant leur humilité, les tiennent pour orthodoxes et se rapprochent d'eux, afin de rechercher auprès d'eux leur salut. Eux, comme le loup qui veut emporter un agneau, se montrent d'abord très réservés et répondent modestement à ceux qui cherchent uniquement le chemin du ciel, et quand ils remarquent un homme simple et ignorant, ils découvrent le venin de leur doctrine. » L. Léger, *op. cit.*, p. 492. Cf. Euthyme Zygabène, *Panoplia dogmatica*, tit. xxvii, n. 24, P. G., t. cxxx, col. 1319.

Sur l'organisation intérieure de la communauté bogomilienne, les renseignements font défaut. On sait seulement que le bogomilisme excluait toute hiérarchie extérieure, tout en reconnaissant la direction effective de certains chefs. Leurs différentes communautés constituaient autant d'églises distinctes. Euthyme Zygabène mentionne le médecin Basile comme le chef occulte des bogomiliens de Constantinople, vers 1111. *Biblioth. max. Patrum*, t. xix, p. 220. Étaient-ils divisés en districts? On peut le conjecturer et même l'affirmer avec une grande vraisemblance, car les Dragoviciens de Thrace et de Macédoine constituaient à Plovdiv (Philippopoli) un second centre de diffusion, d'où le bogomilisme se répandit en Thrace et, de Constantinople, jusqu'en Italie, tout en conservant le nom de son fondateur, ἡ τῶν βογομίλων αἵρεσις. Euthyme Zygabène, *Confutatio et eversio impiae et multiplicis exsecrabilium Massalianorum sectae*, P. G., t. cxxxi, col. 47 sq. Partout les pauliciens leur avaient frayé la voie. Cf. Anne Comnène, *Alexiade*, l. XV, P. G., t. cxxxi, col. 1167 sq.

Avec le mépris qu'ils professaient pour le principe d'autorité, les bogomiles se rendaient redoutables à l'État. Mais leur adresse à dissimuler leur action et à se gagner des adeptes jusque dans la famille royale leur évita toujours les rigueurs d'une persécution générale. Gavrilo, un des fils du tsar Samuel, était un de leurs fervents disciples, et par le fait un puissant protecteur. L'annexion de la Bulgarie à l'empire grec sous Basile II (1019) et le relâchement de la discipline ecclésiastique, qui en fut la suite dans l'épiscopat bulgare, amenèrent une rapide diffusion de l'hérésie bogomilienne, non seulement dans la métropole d'Ochrida, dans les évêchés de Moglen, Citra, Moraviça, Pristina, Belgrade, etc., mais jusque dans les montagnes de l'Albanie et du Monténégro.

Mais Philippopoli restait toujours le grand centre d'action, on peut dire l'âme du bogomilisme. Quand Alexis Comnène, pour mettre les Balkans en état de défense, vint établir ses quartiers aux portes de Plovdiv, il fit de son mieux pour purger le pays des arméniens et des pauliciens qui l'infestaient de leurs erreurs. La recherche active de ces hérétiques amena la découverte du bogomilisme, dont le chef était alors le vieillard Basile, médecin par état et moine par calcul. Basile se faisait donner le nom de saint Pierre, et même de Jésus-Christ; douze apôtres choisis par lui prêchaient secrètement son évangile et des femmes de mauvaise vie l'aidaient dans sa mission. L'empereur, qui employait en vain la force pour pénétrer les secrets de la secte, se décida à recourir à la ruse et, sous prétexte d'entrer lui-même dans la religion de Basile, il amena le vieillard à lui expliquer oralement le sens de sa doctrine, tandis qu'un greffier invisible derrière une tenture fixait en notes rapides le discours du moine trop confiant. Soudain la toile tomba; les principaux dignitaires du clergé et du conseil impérial firent leur entrée dans la salle. Basile ne put rien objecter à ses propres déclarations : il annonça seulement qu'il confirmerait de sa mort la vérité de ses doctrines. Il monta, en effet, sur le bûcher, le sourire aux lèvres, en invoquant les anges et en proclamant sa foi. La police impériale découvrit de nombreux adeptes du moine Basile jusque dans les plus grandes familles de Constantinople. La peur du bûcher amena l'abjuration des plus timides; mais la plupart s'obstinèrent, et leur nombre était si grand que l'on dut éteindre le bûcher allumé pour eux et se contenter de les entasser dans les prisons. Cf. Anne Comnène, *Alexiade*, l. XV, p. 487-494.

Tandis que l'empereur essayait de ramener les hérétiques à leur devoir par la sévérité, le clergé s'employait à les convertir par la persuasion et la douceur. Le savant théologien Euthyme de Zigaba, moine du couvent de la Vierge à Constantinople et ami intime d'Alexis Comnène, publia contre les principales hérésies de son temps son traité de la défense de la foi : Πανοπλία δογματική, τῆς ὀρθοδόξου πίστεως, dont les vingt-huit chapitres résument exactement sur les divers points en litige la doctrine des Pères de l'Église. Il composa en outre, sur la demande même de l'empereur, un traité spécial contre les massaliens et les bogomiles : *Confutatio et eversio impiae et multiplicis exsecrabilium Massalianorum sectae, qui et phundaitae et bogomili, necnon euchitae, enthusiastae, encratitae et marcionitae appellantur*. Cet ouvrage est le développement des deux chapitres consacrés aux massaliens et aux bogomiles dans sa Panoplie.

Ni la force ni la douceur n'eurent raison des progrès de la secte. En 1140, le patriarche Léon Styppiotas réunissait un concile chargé d'examiner les *Commentaires* de Constantin Chrysomalos, touchant leur dualisme des âmes et l'opposition des deux principes dans l'homme. Ces doctrines, fort répandues après la mort de Chrysomalos sous forme de sentences poétiques, à la manière des pythagoriciens, furent condamnées et les écrits brûlés par le bourreau. Deux évêques, Clément et Léontios, et plusieurs moines furent convaincus d'hérésie. Le patriarche Kosma lui-même, accusé de bogomilisme, fut déposé en 1147. Cf. Leo Allatius, *De Ecclesiae occidentalis et orientalis perpetua consensione*, l. II, c. xi, Cologne, 1648, col. 644-653.

En Bulgarie, l'Église bogomilienne s'organisait, au milieu des troubles civils et des guerres extérieures, avec une remarquable cohésion et faisait rayonner au loin son influence. Le paganisme invétéré de ces races demeurées barbares malgré les efforts de pénétration du christianisme, l'hostilité profonde que ce peuple nourrissait aussi bien contre les grecs que contre les latins, rendaient les Bulgares très accueillants pour ces doctrines, qui flattaient leurs plus secrets instincts. On les voit en 1185 secouer avec force la domination des empereurs de Constantinople, et attaquer avec furie, en 1189, l'armée des croisés que Frédéric Ier conduisait par les routes bulgares sur Jérusalem. L'incendie de Branitschewo et les autres représailles des impériaux avivèrent encore les haines contre les chrétiens occidentaux et donnèrent au bogomilisme, qui aspirait à devenir religion nationale, une impulsion nouvelle. Cf. Raumer, *Geschichte der Hohenstaufen*, 2e édit., t. II, p. 429.

A la fin du XIIe siècle, le bogomilisme comprenait, outre l'Église bulgare et celle de Constantinople, alors gouvernée par Nicétas, évêque intrigant et énergique, l'Église d'Esclavonie, de qui relevaient sans doute les « frères » de Bosnie; celle de Philadelphie en Thrace; celle de Mélénik en Macédoine. Le pouvoir épiscopal se transmettait avec la consécration par le ministère des évêques. En 1167, l'évêque de Dragoviça, Simon, ordonna évêque Nicétas de Constantinople. Mais bien que l'Église bulgare paraisse avoir exercé sur les communautés étrangères une influence parfois décisive, il est vraisemblable que l'élection des évêques était soumise aux fidèles de chaque diocèse ou tout au moins aux principaux représentants des communautés particulières. Cf. dom Bouquet, *Recueil des historiens des Gaules et de la France*, t. xiv, p. 448; Vignier, *Recueil de l'histoire de l'Église*, Leyde, 1601, p. 268; Gieseler, *Ueber den Dualismus der Slaven*, Bonn, 1837, l. II, p. 364 sq.

L'unité, jusqu'alors fortement maintenue entre les églises, au moins dans le gouvernement intérieur et dans les relations de diocèse à diocèse, ne tarda point à être ébranlée par les divergences manifestées dans les doctrines. Comme tous leurs coreligionnaires slaves, les bogomiles de Bulgarie n'avaient cessé de professer, depuis l'origine, le dualisme absolu, qui établit l'égalité parfaite entre Dieu et Satan. Mais bien des esprits se montraient réfractaires à un système aussi manifestement révoltant, et la diffusion de la secte en souffrait. Les Bulgares, propagateurs zélés de leur doctrine religieuse, adoptèrent alors un système de dualisme mitigé qui rendait à Dieu sa souveraineté éternelle et faisait du démon un simple démiurge, principe mauvais détaché du bon principe au cours des temps. Les dragoviciens maintinrent énergiquement contre les novateurs bulgares la doctrine traditionnelle. Ce fut le schisme violent. Chaque église anathématisa l'autre; les ordinations faites par les évêques bulgares furent considérées comme invalides par les dragoviciens, et réciproquement. Il y eut deux ordres distincts, celui de Bulgarie et celui de Dragovicia. Cf. Bonacursus, *Manifestatio sectae cathar.*, dans Baluze, *Miscellanea*, édit. Mansi, t. II, p. 581. Ce schisme divisa bientôt les églises occidentales. Par la Dalmatie, acquise aux idées bulgares, le dualisme mitigé passa de très bonne heure en Italie, où il fut adopté par le chef de la secte, Marco, puis par le chef des patarins de Lombardie, Robert de Sperone. Les cathares de France furent à leur tour troublés par ces querelles et divisés entre eux. La secte courait le grand péril d'user toutes ses forces en luttes désastreuses. Le vigilant Nicétas accourut de Constantinople, prêchant la paix et essayant de ramener les esprits au dualisme absolu. Un concile de patarins et de cathares réuni à Saint-Félix de Caraman, près de Toulouse, et auquel prirent part l'évêque d'Albi, Sicard, les représentants des évêchés de Toulouse et de Carcassonne, les évêques italiens Marc et Robert, rétablit la concorde d'après la formule dragovicienne du dualisme absolu. Nicétas ordonna de nouveau les évêques consacrés suivant le rite bulgare et rendit impuissants les efforts tentés par les bogomiles de Bulgarie, pour reconquérir le terrain perdu en Italie et en France. Bogomiles, cathares et patarins nous apparaissent ainsi comme les formes variées d'une même organisation religieuse, indépendantes, mais étroitement unies. Cf. dom Bouquet, *op. cit.*, t. xiv, p. 448.

Les bogomiles de Serbie furent traités avec plus de rigueur que leurs frères de Bulgarie. La *Vie slave de saint Siméon*, publiée par Danicic, relate les diverses mesures prises par le grand joupan de Serbie, Stéphane Memania, contre « l'hérésie maudite » qui rendait à Satan les honneurs divins. Un concile national ordonna des peines sévères contre les hérétiques, dont les livres furent brûlés et les biens confisqués. La Serbie fut délivrée à tout jamais du bogomilisme. L. Léger, *loc. cit.*, p. 504 sq.

Il est probable que les hérétiques serbes trouvèrent en Bosnie un refuge assuré, car ce pays sauvage peuplé de Slaves farouches était accueillant à toutes les doctrines et la sienne se montrait hostile au joupan de Serbie. L'Église catholique avait essayé, sans grand succès, de convertir et de civiliser ces hommes bornés et défiants; elle avait, en 1200, un évêché à Bréda; mais le siège épiscopal resta longtemps vacant et les prêtres étaient en nombre fort restreint, et peu actifs. La résistance, on ne pouvait l'attendre de ce clergé désorganisé et mal noté. Innocent III se plaignait que ce pays fût rempli de cathares, et l'on peut évaluer à plus de 10 000 le chiffre de ces hérétiques, qui ne dissimulaient plus leurs desseins et prêchaient publiquement leurs doctrines. Le ban Kulin appartenait à la secte, ainsi que toute sa famille, et le ban Miroslav lui était favorable. C'est au château de Dumno que se trouvait le siège principal de l'hérésie. Cf. Theiner, *Vetera monumenta Slavorum meridionalium*, t. I, p. 6; Fejer, *Codex diplomaticus Hungariae eccles. et civ.*, Budapest, 1829, t. II, p. 409; Katona, *Historia critica regum Hungariae*, Pesth, 1779, t. IV, p. 576.

L'Église slave courait ainsi les plus grands périls, non seulement en Bosnie, mais en Hongrie, où l'évêque de Vaccia attirait les hérétiques; en Esclavonie, où les bogomiles, fortement organisés, possédaient le château fort de Posega; en Dalmatie, où l'évêque de Raguse, Arrenger, qui fut abbé de Saint-Étienne à Dijon, ne cachait pas son inclination pour les doctrines cathares. Les Églises de France, d'Italie et d'Allemagne étaient menacées à leur tour. On conçoit qu'Innocent III s'émût d'une situation aussi critique et qu'il prêchât la croisade contre les Bosniaques, comme il la prêchait contre les albigeois. « Nous t'invitons, écrivait-il au roi de Hongrie, Émeric, suzerain de la Bosnie, à venger le tort fait au Christ et aux chrétiens; si le ban Kulin ne chasse pas les hérétiques du pays qui lui est soumis et ne confisque pas leurs biens, tu le chasseras de son pays et de tout le royaume de Hongrie; tu confisqueras ses biens. N'aie aucun égard pour lui. Accomplis tes devoirs de souverain, si on ne peut le ramener à la vérité par une autre voie. » Theiner, *op. cit.*, t. I, p. 15. Kulin plia devant l'orage. Il prétexta son entière bonne foi, expédia quelques bogomiles à Rome, pour y soumettre leurs doctrines à l'examen des commissaires pontificaux et pria le pape d'envoyer en Bosnie un légat pour visiter la principauté. En 1202, une mission fut confiée à cet effet à l'archevêque Bernard de Spalato, qui avait cu à combattre déjà le bogomilisme dans son diocèse. Les hérétiques se soumirent et les principaux Bosniaques durent signer, en présence de Jean de Casamari, chapelain de Bernard, et du ban Kulin, un acte d'abjuration qui mettait en relief les points de dissidence. « Nous déclarons renoncer à l'hérésie et reconnaître la sainte Église romaine. Dans toutes les églises, nous aurons des autels et des croix et nous lirons, ainsi que le fait l'Église romaine, l'Ancien Testament et le Nouveau. Dans toutes les paroisses, nous aurons un prêtre qui, les dimanches et fêtes, dira la messe suivant le rite de l'Église et entendra les confessions. Près de l'église, nous aurons un cimetière. Sept fois l'an, nous recevrons la communion... Désormais, nous ne nous appellerons plus *chrétiens*, comme nous l'avons fait jusqu'ici, mais *frères*, afin de ne pas offenser les autres chrétiens par cette distinction. » Theiner, *loc. cit.*, t. I, p. 52; Katona, *op. cit.*, t. IV, p. 677 sq. Accompagné du ban Kulin, le légat se rendit ensuite auprès du roi Émeric, devant qui fut renouvelé l'acte d'abjuration. Kulin s'engagea à verser une somme de mille marcs si l'hérésie reparaissait chez les Bosniaques.

Mais bientôt Kulin mourut et son successeur, Matthieu Ninoslav, de famille patarine, accorda ses faveurs à la secte. Un hérétique fut nommé par le métropolitain de Bosnie, Arrenger, au siège épiscopal de Breda, qui dépendait de Raguse, et bientôt la Bosnie entière retomba sous le joug des bogomiles. Après une vaine tentative du pape Honorius III (1221), pour obtenir l'intervention du roi André de Hongrie, le cardinal Jacques de Préneste fut envoyé comme légat en Bosnie par Grégoire IX. Le cardinal s'adjoignit quelques dominicains, fit déposer par le pape l'évêque hérétique, dont le siège fut confié au dominicain allemand Jean de Wildeshausen. Ninoslav, voyant le voïvode de Croatie, Koloman, offrir au pape le secours de ses armes, se soumit à son tour, en 1233, et Grégoire IX le prit sous la spéciale protection du Saint-Siège, lui et son peuple. Cf. Quétif et Échard, *Scriptores ordinis praedicatorum*, Paris, 1719, t. I, p. 112; Fejer, *op. cit.*, t. III, l. II, p. 342.

Feinte abjuration. Les décrets rédigés par Ninoslav demeurèrent lettre morte. La noblesse bosniaque continuait à professer ouvertement le bogomilisme, de connivence avec la noblesse esclavonne et dalmate, entièrement conquise à l'hérésie. « O terre de désert, couverte de ronces et d'orties, et n'abritant que des dragons et des autruches sauvages, » disait en gémissant le saint pape Grégoire IX, résolu à mettre en œuvre les plus énergiques moyens. Un chartreux de grande vertu, prieur du monastère de Saint-Barthélemy de Trisulti, reçut les pouvoirs de légat et l'ordre de prêcher la croisade. Durant le cours des années 1234 et 1235, dans toutes les églises catholiques de Dalmatie, d'Esclavonie et de Bosnie, retentit l'appel à la croisade contre les redoutables manichéens. On promet aux guerriers les mêmes indulgences que s'ils prenaient la croix pour se rendre en Terre Sainte. Le voïvode Koloman réunit une armée contre les bogomiles bosniaques; le nouveau roi de Hongrie, Bela IV, jure de les soumettre à l'obéissance du pape. Les hérétiques demeurent insaisissables. Koloman se flatte de les avoir réduits; mais leur audace est aussi arrogante. Le dominicain Ponsa, nommé à l'évêché de Bosnie, prêche sans succès une nouvelle croisade. Le provincial de Hongrie, sans plus de succès, envoie des frères prêcheurs travailler à la conversion du peuple (1239); les prédicateurs durent renoncer à leur entreprise et l'évêque, découragé, se démit bientôt de sa charge pour aller finir ses jours au couvent de Strasbourg. Farlati, *Illyria sacra*, Venise, 1751-1819, t. IV, p. 52. Aux dominicains succédèrent les fils de saint François; mais il semble que leurs premières prédications furent peu entendues, car le grand-duc de Bosnie, Stefan Dragidior, dut intervenir auprès du pape Nicolas IV (1288-1292), pour avoir des missionnaires capables de prêcher dans la langue du pays. Theiner, *op. cit.*, t. I, p. 378; Wadding, *Annales minorum*, t. V, p. 260 sq. Les premiers franciscains avaient dû s'établir en Bosnie vers 1260. Thœmmel, *Beschreibung des Vilajet Bosnien*, p. 120 sq. Cf. Marcellino da Civezza, *Storia universale delle missioni francescane*, Rome, 1858, t. II, p. 428-434. Les franciscains luttèrent avec vaillance, parfois jusqu'à l'héroïsme, contre les bogomiles. Leur apostolat est une des gloires de l'Église bosniaque et le pape Eugène IV reconnut magnifiquement les services rendus en les nommant « le boulevard de la maison du Seigneur, les propagateurs de la vraie foi. » Theiner, *op. cit.*, t. I, p. 395. Cf. Kharusine, *La Bosnie-Herzégovine*, Saint-Pétersbourg, 1901, p. 45. Les progrès du catholicisme ne s'étaient guère dessinés qu'à partir du moment où le pape Innocent IV (1243-1254) permit à l'Église bosniaque l'usage de la langue slave. Les négociations des franciscains avec les bans, leur activité à prêcher la croisade contre les bogomiles et à remplir leurs fonctions d'inquisiteurs amenèrent des résultats consolants. Le P. Fabiano de Bacchia et le P. Gérard Oddoni, franciscains, méritent que l'histoire du bogomilisme conserve leurs noms et signale leurs succès. En 1402, 50000 dissidents étaient ramenés à la foi catholique. Wadding, *op. cit.*, t. IX, p. 256; Lucci, *Ragioni storiche, etc.*, Naples, 1740, p. 189. Mais que valaient ces conversions? Déjà, en 1366, le roi Louis de Hongrie avait demandé au pape 2000 franciscains pour convertir les bogomiles de Bosnie et de Bulgarie. Les retours à la foi catholique avaient comblé de joie le pape Urbain V. Trois ans plus tard, prêtres et moines étaient partout traqués, massacrés. En somme, les patarins gardèrent en Bosnie une suprématie que rien ne put abattre. Tous les habitants de la ville de Srebrnica, sur la frontière de Serbie, étaient de la secte bogomile. Les hérétiques avaient même acquis quelques privilèges exorbitants, comme le droit d'asile, et ils avaient gagné à leur cause presque tous les bans de Bosnie, à l'exception de Stéfan Dabicha (1391-1395), Stéfan Thomas Ostojic (1441-1461) et Stéfan Thomachevitch (1461-1463). Le grand schisme d'Occident et l'agitation hussite avaient détourné malheureusement sur d'autres questions plus graves encore l'attention et les efforts des papes. La puissance des bogomiles était telle que le ban Stéfan Thomas, converti par l'évêque de Hvar, Thomas,

légat d'Eugène IV, dut ménager les hérétiques. Mécontents, ceux-ci appelèrent les Turcs et leur livrèrent la Bosnie. Pie II proclama vainement la croisade. Les Ottomans s'emparèrent du pays, massacrèrent les catholiques ou bien les réduisirent à l'esclavage. Quant aux patarins, si après à lutter contre le catholicisme, ils s'empressèrent presque tous, pour mieux sauvegarder leurs intérêts, de renoncer à leur foi et d'embrasser la religion de l'islam. Catholiques et orthodoxes se sont maintenus en dépit de toutes les persécutions. Les bogomiles ont entièrement disparu. On retrouve leurs descendants dans ces nombreuses familles de Serbes musulmans qui se sont perpétuées jusqu'à nos jours en Serbie. Theiner, *op. cit.*, t. II, p. 368; Zinkeisen, *Geschichte des Osmanischen Reiches in Europa*, Gotha, 1854, t. I, p. 11 sq., 156 sq.

En Bulgarie, le bogomilisme maintint longtemps ses positions, sans arriver à jouer un rôle aussi prépondérant qu'en Bosnie. Lorsque les deux frères roumains, Jean et Pierre Assen, eurent secoué le joug byzantin et reconstitué en Bulgarie le royaume de Boris et de Syméon (1186-1197), avec Tirnov pour capitale, il était naturel qu'un rapprochement s'opérât entre le nouveau royaume et l'Église latine. Le tsar Jean eut soin de se faire couronner par un cardinal et de se mettre sous la protection du Saint-Siège. Sous Boris (1207-1218), un grand concile fut tenu à Tirnov, le 11 février 1211, contre les sectes paulicienne et bogomile. Un grand nombre de patarins se convertirent. Toutefois l'arrivée des croisés occidentaux en 1204 avait opéré un premier rapprochement entre les Bulgares et les Grecs. Jean Assen II, irrité de l'élection de Jean de Brienne au trône de Byzance (1232), se sépara de l'Église latine et s'unit à l'empereur Vatatzès contre la domination franque à Constantinople. Les bogomiles, de nouveau, s'agitaient. Grégoire IX fit prêcher contre eux en Hongrie une croisade, qui ramena Jean Assen II à l'union latine. Innocent IV voulut achever l'œuvre en envoyant des franciscains en Bulgarie; mais, malgré tous leurs efforts, il fut impossible de détruire l'hérésie et la Bulgarie ne tarda point, d'ailleurs, à revenir au schisme. Cf. Wadding, *op. cit.*, t. III, p. 126 sq.; Fejer, *op. cit.*, t. IV, p. 120 sq. Au XIVe siècle, plusieurs synodes prononcent des peines sévères contre les bogomiles. L'un des plus redoutables adversaires de la secte fut alors le moine Théodose, qui avait groupé autour de lui une élite d'ecclésiastiques grecs et slaves et qui jouissait dans le monastère de Tirnov, où il s'était retiré, d'un immense prestige. Appelé par le patriarche bulgare Théodose au concile de Tirnov, en 1366, le moine Théodose fit condamner « l'immonde et impie doctrine bogomilienne et massaliote » et obtint du tsar, présent au synode avec ses deux fils, un décret de bannissement contre les réfractaires. En 1393, Tirnov tombait aux mains des Turcs. Les bogomiles disparaissent dès lors entièrement de l'histoire bulgare.

En dehors de la Bosnie, de la Serbie et de la Bulgarie, le bogomilisme n'arriva point à créer des centres d'action bien puissants. On voit cependant ces hérétiques profiter de toutes les circonstances favorables pour introduire leur doctrine dans les pays voisins. Après la prise de Constantinople par les croisés, en 1204, on les retrouve en Asie Mineure, où leur propagande est des plus vives. Ils rencontrèrent dans le patriarche Germain un adversaire résolu et redoutable, dont les discours κατὰ βογομίλων furent longtemps conservés. Cf. Gretser, *De cruce*, t. II, p. 1237.

En Hongrie, le bouleversement économique et social qui suivit la grande invasion tartare de 1241 parut aux bogomiles de Bosnie et de Bulgarie une occasion très propice à la diffusion de leur secte. La dévastation des campagnes, le pillage des villes, la ruine des églises et des couvents, les violences commises par les hordes barbares de Batu-Khan, servaient assez opportunément de thème aux prédications des patarins, pour développer devant un peuple ignorant et effrayé la doctrine d'un Dieu mauvais, occupé à torturer les hommes, et pour amener les auditeurs à chercher un refuge auprès du Dieu bon de la secte. Les conversions furent nombreuses et le clergé n'était pas en mesure d'enrayer ce mouvement.

Enhardis par leurs succès, les prédicants s'avancent jusqu'en Bohême et gagnent si bien le peuple à leurs erreurs que le roi Primislas, devant l'impuissance des évêques et l'inertie des clercs, se hâte d'implorer, en 1257, le secours du pape Alexandre IV, qui envoie aussitôt des franciscains avec une mission inquisitoriale. Raynaldi, *Continuatio annalium Baronii*, Cologne, 1693, t. XIII, p. 523; Katona, *Historia critica regum Hungariae*, Pesth, 1779, t. VI, p. 4 sq. La situation religieuse est extrêmement critique dans ces deux royaumes. Les patarins sèment dans toute la Bohême des germes que recueilleront les hussites. Une lettre de l'archevêque d'Olmutz au pape Urbain IV, en 1263, décrit les ravages causés par l'hérésie au sein des populations hongroises. *Manifeste haeretici confoventur terrarum profugi aliarum*. Fejer, *op. cit.*, t. V, p. 133. C'est l'époque où les *parfaits* de France et d'Italie vont chercher asile en ces pays troublés et désorganisés par leurs discordes intestines et par leurs hostilités réciproques. Les déportements du roi de Hongrie Ladislas III nuisent également à l'autorité civile et à l'autorité ecclésiastique. Un légat pontifical, l'évêque Philippe de Fermo, n'arrive point à triompher de l'indifférence du monarque, qui consent à publier tous les décrets de Nicolas III contre les bogomiles, quitte à n'en exécuter aucun. Ses États restent ouverts à tous les hérétiques. Raynaldi, *op. cit.*, t. XIV, p. 318. Vainement l'évêque Benvenuto de Gubbio, légat du pape Honorius IV, prêche la croisade contre les patarins de Hongrie; vainement le roi Rodolphe de Habsbourg reçoit l'ordre d'intervenir par les armes et de prêter la main au nouveau roi André III, successeur de Ladislas; les progrès de l'hérésie sont de plus en plus inquiétants dans tous les diocèses du royaume. Les mêmes causes qui devaient plus tard favoriser l'éclosion du protestantisme en Allemagne se retrouvent en Bohême et en Hongrie : l'incurie, l'ignorance et les dérèglements des évêques et des prêtres. Évidemment le clergé sympathise avec l'hérésie, les inquisiteurs sont entravés de toutes manières dans l'exercice de leurs fonctions; les injonctions du pape sont tenues pour lettre morte. C'est à bon droit que Jean XXII stigmatise l'indolence des pasteurs de l'Église. Malgré les efforts du roi Charles de Hongrie, le bogomilisme étend ses conquêtes et, sous Étienne, il n'est presque pas de familles qui ne soient acquises à l'hérésie dans ce royaume. Il convient de rendre hommage, toutefois, au zèle du roi Charles et surtout du roi Louis de Hongrie. Celui-ci comprit mieux que personne à quel point le bogomilisme était un danger pour son trône et pour la civilisation et vaillamment il se mit à la tête de ses troupes pour attaquer l'erreur au centre même d'où elle rayonnait sur la Hongrie, l'Illyrie, la Dalmatie. Bulgares et Bosniaques furent subjugués par ses armes; mais il ne put vaincre leur obstination religieuse. C'est à peine si ces deux peuples comptaient encore quelques chrétiens sans pasteur, mêlés aux dualistes. Louis de Hongrie concentra dès lors son action sur ses propres sujets. Mais le bogomilisme était aussi tenace en Hongrie qu'en Bosnie. Il ne disparut de ce royaume qu'après l'extinction du catharisme bulgare et bosniaque par les mahométans.

Le bogomilisme a-t-il rayonné en dehors des pays slaves? A-t-il, en particulier, donné naissance au catharisme d'Italie, de France et d'Allemagne? La question est vivement débattue et fort obscure jusqu'à cette heure. Farlati a nettement affirmé l'identité de doctrine entre bogomiles, patarins et vaudois. Pour lui, le catharisme latin serait de provenance slave et ne se distinguerait point à l'origine du bogomilisme bulgare. *Illyria sacra*, t. IV, p. 44. Matter n'hésite point à rattacher de même au système bogomile le système cathare, « sorte de résumé tronqué, de traduction occidentale » des doctrines bulgares. *Histoire critique du gnosticisme*, 2ᵉ édit., Strasbourg, 1843, t. III, p. 257, 266, etc.

Il est certain que le catharisme s'est répandu en Italie par la voie dalmate, par la route que suivaient les Slaves dans leurs relations commerciales avec les Latins. Bien des noms de localités ou de familles italiennes rappellent évidemment l'influence bulgare, et dans un pays où les clercs ne savaient pas toujours le symbole des apôtres, où bien des prêtres attribuaient un corps à Dieu et menaient une vie franchement païenne, l'ignorance et la dépravation du clergé laissèrent le champ libre aux apôtres du catharisme, plus recommandables assurément pour leur vie pauvre et austère que la plupart des prêtres italiens du xᵉ siècle. Rathier, *Itinerarium*, dans d'Achéry, *Spicilegium*, t. I, p. 381; *Sermo I de Quadrag.*, *ibid.*, p. 388. Schmidt, dans son *Histoire de la secte des cathares*, p. 263 sq., soutient au contraire, que le système bogomile ne peut être antérieur au système cathare. En Italie, la première apparition publique de la secte date, au plus tôt, de 1030 ou 1035; mais en France, on retrouve dès la fin du xᵉ siècle quelques traces manifestes de catharisme, alors que « le système bogomile, tel que nous le connaissons, ne se montre que depuis la seconde moitié du xiᵉ siècle. D'ailleurs les doctrines ont de notables divergences. »

Si l'on restreint le bogomilisme au système doctrinal du dualisme mitigé, il est de toute évidence que le bogomilisme est postérieur au catharisme latin et qu'il n'est qu'une modification du catharisme oriental primitif. Mais cette restriction est sans doute arbitraire. Avant de former un système complet et indépendant, le bogomilisme a bien pu être déjà une forme particulière, en quelque sorte slavisée, du catharisme grec, ce qui n'aurait rien d'étonnant, et servir d'intermédiaire entre le dualisme absolu et le catharisme latin. Ce serait la solution la plus naturelle de cet obscur problème. Car on ne saurait nier que les bogomiles sont restés en relations étroites avec les cathares d'Italie et de France et que ceux-ci ont modifié leurs doctrines, à la suite des bogomiles, dans le sens du dualisme mitigé.

La doctrine bogomilienne proprement dite ne nous est connue que par un résumé succinct recueilli à la hâte par un tachygraphe lors de l'entrevue de l'empereur Alexis avec le vieillard Basile. Anne Comnène, *Alexiade*, l. XV, p. 488. Voici les points principaux de cette doctrine, hérités du catharisme primitif : distinction entre un bon et un mauvais principe; condamnation de l'Ancien Testament comme œuvre du démon; condamnation du baptême par l'eau, du baptême des enfants, du mariage; communication du Saint-Esprit par l'imposition des mains; négation de la présence réelle dans l'eucharistie; refus de vénérer les croix et les images; condamnation de la nourriture animale. Dès le milieu du xiᵉ siècle, la subordination du principe mauvais au bon principe, du démon à Dieu, se retrouve dans les pays slaves. Psellus, *De operatione daemonum*, éd. Boissonade, Nuremberg, 1838, p. 3. Dieu est le créateur du démon, mais celui-ci reste le démiurge et c'est lui qui gouverne le monde. Mais les vues théologiques différaient d'une église à l'autre. En dehors du Dieu suprême, les uns révéraient également les deux fils de Dieu, le premier, chef du royaume des cieux, le second, préposé au monde visible; d'autres, sans mépriser le démon pour ne point encourir ses vengeances, n'adoraient que le chef du monde supérieur; d'autres enfin, les satanistes, ou lucifériens, répandus surtout en Bohême et en Allemagne, n'adressaient leurs prières qu'à Satanaël ou Satanaki, dispensateur de toutes les faveurs terrestres.

Le bogomilisme resta fidèle à l'esprit spéculatif qui avait donné naissance à cette doctrine; le catharisme occidental, suivant le génie des races, devait insister sur le côté pratique et moraliser les enseignements primitifs. Le mensonge, admis comme licite par les bogomiles pour se tirer d'un mauvais pas, fut sévèrement proscrit par les patarins et les albigeois et la vie privée des cathares occidentaux se distingua, par son austérité, des mœurs assez relâchées des bogomiles. Ceux-ci furent souvent accusés d'enchantements, surtout dans la nuit du 24 juin, et d'abominations sacrilèges. Euthyme Zygabène, *Liber invectivus*, P. G., t. CXXXI, col. 55 sq.

Leurs théories sociales les rendaient redoutables à l'État et confinaient à l'anarchisme. « Ils enseignent, dit Kosma, à ne pas s'incliner devant les chefs; ils haïssent les riches, détestent les parents, méprisent les anciens et les boyars; ils pensent que ceux qui servent le tsar ou ses officiers sont en horreur à Dieu; ils ne veulent pas obéir. » L. Léger, *op. cit.*, p. 497. On conçoit que cette hérésie n'ait pu prospérer qu'en pays indépendant, comme la Bulgarie et la Bosnie, et que ses adeptes aient si promptement disparu sous l'empire du Croissant.

Sur la littérature slave, cf. L. Léger, dans la *Revue des cours littéraires*, Paris, 1869, t. VI, p. 573 sq., et dans la *Revue des questions historiques*, t. VIII, p. 480 sq. — Euthyme Zygabène, *Panoplia dogmatica*, tit. XXVII, P. G., t. CXXX, col. 1289-1332; *Confutatio et aversio impiae et multiplicis exsecrabilium Massalianorum sectae*, P. G., t. CXXXI, col. 39-48; *Liber invectivus contra haeresim haereticorum qui phundagiatae dicuntur*, P. G., ibid., col. 47-58. — Georges Cédrène, *Historiarum compendium*, P. G., t. CXXXI, col. 559 sq., 595 sq. — Anne Comnène, *Alexiade*, l. XV, P. G., t. CXXXI, col. 1167-1186. — Jean Cinname, *Historiarum*, l. II, c. X, P. G., t. CXXXIII, col. 383-386. — Jean Zonaras, *Annalium*, l. XVIII, c. XXIII, P. G., t. CXXXV, col. 305 sq. — Théodore Balsamon, *In can.* XI *conc. Ancyr.*, *In can.* 19 *conc. Gangr.*, P. G., t. CXXXVII, col. 141 sq., 1161 sq., 1265 sq., et *In Photii Nomocanon*, tit. IX, c. XXV; tit. X, c. VIII, P. G., t. CIV, col. 1111 sq., 1147 sq. — Nicétas Acominatus, *Historia*, l. II, c. III, P. G., t. CXXXIX, col. 415 sq.; *Thesauri orthodoxae fidei*, l. XIX, P. G., t. CXXIX, col. 1099 sq. — Germain II de Constantinople, *Homil. in exaltationem venerandae crucis et contra Bogomilos*, P. G., t. CXL, col. 621-658. — Nicéphore Grégoras, *Byzantinae historiae*, XIV, VII, 2; XVIII, 1, 9; XXIX, XXV sq.; XXVII, III-VIII, P. G., t. CXLVIII, col. 947 sq., 1133 sq.; t. CXLIX, col. 225-230, 469-484. — Constantin Harmenopoulos, *De haeresibus*, XIX, P. G., t. CL., col. 27-30. — Michel Glycas, *Annalium*, part. IV, P. G., t. CLVIII, col. 619 sq. — Leo Allatius, *De Ecclesiae orientalis et occidentalis perpetua consensione*, Cologne, 1648, l. II, c. XII. — Pontanus a Braitenberg, *Bohemia pia*, Francfort, 1608. — Petrus de Vineis, *Epistolae*, Amberg, 1609. — Gobelinus, *Pii secundi commentarii rerum memorabilium*, Francfort, 1614. — Helmold, *Chronica Slavorum*, édit. Bangert, Lubeck, 1659. — Cotelier, *Ecclesiae graecae monumenta*, Paris, 1677. — Du Cange, *Historia byzantina*, Paris, 1682. — Bossuet, *Histoire des variations*, 1688. — Rubeus, *Historiae Ravennates*, Venise, 1689. — Benoist, *Histoire des albigeois et des vaudois*, Paris, 1691. — Limborch, *Historia inquisitionis*, Amsterdam, 1692. — Raynaldus, *Continuatio Annalium Baronii*, Cologne, 1693, t. XIII. — J.-J. Percin, *Monumenta conventus Tolosani ordinis FF. praedicatorum. Nolae ad concilia*, Toulouse, 1693. — Bonacursus, *Manifestatio haeresis Catharorum*, dans d'Achéry, *Spicilegium*, Paris, 1723, t. I. — Ripoll, *Bullarium ordinis fratrum praedicatorum*, Rome, 1729. — Wadding, *Annales minorum*, t. III, Rome, 1731. — Beausobre, *Dissertation sur les adamites*, dans Lenfant, *Histoire de la guerre des hussites*, Utrecht, 1731, t. II; *Histoire critique de Manichée et du manichéisme*, Amsterdam, 1734. — De Rubeis, *Monumenta Ecclesiae Aquilejensis*, Strasbourg, 1740. — Pez, *Scriptores rerum Austriacarum*, 1743, t. II, Vienne. — Schwandtner, *Scriptores rerum Hungaricarum*, Vienne, 1746. — Farlati, *Illyria sacra*, Venise, 1751. — Dobner, *Annales Bohemiae illustrati*, Prague, 1761. — Mosheim, *Versuch einer unparteyischen Ketzergeschichte*, Helmstaedt, 1746; *Institutiones historiae ecclesiasticae antiquae et recentioris*, 2e édit., Helmstaedt, 1764. — Walch, *Entwurf einer vollständigen Ketzergeschichte*, Leipzig, 1766. — Katona, *Historia critica regum Hungariae*, Pesth, 1779. — Dobrowsky, *Ueber die slawische Uebersetzung des Neuen Testaments*, dans Michaelis, *Neue orientalische und exegetische Bibliothek*, Gœttingue, 1790, t. VII; *Cyrill und Method, der Slaven Apostel*, Prague, 1823. — Lang, *Regesta boica*, Munich, 1822, t. II. — H. Schmid, *Der Mysticismus des Mittelalters in seiner Entstehungsperiode*, Iéna, 1824. — Fr. Schmid, *Historia Paulicianorum orientalium*. Copenhague, 1826. — Neander, *Denkwurdigkeiten aus der Geschichte des Christenthums*, Berlin, 1824; *Kirchengeschichte*, Hambourg, 1826. — Fejer, *Codex diplomaticus Hungariae ecclesiasticus et civilis*, Bade 1829. — Gieseler, *Untersuchungen über die Geschichte der Paulicianer*, dans les *Theologische Studien und Kritiken*, Hambourg, 1829; *De Rainerii Sacchoni Summa de catharis et leonistis*, Gœttingue, 1834; *Ueber den Dualismus der Slaven*, Hambourg, 1837; *Lehrbuch der Kirchengeschichte*, Bonn, 1844. — Baus, *Das manichaeische Religionssystem*, Tubingen, 1831. — Flathe, *Geschichte der Vorläufer der Reformation*, Leipzig, 1835. — Palacky, *Geschichte von Böhmen*, Prague, 1836. — Schmitzer, *Die Euchiten im XIen Jahrhundert*, dans *Studien der Geistlichkeit Würtembergs*, Stuttgart, 1839, t. XI. — Hurter, *Geschichte Papst Innocenz III*, Hambourg, 1841. — Schafarik, *Slavische Alterthümer*, trad. Achrenfeld, Leipzig, 1843. — Matter, *Histoire critique du gnosticisme*, Strasbourg, 1843. — Maciejowski, *Essai historique sur l'Église chrétienne primitive des deux rites chez les Slaves*, trad. Sauvé, Berlin, 1846. — C. Schmidt, *Histoire et doctrine de la secte des cathares ou albigeois*, Paris, 1848. — Fessler, *Geschichte von Ungarn*, Leipzig, 1867. — L. Léger, *L'hérésie des bogomiles en Bosnie et en Bulgarie au moyen âge*, dans la *Revue des questions historiques*, 1870, t. VIII, Paris. — Lombard, *Pauliciens, bulgares et bonshommes en Orient et en Occident*, Paris, 1879. — Döllinger, *Beiträge zur Sektengeschichte des Mittelalters*, Munich, 1890, t. I. — Y. de la Calmontie, *Le bogomilisme*, dans la *Revue des religions*, Paris, 1890, t. II. — Pastor, *Geschichte der Päpste seit dem Ausgang des Mittelalters*, Fribourg, 1894, t. II. — E. Bralic, *Monografia storica sulle crudeltà musulmane in Bosnia-Erzegovina*, Rome, 1898. — Haller, *Concilium Basiliense. Die Protokolle des Concils von 1434 und 1435*, Bâle, 1900, t. III. — Voir en outre Ulysse Chevalier, *Répertoire des sources historiques du moyen âge. Topo-bibliographie*, col. 425, et K. Krumbacher, *Geschichte der byzantinischen Literatur*, Munich, 1897, p. 1091, 1095.

P. Bernard.

1. AMISON (I), archevêque de Tarentaise (Savoie), paraît pour la première fois en 994, au concile d'Anse sur la Saône, entre Lyon et Villefranche. En 996, le dernier roi de Bourgogne transjurane, Rodolphe III, lui concéda l'investiture de la Tarentaise à titre de comté. La charte, transcrite par Besson (voir ci-dessous), mentionne les grands ravages qui auraient dépeuplé le pays. En effet les Hongrois, venant de l'est, et les Sarrasins, du sud, dévastaient le royaume, et pénétrèrent dans la région des Alpes jusqu'au plus profond des vallées. Celle de Tarentaise ne fut pas épargnée et une de ses parties les plus riches, celle des Bellevilles, fut longtemps désignée sous la dénomination de Désert. Le pontificat d'Amison ouvrit une ère de réparation. Les anciens habitants revinrent, des colons furent appelés de l'étranger, et des centres de population se créèrent, qui prirent des noms féodaux, le Chatelard, les Allues, Villars, le Villaret, etc. Moutiers naissant se développa. Sur l'emplacement de l'Hôtel-Dieu actuel, Amison fonda, en 996, un prieuré en l'honneur de saint Martin, avec le concours de Richard Curt, premier seigneur connu de Briançon. Quatre chanoines réguliers y furent établis. Par suite d'une erreur de lecture, Besson et, après lui, le *Gallia christiana* reportent cette fondation à l'année 900. Dès lors, ils sont obligés de faire deux personnages d'Amison 1er; ils le dédoublent en Annuzo 1er ou Aimuzo et en Amizo ou Aymon.

Besson, *Mémoires pour servir à l'histoire ecclésiastique... de Savoie*, Nancy, 1759, p. 193, 331. — *Gallia christiana*, Paris, 1770, t. XII, col. 703. — Ménabréa, *La marche des études historiques en Savoie*, Chambéry, p. 56. — Pascalein, *Histoire de Tarentaise*, Moutiers, 1903, p. 51, 57, 59.

J. GARIN.

2. AMISON (II), archevêque de Tarentaise (Savoie), assista, en 1025, à un autre concile d'Anse. Probablement, c'est le même qu'Annuzo II, indiqué par Besson et le *Gallia christiana* comme vivant en 1077.

Besson, *Mémoires*, p. 193. — *Gallia christiana*, t. XII, col. 704. — Pascalein, *Histoire de Tarentaise*, p. 59.

J. GARIN.

AMISUS, siège d'un évêché appartenant à la province d'Hélénopont et suffragant d'Amasea. D'après une tradition sans valeur d'Hécatée de Milet, les Énètes d'Homère, *Iliade*, II, 852, auraient été ses premiers habitants; la ville fut au contraire fondée en 562 avant J.-C. par les Ioniens de Phocée. Elle fut ensuite conquise par un satrape de Cappadoce, (Strabon, *Geographia*, XII, 547), puis par les Athéniens, qui lui donnèrent le nom de Pirée. Tombée au pouvoir des Perses et possédant alors le seul atelier monétaire de la côte cappadocienne, elle fut délivrée par Alexandre et soumise un peu avant l'année 245 avant J.-C. par le roi du Pont. Mithridate Eupator en fit sa résidence ordinaire, après lui avoir adjoint un faubourg entouré d'une enceinte et appelé Eupatoria. Lucullus s'empara des deux villes en l'an 71, après un siège mémorable, et détruisit Eupatoria; Pompée, en 64, rattacha Amisus à la province de Bithynia-Pontus, qui comptait onze cités. En dépit des ravages de Pharnace, de la tyrannie cruelle de Straton et d'autres rois, la ville recouvra toujours sa liberté sous le haut protectorat de Rome et elle fit partir d'octobre 32 avant J.-C. l'ère qui lui est propre. Sous l'empire, la ville resta en excellent état et jouit d'une grande prospérité commerciale, que ne vint interrompre aucune catastrophe. Après Dioclétien, Amisus ou Aminsus — les deux formes sont employées et la seconde est ordinaire au temps des Byzantins — fut une des villes de la province d'Hélénopont, puis du thème des Arméniaques. Sous Michel III l'Ivrogne, vers 860, elle fut prise et saccagée par le général arabe Amr. Lors du démembrement de l'empire grec en 1204, elle tomba au pouvoir d'un certain Sabas, jusqu'à ce qu'elle fût reconquise par l'empereur grec de Nicée, puis bientôt après par les Turcs Seldjoukides et par les Turcs Osmanlis. Les Génois y eurent un comptoir fortifié dès le XIVe siècle, qui est signalé à plusieurs reprises; pourtant en 1401, un marchand grec qui la visita la trouva ravagée par les hordes mongoles de Tamerlan. Wächter, *Der Verfall des Griechentums in Kleinasien im XIV Jahrhundert*, Leipzig, 1903, p. 20. Sous le nom de Samsoun, c'est aujourd'hui un sandjak compris dans le vilayet de Trébizonde. La ville, qui a un port de commerce assez important, compte environ 20 000 habitants, dont plus de la moitié sont grecs ou arméniens schismatiques. Le reste est musulman; il y a cependant quelques familles catholiques, qui dépendent de la mission des capucins.

W. Ramsay, *The Church in the Roman empire*, p. 211, 225, a rendu très vraisemblable l'opinion qui veut qu'Amisus ait eu déjà des chrétiens dès la fin du 1er siècle; il est pourtant impossible de citer un seul texte positif à cet appui. On a publié, *Studia Pontica*, t. III, p. 21, n. 11, une inscription chrétienne fort ancienne de cette ville, et, *op. cit.*, t. III, p. 27, n. 15, une autre, juive ou chrétienne, qui serait du IIIe siècle. On connaît aussi l'épitaphe de la diaconesse Aérié, morte en l'an 562, *op. cit.*, p. 22, n. 12, et une autre épitaphe chrétienne, du Ve ou du VIe siècle, trouvée à Kara-Samsoun, près de l'église taillée dans le roc de Saint-Jean-Baptiste, et qui fait mention de cette église. *Op. cit.*, p. 23, n. 13. Un groupe de sept femmes martyres, Alexandria, Claudia, etc., est signalé sous l'empereur Maximien, *Acta sanctorum*, oct. t. III, p. 24-27; mais ces sept noms de femmes paraissent empruntés à la *Passio* de saint Théodote d'Ancyre. Mentionnons aussi saint Florus, secrétaire impérial, puis patrice, puis moine sur le Bosphore, puis évêque d'Amisus dans le dernier tiers du VIe siècle et qui est fêté le 18 décembre. Delehaye, *Propylaeum ad Acta sanctorum novembris*, col. 324.

L'évêché d'Amisus n'a pas d'attestation bien ancienne, il était suffragant d'Amasca dans la province d'Hélénopont, vers 640. *Ecthesis* du pseudo-Épiphane, dans Gelzer. *Ungedruckte... Texte der Notitiae episcopatuum*, p. 538, n. 213; de même dans la *Notitia* dite de Léon le Sage, vers l'an 900, *op. cit.*, p. 553, n. 259; de même dans la *Notitia* de Constantin Porphyrogénète, vers l'an 940, Gelzer, *Georgii Cyprii Descriptio orbis Romani*, p. 67, n. 1370, et dans les *Notitiae* suivantes. Dans une *Notitia* qui date de la domination turque, vers la fin du XVe siècle, il n'est plus question du siège épiscopal d'Amisus. Les évêques connus sont Antoine ou Antonien, qui signe à Chalcédoine en 451, par l'intermédiaire du diacre Olympius ou Helpidius; Erythraeus signe, en 458, la lettre de l'épiscopat d'Hélénopont adressée à l'empereur Léon 1er (Mansi, *Sacrorum conciliorum... collectio*, t. VII, col. 608); saint Florus, déjà cité, dans le dernier tiers du VIe siècle; Tibère assiste en 681 au concile œcuménique de Constantinople (Mansi, *op. cit.*, t. XI, col. 676); Léon assiste en 787 au second concile de Nicée (Mansi, *op. cit.*, t. XIII, col. 392); Basile assiste au concile photien de 878 (Mansi, *op. cit.*, t. XVII, col. 376); au temps du patriarche Michel d'Anchialos (1170-1177), il fut enjoint au métropolite d'Amasea, Léon, de donner un évêque à l'Église d'Amisus, et, celui-ci ne l'ayant pas fait, le patriarche en désigna un lui-même. Balsamon, *Nomocanon Photii*, tit. I, c. IX. On possède bien les noms d'un certain nombre d'évêques grecs au XVIIIe et au XIXe siècle, mais ce ne sont plus des évêques titulaires, car la ville de Samsoun qui a remplacé Amisus figure depuis longtemps dans l'archidiocèse d'Amasea.

Le Quien, *Oriens christianus*, Paris, 1740, t. I, col. 533-536. — J. Marquardt, *Organisation de l'empire romain*, Paris, 1892, t. II, passim. — Anderson, Cumont et Grégoire, *Studia Pontica*, t. II, p. 111-123; t. III, p. 1-25.

S. VAILHÉ.

AMITERNO (*Amiternus*). Ancien évêché d'Italie (Abruzzes). La ville d'Amiternum, dont le nom viendrait, suivant Varron, de ἀμφί *Aternum*, parce qu'elle était située sur les deux rives du fleuve *Aternum*, aujourd'hui Pescara (Fabretti, *Glossarium Italicum*, p. 92-93, propose cependant une autre étymologie), et qui donna le jour à l'historien Salluste, fut célèbre dans l'antiquité et le haut moyen âge. Les restes d'un amphithéâtre attestent son ancienne splendeur, et l'on y a trouvé aussi, au XVIIe et au XVIIIe siècle, sur deux fragments de marbre, un calendrier de l'époque d'Auguste ou de Tibère, précieux pour l'histoire non seulement d'Amiternum, mais encore de la république et de l'empire romains : il a été publié par Leosini, p. 311-314, et Muratori.

Voir aussi P. Purpurini a Faventia, *Ad kalendarium Romanum Amiterni effossum minuscula commentaria. ludicrum geniale*, Naples, 1860, et A. L. Antinori, *Osservazioni sul calendario amiternino*, dans E. Casti, *A. L. Antinori e le sue multeplici opere*, Aquila, 1887, p. 124-126. Le christianisme y fut prêché de bonne heure, comme dans toute la province Valeria, dont Amiterno était la capitale, et compta de nombreux martyrs, dont les principaux furent les saints Florentius, Félix et quatre-vingt-trois de leurs compagnons, soldats de l'armée impériale. Un autre saint martyrisé dans le diocèse est Eusanius, qui a donné son nom à San Eusanio, localité voisine d'Amiterno. Cf. Coppola, *De inventione corporis S. Eusanii martyris, ejusque mirifica vita historico more descripta*, dans *Caietani Romani... carminum tomus primus*, Chieti, 1754. D'Angelo s'évertue à démontrer, après Baronius, le P. François Jacques (*Historiographie générale*, p. 75), et Coppola, en se fondant surtout sur le texte du Martyrologe romain du 5 septembre, et sur deux bas-reliefs de l'église de San Michele, que le premier évêque d'Amiterno a été saint Victorinus, lequel, suivant lui, aurait été martyrisé sous Trajan, avec Flavia Domitilla, dont il aurait été l'un des familiers, et les saints Nérée et Achillée; mais ces arguments sont peu probants, car le Martyrologe n'indique nullement l'époque du martyre de saint Victorinus, et M. Bertaux croit que ces deux bas-reliefs sont du XIIe siècle. La plupart des auteurs nomment comme les deux premiers évêques saint Valentinus, dont on lit la signature au bas des actes du concile de Rome en 499, et Castorius, cité dans les *Dialogues* de saint Grégoire en 504 (*P. L.*, t. LXXVII, col. 165-169), et ne font venir saint Victorinus qu'en troisième lieu. Les bollandistes (*Acta sanctorum*, jan. t. I, p. 501) le font frère de saint Severus, évêque de Naples, et le font vivre vers le milieu du VIe siècle. Cf. Tillemont, *Mémoires pour servir à l'histoire ecclésiastique*, Paris, 1694, t. II, p. 141-142, 575-576. D'autres, comme L. A. Antinori, admettent deux saints du nom de Victorinus, dont le premier aurait vécu à la fin du Ier siècle et aurait été simplement martyr, et le second aurait vécu au VIe siècle et aurait été évêque et martyr. Enfin, pour comble de confusion, Jacobilli et Lilius font de lui un évêque de Camerino, mais O. Turchi, *De Ecclesiae Camerinensis pontificibus libri VI*, Rome, 1762, p. 84-91, les réfute péremptoirement. Ensuite vient saint Cetheus, qui fut précipité dans le Pescara, avec une pierre liée au cou, et dont le corps fut transporté par les flots à Zara, où il est honoré sous le nom de saint Pellegrinus. *Acta sanctorum*, juin. t. II, p. 388, sous la date du 13; Federia, *Chronicon Vulturnense*. D'Angelo nie cependant qu'il ait été évêque d'Amiterno. Les trois derniers évêques connus furent Leontius, dont on trouve la signature dans les actes du concile de Rome de 761; Quodvultdeus, nommé dans l'épitaphe de saint Victorinus, et qui a vécu, par conséquent, avant 969, car le corps du saint fut transporté à Metz cette année; enfin Ludovicus, qui assista au concile de Rome en 1059.

La plupart des auteurs disent qu'après lui la ville d'Amiterno fut détruite par les Lombards, et le diocèse incorporé à celui de Furconio, mais D'Angelo et Guattani ont démontré que la ville n'a nullement été ruinée par la violence et qu'elle a seulement été abandonnée par ses évêques. On voit un évêque d'Amiterno cité encore en 1113. L. Giorgi et U. Balzani, *Il regesto di Farfa*, Rome, 1886, t. V, p. 179. Guattani, se fondant sur la consécration, faite en 1170, des deux églises de San Vittorino et de San Pietro, par l'évêque de Rieti (cf. Saverio Marini, *Memorie di S. Barbara*, p. 49), croit que le diocèse d'Amiterno fit partie, vers cette époque, de celui de Rieti;

mais cette raison n'est guère péremptoire. Il est certain, d'une part, qu'au XIIIe siècle, le diocèse d'Amiterno faisait partie de celui de Furconio, et, de l'autre, qu'en ce même siècle, un familier de l'évêque de Metz, qui y avait été envoyé pour y recueillir des reliques, n'y trouva que des ruines, au milieu desquelles se dressait la cathédrale, dont il exalte la magnificence. D'Achéry, *Spicilegium*, 2e édit., t. III, p. 133. Quoi qu'il en soit, le diocèse de Furconio fut incorporé lui-même par Alexandre III, en 1257, à celui d'Aquila, dont Amiterno, qui porte aujourd'hui le nom de San Vittorino, ne forme plus qu'une simple paroisse, avec le titre d'archiprêtre. La ville, située sur une colline, que domine une haute tour du XIIe siècle, a deux églises : celle de San Domenico, qui renferme des fresques du VIe et du XIIIe siècle, et celle de San Michele, jadis dédiée à saint Victorinus, restaurée par l'archiprêtre Nicolò en 1170 et consacrée par l'évêque de Rieti. On y remarque surtout les deux bas-reliefs dont nous avons parlé plus haut, des peintures du XIIIe et du XVe siècle, une crypte qui renferme l'autel de saint Victorinus, avec l'inscription qu'y fit graver l'évêque Quodvultdeus, et des peintures de la fin du VIe siècle. A la suite s'ouvrent les catacombes, qui contiennent, entre autres trésors, une sculpture importante pour la démonstration du dogme de l'intercession des saints. Voir Armellini, *Gli antichi cimiteri cristiani di Roma e d'Italia*, Rome, 1893, p. 687; O. Marucchi, *Le catacombe di S. Vittorino in Amiterno presso Aquila*, dans *Nuovo bullettino di archeologia cristiana*, VIIIe ann., 1902, p. 259-260; *Atti del II congresso internazionale di archeologia cristiana*, Rome, 1902, p. 436; A. Bevignani, *Osservazioni sulle catacombe di S. Vittorino e di Bazzano...*, dans *Nuovo bullett.*, IXe ann., 1903, p. 187-193.

Le diocèse d'Amiterno avait été, avec le reste de la province Valeria, l'un des plus anciens centres du monachisme en Occident, et saint Equitius, né près de cette ville (cf. Mabillon, *Annales ordinis S. Benedicti*, Lucques, 1739, t. I, p. 35, 36, 61, 149, 150, 611), et peut-être antérieur à saint Benoît, y avait fondé un grand nombre de couvents, tant d'hommes que de femmes, de sorte que D'Angelo l'appelle le véritable père des moines d'Occident. L'évêque Castorius fut également son disciple. De toutes ces fondations, Lubin, *Abbatiarium Italiae brevis notitia*, Rome, 1693, p. 12, ne cite que les deux abbayes de San Mauro et de San Niccolò, d'après, dit-il, Ughelli, *Italia sacra*, 1re éd., t. VI, col. 899, 1314, 1317, où, en réalité, il n'y a rien de semblable.

Celle de Farfa avait de nombreuses possessions dans le diocèse: c'est pourquoi on voit le nom d'Amiterno cité fréquemment dans le registre de cette célèbre maison religieuse. Giorgi et Balzani, *op. cit.*, t. II, p. 59, 60, 62, 71, 74, etc.

Salvatore Massonio, *Discorso dell'origine della città dell'Aquila*, Aquila, 1594. — Cluverius, *Italia antiqua*, Leyde, 1624. — Girolamo Florido, *Ordinaria ad sancti Blasii Aquilani temporibus traducta iurisdictio*, Aquila, 1651. — Lucenzio, *Italia sacra*, Rome, 1704, p. 318-319. — Ughelli-Coleti, *Italia sacra*, Venise, 1722, t. X, col. 572-573. — Marangoni, *Acta S. Victorini, episcopi Amiterni et martyris, illustrata*, Rome, 1740. — L. A. Antinori, *Historia Aquilana: dioecesis Amiterna*, dans *Antiquitates Italicae medii aevi*, Milan, 1742, t. VI, col. 500-528. — Vito Maria Giovenazzi, *Della città di Aveia ne' Vestini*, Rome, 1773. — Sperandio, *Sabina sagra e profana antica e moderna*, Rome, 1790, p. 52-53. — Giuseppe Antonio Guattani, *Monumenti Sabini*, Rome, 1827-1832, t. I, p. 93, 285; t. III, p. 74-80. — Ang. Leosini, *Monumenti storici della città di Aquila e suoi contorni*, Aquila, p. 241-253. — Cappelletti, *Le Chiese d'Italia*, Venise, 1870, t. XXI, p. 417-418. — Gams, *Series episcoporum*, p. 851. — Minieri Riccio, *Biblioteca storico-topografica degli Abruzzi*, Naples, 1862, n. 175-190, 246-248, 262, 276, 309. — Teodoro de' baroni Bonanni, *Guida storica della città dell'Aquila e* de' suoi contorni, Aquila, 1871; *La corografia de' comuni e dei villaggi della provincia del 2º Abruzzo Ulteriore*, Aquila, 1883. — E. Casti, *Sinopsi storica dell'antica città d'Amiterno ne' Sabini*, 1887. — V. Bindi, *Fonti della storia abruzzese*, Naples, 1884, n. 18, 19, 44, 46; *Monumenti storici ed artistici degli Abruzzi*, Naples, 1889, p. 853-856, et table 193. — Giov. Pansa, *Bibliografia storica degli Abruzzi*, Lanciano, 1891, n. 88-91, 105, 134. — Giuseppe Rivera, *Elenco dei monumenti Aquilani*, Aquila, 1896, p. 26-27, note 18. — Bertaux, *L'art dans l'Italie méridionale*, Paris, 1903, t. I, p. 572-573. — Gröner, *Die Diözesen Italiens*, Fribourg-en-Brisgau, 1904, p. 23; trad. italienne de Guarini, Melfi, 1905, p. 75, note 47. — O. D'Angelo, *Amiterno*, dans *Bollettino della Società di storia patria A. L. Antinori negli Abruzzi*, 1905, p. 145-176; 1906, p. 21-53.

J. FRAIKIN.

AMIZIO DE SOLARO, milanais, était notaire ecclésiastique et très versé en droit, lorsque saint Dominique, en 1219, passant par Milan, en allant à Bologne, le gagna à son ordre naissant. Dans la suite, il fut prieur de Padoue. C'est en cette qualité qu'en 1233 il déposa à Bologne, devant les trois commissaires nommés par Grégoire IX, sur les vertus de saint Dominique. Sa déposition, conservée par Bernard Guidonis, a été reproduite par Échard, *Scriptores ordinis praedicatorum*, Paris, 1719, t. I, p. 48-49. D'après le témoignage d'Amizio, nous voyons que saint Dominique le prit quelquefois comme compagnon dans ses voyages apostoliques. En 1248, au chapitre provincial, il fut nommé prieur du couvent de Saint-Eustorge, à Milan; il fut relevé de sa charge en 1250. Pio, dans les *Vite degli huomini illustri di san Domenico*, 2ᵉ édit., Bologne, 1620, p. 30 (où il l'appelle Arditio da Solaro, ou Anitio et encore Amizo), rapporte qu'il fut chargé d'instruire le procès contre les assassins de saint Pierre de Vérone en 1252. D'après le même auteur, il aurait vécu jusqu'en 1288 et ce serait le même personnage que Leandro Alberti, *De viris illustribus ord. praed.*, Bologne, 1517, fol. 123, appelle *Ardigonus Mediolani*. Mais l'opinion d'Échard est qu'il s'agit ici d'un autre religieux, car on ne pourrait accorder une mort aussi tardive avec le fait qu'Amizio était déjà un personnage à son entrée dans l'ordre des prêcheurs.

Échard, *Scriptores ordinis praedicatorum*, Paris, 1719, t. I, p. 48. — Galvano della Fiamma, *Chronica ord. praed.*, édit. Reichert, Rome, 1897, p. 89, 95. — Michele Pio, *Leandro Alberti*, loc. cit. — Argelati, *Bibl. Mediol.*, Milan, 1745, t. II, 1ʳᵉ part., 1422-1423.

R. COULON.

AMKELBALD, moine, puis abbé de l'abbaye bénédictine de Dumfermlin, dans le comté de Fife (Écosse), fut, selon Dempster et Tanner, l'auteur des ouvrages suivants : *De utroque Adam*, *Mysteria passionis Christi*, *De beata Dei matre*. Les mêmes auteurs le font mourir en 698. Son existence paraît fort douteuse.

Tanner, *Bibliotheca Britannico-Hibernica*, Londres, 1798, p. 38. — Dempster, *Historia ecclesiastica gentis Scotorum*, I, 89, Bannatyne Club, Édimbourg, 1829, t. I, p. 53, 54.

A. TAYLOR.

AMLACARD ou **AMLACAIRE**, compté comme le onzième évêque de Séez, aurait gouverné ce diocèse de 640 à 660 environ. Il était présent au concile de Chalon-sur-Saône, en 644. On l'a parfois confondu avec saint Maillard, autre évêque de Séez, qui figure au bréviaire de ce diocèse, au 11 mai.

Gallia christiana, 1759, t. XI, col. 676. — Maurey d'Orville, *Recherches historiques sur la ville, les évêques et le diocèse de Séez*, Séez, 1829, p. 89. — Hommey, *Histoire générale ecclésiastique et civile du diocèse de Séez*, Alençon, 1899, t. I, p. 181-194.

Michel PRÉVOST.

AMLING (WOLFGANG), théologien réformé (1542-1606), fut étudiant à Tubingue, Wittemberg, Iéna, pasteur à Zerbst, et professeur au gymnase de cette ville. Il s'opposa énergiquement aux efforts des théologiens de Wittemberg pour arriver à une formule de concorde que tous les dissidents de Rome pourraient admettre; il travailla toute sa vie à faire triompher les idées calvinistes dans la principauté d'Anhalt et, en 1596, malgré une violente opposition populaire, parvint à faire réformer la liturgie dans ce sens. On a de lui de nombreux écrits polémiques et apologétiques.

Détails et bibliographie dans l'article de Heppe, *Allgemeine deutsche Biographie*, t. I, p. 399 sq., et dans celui de Plitt, *Realencyklopädie*, t. I, p. 449.

J. DE LA SERVIÈRE.

AMMAEDARA. Ville de Byzacène, dont le nom est souvent défiguré dans les textes épigraphiques ou littéraires : on trouve les formes *Ad Medera* ou *Admedera*, *Almedera*, *Ammedara*, *Amanedera*, et même *Metridera* dans Orose, VII, 36; Procope écrit, *De aedif. Justin.*, VI, 6, Ἀμμαίδαρα. L'orthographe correcte, donnée par les inscriptions les plus récentes, est *Ammaedara*, en grec Ἀμμαίδαρα. Cette localité correspond à la moderne Haïdra, située à 35 kilomètres environ au nord-est de Tébessa. C'était une colonie de vétérans, fondée par Vespasien ou par ses fils, d'où lui vint son nom de *Colonia Flavia Augusta Emerita Ammaedara*. Les citoyens étaient inscrits dans la tribu *Quirina*. Malgré toutes les dévastations qu'elle a subies, soit au moment de l'invasion arabe, soit du fait des modernes chercheurs de pierres, il en subsiste des ruines importantes, couvrant trois collines distinctes, sur les deux rives de l'Oued Haïdra, mais principalement sur la rive gauche. En 1862, Victor Guérin estimait qu'elles occupaient un emplacement d'environ 6 kilomètres de pourtour. On y reconnaît un théâtre, deux arcs de triomphe — dont un grandiose, du temps de Septime-Sévère — plusieurs mausolées, de nombreux tombeaux, mais surtout des monuments de l'époque byzantine, une puissante forteresse, dont Procope, loc. cit., attribue la fondation à Justinien, et qui doit être plus ancienne; enfin une série d'édifices chrétiens.

M. Gsell, qui a fait de ces derniers une étude approfondie (voir ci-dessous, à la bibliographie), reconnaît d'abord trois basiliques : on peut attribuer l'une au IVᵉ siècle; pour assigner une date à la seconde, il faudrait que des fouilles méthodiques vinssent fournir des éléments nouveaux d'appréciation; la troisième ne doit pas être antérieure au VIᵉ siècle. Elles ont été bâties, au moins partiellement, avec des matériaux pris à des constructions précédentes, cippes funéraires païens, fragments de frises, etc. Il en va de même pour deux autres monuments très intéressants, à des titres divers. Sur la dénomination du premier les archéologues discutent encore; les auges qui en garnissent les côtés les ont beaucoup intrigués. M. Saladin voit là une église convertie en écurie par les Arabes; M. Diehl rattache cette écurie et les logements contigus à un vaste établissement religieux analogue au couvent fortifié de Tébessa. M. Gsell oppose de graves objections à ces deux hypothèses, sans d'ailleurs présenter lui-même une solution de la difficulté. De fait, bien qu'on connaisse d'autres édifices à cuves (Tébessa, Le Kef, Henchir Goubeul et Henchir el Begueur), qui peuvent servir de termes de comparaison, il paraît à l'heure actuelle bien malaisé de se prononcer sur la destination d'un pareil ensemble.

Au contraire, il n'y a aucune incertitude au sujet du cinquième monument, de construction extrêmement barbare; c'est une chapelle de l'époque vandale, avec *presbyterium*, érigée selon toute apparence entre 494 et 510. Ce qui en fait le grand intérêt, c'est que le sol y était tapissé d'inscriptions, dont quelques-unes méritent d'être signalées. L'une d'elles, que M. Gsell date de la fin du ve siècle ou de la première moitié du vi^e, déposée aujourd'hui au Musée de Tébessa, est ainsi conçue :

Corp. inscr. lat., t. VIII, n. 10515 :

HIC HABENTVR
MEMORIE SACVM
PANTAΛEONTI
IVΛIAN I E · COMITV

Hic habentur memori(a)e sa(n)c(tor)um Pantaleonti(s), Juliani e(t) comitu(m).

Cette dalle devait être placée entre les pieds de l'autel, fermant ainsi le *loculus* dans lequel étaient contenues les reliques des saints qu'elle mentionne, c'est-à-dire saint Pantaléon de Nicomédie, saint Julien d'Antioche et leurs compagnons. Saint Julien était en grande vénération en Afrique à l'époque byzantine. Cf. S. Gsell, *Musée de Tébessa*, 1902, p. 11 ; Monceaux, *Histoire de l'Afrique chrétienne*, 1905, t. III, p. 179, 485 ; *Enquête sur l'épigraphie chrétienne d'Afrique*, n. 240, dans *Mémoires présentés par divers savants à l'Académie des inscriptions*, 1908, t. XII, 1re partie, p. 167, 192-194 ; dom Leclercq, *L'Afrique chrétienne*, 1904, t. I, p. 267-268, n. 4. Le texte d'Ammaedara nous fournit un nouveau témoignage de la diffusion du culte des saints orientaux dans ces contrées, après la conquête de Bélisaire.

Parmi les nombreuses épitaphes recueillies au même endroit, et qui s'échelonnent depuis Constantin jusqu'au vi^e siècle, il faut noter celle d'un sous-diacre (*Corp. inscr. lat.*, t. VIII, n. 452), celle d'un jeune lecteur de cinq ans (*ibid.*, n. 453), qui fait songer aux *lectores infantuli* de Carthage dont parle Victor de Vita, *Hist. pers. Vand.*, IV, 34 ; enfin celle d'un évêque, dont le nom a malheureusement péri (*ibid.*, n. 11645) : ... *aus ep(is)c(o)p(u)s*. Mais les plus curieuses sont les deux suivantes, *Corp. inscr. lat.*, t. VIII, n. 450 : (chrisme) *Astius Vindicianus v(ir) c(larissimus) et fl(amen) p(er)p(etuus) ; ibid.*, n. 10516 : (chrisme) *Astius Mustelus fl(amen) p(er)p(etuus) Cristianus vixit annis LXXII quievit VIII id(us) decembres anno IIII d(omini) n(ostri), regis Ildirix* (= 525-526). Il y a une curieuse survivance des usages romains à l'époque vandale. Le titre de flamine perpétuel que portent ces deux personnages n'implique aucune participation au paganisme. Ce n'était plus alors qu'une simple dénomination honorifique, réservée à l'aristocratie municipale. Non seulement ces défunts n'étaient pas des païens, mais rien ne permet de supposer qu'ils fussent attachés à l'arianisme. En tant que Romains, ils devaient être catholiques, l'hérésie étant surtout le fait des Vandales. Par conséquent la chapelle où ils furent enterrés, eux et leurs frères dans la foi, appartenait, selon toute probablité, aux catholiques.

Les listes conciliaires nous ont conservé le souvenir de plusieurs évêques d'*Ammaedara*, où le christianisme semble avoir pénétré de bonne heure. Car le plus ancien d'entre eux, Eugenius, est contemporain de saint Cyprien ; il assista en 256 au concile de Carthage, dans lequel l'épiscopat africain décida que les hérétiques revenus à l'Église devaient être rebaptisés. *Sententiae episcoporum numero LXXXVII de haereticis baptizandis*, 32, dans Cypriani *Opera*, édit. Hartel, t. I, p. 448 ; P. L., t. III, col. 1065, 1091. Comme la plupart des villes d'Afrique, *Ammaedara* fut envahie par le donatisme : à la conférence de Carthage, en 411, en face de l'évêque catholique Sperastus, était aussi présent son compétiteur schismatique Crescentianus. *Gesta collationis habitae inter episcopos catholicos et donatistas*, I, 126, 208 ; Mansi, *Sacr. concil. nova et ampliss. collectio*, t. IV, col. 101, 159, 268, 270.

Peut-être faut-il voir un témoignage de la ferveur particulière des fidèles d'*Ammaedara* dans certaines inscriptions des catacombes romaines, citées par J.-B. De Rossi. A diverses reprises on a lu sur des épitaphes de ces cimetières l'expression *de regione Admederensium*, ou encore *Ammedarenses*. Ces formules attestent sans doute chez les chrétiens de cette ville ou de la région environnante l'habitude de venir en pèlerinage à Rome.

Corpus inscriptionum latinarum, t. VIII et Supplément, p. 50-65, 926, 1198-1209, n. 302-464, 10515-10518 a, 11496-11658. — Morcelli, *Africa christiana*, Brescia, 1816-1817, t. I, p. 74-75. — *Notitia dignitatum*, édit. Böcking, Bonn, 1839-1853, t. II, Annot., p. 643. — V. de Vit, *Totius latinitatis onomasticon*. Prato, 1859, au mot *Admedera*, t. I, p. 59. — V. Guérin, *Voyage archéologique dans la Régence de Tunis*, Paris, 1862, t. I, p. 347-366. — Gams, *Series episcoporum*, Ratisbonne, 1873, p. 464. — De Rossi, *Di un... epigrafe teste scoperta in Ammedera spettante a « memoriae » di martiri*, dans *Bullettino di archeologia cristiana*, 1877, p. 107-113 ; *Una basilica di Ammedera ed i « flamines perpetui christiani »* ; *come si possa conciliare il titolo di « flamen perpetuus », con quello di « christianus »*, *ibid.*, 1878, p. 25-36. — Ch. Tissot, *Géographie comparée de la province romaine d'Afrique*, Paris, 1884-1888, t. II, p. 459-462, 816. — Cagnat et Saladin, *Voyage en Tunisie*, dans *Le tour du monde*, 1887, t. LIII, p. 228-235. — Saladin, *Rapport sur la mission faite en Tunisie de novembre 1882 à avril 1883*, dans *Archives des missions scientifiques et littéraires*, 1887, IIIe série, t. XIII, p. 169-189. — De Mas-Latrie, *Bulletin de correspondance africaine*, 1886, p. 85 ; *Trésor de chronologie*, 1889, col. 1868. — Mgr Toulotte, *Géographie de l'Afrique chrétienne*, Rennes-Paris, 1892-1894, *Byzacène*, p. 43-49. — Joh. Schmidt, *Ammaedara*, dans Pauly-Wissowa, *Real-Encyclopädie*, t. I, col. 1841-1842. — Diehl, *Rapport sur deux missions archéologiques dans l'Afrique du Nord (avril-juin 1892 et mars-mai 1893)*, dans *Nouvelles archives des missions scientifiques et littéraires*, 1893, t. IV, p. 332-335. — Goetschy, *Fouilles archéologiques exécutées en mai 1894 dans la région d'Haydra (Tunisie)*, dans *Recueil des notices et mémoires de la Société archéologique du département de Constantine*, 1894, t. XXIX, p. 566-581. — Toutain, *Les cités romaines de la Tunisie*, Paris, 1895, p. 316, 382. — Fr.-X. Kraus, *Geschichte der christlichen Kunst*, Fribourg-en-Brisgau, 1895, t. I, p. 274-277. — Diehl, *L'Afrique byzantine*, Paris, 1896, p. 153, 164, 191-200, 421, 428, 619, 623. — Benson (éd. White), *Cyprian, his life, his times, his work*, Londres, 1897, p. 595. — Cagnat et Gauckler, *Les monuments antiques de la Tunisie* : I. *Les temples païens*, Paris, 1898, p. 115-116. — P. Gauckler, *Enquête sur les installations hydrauliques romaines en Tunisie*, Tunis, 1899, t. I, p. 148, 200. — S. Gsell, *A propos de diverses inscriptions chrétiennes d'Afrique*, dans *Bulletin archéologique*, 1899, p. 450-451. — *Thesaurus linguae latinae*, Leipzig, 1900, t. I, col. 1936, au mot *Ammaedara*. — Wieland, *Ein Ausflug insalchristliche Afrika*, Stuttgart, 1900, p. 113-114. — Diehl, *Justinien et la civilisation byzantine au ve siècle*, Paris, 1901, p. 232, 235, 237, 101. — S. Gsell, *Édifices chrétiens d'Ammaedara*, dans *Atti del IIo Congresso internazionale di archeologia cristiana tenuto in Roma nell'aprile 1900*, Rome, 1902, p. 225-239. — Merlin, *Rapport sur les inscriptions latines de la Tunisie*, dans *Nouvelles archives des missions scientifiques et littéraires*, 1907, t. XIV, p. 144-145. — Aug. Audollent, *Bandeau de plomb avec inscription trouvé à Haïdra (Tunisie)*, dans *Mélanges offerts à M. Émile Chatelain*, Paris, 1910, p. 545-556. — Piganiol et Laurent-Vibert, *Recherches archéologiques à Ammaedara (Haïdra)*, dans *Mélanges de l'École française de Rome*, 1912, t. XXXII, p. 69-229, avec bibliographie, p. 76. — R. P. Mesnage, *L'Afrique chrétienne*, Paris, 1912, p. 77-79.

Aug. AUDOLLENT.

AMMAN (JOBST, JOST, JOSSE), peintre, dessinateur et graveur sur bois et sur cuivre, né à Zurich, au mois de juin 1539, mort à Nuremberg vers le milieu de mars 1591. Ses contemporains le surnommèrent *absolutissimus pictor*. Son père, Jean-Jacques, était professeur de rhétorique et de langues anciennes à la *Karlsschule*, de Zurich, en même temps que chanoine (protestant). Jobst, dernier enfant de sa troisième femme, Élisabeth (Elsi) Egger, eut pour marraine la fille aînée de Zwingli, Regula, dont le père était ami de la famille. A l'exemple de l'un de ses frères, qui s'était fait orfèvre, Jobst abandonna les belles-lettres pour se consacrer à la peinture. Ses maîtres ne nous sont pas connus. Vers 1550, il se mit à voyager et se rendit d'abord à Bâle. L'année suivante, nous le rencontrons à Nuremberg, où il semble être venu pour se mettre à l'école de Virgil Solis (1514-1562), auquel il succéda (probablement) comme illustrateur de la maison Feierabend de Francfort-sur-le-Mein. En 1575, il s'établit définitivement à Nuremberg, sauf quelques courts séjours à Augsbourg, à Francfort-sur-le Mein, à Heidelberg, à Wurzbourg et à Altdorf; il y restera jusqu'à sa mort. Ses œuvres lui rapportèrent peu, exploité qu'il fut par ses éditeurs et surtout par Feierabend. Il mourut vers le milieu de mars 1591. On ne sait absolument rien du lieu de sa sépulture.

De ses œuvres, multiples et variées, les seules qui doivent ici retenir notre attention sont ses illustrations de la Bible et ses costumes ecclésiastiques et religieux. La première Bible illustrée par Amman est celle qui parut en 1564 à Francfort-sur-le-Mein, chez Raben, Feierabend et les héritiers de Weygand Hannen. Elle contient 133 gravures sur bois et eut dix éditions successives; le texte est celui de Luther. Puis vint la Bible de 1571, avec 198 illustrations (gravures sur bois); celle-ci n'eut que sept éditions. Son recueil de costumes ecclésiastiques est : *Ständ und Orden der II. römischen catholischen Kirchen, darinn aller Geistlichen Personen... Habit und Kleidung, beneben schönen und künstl. Figurn, fleissig beschrieben durch A. Lonicerum M. D. XXCV. in Verlegung Sigm. Feyerabends.*

Becker, *Jobst Amman*, Leipzig, 1854. — *Meyers allgem. Künstlerlexikon*, t. I, p. 639 sq. -- Meyer Zeller, *Josse Amman*, Zurich, 1879. — O. Schorn, *Jobst Amman*, dans *Kunst und Gewerbe*, 1882, t. XVI, p. 1 sq. — Bruns, *Schweizerisches Kunstlexikon*, 1902, t. I. — Amman, *Geschichte der Familie Amman von Zürich*, 1901.

A. BAYOL.

1. AMMANATI (BONIFACIO DEGLI). Originaire de Pistoie, il entra à la cour pontificale en qualité de professeur de droit et avocat des causes fiscales. Il assista au conclave qui élut Urbain VI. Devant le roi et le conseil de Castille, il raconta avec précision les événements dont il fut le témoin (29 et 30 mars, 1er avril 1381). Partisan déclaré de Clément VII, il s'efforça de le faire reconnaître par la république de Florence, mais parvenu, en novembre 1387, dans la ville, il en fut congédié le 4 janvier 1388, sans avoir obtenu satisfaction. En juin 1397, il prononça un discours contre la voie de cession que venait proposer à Benoît XIII une triple ambassade composée de Français, d'Anglais et de Castillans, et reçut en récompense le chapeau de cardinal avec le titre de Saint-Adrien (21 décembre). Malgré la défection de la plupart des cardinaux, il resta fidèle au pape pendant la soustraction d'obédience et s'enferma avec lui dans le palais d'Avignon, assiégé par le maréchal Jean de Boucicaut. Délégué par Benoît XIII avec deux de ses collègues pour conférer avec les représentants des cardinaux rebelles, il fut victime d'un attentat de la part de Boucicaut. Au mépris des conventions, il fut arrêté (24 octobre 1398), puis, peu après, enfermé dans une dure prison à Boulbon. Délivré au bout de cinq mois, moyennant une forte rançon, il rentra à Avignon. Victime de vexations odieuses, il se résolut à s'enfuir en Aragon sous un travestissement ; reconnu en chemin, il fut de nouveau arrêté par les officiers royaux (7 mai 1399) et enfermé dans la geôle d'Aigues-Mortes, où il mourut le 19 juillet. Enterré dans l'église des mineurs du lieu, il opéra de nombreux miracles, suivant Martin d'Alpartil.

Juriste distingué, il est l'auteur d'un certain nombre de gloses sur les Clémentines, bien que celles-ci soient attribuées à un certain *Bonifacius de Vitaliniis*. Il composa aussi un petit traité sur la capacité des frères mineurs à accepter des héritages. Bibliothèque nationale, ms. latin *4591*, fol. 107 v°-709 v°, incipit : *An fratres minores successionum hereditariarum sint capaces?* Les allégations développées devant le roi de Castille sont incluses aux mss. latins *1170*, fol. 142 r°-163 r°, 182 r°-186 r°, et *9724*, fol. 108 r°-142 r°. Quelques-unes ont été reproduites par Raynaldi, *Annales ecclesiastici*, ad ann. 1394, § 10.

Baluze, *Vitae paparum Avenionensium*, Paris, 1693, t. I, col. 1320, 1339-1341; t. II, col. 1124, 1129. — F. Ehrle, *Martin de Alpartils. Chronica actitatorum temporibus domini Benedicti XIII*, Paderborn, 1906, p. 55-56, 77-78 et passim. — N. Valois, *La France et le grand schisme d'Occident*, Paris, 1896-1902, t. II, p. 133-134, 203; t. III, p. 117, 194, 200-202, 227.

G. MOLLAT.

2. AMMANATI (JACOPO), dit **PICCOLOMINI**. Il naquit à Villa Basilica, au diocèse de Lucques, le 8 mars 1422. Après avoir appris les lettres à Pescia et à Florence, il vint à Rome, vers la fin de l'année 1450, et entra au service du cardinal Capranica. Suivant ses propres dires, il vécut près de dix ans dans une situation voisine de la misère. Secrétaire des lettres latines sous Calixte III, il fut distingué par Pie II, à cause de la culture de son esprit et de l'intégrité de ses mœurs. Le pape, dont il fut le *secretarius domesticus* (P. Richard, *Origines et développements de la Secrétairerie d'État apostolique*, dans *Revue d'hist. ecclésiast.*, t. XI, p. 64), l'adopta comme membre de sa famille et lui permit de porter le nom de Piccolomini. Sienne même lui conféra le droit de bourgeoisie. Pie II le nomma évêque de Pavie (d'où le nom de cardinal de Pavie, *Papiensis*, qu'il porta), le 18 juillet 1460, et le créa cardinal du titre de Saint-Chrysogone, le 18 décembre 1461. Sous le pontificat de Paul II, il tomba dans la plus complète disgrâce. Plus apprécié de Sixte IV, il s'acquitta avec satisfaction de la légation de Pérouse et de l'Ombrie. Son départ de Rome eut lieu le 23 septembre 1471. De retour le 22 février 1472, il résigna ses fonctions entre les mains du pape le 28 juillet. Le 21 octobre, il fut chargé de s'interposer entre Sienne et Florence, qui se disputaient au sujet de la délimitation des frontières de leurs territoires réciproques. Le 17 août 1477, Sixte IV le transféra sur le siège de Frascati, en lui permettant de garder celui de Pavie, et lui donna en commende celui de Lucques, le 24 septembre suivant. Il mourut à San Lorenzo, près de Vulci, le 10 septembre 1479. Malgré qu'il eût exprimé dans son testament le désir d'être enterré près de son protecteur Pie II, son corps fut inhumé, le 14 septembre, dans l'église Saint-Augustin de Rome. De son vivant, il avait entretenu des relations suivies avec tous les grands humanistes de son temps, Filelphe, Campano, Ficin, Politien, etc., avec lesquels, d'ailleurs, il soutient honorablement la comparaison.

ŒUVRES. — 1° Il écrivit une relation de la légation du cardinal Capranica à Gênes, pendant qu'il était à son service. 2° Des vies de papes qui, de son temps, furent détruites ou cachées par ses ennemis. 3° Un petit traité *De officio summi pontificis et cardinalium*, écrit en 1466 et signalé par Labbe, *Nova bibliotheca manuscriptorum librorum*, p. 310. 4° Alors qu'il était évêque de Pavie, il fit deux homélies, *De conversione ad Dominum* et *De Assumptione beatae Matris*. 5° Sa correspondance, qui va de 1462 au 8 août 1479, est très instructive pour l'histoire de son époque, quoique non exempte de partialité. Recueillie par son secrétaire Jacopo de Volterra, elle a été publiée à Milan, en 1506, par Alessandro Minuziano et comprend 782 lettres. D'autres lettres autographes ou inédites existent aux archives Vaticanes dans l'armoire XXXIX, t. x. M. Pastor en a publié une dans l'édition allemande de son *Histoire des papes depuis la fin du moyen âge*, t. II, n. 66. 6° Des *Commentarii*, en sept livres, forment la suite de l'ouvrage célèbre de Pie II. Ayant trait aux événements qui se passèrent entre le 18 juin 1464 et le 6 novembre 1469, ces commentaires sont très précieux à consulter pour l'histoire du temps. Les jugements sur la politique de Paul II doivent être souvent revisés, car Ammanati ne pardonnait pas sa disgrâce au pape. La première édition a été donnée conjointement à ses lettres par Minuziano, en 1506. On consulte plus généralement celle de Francfort (1614). 7° Son testament se trouve dans l'édition de Francfort.

Une excellente biographie de Jacopo Ammanati a été écrite par Sebastiano Paoli, *Disquisizione istorica della patria e compendio della vita di Giacomo Ammanati Piccolomini, cardinale di Santa Chiesa, detto il Papiense*, Lucca, 1712. Très rare, elle se trouve à la bibliothèque nationale de Florence. On peut consulter Amadutius, *Anecdota litteraria*, Rome, 1774, t. III, p. 355, 371. — Ciaconius,*Vitae et res gestae romanorum pontificum*, Rome, 1677, t. II, col. 1058-1066. — Eubel, *Hierarchia catholica medii aevi*, Munster, 1901, t. I, p. 14, 40-43, 71, 72, 199, 234. — Oudin, *Scriptores ecclesiastici*, t. III, col. 2630-2634. — Pastor, *Histoire des papes à la fin du moyen âge*, Paris, 1892, t. III, IV,*passim.* — A. Zeno, *Dissertazioni Vossiane*, Venise, 1753, t. II, p. 87-95.

G. MOLLAT.

3. AMMANATI (TOMMASO DEGLI).Né à Pistoie, il se rendit à la cour pontificale d'Avignon sous Urbain V. Le 9 octobre 1374, des bulles de nomination à l'évêché de Limassol dans l'île de Chypre mentionnent ses titres de clerc minoré, docteur ès lois, chapelain pontifical, auditeur des causes du palais apostolique, archidiacre à Trèves. Eubel, *Hierarchia catholica medii aevi*, t. I, p. 385. La même année, Grégoire XI l'envoya en ambassade près de l'empereur Charles IV. Revenu à Rome le 15 novembre 1377, il assista aux troubles qui marquèrent le conclave dans lequel fut élu Urbain VI. Ses dépositions devant les ambassadeurs du roi de Castille sont très importantes et renseignent copieusement sur les événements; elles ont été publiées par L. Gayet, *Le grand schisme d'Occident*, Florence, 1889, t. I, pièces justificatives, p. 64-92. Le 27 août 1379, il partit en ambassade pour la Bohême, mais séjourna (1380) à Strasbourg, où il intrigua en faveur de Clément VII. Le 21 octobre 1379, il fut nommé archevêque de Naples. En 1383, on le trouve comme légat en Bretagne, avec mission de visiter les églises et les monastères de cette province et de rattacher Jean de Montfort au parti clémentin. Il fut mêlé à l'affaire de la démission de Simon de Langres, évêque de Vannes, et à la nomination d'Henri le Barbu (Baluze, *Vitae paparum Avenionensium*, Paris, 1693, t. II, col. 946-952); il assista à la réconciliation du duc avec l'évêque de Saint-Malo (dom Morice, *Histoire de Bretagne*, t. I, p. 385, 390, 392; Preuves, t. II, col. 466) et se fit attribuer un grand nombre de bénéfices ou de pensions. G. de Lesquen et G. Mollat, *Mesures fiscales exercées en Bretagne par les papes d'Avignon à l'époque du grand schisme d'Occident*, Paris, 1903, p. 23, 51, 54, 55, 57, 61, 162 et 189. Clément VII lui créa cardinal-prêtre du titre de Sainte-Praxède, le 12 juillet 1385. Le 28 août 1386, il prononce le panégyrique de saint Augustin dans l'église des augustins à Avignon, devant tous les cardinaux réunis (H. Moranvillé, *Journal de Jean le Fèvre, évêque de Chartres*, Paris, 1887, t. I, p. 313) et meurt le 9 décembre 1396.

Baluze, *op. cit.*, t. I, col. 512, 943, 1205, 1219, 1316, 1337-

1339. — N. Valois, *La France et le grand schisme d'Occident*, Paris, 1896, t. I, p. 286; t. II, p. 369, 373.

G. MOLLAT.

AMMAVAVENGO (LEONARDO), chanoine de l'église cathédrale d'Aquino. Il fut nommé évêque de cette ville par le chapitre, et ce choix fut confirmé par Clément V, le 8 octobre 1313. Son nom est consigné dans plusieurs documents. En 1320, il paraît comme exécuteur testamentaire de Léonard, fils de Jean, juge de Pontecorvo; en 1327, il entre en conflit avec Raimondo, évêque du Mont-Cassin, qui prétendait exercer sa juridiction sur les archiprêtres de Piedemonte. Il dressa aussi la liste des pièces touchant son diocèse et des paroisses soumises à sa juridiction. Sa mort eut lieu en 1340.

Cayro, *Storia sacra e profana d'Aquino e sua diocesi*, Naples, 1811, t. II, p. 236. — Cappelletti, *Le Chiese d'Italia*, t. XXI, p. 353. — Eubel, *Hierarchia*, t. I, p. 100.

A. PALMIERI.

AMMEDARA, AMMEDERA. Voir AMMAEDARA.

AMMENDORF (HENRI D'), vingt-cinquième évêque de Mersebourg (septembre 1283-16 août 1300). Il descendait d'une ancienne famille noble du margraviat de Meissen, qui s'éteignit en 1550 avec Conrad d'Ammendorf. Cf. Kneschkle, *Neues allgmeines deutsches Adels-Lexikon*, Leipzig, 1859, t. I, p. 69. D'après cet auteur, la famille d'Ammendorf aurait fondé le monastère de Lausig (Laussig, Lutzke, Luschke; voir ce mot); cette opinion est contredite par O. Grote, *Lexikon deutscher Stifter, Klöster und Ordenshäuser*, Osterwieck, 1881, p. 296, ainsi que par Hauck, *Kirchengeschichte Deutschlands*, Leipzig, 1903, t. IV, p. 560 (voir en outre *Annales Pegavienses, anno Dni 1104*, dans *Monumenta Germaniae historica, Scriptores*, t. XVI, p. 247), qui en attribuent la fondation à Wiprecht de Troitsch, en 1105. D'après les *Chronica episcoporum ecclesiae Merseburgensis*, d'Ammendorf aurait fait certains échanges territoriaux avec le duc Albert de Brunswick. C'est une erreur; ces échanges eurent lieu sous son prédécesseur, Frédéric de Torgau (12 décembre 1266-11 août 1283 ou 1284), le 10 juillet 1281. En outre, ce n'est pas au duc Albert que Frédéric céda ces territoires, mais à l'empereur Rodolphe, lequel les donna en fief au duc en question. Cf. Boehmer, *Regesta imperii*. réédités par O. Redlich, Inspruck, 1898, VI, n. 1350, 1652.

La charte du 28 janvier 1285, par laquelle Rodolphe accorda la régale à Henri et confirma tous les privilèges de l'Église de Mersebourg à partir d'Otton II et d'Henri II, ainsi que les fiefs que les margraves de Meissen tenaient de l'évêque de Mersebourg, a été révoquée en doute par nombre d'historiens, parce qu'elle renferme de nombreuses irrégularités. Ce qu'il y a de certain, c'est qu'elle n'a pas été écrite dans une chancellerie impériale. Mais, assure Boehmer, cette charte a été conçue d'après une charte authentique; ce qui revient à dire que, inauthentique quant à la forme, elle est toutefois authentique quant au fond.

Le 4 juin 1291, l'empereur Rodolphe donna en fief à Henri d'Ammendorf 100 à 150 hectares de terrain situé à Geusan. Boehmer-Redlich, *Regesta imperii*, t. VI, n. 2482.

Wilmans, *Chronica episcoporum ecclesiae Merseburgensis*, dans *Monum. German. histor., Scriptor.*, t. X, p. 193-194; *Regesta episcoporum Merseburgensium*, dans Pertz, *Archiv. für ältere deutsche Geschichtskunde*, Hanovre, 1858, t. XI, p. 180-191. — Boehmer-Redlich, *Regesta imperii*, Innsbruck, 1898, t. VI, n. 1879, 2482. Voir en outre MERSEBOURG.

A. BAYOL.

AMMENHAUSEN (CONRAD DE), poète du XIV° siècle, né dans la Thurgovie. Jeune encore, il voyagea en

France, se fit dans la suite prêtre et finit par entrer au couvent de Stein sur le Rhin. Nous avons de lui un ouvrage d'environ vingt mille vers sur le jeu d'échecs, *Schachabelbuch* (*Zabel* = *tabula*, le titre en allemand actuel serait *Schachbrettbuch* : livre de l'échiquier) qu'il termina dans les premiers mois de 1337. Il s'est inspiré d'un ouvrage similaire (en latin) de Jacques de Cessolis (vers 1300). Conrad fait entrer dans son poème une foule d'historiettes empruntées à toutes les littératures de l'Europe; on rencontre çà et là des discussions interminables sur les devoirs des différents états de vie. Aussi cet ouvrage contient-il une foule d'anecdotes qui renferment de précieux renseignements sur la politique et les mœurs de l'époque. Ce dont il nous parle le moins, c'est du jeu d'échecs.

Wackernagel, dans les *Beiträge zur Geschichte und Literatur*, de Kurz et Weissenbach, Aarau, 1846, p. 28 sq., 158 sq., 314 sq. — Bartsch, dans *Allgemeine deutsche Biographie*, t. I, p. 402. — Engel, *Geschichte der deutschen Literatur*, Vienne-Leipzig, 1912, t. I, p. 149.

A. BAYOL.

AMMENSLEBEN, aujourd'hui Gross-Ammensleben, village de plus de 1 600 habitants dans la province de Saxe (arrondissement de Wolmerstaedt, département de Magdebourg), connu par son abbaye, fondée, vers 1120 ou 1125, par Thierry, comte de Grieben, et ses fils. La fondation, approuvée par l'archevêque de Magdebourg, alors saint Norbert, fut d'abord une collégiale de chanoines. Ceux-ci adoptèrent, vers 1129, la règle de saint Benoît et se mirent à construire une belle église que l'archevêque Conrad consacra en 1135, sous le vocable des saints apôtres Pierre et Paul. La jeune fondation semble être restée pendant quelque temps sous le gouvernement de l'abbaye voisine de Berge, car de là lui vint, en 1140, le premier abbé, Berthold. Vers 1230, un violent incendie détruisit tout le couvent, qui fut bientôt reconstruit. L'abbaye n'acquit jamais une grande importance ni n'exerça quelque influence au dehors, bien que ses domaines et possessions devinssent peu à peu d'une assez vaste étendue. Ces possessions lui valurent le droit de patronage sur les églises de neuf villages environnants. C'est vers le milieu du XIVe siècle que son état fut le plus prospère. A partir de cette époque, on peut noter un certain déclin dans la discipline; la mauvaise administration des biens de l'abbaye amena bientôt aussi la déchéance matérielle. L'abbé Arnold II fut déposé, son successeur s'enfuit et le remplaçant mourut assassiné. A la mort de l'abbé Sébastien, en 1449, plusieurs religieux, sans attendre une élection ou une confirmation quelconque, s'arrogèrent le titre d'abbé. Il semble même que, pendant quelques années, les bâtiments délabrés restèrent complètement abandonnés des rares religieux qui auraient dû y résider. L'archevêque de Magdebourg Frédéric de Beichlingen (1445-1464) crut alors le moment venu de réformer entièrement le monastère. En 1461, il confia à l'abbé de Berge, Hermann Moeller, le soin de cette réforme. Hermann s'acquitta de sa charge aussi bien qu'il put, repeupla le monastère de moines qu'il fit venir de son propre couvent et plaça à leur tête un prieur. Il restaura les bâtiments tombés en ruine, paya les dettes et racheta une partie des biens aliénés. Un contrat passé devant le nouvel archevêque, Jean de Bavière, stipula que l'abbaye n'aurait rien à rembourser à celle de Berge pour toutes ses dépenses, tant que les religieux resteraient fidèles à la règle bénédictine, dite de Bursfeld. Après une épreuve de huit ans, en 1470, on procéda à l'élection d'un abbé. Le nouvel élu, Tilhman Schonebeck, continua le mouvement de réforme imprimé par Hermann (mort le 21 janvier 1478), agrandit les possessions de l'abbaye et dépensa de fortes sommes pour agrandir la bibliothèque et la fournir de bons livres. A cause de son peu d'importance relative, l'abbaye survécut aux troubles de la Réforme protestante. En 1577, l'abbé, Henri Schuckmann, alors âgé de quatre-vingt-deux ans, embrassa la confession luthérienne et entraîna avec lui une partie des religieux : la messe fut abolie, mais on garda la récitation du bréviaire. Quand Schuckmann mourut, deux ans après, des divisions éclatèrent parmi les religieux pour le choix du successeur. Le parti protestant porta son choix sur Jean Baumeister, mais l'empereur Rodolphe confirma l'élection de Hartwig Kaltmann, faite par le parti catholique. La lutte se termina par la démission des deux compétiteurs, en 1580. A partir de cette époque, l'histoire du monastère ne présente plus aucun fait saillant. En 1804 il fut supprimé et adjugé au domaine royal de la Saxe. Les moines se dispersèrent; seul le prieur Placide Beyer, profès en 1777, reçut la permission de rester jusqu'à la fin de ses jours dans l'ancienne abbaye. Il y mourut en mai 1843, âgé de quatre-vingt-douze ans.

LISTE DES ABBÉS (d'après Holstein). — Berthold, 1140-1160 (témoin en 1152 et 1153). — Luitbert, vers 1160. — Segebodo. — Reimbold. — Volcmar. — Godefroid, 1197-1208. — Chrétien, 1208-1226. — Césaire, 1226-1249 — Volcwin, 1247-1263. — Frédéric Mourin, 1263-1273 (meurt assassiné). — Thierry Lentzelin, 1273-1281. — Henri de Harsdorf, 1283-1286 (résigne). — Thierry de Dodeleben, dit Poppon, 1286-1300 (résigne). — Alexandre de Bardeleben, 1300-1308. — Bodon de Randau, 1308-26 mai 1334. — Arnold Kolnen (ou Kölner), 1334-1344. — Pierre, 1344-1355. — Arnold II, 1355, déposé en 1372. — Henri, 1372-1393. — Laurent Clebe, 1393-1425 (meurt assassiné). — Henri Wulfhagen, 1425-1447. — Sébastien Kuntze, 1447-1449. — Thierry, prieur de 1462-1470. — Tilmann Schonebeck, 1470-1486. — Grégoire Kirchhof, 1486-3 août 1518. — Egbert Fischer de Borkelow, 1518-1543. — Henri Schuckmann, 1543-1579. — Hartwig Kaltmann (et Jean Beaumeister), 1579-1580. — Ludger Huffgen, 1580-1608. — Caspar Ulenberg, 1608-1636. — Jean Torweston, 1639-1669. — Ferdinand d'Erwitt, profès de Werden, 1669-1670, — Placide Meinders, profès et prieur à Saint-Godehard de Hildesheim, élu abbé le 4 octobre 1670, † 22 septembre 1704. — Benoît Thornbusch, 6 octobre 1704-10 mars 1706. — Boniface Thier, 23 mars 1706-30 mai 1724. — Paul Tönnis, 13 juin 1724-14 juillet 1733. — Boniface Sinker, 25 août 1733-6 novembre 1741. — Charles Ricker, 13 décembre 1741-23 août 1761. — Placide Trier, auparavant prévôt à Hamersleben, 1er octobre 1761-25 septembre 1765. — Boniface Weyrathen, 24 octobre 1765-16 mars 1771. — Joseph Demeur, 24 avril 1771-29 décembre 1773. — Placide Schubeler, 9 février 1774-10 février 1780. — Bède Litze, 16 mars 1780-27 janvier 1795. — Boniface Schoffs, 1795, jusqu'à la suppression de l'abbaye.

Les chartes et documents originaux se rapportant à l'abbaye sont perdus pour la plus grande partie. Les archives d'État de Magdebourg en possèdent encore cinquante-huit. Deux chroniques partielles de l'abbaye ont été publiées. La première, composée en 1519 par le moine Jean Twehusen, a été éditée par Wiggert, *Kloster Ammensleben*, dans *Allgemeines Archiv für die Geschichtskunde des Preussischen Staates*, édité par L. von Ledebur, t. XI, p. 231-238. La deuxième, allant jusqu'au milieu du XVIIe siècle, a été éditée par François Winter, dans les *Neue Mitteilungen... des thüringisch-sächs. Vereins*, Halle, 1874, t. XIII, p. 260-294. — Une analyse des documents relatifs à l'abbaye (144 n. de 1120-1618), avec une rapide aperçu sur l'histoire de l'abbaye et une liste des abbés, a été publiée par le prof. Holstein, *Urkunden und Urkundenregesten zur Geschichte des Klosters Ammensleben nebst einer Reihe der Aebte*, dans *Geschichts-*

blätter für Stadt und Land Magdeburg, 1879, t. XIV, p. 310-330. — Holstein, *Urkundenbuch des Klosters Berge bei Magdeburg*, Halle, 1879. — A. Hauck, *Kirchengeschichte Deutschlands*, Leipzig, 1911, t. IV, p. 978.

G. ALLMANG.

1. AMMIA de Philadelphie. Prophétesse inconnue, dont le nom figure dans un des extraits de l'Anonyme antimontaniste incorporé par Eusèbe à son *Histoire ecclésiastique*. « Un peu plus loin (rapporte Eusèbe, V, XVII, 2), il énumère ceux qui ont prophétisé selon le Nouveau Testament. Parmi eux, il compte une certaine Ammia et Quadratus. » Et encore : « Ils [les montanistes] ne pourront montrer aucun prophète, ni dans l'Ancien, ni dans le Nouveau Testament, qui ait été rempli par l'Esprit de cette manière. Ils ne peuvent revendiquer ni Agabus, ni Judas, ni les filles de Philippe, ni Ammia de Philadelphie, ni Quadratus, ni les autres quels qu'ils soient, vu qu'ils n'ont aucun rapport avec eux. » V, XVIII, 3. Dans ce dernier passage, ce sont les propres paroles de l'Anonyme que cite Eusèbe. D'après la place qui lui est assignée, cette Ammia, prophétesse orthodoxe, devait vivre dans la première moitié du second siècle de l'ère chrétienne. Il y avait une cité de Philadelphie en Lydie, au sud-est de Sardes, une autre en Cilicie, non loin de la frontière lycaonienne. Le nom d'Ammia est très fréquent dans les inscriptions de Phrygie. Cf. Kretschmer, *Einleitung in die Gesch. des griesch. Sprache*.

P. DE LABRIOLLE.

2. AMMIA. Voir THÉODOTE (Saint).

AMMIANI ou **AMIANI** (SEBASTIANO), appelé aussi Broilo, religieux augustin, né à Fano, au XVIᵉ siècle. Il étudia à Rome, à Bologne, à Trévise, où il reçut le diplôme de *magister theologiae* en 1558. Il fut nommé, peu après, secrétaire général de l'ordre et, en 1563, prit part au concile de Trente. Sa mort eut lieu le 30 juillet 1568. Voici la liste de ses ouvrages : 1° *Summa theologiae ab universitate theologorum Parisiensium jam olim ultra 100 annos a quatuor libris Sententiarum mag. Petri Lombardi excerpta*, Venise, 1559; 2° *Discorsi predicabili per documento del vivere cristiano*, Venise, 1562, 1563, 1570, etc.; 3° *La seconda parte delli discorsi predicabili, con alcuni discorsi contro molte bestemmie di Paolo Vergerio*, Venise, 1563; 4° *Thomae ab Argentina eremitarum divi Augustini prioris generalis, Commentarii in quatuor libros Sententiarum emendati per Sebastianum Fanensem eiusdem ordinis*, Venise, 1564; Gênes, 1585; 5° *Doctrina christiana et catholica sacri Verbi Dei praedicantibus valde utilis et necessaria*, Venise, 1566; 6° *Christiana institutio virtutum et vitiorum sacri Verbi Dei declamantibus admodum utilis et necessaria*, Venise, 1567; Paris, 1650, 1661, 1667; Lyon, 1669. Le P. Ammiani est peut-être simplement l'éditeur de ces deux volumes; 7° *Conclusiones catholicae ex divi Augustini dictis*, ouvrage de polémique contre Luther, inédit; 8° *Vita B. Thomae a Villanova*, inédit; 9° *De antiquitatibus urbis Romae*, inédit et inachevé.

Panfilo, *Chronica fratrum ord. eremitarum S. Augustini*, Rome, 1581, p. 126. — Possevin, *Apparatus sacer*, Venise, 1606, t. III, p. 199. — Gratianus, *Anastasis augustiniana*, Anvers, 1613, p. 162. — Herrera, *Alphabetum augustinianum*, Madrid, t. II, p. 401. — Elssius, *Encomiasticon augustinianum*, Bruxelles, 1654, p. 162. — Torelli, *Secoli agostiniani*, Bologne, 1686, t. VIII, p. 506. — Fontanini-Zeno, *Biblioteca dell' eloquenza italiana*, Venise, 1753, t. II, p. 447. — Mazzuchelli, *Gli scrittori d'Italia*, Brescia, 1753, t. I, 2ᵉ partie, p. 634-635. — Ossinger, *Bibliotheca augustiniana*, p. 161-162. — Vecchietti, *Biblioteca Picena*, Osimo, 1790, t. I, p. 99-101. — Lanteri, *Postrema saecula sex religionis augustinianae*, Tolentino, 1859, t. II, p. 448; Rome, 1860, t. III, p. 189. — Perini, *Scriptores augustiniani*, Rome, 1911, t. I, p. 76-77.

A. PALMIERI.

AMMIEN MARCELLIN. L'historien romain Ammianus Marcellinus était, par ses origines, un Oriental. Il naquit à Antioche, vers 335. Peut-être eut-il pour père Marcellinus, comte d'Orient en cette année; en tout cas, il était de bonne naissance. Il entra de bonne heure à l'armée, et fit partie, de 353 à 360, de l'état-major d'Ursicinus, maître de la cavalerie, qui commandait, au début de cette période, à la frontière de Mésopotamie. Il accompagna son chef à Milan, lorsque celui-ci dut venir se défendre auprès de Constance contre les accusations calomnieuses de ses adversaires de la cour. Ammien l'escorta encore, avec le titre de *protector domesticus*, jusqu'aux frontières de Germanie, où Ursicinus est chargé, en 355, de détruire l'usurpateur Silvanus. De retour en Orient, il participe à la grande lutte contre le roi des Perses. Sapor, toujours sous les ordres d'Ursicinus, privé de son titre de maître de la cavalerie, mais qui garde le commandement d'un corps d'armée. On lui confia alors la mission de se rendre en Corduène, province perse gouvernée par un satrape à sympathies romaines. Jovinien, pour s'enquérir des préparatifs de campagne de Sapor. Il assista ensuite au siège d'Amida et put s'enfuir au moment de la prise de la ville. Mais il ne resta pas en Orient jusqu'à la fin de la guerre. Avant qu'elle fût terminée, il quitta l'Asie avec Ursicinus, nommé maître de l'infanterie en Occident. Ils séjournèrent ensemble à Milan, où l'on faisait de répondre à l'enquête ordonnée par l'empereur sur le siège et la prise d'Amida. Le résultat de cette enquête fut la disgrâce d'Ursicinus, qui dut prendre sa retraite. Peu après, Constance mourut (361) et Julien, déjà proclamé Auguste par les légions de Gaule, lui succéda comme maître incontesté de tout l'empire. Ammien paraît ne l'avoir pas quitté pendant son règne, à en juger par tous les détails circonstanciés qu'il en raconte. Mais, après la mort de Julien, nous ne savons presque plus rien de ses faits et gestes, sinon qu'il se trouvait à Antioche en 371 et qu'il accomplit quelques voyages, notamment en Grèce et en Égypte. Il approchait de la vieillesse quand il mit la dernière main à son Histoire. Il habitait alors Rome, où l'on donnait des lectures publiques de cette œuvre, qui obtenait un grand succès. Une lettre de Libanius, qui lui est adressée, prouve qu'il vivait encore en 391; mais on ignore quand il mourut.

Qu'il ait ou non, comme on l'a conjecturé, exercé une fonction civile, après avoir abandonné la carrière militaire, il est certain que le soldat s'était transformé en lettré et que la seconde partie de sa vie fut consacrée à l'étude. Le fruit de cette activité nouvelle fut cette Histoire, qui constitue pour nous une des sources les plus précieuses sur l'époque de Constance, Julien, Jovien, Valentinien et Valens. Elle comprenait XXXI livres; mais les treize premiers, qui allaient de 96 à 353, sont perdus; les dix-huit subsistant vont exactement de 353 à 378, date de la mort de Valens. Le XIVᵉ, le premier de ceux que nous possédons, est consacré surtout au gouvernement de Gallus, César en Orient sous le règne de Constance, gouvernement déplorable qui se termine par sa condamnation et sa mort. Les livres XV à XVII nous conduisent en Gaule et nous y racontent l'œuvre de restauration et de pacification accomplie par le César Julien. Les livres XVIII et XIX nous ramènent à l'Orient et nous font assister à la phase de la guerre entre l'empire et la Perse, qui se termine par la prise d'Amida. C'est dans le livre XX que l'on voit Julien devenir Auguste. Les préliminaires de la lutte qui va s'ensuivre avec Constance sont rapportés au livre XXI, qui se clôt sur la mort subite de cet empereur. Les quatre suivants contiennent le récit du court règne de Julien et de celui, plus bref encore, de Jovien. Au livre

XXVI commencent ceux de Valentinien et de Valens. Les événements de cette période, qui se déroulent d'une extrémité de l'empire à l'autre, fournissent aux livres XXVII et XXVIII une matière que l'auteur ne pouvait guère réussir à coordonner de façon très satisfaisante. La composition des deux livres qui suivent est encore, de par le sujet même, assez souvent rompue. Le règne de Valentinien, à qui succèdent Gratien et Valentinien II, se termine dans le cours du XXXe. Enfin, le dernier conte l'invasion des Goths et s'achève à peu près avec la grande catastrophe qui met fin au règne de Valens.

Il est facile de distinguer dans cette œuvre étendue et parfois un peu confuse des divisions qui permettent d'en grouper les éléments. Aussi bien Ammien les avait-il marquées lui-même. Le règne de Constance devait constituer une partie distincte, peut-être le seconde, si toute la période antérieure, évidemment plus résumée, composait un tout formant la première. Une nouvelle partie, la troisième, débute visiblement avec le livre XV, c'est-à-dire avec l'histoire de Julien, car elle est précédée d'une préface. Il en est de même de la dernière, qui part du chapitre 1er du livre XXVI et comprend les règnes de Valentinien 1er, Valens, Gratien et Valentinien II jusqu'en 378.

Cette œuvre mérite en général grande confiance. Ammien Marcellin est un narrateur exact et un scienceux, contemporain de la plupart des faits qu'il relate et même témoin immédiat de bon nombre d'entre eux. Ce n'est pas cependant qu'il ait tous les scrupules de ses successeurs d'aujourd'hui; s'il était fort honnête et déclarait ne vouloir dire que la vérité, il professait qu'il ne faut pas toujours dire toute la vérité : analysant le contenu de la lettre officielle que Julien écrivit à Constance pour lui notifier sa proclamation à la dignité d'Auguste par les légions de Gaule, il fait remarquer qu'à cette lettre, de ton correct, en avait été jointe une autre, de caractère plus intime, fort mordante et injurieuse, et il ajoute qu'il n'en possède pas le texte, mais que, l'eût-il eu entre les mains, il ne l'aurait pas publié *par convenance*. Malgré cette conception singulière du devoir de l'historien, Ammien n'en est pas moins notre meilleur informateur sur l'époque agitée dont il nous a laissé la relation. On peut dire qu'avec lui l'histoire romaine sort brillamment de la décadence où elle était tombée après Tacite. Nous sommes loin des petites anecdotes de Suétone, des sèches biographies, sans goût ni critique, des auteurs de l'*Histoire Auguste*. Le récit est ample, grave, impartial, vivant, souvent pittoresque, il atteint plus d'une fois à l'éloquence vraie; on peut seulement lui reprocher de la rechercher trop : comme Tite-Live et comme Tacite, qu'il a voulu continuer, Ammien a naturellement le tour oratoire, et il l'a avec excès; non seulement, à la mode ancienne, il intercale sa narration des discours de sa façon, où d'ailleurs il paraît s'inspirer assez bien des circonstances comme du caractère des personnages qu'il fait parler, mais il a sans cesse l'air de discourir lui-même. Rien d'étonnant à cela, puisque son œuvre devait être déclamée; mais on ne se fatigue pas de ce style éclatant, volontaire, tendu, de cette emphase sentencieuse que nous ne jugeons plus convenir à l'historien. Du moins décèle-t-il, en même temps qu'un orateur, un moraliste, et c'est encore par là qu'Ammien est intéressant.

C'est avant tout un honnête homme, avec toute la rigidité de principes d'un vieux militaire, passionné pour la grandeur de cette Rome, dont il n'était pourtant pas un des fils, navré de constater que celle sombrait dans l'affaiblissement général qui livrait peu à peu l'empire aux entreprises des barbares, mais optimiste encore malgré tout et convaincu évidemment que des récits éloquents parsemés de belles maximes pouvaient rendre à ses concitoyens l'énergie qu'ils avaient perdue. Mais ces règles de morale, dont il aime à faire l'apologie, à quelle source les emprunte-t-il? Est-il un philosophe? un croyant attardé de la vieille religion nationale? un fidèle de l'une des religions orientales qui, dès le IIe siècle, s'étaient répandues avec tant de succès à travers l'empire romain? ou peut-être un chrétien?

Cette dernière opinion a été soutenue, notamment par Claude Chifflet. C'est l'impartialité d'Ammien vis-à-vis des chrétiens qui a principalement contribué à la faire naître; qui ne voit pourtant qu'elle en est la meilleure réfutation? Sans doute, on rencontre dans l'œuvre d'Ammien des appréciations favorables sur les chrétiens, entre autres sur les évêques charitables et bons, qui se dévouaient à leur troupeau au lieu de se lancer, comme tant de leurs collègues, dans les batailles dogmatiques, où la charité perd trop souvent tout ce que gagne peut-être la vérité. Mais à côté des éloges il y a plus d'une phrase sévère, et, dans l'ensemble, ce n'est pas de bienveillance qu'Ammien fait preuve à l'égard des chrétiens, mais de cette impartialité froide, sinon dédaigneuse, qui prouve bien qu'il n'était pas un des leurs. On relève en outre chez lui certaines manières de s'exprimer qui révèlent manifestement le non-chrétien : « Un prêtre du rite chrétien, *comme ils disent eux-mêmes* » (XXXI, XII, 8); « les synodes, *selon leur expression* » (XXI, XVI, 8). N'oublions pas enfin que Julien est, en définitive, le héros de son histoire, un héros qu'il n'admire pas aveuglément, c'est vrai, mais qu'il place tout de même plus haut dans son estime qu'aucun autre de ses contemporains; n'eût-il fait que le juger sans passion, ne serait-ce pas la preuve qu'il n'appartenait pas à l'Église? Nul chrétien du IVe siècle n'a pu parler de Julien sans exaspération.

Ammien est donc païen, mais un païen philosophe, d'esprit large, n'ayant aucune haine contre le christianisme. Comme il est surtout patriote, il aurait souhaité avant tout, non pas le triomphe de telle ou telle doctrine, mais l'union de tous les citoyens de l'empire pour la plus grande gloire du nom romain. Personnellement, il se rattache sur ses croyances au néo-platonisme, ou tout au moins il s'en rapproche. La divinité à laquelle il croit est assez vague, mais il y croit fermement; il est très pénétré de l'idée que ce monde est dominé par un monde supérieur et en relations avec lui; aussi adhère-t-il à plusieurs des superstitions du paganisme relatives aux communications entre Dieu et l'homme; il a foi en la magie jusqu'à un certain point. Mais il recule devant les excès de la crédulité païenne et se montre somme toute assez dégagé du vieux paganisme traditionnel.

Honnête homme, esprit élevé, penseur de profondeur et d'originalité médiocres, mais sincère et libre, observateur exact et largement informé, conteur précis et souvent éloquent, sans minutie excessive, mais sans dédain outré du détail, Ammien, malgré les défauts signalés, qui sont surtout ceux de son temps, est le dernier des grands historiens de Rome, un des noms les plus marquants de la littérature latine finissante et l'un des plus fidèles représentants du vieil esprit romain près de disparaître.

Les plus anciens manuscrits d'Ammien que l'on possède aujourd'hui ne datent que du IXe ou Xe siècle : ce sont les fragments de Hersfeld et le *Fuldensis*; on en a d'autres du XIVe et du XVe siècle. La première édition imprimée parut à Rome en 1474. Parmi les éditions postérieures, il faut citer avant tout celle de Henri de Valois, Paris, 1636, accompagnée d'un commentaire de première valeur, et celle de Wagner-Erfurdt, Leipzig, 1808. L'édition la plus récente, et que l'on peut considérer comme définitive, est l'édition de Gardthausen, 2 volumes de la *Bibliotheca Teubneriana*, Leipzig, 1874-1875.

On consultera avec fruit sur Ammien, en dehors des chapitres ou paragraphes qui lui sont consacrés dans les grandes histoires de la littérature latine, comme celles de Teuffel et de Schanz, ou dans la *Geschichtliche Literatur über die römische Kaiserzeit bis Theodosius I und ihre Quellen*, Leipzig, 1897, le *De Ammiani Marcellini vita et libris*, de Claude Chifflet, Louvain, 1627, et deux monographies récentes : Gimazane, *Ammien Marcellin, sa vie et son œuvre*, Toulouse, 1889, et Dautremer, *Ammien Marcellin*, Lille, 1899. — Signalons en outre les travaux de détail suivants : Max Büdinger, *Ammianus Marcellinus und die Eigenart seines Geschichtswerkes*, dans *Denkschriften der Kaiserlichen Akademie der Wissenschaften in Wien*, t. XLIV, 1895. — Rob. Novak, *Curae Ammianae*, Prague, 1896. — Th. Mommsen, *Ammian's geographica*, dans *Hermès*, 1881, t. XVI. — Gardthausen, *Conjectanea Ammianea*, Kiel, 1869. — Malotet, *De Ammiani Marcellini digressionibus quae ad externas gentes pertinent*, Paris, 1898. — H. Michaël, *De Ammiani Marcellini studiis Ciceronianis*, Breslau, 1874. — Liesenberg, *Die Sprache des Ammianus Marcellinus*, Gymn. Progr., Blankenburg-am-Harz, 1888-1889-1890. — Hassenstein, *De syntaxi ammianea*, Koenigsberg, 1877. — Ehrismann, *De temporum et modorum usu Ammianeo*, Strasbourg, 1886.

J. ZEILLER.

AMMIRATE (RAFFAELE), né à Naples, le 27 octobre 1820, fut préconisé évêque de Nocera de Pagani le 27 octobre 1871 et mourut en 1881.

Gerarchia cattolica per l'anno 1872, Rome, 1872, p. 146.

J. FRAIKIN.

1. AMMIRATO (SCIPIONE), né à Lecce, le 7 octobre 1531, étudia le droit à Naples et y ressentit l'influence de Bernardino Rota et de Angelo di Costanzo, qui le poussèrent vers la littérature. Il prit l'habit ecclésiastique et il reçut les ordres mineurs vers 1551, de Braccio Martelli, évêque de Lecce, qui, l'aimant et l'estimant beaucoup, lui conféra peu de temps après un canonicat à Lecce même. Ammirato mena, au service de plusieurs cardinaux et de différentes familles princières, une vie très nomade à travers les villes d'Italie ; c'est ainsi que nous le trouvons à Lecce, où il fonda l'Académie des transformés, à Naples, où il dirigea l'impression des poésies de Rota et un recueil de poésies lyriques religieuses, *Scelte di rime spirituali*, Naples, 1569, et où il se consacra à des recherches sur la généalogie des familles nobles et sur l'histoire du royaume. Il espérait pouvoir s'y installer avec le titre d'historiographe royal : n'y parvenant pas, il quitta cette ville en 1569 pour Florence, où le grand-duc Cosme accepta l'offre de la généalogie des Médicis qu'Ammirato avait dressée. Cosme lui confia ensuite la tâche d'écrire l'histoire de Florence, mettant à sa disposition les archives de l'État. Logé au palais et dans les villas ducales, Scipione Ammirato, qui, en 1592, était encore clerc et n'arriva par conséquent que très âgé à la prêtrise, fut nommé, en 1595, chanoine à la cathédrale de Florence. C'est dans cette ville qu'il mourut, le 31 janvier 1601. L'année précédente, il avait publié son histoire florentine depuis les origines à 1574, récit très informé, très précis et très élégant à la fois. On en a une deuxième édition de 1644. Rappelons parmi ses œuvres les discours sur Tacite, Florence, 1594, les trois volumes d'opuscules, Florence, 1642, les *Poesie spirituali*, Florence, 1634.

S. Sforza, *Scipione Ammirato e Alberico principe di Massa*, dans *Archivio storico italiano*, série V, t. XVIII, p. 108. — U. Congedo, *Cinque lettere di Scipione Ammirato a Belisario Vinta*, Lecce, 1898. — C. Valacca, *Contributo alla biografia di Scipione Ammirato*, Trani, 1898. — C. Valacca, *Una commedia inedita di Scipione Ammirato*, Trani, 1900. — U. Congedo, *La vita e le opere di Scipione Ammirato*, Trani, 1904.

P. ARCARI.

2. AMMIRATO (TOMMASO), évêque de Lecce. Par sa naissance, il appartenait à une noble et ancienne famille de Florence. A l'époque où il fut nommé évêque de Lecce (1429), il était prieur de l'abbaye bénédictine de Saint-Nicolas. Les papes Martin V et Eugène IV l'honorèrent de leur amitié et apprécièrent sa science théologique. Dans sa ville épiscopale, il fonda le monastère de Sainte-Claire, et c'est là qu'il fut déposé après sa mort. C'est à tort qu'on l'a dit franciscain. Wadding ne le mentionne pas parmi les évêques de son ordre. Il mourut en 1438. Son épitaphe est rapportée par Ughelli.

Eubel, *Hierarchia*, t. I, p. 318. — Ughelli, *Italia sacra*, 2ᵉ éd., t. IX, col. 81-82.

A. PALMIERI.

1. AMMON (Saint), martyr à Héraclée. Les synaxaires et les ménées résument, au 1ᵉʳ septembre, la passion de quarante vierges, originaires d'Adrianopolis en Macédoine, qui souffrirent le martyre sous Licinius, à Héraclée en Thrace. Elles avaient pour maître un diacre nommé Ammon, qui fut mis à mort avec elles et eut la tête tranchée. Le Martyrologe hiéronymien fait probablement allusion à ces martyres, lorsqu'il donne, au XIII des calendes de décembre, la mention : *In Heraclea, sanctae mulieres cum viduis numero quadraginta*; mais, comme on le voit, saint Ammon n'y est pas nommé avec elles.

Acta sanctor., 1746, sept. t. I, p. 156-157; nov. propyl. p. 3, 944; nov. t. II, pars prior, p. [145].

H. QUENTIN.

2. AMMON (Saint). Le Martyrologe hiéronymien mentionne au V des ides de février (9 février) un groupe d'environ quarante-quatre chrétiens qui périrent pour la foi *ad Membras*, selon toute vraisemblance *Membressa* (voir ce mot), en Proconsulaire. Le premier de la liste s'appelle *Ammon*. Ce nom est répété à quelques rangs de là dans plusieurs mss., comme s'il y avait eu deux homonymes parmi ces fidèles. Peut-être ne faut-il voir dans cette répétition qu'une des erreurs si nombreuses dans les versions qui nous sont parvenues de ce martyrologe.

Acta sanctorum, febr. t. II, p. 293. — *Martyrologium hieronymianum*, édit. De Rossi et Duchesne, p. 18. — Monceaux, *Histoire littéraire de l'Afrique chrétienne*, Paris, 1905, t. III, p. 536.

Aug. AUDOLLENT.

3. AMMON (Saint), martyr. Le Martyrologe romain signale, le 14 février, la fin glorieuse de saint Ammon et celle de six autres martyrs, ses compagnons. Les bollandistes n'ont réussi à fixer ni le lieu ni la date même approximative de leur martyre.

Acta sanctorum, feb. t. II, p. 747.

R. JANIN.

4. AMMON (Saint), martyr à Nicomédie. Il fut mis à mort pendant la persécution de Dioclétien. Peut-être a-t-il été lecteur. Fête le 12 septembre.

Acta sanctorum, sept. t. IV, p. 12.

R. JANIN.

5. AMMON (Saint), martyr à Alexandrie (249). Une lettre de saint Denys, évêque d'Alexandrie, à Fabien, évêque d'Antioche, citée par Eusèbe, *Hist. eccl.*, VI, XXXVI, raconte brièvement son martyre. Saint Ammon et trois de ses compagnons, soldats comme lui, Zénon, Ptolémée et Ingène, assistaient avec le vieillard Théophile au jugement d'un chrétien, lorsque la faiblesse de celui-ci les amena à se dénoncer. Leur émotion devant la lâcheté de leur frère et les signes d'encouragement qu'ils lui faisaient attirèrent l'attention sur eux. Ils furent demandés par le juge et, sur la simple déclaration qu'ils étaient chrétiens, ils furent condamnés à mort. Leur fête se célèbre le 9 décembre.

Acta sanctorum, jun. t. I, p. 31.

R. JANIN.

6. AMMON, évêque de Bute ou de Bota, ville de la première Égypte, du nom de Phthenothes. Il était présent au concile d'Éphèse (431), où il prit la parole pour adhérer à la doctrine cyrillienne. Il souscrivit à la déposition de Nestorius, aux actes de la VIe session, à la déposition des Orientaux.

Mansi, *Sacrorum concil. ampl. collectio*, t. IV, col. 1128, 1221, 1367; t. V, col. 531, 589, 616. — Le Quien, *Oriens christianus*, t. II, col. 529-530.

R. AIGRAIN.

7. AMMON, martyr en Égypte, 27 août, avec saint Marcellin. Voir ce nom.

8. AMMON, ou plutôt **AMOUN** (Saint), solitaire et fondateur des monastères de Nitrie, naquit d'une riche famille égyptienne, dans le dernier quart du troisième siècle. A l'âge de vingt-deux ans environ, il consentit, sur les instances de ses proches, à s'engager dans le mariage. Mais il persuada sa jeune épouse de l'excellence de la virginité et ils décidèrent d'un commun accord de vivre sous le même toit, comme frère et sœur. Socrate prétend qu'ils se retirèrent dans les déserts de Nitrie dès les premiers temps de leur union, mais il est contredit par tous les autres biographes du saint, qui sont unanimes à nous montrer les jeunes époux menant dans leur demeure une vie de prières et de mortifications. Au bout de dix-huit ans, d'après Pallade, c'est-à-dire entre 320 et 330, Ammon, ayant obtenu le consentement de son épouse, gagna le désert de Nitrie, au sud du lac de Maréotis, afin de pouvoir s'y adonner pleinement aux exercices de l'ascèse. Selon Rufin et Sozomène, il n'y avait encore aucun monastère dans cette solitude, tandis que Pallade laisse entendre qu'on y en voyait déjà quelques-uns, quoique en petit nombre. La renommée d'Ammon attira bientôt une multitude de disciples et les ermitages se multiplièrent rapidement autour de sa cellule. Nous ignorons quelle fut, de son vivant, la population de la colonie, mais vers la fin du IVe siècle, l'auteur de l'*Historia monachorum* compta une cinquantaine de monastères, renfermant cinq mille solitaires. Il est impossible d'identifier avec certitude le fameux *mons Nitrae* qui fut le noyau primitif de cette immense agglomération. Il s'élevait évidemment sur un des flancs de la triste vallée appelée aujourd'hui Wadi-Natroun, dans le fond de laquelle se desséchaient les lacs salés. Cette vallée, occupée la première, déboucha sur un aride désert qui fut à son tour, malgré sa désolation, envahi par les ermitages et prit le nom de désert des *cellae*. Un nouveau groupe essaima plus loin encore et alla peupler, au delà des *cellae*, les affreuses solitudes de Scété. Ces groupements d'anachorètes appartenaient au type semi-érémitique, comme ceux du dirigeait saint Antoine. On y recherchait la sanctification par l'ascèse, que chacun pratiquait suivant sa propre inspiration. Dans cette lutte contre les appétits de la nature, quelques solitaires atteignaient à d'inouïs raffinements de mortification. Dans les *cellae* du désert, on ne se réunissait que le samedi et le dimanche, pour le service divin. A Nitrie même, les uns vivaient seuls, tandis que d'autres s'assemblaient en petits groupes. L'église commune, située au fond de la vallée, dépendait de l'évêque d'Hermopolis *parva*, aujourd'hui Damanhour, qui la faisait desservir par des prêtres sous son obédience.

L'idéal religieux d'Ammon était donc bien différent de celui de Pacôme qui, vers le même temps, organisait au sud de Lycopolis ses innombrables milices de moines rigoureusement disciplinées. Saint Athanase nous rapporte que saint Antoine, dont l'ermitage était à treize jours de marche, tenait Ammon en grande estime. Les *Apophthegmata Patrum* contiennent le récit d'une visite de saint Antoine à saint Ammon.

Deux fois par an, celui-ci revoyait son épouse, qui dirigeait dans l'ancienne demeure conjugale une communauté de vierges. Lorsqu'il mourut dans sa solitude de Nitrie, Antoine en fut aussitôt, nous dit saint Athanase, miraculeusement informé. Il faut donc placer cet événement avant 356, date de la mort de saint Antoine. En combinant divers autres indices, on arrive à le reporter avec vraisemblance entre 345 et 350. Tous les ménologes grecs font mention de saint Ammon et l'Église grecque célèbre sa fête au 4 octobre. Par contre, il n'a jamais été inséré au martyrologe romain.

Butler, *The Lausiac history of Palladius*, dans *Texts and studies*, Cambridge, 1898, 1904, t. I, p. 35-38; t. II, p. 26-29 (texte) et notes 14-16, p. 187-190. On trouvera dans cette édition l'indication de tous les travaux relatifs à cette période du monachisme naissant. Le texte de Pallade, dans la forme reconstituée par D. Butler, est la principale source pour la vie d'Ammon. — S. Athanase, *Vita S. Antonii*, 60, *P. G.*, t. LXVII, col. 900-904. — Rufin, *Historia monachorum*, XXX, *P. L.*, t. XXI, col. 455-457; cf. E. Preuschen, *Palladius und Rufinus*, Giessen, 1897, c. XXIX, p. 90-92. — *Apophthegmata Patrum*, 34, *P. G.*, t. LXV, col. 85-88. — Socrate, *Hist. eccles.*, IV, XXIII, *P. G.*, t. LXVII, col. 509-511. — Sozomène, *Hist. eccles.*, I, XIV, *P. G.*, t. LXVII, col. 900-904. — *Acta sanctorum*, oct. t. II, p. 413-420; *Biblioth. hagiographica latina*, t. I, p. 64. — Tillemont, *Mém. hist. eccles.*, éd. de Venise, 1722, t. VII, p. 153-163, 672-674. — *Dictionary of christian biography*, Londres, 1911, p. 22. — Duchesne, *Histoire ancienne de l'Église*, t. II, p. 492-497.

M. ANDRIEU.

9. AMMON, évêque d'Andrinople, fin du IVe siècle. Figure au synode tenu, en 394, à Constantinople, pour trancher entre Agapius et Bagadius, tous deux compétiteurs au siège de Bostra. Labbe, *Concilia*, t. II, col. 1151. Se retrouve encore à Constantinople en 399, lors du procès intenté à Antonin d'Éphèse par Eusèbe de Valentinopolis. Palladius, *De Vita Chrysostomi dialogus*, *P. G.*, t. XLVII, col. 47.

Tillemont, *Mémoires pour servir à l'histoire ecclésiastique*, t. XI, p. 158. — *Dictionary of christian biography*, t. I, p. 101.

A. LEHAUT.

10. AMMON, évêque de Péluse, fin du IVe siècle et commencement du Ve. Saint Isidore de Péluse parle de lui dans trois de ses lettres : II, ep. CXXVII; III, ep. CLXXVIII et CCXLV, *P. G.*, t. LXXVIII, col. 568, 809, 924. Chaque fois, il l'appelle ἀοίδιμος (digne d'être chanté). Ce qu'il admire surtout en lui, c'est une perspicacité à laquelle se heurtent les efforts de quelques personnages peu recommandables, tels que Martinien et Chérémon, pour entrer dans le sanctuaire. Par contre, Pallade, *De vita Chrysostomi dialogus*, *P. G.*, t. XLVII, col. 73, le range parmi les évêques qui se signalèrent le plus par leur acharnement contre quatre de leurs collègues, Démétrius, Cyriaque, Eulyse, Pallade d'Hélénopolis, amis dévoués de saint Jean Chrysostome, envoyés en exil en 406.

Tillemont, *Mémoires pour servir à l'histoire ecclésiastique*, t. XI, p. 325, 443; t. XV, p. 101, 106. — *Dictionary of christian biography*, t. I, p. 101-102.

A. LEHAUT.

11. AMMON, reclus de la laure de Kiev, au XIIIe siècle. Les hagiographes russes racontent qu'il visita les lieux saints, et que, de retour à Kiev, il s'efforça d'imiter la vie des anciens Pères du désert. Les ménologes slaves le fêtent au 28 du mois d'août.

Philarète, *Les saints russes vénérés d'un culte général ou local*, août, Tchernigov, 1864, p. 126. — Barsoukov, *Les sources de l'hagiographie russe*, Saint-Pétersbourg, 1882, col. 34. — Serge, *Polnyi miesiatzeslov Vostoka*, Vladimir, 1901, t. II, p. 261.

A. PALMIERI.

12. AMMON (CHRISTOPH FRIEDRICH VON), théologien protestant, naquit le 16 janvier 1766, à Bayreuth

(Bavière), étudia à l'université d'Erlangen et y fut professeur dès l'âge de vingt-trois ans, d'abord de philosophie, puis, en 1790, de théologie. Après un séjour à Gœttingue de 1792-1804, il retourna à Erlangen en qualité de premier professeur de théologie et prédicateur de l'université. En 1812, il fut appelé à Dresde comme premier prédicateur de la cour, charge qu'il garda pendant trente-six ans, et mourut le 21 mai 1850. Ammon a exercé une grande influence sur ses contemporains; ses nombreux ouvrages cependant sont loin de mériter la réputation qu'on leur avait faite du vivant de l'auteur. Caractère très versatile, esprit élastique, il changea plus d'une fois d'opinion et savait se montrer très conservateur, quand sa charge l'exigeait. Il était d'une vaste science, orateur brillant, écrivain fécond en toute sorte d'ouvrages qui ont pour objet le dogme, la théologie pratique, l'exégèse, la philosophie et les sciences profanes. Tous reflètent le rationalisme de l'époque : Jésus n'est que le « Messie moral », les miracles et les mystères s'expliquent tous dans un sens naturaliste ou moral, le christianisme n'est qu'une des phases de l'évolution générale de la civilisation, un produit de l'esprit humain toujours en activité. Sa morale se base sur Kant. Au troisième centenaire de Luther, il publia une brochure : *Bittere Arznei für die Glaubensschwäche unserer Zeit*, Leipzig, 1817, qui fit beaucoup de bruit et l'engagea dans une polémique violente avec Schleiermacher. Ses principaux ouvrages sont : *Christliche Sittenlehre*, Erlangen, 1795; 5ᵉ éd., 1823; — *Summa theologiae christianae*, 4ᵉ éd., Leipzig, 1830; — *Fortbildung des Christentums zur Weltreligion*, 4 vol., Leipzig, 1833-1836.

J. Pietsch.

13. AMMON (Gaspard), *Ammonius, Amman, Van der Mauden*(?), moine de l'ordre des ermites de Saint-Augustin, né à Hasselt, chef-lieu du Limbourg belge, vers le milieu du xvᵉ siècle, mort vers 1524. Élu en 1488 prieur du monastère de Lauingen (Souabe, district de Dillingen), il devint, en 1500, provincial de la province de Belgique. Hurter, *Nomenclator*, t. ii, col. 1311, note 2 (Hève, dans *Biographie nationale de Belgique*, le nomme provincial de la province du Rhin et de la Souabe). Très versé dans la connaissance de l'hébreu et du grec, il traduisit en allemand plusieurs livres de l'Ancien Testament, en particulier les psaumes : *Der Psalter des königl. propheten Davids*, Augsbourg, 1523, 1525. Il composa en outre une grammaire hébraïque, qui semble (Hutter, *loc. cit.*) avoir été très peu en usage. D'après Hève, elle serait même restée manuscrite et aurait été d'abord conservée à Zurich, dans la bibliothèque de Conrad Pellican. Ammon fut en relation avec un certain nombre de réformateurs : Œcolampade, Wolfgang Capiton, Sébastien Münster et surtout Luther. Il prit même parti pour ce dernier, avec lequel il échangea (1522) quelques lettres. Kolde, *Analecta Lutherana*, Gotha, 1883. Il n'apostasia cependant pas.

Ossinger, *Bibliotheca augustiniana historica, critica et chronologica*, Ingolstadt, 1768, p. 42-43. — *Biographie nationale de Belgique*, t. i, col. 282-283. — *Jahrbuch des Historischen Vereins Dillingen*, 1895, t. viii. — Hoen, *Chronologia provinciae Rheno-Suevicae ord. eremitarum S. Augustini*, Wurzbourg, 1714, p. 132-133. — Hutter, *Scriptores ordinis eremitarum S. Augustini*, dans *Revista augustiniana*, t. iv, p. 465-466. — Perini, *Scriptores augustiniani*, Rome, 1911, t. i, p. 75-76.

A. Bayol.

AMMONARIA (Sainte) ou **AMMONIARIA**, vierge martyre à Alexandrie, en 250. Le Martyrologe romain en fait mention le 12 décembre. Les coptes la fêtent le 15 du même mois.

Nilles, *Kalendarium manuale utriusque Ecclesiae*, t. ii, p. 712.

R. Janin.

AMMONAS (Saint), abbé à Tabenne (Thébaïde). Palladius, *Historiae Lausiacae*, c. xlviii, et Rufin, *De vitis Patrum*, l. 11, c. iii, rapportent que saint Ammonas était, à Tabenne, abbé de trois mille moines, dont les pratiques de mortification offraient quelques particularités. Ils allaient vêtus de peaux de bêtes, se couvraient le visage pendant qu'ils mangeaient, afin de cacher leurs austérités à leurs voisins, gardaient un silence perpétuel, très étonnant pour une telle multitude, et pratiquaient une abstinence rigoureuse. Saint Ammonas mourut vers l'an 400. On le fête le 26 janvier.

Acta sanctorum, jan. t. ii, p. 722.

R. Janin.

AMMONE LE PAROTE, moine de Nitrie au ivᵉ siècle, et disciple de Pambon, et l'un des quatre *Longs Frères*. Les historiens le dépeignent comme sévère pour lui-même, prompt à se dépouiller pour les autres, et épris de science et de chasteté. Sozomène, *Hist. eccl.*, vi, 30, P. G., t. lxvii, col. 1384; Pallade, *Hist. lausiaque*, 12, P. G., t. xxxiv, col. 1033; Rufin, *Historia monachorum*, 23, P. L., t. xxi, col. 445, 446. Il accompagne saint Athanase à Rome, en 339, mais n'y visite aucun autre monument que les tombeaux des saints apôtres. Socrate, *Hist. eccl.*, iv, 23, P. G., t. lxvii, col. 521. Il est de ceux qui Valens, après la mort de saint Athanase, exile à Diocésarée. Pallade, *Hist. lausiaque*, 117, P. G., t. xxxiv, col. 1225. On veut l'ordonner évêque; pour échapper à cet honneur, il se coupe l'oreille gauche, d'où son surnom de Parote. Comme on insiste, il menace de se couper encore la langue. Sozomène, *op. cit.*, P. G., t. lxvii, col. 1384; Pallade, *op. cit.*, 12, P. G., t. xxxiv, col. 1034. Le préfet du prétoire Rufin le choisit pour parrain, lorsqu'il se fit administrer le baptême dans la basilique du Chêne, édifiée par ses soins (392).

Ammone est surtout célèbre par son rôle dans la querelle origéniste. D'abord en excellents termes avec Théophile d'Alexandrie, il avait perdu ses bonnes grâces en intervenant près de lui en faveur du prêtre Isidore, injustement excommunié. Sozomène, *Hist. eccl.*, viii, 12, P. G., t. lxvii, col. 1548. Il ne le suivit pas non plus dans son revirement contre Origène. Les trois autres Longs Frères eurent la même attitude. Théophile se vengea en obtenant contre eux tous une sentence d'exécration qu'il exécuta lui-même. Socrate, *Hist. eccl.*, vi, 7, P. G., t. lxvii, col. 688. Il les fit condamner comme hérétiques, au concile d'Alexandrie (401). Il ne les laissa pas tranquilles à Scythopolis, où ils s'étaient réfugiés. Palladius, *De vita Chrysostomi dialogus*, 7, P. G., t. xlvii, col. 24. Ils durent également quitter Scythopolis et pousser jusqu'à Constantinople. Saint Jean Chrysostome les reçut fort bien et essaya d'adoucir Théophile. Il ne réussit qu'à l'irriter. Celui-ci l'accusa d'ailleurs à tort — d'avoir admis les Longs Frères à la communion. Le saint évêque se tut. Sozomène, *Hist. eccl.*, viii, 13, P. G., t. lxvii, col. 1549; Socrate, *Hist. eccl.*, vi, 9, P. G., t. lxvii, col. 693.

Les Longs Frères s'adressèrent alors à Eudoxie, qui consentit à les écouter. Les émissaires de Théophile furent déclarés coupables de calomnie, et Théophile lui-même mandé à Constantinople. Sozomène, *ibid.*; Palladius, *De vita Chrysostomi dialogus*, 8, P. G., t. xlvii, col. 26.

A sa prière, saint Épiphane l'y précéda. Invité par saint Jean Chrysostome à descendre chez lui, il exigea, avant d'accepter, le renvoi des Longs Frères. Saint Jean Chrysostome voulut attendre les décisions du concile. L'évêque de Salamine se prépara à attaquer les Longs Frères en public. Sozomène, *Hist. eccl.*, viii, 14, P. G., t. lxvii, col. 1553; Socrate, *Hist.*

eccl., VI, 14, *P. G.*, t. LXVII, col. 705. Ils prirent le parti d'aller le trouver. Leur démarche fut heureuse. Saint Épiphane s'en retourna dans son île. Sozomène, *ibid.*, col. 1556.

Peu de temps après, Ammone mourut (403). Il paraît que Théophile le pleura et affirma n'avoir jamais rencontré quelqu'un d'aussi saint. Sozomène, *Hist. eccl.*, 17, *P. G.*, t. LXVII, col. 1560.

Dictionary of christian biography, t. I, p. 102. — Tillemont, *Mémoires pour servir à l'histoire ecclésiastique*, t. XI, p. 185, 186, 191, 193, 441-449, 507, 632. — Duchesne, *Histoire ancienne de l'Église*, t. II, p. 449, note 3, 625; t. III, p. 55-58, 82-85.

A. LEHAUT.

AMMONIA, AMMONANITAE. Voir VICUS AMMONIAE.

AMMONIO (ANDREA), poète italien, né à Lucques en 1477, mort à Londres en 1517. Il vécut quelque temps à Rome, mais bientôt passa en Angleterre. Il s'y lia d'étroite amitié avec Thomas Morus. Il était aussi en relations très suivies avec Érasme, qui semble l'avoir beaucoup estimé. Cependant, le séjour en Angleterre ne donna d'abord à Ammonio que des déboires, jusqu'au jour où le roi Henri VIII le nomma, vers 1513, son secrétaire. Le pape Léon X mit à profit le crédit d'Ammonio à la cour d'Angleterre, et lui donna le titre de légat. Il était présent à la bataille de Guinegate, à la prise de Térouanne et Tournay, et ne manqua pas de chanter la gloire d'Henri VIII dans un poème latin, intitulé *Panegyricus*, dont Érasme faisait le plus grand éloge. Il est certain qu'Érasme fut quelque temps l'hôte d'Ammonio à Londres, et c'est chez lui qu'il fit la connaissance de l'évêque de Bayeux, l'Italien Canossa, qui avait réussi à rétablir la paix entre l'Angleterre et la France. Ammonio assista aux persécutions dont souffrirent alors les derniers partisans de Wiclef, et il semble qu'il ne les ait assez peu estimés. De ses œuvres, il ne reste guère plus que les titres, quelques lettres à Érasme, quelques vers latins. La liste en a été dressée dans l'Abrégé de la Bibliothèque de Gesner. Une de ses églogues est imprimée dans le recueil intitulé *Bucolicorum auctores*, Bâle, 1546.

Mazzuchelli, *Gli scrittori d'Italia*, t. I, p. 646-647. — Bayle, *Dictionnaire historique et critique*, édit. Des Maizeaux, Amsterdam, 1734, t. I, p. 279-281. — *Dictionary of national biography*, t. I, p. 363. — Amiel, *Érasme*, Paris, 1889, p. 170, 210.

J. DEDIEU.

1. AMMONIUS (Saint). Martyr africain qui appartient à un groupe d'une quinzaine de confesseurs de la foi. Le Martyrologe hiéronymien dit qu'ils souffrirent in *Africa Tuburtulo* (codex *Bernensis*) ou *in Africa ciuit tiburtu* (codex *Wissenburgensis*). On a proposé, non sans raison, de reconnaître dans ce mot estropié le nom de *Thuburbo*. Voir ce mot. Ammonius et ses compagnons sont honorés au III des calendes d'août (30 juillet).

Acta sanctorum, jul. t. VII, p. 138, 139. — *Martyrologium hieronymianum*, édit. De Rossi et Duchesne, p. 98. — Monceaux, *Histoire littéraire de l'Afrique chrétienne*, 1905, t. III, p. 536.

Aug. AUDOLLENT.

2. AMMONIUS (Saint), martyr en Chypre. Quelques martyrologes le font par erreur mourir à Syène en Égypte. Tous lui donnent comme compagnon saint Alexandre. Fête le 9 février.

Acta sanctorum, feb. t. II, p. 292.

R. JANIN.

3. AMMONIUS (Saint), martyr à Alexandrie. La plupart des martyrologes relatent la mort glorieuse de saint Ammonius, mais ils ne s'entendent point sur le nombre de ses compagnons, qui varie de vingt à quarante-cinq. Leur martyre eut lieu très probablement pendant la persécution de Dèce, ou encore pendant celle de Dioclétien. Fête le 8 septembre.

Acta sanctorum, oct. t. XIII, p. 206.

R. JANIN.

4. AMMONIUS (Saint), martyr en Macédoine. Il fut mis à mort en compagnie de saint Vigilantius. Fête le 31 octobre.

Acta sanctorum, oct. t. XIII, p. 699.

R. JANIN.

5. AMMONIUS (Saint), évêque de Tortona, en Italie. Nous n'avons pas de renseignements sur sa vie. Cappelletti croit qu'il a été martyrisé le 10 janvier de l'an 171, et Ughelli le fait consacrer évêque en 161. Mais ces hypothèses ne se basent pas sur des données historiques. Son culte a dû être établi aussitôt après sa mort. Son nom n'est pas mentionné dans le Martyrologe romain, mais, dans le diocèse de Tortone, on célèbre son office sous le rit double-majeur.

Ferrari, *Catalogus sanctorum Italiae*, Milan, 1613, p. 41. — *Acta sanctorum*, jan. t. II, p. 591. — Ughelli, *Italia sacra*, 2e éd., t. IV, col. 626. — Cappelletti, *Le Chiese d'Italia*, t. XIII, p. 668-669. — Stadler, *Vollständiges Heiligen-Lexikon*, t. I, p. 174.

A. PALMIERI.

6. AMMONIUS, écrivain chrétien d'Alexandrie au IIIe siècle, qu'Eusèbe, *Hist. eccl.*, VI, XIX, 9, 10, *P. G.*, t. XX, col. 568, a confondu à tort avec Ammonius Saccas, le philosophe néoplatonicien qui fut le maître d'Origène. Cette confusion mise à part, il ressort du texte d'Eusèbe que l'Ammonius chrétien vécut à l'époque d'Origène et qu'il « conserva pure et intacte jusqu'à la fin de sa vie la doctrine de la divine philosophie. » Au temps où Eusèbe écrivait, les ouvrages de cet Ammonius chrétien jouissaient de l'estime « des amis du bien et du beau. » L'*Histoire ecclésiastique* ne signale qu'un seul de ces écrits, le Περὶ τῆς Μωυσέως καὶ Ἰησοῦ συμφωνίας; mais on verra plus loin que d'autres écrits peuvent être attribués au même auteur.

On ne connaît rien de certain sur la vie de cet écrivain chrétien. La confusion d'Eusèbe, transmise à l'Occident par saint Jérôme, *De viris illustribus*, c. LV, *P. L.*, t. XXIII, col. 667, ne peut s'expliquer qu'en supposant le chrétien Ammonius contemporain et compatriote d'Origène, tout comme son homonyme le néoplatonicien. Le contexte d'Eusèbe, en effet, ne permet pas de songer au prêtre alexandrin Ammonius qui subit le martyre sous Dioclétien. Eusèbe, *Hist. eccles.*, VIII, XIII, 7. Comment l'historien aurait-il pu confondre un martyr de Dioclétien avec le maître d'Origène, par ailleurs, si le personnage mentionné comme maître du grand docteur avait scellé sa foi de son sang, Eusèbe n'eût pas manqué d'opposer ce martyre à l'objection de Porphyre que visait ce passage de l'*Histoire ecclésiastique*.

Les écrits de notre Ammonius auxquels font allusion Eusèbe et saint Jérôme, *loc. cit.*, semblent n'avoir pas tardé à tomber dans l'oubli. Anastase le Sinaïte, au VIIe ou VIIIe siècle, paraît être le seul à signaler cet écrivain lorsque, à côté de Papias d'Hiérapolis, de Clément et de Pantène d'Alexandrie, il met aussi « le sage Ammonius » au nombre des « anciens et premiers exégètes. » Anastase le Sinaïte, *Contempl. in Hexameron*, l. 1, *P. G.*, t. LXXXIX, col. 860; cf. Routh, *Reliquiae sacrae*, 2e édition, t. I, p. 15. Il ne saurait être question, dans ce passage d'Anastase le Sinaïte, de l'Ammonius d'Alexandrie bien postérieur, qui fut un exégète du Ve siècle; il semble plus naturel de croire qu'Anastase pensait au livre « sur l'accord entre Moïse et Jésus » attribué par Eusèbe à l'Ammonius du IIIe siècle. Cet ouvrage, à en juger par le titre, devait être dirigé contre les gnostiques, principalement contre les marcionites, et s'attacher à résoudre les prétendues antinomies entre l'Ancien Testament et le Nouveau.

Faulhaber a cru pouvoir signaler les quelques fragments des écrits de notre Ammonius chrétien. *Die Propheten-Katenen nach römischen Handschriften*, Fribourg-en-Brisgau, 1899, p. 185 sq. Dans une *Chaîne* sur le livre de Daniel, du VIIe ou du VIIIe siècle, se présente un prêtre Ammonius, et les *Scolies* qui lui sont attribuées, au nombre d'environ 130 et en général de tendance morale et pratique, ont fait sur Faulhaber l'impression d'une haute antiquité. Bardenhewer, *Geschichte der altkirchlichen Literatur*, Fribourg-en-Brisgau, 1903, t. II, p. 165. Voir les textes de ces fragments de scolies dans *P. G.*, t. LXXXV, col. 1363-1382. Cette édition de Migne est très défectueuse; mais telle quelle, elle fait plutôt songer à l'exégète Ammonius du ve siècle qu'à celui du IIIe.

Quoi qu'il en soit, le livre « sur l'accord entre Moïse et Jésus » suppose, ainsi que le remarque Harnack, *Geschichte der altchristlichen Literatur bis Eusebius*, IIe part. : *Die Chronologie*, Leipzig, 1904, t. II, p. 81, une connaissance assez précise et complète de la Bible. C'est ce qui a porté les critiques à se demander si l'auteur ne serait pas à identifier avec l' « Ammonius d'Alexandrie », Ἀμμώνιος ὁ Ἀλεξανδρεύς, auquel Eusèbe attribue ailleurs (*Epistola ad Carpianum*, dans Tischendorf-Gregory, *Prolegomena zu edit. VIII des Neuen Testaments*, Leipzig, 1884-1894, p. 145 sq.) une « Harmonie des Évangiles ». L'Ammonius de la lettre à Carpianus est-il le même que celui de l'*Histoire ecclésiastique*? Saint Jérôme, *De vir. illustr.*, est pour l'affirmative; les critiques modernes tiennent cette opinion à tout le moins pour vraisemblable. Bardenhewer, *op. et loc. cit.* Eusèbe donne à cette Harmonie le même titre qu'au célèbre ouvrage de Tatien : τὸ διὰ τεσσάρων εὐαγγέλιον. Ce n'est cependant pas un *Diatessaron* ou exposé des quatre Évangiles en un seul : l'auteur se contente d'intercaler dans le texte de saint Matthieu les péricopes parallèles des autres évangélistes; les péricopes de ces derniers, qui n'ont point de parallèles dans l'Évangile de saint Matthieu, semblent avoir été laissées de côté. Ce n'était donc pas tant une Harmonie des évangiles qu'une synopse. Zahn, *Forschungen zur Geschichte des neutestamentlichen Kanons*, 1881, p. 31 sq.

C'est en se référant au *diatessaron* d'Ammonius, qu'Eusèbe entreprit, mais selon une autre méthode, καθ' ἑτέραν μέθοδον, un travail du même genre sur le texte des évangiles, par tableaux appelés *canons*, κανόνες. Saint Jérôme, *De vir. illustr.*, LV (cf. *Praef. in evang. ad Damasum*), est inexact quand il donne Ammonius pour l'inventeur des canons évangéliques : *evangelicos canones excogitavit*. Ceux-ci sont en réalité l'œuvre propre d'Eusèbe, qui nous a été transmise par de nombreux manuscrits. La synopse d'Ammonius, au contraire, s'est très vite perdue. Les écrivains postérieurs grecs, latins ou syriaques, qui en gardent souvenir, ne la connaissent que par Eusèbe ou saint Jérôme. L'*Harmonie évangélique latine*, contenue dans le *codex Fuldensis* de la Vulgate, et qui a été éditée sous le nom d'Ammonius, est plutôt une imitation du *Diatessaron* de Tatien, accomplie vers l'an 500 par une main inconnue. Bardenhewer, *op. cit.*, t. II, p. 166; cf. même ouvrage, Fribourg-en-Brisgau, [1902, t. I], p. 260, où l'on trouvera la bibliographie spéciale de cette synopse latine.

Bardenhewer, *op. cit.*, t. II, p. 166, et Harnack, *op. et loc. cit.*, croient pouvoir attribuer à ce même Ammonius une lettre à un moine du nom de Sérapion, lettre signalée vers 410 par Maruthas, évêque de Maïpherkat. Celui-ci, dans un fragment syriaque

traitant de l'histoire du monachisme et édité par O. Braun, *De sancta Nicaena synodo : Syrische Texte des Maruts von Maipherkat, nach einer Handschrift der Propaganda zu Rom übersetzt* (Kirchengeschichtliche Studien, IV, 3), Munster, 1898, p. 41, cite plusieurs anciens documents tendant à prouver que les origines du monachisme se rattachent à l'Ancien Testament. Voici, d'après la traduction de Braun, celle de ces citations où les critiques ont vu une allusion à notre Ammonius : *Besonders aber können wir es erfahren aus jenem* [Briefe], *den Magnä von Alexandrien an Serapion, das Haupt der Einsiedler, schrieb. Dieser Magna war aber derselbe, der zuerst ordnete* (und) *niederschrieb das* χρονικόν (? kroniqôn) *in der Kirche. Auch Eusebius von Caesarea erinnert daran an der Spitze der Kanones die er über die vier Evangelisten hat gemacht, und ebenso in seinen andern Schriften*. Braun, *op. et loc. cit.* Ainsi que l'a montré Harnack, *Theolog. Literaturzeitung*, 1899, col. 47, la référence à Eusèbe et à ses *Canones* met hors de doute qu'il faut lire « Ammonius d'Alexandrie » au lieu de « Magnä d'Alexandrie », et Κανονικόν au lieu de Kroniqon. Ce dernier terme désignerait la synopse évangélique d'Ammonius. Ammonius d'Alexandrie aurait donc écrit une lettre à Sérapion, « chef des solitaires », et Maruthas avait cette lettre en mains quand il faisait l'histoire du monachisme. Toutefois, si Sérapion était vraiment un supérieur de moines, il faudrait en conclure que l'auteur de la lettre vivait, non pas dans la première moitié du IIIe siècle, mais aux environs de l'an 300. Cela créerait une difficulté pour l'identification proposée entre l'Ammonius qui a rédigé le livre « sur l'accord entre Moïse et Jésus » et l'Ammonius de la synopse évangélique, ce dernier étant, d'après le fragment Maruthas, l'auteur de la lettre à Sérapion.

Pour maintenir l'identification, d'ailleurs affirmée par saint Jérôme, *De vir. illustr.*, LV, il faut voir, dans le titre de « chef des solitaires » donné à Sérapion, une qualification erronée dont Maruthas serait responsable, ou bien une traduction inexacte : Sérapion ne serait pas un supérieur de moines, mais un ascète célèbre de son temps. Harnack, *Die Chronologie der altchristlichen Literatur bis Eusebius*, Leipzig, 1904, t. II, p. 83.

On a encore proposé (cf. Bardenhewer et Harnack, *loc. cit.*) d'identifier l'Ammonius chrétien d'Eusèbe et de saint Jérôme avec l'Ammonius, évêque de Thmuis, qui nous est connu par Photius et qui fut déposé par Héraklas d'Alexandrie pour avoir autorisé Origène à prêcher dans son église. Comme cette identification n'est qu'une hypothèse, à laquelle d'ailleurs le silence d'Eusèbe paraît peu favorable, nous nous bornerons à la signaler ici, préférant placer dans une notice spéciale les renseignements de Photius concernant l'évêque de Thmuis.

Nous croyons utile, avant de terminer cet article, de mettre sous les yeux du lecteur la notice consacrée à notre Ammonius par saint Jérôme, *loc. cit.* Sauf la confusion avec Ammonius Saccas, empruntée à Eusèbe, il semble bien qu'on puisse accepter l'exactitude des autres renseignements qui y sont contenus : *Ammonius, vir disertus et valde eruditus in philosophia, eodem tempore* (à l'époque d'Origène) *Alexandriae clarus habitus est : qui inter multa ingenii sui et praeclara monumenta etiam de consonantia Moysis et Jesu elegans opus composuit, et evangelicos canones excogitavit, quos postea secutus est Eusebius Caesariensis. Hunc falso accusat Porphyrius, quod ex christiano ethnicus fuerit, cum constet eum usque ad extremum vitam christianum perseverasse*. *P. L.*, t. XXIII, col. 667. C'est peut-être la confusion avec Ammonius Saccas qui a fait considérer l'Ammonius chrétien comme un philosophe. Les deux ouvrages cités par saint Jérôme montrent plutôt en lui un exégète.

Bardenhewer, *Geschichte der altkirchlichen Literatur*, Fribourg-en-Brisgau, 1903, t. I, p. 163-167. — Harnack, *Geschichte der altchristlichen Literatur*, Leipzig, 1893, t. I, p. 406-407; *Die Chronologie der altchristlichen Literatur bis Eusebius*, Leipzig, t. II, p. 81-83. — C. Schmidt, *Plotins Stellung zum Gnosticismus und kirchlichen Christentum*, Leipzig, 1901, p. 6-7, dans *Texte und Untersuchungen zur Geschichte der altchristlichen Literatur*, t. XX, 4 Heft (Neue Folge, t. V). — G. H. Gwilliam, *The Ammonian sections, Eusebian Canons and harmonizing Tables in the Syriac Tetraevangelium : Studia biblica et ecclesiastica*, Oxford, 1890, t. II, p. 241-272. — Tillemont, *Mémoires pour servir à l'histoire ecclésiastique*, Paris, 1695, t. III, p. 279-288, 695-696. — Pour une indication détaillée de la bibliographie ancienne, voir Chevalier, *Répertoire des sources historiques du moyen âge. Bio-bibliographie*, Paris, 1905, t. I, col. 201-202.

S. SALAVILLE.

7. AMMONIUS, évêque de Thmuis dans la Basse-Égypte au temps d'Origène et d'Héraklas d'Alexandrie. Ce personnage ne nous est connu que par Photius, Συναγωγαί καὶ ἀποδείξεις, *Interrogationes decem*, n. IX, *P. G.*, t. CIV, col. 1229, qui puise évidemment ses renseignements à des sources anciennes. Selon ces informations de Photius, Origène, excommunié et chassé d'Alexandrie par l'évêque Héraklas, à cause de son enseignement, passa par Thmuis en se rendant en Syrie. L'évêque orthodoxe de Thmuis, Ammonius, l'autorisa à prêcher dans son église. A cette nouvelle, Héraklas vint à Thmuis, déposa l'évêque et le remplaça par un autre du nom de Philippe. Ces faits devaient se passer en 234 ou 235. C. Schmidt, *Plotins Stellung zum Gnosticismus und kirchlichen christentum*, Leipzig, 1901, p. 6-7. Plus tard, à la demande des fidèles, Héraklas rétablit Ammonius sur son siège, tout en lui laissant Philippe pour collègue dans l'administration épiscopale. L'auxiliaire sut, tant que vécut Ammonius, avoir pour son doyen les égards que demandait la situation : jamais, dit Photius, il ne voulut s'asseoir sur le trône épiscopal, et, quand Ammonius prêchait ou célébrait, il se tenait toujours derrière lui.

Sans doute, Ammonius pouvait, avant son élection à l'épiscopat, avoir appartenu au clergé d'Alexandrie. Mais son identification avec Ammonius, écrivain chrétien d'Alexandrie dont il est question à l'article précédent, est une simple hypothèse, qui a même contre elle un argument assez sérieux : comment expliquer qu'Eusèbe eût pu ignorer ou omettre de signaler que l'écrivain Ammonius d'Alexandrie eût été dans la suite évêque de Thmuis?

Photius, *Interrogationes decem* (Συναγωγαί καὶ ἀποδείξεις), IX, *P. G.*, t. CIV, col. 1229; meilleure édition dans Döllinger, *Hippolytus und Kallistus*, Ratisbonne, 1853, p. 264. — Bardenhewer, *Geschichte der altkirchlichen Literatur*, Fribourg-en-Brisgau, 1903, t. II, p. 164. — Harnack, *Geschichte der altchristlichen Literatur*, IIe partie, *Die Chronologie der altchristlichen Literatur bis Eusebius*, Leipzig, 1904, t. II, p. 81. — C. Schmidt, *Plotins Stellung zum Gnoticismus und kirchlichen Christentum*, Leipzig, 1901, dans *Texte und Untersuchungen zur Geschichte der altchristlichen Literatur*, t. XX, p. 6-7.

S. SALAVILLE.

8. AMMONIUS, évêque de Pacnémune et d'une partie de l'Éléarquie, au IVe siècle. Nommé en tête et à la fin du *Tomus ad Antiochenos* (*P. G.*, t. XXVI, col. 796, 808) parmi les évêques qui assistèrent au synode d'Alexandrie, en 362. Il est certainement l'un des Ammonius mentionnés par saint Athanase comme présents au concile de Sardique. *Apol. contr. arian.*, 50, *P. G.*, t. XXV, col. 339. C'est de lui que parle l'évêque d'Alexandrie, dans sa lettre au moine Dracouce, lorsque, voulant décider celui-ci à accepter l'épiscopat, il lui dit : « Tu te rappelles Ammonius,

celui qui a voyagé au loin avec Sérapion. » 7, *P. G.*, t. XXV, col. 532. Ammonius avait donc été moine, lui aussi. Il fut sacré par le prédécesseur de saint Athanase, Alexandre. *Hist. arian. ad monachos*, 72, *P. G.*, t. XXV, col. 780. La même citation montre qu'il accompagna Sérapion allant à Rome pour représenter saint Athanase devant Constance. Elle supplée ainsi au silence que garde sur son nom Sozomène, le seul historien qui raconte l'ambassade de Sérapion. *Hist. eccl.*, IV, n. 9, *P. G.*, t. LXVII, col. 1130. A son retour, il fut banni, à cause de saint Athanase. *Apol. de fuga sua*, *loc. cit.* Il fut l'un des évêques devant qui saint Athanase fit ce récit de sa fuite sous Julien l'Apostat, qui nous a été conservé dans un fragment très court *P. G.*, t. XXVI, col. 980.

Dictionary of christian biography, t. I, p. 102. — Tillemont, *Mémoires pour servir à l'histoire ecclésiastique*, t. XI, p. 143, 171, 173, 206, 697.

A. LEHAUT.

9. AMMONIUS, moine de Nitrie. Voir ci-dessus, col. 324.

10. AMMONIUS, évêque de Panéphyse, ville de la première Augustamnica. Présent au concile d'Éphèse (431), il adhéra à la doctrine de saint Cyrille, signa la déposition de Nestorius, l'excommunication des Orientaux, les actes de la VIe session.

Mansi, *Sacr. concil. ampl. collectio*, t. IV, col. 1128, 1165, 1221, 1367; t. V, col. 531, 589. — Le Quien, *Oriens christianus*, t. II, col. 548.

R. AIGRAIN.

11. AMMONIUS, prêtre et économe de l'Église d'Alexandrie (ve siècle). On l'appelle ordinairement Ammonius le Jeune pour le distinguer de plusieurs de ses homonymes. Il signa en 458 la lettre que les évêques d'Égypte envoyèrent à l'empereur Léon pour défendre le concile de Chalcédoine. On sait qu'il écrivit aussi un ouvrage contre Eutychès et Dioscore, mais rien ne nous en est parvenu. Il acquit une grande réputation comme exégète. Malheureusement il ne reste de ses commentaires sur l'Écriture sainte que des fragments, épars dans les *Chaînes*, sur les Psaumes, sur Daniel, sur saint Matthieu et saint Jean, sur les Actes des apôtres et sur la I[e] épître de saint Pierre, *P. G.*, t. LXXXV, col. 1361-1610. Encore n'est-il pas prouvé d'une façon absolument certaine que ces ouvrages soient de lui. Voir ci-dessus, col. 1314, AMMONIUS.

Cave, *Script. eccl.*, 1741, t. I, p. 455-456. — Fabricius, *Bibl. graeca*, 1711, t. IV, p. 179-180. — *P. G.*, t. LXXXV col. 1361-1362.

R. JANIN.

12. AMMONIUS SACCAS, fondateur de l'école néo-platonicienne, mort à Alexandrie en 241. Il reçut le nom de Saccas (σακκᾶς = σακκοφόρας), parce qu'il avait été dans sa jeunesse débardeur au port d'Alexandrie où il naquit vers la fin du IIe siècle. Au dire de Porphyre, ses parents étaient chrétiens, mais lui-même retourna au paganisme. Eusèbe, *Hist. eccl.*, VI, XVII, 7, nie formellement cette apostasie. On sait aujourd'hui qu'Eusèbe a confondu Ammonius Saccas avec un autre Ammonius, philosophe chrétien qui vécut également à Alexandrie au IIIe siècle (ci-dessus, col. 1314). On ne connaît à peu près rien sur la vie et les œuvres d'Ammonius Saccas. Il chercha à concilier les doctrines de Platon avec celles d'Aristote et eut des disciples illustres comme Origène, Herennius, Plotin, Longin, etc. Le traité de la *Conformité de Moïse avec Jésus* que lui attribue Eusèbe, *Hist. eccl.*, VI, 19, est très probablement l'œuvre d'Ammonius, philosophe chrétien dont nous avons parlé. Quant à la *Concordance évangélique*, tout le monde s'accorde aujourd'hui à dire qu'elle n'est pas l'œuvre d'Ammonius Saccas.

Bayle, *Dict. crit.*, 1741, t. I, p. 188-190. — Fabricius, *Bibl. graeca*, 1711, t. IV, p. 159-160. — Ceillier, *Histoire générale des auteurs sacrés*, Paris, 1865, t. II, p. 96-99.

R. JANIN.

13. AMMONIUS (LAEVINUS), plus exactement Van der Maude ou de Harena, humaniste célèbre du XVIe siècle, naquit à Gand, le 13 avril 1475, et fit, en 1507, sa profession religieuse à la chartreuse de Bois-Saint-Martin, près de Grandmont, au diocèse de Malines. Il fut procureur de celle de Gand, et demeura quelque temps à la chartreuse de Scheut-lez-Bruxelles. Il mourut vers la fin de l'année 1556, à la chartreuse de Gand. Érasme, son ami, a dit qu'il était remarquable par son érudition et par sa piété. Ses lettres aux savants du son temps témoignent qu'il était en grand crédit auprès de ces hommes éminents. Il écrivit :
1° *Tractatus in parabolam Servatoris nostri de filio minore natu apud Lucam*, c. xv, 4, in-8°, Louvain, 1542; 2° *La vie du R. P. D. Guillaume Biebuyck* (en latin *Bibaucius*), général des chartreux, manuscrite, perdue dans la destruction de la chartreuse de Gand en 1577; 3° un traité de l'instruction des novices et une élégie sur les motifs d'une vie pieuse; 4° à la bibliothèque publique de Besançon, il existe un recueil de lettres latines et grecques inédites, provenant de la bibliothèque de Saint-Vincent de la même ville, et dont il est fait mention dans le *Voyage littéraire* des bénédictins Martène et Durand, t. I, p. 165. Voir aussi Migne, *Dictionnaire des manuscrits*, t. I, col. 198, n. XVI, 10. Ce recueil est en papier in-4°, v fol. 600 p. La première de ces lettres porte la date du 26 janvier 1518, et la dernière est du 24 novembre 1556. M. Auguste Cassan l'a décrit dans son catalogue des manuscrits de la bibliothèque de Besançon. Cf. *Catalogue général des manuscrits des bibliothèques de France*, Paris, 1877, t. XXXI, p. 355-356, n. 599; 5° quatorze lettres latines inédites agrémentées de grec, écrites par Levin Ammonius du 16 août 1533 au 7 juillet 1534, à M. Nicolas Olaho, secrétaire de l'empereur Charles-Quint, avec quelques-unes de ses réponses, ont été imprimées dans le t. XXV des *Monumenta Hungarica historico-diplomataria*, Budapest, 1875.

Petrejus, *Bibliotheca cartusiana*, p. 232-233. — Aubert Le Mire, *Scriptores ecclesiastici* XVI seculi, aux n. LIII et CXVIII. — Paquot, *Mémoires pour servir à l'histoire des dix-sept provinces des Pays-Bas*, t. III, p. 224-225. — *Biogr. nation.* (de Belgique), t. XIV, col. 84. — M. Auguste Cassan, dans le *Catalogue* cité ci-dessus, etc.

S. AUTORE.

AMNICHADUS (Saint), moine reclus de Fulda, d'origine écossaise. Il mourut le 30 janvier 1043. Le nom de Buchonia (*Buche* = hêtre) que l'on rencontre parfois dans sa légende fait allusion au nom que portait la région de Fulda, avant que le monastère y fût construit (*Buchonia silva* = forêt de hêtres). Sa fête se célèbre le 30 janvier.

Acta sanctorum, 1643, januar. t. II, p. 1055.

A. BAYOL.

AMNICOLA. Voir BACHMANN (Paul).

AMOENEBURG (*Amanaburg, Amanaburch*), petite localité dans la province prussienne de Hesse-Nassau, sur l'Ohm (en latin, *Amana, Ohma*, d'où *Amanaburg, Amoenaburg*), affluent de la Lahn. Seiters, dans sa biographie de saint Boniface (p. 117), place cette localité dans la Franconie et l'identifie par suite avec Hamelburg sur la Saale, ce que semble insinuer aussi Willibald, *Vita S. Bonifatii*. Par contre, la plupart des historiens contemporains (Rettberg, *Kirchengeschichte Deutschlands*, t. I, p. 339, 600; t. II, p. 345; Hergenröther-Kirsch, *Allgemeine Kirchengeschichte*, 4e édit., t. II, p. 55; Kellner, *Universalgeschichte...*, t. XI, p. 83, note 3) distinguent deux localités du nom d'Amoeneburg, l'une en Franconie (aujourd'hui Hamelburg) et l'autre dans la Hesse supérieure. Dans les environs d'Amoeneburg se trouve une chapelle dédiée à sainte Madeleine et lieu de pèlerinage assez fréquenté. Quant au château, dont il ne reste aujourd'hui que des ruines, il fut construit au XIIIe ou XIVe siècle par l'électeur de Mayence. Mais c'est surtout par l'abbaye bénédictine, fondée par saint Boniface, que Amoeneburg est célèbre.

En 722, Winfrid (il ne recevra le nom de Boniface que l'année suivante), aidé des deux principaux habitants d'Amoeneburg (*praeerant loco Amanaburg*), Dettic (Detdei, Detdig) et Deorulf (Dierolf), deux frères qu'il venait de convertir ou mieux de reconvertir, car, bien que chrétiens, Dettic et Deorulf s'adonnaient encore au culte des idoles, Winfrid s'y bâtit une cellule (*cellam struxit*), qui fut longtemps sa résidence et le point d'où il rayonnait dans les environs, et jusqu'en Bavière, et où il revenait pour préparer de nouvelles campagnes. Vers 732, il y édifia une église, dédiée à saint Michel, à laquelle il ajouta un petit monastère, qui devait surtout servir à la formation des prêtres. Le prêtre Adalger, à sa mort, vers 750, donna au monastère ses biens situés à Geelheim et Breidenborn pour la chapelle Saint-Michel. Ses frères ayant réclamé l'héritage, l'un d'eux, Asperth, fut tué par un ours, et l'autre, Truttmunt, renonça à ses prétentions. Il y eut à Amoeneburg une école claustrale, qui ne prospéra pas longtemps à cause du voisinage de celle de Fulda. En 1360, Gerlach, comte de Nassau et archevêque-électeur de Mayence, transforma le monastère en collégiale, dédiée à saint Jean-Baptiste. En 1575, Amoeneburg était au pouvoir des protestants, comme le prouve le rapport de l'écolâtre de la collégiale au surintendant de Frankenberg sur le pasteur de Bauerbach, dans le bailliage d'Amoeneburg. Cf. Janssen-Pastor, *Geschichte des deutschen Volkes*, t. VIII, p. 429-430. L'ancienne église, bâtie sur l'emplacement de la chapelle Saint-Michel, fut brûlée en 1646, par les Suédois et les Hessois, pendant la guerre de Trente ans. Depuis, on y a bâti une belle église gothique, qui orne aujourd'hui ce lieu historique. Par le recès de partage des biens ecclésiastiques de novembre 1802 (accepté par la Diète germanique en février 1803), Amoeneburg fut incorporé à la Prusse.

Grote, *Lexikon deutscher Stifter, Klöster*, etc., 1881-1884. — Böttcher, *Germania sacra*, t. I, 1874. — Jaffé, *Monumenta Moguntina*, Berlin. — Rettberg, *Kirchengeschichte Deutschlands*, 2 vol., Goettingue, 1846-1848. — Hauck, *Kirchengeschichte Deutschlands*, 2e édit., Leipzig, 1898, t. I. — J.-B. Kady, *Geschichte der Katholischen Kirche in Hessen*, Mayence, 1904, p. 20-21, 59-60. — Voir l'article BONIFACE (Saint).

A. BAYOL.

AMOENUS, poète latin supposé du Ve siècle, dont on a cru à tort retrouver le nom dans la tradition manuscrite. Les quelques poésies d'auteurs variés qu'on lui attribue ont été réunies par Migne d'après G. Fabricius, Goldast, Weitz, etc., *P. L.*, t. LXI, col. 1075-1082 (édition fort médiocre). 1° *Enchiridion Veteris et Novi Testamenti*. Ce recueil de 49 quatrains sur l'histoire de la Bible n'est autre que le *Dittochaeum* de Prudence, *P. L.*, t. LX, col. 89-112, parmi les œuvres duquel il figure, sous différentes formes, dans les plus anciens manuscrits, et dont l'attribution ne saurait lui être contestée, car elle a pour témoin Gennade, *P. L.*, t. LVIII, col. 1008 : *Prudentius... composuit* ἀπτωχεῖον *de toto Veteri et Novo Testamento* PERSONIS EXCEPTIS. C'est sans doute à la glose d'Ison de Saint-Gall (IXe siècle), éditée dans *Manuale biblicum sive Enchiridion SS. Scripturae, in-8°, Francfort, 1610, et négligée par Migne, qu'Amoenus a dû son éphémère existence. l'*Enchiridion* (ou *Manuale* ou *Columba*, etc.) y est précédé d'un prologue versifié, lequel dépend d'ailleurs, lui aussi, de Gennade et où, depuis Sichard (*Prudentii Opera*, in-8°, Bâle, 1562), on s'est accoutumé à prendre pour un nom propre l'adjectif *amoenus*. Voir *P. L.*, t. LIX, col. 754 :

Incipiunt tituli libri Manualis AMOENI
EXCEPTIS quos PERSONIS tetrasticha claudunt...

Le texte de Migne incomplet (il manque les quatre derniers quatrains) prend fin, grâce à une erreur grossière, sur quatorze vers de la *Vita sancti Martini* (l. IV, vs. 372-386) de Venance Fortunat. *P. L.*, t. LXXXVIII, col. 417. — 2° *Aegyptius Deum Martini invocans*, etc. Nouvel emprunt à la même *Vita* de Fortunat, *ibid.*, col. 417-418. — 3° *In Leontium episcopum redditum* (sic) *Burdegalensi Ecclesiae Acrostichis*. C'est le célèbre poème alphabétique de Venance Fortunat : *Agnoscat omne saeculum. Miscellanea*, l. I, c. XVI, *P. L.*, *loc. cit.*, col. 80-82.

N. Antonio, *Bibliotheca Hispana vetus*, Madrid, 1788, t. I, p. 226-227. — F. Arevalo, *Prudentiana*, dans *P. L.*, t. LIX, col. 608-613. — Bardenhewer, *Les Pères de l'Église*, trad. fr., Paris, 1905, t. II, p. 349, 358. — G. Fabricius, *Poetarum veterum ecclesiasticorum opera christiana*..., Bâle, 1564. — Merkle, *Prudentius Dittochaeum*, dans *Festschrift zum elfhundertjährigen Jubilaeum des deutschen Campo-Santo in Rom*, Fribourg, 1897, p. 33-45. — Teuffel-Schwabe, *Geschichte des roem. Literatur*, 5e éd., p. 1218.

A. LAMBERT.

AMÔL, ancien évêché chaldéen, qui dépendait du catholicos de Séleucie-Ctésiphon. Au concile tenu à Séleucie, en janvier 554, par le patriarche Joseph, et qui promulgua un certain nombre de canons dogmatiques et disciplinaires, Sourin, évêque d'Amôl et Ghîlan, ne put assister en personne, mais il envoya son adhésion aux décrets. J.-B. Chabot, *Synodicon orientale ou Recueil des synodes nestoriens*, Paris, 1902, p. 366. La ville d'Amôl ou Amoul, située à six kilomètres au sud de la Caspienne, sur le torrent de Héraz, est aujourd'hui bien déchue et ne compte plus que 10 000 habitants environ. Ses murailles sont en ruines comme ses palais, après qu'elle fut, au XIIIe siècle, la capitale de l'empire, puis celle de la province de Tabaristân pendant d'assez longues années.

S. VAILHÉ.

AMOLGER, abbé de Stavelot, qui a pu gouverner entre 692 et 720, mais qu'on ne rencontre pas dans les chartes de l'abbaye et qui est simplement signalé dans le Catalogue des abbés du XIIIe siècle.

Series abbatum Stabulen., dans *Mon. Germ. hist.*, t. XII, p. 292. — J. Hallin et C.-G. Roland, *Recueil des chartes de l'abbaye de Stavelot-Malmedy*, Bruxelles, 1909, t. I, p. XXIX. — J. Yernaux, *Les premiers siècles de l'abbaye de Stavelot-Malmedy*, dans *Bull. de la Soc. d'art et d'hist. du diocèse de Liége*, 1910, t. XIX, p. 294.

U. BERLIÈRE.

1. AMOLON, archevêque de Lyon, après avoir été diacre d'Agobard (voir ce mot, t. I, col. 998), lui succéda le 16 janvier 841. On le trouve mentionné dans la correspondance de Loup de Ferrières, et l'on conserve un diplôme que l'empereur Lothaire lui adressa. Il s'occupa spécialement de l'affaire de Gottschalk, touchant laquelle il écrivit deux lettres, deux opuscules, et un recueil de sentences tirées de saint Augustin. Il envoya aussi à Charles le Chauve un petit traité contre les juifs. Ces divers ouvrages sont publiés dans *P. L.*, t. XVI, col. 77-184. Amolon mourut le 31 mars 852.

Colonia, *Histoire littéraire de Lyon*, 1730, t. II, p. 127-134. — *Histoire littéraire de la France*, 1740, t. V, p. 104-111. — A. Péricaud, *Archives historiques et statistiques du département du Rhône*, 1825, t. I, p. 355-357. — Bœhr, *Geschichte der röm. Literatur*, Suppl., 1840, t. III, p. 406-407. — *Acta sanctor.*, 1867, octobr. t. XII, p. 761. — Duchesne, *Fastes épiscopaux*, 1900, t. II, p. 172.

M. BESSON.

2. AMOLON (AMULUS), évêque de Turin. Grâce aux circonstances très agitées au milieu desquelles il vécut, Amolon a été défiguré par la légende. On en a fait, par exemple, un des assassins de Lambert de Spolète ; on a dit qu'un jour qu'il chevauchait, le démon lui apparut sous la forme d'un renard, et l'entraîna si loin qu'on ne le revit jamais plus. De telles sottises furent imaginées de bonne heure par les ennemis d'Amolon : elles figurent, entre autres, dans la Chronique de Novalaise.

L'Amolon de l'histoire est au contraire un personnage remarquable, honoré de la confiance, non seulement de l'empereur Lambert, qui le fit son chancelier, mais de Bérenger, rival et successeur de Lambert. Il paraît avoir fait assez bonne figure au concile de Ravenne, en 898, étant alors évêque déjà depuis une vingtaine d'années. Son successeur Eginolf est attesté dès 901.

C. Cipolla, *Monumenta Novaliciensia vetustiora*, Rome, 1901, t. II, p. 301. — F. Savio, *Gli antichi vescovi d'Italia. Il Piemonte*, 1898, p. 322-325.

M. BESSON.

AMON (Saint), suivant la tradition constante, fut le successeur immédiat de saint Mansuy, premier apôtre des Leuques et premier évêque de Toul. Il semble avoir vécu au IVe siècle. Il aimait fort la solitude et l'on montre encore, dans une forêt qui s'étend au sud de Toul, sur les confins des départements des Vosges et de Meurthe-et-Moselle, un vallon sauvage où il se plaisait à se reposer, dans la retraite, des fatigues de l'épiscopat. Une hymne très ancienne du bréviaire toulois le félicitait d'avoir lutté victorieusement contre l'hérésie (peut-être l'arianisme). Il fut enseveli, auprès de saint Mansuy, dans un oratoire qui devint, au Xe siècle, l'abbaye [suburbaine de Saint-Mansuy. L'Église de Toul célébrait sa fête le 23 octobre ; Nancy la célèbre aujourd'hui le 25, sous le rite double.

Gesta episcoporum Tullensium, dans *Monumenta Germaniae historica, Scriptores*, t. VIII, p. 633. — Eug. Martin, *Histoire des diocèses de Toul, Nancy et Saint-Dié*, t. I, p. 44.

E. MARTIN.

AMONCOURT (JEAN D') ou **DAMONCOURT**, évêque de Poitiers, était originaire d'une famille noble établie dans la région de Langres, où elle possédait la seigneurie de Piépape ou, tout au moins, des droits seigneuriaux en ce lieu. P. Anselme, *Hist. généalogique de la maison royale de France et des grands officiers de la couronne*, Paris, 1720-1733, t. II, p. 66, 87 ; IV, 825 ; V, 666 ; VII, 247 ; VIII, 913, IX, 98. On a dit, *loc. cit.* et *Gallia christiana nova*, Paris, 1720, t. II, p. 1204, que son père était seigneur de Montigny-sur-Aube, et que lui-même était né à Piépape ; mais en attendant la publication de documents plus convaincants, on ne saurait considérer ces affirmations que comme des hypothèses. Bonvallet, *Jean d'Amoncourt, évêque de Poitiers*, dans *Bull. de la Soc. des antiq. de l'Ouest*, Poitiers, 1880-1882, IIe série, t. II, p. 347-353. La date précise de sa naissance est inconnue, mais doit se placer vers la fin du XVe ou les premières années du XVIe siècle. On ne sait rien de sa jeunesse, si ce n'est qu'il fut reçu docteur en droit avant 1532 et qu'en 1535 il était chanoine de Langres, mais non dans les ordres sacrés. Le Breton, *Un carrelage en faïence de Rouen du temps de Henri II dans la cathédrale de Langres*, dans *Réunion des Sociétés des beaux-arts des départements*, Paris, 1884, t. VIII, p. 372-383. Claude de Givry, cardinal de Longwy, évêque de Langres, et l'un des personnages les plus influents de l'Église de France au milieu du XVIe siècle, se trouvait être son parent et cette circonstance lui favorisa grandement l'accès aux dignités ecclésiastiques. Il devint abbé commendataire de Longuay au diocèse de Langres, en 1533, vicaire général de Claude de Givry pour le même diocèse, archidiacre de Langres, prieur de Saint-Geosme, de Grosse-Sauve et de Sussy (tous ces bénéfices étaient situés dans le diocèse de Langres). Vignier, *La décade historique du diocèse de Langres*, Langres, 1894, t. I, p. 231. Il prit une part active à l'administration du diocèse (Vignier, *loc. cit.*) et, comme abbé de Longuay, affranchit moyennant finances les habitants de Lignerolles (1538) et de Dancevoir (1548) de leur condition de mainmortables. Collot, *Chronique de l'abbaye de Notre-Dame de Longuay*, Paris et Langres, 1868, p.201, 204. En 1550, Claude de Givry ayant résigné l'évêché de Poitiers, dont il était administrateur, en se réservant certains domaines, la moitié des revenus et le droit de recouvrer ses fonctions, si le nouvel évêque venait à mourir avant lui, Jean d'Amoncourt fut pourvu de l'évêché de Poitiers par consistoire du 30 janvier 1551 (D. Chamard, *Notes historiques*, dans *Bull. de la Soc. des antiq. de l'Ouest*, Poitiers, 1886-1888, IIe série, t. IV, p. 69-75) et renonça à ses bénéfices langrois. Vignier, *loc. cit.* Il semble cependant, autant qu'on en peut juger par de trop rares documents, avoir peu résidé dans son diocèse. Il ne fit son entrée à Poitiers que le 25 août 1555. *Gallia christiana*, t. II, col. 1204, et arch. munic. de Poitiers, carton *43*, n. 1317. Cette même année, on le voit entreprendre une visite pastorale, qui lui attira des procès avec quelques établissements de son diocèse : chapitre du Châtelet de Thouars, prieurés de Notre-Dame de Loudun et de la Chapelle-Montreuil, au sujet des droits de visite et de procuration (arch. départ. de la Vienne, *G*, liasses 1 et 7) et, en exécution d'une sentence rendue par la cour de sénéchaussée de Poitiers, à la requête du chapitre de la cathédrale, il fit refondre la grosse cloche montée au clocher par l'évêque Gouge de Charpaignes et en fit augmenter le poids. Bonvalet, *loc. cit.* Après 1555, il n'est jamais question de la présence de Jean d'Amoncourt en Poitou. Pendant son épiscopat, le diocèse fut administré par son vicaire général, Abel de la Fontaine, chanoine et sous-doyen de l'église cathédrale, vicaire général dès le 28 décembre 1551 (Redet, *Documents pour l'histoire de l'église de Saint-Hilaire de Poitiers*, t. II, p. 221, dans *Mém. de la Soc. des antiq. de l'Ouest*, 1852, Poitiers, 1857, t. XIX), et encore le 27 mai 1558. D. Fonteneau, t. XI., p. 517-542, ms. de la Bibl. municipale de Poitiers. Les fonctions liturgiques étaient accomplies par un évêque auxiliaire, le franciscain Hilaire Choun, pourvu au consistoire du 16 avril 1554, de l'évêché d'Hébron *in partibus infidelium*, et d'une pension de 150 ducats sur les revenus de l'évêché de Poitiers. *Acta consistorialia*, Bibl. nat., ms. lat. *12558*, fol. 257. Il n'est pas absolument sûr que Barthélemy Bodin, auxiliaire à Poitiers de Claude de Longwy, aient en 1551, et Gui, *episcopus Romanensis*, aient été les auxiliaires de Jean d'Amoncourt. V.-D. Chamard, *loc. cit.*, dont les raisons en sens contraire ne me semblent pas décisives. Ce prélat mourut à Grosse-Sauve (Vignier, *loc. cit.*), le 7 août 1559 (inscription tumulaire, dans Bonvalet, *loc. cit.*), et fut enseveli dans la chapelle de l'Invention de la Sainte-Croix qu'il avait fait bâtir en la cathédrale de Langres; son cercueil et ses ossements y sont encore. Bonvalet et Chamard, *loc. cit.* Grand ami des arts, Jean d'Amoncourt aurait été, semble-t-il, l'un des protecteurs de l'artiste franc-comtois Jacques Prévost (Bourdin, *L'œuvre de Jacques Prévost*, Besançon, 1908, p. 13-14, 85) et la chapelle de l'Invention de la Sainte-Croix, *alias* de Poitiers de la Potière, est une belle œuvre de la Renaissance. Le carrelage en particulier a excité l'admiration des connaisseurs. Le Breton, *Un carrelage en faïence de Rouen du temps de Henri II dans la cathédrale de Langres*, dans *Réunion des Sociétés des beaux-arts des départements*, Paris, 1884, t. VIII, p. 372-383.

Armoiries : *De gueules au sautoir ou croix de Saint-André d'or*. Devis : *Nec mors nec vita*.

Il n'a été écrit sur Jean d'Amoncourt que les notices citées au cours du présent article. On peut seulement y ajouter Besly, *Evesques de Poictiers*, Paris, 1647, p. 213 (insignifiant), et *Gallia christiana*, Paris, t. IV, col. 39.

P. DE MONSABERT.

1. AMOR (Saint), moine bénédictin, premier abbé d'Amorbach, naquit en Aquitaine vers 694 et entra probablement dans l'abbaye de Saint-Maur-des-Fossés. Disciple de saint Pirmin, il l'accompagna pour prêcher l'Évangile dans le sud de la Germanie. Pirmin ayant fondé dans la Franconie une abbaye nommée plus tard Amorbach, Amor en fut consacré premier abbé en 724. Grâce aux largesses de Ruthardt, comte régional, et de Charles Martel, il y construisit un couvent et une église qui fut probablement consacrée par saint Boniface en 734. Il mourut après avoir gouverné, pendant quarante-trois ans, le monastère auquel il a donné son nom, vers 767, le 17 août. Une source qui porte son nom (*Amorsbrunn*) est encore aujourd'hui en grande vénération à Amorbach.

Ign. Gropp, *Leben und Wundertaten des hl. Amor*, Mayence, 1734; *Aetas mille annorum antiquissimi monasterii B. M. V. in Amorbach*, Francfort, 1736, p. 32-50. — *Acta sanct.*, aug. t. III, p. 460-475.

J. PIETSCH.

2. AMOR. Voir AMOUR.

AMORBACH, abbaye de l'ordre de Saint-Benoît, dans la Franconie (Bavière), fondée au commencement du VIIIe siècle par saint Pirmin. Le nom lui vient de son premier abbé, saint Amor. Les premiers moines prêchèrent l'Évangile dans les montagnes de l'Odenwald et en Franconie. Sous Charlemagne, l'abbaye commença à prendre une part active à la conversion des Saxons. La tradition rapporte que les dix premiers évêques de Verden, évêché fondé par Charlemagne, furent moines d'Amorbach. Le fait est douteux (Hauck, *Kirchengeschichte Deutschlands*, 2 éd., t. II. p. 390); ce qui est sûr, c'est que Haruch († 829), qui inaugure la liste certaine des évêques de Verden, se trouve aussi dans les anciennes listes des abbés d'Amorbach.

En 910 et 923, les Hongrois dévastèrent le monastère et massacrèrent les moines. A partir du XIIIe siècle, on n'y reçut que des moines ayant leurs titres de noblesse. La discipline commença à se relâcher. L'abbé Dietrich assista au concile de Constance et revint avec la ferme volonté de réformer le monastère. Il rencontra une forte opposition; on alla jusqu'à assassiner le prieur qui le soutenait dans ses projets. Dietrich resta cependant ferme et ses efforts furent couronnés de succès. Le privilège de la noblesse disparut depuis ce temps. L'abbaye eut dans la suite beaucoup à souffrir dans la guerre des paysans (1525); en 1613, les Suédois s'en emparèrent, chassèrent les moines et introduisirent le culte protestant. Gustave-Adolphe fit don de l'abbaye au comte d'Erbach. En 1634, les Suédois furent chassés et le monastère fut rétabli, mais il subit encore bien des vexations pendant la guerre de Trente ans. En 1673, Turenne y passa et en 1693 les armées françaises y revinrent de nouveau et faillirent détruire l'abbaye.

Au commencement du XVIIIe siècle, l'abbaye commença à prospérer et, en 1731, on célébra avec de grandes solennités le millénaire de sa fondation. L'abbé d'alors, Engelbert Kinbacher, bâtit la magnifique église qui subsiste encore aujourd'hui; elle fut consacrée en 1747 par l'archevêque de Mayence, Jean-Frédéric-Charles von Ostein, l'abbaye ayant passé, en 1659, de la juridiction des évêques de Wurzbourg à celle de Mayence.

Après la paix de Lunéville, le décret de sécularisation de 1803 mit fin à l'existence de l'abbaye, dont les biens furent donnés au prince de Linange (Leiningen-Dagsburg). La vaste église sert aujourd'hui au culte protestant, la bibliothèque fut vendue en 1851 pour 5 500 florins à un libraire d'occasion.

LISTE DES ABBÉS, d'après Gropp, Krebs et Link. — Saint Amor, 724-767. — Saint Suitbert, 767-786. — Saint Patto, 786-803. — Saint Tanco, 803-812. — Saint Kortyla, 812-819. — Saint Isinger, 819-820. — Saint Haruch, 820-825. — Helingaud, 825-849. — Erluph, 829-840. — Spatto, 840-861. — Théodoric Ier, 861-870. — Godebold, 940-960. — Giselher, 960-989. — Otto Ier, 990-1012. — Richard Ier, 1012-1039. — Walther, 1039. — Ezelin, 1039. — Bruno. — Léonard. — Bodebald, 1138. — Adelhelm. — Otto II, † 1162. — Ludovicus. — Richard II, 1197. — Marquard, 1217-1226. — Wortwin, 1226-1234. — Godefrid, 1234-1256. — Gyselher, 1256-1261. — Wipert, 1261-1274. — Ludovicus, 1274. — Henri, 1280, 1284. — Conrad von Schweinsberg, 1284-1298. — Fridericus, 1298-1307. — Hermann, 1308-1312. — Gerhard, 1312-1316. — Otto III, 1316-1318. — Eberhard Rude von Collenberg, 1318-1341. — Gottfried von Lurz, 1341-1373. — Friedrich Feyser, 1373-1397. — Boppo von Adatzheim, 1397-1406. — Dietrich von Kunnig, 1406-1428. — Heinrich von Kunnig, 1428-1456. — Jodoc von Wilnbach, 1456-1466. — Johann von Babenhausen, 1466-1484. — Johann Schwab, 1484-1503. — Petrus Winter, 1503-1517. — Jacob Zweifel, 1517-1532. — Valentin Eschwing, 1532-1542. — Matthaeus Hamen, 1542-1546. — Jodoc Strohmenger, 1546-1556. — Theobald Gramblich, 1556-1584. — Johann Baumann, 1584-1617. — Erhard Leyendecker, 1617-1635. — Graffto Brucher, 1635-1639. — Placidus Fleck, 1639-1674. — Coelestin Mann, 1674-1713. — Sanderad Breunig, 1713-1725. — Joseph Haberkorn, 1725-1727. — Engelbert Kinbacker, 1727-1753. — Hyazinth Brewer, 1753-1778. — Benedikt Külzheimer, † 1815.

Ign. Gropp, *Aetas mille annorum antiquissimi monasterii B. M. V. in Amorbach*, Francfort, 1736. — A. Debon, *Historisch-topographische Skizze von Amorbach*, dans *Archiv Hist. Vereins f. Unterfranken*, 1858, t. XIV, p. 1-36. — R. Krebs, *Kloster Amorbach im XIV und XV Jahrh.*, dans *Archiv f. Hess. Geschichte u. Altertumskunde*, 1910, p. 185-209. — G. Link, *Klosterbuch der Diözese Würzburg*, Wurzbourg, 1873, p. 344-372.

J. PIETSCH.

AMORELLI (GIUSEPPE MARIA). Né à Sambuca, au diocèse de Girgenti, le 6 juillet 1787, il fut d'abord évêque d'Hellénopolis *in partibus*, puis transféré, le 20 décembre (et non pas août, comme le porte Cappelletti) 1824, au siège de Syracuse (Sicile). Il favorisa le développement des études dans son séminaire, en y appelant des professeurs éminents. Il mourut le 13 décembre 1841 (et non pas 1843, comme le porte Cappelletti).

Notizie per l'anno MDCCCXL, p. 162. — Cappelletti, *Le Chiese d'Italia*, Venise, 1870, t. XXI, p. 627. — Privitera, *Storia di Siracusa antica e moderna*, Naples, 1879, t. III, p. 322, 381.

J. FRAIKIN.

AMORETTI (CARLO), célèbre naturaliste italien. Il naquit à Oneglia (Ligurie), le 13 mars 1741, et prit l'habit religieux chez les augustins, au couvent de la Consolation à Gênes. En 1756, il prononça ses vœux et se rendit à Pavie, où il s'appliqua à l'étude des sciences sacrées jusqu'à 1762. En 1764, il fut nommé *lector theologiae*; en 1769, il enseigna la théologie au couvent de Borgo San Donnino et, de retour à Parme, il fut nommé professeur de droit canon à l'Académie de cette ville. Pour se consacrer avec plus de liberté aux études scientifiques, il demanda sa sécularisation et se rendit à Milan, où la famille patricienne Cusani lui confia l'éducation de ses enfants. Avec ses élèves, il visita les Alpes, Vienne, l'Italie méridionale. En 1783, il était secrétaire de la Société nationale de Milan pour le développement de l'agriculture. En 1797, il fut nommé conservateur de la bibliothèque Ambrosienne et, en 1805, chevalier de la Couronne de fer. Sa mort eut lieu le 25 mars 1816. Minéralogue, physicien, chimiste, paléographe, historien, littérateur, il était considéré comme un des hommes les plus savants de son époque. Il contribua beaucoup au progrès des études scientifiques en Italie en publiant avec l'abbé Ange Fumagalli, il traduisit et enrichit de notes l'*Histoire de l'art* de Winckelmann, *Storia dell' arte presso gli antichi*, Milan, 1779 (deux volumes). Il découvrit à la bibliothèque Ambrosienne le récit de voyage d'Antoine Pigafetta et le publia sous ce titre : *Primo viaggio intorno al globo terracqueo, ossia ragguaglio della navigazione alle Indie orientali per la via d'Occidente fatto sulle squadre del capitano Magagliones negli anni 1519-1522*, Milan, 1800. En 1812, il publia en italien et en français le *Voyage de la mer Atlantique à l'océan Pacifique par le nord-ouest dans la mer Glaciale*, 1588. De ses ouvrages originaux, nous citons les plus connus : 1. *Memorie storiche sulla vita, gli studi e le opere di Leonardo da Vinci*, Milan, 1804; 2. *Le guide des étrangers dans Milan et aux environs*, Milan, 1805; 3. *Della rabdomanzia ossia elettrometria animale : ricerche fisiche e storiche*, Milan, 1808; en abrégé, Milan, 1816; 4. *Della torba e della lignite*, Milan, 1810; 5. *Della ricerca del carbon fossile, suoi vantaggi e suo uso nel regno d'Italia*, Milan, 1817; 6. *Viaggio da Milano ai tre Laghi Maggiori di Lugano e di Como e nei monti che li circondano*, Milan, 1814.

Lombardi, *Storia della letteratura italiana del secolo XVIII*, Modène, 1828, t. II, p. 72-74. — Michaud, *Biographie universelle ancienne et moderne*, t. I, p. 593-594. — Lanteri, *Postrema saecula sex religionis augustinianae*, Rome, 1863, t. III, p. 301. — Perini, *Scriptores augustiniani*, Rome, 1911, t. I, p. 78.

A. PALMIERI.

1. AMORIM (GASPAR DE), religieux augustin, né à Lisbonne. Il fit sa profession, en 1596, dans le couvent de Notre-Dame des Grâces. En 1610, il partit pour les missions des Indes et fut nommé prieur du couvent de Goa et, en 1636, vicaire général de sa congrégation. Il mourut dans cette ville, le 7 août 1646. On a de lui plusieurs sermons imprimés et une relation en portugais et en latin sur les missions des augustins dans les Indes : *Progressos da congregação dos ermitas de santo Agostinho da India e das acções mais memoraveis dos religiosos della*, inédit.

Barbosa Machado, *Bibliotheca Lusitana*, t. II, p. 332. — Ossinger, *Bibliotheca augustiniana*, p. 43-44. — Moral, *Catalogo de escritores agustinos españoles, portugueses*, dans *La Ciudad de Dios*, t. XXXV, p. 112-113. — Crusenius-Lopez, *Monasticon augustinianum*, t. II, p. 188-189. — Perini, *Augustiniani scriptores*, Rome, 1911, t. I, p. 78-79.

A. PALMIERI.

2. AMORIM (GONÇALO DE), dominicain portugais, fut créé par Léon X évêque titulaire de Hiérapolis, le

28 mai 1518, et coadjuteur de l'archevêque de Braga, D. Diogo de Souza († 8 juin 1532). Il mourut l'année suivante (1519). Il eut pour successeur, comme évêque titulaire de Hiérapolis, un certain Jean *Parisiacus* ou *Parisiottus*, lui aussi dominicain, préconisé le 26 octobre 1519, et nommé coadjuteur de l'archevêque de Lyon, François de Rohan. Sousa se trompe donc lorsqu'il fait évêque de Hiérapolis et successeur d'Amorim un dominicain portugais, dont il ignore d'ailleurs le nom, et qui aurait été en même temps coadjuteur de l'archevêque de Braga.

Eubel, *Hierarchia cath.*, t. III, p. 226. — Cavalieri, *Galleria de' sommi pontefici*, etc., Bénévent, 1696, t. I, p. 331. — M. Fontana, *Sacrum theatrum dominicanum*, Rome, 1666, p. 204. — Pedro Monteyro, *Claustro dominicano*. Lanço primeyro, Lisbonne, 1729, p. 25. — *Bullar. ord.*, Rome, t. IV [1732], p. 402. — Les auteurs italiens, à la suite de Fontana, l'appellent Amonin, tandis que Sousa lui restitue son vrai nom de Amorim ou Amorin. — Fr. Luis de Sousa, dans son *Historia de S. Domingo do Reino e conquistas de Portugal*. *Terceira parte*, Lisbonne, 1678, ne le mentionne pas.

R. COULON.

3. AMORIM PESSOA (JOÃO CHRYSÓSTOMO DE), un des plus illustres évêques portugais du XIX siècle, né à Cantanhede le 14 octobre 1810. Le 11 juin 1826, il entra au couvent des mineurs réformés de Cantanhede, fit profession le 13 juin 1827 et reçut la prêtrise en 1835. Dès les débuts de sa carrière ecclésiastique, il devint un orateur renommé. Après une carrière brillante à l'université de Coïmbre, Amorim Pessoa reçut en 1850 le grade de docteur en théologie, obtint en 1851 la charge d'examinateur prosynodal, et au concours l'église de Cantanhede, qu'il résigna après avoir été nommé (1854) professeur de sciences ecclésiastiques au séminaire de Coïmbre et (1855) professeur suppléant à la faculté de théologie. A la cathédrale de Coïmbre, il eut la dignité d'archidiacre de Vouga. Nommé en 1859 évêque de Cabo Verde, il fut transféré à la cathédrale de Goa (Inde portugaise), le 22 octobre 1860.

Les bulles de confirmation limitaient la juridiction du nouvel archevêque au diocèse de Goa et, en vertu des notes reversales jointes au concordat du 23 février 1857, Amorim Pessoa reçut, par le bref *Ad reparanda damna*, la juridiction extraordinaire sur les églises et les missions situées dans les diocèses, anciens suffragants de Goa. Les premières difficultés qui l'attendaient avaient rapport au schisme qui s'y était produit depuis quelques années. Le Saint-Siège appela l'archevêque à Rome et lui confia des instructions spéciales regardant le gouvernement du diocèse et des missions. On lui recommanda de faire exécuter les censures fulminées dans le bref *Probe nostis*, du 13 mai 1851, contre quatre missionnaires portugais qui, soutenus par l'évêque de Macau, ne reconnaissaient pas à l'évêque de Bombay la juridiction des vicaires apostoliques. C'était la vieille question du patronat du roi de Portugal en Orient. Amorim Pessoa arriva le 31 décembre à Goa et mit aussitôt à exécution les instructions reçues à Rome.

Les faits que nous venons d'exposer expliquent quelques passages de la lettre pastorale de bienvenue qu'il adressait à ses diocésains, le 8 janvier 1863. Il y consolait ses fidèles en prévoyant que les dissensions seraient bientôt finies et que la concorde et l'harmonie régneraient parmi les églises du patronat royal. Il s'y déclarait zélé défenseur des droits du patronat du roi et, en même temps, évêque soumis au souverain pontife. Comme le bref *Probe nostis* avait été mis en exécution sans avoir obtenu le *placet* royal, le gouvernement portugais fit expédier une lettre circulaire aux évêques des colonies, pour rappeler les lois qui ne permettaient pas l'exécution des bulles, brefs ou rescrits apostoliques quelconques, dépourvus du *placet*.

Amorim Pessoa prit vraiment à cœur la conduite des fidèles qui lui étaient confiés. Un de ses premiers soins fut la visite pastorale, qu'il fit dans presque toutes les églises du diocèse et dans quelques missions du Malabar, de Méliapor, de Ceylan, de Bengale, etc., dont quelques-unes n'avaient pas depuis longtemps reçu la visite d'un évêque portugais. Dans le séminaire de Rachol, il fonda une riche bibliothèque, en ajoutant à l'ancienne plus de 7 300 volumes, dont Pie IX avait offert une partie ; d'autres appartenaient à la bibliothèque du chapitre de Goa, et d'autres furent achetés par l'archevêque. En 1863, il fit, d'accord avec le gouvernement, la réforme des études du séminaire, qui furent distribuées en dix-sept chaires, et son mandement du 8 août invita le clergé à s'appliquer aux sciences et aux lettres, avec déclaration que les ordres et les bénéfices seraient refusés à ceux qui ne voudraient pas les obtenir par la voie de la science. Pour développer l'enseignement religieux, l'archevêque fit imprimer un *Catechismo histórico* pour les écoles des paroisses du patronat royal.

Dans un mandement célèbre du 23 juillet 1865, Amorim Pessoa donna connaissance à ses diocésains de l'encyclique *Quanta cura* du 8 décembre 1864 et du *Syllabus* qui l'accompagnait. Il y défendait le pape des accusations qu'on lui faisait à propos de ces documents et exaltait la mission sociale de l'Église.

Au commencement de 1869, la maladie forçait l'archevêque à revenir en Europe, et il quitta Goa le 5 février. Par bref du 17 novembre 1874, Pie IX le nomma coadjuteur de l'archevêque de Braga, Azevedo e Moura. Le 22 mars 1875, il arriva à Braga et s'établit dans le séminaire de São Pedro, d'où il expédia sa première lettre pastorale le 13 mai. L'ancien archevêque étant mort, le nouveau fit son entrée solennelle dans la cathédrale, le 11 mars 1877.

Amorim Pessoa s'appliqua aussitôt à réformer la discipline, en prenant des mesures au sujet des registres paroissiaux, des listes d'acquittement du devoir pascal et de la procédure des mariages. Il interdit les processions nommées *Cercos*, vraies mascarades du culte, et le chant des femmes dans les églises. Son séminaire du Campo da Vinha étant assez étroit, l'archevêque demanda pour lui au gouvernement, le 27 décembre 1875 et le 11 décembre 1876, l'édifice du couvent des ursulines, qui lui fut accordé par ordre ministériel du 3 juin 1878. Le nouveau séminaire prit le nom des apôtres saint Pierre et saint Paul. La caisse de la bulle de la sainte croisade donna en outre treize contos de reis (soixante-cinq mille francs à peu près), pour réparer l'édifice et augmenter sa bibliothèque. L'archevêque manifesta sa joie de ces résultats dans son mandement du 14 octobre 1880, qui finit par les paroles du vieillard Siméon : *Nunc dimittis*. Un de ses mandements les plus remarquables est encore celui du 1er mai 1879, où il s'occupe de la communion des saints.

En 1882, Amorim Pessoa fut mortifié par la nouvelle limitation diocésaine, qui diminuait l'étendue de son diocèse au profit de celui de Porto et, le 6 novembre 1882, il donna sa démission. Dans son mandement du 8 septembre 1883, il prenait congé de ses diocésains. Il se retira à sa villa de São João Baptista de Cabanas, un kilomètre au nord de Braga, où il est mort le 25 décembre 1888. Son corps fut transporté à Cantanhede. Il légua ses manuscrits à l'université de Coïmbre, sa bibliothèque au municipe de Cantanhede, tous ses biens à la Miséricorde de Cantanhede, avec l'obligation de fonder un hôpital pour les pauvres et d'établir une école de grammaire latine et de grammaire française.

Voici la liste de ses ouvrages : *Catechismo histórico*

da religião christã, para uso das escolas parochiaes da diocese de Goa, Nova Goa, 1864; — *Theologiae dogmaticae institutiones quas Aloysius Vincentius Cassitus Neapolitana universitate sacrae theologiae magister disposuit quasque in usum regalis seminarii de Rachol correxit et adaptavit D. Joannes Chrysostomus de Amorim Pessoa, archiepiscopus metropolitanus Goanensis et Orientis primas*, Nova Goa, 1865, t. I; *ibid.*, 1868, t. II; *ibid.*, 1867, t. III; — *Historiae ecclesiasticae compendium quod, auctore Henrico Guilielmo Wouters, revisit, in meliorem redigit formam et ad ecclesiasticae suae dioecesis studia apte disponit*, etc., Novae Goae, 1868, t. I; *ibid.*, 1869, t. II; — *Collecção das pastoraes e provisões, portarias, editaes e circulares, e de alguns outros documentos attinentes ao governo do... arcebispo de Goa*, etc., Nova Goa, 1871; — *Pastoral do arcebispo de Goa e prima do Oriente... despedindo-se da archidiocese de Goa*, Nova Goa, 1874; — *Pastoral ao clero e fieis da archidiocese metropolitana prima das Espanhas*, etc. (sur la bulle de la sainte croisade), Braga, 1875; — *Exhortação pastoral* (à l'occasion du jubilé de l'année sainte en 1875), Braga, 1875; — *Pastoral*, etc. (sur la bulle de la croisade), Braga, 1877; — *Resposta dada pela commissão administrativa do collegio dos orphãos de S. Caetano de Braga ao officio do governo civil n. 66 com data de 13 de junho de 1877*, Braga, 1878. — *Exhortação pastoral... em 17 de novembro de 1878*, Braga, 1878; — *Carta pastoral publicando o jubileu concedido na bulla* Pontifex maximus *do SS. Padre Leão XIII*, Braga, 1879; — *Circular...* (pour le denier de Saint-Pierre), Braga, 1879; — *Exhortação pastoral... em 8 de janeiro de 1879*, Braga, 1879; — *Visita pastoral... aos arciprestados de Villa do Conde e Barcellos no mês de maio de 1879*, Braga, 1879; — *Carta pastoral... por occasião da transferéncia do seminário diocesano para o novo edifício*, Braga, 1880; — *Provisão... publicando o indulto apostólico para uso das comidas de carnes na quaresma e concedendo várias faculdades aos confessores em favor dos fieis que tomarem a Bulla da santa cruzada*, Braga, 1880; — *Pastoral de saudação* (où l'archevêque prenait congé du clergé et des fidèles de Braga), Lisbonne, 1883.

Amorim Pessoa autorisa un recueil de ses ouvrages les plus importants, sous le titre *Obras de D. João Chrysóstomo de Amorim Pessoa*, Lisbonne, 1882, t. I (avec le portrait de l'archevêque); *Pastoraes, ibid.*, 1888, t. II (correspondance officielle); *ibid.*, 1887, t. III (*Memória sobre o padroadonas províncias ultramarinas*).

Casimiro Christovam de Nazareth, *Mitras lusitanas no Oriente*, dans *Boletim da Sociedade de geographia de Lisboa*, série XV, p. 811 sq. — Fortunato de Almeida, *História da Igreja em Portugal*, t. IV (sous presse). — A. M. Seabra de Albuquerque, *Bibliographia da imprensa da universidade de Coimbra nos annos de 1874 e 1875*, Coimbra, 1876, p. 95-102. — Brito Aranha, *Diccionário bibliográphico português*, Lisbonne, 1883, t. X, p. 222, 400. — Manuel Pinheiro Chagas, *Diccionário popular*, Lisbonne, 1890, t. XVI, p. 246-247. — Dans la collection des œuvres d'Amorim Pessoa, surtout au t. II des *Obras completas*, on trouvera de nombreux documents pour sa biographie.

Fortunato DE ALMEIDA.

AMORIUM, évêché de Phrygie. La ville était située au sud-ouest de Pessinonte, à l'endroit où la route bifurquait sur Tyane et Laodicée. Elle est ancienne, bien que la date de sa fondation soit ignorée et qu'elle n'ait eu pendant longtemps aucune importance. Elle a appartenu successivement à diverses provinces, à la Grande-Phrygie, d'après Strabon et Ptolémée, puis à la Pisidie, puis à la Galatie II, puis encore à la Phrygie. Head, *Historia nummorum*, p. 557, a déduit d'une monnaie qu'Amorium se serait appelée un moment Vipsania en l'honneur d'Agrippine, mais Imhoof-Blumer ne voit là qu'un nom de famille. A partir de la fondation de l'empire arabe, Amorium, restée au pouvoir des souverains de Byzance et située non loin de la frontière, devient une place forte de premier ordre. En l'an 716-717, sous l'empereur Théodose III, les Sarrasins l'assiégèrent longtemps et Léon III l'Isaurien, qui y fut proclamé empereur par les habitants (717), ne réussit à la délivrer que grâce à l'héroïsme de ses habitants et à des ruses de guerre. Sous le règne de Léon IV (775-780), Amorium résista encore aux assauts des musulmans; il n'en fut pas de même en 838, où, le 24 septembre, après seulement treize jours de siège, la ville fut emportée par les Arabes. La majorité des habitants d'Amorium et de la campagne furent massacrés, d'autres emmenés prisonniers au nombre de 30 000, la forteresse et les murailles rasées. Le coup fut d'autant plus sensible que la dynastie alors régnant à Constantinople était originaire de cette ville. Les Grecs réussirent pourtant à reprendre Amorium, qui ne recouvra jamais son ancienne importance. En l'année 1068, la ville était encore occupée, mais pour peu de temps, par les Turcs Seldjoukides, qui ne tardèrent pas à l'abandonner à Romain IV Diogène; reprise par les Turcs, elle fut encore attaquée par les Grecs en 1110. La paix une fois faite, le peu d'habitants qui y restaient et qui étaient continuellement en butte aux pillages et aux mauvais traitements des uns et des autres, se retirèrent sous la protection des émirs de Sévri-Hissar, et la ville byzantine fut complètement abandonnée. Les ruines d'Amorium sont aujourd'hui près du village d'Assar-Keuï ou Hamza-Hadji, qui est lui-même dominé par la forteresse de Hergan-Kaleh, dans le caza de Sévri-Hissar et le vilayet de Koniah.

On sait peu de chose sur l'introduction du christianisme à Amorium et il n'y en a pas d'attestation sérieuse avant le IVᵉ siècle. Le Synaxaire de Constantinople (H. Delehaye, *Propylaeum ad Acta sanctorum novembris*, Bruxelles, 1902, col. 576¹²) mentionne, à la date du 31 mars, un saint Blaise, par ailleurs tout à fait inconnu. Le même ouvrage, *op. cit.*, col. 85¹², parle aussi, à la date du 27 septembre, d'un saint Ignace, supérieur du monastère de Bathyrhyax sous les empereurs Nicéphore Phocas et Jean Tzimicès (963-976), lequel serait mort à Amorium et aurait été enterré dans une église de la ville. Ce qui est plus certain, c'est que soixante pèlerins venus d'Amorium en Palestine, en l'année 723, lors des traités passés entre l'empire grec et les Arabes, furent massacrés par ceux-ci près de Jérusalem et enterrés près de la basilique Saint-Étienne en cette dernière ville; leur fête se célèbre le 21 octobre. *Acta sanctorum*, oct. t. VIII, p. 360 sq.; A. Papadopoulos-Kerameus, Μαρτύριον τῶν ἁγίων ἑξήκοντα νέων μαρτύρων, Saint-Pétersbourg, 1892. Le 24 septembre 838, lors de la prise d'Amorium par les Arabes, parmi la multitude des prisonniers, quarante-deux officiers ou fonctionnaires supérieurs furent mis à part et, après sept ans de captivité, sur leur refus d'abjurer le christianisme, ils furent tous mis à mort le 6 mars 845; ils sont vénérés comme martyrs. Voir les textes dans *Bibliotheca hagiographica graeca*, Bruxelles, 1909, p. 169. Vers l'an 630, Amorium était un évêché suffragant de Pessinonte, dans la Galatie IIᵉ (Gelzer, *Ungedruckte... Texte der Notitiae episcopatuum*, Munich, 1901, p. 539, n. 246); il est de même dans une *Notitia episcopatuum* qu'a publiée C. de Boor, dans *Zeitschrift für Kirchengeschichte*, Gotha, 1891, t. XII, p. 527, n. 371, et qui doit dater de la seconde moitié du VIIIᵉ siècle. Peu après, Amorium était déclaré archevêché autocéphale et, sous la dynastie issue de cette ville et qui monta sur le trône en 820, elle fut élevée au rang de métropole. Nous en trouvons la première attestation dans la *Notitia* de Basil l'Arménien, vers l'année 840. H. Gelzer, *Georgii Cyprii Descriptio orbis romani*, p. 26, n. 514. Cette métropole de la Galatie II⁰ comptait alors cinq évêchés suffragants : Philomélion, Docimion, Clanéos, Polybotos et Pissia. Vers l'an 900, sous Léon le Sage, et vers l'an 940, sous Constantin Porphyrogénète, Amorium conserve toujours les cinq évêchés suffragants mentionnés ci-dessus, mais désormais elle est rangée dans la Phrygie, et non dans la Galatie II⁰. H. Gelzer, *Ungedruckte... Texte der Notitiae episcopatuum,*, p. 558, n. 635; *Georgii Cyprii Descriptio orbis romani*, p. 82, n. 1742. Quelques années plus tard, sous l'empereur Tzimicès (969-976), la métropole d'Amorium est placée de nouveau en Galatie. Gelzer, *Ungedruckte... Texte der Notitiae episcopatuum*, p. 570, n. 55. L'*Ecthesis* d'Andronic Paléologue, au début du XIV⁰ siècle, mentionne encore la métropole d'Amorium (Gelzer, *op. cit.*, p. 599, n. 59), mais cette fois-ci elle est descendue du quarante-cinquième au cinquante-huitième rang. Il est probable que le titre qui était depuis quelque temps *in partibus infidelium* disparut au cours du XIV⁰ siècle, car dans les nombreux actes patriarcaux que nous possédons de cette époque il n'est jamais question d'Amorium ni de ses métropolitains. A. Wächter, *Der Verfall des Griechentums in Kleinasien im XIV Jahrhundert*, Leipzig, 1903, p. 27.

ÉVÊQUES ET MÉTROPOLITAINS. — En 381, au concile de Constantinople signa Tyrannus, prêtre d'Amorium en Pisidie (Mansi, *Sacrorum conciliorum nova... collectio*, t. III, p. 570); il est probable que la ville ne possédait pas encore d'évêché. — En 431, au concile d'Éphèse l'évêque Abraham demanda avec plusieurs de ses collègues que saint Cyrille n'ouvrît pas les séances avant l'arrivée de Jean d'Antioche et, sur son refus, il passa ensuite du côté de ce dernier. Mansi, *op. cit.*, t. v, col. 767. — Mysterius prit part en 451 au concile de Chalcédoine. Mansi, *op. cit.*, t. VII, col. 150. — Dans la *Vita S. Theodori Syceotae*, c. XI, n. 95, on raconte que le saint vint à Amorium, où X., évêque de cette ville, l'invita à célébrer la messe et à bénir le peuple, après qu'il eut guéri un paralytique; le fait se passait vers la fin du VI⁰ siècle. — Théodore siège au VI⁰ concile œcuménique, en 680-681, et au concile dit *in Trullo*, en 692. Mansi, *op. cit.*, t. XI, col. 676, 1000. — En 717, sous Théodose III d'abord, puis sous Léon III l'Isaurien, X., évêque, défendit contre les Arabes la ville avec beaucoup de courage et réussit à échapper aux poursuites de l'ennemi. — D'après les ménées et les synaxaires grecs, sous la date du 8 mars, Eudoxius aurait accompagné, en 814 ou 815, le patriarche saint Nicéphore à la conférence religieuse de Constantinople et lutté vaillamment pour le culte des saintes images. — Théophile fut envoyé à Rome immédiatement après que Photius eut remplacé saint Ignace à Constantinople, vers 859. Mansi, *op. cit.*, t. XVI, col. 235. — Bessarion signe en 878-879 au pseudo-concile photien de Constantinople. Mansi, *op. cit.*, t. XVII, col. 374. — On a publié le sceau de Théodore, évêque d'Amorium, que M. Schlumberger, *Sigillographie de l'empire byzantin*, p. 268, attribue au VIII⁰ ou au IX⁰ siècle. — Paul, d'abord moine, puis métropolitain et auteur de plusieurs hymnes liturgiques — dont deux canons à la sainte Vierge et un à Jésus-Christ — aurait peut-être vécu au X⁰ siècle. S. Petridès, *Paul d'Amorion hymnographe*, dans *Échos d'Orient*, t. VIII, p. 314-346. — Enfin d'après Le Quien, *Oriens christianus*, t. I, col. 856, siégeait N., sous le patriarche Jean Xiphilin (1063-1075), mais les dates qu'il donne sont manifestement fautives.

Le Quien, *Oriens christianus*, Paris, 1740, t. I, col. 853-856. — Ch. Texier, *Asie Mineure*, Paris, p. 471 sq. — W. Ramsay, *The cities and bishoprics of Phrygia*, Oxford, 1895, *passim*.

S. VAILHÉ.

1. AMOROSO (BARTOLOMEO). Né à Naples, il fut préconisé évêque de Cotrone, le 1ᵉʳ juin 1766, et mourut en 1771.

Cappelletti, *Le Chiese d'Italia*, Venise, 1870, t. XXI, p. 193.

J. FRAIKIN.

2. AMOROSO (FRANCESCO). D'abord curé de San Pietro al Ponte, au diocèse de Capoue, il fut préconisé archevêque de Lanciano le 27 février 1792, et dut mourir vers 1818, car son successeur, Franc. Maria De Luca, fut préconisé le 6 avril de cette année.

Cappelletti, *Le Chiese d'Italia*, Venise, 1870, t. XXI, p. 90. — Gams, *Series episcoporum*, Supplément, p. 16.

J. FRAIKIN.

AMORT (EUSEBIUS), théologien allemand, né à Biebermühle, près Tölz (Bavière), le 15 novembre 1692, mort à Polling, le 5 février 1775. Après avoir fait ses premières études chez les jésuites à Munich, il entra, très jeune encore, chez les chanoines réguliers à Polling, fit sa profession religieuse le 20 octobre 1709 et devint prêtre en 1717. Il enseigna successivement la philosophie, la théologie et le droit canon aux jeunes clercs de son ordre à Polling. Un séjour prolongé à Rome (1733-1735), aux services du cardinal Lercari, lui donna occasion d'enrichir ses connaissances et de gagner de hautes amitiés. Il retourna en 1735 à Polling, où il vécut encore quarante ans, occupé dans l'enseignement et à la composition de ses ouvrages, dont on compte près de soixante-dix titres. Ses confrères l'élurent deux fois doyen du couvent; l'Académie de Munich, récemment fondée, l'agrégea parmi ses membres. Il était en correspondance avec Benoît XIII, Benoît XIV et saint Alphonse.

Ses ouvrages traitent de toutes les questions philosophiques, théologiques et canoniques. Il commença par fonder avec plusieurs membres de son ordre une revue : *Parnassus Boicus oder neueröffneter Musenberg*, Munich, 1722 sq. En 1730, il publia un excellent manuel de philosophie, *Philosophia Pollingiana*, in-4⁰, Augsbourg. Son ouvrage le plus étendu fut sa *Theologia eclectica, moralis et scholastica*, 4 vol. in-fol., Augsbourg, 1752, qui eut plusieurs éditions. Un peu plus tard, parut sa théologie morale, *Theologia moralis inter rigorem et laxitatem media*, Venetiis, 1757. Plusieurs ouvrages de droit canon sont très précieux, à cause des documents que l'auteur y insère, tels par exemple *Vetus disciplina canonicorum et regularium*, Venetiis, 1748; *Elementa juris canonici veteris et moderni*, 3 vol., Ulm, 1557; *De origine, progressu, valore et fructu indulgentiarum*, Augsbourg, 1735. Il prit aussi une part active à plusieurs controverses de son temps. Une grande vogue s'attacha à son ouvrage *De revelationibus, visionibus et apparitionibus privatis regulae tutae ex Scriptura, conciliis, S. Patribus aliisque optimis auctoribus collectae*, Augsbourg, 1744, dans lequel il attaqua surtout la *Cité mystique* de la vénérable Marie d'Agréda et essaya de montrer qu'il y a de nombreuses erreurs historiques et scientifiques dans ce livre. Les franciscains Diego Gonzalez et Landelin Maier lui répondirent et Amort y répliqua assez vivement : *Controversia de revelationibus Agredianis explicata cum epicrisi ad ineptas earum revelationum vindicias editas a P. Didaco Gonzalez Matheo et a P. Landelino Maier*, Augsbourg, 1749. Le P. Dalmatius Kich et le P. Gonzalez répondirent de nouveau, et surtout ce dernier voulut prouver qu'Amort n'avait pas compris ou défiguré le sens de l'original espagnol de la *Cité mystique* en quatre-vingts endroits. Amort ne put plus répliquer, parce que son souverain, l'électeur de Bavière, lui imposa silence. Malgré ces attaques, il croyait que la vénérable Marie d'Agréda avait eu de véritables visions et révélations surnaturelles, entremêlées cependant de nombreuses erreurs.

Une autre controverse qui l'intéressa vivement fut celle sur l'auteur de l'*Imitation*; il se montra toujours champion ardent de Thomas a Kempis et ne consacra pas moins de sept ouvrages à cette thèse. Les plus célèbres sont : *Scutum Kempense*, Cologne, 1725; *Plena et succincta informatio de statu totius controversiae*, Augsbourg, 1725; *Certitudo moralis pro Thoma Kempensi*, Ratisbonne, 1764. Un de ses ouvrages est consacré à la question de la réunion des protestants et des catholiques : *Demonstratio critica religionis catholicae*, Venise, 1744. En dehors de ses travaux scientifiques, il a laissé plusieurs livres d'ascétisme populaire, deux manuels de prières très répandus jadis en Allemagne, deux catéchismes. Amort fut un esprit universel, d'une vaste science. Théologien scolastique au fond et défenseur de la tradition contre les novateurs en philosophie, il sut cependant s'accommoder aux exigences de son temps et faire valoir les progrès que la science avait faits. Ayant en vue plutôt le côté pratique des questions théologiques, il ne se rattache à aucune école en particulier ; c'est un éclectique, tour à tour thomiste, scotiste ou moliniste. Il avait le sens historique et critique et il est un des premiers qui ait introduit la méthode historique dans la théologie, en tenant compte de l'évolution du dogme chez les Pères de l'Église. Dans un temps où les tendances nationalistes et joséphistes se manifestaient partout en Allemagne, il resta fidèlement dévoué au Saint-Siège. En théologie morale, il est une autorité. Saint Alphonse l'appréciait beaucoup à cause de son jugement sûr et de la justesse de ses principes. S'il était probabiliste dans la théorie, il est cependant un peu plus sévère que saint Alphonse dans l'application des principes du probabilisme. Ses ouvrages se distinguent par une grande clarté; dans la polémique avec ses adversaires, il dépasse plus d'une fois les limites du bon ton.

Hurter, *Nomenclator literarius recentioris theologiae catholicae*, Inspruck, 1895, t. III, col. 251-255. — Baader, *Das gelehrte Bayern*, Nuremberg, 1804, t. I, p. 20 sq. On y trouve la bibliographie la plus complète de tous les ouvrages d'Amort. — Savioli-Corbelli, *Ehrendenkmal des verstorbenen Eusebius Amort*, Munich, 1777. — C. Werner, *Geschichte der katholischen Theologie*, Munich, 1866, p. 97 sq., 108 sq., 115-120. — Vacant, *Dictionnaire de théologie*, t. I, col. 1115-1117. — *Kirchenlexikon*, 2ᵉ éd., t. I, p. 754-757.

J. Pietsch.

1. AMOS NEAMUS, patriarche de Jérusalem (VIᵉ siècle). Il était abbé d'un monastère palestinien lorsqu'il fut appelé à prendre la succession du patriarche Jean III en 594. Au dire de saint Sophrone (cf. *Prat. spirit.*, c. CXLIX), il se recommanda instamment aux prières des moines qui vinrent lui rendre hommage après son élection. On a une lettre que saint Grégoire le Grand lui adressa pour lui demander d'excommunier, de saisir et, si la chose était possible, d'envoyer à Rome un acolyte nommé Pierre qui s'était enfui de la Ville éternelle. Le patriarche Amos mourut en 601.

Baronius, *Annal. eccl.*, 1742, t. X, p. 594.

R. Janin.

2. AMOS DE STRIKNO ou **ŠTĚKNA** fut, quoique simple prêtre, le chef d'une secte de frères bohêmes, qui, en souvenir de lui, s'appelèrent amosites. Il vivait, à la fin du XVᵉ siècle, aux environs de Klattau (Klatow) et de Wodñan. Imbu des pricipes primitifs de l'« Unité des frères bohêmes » (*jednota bratrska*) et très fanatique, il s'efforça de maintenir ses disciples dans les croyances rigoristes, qui interdisaient comme contraires à la loi évangélique le serment, les fonctions publiques, le service militaire et divers corps de métiers.

C'est au synode de Brandeis (1490) que s'annonça pour la première fois la scission fatale des rigides et des modérés. A Brandeis résidait, comme chef de la communauté, Procope, lequel, dans son commentaire du sermon sur la montagne, avait tranché la question en faveur de ceux qui, tout en appartenant à l'Unité, n'avaient brisé ni avec le pouvoir séculier, ni avec la richesse, ni avec les fonctions civiles. Ses partisans l'emportèrent, par le nombre, sur les rigoristes; et les résolutions de l'assemblée, sous la forme d'un compromis, marquèrent leur premier triomphe. Tout en proclamant qu'on pouvait rester dans le parti rigide, on admettait à faire partie de l'Unité les riches et les hauts fonctionnaires, les hôteliers, les commerçants et les industriels, bannis jadis aussi sévèrement que les fabricants d'objets de luxe. On toléra même, en certains cas, la déposition en justice, le serment, le recours au bras du juge séculier. L'assemblée se dispersa sans éclat. Mais Amos, qui jusqu'ici avait défendu l'orthodoxie avec non moins de fermeté que de succès, se retira, la rancune dans le cœur. Au lieu de garder secrètes les résolutions de Brandeis, il se mit avec Jacques de Wodñan à crier partout que le diable et ses suppôts étaient entrés dans l'Unité, que le pouvoir séculier y avait pénétré, comme au temps du pape Sylvestre, que maintenant on pouvait s'adonner à tous les métiers ignominieux et déshonnêtes, jurer, prêter serment, recourir au juge, être querelleur et processif, à son gré. L'agitation qu'il souleva dans les cercles de Klattau, de Prachatitz et dans leurs environs, marqua l'opposition entre l'ouest et l'est de la Bohême et fut l'avant-coureur d'un schisme imminent. Bibliothèque de Prague : Blahoslaw, *Geschichte der Brüder*, ms. I, fol. 92.

Pour éviter ce schisme, Mathias de Kunwald, neveu du fameux chef des fanatiques de Bohême et de Moravie, Rokyçana, et le seul évêque de l'Unité, crut nécessaire de supporter les vues d'Amos. Il réunit, la même année, un nouveau synode, où les rigoristes accoururent nombreux, bien décidés à reconquérir le terrain perdu. Ils bannirent du conseil de l'Unité les modérés pour y mettre les leurs, et ils annulèrent les résolutions de Brandeis, retournant aux principes anciens des frères bohêmes.

Les modérés devaient prendre leur revanche, au synode de Reichenau, de 1494. Leur principal représentant y fut Lucas (Loukach) de Prague († 1528), le premier des frères qui ait eu quelque instruction classique et une véritable connaissance de l'Écriture, des Pères et des docteurs du moyen âge. Il avait subi l'influence de Procope et composé, sous sa direction, les ouvrages qui sauvegardaient les opinions du parti mitigé. Il attaqua vigoureusement Amos et ses disciples. Le synode enleva à Mathias les fonctions de juge suprême, pour ne lui laisser que celles d'ordinateur, lui donnant comme conseiller Kráysonický; et il rendit aux modérés le conseil de l'Unité. Lucas en fit partie, et fut nommé prédicateur à Jungbunzlau. Le deuxième synode de Reichenau (1495) consacra la victoire des adversaires du rigorisme, en établissant une doctrine officielle.

Cette fois encore, Amos tint tête à la majorité et défendit avec opiniâtreté la doctrine ancienne. Avec Jacques de Wodñan, il ameuta les communautés des pays qui subissaient son influence. L'agitation fut telle que Mathias et Lucas durent citer à leur tribunal les vieux croyants. Ceux-ci refusèrent de leur reconnaître le droit de les juger et déclarèrent fonder une nouvelle Unité, qui serait la continuation de l'ancienne. Amos, profondément aigri, recourut au pamphlet, et censura la vie pécheresse de ses adversaires. Puis, parcourant en tous sens la Bohême et la Moravie, il s'efforça d'attirer à lui les communautés des frères et de les éloigner de Mathias, qu'il disait schismatique. Ses partisans, recrutés dans l'est de la Bohême et en Moravie, furent appelés le « Petit Parti » (*menší stránka*), tandis que leurs adversaires, de beaucoup supérieurs en nombre, reçurent le nom de « Grand Parti » ou de *Bunzlauer Brüder*.

Mathias tenta un nouvel accord. Afin d'examiner encore les questions en litige et de ramener l'union entre les frères, les leaders des deux partis se rencontrèrent à Chlumec, dans la maison d'un simple paysan, le lundi de la Pentecôte 1496.

Amos, avec onze de ses partisans, s'assit à une table, et Mathias, à une autre, avec quatre assistants, dont Procope et Lucas de Prague. Amos, ayant soutenu que les anciens principes conduisaient à la béatitude céleste et Mathias n'ayant pu le contredire, il demanda pourquoi on y voulait mêler des principes nouveaux, qui étaient tout aussi opposés aux premiers que l'eau l'est au feu. Mathias répondit qu'il ne reprochait pas aux rigoristes leurs opinions, mais leurs péchés. Quels sont ces péchés? répliqua Amos. Il était difficile de nommer autre chose que la désobéissance; encore pouvait-on se demander de quel côté elle se trouvait. Aussi Mathias, embarrassé, commença-t-il à lire les pamphlets d'Amos, pour en faire ressortir la violence et le ton peu évangélique. Mais, l'interrompant, son adversaire montra la contradiction qu'il y avait entre les écrits anciens et nouveaux de l'évêque, entre sa conduite passée et présente. « Vois, conclut-il, si c'est avec justice que tu nous appelles traîtres. » Les attaques personnelles envenimèrent le débat, et l'on se sépara plus aigris que jamais.

Le lendemain, Procope et Bernart, un noble de l'Unité, cherchèrent à calmer Amos et à faire la paix avec lui. Tout fut inutile. Amos s'éloigna, la haine et la vengeance dans l'âme.

En fait, il représentait l'orthodoxie des frères bohêmes, et continuait l'Unité primitive. Mais ses adversaires défendaient une doctrine plus humaine, susceptible de se consolider, de se développer et peut-être de recevoir quelque reconnaissance légale. Le parti d'Amos trouva son châtiment, dans l'excès même de ses principes. Sans contact avec les gens policés et haut placés, privé de toute culture intellectuelle, il périt, étouffé par les vues étroites et l'entêtement stupide du paysan arrogant, dissous par ses interprétations terre à terre de la Bible, qui l'amenèrent à considérer comme superflue toute fonction sacerdotale. Ses adhérents vécurent dans tout isolement religieux, malgré les efforts d'Amos pour les grouper. Ils subsistèrent quarante-six ans, puis allèrent grossir d'autres sectes qui florissaient, grâce à l'état anarchique de la Bohême et de la Moravie.

Amos, le premier des frères bohêmes, écrivit l'histoire de leurs origines; elle nous renseigne sur les sectes moraves qui, sans former aucune communauté particulière, étaient unies à leurs coreligionnaires de Bohême et furent souvent persécutées, au temps de George de Podiebrad. L'auteur voudrait ramener tous les fanatiques errants du XVe siècle à la même origine et à une époque qui irait de 1452 à 1462. Si l'existence de ces personnages, que nous connaissons par ailleurs, ne saurait être mise en doute, la relation causale qu'il établit entre eux est invraisemblable. Il nous éclaire sur la crise dont le schisme entre modérés et rigoristes fut le dénouement. Lucas de Prague qui, après l'émiettement du « Petit Parti », chercha à jeter sur elle un voile prudent et à en diminuer l'importance, évite de critiquer l'ouvrage d'Amos, s'efforçant de le faire passer pour une œuvre poétique : il expose, de ce fait, à de gros soupçons son propre exposé historique.

Parmi les ouvrages que l'on trouvera à l'art. Frères bohêmes, on peut spécialement consulter Anton Gindely, *Böhmen und Mähren im Zeitalter der Reformation. Geschichte der böhmischen Brüder*, Prague, 1857, t. I. — Bernhard Czerwenka, *Geschichte der evangelischen Kirche in Böhmen*, Bielefeld, 1869-1870, t. II.

G. Constant.

AMOSITES, secte particulière des frères bohêmes. Voir l'article précédent et Frères bohêmes.

AMOUDA (*Adamodana*, dans Villebrand), château fort à l'est de la Cilicie, sur la rive droite du Djihoun (Pyramus), à deux milles d'Anazarbe. Le 12 avril 1212, le premier roi de l'Arméno-Cilicie, Léon 1er (ou Léon II), donna cette forteresse avec ses dépendances aux chevaliers teutoniques. Acte de donation conservé aux archives secrètes de Berlin, n. 1, c. XII, fol. 35; Villebrand d'Oldenbourg, *Itinerarium Terrae Sanctae*, p. 14, col. 2. La donation fut confirmée par une bulle du pape Innocent III, du 27 février 1213. Les hospitaliers, qui étaient très aimés de Léon, défavorable aux templiers, gardèrent ce château pendant un demi-siècle, jusqu'à la défaite des Arméniens par les Mamlouks égyptiens à Maré, en 1266.

Léonce Alichan, *Le Sissouan*, Venise, 1899; Chrysobulle de Léon 1er pour la cession d'Amouda, p. 225-227. — Dulaurier, *Recueil des historiens des croisades, Documents arméniens*, t. I, p. XLV, XLVIII, LXXXV. — F. Tournebize, *Histoire politique et religieuse de l'Arménie*, p. 175, 193, 214.

Fr. Tournebize.

AMOUN. Voir Ammon 8, col. 1309.

1. AMOUR (Saint), martyr, honoré en Franche-Comté avec saint Viateur le 9 août et le 22 septembre. Leur *Vie* est purement légendaire et « on ne peut rien affirmer d'eux, déclarent les Bollandistes, en dehors de leur culte. » D'après leur légende, imitée de la *Passion de saint Alexandre*, ils auraient fait partie de la légion thébaine, mais, absents au moment du massacre, ils auraient été ensuite mis en demeure de sacrifier aux dieux par Maximien. Tous deux officiers, ils auraient répondu à Maximien par un discours énergique; leur bourreau se serait converti et aurait été mis à mort avec eux; enfin leurs reliques auraient été miraculeusement apportées en Bourgogne par le roi Gontran, qui leur éleva une grande église, à l'endroit appelé depuis Saint-Amour.

Acta sanctorum, 1757, septemb. t. VI, p. 914; cf. aug. t. II, 1735, p. 401.

P. Fournier.

2. AMOUR (Saint), confesseur, honoré le 8 octobre dans les diocèses de Tongres et de Maestricht, et aujourd'hui dans celui de Liége, est mentionné par nombre de martyrologes; connu par sa *Vie* d'après Egbert, clerc de Liége du XIe siècle, reproduisant un récit antérieur de deux cents ans, à peu près contemporain du saint. On a confondu celui-ci avec l'abbé de ce nom, fondateur de l'abbaye d'Amorbach (ci-dessus, col. 1324), mais les documents le mentionnent simplement comme confesseur; quelques-uns le font diacre ou prêtre. Il vécut au IXe siècle, d'après la démonstration des *Acta sanctorum*, naquit en Aquitaine et se distingua de bonne heure par sa piété. Il vint en Austrasie s'établit près du tombeau de saint Servatius à Maestricht, d'où il évangélisa les populations du voisinage, se transporta ensuite au monastère de femmes de Munsterbilsen, près de Tongres, dans le Hainaut inférieur ou pays de Liége, où il mourut, et fut enseveli au cimetière du couvent. La vénération dont il fut entouré ne tarda pas à éclater en prodiges, en sorte que Hilda, femme du comte de la contrée, Odulphe, fit relever son corps au même siècle, le plaça dans un sarcophage à la voûte de l'église abbatiale, et il supplanta la fondatrice, sainte Landalde, comme patron principal du couvent. Le pèlerinage qui avait lieu tous les ans pour sa fête attirait les foules du voisinage, et il reçoit encore aujourd'hui un culte local, en la petite ville de Bilsen (Limbourg).

Acta sanct., octob. t. VI, p. 335-348. On y trouvera les renseignements épars dans les bibliographies assez abondantes de Chevalier, *Bio-bibliographie*, col. 103, et de la *Biographie nationale* de Belgique, t. I, col. 266-267.

P. RICHARD.

AMOUR-DIEU (NOTRE-DAME DE L'), abbaye de cisterciennes, à Troissy, arrondissement d'Épernay (Marne). C'était primitivement une maison-Dieu habitée par des frères et des sœurs (c'est ainsi que les chartes les nomment), qui recevaient et soignaient les malades du pays. Le 6 octobre 1209, Alexandre, prêtre, chapelain de Gaucher, seigneur de Châtillon, leur donne une ferme d'environ trente arpents avec ses dépendances; Gaucher confirme et affranchit de tous droits les biens de cette maison qu'il prend sous sa protection spéciale. Guy de Châtillon donna, en 1225, à la maison-Dieu une rente de 10 livres, et créa une chapelle dans l'hôpital. Tel est l'établissement que Philippe de Mécringes transforma en abbaye. Il obtint, en 1232, de Hugues de Châtillon, comte de Saint-Pol, seigneur de Troissy, la cession de tous ses droits sur cet hospice, avec l'autorisation d'y introduire l'ordre religieux qu'il préférerait. *Gallia christ.*, 1751, t. X, Instr., col. 135. Hugues obtint lui-même, dans le courant de l'année, de Jacques de Bazoches, évêque de Soissons, la permission de fonder une abbaye de moniales cisterciennes. Le prélat posa comme condition que l'abbesse lui promettrait obéissance et que l'abbaye serait soumise en tout, comme celle d'Argensolles, à la juridiction de l'ordinaire. *Ibid.*, col. 136. Cependant, les moniales obtinrent, en 1237, une bulle de Grégoire IX ordonnant à l'abbé et au chapitre général de Cîteaux de les incorporer à l'ordre, car elles remplissaient les conditions exigées par les statuts et promettaient de garder la clôture. *Ibid.* Le chapitre général s'exécuta et plaça l'abbaye dans la filiation de Clairvaux. Bibl. de l'Arsenal, ms. n. *926*, ann. 1237, stat. 15. Il semble que l'initiative de ces démarches, comme de celles qui suivirent, doit être attribuée à Philippe de Mécringes : cela paraît démontré par un acte du 7 juin 1239, dans lequel il prend le titre de *pater filiarum Dei*, résume tous les dons qui leur ont été faits, atteste le don de la maison-Dieu du consentement des habitants de Troissy, l'union à l'ordre de Cîteaux, et l'institution de l'abbesse par l'abbé de Clairvaux. En 1240, l'évêque, Jacques de Bazoches, et les chanoines de Soissons consentirent à l'union de l'abbaye à l'ordre de Cîteaux, à la prière de la reine Blanche de Castille.

Déjà, en mars 1233, le monastère reçoit une donation de dîmes sous un nouveau nom de l'Amour-Dieu. Archives départem. de la Marne, *Cartulaire de l'abbaye*, fol. 36. Il semble dès lors que les moniales jouissent de la faveur des habitants, car les libéralités se multiplient durant tout le XIIIe siècle. Ce n'est toutefois qu'en janvier 1241 que Hubert, curé de Troissy, consentit à l'établissement de l'abbaye, et Jacques de Bazoches déclara que tous les biens de l'ancien hôpital appartiendraient désormais aux religieuses. Le temporel de l'abbaye, accru par des donations successives, devint de plus en plus florissant et le nombre des religieuses, qui était d'une douzaine au début, put s'élever jusqu'à cinquante, un siècle après la fondation : dans un acte de 1392, les moniales attestent même qu'elles étaient jadis quatre-vingts religieuses, mais qu'elles se trouvaient réduites à six ou huit, parce que les seigneurs ne leur payaient plus leurs rentes. Parmi les bienfaiteurs de l'abbaye, avec Hugues de Châtillon, qui se donne en 1247 le titre de fondateur, et les autres seigneurs de sa maison, on remarque Thibaud, comte de Champagne, les seigneurs de Dormans et les principales familles nobles du pays, mais aussi des donateurs qui paraissent d'un rang plus modeste.

Pendant la guerre de Cent ans, l'abbaye fut pillée : non seulement les donations devinrent plus rares aux XIVe et XVe siècles, mais encore les anciennes redevances ne sont perçues qu'avec difficulté. En 1544, Charles-Quint, s'étant emparé d'Épernay, passa avec son armée par l'Amour-Dieu pour aller assiéger Château-Thierry; ce fut un désastre pour l'abbaye. Survinrent les guerres de religion, et l'abbaye fut en partie incendiée par les huguenots. Pendant la Ligue, les soldats du duc de Guise livrèrent aux flammes l'abbaye; les moniales furent chassées, les biens occupés par des étrangers et les revenus dissipés. En 1580 et 1593, il n'y avait que neuf ou dix moniales. Ce nombre se maintint à peu près durant le XVIIe siècle. Grâce aux efforts persévérants des abbesses et à la bonne administration de la plupart d'entre elles, la situation temporelle du monastère s'améliora et l'abbaye fit quelques acquisitions. Pendant les troubles de la Fronde, l'abbaye et ses filles durent se réfugier à Château-Thierry, où elles demeurèrent quatre ans. En 1652, elles rentrèrent à l'Amour-Dieu et restaurèrent les bâtiments : la clôture fut rétablie et les revenus augmentés. L'abbaye vit une centaine d'années de prospérité relative : en 1710, il y avait vingt et une religieuses.

Le 12 août 1749, l'abbaye de l'Amour-Dieu fut mise en régie, et dom Florent Bilcoque, moine de Royaumont, en fut nommé économe : le conseil du roi avait résolu d'unir l'abbaye cistercienne au prieuré des bénédictines de Mont-Dieu à Montmirail. Il y avait alors sept religieuses et trois converses à l'Amour-Dieu, six religieuses et deux converses à Mont-Dieu. C'est en vain que les habitants de Troissy et le curé demandèrent le maintien de l'abbaye; les moniales partirent pour Montmirail, à la fin de 1762 ou dans le courant de 1763. François de Fitz-James, évêque de Soissons, rendit, le 24 décembre 1763, une ordonnance par laquelle il supprimait le titre du prieuré de Montmirail, qu'il remplaçait par celui d'abbaye royale de l'Amour-Dieu. Les deux communautés n'en font qu'une, qui suivira la règle de Cîteaux et acquittera les obits et fondations des deux monastères. Marie-Jeanne Le Tellier, prieure de Mont-Dieu, devint, grâce au crédit du maréchal d'Estrées, son parent, abbesse de la communauté. Sur les revenus de l'abbaye, 600 livres furent réservées, moitié pour le vicaire de Troissy, moitié pour les pauvres.

L'abbaye fut supprimée en 1791 et la communauté, qui comptait alors cinq moniales et trois converses, fut dispersée. Les revenus furent estimés, le 25 janvier, 6 883 livres 9 sols 6 deniers. Les meubles furent vendus les 16 et 27 mai 1791 : la vente produisit 5 005 livres 18 s. 6 d. Le 1er février 1792, l'abbé Dubois était propriétaire des bâtiments de l'abbaye ainsi que de l'église et de la sacristie; il exprima le désir de conserver au culte l'église et les *effets nécessaires*, il les obtint pour 266 livres, le 3 février 1792.

D'après une note conservée dans les papiers de l'abbaye, les chartes latines avaient été traduites, en 1717, par D. Robert Gauthier, dans un manuscrit portant pour titre *Essay pour l'histoire de l'abbaye de l'Amour-Dieu*. Malgré la destruction des titres du monastère, on trouve aux archives départementales de la Marne, à Châlons-sur-Marne, plusieurs cartons de pièces d'archives et un petit cartulaire du XVe siècle, qui permettent de compléter et de rectifier la liste des abbesses et les renseignements donnés par le *Gallia christiana* et D. Noël. Le R. P. Quarrez a bien voulu les dépouiller et nous communiquer le fruit de ses recherches.

LISTE DES ABBESSES : Élisabeth ou Isabelle. — Bularca reçoit, en avril 1241, une donation d'Isabelle, comtesse de Chartres, et de Mathieu de Montmirail : peut-être était-elle abbesse, mais les pièces ne lui donnent pas ce titre. — N. de Georve, 1247 et 1253. — Agnès. — Alix, 1351. — Marguerite d'Ambecheuil, 1456. — Quintine. — Jeanne Ire. — Huberte, 15 avril 1505-† 16 décembre 1519. — Edmée des Marins, 1519-1524. — Nicolle, décembre 1524. — Jeanne du Rollet ou Raulet, 1524-† 1538. — Didière Contan, née à Troissy, fut la première abbesse nommée par brevet royal, en 1538; elle mourut en 1572. — Françoise Ire de la Personne, lui succède en 1572; elle résigne, en 1606, en faveur de la suivante, sa nièce, et meurt peu après. — Madeleine de la Personne, gouverne pendant quinze ans, de 1606 à 1621, donne sa démission et devient prieure de l'hospice de Saint-Denis. — Catherine Le Roy de Rissé, abbesse du Lys, est transférée en 1621 à l'Amour-Dieu; mais elle abdique deux ans après et se retire à Paris, chez les cordelières du faubourg Saint-Marceau. — Hélène Philippe, de Paris, religieuse de Poissy, prieure de l'hospice de Corbie, est nommée à sa place et obtient ses bulles le 19 octobre 1623. Elle amenait avec elle sa nièce, Marie Pineau, qui fut nommée coadjutrice par brevet royal, le 20 septembre 1632. Hélène mourut le 9 mai 1648. — Marie Pineau succéda à sa tante; elle se réfugia avec sa communauté à Château-Thierry, où elle mourut en odeur de sainteté, le 14 juin 1652. — Henriette-Marie de Mazoyer, fille de Louis de Mazoyer, seigneur de Villeserin, de la maison de la reine Anne d'Autriche. Elle était franciscaine : elle reçut ses bulles, mais ne prit pas possession. On ne sait si elle mourut auparavant, ou ce qu'elle devint; ici elle ne mourut pas. — Françoise II de Mazoyer, née en 1630 à Verneuil-en-Brie, chanoinesse régulière de la Ferté-Gaucher, n'avait que vingt-deux ans lorsqu'elle succéda à sa sœur. Elle restaura l'abbaye, rétablit la clôture et augmenta les revenus, † 2 janvier 1686. — Françoise III Adam, de Paris, professe en 1641, sous-prieure en 1666, fut nommée abbesse au début de 1686; elle commence le nouveau dortoir en 1688, et meurt le 16 juillet 1692. — Marguerite II de la Viefville-Panan, moniale de l'Abbaye-aux-Bois de Paris, nommée abbesse le 15 août 1692 : elle gouverne au milieu des difficultés et augmente le domaine de l'abbaye. Elle élevait auprès d'elle sa nièce Marie-Anne, qui fut moniale d'Argensolles et devint abbesse de Gomerfontaine. Marguerite mourut le 25 février 1699. — Marie-Louise de Bragelongue, de Paris, moniale de l'Amour-Dieu en 1677, puis prieure, fut nommée abbesse le 19 avril 1699; elle n'avait pas reçu ses bulles, expédiées cependant le 25 juin, et n'avait pu prendre possession de l'abbaye, lorsqu'elle mourut le 27 décembre de la même année. — Louise de Rilhue de Saint-Paul, d'une ancienne famille de Bas-Limousin, moniale de Saint-Antoine de Paris, en 1658, nommée abbesse par brevet le 12 février 1700; ses bulles sont du 14 avril 1700 : elle prit possession le 10 juin. Elle mourut le 12 mars 1719, après avoir rendu à l'abbaye son ancienne splendeur. — Geneviève Le Ver de Villers, moniale de l'abbaye du Trésor en Normandie, abbesse de Villencourt, le 24 avril 1707, fut transférée à l'Amour-Dieu le 13 avril 1719. Elle mourut en 1749 et fut enterrée dans le chœur. Marie Morot, qui était prieure à la mort de Geneviève Le Ver de Villers, gouverna l'abbaye jusqu'à sa translation à Montmirail en 1762. Pendant ce temps on voit figurer dans les actes, comme économes, dom Bilcoque (1749-1751) et dom Éléonor Morot (1759). — Après la translation de l'abbaye et son union avec le prieuré de Mont-Dieu on trouve les abbesses suivantes : Marie-Jeanne Le Tellier de Marnoux, 1762-mai 1769, auparavant prieure de Mont-Dieu depuis le 14 mars 1738. — Marguerite-Catherine Deslandres, de Dijon, juin 1769-1791.

Les prieures bénédictines de Mont-Dieu à Montmirail, avant son union à l'Amour-Dieu, furent : N. de Gomer, 27 septembre 1642. — Catherine Lallement, 4 mars 1653. — N. de la Motte, 9 août 1678. — Marie Lallement, 26 février 1693. — N. de Beuvron, 1694. — Marie-Pacifique Fournier, 1714. — Marie Tourtan, après 1722. — Élisabeth Cartry, 28 février 1728. — Marie-Jeanne Le Tellier de Marnoux.

Gallia christiana, 1751, t. x, col. 481 sq. — Noël, *L'abbaye de l'Amour-Dieu de l'ordre de Cîteaux*, dans *Revue de Champagne*, 1876, t. 1, p. 141 sq. — Renseignements fournis par M. Em. Bouchez, à Reims, et surtout par le R. P. Quarrez, à Châlons-sur-Marne, d'après les archives départementales de la Marne.

R. TRILHE.

AMPACH (ROCHUS), jésuite tyrolien, né d'une illustre famille à Sarnthal, le 15 août 1636, fut admis, à l'âge de seize ans, au noviciat de la province d'Autriche. Il professa à Graz (1661-1670) les humanités, la philosophie morale, la controverse, la théologie scolastique et l'Écriture sainte; il y fut aussi, pendant près de trois ans, chancelier de l'université. Après avoir gouverné, en qualité de recteur, le collège de Laibach, il passa à Vienne pour enseigner de nouveau l'Écriture sainte, et mourut dans cette ville le 27 octobre 1709. On a de lui : *Seneca inculpatus aulicus humili charactere descriptus*, Graz, in-8°, 1661; *Plausus Viennenses in coronatae sapientiae honorem dati*, in-8°, Vienne, 1670; *Cursus philosophicus per centum conclusiones ad felicem in vita publica progressum breviter digrediens*, in-4°, Vienne, 1674; *Amalthea philosophica*, in-12, Vienne, 1674; *Axiomata philosophico-politica ad felicem in christiana et civili vita progressum conscripta*, in-8°, Vienne, 1675; in-12, Salzburg, 1675; *Synopsis vitae S. Francisci Xaverii ex hispano*, in-8°, Vienne; *Praxis geminae devotionis in magnum Indiarum apostolum D. Franciscum Xaverium*, in-12, Graz, 1685, 1696; Tyrnau, 1695 : traduit de l'italien et de l'espagnol, cet ouvrage a été aussi publié en allemand à Graz et à Vienne.

Joh. Nep. Stoeger, *Scriptores provinciae austriacae S. J.*, Vienne, 1856, p. 10-11. — Richard Peinlich, *Geschichte des Gymnasiums in Graz*, Graz, 1869, p. 60. — Carlos Sommervogel, *Bibliothèque S. J.*, Bruxelles, 1890, t. I, col. 305-306; 1898, t. VIII, col. 1629-1630.

J.-M. RIVIÈRE.

AMPELAS ou **ABDELLAS** ou **APELLAS**, évêque d'Héluse, ville de Palestine. Il était présent au concile d'Éphèse (431). Mansi, *Sacr. concil. ampl. collectio*, t. IV, col. 1125. Dans d'autres listes de souscriptions figure un Théodule, évêque d'Héluse, qui signa la déposition de Nestorius et les actes de la VIe session. Mansi, *op. cit.*, t. IV, col. 1213, 1368. C'est un seul et même personnage, Abdellas et Théodule ayant le même sens étymologique, comme le remarque Le Quien, *Oriens christianus*, t. III, col. 737-738; plusieurs fois, du reste, on trouve les deux noms ensemble, l'un dans le corps du texte, l'autre en variante. Théodule fut un des évêques envoyés vers Nestorius, à la première session du concile (22 juin), pour le presser de venir; il rendit compte, au retour, de son insuccès, en confirmant le rapport de son collègue Théopemptos de Cabasa. Mansi, t. IV, col. 1132-1133. Il prit la parole au cours de cette même session pour adhérer à la doctrine de saint Cyrille. Mansi, t. IV, col. 1143.

Mansi, *Sacr. concil. ampl. collect.*, t. v, col. 530, 534, 588, 617.

R. AIGRAIN.

AMPELIUS

1. AMPELIUS (Saint), martyr. Le Martyrologe romain fête sa mémoire le 20 novembre : *Messanae in Sicilia sanctorum martyrum Ampeli et Caii*. Nous ne savons rien ni sur la vie de ce saint martyr, ni sur l'époque où il fut martyrisé. Ferrari affirme qu'il subit le martyre sous l'empereur Dioclétien : mais cette supposition n'a pas un fondement historique. Caetani se fait l'écho d'une tradition d'après laquelle les reliques de saint Ampelius auraient été cachées dans l'église de Saint-François à Messine. Mais il n'ose pas s'en rendre garant.

Ferrari, *Catalogus sanctorum Italiae*, Milan, 1613, p. 716. — Caetani, *Vitae sanctorum Siculorum*, Palerme, 1655, t. I, p. 122. — Stadler, *Vollständiges Heiligen-Lexikon*, t. I, p. 177. — Lancia di Brolo, *Storia della Chiesa in Sicilia*, Palerme, 1880, t. I, p. 183.

A. PALMIERI.

2. AMPELIUS. L'un des quarante-neuf chrétiens d'*Abitinae* (voir ce mot, t. I, col. 129), martyrisés à Carthage, le 21 février 304. C'était sans doute un laïque, mais d'un certain rang, car il est nommé parmi les premiers de ce groupe de fidèles. *Acta SS. Saturnini, Dativi...*, 2, dans Ruinart, *Acta primorum martyrum sincera*, 1713, p. 382. Ce qui le met encore au-dessus de la plupart de ses compagnons, c'est que les Actes lui font une place à part dans le récit de leur commun martyre. *Acta...*, 13, Ruinart, *op. cit.*, p. 388.

« Ensuite vint soutenir la lutte Ampelius, gardien de la loi, très fidèle conservateur des divines Écritures. Le proconsul lui demanda s'il avait été à la *collecta*; il répondit tout joyeux, sans crainte et d'une voix alerte : « Avec mes frères j'ai fait la *collecta*, j'ai célé-
« bré le *dominicum*; et j'ai par devers moi les Écri-
« tures du Seigneur, mais écrites dans mon cœur.
« Christ, je t'adresse mes louanges. Écoute-moi, ô
« Christ. » *Post hos suscepit certamen Ampelius custos legis, Scripturarumque divinarum fidelissimus conservator. Hic quaerenti proconsuli, an in collecta fuisset, hilaris atque securus alacri voce respondit* : « *Cum fratribus feci collectam, dominicum celebravi, et Scripturas dominicas habeo mecum, sed in corde meo conscriptas. Christe, tibi laudes refero. Exaudi, Christe.* » Cette fière réponse lui valut d'être frappé et jeté en prison avec les autres.

Le calendrier de Carthage mentionne, avant les ides de septembre (6-12 septembre), un saint Ampelius, qui ne peut guère être qu'un Africain. Doit-on le confondre avec le martyr d'*Abitinae*, comme le pense Mgr Duchesne, édit. du *Martyrologium hieronymianum*, p. LXXI, dans *Acta sanctorum*, novembre. t. II; ou bien faut-il l'en distinguer, avec M. Monceaux, *Histoire littéraire de l'Afrique chrétienne*, t. III, p. 536? Je serais assez disposé à admettre la seconde hypothèse, à cause des dates très différentes auxquelles étaient honorés, d'une part ce personnage, de l'autre le groupe des chrétiens d'*Abitinae*.

Acta sanctorum, febr. t. II, p. 515, 518. — Ruinart, *Acta primorum martyrum sincera*, Amsterdam, 1713, p. 618. — V. De Vit, *Totius latinitatis onomasticon*, Prato, 1859, t. I, p. 268, au mot *Ampelius II*.

Aug. AUDOLLENT.

3. AMPELIUS. Les listes épiscopales d'Afrique mentionnent deux évêques de ce nom.

AMPELIUS, titulaire du siège de *Neapolis* (Nabeul), en Proconsulaire, assistait, en 411, à la conférence de Carthage entre catholiques et donatistes; il était dans les rangs des schismatiques. *Gesta collationis habitae inter episcopos catholicos et donatistas*, I, c. CXXVI, CCVI, Mansi, *Sacr. concil. nova et ampliss. collect.*, t. IV, col. 99, 155, 269. Voir NEAPOLIS.

Un autre AMPELIUS ou AMPELLIUS, de *Vaga* (Béja), également en Proconsulaire, se trouvait à la même assemblée, du côté des catholiques. Il y arriva en retard, ainsi que dix-neuf de ses collègues, et ne put signer qu'après coup la liste de présence. Quand on fit l'appel des prélats donatistes, il déclara que son compétiteur, Primulus, s'étant converti à la vraie foi, ils avaient conservé tous les deux la dignité épiscopale, et que, depuis lors, l'union la plus parfaite existait dans cette chrétienté, non seulement à l'intérieur de la ville, mais aussi dans la contrée environnante. *Unitas illic perfecta est, non solum in ipsa civitate, verum etiam in omnibus dioecesibus.* Primulus assistait lui aussi à la conférence. *Gesta collationis...*, I, c. CLXXVI, CCXV, Mansi, *op. cit.*, t. IV, col. 133-134, 164, 265. Ampelius de *Vaga* siégea encore, en 416, au concile de Carthage, qui s'occupa des doctrines pélagiennes, et signa la lettre synodale adressée au pape Innocent Ier. Mansi, *loc. cit.*, col. 321; Augustin, *Epist.*, CLXXV, édit. Goldbacher, p. 652; *P. L.*, t. XX, col. 582; t. XXXIII, col. 758, 780. On le retrouve encore à Carthage, au concile de 419 : il fit partie de la délégation de vingt évêques envoyés par l'assemblée à *Hippo Diarrhytus* (Bizerte), pour régler l'affaire d'Equitius, ancien titulaire de ce siège, en révolte contre l'Église, et lui donner un successeur. Mansi, *op. cit.*, t. III, col. 779, n. 78; t. IV, col. 493, n. 45; *P. L.*, t. LXVII, col. 206, n. 78. Voir EQUITIUS, HIPPO DIARRHYTUS, PRIMULUS, VAGA.

V. De Vit, *Totius latinitatis onomasticon*, Prato, 1859, t. I, p. 268, au mot *Ampelius III et IV*. — *Thesaurus linguae latinae*, 1900, t. I, col. 1978, au mot *Ampelius 2*.

Aug. AUDOLLENT.

4. AMPELIUS (Saint). Sa vie rentre plus dans le domaine de la légende que dans celui de l'histoire. Les olivétains le vénèrent comme un des membres de leur famille religieuse. D'après ses biographes, il exerçait le métier de forgeron. Le désir de mener une vie plus conforme aux règles de la perfection chrétienne l'engagea à se retirer dans les ermitages de la Thébaïde. Un jour, le diable lui apparut sous la forme d'une femme impudique, mais le saint ermite saisit un fer rougi au feu et le chassa. Depuis lors, le Seigneur le rendit insensible aux brûlures. Pallade et Rufin nous racontent ce même épisode d'un anachorète de la Thébaïde, mais ils l'appellent Ἀπέλλης ὁ πρεσβύτερος, *Historia lausiaca*, c. LX, *P. G.*, t. XXXIV, col. 1163, ou *Appelles*. *Historia monachorum*, c. XV, *P. L.*, t. XXI, col. 433, 434. Sozomène lui donne le même nom, et ajoute qu'il habitait près de la ville d'Achor, περὶ Ἄχωριν, et qu'il opérait beaucoup de miracles. *Historia ecclesiastica*, VI, c. XXVIII, *P. G.*, t. LXVII, col. 1372. On trouve les mêmes renseignements chez Nicéphore Calliste, *Historia ecclesiastica*, IX, XXXIV, *P. G.*, t. CXLVI, col. 693. Les biographes d'Ampelius l'identifient avec Apelles, l'anachorète, et déclarent qu'il vécut sous le règne de Théodose Ier (379-395) et d'Honorius (395-423.) On ne sait pas à quelle époque ni pour quel motif il quitta les ermitages de la Thébaïde, se rendit en Italie, se creusa une petite grotte dans un rocher près de Bordighera (Ligurie) et y continua sa vie de pénitence. La légende contient le récit de nombreux miracles opérés par lui. Sa mort arriva le 5 octobre, on ne sait pas en quelle année. Ses restes mortels furent inhumés dans une église, et des prodiges eurent lieu sur son tombeau.

En 1140, tandis que les Génois assiégeaient Vintimille, quelques habitants de cette ville furent faits prisonniers par les soldats de San Remo, qui combattaient dans les rangs de l'armée génoise. Menacés de mort, parce qu'ils ne pouvaient pas payer leur rançon, ils leur dévoilèrent l'endroit où étaient cachées les reliques du saint. Celles-ci furent alors transférées à San Remo, dans un couvent d'olivétains. En 1258, sous Gualteri, archevêque de Gênes (1253-1274), elles émigrèrent au couvent de Saint-Étienne à Gênes. Saint Ampelius est vénéré comme le patron des forgerons.

La source principale de la vie d'Ampelius est la légende composée par un moine olivétain, et insérée dans les *Acta sanctorum*, maii t. III, p. 362-367. Les bollandistes ont utilisé en même temps une Vie inédite composée en italien et en latin par le P. Étienne Flisius, S. J. Cet écrivain n'est pas mentionné par Sommervogel. — Sources secondaires : François Rossi, *Memorie sulla vita, virtù e miracoli del padre degli Anacoreti, S. Ampelio*, Bordighera, 1877 ; *Memorie di sant' Ampelio, anacoreta, protettore dei fabbri-ferrai*, Gênes, 1879. — De Filippis, *Di S. Ampelio anacoreta, patrono di Bordighera*, Naples, 1879. — Rossi, *S. Ampelio, i suoi tempi e le palme, colla loro coltivazione in Bordighera*, Bordighera, 1892.

A. PALMIERI.

5. AMPELIUS (Saint), archevêque de Milan (VIIe siècle). On fait mémoire de lui, dans le Martyrologe ambrosien, en ces termes : *Mediolani, sancti Ampellij eiusdem urbis episcopi, cuius sanctitatem Deus miraculorum multitudine et magnitudine testatam fecit.* D'après Ughelli, il aurait été consacré évêque en 673. Les recherches plus approfondies de Sassi (Saxius) et d'Oltrocchi fixent comme date de sa consécration l'an 668, durant le pontificat de saint Vitalien (657-672). Il exerça une grande influence sur la femme de Grimoald, roi des Lombards, et en profita pour extirper les restes de l'arianisme dans son diocèse. Sa mort eut lieu en 672. En ce cas, il n'aurait pas vécu sous le pontificat de saint Agathon (678-681), comme cela a été affirmé par Ughelli. D'après les martyrologes qui le mentionnent, il aurait opéré beaucoup de miracles après sa mort. Bosca et Ughelli avancent qu'il a été canonisé par Jean V (685-686). Mais aucun document n'autorise cette assertion. Ses dépouilles mortelles furent déposées dans l'église de Saint-Simplicien. En 1517, celle-ci fut donnée aux bénédictins du Mont-Cassin, qui découvrirent sous le maître-autel les reliques du saint et les transportèrent, avec l'autel, à un autre endroit de l'église. *Acta sanctorum*, oct. t. XIII, p. 833-835. En 1581, l'abbé Serafino Fontana invita saint Charles Borromée à transporter ces reliques à un autre autel de la même église. Voir le récit de cette translation dans les *Acta sanctorum*, maii t. VII, p. 46-50.

Galesini, *Martyrologium sanctae romanae Ecclesiae usui in singulos anni dies accommodatum*, Venise, 1578, fol. 96, 131. — Ferrari, *Catalogus sanctorum Italiae*, Milan, 1613, p. 82-83. — Bosca, *Martyrologium Mediolanensis Ecclesiae*, Milan, 1695, p. 186-187. — Ughelli, *Italia sacra*, 2e éd., t. IV, col. 68. — *Acta sanctorum*, maii t. VII, p. LXVII ; jul. t. II, p. 580. — Oltrocchi, *Ecclesiae Mediolanensis historia ligustica*, Milan, 1795, IIe partie, p. 524, 548, 570-572, 576-577. — Sassi, *Archiepiscoporum Mediolanensium series historico-chronologica*, Milan, 1755, t. I, p. 237-238. — Cappelletti, *Le Chiese d'Italia*, t. XI, p. 132-133. — Stadler, *Vollständiges Heiligen-Lexikon*, t. I, p. 177.

A. PALMIERI.

AMPELLIUS. Voir AMPELIUS.

AMPÈRE (ANDRÉ-MARIE), 1775-1836, savant et philosophe converti. Génie universel, Ampère a tout étudié et tout essayé. Sa gloire, pour le grand public, se résume d'un mot : il est le fondateur de l'électricité dynamique et, par là, c'est de lui que dérive la transformation de l'industrie moderne. Il se place à côté des Cauchy, des Newton et des Arago.

Il naquit à Lyon et fut élevé à Poleymieux, dans le Mont-d'Or lyonnais. Il y reçut, de sa mère une éducation très pieuse, de son père sa première instruction. A six ou sept ans, il montrait déjà des facultés étonnantes. D'immenses lectures, mal dirigées, en particulier celle de l'Encyclopédie, lui firent perdre la foi vers la quinzième année. Il vit d'abord la Révolution avec enthousiasme. Mais, le 24 novembre 1793, son père monta sur l'échafaud et Ampère reçut une telle commotion que ses facultés furent comme anéanties : pendant un temps, il passa ses journées à des jeux enfantins sur le sable. La botanique, la poésie, puis son mariage avec Julie Carron (1799) le firent se reprendre à la vie. D'abord précepteur à Lyon (1798), il entra, en 1801, comme professeur à l'École centrale du département de l'Ain, à Bourg. Après avoir présenté à l'Institut des *Considérations mathématiques sur la théorie du jeu*, il passa au lycée de Lyon (1803), puis à l'École polytechnique (1804).

A ce moment, l'influence de sa femme avait préparé en lui un retour à la foi. Ce retour s'achevait lorsqu'elle mourut brusquement le 14 juillet 1803. La douleur rejeta Ampère dans une stupeur profonde, dont il chercha à sortir par l'apostolat. Il convertit, en 1804, un jeune étudiant en médecine, Bredin ; fonda, la même année, à Lyon, la « Société chrétienne », sorte d'Académie dont les membres, sept, et plus tard dix-sept, se proposent d'étudier en commun la religion et de raffermir, par des recherches positives, leurs croyances. C'est pour cette société, dont il était président, qu'Ampère a rédigé son *Exposé des preuves historiques de la révélation*.

Même pendant ses années d'apostolat à Lyon, il avait parcouru une période longue et douloureuse de luttes contre ses doutes intimes. Après sa nomination à l'École polytechnique, privé de l'heureuse influence de ses amis et soumis à celle de Cabanis, de Destutt de Tracy, il perdit de nouveau la foi. Lorsqu'en 1805, il revint à l'automne passer un mois à Lyon, ses croyances étaient déjà totalement transformées. « L'année dernière, c'était un chrétien, écrit Bredin, son ami, le 8 décembre 1805 ; aujourd'hui ce n'est plus qu'un homme de génie, un grand homme ! »

Ampère cherchait à se rendre compte lui-même de ce changement : « Comment le sentiment religieux, qui a été assez exalté en moi, s'est-il presque éteint ? Pourquoi l'incertitude l'a-t-il remplacé ? Je n'en sais rien. J'en souffre, mais c'est un mystère que toute la métaphysique du monde ne peut expliquer. Parfois, je sens renaître mes anciennes idées, les doutes disparaissent... » Il supplie alors ses amis lyonnais de le « sauver du gouffre où il tombe. » « L'opposition entre la bonté du Créateur et la damnation des réprouvés » le tourmente surtout. « La base de l'édifice chancelle. » Cf. *Journal et correspondance*, année 1806.

Par besoin de tendresse, Ampère se remarie (1807), mais au bout de quelques mois à peine, les hostilités éclatent avec sa belle-mère et sa nouvelle épouse. Il est d'abord relégué dans son cabinet de travail, puis chassé du domicile conjugal. Sa douleur est profonde. « Après les moments que je viens de passer, écrit-il le 7 juillet 1808, je peux désormais tout souffrir. » Seules les spéculations métaphysiques et l'éducation de son fils Jean-Jacques le retiennent à la vie. La mort de sa mère (1809) est une nouvelle et terrible douleur.

Cependant, de répétiteur d'analyse, il était devenu professeur titulaire à l'École polytechnique, puis, en 1808, à la fondation de l'Université, il avait été nommé inspecteur général. En 1814, il était élu à l'Académie des sciences. Mais « je possèderais, disait-il, tout ce qu'on peut désirer au monde pour être heureux, il me manquerait tout, le bonheur d'autrui. » En même temps qu'il souffrait de ce vide intérieur, les événements de 1814 et de 1815 venaient le bouleverser. Il s'enfuit à Lyon pour ne pas subir le spectacle de l'invasion, et là, il est repris par les influences anciennes. Il veut, cette fois, « une entière séparation entre le passé et le présent. » Lettre du 18 octobre 1817. Cette conversion était-elle définitive ? Comment exactement s'est-elle produite ? Les documents font défaut pour le savoir. Mais, dès 1817 et 1818, la conversion est complète et les témoignages en remplissent la *Correspondance*. Il insiste surtout sur les souffrances du doute. « Le doute est l'état le plus pénible pour l'intelligence, parce que Dieu a voulu que l'homme souffrît quand il s'écarte de la vérité, comme quand il s'écarte du devoir... Ce qui est douteux pour nous, êtres bornés, est vrai ou faux réellement. » L'influence de Kant n'avait pas été plus profonde sur lui que sur ses contemporains.

En 1824, Ampère fut nommé professeur au Collège de France. A partir de 1830, il entreprit une vaste classification générale des sciences, qui devait être un immense inventaire des connaissances humaines. Il en publia le premier volume en 1834. Mais il fut emporté par une pneumonie, le 20 juin 1836, au cours d'une tournée d'inspection à Marseille

Ses travaux scientifiques se rapportent surtout aux solénoïdes et à l'électricité dynamique (dont la théorie fut d'abord rejetée par l'Institut). Son *Essai sur la philosophie des sciences ou exposition analytique d'une classification naturelle de toutes les connaissances humaines* a été publié à Paris, en 2 in-8°, 1834-1843 Sa correspondance et ses notes intimes, recueillies par Mme H. C[heuvreux] et dans lesquelles on peut suivre ses luttes intérieures, se trouvent dans : *Journal et correspondance de A.-M. Ampère*, Paris, 1872 (la correspondance s'arrête en 1805), et *A.-M. Ampère et J.-J. Ampère, Correspondance et souvenirs*, Paris, 1875 (de 1805 à la fin).

Le *Mémoire sur les preuves historiques du christianisme* a été imprimé par C. Valson, *La vie et les travaux d'A.-M. Ampère*, p. 369. Ampère classe les preuves en trois groupes : témoignages de la divinité de Jésus-Christ avant son avènement : prophéties ; témoignages tirés des adversaires de la religion ; témoignages tirés des livres saints : miracles. La troisième partie est la plus originale, quoiqu'elle reproduise comme les deux autres les arguments traditionnels. Le style est d'une précision toute scientifique.

C.-A. Valson, *La vie et les travaux d'A.-M. Ampère*, Lyon, 1886. — J. Barthélemy Saint-Hilaire, *Philosophie des deux Ampère*, Paris, 1866. — Arago, *Notice*, dans *Nouvelle biographie générale*, reproduite au t. II des Œuvres complètes. — Poggendorf, *Biographisch Literarisches Handwörterbuch*, Leipzig, 1863, t. I, p. 39.

P. FOURNIER.

AMPETIUS, évêque de Casios, ville de la Première Augustamnica. On trouve sous cette forme dans Mansi, *Sacr. concil. ampl. collectio*, t. V, col. 589, la signature de ce prélat, à la suite de la condamnation des Orientaux. C'est une transcription fautive de LAMPETIUS. Voir ce mot.

R. AIGRAIN.

AMPFERLÉ (FRANZ), franciscain bavarois. Né à Geisenfeld, en 1576, il prit l'habit franciscain dans la province des observants de Strasbourg, en 1592. Il enseigna la théologie au couvent de Munich et y fut nommé prédicateur de l'église Saint-Pierre, à l'âge de vingt-six ans. En 1601, il fut appelé à Freising comme prédicateur de la cathédrale et il remplit constamment cette charge jusqu'à sa mort. L'évêque de Freising, par considération pour le P. Ampferlé, appela les franciscains dans sa ville épiscopale en 1610, et le nomma grand-pénitencier du diocèse. Le P. Ampferlé était aussi chargé d'un cours de théologie morale pour ses confrères et le clergé séculier. Pour être plus utile à ses auditeurs, il le faisait en allemand, ce qui lui valut le surnom de *Casuista Germanus*. Il mourut le 25 mai 1620. En 1620, il s'était opposé pendant quelque temps au P. Antoine Arrigoni de Galbiato, chargé d'introduire la réforme italienne dans la province de Strasbourg.

Minges, *Geschichte der Franziskaner in Bayern*, Munich, 1896, p. 82, 107, 142 sq. — Greiderer, *Germania franciscana*, Inspruck, 1781, t. II, p. 381 sq., 421 sq. — Meichelbeck, *Historia Frisingensis*, 1729, t. II, p. 356 sq.

M. BIHL.

1. AMPHIBAL (Saint), compagnon de saint Alban. L'origine de la légende de saint Amphibal se reporte à une erreur commise par Geoffroy de Monmouth. Toutes les versions les plus anciennes de la légende de saint Alban racontent que le saint, s'étant revêtu du vêtement sacerdotal d'un clerc, qui s'était réfugié chez lui, affronta les persécuteurs. Geoffroy de Monmouth, *Historia Britonum*, V, 5, éd. Giles, Londres, 1844, p. 81, appelle ce clerc Amphibalus. Il paraît certain qu'il a pris le mot *amphibalus*, qui désignait la chasuble que portait le clerc, pour un nom propre. Guillaume de Saint-Alban, dans sa Vie de saint Alban et de saint Amphibal, écrite entre 1166 et 1188, prétend bien s'être servi d'une version saxonne de la Vie des deux saints composée en 1090, mais il reconnaît avoir trouvé le nom d'Amphibal dans Geoffroy. Dans la version de Guillaume de Saint-Alban, la légende de saint Amphibal s'est beaucoup épanouie. Il en est de même dans d'autres écrits semblables du moyen âge. En 1178, les reliques de saint Amphibal furent transférées de Radbourne, où l'on venait de les trouver, à l'abbaye de Saint-Alban, par l'abbé Simon. Cette translation fut fêtée à Saint-Alban le 25 juin de chaque année.

Acta sanctorum, jun. t. IV, p. 129-148. Voir t. I, col. 1364, la bibliographie de l'article saint ALBAN.

A. TAYLOR.

2. AMPHIBAL (Saint), abbé de Winchester. La légende de ce personnage tire aussi son origine d'une erreur de Geoffroy de Monmouth. Gildas raconte que Constantin, roi celtique de Devon, s'étant déguisé sous la chasuble d'un saint abbé, *sub sancti abbatis amphibalo*, tua les deux jeunes princes, fils de Madred. Cet événement paraît avoir eu lieu vers 560. Constantin se repentit ensuite de son crime, devint moine en Irlande, en 587 ou 588, et fut martyrisé en Écosse. *Acta sanctorum*, mart. t. II, p. 62, 63. Geoffroy, se méprenant sur le sens du mot *amphibalus*, prétend que Constantin assassina un des princes à Winchester, dans l'église de Saint-Amphibal où il s'était réfugié, *in ecclesiam sancti Amphibali fugientem*. Leland, tout en citant le même passage de Gildas, croit que l'abbé de Winchester se nommait saint Amphibal à cette époque. C'est ainsi que s'est développée la légende de saint Amphibal de Winchester.

Gildas, *De excidio Britanniae*, c. XXVIII, éd. Stevenson, Londres, 1838, p. 37. — Galfridus Monumetentis, *Historia Britonum*, XI, 4, éd. Giles, Londres, 1844, p. 204. — Leland, *Collectanea*, éd. Hearne, Londres, 1770, t. III, p. 71.

A. TAYLON.

3. AMPHIBAL, évêque de Sodor, personnage légendaire qui, selon Dempster et d'autres anciens auteurs, fut le premier évêque de l'île de Man et mourut en 325 (!).

Tanner, *Bibliotheca Britannico-Hibernica*, Londres, 1798, p. 40. — Dempster, *Historia ecclesiastica*, Bannatyne Club, Edimbourg, 1829, t. I, p. 19-20.

A. TAYLOR.

1. AMPHILOQUE (Saint), évêque d'Iconium, ami et compatriote de saint Basile, cousin germain de saint Grégoire de Nazianze, était, sous l'empereur Théodose, un des personnages ecclésiastiques les plus importants de l'Asie Mineure. Élevé à l'école de Libanius, envers qui il eut toujours beaucoup d'affection, il exerça d'abord la profession de rhéteur, puis celle d'avocat à Constantinople, et s'acquit de la réputation dans l'une et dans l'autre. Dégoûté du monde, il se retira en Cappadoce, auprès de son père infirme, pour se consacrer au service de Dieu. Vers la fin de l'année 374, saint Basile fut prié par le clergé et le peuple d'Iconium de leur donner un évêque, et son choix tomba sur Amphiloque, bien qu'il n'eût guère dépassé la trentaine et qu'il opposât une vive résistance à un honneur dont il s'estimait indigne. L'Église d'Iconium venait d'être érigée en métropole de Lycaonie, province formée aux dépens de la Pisidie et de l'Isaurie. Regardant saint Basile comme son père dans l'épiscopat et n'ayant d'ailleurs pas fait d'études théologiques, Amphiloque le consultait souvent, non seulement sur les questions de doctrine, mais aussi sur certaines difficultés spéciales soulevées par l'érection de la nouvelle métropole. Le saint docteur lui écrivit trois épîtres synodiques, qui passèrent plus tard dans les codes canoniques grecs : il y répondait à diverses questions de morale et de conscience, par lesquelles on voit, entre autres choses, que la discipline de la pénitence publique n'était pas la même partout, mais variait de province à province. Ce fut aussi à la prière d'Amphiloque que saint Basile écrivit, en 376, son livre du *Saint-Esprit*, que le métropolitain d'Iconium expédia aux provinces éloignées pour les préserver de la propagande des macédoniens, qui séduisaient le peuple par la gravité de leur maintien et l'austérité de leurs mœurs; ils imitaient la vie des moines et semaient particulièrement leurs erreurs dans les monastères. Amphiloque tint contre eux un concile à Iconium, en 376 : cinq ans plus tard, en 381, il assista au concile général de Constantinople, convoqué par Théodose pour le même sujet. Une autre hérésie commençait à infecter son troupeau : les massaliens ou messaliens, nom tiré de l'hébreu qui signifie prière, prétendaient que l'oraison était l'unique moyen de salut; plusieurs moines, ennemis du travail et obstinés à vivre dans l'oisiveté, embrassèrent cette erreur et y en ajoutèrent plusieurs autres. Amphiloque présida au concile de Sidda ou Sidon, en Pamphilie, où les messaliens furent condamnés. L'empereur Théodose lui ayant refusé une loi pour interdire les assemblées ariennes, il affecta dans une circonstance de ne point rendre les honneurs d'usage au jeune Arcadius, nouvellement créé Auguste. Théodose lui en témoigna sa surprise et son mécontentement. « Seigneur, lui dit Amphiloque, vous ne voulez pas qu'on manque de respect à votre fils, et vous souffrez ceux qui blasphèment le Fils de Dieu ! » Répartie qui décida l'empereur à prohiber toute assemblée d'hérétiques.

On ignore l'époque précise de la mort de ce saint évêque : on sait seulement qu'il vivait encore en 394 et qu'il mourut dans un âge très avancé. Ce fut un théologien de second plan, dit M. Saltet, mais qui eut une autorité considérable dans l'antiquité ecclésiastique et dans l'Église orientale, par ses relations avec les Cappadociens. Il nous reste de lui quelques fragments de divers ouvrages et une *Epistola synodica* sur la Trinité, contre les messaliens, composée à la suite du synode de Side; une homélie récemment découverte par M. Holl. Le P. Combefis a fait imprimer à Paris, en 1644, in-fol., grec et latin, les ouvrages ou fragments qui portent son nom, mais dont la plupart lui sont faussement attribués, par exemple l'*Epistola ad Seleucium* et six homélies, sur l'authenticité desquelles, toutefois, M. Holl a donné des arguments qui méritent d'être pris en considération. La *Vie de S. Basile*, attribuée faussement à saint Amphiloque, ne mérite non plus guère de confiance.

Acta sanctor., jun. t. II, p. 814-933. — Cotelier, *Monumenta Ecclesiae graecae*, p. 98. — Oudin, *Comment. de scriptor. eccl.*, t. II, p. 216. — Duchesne, *Histoire ancienne de l'Église*, t. II, p. 584-586. — K. Holl, *Amphilochius von Ikonium in seinem Verhältnis zu den grossen Kappadoziern*, Tubingue, 1901. Cf. Saltet, *Bulletin de littérature ecclésiastique*,

avril-mai 1905, p. 121-127. — *P. G.*, t. XXXIX, col. 97 sq. — Gallandius, *Patrol. graeca*, t. XXXIX, col. 9-14. — Hoffman *Lexikon Bibl. graecae*, 1832, t. I, p. 125-127. — *Dictionnair de théologie*, t. I, col. 1121-1123.

A. TONNA-BARTHET.

2. AMPHILOQUE, évêque de Sidé (ve siècle). Le dates extrêmes de son épiscopat ne sauraient être précisées. On sait du moins qu'il était déjà à Sidé en 429 et qu'en 458 il gouvernait encore cette Église. Il se montra un adversaire acharné de la secte des massaliens et de Nestorius. Il assista au concile d'Éphèse (431) et se prononça pour la condamnation de l'hérésiarque. Sa conduite fut moins nette à propos de l'hérésie eutychienne. Au brigandage d'Éphèse (449) il se mit du côté de Dioscore, puis il se rétracta au concile de Chalcédoine, deux ans après; dans la suite, il ravisa et écrivit à l'empereur Léon contre ce concil *P. G.*, t. LXXVII, col. 1516. Euloge d'Alexandr affirme qu'il se rétracta une seconde fois. On ne possède de lui qu'un minime fragment de sa lettre l'empereur Léon.

Fabricius, *Bibl. graeca*, 1715, t. VII, p. 507, 2e édi t. VIII, p. 381-382. — *P. G.*, t. LXXVII, col. 1515-1516.

R. JANIN.

3. AMPHILOQUE, métropolitain de Cyzique, pu de Nicée, vers 885. Il échangea plusieurs lettres av Photius, pendant que celui-ci était patriarche Constantinople.

Fabricius, *Bibl. graeca*, 1715, t. VII, p. 507; 2e éd t. VIII, p. 381-382.

R. JANIN.

4. AMPHILOQUE, bienheureux russe du XIIe sièc Les documents hagiographiques russes nous apprenne qu'il fut consacré évêque de Vladimir, en Volhyn en 1105, et qu'il mourut dans la laure de Kiev, 1122. Ses dépouilles mortelles reposent dans grottes de la laure de Kiev. Nous n'avons pas d'aut renseignements sur sa vie.

Philarète, *Les saints russes vénérés d'un culte général local*, août, Tchernigov, 1864, p. 110. — Barsoukov, *sources de l'hagiographie russe*, Saint-Pétersbourg, 18 col. 34. — Serge, *Calendrier complet de l'Orient*, Vladin 1901, t. II, p. 262.

A. PALMIERI.

AMPHION ou **ALERION** ou **AMPHITRION**, é que d'Épiphanie, en Cilicie, et, d'après le martyrol romain (12 juin), confesseur de la foi sous Galère. trouve son nom sur les listes des membres des conc d'Ancyre et de Néocésarée (314), et de Nicée (3: Labbe, *Concilia*, t. I, col. 1475, 1488; t. II, col. Saint Athanase, dans sa lettre aux évêques d'Égy et de Libye, le cite parmi les évêques dont les é offrent toute garantie au point de vue de la doctr *P. G.*, t. XXV, col. 557. On a voulu l'identifier a l'Amphion qui fut nommé évêque de Nicomédie, 325, à la place d'Eusèbe, condamné à l'exil. Tillem se prononce nettement contre cette opinion.

Dictionary of christian biography, t. I, p. 107. — T mont. *Mémoires pour servir à l'histoire ecclésiastique*, t p. 199, 200, 610. 808.

A. LEHAUT.

AMPHIPOLIS, évêché de Macédoine. La ville, portait d'abord un autre nom et appartenait à tribu thrace, était située sur le Strymon, à 25 sta (4 500 mètres) en amont de son embouchure; son lui vient de ce qu'elle était entourée par les d bras du fleuve. Son importance stratégique l'a fait surnommer les Neuf Routes. Hérodote, VII, Thucydide, I, 100; IV, 102. Par deux fois les Grecs 497, sous la conduite d'Aristagoras de Milet, en 464 avant J.-C., sous celle des Athéniens Léagro Sophanes, tentèrent vainement de s'y établir; e en 437 avant J.-C., les Thraces furent repoussés l'armée d'Athènes et leur ville remplacée par Amphipolis. Thucydide, IV, 102, 103; Diodore, XI, 70. En 424, la ville passa à Sparte et lui resta fidèle. C'est de l'année 422-421 avant J.-C. que datent ses premières monnaies. Head, *Historia nummorum*, p. 190. Amphipolis se soumit ensuite aux rois de Macédoine et elle reçut en l'an 359 la liberté de Philippe, pour redevenir ensuite macédonienne. Le célèbre critique Zoïle en était originaire et nous savons qu'il écrivit en trois livres l'histoire de sa patrie. Les Romains en firent la capitale de la *Macedonia Prima*; elle est mentionnée sous le nom d'*Amphipos*, vers l'an 535 de notre ère, dans le *Hieroclis synecdemus*, édition Burckhardt, p. 640, n. 2. Dans un opuscule du moyen âge, contenant certains noms de villes du *Hieroclis synecdemus* avec leurs désignations postérieures, il est dit : « Amphipolis qui est maintenant Chrysopolis. » *Hieroclis synecdemus*, édit. Burckhardt, p. 62, n. 15; p. 65, n. 6. Chrysopolis était, en effet, le nom d'un fort byzantin bâti près d'Amphipolis. Le Quien, *Oriens christianus*, t. II, col. 83 sq., et d'autres historiens et géographes, avant et après lui, ont également identifié Amphipolis avec Christopolis. C'est une erreur. Christopolis correspond à l'antique Néapolis, aujourd'hui Cavalla, et Amphipolis à la médiévale Chrysopolis, aujourd'hui Néokhorio ou Iéni-Keuï. Bien que situées dans la même province, ces deux localités se trouvent néanmoins à une assez bonne distance l'une de l'autre.

En suivant la voie Egnatienne pour se rendre de Philippes à Thessalonique, saint Paul et Silas traversèrent la ville d'Amphipolis (Act., XVII, 1); réussirent-ils à y établir une communauté chrétienne, c'est ce que nous ignorons. Les saints martyrs Auctus, Taurion et Thessalonicé seraient morts à Amphipolis à une date inconnue, et leur fête se célébrait le 7 novembre (H. Delehaye, *Synaxarium Ecclesiae Constantinopolitanae*, dans le *Propylaeum ad Acta sanctorum novembris*, Bruxelles, 1902, col. 202, 12); il est impossible de dire sur quoi repose cette tradition. Le prêtre saint Mocius, qui mourut pour la foi à Byzance sous Dioclétien et devint un des principaux patrons de Constantinople chrétienne, était originaire d'Amphipolis et commença à y être torturé. H. Delehaye, *op. cit.*, col. 674, 27; *Les origines du culte des martyrs*, Bruxelles, 1912, p. 267-270; *Saints de Thrace et de Mésie*, dans *Analecta bollandiana*, 1911, t. XXXI, p. 163, 164, 179.

L'évêché d'Amphipolis n'est mentionné dans aucune *Notitia episcopatuum*; on connaît pourtant quelques-uns de ses titulaires : Narcisse qui, d'après Le Quien, *Oriens christianus*, t. II, col. 85, aurait représenté ce siège au concile de Sardique, en 343-344, occupait en réalité le siège épiscopal de Néronias ou Irénopolis en Cilicie. Feder, *Studien zu Hilarius von Poitiers*, Vienne, 1911, fasc. 2, p. 88, n. 56. — André, évêque d'Amphipolis, signe au concile *in Trullo*, en 691-692. Mansi, *Sacrorum conciliorum nova... collectio*, t. XI, col. 993. — X. d'Amphipolis vint trouver en 808 saint Théodore le Stoudion, pour l'amener, lui et ses moines, à cesser toute opposition au patriarche et à l'empereur. Le Quien, *Oriens christianus*, t. II, col. 84. — Au concile photien de Constantinople, en 878-879, signe Philippe, évêque de Chrysopolis (Mansi, *op. cit.*, t. XVII, col. 376); mais on peut se demander s'il s'agit bien de notre évêché. — Enfin, Mertzidès, Οἱ Φίλιπποι, Constantinople, 1900, p. 212, n. 14 et 17, signale deux autres évêques d'Amphipolis, Joseph en 975 et Innocent vers 1053; comme il ne donne pas de référence sérieuse, on ne doit accepter ces noms qu'avec précaution. Quant aux évêques de Christopolis que Le Quien attribue à notre siège, il faut les restituer à Néapolis ou Cavalla.

Kutzen, *De Amphipoli*, Breslau, 1836. — Cousinéry, *Voyage dans la Macédoine*, t. I, p. 100-122. — Heuzey et Daumet, *Mission archéologique en Macédoine*, Paris, 1876, p. 166 sq. — H. Weissenborn, *Hellen*, t. III, p. 126-196. — Hirschfeld, à ce mot, dans *Real-Encyclopadie der classischen Altertumswissenschaft* de Pauly-Wissowa. — Le Quien, *Oriens christianus*, Paris, 1740, t. II, col. 83-86.

S. Vailhé.

AMPHORARIA. Voir Boseth Amphoraria.

AMPHORENSIS. Voir Amporensis (*Ecclesia*).

AMPIUS. Évêque africain, dont le siège n'est pas indiqué. Il participa, en 252, au concile tenu à Carthage, sous la présidence de saint Cyprien, qui, devant les menaces de la persécution prochaine, décida de réconcilier avec l'Église les *lapsi* repentants. Voir t. I, col. 738, 747. Il signa, comme ses quarante et un collègues, la lettre synodale qui informait le pape Cornelius de cette résolution. Cypriani *Opera*, epist. LVII, édit. Hartel, t. II, p. 650; *P. L.*, t. III, col. 877-879.

La forme *Amplus* que donnent deux mss. semble moins exacte.

V. De Vit, *Totius latinitatis onomasticon*, Prato, 1859 t. I, p. 274, au mot *Amplus*. — *Thesaurus linguae latinae*, 1900, t. I, col. 1988, au mot *Amplus*. — Benson, *Cyprian, his life, his times, his work*, Londres, 1897, p. 566.

Aug. Audollent.

AMPLEFORTH, abbaye bénédictine, dédiée à saint Laurent, située dans le diocèse de Middlesbrough, dans le comté de York (Angleterre). Le 20 mars 1603, le pape Clément VIII permit aux bénédictins anglais des congrégations du Mont-Cassin et de Valladolid d'établir des missions en Angleterre. Le P. dom Augustin White, autrement dit Bradshaw, vicaire général de la congrégation espagnole, profita de cette permission pour fonder une maison à Dieulouard (Meurthe-et-Moselle) pour les bénédictins anglais de sa congrégation. Grâce à l'entremise de l'Anglais Arthur Pitts, chanoine de Remiremont, la collégiale de Saint-Laurent, dans la même localité, lui fut donnée, le 2 décembre 1606, par le duc de Lorraine Charles III, donation confirmée un peu plus tard par Henri de Lorraine, évêque-comte de Verdun et seigneur temporel de Dieulouard. Le 9 août 1608, trois moines et un laïque prirent possession des bâtiments. En avril 1609, il y avait déjà six religieux, outre le P. Bradshaw. Aussi furent-ils autorisés par Jean des Porcelets de Maillane, évêque de Toul, à s'organiser en monastère. Cette même année, les bénédictins du Mont-Cassin réclamèrent le droit de partager le prieuré de Dieulouard avec les bénédictins espagnols, qui ne voulurent pas le leur reconnaître. En 1607, D. Sigebert Buckley, dernier moine de Westminster, avait agrégé à leurs profès à l'ancienne congrégation anglaise. Les bénédictins anglais appartenaient donc à trois congrégations, celles du Mont-Cassin, de Valladolid et de Westminster. Le P. Preston, supérieur des moines anglais du Mont-Cassin, et M. Pitts voulaient que les moines de Westminster prissent possession de Dieulouard. Les Espagnols consentent à se réunir dans la congrégation du Mont-Cassin et les Anglais; mais les supérieurs espagnols refusèrent leur assentiment, et M. Pitts reprit possession du prieuré le 8 mai 1612, au nom de la congrégation de Westminster. Les bénédictins anglais des congrégations de Valladolid et de Westminster s'unirent avec des droits égaux, mais à la condition que le nombre des moines de Westminster ne dépasserait pas douze. La combinaison donna lieu à de nouveaux tiraillements, auxquels le pape Paul V mit fin en approuvant, le 19 mai 1616, les articles que le P. Anselme Bech, dit de Manchester, venait de lui soumettre.

L'année suivante, l'union se fit entre les Anglais des deux congrégations, mais la dépendance de celle de Valladolid leur devint de plus en plus pénible, jusqu'à ce que le pape Urbain VIII les en affranchit en 1633.

Le prieuré s'était développé notablement. Le premier moine profès de Dieulouard fut, en 1608, le P. Gabriel de Sainte-Marie, autrement Guillaume Gifford, ancien doyen de Lille et chancelier de l'université de Reims, qui fut plus tard le premier chef de la congrégation anglaise et archevêque de Reims. Il apporta des biens considérables au prieuré. Pendant les premières années de son existence, Dieulouard donna des écrivains et des martyrs à l'Église. Outre le P. Gifford, le P. Machew, le célèbre mystique Augustin Baker, auteur de *Sancta Sophia*, le P. Clément Reyner, il y avait des écrivains moins connus de nos jours. Une gloire encore plus grande revint au prieuré de ses martyrs, dont le premier, le vénérable Alban Roe, profès à Dieulouard en 1612, fut exécuté à Tyburn, le 21 janvier 1642. Un contemporain du P. Roe, le P. Benoît Cox, mourut en prison en 1648. Deux membres de la communauté, le P. Anselme Williams et le frère Leander Nevill, qui portaient les sacrements à une moribonde des environs, furent saisis par des soldats luthériens de Bernard de Saxe-Weimar et pendus à un arbre. D'un tel foyer de zèle, des moines furent appelés à fonder de nouveaux monastères et à réformer des anciens. En 1611, le P. François Walgrave établit celui de Sainte-Croix à Chelles (Seine-et-Marne), sur la demande de l'abbesse bénédictine de cet endroit. La même année, les PP. Guillaume Gifford et Jean Barnes jetèrent les bases du prieuré de Saint-Benoît à Saint-Malo (Ille-et-Vilaine), dont l'érection ne fut commencée qu'en 1616. Enfin on commença, en 1615, le collège de Saint-Edmond à Paris, à la fondation duquel le P. Gifford prit une large part. Ce collège devait servir de maison d'études aux bénédictins anglais. Quelques années plus tard, Dieulouard fondait deux autres colonies monastiques. En 1632, le P. Clément Reyner fut nommé abbé de Lamspring (Hanovre), mais il ne put prendre possession qu'en 1644. En 1633, le P. Walgrave se fit donner le prieuré de la Celle-en-Brie, près de l'abbaye des moniales de Faremoutier (Seine-et-Marne). Il destinait le prieuré au collège de Saint-Edmond, mais il n'y réussit qu'après une assez longue résistance du prieur de Dieulouard, son chef hiérarchique, qui réclamait Chelles pour la maison-mère. D'autres moines de Dieulouard furent appelés à réformer les monastères de Fontevrault, de Moyenmoutiers, de Remiremont, de Saint-Pierre à Gand, etc. Le P. Leander était maître des novices à l'abbaye de Saint-Remi à Reims, le P. Bradshaw remplissait les mêmes fonctions à celle de Longeville, près de Metz.

Les revenus du prieuré suffisaient à peine à l'entretien des moines; en 1622, on n'avait encore pu acheter des dalmatiques. Les aumônes qui venaient de l'Angleterre, les dons des bienfaiteurs français, le rétablissement de la confrérie de Saint-Sébastien, dont les revenus furent répartis entre les églises de Saint-Laurent et de Saint-Sébastien, toutes ces ressources venaient fort lentement accroître les biens du prieuré. D'ailleurs les mauvais jours vinrent. La peste qui, en 1631, fit son apparition dans la ville, attaqua le monastère deux ans plus tard. Les prêtres réguliers et séculiers de la ville rivalisèrent de dévouement. Le P. Elmers, qui avait des connaissances en médecine, prodigua ses soins aux habitants de la ville. Cependant, le nombre des moines fut réduit de vingt-six à sept. Les habitants leur donnèrent une source en témoignage de reconnaissance, ce qui facilita le développement de la brasserie qu'ils avaient fondée dès leur arrivée. En 1661, le chapitre général affranchit les religieux de l'abstinence perpétuelle et de l'office de minuit. La perte du couvent de Saint-Malo, qui passa en 1669 aux bénédictins de Saint-Maur, et des procès avec le curé de Dieulouard vers 1671, qu'ils gagnèrent du reste, appauvrirent les moines et Dieulouard se trouvait dans un état lamentable vers la fin du XVIIe siècle. Mais l'incendie du 13 octobre 1711, qui détruisit les bâtiments monastiques, provoqua la générosité des habitants du pays et des amis d'Angleterre. On reçut assez d'argent pour rééditier le monastère et des fondations nouvelles augmentèrent les revenus.

Grâce à l'intercession de Marie d'Este de Modène, veuve de Jacques II, roi d'Angleterre, Dieulouard ne fut pas supprimé par Louis XIV en 1714 avec les autres maisons religieuses anglaises, et fut déclaré de nationalité française, à cause de ses rapports avec le collège de Saint-Edmond à Paris.

Les bénédictins anglais s'étaient volontairement rattachés aux congrégations de Cluny et de Saint-Maur, à partir de 1641. En conséquence des réformes de Louis XV et de Louis XVI, un collège bénédictin de vingt étudiants fut établi à Dieulouard en 1779. A la Révolution, les revenus du prieuré furent évalués à 1 600 livres sterling par an. En 1790, les moines perdirent les revenus de la chapelle Saint-Érasme et quelques petits bénéfices. En 1793, tout leur fut pris, le prieur Richard Marsh et d'autres moines émigrèrent à Trèves. D'autres furent emprisonnés à Pont-à-Mousson. Le prieuré de Chelles et le collège de Saint-Edmond à Paris furent aussi supprimés. Le reste de la communauté émigra en Angleterre. Un propriétaire anglais, sir Edward Smythe, les accueillit à Acton Burnell (Shropshire), où s'étaient déjà réfugiés les moines de Saint-Grégoire de Douai. En 1795, les moines de Dieulouard se transférèrent, pour quelques mois, à Birkenhead (Cheshire), puis en 1796 à Scoles près Prescot, et en 1797 à Vernon Hall. Ils y tenaient école. En 1802, la fièvre scarlatine assaillit la communauté. Le P. Richard Marsh ferma l'école et partit avec ses moines pour Parbold Hall, près de Bootle. Enfin, le 30 juillet 1802, le docteur Brewer, président de la congrégation anglaise, prit possession d'Ampleforth Lodge. Les PP. Appleton, nouveau prieur, et Alexius Chew partirent en décembre 1802 pour la nouvelle résidence. L'abbaye de Lamspring venait d'être sécularisée; ses étudiants furent transférés à Ampleforth. La communauté commença par six moines et vécut des biens que possédait Parbold. Ils ne rapportaient que deux cents livres en monnaie anglaise par an. A la fin de 1805, l'école de Parbold fut fermée, et fut rétablie à Ampleforth au commencement de 1806. Sous Grégoire Robinson (1810-1815) et sous Augustin Baines, qui devint ensuite évêque *in partibus* de Siga et vicaire apostolique du district occidental, l'école prit un grand essor. En 1823, le collège de Saint-Edmond fut rétabli à Douai par le P. Richard Marsh. Il continua d'y exister jusqu'en 1903, et fut alors transféré à Woolhampton (Berkshire), où il subsiste encore. En 1830, l'évêque Baines persuada à quelques moines et novices de quitter Ampleforth, de se séculariser, et d'administrer le séminaire qu'il venait de fonder à Prior Park, près de Bath. Une trentaine d'écoliers y furent transférés. Parmi les moines se trouvait le P. Thomas Burgess, prieur d'Ampleforth, qui devint plus tard évêque de Clifton. Malgré cette perte, Ampleforth continuait à se développer. A partir de 1838, l'école fut érigée en collège catholique et, en 1861, les bâtiments furent terminés. En 1857, fut consacrée la nouvelle église. Enfin, en 1900, le prieuré fut érigé en abbaye par le pape Léon XIII. Actuellement (1913), il y a vingt prêtres sans compter ceux qui desservent une vingtaine de paroisses, dépendant de l'abbaye. Le collège, qui est un des plus florissants d'Angleterre, est fréquenté par une centaine d'élèves. On y publie depuis 1895 une revue, *The Ampleforth journal*.

PRIEURS DE DIEULOUARD. — Augustin Bradshaw (le P. Nicholas Fitzjames gouverne le monastère comme sous-prieur), 1608. — Gabriel (autrement Guillaume) Gifford, 1609. — Paulinus Appleby, 1610-1614. — Edward Maichew, 1614-1620. — Jocelin Elmer, 1620. — Columban Malone, 1621-1623. — Laurent Reyner, 1623-1629. — Jocelin Elmer, 1629-1641. — Cuthbert Horsley, 1641-1655. — Lawrence Reyner, 1655-1655. — Cuthbert Horsley, 1655, réélu 1657. — Placid Adelham, 1659. — Cuthbert Horsley, 1661. — John Girlington, 1677. — Bernard Gregson, 1681. — James Mather, 1685. — Mellitus Walmsley, 1687. — James Mathew, 1689. — Lawrence Champney, 1693. — Francis Watmough, 1701. — Robert Hardcastle, 1710. — Bernard Lowick, 1713. — Lawrence Champney, 1717. — Francis Watmough, 1721. — Bernard Catteral, 1733. — Ambrose Kaye, 1755. — Gregory Cowley, 1765. — Dunstan Holderness, 1773. — Jérôme Marsh, 1781. — Jérôme Coupi, 1785. — Richard Marsh, 1789-1793, et en Angleterre, 1793-1802.

PRIEURS D'AMPLEFORTH. — Anselm Appleton, 1802. — Bede Brewer, 1804. — Richard Marsh, 1806. — Gregory Robinson, 1810. — Clement Rishton, 1815. — Lawrence Burgess, 1818 — Adrien Fowers, 1830. — Bede Day, 1834 — Anselm Cockshoot, 1838. — Ambrose Prest, 1846 — Wilfrid Cooper, 1850. — Maurus Anderson, 1863. — Bede Prest, 1866 — Stephen Thearney, 1874. — Placid Whittle, 1880. — Basil Hurwoorth, 1883. — Anselm Burge, 1885. — Oswald Smith, 1899, nommé abbé en 1900.

MANUSCRITS : Meurthe-et-Moselle, archives départementales, séries G et H. — Weldon, *Chronological notes*, manuscrit à Ampleforth. — Mss. de D. Pierre Athanase Allanson au collège d'Oscott près de Birmingham. — IMPRIMÉS : Almond, *History of Ampleforth abbey*, Londres, 1903. — Reyner, *Apostolatus benedictinorum in Anglia*, Douai, 1626. — *Messager des fidèles*, Maredsous, 1884, t. I, p. 333-334, 360-381. — Weldon, *A chronicle of the English benedictine monks*, Londres, 1882, p. 65-68, 79-81, 94-141, Appendix, p. 15-27. — *Notes on the origin and early development of the restored English benedictine congregation, 1600-1661*, éd. Butler, Doconside, 1887. — Taunton, *English black monks of St. Benedict*, Londres, 1897, t. II.

A. TAYLOR.

AMPLIATUS (Saint) ou **AMPLIAS** ou **AMPLIA**, en grec, Ἀμπλιᾶτος, Ἀμπλιᾶς, Ἀμπλία, saint du premier siècle de l'Église. Son nom nous est connu par une simple mention de saint Paul dans l'épître aux Romains : *Saluez Amplias*, écrit l'apôtre, *mon bien-aimé dans le Seigneur*. Rom., XVI, 8. L'estime que lui témoigne saint Paul est considérée comme la meilleure preuve de sa sainteté. Cf. Origène, *Commentarius in Epistolam ad Romanos*, X, 22, P. G., t. XIV, col. 1280-1281; S. Jean Chrysostome, *Homil.*, XXXI, in *Epistolam ad Romanos*, 3, P. G., t. LX, col. 670. Le nom d'Ampliatus est mentionné le vingt et unième dans l'opuscule *De LXX apostolis*, attribué faussement à saint Hippolyte, P. G., t. X, col. 956, et dans la liste *De septuaginta Domini discipulis*, du pseudo-Dorothée, P. G., t. XCII, col. 1061. Il est le neuvième disciple du Seigneur dans le *Chronicon paschale*, *ibid.*, col. 521. Le pseudo-Dorothée déclare qu'il était évêque d'Odessos, ou Odyssos (Ὀδησσοῦ, Ὀδύσσου), ville sur les bords de la mer Noire, où se trouve aujourd'hui Varna, Cheyne et Black, *Encyclopaedia biblica*, Londres, 1899, t. I, col. 159. Le même renseignement nous est fourni par les ménologes grecs, au 30 octobre. Le *Synaxarium Ecclesiae Constantinopolitanae* l'appelle évêque τῆς Ὀδυσσουπόλεως, ville de la Macédoine, et rajoute qu'il a été martyrisé par les païens. Delehaye,

Propylaeum ad Acta sanctorum novembris, Bruxelles, 1902, col. 177. La même notice est contenue dans le ménologe basilien, d'après lequel les restes mortels de saint Ampliatus auraient été transférés à Constantinople, ἐν ταῖς λεγομέναις Πηγαῖς. *Menologium Graecorum jussu Basilii imperatoris graece olim editum*, Urbino, 1727, t. I, p. 156. Les Πηγαί, ou l'église connue sous le nom d'église *des Sources*, se trouvaient dans le faubourg actuel de Baloukli. Scarlatos Vyzantios, Ἡ Κωνσταντινούπολις, Athènes, 1890, t. I, p. 335-336. Dans le ménologe de Sirlet, la légende de saint Ampliatus est conçue en ces termes : *Sancti Amplias et Urbanus, ab eodem apostolo Andrea episcopi ordinati, ille quidem Odyssopolis, hic vero Macedoniae, propter christianae fidei confessionem, atque idolorum eversionem, a Judaeis et gentibus interfecti, beatas animas Deo tradiderunt*. *Menologium Graecorum ex bibliotheca et interpretatione cardinalis Sirleti*, dans Canisius-Basnage, *Thesaurus monumentorum ecclesiasticorum et historicorum*, Amsterdam, 1725, t. III, p. 483. Les renseignements fournis par les ménologes grecs, Assemani, *Kalendaria Ecclesiae universae*, Rome, 1755, t. V, p. 326-327; *Acta sanctorum*, oct. t. XIII, p. 695, ont été utilisés par Nicéphore Calliste Xanthopoulos, dans ses Vies des saints traduits en grec moderne par Maxime Margounios, Συναξάρια εἰς τὰς ἐπισήμους τοῦ Τοιωδίου ἑορτὰς ἤτοι βίοι ἁγίων, Venise, 1601, 1620, etc.; Papadopoulos Vrétos, Νεοελληνικὴ φιλολογία, Athènes, 1854, t. I, p. 14. Dans les ménées liturgiques grecs, le 31 octobre, on fait mémoire de saint Ampliatus avec les saints Stachys, Apelles, Urbain, Aristobule et Narcisse : le saint y est exalté comme un thaumaturge qui convertit au christianisme les habitants d'Odyssos. *Acta sanctorum*, *loc. cit.*, p. 697; Μηναῖον τοῦ ὀκτωβρίου, Venise, 1815, p. 219; Μηναῖα τοῦ ὅλου ἐνιαυτοῦ, Rome, 1888, t. I, p. 568-578. Les hagiographes slaves ont puisé aux sources grecques, en y mêlant parfois des inexactitudes. Le synaxaire édité par la laure de Kiev, en 1874, l'appelle Amphiatus, au lieu d'Ampliatus, et Malychevski, Appianus. *Sputnikii utcheniki Sv. Apostola Andreia, Troudy de l'Académie ecclésiastique de Kiev*, 1889, t. III, p. 558. L'archiprêtre Soliarskij affirme qu'il prêcha aussi la religion chrétienne dans la ville de Diospolis. *Opyt bibleiskago slovariia*, Saint-Pétersbourg, 1878, t. I, p. 98. Les hagiographes latins acceptent avec des réserves les données des hagiographes grecs, appuyées sur les documents apocryphes du pseudo-Hippolyte et du pseudo-Dorothée. Le Martyrologe romain ne donne pas à saint Ampliatus le titre d'évêque. Il se borne à affirmer qu'il est mentionné dans les épîtres de saint Paul, et qu'il fut martyrisé par les juifs et les païens. Baronius, *Martyrologium romanum*, Anvers, 1613, p. 460. Pour ce qui concerne sa vie, nous ne pouvons nous livrer qu'à des conjectures. Tout d'abord, rien ne nous semble exclure qu'il soit né en Orient. C'est un nom foncièrement romain. Voir Lucht, *Ueber die beiden letzten Kapitel des Römerbriefes*, Berlin, 1871, p. 137. Ampliatus est le nom d'un esclave; plus tard, il devint le *cognomen* d'une famille d'affranchis. Marucchi, dans *Dictionnaire de la Bible*, t. I, col. 521-522. Il ne serait pas hasardé d'avancer qu'il ait été un esclave de la *maison de César*, un des chrétiens au service de Néron. Philip., IV, 22. Peut-être reçut-il de saint Paul la lumière de l'Évangile. Son influence devait être considérable dans la communauté primitive de Rome. Si l'apôtre le considère comme un des disciples bien-aimés, les Romains convertis au christianisme devaient le vénérer comme l'ami de confiance de saint Paul. Il était à Rome entre 55-58 de l'ère chrétienne, parce que c'est à cette époque qu'il faut placer la composition de la lettre aux Romains. Mais, se rendit-il en Orient pour prêcher l'Évangile aux païens de la Mésie, où était la ville d'Odyssos? Nous ne saurions répondre. L'historien anglican Farrar croit qu'Ampliatus a été une des premières victimes de la persécution de Néron. Cette hypothèse semble confirmée par une découverte faite dans le cimetière de Sainte-Domitille. En 1880, le chevalier De Rossi y déblaya un *cubiculum* orné de fresques très anciennes, du type classique. Dans une inscription gravée sur le marbre, on lisait clairement : *Ampliati. Bollettino di archeologia cristiana*, 11e série, 1880, p. 170-171. Des études plus approfondies permirent à M. De Rossi d'affirmer que les fresques du *cubiculum* d'Ampliatus remontaient du 1er siècle de l'Église. Ampliatus était donc un personnage important dans la communauté chrétienne; la magnificence de son tombeau en est une preuve. Mais est-il identique avec l'Ampliatus de l'épître aux Romains? De Rossi n'a pas osé se prononcer, mais il laisse voir qu'il penche vers cette identification. *Il cubiculo di Ampliato nel cimitero di Domitilla*, ibid., 1881, p. 57-74. Ampliatus serait donc mort à Rome, martyr. Probablement, il n'était pas évêque. Ce sont là des hypothèses, mais l'hypothèse de ceux qui font mourir Ampliatus à Rome nous semble plus digne de foi que la légende de son apostolat dans la Mésie inférieure.

Galesini, *Martyrologium sanctae romanae Ecclesiae*, Venise, 1578, fol. 150. — Le Quien, *Oriens christianus*, t. I, col. 1225. — Farlati, *Illyricum sacrum*, Venise, 1819, t. VIII, p. 124. — *Acta sanctorum*, oct. t. XIII, p. 684-698. — Hastings, *A dictionary of the Bible*, t. I, p. 88. — Dimitri (archevêque), *Sobor sviatykh semidesiati apostolov* (L'assemblée des soixante-dix apôtres), Tver, 1900, t. I, p. 30-34. — Serge (archevêque), *Polnyi miesiatzeslov Vostoka*, Vladimir, 1901, t. II, p. 339, 450. — Helm, *Paulus der Völkerapostel*, Salzbourg, 1905, p. 493. — *Sobor sv. Apostolov, Pravoslavnyi Sobesiednik*, Kazan, 1906, t. II, p. 385-387. — Cabrol, *Dictionnaire d'archéologie chrétienne*, Paris, 1907, t. I, col. 1718. — Fouard, *Saint Paul et ses missions*, Paris, 1908, t. I, p. 388.

A. PALMIERI.

AMPLUS. Voir AMPIUS, col. 1350.

AMPORENSIS (*Ecclesia*). L'orthographe est incertaine; on trouve aussi dans les mss. *Amburensis, Amphorensis, Anburensis* ou *Anburensis*, avec redoublement fautif. Évêché d'Afrique, situé en Numidie; il n'est pas encore identifié. Nous connaissons plusieurs titulaires de ce siège : à la conférence de Carthage, en 411, se présenta l'évêque catholique Donatus et en face de lui son compétiteur donatiste Servatus. *Gesta collationis habitae inter episcopos catholicos et donatistas*, I, c. CXXI, CLXXXVIII; Mansi, *Sacr. concil. nova et ampliss. collectio*, t. IV, col. 93, 145, 266, 274. Un de leurs successeurs, Cresconius, assistait à l'assemblée qui se tint à Carthage, en 484, sur l'ordre du roi vandale Hunéric. *Notitia provinciarum et civitatum Africae*, Numidia 11, édit. Halm, p. 64; *P. L.*, t. LVIII, col. 270, 296. Voir BOSETH AMPHORARIA.

Morcelli, *Africa christiana*, Brescia, 1816-1817, t. I, p. 76. — *Notitia dignitatum*, édit. Böcking, Bonn, 1839-1853, t. II, Annot., p. 643. — V. De Vit, *Totius latinitatis onomasticon*, Prato, 1859, au mot *Ampora*, p. 271. — Gams, *Series episcoporum*, Ratisbonne, 1873, p. 464. — Tissot, *Géographie comparée de la province romaine d'Afrique*, Paris, 1884-1888, t. II, p. 776. — De Mas-Latrie, *Bulletin de correspondance africaine*, 1886, p. 89; *Trésor de chronologie*, 1889, col. 1869. — Mgr Toulotte, *Géographie de l'Afrique chrétienne*, Rennes-Paris, 1892-1894, Numidie, p. 41. — Joh. Schmidt, *Amburensis et Ampora*, dans Pauly-Wissowa, *Real-Encyclopädie*, t. I, col. 1817, 1980. — *Thesaurus linguae latinae*, Leipzig, 1900, t. I, col. 1877, au mot *Ambura* ou *Ampora*. — R P. M. s nge, *L'Afrique chrétienne*, Paris, 1912, p. 101.

Aug. AUDOLLENT.

AMPOSTE (Espagne, province de Tarragone, ressort de Tortose), châtellenie (ordre de l'Hôpital) ou prieuré d'Aragon. Amposte fut le centre et le siège des premiers établissements hospitaliers en Aragon et en Catalogne; d'abord rattachés au prieuré de Saint-Gilles, ils furent, dès le milieu du XIIe siècle, placés sous l'autorité du châtelain d'Amposte, en un groupement distinct, dont l'accroissement fut aussi rapide que considérable, et qui s'étendit sur la Catalogne, l'Aragon et le royaume de Valence. Lorsque la transmission des biens du Temple à l'Hôpital doubla les possessions territoriales de celui-ci, la châtellenie d'Amposte se trouva incapable de suffire à l'administration de possessions aussi étendues. A cette nécessité d'ordre administratif, s'ajouta la raison politique, qui faisait craindre au roi d'Aragon que la puissance des châtelains d'Amposte ne prît trop d'extension et ne devint un danger pour leur propre couronne. Ces deux motifs firent décider le démembrement de la châtellenie et la création d'un nouveau prieuré (20 juillet 1319), celui de Catalogne. Toutes les possessions de l'ordre à l'ouest d'une ligne de démarcation formée par le cours de l'Èbre et par la ville d'Almacellas (Catalogne, province et ressort de Lérida), c'est-à-dire dans les royaumes d'Aragon et de Valence, formèrent le nouveau ressort de la châtellenie d'Amposte, tandis que celles qui s'étendaient à l'est de cette même ligne et au royaume de Majorque constituèrent le prieuré de Catalogne.

Les biens de la châtellenie furent incorporés au domaine de la couronne d'Espagne en 1802.

Les archives, après avoir été conservées à Alcala de Henarès, sont aujourd'hui à Madrid à l'Archivo historico nacional. Elles se composent de 625 liasses et d'une centaine de volumes, cartulaires, registres et inventaires. Le premier inventaire fut rédigé en 1523, le dernier de 1827 à 1836. Une des plus précieuses séries est celle des registres capitulaires, qui s'étend presque sans lacunes de 1339 à 1776 (37 volumes). Signalons aussi le *Cartulario magno*, dans lequel, de 1349 à 1354, sur l'ordre de Juan Fernandez d'Heredia, alors châtelain, ont été transcrites plus de 3 000 pièces concernant la châtellenie (6 vol. in-fol.), dont beaucoup sont aujourd'hui perdues et que ce *Cartulario* a conservées.

Le châtelain avait les mêmes pouvoirs que les pricurs dans les autres prieurés. Il avait autorité sur les commandeurs, et notamment sur le commandeur d'Amposte, qui gouvernait la commanderie d'Amposte, distincte de la châtellenie. Voici la liste des châtelains, jusqu'au moment où l'ordre abandonna Rhodes : Geoffroy de Brésil, 1157. — Arbert de Petra, 1164. — Alphonse, 1170-1177. — Bernard de Altes, 1178-1180. — Armengaud d'Asp, 1180-1187. — Fortun Chabeza, 1187-avril 1189. — Armengaud d'Asp, une seconde fois, 1er décembre 1190-28 avril 1191. — Fortun Chabeza, une seconde fois, juillet 1191-1198. — Martin d'Aybar, 1199-12J0. — Ximeno de Lavata, 1201-1205. — Martin d'Andos, 1206-1211. — Béranger de Mirallas, 1212-1213. — R. de Ayselas, 1216-1217. — Garcias Artiga, 1218-1221. — Foulques de Cornell, 1221-1226. — B. Raymond de Montaren, 1226. — R. de Alzamora, 1228. — Hugues de Forcalquier, 1230-1244. — Pierre d'Alcala, 1246-1252. — Pierre de Gragnana, 1253-1254. — Gérard Amic, 1255-1257. — Guyla Guespa, 1261-1264. — Béranger d'Almenara, 1273-1274. — Raymond de Ribello, 1276-1300. — (Pierre Calderer, châtelain royal, 1290, pendant qu'Amposte était au mains du roi d'Aragon). — Pierre de Solers, 1306-1309. — Raymond de Lampourdan, 1311-1312 (déposé et remplacé avant le 8 juin 1311). — Martin Perez d'Oros, 1314-1322. — Sanche d'Aragon, 1326-janvier 1346 (avec deux interruptions en 1330-1335 et 1337-1341). — Juan Fernandez d'Heredia, juin 1347-1377. — Martin de

Lihori, 1379-† avant le 26 février 1397 (avec une interruption de 1389 à 1396). — Gonsalve de Funes, 1397-vers 1399. — Pierre Rodriguez de Mores, 31 mai 1398-1413. — Bérenger de Castellon, 1415. — Gonsalve de Funes, 1416-† avant le 19 septembre 1420. — Pierre de Lynyano, vice-châtelain en 1420 et châtelain en 1421. — Dalmas Raimondez Xamar, 1421-1427. — Jean de Villaguco, 1433-1444. — Pierre-Raymond Zacosta, 1446-1461. — Hugues de Rocabertino, 1481-1482. — Pierre Fernandez de Heredia, 1488-1490. — Diomède de Villaragut, 1493-1496. — Loup Diaz d'Escoron, 1505-1506. — Jean d'Aragon, duc de Luna et comte de Ribagorza, 1506-1517. — François de Montserrat, 1518-1519. — Jérôme Canel, 1522-1524.

La châtellenie comprenait les commanderies suivantes : Alfambra, Alcoleade Ciuca, Aliaga, Almunia de doña Godina, Ambel (Temple), Añon, Asco (Temple), Barbastro, Calatayud, Calavera, Cautavaya, Carpe, Castellote (Temple), Castiliscar, Chalamera, Encinacorva, Horta, Mallen, Mirambel, Miravete (Temple), Novellas (Temple), Orrios, San Juan de Huesca, Sampes de Calanda, Saragosse, Temple de Huesca, Torrente [de Ciuca], Tronchon, Ulldecona, Villalba, Villarluengo, Villel, prieuré de Mouzon (Temple) et abbaye d'Alcocer.

Delaville Le Roulx, *Cartulaire général des hospitaliers*, Paris, 1894-1906, t. I, p. CXXXVII sq.; *Les archives de l'ordre de l'Hôpital dans la péninsule Ibérique*, Paris, 1893 (*Nouvelles archives des missions scientifiques et littéraires*, 1893).

J. DELAVILLE LE ROULX.

AMPULLIEN, hérésiarque de Bithynie, qui aurait nié l'éternité des peines de l'enfer, tant pour les démons que pour les pécheurs. Devant les protestations unanimes soulevées par sa doctrine, il se serait retranché derrière Origène, dont il aurait, au préalable, altéré les écrits. Ces détails sont empruntés au *Praedestinatus*, I, 43, *P. L.*, t. LIII, col. 600, ouvrage auquel personne n'accorde la moindre autorité. Cf. Galland, *Prolegomenon de anonymo auctore Praedestinati*, III, dans *P. L.*, t. LIII, col. 581. Comme il n'est question d'Ampullien nulle part ailleurs, on se demande si ce personnage a réellement existé.

Dictionary of christian biography, t. I, col. 107. — Tillemont, *Mémoires pour servir à l'histoire ecclésiastique*, t. XVI, p. 19-21.

A. LEHAUT.

1. AMPURIAS (*Ampurien.*), évêché d'Italie (Sardaigne), borné au nord par la mer Tyrrhénienne, à l'est par le diocèse de Tempio, auquel il est uni, au sud par celui de Bisarchio et à l'ouest par celui de Sassari. La ville d'Ampurias, appelée par les anciens *Juliola* ou *Emporiae*, à cause de l'importance de son commerce, était située sur la rive gauche du petit fleuve Coguinas ou Cocina, jadis *Thermus*. On ne connaît le nom de ses évêques que depuis le début du XIIe siècle. Le premier serait, d'après Bima et Pintus, Bonus, dont on trouve la signature au bas de l'acte de fondation du monastère de San Nicolò di Solio en 1113; et le second, Nicolaus, qui souscrivit, avec l'archevêque de Torres et ses suffragants, à un diplôme de ce même archevêque en date du 26 décembre 1116; on lui voit prendre le titre d'*episcopus de Flumine*, sans doute à cause du voisinage du Coguinas. Ensuite viennent Comita di Martis, dans un acte d'Albertus, archevêque de Torres, en 1170, et dans ceux du IIIe concile œcuménique de Latran, en 1179; Pietro di Martis, cité dans des lettres d'Innocent III de 1205 et du 13 novembre 1208; et un certain G., auquel Bima donne assez gratuitement le nom de Gennadius, cité dans des actes du 31 mai 1231 et du 18 mars 1236. C'est sans doute à ce dernier que s'adresse Innocent IV dans sa bulle du 30 avril 1247 aux évêques de Ploaghe et d'Ampurias (Berger, *Les registres d'Innocent IV*, t. I, n. 2572), et lui aussi qu'une autre bulle du même pape nous montre chassé de son siège en 1252, ainsi que l'archevêque de Torres, par les partisans de Frédéric II. Après cet évêque un peu mystérieux, Eubel place Guglielmus, qui manque dans la plupart des listes, mais qu'il fait élire le 11 juillet 1255, et, de fait, le pape Alexandre IV charge, en cette année, l'évêque de Ploaghe de sacrer le nouvel évêque d'Ampurias. On rencontre ensuite Summachius, cité en 1275 par Sulis (*Brevi cenni sulla istoria antica ed ecclesiastica dell' archidiocesi di Cagliari*, p. 121) et Gonnarius, élu évêque en 1283. C'est en cette année qu'on voit, le 30 août, l'évêque de Bisarchio, Petrus, s'engager, en son nom et en celui de l'évêque d'Ampurias, envers la commune de Gênes, à faire tous leurs efforts pour procurer à la république la possession de Sassari (*Hist. pat. mon., chartarum*, 1836, t. I, p. 1554-1555) et que nous les voyons s'embarquer tous deux, le 27 juin 1284, sur une galère génoise qui vogue vers cette ville, afin de l'enlever aux Pisans qui se conduisaient en persécuteurs de l'Église. Cf. Giuseppe Manno, *Storia di Sardegna*, Capolago, 1840, t. II, p. 54, note 4, 55. La série continue ensuite régulièrement. Au début du XVIe siècle, époque où la carte ecclésiastique du nord de la Sardaigne fut complètement refondue, la situation du diocèse d'Ampurias subit de profondes modifications. Jules II sanctionna, à la demande du roi d'Espagne, par bulle du 8 décembre 1503, la translation, déjà approuvée par Alexandre VI, du siège épiscopal, de la ville d'Ampurias, laquelle avait presque entièrement disparu, à celle de Castel Aragonese. Tola, *Codice diplomatico sardo*, t. II, p. 68. Puis il unit, par bulle du 5 juin 1506, *aeque principaliter*, à ce diocèse, celui de Civita, en statuant que l'évêque des deux diocèses unis porterait le titre d'*episcopus Ampuriensis et Civitatensis*, quand il résiderait à Ampurias, et celui d'*episcopus Civitatensis et Ampuriensis*, quand il résiderait à Civita. Enfin, tandis que les évêques de chacun de ces deux diocèses relevaient immédiatement du Saint-Siège, l'évêque d'Ampurias et Civita devint suffragant de Sassari. Cf. Gazano, *Storia della Sardegna*, t. II, p. 160. Il faut croire cependant que la translation définitive du siège à Castel Aragonese n'eut pas lieu aussitôt, bien qu'en fait les évêques eussent abandonné Ampurias dès la fin du XVe siècle, car une lettre du cardinal secrétaire d'État de Pie IV à l'évêque Francesco Thoma, en date du 29 janvier 1565, publiée dans Mattei, p. 181, lui défend de l'opérer sans en avoir référé préalablement au Saint-Siège. Enfin, à la suite de l'érection en ville de la commune de Tempio, le 10 septembre 1836, Grégoire XVI, par bulle du 26 août 1839, supprima la cathédrale de Civita, érigea la collégiale de Tempio en cathédrale et, transportant dans cette ville le siège épiscopal du diocèse, décida que l'évêque des deux diocèses unis porterait désormais le titre d'évêque d'Ampurias et Tempio.

ABBAYES ET COMMUNAUTÉS RELIGIEUSES. — Il n'y a plus aujourd'hui aucun ordre religieux dans le diocèse. Les conventuels y étaient autrefois établis depuis le XIVe siècle, et les bénédictins avaient, à Castelsardo, l'abbaye de San Antonio, qui est actuellement la cathédrale. On y comptait, de plus, les abbayes de Santa Maria di Tergu, de San Pancrazio de Nursis, de San Michele *di Plaiano* (cf. E. Costa, *San Michele di Plaiano*, dans *Archivio storico sardo*, 1907, t. III, p. 275-322), et de San Nicolò di Silanos, qui furent incorporées, avec le prieuré de San Bonifazio à Sassari, à la mense épiscopale de l'évêque, lors de la translation du siège à Castel Aragonese. L'abbaye de Santa Maria di Tergu, qui, avec celle de

San Michele, avait été unie, en 1444, par Eugène IV, à la mense épiscopale de Sassari, afin d'aider l'archevêque de cette ville à fonder un séminaire, est aussi appelée Santa Maria de Sergio, de Sergo, de Serico, de Cerico, et existe encore sur le bord de la mer. Voir, sur une inscription importante qu'elle renferme, P. Martini, *Pergamene d'Arborea*, p. 497 sq.; Spano, *Memorie sull' antica Truvine*, Cagliari, 1852; l lengen, art. dans *Bollettino dell' Istituto di corrispondenza archeologica*, 1853; Orelli, *Inscriptionum latinarum selectarum amplissima collectio*, Turin, 1856, p. 313, 656. Lubin cite, de plus, l'abbaye de *Sancti Petri de Terra Majori*, comme située dans les diocèses unis d'Ampurias et de Civita, mais sans préciser dans lequel des deux. Or, M. Celani a démontré, dans *Abbatiarum Italiae... Additiones et adnotationes*, Rome, 1895, p. 79, que cette abbaye n'est — ou plutôt n'était, car elle a disparu — pas située en Sardaigne, mais bien dans le royaume de Naples, et faisait partie de l'ancien diocèse de Città ou Civitate.

LISTE DES ÉVÊQUES. — *D'Ampurias*. — Bonus, cité 1113. — Nicolaus, cité 1116. — Comita di Martis, 1170, 1179. — Pietro di Martis, 1205-1208. — G[ennadius?], 1231-1236. — Guglielmus, 11 juillet 1255. — Summachius, 1275. — Gonnarius, 1283-† 1300. — Bienheureux Bartolomeo de Malaga, ou di Malacria, conventuel, 9 mai 1301. — Giacomo Sanjust, O. P., 21 septembre 1332. — Audoynus. — Bertrando Colleti, O. P., transféré de Tiflis, 8 juin 1363-5 septembre 1365; transféré à Larino. — Pietro di San Martino, O. M., transféré de Castimonia (cf. Eubel, t. I, p. 179), 10 septembre 1365.— Marcus, 16 mai 1386. — Nicolaus II, 16 octobre 1386. — Pietro Corso, 9, 1395-11 février 1401; transféré à Ajaccio. — Egidio de Morello, O. M., nommé par Clément VII d'Avignon, 28 février 1398. — Pietro Benedetto Giovanni, 26 mars 1401. — Nicolaus III, 15 novembre 1413 (et non 20 novembre, comme le porte Eubel, qui l'appelle Thomas). — Gavino d'Orlando, 19 mars-12 avril 1482. — Sisinius transféré de Sulcis, 5 juillet 1443-23 septembre 1448, ou Sissinus, transféré à Bisarchio. — Gonnario (Gadulese), 23 septembre 1448-1449. — Gillito Esu, 1er octobre 1449. — Antonio de Alcala, 16 mai 1457. — Nicolò del Campo, 27 octobre 1458 (et non pas 1459, comme le porte Pintus). — Lodovico Giovanni, conventuel, 20 août 1480. — Diego di Nava (*alias* di Maria), de l'ordre du Saint-Sépulcre, suivant Eubel, (O. Er. S. A., suivant Mattei, Martini, Bima et Cappelletti), 2 octobre 1486. — Francesco Manno, 27 novembre 1493.

Évêques d'Ampurias et Civita. — Luis Gonzales, espagnol, O. M. Obs., 8 juin 1513. — Jorge di Attera ou de Artea (et non pas di Affera, comme l'appelle Bima), espagnol, transféré de Lodi, 5 juin 1538. — Luis de Cotes (de Casas, dit Cappelletti, de Cortes, dit Bima), espagnol, O. Er. S. A., 22 mai 1545. — Francesco Thoma, de Majorque, 23 mars 1555; transféré à Lerida, disent peu vraisemblablement Cappelletti et Pintus, qui ont dû le confondre avec Miguel Thoma Taxaquet, évêque de cette ville en 1577-1578. — Pedro Narro ou Narios, espagnol, O. S. B., 30 juillet 1572-22 octobre 1574; transféré à Oristano. — Gaspar Vicente Novella, espagnol, 18 septembre 1575-6 octobre 1578; transféré à Cagliari. — Miguel Ruvios, espagnol, cist., 26 juin 1579. — Giovanni Sanna, 1586-† 1607. — Felipe di Marina ou Marimon, espagnol, de l'ordre de Montesa, 1608. — Jacopo (Diego, dit Cappelletti) Passamar, 12 août 1613-13 juin 1622 (d'après Martini, *Biog. sarda*, t. III, p. 1); transféré à Sassari.— Giovanni Branda ou Della Branda, 1622. — Andrea Manca, 1633 (d'après Pintus; 1634, d'après Cappelletti et Gams)-13 juin 1644; transféré à Sassari. — Gavino Manca Figo, 17 octobre 1644. — Gaspare Litago, transféré de Bosa, 29 avril 1652-26 juin 1656;

transféré à Sassari. — Lorenzo Samper, 28 août 1656. — Pietro d'Alagon, 5 août 1669-15 janvier (d'après Pintus, 22 février) 1672, d'après Cappelletti; transféré à Oristano. — José Sanchez, mercédaire espagnol, 22 février 1672-18 septembre 1673; transféré à Ségovie. — Juan Batista Sorrubas, carme espagnol, 25 tembre 1673-† 24 novembre 1679 (et non pas 1678, comme le porte Gams). — José Accora Figo, espagnol, 25 septembre 1679-30 avril 1685, transféré à Oristano. — Francesco Samper, 1er octobre 1685. — Michele Villa, 29 (et non pas 19, comme le portent Cappelletti, Gams et Pintus) novembre 1688-1700. — Diego Possulo (Pozzulli, l'appellent Cappelletti et Gams), O. P., 11 décembre 1702-† avant 1720. — Angelo Galcerino, conventuel, 17 mai (et non pas mars, comme le porte Gams) 1727-† vers 1736. — Giovanni Leonardo Sanna, 26 septembre (et non décembre, comme le porte Gams) 1736-30 novembre 1737; transféré à Bosa. — Vincenzo Giovanni Torrelas, 30 septembre 1757-3 juillet 1741; transféré à Oristano. — Salvatore Angelo Cadello, 3 juillet 1741-† 1763. — Pietro Paolo Carta ou Carra, 26 novembre 1764-† 1771. — Francesco Ignazio Guiso, 7 septembre 1772-† 24 mars 1778. — Giannantonio Arras Minutili, 1er mars 1779-† 1784. — Michele Pes, 14 février 1785-† 1804. — Giuseppe Stanislao Paradiso, 18 septembre 1807 (et non pas 1808, comme le porte Gams)-29 mars 1819; transféré à Ales. — Stanislao Mossa, 24 novembre 1823-† 9 avril 1825. — Diego Capece, 15 avril 1833-† août 1855. — Siège vacant, 1855-1871.

Évêques d'Ampurias et Tempio. — Filippo Campus Chessa, 24 novembre 1871-† 21 mars 1887. — Paolo Pinna, 3 juillet 1882-† 17 novembre 1892. — Antonio Maria Contini, transféré d'Ogliastra, 16 janvier 1893-† 1906. — Emilio Parodi, archevêque de Sassari, administrateur apostolique, avril 1906.

ÉTAT ACTUEL. — Le siège est vacant, depuis la mort de Mgr Contini, et les deux diocèses unis sont administrés par Mgr Cleto Cassani, évêque titulaire de Tercia, en qualité d'administrateur apostolique. Le diocèse d'Ampurias, qui fait partie de la province de Sassari, compte huit paroisses, trente-quatre chapelles, églises ou oratoires, vingt prêtres séculiers, onze confréries. Sa population est d'environ 11 200 âmes, d'après le recensement de 1901. Patron : saint Antoine abbé (depuis la translation du siège à Castelsardo; le patron était auparavant saint Pierre). La ville d'Ampurias a aujourd'hui complètement disparu, mais il en reste plus, à Bidd' Alva (c'est-à-dire Villa Blanche) et à Cogianu, près du fleuve Coguinas, que les ruines des églises de San Semplicio et de San Benedetto, O. S. B., ainsi que la cathédrale de San Giovanni (San Pietro di Mare, dit Amati). C'est en vain qu'on y a fait un essai de colonisation en 1869-1870. La résidence de l'évêque est à Castelsardo, fondée, en 1102, par les Doria de Gênes, probablement sur l'emplacement de la *Tibula* de Ptolémée (éd. Didot, t. I, 1re part., p. 382, note 1) et appelée Castel Genovese tant qu'elle leur appartint, du XIIe au XIVe siècle, puis Castel Aragonese, sous la domination de la couronne d'Aragon. Située sur un rocher, à l'embouchure du petit fleuve Frisano, et dominée par une citadelle réputée jadis imprenable, elle est entourée de tous les côtés par la mer, à l'exception d'un isthme étroit, et est bâtie avec de la lave. Elle compte 2 341 habitants, d'après le recensement de 1901, et sa cathédrale, construite par l'évêque Giovanni Sanna et dédiée à saint Antoine, est riche en marbres divers. Les églises du diocèse, en particulier celle de San Pantaleo, à Villa de Martis (cf. Valéry, *Voyages en Corse et en Sardaigne*, Paris, 1834, p. 50, qui a le tort de placer la composition dont il parle à Nulvi), possèdent de nombreuses œuvres de Lusso ou Lossu, chef de l'école sarde de peinture de la fin du xvi° siècle (cf. Spano, *Andrea Lusso, pittore sardo della Villa de Martis*, dans *Bull. sardo*, ann. V, 1859, p. 89-94), lequel y avait, sans doute, été appelé par Giovanni Sanna, pasteur généreux et éclairé, qui fit beaucoup pour le soulagement et l'instruction de ses peuples. Cf. P. Martini, *Biografia sarda*, Cagliari, 1838, t. III, p. 92-94.

Archives du Vatican, *Actes consistoriaux*, Fiches de Garampi et Mathieu de Flandin, *Apparatus ad universalem orbis christiani notitiam*, 1680 (*Ind.* n. *437*, fol. 75). — Lubin, *Abbatiarum Italiae brevis notitia*, Rome, 1693, p. 365, 387. — Cluverius, *Sardinia antiqua*, Turin, 1619, p. 16, 17, 25; *Sicilia antiqua*, Leyde, 1619. — Cossu, *Descrizione geografica della Sardegna*, Gênes, 1799, 1re part., p. 53-56; 11e part., p. 70. — Casalis, *Dizionario geografico-storico-statistico-commerciale degli Stati di S. M. il re di Sardegna*, Turin, 1833-1855, t. I, p. 272-273; t. IV, p. 224-241; t. V, p. 320-328; t. XVIII ter, p. 75; t. XXVII, p. 213. — Fara, *Chorographia Sardiniae*, Turin, 1835. — Pietro Martini, *Storia ecclesiastica della Sardegna*, Cagliari, 1839-1842, l. III, p. 414, 497, 499; l. VII, p. 173. — Bima, *Serie cronologica degli arcivescovi e vescovi del regno di Sardegna*, Asti, 1845, p. 75-82. — Cappelletti, *Le Chiese d'Italia*, Venise, 1857, t. XII, p. 42, 155-171. — Amati, *Dizionario corografico dell' Italia*, Milan, t. I, p. 263; t. II, p. 726. — Spano, *Sardegna sacra e le antiche diocesi*, dans *Bullettino archeologico sardo*, ann. IV, 1858, p. 46-47; *Itinerario dell' isola di Sardegna del conte della Marmora, tradotto e compendiato con note*, Cagliari, 1868; *Appendice itinerario antico della Sardegna*, Cagliari, 1869, p. 24-25; *Emendamenti ed aggiunte all' itinerario dell' isola di Sardegna del conte Alberto della Marmora*, Cagliari, 1875, p. 213-214. — Gams, *Series episcoporum*, p. 832-833; Supplément, p. 34. — O. Werner, *Orbis terrarum catholicus*, Fribourg-en-Brisgau, 1890, p. 36. — Ant. Manno, *Bibliografia storica degli Stati della casa di Savoia*, Turin, 1891-1892, t. I, p. 237; t. IV, p. 192-193. — Magrino et Vaccari, *Dizionario corografico dell' Italia*, Milan-Rome, 1857, t. I, 2e part., p. 7, 29. — Giov. Slotto Pintor, *Storia civile dei popoli sardi dal 1798 al 1848*, Turin, 1897, p. 261, 304, 317, 601, 606. — Pasq. Cugia, *Nuovo itinerario dell'isola di Sardegna*, Ravenne, 1892, p. 351-356. — Bertolotti, *Statistica ecclesiastica d'Italia*, Savone, 1894, IIIe part., p. 181-182. — Eubel, *Hierarchia catholica medii aevi*, t. I, p. 85-86; t. II, p. 98; t. III, p. 119-120. — Vallardi, *La Nuova Italia*, Milan, s. a., t. I, p. 87. — Groner, *Die Diözesen Italiens*, Fribourg-en-Brisgau, 1904, p. 11, 25; trad. italienne de Guarini, Melfi, 1905, p. 23. — Besta, *La Sardegna medioevale*, Palerme, 1908-1909, t. I, *passim* (voir la table du t. II, p. 310); t. II, p. 39, 66-67. — S. Pintus, *Sardinia cristiana. Vescovi di Fausania, Civita, Ampurias e Tempio*, dans *Archivio storico sardo*, 1908, t. IV, p. 97-115. — D. Filia, *La Chiesa di Sassari nel secolo xvi e un vescovo della Riforma*, Sassari, 1910, p. 2, 15, 18-19. — *Annuario ecclesiastico*, Rome, 1913, p. 230.

J. FRAIKIN.

2. AMPURIAS, ancien évêché et comté au nord de la Catalogne, sur la frontière française, et qui a donné son nom au territoire dit d'Ampurdan. Port situé sur un promontoire du golfe de Rosas, à l'embouchure du *Fluvia*. Des fouilles récentes, entreprises séparément par la *Diputacion provincial* de Barcelone, la municipalité de la même ville et le gouvernement espagnol, ont permis de reconstituer dans leurs grandes lignes les trois villes qui s'y sont succédé dans le passé. 1° La ville ibère d'Auntzica (l' Ἰνδική d'Étienne de Byzance), capitale probable des Indigètes (les Ἐνδιγέται de Ptolémée). Elle était située au sommet de la colline. — 2° Entre la ville ibère et la mer, la ville grecque d'Emporion, fondée vers le ive ou le ve siècle avant J.-C. par les Phocéens de Marseille. Elle fut le premier centre ouvert à la civilisation hellénique et au commerce dans la péninsule. Strabon, III, IV, 8; Tite-Live, XXXIV, 9. — 3° Enfin la ville romaine et wisigothique, *Emporiae*, *Empuriae*, *Impuriae* (viie siècle)... *Ampurias* (xve siècle). Conquise en 218 par Cn. Scipio, restée fidèle à César dans sa lutte contre Pompée, la ville grecque figura parmi les *Oppida civium Romanorum* (Pline, *Hist. nat.*, III, 22) et fut peut-être, dans la suite, municipe romain. Longtemps le principal marché de l'Espagne citérieure, elle dut succomber assez vite devant la concurrence de *Tarraco*, qui s'empara de tout son commerce. Il n'existe plus aujourd'hui qu'un hameau insignifiant.

I. ORIGINES CHRÉTIENNES. — La foi chrétienne, attestée à Girone vers la fin du iiie siècle (Prudence, *Peri Stephanon*, IV, 29-30), avait dû, au moins dès cette époque, atteindre Ampurias. Cette ville, en effet, fut ouverte, dès le début, à tous les courants religieux de l'Orient. Strabon, *loc. cit.*, y signale la popularité de la grande Diane d'Éphèse : *ibi et Emporiis Dianam Ephesinam colunt*. Une plaque de bronze, qui appartiendrait au iie siècle de notre ère (?), conserve les traces d'un culte de Mithra fortement pénétré de synchrétisme asiatique. *Anuari del Inst. d'Est. Cat.*, 1908 : *Crónica*, p. 24-27. L'épigraphie a révélé l'existence d'un temple de Sérapis, etc. Néanmoins, avant ces dernières années, il fallait descendre jusqu'en 516 pour découvrir le premier témoin du christianisme dans la ville. Il n'en sera plus ainsi désormais, grâce aux renseignements fournis par les fouilles que, depuis 1907, poursuit le gouvernement espagnol dans les dunes qui ont recouvert l'ancien port, fouilles dont il serait d'ailleurs prématuré de vouloir en ce moment serrer de trop près les résultats. Au-dessus de deux couches de dépôts (restes de citernes grecques et maisons romaines), elles ont mis à jour les tombeaux d'un antique cimetière chrétien en *area*, enveloppant une *cella memoriae* ou petite basilique, dont l'abside est très visible. La présence, dans le mur de cette *cella*, d'une série de niches ou *loculi* ayant renfermé des cendres, particularité qui révélerait peut-être la destination antérieure du monument, l'avait fait prendre au début pour un *columbarium*. L'abondance des sépultures chrétiennes dans cette basilique et dans l'*area* voisine, les restes de l'abside, ne permettent point de s'arrêter à cette hypothèse. On est bien en face d'un des plus anciens vestiges qu'ait laissés le christianisme en Espagne.

Mais de quelle date? L'ensemble est, bien entendu, nettement postérieur à la paix de l'Église. Le cimetière était encore très fréquenté à l'époque wisigothique. On y a découvert en abondance cette céramique noire fort peu connue jusqu'ici en Espagne, analogue aux céramiques mérovingiennes décrites par Jullian et Déchelette. La plus grande partie des sépultures (longues tuiles, ou amphores coupées enveloppant le corps) n'ont fourni encore aucune base chronologique. Une des rares inscriptions chrétiennes qu'on y ait relevées, la *tabella* funéraire de Maximus (Hübner, *Inscript. Hisp. supplementum*, n. 414), remonte vraisemblablement au ve siècle (peut-être à la fin du ive). A une époque un peu antérieure appartiendrait le beau sarcophage à strigilles ondulées avec le chrisme accoté de l'A et de l'Ω et enveloppé d'une triple couronne de lauriers. Hübner, *ibid.*, p. v. Trouvé en 1865 dans la basilique elle-même, il fut destiné peut-être à un des évêques d'*Emporiae* au ive siècle.

Deux autres sarcophages à figures qui présenteraient, nous dit-on, toutes les caractéristiques du iiie siècle, ont été mis à jour dans la même *cella* en 1846 et en 1908. Ils fourniraient donc un point de départ chronologique indubitable, si l'on pouvait sans conteste affirmer, avec MM. Puig y Cadafalch et Botet y Sisó, leur origine chrétienne. Le premier, conservé aujourd'hui au musée provincial de Girone, présente au rez-de-chaussée, égaré parmi les figures des Saisons, un Hermès criophore où il paraît légitime de reconnaître, suivant la coutume des premiers sculpteurs chrétiens, une allusion discrète au Bon Pasteur. Dans la frise, deux autres symboles à intention vraisemblablement chrétienne et qui se retrouvent assez fréquemment sur les sarcophages de la Gaule. Des génies ailés occupés, les uns, à la droite de la tablette, aux opérations de la vendange, les autres, à gauche, à celles de la moisson (ici la cueillette de l'olive), image, a-t-on supposé, de la félicité céleste. Le second sarcophage, sans caractères spécifiquement chrétiens, mais dont les symboles païens n'ont rien de choquant pour les fidèles, serait, assure-t-on, encore antérieur au premier. Il a été trouvé avec des mutilations telles qu'il serait vraiment périlleux de vouloir lui emprunter une conclusion quelconque un peu précise.

Rien ne s'oppose cependant à ce que la thèse que nous enregistrons ici puisse un jour être considérée comme acquise. Tous les détails relevés dans l'examen de ce cimetière nous reportent aux *areae* et aux basiliques africaines, dont l'existence est attestée dès la fin du III° siècle. Or les relations maritimes étaient fréquentes avec l'Afrique, dont les vaisseaux remontaient les côtes espagnoles. C'est d'Afrique également que seraient venus les premiers apôtres connus de la foi chrétienne au nord de l'Espagne : saint Félix de Girone et saint Cugat.

II. ÉVÊCHÉ. — Les détails qui précèdent permettent donc de faire remonter au moins jusqu'au début du IV° siècle la série des évêques d'Ampurias. Toutefois, les listes épiscopales, reconstituées grâce aux signatures des conciles, débutent, à Ampurias comme à Girone et à Vich, au commencement du VI° siècle. La rareté des conciles espagnols au siècle précédent, les calamités qui avaient fondu sur ces malheureuses églises, exposées les premières aux coups des barbares envahisseurs de 409, donnent les raisons de ce silence. Voici les noms des évêques connus d'Ampurias à cette époque : Paulus : concile de Tarragone, 6 novembre 516, où il signe immédiatement après le métropolitain ; Girone, 517. — Casoncius (Casonius, Caroncius) : II° concile de Tolède, mai 527 ; Lérida, vers 546 ; Barcelone, vers 540 (d'après le *codex Aemilian.*). — Fructuosus : III° concile de Tolède, 589. *Galanus, archipresbyter Emporitanae ecclesiae*, signe en son nom. — Galanus, le même sans doute que le précédent : II° concile de Saragosse, 1er novembre 592. Il signe en même temps la lettre dite du *Fiscus Barcinonensis* ; 11° concile de Barcelone, novembre 599 (ou 598). — N... doit figurer parmi les évêques du concile d'Égara, 614, dont les diocèses n'ont pas été conservés. — Sisaldus (Sisuldus) : IV° concile de Tolède, 5 décembre 633 ; au VI° concile, janvier 638, il signe le *Judicium inter Martianum et Habentium*. C'est sous l'épiscopat de Sisaldus que se placerait la fondation légendaire du monastère de San Pedro de Rosas. — Donum Dei : VII° concile de Tolède, 18 octobre 646 ; VIII° concile, 16 novembre 653. — Gundila (Gaudila, Gundilanus), représenté au XIII° concile de Tolède (4 novembre 683) par Secorius (Segarius, Sedecorius), *abbas* ; XV° concile, 11 mai 688 ; XVI° concile, avril 693.

La ville dut être ravagée lors des invasions arabes, et le diocèse disparut dans la tourmente. Il fut dès lors rattaché à celui de Girone, dont les évêques semblent avoir pu subsister pendant la courte période de la domination arabe. Simonet, *Historia de los Mozarabes*, p. 282. Cet état de choses fut consacré par Louis le Pieux, qui accorda même à l'évêque de Girone des droits spéciaux sur le territoire d'Ampurias. Voir *Notitia judicati pro Ecclesia Gerundensi*, dans Marca, *Marca Hispanica*, p. 279, document n. 16. Il n'y a pas à tenir compte de divers textes où il est question de l'*episcopatus Impuritanus* et où ce mot signifie comté. Toutefois le nom du diocèse continue à figurer, à titre de souvenir, aux IX° et X° siècles, sur les listes d'évêchés tant latines (Florez, *España sagrada*, t. IV, p. 254, 256, 260) qu'arabes. Simonet, *op. cit.*, p. 808-812.

D'autre part, durant la domination franque, un certain nombre des évêchés transpyrénéens de l'ancienne province de Tarragone avaient été rattachés à la métropole de Narbonne, et cet état de choses dura jusqu'à la fin du XI° siècle. Le diocèse de Girone était du nombre. Cette situation, légitimée par les nécessités de la conquête, parut vite intolérable au clergé wisigoth, qui n'obéissait qu'à grand'peine aux évêques francs nommés par l'empereur. Des efforts furent tentés à diverses reprises pour secouer le joug de l'étranger. Vers 890, un clerc espagnol, Selua, avec l'appui du comte d'Ampuras, Suniarius II, s'empara de l'église d'Urgel, dont il chassa l'évêque Ingobertus, se proclama métropolitain et établit sur le siège de Girone l'intrus Hermemirus. Vers 958, la tentative de l'abbé Cesarius de Sainte-Cécile de Montserrat faillit réussir. Cet habile homme, qui s'était fait proclamer métropolitain de Tarragone par un concile de Saint-Jacques de Compostelle, rencontrant chez ses suffragants une opposition bien justifiée, avait porté l'affaire devant le pape Jean XII, qui en réclamait, avec sa confirmation, la résurrection des divers sièges de la province disparue, y compris Ampurias. On sait que le pape déclina l'offre et que Cesarius, métropolitain honoraire, mourut trop tôt pour réaliser son ambition.

La cathédrale wisigothique d'Ampurias, certainement distincte de la petite basilique cémétériale dont nous avons parlé, devait se trouver dans la *Paleopolis* grecque, sur l'emplacement de la basilique de Saint-Martin, dont il sera question plus loin. Il n'en a été retrouvé aucun vestige.

III. COMTÉ. — Ampurias et son territoire avaient dû tomber dans un état fort misérable pendant la conquête arabe. Ses murailles furent détruites, soit à cette époque, soit durant les incursions normandes. Aussi son nom ne figure-t-il pas dans les récits francs de la conquête de Charlemagne. Les *Annales Metenses* sont muettes. C'est seulement en 812 que l'on voit paraître, dans le *Preceptum pro Hispanis* de Charlemagne, le nom du premier comte d'Ampurias, Armengol. Le *Preceptum* de Louis le Pieux (816) mentionne à nouveau la ville. Ampurias sera désormais l'un des quatre comtés entre lesquels l'administration franque avait réparti l'ancien diocèse de Girone. En 843, eut lieu dans l'église Saint-Martin une réunion parfois qualifiée de synode et où il fut prononcé en faveur de l'évêque de Girone, Gondemar, contre le comte Adalaric, qui lui contestait un droit de tonlieu sur la ville d'Ampurias, droit reconnu jadis à l'évêque Wimar, au nom de l'empereur, par le comte Suniarius 1er. Cette église Saint-Martin, qui tombait alors en ruines, fut reconstruite au début du X° siècle (vers 926), ainsi qu'il ressort d'une inscription lue par Villanueva (*Viage literario*, t. XV, p. 26) sur le porche de cette église. Voir Hübner, *Inscriptionum supplementum...*, II° part.

Les empereurs durent se préoccuper de coloniser le territoire dévasté par les Maures. Des terrains furent distribués à des particuliers, à des conditions fort avantageuses, avec obligation de les mettre en culture. Un bon nombre de monastères dans la région d'Ampurdan durent leur existence à cette politique impériale. Au X° siècle furent fondées les abbayes de Saint-Quirice de Culera, de Sainte-Marie de Rosas, de Saint-Michel de Cruilles, de Saint-Félix de Guixols, au XI° siècle, celles de Sainte-Marie de Cervia et de Saint-Michel de Fluvia. L'église de cette dernière fut consacrée en 1045, ce qui donna lieu à un concile provincial présidé par le métropolitain de Narbonne.

Téjada, *Coleccion de canones*, etc., t. III, p. 93-95. — Au milieu du XI° siècle, vers 1030, le comté de Peralada fut réuni à celui d'Ampurias. A cette époque, la capitale fut transférée à Castellon, l'ancienne *Castulo*, qui prit le nom de Castellon de Ampurias. Cette dernière ville, située sur le *Muga*, dans l'intérieur des terres, a été parfois confondue avec le véritable Ampurias. Au X° siècle, s'y fut célébré un concile provincial pour régler un différend entre les abbés de Bañolas et de Roda. Au milieu du XI° siècle fut commencée la construction de la belle église de Sainte-Marie, consacrée en 1064, achevée aux XIV° et XV° siècles, un des plus beaux spécimens de l'art gothique en Catalogne. Castellon possédait une importante synagogue ou *aljama* juive, qui subsista jusqu'à l'expulsion des israélites par Ferdinand le Catholique.

Les comtes d'Ampurias étaient souverains et restèrent indépendants en principe, malgré les vicissitudes de la politique, jusqu'au début du XIV° siècle. En 1321, le comte Malgaulin mourant sans héritiers mâles, sa fille porta ses États à la famille royale d'Aragon, dans laquelle elle était entrée par son mariage avec l'infant Pedro. En 1402, le comté fut agrégé définitivement à la couronne par le roi Martin d'Aragon.

Balaguer y Merino, *Ordinacions y lans del comtat de Ampurias*, Barcelone, 1878. — J. Botet y Sisó, *Noticia historica y arqueologica de Emporion*, Madrid, 1879; *Sarcófagos romano-cristianos esculturados que se conservan en Cataluña*, Barcelone, 1895, planches, p. 32-41; *Nuevos descubrimientos en las ruinas de Ampurias*, dans *Bol. de la Acad. de la hist.*, t. XXXVI, p. 495-502. — R. Casellas, *Les Trobailes esculptóriques a les excavacions d'Empuries*, dans *Anuari del Inst. d'Est. Catal.*, t. III, p. 260-295. — M. Cazurro, *Terra sigillata. Los vasos aretinos y sus imitaciones galo-romanas en Ampurias*, dans *Anuari*, ibid., p. 296-360. — F. Codera, *Estudios criticos de Historia árabe española*, Saragosse, 1903, p. 224-234 : *Ampurias y Barcelona en el año 848*. — *Enciclopedia universal ilustrada europeo-americana*, Barcelone, 1909, t. V, p. 270-275. — R. Fita, *Epigrafia romana*, Madrid, 1883, p. 17-22 : *Templo de Sérapis en Ampurias; La reaccion metropolitana de Tarragona y el concilio Compostelano del año 959*, dans le *Bol. de la Ac. de la hist.*, 1893, t. XXXVIII, p. 213-229; *Dos inscripciones cristianas de Ampurias*, dans le même *Boletin*, 1908, t. LII, p. 257-264. — R. Font, *Episcopologio ampuritano precedido de una reseña historica y arqueologica de Ampurias*, Geroni, 1896. — A. Heiss, *Description générale des monnaies antiques de l'Espagne*, Paris, 1870, p. 86-102; *Descripcion general de las monedas hispano-cristianas desde la invasion de los Arabes*, Madrid, 1867, t. II, p. 125-136. — *Institut d'Estudis Catalans*, *Anuaris*, *1907, 1908, 1909-1910*, Barcelone, 1908-1911, t. I-III, planches, passim. — E. Morera y Llaurado, *Tarragone cristiana*, Tarragone, 1896, t. I, passim. — P. de Marca, *Marca Hispanica*, Paris, 1688, col. 171-177 et passim. — J. Pella y Forgas, *Historia del Ampurdan*, Barcelone, 1884-1889. — J. Puig y Cadafalch, *L'arquitectura románica a Catalunya*, Barcelone, 1909, t. I, passim. Voir surtout p. 265-272 : *El cementerio cristià y la « Cella memoriae » d'Empuries; Les excavacions d'Empuries*, dans *Anuari del Inst. d'Est. Cat.*, t. II, p. 150-194. — M. Risco, *España sagrada*, Madrid, 1801, t. XLII, p. 202-278. — Schulten, *Ampurias. Sonderabdruck aus den Neuen Jahrbüchern*, Leipzig, 1907. — Taberner, *Historia de los Condes de Ampurias*, extrait de *Revista de ciencias historicas*. — Devic-Vaissete, *Histoire génér. du Languedoc*, Toulouse, 1876, t. II, p. 321 sq. — Sur Castellon de Ampurias, voir dans Botet. *Ac. de la hist.*, t. VI, p. 59-60 : *Concejo hebreo de Ampurias en 1406*. — F. Fita, *El monjuí de la ciudad de Gerona y la sinagoga y concejo hebreo de Castellon de Ampurias. Escrituras de los siglos XIII-XIV y XV*, même *Boletin*, 1907, t. XLVIII, p. 169-174. — P. Piferrer, etc., *Cataluña*, Barcelone, 1884, t. II, p. 184-194.

A. LAMBERT.

AMPUS (*Empus, Impurs*), prieuré, au diocèse de Fréjus, dépendant de l'abbaye de Lérins. Il comprenait les églises Saint-Michel, Saint-Auban, Saint-Honoré et Notre-Dame de Spéluque, avec divers droits y attenant, le tout provenant de donations faites aux moines de Lérins, de 990 à 1075. Les abbés de Lérins eurent souvent à défendre leurs droits sur ce prieuré contre les seigneurs d'Ampus, jusqu'à ce qu'un accord intervint, en 1277, entre Pierre de Carles, abbé de Lérins, et Bertrand et Truan d'Ayguines, co-seigneurs d'Ampus. Ce prieuré tomba en commende et, en 1541, il était donné au futur cardinal Antonio Trivulzio.

Inventaire des archives départementales, Alpes-Maritimes, série II, Nice, 1893, t. I, p. 78-79. — Guérard, *Cartulaire de l'abbaye de Saint-Victor de Marseille*, Paris, 1857, t. I, p. 568-572. — Moris, *Cartulaire de l'abbaye de Lérins*, Paris, 1883, t. I, p. 53-58, 283; *L'abbaye de Lérins*, Paris, 1909, p. 112-113. — Besse, *Abbayes et prieurés de l'ancienne France*, Paris, 1909, t. II, p. 36.

U. ROUZIÈS.

1. AM RHYN (BEATUS), jésuite suisse, naquit à Lucerne, le 31 octobre 1632. Entré dans la Compagnie de Jésus le 28 janvier 1649, il occupa les chaires de philosophie et de théologie scolastique à l'université d'Ingolstadt (1661-1671) et demanda ensuite à partir pour les missions orientales; il s'embarqua à Lisbonne avec un autre professeur d'Ingolstadt, le P. Adam AIGENLER (voir sa notice, t. I, col. 1109); mais, comme lui, il mourut en mer au service des pestiférés, le 15 avril 1673. Il n'imprima que des thèses de philosophie ou de théologie, mais la Bibliothèque de Munich conserve de lui plusieurs traités manuscrits, entre autres : *Quaestiones in D. Thomam de Deo trino et uno, de angelis, de actibus humanis, de sacramentis*, 2 vol. in-4°, 1667-1669, et *Compendium in tractatum de gratia divina*.

Poma nova et vetera lecta sæculari canistro e pomario majoris congregationis academicæ, Ingolstadt, 1677, p. 210-216. — Antonio Franco, *Synopsis annalium S. J. in Lusitania*, Augsburg-Graz, 1726, p. 354. — [J. A. F. Balthasar], *Museum virorum Lucernatum fama et meritis illustrium*, Lucerne, 1777, p. 4. — I. N. Mederer, *Annales Ingolstadiensis academiae*, Ingolstadt, 1782, t. II, p. 355, 359, 309-386. — Sommervogel, *Bibliothèque S. J.*, Bruxelles, 1890, t. I, col. 306-307; 1898, t. VIII, col. 1630.

E.-M. RIVIÈRE.

2. AM RHYN (FRANZ XAVER), jésuite suisse, né à Lucerne le 22 août 1655, mort à Munich le 6 novembre 1731. Il embrassa la vie religieuse le 3 octobre 1671, et, après avoir enseigné la philosophie et la théologie à l'université d'Ingolstadt (1686-1701), il remplit avec éclat, dix années durant, les fonctions de prédicateur dans l'église Saint-Michel à Munich. Il gouverna ensuite les collèges de Munich, d'Ingolstadt, de Ratisbonne, d'Amberg, et fut provincial de Haute-Allemagne de 1718 à 1721. Il laissa des sermons, des panégyriques et deux ouvrages de spiritualité : *Liebes-Reu unerschöpflicher Schaz*, in-8°, Zug, 1721; München, 1733; *Grundsäz des christlichen Lebens*, in-8°, München, 1719 ou 1729.

Leu, *Allgemeines Helvetisches, Eydgenössisches oder Schweitzerisches Lexicon*, Zurich, 1747, t. I, p. 208. — I. N. Mederer, *Annales Ingolstadiensis academiae*, Ingolstadt, 1782, t. III, p. 57, 93, 101. — Klement Alois Baader, *Das gelehrte Baiern oder Lexicon aller Schriftsteller welche Baiern in achtzehnten Jahrhunderte erzeugte oder ernährte*, Nürnberg-Sulzbach, 1804, p. 29-30. — Carl Prantl, *Geschichte der Ludwig-Maximilians-Universität in Ingolstadt, Landshut, München*, München, 1872, t. I, p. 482, 506, etc. — Sommervogel, *Bibliothèque S. J.*, Bruxelles, 1890, t. I, col. 307-308 et appendice; 1898, t. VIII, col. 1630. — Franz Sales Romstöck, *Die Jesuitennullen Prantl's an der Universität Ingolstadt und ihre Leidensgenossen*, Eichstätt, 1898, p. 13-16. — E.-M. Rivière, *Corrections et additions à la Bibliothèque de la Compagnie de Jésus*, Toulouse, 1911-1912, col. 63, n. 217.

E.-M. RIVIÈRE.

'AMR IBN MATTA, auteur nestorien de la première moitié du xive siècle. Il fit, en même temps que l'un de ses contemporains, nommé Çaliba ibn Yohanna, un résumé de l'histoire des patriarches nestoriens. Ces deux résumés étaient faits indépendamment l'un de l'autre, d'après *Le livre de la Tour*, écrit deux siècles plus tôt par Mari ibn Salomon. La similitude des matières a prêté d'abord à ambiguïté dans les attributions. On a retrouvé les manuscrits des trois ouvrages et celui d'˝Amr avec les additions de Çaliba a été publié et traduit par H. Gismondi, *Amri et Slibae textus*, Rome, 1896, et *versio latina*, Rome, 1897.

F. NAU.

AMSDORF, dans l'ancien diocèse de Magdebourg, cercle de la Saale, couvent d'augustins fondé sous le patronage de saint Nicolas par le chevalier Henri d'Ammendorf et le moine Ulrich, en 1264. Dix ans plus tard, il fut réuni au couvent de Gibichenstein.

— J. C. Dreyhaupt, *Beschreibung des Saalkreises*, 1749, p. 770-776. — Hermann, *Verzeichniss der Klöster in Preuss-Thüringen*, dans *Zeitschrift für Thüringische Geschichte*, 1861, t. VIII, p. 84, 85. — V. Mühlverstedt, dans *Magdeburger Geschichtsblätter*, 1867, t. II, p. 450.

L. BOITEUX.

AMSDORF (NICOLAS D'), théologien protestant (3 décembre 1483-14 mai 1565). — I. Sa vie. II. Ses écrits. III. Jugements sur Amsdorf.

I. VIE D'AMSDORF. — Il appartenait à une famille de vieille noblesse, issue du pays de Mansfeld, qui tirait son nom d'un village près d'Eisleben, et émigra en Misnie au xve siècle Par sa mère, il était apparenté au dominicain Staupitz, qui ne fut pas sans influence sur son entrée dans l'état ecclésiastique. Il naquit à Torgau, et non pas à Gross Zschepa, qui fut acquis par son père en 1503 seulement. Il étudia d'abord à Leipzig dès 1500 (G. Erler, *Die Matrikel der Univers. Leipzig* [1895] t. I, p. 435), puis à Wittemberg en 1502, où il devint rapidement bachelier (1503), maître ès arts (1504), *admissus ad bibliam* (1507), *sententiarius* (1508), licencié (1511). Entre temps, nommé chanoine (1508) du chapitre de Tous-les-Saints, attaché à l'université, il fut aussi à plusieurs reprises élu recteur et travailla en cette qualité encore plus activement que comme professeur de philosophie et de théologie à l'amélioration des études. Luther et Mélanchthon le comptèrent bientôt au nombre de leurs partisans (1517). Ce dernier lui dédia son édition des *Nuées* d'Aristophane, *quod ut ea acerrimo in literis tractandis judicio, ita efflorescentibus melioribus studiis unice faves. Corpus reformatorum*, 1834, t. I, p. 275. Luther, de son côté, lui dédia en 1520 son opuscule *A la noblesse, An den Adel*, dans les *Œuvres* de Luther, édition de Weimar, t. VI, p. 404. Après avoir accompagné son maître à Leipzig (1519) et à Worms (1521), Amsdorf s'occupa de la traduction de la Bible entreprise par le réformateur. Il travailla lui-même à la réformation du chapitre du Saint Esprit, mais refusa d'en devenir le doyen en 1523. En juin 1524, il se trouvait avec Luther à Magdebourg (Hartfelder, *Melanchtoniana paedagogica*, 1892, p. 138), où il resta en qualité de pasteur de Saint-Ulrich et de premier surintendant de la ville, pour servir de modèle aux autres pasteurs et diriger la lutte contre Cubito et le reste du clergé de la cathédrale. Ces derniers venaient, en effet, de chasser un autre prédicant luthérien, Weidensee, et le peuple favorisait les anabaptistes. Amsdorf polémiqua avec emportement contre l'un de ces derniers, Hoffmann, contre Cycloff, contre le dominicain Mensing. *Der Katholik*, 1873, t. II, article de Paulus. Il resta dix-huit ans à Magdebourg et y fonda à Saint-Jean une école latine, qui eut pour premier recteur Gaspard Cruciger (1525-1528). Fred. Hulsse, *Die Einführung der Reformation in der Stadt Magdeburg*, 1883, p. 89 sq.

En 1528 et 1531, il fut appelé à Goslar, où un luthérien et un zwinglien se disputaient la chaire réformée. Il les fit chasser et imposa sa doctrine. Heineccius, *Antiquitat. Goslar*, t. VI, p. 456, 461. En 1534, sur la demande du duc Philippe de Grubenhagen, il se rendit dans ses États pour y apprécier la nouvelle organisation religieuse. Il blâma celle de Hanovre comme étant un nouveau papisme, bien qu'elle eût déjà été approuvée par Luther. W. Bahrdt, *Gesch. der Reform. der Stadt Hannover*, 1891, p. 104.

La même année, Amsdorf réveille la querelle entre Érasme et Luther, ce qui le sépare de Mélanchthon; il s'attaque à Bucer, à cause de l'eucharistie. Mécontent de la concorde de Wittemberg, il refuse de la signer, défend la communion avec ténacité au congrès de Smalkalde (février 1537), enfin s'oppose au double mariage de Philippe de Hesse.

En 1539, il résida quelque temps en Saxe, surtout à Meissen, appelé par le duc Henri, prit part aux négociations de Haguenau et au colloque de Worms (1540) et contribua à faire échouer le colloque de Ratisbonne en 1541, où il fit même preuve d'insolence à l'égard de Charles-Quint.

Le 6 janvier 1541, était mort l'évêque de Naumburg-Zeitz, Philippe von der Pfalz. Le chapitre élut son prévôt Jules de Pflug. Mais Jean-Frédéric, électeur de Saxe, considérant l'évêché comme son fief, malgré ses théologiens et l'empereur lui-même, y nomma Amsdorf, auquel il faisait un traitement ridicule de 600 florins plus la table, se réservant le surplus de la mense épiscopale. Amsdorf accepta, *in Satanae et suorum sacrificulorum odium* (Verpoortenius, *Sacra superioris aevi analecta*, 1708, p. 118) et Luther osa lui imposer les mains sans adjonction (nous citons ses propres termes) de chrême, ni de beurre, graisse, lard, goudron, vieux oing, encens ni charbon. *Œuvres* de Luther, édition Walch, Halle 1740-1752, t. XVII, p. 123. Il l'installa solennellement le 20 janvier 1542, ce qu'il qualifiait, le 26 mars, d'*audax facinus et plenissimum odio, invidia et indignatione. Luthers Briefe*, 1828, t. V, p. 451.

Le nouvel évêque se brouilla bientôt avec son chapitre, avec le curé et surintendant de Naumburg, Nicolas Medler, enfin avec l'administrateur laïque de l'évêché, Melchior de Creitz. L'électeur lui défendit de prendre le titre, *von Gottes Gnaden*, par la grâce de Dieu, et s'immisça dans les affaires religieuses. Amsdorf regretta Magdebourg, mais il se laissa consoler par Luther. Chassé par la guerre de Smalkalde, il s'enfuit à Magdebourg, d'où il espérait bientôt revenir. La bataille de Mühlberg (1547) installa définitivement Pflug à Naumburg.

Amsdorf, réfugié à Weimar près des jeunes ducs de Saxe, *tanquam exul Christi*, travailla à la fondation de l'université d'Iéna, en opposition avec celle de Wittemberg. Il y devint professeur et surintendant. Conseiller de Jean-Frédéric, il polémiqua avec lui au sujet de l'*Interim*, « qui tolère seulement ce que le Christ a ordonné (les deux espèces et le mariage des prêtres) et qui commande ce que le Christ a défendu. » Réfugié à Magdebourg, il y continua la guerre de plume qu'il avait déjà ouverte contre ses amis d'autrefois à Wittemberg, Bugenhagen, Major, Melanchthon, etc., et devint avec Flacius le chef des luthériens. En 1552, il s'attaqua à Osiandre qui riposta en citant le proverbe : « Le temps blanchit les têtes sans mûrir la raison. »

Après la reddition de Magdebourg, Amsdorf s'adressa aux princes de la branche ernestine. Druffel, *Briefe und Akten zur Geschichte d. XVI Jahrh.*, 1875, t. II, p. 52. Jean-Frédéric l'installa à Eisenach.

Amsdorf témoigna sa reconnaissance en fermant les yeux du duc à Weimar (1554) et en prononçant son oraison funèbre. C'est alors que la controverse engagée avec Major poussa Amsdorf à une thèse extravagante. Dès 1551, Major, professeur à Wittemberg, avait été attaqué comme *adiaphorite* par Amsdorf, qui le traita bientôt de papiste. Major prétendait entre autres que les bonnes œuvres sont nécessaires au salut.

Cette doctrine fut reprise par Justus Menius, surintendant de Gotha. Amsdorf, chargé d'inspecter les États ernestins, exigea que Menius rompît avec cette doctrine contraire à celle de Luther. Menius se justifia en émettant cent dix propositions, auxquelles Amsdorf riposta par 195+46 contre-propositions. Bientôt le synode d'Eisenach (12 août 1556) condamna le majorisme et, croyait-il, aussi Menius. Celui-ci n'hésita pas à signer les résolutions du synode. Amsdorf, surpris de cette prompte victoire, fit de nouvelles difficultés et empêcha la publication des actes du synode. Paullini, *Theatrum illustrium virorum*, 1686, p. 159. Dans la querelle se virent bientôt enveloppés tous les synergites, entre autres Mélanchthon. Contre eux tous Amsdorf maintint la doctrine de Luther que l'homme n'est qu'une pierre, un morceau de bois entre les mains de Dieu. De concert avec Flacius qu'il avait fait nommer à Iéna, Amsdorf provoqua la rupture des luthériens avec Mélanchthon au congrès de Worms (1557). A son instigation, les ernestins repoussèrent le recez de Francfort (1558), destiné à ménager la réconciliation. Enfin dans son aveugle passion, il en vint même à affirmer que les bonnes œuvres sont funestes (1559). Sur ce terrain il soutint énergiquement Flacius contre Strigel. Le bon sens reprenant enfin ses droits, les flaciens furent chassés de l'université d'Iéna, où les synergistes triomphèrent comme à Wittemberg et à Leipzig (1561). Amsdorf fut épargné à cause de son grand âge et parce que sa doctrine n'était pas en tout identique à celle de Flacius.

En 1563, il éprouva le besoin de s'immiscer dans la querelle suscitée à Magdebourg entre le conseil de la ville et Heshusius, ainsi que les prédicants qui lui étaient attachés. Dans une brochure, il félicita le conseil d'avoir chassé Heshusius, qui répondit en accusant Amsdorf de s'être laissé corrompre dans cette affaire.

En 1564, mourut Pflug. Cette année-là, Amsdorf fit son testament sans y insérer la moindre protestation au sujet de son *évêché*. Il fut enseveli à l'église Saint-George d'Eisenach.

II. ÉCRITS D'AMSDORF. — Amsdorf fut un des plus féconds publicistes de la Réforme. La liste suivante est loin d'épuiser la série de ses œuvres. Elle ne veut que mentionner les plus importantes ou les plus curieuses de ses publications : *Die haubt artickel durch welche gemeyne Christenheyt byszhere verfurel worden ist. Daneben auch grund und antzeygen eyns gantzen rechten Christelichen Weszens*, in-4°, Wittemberg, 1522. Plusieurs fois réédité. — *Vermanung an die von Magdeburg widder den rotten secten geyst Doctor Ciclops*, in-4°, Wittemberg, 1525. — *Dem Erwirdigen... Senior und dem gantzen Thumcapitel zu Magdeburg, meinen lieben feinden und verfolgern*, in-4°, Magdebourg, 1528. — *Cogitationes N. Amsdorfii de concilio nunquam futuro, si per papam liceat*, in-8° [Magdebourg], 1533. — *Has propositiones defendet N. Amsdorfius Magdeburgae quando voluerint adversarii*, in-8° [Magdeburg, 1533?]. — *Epistolae N. Amsdorfii et... M. Lutheri de Erasmo Roterodamo*, in-8°, Wittemberg, 1533. — *Consilium et ratio epistolae de Erasmo ad Lutherum*, in-8°, Magdebourg, 1534. — *Warhafftige Historia und geschicht wie der Bapst ist der oberste gewurden inn der Christenheit*, etc., in-4°, Magdebourg, 1535. — *Vorkündigung des volkommen Ablas der Römischen Bullen so Bapst Paulus der dritt itzt im* XXXV *Iar hath lassen aussgehen*, in-4° [Magdebourg? 1535?]. — *Ein Kurzer Auszug aus der Cronica Naucleri*, in-4°, s. l., 1545. — *Eyn Christlich Gebet, darin der Churfürst von Sachssen etc., Seine unschuldt jetziges Krieges vor Gott und aller Welt offentlich bekent*, in-4°, 1546. — *Antwort... und Bekentnis auff das schöne... Interim*, etc., in-4°, Magdebourg? 1548. — *Der Prediger... Iohans Friderichen Hertzogen zu Sachssen, Sönen Christlich Bedenken auff das Interim*, in-4°, 1548. — *Antwort auff Dott : Pommers schelttwort, so er auff der Cantzel ausgeschütt hat, am Sontag nach Udalrici*, in-4° [Magdebourg], 1549. — *Auff die künstliche Spöttische und Bitterhönische Oration so D. Ziegler zu Leiptzig am Oster montag widder die bestendigen Lutherischen recitert hat*, in-4°, Magdebourg, 1549. — *Das die zu Wittenberg im andern Teil der bucher Doctoris Martini im buch das diese wort Christi (Das ist mein Leib, etc.) noch fest stehen, mehr denn ein blat vier gantzer Paragraphos vorsetzlich auszgelassen haben, wie folget*, in-4°, 1549. — *Bekentnis, Unterweyssung u. vermanung der Pfarrhern u. Prediger zu Magdeburg 1550. Den 13 Aprilis*, in-4°, Magdebourg. — *Das Doctor Martinus kein Adiaphorist gewesen ist, und das D. Pfeffinger und das buch on namen ihm gewalt und unrecht thut*, in-4°, Magdebourg, 1550. — *Eine Erinnerung an die Deudschen, das die einfeltigen ihre Sünde, so die diese Fünff jar her gethan haben erkennen und bekennen sollen...*, in-4° [Magdebourg? 1550?]. — *Ein kurzer Brief an alle Christen, sonderlich an die gelerten*, in-8°, Magdebourg, 1551. — *Ein trost an die zu Magdeburg und an alle fromme Christen*, in-4°, Magdebourg, 1551. — *Das itzund die rechte zeit sey, christum und sein Wort zu bekennen... Etliche Sprüche das man den Adiaphoristen nicht trawen noch gleuben sol*, in-4° [Magdebourg?], 1551. — *Das Doctor Pomer und D. Major mit jren Adiaphoristen ergernis und zurtrennung angericht, und den Kirchen Christi unüberwintlichen schaden gethan haben*, in-4° [Magdebourg], 1551. — *Deren zu Magdeburgk so widder die Adiaphora geschrieben haben* (Amsdorf, Gallus et Flacius) *ihres vorigen schreibens beschlus, auff der Adiaphoristen beschuldigung unnd lesterung die zeit ihrer belagerung, und itzt zum teil neulich unter diesen friedshandlungen wider die ausgangen*, in-4° [Magdebourg?], 1551. — *Das nie nöter gewest ist wider den Römischen Anticlirist zu schreiben... do die Adiaphoristen... dringen das man sich unter den Bapst begeben... sol*, in-4°, Magdebourg, 1551. — *Vom Bapst und seiner Kirchen, das sie des Teufels und nicht Christi... Kirche sey*, in-4° [Magdebourg], 1551. — *Auff Osianders Bekentnis, ein Unterricht und zeugnis, das die Gerechtigkeit der Menschheit Christi... allen Gleubigen Sündern geschanckt... wird*, in-4°, Magdebourg, 1552. — *Ein kurtzer unterricht auff D. Georgen Maiors Antwort, das er nit unschuldig sey, wie er sich tragicc rhümet*, in-4°, Basel, 1552. — *Wie sichs mit... Johanns Friderich des Eldern weiland Hertzogen zu Sachssen Christlichem abschied zugetragen hat*, in-4°, Iéna, 1554. — *Luthers opera*, edidit Amsdorf, 4 vol. in-fol., Iéna, 1556-1558. — *Das D. Pfeffinger seine missethat bösslich... leugnet und... überzeugt wird das er die Kirchen Christi zustört... und die Schrift... verkert hab.*, in-4° [Magdebourg?], 1559. — *Das die Propositio; Gute Werke sind zur Seligkeit schädlich... durch die Heiligen Paulum und Lutherum gepredigt*, 1559. — *Horas canonicas in Klöstern... singen und gebotene Adiaphora halten ist eben so wol Abgöttercy als die scheutlichste Opffermesse*, in-4°, Iéna, 1562. — *Zwo Trost unnd vermanung Schrifft ahn die verjagten Christen aus dem Bayerlandt. Item ein Rathsschlag Ioannis Brentii*, in-4°, 1564.

III. JUGEMENT SUR AMSDORF. — Sans nous arrêter aux louanges excessives de Luther, prétendant qu'Amsdorf seul était *né théologien*, digne de la papauté, ni aux injures grossières dont sont remplies les polémiques entre réformateurs; sans nous arrêter même aux contradictions qu'à l'exemple de ses confrères, il mettait souvent entre sa doctrine et sa conduite, on peut dire, avec Schwarz, qu'Amsdorf fut un homme de médiocre valeur, aveuglé par la passion, conseiller souvent funeste de Luther, comme le prouve son rôle dans la polémique de celui-ci avec Érasme. Il excita son maître, au lieu de le calmer, si bien que Mélanchthon disait qu'il suffisait de lire sa brochure contre Érasme, pour être fixé sur son caractère. Il ne pouvait supporter la contradiction. Il combat avec acharnement l'utilité même des bonnes œuvres qu'il proclame au contraire nuisibles et ses écrits sont remplis d'invectives contre la corruption de ses coreligionnaires. Selon le protestant Salig (*Historie des Augsburgischen Confession*, Halle, 1790), ce n'était qu'un benêt entiché de son titre de noblesse. Bref, rien ne le désignait pour son rôle de réformateur, auquel le rendait tout à fait impropre son tempérament passionné, malgré une certaine régularité de vie qu'on ne peut lui contester.

Cinq volumes d'*Amsdorfiana* à la bibliothèque de Weimar. — Manuscrit 43 de la bibliothèque de l'université de Dorpat (Russie). La *Zeitschrift für Kirchengeschichte* en a publié des extraits (1878), t. II, p. 117 sq. — La correspondance d'Amsdorf n'est pas réunie en volume. On en trouve des bribes dans Druffel, *Briefe und Akten zur Geschichte d. XVI Jahrhund.*, 1873-1880, 3 vol., et dans la correspondance des autres réformateurs. — N. Rebhan, † 1626, *Historia ecclesiae Isenacensis*, en manuscrit à la bibliothèq. du Gymnase d'Eisenach. — Ch. F. Paullini, *Historia Isenacensis*, Francfort, 1698, p. 149 199. — G. Bergner, *Deux Programmes sur Amsdorf*, Magdebourg, 1718. — Lepsius, *Wahl und Einführung des Nik. von Amsdorf*, Nordhausen, 1835. — Döllinger, *Die Reformation*, 1848, t. II, p. 117-123. — Th. Pressel, dans *Leben und ausg. Schriften der Väter und Begründer der luth. Kirche* (1862), t. VIII. — J. Heier, dans Meurer, *Das Leben der Altväter der luth. Kirche*, 1863, t. III. — P. C. Fischer, *Nicolas d'Amsdorf. Écrits et influence d'un controversiste luthérien du XVIe siècle*, thèse, Strasbourg, 1863. — D. Schwarz, dans *Realencyklopädie für prot. Theologie und Kirche*, Leipzig, 1896, t. I, p. 464-467.

L. BOITEUX.

AMSTERDAM (CHARTREUSE). Son titre officiel est chartreuse du Port-du-Salut de Saint-André. Cette maison n'eut pas de fondateur bien déterminé. On dit communément que Guillaume l'Insensé, comte de Hollande et de Hainaut, mort en 1389, avait eu, avant sa folie, l'intention de fonder une chartreuse dans sa capitale, et que son frère Albert en exécuta le dessein. Un document authentique contredit cette opinion. En 1393, le chapitre général des chartreux urbanistes chargea quatre prieurs de se rendre à Amsterdam, pour constater si les consuls et les citoyens avaient réellement effectué ce qu'ils avaient promis de faire, dans une lettre adressée au général de l'ordre. Ainsi, les vrais fondateurs du Port-du-Salut furent les magistrats et les principaux citoyens d'Amsterdam. Cette conclusion est confirmée par les cartes des chapitres généraux, surtout depuis 1393 jusqu'à 1404, dans lesquelles on accorde au comte Albert († 1404), pour ses bienfaits, un tricenaire dans toutes les maisons de l'ordre, sans jamais lui donner le titre de fondateur de la chartreuse. En 1392, il avait autorisé la fondation de la chartreuse d'Utrecht; et les annales de l'ordre rappellent la générosité de Marie, sa première épouse, envers les chartreux d'Enghien, et les bienfaits de la plupart de ses enfants. Dom Charles Le Couteulx, n'ayant pas trouvé les noms des vrais fondateurs, s'est borné à extraire des cartes des chapitres généraux les noms des principaux bienfaiteurs.

Ainsi en 1420, on annonça le décès des citoyens d'Amsterdam, grands bienfaiteurs de la chartreuse : Guillaume de Jacques, prêtre, Agathe, Hermann et Nicolas, ainsi que Volba, épouse de Nicolas. La liste s'arrête à Éric, archevêque de Nidrosie (Scandinavie), qui eut un tricenaire dans tout l'ordre.

La chartreuse fut bâtie dans un faubourg de la ville, sur la voie de Harlem, et reçut, entre autres propriétés, l'île Horne, habitée par sept familles chargées de la cultiver. Tant que les Pays-Bas conservèrent l'unité de la foi, la chartreuse d'Amsterdam, ainsi que les autres monastères, eut une existence tranquille et prospère. La régularité des religieux fut remarquable et, malgré la perte de ses archives, on constate avec édification que plusieurs de ses prieurs figurent avec honneur dans les éphémérides de l'ordre, où l'on raconte la vie et les vertus des chartreux les plus illustres par leur sainteté. Mais les guerres de religion vinrent semer la désolation et l'hérésie dans cette région. Selon Surius, les chartreux furent chassés par les Gueux, vers la fin de l'année 1566, et leur monastère dévasté quelques mois après. En 1573, le chapitre général défendit au prieur d'entreprendre aucune reconstruction ou réparation dans la maison qui avait été détruite et brûlée, sans le consentement des Pères visiteurs et des commissaires qui devaient bientôt se rendre sur les lieux. En 1585, l'ordre ayant perdu toute espérance de rentrer dans ses biens, le chapitre général ordonna au prieur de se rendre auprès du visiteur de la province, qui lui indiquerait dans quelle maison il devrait se retirer. Le prieur, qui demeurait à Harlem, chez André Braun, consul de la ville, obéit promptement et alla finir ses jours à la chartreuse de Mayence (20 février 1590).

LISTE DES PRIEURS CONNUS. — Jean Balen, gouverna cette maison pendant six ans et celle de Diest dix ans, † 21 octobre 1475. — Jean Bolhusen, après avoir été prieur d'Amsterdam, mourut vicaire de la chartreuse de Gand, le 24 juin 1455. — Jean Versaren (van der Saren), profès de Gand, prieur d'Amsterdam, 1454-1460, et de Gand, 1460 à sa mort, 29 septembre 1471. — Paul Joannis, 1478-1479. — Tymanne Petri, autrement Croock, prieur d'Amsterdam, et deux fois de Bois-le-Duc, 1475-1477 et 1484-1497, † 16 juillet 1501. — Jean Jacobi, † 22 février 1500. — Lambert Frikenden, † 7 septembre 1534. — Simon Gheraerdi, † 20 juillet 1540. — Le 12 septembre de la même année, mourut son successeur, D. Jean Lamberti. — Gérard Petri, † 28 octobre 1541. — Jean Isbrandi, 24 décembre 1560, avait été prieur et procureur. — Gérard Fabius fut prieur jusqu'en 1568, et, après avoir vécu *laudabiliter* dans l'ordre pendant cinquante ans, s'endormit dans le Seigneur le 26 avril 1571. — Thierry Simonis, dernier prieur, 1568-1572 ou 1573, garda son titre jusqu'à sa mort, 20 février 1590.

En 1590, la carte du chapitre général annonça l'obit de D. Régnier Vilhelmi, profès d'Amsterdam, hôte à la maison de Ratisbonne. En 1619, la même carte annonça l'obit du frère Henri Courtois, donné d'Amsterdam.

Raissius, *Origines cartusiarum Belgii*, Douai, 1632, p. 95-98, reproduit dans le *Theatrum chronolog. Carthusiensis ordinis* de Morozzo et dans la *Storia... del patriarco S. Brunone e del suo ordine cartusiano* de Tromby. — D. Le Couteulx, *Annales ord. Cartus.*, 1890, t. VI, p. 503-507. — D. Le Vasseur, *Ephemerides ord. Cartus.*, *passim.* — H.-F. de Heussen, *Historia episcopatuum Belgii... ac cœnobiorum origines, fundatores*, etc., La Haye, 1719.

S. AUTORE.

AMTHAUSEN, avec plusieurs autres graphies, non loin de Geisingen, district de Möringen (Bade), diocèse de Constance, couvent de bénédictines fondé en 1111 par Théoger, abbé de Saint-George dans la Forêt Noire, qui y réunit une centaine de religieuses. *Monum. Germ., Script.*, t. xii, p. 462. Le chroniqueur (il orthographie *Amptenhausen*) raconte (*loc. cit.*, p. 461) la merveilleuse histoire d'une des premières religieuses, du nom de Béatrix, dont le corps fut retrouvé intact après plusieurs années de sépulture, et qui fut par Théoger proclamée bienheureuse, *beatam fore pronuntians*. Le couvent resta soumis à l'abbé de Saint-George. Le 26 mars 1179, Alexandre III lui en confirmait la possession en même temps que plusieurs autres (orthographe *Amitenhuisen*). *P. L.*, t. c, col. 1216.

Gabriel Bucelinus, *Germania... sacra et profana*, Ulm, 1655-1678, t. i, p. 137. — A. F. Buesching, *Neue Erdbeschreibung*, Hambourg, 1769-1771, t. iii, p. 212. — Oesterley, *Histor. geograph. Wörterbuch des deutschen Mittelalters*, Gotha, 1883, p. 21.

L. Boiteux.

AMUDARSA. Chrétienté d'Afrique; les mss. offrent pour l'adjectif tiré de ce nom les diverses formes *Amudarsensis, Amurdasensis* et *Amundatensis*; la première paraît seule autorisée. Quant aux leçons incorrectes commençant par *s, Samodartensis, Samordatensis, Samudatensis, Samudartensis, Samurdatensis*, elles dérivent toutes originellement d'un redoublement fautif de la finale du mot *Donatus* qui les précède. Cette ville, d'après l'*Itinéraire d'Antonin*, édit. Wesseling, p. 46, était située en Byzacène, sur la voie de *Thaenae* à *Theveste*. Tissot la place « à huit milles environ à l'ouest de la Sebkhat el Mchèguig, dans la plaine de Saïda; » de Mas-Latrie, « au sud de Kairouan; » Schmidt, à cinquante milles au sud-est de *Sufetula* (Sbéitla). C'était le siège d'un évêché. Il ne semble pas que le donatisme y ait pris racine; du moins, en 411, à la conférence de Carthage, où la plupart des évêques catholiques avaient en face d'eux un compétiteur schismatique, Majus d'*Amudarsa* put dire, à l'appel de son nom : « Présent; dans ma patrie, c'est l'Église catholique qui existe; » *Praesto sum, in patria mea catholica est*; et il ne se trouva personne pour le contredire. *Gesta collationis habitae inter episcopos catholicos et donatistas*, I, c. cxxvi ; Mansi, *Sacr. concil. nova et ampliss. collectio*, t. iv, col. 101, 267. Liberatus d'*Amudarsa* est nommé le premier sur la liste des délégués de la Byzacène à l'assemblée réunie à Carthage, en 484, sur l'ordre du roi vandale Hunéric. *Notitia provinciarum et civitatum Africae*, Byzacena 1, édit. Halm, p. 66; *P. L.*, t. lviii, col. 271.

Morcelli, *Africa christiana*, Brescia, 1816-1817, t. i, p. 76. — *Notitia dignitatum*, édit. Böcking, Bonn, 1839-1853, t. ii, Annot., p. 647. — V. De Vit, *Totius latinitatis onomasticon*, Prato, 1859, au mot *Amudarsa*, p. 276. — Gams, *Series episcoporum*, Ratisbonne, 1873, p. 464. — Tissot, *Géographie comparée de la province romaine d'Afrique*, Paris, 1884-1888, t. ii, p. 644. — De Mas-Latrie, *Bulletin de correspondance africaine*, 1886, p. 82; *Trésor de chronologie*, 1889, col. 1869. — Mgr Toulotte, *Géographie de l'Afrique chrétienne*, Rennes, Paris, 1892-1894, Byzacène, p. 49-50. — Toutain, *Les cités romaines de la Tunisie*, Paris, 1895, p. 406. — Joh. Schmidt, *Amudarsa*, dans Pauly-Wissowa, *Real-Encyclopädie*, t. i, col. 1983-1984. — *Thesaurus linguae latinae*, Leipzig, 1900, t. i, col. 2025, au mot *Amudarsa*. — R. P. Mesnage, *L'Afrique chrétienne*, Paris, 1912, p. 178.

Aug. Audollent.

AMULIO (Marcantonio), cardinal (1505-1570), appartenait à une importante famille de noblesse vénitienne, dont le vrai nom national était *da Mula*. Il entra de bonne heure dans la carrière des dignités de son pays, et exerçait celle de *podesta* (gouverneur de ville) dès 1529. *Diarii* de Sanuto, t. lii, col. 102. Mais il se distingua surtout dans la diplomatie, et remplit successivement le poste d'ambassadeur auprès de Charles-Quint, puis celui d'ordinaire en Espagne sous Philippe II, d'où il revint en 1557. Deux ans plus tard, il se rendit aux Pays-Bas féliciter ce prince de l'heureuse conclusion du traité de Cateau-Cambrésis, et à son retour fut député en mission ordinaire auprès du pape. Pie IV l'apprécia si fort pour ses talents de diplomate (sa correspondance avec la république a été souvent recopiée comme un modèle de genre, et se trouve manuscrite en plusieurs bibliothèques, notamment au fonds italien de la Nationale, *1345*) qu'il voulut l'attacher à son service, lui conféra l'évêché de Vérone, plus tard le chapeau de cardinal, le 26 février 1561. Les Vénitiens n'admettaient pas volontiers que leurs agents acceptassent des fonctions des princes auprès desquels ils étaient accrédités; ils refusèrent de reconnaître le nouveau cardinal, il ne put jamais prendre possession du siège de Vérone. L'ambassadeur qui le remplaça aussitôt eut l'ordre rigoureux d'éviter tout contact avec lui, et quelque effort que fit Amulio pour adoucir cet ostracisme, il dura jusqu'à la fin de sa vie. Bien plus, lorsque, après la mort de Pie IV, saint Charles Borromée, répondant à un désir de son oncle, essaya de faire élire Amulio pour son successeur, il comprit vite que le Sacré-Collège ne tiendrait pas ferme devant l'opposition et les intrigues de la république.

Pie IV dédommagea autant qu'il put Amulio de sa disgrâce : il lui donna l'évêché de Rieti dans les États de l'Église, des bénéfices et des pensions, un logement au Vatican, avec le titre de surintendant général des palais apostoliques. Néanmoins, Amulio voulut rester toujours pauvre, et il se distingua de ses collègues par la simplicité de sa vie. Ce fut par là qu'il conserva la confiance du pape et gagna son intimité, et celui-ci, au dire unanime des contemporains, le consultait dans les affaires importantes. Les légats au concile de Trente n'hésitaient pas à invoquer parfois son intercession auprès du maître. Mais Amulio, dont l'esprit cultivé (en véritable humaniste qu'il était) et le goût pour l'antiquité se portaient plutôt vers les belles-lettres que vers les sciences théologiques, au point qu'il aurait été sans doute un assez pauvre pontife, Amulio avait un autre rôle à remplir. Le pape lui confia la direction de la bibliothèque Vaticane et le soin de ses précieux manuscrits, la surveillance des antiquités de la ville de Rome, dont il était grand temps de préserver les débris contre la rage destructive des bâtisseurs de la Renaissance.

Enfin, par bref du 15 juin 1564, le cardinal fut chargé de recueillir partout les documents politiques et administratifs qui concernaient les droits et l'histoire de l'Église romaine, en vue d'établir les premiers fonds des archives. Munis de plusieurs autres brefs, il fit commencer les recherches dans les diverses parties des États pontificaux, et partout où ces documents se trouvaient dispersés. Ce fut par ses soins que les archives d'Avignon rejoignirent celles du Vatican, mesure qui du reste ne fut complètement réalisée qu'au xviiie siècle. En 1569, il dressa l'inventaire des dernières archives. Toutes ces entreprises furent suspendues par sa mort, arrivée le 13 mars 1570, et qui ne lui permit pas de se signaler par quelque œuvre durable dans ses autres fonctions. Venise lui pardonna alors, et la réconciliation fut scellée par le transfert de ses restes mortels dans sa ville natale.

Ciacconius-Oldoinus, *Vitae et res gestae pontif. romanor. et S. R. E. cardinalium*, t. iii, col. 929. — Laemmer, *Monumenta Vaticana historiam xvi seculi illustrantia*, Fribourg-en-Brisgau, 1861, Appendice I, p. 444-445 — Barozzi et Berchet, *Relazioni degli ambasciatori Veneti del xvi° secolo*, t. viii, x, passim. — Reumont, *Geschichte der Stadt Rom*, t. iii, 2e partie, p. 547, 759. — P. Herre, *Papstthum und Papstwahl im Zeit Philipps II*, Leipzig, 1907, p. 110-111.

P. Richard.

AMULRICUS (Saint). Quelques auteurs en font un évêque de Munster et un saint; d'autres ne lui donnent que le nom de bienheureux, ou même simplement de vénérable. Il ne se trouve cependant pas dans les listes épiscopales de Gams, ni dans beaucoup de martyrologes munstériens, ce qui porterait bien à croire qu'il appartient plutôt à la légende. Kloppenburg se demande s'il ne faudrait pas l'identifier avec saint Altfrid, troisième évêque de Munster, ci-dessus, col. 807. Fête ou mémoire le 13 février.

Acta sanctorum, 1658, febr. t. II, p. 643. — Stadler-Heim, *Vollständiges Heiligen-Lexikon*, Augsbourg, 1858, t. I, p. 178. — J. Kloppenburg, *Fasti sacri Westphalici*, 1688; manuscrit de la bibliothèque du château de Havixbeck (Westphalie), au 13 février.

A. BAYOL.

AMULWINUS (Saint), abbé de Lobbes dans le Hainaut et, d'après quelques auteurs, évêque; ces auteurs se gardent bien cependant de nous dire où il fut évêque. Seul Trithemius, *De viris illustribus ordinis S. Benedicti*, lib. IV, nous assure qu'il fut évêque de la ville de Lobbes. Trithemus semble avoir oublié que cette localité n'était qu'une bourgade (*villa*, *oppidum*) et non pas une ville (*urbs*). Cette question d'évêque-abbé se pose aussi pour d'autres abbés de ce monastère. Voir à ce mot. Une autre question que les chroniques du monastère laissent sans réponse est celle de savoir si Amolvin a vraiment été abbé de Lobbes, c'est-à-dire s'il l'a gouverné sous sa propre et unique responsabilité. La date de sa mort est incertaine; U. Chevalier, *Bio-bibliographie*, 1905, t. I, p. 203, la place entre 750 et 760. Amolvin fut nommé abbé après la mort de saint Ermin (mort en 737) et avant l'élection de Théoduin. Or, celui-ci gouverna l'abbaye vers 770, puisque son successeur, Théodulphe, mourut en 776. L'élévation de ses reliques et de celles de saint Ulgise eut lieu en 1400; elles furent ensuite transférées (en 1409) avec celles des saints Ursmar, Ermin, etc., à Binche. Sa fête se célèbre le 7 février.

Acta sanctorum, 1658, febr. t. II, p. 82. — Ghesquière, *Acta sanctorum Belgii*, 1794, t. VI, p. 367-368. — Stadler-Heim, *Vollständiges Heiligen-Lexikon*, Augsbourg, 1858, t. I, p. 178. — *Monum. German. histor.*, Script., t. IV, p. 58.

A. BAYOL.

AMUNARIZ (RAYMUNDO), cistercien espagnol, moine de Marcilla. Natif de la ville de Olite, au diocèse de Pampelune, il entra en religion en 1703, comme organiste, sans connaître les éléments du latin. Grâce à son application et à sa facilité, il l'apprit suffisamment pour s'adonner, une fois prêtre, à l'étude des belles-lettres et de la sainte Écriture. Il le fit avec tant de succès que, pour honorer sa science non moins que sa vertu, Philippe V le nomma à l'abbaye de Marcilla, qu'il gouverna quatre ans à la satisfaction de ses religieux. Il écrivit *Tablas sistematicas de la creacion del mundo*, Pampelune, 1745. Le premier volume seul a été imprimé : le reste de l'ouvrage, qui devait comprendre treize tomes, était conservé parmi les manuscrits de Marcilla, ainsi qu'un *Tratado de la esfera que sirve de introduccion à la geografia*. L'auteur mourut le 23 février 1753.

Muñiz, *Bibliotheca cisterciense española*, Burgos, 1793, p. 22.

R. TRILHE.

AMUNDATENSIS. Voir AMUDARSA, col. 1373.

AMUNDESHAM (JOHN), moine bénédictin de l'abbaye de Saint-Alban († 1450), naquit à Amersham dans le Buckinghamshire. Il fut très attaché à Jean Whethamstede (*Frumentarius*) ou Bostock, auquel il succéda, en 1420, comme prieur du collège de Glocester, maison d'études des bénédictins de la province de Cantorbéry à Oxford. C'est ainsi qu'il décrivit les événements du premier abbatiat de Whethamstede à Saint-Alban, de 1421 à 1440. Ce récit a été publié sous le titre d'*Annales monasterii Sancti Albani*, par Riley, 2 volumes des *Rolls series*, Londres, 1870-1871. On avait aussi d'Amundesham les ouvrages suivants : *Clypeum abbatis Joannis, Diversi generis carmina*, et *Epistolae ad diversos*. Tous ces livres furent conservés à l'abbaye de Ramsey (Huntingdonshire) jusqu'à la Réforme.

Bale, *Scriptorum illustrium Majoris Brytanniae catalogus*, Bâle, 1559, p. 592. — Pitseus, *De illustribus Angliae scriptoribus*, Paris, 1619. — Tanner, *Bibliotheca Britannico-Hibernica*, Londres, 1748, p. 40. — Fabricius, *Bibliotheca latina mediae et infimae latinitatis*, Padoue, 1754, t. IV, p. 48.

A. TAYLOR.

AMURAT. Voir MOURAD.

AMURDASENSIS (*Ecclesia*). Voir AMUDARSA.

AMYCLAE, évêché du Péloponnèse. La ville était la capitale des Achéens de Laconie (Ménélas et Hélène) et elle resta le siège d'une dynastie, indépendante de celle de Sparte, jusqu'à la première guerre de Messénie. Elle fut enfin conquise par le roi de Sparte, Téléclos, son acropole rasée et elle-même tomba au rang de bourgade. Le principal sanctuaire du lieu était l'amyclaeon, consacré à Apollon amycléen. Ce sanctuaire était le tombeau de Hyacinthos, fils d'Amyclos, qu'Apollon avait tué par mégarde en jouant au disque; une route pavée le reliait à Sparte, qui ne se trouve qu'à une heure de là, et tous les ans, au mois de juin, avait lieu la fête des *Hyacinthia*. L'acropole d'Amyclae ou ville haute se trouvait située dans la vallée de l'Eurotas, sur une colline appelée Haghia Kyriaki, près du village de Tchaouchi; la ville basse et celle du moyen âge étaient sans doute un peu plus dans la direction de Slavo-Khôri.

Le diocèse grec d'Amyclae date probablement du XIIe siècle; il est signalé pour la première fois dans la *Notitia X*, p. 217, n. 581, et dans la *Notitia XIII*, p. 259, n. 432, de Parthey, comme évêché suffragant de Patras. A partir du XVe siècle au moins, il fut suffragant de Lacédémone et il ne disparut pas avant la première moitié du XIXe siècle. On connaît quelques-uns de ses titulaires : Nicolas Mouzalon qui, après avoir été forcé par les magistrats de renoncer à son évêché, demanda au saint-synode d'être rétabli et vit son affaire examinée dans deux conciles, sous les patriarches Luc Chrysobergès (1156-1169) et Michel III dit d'Anchialos (1170-1177). Le Quien, *Oriens christianus*, t. II, col. 228. — Un certain Macaire, dont on ne connaît pas l'époque. Papadopoulos-Kerameus, Ἱεροσολυμιτικὴ βιβλιοθήκη, t. IV, p. 195. — X., évêque en novembre 1340. Δελτίον τῆς ἐθνολογικῆς καὶ φιλολογικῆς ἑταιρείας, Athènes, t. III, p. 32. — Callinique, en 1601, Supplément au Ἑλληνικὸς φιλόλογος σύλλογος, Constantinople, t. XV, p. 173. — Cyrille, évêque démissionnaire, en mai 1611. *Op. cit.*, Supplément, t. XX, p. 99. — Parthénios, évêque vers 1720. *Revue de l'Orient latin*, Paris, 1893, t. I, p. 320. — Nicéphore en 1798 et en avril 1804. Lambros, Νέος ἑλληνομνήμων, Athènes, t. III, p. 401; t. V, p. 93; Mansi, *Sacrorum conciliorum nova... collectio*, t. XXXIX, col. 1061.

Quand ils recueillirent en 1204 la plus grande partie de l'empire byzantin, les latins conservèrent le diocèse d'Amyclae et ils y nommèrent un titulaire. De ce chef, l'évêché *Amidense*, pour *Amiclanense*, est cité à cette époque comme suffragant de Patras, dans le patriarcat de Constantinople. P. Fabre, *Le Liber censuum de l'Église romaine*, Paris, t. I, p. 8. Dans une lettre du 11 mars 1222, le pape Honorius III confirme la réunion faite par son légat de l'Église d'Amyclae à celle de Lacédémone, parce qu'elle en avait été séparée au temps des grecs par des hommes désobéissants. P. Pressutti, *Regesta Honorii papae III*, t. II, n. 3844. Le 24 juillet 1245, le pape Innocent IV écrit de Lyon au chapitre de Lacédémone dans le même sens, et il répète presque toutes les mêmes termes la décision de son prédécesseur. E. Berger, *Les registres d'Innocent IV*, t. I, n. 1385. La sentence n'avait-elle pas eu d'effet? Quoi qu'il en soit de ce point, il est certain que l'évêché ne tarda pas à devenir titulaire. Parmi les évêques latins, on connaît ceux-ci : vers 1209, Gilbert et Imbert. Dans une lettre d'Innocent III, du 24 mars 1210, il se plaint que l'archevêque de Patras ait osé consacrer illicitement pour évêque d'Amyclae Gilbert, ancien abbé de Flavigny, déjà condamné par le Saint-Siège, alors qu'Imbert était élu et encore vivant. Potthast, *Regesta romanorum pontificum*, n. 3943, 3944. On suppose qu'Imbert réussit à conserver le siège épiscopal et que c'est lui que sont adressées plusieurs lettres d'Innocent III (l. XIII, cp. CLXXIV, anno 1210; l. XV, ep. LXI, anno 1212; l. XVI, cp. XCVIII, anno 1213, édition Baluze). — X. assista en 1215 au concile œcuménique de Latran. Hefele-Leclercq, *Histoire des conciles*, t. V, p. 1726, 1729. — Hugues fut relevé de l'excommunication, le 3 août 1222, par le pape Honorius III. Pressutti, *op. cit.*, t. II, n. 4102, 4103, 4104. — X. est signalé le 13 septembre 1223, dans une lettre d'Honorius III. *Op. cit.*, t. II, n. 4497. — Les autres évêques sont purement titulaires : François, religieux trinitaire, nommé le 30 août 1476 après le décès de Gonsalve. Eubel, *Hierarchia catholica medii aevi*, t. II, p. 98. — Matthias de Vinariis, le 1er juillet 1517. — Pierre-Alphonse Malerus, le 17 mai 1521. — Scipion Rebiba, le 16 mars 1541, plus tard cardinal. Eubel, *op. cit.*, t. III, p. 120. Tous ces évêques latins étaient suffragants de Patras. La curie romaine donne toujours ce titre, mais aujourd'hui cet évêché relève de Corinthe.

Le Quien, *Oriens christianus*, Paris, 1740, t. II, col. 228 sq.; t. III, col. 1031 sq.

S. VAILHÉ.

AMYDENUS. Voir AMEYDEN (Théodore), col. 1218.

1. AMYOT (EDME), curé de Saint-Merry à Paris, célèbre par les luttes qu'il livra contre les jansénistes, naquit à Vilemer, au diocèse de Sens; il étudia d'abord à Auxerre, puis à Nevers où il prit l'habit de Saint-François qu'il quitta peu après. Il se rendit alors au collège des Grassins pour y achever sa théologie. En 1623, il fut reçu docteur de la maison et société de Sorbonne et professa la philosophie au collège du Cardinal-Lemoine. Rentré dans son diocèse, il devint successivement curé de Vilemer, de Champignelles et de Châteauneuf au diocèse de Sens. Le 19 octobre 1632, il fut élu doyen du chapitre d'Auxerre et fut nommé vicaire général et official de l'archevêché. En même temps il recevait le prieuré de Saint-Sauveur. En 1649, il revint à Paris, et le 2 février prit possession de la cure de Saint-Jacques du Haut-Pas, par résignation de Pierre de Pons. L'année suivante, il se démit de son doyenné d'Auxerre et, en 1652, devint, par résignation d'Étienne Barré, premier curé chevecier de Saint-Merry. C'est alors qu'il eut avec l'autre curé, Duhamel, ardent défenseur des doctrines jansénistes, des luttes mémorables, souvent mesquines et toujours assez peu charitables, au cours desquelles Duhamel fut exilé. Amyot mourut le 16 juin 1663 au presbytère de Saint-Merry, rue de la Verrerie, et fut inhumé, le 18, dans le chœur de l'église.

La Bibliothèque nationale ne possède qu'un ouvrage d'Amyot : *Le sacrifice de la loi nouvelle ou le sacrifice de l'autel et de la messe, prouvé et expliqué en toutes ses parties par les Écritures saintes*, in-12, Paris. 1663. Mais nous savons par Hermant qu'Amyot fut l'auteur du livre intitulé : *La doctrine du livre intitulé* Cornelii Jansenii Iprensis Augustinus, *condamné par les définitions de l'Église, décrets du pape, et censures de la faculté de théologie de Paris, avec les propositions de Calvin et des jansénistes*, paru à Paris, en juillet 1653. En outre, Amyot fit imprimer, en 1651, un placard touchant l'affaire des Hibernois et, en 1652, les censures de la faculté contre Luther et Mélanchthon.

Rapin, *Mémoires*, éd. Aubineau, Paris, s. d., *passim*. — Hermant, *Mémoires*, édit. Gazier, Paris, 1905-1910, *passim*.

A. VOGT.

2. AMYOT (JACQUES), évêque d'Auxerre, humaniste distingué (1513-1593). Né à Melun, d'une famille de petite bourgeoisie, ses débuts furent humbles : son père exerçait la profession de « marchand mégissier ». Si toutes les légendes qui courent sur sa vie héroïque d'étudiant ne sont pas authentiques, du moins, il fit ses études à Paris dans des conditions assez difficiles. Au collège du Cardinal-Lemoine, il étudia le grec sous Jean Évagre et eut pour maître en dialectique Nicolas Le Vigoureux. A dix-neuf ans, il reçut le bonnet de maître ès arts. Il étudia ensuite le droit civil à Bourges, où il devint précepteur des neveux de Jacques Colin, lecteur du roi et abbé de Saint-Ambroise de Bourges. Celui-ci le recommanda à Marguerite de Navarre, gouvernante du Berry, qui le nomma professeur de langues grecque et latine à l'université de cette ville. Il occupa ce poste plusieurs années et y trouva sa vocation de traducteur. Il débuta en ce genre par la traduction des premières Vies de Plutarque. François Ier, à qui ces traductions manuscrites étaient dédiées, le récompensa en lui donnant l'abbaye de Bellosanne, au diocèse de Rouen (18 mars 1546-1547). Les revenus que lui rapportait ce bénéfice lui permirent de se rendre en Italie pour y collationner sur d'autres textes son exemplaire de Plutarque. A Venise (1548), il connut l'ambassadeur français Jean de Morvilliers, qui devint plus tard évêque d'Orléans et fit d'Amyot le doyen de sa cathédrale (1562). A Rome, où il séjourna à deux reprises, il fut l'hôte de l'évêque de Mirepoix, Claude de la Guiche, et se lia avec le cardinal de Tournon, qu'il suivit à son retour en France (1552). Entre temps, Amyot fut chargé par le roi de porter au concile de Trente la lettre par laquelle Henri II protestait contre la convocation de l'assemblée faite sans son assentiment et sans égard pour les intérêts de la France (septembre 1551). Ludw. von Pastor, *Geschichte der Päpste*, Fribourg-en-Brisgau, 1913, t. VI, p. 80-81. Amyot rentra ensuite en France, reprit ses traductions et publia en 1554 « sept livres » de Diodore Sicilien. Un peu plus tard, vers 1556 ou 1557, Henri II cherchant un précepteur pour ses enfants, le cardinal de Tournon fit choisir Amyot. Charles IX et Henri III reçurent de celui-ci le goût de l'antiquité classique, en même temps que la compréhension de toutes les choses de la Renaissance. Son influence sur eux, au point de vue moral et religieux, fut bien moindre, mais ils se fit aimer d'eux, et sans qu'il les recherchât le moins du monde, les honneurs et dignités s'attachèrent à ses pas. Charles IX le choisit pour son grand-aumônier (1560), le fit abbé de Notre-Dame-des-Roches, près Cosne (1560), de Saint-Corneille de Compiègne (1564), évêque d'Auxerre en 1570; il fut préconisé au consistoire du 11 décembre de la même année. Enfin, Henri III le nomma commandeur du Saint-Esprit, lors de la fondation de cet ordre (1578), et le dispensa des quartiers requis de noblesse, que son titre de grand-aumônier compensait amplement.

Amyot avait composé ses *Vies des hommes illustres*,

dont la première édition parut en 1559, à Paris; les *Œuvres morales* en 1572. Plusieurs autres éditions se succédèrent de son vivant. Nous n'avons pas à apprécier ici la valeur de ces ouvrages, ni leur fortune considérable au point de vue littéraire, politique et historique, qui se prolongea jusqu'à la Révolution française. Une fois évêque, Amyot, qui était entré depuis des années dans les ordres sacrés, partagea son temps entre son diocèse et ses fonctions de grand-aumônier, entre la cour et sa résidence épiscopale. Il s'appliqua aux sciences théologiques, à l'étude des saints Livres, des Pères grecs et latins, et sut, dit-on, saint Thomas par cœur. Son premier souci fut de réparer les ruines que les protestants avaient accumulées dans sa cathédrale; il y travailla tout son pontificat, y fit des transformations importantes et, dès 1573, faisait inscrire dans le chœur : *Jac. Amyot domus D. N. decorum de integro instaurandum curavit.*

La même année, il assistait à l'assemblée du clergé à Paris. En 1580, il publia le bréviaire de son diocèse; en 1583, le 1er mai, il tint un synode de son clergé et en promulgua les statuts. Il prêchait souvent et faisait prêcher dans sa cathédrale et ailleurs pour l'instruction de son peuple. Il s'occupa de son clergé et fut en conflit avec le chapitre de la cathédrale pour sa juridiction, mais transigea sur ce point en 1592. Il aimait la musique et le plain-chant, et fit réformer le système de psalmodie en usage au chœur de la cathédrale. Le titre de grand-aumônier avait fait de lui le supérieur spirituel de tous les hôpitaux de France, et c'est en cette qualité qu'il dressa un règlement de réforme pour le grand hôpital de la Madeleine d'Auxerre (1578). Voir le texte et pièces justificatives dans Lebeuf, éd. Challe-Quantin, t. IV, p. 337-339. En 1584, il songea à établir un collège de jésuites à Auxerre (*ibid.*, t. III, p. 427-428), mais les malheurs du temps ne lui permirent pas de réaliser son projet.

Ses dernières années furent attristées par les persécutions que lui attirèrent sa situation à la cour et sa réputation d'humaniste. Bien que, dans sa jeunesse, il ait pu être soupçonné de sympathie pour la Réforme — en 1534, s'il faut en croire de Bèze, Amyot se serait enfui à Bourges pour échapper aux poursuites intentées à la suite de l'affaire des Placards; cf. Haag, *La France protestante*, t. I, art. *Aymot* — bien qu'à l'exemple des humanistes contemporains, il ait admiré plus que de raison l'âme et la civilisation antique, son orthodoxie ne saurait être mise en doute. Mais il était modéré, et les ligueurs de son diocèse l'accusèrent de favoriser les protestants. L'orage éclata quand il revint des États de Blois. Soulevés par le cordelier Traby, les catholiques exaltés l'accusèrent d'avoir trempé dans le meurtre des Guises. Il se trouvait à Blois au moment du coup d'État, et ses relations avec Henri III, sa situation de grand-aumônier donnaient à l'accusation quelques dehors de vraisemblance. Maltraité, menacé de mort, déclaré excommunié dans son diocèse, il s'enfuit et publia une *Apologie*, où il affirmait avoir déterminé le chapelain d'Henri III à lui refuser l'absolution. Lebeuf, *ibid.*, t. IV, 345-349. Il obtint des lettres de rémission et d'absolution du cardinal Cajetan (Enrico Caetani), légat en France (février 1590), put rentrer dans son diocèse et y vivre en sécurité. Mais il dut s'agréger à la Ligue et condamna hautement les Politiques.

Il avait fait son testament à Paris, le 15 mai 1588, en y insérant un certain nombre de legs pieux à l'hôpital et à plusieurs couvents d'Auxerre. On l'a accusé (La Popelinière) d'avarice et d'avoir thésaurisé jusqu'à 200 000 écus; en réalité, il ne laissa qu'une fortune moyenne. Il mourut de consomption à Auxerre, le 6 février 1593, et fut enseveli dans sa cathédrale, au milieu du chœur, en face du grand-autel. On connaît suffisamment Amyot écrivain et humaniste, on ne connaît nullement l'ecclésiastique et l'évêque; il semble, d'après les détails que donnent Lebeuf et ses récents éditeurs, qu'il gagnerait à être étudié sous ce dernier rapport. On nous donnerait un Amyot tout nouveau et non moins sympathique que l'autre.

Outre la bibliographie sur l'écrivain et le traducteur original de Plutarque, trop abondante pour qu'on la résume ici : abbé Lebeuf, *Mémoires concernant l'histoire civile et ecclésiastique d'Auxerre et de son ancien diocèse*, avec addition de nouvelles preuves et annotations par Challe et M. Quantin, Auxerre, 1849-1855, t. II, p. 161-196; Pièces justificatives et actes épiscopaux d'Amyot, t. IV, p. 337, 341, 357, 361. — Eubel-van Gulik, *Hierarchia catholica*, t. III, p. 139. — *Gallia christiana*, Paris, 1770, t. XII, col. 338-342. — A. de Blignières, *Essai sur Amyot et les traducteurs français au XVIe siècle*, Paris, 1859. — R. Sturel, *Jacques Amyot, traducteur des « Vies parallèles » de Plutarque*, Paris, 1908. — V. Carrière, *Pour servir à la biographie de Jacques Amyot*, dans les Annales de la Société historique et archéologique du Gâtinais, Fontainebleau, 1913, t. XXXI.

F. RICHARD.

AMYRAUT (MOISE), ministre et professeur de théologie à Saumur, l'un des plus illustres théologiens français du XVIIe siècle. Il naquit à Bourgueil, en septembre 1596, et se destina d'abord au barreau. Mais sous l'influence du ministre Bouchereau, il se décida à entrer dans les ordres, étudia à Saumur sous Cameron, resta dix-huit mois ministre à Saint-Aignan, dans le Maine, et succéda, à l'Église de Saumur, à l'illustre Daillé. En 1633, il est nommé professeur à Saumur, après une thèse *De sacerdotio Christi*, qui fut très remarquée. Amyraut avait déjà, en 1631, attiré sur lui l'attention de tous les protestants français.

Chargé par le synode de Charenton d'aller présenter au roi le cahier des plaintes concernant les infractions des édits, Amyraut avait réussi, après quinze jours de négociations, à faire supprimer l'usage, réservé aux protestants, de ne parler au roi qu'à genoux. Richelieu eut de fréquents entretiens avec Amyraut et il goûtait fort son esprit et ses manières. Bientôt Amyraut devint suspect aux protestants. En 1634, il écrivit sur la prédestination et la grâce, et on l'accusa de dénaturer la véritable doctrine de Calvin. Le célèbre Du Moulin excita contre lui un grand nombre de ministres; la querelle, très vive, dura jusqu'en 1645. Son prestige était alors très grand, et avec M. de La Place et M. Cappel, il est le professeur le plus illustre de Saumur.

Au reste, d'une grande largeur d'esprit, il comptait parmi ses amis ou ses protecteurs le cardinal Richelieu, l'évêque de Chartres, l'archevêque de Paris, Hardouin de Péréfixe, surtout le cardinal Mazarin. Il exerça un rôle politique considérable parmi ses coreligionnaires, au moment de la Fronde. Alors en effet parurent des théories nouvelles en faveur de la liberté des sujets, auxquels on attribuait le droit de se révolter contre le roi. Amyraut promit à Mazarin d'écrire lui-même aux ministres de l'ouest de la France pour les engager à l'obéissance. En deux occasions, il prit la plume pour défendre son dogme favori : en 1647, dans l'*Apologie pour ceux de la religion*, et en 1650, dans le livre *De la souveraineté des rois*. Dans sa *Paraphrase des Psaumes*, 1658, il se déclare même pour l'obéissance passive. Il mourut le 8 janvier 1664.

Parmi ses œuvres, citons : *Traité des religions*, 1631; *Sermons*, 1636; *L'élévation de la foi et l'abaissement de la raison*, 1641; *Défense de Calvin sur la doctrine de la réprobation absolue*, 1644 (en français); *Apologie*, 1647; *De secessione ab Ecclesia romana, deque pace inter evangelicos in negotio religionis constituenda*, 1647; *De la vocation des pasteurs*, 1649; *Morale chrétienne*, 1652;

Traité des songes ; Contre les millénaires ; Vie du brave La Noue, 1661, etc.

Mélanges critiques de littérature, recueilli des conversations de feu M. Ancillon, Bâle, 1698, t. I, p. 21, 127-137. — Bayle, *Dictionnaire historique et critique*, édit. Des Maizeaux, Amsterdam, 1734, t. I, p. 268-274. — Moreri, *Le grand dictionnaire historique*, Paris, 1759, t. I, p. 494-495. — Haag, *La France protestante*, Paris, 1846, t. I, p. 72-80.

J. Dedieu.

AMYRUTZÈS (Georges), protovestiaire et grandlogothète de l'empire grec de Trébizonde et peut-être renégat. Né à Trébizonde, probablement avant 1410, Amyrutzès fit ses études, d'abord dans sa ville natale, puis à Constantinople, où il s'adonna surtout aux spéculations philosophiques, ce qui lui valut le surnom de philosophe. Sathas, Νεοελληνική φιλολογία, Athènes, 1868, p. 62. C'était un homme remarquable par sa beauté, sa force, sa taille avantageuse et son habileté à tirer de l'arc. Crusius, *Historia politica, dans Turcograecia*, Bâle, p. 21. En 1438, il fut un des savants que l'empereur Jean Paléologue convoqua à Constantinople avec les évêques, pour discuter la question de l'union avec Rome. Allatius, *De Ecclesiae occidentalis et orientalis perpetua consensione*, Rome, 1648, p. 883. Il se prononça pour cette union et pour la participation des grecs au concile de Ferrare-Florence. Pendant le concile, il fit devant l'empereur et le patriarche un discours en faveur de la procession du Saint-Esprit (*P. G.*, t. CLXI, col. 723-724, note; cod. *3043* de la Bibl. nat. : Γνώμη τοῦ κυρίου Γεωργίου τοῦ Ἀμιρούτζη ἣν ἔδωκεν ἐν τῇ Φλωρεντίᾳ ἐνώπιον τοῦ βασιλέως καὶ τοῦ πατριάρχου), et prit vivement à partie les adversaires. Il fut cependant de ceux qui, revenus à Constantinople, prétendirent avoir eu la main forcée. Dans une lettre au gouverneur de Nauplie (Démétrius, Περὶ τῶν συμβεβηκότων ἐν τῇ Φλωρεντινῇ συνόδῳ), il s'efforce en effet de prouver que le concile n'a pas été œcuménique, parce que les signataires ont été violentés, parce que le patriarche de Constantinople était mort, parce que Marc d'Éphèse, représentant des patriarches d'Antioche et de Jérusalem, n'a pas voulu signer. Démétracopoulos, Ὀρθόδοξος Ἕλλας, Leipzig, 1872, p. 119. Il prit part aussi à l'assemblée qui se tint à Sainte-Sophie et se montra un des champions officiels de l'orthodoxie. En 1447-1449, il fut chargé par Jean IV Calojean, empereur de Trébizonde, d'une mission diplomatique auprès de la république de Gênes, mission qui ne réussit pas à cause des prétentions qu'il afficha. *Atti della Società Ligure*, t. IV, *Rendiconti*, p. 51 sq.; t. XIII, p. 218 sq. Nous le voyons remplir les importantes fonctions de protovestiaire, sous le règne du dernier empereur, David Comnène (1458-1461). Quand l'armée de Mahomet II vint assiéger Trébizonde, Amyrutzès conseilla vivement à l'empereur d'entrer en négociations. David céda et l'envoya en ambassade auprès du général Mahmoud Pacha, renégat grec, cousin germain d'Amyrutzès. Les historiens grecs, entre autres Dorothée de Monembasia (Ὁ χρονογράφος, Venise, 1682, p. 409-410), accusent formellement ce dernier de s'être conduit en traître. T. Évanghélidès, Ἱστορία τῆς Τραπεζοῦντος, Odessa, 1898, p. 158-161. Après la capitulation (1461), Amyrutzès fut, comme tous les captifs de marque, envoyé à Constantinople, puis à Andrinople, d'où il écrivit une lettre au cardinal Bessarion, son compatriote, pour lui raconter la chute de leur patrie et lui demander l'argent nécessaire au rachat de son fils, exposé à renier sa foi dans les mauvais traitements. *P. G.*, t. CLXI, col. 723-728. Il causa la mort de David Comnène en interceptant et en livrant à Mahomet II une lettre que la femme d'Ouzoun-Hassan, maître de la Perse, envoyait à ce prince infortuné. T. Évanghélidès, *op. cit.*, p. 163. Ramené à Constantinople par son cousin Mahmoud Pacha, Amyrutzès réussit, peut-être à cause de sa science, peut-être aussi grâce à l'apostasie de ses deux fils, à entrer dans les bonnes grâces de Mahomet II. Il s'éprit alors d'une belle captive, veuve du dernier duc d'Athènes, Franco Acciaiuoli, et, bien qu'il fût marié, il voulut l'épouser et prétendit faire approuver ce mariage par le patriarche Joasaph Ier (?-1463). Celui-ci s'y refusa, malgré les persécutions que lui fit subir le sultan, auprès duquel Amyrutzès était très influent. Amyrutzès passa outre et épousa la duchesse. On n'a jamais prouvé d'une façon certaine qu'il ait apostasié; en tout cas, il n'a pas dû le faire avant 1463, sans quoi il ne se serait probablement pas embarrassé des défenses patriarcales pour contracter son second mariage. Il ne jouit pas longtemps de ses amours adultères. Un jour qu'il jouait au trictrac avec de gros personnages de ses amis, il mourut subitement, frappé d'apoplexie (fin 1463 ou début 1464), fin misérable que Mahomet II et sa cour considérèrent comme une punition de Dieu.

Démétracopoulos, Ὀρθόδοξος Ἕλλας, Leipzig, 1872, p. 119-120. — *P. G.* t. CLXI, col. 723-28. — Sathas, Νεοελληνική φιλολογία, Athènes, 1868, p. 62-63. — T. Évanghélidès, Ἱστορία τῆς Τραπεζοῦντος, Odessa, 1898, p. 158-193. — Le grand, *Bibliographie hellénique des XVe et XVIe siècles*, Paris, 1903, t. III, p. 194-204.

R. Janin.

AMYZON, Ἀμυζών, évêché en Carie. La petite ville d'Amyzon, citée par Strabon, XIV, 2, 22; Pline, V, 29, 7; Ptolémée, V, 2, 15 (variantes Ἀμυζῶν et Ἀμυζών); Hiéroclès, 688, 2, frappait monnaie à l'époque romaine. Head, *Histor. num.*, p. 519; Imhoof-Blumer, dans *Abhandlungen der k. Bayer. Akademie der Wiss.*, 1890, t. XVIII, p. 662. Inscription dans *Corpus inscript. Graec.*, n. 2899, et deux autres au British Museum. Amyzon figure comme évêché dépendant de Stauropolis dans toutes les Notices jusqu'au XIIe ou XIIIe siècle, avec de nombreuses variantes orthographiques : Notices d'Épiphane, Μείζων, et de Léon le Sage, Μήζου ἤτοι Ἀμαζῶνος (Gelzer, *Ungedruckte und ungenügend veröffentlichte Texte der Notit. episcop.*, p. 540, 555); Notice de Basile, Μίζω, et *Nova Tactica* (Gelzer, Μίζου ἤτοι Ἀμιζῶν, *Georgii Cyprii Descriptio orbis Romani*, p. 18, 70); notices 1 (Μεῖζω), 3 (Μίζου ἤτοι Ἀμιζῶνος), 8 (Μίζου), 9, 10 (Μεῖζων ἤτοι Ἀλίζων, sic), 13 (Μεῖζων ἤτοι Ἀμυζῶν) de Parthey. L'évêque Philetus souscrivit au concile d'Éphèse (431). Jean assista au concile de Chalcédoine (451), et André à celui de Constantinople, sous le patriarche Ménas (536). Théophylacte, *locum tenens* d'Amyzon, était présent au second concile de Nicée (787). Le Quien, *Oriens christ.*, t. I, col. 911. Le biographe de saint Paul le Jeune, du mont Latros, cite un évêque d'Amyzon (Ἀμαζόνος), dont il ne donne pas le nom, parmi les bienfaiteurs du moine, vers 950. *Vita S. Pauli iunioris*, 29, dans *Analecta bollandiana*, 1892, t. XI, p. 137. Le diocèse, ἐπισκοπὴ Ἀμαζόνος, est cité dans un jugement d'Isaac l'Ange (1185-1195). *Acta et diplomata*, Vienne, 1871, t. IV, p. 322. Un acte du patriarche Manuel II (1244-1245) exempta les moines de Saint-Paul du Latros de la juridiction des évêques voisins, en particulier de celui d'Amyzon, qui y est appelé trois fois ὁ Ἀμαζόνος. *Ibid.*, Vienne, 1890, t. VI, p. 302. Jean, évêque Ἀμαζονορακίας καὶ Χαλκοστάμνου, signait une pièce en juillet 1262. *Ibid.*, p. 212. Tomaschek, *Zur historischen Topographie von Kleinasien im Mittelalter*, Vienne, 1891, p. 37, déclare ignorer de quel siège il s'agit. C'est bien de notre Amyzon. Un autre document du XIIIe siècle nous montre, en effet, les moines de Saint-Paul du Latros en querelle avec les habitants Ἀμαζονοκρακίας; ces habitants sont appelés aussi Ἀμαζονοκορακίταις, et la localité Ἀμαζονοκορακίου et enfin Ἀμαζόνος (sic). Miklosich et Müller, *op. cit.*, t. IV, p. 290-295. A cette époque, par un cas fréquent au moyen âge comme de nos jours, le siège avait un double titre; en outre, Amyzon, tout en gardant son ancien vocable à peine modifié, sous l'influence sans doute d'une étymologie pédante, y joignait à volonté celui de quelque localité voisine, Coracia ou Coracium, inconnue par ailleurs.

Amyzon ne dut pas survivre de beaucoup au temps où les documents viennent de nous la signaler et dut être détruite par l'invasion turque. Les ruines des remparts et de la forteresse se voient au sommet d'une colline, sur la pente orientale du mont Latros (aujourd'hui Bech Parmak Dagh), au-dessus du village de Kafarlar, vilayet de Smyrne. Les Turcs appellent ces restes Mazyn Kalch-si, c'est-à-dire *forteresse d'Amyzon*. Voir Leake, *Asia minor*, p. 238.

Enfin Amyzon est encore aujourd'hui siège titulaire pour la curie romaine.

S. PÉTRIDÈS.

ANABAD, évêque martyr à Puigcerdà (Catalogne), en 732. Sous le gouvernement du vice-roi d'Espagne Abderrahman ben Abdala Algafiqui (730-732), un chef berbère révolté, Munuza, allié au duc Eudes d'Aquitaine dont il aurait épousé la fille, Lampegia, pénétra à main armée en Cerdagne et mit à feu et à sang Puigcerdà et les villes voisines. Les chrétiens amis des Arabes furent enveloppés dans les représailles du Berbère. L'évêque Anabad, réfugié dans la ville, fut brûlé vif par lui, d'après la Chronique rythmée de Tolède : *et Anabadi illustris episcopi et decorae proceritatis quem igne cremaverat...* Il est probable que la victime était un des évêques mozarabes de Girone, la seule ville épiscopale de la région à cette époque avec Urgel. L'authenticité de cet épisode a été mise en doute récemment par F. Codera, qui s'appuie sur le silence ou la discordance des sources arabes.

F. Codera, *Estudios críticos de Historia arabe española*, Saragosse, 1903; voir p. 140-169 : *Munuza y el duque Eudon; Límites probables de la conquista arabe en la Cordillera Pirenaica*, dans *Boletin de la Acad. de la historia*, 1906, t. XLVIII, p. 305-308. — Lamberto de Zaragoza, *Teatro historico de las iglesias de Aragon*, Pampelune, 1782, t. I, p. 336-365; t. II, p. 158-160. — R. Dozy, *Recherches sur l'histoire et la littérature de l'Espagne pendant le moyen âge*, 3e éd., Paris, 1881, t. I, p. 12. — F.-J. Simonet, *Historia de los Mozarabes de España*, Madrid, 1903, p. 176-177. — J. Tailhan, *Anonyme de Cordoue, Chronique rythmée de Tolède*, etc., Paris, 1885, n. 58; ou bien dans *España sagrada*, t. VIII, p. 302, de l'édition de 1752, le *Chronicon Pacense*.

A. LAMBERT.

ANABAPTISTES. — I. Caractères généraux : 1° sens et portée du terme; 2° caractère religieux; 3° caractère politique et social. II. Origines de la secte : 1° influences antéluthériennes; 2° influences luthériennes. III. Extension du mouvement dans les pays catholiques. IV. Les anabaptistes et la guerre sociale. V. Le règne de Dieu à Munster.

I. CARACTÈRES GÉNÉRAUX. — 1° *Sens et portée du terme.* — On désigne sous le nom fort inexactement appliqué, mais définitivement acquis à l'histoire, d'anabaptistes ou rebaptiseurs une secte mystique répandue dans toute l'Allemagne dès les premières années de la Réforme et dont le fanatisme religieux et politique déchaîna bientôt dans l'empire les horreurs de la révolution sociale. Ayant réprouvé dès le début, comme contraire au texte de l'Évangile, le baptême des enfants, la secte commença, dans les premiers jours de 1525, à conférer à ses adeptes un nouveau baptême qui était le baptême de l'Esprit. Cette particularité purement extérieure, et par ailleurs nullement essentielle, mérita à ses membres le nom d'anabaptistes qui leur fut donné ironiquement par leurs adversaires et qu'ils n'ont jamais adopté, puisque aussi bien ils ne reconnaissaient point la validité du baptême traditionnel et n'avaient nullement l'intention de le renouveler. Les enfants nés et élevés dans la secte ne sont d'ailleurs baptisés qu'une fois à l'âge adulte, et même à l'origine tous les adeptes ne reçurent pas, tant s'en faut, le baptême de l'Esprit. Cf. E. Müller, *Geschichte der Bernischen Täufer*, Frauenfeld, 1895, p. 9. La plus grande diversité de doctrine et d'organisation ne tarda point d'ailleurs à morceler l'anabaptisme en une foule de conventicules autonomes. Un contemporain qui avait avec les anabaptistes d'étroites relations, Sébastien Franck, dans sa Chronique, énumère quarante-quatre sectes, qui d'ailleurs vivaient entre elles en parfaite harmonie, et reconnaissaient toutes ce dogme commun qui leur est propre et les sépare nettement du protestantisme : le règne intérieur et extérieur de l'Esprit. Cf. Franck, *Chronica*, t. III, p. 193 sq.

2° *Caractère religieux.* — Le mysticisme, poussé à tous les excès comme à toutes les extravagances, tantôt puéril, tantôt sanguinaire, résume les doctrines et les tendances des anabaptistes; il détermine aussi leur organisation intérieure et jusqu'à leur genre de vie. Entre eux, ils s'appelaient « frères » et constituaient des « communautés » ou « fraternités », qui visaient à réaliser l'idéal de la perfection évangélique dans la pleine liberté des enfants de Dieu et l'égalité de tous au point de vue politique comme au point de vue social. L'idée fondamentale de la secte est celle du règne de Dieu et de la communion des saints. Comme Luther et avec Luther, ils supprimment tout intermédiaire entre l'âme et Dieu; ils rejettent dès lors toute Église et toute autorité pour se confiner dans l'individualité de la conscience. Mais, tandis que Luther conservait la Bible comme règle de foi, les anabaptistes s'en tiennent à la parole intérieure, à la communication directe avec Dieu, et ne reconnaissent aucune autorité à cette parole extérieure, consignée dans les deux Testaments, formulée par des hommes, obnubilée ainsi dans son caractère divin et qui, s'adressant à tous, ne s'adapte rigoureusement à personne. De ce chef, les anabaptistes constituaient, dès le principe, le parti radical au sein du protestantisme et ouvraient toutes grandes les portes à l'illuminisme, tandis que Luther, relevant d'une main ce qu'il détruisait de l'autre, s'efforçait de contenir les esprits par le maintien de sa propre autorité et s'acheminait peu à peu vers l'institution d'une religion d'État. Cf. J. Beck, *Die Geschichts-Bücher der Wiedertäufern in Oesterreich-Ungarn*, dans *Fontes rerum Austriacarum*, II Abth., t. XLIII, *Vorrede*, p. V sq.

Dans leurs assemblées, chacun prend la parole pour édifier les frères, suivant l'action de l'Esprit qui meut les volontés et illumine les esprits. Pas de prêtres, pas de livres religieux, ni de rites ni de prières déterminées. Dieu se manifeste à chacun par des révélations intérieures, accompagnées ordinairement d'extases : ces révélations, transmises à la communauté par celui qui en est l'objet, règlent la conduite à tenir dans les cas difficiles. Le prophétisme est à l'état permanent dans la secte. De là le nom de « prophètes » donné aux premiers adeptes de l'anabaptisme. Le nouvel Évangile se borne presque exclusivement à l'annonce du règne de Dieu, auquel seuls les élus, les fils de l'Esprit auront part, tous les impies, c'est-à-dire ceux qui refusent de se convertir à l'anabaptisme, devant être préalablement exterminés. Cf. Möhler, *Symbolik*, Mayence, 1835, l. II, p. 474 sq.

Les anabaptistes se séparaient encore de Luther sur un point important, celui de la justification par la foi seule. Ils recommandaient et pratiquaient parfois jusqu'à forcer l'admiration des catholiques, les œuvres de salut, surtout la pénitence et l'exercice de la charité. André Fischer, dans son ouvrage *Von der Wiedertäufer verfluchten Ursprung*, Bruck, 1604, relate avec étonnement l'extrême douceur de leurs rapports, du moins dans les communautés de Moravie et d'Autriche. Ils se nomment toujours entre eux frères et sœurs et se traitent comme tels. Le port des armes est prohibé; ils ont horreur du sang et de la vengeance. Jamais ils ne recourent au serment pour confirmer leurs paroles ou leurs promesses : on ne les entend jamais blasphémer. Leur morale est pure, leur vie réglée comme dans un couvent. Ils pratiquent, avec la communauté des biens, les conseils de l'Évangile, non point en vertu d'un vœu librement émis, mais en vertu d'une obligation qui leur est imposée par Dieu. Le salut, le baiser de paix, toutes les relations extérieures sont soumises à des prescriptions détaillées, qui rappellent les règlements et les usages des monastères. Soumis par la force des choses à l'autorité civile, ils la regardent comme une tyrannie contraire au droit divin, le seul qui ait une valeur à leurs yeux. Partout leur courage à endurer les plus affreux supplices fut, de l'avis de tous, merveilleux; l'héroïsme des femmes, des jeunes filles, des enfants n'eut rien à envier à celui des hommes les plus intrépides. Cf. J. Beck, *op. cit.*, p. VI sq.; T. W. Röhrich, *Zur Geschichte der Strassburgischen Wiedertäufer in den Jahren 1527-1543*, dans *Zeitschrift für die historiche Theologie*, 1860, t. I, p. 39 sq.

3° *Caractère politique et social.* — Du moment que l'anabaptisme avait pour but d'instituer sur la terre le règne extérieur de Dieu et considérait comme des excommuniés, des fils de Satan, tous ceux qui refusaient d'entrer dans leur « fraternité » en communication directe avec l'Esprit et en société de pure dilection avec les saints, son premier dessein devait être de renverser l'ancien régime fondé sur le principe d'autorité, sur les distinctions et les inégalités sociales, pour établir dans la parfaite liberté des enfants de Dieu le grand principe de l'égalité, qui est la conséquence logique de leurs doctrines et qui se retrouve au premier plan de tous leurs écrits. C'est par là surtout que l'anabaptisme intéresse l'histoire ecclésiastique, car c'est contre le clergé, beaucoup plus influent et plus riche en Allemagne que les seigneurs, et regardé comme le grand obstacle au nouvel ordre de choses, que se déchaînèrent les violences. La *Constitution nationale* de Michel Geismayer, le grand agitateur du Tyrol, demande tout d'abord la « suppression » des persécuteurs impies de la parole de Dieu, comme aussi des images, statues, oratoires des champs, la confiscation des calices, de l'orfèvrerie d'église et des couvents, qui serviront désormais aux besoins usuels; la transformation des monastères et des maisons des chevaliers de Saint-Jean en hôpitaux, orphelinats, asiles; l'abolition des privilèges; l'administration par un État démocratique des biens mis en commun et de tous les intérêts. Cf. Buchholtz, *Urkundenbund*, Vienne, 1844, p. 651 sq. L' « union chrétienne », conclue en 1524 entre les paysans de Stühlingen et les bandes anabaptistes de Waldshut, jetait l'anathème non seulement aux châteaux, mais « aux couvents et en général à tout ce qui avait quelque attache au clergé. » Cf. F. J. Mone, *Quellensammlung der badischen Landesgeschichte*, Carlsruhe, 1854, t. II, p. 90.

Suivant le jeu des événements, la diversité des races et la situation économique des pays, deux courants se manifestèrent dès le début dans le mouvement anabaptiste : le courant pacifique et le courant révolutionnaire, qui ne tarda point à l'emporter sur l'autre. — Tandis que, dans l'Allemagne du Sud, du moins dans les régions fertiles où les difficultés matérielles ne s'ajoutaient point aux difficultés politiques et religieuses, les tendances générales de l'anabaptisme s'orientaient plutôt, et comme tout naturellement, vers un régime de paix et de douceur dans l'attente du règne de Dieu sur la terre et des rêves millénaristes, les illuminés du nord s'en remettaient à l'emploi de la force, à l'action directe pour détruire les ennemis de Dieu et instaurer le règne de l'Esprit sur la terre. Destruction des églises, des couvents, des châteaux, confiscation des biens, exécution en masse des évêques, des prêtres, des religieux, des princes, des nobles, des riches, établissement d'un régime démocratique où tous les droits seraient égaux et tous les intérêts mis en commun, tel fut le programme publiquement développé dès l'origine par les prophètes de Zwickau, répandu en quelques mois dans toute l'étendue de l'Allemagne par les chefs de la secte et les prédicants luthériens, par Storch, Thomæ, Stubner, Munzer, du groupe de Zwickau, par Carlostadt et Cellarius à Wittemberg, par Simon Haferitz à Atstadt, par Martin Reinhard à Iéna, par Melchior Rink à Eckartshausen, par Roll, Bernard Rothmann et Knipperdollinck à Munster, par Hubmaier, Denk, Jorg, Blaurock en Suisse et par une foule de démagogues et d'agitateurs, tous en proie aux visions, aux extases, aux révélations prophétiques, au point de séduire les villes entières et l'esprit robuste des populations des campagnes et de troubler profondément l'âme paisible de Mélanchton. Cf. *De prophetis Cygneensibus*, dans le *Corpus reformator.*, t. I, p. 533; A. Brons, *Ursprung, Entwicklung und Schicksal der Taufgesinnten oder Mennoniten*, Norden, 1884, p. 25 sq.; T. W. Röchrich, *op. cit.*, p. 22.

II. ORIGINES DE LA SECTE. — A part la question du baptême des enfants et celle aussi, peut-être, de l'illumination intérieure, toutes les revendications sociales des anabaptistes et leurs idées sur le règne de Dieu et la communion des saints avaient été formulées dans le cours du XVe siècle et clandestinement propagées parmi le peuple et la bourgeoisie par des moyens qui échappent encore aux investigations de l'histoire. Il est exact de dire que l'anabaptisme existait virtuellement dans les milieux catholiques au moment de la Réforme, et il serait impossible de comprendre le caractère et la portée de ce mouvement, son éclosion soudaine et son développement rapide dans tous les États d'Allemagne, la précision et l'uniformité de ses revendications, si on voulait l'étudier en dehors de son cadre historique et des troubles sociaux qui marquèrent le cours du XVe et les premières années du XVIe siècle. Pour nous borner à ses causes directes, nous signalerons seulement l'influence persistante des doctrines hussites et l'action immédiate des idées luthériennes.

1° *Influences hussites.* — Les déclamations de Jean Huss contre l'autorité doctrinale de l'Église et la valeur des sacrements, ses excitations à la révolte contre les seigneurs ecclésiastiques, au pillage des temples et des couvents, au meurtre des prêtres n'avaient pas tout d'abord rencontré grand écho en Allemagne. Ces idées furent semées dans le peuple, après les défaites de Deutschbrod et de Taus, par les Allemands enrôlés au service de l'empereur Sigismond et de l'électeur de Brandebourg et par les hordes de Jean Ziska et de Procope. D'autre part, l'état malheureux du pays provoquait des plaintes nombreuses, déjà ardentes, et les projets de réforme commençaient à s'élaborer et à se répandre parmi le peuple (*Reformschriften*) : ils étaient lus avidement. Plusieurs de ceux-ci étaient placés sous les auspices de l'empereur, dont on escomptait largement encore la bienveillance et dont l'autorité pouvait seule s'interposer efficacement en faveur de la suppression des abus. Quelques-uns, toutefois, préconisaient la violence. Cf. Zöllner, *Zur Vorgeschichte des Bauernkriegs*, Dresde, 1872, p. 20 sq.; F. Bezold, *Die « armen Leute » und die deutsche Literatur des späteren Mittelalters*, Munich, 1879, p. 16 sq.

Les princes et seigneurs ecclésiastiques ou laïcs qui percevaient les droits et redevances étaient considérés comme de vrais oppresseurs et comme ennemis de toute réforme. Car, depuis le concile de Constance, formulées par des utopistes, des idéologues ou des illuminés, les demandes de réforme ne manquaient pas. Entre autres libelles proclamant le droit du peuple à la liberté et à l'égalité, il faut citer en premier lieu la *Reformation des Kaisers Sigmund*, publiée à l'époque du concile de Bâle, vers 1438, et tout imbue des doctrines de Jean Huss. Elle a pour auteur un membre du clergé séculier, qui parlait au nom d'un grand nombre de ses confrères. Imprimée pour la première fois en 1476, la *Réforme de l'empereur Sigismond* se répandit dans toute l'Allemagne et les éditions se multiplièrent rapidement, surtout en 1480 et 1497. Cf. W. Boehm, *Friedrich Reiser's Reformation des Kaisers Sigmund*, Leipzig, 1876, p. 6 sq.

Sous Maximilien Ier, entre 1500 et 1510, parut un autre pamphlet, édité par Hermann Haupt, il y a quelques années seulement, et qui résume avec plus de netteté encore les revendications et les rêveries de certains milieux exaltés. L'auteur est un juriste de la Forêt Noire, berceau de la guerre des anabaptistes. Son nom est resté inconnu. Dominé par les idées de Wiclef et de Jean Huss et par des considérations apocalyptiques, il oppose au droit historique le droit divin, s'élève contre l'autorité et la juridiction ecclésiastiques, contre la dîme, les redevances, les honoraires de messes, les fondations, proclame la souveraineté du peuple et la communauté des biens, et donne toutes ces réformes comme inspirées d'en haut. De par sa mission surnaturelle, il convoque les vrais chrétiens à une « union » dont le but sera d'imposer la réforme au monde entier, sous la direction de l'archange saint Michel, et de préparer le royaume de Dieu sur la terre. L'année 1515 est fixée comme date extrême à la réalisation de ce grand rêve millénariste. Cf. Georg Tumbült, *Die Wiedertäufer, die socialen und religiösen Bewegungen zur Zeit der Reformation*, Leipzig, 1899, p. 2 sq.

La plupart de ces idées seront reprises par les anabaptistes et réunies en corps de doctrine. Elles prenaient contact peu à peu avec l'esprit populaire et l'attente du règne idéal de Dieu ou du partage des biens trouva des cœurs tout préparés. Les plans de réorganisation sociale, publiés l'année même où l'anabaptisme fit son apparition ou peu après, tels que la *Réformation de Frédéric III*, qui date de 1522 (cf. J. Friedrich, *Astrologie und Reformation*, Munich, 1864, p. 138 sq.), les *Douze articles des paysans*, attribués par Stern, fort vraisemblablement, à Hubmaier (cf. A. Stern, *Ueber die zwölf Artikel der Bauern*, Leipzig, 1868, p. 11 sq.), les *Ordonnances de réforme pour l'utilité, le bien et la prospérité de tous les frères chrétiens*, rédigées au nom des paysans de Franconie, et surtout la *Constitution chrétienne* de Michel Geismayer pour le Tyrol, s'inspirent des mêmes principes hussites et sont l'œuvre d'anabaptistes déclarés. Cf. H. Bensen, *Geschichte des Bauernkriegs in Ostfranken*, Erlangen, 1840, p. 551-557; Ch. von Stälin, *Wittembergische Geschichte*, Stuttgart, 1873, t. IV, p. 298.

Sur les progrès du hussitisme en Silésie, en Saxe, en Franconie, dans les centres mêmes où s'étendra bientôt l'anabaptisme, voir en particulier Zöllner, *op. cit.*, p. 72 sq.; G. Lechler, *Joh. von Wicliff und die Vorgeschichte der Reformation*, Leipzig, 1873, t. II, p. 485 sq. Beaucoup de lansquenets avaient servi dans les armées hussites et l'on sait que Jean Storch ne portait guère d'autre costume que celui de lansquenet, en souvenir, dit-on, de la Bohême. La réforme n'eut pas de plus dévoués serviteurs « du droit divin », c'est-à-dire de plus zélés apôtres du socialisme révolutionnaire, et leur tactique fut exactement celle des taborites de Bohême. Cf. Boehm, *op. cit.*, p. 109; F. von Bezold, *Der rheinische Bauernaufstand vom Jahr 1431*, Carlsruhe, 1875, p. 129-150.

2° *Influences luthériennes*. — Que Luther lui-même se soit pénétré des doctrines de Jean Huss, ses premiers adversaires n'ont pas manqué de le reconnaître et de le lui reprocher. En juillet 1519, à la dispute de Leipzig contre Jean Eck, il s'en défendait vivement et repoussait la communauté de pensée et de sentiment avec les frères de Bohême. L'année suivante, en février 1520, il s'en faisait gloire au contraire et écrivait à Spalatin : « Insensé que j'étais ! Sans le savoir, j'ai enseigné et tenu pour véritables toutes les doctrines de Jean Huss ! » De Wette, *op. cit.*, p. 425. Luther était alors en relation avec deux chefs hussites de Prague.

Comme Jean Huss, il fait appel à la violence contre l'Église; il ne recule pas devant l'émeute pour faire triompher son évangile; il se montre le disciple ardent, farouche, de celui qui voulait établir le règne de Dieu par le feu et par le fer. « Ne t'imagine pas, mande-t-il à Spalatin, le 20 février 1520, si tu entends quelque chose à l'Évangile, ne t'imagine pas que sa cause puisse triompher sans émeute, sans scandale et sans révolte. Tu ne feras pas l'épée d'une plume ; avec la guerre tu ne feras point la paix. La parole de Dieu est un glaive, c'est un combat, un déchirement, un scandale, c'est une ruine, un poison. Comme dit le prophète Amos, elle est semblable à l'ours sur le chemin, et à la lionne de la forêt qui s'avance au-devant des fils d'Éphraïm. » De Wette, *ibid.*, p. 417. Luther allait faire alliance avec Hutten et par lui avec Franz de Sickingen, c'est-à-dire avec le parti révolutionnaire ; il justifiait dès lors, par avance, toutes les entreprises violentes et sanguinaires de ses disciples.

Il ne les approuve pas seulement, il les provoque. Ses attaques contre le pape, le clergé, les moines, les docteurs en théologie et en droit canonique, dépassent en virulence toutes les injures jusque-là proférées et connues. Et il souhaite leur mort à tous; il l'annonce en termes que rien ne voile. « Les crimes, la tyrannie du pape et de ses suppôts sont maintenant exposés au plein jour, livrés au mépris de tous; il est à prévoir qu'on en viendra sous peu à la révolte à main armée, et que les prêtres, moines, évêques, tout le clergé enfin, pourront bien être chassés et assommés, à moins qu'ils ne s'appliquent d'eux-mêmes à une sérieuse et complète réforme. » *Eine treue Vermahnung zu allen Christen sich zu verhüten vor Aufruhr und Empörung*, t. VIII de l'édit. de Weimar, p. 670 sq. Voir son *Exposition sur la bulle Coena Domini, autrement dit bulle du souper glouton du très saint Seigneur le pape*, *ibid.*, t. VI, p. 613 sq. Le parti des exaltés fera siennes ces exhortations.

Et ses paroles de colère et de vengeance contre l'autorité ecclésiastique porteront plus loin dans les âmes : elles se retourneront contre l'autorité civile et contre la société. La révolution qu'il accomplit dans l'Église, au nom de la liberté, se poursuivra dans la commune et dans l'État, partout où il n'y aura pas un pouvoir assez fort et résolu pour dompter les rebelles. Il a sans cesse à la bouche les mots magiques de liberté et d'égalité; on ne les jette pas impunément dans les milieux populaires aux heures de tourmente. Les anabaptistes les feront passer dans les faits. Luther avait dit en 1520, dans son *Manifeste à la noblesse allemande* : « Ne sommes-nous pas tous des chrétiens égaux, avec un baptême égal, une foi, un esprit et toutes choses égaux ? ». Il affirme dans son *Traité de la liberté chrétienne* : « Le chrétien est maître de toutes choses et n'est soumis à personne. » Édit. de Weimar, t. vi, p. 410; t. vii, p. 11 sq. Les Munzer, les Hoffmann, les Hubmaier, les Hut, les Denk, les Schwenckfeld ne diront ni ne demanderont rien de plus. .

Enfin, en posant le principe de la religion individuelle, en substituant à la religion d'autorité « la religion de l'esprit, » en proclamant le sacerdoce universel et en battant en brèche la théologie et la science des docteurs, en se proclamant lui-même « l'évangéliste de Dieu » et en faisant appel à sa mission divine et à la motion de l'Esprit en lui (cf. Enders, *op. cit.*, t. ii, p. 463), Luther donnait à l'illuminisme tous les gages : il introduisait lui-même les prophètes dans la place et leur octroyait leurs lettres de créance. Non seulement ses adversaires, mais ses amis mêmes voyaient le danger menaçant. « L'Esprit vous conduit ? écrivait Zasius à son disciple Thomas Blarer. L'Esprit vous inspire. Quel esprit ? Nous verrons bientôt le peuple, sous prétexte de zèle pour l'Évangile, se précipiter dans toutes sortes d'excès. » R. Stintzing, *Ulrich Zasius*, Bâle, 1857, p. 223.

Il serait injuste assurément d'identifier le mouvement anabaptiste et le mouvement luthérien; dès le début de la Réforme, les théologiens, puis les historiens protestants se sont efforcés de les dissocier, et même de les opposer l'un à l'autre. P. Burckhardt, *Die Basler Täufer*, Bâle, 1898, fait observer avec raison que les anabaptistes se sont recrutés environ pour une moitié dans les milieux catholiques et que leur action s'est exercée surtout dans les pays soumis encore à l'Église romaine. C'est dans la catholique Westphalie, dans la ville de Munster placée sous la suzeraineté de l'évêque, que la « nouvelle Sion » s'est constituée assez solidement pour résister de longs mois aux forces réunies des électeurs ecclésiastiques de Cologne, de Mayence et de Trèves, les princes et seigneurs des trois cercles du Haut et du Bas-Rhin et de Westphalie, et pour mettre l'Allemagne du Nord à deux doigts de sa ruine. Il est vrai aussi que Luther s'est opposé dès le début aux « prophètes », qu'il a condamné leurs agissements et que les anabaptistes ont poursuivi d'une haine à peu près égale luthériens et catholiques. Cependant il reste indiscutable que les doctrines de Luther sur la liberté chrétienne ouvraient la voie à toutes les extravagances religieuses et que les illuminés du xvi° siècle se sont réclamés de ce principe, comme ils ont mis à profit les déclamations violentes contre les couvents et le clergé. Cf. Luther, *Sämmtliche Werke*, Erlangen, t. vii, p. 121, 131, 222 sq. Il est également certain qu'un grand nombre de prédicants luthériens appuyèrent le mouvement anabaptiste, dont les chefs principaux, Thomas Munzer et Balthasar Hubmaier, furent précisément deux ministres de la Réforme. Aussi, à mesure que se multiplient les travaux d'ensemble sur les origines du protestantisme, l'attention des érudits et des penseurs est-elle attirée plus vivement par cette soudaine explosion d'idées, d'aspirations, d'extravagances et de folies criminelles que provoqua, sous le nom d'anabaptisme, la seule annonce du nouvel évangile luthérien et qui se trouve placé aujourd'hui, par les savantes monographies qu'il suscite et l'intérêt croissant qu'il éveille, au premier plan de l'histoire du protestantisme. Cf. K. Rembert, *Die Wiedertäufer im Herzogtum Julich*, Berlin, 1899, Appendice; Ranke, *Deutsche Geschichte im Zeitalter der Reformation*, Berlin, 1842, t. ii, p. 361.

III. FORMATION ET EXTENSION DU MOUVEMENT ANABAPTISTE. — La publication de l'édit de Worms signé par Charles-Quint le 26 mai 1521, mais dont la promulgation fut longtemps différée, avait surexcité au plus haut point les partisans du nouvel Évangile, c'est-à-dire du nouvel état de choses. On s'attendait à un embrasement général et le peuple affolé croyait voir se multiplier les prodiges dans le ciel. Depuis quelques années, la lecture de la Bible en langue vulgaire avait frappé d'autre sorte les imaginations, mis en cours l'esprit de prophétie et les visions apocalyptiques et suscité les plus étranges manifestations. En même temps se multipliaient les pamphlets violents. Tout annonçait que le moment de l'action allait sonner.

1° *Les prophètes de Zwickau.* — Tandis que le recours à l'action directe était prôné ouvertement à Erfurt par le moine augustin Jean Lange, et que l'anticléricalisme se donnait libre carrière dans les journées sanglantes de juin et de juillet 1521, une paisible communauté de « frères » s'organisait sans bruit en milieu luthérien, à Zwickau, sur la Mulda. Elle avait pour chef le drapier Nicolas Storch, aidé de Marc Stubner, de Marc Thomæ et de Thomas Munzer : ce sont les pères de l'anabaptisme. Sur le rôle de Munzer dans la fondation de la secte, voir J. Hast, *Geschichte der Wiedertäufer von ihrem Entstehen in Zwickau in Sachsen bis auf ihren Sturz zu Münster in Westphalen*, Munster, 1836, p. 20.

Nicolas Storch annonçait le règne prochain de Dieu et déclarait tenir directement du ciel la mission de régénérer le monde dans le Christ. A l'exemple du Rédempteur, il avait choisi parmi ses plus fidèles partisans douze apôtres et soixante-douze disciples, âmes simples, illettrées, grossières, mais qui frappaient extraordinairement le peuple par leurs extases, le récit de leurs visions et de leurs révélations. Aussi les nommait-on les prophètes et leur quotidienne occupation était d'annoncer le royaume du Christ et de le préparer. L'établissement de ce royaume réservé aux parfaits, aux élus, devait être précédé de la destruction de tous les impies, de tous les hommes charnels, y compris les princes et les seigneurs. Il n'y aurait plus dans cette société idéale ni autorités ni lois, car les parfaits n'en ont que faire : ils ont dans le cœur la loi de l'esprit. La Bible elle-même serait superflue, Dieu se révélant par son verbe intérieur à chacun. Aucun droit exceptionnel, aucun privilège pour personne : l'égalité pour tous, même dans la possession et la jouissance des biens. Les hostilités et les guerres cesseraient; le mariage serait supprimé et les enfants naîtraient en dehors du péché et de la concupiscence. La communauté des biens ne devait être réalisée qu'après l'avènement du Messie; mais déjà il fallait prendre l'esprit de la chose, supprimer dans la conversation les mots de *tien* et de *mien*, qui représentaient une anomalie. De même il était interdit de faire usage des armes et de prêter serment, suivant la prescription de l'Évangile, et les membres s'engageaient à n'exercer aucune fonction publique, afin de ne léser en rien le principe d'une fraternelle égalité. Cf. Hast, *op. cit.*, p. 28 sq.; Möhler, *Symbolik*, Mayence, 1835, t. ii, p. 486.

Le luthéranisme avait été prêché à Zwickau par Nicolas Hausmann, un fidèle ami de Luther. Entre les deux doctrines, l'opposition ne tarda pas à s'affirmer nettement. De là des heurts. Storch et ses disciples se prononçaient avec énergie contre le dogme luthérien de la justification par la foi seule, qu'ils appelaient justement, comme l'Église catholique, une foi morte, et ils soutenaient éloquemment par leurs paroles et leur exemple la nécessité de faire le bien et d'éviter le mal; ils soutenaient avec l'Évangile qu'un vrai disciple de Jésus-Christ doit se mortifier, se renoncer à soi-même, porter sa croix, accomplir la volonté du Seigneur, mépriser les jouissances de la terre, aimer la pauvreté, faire pénitence, être saintement indifférent. Ces exhortations sonnaient désagréablement aux oreilles du prédicant Hausmann. De plus, ils rejetaient la Bible comme règle de foi, autre dogme fondamental du luthéranisme. De même qu'ils réprouvaient la foi morte, ils reprochaient à Luther de s'attacher à une lettre morte, de ne point avoir la religion vivante de l'esprit, de « n'entendre point la voix » et de ne pas lui obéir. Enfin, puisque les rapports du vrai chrétien avec Dieu sont directs et que l'union avec lui est d'ordre purement intime, les sacrements ne peuvent être que des actes extérieurs propres à réveiller ou à augmenter la foi, ou bien des témoignages publics de la foi du fidèle, mais non pas des signes matériels conférant par eux-mêmes la grâce, comme le soutenait Luther. Dès lors le baptême des enfants n'était qu'une vaine cérémonie sans efficacité, nullement une initiation chrétienne. Cf. Möhler, *op. cit.*, p. 477; J. Mennius, *Vom Geiste der Wiedertäufer*, p. 364.

Sur tous ces points de doctrine et malgré l'opposition radicale qui se manifestait, il était possible encore, en vertu du principe de la liberté chrétienne, de discuter et, dans le désaccord, de conserver un semblant d'accord, ne fût-ce que sur le principe du libre examen. Mais le groupe de Zwickau, composé de gens simples et ignorants, parfaitement instruits toutefois des diatribes de Luther contre la science théologique, les Pères, les scolastiques, les docteurs des universités, appliquaient aux prédicants tout ce que le réformateur avait articulé contre les théologiens et déclaraient très haut que « les savants qui annonçaient l'Évangile étaient des falsificateurs de la parole de Dieu. » C'était ruiner le crédit de Hausmann, de Luther lui-même et de tous les prédicants. La lutte s'engagea, d'abord pacifique, dans des discussions privées, d'ailleurs assez rares, car les anabaptistes, considérant ceux qui n'étaient pas de leur « fraternité » comme des mécréants et des impies, ne se mêlaient point à eux et n'avaient guère de rapports qu'avec leurs frères. Seul le prosélytisme les poussait à opérer des conversions et, tout en déplorant l'aveuglement des luthériens qui les traitaient d'insensés, ils se mirent à parcourir la ville à toutes les heures du jour et de la nuit, jetant à travers les rues leur cri lugubre : « Faites pénitence ! Le moment de la destruction des impies est proche ! » En un temps où les imaginations étaient montées par les prédictions relatives à la fin du monde, ces avertissements donnés de façon si étrange par des hommes au visage austère, à la parole sombre, frappaient comme une voix de l'au-delà, frappaient singulièrement les masses, et les recrues qui venaient s'adjoindre aux « frères » formaient chaque jour un cortège imposant. Ni les magistrats ni les luthériens, qui savaient ce qu'il fallait entendre par impies, ne se sentaient rassurés. Hausmann se mit en devoir de lutter énergiquement : Munzer lui répondit avec plus d'énergie encore et blâma la réforme inaugurée par Luther et qu'il qualifia de charnelle et d'incomplète. C'étaient donc les anabaptistes qui excommuniaient les luthériens.

A la fin de décembre 1521, une conférence contradictoire, organisée par le conseil de ville, se tint entre anabaptistes et luthériens, en présence de tout le clergé, du bourgmestre et de plusieurs conseillers, sur la question du baptême et du mariage. Les anabaptistes se réclamèrent du libre examen, de l'illumination de l'âme par l'Esprit et reprochèrent au luthéranisme ses inconséquences. Ils alléguèrent leur mission. Hausmann leur enjoignit de la certifier par leurs miracles. A leur tour, Munzer et Storch demandèrent à Hausmann sur quels miracles il fondait sa mission et de qui il la tenait. Le prédicant n'eut rien de mieux à répondre que d'en revenir à l'argument de tradition, comme un pur catholique. « Eh bien, répliqua victorieusement Munzer, rentre donc dans le sein de la grande prostituée romaine. Que faites-vous sinon enchaîner l'esprit vivant à la lettre morte, au lieu de le laisser libre de s'élancer vers une région plus élevée ? Vous êtes pareils, en un mot, à ces docteurs juifs qui ne connaissaient pas le Saint-Esprit et qui ne s'occupaient de l'Écriture que pour y trouver un remède contre l'ennui. » La dispute s'envenima ; le peuple allait en venir aux mains. Storch dut comparaître devant les magistrats, et défense lui fut faite de répandre sa doctrine. Aussitôt les prophètes ameutèrent la foule, redoublèrent leurs objurgations à la pénitence et déclarèrent à son de trompe qu'il fallait obéir à Dieu plutôt qu'aux hommes. Une émeute éclata, contenue toutefois par la police municipale et par l'énergie des magistrats. Plusieurs membres de la « fraternité » furent saisis et jetés en prison. La plupart des chefs réussirent à s'échapper. Thomas Munzer alla aussitôt conférer avec les hussites de Bohême. Storch, Stubner et quelques autres se rendirent à Wittemberg, où ils espéraient faire triompher leur cause auprès de Carlostadt et de Mélanchton, très sympathiques à leurs doctrines.

Mais aucune entente n'était possible entre ces deux partis, irréductiblement opposés l'un à l'autre, tous deux s'appuyaient sur les droits d'un individualisme outré, qui allait les pousser l'un contre l'autre dans une guerre sanglante et sans merci : l'orthodoxie luthérienne voyait se dresser contre elle, dans le mysticisme de Zwickau, le plus redoutable de tous les dangers. Cf. Hast, *op. cit.*, p. 42 sq. ; J. Seidemann, *Thomas Münzer*, Dresde, 1842, p. 11 sq.

2° *L'anabaptisme à Wittemberg.* — Luther se trouvait à la Wartburg, quand les prophètes de Zwickau arrivèrent à Wittemberg, le 27 décembre 1521. Le moment était propice pour faire entendre la grande voix de l'Esprit. Le 6 octobre 1520, le moine augustin Gabriel Zwilling avait nié la présence réelle dans l'eucharistie et rejeté la messe comme un culte idolâtrique, devant les étudiants réunis au couvent. Le 23 octobre, la messe était abolie par les augustins ; Carlostadt et Mélanchton rejetaient également la présence réelle. Dans le courant de novembre, les étudiants envahissaient l'église paroissiale, arrachaient les prêtres des autels, réclamaient des potences et des échafauds. Le 26 décembre, la veille même de l'arrivée des prophètes, Carlostadt, en présence de Mélanchton et des professeurs de l'université, célébrait solennellement ses fiançailles avec la fille d'une gentilhomme. Entouré de ses douze apôtres et de ses soixante-douze disciples, Storch prêcha aussitôt la pénitence. Le sujet était mal choisi dans la capitale du luthéranisme et les extases étonnèrent, mais ne convertirent point. Il annonçait le prochain jugement de Dieu, et l'arrivée imminente des Turcs en Allemagne. Toute la entraille périrait. Encore cinq, six ou sept ans, et nul homme impie ne resterait par le monde. Les prêtres surtout devaient disparaître, même ceux qui avaient déjà pris femme.

Carlostadt goûta peu ce dernier trait. Cependant, sur bien des points, il était de cœur avec les illuminés de Zwickau. Assisté de Gabriel Zwilling et de Mohr, recteur du collège, il déclarait la guerre à la science et aux docteurs, recommandait aux étudiants le travail des mains, cherchait auprès des illettrés et des paysans le sens véritable des Écritures et, dans ses sermons, auxquels accourait la foule, préconisait la violence, puis, se mettant lui-même à la tête des émeutiers, abattait les autels et les croix, se jetait sur les prêtres dans les rues et menaçait d'un assaut le couvent des carmes déchaussés. Il fit le meilleur accueil aux prophètes et son parti fraternisa également avec eux.

Cf. Hast, *op. cit.*, p. 46. Carlostadt, fortement travaillé par les prophètes, fut bientôt un de leurs plus fervents adeptes. Cf. Jager, *Carlstadt*, Leipzig, 1888, p. 259.

Mélanchton n'était pas moins favorable. Il donna dans sa maison à Marc Stubner la plus cordiale hospitalité pendant plus de six mois et lui confia l'éducation de ses enfants. Les extases des prophètes le frappaient profondément : il reconnaissait en eux l'action de certains esprits, mais il n'arrivait pas à en discerner la nature et, nullement désireux d'entrer en lutte avec ces esprits, il remit au seul Luther le soin d'en décider. Même indécision relativement à la question du baptême des enfants, dont Storch, Stubner et leurs adeptes niaient la validité, au nom même de l'Évangile et de la thèse fondamentale de Luther. Les doctrines des « frères » de Zwickau lui paraissaient plus conformes à la Bible. Mais les discussions violentes et les querelles incessantes soulevées à ce sujet par de zélés luthériens, entre autres par son ami particulier, le fougueux Cellarius, professeur de théologie et de langues orientales, redoublèrent ses hésitations. Le désordre augmentait de jour en jour. Les « frères » mettaient en grand danger et discrédit l'autorité de Luther, en annonçant que, si le réformateur avait eu raison sur la plupart des points, il s'était trompé sur quelques-uns, non des moins importants, et qu'un prophète allait se lever, d'un esprit beaucoup plus sublime, un prophète plus grand que lui. Cf. J. Gieseler, *Lehrbuch der Kirchengeschichte*, Bonn, 1840, t. III, p. 101-106.

Le péril était extrême. Incapable de le conjurer lui-même, Mélanchton avait eu recours à l'électeur Frédéric et à Luther. Il ne cacha point ses sympathies pour les hommes de Zwickau ni ses préférences pour leurs doctrines. La question du baptême des enfants troublait surtout sa conscience. Cf. *Corpus reformat.*, t. I, p. 513 sq., 534. Frédéric manda immédiatement Mélanchton et Amsdorf à Prettin le 1er janvier 1522. Très indécis lui-même, il recommanda la tolérance et refusa de faire sortir Luther de la Wartburg. Cf. Eischer, *Zu den Wittenberger Unruhen, 1521-1522*, dans *Zeitsch. f. Kircheng.*, 1902, t. XXIII, p. 615 sq.

Quant à Luther, très exactement informé de tout ce qui s'était passé à Zwickau et de tout ce qui se tramait à Wittemberg, après avoir écrit le 13 janvier à Mélanchton et à Amsdorf pour les mettre en garde contre les innovations des prophètes (cf. Enders, *op. cit.*, t. III, p. 374), il se décide à tenter un grand coup et, malgré l'avis formel de l'électeur, il quitte la Wartburg le 1er mars et arrive le jeudi 6 à Wittemberg, en costume de chevalier, avec une escorte de cavaliers armés jusqu'aux dents. Ce coup de théâtre habilement préparé produisit dans toute la ville la plus vive impression. Contre « ces envoyés du diable, » qui élevaient leur autorité contre sa propre autorité et révoquaient en doute sa mission, le réformateur agit activement, mais aussi en toute prudence et habileté, car leur parti était puissant. Cellarius lui-même, un de leurs plus violents adversaires, avait embrassé leur cause avec ardeur. Stubner était absent, mais, sur les instances de Cellarius, il accourut. Une conférence eut lieu entre lui et Luther, en présence de Mélanchton qui accompagnait son maître, et de Cellarius qui assistait Stubner. Le réformateur écouta froidement, refusa la discussion et déclara péremptoirement que toutes ces rêveries n'avaient rien à voir avec l'Écriture, qu'elles étaient « le produit d'un esprit malade ou d'une inspiration du diable. » Une violente dispute éclata sur ces mots. Luther, pour en finir, traita Stubner de Satan et mit les deux hommes à la porte. Le jour même, les prophètes de Zwickau quittaient Wittemberg, Luther triomphait : huit jours d'habiles prédications lui avaient suffi pour se réconcilier tous les esprits. Mais la guerre ouverte, une guerre implacable, était déclarée dès lors entre les deux partis. En septembre 1522, Nicolas Storch essaya une fois encore de convertir Luther à ses idées. Accompagné de Gérard Westerburg, le célèbre professeur de droit de Cologne, il se présenta en costume de lansquenet et rompit vainement une dernière lance contre le réformateur. Le prophétisme était définitivement vaincu à Wittemberg. Mais chassés de la Saxe, Thomas Munzer et Carlostadt allaient répandre leurs doctrines en pays catholiques et soulever en masse les paysans contre les prêtres et les moines. Cf. Hast, *op. cit.*, p. 47 sq.

3° *L'anabaptisme en Souabe, en Thuringe, en Alsace.* — Ancien aumônier des religieuses bernardines au couvent de Bentwitz, près de Weissenfels, Thomas Munzer, après avoir comparé les doctrines de Luther et celles de Storch, s'était rallié au nouvel Évangile, non pas comme un disciple, mais comme un maître qui aspire à jouer un grand rôle. Établi à Altstadt, dans la Thuringe saxonne, au commencement de 1523, il soulève toutes les populations des campagnes en faveur de ses théories démagogiques et mystiques. Des provinces voisines le peuple accourait en foule à ses sermons. Il est l'apôtre de la « terreur mystique », dans laquelle Luther reconnaissait le signe spécial de « l'illumination par l'esprit. » Ce que le peuple retient le mieux encore, ce sont les diatribes contre les autorités ecclésiastiques ou civiles, les appels au pillage des abbayes et des églises, l'égalité de tous et le commun partage des biens. Ces idées se répandent au loin. Munzer était d'avis que le communisme devait s'établir, au besoin, par la force. Il excitait ainsi journellement à la violence le pauvre peuple qui affluait de partout devers lui et prophétisait, à la grande joie de tous, qu'un seul élu de Dieu pourrait égorger mille ennemis, et deux élus, dix mille. Expulsé d'Altstadt par ordre du duc Georges de Saxe, après le pillage du pèlerinage de Mellerbach opéré sous sa conduite, il se rendit à Nuremberg, où il publia contre son mortel ennemi, le docteur Martin, un pamphlet qui attisa les haines des anabaptistes contre les luthériens ; puis tout en prêchant la prochaine délivrance d'Israël, l'avènement des saints, la communauté des biens, il organisa en Souabe et dans la Forêt Noire la levée des armes contre les couvents, les églises et les châteaux, contre les riches, les nobles et les prêtres. On retrouve partout sa trace, en Hegau, en Klettgau, en Souabe, aux environs du lac de Constance, en Alsace, à Mulhausen, où il comptait de nombreux partisans. C'est à lui qu'il faut attribuer la conversion à l'anabaptisme des grands chefs du mouvement piétiste en Suisse, Conrad Grebel, Felix Manz, Balthasar Hubmaier. Cf. R. Nitsche, *Geschichte der Wiedertäufer in der Schweiz*, Einsiedeln, 1885, p. 23.

Les émissaires de Storch et de Stubner parcouraient de leur côté le pays souabe, administrant désormais le baptême de l'Esprit aux adeptes qui entraient dans leur « fraternité ». C'était, non pas un sacrement, ainsi qu'ils l'expliquaient, mais un signe de ralliement, le baptême du feu et du Saint-Esprit en Jésus-Christ. Ils reçurent alors le nom d'anabaptistes. Cf. Möhler, *op. cit.*, p. 474. Munzer se prononça en faveur de cette pratique, mais sans la rendre obligatoire. *Ibid.*, p. 476. Revenu en Thuringe, en 1524, il n'en dirigeait pas moins le mouvement révolutionnaire dans la Haute-Souabe. On a conservé quelques-unes des « tablettes » qu'il faisait distribuer au peuple et où il indiquait les dimensions des balles fondues à Mulhausen, pour servir à la prochaine guerre de la classe pauvre contre la classe riche. Seideman, *op. cit.*, p. 53, 152 ; W. Zimmermann, *Allgemeine Geschichte des grossen Bauernkrieges*, Stuttgart, 1854, t. II, p. 113 sq.

L'Alsace fut inondée à son tour de pamphlets révolutionnaires et de prédicants exaltés, qui gagnaient doucement les paisibles habitants à leurs rêveries enflammées. Strasbourg, ville de passage, ouverte à tous les trafics, et dès lors à toutes les idées, comptait dans son sein quelques familles qui conservaient pieusement les traditions des bogomiles ou amis de Dieu et des frères de la vie libre. Un manuscrit de 1522 de la bibliothèque de Bâle atteste qu'il existait alors une « fraternité céleste » qui anathématisait comme impies et comme damnés tous ceux qui n'en faisaient point partie. Röhrich, *op. cit.*, p. 26. Cependant le solide jugement des populations résista tout d'abord. Le 26 décembre 1524, Butzer avait bien déclaré, dans son ouvrage *Grund und Ursach der Neuerungen in der Gemeinde zu Strassburg*, que seul le baptême de l'Esprit donne la grâce, et non point le baptême de l'eau. Mais dès que l'on comprit bien que cette seule concession mettait en cause l'existence même du luthéranisme, la réaction se dessina rapidement contre les nouveautés des sectaires, introduites par Carlostadt, à Strasbourg, cette année-là même. Le conseil de ville fit preuve de vigilance en faveur de l'orthodoxie, tout en témoignant d'une grande tolérance à l'égard des individus. Aussi l'affluence des sectaires étrangers est-elle considérable à partir de 1526. Elle ne fait que grandir, lorsque la ligue souabe ordonne de mettre à mort les anabaptistes sans aucune forme de procès. Cf. Mill, *Beiträge zur Geschichte der Wiedertäufer in Nürnberg*, p. 224. Les mémoires de l'époque indiquent que la secte se recrutait dans toutes les classes de la société. Elle compte des prêtres et des moines, comme Nicolas Prugner, ancien curé de Mulhouse et converti par Hubmaier, Paul Volzius, l'ami d'Érasme, ancien abbé du couvent de Hugshofen (Honcourt), alors prédicateur de Strasbourg, le chevalier Eckard de Trubel, le notaire Fridolin Meiger, chez qui se tiennent les assemblées des pacifistes, une foule de bourgeois et de notables. Les prédications publiques contraires au pur luthéranisme n'étaient pas tolérées. Pour avoir préconisé la doctrine anabaptiste et déclaré que les prédicants et les docteurs sont des fous, incapables de savoir ce qu'ils disent, Thomas Salzmann fut poursuivi et, comme il persistait à rejeter l'Évangile, condamné à périr par le glaive du bourreau, non pas comme anabaptiste, mais comme blasphémateur. Malgré tout, les chefs du mouvement anabaptiste affluaient à Strasbourg comme en une ville amie : Cellarius, Denk, Knauth, Reublin, Hetzer, Brunfeldt, Jacques Vielfeld (Polychorius), Sébastien Franck, Henri d'Eppendorf, tous lettrés ou professeurs célèbres; des prédicants de marque, Engelbrecht, Schultheiss, Schwenkfeld, Sattler; des révolutionnaires exaltés, Valentin Dufft, Hoffmann, Henri Roll, Bernard Rothmann. Butzer se plaint vivement de la tolérance pratiquée par le conseil de ville, et Bullinger écrit à Ambroise Blaurer en 1533 que Strasbourg voit affluer la lie des plus infâmes coquins et des plus grands hérétiques. On s'explique dès lors comment toutes les campagnes se trouvèrent contaminées par le fléau dans la Haute et Basse-Alsace. Cf. Röhrich, *Mittheilungen aus der Geschichte der evangelischen Kirche des Elsasses*, Paris, 1855, t. III, p. 155 sq.

4° *L'anabaptisme en Suisse*. — Comme dans tous les autres pays, l'anabaptisme ne s'est déclaré en Suisse qu'à la suite de la Réforme; et comme partout ses progrès furent rapides; il menaça bientôt le luthéranisme ou le zwinglianisme. C'est à Zurich, sous un gouvernement encore catholique, que le mouvement anabaptiste prit naissance : mieux que le zwinglianisme, il répondait aux aspirations démocratiques du pays. En 1522, commence à se dessiner le progrès de la Réforme. Zwingle, surveillé de près par le conseil de ville, n'avait point osé encore se démasquer, car l'ordonnance de 1520, signée par les deux bourgmestres Félix Schmid et Marc Röust, tous deux conservateurs, paraît bien dirigée contre lui. Cf. J. Morikofer, *Ulrich Zwingli*, Leipzig, 1867, t. I, p. 21. L'ordonnance, qui prohibait les nouveautés, fut renouvelée encore par les magistrats le 26 février 1523, et l'année précédente main-forte avait été prêtée par le pouvoir civil à l'autorité ecclésiastique pour maintenir dans le devoir les religieuses du couvent d'Oetenbach. Quelques mois suffirent à modifier ces dispositions. Le 28 avril 1523, le curé de Wittikon, Guillaume Reublin, se mariait et, le 29 septembre de la même année, vingt chanoines et trente chapelains de l'église principale de Zurich adoptaient les doctrines de Zwingle, maintenant ouvertement prêchées, et réglaient leur situation à l'amiable avec le conseil de ville.

Mais déjà les écrits de Munzer et de Carlostadt s'étaient propagés en Suisse. Des thèses d'Ulrich Hugwald sur le baptême des croyants circulaient dès 1522 et semaient les premiers germes de l'anabaptisme. Quand, en octobre 1523, se tint la célèbre conférence publique où le réformateur, en présence des délégués de l'évêque de Constance et de trois cent cinquante ecclésiastiques, rejeta l'autorité de l'Église et ne reconnut de valeur qu'à la Bible, un parti révolutionnaire se formait déjà, qui entendait régler la vie politique et sociale sur les données de la Bible et revenir au mode de communauté des chrétiens primitifs. Ces idées n'étaient pas sans attaches avec celles des frères Bohêmes, dont quelques communautés survivaient aux confins de la Souabe. Cf. P. Burkhardt, *Die Basler Täufer*, Bâle, 1898, p. 8 sq.

A la tête du parti était un jeune homme de la meilleure noblesse de Zurich, et d'esprit fort distingué, qui avait reçu aux universités de Vienne et de Paris une culture littéraire fort brillante, Conrad Grebel, converti à un mysticisme exalté, après une jeunesse passée dans la débauche. Aidé de son condisciple et compatriote, Félix Manz, un élève du savant Ceporinus, et de Simon Stumpf, curé de Hönegg, il inaugura la religion de l'esprit, qui excluait tout culte extérieur, l'exercice de toute fonction civile, le port des armes, et instituait la fraternité évangélique suivant l'idéal de la primitive Église. Au printemps de 1524, Guillaume Reublin se met à prêcher ouvertement contre le baptême des enfants, tandis qu'un ancien moine du couvent de Saint-Lucius, à Coire, Jörg, surnommé Blaurock, à cause de la couleur de son vêtement, mit son talent d'orateur populaire au service des idées politiques les plus radicales et gagna les foules aux théories communistes. Munzer était l'instigateur du mouvement; mais Grebel et ses partisans réprouvaient toute violence, prêchaient la pénitence et le support des injures. Au début, ce sont de purs illuminés, différant de point de vue : ils sont avant tout pacifistes. Tel est le succès de leurs prédications que le nombre des adhérents devient une menace pour le parti de Zwingle. A. Brons, *op. cit.*, p. 25.

Une recrue nouvelle, qui valait pour eux une légion de fidèles, leur advint bientôt dans la personne de Balthazar Hubmaier, alors curé de Waldshut. Élève très brillant de Eck à l'université de Fribourg, il avait accompagné son maître à celle d'Ingolstadt, où une chaire de théologie lui était réservée. Nommé ensuite à une cure de Ratisbonne, puis à celle de Waldshut, il avait accueilli avec faveur la Réforme de Luther, pour se ranger bientôt sous la bannière de Zwingle après les conférences de 1523, auxquelles il assistait. Quelques rencontres avec Munzer sur les bords du lac de Constance en avaient fait un adepte enthousiaste de l'anabaptisme, et aussitôt il s'était joint à Grebel et à Manz pour travailler à l'établissement du nouveau règne de Dieu sur la terre. En 1525 et 1526, il prêche à Schaffhouse, à Bâle, à Waldshut, à Saint-Gall, à Appenzell et partout il gagne des adeptes en grand nombre. Zwingle s'émeut : il craint pour son prestige et pour son autorité. Les « frères » de Zurich, ayant reçu le baptême de l'Esprit, en janvier 1525, sont animés d'une ardeur plus entreprenante. Ils constituent, en regard de l'église zwinglienne, une église séparée des infidèles, que l'on déclare damnés : c'est l'église spirituelle, la réunion des parfaits. Blaurock, Ulmann, Sadler parcourent la ville avec leurs bandes fanatiques, en poussant des appels lugubres à la pénitence. Sur les instances de Zwingle, les magistrats sévissent contre les perturbateurs, qui vont répandre leurs doctrines dans tous les villages voisins. Cf. J. Beck, *op. cit.*, dans *Fontes rerum Austriacarum*, t. XLIII, p. 19 ; Nitsche, *op. cit.*, p. 30 sq. Des conférences contradictoires avaient été organisées par les soins du conseil de ville, qui réglait maintenant toutes les questions religieuses et se prononçait sur le dogme. Elles eurent lieu peu après la Toussaint 1525, entre les chefs des deux partis, d'abord à la maison commune, où le peuple se prononça pour les anabaptistes, puis à la cathédrale, devant un auditoire soigneusement choisi. Pressé par ses adversaires, Zwingle en appelle décidément, comme avait fait Luther, à la tradition. Les anabaptistes lui reprochèrent vivement cette flagrante contradiction ; les conférences s'achevèrent dans des injures réciproques, et les magistrats, déclarant les sectaires « convaincus d'erreur par l'Écriture sainte et obstinés dans les hérésies », prononcèrent contre eux la peine du bannissement. Cf. Hast, *op. cit.*, p. 127 sq.

Répandus à Glaris, à Saint-Gall, à Bâle, surtout parmi la bourgeoisie, les anabaptistes vécurent d'une vie paisible, se réunissant par petits conventicules où, suivant l'inspiration de l'Esprit, chacun expliquait l'Écriture. Mais leur prosélytisme devenait inquiétant. Un nouveau colloque, destiné à mettre l'union entre tous les dissidents de la Réforme, eut lieu à Bâle entre les chefs des deux partis religieux, en présence du sénat de la ville et des principaux bourgeois. Oecolampade représentait l'Église réformée de Bâle ; Georges Blaurock discuta au nom des anabaptistes. Comme à Wittemberg, comme à Zurich, le seul argument apporté à Bâle en faveur du baptême des enfants fut la tradition constante de l'Église, argument qui excita les huées des anabaptistes. Le sénat qui craignait des troubles se prononça contre les anabaptistes : défense leur fut faite de continuer leur apostolat et de recruter des prosélytes. Le parti se crut assez fort pour tenter un coup de main contre l'hôtel de ville et l'arsenal. Le complot échoua et, après une nouvelle conférence qui permit de leur imputer le grief d'obstination dans l'hérésie, ils furent bannis du territoire de la ville en juin 1527. Les partisans de l'action directe se réunirent aux révolutionnaires de l'Allemagne ; les pacifistes se répandirent dans les campagnes et dans les villes plus hospitalières, où ils se contentèrent de vivre de leur vie spirituelle, en dehors de toute agitation politique et religieuse. Mais partout ils eurent à subir les persécutions des réformés que soutenaient les pouvoirs civils. Les exécutions commencèrent : douze anabaptistes furent pendus en Suisse dans le courant de l'année 1527. On craignait toujours avec eux le retour de la guerre sociale. Cf. E. Müller, *Geschichte der Bernischen Täufer*, Frauenfeld, 1895, p. 17 sq.; *Chronique de Rasch*, dans *Fontes rerum Austriacarum*, t. XLIII, p. 21 sq.; R. Nitsche, *op. cit.*, p. 44 sq.; A. Brons, *op. cit.*, p. 51 sq.; P. Burckardt, *op. cit.*, p. 55 sq.

IV. LES ANABAPTISTES ET LA GUERRE SOCIALE. — Les discours incendiaires de Thomas Munzer et l'annonce du royaume de Dieu dans un avenir tout proche, portée aux populations de la Haute-Souabe en paroles de feu par les prédicants de l'anabaptisme, avaient séduit l'esprit simple des paysans. Les fraternités s'établissaient partout ; les plans s'élaboraient ; les chefs se concertaient d'un bout de l'Allemagne à l'autre ; la guerre sociale s'organisait au nom du principe religieux et du « droit divin » réservé aux élus. Chaque membre de la « Fraternité évangélique » devait chaque semaine verser sa contribution d'un demi-batzen pour le recrutement des « frères » en Souabe, en Saxe, en Misnie, en Franconie et en pays rhénan. Une seule direction préside à cet immense mouvement. Hans Muller avait été mis à la tête de la « grande Fraternité chrétienne de la Forêt Noire. » Drapé dans un vaste manteau rouge et coiffé d'un béret à plumes de même couleur, il parcourait la contrée, précédé d'un héraut à cheval, et enrôlait de force les paysans parmi les « frères ». Mais il est établi aujourd'hui que le véritable promoteur et organisateur de la guerre sociale fut Balthazar Hubmaier, le chef de la communauté anabaptiste de Waldshut, servi par une armée infatigable et choisie de colporteurs et de prédicants. Cf. Mone, *op. cit.*, t. II, p. 46. Il fut énergiquement secondé par Munzer, le dictateur de Mulhausen. Ils purent espérer le succès définitif, quand le duc Ulrich de Wurtemberg se mit au service de la Fraternité, avec ses trente bannières, sous lesquelles ne marchaient que des soldats suisses, destinés à donner le pas à l'armée des « frères ». Cf. Ketzler, *op. cit.*, t. I, p. 364.

La révolte éclata en Thurgovie, dans les derniers jours de juin 1524. La chartreuse d'Ittingen, près de Frauenfeld, assaillie par cinq mille paysans aux ordres des anabaptistes, fut pillée et incendiée ; les maisons des prêtres non résidents furent mises à sac, et les plus indignes profanations exercées contre le saint-sacrement. Il est hors de doute que les religieux et les prêtres d'Ittingen sont pleinement innocents du reproche qui leur a été fait d'être la cause de l'émeute. Cf. H. Schreiber, *Der deutsche Bauernkrieg*, Fribourg, 1863, t. I, p. 4 sq. Pendant ce temps, les paysans de Stühlingen se soulevaient contre leur seigneur et, se réunissant aux vassaux de l'abbaye de Saint-Blaise, sous le commandement d'un puissant démagogue, Hans Muller de Bulgenbach, ils marchèrent sur Waldshut, précédés du drapeau noir, rouge et blanc, et les révoltés du pays formèrent entre eux une « Fraternité évangélique », dont le but avoué fut la destruction des châteaux et couvents et l'extermination du clergé. C'était une guerre de religion qui éclatait dans la Haute-Souabe, sous l'action exaltée de Muhzer, le prophète du millénarisme, et de Balthazar Hubmaier, le véritable organisateur du mouvement. Des émissaires, entretenus par la caisse de la Fraternité, se répandent dans toute l'Allemagne, recrutant des « frères » en Franconie, en Saxe, en Misnie, en pays rhénan, soulevant contre leur évêque les catholiques de l'évêché de Bamberg. Cf. Höfler, *Frankische Studien*, t. VIII, p. 269.

L'Algau, resté jusqu'alors à l'abri des prédications luthériennes, activement travaillé par les anabaptistes, se soulève comme par enchantement. Les vassaux de l'abbaye de Roth s'insurgent contre le prince-abbé, et les montagnards du Haut-Algau déclarent qu'ils ne reconnaissent plus ni seigneurs ni maîtres. Les paysans de Kempten, en lutte avec le prince-abbé, prennent les armes au nom « du droit divin ». Des bandes venues de Baltringen, de la vallée de Schüssen, des bords du lac de Constance, surexcitées par les prédications communistes de Christophe Schappeler, le plus fougueux agitateur de la Haute-Souabe, et par son disciple, le pelletier Sébastien Lotzer, se réunissent à Memmingen, où se constitue la puissante association de l' « Union chrétienne », destinée à faire revivre la fraternité des temps apostoliques (7 mars 1725). Les « bandes rouges » de Kambach et de la vallée de Mindel s'organisent; le pillage et l'incendie des églises, des couvents et des châteaux se poursuit méthodiquement; d'horribles déprédations et profanations s'exercent sur les statues, les reliques, les saintes hosties, à Leipheim, à Baltringen, à Kempten. Les femmes surtout, livrées au délire prophétique, déploient la plus sacrilège ardeur et entraînent leurs maris à la révolte. Cf. J. Seidemann, *Thomas Munzer*, Leipzig, 1842, p. 101. Les abbayes de Saint-Blaise et d'Elchingen, le monastère d'Anhausen sont ruinés et dévastés. Les habitants de Memmingen s'engagent par serment à n'épargner ni abbaye, ni couvent, ni église, et la révolte se propage aussitôt, comme sur un mot d'ordre et d'après un plan longuement étudié, dans toute la Haute-Allemagne. Rien qu'en Thuringe, on voit presque en même temps s'écrouler dans les flammes, aux appels de Munzer, qui déclare « divins » le massacre et l'incendie, les couvents d'Allendorf, de Bonnerode, d'Eisenach, de Gerbstadt, de Gérode, de Helffta, de Zella, appartenant aux bénédictines; d'Annerode, de Beuren, de Capellendorf, de Frankenhausen, de Frauen-Priessnitz, de Frauensee, d'Echtershausen, de Kelbra, de Nordhausen, de Petersberg, de Rohrbach, de Teistungenburg, de Worbis, appartenant aux religieuses de l'ordre de Citeaux; de Frauenbreitungen, de Saalfeld, de Wiederstadt, appartenant aux augustines, et d'autres monastères de femmes. Les abbayes et monastères d'hommes ne réussirent pas mieux à se défendre. Nombre de couvents bénédictins furent pillés et réduits en cendres à Göllingen, Herrenbreitungen, Hombourg, Mönchröden, OEdisleben, Paulinzelle, Reinhardsbrunn, Veilsdorf, Waldeck, Wimmelburg, Zella Saint-Blaise. Les monastères d'augustins à Cronspitz, à Königsberg, à Kreuzburg, à Nordhausen, à Schmalkalden; de dominicains à Eisenach, à Nordhausen; de cisterciens, à Johannisthal, Eisenach, Georgenthal, Georgenzell, Mönchpfiffel, Reifenstein, Volkenroda; les collégiales des chanoines de Saint-Augustin à Eisenach, Heiligenstadt, Iechaburg, Naltenborn, Rossleben, Schmalkalden et beaucoup d'autres eurent le même sort. Cf. *Zeitschrift des Vereins für thüringische Geschichte und Altertumskunde*, Iéna, 1871, t. VIII, p. 1-175. Sur les atrocités commises au nom du « droit divin » dans l'évêché d'Augsbourg, cf. Steichele, *Beiträge zur Geschichte des Bistums Augsburg*, t. I, p. 57 sq.; en Alsace, cf. H. Virck, *Politische Correspondenz der Stadt Strassburg im Zeitalter der Reformation*, Strasbourg, 1882, t. I, p. 107-195. En Tyrol, en Styrie, en Carinthie, la révolte eut le même caractère. L'abbaye de Neustift fut attaquée la première et livrée à tous les excès. Michel Geismayr, ancien employé de l'évêque de Brixen, élu chef des révoltés le 13 mai 1525, porta la terreur dans tout le pays. « Alors commença la persécution des révoltés, dit un mémoire du temps. Il n'était si pauvre prêtre dans la contrée qui ne dût perdre son avoir. » *Fontes rerum Austr.*, t. I, p. 470. Dans les pays héréditaires de l'Autriche comme dans les États de l'Allemagne, une même organisation semble présider à cet immense mouvement, car le Tyrol et la Styrie envoient leurs émissaires attiser la révolte jusque dans l'évêché de Trèves, à Sarrebourg, Blies et Castel. Les sujets de l'archevêque de Mayence se soulèvent à leur tour dans presque toutes les villes et tous les villages de l'électorat: Mayence est aux mains des rebelles, le 25 avril 1525. Le chapitre et le coadjuteur de l'archevêque, Guillaume, évêque de Strasbourg, négocient avec les révoltés et acceptent les articles des paysans. L'évêque de Wurzbourg, Conrad de Thüngen, laisse dévaster ses terres, piller les presbytères et les couvents. Carlostadt commet à Rothenburg les plus insignes méfaits, s'acharnant avec ses hordes sur la cathédrale et sur la superbe église de Notre-Dame à Kobenzell. Cf. F. Baumann, *Quellen aus Rotenburg*, Tubingue, 1878, p. 599 sq.; H. Bensen, *Geschichte des Bauernkriegs in Ostfranken*, Erlangen, 1840, p. 63-104. L'évêché de Bamberg, malgré les efforts de l'évêque Weigand de Redwitz, est livré aux mêmes profanations et aux mêmes atrocités. Seule, la cathédrale put être protégée et épargnée; mais l'évêque dut entrer en composition avec les émeutiers et subir le régime « d'une commission nationale. » Cf. Bensen, *op. cit.*, p. 376-384. Munzer établissait le règne de Dieu à Mulhausen, traquait les religieux, surtout les dominicains et les carmes, saccageait la belle abbaye de Fulda, excitait au « divin massacre ». Cf. Seidemann, *op. cit.*, p. 75 sq. Les soulèvements se propagent dans toute la Thuringe, la Hesse, la Misnie, une partie de la Saxe. Langensalza, où la « fraternité évangélique » est organisée par le savetier anabaptiste Melchior Wigand, Erfurt, où Eberlin de Günzburg a troublé les esprits, sont le théâtre de sanglantes échauffourées, jusqu'à ce qu'il ne reste plus sur place ni un religieux ni un prêtre. Cf. Kampschulte, *op. cit.*, t. II, p. 208-215.

Trois cent mille paysans, divisés en détachements de huit à dix mille hommes, aidés souvent par la connivence de la bourgeoisie des villes, mais forts surtout de la faiblesse des évêques et des princes, portaient ainsi sur tous les points de l'Allemagne, excités et conduits par les chefs anabaptistes, une guerre d'extermination, suivant le mot de Munzer, contre les couvents et les châteaux, dont aucun ne devait rester debout. Charles-Quint était alors en Espagne, le conseil de régence n'avait ni autorité ni activité. Ce fut la ligue souabe qui organisa de son mieux, dans l'universel désarroi et dans la terreur de ces tristes jours, les premières résistances. C'est sans doute parce que le mouvement anabaptiste menaçait presque exclusivement au début les églises et les couvents, que les princes allemands montrèrent tout d'abord une si étonnante apathie. Après les couvents, ce fut le tour des châteaux, et les soldats du « droit divin », enhardis par leurs succès, parlaient maintenant d'exterminer les princes, les seigneurs et les chevaliers. Le duc Georges de Saxe, resté fervent catholique, travailla très activement à secouer l'indifférence des princes et les premières armées régulières, peu nombreuses, mais composées de troupes exercées, bien armées et disciplinées, eurent vite fait de disperser et même d'exterminer les hordes des paysans partout où elles purent les joindre. En Souabe et en Franconie, le chef de la ligue, Georges Truchsess de Waldburg, remporta près de Böblingen, le 12 mai 1525, sur l'armée des paysans, forte de dix à vingt mille hommes, une décisive victoire suivie d'une énergique répression. Habilement et résolument secondé par le prince électeur, Louis de Palatinat, par le margrave Casimir d'Ansbach-Baireuth, et par Georges Freundsberg, étouffa la révolte en peu de temps. Les paysans alsaciens furent battus par Antoine de Lorraine, près de Saverne; presque en même temps les forces réunies de l'archevêque de Trèves, du landgrave Philippe de Hesse, du duc Georges de Saxe, du duc Henri de Brunswick remportèrent la victoire décisive de Frankenhausen. Thomas Munzer qui, revenu de l'Allemagne du sud, avait organisé la révolte en Thuringe, fut découvert après la bataille; il s'était caché dans un lit à Frankenhausen. On le condamna séance tenante à être pendu. Avant de mourir, il se repentit, abjura ses erreurs et mourut dans la foi catholique.

Pfeifer, qui avait été saisi près d'Eisenach, refusa d'abjurer. Cf. V. Seckendorf, *Commentarius historicus et apologeticus de lutheranismo*, Francfort, 1692, l. II, sect. IV, p. 13. Plus de cinq mille anabaptistes étaient restés sur le champ de bataille. Ils étaient morts au chant du cantique : « Viens, Esprit-Saint. » Cf. Seidemann, *op. cit.*, p. 146.

La révolte dura plus longtemps dans le Tyrol et à Salzbourg, mais là aussi elle finit par être noyée dans le sang.

Plus de cent mille morts, plus de mille couvents et châteaux incendiés, des villages détruits, tel était le résultat de la conjuration anabaptiste. La révolution religieuse et sociale, qui avait failli anéantir la tradition chrétienne et avec elle tout l'ancien équilibre politique et social de l'empire, était domptée enfin. Mais « l'aspect d'une grande partie de l'Allemagne était à jamais changé et la répression qui suivit ces funestes émeutes rendit plus affreuse encore la situation du pays. » J. Janssen, *op. cit.*, t. III, p. 593 sq. Le martyrologe des anabaptistes compte plus de cinq mille exécutions en quelques années. Dans le Tyrol, plus de deux mille furent pendus. Dans la seule ville d'Ensisheim, siège du gouvernement de l'Autriche antérieure, on relève six cents exécutions d'anabaptistes brûlés, décapités ou noyés. En 1529, le comte palatin Louis en fit pendre trois cent cinquante en quelques mois. Dans la petite ville de Kitzbüche, soixante-huit furent pendus en 1527. La plupart marchèrent au supplice avec un merveilleux courage, refusant jusque dans les pires tortures de quitter leur religion et de maudire l'anabaptisme : femmes, jeunes filles, enfants ne montrèrent pas moins d'héroïsme que les hommes les plus intrépides. Cf. E. Muller, *op. cit.*, p. 17; *Chronique de Resch*, dans *Fontes rerum Austriacarum*, t. XLIII, p. 127; Röhrich, *op. cit.*, p. 39. Luther, au milieu de toutes ces horreurs, de ces ruines, de ces tristesses, savoura le plaisir de la vengeance; il exulta, comme d'un joyeux triomphe, et demanda que l'effort se tournât maintenant contre « la grande prostituée rouge » qu'il accusait de soudoyer l'armée anabaptiste. Cf. *Sämmtl. Werke*, t. XXIX, p. 377 sq.

V. LE RÈGNE DE DIEU A MUNSTER. — C'est dans une ville catholique, restée soumise à l'autorité de son évêque, malgré la défection d'une partie de ses habitants, que les anabaptistes parvinrent à réaliser leurs doctrines et à constituer un État où s'étalèrent tous les excès d'une démagogie furieuse et folle, où l'illuminisme et le communisme absolu donnèrent la mesure de leurs extravagantes et criminelles utopies.

Depuis l'échec de la révolution sociale à Frankenhausen et la terrible répression qui suivit, Strasbourg était devenu le rendez-vous des sectaires vaincus. En 1529, Schwenkfeld et Hoffmann, à la tête d'une légion de prophètes et de prophétesses, annonçaient de nouveau l'avènement du règne de Dieu. Hoffmann était le second Élie; Strasbourg, la « nouvelle Jérusalem », la ville choisie de Dieu d'où les cent quarante-quatre mille élus de l'Apocalypse allaient partir pour la suprême prédication. Hoffmann ne réussit qu'à se faire incarcérer. Les apôtres ne purent établir à Strasbourg le règne de Sion; ils furent plus heureux à Munster. Cf. Cornelius, *op. cit.*, t. II, p. 65 sq., 218 sq.; Röhrich, *op. cit.*, p. 22 sq., 67 sq.

En dépit des efforts des prédicants luthériens, Munster passait encore en 1529 pour un des plus fermes remparts de la foi catholique. Des troubles sérieux, que le conseil d'État n'arriva point à réprimer, éclatèrent en mai 1531 à la mort de l'évêque Erich. Munster, Osnabruck, Paderborn virent les prêtres assaillis, les églises et couvents livrés au pillage. Bernard Rothmann, chapelain de Saint-Maurice, et le drapier Bernard Knipperdollinck étaient les principaux instigateurs de l'émeute. Leur nom se retrouve dans toutes les luttes de cette époque troublée de Munster.

Né, vers 1495, à Stadtlohn, où son père était forgeron, Bernard Rothmann, tout en appartenant à la maîtrise de Saint-Maurice, avait suivi les cours de la célèbre école du chapitre de la cathédrale, réorganisée par le savant humaniste Rodolphe de Langen, puis, en 1516 et 1517, étudié au collège non moins célèbre de Deventer. En 1524, il obtenait le grade de maître ès arts à l'université de Mayence, et devenait vicaire à Saint-Maurice, et bientôt prédicateur, très goûté d'ailleurs et populaire. Ses tendances luthériennes le firent éloigner de son poste par le chapitre de Saint-Maurice, qui l'envoya se perfectionner dans la théologie à Cologne. Il reparut bientôt. Mais, en son absence, les événements avaient marché. La guerre sociale avait amené à Munster, comme dans toutes les villes épiscopales, un soulèvement du peuple dirigé par un vicaire de Saint-Martin, Lubbert Causen, dont les opinions anabaptistes étaient connues, et par trois autres vicaires, qui imposèrent à l'évêque et aux autorités municipales, tout comme les paysans de Souabe, leurs douze articles. L'autorité avait fini par se ressaisir et déposer les coupables. Cependant les fauteurs de désordre ne manquaient pas; à leur tête se trouvait Knipperdollinck, esprit bouffi d'orgueil et tracassier, mais qui, par sa situation, sa famille, ses relations, exerçait une grande influence. Il ne se gênait point pour braver l'autorité de l'évêque, avec qui il était en procès. Pendant ce temps, Rothmann s'aboucha directement à Wittemberg avec Mélanchton, Bugenhagen et Luther, visitait les grands centres du protestantisme, notamment Spire et Strasbourg, « la première des villes chrétiennes. » Mais il avait son plan de réforme à lui, qu'il prêcha malgré les chanoines et l'évêque, avec l'appui de la petite bourgeoisie, qui lui était fort sympathique. Des émeutes éclatent, les églises sont pillées, les autels et les statues brisés. C'est sur ces entrefaites que fut nommé évêque de Munster, le 1er juin 1532, le comte Franz von Waldeck, déjà évêque de Minden, et bientôt après, cumulant les titres, mais non les charges, évêque d'Osnabruck. A lui bientôt allait revenir le soin ardu de détruire la « nouvelle Sion », que les anabaptistes se flattaient d'établir dans sa ville épiscopale.

Jusqu'en 1533, Rothmann restait en dehors des rêveries anabaptistes. Converti alors par Staprade, qui lui avait été adjoint comme prédicateur, il prêcha en mai 1533 contre le baptême des enfants. Le bruit s'en répandit au loin, en Hollande, et de toutes parts les anabaptistes accoururent, entre autres Bockelson de Leyde, qui séjourna chez Hermann Ramers jusqu'au 25 juillet 1533.

Le conseil de ville, maintenant acquis aux luthériens, se retourna contre Rothmann et, n'osant l'expulser, lui interdit la prédication. Rothmann ne put rester inactif. Il prêcha d'abord en cachette et de nuit, puis en plein jour, dans des maisons privées. Un coup de fusil annonçait le commencement de la réunion clandestine. Là le prédicateur traitait les luthériens et les papistes d'impies, qui résistent au règne de Dieu. « Durant quatorze cents ans, disait-il, il n'y a pas eu un seul vrai chrétien dans le monde entier. Ceux-là seuls sont chrétiens, qui d'abord croient en Jésus-Christ et *ensuite* sont baptisés en son nom. Tous les mariages des chrétiens, célébrés avant un second baptême, sont nuls. Un chrétien ne doit pas prêter à intérêt, ni payer de rentes. Suivant en cela l'exemple des apôtres, les chrétiens doivent mettre leurs biens en commun. » Plus que toute autre, la doctrine de la communauté des biens attirait à Rothmann de nombreux adeptes, et les étrangers affluaient à Munster d'une façon inquiétante. Chez la plupart, c'était l'espoir d'une vie plus aisée; mais il y avait aussi des motifs purement religieux : la riche Brandesch, belle-mère de Knipperdollinck, avait remis à ses débiteurs leurs dettes avec les intérêts déjà payés; d'autres mettaient tout leur argent aux pieds de Rothmann. L'anabaptisme commençait à régner. C'est en vain que Lening et Fabricius achevaient leur règlement ecclésiastique et le firent approuver par le conseil, les prud'hommes et les chefs de corporations : tout règlement était inutile maintenant; la lutte passait de l'église dans la rue. Sur la conduite de l'évêque de Munster, Frédéric de Wied, à l'égard des réformés et sur la faiblesse de son successeur, François de Waldeck, à l'égard des anabaptistes, voir Hermann de Kerssenbroick, *Geschichte der Wiedertäuffer zu Münster in Westphalen*, Munster, 1771, p. 113 sq., 398 sq.

Le terrain était admirablement préparé quand, le 5 janvier 1534, les envoyés du prophète de Harlem, Barthélemy Boeckbinder et Guillaume de Kniper, apparaissent dans la ville, annonçant aux frères que le temps de la promesse est arrivé. Ils baptisent Rothmann. Le nombre des prosélytes s'accroît rapidement. En huit jours plus de quatorze cents personnes reçoivent le baptême, protestants et catholiques. Les religieuses du couvent Saint-Éloi et du couvent d'Ueberwasser quittent leur cloître pour suivre la religion de l'Esprit et se font baptiser par Rothmann; des dames se dépouillent de leurs bijoux et viennent les apporter aux pieds du maître. Un vent de folie semble souffler sur la ville. A ce moment, arrivent des Pays-Bas une foule d'anabaptistes, qui cherchent à se soustraire aux mesures de répression édictées contre eux par Marie de Bourgogne. A leur tête se trouvent Jean de Leyde et le prophète Jean Matthison lui-même. Leur rêve est d'établir dans Munster la « Jérusalem nouvelle » et les événements prennent aussitôt une tournure révolutionnaire. Cf. G. Tumbult, *op. cit.*, p. 59 sq.; Cornelius, *op. cit.*, t. II, p. 228-239.

Le 28 janvier, les anabaptistes paraissent en armes dans les rues barrées de chaînes et s'emparent des portes de la ville, forcent le conseil à capituler et à proclamer la liberté de conscience. Jean de Leyde et Knipperdollinck parcourent tous les quartiers, tête nue, les yeux au ciel, en poussant leur cri lugubre : Pénitence ! Pénitence ! L'impression produite sur le peuple est immense. Pendant ce temps, Rothmann rassemble à Munster toutes les familles anabaptistes de la contrée, dans le but de construire le temple de Salomon et d'instaurer dans la Jérusalem sainte le vrai culte débarrassé de toute superstition. Forts de leur nombre, les anabaptistes s'emparent du conseil de ville le 23 février; Knipperdollinck, devenu bourgmestre, donne le signal de l'avènement du règne de Dieu, et le pillage des églises et des couvents commence avec une rage sauvage. Tout est brisé dans les églises; l'incomparable bibliothèque, enrichie d'ouvrages précieux par l'évêque Erich, et la belle collection de manuscrits de Rodolphe de Langen sont anéanties; les tombeaux des évêques et des chanoines sont profanés. Le prophète Jean Matthison prêche l'extermination des impies, c'est-à-dire des catholiques et des luthériens restés dans la ville. On se contenta de les expulser brutalement. Les monastères et les maisons abandonnées servaient à loger les « frères » venus du dehors. Kerssenbroick, *op. cit.*, p. 144 sq.

La communauté des biens fut dès lors établie. Sept hommes, choisis par Matthison dans une extase, furent chargés de la gérance des biens confisqués et de la distribution des vivres et des vêtements aux indigents; ils prirent le nom de diacres. Ordre fut donné, sous peine de mort, de livrer à l'administration commune les valeurs et les bijoux, l'or et l'argent monnayé ou non. Tous les livres qui se trouvaient dans la ville furent brûlés sur la place publique, excepté l'Ancien et le Nouveau Testament. Keller, *op. cit.*, p. 148, 152.

Pendant ce temps, l'évêque, réfugié à Telgte sous forte escorte, négociait avec l'archevêque de Cologne et le landgrave de Hesse pour obtenir des secours en hommes et en argent. Les troupes se concentrèrent dans le courant de février et les travaux du siège commencèrent le 28 de ce mois. La défense des assiégés fut organisée avec une activité, un courage et une entente de l'art militaire, qui frappèrent d'étonnement les troupes épiscopales. Les fouilles de 1898 ont montré que l'on utilisa, pour renforcer les fortifications, jusqu'aux statues de pierre ou de bois, jusqu'aux dalles des églises. Des bandes armées, que les lansquenets du lieutenant impérial Georges Schenk de Thautenberg eurent grand'peine à disperser, accouraient de tous les points des Pays-Bas au secours de la sainte Jérusalem. Les Munstériens comptaient si bien sur l'aide du ciel que le prophète Matthison, hanté par l'exemple de Samson, s'élança, le jour de Pâques (5 avril), à la tête d'une poignée d'hommes contre l'armée assiégeante pour l'écraser. Il tomba criblé de coups et son corps fut mis en pièces par les lansquenets. Jean de Leyde lui succéda.

Il fallait au « nouvel Israël » une constitution théocratique, annonçait Jean de Leyde. Après avoir pendant plusieurs nuits parcouru les rues de la ville en criant : « Pénitence ! Le jugement est proche ! » il choisit douze anciens, qui devaient gouverner en commun le peuple de Dieu. La nouvelle constitution régla tous les détails de la vie, le service de garde, les repas en commun, la distribution des travaux à chaque corps de métiers, la forme des vêtements. La caractéristique du régime fut l'institution de la polygamie. Il y eut toutefois sur ce point de vives résistances, qui aboutirent au massacre des mécontents, et le terrorisme régna désormais, avec toutes ses horreurs, dans la nouvelle Sion. Cf. Tumbult, *op. cit.*, p. 78 sq.; Buchholtz, *op. cit.*, p. 360.

Suivant une révélation prophétique de l'orfèvre Dusentschur, Jean de Leyde devait devenir le prince de la fin des temps, le roi de toute la terre. Il reçut à ce titre l'onction sainte et s'entoura de toute la pompe de la majesté souveraine : le sceptre, le globe impérial, les couronnes, les anneaux étaient d'une somptuosité extraordinaire. Trois fois la semaine, sur son trône de la place du Marché, il rendait la justice au milieu de sa cour magnifiquement parée. Les plus grands crimes étaient les actes ou les paroles en opposition avec le régime établi : leur châtiment était la mort.

Cependant l'énergique résistance des assiégés triomphait de tous les assauts. Leur propagande s'étendait jusque dans les rangs de l'armée épiscopale, qui d'ailleurs commençaient à s'éclaircir. Désespéré, François de Waldeck voulut parlementer : ses offres furent repoussées avec insolence. Il eut alors la pensée de céder son évêché à l'empire, en échange d'une pension. L'archevêque de Cologne et les princes voisins, redoutant pour eux le voisinage impérial, consentirent alors à de nouveaux sacrifices, et le siège reprit avec vigueur, pendant que Jean de Leyde envoyait vingt-sept apôtres porter la prédication anabaptiste jusqu'aux extrémités de la terre. Tous purent traverser sans encombre les lignes ennemies. Ces prédications et les écrits de Rothmann, répandus dans les pays environnants, soulevaient de plus en plus les populations. Le danger menaçait maintenant toute l'Allemagne du Nord. Aussi les archevêques de Cologne, de Trèves et de Mayence, l'électeur de Saxe, le landgrave de Hesse, le duc de Clèves et tous les princes des districts rhénan et westphalien se résolurent à un nouvel effort. La diète impériale de Worms, réunie le 1er avril 1535, assura elle-même un subside d'empire de cent cinq mille florins d'or. Un assaut général fut préparé et, grâce aux indications fournies par un bourgeois de Munster, Heinrich Gresbeck, et par un lansquenet, Eck van der Langenstraten, tous deux échappés de la ville, un détachement de soldats catholiques put s'introduire dans la nuit du 24 au 25 juin, à la faveur d'un orage, au centre même des fortifications et la ville tomba enfin, après une lutte acharnée, au pouvoir de l'évêque. Rothmann était resté dans la mêlée. Jean de Leyde, Knipperdollinck et Bernard Krechting furent poignardés par sentence du juge, le 22 janvier 1536, après avoir eu la langue arrachée et les membres torturés avec des tenailles ardentes sous les yeux de la foule. Conformément aux prescriptions de la diète de Worms, du 1er novembre 1535, le catholicisme fut rétabli à Munster, mais non sans résistance de la part des corporations.

Hermann von Kerssenbroick, *Geschichte der Wiedertäufer zu Münster*, traduct. lat. de 1771; éd. orig. du Dr H. Detmer, 1899, dans *Geschichtsquellen der Bistums Münsters*, t. v, vi. — *Die Geschichtsbücher der Wiedertäufer in Oesterreich-Ungarn*, édités par le Dr Jos. von Beck, dans *Fontes rerum Austriacarum*, IIe part., t. xliii, Vienne, 1883. — Bullinger, *Der Wiedertäufer Ursprung*, Zurich, 1561. — J. Kessler, *Sabbata*, éd. Götzinger, Saint-Gall, 1866. — Ottii *Annales anabaptistici*, Bâle, 1672. — E. Egli, *Aktensammlung zur Geschichte der Züricher Reformation in dem Jahren 1519-1533*, Zurich, 1880. — J. Hast, *Geschichte der Wiedertäufer*, Munster, 1835. — Erbkam, *Geschichte der protest. Sekten in Zeitalter der Reformation*, Hambourg, 1848. — Jarke, *Studien und Skizzen zur Geschichte der Reformation*, Schaffouse, 1848. — C. A. Cornelius, *Geschichte der Münstersichen Aufruhr*, Leipzig, 1850-1860. — Hase, *Neue Propheten*, Leipzig, 1860. — Bouterweck, *Zur Literatur und Geschichte der Wiedertäufer*, Rome, 1864. — Heppe, *Geschichte der evangelischen Kirche der Rheinländer*, Bonn, 1867. — L. Keller, *Geschichte der Wiedertäufer und ihres Reiches zu Münster*, Munster, 1880 ; *Die Reformation und die älteren Reformparteien*, Leipzig, 1885. — R. Bachmann, *Nic. Storch der Anfänger der Zwickauer Wiedertäufer*, Zwickau, 1880. — A. Brons, *Ursprung, Entwickelung und Schicksale der Taufgesinnten oder Mennoniten*, Norden, 1884. — R. Nitsche, *Geschichte der Wiedertäufer in der Schweiz zur Reformationszeit*, Einsiedeln, 1885. — E. Müller, *Geschichte der Bernischen Täufer*, Frauenfeld, 1895. — P. Burckhardt, *Die Basler Täufer*, Bâle, 1898. — K. Rembert, *Die « Wiedertäufer » im Herzogtum Julich*, Berlin, 1899. — Merx, Th. Münzer und H. Pfeiffer, Gœttingue, 1899. — G. Tumbult, *Die Wiedertäufer. Die socialen und religiösen Bewegungen zur Zeit der Reformation*, Bielefeld et Leipzig, 1899. — G. Kawerau, *Luthers Rückkehr von der Wartburg*, Halle, 1902. — Baudrillart, art. *Anabaptistes*, dans le *Dictionnaire de théologie catholique*, t. i, col. 1128-1154. — Fischer, *Zu den Wittenberger Unruhen, 1521-1522*, dans *Zeitschr. für Kircheng.*, 1902, t. xxiii, p. 615 sq. — H. Grisar, *Luther*, Fribourg-en-Brisgau, 1911-1912.

P. BERNARD.

ANACHORÈTES (ἀνα-χωρέω, je me retire). Saint Jérôme les définit, en les opposant aux cénobites : *Anachoretae, qui soli habitant per deserta, et ab eo quod procul ab hominibus recesserint, nuncupantur. Epist.*, xxii, 34, *P. L.*, t. xxii, col. 419.

I. TRAITS QUI CARACTÉRISENT LEUR VIE. — Outre l'isolement qui les distingue des cénobites : 1° le travail manuel, Athanase, *Vie de saint Antoine*, 3, *P. G.*, t. xxvi, col. 814; Épiphane, *Panarion*, haer. lxxx, 4, *P. G.*, t. xlii, col. 761 ; Rufin, *Historia monachorum*, *P. L.*, t. xxi, col. 407; 2° la prière, Épiphane, *loc. cit.*; S. Augustin, *De moribus Ecclesiae catholicae*, 65, 66, *P. L.*, t. xxxii, col. 1337-1338; 3° l'austérité, souvent effrayante, S. Augustin, *loc. cit.*; S. Jérôme, *Vita Pauli*, 6, *P. L.*, t. xxiii, col. 21; Rufin, *Historia monachorum*, Prologus, *P. L.*, t. xxi, col. 389; Palladius, *Histoire lausiaque*, 2, *P. G.*, t. xxxiv, col. 10, 11. Voir l'article AMMON, col. 1309, qui contient des détails sur les réunions hebdomadaires des anachorètes.

II. ORIGINE DE L'ANACHORÉTISME. — 1° Quel a été le premier ermite ? Saint Jérôme désigne saint Paul de Thèbes. *Vita Pauli*, *loc. cit.*, et *Epist.*, xxii, 22, 36, *P. L.*, t. xxii, col. 421. Le premier de ces textes est mal établi, et on a contesté l'autorité historique de la *Vita Pauli*, non seulement à notre époque (Duchesne, *Histoire ancienne de l'Église*, t. ii, p. 884, note 2; Grützmacher, *Das Mönchtum*, Real Encyclop. für prot. theol., t. xiii, p. 217), mais du vivant même de saint Jérôme, qui s'en plaint amèrement. *Vita Hilarionis* Prologus, *P. L.*, t. xxiii, col. 29. En revanche, le témoignage de la lettre à Eustochium est très net : *Hujus vitae auctor Paulus*. Saint Jérôme ajoute aussitôt : *illustrator Antonius*. C'est saint Antoine qui a, en quelque sorte, popularisé la vie érémitique en entraînant au désert, par sa réputation, une foule de disciples. Voir ce nom. Au nom d'Antoine, il convient de joindre celui d'Ammon, qui fut, en même temps que lui, un grand initiateur à la vie d'anachorète. Voir ce nom, col. 1309. 2° Sous quelle influence l'anachorétisme a-t-il pris naissance ? D'après Denys d'Alexandrie, cité par Eusèbe, *Hist. eccl.*, vi, 42, *P. G.*, t. xx, col. 613, c'est la persécution de Dèce qui a chassé de nombreux chrétiens dans la solitude. Butler fait observer, non sans raison, qu'il ne s'agit peut-être là que d'anachorètes de circonstance. Négligeons l'hypothèse d'une infiltration du bouddhisme (Hilgenfeld, *Zur Ursprung des Mönchtums*, p. 148), dépourvue de fondement historique, et l'assimilation des anachorètes aux χάτοχοι du temple de Sérapis (Weingarten, *Ueber den Ursprung des Mönchtums in nachkonstantinischen Zeitalter*, théorie réfutée par Preuschen, *Mönchtum und Serapis Kult*, Programm). L'influence du néoplatonisme, invoquée par Keim, *Aus dem Urchristentum*, p. 215, n'a pu être considérable. Grützmacher est mieux inspiré, lorsqu'il reconnaît dans l'anachorétisme, d'une part, un produit du développement de l'idéal chrétien (à rapprocher de saint Jérôme qui considère saint Jean-Baptiste comme le premier anachorète, *Epist.*, xxii, *loc. cit.*), et d'autre part, un résultat des tristes conditions politiques et sociales de l'Égypte au iiie siècle. *Das Mönchtum*, *loc. cit.*

III. DÉVELOPPEMENT DE L'ANACHORÉTISME. — Saint Pacôme transforma beaucoup d'anachorètes en cénobites : Συνέγαγε πάντας τοὺς νεωτέρους μονάζοντας. Palladius, *Histoire lausiaque*, 38, *P. G.*, t. xxxiv, col. 1099. Mais, réciproquement, un certain nombre d'anachorètes sortirent, temporairement ou définitivement, des monastères pacômiens, avec la permission de l'abbé.

L'anachorétisme fleurit d'abord en Égypte. Principaux foyers : la Thébaïde, illustrée par saint Antoine; la vallée de Nitrie, peuplée des disciples d'Ammon : Sérapion, Didyme, Pambo, les Longs Frères...; le désert de Scété, où s'établit Macaire le Grand, bientôt suivi de Moïse, de Pacôme, de Macaire le Jeune, etc.; Lycopolis (le reclus Jean); etc.

Le mouvement se propagea en Palestine, avec Hilarion de Gaza. Sozomène, iii, 14; vi, 32, *P. G.*, t. lxvii, col. 1076, 1389. Le désert du Sinaï devint particulièrement célèbre avec saint Nil. En Syrie, on connaît l'essai que saint Jean Chrysostome y fit de la vie érémitique. Sozomène, vi, 33, *loc. cit.*; Théodoret, *Historia ecclesiast.*, *P. G.*, t. lxxxii, col.1293-1496. Là apparurent deux variétés de la vie anachorétique : les reclus (Marcien, Eusèbe de Télédan, Aphraate, Pierre le Galate, Romanos, etc., Théodoret, *loc. cit.*), et les stylites (Siméon, Nicandros, etc.).

L'Occident eut bientôt, lui aussi, ses anachorètes,

qui virent se construire, autour d'eux, des monastères. Tel fut le cas de saint Benoît, l'hôte de la grotte de Subiaco. Grégoire le Grand, *Dialogues*, l. II, *P. L.*, t. LXVI, col. 124-214. Par la suite, les solitaires se recrutèrent surtout dans les monastères, dont ils continuaient de dépendre étroitement. Ils formèrent des fraternités. La plus importante fut celle du Mont-Serrat.

Au moyen âge, à partir du xie siècle, les congrégations d'ermites se multiplièrent. Citons : Fonte Avellana, les camaldules, Vallombreuse, Montevergine. Alexandre IV en fondit plusieurs ensemble. Ce furent les ermites de Saint-Augustin.

Leur vie se rapprochait plus du cénobitisme que de l'anachorétisme. Il faut en dire autant des ermites de Saint-Jérôme, des célestins, etc. Voir *Dictionnaire de théologie catholique*, t. I, col. 1137.

Outre les ouvrages cités dans l'article : Cassien, *Collationes Patrum* et *De coenobiorum institutis*, P. L., t. XLIX. — *Apophthegmata Patrum*, P. G., t. LXV, col. 71-442. — Rosweyde, *Vitae Patrum*, P. L., t. LXXIII, LXXIV. — Heimbucher, *Die Orden und Kongregationen der katholischen Kirche*, Paderborn, 1907, t. I. — Yepes, *Cronica general de la orden de San Benito*, Pampelune et Valladolid, 1609-1621. — Mabillon, *Annales ord. S. Benedicti*, Paris, 1703-1739. — Villemain, *Mémoires pour servir à l'histoire ecclésiastique des premiers siècles*, t. XI. — Baronius, *Annales ecclesiastici*, t. IV, p. 231 sq. — Ladeuze, *Étude sur le cénobitisme pakhomien pendant le IVe siècle, et la moitié du Ve*. — Berlière, *Les origines du monachisme et la critique moderne*, dans *Revue bénédictine*, 1891, t. VIII, p. 49 sq. — Schiwietz, *Vorgeschichte des Mönchtums, oder das Asketentum der drei ersten christlichen Jahrhunderten*, 1898. — Preuschen, *Palladius und Rufinus*, Giessen, 1897. — Lucius, *Die Quellen der ältesten Geschichte des ägyptischen Mönchtums*. — Zöckler, *Askese und Mönchtum*, 2ᵉ éd., Francfort-sur-le-Mein, 1897. — Surtout Butler, *The Lausiac history of Palladius*, dans *Texte and studies*, t. VI, Cambridge, 1898.

A. LEHAUT.

1. ANACLET (Saint), pape (environ 79-90); fête le 13 juillet. Ἀνέγκλητος, en latin *Anencletus* ou *Anacletus*, est l'un des premiers évêques de Rome, très probablement le second, après Lin, premier successeur des apôtres. C'est tout ce que l'histoire peut établir sur sa vie; la durée et l'époque précise de son pontificat restent incertaines. Au sujet de ce pape, la question se pose s'il est identique avec Clet (Κλῆτος), c'est-à-dire si ces deux noms désignent la même personne et si la présence de Clet et d'Anaclet dans certaines listes des papes ne repose que sur un dédoublement fait par erreur. Le premier auteur qui fait mention de la succession des papes est Hégésippe (Eusèbe, *Hist. eccl.*, IV, 22, éd. Schwartz, t. II, p. 368-370); nous ne connaissons pas la liste qu'on avait à Rome quand il y séjourna (vers le milieu du IIe siècle). La plus ancienne liste qui nous est transmise est celle de saint Irénée (*Adv. haer.*, III, III, 3, éd. Stieren, t. I, p. 431), qui avait lui-même séjourné à Rome avant de venir à Lyon. Il dit que les apôtres transmirent l'administration de l'Église romaine à Lin, dont le successeur fut Anaclet : *succedit autem ei Anacletus; post cum tertio loco ab apostolis episcopatum sortitur Clemens*. La liste des papes utilisée par Eusèbe dans sa *Chronique* et dans son *Histoire ecclésiastique* présentait la même suite des noms : *Linus, Anencletus, Clemens*. C'est donc la même liste pour les premiers papes que saint Irénée avait trouvée à Rome sous Éleuthère et qui fut utilisée encore par Jules l'Africain et saint Hippolyte de Rome dans leurs Chroniques. Le « Petit Labyrinthe » (Eusèbe, *Hist. eccl.*, V, 28), désignant Victor comme le treizième évêque de Rome après les apôtres, suppose encore la même série de noms d'évêques. Cette liste représente donc la tradition la plus ancienne et la plus autorisée. Le « Catalogue libérien » (éd. Duchesne, *Liber pontificalis*, t. I, p. 2-3) contient, il est vrai, la série suivante : *Linus, Clemens, Cletus, Anacletus*; il est suivi par l'auteur du *Carmen adversus Marcionem* (éd. Oehler, *Tertulliani Opera*, t. II, p. 792). Mais cette source, la seule qui présente le dédoublement, ne saurait être invoquée contre la tradition du IIe siècle consignée par saint Irénée et les listes des chronographes. On peut expliquer l'origine de cette erreur. Le second évêque de Rome doit avoir été désigné par le nom abrégé de Κλῆτος (*Cletus*) dans quelque liste ancienne. Nous trouvons en effet cette forme dans saint Épiphane, *Haeres.*, XXVII, 6, dans Rufin d'Aquilée, *Praefatio in Recognitiones Clementis*, et dans d'autres documents latins postérieurs. Il se peut donc qu'un exemplaire de la liste ancienne contenant le nom de Cletus ait été corrigé par l'adjonction de « Anacletus » en marge, à côté de Cletus, et qu'un copiste ait inséré ensuite par erreur Cletus et Anacletus dans le corps de la liste. Il y aurait donc un fait analogue à celui qui probablement a fait naître l'ordre suivant : *Linus, Clemens, Anencletus*, que nous trouvons chez les auteurs africains. Optat de Milève, *De schismate donatistarum*, II, 3, et saint Augustin, *Epist.*, LIII, 2, éd. Bened., II, 120. Le copiste d'une liste avait omis le nom de Clemens, qui fut ajouté en marge et inséré plus tard à une place fausse, avant Anaclet. La notice du *Liber pontificalis* (éd. Duchesne, t. I, p. 52-55) sur Anaclet le dit d'origine grecque, né à Athènes *e patre Antiocho*, et lui attribue la construction du monument (*memoria*) de saint Pierre sur le tombeau de l'apôtre. Ces indications ne sauraient être considérées comme historiques. Pseudo-Isidore a forgé trois lettres qu'il attribue à ce pape. P. G., t. II, col. 789-818; P. L., t. CXXX, col. 59-60.

Duchesne, *Liber pontificalis*, Introduction, p. LXIX-LXX; t. I, p. 2-3, 52-55, 125. — Jaffé, *Regesta rom. pont.*, 2ᵉ éd., t. I, p. 1. — De Smedt, *Dissertationes selectae in histor. eccl.*, Gand, 1876, p. 300-304. — Colombier, *Les premiers successeurs de saint Pierre*, dans *Revue des quest. histor.*, 1876, t. XIX, p. 381-413. — Lipsius, *Die Chronologie der römischen Bischöfe*, Kiel, 1869. — Lightfoot, *The apostolic Fathers*, part. I, *Saint Clement of Rome*, Londres, 1890, p. 201-345. — Harnack, *Geschichte der altchristlichen Literatur*, IIᵉ part., *Die Chronologie bis Eusebius*, Leipzig, 1897, t. I, p. 144-207.

J.-P. KIRSCH.

2. ANACLET II. — I. Pierre de Léon avant son élévation au souverain pontificat. II. La double élection papale du 14 février 1130. III. Examen de l'élection d'Anaclet II au concile d'Étampes. IV. La situation d'Anaclet II après le concile d'Étampes. V. Anaclet II et la campagne de l'empereur Lothaire III en Italie. VI. Anaclet II et Roger de Sicile. VII. Mort d'Anaclet II (25 janvier 1138).

I. PIERRE DE LÉON AVANT SON ÉLÉVATION AU SOUVERAIN PONTIFICAT. — Ce que l'on sait d'Anaclet II avant son élévation au souverain pontificat se réduit à fort peu de chose. Il était de race juive. Son grand-père reçut le baptême des mains du pape Léon (1048-1054); d'où le nom de Pierre de Léon que prit dès lors la famille. Les Pierleoni étaient, à la fin du xie siècle, parmi les personnages les plus considérables de Rome. Un chroniqueur anglais appelle le père d'Anaclet « très illustre et très puissant prince romain. » Guillaume de Malmesbury, *De gestis pontific. Angliae*, P. L., t. CLXXIX, col. 1507. De fait, les Pierleoni rivalisaient de richesses et d'influence avec les Frangipani, qui étaient alors les seigneurs les plus puissants de la Ville éternelle.

Le jeune Pierre de Léon fut envoyé à Paris pour y faire ses études. Il connut le fils du roi Philippe Iᵉʳ, le futur Louis le Gros, qui se prit pour lui d'une amitié que devait lui rappeler plus tard l'étudiant devenu pape. Lettre d'Anaclet à Louis le Gros, 1ᵉʳ mai 1130. Jaffé, *Regesta roman. pontif.*, n. 8380. Ses études

ANACLET II

achevées, Pierre de Léon passa par Cluny et y endossa l'habit religieux. Jaffé, *Regesta*, n. 8376. Mais bientôt son père, qui nourrissait pour lui quelque ambition, le rappela à Rome et le présenta au pape Pascal II, qui le nomma cardinal-diacre du titre des Saints-Cosme-et-Damien. On trouve sa signature au bas d'une bulle papale, dès le 24 mars 1116. Jaffé, *Regesta*, n. 6517. Pascal II semble l'avoir eu en particulière affection. Pierre de Léon, devenu pape, ne manque pas de lui en témoigner sa reconnaissance en l'appelant *nutritor noster*. Jaffé, *Regesta*, n. 8374, 8377, 8378. Lorsque Gélase II fut obligé de quitter Rome et de se réfugier en France, Pierre de Léon l'accompagna avec quelques autres cardinaux (Pandolphe, *Vita Gelasii*, Duchesne, *Liber pontificalis*, t. II, p. 317) et, fidèle à son maître, il contribua autant et plus que personne à faire élire pape Gui, archevêque de Vienne, que Gélase II mourant avait désigné pour son successeur. Pandolphe, *Vita Calixti*, Duchesne, *Liber pontificalis*, t. II, p. 322. Calliste II, reconnaissant de ses services, le nomma cardinal-prêtre du titre de Saint-Calliste, peu de temps après son entrée à Rome. Bernhardi, *Lothar von Supplinburg*, p. 284, note 45, fixe cette nomination au 17 décembre 1120. Du moins, le successeur de Pierre de Léon comme cardinal-diacre souscrit une bulle du pape le 3 janvier 1121. Jaffé, *Regesta*, n. 6886.

Ce fut sous Calliste II qu'il remplit à plusieurs reprises les fonctions de légat en France et en Angleterre. Le roi d'Angleterre Henri Ier lui fit un accueil princier, mais il lui donna clairement à entendre qu'en vertu d'une faveur spéciale des pontifes romains, le seul vrai légat du royaume était l'archevêque de Cantorbéry. Pierre de Léon dut reprendre la route de Rome, d'ailleurs comblé des cadeaux les plus magnifiques. Les trésors qu'il remporta de son voyage firent dire plus tard que ses légations n'avaient été pour lui qu'une source de bénéfices. Guillaume de Malmesbury, *loc. cit.*, P. L., t. CLXXIX, p. 1507.

On ne trouve guère de trace de son activité sous le pontificat d'Honorius II (1124-1130). Il est possible qu'Honorius, qui était l'homme des Frangipani, ait tenu à l'écart un cardinal issu d'une famille que ses protecteurs voyaient d'un mauvais œil. Pierre de Léon était d'ailleurs un de ces cardinaux « papables », dont le chancelier Haimeric, ami des Frangipani, tenait à écarter la candidature possible au souverain pontificat. Il ne paraît pas douteux que le cardinal de Saint-Calliste ait convoité la tiare. Et le rang que sa famille occupait à Rome, les richesses qu'il avait accumulées, son éloquence persuasive, ses talents diplomatiques, la faveur populaire dont il jouissait, tout semblait favoriser le succès de sa candidature. Lettre de Pierre de Porto, dans Guillaume de Malmesbury, *Hist. nov.*, I, 4-5; lettre d'Alexandre III à Arnulphe de Lisieux, 1er avril 1160, dans Watterich, *Pontificum romanor. vitae*, Leipzig, 1862, t. II, p. 490; lettre d'Arnulphe de Lisieux à Alexandre, dans *Hist. des Gaules*, t. XV, p. 758, etc. Cf. Bernhardi, *Lothar*, p. 286, note 48.

II. LA DOUBLE ÉLECTION PAPALE DU 14 FÉVRIER 1130. — C'est dans ces conditions que s'ouvrit la succession d'Honorius vers la mi-février 1130.

Dès les premiers jours de ce mois, le pape tomba malade et bientôt Rome apprit qu'il touchait à sa fin. Les partis s'agitaient, et à leur tête les Pierleoni et les Frangipani. Le chancelier, bien déterminé à entraver la candidature du cardinal de Saint-Calliste, imagina, pour assurer la liberté du Sacré-Collège, de faire transporter Honorius dans le monastère de Saint-André (ou de Saint-Grégoire, comme on l'appelle maintenant) sur le mont Cœlius. C'est là, non loin du Colisée et du Palatin transformés en forteresses, qu'il convoqua les cardinaux, le 11 et le 12 février, pour préparer l'élection. Plusieurs cardinaux proposèrent de s'en tenir aux saints canons, qui exigeaient trois jours d'intervalle entre la mort du pape et le choix de son successeur. Mais l'état des esprits semblait réclamer une mesure exceptionnelle. On se borna donc, le premier jour, à porter l'anathème contre ceux qui procéderaient à l'élection avant les obsèques d'Honorius, *inseputto papa*; et comme le danger du tumulte extérieur allait toujours croissant, on convint le lendemain de confier à une commission de huit membres le soin d'élire le futur pape. En cas de conflit entre les électeurs, quelques cardinaux devaient leur être adjoints pour trancher la discussion.

La composition du comité électoral ne souffrit aucune difficulté. Tous les ordres du Sacré-Collège y furent représentés. Jonathan était le seul cardinal électeur favorable à Pierre de Léon.

La politique du chancelier venait donc d'obtenir un succès. Toutefois son triomphe définitif était loin d'être assuré. La division éclata le jour même entre plusieurs cardinaux-prêtres et cardinaux-évêques, au sujet de la prise de possession du lieu qui avait été fixé pour l'élection, c'est-à-dire l'église Saint-Adrien, voisine du Capitole et de l'arc de Septime-Sévère. Les cardinaux-évêques, amis du chancelier, refusèrent d'en remettre les clefs à leurs collègues. Aussi, considérant ce procédé comme une injure et un indice de mauvaises intentions, dit un partisan de Pierre de Léon (*Epist. ad Didacum*, dans *Historia Compostellana*, III, 2, Watterich, *loc. cit.*, t. II, 187-188), la partie la plus saine et la plus nombreuse des cardinaux (nous expliquerons plus loin le sens de cette formule) n'osa plus retourner au couvent de Saint-André.

Nous voyons apparaître ici les premiers symptômes d'un schisme. Avant de se séparer, les cardinaux avaient fixé au lendemain, 13 février, une troisième séance. Au lieu d'une séance, on eut une émeute. Le bruit se répandit qu'Honorius avait rendu le dernier soupir et que ses amis obstinaient à tenir sa mort secrète. Le peuple se rua sur le cloître Saint-Grégoire. Pour confondre les agitateurs, le pape dut se montrer à une fenêtre. Mais cette scène douloureuse acheva d'épuiser ses forces ; dans la nuit du 13 au 14 il expira.

Tout prévu qu'il était, cet accident jeta le chancelier dans un grand embarras. Le comité choisi par le Sacré-Collège était disloqué avant même de s'être réuni. Déjà Pierre de Léon et le cardinal-diacre Jonathan faisaient schisme. Pour échapper au péril qu'il redoutait, le chancelier résolut de brusquer les événements et de nommer le successeur d'Honorius avec le seul concours des cardinaux réunis dans le cloître de Saint-Grégoire, quitte à faire ratifier ensuite l'élection par les autres membres du Sacré-Collège. Pierre de Pise eut beau protester contre l'illégalité de cette mesure ; Haimeric passa outre. Il se persuadait sans doute que, par horreur du schisme, ses adversaires eux-mêmes s'inclineraient devant le fait accompli. Dès l'aube du jour, et avant que le secret de la mort du pape fût divulgué dans Rome, le corps d'Honorius fut enseveli à la hâte et déposé dans un tombeau provisoire. Par l'accomplissement de cette cérémonie, on satisfaisait à la lettre, sinon à l'esprit de la convention du 11 février. Les cardinaux présents, quatre évêques, cinq prêtres, cinq diacres, en tout quatorze membres du Sacré-Collège (parmi lesquels cinq membres du comité des huit) — ce nombre quatorze n'est pas absolument sûr : cf. Vacandard, *Vie de saint Bernard*, t. I, p. 284, note 1 — procédèrent aussitôt à l'élection du nouveau pape et choisirent à l'unanimité le cardinal-diacre Grégoire de Saint-Ange, qui, après un moment d'hésitation bien légitime, finit par accepter la charge redoutable qu'on lui imposait. Avec la même précipitation, le chancelier fit conduire au Latran, sous bonne escorte, le pape défunt et son successeur, pour les cérémonies complémentaires de l'élection. Le corps d'Honorius fut de nouveau inhumé sans pompe et Grégoire de Saint-Ange acclamé par ses collègues sous le nom d'Innocent II. Le cortège se remit ensuite en marche et se dirigea vers le cloître de Palladium (aujourd'hui San Sebastiano alla Polveriera), sur le Palatin, que les forteresses des Frangipani protégeaient contre toute tentative à main armée. C'est là qu'Innocent II reçut les insignes pontificaux qui avaient servi à ses prédécesseurs.

Cependant le cardinal de Saint-Calliste et ses amis, réunis dans l'église Saint-Marc, attendaient avec impatience des nouvelles du couvent de Saint-Grégoire. Ils apprirent en même temps et, selon toute probabilité de la bouche de Pierre de Pise, la mort d'Honorius et l'intronisation de son successeur. Leur indignation fut égale à leur surprise. Toutefois Pierre de Léon, qui vit dans ce coup la main du chancelier, ne perdit pas tout espoir de reprendre ses avantages. Les défauts de forme qu'il était aisé de constater aux obsèques du pape défunt et dans l'élection du cardinal Grégoire lui donnaient beau jeu pour se poser en redresseur des torts et en vengeur du droit. Renonçant aux moyens violents, il en appela au jugement des cardinaux, du clergé et du peuple, que le cardinal Haimeric avait tenus à l'écart. En quelques instants, l'église Saint-Marc fut envahie par une foule énorme, au premier rang de laquelle on distinguait vingt-quatre cardinaux — voir dans Zœpffel, *op. cit.*, p. 383 sq., les noms des vingt-trois cardinaux partisans de Pierre de Léon; leur nombre doit même s'élever à vingt-neuf, si les calculs de Bernhardi, *Lothar*, p. 302, note 68, sont sûrs — deux évêques, Gilles de Tusculum et Pierre de Porto, treize prêtres et neuf diacres, les évêques de Segni et de Sutri, trois abbés, plusieurs archiprêtres, et l'élite de la noblesse romaine. Estimant inutile de casser l'élection d'Innocent II, les cardinaux procédèrent sans délai à un nouveau choix. Pierre de Léon prit le premier la parole et, dissimulant son ambition, désigna aux suffrages des électeurs un de ses collègues, de l'ordre des prêtres. Le cardinal répondit à cette flatterie, qui du reste ne trompait personne, en proclamant le cardinal de Saint-Calliste seul digne de s'asseoir sur le siège de saint Pierre. Il semble que les assistants n'aient attendu que ce signal pour se déclarer. A l'unanimité, Pierre de Léon fut acclamé souverain pontife et prit le nom d'Anaclet II.

Il était environ midi. En moins de trois heures, Rome avait élu deux papes qui, pendant huit ans, allaient se disputer le pouvoir avec acharnement. Les hostilités commencèrent dès le lendemain, 15 février. Les Pierleoni, répandant l'or à profusion parmi le peuple, recrutèrent une véritable armée, qu'ils mirent au service de leur frère. Le Latran et Saint-Pierre étaient les églises où, d'après l'usage, devaient s'accomplir les cérémonies de l'intronisation et de la consécration papale. S'en emparer fut le premier souci d'Anaclet II. Il dirigea d'abord ses troupes sur l'église Saint-Pierre et la prit d'assaut, après un combat meurtrier. Le lendemain, 16 février, il attaqua le Latran, mit tout le quartier à feu et à sang et, si l'on en croit les électeurs d'Innocent II, poussa l'audace jusqu'à piller le trésor de la sacristie de Saint-Laurent. Il assiégea ensuite le cloître de Palladium, dans l'espoir de s'emparer de son rival et de finir ainsi d'un seul coup la guerre civile et le schisme. Mais là devaient s'arrêter ses succès. Il fut repoussé avec une grande perte d'hommes et de chevaux, et contraint de rentrer dans son palais.

Innocent II profita de cette trêve momentanée pour se faire sacrer par le cardinal d'Ostie, dans l'église de Sainte-Marie-Nouvelle, dont le chancelier Haimeric était le titulaire. Le même jour, 23 février, Pierre de Porto consacrait avec solennité Anaclet II auprès de la confession du prince des apôtres et l'intronisait ensuite en l'église du Latran.

Pour ce récit un peu compliqué les documents abondent, mais de valeur inégale; nous les indiquons en bloc : en première ligne, épître de Hubert de Lucques, *P. L.*, t. CLXXIX, col. 40, puis l'épître à Didaco, *Historia Compostellana*, III, 23, dans Watterich, t. II, p 187-188; cette épître est d'un anaclétiste convaincu, mais non de Pierre de Pise, comme on l'a cru; cf. Vacandard, *Vie de saint Bernard*, t. I, p. 280, note 3; viennent ensuite les manifestes des deux papes et de leurs électeurs, Jaffé, *Regesta*, n. 7403, 7404, 7407, 7411, 7413, 8370, 8371, 8374, 8376-8390; l'épître de Pierre de Porto, *P. L.*, t. CLXXIX, col. 1397; les lettres de Gauthier de Ravenne, *Udalrici codex*, 245, Dümmler, *Forschungen zur deutschen Geschichte*, t. VIII, p. 164; puis les récits de Suger, *Hist. des Gaules*, t. XII, p. 57; du chroniqueur de Morigny, *ibid.*, et dans Watterich, t. II, p. 183; du biographe de saint Bernard, *P. L.*, t. CLXXXV, col. 269; en dernier lieu, les pamphlets de l'évêque de Mantoue, Neugart, *Cod. diplomat. Alemanniae*, II, 63, et d'Arnulphe de Séez, dans *Monumenta Germaniae, Scriptores*, t. XII, p. 707-720, etc.; comme auteurs de seconde main, cf. Vacandard, *Vie de saint Bernard*, t. I, p. 276 sq.; Bernhardi, *Lothar*, p. 287 sq.

Les deux papes n'avaient pas attendu la fin de la guerre civile pour informer de leur élection les souverains, le clergé et le peuple des diverses nations catholiques. Le 24 février, Anaclet II se hâte d'écrire à Lothaire, roi des Romains, à la reine Richinza, aux archevêques, évêques, abbés, prévôts, clercs et fidèles établis dans l'Allemagne et la Saxe. La seconde lettre renferme une allusion aux mauvais bruits qui circulent, en Italie et en Allemagne, sur l'irrégularité de son élection. Mais il se garde bien (et en cela il imite Innocent II) de signaler à l'attention de ses correspondants l'existence d'un rival. Jaffé, *Regesta*, n. 8370-8371; *P. L.*, t. CLXXIX, col. 689-692.

Les lettres des deux pontifes demeurèrent sans réponse. Innocent et Anaclet reviennent alors à la charge; ils envoient à l'empereur un récit officiel de leur élection, qu'ils font appuyer par un rapport signé de leurs électeurs (mai 1130). Jaffé, *Regesta*, n. 7411, 7413, 8388-8389; la lettre des électeurs d'Anaclet se trouve dans Watterich, t. II, p. 185-187. A cette époque (11 mai), Innocent II avait pris la fuite, laissant à Rome l'évêque Conrad de Sabine comme cardinal-vicaire. Boso, *Vita Innocentii*, Duchesne, *Liber pontif.*, t. II, p. 381. Anaclet ne manqua pas de tirer parti de cet événement et, dans sa lettre au roi des Romains, il se pare de son triomphe comme d'un titre à la légitimité. Mais Lothaire n'ignorait pas que le succès des armes peut couvrir quelquefois les moins justes causes. Les informations que son conseiller Norbert, archevêque de Magdebourg, prit auprès de l'archevêque de Ravenne et de l'évêque de Lucques (*P. L.*, t. CLXXIX, col. 40), le confirmèrent dans ce sentiment et il laissa encore une fois les lettres d'Anaclet sans réponse.

Ce silence affecté était significatif. Pierre de Léon, comprenant qu'il n'avait rien à attendre de ce côté, se tourna vers Roger, duc de Sicile, ennemi déclaré des empereurs d'Allemagne, auquel il offrit sa sœur en mariage. Par une bulle datée du 27 septembre 1130, il érigea en outre son duché en royaume et, à ce prix, il fut reconnu « pape catholique » par le nouveau roi et le clergé de ses États. Jaffé, *Regesta*,

n. 8411; Falco Benevent., dans Muratori, *Rerum Italic. script.*, t. v, p. 106; Watterich, *op. cit.*, t. II, p. 193-195; Orderic Vital, *Hist. ecclesiast.*, XIII, 5.

Le reste de la chrétienté était moins aisé à gagner. C'est en vain que le pontife maître de Rome avait sollicité par ses lettres et par ses légats les suffrages de l'Italie, de l'Espagne, de la France et de l'Angleterre. Cf. Jaffé, *Regesta*, t. II, p. 913-914, n. 8372 a, 8374 sq. La France, en particulier, s'était tue pendant quelques mois. Quel pouvait être le fruit de son recueillement? De toutes les Églises de la catholicité, « elle était la seule qui n'eût jamais fléchi devant l'erreur et n'eût jamais été souillée par le schisme. Toujours soutenue de Dieu, elle est demeurée attachée à l'unité, et toujours elle s'est appliquée à donner à l'Église romaine des témoignages de son respectueux dévouement. » C'est en ces termes qu'Anaclet la salue dans une de ses lettres. *Ad quosdam episcopos*, P. L., t. CLXXIX, col. 703. Persuadé qu'elle entraînera par son exemple les nations à sa suite, il la conjure de faire entendre sa voix. On sent que c'est d'elle qu'il attend son triomphe définitif ou sa ruine. Jaffé, *Regesta*, n. 8376-8386; *P. L.*, t. CLXXIX, col. 696 sq.

III. EXAMEN DE L'ÉLECTION D'ANACLET II AU CONCILE D'ÉTAMPES. — C'est de la France en effet que partit le coup qui devait ruiner la cause d'Anaclet. Comme lui, Innocent II en avait appelé au jugement de Louis le Gros et de l'épiscopat français. Ni les évêques ni le roi n'avaient d'abord osé se prononcer entre les deux prétendants. *Bernardi vita*, l. II, c. I, n. 3, *loc. cit.* Mais un concile réuni à Étampes, vers le mois d'août ou septembre 1130, devait finalement se prononcer en faveur d'Innocent II.

Cette assemblée, convoquée par le roi de France, comprenait, outre les barons féodataires de la couronne, les membres les plus éminents de l'épiscopat et de l'ordre monastique, notamment les archevêques de Reims, de Sens et de Bourges, les abbés Suger de Saint-Denis et Bernard de Clairvaux.

Les deux prétendants à la tiare furent-ils représentés au concile d'Étampes autrement que par leurs lettres? On en peut douter.

Les documents propres à éclairer le débat ne faisaient pas défaut. Le cas était pourtant fort embarrassant; il n'avait pas été prévu par le droit canon et, de mémoire d'homme, ne s'était pas présenté. Jusque-là les élections papales s'étaient accomplies avec le suffrage unanime des cardinaux-évêques et l'approbation à peu près sans réserve des autres membres du Sacré-Collège. Or ni Pierre de Léon, ni le cardinal Grégoire de Saint-Ange ne pouvaient se flatter d'avoir obtenu cette unanimité, même approximativement.

C'est pourtant ce qu'ils affirment l'un et l'autre dans le manifeste qu'ils adressent, chacun de son côté, au roi Lothaire, en mai 1130. Mais ils furent bientôt contraints de renoncer à ces formules de chancellerie, pour parler le langage des chiffres qui était celui de la vérité. Eu égard au nombre des cardinaux, on ne pouvait nier que Pierre de Léon eût réuni la majorité des suffrages. Une discussion s'engagea sur le caractère et la valeur de cette majorité. Chacun des deux candidats prétendit avoir été élu par la partie la plus nombreuse et la plus saine du Sacré-Collège, *pars major et sanior*. En quel sens Anaclet et Innocent pouvaient-ils soutenir avec quelque apparence de raison des prétentions si évidemment contradictoires?

Le décret de Nicolas II (avril 1059), qui réglait les élections des pontifes romains, portait, en son texte authentique, que « les cardinaux-évêques devaient d'abord traiter ensemble avec le plus grand soin de l'élection, puis s'adjoindre les cardinaux-clercs et requérir enfin le consentement du reste du clergé et du peuple, en sauvegardant le respect dû à l'empereur Henri et à ses successeurs. » Or, avant la fin du XIe siècle et sous le pontificat même de Grégoire VII, circulaient déjà des versions gravement altérées de ce canon synodal. Voir les différentes versions dans Scheffert-Boichorst, *Die Neuordnung der Papstwahl durch Nicolaus II*, Strasbourg, 1879, p. 15, 28-29. Cf. Vacandard, *Vie de saint Bernard*, t. I, p. 276-277, notes. La falsification était surtout faite au profit du droit impérial. Mais, en ce qui concerne le Sacré-Collège, la simple omission du mot *episcopi* devait avoir de plus funestes conséquences. Le privilège des cardinaux-évêques ne paraît pas, en fait, avoir été contesté avant le pontificat d'Honorius II. Cf. Vacandard, *op. cit.*, p. 277, note 2. Mais comme l'habitude s'introduisit dans le langage de distinguer entre les *episcopi* et les *cardinales* et de ne voir dans ces derniers que les cardinaux-clercs, *cardinales clericos*, à l'exclusion des évêques, un temps devait venir où le décret de Nicolas II, inséré sous sa forme altérée dans certains recueils de droit canon, notamment dans les collections d'Anselme de Lucques et du cardinal Deusdedit, et dans le registre de Farfa de 1099, se retournerait fatalement contre les cardinaux-évêques, en faveur desquels il avait pourtant été formulé.

En effet, le 14 février 1130, après la rupture qui avait éclaté au sein du Sacré-Collège à l'occasion de la prise de possession de l'église Saint-Adrien, les cardinaux-clercs invoquèrent leur prétendu privilège et, considérant comme illégale l'élection du cardinal Grégoire, où leur ordre n'avait été représenté que par dix membres, cinq prêtres et cinq diacres, n'hésitèrent pas à lui opposer une élection qui obtint, selon leur calcul, une majorité de vingt-quatre voix. Dans leur manifeste à Lothaire comme dans leurs autres écrits, ils se gardèrent bien de faire entrer en ligne de compte les suffrages des cardinaux-évêques. Leurs principes étaient si bien arrêtés à cet égard que les cardinaux-évêques de leur parti, Pierre de Porto et Gilles de Tusculum, ne prennent rang pour leurs signatures qu'après les prêtres et les diacres, leurs collègues : *De quibusdam episcopis... nobis cura ulla non est, praesertim cum nil ad eos de romani pontificis electione pertineat*, écrivent les électeurs d'Anaclet. Watterich, t. II, p. 187. On retrouve la même version dans l'épître à Didaco, *ibid.*, p. 188, dans l'épître d'Anaclet aux Clunistes, *P. L.*, t. CLXXIX, col. 697, dans la *Vita Gelasii*, éd. Duchesne, *Liber pontif.*, t. II, p. 313, 319, note 161, qui date de 1133, etc. Il importe seulement de remarquer qu'on ne trouve aucune trace écrite de cette théorie avant le schisme d'Anaclet II. Cf. Vacandard, *op. cit.*, p. 294, note 1.

A la supériorité du nombre, les électeurs d'Anaclet se faisaient gloire de joindre encore la qualité, *sanior pars*. Cf. *Epist. ad Didacum*, *loc. cit.* Mais par là ils entendaient la maturité de l'âge ou simplement l'ancienneté. Ils regardaient de haut la plupart des électeurs d'Innocent II et les traitaient de « novices ». *Epist. elect. Anacleti*, Watterich, t. II, p. 186; cf. Pierre de Porto, *P. L.*, t. CLXXIX, col. 1398.

Ce procédé n'avait rien de canonique. Il n'était écrit nulle part que l'âge conférât aux cardinaux un droit particulier en matière d'élection. Pareillement les prérogatives que s'arrogeait le corps des cardinaux-clercs au détriment du droit des évêques étaient absolument inconciliables avec le décret de Nicolas II. Les deux fondements sur lesquels les électeurs d'Anaclet II appuyaient leurs prétentions étaient donc ruineux.

Innocent II pouvait-il, avec plus de raison, se réclamer du droit et des principes invoqués par ses adversaires? A quel titre ses électeurs, qui, eu égard au nombre total des cardinaux, étaient sans contredit en minorité, vont-ils se proclamer la majorité? Ce parti comprenait, on se le rappelle, la majorité des membres du comité d'élection, cinq sur huit; il comprenait, en outre, la majorité des cardinaux-évêques, quatre sur six. C'est en vertu de ce double avantage qu'il s'intitule hardiment « la partie à la fois la plus nombreuse et la plus saine » du Sacré-Collège, *pars major et sanior*. Si l'on tient compte de la convention du 12 février et du décret de Nicolas II, cette qualification est évidemment exacte et renverse la théorie des partisans d'Anaclet II. Cf. *Epist.* de Hubert de Lucques, Watterich, t. II, p. 181; saint Bernard, *Epist.*, CXXV, CXXVI.

Tel fut du moins le sentiment de l'abbé de Clairvaux, qui exerça une si grande influence sur les membres de l'assemblée d'Étampes. Bernard, parlant des cardinaux-évêques, dit nettement : *Quorum maxime interest de electione summi pontificis. Epist.*, CXXVI, n. 13. Il se référait évidemment au décret de Nicolas II qu'il connaissait par les canonistes français, probablement par Yves de Chartres, qui en avait donné le texte authentique dans sa *Panormia*, III, 1. C'est donc à tort qu'on l'a accusé (Bernhardi, *Lothar*, p. 328, note 101, et p. 330) d'avoir eu recours à des sophismes, sinon à des mensonges, pour déplacer la majorité et l'attribuer au parti d'Innocent II. Cf. Vacandard, *op. cit.*, p. 295, note. Si quelqu'un se trompe ici, ce n'est pas saint Bernard, mais Bernhardi qui s'appuie sur un texte falsifié du décret de Nicolas II.

Toutefois, la majorité, ainsi composée, fût-elle incontestable, ne suffisait pas pour légitimer l'élection d'Innocent II. Depuis 1059, les papes avaient toujours été élus à l'unanimité des suffrages, au moins des cardinaux-évêques. Et, de l'avis de tous, cet usage avait force de loi. Voir les lettres d'Innocent et d'Anaclet. Mais ni l'une ni l'autre des élections du 14 février n'offrait cet avantage. D'autre part, les électeurs d'Anaclet, soit oubli involontaire, soit parti pris, avaient négligé de casser l'élection d'Innocent II, avant de procéder à une élection nouvelle. Cela encore était contraire aux canons. Leur négligence n'échappa pas à l'œil exercé de saint Bernard qui, de ce seul chef, déclara leur œuvre nulle et de nul effet. Bernard. *Epist.*, CXXVI, n. 8; cf. Cypriani, *Epist ad Anton.*, n. 8, *P. L.*, t. III, col. 773.

Au regard de la stricte légalité, les deux élections étaient donc sujettes à revision. Mais les casser toutes deux eût été une mesure dangereuse. L'abbé de Clairvaux et l'assemblée d'Étampes cherchèrent à fixer leur choix, non plus seulement d'après la majorité des suffrages, mais surtout d'après l'ordre des élections et les mérites personnels de chacun des élus : cet examen devait enfin faire prévaloir la cause d'Innocent II.

La préférence de l'abbé de Clairvaux et de ses collègues est-elle suffisamment justifiée? On l'a nié expressément. Il est certain que la supériorité morale d'un prétendant ne constitue pas un droit à son profit et au détriment de son adversaire, en matière d'élection. Il n'est pas moins vrai que l'abbé de Clairvaux se déroba toujours, lorsque les partisans d'Anaclet voulurent porter le débat uniquement sur le terrain de la légalité. *Epist.*, CXXVI, n. 11 et 12; controverse avec Pierre de Pise, dans *Bernardi vita*, lib. II, cap. VII, n. 45. Mais il faut convenir que sur ce terrain la question était inextricable. C'est de nos jours seulement, c'est d'hier que la critique historique, en établissant avec autorité le texte authentique du décret de Nicolas II, a pu démontrer d'une façon péremptoire l'inanité des prétentions des cardinaux-clercs et des canonistes qui mettaient leur science au service

d'Anaclet II. Sous peine d'éterniser le conflit par des chicanes sans fin, il fallait donc trouver un biais pour en sortir. Faire porter son choix sur le candidat le plus recommandable était habile. Quand on voit un politique tel que Suger se rallier à cette mesure (*Ludovici vita*, dans *Hist. des Gaules*, t. XII, p. 57; Watterich, t. II, p. 199-200), on n'est pas éloigné d'y voir un trait de génie. Du moins, ce fut, entre autres motifs, d'après ce principe que la question du schisme fut résolue à Étampes. L'abbé de Clairvaux fit valoir au roi la supériorité morale du cardinal Grégoire, la priorité de sa nomination, l'autorité de ses électeurs et de son consécrateur (*Epist.*, CXXIV, n. 2; CXXVI, n. 8, 13; *Bernardi vita*, l. II, c. I, n. 3; Chronique de Morigny, Arnulphe de Séez, *Invectiva*, *ibid.*, p. 269), et finalement conclut à la validité de son élection. Louis le Gros, malgré ses attaches personnelles à Pierre de Léon (Arnulphe de Séez, *Invectiva, loc. cit.*, p. 268), ratifia cet arrêt et les membres de l'assemblée, évêques, abbés et seigneurs, jurèrent, avant de se séparer, obéissance à Innocent II.

Innocent avait quitté l'Italie et, après avoir débarqué à Saint-Gilles, s'était rendu à Cluny, fin octobre 1130. C'est là que Suger vint lui annoncer, au nom du roi de France et de l'épiscopat français, la solennelle manifestation du concile d'Étampes. Suger, *Vita Ludovici, loc. cit.*

IV. LA SITUATION D'ANACLET II APRÈS LE CONCILE D'ÉTAMPES. — La décision du concile d'Étampes arrivait juste à temps pour arrêter les progrès du schisme. Il s'en faut que l'union ait été faite dans les esprits, même en France. L'archevêque de Tours ne se rendit qu'en 1131. S. Bernard, *Epist.*, CXXIV. En Aquitaine, Gérard II, évêque d'Angoulême et, plus tard, archevêque de Bordeaux, défendit résolument jusqu'à sa mort la cause d'Anaclet. Voir au mot GÉRARD.

Cependant l'accueil que la France fit à Innocent II donna le branle à la chrétienté presque entière. L'Angleterre était demeurée jusque-là indécise; Henri Ier, mal conseillé par son clergé et mal servi peut-être par le souvenir de ses anciennes relations avec Pierre de Léon, semblait pencher en faveur d'Anaclet. L'abbé de Clairvaux se rendit auprès du roi, qui hésita longtemps à se rendre; il se retranchait derrière les obscurités de la question et craignait, disait-il, d'engager sa conscience, en suivant aveuglément le conseil d'autrui. D'un mot, Bernard détruisit ce vain prétexte. « Songez aux autres péchés dont vous aurez à répondre devant Dieu; quant à celui-ci, je m'en charge. » Henri céda et, sur le conseil de l'abbé de Clairvaux, il alla déposer à Chartres (entre le 13 et le 17 janvier 1131), aux pieds d'Innocent II, ses hommages et ses présents. *Bernardi vita*, l. II, c. I, n. 4; Suger, *Vita Ludovici, loc. cit.*; Orderic Vital, *Hist. eccles.*, l. XIII, c. III; Boso, *Vita Innocentii II*, dans Duchesne, *Liber pontificalis*, t. II, p. 381; Jaffé, *Regesta*, t. I, p. 846; Eadmer, *Historia novorum*, l. VI, *P. L.*, t. CLIX, col. 519-520.

L'Écosse ne suivit pas pour le moment l'exemple de l'Angleterre. Bien que l'abbé de Clairvaux compte le roi David (*Ep.* CXXV) au nombre des partisans d'Innocent II, l'Écosse resta attachée à Anaclet jusqu'à la mort de l'antipape. Pagi *Critic.*, dans Baronius, *Annales*, ad ann. 1138, n. 12; cf. Jaffé, *Regesta*, n. 7515; *P. L.*, t. CLXXIX, col. 90, n. XLI, col. 115, n. LXXII.

En Allemagne, la question du schisme avait été tranchée dès le milieu d'octobre 1130, à la diète de Wurzbourg, par le clergé allemand et le roi Lothaire, en faveur d'Innocent II. Quant à l'Italie, elle était fort divisée par le schisme; les grandes cités du sud-ouest, Pise et Gênes, par exemple, se montraient dociles à Innocent II, l'Italie méridionale donnait, en revanche, un appoint considérable à son rival. Bénévent, Salerne, la Sicile tout entière s'étaient rangées à l'obédience d'Anaclet. Cf. Jaffé, *Regesta*, n. 8411-8424.

En Orient, les trois patriarches d'Antioche, de Jérusalem et de Constantinople étaient, à ce qu'il semble, demeurés d'abord indécis, à cause de l'insuffisance de renseignements sur la double élection du 14 février. Au mois de septembre 1130, Anaclet écrivait : « Toute l'Église orientale, Jérusalem, Antioche et Constantinople sont avec nous. » Jaffé, *Regesta*, n. 8413. Mais le 2 février 1132, Innocent II mande au roi de France qu'il a « reçu du patriarche de Jérusalem et de l'évêque de Bethléhem des lettres d'obéissance. » Jaffé, *Regesta*, n. 7531.

V. ANACLET II ET LA CAMPAGNE DE L'EMPEREUR LOTHAIRE EN ITALIE. — Lothaire avait promis son concours à Innocent, mais il ne put tenir sa promesse qu'aux mois d'août-novembre 1132. Ce ne fut même que vers la fin de mars 1133 qu'on le voit apparaître non loin de Rome, à Viterbe et à Valentano, près du lac de Bolséna. Boso, *Vita Innocentii*, dans Duchesne, *Liber pontif.*, t. II, p. 382; *Norberti vita*, c. XXI, dans *Monum. Germ., Script.*, t. XII, p. 701. Anaclet II était en proie à une grande anxiété. Dans l'Italie méridionale, plusieurs coups terribles avaient atteint ses alliés. Le roi Roger, qui lui devait sa couronne, battu une première fois à Nocera, le 24 juillet 1132, par le duc Robert de Capoue et le comte Rainulphe d'Alife, partisans d'Innocent II, avait été finalement contraint (en décembre) de se replier jusqu'en Sicile pour réparer ses pertes. La ville de Bénévent, jusquelà un des principaux foyers du schisme, venait d'admettre dans ses murs le cardinal Gérard, et une partie de la population avait pris résolument le parti d'Innocent. Falco Benevent., dans Muratori, *Scriptores rerum Italic.*, t. V, p. 112-115. A Rome même, le pouvoir d'Anaclet était chancelant. Plusieurs familles nobles, les Frangipani, les Corsi, Pierre Latro, le préfet Théobald, fatiguées de la domination des Pierleoni, appelaient de leurs vœux l'arrivée de Lothaire et d'Innocent II. Boso, *Vita Innocentii, loc. cit.*; Bernardi *vita*, l. II, c. II, n. 3.

L'empereur et le pape firent en effet leur entrée à Rome le 30 avril. Le lendemain, les troupes allemandes campaient sur le mont Aventin et Innocent II occupait le palais de Latran.

Les Pierleoni avaient jugé inutile de s'opposer à la marche de l'armée envahissante. Retranchés derrière les murs de leurs forteresses, ils se tenaient simplement sur la défensive. Lothaire comprit que, par cette tactique, Saint-Pierre, où ses prédécesseurs avaient été sacrés empereurs, serait imprenable. Il essaya de s'entendre avec Anaclet. Celui-ci vint, du reste, au-devant de ses désirs, en lui envoyant Pierre de Porto, avec pleins pouvoirs pour la paix. Il fut convenu, en principe, que la double élection du 14 février serait soumise au jugement d'un tribunal extraordinaire, à la condition toutefois que Pierre de Léon et Innocent II remettraient l'un et l'autre à Lothaire des otages et les châteaux forts derrière lesquels ils s'abritaient. Après coup, Anaclet II vit sans doute dans cette convention un guet-apens et refusa de donner suite au projet qu'il avait lui-même le premier mis en avant.

A quelque temps de là, Lothaire reprit la route du nord, traversa l'Italie à grandes journées et, dès le 23 août, se reposait à Freisingen. Boso, *Vita Innocentii*, dans *Liber pontificalis*, t. II, p. 382. A peine Anaclet était-il débarrassé de sa présence qu'il reprit l'offensive et renouvela ses violences à main armée. Innocent dut s'enfuir encore une fois de la Ville éternelle et se réfugia à Pise (septembre 1133). Anaclet, *Epist. ad Didacum*; Jaffé, *Regesta*, n. 8426; Bernardi *vita*, l. II, c. II, n. 8; Falco Benevent., *loc. cit.*, et Watterich, *op. cit.*, t. II, p. 213.

VI. ANACLET II ET ROGER DE SICILE. — Dans l'Italie du Sud, le schisme était à l'état le plus aigu. Les partisans d'Innocent II crurent utile de déléguer l'abbé de Clairvaux auprès du roi de Sicile pour le ramener à l'unité. Mais comment convertir un prince qui ne s'était jeté dans le schisme que par ambition et par raison d'État? Roger promit à saint Bernard d'examiner avec soin les réclamations d'Innocent II. « Envoyez-moi, dit-il, six témoins de la double élection du 14 février 1130, trois d'un parti, trois de l'autre, et je jure qu'après les avoir entendus, je me soumettrai à l'un ou à l'autre prétendant, selon l'inspiration de ma conscience. » Falco Benevent., *loc. cit.*, p. 124; Bernardi *vita* (inexacte sur plusieurs points), l. II, c. VII, n. 43-45. Cf. Vacandard, *op. cit.*, t. II, p. 17.

Anaclet II ne fit aucune difficulté de se prêter aux propositions de Roger. Il envoya à Salerne le cardinal Mathieu, son chancelier, le célèbre canoniste Pierre de Pise et un autre cardinal du nom de Grégoire. Les champions d'Innocent II furent le chancelier Haimeric, le cardinal Gérard et Guy de Castello, le futur pape Célestin II. On doit reconnaître que le duc conduisit l'enquête avec toutes les apparences de la plus grande impartialité. Pendant quatre jours, il entendit, du matin au soir, les délégués d'Innocent II et, pendant quatre autres jours, les partisans d'Anaclet II. Falco Benevent., *loc. cit.*, p. 125. Les renseignements contradictoires qu'il recueillit dans ce double interrogatoire à huisclos n'étaient pas de nature à dissiper ses doutes, quelque peu intéressés. C'est dans ces dispositions équivoques qu'il présida (fin novembre ou commencement de décembre 1137; cf. Vacandard, *op. cit.*, t. II, p. 18, note 2) une conférence où Pierre de Pise et l'abbé de Clairvaux furent appelés à prendre la parole devant la cour, le clergé et le peuple réunis. Les partisans d'Anaclet, vers lesquels Roger inclinait toujours, fondaient tout leur espoir en Pierre de Pise; il fut digne de la confiance qu'on lui témoignait. Jamais sa science du droit canon ne se révéla plus entière; jamais sa dialectique ne fut plus vigoureuse. Évidemment il fit valoir les droits de la majorité qui avait élu Anaclet. On retombait ainsi sur le texte malheureusement interpolé du décret de Nicolas II. L'abbé de Clairvaux lui donna la réplique. Au lieu de s'égarer dans le maquis des questions de droit canon, il amena son adversaire sur le terrain des faits. La catholicité n'avait-elle pas proclamé la légitimité d'Innocent II? Et cette voix n'était-elle pas infaillible? « Nous ne reconnaissons, vous et moi, n'est-il pas vrai? qu'un Christ et qu'une Église, hors laquelle il n'y a pas de salut. » Or cette Église ne peut être que celle que représente Innocent. Les partisans de Pierre de Léon se réduisent à une poignée; pour voir en eux les représentants de la véritable Église, il faudrait être aveugle.

La dialectique de l'abbé de Clairvaux assura le triomphe de sa cause. Pierre de Pise se rendit à son argumentation. Toutefois le roi de Sicile, s'obstinant dans le schisme, refusa d'abandonner un pape à qui il devait sa couronne.

VII. MORT D'ANACLET. — La conversion de Pierre de Pise fut le coup le plus sensible qu'on eût porté jusque-là à la cause d'Anaclet. Aussi fut-elle le signal de plusieurs défections importantes. Bernardi *vita*, *loc. cit.*, n. 42; cf. Vacandard, *op. cit.*, t. II, p. 22. A Rome cependant ses derniers partisans ne perdaient pas courage. Saint-Jean de Latran aussi bien que Saint-Pierre et toute la ville haute demeuraient en son pouvoir. A cette date, les bulles d'Innocent II, rentré dans la Ville éternelle, portent tout simplement *Romae*; la première qui soit datée du Latran est du 21 mars 1138. Jaffé, *Regesta*, n. 5606-5624. Il était donc à craindre que la lutte ne se prolongeât de longs mois encore. Mais Dieu se chargea d'abréger les temps. Anaclet II mourut le 25 janvier 1138, subitement, disent les uns, après trois jours de maladie, selon d'autres, et dans l'impénitence finale, si l'on en croit le biographe de saint Bernard. Dans l'excès de la joie que lui causa cette mort, l'abbé de Clairvaux ne put s'empêcher de s'écrier : « Grâce à Dieu, le misérable qui a induit Israël dans le péché a été englouti par la mort et jeté dans les entrailles de la terre, *in ventrem inferi*. Puissent tous ceux qui lui ressemblent subir le même châtiment ! » *Epist.*, CXXXXVII.

Cette oraison funèbre, qu'on a vivement reprochée à saint Bernard, était un soupir de soulagement et doit être jugée comme telle. Le champion d'Innocent II voyait, dans la mort de Pierre de Léon, l'aurore de la paix pour l'Église. Cette aurore, en effet, se levait. Les frères de Pierre de Léon et les cardinaux les plus engagés dans son parti essayèrent de continuer le schisme. Le 15 mars, ils élisaient un nouveau pape sous le nom de Victor IV. Mais leur œuvre ne pouvait être qu'éphémère. En quelques mois, l'éloquence de l'abbé de Clairvaux la ruina définitivement. Le 29 mai 1138, jour de la Pentecôte, les anaclétistes, Victor en tête, vinrent « se prosterner publiquement » dans Saint-Pierre, « aux pieds d'Innocent II et lui jurer fidélité lige, » nous dit saint Bernard lui-même. *Epist.*, CCCXVII. C'en était fait du schisme d'Anaclet II.

Les principaux documents qui émanent d'Anaclet II et d'Innocent II sont réunis dans P. L., t. CLXXIX; on en trouve la liste, avec les dates, dans Jaffé-Loewenfeld, *Regesta romanorum pontificum*, 2ᵉ édit., Leipzig, 1885. — Lire *Bernardi vita*, dans P. L., t. CLXXXV, et *Bernardi Epistolae*, ibid., t. CLXXXII; *Petri Venerabilis Epistolae*, ibid., t. CLXXXIX. — Pour les *Chroniques* du temps, citons les principaux recueils : Duchesne, *Liber pontificalis*; on y lit la *Vita Innocentii II*, par Boson, t. II, p. 379 sq. — Muratori, *Rerum Italicorum scriptores*, Milan, 1723 sq., notamment t. v, où se trouve la *Chronique* de Falco Beneventanus. — Bouquet, *Historiens des Gaules et de la France*, Paris, 1738-1876. — Pertz, *Monumenta Germaniae historica, Scriptores et Leges*, Hanovre, 1820-1900. — Neugart, *Codex diplomaticus Alemanniae*, 1791. — Orderic Vital, *Historia ecclesiastica*, P. L., t. CLXXXVIII. — Watterich, *Pontificum romanorum vitae*, Leipzig, 1872. — Comme ouvrages de seconde main, consulter Bernhardi, *Lothar von Supplinburg*, Leipzig, 1879 (important). — Georg Hüffer, *Der heilige Bernard von Clairvaux*, Vorstudien, Munster, 1886. — Mühlbacher, *Die Streitige Papstwahl des Jahres 1130*, Inspruck, 1876. — Scheffert-Boichorst, *Die Neuordnung der Papstwahl durch Nicolaus II*, Strasbourg, 1879. — Vacandard, *Vie de saint Bernard, abbé de Clairvaux*, Paris, 1895; 4ᵉ édit., 1912 (nos références vont à la première édition). — Zœpffel, *Die Papstwahlen*, Gœttingue, 1871.

E. VACANDARD.

3. ANACLET DU HAVRE, né le 14 octobre 1667, frère mineur capucin en 1692, lecteur en théologie, mort le 15 novembre 1736. On a de lui *Sujets des conférences sur la théologie positive où l'on propose les questions dogmatiques et historiques qui concernent la religion tant en général qu'en particulier, avec la citation des auteurs qui traitent de cette matière. A l'usage des capucins*, 3 in-4°, Rouen, 1712.

Bernard de Bologne, *Bibliotheca min. capuc.*, 1747, p. 10. — P. Fr. Martin, *Athenae Normannorum*, éd. Bourrienne, p. 65. — Notes du P. Apollinaire de Valence.

P. UBALD d'Alençon.

ANACTOROPOLIS. Voir ALECTOROPOLIS, col. 79.

ANADON (JUAN), religieux chartreux profès et vicaire de la maison d'Aula-Dei près Saragosse (Espagne), prieur de la chartreuse de Las Fuentes, en Aragon, où il mourut en 1682. Il était confesseur du prince don Juan d'Autriche, et lui dédia l'ouvrage suivant qu'il avait composé : *Fomes divini amoris, seu amatorium divinum ex caelestibus floribus ac mire accensis sanctorum Patrum et piissimorum doctorum alloquiis decerptum*, in-8° et in-32, Madrid, 1678.

Notes mss. sur les écrivains chartreux.

S. AUTORE.

ANAEA (τὰ Ἄναια, ἡ Ἀναία), évêché en Asie. Anaea aurait pris son nom d'une Amazone légendaire. Grâce au petit port qui la desservait, cette ville joua un certain rôle pendant la guerre du Péloponèse; elle fut occupée par des exilés samiens; les habitants de Chios y firent une descente; les Anaeites, joints aux Cariens, tuèrent le général athénien Lysiclès et battirent ses troupes.

L'Église d'Anaea fut organisée de bonne heure. Son évêque, saint Olbien, fut martyrisé sous Maximien; il est fêté chez les grecs le 29 mai. On connaît encore les évêques suivants : Paul, présent au concile de Nicée, 325. Gelzer, *Patrum Nicaenorum nomina*, Leipzig, 1898, p. LXII. — Modeste, au concile d'Éphèse, 431. — Zoticus, pour lequel son métropolitain signa à Chalcédoine, 451. — Marcel, présent au concile de Constantinople sous le patriarche Ménas, 536. — Jean, à Constantinople, 680. — Sabbas, à Nicée, 782. — Joseph, à Constantinople, 869. — Athanase, à Constantinople, 879. — N., signalé dans la Vie de saint Nicéphore de Milet, xᵉ siècle. *Analecta bollandiana*, 1891, t. XIV, p. 147. — Georges, présent à un concile d'Éphèse, juillet 1167. *Vizantiisky Vremennik*, 1904, t. XI, p. 477. — Athanase, qui signa un acte du patriarche Germain II, 1230. *Revue des études grecques*, 1894, t. VII, p. 80. Cet acte porte ὁ Ἀνέας; les signatures conciliaires ont Ἀνέων, plus souvent, comme les notices, Ἀναίων. Dans celle-ci, *Nova tactica* d'Anaea figure, jusqu'aux XIIᵉ-XIIIᵉ siècles, parmi les sièges suffragants d'Éphèse. Notice de Léon le Sage (Gelzer, *Ungedruckte und ungenügend veröffentlichte Texte der Notit. episcop.*, p. 552); Notice 3 (Gelzer, *Georgii Cyprii Descriptio orbis Romani*, p. 62); Notices 1, 3, 8, 9, 10, 13 de Parthey; je ne m'explique pas son absence de la plus ancienne des notices, celle d'Épiphane.

Au XIIIᵉ siècle, Anaea (Anaia, Anca, Ania, Annia) est mentionnée par les cartes et d'assez nombreux documents italiens, catalans et grecs. En 1261, les Génois y avaient un établissement. En 1265, Michel Paléologue y octroyait une concession aux Vénitiens. Ceux-ci, en 1278, se plaignaient de ses pirates qui pillaient leurs navires. Voir Tomaschek, *Zur historischen Topographie von Kleinasien im Mittelalter*, Vienne, 1891, p. 35; Miklosich et Müller, *Acta et diplomata*, Vienne, 1865, t. III, p. 79; 1890, t. VI, p. 166, 183, 233.

La ville fut prise par les Turcs vers 1298. Pachymère, *De Andron. Palaeol.*, v, 21, P. G., t. CXLIV, col. 461. C'est aujourd'hui le village d'Ania, renommé pour la culture du tabac, au sud de Kouch Adassi (Scala Nuova), dans le vilayet de Smyrne (300 habitants musulmans).

Le siège d'Anaea disparut à une date indéterminée. En 1802, le patriarcat rétablit un évêché, Κρήνης καὶ Ἀνέων, qui, en 1906, a été érigé en métropole. Crène, en turc Tchechmé, est le chef-lieu du caza (5 500 habitants, dont un millier de Grecs); sa fondation ne remonte qu'au XVIᵉ siècle.

Thucydide, III, 19, 32; IV, 75; VIII, 19, 61. — *Vita Soph.*, 7. — Pausanias, VII, 4, 3. — Skylax, 98. — Étienne de Byzance, ce mot. — Suidas, le même. — Eustathe, *Ad Dionys. Perieg.*, 828. — Hiéroclès, 659, 2 (Ἀνέα). — Le Quien, *Oriens christianus*, t. I, col. 717. — A. G. Poulakès, dans Ὁ ἐν Κωνσταντινουπόλει ἑλληνικὸς φιλολογικὸς σύλλογος; supplément au t. XVIII, Constantinople, 1888, p. 188-233.

S. PÉTRIDÈS.

ANAGAMPHE, évêque égyptien dont nous ignorons le siège, mais sur la vie duquel saint Athanase nous a transmis plusieurs détails. Il fut ordonné par Alexandre, évêque d'Alexandrie. *Hist. arian. ad monachos*, 72, *P. G.*, t. xxv, col. 780. Il assistait en 343 au concile de Sardique. *Apol. contra arianos*, 50, *P. G.*, t. xxv, col. 340. Il fut un des évêques orthodoxes que l'intrus Georges de Cappadoce chassa de leur église presque aussitôt après son arrivée à Alexandrie en 357. *Apol. de fuga sua*, 7, *P. G.*, t. xxv, col. 653.

Tillemont, *Mémoires pour servir à l'hist. ecclés.*, t. VIII, p. 697. — Mansi, *Sacror. concil. ampl. collect.*, t. III, col. 68.

R. AIGRAIN.

I. ANAGNI (*Anagnin.*), évêché d'Italie (anciens États de l'Église), dans la région située au sud-est de Rome, nommée jadis *Campania romana*, et, aujourd'hui encore, vulgairement, la *Ciociaria*. Relève directement du Saint-Siège. Il a la forme d'un long rectangle, allant du nord au sud, et est borné, au nord-est par le diocèse des Marses, à l'est par celui d'Alatri (t. I, col. 1350), au sud-est par celui de Ferentino, au sud-ouest par celui de Segni, à l'ouest par celui de Palestrina, au nord-ouest par celui de Sutri.

I. HISTOIRE SOMMAIRE. — Fondée sur la rive gauche du Sacco, affluent de gauche de l'Anio, bien avant Rome, la ville d'*Anagnia* fut la capitale de la confédération des Herniques, et, abandonnée par les villes alliées de Ferentino, Alatri et Veroli, déclara seule la guerre aux Romains. Vaincue par le consul Tremulus en 306 avant J.-C., elle fut réduite au rang de municipe *sine suffragio*. Cf. Cluverius, *Italia antiqua*, Leyde, 1624, t. I, p. 106; t. II, p. 981-982. C'était l'une des villes saintes du paganisme. Le christianisme dut y être porté de la voisine Veroli et s'y implanter vers la fin du IIe siècle, ainsi que l'atteste la présence, à la cour de Marc-Aurèle et de Commode, des Anagniens Evodius et Marcia, protecteurs des chrétiens, et l'existence de catacombes chrétiennes, découvertes, en 1904, près de Vico Moriciano, à cinq milles de la ville, par le P. Fr. Iubaru, S. J. (cf. *Nuovo bullettino di archeologia cristiana*, 1905, t. X, p. 307), mais la tradition qui en attribue la prédication à l'apôtre saint Pierre lui-même, dont Anagni aurait été la dernière étape dans son voyage de Tarente à Rome, ne présente aucun fondement. Le premier prédicateur semble en avoir été le Dalmate Giulianus, qui fut décapité à Sora sous le règne de Marc-Aurèle. Lisi, *Historia Sorana*, Rome, 1728, p. 54. Saint Magnus, évêque de Trani, serait venu y cueillir la palme du martyre durant la persécution de Dèce, en même temps que la vierge Secundina, convertie par lui; mais, outre que ses actes ne résistent guère à la critique, il n'est question d'aucun évêque d'Anagni pendant les quatre premiers siècles après la mort du Sauveur. A la suite cependant de l'édit de Théodose II et de Valentinien III, qui ordonnait de convertir les temples païens en églises chrétiennes (423), le temple dédié à Cérès sur l'Acropole aurait été transformé en église de la Vierge, et celui de Saturne en église de Saint-Michel, affirme assez gratuitement Al. De Magistris. Quoi qu'il en soit, le premier évêque connu d'Anagni est Félix, qui assista, en 487, au concile de Latran réuni par le pape Félix III, et il est probable que le diocèse d'Anagni fut fondé vers 450, par le pape saint Léon le Grand, qui en institua alors plusieurs autres dans le Latium. Félix eut, sans doute, pour successeur immédiat Fortunatus, qui assista au concile tenu à Rome par le pape Gélase en 495 et aux divers conciles tenus également à Rome, de 499 à 511. Mansi, *Concil. ampliss. collectio*, t. VIII, col. 315. Il semble que ce fut sous son épiscopat, et non pas à la fin du IIIe siècle ou au début du IVe, comme le veulent les bollandistes (*Acta sanct.*, jun. t. I, p. 338), que fleurit la vierge Oliva, d'une noble famille d'Anagni, car c'est à cette époque que se fondèrent dans le diocèse les premiers monastères de bénédictins et de bénédictines; or, c'est dans le couvent des bénédictines d'Anagni qu'elle vécut et mourut. Après Fortunatus, lacune de près d'un siècle dans la liste des évêques, jusqu'en 591, année où un certain Petrus est nommé, en qualité d'évêque d'Anagni, dans un privilège concédé à l'abbaye de Saint-Médard en France, par saint Grégoire le Grand, mais Luc Holstenius a démontré la fausseté de cet acte; de même Dominicus, cité en 596 par Ughelli et Alessandro De Magistris, fut évêque de Centumcellae et non pas d'Anagni. Pour Pelasgius, pas de doute, car il souscrivit aux deux conciles tenus à Rome, le 5 juillet 595 et en 601, par le même saint Grégoire. Après lui, autre lacune jusqu'à Opportunus, qui, en octobre 649, assista au concile tenu au Latran par Martin Ier. En 680, on trouve la signature de l'évêque Mauritius au bas de la lettre synodale adressée par le pape Agathon aux Pères du troisième concile œcuménique de Constantinople, et, le 3 avril 721, celle de Georgius, et non pas Gregorius, comme le nomme Ughelli, au bas des actes du concile romain réuni au Latran par le pape Grégoire II. Ce Georgius eut pour successeur Gregorius, qui, en 731, assista au concile tenu à Saint-Pierre par le pape Grégoire III. Aux conciles de Latran de 743 et de 747 assistait Caesareus, que Baronius confond avec Ambrosius, évêque de Capoue, et, à celui de 757, Constantinus, cité encore en 762. Après lui, de 770 à 1062, on ne compte pas moins de sept évêques de nationalité lombarde, ce qui prouve que, en dépit des victoires de Pépin le Bref et de Charlemagne sur Astolphe et Didier, la race conquérante n'avait pas disparu de l'Italie centrale; les deux premiers furent Nirgotius, qui assista, en 769, au concile romain tenu sous Étienne III, et Romualdus qui assista à celui de 826 sous Eugène II. Sebastianus, sous l'épiscopat duquel, en 847, le pape saint Léon IV, chassé de Rome par les Sarrasins, se réfugia à Anagni, et qui mourut en 850, n'appartenait pas à cette race, pas plus que son successeur Nicolaus, de la grande famille romaine de Via Lata, qui assista, le 8 décembre 833, au concile romain réuni par Léon IV et fut déposé, le 14 juin 855, par le pape Benoît III, pour avoir embrassé le parti de l'antipape Anastase. Benoît le remplaça par Zacharias, abbé d'un monastère bénédictin de Rome, neveu du pape Adrien Ier et parent du pape Étienne V, que le pape Nicolas Ier déposa également en 862, parce que, envoyé par lui à Constantinople auprès de l'empereur Michel III, il avait installé Photius sur le siège patriarcal. Un troisième Lombard, Alboinus, prit la place de Zacharias et assista au concile de Rome en 869. Après sa mort cependant (871), le pape Adrien II, successeur de Benoît III, qui avait déjà, le 14 décembre 867, relevé de ses censures Zacharias, le rétablit sur son siège en 872; c'est probablement durant cette seconde période de son épiscopat, vers 877, qu'eut lieu la translation des reliques de saint Magnus de Veroli dans la cathédrale d'Anagni. Zacharias mort fut remplacé, en 891, par Stephanus, noble romain, qui, au bout de cinq ans — quoique la chose soit niée par Sbaraglia et Cappelletti — devint pape sous le nom d'Étienne VI. Après celui-ci, nouvelle lacune, et c'est seulement vers 950 qu'un document des archives capitulaires d'Anagni cite un certain Leo, puis, en 963, un certain Joannes, qui, cette même année, donna asile à un autre pape, Jean II, lequel, chassé de Rome par l'empereur Otton Ier, tint à Anagni le concile dont il est question dans l'article suivant, ce qui n'empêcha pas l'évêque de prendre part, en novembre et décembre de cette même année, au conciliabule de Rome, où fut déposé Jean II, et au concile de l'année suivante, où furent annulés les actes du conciliabule. Le 30 janvier 993, un autre Joannes souscrivit, à Rome, en qualité d'évêque d'Anagni, la bulle de canonisation de saint Uldaric, évêque d'Augsbourg. Vers l'an mille, le Lombard Luitardus fut sacré évêque d'Anagni par le pape Silvestre II, et, vers 1006 ou 1008, un autre Lombard, Trasmundus, est cité dans un document des archives capitulaires d'Anagni. Il eut pour successeurs Girardus, cité en 1020 dans un document de Subiaco (*Chronicon Sublacense*, p. 149), puis Rainierus, dont Ughelli et Al. De Magistris affirment la présence au concile de Saint-Pierre de Rome le 17 décembre 1026, mais dont d'autres révoquent en doute l'existence, et Benedictus, qui assista à celui du 14 décembre 1027, le Lombard Rumaldus, cité dans trois inscriptions vers 1040, qui transporta solennellement, du monastère des bénédictines de Santa Reparata dans la cathédrale, les reliques des saintes Aurelia et Neomisia, et mourut vers 1055; enfin Bernardus, qui reçut, vers 1059, du pape Nicolas II l'administration du diocèse limitrophe de Trebi ou Trevi *in Campagna*, est aussi cité, en 1061, comme vice-chancelier de l'Église romaine, et mourut en 1062. Cette même année, le pape Alexandre II, chassé de Rome par les impériaux et l'antipape Cadalous, s'étant réfugié à Anagni, avec le cardinal Hildebrand, le futur Grégoire VII, fit élire évêque par le chapitre de bénédictin Petrus, dit de Principibus, parce qu'il appartenait à la famille lombarde des princes de Salerne, qu'il envoya, en 1071, à Constantinople, auprès de l'empereur d'Orient, Michel VII, en qualité d'apocrisiaire. Petrus commença, en 1074, la construction de la nouvelle cathédrale, et, tandis qu'il donnait, durant l'été de 1088, l'hospitalité au nouveau pape Urbain II, qui fuyait devant l'antipape Clément III, il vit agrandir son diocèse de celui de Trebi, incorporé par bulle du 23 août de cette année. L'incorporation, malgré les protestations des habitants du diocèse supprimé, fut confirmée par tous les papes suivants et finalement par Grégoire IX. Celui-ci, par bulle du 6 août 1227, assujettit définitivement l'abbé de San Teodoro de Trebi et les autres églises de l'ancien diocèse à la juridiction de l'évêque d'Anagni. Potthast, *Regesta romanorum pontificum*, t. I, n. 8008. Cependant Urbain VIII réforma en partie cette décision, en faisant passer Trebi et Jenne, l'une des cinq églises dont se composait ce diocèse, sous la juridiction de l'abbé de Subiaco, avec l'obligation pour celui-ci de payer chaque année à l'évêque d'Anagni la somme de soixante écus. Petrus prit part à la première croisade, conduisit à peu près à terme, à son retour, les travaux de la cathédrale, mourut le 3 (et non pas le 5, comme l'imprime à tort Cappelletti) août 1105, en odeur de sainteté et fut canonisé le 6 juillet 1110, dans la cathédrale de Segni, par le pape Pascal II. Son successeur fut, ainsi qu'il l'avait prédit, suivant la légende, le primicier du chapitre, Oddo, qui embellit la cathédrale, prit part au concile de Veroli en 1111 et mourut à la fin de cette année. Al. De Magistris mentionne ensuite un certain Gregorius, qui aurait assisté, en 1112, au concile de Latran, mais dont le nom manque dans les actes de cette assemblée. En réalité, le chapitre élut, cette année, conformément, également, à la prédiction de saint Pierre, l'archiprêtre de la cathédrale, Petrus II, qui fit transporter le corps de son saint prédécesseur de la basilique supérieure dans l'église souterraine, et donna, selon certains auteurs, l'hospitalité au pape Gélase II, chassé de Rome par l'empereur Henri V et l'antipape Grégoire VIII, ainsi qu'au pape Calliste II, puis, suivant la même prophétie, après sa mort, en 1121, on élut le vidame de la cathédrale Oiolinus, qui reçut, à diverses reprises le pape Honorius II et mourut en 1130. Le nouvel évêque, Rao, accueillit, au contraire, sous le pontificat d'Innocent II, l'antipape Anaclet II,

qui transporta solennellement, du couvent des bénédictines de Santa Reparata, le corps de la bienheureuse Oliva. Innocent II, après la fin du schisme, vint en personne à Anagni recevoir l'obédience de la cité et sans doute, celle de Rao, à qui nous voyons pour successeur, en 1137, Gregorius II, dont l'existence n'a été connue que récemment et qui, après avoir donné asile au pape Eugène III, mourut à la fin de décembre 1153. Il fut remplacé par un bénédictin de l'abbaye de Villamagna, Lotharius ou Eleutharius, qui mourut vers la fin de 1155, puis par Nauclerius, sous l'épiscopat duquel le pape Adrien IV vint mourir à Anagni, et Alexandre III y signer, le 19 août 1159, l'acte constitutif de la fameuse ligue lombarde, puis, en 1176, après la victoire de Legnano, sous le nom de *pactum Anagninum*, les préliminaires de paix entre la ligue et l'empereur Frédéric Barberousse. Cf. Potthast, *Bibliotheca historica medii aevi*, Berlin, 1896, t. II, p. 890 et 1709. Nauclerius mourut en avril 1177 et eut pour successeur, le mois suivant, Asaël, qui assista au troisième concile œcuménique du Latran en 1179, sous l'épiscopat duquel le même pape consacra solennellement, le 30 septembre 1181, la nouvelle cathédrale. Asaël mourut en 1181 et fut remplacé par Joannes III, qui, en septembre de la même année, donna l'hospitalité au nouveau pape Lucius III, puis, après sa mort, en 1197, Joannes IV dirigea l'Église d'Anagni jusqu'en 1220. La série se poursuit ensuite à peu près régulièrement. L'histoire de l'Église d'Anagni continua, jusqu'au début du XIVe siècle, à être liée intimement à celle de la papauté; ce fut, par exemple, Innocent III, né dans cette ville — de même que Grégoire IX, Alexandre IV et Boniface VIII — et d'abord chanoine de la cathédrale, qui lui concéda ses statuts municipaux; ce fut dans la cathédrale d'Anagni que Grégoire IX excommunia, le 29 septembre 1227, Frédéric II, et Innocent IV, le 8 septembre 1254, Manfred; ce fut dans le palais voisin que, le 7 septembre 1303, Boniface VIII fut l'objet de la scène sacrilège flétrie par Dante et connue dans l'histoire sous le nom d'attentat d'Anagni. Enfin ce fut également dans la cathédrale de cette ville que, le 9 août 1378, la majorité des cardinaux déclarèrent invalide l'élection du pape Urbain VI, déclaration à la suite de laquelle ils élurent, le 20 septembre 1378, à Fondi, Robert de Genève sous le nom de Clément VII. Anagni, Fondi et Veroli furent les seules villes d'Italie qui adhérèrent au pape français; celui-ci avait pour lui Onorato Caetani, comte de Fondi et préfet de la province de Maritima et Campagna, et le nomma vicaire spirituel, par bref daté d'Avignon, 16 juillet 1382, l'évêque d'Anagni, Giovanni Moduli. Urbain VI le déposa cette année même, mais Moduli n'en continua pas moins à exercer ses fonctions, et, malgré les défaites successives des partisans de Clément VII dans la région, les habitants d'Anagni continuèrent à soutenir sa cause, puis, après sa mort, la cause du nouveau pape d'Avignon, Benoît XIII. Ce ne fut qu'à la fin de 1398 qu'ils se soumirent au pape de Rome, Boniface IX, lequel leur pardonna et releva l'évêque de ses censures, mais sans lui rendre le siège épiscopal. Notons aussi que celui-ci demeura en quelque sorte vacant de 1815 à 1837, à cause de l'interdit *a pontificalibus* jeté par Pie VII, à son retour de l'exil, sur l'évêque Gioacchino Tosi, qui avait prêté serment à Napoléon Ier, le diocèse eut successivement pour administrateurs apostoliques, jusqu'à la mort de Tosi, le 3 octobre 1837, ou plutôt jusqu'à la nomination de son successeur, Mgr Vincenzo Annovazzi, le 15 février 1838, les prélats suivants : le 15 mars 1815, Mgr Luca Amici, évêque de Ferentino; le 13 décembre 1816, Mgr Francesco Maria Biordi, évêque de Dulma *in partibus*; le 4 avril 1818 (et non 1817, comme le porte Cappelletti), Mgr Giuseppe

Maria Lais, évêque d'Hippone *in partibus*; et enfin, le 18 décembre 1834, après la nomination de ce dernier au siège de Ferentino, Mgr Pier Francesco Muccioli, conventuel, évêque de Messène *in partibus*.

Outre les saints et les papes qui y sont nés, la ville et le diocèse ont donné le jour à un grand nombre de cardinaux, d'évêques et de prélats, dont on peut voir la liste dans Marangoni et dans Orlandi.

II. ABBAYES ET MAISONS RELIGIEUSES. — Lubin, *Abbatiarum Italiae brevis notitia*, Rome, 1693, cite seulement, p. 162-163, 392, l'abbaye de Santa Maria, de Gloria, qui fut donnée en 1123 aux cisterciens de la congrégation de Fiori, puis le 28 décembre 1477 (Celani, *Abbatarium Italiae additiones et adnotationes*, Rome, 1895, p. 44; et non en 1470, comme le porte Lubin) aux chanoines réguliers de Saint-Jean de Latran, et enfin au chapitre du Latran; et celle de San Teodoro de Trebi *in Campania*, dont l'église fut cathédrale jusqu'à l'incorporation du diocèse à celui d'Anagni. Il faut y ajouter les cisterciens de l'abbaye de Sgurgola, unie ensuite au séminaire, l'église de Rubigliano, prévôté de la congrégation de Fiori, les monastères de bénédictins de San Pietro de Villamagna (l'ancienne villa impériale des Antonins) et de San Giorgio, près de la cathédrale, et ceux des bénédictines de Santa Reparata et des Santi Filippo e Giacomo, les trois premiers fondés au début de l'ordre de Saint-Benoît. Les dominicains et les franciscains s'y établirent au commencement du XIIIe siècle, sous le pontificat d'Honorius III, les premiers d'abord, semble-t-il, près de la porte de Cérès, au couvent de San Giacomo, qui devint le siège d'une école de philosophie et de théologie, où enseigna saint Thomas d'Aquin en personne; les seconds d'abord dans un couvent situé à Colle de Porto, en dehors de la porte San Remiglio, puis auprès des églises de San Matteo et de San Stefano di Portario, et enfin auprès de l'église de Santa Maria *in Cryptis*, dite encore de la Madonna del Palazzo. Les clarisses s'y établirent vers la même époque dans le monastère de San Biagio, puis auprès de l'église de San Cesario. Les ermites guillelmites, établis depuis longtemps dans la ville, furent confirmés dans leurs droits et privilèges par bref d'Alexandre IV, en date du 22 août 1253. L'évêque Giovanni Pagnotta, de l'ordre des ermites de Saint-Augustin, y introduisit ces religieux en 1331. Les capucins eurent plus tard, en dehors de la ville, le couvent de San Pietro *in Nursiis*, et à Anticoli l'église de Santa Maria *in Campania*, auparavant aux bénédictins. Les clercs réguliers mineurs y furent appelés en 1725, pour diriger la paroisse de San Giovanni *de Duce* et ouvrirent une école. L'hôpital de Sant' Ascenzo fut fondé, en 1208, auprès de l'église et en dehors de la porte du même nom, par le cardinal Ugolino Conti (le futur Grégoire IX) et confié par lui, en octobre 1216, aux frères hospitaliers d'Altopascio, puis aux dominicains. Cf. B. Albers, *Die Consuetudines Farfenses und cod. lat. Vat. 6808*, dans *Studien und Mittheilungen a. d. Bened. und Cist. Ord.*, ann. XVIII, fasc. 4. La plus grande partie de ces maisons furent fermées par le premier Empire ou en 1873 par le gouvernement italien. Les ordres religieux sont cependant encore relativement nombreux dans ce petit diocèse : conventuels à Anagni, Gorga et Piglio; *Caracciolini* à Anagni; trinitaires à Anagni et Gorga; jésuites à Anagni; capucins à Anticoli; augustins à Carpineto; franciscains à Carpineto et Piglio; frères de la Miséricorde à Carpineto; cisterciennes à Anagni; sœurs du Précieux-Sang à Acuto, Filettino et Morolo; sacramentines à Carpineto; clarisses à Anagni et Anticoli; sœurs de charité à Anagni; *Maestre Pie* à Gorga.

III. LISTE DES ÉVÊQUES. — Félix, cité 437. — Fortunatus, cité de 495 à 511. — Petrus (?), 591. — Pelasgius, 593 et 601. — Opportunus, 649. — Mauritius, 680. — Georgius, 721. — Caesareus, 743, **747**. — Constantinus, 757-762. — Nirgotius, 769. — Romualdus, 826. — Sebastianus, cité 847, † 850. — Nicolaus, cité 853, déposé 855. — Zacharias, 855, déposé 862. — Alboinus, cité 869, † 870. — Zacharias, rétabli, 872 - † après 883. — Stephanus, 891 - juin 896; devient pape sous le nom d'Étienne VI (?). — Leo, 963. — Joannes, 963. — Joannes II. 31 janvier 993. — Luitardus, vers 1000. — Trasmundus, vers 1006 ou 1008. — Girardus, 1020. — Rainierus (?), 17 décembre 1026. — Benedictus, 14 décembre 1027. — Rumaldus, vers 1040, † vers 1055. — Bernardus, 1059, 1061, † 1062. — Saint Pierre de Principibus, 1062-† 3 août 1105. — Oddo, 1105-1111. — Petrus II, 1112, † 1124. — Oiolinus, 1124-1131. — Rao, 1133. — Gregorius II, 1137-† fin décembre 1153. — Lotharius ou Eleutherius, O. S. B., 1154- † 1155. — Nauclerius, 1159-† avril 1177. — Asaël, mai 1170-† 1181. — Joannes III, 1197-1220. — Joannes IV, 1221. — Albertus, vers 1224. — Pandulfus, 1237. — Nicolaus, 1257 (?). — Giovanni Compatre, 22 avril 1257. — Landus, 21 octobre 1263. — Pietro Gaetani, transféré de Todi, 1276. — Petrus III, 1280. — Gerardo Pigolotti, O. P., 3 mai 1289-4 mars 1290; transféré à Spolète. — Pietro de Brunaco, cisterc., transféré de Segni, 15 mai 1290-† 1295. — Pietro Torrita, 20 septembre 1295-3 août 1299; transféré à Aversa. — Leonardus, 3 août 1299-† 1320 (?). — Pierre Ferri, chanoine d'Auxerre, 7 avril 1320, transféré à Marses, — Alamanno de Galgano, transféré d'Amelia, 20 mars 1327-† 1330. — Giovanni Pagnotta, augustin, 5 novembre 1330 (vicaire du pape à Rome, 6 mars 1335)-† 1342. — Giovanni de Scrofano, 19 juillet 1342-† 1348. — Pietro Grassini, O. P., transféré de Sora, 5 nov. 1348. — Gian-Giacomo Moduli di Trajetto, 30 octobre 1362, déposé à cause d'adhésion à Clément VII. — Thomas, de l'obédience d'Urbain VI, 1382-1393. — Jacopo de Trebi, augustin, 8 juillet 1399- 1 décembre 1401; transféré à Chalcédoine *in partibus*. — Angelo Afflitti, transféré de Polignano, 4 décembre 1401. — Angelotto Fosco ou de Pescio, 14 février 1418 (et non 4, comme le porte Eubel)- 22 mai 1426; transféré à Cava (Oddo de Varris, adm. apost., 26 août 1426). — Francesco de Genazzano, 28 janvier 1429. — Salvatore de Genazzano, avril 1451. — Giovanni de Cremonensibus, 14 août 1478. — Gentile de Spoleto, 9 septembre 1478-† vers 1484. — Francesco Mascambruni (Garampi : de Macabeinis), 3 octobre 1484. — Ferdinando (Fernando, dit Garampi) Sancio di Cassyon de Lanciano (de Gaziano, dit Cappelletti), espagnol, chapelain d'Alexandre VI, 1502-† fin 1515. — Jacopo Bongalli, 6 décembre 1515-5 novembre 1516; transféré à Nepi et Sutri. — Card. Francesco Soderini, administrateur apostolique, 5 novembre 1516-4 mars 1523. — Luca Giovannini, de Volterre, médecin et auditeur du précédent, 4 mars 1523. — Alexandre Farnèse (le futur Paul III), 3 avril 1523-7 juin 1525. — Corrado Monaldeschi della Cervara (*al.* Carbonari), 7 juin 1525-† septembre 1534. — Card. Giovanni Vincenzo Carafa, archevêque de Naples, administrateur apostolique, 18 (et non 16, comme le porte Eubel) décembre 1534-18 janvier 1541. — Card. Pietro Sarmiento, des comtes de Salinas, espagnol, administrateur apostolique, 23 janvier-6 avril 1541. — Michele Torelli (et non Torcella comme le porte Cappelletti), transféré d'Alife, 6 avril 1541-† 7 mars 1572. — Card. Benedetto Lomellini, transféré de Luna et Sarzana, 17 mars 1572-† 26 juillet 1579. — Gasparo Viviani, transféré de Sitia et Hierapetra, 7 février (ou 3 août ?) 1579-26 mai 1605. — Vittore Guarini, 4 juillet 1605-† mai 1607. — Antonio Seneca, de Norcia, 25 (et non 23, comme le porte Zappasodi) juin 1607-† 29 août 1646. - - Gasparo Melis, 16 (et non 15, comme le porte Zappasodi) septembre 1626-† janvier 1642. -- Sebastiano Gentile, 24 (et non 25, comme le porte Gams) mars 1642-octobre 1646. — Pietro Francesco Filonardi, 3 décembre 1646-fin février 1662. — Giovanni Lorenzo Castiglioni, 13 mars 1662-9 décembre 1680; transféré à Acquapendente. - - Bernardino Masseri, 23 juin 1681-† 10 août 1695. — Pietro Paolo Gerardi, 3 mars 1696-† 31 mai 1708. — Giambattista Bassi (d'abord coadjuteur du précédent), 3 octobre (et non 19 septembre, comme le porte Gams) 1708-† 19 décembre 1736. — Gian-Antonio Bachettoni, 11 février 1737-1er décembre 1749; transféré à Recanati. — Domenico Monti, 19 janvier 1750-14 avril 1766 — Giambattista Filipponi-Tenderini, 14 avril 1766-1778. — Cirillo Antonini, 28 septembre 1778-† 1789. — Giovanni Devoti, 30 mars 1789-† 18 septembre 1804. - - Gioacchino Tosi, 26 mars 1804-† 3 octobre 1837. — Vincenzo Annovazzi, transféré de Leros in partibus, 15 février 1838-1er septembre 1846; transféré à Iconium. — Pietro Paol Trucchi, lazariste, 21 septembre 1846-21 décembre 1857; transféré à Forlì. — Clemente Pagliari, 21 décembre 1857-† 9 mars 1875. — Domenico Pietromarchi, 31 mars (et non 1er avril, comme le porte Gams) 1875. — Antonio Sardi, 18 mai 1894-8 juillet 1912; transféré à Palmyre (titulaire).

IV. ÉTAT ACTUEL. — L'évêque actuel est, depuis la démission de Mgr Sardi, Mgr Silvio Gasperini, né à Bevagna (Ombrie), préconisé le 2 décembre 1912. Le diocèse comprend dix communes de la province de Rome et compte neuf vicariats forains, vingt-six paroisses, cinquante églises, chapelles ou oratoires, soixante prêtres séculiers, soixante-quinze religieux, cent treize religieuses, vingt-deux confréries et 31 200 habitants, d'après le recensement de 1901. Le collège Léonien, à Anagni, construit par la munificence de Léon XIII, qui, né à Carpineto dans le diocèse, n'oublia jamais sa région natale, est dirigé par les pères jésuites et comprend une université de théologie, auquel Pie X a ajouté un séminaire interdiocésain pour tout le midi de la province de Rome. Patron : saint Magnus, dont la fête tombe le 19 août. La commune d'Anagni compte 9 612 habitants, dont seulement la moitié environ agglomérée, d'après le recensement de 1911. La ville, située sur une colline, a, outre une enceinte et diverses ruines de l'époque romaine, un grand nombre de palais du moyen âge, en style gothique romain. La magnifique cathédrale, dédiée à l'Annonciation, fut, comme nous l'avons dit, construite de 1021 à 1115, en style byzantino-gothique, et a été, il y a quelques années, l'objet d'une habile restauration, qui a fait disparaître les malencontreuses additions du XVIIe siècle. On y remarque surtout l'unique porte, décorée d'une statue majestueuse de Boniface VIII, le pavé en mosaïque, œuvre des frères Cosmas, et la crypte, toute couverte de peintures du XIIe et du XIIIe siècle, qui représentent l'histoire de saint Magnus, de sainte Secondina, et de saint Pierre d'Anagni. Le campanile est isolé et situé devant l'entrée de la cathédrale. Le trésor et le musée de la cathédrale sont riches en ornements du moyen âge. Elle possède les reliques des saints Magnus et Pierre de Principibus, des saintes Secondina, Oliva, Aurelia et Neomisia, et du bienheureux Andrea Conti, noble d'Anagni. Cf. Filippo Ciammaricone, Santuario Anagnino, Veletri, 1704; Marangoni, Acta passionis et translationis S. Magni episcopi Tranensis et martyris, Anagni, 1743; Barbier de Montault, La cathédrale d'Anagni, dans Annales archéologiques, 1856, t. XVI, p. 137-163, 241-252; 1857, t. XVII, p. 26-42, 113-118; et art. dans Revue de l'art chrétien, 1890, sér. IV, t. I, p. 69-70; Camillo Taggi, Della fabbrica della cattedrale d'Anagni, 1888; Toesca, Gli affreschi della cattedrale di Anagni, dans Le gallerie nazionali italiane, 1902, t. V, p. 116 sq.; et E. Bernich, La cripta del duomo di Anagni, dans Napoli nobilissima, an. 1904, p. 183-186. Les archives du chapitre sont parmi les plus riches d'Italie. Cf. Marangoni, Pertz, Archiv, t. XII, p. 483, et Pflugk-Harttung, Iter Italicum, Stuttgart, 1883, p. 1-2.

Archives du Vatican, Fiches de Garampi; Atti concistoriali. — Mathieu de Flentin, Apparatus ad universalem episcopatuum orbis christiani notitiam, Index, n. 437, fol. 77. — Rome, Bibliothèque Chigi, ms. C. VI. 174. — Theuli, Apparato minoritico della provincia di Roma, Velletri, 1648. — Lucenti, Italia sacra, Rome, 1704, col. 262-275. — Ughelli-Coleti, Italia sacra, Venise, 1717-1722, t. I, col. 305-323; t. X, col. 206. — Al. De Magistris, Istoria della città e S. basilica cattedrale di Anagni, Rome, 1749. — C. Orlandi, Delle città d'Italia e sue isole adjacenti compendiose notizie, Pérouse, 1770-1778, t. I, p. 19-50. — [Ranghiasci], Bibliografia storica delle città e luoghi dello Stato pontificio, Rome, 1792, t. I, p. 3; Supplément, 1793, p. 1. — P. Cayro, Discorso storico sulla città d'Anagni metropoli in tempo degl' Ernici, Naples, 1801. — Marocco, Monumenti dello Stato pontificio, Rome, 1835, t. VI, p. 108-155. — Moroni, Dizionario di erudizione ecclesiastica, Rome, 1840, t. I, p. 27-36. — Cappelletti, Le Chiese d'Italia, Venise, 1847, t. I, p. 271-385. — G. Stefani, Dizionario corografico della Italia; Stato pontificio, Milan et Vérone, 1856, t. I, p. 39-41. — G. Petri, L'orbe cattolico, Rome, 1858, 1re partie., p. 132. — Gams, Series episcoporum, p. 663-664; Supplément, p. 2. — Gregorovius, Wanderjahre in Italien, Leipzig, 1874, t. II, p. 101-116; trad. ital. (Passeggiate per l'Italia), Rome, 1906, p. 70-88. — Seb. Brunner, Die Papstadt Anagni, dans Historische-politische Blätter, 1875, t. LXXV, p. 180-190. — Amati, Dizionario corografico dell'Italia, Milan, 1868, t. I, p. 264-266. — R. Ambrosi De Magistris, Documenti Anagni, Rome, 1881; Storia di Anagni, Anagni, 1889, t. I; le manuscrit du t. II est à Rome, chez M. le comm. Michele Pecci, qui a bien voulu nous le communiquer; Osservazioni sull' opera di monsignor Terrinoni, Rome, 1888. — Terrinoni, I sommi pontefici della Campania Romana, Rome, 1888-1889, t. I, p. 19-39; t. II, p. 119-143 (voir, sur cet ouvrage, Civiltà cattolica, sér. XVI, t. VI, p. 176-183, et Archivio della Società romana di storia patria, VIe ann., p. 259-293). — O. Werner, Orbis terrarum catholicus, Fribourg-en-Brisgau, 1890, p. 11. — L. Duchesne, Les évêchés d'Italie et l'invasion lombarde, dans Mélanges d'archéologie et d'histoire, t. XXV, p. 395; Le sedi episcopali nell' antico ducato di Roma, dans Arch. de la R. Soc. rom. di st. patr., 1892, t. XV, p. 499. — E. Abbate, Guida della provincia di Roma, Rome, 1894, t. I, p. 272; t. II, p. 414-419. — J. Guiraud, L'État pontifical après le grand schisme, Paris, 1896, p. 8, 22,53, 77, etc. — Eubel, Hierarchia catholica medii aevi, t. I, p. 86; t. II, p. 98; t. III, p. 120. — Spila, Mem. stor. della provincia riformata Romana, Rome, 1890, p. 168-174, 191-192. — U. Chevalier, Topo-bibliographie, t. I, col. 108. — Groner, Die Diöcesen Italiens, Fribourg-en-Brisgau, 1904, p. 3-22; trad. ital de Guarini : Le diocesi d'Italia, Melfi, 1908, p. 12, 33. — Kehr, Italia pontificia, Berlin, 1907, t. II, p. 135-144. — Zappasodi, Anagni attraverso i secoli, Veroli, 1908. — Fabre et Duchesne, Le Liber censuum de l'Église romaine, Paris, 1910, t. I, p. 59, introd., 12. — Henry Cochin, Jubilés d'Italie, Paris, 1911, p. 1 sq. — Annuario ecclesiastico, Rome, 1913, p. 231-232.

J. FRAIKIN.

II. ANAGNI (CONCILES D'). Trois conciles ou, du moins, trois réunions d'évêques présidées par le pape, se sont tenus à Anagni. Le premier aurait eu lieu en 963; Jean XII, chassé de Rome par l'empereur Otton Ier (et non II, comme l'imprime, par erreur, Zappasodi), s'étant réfugié à Anagni, aurait réuni autour de lui les cardinaux et quatorze évêques de la Campania Romana, afin d'examiner la conduite qu'ils devraient tenir au concile, ou plutôt conciliabule, convoqué à Rome par l'empereur pour le mois de novembre de cette même année. Zappasodi est, d'ailleurs, à peu près le seul auteur qui parle de cette réunion. Le second eut lieu le jeudi saint 24 mars 1160, ou, du moins, le pape Alexandre III, chassé de Rome par l'empereur

Frédéric Barberousse et l'antipape Octaviano de Monticello (Victor IV), prononça, ce jour-là, entouré des cardinaux et d'un grand nombre d'évêques, l'excommunication de l'empereur, du comte palatin Otton et de leurs partisans,et réitéra l'excommunication déjà lancée par lui contre l'antipape. Il délia aussi les sujets de Frédéric de leur serment de fidélité. Le 7 avril de l'année suivante, dans une autre réunion épiscopale, à laquelle Mansi donne le nom de concile, il y déposa et excommunia Hugues, abbé de Cluny, qui avait prétendu n'adhérer ni à lui ni à Victor IV, et envoya, à ce sujet, deux bulles datées d'Anagni, à Henri, évêque de Belley, et aux moines de Cluny.

Martène, *Veterum monumentorum collectio*, t. II, p. 659. — Mansi, *Ad concilia Veneto-Labbeana supplementum*, Lucques, 1748, t. II, col. 531-534; *Sacrorum conciliorum nova et amplissima collectio*, Venise, 1776, t. XXI, col. 1149-1154. — Watterich, *Vita Alexandri III*, dans *Pontificum romanorum vitae*, Leipzig, 1862, t. II, p. 386, 492, note 2, 493, 496. — Hefele-Leclercq, *Histoire des conciles*, t. v, p. 943-944. — Zappasodi, *Anagni attraverso i secoli*, Veroli, 1908, t. I, p. 95, 167.

J. FRAIKIN.

ANAGNOSTÈS (JEAN) de Thessalonique, historien byzantin du xve siècle. Le sultan Mourad II ayant pris Thessalonique aux Vénitiens en 1430, Jean Anagnostès écrivit le récit de la chute de sa patrie, à la demande d'un haut personnage de ses amis dont il ne nous a pas dit le nom. Cette œuvre est intitulée Διήγησις περὶ τῆς τελευταίας ἁλώσεως τῆς Θεσσαλονίκης συντεθεῖσα πρός τινα τῶν ἀξιολόγων πολλάκις αἰτήσαντα περὶ ταύτης ὑπ' ἐπιτρόπῳ. On peut en lire le texte grec accompagné d'une traduction latine, soit dans les Σύμμικτα de Léon Allatius, Cologne, 1658, p. 318-380, soit dans *P. G.*, t. CLVI, col. 587-632. La vie de Jean Anagnostès ne nous est pas autrement connue.

Fabricius, *Bibl. graeca*, 1714, t. VI, p. 486. — Hankius, *Byzant. script. gr.*, 1697, p. 636-639. — Krumbacher, *Geschichte der Byzantinischen Litteratur*, Munich, 1897, p. 301. — *P. G.*, t. CLVI, col. 583-586.

R. JANIN.

ANAK, père de Grégoire l'Illuminateur, qui convertit au christianisme le peuple arménien, sous un roi Tiridate, de l'an 290 à l'an 304. D'après l'*Histoire* qui nous est parvenue sous le nom d'Agathangélos (voir AGATHANGE, t. I, col. 906), et qui remonte, en substance, au commencement du ve siècle, Anak était d'origine arsacide ou Pahlav, comme le roi arménien Khosrov Ier, et comptait parmi les principaux satrapes du royaume des Parthes. Agathange, texte arménien, Tiflis, 1882, c. II, p. 28-29; texte grec, dans les *Acta sanctorum*, septemb. t. VIII, n. 13. Selon les écrivains postérieurs, par exemple Moïse de Khorène, Anak était arsacide de la branche Souréne (l. II, c. XXXIII, LXXIV). Au dire d'Agathange, Artachir, fils de Sassan, qui avait supplanté sur le trône des Parthes l'arsacide Artaban et convoitait l'Arménie, gagna le prince Anak par ses promesses. Ce dernier vint en transfuge auprès du roi d'Arménie Khosrov Ier et, après avoir surpris sa confiance, l'assassina. Le meurtrier et les siens, cernés par les soldats de Khosrov sur le pont d'Artaxata (Artachat), furent précipités dans l'Araxe. Seuls, deux petits enfants d'Anak furent sauvés par leurs nourrices et conduits, l'un en Perse, l'autre, le futur Grégoire, à Césarée de Cappadoce. Chap. II, III, p. 32, 33, du texte arménien d'Agathange. En raison de l'invraisemblance de plusieurs circonstances, certains critiques, comme Gutschmid, n'admettent pas qu'Anak soit le père de Grégoire l'Illuminateur. Hans Rühl, *Kleine Schriften*, Leipzig, 1892, t. III, p. 380, 383; *Zeitschrift der deutschen Morgenländischen Gesellschaft*, n. 53, p. 31 sq. Aux objections de Gutschmid et d'autres auteurs, on pourrait ajouter que l'évêque arabe monophysite Georges, s'autorisant d'une ancienne biographie de Grégoire, déclare qu'il était de nationalité romaine (grecque). J. Tachian, *Agathangélos chez l'évêque syrien Georges*, Vienne, 1891, en arménien, p. 4; V. Ryssel, *Georgs des Araber bischofs Gedichte und Briefe*, Leipzig, 1891, p. 54. Ce texte de l'évêque Georges peut s'expliquer en raison de l'éducation toute grecque reçue par Grégoire. Son assertion toutefois, corroborée par la version arabe d'Agathange publiée par Marr, soulève contre l'origine arsacide de Grégoire une plus grave difficulté que les textes relevés par Gutschmid, d'après lesquels Tiridate considère Grégoire comme un étranger. Agathange arménien, c. V, p. 39; n. 22 du texte grec. Toutes ces objections ébranlent peut-être l'absolue certitude de la tradition arménienne. Mais les hypothèses positives que l'on substitue à cette tradition provoquent de très graves objections. Telle, par exemple, la conjecture de Gelzer, supposant que le père de Grégoire l'Illuminateur était un grand-prêtre du paganisme arménien. *Die Anfänge der Armenischen Kirche*, dans *Verhandlungen der königl. sächs. Gesellschaft zu Leipzig*, Philol.-hist. Klasse, Leipzig, 1895, p. 146; trad. armén., Venise, 1896, p. 98-105. Bref, jusqu'à plus ample informé, il reste que la tradition arménienne, faisant descendre Grégoire l'Illuminateur du prince arsacide Anak, garde une sérieuse probabilité et n'est contredite formellement par aucune source autorisée. Voir notre *Histoire politique et religieuse d'Arménie*, Paris, 1910, p. 124-128.

F. TOURNEBIZE.

ANALESBERG (ou plus exactement **ALANESBERG**), monastère bénédictin sur les confins de l'Alsace et de la Bourgogne, dont le site n'a pas encore été exactement identifié. Sur la demande de l'abbé Baltramne, le roi de Germanie Otton Ier, par une charte datée de Quedlimbourg (Saxe), 6 avril 959, échangea le lieu, « très mal commode à des religieux des moines, » contre Lure (Haute-Saône), « très apte pour les religieux, » et y ajouta la possession de Wolvisheim et de Rosheim, deux localités de la Haute-Alsace. Cf. LURE, abbaye bénédictine du diocèse de Besançon.

La charte originale d'Otton Ier, conservée dans les archives départementales de la Haute-Saône à Vesoul, a été publiée d'abord, un peu fautivement, par Mabillon, *Acta sanctorum ord. S. Bened. saeculi* V, 1re édit., p. 277; 2e édit., p. 278 et, d'après Mabillon, dans le *Recueil des historiens de la Gaule*, Paris, 1874, t. IX, p. 385; édition critique dans les *Monumenta Germaniae hist., Diplomata*, t. I, p. 279. Le motif indiqué par les éditeurs du *Gallia christiana*, t. V, col. 834, pour le transfert du monastère d'Alanesberg à Lure (disputes entre les évêques de Strasbourg et de Metz) repose sur une Vie pleine de légendes de l'abbé Baltramne, éditée dans les *Monum. Germ. hist., Scriptores*, t. XV, p. 680-682.

G. ALLMANG.

ANAMODE, sous-diacre de Ratisbonne, mort vers 899, auteur des *Traditionum S. Emmerancnsium libri duo...*, qu'il dédia à son évêque Aspert (891-891). Ces *Traditiones* ont été éditées par Pez, *Thesaurus anecdotorum novissimus*, t. I, 3e part., p. 195-289, et reproduites dans *P. L.*, t. CXXIX, col. 899-962.

Bretholz, *Die Traditionsbücher von St. Emmeran*, dans *Mitteilungen des Instituts für österreich. Geschichtsforschung*, t. XII, p. 1 sq. — Dümmler, *Anamodus*, dans *Neues Archiv für ältere deutsche Geschichte*, 1879, t. IV, p. 543. — Wattenbach, *Deutschlands Geschichtsquellen*, 7e édition, Leipzig, 1904, p. 289.

A. BAYOL.

ANANIA (MARCELLO). Né en Calabre et théologien en renom, il fut successivement bénéficier de Saint-Jean de Latran, chanoine de Saint-Laurent *in Damaso* et de Sainte-Marie-Majeure, chapelain secret du pape et vice-gérant du vicariat de Rome. Préconisé le

1er juin 1634, évêque de Nepi et Sutri, avec la charge d'établir dans son double diocèse un séminaire et un mont-de-piété, il mourut le 23 avril 1670. Une longue inscription (reproduite par Ranghiasci), placée dans la cathédrale de Nepi, où il fut enterré, relate sa vie et ses mérites.

Archives du Vatican, *Atti concistoriali*, ann. 1644-1656, fol. 251. — Ranghiasci, *Bibliografia storica delle città e luoghi dello Stato pontificio*, Rome, 1792-1793, t. I, p. 235. — Cappelletti, *Le Chiese d'Italia*, Venise, 1847, t. VI, p. 250.

J. FRAIKIN.

ANANIAN MEKERTITSCH (JEAN-BAPTISTE), membre de la congrégation des mékhitharistes, né à Constantinople en 1713, mort à Salonique en 1777. Il fut l'un des rédacteurs du premier volume du *Bararan Haïkazian*, grand *Dictionnaire de l'ancienne langue arménienne*. L'œuvre parut à Venise, en 1749, l'année même où mourait Mekhithar, fondateur de la congrégation et principal auteur de ce volume. Le P. Ananian prit une part encore plus importante à la composition du second volume. Ce dernier volume est divisé en quatre parties. La première contient l'explication des termes de la langue littéraire non compris dans le volume I; la seconde renferme les noms propres; la troisième et la quatrième partie forment un double dictionnaire *grabarr-aschkharabarr* et *aschkharabarr-grabarr*, où l'arménien littéraire est expliqué en arménien vulgaire et *vice versa*. Outre cette œuvre d'un long et patient travail, Ananian composa quelques poésies et les épitaphes de Mekhithar et du martyr Komitas. Sukias Somal, *Quadro della storia letteraria di Armenia*, Venise, 1829, p. 189; *Compendiose notizie sulla congregazione mechitharistica*, ibid., 1819. On trouve l'épitaphe du martyr Komitas dans le *Catalogue des manuscrits de la bibliothèque des mékhitharistes de Vienne*, par le P. J. Tachian, en arménien, Vienne, 1895, 2e partie, p. 470.

F. TOURNEBIZE.

1. ANANIE (Saint), disciple des apôtres et martyr (?) à Damas, au Ier siècle, dont tout ce que l'on sait est contenu dans quelques versets des Actes des apôtres. Juif converti au christianisme, il se trouvait à Damas au moment où Saul s'y rendait, « ne respirant que menaces et carnage contre les disciples du Seigneur; » mais on ignore si, né dans cette ville, il y résidait depuis longtemps, ou s'il s'y était réfugié au commencement de la persécution qui sévissait depuis le martyre de saint Étienne. Homme juste, ἀνὴρ εὐσεβὴς κατὰ τὸν νόμον, mais qui probablement n'était pas un des chefs de la communauté chrétienne de Damas, il fut choisi par Notre-Seigneur pour introduire dans l'Église le futur apôtre des nations. Ayant reçu dans une vision l'ordre de se rendre auprès de Saul, qui, privé de la vue, avait été amené chez un juif nommé Judas, dans la rue Droite, il manifesta d'abord un certain effroi, que rendait naturel la détestable réputation de ce persécuteur des chrétiens; mais, rassuré par le Sauveur, qui lui révéla la transformation de Saul, il se hâta d'aller trouver celui-ci et, après l'avoir salué du nom de frère, il lui rendit la vue en lui imposant les mains, puis il le baptisa.

Que devint ensuite Ananie, c'est ce qu'aucun document authentique ne nous apprend. D'après une légende contenue dans un des récits de Métaphraste, il aurait prêché l'Évangile avec un grand zèle à Damas et à Éleuthéropolis, puis aurait été torturé et lapidé par ordre d'un juge nommé Lucianus. La tradition veut également qu'il ait été le premier évêque de Damas. Mais rien n'autorise à croire qu'il y ait quelque chose de vrai dans tout ceci. On ne sait pas davantage s'il faut l'identifier avec le juif Ananie qui, d'après Josèphe, *Ant. Jud.*, XX, II, faisait du prosélytisme à la cour du roi Izate, dans l'Adiabène.

L'Église latine, ignorant le martyre de saint Ananie, a inscrit celui-ci dans son calendrier à la date du 25 janvier, c'est-à-dire au jour où elle fête la Conversion de saint Paul, tandis que l'Église grecque, qui conserve la tradition mentionnée plus haut, fait sa mémoire le 1er octobre. A la suite de son nom, dans les livres liturgiques de cette Église, on lit :

Λίθοις νέμειν θέλοντα μηδαμῶς σέβας,
Ἀνανίαν βάλλουσι δυσσεβεῖς λίθοις.
Λεύσθη Ἀνανίας ὀκτωβρίου ἤματι πρώτῳ.

Act., IX, 10-17; XXII, 12-16. — *Acta sanct.*, 1643, jan. t. II, p. 613-615, 1151. — P. G., t. CXIV, col. 1001-1010. — Fabricius, *Bibl. graec.*, 1719, t. IX, p. 53. — Harnack, *Gesch. altchrist. lit.*, 1893, p. 907. — Gaume, *Biogr. évangél.*, Paris, 1881, t. X. — Le Camus, *L'œuvre des apôtres*, Paris, 1891, t. I, p. 342. — Surius, *Vit. sanct.*, au 1er oct. — Ms. Par. gr. *1546*, fol. 1001-1009.

L. CLUGNET.

2. ANANIE (Saint), martyr, inscrit au calendrier de l'Église grecque, à la date du 9 juin.

Ὁ ἅγιος μάρτυς Ἀνανίας ξίφει τελειοῦται.
Τὴν γλῶσσαν εἶχεν ὡς σπάθην κατὰ πλάνης
Ἀνανίας ὁ μάρτυς ὃν κτείνει σπάθη.

Acta sanct., 1698, jun. t. II, p. 171. — Les *ménées* grecs, à la date du 9 juin.

L. CLUGNET.

3. ANANIE (Saint), prêtre et martyr, qui est mentionné dans les martyrologes latins à des dates différentes, 27 janvier, 15 février, 27 mars. Ses Actes ne nous apprennent rien sur sa vie et racontent seulement son martyre, qui aurait eu lieu en Phénicie, sous l'empereur Dioclétien, c'est-à-dire vers l'an 303. Avant de mourir, il aurait converti dans sa prison son geôlier, nommé Pierre, ainsi que sept soldats, qui furent également mis à mort. La commémoraison d'Ananie est inscrite dans les livres liturgiques des grecs à la date du 26 janvier, avec ce distique :

Πέτρος σὺν ἑπτὰ τὴν θάλασσαν εἰσέδυ,
Οἷς Ἀνανίας ἡδέως συνεισέδυ.

Le nom qu'il portait et la région où il souffrit le martyre, autorisent à croire qu'Ananie appartenait à une famille israélite devenue chrétienne.

Act. sanct., 1658, febr. t. III, p. 490-495. — Les *ménées* et les *synaxaires* grecs, à la date du 26 janvier.

L. CLUGNET.

4. ANANIE, évêque d'Adada (381), t. I, col. 427.

5. ANANIE DE CHIRAK, VIIe siècle (600-650 ?), vardapet arménien, ainsi appelé du nom du district arménien situé sur la rive de l'Akhourian (aujourd'hui Arpa-Tchaï), affluent septentrional de l'Araxe. On l'appelle aussi *Anetsi*, du nom d'Ani, ancienne capitale du Chirak; *Hamarogh*, computiste. Encore jeune et dans le but de satisfaire un attrait peu ordinaire pour les sciences exactes, il se rendit à Théodosiopolis ou Karin (aujourd'hui Erzeroum), puis vers le sud-ouest, dans la quatrième Arménie, et de là à Constantinople, enfin à Trébizonde (Trapizon). Là il trouva un maître nommé Tigikos, justement célèbre et versé dans la connaissance de l'arménien. Il en suivit les leçons pendant huit ans, avec beaucoup de succès. Il revint ensuite au district de Chirak, résolu de communiquer sa science aux Arméniens, qui, dit-il, « en avaient grand besoin et ne témoignaient que de la paresse et du dégoût pour la science. » Voir surtout Tachian, *Catalogue des manuscrits des mekhi-*

tharistes de Vienne, Vienne, en arménien, II° part., p. 174-177, où se trouve une partie de l'autobiographie d'Ananie, n. 30. Le jeune maître s'attira bien quelques écoliers ; mais, raconte-t-il, presque tous, dès qu'ils avaient reçu quelques connaissances superficielles, se croyaient suffisamment instruits et s'éloignaient pour enseigner à leur tour. Vainement, le maître, mécontent de voir son école ainsi dépréciée, protestait-il. Quelques élèves, cependant, firent honneur à son enseignement. Ananie Chirakatsi venait d'être chargé de réformer le calendrier arménien par le catholicos Anastase, quand celui-ci mourut. Jean Catholicos, *Histoire d'Arménie*, traduction française de J. Saint-Martin, p. 80. La réforme du calendrier ne fut réalisée qu'au début du XII° siècle par Jean Sarkavag.

Ce qui reste des œuvres d'Ananie Chirakatsi, écrivain savant mais obscur, a été publié par Gr. Patcanian, in-4°, de 75 p., imprimerie de l'Académie impériale des sciences, Saint-Pétersbourg, 1877. Voici les titres des pièces qui y sont contenues : 1° *Sur la qualité ou condition* (vouorpissouthioun) *de la vie*; — 2° *Sur la manifestation* (aitnouthioun) *de Notre-Seigneur et Sauveur, Nativité et Épiphanie*. Le professeur F. Conybeare a donné une traduction de ce discours dans *The expositor*, 1896, p. 311-337 ; — 3° *Sur la Pâque du Seigneur*, discours traduit par Fr. Conybeare, à la suite d'une notice sur l'auteur, dans *Byzantin. Zeitschrift*, 1897, p. 572 ; — 4°-8° divers sujets profanes ; — 9° *Introduction de Paul d'Alexandrie à l'astrologie*, traduction du grec ; traduction latine, en 1586, à Vittemberg. — Cf. Zarphanalian, *Sur la chronologie depuis Adam jusqu'à l'époque d'Anastase Catholicos*, an 666. La Bibliothèque nationale de Paris contient le traité d'Ananie, sur le calendrier de la Grande-Arménie, ms. arménien, n. 252, fol. 1-87, et n. 199, fol. 241, *Homélie sur les 199 versets de l'Écriture sainte*.

G. Zarphanalian, *Histoire de l'ancienne littérature arménienne du IV° au XIV° siècle*, en arménien, Venise, 1897, p. 456-465, etc. — Partie de l'autobiographie d'Ananie dans Tachian, *Catalogue des manuscrits des mékhitharistes de Vienne*, Vienne, 1895 ; en arménien, 11° partie, p. 174-177. — *Bazmavep*, revue arménienne, 1853, p. 48, 144, 335. — *Ararat*, revue arménienne, 1896, p. 143-156, 199, 208. — Tchamitchian, *Histoire des Arméniens*, en arménien, t. II, p. 860, 552.

F. TOURNEBIZE.

6. ANANIE DE MOKQ (au sud du lac de Van, sur la rive droite du moyen Bohtan-Sou), catholicos suprême des Arméniens (941-965). Il siégea d'abord cinq ans à Aghthamar, dans l'île de Van, puis dix-sept ans au couvent de Varag, au sud de Van, au pied de la montagne de Varag. Il avait jadis été supérieur de ce couvent. Il résida quelque temps à Arkina, près d'Ani, sur l'Akhourian, affluent septentrional de l'Araxe. Il mourut et fut enseveli en cette dernière résidence. Selon Açoghik, *Histoire d'Arménie*, Ananie aurait seulement siégé vingt-deux ans. Tel est aussi le sentiment de Vardan, *Recueil d'histoire*. Pendant son pontificat, l'opposition entre les représentants officiels de l'Église arménienne et les partisans du concile de Chalcédoine se manifesta plusieurs fois avec violence. Un jour, Ber, roi des Abkhazes, posté sur les bords de la Koura, apprend que le roi arménien Abas vient d'achever la construction de la belle cathédrale de Kars ; il lui envoie aussitôt un messager pour l'avertir que la consécration de la nouvelle église doit être faite d'après le rite grec ou chalcédonien. On devine la réponse d'Abas. De là des escarmouches entre Arméniens et Abkhazes. Abas, étant parvenu à saisir Ber, le mena dans la cathédrale et lui dit : « Contemple cette magnifique église, car tu ne la verras plus, » et aussitôt, le tirant dehors, il lui fit crever les yeux.

Ananie de Mokq n'était pas moins jaloux que son roi de se maintenir dans une complète indépendance, surtout à l'égard des grecs, marqués, à ses yeux, de la tare chalcédonienne. L'empereur Romain Lécapène (920-945), raconte Kirakus de Gantzak, avait expulsé de son territoire les prêtres et les religieux arméniens, qui refusaient d'accepter les dogmes du concile de Chalcédoine. Il est du moins certain que les grecs imposaient de nouveau la confirmation et, parfois, le baptême à ceux qui passaient à la religion orthodoxe, et qu'ils faisaient subir maintes petites vexations à ceux qu'ils appelaient eutychiens. Vers la même époque, des religieux arméniens, émigrant des provinces de l'empire grec, vinrent fonder plusieurs monastères dans les cantons d'Archarouniq et de Chirak, l'église de la Mère-de-Dieu au couvent de Sanahin, près de Lori. Plusieurs d'entre eux avaient été baptisés par les grecs. Ananie ordonna de les rebaptiser. Il prétendait que les chalcédoniens, étant nestoriens, conféraient le baptême au nom d'un homme et pas du tout au nom de la Trinité.

Nous croyons que le grave différend du même catholicos avec Jacques, évêque de la Siounie (918-958), eut pour cause principale un motif analogue. Jacques, neveu du catholicos Jean VI, était un prélat libéral et magnifique, mais fier et hautain. Il refusa de se soumettre au catholicos Ananie, et au lieu de venir lui demander le saint-chrême, *merron*, il voulut le recevoir du catholicos des Aghovans. Ananie protesta, mais inutilement. Il vint au couvent de Tathev où résidait Jacques, et il en obtint un acte de soumission (947). Mais, à son retour en Arménie, il apprit que l'évêque s'était de nouveau séparé de sa communion et uni avec les chalcédoniens. Il revint donc à Tathev (949). Jacques se réfugia dans la forteresse de Bakq, sous la protection de Dchovancher, prince de Bakq et de Kapan. Kirakos dit que Jacques était protégé par la reine (Tschko') de Siounie, épouse de l'ischkhan. Ananie détruisit le couvent de Tathev, fulmina l'excommunication contre l'évêque et ses protecteurs, mais sans les amener à résipiscence. Il semble bien que le roi Abas approuvait ces rigueurs ; car, au dire d'Ananie, il interdit aux Arméniens d'épouser des chalcédoniens, partisans des deux natures, alors même qu'ils appartiendraient à la nation des Virq (Ibériens). Après la mort de Jacques, en 958, Ananie vint une troisième fois en Siounie, où il ne rencontra plus d'opposition, paraît-il. Aussi, ordonna-t-il de relever le couvent de Tathev. Il conféra la consécration épiscopale à Vahan, fils de l'ischkhan Dchovancher. Il lui rendit, semble-t-il, le titre de métropolitain et le privilège de faire porter la croix devant lui. Vahan, après la mort d'Ananie, devait monter sur le trône du catholicos et rendre publique l'adhésion qu'il avait déjà probablement faite en secret au concile de Chalcédoine. L'orthodoxie de Vahan et les autres faits signalés plus haut montrent que Jacques, évêque de Siounie, doit être rangé parmi les chalcédoniens et non pas, croyons-nous, parmi les thondrakiens, malgré les sombres couleurs sous lesquelles il est peint par Kirakos. En écrivant notre *Histoire*, p. 153, faute de pouvoir arriver aux sources, nous avons été trompé, au sujet de l'évêque Jacques, par l'*Histoire* d'Arménie du P. Tchamitchian, t. II, p. 887-889.

Sur Ananie et les événements racontés plus haut et les démêlés avec les Aghovans, les Abkhazes, les Grecs et les Siouniens, voir G. Ter Mkertitschian, *Tegekoutioung Arami*, etc., Haïkakanq, Edschmiadzin, 1896, p. 59-69. — *Ararat*, revue armén., 1896, p. 23-26, 67-70, 125-128, 176-179 ; 1897, p. 91-96, 129-144, 275-278. — Tchamitchian, *Histoire de l'Arménie*, en arménien, t. II, p. 828-830, 840. — Nersès Akinian, *Kurion*, en arménien, p. 41, 42, 51, 57, 80, 81, 253 et l'article suivant, ANANIE DE NAREK. — Açoghik, *Histoire d'Arménie*, l. III, c. VII et VIII, traduct. allemande Gelzer et Burkhardt, p. 125-136. — Vardan, *Recueil d'histoire*, en arménien, Venise, 1892, p. 88. — *Deux historiens arméniens, Kirakos et Oukhtanès*, trad. française de Brosset, t. I, p. 44, 45, 160. — Et. Orphélian, *Histoire de la Siounie*, en arménien, c. XLIX-LI, p. 188-204; trad. Brosset, p. 160, etc. — L. Alichan, *Sissakan*, en arménien, Venise, 1893, p. 19, 275, surtout 230. — F. Tournebize, *Histoire politique et religieuse de l'Arménie*, passim.

F. TOURNEBIZE.

7. ANANIE DE NAREK, *arradschnord* (supérieur) ou peut-être fondateur du couvent arménien de Narek, au sud du lac de Van, Xᵉ siècle. Kirakos de Kantzag l'appelle « l'Illuminateur de l'Église », *Lousavoritsch Ekéguetsvo*, tant il admire sa science et ses explications des divines Écritures. Zarphanalian, *Histoire de l'ancienne littérature arménienne*, en arménien, Venise, 1897, p. 532. L'éloge est sûrement exagéré, aussi bien que le titre de *grand philosophe*, que lui donne Açoghik, au Xᵉ siècle. L'œuvre principale d'Ananie de Narek est dirigée contre les thondrakiens, hérétiques ainsi nommés de leur chef Sempad de Zarehavan, qui s'était établi avec un grand nombre d'adhérents à Thondrak, près de Bayazid. Cf. *The key of truth*, de Conybeare, p. 44, et Introduction, p. LVII-LXXI. L'écrit d'Ananie avait pour titre *Profession de foi (Khostovanouthioun = confession)*. La composition de ce petit traité avait été imposée à Ananie par son homonyme, le catholicos Ananie Mokatsi. Voir l'article précédent. Le catholicos voulait que le supérieur et fondateur de l'école de Narek se justifiât de l'accusation de thondrakisme lancée contre lui. En fait, l'accusé repousse le reproche avec véhémence, mais nous donne peu d'informations sur la secte qu'il anathématise. Le P. L. Alichan pense qu'Ananie avait été accusé, non d'être *thondrakien*, mais chalcédonien, c'est-à-dire rallié au concile de Chalcédoine, et blâmé pour ce motif par le catholicos. *Ayapatoum*, en arménien, in-4°, Venise, 1901, Iʳᵉ part., n. 60, p. 87. L'hypothèse n'est pas invraisemblable, car beaucoup d'adversaires des dyophysites les confondaient avec les nestoriens ou parfois avec les thondrakiens. D'autre part, l'Arménie méridionale et le couvent de Narek, en particulier, n'eurent pas en général, à l'égard du concile de Chalcédoine, l'attitude hostile des couvents du nord-est, surtout des couvents de Sanahin et d'Aghbat. Il n'est donc pas improbable qu'Ananie ait eu, au sujet de l'Incarnation, les sentiments sinon orthodoxes, au moins très modérés de Khosrov le Grand, qui devait épouser la nièce de l'arradschnord et donner le jour au célèbre et catholique Grégoire de Narek. Si, comme il semble, la conjecture d'Alichan est fondée, Ananie, rudoyé par son catholicos, abandonna extérieurement ses premiers sentiments; car il écrivit contre les dyophysites ou chalcédoniens le livre de *La racine de la foi*. C'est à la demande d'Ananie que l'évêque Oukhtanès d'Édesse commença son *Histoire en trois parties*. Le premier semble, par ailleurs, avoir exercé une sérieuse influence sur le second, comme en témoigne le titre de « Père spirituel » que donne à l'arradschnord l'évêque d'Ourha.

ŒUVRES. — En sus de son apologie contre les thondrakiens, il avait composé, au dire de Kirakos : 1° une explication simple et claire des *Lettres apostoliques*, à l'imitation de saint Éphrem, saint Chrysostome, saint Cyrille, etc.; — 2° une *Concordance* (hamematouthioun) avec des considérations spirituelles; — 3° la Justification de l'addition au *Trisagion* : « qui as été crucifié. » Le Djarrentir mentionne sous son nom deux écrits sur la prière, le jeûne et les larmes et des conseils spirituels. Zarphanalian, p. 534. Le P. Alichan suppose qu'il avait, en outre, écrit des œuvres historiques. Mais le P. Akinian, *Kurion*, p. 59, 60,

observe avec raison que le passage mutilé d'Oukhtanès, sur lequel s'appuie Alichan, n'autorise pas sa conjecture.

Sur ses œuvres, en général, voir les revues arméniennes; *Guir Khostovanouthian*, dans *Ararat*, Vagherchapat, 1892; *Banzmavep*, de Venise, 1892, n. et sq.; *Le Grapilleur* (Djragagh), 1859, p. 259-265, etc., n. 8, 265-272; n. 9, 291-298; n. 10, 322-332; n. 11, 358-366; n. 12, 399-406. — Açoghik, *Histoire arménienne*, part. III, c. VII, trad. allemande de Gelzer et Burkhardt, p. 130. — Tchamitchian, *Histoire de l'Arménie*, t. II, p. 824, 887. — *Deux historiens arméniens, Kirakos et Oukhtanès*, trad. Brosset, Saint-Pétersbourg, 1871, t. VIII, Iʳᵉ part., p. 10. — Lettre de Grégoire de Narek, dans le *Livre des Épîtres*, Tiflis, 1901, p. 498-502. — F. Tournebize, *Histoire de l'Arménie*, p. 273.

F. TOURNEBIZE.

8. ANANIE LE PERSE (Saint), martyr. D'après les livres liturgiques grecs, ce personnage, qui était un laïque, originaire d'Arbelles (aujourd'hui Derbil, en Turquie d'Asie), souffrit le martyre à une époque qui n'est pas désignée. Suivant une légende, au moment de mourir, il se serait écrié : « Je vois une échelle allant de la terre au ciel et des anges qui me disent : Viens avec nous et nous t'introduirons dans une cité resplendissante de lumière, où règne le bonheur. » Saint Ananie est inscrit dans le martyrologe de l'Église latine, comme dans le calendrier de l'Église grecque, à la date du 1ᵉʳ décembre. Le distique qui accompagne son nom chez les grecs est le suivant :

Ἀνανίας σάρξ, πρὸς δὲ σαρκὸς αἰκίας,
Αἴσθησιν ὡς σὰρξ οὐδὲ μικρὰν λαμβάνει.

Les *ménées* et les *synaxaires* grecs, à la date du 1ᵉʳ décembre.

L. CLUGNET.

9. ANANIE DE SANAHIN, moine arménien du couvent de Sanahin, sur l'Akhourian (Arpa-tchaï), affluent de l'Araxe. A la demande du catholicos Pierre Guétadartz (1019-1054), il composa (?) une explication des quatorze épîtres de l'apôtre saint Paul, sorte de compilation d'extraits de saint Chrysostome, de saint Éphrem, saint Cyrille, etc. Il avait aussi écrit des *Considérations spirituelles* et une *concordance* (Hammatouthioun) des Évangiles, en les accompagnant de remarques mystiques. On cite de lui une explication sur le *khatchetsar*, « qui as été crucifié, » addition au *Trisagion* qui était usité dans les églises arméniennes et monophysites. Mais il semble que l'auteur de ces œuvres est plutôt Ananie de Narek (?). Voir ce nom. Ananie de Sanahin composa un panégyrique de Choghakath, nom de l'une des trois églises d'Edschmiadzin, métropole des Arméniens non unis, à l'ouest d'Érivan. Les œuvres précédentes sont citées avec des éloges exagérés par Kirakos de Gantzak. Voir la traduction française de Brosset, *Deux historiens arméniens, Kirakos de Canizdc*, XIIIᵉ siècle *et Oukhtanès d'Ourha*, Xᵉ siècle, Saint-Pétersbourg, 1870, Iʳᵉ livraison, p. 58-59. Le panégyrique de l'église d'Edschmiadzin, par Ananie de Sanahin le philosophe, a été publié à Constantinople, en 1196-1747. Vardan l'historien lui attribue une *Explication abrégée des épîtres apostoliques* (zarraqialsn Hamarrotiats), mais on peut contester qu'il soit vraiment l'auteur de cet abrégé des épîtres de saint Paul. Voir, ci-dessus, ANANIE DE NAREK. Le P. Somal ne croit pas qu'il ait écrit le traité de la communion avec ou plutôt contre les grecs. *Quadro della storia letteraria di Armenia*, Venise, 1829, p. 73. Il existe de ce traité des manuscrits, chez les mékhitharistes de Vienne, de Venise, n. 873. En voici le titre : *Œuvre d'opposition d'Ananie vartapet d'Arménie contre les deux natures*, composée à la demande du premier Pierre, évêque des Arméniens. Il y parle de la communion avec les grecs, du jeudi saint, de ceux qui admettent que le Christ est corruptible, du culte des images, du concile de Chalcédoine, de la séparation des Géorgiens et des Arméniens, du saint chrême (*merron*), du pain azyme, de la fête de la Nativité de Jésus-Christ, de l'addition au *Trisagion*, qu'il dit adressée au Fils seulement. L'auteur défend obstinément le point de vue étroit de son Église, même quand il est en opposition avec les déclarations reçues dans l'Église catholique. Le P. Tachian cite encore sous son nom des homélies. Cf. *Catalogue des manuscrits de la biblioth. des mékhitharistes de Vienne*, 1895, n. 364⁷. Mais il est douteux que ces œuvres soient d'Ananie de Sanahin; il en est de même des œuvres citées par le P. Zarphanalian. Le *Catalogue des manuscrits arméniens de la bibliothèque de Paris*, par Macler, n. 171, compte, parmi les écrits d'Ananie de Sanahin, des *conseils aux prêtres*.

F. Tournebize.

1. ANANJÉSU (*'Ananîsô'* ou *Enanjésu*), moine nestorien du vii⁰ siècle. Originaire de l'Adiabène, il fit ses études à Nisibe, prit l'habit monacal au mont Izala, se rendit à Jérusalem et au désert de Scété, où il s'informa de tout ce qui concernait les moines égyptiens. Il revint demeurer au monastère de Beit Abé, où Jésuyab, métropolitain d'Arbèle (plus tard patriarche de 650 à 660), alla le chercher pour l'aider dans une revision du bréviaire. Il composa aussi quelques ouvrages de philosophie et de grammaire, mais il est célèbre surtout par sa compilation des histoires et des paroles des solitaires égyptiens, qu'il forma à la demande du patriarche Georges (660 à 680). Cette compilation a été éditée par le R. P. Bedjan, *Acta martyrum et sanctorum*, tomus septimus, vel *Paradisus Patrum*, Paris, 1897, et, avec traduction anglaise, par M. W. Budge, *The book of Paradise*, Londres, 1904. L'édition du R. P. Bedjan comprend quatre parties. Les deux premières sont attribuées à Pallade et comprennent en effet tous les récits de l'*Histoire lausiaque*, mais il s'en trouve encore d'autres, par exemple, les Histoires de saint Antoine, de saint Paul, d'Évagre, de Malchus, de saint Pacôme (rédaction des *Ascetica*. Cf. *Patrologia orientalis*, t. iv, fasc. 5). La troisième partie est attribuée à saint Jérôme et renferme en réalité la traduction syriaque de l'*Historia monachorum*, mise en latin par Rufin. La quatrième partie est une compilation de six cent vingt-sept apophthegmes des Pères (p. 442-691) et de trois cent soixante treize demandes et réponses (p. 692-833), en tout mille articles qui sont encore attribués à Pallade. On trouve enfin en appendice (p. 833-1010) quelques centaines d'apophthegmes et d'histoires recueillis de partout, avec un Encomium de saint Jean Chrysostome et un discours d'Abraham de Nephtar. Ananjésu a donc eu surtout la préoccupation de ne rien omettre; sa compilation nous est précieuse pour la critique des textes relatifs aux solitaires égyptiens, car elle nous les a conservés tels qu'ils étaient au vii⁰ siècle. Souvent même Ananjésu n'a fait que transcrire des traductions syriaques antérieures, qui sont encore conservées dans des manuscrits du vi⁰ siècle, mais il a modifié l'ordre et le nombre des anciens récits.

Rubens Duval, *La littérature syriaque*, Paris, 1907, p. 143-145, 371. — F. Nau, *Histoire des solitaires égyptiens*, dans *Revue de l'Orient chrétien*, 1907, p. 46. — Bedjan et Budge, *loc. cit.* — Rubens Duval, *Lexicon Syriacum auctore Hassano bar Bahlule*, Paris, 1901, vi, p. xvi.

F. Nau.

2. ANANJÉSU (*Hananîsô'* qui signifie *Jésus a eu miséricorde*), nom de plusieurs moines nestoriens. — Hananîsô' l'Ismaélien (l'Arabe), de la race du roi Nâ'man, contemporain de Babaï le Grand (569-628). Il prit l'habit au monastère du mont Izala, demeura dans une cellule, disputa avec les hérétiques et alla enfin fonder, près de Séleucie, un monastère qu'il dirigea durant vingt ans. Cf. Bedjan, *Liber superiorum*, Paris, 1901, p. 452. — Hananîsô', supérieur du couvent de Berit Qôqâ, à la fin du vii⁰ siècle. Il était du village de Nahîsroun dans l'Adiabène et reçut l'habit monacal des mains de Sabrisô, fondateur du couvent de Beit Gôgâ. Cf. Bedjan, *ibid.*, p. 480-481. — Hananîsô', fondateur du couvent de Beit Reqnâ près de la ville de Hdatâ, du vi⁰ ou vii⁰ siècle. Il était originaire de l'Adiabène, prit l'habit monacal et fonda, près de la ville de Hdatâ, le monastère de Saint-Jean-l'Évangéliste, nommé plus tard de Beit Reqnê, parce que des hommes, appartenant à une tribu de ce nom, contribuèrent à sa construction. Cf. Bedjan, *loc. cit.*, p. 507-508.

F. Nau.

3. ANANJÉSU (*Hananîsô'*, écrit aussi *Henanjésu*), nom de deux patriarches nestoriens. — Hananîsô' I⁰ʳ, patriarche nestorien, de 686 à 701. Le calife Abd al-Malik ibn Marwân lui ayant demandé ce qu'il pensait de la religion des Arabes, il répondit que c'était une religion fondée sur le glaive, et non sur des miracles, comme les religions chrétienne et juive. Le calife avait d'abord commandé de lui couper la langue; cet ordre ne fut pas exécuté, mais du moins il lui défendit de reparaître en sa présence. Jean Garba (le lépreux), métropolitain de Nisibe, voulut profiter de cette impopularité du patriarche pour le faire déposer par le calife et prendre sa place : il le fit d'abord emprisonner, puis il le fit conduire dans un monastère de la montagne. Durant cette translation, les guides d'Hananîsô' le précipitèrent dans un ravin, il échappa à la mort, mais il resta boiteux, d'où le nom de Hagîrâ qui lui fut donné (695). L'année suivante, l'antipatriarche Jean mourut. Hananîsô' reprit possession de son siège et demeura au monastère de Yaunan en face de Mossoul. Il écrivit des homélies, des discours, des lettres, une Vie de Sergius Dewada, son contemporain, un traité sur le double rôle de l'école au point de vue de l'enseignement, de la religion et des belles-lettres, un commentaire sur les *Analytiques*. Dix-sept décisions portées par lui, surtout dans des procès d'héritage, sont conservées dans un manuscrit du Vatican. Amr lui attribue aussi quatre livres de commentaires sur les Évangiles; à chaque section de l'Évangile il ajoutait une homélie et une exhortation convenable. Cf. Assemani, *Bibl. orient.*, t. iii, 1ʳᵉ partie, p. 615; Bar Hebr., dans *Chron. eccl.*, t. ii, col. 133.; H. Gismondi, *Amri et Slibae versio latina*, Rome, 1897, p. 34-35; Rubens Duval, *La littérature syriaque*, Paris, 1907, p. 372; *Synodicon orientale*, Paris, 1902, p.10. — Hananîsô' II, patriarche nestorien de 775 à 779 ou 780. Le siège patriarcal était vacant depuis neuf ans et l'Église nestorienne en était d'autant plus malheureuse lorsqu'un solitaire du pays de Cascar, nommé Georges, alla trouver le calife Mohammed el Mahdi (775-785) et lui demanda de permettre d'élire un patriarche. Mohammed voulut lui conférer cette dignité, mais il refusa et s'employa à réunir le synode. Le calife cependant ordonna à Isaac de Cascar, chef du synode, d'élire Georges pour patriarche. Isaac obéit, mais un certain nombre d'évêques, qui n'admettaient pas l'intrusion du pouvoir civil dans l'élection, se séparèrent des autres et élurent Hananîsô', évêque de Lasoum. La mort d'Isaac de Cascar permit d'arriver à un accord dès la fin de l'année 775 et, dans un synode dont nous avons encore les actes, Hananîsô' fut reconnu comme seul patriarche. Il est l'auteur de lettres, d'hymnes pour les morts, de cinq tomes d'homélies métriques et de dix questions. C'est son nom qui figure sur la célèbre stèle syro-chinoise de Si-ngan-fou. Cette stèle, érigée en 781, avant que la nouvelle de la mort du patriarche fût parvenue dans cette localité, raconte l'établissement du christianisme (dès l'an 636) en Chine. Cf. Bar Hébracus, *Chron. eccl.*, ii, p. 166-167; *Synodicon orientale*, p. 515-524; *Amri et Slibae versio latina*, p. 37.

F. Nau.

4. ANANJÉSU BAR SEROSCHWAI (ou *Hananîsô' bar Serôôsî*), évêque nestorien de Hira (ou Hîrtâ), du commencement du xe siècle. Il écrivit des explications sur le texte de l'Écriture et un dictionnaire syriaque. Ces ouvrages sont perdus, mais le dictionnaire est cité à chaque page du lexique syro-arabe de Bar Bahlul, qui le déclare très soigné; Hananîsô' l'aurait composé pour compléter le lexique du médecin Honein.

Assémani, *Bibl. orient.*, t. III, 1re part. p. 261. — Rubens Duval, *Lexion Syriacum auctore Hassano bar Bahlule*, Paris, 1901, fasc. 6, p. x-xi, xv.

F. NAU.

ANASARTHA ou **ANAZARTHA**, diocèse de la Syrie première, dans le patriarcat d'Antioche. La ville n'est pas autrement connue. Nous savons qu'elle était, au VIe siècle, le centre d'un archevêché exempt, c'est-à-dire qui relevait directement du patriarche d'Antioche, d'après la *Notitia episcopatuum* d'Anastase. *Échos d'Orient*, t. x, p. 140, 364. Dans une recension postérieure de ce document et qui paraît provenir du xe siècle, Anasartha porte aussi le nom de *Théodoropolis*. *Échos d'Orient*, t. x, p. 93. Il est possible que ce surnom lui ait été donné, lors de la création par l'empereur Justinien de la province civile de Théodoriade en l'honneur de sa femme Théodora. Toutefois, cette ville ne figure pas dans la province de Théodoriade, telle que nous l'a conservée le géographe Georges de Chypre au début du VIIe siècle et qui comprenait Laodicée comme métropole, avec les villes de Paltos, Balanée et Gabala. *Georgii Cyprii Descriptio orbis Romani*, édit. Gelzer, p. 45. Deux évêques d'Anasartha sont connus. Maras assiste en 445 au concile d'Antioche, qui amène la déposition d'Athanase, évêque de Perrhé. Mansi, *Sacrorum conciliorum nova... collectio*, t. VII, col. 325, 333, 337, 343. En 451, au concile de Chalcédoine, le même Maras signe pour lui et pour son collègue Romulus, évêque de Chalcis. Mansi, *op. cit.*, t. VII, col. 120, 141. En 458, l'évêque Cyrus signe la lettre qu'adressent à l'empereur Léon Ier l'épiscopat de la Syrie Ire pour l'affaire de Protérius. Mansi, *op. cit.*, t. VII, col. 549.

Le Quien, *Oriens christianus*, Paris, 1740, t. II, col. 787.
S. VAILHÉ.

1. ANASTASE (Saint), martyr à Sirmium, dont les bollandistes font mention à la date du 8 janvier. Il est connu seulement par le martyrologe hiéronymien, encore plusieurs manuscrits en font-ils une martyre Anastasie, d'autres mentionnent le lieu en termes vagues : *In Graecia*. *Martyrol. hieron.*, éd. Rossi-Duchesne, p. 6; *Acta sanct.*, jan. t. I, p. 470. Voir la notice suivante.

R. AIGRAIN.

2. ANASTASE (Saint), martyr à Sirmium, indiqué par les bollandistes à la date du 6 janvier, d'après le martyrologe hiéronymien. Plusieurs manuscrits importants de ce martyrologe donnent une forme féminine, Anastasie. *Martyrol. hieron.*, éd. Rossi-Duchesne, p. [6]; *Acta sanct.*, jan. t. I, p. 324. De là, la mention d'Anastase est passée dans le martyrologe lyonnais de la Bibliothèque nationale, ms. *lat. 3879*; Quentin, *Les martyrologes historiques*, p. 204. Un autre Anastase, peut-être le même, se retrouve deux jours après dans le martyrologe hiéronymien. Voir l'article précédent.

Chevalier, *Répertoire, Bio-bibliographie*, col. 211.
R. AIGRAIN.

3. ANASTASE (Saint), martyr, mentionné au martyrologe romain à la date du 11 octobre, avec saint Placide, saint Genès et leurs compagnons. Anastase est honoré du titre de prêtre. Cette mention vient du martyrologe hiéronymien, dont plusieurs manuscrits nomment, à la même date, saint Anastase (Tanase, Athanase), saint Placide et leurs compagnons Ampodius, Fauste, Janvier, Martial, Marcel, et, dans le manuscrit de Corbie, Juvinien. Genès manque et est à écarter du groupe. Le manuscrit *Epternacensis*, qui omet les noms de ces martyrs, trahit le *lapsus* en joignant au nom d'Andronicus, compagnon des saints Tarachus et Probus dans le groupe qui précède, le titre de prêtre auquel saint Andronicus n'a pas droit, et qui appartient à saint Anastase. Anastase et ses compagnons furent martyrisés, dit le hiéronymien, *in Acervo Siciliae*. Toutes les recherches faites pour découvrir en Sicile une localité de ce nom sont restées sans résultats. On ne peut, sans violenter le texte, lire *Ciliciae*, ce qui, du reste, n'amènerait pas à une détermination du lieu plus précise. Quant aux tentatives pour faire de saint Anastase un martyr espagnol, leur seul fondement est un texte falsifié par Jérôme de la Higuera, trop désireux de doter sa patrie de gloires insoupçonnées. Tous les efforts faits pour rattacher ces martyrs à un groupe connu, en Sicile ou ailleurs, ont été vains. Le manuscrit d'Arras, dont se sont servis les bollandistes, *Acta sanctorum*, mart. t. II, p. XXXII, fait bien se rencontrer à Antioche un Anastase et un Placide, comme ici, dans le groupe qui accompagne Hiéraclius d'Antioche, mais sans fournir une base autorisée pour l'identification. L'époque du martyre de nos saints est également inconnue. *Acta sanctorum*, oct. t. V, p. 497-502; *Martyrologium Hieronymianum*, éd. Rossi-Duchesne, p. 131.

Chevalier, *Répertoire, Bio-bibliographie*, col. 211.
R. AIGRAIN.

4. ANASTASE, martyr, 12 mai. Voir RASIUS (Saint).

5. ANASTASE, martyr à Argenton, 29 juin. Voir MARCEL (Saint).

6. ANASTASE (Saint), martyr à Salone, en Dalmatie. Fête, le 26 août. Ce martyr dalmate, vénéré sous le nom de saint Anastase le Foulon, aurait été, d'après sa passion, originaire d'Aquilée. Il y exerçait le métier de foulon, pour obéir au précepte de saint Paul, qui recommande le travail manuel et pour subvenir ainsi aux besoins des pauvres. Il semblerait par conséquent qu'il eût été personnellement assez riche pour se passer de l'exercice de cette profession; on constate du reste que, sur une mosaïque de la chapelle de Saint-Venance, au Latran, où il est représenté, il est revêtu d'un costume qui indique un homme d'une situation assez élevée. Anastase paraît donc avoir été plus qu'un simple artisan; c'était un bourgeois aisé. Il quitta Aquilée pour Salone, disent encore ses Vies, afin d'y trouver le martyre. Ce détail peut étonner, mais il n'est pas invraisemblable. Nul doute en tout cas qu'Anastase souffrit le martyre dans la capitale de la Dalmatie. On peut même conclure de ses Actes qu'il comparut devant Dioclétien en personne, ce qui placerait la date de sa mort en 304; cette année-là en effet, Dioclétien, se rendant de Ravenne en Orient, traversa l'Illyrie, et sa présence à Salone expliquerait assez bien le déplacement d'Anastase, désireux de venir confesser sa foi devant l'empereur même. Il est vrai que Dioclétien fut de retour à Nicomédie à la fin d'août, et que c'est précisément à cette époque que l'on fête le martyre d'Anastase; on devrait donc admettre ou qu'un certain intervalle de temps s'écoula entre sa comparution devant l'empereur et son supplice, ou que le jour de sa fête ne coïncide pas avec celui de sa mort. Les deux hypothèses sont également admissibles.

Après son martyre, le corps du saint fut recueilli par une riche matrone, appelée Asclepia. Elle le garda d'abord en secret dans l'intérieur de sa maison, puis elle lui éleva au grand jour un monument dans sa villa. Ce monument devint dans la suite le centre d'un cimetière chrétien, connu aujourd'hui sous le nom de cimetière de Marusinac et dans lequel on a retrouvé une inscription qui le concerne. Enfin, au VIe siècle, on édifia au milieu de ce cimetière une somptueuse basilique, sous l'autel de laquelle furent disposés les restes d'Anastase. Salone détruite, lors de l'invasion des Avares au VIIe siècle, ces restes furent transportés à Rome par les soins d'un messager de confiance envoyé en Dalmatie par le pape Jean IV, l'abbé Martin. La mosaïque de la chapelle de Saint-Venance y rappelle sa gloire, en même temps que celle d'autres martyrs dalmates et istriens.

Le plus intéressant peut-être de l'histoire de saint Anastase de Salone, c'est le dédoublement posthume qu'il a subi dans la littérature hagiographique, sinon dans la tradition populaire de son pays. Bien que la translation de son corps à Rome ait dû être connue des habitants de Salone réfugiés dans les murs du palais de Dioclétien, qui devint dès lors la ville de Spalato, leurs descendants finirent par se figurer qu'ils possédaient ses reliques. C'est cette croyance, dont on constate l'existence dès le Xe siècle, qui devait amener un jour le dédoublement du saint. Le martyr dont les ossements étaient conservés au Latran et celui que l'on vénérait dans la cathédrale de Spalato ne pouvaient être la même personne. On imagina donc qu'il y avait eu deux Anastase, le Foulon, victime de la persécution de Dioclétien, et un autre, plus ancien, appartenant à l'armée en qualité de cornicularie, mis à mort sous Aurélien. La création de ce deuxième Anastase, qui est due non pas à l'imagination populaire, mais à la fécondité d'invention des hagiographes, a été facilitée par le contenu de la Passion d'un autre saint, n'ayant d'ailleurs nul rapport avec la Dalmatie, saint Agapit de Préneste, t. I, col. 901 : un Anastase, corniculaire, y apparaît comme personnage de second plan. C'est cet Anastase dont on a voulu faire un martyr salonitain. Mais il a été impossible d'alléguer aucune raison sérieuse en faveur de cette identification, et il est reconnu aujourd'hui que les Actes de saint Agapit sont sans valeur historique. On avait cru pouvoir aussi démontrer l'existence de deux martyrs salonitains à Salone à l'aide d'un argument d'ordre archéologique : les fouilles exécutées dans un cimetière différent de celui dont il a été question ci-dessus, le cimetière de Manastirine, avaient amené la découverte d'un monument funéraire, une petite chapelle, que l'on supposa avoir été consacrée à quelque personnage illustre de la chrétienté salonitaine, et, près de cette chapelle, on avait relevé des fragments d'inscription où il était question des kalendes de septembre, c'est-à-dire du premier jour de ce mois ou des derniers jours du mois d'août. Comme on ne trouvait pour cette période dans le martyrologe hiéronymien d'autre saint dalmate qu'Anastase le Foulon, on avait admis comme une hypothèse plausible qu'il s'agissait de lui. Lorsqu'on mit au jour, un certain nombre d'années après, l'inscription du cimetière de Marusinac, où le nom de saint Anastase était écrit en toutes lettres, et que tout auprès on reconnut les substructions d'un mausolée qui avait évidemment été le sien, on en conclut qu'on tenait là la preuve palpable de l'existence de deux martyrs ayant porté ce nom. La conclusion était hâtive. Il eût fallu, pour que ce système d'interprétation eût quelque valeur, que l'inscription de Manastirine eût désigné Anastase de façon moins conjecturale. Tant qu'elle gardait cette indétermination à peu près complète, l'unité d'Anastase et sa présence à Marusinac, et non à Manastirine, demeuraient la seule donnée acceptable. On en a eu ensuite la confirmation péremptoire : un nouveau fragment de l'inscription, point de départ de tout le raisonnement, est venu au jour : le nom du personnage qu'elle célèbre s'y rencontre, et ce n'est pas Anastase, c'est un évêque, nommé Gaianus. Ainsi s'est effrondrée définitivement la théorie de la dualité d'Anastase. Il n'y a eu à Salone qu'un saint de ce nom, le Foulon, martyr de la persécution dioclétienne, dont le corps a été enseveli au cimetière de Marusinac, puis transporté à Rome après la destruction de Salone et déposé dans la chapelle de Saint-Venance, au Latran.

La Passion de saint Anastase le Foulon se trouve dans les *Acta sanctorum*, 1750, sept. t. III, p. 19 sq., Baronius ayant inscrit sa fête au 7 septembre d'après le martyrologe hiéronymien, qui répète à cette date le nom d'Anastase; cette Passion a été publiée de nouveau par M. l'abbé Jelic, dans l'*Ephemeris Salonitana*, Zara, 1894, p. 21-24. — On pourra consulter aussi sur Anastase et sur son double légendaire le P. Delehaye, *Saint Anastase de Salone*, dans *Analecta bollandiana*, 1897, t. XVI, p. 488-500. — L'abbé Jelic, *Anastasius Cornicularius*, dans *Festschrift zum einhundertjährigen Jubiläum des deutschen Campo Santo in Rom*; *S. Anastasio Fullone e S. Anastasio Cornicularlo*, dans *Bullettino di storia e archeologia Dalmata*, 1898, t. XXI, p. 85 sq. — Mgr Bulic, *SS. Anastasio e Doimo*, *ibid.*, p. 113 sq. — Jacques Zeiller, *Les origines chrétiennes dans la province romaine de Dalmatie*, Paris, 1906, p. 55-82.

J. ZEILLER.

7. ANASTASE (Saint), martyr à Camerino. La passion de saint Venance de Camerino mentionne un corniculaire du nom d'Anastase, attaché, dit le texte, au roi Antiochus; sa fonction l'obligeait à surveiller les exécutions; en cette qualité, il dut se rendre auprès de Venance, qui avait été suspendu au chevalet, la tête sur la fumée d'un brasier; à sa grande surprise, il le trouva vivant encore, après quatre jours. Ému de ce miracle, il crut au Christ, avec sa femme Théopiste, ses fils Ésode, Arade, Calliste et Félix, ses filles Euphémie et Primitive, et trois autres personnes de sa maison. Saint Venance les adressa au prêtre Porphyre (saint, lui aussi; sa fête se célèbre le 4 mai), qui les baptisa. A son retour, Anastase confessa sa foi devant Antiochus, qui le fit décapiter avec toute sa famille. Voir ce passage de la passion de saint Venant dans *Acta sanctor.*, mai t. IV, p. 139-143. La mention du roi Antiochus, à elle seule, est une invraisemblance, qu'on a essayé de tourner en faisant d'Antiochus un préfet sous Dèce. Mais la légende du corniculaire se heurte à des difficultés bien plus graves.

On retrouve en effet, dans une autre passion, celle de saint Agapit de Préneste (voir t. I, col. 901-902), un autre corniculaire, converti lui aussi par les miracles du martyr, baptisé, *sub rege Antiocho*, par le prêtre Porphyre. On retrouve donc ici la mention d'Antiochus, souvenir sans doute du martyre des Macchabées, mais cette fois les correcteurs l'ont transformé en un préfet sous Aurélien. C'est le même prêtre qui baptisa les deux corniculaires. Bien plus, le corniculaire est appelé Anastase à plusieurs reprises; et s'il est, en d'autres circonstances, nommé Attale, c'est encore un nom qui se lit dans la passion de saint Venance, où il désigne le héraut. On voit combien étroitement les deux épisodes sont apparentés, et que le rédacteur de la passion de saint Agapit a fait une confusion qui empêche de voir dans son œuvre une pièce originale. La passion de saint Venance de Camerino, beaucoup mieux ordonnée, ne peut passer non plus pour être la source de celle de saint Agapit, à cause de sa date très basse; elle n'est pas antérieure à la fin du XIIIe siècle. Il faut donc recourir à une source commune aux deux passions. L'historien dalmate Farlati a cru que cette source était l'histoire de saint Agapit ou Agapet, évêque de Salone (voir t. I, col. 882-883), duquel il n'y a aucun motif valable d'admettre l'existence. Sur le dédoublement d'Anastase de Salone, voir l'article précédent. En réalité, saint Anastase de Camerino doit les éléments de sa légende à l'authentique saint Venance de Salone, et l'histoire de saint Anastase le Foulon, également de Salone, a donné naissance aux deux corniculaires de même nom, celui de Camerino (11 mai) et celui de Préneste (21 août). La légende de saint Anastase de Camerino est donc à écarter de l'histoire purement et simplement.

Acta sanctorum, maii t. II, p. 612. — Zeiller, *Les origines chrétiennes dans la province romaine de Dalmatie*, Paris, 1906, p. 56-82. — Jelic, *S. Anastasio Fullone et S. Anastasio Corniculario*, dans *Bullettino di archeologia e storia dalmata*, 1898, t. XXI, p. 85 sq., plus les travaux cités dans le corps du présent article.

R. AIGRAIN.

8. ANASTASE (Saint) et ses compagnons, martyrs supposés à Badalona, l'ancienne *Betulo* près de Barcelone. Les notices qui leur sont consacrées par un grand nombre d'hagiographes espagnols, depuis le XVIe siècle, n'ont d'autre base que les quelques lignes qui suivent, empruntées à la *Topographia* de *Primus Cabilonensis*, lequel écrivait vers 1450. Au mot *Ilerda* (Lerida), il s'exprime ainsi : *Hic habitat Anastasius miles Diocletiani qui diu fuit in vinculis Tarraconae vel Caesaraugustae et Barcinone moritur*. Au mot *Betulo*, un peu plus loin : *Hic Anastasius miles ex Lerida cum sociis septuaginta tribus martyribus. Hic jacet S. Sergius in suo monasterio martyr*. Le texte de *Primus* se trouve en tête de l'édition d'Ulm, 1486, de la *Cosmographia* de Ptolémée (Hain, n. 13540) *Hier. Paulus*, dans son *Barcino*, qui parut un peu après, Barcelone, 1491 (voir Haebler, *Bibliografia*, n. 525), donne quelques détails nouveaux, qui, s'il ne les a pas tirés de son propre fonds, sembleraient attester l'existence d'une source commune, utilisée par *Primus*. Or, ni la tradition locale ni les livres liturgiques du diocèse ne connaissent ce groupe de martyrs, dont la légende de très basse époque est restée purement littéraire. Il paraît vraisemblable qu'il a dû exister une étrange confusion entre le martyr de Césarée, Anastase le Persan (col. 1481), et ses soixante-dix compagnons, conduits à *Balsaloe*, puis devant le *praeses Barzabanas*, et le martyr Anastase de *Badalona* et *Barcelona*, emprisonné avec soixante-treize *socii* à *Caesaraugusta*. Voir *Acta sanctorum*, jan. t. III, p. 46-49. Le monastère de Saint-Serge disparaît de même dans les nuages, car il n'y avait au XVe siècle aucun couvent à Badalona. Le faussaire Roman de la Higuera a donné, selon sa coutume, d'anciennes confirmations à cette légende dans la Chronique du pseudo-Julien de Tolède.

Acta sanctorum, 1643, jan. t. II, p. 457. — N. Antonio, *Censura de historias fabulosas*, Valence, 1742, p. 194-197. — M. Risco, dans *España sagrada*, Madrid, 1775, t. XXIX, p. 355-358. — C. Soler, *Badalona, Monographia historich-arqueologica*, Barcelone, 1890. — Schott, *Hispaniae illustratae...*, Francfort, 1603, t. II, reproduit (p. 810-847) le *Barcino* de H. Paulus. Cf. p. 842.

A. LAMBERT.

9. ANASTASE. *Anastasius episcopus, de civitate Beneventina*, assistait, en 314, au concile d'Arles, où furent condamnés les donatistes. On pourrait croire qu'il s'agit d'un évêque de Bénévent, en Italie. Mais il est certain qu'il faut l'attribuer à l'Afrique, comme nous le démontrerons au mot BENEVENTUM. Mansi, *Sacr. concil. nova et ampliss. collectio*, t. II, col. 477; *P. L.*, t. VIII, col. 817; De-Vit, *Totius latinitatis onomasticon*, Prato, 1859, t. I, p. 283, au mot *Anastasius*. Voir ci-dessus, t. I, col. 770.

Aug. AUDOLLENT.

10. ANASTASE. Au concile réuni, en 393, à *Cabarsussi*, par les maximianistes, dissidents du donatisme, figurait un Anastasius, dont le siège n'est pas indiqué. Mansi, *op. cit.*, t. III, col. 815; S. Augustin, *Enarratio in psalmum XXXIV*, sermo II, 20, *P. L.*, t. XXXVI, col. 376. Voir ci-dessus, t. I, col. 783.

Aug. AUDOLLENT.

11. ANASTASE, évêque de Ténédos, une des Cyclades. D'après Le Quien, *Oriens christianus*, t. I, col. 949, ce serait le prêtre Anastase, qui vint d'Antioche à Constantinople avec Nestorius, en qualité de syncelle, et prêcha le premier contre le mot *Theotocos*. Socrate, *Histoire ecclés.*, VII, 32, *P. G.*, t. LXVII, col. 808; Hefele-Leclercq, *Hist. des conciles*, t. II, p. 237. Il est croyable que cet Anastase de Constantinople est le même personnage qui, avec le prêtre Photius, envoya à Philadelphie le nestorien Jacques, dont se plaignit, à la sixième session du concile d'Éphèse, l'économe de cette église, Charisius. Mansi, *Sacr. concil. ampl. collectio*, t. IV, col. 1344-1345; Duchesne, *Hist. ancienne de l'Église*, t. III, p. 358; Hefele-Leclercq, *op. cit.*, p. 330. Mais aucun écrivain contemporain n'atteste que le syncelle de Nestorius ait été promu à l'épiscopat.

Au concile d'Éphèse (431), Anastase de Ténédos fit partie de l'opposition la plus intransigeante. Non seulement il signa une protestation contre la première session du concile et, avec d'autres opposants, des lettres aux Hiérapolitains, diocésains d'Alexandre de Mabboug, et à ses amis partis pour Constantinople; mais il refusa, plus tard, d'adhérer à la formule d'union des orientaux avec les orthodoxes, fut déposé et mourut en hérétique obstiné, tandis qu'il visitait, de ville en ville, les nestoriens exilés.

Mansi, *Sacr. concil. ampl. collectio*, t. IV, col. 1426; t. V, col. 576, 767, 776, 797, 966, 1010. — Hefele-Leclercq, *Hist. des conciles* t. II, p. 417.

R. AIGRAIN.

12. ANASTASE, prêtre d'Antioche, ami de Nestorius qui, lorsqu'il fut nommé patriarche de Constantinople, l'amena avec lui en qualité de syncelle. Anastase commença la querelle du nestorianisme en prêchant le premier contre le mot *Theotocos*. Socrate, *Hist. eccles.*, VII, 32, *P. G.*, t. LXVII, col. 808. Il est croyable que c'est lui qui envoya à Philadelphie, d'accord avec le prêtre Photius, les nestoriens Jacques et Antoine, dont se plaignit Charisius, économe de cette église, à la sixième session du concile d'Éphèse. Mansi, *Sacr. concil. ampl. collect.*, t. IV, col. 1344-1345; Duchesne, *Hist. ancienne de l'Église*, t. III, p. 358. Le Quien, *Oriens christianus*, t. I, col. 949, croit que c'est le même Anastase qui devint évêque de Ténédos, et assista en cette qualité au concile d'Éphèse. C'est possible, encore qu'aucun contemporain ne l'atteste. Voir l'article précédent. Mais on peut aussi, avec Tillemont, *Mém. pour servir à l'hist. ecclés.*, t. XIV, p. 494, reconnaître Anastase d'Antioche dans le prêtre de même nom, qui résidait encore à Constantinople après le concile d'Éphèse, et dont parle une lettre d'Helladius de Tarse, conservée par le *Synodicon Casinense*, cap. 144. Mansi, *op. cit.*, t. V, col. 923.

Hefele-Leclercq, *Histoire des conciles*, t. II, p. 237, 330. — Ceillier, *Hist. générale des auteurs sacrés et ecclés.*, t. VIII, p. 369. — Jugie, *Nestorius et la controverse nestorienne*, p. 29-31.

R. AIGRAIN.

13. ANASTASE, métropolitain de Thessalonique, succéda à Rufus, quelque temps après le concile d'Éphèse, auquel assistait celui-ci. En 435, le pape saint Sixte III lui renouvela les pouvoirs qu'il était d'usage, depuis saint Damase, de donner au métropolitain de Thessalonique sur l'Illyricum oriental, comme vicaire du Saint-Siège, afin de maintenir cette province, rattachée civilement à Constantinople, sous la domination spirituelle du pontife romain. Périgène, évêque de Corinthe, plus enclin à l'indépendance, fut rappelé à la soumission par une lettre spéciale, ainsi que par un paragraphe de la lettre adressée pour le même objet aux évêques de la province, prêts à se réunir en synode à Thessalonique. Mansi, *Sacr. concil. ampl. collect.*, t. VIII, col. 760-761; *P. L.*, t. L, col. 611. Deux ans plus tard, en décembre 437, ces mêmes pouvoirs sont notifiés à saint Proclus de Constantinople et rappelés aux évêques de l'Illyricum. Mansi, *op. cit.*, t. VIII, col. 762; *P. L.*, t. L, col. 612.

Le pape saint Léon eut, lui aussi, plus d'une occasion d'écrire à Anastase de Thessalonique. Le 12 juillet 444, il lui renouvelle ses pouvoirs spéciaux, et les spécifie avec soin. C'est aux métropolitains qu'il appartient normalement de consacrer les évêques de chaque province, mais à Anastase revient le droit de consacrer les métropolitains de l'Illyricum, à lui aussi il appartient de convoquer les synodes auxquels tous doivent se rendre. Seules les causes majeures doivent être réservées au jugement direct du pontife romain. Ce sont les prérogatives accordées d'ordinaire au métropolitain de Thessalonique. Le même jour, une autre lettre en recommande l'observation aux métropolitains de l'Illyricum, au nom du pouvoir de Pierre sur toutes les églises. Mansi, *op. cit.*, t. V, col. 1130, 1133; *P. L*, t. LIV, col. 614, 617. Le 6 janvier 446, nouvelle lettre aux mêmes : Anastase a prévenu le pape que l'évêque de Corinthe, Pierre, a donné aux fidèles de Thespies un évêque malgré eux. En se plaignant de cette irrégularité, saint Léon rappelle les droits de son vicaire à Thessalonique, et insiste de nouveau sur l'obligation de venir au synode, quand il y convoque; ce point sans doute était assez mal observé. Mansi, *op. cit.*, t. V, col. 1173; *P. L.*, t. LIV, col. 663. Vers la même époque, c'est d'Anastase lui-même que le pape a à se plaindre. Il s'agit de violences faites à Atticus, évêque de Nicopolis en Épire, qui avait été jusqu'à Rome se plaindre des violences qu'on lui avait fait subir. A Rome même, il s'était rencontré avec des diacres envoyés par Anastase; mais, des lettres mêmes du métropolitain de Thessalonique, aucune accusation grave ne résultait. Cependant Anastase avait eu contre Atticus recours au pouvoir civil, et fait expulser de son église, en plein hiver, ce vieillard malade, pour l'amener à son concile. Saint Léon se plaint vivement de pareils procédés, et rappelle à son vicaire l'obligation d'agir toujours, surtout envers les évêques, avec la prudence et la douceur que demande saint Paul. Cependant, dans la même lettre, il consacre une fois de plus les pouvoirs d'Anastase comme représentant du Saint-Siège : aucun évêque, dans l'Illyricum, ne doit être consacré sans son avis, et l'obligation d'assister aux synodes sur convocation venant de Thessalonique est rappelée une fois de plus. Mais, si quelque désaccord survient entre le métropolitain de Thessalonique et ses suffragants, il est tout indiqué qu'ils aient recours à Rome. Mansi, *op. cit.*, t. V, col. 1178; cf. un fragment de la même lettre, t. VI, col. 427, sur les translations d'évêques d'un siège à un autre; *P. L.*, t. LIV, col. 666. Sur l'authenticité de toute cette correspondance, voir Duchesne, *Églises séparées*, p. 251.

Le 13 octobre 449, saint Léon, bien décidé, disait-il, à ne point admettre dans sa communion ceux qui cherchent à ébranler les assises fondementales de la foi, félicite Anastase de n'avoir pas assisté au brigandage d'Éphèse. Mansi, *op. cit.*, t. VI, col. 27; *P. L.*, t. LIV, col. 839. L'éloge n'était qu'à moitié mérité, car Anastase s'y était fait représenter par Quintillus d'Héraclée, son suffragant, qui signa tout et consentit à tout. Il est vrai qu'Anastase ne pouvait pas savoir d'avance la tournure que prendrait le concile. Mansi, *op. cit.*, t. VI, col. 608, 837, 911, 929; manque dans la liste syriaque, cf. Martin, *Rev. des quest. histor.*, 1874, t. XVI, p. 13, note; Hefele-Leclercq, *Histoire des conciles*, t. II, p. 586, note. C'est encore Quintillus

qui remplace Anastase au concile œcuménique de Chalcédoine en 451. Mansi, *op. cit.*, t. VI, col. 565, 940, 1081; t. VII, col. 4, 28, 97, 120, 137, 180, 185, 193, 272, 316, 401, 423, 679, 724. Dans ces deux endroits on trouve désigné, comme représentant d'Anastase, un prêtre nommé André. Mansi, *op. cit.*, t. VI, col. 1090; t. VII, col. 709. A vrai dire, dans ce dernier passage, ce n'est pas Anastase qui est nommé, mais son successeur Euxithée, ce qui est une faute, selon Le Quien. Anastase mourut avant le 1er septembre 457, toujours d'après Le Quien, date à laquelle saint Léon écrivait à Euxithée, en lui donnant le titre d'évêque de Thessalonique. Mais [Mgr] L. Petit, *Échos d'Orient*, 1901, t. IV, p. 142-143, accepte la leçon *Euxithée*, et croit qu'André représentait le nouvel évêque, Anastase étant mort pendant le concile, dans les premiers jours de septembre 451.

Jaffé, *Regesta pontif. romanorum*, 1re éd., n. 181, 182, 187, 189, 219. — Tillemont, *Mém. pour servir à l'hist. ecclés.*, t. VIII, p. 417; t. XV, p. 432-433, 441-445, 550, 598, 647. — Le Quien, *Oriens christianus*, t. II, col. 33, 134. — Hefele-Leclercq, *Histoire des conciles*, t. II, p. 830.

R. AIGRAIN.

14. ANASTASE, évêque d'Aréopolis, dans la Troisième Palestine. Il assistait, en 449, au brigandage d'Éphèse, où il adhéra, en quelques mots que nous ont conservés les actes, à la déposition de Flavien de Constantinople et d'Eusèbe de Dorylée. Mansi, *Sacr. concil. ampl. collect.*, t. VI, col. 609, 917, 931.

Le Quien, *Oriens christianus*, t. III, col. 735.

R. AIGRAIN.

15. ANASTASE, évêque d'Arabie, au nom duquel son métropolitain, Constantin de Bostra, signa la sixième session du concile de Chalcédoine Le siège d'Anastase s'appelait *Eutimia*, ou, d'après une version latine, *Anitha*. L'un et l'autre nom est inconnu à Le Quien. Mansi, *Sacr. concil. ampl. collect.*, t. VI, col. 168; Le Quien, *Oriens christianus*, t. II, col. 868.

R. AIGRAIN.

16. ANASTASE, évêque de Nicée, en Bithynie, à l'époque du concile de Chalcédoine (451). Il n'assistait pas aux premières sessions du concile, mais s'y fit représenter par les prêtres Eusèbe et Constantin, qui adhérèrent en son nom à la lettre dogmatique du pape saint Léon. Mansi, *Sacror. concil. ampl. collect.*, t. VI, col. 941; t. VII, col. 3, 25, 679, 724. A partir de la cinquième session, Anastase de Nicée assista au concile en personne. Mansi, *op. cit.*, t. VII, col. 99, 119, 137, 185, 404, 423, 728, 731. A la treizième session, la discussion s'engagea sur une plainte déposée par Eunomius de Nicomédie contre Anastase, qui avait, par ambition, usurpé les droits du métropolitain de Bithynie, droits que les lois ecclésiastiques et impériales réservaient au siège d'Eunomius. Anastase avait excommunié des clercs de Basilinopolis, ville fondée par Julien en l'honneur de sa mère Basiline, et dépendant, disait Eunomius, de Nicomédie. Anastase, de son côté, se prétendait lésé par de telles prétentions; la ville de Basilinopolis, à l'origine, avait reçu ses curiales de Nicée, et les échanges de curiales entre les deux villes demeuraient assez fréquents; il était arrivé à l'évêque de Nicée de donner les ordres à Basilinopolis, et saint Jean Chrysostome avait commis l'évêque de Nicée pour la correction de cette église. Eunomius répliqua à ces divers points. On cita le cas d'un évêqu· de Basilinopolis qui, accusé par ses clercs devant le métropolitain de Nicomédie, s'était réfugié à Nicée pour esquiver cette juridiction. Pour trancher la question, le concile fit lire le 6e canon du concile de Nicée (en réalité le 4e), sur les droits du métropolitain. Mais une nouvelle difficulté fut soulevée : Anastase produisit une lettre de Valentinien 1er et de Valens confirmant les droits de Nicée à être métropole. Eunomius, à son tour, cita une lettre postérieure de Valentinien déclarant que cela ne devait pas s'entendre comme une diminution des droits de Nicomédie. Mais toutes ces décisions impériales ne visaient que les droits des métropoles civiles, et ne pouvaient concerner la métropole ecclésiastique, qui, d'après le concile de Nicée, est unique dans chaque province. Le concile maintint donc au métropolitain de Nicomédie le droit de sacrer tous les évêques de Bithynie, et reconnut à l'évêque de Nicée seulement la dignité de métropolitain honoraire, avec le pas sur tous les évêques de la province, celui de Nicomédie excepté. Mansi, *op. cit.*, t. VII, col. 301-315.

Le Quien, *Oriens christianus*, t. I, col. 642. — Coillier, *Hist. générale des auteurs sacrés et ecclés.*, éd. Vivès, t. x, p. 695. — Hefele-Leclercq, *Histoire des conciles*, t. II, p. 761-763. — Tillemont, *Mém. pour servir à l'hist. ecclés.*, t. xv, p. 692-693.

R. AIGRAIN.

17. ANASTASE, évêque d'Ancyre, au ve siècle. Il fut un des prélats qui envoyèrent à l'empereur Léon une lettre collective à propos de la mort de Protérius, évêque d'Alexandrie, assassiné dans son baptistère par les monophysites (457). Il figure aussi parmi les quatre-vingts membres du concile qui se tint à Constantinople en 459.

Fabricius, *Bibliotheca graeca*, 1719, t. IX, p. 337.

R. JANIN.

18. ANASTASE, patriarche de Jérusalem (458-478). Il était skeuophylax, c'est-à-dire gardien des vases sacrés de l'église de la Résurrection, et chorévêque, quand il fut appelé par les vœux unanimes du peuple à prendre la succession de Juvénal en 458. D'après Cyrille de Scythopolis, il réalisait ainsi plusieurs prophéties que saint Euthyme avait faites à son sujet. Baronius, *Annales ecclesiastici*, ad ann. 458, n. 34-36. Bien que plusieurs auteurs d'une époque postérieure accusent Anastase II de faiblesse vis-à-vis des monophysites, il ne semble pas qu'il ait jamais trahi la foi catholique. Il se fit remarquer par une grande simplicité dans les habits et dans les mœurs. Il mourut dans les premiers jours de janvier 478.

Baronius, *Annales ecclesiastici*, 1595, ad ann. 458, n. 11; ad ann. 477, n. 21. Cf. Pagi, *Critica*, ad ann. 458, n. 11; ad ann. 477, n. 17. — Tillemont, *Histoire des empereurs*, 1738, t. VI, p. 638-370, 639.

R. JANIN.

19. ANASTASE. A l'assemblée des évêques qui se tint à Carthage, en 484, sur la convocation du roi vandale Hunéric, se rendit un ANASTASIUS *Aquenobensis* (*Aquaenovensis*) : il appartenait à la Numidie. *Notitia provinciarum et civitatum Africae*, Numidia 73; Victor de Vita, édit. Halm, p. 65; *P. L.*, t. LVIII, col. 271, 307.

Aug. AUDOLLENT.

20. ANASTASE, empereur d'Orient (491-518). — I. ORIGINE ET AVÈNEMENT. — Anastase naquit à Épidamne (Durazzo), en 431, d'une famille notable, que ses panégyristes voulurent plus tard rattacher au grand Pompée. Ce nom se trouvait en effet dans sa famille; il venait peut-être d'un affranchi de Pompée. On connaît sa vie avant son avènement. Il suivit sans doute la carrière administrative et reçut la charge importante de « silentiaire ». Les silentiaires, placés sous la juridiction du *praepositus*, étaient chargés de maintenir l'ordre dans les audiences impériales; ils étaient *clarissimi* et recevaient à leur retraite le rang sénatorial. *Code théodos.*, l. VI, tit., XXIII, lex. 4; Bury, *The imperial administrative system.* Londres, 1911, p. 24. On connaît surtout les tendances religieuses d'Anastase. Il y avait eu plusieurs hérétiques dans sa famille : sa mère était manichéenne; un de ses oncles, Cléarque, était arien, et lui-même avait accepté la doctrine d'Eutychès. D'ailleurs d'une grande piété, il se rendait à l'église avant le jour, jeûnait et faisait des aumônes. Il voulut même répandre sa doctrine et fit du prosélytisme jusque dans l'église, si bien que le patriarche Euphemios, l'ayant trouvé un jour en train d'enseigner, le chassa de l'église en le menaçant de lui faire couper les cheveux, c'est-à-dire de l'interner dans un monastère (490). Theophane, éd. de Boor, p. 134, 19. Dès cette époque il avait une certaine réputation, car, à la mort de Pierre le Foulon, patriarche d'Antioche, le silentiaire Anastase fut un des trois candidats proposés à l'empereur par le clergé et le peuple d'Antioche pour lui succéder. Theophane, p. 135, 24; Procope de Gaza, *Paneg., P. G.*, t. LXXXVII, col. 2797. Il avait dès ce moment des rapports avec les principaux chefs monophysites et on sait qu'il avait fait un voyage en Égypte, où il avait même été exilé par Zénon. Retiré dans l'île de Saint-Iraï près de Memphis, il fut accueilli par le solitaire jacobite Jérémie. Jean de Nikiou, trad. Zotenberg, dans *Not. et extraits des mss.*, t. XXIV, p. 488-489.

Tel était l'homme qu'un coup de fortune éleva à l'empire à l'âge de soixante ans, sans que rien dans sa carrière antérieure eût pu faire prévoir cette brillante destinée. Il est probable que le secret de cette élévation subite est resté enfermé entre les murs du gynécée impérial. Sur les prédictions faites à Zénon relativement à sa succession, voy. *Chron. Pasc., P. G.*, t. LXXXII, col. 845-847. L'empereur Zénon mourut subitement en 491. Son frère Longin espérait lui succéder, grâce à l'appui de la fameuse garde isaurienne. Mais il était mal vu de l'impératrice Ariadne, fille de l'empereur Léon, à qui Zénon devait sa couronne, et qui allait être appelée de nouveau à disposer de l'empire. Pris au dépourvu, Longin n'eut pas le temps d'agir et l'élévation du silentiaire Anastase fut décidée par l'impératrice. L'eunuque Urbicius sut gagner les sénateurs, et deux jours après la mort de Zénon, Anastase fut proclamé empereur. Grâce aux extraits de l'ouvrage de Pierre le Patrice, conservés par Constantin Porphyrogénète (*De cerimoniis, P. G.*, t. CXII, col. 769-781), on connaît bien les circonstances de son intronisation. Le peuple rassemblé à l'Hippodrome réclamait un empereur orthodoxe. Ariadne parut à la tribune du Kathisma et annonça qu'elle avait prévenu ces désirs et invité le patriarche et les grands à élire un empereur. Le nom d'Anastase fut alors proclamé; les comtes des protecteurs et des domestiques allèrent le chercher à son domicile. Le lendemain après la célébration des funérailles de Zénon, Anastase fut conduit à l'Hippodrome, élevé sur le pavois et ceint du *torques* militaire, puis il fut couronné et sacré par le patriarche.

Avant d'accomplir cette cérémonie, le patriarche Euphemios, qui, l'année précédente, avait eu à sévir contre Anastase, opposa la plus grande résistance. On se décida alors à un compromis et Anastase envoya au patriarche une promesse écrite de ne rien tenter contre la vraie foi et de respecter les canons de Chalcédoine. La promesse, confiée au chartophylaque Macedonius, fut déposée dans les archives de l'église. C'était là une innovation et désormais la profession de foi, faite par l'empereur avant son couronnement, devint un usage régulier. Sickel, *Das byzantinische Krönungsrecht*, dans *Byz. Zeitsch.*, t. VII, p. 522-523.

II. LA RÉVOLTE DES ISAURIENS (492-497). — L'avènement d'Anastase avait mécontenté les chefs de la garde isaurienne, maîtresse sous Zénon du gouvernement et des destinées de l'empire. Le frère de Zénon, Longin, se mit à la tête des mécontents. Anastase l'exila en Égypte et le fit ordonner prêtre, puis il diminua le chiffre de la pension servie aux Isauriens et, après avoir rassemblé à Constantinople des forces importantes, il leur donna l'ordre de rentrer dans leur pays. Les Isauriens durent quitter Constantinople et passer en Asie Mineure, mais ils s'emparèrent des munitions rassemblées par Zénon dans les forteresses d'Isaurie et bientôt ils eurent une armée de 150 000 hommes. Parmi les chefs était Conon, évêque d'Apamée en Syrie. Anastase envoya en Anatolie les contingents de Thrace et les Goths restés au service de l'empire. Les Isauriens furent battus (492) à Cotyée en Phrygie (Kutayeh), mais ils se réfugièrent dans le Taurus où ils firent la guerre de partisans. Une armée envoyée contre eux fut assiégée à Claudiopolis, entre les deux Taurus, puis délivrée par une autre armée (493). Repoussés dans leurs montagnes, les Isauriens continuèrent à occuper Antioche de Cilicie, d'où leurs navires faisaient la course dans la Méditerranée et leur procuraient des ravitaillements. Ils purent ainsi tenir jusqu'en 497. A la fin, Antioche fut emportée, toutes leurs forteresses furent rasées, une partie des Isauriens fut internée en Thrace et le subside annuel, « l'impôt isaurique », qui s'élevait à 5 000 livres d'or (5 400 000 francs), fut supprimé. La théorie de Sathas (préface de la *Synopsis, Biblioth. medii aevi*, t. vii), d'après laquelle les Isauriens auraient représenté l'orthodoxie romaine, paraît contraire aux faits. Il en est de même des allusions qu'il croit trouver à la lutte contre les Isauriens dans les Διονυσιακά de Nonnos. Heisenberg, dans *Byz. Zeit.*, t. vi, p. 177-180.

III. LE GOUVERNEMENT INTÉRIEUR. — Arrivé au pouvoir à l'âge de soixante ans, Anastase montra pendant son long règne une activité extraordinaire et entreprit avec énergie la réforme de l'empire. Avant son mariage avec l'impératrice Ariadne, il paraît avoir été célibataire. On lui attribue un bâtard qui fut tué dans une émeute à l'Hippodrome en 503. Sa famille, assez nombreuse, vint à Constantinople. Il avait deux frères, Paulin, consul en 496, et Hypatius, une sœur Magna, qui épousa Secondinus, patrice et consul en 511, et dont la fille, Irène, épousa Olybrius, consul en 491. Un de ses neveux, Pompée, fils d'Hypatius, fut consul en 517 : c'est à lui qu'appartiennent les célèbres diptyques consulaires de Bourges et de Liège. Molinier, *Les ivoires*, n. 17-19, p. 24-26. Anastase a donc travaillé à assurer le pouvoir à sa famille et il a pu avoir l'espoir de fonder une dynastie. Lui-même menait une vie régulière, ne dépensant rien pour ses plaisirs. Ce vieillard de haute taille et de robuste santé, surnommé « Dichore » à cause de la couleur différente de ses yeux, paraît avoir été un grand travailleur et un caractère énergique. Parfois son pouvoir se trouva dans des circonstances critiques. Débarrassé des Isauriens, il eut à redouter l'esprit de révolte des factions du cirque. A son avènement, il s'était déclaré pour les Rouges, et il avait mécontenté ainsi les autres factions. A plusieurs reprises, en 491, en 493, en 498, en 501, en 503, des émeutes ensanglantèrent l'Hippodrome et la personne même de l'empereur fut exposée. Sans cruautés inutiles, Anastase réprima toujours ces troubles avec fermeté. Il en fut de même de l'émeute plus grave éclatée à Antioche, en 507, par un cocher qui avait poussé la foule au massacre des juifs. Au milieu des grandes villes populeuses qui formaient la partie vitale de l'empire, Anastase parvint, ce qui n'était pas toujours aisé, à maintenir l'ordre. Par là, il est dans la tradition des empereurs romains et c'est lui qui a dit qu'il trouverait le succès d'une affaire acheté trop cher, s'il en coûtait une seule goutte de sang à ses sujets.

Anastase fut avant tout un bon administrateur et parfois même un réformateur plein d'audace. Son activité s'exerça dans tous les domaines, mais il est surtout remarquable par son œuvre financière. Il lutta avec énergie contre la fiscalité oppressive et s'attacha à rendre le fardeau des contributions supportable à ses sujets. Dès son avènement, il supprime l'inquisition fiscale en poursuivant les délateurs aux gages du fisc. En même temps, il met fin aux abus et aux vexations qu'entraînait la vénalité des charges, surtout celles de collecteurs d'impôts, qui sous Zénon étaient vendues aux enchères. Le mode de perception fut aussi modifié. Il fut interdit de lever l'impôt foncier en nature, ce qui donnait toujours lieu à des évaluations arbitraires; la même règle fut étendue à toutes les redevances, afin d'empêcher les soldats d'exiger en nature une contribution plus forte que l'aumône qui leur était due pour leurs subsistances. De même les réquisitions de blé furent désormais évaluées en or et déduites des impositions. Rescrit de 505, *Code justin.*, l. X, tit. xxvii, lex 2. Surtout Anastase déchargea les curies municipales de la responsabilité fiscale, qui produisait depuis deux siècles des résultats si néfastes. Désormais il y eut dans chaque ville un fonctionnaire impérial, *vindex*, chargé de centraliser les impôts. Sauf le panégyriste Priscien, les auteurs contemporains Evagrios et Jean Lydos sont défavorables à cette réforme et y voient surtout un empiétement sur l'autonomie municipale. Priscien, *Paneg.*, 193-197; Evagrios, *Hist. ecc.*, III, 42; Jean de Lydda, *De magistrat.*, III, 49. La question est de savoir si la perte de l'autonomie n'était pas préférable au régime draconien, qui contribua à ruiner les classes moyennes à la fin de l'antiquité.

Mais, de toutes les réformes financières d'Anastase, la plus retentissante fut l'abolition de l'impôt vexatoire levé sur le travail sous le nom de « chrysargyre ». Ce fut entre 498 et 501 que fut prise cette mesure si populaire. *Code just.*, l. XI, tit. I, leg. 1-2 (ne donne pas la date); Evagrios, III, 39-41; Théophane, éd. de Boor, p. 14 (la date de 5993 = 501 n'est pas sûre. Voy. Mommsen, dans *Byz. Zeit.*, t. xii, p. 533); Josué le Stylite, c. xxxii (donne la date de 498, confirmée par la Vie de saint Sabas, de Cyrille de Skythopolis); Zozime, ii, 38 (donne la date de 501); Procope de Gaza, *Paneg.*, 13. On appelait chrysargyre deux contributions distinctes qui furent également abolies : l'une frappait d'un sou d'argent toute personne à raison de l'enlèvement des vidanges ou de la possession d'une bête de somme; l'autre, beaucoup plus lourde, établie dès Alexandre-Sévère et organisée par Constantin, pesait non seulement sur les marchands, mais sur tous ceux qui louaient leurs services à prix d'argent; les mendiants eux-mêmes et les prostituées n'étaient pas épargnés. Tous les *negociatores* étaient ainsi inscrits sur un registre-matricule. L'impôt payé tous les quatre ans était très lourd. Les seuls artisans de la ville d'Édesse devaient payer 150 livres d'or (162 000 francs). Rubens Duval, *Histoire d'Édesse*, dans *Journ. asiat.*, 1891, p. 423. La prison et les tortures étaient employées contre les récalcitrants. Une amende de cent livres menaça tous ceux qui violeraient la constitution et l'empereur ordonna de brûler les registres d'impôts. Ses panégyristes regardent avec raison cette mesure comme un de ses plus beaux titres de gloire. Procope de Gaza, *Paneg.*, 13, *P. G.*, t. lxxxvii, col. 2182-2183.

Avec un véritable souci de son intérêt bien entendu et aussi avec un réel esprit d'humanité, Anastase fit plusieurs fois remise des impôts aux provinces qui avaient été dévastées par des invasions ou des fléaux. En 503, il décide que la province de Mésopotamie sera exempte d'impôts tant que durera la guerre avec la Perse. Après la paix de 505, Amida reçoit la même faveur pour sept ans, Édesse est déchargée de la moitié des tributs, et l'empereur envoie 200 livres d'or au gouverneur d'Édesse, pour la reconstruction des monuments publics. A Constantinople même, l'empereur soulageait bien des misères et Priscien le loue d'avoir secouru des voyageurs venus de la vieille Rome. Priscien, *Paneg.*, 241-244. En 515, une fondation, comprenant un revenu de 70 livres d'or (75 600 francs) fut destinée à décharger les particuliers de tous les frais de funérailles; il ne fit que reprendre une disposition de Constantin. Nov. XLIII, LIX. Et malgré cette modération, malgré les dépenses écrasantes auxquelles donnaient lieu les guerres, Anastase, grâce à la sagesse de son administration financière, sut faire face à toutes les difficultés. On sait qu'il avait organisé une sorte de budget annuel (Jean de Lydda, *De magistrat.*, III, 45), administré de manière à équilibrer les dépenses et les recettes. Ce fut ce qui lui permit de laisser à son successeur Justin un trésor de 320 000 livres d'or (345 millions de francs) et l'on peut dire sans exagération que la grandeur du règne de Justinien devait profiter des économies d'Anastase.

On a moins de renseignements sur les autres réformes d'Anastase. On sait qu'il réorganisa la justice, étendit les attributions judiciaires du préfet du prétoire et n'appela à cette fonction que des juristes éprouvés. Il refusa de la confier au fils de l'empereur Anthemius, malgré les instances d'Ariadne, à cause de son incompétence. Des fragments d'édits montrent qu'il porta le même souci de justice et de régularité dans l'administration militaire, cherchant à rendre l'avancement régulier et à assurer la défense des frontières. La police des grandes villes fut améliorée, grâce à la suppression définitive des combats d'animaux ou des spectacles obscènes qui donnaient lieu à des désordres. Procope de Gaza., *Paneg.*, 15, *P. G.*, t. LXXXVII, col. 2816. Enfin Anastase donna ses soins aux travaux publics, faisant construire un aqueduc pour donner de l'eau à Hiérapolis, reconstruisant le port de Césarée, réparant le Phare d'Alexandrie et commençant à Constantinople la construction des thermes de Dagitheos. Procope de Gaza, *ibid.*, col. 17-19; Théophane, éd. de Boor, p. 176, 25.

IV. LA DÉFENSE DE L'EMPIRE; GUERRES ET DIPLOMATIE. — Au point de vue extérieur, la politique d'Anastase fut surtout défensive.

1° *Orient.* — Du côté de l'Orient, l'ambitieux roi de Perse Kawadh reprit l'offensive. Se fondant sur un traité conclu par Zénon, d'après lequel les deux empires devaient garder à frais communs les passes du Caucase pour arrêter les invasions, il somma Anastase de lui payer une forme d'un tribut la subvention que son prédécesseur s'était engagé à donner à l'empire perse pour cet objet. Anastase refusa et la guerre commença en 502, par des razzias de Bédouins sur le territoire d'Édesse. Le 23 août 502, Kawadh envahissait l'Arménie romaine, prenait par trahison la ville frontière de Théodosioupolis (près d'Erzeroum) et allait assiéger la grande place d'Amida (Diarbekir), tandis qu'une autre armée perse menaçait l'Égypte et que ses coureurs s'avançaient jusqu'aux faubourgs d'Alexandrie, qu'ils incendiaient. Eutychios, *P. G.*, t. CXI, col. 1062; Jean Maspero, *Organisat. militaire de l'Égypte byzant.*, p. 27. L'armée de secours levée en Thrace par Anastase arriva trop tard pour sauver Amida, qui fut emportée d'assaut (10 janvier 503), et deux corps de cette armée furent surpris et taillés en pièces par Kawadh, pendant que le troisième corps, commandé par Aréobinde, s'enfermait dans Édesse (août 503) et soutenait avec succès les assauts des Perses. Kawadh fut rappelé dans ses États par une invasion des Huns Ephtalites, et une nouvelle armée impériale commandée par Celer vint assiéger Amida. Des négociations s'engagèrent alors : les Perses reçurent une indemnité de guerre et rendirent Amida, ainsi que toutes les places qu'ils avaient prises : une trêve de sept ans fut signée (avril 505).

Anastase travailla alors à garantir la frontière d'une nouvelle invasion. L'enceinte de Théodosioupolis fut réparée et agrandie. La place formidable de Dara, qui devint Anastasiopolis, fut construite à une lieue de la frontière perse, à cinq lieues de Nisibe qu'elle dominait de 4 à 500 pieds. Kawadh protesta et menaça l'empire d'une nouvelle guerre, mais Anastase tint bon et le traité de paix fut renouvelé. Chapot, *La frontière de l'Euphrate*, p. 313-317. La nouvelle forteresse, « placée à la gorge des Perses » (Jean de Lydda, *De magistrat.*, III, 47), devait être pour l'empire une défense efficace sous Justinien. En revanche, Anastase refusa d'acheter la possession de la passe de Derbend que voulait lui vendre un chef des Huns. Jusqu'à sa mort, il se préoccupa de conserver sur cette frontière une défensive imposante et, en 518, il faisait fortifier Mélitène sur l'Euphrate, qui commandait la route entre Antioche et l'Arménie. En même temps, par des voies diplomatiques, il cherchait à se concilier les tribus arabes de Hira, voisines de la frontière (Fragments de Nonnosos, Müller, *Fragm. hist. Gr.*, t. IV, p. 179) et en 507 l'une d'elles se convertit même au christianisme.

2° *Péninsule des Balkans.* — Sur le Danube, les débris des Huns avaient fait alliance avec les Bulgares du Volga qui, poussant devant eux des bandes de Slaves, passèrent le fleuve en 499 et mirent en déroute l'armée d'Aristus, commandant militaire de l'Illyricum. A la suite de cette invasion, les courses de barbares se renouvelèrent périodiquement et Anastase, désireux de renforcer la défense de Constantinople et de mettre sa riche banlieue à l'abri du pillage, fit construire une immense muraille de 45 kilomètres de longueur entre la mer Noire et l'Archipel. L'ouvrage fut exécuté entre 507 et 512. A l'extrémité sud, était la forteresse de Selymbria. La construction, reconnaissable encore aujourd'hui, comprend un mur d'environ 3 m.50 d'épaisseur, flanqué de tours rondes, sans fossés, avec des ouvrages carrés défendant les principaux passages. En arrière étaient deux *castella*. Le mur suit la ligne de partage des eaux au nord-ouest des lignes turques de Tchataldja. Il eût fallu, pour défendre l'immense enceinte ainsi formée, des armées bien plus considérables que celles dont on disposait à cette époque et ce fut ce qui la rendit inefficace. Cependant, en 517, une nouvelle invasion de Gètes (Bulgares et Slaves) évita cette ligne de défense et, après avoir battu une armée impériale près d'Andrinople, ravagea la Macédoine, l'Épire, la Thessalie et pénétra jusqu'aux Thermopyles. Anastase dépensa 1 000 livres d'or pour racheter les prisonniers.

3° *Occident.* — Du côté de l'Occident, Anastase ne paraît avoir fait aucune tentative pour reprendre l'Afrique et respecta le traité signé entre Genséric et Zénon en 475. Le roi des Vandales Trasamond reçut le titre d' « ami ». Ce fut surtout contre la puissance nouvelle des Ostrogoths que se porta l'effort d'Anastase. Maître de Ravenne (493), Théodoric envoya une ambassade à Constantinople pour obtenir la reconnaissance légale de son pouvoir. D'après un chroniqueur (Anon. Vales., dans *Monum. hist., Auctores antiq.*, t. IX, p. 322), Anastase lui restitua même les insignes impériaux qu'Odoacre avait renvoyés à Constantinople. Une deuxième ambassade, envoyée en 497, marque le désir de Théodoric de rester en paix avec l'empire, dont il se considère comme le mandataire; l'effigie d'Anastase se voit au droit de toutes ses monnaies. Sabatier, *Monnaies byzantines*, t. I, p. 197. Cependant un conflit ne tarda pas à éclater entre les deux puissances. Après la conquête du royaume gépide et de Sirmium par les Ostrogoths, un chef hun descendant d'Attila, Mundo, fuyant devant les Gépides, avait pénétré en territoire romain. Le gouverneur d'Illyrie, Sabinianus, leva contre lui une armée de Bulgares, mais Mundo fit alliance avec le chef ostrogoth Pitzipia, qui infligea une sanglante défaite à Sabinianus sous les murs de Margoplanum, près du Danube (505).

Ce fut à partir de ce moment qu'Anastase chercha

à s'opposer à l'extension de la puissance de Théodoric et à l'empêcher surtout de devenir, comme il le rêvait, le chef d'une confédération des barbares d'Occident. Des envoyés impériaux vinrent en Gaule et nouèrent des rapports étroits avec les Burgondes, qui entrèrent dans l'alliance impériale. Au moment où le roi des Francs, Clovis, venait, malgré les menaces de Théodoric, de conquérir l'Aquitaine sur les Wisigoths, il reçut à Tours une ambassade d'Anastase qui lui apportait le brevet de consul, *codicillos de consulatu*, et il revêtit solennellement la tunique de pourpre et la chlamyde dans la basilique de Saint-Martin. Sur le consulat, probablement honoraire, de Clovis, cf. Grégoire de Tours, *Hist. Franc.*, II, xxxviii; Mommsen, *Ostgothische Studien*, dans *Neues Archiv*, 1890; Junghans, *Chlodovech*, p. 129-131; Gasquet, *Le consulat de Clovis*, dans *Revue d'Auvergne*, 1886, p. 81-98. Cet acte était avantageux pour Clovis, dont il légitimait le pouvoir aux yeux de ses sujets gallo-romains, mais il avait surtout pour objet de pousser les Francs à attaquer Théodoric (508). En fait, pendant que les Francs et les Burgondes, réunis sans doute par la diplomatie impériale, vont assiéger Arles, défendue par des Ostrogoths, Anastase envoie une flotte de 200 voiles ravager les côtes de Calabre jusqu'à Tarente (508). Théodoric fit aussitôt rassembler à Ravenne une flotte de 1 000 navires légers et ces préparatifs empêchèrent l'empereur de tenter une nouvelle descente. Sa diplomatie ne resta pas cependant inactive et, lorsque Sigismond devint roi des Burgondes, en 516, Anastase lui conféra les titres de « patrice » et de *comes sacrarum largitionum*.

V. POLITIQUE RELIGIEUSE. — Lorsque Anastase prit le pouvoir, la situation religieuse était entièrement troublée. La publication de l'Hénoticon (482) avait amené un schisme entre Rome et Constantinople et le patriarche Acace était mort en 489, sans s'être réconcilié avec le pape. Son successeur Euphemios acceptait le concile de Chalcédoine, mais refusait de condamner la mémoire d'Acace. Trois partis en réalité se partageaient l'empire : 1° les partisans du concile de Chalcédoine et de la communion avec Rome; 2° les monophysites intransigeants, répandus surtout en Égypte et en Syrie, mais encore peu nombreux. Voy. sur ce point Gelzer, dans *Byz. Zeit.*, t. I, p. 44. Leurs principaux centres étaient les monastères d'Éleuthéropolis et de Gaza en Palestine. Ils trouvaient Eutychès lui-même trop modéré et, comme ils n'avaient aucun chef, on les appelait les « acéphales », mais ils en eurent un bientôt dans la personne de Sévère, moine au monastère de Gaza; 3° ceux qui s'en tenaient à l'Hénoticon et oscillaient en réalité entre les deux autres partis. Telle était l'attitude du patriarche de Constantinople et de son collègue d'Alexandrie.

Les préférences d'Anastase ne pouvaient être douteuses. Par son passé il appartenait aux monophysites et ce n'est pas à tort que les auteurs monophysites ont revendiqué comme un des leurs cet empereur qu'ils appellent « l'ami de Dieu, l'empereur chrétien vivant dans la crainte de Dieu. » Jean de Nikiou, *loc. cit.*, p. 488, 490; Eutychios, *P. G.*, t. cxi, col. 1062; Synaxaire copte-arabe, Gelzer, dans *Byz. Zeit.*, t. I, p. 39. Il favorisa donc les monophysites, auxquels appartenait son principal ministre, Marinos d'Apamea. On vit même, dès son avènement, les missionnaires monophysites entreprendre sous sa protection la conquête de la Perse nestorienne. Labourt, *Le christianisme dans l'empire perse*, p. 157-159. Mais Anastase était avant tout un homme d'État et il était lié par la profession de foi qu'il avait dû remettre au patriarche avant son couronnement. Il dissimula donc ses préférences et parut d'abord, suivant Evagrios, chercher par tous les moyens à écarter le trouble des églises. Evagrios, *Hist. eccles.*, III, 30, *P. G.*, t. LXXXVI, col. 2656. Cependant, fait significatif, il ne répondit pas à la lettre que le pape Gélase lui écrivit en 492, pour lui annoncer son avènement. Son but paraît avoir été d'abord de ne rien changer à la situation qu'il trouvait.

Il ne persévéra pas longtemps dans cette attitude. Une maladresse du patriarche Euphemios permit à Anastase de satisfaire la rancune qu'il lui avait gardée, en l'impliquant dans une accusation d'intelligence avec les Isauriens révoltés. Euphemios fut déposé, exilé à Euchaïta et remplacé par Macedonius (496), qui avait souscrit à la fois aux canons de Chalcédoine et à l'Hénoticon. Les circonstances semblaient favorables au rétablissement de la paix religieuse. Un nouveau pape, Anastase II, avait envoyé à Constantinople une lettre très conciliante et ses légats s'étaient mis en relations directes avec le patriarche de Constantinople et même avec les apocrisiaires de celui d'Alexandrie. La mort d'Anastase II (498) arrêta cette tentative, de rapprochement que blâmaient plusieurs membres du clergé romain. Il semble que la tentative de schisme qui suivit cette mort fut due en partie aux intrigues de la diplomatie impériale : tandis que Symmaque était élu à Saint-Pierre, le sénateur Festus, dévoué à Anastase et partisan de l'Hénoticon, faisait élire Laurent à Sainte-Marie-Majeure. L'empereur refusa de reconnaître Symmaque et empêcha le patriarche Macedonius de lui envoyer une lettre de communion. La partialité d'Anastase pour les monophysites s'affirmait chaque jour davantage. Il faisait nommer Flavien patriarche d'Antioche, parce qu'il le croyait dévoué à ses idées, mais il ne réussissait pas à obtenir de Macedonius la remise de la profession de foi qu'il avait signée à son avènement.

Contraint de ménager le patriarche et l'opinion du peuple de Constantinople, Anastase favorise du moins la propagande monophysite dans les provinces orientales et même au delà des frontières de l'empire. En 506, se réunit à Dwin le premier synode national de l'Église arménienne; les évêques adhèrent à l'Hénoticon et adressent à leurs coreligionnaires de Perse une « lettre aux orthodoxes », où sont condamnées les doctrines nestoriennes. Ter Minnasiantz, *Die armenische Kirche in ihren Beziehungen zu den syrischen Kirchen*, Leipzig, 1904, p. 31 sq. En 508, commence en Syrie la lutte des monophysites intransigeants contre le patriarche d'Antioche, Flavien, accusé à Constantinople d'être un nestorien convaincu. A l'instigation de Xénaïas, évêque d'Hiérapolis, un synode se tint à Antioche : Flavien consentit à adhérer à l'Hénoticon et aux trois premiers conciles, en omettant celui de Chalcédoine. Cette concession ne suffisait pas à Xénaïas, qui voulait forcer Flavien à condamner formellement le IVe concile. Par ordre de l'empereur, et malgré Flavien, un concile provincial se tint en 511. Xénaïas produisit un écrit en soixante-dix-sept chapitres, qui condamnait le concile de Chalcédoine et le *Tomos* de Léon, mais la majorité des évêques refusa de le suivre et, sur la proposition de Flavien, après avoir condamné la mémoire de Théodore, Diodore et Nestorius, refusa de s'occuper du IVe concile. Alors les monophysites, par l'intermédiaire du ministre Marinos, agirent sur Anastase, qui décida l'exil et la déposition de Flavien, remplacé par le chef même du parti intransigeant, le moine Sévère. En 513, un synode monophysite, réuni à Tyr, condamna formellement le concile de Chalcédoine. Gelzer, *Josua Stylites*, dans *Byz. Zeit.*, t. I, p. 41-44.

C'était le triomphe des doctrines monophysites et, à partir de ce moment, la politique religieuse d'Anastase devient résolument persécutrice. Il fait venir à Constantinople des moines monophysites, qui troublent l'office divin en voulant chanter le trisagion accompagné de la formule : « Qui a été crucifié pour nous. » Il attaque directement Macédonius et le force à lui livrer l'acte final du concile de Chalcédoine qu'il fait jeter au feu. Une émeute éclate en faveur du patriarche, mais Anastase le fait enlever et conduire à Euchaïta, où était déjà son prédécesseur, puis il le fit accuser de crimes infâmes et condamner par un tribunal. Timothée, trésorier de l'Église, est créé patriarche et fait régner une véritable terreur dans les monastères orthodoxes, qu'il envahit à la tête d'une bande de paysans pour massacrer les moines. En même temps, par ordre impérial, Marinos et le préfet de la ville, Platon, se rendent dans toutes les églises pour forcer le clergé à chanter le trisagion monophysite. Une émeute éclate, réprimée cruellement. Le lendemain, les orthodoxes s'assemblent à l'Hippodrome pour chanter les prières suivant la liturgie catholique. Une partie des soldats se joint aux insurgés; on abat les statues d'Anastase, on brûle la maison de Platon et on marche sur le palais. Trois jours, l'émeute fut maîtresse de la ville; lorsqu'elle commença à s'apaiser, le vieil empereur assembla le peuple à l'Hippodrome et se présenta sans insignes, se disant prêt à abdiquer : un revirement eut lieu en sa faveur, mais lorsque la foule se fut dispersée, la plupart des chefs de l'émeute furent saisis et livrés au supplice (514).

Des résistances analogues se produisaient dans les provinces. Dans l'Illyricum, quarante évêques refusaient de reconnaître le patriarche Timothée et déclaraient rentrer dans la communion de Rome. Duchesne, *L'Illyricum ecclésiastique*, dans *Byz. Zeit.*, t. I, p. 544. En Orient, le patriarche de Jérusalem, Hélias, n'avait pas consenti davantage à admettre l'usurpation de Sévère : plusieurs fois déjà, Anastase avait voulu le chasser de son siège, mais l'intervention de l'abbé Sabbas, venu à Constantinople, l'en avait empêché. Sévère finit par le faire reconnaître de force. Sur l'ordre de l'empereur, Olympius, duc de Palestine, vint à Jérusalem, envoya Hélias en exil et créa patriarche le diacre Jean, qui accepta la condamnation du IVe concile. Mais Jean était un disciple de saint Sabbas, qui vint se jeter à ses pieds et parvint à obtenir sa rétractation. Jean refusa d'accepter la communion de Sévère. Une tentative de l'empereur pour le forcer à céder échoua complètement.

A ce moment d'ailleurs, l'attention d'Anastase fut détournée par une révolte qui mit sa couronne en péril. Par mesure d'économie, Anastase avait décidé de licencier un grand nombre de barbares fédérés. Un de leurs chefs, le comte Vitalien, petit-fils d'Aspar, se révolta et se proclama le défenseur du concile de Chalcédoine; un grand nombre de Huns et de Bulgares se joignirent à lui et, après avoir battu et pris un neveu de l'empereur, il parut devant Constantinople. Au moyen de négociations, Anastase le décida à la retraite, puis il le fit poursuivre par une nouvelle armée dont le chef se laissa surprendre et égorger à Anchiale. Vitalien reparut devant Constantinople et l'assiégea (mars 515). Grâce aux projectiles incendiaires, prototype du feu grégeois, inventés par Proclus, sa flotte fut anéantie et son armée repoussée; Vitalien, retiré à Anchiale, consentit à traiter, à condition que l'empereur convoquerait un concile général présidé par le pape.

Déjà Anastase avait songé à se rapprocher de Rome. Dès le 28 décembre 514, voyant le peuple favorable à Vitalien, il avait écrit au nouveau pape Hormisdas, pour l'inviter à venir présider un concile général à Héraclée. En janvier 515, apprenant que Vitalien s'était mis en rapports avec le pape, il lui écrivit de son côté une nouvelle lettre pour demander sa médiation. Hormisdas envoya à l'empereur cinq légats, auxquels Théodoric avait adjoint le préfet de Rome, Agapitus : le pape se déclarait prêt à se rendre à Constantinople, si la mémoire d'Acace était condamnée. Anastase renvoya les légats avec une profession de foi orthodoxe, mais se montra irréductible sur la question d'Acace. Le pape répondit par une nouvelle ambassade, mais Anastase, n'ayant plus à craindre Vitalien, quitta tout ménagement. Il essaya de corrompre les légats, Ennodius, évêque de Pavie, et Peregrinus de Misène. Ayant échoué, il leur défendit d'entrer dans la ville et les fit embarquer sur un navire, avec défense de prendre terre avant leur arrivée à Rome.

La rupture était complète et la propagande monophysite, arrêtée à Constantinople, où Jean de Cappadoce, favorable à l'orthodoxie, devint patriarche en 517, reprit de plus belle en Orient. Le parti monophysite triompha à Alexandrie avec le patriarche Dioscore (517), imposé par le préfet d'Égypte, malgré les résistances.

Anastase mourut le 1er juillet 518, âgé de quatre-vingt-sept ans, conservant jusqu'au bout sa lucidité et sa force. Sur les légendes relatives à la mort d'Anastase, voir Jean Moschus, *Pratum spirit.*, 38, *P. G.*, t. LXXXVII, col. 2888; Anon. Vales., *Mon. Germ. hist.*, *Auct. antiq.*, t. IX, p. 324; cf. Patzig, *Ueber einige Quellen des Zonaras*, dans *Byz. Zeit.*, t. VI, p 350-351. Par la sagesse et la fermeté qu'il montra aussi bien dans son administration que dans ses rapports avec les barbares, il avait relevé la puissance de l'empire; malheureusement, ces beaux résultats furent compromis par sa politique religieuse. Il voulut imposer de force à ses sujets la doctrine monophysite et il se laissa égarer par les conseils les plus sectaires. En favorisant ainsi l'expansion en Orient des dogmes antichalcédoniens, il travailla, sans le savoir, à l'œuvre du démembrement futur de cet empire, dont il avait cherché à asseoir la puissance sur des bases inébranlables.

Cassiodore, *Variar.*, I, 1; II, 1, *Monum. Germ. hist.*, *Auct. antiq.*, t. XII, p. 10, 46. — Procope, *Bellum Persicum*, I, 7-10, édit. Haury, Leipzig, 1905, t. I, p. 30-48. — Evagrios, *Hist. eccles.*, t. III, 29-44, *P. G.*, t. LXXXVI, col. 2653-2700. — Theodorus Lector, *Hist. eccles.*, II, 28-33, *P. G.*, t. LXXXVIII, col. 194-202. — Cyrille de Skythopolis, *Vie de saint Sabas*, éd. Cotelier, *Mon. eccles. Gr.*, t. III, p. 220-376. — *Vie de saint Théodose*, dans *Acta sanct.*, jan. t. I, p. 680-701. — Jean Malalas, *Chronographia*, XVI, *P. G.*, t. XCVII, col. 580-605. — Mommsen, *Bruchstücke des Joannes von Antiochia und des Joh. Malalas*, dans *Hermes*, 1872, t. VI, p. 322-383, et Muller, *Fr. hist. Gr.*, t. IV, p. 621. — *Chronicon pascale*, *P. G.*, t. XCII, col. 845-857. — Theophane, éd. de Boor, Leipzig, 1883, t. I, p. 135-165. — Cedrenus, *P. G.*, t. CXXI, col. 681-693. — Zonaras, XIV, 3-4, *P. G.*, t. CXXXIV, col. 1213-1226. — *Chronique de Jean de Nikiou*, trad. Zotenberg, dans *Not. et ext. des mss.*, t. XXIV, p. 488-501. — Josué le Stylite, trad. P. Martin, *Abhandlungen für die Kunde des Morgenlandes*, VI, 1. — Tabâri, *Histoires des Perses*, trad. Nöldeke, Leyde, 1879. — Eutychios, *Annales*, trad. latine, *P. G.*, t. CXI; édit. *Corpus scriptorum christianorum oriental.*, s. III, VI-VII, Paris, 1906 et 1909. — Marcellinus Comes, *Annales*, dans *Mon. Germ. hist.*, *Auct. antiq.*, t. XI, p. 94-103. — Anon. Valesianus, *ibid.*, t. IX, p. 322-326. — Victor Tonnennensis, *ibid.*, t. XI, p. 191-196. — Waddington, *Édit de l'empereur Anastase sur l'administration militaire de la Libye*, dans *Rev. archéolog.*, 1868, t. I, p. 417-430 (cf. édit. Zachariae von Lingenthal, *Monatsberichte der K. Akademie der Wissenschaften zu Berlin*, 1879, p. 134 sq.). — Pierre le Patrice, dans Constant. Porphyrog., *De cerimon.*, I, 92, *P. G.*, t. CXII, col. 769-788. — Procope de Gaza, *Panégyrique de l'empereur Anastase*, *P. G.*, t. LXXXVII, col. 2794-2826. — Priscien, *De laude Anastasii*, éd. Baehrens, *Poetae latini minores*, Leipzig, 1883, p. 264-274. — *Liber pontificalis*, éd. Duchesne, t. I, p. 255-268. — Mansi, *Concilia*, t. VII, col. 8. — Johannes Lydos, *De magistratibus*, Bonn, 1837. — Rose, *Anastasius* I, Halle, 1882. — Bury, *Anastasius (A history of the later Roman empire)*, Londres, 1889. — Holmes, *The Roman empire under Anastasius (The age of Justinian and Theodora)*, Londres, 1905, t. I, p. 127-295. — Kulakovskij, *Anastase (Histoire de Byzance)*, Kiev, 1910, t. I, p. 432-521 (en russe). — W. Sickel, *Das byzantinische Krönungsrecht*, dans *Byz. Zeit.*, t. VII, p. 522,

546. — C. Schuhhardt, *Die Anastasius-Mauer bei Constantinopel und die Dobrudscha-Wälle.*, dans *Iahrb. d. Kais. deutsch. Instit.*, t. xvi, p. 107. — Chapot, *La frontière de l'Euphrate, de Pompée à la conquête arabe*, Paris, 1907. — R. Duval, *Histoire politique, littéraire et religieuse d'Édesse*, dans *Journal asiatique*, 1891-1892. — J. Maspero, *Organisation militaire de l'Égypte byzantine*, Paris, 1912. — Gasquet, *L'empire byzantin et la monarchie franque*, Paris, 1888. — Güterbock, *Byzanz und Persien*, Berlin, 1906. — Martroye, *L'Occident à l'époque byzantine*, Paris, 1904. — Rose, *Die byzantinische Kirchenpolitik unter Kaiser Anastasius I*, Prog. Wolhau, 1888. — Gasquet, *De l'autorité impériale en matière religieuse à Byzance*, Paris, 1879. — Couret, *La Palestine sous les empereurs grecs*, Paris, 1869. — Gelzer, *Josua Stylites und die kirchlichen Parteien des Ostens*, dans *Byz. Zeit.*, t. i, p. 34 sq. — Nöldeke, *Die Synoden von Sidon und Tyrus*, ibid., p. 333-335. — Peisker, *Severus von Antiochen*, Halle, 1903. — Brooks, *The date of the Alexandrine patriarch Dioskoros II*, dans *Byz. Zeit.*, t. xii, p. 494. — Marin, *Les moines de Constantinople*, Paris, 1897, p. 270-277.

L. BRÉHIER.

21. ANASTASE, évêque de Nicée, assistait, en 536, au concile de Constantinople, sous le patriarche Mennas, contre Anthime, prédécesseur de celui-ci, et les monophysites. Il paraît n'avoir été présent au concile que par intermittence, son nom manque dans les trois premières sessions, et, parmi les signataires de la cinquième, il est indiqué comme n'ayant eu connaissance de ce qui s'y était fait que *per lectionem*. Mansi, *Sacror. concil. ampl. collect.*, t. viii, col. 970, 1143. A cette cinquième session, on lut les actes de deux conciles antérieurs, parmi les signataires desquels figure aussi Anastase : le concile de Constantinople de 518 contre Sévère d'Antioche, et celui de 520, tenu dans la même ville, sur l'ordination d'Épiphane comme patriarche, ordination dont une lettre synodale fit part au pape Hormisdas. Mansi, *op. cit.*, t. viii, col. 491-492, 1047.

On a, sous le nom d'Anastase de Nicée, plusieurs ouvrages. Fabricius, *Bibliotheca graeca*, 1719, t. ix, p. 341, attribue à notre Anastase le traité intitulé Ὑπόθεσις καὶ ἑρμηνεία τοῦ ψαλτηρίου, dont quelques fragments ont été conservés dans une chaîne; cf. Montfaucon, *Bibliotheca Coisliniana*, p. 244, 389; mais Le Quien, *Oriens christianus*, t. i, col. 644, l'attribue à un troisième Anastase de Nicée, dont on ne sait rien d'autre, pas même l'époque précise de sa vie, et qu'il place à la fin du viie siècle ou au début du viiie; il est suivi en cela par Bardenhewer, *Les Pères de l'Église*, trad. franç. par Godet et Verschaffel, t. iii, p. 67-68. M. Lauriotes a signalé dans l' Ἐκκλησιαστικὴ ἀλήθεια du 26 juin 1892, p. 134-135, un manuscrit mutilé du commentaire d'Anastase de Nicée sur les psaumes. — Un autre ouvrage qui porte dans les manuscrits le nom d'Anastase de Nicée, les *Questions et réponses*, au nombre de 154 (seulement 93 dans l'édition latine de Gentian Hervet), qui se lisent dans *P. G.*, t. lxxxix, col. 311-824, est généralement restitué à Anastase le Sinaïte. Bardenhewer, *op. cit.*, t. iii, p. 83; Ceillier, *Hist. générale des auteurs sacrés et ecclés.*, éd. Vivès, t. xi, p. 601.

Le Quien, *Oriens christianus*, t. i, col. 643.

R. AIGRAIN.

22. ANASTASE, évêque de Jotaba ou Jotapa, ville de la Deuxième Palestine, que ne mentionnent pas les anciennes *Notitiae*. Il assistait, en 536, au concile de Constantinople, sous le patriarche Mennas, contre les monophysites sévériens, et fut un des évêques qui signèrent, avant le concile, la lettre du pape Agapet qui fut lue à la première session. Mansi, *Sacror. concil. ampl. collect.*, t. viii, col. 878, 919, 927, 935, 950, 971, 978, 1146. En septembre de la même année, on retrouve Anastase de Jotaba à Jérusalem, au concile où furent de nouveau condamnés Anthime, patriarche déposé de Constantinople, et le moine eutychien Zooras. Mansi, *op. cit.*, t. viii, col. 1174.

Le Quien, *Oriens christianus*, t. iii, col. 712.

R. AIGRAIN.

23. ANASTASE, évêque d'Éleuthéropolis, dans la Première Palestine, assistait, en 536, au concile de Jérusalem, contre Anthime, patriarche déposé de Constantinople, et Zooras. Mansi, *Sacr. concil. ampl. collect.*, t. viii, col. 1171.

Le Quien, *Oriens christianus*, t. iii, col. 640.

R. AIGRAIN.

24. ANASTASE, évêque de Gaba, dans la Deuxième Palestine, assistait au concile de Jérusalem, qui, en septembre 536, renouvela la condamnation portée à Constantinople trois mois plus tôt contre les monophysites Anthime et Zooras. Mansi, *Sacr. concil. ampl. collectio*, t. viii, col. 1171.

Le Quien, *Oriens christianus*, t. iii, col. 702.

R. AIGRAIN.

25. ANASTASE, évêque de Tabie en Galatie première, assistait au cinquième concile œcuménique, deuxième de Constantinople (553), et y remplaça jusqu'au bout Dorothée d'Ancyre, son métropolitain, au nom duquel, en même temps qu'au sien propre, il signa les actes. Mansi, *Sacr. concil. ampl. collect.*, t. ix, col. 173, 192, 389.

Le Quien, *Oriens christianus*, t. i, col. 474.

R. AIGRAIN.

26. ANASTASE, évêque de Rachlena (peut-être Héraclée) en Phénicie première, assistait, en 553, au cinquième concile œcuménique, deuxième de Constantinople. Mansi, *Sacr. concil. ampl. collect.*, t. ix, col. 177, 194, 394.

Le Quien, *Oriens christianus*, t. ii, col. 832.

R. AIGRAIN.

27. ANASTASE (Saint), évêque de Terni (Interamna), mort probablement au milieu du vie siècle. Les bollandistes ont donné, à la date du 17 août, non pas, comme l'a dit ailleurs Du Sollier, *Acta sanct.*, jul. t. i, p. 20, un récit *officiel* de l'invention de ses reliques, de leur translation et des miracles du saint, mais une copie notariée, faite en 1652, d'une autre copie de 1590, laquelle reproduisait, par l'intermédiaire d'une copie de 1583, un original de 1474. La pièce publiée par Du Sollier, *Acta sanct.*, aug. t. iii, p. 457 sq., est divisée en neuf leçons, et on en a coupé trois autres, dont l'intérêt était également médiocre. On n'y trouve guère, en effet, de renseignements précis sur le personnage, en dehors des phrases de panégyrique qui pourraient s'appliquer à n'importe quel évêque. Ce qu'on y trouve de plus caractéristique est tendancieux : le document rattache à Anastase la famille des Castelli et, en 1583, c'est un Castelli qui fait exécuter par un notaire une copie destinée à soutenir les prétentions de sa famille, désireuse d'authentiquer sa parenté avec le patron de la ville. Voir *Anal. bolland.*, t. xvii, p. 337-340. Les bollandistes notent que saint Anastase de Terni fut confondu avec un martyr du même nom, venu en Ombrie et originaire, disait-on, de Syrie. Voir ANASTASE LE PERSAN, col. 1481. Saint Anastase ne figurait pas au martyrologe avant 1518.

Bibliotheca hagiogr. lat., n. 407. — Chevalier, *Répertoire, Bio-bibliographie*, col. 211.

R. AIGRAIN.

28. ANASTASE (Saint), abbé de Suppentonia (Pentino), un des monastères du Mont-Soracte, entre le mont et la ville actuelle de Nepi. C'était un ancien notaire, qui, des relations qu'il entretenait avec Nonnosus, abbé du Mont-Soracte, conçut le désir de se faire moine à son tour, et devint abbé de son monastère. Une nuit, il s'entendit appeler par une voix surnaturelle, du haut d'un rocher qui surplombait le couvent de Suppentonia; sept de ses moines furent en même temps que lui appelés par leurs noms, puis, après un moment de silence, le nom d'un huitième compagnon d'Anastase fut entendu. Chacun comprit que les neuf moines mourraient à bref délai, et de fait ils moururent, suivant l'ordre où ils avaient été appelés, dans peu de jours. Un dixième frère, fort attaché à Anastase, l'avait supplié de ne pas le laisser lui survivre plus de sept jours; il mourut lui aussi dans la semaine. Tel est le récit que fit, à saint Grégoire le Grand, Laurion, disciple de l'abbé Anastase, récit que le pape a consigné dans ses *Dialogues*, I, VII-VIII, P. L., t. LXXVII, col. 181-188. Cela se passait vers 570. Anastase est honoré comme saint, sa fête est le 11 janvier. Voir à cette date la notice des bollandistes, *Acta sanct.*, jan. t. I, p. 701-702.

Mabillon, *Acta sanctorum ord. S. Benedicti*, t. I, p. 247. — Ceillier, *Hist. génér. des auteurs sacrés et ecclés.*, Paris, 1862, t. XI, p. 474. — Chevalier, *Bio-bibliographie*, col. 210. — *Bibl. hagiogr. latina*, t. I, p. 69.

R. AIGRAIN.

29. ANASTASE, métropolitain de Corinthe. En février 591, le nouveau pape saint Grégoire le Grand lui écrivait pour lui annoncer son élection et lui recommander son envoyé Boniface, porteur de la lettre et chargé d'une mission auprès de l'empereur Maurice. *Epist.*, I, 26, éd. Ewald, *Monum. Germ. histor.*, *Epistolae*, t. I, p. 39; P. L., t. LXXVII, col. 480. En octobre 592, Anastase fut désigné par le pape et par l'empereur pour juger en appel l'affaire d'Adrien de Thèbes. Cet évêque, suffragant du métropolitain Jean de Larisse, avait été accusé par deux de ses diacres, Jean et Cosmas, personnages d'ailleurs fort peu recommandables, de fautes et d'escroqueries qui ne purent être prouvées, bien que le métropolitain de Larisse eût exercé sur Adrien une pression abusive pour lui faire signer des aveux. Sur un premier appel, la cause fut renvoyée à Jean, métropolitain de Justiniana Prima, dans l'Illyricum (Uskub, cf. Duchesne, *Églises séparées*, p. 239-240), lequel, au mépris des canons et des lois impériales, alla jusqu'à faire mettre à la torture le diacre Démétrius pour lui faire charger son évêque. Il fallut encore casser le jugement, Adrien ayant recouru à Rome. Jean de Justiniana Prima fut privé de la communion pour trente jours, la juridiction de Jean de Larisse sur Thèbes fut suspendue, et Anastase de Corinthe chargé de prononcer un troisième jugement. *Epist.*, III, 6, 7, éd. Ewald, t. I, p. 164, 166; P. L., t. LXXVII, col. 607, 609. Au mois de mai de l'année suivante (593), tout, semblait-il, était arrangé. Mais le pape, tout en se réjouissant du bon accord, craignait qu'il n'eût été obtenu à prix d'argent — il est toujours question d'argent dans cette affaire — et il annonce aux évêques de la province de Corinthe l'envoi d'un diacre romain pour examiner le procès de nouveau et, cette fois, porter un jugement définitif. *Epist.*, III, 39, éd. Ewald, t. I, p. 196; P. L., t. LXXVII, col. 636. Le pape avait des raisons de se défier. En juillet 595, Anastase n'est plus sur le siège de Corinthe, où il est remplacé par Jean I. Un évêque dont nous ignorons le siège, Secundinus, avait, sur commission de Rome, déposé Anastase pour crime de simonie. L'évêque prévaricateur avait tout fait pour entraver ce jugement : il avait acheté le silence du diacre Paul, un des témoins à charge, et conféré à trois autres des ordres supérieurs, que le pape dut leur enlever. *Epist.*, V, 57, éd. Ewald, t. I, p. 360; P. L., t. LXXVII, col. 780. Dans une lettre du 15 août suivant, adressée au nouveau métropolitain, le pape lui recommande de réparer le mal qu'a fait son prédécesseur. *Epist.*, V, 62, éd. Ewald, t. I, p. 376; P. L., t. LXXVII, col. 790.

Jaffé, *Regesta pontif. roman.*, n. 730, 845, 846, 879, 1008, 1010; 2e éd., n. 1095, 1210, 1211, 1243, 1373, 1378. — Mansi, *Sacr. concil. ampl. collect.*, t. IX, col. 1050, 1115, 1117, 1134, 1233, 1238. — Le Quien, *Oriens christianus*, t. II, col. 121, 161.

R. AIGRAIN.

30. ANASTASE (Saint), patriarche d'Antioche (559-570, 593-599). Né en Palestine, il pratiqua d'abord la vie religieuse au mont Sinaï, puis devint apocrisiaire du patriarche d'Alexandrie à Antioche. A la mort de Domnus, en 559, il fut choisi comme patriarche de cette dernière ville. Il se montra toujours un défenseur intrépide de la véritable orthodoxie et ne craignit pas de se prononcer à peu près seul contre l'édit publié en 565 par l'empereur Justinien sur l'aphthartodocétisme. Ce fut en vain que le basileus byzantin, peu habitué à trouver une telle résistance chez les évêques de son empire, essaya de lui faire retirer sa condamnation; il songea un moment à le bannir, mais il y renonça. Ce fut Justin II qui exila le vaillant prélat à Jérusalem, en 570, et le remplaça par Grégoire, abbé du mont Sinaï. Le pape saint Grégoire le Grand écrivit à plusieurs reprises au glorieux proscrit pour le consoler et, en 593, pour le féliciter de son rétablissement sur le trône patriarcal d'Antioche. Le pape avait d'ailleurs contribué à ce rétablissement par les lettres pressantes qu'il envoya à l'empereur Maurice.

Pendant les vingt-trois années qu'il fut éloigné de sa ville épiscopale, saint Anastase continua à lutter contre l'hérésie. Il composa, sous forme de sermons, cinq dissertations philosophiques, dont nous ne possédons malheureusement plus que la traduction latine : *De sanctissima Trinitate, De incircumscripto, De divina oeconomia, id est, de incarnatione, De passione et impassibilitate Christi, De resurrectione Christi*, P. G., t. LXXXIX, col. 1309-1362. Il a écrit également plusieurs ouvrages contre Justinien, Jean Philopone et autres. Il n'en reste plus rien. La Patrologie grecque de Migne, t. LXXXIX, col. 1362-1398, lui attribue quatre homélies (une sur la Transfiguration de Notre-Seigneur, deux sur l'Annonciation et une sur les trois Carêmes). La dernière n'est sûrement pas authentique; les trois autres sont douteuses. La seule homélie qui soit sans conteste d'Anastase Ier est celle qu'il adressa à son peuple, le 25 mars 593, en reprenant possession du trône patriarcale d'Antioche. Pitra, *Juris ecclesiastici Graecorum historia et monumenta*, Rome, 1864, t. II, p. 251-257. Il existe aussi quelques fragments authentiques d'œuvres diverses, P. G., t. LXXXIX, col. 1404-1408. Saint Anastase d'Antioche est considéré, à cause de la solidité de son argumentation, comme un des précurseurs de la scolastique. Il a exercé une grande influence sur les théologiens grecs postérieurs. L'Église latine le fête le 21 avril.

Baronius, *Annales ecclesiastici*, 1597, ad. ann. 561, p. 1; ad ann. 563, n. 9-12; ad ann. 572, n. 16; ad ann. 595, n. 67; ad ann. 599, n. 8-10. — Cave, *Historia litteraria scriptorum ecclesiasticorum*, 1741, t. I, p. 531. — Ceillier, *Histoire générale des auteurs sacrés et ecclésiastiques*, Paris, 1862, t. XI, p. 359 sq. — Fabricius, *Bibliotheca graeca*, 1719, t. VII, p. 479-483; t. IX, p. 312, 332-336. — P. G., t. LXXXIX, col. 1293-1300. — Krumbacher, *Geschichte der Byzantinischen Litteratur*, 1897, p. 59-60.

R. JANIN.

31. ANASTASE (Saint), patriarche d'Antioche (599-609). Il fut d'abord moine au Sinaï, comme le précédent, auquel il succéda en janvier 599. Nous n'avons plus la lettre qu'il envoya à saint Grégoire le Grand pour protester de son orthodoxie, mais on possède la réponse du pape. *Epist.*, VII, 48. Il traduisit en grec le *De cura pastorali* de saint Grégoire, traduction qui n'a pas encore été retrouvée. Il fut mis à mort par les juifs, après avoir subi les plus honteux traitements, lors de la révolte suscitée à Antioche et dans toute la Syrie par les conversions forcées auxquelles se livrait le gouvernement de Phocas. Considéré comme martyr, il est honoré le 21 décembre.

Baronius, *Annales ecclesiastici*, 1599, ad ann. 599, n. 11-12; ad ann. 609, n. 3. — Ceillier, *Histoire générale des auteurs sacrés et ecclésiastiques*, Paris, 1862, t. xi, p. 594. — Fabricius, *Bibliotheca graeca*, 1719, t. ix, p. 312
R. Janin.

32. ANASTASE, patriarche d'Alexandrie (603-614), ci-dessus, col. 332, Alexandrie.

33. ANASTASE (Saint), évêque de Brescia, est nommé après saint Paterius dans la liste épiscopale dressée au ixe siècle par son successeur Rampert. Il fut élu pour succéder à Paterius vers le temps de la mort de saint Grégoire le Grand (604), ou peu après. On lui doit la construction de l'église Saint-Pierre, celle qui fut incendiée vers l'an 800. Son zèle apostolique le poussa à aller prêcher l'Évangile en Afrique; mais la prétendue chronique de Marc Maxime de Saragosse, qui lui attribue aussi un voyage apostolique en Espagne, ne mérite aucune confiance. Saint Anastase revint, à en croire tous les historiens locaux, mourir à Brescia, où saint Dominique lui succéda, vers 608. Ses restes furent d'abord déposés dans l'église Saint-André, où avaient été enterrés déjà ses prédécesseurs Dominateur et Paul, puis à Saint-Étienne. Mais cette dernière église ne permettait pas de développer leur culte. En 1581, saint Charles Borromée, visiteur apostolique du diocèse de Brescia, ordonna la translation à l'église Saint-Pierre. Celle-ci, qui avait remplacé l'église de même nom construite par Anastase, ayant dû être démolie, les reliques furent encore une fois transférées à Sainte-Justine, et enfin furent, en 1633, enfermées dans un reliquaire mobile. La fête de saint Anastase se célèbre le 20 mai.

Acta sanctorum, maii t. v, p. 57*-58*.
R. Aigrain.

34. ANASTASE, patriarche monothélite d'Antioche (629-639). Il fut probablement le premier de la secte à occuper ce siège. On ne connait à peu près que son nom.

Cave, *Historia litteraria scriptor. ecclesiastic.*, t. i, p. 599.
R. Janin.

35. ANASTASE (Saint), moine, disciple de saint Maxime de Chrysopolis (d'où son nom d'Anastase le Disciple), avec lequel il confessa la foi catholique contre le monothélisme et qu'il accompagna dans la plupart de ses exils, de Rome à Constantinople (655), puis à Perbéra, à Mésembria et enfin dans un fort de Lazie, où on les relégua tous deux, ainsi qu'Anastase l'Apocrisiaire de Rome, après leur avoir fait subir les pires tortures et leur avoir coupé la langue et la main droite. C'est dans ce fort du pays des Lazes que les trois confesseurs moururent, séparés l'un de l'autre : Anastase le Disciple, le 24 juillet 662; Maxime, le 13 août de la même année; Anastase l'Apocrisiaire, le 11 octobre 666.

Saint Anastase le Disciple avait écrit contre le *Type* ou formule monothélite de 648 un traité aujourd'hui perdu (*P. G.*, t. xc, col. 125), et il a laissé une lettre aux religieux de Cagliari en Sardaigne, *ad commune monachorum apud Calarim constitutorum collegium*, au sujet des deux volontés. Voir le texte latin de cette lettre dans *P. G.*, t. xc, col. 133-136.

Acta S. Maximi, P. G., t. xc, col. 109-172, *passim*. — Cave, *Scriptorum ecclesiasticorum historia litteraria*, Bâle, 1741, t. i, p. 590. — Fabricius, *Bibliotheca graeca*, Hambourg, 1719, t. ix, p. 340-341; P. G., t. lxxxix, col. 1409-1410. — Ceillier, *Histoire générale des auteurs sacrés et ecclésiastiques*,

Paris, 1750, t. xvii, p. 710-711; 2e éd., Paris, 1862, t. xi, p. 760-772, *passim*. — J. Pargoire, *L'Église byzantine de 527 à 847*, Paris, 1905, p. 164, 241, 248, 250. — Voir d'autres références dans le *Répertoire* d'Ulysse Chevalier.
S. Salaville.

36. ANASTASE (Saint), prêtre et apocrisiaire du pape à Constantinople, fut lui aussi disciple de saint Maxime de Chrysopolis, confessa courageusement la foi catholique contre le monothélisme, fut frappé d'exil en 647 et conduit à Trébizonde, puis à Mésembria. En 662, il fut rappelé à Constantinople, ainsi que Maxime et l'autre Anastase dit le Disciple. Il subit avec eux les tortures infligées aux saints confesseurs pour ébranler leur constance, eut comme eux la langue et la main droite coupées, et, comme eux aussi fut relégué dans un fort de Lazie, où il mourut le 11 octobre 666, quatre ans après ses deux glorieux compagnons de lutte.

On connait trois écrits d'Anastase l'Apocrisiaire : une lettre encore inédite aux moines d'Ascalon contre le monophysisme et le monothélisme, dont Mai, *Scriptorum veterum novo collectio*, Rome, 1833, t. vii, p. 206, a publié les premières lignes, réimprimées dans *P. G.*, t. lxxxix, col. 1191; une lettre à Théodose, prêtre et moine de Gangres, sur l'exil de Lazie, sur les souffrances et la mort de saint Maxime et du moine Anastase, *P. G.*, t. xc, col. 171-178; enfin un recueil de textes des Pères contre le monothélisme. *Ibid.*, col. 178-194. Les deux frères Théodose et Théodore, moines et prêtres de Gangres, dans leur *Hypomnesticon* ou *Mémoire* sur les grands adversaires du monothélisme, *ibid.*, col. 193-202, racontent qu'Anastase l'Apocrisiaire écrivit lui-même ses ouvrages, quoiqu'il eût la main droite coupée. « Il faisait attacher au bout de son bras deux petits bâtons avec lesquels il tenait la plume. Il parlait aussi très distinctement, quoiqu'il eût la langue coupée jusqu'à la racine... Ils avaient même eu de l'abbé Grégoire les deux petits bâtons dont Anastase se servait pour écrire sa lettre à Théodose, et les passages tirés des écrits de saint Hippolyte pour les deux volontés et les deux opérations, et quelques syllogismes qu'Anastase avait composés pour établir cette doctrine. » Ceillier, *Histoire générale des auteurs sacrés et ecclésiastiques*, 2e édit., Paris, 1862, t. ix, p. 772.

Acta S. Maximi, P. G., t. xc, col. 109-172, *passim*. — Cave, *Scriptorum ecclesiasticorum historia litteraria*, Bâle, 1741, t. i, p. 590. — Ceillier, *Histoire générale des auteurs sacrés et ecclésiastiques*, Paris, 1750, t. xvii, p. 711; 2e éd., Paris, 1862, t. xi, p. 760-772, *passim*. — J. Pargoire, *L'Église byzantine de 527 à 847*, Paris, 1905, p. 162, 164, 241, 248, 250. — Krumbacher, *Geschichte der byzantinischen Litteratur*, Munich, 1897, p. 64. — Bardenhewer, *Patrologie*, Fribourg, 1902, p. 511. — Voir d'autres références dans le *Répertoire* d'Ulysse Chevalier.
S. Salaville.

37. ANASTASE, catholicos arménien non uni (661-667). D'abord chambellan du catholicos Nersès III chinogh, chargé par ce dernier de diriger la construction de plusieurs églises et couvents. Élu catholicos, il siégea, en principe à Dvin (Tovin), au mord de l'Ararat et de l'Araxe, il invita Ananie de Chirak (ci-dessus, col. 1432) à établir un calendrier fixe pour l'Église arménienne. L'œuvre, semble-t-il, touchait à son terme et il se proposait de convoquer un synode pour l'examiner, quand il mourut soudainement. Jean VI catholicos, *Histoire d'Arménie*, traduction française de J. Saint-Martin, p. 79-81; Vardan, *Recueil d'histoire* (en arménien), Venise, 1862, p. 70. Le calendrier projeté ne devait être exécuté qu'en 1118, sous le catholicos Grégoire III, d'après les calculs de Jean Sarkavag, et pour les ménologes qui donnent la date mensuelle des fêtes. Sous le pontificat d'Anastase, l'Église arménienne éprouva des vexations de la part des Arabes. David de Dovin (Dvin) fut martyrisé. Le récit du martyrologe arménien se trouve dans l'*Ayapatoum* du P. Alichan, en arménien, Venise, 1901, t. II, p. 240-242.

Açoghik, *Histoire de l'Arménie*, part. II, c. II, trad. Gelzer et Burkhardt, Leipzig, 1907, p. 71, 73. — *Deux historiens arméniens. Kirakos et Oukhtanès*, trad. Brosset, 1re livraison, p. 32.

F. TOURNEBIZE.

38. ANASTASE (Saint), évêque de Pavie. Né dans la religion catholique, il devint arien et fut évêque de cette secte à Pavie, où il résidait et baptisait près de Saint-Eusèbe. Il se convertit de l'arianisme et devint évêque catholique de la ville. Cela se passait au temps de Rotharis, roi des Lombards (636-653). Paul Diacre, *Historia Langobardorum*, IV, 44, *P. L.*, t. XCV, col. 581-582. Anastase assistait au concile tenu à Rome en 680, pour préparer le sixième concile œcuménique, et signa la lettre du pape Agathon et des cent vingt-cinq évêques, insérée dans les actes du concile général. Mansi, *Sacror. concil. ampl. collect.*, t. XI, col. 305, 774. Saint Anastase mourut la même année ou l'année suivante. Sa fête se célèbre le 28 mai.

Acta sanctorum, maii t. VII, p. 265.

R. AIGRAIN.

39. ANASTASE, évêque de Polemonium, dans le Pont Polémoniaque, assistait, en 681, à Constantinople, au sixième concile œcuménique, à partir de la seizième session (9 août), et signa les actes à la fin de la dix-huitième. Mansi, *Sacr. concil. ampl. collect.*, t. XI, col. 616, 629, 652, 676.

Le Quien, *Oriens christianus*, t. I, col. 515.

R. AIGRAIN.

40. ANASTASE, évêque d'Apolloniade, ville de Bithynie encore appelée, en l'honneur de la sainte Vierge, Theotociana. Il assista au sixième concile œcuménique, troisième de Constantinople, à partir de la seizième session (9 août 681), et signa les actes à la fin du concile. Mansi, *Sacr. concil. ampl. collect.*, t. XI, col. 616, 628, 649, 677.

Le Quien, *Oriens christianus*, t. I, col. 614.

R. AIGRAIN.

41. ANASTASE, patriarche de Jérusalem (fin du VIIe siècle). Il monta sur le trône patriarcal peu de temps après le concile œcuménique tenu à Constantinople en 680 et mourut vers 705. Il assista au fameux concile *in Trullo* tenu dans la capitale en 691-692.

Fabricius, *Bibliotheca graeca*, 1719, t. IX, p. 340. — Baronius, *Annales ecclesiastici*, ad ann. 705, n. 21. Cf. Pagi, *ibid.*

R. JANIN.

42. ANASTASE, évêque de Tibériopolis, en Phrygie Pacatienne, assistait, en 692, au concile Quinisexte *in Trullo*, et en signa les canons Mansi, *Sacr. concil. ampl. collect.*, t. XI, col. 1001.

Le Quien, *Oriens christianus*, t. I, col. 799.

R. AIGRAIN.

43. ANASTASE, évêque de Linoé, ville de la Seconde Sexte ou Bithynie, assistait, en 692, au concile Quinisexte *in Trullo*. Mansi, *Sacr. concil. ampl. collect.*, t. XI, col. 996.

Le Quien, *Oriens christianus*, t. I, col. 657.

R. AIGRAIN.

44. ANASTASE évêque de Maconie, ou, comme on lit dans les actes conciliaires, de Maconitopolis en Lydie, assistait, en 692, au concile Quinisexte *in Trullo*. Mansi, *Sacr. concil. ampl. collect.*, t. XI, col. 996. En signant les canons du concile, il se qualifie lui-même d'*indigne*.

Le Quien, *Oriens christianus*, t. I, col. 883.

R. AIGRAIN.

45. ANASTASE, abbé du monastère de Saint-Euthyme en Palestine, au VIIIe siècle. Il avait composé une étude, aujourd'hui perdue, sur l'hymne du *Trisagion* ou *Sanctus*, dans laquelle il semble avoir défendu la légitimité de la formule théopaschite : « Qui as été crucifié pour nous, » en prêtant les mêmes intentions à saint Jean Damascène et au patriarche Jean de Jérusalem, alors décédé. Mis ainsi en cause, saint Jean Damascène répliqua par une lettre à un archimandrite Jean, où, après avoir lavé la mémoire du patriarche Jean et la sienne propre de cette accusation, il donne un commentaire détaillé et autorisé du Trisagion, ainsi que des textes des Pères allégués par l'abbé Anastase. *P. G.*, t. XCV, col. 24-57. C'est grâce à cet écrit du solitaire de Saint-Sabas que l'on peut apprécier le contenu de l'écrit d'Anastase. Le cardinal Pitra, *Juris ecclesiastici Graecorum historia et monumenta*, Rome, 1868, t. II, p. 242, a donc eu tort de ne rapporter que les éloges adressés à Anastase par saint Jean Damascène, alors que son écrit en est avant tout la réfutation. On attribue parfois à cet Anastase un opuscule contre les juifs, qui n'est certainement pas de lui, puisqu'il a été écrit huit cents ans après la destruction de Jérusalem par Titus.

S. VAILHÉ.

46. ANASTASE, empereur d'Orient (713-716), s'appelait avant son avènement Artemios et était *protoasecretis*, c'est-à-dire chef des notaires impériaux de la classe la plus élevée, appelés ἀσηκρῆται. Sur ces fonctions, cf. Bury, *The imperial administrative system*, Londres, 1911, p. 97. Le lendemain du meurtre de Philippicos, à la suite d'une conjuration militaire, le peuple se réunit à Sainte-Sophie et ce simple chef de bureau de la chancellerie fut proclamé empereur : il est impossible de deviner les motifs de cette élévation soudaine (4 juin 713, jour de la Pentecôte); on voit cependant qu'il était attaché à l'orthodoxie et son avènement eut le caractère d'une réaction contre la politique monothélite de son prédécesseur. A la cérémonie du couronnement, le nouvel empereur se joignit au clergé et au peuple pour déclarer qu'il embrassait la foi du sixième concile œcuménique, dont l'image, détruite par ordre de Philippicos, fut restaurée.

Anastase II commença par punir les meurtriers de son prédécesseur, qui furent aveuglés et exilés à Thessalonique. Puis il fit porter une lettre au pape Constantin par le patrice Scholasticus, nommé exarque de Ravenne, à la place d'Eutychius. Le patriarche Jean écrivit aussi au pape et désavoua le concile monothélite de 712. Les relations furent donc rétablies entre Rome et Constantinople. En 714, le patriarche Jean étant mort, Germain, évêque de Cyzique, qui avait abjuré le monothélisme, lui succéda et le décret de translation fut rédigé à Constantinople, en présence de Michel, apocrisiaire de l'Église romaine.

La principale préoccupation d'Anastase II fut surtout la défense de Constantinople contre les Arabes qui, engagés à la fois en Espagne et en Asie Mineure, préparaient un mouvement d'offensive formidable contre la chrétienté. Constantinople, qui avait déjà arrêté les Arabes en 677, allait devenir de nouveau le rempart de l'Europe contre l'islam. Le patrice Daniel, envoyé auprès du calife Walid, sous prétexte de négociations, fit à l'empereur un rapport à la suite duquel Anastase II ordonna à tous les habitants de se pourvoir de vivres pour trois ans; ceux qui étaient incapables de supporter cette dépense devaient sortir de la ville. Les murs maritimes furent réparés et garnis de machines, les greniers publics furent approvisionnés, des barques et des vaisseaux de course furent construits. Un général éprouvé, Léon, le futur empereur, fut créé stratège d'Anatolie.

Le calife Walid étant mort au commencement de 715,

son frère Soliman lui succéda et donna une nouvelle impulsion aux préparatifs contre Constantinople. Des forêts entières furent abattues dans le Liban pour la construction des navires et une nombreuse flotte se concentra à Alexandrie de Phénicie. A cette nouvelle, Anastase choisit les navires les plus légers de sa flotte, les garnit de soldats du thème d'Opsikion et mit à leur tête un diacre de Sainte-Sophie, Jean, qui reçut l'ordre d'aller incendier la flotte arabe. L'escadre était rassemblée dans le port de Rhodes, lorsqu'une révolte militaire éclata. Le diacre Jean fut assassiné en voulant la réprimer. La flotte se dispersa et les rebelles marchèrent sur Constantinople. A Adramyttion, en Mysie, ils trouvèrent un collecteur d'impôts nommé Théodose; malgré sa résistance, ils le forcèrent à se laisser proclamer empereur, réquisitionnèrent tous les hommes valides, mirent la main sur tous les navires marchands et vinrent s'installer en face de Constantinople, à Chrysopolis (Scutari). Anastase II était allé à Nicée organiser la défense; la lutte fut longue et pendant six mois la flotte impériale parvint à défendre l'entrée de la Corne d'Or. Enfin, en janvier 716, les rebelles purent débarquer en Europe, gagner le faubourg des Blachernes et se firent ouvrir les portes par les traîtres. Une partie de la ville fut livrée au pillage. Anastase II se défendait toujours à Nicée, mais dans une sortie il fut battu et perdit 7 000 hommes. Alors il capitula, à condition que lui et ses partisans auraient la vie sauve. Conduit devant Théodose, il consentit à accepter la prêtrise et se retira à Thessalonique. Là il parut d'abord se résigner à son sort et il ne protesta pas, lorsqu'en mars 717 une révolution renversa Théodose à son tour pour élever Léon l'Isaurien. Puis les regrets lui vinrent, mais trop tard. Le pouvoir de Léon, victorieux des Arabes, était complètement assis quand Anastase se mit en rapports avec les Bulgares par l'intermédiaire du patrice Sisinnius, ambassadeur de Léon auprès du khan Terbelis (719). Celui-ci avança 5 000 livres d'or et une conspiration fut ourdie. Plusieurs hauts dignitaires, un maître de la milice, le stratège d'Opsikion, le protoasecretis, l'archonte des murailles étaient gagnés à la cause d'Anastase. Les Bulgares franchirent la frontière et s'avancèrent jusqu'à Héraclée (Périnthe). Mais Léon l'Isaurien était au courant du complot. Les quatre dignitaires compromis furent décapités. Moyennant une somme d'argent, les Bulgares consentirent à la retraite; ils envoyèrent même à l'empereur la tête de Sisinnius et lui livrèrent Anastase et l'archevêque de Thessalonique, qui furent décapités à l'Hippodrome. Un grand nombre de leurs complices furent arrêtés et punis.

Honnête fonctionnaire que rien ne semblait prédestiner à l'empire, Anastase dut à des révoltes militaires son élévation et sa chute. Il sut du moins, pendant son règne éphémère, préparer les moyens de défense qui devaient permettre à Léon l'Isaurien d'arrêter les Arabes devant Constantinople.

Théophane, *Chronographia*, éd. de Boor, t. I, p. 383-400. — Nicéphore, *Chronique*, éd. de Boor, p. 49-52. — Cedrenos, *P. G.*, t. CXXI, col. 860-864. — Zonaras, XV, 26-27, *P. G.*, t. CXXXIV, col. 1312-1313. — Agathon, bibliothécaire de l'Église de Constantinople, Lettre synodale, dans Mansi, *Concilia*, t. XII, col. 193-195. — Baronius, *Annales*, ad ann. 713-716. — Lettre du patriarche Jean au pape Constantin, dans Mansi, t. XII, col. 196-208. — Diehl, *L'administration byzantine dans l'exarchat de Ravenne*, p. 362. — Bury, *A history of the later Roman empire*, Londres, 1889, t. II.

L. BRÉHIER.

47. ANASTASE, patriarche de Constantinople (729-752). Lorsque Léon l'Isaurien voulut se débarrasser de saint Germain qui s'opposait à sa politique iconoclaste, il trouva un auxiliaire dans Anastase, disciple et syncelle du patriarche. Aussi, pour récompenser le « nouveau Judas », l'empereur le fit-il monter sur le trône patriarcal, quand saint Germain en eut été chassé. Cette nomination ne se fit pas sans peine et l'empereur dut l'imposer. Les papes saint Grégoire II et saint Grégoire III refusèrent de reconnaître l'intrus et l'excommunièrent. Iconoclaste plus ou moins convaincu, Anastase soutint constamment la politique religieuse de l'Isaurien. Il combattit vivement le culte des images, ce qui lui valut la haine du peuple. D'après Dosithée de Jérusalem, les femmes de la bonne société l'auraient un jour chassé de Sainte-Sophie à coups de pierres et de bâtons. Ἱστορία περὶ τῶν ἐν Ἱεροσολύμοις πατριαρχευσάντων, Bucarest, 1715, p. 626. La révolte d'Ardabasde (741-742) réussit en grande partie, grâce à la complaisance du patriarche opportuniste. Il accusa publiquement Constantin Copronyme de nestorianisme et d'impiété, se prononça pour l'usurpateur et le fit acclamer par le peuple. *P. G.*, t. CVIII, col. 837. Cette obséquiosité reçut bientôt son châtiment. Lorsque Constantin Copronyme, vainqueur de la rébellion, rentra dans Constantinople, en novembre 742, il saisit Anastase, le fit fouetter, puis promener dans le cirque, tout nu et monté à rebours sur un âne, humiliation que saint Germain avait prophétisée quinze ans auparavant. *P. G.*, t. CVIII, col. 824. Après quoi, il le rétablit sur son trône. Anastase mourut misérablement, à l'automne de 752, vomissant ses excréments, maladie honteuse que Théophane appelle chordapse. *P. G.*, t. CVIII, col. 861.

P. G., t. CVIII, col. 824, 837, 861. — Baronius, *Annales hist. eccl.*, ad annum 742, n. III, 1742, t. XII, p. 388. — M. Gédéon, Πατριαρχικοὶ πίνακες, Constantinople, 1890, p. 259.

R. JANIN.

48. ANASTASE, moine au Mont-Cassin, sous le nom duquel on a un récit de la translation des reliques de saint Benoît et de sainte Scholastique de France au Mont-Cassin. Il était, dit Fabricius, cardinal et bibliothécaire d'Étienne II [III], qui fut pape de 752 à 757. *Bibliotheca graeca*, 1719, t. IX, p. 339. Mais le récit est si rempli d'impossibilités et d'ignorance que Bolland ne peut l'accepter comme l'œuvre d'un contemporain d'Étienne II, et croit à une composition très postérieure mise sous un nom d'emprunt, incapable à elle seule d'attester l'existence de l'Anastase à qui elle est attribuée, et qui en tout cas ne doit pas être confondu avec le célèbre bibliothécaire, auquel il serait antérieur d'un siècle. *Acta sanctorum*, febr. t. II, p. 400.

Chevalier, *Répertoire, Bio-bibliographie*, col. 209.

R. AIGRAIN.

49. ANASTASE, évêque de Gnosse, dans l'Illyricum oriental, assistait, en 787, au septième concile général, deuxième de Nicée. Dans les actes, on ne relève son nom qu'à partir de la quatrième session. Mansi, *Sacr. concil. ampl. collect.*, t. XIII, col. 145, 369, 389, 725, 735. Cet évêque nous est encore connu par une lettre que lui adressa saint Théodore Studite, *Epist.*, I, 11, *P. G.*, t. XCIX, col. 944. Le saint moine, à qui Anastase avait demandé une réponse, disant qu'elle lui serait fort utile, s'humilie devant son correspondant, l'appelant un bon pasteur, décrivant ses œuvres multiples de charité et de bienveillance, et le traitant pour finir de Père éminemment saint. Même en faisant la part des formules de politesse, c'est un témoignage des plus honorables que saint Théodore rend à l'évêque de Gnosse.

Le Quien, *Oriens christianus*, t. II, col. 267. — Marin, *Saint Théodore Studite*, Paris, 1903, p. 170.

R. AIGRAIN.

50. ANASTASE, métropolitain de Nicopolis en Épire, assistait, en 787, au deuxième concile œcuménique de Nicée (septième de la série totale), et adhéra à la lettre du pape Adrien et à celle du patriarche Tarasius. Mansi, *Sacr. concil. ampl. collect.*, t. XII, col. 994, 1091, 1151; t. XIII, col. 137, 365, 381, 497, 542, 564, 625, 723, 731.

Le Quien, *Oriens christianus*, t. II, col. 138.
R. AIGRAIN.

51. ANASTASE, évêque de Tripoli en Lydie, assistait au septième concile général, qui est le deuxième de Nicée (787). Il adhéra à la lettre du pape Adrien Ier et à celle du patriarche saint Tarasius, et signa les actes en se qualifiant d'indigne, suivant la formule qui paraît à ce concile avoir été pour ainsi dire protocolaire. Mansi, *Sacr. concil. ampl. collect.*, t. XII, col. 995, 1102; t. XIII, col. 144, 369, 389, 499, 514, 566, 626, 725, 734.

Le Quien, *Oriens christianus*, t. I, col. 880.
R. AIGRAIN.

52. ANASTASE, évêque de Patara en Lycie, omis par Le Quien dans sa notice sur cet évêché, *Oriens christianus*, t. I, col. 977. Il est connu par les actes du deuxième concile de Nicée, septième œcuménique, auquel il assistait en 787. Il adhéra aux lettres du pape Adrien et du patriarche Tarasius et signa les canons conciliaires. Mansi, *Sacr. concil. ampl. collect.*, t. XII, col. 998, 1103; t. XIII, col. 145, 369, 500, 545, 567, 627, 726, 736.
R. AIGRAIN.

53. ANASTASE (Saint), moine de la laure de Saint-Sabas, qui souffrit le martyre vers 797. A cette époque, la région voisine de Jérusalem fut profondément troublée à la suite de querelles intestines qui avaient armé les unes contre les autres plusieurs tribus d'Arabes. Une bande de ces pillards vint ravager les environs de la ville sainte et, ayant attaqué à deux reprises la laure de Saint-Sabas, y pénétra enfin le 20 mars. Mais n'y trouvant pas le butin dont ils comptaient s'emparer, ces furieux massacrèrent impitoyablement tous les moines, entre autres l'archidiacre Anastase. L'histoire de ce tragique événement a été écrite par le moine Étienne, l'un des religieux qui repeuplèrent plus tard le monastère.

Act. sanct., 1668, mart. t. III, p. 166-179. — Les *ménées* et les *synaxaires* grecs, à la date du 20 mars.
L. CLUGNET.

54. ANASTASE, abbé de Saint-Sauveur (plus tard Sainte-Foy) de Conques, au diocèse de Rodez, nous est connu par deux documents sérieux : une charte de 823, provenant du cartulaire de l'abbaye, aujourd'hui à la Société des lettres de Rodez, et une liste des abbés du monastère, de la fin du XIe siècle, publiée par Martène, *loc. cit.*

La charte, donnée à Aix-la-Chapelle, dans un plaid général de Louis le Débonnaire, à la requête de l'abbé, concerne sa dernière fondation, la *cellula* de Saint-Sauveur, au lieu de Molompise, dans la vallée de l'Alagnon (Auvergne). L'empereur, qui avait protégé l'abbaye, étant simple roi d'Aquitaine (charte de 801), qui lui avait accordé un diplôme de *tuitio* impériale, avec d'importantes dotations prises sur le fisc (charte de 819), lui accorde pour sa filiale des manses du domaine royal que possédait en copropriété avec l'église Notre-Dame de Laon. Ils étaient administrés par le *vassus dominicus* (l'homme du roi) Bertrand, qui agissait aussi comme gouverneur et « bénéficier » de la cathédrale de Laon. Cet enchevêtrement de propriété détermina le souverain à consentir un simple échange, au lieu d'une donation.

Pour présider à l'échange et le ratifier en son nom, Louis le Débonnaire commissionna « l'évêque Stabilis », dont le siège n'est pas désigné, et que la proximité des dates porterait à confondre avec « l'évêque Stabilis de Maguelone », qui en 821 reçut avis de la mort de saint Benoît d'Aniane (P. L., t. CIII, col. 382), si la proximité des lieux n'invitait à l'identifier plutôt avec le *Stabilis episcopus Arvernensis*, qui signa en 860 les actes du concile de Thusey, près de Toul. « Par ordre de l'empereur » et de son *missus*, l'évêque Stabilis, le *vassus* Bertrand, agissant en même temps comme *missus* du chapitre de Laon, céda à l'abbé de Conques les manses de Molompise ayant pour confronts : d'une part, l'Alagnon et, de l'autre, les lieux suivants : Rocacervaria, Roca Carraria, Fons Castellana et Roca Dolivas; et il reçut en échange de l'abbé Anastase « des terres et des vignes, » *in villa Sonate*, à Orsonnette (Cantal), deux vignes *in villa Auliciuco*, à Auzat-le-Luat, trois vignes *in villa Perariense*, à Périers, près d'Issoire, et une vigne située dans la vallée de Lembron comme les terres d'Orsonnette. C'était le fruit de six donations diverses, dont quatre au moins avaient été faites par des prêtres.

La *concambiaria*, acte d'échange, est datée du mois de septembre de la dixième année du règne de Louis le Débonnaire, signée et ratifiée par Stabilis au nom de l'empereur : *Stabilis indignus episcopus, jubente domino Lodohico imperatore, signavit*.

Le catalogue des abbés se contente de dire qu'Anastase vivait comme son prédécesseur au temps de Louis le Débonnaire, qu'il se fit autoriser par cet empereur à acquérir, par l'échange, le lieu avantageux, *satis congruens*, de Molompise, et qu'il enrichit son monastère de plusieurs autres possessions.

Le prieuré de Molompise était encore au XVIe siècle le premier établissement de l'abbaye de Conques, en Auvergne, comme on peut le voir par la pancarte ou liste de ses dépendances rédigée à cette époque.

Gallia christiana, t. I, col. 238. — G. Desjardins, *Cartulaire de Conques*, Paris, 1879. — Martène, *Thesaurus novus anecdotorum*, t. III, col. 1387.
A. FABRE.

55. ANASTASE (Saint), martyr. Admis, dès l'âge le plus tendre, à l'école de la basilique de Saint-Aciscle, à Cordoue, il exerça plusieurs années les fonctions de diacre. Au moment où il fut ordonné prêtre, la persécution de Mohamad, fils d'Abderraman, provoquait, chez les chrétiens, une sainte contagion du martyre. Voir saint AMATEUR, col. 982. Anastase, accompagné du moine saint Félix, fut l'un des premiers à se présenter spontanément devant le juge, le 14 juin 853. L'ordre fut donné de leur trancher la tête immédiatement. La fête de saint Anastase se célèbre le 14 juin.

Eulogii Cordubensis *Memoriale sanctorum*, éd. Ponce de León, Paris, 1610, p. 413. — P. Martin de Roa, *Flos sanctorum*, Séville, 1615, p. 99, 100. — *Acta sanct.*, 1698, jun. t. II, p. 973-974. — Juan Gomez Bravo, *Catalogo de los obispos de Cordova*, Cordoue, 1778, t. I, p. 135. — Florez, *España sagrada*, t. x, p. 407.
P. SICART.

56. ANASTASE, évêque de Tyraeum ou Tyrium en Pisidie, assistait au pseudo-huitième concile œcuménique de 879, où fut rétabli Photius. Mansi, *Sacr. concil. ampl. collect.*, t. XVII, col. 377.

Le Quien, *Oriens christianus*, t. I, col. 1050.
R. AIGRAIN.

57. ANASTASE, archevêque de Sens (968-977), succéda à Archambaud. Les chroniqueurs sénonais s'accordent à louer ses vertus et lui donnent le titre de saint. Il rassembla dans leur abbaye les moines de Saint-Pierre-le-Vif, qui avaient été dispersés sous l'épiscopat de son prédécesseur, et commença à faire reconstruire leur église. On lui doit également les fondations de la première cathédrale de Sens. Il mourut en 977. Son corps fut inhumé à Saint-Pierre-le-Vif.

Acta sanct., 1643, jan. t. I. p. 389.
C. COUILLAULT.

58. ANASTASE, patriarche d'Antioche, au commencement du XIe siècle, vers 1010-1020. Oudin lui attribue faussement les cinq traités d'Anastase Ier (col. 1460) et une homélie sur les trois Carêmes, dont l'auteur n'a pas encore été identifié.

Oudin, *Scriptores ecclesiastici*, 1722, t. II, p. 544, 583.

R. JANIN.

59. ANASTASE (Saint), moine au Mont-Saint-Michel et à Cluny, au XIe siècle. Nous connaissons sa vie par l'écrit de Gautier d'Oydes, *S. Anastasii, montis S. Michaelis monachi, vita*, postérieur d'une trentaine d'années seulement à la mort du saint. Celui-ci, né à Venise, au début du XIe siècle, reçut une éducation assez distinguée; il possédait même le grec. Après avoir quitté Venise, il se mit à la recherche d'un monastère qui convînt à ses aspirations et vint se fixer au Mont-Saint-Michel, avant 1048. Mais l'abbé de ce monastère (Suppon?) ayant été accusé de simonie, Anastase se retira à Tombelaine, avec Robert de Tombelaine. A sa demande, semble-t-il, Robert écrivit alors son *Commentaire sur le Cantique*.

Vers 1067, Hugues, abbé de Cluny, au cours d'un voyage en Normandie, décida Anastase à quitter Tombelaine pour Cluny. Il y resta environ sept années. En 1073, sur l'ordre de Grégoire VII, il partit pour l'Espagne avec Robert de Cluny et Hugo « Candidus », dans le but, suivant Gautier, de prêcher la vraie foi aux Maures, ou plutôt pour obtenir des Mozarabes l'abandon de leur liturgie particulière. Revenu à Cluny, il y fait un nouveau séjour de sept années, puis, avec Hugues, il part pour Toulouse. Pendant trois ans, il mène dans la région la vie d'ermite et de missionnaire, jusqu'au jour où son abbé le rappelle à Cluny. Il se met en route et meurt en chemin à Doydes, ancien diocèse de Rieux (actuellement de Toulouse), en 1085 ou 1086. Ses reliques, conservées à Doydes jusqu'à la fin du XVIe siècle, ont été détruites par les calvinistes vers 1574. Il est honoré le 16 octobre.

On lui attribue (Mabillon, dom Ceillier, Butler, *Histoire littéraire de la France*, contre les bollandistes), l'écrit intitulé : *S. Anastasii monachi Epistola ad Geraldum abbatem De veritate sanguinis et corporis Christi Domini*, publié par d'Achéry dans l'appendice aux œuvres de Lanfranc de Cantorbéry, *Opera Lanfranci*, 1648, p. 21 ; il le rapporte à un moine de Saint-Serge d'Angers. Dans les *Opera S. Anselmi*, Paris, 1675, l. IV, epist. CV, la même lettre est attribuée à Anselme. Elle se trouve aussi dans Du Boulay, *Historia universit. Paris.*, t. I, p. 462; *P. L.*, t. CXLIX, col. 433. Les bollandistes se fondent, pour la refuser à saint Anastase, sur l'absence de preuves absolues d'authenticité. Elle est très courte. Écrite à l'occasion de Bérenger, elle établit, d'après saint Cyprien, saint Augustin et saint Ambroise, l'identité entre le corps et le sang eucharistiques et le corps et le sang du Christ.

SOURCES : La *Vita*, de Gautier, dans Mabillon, *Acta sanctorum ordinis S. Benedicti*, 1701, t. VI, 2e partie, p. 487; 2e éd., p. 488. — *Acta sanctorum*, 1845, oct. t. VII, p. 1136. — *P. L.*, t. CXLIX, col. 425. — Abbé Pigeon, *Vies des saints des diocèses de Coutances et d'Avranches*, 1898, t. II, p. 357. — TRAVAUX : *Histoire littéraire de la France*, 1747, t. VIII, p. 162, cf. p. 428; t. IX, p. 439. — Commentaire des bollandistes dans *Acta sanctorum*, ut supra, p. 1125-1136. — A. Molinier, *Sources de l'histoire de France*, 1902, t. II, n. 1240. — *Bibliotheca hagiographica latina*, Bruxelles, 1898, t. I, p. 67.

P. FOURNIER.

60. ANASTASE, archevêque de Césarée de Palestine, à la fin du XIe siècle. Nous savons, par ses ouvrages, qu'il était archevêque de Césarée, pendant que Jean était patriarche d'Antioche. Or, le patriarcat de ce dernier a commencé en 1090. On connaît de lui le traité du *Jeûne de la Vierge* ou de l'Assomption, Περὶ τῆς νηστείας τῆς ὑπερενδόξου θεοτόκου. *P. G.*, t. CXXVII, col. 519 sq., et un autre sur l'*Artzibur* des Arméniens, jeûne d'origine païenne.

Cave, *Historia litteraria scriptorum ecclesiasticorum*, 1745, t. II, p. 163. — Ceillier, *Histoire générale des auteurs sacrés et ecclésiastiques*, Paris, 1862, t. XIII, p. 571. — Fabricius, *Bibliotheca graeca*, 1718, t. IX, p. 339. — *P. G.*, t. CXXVII, col. 517-518.

R. JANIN.

61. ANASTASE, abbé du Mont-Sinaï. Un typicon en vers politiques, désigné dans beaucoup de manuscrits sous le nom du patriarche Nicolas (Nicolas Grammatikos, patriarche de Constantinople, 1084-1111), lui est adressé. Dans d'autres manuscrits, le typicon est dédié au « protos » de la sainte Montagne (mont Athos).

Krumbacher, *Geschichte der byzantinischen Litteratur*, Munich, 1897, p. 317. — Pitra, *Spicilegium Solesmense*, Paris, 1858, t. IV, p. 487-490.

L. BRÉHIER.

62. ANASTASE (Saint), anachorète chypriote orthodoxe, qui vivait à la fin du XIe siècle et qui est resté inconnu jusqu'à nos jours en Occident, les saints de l'île de Chypre ayant échappé presque tous aux recherches des historiens, des hagiographes et même des bollandistes.

Il existait autrefois en Chypre une sorte de colonie militaire, dite allemande, dont l'histoire est encore à faire et qui devait se composer probablement d'Albanais mélangés de quelques descendants des Goths. Lorsque les croisés arrivèrent pour la première fois en Orient, trois cents hommes appartenant à cette colonie se joignirent à eux pour aller combattre les infidèles, mais, lorsqu'ils eurent constaté que les latins se rendaient par leur conduite antipathiques aux grecs, ils se séparèrent d'eux et, renonçant désormais à la carrière des armes, ils regagnèrent l'île de Chypre et se retirèrent dans des lieux déserts pour y prier, s'y mortifier et finir pieusement leur vie. C'est l'un d'entre eux qui se nommait Anastase. Le souvenir de celui-ci s'est conservé parmi les habitants de l'île, qui l'invoquent encore de nos jours. Les quelques lignes qui lui sont consacrées dans une Ἀκολουθία, publiée à Venise, en 1779, et reproduite par M. C. Sathas, ne nous apprennent rien de plus sur son compte.

C. Sathas, *Vies des saints allemands de Chypre*, dans *Arch. de l'Orient lat.*, 1884, t. II, p. 405-411, 426.

L. CLUGNET.

63. ANASTASE l'Ancien et **ANASTASE** le Jeune, deux cardinaux d'origine romaine du même titre, de Saint-Clément, qui vécurent l'un après l'autre dans la première moitié du XIIe siècle, sans qu'on sache quel lien de parenté les unissait. Le premier souscrivit les bulles du pape Pascal II, d'après Jaffé, du 4 mars 1102 au 24 mars 1116; il accompagna son collègue, Léon, évêque d'Ostie, dans sa légation à Bénévent, et prononça devant les habitants de cette ville un discours dont Baronius et Ciaconius nous ont conservé un extrait. Il assista au concile de Latran en 1112 pour le fait des investitures et il y signe *Ascanius*, d'après le dernier annaliste. Son cadet souscrivit les actes de Calliste II et d'Honorius II, du 24 septembre 1120 au 5 mai 1125, prit part à l'élection de Gélase II en 1118, et ratifia celle de Calliste II, qui avait eu lieu en France, à Cluny (1121). Il mourut vers la fin de l'année 1125, car nous voyons un autre cardinal, du titre de Saint-Clément, *Ubertus*, figurer dans les actes de la chancellerie pontificale à partir du 28 mars 1126. Ughelli, d'après Oldoinus, le rattache à la famille romaine des Castelli, mais avoue n'en avoir trouvé aucune preuve. Anastase orna la basilique de son titre de mosaïques dans l'abside, d'un ciborium au-dessus de l'autel majeur, etc., et fit graver partout le blason de sa famille Il fut enterré en un sarcophage de marbre, dont Ciaconius nous rapporte l'épitaphe en vers. On ne voit pas que l'un ou l'autre ait été évêque d'Albano, comme le marquent Coleti et Gams, à la suite de Baronius. Entre les deux, le titre de Saint-Clément passa à un certain *Arnaldus*, et même à d'autres, d'après Cristofori.

Jaffé, *Regesta pontificum romanorum*, t. I, p. 702, 780, 823. — Ciaconius-Oldoinus, *Vitae et res gestae rom. pont. et card.*, t. I, col. 915-926. — Cardella, *Memorie storiche interno à i cardinali*, t. I, p. 213, 221. — Cristofori, *Storia dei cardinali*, 1888, t. I, p. 84, 85. — Ughelti-Coleti, *Italia sacra*, t. I, col. 253. — Baronius, *Annales ecclesiastici*, éd. Bar-le-Duc, t. XVIII, p. 211, 242, 286.

P. RICHARD.

64. ANASTASE, bienheureux de la laure Pétcherskaïa de Kiev. On sait seulement qu'il vécut à la fin du XII⁰ siècle, et qu'il fut l'ami du bienheureux Tite, dont la fête se célèbre le 27 février. Les ménologes slaves l'appellent diacre, et placent sa fête au 22 janvier. Ses dépouilles mortelles reposent dans les grottes de la laure.

Dictionnaire historique des saints vénérés dans l'Église russe, Saint-Pétersbourg, 1862, p. 17. — Philarète, *Les saints russes vénérés d'un culte général ou local*, janvier, Tchernigov, 1861, p. 102. — Ignace, *Description abrégée des vies des saints russes*, Saint-Pétersbourg, 1875, XII⁰ siècle, p. 88. — Tolstoï, *Le livre appelé la Description des saints russes*, Moscou, 1888, p. 20-21. — Barsonkov, *Les sources de l'hagiographie russe*, Saint-Pétersbourg, 1882, col. 35. — Serge, *Calendrier complet de l'Orient*, Vladimir, 1901, t. II, p. 21.

A. PALMIERI.

65. ANASTASE, convers dominicain, né à Côme et reçu dans l'ordre à Bologne, sur la fin de 1482. Il fut disciple de Jacques d'Ulm, lui aussi du couvent de Bologne, qui lui enseigna l'art de peintre-verrier. Nous ne savons rien sur ses œuvres. Il mourut en 1529.

Vinc. Marchese, *Memorie dei più insigni pittori, scultori e architetti domenicani*, Bologne, 1878, t. I, p. 464.

A. COULON.

66. ANASTASE (le Père), appelé dans le monde Louis-Anastase Guichard, naquit à Sens, où il fit ses premières études. Il entra avant 1704 chez les religieux du tiers-ordre régulier de Saint-François, dits Pères de Picpus. En avril 1729, il était gardien du couvent de son ordre à Sens. Il mourut au couvent de Picpus à Paris, le 15 août 1737, avec la réputation d'un bon religieux et d'un écrivain instruit et laborieux.

On lui doit : *Histoire du socinianisme*, in-4°, Paris, 1723. Le manuscrit *1567* de la bibliothèque publique de Rouen, composé en 1704, est assez différent de l'imprimé de 1723; — *Histoire des archevêques de Sens...*, datée du 21 avril 1729, conservée manuscrite à la Mazarine, n. *3256*. — On lui attribue encore un *Traité canonique sur les livres défendus*, rédigé en 1721.

Michaud, *Biographie universelle*, Paris, 1857, t. XVIII, p. 93. — Barbier, *Dictionnaire des ouvrages anonymes*, Paris, 1874, t. II, col. 793.

ANTOINE de Sérent.

67. ANASTASE I⁰ʳ (Saint), pape (399-401). Après la mort du pape Sirice (26 novembre 399) — c'est la date la plus probable établie par Mgr Duchesne (*Liber pontificalis*, t. I, Introd., p. CCL) et adoptée par un grand nombre d'historiens récents, tandis que d'autres maintiennent la date de 398 — Anastase, romain d'origine, fut élu son successeur et consacré probablement le 27 novembre 399, qui fut un dimanche. Ses vertus lui assurèrent la plus grande estime auprès de ses contemporains; nous en avons le témoignage dans la correspondance de saint Félix de Nole et de saint Jérôme, qui tous les deux étaient liés d'amitié avec le pape et lui décernent les plus grands éloges pour sa piété, sa simplicité, sa charité et son zèle. Paulin de Nole, *Epist.*, XX, 2, *P. L.*, t. LXI, col. 247 sq.; S. Jérôme, *Epist.*, VIII, *ad Demetriadem*; XVI, *ad Principium*. Paulin, venu à Rome pour la fête des apôtres saints Pierre et Paul, en 400, fut reçu avec beaucoup d'amitié et d'honneur par Anastase; le pape l'invita même à Rome pour l'anniversaire de son sacre. Bientôt après son élection, le pape eut à s'occuper de la question de l'origénisme. La querelle origéniste avait été transplantée en Occident par les disputes entre Rufin et saint Jérôme. Rufin avait quitté la Palestine en 397 et s'était rendu à Rome et de là dans sa patrie, à Aquilée. Ses traductions de l'Apologie d'Origène par Pamphile et des Principes d'Origène firent beaucoup de bruit, surtout dans les milieux romains liés d'amitié avec saint Jérôme, et provoquaient des accusations contre Rufin. Le pape Sirice avait donné néanmoins à Rufin des lettres pour l'évêque d'Aquilée, lorsqu'il était parti de Rome pour cette ville. Au commencement de l'année 400, le pape Anastase reçut une lettre du patriarche Théophile d'Antioche contre les doctrines d'Origène. Les amis de saint Jérôme à Rome n'auront certainement pas manqué de renseigner le pape dans un sens favorable au célèbre moine de Bethléhem et défavorable à son adversaire Rufin. Anastase se vit obligé d'intervenir. Dans une lettre adressée par lui à l'évêque Simplicien de Milan (Jaffé, *Regesta*, 2⁰ édit., n. 276; *P. L.*, t. XX, col. 73) et dans une autre adressée à son successeur Vénérius (Van den Gheyn, *La lettre du pape Anastase Iᵉʳ à saint Vénérius, évêque de Milan*, dans la *Revue d'hist. et de littér. relig.*, 1899, p. 1-12), il condamna les écrits d'Origène. La lettre à Simplicien a été considérée, il est vrai, comme suspecte par Al. Vincenzi, *In S. Gregorii Nyss. et Origenis scripta et doctrinam nova recensio*, Rome, 1865, t. III, p. 286; mais la découverte du texte de la lettre à Vénérius paraît bien avoir établi l'authenticité de celle à son prédécesseur. Rufin, se voyant menacé, envoya au pape une Apologie, dans laquelle il donne une exposition complètement orthodoxe de sa foi et justifie ses traductions des livres d'Origène. *Apologia ad Anastasium*, *P. L.*, t. XXI, col. 623-629. Cette profession de foi fut sans doute jugée satisfaisante par le pape, car il n'entreprit aucune démarche contre Rufin. Dans une lettre à Jean, évêque de Jérusalem, sur l'origénisme, Anastase dit que, si Rufin, en traduisant Origène, a voulu le recommander, il est condamnable; s'il a voulu le faire désapprouver, il a bien fait. Jaffé, *Reg.*, 2⁰ éd., n. 282; *P. L.*, t. XX, col. 68. Une autre lettre du pape sur la question de l'origénisme, adressée aux évêques de l'Orient, est perdue; nous en connaissons l'existence par saint Jérôme, *Apologia III adv. Rufinum*, c. XX, XXI, *P. L.*, t. XXIII, col. 471, 472.

Un synode des évêques africains, réuni à Carthage au printemps de l'année 401, s'était occupé du nombre insuffisant des membres du clergé en Afrique et décida d'envoyer un délégué au pape Anastase et à l'évêque de Milan pour implorer leur secours. Le pape adressa une lettre à l'épiscopat d'Afrique, qui fut lue par Aurelius de Carthage au synode africain du 13 septembre 401, et dans laquelle Anastase les exhorte à continuer la lutte contre les donatistes hérétiques et schismatiques. Jaffé, *loc. cit.*, n. 283; Mansi, *Concil.*, t. III, col. 1023. L'auteur de la biographie du pape dans le *Liber pontificalis*, éd. Duchesne, t. I, p. 218, mentionne encore une constitution par laquelle Anastase ordonna que les *sacerdotes*, c'est-à-dire probablement les évêques, ne devaient pas rester assis, mais se lever et s'incliner pendant la récitation de l'Évangile; les *Constitutions apostoliques*, II, LVII, prescrivaient aux prêtres et aux diacres de se lever pendant la lecture de l'Évangile; elles ne parlent pas des évêques. Voir la note de Duchesne au passage cité du *Liber pontif.* Une autre constitution citée par la même source regarde les clercs qui venaient d'outre-mer, donc de l'Afrique probablement, pour se faire ordonner à Rome; on ne devait les recevoir que sur la présentation de lettres de cinq évêques, pour se mettre en garde contre les manichéens. Anastase fit bâtir une basilique à Rome dans la seconde région, la *basilica Crescentiana*; elle est mentionnée comme *titulus* au concile de 499, mais on n'en connaît pas l'emplacement exact. Après sa mort, le 19 décembre 401, Anastase fut enterré au-dessus de la catacombe de Saint-Pontien, *ad Ursum pileatum*, dans une chapelle sépulcrale spéciale. Son successeur fut Innocent Ier. Les décrétales attribuées à Anastase par pseudo-Isidore et par Gratien (Jaffé, *loc. cit.*, n. 277-280) sont apocryphes.

Jaffé, *Reg. pont. rom.*, 2e éd., t. I, p. 42-43, n. 273-284. — *Liber pontif.*, éd. Duchesne, t. I, p. 218-219. — Langen, *Geschichte der römischen Kirche*, Bonn, 1881, t. I, p. 652-665 (tendance vieille-catholique). — Grisar, *Geschichte Roms und der Päpste im Mittelalter*, t. I, p. 281. — Duchesne, *Histoire ancienne de l'Église*, 3e éd., t. III, p. 60 sq.

J.-P. KIRSCH.

68. ANASTASE II (Saint), pape (496-498). Fils d'un prêtre de l'Église romaine du nom de Pierre, et probablement diacre au moment de son élévation au pontificat, Anastase fut élu successeur de saint Gélase et sacré le dimanche 24 novembre 496. Il chercha, aussitôt après son élection, à renouer les relations rompues avec Byzance et les Églises orientales, pour faire cesser le schisme qui se rattachait à la condamnation du patriarche Acace de Constantinople par le pape Félix II en 484. Voir l'art. ACACE, t. I, col. 244-248. Le pape envoya à l'empereur de Byzance Anastase une légation composée des deux évêques, Cresconius et Germanus, chargée de notifier à l'empereur l'avènement du pape et de lui transmettre les lettres pontificales. Dans celles-ci, il demande qu'on ne déchire pas l'unité de l'Église à cause d'un seul homme condamné à juste titre, maintient la défense de nommer Acace dans les diptyques, tout en déclarant qu'il reconnaissait comme valide les baptêmes et les ordinations conférés par le patriarche. Les deux papes Félix II et Gélase avaient fait la même déclaration, de sorte que le nouveau pape ne faisait aucune concession de principe. L'empereur byzantin, tout en traitant les délégués avec beaucoup d'égards, n'entra point dans les vues du pape. Il paraît qu'il nourrissait même l'espoir d'amener celui-ci à reconnaître l'Hénotique de 482 sur le monophysisme. Le roi Théodoric avait en même temps délégué à Constantinople le sénateur Festus, avec la mission de faire reconnaître le prince goth comme roi d'Italie par la cour de Byzance. Cet ambassadeur s'occupa également d'affaires ecclésiastiques; il proposa de célébrer avec plus d'éclat la fête des apôtres Pierre et Paul dans la capitale de l'empire d'Orient; d'un commun accord avec les deux évêques légats du pape, il entra en pourparlers avec les apocrisiaires de l'Église d'Alexandrie, lesquels remirent à Festus et aux délégués pontificaux une profession de foi destinée à être transmise au pape. Il paraît que même Macédonius, le patriarche de Constantinople, aurait eu l'intention d'envoyer une lettre au pape Anastase par l'intermédiaire de Festus, mais qu'il en aurait été empêché par l'empereur. Cf. Theodorus Lector, *Histor. eccles. eclogae*, II, XVII. L'empereur désirait l'union avec Rome seulement sous condition de voir le pape se désister de sa demande que la mémoire d'Acace fût condamnée; il semble que Festus ait pris l'engagement d'amener le pape à reconnaître l'Hénotique et à laisser le nom d'Acace dans les diptyques. Ces démarches du pape et les rumeurs sur tout ce qui se pratiquait à Constantinople ne trouvèrent point l'approbation d'une partie du clergé romain.

Anastase renoua également les relations avec l'évêque André de Thessalonique. Celui-ci avait été un partisan acharné d'Acace et un défenseur passionné de la mémoire du patriarche condamné. Mais il avait changé d'avis et avait fait lire dans son Église et dans les diocèses voisins une lettre du pape Gélase, en condamnant, d'accord avec le pape, le schismatique Acace. Son délégué, le diacre Photin, fut reçu à Rome, par le pape Anastase et admis à la communion ecclésiastique; il n'y avait aucun motif de ne pas en agir ainsi, puisque l'évêque André s'était soumis. Mais une partie du clergé romain n'approuvait pas non plus cette façon d'agir du pape; on aurait désiré des garanties plus sûres de la part de l'évêque de Thessalonique, et les propos imprudents de Photin sur les conditions que le pape aurait demandées à l'évêque André vinrent encore augmenter la défiance du clergé.

Anastase adressa à tous les évêques de la Gaule une lettre dans laquelle il condamne comme hérétique l'opinion qui soutient que les âmes humaines seraient engendrées par les parents de même façon que les corps (générationisme), et non pas créées par Dieu; il engage les évêques gaulois à combattre cette hérésie. Une autre lettre, donnée encore comme authentique dans la seconde édition de Jaffé, *Reg.*, n. 745, aurait été envoyée par le pape Anastase au roi Clovis, lorsque celui-ci eut reçu le baptême. J. Havet, *Questions mérovingiennes, Œuvres*, Paris, 1896, t. I, p. 61-71, a prouvé que cette lettre est fausse et a été fabriquée, comme d'autres pièces, par Jérôme Vignier: les *Addenda* du 2e volume des *Regesta* de Jaffé, p. 693, ont adopté ce jugement.

Le pape Anastase mourut le 19 novembre 498. Son successeur Symmaque fut soutenu par les membres du clergé romain, qui n'avaient pas approuvé toutes les démarches faites par Anastase dans l'intérêt de la paix, quoique ce pape n'ait fait aucune concession de fond dans la question du schisme d'Acace. Une petite minorité, qui voulut aller plus loin encore que le pape défunt et voir reconnaître même l'Hénotique, se sépara de Symmaque et lui opposa un antipape dans la personne de Laurent. Il y eut donc un schisme dans l'Église romaine. Les partisans de Laurent se réclamaient d'Anastase et le fragment du *Liber pontificalis*, conservant la biographie de Symmaque dans un sens favorable à Laurent (*Fragmentum Laurentianum*, dans Duchesne, *Liber pontif.*, t. I, p. 44), contenait naturellement une appréciation favorable aux actes d'Anastase. Le rédacteur du texte dans le *Liber pontif.*, qui est conservé en entier, éd. Duchesne, t. I, p. 258, était au contraire hostile à Anastase et sa biographie contient non seulement des appréciations défavorables, mais de véritables calomnies. Il prétend qu'Anastase avait voulu réintégrer la mémoire d'Acace, ce qui est contredit formellement par les lettres mêmes de ce pape. Cet auteur voit encore dans la mort prématurée d'Anastase un châtiment du ciel, ce qui est tout aussi peu justifié. Le jugement défavorable du *Liber pontificalis* inspira les auteurs du moyen âge, qui flétrissent injustement la mémoire de saint Anastase II. Nous connaissons le texte de l'épitaphe d'Anastase, enterré dans le portique de la basilique de Saint-Pierre. De Rossi, *Inscriptiones christ. urbis Romae*, t. II, p. 125.

Jaffé, *Regesta pont. rom.*, 2e éd., t. I, p. 95-96, n. 744-751; t. II, p. 693. — Thiel, *Epistolae romanorum pontificum genuinae*, Braunsberg, 1868, t. I, p. 82 sq., 614 sq. — Duchesne, *Liber pontificalis*, t. I, p. 258-259 (avec les notes explicatives); Introd., p. XLIII, n. 10. — Döllinger, *Papstfabeln des Mittelalters*, 2e éd., p. 150. — Langen, *Geschichte der römischen Kirche*, Bonn, 1885, t. II, p. 214 sq. — Schnürer, *Das Papsttum zur Zeit Theoderichs des Grossen*, dans *Historisches Jahrbuch*, 1888, t. IX, p. 251 sq. (surtout p. 264-268). — Grisar, *Geschichte Roms und der Päpste im*

Mittelalter, t. I, p. 457-460. — Viani, *Vite dei due pontefici S. Gelasio e S. Anastasio II*, Modène, 1880.

J.-P. KIRSCH.

69. ANASTASE III, pape. Romain de nation et fils de Lucien, fut élu pour succéder à Sergius III et sacré vers le mois de juin 911. C'était du temps que la fameuse Théodora, femme du sénateur Théophylacte, exerçait le pouvoir à Rome : il ne semble pas avoir eu d'influence politique. Flodoard loue la douceur de son gouvernement.

Il donna l'usage du pallium à l'évêque de Verceil et des privilèges à l'église de Grado. On ne sait s'il répondit à Nicolas le Mystique, patriarche de Constantinople, qui lui avait écrit pour se plaindre que Sergius III eût permis à ses légats d'autoriser les quatrièmes noces de l'empereur Léon.

Il mourut au bout de deux ans et deux mois, selon quelques catalogues, de deux ans, un mois et vingt-deux jours, selon d'autres, vers le mois d'août 913, et fut enseveli à Saint-Pierre, avec une épitaphe en trois distiques. Rossi, *Insc. rom.*, t. II, p. 217.

Jaffé, *Regesta pontif. romanor.*, 2ᵉ édit., t. I, p. 448. — Duchesne, *Liber pontificalis*, t. II, p. 239. — *P. L.*, t. CXXXI, col. 1181.

A. CLERVAL.

70. ANASTASE IV, pape. Conrad de Suburra, originaire du quartier de Rome qui porte ce nom, fut d'abord chanoine régulier et abbé de Saint-Ruf, de Velletri, puis créé cardinal-évêque de Sabine, en 1126, par Honorius II. Partisan d'Innocent II, dont il fut électeur contre Anaclet II, il fut nommé par lui vicaire pour l'Italie, lorsqu'il s'enfuit en France (1130-1133) devant la révolte des Romains. Il paraît s'être abstenu de toute immixtion dans le gouvernement de Rome, car lorsque Eugène III revint en cette ville, après avoir fait un traité avec Frédéric Barberousse, et y mourut, il fut élu sans opposition le 12 juillet 1153. Il prit le nom d'Anastase : il était d'un âge avancé, très estimé pour sa prudence et son expérience des affaires de la curie. Durant son court pontificat, il se montra fort conciliant, trop, au dire de Baronius, à l'égard des Romains et de l'empereur. Dans l'affaire de Wichman de Naumbourg, dont Eugène III avait refusé la translation à Magdebourg, affaire que le légat Gérard n'avait pu arranger avec Frédéric II, il céda, et permit à cet évêque, venu à Rome, de prendre de ses propres mains, sur l'autel, le pallium, s'il se croyait légitimement élu. De même en Angleterre, il accorda le pallium à Guillaume d'York que Lucius II avait reconnu, mais qu'Eugène III, conformément à la conduite d'Innocent II et de Célestin II, avait déposé. En novembre 1154, il applaudit au succès de Nicolas, cardinal d'Albano, qu'Eugène III avait envoyé en Suède, pour organiser l'Église de Drontheim, et en Norvège, pour établir le denier de Saint-Pierre. En France, il accorda des privilèges et sa protection à de nombreuses églises et monastères, spécialement aux moines de Vézelay, et à l'église de Tours, dont il confirma la suprématie sur la Bretagne.

A Rome, il bâtit un palais apostolique près du Panthéon; il enrichit aussi l'église du Latran, qui lui fut spécialement chère, de palais, de fondations, de chapelles, de reliques, d'ornements sacrés, et ses chanoines de divers privilèges : il en accorda aussi aux hospitaliers de Saint-Jean. Enfin il se montra fort charitable, en temps de disette, envers les Romains et les pays d'alentour. Il créa son neveu, Grégoire de Suburra, cardinal.

Il mourut le 3 décembre 1154, à Rome, et fut enseveli à Saint-Jean de Latran, dans un sépulcre de porphyre précieux. Il eut pour successeur le cardinal Nicolas d'Albano, sous le nom d'Adrien IV.

Jaffé, *Regesta pontific. romanor.*, 2ᵉ édit., t. II, p. 89-102.

— Duchesne, *Liber pontificalis*, t. II, col. 388. — *P. L.*, t. CLXXXVIII, col. 985-1088. — Ciaconius, *Vitae pontif. et S. R. E. cardinalium*, Rome, 1677, t. I, col. 1051.

A. CLERVAL.

71. ANASTASE APOCRISIAIRE. Voir ANASTASE (36), col. 1462.

72. ANASTASE ASTRIC, en slave : RADLA (Saint), né vers 954 (d'après Chevalier), d'une famille noble de la Bohême, se rendit, vers 972, à l'école capitulaire de Magdebourg, où il eut pour ami son compatriote Wojtech (Adalbert de Prague, voir t, I, col. 451-452), dont il devint plus tard chapelain. En 992, le roi de Bohême l'envoya en ambassade à Rome, où il retrouva Adalbert, qui avait résigné son siège de Prague pour se retirer au monastère Saint-Alexis. C'est là qu'il changea son nom contre celui d'Anastase. A son retour, il fut retenu quelque temps par le prince de Hongrie, Geisa, et il ne rentra à Prague qu'en 994, avec Adalbert, lequel, sur l'ordre du pape, avait repris le chemin de la Bohême. Jaffé-Wattenbach, *Regesta pontificum*, t. I, p. 488.

Élu abbé de Brevnow, près Prague, fondé par Adalbert, il en resta abbé jusqu'en 995. Après le massacre de Lidié par Boleslaw II, Anastase se réfugia en Pologne et devint abbé de Messeritz (996). L'année suivante, il est de retour auprès de Geisa, qui le met à la tête du monastère de Martinsberg (Saint-Martin de Pannonie), dont il fut le premier abbé (997-1006). Il se consacra dès lors à la conversion des Magyars et à l'organisation ecclésiastique du nouveau royaume. En 997, le nouveau roi de Hongrie, Étienne Iᵉʳ (Geisa mourut en 997), l'envoya à Rome auprès de Sylvestre II, afin d'en obtenir l'approbation des constitutions religieuses du royaume, ainsi que la couronne. *Monumenta Germaniae, Script.*, t. XI, p. 233. C'est là que, d'après certains auteurs, il aurait été sacré évêque, tandis que d'autres le font sacrer à Neutra. *Monumenta Germaniae, Script.*, t. XV, p. 706. Le pape agréa toutes ces demandes et envoya un diadème à Étienne (nombre d'auteurs regardent la bulle du 27 mars 1000 comme inauthentique; elle aurait été fabriquée vers 1644 par le franciscain Raphaël Levakovicz, qui l'envoya au jésuite Imhofer pour l'insérer dans les *Annales regni Hungar*. Alors même que cette bulle serait fausse, il reste historiquement acquis que le roi de Hongrie reçut réellement le diadème de Sylvestre II). Vers 1001, Anastase obtint du roi la lettre de fondation de l'abbaye de Martinsberg (lettre regardée comme inauthentique par certains auteurs : Huber, *Geschichte Oesterreichs* et *Archiv für österr. Geschichte*, 1895, t. LXXXII, p. 626-638). Il est difficile de dire où fut la résidence épiscopale d'Anastase. En 1007, il prend part au synode de Francfort; mais on trouve simplement dans la relation (*Monumenta Germaniae, Scriptores*, t. XVII, p. 636) : *Anastasius Hungrorum episcopus*. Cinq ans plus tard, il assiste à la consécration de la cathédrale de Bamberg; là encore on ne nous indique pas son siège épiscopal : *Ascherius, Hungrorum episcopus*. A partir de 1015, il aurait, selon quelques auteurs, résidé à Kalocza : Marczali, *Ungarns Geschichtsquellen*, prétend que c'est à tort qu'on le range parmi les évêques de cette ville. Les documents authentiques donnent comme premier évêque de Kalocza Georges (1050). Quelques écrivains assurent que, en qualité d'administrateur du diocèse de Gran, Anastase aurait porté le titre d'archevêque, mais que ce titre ne passa pas à ses successeurs, et ils s'appuient sur la relation du synode de Francfort. S'il avait été évêque de Kalocza, il aurait eu, lui et ses successeurs, ce titre de plein droit, car il semble bien que c'est vers 1007 (?) que Kalocza devint le siège d'un archevêché. Anastase mourut en 1036 ou 1039 (1046, d'après U. Chevalier), étant évêque de Gran.

Die katholische Kirche unserer Zeit, herausgegeben von der oesterreichischen Leo-Gesellschaft, t. II, p. 545-546, 654. — Knauz, *Monumenta ecclesiae Strigoniensis*, Gran, 1874, t. I. — Dudík, *Geschichte Mährens*, Vienne, 1860, t. II, p. 80 sq. — Kaindl, *Beiträge zur älteren ungarischen Geschichte*, 1893, et dans *Archiv für oesterreichische Geschichte*, 1895, p. 615-635. — Voigt, *Adalbert von Prag*, 1898. — Büdinger, *Oesterreichische Geschichte*, t. I, p. 389, combat l'opinion de Giesebrecht, *Geschichte der deutschen Kaiserzeit*, t. I, p. 801, qui fait d'Astric et de Radla deux personnages différents.

A. BAYOL.

73. ANASTASE LE BÈGUE (Ἀναστάσιος ὁ Τραυλός), mélode byzantin.
Ce poète est souvent appelé Anastase le Questeur, à cause de la charge qu'il occupait à Constantinople en 907. Il envoyait cette année-là à son ami, le *magistros* Léon Chœrosphactès, exilé à Bagdad, une lettre publiée par J. Sakkelion, Δελτίον τῆς ἱστορικῆς καὶ ἐθνολογικῆς ἑταιρίας τῆς Ἑλλάδος, Athènes, 1883-1884, t. I, p. 407. L'Anthologie contient de lui, xv, 28, édit. Didot, t. II, p. 512, une épigramme sur la Crucifixion, en hexamètres dactyliques. Une autre, dont nous n'avons plus le texte, était gravée sur un des monuments décorant l'hippodrome. Comme hymnographe, Anastase nous a laissé un beau cantique pour les funérailles et deux *canons* sur la pénitence et pour la fête de l'Annonciation; deux *canons*, inédits, l'un à saint Clément, pape, dans le *cod. Paris*. 259, l'autre aux saints Philarète, Eubiote et Athénodote, dans le *cod. Monac*. 586; enfin, les *hirmi* de cinq autres *canons*, non retrouvés, pour l'Hypapante, la Nativité de saint Jean-Baptiste, le dimanche des Rameaux, Pâques ou sur la résurrection de Notre-Seigneur, et à saint Agathonic, martyr. Il est aussi l'auteur d'un *encomium* de ce saint, publié dans *Analecta bollandiana*, 1886, t. V, p. 396. Les *canons* d'Anastase ont souvent la deuxième ode et plusieurs sont en vers iambiques; il a créé nombre d'*hirmii* ou strophes types, au lieu d'imiter les rythmes de ses prédécesseurs.

Sur les œuvres hymnographiques d'Anastase et sur la confusion avec Anastase le Sinaïte, voir Pitra, *Juris ecclesiastici Graecorum historia et monumenta*, t. II, p. 238 sq., et *Analecta sacra*, t. I, p. 242 sq. — A. Papadopoulos-Kerameus, dans *Vizantiiskii Vremennik*, 1900, t. VII, p. 43-59, et Νέα Ἡμέρα, Trieste, 2-15 et 9-22 mars 1902. — E. Bouvy, dans *Échos d'Orient*, 1897-1898, t. I, p. 262 sq. — S. Pétridès, dans *Revue de l'Orient chrétien*, 1901, t. VI, p. 444-452, et *Échos d'Orient*, 1909, t. XII, p. 151.

S. PÉTRIDÈS.

74. ANASTASE LE BIBLIOTHÉCAIRE (vers 817-vers 879).
— I. VIE. — Après les travaux du cardinal Hergenröther, *Photius von Constantinopel...*, Ratisbonne, 1866-1868, t. II, p. 228-241, et surtout du P. Lapôtre, *De Anastasio bibliothecario Sedis apostolicae*, Paris, 1885, p. 8-31, on peut considérer comme prouvé par le témoignage d'Hincmar contre dom Ceillier, *Histoire générale des auteurs sacrés*, 2ᵉ éd., t. XII, p. 712, et Muratori, *Scriptores rerum Italicarum*, t. III, p. v, qu'Anastase, bibliothécaire de l'Église romaine, est bien le même personnage que le criminel ambitieux, excommunié par Léon IV, antipape contre Benoît III, excommunié de nouveau pour accusation de meurtre par Adrien II.

Il naquit vers 817, d'une famille fort en vue, en Italie très probablement, à Rome peut-être, et c'est, suppose-t-on, dans l'un des grands monastères byzantins fixés à Rome à la suite des querelles iconoclastes qu'il acquit l'usage familier du grec. Ce sera là une bonne carte au jeu d'Anastase, dans un temps où des ambassadeurs du Saint-Siège ne pouvaient entendre à Byzance ce qui se disait autour d'eux. Il atteignait la trentaine, vers 847 ou 848, Léon IV l'ordonna prêtre et lui confia l'église de Saint-Marcel. Un an ne s'est point passé qu'Anastase se trouve à la tête d'un parti turbulent qu'appuie la faction impérialiste ennemie de Léon IV et intrigue pour arriver au souverain pontificat. Le jour où ces menées furent découvertes, Anastase quitta Rome et, aidé par son père, l'évêque Arsène d'Horta (voir ce nom), aidé sous main par Lothaire et plus tard par l'empereur Louis, se fixa dans la province d'Aquilée. Cinq ans durant, synodes sur synodes furent réunis contre lui; on le somma de rentrer à Rome, on le menaça, on l'excommunia. Rien n'y fit. Mais lorsque, le 17 juillet 855, Léon IV eut expiré, les Romains, afin d'éviter les ingérences germaniques dont ils avaient horreur, se hâtèrent d'élire Benoît III et, le fait accompli, de notifier leur choix à l'empereur Louis II. Anastase alors revint à Rome, à la tête d'un parti de mécontents en armes, se donnant pour le tenant du droit impérial et décidé à s'emparer de force du Latran. Trois jours l'anarchie régna, mais le peuple, outré des profanations d'Anastase et décidé à maintenir la liberté de ses choix, réussit à chasser l'intrus. Benoît III se montra bon prince; il mitigea même les rigueurs de Léon IV contre le prêtre de Saint-Marcel et se contenta de le réduire à la communion laïque (il y sera maintenu jusqu'au couronnement d'Adrien II). Quelque temps Anastase se fit oublier : plusieurs de ses ouvrages datent de cette époque.

En mai 858, Nicolas Iᵉʳ remplaçait Benoît III. L'élévation de ce pape, qui devait tant lutter contre l'empire, fut, chose étrange, l'œuvre du parti impérialiste. C'est dire si Anastase y mit la main. Ne nous étonnons donc pas de voir le nouveau pontife admettre auprès de lui ces mêmes hommes dont l'ambition avait agité les règnes de Léon IV et de Benoît III. Pour Anastase, c'est l'aurore de la fortune. Il va se rendre indispensable; dès lors, sauf une courte disgrâce, méritée peut-être par une accusation de complicité dans un crime contre la fille d'Adrien II, il deviendra le confident écouté de trois papes : du ferme Nicolas Iᵉʳ depuis 867, du libéral Adrien depuis 879, du très autoritaire Jean VIII.

Aussi presque toutes les grandes affaires qui se traiteront entre 858 et 879 lui passeront-elles entre les mains. On retrouve son influence et sa marque dans la correspondance pontificale sur les démêlés des deux Hincmar, dans la question du divorce de Lothaire; il soutiendra les saints Cyrille et Méthode, se mêlera à la querelle de Photius et au concile de Constantinople.

Comment Anastase réussit-il à se maintenir en charge sous des pontifes d'humeur si différente ? Par de puissantes influences de famille, par l'appui des empereurs qu'il saura ne jamais perdre, surtout par des séries de compromis, de volte-faces qui font songer à Talleyrand. Tour à tour insulteur et ami de Charles le Chauve, acharné contre Photius et, quand les circonstances le veulent, écrivant à ce même Photius des lettres remplies d'éloges, il se sert de sa fonction pour agir au mieux des idées du pape régnant, au mieux de ses intérêts à lui. Remarquons que si, comme on tend à l'admettre, la correspondance de Nicolas Iᵉʳ et d'Adrien II porte des traces des Décrétales Isidoriennes, c'est à Anastase qu'il en faut faire remonter la responsabilité. Le P. Lapôtre, dans un chapitre de minutieuse critique, semble, sauf meilleure preuve, l'avoir démontré.

Au total, personnage érudit et fort délié, mais ambitieux, qu'on s'étonne un peu — tel que nous le présente le P. Lapôtre — de voir si peu surveillé par trois papes.

II. LES ŒUVRES. — A. *Œuvres authentiques*. — 1º *Traductions du grec*. — 1. Traduction de la Vie de saint Jean l'Aumônier, *P. L.*, t. XXXIII, col. 337 sq.; — 2. *Miracles* de saint Basile de Césarée, *P. L.*, t. XXIII, col. 284; — 3. *Acta synodi œcumenicae octavae...*,

P. L., t. CXXIX, col. 8-204 ; — 4. *Acta synodi œcumenicae septimae sive Nicaenae secundae*, *P. L.*, t. CXXIX, col. 205-512 ; — 5. *Sermo S. Theodori Studitae de sancto Bartholomeo apostolo*, *P. L.*, t. CXXIX, col. 729-738 ; — 6. *Chronographia tripartita ex Nicephoro, Georgio et Theophane*, *P. G.*, t. CVIII, col. 1187 ; — 7. *Gesta sancti Martini papae*, *P. L.*, t. CXXIX, col. 585-590. La préface est éditée. Les *Gesta* sont *ibid.*, col. 594-604, parmi les *collectanea*; cf. n° suivant ; — 8. *Collectanea ad controversiam et historiam monothelitarum spectantia*, *P. L.*, t. CXXIX, col. 553-714 ; — 9. *Passio SS. Cyri et Joannis a Sophronio Hierosolymitano postea episcopo scripta*, *P. L.*, t. CXXIX, col. 703-706, ne donne qu'une petite partie de la préface. La traduction de la Vie (col. 705-714) serait aussi d'Anastase ; — 10. *S. Maximi Joannis Scythopolitarie Scholia in Dionysium Areopagitam*, inédit. La préface seule est publiée, *P. L.*, t. CXXIX, col. 739 ; t. CXXII, p. XIV, col. 1026 ; — 11. *Vita Dionysii Areopagitae*, inédite. La préface est publiée, *P. L.*, t. CXXIX, col. 737 ; — 12. *Passio S. Demetrii martyris*, *P. L.*, t. CXXIX, col. 715 ; Mabillon, *Vetera analecta*, t. I, p. 65 ; *Acta sanctorum*, oct. t. VIII, p. 87-89 ; — 13. *Vita S. Petri martyris atque Alexandriae civitatis episcopi*. La préface est *P. L.*, t. CXXIX, col. 743 ; — 14. *Passio sanctorum M. CCCLXXX martyrum*. Le prologue est dans *P. L.*, t. CXXIX, col. 743. Prologue et passion se trouvent dans les *Acta sanctorum*, junii t. IV, p. 182-186 ; — 15. *Vita sancti Donati episcopi apud Euriam in Syria*, dans *Biblioth. Casinensis*, t. III, *Florilegium*, p. 375-377. Ces textes diffèrent d'avec celui qu'avait donné Mabillon, *Museum Italicum*, t. I, part. 2, p. 86 ; — 16. Un certain nombre d'extraits des œuvres ci-dessus ont été édités à part ; cf. Lapôtre, *op. cit.*, p. 334. — 2° *Œuvres latines*. — Outre les prologues et les lettres parties de la chancellerie apostolique, citons la lettre à Adon de Vienne, *P. L.*, t. CXXIX, col. 741, et mieux Lapôtre, *loc. cit.*, p. 322 ; une lettre sur les saints Cyrille et Méthode, publiée par le P. Martinov, dans *Monde latin et monde slave*, 1er janvier 1894 ; peut-être une lettre de Louis II à Basile le Macédonien, éd. Pertz, *Monum. German. hist.*, *Scriptores*, t. III, p. 521-527.

B. *Œuvres supposées*. — Outre le *Liber pontificalis* (sinon peut-être les notices de Nicolas Ier, d'Adrien II ; cf. Duchesne, *Le Liber pontificalis*, t. I, p. XXXV ; t. II, p. III), citons des lettres à Adon de Vienne, à Hincmar ; l'*Epitome chronicorum Casinensium* ; les *Acta sanctae Crispinae* la traduction de la *Caelesti hierarchia*, du pseudo-Denys. Cf. Lapôtre, *loc. cit.*, p. 335.

Le maître ouvrage est celui du P. A. Lapôtre, *De Anastasio bibliothecario Sedis apostolicae*, Paris, 1885. — Mann, *The lives of the popes in the early middle age*, Londres, 1906, t. III. — Hergenröther, *op. cit.* — Pouparain, *La lettre de Louis II à Basile le Macédonien* ; cf. le *Moyen âge*, 1903. — Duchesne, *Le Liber pontificalis*, Paris, 1886, surtout t. II, p. 138, 141, 181. — Roy, *S. Nicolas Ier*, 1899 (collect. *Les saints*). — Cf. la bibliographie d'Adrien II, t. I, col. 621.

A. NOYON.

75. ANASTASE COCHELET, carme chaussé de la province de France, né l'an 1551 à Mézières, en Champagne, profès du couvent de Reims, docteur en théologie de l'université de Paris, fut successivement prieur des couvents de ces deux dernières villes et provincial. Plein de doctrine, courageux défenseur de la foi romaine contre l'invasion du protestantisme, il acquit un grand renom parmi les prédicateurs de son temps, fut membre de la Ligue ou Sainte-Union des catholiques pour maintenir en France l'unité de culte, fit partie du comité des Seize qui dirigeait cette Ligue, résista à Henri III, favorable aux huguenots, puis à Henri IV ; mais lorsque celui-ci, converti, entra triomphalement dans Paris (1594), il dut s'expatrier et se réfugia au couvent d'Anvers, où il séjourna jusqu'à son retour en France (1617). Il mourut au couvent de Reims, en 1624, sans avoir jamais cessé de prêcher et d'écrire, avec un zèle admirable, pour affermir les catholiques dans la vraie foi et confondre les hérétiques. On a de lui : *Palaestrita honoris D. Virginis Hallensis pro Justo Lipsio, adversus Dissertationem mentiti Idoli Hallensis anonymi cujusdam haeretici*, in-8°, Anvers, 1607 ; in-4°, *ibid.*, 1627 (Pierre Denaisius, jurisconsulte allemand, avait publié en 1605 : *Assertio de Idolo Hallensi*, contre la *Diva Virgo Hallensis*, de Juste Lipse) ; — *Calvini infernus adversus Joannem Polyandrum, ministrum calvinistam*, in-8°, Anvers, 1606, 1610. Jean Polyander Van den Kerckhove, publia alors : *Responsio ad interpolata A. Cocheletii, doctoris sorbonnistae*, 1610 ; ce à quoi le P. Cochelet répondit par le suivant : *Coemeterium Calvini, adversus eumdem Polyandrum*, in-12, Anvers, 1612 ; — *Répétitions du saint sacrifice de la messe en forme d'homélies, contre Du Plessis Mornay*, in-8°, Anvers, 1602 ; — *Responce à l'abjuration de la vraye foi que font les calvinistes en apostasiant de la foi catholique, apostolique et romaine*, in-8°, Anvers, 1604 ; — *Commentaire catholique en forme de discours sur deux lettres missives : l'une de Frédéric, électeur-comte palatin, l'autre de très illustre prince Loys de Bourbon, duc de Montpensier, sur la fuite de sa fille, abbesse du monastère des religieuses de Jouarre* (à Heidelberg, où elle embrassa la Réforme et se maria), in-8°, Anvers, 1616. Anastase Cochelet y réfute les raisons qu'avance l'électeur palatin pour légitimer cette apostasie, et confirme par l'Écriture, les Pères et l'histoire ecclésiastique la condamnation qu'en fait le duc de Montpensier.

Ant. Possevin, *Apparatus sacer*, Cologne, 1608, p. 69. — J.-F. Foppens, *Bibliotheca Belgica*, Bruxelles, 1739, t. I, p. 49. — Paquot, *Mémoires pour servir à l'histoire littéraire des Pays-Bas*, Louvain, 1765, t. I, p. 10. — Daniel a Virgine Maria, *Vinea Carmeli*, p. 511, n. 914 ; *Speculum carmelitanum*, t. II, p. 969, n. 3407 ; p. 1088, n. 3826. — Paulus ab omnibus Sanctis, *Catalogus illustrium carmelitanae religionis scriptorum*, p. 66. — Louis Jacob, *Catalogus fundationum omnium conventuum carmelitarum*, p. 219 (ms. de la bibliothèque d'Orléans, n. 21). — C. de Villiers, *Bibliotheca carmelitana*, t. I, col. 64-67. — Bouillot, *Biographie ardennaise*, Paris, 1830, t. I, p. 254. — Hurter, *Nomenclator literarius*, 1907, t. III, col. 718. Il y a une confusion dans cette notice : le savant jésuite attribué, par erreur, le *Calvini infernus* au capucin Daniel de Saint-Sever. — Nicéron, *Mémoires pour servir à l'histoire des hommes illustres*, etc., Paris, 1727-1745, t. XXIV, p. 132.

P. MARIE-JOSEPH.

76. ANASTASE LE DISCIPLE. Voir ANASTASE (35), col. 1461.

77. ANASTASE LE FOULON. Voir ANASTASE (6), col. 1440.

78. ANASTASE LE PÈRE (Saint), chef d'un groupe de douze martyrs venus de Syrie en Ombrie. Deux étaient ses fils, saint Brictius et saint Eutitius, les neuf autres étaient ses neveux. Certains auteurs ombriens font venir les douze saints sous le pontificat de saint Pierre, avec d'autant moins de fondement qu'ils sont obligés pour cela de corriger dans la légende Dioclétien en Domitien, et que sous Domitien saint Pierre était mort depuis longtemps. Mais, à s'en tenir à la date traditionnelle et à faire mourir les martyrs en 290, sous Dioclétien et Maximien, les impossibilités ne sont pas moindres. Les Actes, au lieu de Dioclétien, nomment Julien, qui aurait condamné les martyrs à Rome, où il ne résida jamais comme empereur. Le pape à ce moment-là est saint Urbain, qui mourut en 231, ce qui n'empêche pas un des accusés de citer le symbole de Constantinople (381), et, selon toute apparence, de l'avoir retenu par cœur à force de le réciter à la messe, nous reportant ainsi en plein moyen âge. Un des douze compagnons est mandé à Rome par le pape Eugène, mort en 656. Il ne faut pas tenter d'accorder de pareilles données.

Anastase aurait été, selon les actes, martyrisé le premier, non sans avoir ordonné des prêtres et des clercs, alors que rien n'indique qu'il ait lui-même été dans les ordres. Il fut, dit-on, décapité aux Eaux-Salviennes. On ne connaît pas aux Eaux-Salviennes d'autre saint Anastase que le célèbre martyr du 22 janvier, saint Anastase le Persan, encore n'y fut-il pas décapité, mais on y transporta son chef, beaucoup plus tard. L'autre Anastase a été confondu avec Anastase le Persan (voir la notice suivante), comme il le fut à d'autres moments avec saint Anastase de Terni (voir ce nom [27], col. 1458). On ne peut, par ailleurs, le reconnaître dans l'Anastase nommé le 5 décembre, sans indication du lieu du martyre, au martyrologe romain, et qui s'offrit de lui-même aux persécuteurs. Il n'y a aucun fait de ce genre dans la vie d'Anastase le Père. L'Anastase du 5 décembre est connu par les ménologes grecs, d'où il a passé dans le martyrologe romain; il fut jeté à la mer et non décapité; c'est, semble-t-il, un saint oriental, en tout cas certainement pas un saint ombrien. En réalité, saint Anastase le Père ne figure dans aucun martyrologe, fut rejeté par Baronius dans les travaux préparatoires à l'édition du martyrologe romain, et ne jouit d'aucun culte aux Eaux-Salviennes. Nous n'avons pas dans cet article à examiner les détails qui, dans les actes, concernent ses onze compagnons. Voir la dissertation préliminaire au tome Ier de juillet dans les *Acta sanctorum*, p. 1-8, 17-18.

Chevalier, *Répertoire, Bio-bibliographie*, col. 207.

R. AIGRAIN.

79. ANASTASE LE PERSAN (Saint), martyr, naquit à Razech, dans le canton de Rasnouni. Il se nommait Magoundat et était fils d'un mage. Ayant rejoint un de ses frères, cavalier dans l'armée persane, il prit part à une campagne dirigée contre les Byzantins, ce qui lui permit d'entendre parler de la religion du Christ. Désireux de mieux connaître celle-ci et poussé par une grâce irrésistible, il quitta l'armée et se rendit à Hiérapolis, puis à Jérusalem, où le patriarche Modestus, à qui il fut présenté, voyant combien il était impatient de devenir chrétien, le baptisa et lui donna le nom d'Anastase. Le zélé néophyte voulut bientôt embrasser la vie religieuse et fut reçu, au commencement de l'année 620, dans le monastère de Saint-Anastase, où il ne tarda pas à édifier les moines par sa piété. Mais les mortifications ne suffisant pas à son ardeur, il aspirait à prendre rang parmi ces glorieux martyrs dont il lisait l'histoire journellement. Abandonnant donc, du consentement de l'abbé, ce monastère où il était resté sept ans, il partit à la recherche d'une occasion de confesser sa foi devant les infidèles, et il ne tarda pas à en trouver une. Il venait d'arriver à Césarée de Palestine, lorsque des soldats perses, le prenant pour un espion, l'arrêtèrent et le conduisirent à leur chef qui, après l'avoir interrogé et constaté qu'il était chrétien et ne voulait pas renier sa foi pour revenir aux croyances de ses ancêtres, l'envoya sous bonne garde au roi Chosroès. Sur les ordres de celui-ci, comme il persista dans son refus d'apostasier, il fut torturé, puis mis à mort le 22 janvier de la dix-huitième année du règne de l'empereur Héraclius, c'est-à-dire en 628. Un moine que Justin, l'abbé de Saint-Anastase, avait envoyé à sa suite pour savoir ce qu'il adviendrait de lui, rentra au monastère après un an d'absence et raconta tous les détails de ce martyre. C'est le même moine qui reçut l'ordre de se rendre de nouveau chez les Perses et de faire le nécessaire pour ramener le corps d'Anastase. Il réussit dans sa tâche et fut de retour à la fin de l'année 631. Il existe une histoire de la vie et de la mort du saint, fort intéressante et contemporaine des événements, que M. Usener a publiée. Mais la légende s'empara bientôt de lui, comme on le voit par des textes postérieurs, remplis de développements fantaisistes, suivant la méthode du Métaphraste, qui contiennent le récit des miracles opérés par son intercession et de la translation de son corps à Constantinople, au travers de la Cilicie et de la Cappadoce. La tradition veut même qu'une partie de ses reliques ait été apportée à Rome et déposée dans l'église Sainte-Marie *ad Aquas Salvias*, qui dès lors fut mise sous le vocable des saints Vincent et Anastase. Il est fait mémoire de saint Anastase dans l'Église latine, le 22 janvier, et il en est de même dans l'Église grecque qui, de plus, fête la translation de ses reliques, le 24 du même mois.

Act. sanct., 1643, januar. t. II, p. 422-440. — *Anal. bolland.*, 1892, t. XI, p. 233-241; 1894, t. XIII, p. 407; *Bibl. hagiogr. gr.*, 1909, p. 13. — Les ménées et les synaxaires grecs, aux dates des 22 et 24 janvier. — Ch. Schmidt, *Note sur deux reliquaires de saint Anastase qui ont existé jadis en Alsace et en Lorraine*, dans *Bull. du Mus. hist. de Mulhouse*, 1879-1881, t. IV, p. 125; t. VI, p. 147-148. — Surius, *Vit. sanct.*, à la date du 22 janvier. — Syméon le Métaphraste, dans *P. G.*, t. CXIV, col. 773-812. — H. Usener, *Acta martyris Anastasii Persae*, Bonn, 1894.

L. CLUGNET.

80. ANASTASE LE QUESTEUR. Voir ANASTASE LE BÈGUE, col. 1477.

81. ANASTASE DE SAINTE-THÉRÈSE, carme déchaussé espagnol, né à Malaga, profès du couvent de Grenade, homme d'une vaste science, professeur de théologie renommé et historiographe général de la congrégation d'Espagne : il mourut vers 1728. Plusieurs de ses œuvres, écrites dans sa langue maternelle, ont été imprimées : *Genethliacon* (horoscope) *de Louis Ier, prince des Espagnes*, poésie, Villafranca de Cordoba, 1707; — *Joie de l'Église de Villafranca en la naissance du même prince*, en prose, in-4°, ibid., 1707; — *Poèmes*, en latin et en espagnol, in-4°, ibid.; — *Topographie du couvent de Notre-Dame des Neiges, désert des carmes déchaussés*, in-4°, Cordoue, 1708; — *Provocation joyeuse en l'honneur de Philippe V, roi des Espagnes*, in-4°, Grenade; — *Discours panégyrique sur l'immaculée conception de la bienheureuse Vierge Marie*, Villafranca, 1719; — *Un enfant de neuf ans parfait, ou vie admirable de l'infant don Francisco de Paresa*, in-4°, ibid., 1721.

Martial de Saint-Jean-Baptiste, *Bibliotheca scriptorum carmelitarum excalceatorum*, Bordeaux, 1730, p. 12-14. — C. de Villiers, *Bibliotheca carmelitana*, t. I, col. 67-68. — Barthélemy de Saint-Ange et Henri-Marie du Saint-Sacrement, *Collectio script. ord. carmelit. excalc.*, t. I, p. 35.

P. MARIE-JOSEPH.

82. ANASTASE LE SINAITE, prêtre et higoumène du mont Sinaï au VIIe siècle. Sa vie est à peu près complètement inconnue. Nicéphore et, à sa suite, beaucoup d'autres auteurs, dont Baronius, l'ont confondu avec Anastase Ier et Anastase II, patriarches d'Antioche, qui portaient également le nom de Sinaïte. On sait toutefois qu'il dut quitter à plusieurs reprises sa solitude pour défendre la vérité catholique. C'est ainsi qu'il se trouvait à Alexandrie un peu avant 640. On suppose qu'il mourut au commencement du VIIIe siècle. Le sud de l'empire byzantin, c'est-à-dire les trois patriarcats d'Antioche, de Jérusalem et d'Alexandrie, était alors infesté d'hérétiques de toute catégorie, monophysites, sévériens, théodosiens, phthartolâtres, monothélites, etc., sans compter un bon nombre d'indécis qui hésitaient entre la doctrine catholique et l'erreur. Anastase le Sinaïte poursuivit les premiers avec toute la vigueur de son génie et sut entamer avec les seconds des discussions amicales dans le but de les éclairer. Il se montra constamment conférencier infatigable, dialecticien puissant et théologien profond. Sa réputation était telle auprès de ses contemporains qu'il fut surnommé le nouveau Moïse. Il a laissé de nombreux ouvrages qui malheureusement ne sont point tous parvenus jusqu'à nous. Le principal est l'*Hodegos* (Ὁδηγός) ou *Viae dux adversus acephalos*, où il s'offre comme guide à ceux qui veulent défendre la vérité catholique contre l'hérésie; le livre se divise en vingt-quatre chapitres, P. G., t. LXXXIX, col. 35-310. Dans cet *Hodegos*, Anastase parle de quatre autres de ses ouvrages dont nous ne connaissons que le titre : le *Tome dogmatique*, le *Tome apologétique*, le *Traité contre Nestorius* et le *Traité contre les juifs*. La *Disputatio adversus judaeos* que Mai lui attribue a été écrite huit cents ans après la destruction de Jérusalem par Titus; elle ne saurait donc appartenir à notre auteur. Dans son *Interprétation de l'Hexaméron* en douze livres (le dernier seul nous est parvenu dans le texte original), Anastase montre comment tous les détails de la création doivent s'entendre du Christ et de l'Église. Les *Questions et réponses*, recueil de difficultés et d'objections auxquelles on répond par des textes de l'Écriture et des Pères, ont été fortement retouchées et interpolées. Citons encore trois traités fragmentaires, Περὶ τοῦ κατ' εἰκόνα, *De illo qui secundum imaginem Dei creatus est*, contre les monothélites, deux homélies sur la communion et le psaume VI, quelques traités ascétiques, un tableau des hérésies et des conciles réunis contre elles, un résumé de la foi orthodoxe, un mémoire sur la célébration du mercredi et du vendredi. D'après le P. E. Bouvy, dans *Échos d'Orient*, Paris, 1898, t. II, p. 262-264, le célèbre « cantique funèbre d'Anastase » serait de notre auteur. Il semble aussi qu'un codex de l'Ambrosienne conserve le livre sur les *Différences spirituelles et morales qui distinguent les hommes*. Peut-être faut-il voir dans Anastase l'auteur du *canon pour les pénitents* et du *canon pour les morts*. Quant aux récits apologétiques publiés sous son nom (F. Nau, *Oriens christianus*, 1903, p. 56-90), ils ne sont certainement pas tous de lui.

Bouvy, *Le cantique funèbre d'Anastase*, dans *Échos d'Orient*, Paris, 1898, t. II, p. 262-264. — Fabricius, *Bibliotheca graeca*, t. IX, p. 312-332. — P. G., t. LXXXIX, col. 9-26. — Krumbacher, *Geschichte der byzantinischen Litteratur*, p. 64 sq.

R. Janin.

1. ANASTASI (Ermanno), évêque de Pistoie (1307-1321), était doyen de la cathédrale de Foligno, sa ville natale, et sans doute de la même famille que Giacomo Anastasi, franciscain, dont l'élection au siège épiscopal de cette ville fut cassée en 1295. Le chapitre ayant choisi aussi Ermanno vers 1304, celui-ci résigna entre les mains du cardinal Nicolo Alberti, évêque d'Ostie, et le pape Clément V le promut le 24 décembre 1307 au siège de Pistoie. Il tint deux fois son synode, en 1308 et 1313, et les actes en ont été publiés par Mansi, *Amplissima collectio conciliorum*, t. XXV, col. 169-174. Il résigna son évêché, se retira à Pise, où il mourut le 15 août 1321, et fut enseveli dans la cathédrale.

Eubel, *Hierarchia catholica*, 1913, t. I, p. 400. — Ughelli-Coleti, *Italia sacra*, t. III, col. 304. — Cappelletti, *Le chiese d'Italia*, t. XVII, p. 106-107. — *Regestum Clementis papae V*, t. II, n. 2367, 2375.

P. Richard.

2. ANASTASI (Filippo, Ludovico). Voir Anastasio.

ANASTASIA. Sur une inscription de Tabarka (*Thabraca*, en Proconsulaire), qui indique la sépulture, en cet endroit, de plusieurs martyrs (*memoria martyrum*), on peut distinguer encore le génitif *Anastassie*. Le Martyrologe hiéronymien cite, aux nones de janvier (5 janvier), dans un groupe de quatorze saints d'Afrique, une *Anastasia*. Peut-être ces deux mentions se rapportent-elles à une seule et même personne, dont il conviendrait dès lors d'attribuer le martyre à *Thabraca*. Mais le texte épigraphique nous est parvenu trop mutilé, pour qu'on ait le moyen d'assigner à une date, même approximative, la mort de cette chrétienne et de ses compagnons, ni de décider s'ils étaient catholiques ou donatistes.

Aussi bien n'est-il pas certain qu'il faille lire *Anastassie* plutôt que *Anastassi e[t...]*. Dans cette seconde hypothèse, nous aurions à faire à un saint *Anastasius*. L'existence d'une martyre *Anastasia* n'en resterait pas moins vraisemblable, d'après le témoignage des martyrologes.

Corpus inscriptionum latinarum, t. VIII, Supplément, n. 17382. — *Acta sanctorum*, jan. t. I, p. 240. — *Martyrologium hieronymianum*, édit. De Rossi et Duchesne, p. 5. — *Bulletin des antiquités africaines*, 1884, t. II, p. 130, n. 132. — *Bulletin de l'Académie d'Hippone*, 1884, t. XIX, p. XXXV, n. 10. — Monceaux, *Histoire littéraire de l'Afrique chrétienne*, Paris, 1905, t. III, p. 171, n. 21, p. 530.

Aug. Audollent.

1. ANASTASIE (Sainte), martyre. — 1° Sous la date du 29 juillet, le Martyrologe hiéronymien mentionne une sainte Anastasie, en tête d'un groupe de six martyrs. La liste se trouve après la *depositio* de saint Loup de Troyes et elle est précédée de l'indication générale : *et alibi*. De Rossi-Duchesne, *Martyr. hieron.*, p. [97]. Nous ignorons complètement à quel pays appartient ce groupe de martyrs. Il est bien possible que la sainte Anastasie soit la même dont la fête est célébrée le 25 décembre. Car la diffusion du culte de cette martyre dans le courant du V° siècle eut pour conséquence que plusieurs églises lui furent consacrées, et ainsi la fête de la sainte pouvait être célébrée dans différentes villes à des dates diverses, rappelant la consécration de l'une ou l'autre de ces églises, surtout si l'on avait pu avoir des reliques de la sainte, pour les déposer dans le nouveau sanctuaire. Le nom de cette sainte Anastasie ne se trouve pas sous cette date dans le Martyrologe romain actuel. — 2° Au 28 octobre, nous lisons dans le Martyrologe romain le nom de sainte Anastasie, vierge et martyre, et de saint Cyrille, martyr, avec l'indication topographique de Rome. La même sainte est vénérée dans l'Église grecque, sous les dates du 12 octobre et du 29 octobre. Voir *Synaxarium Ecclesiae Constantinopolitanae*, édit. H. Delehaye, *Propylaeum ad Acta sanct. nov.*, Bruxelles, 1902, col. 133, 171. Nous avons une légende grecque de cette sainte, publiée dans les *Acta sanct.*, octobr. t. XII, p. 520-529; voir l'Introduction par le P. Benjamin Bossue, p. 513-520. Une traduction, ou plutôt un remaniement latin de cette légende se trouve dans le manuscrit lat. *11753* de la Bibliothèque nationale de Paris. *Catalogus codicum hagiogr. latin. Bibl. nat. Paris.*, ed. socii Bolland., t. III, p. 55. Dans ce récit de basse époque et sans cachet spécial, tout se passe à Rome : sainte Anastasie, vivant dans un couvent, fut traduite devant le tribunal du *praeses* Probus, et, après avoir subi les tortures les plus cruelles, condamnée à mort et exécutée. D'après un sermon de Nicétas de Paphlagonie, du IX° siècle, cité par le P. B. Bossue, *loc. cit.*, p. 515, on distinguait alors deux saintes martyres du nom d'Anastasie, l'une vierge, l'autre mariée, toutes les deux romaines. Nous lisons la même chose dans la *Passio* de la sainte, vénérée le 12 et le 29 octobre chez les grecs. Cependant, ce récit est complètement légendaire; nous n'avons aucune source historique authentique qui parle de cette vierge et martyre romaine du nom d'Anastasie.

Il est bien vraisemblable que celle-ci est encore la célèbre sainte vénérée à Rome le 25 décembre, sur laquelle une légende différente de la *Passio* qui traite de cette dernière fut composée, parce que la différence des dates de la fête les faisait considérer comme des saintes diverses. — 3º La seule martyre Anastasie historique et connue est la sainte dont l'anniversaire est encore aujourd'hui célébré dans l'Église romaine le 25 décembre, le jour même de la Nativité de Notre-Seigneur, tandis que, dans l'Église grecque, sa fête tombe le 22 décembre. Voir *Synaxarium Eccl. Constantinopolit.*, éd. citée, col. 333; Nilles, *Kalendarium manuale utriusque Eclesiae*, Inspruck, 1896, t. I, p. 359 sq. Une légende tardive la fait originaire de Rome et mêle son histoire à celle de saint Chrysogone, martyr d'Aquilée. Le martyre de la sainte est placé par la légende même à Sirmium. En réalité, sainte Anastasie est une martyre de cette ville. Le Martyrologe hiéronymien contient dans toutes les recensions anciennes cette notice topographique : *Sirmi, Anastasiae*, non seulement sous la date du 25 décembre, mais encore, par une de ces répétitions si fréquentes dans ce férial, au 5 janvier (pour *Sermi* il y faut lire sans doute *Sirmi*), au 6 et au 8 de ce même mois. De Rossi-Duchesne, *Martyr. hieron.*, p. [1], [5], [6]. Nous ne savons pas dans quelle persécution cette sainte a été couronnée d'un glorieux martyre, le plus probablement dans celle de Dioclétien. Son culte, d'abord restreint à Sirmium, sa patrie, où se trouvait son tombeau, commença à se répandre dans l'Église orientale et occidentale, lorsque, sous l'empereur Léon Iᵉʳ (457-474), ses reliques furent transférées à Constantinople et déposées dans le *martyrium* du portique de Domninus. Theodorus Lector, *Hist. eccl.*, II, LXV, *P. G.*, t. LXXXVI, col. 216. Peu de temps après, une basilique romaine de la fin du IVᵉ siècle, le *titulus Anastasiae*, située au pied du Palatin, fut consacrée à la sainte de Sirmium, probablement à cause du nom de la fondatrice, qui était le même que celui porté par la martyre. Le sanctuaire existe encore aujourd'hui et, dans la liturgie romaine ancienne, la seconde messe de Noël était celle de la sainte, dont aujourd'hui on se contente de faire la commémoraison à cette messe. A Ravenne, il y eut également un sanctuaire de la sainte, et des reliques — dans le sens plus large de l'expression — furent déposées dans plusieurs autres églises. Sur le sanctuaire de Sainte-Anastasie à Rome et la place de la sainte dans la liturgie romaine, voir mon article *Anastasie*, dans le *Diction. d'archéol. chrét. et de liturgie*, t. I, col. 1919 sq.

Dufourcq, *Étude sur les Gesta martyrum romains*, Paris, 1900, t. I, p. 121 sq., 137 sq. — Duchesne, *Sainte Anastasie. Notes sur la topographie de Rome au moyen âge*, dans *Mélanges d'archéol. et d'hist.*, 1887, t. VII, p. 389 sq. — Grisar, *S. Anatasia di Roma*, dans *Analecta romana*, Rome, 1899, t. I, p. 595 sq. — Delehaye, *Les origines du culte des martyrs*, Bruxelles, 1912, *passim* (voir les pages indiquées à la table des noms des saints, au mot *Anastasia*). — Sur les différentes *Passiones*, voir *Bibliotheca hagiographica latina*, Bruxelles, 1898-1899, t. I, p. 66 sq.; Supplementum, 2ᵉ éd., p. 19; *Bibl. hagiogr. graeca*, p. 12.

J.-P. Kirsch.

2. ANASTASIE LA PATRICIENNE, recluse en Égypte. Née au commencement du VIᵉ siècle, elle appartenait à l'une des plus grandes familles de Byzance. Belle, intelligente et fort pieuse, elle fut remarquée par l'empereur Justinien le Grand, à un tel point que la jalousie de l'impératrice Théodora fut vivement excitée. Pour échapper au ressentiment de celle-ci et aux poursuites de celui-là, elle quitta secrètement Byzance, gagna Alexandrie et fonda près de cette ville un monastère de religieuses, dans lequel elle s'enferma. Théodora étant morte en 548, l'empereur, qui n'avait pas oublié la noble patricienne, la fit aussitôt rechercher partout où l'on pouvait croire qu'elle s'était réfugiée. Justement effrayée, quand elle apprit que sa retraite allait être découverte, elle s'enfuit sous des vêtements d'homme dans le désert de Scété et alla demander à l'abbé Daniel de la soustraire au danger qui la menaçait. Ce vénérable anachorète, alors un des principaux directeurs d'âmes en Égypte, l'installa dans une caverne voisine de la sienne, où elle vécut dans un complet isolement, passant dans la région pour un eunuque du nom d'Anastase. Lui seul savait qui elle était et lui seul prenait soin d'elle aux points de vue spirituel et matériel. Il la dirigeait dans la voie de la perfection et, chaque semaine, lui faisait porter par un de ses disciples, qui était en même temps son serviteur, une jarre d'eau, que celui-ci déposait silencieusement près de la cellule. Anastasie, dans cette réclusion absolue, s'adonna pendant vingt-huit ans à la prière et à la mortification. Un jour vint, vers la fin de l'hiver de l'an 576 ou 577 où, atteinte par la maladie, elle sentit que sa fin était proche. Aussitôt elle fit porter une tablette écrite de sa main à l'abbé Daniel pour l'informer de son état. Accouru auprès d'elle, celui-ci l'assista à ses derniers moments et, quand elle fut morte, il l'inhuma près de sa cellule. Alors seulement il révéla que l'eunuque Anastase n'était autre qu'Anastasie, la grande dame de la cour de Byzance.

L'histoire de cette sainte recluse a été conservée dans un des textes grecs qu'on trouve réunis ordinairement sous le titre de *Vie de l'abbé Daniel*.

On a quelque raison de croire que la pénitente de l'abbé Daniel est le même personnage que la diaconesse Anastasie, à qui le patriarche Sévère, l'ardent monophysite, a adressé quelques-unes de ses lettres.

L'Église grecque fait mémoire d'Anastasie à la date du 10 mars.

Acta sanct., 1668, mart. t. II, p. 40-42. — Léon Clugnet, *Vie de l'abbé Daniel le Scétiote*, Paris, 1901, p. X-XIII, 2-12.

L. Clugnet.

1. ANASTASIO (Filippo). Crescimbeni l'appelle Anastagio et d'Anastagio; Mazzuchelli, d'Anastasio; Cappelletti, Anastasi. Né, le 25 septembre 1650, à Vettico, bourg d'Amalfi, suivant Camera et d'Avino, *Cenni storici sulle chiese vescovili del regno*, p. 645; le 25 janvier 1656, à Naples, suivant tous les autres auteurs. Orateur de valeur, également versé dans la littérature et les sciences, lié d'amitié avec les principaux littérateurs de son temps, membre de l'académie romaine de l'Arcadie, il fut nommé, à l'âge de trente-trois ans, professeur de droit civil, puis de droit canon, à l'université de Naples, en 1699, chanoine de la cathédrale de cette ville. Préconisé, le 11 avril de la même année, par Innocent XII, archevêque de Sorrente (Arch. Vat., *Atti concistoriali*, vol. ann. 1692-1699, fol. 216), il fut sacré à Rome le lendemain, et, à peine installé, fonda dans son palais archiépiscopal une académie scientifique, restaura, embellit le séminaire et y encouragea les études, mais, au moment où il allait entreprendre la visite pastorale et réunir le synode provincial et le synode diocésain, il dut quitter son diocèse à la suite d'un conflit avec les autorités civiles et se retirer dans la Ville éternelle, puis à Naples. Rentré dans le diocèse en 1703, sur l'ordre du nouveau pape Clément XI, qui lui avait, d'ailleurs, fait rendre justice, il fut de nouveau en butte à l'hostilité du pouvoir, et, après avoir jeté l'interdit sur la ville de Sorrente, fut expulsé le 20 avril, par ordre du vice-roi de Naples. Il revint le 20 juin suivant, mais dut bientôt repartir et se retirer à Rome pour la seconde fois. Le pape le nomma assistant au trône pontifical, le 27 décembre 1706, et lui offrit successivement les riches archevêchés de Manfredonia, de Conza et de Rossano, mais il les refusa, et rentra encore une fois dans son diocèse en 1710. Il profita de ce séjour plus prolongé pour embellir la cathédrale, mais, à la suite de nouvelles difficultés, quitta définitivement Sorrente en 1723 et donna sa démission le 20 décembre 1724. Benoît XIII, après lui avoir offert le siège de Cosenza, le nomma patriarche d'Antioche *in partibus*, titre sous lequel on le voit souvent cité, sans plus, dans les auteurs, et examinateur des évêques. Il mourut à Rome le 10 mai 1735. Son oraison funèbre fut prononcée par le P. Giacco, capucin, et se trouve dans le t. III des *Orazioni sacre* de ce religieux, n. IX. Outre les ouvrages énumérés ci-après, il laissa inédits un poème sur le système de Descartes, diverses leçons académiques sur les mathématiques, plusieurs poésies, une dissertation historico-critique contre Giannone, une réfutation des livres de l'Aletino. Enfin un assez grand nombre de lettres de lui au cardinal Paulucci, secrétaire d'État de Clément XI, la plupart relatives à ses démêlés avec le pouvoir civil, sont conservées aux archives du Vatican, dans les *Lettere di vescovi*, t. 95, 97-99, 102-103, 105-107. Trois inscriptions, qu'on voit encore à Sorrente et qui sont reproduites dans Cappelletti, racontent sa vie.

ŒUVRES. — Outre quelques poésies de circonstance, et autres imprimées dans Bulifon, *Compendio delle vite de' re di Napoli*, Naples, 1698, etc : *Praelectio ad Epistolam Decretalem Lucii III quae incipit : Ad aures sub titulo de Simonia, habita...*, in-4°, Naples, 1696; — *Orazioni in lode di varj personaggi illustri*, in-8°, Naples, 1721; — *Orazioni panegiriche*, in-4°, Naples, 1741; — *Suprema romani pontificis in Ecclesia potestas adversus instrumentum appellationis quatuor Galliae episcoporum a constitutione Unigenitus ad futurum generale concilium*, 3 vol. in-4°, Naples, 1721; nouvelle édit. (du t. 1 seulement), Bénévent, 1723; — *Apologia di quanto l'arcivescovo di Sorrento ha praticato con gli economi de' beni ecclesiastici di sua diocesi*, in-4°, Rome, 1724; — *Lucubrationes in Surrentinorum ecclesiasticas civilesque antiquitates*, 2 vol. in-4°, Rome, 1731-1732; cf. *Acta eruditorum*, Leipzig, 1737, p. 15-19; Gaetano Parascandalo, *Monografia del comune di Vico Equense*, Naples, 1858, et Ant. Canale, *Storia dell' isola di Capri*, Naples, 1887 p. 316-317, 323-328, 332-333, 338. Ce dernier ouvrage atteste plus d'érudition que de sens critique; le livre II de la Ire partie renferme les leçons des offices des évêques du diocèse qui sont honorés comme saints, composées par Anastasio, avec ses commentaires; le livre III renferme la biographie des évêques et des archevêques, et se termine par les Vies de Filippo (p. 530-550) et Ludovico Anastasio (voir l'art. suivant) par Andrea Agellio; — *Rime*, Padoue, 1736; — deux lettres dans Milo, *Ragionamenti*, Naples, 1721, et une autre sur le dictionnaire de la Crusca, imprimée d'abord dans le t. III des *Lettere memorabili* de Bulifon, Naples, 1696, mais si vive que Bulifon dut la supprimer. L'écrivain, en lui, on le voit, n'était pas moins batailleur que le prélat.

Crescimbeni, *Le vite degli Arcadi illustri*, Rome, 1708, t. I, p. 54; *Istoria della volgare poesia*, Venise, 1730, t. IV, p. 267. — Ughelli-Coleti, *Italia sacra*, Venise, 1720, t. VI, col. 628-630. — Cinelli, *Biblioteca volante*, Venise, 1734, t. I, p. 38-39. — *Giornale de' letterati d'Italia*, Parme, 1687, t. XXXIV, p. 447; t. XXXVI, p. 396. — Donnorso, *Memorie istoriche della fedelissima ed antica città di Sorrento*, Naples, 1740, p. 224-225. — Mazzuchelli, *Gli scrittori d'Italia*, Brescia, t. I, 2e part., p. 669-672. — Soria, *Memorie storico-critiche degli storici napoletani*, t. I, p. 18. — D'Afflitto, *Memorie degli scrittori del regno di Napoli*, Naples, 1782, t. I, p. 324-329. — Gem. Maldacea, *Storia di Sorrento*, Naples, 1841, p. 102, n. 202. — B. Capasso, *Topografia storico-archeologica della penisola sorrentina*, Naples, 1846, p. 16, note 2, p. 54, 79, 80, 82, 83, 86; *Memorie storiche della Chiesa Sorrentina*, Naples, 1854, p. 1, note 1, 102-105, 268. — Camillo Minieri Riccio, *Memorie storiche degli scrittori nati nel regno di Napoli*, Naples, 1844, p. 18-19; *Notizie biografiche degli scrittori napoletani fioriti nel secolo XVII*, Milan-Naples-Pise, 1875, p. 27-28. — Cappelletti, *Le chiese d'Italia*, Venise,1863, t. XIX, p. 717-720. — Paschale Santamaria, *Historia collegii patrum canonicorum Metrop. ecclesiae Neapolitanae*, Naples, 1900, p. 551, 581, 587. — Manfredi Fasulo, *La penisola sorrentina*, Naples, 1906, p. 152-159, 256, 338-339. — Hurter *Nomenclator literarius theologiae catholicae*, 3e éd., Inspruck, 1910, t. IV, col. 1226-1228. — Biagio Doria, *Bibliografia della penisola sorrentina*, Naples, 1909, p. 24-25.

J. FRAIKIN.

2. ANASTASIO (LUDOVICO AGNELLO). Neveu du précédent. Né à Naples, le 1er mars (le 15 février, suivant Agellio) 1692, son oncle le nomma, tout jeune encore, vicaire général du diocèse de Sorrente, charge dans laquelle il se fit remarquer par sa charité et sa prudence. Il devint ensuite chanoine de la cathédrale de Naples, puis, après la démission de son oncle, fut préconisé, le 20 décembre 1724, archevêque de Sorrente, et sacré à Rome par lui, le 27 du même mois. Durant son épiscopat, il érigea en collégiale l'église de San Michele Arcangelo in Carotto, et obtint de Benoît XIII la concession de l'usage de la chape et du rochet pour les chanoines de son chapitre métropolitain. Il embellit la cathédrale et agrandit le séminaire, ainsi que le rappelle une inscription placée sur cet édifice. Nommé, en 1756, à la dignité purement honorifique de patriarche d'Alexandrie *in partibus* (le 19 janvier, suivant d'Afflitto; le 14 février, suivant Mazzuchelli), il mourut à Sorrente le 13 février 1758. A la fois théologien, mathématicien, prédicateur et poète, mais assez médiocre dans tous les genres, il a cependant contribué notablement, ainsi que son oncle, à éclaircir l'histoire de sa patrie adoptive.

ŒUVRES. — *Animadversiones in librum F. Pii Thomae Milante episcopi Stabiensis De Stabiis, Stabiana Ecclesia, et episcopis ejus*, Naples, 1751 (cf. B. Capasso, *Topografia storico-cronologica della penisola sorrentina*, Naples, 1846, p. 15-16, 20, note 2, 23, note 1, 53, note 2); — *Istoria degli antipapi*, 2 vol. in-4°, Naples, 1754; — *Lettera accademica all' archidiacono Cortese per la patria di Roberto di Sorrento, principe di Capua*, in-4°, Naples, 1757; — *Lettere latine ed italiane scritte in varii tempi*, in-4°, Naples, 1757. Soria et d'Afflitto citent de lui une *Lettera intorno alla famiglia Sersale*, mais elle n'est probablement autre chose que la troisième des ouvrages que nous venons d'énumérer.

Andrea Agellio, *Ludovici Agnelli Anastasi archiepiscopi Sorrentini vita*, dans Filippo Anastasio, *Lucubrationes in Surrentinorum ecclesiasticas civilesque antiquitates*, Rome, 1731, t. I, p. 550-566. — P. d'Afflitto, *Memorie degli scrittori del regno di Napoli*, Naples, 1782, t. I, p. 329-330. — Soria, *Memorie storiche di Sorrento*, t. I, p. 26. — Vincenzo Donnorso, *Memorie storiche della fedelissima ed antica città di Sorrento*, Naples, 1740, p. 127. — Mazzuchelli, *Gli scrittori d'Italia*, Brescia, 1753, t. I, 2e part., p. 672. — Gennaro Maldacea, *Storia di Sorrento*, Naples, 1841, p. 203. — Bart. Capasso, *Memorie storiche della Chiesa Sorrentina*, Naples, 1854, p. 105-107. — Cappelletti, *Le chiese d'Italia*, Venise, 1864, t. XIX, p. 720-721. — P. Bonaventura da Sorrento, *Sorrento sacra e Sorrento illustre*, Sorrento, 1877, p. 38. — Paschale Santamaria, *Historia collegii patrum canonicorum Metrop. ecclesiae Neapolitanae*, Naples, 1900, p. 546, 581. — Manfredi Fasulo, *La penisola sorrentina*, Naples, 1906, p. 59-168, 336. — Biagio Doria, *Bibliografia della penisola sorrentina*, Naples, 1909, p. 25.

J. FRAIKIN.

3. ANASTASIO DE FIGUEIREDO RIBEIRO (JOSÉ), chanoine de la collégiale de Nossa Senhora da Oliveira de Guimarães (Portugal), membre de l'Académie royale des sciences de Lisbonne, un des plus érudits investigateurs de l'histoire du Portugal, naquit à Lisbonne le 6 février 1766 et mourut le 30 janvier 1805. On dit qu'il mourut de chagrin à cause de l'accueil froid que reçut son ouvrage *Nova história da militar *ordem de Malta*. Ses ouvrages sont riches en renseignements, mais d'un style difficile et embrouillé; quelques-uns sont très utiles pour l'histoire ecclésiastique du Portugal, surtout la *Synopsis chronológica* et la *Nova história de Malta*.

Il écrivit : *Synopsis chronológica de subsidios, ainda os mais raros, para a história e estudo ciitico da legislação portuguesa, mandada publicar pela Academia real das sciéncias*, 2 vol., Lisbonne, 1790; — *História da ordem militar do Hospital, hoje de Malta, e dos senhores grãos-priores d'ella em Portugal*, 1re part. (jusqu'à la mort du roi Sancho II), Lisbonne, 1793. L'ouvrage ne fut pas terminé. L'auteur le refondit, l'acheva et le publia sous le titre : *Nova história da militar ordem de Malta e dos senhores grãos-priores d'ella em Portugal*. La première partie s'arrête à la mort du roi dom Sancho II; la deuxième, à celle de Dinis; la troisième va jusqu'à l'époque de l'auteur, Lisbonne, 1800.

Dans la collection des *Memórias de litteratura* de l'Académie royale des sciences de Lisbonne, on trouve les mémoires suivants du même : *Memória sobre a origem dos nossos juizes de fora* (t. I, p. 31 sq.); — *Memória sobre qual seja o verdadeiro sentido da palavra « Façanhas » que expressamente se acham revogadas em algumas leis* (t. I, p. 61 sq.); — *Memória para dar uma ideia justa do que eram as behetrias, e em que differiam dos coutos e honras* (t. I, p. 98 sq.); — *Memória sobre qual foi a época certa da introducção do Direito de Justiniano em Portugal; o modo de sua introducção e os graus de auctoridade que entre nós adquiriu* (t. I, p. 258 sq.); — *Memória sobre a matéria ordinaria para a escripta dos nossos diplomas e papeis públicos* (t. II, p. 227 sq.).

Fortunato de Almeida, *História da Igreja em Portugal*, t. IV (sous presse). — Innocéncio Francisco da Silva, *Diccionário bibliográphico portugués*, Lisbonne, 1860, t. IV, p. 232 sq.

Fortunato DE ALMEIDA.

1. ANASTASIOPOLIS, Ἀναστασιόπολις, évêché en Galatie Première. Il existait, à 24 milles à l'est de Juliopolis, une ville appelée Lagania, Λαγανία, que mentionnent Ptolémée, V, 1, 14 (Λαγανία), la Table de Peutinger, l'Itinéraire d'Antonin (*Laganeos*), l'Itinéraire de Jérusalem (*Agannia*) et Hiéroclès, 696, 9 (Ῥεγεναγαλία, Ῥεγελαγανία = *regia Lagania*). L'évêque Euphrasius de Lagania (Λαγανίας, *Lagniensis, Laganiensis*) assista au concile de Nicée, 325. En combinant les données des Itinéraires et celles que fournit la Vie de saint Théodore le Sycéote (publiée par Th. Ioannou, Μνημεῖα ἁγιολογικά, p. 361 sq.; traduction latine dans *Acta sanctorum*, april. t. III, p. 34 sq.), on voit que Lagania dut prendre ou recevoir sous Anastase Ier (491-518) le nom d'Anastasiopolis. Voir la note de Wesseling à Hiéroclès, *P. G.*, t. CXIII, col. 1151. Le Quien, *Oriens christ.*, t. I, col. 485-488, a donc eu tort de faire d'Anastasiopolis un évêché distinct. Sous ce nouveau nom, Lagania figure dans les notices jusqu'au XIIe ou XIIIe siècle, parmi les sièges suffragants d'Ancyre : Notice d'Épiphane et de Léon le Sage (Gelzer, *Ungedruckte und ungenügend veröffentlichte Texte der Notit. episcop.*, p. 537, 552); Notices de Basile et *Nova Tactica* (Gelzer, *Georgii Cyprii Descriptio orbis Romani*, p. 9, 63); Notices 1, 3, 7, 8, 9, 10, 13 de Parthey. Outre Euphrasius, nous connaissons les évêques suivants : Théodose, fin du VIe siècle. — Timothée, son successeur. — Saint Théodore le Sycéote, mort le 22 avril 613. — Genesius, présent au concile de Constantinople, 680, et au concile in Trullo, 692. — Théophile, à Nicée, 787. — Marianus, à Constantinople, 879. — Il faut effacer trois noms de la liste de Le Quien pour Lagania : Erechthius, 325, était en réalité évêque de Gadamaua (voir Gelzer, *Patrum Nicaenorum nomina*, Leipzig, 1898, p. LXIII); Élisée et Basile, 879, appartiennent sûrement à Lagina, non à Lagania.

L'emplacement de Lagania-Anastasiopolis doit être cherché à mi-chemin entre le Kermir Sou (ancien Siberis) et Bey Bazar, chef-lieu de caza du vilayet d'Angora, mieux encore peut-être à Bey Bazar même. Voir W. M. Ramsay, *Historical geography of Asia Minor*, Londres, 1890, p. 240 sq.; sur Bey Bazar, bourg de 2 500 habitants, musulmans agriculteurs, voir Perrot, *Exploration archéologique de la Galatie*, Paris, 1872, t. I, p. 217-219.

Lagania est resté évêché titulaire pour la curie romaine.

S. PÉTRIDÈS.

2. ANASTASIOPOLIS, Ἀναστασιούπολις, évêché en Lycie : les Notices 8 et 9 de Parthey, qu'on date du début du IXe siècle, contiennent cette indication : Τελεμισσοῦ ἤτοι Ἀναστασιουπόλεως. Il faut en conclure que, comme plusieurs autres villes, Telmessus, évêché suffragant de Myre, avait pris le nom de l'empereur Anastase Ier (491-518). Voir TELMESSUS.

S. PÉTRIDÈS.

3. ANASTASIOPOLIS, Ἀναστασιούπολις, évêché en Mésopotamie. La curie romaine a conservé le titre d'Anastasiopolis, évêché suffragant d'Amida. Cet évêché ne figure pas dans les notices grecques, mais il n'est autre que celui de Dara. En effet, Procope, *De aedificiis*, II, 1, et Malalas, XVI, 116, *P. G.*, t. XCVII, col. 592, nous apprennent qu'en 507 l'empereur Anastase Ier éleva le bourg de Dara au rang de cité et lui donna son nom. L'évêché qui y fut sans aucun doute créé alors devint plus tard métropole. Voir DARA.

S. PÉTRIDÈS.

4. ANASTASIOPOLIS, Ἀναστασιούπολις, autre nom de Sergiopolis, évêché suffragant de Hiérapolis en Euphratésienne, au témoignage de Georges de Chypre : Σεργιούπολις ἤτοι Ἀναστασιούπολις, ἡ σήμερον Ῥατταφά (Ressapha). Gelzer, *Georgii Cyprii Descriptio orbis Romani*, Leipzig, 1890, p. 45. Voir SERGIOPOLIS.

S. PÉTRIDÈS.

5. ANASTASIOPOLIS, Ἀναστασιούπολις, évêché en Hémimont. Cette ville, dont on ignore le nom primitif et la situation, est citée jusqu'au IXe siècle parmi les évêchés suffragants d'Andrinople : Notice d'Épiphane (Gelzer, *Ungedruckte und ungenügend veröffentlichte Texte der Notit. episcop.*, p. 542); Notices 7 (la même que la précédente), 8 et 9 de Parthey.

S. PÉTRIDÈS.

6. ANASTASIOPOLIS, Ἀναστασιούπολις, évêché suffragant de Trajanopolis, dans la province d'Europe, Hémimont ou Rhodope. On ignore le nom primitif et la position exacte de cette ville, qui paraît avoir été placée au sud-ouest de Démotika (*Didymoteichos*); serait-ce la ville actuelle de Soufli (vilayet d'Andrinople), 7 000 habitants, presque tous grecs ? Anastasiopolis est mentionnée par les notices jusqu'au XIIe ou XIIIe siècle : Notice d'Épiphane (Gelzer, *Ungedruckte und ungenügend veröffentlichte Texte der Notit. episcop.*, p. 542), de Léon le Sage (*ibid.*, p. 558), de Basile et *Nova Tactica* (Gelzer, *Georgii Cyprii Descriptio orbis Romani*, p. 25, 79); Notices 1, 3, 2 (= Notice d'Épiphane), 8, 9 et 10 de Parthey. L'évêque Marianus (879), que Le Quien, *Oriens christ.*, t. I, col. 1207, attribue à ce siège, appartient plus vraisemblablement à Anastasiopolis de Galatie. Cf. *ibid.*, col. 486, 823, 913.

S. PÉTRIDÈS.

7. ANASTASIOPOLIS, Ἀναστασιούπολις, évêché en Phrygie Pacatienne. Cette ville, qui, comme plusieurs autres, doit son nom à l'empereur Anastase Ier (491-518), figure, du vi^e au xe siècle, parmi les sièges suffragants de Hiérapolis : Notice d'Épiphane (Gelzer, *Ungedruckte und ungenügend veröffentlichte Texte der Notit. episcop.*, p. 542); Notices 1 et 8 de Parthey; Notice de Basile (Gelzer, *Georgii Cyprii Descriptio orbis Romani*, p. 27). On ne connaît que deux évêques, Étienne et Hiéron, présents aux conciles de Constantinople de 518 et 553. Quant à Marianus, présent au concile photien de 879, il semble avoir été évêque d'Anastasiopolis de Galatie. Le Quien, *Oriens christ.*, t. I, col. 823; cf. col. 486, 913, 1207. Nous ignorons le nom primitif et la position exacte d'Anastasiopolis de Phrygie; elle était située dans la plaine appelée aujourd'hui Tohal Ova, vilayet de Brousse, et probablement dans la partie orientale. C'était sans doute une *comopolis* des Hyrgaliens; cette peuplade, connue par des monnaies, une inscription et un passage de Pline, v, 31 (où il faut corriger *Hyrgaleticos campos*), formait un κοινόν qui dut être réorganisé par Anastase Ier, un des bourgs prit son nom et devint évêché, en même temps que la colonie pergamienne de Dionysopolis; plus tard on trouve dans la même région un troisième titre, celui de Phoba. Voir DIONYSOPOLIS et PHOBA. W. M. Ramsay, *The cities and bishoprics of Phrygia*, p. 128 sq.

S. PÉTRIDÈS.

8. ANASTASIOPOLIS, Ἀναστασιούπολις, évêché en Carie. Cette ville n'est mentionnée seulement par Hiéroclès, 689, 7. Son évêque, Elpidophore, assista, en 553, au concile de Constantinople. Le Quien, *Oriens christ.*, t. I, col. 913. Quant à Marianus (879), il appartient plutôt à Anastasiopolis de Galatie, comme le reconnaît Le Quien lui-même, *ibid.*, col. 486 (voir aussi col. 823, 1207). Aucune notice n'indique Anastasiopolis parmi les évêchés suffragants de Stauropolis. La raison en est évidemment que la ville dut reprendre bientôt le nom qu'elle avait avant le règne d'Anastase Ier : ce nom est inconnu, de même que sa situation.

S. PÉTRIDÈS.

ANASTASONE (Sainte), femme grecque, qui vécut dans l'île Leucade (Sainte-Maure). La commémoraison de cette sainte se fait dans l'Église grecque le 18 mai. Comme cela a lieu si souvent, le distique qui accompagne son nom met en relief la signification de celui-ci :

Ἡ ἁγία Ἀναστασώ ᾗ ἐν τοῖς Λευκαδίου ἐν εἰρήνῃ τελειοῦται.

Ἀναστασώ ζῇ πλὴν μύει (*var.* κἂν μύῃ) κοινῷ νόμῳ, Ἀνάστασιν μένουσα κοινὴν τοῦ γένους.

Acta sanct., 1685, maii t. IV, p. 184. — Les *synaxaires* grecs, à la date du 18 mai.

L. CLUGNET.

ANATALON (Saint), évêque de Milan, disciple de saint Barnabé, était grec d'origine. Sa vie a été racontée par un anonyme, très postérieur à l'époque de son héros. Elle donne, si on la confronte avec les traditions ultérieures, lieu à plus d'une controverse. Saint Barnabé, prêchant l'Évangile à Milan, y fonde une église dont il est le premier évêque, et envoie son compagnon Anatalon prêcher à Brescia, puis le met à la tête des deux églises. Cette donnée de la Vie a été adoptée par la plupart des historiens milanais et par Baronius, *Annales ecclesiastici*, t. I, ad ann. 51, § 54. Mais elle a contre elle les plus anciens catalogues épiscopaux, qui font commencer la liste des évêques de Milan à saint Anatalon; ceux qui nomment d'abord saint Barnabé sont postérieurs, ou, comme dans le catalogue publié par Mabillon, ne portent son nom que dans une surcharge de seconde main. Quant à l'inscription produite par Baronius, *Martyrologium romanum*, 1545, p. 381, d'après les papiers d'André Alciati, ce n'est pas, comme il le croyait, l'œuvre de Miroclès, évêque de Milan au début du ive siècle, mais une imitation de l'antique, amusement de jeunesse d'Alciati, qui ne peut tromper aucun épigraphiste. Duchesne, *Saint Barnabé*, dans *Mélanges Rossi*, p. 69-70. Aussi saint Anatalon est-il regardé comme le premier évêque de Milan, envoyé seulement par saint Barnabé, par Tillemont, *Mém. pour servir à l'histoire ecclés.*, t. I, p. 687-688; par Papebroch, *Acta sanctorum*, maii t. VII, p. XLV, et par ses successeurs, au t. VII de septembre; par Mgr Duchesne *op. cit.* Son épiscopat, dit la Vie, dura treize ans, de la septième année de Claude à la huitième de Néron. Ces années peuvent s'accorder si on fait commencer l'épiscopat de saint Anatalon en la septième année de Claude, en janvier 48, pour s'achever en 61, au mois de septembre, la huitième année de Néron commençant le 13 octobre suivant. Papebroch proposait comme dates extrêmes 47-60, et Tillemont 96-109 ou même plus tard, mais cette dernière datation est trop peu reculée, et appuyée sur des raisons qui ne s'imposent pas.

Saint Anatalon, avons-nous vu, évangélisa aussi la ville de Brescia. On en a même tiré un évêque de cette ville, en même temps que de Milan : il aurait gouverné ensemble les deux églises et les aurait séparées à sa mort, en ordonnant pour lui succéder deux évêques, saint Gaius pour Milan et saint Clathée pour Brescia. Mais Rampert, évêque de Brescia (820-847), prononçant le panégyrique de son prédécesseur saint Philastre, en fait le septième évêque de Brescia; or il serait le huitième, même en écartant de la liste les noms d'Antigius et d'Evasius qui n'ont pas de titre à y figurer, si l'on faisait commencer la série par saint Anatalon. Un rythme acrostiche cité par Rampert ne le mentionne pas davantage parmi les évêques de Brescia. *Analecta bollandiana*, t. XV, p. 46-47. Il faut dire que c'est en qualité d'évêque de Milan que saint Anatalon évangélisa la ville voisine de Brescia, qui ne possédait pas encore de siège épiscopal et n'en reçut un qu'à la mort de saint Anatalon, avec saint Clathée pour premier évêque.

La fête de saint Anatalon est célébrée le 24 septembre à Brescia, le 25 à Milan, à cause peut-être de la fête de sainte Thècle, qui aura nécessité une translation. C'est la date milanaise qui a passé au martyrologe romain. Le saint évêque est honoré comme confesseur, saint Charles Borromée n'ayant pas reconnu le bien-fondé de certaines traditions adventices qui en faisaient un martyr. Ses reliques sont conservées à Brescia, où il mourut; la cathédrale, qui possédait le corps entier, n'aurait plus qu'un bras, le reste ayant été transféré à Saint-Martin. *Acta sanctorum*, sept. t. VII, p. 19 sq.

Voir les ouvrages cités par les bollandistes au t. VII de septembre, et de plus *Monumenta Germaniae historica, Scriptores*, t. VIII, p. 13, 52, 102. — Duchesne, *Saint Barnabé*, dans les *Mélanges Rossi*, p. 53, 60, 69-70. — Chevalier, *Répertoire*, *Bio-bibliographie*, col. 212. — *Bibliotheca hagiographica latina*, t. I, p. 69, n. 416.

R. AIGRAIN.

ANATETARTE, ou **ANOTETARTE**, Ἀνατετάρτη ou Ἀνωτετάρτη, évêché en Carie. Toutes les notices mentionnent parmi les sièges suffragants de Stauropolis cette ville absolument inconnue par ailleurs : Notices d'Épiphane et de Léon le Sage (Gelzer, *Ungedruckte und ungenügend veröffentlichte Texte der Notit. episcop.*, p. 540, 555); Notice de Basile et *Nova Tactica* (Gelzer, *Georgii Cyprii Descriptio orbis Romani*, p. 18, 70); Notices 1, 3, 8, 9, 10, et 13 de Parthey, ces deux dernières du xiie ou du xiiie siècle. Aucun évêque de ce titre n'est connu par les signatures des conciles et aucun texte en dehors des notices ne signale Anatetarte ou Anotetarte : il faut en conclure que celle-ci portait un autre nom que nous ignorons.

S. PÉTRIDÈS.

1. ANATOLE, stratélate grec, qui aurait subi le martyre sous Dioclétien, en même temps que saint Georges. On ne le trouve mentionné que dans quelques-unes des fausses légendes de ce dernier et, comme d'autres personnages chrétiens, dont il est également question dans ces invraisemblables récits, il a été à la longue introduit dans la liste des saints peu authentiques dont les livres liturgiques grecs indiquent la commémoraison à la date du 23 avril, c'est-à-dire au jour de la fête de saint Georges.

Suivant l'usage, un distique a été composé en son honneur. Le voici tel qu'il accompagne son nom :

Τῇ αὐτῇ ἡμέρᾳ ὁ ἅγιος μάρτυς Ἀνατόλιος ὁ στρατηλάτης ξίφει τελειοῦται.

Δύσας Ἀνατόλιος ἐκτομῇ κάρας,
Ἔδον εἶδε φῶς νοητὸν Κυρίου.

On remarquera dans ces vers le jeu de mots formé par l'emploi des expressions : δύσας, Ἀνατόλιος, φῶς.

Acta sanct., 1675, apr. t. III, p. 163. — Les *ménées* et les *synaxaires* de l'Église grecque, à la date du 23 avril. — Delehaye, *Les légendes grecques des saints militaires*, Paris, 1909, p. 52, 57, 59, 75.

L. CLUGNET.

2. ANATOLE (Saint), évêque de Laodicée de Syrie, dans le dernier quart du IIIe siècle. Nous le connaissons surtout par les renseignements d'Eusèbe, *Hist. eccl.*, VI, XXXII, 16-21. Il était originaire d'Alexandrie et jouissait auprès de ses compatriotes d'une grande réputation de savoir. De l'astronomie à la rhétorique, il possédait toutes les disciplines alors cultivées. Il habitait encore Alexandrie lorsqu'une armée romaine vint faire le siège du Bruchium. Grâce aux habiles conseils qu'il fit prévaloir et au dévouement du diacre Eusèbe, un grand nombre d'assiégés purent se sauver. Eusèbe, *loc. cit.*, 7-11. Dans la suite, cet Eusèbe, se rendant au concile réuni à Antioche pour juger Paul de Samosate, en 264, fut retenu par les habitants de Laodicée en Syrie, qui l'obligèrent à accepter la succession de leur évêque Socrate, récemment décédé. Il faut donc que l'épisode militaire raconté plus haut soit antérieur à cette date. Le plus sûr est de le rattacher à la guerre de répression qui suivit la révolte de l'usurpateur Aemilianus contre l'empereur Gallien (263). Peut-être le dévouement témoigné aux insurgés avait-il compromis Anatole ? En tout cas, il ne tarda guère à quitter l'Égypte pour la Palestine. Là, l'évêque de Césarée, Théotecne, le sacra évêque et le prit comme coadjuteur en lui réservant sa succession. Les deux évêques gouvernaient ensemble lorsqu'un nouveau concile, suscité encore par l'affaire de Paul de Samosate, les appela à Antioche. Ce concile est sans doute celui de 268, auquel prit part Théotecne. Eusèbe, VII, XXX, 2. Anatole, en route pour Antioche, arriva à Laodicée au moment où son compatriote Eusèbe, l'évêque de cette ville, venait de mourir. Les habitants de Laodicée arrêtèrent alors le voyageur et le contraignirent à prendre la place de son ami. Nous ignorons combien de temps Anatole occupa le siège de Laodicée. Saint Jérôme, *De vir. ill.*, c. LXXIII; *P. L.*, t. XXIII, col. 684, se borne à nous dire qu'il florissait au temps de « Probus et de Carus, » c'est-à-dire entre 276 et 283. Il marque ailleurs (*Interpr. chronicae Eusebii, P. L.*, t. XXVII, col. 653) l'épiscopat d'Eusèbe en 276 et celui d'Anatole en 280. Cette chronologie, en contradiction avec le récit d'Eusèbe, doit évidemment être sacrifiée.

Parmi les ouvrages d'Anatole, Eusèbe nomme des (κανόνες) περὶ τοῦ πάσχα et dix livres sur l'arithmétique. Il donne même (*loc. cit.*, 14-19) un extrait de ces canons relatif à la Pâque. En 1634, le jésuite Bucher publia un *Liber Anatoli de ratione paschali* (réimprimé *P. G.*, t. X, col. 209-222), où l'on reconnut généralement une traduction latine de l'ouvrage d'Anatole. Cette attribution fut combattue au XVIIIe siècle par Hagen, *De pseudo-Anatolii et veri Anatolii canone paschali*, dans les *Dissertationes de cyctis paschalibus*, Amsterdam, 1736, p. 115-124, et plus récemment par B. Krusch, *Studien zur christlich-mittelalterlichen Chronologie. Der 84 jährige Ostercyclus und seine Quellen*, Leipzig, 1880, p. 316 sq. Th. Zahn, *Kritische Fragen über den Liber Anatoli de ratione paschali*, dans ses *Forschungen zur Geschichte des neutestamentl. Kanons*, Erlangen, 1884, t. III, p. 177-196, a repris la thèse de l'authenticité. En 1895, deux savants anglais, M. A. Anscombe, *The paschal canon attributed to Anatolius of Laodicea*, dans *English historical review*, 1895, t. X, p. 515-535, et M. Turner, *The paschal canon of Anatolius of Laodicea, ibid*, p. 699-710, ont étudié à nouveau la question. D'après le premier, ce canon pascal a été composé à Rome, vers 458; d'après le second, il a été élaboré au monastère de Iona, entre 580 et 600. M. C. Nicklin, *The date and origin of pseudo-Anatolius De ratione paschali*, dans *Journal of philology*, t. XXVIII, p. 137-151, pense que le texte actuel révèle les traces d'un original composé vers 300 et traduit en latin vers 410. M. Harnack enfin, *Die Chronologie der altchristl. Litteratur*, Leipzig, 1904, t. II, p. 78, note 1 (cf. p. 75-79), suggère qu'il pourrait y avoir, à la base du texte publié par Bucher, un écrit d'Anatole, auquel sa destination essentiellement pratique aurait valu dans la suite des remaniements et des additions.

Des fragments d'un ouvrage sur l'arithmétique nous sont parvenus sous le nom d'Anatole. *P. G.*, t. X, col. 232-236. Il ne semble pas qu'il y ait lieu d'en contester l'authenticité.

Outre les ouvrages cités, *Acta sanctorum*, 1719, jul. t. I, p. 642-644. — O. Bardenhewer, *Geschichte der altkirchlichen Literatur*, Fribourg-en-Brisgau, t. II, p. 191-195. — *Dictionary of christ. biography*, t. I, p. 111. — L. Duchesne, *Histoire ancienne de l'Église*, 1906, t. I, p. 489-490. — Tillemont, *Mém. hist. ecclés.*, Venise, 1732, t. IV, p. 304-308.

M. ANDRIEU.

3. ANATOLE, évêque d'Émèse en Phénicie, assistait, en 325, au concile de Nicée (certaines versions latines l'appellent à tort Antoine) et, en 341, au concile d'Antioche *in Encoeniis*. Mansi, *Sacr. concil. ampl. collect.*, t. II, col. 693, 698, 1307; *P. L.*, t. LVI, col. 768, 801; Lenormant, dans Pitra, *Spicilegium Solesmense*, t. I, p. 517, 531.

Tillemont, *Mém. pour servir à l'hist. ecclés.*, t. VI, p. 639. — Le Quien, *Oriens christianus*, t. II, col. 839.

R. AIGRAIN.

4. ANATOLE, de Bérée en Syrie, d'abord prêtre du diocèse de Chalcis, dans la même province, succéda à Mélèce, quand celui-ci passa du siège de Bérée au patriarcat d'Antioche. Au concile d'Antioche, en 363, il unit ses efforts à ceux des évêques qui tentaient d'unir eustathiens et mélétiens, et signa la lettre synodique à l'empereur Jovien. Mansi, *Sacr. concil. ampl. collect.*, t. III, col. 372; Socrate, *Hist. eccl.*, l. III, c. XXV, *P. G.*, t. LXVII, col. 456.

D'après Tillemont, ce serait le même Anatole qui est appelé évêque de Chalcis d'Eubée dans les actes du concile d'Alexandrie en 362 et parmi les destinataires du tome de saint Athanase aux Antiochiens. Mansi, *Sacr. concil. ampl. collect.*, t. III, col. 353; *P. G.*, t. XXVI, col. 796, 808. Mais, comme le remarque M. Cavallera, *Le schisme d'Antioche*, p. 124, note, cette identification n'est pas sûre. Il n'est pas prouvé non plus qu'Anatole ait été, comme le suppose ailleurs Tillemont, un confesseur de la foi.

Tillemont, *Mémoires pour servir à l'hist. ecclés.*, t. VII, p. 519; t. VIII, p. 209, 353, 357. — Le Quien, *Oriens christianus*, t. II, col. 214, 781. — F. Cavallera, *Le schisme d'Antioche*, p. 123-124.

R. AIGRAIN.

5. ANATOLE, évêque d'Adana, dans la Première Cilicie. Saint Jean Chrysostome, exilé à Cucuse, lui écrit, sans l'avoir jamais vu, comme à un ami. *Epist.*, CXI, P. G., t. LII, col. 668. On se demande si c'est le même Anatole qui, partisan dévoué de saint Jean Chrysostome, fut pour ce crime exilé dans les Gaules, d'après un bruit rapporté par Palladius, *Dial.*, P. G., t. XLVII, col. 71, et dont on ne dit pas le siège épiscopal. Voir l'article suivant.

Tillemont, *Mém. pour servir à l'hist. ecclés.*, t. XI, p. 267, 326. — Le Quien, *Oriens christianus*, t. II, col. 881.

R. AIGRAIN.

6. ANATOLE ou **ANATOILE** (Saint), évêque. La paroisse de Saint-Anatoile, à Salins-du-Jura, et celle de Plénise, au canton de Nozeroy (Jura), célèbrent, le 3 février, le *dies natalis* de leur saint patron, et, le 1er septembre, l'anniversaire de la translation de ses reliques.

La Vie de saint Anatoile a pour auteur François Chifflet, S. J., qui l'a rédigée pour les bollandistes, en 1657, d'après *un auteur anonyme* et les leçons des livres liturgiques bisontins.

Saint Anatoile était originaire d'Écosse et revêtu de la dignité épiscopale. Vers le VIIIe ou le IXe siècle, il aurait entrepris le pèlerinage de Rome. Soit à l'aller, soit au retour, pour une cause qu'on ne connaît pas, il se serait fixé à Salins, dans un ermitage situé à mi-côte, au-dessus de la ville, et proche d'un ancien oratoire dédié à saint Symphorien et à sainte Agathe. Il y serait mort, après une vie assez courte, toute remplie de bonnes œuvres et illustrée par des miracles.

Le P. Chifflet a fait suivre la Vie anonyme de saint Anatoile d'une autre Vie composée par lui et dans laquelle il prétend que ce saint serait le même que l'évêque d'Adana, dont la notice précède.

Au commencement du XIe siècle, le corps d'Anatoile fut relevé, placé dans un reliquaire et honoré dans la magnifique église qui porte encore son nom et qui demeure le joyau architectural du Jura.

En 1501, les chanoines de Saint-Anatoile firent tisser, à Bruges, quatorze pièces de tapisseries, représentant les scènes de la *légende* du saint. Trois d'entre elles ont échappé au vandalisme révolutionnaire : l'une est aux Gobelins et les deux autres viennent d'être achetées par l'État (1913) pour les musées nationaux.

Acta sanctor., 1658, febr. t. I, p. 355-360. — M. Ferrod, *Recherches historiques sur saint Anatoile*, Salins, 1896. — *Vie des saints de Franche-Comté*, Lons-le-Saunier, 1908, t. I, p. 282-309.

M. PERROD.

7. ANATOLE (Saint), évêque de Cahors au Ve siècle, d'après la légende de Saint-Mihiel (diocèse de Verdun). Bien qu'il fût mentionné, à cause de cette légende, par Mabillon et par le *Gallia*, bien que les bollandistes en 1869 eussent accepté la réalité de son existence comme évêque de Cahors, ce n'est qu'en 1894 qu'il a pris place dans le bréviaire cadurcien. La légende meusienne ne nous apprend rien sur l'épiscopat d'Anatole; elle se contente de nous dire qu'il mourut au temps des persécutions ariennes, ce qui ne permit pas de lui donner une sépulture convenable; sur son tombeau, hâtivement élevé dans une vigne, des miracles se firent nombreux et cependant on le laissa ainsi plusieurs siècles. L'abbé de saint-Mihiel, Ermengaud, venu dans le pays à la suite de l'empereur Charlemagne (le texte de la légende parle d'expédition contre les Saxons; sans doute faut-il lire Gascons), apprit tout à la fois le renom de sainteté d'Anatole et l'illogique abandon dans lequel on laissait son tombeau. Il ne put supporter que le corps sacré restât plus longtemps sans honneur au milieu de barbares; il l'enleva pendant une nuit et l'emporta dans son monastère. La chronique de Saint-Mihiel qui rapporta le fait pour la première fois ne dit pas qu'Anatole fût évêque (elle est des premières années du XIe siècle et faite, dit-on, sur des documents sérieux). La mention de cet épiscopat ne se trouve que dans les leçons du bréviaire, mais les bollandistes y ajoutent foi pour cette raison que les moines de Saint-Mihiel n'ont pas essayé de monter une Vie d'Anatole. Il y a bien des invraisemblances dans cette légende, et nous ne les avons pas toutes indiquées : Ermengaud aurait enlevé le corps pendant le siège de Cahors par Charlemagne, siège dont aucune histoire ne fait mention; sur le tombeau une inscription indiquait la date de la mort du saint évêque (VI id. febr.); le pieux larcin eut lieu la soixante-dixième année de la fondation de l'abbaye, ce qui donne la date de 778, et Ermengaud ne fut abbé que de 754 à 772, etc. On comprend donc que plusieurs auteurs n'aient pas accepté les conclusions du P. Victor de Buck et rejettent l'existence d'Anatole comme évêque de Cahors. Ils ont tiré un argument triomphant de l'ignorance absolue du diocèse à cet égard jusqu'au siècle dernier. Peut-être pourrait-on trouver le nom de saint Anatole, un peu déformé, dans celui d'un village de la commune de Béduer, canton de Figeac (Lot), Sainte-Neboule, où il y eut autrefois une église paroissiale et un hôpital détruits pendant la guerre de Cent ans : (*Sancta Lapula*, dans une bulle d'Eugène III, de 1146; Sainte-Anabole, Sainte-Lobole, Sainte-Hobole; *capella Sanctae Anabolae*, dans un pouillé de 1679 qui la donne comme ruinée). Quoi qu'il en soit, l'existence de saint Anatole, surtout comme évêque de Cahors, reste douteuse. On faisait jadis deux fêtes dans l'église de Saint-Mihiel : le 7 février, anniversaire de sa mort, du rite double majeur, et le 21 octobre, date d'une de ses translations, double de deuxième classe; aujourd'hui le diocèse de Verdun célèbre son souvenir le deuxième dimanche d'octobre et, depuis 1894, le diocèse de Cahors, le 8 février.

Abbé Frussotte, *Le corps de saint Anatole, évêque de Cahors*, à Saint-Michel, Cahors, 1897. — Mabillon, *Vetera anal.*, p. 352. — *Gallia christ.*, t. I, col. 117-118. — Ayma, *Hist. des év. de Cahors*, trad. de la *Series ep. Cad.* de Lacroix, t. I, p. 148, Appendice. — Lacoste, *Hist. du Quercy*, t. I, p. 250, 258 : cet auteur le met au commencement du VIIe siècle, après saint Capuan; il fait de saint Anatole une victime des Sarrasins. — Lacarrière, *Hist. des évêques de Cahors...*, IVe part., p. 103; de même. — *Acta sanctor.*, oct. t. IX, p. 309.

E. ALBE.

8. ANATOLE, consul en 440, patrice et préfet de la milice, *magister militum*. C'était un ami très dévoué de Théodoret, qu'il avait connu en Orient, où il avait été envoyé comme fonctionnaire. En 442, à Édesse, Anatole fait faire une châsse d'argent pour y déposer les reliques de l'apôtre saint Thomas. Assémani, *Biblioth. orientalis*, p. 199. Quand il dut rentrer à Constantinople, Théodoret lui écrivit pour lui exprimer ses regrets et lui demander d'intervenir pour épargner à Cyr, sa ville épiscopale, déjà accablée par les charges publiques, une augmentation d'impôts. *Epist.*, XLV, P. G., t. LXXXIII, col. 1221. Quand Théodoret, en 448, fut obligé par une sentence impériale à ne plus bouger de son diocèse, ce fut à Anatole qu'il écrivit pour lui demander si cette défense était réelle, et pour s'en plaindre, encore, dit-il, que le séjour dans la ville qui lui a été confiée ne lui soit pas désagréable en soi, mais parce que cependant c'est une gêne insupportable d'y demeurer par force, et parce que de pareilles interdictions sont dans l'Église une cause de troubles. Il s'était déjà expliqué avec Anatole dans une autre lettre, aujourd'hui perdue. *Epist.*, LXXIX, *P. G.*, t. LXXXIII, col. 1255. Cependant on préparait le brigandage d'Éphèse, dans un esprit d'hostilité très marquée contre Théodoret, que les calomnies n'épargnaient pas. Anatole crut de son devoir d'ami de l'en avertir. Théodoret lui répondit que la chose ne l'étonnait pas, et que l'accoutumance lui en ferait presque oublier l'amertume, si ce n'était une cause de trouble pour les Églises d'Orient. *Epist.*, CXI, *loc. cit.*, col. 1308. Quand le brigandage d'Éphèse eut porté contre Théodoret la condamnation prévue, ce fut encore à Anatole que celui-ci eut recours, lui demandant d'intervenir auprès de l'empereur pour lui obtenir la permission d'aller se justifier en Occident, ou tout au moins de se retirer dans son monastère, près d'Apamée. Anatole ne put obtenir à son ami que cette dernière faveur. *Epist.*, CXIX, *loc. cit.*, col. 1328. Sur ces entrefaites, Théodoret reçut communication d'une lettre de saint Léon, la lettre dogmatique à Flavien, sans doute; il en fit part à Anatole, en y joignant son adhésion. *Epist.*, CXXI, *loc. cit.*, col. 1332.

La mort de l'empereur Théodose II fit monter sur le trône impérial Marcien, beaucoup mieux disposé en faveur de Théodoret. Anatole en profita pour faire rappeler son ami, à qui, d'autre part, le pape saint Léon avait rendu son siège. Théodoret put donc de remercier en son nom l'empereur et l'impératrice de la paix qu'ils rendaient à l'Église, et d'en solliciter la convocation d'un nouveau concile, où on appellerait des évêques ayant vraiment bon esprit, et auquel le prince assisterait pour empêcher les désordres. *Epist.*, CXXXVIII, *loc. cit.*, col. 1360. Ce dernier vœu de Théodoret ne fut qu'à moitié rempli, Marcien n'ayant guère fait que paraître au concile. Mais, au premier rang des commissaires impériaux délégués pour assurer le bon ordre, était précisément le patrice Anatole. Il eut encore là l'occasion de rendre service à Théodoret, quand celui-ci se présenta pour entrer au concile, en arrêtant les protestations véhémentes de certains Pères. Mansi, *Sacror. concil. ampl. collect.*, t. VI, col. 564, 937; t. VII, col. 1, 97, 127, 180, 185, 193, 269, 272, 301, 313, 424.

Tillemont, *Mém. pour servir à l'hist. ecclés.*, t. XV, col. 262-263, 274-275, 282, 286, 288, 292, 302, 630. — Ceillier, *Hist. générale des auteurs sacrés et ecclés.*, éd. Vivès, t. X, p. 22, 24, 67, 68, 72, 74, 76, 144, 683. — Hefele-Leclercq, *Hist. des conciles*, t. II, p. 624, 665, 716. — Duchesne, *Hist. ancienne de l'Église*, t. III, p. 430. — *Diction. of christian biography*, t. I, p. 111.

R. AIGRAIN.

9. ANATOLE, patriarche de Constantinople, de décembre 449 au 3 juillet 458. D'après une Vie d'Anatole écrite par un anonyme et publiée par les bollandistes, *Acta sanctorum*, 3ᵉ édit., jul. t. I, p. 578-585, il était né à Alexandrie de parents illustres. Saint Cyrille s'occupa de le former à la vertu et à la science sacrée, l'ordonna diacre et en fit son apocrisiaire à Constantinople. Il continua d'exercer cette charge sous Dioscore. Ce fut après le brigandage d'Éphèse, c'est-à-dire vers la fin de 449, qu'il fut promu au siège de Constantinople, évidemment sous l'influence de Chrysaphe et de Dioscore. D'après un fragment qui nous est resté d'une de ses lettres à saint Léon, cette ordination aurait été tout à fait libre et spontanée (S. *Leonis Magni epist.*, LIII, *P. L.*, t. LIV, col. 853-855); mais il ne faut pas oublier qu'à ce moment Dioscore était tout-puissant. Ce fut ce dernier qui ordonna Anatole avec l'assistance de plusieurs évêques de ses amis. Eutychès lui-même était présent. On conçoit qu'une pareille ordination ait paru suspecte à saint Léon. La lettre qu'Anatole lui écrivit pour lui annoncer son élévation n'était pas faite pour dissiper ces soupçons, car le nouvel élu ne donnait aucune profession de foi et parlait comme si la controverse eutychienne et le brigandage d'Éphèse eussent été des mythes. Aussi le pape, malgré les lettres de recommandation des évêques ordonnateurs et de l'empereur Théodose II (*P. L.*, t. LIV, col. 887-889), voulut-il s'assurer de l'orthodoxie de l'élu avant de le recevoir à sa communion. Il envoya à cet effet des légats à Constantinople. Ils devaient exiger d'Anatole une profession publique de foi catholique et lui faire accepter la lettre du pape à Flavien, la seconde lettre de saint Cyrille à Nestorius, les passages des Pères insérés dans les actes du concile d'Éphèse. *Leonis epist.*, LXIX, LXX, *P. L.*, col. 890-895. A l'arrivée des légats, Anatole s'empressa de satisfaire le pape. Il réunit un concile à Constantinople, souscrivit la lettre à Flavien et dit anathème à Eutychès et à Nestorius. Poussant plus loin le zèle de la foi, il s'occupa activement de faire accepter dans tout l'Orient la lettre dogmatique de saint Léon, auquel il écrivit de nouveau pour le convaincre de son orthodoxie. Le pape ne tarda pas à lui témoigner sa satisfaction et le pria d'agir de concert avec ses légats dans l'examen de la cause des évêques qui avaient failli à Éphèse (13 avril et 9 juin 451). *Leonis epist.*, LXXX, LXXXV, *P. L.*, *ibid.*, col. 912, 922.

Anatole fut un partisan décidé de la convocation d'un concile œcuménique pour régler la question eutychienne. A ce concile, qui se réunit à Chalcédoine en octobre 451, il prit lui-même une part active et y siégea immédiatement après les légats romains. A la première session, il reconnut l'orthodoxie de saint Flavien, injustement déposé à Éphèse par Dioscore. Mansi, *Amplissima coll. concil.*, t. VI, col. 680. A la troisième, il approuva la déposition de Dioscore, parce qu'il avait agi contrairement aux canons. *Ibid.*, col. 1048. A la quatrième, il accepta la lettre dogmatique du pape à Flavien et se prononça contre toute nouvelle définition de foi. Mansi, *op. cit.*, t. VII, col. 10 sq. Néanmoins, comme les magistrats impériaux persistaient à en réclamer une, Anatole défendit pendant quelque temps une première formule, où l'on disait que le Christ est de deux natures, ἐκ δύο φύσεων. Mais devant les protestations des légats romains, il céda et adopta avec les autres Pères du concile la formule définitive, rédigée par une commission de vingt-deux membres, au nombre desquels il se trouvait. C'est au cours des discussions sur la définition de foi, à la cinquième session, qu'il déclara que Dioscore avait été condamné non à cause de la foi, mais pour avoir excommunié le pape et refusé d'obéir au concile. Mansi, *ibid.*, col. 97-118. Cette déclaration était au moins imprudente. Elle nous montre qu'Anatole se souvenait de son éducation alexandrine et qu'il était partisan des formules cyrilliennes, où l'on parlait d'une seule φύσις dans le Christ. Il était d'ailleurs assez intelligent et assez souple pour n'y pas tenir mordicus. Ce qui le montre c'est, outre son acceptation de la définition conciliaire, son attitude bienveillante à l'égard de Théodoret et d'Ibas. Mansi, *ibid.*, col. 187 sq., 198 sq. Il ne manqua pas d'assister à la quinzième session, qui approuva le fameux vingt-huitième canon, malgré les réclamations des légats du pape. Par ce canon, le siège de Constantinople recevait la préséance sur les autres patriarcats d'Orient et s'adjoignait les trois diocèses d'Asie, de Pont et de Thrace. On sait que le pape saint Léon refusa énergiquement d'approuver cette législation, et qu'il ne se gêna pas pour dénoncer les projets ambitieux d'Anatole. *Leonis epist.*, CIV-CVII, *P. L.*, t. LIV, col. 991-1010. Celui-ci n'avait sans doute pas défendu directement ses prétentions devant le concile, mais Aétius, son archidiacre, avait parlé pour lui, et lui-même avait écrit au pape pour obtenir la confirmation du fameux canon. Sa lettre nous est parvenue. On y sent beaucoup d'habileté, mais aussi une ambition assez mal déguisée. *Epist.*, CI, *inter Leoninas*, P. L., *ibid.*, col. 975-984. Les neuvième et dix-septième canons du même concile exaltaient également le siège de la Nouvelle Rome, en lui accordant une sorte de droit d'appel pour tout l'Orient. Antérieurement à ces canons et presque aussitôt après son élection, Anatole s'était rendu coupable d'un empiétement autrement grave. De sa propre autorité, il avait donné un successeur à Domnus d'Antioche, déposé au brigandage d'Éphèse. Il alla plus loin. D'accord avec le synode permanent, σύνοδος ἐνδημοῦσα, et à l'insu de Maxime, le nouveau titulaire d'Antioche, il se permit de démembrer une des métropoles de ce dernier, celle de Tyr. Tillemont, *Mémoires pour servir à l'histoire ecclésiastique*, Paris, 1711, t. xv, p. 673. Ces faits montrent bien qu'Anatole compte parmi les patriarches byzantins les plus soucieux de la grandeur de leur siège et les moins scrupuleux dans le choix des procédés.

Le commencement de brouille qui avait éclaté entre notre prélat et le pape saint Léon, à propos du vingt-huitième canon, s'aggrava du fait de la destitution de l'archidiacre Aétius, qu'Anatole ordonna prêtre et relégua hors de Constantinople, et du choix d'André, partisan d'Eutychès, comme son remplaçant. Le pape exigea la réintégration d'Aétius et l'expulsion d'André. Bon gré mal gré, Anatole finit par se soumettre. Voir l'article AÉTIUS (4), t. I, col. 668-669.

L'évêque de Constantinople joua un rôle important dans les événements qui suivirent le concile de Chalcédoine. Anathématisé par Timothée Élure, patriarche monophysite d'Alexandrie, il s'employa à faire triompher la foi de Chalcédoine en Égypte. Les évêques et les ecclésiastiques égyptiens persécutés par Timothée implorèrent son assistance, et lui adressèrent une supplique des plus flatteuses, l'appelant leur père et lui demandant d'intéresser à leur cause le pape saint Léon et les évêques des principaux sièges. Tillemont, *op. cit.*, p. 794-795. Anatole n'eut garde de laisser échapper une occasion si belle de se mettre en évidence. Il écrivit donc au pape et aux métropolitains de l'Orient sur les affaires égyptiennes (457). En même temps, répondant au désir de l'empereur Léon, il tint un concile à Constantinople, où il condamna Timothée Élure et prit la défense du concile de Chalcédoine. Tillemont, *ibid.*, p. 799-800. Tant de zèle lui attira de nouvelles félicitations du pape, mais aussi des exhortations à la vigilance, car saint Léon avait appris que les hérétiques comptaient des amis dans le clergé constantinopolitain. Le pape visait surtout deux prêtres eutychiens, Atticus et André. Il insista dans plusieurs lettres pour qu'Anatole les excommuniât. Anatole fit d'abord la sourde oreille, puis il envoya au pape un écrit d'Atticus, dans lequel ce dernier disait son aversion pour Eutychès. En même temps, l'évêque de Constantinople manifestait à saint Léon son mécontentement de le voir intervenir sans cesse dans le gouvernement de son Église. *Leonis epist.*, CLXII, P. L., *loc. cit.*, col. 1146. Le pape ne fut pas convaincu de la part d'Atticus. Il exigea de sa part une condamnation explicite de l'hérésie eutychienne (28 mars 458). P. L., *ibid.*, col. 1147. On ignore s'il obtint satisfaction, car Anatole mourut sur ces entrefaites (3 juillet 458).

D'après la Vie anonyme dont nous avons parlé plus haut, Anatole eut des relations d'amitié avec saint Daniel le Stylite, qu'il défendit contre des accusations malveillantes et dont il obtint un miracle. *Acta sanctorum*, *loc. cit.*, p. 584. Lui-même est honoré comme saint par les grecs, le 3 juillet. Les menées en font un martyr contre toute vraisemblance. Les bollandistes, *ibid.*, col. 573-578, se donnent beaucoup de mal pour le venger des accusations portées contre lui par Baronius. Il est clair qu'un personnage de sa trempe ne serait pas mis de nos jours sur les autels. Le pape saint Léon ne lui accorda jamais qu'une confiance médiocre. Bien que son orthodoxie ne soulève pas de doute sérieux, il faut reconnaître que sa conduite fut parfois équivoque. C'était par tempérament un opportuniste.

La principale source pour la vie d'Anatole est constituée par le recueil des lettres du pape saint Léon, P. L., t. LIV, et Jaffé, *Regesta pontificum romanorum*, t. I, p. 62-74. — Mansi, *Amplissima collectio conciliorum*, *Acta concilii Chalcedonensis*, t. VI, VII. — Hefele-Leclercq, *Histoire des conciles*, t. II. — *Acta sanctorum*, jul. t. I, p. 571-585. — Tillemont, *Mémoires pour servir à l'histoire ecclésiastique des six premiers siècles* : Saint Léon, t. XV, p. 588 sq. — La *Vie* anonyme publiée par les bollandistes a été rééditée avec des variantes importantes par M. Gédéon, dans l'Ἐκκλησιαστικὴ ἀλήθεια, 1882-1883, t. III, p. 185-190. Cette *Vie* n'a pas grande valeur historique.

M. JUGIE.

10. ANATOLE, évêque de Satala, ville de la Première Arménie. Il s'était fait représenter, au concile de Chalcédoine (451), par le prêtre Dorothée, dont on trouve le nom en tête de la première session et, à la sixième, parmi les présents et aux signatures. Une version fautive a remplacé une fois le nom d'Anatole par celui d'André. Il y avait bien au concile un André de Satala (voir ce nom), mais son évêché était en Lydie, non en Arménie.

Mansi, *Sacr. concil. ampl. collect.*, t. VI, col. 572; t. VII, col. 122, 148. — Le Quien, *Oriens christianus*, t. I, col. 433.

R. AIGRAIN.

11. ANATOLE, évêque d'Olympe en Lycie, est un des signataires de la lettre que les évêques de cette province, réunis en concile à Myre en 457 ou 458, envoyèrent à Léon Ier, empereur, contre l'intrus d'Alexandrie Timothée Élure, lettre que nous a conservée le *codex Encyclius*. Mansi, *Sacr. concil. ampl. collect.*, t. VII, col. 580.

Le Quien, *Oriens christianus*, t. I, col. 977.

R. AIGRAIN.

12. ANATOLE, évêque d'Athènes, assistait au concile de Constantinople de 459, sous le patriarche Gennade, contre les simoniaques. Mansi, *Sacr. concil. ampl. collect.*, t. VII, col. 917. Le Quien a émis l'hypothèse que ce pourrait être le même personnage qu'Anastase, également évêque d'Athènes, un des signataires de la lettre que les évêques de Grèce envoyèrent à l'empereur Léon Ier, pour le maintien des décrets de Chalcédoine, et que nous a conservée le *codex Encyclius*. Mansi, *op. cit.*, t. VII, col. 612.

Le Quien, *Oriens christianus*, t. II, col. 171.

R. AIGRAIN.

13. ANATOLE, évêque de Cyme en Lydie, assistait, en 533, au cinquième concile général, deuxième de Constantinople, et en signa les anathématismes. Mansi, *Sacr. concil. ampl. collect.*, t. IX, col. 176, 193, 392.

Le Quien, *Oriens christianus*, t. I, col. 730.

R. AIGRAIN.

14. ANATOLE, évêque de Sébaste, ville de Phrygie Pacatienne, un des Pères du concile de Constantinople de 533, cinquième œcuménique, en signa les anathématismes. Mansi, *Sacr. concil. ampl. collect.*, t. IX, col. 176, 193, 393. M. Ramsay, *Cities and bishoprics of Phrygia*, pense qu'Anatole était peut-être évêque, non de Sébaste en Phrygie, mais de Sébaste en Cilicie.

Le Quien, *Oriens christianus*, t. I, col. 805.

R. AIGRAIN.

15. ANATOLE, évêque de Lodève, assista au quatrième concile de Tolède (*Hist. gén. de Languedoc*, éd. Privat, t. I, p. 673) tenu en 633, et au sixième concile tenu dans cette ville en 638. *Op. cit.*, p. 692. Plantavit le fait aussi assister au cinquième concile, mais à tort. *Op. cit.*, p. 686. Mais Plantavit a commis une erreur plus grave; il a attribué à Honorius Ier une bulle qui aurait réglé, dès 637, le nombre des chanoines de la cathédrale de Lodève. La onzième année de son pontificat, écrit-il, Honorius aurait fixé à douze le nombre des chanoines, défendant à personne de changer ce nombre sans le consentement du Siège apostolique : la bulle serait datée de Rome, du treize des kalendes de juin. Plantavit renvoie au registre que nous appelons *Inventaire de Briçonnet*, déposé aux archives départementales de l'Hérault. Voici le texte inédit de cette bulle, dont nous n'avons que le résumé : *Honorius papa confirmavit numerum* xii *canonicorum in ecclesia Lodovensi, prohibens ne aliquis absque mandato Sedis apostolice ad majorem numerum compellere possit. Datum* xiii *kal. junii pont. sui anno* vi. Arch. dép. Hérault, série *G*, fonds évêché Lodève, reg. *Inventaire Briçonnet*, fol. 58 c. Plantavit a commis trois erreurs de lecture. De plus, le registre porte écrite de sa main, dans le texte, cette date 637 : primitivement il n'y avait pas de date, et dans sa *Chronologia*, il imprime en marge 638. Tout nous porte à croire que cette bulle doit être attribuée à Honorius III, la sixième année de son pontificat.

Plantavit, *Chronologia praesulum Lodovensium*, 1634, p. 19. — E. Martin, *Hist. de la ville de Lodève*, Montpellier, 1900, t. II, où se trouve la note sur la *Chronologie des évêques de Lodève*, par Mlle L. Guiraud. — J. Rouquette, *Annales de l'Église de Lodève*, Montpellier, 1913, p. 24.

J. ROUQUETTE.

16. ANATOLE, métropolitain de Thessalonique. Le Quien avoue ne pas pouvoir lui trouver de place dans la liste des évêques de Thessalonique avant le IXe siècle; c'est pourquoi il le met à cette époque, mais uniquement pour ce motif. Leo Allatius attribue à cet Anatole un sermon sur la décollation de saint Jean-Baptiste; cependant un manuscrit du IXe siècle en fait remonter la paternité à saint Jean Chrysostome. Un autre sermon sur saint Jean-Baptiste serait peut-être de lui.

Fabricius, *Bibliotheca graeca*, 1719, t. IX, p. 100.

R. JANIN.

17. ANATOLE, reclus de la laure de Kiev. Les sources hagiographiques russes l'appellent thaumaturge. Il vécut au XIIe siècle. Ses dépouilles mortelles reposent dans les grottes de la laure, et sa mémoire est célébrée le 31 octobre.

Dictionnaire historique des saints vénérés dans l'Église russe, Saint-Pétersbourg, 1862, p. 17. — Ignace, *Description abrégée des Vies des saints russes*, XIIe siècle, Saint-Pétersbourg, 1875, p. 100. — Barsonov, *Sources de l'hagiographie russe*, Saint-Pétersbourg, 1882, col. 35-36. — Tolstoï, *Le livre appelé la Description des saints russes*, Saint-Pétersbourg, 1888, p. 27.

A. PALMIERI.

ANATOLIE (Sainte), sainte italienne, vénérée comme martyre en Sabine, conjointement avec sainte Victoire. Le culte est attesté, vers l'an 500, par le férial hiéronymien au VI des ides de juillet; la légende les rattache à Tiora, au diocèse de Rieti, et à Trebula Mutuesca (*Corpus inscript. latin.*, t. IX, n. 463), non loin du village actuel de Sant' Anatolia. La notoriété de ces deux saintes est prouvée par les mosaïques de Sant'Apollinario Nuovo, à Ravenne — elles y sont représentées — et par une légende assez insignifiante, vrai centon où reparaissent des idées, des détails venant de Nérée-Achillée, Calocère-Parthenius, Rufine-Seconde, etc. A la fin du VIIe siècle, elle est résumée à deux reprises par saint Aldhelme, *De laude virg.*, 45, *P. L.*, t. LXXXIX, col. 279; et *De laudibus virginitatis*, 52, *ibid.*, col. 151. Elle nous est connue encore par deux textes parallèles datant sans doute de la seconde moitié du VIIe siècle. *Acta sanctor.*, jul. t. II, p. 676-677 ; *op. cit.*, p. 672-673, § 8-12 ; *Analecta bollandiana*, t. II, p. 159, § 8. Sur les rapports de ces textes, voir la bibliographie.

Acta sanctorum, loc. cit. — Albert Dufourcq, *Étude sur les Gesta martyrum romains*, Paris, 1907, t. III, p. 259-265. — Dom H. Quentin, *Les martyrologes historiques*, Paris, 1908, p. 95-96, et dans *Revue bénédictine*, octobre 1907, p. 537. — Albert Dufourcq, *Les Gesta martyrum. Méthodes et conclusions*, dans la *Revue d'histoire et de littérature religieuses*, 1907, t. XII, p. 608-610.

A. DUFOURCQ.

ANAYA Y MALDONADO (DIEGO), évêque espagnol. Il naquit à Salamanque en 1357, de Pedro Alvarez de Anaya et d'Aldonça Maldonado, tous deux de famille noble. Il fit ses études à l'université de Salamanque, où il prit ses grades *in utroque jure*. Dans les premières années de sa jeunesse, il entretint des relations coupables avec une jeune fille de la haute aristocratie castillane, Marie de Orozco. Il en eut deux enfants : Juan Gomez et Diego Gomez de Anaya. Bien qu'il ne tardât pas à reprendre la dignité de vie qui convenait à son état, la puissante famille des Orozco ne lui pardonna jamais cette faute et ne cessa de le poursuivre de sa haine. Pourtant les effets de leur persécution ne se firent sentir que dans les dernières années de la vie d'Anaya.

Jeune encore, il fut choisi pour précepteur des deux fils du roi Jean Ier, dont l'un devait succéder à son père sur le trône de Castille, sous le nom d'Henri III, et dont l'autre, Ferdinand de Antequera, devait recevoir la couronne d'Aragon. Anaya exerçait encore ces fonctions, quand il fut nommé évêque de Tuy. Il fut transféré au siège d'Orense en 1390, puis à celui de Salamanque le 16 octobre 1392. Là il fonda le collège de San Bartolomé, destiné à grouper quinze étudiants choisis, qu'on devait préparer, par une forte discipline et une solide instruction, à remplir les charges importantes de l'Église et de l'État. Ce collège, qui ne cessa jamais d'être l'œuvre de prédilection du prélat, répondit à ses espérances. Il en sortit une élite d'hommes éminents dans tous les ordres, qui occupèrent dignement les premiers emplois dans les carrières ecclésiastiques et civiles. C'est sur le modèle de San Bartolomé, première institution de ce genre en Espagne, que furent créés, en d'autres villes, cinq collèges analogues, dont le plus célèbre fut celui d'Alcala, fondé par le cardinal Ximénès.

Pendant le règne d'Henri III et la minorité du roi Jean II, Anaya prit une part importante aux affaires publiques. Il joua un rôle prépondérant dans les conciles nationaux de 1399 et de 1401, réunis à l'effet de décider si le royaume de Castille devait se soumettre à Benoît XIII Il fut chargé de porter à ce dernier les lettres d'obédience d'Henri III. A son retour, vers la fin de 1401, il reçut le titre de président du conseil de justice de Castille, et paraît avoir été le premier à exercer cette haute fonction.

Le 10 mars 1408, il était transféré au siège de Cuenca, mais il continua de s'occuper de sa fondation de Salamanque, pour laquelle il venait d'acquérir des terrains et des immeubles. En 1415, il fut envoyé, comme ambassadeur de Castille, au concile de Constance, avec Martin Fernandez de Cordoba. En arrivant, il eut à défendre les droits de préséance de son pays, d'abord contre les représentants du duc de Bourgogne, ensuite contre l'ambassade anglaise. Comme les Pères du concile tardaient à se prononcer sur ses réclamations, les Espagnols quittèrent Constance et n'acceptèrent d'y retourner qu'après avoir obtenu la promesse qu'ils auraient le pas sur les Anglais. Lorsque l'empereur Sigismond tenta une démarche personnelle auprès de Pierre de Luna pour engager l'obstiné cardinal à renoncer au pontificat, Anaya accompagna l'empereur à Perpignan, où le rejoignirent Benoît XIII et le roi d'Aragon, et il assista aux entrevues officielles en qualité de représentant de Castille. Rentré à Constance, après l'échec des conférences de Perpignan, il siégea dans le conclave qui eut lieu le 8 novembre 1417 et fut l'un des trente électeurs admis, en plus des vingt et un cardinaux, à émettre leur voix. En 1418, quand Anaya prit congé du nouveau pontife, Martin V, celui-ci le nomma archevêque de Séville et lui remit des bulles confirmant la fondation et les privilèges du collège de San Bartolomé.

Avant de rentrer en Castille, l'ambassadeur alla visiter l'antipape retiré à Péniscola, dans le royaume de Valence, mais il ne put le décider à se soumettre au pontife légitime.

En 1420, Anaya fut chargé d'une mission auprès du roi de France. A son retour, il trouva la cour divisée en deux camps. Le roi Jean II venait d'être déclaré majeur à quatorze ans. Mais le favori Alvaro de Luna prenait un tel ascendant sur le jeune souverain que l'infant Henri, oncle du roi, et les anciens fonctionnaires du palais protestèrent ouvertement à diverses reprises. L'archevêque de Séville, bien que très attaché à la personne du roi Jean, prit parti contre le favori. Celui-ci, conseillé et peut-être aidé par les Orozco, se vengea par une dénonciation calomnieuse au pape, accusant Anaya de soutenir secrètement l'antipape Benoît XIII et d'entretenir avec lui une correspondance amicale. Ému de la gravité de cette accusation, Martin V suspendit l'archevêque de ses fonctions et fit instruire un procès contre lui. La plupart des auteurs et, parmi eux, le principal biographe d'Anaya, Ruiz de Vergara, placent cet événement vers la fin de juillet de l'an 1420. Il est plus probable que la décision pontificale n'intervint qu'en 1422. Car, jusqu'à cette époque, dans les chroniques du temps, Anaya continue d'apparaître investi de sa dignité d'archevêque de Séville. C'est à ce titre qu'il assiste aux cortès d'Avila le 14 août 1420, à l'assemblée des grands à Talavera en janvier 1421 et qu'il confirme plusieurs privilèges, notamment celui du 16 juin 1421, daté d'Arevalo, par lequel le roi garantit le majorat fondé par le commandeur de Ricote. Ce n'est qu'en 1422, alors que le parti d'Alvaro de Luna triomphe définitivement, que le nom d'Anaya disparaît des actes publics. Mais aussitôt que les anciens élèves du collège de San Bartolomé connurent les accusations qui pesaient sur le fondateur de leur institution, ils employèrent tous leurs efforts à faire éclater l'innocence du prélat. Trois d'entre eux, le docteur Juan de Mella, qui depuis fut cardinal, le docteur Alonso Paladinez, futur évêque de Ciudad-Rodrigo, et le docteur Juan Rodriguez de Toro, partirent pour Rome, munis de témoignages favorables et d'une lettre élogieuse pour Anaya écrite par le roi Jean II. Le pape confia l'examen de l'affaire à Sancho de Rojas, archevêque de Tolède, et, sur le rapport de ce dernier, il rendit une bulle, le 5 janvier 1423, dans laquelle l'innocence d'Anaya était proclamée et son siège de Séville lui était rendu.

Après cette rude épreuve, l'archevêque renonça à vivre à la cour. Il se fixa dans son diocèse, mais il ne sut pas y trouver la paix. Son caractère aigri et peu conciliant lui suscita des conflits avec le chapitre de la cathédrale, sur des points de juridiction et sur des privilèges dont il prétendait déposséder les chanoines. Le roi, invité à intervenir, nomma un arbitre dont les décisions furent rejetées par le chapitre. Celui-ci porta l'affaire à Rome et Anaya fut de nouveau suspendu,
en attendant l'issue du procès. Le préfet général des hiéronymites, Lope de Olmedo, fut nommé administrateur du diocèse de Séville, depuis le 22 juin 1431 jusqu'au 16 juin 1433. Cette fois, l'archevêque fut condamné. Il fut privé de son siège et contraint de se retirer au monastère de San Bartolomé de Lupiana; il reçut le titre d'archevêque de Tarse et une pension annuelle, prélevée sur les revenus de l'archevêché de Séville.

Le frère d'Alvaro de Luna, Juan de Cerezuela, lui succéda. Mais ce prélat fut transféré bientôt après au siège de Tolède, à la fin de 1434; et Anaya, qui s'était réconcilié avec le pape et avec son chapitre, fut nommé de nouveau archevêque de Séville. Il mourut en 1437, à Cantillana, ville de son diocèse. Il avait légué ses biens au collège de San Bartolomé de Salamanque. Conformément à ses dernières volontés, il fut enterré dans la chapelle du collège. Sur son tombeau est gravée cette épitaphe en espagnol : *Ci-gît le révérendissime et illustre et très magnifique seigneur don Diego de Anaya, archevêque de Séville, fondateur de l'insigne collège de San Bartolomé. Il mourut en l'année M CCCC XXXVII.*

Fernan Perez de Guzman, *Crónica del señor rey don Juan secundo*, éd. Carvajal, Valencia, 1779, p. 138, 164, 167, 171, 172, 175, 186, 187. — Gil Gonzalez Davila, *Teatro eclesiastico*, t. II, p. 291, 292, 391; t. III, p. 447. — Fernando Ruiz de Vergara, *Historia del colegio viejo de San Bartolomé de Salamanca*, éd. Roxas y Contreras, Madrid, 1766, t. I, p. 8-76. — Bernardo Dorado, *Compendio histórico de la ciudad de Salamanca*, Salamanque, 1768, p. 271-283, 290-301. — Diego Ortiz de Zuñiga, *Anales eclesiasticos y seculares de Sevilla*, Madrid, 1677, p. 299-324. — Francisco Pacheco, *Catalogo de los arzobispos de Sevilla*, ms. de la Bibliothèque nationale de Madrid, n. 1510, non folioté. — José Alonso Morgado, *Prelados sevillanos*, Séville, 1899-1904, p. 342-349. — Conde de Torréanaz, *Los Consejos del rey*, Madrid, 1884, t. I, p. 223-225.

P. SICART.

ANAZARBE, métropole de la Cilicie IIe, dans le patriarcat d'Antioche. Étienne de Byzance, *sub verbo*, attribue la fondation de cette ville à un certain Azarbas, tandis que son commentateur dit que le nom vient de la couleur jaune du rocher près duquel elle a été bâtie; en effet, dans les langues sémitiques, la racine du mot signifie *jaunir*. L'ère propre à cette ville commence à l'an 19 avant J.-C.; peut-être prit-elle alors le nom de Césarée ἡ πρὸς Ἀναζάρβῳ, qu'elle porte sur ses monnaies au temps de Néron et que lui donnent des géographes comme Pline, *Historia naturalis*, V, 93, et Ptolémée, *Geographia*, V, VIII, 7. Elle s'appela ensuite Anazarbe tout court. Elle fut rebâtie après un terrible tremblement de terre, en 525, sous Justin Ier, et prit le nom de Justinopolis, d'après Évagre, *Historia ecclesiastica*, IV, VIII, qui dit que, trois fois déjà, elle avait subi pareil désastre. Ce nom persista, bien qu'on le trouve souvent écrit Justinianopolis. C'est dans la première moitié du ve siècle, probablement sous Théodose II, que Anazarbe devint la métropole civile et religieuse de la Cilicie IIe. La *Notitia episcopatuum* d'Antioche, dite d'Anastase Ier (558-569 ou 593-599), lui attribue huit évêchés suffragants : Épiphanie, Alexandrie, Irénopolis, Flavias, Rhossos, Mopsueste, Castabala, Égées. *Échos d'Orient*, 1907, t. X, p. 145. Une *Notitia episcopatuum*, un peu postérieure à celle-ci et dont la rédaction actuelle paraît remonter au milieu du xe siècle, ne lui attribue plus que six suffragants des huit susmentionnés; dans l'intervalle, Rhossos était devenu évêché exempt, c'est-à-dire rattaché directement au patriarcat, et Mopsueste archevêché autocéphale. *Échos d'Orient*, t. X, p. 95. Ce fut Thoros Ier (Théodore), prince arménien, qui, d'accord avec Tancrède, prince d'Antioche, enleva aux Grecs, vers

1103, Anazarbe, surnommée alors la nouvelle Troie; il y fit construire une église dédiée aux saints généraux (*Zoravark*) et y plaça une image insigne de la sainte Vierge, qu'il avait enlevée du château de Cybistra. L'année suivante, la ville fut pillée par des bandes turques et persanes. En 1130, près de ses murs, se livra la grande bataille dans laquelle Boémond, prince d'Antioche, perdit la vie en triomphant des Musulmans. En 1137, la ville était conquise par l'empereur Jean Comnène; vers 1144, elle était reprise par Thoros sur les Grecs, qui l'enlevèrent en 1158, pour l'abandonner ensuite définitivement. Lorsque le roi arménien de la petite Cilicie, Léon II, fut couronné à Sis et en fit la capitale de ses États, Anazarbe perdit de son importance au point que, au XIIIe siècle, elle était devenue presque déserte. Le 18 novembre 1308, sous ses murs, les rois arméniens Léon IV et Héthoum, avec quarante de leurs principaux seigneurs, furent égorgés par trahison dans le camp de Bilarghou, prince mongol. Aujourd'hui, les ruines se voient à Aïn-Varza, autrement dit Aïn-Zarba ou même Aïn-Navzer; la ville s'élevait autour de la montagne, qui est elle-même isolée au milieu d'une grande plaine. Ses remparts sont en partie conservés, ainsi qu'un bel arc de triomphe, des restes d'un théâtre appuyé contre le rocher, d'un stade, de plusieurs églises. La montagne qui domine le cirque et le théâtre est garnie de sarcophages taillés dans le roc. Le château fort se dresse sur un rocher d'une hauteur de 300 mètres, au confluent du Déli-Tchaï, rivière de Sis, à l'ouest, et du Sauron-Tchaï, à l'est, deux affluents du Pyramus.

Anazarbe est le lieu de naissance du célèbre médecin Dioscoride et d'Appien, historien grec du IIe siècle de notre ère. « Les plus célèbres martyrs de Cilicie, dit le P. Delehaye, *Les origines du culte des martyrs*, p. 194, sont les saints Tarachus, Probus et Andronicus, que le martyrologe hiéronymien cite (*Anazarbo Ciliciae*) au 11 octobre, leur date traditionnelle, et à d'autres dates encore difficiles à expliquer. Un évêque de Mopsueste du Ve siècle, Auxentius, bâtit une basilique en leur honneur..., Anazarbe lui fournit les reliques... Tout ce que nous savons de saint Marin, martyr d'Anazarbe, dépend de ses actes, document de mince autorité. » On connaît aussi un saint Julien, né à Anazarbe, martyrisé à Égées et dont Antioche possédait le corps au temps de saint Jean Chrysostome. *Analecta bollandiana*, t. XV, p. 73-76; *Acta sanctorum*, martii t. II, p. 415-418.

ÉVÊQUES ET MÉTROPOLITAINS D'ANAZARBE. — Athanase est donné par Arius lui-même, dans sa lettre à Eusèbe de Nicomédie, comme un de ses partisans (Théodoret, *Historia ecclesiastica*, I, IV, *P. G.*, t. LXXXII, col. 912); ce que confirme l'historien arien Philostorge, dans Nicétas Choniates, *Thesaurus fidei orthodoxae*, V, VII, *P. G.*, t. CXXXIX, col. 1368. — Maximien fut du parti de l'opposition au concile d'Éphèse en 431, assista au concile tenu à Anazarbe contre saint Cyrille d'Alexandrie en 433 et finit par admettre le traité d'union conclu entre les Églises d'Alexandrie et d'Antioche. — Valérius prend part en 449 à un concile d'Antioche. Mansi, *Sacrorum conciliorum nova collectio*, t. VII, col. 325, 328, 335, 343. — Étienne prend part en 449 au brigandage d'Éphèse. Martin, *Actes du brigandage d'Éphèse*, traduction, Amiens, 1874, p. 6, n. 25. — Cyrus assiste en 451 au concile de Chalcédoine. Mansi, *op. cit.*, t. VII, col. 137, 164, 357, 423, 429. — Oreste reçoit en 458 la lettre de l'empereur Léon Ier relative à l'affaire du patriarche Protérius. Mansi, *op. cit.*, t. VII, col. 523. — Antarchius est exilé en 518 par l'empereur Justin Ier comme partisan du patriarche Sévère. — Jean tient avec ses suffragants en 550, à Mopsueste, un concile, dont les actes sont lus au cinquième concile œcuménique. Mansi, *op. cit.*, t. IX, col. 276. — Aetherius signe au concile œcuménique de 553. Mansi, *op. cit.*, t. IX, col. 391. — Étienne assiste en 680-681 au sixième concile œcuménique. Mansi, *op. cit.*, t. XI, col. 672. — Isidore signe en 692 au concile dit *in Trullo*. Mansi, *op. cit.*, t. XI, col. 989. — Jean, auquel le chroniqueur Joseph Génésius offrit son travail, vers le milieu du Xe siècle. — Théodoret, vers l'année 1260, assiste le patriarche d'Antioche mourant. Pachymère, *Historiae*, t. I, l. VI, c. V, *P. G.*, t. CXLIII, col. 894. — Parmi les évêques latins titulaires citons Henri, nommé le 7 août 1345 à la mort de X., son prédécesseur, et fait auxiliaire de Constance. Eubel, *Hierarchia catholica medii aevi*, t. I, p. 87. — Cuno de Krobsberg, nommé le 15 juin 1349, à la mort d'Henri. — Henri, un cistercien, devenu de 1372 à 1375 auxiliaire d'Herbipolis ou Wurzbourg. — Eiringus auxiliaire de Wurzbourg de 1431 à 1439. Eubel, *op. cit.*

Pour les arméniens, on sait que X., titulaire d'Anazarbe, assistait en 1179 au concile national réuni par le catholicos Grégoire, et que le catholicos Jacques II, dit de Tarse, 1327-1341, avait été auparavant archevêque d'Anazarbe.

Barker, *Lares and penates of Cilicia and its governors*, Londres, 1853, p. 265 sq. — V. Langlois, *Voyage dans la Cilicie*, Paris, 1861, p. 434-444. — Davis, *Life in Asiatic Turkey*, Londres, 1879, p. 142 sq. — Hirschfeld, à ce mot, dans la *Real-Encyclopädie der classischen Altertumswissenschaft* de Pauly-Wissowa.

S. VAILHÉ.

ANAZARTHA. Voir ANASARTHA, col. 1439.

ANBAR. Voir PEROZ-SABOUR.

ANBURENSIS (*Ecclesia*). Voir AMPORENSIS (*Ecclesia*), col. 1355.

1. ANCAJANI (LUDOVICO). Né à Spolète, il fut préconisé évêque de cette ville le 16 novembre 1739 et mourut vers 1743. Cappelletti l'appelle, évidemment par suite d'une coquille, Ancaja.

Cappelletti, *Le chiese d'Italia*, Venise, 1846, t. IV, p. 369. — Gams, *Series episcoporum*, p. 729. — Achille Sansi, *Storia del comune di Spoleto dal secolo XII al XVII, seguita da alcune memorie dei tempi posteriori*, Foligno, 1879-1884, t. III, p. 302.

J. FRAIKIN.

2. ANCAJANI (MARIO). Né à Spolète, d'une famille noble, le 14 juillet 1773; Pie VI le nomma son prélat domestique, et Pie VII, chanoine de Saint-Pierre. Exilé en Corse après l'annexion des États pontificaux à l'empire français, pour refus de serment à Napoléon Ier, il rentra en Italie après la restauration de Pie VII, et celui-ci le préconisa évêque de Gubbio le 26 septembre 1814, puis le transféra, le 27 juillet 1821, au siège de Spolète, qui avait été érigé en archevêché l'année précédente. Plein de zèle et de bonté, il fit beaucoup pour développer l'instruction parmi ses diocésains, et, ayant obtenu que Léon XII, qui, dans son affection pour Spolète, avait déclaré cette ville sa patrie, donnât son palais pour y installer des écoles primaires, il fit venir les frères des écoles chrétiennes et les *Maestre Pie* en 1824, fonda un collège de jésuites l'année suivante et, en 1826, appela les rédemptoristes pour donner des missions dans les campagnes. Il restaura un grand nombre d'églises et le palais archiépiscopal, et se distingua aussi par sa charité durant une épidémie de choléra. Il mourut le 24 février 1827, et son éloge funèbre fut prononcé, le lendemain, dans la cathédrale, par le chanoine Boncristiani.

Notizie per l'anno 1827, p. 118. — *Elogio funebre per le solenni esequie di... Monsignore Maria de' Baroni Ancajani... recitato nella chiesa metropolitana di Spoleto*, Spolète, 1827. — Cappelletti, *Le chiese d'Italia*, Venise, 1846, t. IV, p. 378.

— Achille Sansi, *Storia del comune di Spoleto, dal secolo XII al XIV, seguita da alcune memorie dei tempi posteriori*, Foligno, 1879-1883, t. III, p. 149, 154, 156; *Memorie aggiunte alla storia del comune di Spoleto*, Spolète, 1886, p. 156.

J. FRAIKIN.

ANCARANO (PIETRO). Voir PIERRE D'ANCARANO.

ANCELIN (HUMBERT), qui succéda à Mascaron, dans l'évêché de Tulle, était né à Paris et fils de la nourrice de Louis XIV. Il était aumônier de la reine et abbé de Marcillac en Quercy, lorsqu'il fut nommé évêque de Tulle, le 4 octobre 1680. Il fut sacré à Paris par l'archevêque François de Harlay, en présence de la reine, le 21 juin 1681.

En quittant la ville de Tulle, Mascaron avait suggéré à un magistrat possédant une grande fortune, M. François de La Garde, élu de la ville, d'en consacrer une partie à la fondation d'un séminaire. C'est ce que ce dernier fit en effet par son testament du 7 février 1681. Mais les conditions qu'il mit à cette donation, et les difficultés qui surgirent de toute part, firent longtemps retarder l'exécution de ce projet, et ce fut seulement le 28 mars 1697, que l'évêque de Tulle put signer le concordat passé pour cela avec le supérieur de la Compagnie de Saint-Sulpice.

Malgré l'activité et les soins qu'avait l'évêque Ancelin pour son diocèse, il voyait qu'il n'était que médiocrement goûté, ce qui le porta à se retirer. Il donna sa démission le 13 mars 1702, et le roi, pour le dédommager, lui donna l'abbaye de Ham en Picardie.

En 1708, lors du procès de canonisation de saint Vincent de Paul, le pape donna des lettres rémissoriales pour le procès *in genere*, et choisit pour les exécuter trois prélats qui furent le cardinal de Noailles, Arthur de Lionne, évêque de Rosalie, et Humbert Ancelin, ancien évêque de Tulle.

Dix-huit ans après avoir quitté Tulle, Ancelin mourut à Paris le 27 juin 1720, à l'âge de soixante-douze ans.

Le sceau de ses armes portait : *écartelé, aux 1er et 4e d'azur à la fleur de lis d'or; aux 2e et 3e d'argent au dauphin d'azur, couronné et lampassé de gueules; sur le tout, parti d'argent et d'or, au lion brochant de gueules sur l'argent, et de sinople sur l'or*. Avec la devise : *Humbertus Ancelin episcopus et vicecomes Tutelensis.*

Pouillé historique du diocèse de Limoges, p. 76. — J.-B. Poulbrière, *Histoire du diocèse de Tulle*, p. 33. — Ph. de Bosredon, *Notes pour servir à la sigillographie du Bas-Limousin*, t. IV, p. 386; t. V, p. 287.

A. LECLER.

ANCENIS, sous-préfecture du département de la Loire-Inférieure, 5 013 habitants, doyenné et archiprêtré du diocèse de Nantes, forme une seule paroisse, sous le vocable de Saint-Pierre, ne possède plus d'autres établissements religieux que le collège Saint-Joseph. La paroisse faisait autrefois partie de l'archidiaconé et du doyenné de Nantes. Le pouillé Gervais Alliot (1648) la range dans le climat de la Chrétienté, doyenné de Châteaubriant. Le baron d'Ancenis se disait : « patron et fondateur de l'église paroissiale et chapelle de saint Barnabé y joignant, avec tous droits honorifiques et autres qui à seigneur patron et fondateur appartiennent. »

Ancenis (*Castrum Ancenisum, Portus Ancinisii*) paraît dès le xe siècle. Du moins, le château, qui joua un certain rôle dans l'histoire de Bretagne, fut bâti à cette époque par la comtesse Aremburge, femme de Guerech, comte-évêque de Nantes. La chapelle du château, dédiée à sainte Catherine, fut fondée le 12 septembre 1382 par Jean de Rieux, sire d'Ancenis, et sa femme, Jeanne de Rochefort. Un décret épiscopal du 31 octobre 1787 en supprima le titre et en réunit le temporel au collège.

La population qui se groupa autour du château, à l'abri des attaques et des invasions, dépendit de seigneurs particuliers qui comptèrent des représentants aux croisades. La seigneurie passa, par des mariages, à diverses familles, les Rochefort, les Rieux, Elbeuf, Mercœur, Vendôme, enfin les Béthune qui la possédaient au moment de la Révolution. Ce sont eux qui établirent et développèrent la plupart des institutions religieuses qui vécurent dans l'enceinte de la ville, y compris la chapelle de la prison, bâtie au xviie siècle des deniers du duc de Béthune-Charost et bénite le 7 juillet 1706.

I. L'HÔPITAL. — La plus ancienne de ces institutions, l'hôpital, est du baron Geoffroy d'Ancenis, créé par son testament du 6 mai 1296 ou 1297, pour recevoir les pauvres passants une nuit et les malades jusqu'à guérison. Il fut reconstruit avec sa chapelle, en 1546, par Suzanne de Bourbon, baronne d'Ancenis, et la chapelle consacrée le 31 mai 1551. L'établissement fut érigé en hôpital général par lettres patentes du 13 juillet 1687. Il fut longtemps desservi par des sœurs hospitalières, qui se constituèrent en communauté de garde-malades, le 14 mai 1683, approuvée par le roi en 1687. Elles occupèrent, au nombre de douze, une maison voisine, dans laquelle elles firent élever une chapelle, bénite le 21 novembre 1718. D'après l'état des communautés religieuses de 1749, elles ne font pas de vœu, mais suivent les règlements établis par l'évêque. Professes, vingt-huit ; novices, quinze ; converses, une. Recettes : 3 180 livres; dépenses : 4 000 livres. Elles se dispersèrent en 1774, et leur maison reçut en 1778 le collège actuel. L'hôpital resta ouvert pendant la Révolution, qui lui enleva une grande partie de ses ressources. En 1808, à la demande des administrations civiles, il fut confié aux ursulines de Chavagnes, qui le dirigent encore.

II. LE COLLÈGE. — Ancenis avait un collège dès le milieu du xvie siècle. Il fut fondé par un prêtre nommé Jean Davy, qui, par testament du 9 janvier 1543, légua à la fabrique d'Ancenis une maison pour loger le chapelain ou régent, qui tiendra les écoles au siège dudit Ancenis. En 1778, le collège était si florissant que ses bâtiments ne pouvaient plus contenir ses deux cents élèves. On le transporta à l'endroit où il existe aujourd'hui. Le contrat fut passé le 25 mars 1780. Des lettres patentes d'avril 1782 ratifièrent ce qui s'était fait, et confirmèrent le duc de Charost dans sa qualité de fondateur du collège. Fermé par la Révolution, l'établissement fut rouvert comme école secondaire communale par décret impérial du 11 mai 1807. Après de nouvelles fermetures en 1838 et en 1842, il devint l'objet d'un contrat passé le 2 mai 1850 entre la ville et l'évêque de Nantes. En vertu de ce contrat, il est actuellement dirigé par les prêtres du diocèse; il jouit d'une prospérité qu'il n'avait pas connue lorsqu'il était sous le régime de l'Université. Parmi les élèves sortis de la maison avant la Révolution, citons Volney, l'auteur des *Ruines*, le ministre Lainé et le maréchal de Bourmont.

III. LES CORDELIERS. — Les cordeliers s'établirent à Ancenis par bulle du 20 octobre 1448, de Nicolas V, accordée à la requête de Jeanne d'Harcourt, dame de Rieux et de Châteaubriant, avec son second mari Bertrand de Dinan et non, comme prétend le P. Anselme, le premier, Jean, sire de Rieux et de Rochefort. La fondatrice se pourvut contre la résistance du curé par lettres du 17 janvier 1450. L'église de Saint-François renfermait le tombeau de la fondatrice, morte le 3 mars 1457, qui avait voulu y être ensevelie, en habit de cordelière, au milieu du chœur; celui du maréchal de Rieux, tuteur de la duchesse Anne de Bretagne, mort le 9 février 1518; celui de Suzanne de Bourbon, qui, par testament du 19 février 1570, fit une fondation en faveur du couvent.

Dans un aveu rendu au roi en 1680, le seigneur d'Ancenis se déclare patron et fondateur de l'église et couvent de l'observance de Saint-François et de l'hospice de Saint-Clément en l'île des Cordeliers, avec pareils droits que dans l'église paroissiale; et il énumère les charges pieuses auxquelles sont tenus les religieux, moyennant une rente annuelle de 80 livres.

Le couvent pouvait contenir vingt-cinq religieux. Un procès-verbal du 10 janvier 1794 l'évalua 18 000 livres, et il fut vendu, le 3 thermidor an IV (21 juillet 1796), 16 181 livres 85. Les États de Bretagne s'y tinrent en 1630 et 1720.

IV. LES URSULINES. — Elles sont venues de Nantes. En 1642, les religieuses de cette dernière ville demandèrent l'autorisation d'établir à Ancenis une maison de leur ordre, à charge d'instruire les filles pauvres. Le 25 octobre, la Mère Antoinette de Bruc vint, avec huit religieuses, s'établir provisoirement, ouvrit les classes le 25 novembre et constitua la clôture le 30. Le 6 mars 1643, elle acquit la Davraye, immeuble situé sur la paroisse Saint-Géréon, aux portes de la ville. Un don de 2 000 livres que leur fit Louis XIV, à son passage, le 31 août 1661, permit aux religieuses de commencer la construction du monastère, qui ne fut terminé qu'en 1743, d'après le témoignage que donne Ogée, quarante ans plus tard. Mais des actes de 1643, 1645 et 1649 parlent de l'établissement des ursulines à la Davraye et mentionnent leur chapelle. L'incertitude des origines tient sans doute à ce qu'elles ne se firent pas approuver, au témoignage de l'intendant de Nantes en 1729.

L'état des communautés de femmes de 1749 ci-dessus, aux Archives nationales, compte dans la maison trente-sept professes, deux postulantes, une converse, dix-sept pensionnaires, 10 215 livres de recette, 10 426 de dépenses. Les religieuses tenaient un pensionnat, un externat et des écoles gratuites pour les paroisses d'Ancenis et de Saint-Géréon. La chapelle, placée, ainsi que le couvent, sous le vocable de saint Joseph, s'enrichit de reliques de sainte Victoire que le pape Clément XIII envoya avec un bref du 5 février 1761.

L'inventaire du couvent eut lieu le 10 août 1790. Il y avait alors trente-trois sœurs. En octobre 1792, on vendit le mobilier et les religieuses durent quitter le couvent; la propriété fut pareillement aliénée plus tard, moins le couvent, dont la municipalité d'Ancenis fit un hôpital, puis une caserne. Elle s'appelle aujourd'hui caserne de Rohan.

D'autres ursulines, celles de Chavagne, dites de Jésus, s'établirent dans le château en 1850, et y dirigèrent un pensionnat très florissant, qu'elles durent quitter par suite des lois contre les congrégations enseignantes.

Archives de la Loire-Inférieure, série E 249-281; G 346; H 428, 517-545; L 799, 804; Q 28, 41, 61-62, 1767-1770. — L. Maitre, Inventaire sommaire des archives de la Loire-Inférieure, série E, supplément, E 1631-1701. — Ogée, Dictionnaire historique de la province de Bretagne, Rennes, 1843, t. 1. — Maillard, Histoire d'Ancenis et de ses barons, Nantes, 1860.

G. DURVILLE.

ANCESSI (VICTOR), orientaliste français (1844-1878), né à Saint-Affrique (Aveyron), élève de M. Le Hir à Saint-Sulpice (1863-1868) et de M. H. de Rougé au sortir du séminaire, s'adonna à ses études favorites avec une ardeur et une virtuosité qui firent vivement regretter sa fin prématurée.

Ses principales publications furent : 1° des études de grammaire comparée parues dans les Actes de la Société philologique, 1873-1874, sous ces titres : L'S causatif, le thème N, le thème M dans les langues de Sem et de Cham, la loi fondamentale de la formation trilitère dans les langues sémitiques; 2° des ouvrages d'égyptologie où l'histoire des religions encore assez nouvelle est nettement abordée et mise au service de l'exégèse et de l'apologétique de façon toujours originale, parfois heureuse, mais trop souvent viciée par un concordisme démesuré : L'Égypte et Moïse, les vêtements du grand-prêtre et des lévites, le sacrifice des colombes d'après les peintures et les monuments égyptiens, in-8°, Paris, 1875; Job et l'Égypte, le Rédempteur et la vie future dans les civilisations primitives, in-8°, Paris, 1877.

A. Fabre. Un orientaliste aveyronnais : l'abbé Victor Ancessi, dans Revue religieuse du diocèse de Rodez, 1913, p. 407 sq. — Diction. de la Bible, t. 1, col. 552.

A. FABRE.

ANCÉZUNE DE CADEROUSSE (ROSTAING D'), évêque de Fréjus, archevêque d'Embrun (1450-1510), d'une famille noble du Comtat-Venaissin, qui fut naturalisée en France (1493), était neveu d'Étienne de Vesc, bailli de Meaux, sénéchal de Beaucaire, un des principaux ministres de Charles VIII, et ce fut par lui qu'il fit sa fortune, ainsi que plusieurs de ses parents. Il était protonotaire apostolique et prévôt de la cathédrale d'Orange, lorsque son oncle le fit présenter à l'évêché de Toulon (1484). Mais le pape avait déjà disposé de celui-ci en faveur de Nicolo Fieschi, et il s'ensuivit un procès qui dura plusieurs années. L'accord qui le termina confirma à Rostaing l'administration du diocèse de Fréjus (17 septembre 1487), qu'il détenait depuis deux ans (14 octobre 1485), avec des pensions à son adversaire. L'année suivante, le 22 octobre, Ancézune devint évêque en titre. Il séjourna peu dans son diocèse, assista aux États de Provence en 1492 et fut nommé abbé commendataire de Saint-Pierre-de-Sauve, au diocèse de Nîmes, la même année. La faveur royale lui procura aussi, à une date inconnue, l'abbaye de Saint-Ruf-lès-Valence et la préceptorerie du Pont-Saint-Esprit, au même diocèse.

En février 1494, Charles VIII l'envoya comme ambassadeur à Rome, avec la charge de réclamer l'investiture de Naples, de détacher au moins le pape de son alliance avec Alphonse d'Aragon, qui détenait ce royaume. Rostaing échoua, comme plusieurs autres ambassadeurs envoyés aussi en cette année; néanmoins il remplaça le cardinal Billières de La Groslaye, alors ambassadeur ordinaire auprès du Saint-Siège, et fut, en récompense de ses services, transféré à l'archevêché d'Embrun, le 26 novembre de la même année. Il quitta Rome peu après l'issue malheureuse de l'expédition de Naples, car il n'y avait point d'ambassadeur de France auprès du pape en 1496. Sanuto, Diarii, t. 1, col. 202. Les années suivantes, il s'occupa de l'administration de son nouveau diocèse, et en particulier des poursuites de l'Inquisition contre les vaudois du pays; il ne put obtenir d'ailleurs le retrait de l'arrêt du parlement de Grenoble qui les suspendait (1501). En 1504, il fut mis à la tête de l'ambassade d'obédience auprès du pape, et resta à Rome comme agent ordinaire. Jules II, qui l'avait connu, ainsi que sa famille, pendant ses longs séjours au Comtat, le fit toujours pour son sujet, le nomma son majordome, le 2 mars 1509, puis, abréviateur du Parc majeur, (Regesta Later., au Vatican, t. 1229, fol. 212b), ce qui mit fin à l'ambassade. Louis XII n'accepta pas cet arrangement et, en mai 1508, il fit saisir les revenus de son diocèse, pour cause de non-résidence, mesure qui ne pouvait pas avoir de suite sérieuse, ou les négociations pour la ligue de Cambrai la firent bientôt révoquer. Ancézune resta toutefois au service du pape, et y mourut en juillet 1510. Il fut enterré en l'église des Saints-Apôtres à Rome.

Bibl. nationale de Paris, mss., Dossiers bleus d'Hozier, t. VII, Ancezune. — Chanoine Albanès, Gallia christiana *novissima*, Paris, 1899, t. 1, province d'Aix, col. 388-391. — C. Eubel, *Hierarchia medii aevi*, t. 11, p. 172. — Chorier, *Histoire du Dauphiné*, Paris, 1672, t. 11, p. 500-503. — Sanuto, *Diarii*, Venise, 1883, t. vii, x. — Joh. Burchardi *diarium*, éd. Thuasne, Paris, 1884, t. 11, 111, voir l'index.

P. RICHARD.

ANCHELY (ILDEPHONSE), moine bénédictin du couvent de Martinsberg (Györ-Szent-Marton), en Hongrie. Né à Vàsárhely, dans le comitat de Veszprém, le 26 septembre 1753, il prononça ses vœux solennels le 29 septembre 1777 et fut ordonné prêtre le 31 janvier 1779. De 1802 à 1806, il fut professeur à Raab (Györ), puis (1806-1807) curé de Füss; enfin (1807-1809) supérieur de la maison de Tyrnau (Trnava, Nagyszombat) et directeur du gymnase de cette ville, où il mourut en 1809. On a de lui : *Adversariorum quaterniones*, 1779-1784, manuscrit de 450 pages in-4° conservé dans la bibliothèque de Martinsberg.

Scriptores ordinis S. Benedicti qui 1750-1880 fuerunt in imperio Austriaco-Hungarico, Vienne, 1881, p. 3.

A. BAYOL.

ANCHIALOS, ancien archevêché dans la province du Rhodope. C'était une petite colonie grecque, située en Thrace, sur la côte occidentale de la mer Noire, et qui appartenait aux habitants d'Apollonia, aujourd'hui Sizébolou. Strabon, *Geographia*, VII, vi, 1. Pline, *Historia naturalis*, iv, 44, la cite, ainsi que la Table de Peutinger (*Ancialis*), Ptolémée, III, xi, 3 (édit. Didot), et la plupart des anciens géographes. Ovide en fait également mention : *alta sub Anchiali moenia*. *Tristes*, I, ix, 36. A partir de Trajan, elle prit le nom de *Ulpia*; on possède de ses monnaies de l'époque impériale, depuis Domitien jusqu'à Gordien III. Head, *Historia numorum*, p. 236. Vers l'année 367 de notre ère, la ville d'Anchialos est donnée par Ammien Marcellin, XXVII, iv, 12, comme une cité importante; son port commandait alors au nord le golfe actuel de Bourgas, comme Apollonia le commandait au sud. Depuis Dioclétien, sans doute, la ville faisait partie de la province civile de l'Hémimont, dont Andrinople était la capitale, et en était encore ainsi vers l'année 535, dans le *Synecdemus* de Hiéroclès, 635, 11 (édit. Burckhardt). Avec les invasions slaves et bulgares du vi° siècle et des siècles suivants, les sièges et les batailles dont notre ville fut l'objet se succèdent rapidement. Le 17 juin 762, les Byzantins remportaient sur les Bulgares une victoire importante, mais ils étaient complètement défaits en l'année 766; par suite, Anchialos eut tellement à souffrir que l'impératrice Irène dut rebâtir la ville en 784. Le 20 août 917, les Byzantins y subissaient une des plus sanglantes déroutes qu'ait connues leur histoire; à cette occasion, les chroniqueurs grecs ont presque tous écrit Achelos (Ἀχελώ), qui était la forme populaire du nom de la ville, et les historiens, même modernes, ont compris Acheloüs, qui se trouve en Thessalie — erreur que Tafel a relevée depuis longtemps, *De Thessalonica*, Berlin, 1839, p. 485, sans que l'on ait beaucoup tenu compte de sa rectification. Villehardouin écrit pour l'année 1206 : « ils destruisirent une cité qui avait nom Laquilo; » c'était, en effet, ainsi que l'appelaient alors les Occidentaux et, en particulier, les Italiens. La pauvre ville devait encore traverser bien des vicissitudes. En 1423, elle appartenait toujours aux Grecs, elle fut peu après conquise par les Turcs et resta en leur pouvoir jusqu'en 1885, où elle fut annexée avec la province de Roumélie orientale à la principauté de Bulgarie. Habitée en majorité par les Grecs, elle fut en grande partie détruite par les Bulgares durant l'été de 1906, à la suite de dissensions intestines entre les deux groupes principaux de la population.

Le christianisme s'introduisit de bonne heure à Anchialos, sans que l'on puisse mettre en avant une date bien précise. S'il fallait en croire la légende de sainte Sébastienne, fêtée le 16 septembre et le 7 juin, il y aurait eu déjà des chrétiens à la fin du 1er siècle (Delehaye, *Propylaeum ad Acta sanctorum novembris*, col. 50 14); mais ce document est dépourvu de toute autorité. Par contre, il est certain qu'il existait déjà une Église constituée dans la seconde moitié du ii° siècle et que son évêque, Sotas, ayant voulu exorciser Priscilla, la compagne de Montan, les partisans de celui-ci l'en empêchèrent. Eusèbe, *Historia ecclesiastica*, V, xix. Sotas s'était opposé à l'infiltration des erreurs de Montan parmi ses fidèles, il avait écrit et prêché contre lui. Le *Libellus synodicus* de Pappus (Mansi, *Sacrorum conciliorum nova... collectio*, t. i, col. 723), dit à ce sujet : « Un très saint concile fut réuni sous le très saint évêque Sotas d'Anchialos en Thrace et douze autres évêques, il convainquit d'erreur Théodote le Corroyeur, Montan et Maximilla et les condamna. » Ce *synodicon* de Pappus étant un faux, selon toute vraisemblance, il ne faut voir dans cette citation qu'une amplification du texte d'Eusèbe. En l'an 381, le diocèse d'Anchialos est placé, peut-être à tort, dans la province de Scythie avec les sièges de Tomi (Constantza) et de Cherson en Crimée. Vers 630, dans l'Ecthesis du pseudo-Épiphane (Gelzer, *Ungedruckte und ungenügend veröffentlicht Texte der Notitiae episcopatuum*, p. 535, n. 59), Anchialos est un archevêché autocéphale, dans la province du Rhodope, et qui relève directement de Constantinople; il en fut ainsi jusqu'au xiv° siècle. Alors, d'après la *Notitia IV* de Parthey, *Hierocles Synecdemus...*, p. 135, n. 42, l'archevêché d'Anchialos aurait été uni un moment à celui de Mésembria, mais quand celui-ci devint métropole, Anchialos ne tarda pas à devenir métropole, à son tour. De nos jours, la situation ne s'est pas modifiée et la métropole grecque d'Anchialos, bien que située en Bulgarie, relève toujours du patriarcat grec de Constantinople, en Turquie. Il est probable que les Bulgares ne tarderont guère à mettre fin à cet état de choses. Pour la curie romaine, Anchialos est le siège d'un évêché titulaire.

ÉVÊQUES ET MÉTROPOLITAINS. — Sotas, vers l'an 170, d'après Eusèbe, *Historia eccles.*, V, xix. — Timothée, en 343-344, assiste au concile oriental de Sardique-Philippopolis. Feder, *Studien zu Hilarius von Poitiers*, Vienne, 1911, fasc. 2, p. 91, n. 72. — Sébastien, au concile œcuménique de Constantinople en 381. Mansi, *Sacrorum conciliorum nova... collectio*, t. iii, col. 572. — Sabbatius signe le synodicon de Gennade contre les simoniaques en 459. Mansi, *op. cit.*, t. vii, col. 920. — Paul, assiste au V° concile œcuménique de Constantinople en 553. Mansi, *op. cit.*, t. ix, col. 396. — Jacques, sous le patriarche saint Taraise (784-806). — Nicolas assiste au concile pseudo-œcuménique de Photius, en 879. Mansi, *op. cit.*, t. xvii, col. 376. — Étienne signe deux conciles en 1166. Allatius, *De consensu utriusque Ecclesiae*, p. 660. — Michel, qui devint patriarche de Constantinople en 1170. — Jean signe un statut synodal sous le patriarche Georges II Xiphilin (1191-1198). — Joseph, en novembre 1381. *Acta patriarchatus Constantinopolitani*, t. ii, p. 39. — Sophrone, qui aurait signé, en 1450, les actes d'un concile. Allatius, *op. cit.*, p. 1388. — Acace en 1561. Regel, *Analecta byzantino-russica*, p. 79. — Xénophon, en janvier 1565. *Turcograecia*, p. 172. — Théolepte, en 1590. Regel, *op. cit.*, p. 89. — Athanase, en 1596. Miklosich et Müller, *Acta patriarchatus Constantinopolitani*, t. v, p. 461. — Parthénios, cité en 1620 et jusqu'au 19 juin 1623. Legrand, *Bibliographie hellénique au XVII° siècle*, t. i, p. 192; t. iv, p. 341, 345;

'Εκκλησιαστικὴ ἀλήθεια, t. II, p. 229. — Christophore, cité en mai 1624 et transféré à Philippopolis en décembre 1636 ('Εκκλησιαστικὴ ἀλήθεια, t. II, p. 668, 669); il est probable qu'il était démissionnaire depuis 1628. — Métrophane, élu le 27 juin 1628 (Sathas, Μεσαιωνικὴ βιβλιοθήκη, t. III, p. 566) et cité encore le 1er juillet 1639. Papadopoulos-Kérameus, Ἀνάλεκτα τῆς ἱεροσολυμιτικῆς σταχυολογίας, t. IV, p. 104. — Joachim, cité en décembre 1653 ('Ο ἑλληνικὸς φιλολογικὸς σύλλογος, Constantinople, t. XX, p. 104), et mort avant le 24 juillet 1662. Ἐκκλησιαστικὴ ἀλήθεια, t. II, p. 697. — Calliste, élu le 24 juillet 1662. Sathas, op. cit., t. III, p. 596. — Parthénios, ex-patriarche de Constantinople, obtient la gestion de l'archidiocèse en qualité de proedros, le 17 décembre 1676. Sathas, op. cit., t. III, p. 602. — Daniel signe, d'après Le Quien, à un concile en 1672; cité encore en 1675 ('Η Νεολόγου ἐπιθεώρησις (Constantinople, t. III, p. 633), en juillet 1691 ('Ἀλήθεια [revue], Constantinople, t. II, p. 151), et en 1697. Sathas, op. cit., t. III, p. 405. — Macaire, son successeur, cité en 1702. Miklosich et Müller, Acta patriarchatus..., t. VI, p. 313. — Callinique, cité en août 1723 ('Ἐκκλησιαστικὴ ἀλήθεια, t. II, p. 500) et en décembre 1726. 'Ο ἑλληνικὸς φιλολογικὸς σύλλογος, t. XX, p. 110. — Nathanaël Clonares ou Callonares, élu avant 1739. Ἀλήθεια (revue), p. 202; Revue de l'Orient latin, Paris, 1893, p. 318. — Ananie, cité en janvier 1759 ('Ἀλήθεια [revue], p. 202); en septembre 1765 (Mano. Familia Mano, Bucarest, p. 119), et en janvier 1767. Ὁ ἱερὸς νυμφαγωγός, Constantinople, 1859, p. 115. — Gabriel, mort avant octobre 1775. Ἀλήθεια (revue), p. 220. — Joachim, élu en octobre 1775 et transféré au siège de Cyzique en septembre 1794. Ἀλήθεια (revue), p. 229. — Joasaph, élu en septembre 1794 et transféré au siège de Philippopolis en juin 1808. Ἐκκλησιαστικὴ ἀλήθεια, 1908, p. 305. — Paul, signalé en août 1803, peut-être par erreur. Mansi, op. cit., t. XXXIX, col. 1054. — Gabriel, élu en juin 1808 et transféré au siège de Philadelphie en 1813. Op. cit., 1908, p. 305, 318. — Eugène, élu en avril 1813 et métropolitain jusqu'au 13 décembre 1818. Op. cit., t. II, p. 296, 347. — Agathange, élu le 14 janvier 1819. Op. cit., t. II, p. 316. — Anthime, élu en avril 1821, transféré au siège de Cyzique en juillet 1831. Op. cit., t. II, p. 329, 346 sq. — Sophrone, élu en août 1831 et métropolitain jusqu'en 1847. Op. cit., t. II, p. 363. — Néophyte, transféré de Démétriade à Anchialos en mars 1836, mais dont le transfert fut cassé aussitôt après. Op. et loc. cit. — Sophrone, élu en 1847 et démissionnaire avant le 21 août 1865. Op. cit., t. II, p. 529. — Basile, élu le 21 août 1865 et déposé le 17 juin 1877. Op. cit., t. II, p. 635. — Benoît, élu le 17 juin 1877 et transféré à Ganos le 11 février 1881. Op. cit., t. II, p. 634. — Basile, réélu le 11 février 1881 (Ἀλήθεια [revue], p. 316) jusqu'en 1891. — Basile.

Le Quien, Oriens christianus, Paris, 1740, t. I, col. 1189-1192. — Th. Paraskeuvopoulos, [Ἱστορικο-γεωγραφικὴ περιγραφὴ τῆς Ἀγχιάλου, Athènes, 1888. — J. Kleinsorge, De civitatum graecarum in Ponti Euxini ora occidentali sitarum rebus, Halle, 1888. — Pauly-Wissowa, Realencyklopädie der classischen Altertumswissenschaft, 3e édit., à ce mot.

S. VAILHÉ.

ANCHIASMOS, diocèse de la Vieille-Épire et suffragant de Nicopolis. Le port de Onchesmos, Ὄγχησμος λιμήν, est signalé par le géographe Ptolémée, III, XIII, 2, édit. Müller, t. I, p. 526, en Épire et dans la région de Chaonie. Denys d'Halicarnasse, I, 51, de son côté, mentionne non loin de Bouthrotos le port Anchisos, qui portait de son temps un temple d'Aphrodite. Il n'est pas douteux que le port Anchisos de Denys soit le même que le port Onchesmos de Ptolémée. Dans une lettre à Atticus, VII, II, 1, Cicéron raconte qu'à son départ de Brindes, le vent favorable nommé Onchesmites soufflait : Brundisium venimus..., usi tua felicitate navigandi; ita belle nobis flavit ab Epiro lenissimus Onchesmites. C'est le vent venant de la ville signalée par Ptolémée qui est ici désigné. Dans le Hieroclis Synecdemus, vers 535 de notre ère, édit. Burckhardt, 652, 3, Anchiasmos est placé dans la Vieille-Épire, non loin de Bouthrotos. C'est tout ce que l'on sait de cette antique cité, dont l'emplacement est fixé avec beaucoup de probabilité aux ruines situées près de Santi-Quaranta ou Haghioi-Saranta, petit port très fréquenté de l'Albanie méridionale, un peu au nord de l'île de Corfou. Le nom actuel, qu'il soit dit en italien ou en grec, lui vient d'un sanctuaire dédié aux quarante martyrs de Sébaste. Un fait analogue s'est produit en France pour le village de Quarante, dans le canton de Capestang et le diocèse de Montpellier. Deux évêques d'Anchiasmos sont connus : Claude, présent en 449 au brigandage d'Éphèse (Martin, Actes du brigandage d'Éphèse. Traduction, Amiens, 1874, p. 7, n. 31), en 451 au concile de Chalcédoine, Mansi, Sacrorum conciliorum nova... collectio, t. VII, col. 124 (Anchiaxi) et 156 (ἀγχιασμοῦ), et qui signe en 458 la lettre adressée à l'empereur Léon par l'épiscopat de sa province. Mansi, op. cit., t. VII, col. 619 (Anciasmi). — Christodorus ou Christophorus signe, en 516, la lettre adressée au pape Hormisdas par l'épiscopat de sa province. Mansi, op. cit., t. VIII, col. 405.

Le Quien, Oriens christianus, Paris, 1740, t. II, col. 137 sq. — Ptolemaei Geographia (édit. Didot), notes de Müller, t. I, p. 526.

S. VAILHÉ.

ANCHIER (PANTALÉON). Originaire de Troyes et non pas d'Angleterre, comme l'a prétendu Tanner, Bibliotheca Britannico-Hibernica, Londres, 1748, p. 40, à la suite de quelques auteurs; il était neveu d'Urbain IV, qui résigna en sa faveur l'archidiaconé de Laon et le nomma cardinal du titre de Sainte-Praxède, au mois de décembre 1261. Sous Clément IV, il fut envoyé comme légat, pour couronner roi de Sicile, le vainqueur de Manfred, Charles d'Anjou (6 janvier 1266). La collégiale Saint-Urbain de Troyes, fondée par son oncle, fut achevée par ses soins et consacrée sous le nom de Saint-Pantaléon. Sa ville natale lui doit encore une petite église, succursale de la paroisse Saint-Jean. Thierry de Vaucouleurs lui dédia un poème latin en l'honneur d'Urbain IV. Muratori, Rerum Italicarum scriptores, t. III, part. 2, col. 405-412. Anchier mourut le 1er novembre 1286 et fut enterré dans son église titulaire, à Rome, où subsiste encore son tombeau. De son vivant, il n'avait jamais joué un rôle actif. Ce fut toujours un personnage insignifiant, instrument servile des princes angevins de Sicile. Salimbene a prétendu, à tort, qu'il était fils d'Urbain IV (éd. Bertani, 1857, p. 55).

Daunou, dans Histoire littéraire de la France, 1847, t. XXI, p. 295-296. — Fr. Duchesne, Histoire de tous les cardinaux françois, Paris, 1660-1666, t. I, p. 256-258; t. II, p. 204-205. — A. Jouault, Le tombeau du cardinal Anchier, dans Revue archéologique, 1851-1852, t. VIII, p. 735-737 et planche 179. — E. Jordan, Les origines de la domination angevine en Italie, Paris, 1909, p. 304, 600. — R. Sternfeld, Der Kardinal Johann Gaetan Orsini (Papst Nikolaus III), Berlin, 1905, passim.

G. MOLLAT.

ANCHIETA (JOSÉ DE), jésuite et célèbre missionnaire, surnommé l'apôtre et le thaumaturge du Brésil, naquit à San Cristóbal de la Laguna (Ténérife) le 19 mars 1534, d'un père espagnol, originaire du Guipuzcoa, et fut baptisé le 7 avril de la même année; c'est par erreur que certains biographes le font naître à cette dernière date. Ses études terminées à l'université de Coïmbre, il entra au noviciat de la

Compagnie de Jésus le 1ᵉʳ mai 1551, et s'embarqua bientôt après (8 mai 1553) pour la mission du Brésil, en compagnie du gouverneur dom Duarte Da Costa et de six autres jésuites. A l'Épiphanie de 1554, un modeste collège fut ouvert à Piratininga : Anchieta y enseigna la grammaire et les humanités. En même temps il se mit à apprendre de ses propres élèves la langue du pays, le *tupi-guarani*, et elle lui devint en peu de temps si familière qu'il en composa la grammaire, le dictionnaire, le catéchisme et divers traités; il écrivit aussi en quatre langues, le latin, l'espagnol, le portugais et le tupi, des récits, des cantiques, des comédies pieuses destinées à supplanter les chansons et les représentations profanes, qui se mêlaient aux cérémonies religieuses. Son *Arte de grammatica da lingoa mais usada na costa do Brasil*, in-8°, Coïmbre, 1595, a été réimprimée de nos jours par Julius Platzman, in-8°, Leipzig, 1874, et en édition fac-similé stéréotypée, Leipzig, 1874 et 1876, avec les remaniements et les additions du P. Luiz Figueira, in-8°, Lisbonne, 1621, 1681, 1687, 1754, 1795 ; plusieurs autres éditions ont été pareillement publiées de nos jours, témoignage de l'intérêt qu'on attache à cet ouvrage. Dom José Franklin Massona y Silva a copié, aux archives de la Compagnie de Jésus, et publié : *Poesias del venerable P. José de Anchieta escritas en lengua Tupy (Jesus na festa de S. Lourenço,* drame en deux actes, et *Dança que se fez na procissão de S. Lourenço)*, in-8°, Rome, 1863, avec traduction portugaise de dom João Da Cunha. D'autres pièces ont encore été données, mais en portugais seulement, par Mello Moraes dans son *Curso de litteratura*, 2ᵉ édit., Rio de Janeiro, 1882, et dans son *Parnasso Brazileiro*, 1885. Ordonné prêtre en 1566, il évangélisa aux débuts du collège de Rio de Janeiro, fut ensuite six ans recteur du collège de São Vincente, et huit ans provincial à partir de 1578; il mourut dans la petite résidence de Reritigba, le 9 juin 1597.

Les quarante-quatre années passées par lui au Brésil, et consacrées sans répit, avec un zèle inlassable, à la conversion des Indiens, ne furent qu'une suite ininterrompue de prodiges, extases, visions, prédictions, guérisons merveilleuses, morts ramenés à la vie, enfin puissance surprenante sur les éléments et les animaux qui rappelle saint François d'Assise. Et particularité qui mérite encore d'être signalée dans une vie si extraordinaire : dès 1585, un siècle avant les révélations de la bienheureuse Marguerite-Marie, Anchieta aurait élevé une église au Sacré-Cœur de Jésus à Guarapary, diocèse d'Espirito Santo.

Il commença sa première mission importante en 1563, chez les Tamoyas, peuplade belliqueuse avec laquelle les Portugais de Rio de Janeiro avaient fort à faire; il alla chez eux pour traiter de la paix et y passa cinq mois, prêchant sans cesse avec succès et faisant divers prodiges. Quand il fut recteur du collège de São Vicente, dans la colonie d'Espirito Santo, plus au nord, il évangélisa une tribu difficile et rebelle des Tapuyas, que son historien, appelle les Miramoniz, y passa quinze jours et y revint sans cesse, suivant les sauvages dans leurs diverses pérégrinations de chasse. Sa grammaire et son dictionnaire lui servirent en cette occasion, il put décider les indigènes à lui confier un certain nombre de leurs enfants, qu'il éleva soigneusement, et dont il sut faire des missionnaires auprès de leurs parents, en sorte que ces nomades convertis vinrent s'établir en plusieurs villages autour de Piratininga. En somme, son apostolat s'exerça dans la sphère des deux colonies portugaises naissantes de la baie de Rio de Janeiro et d'Espirito Santo, entre le tropique du Capricorne et le 20ᵉ degré de latitude sud, et on peut le considérer comme un des fondateurs de l'Église du Brésil. Dans ses dernières années, à partir de 1587, il prit pour centre de son action la nouvelle résidence de Reritigba, d'où il rayonna dans les environs, toujours à la recherche des indigènes. Pour plus de détails, voir plus loin, article BRÉSIL.

La cause de béatification du saint missionnaire, déjà très avancée au XVIIIᵉ siècle, mais arrêtée par la suppression de la Compagnie de Jésus, a été reprise de nos jours, à la demande des évêques et du gouvernement brésiliens : la Congrégation des Rites a rendu, le 15 novembre 1910, le décret sur l'authenticité des miracles.

Outre les ouvrages cités plus haut, on a encore d'Anchieta un long poème latin, *De beata Virgine Dei matre Maria*, inséré p. 481-528 de la *Chronica do Brasil*, du P. Simão de Vasconcellos, in-fol., Lisbonne, 1663, et p. 443-593 de la Vie d'Anchieta par le même, in-fol., Lisbonne, 1672; publié à part : *Poema Marianum auctore venerabili P. Josepho de Anchieta*, in-8°, Santa Cruz (Canaries), 1887; — *Informações e fragmentos historicos (1584-1586)*, publiés par Capistrano de Abreu, in-8°, Rio de Janeiro, 1886; — *Sermão sobre a conversão de S. Paulo*, dans *Revista trimensal do Instituto historico geographico*, 1892, t. LIV; — enfin de nombreuses lettres disséminées dans différents recueils et dont on a la liste dans Sommervogel et Rivière. On peut encore attribuer à Anchieta un mémoire sur le Brésil publié par Purchas dans ses *Pilgrimes*, Londres, 1625, t. IV, p. 1320-1325 : *Articles touching the dutie of the Kings Maiestie our Lord and to the common good of all the estate of Brasil*. Anchieta laissa plusieurs manuscrits en tupi-guarani et aida le P. Manuel Viegas dans la composition de sa *Gramatica de la lengua de los Miramomiz en las misiones del Brasil*.

Sebastiano Berettari, *Iosephi Anchietae Societatis Iesu sacerdotis in Brasilia defuncti Vita*, Lyon, 1617; Cologne, 1617 : cette Vie, composée sur le manuscrit portugais, inédit, du P. Pedro Rodrigues, provincial du Brésil à la mort d'Anchieta, est, avec celle de Vasconcellos, la source de toutes les autres; elle a été traduite en plusieurs langues. — Juan Eusebio Nieremberg, *Ideas de virtud en algunos claros varones de la Compania de Jesus*, Madrid, 1643, p. 513-557. — Balthazar Telles, *Chronica da Companhia de Iesu da provincia de Portugal*, Lisbonne, 1647, t. II, p. 277-316. — Sotwel, *Bibliotheca scriptorum S. J.*, Rome, 1676, p. 519-520. — Baltasar de Gonçalves, *Compendio de la vida de el apostol de el Brasil...*, V. P. Joseph de Anchieta, Jérez de la Frontera, 1677, avec la généalogie et les armes de la famille. — Antonio Franco, *Imagem da virtude de Coimbra*, Coïmbre, 1719, t. II, p. 230-399 : édité à part, Rio de Janeiro, 1898. — [Longaro degli Oddi], *Vita del venerabil servo di Dio P. Giuseppe Anchieta..., cavata da' processi autentici formali per la sua beatificazione*, Rome, 1738. — Ch. Leclerc, *Bibliotheca Americana*, Paris, 1878, n. 126, 1557, 1558, 1559, 1632, 1634, 2444. — Carlos Sommervogel, *Bibliothèque S. J.*, Bruxelles, 1890, t. I, col. 310-312; 1898, t. VIII, col. 1631. — José Eugenio de Uriarte, *Notes mss.* — *III Centenario do veneravel Joseph de Anchieta. Conferencias preparatorias*, Paris-Lisbonne, 1900; on y trouve, p. 341-355, la bibliographie et la bio-bibliographie d'Anchieta communiquées par le P. Sommervogel. — *La première église consacrée au Sacré-Cœur*, dans *Le Messager du Cœur de Jésus*, Tournai, 1906, t. LXXXI, p. 365-367. — Ernest-M. Rivière, *Corrections et additions à la Bibliothèque de la Compagnie de Jésus*, Toulouse, 1911-1912, col. 63-64, n. 218. — J. Denis, dans *Biographie générale* de Didot, t. II, col. 505-510.

P. RICHARD.

ANCHIN (*Aquicinctum, Aquicinium, Aquicignum monasterium*). Abbaye d'hommes de l'ordre de Saint-Benoît, située dans une sorte d'île formée par la Scarpe, des marais et le ruisseau du Bouchart, dans la commune de Pecquencourt, canton de Marchiennes (Nord), à deux lieues à l'est de la ville de Douai. Un solitaire du nom de Gordaine y avait autrefois mené la vie érémitique, mais il ne restait plus de trace de son oratoire à la fin du XIIe siècle.

I. FONDATION. — C'est dans cette solitude que deux gentilshommes du pays de Douai, Gaultier et Sigier ou Sohier, résolurent, en 1079, de se retirer pour y pratiquer la vie monastique. Ils firent part de leur dessein à Anselme de Ribaumont, propriétaire de ce terrain. Ce seigneur leur fit don du territoire d'Anchin avec le village de Vred, qui était contigu, et de tout ce qu'il possédait à Auberchicourt. Gérard II, évêque d'Arras et de Cambrai, dont relevaient ces terrains, approuva la donation et voulut contribuer lui-même à la nouvelle fondation en lui concédant les églises de Buric, Baville, Orton, Germay et Salcie, affranchies de tout impôt. Gaultier et sa mère Mathilde donnèrent la moitié de Pecquencourt, et l'évêque, dont ils le tenaient en fief, ajouta l'autre moitié. Sigier et sa femme Mathilde firent don d'un domaine nommé Henninel, et des terres qu'ils possédaient à Rieulay, à Erchin, à Sonneville. Hermingarde, sœur de Mathilde, fit abandon, en faveur du nouveau monastère, de ses héritages et de tout ce qu'elle avait d'alleux à Berlaincourt; les deux sœurs offrirent en outre d'autres alleux qu'elles avaient à Nigelle. Le chantre de l'église de Cambrai donna huit manoirs, le comte Baudouin un moulin à Valenciennes. D'autres personnes en grand nombre suivirent ces exemples et tinrent à honneur de contribuer à cette œuvre.

La charte de fondation est datée de l'an 1079 et est reproduite par Escallier dans son ouvrage, *L'abbaye d'Anchin*, Lille, 1852, p. 17-18.

Sept gentilshommes d'illustre naissance se dépouillent de leurs biens en faveur du nouveau monastère et viennent se joindre à Gaultier et Sigier. L'évêque Gérard fait venir de l'abbaye d'Hasnon deux religieux éminents pour instruire les nouveaux cénobites dans la pratique de la règle de saint Benoît. Il confie à l'un de ces religieux, Alard ou Adalard, le bâton abbatial, qu'il s'était réservé, et le met à la tête du nouveau monastère. La même année, il bénit solennellement le premier oratoire, et le dédia au saint Sauveur, à la bienheureuse vierge Marie et à tous les saints.

II. ABRÉGÉ HISTORIQUE. — Le monastère prenait de l'accroissement sous l'habile direction d'Adalard, quand, en 1083, un incendie consuma les bâtiments. Sans se laisser abattre par cette épreuve, les religieux construisent à la hâte des cellules et un oratoire couvert en chaume pour ne pas interrompre l'office. Hugues, doyen de Cambrai, vint, à leur demande, diriger les travaux de reconstruction. Cet ecclésiastique, d'une éminente piété, riche et habile architecte, consacra à l'œuvre sa fortune, sollicita de tous côtés des secours, et, en 1086, l'église, le dortoir et le réfectoire étaient achevés. Gérard consacra, le 1er octobre, la nouvelle église sous le même vocable que le premier oratoire. Hugues construisit ensuite les cloîtres et les autres bâtiments conventuels. Il éleva un hospice à l'entrée de l'église. Après tous ces travaux, il embrassa la vie monastique à Anchin.

La réputation de régularité de l'abbaye s'étendit vite au loin, et en 1085, celle d'Affighem (t. I, col. 672), nouvellement fondée, lui demanda deux religieux pour instruire ses membres. Adalard les y conduisit lui-même.

Cet abbé mourut en 1087 et eut pour successeur le bienheureux Alelme, moine de l'abbaye du Bec, en Normandie. Il ne gouverna qu'un an et mourut en 1088 en odeur de sainteté.

Sous l'abbé Haymeric (1088-1102), les donations continuèrent. En 1088, Hermengarde de Mons fonda, en faveur d'Anchin, le prieuré d'Aymeries, dans le Hainaut. Miraeus, *Oper. diplomat.*, t. III, p. 308. Le comte Engelran, seigneur d'Hesdin, fit don, en 1092, de la chapelle de Saint-Georges, près Hesdin, avec ses dépendances. Cette chapelle fut érigée, quatre ans après, en un prieuré qui prit plus tard une grande importance.

Pendant le XIIe siècle, d'autres donations en grand nombre témoignent de la vénération des princes et des fidèles pour Anchin. C'est à cette époque que furent fondés les prieurés de Saint-Sulpice de Doullens, dans le diocèse d'Amiens; d'Évin, dans le diocèse de Boulogne, et de Saint-Machut, dans le pays de Galles en Angleterre. Robert, comte de Flandres, et son épouse Clémence ne cessèrent de témoigner leur bienveillance à l'abbaye par leurs libéralités et la protection dont ils l'entouraient. Au mois de juin 1100, ce prince rapporta un bras de saint Georges, qu'il concéda à l'église. *Act. sanctor.*, apr. t. III, p. 135-137.

En 1110, l'abbé Gelduin donna sa démission, et un nouveau Robert fut élu à l'unanimité. Baluze, *Miscellanea*, 1761, t. II, col. 51. Certains auteurs laissent à entendre que cette élection n'avait pas été régulière. Toujours est-il qu'au bout d'un an le nouvel abbé se démit également. Lambert, abbé de Saint-Bertin, suggéra aux religieux de Saint-Sauveur de prendre pour abbé l'un de ses moines, nommé Alvise (ci-dessus, col. 899), prieur de Saint-Vaast d'Arras. Il fut élu et installé en 1112. C'était un homme d'une grande vertu, qui avait établi la réforme de Cluny à Saint-Vaast. Il n'eut rien de plus pressé que de procurer le même bien au monastère qu'il était chargé de diriger. Tout en s'occupant de la sanctification de ses religieux, il ne négligea pas les intérêts temporels, et l'abbaye reçut de nouvelles donations : d'Odon, évêque de Cambrai, qui vint mourir à Anchin; de Godefroi, évêque d'Amiens; de Robert, évêque d'Arras, et d'autres. Alvise obtint du pape Calliste II, en 1123, une bulle qui confirmait les donations faites au monastère, et le mettait sous la protection du Saint-Siège.

Il fut élu en 1130 évêque de Cambrai et continua à s'intéresser à l'abbaye de Saint-Sauveur. Il jouissait de l'amitié de saint Bernard, qui lui écrivit plusieurs lettres. Ce prélat mourut en 1148.

Il eut pour successeur à Anchin saint Goswin, Gosson ou Goduin, déjà prieur. Celui-ci continua l'œuvre d'Alvise et, pendant sa longue administration (1130-1165), Anchin prit un grand accroissement. Goswin ne brilla pas seulement par ses vertus, il fut aussi l'un des hommes les plus savants de son temps. Par ses soins, plusieurs de ses religieux furent occupés à transcrire les manuscrits et à les enluminer. Il en existe encore quelques-uns à la bibliothèque de Douai, qui font l'admiration des connaisseurs. Duthilloeul, *Cat. rais. des mss. de la biblioth. de la ville de Douai*, 1815.

Le nombre des religieux s'était tellement accru que l'église, bâtie par Hugues de Cambrai, était devenue insuffisante. Simon Ier, deuxième successeur de Goswin, résolut de la reconstruire dans des proportions plus vastes. La première pierre fut posée par Baudouin, comte du Hainaut, le 2 mars 1182. Elle ne fut terminée que sous le gouvernement de Simon II (1208-1234), qui en fit faire la dédicace en 1230. Cet abbé reconstruisit également les anciens bâtiments et y ajouta une résidence abbatiale.

On peut se faire une idée de la magnificence des nouveaux bâtiments par les proportions de l'église elle-même. D'après F. de Bar, cité par Escallier, *op. cit.*, elle avait en dedans 350 pieds de longueur sur 85 de largeur; la hauteur était de 85 pieds. De l'entrée du chœur aux degrés de marbre du *presbyterium*, on comptait 100 pieds, et du *presbyterium* à l'extrémité du maître-autel, 56 pieds. Le chœur était entouré de quatorze colonnes, dont huit semblables, ayant neuf pieds et demi de circonférence, et six plus petites, de sept pieds environ; la largeur du chœur entre les murs était de 43 pieds. Ajoutons que quatre tours surmontaient cette vaste basilique. En 1219, l'abbé Simon II obtint du pape Honorius III, pour lui et ses successeurs, l'autorisation de porter les insignes épiscopaux, avec le droit de consacrer les autels et de conférer les ordres mineurs à ses religieux.

Dans la seconde moitié du XIII siècle, l'abbaye eut à soutenir quelques procès pour la défense de ses possessions et de ses privilèges. En 1254, un sire de Montigny, qui avait envahi les biens du monastère et exercé des sévices contre des religieux, fut condamné. Quelques années après, une autre difficulté, survenue entre Guy, comte de Flandre et le monastère, se régla par arbitrage. En 1252, l'évêque d'Arras contesta à l'abbé d'Anchin le droit de porter les insignes épiscopaux et lança l'excommunication contre lui. Mais le Saint-Siège reconnut les droits abbatiaux et obligea l'évêque à révoquer sa sentence.

Vers l'an 1288, quelques religieux se révoltèrent contre l'abbé et, les armes à la main, se livrèrent à toutes sortes d'excès. L'abbé Évrard, malade et menacé dans sa vie, fut contraint de recourir au comte du Hainaut, protecteur de l'abbaye, pour les ramener à l'obéissance. Les troubles néanmoins durèrent peu, et le successeur d'Évrard, Jean Baillet (1292-1310), aidé par l'évêque d'Arras, ramena la paix et la concorde dans le monastère.

Au XIV siècle, les guerres continuelles éprouvèrent l'abbaye, mais grâce à la vigueur de ses abbés, ces événements n'eurent pas d'écho fâcheux dans la conduite de la maison.

Pendant le XV et la première moitié du XVI siècle, l'abbaye fut gouvernée par une série d'hommes remarquables par leur piété et leur goût pour les lettres et les arts. Jean de Batherie (1414-1448) enrichit la bibliothèque de nombreux manuscrits, et obtint de nouveaux privilèges du pape Nicolas V. Pierre Toulet (1449-1464) fit de grands embellissements à l'église. Ayant réussi à mettre la main sur un artiste étranger, sculpteur et peintre de valeur, il lui commanda plusieurs statues en marbre et en albâtre, et fit peindre tous les autels. Il plaça dans l'église de magnifiques orgues. Hugues de Lohes (1464-1490) continua les travaux de son prédécesseur, reconstruisit une partie des cloîtres, enrichit l'église de vases sacrés et de reliquaires ornés de pierreries. Enfin il fit don au monastère d'une mitre d'un prix inestimable, et d'un bâton pastoral, en or et en argent, qui supportait un modèle de la grande église d'Anchin avec ses fenêtres et les clochers reproduits dans leur détail. Il établit l'Immaculée Conception comme une des principales fêtes de l'abbaye (1473). Guillaume d'Ostrel (1491-1511), coadjuteur de Hugues, fut conseiller intime de l'empereur Maximilien et chancelier de son fils Philippe le Beau. Charles Coguin (1511-1546), neveu et coadjuteur du précédent, se fit remarquer par sa magnificence. Il construisit une grande bibliothèque dans laquelle il assembla de nombreux ouvrages et une belle collection de manuscrits. Il jeta aussi les fondements des vastes cloîtres d'Anchin, les plus beaux de l'Europe. Que lui et son successeur firent orner de groupes sculptés, de vitraux historiés et de fresques représentant diverses scènes de l'Ancien et du Nouveau Testament. Vers 1542, la guerre survenue entre Charles-Quint et François 1er obligea la communauté de se retirer à Douai, pour peu de temps. Jean Asset (1546-1555) reconstruisit un des clochers, détruit par un incendie et donna une vive impulsion à l'étude des lettres. Jean Lentailleur (1555-1574), un des abbés les plus illustres d'Anchin, établit dans son monastère une école de théologie.

Ami de Louis de Blois, le vénérable abbé de Liessies, il aurait voulu introduire à Anchin la réforme que son ami avait établie dans son monastère. Sans pouvoir arriver au résultat désiré, il obtint de notables améliorations. Il fournit à l'université de Douai, fondée en 1562, quatre de ses premiers professeurs, et y fonda le collège d'Anchin, dont il confia la direction aux Pères de la Compagnie de Jésus.

C'est en 1574 qu'on voit, pour la première fois, le souverain intervenir dans la nomination des abbés. Philippe II, roi d'Espagne, présenta D. Warnier de Daure, grand-prieur du monastère, que la communauté élut à la majorité des voix. Sa longue administration (1574-1610) fut marquée par toute sorte de tribulations qu'a racontées son prieur, D. François de Bar, *Electio et gesta R. Warnerii de Daure*, ms. 774 de la bibliothèque de la ville de Douai. C'était un religieux édifiant, mais absolu dans ses idées, et qui n'avait pas la discrétion de son prédécesseur. Ses actes ne tardèrent pas à exciter le mécontentement d'une partie de la communauté. En 1577, des faits d'indiscipline et d'autres événements vinrent encore augmenter le désordre. Accusé auprès du prince d'Orange, tout-puissant dans les Pays-Bas, d'avoir voulu livrer les villes de Douai et de Bouchain aux Espagnols, et craignant d'être jeté dans les fers, Warnier de Daure quitta son monastère, en 1578, et se retira en France, puis en Lorraine. Dom Joachin Zoette, l'un des mécontents, réussit à se faire nommer abbé et son élection fut approuvée par l'archidiacre d'Arras, en l'absence de l'évêque, exilé lui aussi. Les évêques de Tournai et de Cambrai refusèrent de bénir l'intrus, mais il parvint à se faire bénir à Bruxelles (septembre 1578). Sa courte administration fut désastreuse pour l'abbaye, livrée au désordre et à la division. Le sieur d'Inchy, gouverneur de Cambrai, parvint à mettre la main sur une partie du trésor. Enfin, cédant aux sollicitations de nombre de ses religieux, Warnier rentra à Anchin en juin 1579. L'intrus s'enfuit, mourut peu après, et le grand-prieur réussit à ramener à l'obéissance la plupart de ses sujets. La même année, les troubles qui agitaient le pays obligèrent l'abbé de se retirer à Douai avec le plus grand nombre de ses moines. C'est seulement le 4 mars 1586 qu'il put revenir. L'évêque de Verceil, légat apostolique, fit alors la visite du monastère et quelques réformes acceptées avec peine. Cette visite fut suivie de celle de l'évêque d'Arras, qui en décréta quelques autres. Warnier de Daure consacra le reste de sa vie à réparer les maux causés par la guerre et à ramener la concorde dans le monastère, sans y réussir complètement.

Sous ses trois successeurs le monastère jouit de la paix et de la tranquillité; François de Calonne (1648-1681) fut le dernier abbé régulier. En 1670, il se fit donner, comme coadjuteur, le cardinal César d'Estrées, évêque de Laon, qui, par la démission du titulaire, en 1681, devint le premier abbé commendataire d'Anchin. Le monastère vivait alors dans une concorde parfaite et l'édification, comme le témoigne D. de Calonne dans une lettre à ses religieux. Escallier, *op. cit.*, p. 481.

La lettre de nomination du cardinal d'Estrées réservait bien les droits des religieux d'Anchin à élire l'abbé, mais leurs réclamations à ce sujet demeurèrent infructueuses. Ils durent subir la commende avec ses effets désastreux, et s'épuiser en procès pour conserver les droits restreints que leur laissaient les commendataires. La régularité devait s'en ressentir; néanmoins la commission des réguliers, nommée en 1768, reconnaissait que les grandes abbayes de Flandre — du nombre desquelles était Anchin — ne donnaient prise à aucun reproche. Gérin, *Les bénédictins français avant 1789*, p. 12.

En 1791, les vingt-quatre religieux de l'abbaye affirmèrent leur volonté de persévérer dans la vie qu'ils avaient embrassée. Ils furent dispersés en 1792 et le monastère, vendu la même année, ne tarda pas à être rasé complètement. Aujourd'hui il n'en reste que des ruines à fleur de terre et quelques tronçons de colonnes. L'argenterie, les cloches furent envoyées à la fonte, et de tous les trésors d'art accumulés dans cet établissement, on n'a sauvé que quelques débris.

L'abbaye d'Anchin a produit quelques écrivains; outre les anonymes, on peut citer, au XIIe siècle, André Sylvius, moine d'Anchin, prieur de Marchiennes, † 1194, auteur d'une chronique sur les rois mérovingiens (*Hist. litt. de la France*, t. xv, p. 87-89); Alexandre qui a écrit la Vie de saint Goswin, publiée par Gibbons, *Vita R. Goswini*, 1620; au xve siècle, dom Jean Du Mortier, auteur de tous les trésors d'un ouvrage sur la fondation et les bienfaiteurs d'Anchin; au xvie siècle, dom Gaspard de Bovincourt, religieux d'Anchin, mort abbé d'Oldenbourg, en 1577, qui a écrit plusieurs ouvrages en français : *Voyage à Jérusalem et au Mont Sinaï*, *De la connaissance de soi-même*, etc. (Foppens, *Biblioth. Belgic.*, 1739, t. i, p. 327); François de Bar, mort en 1606, grand-prieur d'Anchin, auteur de nombreux ouvrages manuscrits, à la bibliothèque de Douai (Foppens, *op. cit.*, t. i, p. 285); au xviie siècle, dom Jean Despierres, professeur à l'université de Douai, grand-prieur d'Anchin, mort en 1664, auteur de quelques ouvrages, sur l'Écriture sainte. Foppens, *op. cit.*, t. ii, p. 628-629; cf. Moréri, *Diction. hist.*, 1759, t. iv, p. 128.

III. RÉGIME INTÉRIEUR. — L'abbaye d'Anchin était soumise à la juridiction de l'ordinaire, l'évêque d'Arras. L'abbé jouissait de grands privilèges accordés successivement par les papes; il portait les insignes épiscopaux et pouvait officier pontificalement, consacrer les autels, etc., à Anchin, et dans les dépendances du monastère. Il était membre de droit des États de la province et des Pays-Bas. Il avait haute, moyenne et basse justice à Pecquencourt et à Vred. Il était assisté par un grand-prieur, élu par la communauté, et trois autres prieurs, choisis tantôt par l'abbé, tantôt par le grand-prieur. Il y avait, outre les fonctions ordinaires, nombre d'autres regardant l'administration des biens du monastère.

On suivait l'observance de Cluny, dont l'austérité fut adoucie vers la fin du xiiie siècle. A la fin du xvie, l'abstinence complète n'existait plus, et néanmoins les religieux jeûnaient tous les vendredis de l'année, l'avent et les veilles des grandes fêtes, nombreuses dans le monastère. La clôture absolue ne put jamais être pratiquée à cause de la disposition des bâtiments, et cependant, à part quelques insinuations de D. de Bar contre le faux abbé Zoette, les documents ne permettent pas de constater de désordres moraux dans cette maison.

La conventualité semble avoir été toujours assez nombreuse; les offices, tant de jour que de nuit, y revêtaient une splendeur extraordinaire, particulièrement au xve et au début du xvie siècle. A partir de la fin du xiiie, on exigeait, pour l'admission au noviciat, que les postulants eussent dix-huit ans d'âge et une instruction suffisante. On ne peut que conjecturer le nombre des religieux pendant le moyen âge, mais tout laisse à croire qu'il fût très élevé; sous l'abbé Jean Asset, dans la première moitié du xvie siècle, ils sont encore plus de cinquante profès, trente-sept prêtres et une douzaine de novices; ce chiffre avait diminué à la fin du siècle à cause de la guerre; mais, la paix revenue, on put de nouveau recevoir des novices. En 1768, le monastère comptait quarante-trois religieux; en 1781, il n'y en avait plus que trente, et deux novices.

L'occupation des religieux fut, à l'origine, le travail des mains; on voit, dès le xiie siècle, quelques moines employés à la transcription des manuscrits, d'autres à des travaux d'art. Dans les siècles suivants, les abbés donnèrent une vive impulsion aux études, sans négliger les travaux artistiques. On enseignait au monastère non seulement le latin, mais aussi le grec et l'hébreu.

Dans l'ensemble de son histoire, l'abbaye d'Anchin offre le tableau d'une maison régulière, et même édifiante. Trois de ses abbés ont été l'objet d'un culte, plusieurs autres ont brillé par leurs vertus. Ajoutons que l'aumône y était largement pratiquée, ainsi que l'hospitalité.

L'abbaye avait union de prières avec un grand nombre de monastères et autres établissements religieux. Citons les abbayes de Fécamp, de Saint-Bertin, de Bergues-Saint-Winoc, Saint-Martin de Tournai, Saint-Amand, Lobbes, Saint-Symphorien de Beauvais, Saint-Jean de Soissons, le Bec, Saint-Vincent de Laon, Saint-Quentin, Saint-Alban, en Angleterre, les jésuites de Douai, les dominicains de Cantimpré, etc.

IV. BIENS TEMPORELS. — Les ressources étaient considérables; elles consistaient en dîmes, propriétés, maisons et droits divers. Un certain nombre de prieurés dépendants étaient considérés, non comme des bénéfices, mais comme de simples délégations. L'abbé nommait les prieurs et les révoquait à volonté C'étaient les suivants : Saint-Georges-lez-Hesdin dans le diocèse de Boulogne; Notre-Dame-d'Aymeries, dans le diocèse de Cambrai; Evin, dans le diocèse d'Arras; Saint-Sulpice de Doullens, dans le diocèse d'Amiens, qui fut échangé, en 1564, contre des terres en Flandre; reconstitué en 1572 à Douai, il fut définitivement supprimé en 1667, et transformé en logement pour les soldats; enfin le prieuré de Saint-Machut, dans le pays de Galles, qui disparut lors de la spoliation sous Henri VIII. L'abbaye avait le collège d'Anchin à Douai et quelques maisons et propriétés à Cambrai et à Valenciennes, et tout ou partie des dîmes dans les paroisses à la nomination de l'abbé.

Étaient à la nomination de l'abbé les cures d'Auberchicourt, Bailleul-Mont, Beugnâtre, Cantin, Courrières, Henninel, Humbercamp, Labourse, Masny, Noyelle-sous-Lens, Ourton, Dieval, Escaillon, Esclevain, Esquerchin, Evin, Fenain, Gœulzin, Grenai, Hanran ou Hauran, Pecquencourt, Roost, Sallau, Vermeilles, Villiers-Campeau, Vred, Warvrechin (à l'alternative avec l'abbaye d'Hasnon), Vendin et Hinges, dans l'ancien diocèse d'Arras; Amelche ou Ameche, Boubers, Bernâtre, Couchy, Honnières, Flers, Fontaines-le-Sec, Haute-Maisnille, La Chapelle, Monchel, Quenoy, Queux, Rumasnil, Saint-Acheul, Vacquerie, dans l'ancien diocèse d'Amiens; Fillièvre, Crain, Wilman et Fresnoy, Aubrometz et Hutminx, dans l'ancien diocèse de Boulogne; Templeuve-en-Pewèle, Campelle-en-Pewèle, dans l'ancien diocèse de Tournai; Sainte-Geneviève d'Hauteville et Hauteville-Noyales, toutes deux dans le doyenné de Guise, dans l'ancien diocèse de Laon; Sains-lez-Marquion, Bussy, Baralle, dans l'ancien diocèse de Cambrai. En plus de ces cures, des chapelles, dans divers diocèses, à Auberchicourt, dans Courrières trois chapelles, à Escaillon, Esquerchin, Fenain, Gœulzin, Noyelle-sous-Lens. Escallier, *op. cit.*, p. 493-494.

Le revenu de l'abbaye, en 1768, charges défalquées, s'élevait à la somme de 170 000 livres; celui du prieuré de Saint-Georges, à 25 000; celui du prieuré d'Aymeries à 12 000, et celui d'Evin, à 6 000 livres. L'abbaye payait à l'abbé commendataire la somme de 70 000 livres. Lecestre, *Abbayes, prieurés et couvents d'hommes en France. Liste de 1768*, 1902, p. 1-3.

V. LISTE DES ABBÉS, d'après le *Gallia christiana* et Escallier, *op. cit.* — Alard ou Adalard, 1079, † 1087. — Le B. Alelme, 1087, † 1088. — Haymeric, 1088, † 1102. — Gelduin, 1103, démissionnaire en 1110; il est dit qu'il mourut en Angleterre, vers 1120. — Robert, 1110, résigne sa charge en 1111, † 1119. — Alvise, 1112-1130, mort évêque d'Arras en 1148. — Le B. Goswin, 1130 ou 1131, † 1165. — Alexandre, 1165, † 1175. — Simon Ier, 1175, † 1201. — Adam de Laude, 1201, † 1203. — Guillaume Ier, élu par compromis en 1204, résigne en 1208, devint ensuite abbé de Saint-Amand, puis embrassa la réforme de Citeaux, † 1210. — Simon II, 1208, † 1234. — Guillaume II Le Parent, 1234, † 1243. — Jacques de Béthune, 1243, mort en odeur de sainteté en 1250, honoré d'un culte, d'après Escallier, *op. cit.* — Guillaume III Brunel, 1258, † 1271. — Anselme ou Anselle, 1271, † vers 1277. — Adam de Ghisny, 1277-1288. — Évrard, 1288-1290 ? — Jean Baillet, 1292-1310. — Hugues Ier, 1310, † 1317. — Pierre Ier, 1317, † 1320. — Eustache, docteur en théologie, 1320, † 1323. — Jean Bovis ou Le Bœuf, 1323-1334 ? Ici il existe quelque incertitude, un autre Jean semble avoir été confondu avec le précédent ou le suivant. — Jean d'Esquerchin, 1334, † 1344. — Amédée de Lavinine ou de Lamech, 1344 ? † 1354, al. 1357. — Rodolphe de Longueville, 1354 ? † 1369. — Pierre II de Neuville, 1369, † 1377. — Jean Le Beschot ou Le Bestoi, 1377, † 1391. — Henri de Conflans, 1391, † 1414. — Jean de Batherie, 1414, † 1448. — Pierre III Toulet, 1448, † 1464. — Hugues II de Lohes, 1465, † 1489. — Guillaume d'Ostrel, 1490, † 1511. — Charles Coguin, dit de Sainte-Aragon, 1511, † 1546. — Jean Asset, 1546, † 1555. — Jean Lentailleur, 1555, † 1574. — Warnier de Daure, 1574, † 1610 (et non en 1595). — Jean Faveau, 1610, † 1620. — Jean de Meere ou le Meere, 1620, † 1632. — Jean de Vaucel ou du Vauchel, 1632, † 1647. — François de Calonne 1647, démissionnaire en 1681. — Cardinal César d'Estrées, premier abbé commendataire, 1681, † 1714. — Cardinal Melchior de Polignac, 1715, † 1741. — Dom Charles Morel, coadjuteur du précédent, puis titulaire en 1741, † 1744. — Cardinal Henri-Oswal de La Tour d'Auvergne, 1745, † 1747. — Le prince Benoît-Philippe de Modène, nommé en 1747, à l'âge de onze ans, † 1751. — Henri-Benoît-Marie-Clément, cardinal d'York, 1751-1790, †1807.

VI. ARCHIVES. — Les archives de l'abbaye d'Anchin se trouvent au dépôt départemental du Nord, à Lille. Les documents les plus importants ont été reproduits ou analysés par Escallier, *op. cit.*; quelques chartes publiées par M. Duvivier, *Actes et documents anciens intéressant la Belgique*, Bruxelles, 1903. IIe série, p. 65, 96, 125, 142, 144, 145, 194, 301. Les archives de l'État à Mons, série A, renferment quelques documents concernant Anchin.

Annales Aquicinctini (1079-1279), dans *Mon. Germ. hist., Script.*, t. XVI, p. 503-506. — *Annales Aquicinensis monasterii (1149-1288)*, ms. Paris, lat. 5440, fragm., dans *Rec. hist. France*, t. XVIII, col. 534-514. — *Auctarium Aquicinctinum*, (651-1167), dans Pertz, *Mon. Germ. hist., Script.*, t. VI, p. 392-398; fragm. dans *Rec. hist. France*, t. XIII, col. 278-282. — *Continuatio Aquicinctina (1149-1237)*, dans *Monum. Germ., loc. cit.*, p. 405-438; cf. p. 280-281. — Martène, *Thes. nov. anecd.*, t. V, col. 855-858; cf. col. 853. — *Notitia de structione monasterii Aquicinctensis*, dans *Rec. hist. France*, t. XIV, col. 40-41. — *Gallia christiana*, t. III, col. 408-119. — Du Tems, *Clergé de France*, Paris, 1775, t. IV, p. 159-163. — Le Glay, *Cameracum christianum*, 1849, passim. — P. Ignace, *Mém. du diocèse d'Arras*, IV, passim, ms. de la biblioth. d'Arras. — *Histoire du collège d'Anchin en l'université de Douai*, s. d. — *Hist. littér. de la France*, t. IX, p. 569; t. XXI, p. 675-676. — Dehaisnes, *Étude sur le rétable d'Anchin*, dans *Rev. de l'art chrétien*, 1860, t. IV, p. 449-488, 539-553. — F. de Bar, *Historia Aquicentensis Ecclesiæ*, ms. 767 de la biblioth. de la ville de Douai. — Cham-

pollion-Figeac, *Documents inédits tirés des collect. ms. de la biblioth. royale*, 1847, t. III, p. 447-451. — U. Chevalier, *Répert. des sources histor. du moyen âge, Topo-bibliogr.*, t. I, col. 169.

M.-G. BLAYO.

ANCHIRE (MICHEL), prêtre de Dublin, fut nommé évêque de Sodor en Écosse, par le pape Martin V, le 20 avril 1422. Dowden, *Bishops of Scotland*, Glasgow, 1912, p. 287, 288, est porté à croire que Michel Anchire doit être identifié avec Michel, ancien ministre de la province irlandaise des frères mineurs, puis archevêque de Cashel (Irlande), de 1382 à 1387, enfin évêque de Sodor en Écosse, de 1387 jusqu'en 1425. C'est cette même année que Michel Anchire serait mort. Vers 1380, on commença à distinguer entre Sodor en Écosse (l'évêché des Hébrides) et Sodor en Irlande (l'évêché de l'Ile de Man).

W. M. Brady, *The episcopal succession in England, Scotland and Ireland (1400-1875)*, Rome, 1876, t. I, p. 162. — Eubel, *Hierarchia*, 1913, t. I, p. 457.

A. TAYLOR.

1. ANCILLON (CHARLES), fils aîné du suivant, diplomate, jurisconsulte et historien, né à Metz le 28 juillet 1659, mort à Berlin le 5 juillet 1715. Après avoir étudié le droit à Marbourg, à Genève et à Paris, il s'établit comme avocat à Metz en 1679. Après la révocation de l'édit de Nantes, il suivit son père en exil et Frédéric-Guillaume le nomma « juge et directeur de la colonie de Berlin, » puis « juge de tous les Français établis dans le Brandebourg, » et « surintendant de l'Académie des nobles de Berlin. » Frédéric III le chargea, en 1695, d'une mission importante en Suisse, au retour de laquelle il fut retenu comme conseiller par le margrave de Bade-Durlach. Rentré à Berlin en 1699, il fut nommé « juge supérieur », avec le titre de « conseiller de cour et de légation. » Enfin en 1701, il devint historiographe du nouveau roi. Il a beaucoup écrit. Il a pour œuvre : 1° *Réflexions politiques par lesquelles on fait voir que la persécution des Réformés est contre les véritables intérêts de la France*, anonyme, in-12, Cologne, 1685, ouvrage faussement attribué par Bayle à Sandras de Courtilz; 2° *L'irrévocabilité de l'édit de Nantes*, Amsterdam, 1688; 3° *Histoire de l'établissement des Français réfugiés dans les États de S. A. E. de Brandebourg*, in-8°, Berlin, 1690, le plus important de tous, etc.

C. CONSTANTIN.

2. ANCILLON (DAVID), né à Metz, le 17 mars 1617, mort à Berlin, le 3 septembre 1692. D'une famille très considérée, passée à la Réforme dès les premiers temps, il fit ses humanités au collège des jésuites à Metz, puis il étudia la théologie à Genève, où il eut pour maîtres Spanheim, Diodati et Tronchin. En 1641, le synode de Charenton le reçut comme ministre et lui confia l'Église de Meaux. Venu à Metz en 1652, il y prêcha avec un tel succès que le consistoire de Metz l'appelait comme pasteur en 1653. Ancillon occupa ce poste jusqu'en 1685. N'ayant pu obtenir aucun adoucissement à l'édit du 22 octobre, en faveur des réformés du pays messin, il s'exila, laissant, même auprès des catholiques, un renom de bonté et de piété. Après un court séjour à Francfort et à Hanau, il se fixa à Berlin (1686), où le grand-électeur le nomma prédicateur de l'Église française et de la cour. On a de lui, entre autres ouvrages, un *Traité polémique contre la tradition romaine*, in-4°, Sedan, 1657, résumé d'une conférence contradictoire qu'il avait eue avec Bédacier, docteur en Sorbonne, évêque suffragant de Metz; une *Apologie de Luther, de Zwingle, de Calvin et de Bèze*, in-12, Hanau, 1666, fragment d'une œuvre qui eût répondu au chapitre VI de la *Méthode* de Richelieu. David Ancillon, qui a beaucoup prêché et n'a donné que des sermons écrits, n'en a publié qu'un : *Les larmes de saint Paul, sermon sur v, 18 et 19, c. III de l'épître de saint Paul aux Philippiens*, Paris, 1676.

Ch. Ancillon, *Mélange critique de littérature recueilli des conversations de feu M. Ancillon* (David), avec un *Discours sur sa vie et ses dernières œuvres*, Bâle, 1698. — Erman et Réclam, *Mémoires pour servir à l'histoire des réfugiés dans les États du roy*, Berlin, 1782-1792, t. II. — Reyer, *Geschichte des französischen Kolonie in Preussen*, Berlin, 1852. — Weiss, *Histoire des réfugiés protestants de France depuis la révocation de l'édit de Nantes jusqu'à nos jours*, Paris, 1853, t. I. — Poole, *A history of the huguenots of the dispersion*, Londres, 1880. — Haag, *La France protestante*, 2e édit., t. I, col. 211-225. — *Bulletin de la Société d'histoire du protestantisme français*, t. III, p. 569; t. IV, p. 26; t. VII, p. 35; t. VIII, p. 129.

C. CONSTANTIN.

ANCINA (GIAN-GIOVENALE), oratorien italien, né à Fossano, le 9 octobre 1545, mort évêque de Saluces, le 30 août 1604, béatifié le 30 mai 1888. D'abord médecin et professeur à l'université de Turin, il entra, en 1580, à l'Oratoire de Rome, où il fut reçu par saint Philippe de Néri, qui l'envoya à Naples. Revenu à Rome en 1593, il y rencontra saint François de Sales, dont il devint l'ami et qui devait rendre plus tard un bel hommage à sa sainteté. Nommé évêque de Saluces par Clément VIII, le 26 août 1602, il se dépensait avec ardeur au bien de son diocèse, lorsqu'il mourut, âgé de moins de cinquante-huit ans, empoisonné par un misérable dont il avait déjoué les criminelles tentatives à l'égard d'une communauté.

Mgr Ferrante, *Vie du B. Ancina*. — Ingold, *Le bienheureux Jean-Juvenal Ancina*, Lille, 1890.

A. INGOLD.

ANCINNES (SAINT-MICHEL D'). Ce prieuré bénédictin, encore appelé jadis Saint-Michel de la Colline ou Saint-Michel de la Plaine, occupait un lieu aujourd'hui appelé Saint-Michel du Tertre. Situé à la commune et à trois kilomètres d'Ancinnes (Sarthe), « sur les hauteurs d'une colline qui domine le village de Vaugaulais, au commencement de la plaine qui s'étend jusqu'à Ancinnette, » ce prieuré était le centre d'un hameau assez important, réduit aujourd'hui à quatre feux... « Une métairie était jointe au prieuré. La plupart des jardins sont encore en partie entourés de murs, mais en ruines. L'ancienne chapelle sert de grange; on y voit, assez bien conservés, le lambris de la voûte, les tirants, une piscine géminée pour les ablutions. » Abbé Choplin, curé d'Ancinnes.

Ce prieuré dépendait de l'abbaye de Tiron, au diocèse de Chartres. Il fut fondé le 1er août 1128. Gervais de Versé et sa mère Berta donnèrent le terrain, et Olivier de Larre accorda les décimes de la terre de Vaugaulais, à condition que les moines de Tiron établiraient, en cet endroit, un prieuré portant le nom de l'archange saint Michel. Le cartulaire de l'abbaye de Tiron signale de nombreux dons faits audit prieuré dans le cours du XIIe siècle, dons confirmés par les papes Eugène III et Alexandre III.

Les abbés de Tiron visitèrent souvent leur prieuré, mais l'histoire enregistre surtout la visite du 12 novembre 1485, où le P. abbé Leonetus, entouré de ses moines et de hauts personnages, assiste à la messe célébrée par Pierre de Monsoreau, prieur de Saint-Michel.

Ce prieur est le plus ancien que nous connaissions. Après lui, nous trouvons, en 1520, Jean Dampou; 1522, René des Ecotais; 1556, Adam des Écotais, premier prieur commendataire; 1566, Guillaume Symon; François-Pierre de Cernon; 1575, Anthyme Pol'y; Pierre Leclerc; 1577, Léonard de Saint-Denis; 1583, Nicole Geoffroy; 1650, Moullard; 1665, Gabriel Dagues; 1669, Louis de Chourses, chevalier, seigneur de Chaigné; 1682, René Rivière; 1705, Michel Péan, chanoine du Mans; 1710, dom Antoine Bornot; 1735, dom Vincent Bocquillon.

La métairie de Saint-Michel fut vendue nationalement le 14 avril 1791.

SOURCES : Archives du château des Perrais (Parigné-le-Polin, Sarthe); Archives du château de Courtilloles (Saint-Rigomer-des-Bois, Sarthe); archives de la Sarthe, *G 346, 363*. — Cartulaire de Tiron, aux archives départementales de l'Orne. — TRAVAUX : Cauvin, *Essai sur la statistique de l'arrondissement de Mamers*, le Mans, 1829, p. 257. — Dom Piolin, *Histoire de l'Église du Mans*, Paris, 1851, t. III, p. 471. — *La semaine du fidèle, du diocèse du Mans*, le Mans, t. IV, p. 583. — *Cartulaire de Tiron*, t. I, p. 110; t. II, p. 60, 98, 103, 220, 234, 250. — A Choplin, curé d'Ancinnes, *Le prieuré bénédictin de Saint-Michel-du-Tertre*, dans la *Province du Maine*, le Mans, 1903, t. XI, 196-200, 258-259.

Paul CALENDINI.

ANCION (PASCAL), frère mineur, récollet, né à Fraipont, dans la principauté de Liége, fut successivement lecteur de théologie et gardien du couvent de Verviers. C'est là qu'il mourut, le 3 janvier 1785. Il fut, dans le pays de Liége, le grand promoteur de la dévotion au chemin de la croix, qu'il y établit dans une foule d'endroits. Il publia plusieurs livres de piété et d'ascétique : *Instruction historique sur les principaux points qui concernent les quatorze stations du saint chemin de la croix*, in-12, 148 p., Liége, 1764; 2e édit., in-12, LIV-176 p., avec 16 planches, ibid., 1764, sous le titre : *Prières et méditations affectueuses sur les quatorze stations de la voie douloureuse de la croix*; 3e édit. in-12, VIII-493 p. et 16 pl., ibid., 1773; — *Exercices sur les quatorze stations*, in-12, 35 p. et 14 pl., Liége, 1766; — *Prières et méditations sur les saintes stations*, in-12, 40 pl., ibid., 1766; — *Le chemin de croix divisé en XIV stations*, in-12, ibid., 1769; — *Réflexions sur divers points de morale et des mystères*, ibid., s. d. (sermons prêchés de 1766 à 1769 à Verviers); — *Instructions et prières pour l'adoration perpétuelle du T. S.-Sacrement*, in-12, 64 p., ibid., 1776; — 2e édit., ibid., s.d.; — *Avis sur la méditation... et... abrégé de la règle du tiers-ordre*, in-8º, 48 p., ibid., 1767; — *Pratiques pour la messe*, etc., ibid., s. d. [1783]; — *Prières*, ibid., s. d.

S. Dirks, *Histoire littéraire et bibl. des frères mineurs... en Belgique et dans les Pays-Bas*, Anvers, 1883, p. 395-397.

M. BIHL.

ANCIRAD (Saint), ermite et martyr. Il est mentionné dans une chronique apocryphe, publiée dans la *P. L.*, parmi les œuvres de Liutprand ou Eutrandus, évêque de Crémone. Voici ce qu'on y lit sur Ancirad : *Sanctus Anacirardus eremita ex Germania venit in Lusitaniam, et in ripa fluminis Tagi, prope civitatem Scalabim, sancte degit : et reversus in Italiam, non procul a lacu Tigurino, vulneribus confectus, martyrizatur die 4 februarii. Chronicon Luitprandi, Ticinensis diaconi, Toletani vero subdiaconi*. P. L., t. CXXXVI, col. 1107. Il est prouvé aujourd'hui que cette chronique, faussement attribuée à Liutprand, a été composée par le P. Jérôme de la Higuera (1538-1611). Hurter, *Nomenclator literarius*, t. III, p. 204. La courte notice de cette chronique a donné occasion aux historiens de l'ordre de Saint-Augustin de ranger Anacirad plus souvent Ancirad, parfois même Hancarardus, au nombre des saints de leur famille religieuse. Le P. Jean Marquez, O. S. A., raconte que saint Ancirad quitta son pays natal, s'établit près de Santarem en Portugal, et y bâtit le couvent de Pena-Firma, et un autre couvent d'ermites de Saint-Augustin. Après avoir longtemps édifié les catholiques de la région par ses vertus, sa pénitence, son austérité, il céda au désir de se rendre en Italie. Mais, arrivé près du lac de Constance, il fut martyrisé par quelques larrons. *Origine delli frati eremitani dell' ordine di S. Agostino, e la sua vera institutione avanti al gran concilio lateranense*, Tortona, 1620, p. 255-258. D'après Liutprand, le martyre du saint aurait eu lieu l'an 888. Le récit de Marquez, touchant la fondation des monastères des augustins en Portugal par saint Ancirad, a été reproduit par Torelli, *Secoli agostiniani*, Bologne, 1673, t. III, p. 238-241; Joseph de Saint-Antoine, *Flos sanctorum augustin.*, Lisbonne, 1721, t. I, p. 515, et Georges Cardoso, *Agiologio lusitano dos sanctos e varoens illustres em virtude do reino de Portugal*, Lisbonne, 1652, t. I, p. 345-346. Le P. Lanteri attribue cependant la fondation du monastère de Pena-Firma, sous le titre de Sainte-Marie des Grâces, à saint Guillaume d'Aquitaine, en 1140. Crusenii *Monasticon augustinianum*, Valladolid, 1890, t. I, p. 243. Les bollandistes contestent et à bon droit la véridicité de ce récit. Il est peu probable qu'à une époque où l'Espagne et le Portugal étaient ravagés par les Maures, saint Ancirad songeât à y répandre l'ordre de Saint-Augustin. En outre, la légende de saint Ancirad est tout à fait identique, hors le voyage en Portugal, à celle de saint Meinhard, ou Meinrad, martyrisé l'an 856, d'après Sigebert de Gembloux, *Chronica*, P. L., t. CLX, col. 163, et mentionné dans le martyrologe romain, le 21 janvier (voir ce nom).

Maigret, *Martyrographia augustiniana*, Anvers, 1625, p. 38-39. — Antoine de la Purification, *Chronica da antiquissima provincia de Portugal da ordem dos eremitas de S. Agostinho bispo de Hipponia*, Lisbonne, 1642, t. I, fol. 343-359. — Torelli, *Secoli agostiniani*, Bologne, t. III, 1673, p. 238-241. — Joseph de l'Assomption, *Martyrologium augustinianum*, Lisbonne, 1743, t. I, p. 63.

A. PALMIERI.

ANCISA (GUIDO DE), évêque d'Acqui, en Piémont (1342-1367), était chapelain du pape et doyen rural de Ceyzérieu, au diocèse de Genève, quand Clément VI le promut à l'épiscopat le 18 juillet 1342. Simple minoré, il occupait une stalle au chapitre de Turin, et ce fut lui, sans nul doute, à qui Benoît XII attribua une prébende de Noyon en 1336. Nous ne savons pas grand'chose de son long épiscopat. Cappelletti rapporte à la date du 4 septembre 1365 une lettre dans laquelle cet évêque raconte le miracle d'une hostie profanée par des juifs et recommande à ses diocésains la famille convertie du coupable, qui allait en pèlerinage de Terre Sainte à la suite d'un vœu. On perd sa trace à partir de 1367. Son successeur (selon Eubel), Jacques, ne fut nommé que le 11 mai 1373. Il appartenait à une famille piémontaise et un de ses ancêtres, Albert, avait été déjà évêque d'Acqui en 1258.

Eubel, *Hierarchia*, 1913, t. I, p. 38 et notes 6. — Ughelli, *Italia sacra*, t. IV, col. 239. — Cappelletti, *Le chiese d'Italia*, t. XIV, p. 150-152. — Vidal, *Lettres communes de Benoît XII*, n. 2673, 5497, 6236.

P. RICHARD.

ANCKELMAN (EBERHARD), orientaliste. Il naquit à Hambourg, le 7 mai 1641, et y mourut le 1er novembre 1703. Après avoir étudié la théologie protestante et les langues orientales à Wittemberg, Strasbourg, Bâle et Giessen il se proposa de convertir les juifs, nombreux à Hambourg, croyant utile pour cela la connaissance du portugais, il se rendit en ce pays. De retour, il enseigna les langues orientales au gymnase de sa ville natale et travailla à la conversion des juifs. Il publia quelques dissertations sur l'Ancien Testament et une bonne édition de la Genèse : *Genesis hebraica*, in-8°, Hambourg, 1675.

Schröder, *Lexikon der Hamburger Schriftsteller*, Hambourg, 1851, t. I, p. 63 sq. — *Allgemeine deutsche Biographie*, Leipzig, 1874, t. I, p. 427-428.

J. PIETSCH.

ANCLAM ou **ANKLAM**, ville de Poméranie, ex-diocèse de Kammin (ou Camin), aujourd'hui de Breslau, couvent d'augustins, fondé en 1313, par le duc Wratislas, supprimé vraisemblablement par la Réforme.

Merian, *Topographia electorat. Brandenburgici*, etc., Francfort, 1652, p. 18. — Hirsching, *Klösterlexikon*, Leipzig, 1792, t. I, p. 124.

L. BOITEUX.

ANCODUS, nom probablement corrompu, donné par le manuscrit *10698*, fonds latin, Bibl. nat., à un chanoine de Paris, auteur du *Sermon pour la fête de saint Michel* (fol. 88 v°). Ce sermon a pour objet la nature des anges et leurs fonctions dans le ciel et sur la terre.

B. Hauréau, dans *Histoire littéraire de la France*, 1873, t. XXVI, p. 399-400.

P. FOURNIER.

ANCÔNE (*Anconitan.*), archevêché d'Italie, auparavant évêché relevant immédiatement du Saint-Siège, borné à l'ouest par le diocèse de Sinigaglia, au nord et à l'est par la mer Adriatique, au sud-est par le diocèse d'Osimo et Cingoli, à l'ouest par celui de Jesi.

I. HISTOIRE SOMMAIRE. — Le nom que portait, dans l'antiquité, la ville d'Ancône : *Ancona Dorica*, lui vient de la forme de sa rade (ἀγκών, coude) et des Grecs Doriens, ou plutôt des Sicules d'origine dorienne, qui l'auraient fondée en 400 environ avant Jésus-Christ. Cf. G. Baluffi, *Dei Siculi e della fondazione d'Ancona*, Ancône, 1821; Ag. Peruzzi, *De' Siculi italici, fondatori d'Ancona*, Ancône, 1845; et Evarista Masi, *L'almanacchista anconitano*, Ancône, 1847, p. 58. Elle était célèbre par son temple de Vénus *Euplœa*, c'est-à-dire de la bonne navigation, mentionnée par Juvénal, *Satir.*, IV, 40, et Catulle, *Carm.*, XXXVI, 13, comme l'un des plus fréquentés de son temps. Soumise par les Romains, qui en firent une colonie (cf. *Monografia storica dei porti dell' antichità nella penisola italiana*, Rome, 1905, publication du ministère de la Marine), elle tomba, en 569, au pouvoir d'Agilulfe, duc lombard de Spolète, qui la fit gouverner par un marquis, et depuis lors son territoire porta le nom de Marche d'Ancône. Comprise dans la donation de Pépin le Bref et de Charlemagne au Saint-Siège, elle fut plutôt la protégée que la sujette des papes, qui la comblèrent de bienfaits — c'est ainsi que, détruite, en 839, par les Sarrasins, elle fut relevée de ses ruines par Grégoire IV — et auxquels elle resta toujours fidèle, soutenant, par exemple, pour ne pas les abandonner, deux sièges héroïques contre les impériaux en 1167 et 1174; de son côté, Alexandre III la fit déclarer libre et indépendante, dans le traité de Venise (1177), et elle continua à former, sous leur égide, une véritable république, auprès de laquelle les légats de la Marche n'étaient en quelque sorte d'ambassadeurs de l'État protecteur. Tombée, en 1348, sous le joug des Malatesta de Pesaro, elle en fut délivrée par le cardinal Albornoz, qui, en 1357, reconnut de nouveau ses libertés. Elles prirent fin sous Clément VII, qui, sous prétexte de mieux la défendre des incursions des Turcs, l'annexa complètement, le 20 septembre 1532, aux États de l'Église. Cf. L. Carnevali, *Nozze Donzelli-Ferroni*, Pesaro, 1886. Le nouveau royaume d'Italie se l'annexa, à son tour, le 29 septembre 1860, et en fit le chef-lieu de la province d'Ancône. Saint Augustin rapporte, dans deux de ses sermons (t. X, serm. XXXI, XXXII; cf. Zualdi, *De propagatione Evangelii in Occidente*, t. II, lib III, c. III), que la religion chrétienne y fut apportée par un marin, qui, peu de temps après avoir assisté au martyre de saint Étienne (vers l'an 34 de notre ère, par conséquent), y aborda en y laissant une des pierres qui avaient servi à lapider le glorieux diacre. « Depuis cette époque, ajoute-t-il, commença à exister à Ancône la *mémoire* de saint Étienne. » Il faut, sans doute, entendre par mémoire une église construite en l'honneur du protomartyr; et, en effet, la première cathédrale fut, jusqu'au XIe siècle, dédiée à saint Étienne, et l'on montre encore, parmi les reliques de la cathédrale actuelle, une pierre qui serait celle dont parle saint Augustin. L'apôtre saint Pierre lui-même serait venu, du moins suivant les inductions de

ANCONE

Peruzzi, y faire fructifier les germes jetés en 34, mais le premier évêque d'Ancône dont le nom nous soit parvenu est saint Primianus, qui, né dans cette ville d'une famille grecque, aurait subi le martyre à Spolète sous Maxence le 31 août 307, mais il est probable que le martyr de Spolète est différent de l'évêque d'Ancône (cf. Bernardino Di Campello, *Delle historie di Spoleti*, Spolète, 1672, t. I, p. 176, et *Acta sanctorum*, aug. t. VI, p. 664); son corps fut transporté à Ancône en 976, déposé dans l'église de Santa Maria *in Turriculo* et caché dans un mur à droite du maître-autel, afin de le soustraire aux voleurs de reliques qui pullulaient à cette époque, et retrouvé par hasard le deuxième dimanche de février 1370, suivant les bollandistes (*Acta sanct.*, febr. t. III, p. 367), ou 1373, suivant les historiens locaux (fête le 23 février). Plusieurs auteurs nient cependant qu'il ait été évêque d'Ancône. Quoi qu'il en soit, ce fut à l'époque assignée à son épiscopat que, durant la persécution de Dioclétien, Pellegrinus, né en Calabre, mais archidiacre d'Ancône, et ses compagnons Herculanus et Flavianus y subirent le martyre, vers 290, ainsi que, vers l'an 304, les saintes Palatia et Laurentia. Son successeur aurait été saint Cyriacus, martyrisé sous Julien, assurent les historiens locaux, et dont le corps est conservé dans la cathédrale actuelle, à lui dédiée; mais Papebroch le croit, en réalité, évêque de Jérusalem, où il aurait été martyrisé sous Adrien. *Acta sanctor.*, 1680, maii t. I, p.439. Le premier évêque d'Ancône hors de toute contestation est donc Marcus, qui assista, en 462, au concile de Latran, sous le pape Hilaire. Puis vient un anonyme, cité dans le *Décret de Gratien* en 492 et 496, et, vers l'an 500, saint Thraso, lequel retrouva le corps de saint Liberius, ce fils d'un roi d'Arménie, qui, venu à Ancône vers l'an 420, mena, dans les montagnes des environs, la vie érémitique et fut inhumé dans l'église de San Silvestro, depuis lors dite de San Liberio. Son successeur fut, vers 550 (*al.* 558 ou 566), saint Marcellinus, lequel, rapporte saint Grégoire le Grand (*Dialogi*, lib. I, c. VI, *P. L.*, t. LXXVII, col. 181; cf. Beda, *Vita S. Cuthberti*, c. XIV, *ibid.*, t. XCIV, col. 752), éteignit miraculeusement un incendie qui menaçait de dévorer toute la ville et sauva celle-ci de l'assaut de Totila. Après lui viennent, vers 569 (ou 577, suivant certains auteurs), saint Thomas, remarquable également par ses miracles, et en 585, Severus, auquel le pape saint Grégoire écrivit plusieurs lettres en 598 (l. IX, epist. LXXVI, où il est appelé Serenus, et LXXXIX, *P. L.*, t. LXXVII, col. 960 et 1107), et que Muratori a confondu avec un autre Severus, métropolitain schismatique d'Aquilée. *Annali d'Italia*, Rome, 1752, t. III, 2ᵉ part., p. 358. Après sa mort, le même pape, dans une autre lettre datée de 603, recommanda au clergé d'Ancône d'élire pour pasteur un diacre de Ravenne, Florentinus (l. XIV, epist XI, *P. L.*, t. LXXVII, col. 1313-1314), qu'on peut, par conséquent, assez vraisemblablement, faire figurer dans la liste des évêques de cette Église. Il eut pour successeur, selon les différents historiens d'Ancône — à vrai dire, tous assez anciens et plus ingénieux et patriotes que critiques — un certain Joannes, qui aurait fleuri vers 629 ou 633, mais de la vie duquel ils ne citent, du reste, aucun fait. Certaine, au contraire, est l'existence de Maurosus, qui assista, en 649, au concile romain réuni par le pape Martin Iᵉʳ, où il se distingua par son ardeur contre les fauteurs du monothélisme. Aux conciles romains de 679, 743 et 826, assistaient Joannes II, Senator et Tigrinus. Ce dernier, à la suite du sac de la ville en 839, transféra, de l'église cathédrale de San Stefano dans l'église de San Lorenzo, les reliques des saints Cyriacus, Liberius, Marcellinus et de sainte Palatia. Au concile romain du 18 novembre 861, assistait Lepardus ou Leopardus, que le pape Adrien II envoya en Bulgarie en qualité de légat. Son successeur,

Paulus, fut de même envoyé en légation à Constantinople par le pape Jean VIII, en 878, avec Eugène, évêque d'Ostie, mais, y ayant pris parti pour Photius, il fut déposé et excommunié par Rome. Il aurait été remplacé, en 887, par Bolongerius ou Benolergius ou même Bonobericus, mais le fameux diplôme de Theodicius ou Eodicius, le seul où ce personnage soit nommé, est faux. Farlati cite ensuite, vers l'an 925 (*Illyricum sacrum*, t. III, p. 85; t. VII, p. 6), mais sans indication de date, un autre Joannes. On ne sait rien d'Erfermarius, qui gouvernait l'Église d'Ancône en 967, mais l'on voit, dans un diplôme de l'empereur Otton III, en 996, citer Thraso II (déjà cité, d'ailleurs, dans un document de 983), comme présent à un *placitum* tenu à Ravenne (à Rome, selon Muratori) en cette année. Après lui, l'*Italia sacra* d'Ughelli présente une lacune de deux siècles et demi, pendant lesquels on peut placer cependant les huit évêques suivants : Stephanus, cité en 1030 dans un bref de Jean XIX (cf. Benoît XIV, *Bullarium*, t. I, p. 302); Grimaldus ou Grimoaldus, dont il existe une charte de donation faite par lui aux bénédictins de la Pinocchiara en 1051; Gerardus, dont on lit la signature au bas d'une bulle d'Alexandre II, promulguée contre les croits à Rome en 1069 (*Privilegii del pescovato ferrarese*, p. 30); Transbertus et Marcellinus, cités dans deux bulles d'Alexandre III et Honorius III, découvertes par Garampi dans les archives capitulaires d'Ancône, qui ont dû gouverner cette Église, le premier vers 1080 ou 1090, le second vers 1100; Bernardus, cité dans un parchemin de l'an 1127; puis un anonyme, cité comme présent à la consécration de la cathédrale de Foligno, en 1146, et qui, peut-être, n'est autre que Bernardus, s'il vivait encore, ou son successeur Lambertus, cité dans deux documents datés de 1150, mais dont la véritable date doit être 1158. Mittarelli et Costadoni, *Annales camaldulenses*, t. IV, p. 87 sq. Un document des archives de Parenzo cite ensuite un certain Thomas comme ayant gouverné l'Église d'Ancône vers 1172, mais il est faux. En 1179, prend fin la lacune signalée dans Ughelli, qui cite Gentilis comme présent au concile de Latran en 1179. Cf. *Annal. camald.*, t. IV, p. 86, 88. Après celui-ci viennent trois camaldules : Rodulphus, cité dans un procès de cette époque comme ayant été élu évêque d'Ancône à la fin d'août 1180 (*Annal. camald.*, t. IV, p. 5, 18, 26, 33); Beroaldus, appelé encore Bernardus, Bertaldus, Bedaldus ou Berardus, cité dans deux documents de 1186 et du 2 septembre 1192; et Gerardus II, cité dans des documents de 1204, 1218, 1225, 1227 et 1237 ou 1238 — c'est donc à tort que Wadding (*Annales minorum*, t. II, p. 54; t. IV, p. 279-280; t. XVI, p. 139-140) cite un certain Rufinus Lupatus comme évêque d'Ancône en 1222, — sous l'épiscopat duquel furent retrouvés, le 2 mai 1224, sous le maître-autel de l'église de San Pellegrino, les corps des martyrs Pellegrinus, Herculanus et Flavianus, et qui, en 1227, fixa à douze le nombre des chanoines de la cathédrale. La série continue ensuite à peu près régulièrement. Elle devient cependant singulièrement confuse à la fin du grand schisme. En 1409, en effet, le pape Grégoire XII, après sa déposition par le premier concile de Pise et l'élection d'Alexandre V, déposa, le 11 avril, l'évêque d'Ancône, Lorenzo Ricci, qui avait adhéré au nouveau pape, et le remplaça, le même jour, par Simone Viglianti, général des augustins. Jean XXIII, successeur d'Alexandre V, transféra plus tard Ricci, le 20 décembre 1412, à l'église de Sinigaglia, où il mourut l'année suivante, mais refusa de reconnaître Viglianti et nomma, à sa place, le 19 décembre 1413, Pietro Ferretti (et non pas Liberotti, comme l'appelle à tort Eubel, qui confond son nom avec le prénom de son père Liverotto), d'une grande famille d'Ancône. Vigilanti, bien que reconnu, en revanche, par le conseil général de la ville (cf. Francesco Ferretti, *Pietra del paragone*, p. 30 sq.), se vit bientôt contraint de quitter Ancône, tout en continuant à porter le titre d'*Anconitanus episcopus*, sous lequel on le voit siéger, en 1416, parmi les pères du concile de Constance, et Grégoire XII lui donna pour *locumtenens* Giovanni Grimaldeschi, évêque d'Osimo. Enfin, le 6 mars 1419, Martin V le transféra, lui aussi, au siège de Sinigaglia, et nomma à celui d'Ancône, en l'y transférant de celui de Melfi, Astorgio degli Agnesi (voir t. I, col. 987). Quant à Ferretti, qui jusqu'alors n'avait pris que le titre d'évêque élu d'Ancône, il le transféra, le 11 septembre suivant, au siège d'Ascoli Piceno. Mais l'ère des translations n'était pas encore close, car, le 26 août 1422, Astorgio était transféré à ce même siège d'Ascoli, sans doute après la mort de Ferretti, et remplacé sur le siège d'Ancône, par Paolo Alberti, O. M., transféré de celui d'Ajaccio. Mais Astorgio refusa d'accepter ce changement, et le pape, tout en déclarant qu'à l'avenir de tels refus devraient être examinés par le consistoire, consentit à le laisser à Ancône, où il resta jusqu'à sa translation à Bénévent, le 8 février 1436, et transféra, au contraire, Alberti à Ascoli, le 4 novembre 1422. Arch. Vat., arm. XII, t. 121, p. 152-153; *Reg. Later.* t. 204, fol. 152. La même année, le même pape, par une bulle du 19 octobre 1422, décidait que l'Église d'Umana serait unie à celle d'Ancône à la mort de l'évêque de la première, Antonius III (*ibid.*, t. 251, p. 154) et celui-ci étant mort avant la fin de l'année, l'union fut accomplie *ipso facto*. Ce ne fut pas, d'ailleurs, une union *aeque principalis*, laissant à chacun des deux diocèses sa vie propre sous le gouvernement d'un seul pasteur, mais une véritable incorporation (*incorporatio, annexio et unio*, lit-on dans la bulle), car non seulement Umana ne conserva ni une administration séparée ni même son trône épiscopal et devint une simple paroisse du diocèse d'Ancône, mais encore, bien qu'Astorgio ait pris le titre d'évêque d'Ancône et Umana, ses successeurs, au bout de quelque temps, cessèrent de prendre ce second titre. Ce ne fut qu'en 1747 que, par une bulle du 22 avril, Benoît XIV, lequel avait occupé le siège d'Ancône avant de devenir archevêque de Bologne et avait conservé la plus vive affection pour cette ville, dont il avait été le bienfaiteur, et qui érigea un arc de triomphe en son honneur, ordonna que l'évêque de la cité dorique prît à l'avenir le titre d'évêque et comte d'Umana. Le siège d'Ancône demeura sans titulaire depuis le 21 juin 1800, date de la mort du cardinal Ranuzzi, jusqu'au 8 mars 1816 : gouverné d'abord par Mgr Passeri, archevêque de Larisse *in partibus*, en qualité d'administrateur apostolique, il resta complètement vacant depuis sa mort (14 juin 1805), à cause de la rupture entre Pie VII et Napoléon Ier qui empêchait la provision des évêchés. Les Anconitains ayant entendu dire, en 1585, que le nouveau pape Sixte-Quint, originaire des Marches, avait l'intention d'ériger, dans cette province, un archevêché, avec des sièges suffragants, lui adressèrent une supplique, par laquelle il le priaient de leur accorder cet honneur à leur cité, mais ce fut, au contraire, la ville de Fermo que le pape érigea en archevêché. Enfin le siège d'Ancône a été érigé en archevêché par Pie X le 14 septembre 1904, mais sans aucune juridiction sur les autres sièges des Marches, qui, à l'exception des quatre dépendant de Fermo, relèvent tous immédiatement du Saint-Siège, mais dont tous les évêques et archevêques se réunissent cependant chaque année, généralement à Lorette, afin de délibérer sur leurs intérêts communs. Pour étudier, d'ailleurs, d'une façon complète, l'histoire ecclésiastique d'Ancône, il faudrait parcourir celle des légats qui l'ont gouvernée depuis plusieurs siècles (cf., outre les ouvrages imprimés, le ms. *321* de la biblioteca Classense de Ravenne : *Croniche Anconitane*, de Girolamo Leoni (1492), et Mazzatinti, *Inventari dei manoscritti...*, t. IV, p. 216), et aussi celle des juifs, dont elle a été et est encore le centre le plus nombreux et le plus riche en Italie. On peut voir, sur ce dernier sujet, C. Feroso (pseudonyme de Michele Maroni), *Di alcuni ebrei portoghesi sotto Paolo IV*, dans *Archivio storico per le Marche e per l'Umbria*, 1884, t. I, p. 689-700, et Ilenzasco, *Il sogno degli ebrei*, dans *Giornale ligustico di archeologia*, 15e ann., fasc. 7-8. Kauffmann, *Les Maranes de Pesaro et les représailles des juifs levantins contre la ville d'Ancône*, soutient la réalité d'un auto-da-fé de vingt-quatre juifs maranes qui aurait eu lieu à Ancône en 1556, et qui est nié, au contraire, par le chanoine Cesare Garibaldi, *Un asserto autodafe sotto Paolo IV*, Bologne, 1876. Quant aux *fraticelles*, bien que leurs fondateurs, Pietro de Macerata et Pietro de Fossombrone, fussent originaires des Marches, ils ne purent jamais prendre pied à Ancône (cf. L. Fumi, *Eretici e ribelli nell'Umbria dal 1320 al 1330*, dans *Bollettino della R. Deputazione di storia patria*, t. III-IV), et elle fut, au contraire, l'un des centres de la répression de cette hérésie. C'est ainsi que nous voyons l'évêque d'Ancône, Astorgio, inquisiteur des Marches, en même temps que le bienheureux Jacopo della Marca. Le diocèse d'Ancône eut pendant longtemps un rite spécial, assez semblable au rite ambrosien. Cf. G. Mercati, *Di alcuni riti anconitani*, dans *Rassegna gregoriana*, 1902, avril, p. 62-65.

Outre un grand nombre de cardinaux, d'archevêques, d'évêques et de prélats, la ville et le diocèse d'Ancône ont donné le jour aux saints et bienheureux suivants : saint Benvenuto degli Scotivoli, évêque d'Osimo, saint Constantius, le bienheureux Antonio Gabriele Ferretti, O. M. Obs., Antonio Fatati, évêque d'Ancône, Agostino Trionfi, et Guglielmo Bompiani, augustins; Girolamo Ginelli, du tiers-ordre de Saint-François, Pietro Monaldini, martyr, Leonardo, martyr, Amato, conventuel, Eusebio Pardini, cinquième général des capucins, la bienheureuse Nicolosa, etc. Cf. les ouvrages, cités *infra*, de Speciali et Orlandi.

II. ABBAYES ET COMMUNAUTÉS RELIGIEUSES. — Lubin, *Abbatiarum Italiae brevis notitia*, Rome, 1693, mentionne, p. 13-14, 239, 260, 284, 323 et 381, les abbayes suivantes : à Ancône même, Santa Agnese, O. S. B., citée en 1378, unie par Eugène IV au monastère de Santa Maria Nuova; San Claudio, donnée ensuite aux chanoines réguliers de Saint-Jean de Latran; Santa Maria di Portonuovo, O. S. B., fondée au ve siècle (cf. Sartori Cherubini, *Alcune parole sopra la chiesa di S. Maria di Portonuovo*, Ancône, 1841), illustrée par le séjour de saint Pierre Damien, transférée, en 1320 (al. 1384), à l'église de San Martino, puis unie, en 1436, au chapitre de la cathédrale Santa Maria Nuova, O. S. B., et en 1433, aux sœurs du tiers-ordre de Saint-François, dites de la Pénitence, lesquelles embrassèrent ensuite la règle de Sainte-Claire; San Giovanni Battista della Pinocchiara, donnée, au XVIe siècle, aux chanoines réguliers de Saint-Jean de Latran; Santa Palatia, aux clarisses; San Sebastiano, d'abord aux barnabites, puis aux clarisses. Auprès d'Ancône, dans l'ancien diocèse d'Umana, San Pietro del mont Conero, O. S. B., puis aux ermites de saint Hieronimo Ginelli, et enfin aux camaldules (cf. Compagnoni, *Regia Picena*; Vogel, *Chiesa Recanatese e Loretana*); voici les noms de quelques-uns de ses abbés : Atton, Campetius, 1048; Petrus, 1203; Nicolaus, 1378; Landolfuccius de San Severino, 1383. Entre Ancône et Sinigaglia, San Salvatore di Riese, fondée en 1443, aux cisterciens. Il faut y ajouter : à Ancône, les crucifères (dont la congrégation fut, suivant la légende, fondée dans le diocèse même par saint Cyriaque, qui tenaient, auprès de l'église de San Marco, un hospice pour les pèlerins et les voyageurs (cf. Saracini, *op. cit.*, 2º part., p. 73, et Ferrari, *Catalogus sanctorum Italiae*, 23 mai); les conventuels, au couvent de San Francesco della Scala, qui aurait été fondé par saint François lui-même (cf. Michele Buglioni, *Storia del convento di S. Francesco dell' ordine de' minori, d'Ancona*, Ancône, 1795); les franciscains, à Santa Maria della Scala; les dominicains, dont le couvent de San Domenico aurait été aussi fondé par saint Dominique; les carmes déchaussés, à Santa Maria *in cunctis;* les ermites de Saint-Augustin, au couvent de San Agostino (1269), sur l'emplacement duquel s'élève aujourd'hui la citadelle, puis à l'église paroissiale de San Primiano, confiée d'abord aux minimes de Saint-François-de-Paule (cf. J. Lauteri, *Eremi sacrae augustinianae religionis pars prima*, Rome, 1874, p. 25, 26); les servites, à San Pietro et à San Martino (1439, al. 1453; cf. Morini et Soulier, *Monumenta ordinis servorum sanctae Mariae*, Bruxelles, 1898-1905, t. II, p. 110; t. VII, p. 75, 84, 90, 100, 107); les frères de Saint-Jean-de-Dieu, qui dirigeaient l'hôpital d'Ancône; les jésuites, qui y avaient un collège, et les frères des écoles chrétiennes, qui y furent introduits, au début du XIXº siècle, par Mgr Cadolini; les chanoinesses de Saint-Jean de Latran, établies dans le diocèse par l'évêque Persevallus, d'abord à San Bartolomeo, puis à San Sebastiano, et les ripisiniennes arméniennes, fondées à Lorette vers la fin du XVIIIº siècle et établies en 1838 à Ancône, d'abord auprès de l'église de Sant' Anastasia et au couvent de San Girolamo, puis auprès de l'église de San Gregorio Illuminatore, et enfin à l'église de San Bartolomeo, où résidaient jadis les chanoinesses et qui prit le nom de SS. Bartolomeo e Gregorio. Enfin, à Castelferretti, les capucins, qui y tenaient l'hôpital de San Stefano. Cf. Alberico Amatori, *Le abbazie e monasteri piceni*, Camerino, 1870, et Mazzatinti, *Invent. dei mss. delle bibliot.*, t. VI, p. 5, 6 (deux manuscrits de la bibliothèque communale d'Ancône sur les couvents d'Ancône et des Marches). On y compte actuellement les congrégations suivantes: dominicains, franciscains, servites, capucins, salésiens, missionnaires du Précieux-Sang, oblates franciscaines et *Maestre Pie* Venerini, à Ancône; filles de la Charité à Ancône, Agugliano et Castelferretti; sœurs de Charité à Ancône et Camerano; chanoinesses augustiniennes à Ancône; sœurs thérésiennes à Montesicuro.

III. LISTE DES ÉVÊQUES. — *Évêques d'Ancône:* Saint Primianus (?), vers 290-304. — Saint Cyriacus (?), vers 363 (?). — Marcus, cité 462. — Anonyme, 492, et 496. — Saint Thraso, vers 500. — Saint Marcellinus, vers 550, al. 558, 566. — Saint Thomas, vers 569. — Severus, 585, † 603. — Florentinus (?), 603. — Joannes Iᵉʳ (?), 629 ou 633. — Maurosus, 649. — Joannes II, 679. — Senator, 743. — Tigrinus, 826. — Leopardus ou Lepardus, 18 novembre 861. — Paulus, 878. — Bolongerius, Binolergius ou Binobericus (?), 887. — Joannes III, vers 925. — Erfermarius, 967. — Thraso II, 983, 996 — Stephanus, 1030. — Grimaldus, ou Grimoaldus, 1051. — Gerardus, 1049 (et non 1067, comme le porte Gams). — Transbertus, vers 1080 ou 1090. — Marcellinus II, vers 1100. — Bernardus, 1127. — Anonyme (Bernardus ou Lambertus?), 1146. — Lambertus, 1158 (?). — Thomas II (?), 1172. — Gentilis, 1179. — Rodulfus, fin août 1180-1185 (et non 1192, comme le porte Gams). — Beroaldus, Bernardus, Bertaldus, Bedaldus ou Berardus, 1186-2 septembre 1192. — Gerardus II, cité de 1204 à 1237 ou 1238. — Persevallus, 1239. — Giovanni Buono, 8 janvier 1244. — Pietro Capocci, 1254-21 août 1286, transféré à Viterbe. — Berardo ou Bernardo del Poggio, 27 août 1286-4 février 1296; transféré à Rieti. — Pandulfus, évêque de Patti, administrateur apostolique, 26 février 1296. — Nicolò degli Ungari, conv., 28 septembre 1299. — Thomas III, français, transféré de Cesena, 16 juin 1326. — Nicolò Frangipani, romain (Rainoni di Maroni), 18 juillet 1342, peut-être le même qui avait été chassé de Palerme pour avoir adhéré à l'antipape Nicolas V. — Agostino del Poggio, 6 février 1344-23 octobre 1348, transféré à Bergame. — Lanfranco Salvetti, conv., 3 octobre 1348-13 octobre 1349. — Giovanni Tedeschi, O. Er. S. A., transféré de Capitolias ou Sunete *in partibus* (en Palestine), 21 octobre 1349-† 1380. — Bartolomeo Oleari ou Ulario, conv. (depuis cardinal), 1381-5 décembre 1385; transféré à Florence. — Guglielmo Dallavigna, O. S. B., 4 décembre 1385 (et non 6 février 1386, comme le porte Eubel) 12 juin 1405; transféré à Todi. — Carlo degli Atti, de Sassoferrato, O. S. B., 12 juin 1405. — Lorenzo Ricci, 26 mai 1406, déposé 11 avril 1409, puis transféré à Sinigaglia, 20 décembre 1412 (et non 1410). — Simone Vigilanti, O. Er. S. A., 11 avril 1409 (et non 5 avril 1410, comme le porte Eubel)-6 mars 1419. — Pietro Ferretti, 19 décembre 1413-11 septembre 1419; transféré à Ascoli Piceno. — Astorgio Agnesi, transféré de Melfi, 6 mars 1419; transféré à Ascoli Piceno, 26 août 1422, mais refuse; puis 8 février 1436, à Bénévent; — Paolo Alberti, transféré d'Ajaccio à Ancône, 26 août 1422, mais cette translation reste sans effet. Vers la fin de l'année, union avec Umana.

Évêques d'Ancône et Umana. — Giovanni de Dominis, transféré de Zengg, 4 juin 1436, mais refuse. — Giovanni Caffarelli, transféré de Forli, 18 février 1437-† 1460. — Agapito Rustici-Cenci, 4 (et non le 16, comme le porte Eubel) avril 1460-22 août 1463, transféré à Camerino. — Bienheureux Antonio Fatati, transféré de Teramo, 3 novembre 1463-† 9 janvier 1484. — Benincasa de Benincasi, 5 octobre 1484. — Giovanni Sacci, archevêque de Raguse, administrateur apostolique, 15 juillet 1502-† 1505. — Pietro Accolti, dit le cardinal d'Ancône, 4 (Garampi: 6) avril 1505-1514. — Francesco Accolti, 5 avril 1514. — Card. Pietro Accolti (de nouveau), administrateur apostolique, 10 mars 1521 (et non 1523, comme le porte Eubel). — Baldovinetto de Baldovinetti, 11 (et non 16, comme le porte Eubel) mars 1523-† 1538. — Card. Alexandre Farnèse, neveu de Paul III, administrateur apostolique, 13 août 1538. — Hieronimo Granderoni, al. Ganderuio, archevêque d'Amalfi, administrateur apostolique, 15 novembre 1538. — Matteo Giovanni Lucchi, 23 mai 1550-6 février 1556; transféré à Tropea. — Card. Alexandre Farnèse (de nouveau), administrateur apostolique, 24 février 1585. — Carlo Conti (cardinal le 1ᵉʳ juillet 1604), 1585-3 décembre 1615 — Card. Giulio Savelli, 11 janvier 1616-1622; résigne, puis transféré à Palerme. — Ludovico Galli, 21 mars 1622-† 22 juillet 1657. — Card. Giovanni Conti, neveu du cardinal Carlo, 29 mars 1666 (et non 1664, comme le disent tous les auteurs)-† 20 janvier 1698; transféré au siège de Sabine. — Card. Marcello d'Aste, 14 janvier 1699 (Garampi: 3 février 1700)-† 11 juin 1709. — Giovanni-Battista Bussi (cardinal 1712), 3 (Garampi: 19) février 1710-23 décembre 1726. — Card. Prospero Lambertini, le futur Benoît XIV, 20 janvier 1727-30 avril 1731; transféré à Bologne. — Bartolomeo Massei, transféré d'Athènes, 21 mai 1731-† 20 novembre 1745. — Nicolò Mancinforte, transféré de Sinigaglia, 17 janvier 1746-19 décembre 1762. — Card. Maria Filippo Acciaiuoli, 24 janvier 1763-† 21 juillet 1766. — Gian-Ottavio Bufalini, 15 octobre 1766-† 3 août 1782. — Card. Vincenzo Gaspare Ranuzzi, 11 février 1784-† 21 juin 1800. — Francesco Saverio Passeri, archevêque de Larisse *in partibus*, administrateur apostolique, 1800-† 4 juin 1808. — Siège vacant. — Card. Nicolò Riganti, 8 mars 1816-† 21 août 1822. — Card. Gian-Francesco Falzacappa, transféré d'Athènes, 10 mars 1823-1824. — Cesare, des marquis Nembrini Gonzaga (cardinal le 27 juillet 1829), 24 mai 1824-† 5 décembre 1837. — Anton Maria Cadolini, des clercs réguliers de Saint-Paul, transféré de Cesena (cardinal le 19 juin 1843), 12 février 1838-† 1er janvier 1851. — Anton Maria Benedetto Antonucci (cardinal en 1858), transféré de Tarse *in partibus*, 5 septembre 1851-† 29 janvier 1879. — Achille Manara (cardinal le 29 novembre 1895), 12 mai 1879-† 15 février 1906.

IV. ÉTAT ACTUEL. — L'archevêque actuel est Mgr Giovanni-Battista Ricci, né le 6 février 1845 à Ostra Vetere (ci-devant Montenuovo), dans la province d'Ancône, préconisé évêque de Macerata et Tolentino le 29 novembre 1895, transféré à Jesi le 9 juin 1902 et à Ancône le 15 juillet 1906. Le diocèse, qui comprend onze communes de la province d'Ancône, avec 90 694 habitants, est divisé en six vicariats *forains* et 37 paroisses, et compte 85 églises, chapelles ou oratoires, 82 prêtres séculiers, 28 religieux, 115 religieuses et 50 confréries. Patronne : sainte Marie de tous les Saints (fête, le dimanche dans l'octave de la Nativité); patron : saint Cyriaque. La commune d'Ancône est peuplée de 63 100 habitants, dont les deux tiers seulement environ dans la ville, d'après le recensement de 1911. La cathédrale actuelle, dédiée à saint Cyriaque, a été construite sur l'emplacement du temple de Vénus, dont il ne reste que dix colonnes, qui ont été employées dans l'église. Selon les uns, elle aurait été construite, entre le IXe et le XIe siècle, par un architecte grec (cf. *Compendio istorico della chiesa cattedrale d'Ancona*, Ancône, 1819); selon d'autres (Vasari, *Le vite dei pittori, scultori ed architettori*, t. I, p. 318; Baldinucci, *Notizie dei professori del disegno*, t. II, p. 104; Félibien, dans Fossati, *Storia dell' architettura*, t. I, p. 113), elle aurait été construite vers le milieu du XIIIe siècle, d'après les dessins de Margheritone d'Arezzo, que les premiers disent, avec plus de vraisemblance, auteur de la façade seule; M. Perkins croit même qu'il a dessiné seulement « le plan du portail et quelques-uns des ornements de la façade. » *Les sculpteurs italiens*, trad. franç. Haussoullier, Paris, s. d., t. I, p. 91, note 1. Il semble, en effet, qu'elle fut considérablement agrandie au XIIe et au XIIIe siècle, et ensuite au début de la Renaissance. Enfin elle a été restaurée de nouveau à la fin du siècle dernier par Giuseppe Sacconi. Quoi qu'il en soit, elle « offre », écrit Burckhardt (*Le cicerone, guide de l'art antique et de l'art moderne en Italie*, trad. franç. Gérard, Paris, 1892, t. II, p. 41), « un mélange curieux d'architecture romane et de style byzantin; c'est une croix grecque à trois nefs dans toutes les directions, avec une coupole dodécagonale au-dessus de l'intersection; l'ensemble actuel a probablement été composé pour utiliser des colonnes déjà existantes d'une construction plus ancienne, par conséquent ce sont les voûtes en bois qui dominent; les façades du transept et le riche portail principal sont de style roman. La construction est semblable à celle de Saint-Marc; les chapiteaux sont mi-ravennates, mi-byzantins. Deux cryptes se trouvent au-dessous des bras du transept, exhaussé à cet effet; » celle qui est située au-dessous du bras de droite renferme diverses sculptures de Margheritone, le tombeau du bienheureux Ferretti, le sarcophage de Flavius Gorgonius, préfet des prétoriens, orné de magnifiques bas-reliefs, en style paléo-chrétien; la crypte située sous le bras de gauche contient les tombeaux des saints Cyriaque, Marcellinus et Liberius, en style baroque. Juchée à l'extrémité septentrionale de la ville, sur la colline Guasco, qui est le point culminant, elle domine l'Adriatique, mais les érosions continues, opérées par celle-ci sur la côte placée au-dessous, font craindre la disparition de la cathédrale dans un avenir plus ou moins éloigné. Les églises de San Francesco della Scala, construite aux XIIIe et XIVe siècles (aujourd'hui caserne) et de San Agostino, ont, chacune, une façade et un portail, aux figures tourmentées, attribués à Giorgio da Sebenico. La façade de Santa Maria della Piazza est également très curieuse par ses rangées « d'arcatures... richement décorées, revêtues... en partie de mosaïque et ornées de têtes de saints en majolique, qui rappellent certaines églises de l'ouest de la France. » [A. Maggiorini], *Le pitture, sculpture e architettura della città d'Ancona*, Ancône, 1821; cf. OscarMothes, *Die Baukunst des Mittelalters in Italien*, 2 vol., Iéna, 1884; C. Ciavarini, *Guida d'Ancona descritta nella storia e ne' monumenti*, Ancône, 1884; *Archivio storico dell' arte*, 1890, t. II, p. 467; 1893, p. 227; 1894, p. 397-454; 1901, p. 63-70, 473-476; *L'arte*, 1900, t. VII, p. 405; t. IX, p. 233; t. XI, p. 461-463; t. XII, p. 166; Lorenzo Basili, *Notizie storiche della chiesa e fraternita di S. Maria della Misericordia in Ancona*, Ancône, 1857; Enlart, *Origines françaises de l'architecture gothique en Italie*, Paris, 1898, p. 95, 218, 221; Ludovici, *Di alcuni monumenti d'arte nell' Umbria, nelle Marche e in provincia di Teramo*, dans *Rassegna d'arte*, t. IV, n. 17; A. Venturi, *Storia dell' arte italiana*, Milan, 1901-1904, t. I, p. 50; t. II, p. 360; t. III, p. 812-815; Ern. Spadolini, *Arte retrospettiva : Chiese anconitane*, dans *Emporium*, mai 1904, p. 378-389; Ces. Posti, *Di un antico dipinto a fresco nella chiesa cattedrale di Ancona*, dans *Le Marche*, ann. 1907, p. 127-136; Aurini, *Il duomo di Ancona*, dans *Rassegna bibliografica dell'arte italiana*, 11e ann., 1908, p. 129-133; Giuseppe Sacconi, *Relazione dell' Ufficio regionale per la conservazione dei monumenti delle Marche e dell' Umbria*, 2e édit., Pérouse, 1905, p. 245-261, 298, 467, 475, 492-493, 511. Les archives capitulaires, les archives historiques communales et la bibliothèque d'Ancône sont riches en documents intéressant l'histoire ecclésiastique. Cf. Amaduzzi, *Anecdota*, t. III, p. 285-286; F. Blume, *Iter Italicum*, Halle, 1827-1836, t. II, p. 129-130; t. IV, p. 231; Pflugk-Harttung, *Iter Italicum*, Stuttgart, 1910, t. XVI, p. 624, 625, 709. Mazzatinti, *Gli archivi della storia d'Italia*, Rocca S. Casciano, 1911, sér. II, t. II; *Inventari dei manoscritti delle biblioteche d'Italia*, Forlì, 1910, t. XVI, p. 3; C. Ferosol (M. Maroni), *Cenni storici sulla biblioteca comunale di Ancona*, Ancône, 1883.

Archives du Vatican, *Fiches de Garampi*, *Acta consistorialia*, et Mathieu de Flentin, *Apparatus ad universalem episcopatuum orbis christiani notitiam* (index, n. 437, fol. 79). — Hondius Jodocus, *Nova et accurata Italiae hodiernae descriptio*, Leyde, 1627. — Pompeo Compagnoni, *La Regia Picena, ovvero Presidj della Marca*, Macerata, 1662, 1re part. — Joannes Blavius, *Theatrum civitatum et memorandorum Italiae ad aevi veteris et praesentis temporis faciem expressam*, Amsterdam, 1662, 1re part. — Saracini, *Notizie istoriche della città d'Ancona*, Rome, 1675. — Lucentius (Lucenti), *Italia sacra*, Rome, 1704, col. 275-282, 284-285. — Père François Jacques, *Historiographie générale des provinces de l'Église latine*, Avignon, 1716, p. 10. — Ughelli-Coleti, *Italia sacra*, Venise, 1717-1722, t. I, col. 324-342, 743-746; t. X, col. 406-407. — Odoardi, *Relazione dello scoprimento e ricognizione fatta in Ancona dei sacri corpi di S. Ciriaco, Marcellino e Liberio...*, Rome, 1756. — Faustus Antonius Maronius (Maroni), *De ecclesia et episcopis Anconitanis commentarius in quo Ughelliana series emendatur, continuatur, illustratur*, Rome, 1759. — Girolamo Speciali, *Notizie istoriche de' santi protettori della città d'Ancona, de' cittadini che con la loro santità l'hanno illustrata, di lei cattedrale, e vescovi...*, Venise, 1759; *Riflessioni addizionali al libro intitolato Notizie istoriche de' santi, etc.*, Foligno, 1770. — C. Orlandi, *Delle città* d'*Italia e sue isole adiacenti compendiose notizie*, Pérouse, 1772, t. ii, p. 51-60. — Giuseppe Colucci, *Della antichità di Ancona*, dans t. v de *Le antichità picene*, Fermo, 1730. — F. Vecchietti et T. Moro, *Biblioteca Picena*, 5 vol., Osimo, 1790-1796. — [Ranghiasci], *Bibliografia storica delle città e luoghi dello Stato pontificio*, Rome, 1792, p. 3-4. — *De laudibus Piceni sive Marchiae Anconitanae libellus*, Fermo, 1795. — Ant. Leoni, *Istoria d'Ancona, capitale della Marca Anconitana*, 4 vol., Ancône, 1810; *Compendio delle principali notizie spettanti alla istoria di Ancona*, Ancône, 1811; *Ancona illustrata*, Ancône, 1832. — Ag. Peruzzi, *Dissertazioni anconitane*, Bologne, 1818, t. i; *Storia della città d'Ancona, dalla sua fondazione all'anno 1532*, 2 vol., Pesaro, 1835; *La Chiesa anconitana, con note e supplementi di Luigi Pauri e di Sebastiano Petrelli*, 1re part., Ancône, 1845. — Orazio Civali, *Visita triennale... nella Marca Anconitana*, s. l. ni d., p. 82-92. — Moroni, *Dizionario di erudizione ecclesiastica*, Rome, 1840, t. ii, p. 43-53. — Cappelletti, *Le chiese d'Italia*, Venise, 1848, t. vii, p. 9-76, 113-193, 759-762. — Petri, *L'orbe cattolico*, Rome, 1848, 1re part., p. 172. — Stefani, *Dizionario corografico dello Stato pontificio*, Vérone, 1856, t. i, p. 48-69. — Ciavarini, *Sommario della storia di Ancona*, Ancône, 1867; *Ancona descritta nella storia e nei monumenti*, Ancône, 1870; *Collezione di documenti storici delle città e terre marchigiane*, 3 vol., Ancône, 1870-1874. — Gams, *Series episcoporum*, p. 664-666; Supplément, p. 2. — Amati, *Dizionario corografico dell' Italia*, Milan, 1878, t. i, p. 269-284. — D. Promis, *Monete italiane*, dans *Miscellanea di storia italiana*, Turin, 1871-1873, t. xii, p. 117-118; t. xiii, 700. — G.-B. De Rossi, *Cubicolo sepolcrale cristiano...*, dans *Bullettino di archeologia cristiana*, 1878, p. 128-132. — C.¹ Feroso (M. Maroni), *Guida di Ancona e dei suoi dintorni*, Ancône, 1884. — Card. Manara, *Commentarii de Leonis XIII rebus praeclare gestis et egregiis meritis erga civitatem Anconitanam*, Ancône, 1887. — Duchesne, *Le Liber pontificalis*, Paris, 1892, t. ii, p. 183, 185; *Les évêchés d'Italie et l'invasion lombarde*, dans *Mélanges d'archéologie et d'histoire*, t. xxv, p. 393. — Ottino et Fumagalli, *Biblioteca bibliografica italica*, Rome, 1889, n. 1435, 2600, 2601, p. 434. — Bertolotti, *Statistica ecclesiastica d'Italia*, Savone, 1894, 2e part., p.' 8-9. — Celani, *Abbatiarum Italiae... additiones et adnotationes*, Rome, 1895, p. 12, 56, 60. — Werner, *Orbis terrarum catholicus*, Fribourg-en-Brisgau, 1890, p. 11. — Eubel, *Hierarchia catholica medii aevi*, Munster, 1901-1913, t. i, p. 87; t. ii, p. 98; t. iii, p. 120. — U. Chevalier, *Topo-bibliographie*, t. i, col. 109-110. — Battaini, etc., *La nuova Italia*, Milan (Vallardi), s. a., t. i, p. 91-97. — Giov. Berthelet, *Dizionario delle parrocchie italiane*, Rome, 1901. — Gröner, *Die Diözesen Italiens*, Fribourg-en-Brisgau, 1904, p. 4, 23; trad. ital. G.-B. Guarini, Melfi, 1908, p. 14, 33. — *Dictionnaire d'archéologie et de liturgie*, t. i, col. 1993-1999. — Fabre et Duchesne, *Le Liber censuum*, Paris, 1910, t. i, p. 90; t. ii, p. 105. — *Annuario pontificio; Gerarchia ecclesiastica*, la collection complète, Rome, 1913, p. 79. — *Annuario ecclesiastico*, Rome, 1913, p. 232-233. — Kehr, *Papsturkunden in der Romagna und den Marken*, Gœttingen, 1898, p. 21 (extrait des *Nachrichten der K. Gesellschaft der Wissenschaften zu Göttingen, Philologisch-historische Klasse*, ann. 1898, 1er fasc.

J. Fraikin.

ANCUA. Voir Anguiensis (*Ecclesia*).

ANCUSENSIS (*Ecclesia*). Chrétienté d'Afrique non encore identifiée; elle était située en Byzacène. On trouve dans un ms. l'orthographe *Aniusensis*, qui est sans doute fautive. Deux évêques, l'un catholique, Gududus, l'autre donatiste, Donatus, y dirigeaient deux communautés rivales au commencement du ve siècle. Ils prirent part l'un et l'autre à la conférence de Carthage, en 411. *Gesta collationis habitae inter episcopos catholicos et donatistas*, I, cxxvi, ccviii; Mansi, *Sacr. concil. nova et ampliss. collectio*, t. iv, col. 101, 161, 266, 270. Un autre, Victorinus, assistait à l'assemblée des évêques tenue à Carthage, sous le roi vandale Hunéric, en 484. *Notitia provinciarum et civitatum Africae*, Byzacena 5; Victor de Vita, édit. Halm, p. 66; P. L., t. lviii, col. 271, 315.

Morcelli, *Africa christiana*, Brescia, 1816-1817, t. i, p. 76. — *Notitia dignitatum*, édit. Böcking, Bonn, 1839-1853, t. ii, Annot., p. 647. — De Vit, *Totius latinitatis onomasticon* Prato, 1859, t. i, p. 291, au mot *Ancusa*. — Gams, *Serie episcoporum*, Ratisbonne, 1873, p. 464. — Ch. Tissot, *Géographie comparée de la province romaine d'Afrique*, Paris, 1884-1888, t. ii, p. 781. — De Mas-Latrie, dans *Bulletin de correspondance africaine*, 1886, p. 82; *Trésor de chronologie*, 1889, col. 1865. — [Mgr] Toulotte *Géographie de l'Afrique chrétienne*, Rennes-Paris, 1892-1894, Byzacène, p. 50-51. — Joh. Schmidt, *Pauly-Wissowa, Real-Encyclopädie*, t. i, col. 2116. — *Thesaurus linguae latinae*, Leipzig, 1901, t. ii, col. 32, au mot *Ancusensis*. — R. P. Mesnage, *L'Afrique chrétienne*, Paris, 1912, p. 178.

Aug. Audollent.

1. ANCYRE, ville d'Asie Mineure, siège d'une métropole grecque et d'un évêché arménien.

I. **MÉTROPOLE GRECQUE**. — I. Histoire. II. Conciles. III. Série épiscopale.

I. Histoire. — La ville d'Ancyre (Ἄγκυρα), connue aujourd'hui sous le nom d'Angora, serait, d'après la tradition antique grecque, une fondation du roi légendaire Midas. Elle était d'abord considérée comme une ville de Phrygie, et à une époque plus récente on la compta parmi les villes de Galatie. Dans une de leurs migrations en Asie, les Gaulois Tectosages en firent leur capitale. Sa position sur le grand chemin des caravanes lui donna de bonne heure une grande importance commerciale, et les chèvres d'Ancyre, aujourd'hui connues sous le nom de race angora, étaient célèbres dès l'antiquité. Arrien, ii, 4, 1; Quinte-Curce, iii, 1; Tite-Live, xxxviii, 24. Par reconnaissance pour l'empereur Auguste, qui avait enrichi la ville de magnifiques monuments, les habitants lui élevèrent un temple splendide, sur les colonnes d'entrée duquel était gravée une inscription de la composition d'Auguste lui-même, en grec et en latin, et qui énumérait les principales actions du prince. C'est ce que l'on appelle le *monumentum Ancyranum*, découvert dès 1553, mais mis à jour d'une manière plus complète en 1861. Voir, pour la période antique, Pauly-Wissowa, *Realencyclopädie der classischen Altertumswissenschaft*, t. i, col. 2221.

Après la mort de son dernier roi Amyntas, la Galatie devint une province romaine en 25 avant Jésus-Christ; elle était gouvernée par des préteurs. On la trouve parfois réunie à la Cappadoce. A la suite de divers remaniements, elle fut divisée après 381 en deux provinces, la Galatia I, qui avait pour métropole Ancyre, et la Galatia II, dont la métropole était Pessinonte, Πεσσινοῦς. J. Marquardt, *Organisation de l'empire romain*, trad. fr., Paris, 1892, t. ii, p. 276-288. Cette division dura jusqu'à la répartition de l'empire en thèmes : au xe siècle, Ancyre était la métropole de celui des Bucellaires, qui fut détruit par les invasions turques des Seldjoukides, au xie siècle. Aujourd'hui, Ancyre ou Angora est, depuis le remaniement administratif de 1867, le chef-lieu d'un des vilayets ou gouvernements généraux d'Asie, avec les sandjaks ou préfectures d'Angora, Tchorun, Yuzgat, Kir-Chéhir et Césarée. La population du vilayet serait, d'après les renseignements réunis par Vital Cuinet pendant la période 1880-1890, de 892 901 habitants, en grande majorité Turcs; sur ce chiffre, il faudrait défalquer 34 009 Grecs, 83 063 Arméniens grégoriens, 8 784 Arméniens catholiques et 2 451 Arméniens protestants. Ces chiffres, outre le fait d'être déjà anciens, ne sont pas forcément qu'approximatifs, quand on songe aux conditions dans lesquelles Vital Cuinet a pu réunir ses renseignements, lesquels sont cependant tout ce que l'on a de mieux sur la population de la Turquie d'Asie.

Il est fort probable que le christianisme date, à Ancyre, des temps apostoliques; toutefois, on n'en trouve pas de vestige historique avant 180, date de la mort de Marc-Aurèle. Eusèbe, v, 16, *P. G.*, t. xx, col. 465; Harnack, *Die Mission und Ausbreitung des Christentums in den ersten drei Jahrhunderten*, Leipzig, 1902, p. 481. Vers 650, date à laquelle remonte la première *Notitia* complète des sièges relevant du patriarcat de Constantinople, Ancyre en est la quatrième métropole; elle vient immédiatement après Césarée, Éphèse et Héraclée; on l'appelle ἐπαρχία Γαλατίας Θρᾴκης, et elle a sept évêchés suffragants. Parthey, *Hieroclis Synecdemus et Notitiae graecae episcopatuum*, Berlin, 1866, p. 155. Vers 901, date de la *Notice* arrêtée par l'empereur Léon le Sage et le patriarche Nicolas le Mystique, elle est toujours au quatrième rang, mais elle a cette fois huit évêchés au lieu de sept, par l'adjonction de celui de Kalouméni, Καλουμένη. Parthey, *op. cit.*, p. 104. Les invasions turques lui portèrent un coup mortel, tous ses évêchés disparurent, et même parfois elle fut réunie à Nazianze; c'est du moins ce que dit Balsamon, dans son commentaire sur le second canon du premier concile œcuménique de Constantinople (*P. G.*, t. cxxxvii, col. 320), mais sans indiquer l'époque. Toutefois, Nazianze a disparu depuis longtemps des catalogues du patriarcat de Constantinople, et Ancyre est toujours un siège résidentiel. Vers la fin du xv⁵ siècle, Ancyre est encore au quatrième rang, mais sans évêchés; d'après le *Syntagmation* de Chrysanthe de Jérusalem, publié en 1715, elle conserve le même rang, mais, selon celui du patriarche Séraphin II, de l'année 1759, publié dans l' Ἀλήθεια — devenue depuis l' Ἐκκλησιαστικὴ ἀλήθεια — 1881, t. i, p. 237 sq., elle n'est plus que la trente et unième métropole. C'est d'ailleurs l'époque où, par suite d'un singulier oubli des règles de la hiérarchie ecclésiastique, les évêchés disparaissent de plus en plus pour être érigés en métropoles sans suffragants. En 1855, d'après le *Syntagmation* d'Anthime VI (Rhalli et Potli, Σύνταγμα τῶν θείων καὶ ἱερῶν κανόνων, Athènes, t. v, p. 513-521), Ancyre est au trente-deuxième rang. Aujourd'hui, selon le *Syntagmation* de 1901, elle est la vingt-neuvième métropole du patriarcat. Cet état de choses ne tardera pas à être modifié, le remaniement que nécessitera sans aucun doute la perte de la plupart des métropoles de l'ancienne Turquie d'Europe, qui entreront les unes dans le giron de l'Église nationale de Grèce, les autres au contraire étant petit à petit supprimées par les Bulgares et les Serbes.

Le métropolite d'Angora, dont la juridiction s'étend sur le territoire des trois sandjaks d'Angora, Tchorum, Yuzgat et Kir-Chéhir, le dernier du vilayet étant réservé à la métropole de Césarée, a un revenu de deux cents mille piastres turques, ce qui fait environ quarante mille francs; ses fidèles, en tenant compte de l'accroissement de la population depuis la publication de l'ouvrage de Vital Cuinet, *La Turquie d'Asie, statistique et description raisonnée de chaque province de l'Asie Mineure*, Paris, 1892-1894, t. i, pourraient être au nombre d'une quarantaine de mille. Comme tous les Grecs d'Asie Mineure en dehors des côtes, ce sont des Karamanlis, c'est-à-dire des turcophones; il n'y a à parler le grec que quelques fonctionnaires au service des Turcs, quelques hauts prélats ecclésiastiques, des maîtres d'école et des commerçants. Les prêtres de village savent tout juste lire tant bien que mal les prières de la liturgie. A l'inverse de Césarée, le catholicisme grec n'a pas d'histoire dans cette région, depuis le schisme.

II. CONCILES. — Trois conciles ont été tenus à Ancyre : le premier, orthodoxe, en 314; le second, semi-arien, en 358, et le troisième, arien, en 375. Ils ont été étudiés tant au point de vue historique que théologique par le P. Le Bachelet dans le *Dictionnaire de théologie catholique*, t. i, col. 1173-1177;

voir aussi Hefele-Leclercq, *Histoire des conciles*, Paris, 1907, t. i, p. 298-334, 903-908, 983.

III. LISTE ÉPISCOPALE. — Bien que le christianisme soit très ancien à Ancyre, on ignore les noms des premiers évêques. Le premier nom qui se rencontre, sans que l'on sache au juste où le placer, est celui de Théodore, mentionné d'ailleurs dans une source tardive, le ménologe dit de Sirlet, édité en 1602 par Henri Canisius, qui le place sur conjecture antérieur à l'année 1095; voir H. Delehaye, *Propylaeum ad Acta sanctorum novembris*, Bruxelles, 1902, Introduction, p. 46. Ce Théodore aurait été martyr dans une persécution. Clément, martyrisé sous Dioclétien, inscrit au 23 janvier dans le martyrologe romain et le synaxaire de Constantinople. Delehaye, *op. cit.*, p. 417. — Marcel, bien connu dans l'histoire des disputes théologiques du iv⁵ siècle (voir ce nom). Le concile de Constantinople de 335 lui enleva son évêché sous l'inculpation d'hérésie (Hefele-Leclercq, *op. cit.*, t. i, p. 670); le concile de Sardique en 348 le lui rendit (*ibid.*, p. 756), et proclama l'illégitimité de Basile, mis à sa place. — Basile occupa donc le siège d'Ancyre d'abord de 335 à 348, puis à partir de 350 environ, car nous le voyons siéger au premier concile de Sirmium en 351. Nous le retrouvons au synode semi-arien d'Ancyre en 358 (Mansi, t. iii, col. 265-290); au synode de Séleucie en 359. Socrate, ii, 39, *P. G.*, t. lxvii, col. 333; Mansi, t. iii, col. 294. Devenu le chef des semi-ariens, il fut condamné par Acace de Constantinople en 360 et envoyé en exil en Illyrie (Sozomène, iv, 24, *P. G.*, t. lxvii, col. 1189); Philostorge, v, 1, *P. G.*, t. lxv, col. 528); il revint, sans doute pour quelque temps, après la mort de l'empereur Constant en 350, pour un espace de temps indéterminé. — Athanase, mis par Acace de Constantinople à la place de Basile en 360 (Philostorge, v, 1, *P. G.*, t. lxv, col. 529); il mourut en 373, et saint Basile écrivit alors à l'Église d'Ancyre une lettre de consolation. *Epist.*, xxix, *P. G.*, t. xxxii, col. 309. — N..., mentionné simplement, mais sans son nom, par saint Basile, *Epist.*, xxx, *P. G.*, t. xxxii, col. 313. Cet évêque devait être un arien, car on ne trouve pas son nom parmi les souscriptions du concile œcuménique de Constantinople en 381. — Arabianos, qui souscrivit le concile de Constantinople de 394. Mansi, t. iii, col. 852. On le retrouve en 400 au synode de Constantinople présidé par saint Jean Chrysostome. — Léonce, en 404, au synode antichrysostomien de Constantinople. Palladius, *De vita Chrysostomi*, *P. G.*, t. xlvii, col. 31. — Théodote, en 425, au concile d'Éphèse (Mansi, t. iv, col. 1124); il était nestorien. — Eusèbe, qui occupait certainement le siège avant 446, car, lors de la xvi⁵ session du concile de Chalcédoine (Mansi, t. vii, col. 452), il dit qu'il avait été consacré par saint Proclus de Constantinople, mort en 446. Il souscrivit les actes de ce concile. Mansi, t. vii, col. 404. —Anastase, en 458, ci-dessus, col. 1447. — Dorothée I⁵ʳ, mis à mort en 513, d'après la Chronique du comte Marcellin, *P. L.*, t. li, col. 938, par l'empereur Anastase, à cause de son attachement à la foi orthodoxe. — Elpidios, qui envoya son apocrisiaire au synode de Constantinople sous le patriarche Mennas en 536. Mansi, t. viii, col. 951. — Domitien, en 537, d'après un passage de la Vie de saint Sabas par Cyrille de Scythopolis, n. 83, Cotelier, *Ecclesiae Graecae monumenta*, Paris, 1696, t. iii, p. 367; c'était la onzième année de Justinien. Il joua un rôle dans l'affaire des trois chapitres. — Dorothée II, représenté en 550 par Anastase de Tabia au V⁵ concile œcuménique (ci-dessus, col. 1458). Mansi, t. ix, col. 173. — Frontin, transféré de Salone à Ancyre, après son retour d'Antinoé où il avait été exilé pour avoir refusé de condamner les trois chapitres, et cela en 562. Chronique de Victor de Tunnunum, *Monumenta Germaniae, Auctores antiquissimi*, t. xi, p. 205. — Paul, qui, du temps de Tibère II (578-582), consacra pour le siège d'Anastasiopolis saint Théodore le Sycéote. Quinze ans après, alors que Théodore voulait se démettre de son évêché, ils allèrent ensemble trouver pour cela le patriarche de Constantinople, Cyriaque (595-606). *Acta sanctorum*, 22 avril, Vie de S. Théodore le Sycéote, § 70. Il occupa alors le siège au moins entre 582 et 595. — Platon, qui souscrivit les actes du Ve concile œcuménique en 680. Mansi, t. xi, col. 669. — Étienne Ier, qui assista au concile *in Trullo* en 681. Mansi, t. xi, col. 989. — Basile, dont on trouve le nom parmi les signataires des actes du VIIe concile œcuménique en 787. Mansi, t. xi, col. 1007. — Théodule, qui assista au VIIIe concile œcuménique, en 869. Mansi, t. xvi, col. 190. — Daniel Ier, transféré de Nicopolis de Grèce (Nicéphore Calliste, *Histoire*, xiv, 39; *P. G.*, t. cxlvi, col. 1196); il assista au synode photien de 879. Mansi, t. xvii, col. 373. — Théophylacte, en 892, dont parle le pape Formose dans une lettre à Stylien de Néocésarée, à propos des ordinations faites par Photius; la lettre de Stylien, adressée à Étienne V, dans Mansi, t. xviii, col. 14; la réponse de Formose dans *P. L.*, t. cxxix, col. 839; voir pour la date Jaffé, *Regesta pontificum romanorum*, 2e édit., Leipzig, 1885, n. 3478. — Gabriel, qui occupait le siège d'Ancyre alors que saint Euthyme était patriarche de Constantinople, c'est-à-dire durant la période 907-912; il lui fit cadeau de l'homophore du martyr saint Clément. C. de Boor, *Vita Euthymii, ein Anekdoton zur Geschichte Leo's des Weisen*, Berlin, 1888, c. xv, n. 21. — Jean, qui prit part à une réunion du synode de Constantinople en 997. Leunclavius, *Jus graeco-romanum*, III, 197. — Michel Ier, mentionné, à propos d'une famine qui sévissait en Cappadoce et dans d'autres provinces du temps de l'empereur Romain Argyropoulos, par Jean Scylitzès, à l'année 6540 = 1032. *P. G.*, t. cxxii, col. 232. — Nicolas, du temps du patriarche Alexis du Stoudion (1025-1043); sans doute celui qui s'employa en 1037 à faire nommer patriarche l'eunuque Jean à la place d'Alexis (Leunclavius, *op. cit.*, III, 7); son nom se trouve au bas d'une sentence synodale d'Alexis proscrivant les septièmes noces, III, 204. — Michel II, qui vivait du temps de Michel Cérulaire. Leunclavius, *op. cit.*, IV, 294. — N..., qui signa une sentence synodale du patriarche Jean Xyphilin, du mercredi 2 avril 1067. Leunclavius, *op. cit.*, III, 211. — Nicétas, du temps du patriarche Nicolas III Grammaticus (1084-1111), qui signa une sentence synodale marquée de la dixième indiction, ce qui peut donner les années 1087 ou 1102. Leunclavius, *op. cit.*, III, 264. Parmi les lettres de Théophylacte de Bulgarie, il y en a une adressée à un métropolite d'Ancyre qui peut être de Nicétas. *P. G.*, t. cxxvi, col. 385. — N..., lequel, au rapport d'Allatius (*De Ecclesiae occidentalis atque orientalis perpetua consensione*, Cologne, 1645, II, 11), assista, en 1140, à un synode convoqué par le patriarche Léon le Stypiote, pour condamner les erreurs de Constantin Chrysomalas, et qui prit part, d'après Allatius, *op. cit.*, II, c. xii, n. 3, à un synode du patriarche Michel l'Oxyte en 1151, où furent déposés deux évêques bogomiles, et la un autre du 1er octobre suivant où la sentence fut confirmée. — Étienne II, qui prit part le 26 janvier 1156 au synode du patriarche Luc Chrysobergès, au sujet des erreurs de Nicéphore Sotérichus Panteugène, patriarche élu d'Antioche. Allatius, *Vindiciae synodi Ephesinae et S. Cyrilli de processione ex Patre et Filio Spiritus Sancti*, Rome, 1661, p. 584. — Christophore, en 1232, date à laquelle il fut envoyé au despote d'Épire et de Thessalie par le patriarche Germain II de Constantinople, à la suite du synode tenu cette année même à Nicée. Lambecius, *Commentariorum de augustissima bibliotheca Caesarea Vindobonensi liber V*, 2e éd., Vienne, 1778, col. 226-230, ms. *141* : le texte des pièces est publié par Miklosich et Müller, *Acta et diplomata graeca medii aevi*, Vienne, 1865, t. iii, p. 59-65, avec une erreur, semble-t-il, sur l'indication du manuscrit. — Grégoire, au moment du couronnement de l'empereur Michel VIII Paléologue, en 1260. Pachymère, ii, 8, *P. G.*, t. cxliii, col. 538. — Babylas, en 1320, date à laquelle il s'entremit, du temps de l'empereur Andronic II Paléologue, pour obtenir la démission du patriarche Jean XIII Glykys, qui eut lieu le 11 mai. Pachymère, v, 3, *P. G.*, t. cxliv, col. 414. — N..., contre lequel fut tenu un synode en 1399. Allatius, *In Roberti Creightoni apparatum, versionem et notas ad historiam concilii Florentini*, Rome, 1665, p. 662, 702. — Macaire, que l'on peut placer peut-être au début du xve siècle; il écrivit contre les latins en résumant Nil de Thessalonique, et aussi contre Barlaam de Calabre et contre Georges Acyndinos; il était donc palamite. Allatius, *De Ecclesiae... perpetua consensione*, Cologne, 1648, i, 27; *De aetate et interstitiis in collatione ordinum etiam apud Graecos servandis*, Rome, 1638, p. 56. — Constantin, qui dut vivre peu après le concile de Florence, vers 1450, car son nom figure parmi ceux des souscripteurs du synode assemblé en cette année à Sainte-Sophie pour annuler les décisions de Florence. Allatius, *De Ecclesiae... consensione*, Cologne, 1648, col. 1388. Allatius se prononce pour l'inauthenticité des actes, mais, si son opinion est admise aujourd'hui, cela ne prouve pas que l'assemblée n'ait pas eu lieu et que par conséquent le métropolite Constantin n'ait pas existé. Voir *Échos d'Orient*, 1900, t. iv, p. 127-128. — Sabbakios, entre avril et septembre 1596, du temps du patriarcat de Gabriel Ier, dont il signe une pièce synodale du mois d'avril, publiée par Miklosich et Müller, *op. cit.*, t. v, p. 461. — Germain Rosoxestos, d'une date inconnue, et dont le seul garant est le très sujet à caution Nicolas Comnène Papadopoli, *Praenotiones mystagogicae*, resp. IV, sect. vii, cité par Le Quien, *Oriens christianus*, t. i, col. 473. — N..., qui intronisa en 1603 le métropolite Raphaël II, à la place du métropolite d'Héraclée, malade, auquel ce rôle est traditionnellement dévolu. Crusius, *Turco-Graecia*, l. II, p. 130. — Laurent, dès 1639, date à laquelle il souscrit une pièce patriarcale de Parthénios Ier au mois de décembre, publiée par Miklosich et Müller, *op. cit.*, t. v, p. 195; il était encore métropolite en 1642-1643, date de l'approbation donnée par le même Parthénios Ier à la Confession orthodoxe de Pierre Moghila. — Athanase, devenu en 1709 patriarche de Constantinople sous le nom d'Athanase V. *Oriens christianus*, t. i, col. 474. — Néophyte, donné par Le Quien comme occupant le siège d'Ancyre en 1721. *Oriens christianus*, *loc. cit.* — Anthime, en 1765, d'après les souscriptions d'une décision du synode de Constantinople. Mansi, t. xxxviii, col. 997. — Joannikios, au moins à partir de novembre 1793. Mansi, t. xxxix, col. 997. On retrouve son nom dans les souscriptions des décisions synodales jusqu'en 1810. La dernière est de décembre 1810. *Ibid.*, t xl, col. 57. Une pièce de janvier 1798, publiée par Miklosich et Müller, Vienne, 1887, t. v, est donnée comme souscrite par le métropolite Georges, mais il y a de toute évidence une erreur de lecture. Voir Mansi, t. xxxix, col. 1016, n. 10. — Sophrone, dont la première souscription synodale est d'avril 1811. Mansi, t. xxxix, col. 60. Comme les métropolites siègent chacun à leur tour, par rang de sièges, au saint-synode, il n'y a pas lieu de s'étonner de ne plus rencontrer son nom dans la suite. — Méthode, qui signa une décision synodale du 14 décembre 1818. Mansi, t. XL, col. 78. On le retrouve pour la dernière fois en janvier 1823. Mansi, t. XL, col. 96. — Agathangelos, mentionné comme occupant le siège en 1826, dans la chronique encore inédite de Démarès; en voir un fragment dans Mansi, ibid., col. 116. On le retrouve en mars 1827. Ibid., col. 119. — Cyrille, qui siégeait au saint-synode en décembre 1834. Ibid., col. 222. — Sophrone. En octobre 1835, il était déjà remplacé par Sophrone, qui signe avec le titre jusque-là inusité de proèdre. Ibid., col. 224. — Macaire, en mai 1836. Ibid., col. 244. — Nicéphore, en septembre 1838. Ibid., col. 276. — Mélèce, en avril 1855, lors de la promulgation du nouveau *Syntagmation*, ou ordre des métropoles et évêchés du patriarcat. Ibid., col. 495. — Joannikios, en janvier 1872 (ibid., t. XLV, col. 380); il l'était encore en mai. Ibid., col. 415-416. — Chrysanthe, qui prit part au concile de Constantinople, en août et septembre 1872, contre les Bulgares, Ibid., t. XLV, col. 441, 535. — Gérasimos, en février et mai 1884. Ibid., t. XLV, col. 877, 880. C'est sans doute lui qui occupait le siège en 1898. *Échos d'Orient*, 1899, t. II, p. 17.

C. KARALEVSKY.

II. ANCYRE. ÉVÊCHÉ ARMÉNIEN CATHOLIQUE.

I. ORIGINES. — Ce diocèse paraît être le plus ancien des Arméniens en Asie Mineure. Dès le commencement du XIIIe siècle, il y avait des arradschnords à Ancyre, en Galatie. *Endartzak Oratsoïtz, Calendrier complet* de l'hôpital du Saint-Sauveur, Constantinople, 1908, p. 302. Mais il est très vraisemblable qu'à cette époque il n'existait pas encore de communauté catholique. Le couvent de la Mère-de-Dieu, situé à une demi-heure, remontait vers le milieu du XIIe siècle, mais appartenait aux Arméniens non unis. C'était le plus ancien couvent arménien de l'Asie Mineure.

Vers la fin du XVIIe siècle apparaît une communauté arménienne catholique. Les plus anciennes conversions dont nous ayons connaissance se rattachent à Melcon vardapet Thaspas ou Thazpazian, élève du séminaire de la Propagande, premier évêque de Mardin, consacré en 1708. Dès l'an 1686, il était venu à Angora et avait gagné à l'Église catholique plusieurs ecclésiastiques et laïques. Le 17 juin 1717, un catholique écrivait qu'une communauté catholique était formée à Ancyre, et que, dès l'an 1707, elle était déjà composée de quatre cents membres, que visitaient les disciples de Mekhithar. Plusieurs vardapets, venus de Mardin et autres villes, augmentèrent par leurs prédications le nombre des catholiques. Le développement de la communauté continua au milieu de vives controverses, que le souci de certains principes ne permit pas toujours, aux missionnaires jésuites par exemple, de trancher au gré de leurs contradicteurs. Cf. *Correspondance des ambassadeurs de Constantinople*, t. LIV, année 1715, fol. 77; controverse entre les jésuites Portier et Ricard et l'évêque d'Ancyre. L'un des vardapets les plus zélés, Jacques Mouratian, l'un des fondateurs de l'ordre des antonins, consacré évêque d'Alep en 1740, et catholicos de Cilicie en 1749, avait converti deux évêques d'Ancyre. Voir la bulle de Benoît XIV accordant la confirmation et le pallium au patriarche de Cilicie. *Juris pontif. de Propaganda fide*, t. VII, XI-XXIII, août 1750, p. 175-177.

Karapet vardapet Zeitountsi, avant d'être consacré à Constantinople, comme catholicos d'Edschmiadzin, le 17 février 1726, était resté longtemps en qualité d'arradschnord à Ancyre (1694-1726) et avait enseigné la doctrine catholique dans le couvent de la Mère-de-Dieu. Devenu catholicos, il envoya au pape Innocent XIII sa profession de foi catholique. Alichan, dans le *Sissouan*, en arménien, p. 183, et trad. franç.,
p. 201-202, oublie seulement de rappeler que Karapet fit une profession de foi catholique.

Karapet avait emmené Moïse vardapet Chirinian, qu'il consacra évêque et renvoya à Ancyre en qualité d'arradschnord. Ce dernier, éloquent prédicateur, se lia d'amitié avec Verthanès vardapet, catholique, plus tard évêque de Césarée. Moïse, sans se déclarer ouvertement catholique, entretenait de bonnes relations avec le prêtre Soukias, arradschnord des catholiques et vicaire du nonce patriarcal de Constantinople. Sur la demande de Soukias, Moïse consacra évêque Maïmoun Oghlou Tiratsou; et, dans le rite de l'ordination, il omit les anathèmes ordinairement fulminées par les évêques non unis, contre le concile de Chalcédoine et le pape Léon le Grand. A la suite de ces événements, plusieurs ecclésiastiques embrassèrent la foi catholique. La dernière année de la prélature de Moïse, Pierre Quthur, plus tard anticatholicos d'Edschmiadzin, vint à Ancyre (1748-49) comme député et chargé de recueillir des aumônes. Moïse lui interdit de prêcher; il agissait ainsi à l'égard de tous les visiteurs. Quant aux aumônes, il se chargea de les recueillir lui-même et de les donner à Quthur. Celui-ci montra ses bulles. Moïse les déchira et les jeta au feu. Le visiteur s'étant alors avisé d'aller prêcher dans l'église de Saint-Sarkis contre l'arradschnord, ses auditeurs le battirent; Quthur dut quitter précipitamment Ancyre. Moïse avait ainsi rompu toute attache avec l'Église officielle grégorienne. En 1735, il fit appeler Soukias, prononça devant lui la profession de foi catholique et se confessa. Il convoqua les notables et autres fidèles des sept églises d'Ancyre, le samedi de la mi-carême, en la fête de saint Grégoire l'Illuminateur, dans l'église placée sous le vocable de cet apôtre de l'Arménie. Le jour venu, il déclara qu'il devait enfin laisser jaillir « le feu dont il avait longtemps contenu le rayonnement... le feu de la sainte foi..., de la sainte Église... Il n'y a point de salut pour ceux qui rejettent la foi de la sainte Église romaine. Pour l'amour de cette foi, il faut, le cas échéant, supporter toute persécution, et même la mort, si l'on veut être sauvé ! » Peu de temps après, étant tombé malade, il fit sa confession générale en présence de Georges Mehter Oghlou, ancien élève de la Propagande et chapelain du consul de France Fauri, et mourut le jour de Pâques 1735.

Parmi les autres arradschnords d'Ancyre devenus catholiques, il en est un plus célèbre encore que le précédent, Sarguis vardapet Saraphian, né en 1699, arradschnord d'Ancyre en 1738-1740. Quand il parut à Ancyre, les catholiques étaient peu à peu devenus la majorité de la population chrétienne. Ils occupaient quatre églises sur sept, entre autres, celle de la Mère-de-Dieu (église cathédrale).

Le nouvel arradschnord essaya de se poser en conciliateur, mais il ne satisfaisait pleinement ni les catholiques qui désiraient une déclaration explicite des deux natures en Notre-Seigneur, ni les monophysites qui n'admettaient pas cette expression.

II. PERSÉCUTION. — En 1740-1741, quand Sarguis Saraphian eut quitté Ancyre, son vicaire Moïse vardapet Piperdjian se rangea du côté des non-catholiques. Vingt-deux notables catholiques furent jetés en prison et condamnés à une amende de 25 bourses. Mais les catholiques Soukias, Pierre Pahatour et l'évêque Simon Oumit recoururent à l'ambassadeur français, de Castellane, qui prit en main leur cause avec autant d'habileté que d'énergie. Voir *Lettres de l'ambassadeur de Castellane au ministre, comte de Maurepas*, en 1742-1743, et une au patriarche de Jérusalem, fonds français, Biblioth. nation., Nouvelles acquisit. françaises, n. 5100, fol. 157, 167, 214, 216); manuscrits Rabbath, t. VI, p. 3451 sq. A la requête de l'ambassadeur, un personnage turc influent, probablement Ahmedji

Effendi, menaça le patriarche arménien de Constantinople de soustraire de sa juridiction Angora. Jacques Nalian se vit forcé de laisser Pierre vardapet Pahatourian, l'évêque Simon Oumit et Soukias revenir à Ancyre, où ils furent reçus avec joie. Le trop peu fidèle vicaire de Sarguis, Moïse Piperdjian, fut banni. Tout cela ne se fit pas sans conflit avec le prêtre Georges, envoyé par la Propagande. Mais l'accord était aisé, le principe d'autorité étant reconnu de part et d'autre. Malheureusement, en 1744, après la mort de Ahmedji Effendi, le patriarche Nalian envoya à Angora l'arradschmort de Nicomédie, Athanase vardapet. Celui-ci fit emprisonner Pahatour Oghlou Pierre, Oumout Oghlou, Simon évêque d'Ancyre, Georges vardapet et plusieurs de leurs principaux partisans. Au bout de quelques mois, Pahatourian et Meheterian vardapets moururent à Constantinople des suites de leurs tourments.

1° *Conflit de juridiction*. — Au temps du patriarche de Cilicie Pierre III (1753-1780), un débat s'éleva entre lui et le délégué apostolique de Constantinople au sujet de la juridiction à laquelle ressortissaient les Arméniens catholiques de Galatie (Ancyre), de Bithymie (Brousse), du Pont. La S. Congrégation trancha le litige en faveur du délégué apostolique (30 avril 1759). Les instances du catholicos aboutirent seulement à faire confirmer la première décision, le 5 juillet 1769. L'ambassadeur de France, de Saint-Priest, écrivait le 10 novembre 1773, dans son *Rapport au duc d'Aiguillon* : « On ne voit qu'Angora dans l'Asie Mineure, où la catholicité soit nombreuse parmi les sujets du grand-seigneur. Elle est dirigée par le prélat catholique de cette nation résidant à Constantinople. Il y fait passer des prêtres arméniens pour le service du culte, qui éprouve dans cette ville d'assez fortes entraves. » Manuscrits Rabbath, t. v, p. 3075.

2° *Prélats officiellement catholiques*. — Le prélat arménien placé sous l'autorité du délégué et siégeant à Constantinople fut d'abord (1758-1779) Athanase Merassian, qu'on voit sévèrement jugé, dans *Biographie de Sarguis*, p. 239, 369; puis, en 1779, l'abbé Antoine Morlian. Ce dernier, ayant démissionné, fut remplacé par l'abbé Isaac vardapet Sophialian, en 1784; l'abbé Avkérian lui fut donné comme coadjuteur en 1790 (1794). L'abbé Antoine Meserlian fut ensuite consacré évêque et mourut en 1824. *Biographie de Sarguis Sarafian*, p. 288.

Quand le siège primatial archiépiscopal arménien eut été institué par Pie VIII, le 6 juillet 1830, et donné à Antoine Nouridjan, ce dernier étendit sa juridiction sur une partie de l'Asie Mineure, notamment sur Angora, sans préjudice de la juridiction du patriarche de Cilicie résidant au Liban. Mais Nouridjan étant autrichien et n'ayant pas été reconnu par le sultan pour les affaires temporelles, les Arméniens catholiques désignèrent des patriks pour ces dernières fonctions. L'archevêque primat fut remplacé, en 1833, par Mgr Paul Marouche, archevêque de Chalcis, mort le 2 août 1846. Son successeur fut son vicaire général, Mgr Antoine Hassoun, archevêque d'Anazarbe, élu patriarche de Cilicie en 1866, après la mort du catholicos Grégoire-Pierre VIII.

3° *Nouvelles persécutions et érection du siège catholique d'Ancyre*. — Les catholiques d'Angora souffrirent particulièrement de la persécution déchaînée en 1827-1828, à la suite des insinuations malveillantes du patriarche arménien Poghos. Aux termes d'un édit en cinq articles lancé contre les catholiques, les habitants d'Angora qui se trouvaient à Constantinople furent obligés de revenir dans leur ville. Ces persécutions montraient la nécessité de rendre les catholiques indépendants du patriarche grégorien, et la reconnaissance légale de la communauté catholique fut accordée par le sultan en 1831. L'année précédente, Pie VIII, par son bref du 6 juillet, établissant le siège arménien archiépiscopal et primatial de Constantinople, avait promis d'ériger des sièges suffragants. Ce projet fut réalisé par Pie IX, qui, le 30 avril 1850, institua les cinq sièges épiscopaux arméniens d'Ancyre, Artuin, Erzeroum, Brousse, Trébizonde. *Juris pontificii de Propaganda fide*, pars I, vol. vi, p. 91-94.

III. LISTE DES ÉVÊQUES. — Le premier évêque d'Ancyre fut Antoine Clément Chichemanian, 1850-1862, dont la vie et l'activité apostolique furent également remarquables. Il ouvrit un séminaire aujourd'hui fermé. - - Son successeur, Mgr Joseph Araqélian, fut élève de la Propagande, devint évêque de Trébizonde, 30 avril 1850, puis fut transféré au siège d'Angora le 21 décembre 1863. Le patriarche Hassoun le nomma son vicaire patriarcal, après la destitution de Mgr Gasparian, archevêque de Chypre, en janvier 1870. Granderath, *Histoire du concile du Vatican*, traduction française, Bruxelles, 1909, t. ii, p. 413. — Après lui, Charles Garabet (Karapet) Araqélian, fut élu le 14 août 1877, consacré le 26 septembre. Il démissionna et mourut le 27 avril 1889 à Constantinople. - — Le siège d'Angora fut donné à Mgr Jean Ohanessian, élève de la Propagande, consacré évêque de Mouch le 19 août 1887, et transféré à Angora, 1890-1899. — Son successeur fut Mgr Ghazarossian, élu le 2 août 1901. — Actuellement, le siège d'Angora est occupé par Mgr Grégoire Bahabanian, sacré à Rome avec neuf autres prélats par le pape Pie X, le 22 octobre 1911.

IV. STATISTIQUE. — Le diocèse d'Angora comprend la plus grande partie du vilayet d'Angora et tout celui de Castamouni. Il contient quatre paroisses; il compte neuf églises ou chapelles, quatre stations, qui sont Hannana (Galatie Salutaire), Nalluan, Kêrêdê, Bolou. Il y a aussi quelques catholiques à Inêboli, Yosgat. Les catholiques arméniens dans tout le diocèse sont environ 8 000, d'après les *Missiones catholicae* de 1907, et 9 000 d'après le *Dictionnaire de géographie arménien* d'Ephriguian, *loc. cit.*, p. 216, 217. La ville même en comprend un peu plus de 5 000, sur une population réduite aujourd'hui à 30 000 habitants environ, dont 2 700 Arméniens non unis, 1 560 Grecs, 109 protestants, 400 juifs et les autres musulmans. Les catholiques, en général, sont dans une situation de fortune plus aisée. — Le clergé du diocèse se compose d'une vingtaine de prêtres. Une dizaine de frères des écoles chrétiennes dirigent deux collèges, qui, pris ensemble, comprennent à peu près 500 élèves. Trente-deux religieuses arméniennes de l'Immaculée-Conception tiennent deux hôpitaux, et dirigent deux écoles de filles comptant 500 élèves. *Missiones catholicae*, Rome, 1907, p. 750, 751.

Dictionnaire de géographie arménien illustré, par Ephriguian, Venise, 1903-1905, t. i, p. 212-218. — P. Grég. Galemqiarian, *Biographie de l'archevêque Sarguis Sarafian et des catholiques arméniens de son temps (1720-1770)*, Vienne, 1908. — Ignace Papazian, *Histoire ecclésiastique*, Venise, 1848. — Berberian Avedis, *Histoire arménienne (1772-1860)*, Constantinople, 1871. — Boré, *L'Arménie*, 1846, p. 55-68. — *Gerarchia catholica*, *passim*. — Mgr A. Alexandrian, *Histoire abrégée des sièges archiépiscopaux et épiscopaux du patriarcat de Cilicie*, Beyrouth, 1908, p. 65-67. — Autres sources indiquées dans le cours de l'article.

F. TOURNEBIZE.

2. ANCYRE DE PHRYGIE, ancien évêché suffragant de Laodicée et de Hiérapolis. C'était un village, puis un bourg, qui, au Ier siècle de notre ère, fut transformé, ainsi que les localités voisines de Synaos et de Cadi, de κώμη en ville. Voir Waddington, dans Le Bas, *Voyage archéologique en Grèce et en Asie Mineure. Explication des planches*, t. iii, p. 257. La ville s'appelle aussi Ἄγκυρα Σιδηρᾶ, en latin *Ancyrus Ferrea*, ou encore Ἀγκυροσυνάου (Ancyre de Synaos), pour la distinguer d'Ancyre, capitale de la Galatie. Strabon, *Geographia*, XII, v, 2; XII, vIII, 11, en fait une cité de la région Abasitide; Pline, *Historia naturalis*, v, 32, une ville célèbre de la Phrygie; Ptolémée, V, II, 17 (édit. Müller, t. I, p. 827) la place dans la Grande-Phrygie; Hiéroclès, vers l'an 535 de notre ère, *Synecdemus*, 668, 12 (édit. Burckhardt), dans la Phrygie Pacatienne. Le R. P. Delehaye a publié dans les *Analecta bollandiana*, t. xxx, p. 316 sq., une inscription grecque provenant d'une ville nommée Zénonopolis ou Zénopolis. D'après des renseignements complémentaires, *Analecta bollandiana*, t. xxxii, p. 461, il semble bien que cette Zénonopolis soit celle d'Isaurie, et non celle de Lycie, comme on l'avait cru tout d'abord. Or, d'après ce texte, l'évêque Firminien construisit, en 488, dans Zénonopolis un aqueduc, dédié au martyr saint Socrate qui est fêté le 17 septembre. Ce saint était originaire de la région Abrettène en Mysie (Ἀϐρεττανή ou Ἀϐρεττηνή), que le martyrologe hiéronymien a transformé en *Britannia* et dont la capitale était précisément notre Ancyre Ferrea. Il est donc fort probable que ce saint Socrate était originaire de notre ville. Il apparaît en effet dans les Actes de saint Théodore de Pergé en Pamphylie et dans ceux de sainte Théodote, qui le font mourir à Ancyre. Voir *Analecta bollandiana*, t. xxx, p. 318 sq., 442 sq. En 325, Ancyre se trouvait dans la province ecclésiastique de Lydie. Vers 630, dans l'*Ecthesis* du pseudo-Épiphane (Gelzer, *Ungedruckte und ungenügend veröffentlichte Texte der Notitiae episcopatuum*, p. 540, n. 322), elle dépend de Laodicée, dans la Phrygie Pacatienne. Il en est de même dans la *Notitia* de saint Nicéphore (806-815), Parthey, *Hieroclis Synecdemus*, p. 192, n. 316, et dans la *Notitia* du clerc Basile (820-842), Gelzer, *Georgii Cyprii Descriptio orbis Romani*, p. 19, n. 355. Par contre, vers 900, dans la *Notitia* dite de Léon VI, Ancyre est suffragant, non de Laodicée, mais de Hiérapolis (Gelzer, *Ungedruckte und ungenügend veröffentlichte Texte der Notitiae episcopatuum*, p. 558, n. 619); de même, vers 940, dans les *Nova tactica*, Gelzer, *Georgii Cyprii Descriptio orbis Romani*, p. 81, n. 1726; de même aussi, au xie siècle, dans la *Notitia III* de Parthey, *Hieroclis Synecdemus*, p. 124, n. 599.

Les évêques connus d'Ancyre Ferrea sont les suivants : Florentius en 325, au concile de Nicée (Gelzer, *Patrum Nicaenorum nomina*, Leipzig, 1898, p. LXII, n. 134), et en 343-344, au concile des Orientaux, à Sardique-Philippopolis. Feder, *Studien zu Hilarius von Poitiers*, fasc. 2, p. 85, n. 51. — Philippe, en 451, au concile de Chalcédoine, d'après un manuscrit latin que cite Le Quien. — Cyricus, en 680-681, au vi[e] concile œcuménique de Constantinople et, en 692, au concile dit *in Trullo*. Mansi, *op. cit.*, t. xi, col. 616, 629, 652, 1101. — Constans, en 787, au concile œcuménique de Nicée. Mansi, *op. cit.*, t. xiii, col. 397. — Michel, en 879, au concile photien de Constantinople. Mansi, *op. cit.*, t. xvii, col. 377. Bien qu'il soit dit évêque d'Ἀγκυροσυνάου, cela ne prouve pas que les deux sièges épiscopaux d'Ancyre et de Synaos fussent réunis, car à ce même concile deux autres évêques, Sisinnius et Eusèbe, l'un photien et l'autre ignatien, occupaient le siège de Synaos. Le Quien, *Oriens christianus*, t. III, col. 977, au mot *Anguriensis* et *Auguriensis*, attribue à Ancyre de Phrygie les deux évêques latins : François, mort en 1434, et son successeur Gonsalve de Curiola; il s'agit là manifestement d'Angora ou Ancyre de Galatie, et non d'Ancyre de Phrygie, ainsi que Le Quien paraît, du reste, s'en être rendu compte dans un autre passage. *Op. cit.*, t. III, col. 1115-1118.

La ville d'Ancyre se trouvait dans la région Abbaitis, sur les confins de la Mysie et de la Lydie, près du cours supérieur du fleuve Macestos. Hamilton en a trouvé les ruines près du village de Klissé-Keuï, à quelques kilomètres du lac Simav, et non loin de Synaos, aujourd'hui ville de Simaoul. La colline, sur laquelle était bâtie Ancyre, est voisine de l'extrémité sud-ouest du lac Simav; des marais l'entourent et en rendent l'accès difficile. On voit les restes de l'acropole et du théâtre.

Le Quien, *Oriens christianus*, t. I, col. 799-802. — Texier, *Asie Mineure*, p. 407 sq. — Forbiger, *Handbuch der alten Geographie*, 1877, t. II, p. 360. — Th. Wiegand, *Reisen in Mysien*, dans *Mittheilungen des kais. deutschen archäolog. Instituts*, Athènes, 1904, t. xxix, p. 311-339.

S. VAILHÉ.

ANCYRIANOS, chronographe byzantin mentionné par les Πάτρια Κωνσταντινουπόλεως ou *Origines Constantinopolitanae* du pseudo-Codinus, ainsi que par le compilateur anonyme des Παραστάσεις σύντομοι χρονικαί. Th. Preger, *Scriptores originum Constantinopolitanarum*, Leipzig, 1901-1907, p. 25, lig. 20; p. 207, lig. 22. Lambecius appelle ce personnage Ancyranos, Ἀγκυρανός, au lieu de Ἀγκυριανός, et explique ainsi cette désignation : *Ancyra oriundus;* d'après lui, Ἀγκυρανός χρονογράφος devrait donc se traduire par *chronographe d'Angora*. Il semble cependant préférable, avec Cave, *Scriptorum ecclesiasticorum historia litteraria*B, âle, 1745, t. II, 3e part. p., 3, de considérer *Ancyrianos* comme le nom propre de l'écrivain, sauf à expliquer ce nom par une origine angoriote. Ce chronographe est cité comme rapportant le fait que sous Constantin on avait peint sur bois les images de Métrophane, Alexandre et Paul, évêques de Byzance, lesquelles avaient été exposées dans le Forum, sur la grande colonne de porphyre du côté de l'orient; les ariens s'emparèrent ensuite de ces images, ainsi que de celles de la Mère de Dieu et de l'enfant Jésus, et les livrèrent toutes au feu : καθὼς Ἀγκυριανός χρονογράφος ἐν τῷ Δεκαλόγῳ αὐτοῦ καὶ Ἀναστάσιος ἡμῖν παραδέδωκαν. Preger, *op. cit.*, p. 207-208; cf. p. 25-26. D'après ce texte, le livre d'Ancyrianos aurait été intitulé *Décalogue*, à moins qu'il ne faille lire avec plusieurs manuscrits : ἐν τῷ δεκάτῳ λόγῳ αὐτοῦ, « dans son dixième livre. » *Ibid.*, en note.

Cave, *Scriptorum ecclesiasticorum historia litteraria*, Bâle, 1745, t. II, 3e part., p. 3. — Fabricius, *Bibliotheca graeca*, Hambourg, 1726, t. v, 4e part., p. 36; t. vi, p. 109. — Th. Preger, *Scriptores originum Constantinopolitanarum*, Leipzig, 1901-1907, p. 25-26, 109, 207-208, 314.

S. SALAVILLE.

ANCYSE (CLAUDE-ANTOINE JACQUEMET-GAULTIER D'), évêque de Luçon (1759-1775), naquit en 1706 ou 1707, d'une famille bourgeoise de Bourges, et prit le nom des deux maris successifs de sa mère, dont il hérita. D'abord docteur et prieur de Sorbonne, il était vicaire général de son archevêque, dans son pays d'origine, quand il reçut l'évêché de Luçon en avril 1759. Il succédait à un prélat janséniste, M. de Verthamon, qui avait tout bouleversé dans son diocèse, la discipline comme les esprits, et il s'appliqua à rétablir la paix avec l'orthodoxie. Pour cela, il tint un synode le 2 septembre 1767, en publia les statuts (janvier 1768), et, par sa fermeté et sa douceur sut apaiser l'opposition qu'avaient soulevée ces mesures prises sans tenir compte des prétentions gallicanes du clergé de second ordre. Ils réglaient avec soin la vie des clercs et l'administration des sacrements (sommaire dans La Fontenelle de Vaudoré et dans Du Tressay). En outre, il publia un livre d'heures à l'usage du diocèse, promulgua le catéchisme de Bordeaux, le rituel de Bourges, le bréviaire de Paris. Il unit le prieuré de Sainte-Croix de Talmont à la maison de retraite des prêtres du diocèse, établit à Saint-Laurent-sur-Sèvre les Filles de la Sagesse et les Missionnaires du Saint-Esprit. Enfin, sur la fin de son pontificat, il fit d'importantes réparations à sa cathédrale, refit le chœur et l'autel principal, remplaça les autels secondaires. Il mourut le 17 octobre 1775 et fut enterré dans cette cathédrale, avec une longue épitaphe que cite La Fontenelle.

La Fontenelle de Vaudoré, *Histoire du monastère et des évêques de Luçon*, dans *Archives historiques du Poitou*, Luçon, 1847, t. II, p. 799-834. —Chan. Du Tressay, *Histoire des moines et des évêques de Luçon*, Paris, 1869, t. III, p. 274-290. — P. A. Jean, *Les archevêques et évêques de France de 1682 à 1802*, Paris, 1901, p. 137-138.

P. RICHARD.

ANDABALD ou **ADABALD**, évêque de Belley. Les diverses chronologies s'accordent à placer un évêque de ce nom sur le siège de Belley à la fin du IXᵉ siècle. Andabald était certainement titulaire de ce siège entre 886, date du concile de Chalon-sur-Saône, et 899, date de la consécration de Rainfroy, archevêque de Vienne.

Guichenon dit qu'il fut consacré par l'archevêque de Besançon et rapporte la formule du serment qu'Andabald aurait prêté entre les mains de son consécrateur, formule qui pouvait encore se lire, de son temps, dans un manuscrit de l'archevêché : *Ego Adabaldus, Dei misericordia adhuc vocatus episcopus, debitam obedientiam et condignam subjectionem, velut antecessores mei Ecclesiae scilicet Bellicensis obedierunt rectoribus Vesuntionensis Ecclesiae, promitto deinceps servare et obedire.*

C'était le temps où les Normands ravageaient la France. Une bande, partie des bords de la Seine, s'était abattue sur la Bourgogne. Pour remédier aux troubles qui furent la conséquence de cette invasion, les prélats de la région s'assemblèrent dans l'église de Saint-Marcel, près Chalon-sur-Saône, et travaillèrent à rétablir la paix et à régler quelques points de discipline. Le concile confirma les donations faites à l'église Saint-Étienne de Dijon par Geilon, évêque de Langres, ainsi que les privilèges de l'abbaye de Cherlieu. Parmi les évêques qui signèrent ces actes se trouve Adabaldus, évêque de Belley. Son nom figure également au bas d'une charte de l'empereur Charles le Gros, signalée par Guichenon dans un cartulaire de l'église de Saint-Étienne de Dijon.

Il est probable qu'en 888 Andabald fut du nombre des prélats qui donnèrent la couronne de Bourgogne transjurane à Rodolphe, fils de Conrad d'Auxerre. Ce prince, profitant de la confusion qui avait suivi la déposition de Charles le Gros, résolut de proclamer son indépendance. Il convoqua donc à Saint-Maurice-en-Valais, pour se faire couronner, les évêques de ses États, qui comprenaient la Suisse romande, la Savoie, le Valais et le Val d'Aoste. Comme l'évêque de Belley avait une partie de son diocèse en Savoie, il était naturel qu'il siégeât à côté des évêques de Lausanne, Genève, Sion, Aoste, Tarentaise et Maurienne.

Ce qui est plus certain, c'est qu'Andabald en 899, se rendit à Vienne, sur la demande de Louis, roi de Bourgogne cisjurane. Là, avec plusieurs autres prélats, il institua archevêque de Vienne Rainfroy, sur lequel s'étaient réunis les suffrages du clergé et du peuple. Un cartulaire de l'église de Grenoble mentionne le fait.

Histoire des évêques de Belley, dans *Messager du dimanche*, n. 20, 14 mai 1887. — Dom Bouquet, *Rerum Gall. script.*, t. IX, p. 313. — Depéry, *Histoire hagiologique de Belley*, t. II, p. 93, d'après l'ouvrage de Guichenon, *Episcoporum Bellicensium chronographica series.* — *Gallia christiana*, t. XV, col. 608. — Guichenon, *Histoire de la Bresse et du Bugey*, IIᵉ partie (continuation), p. 20. — Labbe, *Concil.*, t. IX, col. 399, 400. — Martène, *Thesaurus novus anecdot.*, t. IV, p. 69.

L. ALLOING.

ANDAGINUM. Voir SAINT-HUBERT.

ANDALA (RUARD), philosophe et théologien protestant hollandais, né dans la Frise en 1665, mort à Franeker, d'abord pasteur, puis, à l'université de Franeker, professeur de philosophie et, de 1712 à sa mort, professeur de théologie. Ce n'est point par l'originalité de sa pensée qu'il intéresse l'histoire des idées religieuses, mais l'université de Franeker était un foyer de cartésianisme lorsqu'il y entra et il devint l'un des plus judicieux interprètes de la pure doctrine cartésienne, l'un de ses plus zélés défenseurs contre les excès mêmes des disciples ou des admirateurs hollandais de Descartes, Regius, Geuliner, Deurhoff et Spinoza, ou contre ses ennemis scolastiques ou mystiques — curateurs des universités et membres des synodes — enfin l'un des apôtres de l'application à la théologie de la méthode et des doctrines cartésiennes.

Ses principaux ouvrages sont : 1° *Exercitationes academicae in philosophiam primam et naturalem, in quibus philosophia Cartesii explicatur, confirmatur et vindicatur*, in-4°, Franeker, 1709 ; — 2° *Syntagma theologico-philosophico-metaphysicum, complectens compendium theologiae naturalis, paraphrasin in principia philosophiae Renati Descartes...*, in-4°, Franeker, 1711 ; — 3° *Dissertationum philosophicarum Pentas*, in-4°, Franeker, 1712, recueil de cinq dissertations. Andala y réfute Deurhoff qui, dans ses *Principes de la vérité et de la vertu*, 1684, mélange de rationalisme et de mysticisme, avait enseigné que les esprits étaient simplement des modes de l'étendue universelle et que, Dieu étant la seule réalité, c'est l'éternelle génération du Fils qui est la création, — et avec Deurhoff, Geuliner qui, dans sa *Metaphysica vera*, et dans son *Ethica*, avait soutenu des théories métaphysiques semblables à celles de Deurhoff et l'occasionnalisme le plus complet ; - 4° *Cartesius verus Spinozismi eversor et physicae experimentalis architectus*, in-4°, Franeker, 1719 ; c'est une réponse au livre intitulé, *Cartesius verus Spinozismi architectus*, 1718, où Regius, d'admirateur devenu adversaire, rend Descartes responsable du *Tractatus theologico-politicus* et notamment de la théorie qu'énonce ce traité, sur l'interprétation de l'Écriture. Sur ce même sujet, Andala avait déjà publié cinq lettres, en hollandais, à Balthazar Bekker, qui, dans le *Monde enchanté*, affirmait l'impossibilité pour l'Écriture de rien exposer de contraire à la raison. On trouve l'histoire de cette controverse dans le tome VI de la *Bibliothèque universelle* de Leclerc. Andala a également publié un commentaire sur l'Apocalypse, en hollandais : *Verklaring van de Openbaringe von Iohannes*, in-4°, Leeuwarden, 1716.

Vriemoet, *Athenae Frisiacae*, p. 728-737. — Chalmot, *Biographisch.-Woordenboek der Nederlanden*, t. I, p. 241-243. — Ypey et Dermont, *Geschiedenis der Nederlandsche herrvorendeherk*, t. II, p. 458. — Bouillier, *Histoire de la philosophie cartésienne*, t. I, *passim*.

C. CONSTANTIN.

ANDALO DEGLI ANDALI, dominicain du XIVᵉ siècle, appelé quelquefois aussi *Bononiensis*, du berceau d'origine de la grande famille des Andalo de Bologne qui, au XIIIᵉ siècle, avait déjà donné à l'ordre de Saint-Dominique une de ses premières saintes, la bienheureuse Diane d'Andalo, fondatrice du monastère dominicain de Sainte-Agnès de Bologne. Nous ne savons que très peu de chose de cet Andalo, qui dans les documents est désigné sous le nom d'*Andalus de Andalois*. Il appartenait à la province dominicaine de Lombardie inférieure. Pour la première fois, nous trouvons son nom dans les actes du chapitre général de Perpignan, réuni en 1327. Il figure, en qualité de sous-prieur du couvent de Bologne, dans une commission au sujet d'une question de droit intérieur sur les assignations de religieux et sur les *spolia*. Cf. *Acta* *capitulorum generalium* [édit. Reichert], Rome, 1899, t. II, p. 176. Il gouverna le couvent de Bologne, en qualité de prieur, entre 1330 et 1333. C'est sous son priorat que le célèbre Venturino da Bergamo, dominicain, que l'on a appelé le Savonarole du XIVᵉ siècle, séjourna au couvent de Bologne. Cf. Giuseppe Clementi, *Il B. Venturino da Bergamo (1304-1346)*, Rome, 1904, c. v. Il aurait été appelé par le prieur lui-même, pour exercer à Bologne le ministère de la prédication. A noter encore que c'est sous le gouvernement du prieur Andalo, et précisément en l'année 1333, que mourut au monastère de Santa Maddalena, dépendant de la juridiction du prieur de Saint-Dominique de Bologne, dans les circonstances prodigieuses que l'on connait, la jeune bienheureuse Imelda Lambertini. Cf. Melloni, *Atti e memorie della B. Imelda Lambertini*, dans *Atti e memorie degli uomini illustri... in Bologna*, Bologne, 1779, vol. II, p. 80.

En 1339, au chapitre général de Clermont (*Acta cap. gen.*, t. II, p. 258), frère Andalo est institué vicaire provincial de la province romaine, bien qu'appartenant à la province de Lombardie inférieure. Il succédait à frère Jean Porcari, et devait administrer la province en qualité de vicaire provincial, jusqu'à ce que lui-même eût été élu régulièrement par le chapitre provincial, ce qui eut lieu le 8 septembre de la même année 1339, au chapitre d'Arezzo. Masetti, *monumenta et antiquitates*, t. I, p. 327, pense que le nouveau provincial fut choisi en dehors de la province pour mettre fin aux factions des guelfes et des gibelins qui la divisaient. Il gouverna la province pendant deux années, mais il ne paraît pas qu'il ait pu rétablir la paix entre les partis. Avant d'entrer en charge, le cardinal-légat de Bologne, Bertrand Du Pouget, l'avait institué, en 1337, inquisiteur de Padoue et de Vicence. A Padoue, vers 1339, il eut à instruire un procès contre des juifs accusés d'avoir profané la sainte hostie, en la perçant decoups de poignard. Cf. Fontana, *Monumenta*, etc., p. 210. Nous ne savons plus rien d'Andalo après 1339. Il vécut encore quelques années, semble-t-il, puisque Ferdinand de Castillo, IIᵉ part., c. LI, dans la Vie du B. Venturino de Bergame, rapporte une déposition de lui, qui aurait été faite après la mort de Venturino, donc après 1346.

Masetti, *Monumenta et antiquitates*, etc., Rome, 1864, t. I, p. 327-328. — *Acta capitulorum generalium* [édit. Reichert], Rome, 1899, vol. II, p. 176, 258. — *Bullarium ordinis fr. praed.*, Rome, 1739, t. VII, p. 61. A noter que, dans cette bulle de Benoît XII, Andalo est dit *de Ogiano (Ozzano)* qui était un fief de la famille. Brémond a mal lu en transcrivant : *Fr. Andalus de Ogiano Patavinus, inquisitor Vicentinus constituitur* ; il faut lire : *Fr. Andalus de Ogiano constituitur inquisitor Patavinus et Vicentinus*, ainsi que le porte la bulle. — Fontana, *Monumenta dominicana*, Rome, 1675, p. 210.

R. COULON.

ANDANA. Voir ANDENNE, col. 1559.

ANDANCE, prieuré conventuel de l'abbaye bénédictine de la Chaise-Dieu, au diocèse de Viviers. Le prieuré de Notre-Dame d'Andance paraît avoir été fondé au XIIᵉ siècle par les religieux de Saint-Sauveur-en-Rue, et c'est sans doute à raison de cette filiation qu'il dépendit pendant quelque temps du prieuré de Saint-Sauveur.

Dès l'époque de sa fondation, il eut sous sa juridiction les églises de Saint-Étienne-de-Valoux, de Saint-Désirat, de Thorrenc et de Talencieux. Le plus ancien prieur, dont le souvenir nous ait été conservé, se nommait Guillaume Bozosel; en 1228, il reçut l'hommage du chevalier Othmar de Girbert, en présence d'Artaud, prieur de Saint-Sauveur-en-Rue, et de beaucoup d'autres, parmi lesquels le chapelain ou curé d'Andance et onze chevaliers. Il était remplacé, en 1260, par le prieur Gilles de Pommier, et c'est vers cette époque que fut bâtie l'église actuelle d'Andance, dont le caractère architectonique indique le XIIIᵉ siècle. Elle fut plus complètement achevée par Bertrand de Colombier, devenu prieur du lieu, qui fut plus tard, en 1370, abbé général de Cluny.

Un vieux manuscrit de 1303 met au même rang de dignité les deux prieurés d'Andance et de Saint-Sauveur-en-Rue, ce qui suppose que le premier ne dépendait plus du second, et un pouillé du XVᵉ siècle les mentionne comme prieurés semi-conventuels. A cette époque, le prieur était commendataire. C'était Réginald Deblot qui, en 1465, devint abbé de la Chaise-Dieu; après lui, se succédèrent quatre membres de l'illustre famille de Tournon, savoir : Claude, plus tard, évêque de Viviers; Jean, abbé de Cruas; Jacques, évêque de Valence, et Charles, évêque de Viviers. Celui-ci s'entendit avec son oncle, le cardinal François de Tournon, qui était abbé commendataire de la Chaise-Dieu, pour unir ce prieuré richement doté au collège de Tournon, nouvellement fondé et confié aux jésuites. Comme dédommagement, il fut stipulé que l'abbaye de la Chaise-Dieu aurait droit d'envoyer quatre de ses jeunes religieux étudier dans ce collège, en qualité de boursiers, et qu'ils y seraient logés et entretenus pendant cinq ans. Le pape Paul III autorisa cette union, le 27 avril 1542. Les guerres religieuses ruinèrent le couvent et l'église, en 1562, au point qu'en 1573 ils étaient encore inhabitables; une nouvelle invasion des protestants eut lieu en 1575, et depuis lors les bâtiments du prieuré demeurèrent complètement déserts.

Les jésuites de Tournon continuèrent d'en acquitter les charges, en leur qualité de prieur, jusqu'à la suppression de leur ordre, en novembre 1764. Des prêtres séculiers les remplacèrent comme professeurs et comme prieur; puis, douze ans après, le 1ᵉʳ octobre 1776, le roi confia ce collège aux oratoriens, qui remplirent toutes les obligations précédentes jusqu'en 1793, date où furent supprimés les établissements de ce genre.

Andance est aujourd'hui une commune et paroisse de 1 000 âmes, du canton et de l'archiprêtré de Serrières. Son église est sous le titre de l'Assomption.

Abbé Caillet, *Ruines et légendes : étude archéologique sur Andance (Ardèche) et ses environs*, Valence, 1867.

A. ROCHE.

ANDECHS, monastère bénédictin et lieu de pèlerinage de la Haute-Bavière, sur la rive orientale de l'Ammersee, bâti sur une petite hauteur (712 mètres d'altitude), d'où son nom populaire de « Sainte-Montagne » (*Heiliger Berg*).

I. LE MONASTÈRE. — Le monastère fut fondé en 1455 et non vers 950, comme l'affirme Grote, *Lexikon deutscher Stifter*..., t. I. L'opinion de Grote est exacte en ce sens que de très bonne heure la chapelle du château d'Andechs fut desservie par des bénédictins. L'un des comtes, Berchthold, religieux de Seeon, en confia la « desservance » aux moines de son abbaye. Cette puissante famille des comtes d'Andechs, qui s'éteignit en 1248, compta nombre de prélats et plusieurs saints et bienheureux. Cf. von Oefele, *Geschichte der Grafen von Andechs*, Inspruck, 1877. Jusqu'en 1132, elle porta le nom de comtes de Diessen; mais, à cette époque, Diessen étant devenu couvent d'augustins (bulle du 6 février 1132), les comtes prirent le titre de comtes d'Andechs. Les comtes d'Andechs possédèrent le margraviat d'Istrie, le duché de Méran (acquis en 1180) et la dignité de Burgrave de Bourgogne (en 1208). Le dernier membre de la famille, le comte Henri, augmenta la fondation de Berthold pour l'entretien des desservants de la chapelle d'Andechs et céda cette dernière à l'évêque d'Augsbourg, Siegfried de Rechberg, à la condition qu'elle resterait toujours entre les mains des bénédictins avec toutes ses dépendances et revenus. En 1438, le duc Ernest de Bavière établit à Andechs un canonicat pour six chanoines et un prévôt; en 1453, Albrecht III les remplaça par des religieux bénédictins de l'abbaye de Tegernsee. Ceux-ci prirent possession de leur couvent deux ans plus tard (23 avril 1455).

Le premier abbé s'agrégea à la congrégation de Bursfeld. Voir ce mot. Sous le gouvernement de l'abbé Jean II (1472-1521), l'église de la nouvelle collégiale de Munich (appelée *Gruft*, crypte, caveau; il existe encore une Gruftstrasse à Munich) fut incorporée au monastère. Le duc Guillaume (1579-1596) fit don à l'abbé David Aichler (1588-1596) de la prévôté de Paring, près Schierling. Sous l'abbé Michel Enslin ou Einslein (1610-1640), Andechs s'acquit une très grande réputation scientifique; le couvent compta, dit-on, autant de savants que de moines. L'abbé Maurus Ier Friesenegger (1640-1655) nous a laissé un *Journal de la guerre de Trente ans* (années 1627-1648). Un de ses successeurs, Maurus II Rambeck (1666-1686), composa un *Calendarium annuale Benedictinum* en quatre volumes. Le 3 mai 1669, la foudre tomba sur le clocher du monastère, qui devint complètement la proie des flammes. Ce n'est qu'en novembre 1671 que les moines purent réintégrer leur nouveau couvent; quant à l'église, elle ne fut complètement rebâtie qu'en 1676.

En 1803, le monastère d'Andechs fut sécularisé; le 7 juillet, un commissaire et un maître charpentier descendirent dans le caveau pour ouvrir les cercueils des princes de Wittelsbach et s'emparer des trésors qu'ils croyaient y être enfermés. Ils n'y trouvèrent que quelques pièces d'or, des perles et une chaîne en or. En 1846, le roi Louis Ier de Bavière racheta les biens de l'ancien couvent et en fit don au monastère Saint-Boniface de Munich. En 1850, Andechs fut érigé en priorat dépendant de Saint-Boniface. Les religieux dirigent actuellement deux instituts, celui de Saint-Nicolas, fondé en 1856, et celui de Saint-Grégoire de Rothenfeld, fondé en 1909. Ils servent de maison de correction et d'asile pour les enfants abandonnés. L'institut Saint-Nicolas comptait, en 1911, cent deux enfants, sous la direction d'un préfet et de trois maîtres (un Père et deux frères). Cf. *Studien und Mitteilungen aus dem Benediktinerorden*, 1881, t. II, fasc. 3, p. 403-405; *Annales ordinis sancti Benedicti*, 1909, p. 105-106; 1910, p. 140-41; 1911, p. 109; 1893-1908 (préface du 18 décembre 1912), p. 169-171. A la même époque, l'institut Saint-Grégoire comptait cent quarante enfants avec deux Pères et onze frères. Cf. *Annales*, 1910, p. 141; 1911, p. 109. Ils desservent en outre la paroisse voisine d'Erling (858 âmes).

II. LISTE DES ABBÉS ET PRIEURS. — Eberhard Stöckl ou Stöcklin, 20 juillet 1458-17 mars 1462. — Jean Ier Hausmann (Hannsenmann), 3 novembre 1462-18 octobre 1475. — André Œrtl, 30 octobre 1475-8 septembre 1492. — Jean II, 16 décembre 1492-1er juin 1521. — Christophe Riedter (Rinder), 18 juin 1521-22 décembre 1529. — Jean II Widermann (Wiedemann), 8 février 1530-28 mars 1530, meurt avant d'être confirmé et a comme successeurs plusieurs administrateurs : Benoît Stickl, André et Ehrard Eurl. — Le septième abbé est Léonard Ier Schlecht (Mahler), 7 avril 1541-27 juillet 1560. — Jean IV Ritter (Richter), 10 janvier 1561-15 avril 1561, meurt avant sa confirmation et bénédiction. — Léonard II Hofmann, 5 mai 1561-26 mai 1565, se retira à Wessobrunn, dont il fut pendant vingt ans curé et où il mourut le 5 novembre 1586; il fut remplacé par un administrateur, Georges Glensdorfer, qui, disgracié par le duc de Bavière en 1567, se retira à Rome. — Sous le dixième abbé, Georges Zimmermann, 1567-12 octobre 1569, le couvent est réduit à quatre Pères et deux novices; Zimmermann fut remplacé par un administrateur, Gaspard Kürbel, qui ne resta en fonction que quatre mois. — Joachim Kircher, 1er septembre 1572-1588; le duc l'oblige à démissionner, il se retire à Zwiefalten où il reprend ses fonctions de prieur, meurt le 15 février 1607; il était arrivé à Andechs le 22 février 1570. — David Aichler, 1er mai 1588-25 février 1596, relève le monastère à tous les points de vue. — Alexandre Sauter (Sutor), 16 mai 1596-25 février 1600, date où il fut élu abbé d'Ottobeuren, meurt en 1631. — Jean V Chrysostome Huttler, 19 avril 1600-7 juillet 1610, âgé seulement de trente-cinq ans. — Michel Einslein, 23 août 1610-23 août 1640, le plus célèbre des abbés d'Andechs. — Maurus Ier Friesenegger, 28 septembre 1640-11 mai 1655. — Célestin Probst, d'abord (1650-1655) professeur à l'université de Salzbourg, est élu le 10 juillet 1655 et meurt le 13 février 1666, après avoir démissionné quelques mois auparavant. — Maurus II Rambeck, 14 janvier 1666-2 novembre 1686, que Mabillon, *Itinerarium Germanicum*, appelle une bibliothèque vivante. - - Quirin Wessenauer, 3 décembre 1686-21 décembre 1704. — Maurus III Braun, 27 janvier 1705-11 mai 1746. — Bernard Schütz, 22 juin 1746-28 mai 1759, restaura l'église abbatiale le 300e anniversaire de la fondation du monastère; Benoît XIV accorda une indulgence plénière à tous ceux qui participeraient à cette cérémonie. — Meinrad Moosmüller, 26 juin 1759-10 janvier 1767. — Joseph Hörl, 11 février 1767-9 juillet 1775. — Jean VI Baptiste Bergmann, 8 août 1775-1er décembre 1790. — Grégoire Rauch, 3 janvier 1791-17 mars 1803, date de la suppression du couvent, mourut le 25 mars 1812. Cf. *Der letzte Abt von Andechs* (article de Altenburg) dans *Deustcher Hausschatz*, 1880-1881, t. VII, p. 222-237. — Jean de la Croix Klingl, 1er octobre 1852-1er octobre 1858. — Magnus Sattler, 1er octobre 1858-1er octobre 1870. — Placidus Jungblut, 1er octobre 1870-8 septembre 1873 †, 28 mars 1888. — Magnus Sattler (pour la deuxième fois), septembre 1873-28 mai 1901. Cf. *Annales ordinis sancti Benedicti ab anno 1893 ad annum 1908*, p. 169. — Le prieur actuel est Auguste Engl.

III. LE PÈLERINAGE. — C'est surtout à son pèlerinage que Andechs doit sa renommée. A quelle époque remonte-t-il? Il est bien difficile de le dire. Le pape Adrien III (884-885, voir t. I, col. 624), accorda une indulgence à l'église d'Andechs en 885. En 1128, le comte Berthold ordonna, d'accord avec l'évêque d'Augsbourg, Hermann ou Herimann de Vohbourg (1096-1133), que chaque année les localités, dont les églises et cures étaient mouvantes d'Andechs, s'y rendissent le mardi de Pâques et y fissent des présents en argent ou en cire. *Monumenta Boica*, t. VIII, p. 589. La plupart des auteurs font remonter l'origine du riche trésor en reliques que possède Andechs à saint Rasso (Razzo, Rapoto, mort le 15 juin 953 à Grafrath; voir au mot Rasso), qui rapporta de ses pèlerinages à Rome, Constantinople et Jérusalem, des ossements des apôtres et des parties du suaire dont se servit Notre-Seigneur au jardin des Olives et de la nappe de la dernière Cène. Il les confia au monastère de Wörth ou Werde, aujourd'hui Grafrath sur l'Amper, qu'il avait fondé lui-même et où il prit l'habit religieux. Lors de l'invasion des Hongrois, en 954, les moines de Wörth abandonnèrent leur couvent et s'enfuirent avec leurs reliques et celles du monastère de Weissenzell à Andechs. Ce trésor fut enrichi dans la suite par le comte Poppo d'Andechs-Plassenbourg († 1148) qui s'était croisé, par Agnès de France, par sainte Élisabeth de Thuringe et par le duc Albert III. En 1127, à l'occasion du siège d'Andechs par l'empereur Lothaire II le Saxon, et en 1229 ou en 1209-1211, lors de la destruction de la citadelle, les religieux durent enfouir les reliques. Ce n'est qu'en 1388 (26 mai) qu'on les retrouva. Elles furent transférées à Munich, où eurent lieu de belles cérémonies religieuses. En 1392, Boniface IX accorda une indulgence qui pouvait être gagnée du troisième dimanche de carême jusqu'à l'octave de saint Jacques (25 juillet-1er août). L'affluence fut si grande que l'on compta souvent 40 000 pèlerins par jour. Les reliques furent dans la suite rapportées à Andechs et c'est pour promouvoir leur culte que le comte Ernest fonda, en 1438, le canonicat dont il a été plus haut question. L'empereur Maximilien Ier (1493-1519) accorda pour certaines époques déterminées des lettres de franchise et des escortes.

Le catalogue du trésor d'Andechs comprenait avant la sécularisation 288 numéros; on le trouve avec gravures dans les grandes chroniques de 1602 et de 1607 et dans toutes les éditions abrégées; en dernier lieu, dans celle de 1797, p. 86-140. Le P. Sattler, *Chronik von Andechs*, 1877, n'en donne que 133 numéros, ce qui prouverait que 155 objets ont disparu depuis la sécularisation. Ce n'est pas ici le lieu d'étudier l'authenticité de ces reliques, dont quelques-unes paraissent bien un peu suspectes. Nous nous contenterons d'énumérer les plus importantes.

D'abord les trois hosties miraculeuses dont il est fait mention au XIIIe siècle dans le missel d'Andechs, aujourd'hui à la Bibliothèque royale de Munich, *Clm. 3005*, et dans deux bulles de Boniface IX de 1390 et 1391. Les deux premières furent consacrées par le pape Grégoire le Grand et la troisième par Léon IX et envoyées toutes les trois par ce dernier pape à l'empereur Henri III, en 1052, à Bamberg. A la demande du comte Berthold d'Andechs, son frère, l'évêque de Bamberg, Otton II, en fit don à Andechs. Sattler, p. 67; *Monumenta Boica*, t. VIII, p. 591. Elles sont enfermées dans un précieux ostensoir gothique du poids de vingt livres, don du duc Albert III. Sur la fête qui fut célébrée en 1888 en leur honneur, voir *Studien und Mitteilungen aus dem Benediktinerorden*, 1888, t. IX, p. 520-521. Des reliques de la couronne d'épines, enfermées dans un ostensoir en cuivre doré en forme de sceptre, pour faire pendant à la relique du roseau que les soldats mirent entre les mains de Jésus-Christ après la flagellation. D'après la chronique de 1657, cette dernière relique semble avoir été donnée par la princesse grecque Marie, femme de Béla IV, roi de Hongrie. — La croix (*Siegeskreuz*) de Charlemagne et une partie de la robe de fiancée de sainte Élisabeth, enfermée dans un cadre en cuivre doré, etc.

On trouvera dans Sattler, *Chronik von Andechs*, p. 806-821, la liste des paroisses, au nombre de 328, qui tous les ans se rendent en pèlerinage à Andechs, ou tout au moins offrent un cierge en cire du poids d'une livre.

Sattler, *Chronik von Andechs*, Donauwörth, 1877; *Das Büchlein vom hlg. Berge Andechs*, extrait de l'ouvrage précédent, 8e édit., par le P. Engl, Andechs, 1908. — Heindl, *Der heilige Berg Andechs in seiner Geschichte, seinen Merkwürdigkeiten und Heiligtümern*, Munich, 1895 (avec l'indication des sources et des ouvrages parus jusqu'alors, p. XII-XIII, 193-194). — Lindner, *Die Schriftsteller des Benediktinerordens*, t. I, p. 292-293; Supplément, p. 34-35. — Heindl, *Andechs für die Besucher des hlg. Berges kurzbeschrieben*, 1884. — Hettinger, *Aus Welt und Kirche*, 1885, t. II, p. 337-380. — Scheglmann, *Geschichte der Säkularisation im rechtsrheinischen Bayern*, t. III, *Die Säkularisation in den 1803 definitiv bayerisch gewesenen oder gewordenen Gebieten*. 1. Teil. *Die Säkularisation der Fürstbistümer und Benediktinerabteien*, Ratisbonne, 1906, p. 182-215. — J. Heldwein, *Aus Kirche und Kloster Andechs*, Munich, 1907. — *Annales ordinis sancti Benedicti*, 1893-1912, passim. — Mittermüller, dans *Kirchenlexikon*, t. I, col. 808-810. — U. Chevallier, *Topo-bibliographie*, col. 110-111. — Sur les anciennes chroniques de 1460 à 1470, voir *Arbeiten der Gelehrten im Reiche*, Nuremberg, 1733, p. 386. — Sur les comtes d'Andechs, von Oefele, *Geschichte der Grafen von Andechs*, Inspruck, 1877. — Heimbucher, *Die Orden und Kongregationen der katholischen Kirche*, Paderborn, 1907, t. I, p. 329, 344, 372. — Hirsching, *Klosterlexikon*, t. I. — *Jahrbuch des historischen Vereins von Dillingen*, 1895, t. VIII, p. 65-90.

A. BAYOL.

ANDECY, prieuré, puis abbaye de bénédictines, fondé sur le finage de Baye (Marne), par Simon de Broyes et sa femme Félicité de Brienne. Les premières religieuses furent une colonie du monastère établi, vers 1115, à Jully-les-Nonnains. Simon de Broyes fixa, en 1131, les limites du domaine cédé par lui à leur installation. Fille de Jully, Andecy devait suivre la même règle, sous la dépendance de Molesme, qui nommait trois ou quatre religieux pour administrer les biens du prieuré; les sœurs étant cloîtrées ne pouvaient s'occuper d'affaires temporelles. L'un de ces moines avait la direction spirituelle de la communauté, mais jamais le monastère ne fut double, comme on l'a dit.

Andecy eut des exploitations confiées à des frères convers à Anglure, à Vaux près de Champaubert, à Soyer, à Bagneux, à Nuisement. La plupart de ces possessions primitives provenaient de Simon de Broyes et de sa sœur Marie. Elles s'accrurent principalement de dîmes à percevoir à Chassericourt, à Blacy, à Maisons, à Loisy-sur-Marne, à Nesle-la-Reposte, à Bouchy-le-Repos, aux Essarts-le-Vicomte, à Fontaine-sous-Montaiguillon. Les fils de Simon donnèrent à Andecy l'étang et le moulin de Chenevry, un droit d'usage dans la forêt dite commune près de Montmort, un terrage entre Champaubert et Bannay, le four et la dîme de Reuves. Hugues de Montmirail y ajouta un moulin à Mareuil et un autre à Montmort. D'Hélie de Montmirail Andecy tenait dès l'origine des censives à Montmirail, et à La Ferté-Gaucher. Quelques propriétés : la dîme d'Échemines, la grange de Soisy et les dîmes de Droupt-Saint-Basle, étaient situées au delà de la Seine. Les évêques de Troyes Aton (1131-1135), Henri (1169), Mathieu (1171), et de Châlons, Geoffroy (1135-1142) et Barthélemy (1152) les confirmèrent avec empressement.

Nous ignorons le nom des prieures qui, pendant les trente premières années, gouvernèrent le monastère. La plus ancienne dont le nom nous soit parvenu s'appelait Élisabeth. Au milieu du XIIIe siècle, Andecy était dans un état florissant de prospérité : la renommée de la piété de ses habitants y attirait les bénédictions du ciel et les donations de biens temporels. C'était l'abbé de Molesme qui visitait le prieuré, réformait les abus, veillait à la conservation des biens. Ce droit lui avait été reconnu par les papes Eugène III, en 1145, et Alexandre III, en 1170. Il faillit disparaître sur les réclamations d'une prieure qui en obtint le retrait du pape Innocent IV, en 1248; mais une nouvelle sentence pontificale, rendue cinq ans plus tard, restitua aux abbés de Molesme leur juridiction complète sur Andecy. Malheureusement les religieuses tombèrent dans le relâchement. Avec l'appui de l'évêque de Châlons, la prieure Marguerite de Chastenay fit ériger son prieuré en abbaye indépendante. La bulle de désunion est datée du 2 janvier 1259. En dédommagement, Molesme reçut 1 500 livres de revenu représentant la prébende des religieux chargés du prieuré. Désormais ce sera l'évêque diocésain qui nommera le chapelain des sœurs.

Andecy souffrit peu de la guerre de Cent ans; par contre, les guerres de religion y causèrent beaucoup de dommages. L'abbesse Marguerite des Marins embrassa les idées de la Réforme, ainsi que quelques-unes de ses religieuses. Elle fit évacuer le couvent par crainte, disait-elle, d'un pillage. Hélas ! c'était pour livrer sa maison à ses parents huguenots qui y commirent les plus honteux méfaits. Le roi, averti de la fuite de l'apostate, la remplaça immédiatement. La nouvelle abbesse répara les dégâts subis par le monastère, qui reconquit vite son bon renom. De six, le nombre des religieuses était passé à trente en 1640. L'église profanée par les protestants fut reconstruite en 1756. Elle avait la forme d'une chapelle à huit pans contiguë à une nef aménagée dans les bâtiments. Ceux-ci furent restaurés en 1779. Une partie en était occupée par un pensionnat de jeunes filles dans lequel, en 1790, se trouvaient treize lits. Le revenu était alors de 24 000 livres pour dix-huit sœurs de chœur, six converses et un chapelain, outre quatre religieuses, recueillies à la sortie de leur couvent fermé par la Commission des Réguliers.

Toutes évacuèrent Andecy en février 1791, treize, y compris l'abbesse, déclarant renoncer à la vie commune, et onze manifestant l'intention de vivre en communauté. L'autel de l'église fut transporté dans la vieille église d'Épernay, les orgues dans celle de Villevenard. Les bâtiments et les dépendances furent vendus dans l'été de 1791. Il en subsiste quelques restes, acquis en 1884 par les dames de l'Assomption.

Les armoiries d'Andecy étaient *d'azur à une Assomption d'or*.

LISTE DES ABBESSES (d'après A. Millard). — Élisabeth, 1170-1180. — Marguerite, 1180-1195. — Élisabeth, 1200. — Thesseline, 1210-1220. — Marguerite, 1220-1225. — Thesseline, 1226. — Bétuline, 1226-1240. — Marie, 1245-1255. — Marguerite de Chastenay, 1255-1270. — Mathilde de Guada, 1270-1307. — Mathilde de Gand, 1307-1310. — Marguerite, 1310. — Marguerite Carré, 1310-1344 —Abbesses inconnues, 1344-1440.—Jeanne de la Vallée, 1440-1463. — Jeanne de Moncet, 1463-1475. — Marie de Suippe, 1475-1500. — Marie de Louan, 1500-1509. — Isabeau de Béthune, 1509-1536. — Marguerite des Marins, 1536-1562. — Marguerite VII de la Boissière, 1562-1583. — Marguerite d'Abancourt, 1583-1598. — Hilaire de Pied-de-Fer, 1598-1625. — Marguerite de Gauville, 1627-1639. — Claude de Gauville, 1639-1672. — Françoise Croiset, 1673-1716. — Gabrielle de Lorges, 1716-1727. — Marie-Renée de Boufflers, 1728-1746. — Geneviève de la Roche-Aymon, 1746-1768. — Charlotte de Hacqueville, 1768-1777. — Marie-Louise de Saint-Germain, 1777-1790.

Bibliothèque nationale, *Baluze*, t. LI, 204-205. — Archives de la Marne, *H*, fonds d'Andecy, 11 cartons. — Archives de la Côte-d'Or, *H* 7, liasse 228. — Lalore, *Chartes d'Andecy*, in-8°, Troyes, 1878, p. 161-178. — A. Millard, *Histoire de l'abbaye d'Andecy*, in-8°, Châlons-sur-Marne, 1890, avec plans d'ensemble, le sceau et le contre-sceau de l'abbesse Mathilde de Guada.

Arthur PRÉVOST.

ANDEDA, Ἀνδηδα, évêché en Pamphylie Seconde. Cette ville, d'abord comprise dans les limites de la Pisidie, n'est pas citée par les géographes anciens; mais elle est connue par ses monnaies, qui vont de Marc-Aurèle à Dèce, et des inscriptions, dont une dédicace tardive aux saints Constantin et Hélène. C'est aujourd'hui le village d'Andia, sandjak d'Adalia, dans le vilayet de Koniah, un peu au sud de Foughla (Pogla). Elle figure dans les Notices jusqu'au XIIe ou XIIIe siècle, parmi les évêchés dépendants de Pergé : Notices d'Épiphane et de Léon le Sage (Gelzer, *Ungedruckte und ungenügend veröffentlichte Texte der Notit. episcop.*, p. 541, 556); Notice de Basile et *Nova Tactica*) Gelzer, *Georgii Cyprii Descriptio orbis Romani*, p. 23, 74); Notices 1, 3, 7, 8, 9, 10, 13 de Parthey. Les Notices écrivent ordinairement au génitif Σανδίδων, de la locution [εἰς] Ἄνδηδα et par itacisme (trois ont Σανδίδου, une même Κανδίδου); un manuscrit de la Notice de Basile porte Ἀνδίδων. L'évêque Léon Ἀνδίδων assistait en 787 au concile de Nicée. Mai a publié, *Nova Patrum bibliotheca*, t. VI, p. 547-584 (*P. G.*, t. CXL, col. 417-468), un commentaire liturgique de Théodore, évêque Ἀνδίδων, qui doit avoir vécu au XIe ou au XIIe siècle. Dans certains manuscrits, par exemple le *cod. Paris. 1263*, les *cod. Vatic. 430, 640, 1157*, le *cod. Athen. 360*, l'auteur est appelé Nicolas. En outre, le *cod. 404* du métochion du Saint-Sépulcre à Constantinople contient un traité inédit contre les azymes, de Nicolas, évêque Ἀνδίδων. Le *cod. Athous 1048*, du XIIIe siècle, a été écrit pour N., proèdre Ἀνδίδων. S. P. Lambros, *Catalogue of the Greek manuscripts on mount Athos*, Cambridge, 1895, t. I, p. 95. Il n'est pas impossible que Σινδαῦνδα, dans Hiéroclès, *Synecd.*, 680, 7, soit une déformation de Ἀνδηδα. G. Radet, *Les villes de la Pisidie*, extrait de la *Revue archéologique*, 1893, p. 12, le nie et identifie Sindaunda avec le village actuel de Zivind; mais il a tort de croire qu'Andeda ne serait pas l'évêché marqué par les Notices.

Le Quien, *Oriens christianus*, t. I, col. 1029 (*ecclesia Sandidorum*). — *Corpus inscript. graec.*, n. 4637. — Head, *Hist. num.*, p. 589. — W. M. Ramsay, dans *Mitteilungen des deutschen archäolog. Instituts zu Athen*, 1885, t. X, p. 337, et *American archaeolog. journal*, t. IV, p. 14.— A. H. Smith, dans *Journal of Hellen. studies*, t. VIII, p. 217.

S. PÉTRIDÈS.

ANDEGAVUM. Voir ANGERS.

ANDELY. Le Grand et le Petit-Andely, après avoir été deux villes distinctes, ont été réunis sous une seule administration municipale en 1790, sous le nom de les Andelys, actuellement chef-lieu d'arrondissement de l'Eure, commune de 5 500 habitants, située sur la rive droite de la Seine, au confluent de ce fleuve et du Gambon; les deux agglomérations sont distantes d'un kilomètre environ, dominées par le Château-Gaillard.

Il n'est pas besoin d'insister sur la légende d'après laquelle Andely aurait été évangélisé dès le 1er siècle. Au VIe siècle, un monastère de filles y aurait été fondé par sainte Clotilde. Bède le Vénérable le cite et Anségise, abbé de Fontenelle, y fit un legs, en 835. On ne voit aucune mention de ce monastère après cette époque. Peut-être la maison fut-elle détruite par les Normands, ou tomba-t-elle en décadence. Sainte Clotilde cependant resta honorée aux Andelys : certains auteurs l'indiquent comme la seconde patronne de la ville ; son souvenir a été conservé par une chapelle, et par la fontaine Sainte-Clotilde, dont les eaux auraient été changées en vin par la sainte, et dans laquelle des pèlerins venaient nombreux se baigner le 2 juin.

Le Grand-Andely ou le Vieux-Andely faisait, au VIIe siècle, partie du temporel des archevêques de Rouen; la possession leur en fut confirmée en 1120 par le traité de Gisors, par Innocent II et Adrien IV en 1131 et 1155, et il fut échangé par Gauthier, archevêque de Rouen, avec Richard Cœur de Lion, contre divers biens et droits sur le Robec, à Dieppe, Louviers, Aliermont. A cette époque, existait déjà, au Grand-Andely, un chapitre collégial, à l'église Notre-Dame, chapitre datant au moins du début du XIIe siècle. Il fut réorganisé par Pierre de Colmieu, archevêque de Rouen, 1244, et les statuts confirmés par Innocent IV en mai 1246. Eudes Rigaud fit à cette maison de nombreuses visites, et des statuts nouveaux furent rédigés en 1428. La communauté jouissait au m lieu du XVIe siècle d'un revenu de 5 000 livres pour quatorze capitulants et méritait en 1634 les éloges de François de Harlay, archevêque de Rouen. Le chapitre fut supprimé par un arrêté du conseil général du département du 13 décembre 1790 et ses membres dispersés. Les titres anciens concernant ce chapitre ont en grande partie disparu, les délibérations capitulaires ne sont conservées que pour la période de 1754 à 1790.

L'église de la Madeleine du Grand-Andely dépendait du chapitre de Notre-Dame et était desservie par un vicaire perpétuel. La paroisse fut supprimée en août 1791. Sur le territoire de cette paroisse se trouvait la léproserie, remontant au règne de Richard Cœur de Lion. Un manuscrit de la Bibliothèque nationale donne un état de ses biens en 1380 et ses statuts, qui ont été publiés par L. Delisle, dans le *Recueil des travaux de la Société d'agriculture de l'Eure*, 1852-1853. Elle fut supprimée en 1545, faute de lépreux, et les biens qu'elle possédait furent donnés au couvent des capucins, situé au Petit-Andely. On trouve encore au Grand-Andely un couvent de bénédictines, sous le vocable de Saint-Jean, elles furent réunies à celles de Lyons, et un couvent d'ursulines ; au Petit-Andely le couvent de capucins cité plus haut, un couvent de cordeliers et une communauté de pénitents. Les archives départementales de l'Eure conservent un petit nombre de documents sur ces diverses institutions.

L'hospice Saint-Jacques ou Maison-Dieu d'Andely existait déjà au XIIIe siècle ; il fut reconstruit en 1785.

Pour l'archéologie religieuse, il faut mentionner l'église Notre-Dame du Grand-Andely, monument historique des XIIIe et XVe siècles, surmontée de trois tours ; belles sculptures, groupes, stalles et buffet d'orgue, vingt et une verrières de la Renaissance dont l'une est des fils Le Prince. Au Petit-Andely : église Saint-Sauveur, bâtie vers 1200, bel autel provenant de l'abbaye de Montemer, une Adoration des bergers, attribuée à Philippe de Champaigne.

Brossard de Ruville, *Histoire de la ville des Andelys et de ses dépendances*, les Andelys, 1863-1864. — La Rochefoucault-Liancourt (G. F.), *Notice historique sur l'arrondissement des Andelys*, Paris, 1813 ; *Histoire de l'arrondissement des Andelys*, les Andelys, 1833. — Étienne Deville, *Le registre de la léproserie d'Andely en 1380*, Évreux, 1910. — *Inventaire des archives départementales de l'Eure*, séries G et H, Évreux, 1886-1893.

Michel Prevost.

ANDENNE, ANDANA, ANDENNA (*ad septem ecclesias*), d'abord monastère de femmes de l'ordre de Saint-Benoît, devint plus tard chapitre noble. La petite ville d'Andenne, située sur la rive droite de la Meuse, entre Namur et Huy, province de Namur (Belgique), lui doit son origine.

I. Fondation. — Vers 692, sainte Begge, fille de Pépin de Landen, après la mort de son mari Anségise, fils de saint Arnoul de Metz, fonda, de concert avec son fils Pépin d'Héristal, alors maire du palais, une église en l'honneur de la vierge Marie, puis un monastère de filles consacrées au service de Dieu, destinées à s'y maintenir dans une stabilité perpétuelle. Mabillon, *Acta sanctor. ord. S. B.*, t. II, p. 451. D'après la tradition, Begge fut avertie mystérieusement de choisir Andenne, à proximité de sa villa de Seilles, bâtie sur la rive opposée. Sur sa demande, des religieuses de l'abbaye fondée par sa sœur, sainte Gertrude, à Nivelles, vinrent instruire les nouvelles moniales, apportant plusieurs exemplaires de la sainte Écriture et des reliques. Sainte Begge semble en avoir été la première supérieure. Des moines ou des prêtres séculiers furent chargés de célébrer la messe, d'administrer les sacrements et même d'aider au chant de l'office divin.

De nombreuses opinions ont été émises au sujet de la règle primitive observée à Andenne et à Nivelles. Pour le baron Misson (*Chapitre noble de Sainte-Begge à Andenne*), qui suit le P. Cornelius Smet, c'était une règle particulière distincte de celle de saint Benoît, règle de chanoinesses, mais imposant le vœu de chasteté. D'après Mabillon, suivi de nos jours par dom Ursmer Berlière, ces moniales suivaient la règle de saint Benoît. Comme leurs sœurs de Nivelles, elles recevaient le voile, avaient pour principale occupation l'office divin, vivaient en clôture, s'engageaient à une stabilité perpétuelle.

Sainte Begge ne se contenta pas de bâtir l'église et le monastère ; elle édifia, en souvenir des sept grandes basiliques de Rome, six autres petites églises dédiées au Saint-Sauveur, à saint Pierre, saint Étienne, saint Michel, saint Jean-Baptiste, et saint Lambert, d'où le nom *Andenna ad septem ecclesias*. L'église Saint-Jean-Baptiste devint l'église paroissiale de la ville d'Andenne.

II. Histoire. — 1° *Monastère*. — Sauf la mention des pèlerinages au tombeau de sainte Begge, on ne sait que peu de choses sur la vie intérieure du monastère. La sainte fondatrice mourut en 695 et fut enterrée dans l'église Saint-Pierre ; son corps fut plus tard transporté à Sainte-Marie. La chronique de Liége, publiée par dom Martène, *Thes. nov. anecd.*, t. III, col. 1403, ne mentionne parmi ses successeurs que sainte Ituberge et la moniale Itta. Le monastère fut pillé par les Normands, en 883, selon la tradition, et relevé de ses ruines au Xe siècle. Au XIe siècle, les moniales, ayant à subir les vexations des seigneurs des environs, ne se trouvaient pas en sûreté à Andenne, et se retirèrent en Lorraine, dans le Clermontois, à Mont et à Sassey. D'après le légendaire de Jean d'Outremeuse, le comte de Flandre aurait de nouveau brûlé les bâtiments abandonnés ; puis Albert II, comte de Namur, mort en 1037, se serait emparé des biens délaissés et les aurait distribués à ses officiers et à ses amis, malgré les réclamations des moniales.

2° *Chapitre*. — Quelques années après, le comte Albert III, sur les instances de l'empereur Henri IV, restitua les biens que son père avait usurpés. La vie religieuse put donc reprendre ; mais le diplôme impérial de 1101 ne mentionne plus les *fratres et sorores* ; les actes sont signés par une prévôte, Gertrude, et une doyenne, Adélaïde. L'histoire ne dit rien de cette substitution, ni d'où viennent ces chanoinesses séculières pourvues d'une prébende ; il est impossible de fixer une date et d'en assigner la cause.

L'empereur investit solennellement le chapitre de toutes les anciennes possessions du monastère (revenus, bois, cultures, dîmes, eaux, moulins) et nomma comme avoué le comte de Namur, qui accepta la charge que ses ancêtres avaient remplie vis-à-vis du monastère et qui ne l'obligeait qu'à une protection désintéressée. A part quelques petites difficultés vite réglées, les comtes, fidèles à leur rôle d'avoués, défendirent les privilèges du chapitre, même contre les prétentions de leurs agents fiscaux.

Dès leur établissement, les chanoinesses se firent remarquer par la régularité de leur vie, la pratique de la charité ; la paix intérieure fut rarement troublée ; aussi l'on ne trouve à raconter que les maux qu'elles eurent à souffrir de l'extérieur, tant des invasions et attaques étrangères que des atteintes portées à leur indépendance. Et, chose remarquable, malgré les vicissitudes que le chapitre eut à traverser, et qui menacèrent plusieurs fois son existence, il eut toujours assez de vitalité spirituelle pour se relever de ses ruines et reprendre la vie canoniale.

Il n'y eut jamais d'hostilité ouverte contre le chapitre, malgré les droits quasi royaux qui l'enlevaient presque complètement à l'autorité du souverain. Les empereurs, les papes, on le voit par des bulles de 1195 à 1288, accordèrent leur protection contre les prétentions des évêques de Liège, de clercs et de laïques.

Andenne, placée sur les bords de la Meuse, à proximité des routes de Liége et de Namur, devait supporter les conséquences des luttes entre Liégeois et Namurois. Elles commencent dès 1151; quatorze demeures de chanoinesses sont brûlées par les soldats de l'évêque, qui pillent l'église. L'évêque, qui n'a pu empêcher ces vexations, en fait amende honorable, exécute les réparations convenables et renonce à quelques privilèges sur Andenne. Au xve siècle, en 1423, une doyenne, Marie de Ville, soutenue par quelques chanoinesses, s'insurge contre la prévôte et provoque des troubles, mais l'évêque de Liége et le comte de Namur interviennent et rétablissent la paix. En 1431, de nouvelles guerres éclatent entre Liégeois et Namurois, le chapitre est contraint de se retirer à Namur, d'où il revient l'année suivante. A ce moment, la misère est si grande, dit Lahaye, *Introd. au cartul. d'Andenne*, que l'on est obligé de supprimer plusieurs emplois. Les xvie et xviie siècles furent relativement calmes; il fallut cependant payer plusieurs fois de lourdes contributions de guerre. En 1678, un poste de cinquante dragons est envoyé pour défendre Andenne.

Malgré ces difficultés, on peut dire que le chapitre fut florissant du xiiie au xviiie siècle, les périodes de troubles ne durant jamais longtemps. En 1764, il fallut reconstruire l'église collégiale et faire des dépenses extraordinaires, qu'il n'était pas possible aux chanoinesses de supporter; leurs maisons tombaient presque en ruine. Il fut alors question d'unir le chapitre de Moustiers-sur-Sambre à celui d'Andenne. Cette réunion n'eut pas lieu.

En 1785, l'empereur Joseph II supprime trente-deux bénéfices de chanoines et veut réduire à quinze le nombre des prébendes des chanoinesses. Le 29 août de la même année, il décida l'établissement à Namur, dans les anciens couvents des carmélites et des croisiers, des deux chapitres réunis d'Andenne et de Moustiers, déclarant les biens et revenus confondus sans distinction, au détriment d'Andenne, plus riche et plus nombreux. Il y eut des réclamations, sans résultat, et l'union se fit le 1er mai 1787; le 4 du même mois, Marie-Anne Thècle de Gourcy-Charey, prévôte de Moustiers depuis 1778, est élue prévôte des chapitres réunis. Les chanoines, qui n'étaient plus que trois en décembre 1786, furent remerciés.

La plupart des dames refusèrent de se soumettre et retournèrent à Andenne; le chapitre général, qui devait se tenir à Namur le 20 janvier 1790, ne put avoir lieu, les supplices adressées au pape et à l'empereur, les pétitions des habitants demandant le retour du chapitre dans leur ville demeurèrent sans résultat. En 1793, l'empereur Léopold II fit le projet de considérer Andenne comme prieuré dépendant de Namur, laissant aux chanoinesses l'option pour telle ou telle maison, mais l'idée fut abandonnée. Les lois de la république française vinrent tout concilier et, en septembre 1794, le chapitre fut définitivement supprimé; les dames se dispersèrent dans le monde.

III. VIE INTÉRIEURE. — Les chanoinesses étaient à la nomination du souverain; le chapitre n'avait à contrôler que les preuves de noblesse. Dès le xiiie siècle, Philippe le Noble, comte de Namur, ordonne que l'on ne recevrait à Andenne que des filles nobles; le pape Honorius IV (1285-1287) casse ce statut comme abusif. Malgré cette défense papale, on constate, par une charte du 26 avril 1478, que, pour être chanoinesse, il faut être « noble de quatre costés sans bastardise nulle. » Au xvie siècle la preuve de huit quartiers, quatre de père, quatre de mère, est demandée. En 1769, l'impératrice Marie-Thérèse porte à seize quartiers la qualité pour être admise aux chapitres nobles des Pays-Bas, dont Andenne faisait partie.

Aussi, le nombre des prébendes, qui ne pouvait dépasser trente, fut rarement complété. Les comtes de Flandre, considérés comme abbés séculiers, disposaient de ces prébendes lorsqu'elles venaient à être vacantes.

Les chanoinesses devaient être célibataires ou veuves; elles vivaient chacune dans sa maison, avec ménage et personnel de service; quelques-unes habitaient cependant en commun. Elles ne pouvaient renoncer à leurs prébendes que pour entrer dans un ordre religieux ou se marier. Les infirmités n'étaient pas une raison suffisante pour quitter le chapitre. Seule, la prévôte nommée à vie contractait, par là même, l'obligation de garder le célibat perpétuel. Il paraît qu'elle fut même astreinte dans les premiers temps à prononcer le vœu de chasteté. Baron Misson, *op. cit.*, p. 14.

Toutes ne résidaient pas; des bénéfices étaient attachés à la présence au chœur et à la tenue des chapitres. Il y avait deux sortes de résidence : l'ordinaire, qui n'obligeait qu'à six semaines de séjour et autorisait, une fois dans la vie, un congé de trois ans consécutifs; et la stricte, qui ne permettait qu'une absence de neuf jours, quatre fois par an. Les actes les plus anciens ne mentionnent généralement que quinze à vingt chanoinesses présentes.

Les prébendes pouvaient être données à des enfants, qui prenaient le nom d'écolières et n'étaient admises qu'à l'âge de quinze ans accomplis.

Les dames devaient assister à l'office divin, matines, messes, vêpres, alternant la psalmodie et le chant avec les chanoines et bénéficiers de leur église; le coutumier du xviiie siècle, publié par le baron Misson, indique la tenue des divers offices.

Les dignités capitulaires étaient : la « prévôte », dame spirituelle et temporelle d'Andenne; la « doyenne », chargée de l'église et des maisons; l'« écolâtre », qui dirigeait les jeunes écolières, et la dame « chantre », qui réglait le chant aux offices et solennités. Le baron Misson donne la liste des prévôtes depuis Gertrude, en 1107, jusqu'à Marie-Anne Thècle de Gourcy-Charey en 1787. Il en compte une trentaine, mais il y a quelques lacunes. Il mentionne aussi trente-deux doyennes depuis Adélaïde, en 1107, jusqu'à Angélique-Marie-Thérèse de Haultepenne dite d'Arville, morte en 1789.

Les prébendes des chanoines, au nombre de dix, étaient également conférées par le souverain, et ne pouvaient être données qu'à des hommes nés d'un mariage légitime et déjà tonsurés. Ils n'avaient l'obligation que d'une présence de six semaines par an. Pendant leur absence, les charges et fonctions étaient remplies par des bénéficiers, chapelains et semainiers. Ils assistaient aux séances capitulaires avec les dames et avaient la liberté de se faire ordonner prêtres ou celle de rentrer dans le monde et de se marier.

IV. DROITS. PRIVILÈGES. — Par son diplôme de 1101, l'empereur Henri IV donne au chapitre une véritable souveraineté. La charte justifiant ces droits et privilèges était conservée avec grand soin. On l'avait renfermée, dit Léon Lahaye, dans un coffret bardé de fer, déposé dans l'église auprès de l'autel Sainte-Begge, et surmonté d'une châsse contenant des reliques. La prévôte, la doyenne et une chanoinesse avaient chacune la clef de l'une des trois serrures qui fermaient le coffre. La charte n'était jamais déplacée. On en avait fait plusieurs *vidimus* et elle avait été transcrite sur le grand-livre d'église.

Le chapitre ne relevait que du pape et de l'empereur; il jouissait, à Andenne, du droit de haute justice qu'il exerçait, et de moyenne et basse justice déléguée à une cour composée du mayeur et des sept échevins de la ville; celle-ci fonctionnait déjà en 1264. Une autre cour de justice siégeait à Sassey en Lorraine, ayant juridiction sur les domaines du Clermontois. En 1497, Philippe le Beau donne à la cour d'Andenne le droit de trancher en dernier ressort, sans recourir au conseil provincial; en 1764, elle jugeait de tous les cas sans exception.

Dans toutes les affaires auxquelles le chapitre était intéressé, la prévôte avait pleine autorité, toute licence devait lui être demandée; les dames réunies en conseil sous sa présidence nommaient le mayeur et les échevins de la ville, portaient édits, ordonnances, avaient rédigé une loi dite « loi d'Andenne », percevaient les impôts, contributions et droits divers. Les dames avaient la franchise d'impôts, elles étaient admises aux honneurs de la cour. On croit qu'à une époque reculée le chapitre avait battu monnaie.

V. DOMAINE. — Sainte Begge avait donné à son monastère tout le ban d'Andenne, comprenant des forêts à Haillot et Ohey, des propriétés en Hesbaye, des domaines en Lorraine, et des vignobles sur le Rhin. Toutes ces possessions furent reportées au chapitre dès le XIIe siècle. Plus tard, la découverte de mines de plomb, des fosses de terres plastiques accrurent la valeur du domaine. En 1787, les revenus montaient à près de 40 000 florins.

Tous ces privilèges, droits, biens furent confirmés par les papes.

VI. ARCHIVES. — Elles se trouvent aux archives de l'État à Namur, en plusieurs liasses bien classées. Le cartulaire de la commune d'Andenne a été publié en deux volumes par M. Léon Lahaye, archiviste de l'État à Namur; l'introduction du Ier volume contient l'histoire presque complète du chapitre. L'ouvrage du baron Misson donne l'inventaire du chartrier, tel qu'il existe à Namur.

L'église d'Andenne possède, avec quelques archives, des missels pléniers du XIe siècle, des graduels et antiphonaires plus récents, ayant appartenu aux dames chanoinesses.

VII. ÉTAT ACTUEL. — Il ne reste plus rien des fondations de sainte Begge. Les sept églises ont disparu lors de la reconstruction de l'église actuelle, destinée aux offices pour le chapitre et aux cérémonies pour le peuple. Commencée en 1764, elle fut consacrée le 19 septembre 1778, comme le porte l'inscription de la façade: *Deo divaeque Beggae vovere praenobiles Andanenses canonicae*. Elle est construite dans le mauvais goût de l'époque et sert aujourd'hui d'église paroissiale Dans le trésor, on remarque le buste en argent de sainte Begge, œuvre du XVe siècle, et la grande châsse, aussi en argent, datant de la même époque et renfermant les reliques de la sainte fondatrice.

On peut encore reconnaître l'emplacement du logis des dames. La place actuelle dite « du chapitre » était autrefois fermée; il ne reste plus qu'une des quatre portes par lesquelles on entrait dans l'enceinte du chapitre, et quelques-unes des petites maisons, qui se trouvaient toutes dans cette clôture. En 1701, il n'y en avait déjà plus que treize.

J. Barbier, *Documents et extraits du cartulaire du chapitre noble d'Andenne*, dans *Anal. hist. eccles. de Belgique*, 1878, t. xv, p. 317-346.— *Obituaire du chap. noble d'Andenne*, ibid., p. 347. — U. Berlière, *Monasticon Belgicum*, 1890, t. I, province de Namur, p. 61. — P. Claessens, *Chanoinesses séculières de l'ancienne Belgique*, dans *Précis historiques*, 1898, t. VIII. — Paul de Croonendael, *Chronique... des pays et comt. de Namur*, publiée par le comte de Limminghe, Bruxelles, 1878-1879, p. 627. — *Gallia christiana*, t. III, col. 580-581. — Ghesquière et de Smet *Acta sanct. Belg.*, t. III, p. 159-160; t. IV, p. 218; t. V, p. 102, 103, 119, 122, 123. — Léon Lahaye, *Cartulaire de la commune d'Andenne*, Namur, 1893, 1895, 1896. — Baron P. Misson, *Chap. noble de Sainte-Begge à Andenne*, Bruxelles, 1887; Namur, 1889. — Toussaint, *Histoire de Sainte-Begge*, Namur, 1885. — Peter Wenzel, *Drei Frauenstifter der Diözese Lüttich nach ihrer ständischen Zusammensetzung bis zum XV Jahrundert*. Inaug. Diss., Bonn, 1909.

J. BLANCHON-LASSERVE.

ANDÉOL (Saint), vénéré comme le premier apôtre du Vivarais, d'après ses actes, malheureusement apocryphes, d'origine asiatique, sous-diacre de l'église de Smyrne, fut envoyé en Gaule par saint Polycarpe, en compagnie des missionnaires Bénigne, Thyrse et Andoche, qui ont évangélisé Autun, Saulieu et la Bourgogne. Carpentras semble avoir été le champ de début où s'exerça son zèle; mais bientôt arrêté dans une localité riveraine du Rhône, où le dieu Mithra comptait des adorateurs, à Bergagiates, chez les Helviens, aujourd'hui Bourg-Saint-Andéol, interrogé par l'empereur Sévère, battu de verges, emprisonné près d'un temple de Mars, après une courageuse confession, il subit un horrible martyre; ses bourreaux, armés d'une épée de bois, lui fendirent la tête en forme de croix et jetèrent son cadavre au Rhône. Une charitable païenne, Tullia, le recueillit, l'ensevelit et ne tarda pas à demander le baptême. Quelques-uns ont vu dans cette catéchumène la fille de saint Eucher, évêque de Lyon : on juge par là combien, dans cette légende, les dates sont incertaines et la chronologie toute d'imagination.

En 858, Bernoin, évêque de Viviers, découvrit les reliques du bienheureux; elles étaient renfermées dans le sarcophage gallo-romain d'un enfant de cinq ans; le prélat fit conserver l'inscription et les sculptures païennes et sur la face opposée on grava une longue épitaphe en vers léonins, où l'on invoquait la protection du glorieux martyr.

Acta sanctor., maii t. I, p. 35, 755. — *Martyrologe de la sainte Église de Lyon de Florus*, publié par les abbés Condamin et Vanel, Lyon, 1902, p. 40. — Rouchier, *Histoire du Vivarais : Éclaircissements sur l'apostolat de S. Andéol*, Paris, 1861, t. I, p. 475-526. — Onésime Mirabel, *Saint Andéol et son culte*, Paris, 1868. — Paradis, *Inscriptions chrétiennes du Vivarais*, Paris, 1853. — Narbey, *Supplem. Acta sanctor.*, Paris, 1899, t. I, p. 286-293.

J.-B. VANEL.

ANDERIUS, ou comme on trouve parfois dans les versions latines, Andarius, Andericus, ou même André, évêque de Chersonèse de Crète, qualifié de *minimus*. Il assistait au concile d'Éphèse (431), et fit partie de la deuxième députation envoyée à Nestorius pour le presser de venir, avec Théopemptos de Cabasa, dont au retour il confirma le rapport, et Théodule d'Héluse. Il fut de ceux qui justifièrent d'un mot leur adhésion à la doctrine de saint Cyrille, et il le fit en style imagé, comparant à une suave odeur s'échappant d'un écrin que la lettre de Cyrille aurait ouvert; il n'était pas le premier, même parmi les Pères d'Éphèse, à user de cette figure. Dans la suite du concile, on retrouve sa signature après la déposition de Nestorius et, dans la sixième session, la condamnation des Orientaux.

Mansi, *Sacr. concil. amplis. collectio*, t. IV, col. 1125, 1132, 1133, 1164, 1216, 1365; t. V, col. 530, 534, 588, 613, 687, 712. — Le Quien, *Oriens christianus*, t. II, col. 271.

R. AIGRAIN.

ANDERLEDY (ANTOINE-MARIE), vingt-troisième général de la Compagnie de Jésus, né le 3 juin 1819, à Bérisal, en Valais. Élève des jésuites au collège de Brigue, il entra au noviciat le 5 octobre 1838. Professeur au collège de Fribourg, la révolution de 1848 ne lui laissa pas le temps d'achever sa régence; il assista, sans rien perdre de sa sérénité, au pillage de « sa chère maison » et partit bientôt après pour les États-Unis, sous le coup de la proscription qui frappait les religieux de la Compagnie. Il acheva ses études à Saint-Louis (Missouri). Dès son sacerdoce, il se consacra au ministère. Rappelé en Europe par ses supérieurs, il prit une part active et féconde aux missions données par les jésuites dans les grandes villes allemandes avec le plus consolant succès. La maturité de son jugement, la sagesse de ses conseils, l'éminente sainteté de sa vie, qui fut celle d'un ascète, le firent appeler à trente-quatre ans aux plus hautes charges administratives. Vice-recteur du théologat de Cologne en 1854 et professeur de droit canonique, recteur du théologat de Paderborn, supérieur de la province de Germanie, de 1859 à 1865, puis professeur de théologie morale à Maria-Lach, il fut appelé, en 1870, auprès du R. P. Beckx, général de la Compagnie, pour représenter dans son conseil l'assistance de Germanie.

La persécution vint, pour la seconde fois, le retrouver à Rome. En 1873, les Piémontais prenaient possession du Gesù, et le général de la Compagnie se réfugiait avec ses assistants dans l'ancien prieuré de San Girolamo, à Fiesole, sur les hauteurs qui dominent Florence. C'est là que le P. Anderledy passa les vingt dernières années de sa vie, confiné dans la solitude d'où il ne sortait qu'à de très rares intervalles, quand des affaires impérieuses l'appelaient au Vatican. Le 24 septembre 1883, le P. Beckx, âgé de quatre-vingt-huit ans, désirant s'adjoindre un aide dans le gouvernement de son ordre, le P. Anderledy fut élu vicaire avec droit de succession. Le 11 mai suivant, la retraite du P. Beckx et sa mort, arrivée le 4 mars 1887, laissèrent au P. Anderledy d'abord toute l'autorité, puis le titre de général de la Compagnie de Jésus. La tâche était ardue dans ces temps difficiles; mais la paternelle bienveillance de Léon XIII sut joindre à la peine les consolations les plus douces. En 1888, l'année du jubilé du pape, le général recevait le bref qui renouvelait ou confirmait toutes les faveurs et tous les privilèges dont la Compagnie, au cours de sa laborieuse existence, avait été enrichie par les papes et il avait la joie d'assister à la canonisation des saints Pierre Claver, Jean Berchmans et Alphonse Rodriguez.

Travailleur infatigable, désireux de connaître par lui-même le détail des affaires sur lesquelles il avait à statuer, jaloux de veiller sur tous les points à l'intégrité des constitutions et des observances, le P. Anderledy mourut à la tâche, luttant vainement de toute l'énergie de son intrépide volonté contre la maladie qui l'enleva au milieu de ses travaux à Fiesole, dans la nuit du 18 au 19 janvier 1892.

Le P. Anderledy a donné une édition nouvelle, complétée et corrigée, du *Neo-confessarius* de J. Reuter, Ratisbonne, 1870. On trouvera dans Sommervogel la nomenclature de ses lettres à Léon XIII, à la Compagnie et à différents personnages : le texte est dispersé dans différentes revues. Cf. *Letters and notices* de Rochampton, mai 1886, mars, juin et novembre 1887.

Études religieuses, t. LV, p. 177 sq. — Sommervogel, *Bibliothèque de la Compagnie de Jésus*, t. VIII, col. 1636-1638; *Précis historiques*, 1884, p. 374-378. — *Alte und Neue Welt*, Einsiedeln, 1884, p. 279. — *Lettere edificanti della provincia Napoletana*, série IV, p. 190 sq.

P. BERNARD.

ANDERNACH, abbaye de chanoinesses nobles de Saint-Augustin, située à quelques kilomètres de la ville du même nom (régence de Coblenz, Prusse). Cette abbaye fut fondée au VIIIe siècle, peut-être même au VIIe, et dédiée à la sainte Vierge et à saint Thomas. Milo, évêque de Trèves (713-753), en chassa les religieuses pour s'emparer de leurs biens et de leurs revenus (12 000 thalers, près de 40 000 francs, par an et environ le tiers du territoire d'Andernach). L'abbaye fut restaurée en 1129 par Meginher, évêque de Trèves, aidé de Richard, abbé de Springiersbach, qui la repeupla avec des religieuses tirées de ce dernier monastère. Dès ce moment, Andernach dépendit de Springiersbach. D'après les nouveaux statuts, le nombre de religieuses ne devait pas dépasser cent. La première abbesse (*magistram*) fut Texwinde, sœur (*carnis ac spiritus germanam*) de Richard. Ses nombreuses occupations ne lui permettant pas de s'occuper lui-même de ce nouveau monastère, Richard leur donna pour abbé Conrad. En 1152, Eugène III, à la demande de l'abbesse (*Bensuetis magistrae*), prit ce couvent sous sa protection et confirma sa règle et ses possessions. Jaffé-Wattenbach, *Regesta pontificum*, n. 9605. A l'époque de la Révolution, Andernach fut incendié. La dernière abbesse fut une dame de Boynebourg. Les bâtiments de l'abbaye de Saint-Thomas furent transformés après la Révolution en une fabrique de cuirs. Aujourd'hui, on y a installé un asile d'aliénés. Cf. Weichelt, *Zum fünfundsiebzigjährigen Bestand des Klosters U. L. F. zum heiligen Thomas bei Andernach*, dans *Psychiatrisch-neurologische Wochenschrift*, 1910, t. XI, p. 375-380. Seule la chapelle Saint-Michel, servant de lieu de sépulture, subsiste encore.

Andernach possédait encore plusieurs couvents d'hommes et de femmes. Le temple protestant actuel servait autrefois d'église aux minorites. L'église du couvent des servites, bâtie en 1654, fut démolie en 1803. Le monastère de femmes de Saint-Martin, bâti vers la fin du XVe siècle, fut abandonné vers la fin du siècle suivant.

Lamprecht, *Deutsches Wirtschaftsleben im Mittelalter*, Leipzig, 1885-1886, t. II, p. 771. — Ersch-Gruber, *Encyclopädie der Wissenschaften und Künste*, Leipzig, 1818-1890, t. IV, p. 22. — Terwelp, *Geschichte des Klosters U. L. F. zum heiligen Thomas bei Andernach*, 2 Teile, Andernach, 1881-1883. — *Monumenta Germaniae historica, Script.*, t. XV, p. 968-970. — Grote, *Lexikon deutscher Stifter, Klöster, Ordenshäuser*, 1881-1884. — *Archiv für vaterländische Geschichte und Altertumskunde*, Münster, 1838, p. 162 sq. — Dehio, *Handbuch der deutschen Kunstdenkmäler*, t. IV, Berlin, 1911, p. 11-14. — U. Chevalier, *Topo-bibliographie*, 1894, t. I, col. 111-112.

A. BAYOL.

1. ANDERSEN (JEAN), surnommé *Beldenak* (à la nuque chauve ou l'homme au col roide, l'opiniâtre), évêque d'Odense (Danemark). Fils d'un savetier des environs d'Aalborg (Jutland), il étudia le droit canon à Cologne et la diplomatie à Rome. En 1498, il entra dans la chancellerie du roi Hans, qui lui donna plusieurs emplois importants et le nomma évêque d'Odense en 1501. L'ironie mordante de ses discours lui fit beaucoup d'ennemis parmi la noblesse et même dans la famille royale, mais le récit de ses querelles et de ses emprisonnements ne concerne pas l'histoire ecclésiastique. Andersen accompagna Christian II en Suède en 1520, et présida le tribunal qui, après leur mort, déclara hérétiques Sténon Sture et ses compagnons. La nomination d'Andersen au siège de Strengnaes en Suède ne fut jamais confirmée par le pape. En 1527, il entra en contact avec la nouvelle doctrine. Le mouvement ayant gagné la ville d'Assens en Fionie, l'évêque écrivit une lettre aux bourgeois pour les exhorter à ne pas tolérer la prédication de l'hérésie dans leur ville. Il semble qu'à ce moment Andersen dédaignait le luthéranisme plus qu'il ne le craignait. Ses idées changèrent bientôt, comme on le voit par la lettre qu'il écrivit aux bourgeois d'Aalborg et de Viborg. Il s'exprime cependant en un langage calme et mesuré qui contraste avec le ton haineux que prend Hans Tausen dans sa réponse. Aussi l'évêque ne lui répliqua pas. Il était d'ailleurs trop occupé par sa lutte avec la famille de Rönnov. Les désagréments qu'il éprouva alors le firent renoncer à l'évêché d'Odense, en faveur de Canut Gyldenstierne, le 14 mars 1529. Pendant trois ans il disparaît. En 1532, nous le retrouvons au château de Hiœrstrup, où il donne asile au prédicateur luthérien Georges Jensen Sadolin. Mais ses ennemis ne laissèrent pas le vieillard vivre en paix. Christophe Rantzau s'empara de sa personne, le tortura cruellement, et ne le lâcha que moyennant une forte rançon, que paya le neveu d'Andersen, Henri Skepping, bourgeois de Lubeck. C'est dans cette ville qu'Andersen se retira en 1534, et qu'il mourut le 20 janvier 1537. Après la démission de Canut Gyldenstierne en 1536, Christian III assigna à Andersen une pension sur les revenus du siège d'Odense.

C. Paludan-Müller, *Jens Andersen Beldenak, Biskop i Fyen*, Odense, 1837. — Langebek, *Scriptores rerum Danicarum*, Copenhague, 1834, t. VIII, p. 525-529. — Henry Petersen, *En Altertavl som Mindesmaerke for Jens Andersen Beldenak* (Aarboger for Nordiske Oldkyndighed og Historie), 1889, p. 89-100.

A. TAYLOR.

2. ANDERSEN (LARS), protestant suédois (1482-1552). Né de parents pauvres, à Strengnaes (Suède), Andersen étudia à Rostock et à Leipzig (1498), et à Rome en 1500. Chancelier de Svante Sture, gouverneur de Suède († 1512) en 1504, et archidiacre de Strengnaes en 1520, Andersen y protégea le réformateur Olaus Petri. Devenu archidiacre d'Upsal et chancelier du roi Gustave Ier (Vasa), Andersen le persuada que l'introduction du luthéranisme serait le meilleur moyen d'affermir le pouvoir royal sur les ruines de l'épiscopat et d'enrichir la couronne des biens de l'Église. Il prétendait que l'argent du clergé appartenait au peuple, et sous ce prétexte les biens ecclésiastiques furent chargés d'impôts. Pour exciter le peuple contre le clergé, on répandit des copies de la traduction du Nouveau Testament faite par Olaus Petri en 1526, dans l'esprit de Luther, ainsi qu'une profusion d'écrits diffamatoires. C'est Andersen qui prépara la comédie de Westeraes, en 1527, où Gustave fit semblant d'abdiquer. Elle réussit si bien que les évêques eux-mêmes durent consentir à la spoliation de l'Église. Le protestantisme remporta une victoire décisive. Andersen et ses amis s'enrichirent du butin des églises et des couvents. Les évêchés furent donnés aux novateurs, tandis que Gustave se réservait le pouvoir épiscopal, en faisant des nouveaux évêques les instruments dociles de sa volonté. Toutefois Andersen et d'autres dignitaires ecclésiastiques s'indignèrent de cette usurpation. Andersen conspira avec Olaus Petri contre Gustave Ier. Découverts et condamnés à mort par un tribunal à Oerebro ils ne furent graciés que sur le paiement d'une forte somme d'argent. Olaus redevint pasteur, mais Andersen se retira à Strengnaes, où il mourut dans la pauvreté en 1552.

Th. Strömberg, *Laurentius Andreae*, Strengnaes, 1879. — C. H. Rundgren, *Minne af Laurentius Andreae*, Stockholm, 1897. — J. A. Schinmeier, *Versuch einer vollständigen Geschichte der Schwedischen Bibel-Uebersetzungen und Ausgaben*, Flensbourg et Leipzig, 1777, p. 89-111; *Lebensgeschichte der drey schwedischen Reformatoren*, Lubeck, 1783, p. 7-23.

A. TAYLOR.

1. ANDERSON (LIONEL-ALBERT), connu aussi sous le nom de Munson (1620?-1710). Né dans le protestantisme, converti, réfugié à Paris, y prit l'habit dominicain en 1658, et revint en Angleterre, en 1665, après son ordination sacerdotale. Il résida longtemps à Londres, sous le nom de Munson, fort estimé à la cour de Charles II. Il fut une des victimes des calomnies de Titus Oates; traduit, le 17 janvier 1680, à Old Bailey, avec sept compagnons, devant un jury présidé par le lord chief justice sir William Scroggs, il se vit inculpé de haute trahison, en vertu du statut de la vingt-septième année d'Élisabeth, chap. II, qui bannissait du royaume tout sujet de Sa Majesté, né dans le royaume, et ayant reçu les ordres romains. Anderson, auquel on avait refusé un avocat, demanda vainement qu'on fît la preuve qu'il remplissait les conditions fixées par le statut d'Élisabeth. Le seul fait, avoué par lui, d'avoir célébré la messe en Angleterre, parut aux juges une preuve suffisante de sa culpabilité. Il fut, comme ses compagnons, condamné à être pendu et écartelé, mais gracié par le roi, et, après un an d'emprisonnement à Newgate, exilé pour la vie. Il rentra en Angleterre sous Jacques II et reçut un pardon complet en 1686. En 1688, il regagna le continent avec Jacques, rentra en Angleterre vers 1698 et reprit son ministère à Londres, jusqu'à sa mort survenue en 1710.

On a de lui un traité sur le pouvoir temporel du pape, et sur le serment d'allégeance.

Destombes, *La persécution religieuse en Angleterre*, Lille, 1883, t. III, p. 383 sq. — Gillow, *Bibliographical dictionary of the English catholics*, Londres, 1885, t. I, p. 29. — R. Palmer, *Obituary notices of the friar preachers of the English province...*, Londres, 1884, p. 7. — R. Coulon, *Scriptores ordinis praedicat.*, Paris, 1910, p. 131.

R. COULON.

2. ANDERSON (PATRICK), jésuite écossais, né en 1575 à Elgin ou à Moray, d'une ancienne et très honorable famille. Sa mère était la sœur du Dr John Leslie, évêque de Ross. Après avoir reçu au collège d'Elgin, puis à l'université d'Édimbourg, une éducation littéraire des plus achevées, il se rendit à Rome, en 1657, pour entrer au noviciat de la Compagnie de Jésus. Envoyé avec la charge de ministre au collège de Dôle, en 1606, il demanda à retourner en Écosse, afin de consoler les malheureux catholiques de ce pays. Sa demande fut agréée; il partit pour Londres en 1609. Il n'y avait alors que quarante-deux jésuites dispersés dans le royaume, traqués partout comme papistes et ennemis de l'État. Thomas Garnett, après son oncle Henri Garnett, venait de monter sur l'échafaud, sans autre crime que celui d'être prêtre de la Société de Jésus. Avec un héroïque courage, le P. Anderson, sous divers déguisements, visita les familles catholiques, leur apporta les instructions de Paul V sur le serment de fidélité, les éclaira sur la valeur doctrinale de l'Apologie de Jacques Ier et réconforta leurs âmes des secours de la religion. Pendant six années, le vaillant apôtre déjoua toutes les recherches et put vaquer régulièrement à son périlleux et épuisant ministère, dans le temps même où les controverses de Bellarmin et de Suarez avec Jacques Ier excitaient plus que jamais le fanatisme des anglicans et des puritains contre les jésuites. En 1611, il eut l'adresse de quitter l'Angleterre et de retourner en Écosse sans être reconnu, après avoir eu à Paris une entrevue avec son supérieur, le P. James Gordon (Huntly). Lorsque le P. John Ogilbay, traîné dans les prisons d'Édimbourg, eut versé son sang pour la foi, le 10 mars 1615, le P. Anderson redoubla de vaillance pour multiplier ses visites si fructueuses auprès de ses compatriotes et remplacer le martyr. C'était le temps où s'organisait à Rome le séminaire écossais. Pour former ce jeune clergé d'Écosse à l'héroïsme que demandait alors la vocation sacerdotale, il fallait un homme qui eût prêché d'exemple, capable d'inspirer le dévouement jusqu'à l'entier sacrifice, en même temps qu'une sage direction appropriée aux délicates circonstances. Le P. Anderson était tout indiqué : il fut le premier recteur du collège écossais de Rome. Sur ses instances, il retourna quelques années après dans sa patrie, et soumis à une rigoureuse surveillance, il finit par être arrêté comme le P. Ogilbay, dont il vint prendre la place dans les prisons d'Édimbourg. Les ministres presbytériens et anglicans d'Écosse accoururent en foule dans sa prison pour le voir et discuter avec lui, au cours des années 1620 et 1621. La matière de ces discussions et conférences a fait le sujet d'un ouvrage d'apologétique publié par le P. Anderson sous ce titre : *The ground of the catholike and roman religion in the word of God. With the antiquity and continuance therof, throughout all kingdomes and ages. Collected out of divers conferences, discourses, and disputes, which M. Patrick Anderson of the Society of Jesus, had at several times with sundry bishops and ministers of Scotland, at his last inprisonment in Edenburgh, for the catholike faith, in the yeares of our Lord 1620 and 1621. Sent unto an honourable personage by the compyler and the prisoner himselfe*, 1623, s. l. Jugé et condamné à mort, le vénérable religieux n'évita ce dernier supplice que grâce à l'énergique intervention du marquis d'Effiat, ambassadeur de France à Londres, qui lui offrit, après sa sortie de prison, un asile dans son hôtel et le choisit pour son confesseur. Le P. Anderson mourut à Londres, épuisé par ses fatigues, le 24 septembre 1624. Sa mémoire est restée en vénération auprès des catholiques anglais.

William Forbes-Leith, *Narratives of Scottish catholics*, Londres, 1889, p. 317-346. — *Letters and notices*, Rochampton, nov. 1896.

P. BERNARD.

3. ANDERSON (WILLIAM) (1799-1873). Théologien et prédicant presbytérien, fut, en 1822, consacré pasteur de la congrégation de John Street, à Glasgow, et conserva ses fonctions jusqu'à la fin de sa vie. Calviniste modéré, très ennemi du « romanisme », il fut surtout un remarquable orateur populaire, et prit une part active,dans la chaire ou dans les meetings, à toutes les campagnes dirigées contre l'esclavage, en faveur des nationalités opprimées, ou des réformes sociales; il se montra toujours ardent partisan de la séparation de l'Église et de l'État. O'Connel, bon juge en la matière, appréciait son éloquence populaire.

Blackie, dans *Dict. of nat. biogr.*, t. I, p. 394 sq.

J. DE LA SERVIÈRE.

1. ANDERTON (JAMES), catholique anglais. Né en 1557 à Lostock Hall, dans le Lancashire, il était fils de Christophe, dont il hérita des grands domaines en 1592. Il avait épousé Marguerite Tyldesley en 1582 et n'en eut pas d'enfants. A la mort de son père, il occupa une charge à la cour du duché de Lancastre. On ne connaît que peu de choses de lui. Dodd, dans son *Church history of England*, dit qu'il était un laïque érudit et grand propriétaire. Baine, dans *History of county palatine of Lancaster*, affirme qu'il s'exila, devint catholique et prêtre. Cette conversion semble confirmée par le P. John Clarke, S. J., recteur du collège anglais de Liége. Écrivant au Père général en mars 1656,il lui annonce la mort du P. Henry Holland : « Parmi un grand nombre de pères les plus graves, disait-il, le P. Holland fut choisi pour entendre la première confession de cet homme célèbre, justement compté parmi les hommes les plus instruits de notre époque, M. James Anderton de Lostock, auteur du livre très savant intitulé *The apology of protestants*. » Bien qu'il s'élève des doutes sur l'auteur de cet ouvrage, le Rev. T. E. Gibson pense « que c'est bien lui qui fut reçu dans l'Église par le P. Holland, après la mort de son père Christophe, qui était un temporiseur. » Si celui-ci ne fut pas un récusant, il siégea dans les sessions où prêtres et laïques furent convaincus de ce crime et punis selon les statuts. Il est possible, dit Gillow, que le fils suivit la façon de penser de son père, bien que secrètement il partageât la foi de sa mère, qui était catholique.

James Anderton aurait publié plusieurs ouvrages de controverse sous le pseudonyme de John Brerely, nom qu'il prit pour échapper aux poursuites et persécutions. 1° *The protestants apology for the Roman Church*, in-fol., 800 p. Cet ouvrage important eut trois éditions, 1604, 1608, 1615; il est divisé en trois parties. La préface de la seconde édition est adressée au docteur Morton, qui devint évêque de Durham. L'auteur le prie de prendre note de cette nouvelle édition, et de ne pas insister, s'il veut répondre, sur la première édition, qui était imparfaite et publiée à l'insu de son auteur. En 1615, ce volume était traduit en latin par Guillaume Rayner, docteur de Sorbonne, et publié à Paris. Dans sa réponse, le docteur Morton reconnaît « que tout ce qui a été dit contre les protestants a été ramassé dans ce livre et renforcé avec des matériaux choisis, qu'il est d'une grande force de logique, d'un style agréable, d'une méthode sûre, d'un tempérament sobre. » Il souhaite que l'archevêque de Cantorbéry, Bancroft, demande à un certain nombre de docteurs d'étudier ce livre pour en faire une réponse parfaite et satisfaisante. C'est Morton lui-même qui fut chargé de ce travail et, en 1610, il publiait *A catholike appeale for protestants*. Anderton veut prouver la vérité de la religion catholique par le témoignage des auteurs protestants, il veut convaincre les hérétiques de leur inconséquence. et il montre par de nombreux passages — cités avec exactitude — que leurs auteurs admettent les droits et réclamations de l'Église de Rome. Morton ne discute ni les faits ni les passages cités par Anderton, mais il récrimine contre les catholiques et s'efforce de montrer que chacune des doctrines protestantes a été approuvée par quelques catholiques qui passaient pour orthodoxes. Si personne ne récusa les citations faites par Morton, il faut reconnaître avec Dodd que les auteurs allégués par l'évêque de Durham étaient regardés comme singuliers dans leurs opinions, qui étaient loin d'être admises par l'Église. Du reste, la réponse de Morton ne porte pas sur des points essentiels, mais bien plutôt sur des choses indifférentes. — 2° *The liturgie of the masse*, in-4°, 429 p., Cologne, 1620. Anderton y traite ces trois principaux points de la foi : le sacrement de l'eucharistie contient vraiment et réellement le corps et le sang du Christ; la messe est le vrai et propre sacrifice du corps et du sang du Christ offert à Dieu par les prêtres; la communion sous une seule espèce pour les laïques est légitime. Ces trois points sont les sous-titres de l'ouvrage. Enfin l'auteur montre que les cérémonies de la messe en usage remontent à la primitive Église. — 3° *Sainct Austines religion*, in-4°, Cologne, 1620. Ce livre est une exposition de la méthode employée par saint Augustin dans les controverses, avec une heureuse application de cette méthode à tous les points qui divisaient alors catholiques et protestants. William Crampton lui fit l'honneur d'une réponse dans son livre *St. Austin's religion*, Londres, 1624 et 1625. Il cherche à établir que l'ouvrage qu'il réfute n'est point tiré des œuvres de ce saint Père et qu'il s'écarte de la doctrine de l'Église. — 4° *Luther's life collected from the writings of him selfe, and other learned protestants*, in-4°, Saint-Omer, 1624. Dans cet ouvrage, Anderton trace la vie de Luther d'après ses propres écrits. Il y ajoute quelques courtes dissertations, prises aux sources protestantes, sur les derniers prétendus réformateurs, Mélanchton, Bucer, Carlostadt, Zwingle, Calvin et Théodore de Bèze. — 5° *The reformed protestants*. Ce livre, mentionné par Gee dans *The foot out of the snare*, 1624, aurait été imprimé dans le Lancashire, dans une maison où Anderton possédait une presse clandestine; c'est là, dit-il, que tous les livres de Brerely étaient imprimés, ainsi que de nombreuses brochures papistes. Cette maison, par ordre supérieur, fut supprimée en 1621.

Des doutes se sont élevés sur l'auteur même de ces différents ouvrages, et il est difficile, pour le moment, de trancher la question. Dodd, que suit l'auteur de l'article *James Anderton*, dans le *Dictionary of national biography*, admet qu'ils sont de la plume de James Anderton de Lostock. Dodd dit avoir vu ses manuscrits dans la famille de l'auteur. Gillow ne partage pas cet avis : d'après lui, Dodd aurait trop facilement admis une tradition erronée qui avait cours dans la famille Anderton. Et il pose cette objection, qui devient pour lui une preuve : comment James, qui était un laïque, aurait-il imprimé *The protestants apology*, en 1604, avec cette mention *Cum permissu superiorum*? On peut cependant répondre à cette difficulté : James, écrivant sous le pseudonyme de John Brerely, prêtre, aura voulu, pour jouer son rôle, user de cette formule. Gillow croit, pour cette raison, que ce pseudonyme cache un neveu de James, le P. Laurence Anderton, S. J. Cette hypothèse doit être écartée, car, on le sait, ce dernier entra au noviciat de la Compagnie de Jésus cette année-là même (1604) et il n'est pas croyable qu'il ait publié un livre la première année de sa formation religieuse, bien qu'il eût de vingt-sept à vingt-huit ans; en outre, le P. Sommervogel ne lui attribue, nulle part et en aucune façon, l'un des ouvrages que nous avons cités. Voir l'article suivant. Pour le Rev. T. E. Gibson, il écrit n'avoir jamais pensé que James Anderton de Lostock fût l'auteur de ces livres et le propriétaire de l'imprimerie clandestine supprimée en 1621, et cela parce qu' « il avait le caractère d'un homme de loi tranchant, et qu'en matière religieuse il affichait une apparente indifférence. » Aussi Foley, après avoir reçu la lettre de Gibson, qui fait, dit-il, autorité dans la matière, propose, mais sans donner ses raisons, une nouvelle hypothèse. « Il est très probable, écrit-il, que l'auteur de l'*Apology of protestants* et propriétaire de l'imprimerie clandestine soit James Anderton, de Clayton, père de Hugues » (mort jésuite en 1603), et parent de notre James Anderton, de Lostock. Mais alors, que devient le témoignage si net du P. Clarke?

Baine, *History of the county of Lancaster*, t. III, p. 453. — *Dictionary of national biography*, Londres, 1885, t. I, p. 395-396. — Dodd, *Church history of England*, 1739, t. II, p. 386. — J. Gillow, *Bibliographical dictionary of the English catholics*, Londres, 1885, t. I, p. 31. — H. Foley, *Records of the English province of the Society of Jesus*, Londres, 1878, t. III, p. 490, note. — C. Sommervogel, *Bibliothèque de la Compagnie de Jésus*, Paris, 1890, t. I, col. 314; *Dictionnaire des ouvrages anonymes et pseudonymes publiés par les religieux de la Compagnie de Jésus*, Paris, 1884. — *Dictionnaire de théologie catholique*, t. I, col. 1178. — *The catholic encyclopedia*, New York, 1907, t. I, p. 457.

L. DE ROQUEFEUIL.

2. ANDERTON (LAURENCE), controversiste catholique anglais (1577-17 avril 1643). Élève du Christ Church College à Cambridge, il y prit le grade de bachelier en 1596-1597. Ministre anglican, il s'était acquis une grande réputation d'éloquence; il se convertit en lisant des ouvrages de controverse, devint prêtre et entra à Rome au noviciat des jésuites en 1604-1605. Il passa plusieurs années dans les collèges anglais sur le continent, rentré en Angleterre, il y exerça un fructueux ministère jusqu'à sa mort (1643). Il écrivit : 1° *One God one faith*, sous les initiales W. B., in-8°, 1645; — 2° *The progenie of catholics and protestants*, in-4°, Rouen, 1633, où il veut prouver que les Pères et l'Église primitive sont la source de la foi et de la religion professées par Rome; — 3° *The triple cord*, in-4°, Saint-Omer, 1634. Traité de la vérité de la religion romaine prouvée par des textes scripturaires pris au sens littéral, exposés par les Pères et interprétés par des écrivains protestants.

Gillow, dans son *Bibliographical dictionary of the English catholics*, t. I, p. 34, est le seul à ne lui attribuer aucun de ses ouvrages, et à le reconnaître comme l'auteur des livres que l'on reconnaît être de James Anderton ci-dessus.

Dict. of nat. biography, Londres, 1885, t. I, p. 396. — Dodd, *Church history*, Londres, 1739, t. III, p. 100. — J. Gillow, *Bibliographical dictionary of the English catholics*, Londres, 1885, t. I, p. 34-35. — C. Sommervogel, *Bibliothèque de la Compagnie de Jésus*, Paris, 1890, col. 314; *Dict. des ouvrages anonymes et pseudonymes publiés par les religieux de la Compagnie de Jésus*, Paris, 1884.

J. DE LA SERVIÈRE.

3. ANDERTON (ROBERT), prêtre anglais. Il naquit dans l'île de Wight, vers 1560. Il fit ses études à Oxford, où il est matriculé en 1578, à Brasenose College. Durant un voyage entrepris sur le continent, il se convertit, et entra au collège de Douai en 1580. C'est là qu'il fit la connaissance de William Marsden, dont l'amitié ne finit qu'avec la vie, et qui partagea tous ses travaux et son martyre. Après leur cours de théologie, ils furent ordonnés prêtres et firent voile tous deux vers l'Angleterre. Assaillis par la tempête, ils prièrent Dieu de leur épargner le naufrage et de les laisser toucher terre pour y mourir. Leur prière fut exaucée. En arrivant sur les côtes de Wight, ils furent faits prisonniers et, peu après, jugés et condamnés. Ils n'ont pas, disent-ils, transgressé les statuts du royaume, qui interdisent aux prêtres l'entrée de l'Angleterre, s'ils ont atterri, c'est par la force des choses. Cependant, ils sont conduits à Londres, où ils subissent de nouveaux interrogatoires, et sont soumis à la torture. Ils reconnurent le pape pour chef de l'Église, Élisabeth pour leur reine, mais refusèrent de prêter le serment de suprématie. La sentence qui les condamnait à mort fut confirmée, et ils furent exécutés en haine de la foi, près de l'endroit où ils avaient abordés dans l'île de Wight. Ils furent pendus et écartelés, le 25 avril 1586.

Richard Challoner, *Memoirs of missionary priests and other catholics that suffered death in England*, Londres, 1742, t. I, p. 181-182, 417-419. — Dodd, *Church history of England*, édit. Tierney, Londres, 1840, t. II, p. 162. — Pollen, *Acts of the English martyrs*, Londres, 1891, p. 66-82. — *The catholic encyclopedia*, New York, 1907, t. I, p. 467.

L. DE ROQUEFEUIL.

ANDEXER (JACQUES), moine bénédictin du monastère de Fiecht en Tyrol, né à Rattenberg (Tyrol), le 3 septembre 1757. Il fut admis à la profession solennelle le 8 septembre 1781 et ordonné prêtre le 30 du même mois. Pendant plusieurs années, professeur de théologie dans son couvent, il en devint ensuite prieur. Il mourut le 22 novembre 1818.

Œuvres : *Assertiones ex jure ecclesiastico; Positiones ex theologia et jure ecclesiastico*, Inspruck, 1804; 1805.

Scriptores ordinis S. Benedicti qui 1750-1880 fuerunt in imperio Austriaco Hungarico, Vienne, 1881, p. 3.

A. BAYOL.

1. ANDIGNÉ (FRANÇOIS D'), archidiacre et théologal de Luçon, en 1722, fut nommé, le 6 avril 1733, évêque de Dax et sacré le 22 novembre de la même année. Il ne put faire son entrée solennelle à Dax que le 6 mars 1734. Il y mourut le 28 mai 1736 et fut enterré sous le chœur de la cathédrale. Pendant son court épiscopat, il s'appliqua à défendre son diocèse contre les erreurs jansénistes.

Port, *Dictionnaire historique de Maine-et-Loire*, t. I, p. 26. — A. Degert, *Histoire des évêques de Dax*, Paris, 1903, p. 337-381.

F. UZUREAU.

2. ANDIGNÉ (JOSEPH-FRANÇOIS DE LA CHASSE D'), évêque de Saint-Pol-de-Léon (1763-1772), puis de Chalon-sur-Saône (1772-1781), né le 29 janvier 1724 à Rennes, appartenait à une branche bretonne de la famille angevine d'Andigné, assez connue. Il était chanoine et archidiacre de la cathédrale de Rouen, depuis 1750 environ, lorsqu'il fut nommé évêque et sacré à Paris le 21 août 1763. Dans les deux diocèses où il passa successivement, il se montra modéré, homme de zèle et attaché à l'orthodoxie, sans accointance avec les jansénistes. Des infirmités précoces l'obligèrent à se démettre de son évêché de Chalon, mais il garda l'abbaye de Saint-Laurent d'Eu, au diocèse de Rouen, qu'il avait reçue le 4 avril 1773. Il vécut dans la retraite, et ces mêmes infirmités, qui l'obligeaient à se tenir loin des affaires, lui permirent de passer les années de la tourmente révolutionnaire sans être inquiété. Il mourut à Paris le 12 juillet 1806. Les abbayes de La Valasse, de Saint-Clément de Metz, les fonctions d'aumônier de la reine et de vicaire général de Metz, que le P. Jean lui attribue, doivent être restituées à son successeur à Chalon, Jean-Baptiste du Chilleau. *Gallia christiana*, t. XIII, col. 874.

A Jean, *Les évêques et archevêques de France depuis 1682 jusqu'à 1801*, Paris, 1891, p. 450, 225. — H. Fisquet, *La France pontificale. Diocèse de Rouen*, p. 365, 466, 475. — L. Fallue, *Histoire politique et religieuse de l'Église de Rouen*, Paris, 1851. — *Mélanges de philosophie, d'histoire, de morale et de littérature*, 1806, t. I, p. 192 ; t. IV, p. 466.

P. RICHARD.

3. ANDIGNÉ (PAUL-JOSEPH D'), né à Angers, le 17 octobre 1810 et mort en cette ville, le 13 août 1853. Nommé chanoine honoraire par Mgr Angebault, il ne fut étranger à aucune des bonnes œuvres créées dans le diocèse d'Angers, et il n'en est pas une à laquelle il refusa son intelligence, son argent et son cœur. Dévoué aux ouvriers, il créa et entretint de ses deniers une classe d'adultes. Quand M. l'abbé Le Boucher eut la pensée de créer l'œuvre de Notre-Dame-des-Champs, le premier patronage établi en France, M. l'abbé d'Andigné y contribua largement. C'est à lui qu'est due la première idée de l'œuvre de la Société générale de secours mutuels fondée à Angers ; de retour de Paris, où il avait étudié l'organisation et les statuts de celles existantes déjà dans la capitale, il s'entoura de quelques hommes honorables, avec lesquels furent jetées les premières bases de l'association. Il reste encore à citer une institution, peut-être l'œuvre de prédilection du bon chanoine, l'École des soldats, établie dans le local des frères de la Cité. M. d'Andigné était aumônier des dames de l'Espérance.

Journal de Maine-et-Loire, du 18 août 1853, *Notice*, par Bernard Sommier, typographe.

F. UZUREAU.

4. ANDIGNÉ DE MAYNEUF (LOUIS-JULES-FRANÇOIS), évêque de Nantes (1819-1822), fils de Charles, seigneur de Mayneuf et de l'Isle-Briant, et d'Élisabeth Poulain de Bouju, né le 4 mai 1756, au château de l'Isle-Briant, paroisse du Lion d'Angers, fut nommé, en 1785, abbé des Noyers, au diocèse de Tours. Il l'était encore au moment de la Révolution (*Gallia christiana*, t. XIV, col. 295) et vicaire général de Châlons-sur-Marne ; il fut élu député du clergé à la commission de Champagne, au moment des assemblées provinciales de 1787. Insermenté en 1791, il passa à l'étranger et rentra en France après le concordat. Mgr de Boulogne, évêque de Troyes, se l'attacha comme vicaire général le 4 août 1809, fonction qu'il résigna le 25 novembre 1811, quand, à la suite du concile de Paris, Napoléon fit emprisonner l'évêque à Vincennes. Il vécut retiré à Paris, et Louis XVIII le nomma au siège de Nantes, en 1817. Les difficultés soulevées par le concordat de cette année retardèrent sa consécration pendant deux ans. Il la reçut le 17 octobre 1819, aux carmélites de la rue de Vaugirard, de la main de Mgr de Clermont-Tonnerre, plus tard archevêque de Toulouse et cardinal. Le 21 novembre, il adressa à ses diocésains une lettre pastorale de prise de possession, et fut installé le 28. Sa mauvaise santé l'empêcha de s'occuper comme il l'aurait voulu d'administration. Il attacha cependant son nom à des fondations importantes : le 18 décembre 1819, il établit les sœurs de Saint-Vincent-de-Paul dans l'immeuble qu'elles occupent encore, rue Saint-Jean, à Nantes. Le 21 janvier 1820, il bénit la chapelle des Enfants-Nantais, établissement d'abord destiné aux missionnaires diocésains, puis collège ecclésiastique qui fut ensuite très prospère. Il s'occupa d'organiser les retraites religieuses, une bibliothèque des bons livres, et ouvrit la maison de retraite qui est devenue le séminaire de philosophie.

Il mourut le 2 février 1822 et fut enseveli dans la cathédrale, au caveau des anciens évêques, et son cœur transféré à la cathédrale d'Angers. Il avait pris les armes de sa famille, *d'argent à trois aigles de gueules, becqués et membrés d'azur, les vols abaissés*. Il a laissé plusieurs mandements de carême et autres, lettres pastorales et ordonnances, au nombre de neuf, imprimés chez Mellinet-Malassis, imprimeur-libraire de l'évêché de Nantes.

Abbé Tresvaux, *L'Église de Bretagne*, Paris, 1839, p. 103. — Taupin d'Auge, *Armorial de l'épiscopat français*, V[e] série, biographie 24, article signé S. de La Nicollière et reproduit dans J. de Kersauson de Pennedreff, *L'épiscopat nantais à travers les siècles*. — R. de Kerviler, *Bio-bibliographie bretonne*, Rennes, 1886, t. I, p. 163. — *L'épiscopat français du concordat à la séparation, 1802-1905*, p. 397-398.

G. DURVILLE.

ANDIGNÉ (MARIE-MARGUERITE D'), née en 1669, entra à Fontevrault en 1693, où elle prit le voile l'année suivante des mains de l'abbesse Jeanne-Baptiste de Bourbon. Elle passa successivement par toutes les dignités jusqu'à celle de grande-prieure, à laquelle l'éleva, en 1741, l'abbesse Louise-Françoise de Rochechouart-Mortemart. Quand, en 1738, Louis XV envoya quatre de ses filles à Fontevrault pour y faire leur éducation, Marie-Marguerite d'Andigné fut attachée à la maison des dames de France. Elle sut inspirer une affection si particulière à Madame sixième, Thérèse-Félicité, que la directrice et l'enfant ne se pouvaient plus quitter. On a conservé d'elle quelques fragments d'un journal écrit de sa main, sous ce titre : *Mes pensées de chaque jour*, où elle dit elle-même : « Thérèse était mon enfant gâté, » et plus tard l'épitaphe en vers de la jeune princesse, morte le 28 septembre 1744 et inhumée le lendemain « dans le caveau des rois d'Angleterre » : « Repose en paix, cher enfant du Calvaire ! » Marie d'Andigné mourut le 28 janvier 1750.

Port, *Dictionnaire historique de Maine-et-Loire*, t. I, p. 26. — *Anjou historique*, mars 1906. — *Histoire de l'ordre de Fontevrault*, Auch, 1913, t. II, p. 403-406.

F. UZUREAU.

ANDINO (JOSÉ CONSTANCIO DE), évêque d'Albarracin et d'Osma. Il naquit à Villarcayo, diocèse de Burgos ; fut professeur de théologie à Tolède, puis curé de la paroisse de la Madeleine de cette métropole, et ensuite de Saint-André de Madrid, examinateur synodal de l'archidiocèse de Tolède, consulteur du tribunal de la S. Inquisition et membre de la *junte*, ou conseil des hôpitaux de Madrid. Il fut consulté pour les vacances des sièges de la Seo d'Urgel et d'Albarracin, lorsque fut élu l'illustrissime Lay ; et, quand ce prélat fut transféré au siège de Segorbe, Andino fut choisi par le roi Carlos III pour lui succéder à Albarracin en 1781 ; il prit possession de son siège le 21 février 1782.

Il se montra toujours très généreux, pieux et charitable, plein d'attachement et de dévouement à ses diocésains, qu'il secourut par ses abondantes largesses. Il se montra particulièrement zélé pour le progrès et l'amélioration des fabriques de drap et tissages de sa ville épiscopale, et en particulier de celle qu'on nommait *la Industria popular* et dont il se constitua le protecteur et le patron, s'informant avec beaucoup de soin et de dévouement de tout ce qui pouvait intéresser et améliorer la situation économique et industrielle de cet établissement, si utile aux habitants de cette antique et pauvre cité.

Il fit exécuter à ses frais plusieurs constructions et soutint également plusieurs procès pour le bien et l'avantage de sa ville épiscopale, qu'il aimait sincèrement. Il assista à la *Jura* du prince des Asturies et du roi don Carlos IV, qui le transféra en 1790 au siège épiscopal d'Osma ; il en prit possession le 30 mai, et occupa ce siège environ trois ans.

Étant évêque d'Osma, il envoya 40 000 réaux pour la construction d'un nouveau moulin à foulon et teinturerie dont il voulut doter généreusement l'hôpital d'Albarracin à l'avantage des malades de son ancienne ville épiscopale. On croit généralement du reste que l'hôpital lui-même est son œuvre, parce que, au-dessus des armes d'Albarracin qui ornent la porte d'entrée, on voit la date de 1789.

Son successeur Diégo de Melo entra en fonctions le 29 novembre 1794. C'est donc à tort que Vicente de la Fuente prolonge son épiscopat jusqu'en 1798.

V. de la Fuente, *Historia eclesiastica de España*, Madrid, 1875, t. VII, p. 315, 287. — Gams, *Series episcoporum*, p. 5, 57. — Renseignements particuliers.

E. BABIN.

ANDLAU, abbaye bénédictine, puis chapitre noble de femmes, située en Basse-Alsace, canton de Molsheim, fondée au IXᵉ siècle par l'impératrice sainte Richarde, qui y mourut. La belle église, aujourd'hui paroissiale, remonte en partie à la fondation. Au moment de la Révolution, elle comprenait, outre l'abbesse qui seule faisait vœu de chasteté perpétuelle, onze chanoinesses capitulaires.

LISTE DES ABBESSES. — Ruotharde, nièce de sainte Richarde, 912. — Charité, autre nièce de la fondatrice. — — Adélaïde. — Madeleine. — Othique, 973. — Brigitte, sœur de saint Henri, 1024. — Mathilde, sœur de Conrad le Salique, 1056. — Judith, 1064. — Mathilde, 1158. — Haiska. — Hedwige, 1179. — Adélaïde, 1214. — Hedwige II, 1234. — Agnès. — Cunégonde, 1292. — Mathilde, 1309. — Cunégonde de Grand Geroldseck, 1333. — Sophie de Ribeaupierre, se retire en 1335 à Alspach. — Catherine d'Andlau, 1342. — Adélaïde de Grand Geroldseck, 1360. — Élisabeth de Ribeaupierre. — Élisabeth de Grand Geroldseck, 1377. — Anne de Fénestrange. — Élisabeth d'Oberkirch, 1395. — Sophie d'Andlau, 1444. — Suzanne d'Eptingen, 1479. — Barbe de Knobloch, 1493. — Adèle de Muhlhoffen, 1493. — Cunégonde de Reinach, 1537. — Cordule de Krotzingen, 1572. — Madeleine de Rebstock, 1609. — Ursule Reich de Reichenstein, 1638. — Sabine d'Offenbourg, 1656. — Béatrice d'Eptingen. — Cunégonde de Béroldingen, 1700. — Cléophé de Flaxlanden, 1744. — Sophie d'Andlau, 1755. — Eusébie de Breitenlandenberg, 1776. — Madeleine de Flaxlanden, 1771. — Sophie Truchsess de Rheinfelden, 1790.

Grandidier, *Œuvres inédites*, t. 1, p. 214. — Debarbe, *Sainte Richarde, son abbaye d'Andlau*, Paris, 1874. — Bloch, *Kaiser und Papsturkunden des Kl. Andlau*, 1896. — *Alsatia sacra*, t. 1, p. 131. — Clauss, *Historich-topograph Wörterbuch des Elsass*, Saverne, 1895, t. 1, p. 36. — Bécourt, *Andlau, son abbaye, son hôpital, ses bienfaiteurs*, 1908.

A. INGOLD.

1. ANDLAU (BARTHÉLEMY D'), abbé-prince de Murbach (1447-1476), succéda à son oncle, Thierry de Hus. Les bénédictins nobles de Murbach avaient porté d'un commun accord leurs voix sur le neveu du prélat défunt. Celui-ci était profès et prêtre de la maison et avait obtenu à l'université de Heidelberg le grade de maître ès arts. L'élection fut confirmée, le 12 janvier 1447, par le pape Nicolas V. Un gouvernement de trente ans permit à Barthélemy de révéler et de développer ses qualités d'administrateur ferme et conciliant, d'ami et de protecteur des lettres et des arts. Lors de la guerre entre la maison d'Autriche et les Suisses (1462), le territoire de l'abbaye fut envahi par l'ennemi et la petite ville de Watwiller fut forcée de prêter serment de fidélité aux conquérants. Barthélemy pardonna généreusement aux malheureux habitants et prit leur défense auprès du gouverneur autrichien, à Ensisheim et à Fribourg. Plus tard, l'abbé-prince protesta publiquement contre les exactions et les empiétements du gouverneur de Charles le Téméraire, le fameux Pierre de Hagenbach (1474). La ville de Guebwiller refusant de rendre hommage à l'abbé et de continuer les prestations antérieures, Barthélemy la fit occuper militairement et menaça de supprimer les corporations. Une double convention (1450, 1456) mit fin aux contestations entre la ville et son abbé-prince. L'évêque de Bâle, Frédéric de Rhein, ayant essayé d'étendre sa juridiction ecclésiastique sur le couvent de Murbach, Barthélemy protesta avec tout le chapitre, dès son élection, contre cet empiétement. L'évêque ayant fait publier l'excommunication contre l'abbé, celui-ci appela de cette sentence injuste au pape Nicolas V. Par un accord mutuel intervenu le 19 septembre 1450, l'exemption de Murbach fut de nouveau reconnue. Le couvent bénédictin de Lucerne, uni depuis le VIIIᵉ siècle à l'abbaye de Murbach, fut définitivement détaché et transformé en collégiale avec le consentement de Barthélemy (1456). Les chanoines de Thann furent moins heureux. Barthélemy fit maintenir à ses successeurs le droit de confirmer le prévôt de Thann et d'occuper la première prébende vacante après leur élection (1456). A Goldbach, il réussit à faire reconnaître les droits temporels de Murbach contre les prétentions des augustins de Marbach (1472). Grâce à l'appui de l'abbé de Murbach, le P. Stör put introduire la réforme chez les dominicains de Guebwiller et faire revivre le couvent des dominicaines d'Engelporten dans la même ville. Pour son propre couvent, Barthélemy avait demandé au cardinal Bessarion un visiteur. Afin de remédier au manque de religieux, il proposait même de réduire les prébendes nobles. L'union future entre l'abbaye de Lure et celle de Murbach fut préparée et il achetait au comte Eberhard de Wurtemberg le fief d'Odern pour 700 florins, afin d'arrondir le territoire de l'abbaye dans la vallée de Saint-Amarin.

L'humanisme commençait à rayonner au XVᵉ siècle, dans l'Allemagne du sud, par les universités récemment fondées à Heidelberg et à Bâle. En Alsace, ce fut surtout l'œuvre de la célèbre école de Schlestadt. Barthélemy, épris lui-même des arts et lettres, favorisait les études. Il fit orner le château de Hugstein, sa résidence habituelle, de deux tours et renouvela la toiture de la célèbre église abbatiale. Frère Sigismond composa sous sa direction la description des célèbres tapisseries qui ornaient alors la nef de l'église et qui remontaient au XIᵉ siècle. La belle bibliothèque de Murbach, qui fit plus tard l'objet de l'admiration de dom Calmet et de Ruinart à cause de ses manuscrits remontant au VIIIᵉ siècle, fut complètement restaurée sous l'abbé Barthélemy. Frère Sigismond classa les manuscrits conservés, recherchait les disparus et copia les détériorés. L'abbé fit une dépense de 300 florins pour acquérir de nouveaux manuscrits.

Lorsque la mort vint, au commencement du mois de juillet 1476, enlever Barthélemy à l'affection de ses sujets, on put à bon droit l'appeler un bienfaiteur du peuple, un protecteur de l'humanisme.

J. GASS.

2. ANDLAU (Colomban d'), abbé élu de Murbach (1662-1665). Par la mort (20 novembre 1662), de l'archiduc Léopold-Guillaume d'Autriche, évêque de Strasbourg et abbé commendataire de Murbach et Lure, l'abbaye de Murbach était devenue vacante. Pour prévenir des compétitions qu'on prévoyait des maisons d'Autriche, de Bade, de Fürstenberg et de Hesse, surtout pour écarter un abbé commendataire, le chapitre élut, le 18 décembre 1662, Colomban d'Andlau, profès du couvent de Saint-Gall. Colomban était né à Ensisheim, le 27 mai 1627, il avait fait la profession religieuse à Saint-Gall, en se réservant le droit de passer plus tard dans la maison de Murbach. L'élection du jeune gentilhomme fut bien accueillie par la noblesse alsacienne et par les représentants du gouvernement français en Alsace, le duc de Mazarin et M. de Colbert. Dans la pensée de ses électeurs et des bénédictins suisses, Colomban devait reprendre à Murbach l'œuvre de la réforme, interrompue depuis la mort de Colomban Tschudi. Colomban d'Andlau dut quitter la paroisse qu'il administrait près de Saint-Gall, une retraite de dix jours lui préparait à sa mission hérissée de difficultés et l'abbé de Saint-Gall lui promit avant son départ deux bénédictins de sa maison pour le seconder à Murbach.

Malheureusement, les bonnes intentions du jeune abbé furent paralysées, à Murbach, par les démarches de la maison d'Autriche à Rome. Dès le mois de mai, Colomban demandait à retourner à Saint-Gall, puisqu'il ne valait guère la peine de se disputer un couvent tellement affaibli; qu'il était en butte aux intrigues de l'Autriche et de la France et que de Rome on le menaçait de l'excommunication. Encouragé par la congrégation des bénédictins suisses et soutenu par le nonce de Lucerne, il continuait la lutte pour sauver la liberté de l'élection et maintenir le droit du chapitre de Murbach d'avoir à sa tête un abbé bénédictin. L'archiduc Charles-Joseph, frère de l'empereur, que Rome avait nommé abbé commendataire, étant venu à mourir, l'évêque de Strasbourg, François Egon de Fürstenberg, fit proposer à Colomban de se désister en faveur de son frère. L'abbé élu et les religieux de Murbach tinrent ferme. Colomban fut élu une seconde fois (31 mars 1664) et demanda alors, malheureusement trop tard, l'appui de Louis XIV. A Paris, comme à Vienne, à Rome et à Ratisbonne, l'influence des Fürstenberg paralysa les efforts des bénédictins, des cantons suisses et du nonce de Lucerne. Le 12 avril 1664, le pape conféra l'abbaye de Murbach à l'évêque de Strasbourg. Pour éviter l'excommunication, Colomban dut renoncer à ses droits à l'abbaye et reçut en échange le château et le village de Hesingen avec un revenu annuel de 1 500 florins.

L'abbaye étant devenue vacante par la mort de l'abbé commendataire, Félix Egon de Fürstenberg, Colomban d'Andlau fut réélu abbé de Murbach (6 juin 1686), mais ni les instances du nonce ni les prières de ses confrères bénédictins ne purent le décider à abandonner la solitude de Hesingen, pour recommencer la lutte contre le jeune prince Philippe de Löwenstein, qui était protégé par le roi de France. Pour favoriser le recrutement à Murbach, Colomban, qui menait la vie d'un saint ermite, fit assigner un capital de 18 000 florins, dont les intérêts devaient servir à l'éducation de six jeunes gens d'origine noble ou bourgeoise (1693). Une seconde fondation de 5 000 florins était destinée à l'abbaye de Saint-Gall, pour servir à l'entretien de jeunes gens nouveaux convertis du comté de Doggio.

En 1700, Colomban se retirait au couvent de Rohrschach, qui dépendait de l'abbaye de Saint-Gall. Après sa mort (7 février 1707) les deux abbayes de Murbach et de Saint-Gall réclamaient ses dépouilles. C'est seulement en 1721 qu'un arrangement définitif régla le différend. L'abbaye de Saint-Gall dut verser à Murbach une somme de 1 400 florins.

J. Gass.

3. ANDLAU (Georges d'), premier recteur de l'université de Bâle. Dès 1416, il était pourvu d'un canonicat à la cathédrale de Bâle, dont il devint plus tard le prévôt. Sa piété et sa science lui valurent une certaine influence aux deux conciles de Constance et de Bâle. C'est alors qu'il se lia d'amitié avec le savant Aeneas Piccolomini, le futur pape Pie II. Nommé premier recteur de l'université de Bâle, par l'évêque Jean de Venningen, en 1460, Georges d'Andlau obtint à cette occasion la prévôté de Lautenbach. Sa mort survint le 7 mars 1466; le corps fut enterré à la cathédrale, où l'université fit placer une épitaphe rappelant ses vertus et ses mérites.

J. Gass.

4. ANDLAU (Pierre d'), professeur et écrivain de l'université de Bâle. Pierre-Hermann était né à Colmar, au commencement du xve siècle. Épris des études, il copiait déjà, comme étudiant à Pavie, des manuscrits de Cicéron et de Térence. Licencié et plus tard docteur en théologie, Pierre défendit à Bâle en 1451 une thèse publique. Pourvu d'une prébende à Bâle et d'un canonicat à Colmar, il fut nommé, par l'évêque Jean de Venningen, vice-chancelier de la jeune université de Bâle (1460). On lui confia une chaire de droit canonique. Doyen de la faculté de droit, il fut à son tour élu recteur de l'université. Son proche parent, Georges d'Andlau, résigna en sa faveur la prévôté de Lautenbach. Il mourut après 1479.

Pierre d'Andlau a laissé plusieurs études manuscrites sur des sujets de droit. On cite les *Collectanea conclusionum super regulas juris* (6 livres); — *Conclusiones in Clementinis et VI Decretalium*; — *Recollecta ex lectura tertia vice instituta D. Dominici de Geminiano super VI librum Decretalium* (1477). Avant la grande Révolution, la commanderie de Saint-Jean de Strasbourg conservait un manuscrit : *Petri de Andlau super decretales*. Son ouvrage principal est : *De imperio Romano, regis et augusti coronatione, inauguratione, administratione, officio et potestate electorum aliisque imperii partibus... libri duo...* fut imprimé à Strasbourg en 1603, réimprimé en 1619, et à Heidelberg en 1664. Il parut à Nuremberg (1657) sous le titre : *Representatio rei publicae Germanicae...* Une édition moderne est due aux soins du biographe J. Hurtin, *Zeitschrift Savigny-Stiftung*, vol. xii.

Pierre d'Andlau essaye d'y retracer le droit public de l'empire germanique. L'auteur reprend et défend la doctrine du moyen âge sur les relations entre l'Église et l'État. Par le pouvoir des clefs et la mission pastorale le Christ a confié tout pouvoir sur cette terre à Pierre et à ses successeurs. L'autorité impériale découle de la puissance conférée au pape et toutes les autres puissances terrestres : royaumes, duchés, principautés, seigneuries émanent et dépendent de l'autorité impériale. L'empereur dépasse par conséquent tous les autres rois en dignité, puissance et gloire.

Pierre d'Andlau est aussi l'auteur d'une *Chronique* qui allait de la création du monde jusqu'en 1400. La perte du manuscrit était déjà constatée au xviiie siècle. Les extraits que le généalogiste J.-J. Luck en avait faits pour ses annales de Ribeaupierre ont péri lors de l'incendie de la bibliothèque de Strasbourg, en 1870.

J. Gass.

5. ANDLAU-HOMBOURG (Benoit d'), dernier abbé-prince de Murbach (1716-1790). La mort subite du saint et célèbre abbé-prince, Casimir de Rathsamhausen, avait privé le chapitre noble de Murbach de son prélat. Le successeur fut élu le 17 mai 1786. Benoît d'Andlau-Hombourg, chanoine de Lure, réunit la majorité des voix sur sa personne. Malgré sa jeunesse, il était décidé à marcher sur les traces de son prédécesseur, qui avait renouvelé le lustre de sainteté et de gloire de l'antique abbaye en plein xviiie siècle. La ville de Guebwiller fit au dernier abbé une réception solennelle (22 mai 1786). Lorsqu'un décret royal (1787) institua l'assemblée provinciale, Benoît y figura comme député du clergé; il présida l'assemblée des districts de Colmar-Schlestadt. Quand Louis XVI convoqua les États généraux à Versailles, Benoît d'Andlau fut choisi comme député du clergé par le même district, afin de présenter dans l'assemblée les doléances du peuple et défendre les intérêts de la religion. La prise de la Bastille à Paris, l'assaut de l'hôtel de ville de Strasbourg fut le signal de la révolution pour les habitants de la vallée de Saint-Amarin. L'émeute éclata le 26 juillet, on attaqua les gardes forestiers et le percepteur de l'abbaye. Le lendemain, une bande révolutionnaire envahit la résidence et dévasta les caves de l'abbé-prince à Guebwiller. L'abolition des privilèges de la féodalité lésa les droits séculaires de l'abbaye de Murbach. La proposition que l'abbé Benoît fit avec l'abbé d'Eymar et les députés alsaciens, de sacrifier la moitié, même les trois quarts des revenus ecclésiastiques, ne put empêcher la confiscation des biens de l'Église (2 novembre 1789). C'est en vain que l'abbé de Murbach signa avec son chapitre une protestation du clergé de l'évêché de Strasbourg contre cette spoliation sacrilège (30 novembre 1790). Le 15 février 1790, l'antique abbaye de Murbach fut supprimée avec toutes les maisons religieuses, malgré l'intervention de l'abbé et l'éloquence d'Eymar. Benoît dut émigrer ne voulant point prêter le serment constitutionnel. Il se retira à Wurzbourg, où il possédait une prébende de 2 000 francs par an. Le pape lui confia un canonicat à Arlesheim et l'empereur d'Autriche lui obtint un autre canonicat à Eichstätt. Benoît s'établit dans cette dernière ville, dans la maison que son oncle chanoine lui avait léguée. Il y menait une vie tout adonnée à la pratique de la piété et de la simplicité, qui ne fut interrompue que par les visites du roi de Bavière, des princes de Leuchtenberg ou de Fürstenberg. Par humilité, il refusa les évêchés d'Augsbourg et d'Eichstätt. A sa mort, en 1839, la ville de Guebwiller rendit un hommage solennel au dernier abbé de Murbach. Toute la ville assista au service pour le repos de l'âme du noble défunt, et jamais solennité funèbre n'avait rassemblé à cette solennité.

J. GASS.

ANDLAW-BIRSECK (Henri-Bernard d'), parlementaire et apologiste catholique, né à Fribourg-en-Brisgau, le 20 août 1802, de Conrad d'Andlaw, qui fut ministre de l'intérieur en Bade, et de Sophie de Schackmin. En 1817, il alla avec son frère aîné François, plus tard diplomate, suivre les cours de l'université de Landshut, où le futur évêque Sailer et le théologien Zimmer exercèrent sur les deux étudiants une très heureuse influence. A Pâques de 1819, il quitta Landshut et revint continuer à Fribourg ses études de droit. De 1821 à 1825, il appartint comme lieutenant à un régiment de dragons. Puis, ayant, le 4 mai 1825, quitté la carrière militaire, il fit un séjour à Heidelberg pour y achever son instruction juridique, voyagea en France, en Angleterre et en Autriche et épousa à Mannheim, le 22 septembre 1828, Antonia Günther de Sternegg, dont il eut trois enfants.

En 1833, il entra dans la première Chambre badoise, et l'on peut dire que, dans l'histoire du parlementarisme allemand, il exerça un rôle d'initiateur et d'instigateur : c'est grâce à d'Andlaw que, pour la première fois, des revendications religieuses s'agitèrent devant les assemblées délibérantes des États germaniques. Dès le 24 mai 1833, il demanda au gouvernement de Carlsruhe de déposer un projet de loi d'après lequel, au cas où l'archevêque catholique ou le premier pasteur de l'Église évangélique seraient empêchés de siéger à la Chambre, ils pourraient se faire remplacer par le vicaire général ou le plus ancien doyen évangélique. Boll, archevêque de Fribourg, était alors écarté par son grand âge des travaux de cette assemblée : de là, l'initiative prise par d'Andlaw; le succès la couronna, le projet fut adopté. Il prit part, le 15 juillet 1833, à la discussion du projet de loi sur l'abolition des dîmes; puis, le 4 juillet 1835, aux débats sur les questions scolaires, dans lesquels il affirma la nécessité d'une coopération entre le prêtre et l'instituteur. En 1837, il attaqua les prérogatives que s'arrogeait l'organisme bureaucratique appelé « section catholique d'Église » aux dépens de la hiérarchie ecclésiastique; le ministre Blittersdorff se fâcha, mais sans réfuter d'Andlaw; et l'archevêque Demeter, loin de soutenir la motion du tribun catholique, le pria de la retirer. A la suite de cet échec, d'Andlaw songea à ne plus être candidat au *Landtag* de 1839.

Il s'y fit réélire pourtant, et prévint Nebenius, président du conseil des ministres, que, l'archevêque Demeter n'ayant pas, depuis deux ans, obtenu du grand-duc les concessions espérées, il allait, lui d'Andlaw, reprendre son ancienne motion. Dans une audience de la grande-duchesse, il la prévint de son intention de rouvrir le débat religieux devant le Parlement. Il eut une entrevue avec Demeter; il fut convenu que Demeter allait réclamer du ministère : 1° une certaine liberté de juridiction pénale des autorités ecclésiastiques à l'endroit des simples prêtres; 2° l'établissement d'un *convict* théologique indépendamment de toute autorisation de l'État; 3° un droit d'intervention de l'Église dans l'enseignement secondaire et primaire; 4° la révocation de certains fonctionnaires ecclésiastiques qui donnaient du scandale. Si le ministre repoussait ces désiderata, d'Andlaw était décidé à en saisir la Chambre. Demeter recommanda de s'inquiéter, exposa à d'Andlaw que des assemblées parlementaires contenant trente-quatre catholiques et quarante-neuf protestants étaient incompétentes pour juger de la question religieuse; il craignait les orages que susciterait la motion. Puis, quelques semaines plus tard, l'archevêque affirmait à d'Andlaw avoir déjà obtenu plus qu'il ne désirait. Mais d'Andlaw alla voir à Spire l'évêque Geissel et le doyen Weis, et ceux-ci lui conseillèrent d'adresser une question à Nebenius. Ainsi fit-il le 1er juillet 1839 et Nebenius affirma qu'une solution satisfaisante était ou allait être donnée aux questions soulevées par les catholiques. Demeter acquiesça, et d'Andlaw n'eut qu'à se taire; mais il n'était pas rassuré, et l'on trouve un écho de l'accablement qu'il éprouva, dans le discours où, sept ans plus tard, le 22 juillet 1846, il eut l'audace, enfin, de dérouler devant la Chambre toutes les plaintes des catholiques au sujet des immixtions de l'État dans la vie de l'Église. Comme sanction de ce discours, qui peut être considéré comme l'acte capital accompli par d'Andlaw pour l'Église badoise, il réclamait : 1° la suppression des ordonnances ecclésiastiques rendues par l'État le 30 janvier 1830; 2° une organisation nouvelle, conforme au droit canon, pour le « conseil supérieur de l'Église catholique, » et l'exclusion des ecclésiastiques de cette bureaucratie d'État, qui semblait faite surtout pour paralyser l'Église; 3° la confessionnalité des conseils supérieurs de l'enseignement; 4° l'institution de petits séminaires épiscopaux régis par l'archevêque et subventionnés par l'État; 5° la permission pour l'archevêque de faire venir des prêtres étrangers; 6° certaines modifications du régime scolaire conformes aux vœux des catholiques, et la reconnaissance par l'État du rôle que doit jouer l'Église dans la formation des instituteurs ; 7° la subordination aux autorités ecclésiastiques de l'enseignement religieux dans les écoles secondaires ; 8° l'introduction en Bade des sœurs de charité dans le délai d'un an. A l'unanimité moins trois voix, la première Chambre repoussa la motion. « Je crains, déclara d'Andlaw, qu'elle n'ait perdu, irrévocablement, la confiance de la population catholique. »

D'autres interventions parlementaires de d'Andlaw doivent être citées : tel, par exemple, le discours que, le 29 novembre 1843, il prononça contre le duel, et à la suite duquel il réclama vainement la création par l'État de tribunaux d'arbitrage ; telles, aussi, ses objurgations de 1844 pour la suppression des jeux à Baden-Baden, auxquelles le ministre répondit par de bonnes paroles, toutes platoniques. Il eut plus de succès lorsque, le 15 septembre 1846, il attaqua les abus de la censure : ses plaintes furent sanctionnées par un vote de la Chambre. D'Andlaw souffrait, tout le premier, de la difficulté que les catholiques éprouvaient à faire connaître leurs plaintes par la voie de la presse : son discours de 1846 sur la question religieuse avait été amputé dans la *Gazette de Carlsruhe* par le censeur du journal, lequel était un ecclésiastique. Enfin son discours de 1844 et sa brochure de 1845, réclamant des garanties en faveur des fondations religieuses et charitables, firent à l'époque beaucoup de bruit.

Pendant les troubles de 1848, d'Andlaw, le 29 avril, demanda à la première Chambre que le grand-duc fît faire une enquête sur les hauts fonctionnaires qui avaient favorisé les desseins révolutionnaires, sur les responsabilités qu'ils avaient encourues, et que cette enquête eût au moins pour sanction leur révocation. La motion d'ailleurs ne fut pas votée, mais elle contraignit le ministère à plus de vigilance. Les échanges de propos assez vifs qui avaient eu lieu, durant ce débat, entre d'Andlaw et le ministre Bekk, se continuèrent dans deux brochures : l'une de Bekk : « Le mouvement en Bade, » *Die Bewegung in Baden*, et l'autre, qui fut une riposte de d'Andlaw, intitulée « L'émeute et le bouleversement en Bade, suite naturelle de la législation du pays, » *Der Aufruhr und Umsturz in Baden als eine natürliche Folge der Landesgesetzgebung*. Bekk répliqua par une seconde brochure.

Parallèlement à l'agitation parlementaire, d'Andlaw, dès 1846, avait voulu inaugurer l'agitation populaire ; en mai de cette année-là, dans une entrevue avec le chanoine Buchegger et le publiciste Alban Stolz, il avait étudié l'opportunité de la création d'une association catholique pour défendre les droits de l'Église : Stolz avait été d'avis que l'heure n'était pas venue. Mais l'heure, en 1848, parut être sonnée : d'Andlaw et Buss, alors, parcoururent les communes du diocèse pour tâcher de grouper les catholiques. Dès juillet, ils adressèrent à l'assemblée de Francfort, au nom des groupements déjà fondés, une liste de vœux en faveur de l'Église ; une lettre archiépiscopale du 12 août 1848 recommanda ce nouveau mode d'action. Lorsque se tint à l'automne, à Mayence, le premier congrès des associations catholiques, Lennig rendit hommage à d'Andlaw, et d'Andlaw, dans son remerciement, revendiqua la liberté pour la « propagande de la fraternité chrétienne. » Jusqu'à la fin de sa vie, d'Andlaw se mêla activement à l'organisation des associations et des congrès catholiques, qu'il défendit dans une brochure contre les attaques du théologien Hirscher : il présida le congrès de Linz en 1851, eut la joie, en 1859, de voir les associations catholiques tenir leur congrès à Fribourg, présida celui de Munich en 1861, puis celui de Trèves en 1865 ; et lorsque, le 12 octobre 1870, un certain nombre de ses coreligionnaires se réunirent à Fulda, près du tombeau de saint Boniface, pour affirmer au pape détrôné leur attachement, d'Andlaw profita de ce rendez-vous pour réclamer que les projets de fondation d'une université catholique allemande fussent réalisés. Ainsi d'Andlaw, faisant bénéficier le catholicisme allemand des courants de 1848, contribua puissamment à créer des organisations populaires devant lesquelles pourraient être agités les grands problèmes intéressant les destinées du catholicisme, et qui mettraient leurs forces au service des solutions acceptées par la hiérarchie.

Lorsque mourut, le 24 avril 1852, le grand-duc Léopold, souverain protestant, et que l'archevêque Vicari, dans l'organisation des cérémonies religieuses commémoratives de ce deuil, se conforma strictement aux instructions romaines limitant les honneurs dont un défunt non catholique pouvait être l'objet, le nouveau grand-duc Frédéric fut choqué de l'attitude réservée de l'archevêque et en attribua la responsabilité à l'influence de Ketteler. Mais le 2 décembre 1852, d'Andlaw, dans un long entretien, remontra au grand-duc que, pour donner à la cérémonie tout l'éclat compatible avec les instructions romaines, Vicari l'avait reportée du lundi matin au dimanche après-midi ; que Vicari d'ailleurs n'était pas diplomate ; que les événements de 1848 et les périls sociaux avaient prouvé la nécessité pour l'État de ne pas combattre l'Église catholique, et qu'il était souhaitable que Vicari reçût un bon coadjuteur. Cette conversation contribua beaucoup à mettre le nouveau grand-duc dans des dispositions pacifiques. L'accalmie pourtant dura peu : un an plus tard, le 7 novembre 1853, le gouvernement, en réponse aux décisions de la conférence épiscopale de Fribourg, décida que son *placet* était nécessaire pour tout acte de la hiérarchie ; Vicari protesta par une lettre pastorale du 11 novembre, et beaucoup de prêtres, coupables de l'avoir lue en chaire, furent condamnés à l'amende ou à la prison. Aussitôt d'Andlaw rédigea et transmit au grand-duc une adresse de protestation, portant des centaines de signatures, adresse qui fut confisquée, et qui valut à d'Andlaw 150 florins d'amende. Il refusa de payer, voulant être mené en prison ; on se contenta d'une saisie.

Douze ans plus tard, lorsque Lindau fit à travers le grand-duché une campagne de conférences pour protester contre la suppression du concordat (casinos ambulants, *Wandernde Kasinos*) et contre l'explosion des luttes scolaires, d'Andlaw s'y associa : il présida, le 14 février 1865, dans l'église Saint-Martin de Fribourg, un important « casino » et fut du nombre des catholiques qui, venus à Mannheim le 23 février pour tenir une réunion analogue, en furent empêchés par les injures et les voies de faits de la populace. Il présida, le 18 avril, à Neckarsteinach, un nouveau meeting dans lequel il fit voter, contre la politique religieuse du gouvernement badois, certaines résolutions belliqueuses ; et pour achever d'éclairer l'opinion, il publia une brochure intitulée : « Les troubles badois à la lumière de la constitution du pays et des lois de la confédération, » *Die badischen Wirren im Lichte der Landesverfassung und der Bundesgesetze*. Il y dénonçait le but cherché par le gouvernement : séparer l'école de l'Église. La lutte s'enflamma ; d'Andlaw, pour la soutenir, se fit, malgré son grand âge, réélire à la première Chambre. Il déposa, le 21 avril 1866, une demande de mise en accusation contre le ministre Lamey, coupable d'avoir, dans trois cent soixante cas, fait condamner à l'amende des citoyens qui avaient refusé de faire acte d'électeurs pour la composition des nouveaux conseils scolaires locaux ou qui, élus, avaient refusé de siéger dans ces conseils. Onze voix contre huit décidèrent de passer à l'ordre du jour. Les huit membres de la première Chambre qui s'étaient groupés autour de la motion d'Andlaw furent outrageusement attaqués dans la seconde Chambre sans que le gouvernement protestât; et lorsque, dans la première Chambre, d'Andlaw s'en plaignit, le prince Guillaume de Bade l'interrompit, et la Chambre passa à l'ordre du jour. Alors d'Andlaw et les trois autres membres catholiques de la première Chambre démissionnèrent et ce fut l'adieu d'Andlaw à la vie parlementaire.

Mais au début de 1869, il étudia avec quelques-uns de ses coreligionnaires la formation d'un parti populaire catholique; des réunions préparatoires, où d'Andlaw prit la parole, furent tenues à Bruchsal le 9 mai 1869, à Engen le 23 mai. Aux élections d'août, le nouveau parti remporta quelques succès, et les élus, Baumstark, Bissing, Lender et Lindau, tinrent, le 10 octobre, à Hugstetten, dans le château même de d'Andlaw, une réunion politique. Ce fut le dernier acte de la vie publique d'Andlaw. Il mourut le 3 mars 1871.

Outre les ouvrages cités plus haut, il faut mentionner encore un écrit d'apologétique qu'en 1859 il dédia à la onzième assemblée générale des catholiques : « Pensées de mes loisirs au sujet des influences de l'Église sur la famille, la commune et l'État, » *Gedanken meiner Musse über die Einflüsse der Kirche auf Familie, Gemeinde und Staat*, et le gros volume qu'il publia en 1864, sous le titre : « Le sacerdoce et la vie chrétienne eu égard aux grandes questions présentes, » *Priestertum und christliches Leben mit Rücksicht auf die grossen Fragen der Gegenwart*. Il adressa deux lettres publiques de polémique, l'une en 1861, sur la liberté politique et religieuse, au comte Théodore de Scherer; l'autre, en 1863, sur la création d'une université catholique libre, au théologien Kuhn, qui combattait le projet. Il donna parfois aux *Historisch Politische Blätter* des articles sur l'histoire du grand-duché de Bade. Enfin, d'Andlaw fut l'un des premiers, parmi les catholiques allemands, à sentir le besoin d'une presse catholique, et il ne dédaigna pas, dans les dix dernières années de sa vie, d'être, à certaines heures, correspondant de la *Kölnische Volkszeitung*. On l'a appelé le Montalembert allemand : la confiance qu'il avait dans l'organisation populaire et dans les revendications parlementaires pour faire triompher la cause catholique est un trait qui le rapproche de Montalembert, en même temps qu'elle fait de lui l'un des précurseurs des méthodes d'action qui furent celles du Centre allemand.

Franz Dor, *Heinrich B. v. Andlaw, ein badischer Politiker und Vorkaempfer des Katholizismus in seinem Leben und Wirken geschildert*, Fribourg, 1910.

G. GOYAU.

ANDLELEY (WILLIAM), prêtre anglais. Il était né à Etton, dans le Yorkshire. A vingt-cinq ans, il s'était embarqué sur un des vaisseaux de l'Invincible Armada. Peu après, il allait à Douai où, rencontrant le docteur Allen, il discuta avec lui et essaya de réfuter ses arguments. Le lendemain, il comprit que son antagoniste de la veille avait raison, il se convertit et devint prêtre. De retour en Angleterre, il mit tout son zèle à seconder, dans le Lincolnshire, un certain Tyrcohitt qui avait secouru les catholiques prisonniers à Hull. Challoner nous le dépeint comme ne craignant ni peine ni fatigue, voyageant toujours à pied, portant avec lui tout ce qui lui était nécessaire pour célébrer la messe et administrer les sacrements. Son zèle s'exerça surtout auprès des pauvres. Il était d'une grande austérité de vie, jeûnait souvent, avait continuellement la prière aux lèvres, et était si absorbé en Dieu que souvent, dans ses voyages, il ne semblait pas voir les gens qu'il rencontrait. Exposé à tous les dangers, il finit par tomber entre les mains de ses ennemis, il fut condamné en haine de la foi, et remporta la palme du martyre à York, le 4 juillet 1597.

Richard Challoner, *Memoirs...*, Londres, 1742, t. I, p. 356-359. — Dodd, *Church history of England*, édit.

Tierney, Londres, 1840, t. III, p. 164. Il l'appelle William Andleby. — *The catholic encyclopedia*, New York, 1907, t. I, p. 468.

L. DE ROQUEFEUIL.

ANDOCHE (Saint), prêtre, martyr à Saulieu (Côte-d'Or), avec saint Thyrse, diacre, et saint Félix (IIe siècle). D'après leurs *Actes*, faussement attribués à Faustus, fils de saint Symphorien d'Autun, saint Polycarpe les aurait envoyés en Gaule avec Bénigne et Thyrse. Ceux-ci atteignent successivement Marseille, Lyon et Autun, où ils baptisent le fils de Faustus, puis Langres, où ils baptisent la famille de sainte Léonille. Andoche, Thyrse et Félix sont arrêtés à Saulieu et y confessent le Christ devant l'empereur. Frappés, suspendus à un arbre, jetés sur un bûcher qu'éteint une pluie d'orage, ils sont enfin assommés à coups de barres de fer. Faustus et Symphorien leur donnent la sépulture.

Ces *Actes* sont très postérieurs. Ils ont été composés au VIe siècle ou au commencement du VIIe. Les anachronismes y sont évidents. Suyskenius, *Acta sanctorum*, sept. t. VI, p. 663, a signalé, dès 1757, leur parenté avec les actes des saints Jumeaux de Langres, et le P. Van Hoof, *ibid.*, nov. t. I, p. 138, leurs rapports étroits avec la passion de saint Bénigne. Mgr Duchesne, dans *Mémoires de la Société des antiquaires de France*, 1888, t. I, p. 401-402, a rattaché toutes ces passions à un même cycle, *cycle bénignien ou cycle des disciples de Polycarpe*, qui aurait un auteur unique, très vraisemblablement Warnahaire, clerc de l'Église de Langres, qui écrivait à Dijon au début du VIIe siècle. Le but de l'auteur aurait été de rattacher à saint Polycarpe l'évangélisation de toute une région et probablement aussi de subordonner Langres et Autun au simple *castrum* qu'était Dijon. M. Lejay rapproche le nom d'Andoche, parrain de Symphorien, du mot ἀνάδοχος, « répondant ». On s'accorde aujourd'hui à reconnaître le peu de valeur historique de ces actes. W. M. Meyer, *Die Legenden des heiliges Albanus*, Berlin, 1904, soutient que les légendes des saints Andoche, Thyrse et Félix, ne formaient primitivement, avec celles de saint Irénée et de saint Bénigne, qu'un seul et même ouvrage, qui fut ensuite divisé selon le calendrier.

La passion de saint Andoche semble avoir inspiré celle de saint Pérégrin d'Auxerre. Duchesne, *Fastes épiscopaux*, t. II, p. 428.

Les saints Andoche, Thyrse et Félix figurent dans les martyrologes depuis le VIe siècle. Au IXe siècle, une partie de leurs reliques fut transférée à Autun. Leur fête est célébrée le 24 septembre.

Acta sanctorum, 1757, sept. t. VI, col. 663-675. — Vincent de Beauvais, *Speculum historiale*, XII, 114. — P. G., t. V, col. 1467. — *Bibliotheca hagiographica latina*, Bruxelles, 1898, t. I, p. 424-427. — Duchesne, outre les travaux cités, *Fastes épiscopaux*, t. I, p. 54; dans *Bulletin critique*, 1er juin 1888. — Abbé Chomton, *Histoire de l'église Saint-Bénigne de Dijon*, Dijon, 1900. Cf. abbé Lejay, dans *Revue d'histoire et de littérature religieuses*, 1902, p. 71. — Abbé Lejay, dans *Revue critique*, 1905, t. II, p. 367. — A. Meyer, *Sources de l'histoire de France*, 1901, t. I, n. 47, 64, 76, 119. — Moreau, *Vies des saints Andoche, Thirse et Félix*, 1906. — Dom H. Quentin, *Les martyrologes historiques*, 1908, p. 60.

P. FOURNIER.

1. ANDOINS (ARNAUD-GUILLAUME D'), évêque de Lescar (1348-1362), parent du suivant, peut-être son neveu, lui succéda, étant archidiacre de Lomagne au diocèse de Lectoure. Les actes du diocèse le mentionnent en 1352 et 1354; en 1361, il faisait une fondation pour le repos de son âme. A sa mort, les chanoines élurent le 16 mars 1362, et malgré une réserve pontificale, son parent Raimond II d'Andoins, clerc tonsuré, chanoine de Dax, et le pape Innocent VI confirma leur choix le 31, mais l'élu mourut peu après, avant d'avoir été sacré : son successeur était pourvu le 18 janvier 1363.

A. Clergeac, *Chronologie des archevêques, évêques et abbés de l'ancienne province ecclésiastique d'Auch...*, Abbeville, 1911, p. 139. — Eubel, *Hierarchia*, 1913, t. I, p. 295. — *Gallia christiana*, t. I, col. 1296.

P. RICHARD.

2. ANDOINS (RAIMOND V D'), évêque de Lescar (1320-1348), appartenait à une noble famille de barons du Béarn, était prêtre et archidiacre de Rivière en l'Église de Tarbes. Les chanoines de Lescar l'élurent pour leur pasteur, bien que le siège fût vacant par la mort en cour de Rome de l'évêque Arnaud d'Arbouse (voir ce nom), et par suite réservé à la nomination du pape. Jean XXII cassa l'élection et nomma le candidat de sa propre autorité le 31 mai 1320. Mollat, *Lettres communes de Jean XXII*, t. III, n. 11536. Peu de faits signalent son long pontificat. Le 11 octobre 1129, il assista à un accord entre les comtes de Foix, d'Armagnac et le vicomte de Fezensaguet. En 1330, il se faisait représenter au concile de la province d'Auch tenu à Marciac. A sa demande, le légat du pape, Bernard, évêque d'Oloron, réduisit à quinze le nombre des chanoines de Lescar (1345). Il était mort le 17 septembre 1348 quand fut nommé son successeur, le précédent.

Même bibliographie que ci-dessus.

P. RICHARD.

ANDON (*Haudo, Odo, Hauto*), abbé de Stavelot, mort en 836. Il avait d'abord gouverné le monastère de Montiérender, qu'il avait réformé avec plein succès, et ensuite celui de Malmédy, où il acheva la construction de l'église abbatiale. Il gouverna le monastère de Stavelot pendant dix-neuf ans.

Acta sanct. ord. S. Benedicti, saec. II, Paris, 1669, p. 845. — *Gallia christiana*, t. III, col. 941; t. IX, col. 911. — *Biographie nationale* (de Belgique), t. I, col. 272-273.

U. ROUZIÈS.

ANDOQUE (PIERRE), naquit vers la fin du XVIe siècle, et devint conseiller au présidial de Béziers. Ses ouvrages d'histoire ont sauvé son nom de l'oubli. Nous lui devons une *Histoire de Languedoc jusqu'en 1610*, avec l'état des provinces voisines, in-fol., Béziers, 1648, où il mêle « sans choix et sans discernement le vrai avec le faux, » au jugement de dom Vaissete, *Hist. gén. de Languedoc*, édit. Privat, t. I, Préface, p. XI, qui le cite parmi ses devanciers; et surtout un *Catalogue des évêques de Béziers*, in-4°, Béziers, 1650, qui n'est pas sans mérite, bien qu'il manque de critique. Il mourut en 1654.

Nouvelle biographie générale, Paris, Didot, 1859. t. II, col. 532. — Sabatier, *Hist. de la ville et des évêques de Béziers*, Paris, 1854, p. 462.

J. ROUQUETTE.

ANDORRE, vallées situées sur le versant méridional des Pyrénées. Elles sont placées sous la suzeraineté de l'évêque d'Urgel (Espagne) et du gouvernement français, représenté par le préfet des Pyrénées-Orientales.

I. HISTOIRE. — Les Carolingiens exercèrent des droits de suzeraineté sur l'Andorre. D'autre part, un diplôme de Louis le Débonnaire comprend les villages de ce petit pays dans la nomenclature des paroisses qui constituaient déjà alors le diocèse d'Urgel. Charles le Chauve céda aux comtes d'Urgel un domaine royal compris dans les régions andorranes. Ceux-ci, à leur tour, firent donation de biens-fonds à l'évêché d'Urgel, qui obtint, on ne sait comment, des droits politiques sur le pays. Durant tout le cours du XIIe siècle, les actes nous montrent les vallées de l'Andorre au pouvoir des barons du voisinage : comtes d'Urgel, seigneurs de Caboet et de Castelbon dont les possessions s'étendaient à l'ouest de la région, et des évêques d'Urgel. Au début du siècle suivant, le mariage de l'héritier de la maison de Foix avec l'héritière des familles de Castelbon et de Caboet fit passer à celle-là la part de la seigneurie détenue par celles-ci. La période qui suivit fut pour l'Andorre une époque de troubles et de guerres intestines. Elle est remplie par les démêlés des comtes de Foix avec les prélats d'Urgel. Parmi les épisodes les plus mémorables de cette lutte, il faut citer la condamnation par le pape de l'évêque Pons de Vilamur, qui fut déposé comme indigne, et l'abandon par le comte d'Urgel, au profit de Roger de Foix, de ses prétentions sur l'Andorre. Ces querelles, souvent ensanglantées, prirent fin, en 1278, à la suite d'un accord appelé *paréage*, qui associait les deux parties belligérantes dans le gouvernement des vallées. Le paréage, qui fut édicté, le 8 septembre 1278, en présence du roi d'Aragon, par les arbitres Jaspert de Botonac, évêque de Valence, un chanoine de Narbonne et un archidiacre de Tarragone, est encore invoqué aujourd'hui comme la base principale du droit public en Andorre. Il établit le *condominium* du comte de Foix et de l'évêque d'Urgel dans cette contrée. Il accorde au premier des avantages matériels supérieurs et au second une suzeraineté féodale, dont les effets se résument en ce que le comte doit prêter hommage et livrer à toute réquisition ses places fortes d'Andorre. Le paréage de 1278 fut confirmé par le souverain pontife en 1282. Tandis que la part ecclésiastique de la coseigneurie s'est conservée jusqu'à nos jours entre les mains des évêques d'Urgel, la seconde part passa, à travers les siècles, des comtes de Foix aux rois de Navarre. Henri IV l'incorpora à la couronne de France. La Révolution brisa les relations avec l'Andorre, dont elle refusa de payer le tribut, comme entaché de féodalité. Un décret du 27 mars 1806 rétablit ces rapports, et le préfet de l'Ariège fut chargé de représenter la France dans les vallées. On lui a substitué, en 1882, le sous-préfet de Prades, puis le préfet des Pyrénées-Orientales.

II. ÉTAT ACTUEL. — Chaque coseigneur est représenté par un viguier, à son tour, choisit un bayle sur une liste de six candidats fournie par le conseil général. Le personnel judiciaire comprend encore un juge d'appel, alternativement nommé par la France et par l'évêque. Les bayles jugent en premier ressort; les causes sont ensuite portées devant le juge des appellations. Reste, en dernier lieu, le recours aux coseigneurs.

L'unité administrative est la paroisse. Les six paroisses qui constituent l'Andorre sont : Andorre-la-Vieille, Canillo, Encamp, Ordino, La Massane et San Julian de Loria. La population varie entre 6 et 7000 âmes.

Dans ces derniers temps, l'évêché d'Urgel a voulu transformer en suzeraineté des droits seigneuriaux qui ne répondent plus à l'état des théories juridiques. La question posée en 1882, par l'évêque d'alors, Mgr Casanas, qui depuis est mort cardinal et évêque de Barcelone, ne fut point résolue. On s'en tient sur ce point à un *modus vivendi* fait d'imprévus. D'autre part, les habitants de l'Andorre ont refusé de payer la dîme comme ils l'acquittaient jadis. De là un conflit entre eux et l'évêque. Celui-ci, depuis le 1er février 1892, a fait suspendre par le gouvernement espagnol les immunités douanières dont les produits andorrans bénéficiaient à leur entrée en Espagne.

Villanueva, *Viaje literario à las iglesias de España*, Madrid, 1850, t. XI, p. 103-106. — J. Sans cadet, *Histoire de la vallée d'Andorre*, Toulouse, 1842. — Luis Dalmau de Baquer, *Historia de la Republica de Andorra*, Barcelone, 1849. — H. Castillon (d'Aspet), *Histoire de la vallée et république d'Andorre*, s. l. n. d., — Léon Jaybert, *La république d'Andorre*, Paris, 1865. — Victorin Vidal, *L'Andorre*, Paris, 1866. — *Historia y novena de Nostra Senyora de Merixtell*, par un novice de la Compagnie de Jésus, Barcelone, 1874. — J.-F. Bladé, *Études géographiques* sur la vallée d'Andorre, Paris, 1875. — Moras, Les coutumes du pays d'Andorre, discours de rentrée, Toulouse, 1882. — Baudon de Mony, Origines historiques de la question d'Andorre, dans la Bibliothèque de l'École des chartes, 1885, t. XLVI, p. 95. — Jean de Dieu Trias, Constitucion politica y personalidad internacional del principado de Andorra, Barcelone, 1890. — Cf. le compte rendu de ces deux dernières études par J.-A. Brutails, Étude critique sur les origines de la question d'Andorre, avec la réponse de Baudon et la réplique de Brutails, le tout dans la Revue des Pyrénées et de la France méridionale, 1891. — Las Cortes espanolas de 1895 y las franquicias de Andorra, Madrid, 1895. — Baudon de Mony, Relations politiques des comtes de Foix avec la Catalogne, Paris, 1896; cf. le compte rendu par Brutails, dans la Revue critique du 21 décembre 1896. — Arthur Osona, La republica d'Andorra, Barcelone, 1896. — Pasquier, Charte fausse de l'organisation de l'Andorre sous Charlemagne, dans le Bulletin historique et philologique de 1896. — Brutails, Bulletin historique régional, Vallée d'Andorre, dans la Revue des universités du Midi, 1897. — Jules Six, Institutions politiques du val d'Andorre, Lille, 1904.

J. CAPEILLE.

1. ANDRADE (ALFONSO DE), jésuite espagnol, né à Tolède en 1590, où de bonne heure il se fit remarquer par ses succès dans les lettres. A vingt-deux ans, il enseignait avec éclat la philosophie à l'université de cette ville, quand un appel de la grâce le conduisit au noviciat de la Compagnie de Jésus, illustrée alors par les grands noms de Suarez, de Vasquez, de Bellarmin, de Lessius, de Tolet, etc. Sa vocation paraît s'être décidée à la lecture du De religione de Suarez, dont les deux premiers volumes venaient d'être publiés en 1608 et 1609. Alphonse de Andrade fut appliqué d'abord à l'enseignement de la théologie morale. Mais son âme apostolique lui fit désirer le ministère de la prédication et spécialement celui des missions populaires. Après avoir exercé quelque temps la charge de recteur du collège de Plasencia, il fut envoyé à la résidence de Madrid, où ses éminentes vertus lui attirèrent la confiance du roi et de la cour et la bienveillance particulière de la reine Marie-Anne d'Autriche. Mais ses préférences allaient à l'évangélisation des humbles : il y consacra le meilleur de sa vie et l'on peut dire que le P. Alphonse de Andrade fut un des grands missionnaires de l'Espagne.

Il compte aussi parmi les auteurs spirituels et les hagiographes les plus féconds de ce temps. On se demande comment son infatigable activité pouvait suffire à cet immense travail, ajouté par surcroît aux absorbants labeurs de son ministère, auxquels il faut joindre les occupations parfois très lourdes que lui imposait sa charge de qualificateur du conseil suprême de l'Inquisition espagnole. La liste aussi complète que possible de ses écrits se trouve dans la Bibliothèque de la Compagnie de Jésus, t. I, col. 317-328. Il suffira de mentionner ici, parmi ses œuvres spirituelles, celles qui marquent vraiment dans l'histoire de l'ascétisme en Espagne : El buen soldado catolico, y sus obligaciones, Madrid, 1642, ouvrage destiné spécialement à la noblesse et aux princes; — Libro de la via de la virtud, y de la imitation de Nuestra Senora, 2 in-fol., Madrid, 1642; nouvelles éditions 1644, 1646; — El estudiante perfecto, y sus obligaciones, Madrid, 1643; — Avisos spirituales de la gloriosa Madre santa Teresa de Jesus comentados, 2 in-4°, Madrid, 1647; Barcelone, 1647, 1695, 1700. L'ouvrage a été traduit en italien par André Poleti, Venise, 1720; en allemand, par le P. Philippe de Saint-Élisée, Munich, 1734; — Itinerario historial que deve guardar el hombre para caminar al cielo, 2 in-4°, Madrid, 1648, plusieurs fois réimprimé; — Meditaciones diarias de los mysterios de N. S. Fé, y de la vida de Christo N. S. y de los santos, ouvrage en quatre parties publiées séparément, Madrid, 1659-1660, et devenu bien vite populaire; nouvelles éditions, 4 in-8°, Madrid 1725, 1795, 1857. Il convient de mentionner également son Operarius evangelicus ejusque industriae ad ministerium apostolicum, Madrid, 1648, à l'usage des prédicateurs et des confesseurs.

L'hagiographie et l'histoire ecclésiastique, surtout l'histoire de la Compagnie de Jésus, avaient attiré de bonne heure son attention. Malgré l'éclat jeté sur l'ordre nouveau par la sainteté de son fondateur et de ses premiers disciples, par les glorieux travaux et la vie miraculeuse d'un François-Xavier, par la science de ses grands théologiens, la Compagnie avait été en butte, en Espagne comme en France, dès son apparition, à des attaques dont on a peine à s'expliquer aujourd'hui la violence et qui n'épargnaient ni son institut ni sa doctrine. C'est tout d'abord dans un but d'édification, et aussi pour répondre à tant d'attaques injustes et passionnées que le P. Alphonse de Andrade employa ce qui lui restait de loisirs à la publication des biographies les plus saillantes de son ordre. Il donna successivement : Vida del venerable Padre Bernardino Realino, Madrid, 1651; — Vida del P. Fr. Xavier, trad. du P. Bartoli, Madrid, 1658; — Vida del venerable P. Vincencio Caraffa, VII general de la Compañia de Jesus, Madrid, 1658; — Vida del venerable Padre Francisco Aguado, provincial de la Compañia de Jesus en la Provincia de Toledo, Madrid, 1658; — Veneracion de las santas imagenes; — Origen, y milagros de la de San Ignacio de Munebrega, fundador de la Compañia de Jesus, Madrid, 1669; — Vida y milagros del beato S. Estanislas Kotska, Madrid, 1672. A la mort de P. Nieremberg, le soin de continuer le grand ouvrage des Varones ilustres en santidad, letra, y zelo de las almas, de la Compañia de Jesus, fut confié au P. Alphonse de Andrada, qui se trouvait tout préparé à cette tâche. Dès 1666, il publiait le cinquième volume, et en 1667 le t. VI. Ce grand ouvrage, auquel le P. André Casani mit la dernière main, a été réédité à Bilbao en 1887, dans un ordre différent; les notices sont groupées chronologiquement et d'après les diverses missions et provinces de la Compagnie, tout en conservant le même titre. Il reste une des sources les plus importantes de l'histoire de la Compagnie de Jésus au premier siècle de sa fondation.

L'hagiographie est encore redevable au P. Alphonse de Andrade des Vidas de los gloriosissimos patriarcas san Juan de Mata, y S. Felix de Valois, fundadores de la inclita religion de la santissima Trinidad, redencion de cativos, in-4°, Madrid, 1668; et d'une Vie extrêmement populaire de saint Nicolas : Vida y milagros de S. Nicolas el magno arzobispo de Mira, patron de la ciudad de Bari, con la Vida de san Liborio obispo Cenomanense, Madrid, 1671, 1685, 1750; Barcelone, 1671; Valence, 1697; Séville, 1739, etc. La Vie de saint Liboire est tirée de Surius; celle de saint Nicolas est une mise au point des travaux du P. Beatillo. Il faut aussi, semble-t-il, d'après les dernières exigences de la critique, lui restituer la paternité d'une Vie de saint Pierre Claver, attribuée par le P. Sommervogel à un homonyme. Le P. Alphonse de Andrade, dont aucune mention n'est faite dans les archives du Gesù. La Vida del venerable y apostolico Varon, padre Pedro Claver, parue à Madrid en 1657, porte partout la marque du talent oratoire, mais élégant et précis, non moins que de la haute sainteté du P. de Andrade. L'authenticité de l'ouvrage est revendiquée d'ailleurs par le P. de Backer, Bibliothèque des écrivains de la Compagnie de Jésus, t. I, col. 148; Sommervogel, t. VIII, col. 1639.

Dans le cadre de ses travaux biographiques, le P. de Andrade fit entrer, par un naturel sentiment de gratitude, un des grands amis et défenseurs de son ordre, le cardinal de Moscoso, archevêque de Tolède, en publiant l'Idea del perfecto prelado, en la Vida del eminentissimo cardinal don Baltasar de Moscoso y

Sandoval, Madrid, 1668. Le vaillant écrivain ne cessa jusqu'à son dernier jour de compulser les documents et d'utiliser les archives des premières maisons de la Compagnie. Il mourut à Madrid, le 20 juin 1672, au moment où il achevait la Vie de saint Stanislas Kotska. La ville entière accourut avec la cour à ses funérailles, car il avait évangélisé avec le même cœur, durant près d'un demi-siècle, toutes les classes de la société.

Antonio, *Bibliotheca Hispana nova*, Madrid, 1783, t. I, p. 33. — Sommervogel, *Bibliothèque de la Compagnie de Jésus*, t. I, col. 317-329. — Hurter, *Nomenclator*, Inspruck, 1910, t. IV, col. 237.

P. BERNARD.

2. ANDRADE (ANTONIO DE), jésuite portugais, né à Villa-de-Oleiros, dans le prieuré de Crato, province d'Alemtejo, vers 1580, fut admis à Coïmbre au noviciat de la Compagnie de Jésus, le 16 décembre 1596, et se destina de bonne heure aux missions des Indes. Arrivé à Goa en 1600, il fut envoyé dans la résidence d'Agra, capitale de l'empire Mogol. Devenu supérieur de cette partie de la mission et possédant à fond les principaux dialectes hindoustanis, il poussa très loin le long de la Djemnah ses courses apostoliques et conçut l'idée de pénétrer jusqu'au Tibet, où nul Européen ne s'était aventuré depuis le voyage du frère Odoric de Pordenone, en 1328. Il avait appris au cours de ses explorations qu'il existait encore au Tibet quelques vestiges de christianisme et le désir d'ouvrir une nouvelle mission à l'Église et à la Compagnie de Jésus lui fit surmonter tous les obstacles. Après une première tentative fort encourageante qui avait duré sept mois, en 1624, il reprit avec un compagnon, sur l'ordre de ses supérieurs, ce long et difficile voyage en juin 1625. Revêtu de l'habit mogol et muni de lettres enjoignant aux petits rois des montagnes, de la part de l'empereur, de laisser libre passage aux explorateurs, il pénétra en plein Tibet par la route de l'Ouest, probablement par la région du lac Manasaraouar et traversa le pays tout entier depuis le Tchabrang à l'ouest jusqu'au Tangout et la Chine à l'est. Les récits de ses voyages, complétés en 1661 par le P. Jean Gruber de Linz et le P. d'Orville, constituèrent les premières données d'ensemble sur le Tibet. Ses discussions avec les lamas sur Jésus-Christ et la sainte Trinité, la transmigration des âmes, forment au point de vue de l'histoire religieuse la partie la plus intéressante de son ouvrage et contiennent les plus précieux renseignements sur la religion et la philosophie des savants tibétains à cette époque. Le P. de Andrade fut reçu par le roi avec les démonstrations de la joie la plus vive et traité avec les plus grands honneurs, comme un ami et un savant illustre.

La relation de son voyage parut à Lisbonne en 1626, sous ce titre : *Novo descobrimento do gran Cathayo, ou Reinos de Tibet, pello Padre Antonio de Andrade da Compagnhia de Iesu, Portuguez*. Elle eut un grand retentissement. Une traduction espagnole parut à Madrid la même année. L'année suivante, 1627, l'ouvrage était traduit en italien, à Naples ; en français, à Gand, à Pont-à-Mousson ; puis, d'année en année en latin, en anglais, en polonais, en tchèque, etc. La meilleure traduction française est celle que le P. Barde publia en 1628, à Paris : *Histoire de ce qui s'est passé au royaume du Tibet*. Une nouvelle lettre du P. de Andrade parut en 1627, sans nom d'auteur ni de lieu : *Segunda carte. Prosigue el descubrimiento del gran Catayo, o Reynos del gran Thibet por el Padre Antonio de Andrada*. Cette lettre, écrite au P. Muzio Vitelleschi, général de la Compagnie, a été insérée, de même que la première écrite au provincial de Goa, dans l'*Imagem de virtude em o noviciado de Lisboa*, du P. Franco, p. 376-402. On trouvera la relation du P. de Andrale sur son voyage au Tibet, avec des extraits d'autres lettres plus amples sur le reste de son voyage, dans le recueil de François Gaunault : *Extraits des lettres adressées au R. P. général de la Compagnie de Jésus, contenant ce qui s'est passé de plus mémorable depuis 1621 jusques à 1626 ès Indes au Grand Mogor, et principalement en Éthiopie, au royaume de Tibet et en la Chine*, Pont-à-Mousson, 1628. Antoine de Andrade avait ouvert les voies du Tibet au P. de Cabral. Pour lui, il continua de cultiver le vaste champ d'apostolat qu'il avait ensemencé, à travers tout l'Indoustan.

Mais ces succès se faisaient acheter chèrement. Les calomnies semées contre les jésuites par les protestants hollandais qui trafiquaient sur les côtes avaient coûté déjà la mort de plusieurs missionnaires. Le 19 mars 1634, c'était le tour du P. Antoine de Andrade : il mourut empoisonné.

Alegambe, *Mortes illustres*, Rome, 1657, p. 438-442. — Sommervogel, *Bibliothèque de la Compagnie de Jésus*, t. I, col. 329-332. — Nieremberg, *Varones ilustres de la Compañía de Jesus*, t. I, p. 123. — Crétineau-Joly, *Histoire de la Compagnie de Jésus*, Lyon, 1851, t. III, p. 201. — Silva, *Diccionario bibliografico portuguez*, Lisbonne, 1858, t. I, p. 86.

P. BERNARD.

3. ANDRADE (DIOGO LOPES DE), augustin portugais. Philippe IV, roi d'Espagne (1621-1663), demanda pour lui à Urbain VIII (1623-1644) le siège archiépiscopal d'Otrante en Italie. Le 2 novembre 1623, ce choix fut confirmé par le pape. Andrade se distingua surtout par sa charité et mourut le 22 août 1628. On lui doit : *Tratados sobre los evangelios de la quaresma*, 2 vol., Madrid, 1615-1617 ; Pampelune, 1620 ; — *Tratados sobre los evangelios que se dicen en las festividades de los santos*, Madrid, 1622. Une édition plus complète de ces ouvrages a paru à Madrid, en 1656, en trois volumes.

Barbosa Machado range cet évêque au nombre des écrivains portugais. D'après Nicolas Antonio, il est espagnol, et sa ville natale est Azambuja. Le même auteur affirme qu'il mourut cette lieu le 7 juin 1635.

La vie de ce prélat a été écrite par son propre frère, le carme Jérôme de Andrada : *Vida de illustrissimo bispo de Otranto D. Fr. Diogo Lopes de Andrade*. D'après Barbosa Machado, cette Vie se conservait inédite dans la bibliothèque du monastère de Notre-Dame des Grâces à Lisbonne. *Bibliotheca Lusitana*, Lisbonne, 1750, t. II, p. 481. — Nicolas Antonio, *Bibliotheca Hispana nova*, Madrid, 1783, t. I, p. 294-295. — Lanteri, *Eremus sacra augustiniana*, Rome, 1874, t. I, p. 89. — Crusenius-Lopez, *Monasticon augustinianum*, Valladolid, 1903, t. II, p. 89. — Marracci, *Bibliotheca mariana alphabetica ordine digesta*, Rome, 1648, t. II, p. 325-326. — Ossinger, *Bibliotheca augustiniana*, Ingolstadt, 1768, p. 511-512. — Herrera, *Alphabetum augustinianum*, Madrid, 1644, t. I, p. 198. — Elssius, *Encomiasticon augustinianum*, Bruxelles, 1654, p. 166-167. — Joseph de l'Assomption, *Martyrologium augustinianum*, Lisbonne, 1749, t. II, p. 504-505.

A. PALMIERI.

4. ANDRADE (DIOGO DE PAIVA DE), célèbre théologien portugais, né à Coïmbre, le 26 juillet 1528, mort à Lisbonne le 1er décembre 1575. Très jeune encore, Andrade fut instruit par le frère Luis de Montoya au couvent de Nossa Senhora da Graça, et à quatorze ans on l'envoya au collège Saint-Augustin de Coïmbre, où il étudia les langues latine et grecque, la philosophie et la théologie. Il devint célèbre dans les cours universitaires par ses études sur la Bible, éclairées par une connaissance approfondie de la langue hébraïque. Sa vaste érudition théologique, son intelligence très vive et l'éloquence naturelle dont il disposait lui valurent un grand succès dans la chaire.

En 1561, le roi dom Sebastião l'envoya comme théologien au concile de Trente, où son talent attira bientôt tous les regards. La maison de Paiva de

Andrade était le rendez-vous d'un grand nombre de théologiens et de prélats qui se plaisaient à discuter devant le savant portugais les sujets les plus graves. A cette occasion, le catéchisme protestant de Mosheim venait de paraître et l'université de Cologne l'avait fait censurer par les jésuites. Chemnitz, théologien luthérien renommé, prit la défense de l'ouvrage et attaqua avec violence la Compagnie de Jésus. A son tour, Païva de Andrade se proposa de réfuter les erreurs doctrinales de Chemnitz et de défendre l'institut des jésuites. Dans ce but, il écrivit son ouvrage, *Orthodoxarum explicationum*, paru à Cologne en 1564, et auquel Chemnitz répliqua avec amertume. Andrade écrivit alors un nouveau livre sous le titre *Defensio Tridentinae fidei catholicae*, où il démontrait une fois de plus les erreurs de son adversaire.

Lorsque le concile fut terminé, Diogo de Païva de Andrade se rendit à Rome et, quelque temps après, il retourna dans son pays pour y continuer ses travaux littéraires et sa vie modeste, jusqu'à ce que la mort l'emportât prématurément.

Il écrivit : *Orthodoxarum explicationum libri X. Primus est de origine Societatis Jesus. II. De Scriptura sacra. III. De peccato. IV. De libero arbitrio. V. De lege et evangelio. VI. De justificatione et fide. VII. De cena Domini. VIII. De confessione, confirmatione et extrema unctione. IX. De veneratione sanctorum et imaginibus. X. De caelibatu*, Cologne, 1564; Venise, 1564. L'édition de Venise est la meilleure; — *De Societatis Jesu origine libellus contra Kemnitii cujusdam petulantem audaciam*, Louvain, 1566. Cet ouvrage est le premier livre du traité précédent. Il y en a une traduction française par Michel Jove, Lyon, 1565; — *Defensio Tridentinae fidei catholicae et integerrimae quinque libris comprehensa adversus detestabiles haereticorum calumnias et praesertim Martini Kemnitii Germani. Primus liber constat de generalis concilii auctoritate. II. De auctoritate sanctae Scripturae et traditionum. III. De libris canonicis. IV. De auctoritate vulgatae latinae editionis. V. in tres partes dividitur : a) De peccati originis; b) De peccati originalis reliquiis, sive de concupiscentia quae post baptismum in mente est reliqua; c) De Virginis Deiparae conceptione*, Lisbonne, 1578; Cologne, 1580; Ingolstadt, 1580; Venise, 1592; — *Oratio habita ad PP. Tridentinae synodi dominica secunda post Pascha anni 1562*, Louvain, 1567 (avec d'autres ouvrages); Venise, 1562; — *Sermões. Primeira parte. Começa no primeiro domingo de Advento e acaba na festa do Santissimo Sacramento*, Lisbonne, 1603; — *Sermões. Segunda parte. Contém os sermões de Nossa Senhora e dos santos postos pela ordem dos meses*, Lisbonne, 1605; — *Terceira parte dos sermões de várias materias com a parafrase de alguns psalmos*, Lisbonne, 1615.

Diogo Barbosa Machado, *Bibliotheca Lusitana*, Lisbonne, 1741, t. I, p. 684 sq. — Fortunato de Almeida, *História da Igreja em Portugal*, t. III, p. 11 (sous presse). — *O Panorama*, Lisbonne, 1837, t. I, p. 14. — Innocêncio Francisco da Silva, *Diccionário bibliográphico portuguéz*, Lisbonne, 1859, t. II, p. 169. — H. Hurter, *Nomenclator literarius*, t. III, col. 39-62.

Fortunato DE ALMEIDA.

5. ANDRADE (FRANCISCO JOSÉ RODRIGUES DE), évêque de Funchal (île de Madère), confirmé par Pie VII le 22 septembre 1821. Nous n'avons pas de renseignements sur son rôle épiscopal, peut-être obscurci par les luttes politiques de son temps. En 1835, en conséquence des troubles politiques et religieux qui, en Portugal, s'étaient produits surtout depuis 1832, Andrade émigra en Italie et établit sa résidence à la maison de campagne du cardinal-archevêque de Gênes, à Sampierdarena, paroisse de Promontorio, près de Gênes, où il mourut le 2 mai 1838, âgé de soixante-dix-sept ans. Il fut inhumé dans l'église paroissiale, où a été placée, le 14 juin 1891, aux frais du clergé de Funchal, une pierre sépulcrale.

Fortunato DE ALMEIDA.

6. ANDRADE (GASPAR DE), franciscain, évêque de Comayagua (Honduras). Le P. Gaspar s'était fait remarquer par son talent oratoire dans les missions de Honduras, lorsqu'il fut nommé évêque de Comayagua, le 16 novembre 1587. Il y mourut en 1612.

Alcedo, *Diccionario geográfico-histórico de las Indias occidentales*, t. I, p. 624. — Wadding-Melchiorri, *Annales minorum*, t. XXII, p. 173. — Eubel, *Hierarchia*, t. III, p. 189.

M. BIHL.

7. ANDRADE (JOAO DE), évêque élu de Tanger et de Ceuta, après l'union de ces deux diocèses. Né à Ceuta le 27 janvier 1588, fils de Manuel de Azevedo, receveur des impôts (*almoxarife*), et de Violante André, Andrade entra, en 1603, dans le couvent des trinitaires, à Ceuta. Après avoir fait son noviciat, il fut transféré au couvent de Lisbonne pour y étudier la philosophie et la théologie, qu'il professa ensuite. On le nomma plus tard recteur du collège de Coïmbre, ministre du couvent de Lisbonne et, depuis 1651, il fut le provincial de son ordre. Il eut encore les charges d'examinateur des ordres militaires et du prieuré de Crato et de juge de la légation.

La ville de Ceuta étant restée sous la domination espagnole, après la révolution portugaise de 1640, le roi dom João IV n'en pourvut pas moins à la nomination de ses évêques. Le 25 octobre 1655, il nomma João de Andrade évêque de Ceuta. Le nouvel élu n'obtint pas la confirmation du Saint-Siège, à cause des difficultés que dom João IV trouvait à Rome, où l'indépendance du Portugal n'était pas reconnue; mais l'embarras ne fut pas de longue durée, car la mort emporta Andrade le 2 novembre 1655.

Il écrivit : *Apologia pro vero et proprio martyrio per pestem*, imprimée dans le t. XX des Œuvres du P. Théophile Raynaud, de la Compagnie de Jésus, Cracovie, 1669; — *Apologia patriarchal sagrada em que provou e defendeu o culto immemorial dos santos patriarchas João e Felix, feita a 12 de setembro de 1647*. Cet ouvrage existait en manuscrit dans le couvent de la Trinité à Lisbonne; — *Quaestiones selectae in universam theologiam*, ms.

Jorge Cardoso, *Agiológio lusitano*, Lisbonne, 1652, t. I, p. 51. — Jerónymo de S. José, *História chronológica da ordem da Santissima Trindade*, Lisbonne, 1794, t. II, p. 132 sq. — Diogo Barbosa Machado, *Bibliotheca lusitana*, Lisbonne, 1747, t. II, p. 587. — José Barbosa Canaes de Figueiredo Castello Branco, *Estudos biográphicos*, Lisbonne, 1854, p. 217. — Visconde de Paiva Manso, *História ecclesiástica ultramarina*, Lisbonne, 1872, p. 57. — Fortunato de Almeida, *História da Igreja em Portugal*, t. III, 2ᵉ part. (sous presse).

Fortunato DE ALMEIDA.

8. ANDRADE (JUAN), augustin, professeur de théologie à l'université de Salamanque en 1745. Les bibliographes augustins le mentionnent comme auteur de sept volumes de *Conclusiones philosophicae* inédits, et d'un *Traité d'introduction à l'étude de l'Écriture sainte*, en espagnol.

Moral, *Catalogo de escritores agustinos españoles*, dans la *Ciudad de Dios*, t. XXXV, p. 364. — Perini, *Scriptores augustiniani*, Rome, 1911, t. I, p. 87-88.

A. PALMIERI.

9. ANDRADE (LUCAS DE), prêtre portugais, né à Lisbonne. Il eut d'abord un bénéfice à l'église de Saint-Nicolas, à Lisbonne; fut aumônier de la chapelle royale, prieur de l'église de Nossa Senhora dos Anjos et protonotaire apostolique. Il connaissait très bien les rites ecclésiastiques et laissa plusieurs ouvrages sur la liturgie. Andrade mourut à Lisbonne le 10 août 1680.

Il écrivit : *Manual das ceremónias da missa solemne de três padres, e das missas dos defunctos, e das que se devem guardar nas horas canónicas que se cantam solemnemente, e das procissões solemnes, em que se leva o Santíssimo Sacramento*, Lisbonne, 1652 ; — *Manual das ceremónias do officio solemne da semana santa começando do domingo de Ramos até á manhã de páschoa da resurreição*, Lisbonne, 1653 ; — *Breve relação do sumptuoso enterro que se fez em 17 de maio de 1653 ao... principe dom Theodósio*, Lisbonne, 1659 ; — *Breve relação do que succedeu depois da morte de... dona Joanna infanta de Portugal*, Lisbonne, 1654 ; — *Illustrações aos manuaes da missa solemne e do officio solemne da semana santa*, Lisbonne, 1660 ; — *Discurso eucharistico em que prova dever-se dizer* alleluia *nas missas e officios e commemorações que se fazem* intra annum *como no dia de* Corpus Christi, excepto a tempore septuagessimae ad sabbatum sanctum, Lisbonne, 1660 ; — *Eucharisterion, ou de alleluia*, Lisbonne, 1662 ; — *Theosébia ou culto e oração que se deve a Deus, com as ceremónias que se devem guardar no celebrar o officio divino*, Lisbonne, 1670 ; — *Acções episcopaes, tiradas do Pontifical romano e Ceremonial dos bispos, com um breve compéndio dos poderes e privilégios dos bispos*, Lisbonne, 1671 ; — *Visita geral que deve fazer um prelado no seu bispado, apontadas as cousas por que deve perguntar e o que devem preparar os párochos para a visita*, Lisbonne, 1673 ; — *Advertências espirituaes para mais agradar a Deus Nosso Senhor, com um exercicio muito proveitoso para depois da communhão*, Lisbonne, 1647, 1656, 1670, 1674.

Jorge Cardoso, *Agiológio lusitano*, Lisbonne, t. II, p. 414. — Diogo Barbosa Machado, *Bibliotheca lusitana*, Lisbonne, 1752, t. III, p. 40. — Innocêncio Francisco da Silva, *Diccionário bibliográphico portuguez*, Lisbonne, 1860, t. V, p. 201.

Fortunato DE ALMEIDA.

10. ANDRADE (MANUEL JOAQUIM GONSALVES DE), prêtre de l'institut de Saint-Pierre, nommé évêque de São Paulo (Brésil), le 12 octobre 1826, confirmé par Léon XII en mai 1827, sacré le 28 octobre de la même année. Il prit possession par procureur le 11 novembre, fit son entrée solennelle le 21 décembre 1827 et mourut le 26 mai 1847.

Cândido Mendes de Almeida, *Direito civil ecclesiástico brasileiro*, Rio de Janeiro, 1866, t. I, 2ᵉ part., p. 660 ; 3ᵉ part., p. 1333.

Fortunato DE ALMEIDA.

11. ANDRADE (RODERIC DE), martyr. D'après les chroniqueurs de l'ordre de Saint-Augustin, il était né à Séville. Prieur du couvent de San Lucar de Barameda, il fut appelé par Philippe II, roi d'Espagne (1556-1598), à suivre l'Armada (1587), qui devait anéantir la puissance navale de l'Angleterre. Après le désastre de la flotte espagnole, le P. Roderic, fait prisonnier, fut amené à Londres, et décapité. Ses reliques, transportées à Séville, furent déposées dans la chapelle du palais royal.

Maigret, *Martyrographia augustiniana*, Anvers, 1625, p. 115-118. — Elssius, *Encomiasticon augustinianum*, Bruxelles, 1654, p. 607.

A. PALMIERI.

12. ANDRADE (SEBASTIAO DA COSTA DE), né à Lisbonne, reçut le grade de docteur en théologie à l'université de Coïmbre et fut professeur au collège royal de São Paulo à partir du 7 juillet 1597. Il eut aussi les charges de chanoine de la cathédrale d'Évora, commissaire de la bulle et gouverneur du même diocèse, après la mort de l'archevêque Alexandre de Bragança. On lui offrit l'évêché de Cabo Verde qu'il refusa. Il fut un des orateurs sacrés les plus goûtés de son temps et mourut à Évora le 19 juin 1612.

Voici la liste de ses ouvrages : *Officia propria ecclesiae Eborensis*, Évora, 1607. Cet ouvrage fut composé sur l'ordre de l'archevêque Alexandre de Bragança et du chapitre ; — *Commentaria in threnos et orationem Jeremiae prophetae*, Lyon, 1609 ; — *Sermão nas exéquias da rainha dona Margarida de Austria, celebradas na santa sé de Evora em 19 de dezembro de 1611*. Il laissa aussi quelques ouvrages manuscrits.

José Barbosa, *Memórias do collégio real de São Paulo da universidade de Coïmbra e dos seus collegiaes e porcionistas*, Lisbonne, **1727**, p. 107. — Diogo Barbosa Machado, *Bibliotheca lusitana*, Lisbonne, 1752, t. III, p. 685.

Fortunato DE ALMEIDA.

13. ANDRADE (THOMAS DE), vénérable et écrivain de l'ordre de Saint-Augustin. Il est connu plus souvent sous le nom de Thomas de Jésus. Il naquit à Lisbonne, de Ferdinand Alvarez d'Andrade et d'Isabelle de Paiv. Les premières années de sa vie se passèrent dans la piété et le recueillement. Il entra tout jeune chez les augustins et, le 27 mars 1544 (d'après Lanteri, 1548), il fit sa profession dans le couvent de Notre-Dame-des-Grâces de sa ville natale. Le vénérable P. Louis de Montoya, qui connaissait ses éminentes vertus religieuses, lui confia la direction des novices. En 1574, il fut nommé prieur du couvent de Penafirma. Il essaya d'établir en Portugal la congrégation ou réforme des augustins déchaussés, qui s'était déjà répandue en Italie, mais les difficultés qu'il rencontra de la part de ses confrères l'obligèrent à se désister de son projet. En 1578, le roi Sébastien Iᵉʳ (1557-1578) le nomma aumônier ou grand-infirmier du corps d'expédition qu'il emmenait en Afrique y combattre les Maures. Le P. Thomas, avec dix de ses confrères, s'embarqua le 25 juillet 1578. Le 4 août de la même année, eut lieu la bataille d'Alcazar-Quivir. Le roi y fut tué, et le P. Thomas tomba prisonnier. Il fut conduit dans la ville de Méquinez, et donné comme esclave à un marabout, qui d'abord le traita avec bienveillance, dans l'espoir de l'amener à la religion musulmane. Le P. Thomas usa de sa liberté relative pour soutenir le courage et la confiance de ses compagnons de captivité, et il ramena au christianisme plusieurs apostats, entre autres Pierre de Navarre qui subit le martyre. Mais sa constance dans la profession de la foi chrétienne lui attira la haine de son maître, qui l'enferma dans un cachot souterrain, et décida même de lui ôter la vie. Grâce cependant aux instances de François de Costa, ambassadeur d'Espagne au Maroc, il fut transféré dans la ville de Maroc, et délivré moyennant une forte rançon payée par sa sœur, la comtesse Linares. Mais le P. Andrade préféra employer cette somme à la délivrance de plusieurs captifs chargés de famille, et consacra le reste de sa vie à consoler et à fortifier dans leur foi les esclaves chrétiens. C'est dans ce rude apostolat que la mort, dont il avait prédit le jour et l'heure, vint le frapper le 17 avril 1582.

Comme écrivain ascétique, le P. Thomas est connu surtout par ses méditations sur les souffrances de Jésus. Voici le titre de son ouvrage dans la première édition portugaise : *Trabalhos de Jesus compostos pelo venerável Padre Fray Thome de Jesus da ordem dos eremitas de Santo Agostinho da província de Portugal, estando cativo en Berbería : primeira parte : trata de XXV trabalhos que o Senhor passou desde hora en que foy concebido ate a morte de sua prieao. Tem considerações novas é proveitosas aos pregadores quando tratam da vida de Christo nostro Senhor*, Lisbonne, 1602 ; — *Trabalhos de Jesus : segunda parte. Que passon desde o orto de Gethsemani ate sua morte, que sao os trabalhos de sua sacratissima payxao*, Lisbonne, 1609. La cinquième édition portugaise est datée de l'an 1865. Ces méditations ont été traduites en espagnol par Ferreira, Saragosse, 1624 ; dernière édition, Madrid, 1902 ; en français par le P. Gilles Alleaume, S. J., Paris,

1692; un grand nombre d'éditions. La dernière, à Paris, 1883. C'est sur la traduction française du P. Alleaume qu'ont été faites les traductions allemande du P. Stark, Augsbourg, 1790; hollandaise, de Servatius, Gand, 1708; italienne, de Famiani, Rome, 1793, et de Pertusati, Venise, 1813. Ces traductions ont été éditées plusieurs fois. Voir Sommervogel, *Bibliothèque de la Compagnie de Jésus*, Bruxelles, 1890, t. I, col. 179-180; — *Tribunal de la conciencia juntamente con el oratorio sacro de soliloquios, y varias devociones de Nuestra Senora*, Madrid, 1626. Cette traduction espagnole a été faite sur le texte, inédit, portugais par le P. de Camargo, augustin espagnol; — *Historia de la vida del muy religioso i varon fray Luys de Montoya de la orden de Sant Augustin, vicario general en la provincia de Portugal de la mesma orden*, Lisbonne, 1628; — *Oratorio sacro de soliloquios do amor divino e varias devoçoes a Nostra Senhora*, Madrid, 1628; — *Fiel despertador de exercicios quotidianos, e devoçoes opportunas, e conducentes para especiaes a horas, dias e tempos, tiradas de varios livros para aproveitamento espiritual de todo o Christao*, Lisbonne, 1636. Barbosa Machado cite aussi de lui deux ouvrages latins ou traduits en latin : *De oratione dominica*, Anvers, 1623; — *Praxis verae fidei quo justus vivit*, Cologne, 1629, et d'autres écrits inédits de moindre importance.

Cardoso, *Agiologio lusitano dos sanctos e varoens illustres em virtude do reino de Portugal*, Lisbonne, 1657, t. II, p. 610. — André de Saint-Nicolas, *Historia general de los religiosos descalzos del orden de los hermitanos de san Augustin*, Madrid, 1664, t. I, p. 103-124. — Maurice de la Mère-de-Dieu, *Sacra eremus augustiniana*, Chambéry, 1668, p. 49-56. — Barbosa Machado, *Bibliotheca Lusitana*, Lisbonne, 1752, t. II, p. 756-758. — Nicolas Antonio, *Bibliotheca Hispana nova*, Madrid, 1788, t. II, p. 306. — Ossinger, *Bibliotheca augustiniana*, p. 465-474. — Lanteri-Crusenius, *Monasticon augustinianum*, Valladolid, 1890, t. I, p. 689-690. — Moral, *Catalogo de escritores agustinos espanoles*, dans *La Ciudad de Dios*, 1905, t. LXVI, p. 222-230. — Hurter, *Nomenclator literarius*, t. III, col. 59.

A. PALMIERI.

14. ANDRADE Y CASTRO (FERDINANDO). Né à Compostelle, d'une grande famille de cette ville, il devint chanoine de la cathédrale, archidiacre de Lugo et membre du conseil suprême de l'Inquisition. Préconisé archevêque de Palerme le 28 novembre (et non le 1er décembre, comme le dit Cappelletti), il fut sacré à Rome le 30, et fit son entrée solennelle dans la capitale de la Sicile le 16 février 1645. Cette même année, il fit exposer dans la cathédrale le célèbre crucifix attribué à saint Nicomède, afin de détourner une incursion de la flotte turque, qui, en effet, renonça à se diriger vers la Sicile. L'année suivante, il baptisa Méhemet Ceboli, fils du pacha de Tunis. En 1647, pour faire cesser une sécheresse qui avait produit une terrible famine, l'archevêque exposa de nouveau le fameux crucifix, le 2 mai, puis le transporta processionnellement dans l'église Saint-Giuseppe des théatins, où il resta exposé quinze jours. Alors tomba une pluie torrentielle, qui parut un miracle du ciel. Une révolte n'en éclata pas moins quelque temps après dans la ville, et l'archevêque, après avoir essayé de la douceur, lança l'excommunication contre ses auteurs et permit aux prêtres de porter des armes sous leurs vêtements. Du reste, il se distingua toujours par sa charité envers les pauvres, son esprit de justice et son zèle. Il fixa au 15 juillet et au 4 septembre la fête de sainte Rosalie, patronne de la ville, qui auparavant se célébrait le troisième dimanche de juillet. En 1648, il demanda à rentrer dans sa patrie, afin de soigner sa santé, fort ébranlée, et le pape, exauçant son désir, le transféra, le 6 juillet (et non pas le 16 octobre, comme le porte Gams), au siège de Jaen, sur lequel il mourut le 22 février 1644 (et non pas en 1648, comme le dit Cappelletti). Deux lettres de lui, en espagnol, datées de 1647, sont conservées aux archives du Vatican, *Lettere di vescovi*, t. 24, fol. 151, 162.

Vincenzo Auria, *Historia cronologica delli signori viceré di Sicilia*, Palerme, 1697, p. 111; *Diari della città di Palermo dal secolo XVI al XIX*, dans *Biblioteca storica e letteraria di Sicilia* de Gioacchino di Marzo, Palerme, 1859, t. III, p. 37, 41-42, 47, 72-73. — Francesco Aprile, *Della cronologia universale della Sicilia sacra libri tre*, Palerme, 1725, p. 344. — Pirri, *Sicilia sacra*, Palerme, 1733, t. I, col. 237-239. — Mongitore, *Siciliae sacrae D. Rocchi Pirri additiones et correctiones*, Palerme, 1735, p. 30-32. — Giovanni E. Di-Blasi, *Storia del regno di Sicilia*, Palerme, 1859, t. III, p. 102. — Cappelletti, *Le chiese d'Italia*, Venise, 1870, t. XXI, p. 557. — Gams, *Series episcoporum*, p. 39, 952. — G. Battista Caruso, *Storia di Sicilia*, Palerme, 1877, t. IV, p. 75. — Isidoro La Lumia, *Giuseppe d'Alesi e la rivoluzione in Palermo del 1647*, Palerme, 1863, p. 32-37; *Studi d'istoria siciliana*, Palerme, 1870, t. II, p. 409-413; *Storie siciliane*, Palerme, 1883, t. IV, p. 36-41.

J. FRAIKIN.

15. ANDRADE PEÇANHA (SEBASTIAO), archevêque de Goa (Inde portugaise). Il étudia les humanités à Évora, sa patrie, et le droit canon à l'université de Coïmbre. Il était promoteur de l'Inquisition à Évora quand le roi João V le nomma archevêque de Goa, le 16 décembre 1715. Sacré à Lisbonne le 22 mars 1716, Andrade arriva à Goa le 17 septembre et prit possession de son siège le 24. La réforme des mœurs et de la discipline du clergé fut dès lors l'objet de ses plus vifs soins, et dans ce but il écrivit plusieurs mandements. Ses infirmités ne lui permettant pas la visite de son diocèse, il y envoya le doyen Henrique Bravo Moraes aux églises de Salcete et Bardez (novembre 1718 à février 1719). La maladie l'obligea à abandonner son siège et à retourner en Europe. Il quitta Goa, le 25 janvier 1720. En route, le navire qui le transportait fut pillé par des pirates; mais Andrade Peçanha put arriver à Moçambique dans une embarcation française. Il était doué d'une grande bonté qui allait jusqu'à la faiblesse. Pendant son épiscopat, la cathédrale de Goa fut pavée avec des dalles en marbre noir. Il mourut à Lisbonne, le 11 mars 1737, et fut inhumé près de l'autel du chapitre, dans le couvent de São Pedro d'Alcantara.

Casimiro Christovam de Nasareth, *Mitras lusitanas no Oriente*, dans le *Boletin da Sociedade de geographia de Lisboa*, Lisbonne, 1893, XIIe série, p. 584 sq. — Fortunato de Almeida, *História da Igreja em Portugal*, t. III, 2e part., (sous presse). — Francisco da Fonseca, *Evora gloriosa*, Rome, 1728, p. 327, 328.

Fortunato DE ALMEIDA.

16. ANDRADE Y SOTOMAYOR (FERNANDO), évêque espagnol. Né à Villagarcia en 1565, il fit de brillantes études à l'université de Salamanque. D'abord archidiacre de Carrion, puis chanoine de Palencia, il alla à Rome en 1603, comme procureur général des églises des deux Castilles. Il en revint en 1615, avec les titres d'archidiacre d'Ecija et de chanoine de Séville. A l'occasion d'une inondation fameuse, en 1625, il se fit remarquer par sa charité, il dépensa en aumônes 6 000 ducats. Après avoir exercé un peu plus d'un an la charge d'inquisiteur de Séville, il fut nommé évêque de Palencia en 1628 et archevêque de Burgos en 1631. Appelé aux fonctions de vice-roi et de capitaine général de Navarre, le 21 décembre 1636, il fut dispensé de la résidence pour un an par le pape Urbain VIII et il se rendit à Pampelune le 30 janvier 1637, pour défendre la frontière contre les attaques des troupes françaises.

En 1640, il fut nommé évêque de Sigüenza. Là il se signala encore par sa charité en secourant les soldats blessés que l'on ramenait de Catalogne à l'hôpital de Saint-Mathieu de Sigüenza. Cependant, dès le mois de mars 1643, Andrade avait été présenté par le roi pour le siège de Santiago de Compostelle. Par suite de la tension des rapports qui existait entre la cour de Rome et le gouvernement de Madrid, les bulles ne furent expédiées que le 20 mars 1645. Avant de prendre possession de son nouveau siège, il tint à laisser établie à Sigüenza la fête de l'Immaculée Conception, qui se célébra très solennellement le 7 février 1644.

A Santiago, il prescrivit l'octave de la Fête-Dieu et réunit un synode diocésain les 26, 27 et 28 mars 1648. Il mourut le 22 janvier 1655. Il fut enterré dans la cathédrale, dans le passage qui fait communiquer le chœur à la première chapelle. Une inscription gravée sur une plaque de bronze rappelle les principaux traits de sa vie.

Antonio Lopez Ferreiro, *Historia de la santa Iglesia de Santiago*, Santiago, 1898-1907, t. IX, p. 105-127. — Mgr Toribio Minguella y Arnedo, *Historia de la diócesis de Sigüenza*, Madrid, 1911-1913, t. III, p. 37-47.

P. SICART.

ANDRAPA, Ἄνδραπα, évêché en Hélénopont. En 64 avant J.-C., après sa victoire sur Mithridate, Pompée fonda la ville de Neapolis, Νεάπολις, que Strabon, XII, p. 560 (édit. Müller, t. 1, p. 479), considère comme un simple développement de Phazimon, aujourd'hui Khavsa, centre de la Phazimonitide, région située dans la partie occidentale du Pont. En l'an 4 ou 3 avant J.-C., les habitants juraient fidélité à Auguste (inscription dans *Revue des études grecques*, 1901, t. XIV, p. 26-45). Un peu plus tard, en l'honneur évidemment de l'empereur Claude, la ville prit le nom de Neaclaudiopolis, Νεακλαυδιούπολις, qu'on trouve dans une inscription de 282. *Journal of Hellenic studies*, 1900, p. 152. Les monnaies de Neapolis-Neaclaudiopolis vont de Trajan à Septimie-Sévère. Head, *Historia numorum*, p. 433. Ptolémée, V, IV, 4, donne pour Neaclaudiopolis un synonyme, Andrapa, qui est sans aucun doute le nom indigène de l'emplacement où Pompée avait établi sa fondation. Lors de la réorganisation de l'empire, Andrapa fut comprise dans l'Hélénopont (Hiéroclès, 701, 7) : elle ne porta plus que ce nom. Cf. Justinien, nov. 28; édit. Zachariae von Lingenthal, t. 1, p. 192. C'est le seul indiqué par les Notices, qui marquent jusqu'au XIIe ou XIIIe siècle Andrapa parmi les évêchés dependant d'Amasée : Notice d'Épiphane et de Léon le Sage (Gelzer, *Ungedruckte und ungenügend veröffentlichte Texte der Notit. episcop.*, p. 538, 553); Notice de Basile et *Nova Tactica* (Gelzer, *Georgii Cyprii Descriptio orbis Romani*, p. 14, 67); Notice 1 (Ἀνδραπόθων), 3, 8, 9, 10, 13 (Ἀνδράπων) de Parthey. Les évêques connus sont : Paralius, présent au concile d'Éphèse (431), et représenté au concile de Chalcédoine (451), par le diacre Eucharius (on a découvert récemment le piédestal d'une croix monumentale, portant une dédicace de cet évêque); — Paul, qui signa la lettre des évêques d'Hélénopont à l'empereur Léon (458). — Jean, présent au concile de Constantinople (680). — Serge, au concile Quinisexte (692). — Théodore, représenté à Nicée (787), par le diacre Marin. — Antoine, au concile de Constantinople (879). Le Quien, *Oriens christianus*, t. 1, col. 539. C'est probablement au IXe siècle que naquit à Andrapa saint Hésychius, qui vécut dans la solitude sur le mont Maeon et dont les reliques furent transférées à Amasée en 792, par le métropolitain Théophylacte. Voir *Acta sanctorum*, mart. t. I, p. 455; *Synaxarium ecclesiae Constantinopolitanae*, édit. H. Delehaye, col. 515, 673. L'auteur de la notice que lui consacrent les synaxaires attribue Andrapa au thème des Arméniaques, qui avait remplacé la Cappadoce Troisième : le détail est confirmé par Constantin Porphyrogénète, *De thematibus*, 1,

P. G., t. CXIII, col. 77 ; édit. Bonn, t. I, p. 21. Vers la fin du XIe siècle, le pays passa aux Turcs seldjoukides : Andrapa devint Vezir Keupru, nom qu'elle porte encore, comme chef-lieu d'un caza du vilayet de Sivas (8 600 hab., dont 300 Grecs, 700 Arméniens, une centaine de catholiques et autant de protestants, le reste musulmans).

Anderson, *A journey of exploration in Pontus*, Bruxelles, 1903, p. 88-99. — F. et E. Cumont, *Voyage d'exploration archéologique dans le Pont et la Petite-Arménie*, Bruxelles, 1906, p. 124-135. — Sur Vezir Keupru à l'époque turque, voir Ritter, *Erdkunde*, t. XVIII, p. 434, et V. Cuinet, *La Turquie d'Asie*, t. I, p. 762.

S. PÉTRIDÈS.

ANDRASSI (ANTOINE), jésuite autrichien, né à Romanfalu (Hongrie) le 28 octobre 1742, entré au noviciat de la Compagnie de Jésus, à Vienne, le 19 novembre 1760. Il enseignait les belles-lettres avec succès lorsque le bref *Dominus ac redemptor*, publié le 16 août 1773, en supprimant l'ordre des jésuites, vint lui rendre la liberté. Il entra aussitôt dans le clergé séculier, espérant des temps meilleurs et fidèle non seulement à l'esprit, mais à toutes les prescriptions de son ancienne règle. Les jésuites n'avaient rien perdu en Autriche de l'estime et de la vénération que leur avaient conquises leurs longs services dans tous les rangs de la société catholique. Pendant que Marie-Thérèse nomme le P. Théophile Delpini abbé de Notre-Dame de Kolos-Monostros et que Joseph II multiplie ses instances auprès du P. Ignace Parhamer pour lui faire accepter un évêché, Antoine Andrassi, que ses luttes contre le joséphisme, et notamment contre les doctrines rationalistes et jansénistes des séminaires avaient rendu célèbre, fut promu, en dépit d'une ardente opposition de ses adversaires, au siège épiscopal de Neutra en Hongrie. La situation était des plus difficiles. Bien que la Hongrie eût moins souffert que les autres États autrichiens des institutions joséphistes, la discipline du clergé n'existait plus guère que de nom et l'évêque de Neutra se heurta aux plus vives résistances, quand, après la douceur, il employa la fermeté pour ramener ses prêtres à l'observation exacte des saints canons. Il fut l'un des premiers évêques qui déterminèrent par leur énergie le mouvement de réaction contre le joséphisme. Il combattit vigoureusement le plan d'études de l'abbé de Braunau, Étienne Rautenstrauch, directeur de la faculté théologique de Vienne, qui supprimait « le fatras de la scolastique » au profit d'études purement positives. L'exégèse rationaliste de Christophe Fischer et de Jahn faisait des prosélytes dans le clergé hongrois : les manuels d'histoire ecclésiastique du protestant Schroeck, etc., hostiles à la papauté, les livres de morale de Danzer, de Beyberger, dégagés de toute attache au dogme ou ramenés au panthéisme fichtéen, les traités de pastorale de Pitroff et de Giftschutz qui réduisaient la discipline ecclésiastique à l'observation des lois naturelles, les dissertations d'Eybel, canoniste de cour, qui basait le droit de l'Église sur les principes joséphistes et fébroniens, exerçaient dans tous les diocèses de la Hongrie une influence plus ou moins voilée, mais funeste à bien des esprits. Il fallait compter aussi avec les sourdes menées des francs-maçons et des disciples de Weishaupt. Antoine Andrassi se montra le gardien vigilant et l'intrépide défenseur de la doctrine, de la morale et de la discipline ecclésiastiques. Aussi sa vie ne fut-elle qu'un perpétuel combat. En butte aux outrages et aux persécutions, il fut dépouillé des revenus de son évêché, menacé plusieurs fois de la prison ou de la mort, et il mourut pauvre dans un couvent de capucins le 16 novembre 1799, au milieu des épreuves et dans le plus fort de la lutte. Son oraison funèbre fut prononcée par le chanoine Tornallvay, Erlau, 1800 : elle rend bien la physionomie de cette vie militante, douce et ferme, animée de la plus sainte charité et fidèle à la devise de ses premières années religieuses, *Ad majorem Dei gloriam*, inscrite dans sa résidence épiscopale.

Antoine Andrassi allait publier un savant ouvrage consacré à la défense des canons du concile de Trente, quand la mort le surprit. En dehors de cet ouvrage resté manuscrit, il ne reste de lui qu'une lettre pastorale à son clergé sur l'unité de la foi catholique et un petit traité canonique : *Appendix subnexa censurae tentaminis demonstrationis trium propositionum de poenali transitu ex religione romano-catholica ad evangelicam*, Buda-Pest, 1790.

Sommervogel, *Bibliothèque de la Compagnie de Jésus*, t. I, col. 333. — Stoeger, *Scriptores provinciae Austriacae S.J.*, Vienne, 1855, p. 102.

P. BERNARD.

ANDRAU (CHRYSOGONE), religieux chartreux, mort pour la foi, au fort de Hâ, à Bordeaux, le 8 décembre 1794, était né à Montélimar (Drôme) le 27 octobre 1751, et avait fait profession à la Grande Chartreuse le 21 juin 1788. Lorsque les commissaires du gouvernement interrogèrent les religieux de la Chartreuse s'ils voulaient continuer leur vie de communauté ou profiter de la loi qui les autorisait à rentrer dans le monde, dom Chrysogone déclara « vouloir rester dans l'ordre des chartreux tant qu'il lui serait possible. » C'était le 6 mai 1790 qu'il fit cette réponse; l'année suivante, le 29 avril, le R. P. général le nomma vicaire de la Silve-Bénite (Isère), qui, selon le décret du 14 octobre 1790, était destinée à être conservée pour les chartreux du département désirant vivre en communauté. Ils étaient douze prêtres et cinq frères laïques, lorsque, en vertu de nouveaux décrets (16 et 17 août 1792), ils furent obligés d'évacuer la Silve-Bénite. Ils se retirèrent presque tous à Virieu dans diverses familles, heureuses de les recevoir (octobre 1792). Quelques jours après (13 octobre), plusieurs d'entre eux, cinq Pères et un frère donné, prêtèrent le serment de liberté et d'égalité exigé par la loi pour jouir de leur pension. Dom Chrysogone était de ce nombre, et il ne se décida à remplir cette condition que sur les conseils de l'abbé Jeannin, curé de Chassignieu. Les religieux prêtres exercèrent quelque temps le saint ministère à Virieu, surtout en faveur des fidèles qui refusaient d'entendre la messe du curé constitutionnel. Le 2 avril 1793, une délibération de la municipalité leur défendit tout exercice du culte dans la paroisse. Dom Chrysogone, voulant tranquilliser sa conscience au sujet du serment prêté, envoya sa rétractation à la mairie le 3 mai 1793 et se retira à Montélimar dans sa famille. Cet acte courageux le fit de suite inscrire sur la liste des gens suspects dressée par les commissaires de la Convention pour le département de l'Isère. On ne tarda pas à l'arrêter et à le conduire à Grenoble, où, dans la prison de Sainte-Marie-d'en-Haut, il trouva son confrère, dom François Callot, religieux de la Silve-Bénite. Le soir du 13 mars 1794, ces deux confesseurs de la foi et quatre autres chartreux faisaient partie du convoi de vingt et un prêtres fidèles condamnés à la déportation, que les administrateurs envoyèrent à Bordeaux. Dans une lettre écrite de Lyon, dom Chrysogone disait : « Je suis plus heureux que jamais; les chaînes dont nous avons été chargés ne m'ont ni étonné ni fait souffrir. Tous, nous sommes disposés à souffrir avec joie les peines qui nous sont réservées; pour moi, je vous le répète, je suis heureux ! » Arrivés à Bordeaux le 7 avril à minuit, ils furent internés au fort de Hâ, où gisaient déjà un grand nombre de prêtres. Les geôliers ne leur donnèrent ni matelas, ni paille pour reposer leurs membres brisés; ils les laissèrent sur le sol nu pendant cinq jours ! Les rigueurs de ce cachot et bien d'autres souffrances physiques et morales minèrent les santés les plus robustes et ouvrirent les portes du ciel à beaucoup de ces victimes de la Révolution. Dom Chrysogone fut de ce nombre. Étant tombé malade, on le transporta à l'hôpital de Saint-André, où il succomba le 8 décembre 1794.

Abbé Lagier, *La chartreuse de la Sylve-Bénite*, Grenoble, 1889, p. 54-59. — *La Grande Chartreuse par un chartreux*, Lyon, 1896, p. 186-188. — Mlle A.-M. de Franclieu, *La persécution religieuse dans le département de l'Isère*, 1904, t. I, p. 12, 297, 426, 465; 1905, t. II, p. 118, 124, 131. — Guillon, *Les martyrs de la foi pendant la Révolution française*, Paris, 1821, t. II, p. 87.

S. AUTORE.

1. ANDRÉ (Saint), Ἀνδρέας (c'est-à-dire « le courageux »; cf. ἀνδρεία, bravoure), un des douze apôtres, frère de saint Pierre, était né à Bethsaïda. Joan., I, 44. Leur père se nommait Jonas ou Jean. Joan., I, 42. Tous deux étaient pêcheurs et habitaient une maison qu'ils possédaient dans la ville de Capharnaum, sur les bords du lac de Tibériade. Marc., I, 29. André portait un nom grec comme beaucoup de Galiléens, ce qui prouve que la langue et les usages helléniques étaient alors fort répandus dans le nord de la Palestine. On ne sait s'il était plus ou moins âgé que Pierre, et on ne sait pas davantage s'il était célibataire ou marié comme ce dernier. Il était du nombre de ces Juifs au cœur droit qui allaient souvent écouter avec fruit la prédication de saint Jean-Baptiste. Un matin, en compagnie de Jean, le futur évangéliste, il se trouvait auprès du Précurseur lorsque celui-ci, voyant passer Jésus, le leur montra en disant : « Voici l'agneau de Dieu. » Aussitôt l'un et l'autre, s'éloignant du Baptiste, suivirent Notre-Seigneur. Après un entretien de quelques heures avec leur nouveau maître, qui venait de se révéler à eux, André, dans son ravissement, se hâta de chercher son frère Simon et, dès qu'il l'eut rencontré, il s'écria : « Nous avons trouvé le Messie, » puis il l'amena à Jésus. Joan., I, 35-42. Comme Philippe qui, le lendemain, obéit à son tour à l'appel du Sauveur, était également originaire de Bethsaïda et devait être connu des deux frères, on a le droit de supposer que c'est encore André qui l'avait préparé à devenir un disciple de Notre-Seigneur. Joan., I, 43-44. Du reste, il est bon de noter que, dans le quatrième évangile, on verra André jouer deux fois encore le beau rôle d'introducteur auprès du Christ.

Devenus les amis de Jésus, André et Simon ne cessèrent pas pour cela de se livrer à leurs occupations habituelles, mais plus tard, un nouvel appel devait les attacher définitivement à leur maître d'une façon stricte et officielle. Un jour, en effet, Jésus, arrivant sur la rive du lac, aperçut les deux frères qui jetaient leurs filets dans les eaux et il leur dit : « Venez à ma suite et je ferai de vous des pêcheurs d'hommes. » Et eux, aussitôt, laissant leurs filets, le suivirent pour ne plus se séparer de lui. Matth., IV, 18-20; Marc., I, 16-18. Enfin vint le moment solennel où ils furent élevés à l'apostolat et introduits dans le collège des Douze. Il existe dans le Nouveau Testament quatre listes des apôtres et dans chacune d'elles ceux-ci sont répartis en trois groupes de quatre. Saint André est toujours placé dans le premier de ces groupes avec saint Pierre, saint Jacques le Majeur et saint Jean, mais, tandis que, dans les listes du premier et du troisième évangile, il occupe le second rang (Matth., X, 2; Luc., VI, 14), dans celles du quatrième évangile et des Actes des apôtres il n'a que la quatrième, les deux fils de Zébédée passant avant lui. Marc., III, 18; Act., I, 13.

Tout ce qui, dans le Nouveau Testament, est dit des apôtres en général se rapporte naturellement à saint André, mais trois fois il sera désigné par son nom. Il est question de lui d'abord à propos du miracle de la multiplication des pains. C'est lui qui, lorsque Jésus eut demandé à Philippe comment on pourrait nourrir la foule accourue dans le désert, fit savoir qu'un jeune homme avait cinq pains et deux poissons. Joan., vi, 8-9. Ensuite, quand des Grecs affiliés au judaïsme s'adressèrent à Philippe pour qu'il les présentât à Notre-Seigneur, cet apôtre, n'osant le faire seul, pria André de se joindre à lui et tous deux s'enhardirent alors à avertir leur maître de concert. Dans cette circonstance comme dans la précédente, nous voyons André associé à Philippe et il a été remarqué plus haut que c'est lui probablement qui avait conduit celui-ci au Sauveur pour la première fois. Il semble donc prouvé que ces deux apôtres, qui étaient nés l'un et l'autre à Bethsaïda, étaient liés d'une étroite amitié. Enfin, le deuxième évangile nous apprend qu'André accompagnait Jésus avec les trois autres apôtres préférés, le mardi saint, au moment de l'ascension sur le mont des Oliviers, et que, comme eux, il interrogea Notre-Seigneur sur l'époque où aurait lieu la destruction de Jérusalem. Peut-être est-ce lui qui avait attiré l'attention de son maître sur le temple et provoqué ainsi le célèbre discours eschatologique. Marc., xiii, 1-4.

Ici s'arrêtent les renseignements donnés par le Nouveau Testament sur saint André. Que devint-il après la Pentecôte et quelle est la part qu'il prit à l'évangélisation des nations païennes, on n'a pour répondre à ces questions qu'une tradition rapportée trop brièvement par d'anciens auteurs ecclésiastiques, tels que Eusèbe, saint Jérôme, etc., et plus explicitement, mais avec trop peu de garantie d'authenticité, dans des récits anonymes et de beaucoup postérieurs, ainsi que dans des compilations d'une autorité insuffisante, comme celle de Nicéphore Calliste. Il n'y a aucune raison pour ne pas accepter cette tradition dans ses grandes lignes. Eusèbe, *Hist. eccles.*, III, 1, nous dit que, lorsque les apôtres se partagèrent les régions qu'ils devaient évangéliser, la Scythie échut à André, tandis que saint Jérôme, *Epist. ad Marc.*, et Théodoret, *In Psalm.*, cxvi, ont écrit que la Grèce ou plus strictement l'Achaïe fut le théâtre de sa prédication. Si, comme cela est très probable, la Scythie dont il s'agit est la vaste contrée qui, pour Hérodote, s'étendait de la rive gauche du bas Danube au bassin inférieur du Don, il faut croire que s'éloignent guère de la vérité les auteurs d'après lesquels saint André aurait parcouru, dans la direction du nord-ouest, puis du nord, la Cappadoce, la Galatie, la Bithynie, la Thrace, la Scythie, c'est-à-dire sans doute la Roumanie actuelle, et ensuite, en revenant vers le sud, la Thrace à nouveau, la Macédoine, la Thessalie et, enfin, l'Achaïe, où il termina sa carrière. En résumé, saint André, avant de pénétrer en Grèce, aurait porté les lumières de l'Évangile dans la plupart des provinces situées sur les bords sud-ouest et nord-ouest du Pont-Euxin (mer Noire). Quant à l'opinion suivant laquelle saint André, pendant son passage en Thrace, aurait sacré lui-même le premier évêque de Byzance, nommé Stachys et l'un des soixante-douze disciples du Christ, elle a été suffisamment réfutée par les bollandistes dans leurs *Acta sanctorum*, à la date du 31 octobre, à laquelle les grecs fêtent ce personnage. Cette erreur était soigneusement entretenue par les partisans de Photius, dans le but de transporter les honneurs et les droits de la primauté apostolique du siège de Rome à celui de Constantinople.

C'est à Patras, dans l'Achaïe, que, vers la fin du 1er siècle veille des calendes de décembre (30 novembre), saint André mourut, attaché à une croix en forme d'X, qu'on appela dès lors croix de saint André.

DICT. D'HIST. ET DE GÉOG. ECCLÉS.

Divers textes, conservés dans un certain nombre de manuscrits, les uns grecs, les autres latins, contiennent le récit légendaire des actes et du martyre de cet apôtre. Reproduits en partie par Mombritius, Woog, Tischendorf, Migne, etc., ils ont été réunis par M. Max Bonnet, qui en a donné une excellente édition critique. On trouvera la liste de ces diverses publications dans la *Bibliotheca hagiographica graeca*, Bruxelles, 1909, p. 14-16. Le même auteur a démontré avec une grande sagacité que l'un de ces textes, une *Passio sancti Andreae apostoli*, qui existe en latin et en grec, est plus ancien et plus correct sous sa forme latine, du ve ou vie siècle, et qu'il est lui-même la traduction d'un texte grec primitif du iiie siècle, malheureusement perdu. *Byzant. Zeitsch.*, 1894, t. iii, p. 458-469.

L'Église latine et l'Église grecque fêtent saint André le 30 novembre, mais, tandis que la première fait mémoire de la translation de son corps à Constantinople le 9 mai, la seconde a inscrit celle-ci, dans son calendrier, le 20 juin. D'un autre côté, la sixième leçon de la fête de ce saint, dans le bréviaire romain, mentionne une deuxième translation de ses reliques de Constantinople à Amalfi en Italie, au xiiie siècle, et le transport de son chef de Patras en Morée, à l'église Saint-Pierre de Rome, sous Pie II en 1462. De ceci il n'est nullement question dans les synaxaires grecs. La fête de saint André est fixée également au 30 novembre dans les Églises syrienne et maronite, mais dans l'Église copte elle a lieu le 4 du mois de koiakh, ce qui correspond à notre 12 décembre. Les grecs donnent à saint André le surnom de πρωτόκλητος, « le premier appelé », ce en quoi ils n'ont pas parfaitement raison, puisque l'appel auquel il répondit fut adressé en même temps à saint Jean.

En dehors des ouvrages mentionnés plus haut, on devra consulter ceux que l'abbé U. Chevalier a signalés dans son *Répertoire des sources historiques du moyen âge. Bio-bibliographie*, t. i, col. 216-217, auxquels il faut ajouter les *synaxaires* et les *ménées* grecs aux dates des 30 novembre et 20 juin, ainsi que : N. Nilles, *Kalend. utr. Eccl. orient. et occident.*, Inspruck, 1896-1897, t. i, p. 338-339, 464, 486; t. ii, p. 537, 623, 699, 711. — Enfin, on trouvera dans *P. G.*, t. ii, col. 1189-1198, la reproduction des passages des auteurs anciens où il est question de saint André.

L. CLUGNET.

2. ANDRÉ (Saint), martyr à Bethléem, d'après le Martyrologe hiéronymien, sous Hérode. *Martyrolog. hieronym.*, éd. De Rossi et Duchesne, p. 19. Les bollandistes pensent que ce saint fut mis à mort vers l'an 43 par Hérode Agrippa, en même temps que saint Jacques le Majeur. Act., xii, 2.

Acta sanctor., 1658, feb. t. ii, p. 379.

U. ROUZIÈS.

3. ANDRÉ (Saint), martyr, honoré chez les grecs, le 9 et le 12 juillet. Il périt par le feu, en même temps que saint Probus.

Acta sanctor., 1721, jul. t. ii, p. 698. — H. Delehaye, *Synaxar. Eccl. Constantinopol.*, col. 810, 818.

U. ROUZIÈS.

4. ANDRÉ, douzième évêque de Trèves, d'après quelques catalogues épiscopaux du diocèse qui ne remontent pas au delà du xiie siècle. Des chroniqueurs bien tardifs assignent comme date de son épiscopat les années 227-235, entre les évêques Trevericus et Rusticus, et disent qu'il est mort martyr le 13 janvier. Le nom de cet évêque étant inconnu aux catalogues anciens, il n'y a pas lieu de s'y arrêter.

Acta sanctorum, jan. t. i, p. 766. — *Series archiepiscoporum Treverensium*, dans *Monumenta Germaniae hist., Scriptores*, t. xiii, p. 296-301.

G. ALLMANG.

5. ANDRÉ (Saint). L'un des martyrs de *Maxula*, en Afrique, honorés le 22 juillet. Il est toujours nommé le premier du groupe, dont il semble avoir été en quelque sorte le chef. Voir AELIANUS, t. I, col. 652.

Aug. AUDOLLENT.

6. ANDRÉ (Saint), martyr à Lampsaque, formant avec les saints Pierre, Paul et Denise un groupe dont la fête est célébrée le 15 mai. Lampsaque est une ville de Mysie où le culte de Diane était particulièrement en honneur. Les saints martyrs souffrirent sous le proconsul Opitimus, pendant la persécution de Dèce. Opitimus, qui venait de condamner saint Pierre, se disposait à se rendre à Troas, quand on lui amena André et Paul, auxquels devait venir se joindre Denise. André, interrogé par le consul, fut d'abord envoyé en prison; mais le peuple réclama des chrétiens, et on fit sortir Paul et André de prison pour lui être livrés, après avoir été flagellés; le peuple furieux les tua à coups de pierres. Les actes des martyrs de Lampsaque, qui nous ont été conservés par cinq manuscrits, sont qualifiés par Tillemont de « très bonne histoire, » et ont été insérés par Ruinart dans les *Acta sincera*, p. 147; éd. de 1859, p. 205. Ils sont également donnés par les bollandistes, *Acta sanctor*, maii t. III, p. 450-451.

Tillemont, *Mémoires pour servir à l'hist. ecclés.*, t. III, p. 392-394. — Allard, *Hist. des persécutions pendant la première moitié du IIIᵉ siècle*, p. 396-398. — *Bibl. hagiogr. latina*, t. II, n. 6716. — Quentin, *Les martyrologes historiques*, p. 333. — Delehaye, *Les origines du culte des martyrs*, p. 177.

R. AIGRAIN.

7. ANDRÉ (Saint), martyr à Alexandrie. Voir FAUSTUS (Saint).

8. ANDRÉ (Saint), tribun romain, qui versa son sang pour la foi en Cilicie, vers l'an 300. Les actes authentiques de son martyre n'étant pas parvenus jusqu'à nous, on doit, pour en reconstituer l'histoire, le dégager d'un récit grec attribué à Syméon le Métaphraste et rempli des amplifications habituelles. André exerçait un commandement dans un corps de troupes placé sous les ordres d'un certain Antiochus et faisant partie de l'armée que Maximien Galère, envoyé par Dioclétien, conduisait contre les Perses. Obligé de lutter contre des ennemis fort supérieurs en nombre, il excita le courage de ses soldats en les exhortant à invoquer l'assistance du Christ, dont il avait entendu parler, et il remporta un brillant succès qui le couvrit de gloire. Mais quelques-uns de ses soldats le dénoncèrent à Antiochus, comme s'efforçant d'attirer des partisans au Dieu des chrétiens. Antiochus le fit immédiatement arrêter, ainsi que les soldats qu'il commandait, mais n'ayant pu les déterminer à renoncer à leur nouvelle croyance, il écrivit à Galère pour lui demander quelle conduite devait être tenue à leur égard. Galère répondit qu'il serait imprudent de traiter avec rigueur des hommes qui venaient de s'illustrer par leur bravoure, ce qui pourrait provoquer une sédition parmi les troupes, et qu'il valait mieux pour le moment les chasser de l'armée, sauf à les punir plus tard quand une occasion favorable se présenterait. Profitant de sa liberté, André se rendit en toute hâte, avec ses compagnons, auprès de Pierre, évêque de Césarée de Cilicie, qui les baptisa. Instruit de ce fait, Antiochus s'empressa d'en informer Seleucus, commandant militaire de la Cilicie, et de lui ordonner de sévir contre les nouveaux convertis. Prévenus du danger qui les menaçait, André et les autres néophytes gagnèrent précipitamment une des régions les plus sauvages du massif du Taurus, mais atteints dans leur fuite par une troupe de soldats envoyés à leur poursuite, ils furent tous massacrés, le 14 des calendes de septembre (19 août). L'évêque Pierre, accouru sur les lieux, fit enterrer leurs corps et peut-être est-il l'auteur d'une narration de ces événements, qui fut développée plus tard par le Métaphraste.

C'est à tort et par suite d'une erreur de lecture qu'on a prétendu parfois qu'André s'appelait également Magnus.

Le culte de ce saint se répandit rapidement en Orient. Sa commémoraison est inscrite dans les calendriers des Églises arménienne et syrienne, ainsi que ceux des Églises grecque et latine, à la date du 19 août. On ignore le nombre des soldats qui partagèrent son sort. Le chiffre 2 995 donné dans les ménologes syriens n'a rien de certain.

Act. sanct., 1737, august. t. III, p. 720-726. — *P. G.*, t. CXV, col. 587-610. — Baronius, *Ann. eccles.*, ad ann. 301, n. 2-5. — Surius, *Vit. sanct.*, au 19 août. — *Bibl. hag. gr.*, 1909, p. 17-18. — Les *ménées* et *synaxaires* grecs, à la date du 19 août.

L. CLUGNET.

9. ANDRÉ d'Arsinoé, en Arcadie d'Égypte (Heptanomus), assistait au concile d'Alexandrie en 362. S. Anastase, *Tom. ad Antiochenos*, prol. et c. x, *P. G.*, t. XXVI, col. 795, 808; Mansi, *Sacr. concil. ampl. collect.*, t. III, col. 345, 353. Il est impossible de dire si c'est le même évêque d'Égypte qui signa, en 343, la lettre du concile de Sardique aux évêques, et dont le siège n'est pas indiqué (Mansi, *op. cit.*, t. III, col. 68); nous ne connaissons pas, en 343, d'autre évêque à Arsinoé.

Le Quien, *Oriens christianus*, t. II, col. 583.

R. AIGRAIN.

10. ANDRÉ (Saint), martyr à Arezzo. Voir GAUDENTIUS (Saint).

11. ANDRE (Saint), évêque de Florence, est nommé au martyrologe romain, sans détails, à la date du 26 février. On n'a conservé aucune Vie originale de ce personnage, et l'époque même de sa vie a donné lieu à des controverses. Certains biographes le font vivre vers 870, sous l'empereur Louis, mais il est difficile de trouver de la consistance à ces données chronologiques. Il est plus probable que saint André succéda en 400 à l'évêque saint Zénobe, puis, quelques plus tard, craignant l'invasion des Goths, il fit transférer les reliques de l'église Saint-Laurent à la cathédrale, comme l'atteste une inscription citée par les bollandistes. Saint André fut à son tour enseveli dans la crypte, à côté de son prédécesseur.

Acta sanctorum, febr. t. III, p. 666. — *Bibliotheca hagiographica latina*, t. II, p. 1314, n. 449 d.

R. AIGRAIN.

12. ANDRÉ, évêque d'Hermopolis *magna* ou *maior*, en Thébaïde. Il assistait au concile d'Éphèse (431), où il prit la parole pour adhérer à la doctrine cyrillienne, et dans les actes duquel on trouve sa signature après la déposition de Nestorius, l'excommunication des Orientaux, les actes de la sixième session.

Mansi, *Sacr. concil. ampl. collectio*, t. IV, col. 1128, 1169, 1221, 1368; t. V, col. 531, 589, 616, 687, 714. — Le Quien, *Oriens christianus*, t. II, col. 595.

R. AIGRAIN.

13. ANDRÉ, évêque de Samosate au Vᵉ siècle, prit une part active à la controverse nestorienne. Il était déjà évêque de Samosate, lorsque Jean d'Antioche, au reçu des *Anathématismes* de saint Cyrille d'Alexandrie contre Nestorius, lui demanda de les réfuter (fin de 430 ou début de 431). Cette réfutation nous est parvenue en grande partie, mêlée à la réponse de saint Cyrille, *P. G.*, t. LXXVI, col. 315-386. André l'écrivit au nom des évêques de la province d'Orient; ce qui explique le titre de la réponse de saint Cyrille : *Apologeticus adversus orientales episcopos* et le fait qu'André n'y est pas nommé une seule fois. La méthode polémique de l'évêque de Samosate vise à mettre saint

Cyrille en contradiction avec lui-même; mais la pensée du docteur alexandrin lui échappe le plus souvent, et il semble bien que sur le dogme christologique il n'y ait pas eu d'opposition de fond entre lui et Cyrille. Cf. Mahé, *Les anathématismes de saint Cyrille d'Alexandrie et les évêques orientaux du patriarcat d'Antioche*, dans la *Revue d'histoire ecclésiastique*, 1906, t. vii, p. 505-542. André composa contre l'évêque d'Alexandrie un second traité, qui suivit de près le premier et dont il ne nous reste qu'un court fragment conservé dans l'*Hodegos* d'Anastase le Sinaïte, cap. xxii, P. G., t. lxxix, col. 291-294. C'est après avoir cité ce fragment qu'Anastase traite l'évêque de Samosate de « dragon plein de venin nestorien. » Cette invective n'est pas suffisamment justifiée.

Empêché par la maladie d'assister au concile d'Éphèse (431), André se rangea avec son métropolitain, Alexandre de Hiérapolis (col. 190), du côté de Jean d'Antioche, fut présent au synode d'Antioche de 432, qui discuta les conditions de la réconciliation avec les Alexandrins, et à celui de Zeugma (433), qui réunit les évêques de la province d'Euphrate moins le métropolitain, Alexandre de Hiérapolis. Dans ce dernier synode, se forma un tiers parti entre les Orientaux intransigeants et ceux qui, avec Jean d'Antioche, avaient fait leur paix avec saint Cyrille en signant le symbole d'union (433). On reconnaissait l'orthodoxie de l'évêque d'Alexandrie, mais on refusait de condamner Nestorius et d'approuver sa déposition. André resta pendant quelque temps fidèle à ce groupe et essaya vainement d'y rallier son métropolitain, avec lequel il entretint une correspondance intéressante, qui nous est parvenue dans le *Synodicon Cassinense*. Mais, obligé de quitter son diocèse par suite de troubles suscités contre sa personne, et voyant les bons résultats produits partout par la réconciliation de Cyrille et de Jean d'Antioche, il finit par se joindre à eux sans poser de conditions : « Je déclare ouvertement, écrit-il aux économes de l'évêque Alexandre de Hiérapolis, ce que j'ai déjà écrit, qu'après avoir parcouru la dernière lettre envoyée d'Égypte, où l'on trouve la pure doctrine orthodoxe, j'embrasse le parti de la paix et suis en communion avec tous les saints évêques de la catholicité, avec Sixte, Cyrille, Maximien, Rabboulas, Acace de Mélitène et tous les évêques du Pont, vu que tous professent les dogmes de la vraie foi et que la paix et la concorde de l'Église tournent à la gloire de Dieu... Et plût au ciel qu'il me fût donné de ramener à l'unité de l'Église tous les dissidents. Si Dieu accordait ce succès à mes efforts, je le regarderais comme le plus grand remède de mon âme et ma plus ferme espérance pour l'éternité. » *Synodicon*, cap. cvi, P. G., t. lxxxiv, col. 719-720. Ces belles paroles suffisent à réhabiliter pleinement la mémoire d'André, compromise par ses attaques contre saint Cyrille et sa résistance momentanée au concile d'Éphèse. Nous savons du reste que l'évêque de Samosate persista dans ces bons sentiments. Il vivait encore en 444, date à laquelle il fut convoqué au concile d'Antioche, réuni par Domnus pour examiner l'affaire d'Athanase de Perrha. N'ayant pu se rendre à cette assemblée, il s'excusa par une lettre. Tillemont, *Mémoires pour servir à l'histoire ecclésiastique*, Paris, 1709, t. xiv, p. 650. Il n'était plus de ce monde au moment où se réunit le brigandage d'Éphèse (449), car nous y trouvons un Rufin, évêque de Samosate.

Dix lettres d'André nous sont parvenues. Elles constituent les numéros 43, 59, 62, 63, 82, 90, 98, 101, 103, 106 du *Synod. Cassinense*, P. G., t. lxxiv, col. 649, 658, 669, 672, 691, 704, 713, 716, 717, 719. Presque toutes sont adressées à Alexandre de Hiérapolis.

Tillemont, *Mémoires pour servir à l'histoire ecclésiastique des six premiers siècles*, Paris, 1709, t. xiv. — R. Ceillier,

Histoire générale des auteurs sacrés et ecclésiastiques, éd. Vivès, Paris, 1861, t. viii, p. 380 sq. — Le Quien, *Oriens christianus*, t. ii, col. 935.

M. Jugie.

14. ANDRÉ, diacre de Constantinople, assista au concile de 448, présidé par Flavien, et fut choisi avec le prêtre Jean pour aller inviter Eutychès à comparaître. Il ne tarda pas à manifester des sentiments de sympathie pour Eutychès et sa doctrine et fut, de ce chef, privé de sa dignité. Feignant de se rétracter, il signa la lettre de saint Léon à Flavien et obtint ainsi les bonnes grâces d'Anatole, patriarche de Constantinople, qui l'éleva à la charge d'archidiacre à la place d'Aétius (voir ce nom, t. i, col. 668), catholique zélé. Dénoncé à saint Léon comme favorable à l'hérésie eutychienne, il fut destitué de sa charge par Anatole. Le pape consentit cependant à ce qu'il fût élevé à la prêtrise, à condition qu'il renoncerait publiquement aux hérésies d'Eutychès et de Nestorius. Mais cette fois encore, André ne fit qu'une soumission hypocrite, et saint Léon dut de nouveau intervenir auprès d'Anatole, en 457 et en 458, pour demander ou sa rétractation ou sa déposition. Voir ci-dessus, col. 1449.

Mansi, *Amplissima collectio conciliorum*, t. vi, col. 656, — S. Léon, *Epist.*, cxi, cxiii, cxxxii, cxxxvi, clvii. clxi, P. L., t. liv, col. 1019, 1023, 1082, 1098, 1132, 1142.

M. Jugie.

15. ANDRÉ, prêtre de Thessalonique et nommé parfois comme remplaçant de son métropolitain Anastase (voir ce nom, col. 1444) dans les actes du concile de Chalcédoine, au lieu de son fondé de pouvoir ordinaire, qui était Quintillus, évêque d'Héraclée. Mansi, *Sacr. concil. ampl. collect.*, t. vi, col. 1090; t. vii, col. 709. A moins qu'on ne doive avec [Mgr] L. Petit, *Échos d'Orient*, 1901, t. iv, p. 143, admettre à ce dernier endroit la leçon rejetée par Le Quien, qu'André représentait, non pas Anastase, mais son successeur Euxithée, Anastase étant mort pendant le concile.

R. Aigrain.

16. ANDRÉ, évêque de Satala en Lydie. Son nom revient souvent dans les actes du concile de Chalcédoine, où le nom de son siège est estropié de plus d'une façon, *Sagala*, *Sectoria*, *Sagara*, *Daedala*, *Agala*, *Setla*, et même *Sardes*. Au début du concile, il était représenté par Cossinius, évêque d'Hiérocésarée; à la seizième session, par son voisin Denys d'Attalia. Il semble qu'il ait assisté en personne, dans l'intervalle, à certaines sessions, où il est indiqué comme ayant pris la parole, sans qu'aucun représentant soit désigné. Mansi, *Sacr. concil. ampl. collect.*, t. vi, col. 573, 1077, 1090; t. vii, col. 37, 124, 152, 406, 437, 682, 718, 725, 741. Une note due à Rusticus, neveu du pape Vigile et traducteur des actes du concile, avertit qu'à certains endroits le nom d'André manquait sur les manuscrits grecs dont il s'était servi pour sa traduction. Mansi, *op. cit.*, t. vii, col. 719.

Le Quien, *Oriens christianus*, t. i, col. 895.

R. Aigrain.

17. ANDRE, évêque de Théodosiopolis en Osrhoène (Rhaesina), fut chassé de son siège, à l'instigation de Pierre le Foulon, par l'empereur Zénon, pour avoir refusé de souscrire l'*Hénotique*. Théophane, *Chronographie*, ad ann. 482, éd. Classen, Bonn, 1839, t. i, p. 207.

Le Quien, *Oriens christianus*, t. ii, col. 981.—Tillemont, *Mém. pour servir à l'hist. ecclésiast.*, t. xvi, p. 368.

R. Aigrain.

18. ANDRÉ (Ier), évêque de Tlos en Lycie, assistait, en 451, au concile de Chalcédoine. Il n'est guère de noms de sièges qui aient été aussi maltraités que le sien dans les actes grecs ou latins : *Andreas Tloaeo-*

rum, Troglorum, Tlogorum, Toneorum, même *Gloaeorum.* Mansi, *Sacr. concil. ampl. collect.*, t. VI, col. 576, 948, 981, 1058, 1086; t. VII, col. 124, 153, 433, 682, 713, 740. En 457, il assistait au concile provincial de Myre, et signa la lettre synodale à l'empereur Léon Ier contre Timothée Élure. Mansi, *op. cit.*, t. VII, col. 580.

Le Quien, *Oriens christianus*, t. I, col. 979.
R. AIGRAIN.

19. ANDRÉ, métropolitain de Thessalonique en Macédoine, prit part au schisme acacien, au temps du pape Félix III (473-482). Un fragment de lettre de ce pape, qui nous a été conservé par un manuscrit de Verdun, témoigne qu'il avait désiré rentrer dans la communion romaine; le pape disait sa joie de ce retour et se montrait tout prêt à l'accueillir, moyennant certaines conditions. *P. L.*, t. LVIII, col. 977; Mansi, *Sacr. concil. ampl. collect.*, t. VII, col. 1106. Ce ne furent que des velléités, et André ne tarda pas à retourner au schisme. Une lettre de Gélase, adressée le 3 août 494 aux évêques de Dardanie ou de l'Illyricum, leur recommande de refuser leur communion au métropolitain de Thessalonique, qui n'avait pas voulu condamner la mémoire d'Acace. *P. L.*, t. LIX, col. 57; Mansi, *op. cit.*, t. VIII, col. 46. André vivait encore en 498, sous Anastase II; la notice de ce pape dans le *Liber pontificalis*, éd. Duchesne, t. I, p. 258, raconte qu'il accepta d'être en relations avec Photin, diacre d'André, lequel restait attaché aux schismatiques et cependant était admis dans la communion du pape. Mêmes plaintes dans une lettre des apocrisiaires de l'Église d'Alexandrie. Cf. ci-dessus, ANASTASE II, col. 1473.

Vers le temps où vivait André, Théodoric, fils de Balamère, était en campagne dans la région de Thessalonique. Le gouverneur de la ville étant suspect de vouloir la lui livrer, les habitants lui enlevèrent les clefs et les remirent à l'évêque. Malchus le Rhéteur, de qui nous tenons ce récit, ne nomme pas ce dernier personnage. *De legationibus Romanorum ad gentes*, c. I, éd. Bekker et Niebuhr, Bonn, 1829, p. 245. Peut-être s'agit-il d'André; la chronologie ne s'y opposerait pas.

Le Quien, *Oriens christianus*, t. II, col. 34. — *Dictionnaire de théologie catholique*, t. I, col. 1164. — Duchesne, *Églises séparées*, p. 263; *Mélanges d'archéol. et d'histoire*, 1912, t. XXXVII, p. 315. — Tillemont, *Mémoires pour servir à l'hist. ecclés.*, t. XV, p. 764; t. XVI, p. 364, 655-656, 668. — L. Petit, dans *Échos d'Orient*, 1901, t. IV, p. 144.
R. AIGRAIN.

20. ANDRÉ. Au Ve siècle, sous le règne de Genséric, un personnage de ce nom, que Victor de Vita qualifie de *nobilis pastor*, dirigeait à Thabraca (aujourd'hui Tabarka), en Proconsulaire, un monastère d'hommes. Plusieurs chrétiens, esclaves d'un chef vandale, vinrent y chercher asile pour se soustraire à la poursuite de leur maître. Victor de Vita, *Historia persecutionis Vandalicae*, I, XXXII, édit. Halm, p. 8; *P. L.*, t. LVIII, col. 194. Voir THABRACA.
Aug. AUDOLLENT.

21. ANDRÉ, évêque de Tium, en Honoriade, assistait au concile de Constantinople tenu en 518, sous le patriarche Jean II, contre Sévère d'Antioche. Sa signature accompagne les actes de ce concile dans les actes de la cinquième session du concile de 536, sous Mennas. Mansi, *Sacr. concil. ampl. collect.*, t. VIII, col. 1047.

Le Quien, *Oriens christianus*, t. I, col. 575.
R. AIGRAIN.

22. ANDRÉ, métropolitain de Scodra, en Prévalitaine (Illyricum oriental), est connu par la lettre qu'il adressa au pape Hormisdas sur l'arrivée à Scampe et à Lychnide des légats Germain et Jean, porteurs du *Libellus* contre Acace, en 519. Ils furent bien accueillis dans ces deux églises, mais, au cours d'une réunion des évêques de la Nouvelle-Épire, la mauvaise volonté du métropolitain de Dyrrachium (André ne le nomme pas) empêcha l'accord de se faire. *P. L.*, t. LXIII, col. 443; Mansi, *Sacr. concil. ampl. collect.*, t. VIII, col. 450.

Le Quien, *Oriens christianus*, t. II, col. 242, 276. — Hefele-Leclercq, *Histoire des conciles*, t. II, p. 1052.
R. AIGRAIN.

23. ANDRÉ, évêque d'un siège inconnu, mort en 529, dont l'épitaphe, trouvée à Gaëte, a été publiée par Baronius, *Annales ecclesiastici*, Lucques, 1741, t. X, p. 408. Elle nous apprend que ce prélat, remarquable par son éloquence et sa charité, d'abord prêtre à Rome, a vécu soixante-dix ans et a été évêque pendant vingt-sept ans. Baronius s'est demandé s'il ne s'agirait pas d'André, évêque de Fondi, dont saint Grégoire le Grand (*Dialog.*, III, 7, *P. L.*, t. LXXVII, col. 229-231) raconte une tentation et la manière dont il en fut délivré. Il semble bien que les dates ne permettent pas de dire que les deux personnages ne sont pas identiques, au lieu de retrancher, comme le fait Cappelletti, *Le chiese d'Italia*, t. XXI, p. 346, André de la liste des évêques de Fondi.

Saint Grégoire, *Dialog.*, III, 8, *loc. cit.*, col. 233, parle aussi d'un autre André, évêque d'Aquino, où il aurait d'abord été employé au soin des chevaux avant d'être ordonné diacre.
U. ROUZIÈS.

24. ANDRÉ, évêque de Panium en Thrace, assistait au concile que le patriarche Mennas tint à Constantinople en 536, contre son prédécesseur Anthime, monophysite, déposé quelques mois auparavant, et contre les sévériens. Dans les actes du concile et dans leur version latine, il est appelé aussi à plusieurs reprises *Theodosiopolitanus, Theodosiopolitarum civitatis*, soit que Panium ait porté, comme beaucoup d'autres villes, le nom de Théodosiopolis, soit qu'André ait été, en même temps, comme l'a conjecturé Le Quien, *Oriens christianus*, t. I, col. 1119, 1125, évêque d'Apros, ville peu éloignée de Panium et encore appelée *Theodosiopolis nova*. Mansi, *Sacr. concil. ampl. collect.*, t. VIII, col. 878, 927, 935, 950, 974, 975, 1146.
R. AIGRAIN.

25. ANDRÉ, évêque de Peltae, en Phrygie Pacatienne, assistait, en 536, au concile de Constantinople, contre les monophysites Anthime, patriarche de Constantinople déposé peu auparavant, Sévère d'Antioche, Pierre d'Apamée et Zooras, sous la présidence de Mennas, successeur d'Anthime. Mansi, *Sacr. concil. ampl. collect.*, t. VIII, col. 878, 927, 935, 950, 974, 978, 1147.

Le Quien, *Oriens christianus*, t. I, col. 801. — Ramsay, *Cities and bishoprics of Phrygia*, t. I, p. 249.
R. AIGRAIN.

26. ANDRÉ, évêque d'Amyzon, en 535, ci-dessus, col. 1382

27. ANDRÉ, évêque de Sidon en Première Phénicie. A la cinquième session du concile de Constantinople tenu sous le patriarche Mennas, en 536, on lut une lettre des évêques de la province de Tyr, en 518, adhérant à la condamnation de Sévère d'Antioche. André de Sidon assistait à ce concile provincial de Tyr et signa la lettre avec le métropolitain Épiphane. Mansi, *Sacr. concil. ampl. collect.*, t. VIII, col. 1081. C'est dans la bibliothèque d'André que se trouvaient certains fragments cités en appendice du *Contra fraudes Apollinaristarum*, de Léonce de Byzance, *P. G.*, t. LXXXVI, col. 1969.

Le Quien, *Oriens christianus*, t. II, col. 813.
R. AIGRAIN.

28. ANDRÉ, évêque de Flavia, en Cilicie Seconde, assistait, en 550, au concile de Mopsueste, convoqué par ordre de Justinien pour vérifier si le nom de Théodore de Mopsueste était inscrit aux diptyques de cette église. La réponse fut négative. Les actes de ce concile de Mopsueste figurent dans ceux du cinquième concile œcuménique. Mansi, *Sacr. concil. ampl. collect.*, t. ix, col. 275, 276, 286, 287, 288. André de Flavia est un des signataires de la lettre synodale à l'empereur Justinien.

Le Quien, *Oriens christianus*, t. ii, col. 900.
R. AIGRAIN.

29. ANDRÉ, métropolitain d'Éphèse, l'un des évêques qui signèrent la première profession de foi insérée par le pape Vigile dans son *Constitutum* de 553. Mansi, *Sacr. concil. ampl. collect.*, t. ix, col. 63; *P. L.*, t. LXIX, col. 69. Mennas, mort le 24 août 552, et Théodore Askidas figuraient aussi parmi les signataires de cette pièce, eux que le pape avait excommuniés quelque temps auparavant et qui étaient les auteurs responsables des discussions sur les Trois-Chapitres; sans doute André était, lui aussi, des origénistes qui voulaient, en attirant l'attention sur les Trois-Chapitres, faire diversion à une condamnation d'Origène, et qui par là falsaient, qu'ils le voulussent ou non, les affaires des monophysites, en s'attaquant à des hommes dont le concile de Chalcédoine avait reconnu l'orthodoxie. Toujours est-il que la profession de foi contient des excuses, et que l'évêque d'Éphèse, comme les autres signataires, sollicitait un pardon, ce qui implique qu'il s'était mis en fâcheuse posture.

Nous le retrouvons la même année au concile de Constantinople, qui est le cinquième œcuménique. Il fait partie de la mission chargée d'inviter Vigile à assister au concile, invitation quelque peu comminatoire, puisqu'on y exprime formellement l'intention d'agir sans lui s'il ne vient pas. A la deuxième session, il prend part au compte rendu de la deuxième visite au pape, faite entre les deux séances. A la sixième, il intervient pour accuser Ibas. Il signe enfin, après les actes de la huitième session, les anathématismes. Mansi, *op. cit.*, t. ix, col. 173, 190, 191, 194, 197, 304, 345, 389.

Le nom d'André d'Éphèse est mêlé à une aventure d'un tout autre genre. Antonine, femme du célèbre Bélisaire, était loin de mener une vie régulière. Son amant Théodose s'étant, pour échapper aux poursuites, réfugié dans l'église Saint-Jean, à Éphèse, l'évêque André, sans tenir compte du droit d'asile, le livra à Photius, l'agent du mari. Procope, qui raconte ce fait, *Hist. arcana*, l. III, c. II, éd. Dindorf, t. III, p. 25, ajoute que l'évêque avait reçu de l'argent pour cette espèce de trahison. C'est possible. Peut-être aussi jugeait-il Théodose indigne du droit d'asile.

Le Quien, *Oriens christianus*, t. I, col. 681. — Jaffé, *Regesta roman. pontificum*, n. 611; 2ᵉ éd., n. 935. — Hefele-Leclercq, *Histoire des conciles*, t. III, p. 63.
R. AIGRAIN.

30. ANDRÉ, métropolitain de Nicopolis en Épire, consacré en 595. Une lettre de saint Grégoire le Grand, datée de septembre de cette année, exprime son consentement à cette élection, sur l'excellent témoignage qu'ont rendu au nouveau métropolitain les évêques de la province. Il annonce l'envoi du pallium; la lettre particulière à l'élu, qui l'accompagnait d'ordinaire, ne nous a pas été conservée. S. Grég., *Epist.*, vi, 7, éd. Ewald, *Monum. German. historica, Epistolae*, t. I, p. 385. Deux ans plus tard, en novembre 597, le pape écrit à plusieurs métropolitains, parmi lesquels est nommé André de Nicopolis, pour attirer leur attention sur une loi de l'empereur Maurice, défendant d'admettre dans les monastères ceux qui étaient encore astreints au service militaire ou aux fonctions publiques, ce qui, remarque le pape, est tout à fait conforme aux vrais intérêts des monastères, où ceux qui ne chercheraient qu'à fuir leurs obligations séculières n'apporteraient guère l'esprit monastique; que si un soldat, son temps de service fini, veut devenir clerc ou se faire moine, qu'on l'admette après trois ans de probation. Une loi analogue, et peut-être la même, sur laquelle le pape et l'empereur insistaient de nouveau, avait été déjà portée en 593. *Epist.* VIII, 10, éd. Ewald, t. II, p. 12. En mai 599, nouvelle lettre aux métropolitains de l'Illyricum, sur le titre de *patriarche œcuménique* que Jean le Jeûneur s'était attribué en 588, nous ne savons dans quelles conditions, mais certainement avec des intentions anormales; cf. *Dictionnaire de théologie catholique*, t. III, col. 1333-1335; le pape défend aux métropolitains, dont fait partie André, de donner à Cyriaque, successeur du Jeûneur, le titre usurpé, s'ils vont au concile de Constantinople, pour lequel ils ont reçu une invitation. Nous ne savons rien sur ce concile auquel André était convoqué, pas même s'il a été réellement tenu. *Epist.*, ix, 156, éd. Ewald, t. ii, p. 156.

Vers la fin de sa vie, André de Nicopolis eut à juger un différend entre deux de ses suffragants, Alcyson, évêque de Corcyre, et Jean, évêque d'Euroea. Ce dernier prétendait à la juridiction sur Cassiope, qui se trouvait dans le diocèse d'Alcyson. Une première tentative d'arbitrage, dont le mode était contraire aux saints canons, avait échoué. L'empereur Maurice délégua alors André, dans la province duquel se trouvaient les deux évêchés, pour trancher la question d'une manière inattaquable, et André maintint la juridiction d'Alcyson sur Cassiope. Le métropolitain de Nicopolis étant mort sur ces entrefaites, le pape confirma son jugement (novembre 603), tandis que l'évêque d'Euroea, ayant sollicité le pouvoir d'y intervenir, était mis en possession par celui-ci. Saint Grégoire se plaint de pareils procédés, et, en même temps qu'il écrit à Alcyson pour lui notifier la décision prise, il recommande à Boniface, diacre de Constantinople, de mettre le nouveau métropolitain, dès qu'il sera ordonné, au courant de la situation, pour que celui-ci dirime le procès aux lieu et place de son prédécesseur. *Epist.*, xiv, 7, 8, éd. Ewald, t. ii, p. 425, 426. Un peu plus tard, nous voyons Jean d'Euroea autorisé à déposer à Cassiope les reliques de saint Donat, bien que Cassiope reste soumis à la juridiction de l'évêque de Corcyre. *Epist.*, xiv, 13, éd. Ewald, t. ii, p. 432.

P. L., t. LXXVII, col. 799, 909, 1003, 1308, 1310. — Mansi, *Sacr. concil. ampl. collect.*, t. x, col. 5, 92, 158, 389. — Le Quien, *Oriens christianus*, t. ii, col. 136, 147, 162. — Jaffé, *Regesta roman. pontificum*, n. 1018, 1131, 1222, 1539, 1540, 1545; 2ᵉ éd., n. 1383, 1497, 1683, 1920, 1921, 1990.
R. AIGRAIN.

31. ANDRÉ, moine grec qui vivait à Rome à la fin du vie siècle, sous le pontificat de saint Grégoire le Grand. Inféodé à la secte des aphthartodocètes, André fut enfermé dans le couvent de Saint-Paul à Rome. Il occupa les loisirs de sa captivité à composer des sermons en grec, qu'il répandit sous le nom du pape saint Grégoire. Eusèbe, archevêque de Thessalonique, ayant chargé son lecteur Théodore de remettre au pape certains présents et des écrits composés par lui, Théodore crut bien faire de les confier au moine André, dont il ignorait les talents de faussaire. André s'empressa de falsifier les écrits d'Eusèbe, de manière à leur faire enseigner la doctrine aphthartodocète; après quoi, il les remit à saint Grégoire. Celui-ci n'eut pas de peine à deviner la supercherie, et il en avertit l'archevêque de Thessalonique. *S. Gregorii Magni epistolarum lib. XI*, epist. LXXIV, *P. L.*, t. LXXVII, col. 1212-1214. Le faussaire, payant d'audace, écrivit de son côté à Eusèbe pour tenter de le gagner à sa doctrine. Le prélat essaya d'abord de ramener à l'orthodoxie le moine hérétique; pour toute réponse, celui-ci composa un second traité, dans lequel il exposa ses théories avec plus d'ampleur. Eusèbe prit alors la plume et fit à André l'honneur de le réfuter dans son ouvrage en dix livres, dont Photius nous a conservé les idées principales. *Bibliotheca*, cod. 162, P. G., t. CIII, col. 451-458. A Rome, on s'occupa aussi de le personnage et l'on tint, en 601, un concile pour le condamner. *Appendix ad S. Gregorii epistolas*, P. L., *ibid.*, col. 1343. Baronius, *Annales*, ann 601.

M. JUGIE.

32. ANDRÉ, évêque de Méthymne, dans l'île de Lesbos. Un André de Méthymne est nommé dans une liste des Pères de Nicée, en 325. Mansi, *Sacr. concil. ampl. collect.*, t. II, col. 697. Mais ce ne doit pas être un évêque, bien qu'il en porte le titre, si l'on s'en tient à l'affirmation de Le Quien, *Oriens christianus*, t. I, col. 961, que Méthymne n'eut d'évêque qu'à l'époque du concile de Chalcédoine, et n'était jusque-là qu'une paroisse dépendant de Mitylène.

Au sixième concile œcuménique, troisième de Constantinople, assistait, dès le début, André, évêque de Méthymne, souvent nommé dans les actes conciliaires parmi les évêques présents. A la huitième session (à la septième, dit la version latine), il adhéra à la lettre dogmatique du pape Agathon. Il signa, à la fin du concile, les définitions et la lettre au pape. Mansi, *Sacr. concil. ampl. collect.*, t. XI, passim.

Le Quien, *Oriens christianus*, t. I, col. 961.

R. AIGRAIN.

33. ANDRÉ, évêque de Neapolis en Carie, assistait au concile de Constantinople de 680-681, sixième œcuménique. Son nom se trouve mentionné, dans les signatures finales, par son métropolitain Théodore de Stauropolis, qui signa pour lui, parce qu'il avait perdu la vue. Mansi, *Sacr. concil. ampl. collect.*, t. XI, col. 654.

Le Quien, *Oriens christianus*, t. I, col. 909.

R. AIGRAIN.

34. ANDRE, évêque de Silande en Lydie, assistait au IIIe concile œcuménique de Constantinople, qui est le VIe de la série totale, à partir de la seizième session (9 août 681). Mansi, *Sacr. concil. ampl. collect.*, t. XI, col. 616, 628, 648.

Le Quien, *Oriens christianus*, t. I, col. 883.

R. AIGRAIN.

35. ANDRE, évêque d'Ostie, présent au concile romain de 679, au sujet du différend entre Théodore, archevêque de Cantorbéry, et Wilfrid, évêque d'York. En 682, il consacra le pape Léon II et, en 685, le pape Jean V.

Mansi, *Sacror. concil. ampl. collect.*, t. XI, col. 179, 183. — *Liber pontificalis*, édit. Duchesne, Paris, 1886, t. I, p. 360, 366.

U. ROUZIÈS.

36. ANDRÉ (Bienheureux), moine de l'abbaye d'Elnone, fut désigné par saint Amand comme chef de la communauté qu'il installa à Barisis dans le Laonnois, en 661, grâce aux libéralités de Childéric II. Lorsque le saint sentit sa mort prochaine, il rappela son disciple à Elnone et le nomma son successeur, vers l'année 678. André survécut environ dix ans à son maître et fit bâtir pendant ce temps, près de la Scarpe, l'église Saint-Martin. Vers 694, ses reliques, de même que celles de saint Amand, furent transférées à l'oratoire de Saint-Pierre dans la nouvelle basilique de Saint-Étienne.

Ghesquière, *Acta sanctorum Belgii*, t. IV, p. 653-656. — Le Glay, *Cameracum christianum*, Lille, 1849, p. 185.

A. DUBRULLE.

37. ANDRÉ, évêque de Mnize en Galatie Première, assistait au VIe concile œcuménique, IIIe de Constantinople, à partir de la XIe session (20 mars 681). Mansi, *Sacr. concil. ampl. collect.*, t. XI, col. 460, 521, 552, 585, 605, 616, 623, 628, 648, 676, 858. En 692, on le retrouve parmi les signataires des canons du concile Quinisexte ou *in Trullo*. Mansi, *op. cit.*, t. XI, col. 996.

Le Quien, *Oriens christianus*, t. I, col. 481.

R. AIGRAIN.

38. ANDRÉ, évêque d'Amphipolis en Macédoine, assistait en 692 au concile Quinisexte ou *in Trullo*. En signant les canons de ce concile, il se qualifie lui-même de pécheur. Mansi, *Sacr. concil. ampl. collect.*, t. XI, col. 993.

Le Quien, *Oriens christianus*, t. II, col. 83.

R. AIGRAIN.

39. ANDRÉ, évêque de Ceretapa en Phrygie Pacatienne. Au concile Quinisexte ou *in Trullo* de 692, assistait un évêque nommé André, d'Aerygapa en Phrygie Pacatienne. Mansi, *Sacr. concil. ampl. collect.*, t. XI, col. 1001. Le Quien, *Oriens christianus*, t. I, col. 812, corrige le nom de la ville, inconnu, en *Ceretapa*. Sa correction est acceptée par M. Ramsay, *Cities and bishoprics of Phrygia*, t. I, p. 340.

R. AIGRAIN.

40. ANDRÉ, évêque de Milétopolis, ville de l'Hellespont, figure parmi les signataires des canons du concile Quinisexte ou *in Trullo*, en 692. Mansi, *Sacr. concil. ampl. collect.*, t. XI, col. 993. Il joint à sa signature le qualificatif d'*indigne*.

Le Quien, *Oriens christianus*, t. I, col. 781.

R. AIGRAIN.

41. ANDRÉ, évêque de Philippopolis en Phrygie Pacatienne. Dans les signatures du concile Quinisexte en 692, on trouve celle d'un André de Philippes qui, d'après Le Quien, *Oriens christianus*, t. I, col. 823, est Philippopolis de Phrygie. Le P. S. Vailhé, *Échos d'Orient*, 1900, t. III, p. 266, accepte telle qu'elle est la leçon des manuscrits et fait d'André un évêque de Philippes, en Macédoine. L'évêque se qualifie lui-même de pécheur. Mansi, *Sacr. concil. ampl. collect.*, t. XI, col. 993.

R. AIGRAIN.

42. ANDRÉ, métropolite de Césarée, est un inconnu pour l'histoire. Les hypothèses les plus diverses ont été émises sur l'époque où il a vécu. On les trouve énumérées dans un article publié par Franz Diekamp, dans *Historisches Jahrbuch*, 1897, sous le titre : *Das Zeitalter des Erzbischofs Andreas von Cäsarea*, 36 p. Dans une nouvelle étude, le même critique est arrivé à fixer André au VIIe siècle, grâce à la découverte du commentaire d'Œcuménius de Tricca sur l'Apocalypse, qui était considéré jusqu'à ces derniers temps comme le plus ancien qui nous fût parvenu de l'âge patristique. Or Diekamp a prouvé que le métropolite de Césarée s'inspirait en plusieurs endroits du commentaire d'Oecumenius, qui vivait vers l'an 600. F. Diekamp, *Mitteilungen über den neu-aufgefundenen Commentar des Ockumenius zur Apocalypse*, Berlin, 1901, p. 9-11. André a donc vécu après l'an 600. Par ailleurs, on a de bonnes raisons, tirées de son commentaire, d'affirmer qu'il fut antérieur à la controverse iconoclaste. Cf. Pargoire, *L'Église byzantine de 527 à 847*, Paris, 1905, p. 251.

Le commentaire d'André sur l'Apocalypse fut publié pour la première fois en traduction latine par le jésuite Peltanus, à Ingolstadt, en 1584. En 1596, Frédéric Sylburg en donna une édition critique gréco-latine reproduite dans la P. G., t. CVI, col. 208-486. Sur les autres éditions et sur les manuscrits qui ont été utilisés par les éditeurs, voir l'introduction de la *P. G.*, *ibid.*, col. 199-208. Ce commentaire, où l'on entend l'exégèse des plus anciens Pères, a toujours été fort estimé des exégètes.

M. JUGIE.

43. ANDRÉ (SAINT) martyr, vers 735. Voir HYPACE (Saint).

44. ANDRÉ, prêtre et écrivain byzantin, auteur de Chaînes grecques sur les Proverbes, Isaïe, les Actes des apôtres et les Épîtres catholiques. Ce n'est que par conjecture que, à la suite de Cave, *Scriptorum ecclesiasticorum historia litteraria*, Bâle, 1745, t. III, p. 3, on le fait vivre à Constantinople Quant à l'époque, elle est très incertaine; Krumbacher, *Geschichte der byzantinischen Litteratur*, 2ᵉ édit., Munich, 1897, p. 211, la place entre le VIIᵉ et le Xᵉ siècle : en effet, d'une part André cite saint Maxime le Confesseur (mort en 662), et d'autre part le *codex Coislin 25*, qui contient une de ses Chaînes, est du Xᵉ siècle. On ne comprend donc pas comment N. Calogeras, l'éditeur des Commentaires d'Euthyme Zigabène (*Euthymii Zigabeni Commentarius in Epistolas sancti Pauli et VII catholicas*, Athènes, 1887, t. II, p. δ' en note), a pu, tout en connaissant cette date du manuscrit, se rallier à l'opinion de Cave, *op. cit.*, t. II, p. 298, qui fait vivre le prêtre André en 1241. D'ailleurs Cave lui-même avait corrigé, dans l'Appendice de son ouvrage, son opinion sur ce point. Il avait d'abord écrit, *op. cit.*, t. II, p. 298 : *Andreas, nescio quis, presbyter certe Graecus, claruit anno 1241*. Dans l'Appendice, t. III, p. 3, la date 1241 n'est plus que la date d'un manuscrit contenant des œuvres d'André : *Andreas, presbyter, si conjicere licet, Constantinopolitanus, contexuit amplissimam Catenam sive Commentarium tum in Proverbiis Salomonis, tum in Isaiam prophetam...* Princ. : Αἱ παροιμίαι περιέχουσι ἤθους καὶ παθῶν ἐπανόρθωσιν, etc. *Exstat graec. ms. utraque haec Catena biblioth.* Vindob. Cod. Theol. 24 et codicem integrum foliorum 329 occupat. *Ex fine libri, collectoris nomen patet. Ipse codex anno 1241 exaratus est.* Cette datation, au reste, est elle-même un peu inexacte. Voici, en effet, d'après Krumbacher, *op. cit.*, p. 215, l'énumération des manuscrits renfermant les Chaînes du prêtre André : *cod. Coislin 25*, du Xᵉ siècle (Chaîne sur les Actes des apôtres et les Épîtres catholiques); *cod. Vindob. theol. 26* (celui que signale Cave), de l'année 1236 (et non 1241), contenant les Chaînes sur les Proverbes et sur Isaïe; *cod. Monac. 32*, fol. 1-87 (sur les Proverbes); *cod. Vatican. Ottobon. 7*, et *Monac. 38*, fol. 224-305 vᵒ (sur Isaïc). Cette dernière Chaîne était divisée en trois livres, dont le *cod. 38* de Munich ne contient que le premier. Le *cod. Coislin 25* étant identique au *cod. Oxon. Collegii novi 58*, du XIIIᵉ siècle, d'où Cramer a tiré les Chaînes anonymes sur les Actes des apôtres et les Épîtres catholiques, on peut voir dans ces textes édités par Cramer, sous réserve de plus ample examen critique, les Chaînes du prêtre André. C'est une question à examiner, remarque Krumbacher, *op. cit.*, p. 211, de savoir s'il faut identifier ce prêtre André avec un homonyme scholiaste de Denys l'Aréopagite, et avec André Hamartolos, auquel on manuscrit de Paris, grec *cod. 771*, fol. 107 vᵒ sq., attribue une homélie sur le dimanche des Rameaux.

Cave, *Scriptorum ecclesiasticorum historia litteraria*, Bâle, 1745, t. II, p. 298; t. III, p. 3. — Fabricius, *Bibliotheca graeca*, Hambourg, 1715 sq., t. VII, p. 750, 759, (corriger Chevalier, *Répertoire*, qui porte par erreur 755), 780; t. X, p. 124 (2ᵉ édit., t. VIII, p. 658, 664, 689; t. XI, p. 67). — Lelong, *Bibl. sacra*, 1723, t. II, p. 608. — Ceillier, *Histoire générale des auteurs sacrés et ecclésiastiques*, 2ᵉ édit., Paris, 1862, t. XII, p. 426. — Nicephorus Calogeras, *Euthymii Zigabeni Commentarius in Epistolas sancti Pauli et VII*

catholicas, Athènes, 1887, t. II, p. ὀ'-ε'. — Krumbacher, *Geschichte der byzantinischen Litteratur*, Munich, 1897, p. 211, 215.

S. SALAVILLE.

45. ANDRE, évêque de Cydisse (Kidyessos) en Phrygie Pacatienne, assistait en 787 au septième concile œcuménique, qui fut le deuxième de Nicée, contre les iconoclastes. Le nom de son évêché est, dans les actes, transformé en *Cedissos* ou *Cydesos*. Mansi, *Sacr. concil. ampl. collect.*, t. XIII, col. 148, 372, 726, 737.

Le Quien, *Oriens christianus*, t. I, col. 801. — Ramsay, *Cities and bishoprics of Phrygia*, t. II, p. 663.

R. AIGRAIN.

46. ANDRE, troisième abbé de Palazzuolo, est l'auteur d'une Vie de saint Wilfrid, fondateur de cette abbaye, mort en 765. Elle dut être écrite aux environs de 806. Elle a été publiée par les bollandistes, *Acta sanctor.*, feb. t. II, p. 842-846.

Fabricius, *Bibl. latina mediae et infimae aetatis*, Florence, 1858, t. I, p. 91. — Potthast, *Bibl. histor. medii aevi*, p. 1632.

U. ROUZIÈS.

47. ANDRÉ, archevêque de Tarentaise (Savoie) de 824 à 840. Sous son gouvernement religieux, en 824, deux *missi dominici* de Louis le Pieux furent chargés de visiter, entre autres provinces, la Tarentaise. En l'année 828, il est nommé dans la lettre de Louis et de Lothaire concernant les conciles à réunir dans les quatre parties de l'empire. Il reçoit l'ordre de se rendre au concile de Lyon avec ses suffragants. C'est à tort que le *Gallia christiana* le confond avec son successeur Audax.

Besson, *Mémoires pour l'histoire ecclésiastique... de Savoie*, Nancy, 1759, p. 192. — *Gallia christiana*, Paris, 1770, t. XII, col. 703. — Duchesne, *Fastes épiscopaux de l'ancienne Gaule*, Paris, 1894, t. I, p. 237. — Pascalein, *Histoire de Tarentaise*, Moutiers, 1903, p. 45.

J. GARIN.

48. ANDRÉ, évêque de Turin. Connu seulement par un acte de 827, relatif à un différend survenu entre les moines de Novalaise et les habitants d'Oulx. André est mentionné dans cet acte comme étant évêque de Turin au temps du roi Charles. C'est pourquoi nous pouvons mettre son épiscopat vers les années 780-800. Son premier successeur connu est le célèbre Claude, impliqué dans la question du culte des images, élu probablement en 817 ou 818.

F. Savio, *Gli antichi vescovi d'Italia. Il Piemonte*, Turin, 1898, p. 300-301.

M. BESSON.

49. ANDRÉ, patriarche d'Aquilée. En 844 ou 845, il reçut une lettre du pape Sergius II, lui demandant de remettre à l'arbitrage d'un concile la solution des différends qu'il avait avec Venerius, patriarche de Grado; mais il ne reste aucune trace de ce concile, s'il eut lieu. André aurait assisté à l'assemblée, réunie à Pavie, le 4 février 855, par l'empereur Louis II (Hefele-Leclercq, *Histoire des conciles*, t. IV, p. 210); mais les catalogues épiscopaux d'Aquilée donnent comme évêque, à cette époque, Tentimarus ou Tudelmarus.

Ughelli-Coletti, *Italia sacra*, Venise, 1720, t. V, col. 38-39. — Cappelletti, *Le chiese d'Italia*, t. VIII, p. 129-131.

U. ROUZIÈS.

50. ANDRÉ, martyr en 875. Voir ADRIEN (Saint), t. I, col. 612.

51. ANDRÉ, évêque de Nauplie, dans l'Illyricum oriental, assistait, en 879, au concile de Constantinople, prétendu huitième concile œcuménique, où fut décidé le rétablissement de Photius. Mansi, *Sacr. concil. ampl. collect.*, t. XVII, col 377.

Le Quien, *Oriens christianus*, t. II, col. 185.

R. AIGRAIN.

52. ANDRÉ (II), évêque de Tlos en Lycie, assistait en 879, au prétendu concile œcuménique tenu pour la réintégration de Photius. Mansi, *Sacr. concil. ampl. collect.*, t. xvii, col. 377.

Le Quien, *Oriens christianus*, t. 1, col. 980.

R. AIGRAIN.

53. ANDRÉ (Saint), archidiacre de Fiesole au ixe siècle. Les bollandistes, *Acta sanctorum*, aug. t. iv, p. 539-548, citent de ce saint une Vie écrite par un Philippe Villanus et dédiée à Laurent Bonafides, mais il est difficile de faire concorder ces données, les personnages que nous connaissons sous ces noms au xive et au xve siècle n'ayant pas vécu en même temps. Voici le résumé de cette Vie. André, d'origine écossaise ou hibernienne (rappelons-nous que pendant longtemps on donna à tous les voyageurs, dans certains pays de l'Europe, le nom de *Scoti*), était frère de sainte Brigitte, dont la fête est célébrée le 1er février (ne pas confondre avec la sainte de même nom, beaucoup plus célèbre, dont la fête est le même jour). Avec son maître de philosophie Donat, qui l'aimait comme un fils, il entreprit le pèlerinage de Rome. Comme ils passaient à Fiesole, Donat fut miraculeusement désigné pour succéder à l'évêque de cette ville, qui venait de mourir. Contraint de recevoir l'épiscopat, saint Donat garda près de lui son disciple André, dont il fit son archidiacre. André restaura, à l'aide d'aumônes, l'église de Saint-Martin, détruite par les Hongrois, puis il construisit un monastère où il vécut saintement, favorisé du don des miracles. On ne peut dire s'ils suivit la règle bénédictine, en tout cas Mabillon ne le compte pas parmi les saints de son ordre. Il mourut dans les dernières années du ixe siècle, consolé par la présence de sa sœur Brigitte, qu'il avait désiré voir, et qui avait été par miracle transportée en un instant de l'Écosse jusqu'à Fiesole. André, ajoute l'auteur de la Vie, fut canonisé par le pape. On aimerait à savoir à quelle époque, et à contrôler de détail, comme bien d'autres du reste dans cette biographie. En 1285, dit Philippe Villanus en terminant, on découvrit le lieu de la sépulture d'André : on avait voulu enterrer près de son tombeau une femme de mauvaise vie, mais le saint apparut à plusieurs reprises pour protester. La fête de saint André de Fiesole se célèbre le 22 août.

Bibliotheca hagiographica latina, t. 1, n. 447-449; t. 11, p. 1314, n. 449 a; Suppl., p. 21. — Chevalier, *Répertoire, Bio-bibliographie*, col. 221.

R. AIGRAIN.

54. ANDRÉ, prêtre de Bergame, auteur d'une chronique commençant au patrice Narsès et s'arrêtant à l'année 876. L'auteur nous apprend qu'il a assisté aux funérailles de l'empereur Louis II. Le manuscrit de cette chronique se trouve à la bibliothèque de Saint-Gall, *C 317*. Il a été publié par Mencken, *Script. rer. Germanic.*, t. 1, p. 41-52, et reproduit dans Muratori, *Antiquit. Ital.*, t. 1, col. 41-52; *Monum. Germ. hist., Script.*, t. iii, p. 231-238; *Script. rer. Langobard.*, p. 220-231; P. L., t. cli, col. 1265-1278.

Ceillier, *Hist. génér. des auteurs sacrés et ecclés.*, Paris, 1862, t. xii, p. 693. — Potthast, *Bibl. histor. medii aevi*, Berlin, 1896, p. 43. — Wattenbach, *Deutschl. Geschischtsquellen*, 1893, t. i, p. 309.

U. ROUZIÈS.

55. ANDRÉ, moine, puis doyen ou prieur de Fleury, à la fin du xie siècle. Nous possédons une *Encyclique* sur sa mort, arrivée un 31 mars. L. Delisle, *Rouleaux des morts*, Paris (Société de l'histoire de France), 1866, p. 117-150. Il est peut-être le même que l'André de Fleury auquel on doit : 1° *Gauzlini, abbatis Floriacensis* [1004] *et archiepiscopi Bituricensis* [1013], *vita*. Cette Vie paraît avoir été rédigée vers 1040. Elle est intéressante, au point de vue historique, par les détails qu'elle donne sur divers prélats, sur l'histoire artistique et littéraire de Fleury, comme atelier d'orfèvrerie religieuse, de miniature, de manuscrits, etc., sur les hérétiques condamnés à Orléans en 1022, etc. Le *Gallia christiana*, t. viii, col. 1552, en avait imprimé les dernières lignes. L. Delisle en a publié le texte, avec introduction et notes, sur une copie défectueuse du manuscrit de Rome, *Vie de Gauzlin, abbé de Fleury et archevêque de Bourges*, in-8°, Orléans, 1853, extrait des *Mémoires de la Soc. archéol. de l'Orléanais*. P. Ewald a revu le texte sur le manuscrit unique, *Neues Archiv der Gesellschaft für ält. deut. Geschichtskunde*, 1877, t. iii, p. 351-383; — 2° les livres IV, V, VI et VII des *Miracula S. Benedicti*. Cet ouvrage, commencé vers 1043, n'était pas encore terminé en 1056. L'auteur classe les miracles par pays, suivant les différentes provinces du centre de la France. Son écrit n'est pas moins intéressant que le précédent par les détails qu'il fournit en particulier sur la trêve de Dieu, les luttes entre les maisons d'Anjou et de Blois, etc. Le style est bien inférieur à celui d'Aimoin de Fleury (t. i, col. 1185); il est ampoulé et emphatique, rempli d'assonances et d'antithèses puériles. Imprimé d'après le même unique manuscrit, mais d'une façon défectueuse, par E. de Certain, *Les miracles de saint Benoît* réunis pour la Société de l'histoire de France, Paris, 1858, p. 173-276. Quelques courts fragments avaient cependant déjà paru dans *Acta sanctorum*, mart. t. iii, p. 353, et Mabillon, *Acta sanctorum ordinis S. Benedicti* saec. iv, pars II, p. 423.

P. Ewald, *Neues archiv*, t. iii, p. 344-349. — E. de Certain, dans *Archives des missions*, 1856, t. v, p. 49-58; *Miracles de S. Benoît*, Introd., p. xx. — *Histoire littéraire de la France*, 1746, t. vii, p. 281, 349-350. — A. Molinier, *Sources de l'histoire de France*, n. 966, 1102, 1107.

P. FOURNIER.

56. ANDRÉ (Ier), roi de Hongrie (1046-1061). A la mort d'Étienne Ier, sa sœur, mariée au doge Otto Urscoli, réussit, grâce à l'appui de l'empereur Henri III, à faire attribuer la couronne à son fils Pierre. En 1046, les nobles, qui haïssaient ce roi imposé par l'étranger, s'insurgèrent pour la seconde fois et appelèrent les fils de Ladislaw le Chauve, réfugiés en Pologne (en Russie, selon quelques auteurs), auxquels ils firent promettre de restaurer le paganisme. Pierre tenta de s'enfuir en Allemagne, mais les insurgés s'en emparèrent à Odenbourg. Après lui avoir crevé les yeux, on le jeta en prison où il mourut. Dès ce moment, le culte païen refleurit et nombre de chrétiens furent massacrés, entre autres l'évêque de Csanad, Gerhard, qui fut précipité dans le Danube, près de Bude (1046 ou 1047). A la mort de Leventa, très zélé pour le culte païen, André, qui n'était pas ennemi du catholicisme (leur frère Béla était resté en Pologne), sans tenir compte de sa promesse, se fait couronner chrétiennement et réduit le parti païen. En 1047, il permit de relever les églises qui avaient été démolies par les fanatiques et défendit sous peine de mort les pratiques du paganisme. Henri III, qui ne lui pardonnait pas d'avoir détrôné Pierre, bien qu'André eût reconnu la suzeraineté de l'empereur (la Hongrie était vassale de l'empire depuis 1045) et se fût engagé à lui payer tribut, fit tout d'abord envahir ses États par l'évêque de Ratisbonne, Gebhard III. En 1051, deux armées d'impériaux pénètrent en Hongrie; les Hongrois se retirent à mesure que l'envahisseur s'avance et dévastent le pays qu'ils lui abandonnent. Henri dut rentrer en Allemagne sans avoir obtenu aucun avantage. Nouvelle expédition en 1052 : l'empereur réussit à enfermer André dans Presbourg. Ce dernier fit alors appel au pape. Léon IX, reconnaissant de quelle grande utilité serait la Hongrie pour l'évangélisation des peuplades de l'est, se rendit à cette demande et vint lui-même à Presbourg (août 1052) afin de réconcilier les belligérants. Mais les Hongrois ayant remporté quelques succès, André se refusait à tenir sa promesse, malgré la menace d'excommunication. La paix définitive ne fut signée qu'en 1058 : Henri III renonça au tribut que lui payait André, et la princesse Judith (désignée par les Hongrois sous le nom de Sophie) fut fiancée à l'héritier de la Hongrie, Salomon, alors âgé de cinq ans. Les sièges épiscopaux fondés par saint Étienne furent de nouveau pourvus de titulaires et la conversion des Hongrois confiée aux bénédictins, auxquels on donna un monastère dans la presqu'île de Tisnay. Voir dans *P. L.*, t. CLI, les *Constitutiones ecclesiast.* En 1057, Béla, que son frère avait rappelé de Pologne pour l'aider dans sa lutte contre Henri III et auquel il avait donné le tiers de ses États avec le titre de duc et la promesse de lui succéder, fut très mécontent de voir André désigner pour successeur son fils Salomon. Dès ce moment, Béla fut très mal vu à la cour et très jalousé par son frère ; il s'enfuit en Pologne pour préparer une expédition contre André. Il revint en 1060 à la tête d'une armée de Polonais. Malgré les secours que lui envoya l'empereur, André fut battu et tué dans une rencontre près de la Theiss (1061).

Majlath, *Geschichte der Magyaren*, Ratisbonne, 1852. — Budinger, *Osterreichische Geschichte*, Leipzig, 1858. — Gabriel de Juxta-Hornad (Gottfried Schwartz), *Initia religionis chistianae inter Hungaros*, Francfort, 1740. — Bod, *Historia Hungarorum ecclesiastica*, Leyde, 1888-1890. — Kaindl, *Studien zu den ungarischen Geschichtsquellen*, dans *Archiv für österreich. Geschichte*, 1895-1898, t. LXXXI-LXXXV. — Csudny, *Geschichte der Ungarn*, traduction allemande de Darval, Berlin, 1899. — Schwandtner, *Scriptores rerum Hung.*, Vienne, 1746. — Pray, *Annales veter. Hungar.*, 1re part., Vienne, 1701. — Battyan, *Leges ecclesiast. Hungar.*, Carlsberg, 1785-1827. — Fejer, *Codex diplomat. Hungar. ecclesiast. et civil.*, Budapest, 1828. — Endlicher, *Rerum Hungar. monumenta Arpadiana*, 1848. — Theiner, *Monumenta vetera historica Hungariam sacram illustrantia*, Rome, 1859. — Peterfy, *Sacra concilia Hungariae*, Vienne, 1742. — Florianus, *Historiae Hungariae Fontes domestici, Scriptores*, Leipzig-Budapest, 1881-1885. — Marczati, *Enchiridion fontium historiae Hungarorum*, Vienne, 1902 (le même ouvrage existe en hongrois et en allemand). — Meyndt, *Kaiser Heinrich III und König Andreas I.* — Fessler-Klein, *Geschichte von Ungarn*, Leipzig, 1867. — Szalay, *Geschichte Ungarns* (traduction allemande de Wogerer), Pest, 1866. — Csanki, *Arpad et les Arpades* (en hongrois), Budapest, s. d. [1908]. — Selig Cassel, *Magyarische Alterlümer*, 1848. — Horvath, *Geschichte Ungarns*, Pest, 1863; *Le premier siècle du christianisme en Hongrie* (en hongrois), Pest, 1878. — Sayous, *Histoire générale des Hongrois*, Pest, 1900.

A. BAYOL.

57. ANDRÉ, grand-prieur de Fontevrault, disciple, puis chapelain et confesseur de Robert d'Arbrissel, mort vers 1118, le 11 août, d'après le nécrologe de l'abbaye de Fontevrault. C'est du bon droit que les auteurs de l'*Histoire littéraire* recommandent de le distinguer du frère André, qui a raconté les derniers moments de Robert.

Port, *Dictionnaire historique de Maine-et-Loire*, t. I, p. 29. — *Histoire littéraire de la France*, t. X, p. 153-170.

F. UZUREAU.

58. ANDRÉ, chanoine régulier de Saint-Victor, à Paris, vers 1150. Anglais de naissance, il vint à Paris, fut élevé par Hugues de Saint-Victor, qu'il remplaça plus tard dans sa chaire. On ne sait combien de temps il resta à Paris. D'après la *Gallia christiana*, t. VII, col. 712, il serait un des chanoines de Saint-Victor retirés de ce monastère et engagés dans la réforme de Sainte-Geneviève : il aurait aussi été abbé de Saint-Satur, dans le Berri. C. Trochon conjecture qu'il devint plutôt abbé de Wigomord, dans le diocèse d'Hereford (Angleterre). On ignore la date de sa mort. Il passait pour savoir le grec et l'hébreu, mais Roger Bacon mit en garde les disciples assez nombreux et assez ardents d'André contre la science insuffisante de leur maître. *Opus minus*, éd. J.-S. Brewer, Londres, 1859, t. I, p. 482.

André de Saint-Victor a laissé des *Commentaires sur le Pentateuque* (Bibl. nat., mss. de Saint-Victor, *lat. 14416*), sur les *Rois*, les *Paralipomènes*, les *Proverbes*, l'*Ecclésiaste*, les *Petits Prophètes*, *Daniel*, les *Machabées* (mss. de Cambridge), et un *Commentaire sur Isaïe* (Bibl. nat., *lat. 125* et *574*), célèbre par les discussions qu'il a soulevées. Le passage le plus fameux est l'explication d'*Is.*, VII, 14-15. A ses yeux, la prophétie *Virgo concipiet...* n'a pas d'autre objet que la délivrance prochaine d'Achaz et de son royaume. Sous l'influence de cette interprétation, on appliquait le passage d'Isaïe, non à la Vierge, mais à la femme du prophète. Richard de Saint-Victor s'éleva violemment contre cette exégèse dans son *De Emmanuele*, *P. L.*, t. CXCVI. La langue d'André est claire, brève et précise. Un fragment du *Commentaire sur Isaïe*, celui de VII, 14-15, a été publié par C. Trochon, *loc. cit.*, p. 8.

Pitseus, *Relationum historicarum de rebus Anglicis*, Paris, 1619, t. I, 2e part., p. 214. — Lelong, *Bibliotheca sacra*, 1723, t. II, p. 608. — Brial, dans *Histoire littéraire de la France*, 1814, t. XIII, p. 408-409. — C. Trochon, *André de Saint-Victor*, Paris, 1877, 12 p.

P. FOURNIER.

59. ANDRÉ (Bienheureux) abbé d'Averboden, neveu de saint Norbert, né à Rees-sur-le-Rhin, étudia à Cologne et y devint chanoine et prévôt du chapitre de Saint-Géréon. Après un assez long séjour à Rome et un pèlerinage en Terre Sainte, il accompagna le pape Pascal II au concile de Troyes (1107). Revenu à Cologne, l'archevêque Frédéric l'envoya comme son délégué auprès de l'empereur à Spire, puis comme son représentant au concile de Vienne, en Dauphiné. C'est après son voyage à Vienne qu'André demanda son admission à la Grande-Chartreuse. Sa demande n'ayant pas été accueillie favorablement, il se rendit à Prémontré, où son oncle, saint Norbert, le reçut avec empressement. En 1132, André fut choisi pour être le premier abbé d'Averboden. Il s'acquitta de ses devoirs de sa charge jusqu'à sa mort, le 11 août 1166. Son corps fut enterré près du maître-autel de l'église abbatiale.

Chronica BB. canonicorum sub S. Praemonstratensi observantia degentium, Anvers, 1682, p. 9-37 (résumé dans *Sacri et canonici ordinis Praemonstratensis annales*, de Ch.-L. Hugo, publié, sans nom d'auteur, à Nancy, 1734, t. I, col. 212-211 et col. CXXVII-CXXVIII). — J. Wolters, *Notice historique sur l'abbaye d'Averboden*, Gand, 1849, p. 131-151.

G. ALLMANG.

60. ANDRÉ, évêque d'Arras, de l'ordre de Cîteaux, abbé de Vaux-de-Cernay, élu, en 1163 ou 1164, évêque d'Arras, par l'influence d'Henri, archevêque de Reims. Il ne tarda pas à encourir l'indignation de son protecteur, qui s'en plaignit au souverain pontife. Alexandre III, alors à Sens, fit comparaître André et lui reprocha sa conduite. L'accusé reçut avec soumission la réprimande et promit de réparer les torts qu'il aurait pu causer à l'archevêque. On ne connaît pas l'objet précis des plaintes de ce dernier, mais trois ans après, en 1168, il incriminait de nouveau l'évêque auprès d'Alexandre III. La réponse du pape laisse supposer que les plaintes n'étaient pas toutes justifiées. Le 29 juillet 1164, André assiste, à Marchiennes, à la translation des reliques de sainte Rictrude. La même année, d'après les auteurs du *Gallia christiana*, il reçut à Arras saint Thomas de Cantorbéry, fuyant la persécution. Il augmenta la dotation de son chapitre, en lui concédant les revenus des autels de Celest, de Dicencourt, de Suastre, de Saint-Amand et de Puniers.

Il mourut en 1173 et fut inhumé dans le chœur de son église.

Gallia christiana, t. III, col. 327. — *Rec. hist. France*, t. XIV, col. 442; t. XV, col. 788, 827, 859, 860, 911. — Jaffé, *Regesta rom. pontif.*, t. II, n. 185-186.
M.-G. BLAYO.

61. ANDRÉ, moine de Fontevrault, auteur d'une Vie de Robert d'Arbrissel. Cette biographie n'a pas pour auteur le prêtre de ce nom, mais un moine de l'ordre. Cette Vie fut rédigée dans les premières années qui suivirent la mort de Robert. Elle a pour but de compléter la Vie écrite par Baudry de Dol, et ne raconte que la dernière année de la carrière du fondateur. Composée d'après les dires de témoins oculaires et d'après les souvenirs personnels de l'auteur, la Vie du frère André a une grande valeur historique.

Johannes von Walter, *Die ersten Wanderprediger Frankreichs. Studien zur Geschichte des Mönchtums*, Leipzig, 1903. — *Bulletin de la Commission historique et archéologique de la Mayenne*, IIe série, t. XXIII, p. 258. — Cosnier, *Fontisebraldi exordium*, La Flèche, 1641. — Gasnot, *Vie du bienheureux Robert d'Arbrissel*, La Flèche, 1648.
F. UZUREAU.

62. ANDRÉ, chapelain, soit d'un roi (peut-être Philippe-Auguste) ou d'une reine de France (le manuscrit de la Bibl. nat., anc. fonds latin, n. *8758*, lui donnant le titre de *Francorum aule regie capellano*), soit d'Innocent IV, ainsi que l'affirment Jérémie de Padoue, à la fin du XIIIe siècle, dans son *Epitome sapientiae*, et l'édition sans date du *Tractatus amoris*. On ne sait rien de plus sur sa vie. Du Cange et Raynouard le placent vers 1170; Fauriel, dans les dernières années du XIIe siècle et les premières du XIIIe; Trojel (*Middelalderens Elskovshoffer*, Kjøbenhavn, 1888, p. 105), avant 1180, et G. Paris (*Romania*, t. XII, p. 528; *Journal des savants*, 1888, p. 674) après les premières années du XIIIe siècle. Il semble distinct d'un poète contemporain, André de Paris ou André de France, que les légendes font mourir d'amour.

Il est l'auteur d'un *De arte amatoria et reprobatione amoris*, Bibl. nat., ms. cité, nommé aussi, dans d'autres manuscrits, *Flos amoris*. Cet ouvrage, traduit en français en 1290, par Drouart de la Vache, est connu sous le nom de « Gautier », parce qu'il est adressé par André à un jeune seigneur ainsi nommé. Arsenal, ms. *3122*. Il a été traduit aussi en italien au XIVe siècle, en allemand au XVe. Le texte latin fut publié une première fois sous le titre : *Tractatus amoris et de amoris remedio Andreae capellani papae Innocentis IV*, in-fol., s. l. n. d. ; puis de nouveau sous celui-ci : *Erotica seu amatoria Andreae capellani regii, vetustissimi scriptoris*, in-8°, Dortmund, 1610. Cet ouvrage, en deux livres, offre l'intérêt d'exposer la théorie de l'amour chevaleresque, qui tint une si grande place dans la société du moyen âge. Cet amour, s'il est véritable, n'a point de bornes, ni en intensité, ni en durée; pour se maintenir et s'exalter sans cesse, il doit rejeter les inspirations sensuelles. L'ouvrage se termine par un code d'amour en trente et une règles. De très curieux passages sur les jugements d'amour semblent provenir réellement des cours d'amour.

Texte du *De amore*, éd. Trojel, Copenhague, 1892. — Fauriel, dans *Histoire littéraire de la France*, 1847, t. XXI, p. 320-327. — Vallet de Viriville, dans *Revue de Paris*, 1853, t. XVIII, p. 199-206. — *Romania*, t. XII, p. 528; t. XIII, p. 403; t. XVIII, p. 473; t. XXII, p. 174. — G. Paris, *La littérature française au moyen âge*, Paris, 1904, n. 104, 111, 112, 125. — Pio Rajna, dans *Propugnatore*, nouv. série, t. II, p. 192.
P. FOURNIER.

63. ANDRÉ, saint populaire danois. Il mourut en 1205, après un pèlerinage en Terre Sainte et fut enterré dans l'église de Saint-Pierre à Slagelse (Séeland), dont il était prêtre.

La légende raconte son voyage miraculeux à cheval de Jérusalem à Slagelse en une journée, le don d'un champ que Valdemar II fit aux bourgeois de Slagelse sur la prière du pieux pèlerin, etc., etc. L'histoire du bienheureux, telle que la raconte Thomas de Cantimpré, est tirée du récit que lui fit un dominicain danois, vingt ans après la mort de notre saint. André ne fut jamais canonisé par le pape.

Thomas de Cantimpré, *Bonum universale de proprietatibus apium seu miraculorum et exemplorum memorabilium sui temporis libri II*, manuscrit à la bibliothèque de l'université de Bonn, éd. Geo Colvenerius, Douai, 1579; *ibid.*, 1605; *ibid.*, 1627. — *Vise om Hellige Anders*, dans *Peder Syv. Visesamling*, Copenhague, 1695. — Écrit trouvé dans l'église Saint-Pierre de Slagelse par Jacob Mosle, chapelain de l'église Saint-Michel de la même ville, vers 1600, traduit du latin en danois sur le manuscrit de la bibliothèque de l'université de Copenhague par H. Olrik, *Danske Helgeners Levned*, Copenhague, 1893-1894, p. 319-328. — Paul Riant, *Les Scandinavesen Terre Sainte*, Paris, 1865, p. 307, 308. — Ellen Jörgensen, *Helgen-dyrkelse i Danmark*, Copenhague, 1909, p. 47-49.
A. TAYLOR.

64. ANDRÉ, évêque de San Marco, dans la Calabre citérieure, n'est connu que par quatre actes qui déterminent certaines dates de son épiscopat, sans qu'on en connaisse le début ni la fin. En 1216, il est mentionné dans une bulle du pape Honorius III, en faveur de l'abbaye de Fontelaureato. En 1222, le 30 janvier, il assistait à la consécration de la cathédrale de Cosenza par Nicolas de Clermont, cardinal-évêque de Frascati, et le procès-verbal le mentionne comme témoin. Huillard-Bréholles, *Historia diplomatica Friderici secundi imperatoris*, Paris, 1852, t. II, p. 229. En juin 1226, il rendait une sentence, en qualité de délégué apostolique, en faveur de l'archimandrite basilien de Santa Maria di Patiro, et l'acte a été reproduit par Ughelli. En août 1256, il confirme un acte de l'abbaye de Santa Maria di Valle Josaphat, rapporté dans *Bullettino dell' Instituto storico italiano*, 1912, fascic. 32, p. 122. Les listes des évêques de San Marco ne nous fournissent rien de plus jusqu'à l'année 1256.

Eubel, *Hierarchia catholica*, 1913, t. I, p. 325. — Ughelli-Coleti, *Italia sacra*, Venise, 1717, t. I, col. 876-877. — Cappelletti, *Le chiese d'Italia*, t. XXI, Venise, 1870, p. 407.
P. RICHARD.

65. ANDRÉ (II), dit le Jérosolymitain, roi de Hongrie (1205-1235). André était fils de Béla III qui, à sa mort, lui fit promettre d'entreprendre la croisade qu'il n'avait pu lui-même exécuter. Aussi, dès qu'il fut maître du pouvoir, son frère Éméric lui fit remettre les sommes considérables que leur père avait ramassées à cet effet. André s'en servit non pour préparer la croisade, mais pour réunir une armée destinée à renverser son frère. Dès son avènement (1198), Innocent III lui rappela la promesse qu'il avait faite à son père mourant ; André n'en continua pas moins à combattre Éméric, qui finalement dut contraint de lui céder le gouvernement de la Dalmatie et de la Croatie avec le titre de duc. La paix fut toutefois de courte durée. Mais cette fois André fut battu et il dut se réfugier en Autriche (1199). En 1200, Innocent III envoya en Hongrie le cardinal-diacre Grégoire, muni de pleins pouvoirs pour tenter de réconcilier les deux frères. Il fut assez heureux pour y réussir. Lorsque Éméric fit couronner son jeune fils Ladislas (1204), André se révolta de nouveau. Par un coup d'audace, Éméric s'empara du rebelle sans même livrer bataille et le fit enfermer dans la forteresse de Keene, près Warasdin. Sa femme, Gertrude de Méran, sœur de sainte Hedwige et mère de sainte Élisabeth, fut renvoyée dans sa patrie (elle était fille de Berthold IV, duc d'Andechs-Méran). Sur le point de mourir, Éméric fit venir son frère et lui confia la tutelle de son fils. Mais Éméric mort, André prit tout simplement le titre de roi, et la reine-mère, Constance d'Aragon, dut chercher refuge auprès du chevaleresque Léopold IV d'Autriche, qui s'arma aussitôt pour défendre les droits du jeune Ladislas. Ce dernier mourut sur ces entrefaites et André put désormais se regarder comme roi légitime des Hongrois. Les nobles avaient si peu de confiance en lui qu'ils lui firent promettre avant le couronnement de ne jamais porter atteinte à leurs droits et libertés, ainsi qu'à la dignité et aux intérêts de la couronne.

A dire vrai, ce n'est pas lui qui gouverna, mais sa femme Gertrude. Elle appela à la cour nombre de ses parents, entre autres ses frères Eckbert et Berthold. Celui-ci, à peine âgé de vingt-cinq ans et dépourvu de toute instruction, fut nommé archevêque de Kalocza, ban de Dalmatie et de Croatie et voïvode de Transylvanie. Ce favoritisme attira à la reine la haine des magnats et, en 1213, pendant que le roi combattait en Galicie contre les Polonais et les Russes, elle fut massacrée, à l'instigation, dit-on, du statthalter Pierre Bancabau, auquel on aurait enlevé sa femme pour la donner au duc d'Otten. Berthold, après avoir été rudement maltraité, fut jeté en prison. Il réussit à s'échapper et se réfugia en Allemagne, emportant avec lui de riches trésors. Il devint plus tard patriarche d'Aquilée (27 mars 1218-23 mai 1251). A son retour, André se vengea en faisant mettre à mort tous ceux qui avaient participé directement à l'émeute. Les grands étaient cependant résolus à le détrôner; l'intervention d'Innocent III seule les en empêcha. C'est alors que, pour gagner leur faveur, il leur distribua de nombreux domaines de la couronne et qu'il rendit héréditaires bon nombre de charges. Il songeait toutefois à tenir sa promesse de se croiser. Pour obtenir des Vénitiens les vaisseaux nécessaires au transport des troupes, il dut leur céder Zara. En 1217, après que son royaume et les enfants eurent été mis sous la protection spéciale du Saint-Siège, il s'embarqua à Spalato avec Léopold IV d'Autriche, Otton, duc de Méran, et les évêques de Bamberg, Zeitz, Münster et Utrecht. Les résultats furent quasi nuls, malgré une heureuse incursion jusqu'aux bords du Jourdain (novembre 1217). Le roi de Chypre Hugues étant mort d'empoisonnement, disait-on, André craignit le même sort pour lui et il rentra rapidement en Europe, malgré l'excommunication qui le menaçait. Il trouva son royaume dans l'anarchie la plus complète : les magnats écrasaient la petite noblesse; celle-ci, à son tour, aidée des juifs, pressurait le peuple. Béla, son fils, lui conseilla de reprendre les biens de la couronne qu'il avait autrefois distribués à la noblesse; mais celle-ci devint si menaçante qu'André dut jurer de ne jamais toucher à ses anciennes donations. Appuyé par le pape Honorius III, il déclara nul ce serment, les biens cependant ne rentrèrent pas et les deux partis s'armaient l'un contre l'autre (1222). Honorius ordonna aux évêques de combattre par les censures la conspiration tramée contre le roi en faveur de son fils Béla et ceux-ci réussirent à rétablir la paix. André dut toutefois accorder la *Bulle d'or*, qui fit de la Hongrie une république aristocratique sous forme monarchique. Par cette bulle, le clergé fut exempté des impôts et ne fut plus justiciable des tribunaux séculiers. En 1224, le pape dut intercéder en faveur du même Béla que son père persécutait à cause du mariage qu'il avait conclu avec Marie, fille de l'empereur grec. De même, en 1225, plaida-t-il la cause des chevaliers de l'ordre teutonique que le roi venait d'expulser. C'est en 1211 qu'André appela les chevaliers en Hongrie et leur céda pour toujours le Burzenland (plaine de Transylvanie, près de Kronstadt). En 1221, André revint sur sa donation;

en 1222, nouveau revirement : la donation est maintenue. Mais les difficultés furent loin d'être aplanies et, en 1225, les chevaliers quittèrent définitivement le Burzenland, malgré l'intervention et les remontrances du pape. En 1233, Grégoire IX envoya en Hongrie le cardinal Jacques de Préneste avec charge de remédier à certains abus, entre autre les mariages entre chrétiens et païens et les divorces qui ressortissaient aux tribunaux civils et de rétablir les libertés civiles et religieuses. L'archevêque de Gran, Robert (1226-1238), ayant, après maintes remontrances, excommunié plusieurs favoris, André promit de porter remède aux abus; en réalité il n'en fit rien. Alors le légat jeta l'interdit sur tout le royaume. Le roi se décida enfin à donner satisfaction et il promit même de dédommager les églises qui avaient été pillées. Il mourut en 1235.

Fridvalszki, *Diploma Andreae II*, Colosvar, 1760. — Szegedi, *Andreas II assertor libertatis Ungariae*, Raab, 1750; *Andreas II dictus Hierosolymitanus*, ibid., 1751. — Walter, *Assertor libertatis Ungariae...*, Kaschau, 1752. — Zimmermann, *Die Urkunden Königs Andreas II aus dem Jahre 1206*, dans *Mitteilungen des Instituts für österreichische Geschichtsforschung*, 1884. — Voir en outre les indications bibliographiques données à l'article ANDRÉ Ier, col. 1617. — Sur la question des chevaliers de l'ordre teutonique dans le Burzenland : *Urkundenbuch für Geschichte Siebenbürgens*, Vienne, 1857. — Koch, *Hermann von Salza*, Leipzig, 1885. — Huber, *Geschichte Oesterreichs*, Gotha, 1885-1888. — Voigt, *Geschichte Preussens von den ältesten Zeiten bis zum Untergange der Herrschaft des deutschen Ordens*, Kœnigsberg, 1827-1830. - Hurter, *Geschichte Papst Innocenz III und seiner Zeitgenossen*, Hambourg, 1841-1844. — Friedrich Philipp, *Die deutschen Ritter im Burzenlande*, Kronstadt, 1862.

A. BAYOL.

66. ANDRÉ, prieur général de la congrégation des ermites de Saint-Augustin, connue sous le nom de congrégation *de Brictinis*. Son nom est mêlé aux querelles entre augustins et franciscains, au sujet de leur costume religieux. Dans plusieurs bulles de Grégoire IX, datées de l'an 1210 (Potthast, *Regesta pontificum romanum*, t. I, n. 10932-10934), il est appelé *frater Andreas generalis prior majoris partis eremitarum Marchiae*. Le pape avait obligé les augustins à porter le capuchon noir, afin qu'on pût les distinguer des franciscains. Le frère André demanda alors pour ses religieux la faculté de porter un capuchon séparé de l'habit (camail). Le pape accéda à ces désirs et, comme certains religieux refusaient de se soumettre à ces prescriptions, il engagea les évêques de la Marche d'Ancône à les y obliger sous peine d'excommunication. Le nom d'André est aussi mentionné dans une bulle d'Alexandre IV (22 février 1256), qui confirme les prescriptions de Grégoire IX. Il y est appelé: *frater Andreas generalis prior de Brictinis*. Potthast, t. II, n. 16261.

Acta sanctor., febr. t. II, p. 474. — Wadding, *Apologeticus de praetenso monachatu augustiniano S. Francisci*, dans *Annales minorum*, Rome, 1732, t. II, p. 464, 465, 467.

A. PALMIERI.

67. ANDRÉ, archevêque d'Acerenza (1201-1233), dans la Basilicate, royaume de Naples (ci-dessus, t. I, col. 290-291). Innocent III le nomma archidiacre de cette cathédrale en juillet 1199 et plus tard archevêque, on ignore à quelle date : *anno tricesimo pontificatus*, est-il dit dans l'acte ci-dessous de mars 1231. C'est à lui en tout cas qu'est adressée la bulle du 10 décembre 1201, par laquelle le même pape confirmait les droits et privilèges de son siège. Potthast, *Regesta roman. pontif.*, n. 813, 1539. En mai 1203, le pape l'autorisait à transférer son siège, la ville d'Acerenza à peu près ruinée ne lui offrant pas de résidence convenable, à Matera, qu'il érigeait en archevêché uni. En août, il le chargeait de consacrer l'évêque élu d'Anglona. *Ibid.*, n. 1991. Lorsque l'empereur Otton IV entreprit la conquête de Naples, André accepta de lui les fonctions de judicature, peut-être celles de grand-juge du royaume. Ce fait ne fut sans doute pas étranger au procès qui lui fut intenté sous Honorius III (1217); le pape le déclara pourtant non coupable, et le maintint sur son siège. En 1220, le prélat confirmait tous les privilèges des moines de Saint-Michel de Montescaglioso, dans son diocèse, auxquels il avait auparavant concédé l'immunité des décimes et autres droits fiscaux. Enfin il introduisit dans la région les religieuses augustiniennes de Notre-Dame de Saint-Jean-d'Acre, leur donna une église (1220) et en fit construire une autre, celle de Santa Maria Nova à Matera, en mars 1231. Auvray, *Registres de Grégoire IX*, n. 4007, 4008. Ce fut le commencement de ses malheurs. Il fut dénoncé au pape Grégoire IX comme ayant des privautés avec les religieuses, ou plutôt parce qu'il les traitait peu honorablement, *inhoneste pertractans, necessaria subministrans*; on ressuscita les anciens griefs, dilapidation des biens d'Église, *in usus illicitos convertendo*; on lui reprochait de vendre à ses prêtres le droit de garder leurs concubines. Grégoire commit les archevêques de Bari et de Reggio à une enquête, le 26 juillet 1231. André jugea inutile de se défendre, du moins il renonça à son siège; le pape, acceptant sa démission, le fit relever des censures qu'il pouvait avoir encourues, et ordonna au chapitre d'Acerenza de procéder à une nouvelle élection (17-26 février 1233). L. Auvray, *Les registres de Grégoire IX*, t. 1, n. 1097, 1134. On ignore ce qu'André devint dans la suite et comment il finit.

Eubel, *Hierarchia catholica*, 1913, t. 1, p. 70. — Ughelli-Coleti, *Italia sacra*, t. vii, col. 36-43. — Cappelletti, *Le chiese d'Italia*, t. xx, p. 427-428.

P. RICHARD.

68. ANDRÉ, évêque de Saint-Brieuc. Il succéda à Philippe, mort en 1248, sans qu'on connaisse la date précise de son élection. Son nom paraît pour la première fois, en 1251, dans une transaction passée entre Aliénor de Porhoët, dame de la Chèze, et le prieur de la Trinité-Porhoët, au sujet d'une *cohue* ou marché, qui se tenait au bourg de Mohon. La même année, il eut une contestation avec l'abbaye de Beauport, relativement aux monitoires et autres voies de droit, dont usaient les religieux de ce monastère. Le pape délégua le chantre de Coutances, pour faire défense à André de mettre obstacle aux actes des religieux de Beauport. Les années suivantes, il confirme plusieurs donations faites à cette abbaye, et, de concert avec Henri de Goëllo, règle un différend qu'elle avait avec un chevalier du nom de Dollou. En 1255, il s'excuse auprès de l'archevêque de Tours de ne pouvoir assister au sacre des évêques de Vannes et de Tréguier. Par un acte du 26 novembre de la même année, il reconnaît le droit de patronage de l'abbaye de Marmoutiers sur la paroisse de Saint-Aaron. Il dut mourir peu après, car un acte du mois de mars 1556 constate qu'à ce moment le siège est vacant.

Ch. Guimart, *Histoire des évêques de Saint-Brieuc*, Saint-Brieuc, 1853, p. 53-56, 182-188. — *Gallia christiana*, t. xiv, col. 1091-1092. — Geslin de Bourgogne et A. de Barthélemy, *Anciens évêchés de Bretagne, Diocèse de Saint-Brieuc*, Paris, 1855, t. 1, p. 17-18. — DD. Morice et Taillandier, *Histoire de Bretagne, Supplément*, p. lxix; Preuves, t. 1, col. 948. — Tresvaux, *L'Église de Bretagne*, 1839, p. 314-315.

M.-G. BLAYO.

69. ANDRÉ, évêque de Sigüenza (1261?-1269?). Après la mort de l'évêque Pierre II (2 août 1258), le siège demeura vacant deux ans et demi, soit par suite de dissensions au sein du chapitre, soit plutôt à cause de la révolte du conseil de la ville, lequel, appelé encore à cette époque à prendre à l'élection une participation toute d'apparat, cherchait, depuis près de dix ans déjà, à secouer le joug seigneurial de l'évêque. Ce fut seulement grâce à l'intervention du roi Alphonse X et des « barons » que put aboutir, vers février 1261, l'élection d'André. Celui-ci n'était pas encore consacré lorsque Urbain IV terminait en sa faveur (21 mars 1262) le procès relatif à la possession de la ville de Quinqueyuga, engagé par ses prédécesseurs contre l'évêque Ferdinand de Palencia. Sous son épiscopat, la sécularisation commence à s'introduire dans le chapitre. C'est à tort que Gams et Vicente de la Fuente le font mourir en 1267. L'année suivante, il conteste encore, vainement d'ailleurs, au diocèse d'Osma l'administration des deux paroisses de Serón et de Monteagudo. La signature de son successeur Lope II apparaît pour la première fois dans une charte du 27 septembre 1269. Les traits de l'évêque André auraient été conservés dans une archivolte du magnifique portail de l'église de Cifuentes.

T. Minguella y Arnedo, *Historia de la diocesis de Sigüenza y de sus obispos*, Madrid, 1910, t. 1, p. 32-33, 214-218, 589-604.

A. LAMBERT.

70. ANDRÉ, évêque d'Oslo (Norvège), de 1267 à 1287, fut consacré par son prédécesseur Haakon, devenu archevêque de Trondhjem (Nidaros). Il joua un grand rôle dans la politique. Il assista aux réunions de Bergen (1273) et de Tunsberg (1277), où le roi Magnus Haakonsson et l'archevêque Jean cherchaient à accommoder leur différend. Il prit aussi part au concile de Lyon en 1274. Exilé avec l'archevêque Jean Raude et l'évêque Thorfinn de Hamar, il accompagna le premier en Suède. Après la mort de l'archevêque (1282), Thorfinn et André se rendirent à Rome. Ce ne fut qu'en 1285, après la mort du pape Martin IV et le couronnement d'Honorius IV, qu'André revint en Norvège, apportant une lettre du pape au roi Éric Magnusson. La cour de Rome n'ayant pas approuvé sa résistance, André se réconcilia avec ce monarque. Il mourut le 2 mai 1287.

P. A. Munch, *Det norske Folks Historie*, Christiania, 1858-1859, t. 1, p. 470, 557, 559, 576, 580, 583, 586; t. ii, p. 12, 39, 41, 45-53, 59-61. — Finnus Johannes, *Historia ecclesiastica Islandiae*, Copenhague, 1772, t. 1, p. 404-410. — Thormodus Torfaeus, *Diplomatarium Norvegicum*, t. iv, p. 372-374.

A. TAYLOR.

71. ANDRÉ, cistercien, abbé de Chaloché, au diocèse d'Angers, en 1274. Il est encore à la tête du monastère en 1279. En 1280, il assiste comme témoin à l'accord passé entre les chanoines augustins de l'abbaye de Toussaint et André, abbé du Loroux, touchant les dîmes des moulins de Beaufort. Il mourut le 6 février 1281.

Gallia christiana, Paris, 1856, t. xiv, col. 722.

R. TRILHE.

72. ANDRÉ, cistercien, abbé du Loroux, au diocèse d'Angers. Le 6 juin 1280, il consent l'accord dont il est question à l'article précédent. La même année, le 22 novembre, il ratifie, comme « abbé-père » ou « père immédiat » de l'abbaye de Bellebranche, la sentence rendue par le doyen de Brûlon, concernant les difficultés qui s'étaient élevées entre les moines de Bellebranche et Robert de Sillé.

Gallia christiana, Paris, 1856, t. xiv, col. 728.

R. TRILHE.

73. ANDRÉ, évêque de Caiazzo (Terre de Labour). Les savants en distinguent deux : André Ier, *Andreas Richardi*, de 1257 à 1272, et André II, de 1275 à 1283. Celui-ci reçut en 1282 une donation de biens hors de sa ville épiscopale, que lui fit Giovanni Clignetti, seigneur de Caiazzo, dont le père avait reçu ce titre de noblesse de Charles d'Anjou.

Eubel, *Hierarchia catholica*, 1913, t. i, p. 155. — Ughelli-Coleti, *Italia sacra*, t. vii, col. 447-448. — Cappelletti, *Le chiese d'Italia*, t. xx, p. 266.

P. RICHARD.

74. ANDRÉ, archevêque de Manfredonia (1290-1301), était chanoine de Siponto, lorsque Nicolas IV lui fit remettre le pallium par le cardinal Matteo Rosso Orsini (5 décembre 1291), qui le consacra. On le trouve encore mentionné en 1298 dans un registre de la bibliothèque de Naples. Son successeur, Grégoire de Montelongo, fut promu, par suite de sa mort, le 1er septembre 1301.

Eubel, *Hierarchia catholica*, 1913, t. i, p. 453. — Ughelli-Coleti, *Italia sacra*, t. vii, col. 840-841. — Cappelletti, *Le chiese d'Italia*, t. xx, p. 585. — Langlois, *Registres de Nicolas IV*, t. ii, n. 6291.

P. RICHARD.

75. ANDRÉ (III), dit *le Vénitien*, roi de Hongrie (1290-1301), fils d'Étienne (fils posthume d'André II et de Béatrice d'Este) et de Tomasina Morosini. Ladislas IV ayant été massacré par les Cumanes (10 juillet 1290), à l'instigation de sa maîtresse Edua, l'empereur Rodolphe, s'appuyant sur le fait que Béla IV avait accepté de Frédéric II la Hongrie en fief, déclara le trône vacant et le donna à son fils Albert d'Autriche (diète d'Erfurt, 31 août 1290). De son côté, le pape Nicolas revendiqua ce royaume comme fief de l'Église pour l'attribuer à Charles-Martel de Naples, fils de Charles II le Boiteux, et de Marie, fille d'Étienne. Ni l'empereur ni le pape ne purent faire aboutir leurs projets, car les magnats de Hongrie s'étaient déjà choisi un roi dans la personne d'André (couronné le 23 juillet).

Albert s'arma aussitôt pour revendiquer la couronne qui venait de lui être attribuée et envahit la Hongrie vers Noël 1290. La rigueur de l'hiver l'obligea bientôt à rentrer en Autriche. Par contre, en 1291, une armée de 80 000 Hongrois pénétra en Autriche et vint mettre le siège devant Vienne. Le 28 août 1291, André, que les menées du parti napolitain inquiétaient, fit la paix avec Albert, qui lui rendit les territoires dont il s'était emparé. En 1296, le roi de Hongrie épousa Agnès, fille d'Albert (il avait été déjà fiancé à Venna, fille du duc de Cujavie). En 1298, il fiança sa fille unique, Élisabeth, avec le prince Wenzel de Bohême. Par d'habiles décisions des assemblées de 1291 et 1298, André s'assura l'estime de ses sujets, à l'exception de quelques magnats favorables aux Anjou de Naples, en faveur desquels Boniface VIII réussit à gagner l'épiscopat de Dalmatie. En 1299, le siège primatial de Gran fut accordé à un partisan des Anjou, Grégoire Bodod, qui se rendit en 1300 à Agram pour y couronner Robert d'Anjou. André III était sur le point de combattre son compétiteur, lorsqu'il mourut subitement à Ofen (ou Bude) le 14 janvier 1301. Avec lui s'éteignit la race des Arpades qui pendant plus de trois siècles avait régné sur la Hongrie et lui avait donné vingt-trois rois.

Engel, *Andreas III erste Regierungsjahre*, dans la *Zeitschrift Ungarns*, Pest, 1882. — Hormayr, *Taschenbuch*, 1831. — Miller, *Dissertatio historico-critica de jure Andreae*, Posen, 1782.

A. BAYOL.

76. ANDRÉ, cistercien, moine, puis abbé de San Stefano del Bosco, en Calabre. Les historiens louent sa science et ses qualités : il était chapelain de Charles II, roi de Naples et des Deux-Siciles, qui l'avait en particulière estime et affection. En 1298, il fut élu par une partie des chanoines de Mileto évêque de cette ville, tandis que les suffrages des autres se portaient sur Manfredo di Cifone ou Gifono, un de leurs collègues. Le débat fut porté devant Landolfo Brancacci, cardinal-diacre de Saint-Ange, légat en Sicile de Boniface VIII. Après avoir pris l'avis du pape et sur la recommandation du roi Charles II, qui lui écrivit de Naples, le 15 avril 1299, en faveur d'André, le cardinal se prononça contre Manfredo, qui était suspect au monarque. L'élection d'André fut alors confirmée et il reçut la consécration épiscopale. En 1301, il termina un conflit de juridiction qui s'était élevé entre lui et Nicolas, abbé de la Trinité de Mileto. André mourut en 1311 ou 1312 : en tout cas avant le 7 juillet 1312, date à laquelle Clément V nomma évêque de Mileto Manfredo di Gifono, devenu doyen du chapitre et rentré en grâce auprès de Robert, successeur du roi Charles II.

Eubel, *Hierarchia catholica medii aevi*, Munster, 1913, t. i, p. 340. — Gams, *Series episcoporum Ecclesiae catholicae*, Ratisbonne, 1873, p. 897. — Januschek, *Originum cisterciensium*, Vienne, 1877, t. i, p. 124. — Maurette, *Series summorum pontificum, cardinalium et episcop. ex ord. cisterc. assumptorum*, ms., p. 16. — Moroni, *Dizionario di erudizione storico-ecclesiastica*, Venise, 1840, t. vi, p. 91; t. xlv, p. 88. — Ughelli, *Italia sacra*, Rome, 1644, t. i, col. 1035. — Willi, *Päpste, Kardinäle und Bischöfe aus dem Cistercienser-Orden*, Bregenz, 1912, p. 29, n. 71.

R. TRILHE.

77. ANDRE, évêque de Terni, en Ombrie, nommé le 7 décembre 1316 par Jean XXII, fut transféré au siège de Terracine, dans la Maritime, le 20 avril 1319. Le même pape le délégua son vicaire général au spirituel pour la ville de Rome, et il en remplit les fonctions d'octobre 1321 à février 1325. Il eut en outre la mission de réformer l'abbaye de Saint-Paul de Urbe, dont il resta le protecteur, et de réduire à l'obéissance par les censures les habitants de Montalto di Castro, diocèse de Toscanella. Enfin, en sa qualité de vicaire, il consacra la nouvelle basilique de Saint-Laurent-hors-les-Murs en 1324. Son successeur fut désigné le 14 février 1325. Il était mort quand il fut remplacé sur le siège de Terracine le 21 mai 1325.

Eubel, *Hierarchia catholica*, 1913, t. i, p. 85, 478. — Ughelli-Coleti, *Italia sacra*, 1717, t. i, col. 760, 1297. — Cappelletti, *Le chiese d'Italia*, t. iv, p. 526; t. vi, p. 553. — Mollat, *Lettres communes de Jean XXII*, n. 14512, 14513, 17137, 23122, etc.

P. RICHARD.

78. ANDRÉ, évêque dominicain de Belgrade, en Serbie, 31 octobre 1322. Eubel, *Hierarchia cath.*, t. i, p. 355, fait remarquer comment, dans la liste d'évêques qu'il donne pour le siège de Belgrade, en Serbie, les uns sont dénommés *Albenses* tout court, les autres *Albenses de Nander*. Dès lors on peut se demander si ces noms différents peuvent désigner le même siège, ou bien s'ils ne se rapporteraient pas à des sièges distincts. Cependant, pour ce qui regarde André qui est qualifié tout simplement d'*episcopus Albensis*, nous croyons qu'il s'agit de Belgrade en Serbie. En effet, dans sa lettre de nomination, il est dit que son Église a été tout récemment arrachée par Charles, roi de Hongrie, au joug des infidèles, qu'elle n'a pas de chapitre, que le clergé et les fidèles sont peu nombreux. Or, tout cela paraît bien s'appliquer à Belgrade de Serbie; ce pays, en effet, fut soumis par le roi Charles en 1319. Dans une lettre du 28 février 1323, Jean XXII ordonne qu'on rende à André les biens de son prédécesseur, Martin, de l'ordre des mineurs. Celui-ci était mort dans le couvent de son ordre à Brünn et l'évêque d'Olmütz, dont Martin était suffragant, s'était adjugé une partie des dépouilles du défunt, tandis que l'autre moitié était allée aux mineurs.

Eubel, *Hierarchia catholica*, 1913, t. i, p. 355.

R. COULON.

79. ANDRÉ, évêque d'Andria. Il appartenait à l'ordre des ermites de Saint-Augustin. Sa nomination eut lieu le 14 mars 1349, sous Clément VI (1342-1352). Sa mort dut avoir lieu en 1356.

Ughelli, *Italia sacra*, 2ᵉ édit., t. vii, col. 926. — Torelli, *Secoli agostiniani*, Bologne, 1678, t. v, p. 601; t. vi, 1680, p. 21. — Cappelletti, *Le chiese d'Italia*, t. xxi, p. 79. — Lanteri, *Eremus sacra augustiniana*, Rome, 1874, t. i, p. 27. — Crusenius-Lanteri, *Monasticon augustinianum*, Valladolid, 1890, t. i, p. 383.

A. PALMIERI.

80. ANDRÉ, évêque de Schwerin (1347-1356), succéda à Henri Iᵉʳ de Bulow, mort le 28 novembre 1347. Le défunt avait hypothéqué à sa famille plusieurs propriétés appartenant à la mense épiscopale. Pour les recouvrer, André alla lui-même trouver le pape et en obtint une injonction écrite prescrivant la restitution de ces biens d'Église. Mais le document resta lettre morte.

Wiggers, *Kirchengesch. Mecklenburgs*, Parchim, 1840, p. 47.

L. BOITEUX.

81. ANDRÉ, carme de l'ancienne observance, était déjà consacré évêque attaché au Siège apostolique d'Avignon, lorsqu'il fut promu par Clément VI, le 21 janvier 1348, évêque de Rodosto, l'antique Bisanthe, appelée plus tard Rhaedestum, port très fréquenté au moyen âge, sur la côte européenne de la mer de Marmara, à égale distance à peu près d'Andrinople et de Constantinople. Il est promu archevêque et transféré par le même pape, dès le 19 janvier 1349, au siège métropolitain de Naxos et Paros, îles des Cyclades, dans la mer Égée. Enfin, le 29 mai 1356, il est encore transféré à l'évêché de Bosa, suffragant de Torres, en Sardaigne, où il meurt l'an 1360.

Eubel, *Hierarchia catholica medii aevi*, Munster, 1913, t. i, p. 141, 358, 422.

P. MARIE-JOSEPH.

82. ANDRÉ, évêque de Rimini. D'après Tonini, il était originaire de Todi. Il entra chez les augustins et fut prieur des couvents de San Paolo all' Orto, et de Sant' Agostino de Bossano dans le diocèse de Pise. Remarquons cependant que Tonini doute qu'il ait réellement appartenu à l'ordre de Saint-Augustin. Par sa bulle du 30 octobre 1353, Innocent VI le nomma évêque de Rimini. Mais il ne fut consacré que l'année suivante. Aussitôt après son élection, il fut envoyé en qualité de nonce du pape à la cour de Toscane, et à la république de Gênes. Une bulle du 23 mars 1360 rappelle qu'il fut chargé par le Saint-Siège de percevoir les redevances que la république de Gênes s'était obligée à payer aux papes pour les fiefs qu'ils possédaient dans l'île de Corse. Il fut nommé aussi protecteur de l'ordre des camaldules. Pendant son gouvernement, son diocèse fut travaillé par les luttes entre la papauté et la famille des Malatesta, qui avait usurpé violemment plusieurs villes de l'État pontifical. En 1355, par ordre du pape, le cardinal Albornoz se rendit à Rimini, et y dirigea une croisade contre les Malatesta; Cf. ci-dessus, t. i, col. 1719. André mourut en 1363. Tonini cite toutes les pièces qui se rapportent à son épiscopat.

Ughelli, *Italia sacra*, 2ᵉ édit., t. ii, col. 426-427. — Zanetti, *Memorie istoriche di Rimini e dei suoi signori*, Bologne, 1789, p. 206-214. — Cappelletti, *Le chiese d'Italia*, t. ii, p. 406-107. — Lanteri, *Eremus sacra augustiniana*, Rome, 1874, t. i, p. 31. — Tonini, *Storia civile e sacra riminese*, Rimini, 1880, t. iv, p. 139-159, 244-245, 411-412. — Crusenius-Lanteri, *Monasticon augustinianum*, Valladolid, 1890, t. i, p. 383. — Eubel, *Hierarchia*, 1913, t. i, p. 107.

A. PALMIERI.

83. ANDRÉ, nommé par Urbain VI au siège de Marsico Nuovo en Basilicate (1383), et mentionné par lui dans un acte de 1389, se trouva en lutte avec Jacopo da Padula ou Capadula, auquel le pape d'Avignon Clément VII avait conféré ce siège (1384). Il était mort le 6 octobre 1399, quand Boniface IX, successeur d'Urbain VI, lui donna un remplaçant.

Eubel, *Hierarchia catholica*, 1913, t. i, p. 328. — Ughelli-Coleti, *Italia sacra*, t. vii, pl. 515-516. — Cappelletti, *Le chiese d'Italia*, t. xx, p. 390-391.

P. RICHARD.

84. ANDRÉ, dominicain polonais. Simple frère convers du couvent de Sainte-Catherine de Pise, il y pratiquait son art de peintre-verrier vers la fin du xivᵉ siècle. Tronci, dans ses *Memorie Istoriche di Pisa*, ms., p. 183, nous apprend qu'il était l'auteur de la grande verrière du chœur de l'église. Elle était signée de lui. Elle disparut dans l'incendie du 1ᵉʳ novembre 1651, qui réduisit en cendres l'église Sainte-Catherine et détruisit un grand nombre de tableaux intéressants. Le nécrologe du couvent ne signale pas la mort de frère André.

Cronaca del convento di santa Caterina... in Pisa, dans *Arch. stor. ital.*, 3ᵉ série, documents, t. vi, p. 405. — Vinc. Marchese, *Memorie dei più insigni pittori*, etc., Bologne, 1878, t. i, p. 447.

R. COULON.

85. ANDRÉ, évêque dominicain de Kiew. Il était polonais et d'humble extraction et appartenait au couvent de Cracovie. C'est sur la présentation du roi Wladislas, qui l'avait en grande estime, qu'André aurait été promu évêque de Kiew, vers 1415. Peu après son élection, les Tartares réduisirent l'église cathédrale en cendres. Obligé de fuir, André prit avec lui une relique insigne de la vraie croix, qu'il tenait d'un certain Iwan Grégoire, et il alla demander refuge au couvent de son ordre, à Lublin. Il ne prétendait d'ailleurs qu'y passer et continuer sa route, lorsque, racontent les légendes, les chevaux refusèrent nettement de se mettre en route; au contraire, dès que la sainte relique était déposée, ils n'opposaient plus aucune résistance. L'évêque comprit alors que la volonté du ciel était que la relique demeurât au couvent de Lublin. Il résolut de s'y fixer lui aussi et c'est là qu'il mourut, le dernier jour de mai 1420; il fut enseveli dans l'église des prêcheurs. Dans la suite, le tombeau disparut, avec l'épitaphe qu'on y lisait; à vrai dire, l'inscription qui se trouve conservée dans un livre de la sacristie de Lublin et que Baręcz, *op. cit.*, reproduit, ne nous donne aucun renseignement sérieux sur la vie du personnage; il y est seulement qualifié de *praesul*. Pourtant le même auteur rapporte que, dans le couvent de Cracovie, se conservait un tableau représentant André, avec cette inscription : *Venerabilis P. F. Andreas Polonus episcopus Kijoviensis a Bonifacio IX anno 1400 renuntiatus, qui lignum sanctae crucis Lublinum apportavit, illudque ibidem sui ordinis fratribus consignavit*. La grande pénurie de documents sur ce personnage fait que certains auteurs ne veulent point le ranger parmi les évêques de Kiew. Eubel, par exemple, l'élimine de la série des titulaires de ce siège, sans raison suffisante d'ailleurs. En tout cas, il paraît bien difficile de mettre en doute sa qualité d'évêque, que lui reconnaissent tous les auteurs dominicains, bien que, il faut l'avouer, ils ne puissent guère donner de précisions sur le rôle qu'il a pu jouer.

S. Baręcz, *Catalogus Patrum et fratrum... in Polonia... mortuorum*, ms. *1888* [arch. ord.], p. 11. — Il s'inspire d'Okolski, *Russia florida*, Lemberg, 1646, p. 646; Ruszel, *Lib. III, fol. 3, de Santa Cruce*, Lublin, 1656. — Brémond, *Bullar. ord.*, Rome, 1730, t. ii, p. 702. — Eubel, *Hier. cath.*, 1913, t. i, p. 290, note 3. — Fontana, *Sac. theatr. domin.*, Rome, 1666, p. 209.

R. COULON.

86. ANDRÉ, abbé de Michelsberg. Né à Staffelstein près de Bamberg, vers 1450, André entra à l'abbaye bénédictine de Saint-Michel de Bamberg vers 1466 et en fut élu abbé le 6 février 1483. Il fut un modèle de discipline régulière et un excellent administrateur. En 1493 et 1499, il fut un des présidents du chapitre de la province bénédictine de Mayence-Bamberg. Il prit aussi une part active aux travaux de la congrégation de Bursfeld, notamment en 1484, dans l'affaire de l'union des trois observances de Bursfeld, Melk et Kastel ; en 1495 et 1496, où il prononça le sermon, lors des chapitres tenus à Saint-Jacques de Mayence et à Reinhartsbrunn. André mourut le 23 octobre 1502.

Il composa : 1º un inventaire des biens et rentes de son abbaye, à l'aide duquel on peut se rendre compte de ses acquisitions de livres et de ses travaux de reliure (ms. au Kreisarchiv de Bamberg. Cf. *Neues Archiv f. alt. deutsche Gesch.* t. xxi, p. 174-193 ; — 2º *Catalogus abbatum S. Michaelis*, précédé d'un *Catalogus pontificum Bambergensium* jusqu'en 1487 (fol. 1-67), ms. de 332 fol., composé après 1487, en tout cas avant 1494 (ms. à la bibl. de Bamberg). Cf. Jäck, dans *Archiv, f. a. d. Gesch.*, t. vi, p. 60-61 ; Köpke, *Mon. Germ. hist., Script.*, t. xii, p. 731-746 ; — 3º *Fasciculus abbatum*, série de courtes notices sur les abbés de Saint-Michel, suivies d'un travail succinct sur les évêques de Bamberg jusqu'à Philippe de Henneberg (ms. à la bibl. de Bamberg). Cf. Jäck dans *Archiv. f. alt. deutsche Gesch.*, t. vi, p. 58-60 ; — 4º *Catalogus Bambergensis ecclesiae pontificum usque ad nostra tempora*, composé en 1497 (ms. à la bibl. de Bamberg). Cf. Köpke, dans *Mon. Germ. hist., Script.*, t. xii, p. 727 ; Holder-Egger, *ibid.*, t. xv, p., 1153 ; — 5º une triple recension de la légende de saint Otton ; la première, conservée dans un ms. de Stettin, a été publiée, *Bibl. hagiogr. lat.*, t. ii, n. 6404-6407 ; la deuxième, conservée à Bamberg, a été également publiée : voir *Archiv. f. alt. deutsche Gesch.*, t. vi, p. 61-70 ; Köpke, *loc. cit.*, p. 724-728, 905-907 ; *Bibl. hag. lat., loc. cit.* ; la troisième manque ; — 6º *Catalogus sanctorum O. S. B.*, conservé à la bibl. de Bamberg (Jäck, dans *Archiv f. alt. deutsche Gesch.*, t. vi, p. 54-58 ; Waitz, *ibid.*, t. xi, p. 421-424 ; Leitschuh, *Katal. der Hss. der Kön. Bibl. zu Bamberg*, t. i, p. 231-234) ; il fait l'objet du travail du Dr Jos. Fassbinder cité plus loin ; — 7º *De conceptu virginali*, conservé à la bibl. de Bamberg (Leitschuh, *loc. cit.*, t. i, p. 835, n. 239), composé après 1494. Cf. lettre de Trithème à l'abbé André du 7 décembre 1494, dans Ziegelbauer, *Hist. litt. O. S. B.*, t. iii, p. 263-264.

Trithème, *Opera hist.*, éd. Freher, t. ii, p. 401, 410. — Silbernagl, *Johannes Trithemius*, Ratisbonne, 1885, p. 254. — Oudin, *Script. eccl.*, t. iii, col. 2736-2737. — Ziegelbauer, *Hist. litt. O. S. B.*, t. i, p. 502 ; t. ii, p. 321, 403 ; t. iv, p. 520, 527. — D. François, *Bibl. gén.*, t. i, p. 53-54. — Jäck, dans *Archiv der Ges. f. alt. deut. Gesch.*, t. vi, p. 54-58. — Waitz, *ibid.*, t. xi, p. 421-424. — C. A. Schweitzer, *Das Urkundenbuch des Abtes Andreas im Kloster Michelsberg in vollständigen Auszügen*, dans *Jahresbericht über das Wirken des Hist. Ver. zu Bamberg.*, 1853-1854, t. xvi-xvii. — P. Wittmann, *Die literarische Thätigkeit des Abtes Andrens von S. Michael nächst Bamberg*, dans *Histor. Jahrbuch*, 1889, t. i, p. 413-417. — A. Lahner, *Die ehemalige Benediktiner-Abtei Michelsberg zu Bamberg*, dans *Bericht über das Wirken des Hist. Ver. zu Bamberg*, 1889, t. li, p. 197-211. — Potthast, *Bibl. hist.*, 2e éd., 1896, t. i, p. 42. — O. Lorenz, *Deutschlands Geschichtsquellen*, 3e édit., t. i, p. 153-154. — Jos. Fassbinder, *Der literarische Thätigkeit des Abtes Andreas von Michelsberg*, Bonn, 1910.

U. Berlière.

87. ANDRÉ, nommé, le 10 juin 1500, évêque coadjuteur *cum jure successionis* de Jean Edmond Courcy, évêque de Clogher (Irlande), paraît être mort avant la translation de ce dernier à l'évêché de Ross, également en Irlande, en 1502.

Brady, *Episcopal succession*, t. i, p. 251. — Eubel, *Hierarchia catholica*, t. ii, p. 146, note.

A. Taylor.

88. ANDRÉ, prêtre portugais, tertiaire de l'ordre de Saint-Augustin. Avec plusieurs Pères augustins et un grand nombre de chrétiens, il fut martyrisé à Mombasa (Indes orientales), le 21 août 1631. Le 12 novembre 1632, la curie archiépiscopale de Goa introduisit le procès de béatification de ces martyrs.

Antoine de la Purification, *Chronologia monastica Lusitana*, Lisbonne, 1642, p. 85-86. — Joseph de l'Assomption, *Martyrologium augustinianum*, Lisbonne, 1743, t. ii, p. 500. — Crusenius-Lopez, *Monasticon augustinianum*, Valladolid, 1903, t. ii, p. 20, 460.

A. Palmieri.

89. ANDRÉ ABELLON (Bienheureux). Voir Abellon (André), t. i, col. 96.

90. ANDRE AGNELLO. Voir Agnello, t. i, col. 968.

91. ANDRÉ DE AIALA, natif de Guadalaxara, prit l'habit de saint François dans la province de Mechoacan (Amérique du Sud), à un âge déjà mûr, vers 1570. Après sa prêtrise il s'adonna à la conversion des Indiens Chichimèques, spécialement de ceux de Guaynamota dans le Xalisco, où il resta onze ans. Il jouissait d'un renom de théologien et connaissait l'indien dans la perfection. En 1585, il était gardien du couvent de Guaynamota qu'il avait fondé six ans auparavant, quand, le 4 août, des Indiens, rebelles à la civilisation, après avoir incendié le couvent et l'église, le tuèrent à coups de hache. Un autre franciscain, François Gil, fut également massacré, ainsi que plusieurs chrétiens.

Fr. de Gonzaga, *De origine seraphicae religionis*, Venise, 1603, p. 1528. — J. de Torquemada, *Monarchia Indiana*, Madrid, 1723, t. iii, p. 628-631. — P. de Salazar, *Cronica y historia de la provincia de Castilla*, Madrid, 1612, p. 117. — Wadding-Melchiorri, *Annales minorum*, t. xxi, p. 193. — Wadding, *Script. et martyres minorum*, Rome, 1806, p. 230.

Antoine de Sérent.

92. ANDRÉ D'ALANEO (*d'Alagnac*, ou *d'Alagno*). Né à Amalfi, d'une grande et illustre famille de cette ville, originaire, dit-on, de Ligny en France, il devint chanoine et archidiacre de la cathédrale et fut aussi conseiller du roi de Naples, Charles II d'Anjou. Il fut élu, en 1294, archevêque du diocèse par le chapitre, *en discorde* cependant avec Pietro di Piperno, vice-chancelier de l'Église romaine, mais celui-ci ayant renoncé à toute prétention, André vit son élection confirmée, d'abord par saint Célestin V, puis, en confirmation générale des actes de ce pape, par Boniface VIII, le 29 mars 1295. Digard, *Les registres de Boniface VIII*, Paris, s. d., t. i, p. 31. Remarquable par sa piété, sa charité, son zèle pour le culte divin, il embellit l'église et surtout la crypte de la cathédrale de Sant'Andréa. D'une munificence non moins éclairée pour le bien temporel de ses ouailles, il voulait faire tracer une grand'route d'Amalfi à Maggiori, mais l'évêque de cette dernière ville s'y opposa. Il mourut en 1330, comme le démontre assez bien Cappelletti, quoi que prétende Gamurrini, *Istoria genealogica delle famiglie nobili toscane ed umbre*, t. v, p. 149 (auteur, non je sais, pas digne de considération), alléguant un acte du 16 janvier 1325, d'après lequel un certain Lodovico Sacchetti aurait été alors archevêque d'Amalfi. Il fut enterré dans une chapelle de sa cathédrale construite par ses soins en 1319 (épitaphe en vers latins rimés dans Pansa). Ce fut sous son épiscopat qu'eut lieu pour la première fois le miracle de la manne de saint André.

Archives du Vatican, *Fiches de Garampi*, Index, n. 477, fol. 6 vº-7. — *Chronicon Amalphitanum*, dans Muratori, *Antiquitates Italicae medii aevi*, Milan, 1738, t. i, col. 216. — R. Pansa, *Istoria dell' antica republica d'Amalfi*, Naples, 1724, t. i, p. 153, 164-165. — Ughelli-Coleti, *Italia sacra*, Venise, 1721, t. vii, col. 229-231. — Camera, *Istoria della città e costiera di Amalfi*, Naples, 1836, p. 252-253, 434, 453. — Cappelletti, *Le chiese d'Italia*, Venise, 1866, t. xx, p. 606-607. — Berardo Candida Gonzaga, *Memorie delle famiglie nobili delle province meridionali*, Naples, 1875, t. I, p. 72-73.

J. FRAIKIN.

93. ANDRÉ D'ALBALATE, dominicain, évêque de Valence et chancelier du roi d'Aragon. D'après Gaspar Escolano, *Historia regni Valentini*, decad. I, l. III, c. IX, il était de sang royal, issu de la famille d'Aragon. Son frère, Pierre d'Albalate (ci-dessus, t. I, col. 1364), était lui-même archevêque de Tarragone. Nous ne savons exactement ni le lieu, ni la date de la naissance d'André. Après avoir conquis sur les Maures la ville de Valence (28 septembre 1238), le roi d'Aragon, Jacques Ier, voulut y établir un couvent de frères prêcheurs. En effet, le 11 avril de l'année suivante (1239), il délivra des lettres patentes et le couvent de Valence fut fondé avec le secours d'un des premiers disciples de saint Dominique, Michel de Fabra. André d'Albalate appartient à la première génération du couvent de Valence, où il vécut entre 1239 et 1248. Dans les diverses décisions des chapitres provinciaux d'Espagne, il n'est point fait mention de lui à cette date. En 1248, le second évêque de Valence, Arnaud de Peralta, ayant été transféré à l'archevêché de Saragosse, le chapitre s'assembla pour élire un successeur; mais les électeurs n'étant pas tombés d'accord, ils firent un compromis et nommèrent trois arbitres, qui choisiraient sur la liste de neuf candidats, qui leur serait présentée. Les arbitres étaient Pierre d'Albalate, archevêque de Tarragone, D. Martin, archidiacre de l'Église de Valence, et Dominique, chantre de la même Église. André d'Albalate était en tête de la liste, il fut choisi et le pape Innocent IV le confirma (4 décembre 1248). En même temps le roi le nomma son chancelier dans le royaume de Valence. Il sut parfaitement gérer les intérêts de son Église et la défendre contre les entreprises des officiers royaux, en même temps que contre les exigences du fisc. Jacques Ier, en effet, sans cesse en guerre contre les infidèles, était constamment à court d'argent. En lui accordant les décimes qu'il réclamait, André d'Albalate se fit abandonner, en retour, un certain nombre de châteaux ou villages, situés soit en Aragon, soit sur la côte; et dans la suite, ces biens demeurèrent sous la juridiction de l'Église de Valence. En 1264, Jacques Ier, voulant tenter une opération décisive contre les Maures, afin de se concilier l'appui du Saint-Siège, ce qui serait une sauvegarde pour l'intérieur de ses États, envoya André d'Albalate en ambassade auprès d'Urbain IV. Il le rencontra à Pérouse, le 23 mai 1264. L'année suivante, le 23 mai, Clément IV, par la bulle *Visio dura nuntiata*, confiait à l'archevêque de Tarragone, Pierre d'Albalate, et à son frère André, évêque de Valence, la prédication de la croisade dans les royaumes d'Aragon, de Valence et de Majorque, contre les Maures d'Espagne et d'Afrique. Cf. Raynaldi, *Annales*, ad ann. 1265, n. 32. Comme on le sait, l'expédition eut plein succès et se termina par la prise de Murcie. André d'Albalate favorisa de tout son pouvoir l'établissement des maisons religieuses dans son diocèse. Le couvent de son ordre, où il avait pris l'habit religieux, placé en dehors de l'enceinte de la ville, se trouvait en butte aux attaques des Maures. Pour le protéger, l'évêque fit étendre l'enceinte de la ville du côté du Guadalaviar. Il introduisit aussi les chartreux dans les royaumes d'Aragon et de Valence et leur fit bâtir le magnifique couvent de *Porta Cœli*. L'instrument de l'érection et de la donation du couvent se trouvait dans le livre manuscrit des constitutions de l'Église de Valence et fut imprimé à Valence en 1546. Lorsque Grégoire X convoqua le concile général de Lyon, Jacques Ier fut invité par le pape à s'y rendre. Il emmena avec lui André d'Albalate, qui devait être aussi au concile le procureur de l'infant don Pedro, héritier du trône. Le roi avait rêvé de se faire couronner par le pape; mais sa demande ne fut pas agréée et il revint dans ses États. L'évêque de Valence prit part au concile de Lyon; lorsqu'il fut terminé, il suivit le pape en Italie, où il demeura pendant plus de deux ans. Il assista à la mort de Grégoire X et vit se succéder Innocent V et Adrien V. Il se trouvait à Viterbe, auprès de Jean XXI, au mois de mars 1277, lorsqu'il mourut. Son corps, transféré en Espagne, fut enterré dans l'église cathédrale de Valence, à côté du maître-autel. André d'Albalate a laissé des constitutions, publiées dans sept synodes diocésains de 1255 à 1273. Ces constitutions ont été éditées par le cardinal d'Aguirre, *Collectio maxima conciliorum omnium Hispaniae et novi orbis*, Rome, 1693, t. III, p. 506; de même par Hardouin, *Acta conciliorum*, t. VII. D'après Escolano, ces constitutions se conservaient dans un manuscrit de l'Église de Valence. Une bulle de Jean XXI, *Etsi Ecclesiarum omnium*, du 13 janvier 1277, invite le chapitre de Valence à donner un successeur à André d'Albalate; il serait donc mort tout à fait au début de l'année. Une autre constitution apostolique du 12 janvier ratifie son testament.

Amat, *Escritores catal.*, Barcelone, 1836, col. 8. — Antonio, *Bibliotheca Hispana vetus*, Madrid, 1788, t. II, p. 353. — Castro, *Bibliotheca espanola*, Madrid, 1781-1786, t. II, p. 694-696. — Latassa, *Bibl. antig. Aragon.*, Saragosse, 1796, t. I, p. 234-241. — Fabricius, *Bibliotheca media aetatis*, Florence, 1858, t. I, p. 92. — Echard, *Scriptores ordinis praedicatorum*, Paris, 1719-1721, t. I, p. 360-361. — Touron, *Hist. des hommes illustres de l'ordre de Saint-Dominique*, Paris, 1743, t. I, p. 367-374. — *Bullarium ordinis*, Rome, 1729, t. I, p. 258. — Fontana, *Sac. theatrum dominicanum*, Rome, 1666, p. 110. — Eubel, *Hierarchia cath.*, 1913, t. I, p. 512. — Diago, *Historia de la provincia de Aragon de la orden de predicadores*, Barcelone, 1599, p. 158, 159, 160. — J.-B. Martin, *Conciles et bullaire du diocèse de Lyon*; ibid., 1905, n. 1644, 1730.

R. COULON.

94. ANDRÉ D'ALMUNIA ou **ÇALMUNIA**, originaire de Vich, devint chanoine de la cathédrale de sa ville natale. Il mit en ordre le coutumier des cérémonies et des fêtes usitées dans la cité épiscopale de Vich, livre qui est connu sous la rubrique : *Consueta ecclesiae Vicensis*. André d'Almunia mourut en 1234.

Torres-Amat, *Memorias para ayudar a formar un diccionario critico de los escritores catalanes*, Barcelone, 1836, p. 14.

J. CAPEILLE.

95. ANDRÉ ANGELETTI, carme romain, proclamé après de studieuses études docteur en théologie, gouverna comme prieur provincial la province romaine d'abord, puis celle des Abruzzes; il eut encore le titre de la province de Saxe et de Terre Sainte. Illustre par son érudition non moins que par son zèle pour la gloire de son ordre, il mourut à Rome, en 1678. Il a composé en italien : *La vita di san Canuto martire, re della Dania o Danimarca*, in-4°, Rome, 1677; ouvrage qu'il publia en latin au même lieu et la même année.

Prosper Mandosio, *Bibliotheca romana*, Rome, 1682-1692, Centuria 5, n. 4, p. 283. — Daniel a Virgine Maria, *Speculum carmelitanum*, t. II, p. 1070, n. 3723. — C. de Villiers, *Bibliotheca carmelitana*, t. I, col. 69.

P. MARIE-JOSEPH.

96. ANDRÉ D'ANTIOCHE (Bienheureux), descendant de Bohémond, prince de Tarente, établi par Godefroi de Bouillon gouverneur d'Antioche, naquit à Antioche, vers 1268. Devenu chanoine régulier du Saint-Sépulcre, à Jérusalem, il est nommé clavaire par « le patriarche qui lui confie la clef qui ouvre et ferme le tombeau du Sauveur. » Peu après, il reçoit la mission de visiter les maisons de son ordre, en

Europe. Il parcourt, dans ce but, successivement l'Italie, la Sicile, la Pologne, puis la France. Des actes authentiques nous le montrent à Rivarole, dans le diocèse d'Ivrée, le 2 septembre 1347. L'année suivante, le 5 septembre, il est à Annecy, où il reçoit une donation en faveur de la maison du Saint-Sépulcre établie dans cette ville. C'est là qu'il mourut « en réputation de sainteté » avant le 27 mars 1360. A cette dernière date, en effet, une femme d'Annecy vend une maison dont elle consacre le prix au paiement du tombeau élevé en l'honneur de frère André.

Depuis lors la vénération populaire entoure la mémoire du défunt, et le fait bienheureux. Son culte s'établit peu à peu. D'après les pièces du procès de canonisation de saint François de Sales, il est certain que « de son vivant le saint évêque de Genève avait une grande dévotion au tombeau du glorieux André; » il « avait coutume d'y envoyer ceux qui lui demandaient ses prières ou qu'il avait guéris. » Un procès-verbal de visite pastorale du 31 mai 1633 signale au Saint-Sépulcre « le sépulchre de saint André, fils d'un roi d'Antioche, plus tard chanoine de ladite église, dès longtemps honoré pour ses nombreux miracles. » Le visiteur commande au sacristain de mettre par écrit l'histoire de chaque grâce ou miracle accordé audit autel de saint André. Les procès-verbaux des visites de 1638 et 1653 parlent de « la chapelle de Saint-André renommée par ses miracles. »

Le tombeau du bienheureux était à l'entrée du chœur de l'église du Saint-Sépulcre, qui n'existe plus aujourd'hui.

Jusqu'à la Révolution, on célébrait la fête du bienheureux André d'Antioche le 30 novembre.

Gallizia di Giaveno, *Atti de' santi che fioriron ne' dominti della reale casa di Savoia*, Turin, 1757, t. v, p. 44-50. — Besson, *Mémoires pour l'histoire ecclésiastique... de Savoie*, Nancy, 1759, p. 119. — Chanoine Gonthier, *Œuvres historiques*, Thonon, 1902, t. II, p. 392-393. — Chanoine Chevallier, *Le tombeau du bienheureux André d'Antioche*, dans *Mémoires de l'Académie salésienne*, t. XIX, p. VIII sq. — Dom Mackey, *Notice sur Benoît-Théophile de Chevron Villeche*, Chambéry, 1904, p. 34-35.

J. GARIN.

97. ANDRÉ ANTOINE, franciscain, scotiste, du XIV° siècle, de la province aragonaise, surnommé : *doctor dulcifluus*. On ne connaît avec certitude ni sa patrie, ni l'époque exacte où il vécut. Il passe généralement pour un disciple immédiat et auditeur de Scot, et on le fait mourir par conséquent, mais à faux, vers 1320. Dans ses ouvrages fort nombreux, il expose avec une clarté et netteté remarquables les doctrines de Scot. Il écrivit un commentaire *in IV libros Sententiarum*, Venise, 1572, 1578. Sbaralea lui a restitué le *Compendiosum principium in lib. Sent.*, publié naguère sous le nom de saint Bonaventure, Strasbourg, 1495; Venise, 1504; Rome, 1584; — *De tribus principiis rerum naturalium*, Padoue, 1475; Vicence, 1477 (?); Venise, 1489; cette dernière édition contient aussi le *Tract. de formalitatibus Scoti*; on a traité a aussi été attribué à Nicolas Bonet; autre édition à Ferrare, 1490; — *Quaestiones super libros XII Metaphysicae Aristotelis*, Venise, vers 1475; Naples, 1475; Londres, 1480; Venise, 1482 (?); Strasbourg, 1490; Venise, 1494; (Poitiers), 1495; Venise, 1495, et *ibid.*, s. d.; — *Expositio in libros Metaphysicae Arist.*, Venise, 1482. L'édition de Venise 1497 est très problématique; — *Commentaria in artem veterem Aristot.*, Bologne, 1481; Vicence, 1489 (?); Venise, 1492, 1496, 1517. Les *Quaestiones super sex principia Gilberti Porretani* furent imprimées souvent avec d'autres livres, in-4°, Venise, s. d.; in-fol., s. d.; 1492 (deux fois), 1500. Comme ses ouvrages ont été confondus avec ceux d'autres auteurs, il reste à en faire un triage critique.

Sbaralea, *Suppl. ad script. ord. min.*, Rome, 1806, p. 67-69; 1908, p. 71-73. — Hain, *Repert. bibliogr.*, 1826-1827, t. I, n. 973-991; 1895, t. II, n. 6440-6445. — Copinger, *Suppl. to Hain*, n. 974-990; t. II, 1re part., n. 415 sq.— Hurter,*Nomenclator lit. theol. cath.*, Inspruck, 1906, t. II, col. 465-467.—*Dict. de théol. cath.*, t. I, col. 1180. Pour d'autres publications anciennes, voir Chevalier, *Rép.*, *Biobibliogr.*, t. I, col. 229.

M. BIHL.

98. ANDRÉ D'ARBE, en Dalmatie, s'appelait Cernota, de son nom de famille. Il dut naître aux environs de 1530, car, en 1579, d'après une supplique de ses concitoyens au camérier du pape, Jules Savorgnano, il prêchait depuis vingt-quatre ans et plus. Entré de bonne heure chez les franciscains, il devint un orateur renommé et parut dans les principales chaires d'Italie. Il était ministre de sa province, quand, à la congrégation générale de l'ordre tenue au couvent de l'Aracaeli, à Rome, en mai 1575, il fut élu définiteur général. En cette qualité il dut assister au chapitre général de Paris en 1579. A cette date, on le nomma gardien de Sainte-Claire de Naples, et commissaire des autres monastères royaux. Le 25 novembre suivant, ses compatriotes le demandèrent comme coadjuteur de leur vieil évêque Blaise Sidineo, devenu impotent, et firent un magnifique éloge de sa doctrine et de sa vie exemplaire. Les choses traînèrent en longueur, et, le 8 août 1583 seulement, André était nommé, par Grégoire XIII, évêque de Scardona (ville au pouvoir des Turcs), et coadjuteur d'Arbe, avec future successsion et un revenu annuel de 300 ducats. On ignore la date de sa mort, mais elle dut arriver peu avant le 19 septembre 1588, date à laquelle on lui donnait un successeur.

Wadding-Melchiorri, *Annales minorum*, Ancône, 1844, t. XXI, p. 20, 179, 418, 543. — Eubel, *Hierarchia catholica*, t. III, p. 128.

ANTOINE de Sérent.

99. ANDRÉ D'AUTRICHE, cardinal (1558-1600), fils de l'archiduc Ferdinand d'Autriche-Tyrol, neveu de Charles-Quint, et de son épouse morganatique Philippine Welzer. Son père, pour en faire le cardinal de la maison d'Autriche, renonça à ses revendications contre l'évêché de Trente, et il fut créé à dix-huit ans par Grégoire XIII, le 19 novembre 1575, du titre de Santa Maria Nuova, quelques mois avant son cousin Albert (ci-dessus, t. I, col. 1467). Il fit alors un séjour de deux ans à Rome (avril 1577-1579), y compléta ses études, et s'y pénétra de l'attachement envers le papauté, du dévouement à la réforme catholique et des idées de vie sérieuse qui furent plus tard les premiers mobiles de sa conduite. A son retour en Autriche, il fut nommé par son père vicaire-administrateur des États de ce dernier, Tyrol et Autriche antérieure (Souabe, Brisgau, Sundgau, Alsace, etc.). Il s'occupa des rapports de sa maison avec les cantons suisses et les Grisons, travailla à rétablir la prépondérance du catholicisme dans le cercle de Souabe, et y réussit en partie.

Son père s'efforça de lui procurer dans l'Église d'Allemagne une situation en rapport avec sa naissance, mais il trouva sur son chemin de quoi contrecarrer les intrigues de la Bavière et les susceptibilités du haut clergé allemand : l'un et l'autre coalisés empêchèrent le cardinal d'arriver aux électorats et aux grands évêchés du pays, à cause de la noblesse douteuse de sa mère. Il échoua successivement à la poursuite des évêchés d'Olmutz, Trente, Munster. Rival malheureux de Gebhart de Truchsess à l'électorat de Cologne, il fut chargé, comme légat *a latere*, de faire exécuter la sentence pontificale contre l'apostat, mais le comte palatin Casimir, qui soutenait celui-ci, lui tendit des embûches et il ne put terminer sa commission (mars 1583). Il réussit cependant à se faire nommer coadjuteur de Brixen, en 1580, et il prit l'administration du diocèse neuf ans plus tard. Il reçut la même année la fonction de cardinal-protecteur auprès de la curie pour les États héréditaires de la maison d'Autriche, et la fit gérer par le cardinal Gesualdo; en 1587, l'abbaye de Reichenau et le décanat de Murbach et Luders (Alsace); l'évêché de Constance, deux ans après. Il s'occupa sérieusement de l'administration de ce diocèse, de la réforme du clergé, introduisit les jésuites à Constance, encouragea de son mieux leur campagne de mission en Souabe et Wurtemberg. Il se soucia peu de Brixen, où du reste il résida rarement. Comme il ne reçut jamais la consécration épiscopale et resta dans les ordres inférieurs, il ne pouvait remplir qu'imparfaitement ses fonctions pastorales : il fit travailler à la réforme des abus par son vicaire général à Constance, Jacob Pistorius, et s'occupa surtout de développer les dévotions, les confréries et les pèlerinages. Son caractère fier et hautain le mit souvent en conflit avec ses subordonnés, et même avec son père l'archiduc, mais il s'opposa avec raison au livre de prières que celui-ci voulait introduire de sa propre autorité dans ses États.

La maison d'Autriche le chargea de représenter ses intérêts aux cinq conclaves qui se succédèrent de Grégoire XIII à Clément VIII (1585-1592), mais il n'assista qu'à trois, et, comme premier cardinal-diacre, il couronna Innocent IX; il ne joua dans ces graves débats qu'un rôle effacé, sous la direction d'hommes plus habiles, comme le cardinal Madruzzi. Il déploya plus d'activité, et acquit plus d'importance, par sa prudence et sa modération, lorsqu'il fut appelé au gouvernement des Pays-Bas, pendant l'absence du cardinal archiduc Albert, parti en Espagne (septembre 1598-août 1599); il continua la lutte, avec des succès divers, mais sans faire progresser la cause espagnole, contre les Provinces-Unies et Maurice de Nassau; il fit exécuter la paix de Vervins dans ces régions, et remit le pouvoir aux infants dès leur arrivée.

Cette vie, d'un caractère indécis, sinon mouvementée, se termina saintement. Le cardinal André entreprit *incognito* le voyage de Rome, pour le jubilé de 1600; néanmoins il fut reçu par le pape Clément VIII, logé au Vatican et traité comme prince. Il alla vénérer les reliques de saint Janvier à Naples. De retour à Rome, il gagna le jubilé en visitant les basiliques; atteint par les fièvres du pays, à la suite des fatigues du voyage et des austérités qui ruinèrent sa complexion délicate, il mourut entre les bras du pape, le 12 novembre 1600, dans sa quarante-troisième année, et fut enseveli à l'église allemande de l'*Anima*, où l'on voit son tombeau. Cette mort a plus servi à sa réputation que les particularités de son origine et de sa vie, et il importe moins pour l'histoire politique que pour l'hagiographie.

Ciaconius-Oldoinus, *Vitae et res gestae...*, t. IV, col. 48-50, avec les citations des contemporains. — J. Hirn, *Erzherzog Ferdinand vom Tirol*, Fribourg-en-Brisgau, 1887, *passim*, surtout, t. I, p. 323-408. — *Biographie nationale de Belgique*, 1866, t. I, col. 273-281. — Schmidlin, *Geschichte der deutschen Nationalkirche in Rom S. Maria dell' Anima*, Fribourg-en-Brisgau, 1906, p. 445-449. Rend compte des derniers moments et des funérailles d'André, d'après les sources contemporaines, les *Avvisi* et la correspondance de Clément VIII. Reproduction de son tombeau au portail de l'*Anima*. — P. Herre, *Papsttum und Papstwahl im Zeitalter Philipps II*, Leipzig, 1907, *passim*; voir Index. — *Nuntiaturberichte aus Deutschland*, éd. Hansen, III° part., t. I, voir Index. — *Thuani Historia*, t. V de l'édit. in-fol., *passim*. — Moroni, *Dizionario di erudizione storico-ecclesiastica*, t. III, p. 144-145.

P. RICHARD.

100. ANDRÉ AVELLINO (Saint). Il naquit à Castronuovo, dans la Basilicate (Italie méridionale), en 1521, et de son nom de baptême s'appela Lancellotto. Dès son enfance, il se fit admirer par sa piété et ses vertus. Le désir d'une vie plus parfaite et le zèle du salut des âmes lui firent embrasser l'état ecclésiastique. Lorsqu'il eut reçu le sacerdoce, il se rendit à Naples pour y étudier le droit civil et le droit canon. Ayant obtenu le diplôme de docteur *in utroque jure*, il commença à plaider devant les tribunaux ecclésiastiques. Mais sa nouvelle charge lui rendait difficile de vaquer à la prière, et de se consacrer entièrement au service de Dieu. On sait qu'il quitta sa fonction après un léger mensonge qui lui avait échappé dans une plaidoirie. Chargé par l'archevêque de Naples de la direction d'un monastère de religieuses fortement relâchées, le saint s'appliqua avec ardeur à réformer les abus. Mais son zèle l'exposa à de graves dangers. Un homme corrompu, qui fréquentait le monastère et que le saint en avait expulsé, jura de se venger. Il lui tendit des embûches. Le saint réussit à les déjouer une première fois, mais la seconde fois il fut blessé au visage.

En 1556, il se sentit appelé par Dieu à la vie religieuse et entra chez les théatins. Il eut comme compagnon de noviciat Paolo Arezzo, qui mourut cardinal-évêque de Naples. Admis à la profession avec le nom d'André, il ajouta ses vœux de religion celui de combattre toujours sa volonté, et de tendre, dans la mesure de ses forces, à la perfection religieuse. Il montra bientôt combien il tenait à cœur de remplir ses promesses. Son neveu avait été assassiné dans un rixe, et il s'empressa de demander qu'on n'ôtât pas la vie au meurtrier. En 1560, il fut nommé maître des novices et, en 1566, supérieur de la maison de San Paolo Maggiore. Saint Charles Borromée ayant invité les théatins à s'établir dans son diocèse, et à y travailler à la direction spirituelle de son clergé, le saint fut choisi par ses supérieurs pour la fondation d'une maison à Milan. Il s'y rendit en 1570 et y fut reçu en triomphe. En 1571, il fut envoyé en qualité de supérieur à la maison de Plaisance. Sa prédication y fut si efficace que plusieurs dames de la haute aristocratie prirent le voile. Il resta plusieurs années en Lombardie et y travailla avec ardeur à répandre sa congrégation. En 1582, il rentra à Naples, et il ne quitta plus cette ville jusqu'à sa mort. Les théatins y possédaient deux monastères, San Paolo Maggiore et Santi Apostoli. Il y devint un sujet d'édification pour le clergé et les fidèles. Son humilité l'engagea à supplier le pape Grégoire XIV (1590-1591) de ne pas lui imposer le fardeau de l'épiscopat. Son assiduité au confessionnal était admirable; sa prédication remuait les cœurs les plus endurcis dans le péché; les miracles opérés de son vivant lui attiraient la vénération des fidèles. Malgré ses mortifications, il atteignit une extrême vieillesse. Le 10 novembre 1608, en montant à l'autel, il fut frappé d'apoplexie et mourut le même jour. Un an après sa mort, ses dépouilles mortelles furent retrouvées intactes. On les déposa dans une chapelle à gauche du maître-autel de l'église de San Paolo Maggiore, où il est encore très vénéré de nos jours. Ses biographes racontent beaucoup de miracles opérés sur son tombeau, ou par ses reliques. Il a été béatifié par Urbain VIII, en 1624, canonisé en 1712, par Clément XI, et est invoqué comme patron dans les cas d'apoplexie.

ÉCRITS. — Voici la liste de ses écrits : 1° *Lettere scritte dal glorioso S. Andrea Avellino a diversi suoi divoti, date alla luce da' chierici regolari di S. Paolo Maggiore di Napoli, e dedicate all' eminentissimo principe il signor cardinale Francesco Pignatelli, decano del Sacro Collegio ed arcivescovo di Napoli*, 2 vol., Naples, 1731, 1732. Le premier volume comprend 357 lettres, le second 644. La plupart sont adressées à des dames de la haute aristocratie; — 2° *Opere varie composte dal glorioso S. Andrea Avellino chierico regolare divise in cinque tomi, e date alla luce dai PP. Chierici regolari di S. Paolo Maggiore di Napoli*, Naples, 1733-1734. Voici la liste des écrits renfermés dans cette édition : 1. *Esposizione dell'* orazione dominicale, t. I, p. 64-168 ; — 2. Esposizione sopra le prime due parole della salutazione angelica, ibid., p. 169-184; — 3. Esposizione della Salve regina, ibid., p. 185-190; — 4. Esposizione dell'Epistola canonica di S. Giacomo, ibid., p. 191-344; — 5. Trattato utilissimo sopra le parole dell'apostolo nel terzo capo ai Colossensi, t. II, p. 1-48; — 6. Breve compendio della materia dell' Epistola di S. Paolo ai Romani, ibid., p. 49-50; —7. Esposizione del libro secondo dei Maestro delle Sentenze, ibid., p. 51-118; — 8. Esposizione sopra il salmo CXVIII, ibid., p. 119-266; — 9. Esposizione del discorso del Signore sul monte, ibid., p. 278-378; — 10. Sermoni quaresimali, t. III, p. 1-378; — 11. Sermoni annuali, ibid., p. 379-693; — 12. Esercizio spirituale utile per conoscere il peccato, t. IV, p. 1-270; — 13. Meditazioni sopra la vita di Cristo, e della sua gloriosa Madre, ibid., p. 271-296; — 14. Discorsi utilissimi per eccitare le persone spirituali, ibid., p. 297-305; — 15. Breve esercizio per tutta la settimana da farsi da chi desidera vivere in grazia di Dio, ibid., p. 306-313; — 16. Avvertimenti necessarii per quelle persone che desiderano conformarsi alla vita di Cristo, ibid., p. 314-321; — 17. Spiegazione sopra i sette doni detto Spirito Santo, ibid., p. 322-342; — 18. Spiegazione sopra il peccato originale, veniale e mortale, ibid., p. 342-365; — 19. Trattato utilissimo per conoscere ed acquistare l'umiltà, t. V, p. 1-40; — 20. Discorsi utilissimi sopra l'amore di Dio e del prossimo, ibid., p. 41-67; —21. Trattato utilissimo del SS. Sacramento dell' altare, ibid., p. 68-105; — 22. Esercizi spirituali da farsi avanti e dopo la santissima communione, ibid., p. 106-110; — 23. Breve trattato nel quale si ragiona della divina clemenza e della fruttuosa penitenza, ibid., p. 111-162; — 24. Trattato utilissimo della speranza e del timore, ibid., p. 163-332. Les biographes citent aussi quelques ouvrages inédits : Scholia in Summam divi Thomae Aquinatis, mentionnés par Silos ; Modo di far con profitto la visita, mentionné par Mazzucchelli ; deux traités Sur la manière de diriger les novices, et Sur l'obligation de servir Dieu, mentionné par le P. Bernard de Tracy. Vezzosi a publié une longue lettre du saint au P. Jean Scorcovillo, supérieur général des théatins (1598-1604), où il donne d'intéressants détails sur les religieux de sa congrégation illustres par leur sainteté, t. I, p. 73-85.

Castaldo, Della vita del P. don Andrea Avellino, chierico regolare : relazione alla serenissima infanta donna Isabella di Savoia, principessa di Modena, Naples, 1613; Vita del B. Andrea Avellino, descritta e cavata dai processi fatti per la sua canonizatione, Vicence, 1627; Naples, 1733. — Stella, Orazione panegirica in lode di S. Andrea Avellino, Naples, 1621. — Bolvito, Beati Andreae Avellini clerici regularis Neapolis et Panormi patroni vita tribus libris conscripta, Naples, 1622. — De Franchis, Avellino illustrata dai santi, Naples, 1709. — Perfetti, Omilia di Clemente XI per la canonizatione di S. Andrea Avellino esposta in versi, Sienne, 1712. — Schiara, Vita di S. Andrea Avellino, chierico regolare in varii stati considerata e compendiosamente descritta, Rome, 1712. — Barziza, Il santo forte o siano le azioni di S. Andrea Avellino, spiegate in elogi encomiastici, Vérone, 1713. — Magenis, Vita di S. Andrea Avellino, della religione teatina, descritta, Venise, 1714; Brescia, 1739; Milan, 1740; réimprimée à Monza en 1870. — Edelweck, Leben des hl. Andreas Avellinus, Munich, 1765; 1784. — Bernard Destutt de Tracy, Vies de S. Gaétan de Thienne, du bienheureux Jean Marinoni et de S. André Avellin, Paris, 1774. — Forchielli, Le glorie del sacerdozio, Rome, 1888. — Personé, Cenni biografici di S. Gaetano Tiene e di S. Andrea Avellino, Lecce, 1893; Vita di S. Andrea Avellino, protettore contro la morte improvvisa, cui seguono il triduo ed altre preghiere di detto santo, Lucques, 1908.

A. PALMIERI.

101. ANDRÉ L'AVEUGLE, mélode. Les ménées imprimés contiennent, pour les fêtes de l'indiction, de saint Eustathe, de l'apôtre saint Jean, de Noël (au 20 décembre), de l'Hypapante, des saints apôtres Pierre et Paul, des saints Côme et Damien (1er juillet), des idiomèles qu'ils attribuent à un certain André, surnommé Πυρός ou Πυρρός. Christ et Paranikas, Anthologia graeca carminum christianorum, Leipzig, 1871, p. XLII, préfèrent cette dernière orthographe, ou même Πυρσός. Mais la forme véritable est en réalité Πηρός, l'aveugle, qui nous est fournie par le cod. Hierosol. S. Sabb. 83, un hirmologe du XIe ou du XIIe siècle. Cette correction est confirmée par le fait qu'un idiomèle du triodion imprimé, aux vêpres du samedi de Lazare, porte pour signature André ὁ Τυφλός. Il s'agit donc d'un personnage unique et Pitra a eu tort de les distinguer. Hymnographie de l'Église grecque, Rome, 1867, p. CLIII. D'après G. Papadopoulos, Συμβολαὶ εἰς τὴν ἱστορίαν τῆς παρ' ἡμῖν ἐκκλησιαστικῆς μουσικῆς, Athènes, 1890, p. 139, André aurait vécu vers le milieu du Ve siècle : il est bien plus probable qu'il faut le placer au IXe. Ses idiomèles ne manquent pas de valeur littéraire. L'exploration des manuscrits en augmentera sans doute le nombre : ainsi le cod. 270 du métochion du Saint-Sépulcre à Constantinople lui attribue un idiomèle pour la fête de saint Thomas, qui dans le ménée imprimé porte le nom d'Anatole.

S. PÉTRIDÈS.

102. ANDRÉ BARZESKI, carme polonais de l'ancienne observance, trois fois provincial de la province des carmes de Pologne, fut élu assistant général d'Allemagne et de Pologne au chapitre général de Rome du 24 mai 1744, que Benoît XIV voulut présider lui-même, à la place du cardinal protecteur Nicolas del Giudice, mort l'année précédente. Il a publié : Discours prononcé à la clôture de l'octave solennelle du couronnement de l'image miraculeuse de la sainte Vierge dans l'église des frères mineurs de l'observance à Sokal (Galicie), Lemberg, 1724; — Discours débité à la fin de l'octave de l'Assomption dans la cathédrale de Lemberg, Lemberg, 1725; — Panégyrique prêché dans l'église des dominicains de Podkamien (Galicie) pour conclure l'octave solennelle du couronnement de l'image miraculeuse de la Vierge Marie, Lemberg, 1727; — Sermon de la fin de l'octave solennelle de la Conception de la Vierge, dans la métropole de Lemberg, Lemberg, 1732; — Oraison funèbre du comte Mathieu Rzewuski, palatin de Podlachie et général en chef de l'armée polonaise, Lemberg, 1738; — Sur la mort du comte Jean Skarbek, archevêque de Lemberg, Lemberg, 1734.

Cosme de Villiers, Bibliotheca carmelitana, t. I, col. 69. — Mariano Ventimiglia, Historia chronologica priorum generalium latinorum carmelit., Naples, 1773, p. 319. — Bullarium carmelitanum, Rome, 1768, t. IV, p. 326.

P. MARIE-JOSEPH.

103. ANDRÉ DE BAUDIMENT (Bienheureux), cistercien, abbé de Châlis. Il fut d'abord moine de Pontigny. Lorsqu'Albéric, abbé de Vézelay, vendit pour une rente annuelle de dix sous le prieuré de Châlis à l'abbé de Pontigny, André fut envoyé comme abbé à la tête de la colonie cistercienne qui vint s'y installer le 9 janvier 1137. Par une charte du 10 février 1137, Louis VI le Gros, en mémoire de son frère Charles, augmenta considérablement la dotation de l'abbaye en donnant trois granges aux moines. La même année, Guillaume Loup de Sens, frère d'Étienne, évêque de Paris, abandonna ses droits sur le monastère et lui donna certaines terres et des droits d'usage; Étienne s'associa aux libéralités de son frère. En 1138, Louis VII le Jeune confirma les donations de son père et des premiers bienfaiteurs de l'abbaye; il y ajouta même deux granges et l'amortissement des possessions actuelles et futures du monastère. André fut autorisé par Étienne, doyen de Sainte-Geneviève de Paris, à couper dans les forêts les bois nécessaires à la construction de l'abbaye. André mourut en 1142. Les ménologes cisterciens lui donnent le titre de saint ou de bienheureux, et en font mémoire le 29 avril et le 10 novembre. La première de ces dates est vraisemblablement celle de sa mort, *Kalendarium cisterc.*, 1880, p. 108, puisque, cette même année 1142, son successeur obtient une bulle d'Innocent II. Jaffé, *Regesta pontificum romarorum*, n. 8267; *Gallia christ., loc. cit.* Le culte du bienheureux André n'a pas été confirmé par le Saint-Siège.

Gallia christiana, t. x, col. 1508; *Instrum.*, col. 212. — Manrique, *Annales cistercienses*, ann. 1136, c. IX, n. 5, Lyon, 1642, t. I, p. 320. — Henriquez, *Menologium cisterciense*, Anvers, 1664, p. 377. — Janauschek, *Originum cisterciensium*, Vienne, 1877, t. I, p. 44. — *Kalendarium cisterciense*, Westmalle, 1880, p. 108, 301. — *Ménologe cistercien*, Saint-Brieuc, 1898, p. 375.

R. TRILHE.

104. ANDRÉ DE BIGULIA, dominicain de la fin du XIVe siècle, fut un de ceux qui travaillèrent le plus à introduire dans les maisons de son ordre en Italie la réforme préconisée par sainte Catherine de Sienne et le général de l'ordre, Raymond de Capoue. Pisan d'origine et doué pour les études, il fit un sermon, étant encore enfant, devant le podestat de Pise, Pierre Gambacorta, et nombre de hauts personnages. Il entra au couvent des prêcheurs de Sainte-Catherine mart., à Pise; mais comme on craignait que sa vocation ne fût contrariée, on l'envoya au couvent de Lucques. Après avoir enseigné les arts en plusieurs maisons de son ordre, il revint à Pise, en qualité de sous-prieur; mais désireux de continuer ses études, il donna sa démission et partit pour l'Angleterre, où il demeura deux années. De retour à Pise, le goût du changement le poussa en pèlerinage à Jérusalem et nous savons qu'en revenant il s'arrêta dans l'île de Candie, où il prêcha avec succès. Le pape, à son retour à Pise, le nomma de son autorité maître en théologie. Il occupa plusieurs fois la charge de prieur en divers couvents, notamment à Lucques, où, de concert avec le général de l'ordre, Thomas de Fermo, il rétablit la réforme. Le podestat de Lucques, Paolo Guinigi, le députa à Grégoire XII pour l'inviter à venir à Lucques, où l'antipape Benoît XIII serait, lui aussi, convoqué, dans le but d'arriver à un accommodement et de terminer le schisme. André de Bigulia obtint plein succès et de fait le pape fit son entrée solennelle à Lucques, le 26 janvier 1408. Mais l'antipape n'y parut pas. André mourut la même année, au mois de décembre, laissant un grand renom de fermeté et de sainteté.

Chronica antiqua conventus Sanctae Catharinae de Pisis, dans *Arch. stor. ital.*, documents, t. VI, 2e part., p. 586-587. — Mortier, *Histoire des maîtres généraux de l'ordre des frères prêcheurs*, Paris, 1909, t. IV, p. 22, 168.

R. COULON.

105. ANDRÉ BLANCHARD, carme français de l'ancienne observance, né à Clermont-Ferrand, en 1591, profès du couvent de cette ville, docteur en théologie de l'université de Paris, prieur de Clermont en 1629, de Dijon en 1631 et, dans le même temps, définiteur de la province carmélitaine de Narbonne, prieur encore de Mende en 1637, religieux exemplaire, d'un naturel doux et bienfaisant, avide de solitude et de contemplation, résolut de rétablir la stricte observance de la règle primitive de saint Albert de Jérusalem dans un couvent immédiatement soumis au prieur général de son ordre, Théodore Stratio. Celui-ci accepta qu'il se démît de son prieuré de Mende, le nomma commissaire général avec faculté de visite, en son nom, l'ermitage de La Graville, dans la paroisse de Bernos, au diocèse de Bazas, que fondaient Henri Listolfi Maroni, évêque de Bazas, et Henri de Gournay, comte de Marcheville. André Blanchard, muni des lettres patentes de son prieur général, confirmées le 4 mai 1639 par Urbain VIII, ainsi que de celles du roi Louis XIII, enregistrées le 29 juillet 1641 par le parlement de Bordeaux, s'établit dans cet ermitage et reçut des religieux. De si nobles débuts furent traversés et finalement anéantis de la manière la plus étrange. Un jésuite, que ses talents rendirent d'abord célèbre dans sa Compagnie, Jean Labadie, en sortit, l'année 1639, pour prêcher librement une fausse doctrine mystique, qui était accompagnée de désordres rappelant tout ce qu'on a reproché de plus horrible aux disciples du quiétiste Molinos. Il parcourut la France, particulièrement Bordeaux, Paris, Amiens, Abbeville, Bazas et Toulouse, poursuivi par les condamnations des évêques, jusqu'à ce qu'enfin, vers la Toussaint de 1649, on le vit se présenter à l'ermitage de La Graville. Là, son hypocrite piété, ses apparentes austérités, surprirent la candide simplicité du supérieur; il se fit recevoir sous le nom de Jean de Jésus-Christ, revêtit l'habit du Carmel et, se disant animé de l'esprit même d'Élie, prétendit être appelé de Dieu pour rétablir le règne de la grâce dont il fixait l'éclosion à l'année 1666, laquelle devait marquer également la fin du monde. Cependant, il séduisit par ses discours fallacieux les ermites de La Graville, et fit tant qu'il chassa, de sa propre autorité, André Blanchard; puis, subornant les carmes de l'ermitage d'Agen avec leur prieur, le P. Sabré, il leur persuada de se réunir à ceux de La Graville afin qu'il soufflât sur eux et leur donnât le Saint-Esprit comme Notre-Seigneur Jésus-Christ avait fait pour ses apôtres, avec le pouvoir de le conférer à d'autres. L'évêque de Bazas, Samuel Martineau, qui avait succédé à Listolfi Maroni, informé de ces scandales, accourut à La Graville, rétablit André Blanchard dans sa charge, et lui confia ce qu'il avait pu saisir des écrits de Jean Labadie. Ce fanatique s'était enfui, monté sur une ânesse, un crucifix à la main. Il fit, peu après, passer l'ordre aux ermites de prendre un autre prieur et de mettre tous ses papiers en sûreté. Aussitôt, ces égarés arrachent les clefs des mains d'André Blanchard, s'emparent des écrits en question qu'ils vont enfouir dans la terre. L'évêque de Bazas, averti, se munit d'un arrêt du parlement de Bordeaux, puis, accompagné du lieutenant général, se présente à La Graville : toutes les portes sont closes, il faut escalader les murs pour y entrer. Les ermites se barricadent dans la chapelle, pendant que l'un d'eux va au-devant de l'évêque, un grand crucifix sur l'épaule et le Nouveau Testament sur la poitrine. On s'empare de sept ermites que l'évêque retient et morigène dans son palais : désabusés, ils révèlent le lieu où sont cachés les écrits de Labadie. Celui-ci, peu après, apostasiait ouvertement, devenait pasteur protestant à Montauban et continuait, durant près de vingt-cinq ans, ses déportements et ses extravagances. L'ermitage de La Graville et son commencement de réforme furent abandonnés. André Blanchard rentra dans sa province de Narbonne, fut encore élu prieur du couvent de Dijon en 1656, pour trois ans; ensuite, il obtint de se retirer au couvent de Besançon, où il mourait saintement le 16 juin 1661. Il avait écrit : *Constitutiones in Eremo Gravillana servandae*.

Cosme de Villiers, *Bibliotheca carmelitana*, col. 70-72. — Daniel a Virgine Maria, *Speculum carmelitanum*, t. II, p. 1088, n. 3827. — *Bullarium carmelitanum*, t. II, p. 477-479. — Niceron, *Mémoires pour servir à l'histoire des hommes illustres de la république des lettres*, Paris, 1732, t. XVIII, p. 389; t. XX, p. 156, avec la lettre corrective du chanoine Goujet, au même t. XX. — Moréri, *Dictionnaire historique*, édit. de 1759, t. VI, p. 60-64, articles *Labadie* et *Labadistes*. — Ludovicus Jacob, *Catalogus fundationum omnium conventuum carmelitarum*, ms. n. 21 d'Orléans, p. 62. — Robert Bulle, *Miscellanea atque collectanea ord. carm.*, ms.

621 de Dijon, *Dijon,* 1771, p. 131, 205, 212, 289 ; Besançon, 1768, t. II, p. 208, 296-297, 421.

P. MARIE-JOSEPH.

106. ANDRÉ BOBOLA (Bienheureux), de la Compagnie de Jésus, martyr polonais, né en 1592, dans une terre de sa famille au palatinat de Sandomir, d'une race illustre, aussi vaillante à servir Dieu que ses rois. Les documents recueillis par le P. Philippe-Stanislas del Pace, dans son *Istoria breve del venerabile martir Padre Andrea Bobola,* Rome, 1833, semblent établir que les Bobola étaient originaires de Bohême et se seraient établis en Petite Pologne sous le règne de Ladislas le Bref, vers 1333. Leurs armes portaient un croissant et une étoile ; leur nom était primitivement Lalewa. Foncièrement catholique, la famille des Bobola était attachée d'esprit et de cœur à la Compagnie de Jésus qui imprimait en Pologne un magnifique élan de vie religieuse et ramenait à l'Église des villages entiers de Ruthènes. Un des grands-oncles du bienheureux, André, avait fait achever à ses frais le Gesù de Varsovie, doté les collèges de Krosno et de Riga, reconstruit le noviciat de Vilna après l'incendie de 1610 ; un de ses cousins, Gaspard, avait élevé au collège de Cracovie une chapelle en l'honneur de saint Ignace ; un autre, Jacques, fonda un collège et bâtit une chapelle à Sandomir. Aussi, après avoir achevé de brillantes études dans cette ville, André combla-t-il les vœux de sa famille en demandant à entrer au noviciat de Vilna, où l'avait précédé son cousin Sébastien. Il choisit pour se donner à Dieu le jour de la fête de saint Ignace, 31 juillet 1611, et prononça ses premiers vœux le 31 juillet 1613, entre les mains du P. Bardilio, son maître des novices, martyrisé au Japon en 1639.

André fit ses études philosophiques à l'académie de Vilna, dirigé dans les voies spirituelles par le P. Marquart, confesseur pendant seize ans du roi Sigismond III. Ses talents naturels n'excitèrent pas moins l'admiration que son éminente sainteté. Professeur de grammaire à Braunsberg, dans la Prusse royale, en 1617, puis à Poltawa, en Ukraine, il revint à Vilna en 1619 pour suivre les cours de théologie ; ordonné prêtre le 11 décembre 1622 par l'évêque de Vilna, Eustache Wollovicz, il termina sa quatrième année d'études théologiques le 12 juillet 1623 et accomplit sa troisième année de probation à Nieswicz.

De graves événements se passaient en Pologne et le champ d'apostolat qui s'ouvrait devant le jeune religieux se teignait déjà du sang des martyrs. Tandis que les magnats donnaient héroïquement leur vie sur les champs de bataille dans la guerre contre les Turcs, les révoltes des Cosaques et les menées insidieuses des schismatiques semaient la désolation dans les églises de Lithuanie et des autres provinces. Polotsk recevait un évêque schismatique, tandis que le saint archevêque Josaphat subissait le martyre à Witebsk, le 12 novembre 1623. Les prêtres catholiques étaient traqués, tués, empoisonnés. A Vilna même, les tumultes ne furent apaisés que grâce à une impitoyable répression. C'est au cours de ces sanglants événements que le P. André Bobola débuta dans le ministère apostolique : il fut dès l'abord à la hauteur de sa tâche. Nommé, en 1624, prédicateur à Saint-Casimir de Vilna, il exerça aussitôt autour de lui une action profondément sainte, qui rétablit la paix dans la ville et fit fleurir une vivante piété dans les âmes. La confrérie de l'Assomption de la sainte Vierge qu'il dirigea pendant dix ans ramena à la pratique des plus belles vertus. Le charme de sa parole, la distinction de ses manières, l'expression douce et noble de ses traits, l'inexprimable rayonnement de bonté et de sainteté qui révélait une âme exquise, le rendirent cher à la population. Les Pères de Varsovie l'ayant demandé comme prédicateur pour le Gesù, il fut impossible,

malgré les influences mises en jeu, de résister aux réclamations des habitants de Vilna. Son héroïque charité se dépensait dans les humbles ministères ; elle se manifesta surtout pendant la peste qui, en 1625, 1630 et 1633, étendit ses ravages à Vilna. Gravement atteint par le mal, il se traînait pour secourir les autres et, seul des quatre pères et des quatres frères de la résidence, il échappa merveilleusement à la mort.

Le 2 juin 1631, il fut admis par le P. général Mutius Vitelleschi à la profession des quatre vœux solennels, puis nommé recteur du collège de Bobruïsk. Ladislas II ayant succédé à Sigismond III en 1632, les Moscovites reprirent la guerre contre la nation polonaise. Michel Romanow se porta devant Smolensk et, dans l'effroi général causé par l'invasion, ce fut auprès du P. Bobola que se réfugièrent les jésuites des maisons menacées. Le saint recteur, en même temps administrateur éminent, pourvut à tous les besoins, releva les courages et ne relâcha rien de ses travaux apostoliques. Malheureusement, les archives de la province de Pologne ayant disparu dans les guerres qui dévastèrent si souvent ce pays, aucun document ne nous reste sur la vie du bienheureux. Nous savons seulement qu'il fut nommé professeur de théologie à l'académie de Vilna après son rectorat de Bobruïsk et qu'en 1655, au moment où la Compagnie décida d'opposer un suprême effort aux attaques désespérées des schismatiques et des Cosaques, le P. Bobola reçut la mission d'étendre et de défendre la foi en Polésie.

La Polésie est un pays de fondrières et de vastes forêts, qui s'étend sur les rives de la Pripet et sépare la Volhynie et l'Ukraine de la Lithuanie. C'est là que se réfugiaient, des pays voisins, les plus fougueux sectaires, les popes et les bandits fuyant la police et les troupes polonaises. Leur action y était des plus néfastes et c'était précisément pour la combattre que le collège de Pinsk avait été fondé par le prince Stanislas Radziwill, avec une résidence de missionnaires pour préserver les rares catholiques des environs et convertir les schismatiques. Résidence et collège avaient été confiés à la Compagnie de Jésus, mais une haine farouche avait accueilli les premiers ouvriers et le P. André Bobola, que précédait sa réputation de prédicateur éloquent et d'apôtre zélé entre tous, fut en butte dès l'abord aux persécutions les plus perfides. Mais l'homme de Dieu ne se rebutait de rien. Les merveilles qu'il avait accomplies en Lithuanie et en Russie Blanche, où il avait converti des villages entiers et mérité le nom de « preneur d'âmes », se renouvelèrent en Polésie. Sans autre nourriture le plus souvent que du pain sec, dormant comme il pouvait, il luttait pied à pied contre les schismatiques, que sa connaissance de la langue grecque et des Pères de l'Église orientale réduisait au silence, quand ce n'était pas aux injures. Mais le saint religieux, dont l'esprit était très perspicace, se rendait compte des dangers qu'il courait et, dans une lettre confidentielle, il annonçait son martyre comme certain.

Depuis la révolte des Cosaques, en 1648, sur le Dniéper, leur hetman, Khmielnitski, s'était soumis au czar, et béni par le patriarche de Constantinople, précédé des moines du mont Athos qui prêchaient la guerre sainte, c'était bien une guerre religieuse qu'il dirigeait contre la Pologne, guerre d'extermination contre les prêtres et les fidèles, plus encore contre les religieux. Pendant les années 1656 et 1657, la Compagnie de Jésus perdit plus de quarante de ses membres. Les schismatiques recherchaient partout le P. André. Au printemps de 1657, les bandes cosaques de Zieleniski et de Popeka s'étaient donné la tâche de s'emparer de sa personne. Leurs espions étaient partout. Sa présence est signalée à Janow. Pendant qu'on perquisitionne dans la ville et que les bandes battent la route de Janow à Peredylna, les catholiques aident le Père à s'enfuir. La voiture est découverte près de la ferme de Mohykna. Le Père descend, se met à genoux et offre à Dieu son sacrifice. Attaché à un arbre, dépouillé de ses vêtements, le martyre commence par une sanglante flagellation. Lié entre les selles de deux chevaux, suivi d'un troisième cavalier qui le frappe à coups de hache, on le ramène à Janow devant l'assaoul ou chef de la bande. Sommé d'apostasier, il exhorte ses bourreaux à se convertir. Alors l'assaoul lui assène un furieux coup d'épée qui lui tranche le poignet. Le martyr tombe à terre dans une mare de sang. Les bandits s'acharnent sur leur proie. Un cosaque, voyant sa victime lever ses regards vers le ciel, lui crève un œil d'un coup de poignard. On le conduit dans la boutique d'un boucher. Là, c'est le supplice du feu. La rage de ces barbares ne sait quels tourments inventer. Dépouillé de ses vêtements, l'héroïque apôtre est étendu sur une table et on lui laboure les côtes avec des charbons ardents. En haine des rites catholiques, les bourreaux lui enlèvent à la pointe de leurs couteaux une large surface de la peau de la tête en manière de tonsure. Le saint martyr invoque les noms de Jésus et de Marie, demande à Dieu le salut de ses tortionnaires. Ceux-ci jettent une robe de pourpre sur le corps défiguré, l'étendent sur une table, lui arrachent la peau du dos et couvrent la plaie sanglante de paille d'orge hachée menu. Puis, le retournant et l'attachant à la table avec des cordes, ils font pénétrer ces aiguilles de paille dans les chairs vives et enfoncent à coups de marteau des épines acérées sous les ongles. Pour en finir, les bourreaux lui coupent le nez, les oreilles et la bouche, et par la nuque lui arrachent la langue avec la racine. Ce fut un féroce triomphe. Le corps du martyr, traîné dans la boue, fut enfin jeté sur un tas d'immondices et, comme le saint respirait encore, un brigand l'acheva en lui plongeant son sabre dans le flanc. Ce terrible martyre s'accomplit le mercredi 16 mai 1657, dans l'octave de l'Ascension. Quatre jours après, le corps fut recueilli par le curé de Janow, Zaleski, et envoyé au collège des jésuites de Pinsk, où il fut enseveli dans la tombe commune; il n'exhalait aucune odeur et ne portait aucune trace de décomposition.

Le peuple vénérait déjà un martyr, et ses frères, comme on le voit par une lettre du P. Goswin Nikell au P. Gruzeski, vice-provincial de Lithuanie, le 7 août 1657, n'avaient aucun doute sur le caractère de ce trépas sanglant, infligé au saint religieux en haine de la foi. Une mission fut fondée dans la ville de Janow par Charles Kope, castellan de Troki, en commémoration du martyre. Mais les guerres et les troubles qui continuèrent à désoler le pays, d'autres causes encore retardèrent jusqu'à la réunion du synode de Zamosc, en 1720, l'introduction de la cause de béatification. Les actes du procès canonique furent colligés et dressés définitivement en 1719, après que l'évêque de Luck, ordinaire des catholiques latins de Pinsk, eut vérifié l'état des restes mortels du martyr. Le corps, affreusement mutilé et enfoui depuis soixante ans dans un lieu bas et humide, apparut dans un état de conservation parfaite, flexible comme celui d'une personne vivante; le sang coula vif et rouge. Les actes du procès furent envoyés à Rome par l'évêque le 2 juillet 1719, avec des lettres du roi Auguste II, de l'épiscopat de Pologne et des principaux seigneurs. L'empereur Charles VI, le roi Louis XV et Marie Leczinska y joignirent leurs suppliques. Enfin, le 9 février 1755, un bref de Benoît XIV déclarait le vénérable André Bobola martyr de la foi, mais requérait, avant de procéder à la béatification, les preuves de quatre nouveaux miracles, aucun des faits produits jusqu'alors au procès n'ayant été canoniquement établi. Le décret de béatification ne fut promulgué que le jour de l'Ascension 1853 à Saint-Jean de Latran, sous le pontificat de Pie IX. La fête du bienheureux fut fixée au 23 mai.

Transporté de Pinsk au collège de Polotsk le 29 janvier 1808 par le P. Louis Rzewuski, procureur de la province de Russie Blanche, sur la demande adressée à l'empereur Alexandre par le P. général Théodore Brzozowski, le corps du saint martyr apparut toujours aussi intact. Les soldats de Napoléon épargnèrent son tombeau dans le pillage qu'ils firent du collège et de l'église des jésuites, en 1812. Exilés de Russie en 1818-1820, les Pères de Polotsk durent se séparer des précieuses reliques. Leur collège passa aux basiliens schismatiques. Il fut possible toutefois de transporter le saint corps dans l'église paroissiale de Polotsk, desservie par les dominicains. Peu de temps avant la béatification, un témoignage authentique de l'incorruptibilité du corps fut demandé au Père prieur des dominicains, qui le donna le 25 octobre 1851; il a été imprimé avec les actes du procès. Mais le prieur fut arrêté de ce chef et exilé par le gouvernement impérial. La diplomatie russe essaya par tous les moyens d'arrêter le procès de béatification; elle ne fit que rendre le martyr plus cher encore à la malheureuse et noble Pologne.

Sébastien Inspruger, *Vita ven. Andreae Bobola*, Vienne, 1725; *Vita et mors V. Andreae Bobola Poloni S. J. martyris, apostoli Pinscensis*, Wurzbourg, 1725. — *Acta beatificationis V. Andreae Bobola, S. J.*, Rome, 1728. — *Polona seu Luccorien. Beatificationis et canonizationis ven. servi Dei Andreae Bobola, sacerdotis professi societatis Jesu, informatio cum summario super signis si miraculis*, Rome, s. d.; *Sacra rituum congreg. E. et R. D. cardinali Corradino, Polona, seu Luccorien. Beatificationis seu declarationis martyrii ven. servi Dei Andreae Bobola, sacerdotis professi S. J.*, Rome, 1730; *Sacra rituum congregatio Emo et Rmo Dmo card. Aldrovando, Polona. Responsio facti et juris ad novissimas animadversiones R. F. Fidei promotoris super dubio an constet de martyrio et causa martyrii*, in-fol., Rome, 1749, 1751. — Phil. del Pace, *Istoria breve del ven. And. Bobola*, Bonn, 1825. — Ambroise Jérôme, *Histoire du B. P. André Bobola, prêtre de la Compagnie de Jésus, martyrisé pour la foi par les schismatiques*, Paris, 1854, 1856; trad. allem., Ratisbonne, 1855; *Kurze Lebensgeschichte des seligen Andreas Bobola*, Munster, 1854. — Henry de Riancey, *Notice sur le B. André Bobola, martyr de la Compagnie de Jésus*, Rouen, 1854. — *Ami de la religion*, 20 mai 1854. — Auguste Canron, *Précis de la Vie du B. André Bobola, martyr de la Compagnie de Jésus*, Avignon, 1854. — Félix Martin, *Notice sur le B. André Bobola*, Montréal, 1854. — P. Olivaint, *Notice sur le B. André Bobola*, Paris, 1855. — Jos. Kleutgen, *Lebensbeschreibung des sel. Andreas Bobola*, Munster, 1854. — Lad. Kiejnowski, *Vita B. Andreae Bobola*, Lwow, 1854. — De Buck, *Essai historique sur le B. A. Bobola*, Bruxelles, 1853; *Travaux et souffrances du B. André Bobola, ibid.*, 1854. — Ch. Antoniewicz, *Vita B. Andreas Bobola*, Lwow, 1884.

P. BERNARD.

107. ANDRÉ DE BOCCAGNI, appelé plus communément Franchi, évêque dominicain de Pistoie, près de Florence, naquit en 1335, de l'illustre famille de Franchi. C'est au couvent de Saint-Dominique de Pistoie qu'il prit l'habit dominicain en 1351. Après qu'il eut terminé ses études, et eut été ordonné prêtre (1360), il devint un des plus zélés prédicateurs de son temps. Sa naissance (il était d'une des plus nobles familles de Pistoie) et ses mérites le firent nommer par Urbain VI au siège épiscopal de sa ville natale. Échard, *Scriptores ordinis praedicatorum*, t. 1, p. 717, donne la date du 9 avril 1378; Gams et Eubel, celle de 1381. Les uns et les autres le donnent comme ayant succédé immédiatement à Jean de Vivenzi, nommé au siège de Cervia; or la nomination de ce dernier étant de l'année 1381, il semble nécessaire de reculer à la même année l'élection d'André Franchi au siège vacant de Pistoie. Le Bullaire de l'ordre, t. II, p. 303, tient aussi pour l'année 1378, mais ne donne pas de documents appuyant cette date. A cette époque si troublée du schisme, André Franchi fut un exemple de toutes les vertus du pasteur et du religieux. Simple et austère pour lui-même, il avait fait trois parts de ses revenus : l'une pour son entretien, qui était des plus modestes; la seconde, pour la réparation des églises, et la troisième pour les pauvres. Il continua de porter l'habit de son ordre; c'est ainsi qu'il est représenté dans une cène, peinte dans le palais épiscopal de Pistoie. Il fonda une compagnie de pénitents blancs, à l'imitation de celles qui surgissaient un peu partout en Italie à cette époque. Il se démit en 1400 de sa charge d'évêque et eut pour successeur sur le siège de Pistoie Matteo Diamanti, qui devait payer à André Franchi une pension annuelle de trois cents florins d'or. Il se retira au couvent de Saint-Dominique, où il avait été reçu dans l'ordre, et y mourut saintement, le 26 mai 1400. L'*Année dominicaine*, édition Jevain, mai, t. II, p. 692, se trompe en disant que le bienheureux Raymond de Capoue, maître général de l'ordre, assista aux funérailles d'André Franchi; il était mort l'année précédente, 5 octobre 1399. Un sépulcre de marbre lui fut élevé en 1401, au côté gauche du transept, dans l'église de Saint-Dominique, par les soins de son frère, protonotaire apostolique et prévôt de l'église de Prato. En 1613, il y eut la translation des restes du vénérable évêque, dont le culte s'était perpétué à Pistoie. A cette époque, il y eut des démarches faites à Rome pour introduire sa cause; elles n'eurent pas de résultat. Depuis, le culte n'a cessé de se perpétuer. Lorsqu'en 1725, le pape dominicain Benoît XIII fit modifier et embellir, d'après les plans de l'architecte Ranzini, la chapelle de Saint-Dominique, dans l'église de la Minerve à Rome, il y fit mettre la statue du vénérable André Franchi. La cause de sa béatification a été de nouveau introduite et le procès s'instruit. Berthier, *L'église de la Minerve à Rome*, p. 297, dit qu'André Franchi a été le protagoniste des *sept œuvres de miséricorde* exécutées, dit-on, par Giovanni della Robbia, pour la frise de l'hôpital *del Ceppo* à Pistoie. Cet ensemble n'a été exécuté qu'entre 1500 et 1525.

Échard, *Scriptores ordinis praedicatorum*, Paris, 1719, t. I, p. 717. — *Année dominicaine*, Lyon, 1891, mai, t. II, p. 692. — Eubel, *Hier. cath.*, 1913, t. I, p. 401. — Mortier, *Histoire des maîtres généraux de l'ordre des frères prêcheurs*, Paris, 1909, t. IV, p. 22. — Berthier, *L'église de la Minerve à Rome, ibid.*, 1910, p. 297.

R. COULON.

108. ANDRE BOGOLIOUBSKY, grand prince russe né à Souzdal en 1110, du prince Georges Dolgorouki. Son nom est célèbre dans l'histoire militaire et politique de la Russie. Nous le mentionnons ici, parce que son nom est inséré dans la liste des saints russes. Les chroniqueurs russes l'appellent un second Salomon, un prince rempli de zèle pour la propagation du christianisme. Il remporta de grandes victoires sur les Bulgares du Volga, et travailla à les convertir au christianisme. Il enrichit d'églises, de monastères, et de monuments sa capitale, Vladimir-sur-Kliazma, et fonda le village de Bogolioubov, à dix verstes de Vladimir, à l'endroit même où, d'après une légende, il eut une vision de la sainte Vierge. Le nom d'André Bogolioubsky est lié à l'histoire d'une icone très vénérée en Russie, l'icone de Notre-Dame de Vladimir (*Vladimirs kaïaïkona*). D'après la légende, elle a été peinte par saint Luc, et transférée de Jérusalem à Constantinople, et de Constantinople à Kiev. Le prince André la transféra à Vladimir, et éleva en son honneur l'église de l'Assomption. Ensuite il transporta l'image sainte dans le monastère de Bogolioubov. Il fut tué par ses boïards le 29 juin 1174. A la tête du complot se trouvait son beau-frère Joachim Koutchka. Son cadavre fut inhumé dans la cathédrale de l'Assomption, à Vladimir. Les documents hagiographiques russes l'appellent thaumaturge. Mais on n'a pas de renseignements sûrs touchant la continuité de son culte. Les uns affirment que ce culte a commencé tout de suite après sa mort; d'autres, et en particulier Goloubinsky, déclarent que sa fête a été établie en 1702, après la reconnaissance de ses reliques. Les ménologes slaves mentionnent son nom le 30 juin et le 4 juillet.

Pogodine, *Le prince André Jourévitch Bogolioubsky*, Moscou, 1850. — Joseph (hiéromoine), *Description des monuments historiques et ecclésiastiques de Vladimir*, Moscou, 1857, p. 80-81. — *Dictionnaire historique des saints vénérés dans l'Église russe*, Saint-Pétersbourg, 1862, p. 17-20. — Philarète, *Les saints russes vénérés d'un culte général ou local*, juin, Tchernigov, 1863, p. 137-150. — Mouraviev, *Les vies des saints de l'Église russe*, juin, Saint-Pétersbourg, 1867, p. 258-283. — Ignace, *Description abrégée des vies des saints russes*, XIIe siècle, Saint-Pétersbourg, 1875, p. 66-68. — Barsonkov, *Les sources de l'hagiographie russe*, Saint-Pétersbourg, 1882, col. 36. — Tolstoï, *Le livre intitulé la Description des saints russes*, Saint-Pétersbourg, 1888, p. 215-216. — Georghievsky, *Le saint et très fidèle grand prince André Bogolioubsky*, Vladimir, 1894. — Goloubinsky, *Histoire de la canonisation des saints dans l'Église russe*, Moscou, 1903, p. 134.

A. PALMIERI.

109. ANDRE BOUTHIER, de l'ancienne province carmélitaine de Narbonne, né à Clermont-Ferrand et profès du couvent de sa ville natale, fut licencié en théologie de l'université de Paris, mais ne voulut pas, par humilité, recevoir le bonnet de docteur. Prieur de Clermont en 1614 et 1618, de Chalon-sur-Saône en 1619, il y commence la réforme qu'il établit ensuite dans les couvents dont il fut prieur : à Dijon en 1622, à Tournon en 1629, à Clermont en 1631 et 1637. Élu définiteur provincial en 1634, prieur provincial en 1640 au chapitre de Mende, et vicaire provincial en 1643 à celui du Puy, il s'appliqua constamment avec une entière abnégation à propager la réforme par son exemple : assidu à l'oraison, mortifié, rigide observateur de la règle, faisant à deux reprises, toujours à pied, la visite de sa province, de Montpellier à Besançon, répandant partout la bonne odeur de Jésus-Christ avec une souveraine mansuétude. Il fut encouragé dans son œuvre de réforme par Sébastien Zamet, qui gouvernait l'évêché de Langres, dont Dijon dépendait alors : ce grand évêque adressa plusieurs lettres au général des carmes, Sébastien Fanton, dans le dessein de l'assister, en 1622 et 1623. Comme André revenait du couvent de Tournon à celui de Clermont, la peste qui dévastait la contrée le saisit à Craponne, où il mourut vers le 18 octobre 1643, dans une très grande réputation de sainteté. Il avait écrit : *Conciones adventuales et quadragesimales*; — des *Exhortations monastiques*; — des *Épîtres à ses religieux*.

C. de Villiers, *Bibliotheca carmelitana*, t. I, col. 72. — Ludovicus Jacob, *Catalogus fundationum omnium conventuum carmelitarum*, ms. n. 21 d'Orléans, p. 62.— Robert Bulle, *Miscellanea atque collectanea ord. carm.*, ms. n. 62 de Dijon, *Dijon*, 1771, t. II, p. 44, 170, 171, 204; *Besançon*, 1768, t. II, p. 45, 420.

P. MARIE-JOSEPH.

110. ANDRÉ DE BOVI ou **BOBBI**, dominicain italien, originaire de Faenza, entra dans l'ordre sous le généralat de F. Paolo Constable, vers l'an 1580, et prit l'habit dans le couvent de sa ville natale, où il avait été précédé par un de ses frères, du nom de Vincent. Après ses études, il eut à enseigner pendant longtemps la philosophie dans son propre couvent de Faenza. Mais il rêvait surtout d'apostolat; auss comme vers ce temps la Congrégation de la Propagande cherchait des missionnaires pour aller évangéliser la Valachie, fr. André fut proposé et créé par Clément VIII vicaire général et inquisiteur général pour ces régions. Il partit et s'arrêta d'abord à Lemberg, en Pologne ; là il s'adjoignit fr. Matthieu de Ulonis, de ce couvent. Tous deux, ils entrèrent en Valachie et commencèrent à prêcher l'Évangile avec beaucoup de fruit, tant parmi les infidèles que parmi les schismatiques. Par son influence, plusieurs églises retournèrent à l'unité et prirent le rite romain. Son zèle ne tarda pas à lui attirer la haine des hérétiques et des schismatiques, qui résolurent sa mort. Il fut tué vers le commencement du XVIIe siècle et le chapitre général de l'ordre, réuni à Rome en 1612, inséra son éloge dans ses actes. Les bollandistes font mention de lui à la date du 22 juin.

Jean de Réchac, *Triumphus martyrum*, tract. V, cap. VI. — *Année dominicaine*, 22 juin. — Mich. Pió, *Della progenie di S. Domenico*, Bologne, 1615, p. 490 ; *Delle vite degli huomini illustri di S. Demenico*, Pavie, 1613, IIe part., p. 391. — J.-P. Crescenzi, *Presidio romano*, Plaisance, 1648, p. 74. — Romoaldo Mar. Magnani, *Vite de' santi... della città di Faenza*, ibid., 1741, p. 331-332. — Reichert, *Acta capitulorum generalium ord. praed.*, Rome, 1902, t. VI, p. 232. — *Monumenta annalium ord. praed.*, Rome, 1902, t. V, p. 232. — *Monumenta annalium ord. praed. lib. H. H.*, ms. [Arch. ord.], p. 274, d'après des doc. de l'Archive du couvent de Faenza.

R. Coulon.

111. ANDRÉ DE BROD. Voir Broda (André).

112. ANDRÉ DE BUCHAN, en Écosse, cistercien, abbé de Coupar au diocèse de St. Andrews, en 1272. Il fut nommé par Boniface VIII, le 17 décembre 1296, évêque de Caithness. Potthast, *Regesta pontificum romanor.*, n. 24437. Il mourut en 1305.

Eubel, *Hierarchia catholica medii aevi*, Munster, 1913, t. I, p. 176. — Maurette, *Series summor. pontificum, cardinalium et episcoporum ex ord. cist. assumptorum*, ms., p. 16. — Willi, *Päpste, Kardinäle und Bischöfe aus dem Cistercienser-Orden*, Bregenz, 1912, p. 29, n. 71.

R. Trilhe.

113. ANDRÉ BUONCONTI, évêque dominicain *in partibus infidelium*, sous Urbain VI. Il était toscan d'origine et prit l'habit dominicain au couvent de Sainte-Catherine de Pise. Le nécrologe du même couvent, rédigé en 1380 par Domenico de Peccioli, représente fr. André comme *studiosus, assiduus historiographus et poeta*. Malgré ses goûts littéraires, aucune de ses œuvres ne nous est connue. Échard l'ignore de même. Il fut professeur en divers couvents de sa province. Il gouverna aussi celui de Pise en qualité de prieur ; il y commentait les *Sentences*, lorsqu'Urbain VI le fit évêque. D'après la même source du nécrologe, il se serait rendu en Sicile près de son frère ; puis, pendant quelque temps, il aurait été auxiliaire de l'évêque de Marseille. Le nécrologe ne fixe pas l'année de sa mort. On voit que les renseignements sur ce personnage sont assez vagues. Tous les auteurs pourtant, sans doute parce que tous ont puisé à la même source du nécrologe, s'accordent à fixer son élévation à l'épiscopat au passage à Lucques du pape Urbain VI, mais en quelle année précise ? Ils ne le disent point.

Chronica antiqua conventus Sanctae Catharinae de Pisis, dans *Arch. stor. ital.*, 1845, documents, t. VI, 2e part., p. 592.— Mich. Pio, *Delle vite degli huomini illustri di San Domenico*, Pavie, 1613, 2e part., col. 202.— Mich. Cavalieri, *Galleria de' sommi pontefici*, Bénévent, 1696, t. I, p. 167. — Brémond, *Bull. ord.*, Rome, 1730, t. II, p. 303.

R. Coulon.

114. ANDRÉ CACCIOLI DE SPELLO (Bienheureux), franciscain, un des disciples de saint François d'Assise, né à Spello, près d'Assise. Il y mourut saintement le 3 juin 1254 (ou 1264 ?). Il a été appelé *Caccioli* ou *Cacciota*, ou encore *Lacchis*, sans que l'on ait pu prouver qu'il appartenait à une famille de ce nom. Les anciens actes de la municipalité de Spello le surnomment *del Ac* et de là sera venue l'attribution à lui d'un miracle dont d'autres croient que le bienheureux Jean Parenti est l'auteur. Au chapitre de Soria en Espagne (1233), le bienheureux André (ou le bienheureux J. Parenti) aurait obtenu soudainement, par ses prières, une pluie bienfaisante pour cette terre desséchée. On expliqua donc le nom *del Ac* par *dell' Acqua*. Les saints restes du bienheureux André, dont la fête se célébrait solennellement dans sa patrie le 3 juin, et aussi par l'ordre franciscain depuis une concession du pape Benoît XIV, furent reconnus le 1er juin 1594, le 11 mai 1623. Le 3 juin 1597, ils furent transférés dans un nouvel autel.

Wadding, *Annales minorum*, Rome, 1733, t. III, p. 321, t. IV, p. 234. — *Analecta franciscana*, 1897, t. III, p. 210-211, 254. — Barth. Pisanus, *Liber conformit.*, dans *Anal. franc.*, 1906, t. IV, p. 243-504. — L. Lemmens, *Catalogus SS. fratrum minorum* (c. 1335), Rome, 1903, p. 11. — *Acta sanctor.*, 1695, jan. t. I, p. 364-370. — *Lettere d'un cordiale amico* [P. Giov. Ant. Bianchi da Lucca, min. osser.] *a Filalete Adiaforo sopra il discorso istorico di quale ordine di minori sia il B. Andrea Caccioli da Spello*, 2 in-4°, Turin [en réalité Rome], 1724. — Filalete Adiaforo [P. Marco Maria Bernardi da Bologna, min. conv.], *Di qual ordine dei Minori sia il B. Andrea Caccioli da Spello*, Lucques, 1727. — Melzi, *Dizionario degli anonimi italiani*, Milan, 1848-1852, t. I, p. 408 ; t. II, p. 116.

M. Bihl.

115. ANDRÉ LE CALYBITE (Saint), moine grec qui mourut victime des iconoclastes, à Constantinople, en 761, suivant les uns, en 767, suivant d'autres. Né dans l'île de Crète, il s'y livrait, vers le milieu du VIIIe siècle, aux exercices de l'ascétisme le plus rude, lorsque, ayant appris les traitements horribles que Constantin V Copronyme faisait subir aux catholiques, il partit pour Constantinople dans le dessein d'aborder l'empereur et d'obtenir de lui qu'il changeât de conduite. Il trouva Constantin présidant lui-même aux condamnations et aux supplices dans la basilique de Saint-Mamas, où il avait fait dresser son tribunal, et se présentant hardiment devant lui, il lui adressa de vifs reproches sur ses erreurs et sur ses cruautés. L'empereur, qui se croyait théologien, discuta d'abord avec lui, pensant le convaincre ou l'intimider, mais dès qu'il fut évident que les arguments du souverain n'avaient aucune prise sur le moine orthodoxe, les assistants irrités se jettèrent sur lui et l'accablèrent de coups. Ils allaient lui arracher la vie, lorsque l'empereur ordonna de le conduire en prison. Le lendemain, Constantin, l'ayant fait ramener en sa présence, s'efforça de nouveau de le gagner à l'erreur, mais sans plus de succès, car André, de son côté, recommença à jeter l'anathème sur l'hérésie et la persécution iconoclastes. Alors le souverain, rendu furieux, l'abandonna à la rage de ses bourreaux. Ceux-ci aussitôt se précipitèrent sur le pauvre moine et, après l'avoir flagellé indignement, l'entraînèrent, au milieu des outrages d'une populace frénétique, jusqu'à la « place du Bœuf » (ἀγορά τοῦ Βοός), où il mourut enfin, épuisé et exsangue. Son corps, jeté dans un lieu immonde, sans doute le *Pelagium*, fut recueilli, la nuit suivante, par les catholiques, qui l'enterrèrent dans un lieu nommé *Crisis* (ἐν τόπῳ λεγομένῳ τῆς Κρίσεως), où plus tard fut élevé le monastère de Saint-André. On ne sait ce que sont devenues les reliques de ce martyr au moment de la prise de Constantinople par les Turcs.

Saint André est inscrit dans les calendriers des Églises grecque et latine à la date du 17 octobre, mais l'Église grecque le fête en outre, une deuxième fois, le 28 novembre, avec saint Étienne, abbé de Saint-Auxence, qui fut le plus célèbre des martyrs de la persécution iconoclaste. Ses actes sont contenus dans deux textes grecs différents, dont l'un est anonyme et l'autre a pour auteur Syméon le Métaphraste. Le premier, qui est plus simple et plus exact sans aucun doute, a dû être écrit loin de Constantinople, mais très peu de temps, probablement, après la mort du saint. Le deuxième, qui est accompagné des amplifications dont le Métaphraste est toujours si prodigue, contient cependant quelques détails qui doivent être authentiques et qui avaient échappé au premier rédacteur. Ces textes ainsi que d'autres, qui en sont le résumé, ont été publiés par les bollandistes et par l'abbé Migne.

Act. sanct., 1853, oct. t. vIII, p. 124-135. — *P. G.*, t. cxv, col. 1081-1128. — Baronius, *Ann. eccl.*, ad ann. 761, n. 15-27. — Surius, *Vit. sanct.*, à la date du 17 octobre. — Les ménées et les synaxaires grecs, aux dates des 17 octobre et 28 novembre. — *Bibl. hag. gr.*, 1909, p. 16. — Fabricius, *Bibl. gr.*, 1719, t. ix, p. 54. — Martinov, *Ann. eccl. gr.-slav.*, 1864, p. 249-250. — M. C. C. Wood, *De sancto Andrea martyre*, Dresde, 1749.

L. CLUGNET.

116. ANDRÉ DE CANTIANO, archevêque de Milan, succéda à Landulf et occupa le siège de saint Ambroise pendant six ans et trois mois. L'histoire reste à peu près muette sur son compte. Sur sa demande, le roi d'Italie, Bérenger Ier, confirma, en 900, quelques privilèges à une de ses nièces, Richisinde, abbesse du monastère de Théodote à Pavie. Dans deux documents de l'année 905, André figure comme juge et arbitre entre Gardulphe, abbé du monastère de Saint-Ambroise, et quelques serfs du même couvent. Il mourut le 28 février 906 et fut déposé dans la basilique de Saint-Ambroise. Son testament, en date du 11 janvier 903, donne quelques détails sur sa famille et sa parenté.

Catalogus archiepiscoporum Mediolanensium, édité par Mabillon, *Museum Italicum*, t. I, 2e part., p. 109 ; par Papebroch, dans les *Acta sanctorum*, maii t. vII, p. 54 (voir aussi p. LVII, LXXI), et par Bethmann-Wattenbach, dans *Monumenta Germaniae hist.*, Scriptores, t. vIII, p. 100-110. — F. Ughelli, *Italia sacra*, Venise, 1719, t. IV, col. 90. — J. A. Saxius (ou Sassi). *Archiepiscoporum Mediolanensium series historico-chronologica*, Milan, 1785, t. II. p. 317-320. — F. Savio, *Gli antichi vescovi d'Italia. La Lombardia*, Florence, 1913, t. I, *Milano*, p. 346-348.

G. ALLMANG.

117. ANDRÉ CANTORIS, dominicain du couvent de Frankenstein, en Bohême. Il n'était encore que diacre lorsque, dans le mouvement hussite de l'année 1428, il fut percé de flèches. Il subit son martyre avec deux autres dominicains : le prieur du couvent, fr. Nicolas Car, qui fut brûlé vif sur un bûcher composé de tableaux de la sainte Vierge et d'autres images de saints; fr. Jean Buda, qui fut scié en morceaux. Leurs restes se conservaient encore au commencement du xvII^e siècle dans l'église dominicaine de Frankenstein.

Monumenta annalium ord. praed., lib. L, ms. [Arch. ord.], p. 40, 41.

R COULON.

118. ANDRÉ DE CAPHA, missionnaire dominicain de la fin du xive siècle. Il ne nous est connu que par une constitution de Boniface IX, en date du 8 décembre 1389. On y apprend que le pape Urbain VI avait conféré au général de l'ordre ou à son vicaire le droit d'instituer trois inquisiteurs en pays infidèle : l'un pour l'Arménie et la Géorgie; un autre pour la Grèce et la Tartarie; un troisième, pour la Russie et pour la grande et la petite Valachie. Frère André de Capha remplissait à cette époque l'office d'inquisiteur pour la Grèce et la Tartarie. Boniface IX lui donne le pouvoir de se choisir un compagnon.

Bullarium ordinis, Rome, 1730, t. II, p. 310.

R. COULON.

119. ANDRÉ DE CARVAJAL embrassa, tout jeune, la règle de saint François, au couvent d'Alcala, dans la province de Castille. Après d'excellentes études, il devint gardien de ce même couvent, deux fois ministre de sa province et visiteur de celles de Burgos et de Cantabrie. Le 2 juin 1568, il fut nommé évêque de Porto-Rico, dans les Antilles. La même année, dans l'église des clarisses déchaussées de Madrid, il célébra les obsèques de la reine Élisabeth de Valois, femme de Philippe II, qui, avant de mourir, avait pris l'habit franciscain. Le 10 mai 1570, il était transféré au siège archiépiscopal de Saint-Domingue. Il s'appliqua tout entier à la conversion des infidèles et mourut en réputation de sainteté le 7 avril 1579.

Gonzalez, *Chronica seraphica*, Madrid, 1725, t. vi, p.476. — Eubel, *Hierarchia catholica*, t. III, p. 204, 296.—Wadding-Melchiorri, *Annales minorum*, Ancône, 1844 ,t. xxi, p. 12; Quaracchi, 1899, t. xx, p. 257.

ANTOINE de Sérent.

120. ANDRÉ DE CASTRO, né à Burgos d'une famille noble, entra chez les frères mineurs de sa ville natale et passa quatre ou cinq ans à l'université de Salamanque, suivant les cours de théologie de fr. André de Vega, ceux d'éloquence de fr. François de Castillo et de fr. Alphonse de Castro, tous trois franciscains. C'est sans doute après qu'il devint maître des novices dans sa province. En 1540 (ou 1542), il partit avec fr. Jacques de Testera pour les missions de la Nouvelle-Espagne. Il apprit la langue mexicaine, puis, pénétrant dans la vallée de Toluca, il s'assimila celle autrement difficile des Matlaltzingues. Il prêchait en trois langues. Malgré son obésité, il parcourait le désert à la recherche des païens, ne mangeant souvent que tous les deux jours des herbes et des racines, et couchant sur la terre nue. Les Matlaltzingues l'aimaient comme un père, bien qu'il les reprit sévèrement de leurs vices. Comme il se disposait à partir chez les Mexicains, ils l'arrêtèrent en chemin et le ramenèrent de force au couvent de Toluca. Les supérieurs le nommèrent gardien de cette résidence, mais il démissionna peu après. Il fut cependant deux fois définiteur de la province du Saint-Évangile. Il mourut à Toluca en 1577. On lui doit une grammaire et un dictionnaire de la langue matlaltzingue, ainsi qu'un catéchisme et de nombreux sermons dans cette langue, mais ils ne paraissent pas avoir été imprimés.

Gonzaga, *De origine seraphicae religionis*, Venise, 1603, p. 1480. — Joannes de Sancto Antonio, *Bibliotheca franciscana*, Madrid, 1732, t. I, p. 62. — Geronimo de Mendieta, *Historia ecclesiastica indiana*, Mexico, 1870, p. 293, 552, 705. — Juan de Torquemada, *Monarchia indiana*, Madrid, 1723, t. III, p. 173, 388, 540. — Wadding-Michelesius, *Annales minorum*, Quaracchi, 1899, t. xx, p. 183; Ancône, 1844, t. xxi, p. 113.

ANTOINE de Sérent.

121. ANDRÉ DE CASTRO. Voir ANDRÉ FERRARI.

122. ANDRE DE CASTROGIOVANNI, fondateur de la congrégation augustinienne de Centuripe ou Centorbi en Sicile, et vénérable de l'ordre des ermites de Saint-Augustin. Il naquit à Castrogiovanni le 16 août 1534. Dans sa jeunesse, il se retira dans un ermitage fondé par le bienheureux Philippe Dolcetti, à Judica, près de sa ville natale. Ces ermites professaient la règle des tertiaires de Saint-François. Ils possédaient trois couvents. A la mort de Dolcetti, le gouvernement de la petite congrégation fut confié au vénérable Mathieu Rotoli, natif lui aussi de Castrogiovanni. Le nouveau supérieur admirait beaucoup les vertus et l'esprit de pénitence du P. André; pour qu'il pût rendre de plus utiles services à l'Église, il l'engagea à entrer dans un ordre à vœux solennels. Le P. André montra ses préférences pour l'ordre de

Saint-Augustin et, conseillé par son supérieur, il se rendit à Rome où il exposa son désir au P. Thaddée de Pérouse, général des augustins. Celui-ci consentit à l'agréger à son ordre avec plusieurs de ses confrères, et le 2 février 1579, lui obtint de Grégoire XIII un bref qui approuvait cette union, et autorisait l'établissement d'une congrégation augustinienne de Sicile. Le P. André retourna chez ses confrères pour réaliser son plan : mais de nombreuses difficultés qui surgirent tout à coup l'obligèrent à entreprendre quatre fois le voyage à Rome. Ce fut seulement le 22 mai 1585 qu'avec douze de ses confrères il reçut l'habit des augustins des mains du P. Melchior Testaï de Regalbuto, à Catone. Après cette cérémonie, il passa une année à Centorbi dans la prière et la pénitence, et en 1586 il se rendit pour la cinquième fois à Rome, où il prononça ses vœux religieux. Sixte V approuva les constitutions de la nouvelle congrégation et, en 1617, Paul V les confirma. De retour en Sicile, en 1586, le P. André travailla à répandre sa congrégation et fonda plusieurs couvents. Il mourut le 7 septembre 1619, au couvent de Saint-Antoine de Regalbuto et, à ce que raconte son biographe, le P. Fulgence de Caccamo, son corps se conserva longtemps intact.

La source principale de sa vie est la brochure du P. Fulgence de Caccamo, intitulée : *Sommario delle cronologiche notitie della vita, virtudi e miracoli del venerabile padre Fr. Andrea del Guasto di Castrogiovanni, d'un altra religiosa penna, dato a luce per ordine del P. F. Carlo di Regalbuto, vicario generale della sudetta congregatione*, Palerme, 1677. — Voir aussi Herrera, *Alphabetum augustinianum*, Madrid, 1644, t. I, p. 28. — Elssius, *Encomiasticon augustinianum*, Bruxelles, 1654, p. 51. — Attardi, *Il monachismo in Sicilia rinnovato dell' ordine di S. Agostino*, Palerme, 1741, p. 300-301. — Hélyot, *Dictionnaire des ordres religieux*, Paris, 1860, t. I, col. 306-307. — Crusenius-Lanteri, *Monasticon augustinianum*, Valladolid, 1890, t. I, p. 772-773.

A. PALMIERI.

123. ANDRÉ CATRANI DE PÉROUSE,

missionnaire dominicain chez les Tartares, vers la fin du XIIIe siècle. Ce moine n'est connu que par une courte notice d'un contemporain, qui se conservait dans un manuscrit des archives du couvent de Pérouse et dont une copie parvint aux archives générales de l'ordre, à Rome, au commencement du XVIIIe siècle. Elle nous apprend que fr. André était originaire de Pérouse et que c'est au couvent de cette ville qu'il prit l'habit dominicain. Tour à tour lecteur, sous-prieur et prieur de son couvent d'origine, il remplit aussi les fonctions de vicaire provincial et de visiteur. Malgré toutes ces charges importantes, il est surprenant de ne pas trouver trace de son activité dans les chapitres provinciaux de cette époque. Il fit passer sous la juridiction de l'ordre un certain monastère de Saint-Georges. Après avoir été en butte à bien des difficultés, que le chroniqueur ne désigne pas autrement, fr. André obtint de passer en Orient pour y prêcher la foi. Il évangélisa d'abord la ville de Caffa ou Capha avec le plus grand succès. Mais lorsqu'il voulut pénétrer dans l'intérieur du pays tartare, il ne rencontra que des dispositions hostiles. Il fut pris et condamné à mort. Il demanda quelques instants pour se préparer à mourir, puis, ayant entonné le *Te Deum*, arrivé aux paroles : *Te martyrum candidatus laudat exercitus*, il reçut le coup fatal. C'était vers l'année 1300. L'auteur de la courte notice sur André Catrani dit avoir entendu bien souvent, dans l'église du couvent de Pérouse, le récit de la mort de ce martyr de la foi, de la bouche d'un missionnaire, qui avait séjourné dans le pays. Il ajoute que ce récit a été reconnu véridique par un frère mineur de Borgo San Sepolcro, qui fut le compagnon d'André Catrani jusqu'à sa mort.

Arch. gén. de l'ordre, Lib. Ggg, mss., p. 102-103. — *Année dominicaine*, juin, t. I, p. 115 [éd. Jevain], Lyon, 1893.

R. COULON.

124. ANDRÉ DE CHARLIEU (de Caroloco),

prédicateur dominicain du XIIIe siècle. Pierre de Limoges, contemporain, docteur de Sorbonne et lui aussi prédicateur renommé, nous a conservé un certain nombre de sermons prêchés par fr. André. D'abord une série de cinq sermons *De tempore*, prêchés à Paris en 1272 et 1273, Bibliothèque nationale, ms. *lat. 16481*, n. 51, 63, 106, 121 ; une autre série de huit sermons se trouve rapportée par Pierre de Limoges, dans ses *Distinctions*, aux mots *Panis, Passio, Spiritus Sanctus*; l'un d'eux se trouve déjà parmi les précédents. Ms. *lat. 16482*.

Quétif-Echard, *Scriptores ordinis praedicatorum*, Paris, 1719, t. I, p. 266. — Lecoy de la Marche, *La chaire française au moyen âge*, Paris, 1868, p. 459. Il l'appelle André de Chaalis. — Daunou, dans *Histoire littéraire de la France*, 1838, t. XIX, p. 431-432.

R. COULON.

125. ANDRÉ DE CHIO (Saint),

chrétien grec qui fut mis à mort par les Turcs, à Constantinople, en 1465. L'histoire de son martyre, écrite par Georges de Trébizonde, a été publiée dans les *Vitae sanctorum* de Surius, édit. de Cologne, 1618, à la date du 29 mai, puis dans les *Acta sanctorum* des bollandistes, 1688, maii t. VII, p. 184-188.

Venu de l'île de Chio à Constantinople, à l'âge de vingt-sept ans, André, excellent chrétien qui s'était voué à la sainte Vierge, visitait pieusement les églises de cette ville, lorsqu'il fut dénoncé comme traître à la religion de Mahomet, dont il avait, disaient ses accusateurs, ouvertement embrassée à Alexandrie. Traîné devant un juge, il nia énergiquement ce qui lui était reproché et, comme il fut constaté qu'il n'était pas circoncis, il allait sans doute être relâché, lorsque quelques-uns des assistants firent observer que ce fait ne prouvait rien, puisque des adultes devenus mahométans avaient le droit d'éviter la circoncision. Fort embarrassé, le juge envoya demander au sultan ce qu'il devait faire de son prisonnier. Mahomet lui fit répondre qu'il fallait ou décider André, qui était jeune, vigoureux et intelligent, à entrer dans l'armée comme officier, ou, s'il refusait, le mettre à mort. En conséquence prières, menaces, tout fut mis en œuvre pour déterminer celui-ci à accepter une offre aussi séduisante, qui naturellement, s'il l'acceptait, devait le faire passer à l'islamisme. Mais le jeune chrétien repoussa avec horreur ces propositions. Alors le juge irrité le fit torturer affreusement pendant dix jours, à partir du 20 mai et, enfin, comme André, inébranlable, supportait ces tourments en invoquant sans cesse l'assistance de la Vierge Marie, il donna ordre de le décapiter le 29 du même mois.

Les Turcs voulaient jeter le corps d'André à la mer, mais les chrétiens réussirent à obtenir du sultan qu'il leur fût abandonné et, s'en étant emparés, ils l'emportèrent dans le quartier de Galata et l'inhumèrent sur les bords du Bosphore, dans une église consacrée à Notre-Dame.

C'est au moment où se terminaient ces funérailles solennelles que Georges de Trébizonde arriva à Galata. Ému par le récit qu'on lui fit de ce glorieux martyre, il promit de faire connaître celui-ci en Occident, si, par l'intercession de saint André, il obtenait une heureuse traversée de Constantinople en Italie où il allait retourner bientôt. Son voyage s'accomplit dans d'excellentes conditions, mais ce n'est que deux ans plus tard, c'est-à-dire en 1468, que, se souvenant de son vœu, il écrivit la relation dont ces quelques lignes sont un résumé.

L. CLUGNET.

126. ANDRÉ CHRISTIAN, carme danois, enseigna d'abord la théologie, puis fut prieur de divers couvents de la province de Dacie (Danemark et Suède) et Norvège, érigée au chapitre général tenu à Bruxelles par le bienheureux Jean Soreth en 1462. Jean, roi de Danemark, de Suède et de Norvège, le chargea, en 1499, d'une légation auprès de Jean-Albert, roi de Pologne, de Lithuanie et grand-duc : peut-être voulait-il en obtenir un secours de troupes pour l'expédition qu'il préparait contre les Dithmarses du Holstein, qui lui infligèrent, l'année suivante, une si sanglante défaite. André Christian, nommé provincial en 1517, établit, cette année-là même, auprès de l'université de Copenhague, un collège d'études carmélitain, de suite renommé, et qui dépendait du couvent d'Elseneur. Christian II, qui avait succédé au roi Jean, donna à ce collège et au couvent annexé l'hôpital Saint-Georges, à la porte de Copenhague, avec ses revenus, à charge d'ouvrir un cours public, dépendant de l'université, où un carme, docteur ou bachelier, expliquerait chaque jour la théologie : ce cours fut ouvert le 6 juin 1519, le fameux P. Paul-Élie étant régent des études. André Christian se démit de sa charge de provincial en 1522, à cause de son grand âge; le P. Paul-Élie lui succéda. Cette province carmélitaine comprenait alors les couvents de Copenhague, d'Elseneur ou Helsingör, d'Assens, d'Aarhuus, de Landskrona, de Skjœlskör, de Sölvesborg, de Varberg, d'Orebro, de Mariested sur le lac Venern (peut-être Säby sur le lac Sommen), et de Kjöge, lesquels, dès 1541, n'existaient plus, détruits par les rois devenus luthériens, Frédéric Ier et Christian III, en Danemark et Norvège, et Gustave Vasa, en Suède.

Daniel a Virgine Maria, *Vinea Carmeli*, Anvers, 1662, p. 577, n. 1030. — J.-B. de Lezana, *Annales carmelit.*, Rome, 1656, t. IV, p. 901-902, n. 2, ann. 1462. — Norbert de Sainte-Julienne, *Authores carmelitani, pro supplemento Bibliothecae carmelitanae*, ms. du XVIIIe siècle, n. *13992*, à la Bibliothèque royale de Belgique, fol. 9 v° et 109 r°. — Dom Guépin, *Saint Josaphat*, Poitiers, 1874, t. I, Introduction. — Ludwig Schmitt, *Der Karmeliter Paulus Heliä, Vorkämpfer der katholischen Kirche*, Fribourg-en-Brisgau, 1893, p. 130-133.

P. MARIE-JOSEPH.

127. ANDRÉ DE COBLENTZ, carme allemand, profès du couvent de Cologne, fut successivement docteur de l'université de cette ville le 3 mai 1442, définiteur provincial et prieur en 1458; de nouveau définiteur en 1463; définiteur, prieur et régent des études en 1470, et, cette même année, doyen de la faculté de théologie à l'université. Il préside, en cette qualité, le 11 octobre 1470, la séance solennelle où furent rejetées les propositions émises par Pierre de Rivo, bachelier de Louvain, *de futuro contingenti*. Il est chargé, en 1471, par le bienheureux Jean Soreth, général de l'ordre des carmes, d'introduire la réforme dans son couvent de Cologne. Élu une fois encore premier définiteur, prieur et régent des études, le 12 mai 1476, il meurt à Cologne le 26 août suivant : le registre de l'université porte qu'un office funèbre solennel y fut célébré pour lui le 23 janvier 1477. Il avait écrit : *In libros IV Sententiarum lectura; — Sermones per annum, lib. III;* — *Suffragium circa propositiones de futuro contingenti per Petrum de Rivo Lovaniensem baccalaureum propugnatas* (André de Confluentia et André Ketwich ou Ketwig, dont parlent les documents, sont une même personne).

Koch, *Die Karmelitenklöster der Niederdeutschen Provinz*, Fribourg-en-Brisgau, 1889, p. 21, 33. — Hermann Keussen, *Die Matrikel der Universität Köln*, Bonn, 1892, t. I, p. 340, n. 63 et note. — *Scripta et monumenta Jacobi Milendunck, carmelitae*, ms. *47 A* des archives de Francfort-sur-le-Mein, p. 145 v°, 169 r°, 209 v°, 212 r°, 229 v°. — Joseph Hartzheim, *Bibliotheca Coloniensis*, Cologne, 1747, p. 16, 17, 365;

Prodromus Historiae universitatis Coloniensis, Cologne, 1759, p. 7. — Valère André, *Fasti academici studii generalis Lovaniensis*, Louvain, 1650, p. 93. — D'Argentré, *Collectio judiciorum de novis erroribus*, Paris, 1725, t. I, 2e part., p. 272, 273. — Simler et Frisius; *Epitome bibliothecae Gesnerianae*, Zurich, 1583, p. 42. — Paulus ab omnibus Sanctis, *Catalogus illustrium carmelitanae religionis scriptorum*, p. 66. — Daniel a Virgine Maria, *Speculum carmelitanum*, t. II, p. 1096, n. 3872; p. 1099, n. 3895. — C. de Villiers, *Bibliotheca carmelitana*, t. I, col. 73-74.

P. MARIE-JOSEPH.

128. ANDRÉ DE CONSTANTINOPLE, que nous croyons devoir distinguer de fr. André de Pise et de fr. André de Rhodes, qui lui aussi est quelquefois appelé, avant son élévation au siège de Rhodes, André de Constantinople. Les auteurs, semble-t-il, ont confondu ces divers personnages. Ce ne serait pas fr. André de Pise, comme le prétend Catalani, *De magistro sacri palatii apostolici*, Rome, 1751, p. 86, qui aurait succédé comme maître du sacré-palais à fr. Giovanni de Casanova, nommé évêque de Vicence, mais bien André de Constantinople. La preuve en est dans le décret de nomination par Martin V, en date du 9 juin 1426 (cf. *Reg. Vatic.*, t. 350, fol. 255 v°), où il est dit formellement que fr. André de Constantinople succède dans la charge de maître du sacré-palais à fr. Giovanni da Casanova. D'autre part, il est impossible d'identifier, comme l'a fait Catalani, *ibid.*, fr. André de Pise et fr. André de Constantinople. Les charges remplies précédemment par l'un et l'autre de ces personnages sont incompatibles. S'il faut en croire Fontana, *Syllabus magistrorum S. palatii apostolici*, Rome, 1663, p. 103, que tous les autres auteurs dominicains ont copié, fr. André de Pise aurait rempli la charge de prieur au couvent de Sainte-Catherine de Pise, puis celle de provincial de la province romaine, puis aurait été compagnon du général de l'ordre, Léonard Dati, au concile de Constance. Or, il semble bien qu'aucune de ces fonctions ne puisse être attribuée à fr. André de Constantinople. En effet, le document pontifical qui le nomme maître du sacré-palais nous apprend qu'il appartient à la congrégation dominicaine dite des frères unis, établie vers la fin du XIIIe siècle, pour promouvoir la prédication de l'Évangile dans les pays d'Orient. Fr. André de Constantinople était alors vicaire général de cette congrégation et n'aurait pu cumuler, semble-t-il, cette charge avec celle de provincial d'une autre province. Dans un autre document du 11 juin de la même année 1426, Martin V lui donne les deux titres de *totius societatis fratrum propter Christum peregrinantium et unitorum vicario generali ac scolarum palatii apostolici magistro* (cf. *Reg. Vatic.*, t. 350, fol. 256); de plus, nous apprenons que fr. André est chargé d'une mission en Orient, *ad partes Graeciae*, et on lui donne toute autorité pour incorporer dix religieux à la congrégation des frères unis, dont le nombre est par trop réduit. Ce n'est qu'à son retour, selon Catalani, *op. cit.*, que fr. André aurait été nommé par Martin V maître du sacré-palais, en 1429; c'est faux, ainsi que nous le voyons d'après les documents cités plus haut. D'après Fontana, *Syllabus magistrorum S. palatii ap.*, p. 104, Martin V aurait offert l'archevêché de Drontheim (*Nidrosiensis*) à fr. André de Constantinople, qui l'aurait refusé. Il serait mort peu après, en 1430.

Catalani, *De magistro sacri palatii apostolici*, Rome, 1751, p. 86. — Fontana, *Syllabus magistrorum S. palatii apostolici*, Rome, 1663, p. 103.

R. COULON.

129. ANDRE CONTI (Bienheureux), d'Anagni ou de Signia, franciscain. Issu de la noble famille des Conti, il était proche parent d'Innocent III, Grégoire IX, Alexandre IV et de Boniface VIII. Ce dernier voulut le créer cardinal, mais fr. André s'y refusa résolument, préférant continuer à mener une vie de réclusion et de pénitence austère. Il mourut à Pilco le 1er février 1302, et c'est en ce jour que l'ordre séraphique célèbre sa fête, car il a été béatifié par Innocent XIII en 1724. Il a écrit, dit-on, un traité inédit, *De partu B. Mariae Virginis.*

Wadding, *Annales ord. min.*, ad ann. 1295, § x, Rome, 1733, t. v, p. 335-336; *Scriptores ord. min.*, Rome, 1650, p. 17; 1806, p. 12; 1906, p. 16. — Sbaralea, *Suppl. ad script.*, Rome, 1806, p. 33; 1908, p. 34. — Ant. M. Bonucci, *Istoria della vita e miracoli del B. Andrea Conti*, Rome, 1724.

M. Bihl.

130. ANDRÉ CORSINI (Saint), évêque de Fiésole, carme de l'ancienne observance, naquit le 30 novembre 1301, à Florence. Son père, Niccolo, était de l'illustre famille des Corsini, qui occupa les premières magistratures de la république, et d'où sortirent de grands prélats et un pape, Clément XII. La Vie du saint par Buonmattei (ms. de la Magliabecchienne) établit, sur d'anciens registres publics, que Niccolo Corsini eut pour première femme Pellegrina, laquelle lui donna cinq fils ; Pellegrina étant morte, il épousa Gemma, de la noble maison florentine des Stracciabendi : ainsi s'explique l'indécision des historiens au sujet du nom de la mère d'André Corsini. Gemma, demeurée stérile après sept années de mariage, fit vœu avec son mari, devant la madone del Carmine de Florence, de lui consacrer dans son ordre du Carmel le premier-né qu'elle obtiendrait. Elle eut, avant la naissance d'André, un songe extraordinaire où elle se voyait mère d'un loup qui entrait dans la *chiesa del Carmine*, où il se transformait en agneau. Son fils, bien doué, mais d'un caractère ardent, devint, dans l'adolescence, difficile, emporté, ne souffrant pas la réprimande ; amateur de chiens et de chevaux, il ne s'entourait que de jeunes gens partageant ses goûts. Vers l'âge de quinze ans, après une scène familiale, sa mère lui dit qu'en effet elle avait donné le jour à un loup, et lui apprend le vœu et le songe qui avaient précédé sa naissance. Agité de remords, André court dès le lendemain se jeter au pied de la madone *del Carmine* et, comme un doux agneau, demande avec instances l'habit religieux au P. Jérôme Migliorati, provincial de Toscane. Il le revêt en 1316, fait profession l'année suivante, se distingue dans les voies de la perfection, la pratique des vertus, et subit, en faisant chaque samedi, selon la règle de son ordre, la quête du pain en maison, les dérisions de ses proches, lorsqu'il traversait la via Maggio (Maggiore) qu'habitait sa famille. D'une pénitence austère, il jeûnait au pain et à l'eau trois jours par semaine et portait un dur cilice formé de lames de fer, que l'on vénère encore dans l'église *del Carmine*. Il avança dans les ordres sacrés et reçut le sacerdoce. Sa famille se disposant à donner un grand apparat à sa première messe, il obtint de ses supérieurs la permission d'aller la dire dans un petit ermitage appelé les *Bois*, à quinze kilomètres de la ville, où les carmes établirent en 1343 un couvent qui fut, au siècle suivant, le berceau de la réforme de Mantoue. On voit encore, près du château de Signa, la petite chapelle souterraine où il célébra, avec l'inscription qui rappelle le fait et l'apparition dont la sainte Vierge le gratifia en cette occasion.

Le chapitre provincial de Pise l'envoya, en 1329, étudier à l'université de Paris, dans le couvent de la place Maubert, *studium generale* de l'ordre. Il y demeura trois années, ainsi que le prescrivaient les constitutions de 1324. S'y fit-il recevoir licencié en théologie et maître ou docteur ? Le bréviaire romain l'affirme avec Ph. Ferrari et Roman, *loc. cit.*, mais sans fondement. Les deux manuscrits, que nous signalons plus loin comme faisant autorité pour la vie du saint, n'en disent rien, et ce silence, ainsi que celui de Surius,

et de Lezana (*Annales*, t. iv, p. 546), obligent à conclure que le fait de son doctorat n'est rien moins que certain. Rappelé dans sa patrie, André s'arrêta à Avignon auprès de son cousin germain Pietro Corsini, auditeur général du sacré palais, plus tard évêque de Florence et cardinal (1370). Visitant avec lui Notre-Dame des Doms, il y rendit la vue à un aveugle. Le chapitre provincial de Florence le nomma prieur du couvent de cette ville, *il Carmine* (en 1337 seulement, d'après Lezana, *ibid.*, p. 565). Le chapitre général de Milan (1345) le chargea de commenter la Bible à titre de lecteur au *studium generale* de Paris, *Ibid.*, p. 581, d'après les registres de l'ordre. Enfin il devint provincial de Toscane au chapitre général de Metz, en 1348. *Ibid.*, p. 590.

L'évêque de Fiésole, Fulgino d'Olivieri Carboni, ayant été emporté par la peste noire qui désola l'Europe, l'Italie et en particulier Florence (1348-1349), le chapitre désigna André pour lui succéder. Mais le saint s'enfuit et se cacha dans un souterrain de la chartreuse d'Enna, à trois milles de Florence. Il fut découvert sur un avertissement du ciel et promu le 13 octobre 1349. Le témoignage de Lezana, d'Eubel, d'Ughelli-Coleti, et divers actes épiscopaux de 1349, 1350 et 1352, provenant de la curie de Fiésole (à la Magliabecchienne de Florence), et relatés par le P. Daniel a Virgine Maria, ne laissent aucun doute sur cette date et obligent à rejeter celle de 1360, donnée par les *Acta sanctorum*. André continua dans l'épiscopat sa vie de pénitence et d'oraison, de zèle et d'humilité. Il s'efforça de réparer les ruines matérielles et morales que la peste ainsi que des guerres fréquentes accumulaient dans son diocèse, combattit les abus, réforma son clergé, instruisit son peuple par tous les moyens en son pouvoir.

Il commença l'œuvre par les pasteurs, leur imposa la résidence dans des édits que nous mentionnons plus loin, déposa impitoyablement les contumaces et donna lui-même l'exemple de la résidence. Il soumit à un examen sérieux, au point de vue de la doctrine et des mœurs, les candidats qu'il voulait promouvoir, reprit cette enquête, dans ses visites pastorales, sur les pasteurs en fonction, les contraignit à se séparer des personnes suspectes, et châtia, par la privation des pouvoirs et bénéfices, ceux qui résistaient à ses avertissements. Enfin il défendit à ses clercs de s'occuper d'affaires temporelles ou d'accepter des fonctions civiles ou administratives. Mentionnons encore les décrets, restés inédits, qu'il porta contre les chrétiens qui se livraient à l'usure, et pour supprimer l'abus des mariages clandestins : il les appliqua en cassant nombre de contrats civils usuraires et d'unions non conformes aux lois de l'Église. Il établit des délégués dans les diverses régions de son diocèse, chargés de surveiller l'exécution de ses ordonnances et, avec non moins d'énergie que pour les autres abus, entra en lutte avec les usurpateurs qui avaient profité des malheurs du temps pour s'emparer des biens de l'Église.

Il savait que ces biens appartenaient avant tout aux pauvres. Dès la première année de son pontificat, il choisit le carme frère Salvio Andrea, son procureur et syndic, pour rechercher les biens et les legs en faveur des pauvres, afin de les restituer à l'administration ecclésiastique et de les rétablir dans leur destination première. Il renouvela cette institution à diverses reprises, et encore en 1367. Il se montra d'ailleurs toujours soucieux de soulager les indigents, que les malheurs du temps avaient multipliés d'une manière effrayante, avec une charité dont les ressources inépuisables ne s'expliquent que par une assistance divine. Le registre de ses aumônes, que nous signalons plus loin, en donne des témoignages presque quotidiens.

Il lavait chaque jeudi les pieds de plusieurs miséreux, et les plaies des malades et infirmes qu'il baisait avec compassion : on voyait ces plaies se fermer au contact de ses lèvres.

Ses aumônes étaient multiples et consistaient en argent, vivres, blé, vin, habits, etc. Il fit même rebâtir plus d'une fois les maisons des gens nécessiteux, détruites par la guerre ou des accidents fortuits. Il ne manqua pas non plus de réparer, quand elles en avaient besoin, les demeures du Seigneur, le premier des pauvres. Il fit refaire tout à neuf le chœur de sa cathédrale et le toit de l'église Santa Maria in Campo. Le palais épiscopal reçut aussi à diverses reprises des réparations importantes. Sur son instigation, grâce à de généreux bienfaiteurs, les augustins qui habitaient au sommet de la montagne de Fiesole purent établir leur monastère dans une situation plus commode, au pied de cette colline. Il encouragea aussi la fondation d'un nouveau couvent de cisterciennes, celui de la Sainte-Trinité de Lastra et consacra en 1361 l'autel de l'église, dédié à l'apôtre saint Barthélemy.

Au milieu de ses labeurs incessants, André donnait l'exemple de l'attachement au Saint-Siège, auquel il mandait tous les deux ans, selon les exigences canoniques, un état fidèle de son diocèse. Il dut même entreprendre plus d'une fois, dans ce but, le voyage d'Avignon, où se trouvait la cour pontificale. En tout cas, nous le voyons désigner, dès l'année 1365, les procureurs en cette cour pour remplir la formalité de deux ans en deux ans. Le pape Urbain V le nomma, en 1368, son légat apostolique pour apaiser les discordes civiles qui désolaient Bologne plus qu'aucune autre ville d'Italie. André s'y appliqua avec son énergie accoutumée et, malgré son grand âge, il réussit à réconcilier les factions, frappa des contumaces des anathèmes ecclésiastiques et souffrit même de leur part plus d'une avanie, s'il est vrai qu'il aurait été un instant emprisonné, au témoignage de certains annalistes, notamment Fornari. André mourut peu après. Le jour de Noël 1372, la sainte Vierge lui apparut et lui annonça sa fin prochaine. La fièvre le saisit en effet et il expira le jour de l'Épiphanie, 6 janvier 1373.

La *Relatio canonizationis Andreae Corsini ad Urbanum VIII*, du cardinal J.-B. Deti, doyen du Sacré-Collège, constate le culte qui se généralisa peu après cette mort, l'affluence au sépulcre de l'évêque, la recherche des reliques, les miracles dus à son intercession. André avait, dans son testament, déclaré vouloir être enterré chez les carmes de Florence, mais les habitants de Fiesole entendaient garder sa précieuse dépouille : les carmes vinrent l'enlever de nuit et la transportèrent dans leur église, *il Carmine*, en partie construite grâce à la munificence du bienheureux : le corps fut trouvé intact. Les Corsini y édifièrent son tombeau en 1385, et l'on grava sur le marbre une épitaphe où un témoin oculaire, probablement Coluccio Salutati, rapporte les miracles qu'on voyait s'y accomplir. Lorsque, en 1439-1440, siégeait à Florence le concile œcuménique, les fidèles continuaient à recourir avec confiance au bienheureux évêque; mais le miracle éclatant par lequel il sauva la ville vint donner un nouvel élan à son culte. Philippe-Marie Visconti, duc de Milan, envoya une armée commandée par le fameux Nicolas Piccinino, qui ravagea les cités et les campagnes de la Toscane, puis s'avança contre la capitale, frappant de terreur les membres du concile, le Sacré-Collège et le pape Eugène IV. On invoqua André Corsini qui, dans une apparition, promit la victoire. Les troupes florentines, quoique peu nombreuses, courent au-devant de l'ennemi, le 29 juin, et remportent à Anghiari une grande victoire. Les magistrats décrètent une procession générale, de la cathédrale à l'église des carmes,

où sera chantée la messe solennelle de la sainte Trinité, avec exposition du saint corps, entouré de cierges et au milieu de l'encens. Ils prièrent les cardinaux d'en obtenir l'autorisation du pape, comme aussi de pouvoir user en l'invoquant des qualificatifs de bienheureux et de saint : ce que permit Eugène IV. Le décret des magistrats portait que la même cérémonie aurait lieu chaque année, avec semblable solennité; décret qui fut renouvelé l'an 1466. Ce miracle, avec ses suites, est rapporté dans les deux manuscrits de la Vie du saint : on peut lire (*Acta. sanct.*) les savantes notes de Bollandus qui corroborent leur récit. La *Relatio canonizationis Andreae Corsini ad Paulum V*, rédigée par trois auditeurs de Rote, établit que, depuis 1440, le jour de la mort du saint était fêté dans le diocèse de Fiesole et dans l'église des carmes de Florence par une messe et un office propres, avec la participation officielle de la république, selon l'ordre établi par les magistrats. Mention est faite du bienheureux André Corsini au 6 janvier, dès 1515, dans nombre de martyrologes (*Act. sanct.*). La fête s'étend à tout l'ordre des carmes avec messe et leçons spéciales dans le cours du XVIe siècle; elle est approuvée en 1583, sur la demande de l'évêque de Fiesole, par Grégoire XIII, qui permet d'y suivre le missel et le bréviaire carmélitains. Le peuple et les grands de Florence, ainsi que les carmes et les Corsini, n'avaient point cessé de solliciter auprès des papes la canonisation du bienheureux André et toujours quelque obstacle l'avait retardée : Paul II, Clément VIII s'en étaient occupés; Paul V l'entreprit également, mais il mourut avant d'avoir achevé l'œuvre. Urbain VIII la reprit et, après discussion suivie de l'approbation de la S. C. des Rites, il plaça solennellement André Corsini au nombre des saints le 22 avril 1629, prescrivant de l'inscrire au 6 janvier dans le martyrologe romain. La fête fut fixée au 30 janvier, bien qu'à Florence, où son corps repose, elle demeurât maintenue au lendemain de l'Épiphanie; elle fut étendue à toute l'Église en 1737, par Clément XII, mais en lui assignant la date du 4 février. Ce pape, de la famille Corsini, fit construire en l'honneur du saint une splendide chapelle dans la basilique de Saint-Jean de Latran. Il autorisa les carmes à célébrer le 26 octobre la Translation de ses reliques, accomplie en 1683, lorsqu'elles furent placées dans la somptueuse chapelle d'*el Carmine* de Florence, réédifiée par la famille Corsini. Les procès-verbaux des nombreux miracles obtenus par l'intercession du saint, et constatés officiellement, remplissent quarante-cinq vol. in-fol.; on en a extrait soixante faits prodigieux, outre celui de son corps qui fut de nouveau reconnu exempt de corruption en 1738 par l'autorité ecclésiastique.

Il a écrit : *Commentaria in sacram Scripturam*, que citent Ludovicus Jacob, *Bibliotheca carmelitana* ms., et Jacques Le Long, *Bibliotheca sacra*, Paris, 1723, t. II, p. 686; — *Liber expensarum*. Ce livre des dépenses, faites pour la maison de l'évêché et pour sa cathédrale, est écrit de la propre main du saint, et conservé à la bibliothèque des carmes de la Traspontine, à Rome. Le P. Daniel de la Vierge-Marie cité dans son *Speculum carmelitanum*, t. II, p. 264, n. 955 sq. des fragments du registre des aumônes et dépenses tenu par le saint évêque, lesquels ont été produits dans le procès de canonisation et sont conservés à la Traspontine, avec : *Liber actorum*, et *Liber instrumentorum et procurationum curiae episcopalis Fesulanae*; — *Un acte, écrit de la main du saint*, en présence des carmes de Florence, énumère les livres à son usage qu'il donne à leur bibliothèque : on en retrouve la liste dans le catalogue de cette bibliothèque dressé en 1461 et qu'on possède encore. L'acte commence ainsi : *Isti sunt libri quos misi in librariam fratrum de Carmelo de Florentia*. Les *Commentaires* cités plus haut, ainsi que des sermons du saint et ses ordonnances épiscopales, n'ont pas été imprimés et on ignore ce qu'ils sont devenus.

La plupart des renseignements sur la vie du saint sont tirés des deux mss. suivants, où tous les auteurs subséquents ont puisé : 1° ms. *3813* de la Bibliothèque du Vatican, où se trouve, fol. 28 v°, *Vita B. Andreae de Corsinis a P. M. p^r magistro (in sacra theol.)* Petro Andreae de Castaneo († 1459), lequel écrivit vers 1450 et paraît n'avoir fait que reprendre la Vie (aujourd'hui inconnue), rédigée par Coluccio Salutati (1330-1406), secrétaire de la république de Florence. Le ms. du P. de Castaneo a été édité par le vénérable P. Dominique de Jésus dans *Acta canonizationis S. Andreae Corsini*, Paris, 1638 et par les bollandistes; 2° Vie manuscrite abrégée, composée par Jean Guillimanus († 1487), prieur du monastère des chanoines réguliers de Rouge-Cloître, dans la forêt de Soignes, près Bruxelles, publiée aussi par les bollandistes. — Surius, *Vitae sanctorum ex probatis authoribus et mss. codicibus*, etc., Cologne, t. I, 1576, p. 148-153. — Bened. Buonmattei, *Vita e miracoli di S. Andrea Corsini, vescovo di Fiesole, frammenta*, ms. de la Magliabecchienne de Florence. — *Notizie diverse spettanti a S. A. C.*, extraites de mss. de la curie de Fiesole, du xIv^e siècle, ms. Strozziano-Magliabecchiano *303*, classe XXXVII, p. 84-121; et ms. *116*, classe XXXVIII. — Sigism. Coccapani, *Vita di santo Andrea Corsini*, Florence, 1683. — Luigi Passerini, *Genealogia e storia della famiglia Corsini*, Florence, 1858, p. 37-41. — Cardinal J.-B. Deti, *Relatio facta coram Urbano VIII super vita, sanctitate, actis canonizationis, et miraculis beati Andreae Corsini*, Rome, 1629. — Giov. Dazzi, *Relazione*, etc., dans P. Richa, *Notizie storiche delle chiese Florentine*, t. X, p. 72-80. — *Centenario di S. Andrea Corsini*, par un carme de Florence, Florence, 1872. — Ph. Ferrari, *Catalogus sanctorum Italiae*, Milan, 1613, p. 26-27. — Emm. Roman, *Elucidaciones de la antiguedad, y escritores illustres de la orden del Carmen*, Madrid, 1630, elucid. 27. — Dominique de Jésus, *Acta canonizationis S. Andreae Corsini*, avec sa *Vie* et des notes sur le ms. *3813*, Paris, 1638. — *Bullarium carmelitanum*, t. II, p. 323, 419-421. — Daniel a Virgine Maria, *Vinea Carmeli*, p. 491; *Speculum carmelitanum*, t. II, p. 235-267. — *Acta sanctorum*, 1643, jan. t. II, p. 1061 sq. — Scip. Ammirato, *Vescovi di Fiesole, di Volterra e d'Arezzo*, Florence, 1637, p. 34-36. — J.-B. de Lezana, *Annales carmelitarum*, 1656, t. IV, *passim*, p. 478-853. — Philippe de la Très-Sainte-Trinité, *Decor Carmeli religiosi*, 1re part., p. 152-156. — Ventimiglia, *Historia chronologica priorum generalium ord. carmelit.*, Naples, 1773, p. 88, 95. — Eubel, *Hierarchia catholica*, 1913, t. I, p. 248, donne pour la mort de saint André Corsini la date du 8 janvier 1374, par erreur. — Ughelli-Coleti, *Italia sacra*, vol. III, col. 254-255, — Baronius, *Annales eccles.*, ad an. 1373, t. XXVI, n. 27, 28. — Petrus Lucius (Pierre de Licht), *Carmelitana bibliotheca*, Florence, 1593, fol. A 4 v° — Petrus Thomas Saracenus, *Menologium carmelitanum*, Bologne, 1627, p. 335-347. — Fornari, *Anno memorabile de Carmelitani*, Milan, 1688, t. I, p. 242-263. — C. de Villiers, *Bibliotheca carmelitana*, t. I, col. 74-78; voir aussi t. II, col. 543, art. *Petrus Andreas e Castaneis*, et col. 689-691, la réfutation des objections de Baillet et Launoy contre l'authenticité du ms. *3813* de la Vaticane. — Chevalier, *Répertoire. Bio-bibliog.*, col. 219.

P. MARIE-JOSEPH.

131. ANDRÉ DE COSTA, franciscain espagnol du xve siècle, appartenait au couvent d'Aguilléra en Castille. Il composa la Vie de saint Pierre Regalada, qu'il avait connu. Antoine Daza se basa sur cette Vie en compilant la sienne, qui a été publiée dans les *Acta sanct.*, mart. t. III, p. 854-867.

Sbaralea, *Suppl. ad script. ord. min.* Rome, 1908, p. 36.

M. BIHL.

132. ANDRÉ DE CRÈTE (Saint), dit aussi le Hiérosolymitain. Il naquit à Damas, vers l'année 660; son père se nommait Georges et sa mère Grégoria. L'enfant resta muet jusqu'à l'âge de sept ans, où il obtint l'usage de la parole dans une église de sa ville natale, après avoir reçu la sainte communion. Il fréquenta d'abord les écoles de Damas, puis, dans sa quatorzième ou sa quinzième année, il fut conduit par ses parents au monastère du Saint-Sépulcre, à Jérusalem. Il y reçut les premiers ordres et fut d'abord notaire de la grande basilique, puis aide de l'économe général. Il prit ensuite part à un concile tenu par l'Église de Jérusalem et qui approuva les décisions du sixième concile œcuménique de Constantinople, et s'en alla, vers 685, à Constantinople transmettre de vive voix et par écrit l'assentiment de son Église à la doctrine de celle de Byzance. C'est à tort que la plupart des érudits et des historiens modernes l'ont fait assister au concile œcuménique de 680-681 et l'on chercherait vainement son nom dans les actes officiels. Pour des motifs que nous ignorons, une fois sa mission remplie, André ne revint pas en Palestine, mais resta à Constantinople, menant durant plusieurs années la vie religieuse dans un des couvents de la capitale. Plus tard, il fut ordonné diacre de Sainte-Sophie, reçut la direction de l'orphelinat de cette cathédrale et d'un hospice de vieillards situé dans le quartier d'Eugène. Il s'acquitta si bien de ces deux fonctions qu'il fut nommé archevêque de Gortyne. La date de cette nomination n'est pas exactement connue, mais elle est postérieure à 692, car cette année-là, au concile dit *in Trullo*, Basile siégeait comme métropolitain de Crète. André prit part, en cette dernière qualité, au grand concile réuni en 712 par l'empereur Philippique Bardane et qui condamna la définition du sixième concile œcuménique touchant les deux volontés en Jésus-Christ; il eut la faiblesse de souscrire à cette hérésie. L'année suivante, après la chute de Bardane (3 juin 713), il revint à de meilleurs sentiments, signa la définition dogmatique du sixième concile œcuménique et composa même à ce sujet une poésie en vers iambiques que nous avons encore. Heisenberg, *Ein iambisches Gedicht des Andreas von Creta*, dans *Byzantinische Zeitschrift*, 1901, t. X, p. 505-514. Durant son épiscopat, il reconstruisit plusieurs églises ou chapelles tombées en ruines, construisit un sanctuaire dédié à Notre-Dame des Blachernes, ainsi qu'une vaste hôtellerie, édifia ses fidèles par ses cantiques spirituels et les instruisit par ses homélies. Plusieurs de ses sermons ou panégyriques font des allusions discrètes à des victoires remportées par l'empire byzantin sur les Bulgares et les Arabes, et nous savons que saint André lui-même repoussa une incursion des Sarrasins dans son île. La peste et la famine qui ravagèrent sa province le forcèrent de se rendre à Constantinople pour subvenir aux besoins de ses fidèles; il s'en retournait chez lui, lorsque son bateau fut contraint de relâcher au port d'Erissos dans l'île de Lesbos ou de Mitylène. Il y mourut le 4 juillet d'une huitième indiction et fut enseveli dans l'église de la martyre sainte Anastasie. La huitième indiction ne peut correspondre qu'à l'année 725 ou à l'année 740. Or, le premier édit contre les images fut lancé par l'empereur Léon III l'Isaurien vers la fin de l'année 725 ou au début de l'année 726, et saint André de Crète, d'après un écrit dont il nous reste un fragment, P. G., t. XCVII, col. 1301-1304, et d'après son homélie sur la circoncision de Notre-Seigneur, P. G., t. XCVII, col. 932, a pris part à la polémique en faveur des saintes images. Cela nous oblige à reporter sa mort au 4 juillet 740.

Vingt-deux homélies ou panégyriques de saint André de Crète ont été édités et l'ont fait ranger au premier rang des orateurs byzantins : ils contiennent parfois des souvenirs historiques d'un réel intérêt. Leur authenticité n'est mise en doute par personne. Dix-huit autres homélies inédites ont été signalées par Fabricius, *Bibliotheca graeca*, t. XI, p. 84, et la liste pourrait être aisément allongée. Voir Krumbacher, *Geschichte der byzantinischen Litteratur*, p. 165, n. 2.

L'œuvre d'André n'a pas été encore étudiée au point de vue théologique, sauf sur un point par le P. Jugie, *Saint André de Crète et l'immaculée conception*, dans *Échos d'Orient*, 1910, t. XIII, p. 129-133. Il n'en va pas de même au point de vue hymnographique, car Mgr Petit lui a consacré une étude de premier ordre, *Dictionnaire d'archéologie chrétienne et de liturgie* de dom Cabrol, t. I, col. 2034. « Plus que tout autre, dit-il, André a contribué à introduire à Constantinople les traditions liturgiques de Jérusalem; archidiacre de la Grande Église durant plusieurs années, il n'aura pas manqué de vulgariser dans les églises de la capitale le typicon de Saint-Sabas, remanié et mis en ordre par saint Sophrone. Toutefois, son rôle en cette matière est resté ignoré, et il nous est impossible, faute de données certaines, d'en mesurer l'influence. Le mérite principal d'André c'est d'avoir été l'initiateur de la poésie des *canons*; à ce point de vue, il tient le premier rang parmi les hymnographes grecs... Ses œuvres hymnographiques se partagent en deux catégories : en idiomèles et en canons. » On trouvera la liste complète des œuvres poétiques de saint André dans le travail de Mgr Petit; il est à remarquer qu'elles ont conservé leur caractère aujourd'hui liturgique et que l'Église grecque les chante toujours dans ses offices. L'une d'elles, surnommée le *grand canon*, se compose de 250 strophes.

Sur la vie d'André, voir le panégyrique de Nicétas le questeur, publié par Papadopoulos-Kérameus, Ἀνάλεκτα ἱεροσολυμιτικῆς σταχυολογίας, Saint-Pétersbourg, t. v, p. 169-180, et mon article *Saint André de Crète*, dans *Échos d'Orient*, t. v, p. 378-387, où j'ai examiné les données historiques fournies par Nicétas et toutes celles que nous connaissons par ailleurs. — Voir aussi A. Heisenberg, *Ein iambisches Gedicht des Andreas von Creta*, dans *Byzantinische Zeitschrift*, t. x, p. 505-514. — Les œuvres sont éditées dans *P. G.*, t. XCVII, col. 805-1304; Papadopoulos-Kérameus, Ἀνάλεκτα ἱεροσολυμιτικῆς σταχυολογίας, t. I, p. 1-14; Sakkelion, Βιβλιοθήκη παθμιακή, Athènes, 1890, p. 330, et dans les livres liturgiques grecs.

S. VAILHÉ.

133. ANDRÉ DE LA CROIX. Il appartenait à une des plus nobles familles de Milan, et, malgré les avantages que le monde lui promettait, entra, jeune encore, dans l'ordre des jésuates, fondé par le bienheureux Colombini en 1363. Après avoir été, pendant quatorze mois, un modèle des vertus religieuses, l'ardent gentilhomme se relâcha dans l'observance régulière, et, par la multiplicité de ses manquements, non moins que par son obstination à marcher dans cette voie, malgré les admonestations, les conseils et les réprimandes, devint une pierre de scandale pour ceux qu'il avait, jusque-là, si profondément édifiés. Il ne fut converti que par un miracle opéré à son sujet par son maître des novices, le bienheureux Luc Crivelli, de l'antique et célèbre famille de ce nom, à Milan, qui avait déjà donné tant d'hommes illustres à l'Italie et à l'Église, entre autres le pape Urbain III (1185). Ce fait prodigieux est raconté avec abondance de détails par Morigia, *Istoria degli uomini illustri per santità di vita e per nobilità di sangue che furono Giesuati*, Venise, 1604, p. 321-323. Presque contemporain de l'évènement, l'auteur affirme en tenir le récit de témoins dignes de foi. Dans son ensemble, ce miracle, vu les circonstances curieuses qui l'accompagnent, rappelle ceux que l'on trouve en grand nombre dans la Vie des Pères du désert. La critique moderne, plus exigeante que ne l'étaient les fidèles à cette époque, apporterait des réserves à son adhésion, et attribuerait le fait à la légende bien plus qu'à l'histoire. Ce qui est incontestable, cependant, c'est qu'à partir de ce moment et jusqu'à sa mort, André de la Croix, non seulement répara ses négligences précédentes par une mortification très sévère et continuelle, mais fut un parfait imitateur des vertus héroïques du bienheureux Luc Crivelli. Il prit, comme lui, l'habitude, gardée jusqu'à la fin de sa vie, de jeûner au pain et à l'eau, chaque vendredi, et trois fois la semaine en carême. Son nom figure, en bonne place, parmi ceux qui ont honoré l'ordre religieux auquel il s'était donné. Cf. Morigia, *Istoria degli nomini illustri*, p. 323-326.

T. ORTOLAN.

134. ANDRÉ DE LA CROIX, ou plus exactement André Santa Croce, de la grande famille romaine de ce nom, naquit au commencement du xve siècle. Membre du patriciat romain et avocat consistorial vers 1431, il assista, avec ce titre et ces fonctions, au concile de Florence (1439-1442). Non seulement il réunit un grand nombre de notes et de pièces relatives à cette mémorable assemblée, mais il fit, comme témoin oculaire, le récit détaillé des longues et vives discussions entre grecs et latins. Il ne les publia cependant pas, quoiqu'il ne soit mort que plus de trente ans après la clôture du concile, en 1473 ou 1474. Deux siècles plus tard, son manuscrit fut retrouvé dans les Archives du Vatican par l'oratorien Horace Justiniani (1580-1649), alors bibliothécaire du palais apostolique, puis évêque et cardinal. Celui-ci l'inséra presque intégralement dans son *Historia concilii Florentini*, Rome, 1638, qui ne se trouve pas dans l'ancienne collection de Mansi, mais a été introduite dans le Supplément au t. XXXI de cette même collection, éditée récemment, Paris, 1901, col. 1429-1702.

André Santa Croce a composé en outre, sous le titre d'*Effimerium curiale*, un *diarium*, dans le genre de celui de Burkhard, sur les événements de la cour pontificale, qui va des premières années du xve siècle (vers 1420) à 1468 et dont le professeur Gust. Beckmann, d'Erlangen, prépare la publication. Cf. G.-B. Picotti, *L'Effimerium curiale di Andrea da* (sic) *Santa Croce*, extrait de la *Rivista delle biblioteche*, 1911, t. XXIV. Il donne quelques détails et précise quelques faits de la vie du personnage, puis énumère ses œuvres, la plupart inédites : aux deux ouvrages historiques mentionnés ci-dessus, il joint deux traités de jurisprudence curiale.

Outre le supplément de Mansi, voir Hardouin, *Collectio regia maxima conciliorum*, t. IX, col. 669 sq. — Hurter, *Nomenclator literarius*, 1906, t. II, col. 938-939.

T. ORTOLAN.

135. ANDRÉ DE LA CROIX. Voir ANDRÉ LAO.

136. ANDRÉ DE CUYCK, fils d'Henri, comte de Cuyck, et d'Ida de Boulogne, archidiacre de Liége dès 1096, cité comme prévôt de Saint-Pierre en 1111 et prévôt de Saint-Lambert en 1121, fut élu évêque d'Utrecht à la fin de 1127 ou au commencement de 1128; il fut sacré le 3 ou le 13 juin 1128. Cet évêque s'intéressa à la réforme monastique et favorisa les fondations religieuses. Son pontificat fut troublé par les difficultés que lui suscita le meurtre de Florent de Hollande, commis par son propre frère Herman. Il mourut le 23 juin 1139.

Van Heussen, *Batavia sacra*, Bruxelles, t. I, p. 143-144. — Moll, *Kerkegeschiedenis von Nederland*, t. II, 1re part., p. 87-89. — De Theux, *Le chapitre de Saint-Lambert à Liége*, Bruxelles, 1871, t. I, p. 100-101. — G. Brom, *Regesten von oorkonden betreffende het sticht Utrecht*, Utrecht, 1908, t. I, p. 66-76.

U. BERLIÈRE.

137. ANDRÉ DE DOMODOSSOLA (Bienheureux). Nous n'avons sur sa vie que des renseignements très vagues. Il embrassa la vie ecclésiastique dès sa jeunesse, et après avoir exercé pendant quelque temps le ministère sacerdotal dans une paroisse, il se retira dans une maison de chanoines réguliers du Latran, et mourut en 1500 à Novare.

Scaciga Della Silva, *Vite di Ossolani illustri*, Domodossola, 1847, p. 33-34.

A. PALMIERI.

138. ANDRÉ DORIA, dominicain, né à Gênes, prit l'habit religieux au couvent de San Domenico de la même ville. Nous n'avons aucun renseignement sur ce personnage, sinon que Martin V, par une bulle en date du 28 mars 1427, le nomma à l'évêché d'Andros, dans l'île du même nom, la première des Cyclades. Montaldo, *Ligustici caeli sidera*, p. 81, et Cappelletti, *Le chiese d'Italia*, t. XXI, p. 79, se sont trompés en le faisant évêque d'Andria, au royaume de Naples. Il succéda, sur le siège grec, mais de rite latin, d'Andros, à un certain Guillaume, dont le passage n'est pas autrement connu. Il faut savoir qu'à Andros, comme en plusieurs autres villes grecques de l'Archipel, il y avait deux évêques, l'un de rite grec, l'autre de rite latin, ne se rattachant pas toujours à la même métropole. André aurait assisté au concile de Bâle, mais on ne retrouve nulle part sa signature dans les actes du concile. Il mourut le 28 novembre 1436, mais on ignore le lieu de sa mort; il eut pour successeur sur le siège d'Andros un autre dominicain, Leonardo ou Lamberto de Solis (12 décembre 1436). Eubel et Gams font de Leonardo un franciscain; les auteurs dominicains, au contraire, Brémond, Échard, Cavalieri le donnent comme appartenant à leur ordre. André Doria serait l'auteur d'un traité sur les censures, qu'Échard signale, sans pouvoir dire d'ailleurs où cet ouvrage se conservait de son temps. Il est à remarquer que, parmi le grand nombre de sujets donnés à l'ordre de Saint-Dominique par l'illustre famille Doria de Gênes, notre André est le seul qui ait été revêtu du caractère épiscopal. Au contraire, un très grand nombre de membres de cette famille, engagés dans le clergé séculier, arrivèrent aux plus hautes charges dans l'Église et occupèrent des sièges célèbres en Grèce, en Espagne et en Italie.

Montaldo, *Ligustici caeli sidera*, etc., Gênes, 1732, p. 81. — Cappelletti, *Le Chiese d'Italia*, Venise, 1844-1870, t. XXI, p. 79. — Rovetta, *Bibliotheca chronologica illustrium virorum provinciae Lombardiae sac. ord. praedicatorum* Bologne, 1691, p. 69. — Cavalieri, *Galleria de' somm. pontifici*, etc., Bénévent, 1696, t. I, p. 232. — Ughelli, *Italia sacra*, Venise, 1717-1722, t. VII, col. 227. — Fontana, *Theatrum dominicanum*, Rome, 1666, p. 123, 377. — Échard, *Scriptores ordinis praedicatorum*, Paris, 1719-1721, t. I, p. 790. — Brémond, *Bullarium ordinis*, Rome, 1730, t. II, p. 676, 707. — Le Quien, *Oriens christianus*, Paris, 1740, t. III, col. 862. — Vigna, *Ivescovi domenicani Liguri*, Gênes, 1887, p. 120-121, 125. — Eubel, *Hierarch. cathol.*, t. I, p. 89.

R. COULON.

139. ANDRE DOTTI (Bienheureux) naquit en 1250, à Borgo San Sepolcro, au pied de l'Apennin central, sur le cours supérieur du Tibre, entre la Toscane et l'Ombrie. Il appartenait à la noble famille des Dotti, dont les membres exercèrent d'importantes fonctions dans la magistrature et dans l'armée. Un des frères du bienheureux, Dotto Dotti, devint général des archers dans les armées du roi de France, Philippe le Bel. André, lui-même, porta quelque temps les armes et, à l'âge de vingt-deux ans, défendit vaillamment sa ville natale assiégée. Très intelligent, il avait reçu une haute culture littéraire, et le monde était plein de promesses pour lui. Désireux, néanmoins, de mener une vie franchement chrétienne, il s'affilia, dès l'année suivante, en 1273, au tiers-ordre des servites de Marie, tout en restant encore dans sa famille; mais, à l'âge de vingt-huit ans, touché par un sermon de saint Philippe Beniti sur la vanité des biens d'ici-bas et sur le renoncement à tout ce qui n'est pas éternel, il alla se jeter à ses genoux, le suppliant de le recevoir dans l'ordre des servites. Sa requête ayant été exaucée, il fit son noviciat à Florence, et eut le bonheur d'y vivre dans l'intimité d'un des sept fondateurs de l'ordre, saint Alexis Falconieri. Ses progrès dans les vertus religieuses furent si rapides, qu'il mérita bientôt d'être l'un des compagnons les plus assidus de saint Beniti, qu'il accompagna dans ses courses apostoliques, quoiqu'il ne fût pas encore prêtre. C'est à son retour de nombreuses expéditions de ce genre qu'il reçut le sacerdoce. Il fut alors placé dans le couvent établi, en 1255, près de Borgo San Sepolcro. Un des fondateurs, saint Sostegno, y résidait comme supérieur de la province d'Ombrie. Excité par les exemples d'héroïsme surnaturel qu'il avait sous les yeux, André Dotti travailla avec une ardeur extrême à sa sanctification et au salut des âmes.

Des solitaires qui habitaient l'ermitage de la Vallucola, à une dizaine de kilomètres de Borgo San Sepolcro, ayant exprimé le désir de s'unir aux servites, André obtint la permission de se retirer parmi eux, et y vécut dans une rare perfection, comblé de faveurs célestes. Le rayonnement de sa vertu fut tel que ces solitaires le choisirent pour supérieur; mais il ne resta pas longtemps à leur tête, quoiqu'il eût mené à bonne fin, en 1294, l'affaire de leur union aux servites, auxquels il rattacha aussi, en 1295, les solitaires de Montevecchio, près de Massa Trebaria. L'obéissance le ramena dans la vie active, en 1297, et il reprit l'œuvre de la prédication. Ses missions à Florence, Sienne, Orvieto, Milan, Asti, Alexandrie, dans le Piémont, et plusieurs autres provinces de l'Italie, eurent du retentissement et produisirent des résultats extraordinaires.

En 1310, André assista à la bienheureuse mort de celui des sept fondateurs, qu'il avait particulièrement connu : saint Alexis Falconieri. Il en fut si édifié qu'il demanda l'autorisation de se retirer de nouveau dans la solitude, après laquelle il soupirait toujours. Cette grâce lui ayant été accordée, il partit pour l'ermitage de la Vallucola, où on l'accueillit avec des transports de joie, car il était considéré comme un saint. Nommé, malgré lui, supérieur, il s'y livra aux pratiques de la mortification et de la contemplation. Il mourut le 31 août 1315, ayant prédit l'heure de son trépas. La nouvelle de sa mort, s'étant répandue, amena auprès de son corps des multitudes appartenant à toutes les conditions. De nombreux miracles illustrèrent son tombeau. Sa réputation de sainteté se transmit à travers les âges. Au XVe siècle, on le disait encore *di virtù pieno come lato fiume*, plein de vertu comme un large fleuve. Cf. Gasparino Borro, *Della beata visione*, c. III. Son culte immémorial fut, le 29 novembre 1806, approuvé par Pie VII, qui fixa la fête du bienheureux au 31 août, jour anniversaire de sa mort. Les *Acta sanctorum* ayant été publiées avant que son culte fût officiellement reconnu, on n'y trouve pas son nom.

Poccianti, *Chronicon rerum totius sacri ordinis servorum beatae Mariae virginis*, Florence, 1567, p. 62, 69 sq., 115-118. — Ferrari, *Catalogus sanctorum Italice*, Milan, 1613. — Gianni, *Annalium sacri ordinis fratrum servorum beatae Mariae virginis, a suo institutionis exordio centuriae quatuor*, Côme, 1618, t. I, p. 27-72. — Mati, *Menologium Marianum, seu gesta sanctorum, beatorum..., ordinis servorum beatae Mariae virginis, in singulos anni dies digesta*, Douai, 1768. Dans l'édition italienne, Rome, 1883, p. 115, on trouve cet éloge : *Andrea Dotti del Borgo San Sepolcro, uno dei più prodigiosi santi dei quali si è scritto*. — Morini, *Ricordi del Padre Niccolò Mati dei servi di Maria scritti nel 1584, sulla fondazione e sopra alcuni santi e beati di detto ordine*, Rome, 1882, p. 173. — Battini, *Memorie intorno alla vita del beato Andrea Dotti di Borgo San Sepolcro*, Florence, 1807, ouvrage de grande érudition, publié à l'occasion de la béatification. Un résumé, plusieurs fois réédité, en a été fait par l'auteur lui-même : *Vita del beato Andrea Dotti dei servi di Maria*. Bologne, 1807.

T. ORTOLAN.

140. ANDRÉ DE DURAZZO (a *Dyrrachio*), dominicain, que tous les auteurs qualifient de *theologus praestantissimus*, prit l'habit religieux au couvent de Raguse, qu'il gouverna dans la suite, à plusieurs reprises, en qualité de prieur. Après la séparation de la province de Dalmatie de la province de Hongrie (1380), fr. André fut le second qui la gouverna en qualité de provincial. Il occupait cette charge lorsque le sénat de Raguse le proposa pour le siège archiépiscopal de cette ville; ce choix fut ratifié par Urbain VI. Il fut pourvu par lettres apostoliques du 24 octobre 1387 et préconisé le 27 mai 1388. Tous les auteurs jusqu'au *Bullarium ordinis*, qui corrige leur erreur, voulaient qu'André ait été nommé par Boniface IX, en 1389; d'après des mémoires manuscrits provenant des archives du couvent de Raguse, nous savons que, le 11 août 1391, le pieux archevêque institua une société ou congrégation de prêtres sous le vocable de la Chaire de Saint-Pierre à Antioche, qui fut ensuite confirmée par les papes Sixte IV et Clément VIII. L'auteur de ces mémoires manuscrits, le P. Cerva († 1759), nous apprend que, de son temps, cette association était très florissante, en particulier à Raguse. Elle avait pour but de délivrer les captifs des Turcs, de doter les filles les plus pauvres, de faire célébrer des messes pour les défunts; elle entretenait un hôpital pour les prêtres malades et indigents. Fr. André mourut le 13 juin 1393, et non pas le 13 juillet, comme l'écrit Fontana. Il fut enterré dans l'église de Saint-Dominique de Raguse. Sur son tombeau se lit l'inscription suivante : *Hic iacet Fr. Andraeas de Duracio ordinis praedicatorum, qui cum esset prior huius ventus factus est provincialis Dalmatiae, deinde archiepiscopus Rhagusinus, qui obiit MCCCLXXXXIII die XIII junii.*

Ferrarius, *De rebus Hungaricae provinciae*, Vienne, 1637, p. 404. — Mich. Piò, *Delle vite degli huomini illustri di S. Domenico*, Pavie, 1613, 2ᵉ part., p. 211. — Mich. Cavalieri, *Galeria de' sommi pontefici*, etc., Bénévent, 1696, t. I, p. 182. — Fontana, *Sac. theatrum dominicanum*, Rome, 1666, p. 95. — *Bullarium ordinis*, Rome, 1730, t. II, p. 303. — Eubel, *Hierarchia cath.*, 1913, t. I, p. 411. — Archives de l'ordre, *Lib. PP.*, p. 429.

R. COULON.

141. ANDRÉ D'ÉDESSE, auteur nestorien de date incertaine. D'après Aboul-Birkat, il aurait vécu à Takrin, l'une des îles de la mer Érythrée, et aurait composé un livre en quarante-trois chapitres, intitulé « Dialogue entre le maître et le disciple. » Cf. Assémani, *Bibl. orient.*, t. III, 1ʳᵉ part., p. 609. On pourrait peut-être l'identifier avec le grammairien André, qui vivait à la fin du xᵉ siècle et qu'Assémani a confondu à tort avec André de Samosate.

W. Wright, *Syriac literature*, Londres, 1894, p. 232-233. — Rubens Duval, *La littérature syriaque*, Paris, 1907, p. 291, 394.

F. NAU.

142. ANDRÉ D'ESCOBAR. Voir ESCOBAR (André).

143. ANDRÉ DE FABRIANO (*Fabrianensis*), appelé aussi Andrea di Giacomo (*Andreas Jacobi*). D'après Mittarelli, il fut nommé, en 1296, abbé du monastère de Saint-Grégoire à Rome, appartenant à la congrégation bénédictine des sylvestrins. *Annales camaldulenses ordinis sancti Benedicti*, Venise, 1760, p. 218-219, 256. Il avait été prieur général de la même congrégation. Sa mort eut lieu en 1327. *Ibid.*, p. 333. On a de lui : 1º *De vita, moribus, et miraculis D. Silvestri abbatis auximatis, ordinis eius, qui de Monte Fano, seu Silvestrinorum vulgo dicitur, fundatoris, libri tres*, Venise, 1599. Le P. Sebastiano Fabrini en a donné une seconde édition, corrigée et augmentée, Camerino, 1612. Il y a aussi une version italienne, publiée par le P. Carlo Silvestro Franceschini, à Jesi, en 1772; —

2º *Vita beati Johannis a Baculo « D. Andrea Fabrianensi eiusdem congregationis monacho, sacrae theologiae doctore, olim conscripta, et nuper a D. Jacobo Mercato eiusdem congregationis in romana curia procuratore generali locupletata*, Camerino, 1613. Franceschini en a donné une édition italienne remaniée : *Vita del beato Giovanni dal Bastone, monaco sacerdote, dell' ordine di S. Benedetto in Monte Fano e discepolo di S. Silvestro abate*, Ancône, 1767. On lui attribue aussi les Vies du bienheureux Ugo di Serra San Quirico et d'autres disciples de saint Sylvestre, et un remaniement des règles de sa congrégation.

Vecchietti, *Biblioteca picena*, Osimo, 1790, t. I, p. 107-108.

A. PALMIERI.

144. ANDRÉ DE FABRIANO, bienheureux de l'ordre de Saint-Augustin, dont le culte jusqu'ici n'a pas été reconnu par l'Église. Il naquit en 1345, ou, d'après Torelli, en 1339. De son nom de famille, il s'appelait Sanuti. Il se distingua comme prédicateur, et mourut en 1382 ou 1389. Sa vie a été écrite par le P. Guillaume Cossio de Fabriano, qui raconte beaucoup de miracles opérés par son intercession.

Torelli, *Secoli agostiniani*, Bologne, 1680, t. VI, p. 263-266. — Crusenius-Lanteri, *Monasticon augustinianum*, Valladolid, 1890, t. I, p. 369.

A. PALMIERI.

145. ANDRÉ DE FAENZA (ANDREA SONTI), franciscain, prédicateur célèbre, mort vers 1510, semble-t-il. Né à Faenza, il entra chez les franciscains de l'observance de la province de Bologne. Il fut un des disciples et admirateurs du bienheureux Bernardin de Feltre, le grand promoteur des monts-de-piété, qu'il aida à en fonder à Parme et à Plaisance (1490). André avait fondé lui-même une sorte de mont-de-piété (*monte frumentario di pietà*) à Sulmone, en 1484, et il fonda ensuite celui de Carpi, en 1492, et celui de Crémone, en 1493. En 1492, il prêcha avec grand succès à Plaisance, il y établit un mont de piété sur une base plus solide le mont-de-piété. Les habitants de Plaisance insistèrent à plusieurs reprises auprès de frère Ange de Chivasso, vicaire général de l'observance, pour qu'il leur envoyât ce fameux prédicateur, qui avait fait tant de bien dans leur ville. On ne sait quand il mourut, mais on ne peut admettre qu'il ait fini ses jours en Sicile, en 1562, et il faut bien le distinguer d'un autre André de Faenza, plus jeune et, semble-t-il, membre de la province franciscaine de l'Ombrie.

Wadding, *Annales minorum*, ad ann. 1493, n. 40; 1506, n. 10.— Giov. Pansa, *I primitivi capitoli del monte di pietà del Grano*, dans *Arte e storia*, Florence, 1890, t. IX, p. 42-45. — *Divus Thomas*, Plaisance, 1891, t. IV, p. 74. — Giac. da Cantalupo, *Cenni biografici sugli uomini illustri della francescana osservante provincia di Bologna*, Parme, 1894, t. I, p. 41-44. — Andr. Corna, dans *Archivum franciscanum historicum*, Quarracchi, 1909, p. 32 sq. — H. Holazpfel, *Die Anfänge der Montes Pietatis*, Munich, 1903, p. 73, 77, 92 sq., 100; traduction italienne, Rocca S. Cassano, 1904.

M. BIHL.

146. ANDRÉ DE FERMO, augustin. Le 19 juin 1369, le sénat de Venise le proposa au pape Urbain V (1362-1370) pour le siège épiscopal d'Arcadie, dans l'île de Crète. Ce choix fut ratifié par Urbain V le 23 juillet de la même année. André s'y rendit et administra son diocèse jusqu'à un âge très avancé. Il vivait encore en 1391.

Herrera, *Alphabetum augustinianum*, Madrid, 1644, t. I, p. 38. — Le Quien, *Oriens christianus*, t. III, col. 919-920. — Cornaro, *Creta sacra*, Venise, 1755, t. II, p. 128. — Lanteri, *Eremus sacra augustiniana*, Rome, 1874, t. I, p. 244. — Crusenius-Lanteri, *Monasticon augustinianum*, Valladolid, 1890, t. I, p. 384. — Eubel, *Hierarchia catholica medii aevi*, Munster, 1913, t. I, p. 102.

A. PALMIERI.

147. ANDRÉ DE FERRARE, procureur général des ermites de Saint-Augustin est mentionné par les historiens de l'ordre comme un des plus célèbres prédicateurs de son époque. En 1472, le duc de Ferrare l'envoya en qualité d'ambassadeur à Sixte IV et à Louis XI, roi de France. La date de sa mort est inconnue.

Herrera, *Alphabetum augustinianum*, Madrid, 1644, t. I, p. 50. — Elssius, *Encomiasticon augustinianum*, Bruxelles, 1654, p. 53.

A. PALMIERI.

148. ANDRÉ FERRARI, nommé aussi de Castro, du lieu de sa naissance, Castroreale, ville du diocèse de Messine, en Sicile, naquit le 20 novembre 1610, embrassa la vie religieuse au couvent des carmes de l'ancienne observance, à Messine, où il fit profession en 1626. Mais il passa bientôt dans la réforme dite du Saint-Mont (*Montis sancti*), parce qu'elle était née dans le couvent du Saint-Mont fondé en 1540, au diocèse de Mileto, dans la Calabre ultérieure II° (Italie méridionale), d'où elle s'était répandue à Rome et dans les États de l'Église, mais surtout dans le royaume des Deux-Siciles, et formait plusieurs provinces avec de nombreux couvents. André Ferrari renouvela sa profession dans cette observance réformée, en 1628, au couvent de Gibilrossa, en Sicile. Après de fortes études, il enseigna avec éclat, dans son ordre, la philosophie et la théologie scolastique, et s'acquit un grand renom comme prédicateur dans les principales chaires d'Italie. D'abord préfet des études à Naples, il fut deux fois prieur du couvent du Saint-Mont, puis définiteur et vicaire provincial. Alexandre VII, par *motu proprio* du 12 avril 1658, le nomma provincial de cette province (*Montis sancti*), qu'il régit ensuite une seconde fois. Ce grand religieux, remarquable par l'intégrité de sa doctrine et de ses mœurs comme par son zèle pour la discipline régulière et la perfection monastique, mourut dans le couvent de Naples, le 24 juillet 1685. Il a publié, entre autres ouvrages : *Intelligentiarum divinarum beatae Mariae Magdalenae de Pazzis, ordinis carmelitarum, libri VII*, Naples, 1666 ; — *All' uno della due discorsi disingannanti*, Naples, in-4°, 1667 ; in-8°, 1679 ; — *Compendio della vita di santa Maria Maddalena de' Pazzi, carmelitana*, in-16, imprimé en 1669, à Naples et à Palerme ; — *Sacra Novena problematica dell' Incarnazione del Verbo per li giorni innanzi al parto di Maria Vergine* (on y trouve annexé un exercice sacré en l'honneur de la sainte maison de Lorette), in-4°, Naples, 1673 ; — *Saette d'amor divino di santa Maria Maddalena de' Pazzi, carmelitana*, in-16, Naples, 1674.

Bullarium carmelitanum, t. II, n. XVI, p. 86-87 ; n. IX, p. 521-522 ; n. XI, p. 523. — Louis Jacob, *Catalogus fundationum omnium conventium carmelitarum*, ms. in-fol., n. 658 (ancien 21) de la bibliothèque municipale d'Orléans, p. 150, 290. — Cosme de Villiers, *Bibliotheca carmelitana*, t. I, col. 81-82. — J.-B. Archetti, *Bibliotheca carmelitana*, ms. n. 98 de la bibliothèque de l'université à Ferrare, t. I, p. 9, 21 ; t. II, Appendix, p. 239. — Placide Reyna, *Urbis Messanae notitia historica*, Messine, 1739, 2° part., p. 56. — Daniel a Virgine Maria, *Speculum carmelitanum*, t. II, p. 1070, n. 3723. — Antonino Mongitore, *Bibliotheca Sicula*, Palerme, 1707, t. I, p. 27. — Prosper Mandosius, *Bibliotheca romana*, Rome, 1682, t. I, centuria IV°, n. 72, p. 258, mentionne un Andreas Ferrarius, romain, qui publia en 1651 : *Gli trionfi dell' Innocenza, Rappresentazione spirituale*, dont fait mention Leo Allatius, dans sa *Drammaturgia*, Rome, 1666, mais qui ne paraît pas se rapporter à notre carme sicilien.

P. MARIE-JOSEPH.

149. ANDRÉ DE FLORENCE, vénérable de l'ordre de Saint-Augustin. Il vécut quelques années avec le bienheureux Antoine de Fano, qui, en 1430, avait reçu de Martin V la permission de se retirer avec quelques-uns de ses confrères dans un ermitage. Retourné à Florence, il devint le conseiller des évêques de la Toscane, qui le vénéraient comme un saint. Il mourut en 1456.

Herrera, *Alphabetum augustinianum*, Madrid, 1644, t. I, p. 14. — Elssius, *Encomiasticon augustinianum*, Bruxelles, 1654, p. 53.

A. PALMIERI.

150. ANDRÉ FORNARI ou **DEL FORNAJO**, dominicain, archevêque nommé de Thèbes, était originaire de Pise, où il naquit vers la seconde moitié du XVI° siècle. La famille des Fornari était considérable et le père d'André, Jacques del Fornajo, est qualifié dans le nécrologe du couvent de Pise de *solemnissimi judicis et honorabilis civis*. Un siècle auparavant, un certain Leopardo del Fornajo, de la même famille, était élu, pour les mois de septembre et octobre de l'année 1289, ancien du peuple au quartier *del Ponte*, au temps où Bonaccorso Gubbetta remplissait, dans le gouvernement politique de Pise, les fonctions de vicaire pour l'archevêque Ruggieri degli Ubaldini. Désirant entrer dans l'ordre des prêcheurs et sûr d'avance du refus de son père, le jeune André del Fornajo s'était enfui à Venise pour y demander l'habit religieux. Là d'ailleurs il était assuré de trouver une vie religieuse intense, sous l'impulsion de réformateurs tels que Raymond de Capoue, général de l'ordre, et Giovanni Dominici, qui s'était spécialement occupé du couvent de Venise. Mais il avait compté sans le désespoir de son père, qui se rendit à Venise et, après avoir vainement essayé de persuader à son fils de quitter le couvent, aux religieux de lui rendre son fils, se résolut à plaider devant le sénat, pour qu'il fût fait droit à ses instances. Il n'obtint pas satisfaction et dut reprendre seul le chemin de Pise. Tout entier à sa vocation, fr. André se distingua surtout comme prédicateur. Au chapitre général de Bologne (1408), il fut promu au grade de maître en théologie. Le couvent de Pise, selon l'expression du nécrologe, fondait sur lui de grandes espérances, lorsque Grégoire XII le nomma, bien jeune encore, archevêque de Thèbes. Ce dut être au cours de l'année 1408, car sa nomination au grade de maître en théologie, au chapitre de Bologne tenu cette même année 1408, suppose que fr. André faisait encore partie de l'ordre. Malheureusement il ne put même pas prendre possession de son église, car il mourut en route, en 1409.

Chronica antiqua conventus Sanctae Catharinae de Pisis, dans *Archivio storico italiano*, t. VI, 2° part., p. 584-585. C'est la source la plus ancienne d'où dérivent toutes les autres : Mich. Pió, *Delle vite degli huomini illustri di San Domenico*, Pavie, 1613, 2° part., p. 222. — Fontana, *Theatrum dominicanum*, Rome, 1666, p. 104. — Mich. Cavalieri, *Galleria de' sommi pontefici*, etc., Bénévent, 1696, t. I, p. 202. — Souèges, *Année dominicaine*, Amiens, 1687, mai, t. II, 28 mai. C'est à tort qu'il écrit que fr. André fut créé archevêque par Grégoire XII, en 1405, ce pape n'ayant été élu que le 30 novembre 1406. — Brémond, *Bull. ord.*, Rome, 1730, t. II, p 485. — Gams, *Series episcoporum*, p. 432. Il ne connait pas son nom exact et l'appelle faussement *Andreas Fumarius*.

R. COULON.

151. ANDRÉ GALLERANI (Bienheureux), de la famille siennoise des Gallerani, suivit d'abord la carrière des armes. Ayant tué un homme parce que celui-ci avait proféré des blasphèmes, il dut s'enfuir de la ville et se tenir caché pendant quelque temps. D'après une tradition locale, ce fut lui qui fonda à Sienne, vers 1240, l'association « oblats et frères de la Miséricorde pour les pauvres du Christ. » Ces oblats portaient un habit de couleur gris de cerf avec la lettre M cousue sur l'épaule. L'institut fut supprimé en 1308 et ses revenus attribués à l'hôpital dit della Scala. Ces frères ne faisaient pas partie de l'ordre des dominicains, mais ils furent admis à la participation de leurs biens spirituels par le huitième général de l'ordre, Étienne de Besançon (vers 1292). André mourut le 19 mars 1251 et fut enterré dans l'église des dominicains à Sienne. L'évêque de cette ville, Bernard Bandini, par une lettre en date du 31 mars 1274, accorda une indulgence d'une année à ceux qui viendraient vénérer le tombeau du « vénérable » André le lundi de la semaine sainte.

La Vie latine, écrite encore avant la fin du XIIIe siècle, s'attache uniquement à raconter les vertus du serviteur de Dieu et les miracles opérés durant sa vie et après sa mort. Elle a été publiée avec une introduction et des commentaires dans les *Acta sanctorum*, martii t. III, p. 49-57. — Cf. R. Barbi, *Vita del B. Andrea*, Sienne, 1638.

G. ALLMANG.

152. ANDRÉ DE GALLIANO, franciscain de la tendance des fraticelles, né en Italie, vers la fin du XIIIe siècle, probablement dans les Abruzzes. Il prit l'habit franciscain à Solmona, et devint *socius* du provincial de la province des Abruzzes, dite aussi de Penne (1313-1314), qui l'envoya ensuite à l'université de Naples et à celle de Paris. Ses études terminées, André enseigna comme lecteur dans différents couvents et fut élu successivement custode de la custodie de Chieti, et provincial des Abruzzes. Depuis 1329, il fut confesseur des clarisses, au célèbre monastère du *Corpus Domini* à Naples, dit plus communément de Sainte-Claire. Fauteur des idées des spirituels et de Michel de Césène au sujet de la question de la pauvreté, il combattait avec ses confrères les bulles de Jean XXII qui, de son côté, le 13 novembre 1331, ordonna au général des franciscains, Géraud Odon, de le citer à comparaître en cour d'Avignon, et de le suspendre de ses charges. André et ses confrères gagnèrent cependant la protection de Robert, roi de Naples, et de la reine Sancia. Aussi ne se rendit-il pas à la cour papale, et par conséquent, au bout d'un an, il était de par le droit excommunié. Après différentes transactions et déclarations, André avec ses confrères fut laissé en paix en 1333.

Après la mort de Jean XXII, André de Galliano fut accusé une seconde fois pour les mêmes idées, et Benoît XII le fit citer et incarcérer à Avignon en 1337. Son procès fut instruit, mais de nombreux témoignages en sa faveur le firent acquitter le 29 juillet 1337, et il retourna alors continuer ses obligations en Italie et à Naples. La date de sa mort est inconnue.

Eubel, *Bullarium franciscanum*, Rome, 1898-1902, t. V, VI, passim. — Son premier procès, t. VI, p. 597-627, en partie aussi dans Ehrle, *Archiv für Litteratur und Kirchengeschichte*, Fribourg-en-Brisgau, 1888, p. 82-95. — J.-M. Vidal, *Bullaire de l'Inquisition française au XIVe siècle*, Paris, 1913, p. 243-245.

L. OLIGER.

153. ANDRÉ GARGE, dominicain vénitien, fut de bonne heure destiné aux missions du Levant, et affilié à la congrégation dite de Constantinople. Nous avons peu de renseignements sur son activité. Nous savons seulement par certains documents, échappés à la destruction des archives du couvent de Saint-Pierre de Galata, à Constantinople, que notre fr. André Garge figure, à la date du 5 juillet 1603, dans un livre de comptes désigné ordinairement sous le titre de *Libro più vecchio del convento*; il est alors vicaire de la maison. De nouveau, il y paraît en 1606, mais sans désignation de fonctions spéciales. Le 13 juillet 1607, il fut préconisé par Paul V évêque de Sira, dans l'île du même nom, une des Cyclades. Pinzani (*Vita del ven. Mgr Giov. Andrea Garga, vescovo di Sira*, San Daniele, 1855, p. 29) prétend qu'il fut délégué apostolique pour toutes les affaires religieuses du Levant, et que, dans son zèle, il convertit un grand nombre de mahométans et de grecs schismatiques. Il s'appuie sur Le Quien, *Oriens christianus*, t. III, p. 866. Accusés par les grecs schismatiques d'avoir introduit des Maltais dans la ville de Sira, les catholiques commencèrent à être persécutés. Ali-Bassa, chef d'une flottille turque, s'empara de l'évêque, du prêtre qui l'accompagnait et de deux autres jeunes gens, qui n'avaient point voulu quitter André. Les autres chrétiens s'étaient enfuis avec ce qu'ils avaient de plus précieux. Les Turcs se vengèrent sur l'évêque et ses compagnons de la déception que leur causait cette fuite. Ils condamnèrent les quatre prisonniers à être pendus au mât d'une galère; puis on jeta à la mer le mât et les quatre cadavres, qui furent recueillis par le capitaine d'un vaisseau moréen. Il les fit enterrer dans une église voisine. Les chrétiens de l'île, après le départ d'Ali-Bassa, leur donnèrent la sépulture dans la cathédrale. Des prodiges se vérifièrent sur la tombe du martyr. Il avait été mis à mort avant l'année 1624. Dès cette année, Paolo Pucciarelli, évêque dominicain de Sira et probablement successeur immédiat d'André, par commission de la Congrégation de la Propagande, institua un procès. Malheureusement ce premier procès fut perdu, ainsi que la copie authentique, qui en avait été faite et envoyée au supérieur du couvent des dominicains de Constantinople. En tout cas, d'après une note tirée des archives de la Propagande, nous savons que, dans la congrégation générale tenue le 4 octobre 1624, devant Urbain VIII, il fut décidé qu'on demanderait d'informer sur la vie et la mort du serviteur de Dieu. La relation fut présentée au pape le 15 janvier 1627. Une lettre du 20 septembre 1631 a trait aux reliques; elle se conserve aux archives épiscopales de Sira et émane de la Propagande. A son tour, celle-ci remit la cause à la Congrégation des Rites, 14 février 1632. Le procès continua jusqu'en 1645, mais il ne paraît pas qu'il ait eu alors d'issue et il a été impossible d'en retrouver la moindre trace. Vers 1840, Pinzani, l'historien du martyr, s'étant adressé à la Congrégation des Rites pour obtenir communication des pièces, on ne put rien lui fournir. Des recherches furent également faites à Paris en 1864, aux Archives impériales, où ces documents auraient pu rester après le transfert des archives romaines à Paris, mais là encore on ne put rien découvrir.

Fontana, *Sac. theat. dom.*, Rome, 1666, p. 303. — Mich. Cavalieri, *Galleria de' sommi pontefici*, etc., Bénévent, 1696, t. I, p. 565. — Échard, *Scriptores ord. praed.*, Paris, 1719-1721, t. II, p. 30 : *Indicis episcoporum*. — Brémond, *Bullar. ord. praed.*, Rome, 1733, t. V, p. 720. — *Storia delle missioni domenicane in Oriente*, ms. (Arch. de l'ordre, XIII, 370), p. 110-115.

R. COULON.

154. ANDRÉ DE GOBBIO vécut dans la seconde moitié du XIVe siècle. Dès son enfance, il éprouva de l'attrait pour la vertu et la mortification. Il jeûnait souvent et couchait sur la dure. Peu après la mort du bienheureux Colombini, fondateur des jésuates, il demanda à entrer dans cet ordre. Sa demande ne fut pas agréée, on le trouvait vraiment trop jeune. Ce ne fut qu'après trois ans de continuelles instances que ses vœux furent enfin exaucés. Il donna les exemples des plus hautes vertus, surtout d'humilité et d'obéissance, que Dieu récompensa, plusieurs fois, par des faits miraculeux. Cf. Morigia, *Istoria degli uomini illustri per santità di vita e per nobiltà di sangue che furono Giesuati*, Venise, 1604, II, xxII, p. 164-169.

T. ORTOLAN.

155. ANDRÉ GONZALVEZ. Voir IGNACE d'Azevedo (Bienheureux).

156. ANDRÉ GUIDI ou **CINI**, originaire d'Asciano, aux environs de Sienne, frère mineur, fut nommé évêque de Massa Maritima le 7 janvier 1389. Il fut transféré au siège d'Assise le 10 octobre 1390, puis à celui de Montefiascone le 10 septembre 1404. Il avait un successeur en 1410.

Ughelli-Coleti, *Italia sacra*, Venise, 1717, t. I, col. 481. — Eubel, *Hierarchia catholica*, 1913,t. I, p. 113, 329, 348; *Bullarium franciscanum*, t. VII, p. 13.

Antoine de Sérent.

157. ANDRÉ DE GUIROS DE GUADALUPE, noble espagnol, dut naître dans le premier quart du XVIIe siècle. Il entra chez les franciscains de la province des Anges, dont il devint la gloire. Sa vie a été écrite en espagnol par le frère mineur Juan Luengo, mais a-t-elle été jamais imprimée ? D'après sa fastueuse épitaphe, il aurait été d'une érudition incomparable et d'une vertu consommée. Son titre de « lecteur jubilaire » suppose qu'il enseigna la théologie un certain temps, peut-être une douzaine d'années. Il fut deux fois vicaire de sa province, puis confesseur des clarisses déchaussées du royal monastère de Madrid. Le 9 septembre 1658, à la demande du roi Philippe IV, le ministre général le nomma commissaire général des Indes. Sa fonction était de traiter les affaires des missions franciscaines d'Amérique à la cour royale de Madrid. Il l'exerça pendant onze ans, sans doute jusqu'à sa mort. Entre temps, il termina, avec la congrégation générale de Valladolid (25 juillet 1661), le triennat du P. Jean Robles, commissaire général de la famille cismontaine, et gouverna ainsi pendant plus d'un an la moitié de l'ordre franciscain. Le roi l'avait également nommé confesseur des deux infantes Marguerite et Marie-Thérèse, celle-ci reine de France en 1660. Mais il ne put décider l'humble religieux à accepter l'évêché de Plasencia. Celui-ci mourut à Madrid, en grande réputation de sainteté, le 5 septembre 1668. On lui doit une chronique espagnole de la province franciscaine des Anges, publiée à Madrid en 1662, des traités de théologie mystique et des sermons inédits.

Joannes de Sancto Antonio, *Bibliotheca franciscana*, Madrid, 1732, t. I, p. 64. — Carolus Perusinus, *Chronologia historico-legalis seraphici ordinis*, Rome, 1752, t. III, p. 110, XXXV. — Bonaventure de Soria, *Abrégé de la vie de Marie-Thérèse, reine de France*, Paris, 1683, p. 7.

Antoine de Sérent.

158. ANDRÉ HIBERNON (Bienheureux), vint au monde à Murcie, en Espagne, l'an 1534. D'une noble et ancienne famille de Carthagène, que des revers de fortune avaient presque réduite à l'indigence, André passa son enfance à Alcantarilla et sa jeunesse à Valence, chez l'un de ses oncles. Pendant ce dernier séjour, il travailla pour fournir une dot à sa sœur. A vingt ans, il reportait son petit pécule à sa famille, quand il fut dévalisé par des voleurs.

Cet événement changea le cours de ses idées. Le 1er novembre 1557, il prenait l'habit de frère convers chez les franciscains de l'observance, au couvent d'Albacette, province de Carthagène. Après son noviciat, le ministre provincial l'envoya au couvent de Murcie. C'est là qu'il eut connaissance de la réforme austère introduite en Espagne par saint Pierre d'Alcantara. En février 1563, il passait dans la province de Saint-Joseph des franciscains déchaussés, au couvent d'Elche. L'année suivante, il assistait à la prise d'habit d'un frère convers qui devait devenir célèbre sous le nom de saint Paschal Baylon, et put attester, au procès de canonisation, le 14 mars 1602, que la cérémonie avait eu lieu à Elche, et non à Lorito, comme certains le prétendaient. Il resta à Elche de 1563 à 1574, sauf un court séjour qu'il fit à Villena. En 1574, on l'envoya à la fondation du couvent de Valence, où il travaillait comme manœuvre. L'archevêque de Valence, Jean de Ribera, passait plusieurs heures de la nuit à s'entretenir des choses saintes avec fr. André, et il demandait au P. gardien que, pendant son séjour, l'emploi du frère fût confié à un autre, afin d'avoir plus de temps à passer avec lui.

Entre 1574 et 1584, André se partagea entre les deux couvents d'Elche et de Valence, selon que le demandaient les circonstances. Après un séjour de deux ans à Santa Anna del Monte Jumilla, il revint à Valence en 1586, et de 1591 à 1600 séjourna à Gandie, sur les instances du duc de Gandie. Il termina ses jours le 18 avril 1602, après deux nouveaux séjours assez courts à Murcie (1600) et à Valence.

Dès son vivant, les miracles avaient fait éclater son éminente sainteté. Après sa mort, ils ne firent que se multiplier. Le 18 janvier 1791, Pic VI le plaçait au rang des bienheureux. Sa fête se célèbre le 18 avril.

Wadding, *Annales minorum*, t. XX, p. 107; t. XXI, p. 49; t. XXIII, p. 316; t. XXIV, p. 27, 47, 53-55. — Mazzara, *Leggendario francescano*, Venise, 1689, t. II, p. 142-154. — Hueber, *Menologium franciscanum*, Munich, 1698, p. 893. — Arthurus a Monasterio, *Martyrologium franciscanum*, Paris, 1653, p. 150. — Juan de Santa Maria, *Chronica de la provincia de San José*, Madrid, 1618, t. II, p. 545-582. — Vinc. Mondina, *Vita del beato Andrea Ibernon*, Rome, 1791.

Antoine de Sérent.

159. ANDRÉ DE HONGRIE, dominicain, provincial de la province de Hongrie. Il était en charge en 1452, lorsque fut tentée la réforme de l'ordre dans ce pays. Plusieurs magnats ecclésiastiques et laïques avaient pu voir, pendant la diète de l'empire tenue à Vienne, l'observance régulière et les heureux fruits qu'elle produisait chez les prêcheurs de Vienne, sous la direction de Léonard de Brixenthal; ils voulurent l'introduire dans les couvents de Hongrie, où régnait le désordre. Ils commencèrent par envoyer une supplique à Nicolas V, où ils exposaient en toute liberté l'état de l'ordre en Hongrie. On demandait au pape d'ordonner au vicaire général de l'ordre, fr. Dominique Gianni de Corella, d'envoyer en Hongrie, avec le titre de vicaire, un religieux bien formé à l'observance et ayant tout pouvoir pour l'introduire dans les couvents. La lettre était signée : *Vestrae Sanctitatis filii gubernator, prelati et alii barones regni Hungariae*. Reg. de la bibl. du couvent de Vienne, *cod. 291*, fol. 45 v°; cité par Mortier, *Histoire des maîtres généraux*, t. IV, p. 461. Cette lettre fut portée au pape par fr. Augustin de Zagrab. Il était également chargé d'une autre, du fameux Jean Hunyade, le héros de la Hongrie. Son parler, en réclamant lui aussi la réforme des dominicains de Hongrie, est beaucoup plus ferme. Il craint que le provincial actuel, fr. André, ne manque de fermeté ou même de bonne volonté pour la réforme; en conséquence, il demande au pape de le casser de sa charge et de nommer à sa place un vicaire ayant tous les pouvoirs d'un provincial. Il a un candidat que fr. Augustin de Zagrab désignera au pape de vive voix. Un peu plus tard, Jean Hunyade écrivait à l'évêque de Raab pour lui demander d'intervenir auprès du général de l'ordre, Martial Auribelli, ou au besoin auprès du cardinal protecteur. Sa lettre est de 1452. Cf. Reg. de la bibl. du couv. de Vienne, *291*, fol. 47 v°. L'évêque de Raab intervint auprès de l'archevêque de Gran, pour qu'il fît des démarches dans le sens des désirs de Jean Hunyade. Il s'agissait d'obtenir du provincial de Hongrie, fr. André, qu'il permît aux frères de Vienne de réformer au moins le couvent de Raab. On désirait surtout Léonard de Brixenthal, maître en théologie et vicaire de la nation d'Autriche; c'était certainement lui que Jean Hunyade avait aussi demandé au pape. De son côté, l'archevêque de Gran écrivit à fr. André, provincial de Hongrie, pour qu'il permît aux frères de Vienne d'établir la réforme au couvent de Raab, selon le désir de l'évêque de cette ville et même en d'autres maisons, si c'était possible. Telle est aussi, dit-il, la volonté très arrêtée des magnats. L'évêque de Raab écrivait dans le même sens à fr. André, et lui demandait de céder ses droits de provincial sur le couvent de Raab aux frères de Vienne et surtout à Léonard de Brixenthal. Devant des désirs aussi nets, le provincial de Hongrie n'eut qu'à s'incliner. Il répondit aussitôt, par l'intermédiaire d'Augustin de Zagrab, à l'évêque de Raab, que volontiers il consentirait à la réforme des couvents de Raab, de Buda et des autres couvents de la province, partout où il pères de Vienne voudraient l'établir; mais il demandait que l'on commençât par le couvent de Buda, comme étant le principal du royaume. Il irait lui-même d'ailleurs s'entendre avec Léonard de Brixenthal, aussitôt après le chapitre, qui devait se réunir le deuxième dimanche après Pâques. La lettre de fr. André était datée du jeudi de Pâques de l'année 1452.

Il ne paraît pas que ces premiers essais de réforme de l'ordre dominicain en Hongrie aient eu quelque succès. En tout cas, Léonard de Brixenthal ne quitta pas Vienne où il occupait, en 1453, la charge de doyen de la faculté de théologie pour le semestre d'octobre. Ce n'est que plus tard que les couvents de Hongrie purent être réformés.

Reg. de la bibl. du couvent de Vienne, cod. 29, fol. 39, 45 v°, 46 v°, 47 v°, 48 v°, 49 r°. — Mortier, *Histoire des maîtres généraux de l'ordre des frères prêcheurs*, Paris, 1909, t. IV, p. 461. — S. Ferrari, *De rebus Hungaricae provinciae ordinis praedicatorum partibus quatuor et octo libris distributi commentario*, Vienne, 1637.

R. COULON.

160. ANDRÉ LE HONGROIS, chapelain de Béla IV et d'Étienne V, rois de Hongrie, auteur de la *Descriptio victoriae a Carolo, Provinciae comite, reportatae*, mort après 1324. André semble avoir vécu en France; son ouvrage est dédié à Pierre, comte d'Alençon, neveu de Charles d'Anjou. Gregorovius, *Geschichte der Stadt Rom im Mittelalter, vom V bis zum XVI Jahrhundert*, Stuttgart, 1859-1872, t. V, p. 358, dit, à propos de la *Descriptio* : « écrit vulgaire et clérical; » André « nimbe la conquête (de Charles d'Anjou) d'une auréole religieuse. » On identifie André le Hongrois avec un minorite du même nom, qui se rendit à Bordeaux auprès de Clément V pour en obtenir la béatification de Marguerite, fille de Béla IV (morte en 1271), et qui, en 1307, fut nommé à l'archevêché d'Antivari (*ordinis minorum lector in conventu Jadrensi*, fait remarquer Eubel, *Hierarchia*, t. I, p. 92). Sous Jean XXII, André résigna son archevêché pour rentrer dans son couvent où il mourut.

Monumenta Germaniae, Scriptores, t. XXVI, p. 560-580. — Le seul exemplaire qui existe de la *Descriptio* se trouve à la Bibliothèque nationale de Paris, ms. lat., n. *5912*. — A. Duchesne, *Historiae Francorum scriptores*, t. V, p. 826-850. — Graevius et Burmannus, *Thesaurus antiquitatum et historiarum Siciliae, Sardiniae*, etc..., Leyde, 1723-1725, t. V, col. 1723 sq. — Potthast, *Bibliotheca historica medii aevi*, Berlin, 1896, t. I, p. 44.

A. BAYOL.

161. ANDRÉ DE L'INCARNATION, augustin déchaussé, vénérable. Son père s'appelait François Martel, et sa mère Isabelle Pérez. Il fit sa profession à Madrid le 26 décembre 1604. Il fut recteur du collège d'Alcala, prieur du couvent de Valladolid, provincial de la Castille. Sa mort eut lieu le 29 janvier 1648. Ses biographes mettent surtout en relief son esprit de pénitence, et racontent plusieurs miracles opérés après sa mort par son intercession.

Louis de Jésus, *Historia general de los religiosos descalzos de l'orden de los hermitanos de San Augustin*, Madrid, 1663, t. II, p. 374-377. — Joseph de l'Assomption, *Martyrologium augustinianum*, Lisbonne, 1743, t. I, p. 82. — Crusenius-Lopez, *Monasticon augustinianum*, Valladolid, 1903, p. 17.

A. PALMIERI.

162. ANDRÉ DA INSUA, religieux portugais de l'ordre de Saint-François, né à Lisbonne en 1506, entré dans le couvent de Nossa Senhora da Insua, à l'embouchure du Minho, le 11 juin 1521. Après avoir étudié la philosophie et la théologie dans le couvent de Serpa, il continua ses études en France pendant huit années. Dom João III le nomma son commissaire en Flandre, et il en profita pour instruire les Portugais et les Espagnols qui s'y étaient établis.

Chez les franciscains, il eut les charges de provincial de l'Algarve et de général de l'ordre, élu en 1547. Dès lors, il déploya une grande activité, en parcourant l'Espagne, la Flandre et l'Italie pour les besoins de son ordre. En 1563, dom Sebastião le chargea de quelques affaires à Madrid. Puis il se retira dans le couvent de l'Insua, d'où il se rendit à celui de Lisbonne à cause de ses maladies. En 1570, mécontent du cardinal dom Henrique, il se retira en Espagne, auprès de l'évêque d'Osma, qui avait été son secrétaire. Il y mourut l'année suivante.

André da Insua écrivit un ouvrage intitulé : *Relação da sua vida acabada de escrever em 3 de agosto de 1552*, qui resta manuscrit. Barbosa Machado fit imprimer, dans ses *Memórias para a história de Portugal que comprehendem o reinado de el rei dom Sebastião*, Lisbonne, 1736, t. I, l. Ier, c. XXIII, une lettre d'André da Insua écrite de Madrid à la reine dona Catharina, le 5 août 1564.

Manuel da Esperança, *História seráphica*, t. II, p. 466. — Fernando da Soledade, *História seráfica*, t. IV, p. 568 sq. — António da Piedade, *Chrónica da provincia da Arrábida*, t. I, l. II, c. I, II; l. IV, c. XXXV. — Jorge Cardoso, *Agiológio lusitano*, Lisbonne, 1652, t. I, p. 213. — Diogo Barbosa Machado, *Bibliotheca lusitana*, Lisbonne, 1741, t. I, p. 151 sq.

Fortunato DE ALMEIDA.

163. ANDRÉ DE JERUSALEM a reçu son surnom, croit-on, d'un pèlerinage fait aux Lieux saints. De retour en France, il alla s'établir, avec un certain nombre de religieux menant la vie d'ermites, dans un lieu désert de la paroisse de La Chaussaire (Maine-et-Loire), nommé le Lac Roger. Avec le concours de Gautier de La Poitevinière, André y fonda bientôt un prieuré (vers 1120). Il y éleva une église dédiée à saint Abraham, un cimetière, des maisons, qu'au bout de sept ans il délaissa pour se retirer dans l'abbaye de Toussaint d'Angers. On a dit, mais sans preuves certaines, que Robert d'Arbrissel avait eu des rapports avec André de Jérusalem.

Pavillon, *Histoire de Robert d'Arbrissel*, Saumur, 1866, Preuves, n. 10. — Dom Chamard, *Vies des saints personnages de l'Anjou*, Paris, 1863, t. II, p. 83. — Extraits du cartulaire de Toussaint d'Angers, dans la *Topographie de l'Anjou*, par Grille, à la bibliothèque d'Angers.

F. UZUREAU.

164. ANDRÉ DE JÉSUS, premier carme déchaussé polonais, naquit à Brzesko, près de Cracovie, et fut baptisé par son oncle, abbé du monastère bénédictin de Tiniec, le jour de l'Ascension, 28 mai 1584, selon le calendrier julien : le calendrier grégorien ne fut adopté en Pologne qu'à la fin de l'année 1585. Giry, *Diplomatique*, p. 166. Son père, gentilhomme recommandable par sa prudence et son éloquence, avait nom Jean Brzechwa. Lorsqu'il eut achevé ses humanités, en 1599, le cardinal Georges Radziwill, évêque de Cracovie, le conduisit à Rome pour y étudier la rhétorique et la philosophie au séminaire romain. Profondément touché par un sermon du vénérable P. Jean de Jésus-Marie, maître des novices des carmes déchaussés du couvent de Sainte-Marie de la Scala, il demanda à être admis dans cet ordre. Le pape Clément VIII, sur les réclamations du père, fit examiner rigoureusement cette vocation par le cardinal Baronius : la conclusion fut favorable et le postulant reçut l'habit le

15 octobre 1602. André avait voulu, dès le troisième mois de son noviciat, faire un vœu de persévérer dans le Carmel réformé, aussi tous les efforts que tenta son père ne purent ébranler sa vocation. Il émit ses vœux solennels entre les mains du vénérable P. Pierre de la Mère de Dieu le 10 décembre 1603. *Historia generalis fratrum disc. congr. Ital.*, t. I, p. 192. Envoyé au couvent de Gênes pour étudier la scolastique, il reçut le sacerdoce après avoir achevé la théologie, le 14 mai 1609, et, la même année, les supérieurs le renvoyèrent en Pologne, où ses prédications unies à la sainteté de sa vie le firent considérer comme un nouvel apôtre. Il participe aux fondations de Cracovie et de Lublin, en 1610, ainsi qu'à celle de Lemberg (Léopol), en 1613. La grande réputation dont il jouissait lui attira la persécution des envieux, au point que les supérieurs jugèrent prudent de permettre qu'il s'éloignât pour laisser passer l'orage. Il accompagna, en 1615, le nonce apostolique, Antonio Albergati, (t. I, col. 1395), dont il était le confesseur et l'ami, dans la visite des abbayes d'Allemagne, et fut même nommé par lui visiteur du monastère bénédictin de Saint-Corneille (Cornelimunster) à Inde, près Cologne, et de toutes ses dépendances. Envoyé à Anvers, il y fut confesseur de la vénérable Anne de Saint-Barthélemy, compagne de sainte Thérèse; puis il connut à Bruxelles, en 1617, la vénérable Anne de Jésus, coadjutrice de la sainte, et se renouvela auprès d'elles dans le véritable esprit de la réforme carmélitaine. Le général des carmes déchaussés lui ordonna, en 1618, de rentrer en Pologne, où il recommença ses prédications apostoliques, fut nommé définiteur provincial, participa à l'établissement du second couvent de Cracovie *intra muros* en 1619, et célébra solennellement les fêtes de la canonisation de sainte Thérèse au couvent de Posen, en 1622. Cependant un décret de la S. C. de la Propagande, rendu l'an 1624 par ordre d'Urbain VIII, sur les instances du métropolite de Kiew, Joseph Velamin (Benjamin) Rutski, institua le P. André de Jésus réformateur des basiliens du rite ruthène; trois carmes déchaux sachant parler polonais lui étaient adjoints pour cette œuvre (dom Guépin, *Saint Josaphat*, 2° édit., t. II, p. 135): ces religieux étaient autorisés à pratiquer le rite grec, à porter l'habit et à suivre la règle de saint Basile. Le P. André de Jésus s'appliqua tout entier à cette œuvre; mais son tempérament affaibli en partie par cet excès de travail et d'austérités. Il fut saisi par de graves infirmités et réduit à passer presque sans mouvement les seize dernières années de sa vie sur un lit de douleur. On ne le vit jamais se départir d'une parfaite patience, ni d'une humilité profonde. Il mourut le 29 avril 1640, en odeur de sainteté. Son visage, amaigri par la maladie, reprit aussitôt la fraîcheur de celui d'un enfant. Il a écrit : *Vie du frère Alexis de Saint-Bernard, de Lublin.* C'est une traduction en polonais de la notice sur le frère composée en italien par le vénérable P. Dominique de Jésus-Marie, son maître des novices; — *Opera mystica B. Joannis a Cruce, ex Hispanico idiomate in latinum translata, una cum Elucidatione phrasium mysticarum eorumdem operum a P. Nicolao a Jesu Maria, collegii Salmanticensis lectore, data*, in-4°, Cologne, 1639; *ibid.*, 1710; — *Viscera misericordiae Dei nostri sanctorumque per revelationes patefacta*, lib. I, ms.; — *Hamus aureus sive De excellentia, et praerogativa B. V. Mariae* : ouvrage réputé excellent qui devait avoir douze livres et qui est demeuré inachevé, ms.; — *Officium devotum et eruditum e sanctissimorum Patrum sententiis mira varietate contextum*, ms.

P. Ignace de Saint-Jean-l'Évangéliste, Polonais, carme déchaussé, *Vita P. Andreae a Jesu, Sarmatiae, carmelitae discalceati*, 1650. — Philippe de la Très-Sainte-Trinité, *Decor Carmeli religiosi*, Lyon, 1665, 3° part. p. 125-126. — Martial de Saint-Jean-Baptiste, *Bibliotheca script. carmelit. excalc.*, p. 14-16. — Isidore de Saint-Joseph et Pierre de Saint-André, *Historia generalis carmelit. excalc. congreg. Italicae*, Rome, 1668-1671, t. I, p. 192-193; t. II, p. 83, 85-86, 90, 740-745, 751, 759. — Daniel a Virgine Maria, *Speculum carmelitanum*, t. II, p. 1127, n. 3961. — C. de Villiers, *Bibliotheca carmelitana*, t. I, col. 83-84. — Barthélemy de Saint-Ange et Henri-Marie du Saint-Sacrement, *Collectio script. carmelit. excalc.*, t. I, p. 38-40. — Sczygielski, *Tinecia* (Tiniec) *seu historia monasterii Tinecensis*, O. S. B., Cracovie, 1668.

P. MARIE-JOSEPH.

165. ANDRÉ DE JÉSUS, augustin déchaussé, né à Caspe en Espagne. De son nom de famille, il s'appelait Miranda. Ses supérieurs l'envoyèrent évangéliser les païens du Mexique. Après plusieurs années de fructueux apostolat, il retourna en Espagne et mourut à Madrid en 1666. Latassa le cite parmi les écrivains aragonais et mentionne ses versions du catéchisme et de livres de piété dans les idiomes parlés par les habitants d'Uraba et de Tochoc.

Louis de Jésus, *Historia general de los religiosos descalzos del orden de los hermitanos de San Augustin*, Madrid, 1663, t. II, p. 239-240. — Latassa, *Bibliotheca nueva de los escritores aragoneses*, Pampelune, 1799, t. III, p. 364. — Crusenius-Lopez, *Monasticon augustinianum*, Valladolid, 1903, t. II, p. 486.

A. PALMIERI.

166. ANDRÉ LAO, né à Catane, en Sicile, le 13 février 1614, entra fort jeune chez les carmes de l'ancienne observance, mais, doué d'un génie universel, il brilla aussitôt d'un éclat extraordinaire dans les études comme dans la vertu. Il enseigna ensuite avec applaudissement la philosophie et la théologie, fut régent des études dans le couvent de Naples, prit le bonnet de docteur et professa dans l'université de Padoue avec une érudition admirable. Il est élu, dès 1640, provincial de la province carmélitaine de Saint-Albert, en Sicile, qu'il gouverne avec une insigne prudence; devient ensuite visiteur de la même province et commissaire général pour en opérer la réforme. Mais, pressé par le désir d'une vie plus parfaite, il passa aux carmes déchaussés en 1647 et prit le nom d'André de la Croix: c'est parmi eux qu'il publia le premier volume de sa *Théologie: In primam partem D. Thomae disputationes theologicae a quaest. I usque ad quaest. LXXIII inclusive*, in-fol., Gênes, 1650. Mais les carmes chaussés se virent avec tant de peine abandonnés par un religieux d'une si grande valeur, qu'ils le réclamèrent avec une instance extrême durant quatre années à la Sacrée Congrégation, pendant que les déchaux plaidaient auprès d'elle le droit de le conserver; enfin, appelé à Rome en 1651, le cardinal protecteur Ginetti lui communique le décret de la Sacrée Congrégation qui lui enjoignait, sous péché mortel d'apostasie et autres censures, de rentrer dans son ancien ordre : c'est ce que rapportent Lezana, *Consulta varia*, n. 17, in-fol., Venise, 1656, et André Lao lui-même, à deux reprises (au commencement des tomes II et III de sa *Théologie*, publiés en 1652 et 1653) : contraint, il obéit. Reçu avec transport par les chaussés, il fut nommé, le 17 décembre 1661, vicaire général pour l'Italie pendant que le Père général, Jérôme Ari, visitait les provinces de l'ordre : choix confirmé à la même date par Alexandre VII, dans un bref apostolique où il qualifie André Lao d'homme signalé par ses vertus : *caritate, prudentia, dexteritate, doctrina, rerum agendarum peritia, integritate, et religionis zelo. Bull. carmelit.*, t. II, p. 536. Il était consulteur de la Sacrée Congrégation des Rites, qualificateur de l'Inquisition, examinateur des évêques. Le pape voulut lui conférer, par lettre apostolique du 28 mars 1665, le titre de *révérendissime. Bull. carm.*,

t. II, p. 541. L'année suivante, il devenait procureur général. Mais aussi éloquent que profond théologien, il fut parmi les prédicateurs les plus célèbres de son siècle en Italie, notamment à Naples et à Rome même, où, prêchant dans la basilique vaticane devant la foule incroyable qui le suivait partout, Clément IX voulut plusieurs fois l'entendre. La splendeur de ses vertus et de sa doctrine, le grand fruit qu'il opérait dans les âmes, la grâce de son commerce le faisaient chérir des cardinaux et de toute la cour romaine, aussi bien que des frères dont il était l'honneur. C'est au milieu de cette grande réputation et de la vénération générale qu'il mourut le 23 décembre 1675, laissant un nom fameux parmi ses contemporains. Il a publié : *Compendiosae totius philosophiae disputationes, in quibus dilucide et succincte rationes magni ponderis juxta angelicam D. Thomae doctrinam objectionesque uniuscujusque funditus dispunguntur*, in-12 et in-4°, Naples, 1643; — *In primam...* (voir ci-dessus), t. I; — *In primam partem D. Thomae disputationes theologicae, de libro vitae, de omnipotentia, de Trinitate, de creatione, de angelis*, in-fol., Gênes, 1652, t. II; — *In primam secundae D. Thomae disputationes theologicae, de fine, de beatitudine, de voluntario et involuntario, de actibus humanis, de bonitate et molitia humanorum actuum*, in-fol., Gênes, 1653, t. III; — *In primam secundae D. Thomae, de conscientia*, in-fol., Gênes, 1656, t. IV. — A ce tome IV fut joint, à l'insu de l'auteur, un petit traité *De romano pontifice*, lequel fut prohibé *donec corrigatur* par décret du 20 novembre 1663; une seconde édition, corrigée et autorisée, a été imprimée en un in-8°, Rome, 1663; cet ouvrage est inséré dans la *Bibliotheca maxima pontificia* de Jean-Thomas de Rocaberti, archevêque de Valence, au t. III, in-fol., 1697; — *De laudibus beatae Virginis Mariae de Monte Carmelo*, in-4°, Naples, 1643 (en italien) ; — deux Suppliques adressées à Alexandre VII, et une troisième, à Clément IX, insérées dans *Bullarium carmelitanum*, t. II, p. 545, 546, 712; — *Epistola encyclica ad universas et singulas ord. carm. provincias*. Il annonce la canonisation de sainte Marie-Magdeleine de Pazzi, et rappelle les incroyables labeurs d'esprit et de corps qu'il a dû supporter, seul, sans aide ni coopérateur, pour faire aboutir la cause ; — *Commentaria in universam philosophiam*, 2 in-8°, probablement demeurés manuscrits.

Hurter, *Nomenclator literarius*, 1910, t. IV, col. 19. — Ant. Mongitore, *Bibliotheca Sicula*, Palerme, 1708, t. I, p. 29-30. — Fornari, *Anno memorabile de' carmelitani*, Milan, 1690, t. II, p. 732. — Philippe de la Très-Sainte-Trinité, *Historia carmelitani ordinis*, Lyon, 1656, p. 684. — Martial de Saint-Jean-Baptiste, *Bibliotheca script. carmelit. excalc.*, p. 14. — Daniel a Virgine Maria, *Speculum carmelitanum*, t. II, p. 1070, n. 3724. — C. de Villiers, *Bibliotheca carmelitana*, t. I, col. 79-80, 85-87. — *Bullarium carmelitanum*, t. II, *passim*.

P. Marie-Joseph.

167. ANDRÉ DE LONGJUMEAU, missionnaire dominicain. André de Longjumeau était originaire du village dont il porte le nom (canton de l'arrondissement de Corbeil, Seine-et-Oise). On ignore la date précise de sa naissance, mais on peut la fixer approximativement dans les premières années du XIIIe siècle. Il entra dans l'ordre naissant des frères prêcheurs et fit profession au couvent de la rue Saint-Jacques, à Paris. Il s'adonna à l'étude des langues orientales pour la conversion des infidèles.

En 1238, le P. Guillaume, ancien prieur du couvent de Constantinople, le choisit pour l'accompagner dans une mission donnée par le roi de France Louis IX. Il s'agissait d'acquérir la sainte couronne d'épines que l'empire latin venait d'engager à des banquiers de Venise. Les deux religieux se rendirent à Constantinople, puis à Venise, d'où ils rapportèrent la précieuse relique.

L'heureux succès de cette mission avait mis en relief le talent du frère André. Quelques années plus tard, le pape Innocent IV le chargea, en compagnie d'un autre religieux dont le nom est resté inconnu, de ramener à l'unité catholique les chrétiens dissidents d'Asie Mineure, nestoriens et jacobites (eutychiens). Pour faciliter cette tâche, il leur accordait, entre autres concessions, le droit de communiquer *in sacris* avec les schismatiques (22 mars 1244).

Le patriarche jacobite d'Orient, Ignace II (rabban David), avait noué, pendant un pèlerinage à Jérusalem, d'étroites relations avec le clergé latin, en particulier les frères prêcheurs de la Terre Sainte. Accueillant avec la plus grande sympathie frère André et son compagnon, il les chargea de transmettre au pape une lettre de soumission à laquelle était jointe sa profession de foi. Avant de reconnaître la souveraineté du pape, le patriarche jacobite demandait seulement le maintien de l'autonomie de son Église. La soumission du patriarche jacobite fut complétée par celle de son second, le *maphrian* Jean Bar-Maadani, qui gouvernait les Églises à peu près indépendantes du Diarbékir et de l'Irâk.

Par leur théologie comme par leur discipline, les nestoriens s'éloignaient davantage de la vérité catholique. Les latins les accusaient volontiers, non sans exagération, de nier la divinité de Jésus-Christ. Toutefois, la mission du frère André ne fut pas dépourvue de tout succès. Il ne paraît pas avoir rencontré le patriarche de la secte, mar Sabarjesu V, Bar-Misihi, qui résidait à Bagdad, ville alors en guerre avec les latins. Le personnage qui reçut en son nom l'envoyé du pape était un moine du nom de Siméon, connu par les Mongols sous le nom de « rabban ata » : le moine père (du syriaque rabban et du turc ata). La transcription latine défigure cette forme en *rabban ara*.

Ce moine arrivait, comme il le déclare lui-même, du fond de l'Orient, de la terre de « Chine », dont il était peut-être originaire. Le khan des Mongols, Ogotaï, auprès duquel il jouissait d'un grand crédit, l'envoyait dans la Grande-Arménie pour empêcher l'extermination des chrétiens par ses généraux. La situation du rabban Siméon dans l'Église était moindre. Il s'intitule modestement vicaire d'Orient, expression qui doit désigner un visiteur, un *periodeute* pour les provinces orientales de la secte nestorienne : la Tartarie et la Chine.

C'est au milieu des hordes de la Grande-Arménie que frère André trouva ce moine, entouré de nombreux chrétiens comme lui sujets des Mongols. Il en obtint pour le pape une réponse où le respect se mêle à l'indépendance. Le nestorien qualifie Innocent de « soleil de justice, » de « chérubin de feu et séraphin de chair, » mais il lui reproche l'excommunication de l'empereur allemand Frédéric II. A cette lettre étaient jointes une déclaration apportée du clergé latin et une profession de foi du métropolitain de Nisibe. La première est perdue, la seconde avait été souscrite par un concile de cinq évêques. Le nom seul de celui de Nisibe nous est parvenu : Ensoaib, forme défigurée pour Isouyahb ou, selon la transcription d'Assemani, Jesujab, fils de Malc, évêque de cette ville dès 1233.

Frère André était également chargé d'un message verbal pour le pape. Il dut arriver à Lyon, où se trouvait Innocent, dans les premiers jours de juin 1247, car les soumissions des jacobites et des nestoriens se trouvent insérées, dans les regestes pontificaux, entre des bulles datées du 4 juin et d'autres du 17. Le 5 de ce même mois, Innocent nommait l'un de ses pénitenciers, le frère mineur Laurent du Portugal, légat auprès des nestoriens et des jacobites pour les soustraire à la juridiction du patriarche catholique, comme les uns et les autres l'avaient demandé. Malheureusement l'union fut éphémère.

C'est à tort que l'on a donné André de Longjumeau pour compagnon au frère Ascelin de Lombardie, qui fut envoyé, en cette même année 1247, aux Mongols de la Perse. Nous possédons de cette ambassade un récit détaillé où le nom du frère André ne figure pas. Celui-ci fut bien chargé d'une mission auprès des Mongols, mais deux ans plus tard. Attaché à la croisade de saint Louis en qualité d'interprète, il se trouvait dans l'île de Chypre avec ce prince, lorsque arrivèrent, comme ambassadeurs des Mongols, deux chrétiens de Mossoul nommés David et Marcos (juin 1248). Frère André reconnut David pour l'avoir vu dans les hordes de la Grande-Arménie. Ces députés remirent au roi une lettre rédigée en persan, que frère André fut également chargé de traduire.

Cette lettre émanait, non du grand-khan des Mongols mais de l'un de ses familiers, le noyan Ercalthai (Ilchi-Khatai) qu'il venait de préposer au gouvernement de la Perse et de l'Arménie. Après avoir salué le roi de France, ce prince lui annonçait son dessein de libérer de la servitude les sujets chrétiens des Mongols. Il lui offrait son alliance et lui « ordonnait » de traiter avec la même faveur toutes les sectes chrétiennes.

L'authenticité de cette lettre a été contestée, bien qu'elle ait été reproduite dans le récit officiel du légat pontifical. Pourtant il est naturel que les Mongols, alors en guerre avec les musulmans, aient recherché l'alliance des Franks. Le noyan Ilchi-Khatai était certainement chrétien.

Les ambassadeurs ajoutaient, à leur lettre, un message verbal propre à séduire la piété du saint roi de France. Ils annonçaient que le khan Kio-Kai (Gayouk) lui-même avait reçu le baptême, le 6 janvier précédent, des mains d'un évêque nestorien, nommé Malachias.

Le conseil du roi interrogea longuement les ambassadeurs; il confronta leurs réponses avec les rumeurs répandues par les nestoriens, il les trouva pleinement corroborées par une lettre du connétable d'Arménie Sempad, datée de Samarcand. C'est pourquoi le roi et le légat décidèrent d'écrire au khan pour le confirmer dans la foi chrétienne.

Par sa connaissance des langues et sa pratique des nestoriens, frère André se trouvait désigné pour cette ambassade. On lui adjoignit deux religieux de son ordre, Jean de Carcassonne et Guillaume, deux clercs et deux sergents du roi. Le 25 janvier 1249, ils reçurent congé du roi et du légat. Le surlendemain, ils quittaient Nicosie en compagnie des envoyés mongols. Ils s'embarquèrent pour Antioche, d'où frère André écrivit à Louis IX une lettre malheureusement perdue.

Le compte rendu de son voyage est également perdu. L'on sait seulement que les messagers du roi furent bien reçus par Ilchi-Khatai, qu'ils traversèrent en sa compagnie la Perse et qu'ils longèrent la Caspienne, dont ils reconnurent, les premiers, la géographie véritable.

Ils mirent un an pour atteindre la horde royale. Depuis leur départ le khan était mort, empoisonné par les agents de son cousin Batou. La monarchie mongole étant élective, son successeur n'était pas encore désigné. En attendant, la régence appartenait à la veuve du khan, Ogoul Chanmish, qui, loin de préparer de nouvelles conquêtes sur les musulmans, devait tout d'abord défendre la candidature de son fils encore mineur. Elle essaya de tirer profit de l'ambassade en montrant aux généraux mongols les présents de Louis IX comme un hommage de vassalité.

Ce n'était pas l'accueil rêvé par les messagers du roi de France. Comme la superstition mongole frappait d'impureté les objets destinés à un mort, ils furent obligés de se soumettre, avec leurs présents, à l'épreuve du feu. Toutefois les chrétiens de la cour les accueillirent avec sympathie. La régente elle-même leur donna une pièce de soie pour le roi de France et les renvoya avec un message de paix. Ils furent escortés au retour par des Mongols, qui étaient moins des ambassadeurs que des espions chargés de scruter la force militaire des croisés.

Le voyage de retour dura autant que l'aller. Frère André et ses compagnons ne rejoignirent Louis IX à Césarée de Palestine qu'au mois de mars 1251. L'issue de la mission répondait si peu aux espérances du pieux roi que, selon l'expression de Joinville, « il se repentit d'y avoir envoyé. »

Toutefois, en dehors des résultats géographiques, fort précieux, le témoignage des religieux confirmait l'existence de nombreux chrétiens parmi les hordes mongoles. « Beaucoup d'entre eux ont embrassé la foi de Jésus-Christ par le baptême, » dit une bulle pontificale. Pour assurer leur foi, frère André demandait l'envoi en Tartarie de missionnaires revêtus du caractère épiscopal.

Louis IX écrivit au pape qui, après un long examen, répondit en autorisant le légat à consacrer les évêques nécessaires (20 février 1253). Ce fut toutefois un simple moine, Guillaume de Rubrouck, qui fut envoyé de nouveau. Son voyage, dont le récit détaillé nous reste, est fort connu.

L'échec de la mission de Mongolie ne détourna point frère André de la grande œuvre à laquelle il avait voué sa vie : la conversion des infidèles. Revenu en Occident avec saint Louis, il repartait bientôt pour Tunis. Il fut sans doute le prieur de la mission fondée en cette ville par les frères prêcheurs d'Espagne en 1256. Le royaume de Tunis renfermait un grand nombre de chrétiens, commerçants, esclaves ou soldats du sultan. Ce dernier, Abou Abd-Allah el Mostancer, les employait de préférence dans l'armée comme dans les finances. Fils d'une chrétienne, époux d'une autre chrétienne, il montrait une telle sympathie à la religion maternelle que les missionnaires espéraient le convertir.

Louis IX, toujours attentif à l'expansion du christianisme, favorisait ce projet de conversion. Il échangea de nombreux messages avec le sultan. Frère André, ami commun des deux princes, dut être chargé de l'un de ces messages. Il revint en France quelques années avant 1270. Il vivait encore au moment de la croisade tunisienne. Pourtant il n'accompagna point le roi, sans doute à cause de son grand âge.

Lorsque le rêve de saint Louis eut été déçu par la résistance des Tunisiens, le prince regretta l'absence du religieux. Il l'aurait voulu faire venir pour l'envoyer au sultan. Le nom d'André de Longjumeau fut l'un des derniers mots que prononça le saint roi avant de s'éteindre sur la terre, aujourd'hui française, de Carthage.

On ignore la date de la mort du frère André. L'*Année dominicaine* fixe au 11 août son anniversaire en souvenir de la translation de la sainte couronne d'épines.

Ce religieux était grand clerc dans les langues orientales. Il savait certainement l'arabe, le persan et le syriaque. L'amitié dont l'honora saint Louis est le meilleur témoignage de ses vertus.

Assemani, *Bibliotheca orientalis*, Rome, 1728, t. III, 2e part., *De Syris nestorianis*, p. 104-106, 410-412. — Gautier Cornu, archevêque de Sens, *Historia susceptionis coronae spineae Jesu Christi*, dans Duchesne, t. v, p. 407-411. — *Les Grandes chroniques de France selon qu'elles sont conservées en l'église de Saint-Denis de France*, publiées par

Paulin Paris, t. IV, col. 43-46, 116. — Joinville, *Histoire de saint Louis*, édit. de Wailly, XXIX, XCIII-XCV. — Échard, *Scriptores ordinis praedicatorum*, Paris, 1719, t. I, p. 140-141. — Raynaldi, *Annales ecclesiastici*, ad ann. 1247, n. 32-43; ad ann. 1248, n. 34-40. — Touron, *Histoire des hommes illustres de l'ordre de Saint-Dominique*, Paris, 1743, t. I, p. 157-165. — Vincent de Beauvais, *Speculum historiale*, l. XXIX, c. LXX; l. XXX, c. XC-XCIV. — Mortier, *Hist. des maîtres généraux de l'ordre des frères prêcheurs*, Paris, 1903, t. I, p. 384-386.

A. RASTOUL.

168. ANDRÉ MASTELLONI, né à Naples le 15 octobre 1641 et baptisé sous le nom de Hyacinthe, était fils d'André Mastelloni, consul des marchands, et d'Angèle de la Mura; son frère aîné, Jean, était évêque de Viesti. André s'échappa de la maison paternelle et vint demander, le 15 mai 1657, l'habit religieux aux carmes de la réforme de *Santa Maria della Vita*, dans le couvent de sa ville natale. Lorsqu'il eut émis ses vœux, il étudia la philosophie et la théologie, passa maître et docteur en 1666; régit ensuite sa province (1689); prit part, comme définiteur ou comme provincial, aux chapitres généraux tenus à Rome en 1680, 1686, 1692, 1698 et 1710; fut deux fois assistant du général; membre de l'Académie *degl' Incolti di Montalto* (sous le nom de Parthénophile, à cause de son particulier amour pour la Vierge), censeur des livres; enfin, devenu aveugle en 1715, il mourut le 31 mars 1722, à l'âge de quatre-vingt-un ans. Nombre de ses œuvres ont été éditées; d'autres sont demeurées manuscrites. Parmi ses ouvrages imprimés, nous citerons les suivants : *Esercizio di ringraziamento alle tre persone divine in memoria di quindici favori particolari co' quali fù di esse privilegiata santa Maria Maddalena de' Pazzi*, in-8°, Naples, 1673; — *La prima chiesa dedicata a santa Maria Maddalena de' Pazzi, consecrata della Nazione Napolitana; narrativa historica, ove va inclusa la vita della venerabile Madre Suor Paola Maria Antinori, fondatrice di detto monastero*, in-4°, Naples, 1675; — *Vita sancti Simonis Stockii, conclusionibus descripta*, in-4°, Naples, 1680; — *La Salutazione angelica*, in-4°, Naples, 1693; — *La Salutazione della Chiesa*, 2 in-4°, Naples, 1694; — *Il Presepio architettato in nove ragionamenti istorico-morali, per apparecchio alla nascita del Signore*, in-4°, Naples, 1689; — *Orazione funebre per la morte della serenissima regina delle Spagne, Maria Ludovica Borbone*, in-8°, ibid., 1696; — *Narrativa istoria della vita del servo di Dio fra Paolino Zabatta, carmelitano dell' osservanza di S. Maria della Vita di Napoli*, in-8°, Naples, 1697; — *Narrativa istoria della vita del servo di Dio fra Pietro della Croce di Santa Maria della Vita*, in-8°, Naples 1698; — *Notizie istoriche della fondazione ed imagine di N. Signora della Traspontina*, in-8°, Naples, 1717; — *Trattammenti spirituali di Santa Maria della Vita : Due centurie di miracoli e favori fatti della B. Vergine a suoi devoti*, in-4°, Naples, 1709-1715.

Cosme de Villiers, *Bibliotheca carmelitana*, t. I, col. 88-91. — Nicolo Toppi, *Biblioteca Neapolitana*, Naples, 1678, p. 14. — Ughelli-Coleti, *Italia sacra*, t. VII, col. 872. — J.-B. Archetti, *Bibliotheca carmelitana*, ms. n. 98 de la Bibliothèque de l'université à Ferrare, t. I, p. 2, 570; t. II, Appendix, p. 56, 256-257. — Daniel a Virgine Maria, *Speculum carmelitanum*, t. II, p. 1070, n. 3724.

P. MARIE-JOSEPH.

169. ANDRÉ ou ANDRIOLUS MERAVIGLIA, ou *de Mirabiliis*, ou *de Mirabilibus*, ou *Mirabilia*, moine cistercien de Chiaravalle, près de Milan; il devint abbé de ce monastère en 1421. Il en fut le dernier abbé régulier perpétuel, car, le 9 octobre 1433, malgré la communauté, il résigna, ou mieux fit une promesse de résignation, moyennant quatre mille ducats et la jouissance de la grange de Noxeda, en faveur de Gérard Capitani de Landriano, alors évêque de Lodi. Fr. Benoît de Parme, *De origine monasterii Caraevallis*, fol. 4. Gérard, transféré à Côme, le 6 mars 1437, et devenu cardinal, était légat dans le Milanais (1440-1443), lorsqu'il obtint en commende, le 14 septembre 1442, le monastère de Chiaravalle, vacant par la promotion d'Andriolus, nommé évêque titulaire *Vodien.*, suffragant de Berissa en Thrace : en même temps, une pension de cinq cents florins fut réservée à André. Eubel, *Hierarchia cathol.*, t. II, p. 8, n. 4, p. 296. D'après la chronique manuscrite citée plus haut, André aurait eu quelque temps, pour coadjuteur dans l'abbaye de Chiaravalle, Gérard Landriano, cardinal de Sainte-Marie au Transtévère, qui aurait choisi pour lui André ou délégué au spirituel et au temporel Balthasar *de Rivis*, chanoine de Modène. Le même auteur assure qu'André fut nommé évêque *Vodien.*, dans le royaume de Naples, et Ughelli, *Italia sacra*, t. IV, p. 200, le donne comme évêque d'Ugento, dans la province de Bénévent. Toutefois Ughelli l'omet dans l'énumération des évêques d'Ugento. *Italia sacra*, t. IX, p. 146. Il n'y a pas d'ailleurs place pour lui dans la série des évêques de ce siège. Eubel, *loc. cit.*, p. 228. Le nom d'André Meraviglia ne figure pas davantage dans les autres évêchés du royaume de Naples. Tout au plus peut-il avoir été auxiliaire, mais il ne se trouve pas sur la liste de ces prélats dressée par Eubel, *loc. cit.*, p. 299. On ignore la date de sa mort. Plusieurs auteurs, trompés par la dissemblance des noms, ont fait d'André Meraviglia et d'Andriolus deux personnages distincts.

Fr. Benedictus Parmensis, *De origine monasterii Claraevallis seu Caraevallis Mediolani ordinis cisterciensis*, ms. XVIIIe siècle. — Eubel, *Hierarchia catholica medii aevi*, Munster, 1901, t. II, p. 296. — Jongelincx, *Notitiae abbatiarum ord. cisterc.*, Cologne, 1640, p. VII, 71. — *Purpura divi Bernardi*, Cologne, 1644, p. 75. — Maurette, *Series summ. pontificum, cardinalium et episcoporum ex ord. cist. assumptorum*, ms., fol. 17. — Ughelli, *Italia sacra*, Rome, 1644, t. IV, col. 200.— Willi, *Päpste, Kardinäle und Bischöfe aus dem Cistercienser-Orden*, Bregenz, 1912, p. 29, 30, n. 74, 81.

R. TRILHE.

170. ANDRÉ DE LA MÈRE DE DIEU, carme déchaussé espagnol, né à Palencia, dans la Vieille-Castille, fut novice et profès du couvent de Valladolid, devint remarquable par ses vertus et sa singulière prudence autant que par sa science, professa avec éclat la théologie à Salamanque, fut nommé recteur de ce collège, et se vit chargé par ses supérieurs généraux de continuer le célèbre *Collegii Salmanticensis carmelitarum discalceatorum Cursus theologiae moralis*, que le P. François de Jésus-Marie, devenu infirme, avait dû laisser inachevé, après avoir publié le t. I (Salamanque, 1665 : *De sacramentis in genere, de baptismo, de confirmatione, de eucharistia, de sacrificio missae, de paenitentia et de extrema unctione*). Le P. André de la Mère de Dieu rédigea le t. II qui traite : *De sacramento ordinis, de matrimonio ac de censuris*, in-fol., Salamanque, 1666; — le t. III : *De legibus, de justitia, de dominio, de restitutione et contractibus*, in-fol., 1668; — le t. IV : *De statu religioso, de horis canonicis, de voto, privilegio et simonia*, in-fol., Salamanque, 1668. Une seconde édition publiée à Lyon, en 1670, fut suivie d'une troisième, imprimée à Anvers, en 1672; d'une quatrième, à Madrid, en 1709; d'une cinquième, en 1717-1718, également à Madrid, en 1724. La 4e édition de Madrid, qui comprend les quatre premiers tomes, est préférable aux précédentes, parce que certaines opinions y ont été modifiées selon les décrets d'Alexandre VII, d'Innocent XI et d'Alexandre VIII. Le P. André de la Mère de Dieu fut encore élu provincial de Vieille-Castille, puis définiteur général, et mourut plein de mérites, en 1674.

Martial de Saint-Jean-Baptiste, *Bibliotheca scriptorum carmelitarum excalceatorum*, p. 16, n. XIX; p. 350-351. — Cosme de Villiers, *Bibliotheca carmelitana*, t. I, col. 91. — Nicolas Antonio, *Bibliotheca Hispana nova*, t. I, p. 79. — Daniel a Virgine Maria, *Speculum carmelitanum*, t. II, p. 1127, n. 3961. — Hurter, *Nomenclator literarius*, 1910, t. IV, col. 276-277. — Barthélemy de Saint-Ange et Henry du Saint-Sacrement, *Collectio script. carmelit. excalceat.*, t. I, p. 42-43. — Vacant-Mangenot, *Dictionnaire de théologie*, t. I, col. 1184-1185.

P. Marie-Joseph.

171. ANDRÉ MICHELI, clerc de Castello, fut nommé, par Clément VII, archevêque de Nicosie, le 25 mai 1383. Il se rendit dans son diocèse, en 1385, avec de pleins pouvoirs contre les partisans d'Urbain VI, mais, à cause de l'opposition de ceux-ci, il fut obligé de revenir à la cour d'Avignon, où le pape le nomma son familier et commensal (30 septembre 1387). Le 16 décembre 1392, il reçut l'administration de l'évêché de Cavaillon et mourut avant le 26 juillet 1406, date à laquelle est désigné son successeur.

C. Eubel, *Hierarchia catholica medii aevi*, Munster, 1913, t. I, p. 179, 365. — *Gallia christiana*, 1715, t. I, col. 951. — De Mas-Latrie, *Histoire des archevêques latins de l'île de Chypre*, dans *Archives de la Société de l'Orient latin*, 1882, t. II, p. 275-276. — N. Valois, *La France et le grand schisme d'Occident*, t. II, p. 220.

G. Mollat.

172. ANDRE DE MICI. Ce personnage, qui, d'après son surnom, était peut-être moine de Saint-Mesmin, près d'Orléans, nous est connu seulement par une magnifique peinture sur vélin qu'il exécuta en l'honneur de Fulbert, évêque de Chartres, peu après sa mort, survenue le 10 avril 1028, sur l'ordre et pour le compte de Sigon, l'intime ami de ce pontife. Elle se voit encore dans le manuscrit *104* de la bibliothèque de Saint-Étienne, qui renferme un martyrologe du XIe siècle et un nécrologe, très ancien, à l'usage du chapitre de Notre-Dame de Chartres. Elle se composait primitivement, semble-t-il, de quatre feuillets, dont deux seulement subsistent : le premier reproduit, en capitales d'or sur fond pourpre et (au recto) avec encadrements de bandes bleues, l'obit connu de l'évêque suivi de ces vers importants :

Ultimus in clero Fulberti nomine Sigo
Andreae manibus haec pinxit Miciacensis.

Le second feuillet, dont les couleurs sont encore assez visibles, représente l'évêque prêchant son peuple, comme l'indiquent deux vers latins, au sommet de la miniature. Ces deux vers se trouvant, dans le manuscrit *14167* de la Bibliothèque nationale (lettres de Fulbert et diverses pièces le concernant), encadrés par quatre autres de même allure ayant trait à l'enseignement et à la charité pastorale du saint évêque; il y a lieu de croire que ce manuscrit, d'ailleurs incomplet, renfermait deux autres miniatures représentant Fulbert au milieu de ses élèves et de ses ouailles. Cette miniature curieuse, spécimen daté (1028) de ce genre du XIe siècle, prouve, par sa place dans un martyrologe, qu'immédiatement après la mort de Fulbert on le considérait déjà comme saint.

Merlet et Clerval, *Un manuscrit chartrain du XIe siècle*, 1893.

A. Clerval.

173. ANDRÉ DE MILAN. Voir Mathias de Milan.

174. ANDRÉ DE MODÈNE (Bienheureux), franciscain, mort à Modène, le 26 mai 1455, avec la réputation d'avoir fait de miracles pendant sa vie. Ses reliques, déposées dans l'église Sainte-Cécile de Modène, furent apportées, en 1538, dans celle de Sainte-Marguerite et, en 1642, dans la même église, placées sous l'autel de la chapelle de Saint-Antoine de Padoue.

Acta sanctor., 1688, maii t. VII, p. 841.

U. Rouziès.

175. ANDRÉ DE MONTEPULCIANO, franciscain toscan du XVIe siècle, mort en juillet 1529. Il était maître en théologie et composa un recueil de ses *sermons*, prêchés aux clarisses de Sainte-Ursule de Florence. Le 25 septembre 1523, il fut élu ministre provincial des observants de Toscane (Florence) et réélu une seconde fois le 17 septembre 1528, mais il mourut durant la première année de son nouveau triennat.

Sbaralea, *Supplementum ad scriptores ord. min.*, Rome, 1806, p. 723; 1908, p. 37. — Raym. Alv. Lugin, *Catalogus superiorum provincialium min. obs. almae prov. Tusciae (1423-1892)*, Quaracchi, 1892, p. 24, 75. — Ant. a Terrima, *Theatrum etrusco-minoriticum*, Florence, 1682, p. 44. — Sat. Mencherini, *Cronache dei frati minori di Toscana, di fra Dion. Pulinari*, Arezzo, 1913, 1re part., n. 243, 246, 247, 254, 257.

M. Bihl.

176. ANDRE DE MONTEREALE, bienheureux augustin, né à Montereale dans les Abruzzes, en 1397, de parents d'une origine modeste. A l'âge de quatorze ans, il embrassa la vie religieuse dans le couvent de Montereale. En 1444, il fut nommé provincial de l'Ombrie. Il s'adonna au ministère de la prédication, qu'il exerça de longues années en Italie et en France. Il pratiqua aussi les plus rudes pénitences. Sa mort eut lieu en 1480, à l'heure qu'il avait prédite lui-même. Ses biographes racontent qu'en cette circonstance les cloches des églises sonnèrent d'elles-mêmes durant vingt-quatre heures. Son corps se conserva intact longtemps. Son culte *ab immemorabili* a été confirmé par Clément XIII en 1764. Il est fêté, dans l'ordre de Saint-Augustin, le 11 avril.

Riccetelli, *Vita e miracoli del beato Andrea da Monte Reale, dell' ordine eremitano di S. Agostino*, Pise, 1614. — *Act. sanct.*, april. t. II, p. 612-616. — Stadler, *Vollständiges Heiligen-Lexikon*, t. I, p. 196.

A. Palmieri.

177. ANDRÉ DU MONT SAINT-ELOI (début du XIVe siècle). André d'Anchin, chanoine régulier du Mont Saint-Éloi, fut reçu docteur par l'influence de Servais du Mont Saint-Éloi. Il fit partie, en 1304, d'une commission de l'université de Paris pour la taxation des livres. Jourdain, *Index chronologicus chartarum*, p. 76; Denifle et Chatelain, *Chartularium universitatis Parisiensis*, Paris 1891, t. II, p. 91; note 1 du n. 617 et p. 107.

L'Histoire littéraire lui attribue un sermon prononcé en 1285 et contenu au manuscrit *3557*, fol. 163, de la Bibliothèque nationale. On lit en marge : *Frater Andreas canonicus de Monte sancti Eligii. — Dominica tertia in quadragesima*. Incipit : *Ut filii lucis ambulate. Emitte lucem tuam... Proverbialiter dicitur quia qui ignem in die digito perquirit... Desinit : glorificent patrem vestrum qui in celis est.*

Du Boulay, *Historia universitatis Parisiensis*, 1668, t. IV, p. 950. — *Histoire littéraire de la France*, t. XXVI, p. 480. — Lecoy de La Marche, *La chaire française au XIIIe siècle*, Paris, 1886, p. 498.

A. Noyon.

178. ANDRÉ DE MONZA, dominicain lombard du XIIIe siècle, appartenait au couvent de Saint-Eustorge, à Milan. Michele Pió, *Della nobile e generosa progenie di S. Domenico*, Bologne, 1615, p. 242, le cite parmi les hommes illustres de ce couvent. Il dit qu'il vivait vers 1270, corrigeant ainsi ce qu'il avait écrit dans un autre ouvrage, *Delle vite degli huomini illustri di San Domenico*, Pavie, 1613, IIe part., l. I, col. 15, où il donnait ce personnage comme vivant en 1227. Il aurait composé un certain nombre d'ouvrages, entre autres : *Lectura super Joannem 100 collationibus constans et distincta;* — *Sermones varii ad clerum et populum;* — *Commentarii in logicam et physicam.*

Échard, *Scriptores ordinis praedicatorum*, Paris, 1710, t. I, p. 259. — Altamura, *Bibliothecae dominicanae... incrementum ac prosecutio*, Rome, 1677, p. 5. — Rovetta, *Bibliotheca chronologica illustrium virorum provinciae Lombardiae sac. ord. praed.*, Bologne, 1691, ad ann. 1227. Ces deux derniers auteurs, en citant Piò, n'ont pas tenu compte de la correction de ce dernier touchant l'époque où vivait André de Monza; ils le placent l'un et l'autre en 1227. Il n'apparaît pas dans les listes des maîtres de Paris ou dans celle des écrivains de l'ordre, publiées par Denifle, *Archiv*, t. II, p. 204-240. — Argelati, *Biblioth. script. Mediol.*, Milan, 1745, t. I, col. 934.

R. Coulon.

179. ANDRÉ DE NEUFCHATEAU, qu'un certain nombre d'auteurs cités par Échard ont voulu faire dominicain et même anglais, d'où le nom d'André de Newcastle ou de Tyne qu'on lui a donné; a été revendiqué avec raison par Wadding comme appartenant à la famille franciscaine. D'ailleurs il est absolument ignoré des auteurs dominicains. Il est qualifié de maître en théologie. Au témoignage d'Échard, il écrivit : *Commentarium in primum Sententiarum.* Incipit : *Circa prologum libri Sententiarum quaero utrum divinum esset nobilissimum omnium aliorum entium, sit aliqua essentia per se una, etc.* — *Explicit primum super sententias Andreae de Novocastro.* Échard avait vu ce ms. faisant partie de la bibliothèque du collège de Navarre; un autre ms. du même ouvrage se trouvait dans la bibliothèque de Saint-Sauveur de Bologne. Léopold Delisle, *Le cabinet des manuscrits*, t. II, p. 388, signale le ms. latin *16684* comme étant d'André de Novocastro; c'est peut-être celui du collège de Navarre. Le commentaire sur le premier livre des Sentences a été édité, in-fol., Paris, 1514. A tort Wadding et Possevin ont prétendu que le commentaire sur les quatre livres avait paru, alors qu'il n'y a que le commentaire sur le premier livre. D'après le *Dict. de théologie*, t. I, col. 1185, André de Neufchâteau aurait exercé dans son ordre la charge de provincial.

Calmet, *Bibliothèque lorraine*, Nancy, 1751, p. 45-46. — Dupin, *Biblioth. des auteurs eccl.*, Amsterdam, 1701, t. XIV, p. 186. — Échard, *Scriptores ordinis praedicatorum*, Paris, 1719-1721, t. I, p. 740. — Oudin, *De scriptoribus Ecclesiae antiquis*, Leipzig, 1722, t. III, p. 699. — Wadding cum supplemento J.-H. Sbaralea, *Scriptor. min.*, Rome, 1806, p. 36.

R. Coulon.

180. ANDRÉ NOORTH, dominicain hollandais, mort en odeur de sainteté, au couvent de Harlem, en 1477.

Hyac. Choquet, *Sancti Belgi ordinis praedicatorum*, Douai, 1618, p. 131. — Leandre Alberti, *De viris illustribus ordinis praedicatorum*, Bologne, 1517, fol. 254 r°. C'est lui qui est devenu la source, Choquet ne fait que le copier. — G.-A. Meijer, *De Dominicanen te Haarlem*, extr. de *Bijdragen voor de geschiedenis van het Bisdom van Haarlem*, p. 13.

R. Coulon.

181. ANDRÉ DE OLMOS, franciscain, né aux environs de Ona, diocèse de Burgos, en 1491. Ayant perdu ses parents, il vint résider chez sa sœur mariée à Olmos, et porta le nom de cette ville Après avoir étudié le droit civil et canonique, il prit l'habit de Saint-François, à l'âge de vingt ans, au couvent de Valladolid, dans la province de la Conception. Il s'adonna à l'étude de la philosophie et de la théologie, et devint un prédicateur renommé. Le P. Jean de Zumarraga, inquisiteur en Cantabrie, le prit pour son socius et son coopérateur; il l'emmena avec lui en 1528, quand il fut promu à l'archevêché de Mexico.

Frère André était de petite taille, mais d'une forte complexion, ce qui lui permit de parcourir de grandes étendues de pays, de surmonter d'incroyables difficultés physiques, tout en portant le cilice et se contentant très souvent de racines, de pain et d'eau; son zèle apostolique et la fougue tout espagnole qu'il apportait à convertir les indigènes lui attiraient parfois des persécutions. Les sauvages mirent le feu à sa cabane, un jeudi saint, et essayèrent plusieurs fois de le tuer; mais comme les flèches revenaient sur eux, ils en vinrent à le considérer comme un saint. A la fin de sa vie, il apaisa les Quiquimèques révoltés contre le vice-roi.

En même temps, il explorait les antiquités mexicaines et se renseignait sur les croyances religieuses des tribus qu'il évangélisait. Il enseigna la langue latine aux Indiens dans le collège de Tlaltelolco. A une date antérieure à 1548, il fit représenter à Mexico le mystère du jugement dernier avec des personnages costumés et un tel appareil théâtral que la multitude, pâlissant de terreur, revenait à de meilleurs sentiments. L'archevêque, fr. Jean de Zumarraga, assistait au spectacle, ainsi que le vice-roi Antoine de Mendoza. Brisé de fatigues et de travaux, devenu asthmatique, frère André se retira d'abord au couvent de Mexico et mourut dans celui de Tampico, le 8 août 1571, laissant une grande réputation de sainteté.

Sa connaissance du mexicain, du huaxtèque, du totonaque, lui permit de composer dans ces langues des grammaires et des dictionnaires. En mexicain il composa ou traduisit plusieurs sermons et traités de religion. Son *Arte de la lengua mexicana*, grammaire de la langue nahuatl, composée en 1547, a été publié à Paris avec notes par R. Siméon, en 1875. Les éditeurs des *Cartas de Indias*, Madrid, 1877, ont publié *Carta* [de fr. Andrés]... *al emperador D. Carlos, comunicandole las disposiciones que creia convenientes para la conversion de los Indos de Nuva Espana. Mexico 25 de noviembre de 1556.*

Marcellino da Civezza, *Saggio di bibliografia sanfrancescana*, Prato, 1879, p. 435. — Leclerc, *Bibliotheca Americana*, Paris, 1878, p. 605. — Joannes de Sancto Antonio, *Bibliotheca franciscana*, Madrid, 1732, t. I, p. 67; t. III (n. p.). — Geronimo de Mendieta, *Historia ecclesiastica indiana*, Mexico, 1870, p. 783. — Eguiara y Eguran, *Biblioteca mexicana*, Mexico, 1755, p. 132-137. — Juan de Torquemada, *Monarchia indiana*, Madrid, 1723, t. I, p. 31, 642; t. II, p. 76, 115, 474, 490; t. III, p. 637. — F. de Gonzaga, *De origine seraphicae religionis*, Venise, 1603, p. 1493. — Wadding-Cajetano Michelesio, *Annales minorum*, Quaracchi, 1899, t. XX, p. 140, 374.

Antoine de Sérent.

182. ANDRÉ DE PALAZZAGO ou DE VENISE. Né à Palazzago (aujourd'hui province de Bergame), il devint archidiacre de Turin en 1436, chanoine de Vicence, camérier secret et médecin du pape Eugène IV, qui l'envoya en France en 1435, comme le prouve un bref au cardinal Niccolò Albergati, peut-être au congrès d'Arras, où se traitait la paix entre la France et l'Angleterre, puis, le 19 février 1437, au duc Amédée de Savoie, à l'occasion, sans doute, du concile de Bâle. Dans le *Barber. lat. 1141*, fol. 14, se trouve une lettre écrite par Masseo Vallaresso, archevêque de Zara, le 16 juillet (1451 ?) à un certain Andrea, médecin, qui doit être le même que l'archiatre papal, du moins d'après Marini, car nous n'avons rien trouvé de semblable dans le manuscrit qui porte actuellement ce numéro, peut-être la cote a-t-elle été changée.

Marini, *Degl'archiatri pontificii*, Rome, 1784, t. I, p. 137-141; t. II, p. 123-124, 129. — J. Haller, *Concilium Basiliense*, Bâle, 1903, t. IV, p. 200.

J. Fraikin.

183. ANDRÉ PALÉOLOGUE, despote de Morée et prétendant à l'empire d'Orient (1453-1502), était le fils aîné de Thomas Paléologue, despote de Morée, frère de Constantin XII, dernier empereur de Constantinople. Sa mère était Catherine Zaccaria, fille de Centurione Zaccaria, dernier prince franc de Morée. Après la conquête de la Morée par les Turcs (1460), Thomas, laissant sa femme et ses enfants à Corfou, débarqua à Ancône et fut accueilli par le pape, qui lui assigna une pension. Thomas mourut à Rome, en 1465, au moment où ses trois enfants, André, Manuel et Zoé, venaient le rejoindre. Le cardinal Bessarion les prit sous sa protection; ils continuèrent à recevoir la pension pontificale de 300 écus par mois. Bessarion adressa à leur précepteur un curieux programme d'éducation, qui nous a été conservé par Phrantzès (*P. G.*, t. CLVI, col. 991-998), où il établit le budget de leur maison et leur donne des règles de conduite; il insiste sur la nécessité pour eux de montrer leur attachement à l'Église romaine.

André Paléologue paraît avoir tiré peu de profit de ces leçons; prince déclassé, il ne chercha qu'à battre monnaie avec le passé historique qu'il représentait. A la suite d'une liaison publique avec une courtisane grecque, il se vit retirer la pension que lui servait le pape. Cependant sa sœur, Zoé Paléologue, mariée d'abord à un noble italien, épousa, en 1472, le grand prince de Russie Ivan III. Il semble que ce soit Bessarion qui ait conseillé cette union au pape, afin de gagner un nouvel allié pour ses projets de croisade. André Paléologue alla deux fois visiter sa sœur à Moscou, en 1480 et en 1490 : d'après les chroniques russes, ces deux voyages coûtèrent fort cher à la princesse Sophie (nom qu'elle avait reçu à son couronnement). On s'est demandé si André, devenu le chef de la maison des Paléologues, n'avait pas vendu ses droits à son beau-frère. Aucune trace de cette cession n'a d'ailleurs subsisté soit dans les archives, soit dans les chroniques.

On voit au contraire André Paléologue vendre formellement ses droits sur Constantinople à des princes occidentaux. En 1491, le roi de France, Charles VIII, qui rêvait déjà de lointaines entreprises, le fit venir à Tours et l'on possède deux mandements par lesquels il lui fait payer, une fois 723 livres, une autre fois 350 livres, comme indemnité de ses frais de route. De son côté, André offrit au roi un autour blanc. Puis, en 1494, alors que l'expédition d'Italie allait commencer, le 6 septembre, au moment même où le roi se trouvait à Turin, André Paléologue céda solennellement à Charles VIII ses droits sur l'empire de Constantinople, Trébizonde et la Serbie. L'acte, rédigé par-devant deux notaires, fut remis au cardinal Raymond Péraud, évêque de Gurck. André devait recevoir en échange une pension de 4 300 ducats, un commandement de 100 lances, des terres rapportant 5 000 ducats; le roi lui promettait d'intervenir auprès du pape pour lui faire payer sa pension. Il n'est pas absolument certain que Charles VIII ait ratifié cet acte. Cependant, à son passage à Rome, il déclara à Alexandre VI qu'André Paléologue lui avait cédé ses droits et il fit son entrée à Naples en costume d'empereur d'Orient.

Après la mort de Charles VIII, André Paléologue trouva encore moyen de léguer ces mêmes droits, par testament du 7 avril 1502, à Ferdinand d'Aragon et à Isabelle de Castille. La vente réitérée de ces fameux droits paraît avoir été un de ses principaux moyens d'existence. M. Regel a retrouvé dans les archives du duc d'Albe un « chrysobulle », daté de « la dixième année de son règne » (1483), par lequel André confère à don Pierre Manrique, comte d'Osorno, le droit de porter les armes et les insignes des empereurs de Constantinople, de créer des comtes palatins, d'armer des chevaliers, de légitimer des bâtards, etc. André Paléologue mourut à Rome en 1502.

Rambaud, *Histoire de la Russie*, Paris, 1884, p. 200. — Vast, *Le cardinal Bessarion*, Paris, 1878, p. 322-326. — Pierling, *Le mariage d'un tsar au Vatican*, dans *Revue des questions historiques*, 1887, t. XLII, p. 353-396. — Delaborde, *L'expédition de Charles VIII en Italie*, Paris, 1888, p. 403. — Foncemagne, *Éclaircissements historiques sur l'expédition de Charles VIII en Italie*, dans *Mémoires de l'Académie des inscriptions*, ancienne série, 1751, t. XVII, p. 539 sq. (donne le texte de l'acte de cession, dont la minute est conservée à la Bibliothèque nationale). — W. Regel, *Un chrysobulle de l'empereur André Paléologue du 13 avril 1483*, dans *Vizantijskij Vremennik*, t. I, p. 151-158. — V. Savva, *Les tsars de Moscou et les basileis byzantins*, Charkov, 1901 (en russe).

L. Bréhier.

184. ANDRÉ DE PÉRA ou DE CONSTANTINOPLE, dominicain. A cause de l'identité de nom et de l'époque où il vécut, il est assez difficile d'identifier ce personnage et de le distinguer d'autres qui portèrent le même nom et remplirent les mêmes fonctions. Voir ANDRÉ DE CONSTANTINOPLE, ANDRÉ DE RHODES, ANDRÉ DE PISE. La seule date certaine que nous ayons sur André de Péra est celle de la bulle de son élévation au siège métropolitain de Rhodes ou Colosse (2 mai 1432). Voir *Bullarium ordinis praedicatorum*, t. III, p. 209. L'auteur du Bullaire, trompé par une mauvaise lecture, n'a pas réussi à identifier le siège auquel Eugène IV venait de nommer André, qui dans la bulle porte le nom d'André de Constantinople. Mais comme la bulle nomme son prédécesseur, l'archevêque Boèce, nous sommes autorisés à conclure qu'il s'agit bien du siège métropolitain de Colosse, que l'on désigne quelquefois sous le nom de Rhodes. En effet, Boèce de Tolentino occupa ce siège du 11 mai 1425 jusqu'à sa mort, qui arriva probablement en 1431. Voir Euhel, *Hierarchia cath.*, t. I, p. 198; t. II, p. 148. Ce dernier se trompe sur l'année de l'élection d'André de Constantinople, qu'il fixe en 1431, alors que la bulle porte en toutes lettres la date de 1432. Cf. *Bullar. ord., loc. cit.* Le Quien, *Oriens christianus*, t. III, col. 1051, 1089, a identifié à tort André de Constantinople avec André de Rhodes. Son erreur provient de ce qu'il n'a pas eu la liste complète des évêques de Colosse et, par conséquent, n'y voyant point figurer Boèce de Tolentino, il n'a pu songer à introduire dans cette liste André de Constantinople, distinct d'André de Rhodes. Sur cette distinction il ne saurait subsister aucun doute, puisque, d'une part, nous savons qu'André de Rhodes figure déjà en qualité d'archevêque de Rhodes au concile de Constance et fut nommé par Jean XXIII; d'autre part, nous avons la bulle de nomination d'André de Constantinople en 1432. Mais la présence de Boèce dans les fastes épiscopaux de Rhodes vient détruire tout ce que les auteurs avaient jusqu'ici prétendu de l'activité du premier André de Rhodes. En effet, il est vraisemblable que Boèce fut un de ses successeurs, sinon son successeur immédiat sur ce siège, de sorte qu'il est impossible d'attribuer au successeur de Boèce lui-même ce qui, au contraire, appartient en propre à un de ses prédécesseurs. La succession sur le siège de Rhodes pourrait être ainsi établie : avant 1425, date de l'élection de Boèce, André de Rhodes, dont nous ignorons les dates exactes de l'élévation et de la mort; puis Boèce de Tolentino, mai 1425-1431; enfin André de Péra ou de Constantinople. Si nous distinguons les deux évêques de Rhodes, tous deux dominicains et portant le nom d'André, nous sommes, au contraire, portés à identifier le second avec un certain André de Péra, que des auteurs, en général peu sûrs, nous montrent vivant vers 1422, décoré par anticipation du titre d'archevêque et portant le nom d'André de Péra. Voir Pió, *Huomini illustri di San Domenico*, 2ᵉ part., l. III, col. 4; Cavalieri, *Galleria*, etc., t. I, p. 220.

De plus, il semble que ce soit encore le même qui apparaisse dans Borzino, *Laconismo delle storie liguro-genovesi*, fol. 157, ms., sous cette appellation en apparence contradictoire de *fra Andrea, greco, di Pera, genovese, arcivescovo di Rodi*. Tous ces divers éléments se fondent dans une seule et même personnalité. On sait, en effet, que les Génois formaient à Péra, faubourg de Constantinople, une colonie importante; de là, ces différentes appellations de grec, de génois, aussi bien que celles de Péra et de Constantinople, pouvaient indifféremment être appliquées et convenir au même individu. Mais quelle fut son activité avant la date de 1432 et après? Il semble bien que l'on doive attribuer à cet André de Péra ou de Constantinople, qui du fait même de son élévation à l'épiscopat prenait aussi bien le titre d'André de Rhodes, tout ce que nous avons attribué ailleurs à André de Rhodes lui-même, à dater de 1432. C'est donc à lui que reviendrait l'honneur d'avoir lutté au concile de Florence contre Bessarion et d'avoir ensuite apaisé les dissensions entre grecs et latins dans l'île de Chypre. Ce n'est qu'avec discrétion que nous osons porter un jugement catégorique, mais qui nous paraît d'ailleurs suffisamment fondé. En effet, nous savons que la carrière d'André de Péra se prolongea encore quelques années. Il quitta le siège de Rhodes pour celui de Nicosie, toujours dans l'île de Chypre, en 1447, et son successeur n'est nommé qu'en 1458, qui est l'année approximative de sa mort. Or, si nous nous rappelons que le premier André de Rhodes était déjà archevêque en 1416, il est difficile d'admettre qu'il ait pu fournir une carrière aussi longue, et surtout avoir été chargé jusqu'au bout de missions qui exigeaient une très grande lucidité d'esprit, en même temps qu'une volonté très ferme, ce qu'il est bien difficile de supposer chez un homme qui aurait été plus que nonagénaire. Nous devons en outre mentionner que certains auteurs tels que Bzovius, Altamura, Fernandez, suivis par d'autres écrivains, prétendent qu'André de Rhodes était déjà archevêque en 1380. Dans cette hypothèse, il est clair qu'il y a lieu d'admettre un autre personnage du même nom. De plus, en faveur de l'opinion qui nous paraît de beaucoup la plus vraisemblable et qui est pour le dédoublement de l'archevêché de Rhodes, nous devons faire remarquer que, dans les actes des conciles de Constance et de Bâle, l'adversaire de Bessarion signe *fr. Andreas de Petra*, ce qui doit s'entendre de Péra. Une dernière difficulté que l'on peut faire, c'est qu'en 1426, selon Raynaldi, *Annales*, ad ann. 1426, n. 22, Martin V charge André de Rhodes d'une mission à Constantinople; or à cette date le siège de Rhodes était déjà occupé par Boèce de Tolentino. Mais comme nous savons que Boèce de Tolentino devint archevêque de Rhodes vers cette même époque approximativement, il pourrait se faire que l'ambassade ait coïncidé avec la mort d'André. Nous ne savons pas, en effet, ce qu'il devint après cette légation : le siège de Rhodes, d'une part, est occupé par Boèce et en 1432 nous avons l'élection d'André de Péra.

Vigna, *I vescovi domenicani liguri*, Gênes, 1887, p. 122-130. — *Bullar. ord.*, Rome, 1731, t. III, p. 200.

R. COULON.

185. ANDRÉ DE PÉROUSE, franciscain, missionnaire, évêque de Zaithoun en Chine, mort vers 1330. Lorsque Clément V nomma, le 23 juillet 1307, le frère mineur Jean de Montecorvino premier archevêque de Cambaluk (Pékin) en Cathay (Chine), il lui donna, le même jour, six de ses confrères comme évêques suffragants, à savoir André de Pérouse, Nicolas de Bantla, Gérard Albuini, Ulric de Seyfriedsdorf, Peregrino de Castello et Guillaume de Villeneuve. Ce dernier ne semble pas être allé en Chine. Nicolas et Ulric périrent en chemin, en Chine, avec leur compagnon Andreuccio d'Assise. Les trois autres parvinrent à Pékin, où il consacrèrent Jean de Montecorvino. Celui-ci, qui avait le droit de disposer de ses suffragants, érigea le siège épiscopal de Zaithoun, dont Gérard devint le premier titulaire. Mais Gérard étant mort bientôt, Peregrino lui succéda pour succomber en 1323. Ce fut alors André de Pérouse qui occupa le siège. Déjà, du vivant de Peregrino, celui-ci y avait fait construire avec le soutien de l'empereur, très favorable aux chrétiens, une magnifique église et un grand couvent. Nous avons d'André une lettre qu'il écrivit au gardien de San Francisco al Prato à Pérouse, en janvier 1326, dans Wadding, *Annal. min.*, ad. ann. 1326, n. 2, Rome, 1733, t. VII, p. 53 sq. Il y dit que beaucoup de Chinois (ou Tartares) se convertissaient à la vraie foi, sans pourtant persévérer dans leur première ferveur. André sera mort vers 1330.

Eubel, *Bull. francisc.*, Rome, 1898, t. x, n. 86, 112, 176; *Hierarchia cathol. medii aevi*, 1913, t. I, p. 159. — Marcellino da Civezza, *Storia delle missioni francescane*, Rome, 1859, t. III, p. 169 sq. — Kunstmann, dans *Historich-politische Blätter*, Munich, 1856, t. XXXVII, p. 225 sq. — G. Golubovich, *Biblioteca bio-bibliogr. della Terra Santa e dell' Oriente francescano*, Quaracchi, 1906, p. 302 sq.; t. II, p. 115 sq. — Gröteken, dans *Pastor Bonus*, Trèves, 1908, t. XXI, p. 103 sq.

M. BIHL.

186. ANDRÉ DE PÉROUSE, franciscain (et non pas dominicain), mort en 1345. Il avait étudié à Paris, et il y avait lu les Sentences, lorsque Jean XXII ordonna, le 15 septembre 1332, de le faire docteur. Le 3 septembre 1342, Benoît XII le préconisa évêque de Gravina, dans la Pouille. D'après son testament, dressé le 23 juillet 1342, il avait écrit sur la *Genèse*, sur *neuf psaumes*, sur la messe, sur les *principes de la théologie* et *autres questions*. Il est l'auteur d'un traité *De potestate papae* ou *Contra edictum Bavari*, c'est-à-dire contre le décret de Louis de Bavière (18 avril 1328), où Louis déclarait Jean XXII déchu de la papauté. Rich. Scholz, *Unbekannte kirchenpolitische Streitschriften aus der Zeit Ludwigs des Bayern (1327-1354)*, Rome, 1914, t. II, p. 64-75, a publié des extraits de cet écrit, composé en 1328 sur la demande du cardinal Jean Gaetani, légat en Toscane, contre les menées de l'empereur Louis IV, de Bavière.

Sbaralea, *Suppl. ad script. ord. min.*, Rome, 1806, p. 36; 1908, t. I, p. 38. — Eubel, *Bullar. franc.*, Rome, 1898, t. V, n. 993; 1902, n. 222; *Hierarchia medii aevi*, 1913, t. I, p. 268. — Denifle-Chatelain, *Chartul. univ. Paris*, 1891, t. II, n. 401, où il est dit clairement que Quétif-Échard, *Script. ord. praed.*, t. I, p. 567, en ont fait à tort un dominicain. — Scholz, *op. cit.*, t. I : *Analysen*, Rome, 1911, p. 28-30; t. II : *Texte*, Rome, 1914, p. 64-75, 577.

M. BIHL.

187. ANDRÉ DE PÉROUSE. Voir ANDRÉ CATRANI, col. 1651.

188. ANDRÉ DE PESCHERIA (Bienheureux), apôtre de la Valteline, naquit au commencement du XVe siècle à Pescheria, sur les bords du lac de Garde, au diocèse de Vérone. Son nom de famille était Greco et non Mazzata, comme l'ont prétendu quelques auteurs. Cf. Ag. Maria Chiesa, *Vite di alcuni beati*, p. 15. André prit l'habit dominicain au couvent de Brescia, nous ne savons exactement en quelle année. Il fut envoyé ensuite au couvent de San Marco à Florence pour y faire ses études; il se trouva placé sous la direction de fra Antonio Chiesa, mort en 1459 et plus tard béatifié par Pie VII. Le bienheureux Benigo de Medici, depuis 1404, évangélisait la Valteline et les pays voisins; il intéressa à ses travaux apostoliques son ami, le P. Dominique de Pise, du couvent de San Marco de Florence, et celui-ci à son tour s'associa fr. André Greco pour aller prêcher dans ces régions. En quelle année commença-t-il son apostolat, nous ne le savons pas exactement. Pour avoir un centre de vie religieuse, en ces pays, et surtout pour y amener quelques missionnaires de plus, André obtint de la communauté de Morbegno l'établissement dans cette ville d'un couvent de prêcheurs. Le bref de fondation accordé par Calixte III est de 1456, à la demande de François Sforza, duc de Milan et protecteur de la Valteline; l'érection du couvent est de 1457 et, bien que dès le commencement il ait été placé sous le vocable de Saint-Pierre-Martyr, à raison d'une église voisine, qui fut adjointe au couvent, et nommée Sant' Antonio, le couvent lui-même ne fut plus connu que sous le nom de Sant' Antonio. Après avoir ainsi pourvu aux besoins spirituels de la Valteline, fr. André reprit ses courses apostoliques, parcourant la Rhétie et la Suisse. Dans le canton des Grisons, il fonda le couvent de Coire, qui passa dans la suite aux calvinistes. Tout en prêchant, surtout vers la fin de sa vie, en dehors de la Valteline, fr. André y revenait cependant plusieurs fois par an pour y entretenir les conversions. Il y a discussion sur la date de sa mort. Quelques auteurs la placent en 1480, s'autorisant de l'épitaphe gravée sur sa tombe en 1497. D'autres le font mourir en 1485. Les éditeurs de l'*Année dominicaine*, Lyon, 1883, janvier, p. 601, optent pour 1480, en se basant sur l'épitaphe. Il nous semble plus exact de placer la mort du bienheureux vers le 17 ou 18 janvier 1485. En effet, Agostino-Maria Chiesa, qui nous a laissé une vie de fr. André, a pu consulter les livres de comptes du couvent de Morbegno, où s'était retiré le grand missionnaire. Or, à la date du 16 janvier 1485, il y est fait encore mention de fr. André comme vivant, tandis que, le 19 de ce même mois, on note la cire achetée pour les funérailles du bienheureux. Cf. Chiesa, *op. cit.*, p. 51. Fr. André fut aussitôt l'objet d'un culte spécial. En 1497, on lui éleva un monument dans la chapelle Saint-Roch de l'église Sant' Antonio de Morbegno. Peu à peu cependant, dans la fureur de la propagande calviniste en ces contrées, le culte du bienheureux André diminua, sans pourtant disparaître (cf. Chiesa, *op. cit.*, p. 61 sq.), tandis qu'il devenait plus populaire à Pescheria, sa patrie. A la suite d'un vœu fait au bienheureux André, en 1630, par le syndic de Morbegno pour éloigner du pays le fléau de la peste, on procéda en 1641 à une nouvelle translation de ses ossements. Pie VII a approuvé le culte du bienheureux par un bref du 23 septembre 1820. Sa fête se célèbre dans le bréviaire dominicain le 19 janvier.

Acta sanctor., maii t. IV, p. 627-630, relation du P. Lattanzio Guarinoni. — Ag.-Maria Chiesa, *Vite di alcuni beati i quali spesero santamente il loro giorni a beneficio della Valtelina*, Milan, 1752, p. 13-85. Cet ouvrage renferme un grand nombre de rectifications documentées. — *Année dominicaine*, Lyon, 1883, janvier, p. 599-603, ne paraît pas avoir connu Chiesa et par conséquent est à corriger. — Léand. Alberti, *De viris illustribus ord. praed.*, Bologne, 1517, fol. 248 v°. — Arch. gen. de l'ordre à Rome, *Vib. A.* fol. 58.

R. COULON.

189. ANDRÉ PICTORIS (*Painter, Panter?*), vicaire de Kirkbean (comté de Kirkendbright?) et chanoine de Kirkwall, fut nommé évêque d'Orkney le 12 février 1477. Le 28 avril 1478, le roi Jacques III d'Écosse lui loua les domaines royaux situés dans les Orcades et le Shetland, et lui confia le château de Kirkwall, dont la possession fut transférée plus tard à Henri, baron de Sinclair.

Le 10 octobre 1490, le roi Jacques IV, qui voulait récompenser les services qu'avait rendus André à son père et à sa mère, l'investit de pleins pouvoirs féodaux sur les terres de l'église des Orcades. Le 8 avril 1498, Édouard Stewart fut nommé évêque coadjuteur *cum jure successionis* de l'évêque André.

Jacques IV confirma trois fois, en 1501-1503, son don de droits féodaux à André. En 1502, le roi ordonna au gouverneur des Orcades d'empêcher Guillaume Sinclair d'administrer les terres et les dîmes qui appartenaient à André, évêque des Orcades, et à Édouard, son coadjuteur et successeur. André mourut entre 1503 et 1509.

Brady, *Episcopal succession in England, Scotland, and Ireland A. D. 1400 to 1875*, Rome, 1876, t. I, p. 150. — Dowden, *Bishops of Scotland*, Glasgow, 1912, p. 262-263.

A. TAYLOR.

190. ANDRÉ PIERRE, évêque espagnol († 1226). D'abord trésorier et doyen d'Astorga, il fut nommé évêque de ce diocèse vers la fin de 1205. Bien que consacré vraisemblablement le 8 décembre de cette même année, il attendit, pour célébrer sa première messe, le 2 février de l'année suivante. Il s'occupa aussitôt d'accroître les revenus du diocèse. Il obtint que le roi lui cédât, par trois donations successives, les hameaux de Cigarrosa et de Puente de Peña, le château de Fresnedelo, l'église de Santa Olalla de Finolledo, toutes les églises qui se construiraient sur les terres de Viana, de Robleda, de Ponferrada et de Laguna del Paramo. En même temps il engageait, en cour de Rome, une action en revendication contre l'archevêque de Braga, qui détenait les églises d'Aliste et de Braganza, construites sur le territoire d'Astorga. Le pape Innocent III chargea, le 28 mars 1206, le doyen et quelques membres du chapitre de Santiago de connaître de cette affaire. L'année suivante, des lettres du même pape firent restituer à l'évêque la dîme du sel de Lampreana et l'hôpital de Sancho Ordono, passés entre les mains de l'abbé de Moreruela. Enfin il acquit, par des achats et des donations particulières, le hameau de Rodegatos, les églises de Friera et de Carocedo et le château de San Cristobal de Cepeda. Par reconnaissance pour le roi, André Pierre mit à son service une troupe qu'il équipa de ses deniers et dont il prit le commandement, et accompagna l'armée royale dans deux expéditions contre les Maures d'Extramadure. C'est ainsi qu'on le trouve au siège de Cacérès. Il assista au quatrième concile de Latran en 1215. Il mourut en 1226, peu après avoir fait son testament, où il distribue en œuvres pies la totalité de ses biens.

Eubel, *Hierarchia*, 1913, t. I, p. 114. — Florez, *España sagrada*, Madrid, 1762, t. XVI, p. 225-231.

P. SICARD.

191. ANDRÉ DE PISE, dominicain de la première partie du XV° siècle, et dont la véritable identité, malgré les charges importantes qui lui sont attribuées, ne nous semble pas nettement établie. Fontana, dans son *Syllabus magistrorum S. palatii*, p. 103, le donne comme un des personnages très en vue de son temps. Il aurait été prieur du couvent de Sainte-Catherine de Pise, mais nous n'avons pu découvrir nulle part un acte l'attestant. De même, on dit qu'il aurait exercé la charge importante de provincial de la province romaine, mais la date de 1420 proposée ne paraît pas heureuse, car nous savons qu'à cette même date fut élu, au chapitre provincial de Città di Castello, le procureur général de l'ordre, fr. Giovanni de Afragola. Il est vrai qu'à cette époque règne une grande obscurité sur la chronologie des chapitres provinciaux et aussi sur la personne des élus. Cf. *Series chronologica priorum qui Romanae ordinis praedicatorum provinciae... praefuerunt ex authenticis synchronisque documentis digesta*, Pérouse, 1856. L'auteur (Masetti) de cette brochure anonyme range, p. 17, fr. André parmi les provinciaux douteux. Lorsque le concile de Constance se réunit (1416), fr. André, dit-on, y accompagna le maître général de l'ordre, Léonard Dati. Nous n'avons pas de détails sur la part qu'il put avoir dans les congrégations ou même s'il en eut quelqu'une. Après le concile, Martin V, au dire de Catalani (*De magistro sacri palatii apostolici*, Rome, 1751, p. 86), aurait appelé fr. André de Pise à succéder à Giovanni Casa dans la charge de maître du sacré palais, en 1424. Il y serait demeuré jusqu'en 1429, date à laquelle il aurait été promu à l'évêché de Sutri (28 février). C'est encore là une affirmation difficile à soutenir. En effet, dans la bulle de nomination d'un certain *Lucas Rubeus de Tartarinis*, au siège de Sutri, 13 novembre 1430, il n'est nullement fait mention de fr. André, mais le nouvel évêque est dit succéder à Dominique d'Anglone, transféré au siège de Montefiascone. Il n'y a donc pas place pour notre dominicain parmi les évêques de Sutri. Ce siège d'ailleurs fut uni à celui de Nepi, dès 1435. Une autre difficulté surgit, qui nous fait même discuter son titre de maître du sacré palais, du moins qui nous empêche de le lui conserver après 1426. En effet, le 9 mai de cette même année, Martin V nomme maître du sacré-palais fr. André, non pas de Pise, mais de Constantinople, pour succéder à fr. Giovanni de Casanova, nommé évêque de Vicence. On pourrait se demander si fr. André de Pise ne serait pas un dédoublement de fr. André de Constantinople; d'autre part, nous ne sommes pas éloigné de penser que plusieurs traits qui conviennent en propre à fr. André de Rhodes ont été attribués à fr. André de Constantinople. Voir les notices sur ces deux personnages. Fontana, *De Romana provincia*, p. 320, prétend que fr. André de Pise, après avoir occupé pendant trois années le siège de Sutri, mourut dans cette ville et fut enterré dans sa cathédrale. Nous avons vu ce qu'il en faut penser.

Vinc. M. Fontana, *Syllabus magistrorum S. palatii apostolici*, Rome, 1663, p. 103. Il se réfère aux Reg. de Martin V, mais où il est question d'André de Constantinople; *De Romana provincia ordinis praedicatorum*, Rome, 1670, p. 320; *Sacrum theatrum dominicanum*, Rome, 1666, p. 302. Il ne fait que se répéter. — Catalani, *De magistro sacri palatii apostolici*, Rome, 1751, p. 86. — Ughelli, *Italia sacra*, t. I, p. 1276. — Cavalieri, *Galleria*, etc., Bénévent, 1696, t. I, p. 227. — Brémond, *Bullar. ordinis praed.*, Rome, 1730, t. II, p. 708. Noter que tous ces auteurs confondent ces divers personnages.

R. COULON.

192. ANDRÉ PLACUS, franciscain, exégète, †1548. D'après ses propres indications, il est né à Mayence, et probablement de la vieille famille Plac de cette ville. C'est là qu'il semble avoir fait ses études, l'université de Mayence étant assez célèbre à cette époque. Il prit l'habit religieux chez les observants de la province de Cologne; en 1527, il était au couvent de Limbourg (sur la Lahn). Le 13 décembre de la même année, il entra en relations épistolaires avec Frédéric Nausea, le célèbre et éloquent prédicateur de la cathédrale de Mayence. De Limbourg il vint à Coblenz, où il prépara pour l'impression son *Lexicon biblicum*, dont la préface est datée de cette ville, le 8 septembre 1536. Il le publia sur les instances de son célèbre confrère Nicolas Ferber (de) Herborn (Stagefyr). Il était alors vicaire du couvent de Coblentz; il mourut au monastère de Brauweiler, près de Cologne, où il se trouvait en raison d'une quête. Il publia : *Lexicon biblicum sacrae philosophiae candidatis elaboratum cum opportuna obscuriorum locorum interim locorum explicatione*, Cologne, 1536, in-fol. de 210 et 16 feuilles. Il contient d'abord un *Elenchus omnium vocabulorum hoc in dictionario contentorum*, avec renvois aux passages, où ils sont expliqués dans le corps de l'ouvrage, qui est un bref commentaire de l'Écriture sainte. La deuxième édition parut à Cologne, en 1543, in-fol. de 26 et 262 feuilles : *Lexicon biblicum... opus diligenter recognitum et recens locupletatum*. Les protestants en firent paraître une réimpression à Bâle, s. d. (vers 1559), et ceci a valu à notre franciscain d'être désigné, par Le Long, comme : *Andr. Placus, Germ. Mogunt. calvinista!* Son *Tractatus de accentibus... Hebraicis* fait aussi partie du *Lexicon biblicum*. Après sa mort, furent encore publiés de lui : *Jonas latine, ex versione Andreae Placi*, in-8°, 12 fol., Vienne (Autriche); ce livre contient encore ses courtes *Institutiones grammaticales Hebraicae*; — *Difficiliorum et Graecarum et Hebraicarum omniumque peregrinarum dictionum in Geneseos libro interpretatio*, Bâle, s. d. (vers 1559), in-8° de 7 et 157 p. Il contient : 1° p. 1-7, *Brevis institutio de accentibus hebraicis* (voir plus haut); 2° p. 1-32, *In epist. divi Hieronymi ad Paulinum explicatio*; 3° p. 33-41, *Genuina praefationis divi Hieronymi in Pentateuchum... expositio*; 4° p. 42-157, *Expositio vocabulorum quorumdam super Genesim*.

Fr. Falk, *Das Bibellexikon des Andreas Placus*, dans *Pastor bonus*, Trèves, 1898-1899, p. 126-130, article reproduit dans Fr. Falk, *Bibelstudien, Bibelhandschriften und Bibeldrucke in Mainz*, Mayence, 1901, p. 175-181. — Patr. Schlager, *Geschichte der Kölnischen Franziskaner-Ordens Provinz während des Reformationszeitalters*, Ratisbonne, 1909, p. 221-326. — Sbaralea, *Supplementum ad scriptores ord. min.*, Rome, 1806, p. 37; 1908, t. I, p. 39. — *Epistolarum ad Fredericum Nauseam libri X*, Bâle, 1550, p. 48 sq.

M. BIHL.

193. ANDRÉ DE PLAISANCE, moine à Lérins dont il fut fait abbé, le 4 août 1447. Il eut à maintenir ses droits contre un concurrent, nommé Guillaume Vayssière. En 1563, il fit dresser dans un chapitre solennel des statuts importants et, en 1457, il siégea au concile d'Avignon comme abbé de Lérins. Le 26 octobre 1463, Pie II le nomma évêque de Sisteron. André prit possession par procureur le 10 juin 1465 et, le 10 avril 1470, eut lieu l'hommage et serment de fidélité que l'évêque alla faire à Marseille au roi René. Il dut donner sa démission en 1477 et il mourut en 1480. Les moines de Lérins avaient établi un anniversaire en sa faveur et en reconnaissance des services rendus à l'abbaye et, en particulier, d'une peinture au grand autel représentant la vie de leur fondateur.

Albanès, *Gallia christiana novissima*, Montbéliard, 1899, t. I, col. 749-750. — Eubel, *Hierarchia*, t. II, p. 263. — Moris, *L'abbaye de Lérins*, Paris, 1909, p. 206-207.

U. ROUZIÈS.

194. ANDRÉ DE PORTA MOSELLAE, dominicain, appartenait au couvent de Metz. Le 27 octobre 1380, il fut nommé par Urbain VI évêque titulaire de Gabala, en Syrie, et suffragant de l'évêque de Metz. Il mourut le 8 décembre 1381 et fut enterré dans l'église de son ordre, à droite du sanctuaire. Échard, *Scriptores ordinis praedicatorum*, t. II, p. 64, dit qu'il eut pour successeur dans le même titre épiscopal un certain *Martinus*, auquel aurait succédé fr. *Martinus de Amantia*, lui aussi du couvent de Metz, inquisiteur pour les diocèses de Metz, Verdun, Toul et Besançon. D'après Échard toujours, *Martinus de Amantia* serait mort le 21 octobre 1409. Il ne semble pas qu'il y ait lieu de donner à André deux successeurs du nom de Martin; Martin de Amantia succéda directement à fr. André. Cf. Eubel, *Hierarchia medii aevi*, 1913, t. I, p. 257.

Échard, *Scriptores ordinis praedicatorum*, Paris, 1719, t. I, dans l'*Ind. episcoporum*, p. 22, d'après les chroniques du couvent de Metz; t. II, p. 64, et dans les *addenda*, p. 997. — *Bullar. ordinis*, Rome, 1730, t. II, p. 303.

R. COULON.

195. ANDRÉ DE RATISBONNE, chroniqueur, dont la vie ne nous est connue que par ce que nous en apprennent ses écrits. Né dans le dernier quart du

XIVᵉ siècle, il reçut sa première éducation à Straubing et entra en 1401 (non 1410) chez les chanoines réguliers de Saint-Magne (ou Saint-Mang) à Ratisbonne. Ordonné prêtre en 1405, il mena une vie de retraite et d'études et ne semble avoir quitté son couvent qu'une seule fois, lorsque, en 1431, il alla à Straubing et y plaida avec succès, devant le duc Ernest de Bavière, les intérêts de ses confrères et de leur monastère.

En 1422, il avait terminé une chronique générale ou *Chronica pontificum et imperatorum romanorum*. Il en fit encore la même année un extrait sous le titre de *Compendium de conditione civitatis Ratisponensis et de diversis haereticis*. Vers le même temps, il commença à mettre en ordre les notes et les matériaux qu'il avait recueillis sur le concile de Constance. Il ne voulait pas présenter un récit complet et suivi des événements, mais plutôt un recueil de documents. Aussi ne peut-on pas le ranger au nombre des chroniqueurs proprement dits du concile, auquel d'ailleurs il n'avait jamais assisté. Son ouvrage *Concilium Constantiense* est une de ces compilations d'actes et de documents, comme cette époque en connaît un assez grand nombre, mais elle l'emporte de beaucoup sur les recueils similaires par le nombre et la valeur des documents insérés. Elle est divisée en sept parties, dont la Vᵉ et la VIᵉ contiennent dix sermons et neuf traités de divers auteurs, très importants pour l'histoire du concile. Un recueil assez semblable, mais de moindre étendue, est la « Chronique des hussites » (*Chronica husitarum*), commencée en 1421 et terminée en 1428, à laquelle il donna en 1430 un supplément sous le titre de *Dialogus de haeresi Bohemica*. Ces diverses productions lui attirèrent la bienveillance spéciale du duc de Bavière-Ingolstadt, Louis le Barbu, qui lui proposa de rédiger la chronique des ducs de Bavière. La *Chronica de principibus terrae Bavarorum* nous donne l'histoire de la Bavière depuis les origines jusqu'en 1427. André lui-même en fit, en 1428, une traduction en allemand et continua le texte latin jusqu'en 1436. Cette chronique servit longtemps de base aux chroniqueurs ultérieurs de la Bavière. La chronique générale reçut une double continuation, d'abord dans le *Diarium sexennale a 1422 ad 1427*, puis dans d'autres notes chronologiques allant jusqu'en août 1438. Il est certain que la mort a dû, peu de temps après, mettre un terme à l'activité littéraire d'André. On peut regarder comme un supplément à son « Concile de Constance » le *Concilium provinciale*, dans lequel il a réuni les actes du concile provincial de Salzbourg (novembre 1418) et du concile de Ratisbonne, du 15 au 16 mai 1419. André nous dit lui-même que, pour ses chroniques, il « prit les fleurs » chez les chroniqueurs les plus anciens. Il est avant tout compilateur et a beaucoup de valeur à cause des sources utilisées. Mais il ne sait pas faire la critique de ses sources; il s'aperçoit bien que parfois elles sont en contradiction entre elles, mais il laisse au lecteur le solution de la difficulté. Il montre un amour sincère de la vérité et évite d'écrire uniquement pour faire des phrases.

La Chronique générale fut imprimée deux fois la même année, d'abord par B. Pez, *Thesaurus anecdotorum*, Augsbourg, 1723, t. IV, part. 3, p. 273-636, et par J.-G. Eccard, *Corpus historicorum medii aevi*, Leipzig, 1723, t. I, p. 1931-2176. La Chronique latine des ducs de Bavière, avec une continuation par Léonard Panholz, jusqu'à 1486, fut publiée par M. Freher, à Amberg. 1602; réimprimées dans Boecler, *Historia rerum Friderici III imp.*, Strasbourg, 1685, et dans Schiller, *Scriptores rerum Germanicarum*, Strasbourg, 1702, et 1705 (les éditions d'Amberg, 1604, 1611, 1702, et de Hanau, 1604 et 1607, nommées dans certaines bibliographies, n'existent pas). Oefele publia dans le 1ᵉʳ vol. des *Rerum Boicarum scriptores* (1763) ce qu'il trouva alors des œuvres d'André. Enfin une édition complète a été publiée par G. Leidinger, *Andreas von Regensburg, Sämtliche Werke*, dans les *Quellen und Erörterungen zur Bayer. und Deutschen Geschichte*, gr. in-8°, cxx et 723 p., Munich, 1903.

Dans l'introduction, M. Leidinger donne une étude complète sur la vie et les œuvres d'André, sur les nombreux manuscrits, etc. — Voir encore *Allgemeine deutsche Biographie*, Leipzig, 1875, t. I, p. 448-449. — Jos. Wahl, *Andreas von Regensburg* (thèse de doctorat), Eltville-sur-le-Rhin, 1882.

G. ALLMANG.

196. ANDRÉ DE RATISBONNE, moine à Saint-Emmeram, un des auteurs dont Jean Trithemius dit avoir profité pour la rédaction de ses *Annales d'Hirschau*, n'est autre que le chroniqueur André ci-dessus.

Trithemius, *Annalium Hirsaugensium*, Saint-Gall, 1690, t. I, dans la préface.

G. ALLMANG.

197. ANDRÉ DE RECANATI, évêque intrus. D'après Herrera et Torelli, il était prieur du couvent des augustins de Recanati. Sa mauvaise conduite lui attira des châtiments sévères de la part de ses supérieurs, et le P. Alexandre de Saint-Elpidio, prieur général des augustins, le fit mettre en prison dans un monastère. Il réussit à obtenir sa délivrance et à s'établir à Rome. Le 6 janvier 1328, Louis de Bavière entra à Rome, déposa Jean XXII, et lui donna comme successeur l'antipape Nicolas V (Pierre Corbara). André fut nommé évêque de Recanati, mais il ne put prendre possession de son siège.

Herrera, *Alphabetum augustinianum*, Madrid, 1644, t. I, p. 38. — Torelli, *Secoli agostiniani*, Bologne, 1678, t. V, p. 440-441. — Calcagni, *Memorie istoriche della città di Recanati nella Marca d'Ancona*, Messine, 1711, p. 132. — Vogel, *De ecclesiis Recanatensi et Lauretana earumque episcopis commentarius historicus*, Recanati, 1859, t. I, p. 117-121.

A. PALMIERI.

198. ANDRÉ DE RHODES, dominicain, appelé quelquefois aussi André de Constantinople ou encore André de Péra, fut un des personnages marquants des conciles de Constance, de Bâle et de Florence.

Voir ANDRÉ DE CONSTANTINOPLE, col. 1654; ANDRÉ DE PÉRA, col. 1688; ANDRÉ DE PISE, col. 1692.

Nous ne savons rien de ses origines, si ce n'est qu'il était grec de nation et issu de parents schismatiques. Après de brillantes études, soit en grec soit en latin, il se passionna vite pour les questions religieuses, et la connaissance très étendue qu'il avait acquise des Pères de l'une et l'autre langue lui permit de se convaincre bientôt que l'Église grecque n'était que le fruit d'un schisme et d'une hérésie. André se convertit et entra dans l'ordre de Saint-Dominique. Nous ne savons d'une manière positive ni quand ni où; mais tout porte à croire que ce fut au couvent dominicain de Péra et vers le début du grand schisme d'Occident. Dans ce même couvent de Péra, se trouvait à peu près vers le même temps le célèbre Manuel Calecas, lui aussi converti et dominicain. Cf. Échard, *Scriptores ordinis praedicatorum*, t. I, p. 718-720; Krumbacher, *Geschichte Byzant. Litt.*, p. 110-111. Calecas ayant publié contre le schisme grec, après son entrée en religion, un certain nombre d'ouvrages, peut-être ne fut-il pas étranger à la conversion d'André. Sylvestre Syropoulos, dans son histoire du concile de Florence, éditée par l'Anglais Robert Creyghton, La Haye, 1660, sous ce titre : *Historia vera unionis non verae inter Graecos et Latinos*, rapporte, sect. II, cap. V, qu'André, après sa conversion, versé comme il l'était dans toutes les sciences des grecs, s'appliqua de tout son pouvoir à attirer à l'Église latine d'autres de ses compatriotes. Quoi qu'il en soit, fr. André fut nommé archevêque de Rhodes, dans l'île du même nom, vers 1413, par Jean XXIII, et ce fut en cette qualité qu'il prit part au concile de Constance, qui devait se réunir peu après. Dans la vingtième session, tenue le 4 février 1416, il souscrivit au concordat ou capitulation de Narbonne, tant en son nom qu'en celui de l'empereur Sigismond, en vue de briser la résistance de Benoît XIII et d'amener ses partisans à se réunir aux autres prélats pour former un concile vraiment général. Cf. Mansi, *Sacror. concil. ampl. collect.*, t. XXVII, col. 811; t. XXVIII, col. 224. L'empereur Manuel et son fils, déjà associé au trône, avaient envoyé au concile de Constance des ambassadeurs pour y traiter de l'union des Églises, dans le but surtout d'obtenir des latins des secours contre les Turcs. André se lia beaucoup avec Eudémon, l'un des ambassadeurs, il s'efforça de tout son pouvoir de lui concilier la bienveillance du nouveau pape, Martin V. Celui-ci envoya plusieurs légats à Constantinople. L'archevêque de Rhodes fut chargé d'une mission semblable, que Raynaldi place en 1426, *Annales*, ad annum 1426, n. 22. Cette ambassade ne paraît pas avoir eu de résultat bien positif pour la cause de l'union. Il semble qu'il soit rentré dans son diocèse et qu'il y ait demeuré jusqu'en 1431 ou 1432. En effet, le concile de Bâle s'était ouvert en 1431, puis avait été dissous par une bulle d'Eugène IV, du 18 décembre de la même année. On sait comment un certain nombre de Pères du concile entendirent le continuer, malgré la défense pontificale. Eugène IV leur envoya une ambassade composée de quatre légats. A leur tête se trouvait André de Rhodes, puis, avec lui, Jean, archevêque de Tarente, Bertrand, évêque de Maguelone, et Antoine, auditeur des causes du sacré-palais. Ils parurent ensemble devant le concile, mais André de Rhodes fut seul à porter la parole. Il le fit dans l'assemblée du 23 août. Pour obtenir la soumission des rebelles au pape, il fit surtout ressortir la cause de l'union des Églises, qui était au plus haut point dépendante du triomphe de l'unité et de l'obéissance au sein même de l'Église latine. Voir son discours dans Mansi, *op. cit.*, t. XXIX, col. 468-481. Il ne put rien obtenir des Pères de Bâle, mais ceux-ci, pour lui marquer leur déférence, voulurent de leur côté le choisir pour leur légat à Constantinople, afin d'y traiter au nom du concile de la cause de l'union. Naturellement il refusa. Fontana (*Sac. theatrum domin.*, p. 378) suppose qu'André de Rhodes demeura à Bâle et prit part aux travaux généraux du concile jusqu'à la XXV° session et qu'il ne serait revenu près d'Eugène IV qu'en septembre 1437; mais il paraît plus plausible d'admettre avec Échard que, sa mission achevée, il revint en Italie dès 1432. En effet, à partir de cette époque, les actes du concile ne font plus mention de lui. Nous le retrouvons à Florence, où le concile inauguré à Ferrare, le 8 janvier 1438, devait être transféré après la seizième session. L'ouverture du concile de Ferrare eut lieu le 9 avril 1438. En attendant les princes occidentaux et aussi les Pères du concile de Bâle, on décida de discuter, en congrégations, entre grecs et latins, de l'union des Églises et des points controversés. De part et d'autre, on forma une commission composée de dix membres. Du côté des grecs, les deux plus en vue furent Marc d'Éphèse et Bessarion de Nicée; du côté des latins, le cardinal Julien Cesarini et notre archevêque de Rhodes. Quatre questions surtout firent l'objet des discussions : 1° la procession du Saint-Esprit; 2° la question des azymes; 3° celle du purgatoire; 4° celle de la primauté du pape. H. Vast, *Le cardinal Bessarion (1403-1472)*, Paris, 1878, p. 63 sq.

DICT. D'HIST. ET DE GÉOG. ECCLÉS.

André de Rhodes parla après Bessarion dans la session du 8 octobre. Cf. Raynaldi, *Annal. eccl.*, t. CVIII, n. 113. Dans la session du 4 octobre, il avait relevé l'accusation portée par Marc d'Éphèse contre l'Église romaine d'avoir négligé de promouvoir la paix. Mais c'est surtout dans les discussions sur le *Filioque* qu'André de Rhodes, dans les sessions des 20 et 25 octobre, eut à défendre le sentiment de l'Église latine. Il le fit : 1° en montrant que, contrairement à ce que les grecs avançaient, l'addition du *Filioque* au symbole des apôtres n'avait pas été la cause de la division des Églises, puisque cette addition se trouvait déjà avant le quatrième concile. Il le montra en alléguant une lettre de l'abbé Maxime à Marin, prêtre de Chypre. 2° André de Rhodes montra que ce que les grecs appelaient une addition n'était qu'une simple explication de ce qui est contenu dans le principe, à l'exemple du premier concile général de Constantinople, qui avait ajouté quelques termes au concile de Nicée pour expliquer la doctrine de l'Église touchant la divinité du Saint-Esprit. 3° Notre archevêque répondit ensuite aux raisons et aux autorités alléguées par Marc d'Éphèse, en invoquant à son tour en faveur du *Filioque* l'autorité de plusieurs écrivains orientaux; en montrant que les latins, en ajoutant le *Filioque* par mode d'explication, n'avaient point agi différemment des grecs eux-mêmes, qui, depuis le concile de Nicée, avaient ajouté plusieurs termes à leur profession de foi. Enfin André de Rhodes argua du silence de Photius, l'auteur même du schisme, lequel n'avait jamais reproché à l'Église latine l'addition du *Filioque*; Marc d'Éphèse lui-même d'ailleurs avait déclaré que le symbole de Nicée et de Constantinople n'étaient qu'un même symbole, le *Filioque* ajouté dans le second n'étant qu'une explication de la doctrine contenue dans le premier. Les grecs chargèrent Bessarion de répondre à André de Rhodes. Il le fit dans la session du samedi, 1er novembre. André de Rhodes de nouveau répliqua à Bessarion. L'interprète grec qui rendit compte de cette discussion prétendit que l'archevêque dominicain se perdit dans un déluge de mots et se mit à prouver ce qui n'était point en question : la procession du Saint-Esprit du Fils; Andrea Santa Croce, présent à la discussion, en parle autrement. Cf. Labbe, *Concilia*, t. XIII, col. 933-943. Dans la XIX° et XX° congrégation, l'interprète grec ne rendant pas fidèlement le sens des paroles de Jean de Montnoir ou de Montenegro, désigné dans les actes du concile sous le nom de Jean, provincial des dominicains, André de Rhodes dénonça aussitôt aux Pères du concile cette infidélité ou cette méprise et dissipa ainsi l'équivoque. Il aurait aussi voulu profiter de la réunion du concile pour faire juger plusieurs points de doctrine, en particulier touchant l'essence de Dieu et son opération, afin de les défendre contre l'erreur des palamites, qui s'était répandue dans l'Église grecque, sans être censurée et même avec l'approbation de quelques synodes. Le 10 janvier 1439, eut lieu à Ferrare la seizième et dernière session. Le concile se transporta alors à Florence, mais il ne semble pas qu'André de Rhodes ait pris une part active aux discussions de cette nouvelle phase du concile. La dernière session eut lieu le 6 juillet 1439, où fut signé le décret d'union des deux Églises si ardemment désirée par André de Rhodes : le quatrième, il apposa sa signature aux actes du synode de Florence. Il demeura dans cette ville, au dire d'Échard, jusqu'à ce que les arméniens et les jacobites eussent fait retour à l'Église latine. Ce fut probablement vers 1440 qu'André de Rhodes retourna dans son diocèse. Là, il se trouva en présence d'une difficulté spéciale provenant de l'union des Églises. En effet, les grecs et les latins, qui habitaient l'île de Chypre, avaient chacun leur évêque, leur rite et leurs églises. Pendant plusieurs siècles, ils s'étaient considérés comme ennemis, s'excommuniant réciproquement. Il ne paraît pas que cette animosité se soit éteinte après la proclamation de l'union à Florence; même les latins se montraient les plus exigeants. C'est pour les rappeler à l'esprit de concorde et de charité qu'Eugène IV, par un bref du 5 novembre 1441, adressé à l'archevêque de Rhodes, lui enjoignit d'user de toute son influence pour ramener la paix. Cf. *Bullar. ordinis praedicatorum*, t. III, p. 143; Raynaldi, *Annal. eccl.*, ad ann. 1441, n. 6. André commença par réunir un concile national à Nicosie, où tous les pasteurs, tant grecs que latins, qui auparavant soutenaient les erreurs de Nestorius, d'Eutychès et de Macaire, firent solennellement profession de foi. De plus, il envoya un certain nombre de ces évêques à Rome pour renouveler entre les mains du pape, tant en leur nom qu'en celui de leurs Églises, la profession de foi catholique déjà émise. Eugène IV reconnut les efforts d'André par une bulle datée du 7 août 1445. Cf. *Bullarium ord. praed.*, t. III, p. 197; Raynaldi, *op. cit.*, ad ann. 1445, n. 18. Combien de temps André travailla-t-il encore ? Nous l'ignorons. Saint Antonin, qui avait eu l'occasion de le connaître lors du concile de Florence, le notait comme un docteur éminent et fort versé dans la connaissance des deux langues grecque et latine. Cf. S. Antonin, *Hist.*, 3ᵉ part., t. XXII, c. II. Les discours prononcés au concile par André de Rhodes et qui ont été insérés dans les actes, on conserve de lui, ms. : 1° Ἀνδρέου ἀρχιεπισκόπου Ῥόδου ἀπολογία ἀποδεικτικὴ ἀπὸ τῶν συγγραμμάτων τοῦ μακαρίτου Τωμᾶ πρὸς τὸν μητροπολίτην Νικαίας Βησσαρίωνα περὶ τῆς θείας οὐσίας καὶ ἐνεργείας. Échard cite ce manuscrit d'après le catalogue des mss. grecs de la bibliothèque Vaticane, dont une copie se trouvait à la Bibliothèque royale de Paris sous la cote 2421. Nos recherches pour retrouver ce manuscrit n'ont pas abouti. Il est à noter que Ciacconius, *Bibliotheca*, p. 157, mentionne cet ouvrage comme se trouvant *in bibliothecis Italiae*, sans préciser. Dans son *Apparatus*, Possevin le cite avec ce titre : *Andreae Rhodi archiepiscopi apologia demonstrativa de divina essentia et operatione ex sancti Thomae commentariis ad Bessarionem Nicaeae archiepiscopum*; — 2° Ἀνδρέου Ῥόδου καὶ Μάρκου Ἐφεσίου διάλογος. D'après Orazio Giustiniani, dans ses remarques *ad collat. I concil. Florent.*, ce manuscrit se trouverait à la bibliothèque Vaticane, faisant partie du *fonds Heidelberg*. Allatius, de son côté, dans son ouvrage *De Eccles. occid. et orient. perpet. consens.*, lib. III, c. III, p. 935, en fait mention. D'après lui, l'occasion de cet écrit aurait été une lettre de Marc d'Éphèse *ad Georgium Scholarium contra ritus et sacrificia romanae Ecclesiae*. Voir un fragment de ce dialogue dans *P. G.*, t. CL, col. 862.

Jusqu'ici nous avons relaté toute la suite des faits comme se rapportant à un seul personnage, mais nous pensons qu'il est bien difficile d'accorder cette attribution unique avec la chronologie des évêques de Rhodes. Déjà Moreri, *Dictionnaire histor.*, t. I, p. 417, avait émis un doute. Voir l'art. ANDRÉ DE PÉRA, col. 1688, pour la discussion des arguments.

Échard, *Scriptores ordinis praedicatorum*, Paris, 1719-1721, t. I, p. 801-803. Ses sources principales sont Raynaldi, *Annales*; *Acta conciliorum*; S. Antonin, *Histor.*, IIIᵉ part., lit. XXII, c. XI; Leandre Alberti, *De viris illustr.*; Spondanus, *Annales*, ad 1438; Fontana, *Sac. theatr. domin.*, *Monumenta*; Bzovius, an. 1438, 1439; Altamura, *Biblioth. dom.*; Fernandez, etc. Bien qu'Échard reconnaisse que tous ces auteurs sont remplis d'erreurs, il n'a pas émis l'opinion qu'il y aurait peut-être lieu de distinguer plusieurs personnages. — *Bullar. ordinis praed.*, t. II, p. 209, 210, 528. — H. Vast, *Le cardinal Bessarion (1403-1472)*, Paris, 1878, p. 63 sq. — De Mas-Latrie, *Archiv. Soc. Orient latin*, 1884,

t. II, p. 288. — Touron, *Hommes illustres de l'ordre de Saint-Dominique*, Paris, 1746, t. III, p. 264-286. — Raim. Amed. Vigna, *I vescovi domenicani liguri*, Gênes, 1887, p. 122-130. Le premier, il tente de distinguer les différents personnages du nom d'André. — Eubel, *Hier. cath.*, t. II, p. 148, 224. — Hurter, *Nomenclator*, Inspruck, 1906, t. II, col. 821. — O. Schmidt, dans *Kirchenlexikon*, t. I, p. 835.

R. COULON.

199. ANDRÉ RICHI, franciscain, né à Florence au commencement du XIVᵉ siècle, mort probablement dans la même ville, après 1381. Entré dans l'ordre franciscain, ses supérieurs l'envoyèrent à Montpellier, où il se trouva en 1333, probablement en qualité d'étudiant. Dans un document du 22 août 1353, il figure sans aucun titre comme religieux de Sainte-Croix de Florence. Lorsque, en 1370, il est nommé inquisiteur de la Toscane, il était docteur en théologie. La nomination de son successeur dans l'office d'inquisiteur date du 15 mars 1373. Richi est auteur d'un traité contre les fraticelles, exploité par saint Jacques de la Marche dans le *Dialogus contra fraticellos*, mais cet auteur, par une étrange confusion, attribue le traité à un frère Bonaventure, et cela explique l'oubli presque complet dans lequel Richi est tombé. Les choses ont été mises au point, et le traité contre les fraticelles, important à cause de bons renseignements sur Michel de Césène et ses adeptes dans la lutte sur la pauvreté franciscaine, a été publié intégralement par nous, dans l'*Archivum franciscanum historicum*, Quaracchi, 1910, t. III, p. 267-279, 505-529, 680-699; tirage à part : *Documenta inedita ad historiam fraticellorum spectantia*, Quaracchi, 1913, p. 15-72.

Papini, *L'Etruria francescana*, Sienne, 1797, p. 58. — L. Oliger, dans *Archivum franciscanum historicum*, Quaracchi, 1910, t. III, p. 260-263; 1913, t. VI, p. 736-741; *Documenta inedita*, etc., p. 8-11, 196-201.

L. OLIGER.

200. ANDRÉ DE RINN (Bienheureux). Il s'agit d'un enfant qui n'avait pas trois ans quand il fut, dit-on, massacré par des juifs. Nous n'avons donc qu'à raconter les circonstances de sa mort et l'histoire de son culte.

I. LA MORT. — Les bollandistes ont les premiers publié, au cours du XVIIIᵉ siècle, le récit du meurtre du jeune André. Et les sources où ils ont puisé sont, de leur propre aveu, assez troubles. Il convient de les indiquer ici, pour en apprécier la valeur.

Ce sont : 1° les annales des prémontrés de Wilten (*Wiltinenses*), qui ne sont pas contemporaines de l'événement; 2° une épitaphe placée (vers 1475, dit-on) dans le mur de l'église Saint-André de Rinn (saint André, apôtre) et rédigée en allemand. En 1620, lorsque le médecin Hippolyte Guarinoni, de Hall, voulut la déchiffrer, elle était à peu près illisible : *Ita inveniebatur corrasa, ut singula ejus verba haud amplius potuerint legi*. On en devina à peu près le sens et on en rédigea une autre pour la remplacer; 3° les manuscrits de Guarinoni, qui entreprit de consigner par écrit la tradition sur le meurtre du petit André. Son livre est tellement bizarre, disent les bollandistes, qu'on n'a jamais osé l'imprimer : *ob immixta impertinentia ita fuse... ut ad typum datus non sit*; 4° la tradition orale, recueillie de la bouche de plusieurs vieillards au XVIIIᵉ siècle par André Mayr, curé d'Ampass, village voisin de Rinn.

Bref, nous sommes surtout en présence d'une tradition orale. En voici le résumé : André était né le 16 novembre 1459; il était fils de Simon Oxner et de Marie. Il n'avait pas deux ans quand il perdit son père. Pour pouvoir gagner sa vie plus aisément, sa mère le confia à un hôtelier de Rinn, du nom de Meyer, qui était à la fois l'oncle et le parrain de l'enfant. Or, en 1462, aux environs de la fête du Saint-Sacrement, des juifs qui se rendaient à Posen, pour l'une des foires de cette ville, passèrent par Rinn (village voisin de Hall et d'Inspruck, diocèse de Brixen) et s'arrêtèrent chez Meyer. Ils virent l'enfant et projetèrent d'en faire leur proie. Ils offrirent à Meyer une somme d'argent assez ronde. Le marché fut conclu. Il fut entendu qu'ils prendraient l'enfant au retour de la foire. Le vendredi 9 juillet, ils étaient, en effet, de retour. Après un séjour de trois fois vingt-quatre heures, ils versèrent la somme convenue et partirent, emmenant avec eux l'innocent André (12 juillet).

A peine étaient-ils sortis du village qu'ils entrèrent dans un petit bois de bouleaux, où ils immolèrent l'enfant sur une pierre qui a porté depuis le nom de *Judenstein*, « la pierre des Juifs ». Leur sacrifice achevé, ils saisirent le petit cadavre et le suspendirent aux branches d'un bouleau. Ensuite ils prirent la fuite et l'on n'entendit plus parler d'eux.

La mère retrouva le cadavre et le fit inhumer, on ne sait trop pourquoi, dans le cimetière d'Ampass.

Nous passons sous silence les faits merveilleux qui se succèdent sur les lieux du martyre; ils n'ont aucun caractère d'authenticité.

Ce qui est à remarquer, c'est que l'assassinat demeura impuni. Les juifs n'ont pas été poursuivis, le traître Meyer ne fut pas inquiété. Nulle trace d'une enquête judiciaire. La tradition est muette sur tous ces points, qui ont pourtant leur importance. Sous l'épiscopat de Georges Golser, évêque de Brixen de 1471 à 1489, l'archi-duchesse Marie-Christine fit faire une enquête à Rinn et à Ampass sur cette affaire et ne put obtenir aucun renseignement écrit.

II. LE CULTE. — L'évêque de Brixen, en 1462, n'était autre que le célèbre Nicolas de Cusa, qui mourut en 1464. Rien n'indique qu'il se soit soucié de traiter le jeune André en martyr et de lui rendre un culte. Ce ne fut qu'aux environs de 1475, lorsque les habitants de Trente voulurent honorer le jeune Simon, victime de la cruauté des juifs, que les habitants de Rinn s'avisèrent de les imiter. Cf. *Acta sanct.*, *loc. cit.* Le corps d'André fut levé de terre, transporté solennellement du cimetière d'Ampass à la fameuse « pierre des Juifs », puis au cimetière de Rinn et déposé près du mur de l'église Saint-André. Ce fut sans doute à cette occasion que fut encastrée dans le mur l'épitaphe qui relatait les circonstances de sa mort.

Des miracles, nous dit-on, éclatèrent bientôt sur la tombe de l'enfant. Quarante ans plus tard, l'empereur Maximilien (mort en 1519) vint y faire une sorte de pèlerinage. Ce ne fut qu'en 1620 et par les soins de Guarinoni qu'une chapelle fut enfin construite à l'endroit même où la victime avait été immolée, et reçut, avec le vocable d'André, celui de *Judenstein*. *Acta sanctor.*, *loc. cit.*, p. 467.

On ne nous dit pas que les restes d'André y aient été dès lors transférés. Cette translation n'eut lieu, ce semble, que sous l'épiscopat de Paulin Mayr (1677-1685). Les Annales de Wilten indiquent à tort comme date le 20 septembre 1671, époque où Paulin Mayr n'occupait pas encore le siège de Brixen. Cf. *Acta sanct.*, *loc. cit.*, p. 468, et Gams, *Series episcoporum*, p. 266. En vertu d'un indult de Paulin Mayr, les reliques furent exposées publiquement et livrées à la vénération des fidèles.

En 1703, on note un pèlerinage de quinze paroisses du Tyrol, qui, ravagées par la guerre, vinrent se placer sous la protection du bienheureux André. Nous savons encore qu'en 1722, le jour de sa fête, c'est-à-dire le 12 juillet, on célébrait en son honneur la messe votive des saints Innocents.

Tel était l'état du culte lorsque, en 1750 ou 1751 (pour ce qui suit, cf. la *Consultation* de Benoît XIV, *Beatus Andreas*), l'évêque de Brixen et l'abbé des prémontrés de Wilten adressèrent à Benoît XIV une supplique en vue d'obtenir un office et une messe propres du bienheureux André, pour le clergé séculier et régulier du diocèse. Par une lettre en date du 27 septembre 1751, le pape demanda qu'on lui soumît un procès en règle *de martyrio, de miraculorum fama, deque cultu immemoriali*. Les demandeurs objectèrent qu'un pareil procès exigerait du temps et nécessiterait des frais énormes. Benoît XIV renonça donc à ses exigences. Il avait sous la main l'article des bollandistes, *Acta sanctor.*, *loc. cit.*; c'est lui qui nous l'apprend. Il prit, en outre, connaissance de l'ouvrage d'André Kembter, *Acta pro veritate martyrii corporis et cultus publici B. Andreae Rinnensis*, publié à Inspruck en 1745, d'après les notes de Guarinoni, et il se fit remettre une copie d'un procès ancien qui avait été rédigé par un évêque de Brixen sur le culte public et la messe du bienheureux André. Après l'examen de ces pièces extrajudiciaires, *probationes extrajudiciales*, « le 25 décembre 1752 (*octavo kalendas januarii 1753*), une messe propre et un office avec leçons propres, de rite double, pour être récité par le clergé séculier et les réguliers des deux sexes, dans la ville même et tout le diocèse de Brixen. »

Cependant l'évêque de Brixen et ses amis allèrent plus loin et sollicitèrent de Benoît XIV la canonisation d'André. Leur démarche ne devait pas aboutir. Dans une longue lettre à Benedetto Veterani, alors promoteur de la foi, le pape explique pourquoi une telle canonisation, qui est sans précédent, est moralement impossible. Constitution *Beatus Andreas*, du 22 février 1755.

Le culte du jeune André conservera donc désormais le caractère qu'il eut dès l'origine. Il n'y a pas eu de béatification proprement dite, mais seulement l'équivalence d'une béatification, *beatificatio aequipollens*, comme parle Benoît XIV. De la sorte, l'autorité de l'Église romaine ne se trouve pas formellement engagée dans le culte d'André de Rinn. C'est encore la remarque du savant pontife.

Si nous nous sommes étendu si longuement sur André de Rinn, c'est qu'on a voulu le donner comme un exemple des enfants mis à mort par les juifs selon un rite sacrificiel. Dans aucun des documents que nous avons cités, il n'en est connaît pas d'autres), il n'est fait allusion à un meurtre rituel. André est seulement censé avoir été massacré par des juifs en haine du Christ.

Acta sanctorum, julii t. III, p. 462-471. — André Kembter, *Acta pro veritate martyrii corporis et cultus publici B. Andreae Rinnensis*, Inspruck, 1745. — Benoît XIV, *Constitutio XLIV : Beatus Andreas*, dans *Bullarium romanium magnum ejusdem Continuatio*, Luxembourg, 1758, t. XIX, p. 120-136. — *Consultation du cardinal Ganganelli* (pape Clément XIV) *sur l'accusation de meurtres rituels portée contre les Juifs*, en italien, dans *Revue des études juives*, t. XVIII, p. 201-202; en français, dans H.-L. Strack, *Le sang et la fausse accusation du meurtre rituel*, Paris, s. d., p. 370-371. — Strack, *Das Blut im Glauben und Aberglauben der Menschenheit*, 8ᵉ éd., Leipzig, 1911, p. 145-146. — J. Deckert, *Vier Tiroler Kinder, Opfer des chassidischen Fanatismus*, Vienne, 1893, p. 87-119. — Vacandard, *La question du meurtre rituel chez les juifs*, dans *Études de critique et d'histoire religieuse*, 3ᵉ série, Paris, 1912, p. 352-353.

E. VACANDARD.

201. ANDRÉ DE SAINT-AUGUSTIN, augustin déchaussé, vénérable. Il naquit à Séville. Son père s'appelait André Fernandez, et sa mère Jeanne Rodriguez. Il fit sa profession dans le couvent de sa ville natale le 9 avril 1573, et y vécut cinquante-trois ans dans la pratique de la plus rigoureuse mortification. Sa mort eut lieu le 5 janvier 1628.

Herrera, *Alphabetum augustinianum*, Madrid, 1644, t. I, p. 35. — Elssius, *Encomiasticon augustinianum*,

Bruxelles, 1654, p. 55. — Torelli, *Secoli agostiniani*, Bologne, 1680, t. VI, p. 727. — Joseph de l'Assomption, *Martyrologium augustinianum*, Lisbonne, 1743, t. I, p. 279. — Crusenius-Lopez, *Monasticon augustinianum*, Valladolid, 1903, t. II, p. 16-17.

A. PALMIERI.

202. ANDRÉ DU SAINT-ESPRIT, augustin déchaussé, né à Valladolid en 1585. Son père s'appelait Fernand Tani, et sa mère Hélène de Toro. A l'âge de quinze ans, il entra chez les augustins déchaussés, qui avaient fondé un couvent, en 1591, à Portillo, près de Valladolid. Après sa profession, il fut envoyé au couvent de Nava del Rey, et ensuite aux Philippines. Il y convertit beaucoup d'infidèles dans la région de Zambales, et y bâtit nombre d'églises. Nommé provincial, il envoya des missionnaires au Japon et aux îles Calamianes. Retourné en Espagne, il s'appliqua à rétablir l'observance dans les couvents de son ordre, et mourut en 1677 ou au commencement de 1678. Il est l'auteur d'une *Relation* inédite sur la mission des augustins déchaussés aux Philippines. Cette relation envoyée à Philippe IV, roi d'Espagne, est mentionnée par Pinelo sous le titre d'*Historia de los agustinos descalzos*.

Pinelo, *Epitome de la bibliotheca oriental y occidental*, Madrid, 1735, col. 760. — Crusenius-Lopez, *Monasticon augustinianum*, Valladolid, 1903, p. 488-489. — Sadaba, *Catalogo de los religiosos agustinos recoletos de la provincia de san Nicolas de Tolentino de Filipinas*, Madrid, 1906, p. 42-43.

A. PALMIERI.

203. ANDRÉ DE SAINT-FULGENCE, augustin déchaussé, né à Berzocana, province de Caceres, en Espagne, l'an 1674. Il fit sa profession à Madrid le 11 octobre 1692. En 1712, il fut envoyé aux Philippines, et exerça son ministère dans la province de Zambales. Il fut aussi vicaire général (1719) et provincial de sa congrégation (1734). Sa mort eut lieu le 29 septembre 1744. On a de lui : *Excelencias gloriosas de san Andres apostol, a quien como a su patrono celebra la muy noble y leal ciudad de Manilla*, Manille, 1722. Il est aussi l'auteur de plusieurs ouvrages inédits touchant l'histoire des missions augustiniennes aux Philippines, et des Vies de saint Fulgence et de saint Florentin.

Sadaba, *Catálogo de los religiosos agustinos recoletos de la provincia de San Nicolas de Tolentino de Filipinas*, Madrid, 1906, p. 157-160.

A. PALMIERI.

204. ANDRÉ DE SAINT-JÉROME, dont le véritable nom patronymique était Gustioz, naquit à Oviédo (Espagne). Il descendait de l'un des sept *infants de l'Ara*, et entra jeune dans le couvent des hiéronymites de l'Escurial, près de Madrid. A deux reprises, il exerça les fonctions de prieur de ce monastère royal, avant de devenir visiteur général de la congrégation. Frère André de Saint-Jérôme, qui fut le confesseur de la reine Marguerite d'Autriche, jouit d'un grand crédit à la cour de Philippe III, roi d'Espagne. Le 17 novembre 1614, il fut nommé à l'évêché de Vich. Très versé dans les sciences ecclésiastiques, il fut l'ennemi de l'intrigue et du favoritisme, n'accordant les dignités et les cures de son diocèse qu'à des clercs instruits. Le 25 avril 1618, frère André de Saint-Jérôme célébra un synode, durant lequel furent réglementés plusieurs points de discipline ecclésiastique qu'il fit imprimer et promulguer. Admirateur des Pères de la Compagnie de Jésus, il fonda une résidence et un collège de jésuites dans sa ville épiscopale. Il institua les fêtes de saint Jérôme et de sainte Paule dans sa cathédrale, s'occupa de la réforme du chant liturgique, ainsi que de la composition d'une épiscopologie du diocèse de Vich. Il mourut le 29 septembre 1625. Son corps repose dans l'ancienne église de Saint-Just, qui est devenue la chapelle du séminaire actuel.

Villanueva, *Viaje literario a las iglesias de España*, Madrid, 1850, t. VII, p. 110. — Luis Nadal, *Episcopologio de Vich*, Vich, 1904, t. III, p. 302-351.

J. CAPEILLE.

205. ANDRÉ DE SAINT-JOB, augustin déchaussé, vénérable. De son nom de famille, il s'appelait Pietro Taglietta. Il vécut d'abord le monde, et se maria. Mais après la mort de sa femme, il se retira dans un endroit désert près de Magnano, diocèse de Nole, et y vécut dans la pénitence. Le désir de se soumettre à une direction plus éclairée dans la vie spirituelle l'engagea à entrer chez les augustins déchaussés, que le P. André Diaz essayait alors d'établir dans le royaume de Naples et Sicile. Le 26 juillet 1592, il prit l'habit monastique dans le couvent de Sainte-Marie dell'Oliva. Il travailla à obtenir du prieur général des grands augustins l'approbation de la nouvelle congrégation, et fonda le couvent de Santa Maria della Verita. Sa mort eut lieu le 17 octobre 1611.

Bartolomeo di S. Claudio, *Lustri storiali dei scalzi agostiniani eremiti della congregazione d'Italia e Germania*, Milan, 1700, p. 59-60. — Elssius, *Encomiasticon augustinianum*, Bruxelles, 1654, p. 50.

A. PALMIERI.

206. ANDRÉ DE SAINT-JOSEPH, vénérable de la congrégation des augustins déchaussés. Il naquit à San Marco, petit village du diocèse de Messine, en 1600, et prononça ses vœux dans le couvent de cette dernière ville, le 20 avril 1632. Ses biographes racontent qu'il passait en prière la plus grande partie de la nuit, et qu'il se privait même de sa nourriture pour secourir les pauvres. Sa mort eut lieu le 26 janvier 1682.

Bartolomeo di S. Claudio, *Lustri storiali dei scalzi agostiniani eremiti della congregazione d'Italia e Germania*, Milan, 1700, p. 512. — Joseph de l'Assomption, *Martyrologium augustinianum*, Lisbonne, 1743, t. I, p. 74. — Crusenius-Lopez, *Monasticon augustinianum*, Valladolid, 1903, t. II, p. 17-18.

A. PALMIERI.

207. ANDRÉ DE SAINT-JOSEPH. Voir ROSSOTTI ANDREA.

208. ANDRÉ DE SAINTE-MARIE ou ANDRÉ DE ORTEGA, célèbre missionnaire espagnol de l'ordre de Saint-Augustin. Il fit sa profession à Burgos le 12 septembre 1543. Il jouissait d'un grand renom de sainteté, et Philippe II, roi d'Espagne (1556-1598), aimait à le consulter dans les affaires difficiles. En 1571, il fut envoyé au Pérou, où il convertit un grand nombre de païens. Il travailla aussi à répandre son ordre, et édifia sept couvents. Sa mort eut lieu au mois de juin 1567. Ses dépouilles mortelles furent transférées dans l'église des augustins à Guadalupe. Les historiens de l'ordre lui donnent le titre de bienheureux.

Herrera, *Alphabetum augustinianum*, Madrid, 1644, t. I, p. 22. — Elssius, *Encomiasticon augustinianum*, Bruxelles, 1654, p. 54. — Arpe, *Giornale di santi e beati agostiniani*, Gênes, 1722, t. I, p. 337-339. — Brullus (De Bruel), *Historiae Peruvianae ordinis eremitarum sancti Patris Augustini*, Anvers, 1652, t. II, p. 2-5. — De Torres, *Cronica de la provincia peruana del orden de los ermitanos de S. Agustin nuestro padre*, Lima, 1657, p. 16-17. — Crusenius-Lanteri, *Monasticon augustinianum*, Valladolid, 1890, p. 649. — Joseph de l'Assomption, *Martyrologium augustinianum*, Lisbonne, 1749, t. II, p. 192.

A. PALMIERI.

209. ANDRÉ DE SAINTE-MARIE, évêque de Cochin, ville de l'Inde anglaise, autrefois de l'Inde portugaise. Né à Lisbonne, où il étudia les humanités, André partit pour l'Inde à dix-huit ans, avec l'intention de suivre la carrière militaire ; mais la piété dont il avait toujours fait preuve le conduisit bientôt dans un couvent de franciscains à Cochin, d'où il passa à celui de la Mère de Dieu, à Goa. Élu en 1583 provincial de son couvent, nommé, en 1587, évêque de Cochin, sacré en 1588, il prit aussitôt possession de son diocèse. Malgré le peu de ressources de l'évêché, André trouva moyen d'acquérir pour sa cathédrale de riches ornements sacerdotaux et des objets d'argent. Il établit dans la ville de Cochin des écoles, où l'on enseignait depuis l'instruction primaire jusqu'à la théologie et la morale. La splendeur du culte était l'objet de ses soins. Il visitait son diocèse tous les ans, et comme il ne lui était pas facile d'aller au Pegou et au Bengale, il demanda au roi de diviser l'évêché, en établissant une cathédrale à Meliapour pour le gouvernement spirituel du Pegou, du Bengale et de toute la côte de Coromandel. D'un autre côté, il perdit une partie considérable de son diocèse quand la cathédrale d'Angamale fut transférée à Cranganor.

André de Sainte-Marie eut le gouvernement de l'archidiocèse de Goa, après la mort de l'archevêque Matheus de Medina, depuis 1593 jusqu'au 1er octobre 1595, les évêques de Cochin étant de droit les gouverneurs de l'archidiocèse de Goa, *sede vacante*. A cette occasion, la bulle de la sainte croisade fut pour la première fois promulguée à Goa et André en fut nommé le commissaire (1593). Il fonda à Cochin un couvent de son ordre et une église de Nossa Senhora da Guia. Ces édifices furent dévastés par la furie hérétique des Hollandais le 6 janvier 1663.

Après quelques années de gouvernement, André avait demandé à se démettre de l'épiscopat, ce qui ne lui fut accordé qu'en 1616. Il rentra alors dans le couvent de la Madre de Dios, à Goa, où la mort le surprit le 10 novembre 1618.

Parmi d'autres ouvrages, il écrivit : *Carta pastoral*, pour l'instruction de ses diocésains sur les principales doctrines de la religion catholique; — *Exposição sobre a regra de S. Francisco;* — *De Testamentis;* — *Memorial*, sur les reliques de l'apôtre saint Thomas. Tous ces ouvrages sont perdus.

Casimiro Christovam de Nasareth, *Mitras lusitanas no Oriente*, dans le *Boletim da Sociedade de geographia de Lisboa*, Lisbonne, 1893, t. XII, p. 217 sq. — Fortunato de Almeida, *História da Igreja em Portugal*, t. III, 2e part. (sous presse). — Diogo Barbosa Machado, *Bibliotheca lusitana*, Lisbonne, 1741, t. I, p. 154. — Jorge Cardoso, *Agiológio lusitano*, Lisbonne, 1666, t. III, p. 427.

Fortunato DE ALMEIDA.

210. ANDRÉ DE SAINT-NICOLAS, augustin déchaussé (XVIIe siècle). D'après Nicolas Antonio, il naquit à Tunja, en Colombie ; d'autres le font naître à Santa Fé de Bogota ; d'autres déclarent qu'il est espagnol. Il entra chez les augustins déchaussés et devint recteur du collège d'Alcala de Henares, et provincial de la Nouvelle-Grenade. Sa mort eut lieu le 20 novembre 1666. Voici la liste de ses écrits : *Passerculi solitarii planctus sive peccatoris ad Dominum conversio*, Rome, 1654; — *Tesoro di Palermo, y su monte Peregrino : vida de santa Rosolea*, Madrid, 1655; — *Imagen de Nuestra Senora de Copacavana portento del nuevo mundo y a conocido en Europa*, Madrid, 1663; — *Designios del Indice mas dichoso sobre la regla de san Augustin*, Rome, 1656. Cet ouvrage a été traduit en italien par le P. Torelli, et publié à Bologne en 1671; — *Proventus messis dominicae fratrum excalceatorum ordinis Eremitarum sancti Augustini congregationis Hispanae labore perceptus*, Rome, 1656; — *Historia general de los religiosos descalzos del orden de los hermitanos del gran padre, y doctor de la Iglesia san Augustin, de la congregacion de España, y de las Indias*, Madrid, 1664. Elle a été continuée par le P. Louis de Jésus; — *Funiculus triplex privilegiorum fratrum discalceatorum S. P. Augustini Hispaniae,*
Italiae et Galliae, Madrid, 1664. Il est aussi l'auteur d'une réponse inédite à l'ouvrage du P. Charles Moreau, O. S. A., *Défense de saint Augustin et des augustiniens*, Anvers, 1650, et d'un *Traité sur les perfections de la sainte Vierge*.

Jöcher, *Allgemeines Gelehrten-Lexicon*, Leipzig, 1751, t. III, col. 913. — Ossinger, *Bibliotheca augustiniana*, Ingolstadt, 1768, p. 625-626. — N. Antonio, *Bibliotheca Hispana nova*, Madrid, 1783, t. I, p. 81. — Tani, *Commentaria episcoporum et scriptorum ordinis eremitarum S. P. Augustini*, Rome, 1881, p. 63. — Crusenius-Lopez, *Monasticon augustinianum*, Valladolid, 1903, t. II, p. 111, 487.

A. PALMIERI.

211. ANDRÉ DE SAINT-NICOLAS, appelé dans le monde Nicolas André, naquit à Remiremont, en Lorraine, le 6 septembre 1637. Après d'excellentes humanités, il demanda l'habit religieux aux carmes de l'ancienne observance, dans le couvent de Besançon, dépendant de la province de Narbonne, et il y prononça ses vœux le 15 juillet 1656. Ses études terminées, il alla enseigner les humanités dans le couvent de Semur; se fit recevoir bachelier en théologie à Avignon (1666); professa la philosophie au couvent de Mende (1666 et 1667); puis la théologie dans celui de Clermont (1668). Élu prieur de Clermont (1669), de Chalon-sur-Saône (1672); il prend le bonnet de docteur en théologie à l'université de Dôle (1676); est nommé commissaire général et visiteur de la province d'Aquitaine (1677); va comme prieur à Moulins (1678), et, comme assistant du provincial, au chapitre général tenu à Rome en 1680; devient vicaire provincial (1681), et provincial (1684). Il retourne à Rome, à ce dernier titre, en 1686, prendre part au chapitre général. Il se voit encore choisi comme prieur du couvent de Semur (1690); et deux fois de celui de Besançon (1696-1699 et 1708-1711). La charge de définiteur provincial lui échut en 1675, 1699, 1705 et 1711. Sa renommée de prédicateur fut si grande qu'on le trouve, durant dix ans, prêchant l'avent et le carême à Mende, Moulins, Albi, Semur, Chalon, Gray, Besançon, etc. Les couvents de Clermont, de Chalon, de Moulins et de Besançon lui durent encore leur complète restauration, aussi bien spirituelle que matérielle; son zèle, tempéré de mansuétude, était tel qu'il ne souffrait pas la moindre atteinte à l'observance régulière; ses religieux lui étaient très attachés, chacun l'aimait et le craignait, il imposait à tous par la sainteté de sa vie, son esprit puissant et son vaste savoir. Il possédait parfaitement l'hébreu, outre le grec et le latin, ainsi que la scolastique, la casuistique, le droit canon, l'histoire sacrée et profane, n'oubliant jamais ce qu'il avait une fois lu; les prélats, les religieux, les magistrats le consultaient à l'envi. Il avait, de plus, acquis une telle habileté comme diplomatiste que Baluze et Mabillon l'avaient en haute considération. « En 1678, l'intendant de Moulins, M. de Ris (suivant les instructions données par Colbert), l'employa pour recueillir les anciennes chartes ecclésiastiques du Bourbonnais, fait certifié par une lettre de ce Père du 13 avril 1683 (dans le ms. français *19657*, fol. 24). » Léopold Delisle, *Le cabinet des manuscrits*, Paris, 1868, t. I, p. 442. C'est à l'occasion de ce fait qu'une accusation grave a été portée contre la mémoire de ce grand homme par M. A. Chazaud, archiviste de l'Allier, dans son *Étude sur la chronologie des sires de Bourbon*, publiée en 1865, où il impute au P. André la fabrication d'une dizaine de fausses chartes généalogiques de la maison de Bourbon, alors régnante, pièces que ce Père produisit comme trouvées dans le chartier du prieuré de Souvigny, fondé par les sires de Bourbon au Xe siècle. Elles furent examinées, sur l'ordre de Colbert, par Mabillon et Baluze, qui finirent par les rejeter comme supposées. A ce réquisitoire de M. Chazaud, plein d'invectives, s'opposent : *Gallia christiana*, t. II, col. 377, et l'*Art de vérifier les dates*, 1784, t. II, p. 411; un érudit franc-comtois, M. Jules Gauthier, a porté sur ce débat le jugement suivant, auquel nous souscrivons : « Le P. André de Saint-Nicolas est-il vraiment l'auteur de cette supercherie littéraire ?... *Cela n'est pas démontré*. Mais ce qui porterait à justifier ce Père des accusations portées contre sa mémoire, ce sont les relations amicales qu'il conserva jusqu'à la mort avec ses juges, et l'estime qu'ils avaient pour lui... Nous persistons, après lecture de toutes les pièces du procès, à croire de préférence à son innocence. » *Mémoires de l'Académie de Besançon*, 1873, p. 137-151. Toute la vie du P. André de Saint-Nicolas proteste contre cette imputation hasardée, et, selon l'opinion d'un savant numismate, le P. André n'a-t-il pas été simplement abusé par un habile faussaire, qui aurait inventé ces diplômes lorsque, vers 1315, on fit reconnaître les droits du prieuré de Souvigny, qui était mis en vente ? Anatole de Barthélemy, dans *Revue numismatique*, nouvelle série, t. XIII, p. 357-364. On peut lire encore, dans le *Voyage littéraire* de Martène et Durand, l'éloge qu'ils font du P. André et de son humanité avec laquelle le P. André les reçut à Besançon en 1708, ainsi que de sa complaisance à leur communiquer ses mémoires sur la Franche-Comté; Martène confesse lui être redevable de ce qu'il dit de meilleur sur le diocèse de Besançon dans ses ouvrages *Veterum scriptorum collectio* et *Thesaurus anecdotorum*. *Voyage littéraire*, 1re part., p. 166. Lorsque le P. André cessa d'être provincial, le 25 avril 1687, le chapitre provincial, réuni à Lyon, lui ordonna de travailler à l'histoire de sa province religieuse et il en rassembla les matériaux. On trouve dans le ms. du carme Jean-Louis Gallien (Bibliothèque de Besançon, E 788, fol. 181) la minute d'une convention que le P. André fait avec lui pour rédiger en commun une Histoire générale des carmes en France, sous le titre de *Gallia carmelitana*. Cependant, depuis sa nomination de prieur du couvent de Besançon en 1696, charge qui lui est renouvelée en 1708, il ne quitta plus cette ville où il composa ses ouvrages les plus érudits. Enfin, de douloureuses infirmités, qu'il supportait avec une admirable patience, marquèrent le terme d'une carrière si remplie, et, soutenu par la dévotion qu'il avait eue toute sa vie pour la très sainte Vierge et pour saint Joseph, il mourut le 23 mars 1713, provoquant d'unanimes regrets, aussi bien dans le monde savant que parmi ses frères. On l'inhuma, le lendemain, dans le caveau de l'église du couvent.

Voici la liste de ses écrits. Plusieurs ouvrages imprimés ou manuscrits, d'érudition profane, par exemple une *Histoire généalogique de la maison de Bourbon de l'an 560 à la fin du XVe siècle*, manuscrit de la bibliothèque municipale de Besançon; une *Généalogie manuscrite des comtes de Bourgogne de 970 à 1361, avec une étude préliminaire sur les principales familles souveraines de Franche-Comté*; et des *Mémoires de l'histoire du Bourbonnais*.

Imprimés : 1° *Antiquité, privilèges et devoirs du tiers-ordre de la bienheureuse vierge Marie*, in-12, Lyon, 1666; — 2° *Vie de sainte Marie-Madeleine de Pazzi*, in-12, Clermont, 1670; — 3° *La conduite des séminaires*, in-8°, Lyon; — 4° *Tumulus serenissimae Annae Austriacae regis Galliarum parentis reginae*, Lyon, 1666; — 5° *De sepulchrali lapide antiquis Burgundo-Sequanorum comitibus Vesuntione in Sancti Johannis Evang. basilica recens posito, Diatriba analytica*, in-8°, Besançon, 1693 : il y établit qu'on doit d'autant moins donner de crédit aux épitaphes qu'elles sont plus fastueuses; — 6° *Historia celeberrimae abbatiae S. Stephani Divionensis*, in-fol., Dijon, 1699; — 7° *Mémoire contre les curés de Besançon au sujet du droit de mortuaire*, in-4°, Besançon, 1708 : brochure mordante, où il soutient que les carmes doivent percevoir les frais d'enterrement dans leur église, au lieu du clergé séculier; mais il dut y renoncer; — 8° *Lettres en forme de dissertation sur la découverte prétendue de la ville d'Antre, en Franche-Comté*, in-12, Dijon, 1698 : l'auteur y réfute l'ouvrage du P. Dunod, jésuite.

Manuscrits : 9° *Historia provinciae Narbonae carmelitarum, quae est quarta ordinis carmelitici*, ms. in-fol., préparé pour l'impression, et qui n'a pas encore été retrouvé; l'auteur en parle dans une lettre adressée au carme bibliographe Louis Jacob, qui le mentionne dans sa *Bibliotheca carmelitana*, p. 19, ainsi que Daniel a Virgine Maria, *Speculum carmelitanum*, t. II, p. 338, note b, et p. 1009, n. 3524; — 10° *Relatio de episcopis assumptis ex provincia carmelitana Narbonae*, ms. disparu; Daniel a Virgine Maria le cite, *ibid.*, p. 929, n. 3255, et p. 951, n. 3347 : C. de Villiers pense que cette *Relatio* faisait partie de l'œuvre précédente; — 11° *Sequani christiani, seu christiana Sequanorum decas historica, ex publicis privatisque tabulariis, necrologorum fastis, historicorum assertis, codicibus manuscriptis, aliisque optimae notae monumentis..., aucta et vindicata* : cet ouvrage a disparu; il donnait, avec le suivant, et d'après les monuments, toute l'histoire ecclésiastique de la Franche-Comté; — 12° *Polypticon Vesontino-Sequanicum, sive ecclesiarum omnium, quas variae abbatiae, prioratus, paraeciae, vel etiam sacelli et capellaniae nominibus, late complectitur dioecesis Vesontina, ipsaque superior Sequanorum Burgundia, syllabus absolutus* : pouillé, en 7 volumes mss. in-fol., aux archives du département du Doubs, série G; — 13° *Collectanea provinciarum et couventuum ordinis carmelitarum*, in-fol.; — 14° *Collectanea conventuum (carmelitarum) provinciae Narbonensis*, in-8° de 52 p. Le P. Louis Jacob en adresse un exemplaire au P. Labbe, le 24 février 1665; on peut en lire une page copiée mot à mot dans le ms. de Dijon n. 620, t. II, Besançon, p. 119; — 15° On trouve encore ici et là, à la Bibliothèque nationale, mss. français 19657, fol. 24, à celle de l'Arsenal, ms. 5637, fol. 270, dans le *Speculum* du P. Daniel, t. II, n. 2074, et ailleurs, des lettres du P. André de Saint-Nicolas, en particulier celles qu'il adresse au P. Louis Jacob, dont la critique l'ouvrage : *Provinciae Narbonae carmelitarum compendiosa descriptio*; — 16° *Monumenta ad historiam et bibliothecam ordinis carmelitarum conscribendam*, œuvre entreprise en 1670, par ordre du prieur général Mathieu Orlandi, poursuivie activement, et que mentionne Bernard de la Monnoye; mais on n'en a pu retrouver la trace.

Cosme de Villiers, *Bibliotheca carmelitana*, t. I, col. 92-95. Il dit, col. 92, que le P. André de Saint-Nicolas fut appelé par l'évêque de Mende, Hyacinthe Serroni, O. P., pour régir le séminaire de cette ville, nous n'avons trouvé aucune trace de ce fait dans les documents. — Hurter, *Nomenclator literarius*, 1910, t. IV, col. 904. — Jacques Lelong, *Bibliothèque historique de la France*, Paris, 1768-1778, n. 301, 1239, 5106, 12452; t. IV [Supplément], n. 13692, 13696, 25564, 37484, 38377, 38381. — Robert Bulle, *Miscellanea atque collectanea*, ms. de la Bibliothèque municipale de Dijon, n. 620-363, Besançon, 1768, t. I, 47, 317-318, 319-323, 324; Dijon, 1771, t. II, p. 46, 47, 167, 170. — Jean-Louis Gallien, *Collectanea conventuum provinciae Narbonensis*, ms. n. 788 E de la Bibliothèque de Besançon, fol. 181. — J.-B. Archetti, *Bibliotheca carmelitana*, ms. n. 98 de la bibliothèque de l'université à Ferrare, t. I, p. 26-27; t. II, Appendix, p. 61; t. III, p. 991. — Daniel a Virgine Maria, *Speculum carmelitanum*, t. II, n. 1206, 2074, 3255, 3347, 3524, 3827. — Dom Martène et dom Durand, *Voyage littéraire de deux bénédictins de la congrégation de Saint-Maur*, Paris, 1717, 1re part., p. 166. — Chazaud, *Étude sur la chronologie des sires de Bourbon (Xe-XIIIe siècles)*, Moulins, 1865. — Jules Gauthier, *Le P. André de Saint-Nicolas et l'érudition franc-comtoise à la fin du XVIIe siècle*, avec notes, dans les *Mémoires de l'Académie de Besançon*, 1873, p. 137-151. — Anatole de

Barthélemy, dans *Revue numismatique*, nouvelle série, t. XIII, p. 357-364. — Adrien Baillet, *Jugements des savants sur les principaux ouvrages des auteurs, corrigés et augmentés par Bernard de la Monnoye*, Paris, 1722, t. II, p. 69, note 2.

P. Marie-Joseph.

212. ANDRÉ DE SAINT-THOMAS, augustin déchaussé, né à Gênes, le 2 avril 1608. De son nom de famille il s'appelait Levaretti, ou, d'après Giustiniani, Leverato. Il fut deux fois provincial de sa congrégation et consulteur du Saint-Office. Sa mort eut lieu en 1660; nous n'avons pas d'autres renseignements sur sa vie. Il est l'auteur de plusieurs ouvrages théologiques et historiques. En voici la liste : *Trattato molto utile, e dilettevole, pleno di varii concetti, e discorsi teologici sopra l'impresa della compagnia della Colonna del suffragio per li morti, dove ancora diffusamente si ragiona del stato dell'anime del purgatorio, e modo di aiutarle, divise in tre parti*, Gênes, 1636; — *L'esistenza di Dio, col lume naturale evidentemente conosciuta dalla dipendenza del mondo, e immortalita dell' anima*, Gênes, 1642; — *Vita e miracoli del glorioso S. Nicola di Tolentino, dell'ordine agostiniano, di nuovo composta*, Gênes, 1643; — *L'Ave Maria esplicata e predicata nella Chiesa della Madonna delle Vigne della città di Genova*, 2 vol., Gênes, 1651, 1652; — *L'incertezza accertata della predestinatione dell'huomo : si sciolgono alcuni dubbi curiosi e divoti per consolatione e quiete dei fedeli*, Gênes, 1652. Cet ouvrage a été mis à l'Index en 1659 et 1662; — *De divina essentia*, 2 vol., Gênes, 1654. Cet ouvrage est mentionné par Tani et Hurter. Mais nous ne croyons pas qu'il ait été publié.

Soprani, *Li scrittori della Liguria*, Gênes, 1667, p. 20-21. — Giustiniani, *Gli scrittori liguri*, Rome, 1667, p. 60-61. — Oldoino, *Athenaeum ligusticum*, Pérouse, 1680, p. 26. — Marracci, *Bibliotheca mariana*, Cologne, 1683, t. I, p. 12. — Ossinger, *Bibliotheca augustiniana*, Ingolstadt, 1768, p. 891-892. — Tani, *Commentaria episcoporum et scriptorum ordinis eremitarum discalceatorum S. P. Augustini*, Rome, 1881, p. 63-64. — Crusenius-Lopez, *Monasticon augustinianum*, Valladolid, 1903, p. 111. — Hurter, *Nomenclator literarius*, t. III, col. 389.

A. Palmieri.

213. ANDRÉ DE SAINT-VICTOR. Voir André (58), col. 1617.

214. ANDRÉ SALUS (Saint), ainsi appelé parce qu'il s'était fait « insensé » pour l'amour de Dieu. Il était Scythe d'origine et était notaire, à Constantinople, du protospathaire Theognostes, quand il embrassa le genre de vie qui lui mérita son surnom et qu'il mena jusqu'à sa mort, arrivée vers 956. Sa vie a été racontée par son contemporain, le prêtre Nicéphore de Constantinople. Elle a été publiée par les bollandistes : *Acta sanctor.*, 1688, maii t. VI, p. 4*-11*, et reproduite dans la *P. G.*, t. CXI, col. 627-888. « Quoique Nicéphore ait rapporté peu de faits de cette vie, il aurait pu en supprimer quelques-uns, qui ne sont ni admirables, ni imitables. » Ceillier, *Hist. génér. des aut. sacrés et ecclés.*, Paris, 1862, t. XII, p. 882.

Acta sanctor., loc. cit., p. 1*-4*.— Ceillier, op. cit., t. XII, p. 881-882.

U. Rouziès.

215. ANDRÉ DE SAN BONAVENTURA CUGI, cistercien, de la congrégation des réformés de Saint-Bernard. Il naquit à Borgo San Sepolcro, en Toscane, et fit profession à Rome, le 12 juin 1633. Après avoir séjourné en divers monastères, il fut envoyé à celui du mont Soracte; mais son amour de la solitude ne se trouvant pas satisfait au monastère de Santa Maria delle Grazie, il obtint des supérieurs la permission de se retirer dans le monastère abandonné de Saint-Sylvestre, au sommet du Soracte. Il y mena pendant vingt-sept ans la vie érémitique. Il travailla à restaurer en Italie le culte de saint Nonnose, qui avait habité le Soracte et y avait d'abord été enterré; il obtint de l'évêque de Freising quelques reliques du saint pour l'église de Saint-Sylvestre au mont Soracte. André mourut en 1686.

Morozzo, *Cistercii reflorescentis historia*, Turin, 1690, p. 276 sq.

R. Trilhe.

216. ANDRÉ DE SAN GEMINI, franciscain (XVᵉ siècle). Il fut vicaire provincial des observants de la province d'Ombrie, sa patrie, en 1454. Il était un des grands prédicateurs de cette époque, même au dire de Robert de Lecce. Outre des *Sermons*, il a écrit la Vie du bienheureux François Beccaria et quelques notes historiques sur sa province.

Wadding, *Annales minorum*, ad ann. 1454, n. 5. — Sbaralea, *Supplem. ad script. ord. min.*, Rome, 1806, p. 35; 1908, p. 36 sq. — *Miscellanea francescana*, Foligno, 1890, t. V, p. 87 sq.

M. Bihl.

217. ANDRÉ DE SAN GIROLAMO, était fils de Frédéric et de sa femme Claire. Il naquit peu après 1322. Son oncle était le célèbre jurisconsulte Jean André. Il était chanoine de Saint-Pétrone de Bologne, sous-diacre, docteur en décrets, lorsqu'il fut nommé évêque de Volterra, le 11 décembre 1363. Il passa successivement sur les sièges de Tricarico (19 décembre 1373) et de Ceneda (11 janvier 1378). Il mourut probablement en 1385.

Eubel, *Hierarchia catholica medii aevi*, 1913, t. I, p. 180, 497, 536. — G. Fantuzzi, *Notizie degli scrittori Bolognesi*, Bologne, 1781, t. I, p. 257-258. — Ughelli, *Italia sacra*, Venise, 1717, t. I, col. 1456-1457.

G. Mollat.

218. ANDRÉ DE SARLAT (Bernard), dominicain. Né à Sarlat (Dordogne), il entra dans l'ordre au couvent de Bergerac, d'où son nom de *Brageriacensis;* étudiant des *Naturalia* au couvent de Condom, en 1273, et au couvent d'Agen, en 1274; étudiant du théologie au couvent de Bordeaux, en 1283; lecteur de théologie au couvent de Saint-Émilion, en 1287; visiteur, en 1290, des couvents d'Agen, d'Auvillar, de Lectoure, de Condom, de Morlaas, d'Orthez, de Bayonne et de Saint-Sever; prieur du couvent de Bergerac de 1297 à 1301; visiteur, en 1303, des couvents de Bergerac, de Bayonne, d'Orthez, de Morlaas et de Saint-Sever; prieur du couvent de Saint-Émilion deux fois, de 1285 à 1287 et de 1291 à 1294, année où il fut absous de sa charge au chapitre général de Montpellier. Douais, *op. cit.*, p. 311, fait remarquer que ce chapitre manque dans Martène, *Thesaurus*, t. IV, col. 1856-1857. Après le priorat de M. André à Saint-Émilion, ce couvent resta sans chef presque une année, à raison de la guerre qui sévissait dans cette région et dont il est fait mention au martyrologe des moines de Saint-Sever, *Historia monasterii S. Severi, auctore Daniele du Buisson*, Aire-sur-Adour, 1876, t. I, p. 267. Fr. André fut ensuite prieur au couvent de Saint-Gaudens, de 1303 à 1305. Il mourut à Sarlat, cette même année 1305, au mois d'août.

C. Douais, *Les frères prêcheurs en Gascogne au XIIIᵉ et XIVᵉ siècle*. Paris-Auch, 1885, p. 377 (310, 344); *Acta capitulorum provincialium ordinis fratrum prædicatorum*, Toulouse, 1894, p. 175, 184, 238, 266, 304, 336, 457, 669.

R. Coulon.

219. ANDRÉ LE SCOT. Voir André (53), col. 1615.

220. ANDRÉ DE SEGNI (Bienheureux). Voir André de Conti, col. 1654.

221. ANDRÉ DE SOTO, naquit à Sahagun dans la Vieille-Castille, et entra chez les franciscains de la province de la Conception. Il fut lecteur en théologie et trois fois gardien de couvent. A une date antérieure à 1597, il passa dans les Pays-Bas. Le ministre général, Bonaventure Secusi, l'établit son commissaire général et le chargea de propager la réforme des récollets dans ces contrées. Nous savons qu'il réussit à l'introduire à Malines, Nivelles, Farciennes et Lebiez. Le 25 octobre 1603, Clément VIII lui donnait des pouvoirs plus étendus. Sur l'ordre du général, il fit la visite canonique des provinces de Strasbourg, de Cologne, d'Irlande, d'Angleterre, de Flandre, de Basse-Allemagne et de Saint-André en Artois. Pendant près de vingt ans il fut le confesseur de l'archiduchesse Isabelle-Claire-Eugénie, gouvernante des Pays-Bas. Le 4 octobre 1621, il la revêtit de l'habit du tiers-ordre. C'était un religieux de grande vertu et en même temps d'une très grande habileté. Il mourut à Bruxelles, le 5 avril 1625. L'archiduchesse fit ériger, en son honneur, l'autel de la Sainte-Croix devant son tombeau. On lui doit une Vie de saint Eugène, archevêque de Tolède, Bruxelles, 1612; — une histoire de saint Albert, évêque de Liége, Bruxelles, 1613; — et un certain nombre de traités ascétiques et liturgiques écrits en espagnol et qui ont été traduits en flamand.

Wadding, *Scriptores minorum*, Rome, 1806, p. 13. — Sbaralea, *Supplementum ad Scriptores minorum*, Rome, 1806, p. 37. — Wadding-Melchiorri, *Annales minorum*, Ancône, 1840, t. XXIII, p. 255; t. XXIV, p. 105; t. XXV, p. 457. — N. Antonio, *Bibl. Hisp. nova*, t. I, p. 87-88.

ANTOINE de SÉRENT.

222. ANDRÉ DE SPELLO. Voir ANDRÉ CACCIOLI, col. 1647.

223. ANDRÉ DE SPIRITIBUS (*Andrea Spiriti, André de Viterbe*), officier curial pendant trente-cinq ans, de Paul II à Jules II (1470-1504), et personnage influent de la cour romaine, appartenait à une famille notable de Viterbe. Ign. Ciampi, *Cronache e statuti di Viterbo*, Florence, 1872; voir index. On ignore la date de sa naissance, mais il était jeune, entre vingt et trente ans, quand il apparaît pour la première fois dans les actes de la curie romaine : nommé clerc de la Chambre apostolique le 26 ou 28 mai 1470. Archives du Vatican, *Regesta Vaticana*, t. 543, fol. 35; t. 544, fol. 6. Il se distingua surtout dans la diplomatie et fut chargé d'une foule de missions à titre de nonce ou commissaire apostolique dans les provinces ecclésiastiques et régions diverses de l'Italie, à la Seigneurie de Venise, aux ducs de Milan, de Ferrare, à l'empereur, au roi de Hongrie, etc. L'annaliste de Viterbe, Juzzo de Cobelluzzo, qui donne ces détails, ajoute : « J'ai vu et compté plus de cinquante bulles papales, toutes de commissions. C'était un homme petit de taille, mais éloquent et universel. » — Sa première mission, le 9 octobre 1471, fut auprès de l'empereur Frédéric III, auquel il porta, de la part du pape Paul II, qui venait de mourir, une paix en métal précieux, estimée 2500 ducats. Quelques temps après, en janvier 1473, il commença la plus importante de ses missions, celle de rétablir la paix entre Louis XI et Charles le Téméraire, avec les pouvoirs étendus de légat *a latere* et le droit d'excommunier celui des deux princes qui refuserait de souscrire à un arrangement. Il se laissa gagner ou berner par les caresses et les roueries du roi de France, en sorte que le Téméraire refusa de le recevoir, et il l'excommunia le 13 octobre. Il exerça encore ses fonctions plus d'une année dans le royaume, qu'il quitta sans doute fin 1474. Quelques mois après, il y revint comme principal conseiller du cardinal-légat Giuliano della Rovere, neveu du pape régnant Sixte IV (1475). En 1477, il était fait chanoine de Saint-Pierre du Vatican, et il résigna son bénéfice en août 1495. Il était encore protonotaire apostolique. En 1494, lors de l'invasion des États pontificaux par l'armée de Charles VIII, Alexandre VI le créa commissaire pour la défense de Corneto et des côtes voisines. Le 6 janvier 1503, il fut arrêté et conduit au château Saint-Ange, livré à l'auditeur de la Chambre, l'évêque de Cesena; en chemin il jeta dans un égout la clé de son bureau, *studio*, et Burckhard, qui donne ces détails, ajoute qu'on ne trouva pas d'objets de valeur dans ses appartements, insinuant par là qu'on l'arrêtait pour le mettre à rançon. En juin, André était, en effet, taxé à six mille ducats d'après l'ambassadeur vénitien. Le 20 avril, le Sacré Collège le fit mettre en liberté et, le 28 septembre, il reparaît à propos du couronnement de Pie III. Il reprit ses fonctions de clerc de la Chambre, mourut l'année suivante (1504) et fut enseveli en l'église Saint-Augustin de Rome.

Joh. Burckardi *Liber notarum*, t. XXXII des *Rerum Italicarum* de Muratori, éd. Carducci-Fiorini, Rome, 1911, t. I, p. 9, 10; 1913, t. II, p. 345 (avec les extraits de l'ambassadeur vénitien, p. 356, 389). — P. Richard, *Origines de la nonciature de France, I. Nonces résidants avant Léon X*, dans *Revue des questions historiques*, 1905, t. LXXVIII, p. 115-116.

P. RICHARD.

224. ANDRÉ DE SPOLÈTE, appelé aussi de Cassia, était un chef ardent de guelfes ou de gibelins. Pour réparer les désordres de sa vie et surtout le sang versé, il entra chez les franciscains de la province de Saint-François, ou d'Ombrie. Peu de temps après, il en sortit pour défendre ses parents contre ses anciens ennemis. Revenu au couvent, il s'appliqua à l'étude de la théologie et se mit à prêcher dans les villes et les campagnes. Désireux de s'éloigner de son pays et de sa famille, dans l'intérêt de son ministère, il passa en Corse où il se dévoua pendant une grave épidémie. Il s'embarqua pour le Maroc, mais les vents contraires le ramenèrent à Gênes. Parti pour Séville, il trouva le moyen de pénétrer en Afrique avec des marchands et demeura quelque temps chez les conventuels de Ceuta. Ceux-ci essayèrent en vain de le détourner de son dessein de prêcher la foi aux mahométans. Arrivé à Fez, en 1530, il se présenta au sultan et lui offrit de guérir un aveugle, ou de ressusciter un mort, ou de descendre dans la fosse aux lions, ou de monter sur le bûcher. Sa proposition n'ayant pas été acceptée, il se tourna du côté des juifs, eut plusieurs conférences avec les rabbins, sans pourtant en convertir un seul. Un jour, il vint prêcher contre la place contre l'aveuglement des disciples de Mahomet, et, pour prouver la vérité de la religion chrétienne, il leur demanda de faire allumer un grand feu et de l'y laisser entrer. En effet, après s'être dépouillé de ses vêtements, il monta sur le haut du bûcher et resta à genoux en louant Dieu au milieu des flammes, sans en ressentir la moindre atteinte. Les mahométans, qui attribuaient ce prodige à la magie, l'accablèrent de coups de pierre. C'était le vendredi 9 janvier 1532. Frère André était âgé de cinquante ans environ. Son corps fut apporté à la reine de Portugal et conservé dans la chapelle du palais.

Passio gloriosi martyris fratris Andreae de Spoleto, ordinis minorum (lettre envoyée, le 10 avril 1532, par fr. Antoine de Olave, du couvent de Setubal, province de Portugal, au chapitre général de Toulouse), Bibl. nat. de Paris, *Rés.* K 556. — Marc de Lisbonne, *Chroniche degli ordini di S. Francesco*, Naples, 1680, t. III, p. 592. — Mazzara, *Leggendario francescano*, Venise, 1689, t. I, p. 90. — Wadding, *Annales minorum*, Rome, 1736, t. XVI, p. 331. — Arthurus a Monasterio, *Martyrologium franciscanum*, Paris, 1653, p. 14.

ANTOINE de SÉRENT.

225. ANDRÉ SUIRARD, ZOERARD (Saint), moine camaldule ou bénédictin, en grande vénération en Hongrie, le 17 juillet, ainsi que son disciple Benoît, avec lequel il fut tué par des brigands. Son tombeau était honoré dès 1300, en l'abbaye de Zobor, près de Neutra

(*Nitria*) sur le Waag, et son culte se répandit beaucoup les deux siècles suivants. Sa Vie, écrite par Maurus, évêque de Fünfkirchen au milieu du XIe siècle, qui affirme l'avoir connu dans son enfance, a été reproduite par le *Legendarius Polonus*, Surius et nombre d'hagiographes, avant d'être discutée par les bollandistes. D'après ce document, André serait né en Pologne, où il aurait mené pendant quelques années la vie de solitaire, puis serait venu en Hongrie avec son disciple au temps du roi Étienne, vers l'an 1000 ou 1010; établi au monastère de Zobor sous l'abbé Philippe, il y accentua encore ses austérités; par exemple, il passait tout le carême dans la nuit, ce qui ne l'empêchait pas de travailler le jour dans la forêt, une hache à la main. Il mourut vers 1020 et l'on découvrit après sa mort ses macérations, sur son corps une chaîne qui lui meurtrissait cruellement les reins.

Chevalier, *Bio-bibl.*, col. 218. — *Bibliotheca hagiographica latina* des bollandistes, Bruxelles, 1898-1899, p. 75, 1314.

P. RICHARD.

226. ANDRÉ SYLVIUS (*Atrebatensis, Marchienensis*), moine de l'abbaye d'Anchin en Flandre (ci-dessus, col. 1521), passa ensuite à Marchiennes, autre abbaye de Flandre, où il revêtit la dignité de prieur. Il vivait au XIIe siècle et mourut probablement en 1194. Il composa une chronique des rois de France des trois races, en trois livres, qu'il termina à cette date, et dédia à Pierre, évêque d'Arras (1184-1203). L'œuvre, appréciée et résumée dans l'*Histoire littéraire de la France*, t. XV, p. 87-89, jouit d'une certaine autorité auprès des chroniqueurs postérieurs et existe en plusieurs manuscrits, dont un, ayant appartenu à Christine de Suède, se trouve aujourd'hui à la bibliothèque du Vatican. De cette chronique sèche et décharnée, *De origine, gestis et successione regum Francorum*, un autre moine de Marchiennes, au XVIIe siècle, Raphaël de Beauchamp, a fait un gros volume, *Synopsis Franco-Merovingica*, Douai, 1633, en la noyant dans une abondance de toute sorte de suppléments et notes.

Plusieurs savants, notamment Oudin, *Commentarius de scriptoribus ecclesiasticis antiquis*, Leipzig, 1722, t. II, col. 1689-1690, attribuent au même André une chronique de Marchiennes, qui finit avec l'abbé Simon (1199-1202). D'autres en font l'auteur des *De vita et miraculis sanctae Rictrudis libri tres* (fondatrice et première abbesse de Marchiennes, au VIIe siècle), continués sous forme de chronique du couvent jusqu'en 1168, mais les bollandistes, qui publient le document, contestent cette attribution.

A la bibliographie de Chevalier, *Bio-bibliographie*, col. 224, ajouter *Acta sanctor.*, mai t. III, p. 79-80, etc.

P. RICHARD.

227. ANDRÉ DELLA TERZA (*de Tertia*), dominicain italien du commencement du XIVe siècle, mort à Trébizonde, en 1343. Il était, semble-t-il, originaire d'Orvieto et c'est dans le couvent de cette ville qu'il aurait reçu l'habit dès l'âge de treize ans, d'après la chronique de Jean Mactei Caccia, édit. Viel-Girardin, p. 109. C'était un religieux d'une grande vertu, qui se faisait surtout remarquer par son austérité. Toujours d'après la même chronique, p. 110, fr. André aurait été deux fois sous-prieur du couvent d'Orvieto, puis prieur de Pistoie et de Tivoli. Désireux de travailler à la conversion des infidèles, il demanda et obtint, en 1315, la permission de passer en Orient. Là il s'occupa de prêcher l'Évangile *graecis, latinis, barbaris*, avec beaucoup de fruit. Après avoir travaillé pendant longtemps dans ces régions, il revint en Italie et fut reçu par Jean XXII avec la plus grande bienveillance.

Il obtint aussi du pape des privilèges, des exemptions et d'autres faveurs pour les frères « itinérants ou pérégrinants. » De retour en Orient, il fonda une maison dominicaine à Trébizonde, où il mourut, ainsi que nous l'avons dit, en 1343. S'il faut en croire le nécrologe du couvent d'Orvieto, cité par Masetti, *Monumenta et antiquitates*, etc., Rome, 1864, t. I, p. 460, fr. André della Terza aurait été le premier vicaire général de la congrégation dominicaine dite des *frères pérégrinants pour le Christ*. Cette même remarque se trouve ajoutée, mais d'une main du XVe siècle, à la suite de l'article consacré par Caccia à fr. André, fol. 77. Dans l'article, il est dit simplement qu'il fut fait, par le maître général de l'ordre, vicaire général de tous les frères *euntes ad nationes*. Il avait eu, en effet, comme prédécesseur dans cette charge, fr. Franco de Pérouse. Cf. Mortier, *Histoire des maîtres généraux*, t. II, p. 496 sq. C'est à ce dernier que le maître général, Bérenger de Landore, adresse, le 1er novembre 1312, une lettre qui détermine d'une façon plus nette les lois qui doivent régir cette congrégation des pérégrinants, d'un caractère si original et dont l'histoire n'est pas démêlée. Franco de Pérouse ayant été nommé évêque de Suitanieh, le 1er mai 1318 (cf. *Bullar. ord.*, t. II, p. 137), il semble difficile d'admettre que fr. André della Terza fut, trois ans seulement après son arrivée en Orient, nommé vicaire général de la congrégation.

Viel-Girardin, *La chronique de Jean Mactei Caccia*, Rome, 1907, p. 109. — Mortier, *Histoire des maîtres généraux de l'ordre des frères prêcheurs*, Paris, 1905, t. II, p. 496. — Masetti, *Monumenta et antiquitates provinciae romanae*, Rome, 1864, t. I, p. 460.

R. COULON.

228. ANDRÉ DELLA TORRE, ou **TURRIANI**, issu de l'illustre famille de ce nom qui, aux XIIIe et XIVe siècles, jouit à Milan d'une influence considérable. Il se donna à l'ordre des frères prêcheurs, au couvent de Saint-Eustorge, à Milan. D'après Rovetta, *Bibliotheca chronologica*, fr. André aurait enseigné à Bologne dans le couvent du même ordre, où il aurait même rempli les fonctions de régent des études. Lorsque Urbain V rentra en Italie, en 1367, il appela fr. André près de lui avec la charge de pénitencier, puis, lorsque l'archevêque de Gênes, Gui Scettem, vint à mourir, au commencement de 1368, le chapitre de la métropole élut della Torre. Il fut préconisé le 28 février 1368. Il put montrer son désintéressement et son amour des pauvres, en particulier à l'occasion d'une épidémie terrible, qui ravagea Gênes en 1372, puis d'une famine qui sévit cruellement en 1374. En 1375, il réunit dans sa ville épiscopale un synode où, d'après Schiaffino, *Annali ecclesiastici della Liguria*, se trouvèrent les évêques d'Albenga, Noli et Brugnati, avec les abbés de San Siro, San Stefano, San Fruttuoso di Capodimonte et de Santa Maria del Zerbino. Dans ce synode, qui s'ouvrit le 15 mai, dans l'église métropolitaine, on élabora un certain nombre de constitutions pour la réforme du clergé, en même temps que pour protéger les droits de l'Église. Dans plusieurs fois en personne son archidiocèse. Il décida aussi que désormais on célébrerait, le premier dimanche après l'Ascension, la fête de l'invention des reliques de saint Jean-Baptiste, et cette coutume s'est conservée dans la liturgie génoise. Durant son épiscopat, André della Torre eut l'occasion de recevoir à Gênes deux papes. Ce fut d'abord Urbain V, qui, dans l'été de 1370, avait de nouveau quitté Rome pour se rendre à Avignon. Ce fut sans doute dans les derniers jours d'août ou les premiers jours de septembre que le pontife eut l'occasion de s'arrêter à Gênes, d'où il gagna Marseille, le 17 septembre. Pourtant certains auteurs ne parlent pas de ce passage d'Urbain V à

Gênes. Albanès, *Abrégé de la vie et des miracles du bienheureux Urbain V*, Paris, 1872, p. 125. L'année 1376 réservait à Gênes d'autres visiteurs illustres. Une tradition, conservée à Gênes et fondée sur un passage d'une lettre de Giovanni dalla Cella à fra Giovanni da Salerno, veut que sainte Catherine de Sienne, se rendant en ambassade auprès de Grégoire XI, à Avignon, soit passée à Gênes dans le courant de mai 1376. Il est certain du moins qu'à son retour elle séjourna dans la capitale de la république génoise et y fut reçue, avec ses disciples, par Orietta Scotta, dans son palais, à la Croce di Canneto. Le pape Grégoire XI arriva lui-même à Gênes le 18 octobre et y demeura jusqu'au 29. L'évêque de Gênes mourut l'année suivante (6 avril 1377). Rovetta, *op. cit.*, dit que de son temps se conservaient manuscrits dans la bibliothèque du couvent de Bologne un certain nombre d'ouvrages d'Andrea della Torre. Il cite : *Summa casuum conscientiae; Quaestiones quodlibetales theologicae; Quaestiones variae philosophicae; Ordinationes ab eo praescriptae in ea quam Januae habuit synodo XV maii MCCCLXXV*.

Rovetta, *Bibliotheca chronologica illustrium virorum provinciae Lombardiae sacri ordinis praedicatorum*, Bologne, 1691, p. 53. — Échard, *Scriptores ordinis praedicatorum*, Paris, 1719, t. I, p. 675. — Ughelli, *Italia sacra*, Venise, 1717-1722, t. IV, col. 890. — Michele Pió, *Uomini illustri di San Domenico*, Pavie, 1613, parte II¹, l. II, p. 200. A noter que cet auteur, avec beaucoup d'autres d'ailleurs, fixe l'élévation d'André au siège de Gênes en 1369. — Fontana, *Theatrum dominicanum*, Rome, 1666, p. 79-80, 474. — Brémond, *Bullarium ordinis*, Rome, 1730, t. II, p. 262. — Touron, *Histoire des hommes illustres de l'ordre de Saint-Dominique*, Paris, 1745, t. II, p. 495-497. — Schiaflino, *Annali ecclesiastici della Liguria*, mss. [Manno, 21502], t. III, p. 217. — Semeria, *Secoli cristiani della Liguria*, Turin, 1843, t. I, p. 145. — Amedeo Vigna, *I vescovi domenicani Liguri*, Gênes, 1887, p. 70-74. — Eubel, *Hier. cath.*, 1913, t. I, p. 281. — Argelati, *Bibliotheca scriptorum Mediolanensium*, Milan, 1745, t. I, col. 1540.

R. COULON.

229. ANDRÉ DE TYNE. Voir ANDRÉ DE NEUFCHATEAU, col. 1685.

230. ANDRÉ DE UBILLA, évêque dominicain de Chiapa (Mexique), appartenait à la province dominicaine du Mexique et avait vécu au couvent de Mexico, où il reçut l'habit en 1558. Il remplit les fonctions de recteur, puis de prieur, à Oaxaca, Puebla et Mexico. En 1580, il fut élu provincial. C'est à la demande du roi d'Espagne, Philippe II, qu'il fut promu, par Clément VIII, évêque de Chiapa. La plupart des auteurs le font élire en 1593, alors que réellement il fut nommé le 22 mai 1592. Cf. *Bullar. ord.*, t. V, p. 623, où se trouve rapportée la bulle de nomination. André y est qualifié de maître en théologie. Il succédait sur le siège de Chiapa à un autre dominicain, Pierre de Feria, après un intervalle de quatre années. André gouverna son Église neuf ans, après quoi, à la demande de Philippe III, il fut transféré sur le siège de Mechoacan, non pas en 1602, comme l'écrivent les divers auteurs dominicains, mais en 1601. Il mourut avant d'avoir reçu ses bulles, la même année, et fut enterré dans la cathédrale de Chiapa. Son épitaphe est rapportée par Fontana, *Theatr. dom.*, p. 167.

Mich. Pió, *Degli huomini illustri di S. Domenico*, Pavie, 1613, 2e part., col. 372. Il fait mourir André en 1603 et n'est guère fixé sur la date de son élection. — Fontana, *Sac. theatrum dominicanum*, Rome, 1666, p. 166. — *Bullar. ord.*, Rome, 1733, t. V, p. 623, 628. — Cavalieri, *Galleria de' sommi pontefici*, etc., Bénévent, 1696, t. I, p. 512. — Gams, *Series episcop.*, p. 142, 155. — Alonso Franco, *Segunda parte de la historia de la provincia de Santiago de Mexico*, Mexico, 1900, p. 155. Il le fait mourir en 1602.

R. COULON.

231. ANDRÉ D'UDINE. Voir ANDRÉ ZAMOMETIC.

232. ANDRÉ D'UTRECHT (*Trajectensis*), probablement originaire de cette ville, moine de l'abbaye clunicienne de Spanheim ou Sponheim, sur la Nahe, près Kreuznach (Prusse rhénane), au diocèse de Mayence, vivait au XVe siècle (1445), et mourut en 1463, selon Trithemius, abbé de ce monastère (1483-1502), qui a dû avoir des renseignements précis et exacts sur un de ses confrères. Auteur ecclésiastique de marque dont les ouvrages ont été longtemps en usage dans les maisons bénédictines : *Vir certo studiosus, et in divinis scriptis eruditus, secularium litterarum quoque non ignarus, ingenio praestans et clarus eloquio*, dit le même Trithemius, *Opera historica*, 1601, *De scriptoribus ecclesiasticis*, p. 388. Et il donne la liste de ses ouvrages : *Soliloquium hominis ad Deum; De profectu virtutum; De abstinentia carnis; De usu floccorum*, outre des poésies et des lettres, peut-être une *Expositio in Sententias P. Lombardi*. On ne voit pas qu'aucune de ces œuvres ait été imprimée. Sur les diverses dates présumées de sa mort, voir G. Burman, *Trajectum eruditum*, Utrecht, 1750, p. 375; mais celle donnée par Trithemius doit être préférée : il s'appuyait sur la tradition à peine formée du couvent.

Bibliographie dans U. Chevalier, *Bio-bibliographie*, col. 228.

P. RICHARD.

233. ANDRÉ DE VALLOMBREUSE (Bienheureux), disciple de saint Ariald (voir ce nom), qu'il seconda dans sa lutte contre les simoniaques. Après le martyre de son maître, il entra à Vallombreuse et, sur la fin de 1085, fut élu abbé de Strumi. On place sa mort en 1097; il semble cependant qu'il faudrait la reculer après 1106, car dans sa Vie de saint Ariald, il cite un miracle opéré en faveur de saint Bernard, évêque de Parme depuis 1106.

André est l'auteur d'une Vie de saint Ariald (*Acta sanctor.*, jun. t. V, p. 281-303; *P. L.*, t. CXLIII, col. 1437-1486) et d'une Vie de saint Jean Gualbert (*Acta sanctor.*, jul. t. III, p. 343-365; *P. L.*, t. CXLVI, col. 765-960).

Acta sanctor., 1668, mart. t. II, p. 48-50. — Affo, *Memorie degli scrittori e letterati di Parma*, Parme, 1789, t. I, p. 48-55.

U. ROUZIÈS.

234. ANDRÉ DE VEGA, naquit à Ségovie, d'une famille noble. Après avoir étudié à Salamanque et obtenu le grade de docteur, il y professa brillamment. Il entra chez les franciscains de la province de Saint-Jacques et fut chargé d'enseigner la théologie aux jeunes étudiants. Il dut, sans doute, abandonner sa chaire, au moins pendant son année de noviciat, mais il ne tarda pas à reprendre ses cours. Le roi le chargea d'assister au concile de Trente et le cardinal Pacheco en fit son conseiller. On ne sait pas exactement le temps qu'il passa au concile, du moins on a la preuve qu'il y était en 1547, car le mercredi des Cendres de cette année il prêcha devant les Pères. Le jésuite Canisius, qui édita son traité *De justificatione*, en 1572, déclare qu'André de Vega était un des premiers théologiens du concile. C'est lui qui eut la part principale dans la rédaction des canons au sujet de la justification. Ses luttes avec le dominicain Dominique de Soto, représentant de l'école adverse, sont restées célèbres. Il mourut à Salamanque en 1560.

On lui doit un traité de la justification en deux parties : Venise, 1546; Alcala, 1564; Cologne, 1572 et 1585; Aschaffenburg, 1621; — un commentaire sur les psaumes, Alcala, 1599; — un commentaire sur les décrets du concile de Trente, Alcala, 1564; — une exposition de la règle de saint François.

Wadding, *Scriptores ordinis minorum*, Rome, 1806, p. 14. — Sbaralea, *Supplementum ad scriptores ordinis minorum*, Rome, 1806, p. 37. — Wadding, *Annales minorum*,

Rome, 1740, t. xviii, p. 117-123, 145; t. xix, p. 208; t. xx, p. 195. — Hurter, *Nomenclator liter.*, t. ii, col. 1390-1392.

ANTOINE de Sérent.

235. ANDRÉ DE VENISE. Voir ANDRÉ DE PALAZZAGO, col. 1686.

236. ANDRÉ DE VEROLI. Le 17 avril 1319, il figure dans les livres de comptes de la Chambre apostolique avec la qualification de chanoine de Trani. Le 5 novembre 1322, avec le titre de chanoine de Breslau, il paie le denier de Saint-Pierre au nom de l'évêque Galhard de Breslau. P. M. Baumgarten, *Untersuchungen und Urkunden über die Camera collegii cardinalium*, Leipzig, 1898, p. 168, 169, n. 259, 260; E. Göller, *Die Einnahmen der apostolischen Kammer unter Johann XXII*, Paderborn, 1910, p. 125. Quand il fut nommé collecteur des impôts pontificaux en Pologne (1325), la Chambre apostolique dut lui verser 240 florins afin qu'il pût s'équiper, lui et son compagnon, Pierre d'Auvergne. K. H. Schäfer, *Die Ausgaben der apostolischen Kammer unter Johann XXII*, Paderborn, 1911, p. 460. Le 15 décembre 1325, il était chargé par le Saint-Siège de faire une enquête sur la situation financière de la mense épiscopale de Breslau. G. Mollat, *Lettres communes de Jean XXII*, Paris, 1909, t. vi, p. 64, n. 24015; A. Theiner, *Monumenta historica Poloniae*, Rome, 1860, t. i, p. 226, doc. cccliii. Le 1er octobre 1328, Jean XXII lui substitua Pierre d'Auvergne et lui enjoignit de revenir sans retard à Avignon. *Archives du Vatican, Instrumenta miscellanea*, ad annum 1328, n. 40. Dans la bulle du 4 mars 1342 qui confirme son élection au siège de Trani, il est dit scribe des lettres apostoliques. Il géra peu de temps les fonctions épiscopales et mourut à Avignon, avant le 4 avril 1343.

Catalogue général des manuscrits des bibliothèques publiques des départements, 1849, t. i, p. 176, n. 307. — Eubel, *Hierarchia catholica medii aevi*, 1913, t. i, p. 491. — Ughelli, *Italia sacra*, t. vii, col. 907. — E. Göller, *op. cit.*, p. 531-534 (nombreuses quittances délivrées à André de Veroli par la Chambre apostolique).

G. MOLLAT.

237. ANDRÉ DE VITERBE. Voir ANDRÉ DE SPIRITIBUS, col. 1711.

238. ANDRÉ DE VOLTERRA, augustin, de la congrégation de Lombardie, xvie siècle. D'après les historiens de l'ordre de Saint-Augustin, il aurait pris part au concile de Trente, et prononcé un discours le 19 août 1563. On a de lui : *Discorso sopra la cura dei padri e madri verso i figliuoli*, Bologne, 1572; — *Interpretazione del Pater noster*.

Paufilo, *Chronicon fratrum ordinis eremitarum S. Augustini*, Rome, 1581, p. 124. — Elssius, *Encomiasticon augustinianum*, Bruxelles, 1654, p. 58. — Crusenius-Lanteri, *Monasticon augustinianum*, Valladolid, 1890, t. i, p. 114, 723.

A. PALMIERI.

239. ANDRÉ WASILO, de Cracovie, frère mineur. Lazko, duc de Moldavie, nouvellement converti au catholicisme par les franciscains, l'avait demandé au pape comme premier évêque de Seret en Valachie. Urbain V, après s'être informé auprès de l'archevêque de Prague, des évêques de Breslau et de Cracovie, le 24 juillet 1370, des mérites de fr. André, le préconisa le 9 mai 1371. Il fut sacré à Cracovie, par l'évêque de cette ville, en présence de quatre autres évêques. Transféré au siège de Wilna (Lithuanie), en 1386, il y mourut l'an 1399.

Theiner, *Vetera monumenta Poloniae et Lithuaniae*, Rome, 1860, t. i, p. 664. — Eubel, *Hierarchia catholica*, 1913, t. i, p. 182, 529.

ANTOINE de Sérent.

240. ANDRÉ DE XENOSIMA (peut-être de Yéso), martyr japonais, augustin. Il avait été converti au christianisme par le P. François de la Croix, augustin déchaussé, et reçu par lui au nombre des oblats de son couvent. Ayant refusé d'apostasier, il fut brûlé vif, le 15 septembre 1628. Ses reliques furent transportées à Manille, en 1632, et en 1633 à Madrid, et déposées dans l'église des augustins déchaussés.

Herrera, *Alphabetum augustinianum*, Madrid, 1644, t. i, p. 35. — Crusenius-Lopez, *Monasticon augustinianum*, Valladolid, 1903, t. ii, p. 77-78, 460. — Louis de Jésus, *Historia general de los religiosos descalzos de l'orden de los hermitaños del gran padre san Augustin*, Madrid, 1663, t. ii, p. 110-112.

A. PALMIERI.

241. ANDRÉ ZAMOMETIC, dominicain, s'acquit, sous le règne de Sixte IV, une triste célébrité par ses menées schismatiques. Croate d'origine, il avait pris l'habit dominicain au couvent d'Udine, d'où le nom d'André d'Udine qu'on lui donne quelquefois, mais qui ne désigne pas son lieu d'origine. Il appartenait à la province dominicaine de Saint-Dominique de Venise, et Fontana, *Sac. theatr. dominic.*, p. 71, le représente *sicut vir linguarum ac divinarum scientiarum perite celebris*. D'après des travaux récents, il serait issu d'une ancienne et noble famille croate, du nom de Zamometic. Nous ne savons rien de ses débuts dans la vie religieuse, non plus que de la première période de son activité. En 1476, Sixte IV le nomma archevêque de Cranea. On a beaucoup discuté sur ce titre. Il y a lieu, semble-t-il, de distinguer entre le pays d'origine d'André qui pourrait être Krayn, près de Salonique, et Krajina (Albanie), métropole dont il aurait occupé le siège. Pastor se trompe en le faisant archevêque titulaire de Cranea (*unweit Salonichi*), siège qui n'a jamais existé. Cf. Eubel, *Hier. cath.*, t. ii, p. 155; Pastor, *op. cit.*, p. 580.

Quoi qu'il en soit, c'était un homme ambitieux et passionné, qui ne rêvait qu'honneurs et dignités. En 1478, il était venu trois fois à Rome, en qualité d'ambassadeur de l'empereur Frédéric III. Les divers auteurs se sont trompés, lorsqu'ils prétendent qu'André vint à Rome pour la première fois entre 1480 et 1482. Cf. Burckhard, p. 25; Franz, p. 434, et Gebhardt, p. 47. L'erreur se trouve corrigée par les brefs, publiés dans les *Monumenta Habsburgica*, t. iii, p. 453. Cf. Pastor, *op. cit.*, p. 580, n. 1 et 2. Il avait d'abord soutenu avec succès la politique pontificale à la diète de Nuremberg, en 1479. Mais il avait surtout le plus grand désir de se voir nommé cardinal; aussi, lorsque, au printemps de 1480, il se vit pour la quatrième fois investi d'une nouvelle ambassade auprès du pape, il crut toucher au terme de ses désirs. Sixte IV, pour demeurer dans les bonnes grâces de l'empereur, sembla tout d'abord répondre aux projets ambitieux d'André. Mais les promesses du pape ne semblaient pas devoir se réaliser assez vite; de là, de l'irritation chez l'archevêque de Cranea. Bientôt son mécontentement ne connut plus de bornes et il se mit à parler de Sixte IV et de la cour romaine en termes très violents. Il faut convenir d'ailleurs que beaucoup des griefs formulés par André étaient vrais. D'une part, on savait la rapacité de la famille de la Rovere; de l'autre, le népotisme exagéré de Sixte IV. Néanmoins ce n'était point une excuse aux diatribes d'André, qui en tout cela était surtout mené par l'ambition déçue. Au commencement, le pape garda le silence et feignit d'ignorer les attaques auxquelles il était en butte; mais voyant qu'il continuait, Jérôme Riaro fit arrêter l'archevêque, qui fut enfermé au château Saint-Ange. Cependant, par égard pour l'empereur et sur les instances du cardinal vénitien Giovanni Michiele, André fut élargi et put quitter Rome. Vers le même temps, le pape adressait un bref à l'empereur pour lui donner des explication sur ce qui s'était passé (cf. Sigismondo de' Conti, t. I, p. 157, 410); le bref était du 10 septembre 1481. Nous ne savons pas exactement la date de la mise en liberté de l'archevêque; en tout cas, il était encore en prison le 14 juin 1481. Voir Schlecht, *Zamometic*, p. 45-50. André n'eut plus qu'un seul désir : se venger de l'affront qui lui avait été fait et de la déception infligée à toutes ses espérances. Il s'aboucha donc avec les ennemis personnels du pape, Laurent de Médicis, Louis XI et surtout avec Ferrante de Naples. Il se rendit à Bâle, où il se donna comme ambassadeur de l'empereur et poussa l'audace jusqu'à prendre le titre de cardinal de Saint-Sixte. Bien plus, le 25 mars 1482, il monta dans la chaire de la cathédrale de Bâle et, après les plus violentes attaques contre Sixte IV, il annonça la prochaine réunion d'un concile, qui serait la continuation du premier concile de Bâle. Pendant qu'on commençait les préparatifs du concile, André, au mois d'avril, se rendit à Berne. Tout d'abord, il gagna un certain nombre de partisans; mais bientôt les magistrats s'aperçurent qu'ils avaient à faire à un révolté et ils craignirent les suites de l'entreprise. Ils écrivirent même à Rome pour s'excuser d'avoir reçu avec honneur un homme qu'ils avaient reconnu depuis comme opposé au pape et à Rome. Cf. *Jahrb. für schweiz. Geschichte*, t. IX, p. 13-14.

De retour à Bâle, André n'en continua pas moins sa campagne contre le pape; il lui adressa même une lettre ouverte, dans laquelle il l'avertissait qu'il ne devait plus exercer ses pouvoirs de souverain pontife jusqu'à ce que le concile en eût décidé. Cf. les diverses rédactions de l'annonce du concile, Schlecht, *op. cit.*, p. 78 sq., 96-101. Le manifeste d'appel au concile fut répandu partout à cause des troubles. On commençait aussi à s'émouvoir de l'audace d'un pareil acte. Le franciscain Glazberger se prononça nettement contre une semblable entreprise, que ne pouvait être que d'un homme « ayant perdu la raison ». De son côté, l'évêque de Wurzbourg condamna le manifeste. Naturellement il y eut des mécontents, qui profitèrent de l'occasion pour faire de l'opposition au pape; entre autres, l'évêque de Constance, Otton von Sonnenberg, qui laissa se répandre le manifeste dans son diocèse. A Mayence aussi on mena la campagne en faveur du concile et l'on répandit des feuilles volantes dans le peuple, où l'on dénonçait les exactions de la cour romaine et l'usurpation des droits des autres églises. Cf. Pastor, *op. cit.*, p. 582, n. 2; voir aussi Falk, dans le *Katholik*, 1895, t. II, p. 229 sq. Sixte IV n'était pas sans craindre beaucoup. Partout, en effet, à cette époque, on agitait contre le pape lespectre du concile comme une menace. L'Espagne, la France, Laurent de Médicis lui-même parlaient d'opposer au pape légitime un concile, qui, disait-il, était supérieur au pape. Il s'agissait donc d'agir promptement et sans faiblesse. Le mieux était de chercher à s'emparer du perturbateur. A cet effet, le pape s'adressa d'abord à l'évêque de Bâle, au chapitre et au conseil; puis il écrivit d'autres brefs à Constance, à Lucerne, au général des dominicains, qui était alors Salvo Casseta, aux princes allemands et en particulier à l'empereur Frédéric III. Le 4 mai, il écrivait à l'empereur, lui demandant de s'emparer de l'auteur de tous ces troubles. Si, au commencement, Frédéric avait paru soutenir André, cette fois, il put se rendre compte que le moment d'agir était venu, si l'on voulait éviter de plus grands maux. C'est pourquoi, le 6 mai, il écrivit à André pour lui demander de cesser toute agitation et de se rendre à la cour. Malheureusement, André, encouragé par l'université de Bâle, ne songeait nullement à revenir à de meilleurs sentiments. Aussi, les 20 et 21 juillet, il publia deux sommations contre le pape, remplies d'injures et où il ne craignait point d'appeler Sixte IV fils du diable. Cf. Burckhard, *op. cit.*, p. 36.

A Florence tout ce qui pouvait nuire au pape était accueilli avec plaisir; on en a la preuve dans les rapports adressés par Baccio Ugolini à Laurent de Médicis, qui l'avait députe à Bâle en qualité d'ambassadeur. Cf. Pastor, *op. cit.*, p. 584-585. Les choses pouvaient tourner très mal, aussi le pape comprit-il qu'il n'y avait plus un moment à perdre. Il envoya donc des nonces à l'empereur et aux magistrats de Bâle. Le maître général de l'ordre, Salvo Casseta, fut un des ambassadeurs choisis. Le pape pouvait espérer que lui, du moins, pourrait venir à bout de l'archevêque. Il arriva à Bâle dans la fin de septembre 1482, certainement avant le 29. Avant de poursuivre sa route vers l'empereur, il avait pour mission de chercher à ramener les magistrats et les citoyens de cette ville à l'obéissance au Saint-Siège. En effet, Bâle, en punition de la faveur avec laquelle elle avait accueilli André, avait été frappée d'interdit. Pour aggraver leur cas, les magistrats et les bourgeois n'en avaient tenu aucun compte. Cependant la présence du maître général de l'ordre ne fut pas sans résultat; peu à peu les catholiques de Bâle reconnurent que leur attitude ne pouvait être maintenue longtemps sans courir le risque de tomber dans le ridicule, s'obstinant à soutenir un révolté, dont l'ambition seule était le mobile d'agir. D'ailleurs le revirement d'attitude de l'empereur fut pour beaucoup dans ce changement de sentiments de la ville de Bâle à l'égard de l'archevêque de Cranea. Celui-ci, privé de l'appui de l'autorité laïque, ne pouvait plus rien espérer. Cédant enfin aux réclamations du pape, le 18 décembre 1482, le conseil de Bâle le fit arrêter, mais refusa de le livrer au pape. Celui-ci, dès le 14 décembre 1482, avait lancé une bulle, qui proclamait la croisade contre Bâle. Voir *Urkundenbuch der Stadt Basel*, t. VIII, p. 502 sq. L'affaire n'était pas terminée à la mort de Sixte IV. Elle prit fin, d'une façon tragique; en effet, le 13 novembre 1484, André fut trouvé mort dans sa prison : il s'était pendu. Cf. Pastor, *op. cit.*, p. 586.

Il semble que, dans l'ordre, l'aventure de fr. André n'ait pas produit autant d'éclat. Soit qu'ils n'aient pas été suffisamment informés, soit qu'ils n'aient pas voulu insister sur des faits qui étaient loin de servir la cause de l'ordre, les historiens sont extrêmement concis et même donnent une tout autre note. Par exemple, à l'année 1482, la Chronique de Schönensteinbach, éd. Schlumberger, p. 501, à propos de fr. André, dit tout simplement : « Il voulait certaines choses qui lui semblaient bonnes, mais le pape Sixte le désapprouva; ce fut la cause d'une grande agitation en plusieurs endroits, mais il mourut deux ans après. » De même Mich. Pió, *op. cit.*, 2ᵉ part., p. 166, semble ignorer tout de l'histoire de fr. André et il en parle très brièvement comme d'un homme savant et discret. Fontana, *op. cit.*, qui connaît les fâcheuses aventures de l'archevêque, ajoute pourtant cette note imprévue : *Ob quaedam crimina, quae illi, jurene, an injuria imposita fuerint aliorum esto judicium, Sixti IV indignationem promeruit, a quo archiepiscopali dignitate privatus est.* Cependant l'ordre, en la personne du général Salvo Casseta, le 19 septembre 1482, le chassa de son sein et chargea fr. Conrad Hebemkamer (?) de prêcher contre lui. Cf. archives générales de l'ordre, *Reg. Salvo Casseta*, fol. 118 b.

Cavalieri, dans sa *Galleria*, est un peu plus abondant de renseignements sur André et ses vicissitudes. Après avoir discuté sur le lieu probable du siège qu'il occupa, il célèbre son zèle à prêcher l'Évangile parmi les Croates. « Mais, ajoute-t-il, on lui reprocha quelques crimes, à tort, pense-t-on, de sorte que Sixte IV le priva de son siège en 1482. Il s'en retourna donc dans le cloître et n'en continua pas moins à prêcher en ces pays avec un zèle infatigable. » On le voit, ces jugements, qui se trouvent partagés par un certain nombre d'historiens de l'ordre, ne semblent guère cadrer avec ce que racontent les auteurs plus modernes. Ils passent sous silence son emprisonnement et son suicide. Il n'en reste pas moins la condamnation formelle du général. D'ailleurs, parmi ses confrères, André rencontra aussi de l'opposition, en particulier de la part d'Institoris. Cf. Hansen, *Quellen u. Untersuch.*, Bonn, 1901, p. 383 sq. De son côté, Wimpheling, bien que fort opposé à Sixte IV, se déclara aussi contre André. Cf. Knepper, J. *Wimpheling*, dans *Erlauterung und Ergänzungen zu Janssens Gesch. des Deutsch. Volkes*, éd. Pastor, Fribourg, 1902, p. 34 sq., 50, 193, 351. Contre lui aussi, *Epistola contra quendam concilistam, archipiscopum videl. Cragnensem...*, in-fol. Strasbourg, 1483, (Hain, *Repert. bibl.*, 1827, t. II, n. 6624). De même, à Rome, bibl. Corsini, ms. n. *845*, fol. 57: *Sixto IV epistulae apologeticae a S. Severino et Johanne Ph. de Lignamine contra scripta per Andream Crainensem episcopum Slavum*.

Les sources principales à consulter se trouvent indiquées dans Pastor, *Geschichte der Päpste*, Fribourg-en-Brisgau, 1904, p. 580-586 et *passim*. — J. Schlecht, *Andrea Zamometic und der Basler Konzilsversuch vom Jahre 1482*, Paderborn, 1903. Seul le premier volume a paru, du moins à notre connaissance. Cf. le compte rendu de ce livre dans la *Revue d'hist. eccl.*, par P. Richard, 1905, t. VI, p. 846-849. — Pastor, *op. cit.*, p. 580, n. 1, annonçait une seconde monographie à paraître sur Zamometic; elle devait être l'œuvre de Mirko Breyer. Nous ne savons pas si elle a paru. On pourra voir dans Pastor les autres sources. Signalons seulement ici celles de caractère strictement dominicain. Une des plus intéressantes et qui a échappé à tous les historiens de Zamometic est constituée par le registre de maître Salvo Casseta, où sont consignés au jour le jour les actes de ce général durant son voyage de 1482 et son séjour à Bâle. *Reg. mag. gen.*, arch. ord., S. VI-6. Nous avons signalé en particulier, fol. 118 b, l'acte officiel par lequel Zamometic est chassé de l'ordre. Cf. aussi *Chronik des Klosters Schönensteinbach*, éd. Joh. von Schlumberger, 1897, p. 501. — La suite des principaux auteurs dominicains : Mich. Pió, *Delle vite degli huomini illustri di S. Domenico*, 2ᵉ part., Pavie, 1613, col. 106, d'après Taegio, Altamura, *Biblioth. domen.*, Rome, 1677, p. 216. Il le place parmi les personnages les plus éminents dans l'ordre et qui florissaient en 1498. — Fontana, *Sac. theatrum dominicanum*, Rome, 1666, p. 71, dont le jugement, ainsi que nous l'avons vu, est indécis; il s'appuie sur Mich. Pió et sur Oderic, *Annales*, ad an. 1482, n. 23. — Mich. Cavalieri, *Galleria de' sommi pontefici*, etc., Bénévent, 1696, t. I, p. 291, affirme d'ailleurs gratuitement qu'André fut accusé à tort. — Brémond, *Bullarium ordinis*, Rome, 1731, t. III, p. 631. — *Acta capitulorum generalium*, édit. Reichert, Rome, 1900, t. III, p. 286. Au chapitre général de Sienne, 1462, il fut nommé maître des étudiants au couvent de Perpignan. — Mortier, *Hist. des maîtres généraux de l'ordre des frères prêcheurs*, Paris, 1909, t. IV, p. 555. A tort, il l'appelle encore André Zuccalmaglio et le désigne sous le nom d'archevêque de Carniole.

R. COULON.

242. ANDRÉ ZANONI D'ARCO, franciscain, custode de Terre Sainte. Né à Arco, dans le Tyrol autrichien, le 23 décembre 1597, il entra chez les observants réformés de la province de Venise, le 8 septembre 1616. Il alla, en 1628, à Rome pour y étudier les langues orientales dans le collège de Saint-Pierre *in Montorio*, qu'il quitta en 1631 pour aller au Caire. Il y arriva le 6 mars 1632 et fut nommé préfet de cette mission. Les supérieurs lui ayant assigné, par patentes du 23 septembre 1636, la charge de custode de Terre Sainte et gardien du Mont-Sion à Jérusalem, il partit du Caire le 12 janvier 1637 et arriva à sa nouvelle destination le 3 du même mois pour prendre possession de sa charge le 5 février 1637. Son successeur étant arrivé le 28 novembre 1642, il quitta Jérusalem le 12 décembre suivant. Arrivé à Rome, il y fut nommé commissaire de Terre Sainte. Il retourna plus tard dans son pays et passa dans la province de Trente, érigée en 1643. Deux fois il en fut élu provincial, le 18 octobre 1649 et le 12 juin 1665, et à deux reprises définiteur, le 7 janvier 1656 et le 17 février 1662. Cette même année, il visita la province d'Autriche, dont il présida le chapitre à Graz, le 23 octobre. En outre, il était gardien de 1647 à 1649, maître de novices de 1652 à 1659, confesseur des clarisses de Rovereto, où se trouvait alors la vénérable Jeanne-Marie de la Croix, de 1669 à 1672. En 1673, il fut chargé de la direction spirituelle des clarisses de Borgo, où il mourut le 13 janvier 1674. Il a composé plusieurs *ouvrages ascétiques, cérémoniels*, etc., une *Sylva SS. Patrum* (1638), un *Nécrologe* de sa province, mais aucun de ses ouvrages n'a été imprimé.

Cf. Greiderer, *Germania franciscana*, Inspruck, 1731, t. II, p. 531, 558 sq. — *Analecta franciscana*, Quaracchi, 1885, t. I, p. 71, 313 sq., 339 sq. — Golubovich, *Serie cronologica dei superiori di Terra Santa*, Jérusalem, 1898, p. 74-78. — Tovazzi, *Scriptorum provinciae S. Vigilii Tridentinae catalogus*, Trente, 1766, (ms.), p. 16-20.

M. BIHL.

243. ANDRÉ ZOERARD. Voir ANDRÉ SUIRARD, col. 1712.

244. ANDRÉ, littérateur du XVIIIᵉ siècle, de Marseille, quelque temps oratorien. On a de lui une *Réfutation... de... l'Émile de Rousseau*, 1762; — l'*Esprit de Duguet*, 1764; une édition des *Pensées de Pascal*, 1786; — *La morale de l'Évangile*, 1786, — et l'édition des *Œuvres de d'Aguesseau*, dont il avait été le bibliothécaire.

A. INGOLD.

245. ANDRÉ (BERNARD D'), docteur *in utroque*, était chanoine de Lectoure et de la collégiale de Saint-Martin de l'Isle-Jourdain, curé de Bourg-Saint-Bernard, du même diocèse, quand il en fut promu évêque, le 1ᵉʳ septembre 1449. Il mourut à la fin de l'année 1452, ou au commencement de 1453, après avoir fait le chapitre de Lectoure son légataire.

Eubel, *Hierarchia catholica*, t. II, p. 193. — *Gallia christiana*, t. I, col. 1082. — A. Clergeac, *Chronologie des archevêques, évêques et abbés de l'ancienne province ecclésiastique d'Auch...*, Abbeville, 1911, p. 47.

P. RICHARD.

246. ANDRÉ (BERNARD), religieux augustin, né à Toulouse. Nous ne connaissons pas la date de sa naissance, ni celle de sa vocation religieuse. Dans une pièce inédite à Henri VII d'Angleterre, Jean Opicius affirme qu'il descendait d'une famille de la noblesse. Gairdner, *op. cit.*, p. XVII. Sur les recommandations de Fox, évêque de Winchester, qu'il appelle *Maecenas meus observandissimus, ibid.*, il se rendit à la cour d'Henri VII (1485-1509), en qualité de poète et d'historiographe royal. Il y fit l'éducation du prince Arthur de Galles, et peut-être aussi du futur roi Henri VIII. En 1486, il reçut une pension du roi. En 1498, l'évêque de Lincoln lui confia la direction de l'hôpital de Saint-Léonard, et en 1500, après avoir été nommé à Guines, près de Calais, il commença à écrire la vie d'Henri VII. A cette époque, la vue s'était tellement affaiblie qu'il se plaint à plusieurs reprises de sa cécité. Gairdner, p. 32, 35. En 1501, l'abbé de Glastonbury lui conféra le bénéfice d'Higham, auquel il renonça en 1505. Il assista à la mort de son protecteur, à l'élévation au trône de son fils, Henri VIII (1509-1547). D'après les historiens de l'ordre de Saint-Augustin, il engagea Henri VIII à composer contre Luther son *Assertio septem sacramentorum*. Il vivait encore en 1521. Un document conservé dans les archives de l'ordre de Saint-Augustin, et daté de l'an 1514, l'appelle *doctor utriusque juris*. Le

P. André mourut à Londres et fut enterré dans le cimetière du couvent des augustins.

De son vivant, le P. André s'était acquis une grande réputation comme poète et humaniste. Son style latin est très pur, et ses pièces latines ont parfois une saveur classique. La plupart de ses ouvrages sont inédits. On en trouve les titres dans Tanner avec les *incipit* et l'indication des manuscrits qui les contiennent.

Panfilo, *Chronica ordinis fratrum eremitarum sancti Augustini*, Rome, 1581, fol. 105. — Gandolfi, *Dissertatio historica de ducentis celeberrimis augustinianis scriptoribus*, Rome, 1704, p. 98. — Tanner, *Bibliotheca Britannico-Hibernica*, Londres, 1748, p. 41. — Jöcher, *Allgemeines Gelehrten-Lexicon*, Leipzig, 1750, t. 1, col. 396. — Ossinger, *Bibliotheca augustiniana*, p. 124-125. — Gairdner, *Historia regis Henrici septimi a Bernardo Andrea Tolosate conscripta, necnon alia quaedam ad eundem regem spectantia*, Londres, 1858, p. VII-XXI. — Campbell, *Materials for a history of the reign of Henry VII*, Londres, 1873, t. I, p. 203; t. II, p. 82. — *Dictionary of national biography*, Londres, 1885, t. I, p. 398-399.

A. PALMIERI.

247. ANDRÉ (CLAUDE-ANDRÉ), évêque de Quimper (1802-1804). Né en Dauphiné, le 30 mai 1743, il était chanoine de la cathédrale de Troyes, quand éclata la Révolution; il traversa cette période de troubles sans se faire remarquer, et fut un des nombreux prêtres à la fois fidèles à leur devoir et modérés, sur lesquels se fixa l'attention de la cour romaine et du pouvoir consulaire issu du jacobinisme, pour constituer un nouvel épiscopat de France. Nommé par Bonaparte évêque de Quimper, il fut sacré à Paris le 9 mai 1802 et installé le 22 août. Mais, quand il essaya de réorganiser le clergé de son diocèse, il se heurta aux exigences des prêtres constitutionnels, ceux qu'on appelait dans le pays la *Cabale*, qui, soutenus par les pouvoirs civils locaux, réclamaient les postes les plus importants. Il essaya de réorganiser son petit séminaire, mais se découragea vite, finit par rester à Paris une année et plus, donna sa démission à la fin de 1804, fut nommé chanoine de la basilique de Saint-Denis à la création du chapitre en 1806, et mourut à Paris le 25 août 1818.

L'épiscopat français depuis le concordat jusqu'à la séparation, 1802-1905, Paris, 1907, p. 492. — Chan. Peyron, *Notice historique sur les séminaires de Quimper et de Léon*, Quimper, 1809, p. 135-141, 148. — *Ami de la religion*, 1818, t. XVII, p. 74.

P. RICHARD.

248. ANDRÉ (ERNEST), abbé du monastère de Mesnil-Saint-Loup, au diocèse de Troyes, né le 17 octobre 1826, reçut la prêtrise le 22 décembre 1849 et fut nommé immédiatement à la cure de Mesnil-Saint-Loup (Aube). Ayant beaucoup étudié la liturgie durant son séjour au grand séminaire, il fut chargé de dresser l'*Ordo* du diocèse, conforme aux règles romaines nouvellement introduites. Homme de zèle en même temps que d'études, il se préoccupa de ramener la pratique de la religion parmi ses paroissiens, au moyen de la prière publique. Dans un voyage à Rome, il imagina et fit approuver du pape Pie IX (1852) la *Prière perpétuelle à Notre-Dame de la Sainte-Espérance*, qu'il organisa devant l'antique madone vénérée en son église. Cette institution, qui se répandit au loin, amenait peu à peu les fidèles à s'unir dans une prière collective à laquelle ils prenaient part selon leurs moyens, mais d'après des règles précises qui la perpétuaient. Le curé comprit vite cependant qu'elle ne pouvait se maintenir qu'en s'appuyant sur une congrégation ou communauté de prêtres qui en serait la base, ainsi que le foyer de la dévotion. Un compagnon s'étant présenté en 1863, il organisa avec lui la vie commune sous la règle de saint Benoît, dans son presbytère transformé en clôture. Il prit l'habit le 30 novembre 1864, et le curé s'appela le P. Emmanuel. Trois ans après, avec un second associé, la vie conventuelle se trouva établie. Le 27 août 1869, l'association de Notre-Dame, dont la communauté, composée dès lors de cinq religieux, assurait le fonctionnement par la récitation de l'office divin, fut érigée en archiconfrérie. Le *Bulletin mensuel de Notre-Dame de la Sainte-Espérance* fut créé en 1874, et le P. Emmanuel, poursuivant ses travaux dans les sciences sacrées en même temps que son apostolat par la prière, publiait un certain nombre d'opuscules de dévotion. Il rédigea pendant neuf ans une *Revue de l'Église grecque-unie*, qui se répandit en Orient, où elle exerça de l'influence et contribua au rapprochement avec Rome (1885-1894). Enfin il réunit plusieurs de ses jeunes paroissiennes en communauté sous la règle bénédictine (3 juin 1879) et leur confia une école. Mais la création fut arrêtée par les décrets de 1880.

Cependant le supérieur voulait affilier sa communauté à un ordre existant. Après avoir passé quelque temps à Solesmes comme novice (1874), il ne put s'entendre avec dom Guéranger. Le général des olivétains accueillit mieux sa démarche; il fit profession à Settignano, près de Florence, le 11 juillet 1886, et obtint la faculté de soumettre ses sujets aux vœux solennels; plus tard, le prieuré du Mesnil fut érigé en abbaye, et dom Emmanuel put exercer les fonctions abbatiales avec la mitre et la crosse (février 1892). L'institution ne vécut guère toutefois. La loi de 1901 contre les congrégations dispersa les deux communautés (octobre 1901). Le supérieur déposa ses insignes et l'habit monastique, resta seul dans la maison conventuelle avec un infirmier. Malade et infirme, il ne pouvait plus s'occuper de la paroisse, pour laquelle il avait obtenu un vicaire. Pendant un an, il fit encore le catéchisme aux enfants qu'on lui amenait. Le 5 juillet 1902, il assista au cinquantenaire de la *Prière perpétuelle*. Il mourut le 31 mars 1909. Le principal de ses ouvrages a pour titre : *Nouvel essai sur les psaumes étudiés au triple point de vue de la lettre, de l'esprit et des applications liturgiques*, in-8°, 1869.

B. Maréchaux, *Le P. Emmanuel, essai biographique*, Troyes, 1909. — P. F. Ecalle, *Le P. Emmanuel*, Troyes, 1911.

Arthur PRÉVOST.

249. ANDRÉ ou encore **ANDERDON** (GUILLAUME), dominicain irlandais, nommé par Grégoire XI évêque d'Achonry, 17 octobre 1373. Après avoir gouverné cette Église l'espace de six ans, il fut transféré sur le siège de Meath, suffragant d'Armagh, en 1380. C'est là qu'il mourut, le 28 septembre 1385.

Waraeus, *De praesulibus Hiberniae commentarius*, Dublin, 1665, p. 36, 276. — Échard, *Scriptores ordinis praedicatorum*, Paris, 1719-1721, t. I, p. XXV. — *Bullarium ordinis*, Rome, 1730, t. II, p. 294, 304. — Th. de Burgos, *Hibernia dominicana*, Cologne, 1762, t. II, p. 52, 60, 110, 465. — Eubel, *Hierarchia cath.*, 1913, t. I, p. 69, 339.

R. COULON.

250. ANDRÉ (JACQUES), né le 13 octobre 1743, à Saint-Pierre-sur-Orthe (Mayenne), fut vicaire de Rouez-en-Champagne et curé de Rouessé-Vassé (Sarthe). Prêtre distingué et charitable, il refusa le serment, quitta sa paroisse et vint habiter Laval, où il donna asile à plusieurs prêtres fidèles. Après avoir été interné aux capucins de Laval, et relâché pour cause de maladie, il fut enfermé dans l'ancien couvent de Patience, le 5 janvier 1794. La commission révolutionnaire de la Mayenne l'en fit extraire, le 21 janvier suivant, avec ses treize compagnons. Après un simulacre de jugement, elle le condamna à mort. Il fut exécuté le même jour. Jean-Louis Guibert, vicaire apostat, le voyant monter à l'échafaud, lui montra un verre de vin rouge : « A ta santé, dit-il, je vais boire comme si c'était ton sang ! — Et moi, reprit le martyr, je vais prier Dieu pour toi. »

La cause de ce martyr et de ses compagnons, introduite en cour de Rome, est en bonne voie.

Angot, *Dict. de la Mayenne*, t. I, p. 48. — Isidore Boulliez, *Mémoires ecclésiastiques concernant Laval et ses environs pendant la Révolution*, Laval, 1841, p. 193. — Léopold de Cherancé, *Nos martyrs*, Paris, 1908. — Dom Piolin, *Histoire de l'Église du Mans durant la Révolution*, Paris, 1868, t. II, p. 546-550. — Perrin, *Les martyrs du Maine*, Paris, 1884, t. I, p. 31.

Louis CALENDINI.

251. ANDRÉ (JEAN), franciscain du XIVe siècle, auquel on a attribué, mais très probablement à tort, un traité *Hieronymianum, sive de laudibus S. Hieronymi*, et un *Epitome operum S. Hieronymi*. Le premier appartient au jurisconsulte Jean Andrea et les indications sur le second sont beaucoup trop vagues. En 1388, il y avait un franciscain de ce nom au couvent de Ferrare, mais il avait pris l'habit dans celui de Côme.

Wadding, *Scriptores ord. min.*, Rome, 1650, p. 189; 1806, p. 129; 1906, p. 128. — Sbaralea, *Suppl. ad Scriptores ord. min.*, Rome, 1806, p. 385, 729.

M. BIHL.

252. ANDRÉ (JEAN), mahométan converti au christianisme. Il fut subitement touché de la grâce le jour de l'Assomption 1487, en écoutant un sermon du dominicain Jean Marquès. Ordonné prêtre, il s'employa avec succès à l'évangélisation des Maures de Valence et Grenade. Il occupa ensuite une chaire de droit commercial, probablement à l'université de Saragosse.

On a de lui deux ouvrages : un livre d'apologétique intitulé *Confusion de la secta Mahometana*, in-8°, Valence, 1517 ; réimprimé à Grenade en 1560; les deux éditions sont très rares. Cette œuvre fut traduite en italien par Domenico de Gaztelu, sous le titre de *Opera chiamata Confusione della setta mahometana*, in-8°, Venise, 1540; avec une seconde édition en 1543; et deux fois en français, in-8°, Paris, 1543, 1574.

L'autre livre paraît être un résumé du cours professé par l'auteur. Il est intitulé *Sommaire de la pratique de l'arithmétique appliquée au commerce*, in-8°, Valence, 1515. Cromberger en fit une seconde édition à Séville en 1537.

On attribue à Jean André une traduction de l'alcoran en dialecte aragonais et un traité *De atributis partium orationis*. Mais la première de ces œuvres est perdue et il n'est pas certain que la seconde ait été publiée.

Nicolas Antonio, *Bibliotheca Hispana vetus*, Madrid, 1788, t. II, p. 324-325. — Pastor Fuster, *Biblioteca Valenciana*, Valence, 1827, p. 63-64. — Vicente Ximeno, *Escritores del reino de Valencia*, Valence, 1747-1749, t. I, p. 75.

P. SICART.

253. ANDRÉ (JEAN), peintre dominicain, naquit en 1662. Il entra dans l'ordre de Saint-Dominique en 1679, au noviciat général à Paris. Le 7 octobre 1687, d'après des documents d'archives, il a la permission de venir à Rome. Nous ne savons au juste combien de temps il y resta; assez pourtant pour subir dans son style l'influence italienne, en particulier de Carlo Maratta. *Saint Dominique* (1712), *saint Thomas d'Aquin* (1714), *sainte Catherine de Sienne* (1716), *saint Pierre martyr* (1718) dans l'église Notre-Dame du Chapelet, à Bordeaux; de même l'*Extase de sainte Thérèse* dans l'église de Saint-Amans de Rodez, révèlent nettement l'influence italienne. Pendant les dernières années de sa vie, au contraire, il subit davantage l'influence de l'école française, de Jouvenet en particulier, son ami. Frère André, revenu d'Italie, vécut presque toujours à Paris. Il y mourut en 1753. L'œuvre de fr. André est considérable. Marionneau en a dressé le catalogue, qui ne compte pas moins de cent trente-sept numéros.

Charles Marionneau, *Frère André, artiste peintre de l'ordre des frères prêcheurs (1662-1753)*. *Lettres inédites et documents*, Bordeaux, 1878, p. 64. L'auteur a dressé une bibliographie très abondante du sujet, p. 29-31. Son travail n'a été tiré qu'à cent exemplaires.

R. COULON.

254. ANDRÉ (JEAN-FRANÇOIS), naquit à Ménerbes, dans le département de Vaucluse, le 5 mars 1809; élève du petit, puis du grand séminaire, il pense un instant entrer dans la Compagnie de Jésus, mais il abandonne bientôt ce projet et part pour Rome, où il arrive le 2 juin 1831. Recommandé au cardinal de Rohan, qui le choisit pour précepteur de son neveu, il reçoit les ordres sacrés dans la Ville éternelle et est ordonné prêtre le 31 décembre 1831. Il voyage pendant quelque temps avec son élève dans la Haute-Italie et en Suisse, et retourne par Paris dans le diocèse d'Avignon. Il est d'abord vicaire à Carpentras, le 13 février 1836, puis à l'Isle-sur-Sorgue, le 4 juin 1839, et se retire à Carpentras le 15 avril de la même année : il prêche assez fréquemment dans les environs. Il est curé des Baumettes le 24 janvier 1846, de Vaucluse, le 1er décembre 1851, et se retire le 17 mai 1864. Il entre de nouveau dans le ministère paroissial et devient, le 1er décembre 1866, curé de Lagnes, où il reste jusqu'au 1er novembre 1880. Il résigne alors toutes ses fonctions et retourne à Vaucluse, où il meurt bientôt frappé d'apoplexie le 2 juillet 1880, après une courte maladie.

L'abbé André était docteur en théologie et en droit canon; il fut correspondant du ministère de l'Instruction publique et vice-président de la Société archéologique de Londres. Il a laissé des ouvrages religieux et des travaux historiques fort estimés à leur époque. Voici les plus importants : *Histoire de la Révolution avignonnaise*, 2 in-8°, 1844-1845 ; — *Histoire politique de la monarchie pontificale ou XI*^{ve} *siècle ou La papauté à Avignon*, in-8°, 1845 ; — *Histoire des recteurs pontificaux dans le Comtat-Venaissin*, in-12, 1847 ; — *Notes sur l'histoire, la statistique, la féodalité, le clergé, la noblesse, le peuple, le luxe, les impôts, la propriété dans le département de Vaucluse de 1500 à 1789*, in-18, 215 p., 1876 ; — *Les lois de l'Église sur la nomination, la mutation et la révocation des curés*, 1864 ; 2e édit., 1865 ; — *Exposition de quelques principes fondamentaux de droit canonique méconnus dans l'Église de France*, in-8°, 1866 ; — *Somme théorique et pratique de tout le droit canonique*, 2 in-12, 1868. Il publia aussi l'*Ancienne et nouvelle discipline de l'Église* du P. Thomassin, 7 in-8°, 1864-1867.

Aubert, *Les Vauclusiens*, Avignon, 1890, p. 8. — Barjavel, *Dictionnaire historique, biographique et bibliographique du département de Vaucluse*, Carpentras, 1841, t. I, p. 55-56. — *Polybiblion*, partie littéraire, IIe série, 1881, t. XIV, p. 269. — Registres de l'archevêché d'Avignon, *Registre du personnel*, 1841 à nos jours, fol. 25. — *Semaine religieuse d'Avignon* et *Revue des bibliothèques paroissiales*, 1881, p. 597.

J. SAUTEL.

255. ANDRÉ (LOUIS), jésuite français, né en 1641, entra au noviciat de la province de Lyon et fut destiné aux missions du Canada en 1673 : il évangélisa successivement les Algonquins et les Montagnais. Ses *Lettres*, publiées dans les *Missions du Canada, Relations inédites*, Paris, 1861, contiennent de précieux renseignements sur ces peuplades et sur les méthodes d'évangélisation et de civilisation mises en œuvre par les missionnaires. Le P. André, observateur attentif et curieux des phénomènes de la nature, faisait en même temps œuvre de science. Le journal des marées de la baie des Puants avait été dressé par ses soins et enrichi de remarques intéressantes. Il composa aussi un dictionnaire algonquin et écrivit à l'usage des jeunes missionnaires, pour leur faciliter les débuts de cette langue difficile, un petit recueil d'homélies en algonquin et différents ouvrages en ottawa et en divers dialectes, ouvrages restés manuscrits.

Sommervogel, *Bibliothèque de la Compagnie de Jésus*, t. I, col. 333 sq.

P. BERNARD.

256. ANDRÉ (MICHEL), prêtre français, auteur d'ouvrages estimés sur le droit canon. Né le 29 avril 1803, à Avallon, après de sérieuses études, il est ordonné prêtre à Sens, le 21 mai 1829. Il exerce d'abord le ministère dans ce diocèse, à Tharot, Girolles, Perrigny-sous-Armançon, Joux-la-Ville, Saint-Aubin-Château-Neuf et Mont-Saint-Sulpice. Aux soucis de sa charge pastorale, il ajoute la préparation laborieuse de ses ouvrages. Dès cette époque, il est le collaborateur de Migne. En 1844, il quitte son diocèse pour celui d'Évreux, puis, de 1851 à 1862, fait à Paris fonctions de prêtre habitué à l'église Saint-Paul-Saint-Louis. Grâce à la bienveillance particulière de Mgr Sergent, évêque de Quimper, il est nommé vicaire général honoraire de cette ville en 1858. Il gardera ce titre jusqu'à la mort de ce prélat. Il devint par la suite chanoine de La Rochelle et en 1862, protonotaire apostolique. Justement récompensé de sa vie de labeur, quelques années après, il se retira en son château de Fleury, près Aillant, où il mourut le 3 juin 1878.

Une tombe, dont les sculptures rappellent les vicissitudes de sa carrière, garde ses restes et son souvenir au cimetière d'Avallon.

Ses œuvres principales sont : *Cours alphabétique et méthodique de droit canon*, 2 in-8°, Paris, 1844-1845 (t. IX, X de l'*Encyclopédie théologique* de Migne); rééditions en 1852, 1859 (par Condis), 1888-1890 (par Wagner); — *Cours alphabétique, théorique et pratique de législation civile et ecclésiastique*, 3 in-8°, Paris, 1847-1850; 4 in-8°, 1868-1869; — *Dictionnaire alphabétique, théorique et pratique du droit civil et ecclésiastique*, 2 in-8°, Paris, 1873 (t. LXIV, LXV de la 3ᵉ *Encyclopédie théologique* de Migne); — *Histoire chronologique et dogmatique des conciles* (continuation de Roisselet de Saulières), in-8°, Paris, 1854-1855, t. IV et V; — quelques ouvrages de polémique.

Semaine religieuse de Sens, 1878. — *Catalogue de la Bibliothèque nationale*, t. III, col. 70-71.

L. GAUTHIER.

257. ANDRÉ (NOËL). Voir CHRYSOLOGUE DE GY.

258. ANDRÉ (PETIT PÈRE). Voir BOULLANGER (André).

259. ANDRÉ (PIERRE), successivement évêque de Noyon, de Clermont et de Cambrai (1340-1368), né vers 1315, sortait d'une famille bourgeoise de Clermont-Ferrand, que le roi Philippe VI anoblit dans la personne de son frère Jacques (février 1343) et en récompense de ses services. *Gallia christiana*, t. II, *Animad.*, col. IX. Il fut en effet conseiller ordinaire et garde des sceaux de ce souverain, longtemps à son service comme un de ces nombreux légistes issus du droit romain, tout-puissants depuis Philippe le Bel dans la politique et l'administration de la monarchie française. À l'exemple de beaucoup de ses collègues, il entra de bonne heure dans la cléricature, et s'enrichit de bénéfices, en s'élevant aux premières charges ecclésiastiques. Licencié en droit, plus tard prêtre, il possédait déjà plusieurs prébendes, un canonicat à la collégiale d'Ennezat, diocèse de Clermont, une chapellenie à Saint-Merry de Paris, lorsque Benoît XII le nomma, *consideratione regis Philippi*, chanoine de Notre-Dame de Paris, le 21 juillet 1337. Il se trouvait alors à Avignon, chargé, avec son confrère Étienne Aubert, plus tard Innocent VI, de demander, au nom du roi, des éclaircissements sur la diplomatie du pape à l'égard de l'Angleterre. E. Déprez, *Les préliminaires de la guerre de Cent ans*, Paris, 1902, p. 149. Le 11 octobre 1340, il remplaçait le même Aubert, comme évêque de Noyon. Cette importante dignité, une des six pairies ecclésiastiques du royaume, lui était donnée en récompense de ses services, et le roi, qui n'avait pas été sans influence sur le choix des chanoines, s'empressa de le recommander au pape. Dans le courant de cette année, il l'avait fait entrer dans une commission, composée des archevêques de Sens et Auch, etc., chargée d'enquêter sur l'administration royale en Languedoc et d'y faire les réformes nécessaires, mais André ne se rendit pas dans cette province. Devic-Vaissete, *Histoire de Languedoc*, t. IX, col. 523.

Peu à peu, toutefois, ses relations devinrent plus fréquentes avec la papauté qui résidait à Avignon, où il fit de fréquents voyages, en sorte qu'il s'attacha complètement au service de l'Église, sans négliger tout à fait celui de la royauté. On le voit assister, en septembre 1342, au mariage d'une nièce de Clément VI, et, le 25, il succédait sur le siège de Clermont à Étienne Aubert, devenu cardinal. En cette occasion, Philippe VI le dispensa de tout droit de chancellerie à l'avenir, comme son ancien garde des sceaux. Quelques mois après, il le désignait pour témoin dans les accords concernant la cession du Dauphiné par Humbert II, et parmi les commissaires qui devaient, avec le chancelier de France, recevoir l'hommage des officiers et gouverneurs de la province. En cette qualité, André y fit des voyages, et jusqu'à Avignon. J.-J. Guiffrey, *Histoire de la réunion du Dauphiné à la France*, Paris, 1868, *passim*, index. Il s'y trouvait le 8 septembre 1343, et encore en février 1344, chargé d'une mission auprès du pape par la reine de France, Jeanne de Bourgogne, et il emportait la réponse de Clément VI.

Il s'occupa peu du diocèse de Clermont, son pays d'origine pourtant. Le 6 octobre 1342, il désigna des grands vicaires pour le suppléer et, le 13 novembre 1343, obtenait du pape permission d'en faire visite par procureur. Il en eut aussi des indulgences pour achever la construction de sa cathédrale. Il favorisa le couvent des dominicains de sa ville épiscopale, qui semble avoir été une fondation de sa famille, et lui laissa par testament sa chapelle, sa bibliothèque et une partie de ses biens. Il fut frappé d'amende par le parlement de Paris, en 1347, pour avoir établi un marché dans sa ville épiscopale. Il quitta bientôt ce siège pour celui de Cambrai, qu'il reçut par bulle du 17 février 1349. Durant son long épiscopat sur ce siège, il résida souvent, par suite s'occupa des affaires de son église, et nous le voyons désormais travailler plutôt pour le pape; mais il ne déserta pas complètement la cause de la royauté, puisque, selon la *Gallia christiana*, il fut chargé par le roi de ratifier le traité conclu avec celui d'Aragon, protecteur et allié des deux seigneurs en litige. Il devait aussi admonester sérieusement les cités de Flandre, qui s'obstinaient à ne pas demander l'absolution des sentences canoniques qu'avait provoquées leur désobéissance. En réalité l'évêque dut se contenter de bonnes paroles et de témoignages de bonne volonté. Il réussit mieux dans un autre conflit du comte de Flandre avec le duc

Wenceslas de Luxembourg-Brabant; il est vrai qu'il sut se faire appuyer par l'empereur Charles IV de Luxembourg, et alla réclamer ses offices à la diète de Metz. Il put faire signer la paix qui rétablit le duc en Brabant. Baronius, *Annales ecclesiastici*, ad an. 1356, n. 12.

André opéra dès lors dans les régions de son vaste diocèse, qui comprenait la plus grande partie des Pays-Bas, Belgique et Hollande. Une courte mission qu'il reçut d'Urbain V, en décembre 1362, pour réconcilier les comtes de Foix et d'Armagnac, ne réussit pas plus que sa première en Flandre. M. Prou, *Relations d'Urbain V avec la France*, Paris, 1888, p. 16-17, dans *Bibliothèque de l'École des hautes études*, t. LXXVI. L'établissement de la maison de Bavière en Hainaut, avec la comtesse Marguerite, veuve de l'empereur Louis III, permit à l'évêque d'user de son influence auprès de la cour d'Avignon en faveur de cette famille, proscrite depuis la lutte de cet empereur contre Jean XXII. La même année, il réconcilia avec l'Église trois princes de cette race maudite. Baronius, *op. cit.*, ad ann. 1362, n. 14. L'un d'eux, Albert, étant devenu régent de Hainaut, Hollande et Zélande, au nom de son frère Guillaume l'Insensé, André revint d'Avignon, muni des pouvoirs de nonce apostolique, pour réconcilier avec deux seigneurs de ses vassaux (16 avril 1364), et il y a tout lieu de croire qu'il y réussit. Il poursuivait alors en cour de Rome un procès contre son chapitre, que le comte Louis de Flandre semble avoir soutenu, et le pape attesta que le prélat n'avait pas proféré devant lui les propos injurieux qu'on avait dénoncés à ce seigneur.

Nous avons peu de renseignements sur l'action épiscopale d'André en cette dernière partie de sa vie. Il tint un synode diocésain à Cambrai (octobre 1349) et y confirma le règlement sur la résidence des curés, arrêté au synode de mai précédent, que le chapitre avait réuni *sede vacante*. L'année suivante, l'évêque fut pris pour arbitre entre celui-ci et les échevins de Cambrai, à propos d'un impôt municipal, pour lequel il déclara nécessaire le consentement du chapitre, tout en assurant l'exemption du clergé. En 1351, à l'occasion d'une disette, il obtint du pape Clément VI la dispense du lait et du beurre. Il mourut le 13 septembre 1368, et fut enseveli en la cathédrale Notre-Dame de Cambrai. Le *Gallia* a conservé son épitaphe.

Eubel, *Hierarchia catholica*, 1913, t. I, p. 160, 192, 372. — *Gallia christiana*, t. IX, col. 1015-1016; t. II, col. 287-288, et *Instrumenta*, col. 95; t. III, col. 44-45. — Vidal, *Lettres communes de Benoît XII*, passim; index au mot *Petrus Andreae*. — E. Déprez, *Lettres closes d'Innocent VI*, 1909, n, 133-138. — P. Lecacheux, *Lettres secrètes et curiales d'Urbain V*, 1906, n. 1290-1297. — P. Anselme, *Histoire généalogique de la maison de France*, t. II, 1726, p. 401. — Dupont, *Histoire ecclésiastique et civile de Cambrai*, Cambrai, 1759, t. I, 2ᵉ part., p. 126-127. — Morin, *L'Auvergne chrétienne*, Roanne, 1880, p. 165-166.

P. RICHARD.

260. ANDRÉ (VALERIUS), forme latinisée du nom flamand Walter Driessens, philologue, historien et jurisconsulte, professeur à l'université de Louvain, naquit le 28 novembre 1588, au bourg de Desschel en Campine (dans la province actuelle d'Anvers), d'où l'épithète de *Desselius* qu'il ajoute souvent à son nom. Il étudia les langues classiques à Anvers, où il suivit surtout les leçons du jésuite André Schott, il s'y initia à la connaissance de l'hébreu sous la direction du jésuite Jean Hay. Après son cours de philosophie à Douai, il revint à Anvers et fut, le 25 décembre 1611, nommé professeur de langue hébraïque au collège des Trois-Langues à Louvain. Pendant son professorat, il s'appliqua à l'étude du droit : il fut proclamé *doctor utriusque juris* le 23 novembre 1621. En 1628, il obtint la chaire royale des Instituts du droit romain, et, nonobstant quelques réclamations, il continua son double enseignement. Le 31 août 1636, il assuma en outre la charge de préfet de la bibliothèque académique, récemment créée. Deux fois, en 1644 et en 1649, il exerça les fonctions de recteur de l'université; il mourut à Louvain, le 29 mars 1655 : le professeur Bernard Heymbach prononça son éloge funèbre, qui fut imprimé.

Valère André s'occupa beaucoup de l'histoire des lettres; dans ce domaine, son ouvrage principal est sa *Bibliotheca Belgica*, Louvain, 1623 et 1643. Il fut un des principaux écrivains s'occupant de l'histoire de l'université de Louvain, il publia entre autres ouvrages : *Collegii trilinguis Buslidiani in Academia Lovaniensi exordia et progressus et linguae hebraicae encomium*, Louvain, 1614; *Fasti Academici studii generalis Lovaniensis*, Louvain, 1635 et 1650; *Bibliothecae publicae Lovaniensis primordia et librorum catalogus*, Louvain, 1636 et 1639. Comme jurisconsulte, il édita trois *Quaestiones quodlibeticae*, Cologne, 1618 et 1619, et une *Synopsis juris canonici*, Louvain, 1634, qui eut plusieurs éditions. Parmi ses travaux de philologie, citons *P. Ovidii in Ibim uberiores notationes*, Anvers, 1618. Valère André procura l'édition ou la réimpression d'ouvrages de Pierre Nannius, de Jean Ramus, d'Henri Zaesius, d'Henri Cannisius, d'Henri Kinschot, etc. La liste de ses œuvres, publiée par E. Reusens, porte vingt-quatre ouvrages imprimés et une douzaine d'ouvrages de moindre importance restés en manuscrit.

J. Nève, *Mémoire historique et littéraire sur le collège des Trois-Langues à l'université de Louvain* (mémoires couronnés par l'Académie royale de Belgique), Bruxelles, 1856, p. 250; *Biographie nationale* (de Belgique), Bruxelles, 1866, t. I, col. 281; *La renaissance des lettres et l'essor de l'érudition ancienne en Belgique*, Louvain, 1890, p. 406. — E. Reusens, dans *Analectes pour servir à l'histoire ecclésiastique de la Belgique*, Louvain, 1888, t. XXI, p. 248 : l'auteur y publie les notes manuscrites de Paquot sur Valère André et la liste complète de ses œuvres. — V. Brants, *La faculté de droit de l'université de Louvain à travers cinq siècles (1436-1906)*, Louvain, 1906, p. 142. — H. de Jongh, *L'ancienne faculté de théologie de Louvain au premier siècle de son existence (1432-1540)*, Louvain, 1911, p. 17.

H. DE JONGH.

261. ANDRÉ (YVES-MARIE), philosophe français, né à Châteaulin, en Basse-Bretagne, le 22 mai 1675, d'une honorable famille. Son père, Yves de l'Isle-André, et sa mère, Anne de Poulmarch, donnaient à tout le pays l'exemple des plus hautes vertus chrétiennes. Il fit ses études classiques à Quimper, sous la tutelle d'un de ses oncles, avocat du roi au présidial de cette ville, et se distingua autant par sa profonde piété que par ses brillants succès. Son professeur de philosophie fut le P. Brévedent, esprit original, qui passait alors pour avoir inventé le mouvement perpétuel. Une méthode d'enseignement plus sévère lui eût été plus profitable. Le 13 septembre 1693, il entrait au noviciat de la Compagnie de Jésus à Paris, malgré les représentations de ses amis. Professeur de rhétorique au collège d'Alençon en 1696, il est rappelé à Paris au collège de Clermont en 1703 pour y suivre le cours de théologie; il fut ordonné prêtre le 20 mars 1706. Lié d'amitié avec le P. Hardouin, ennemi déclaré de la philosophie cartésienne, il n'en recherca pas moins, à l'insu de ses supérieurs, l'amitié de Malebranche qui le gagna sans trop de peine à ses doctrines. Ses supérieurs jugèrent bon de l'éloigner de Paris et on l'envoya terminer ses études théologiques à La Flèche, mesure contre laquelle le jeune religieux fit vainement entendre jusqu'à Rome ses vives et amères doléances. Son enthousiasme pour les idées de Descartes et de Malebranche n'en fut pas amoindri. Après avoir achevé à Rouen sa troisième année de probation, il est chargé d'une classe inférieure de grammaire au collège de Hesdin, nouvelle épreuve pour son amour-propre qui avait besoin d'être conduit, suivant le mot de ses supérieurs, « avec de sages précautions. » Sa solide piété lui fit accepter sans récriminations cet ordre, et l'année suivante, en 1709, rendu à ses études de prédilection, il était nommé professeur de philosophie au collège d'Amiens. Mais une lettre du P. général Tamburini était venue lui enjoindre de revenir aux doctrines traditionnelles, de ne point persister « à croire sa raison personnelle plutôt que la sagesse de la Compagnie, à suivre Descartes plutôt que le Christ. » Le P. André, qui avait craint un moment d'être obligé de quitter la Compagnie, à cause de ses opinions, se déclara heureux d'y pouvoir rester, n'y voulant « d'autre degré que d'y être au-dessous de tous ni d'autre privilège que d'y servir tout le monde. »

Un conflit n'allait pas tarder, toutefois, à surgir. Se croyant placé en face de deux devoirs irréductibles l'un à l'autre, « la sincérité chrétienne voulant qu'il défende la vérité sans déguisement, et la prudence, qu'il ménage l'erreur pour l'intérêt même de la vérité ou du moins pour celui de la charité, » il ne put éviter l'écueil qu'il se créait lui-même. Dans l'énoncé des thèses qui firent l'objet d'une soutenance générale à la fin de l'année scolaire 1710-1711, et plus encore dans la discussion, on crut saisir des traces de malebranchisme et le professeur dut s'engager par écrit à soutenir désormais en toute netteté les doctrines de la Compagnie. Cette garantie avait paru suffisante, et la chaire de philosophie au collège de Rouen fut confiée cette année-là même au P. André. Sa soumission lui valut d'être admis, le 2 février 1712, à la profession des quatre vœux.

L'orientation de son enseignement fut loin pourtant de répondre à ses promesses. Quelques thèses nettement cartésiennes amenèrent une intervention de ses supérieurs : le professeur fut condamné à se rétracter en classe et à signer un formulaire sur les points qui intéressaient le dogme, tels que les accidents absolus, l'essence de l'âme, l'essence du corps, les formes substantielles, l'action des esprits, la nature des idées, etc. Le P. André discuta, récrimina, et finalement se soumit, mais pour la forme; sa chaire lui fut retirée et on jugea opportun de l'appliquer désormais aux travaux du ministère : il fut appelé à diriger la congrégation des messieurs à Alençon, en octobre 1713, mais ne cessa point de travailler à la diffusion de la doctrine cartésienne, surtout par la composition d'un cours de philosophie chrétienne suivant l'esprit de Descartes et de Malebranche.

La bulle *Unigenitus* mettait alors en effervescence les esprits, dans les milieux jansénistes et antijansénistes. Le P. André, qui se plaignait hautement d'être persécuté, affecta de ne point parler de la bulle, déclarant que « la France n'avait pas besoin d'Inquisition » pour maintenir la foi. Son attitude plutôt frondeuse à l'égard de l'autorité excita des mécontentements. Il fallut de nouveau le changer de résidence et, en 1718, il se rendit au collège d'Arras comme ministre des pensionnaires.

En 1719, il est nommé au collège d'Amiens préfet des classes supérieures. Ses appréciations sur les jansénistes lui attirent bien vite de plus graves difficultés. Un pamphlet qui circule contre les jésuites passe pour être son œuvre et l'enquête instituée à ce sujet amène la découverte de papiers plus ou moins compromettants, entre autres une Vie de Malebranche, une lettre à d'Aguesseau, une volumineuse correspondance, qui semble avoir été secrète, avec le P. Le Long et l'abbé de Marbœuf, et divers documents. A. Charma prétend que le P. André fut, de ce chef, enfermé aussitôt à la Bastille. *Le P. André, jésuite. Documents inédits*, Caen, 1844, t. I, p. 422. Rien n'autorise pareille conjecture. Le P. André se hâta de se condamner lui-même et de demander pardon à son ordre, en protestant de sa fidélité à l'Église et à la Compagnie. Il ne paraît pas, d'ailleurs, que cette rétractation fût sincère, car on a trouvé dans ses écrits quelques lignes qui la désavouent. Quoi qu'il en soit, elle lui obtint sa grâce : il put reprendre en toute quiétude ses fonctions à Amiens. En 1726, il est chargé de l'enseignement des mathématiques au collège de Caen et investi de la charge de père spirituel : il passa dans cette ville trente-huit ans, occupé de travaux littéraires et scientifiques. Admis à l'Académie royale des belles-lettres, il en devient un des membres les plus laborieux et les plus distingués. Quelques-uns des écrits qu'il rédige pour les séances de l'Académie, surtout son *Essai sur le beau*, étendent sa réputation au loin. C'est seulement en 1759, à l'âge de quatre-vingt-quatre ans, qu'il consent à être déchargé de son cours de mathématiques. Lorsque la Compagnie de Jésus fut supprimée, le P. André demanda à se retirer chez les chanoines de l'Hôtel-Dieu, qui l'accueillirent avec un affectueux respect. Le Parlement de Rouen se chargea de subvenir à tous ses besoins.

Le P. André a laissé de nombreux ouvrages, jusqu'à un *Traité de l'architecture civile et militaire*. On en trouvera la liste complète dans Sommervogel, et dans A. Charma, *op. cit.*

De tous ces ouvrages, celui qui a le plus contribué à la réputation du Père et qui marque le mieux aussi la nature de son esprit est l'*Essai sur le beau*, recueil de discours prononcés à l'Académie de Caen. La première édition ne contient que les quatre discours parus sous ce titre : *Essai sur le beau où l'on examine en quoi consiste précisément le beau dans le physique, dans le moral, dans les ouvrages de l'esprit et dans la musique*, Paris, 1741. Il suffit de parcourir le *Journal des savants*, 1741, p. 606-608; les *Observations sur les écrits modernes* de Desfontaines, t. XXVII, p. 121-137; les *Mémoires de Trévoux*, 1760, p. 611-632; l'*Année littéraire*, 1763, t. VI, p. 49-72; les *Acta eruditorum*, 1743, p. 669 sq., pour se rendre compte de l'intérêt qui s'attachait à cette publication; elle fut augmentée successivement de nouveaux discours sur le *modus*, le *décorum*, les grâces, l'amour du beau, l'amour désintéressé. L'édition complète de 1770 a été souvent réimprimée. Cf. Jouve, *Dictionnaire d'esthétique chrétienne*, Paris, 1859; Meunier de Querlon, *Les grâces*, Paris, 1769, etc. Sans atteindre à une discussion approfondie des problèmes esthétiques, sans même concevoir l'esthétique comme une science distincte, l'ouvrage avait le mérite, en dehors de son style élégant et fin, et de ses ingénieux aperçus de détail, de poser nettement la question d'ensemble, avec plus de netteté que Leibniz et que Wolf, avec plus de profondeur que Crouzas, et ce modeste essai marque à bon droit une étape décisive dans l'évolution de l'esthétique. Il a inspiré les travaux de Baumgarten et de Mendelssohn, mais il représente contre le sentimentalisme d'outre-Rhin l'idéalisme français, ami de l'ordre, de l'harmonie et de la clarté.

L'*Essai sur le beau* fut le seul ouvrage publié par le P. André. La multitude de ses écrits religieux, philosophiques, poétiques, critiques et scientifiques, révèle par son extrême diversité un esprit curieux, mais peu mesuré dans ses élans : un recueil de sermons, un poème sur l'art de bien vivre, des poésies, des cahiers de pensées, des notes sur Descartes et Malebranche, des discours sur l'usage de la colère, sur le vrai, les modes littéraires, le goût, des traités sur l'hydrographie, l'optique, l'astronomie, la physique, la géométrie pratique, l'architecture civile et militaire. Tous ces manuscrits avec sa correspondance se trouvent à la bibliothèque de Caen. On a publié après sa mort : *L'art de converser*, poème par feu le R. P. André, jésuite, Rouen et Paris, 1764. Cf. *Mémoires de Trévoux*, juillet 1765, p. 315-327 ; les *Œuvres du feu P. André contenant un traité de l'homme selon les différentes merveilles qui le concernent*, Paris, 1776-1777. Cette édition en 4 vol. in-12 est due aux soins de l'abbé Guill. Guyot. Une nouvelle édition a été faite par V. Cousin : *Œuvres philosophiques du P. André, de la Compagnie de Jésus, avec une introduction sur sa vie et ses ouvrages, tirée de sa correspondance inédite*, Paris, 1843. Victor Cousin présente le P. André comme un martyr de la pensée. Le simple exposé de sa vie suffit à réfuter cette assertion tendancieuse, et la lecture des lettres du P. André permet d'apprécier, au contraire, à leur juste valeur, non seulement la modération, mais l'indulgence et la charité constantes des supérieurs de la Compagnie à l'égard de cette nature impressionnable, susceptible, irascible, aventureuse, mais profondément religieuse. Malgré ses griefs contre quelques personnes, dans lesquelles son ardente imagination lui faisait voir trop aisément des persécuteurs, quand ils n'étaient souvent que des amis charitables, comme le P. Hardouin, le P. André resta toujours profondément attaché à la Compagnie. Avant ses derniers vœux, il s'imagine, sans raison d'ailleurs, qu'il pourrait bien être renvoyé, sa crainte est vive et sa douleur profonde. Dans sa retraite de Caen, où il a tout loisir de se livrer à ses études favorites, de correspondre avec Fontenelle et d'entretenir d'agréables relations avec les savants et les beaux esprits du temps, il se fait pardonner quelques boutades échappées à son esprit caustique et primesautier par le gouvernement de la Compagnie par ses regrets sincèrement exprimés et par l'édification que donne toujours sa piété. Le P. Frogerais, son provincial, intercède pour lui, en 1733, auprès du P. général ; quand on offre à l'actif vieillard de le décharger de son cours de mathématiques et de lui laisser tout loisir pour ses travaux personnels, il demande instamment à ne point bénéficier de cette faveur. « Tant que je pourrai mettre un pied devant l'autre, dit-il, je rendrai service à la Compagnie. » Les doléances de Cousin, sur les tracasseries, les menaces, les persécutions dirigées par la Compagnie contre « ce libre penseur » en butte « à la calomnie, à la ruse et à la violence » sont en contradiction avec les faits comme avec les textes. Une réfutation complète de ces assertions a été établie par les *Annales de philosophie chrétienne*, 11e série, t. III, p. 368-387 ; t. v, p. 91-122 ; t. VI, p. 48-75. On trouvera dans *Le P. André, jésuite, documents inédits pour servir à l'histoire religieuse, philosophique et littéraire du XVIIIe siècle, contenant la correspondance de ce Père avec Malebranche, Fontenelle et quelques personnages importants de la Compagnie de Jésus*, par MM. Charma et Mancel, in-8°, Caen, 1844, et Paris, 1856, les documents les plus intéressants sur cette controverse.

La Vie du R. P. Malebranche, prêtre de l'Oratoire, avec l'histoire de ses ouvrages par le P. André, de la Compagnie de Jésus, a été publiée par le P. Ingold, Paris, 1886.

Éloge du P. André, surnuméraire de l'Académie royale des belles-lettres de Caen, par M. Rouxelin, secrétaire perpétuel, Caen, 1764. — Jean Castillon, *Nécrologe des hommes célèbres de France*. Années 1764-1787, Maestricht, 1775. — *Mémoires de Trévoux*, 1763, p. 1911-1927, 2380-2406. — *Année littéraire*, 1763, t. II, p. 40-72. — Buchaumont, *Mémoires*, 1766, t. II, p. 95. — *Acta eruditorum*, 1744, p. 669. — *Journal des savants*, 1841, p. 5-28, 94-121.— Cousin, *Introduction aux œuvres du P. André*, Paris, 1843. — A. Charma, *Le P. André, jésuite et M. de Quens*, dans *L'université catholique*, 1840, t. VIII, p. 382-387 ; t. IX, p. 61-78. — Sommervogel, *Bibliothèque de la Compagnie de Jésus*, t. I, col 333-338.

P. BERNARD.

262. ANDRÉ DESPOMMERAYES (DANIEL-LOUIS), fils de Guillaume-Charles André, sieur Despommerayes, et de Catherine Gigot, naquit au Havre, le 2 juillet 1756. Il fut ordonné prêtre à Beauvais, le 11 mars 1786, par Mgr F.-J. de La Rochefoucauld, le futur martyr de la prison des Carmes, et faisait partie, au moment de la Révolution, du clergé de la paroisse Saint-Paul, à Paris. C'est là qu'il refusa le serment à la constitution civile du clergé. Arrêté comme prêtre insermenté, il fut enfermé à la mairie de Paris, pendant la dernière partie du mois d'août 1792, et transféré à la prison de l'Abbaye où il fut massacré, le 2 septembre, pour son attachement à l'Église. Son nom figure sur la liste des prêtres proposés pour la béatification.

R. DE TEIL.

1. ANDREA (Fra), inquisiteur du XIIIe siècle. Nous ignorons s'il était dominicain ou franciscain. En tout cas, vers 1260, il exerçait dans les États de l'Église et en particulier à Viterbe les fonctions d'inquisiteur. Il est surtout connu à propos de l'affaire de Capello de Chia, puissant seigneur de la province romaine. Celui-ci, suspect d'hérésie, fut condamné, proscrit et eut ses biens confisqués. Sur son refus de se soumettre, l'inquisiteur, fra Andrea, invoqua contre lui l'aide des citoyens de la ville voisine de Viterbe ; ils levèrent une petite armée qui vint, avec l'inquisiteur en tête, mettre le siège devant Colle-Casale, résidence de Capello. Celui-ci, usant de ruse, avait transféré auparavant tous ses biens à Pietro di Giacomo Surdi, noble romain, de sorte que l'entreprise des gens de Viterbe fut arrêtée par un ordre du sénateur de Rome qui défendait de violer la propriété d'un bon citoyen catholique. Mais le pape Alexandre IV intervint, ordonna à Surdi de se désintéresser de la querelle, parce que ses titres à la possession du château de Colle-Casale étaient de nulle valeur, et il remercia ceux de Viterbe de leur zèle et du courage qu'ils avaient montré en faveur de l'inquisiteur, fra Andrea. Cet épisode est intéressant pour l'étude de l'inquisition parce qu'il montre l'étendue des pouvoirs de l'inquisiteur, même pour réclamer, contre un hérétique, le secours d'hommes d'armes.

H.-Ch. Lea, *Histoire de l'Inquisition au moyen âge*, trad. Salomon Reinach, Paris, 1900, t. I, p. 390.

R. COULON.

2. ANDREA (DALMAZIO DI), évêque de Bova en Calabre, était né à Morcone, le 13 avril 1800. Le 5 juin 1819, il prenait l'habit des frères mineurs capucins dans la province de Saint-Ange. Il se livra avec zèle à la prédication et exerça les fonctions de lecteur. Pendant deux triennats (1843-1846 et 1852-1855), il gouverna sa province. Le 13 septembre 1853, Pie IX le créait évêque de Bova. Son premier soin fut la réforme du séminaire et il donnait à son clergé l'exemple d'une vie vraiment sacerdotale, vivant dans son évêché comme il avait vécu dans son couvent. Mgr Di Andrea prit part au concile du Vatican. Il mourut en 1870, pleuré des pauvres qui perdaient en lui un généreux bienfaiteur.

Bernardino da S. Giovanni Rotondo, *Memorie storiche dei cappuccini della provincia di S. Angelo*, Bénévent, 1906, p. 358.

ÉDOUARD D'ALENÇON.

3. ANDREA (GENNARO DI). Né à Naples, il fut préconisé, le 8 août (archives du Vatican, *Acta consistorialia*, ann. 1657-1662, fol. 156, et non le 17 juin, comme le porte Cappelletti) 1661, évêque de Mottola, à la condition d'instituer dans son diocèse un mont-de-piété et un séminaire. Nous ignorons la date de sa mort. Il fut enterré dans la tombe des évêques, qui se trouve dans le chœur de la cathédrale de Mottola.

Cappelletti, *Le Chiese d'Italia*, Venise, 1870, t. xxi, p. 147. — Marco Lupo, *Monografia storica di Mottola*, Tarente, 1885, p. 115-116.

J. FRAIKIN.

4. ANDREA (GIOVANNI D'), fut le plus célèbre canoniste du xive siècle, *famosissimus doctor Bononiensis, qui in mundo non habebat similem, videlicet dominus Johannes Andreae*, dit la vieille chronique de Bologne. Muratori, *Rerum Italicarum scriptores*, Milan, 1723-1751, t. xviii, p. 147. Sur lui et sa famille se formèrent diverses légendes que le récit d'écrivains postérieurs accrédita, et qui ont passé jusqu'à nos jours de biographie en biographie, bien que Tiraboschi, au xviiie siècle, en eût fait justice. Si l'on s'en tient aux contemporains qui écrivirent sa vie, Filippo Villani et Domenico de Bandino, et à ses propres ouvrages, voici ce que nous savons sur lui de certain.

Ses parents étaient de Rifredo di Mugello, près Florence; mais, lui, naquit probablement à Bologne (1272), où son père, qui entra dans les ordres, huit ans plus tard, tenait une école. Voir ses *Additiones ad Durandi Speculum juris*, l. IV, c. *Ex filiis presbyter*. De bonne heure, il s'adonna au droit canonique, sous la direction de Martino Sulimano, de Ricardo Malombra, surtout de Guido da Baiso, qui le poussa au doctorat, puis au professorat, et dont il rappelle le nom avec reconnaissance, au commencement de son étude sur le livre VI des Décrétales : *Reverendissimo patri, sub cujus umbra quiesco et doctor sedeo licet indignus, domino Guidoni de Abaysio, archidiacono Bononiensi*. Il enseigna à Bologne (1301), plus tard à Padoue, d'où il revint à l'université de sa ville natale, vers 1309. Le cardinal-légat Bertrand Du Pouget, chargé par Jean XXII de pacifier la Haute-Italie divisée par la lutte entre gibelins et guelfes, le délégua, en 1328, comme ambassadeur auprès du pape. Quatre ans plus tard, Giovanni lisait, en place publique, aux Bolonais, la lettre où Jean XXII promettait de quitter Avignon, pour se fixer à Bologne. Quand Bertrand Du Pouget dut fuir cette ville en révolte (1334), Andrea l'accompagna jusqu'à Florence, pour le protéger contre la fureur populaire. Il fit partie, en 1337, de l'ambassade que Taddeo Pepoli, devenu maître de Bologne, envoya à Venise et à Padoue, pour leur signifier cette prise de possession. Et, en 1340, on trouve son nom dans la liste des membres qui forment le conseil de sa ville natale.

Andrea dépensa une partie de sa fortune pour l'entretien ou la construction d'édifices religieux, ainsi qu'en œuvres de charité. Lui-même se contentait de peu, vivant d'une vie austère; les dernières années de sa vie, il couchait sur la dure, enveloppé d'une peau d'ours. La peste de 1348, qui ravagea l'Italie entière, l'emporta, et il fut enterré à San Domenico de Bologne, où se lit l'inscription que Mazzuchelli a reproduite en son ouvrage.

Un de ses fils, Buonincontro (ainsi nommé du nom de son aïeul), subit deux ans plus tard (1350) la peine capitale, pour avoir conjuré contre Taddeo Pepoli. Un autre, Girolamo, fut archidiacre de Naples, en 1376, visiter, comme ambassadeur, Grégoire XI, à Avignon. Andrea maria à un canoniste éminent, Giovanni da Sangiorgo, sa fille Bettina ; et il eut pour l'autre, Novella, une particulière affection. Il lui « fit apprendre lettres et si avant ès lois, raconte Christine de Pisan (*Cité des dames*, part. II, c. xxxvi), que, quand il estoit occupé d'aucune essoine, pourquoy il ne pouvait vacquer à lire les leçons à ses escholiers, il envoyoit Nouvelle sa fille en son lieu lire aux escholes en chayere; et afin que la biauté d'elle n'empeschast la pensée des oyans, elle avoit une petite courtine au devant d'elle. » C'est en souvenir de sa mère et de cette fille, qui toutes deux portaient le même nom, qu'Andrea intitula *Novellae* son commentaire sur les Décrétales de Grégoire IX. Malgré une famille assez nombreuse, il voulut encore adopter Giovanni Calderini, qui devait continuer son œuvre et devenir un des plus fameux canonistes de cette époque.

Andrea, qu'honora l'amitié de Pétrarque (cf. Petrarca, *Epistolae familiares*, l. V, p. vii, viii, ix), fut très estimé, pour sa science, de tous les contemporains qui l'appelèrent *archidoctor decretorum, rabbi doctorum, fons et pater juris canonici, lumen mundi*. Outre ses *Novellae*, il avait fait, tout jeune, une glose sur le VIe livre des Décrétales, qu'il remania et compléta plus tard; il écrivit aussi des gloses sur les Clémentines, un Commentaire *in regulas Sexti*, qu'il intitula *Mercuriales* (conférences du mercredi). Ses *Additiones ad Durandi Speculum* de 1347 concernent l'histoire littéraire du droit. Il publia aussi nombre d'autres petits traités, en particulier sur le droit matrimonial et les généalogies.

Les deux anciennes Vies d'Andrea, dues à Filippo Villani et Domenico di Bandino, ont été publiées par l'abbé Mehus, dans *Ambrosii Traversarii... aliorumque ad ipsum latinae epistolae a...P. Canneto... in libros XXV distributae, variorum opera distinctae et observationibus illustratae. Accedit ejusdem Ambrosii vita in qua historia litteraria Florentini ab anno MCXCII usque ad annum MCCCCXL ex monumentis potissimum nondum editis deducta est*, Florence, 1759, p. 184 sq. La première a été traduite en italien, mais assez peu fidèlement, par Mazzucchelli ; et la seconde fut rééditée par Sarti, dans *De claris archigymnasii Bononiensis professoribus a saeculo XI usque ad saeculum XIV* (ouvrage continué, après la mort de Sarti, par M. Fattorini), Bologne, 1769-1772, t. i, 2e part., p. 207. — Consulter en outre : G. Panziroli ou Panciroli, *De claris legum interpretibus libri quatuor*, Leipzig, 1721, l. III, c. xix, xxi. — Bayle, *Dictionnaire historique et critique*, Amsterdam, 1734, t. i, p. 334. — C. Mazzucchelli, *Gli scrittori d'Italia*, Brescia, 1755-1763, t. i, 2[e] part., p. 695 sq. — G. Tiraboschi, *Storia della letteratura italiana*, Naples, 1777-1786, t. v, p. 277-287. — F. C. von Savigny, *Geschichte des römischen Rechts im Mittelalter*, Heidelberg, 1834-1850, t. vi, p. 98 sq. — F. von Schulte, *Die Geschichte der Quellen und Literatur des kanonischen Rechts*, Stuttgart, 1875-1880, t. ii, p. 205 sq.

G. CONSTANT.

5. ANDREA (GIROLAMO D'), cardinal, né à Naples, le 12 avril 1812, reçut sa première instruction au collège de La Flèche (Sarthe). Devenu prêtre, entra à Rome dans l'administration pontificale, et demeura pendant sept ans secrétaire de la Congrégation du Concile. Pie IX le nomma en 1850 commissaire extraordinaire dans les États pontificaux. En récompense de ses services, il fut nommé archevêque titulaire de Mytilène et, peu de temps après (16 mars 1852), cardinal du titre de Sainte-Agnès-hors-les-Murs. Le 28 septembre 1860, Pie IX le nomma au siège suburbicaire de Sabine et lui conféra le titre d'abbé commendataire de Subiaco. Quand le royaume d'Italie fut proclamé, le cardinal ne tarda pas à manifester ses sympathies pour le nouvel état de choses. Il rêvait une fédération italienne, dont les États pontificaux feraient partie, aussi ne cachait-il pas sa désapprobation de la politique du cardinal Antonelli. Ne voulant pas signer la condamnation du livre de Mgr Fr. Liverani : *Il papato, l'impero ed il regno d'Italia*, Florence, 1861, il donna sa démission de préfet de la Congrégation de l'Index. Depuis plusieurs années en proie à des affections nerveuses, il crut pouvoir, quelque temps après, sur les conseils de son médecin, transférer son séjour à Naples, malgré la défense formelle du souverain pontife. Après des admonitions infructueuses, Pie IX suspendit le cardinal de l'administration de son diocèse, lui retira son traitement de cardinal, ainsi que ses revenus comme abbé commendataire et signa un décret par lequel il lui enlevait les prérogatives de cardinal et le privait du droit de voix active et passive au Sacré-Collège.

Le décret, daté de la fin de septembre 1867, fut publié le 4 décembre suivant par le *Giornale di Roma*. Ces différentes mesures amenèrent le cardinal à résipiscence. Il fit un acte de soumission inséré dans le même *Giornale*. Le 8 janvier 1868, Pie IX lui rendit les privilèges du cardinalat (bref du 17 janvier), en laissant pourtant le soin du diocèse de Sabine à un administrateur apostolique. Le cardinal, épuisé par ses infirmités que les fatigues de la lutte n'avaient fait qu'aggraver, mourut quatre mois après, dans la nuit du 19 mai 1868.

Sulla difesa del card. Girol. d'Andrea nel voto per la verità. Osservazioni d'un antico professore, Italia, mars 1867, 94 p. (contre le cardinal). — *Esposizione storico-giuridica della vertenza del card. G. d'Andrea, ibid.,* mai 1867, VII et 83 p. (pour le cardinal, contre la difesa). — *Nuova difesa del signore cardinale Gir. d'Andrea e nuove osservazioni d'un antico professore, ibid,* octobre 1867, 136 p. (contre le cardinal et contre l'*Esposizione*). — *Nuova enciclopedia italiana,* 6ᵉ éd., par Gerol. Boccardo, Turin, 1876, t. II, p. 85-86. — *La grande encyclopédie,* t. II, p. 1039. — Fr. Cristofori, *Storia dei cardinali di S. romana Chiesa,* Rome, 1888, t. I, *Cronotassi,* p. 38, 182.

G. ALLMANG.

6. ANDREA ou **ANDREAE, ANDREAS** (IAKOB), théologien protestant allemand, surnommé *Schneidlein* ou *Fabricius* à cause de la profession de son père, qui était forgeron, né le 15 mars 1528, à Waiblingen dans le Wurtemberg, mort à Tubingue le 7 janvier 1590. Ses études classiques faites, grâce à divers secours, au pédagogium de Stuttgart, il étudia à l'université de Tubingue de 1541 à 1546, puis fut nommé diacre à Stuttgart, où il se maria la même année 1546, et où il demeura jusqu'à l'*Interim* (1548). Revenu à Tubingue, il prêcha dans plusieurs chapelles et se fit recevoir docteur en théologie (1553). Pasteur de Göppingen et surintendant des églises voisines, il revint une troisième fois à Tubingue, pour y demeurer jusqu'à sa mort, d'abord comme professeur, puis comme chancelier. Andrea ne fut pas un théologien original; il ne professa jamais que les doctrines qu'avait professées Luther, mais il fut un des personnages religieux les plus influents de son pays, puis de toute l'Allemagne, dans le demi-siècle qui suivit la mort de Luther. Ses sermons à Stuttgart et à Tubingue l'avaient fait connaître; le duc Ulrich et surtout le duc Christophe (1550-1568) firent de lui un de leurs conseillers et agents religieux. En 1557, il accompagne le duc Christophe à la diète de Ratisbonne, et il est l'un des secrétaires de la conférence de Worms entre catholiques et protestants d'Augsbourg. A partir de là, il figure à toutes les réunions officielles de l'empire où peuvent s'agiter des questions religieuses. Il est même mêlé aux négociations religieuses ébauchées entre Catherine de Médicis ou les Guise et le duc Christophe, au Colloque de Poissy, où, d'ailleurs, ils arrivèrent trop tard. Les doctrines luthériennes n'eurent pas de partisan plus dévoué; il les servit surtout par son action, les propageant dans les villes ou pays catholiques, les défendant contre les calvinistes, les cryptocalvinistes ou philippistes, contre les luthériens dissidents comme Flacius Illyricus, en des sermons, en des conférences, par des démarches auprès des princes et auprès des synodes. Comme la force de propagande du luthéranisme et même sa puissance défensive en face du catholicisme étaient singulièrement affaiblies par les variations doctrinales de beaucoup de ses fidèles et par leurs polémiques entre eux ou avec les autres réformés, le constant souci d'Andrea fut d'établir l'unité doctrinale, au moins entre luthériens allemands.

C'est de 1568 à 1580 surtout qu'il s'appliqua à cette tâche. Il désira, semble-t-il, comme quelques-uns de ses contemporains, l'union de toutes les sectes chrétiennes contre le catholicisme et il ne fut pas indifférent aux négociations qui s'ébauchèrent vers 1573 entre théologiens de Tubingue avec le patriarche de Constantinople, Jérémie. Il désira certainement une entente universelle entre calvinistes et luthériens, mais il la sentit impossible; son effort tendit donc à faire cesser les divisions entre protestants allemands autour de Luther. L'idée préoccupait depuis longtemps tous ceux qui avaient à cœur les progrès de la Réforme et ce fut sous l'impulsion du duc Christophe qu'Andrea se mit à l'œuvre. Une première tentative commencée vers 1568 échoua en 1570. Il avait rédigé une sorte de *Formule de concorde* en cinq articles, à laquelle il tenta de rallier les partisans de Flacius et les philippistes crypto-calvinistes, en leur faisant et en leur demandant des concessions. Il parcourut pour cela plusieurs provinces, négociant avec les cours et les synodes. Il trouva l'appui de plusieurs princes, entre autres du duc Jules de Brunswick et du landgrave Guillaume de Hesse, mais il ne put concilier les théologiens de Wittemberg (philippistes) avec ceux d'Iéna (partisans de Flacius), sur la question de la personne du Christ principalement. Tout espoir d'entente se perdit aux conférences du couvent de Zerbst (1570). En 1573, cependant, il reprit son œuvre, avec l'appui du chef reconnu du protestantisme allemand, Auguste, électeur de Saxe. Cette fois, il ne tenta plus de concilier, mais bien d'établir la doctrine définitive de l'orthodoxie luthérienne. C'était sans doute renoncer pour jamais pour l'union avec zwingliens, calvinistes, dissidents de tous ordres, mais c'était terminer les controverses entre vrais luthériens et garantir les fidèles des opinions fausses. Il publia donc six sermons « sur les principales erreurs du temps, » la justification, les bonnes œuvres, le péché originel, les *adiaphora*, les différences entre la Loi et l'Évangile, la personne du Christ; mais, sur l'observation de Martin Chemnitz et de David Chytraeus, que la forme employée s'adaptait mal au but, il fit de ces sermons un extrait qui se résumait lui-même en onze formules précises. Adoptées après révision et parfois correction par les théologiens du Wurtemberg (*Concordia suevica*), par les théologiens du Brunswick (*Concordia suevica-saxonica*) en 1574, par une assemblée de théologiens à Maulbronn (formule de Maulbronn), par les principaux théologiens saxons réunis à Torgau sur l'ordre de leur prince (février 1576), les idées d'Andrea réunies dans le *Livre de Torgau* furent soumises immédiatement par le même électeur aux princes et églises évangéliques. Il reçut vingt-cinq critiques qu'il soumit, en 1577, à deux assemblées restreintes de théologiens : Andrea qui était le personnage principal, Chemnitz et Nicolas Selnecker pour la première, en mars; ces trois mêmes avec André Musculus, Christophe Cornerus et Chytraeus, en mai. Ces théologiens arrêtent la *Formule de concorde* définitive; en mars, ils en donnèrent l'*Epitome* et en mai la *Solida declaratio*. En 1580, la *Formule de concorde* ainsi fixée fut ajoutée à la collection des symboles luthériens qui parut le 25 juin, sous le nom de *Livre de concorde,* cinquante ans, jour pour jour, après la Confession d'Augsbourg. La préface de ce livre, discutée encore en trois assemblées de théologiens, dont Andrea, à Iuterbock, à Bergen et de nouveau à Iuterbock, portait la signature de trois électeurs, de vingt ducs et princes, de vingt-quatre comtes, de quatre barons et de trente-cinq villes impériales. De gré ou de force, pasteurs et églises dépendant de ces signataires donnèrent aussi leur adhésion.

La concorde ne fut point complète cependant dans l'Allemagne luthérienne, et Andrea, dans les dernières années de sa vie, eut encore beaucoup à lutter pour maintenir ce qui était fait. Il eut aussi des conférences avec les adversaires de son Église; ainsi en 1586, le colloque de Montbéliard avec Théodore de Bèze. Le comte Frédéric, voulant rétablir dans sa principauté, qui était luthérienne, la paix religieuse troublée par les réfugiés français, qui étaient calvinistes, imagina une conférence entre théologiens des deux partis : Théodore de Bèze vint donc discuter avec des théologiens luthériens allemands, dont Jakob Andrea. Ils discutèrent, sans évidemment s'entendre, sur la personne du Christ, le baptême, l'eucharistie, la prédestination, la grâce, les *adiaphora*. Andrea, contre qui Bèze avait publié en 1578, à propos de la cène, le livre *Ad repetitas Jacobi Andreae...calumnias responsio*, ne voulut faire aucune concession et refusa même le baiser de paix à son adversaire. Il publia les actes du colloque; on l'accusa de les avoir faussés en prêtant à Bèze des propositions qu'il n'avait pas soutenues, mais il se justifia textes en main. En 1589, il eut encore une conférence contradictoire avec Jean Pistorius, qui du luthéranisme était passé au calvinisme et finalement au catholicisme. Sa mort suivit de près. De sa première femme, morte en 1583, Andrea avait eu dix-huit enfants. Il s'était marié pour la seconde fois en 1585.

Ses écrits, très nombreux, cent cinquante et plus, n'eurent pas une grande influence sur le mouvement théologique. Ce sont, pour beaucoup, des écrits de controverse, en particulier sur la question de l'ubiquité. Il avait débuté en 1557 par *Kürze and einfältige Bericht über des Herrn Nachtmahl mit Vorrede von I. Brenz*, qu'il avait envoyé à Calvin; en 1583, il réfutait le *Consensus orthodoxus* qu'avaient publié les adversaires de l'ubiquité ; en 1589, il écrivait encore *Bericht von der Ubiquität* ;es sermons n'ont été publiés qu'en petit nombre. S moller a donné, en 1890, *Zwanzig Predigten von Jakob Andrea aus den Jahren 1557, 1559, 1560*. Quant à sa correspondance très abondante, elle n'a pas été publiée à part; elle se trouve partie dans *Fama Andreana*, partie dans Förstmann, *Neue Mitteilungen*, t. VII, fasc. 3, p. 78 sq. Après la mort d'Andrea, le duc Frédéric de Wurtemberg avait fait dresser le catalogue complet de ses œuvres, mais il n'a pas été imprimé.

En dehors de Bossuet, *Histoire des variations*, des historiens de l'Allemagne protestante au XVIe siècle et de la *Formule de concorde* ou des tentatives d'union entre protestants allemands, la source principale est Joh. Val. Andrea, *Fama Andreana reflorescens sive Jacobi Andreae Waiblingensis vitae... recensio*, Strasbourg, 1630. — Melchior Adam, *Vitae Germanorum theologorum*, Francfort, 1653, p. 656 sq. — Fischinus, *Memoria theologorum Wurtembergensium ressuscitata*, t. I, p. 95. — Fittbogen, *Jak. Andrea, der Verfasser der Concordienformel, sein Leben und seine theologische Bedeutung*, Hagen et Leipzig, 1881. — *Realencyclopädie für protestantische Theologie und Kirche*, 3e éd., 1896, t. I, p. 501-505. — *Allgemeine deutsche Biographie*, t. I, p. 436-441.

C. Constantin.

7. ANDREA ou **ANDREAE, ANDREAS** (Jean-Valentin), théologien protestant allemand, né à Herrenberg, dans le Wurtemberg, en 1586, mort en 1658, à Stuttgart. Élève de l'université de Tubingue, où avait enseigné son grand-père, Iakob Andrea (voir la notice précédente), il s'initia à toutes les sciences du temps, théologie, philosophie, mathématiques, histoire, géographie, littérature ancienne et moderne; il étudia la peinture, la musique, les arts mécaniques; il apprit, en dehors de l'allemand et du latin, l'hébreu, le grec, le français, l'italien, l'espagnol et peut-être l'anglais. Il parcourut ensuite l'Allemagne, la Suisse où la discipline religieuse de Genève lui fit une ineffaçable impression, la France, l'Autriche et l'Italie où il salua dans Rome « la gloire du monde ancien et l'opprobre des temps modernes. » À son retour, il refusa la charge de cour que lui offrait le duc de Wurtemberg. Jean-Frédéric, et, résolu à servir l'Église, il se préparait dans la prière et par l'étude : il étudia surtout Luther et, parmi les Pères de l'Église, saint Augustin et saint Jérôme. En 1614, il est nommé diacre à Vaiblingen; il a là un ministère ingrat, mais il écrit beaucoup. De 1620 à 1638, doyen et surintendant spécial de Calw, il tenta de donner à la ville et à tout le pays qui en relevait l'organisation religieuse qu'il avait admirée à Genève; mais, sans appui, il dut y renoncer. Il déploya du moins un zèle et une charité admirables à relever les ruines matérielles et morales que les malheurs du temps accumulaient autour de lui; enseignant le catéchisme, il écrit alors ses *Katechetische Fragstücke;* organisant des sortes de confréries et de sociétés de secours mutuels, distribuant aux écoles et aux pauvres des sommes considérables. En 1638, le duc Eberhard lui offrit les fonctions ou de professeur de théologie à Tubingue ou de prédicateur et de membre du consistoire à Stuttgart; malgré lui et sur les instances de ses amis, Andrea se décida pour Stuttgart. Alors commencèrent pour lui « des années d'esclavage. » Les circonstances générales et des causes particulières avaient exercé de vrais ravages dans l'Église wurtembergeoise, dans le corps des pasteurs surtout, décimé et sans zèle. Toujours hanté du souvenir de Genève, il se dépensa en efforts pour effacer ces maux, ramener la discipline chez les pasteurs et la vie religieuse chez tous, écrivant, exhortant, agissant; au bout de neuf ans, il avait obtenu de grands résultats, malgré l'indifférence de ceux qui auraient dû l'aider; mais il était épuisé; il donnait sa démission; il était nommé abbé, en 1650, de Bibenhausen et, en 1654, l'année de sa mort, d'Adelberg.

Admirateur de la discipline et même de la rigueur logique calvinistes, Andrea n'en était pas moins aussi dévoué que son grand-père à la foi luthérienne. Ce qui le caractérisait, c'était l'hostilité vis-à-vis de toutes les querelles dogmatiques et des discussions scolastiques; sans être mystique comme Arndt, il tenait de sa mère, dont on comparait la piété à celle de sainte Monique, la tendance que l'on allait appeler piétiste : il faisait passer la vie même la science doctrinale et mettait au-dessus de tout la réalisation de la doctrine dans les mœurs et dans les sentiments. Son orthodoxie fut parfois contestée, mais d'une façon peu sérieuse et sans conséquence, et son influence fut grande.

Il a beaucoup écrit. Burk a dressé le catalogue complet de tous ses ouvrages imprimés, écrits en allemand ou en latin, *Verzeichnis aller... Schriften des D. Ioh. Val. Andreä... nach der Zeitfolge geordnet*, Tubingue, 1793; il en cite cent; mais, sans parler des manuscrits, ce catalogue n'est point complet. Ces ouvrages si nombreux ne sont pas évidemment des œuvres considérables, « *nicht Schriften sondern Schriftchen* », dit Herder, *Werke*, t. XVI, p. 232. Presque tous furent imprimés à Strasbourg. Les principaux sont : *De christiani cosmoxeni genitura*, Montbéliard, 1612, pendant de l'*Épître à Diognète*; les trois suivants publiés en 1615 : un *Abrégé du Vrai christianisme de Arndt*, suivi de son *Apologia Andreana; Herculis christiani luctae*, allégorie invitant à la lutte contre les vices du siècle, cet ouvrage fut traduit en allemand par un descendant de l'auteur, Victor Andrea, Francfort-sur-Mein, 1845; *Die Christenburg*, épopée allégorique et apocalyptique où sont décrits les commencements, les développements, les périls et finalement le triomphe de l'Église chrétienne; puis vinrent *Turbo*, 1616, comédie, satire de la poussée scientifique du temps; *Menippus seu dialogorum satyricorum centuria, inanitatum nostrarum speculum*, 1618, satire de son temps; *Mythologiae christianae seu virtutum et vitiorum vitae humanae imaginum liber III*, collection de trois cents apologues ou paraboles; une traduction allemande parut en

1786, avec une préface de Herder sous ce titre, *J. V. Andreae Dichtungen zur Beherzegung unsers Zeitalters*; *Civis christianus seu Peregrini quondam errantis restitutiones*, 1619, traduit en allemand par Oehler, Heilbronn, 1878; une traduction française avait déjà paru à Genève, en 1822, sous ce titre, *Le sage citoyen*; *Reipublicae christianopolitanae descriptio*, 1619, dédié à Ioh. Arndt; c'est le premier roman social évangélique; il a servi de modèle à l'*Atlantis* de Bacon. A côté de ces ouvrages, dont le but uniforme fut de dénoncer les abus de l'Église et de la société, Andrea en a composé quelques autres qui firent de lui, peut-on croire, l'involontaire fondateur des Rose-Croix. Il n'était point le premier à s'être lassé des discussions scolastiques où se perdaient luthériens et réformés; elles avaient provoqué une réaction mystique. Cette réaction avait pris diverses formes; beaucoup, entraînés par la vogue nouvelle de la chimie, s'adonnaient aux pratiques théosophiques, alchimiques ou magiques. Andrea entreprit de combattre ces pratiques par le ridicule. En 1616, parut à Strasbourg un livre anonyme, *Die chymische Hochzeit Christiani Rosenkreutz, anno 1459*, sorte de roman racontant les aventures d'un personnage fictif nommé Rose-Croix, d'un nom emprunté sans doute aux symboles de la philosophie hermétique, qui est invité aux noces d'un roi inconnu et, là, initié aux mystères des magiciens. Ce livre circulait manuscrit depuis 1612. En 1614, avait paru un autre livre anonyme, de même inspiration, *Allgemeine und General Reformation der ganzen weiten Welt beneben der Fama fraternitatis des loeblichen Orden des Rosenkreutz*, dont la 2ᵉ édit., 1615, était augmentée de la *Confessio oder Bekenntnis der Societät und Bruderschaft Rosenkreutz an die Gelehrten Europa's*. La *Reformation* met en scène les sept sages de la Grèce et quelques philosophes romains qui délibèrent sur les moyens d'améliorer le monde; la *Confessio* explique les principes de la soi-disant société des Rose-Croix. Ces écrits, communément attribués à Andrea, eurent un effet tout opposé au but poursuivi. La plaisanterie ne fut pas comprise. Tous les passionnés de chimie, d'alchimie et de magie se mirent à la recherche des Rose-Croix qui n'existaient nulle part et en tout cas adoptèrent les cadres et le nom de la société. Les théologiens luthériens crurent à une manœuvre calviniste. En France, en 1623, comme des affiches annonçaient à Paris l'arrivée des Rose-Croix, sauveurs du monde, Gabriel Naudé crut devoir mettre la France en garde par son *Instruction... sur la vérité de l'histoire des frères de la Rose-Croix*, in-4° et in-8°, Paris. Andrea lui-même crut devoir réagir. En 1619, il publiait *Turris Babel seu judicium de fraternitate R. C. chaos*, s. n. n. d., où il déclarait que l'existence des Rose-Croix n'était qu'une mystification et où il invitait les chrétiens de tous pays à former une Société évangélique « pour remettre le Christ à sa place, après avoir jeté bas toutes les idoles, les religieuses comme les littéraires ». Il développa les mêmes pensées dans *Christianae societatis idea*, *Christiani amoris dextra porrecta*, 1620, et *Verae unionis in Christo Jesu specimen*, 1628. Son séjour à Calw interrompit presque entièrement ses publications. A Stuttgart, il publia, entre autres : *Cynosura oeconomiae ecclesiasticae Wurtembergicae*, 1639, où il combat les désordres et les négligences des pasteurs; *Theophilus seu de christiana religione sanctius colenda, vita temperantius instituenda et litteratura rationabilius docenda concilium cum Paraenesi ad Ecclesiae ministros*, 1649, traduit par Papst en 1826 et par Oehler en 1878, et où il développe la pensée fondamentale de sa vie. Ses sermons, qui sont nombreux, ont été analysés par Schuler, *Geschichte der Veränderungen des Geschmacks in Predigen*, Halle, 1792, t. I, p. 166-300; Moser a publié, dans *Patriotisches Archiv für Deutschland*, Mannheim et Leipzig, t. VI, des *Œuvres inédites* d'Andrea, des *Extraits de sa correspondance avec le Dʳ Ioh. Schmid de Strasbourg de 1633 à 1654, avec des notes extraites de sa vie écrite par lui-même*; en 1786, paraissait à Leipzig un recueil de ses poésies : *J. V. Andreae Dichtungen zur Beherzigung unseres Zeitalters mit einer Vorrede von J. G. Herder*. Seybold a publié avec des notes une vie de J.-V. Andrea, extraite de ses œuvres, *Selbstbiographien berühmter Männer*, in-8°, Winterthur, 1799, donnée en latin par Rheinwald, *J. V. Andreae vita ab ipso conscripta*, Berlin, 1849. Enfin Andrea a écrit, en l'honneur de son grand-père, *Fama Andreana...*, Strasbourg, 1630.

En dehors de ces derniers ouvrages de Schuler, Moser, Herder, Seybold, Petersen, *Leben Andreae*, dans *Wurtemb. Repertorium der Litteratur*, Stuttgart, 1782, t. II. — Melchior Fischinus, *Memoria theologorum Wurtembergensium resuscitata*, t. I. — Herder, *Zerstreute Blätter*, dans ses *Œuvres*, publiées par Suphan, Berlin, 1819, t. XV et XVI. — Schmid, *Geschichte der Erziehung*, Stuttgart, 1892, t. III. — Glöcker, *F. V. Andreä. Ein Lebensbild zur Erinnerung an seinem 300sten Geburtstag*, Stuttgart, 1886, et de nombreux articles de revues, touchant ses relations, ses vues sociales, sa pédagogie, etc., dont on trouvera l'indication dans la *Realencyclopädie*, t. I, p. 506.

C. CONSTANTIN.

8. ANDREA (SAMUEL), théologien réformé allemand, né à Dantzig en 1640, mort à Marbourg en 1699. Élève de Hottinger et de Spanheim à l'université d'Heidelberg, puis de Jakob Alting et de Maresius à l'université hollandaise de Gröningen, où il était allé selon l'usage du temps; ses études terminées, il voyagea en Allemagne et en Angleterre; à son retour, fut nommé professeur de langue grecque et de philosophie à Herborn. Docteur en théologie, il passa à Marbourg comme professeur d'éloquence et d'histoire (1674), puis comme prédicateur et professeur de théologie (1678). Partisan du coccéianisme qu'il avait appris à aimer à Gröningen et qu'il défendit contre Jean Zwinger de Bâle, du cartésianisme qu'il défendit contre Alting, il fut également un réformé convaincu et il polémiqua contre luthériens et catholiques. Mais il fit preuve dans toutes ces controverses de largeur d'esprit, de modération et de courtoisie : cela était rare à cette époque. Contrairement aussi à beaucoup de ses contemporains, il réclamait l'indépendance de l'Église vis-à-vis de l'État. Ses écrits sont nombreux, mais très courts. On en trouve l'énumération dans Jöcher et Adelung, *Allgemeine Gelehrten Lexicon*, et dans Streder, *Gelehrtes Hessen*.

Allgemeine deutsche Biographie, t. I, p. 448.

C. CONSTANTIN.

9. ANDREA DE INCONTRIS (NICCOLO), né à Sienne, se fit dominicain au couvent de San Domenico de la même ville, probablement vers le milieu du XIVᵉ siècle. Prédicateur fort apprécié, il fut nommé prédicateur général, titre honorifique en usage dans son ordre. Il est plus connu pourtant pour avoir commencé le nécrologe du couvent de San Domenico de Sienne. Bien que le nécrologe donne la liste des morts à partir de 1348, date de la grande peste, il ne fut rédigé définitivement qu'à partir du mois de juillet 1403. Andrea le continua jusqu'à sa mort, survenue en 1413; il était nonagénaire. Le nécrologe fut continué jusqu'en 1770. Il y a une lacune de 1476 à 1490. Il se conserve dans la bibliothèque publique de Sienne. *Cod. membr.*, in-4°, carte 96, Segnato B, VII, 4. Quelquefois il s'y trouve des notices assez longues. C'est du nécrologe que les bollandistes ont tiré leur *Breviculum vitae B. Ambrosii Sansedonii Senensis ordinis praedicatorum*, mart. t. III, p. 246. A noter qu'Andrea de Incontris fut contemporain et compatriote de sainte Catherine de Sienne, qu'il eut sans doute l'occasion de voir bien des fois dans l'église des prêcheurs.

Échard, *Scriptores ordinis praedicatorum*, Paris, 1719-1721, t. 1, p. 749. — Masetti, *Monumenta et antiquitates*, etc., Rome, 1864, t. 1, p. 22. Il donne 1415 comme date de la mort d'Andrea; une note écrite sur la fin du XVI° siècle, à la première page du nécrologe, porte qu'il mourut en 1413.

R. COULON.

1. ANDREAE ANGERMANNUS (ABRAHAMUS), archevêque luthérien d'Upsal, en Suède (1540-1607). Né en Angermanie en 1540, élevé par le réformateur Olaus Petri, puis à l'école de Gefle, Andreae fit ses études, de 1562 à 1572, à l'université de Rostock (Mecklembourg). En 1572, il devint pasteur et maître d'école à Stockholm. Cette même année, Jean III, roi de Suède, essaya de renouer les relations entre la Suède et le Saint-Siège, tant pour gagner les électeurs catholiques à sa candidature au trône de Pologne que pour obtenir l'appui du pape dans la riche succession de sa belle-mère, Bona Sforza, reine de Pologne. En 1576, le roi, s'étant assuré le concours de Laurentius Petri Gothus, archevêque élu d'Upsal, et des nouveaux évêques de Linkoping et de Westeraes, les fit consacrer « selon toutes les cérémonies papales, » malgré l'opposition d'Andreae et d'autres luthériens zélés. Cette même année (1575), Andreae se soumit à la nouvelle ordonnance ecclésiastique, bien qu'elle prescrivît l'observation de la Fête-Dieu et des fêtes de l'Assomption et de la Nativité de la sainte Vierge. Mais ce ne fut pas pour longtemps. Il resta toujours l'ennemi implacable de la liturgie de 1576 (le Livre rouge), œuvre préparée depuis longtemps par Pierre Fecht, secrétaire du roi Jean III et disciple de Cassander. Le 6 août 1576, il refusa de célébrer la fête de la Transfiguration, bien qu'elle fût prescrite par l'ordonnance, et, avec plusieurs autres pasteurs, adopta celle de la Nativité de la sainte Vierge (8 septembre 1576). En même temps, les réfractaires déclarèrent ne pas vouloir suivre la nouvelle liturgie, et rédigèrent contre elle un traité qu'ils présentèrent au roi le 21 décembre. A la suite de ces incidents, Andreae fut transféré au pastorat d'Oeregrund, toutefois avec les mêmes appointements qu'à Stockholm. En même temps la direction de l'école qu'il avait gouvernée à Stockholm fut confiée au jésuite Laurent Nicolai Norvegus, qui la fusionna avec le *collegium*, ensemble de cours sur des sujets philosophiques, auxquels il avait déjà su attirer les élèves d'Angermannus (1577).

Le 18 mai 1578, le roi Jean III fut reçu dans l'église catholique par le légat de Grégoire XIII, le jésuite italien Antoine Possevin. Vers cette époque, Andreae, craignant la persécution, se réfugia dans l'île d'Oeland, à Sattvik, dont il devint pasteur. Il ne tarda pas à être arrêté et emprisonné au château d'Aabo (Finlande), mais fut délivré par un ami du roi, Pontus de la Gardie. Enfin il put gagner, en 1581, le territoire de Charles, duc de Sudermanie (plus tard le roi Charles IX), frère de Jean III et soutien des luthériens intransigeants. De là il passa, vers la fin de 1582, en Allemagne, où il publia plusieurs écrits contre la liturgie romaine. Jean III le détestait personnellement, et bien qu'il fût revenu au luthéranisme vers la fin de son règne, ce ne fut qu'après sa mort, sous la régence de Charles, à la fin de 1592, qu'Andreae fut rappelé en Suède. Sur ces entrefaites, il fut élu archevêque par le synode d'Upsal. Cette assemblée avait déjà décrété l'adoption de la Confession d'Augsbourg, et l'exclusion du royaume des catholiques et de tous les élèves des collèges étrangers des jésuites. Le 26 septembre 1593, Andreae salua Sigismond III, roi de Suède et de Pologne, lors de son arrivée à Stockholm. Sigismond était catholique fervent; le nonce du pape, Germanico Malaspina, évêque de San-Severo, et plusieurs prêtres l'accompagnaient. Les paysans conservateurs menaçaient de mort le nouvel archevêque et quiconque voulait abolir les anciennes cérémonies; néanmoins le roi ne put rien contre le fanatisme du duc Charles, des pasteurs, et des bourgeois de Stockholm. Au reste, il y avait très peu de catholiques suédois, et l'orthodoxie s'identifiait trop avec les polonais que les Suédois détestaient. Sigismond dut reconnaître le luthéranisme comme seule religion d'État, le refus de liberté religieuse aux catholiques, et approuver l'élection d'Andreae. Celui-ci fut consacré le 19 février 1594. Quelques heures plus tard, il prêcha au sacre de Sigismond. Le 14 juillet, celui-ci retourna en Pologne, et Charles redevint régent de la Suède. En 1595, un synode convoqué par Andreae protesta contre l'exercice public du culte catholique dans certaines églises, et abolit plusieurs rites catholiques qui existaient encore parmi les luthériens. A la même époque, le couvent de Sainte-Brigitte à Vadstena, dont les religieuses avaient résisté à toute sollicitation des hérétiques, fut pillé et fermé. Pendant sa visite de 1596, rendue nécessaire par le désordre moral dans lequel la Suède était tombée, Andreae détruisit la châsse de sainte Brigitte et les tombeaux de plusieurs autres saints. L'abbesse et les quatre religieuses qu'il trouva à Vadstena durent partir pour Dantzig. Les autres événements de la vie d'Andreae n'appartiennent pas à l'histoire de l'Église catholique. Déposé en 1599 par le duc Charles, pour sa fidélité au roi Sigismond, Andreae fut emprisonné au château de Gripsholm où il mourut en 1607.

OUVRAGES. — 1° *Imprimés.* — *Scriptum contra liturgiam Sveciam*, 1579; — *Forum adiaphorum*, Wittemberg, 1587; — *Apologia pro fuga sua ex regno Sveciae*, Hambourg, 1588; — *Historia liturgica* (Laur. Petri Nericii Refutatio Joh. Herbesti adjecta), Hambourg, 1588. Andreae attribuait à tort la rédaction de la liturgie de 1576 aux jésuites Nicolai, Possevin et Herbst; — *Liber de sacerdotio Christi*, Hambourg; — *Epistola gratulatoria ad clerum Wexionensem liturgiam improbantem*, Lubeck, 23 sept. 1592; — *Inventorium Ecclesiae Sueo-Gothorum*, Linkoping, 1642; — *Epistola Visitationi generali a. 1596 praemissa*, dans Baazius, *Inventorium*, p. 572 sq.; — *Laurenti Petri Dialogi IV svedice 1542 scripti*, éd. A. A. A., Wittemberg, 1587; — *Ejusdem liber de caeremoniis ecclesiasticis*, éd. Wittemberg, 1587; — *Joh. Draconitae Explicatio Danielis svedice translata*, Wittemberg, 1592.

2° *Manuscrits.* — *Enarratio libri tertii Physicae Philippi Melanchtonis De elementis, Jenae 1569 scripta*, manuscrit, autrefois dans la bibliothèque de l'université de Copenhague, maintenant disparu; — *Relatio de confessione et morte Laur. Petri arch. Upsal. an. 1579*, manuscrit de la Bibliothèque royale de Stockholm; — *Confessio extrema archiepiscopi M. Laurentii Gothi, qui obiit anno Salvatoris nostri 1579*, se trouve dans un volume intitulé : *Kyrkio-Acter angaende Konung Erick den XIV:des, Konung Johan den Fredjes, och Carl den Nijondes regeringstider* (Raalamb. Saml., mss. in-4°, n. 40), à la Bibliothèque royale de Stockholm; — *Traité contre la liturgie présenté au roi Jean III le 21 décembre 1576*, Archives nationales à Stockholm, et bibliothèque de l'université d'Upsal (Nordinska Handskriftssamlingen, n. 1908).

Les ouvrages les plus importants qui traitent des relations du Saint-Siège et de la Suède au temps de Jean III sont les trois suivants : Biaudet, *Le Saint-Siège et la Suède durant la seconde moitié du XVI° siècle*, t. 1, *Origines et période des relations officielles*, Paris, 1906; *Le Saint-Siège et la Suède durant la seconde moitié du XVI° siècle. Études politiques*, Paris, 1907, t. 1. — L. Karttunen, *Antoine Possevin*, thèse, Lausanne, 1908. — Voir aussi Fant, *De vita Andreae Angermanni archiepiscop. Upsal*, Upsal, 1802. — Holmström, *Arkabiskop Abrahams räjsl*, Upsal, 1901. — Messenius, *Scandia illustrata*, 2 vol., Stockholm, 1700. — Theiner, *La Suède et le Saint-Siège*, traduit de l'allemand par Cohen, Paris, 1842. — Hammargren, *Om den Liturgiska Striden under Johan III* (avec bibliographie), Upsal, 1898. — Norlin, *Sigismund ach Svancka Kyrkan*, Lund, 1863.

A. TAYLOR.

2. ANDREAE (LAURENT). Voir ANDERSEN (Lars), col. 1567.

ANDREANI (SALVATORE). Né à Milan, d'une très grande famille de cette ville, aujourd'hui éteinte, il entra dans l'ordre des barnabites et changea alors son prénom de Giambattista en celui de Salvatore. Après en avoir été procureur général en 1701, il fut préconisé évêque de Lodi le 22 avril 1735, et, après avoir édifié son peuple par ses vertus, du moins s'il faut en croire son épitaphe, il mourut en mai (suivant Cappelletti), le 1er avril (suivant Agnelli), et fut enterré dans sa cathédrale.

Cappelletti, *Le Chiese d'Italia*, Venise, 1867, t. XII, p. 387-388. — *Teatro araldico*, s. l. n. d., ni pag. (famille Andreani). — M. Giovanni Agnelli, *Lodi e il suo territorio, nel settecento*, dans *Archivio storico lombardo*, 1897, sér. III, t. VIII, p. 338.

J. FRAIKIN.

ANDREANTONELLI (SEBASTIANO), né à Ascoli Piceno. Il fut chanoine de sa ville natale, protonotaire apostolique, et vicaire général de Mileto. Sa mort eut lieu en 1644. On a de lui : *Historiae Asculanae libri quatuor. Accessit Historiae sacrae liber singularis. Opus posthumum editum studio fratris Antonii augustiniani, et Caroli Cedonii Andreantonelli fratrum*, Padoue, 1673 (le résumé de l'histoire du diocèse d'Ascoli, p. 204-323, a été utilisé par Ughelli, *Italia sacra*. Il y a aussi un résumé de cette histoire, publié à Ascoli, en 1676); — *Poesie volgari*, Padoue, 1673. Il a laissé en même temps plusieurs ouvrages inédits, une grande Vie de Nicolas IV (1288-1292), natif d'Ascoli : *De Nicolao IV Asculano*, dit-il, *ingens contexuimus volumen. Historiae Asculanae*, l. IV, p. 113; et la *Vita del beato Serafino da Monte Granaro*.

Mazzuchelli, *Gli scrittori di Italia*, Brescia, 1753, t. I, p. 705. — *Saggio delle cose ascolane*, Teramo, 1766, p. CLVI, 705. — Vecchietti, *Bibliotheca picena*, Osimo, 1790, t. I, p. 107-109. — Cantalamessa Carboni, *Memorie intorno a i letterati, e gli artisti della città di Ascoli nel Piceno*, Ascoli, 1830, p. 178-179.

A. PALMIERI.

ANDREAS ou **ENDRES** (CAROLUS) était en 1612 abbé d'Irrsee, près Gries, en Autriche, où il mourut en 1627. Compositeur remarquable de musique d'église, on cite de lui, en particulier, un *Te Deum* et un *Magnificat* à huit voix, en deux chœurs. Andreas est surtout connu par ses belles *psalmodiae* à quatre voix, modulations en forme de faux-bourdons fleuris, composées pour être chantées avec les divers textes des psaumes.

Eitner, *Quellen-Lexicon*, t. I, p. 142. — Œuvres dans les divers volumes de Proske, *Musica divina*, et Bordes, *Anthologie*.

A. GASTOUÉ.

ANDREASSI (IPPOLITO), né à Mantoue, reçu à l'abbaye de Saint-Benoît de Polirone le 5 juillet 1599, plus tard abbé, évêque de Terni le 12 avril 1636, mort en octobre 1646.

Armellini, *Catalogi tres episcoporum... e congreg. Casinensi*, Assise, 1733, p. 20. — Ughelli, *Italia sacra*, t. I, col. 765.

A. BERLIÈRE.

1. ANDREIS (ALESSANDRO DE), des comtes de Rivalta, famille importante du Mantouan (1539-1593), évêque de Casal et de Mantoue, secrétaire du duc de Mantoue Guillaume de Gonzague, lui rendit de grands services, surtout dans des ambassades à Rome, puis à Milan. En récompense, il reçut l'archidiaconé de Mantoue, la présidence du sénat de Monferrat, et l'évêché de Casal (11 mars 1577), d'où il fut transféré à celui plus important de Mantoue le 14 novembre 1583. Il travailla surtout à la réforme de ce dernier diocèse, fonda des œuvres de bienfaisance dans sa ville épiscopale, tint son synode diocésain et en publia les actes en 1586. L'année suivante, il couronna le nouveau duc Vincent de Gonzague, consacra Francesco, cousin de celui-ci, qui était mineur de l'observance, évêque de Cefalu et lui laissa plus tard son siège. Il mourut encore jeune, dans la dixième année de son épiscopat, le 23 mars 1593.

Eubel, *Hierarchia*, t. III, p. 170, 251. — Cappelletti, *Le Chiese d'Italia*, t. XIV, p. 585, t. XII, p. 84-85. Il ajoute quelques détails à l'*Italia sacra* d'Ughelli-Coleti, t. I, col. 874 ; t. IV, col. 574.

P. RICHARD.

2. ANDREIS (FÉLIX DE), lazariste, naquit à Demonte dans la province de Cuneo (Piémont), le 13 décembre 1778. Entré dans la congrégation de la Mission ou des lazaristes, il fut employé avec succès à l'enseignement et à la prédication à Plaisance et à Rome. En 1815, il partit pour les États-Unis avec Mgr Dubourg, qui venait d'être sacré à Rome évêque de la Nouvelle-Orléans. Celui-ci l'établit avec le titre de son vicaire général dans la Haute-Louisiane, qui appartenait alors à ce vaste diocèse. Bientôt, dans toute cette région où sur des territoires immenses les prêtres catholiques faisaient absolument défaut, M. de Andreis fut regardé comme un homme véritablement apostolique, à cause de son zèle et de ses éminentes vertus. Il fonda le séminaire des Barrens près de Saint-Louis (Missouri). Il mourut à Saint-Louis le 15 octobre 1820, à l'âge de quarante-deux ans, en odeur de sainteté. Des démarches ont été faites en vue d'introduire sa cause de béatification.

Sketches of the life of the very Rev. Felix de Andreis, first superior of the congregation of the Mission in the United States and vicar general of the diocese of New Orleans [par Mgr Rosati, premier évêque de Saint-Louis], Baltimore, 1861. — *Life of the very Rev. Felix de Andreis*, C. M., St-Louis, Mo., 1900. — *Vie de M. Félix de Andreis, prêtre de la congrégation de la Mission de Saint-Vincent-de-Paul*, Paris, 1895.

A. MILON.

3. ANDREIS (GIOVANNI DE). Né à Traù (ou Trogir) (Dalmatie), d'une illustre famille de cette ville; il fut préconisé, le 16 mars 1667, évêque de Lesina, où il défendit énergiquement l'immunité ecclésiastique et fit beaucoup pour l'instruction de son clergé et l'exacte observation des règles de la liturgie. Transféré au siège de Traù le 17 avril 1676, il procéda, le 4 mars 1681, à la reconnaissance des reliques de saint Jean Orsini, patron de Traù, et les transporta de l'île de Bua dans la cathédrale, dans la chapelle de saint Jérôme. Il mourut le mois suivant et fut enterré devant l'autel de saint Jean. Très pieux, il composa un ouvrage, *Cibus animae*, Venise, 1667.

Farlati, *Illyricum sacrum*, Venise, 1759, t. IV, p. 277, 436-438. — Gams, *Series episcoporum*, p. 410, 424.

4. ANDREIS (GIROLAMO DE). Né à Traù (Trogir), d'une famille noble de cette ville, qui donna à cette époque trois évêques à l'Église, il fut préconisé, le 13 avril (archives du Vatican, *Acta consistorialia*, ann. 1663-1668, fol. 89 v°, et non pas le 16 mars, comme le portent Farlati et Gams) 1665, évêque de Curzola, à la condition d'établir dans son diocèse un séminaire et un mont-de-piété. Aussi remarquable par son énergie que par sa douceur, il fit beaucoup pour la bonne administration du sacrement de pénitence, l'enseignement du catéchisme et la bonne conduite du clergé. Il donna pour patron à son diocèse saint Jean Orsini, évêque de Traù. Il mourut le 11 février 1673, dans sa ville natale.

Farlati, *Illyricum sacrum*, Venise, 1800, t. vi, p. 402-403. — Gams, *Series episcoporum*, Ratisbonne, 1873, p. 405. — Coleti, *Additiones ad Illyricum sacrum*, IIe part., dans *Archivio storico dalmata*, t. xxxiii.

J. Fraikin.

5. ANDREIS (Tommaso de), évêque de Pistoie (1286-1303), né à Casola, diocèse de Sienne, où il fut enseveli dans l'église paroissiale, était prieur séculier de l'église de Monte Alpruno et avocat à la cour de Rome, lorsqu'il fut élu évêque par les chanoines de Pistoie. L'élection ayant été contestée, Honorius IV la fit examiner par deux cardinaux et, sur leurs conclusions favorables, la ratifia le 9 juin 1286. L'année suivante, le chapitre de Florence demandait André pour archevêque, mais le pape ne crut pas devoir y accéder. Sous Nicolas IV, l'évêque fut collecteur, en Toscane et terres impériales voisines, de la décime en faveur de la maison d'Anjou et pour la guerre de Naples (février 1290-1292). En 1290, il introduisit les humiliates dans son diocèse, et leur donna l'église de la Madeleine de Pistoie, qu'il fit bâtir à ses frais. En 1296 il fit aussi construire l'oratoire de Notre-Dame et Saint-Thomas apôtre (inscription dans Ughelli). En 1291 il posait la première pierre de la chapelle des franciscains. Ce prélat, qui semble avoir déployé de l'activité pour le bien, eu égard à son époque (il promulgua des règlements et constitutions disciplinaires diocésaines), mourut le 30 juillet 1303, d'après son épitaphe conservée par Ughelli et corrigée dans Cappelletti.

Eubel, *Hierarchia catholica*, 1913, t. i, p. 400. — Ughelli-Coleti, *Italia sacra*, Venise, 1718, t. iii, col. 304. — Cappelletti, *Le Chiese d'Italia*, t. xvii, p. 105-106. — Langlois, *Registres de Nicolas*, IV, n. 2136-2138, 7338. — Prou, *Registres d'Honorius IV*, col. 138, 365.

P. Richard.

ANDRELINI (Fausto), humaniste, né à Forli, en 1460-1461, vint à Paris, sur la fin de 1488, y donna d'abord des leçons particulières, puis, le 5 septembre 1489, fut autorisé par l'Université à lire publiquement des poètes, toutefois pas pendant les sermons des docteurs. Plus tard, il obtint du roi un canonicat à Bayeux, et, en 1502, des lettres de naturalisation. Dès 1492, au moins, il avait le titre officiel de « poète du roi et de la reine, » qui devait lui valoir une pension. Il mourut au commencement de mars 1518. Professeur, il commentait des poèmes littéraires tels que le *De coetu poetarum* d'un Italien, Octavius Cleophilus, et aussi des poèmes si obscènes que la Faculté de théologie en porta plainte au roi. Poète du roi, il composait des pièces d'actualité à l'occasion des victoires, des noces, des morts royales, qu'il récitait lui-même aux princes et aux princesses. Prosateur et poète latin, il écrivait pour être lu dans les classes et dédiait au président Courthardy (1497-1505), ou au chancelier Guillaume de Rochefort (1483-1492), ou à Budé, soit des *Epistolae proverbiales et morales*, soit des poésies *De virtutibus cum intellectualibus tum moralibus*, soit des *Hecatodisticha* qui furent souvent imprimés de son vivant, par exemple, à Strasbourg, en 1508 et 1509, par Beatus Rhenanus. Celui-ci, durant son séjour à Paris, de 1502 à 1508, et l'un de ses compatriotes, Otmar Nachtgall, fréquentèrent la pédagogie ou pension littéraire que tenait Andrelini, et gardèrent de lui comme poète un bon souvenir. Rhenanus l'appelait *poeta suavissimus* et le comparait en l'éditant aux meilleurs poètes chrétiens. Il jouissait d'une grande vogue et sa qualité d'Italien en imposait à des gens sérieux comme Robert Gaguin, général des trinitaires, qui lui écrivit plusieurs fois avec éloges, et prit parti pour lui dans sa querelle avec un autre Italien, Hieronymo Balbi. Érasme, lui aussi, lui accordait du crédit et l'invitait à le suivre en Angleterre où il serait plus goûté qu'en France, et après sa mort le disait digne de l'immortalité, non cependant sans ironie.

En réalité, c'était un homme vaniteux, un poète médiocre, et peu moral, qui donnait à l'humanisme une direction grossière et fort peu chrétienne.

Liste de ses œuvres. Cf. l'index de G. Knod, *Aus der Bibliothek der Beati Rhenani*, 1889, et le *Catalogue des incunables*, de M. Pellechet. — Pour sa vie, L. Geizger, *Studien zur Geschichte der französ. Humanismus*, dans le *Vierteljahrschrift für Kultur und Litteratur der Renaissance*. — L. Thuasne, *Roberti Gaguini Epistolae et orationes*, Paris, 1903, t. i, p. 338, 344, etc. — Émile Picot, *Les Italiens en France au XVIe siècle*, dans le *Bulletin italien*.

A. Clerval.

ANDREOLI (Francesco). Né à Sassoferrato dans le diocèse de Norcia, le 27 mai 1806, il enseigna d'abord au séminaire de San Salvatore en Sabine, et ensuite à celui de Nocera, dont il devint plus tard archiprêtre, puis fut nommé vicaire général d'Anagni, camérier secret du pape et prévôt de la cathédrale d'Anagni. Préconisé, le 21 décembre 1863, évêque de Cagli et Pergola, et sacré le 3 janvier suivant, il ne put cependant entrer dans sa ville épiscopale que le 17 avril 1867, à cause de la situation politique de l'époque; mais, durant ces laps de temps, il fut administrateur apostolique d'Acquapendente. Il assista, en 1870, au concile du Vatican, mourut le 9 mai 1875, laissant le souvenir d'un prélat plein de charité, et fut enterré dans sa ville natale.

Gams, *Series episcoporum*, Supplément, p. 3. — *La Gerarchia cattolica e la famiglia pontifici per l'anno 1875*, Rome, 1875, p. 157. — Tarducci, *De' vescovi di Cagli*, Cagli, 1896, p. 142-143, 183.

J. Fraikin.

ANDREOZZI (Silvestro). Né à Lucques, il fut préconisé, le 17 mars 1621, évêque de Penne et d'Atri. Il fit construire un nouveau séminaire et consacra, dans la première de ces deux villes, l'église des capucins. Il mourut le 18 mai 1648.

Ughelli, *Italia sacra*, Venise, 1717, t. i, col. 1152. — Cappelletti, *Le Chiese d'Italia*, Venise, 1870, t. xxi, p. 448.

J. Fraikin.

ANDRES, abbaye bénédictine, au diocèse d'Arras (arrondissement de Boulogne, Pas-de-Calais). Le monastère d'Andres (Andernes, Andrenes, *Andrea*), dédié au Saint-Sauveur et à sainte Rotrude, dut sa fondation, en 1084, à la découverte du corps de sainte Rotrude. Celle-ci, au dire de Guillaume d'Andres, très sujet à caution, ne serait autre que Rictrude, abbesse de Marchiennes, dont le corps, enlevé par un soldat anglais, aurait été enseveli en cet endroit et retrouvé par des bergers. Ce corps fut transporté dans la chapelle Saint-Médard située non loin de là, et, près de son tombeau, Baudouin Ier, comte de Guines, établit, au retour d'un pèlerinage à Saint-Jacques de Compostelle, un prieuré auquel furent attachés trois moines de l'abbaye de Charroux.

Les débuts du nouvel établissement furent difficiles, d'autant que l'authenticité des reliques n'était pas admise par tous. Cependant, les libéralités de Baudouin et de sa femme Athala, qui y établirent la sépulture des comtes de Guines, la bienveillance de Gérard, évêque de Thérouanne, favorisèrent le monastère, au point qu'à la fin du xie siècle le prieuré fut érigé en abbaye. La charte de confirmation du comte de Flandre, Charles le Bon, donnée vers 1122, signale des possessions dans plus de quarante localités et tous les privilèges tant spirituels que temporels furent confirmés, en 1123, par Calixte II. Ce ne fut toutefois qu'en 1211 qu'Innocent III accorda aux religieux la liberté de choisir leur supérieur parmi les moines d'Andres ou de Charroux, à la seule condition que l'élu serait agréé par l'abbé de Charroux. Cette décision mit fin à des discussions qui se renouvelaient à chaque élection; les moines, flamands pour la plupart, supportant difficilement l'envoi de Poitevins.

L'église et l'hôtellerie furent rebâties par l'abbé Pierre Minuet, et la dédicace en fut faite, en l'année 1179, par Didier, évêque de Thérouanne. Le successeur de Pierre, Itier, fit reconstruire l'infirmerie et orna le chœur de stalles, œuvre de Wiger.

L'abbaye fut le centre d'un certain mouvement littéraire. Sa bibliothèque fut notamment enrichie par l'abbé Itier. Guillaume d'Andres, auteur de la chronique d'Andres, nous a notamment conservé le nom des scribes Gusfride et Godemare.

Le monastère fut détruit en 1351, lorsque les Anglais s'emparèrent du pays de Guines, et la plupart des religieux se retirèrent à Andres ou dans leur famille. La communauté ne semble pas s'être reformée, mais des abbés continuèrent à toucher les revenus. Les diverses possessions avaient d'ailleurs été si bien ravagées que, alors qu'elles produisaient 1 500 livres parisis au début du XIVe siècle, elles ne rapportent plus que 100 florins au XVe. Florentius, puis Jean Minet, nommés par Clément VII et Martin V, résident seuls près des ruines. L'abbaye de Clairmarais en demande en vain l'incorporation en 1428. Le chapitre de Saint-Omer put se croire plus heureux, car il obtint le *concessum* à sa supplique du 12 janvier 1439 demandant l'union, à charge d'assurer le culte, mais il ne semble pas que l'union ait eut lieu. En effet, nous ne trouvons de ce fait aucune mention postérieure et, d'autre part, le 12 juin de la même année, on fait remise à la Chambre apostolique de l'obligation souscrite antérieurement par Jean Minet. L'abbaye tomba dès lors en commende; les bâtiments ne furent pas relevés et il n'en reste d'autres traces que quelques pierres tombales.

LISTE DES ABBÉS. — La chronologie des abbés étant fautive dans le *Gallia christiana* après 1250, nous avons cru devoir donner quelques renseignements sur les titulaires après cette date. Gilbert de Villers-Bretonneux, 1097(?)-1108(?). — Renaud, 1114(?)-1126(?). — Pierre Charbonnel, 1130-1142 (?) — Gusfride dit Bertram, 1144-1158. — Grégoire de Bavelinghem, 1158-1161(?) — Pierre Minuet, 1162(?)-mars 1195. — Itier, 1195-septembre 1206. — Simon (élu), 1207. — Guillaume, 1208-1234. — Thomas, 1234-1240. — Marc, qui assiste en 1273 à un acte d'Arnoul III. — B..., dont il existe un acte du 8 mars 1294. — Nicolas de Blangy, mentionné le 13 juin 1343 dans le registre cinquième du trésor des chartes de France. — Florentius, nommé par Clément VII. — Jean Minet, nommé en 1424, mentionné en 1439. — Anselme, qui envoya des procureurs au concile de Reims en 1455. - - Jacques de La Motte, qui présente à la cure de Nortkerque le 4 mars 1541. — Pierre le Marchand, pénitencier, archidiacre de Flandre, à Boulogne, 1541-1583 — Louis-Hercule Rouville, qui présente à la cure de Balinghem (mars 1684). — Louis Tiberge, supérieur du séminaire des missions, résigne son bénéfice moyennant une pension de 1 200 livres, 1697(?)-1722. - - Louis de Bosredon, prêtre du diocèse de Chartres, nommé par le roi, par brevet du 3 août 1722-† 1723. — Louis Tiberge, 1723-1730. — Louis-Jacques d'Audebert de Massiliand de Lussan; reçoit ses bulles en 1730, résigne en 1748. — N. Flotard de Montaigu de Beaune, nommé par le roi le 28 août 1748, résigne en 1778. — Charles Moreton de Chabrillant, aumônier du roi, nommé par brevet du 6 septembre 1778, résigne en 1788. — Henri Gabriel de Montrichart, vicaire général de Cambrai, reçoit ses bulles le 13 mai 1788.

Guillaume d'Andres, *Chronique*, édit. Heller, dans *Monumenta Germaniae hist.*, Script., t. XXIV, p. 684-773. — *Gallia christiana*, t. X, col. 1602-1606. — Haigneré, *Dict. hist. du Pas-de-Calais*, t. III, p. 68-88. — Denifle, *La désolation des églises de France*, t. I, p. 16-18. — Berlière, *Inventaire sommaire des Libri solutionum et obligationum*, n. 181. — De Pas, *Quelques souvenirs de l'abbaye d'Andres*, dans *Bulletin de la Comm. des antiquités départem. du Pas-de-Calais*, t. III, p. 182-187; t. V, p. 85-93. — *Mémoires de l'Académie des inscript. et belles-lettres*, t. XXXI, p. 29-31.

J. DUBRULLE.

1. ANDRÉS (BRAULIO), cistercien espagnol, originaire de Saragosse. Il fut moine de Veruela et sous-prieur de cette abbaye. On a de lui un *Breve discurso teologico sobre la obligacion que todos los monges sacerdotes de la congregacion cisterciense de la Corona de Aragon y Navarra parece tienen de celebrar el santo sacrificio de la misa con las ceremonias del Misal romano*, Saragosse, 1700.

Gomez Uriel, *Biblioteca antigua y nueva de escritores aragoneses de Latassa*, Saragosse, 1884, p. 64.

R. TRILHE.

2. ANDRÉS (ISIDRO FRANCISCO), cistercien, moine de Santa Fé. Il naquit à Saragosse, en 1708, de la famille du chroniqueur Andrés de Uztarroz. Maître en théologie, orateur disert et versé dans la connaissance de l'Écriture et des Pères, il prêcha avec succès à la cour, à Saragosse, à Valence et en plusieurs autres villes d'Espagne. Il était examinateur synodal des diocèses de Tolède, Albarracin et Solsona. En 1737, il fut élu membre de l'académie de la langue espagnole. Il était prédicateur du roi, qui le nomma, en 1761, abbé perpétuel du monastère royal et consistorial de Notre-Dame de La O; il fut trois fois président et visiteur général de la congrégation bénédictine *Claustral-Tarraconense-Caesaraugustana*, à laquelle appartenait son abbaye. Il a publié un bon nombre de sermons et une *Reprobacion de la aprobacion. Defensa critica y explicacion apologetica en que se demuestra el debido uso del titulo de* Don *con que se nombran los monges, venerando siempre el que practican los Mendicantes*, Saragosse, 1733. Il mourut à La O, le 22 novembre 1785.

Gomez Uriel, *Biblioteca antigua y nueva de escritores aragoneses de Latassa*, Saragosse, 1884, p. 61. — Muñiz, *Biblioteca Cisterciense española*, Burgos, 1793, p. 27.

R. TRILHE.

3. ANDRÉS (JUAN), littérateur et philosophe espagnol né, le 5 février 1740, à Planès, dans la province de Valence, admis au noviciat de la Compagnie de Jésus le 24 décembre 1754. Il professait les belles-lettres à l'université de Gandie en 1767, quand, par ordre de Charles III, il fut brusquement arrêté et transporté avec tous les jésuites du royaume à Civita-Vecchia. Nommé professeur de philosophie à Ferrare, il eut la douleur de voir la Compagnie de Jésus dissoute par le bref *Dominus ac Redemptor*, promulgué le 16 août 1773 et se retira à Mantoue chez le comte Bianchi, occupé désormais tout entier des grands travaux littéraires qui ont rendu son nom célèbre en Italie, en Espagne et dans toute l'Europe. Une dissertation sur une question de physique, couronnée par l'Académie de Mantoue en 1775, attira sur lui l'attention des savants. Cf. l'article de J.-B. Venturi, dans *Nuovo giorn. de' letter.*, t. XIII, p. 1-104. Ce travail fut suivi d'un exposé des principes directeurs de la pensée scientifique de Galilée et de leur influence sur le mouvement des sciences, qui mit son auteur au premier rang des maîtres de la critique philosophique : *Saggio della filosofia del Galileo*, Mantoue, 1776. Chargé de réorganiser l'université de Pavie, le P. Andrés élargissait les programmes et les méthodes, imprimait aux études un essor florissant et ne cessait d'intervenir victorieusement dans la discussion des questions philosophiques, littéraires et scientifiques. En même temps il préparait les matériaux de son ouvrage sur l'origine, les progrès et l'état actuel des principales littératures de l'Europe: *Dell' origine, progressi, e stato attuale di ogni letteratura*, 7 in-4°, Parme, 1782-1799,

Cette édition est complétée par un huitième volume, Parme, 1822, où se trouvent réunis tous les changements et additions faits par l'auteur lui-même dans les éditions subséquentes. Cette œuvre capitale dans l'histoire des littératures, fruit d'un immense labeur et d'une prodigieuse érudition alimentée aux sources mêmes, fut traduite en espagnol et en allemand. La traduction française par Ortolani, Paris, 1805, fut interrompue par la mort du traducteur. Le P. Alexis Narbone, S. J., a donné un abrégé de l'ouvrage du P. Andrés en 10 vol. in-8°, Paris, 1836-1856. Cf. *Nuovo giorn. de' letter.*, Modène, t. XXV, p. 142-157; t. XXXII, p. 368-392; t. XXXIV, p. 215-230.

Le P. Andrés venait d'être nommé bibliothécaire à Parme, quand il apprit le rétablissement de la Compagnie de Jésus dans le royaume de Naples, (6 août 1804); il fut des premiers à rejoindre ses frères. Mais en mars 1806, Joseph Bonaparte montait sur le trône et l'un de ses premiers actes était d'exiler les jésuites. Le P. Andrés fut excepté de la proscription; sur le conseil du P. Joseph Pignatelli, son provincial, il resta dans le royaume. Sans rien sacrifier de sa dignité de religieux, il acquit l'estime de Joseph Bonaparte, puis de Murat, qui le nomma préfet de la bibliothèque royale. Le P. Andrés était membre de l'Académie de Florence, de l'Académie des sciences et belles-lettres de Mantoue et de toutes les grandes sociétés littéraires d'Italie. Aussi, par le nombre et la nature des questions traitées, par le caractère et la qualité de ses correspondants, les lettres du P. Andrés offrent-elles un intérêt historique de premier ordre. La plupart ont été recueillies et publiées par son frère Carlos : *Cartas familiares del abate D. Juan Andrés*, 6 in-8°, Madrid, 1788 et 1791-1794. Elles ont été traduites en allemand par Schmidt, mais la traduction est souvent fort infidèle. Un grand nombre se trouvent dispersées dans différents recueils; on en trouvera la liste exacte dans Sommervogel, avec toutes les indications bibliographiques concernant les notices littéraires, dissertations scientifiques et commentaires critiques d'ordre secondaire.

Le P. Andrés travailla jusqu'à la fin de sa vie à compléter et à mettre au point son Histoire des sciences et de la littérature. Atteint de cécité en 1816, il demanda à se retirer dans la maison professe de Rome, où il mourut saintement le 12 janvier 1817.

Rico Garcia, *Ensayo biografico bibliografico de escritores de Alicante y su provincia*, Alicante, 1888, t. I, p. 155 sq. — Dugas-Montbel, *Bulletin universel des sciences*, nov. 1826, section VII. — *Effemeridi letter. di Roma*, t. V, p. 379 sq. — J.-B. Venturi, *Nuovo giornale de' letter.*, Modène, t. XIII, p. 1-104. — *Commentarii Bononienses*, t. VII, p. 53. — *Raccolta di opuscoli scientifici*, Ferrare, 1779, t. I, p. 112-152. — *Memorie della reg. Academia Ercolanense*, Naples, 1822, t. I, p. 97-128, 129-174. — A.-A. Scotti, *Elogio storico del Padre Giovanni Andres della Compagnia di Gesù*, Naples, 1817. — Sommervogel, *Bibliothèque de la Compagnie de Jésus*, t. I, col. 341-350.

P. BERNARD.

4. ANDRÉS DE UZTARROZ (JUAN-FRANCISCO), historien aragonais, né en 1606, à Saragosse. Érudit très appliqué, il fut un des rares Espagnols de son temps qui ait eu le goût de recherches personnelles dans les archives de la péninsule, dont il explora un grand nombre, et qui soit parvenu à faire abaisser les barrières qui en défendaient l'entrée. Aussi ses nombreux ouvrages et ses divers recueils manuscrits (copies, inventaires, etc.) ont-ils conservé une masse de documents dont le texte nous est arrivé seulement grâce à lui. Il entretint, suivant la coutume de l'époque, avec les savants de son pays : Pellicer de Tovar, González-Davila, Tamayo de Vargas, Tamayo de Salazar, Jeronimo de San José, Lastanosa, Rodrigo Caro, Crespi de Valdaura, Pinelo, B. Gracian, etc., une correspondance fort étendue, riche en renseignements précieux et qui touche à toutes les provinces de l'érudition historique : épigraphie, numismatique, archéologie, antiquités nationales, etc. Elle est encore à peine explorée.

Mais son domaine propre fut l'histoire religieuse et civile d'Aragon. Nommé, en 1646, aux cortès de Saragosse et sur la proposition de son prédécesseur, F. Ximenez de Urrea, *cronista del reyno de Aragon*, il organisa et catalogua en cette qualité l'*Archivo general* du royaume, dépôt important disparu depuis, durant le siège de 1808-1809. A ces fonctions d'historiographe sont dus ses deux principaux ouvrages : *Anales de Aragon* et *Progresos de la historia*, dont il sera question plus loin.

Il mourut à Madrid en 1653.

On trouvera dans Latasa la bibliographie complète (94 numéros) de ses œuvres imprimées et inédites. Le comte de la Viñaza a dressé un index très détaillé de ces dernières, y compris sa correspondance, dont une grande partie est conservée aujourd'hui à Madrid dans la bibliothèque de la *Academia de la historia*, la *Biblioteca nacional* et la Bibliothèque royale.

A signaler : *Segunda parte de los Anales de la corona y reyno de Aragon, siendo sus reyes doña Juana y don Carlos* [1522-1528]. Publicalos el M. R. P. Fr. Miguel Zapater, in-4°, Saragosse, 1663. Ouvrage posthume complètement remanié par le cistercien Zapater (des copies du texte inédit de Andrés à la bibliothèque de la Seo et à la bibliothèque provinciale à Saragosse); — *Progresos de la historia en el reino de Aragon y elogios de Gerónimo Zurita*, in-4°, Saragosse, 1680. Cette édition, publiée avec des additions par D. Dormer, ne comprend que la première partie du grand ouvrage d'Andrés sur les *Cronistas de Aragon* (réimprimée à Saragosse en 1878, in-4°). La seconde partie, encore inédite, consacrée à Blancas, Costa, Martel, Lupercio et Bartholomé de Argensola, Llorente, Ximenez de Urrea, Pellicer, conservée à la bibliothèque de la *Academia de la historia*; — *Aganipe de los Cisnes aragoneses celebrados en el clarin de la fama*, in-8°, s. l. [Amsterdam], 1781, édité et annoté par Ign. Jordan de Asso; réimprimé à Saragosse, in-8°, 1890; — *Certamen poetico de Nuestra Señora de la Cogullada ilustrado con una breve chronologia de las Imagenes aparecidas de la Virgen en el reino de Aragon*, in-8°, Saragosse, 1644; — *Historia de Santo Domingo de Val martyr Cesaraugustano*, in-8°, Saragosse, 1643; — *Obelisco historico... que la... ciudad de Zaragoza erigió a la memoria de Balth. Carlos de Austria, principe de las Españas*, in-8°, Saragosse, 1646; — *Monumento de los santos martyres Justo y Pastor en la ciudad de Huesca con las Antiguedades que se hallaron...* in-16, Huesca, 1644; — *Defensa de la patria del invencible martyr S. Laurencio*, in-8°, Saragosse, 1638 (en faveur de Huesca); — *Vida de S. Orencio, obispo de Aux. Traslacion de sus reliquas a la ciudad de Huesca su patria...*, in-8°, Saragosse, 1648; — *Viage literario por los reinos de Aragon y Navarra*, publiée dans *Boletin de la Acad. de la historia*, t. LVII, p. 260-277.

N. Antonio, *Biblioth. Hisp. nova*, Madrid, 1783, t. I, p. 692-693. — Ricardo del Arco, *El cronista Andrés de Uztarroz*, dans *Bol. de la Ac. de la hist.*, 1910, t. LVII, p. 258 sq. — Vincencio Juan de Lastanosa, *ibid.*, t. LVI, p. 328. — *La continuación de los Anales de Aragon por el cronista Andrés de Uztarroz*, dans *Archivo de investigaciones historicas*, 1911, t. I, p. 309-318. — R. Beer, *Handschriftenschätze Spaniens*, Vienne, 1894, p. 580-581, etc. — B.-J. Gallardo, *Ensayo de una Biblioteca española*, Madrid, 1863, t. I, p. 195-211. — F. Latasa, *Bibl. nueva de los escrit. aragoneses*, Pampelune, 1799, t. III, p. 161-185. — Comte de la Viñaza, *Los cronistas de Aragon*, Madrid, 1904, p. 39-40, 54, 106-115. — T. F. de Lezaun (1747-1778) avait réuni les éléments d'une *Tercera parte de los Progresos de la historia...*, où se trouvait une étude sur Andrés de Uztarroz. Le manuscrit semble perdu. Latasa, *op. cit.*, t. v, p. 276-277.

A. LAMBERT.

1. ANDREU (PEDRO JUAN), missionnaire espagnol, né à Palma, dans l'île de Majorque le 30 novembre 1697, d'une famille chrétienne et distinguée par sa situation, depuis longtemps nommée dans le pays « la famille des saints. » Pierre Andreu, à l'âge de trente-cinq ans, après une lecture de la vie de saint Philippe de Néri, se résolut à quitter le monde et vint demander aux jésuites de Séville de l'admettre dans la Compagnie de Jésus. Il entra au noviciat en février 1733. La même année, après dix mois seulement de formation religieuse, ses supérieurs l'envoyèrent dans les missions du Paraguay. Son héroïque courage et son initiative toujours prudente lui firent bientôt confier le soin d'évangéliser au loin les peuplades infidèles. Ses expéditions apostoliques, toujours extrêmement dures, parfois périlleuses, étaient bénies du ciel; il était heureux quand, après des mois de fatigues, il pouvait ramener avec lui trente ou quarante sauvages dans les anciennes chrétientés. Il leur bâtissait lui-même des cabanes, labourait et ensemençait les champs, exerçait tous les métiers, sous les yeux de ces sauvages qui, d'abord le regardant faire, apprenaient à l'imiter peu à peu. Sa sainte constance et sa merveilleuse charité accomplirent des merveilles. En 1762, le P. Laurent Ricci le nomma provincial du Paraguay. Il poussa ses courses apostoliques jusque dans les régions inconnues des Andes, sur les bords du Grand Chaco. Devenu recteur du collège de Cordova de Tucuman, il ignorait tout des infâmes machinations des ministres d'Espagne, quand le collège fut investi par un bataillon de soldats, tous les Pères mis en état d'arrestation par ordre secret de Charles III et sans qu'il fût possible de savoir pourquoi. Les missionnaires du Paraguay, arrêtés le même jour et à la même heure (2 avril 1767), ne firent aucune résistance. D'un mot le P. Andreu calma le premier mouvement d'émotion et tous entassés pêle-mêle sur de mauvais vaisseaux, accablés de privations, furent jetés sur les côtes d'Italie avec leurs frères d'Espagne au nombre de six mille. Le P. Andreu se voua aux plus humbles ministères et mourut à Ravenne le 24 février 1777. Il a laissé une Vie du P. François Ugalde et une notice sur le P. Antoine Artigas : *Compendiosa relacion de la vida, virtudes, y muerte por Christo del Padre Francisco Ugalde, de la Compania de Jesus*, Madrid, 1761; *Carta de edificacion sobre la vida del v. sirvo de Dios el P. Pedro Antonio Artigas de la Compania de Jesus*, Barcelone, 1762, ouvrages qui contiennent les plus précieux renseignements sur les réductions du Paraguay et spécialement sur la mission du Chaco.

Boero, *Menologio*, t. II, p. 436-448. — Sommervogel, *Bibliothèque de la Compagnie de Jésus*, t. I, col. 351-352. — Bover, *Bibliotheca de escritores Baleares*, Palma, 1888, t. I, p. 35, 365-369. — A. Carayon, *Charles III et les jésuites de ses États d'Europe et d'Amérique*, Paris, 1868. — *Journal du P. Joseph Peramas contenant le récit des choses arrivées aux jésuites du Paraguay en l'année de leur expulsion*, p. 183-307.

P. BERNARD.

2. ANDREU Y FERRER (FRANCISCO), chanoine de Barcelone, écrivit en latin un traité sur les fins dernières de l'homme, que Suria y Borga traduisit et publia en 1778, sous le titre : *Kempis Mariano, Consejos intimes del hombre cristiano*. L'ouvrage fut dédié au concile de Santa Coloma, marquis de Besora.

Torres-Amat, *Memorias para ayudar a formar un diccionario critico de los escritores catalanes*, Barcelone, 1863, p. 43-44.

J. CAPEILLE.

1. ANDREUCCI (ANDREA GIROLAMO), théologien et hagiographe italien, né à Viterbe, le 13 novembre 1684, admis au noviciat de la Compagnie de Jésus le 25 octobre 1701. Après avoir enseigné la grammaire et les humanités à Fabriano, à Città di Castello et à Florence, de 1705 à 1712, il fit très brillamment ses études philosophiques et théologiques et fut chargé d'enseigner la philosophie à Pérouse. Nommé bientôt après professeur de théologie morale à Città di Castello et au séminaire épiscopal de Tivoli, il se signala par son zèle à ranimer dans le clergé le goût de l'étude et toutes les œuvres de la vie sacerdotale. Son *Introduzione al chiericato*, Rome, 1724, destinée aux élèves du séminaire de Frascati, fut bientôt répandue dans toute l'Italie. Il en fut de même de son *Memoriale confessariorum*, Rome, 1725. La foi s'affaiblissait alors dans les esprits et l'austérité des mœurs commençait à faire place à un relâchement croissant. Les conciles provinciaux de Rome, en 1725, et de Fermo, en 1726, avaient indiqué le mal et prescrit les remèdes. Le P. Andreucci s'attacha tout particulièrement à raviver chez les prêtres la dévotion à la sainte eucharistie et composa dans ce but un ouvrage souvent réimprimé : *De cultu et veneratione sanctissimo eucharistiae sacramento exhibenda*, Pérouse, 1727; Rome, 1733; Venise, 1736. Digne émule du saint prêtre J.-B. De Rossi, il s'adonna avec succès au ministère des âmes, lorsqu'il eut été appelé à Rome pour diriger la congrégation des prêtres au Gesù. On se demande avec étonnement comment il put trouver en outre le temps de publier les nombreux ouvrages de théologie dogmatique, morale ou ascétique et de droit canonique qui rendirent alors son nom célèbre et qui portent sur les abus dont souffrait le plus vivement la vie cléricale. A ce titre, ils ont encore pour nous un intérêt historique. Le P. Andreucci s'efforça d'amener les prêtres à célébrer tous les jours la sainte messe, à traiter avec plus de respect et de dignité les saints mystères, à faire aux enfants et au peuple les catéchismes et les instructions prescrits par les canons et par les statuts diocésains, en un mot à remplir les plus essentiels devoirs qui paraissaient oubliés. D'autres ouvrages s'adressent spécialement aux évêques et traitent de leurs obligations et de leurs droits, du choix des prêtres, des interminables querelles entre les évêques et les chapitres, etc. La liste de tous ces ouvrages, donnée succinctement par Oudin dans Moreri, a été publiée au long par Sommervogel.

L'hagiographie est redevable au P. Andreucci d'un certain nombre de biographies qui intéressaient plus spécialement les diocèses où s'exerçait son ministère : *Compendio della vita del glorioso martire di Cristo S. Emidio, vescovo e protettore di Ascoli*, Rome, 1729; — *Ragguaglio della vita della serva di Dio Rosa Venerini, Viterbese, istitutrice delle scuole e Maestre pie*, Rome, 1732; — *Notizie istoriche dei gloriosi santi Valentino prete ed Ilario diacono, martiri Viterbesi*, Rome, 1740; — *Breve ragguaglio delle opere pie stabilite in Roma da San Ignazio di Lojola fondatore della Compagnia di Gesù*, dans *Operette morali di A. G. Andreucci*, 1717; — *Notizie critico-istoriche dell'ammirabile S. Rosa vergine Viterbese*, Rome, 1750; — *Della vita e martirio del glorioso S. Getulio, marito di S. Sinforosa M. e padre di sette figlioli martiri*, Rome, 1754; — *Della vita e martirio di S. Gratiliano, protettore principale di Bassano di Sutri*, Rome, 1757. Tous ces ouvrages relèvent plutôt de la piété que d'une critique rigoureusement scientifique.

Le P. Andreucci jouissait à Rome auprès des hommes de doctrine de la plus haute considération. Benoît XIV lisait attentivement ses ouvrages. Dans le *De episcopis cardinalibus suburbicariis quaestiones selectae*, Rome, 1752, le pape releva une petite erreur qu'il consigna aussitôt dans une lettre au cardinal-vicaire. Le P. Andreucci s'empressa de se rétracter et joignit copie de sa lettre à plusieurs exemplaires de son livre.

Sa doctrine, d'ailleurs, ne prêta jamais à controverse, si ce n'est avec Concina, dont Andreucci avait blâmé la doctrine rigide dans sa dissertation dédiée au cardinal Mattei : *Confessarius recidivi*, Rome, 1754. Concina n'était pas nommé; mais il s'agissait visiblement de son traité : *Istruzione dei confessori e dei penitenti*, paru l'année précédente à Venise. Il répondit vivement dans une dissertation dédiée au cardinal Corsini, protecteur de l'ordre des frères prêcheurs : *De sacramentali absolutione impertienda aut differenda recidivis consuetudinariis*, Rome, 1754. Les principes sages du P. Andreucci ont prévalu en morale contre le rigorisme de Concina. Un autre traité du P. Andreucci : *De requisitis et non requisitis ad lucrandas indulgentias*, Rome, 1759, souleva des critiques dans les milieux jansénistes. Les *Nouvelles ecclésiastiques*, 1760, p. 48, cherchèrent habilement et aigrement à indisposer les esprits contre la Société.

Les dernières années du P. Andreucci furent attristées par les cruelles épreuves qui venaient s'abattre sur sa chère Compagnie. Dans le temps où il était professeur au collège de Saint-Bonaventure de Rome, Ganganelli témoignait de la plus haute estime et du plus sincère attachement pour la Compagnie de Jésus, et le P. Andreucci était de ses amis. Lorsqu'en 1759, Ganganelli fut fait cardinal, c'est au P. Andreucci que fut confié le soin de procéder aux informations d'usage. Dictées par l'amitié, elles furent aussi bienveillantes que possible. Devant la coalition des princes de la maison de Bourbon, devant les menaces de leurs ministres, les Choiseul, les Florida Blanca, les Grimaldi et du célèbre ministre de Portugal Pombal, Clément XIV se vit réduit à temporiser et enfin à supprimer la Compagnie. Andreucci essaya en vain de pénétrer auprès du pape, en ce milieu de ses tristesses que le saint religieux s'éteignit à Rome, au Gesù, le 13 juin 1771, heureux toutefois de pouvoir encore mourir dans la Compagnie.

Moreri, *Grand dictionnaire historique*, Paris, 1759, t. I, p. 234. — Crétineau-Joly, *Histoire de la Compagnie de Jésus*, Lyon, 1851, t. v, p. 279. — Sommervogel, *Bibliothèque de la Compagnie de Jésus*, t. I, col. 353-365. — Zaccaria, *Stor. letter.*, t. x, p. 459 sq. — Hurter, *Nomenclator*, Inspruck, 1913, t. v, col. 221-223.

P. BERNARD.

2. ANDREUCCI ou **ANDREASSI** (GIORGIO). Ughelli l'appelle à tort Gregorio. Né, le 31 janvier 1467, à Mantoue, il fit d'abord partie du clergé de ce diocèse, et, nommé par Charles-Quint sénateur du duché de Milan, fut envoyé par lui à Rome en qualité d'ambassadeur auprès de Clément VII et de Paul III. Préconisé le 20 mars 1538 évêque de Chiusi, il fut envoyé à Venise, le 22 février 1540 (et non en 1541, comme le porte Bart. Cecchetti), en qualité de nonce du Saint-Siège, mais malheureusement les dépêches adressées par lui à Rome durant sa nonciature ne nous ont pas été conservées. Rappelé le 18 avril 1542, il fut transféré, le 2 (et non le 7, comme le disent Ughelli et Cappelletti) avril 1544, au siège de Reggio d'Emilia. Il restaura le palais épiscopal et assista, en 1547, au concile de Trente, alors transféré à Bologne, où nous le voyons cité comme présent à la séance du 14 septembre. Il eut pour coadjuteur, depuis le 14 décembre 1545, son neveu, Giambattista Grossi, archiprêtre de Mantoue, qui lui succéda. Il mourut le 22 (et non le porte Saccani) janvier 1549, et fut enterré, en l'église des Carmes de Reggio, dans un magnifique mausolée, œuvre de Pietro Clementi (suivant Tiraboschi, *Biblioteca Modenese*, Modène, 1786, t. VI, p. 379; de Prospero Spani, élève de Michel-Ange, suivant G. B. Intra, *La basilica di S. Andrea in Mantova*, dans *Archivio storico Lombardo*, 1882, sér. I, t. IX, p. 302; cf. D'Arco, *Delli artisti e degli artefici di Mantova*, t. II, p. 132), sur lequel est gravée une épitaphe (reproduite par Ughelli, Mazzuchelli et Saccani) qui résume assez bien sa vie. G. Maria Pansa affirme (*Teatro degl'uomini più illustri della famiglia carmelitana di Mantova*, p. 133-134) qu'il a laissé, dans les belles-lettres et surtout dans la poésie, « de magnifiques productions de son fécond génie, » mais aucun de ces ouvrages ne nous est parvenu. Cependant, outre une lettre inédite de lui conservée aux Archives du Vatican, *Lettere di vescovi*, t. 24, fol. 164, M. C. Romussi a publié un extrait d'une autre, en date du 17 juillet 1533, relatif à la mort de Maraviglia (*La morte di Alberto Maraviglia*, dans *Arch. st. lomb.*, 1874, 1re sér., t. I, p. 253), M. Gaetano Capasso, des extraits de deux dépêches adressées par lui au cardinal Alexandre Farnèse, le 16 juillet et le 3 septembre 1541, et l'indication d'une autre dépêche au même, en date du 6 août de la même année, relatives au projet de transfert du concile de Trente à Vicence (*I legati al concilio di Vicenza del 1538*, dans *Nuovo archivio Veneto*, 1892, t. III, 1re part., p. 107-108), et enfin le P. Tacchi-Venturi, une dépêche, datée du 13 août 1540, au sujet de l'arrestation, opérée à Venise, d'un prédicateur hérétique, l'augustin milanais Giulio della Rovere, avec un bref à lui adressé par le pape Paul III sur ce sujet. *Storia della Compagnia di Gesù in Italia*, Rome et Milan, 1910, t. I, p. 507-509, 514.

Archives du Vatican, *Fiches de Garampi*, Index, n. 486, fol. 112, n. 504, fol. 812. — L. Schrader, *Monumentorum Italiae, quae hoc nostro saeculo et a christianis posita sunt libri quatuor*, Helmstadt, 1592, fol. 341. — Donesmondi, *Cronologia d'alcune cose più notabili di Mantova*, Mantoue, 1616. — F. Azzari, *Compendio dell' historie della città di Reggio*, Reggio d'Emilia, 1623. — Michele Giustiniani, *Sacrosanctum concilium Tridentinum eiusque patres...*, Rome, 1674, p. 111, 359. — Ughelli-Coleti, *Italia sacra*, Venise, 1717-1718, t. II, col. 315-316; t. III, col. 650. — Martène, *Veterum scriptorum et monumentorum amplissima collectio*, Paris, 1733, t. VIII, col. 1440. — Mazzuchelli, *Gli scrittori d'Italia*, Brescia, 1753, t. I, 2e part., p. 706. — Cappelletti, *Le Chiese d'Italia*, Venise, 1859, t. xv, p. 392-393; t. XVII, p. 599. — Gams, *Series episcoporum*, p. 754, 760. — Bart. Cecchetti, *La repubblica di Venezia e la corte di Roma nei rapporti della religione*, Venise, 1874, t. II, p. 238. — G. Sacconi, *I vescovi di Reggio-Emilia*, *Cronotassi*, Reggio d'Emilia, 1902, p. 121-122. — Merkle, *Concilii Tridentini Diariorum pars prima*, Fribourg-en-Brisgau, 1901, p. 205, 207, 247, 696. — H. Biaudet, *Les nonciatures apostoliques permanentes jusqu'en 1648*, Helsingfors, 1910, p. 96. — Eubel-van Gulik, *Hierarchia catholica medii aevi*, Munster, 1910, t. III, p. 187. — Luigi Carcereri, *Il concilio di Trento dalla traslazione a Bologna alla sospensione*, Bologne, 1910, p. 510, note. — Cadioli, *Descrizione delle pitture, sculture ed architetture che si osservano nella città di Mantova*, Mantoue, 1763, p. 123.

J. FRAIKIN.

3. ANDREUCCI, ANDREUZZI (MARZIO), évêque de Traù, originaire d'une famille noble d'Udine, était docteur en droit canon et droit romain et doyen de la collégiale de sa ville natale, quand Clément VIII le pourvut, le 9 juillet 1604, de l'évêché de Traù en Dalmatie. Son épiscopat se fit surtout remarquer par la longue lutte qu'il soutint contre le célèbre Marc-Antoine de Dominis (voir ce nom), pour obtenir le paiement d'une pension. En 1602, Andreucci, avec la protection du cardinal Aldobrandini, s'était posé comme candidat à l'archevêché de Spalato, siège primatial de Dalmatie, vacant par la mort de Dominique Marco († 2 août 1602). Le pape Clément VIII lui préféra cependant l'évêque de Zengg (Croatie), Marc-Antoine de Dominis. Ce dernier fut transféré à l'archevêché de Spalato par décret du 15 novembre 1602, mais avec la charge expresse de payer une rente annuelle de 500 ducats à des personnes à désigner, et ce fut à Andreucci que le pape assigna cette rente. Dès l'échéance du premier terme, Andreucci ne manqua pas de réclamer la pension. L'archevêque refusa de payer quoi que ce fût, prétextant les charges déjà trop lourdes pesant sur ses revenus. Sur le recours d'Andreucci, Rome menaça de Dominis de l'interdit (vers la fin de 1603) et exécuta la menace le 17 septembre 1604. De Dominis se rendit alors à Rome pour y plaider sa cause devant la Rote, mais on lui imposa comme première condition de payer les arriérés. Il se soumit et continua à payer jusqu'en 1606. A partir de 1607, il refusa de nouveau le paiement; pour le punir de sa contumace, le pape Paul V le déclara suspens le 9 juillet 1609 et finit par lui ôter le gouvernement de son Église (novembre 1610). Andreucci, pour mettre un terme à ce litige, accepta alors l'arbitrage des patriarches de Venise et d'Aquilée, lesquels décidèrent que la mense archiépiscopale lui payerait 2 300 ducats par versements annuels de sept à huit cents ducats. Sur ces entrefaites, Andreucci devint évêque de Traù, comme nous l'avons dit, et comme tel, suffragant de Spalato. A peine la question de la pension était-elle réglée qu'il eut à soutenir une nouvelle lutte contre de Dominis. Il avait excommunié et déclaré suspens un membre de son chapitre et plusieurs autres prêtres indignes. Les ecclésiastiques censurés en appelèrent au métropolitain. Celui-ci accusa Andreucci de trop grande sévérité et releva les ecclésiastiques en cause de leur censure. L'évêque repoussa cette ingérence du métropolitain, de là de nouvelles accusations et des récriminations de part et d'autre. De Dominis reprochait à Andreucci de diminuer l'autorité du métropolitain, en ôtant à ses subordonnés le droit d'appel (lettre du 25 novembre 1613). De son côté, Andreucci répliquait en accusant l'archevêque d'abus de pouvoir pour avoir absous des clercs notoirement convaincus de délits et légitimement censurés et pour avoir restreint la juridiction épiscopale contrairement aux saints canons (lettre du 15 décembre 1613). Quand de Dominis reçut cette réponse, il interdit à Andreucci l'administration épiscopale, le sépara de sa communion et fit parvenir cette sentence à ses suffragants en leur défendant toute communion avec l'évêque de Traù (janvier 1614). Ce dernier en appela à Rome et de Dominis fut sommé de s'expliquer. L'instruction n'avançait que lentement et la controverse ne paraît pas encore avoir été tranchée, quand l'apostasie de l'archevêque devint publique (en 1616) et termina ainsi toute la question. Le plus grand tort de cette affaire semble avoir été du côté de de Dominis, mais Andreucci lui aussi sortit des bornes de la modération et de la charité chrétienne. Son épiscopat ne fut guère marqué par d'autres faits saillants. En 1612, il installa dans le monastère des bénédictines de Saint-Michel qu'on venait de terminer à Traù, comme première abbesse, la sœur Dominique, professe à Sebenico et sœur de Jean Tomci Marnavic, futur évêque de Bosnie. Peut-être ce fut aussi à l'influence d'Andreucci qu'on dut le retour des franciscains de l'observance dans le couvent de Sainte-Marie de Drit, dans l'île de Bua, qu'ils avaient abandonné deux siècles auparavant. Ce retour ne s'effectua cependant qu'en 1623, quelques mois après la mort de l'évêque (1622).

Farlati, *Illyricum sacrum*, Venise, 1765-1769, t. III, p. 482-493; t. IV, 126-127. — Moroni, *Dizionario di erudizione storico-ecclesiastica*, Venise, 1856, t. LXXIX, p. 195. — B. Gams, *Series episcoporum*, Ratisbonne, 1873, p. 424.

G. ALLMANG.

ANDREVILLE, évêché latin au moyen âge, suffragant de Patras dans le Péloponèse. Dans une lettre du 24 mars 1210, le pape Innocent III écrit que Geoffroy de Villehardoin, prince d'Achaïe, lui a demandé de nommer son chapelain Jean au poste d'archidiacre d'Andreville qui était alors vacant. Il s'ensuivrait que cette ville, qui servait de résidence ordinaire aux princes français de Morée, avait déjà un évêque. En 1228, dans le *Liber censuum*, édit. Fabre-Duchesne,

t. II, p. 8, Andreville apparaît nettement comme un diocèse suffragant de Patras. Nous avons de plus une lettre d'Honorius III, de 1228 (édit. Pressuti, t. I, n. 1382), adressée *magistro et fratribus S. Jacobi Andrevillensibus*, religieux qui desservaient un hôpital. Dans une lettre d'Innocent IV, du 31 octobre 1246 (*Les registres d'Innocent IV*, édit. Berger, t. I, n. 2869), ce pape accorde aux religieux de Saint-Jacques, qui confessaient leurs abus et avouaient ne pouvoir se réformer eux-mêmes, l'autorisation de s'incorporer aux chevaliers du Temple. Les carmes avaient aussi à Andreville un monastère appelé Saint-Nicolas. La cathédrale gothique de Sainte-Sophie, qui existe encore, servit jusqu'au XVe siècle de métropole aux évêques latins. Dans l'église Saint-Jacques des templiers, furent enterrés les princes Geoffroy Ier, Geoffroy II et Guillaume de Villehardouin. Eubel, *Hierarchia catholica medii aevi*, t. I, p. 39, identifie à tort l'évêché d'Andreville avec celui d'Oléné, car les deux diocèses sont signalés séparément, vers 1228, comme étant tous les deux suffragants de Patras, dans le *Liber censuum*, t. II, p. 8, et nous avons, de plus, des titulaires distincts qui occupent en même temps ces deux sièges épiscopaux. Oléné ou Olenos, aujourd'hui Tsoukaléïka, à treize kilomètres de Patras, aurait, d'après Mgr Duchesne, *op. et loc. cit.*, succédé à l'évêché de Bolainé que signalent les *Notitiae episcopatuum* byzantines; quant à Andreville ou Andrabis, ce serait un évêché nouveau substitué à celui d'Elos ou Elis, aujourd'hui Palaepolis, ancienne capitale de l'Élide, qui est située à vingt kilomètres environ d'Andravida. Andravida est le nom actuel d'une petite ville de 2 750 habitants, située à soixante et un kilomètres au sud-ouest de Patras. Eubel, *op. cit.*, t. I, p. 89; t. II, p. 99, cite quatre évêques titulaires, et non résidentiels, d'Andreville : Jean de Tolono en 1342, un franciscain catalan qui couronna roi à Palerme Louis de Sicile; Thomas Renda, dominicain, le 8 août 1390; Augustin de Piombino, augustin, qui succéda à Thomas le 22 mars 1396; Jean de Francavilla, le 17 novembre 1480.

S. VAILHÉ.

ANDREWES (LANCELOT), évêque anglican de Winchester, né en 1555 sur la paroisse de All Hallow Barking, élève du docteur Watts à Pembroke Hall (Cambridge), puis fellow de ce collège, reçut les ordres anglicans en 1580. Il se fit vite un nom comme controversiste, et son biographe le loue d'avoir amené plusieurs *récusants*, prêtres ou laïques, à la religion de la reine, sous Élisabeth. La science et la dignité de vie d'Andrewes lui valurent la protection de Walsingham et d'Élisabeth elle-même. Après avoir refusé les évêchés de Salisbury et d'Ely, qu'il lui faisait offrir la reine à des conditions qui répugnaient à sa conscience, il accepta, en 1601, le doyenné de Westminster.

L'avènement de Jacques Ier, le roi théologien, fut pour le savant doyen une bonne fortune. Jacques se servit de lui dans toutes ses controverses, avec les catholiques comme avec les puritains; aux conférences de Hampton Court (1603-1604), l'érudition patristique d'Andrewes servit puissamment les épiscopaliens; en 1607, son nom figure le premier sur la liste des théologiens auxquels on doit la « version autorisée » de la Bible; lors de la fameuse controverse du roi Jacques avec le cardinal Bellarmin, non seulement Andrewes revisa les écrits de son maître et le fournit d'arguments, mais il soutint sa cause dans deux livres spirituels et érudits dont nous parlerons plus bas.

Jacques ne se montra pas ingrat pour son zélé serviteur. Andrewes reçut, en 1605, l'évêché de Chichester, fut transféré à Ely en 1609, puis à Winchester en 1619, fait doyen de la chapelle royale (1619), conseiller privé pour l'Angleterre (1609) et pour l'Écosse (1607), fut sur le point d'être préféré à Abbot pour l'archevêché de Cantorbéry. L'évêque s'honora en disant la vérité au roi Jacques dans plus d'une circonstance délicate, et en gardant à la cour une attitude si digne qu'en sa présence roi et courtisans n'osaient se permettre leurs habituelles indécences; uniquement occupé de ses études et de ses fonctions ecclésiastiques, il ne paraissait guère devant le roi que comme prédicateur et théologien. Il mourut le 26 septembre 1626.

Andrewes fut incontestablement un des premiers savants de son temps; ses adversaires mêmes, tels que Bellarmin, Becan et Gretzer, lui ont rendu pleine justice. Chaque jour, la matinée entière était, par lui, donnée à l'étude. Il connaissait quinze langues, et on a pu dire de lui qu'il aurait pu servir d'interprète général à la tour de Babel. Simple et modeste dans ses goûts, il se montrait très aumônier, et mettait son point d'honneur à discerner et à pousser en avant les jeunes ecclésiastiques d'avenir; Wren, Cosin, Laud, Blois, Fuller durent beaucoup, lors de leurs débuts, à sa générosité.

Andrewes fut considéré à son époque comme « l'étoile des prédicateurs, » « un ange dans la chaire, » sa popularité baissa à mesure que disparut la mode des sermons farcis de citations grecques et latines, de pointes et de subtilités; l'école anglo-romaine du XIXᵉ siècle, qui a édité de nouveau ses œuvres, s'est efforcée de leur ramener la sympathie.

Nous n'avons pas à nous étendre ici sur les idées théologiques d'Andrewes, si intéressantes à étudier. Il est le type le plus achevé du théologien de la Haute Église; très hostile à la suprématie romaine et habile à recueillir contre elle toutes les objections que peut présenter l'antiquité chrétienne; plus hostile encore au puritanisme dont il détestait la froideur et les tendances égalitaires, la chapelle d'Andrewes était ornée comme celle d'un évêque catholique; il admettait l'autorité des Pères des premiers siècles, dût cette concession fournir de terribles armes contre lui à ses adversaires *papistes*; il avait la plus haute idée des droits et des privilèges de l'épiscopat; il garda le célibat. Pour le détail, cf. l'article de D. Heurtebize dans le *Dictionnaire de théologie catholique*, t. I, col. 1187.

De son vivant, Andrewes ne publia que deux ouvrages, tous deux destinés à appuyer le roi Jacques dans sa controverse avec le cardinal Bellarmin, la *Tortura Torti*, et la *Responsio ad apologiam cardinalis Bellarmini*. Cf. l'article ALLÉGEANCE. (*Serment d'*), ci-dessus, col. 485, et J. de La Servière, *De Jacobo I Angliæ rege cum card. Rob. Bellarmino disputante*, Paris, 1900.

Après sa mort, ses amis éditèrent la plupart de ses manuscrits. En 1628, par ordre de Charles Iᵉʳ, Laud et Buckeridge publièrent quatre-vingt-seize sermons. En 1648, plusieurs manuels de dévotion, composés par Andrewes en grec et en latin, furent traduits en anglais; ils ont gardé jusqu'à nos jours un grand succès; Newman, encore protestant, en a donné une traduction nouvelle dans les *Tracts for the times*. Diverses œuvres théologiques d'Andrewes furent publiées au cours du XVIIᵉ siècle. Enfin ses œuvres ont été rééditées dans la *Library of Anglo-catholic theology*, Oxford, 1841 sq.

Church, L. *Andrewes*, dans *Masters in English theology*, Londres, 1877. — Frere, L. *Andrewes as a representative of Anglican principles*, Londres, 1898. — [H. Isaacson], *Exact narrative of the life and death of B. Andrewes*, Londres, 1650. — Ottley, L. *Andrewes*, Londres, 1894. — *Dict. of nat. biogr.*, t. I, p. 401 sq. — Russell, *Memoirs of the life and works of L. Andrewes*, Londres, 1863. — Teale, *Lives of English divines*, Londres, 1846. — Whyte, *Andrewes and his private devotions*, Édimbourg, 1896.

J. DE LA SERVIÈRE.

ANDREWS (WILLIAM EUSEBIUS), journaliste catholique anglais (1773-1837), né à Norwich, le 15 décembre 1773, de parents convertis au catholicisme, apprenti à l'imprimerie de la *Norfolk Chronicle*, puis directeur de cette feuille pendant quatorze ans, comprit toute l'importance de la presse pour l'émancipation des catholiques en Angleterre, et dépensa sa vie, avec un courage malheureusement trop mal secondé par ses coreligionnaires, à cette œuvre capitale. Il fonda en 1813, à Londres, le *Orthodox journal and catholic monthly intelligencer*, qui fut suspendu plusieurs fois, faute de ressources, et repris avec un infatigable persévérance. D'autres publications périodiques, *Catholic vindicator*, *Catholic advocate of civil and religious liberty*, *Catholic miscellany*, *Truthteller*, etc., furent successivement lancées par lui et n'eurent qu'une existence éphémère.

En 1826, Andrews établit la Société des amis de la liberté civile et religieuse, qui, en un peu plus d'un an, répandit presque 500 000 tracts. Dans les controverses, alors si ardentes entre les catholiques anglais au sujet de l'attitude à garder envers les propositions du gouvernement britannique, Andrews soutint avec vigueur le rude et zélé évêque Milner; il se déclara également contre l'agitation d'O'Connell, qui répugnait à son loyalisme. Pour ces motifs, il fut l'objet de vives attaques parmi les catholiques eux-mêmes, et n'obtint pas d'eux les secours que méritaient son zèle et son talent. Une lettre du préfet de la Propagande, adressée à Milner le 29 avril 1820, blâma formellement les excès de sa polémique. Cependant l'évêque lui resta fidèle jusqu'au bout.

Husenbeth, *Life of B. Milner*, Dublin, 1862, p. 421 sq. — Détails et bibliographie dans l'article de Thomson Cooper, dans *Dict. of nation. biogr.*, t. I, p. 409 sq. — Gillow, *Bibliographical dictionary*, t. I, p. 43-52.

J. DE LA SERVIÈRE.

ANDRIA (*Andrien*, *Andren*. ou *Andrenen*.). Évêché de l'Italie méridionale, dans la région des Pouilles appelée jadis Peucetia, dépendant de l'archevêché de Trani, dont il est le seul suffragant. Il est borné, au nord par la mer Adriatique, à l'est par le diocèse de Molfetta, au sud-est par celui de Ruvo, au sud par celui d'Acerenza, au sud-ouest par celui de Venosa, à l'ouest par ceux d'Ascoli et de Cerignola.

I. HISTOIRE SOMMAIRE. — L'origine de la ville d'Andria est des plus obscures. Une légende qui ne mérite même pas d'être discutée lui assigne pour fondateur des colons de l'île d'Andros, conduits par Diomède, après le siège de Troie. Cf. Arrigo Bavo, *Descriptio regni Neapolitani*, et G. M. Alfano, *Istorica descrizione del regno di Napoli*, Naples, 1795, p. 135. Quelques-uns voient en elle la Νήτιον de Strabon, édit. Didot, p. 234. On dit généralement qu'elle fut fondée par Pierre le Normand, comte de Trani, en 1046; après avoir été la résidence favorite de l'empereur Frédéric II, qui fit construire auprès le magnifique château de Castel di Monte, les trois Angevins de Naples l'érigèrent en comté, puis en duché, au profit de la branche cadette de la famille française de Baux, branche qui, complètement italianisée, existe encore sous le nom de del Balzo. Cf. de Mas-Latrie, *Trésor de chronologie*, Paris, 1889, col. 1555, 1712-1713, et Barthélemy, *Inventaire des chartes de la maison de Baux*. Di Meo cite cependant, t. V, p. 312-313, un acte du 24 août 949, par lequel Basile, protospathaire de Salerne, donne des vignes et des terrains plantés d'oliviers, situés à Andria, à l'abbé Mazelpotus; mais le duc Pierre de Baux, n'ayant eu d'autre héritier qu'une fille, Élisabeth, celle-ci devint la seconde femme de Frédéric d'Aragon, qui, en montant sur le trône de Naples, en 1496, l'annexa directement à son royaume. Elle conserva cependant son titre de duché et appartint ensuite, en 1504, à Gonzalve de Cordoue, après qu'il eut détrôné Frédéric, et en 1518, aux Carafa. Cf. B. Altomara, *Storia genealogica della famiglia Caraffa*, Naples, 1691. S'il fallait en croire les actes de la vie de saint Richard, la foi chrétienne y aurait été prêchée par l'apôtre saint Pierre lui-même, qui y serait entré par la porta Santa, aujourd'hui disparue, durant son voyage de Tarente à Rome ou à son retour (cf. Coronelli, *Biblioteca universale*, p. 654), et c'est pourquoi le campanile de la cathédrale est surmonté d'un bâton ferré. Suivant Ughelli et la plupart des auteurs, le siège épiscopal y aurait été institué, vers 482, par le pape Gélase Ier, qui aurait nommé comme évêque un Anglais, saint Richard, dont la vie légendaire a été publiée dans l'*Italia sacra* et par les bollandistes, *Acta sanctorum*, jun. t. II, p. 245-248; mais, étant donné que le diocèse d'Andria n'est nommé ni dans la bulle (1075) par laquelle Jean IX soumet à l'archevêque (*sic*) de Canosa tous les évêchés de la région (*Codice diplomatico barese*, t. I, n. 13; cf. J. Gay, *L'Italie méridionale et l'empire byzantin*, Paris, 1904, p. 424, 465), ni (quoi qu'en dise Beatillo, *Historia di Bari*, Naples, 1762, p. 237) dans celle du 9 octobre 1089, par laquelle Urbain II, à son tour, soumettait tous les évêchés de la même région à Elia, archevêque de Bari (Baronius, *Annales ecclesiastici*, ad ann., n. 6), il semble qu'il faille admettre avec les bollandistes (p. 242) que Richard vécut, en réalité, sous Gélase II, c'est-à-dire en 1118 ou 1119 : ce pape, qui créa plusieurs évêchés dans l'Italie méridionale afin de se gagner des partisans contre l'antipape Grégoire VIII, aurait aussi créé celui-ci. Ughelli, d'ailleurs, se voit forcé de laisser, de la fin du Ve siècle à la fin du VIIIe, une énorme lacune, durant laquelle il place seulement un certain Gregorius, mentionné dans l'obituaire de l'Avellana, sous la date du 22 août, sans la mention de l'année, en ces termes : *Obiit dominus Gregorius sancti Andrii episcopus commissibus noster* (Mittarelli et Costadoni, *Annales Camaldulenses*, t. III, p. 84), et encore peut-on se demander si la ville de Sancti Andrii est bien la même qu'Andria. Ughelli note, après lui, un certain Christophorus, qui aurait assisté au deuxième concile de Nicée en 787, mais ce personnage était, en réalité, l'évêque d'un diocèse *Andriacen.*, en Thrace (cf. d'Urso, p. 37, et Garruba, p. 42-43, note 3). La similitude des noms latins a fait confondre, en effet, quelques évêques de ce siège, ainsi que de celui d'Andros, dans les Cyclades, avec ceux d'Andria. Ce qui est sûr, c'est que, ces personnages hypothétiques une fois éliminés, le premier évêque certain d'Andria est un anonyme cité en 1143 comme présent à la translation à Trani du corps de saint Nicolas Pellegrini. Après lui vient un autre Richard, qui assista au troisième concile de Latran, réuni en 1179 sous Alexandre III (Labbe-Cossart-Coleti, *Sacrosancta concilia*, Venise, 1730, t. XIII, col. 414) et qui on voit mentionné encore en 1196. D'Achéry, *Spicilegium...*, Paris, 1725, t. I, p. 637; Martène, *Veterum scriptorum et monumentorum amplissima collectio*, Paris, 1733, t. VII, col. 86. On trouve ensuite un autre anonyme, auquel Innocent III adressa une lettre vers l'an 1200, et un augustin, Placidus, cité en 1290, 1295, 1304 (Turchi, *Camerinum sacrum*, Rome, 1762, p. 237) et 1310, puis Joannes, cité en 1318, Dominicus, cité là même suivante et en 1341, enfin, un autre augustin, Giovanni d'Alessandria, élu d'abord en 1344 évêque d'Acerno, près d'Andria, par le clergé et sacré par l'archevêque de Salerne, mais dont l'élection ne fut confirmée par le pape Clément VI que le 10 novembre (et non décembre, comme le porte Cappelletti) 1348, et qui mourut l'année suivante. Après lui, la série se poursuit régulièrement, mais non sans quelques obscurités, jusqu'à la fin du XVIe siècle. Le diocèse de Montepeloso (aujourd'hui Irsina) fut uni, dès l'instant même de sa création, en 1452 (Arch. Vat., arm. LIII, t. XIII, fol. 241) à celui d'Andria, mais en fut séparé, sur les instances réitérées de ses habitants, par Sixte IV, le 25 juin 1479 (cf. Racioppi, *Storia dei popoli della Lucania e della Basilicata*, Rome, 1889, t. II, p. 152) et le diocèse d'Andria demeura réduit presque uniquement à la ville elle-même, pendant plus de trois siècles. Enfin, le 27 juin 1818, par la bulle *De utiliori*, qui refondit complètement la carte ecclésiastique des Deux-Siciles, il fut agrandi du territoire de l'évêché de Canosa, supprimé au Xe siècle, mais rattaché jusqu'alors à l'archevêché de Bari, et l'évêché de Minervino, supprimé par cette bulle, lui fut incorporé. Entre autres hommes illustres Andria a donné le jour au pape Léon V et au dominicain Pietro d'Andria.

II. ABBAYES ET COMMUNAUTÉS RELIGIEUSES (cf. Em. Merra, *Monografie andriesi*, 2 vol., Bologne, 1900). — Lubin, *Abbatiarum Italiae brevis notitia*, Rome, 1693, p. 15, n'en cite que deux seulement : l'abbaye de San Bartolomeo, dans laquelle furent transportés de Civitella, en 1179, dit-il (en 1194, dit Di Meo, t. XI, p. 100-101), les corps des saints Érasme et Pontien, et celle de Santa Maria, O. S. B., unie, dit-il, en 1578 (mais, en réalité en 1579), par Grégoire XIII, à la congrégation du Mont-Cassin; c'est, sans doute, l'église qu'on appelle la Madonna de' Miracoli, d'une image miraculeuse qui y est vénérée (liste des abbés dans Merra, *Monografie andriesi*, t. II, p. 338-341); ou, peut-être encore, celle de Santa Maria del Monte, près du château impérial. Mathieu de Flentin dit que le diocèse comptait, à l'époque où il écrivait (1680), six couvents d'hommes, un de femmes, et des confréries. Merra cite : les carmes à Santa Maria del Carmine; les augustins au couvent de Sant' Agostino, fondé par les templiers au XIIe siècle, puis possédé par les augustins de 1316 à 1809; les franciscains à Santa Maria Vetere (cf. fr. Bonaventura a Fasano, *Memorabilia minoritica provinciae S. Nicolai ordinis minorum regularis observantiae ab anno 1222 usque ad annum 1655*, Bari, 1656, 1re part., p. 1 sq.); les conventuels à celui de San Francesco; les capucins à la Visitazione di Maria; les dominicains à celui de San Domenico; les frères de Saint-Jean-de-Dieu à l'hôpital et à l'église de Porta Santa; les basiliennes, puis bénédictines à Santa Maria delle Grazie. Enfin, près de la ville, dans la localité appelée *I Lagnoni*, se trouvent de curieuses églises souterraines (laures), dont la principale est celle de Santa Croce, laquelle possède deux fresques mal conservées du XIVe siècle, et qui furent construites, croit-on, par des moines basiliens, lesquels s'y seraient réfugiés lors des incursions sarrasines du IXe ou du Xe siècle. Cf. Di Giorgi, *L'arte medievale in Terra d'Otranto*; Spagnoletti, *I Lagnoni e Santa Croce in Andria*, Bari, 1892, et Bertaux, *L'art dans l'Italie méridionale*, Paris, 1903, t. I, p. 132, 133, note 2. On y compte encore aujourd'hui dix maisons religieuses : augustins, franciscains, bénédictines, filles de la charité, filles de Sainte-Anne et petites sœurs des pauvres à Andria; stigmatines à Andria et à Minervino : sœurs apôtres du Sacré-Cœur à Canosa et Minervino.

III. LISTE DES ÉVÊQUES. — Saint Richard, en 1118 ou 1119 (?). — Anonyme, cité 1143. — Richard II, 1179, 1196. — Anonyme, vers 1200. — Placide, augustin, 1290-1304. — Jean, 1318. — Dominique, 1319. — Giovanni d'Alessandria, augustin, 10 novembre 1348-† 1349. — André, ci-dessus col. 1629, 14 mars 1349. — Jean, 1356. — Nicolas, 1359. — Gerardus, 1367, nommé par l'archevêque de Trani, puis renonce (omis par tous les auteurs, excepté le précédent). — Marc. Lucido de Norcia, *alias* Nicosia, de l'obédience de Clément VII d'Avignon, 20 décembre 1374; déposé et emprisonné par Urbain VI de Rome, transféré à Viterbe, 14 décembre 1390, par Clément VII. — François, de Sorrente, vers 1380. — Milillus, augustin, 16 janvier 1392-12 août 1418; transféré à Salpe. — Francesco de Nigris, O. M., transféré de Salpe, 12 août 1418-† 1435 (?). — Giovanni Donadei, célestin, 14 novembre 1435-† 1451.

— Antonellus, conv., transféré de Gallipoli (Italie), 20 (*alias* 27) septembre 1452 (évêque d'Andria et Montepeloso). — Antonio Giannotti, O. P., transféré de Lavello, 3 avril 1460-1463 (*id.*). — Ruggero d'Atella (*id.*), 1463. — Francesco Bertini, de Lucques, 7 (et non pas 20, comme le porte Eubel) octobre 1465-18 septembre 1471 (?); transféré d'abord, le 20 (et remplacé par l'évêque de Venosa, Nicolò de Solimele) octobre 1469, à Brindisi, mais ces deux translations n'ont pas eu lieu; puis à Capaccio (*id.*). — Martino Sotomajor, carme espagnol, transféré de Chrysopolis, 10 septembre 1471-† mars 1477 (*id.*). — Angelo Floro, 16 juin 1477-† 1495. -- Donato Eletto, 1479 (?). — Gerolamo de Porcari, 26 avril 1495-1503. — Antonio de Roccamoro, O. M., espagnol, 20 décembre 1503-vers 1515. — Simone de Nor, 12 décembre 1516-† 1517.— Card. Nicolò Fieschi, administrateur apostolique, 1517. — Jacopo (*alias* Gian Francesco*) Fieschi, 13 novembre 1517-1565. — Luca Fieschi, 30 janvier 1566-28 mars 1582. — Luc Antonio Resta, transféré de Nicotera, 30 (Arch. Consist., *Acta Cam.*, t. x, fol. 323, et non le 27, comme le porte Eubel) avril 1582-† 1597.— Vincenzo Bassi, transféré de Sebenico, 25 mai 1598-† 30 décembre 1603. - - Antonio de Franchi, transféré de Ravello, 23 janvier 1601-† 1623. — Vincenzo Caputo, transféré de San Severo, 3 mars 1623 (et non le 19 février 1620, comme le porte Gams, ni le 23 janvier 1604, comme le porte Cappelletti)-† 1626. — Alessandro Strozzi, 17 (*Acta consist.*, ann. 1624-1631, fol. 129, et non le 24, comme le portent Cappelletti et Gams) mai 1626-8 mars 1632; transféré à San Miniato. — Felice Franceschini, conv., préconisé le 25 (d'après Cappelletti, 26 d'après Gams) avril, sacré le 2 mai 1632-† 1641. — Ascanio Cassiano, 16 décembre (*Acta consist.*, ann. 1640-1645, fol. 74, et non 19 novembre comme le portent Cappelletti et Gams) 1641-† 1657. — Alessandro Egitti, 17 décembre 1657-† 2 avril 1689. — Pietro Vecchia, O. S. B., 6 mars 1690-19 décembre 1691; transféré à Molfetta. --- Francesco Antonio Triveri, conv., 21 janvier 1692-14 septembre 1696; transféré à Melfi. — Andrea Ariano, 14 janvier 1697-† 17 août 1706. — Niccoló Adinolfi, 6 décembre 1706-† 13 juillet 1715. — Gian Paolo Torti, O. S. B. de la congrégation de Montevergine, 11 mai 1718-9 décembre 1726, transféré à Avellino et Frigento. —Cherubino Tommaso Nobilio, O. P., nommé d'abord à Avellino, mais dont la nomination n'eut pas d'effet, quoi qu'en disent Gams et Cappelletti, 9 décembre 1726-25 avril 1743. — Domenico Anello, transféré d'Acerra, 20 mai 1743. — Francisco Ferrante, 3 janvier 1757.— Saverio Palica, célestin, 6 mars 1773. -- Salvatore Maria Lombardi, 27 février 1792. — Giovanni Battista Bolognese, transféré de Termoli, 19 avril 1792-† 3 septembre 1800. — Giuseppe Cosenza, 2 juillet 1832-30 septembre 1850, transféré à Capoue. -- Giovanni Giuseppe Longobardi, 18 mars 1852-† 1870. — Federico Maria Galdi, 23 février 1872-1899.

IV. ÉTAT ACTUEL. — L'évêque actuel est Mgr Giuseppe Staiti di Brancaleone, né à Naples le 20 juin 1840, préconisé le 19 juin 1899. Le diocèse, qui comprend trois communes de la province de Bari (Pouilles) et une de la province de Potenza (Basilicate), est divisé en trois vicariats *forains* et quinze paroisses. Il comprend cinquante-trois églises (dont une collégiale : San Nicola), chapelles ou oratoires, deux cents prêtres séculiers, onze religieux, soixante religieuses, vingt confréries; 101 000 habitants d'après le recensement de 1901. Patrons : sainte Marie des Miracles et saint André, apôtre. La commune d'Andria, bien que l'entière population en ait été passée au fil de l'épée, en 1799, par les Français d'abord et les Napolitains ensuite, comptait, en 1911, 53 271 âmes, presque toutes agglomérées. La ville, située à huit milles environ de l'Adriatique, à égale distance entre Trani et Ruvo, fait un commerce actif d'argile, de fruits et de denrées. Quoique ruinée par les tremblements de terre de 1627 et 1689, elle a encore d'intéressants monuments. La cathédrale, dédiée à l'Assomption de la sainte Vierge, fut construite au IX° ou au X° siècle, mais complètement refaite à l'époque des Normands et ensuite; elle est extrêmement riche en reliques, dont la principale est une épine de la couronne de Jésus-Christ, qui se couvre de sang toutes les fois que la fête de l'Annonciation coïncide avec le vendredi saint; on y montre aussi la pierre sacrée sur laquelle saint Pierre aurait célébré la messe; on y remarque un arc ogival, qui porte cette inscription : *Alex Guadagno Andriensis presbiter hoc opus arcuatum MCCCCLXV*; le campanile, bien conservé, est du XII° ou du XIII° siècle; la crypte, qui doit remonter à la construction de l'église primitive, renfermait jadis les tombeaux des deux impératrices, femmes de Frédéric II : Iolande de Jérusalem et Isabelle d'Angleterre; mais, quoi qu'en pensent Mgr Merra, *Le tombe delle due imperatrici sveve Iolanda ed Isabella, nella cripta della cattedrale d'Andria*, Andria, 1904, et M. Benedetto Croce, *Le tombe delle due imperatrici di Andria*, dans *Napoli nobilissima*, 1905, t. XIV, p. 67-72, il nous paraît avoir été assez bien établi par MM. F. Hermanin, *Denkmalpflüge, Die sogennanten Kaiserinnergräber in Andria*, dans *Kunstchronik*, de Leipzig, 3 mars 1903, p. 267, et A. Haseloff, *Die Kaiserinnergräber in Andria*, Rome, 1906, et *Le tombe delle imperatrici sveve in Andria*, dans *Rassegna Pugliese*, 1905, n. 7-8 décembre, p. 185-188, que les débris informes retrouvés dans l'exploration de la crypte faite il y a quelques années, ne peuvent en aucune façon être présentés comme des restes de ces précieux monuments. Deux églises non moins curieuses sont celles de Santa Maria della Porta Santa, construite en style gothique, au XV° ou au XVI° siècle. Cf. Ett. Bernich, *Andria e reminiscenze Sveve*, Andria, 1904. Le cloître de l'église de San Domenico est également en style gothique, avec des chapiteaux en mauvais état et une porte assez grossière de 1510; et l'église de San Francesco, construite de 1230 à 1346, renferme aussi une porte curieuse, tandis que l'ancien couvent possède une belle salle ogivale. Les archives de l'évêché, de la cathédrale et de S. Nicola ne possèdent pas de documents antérieurs au XVI° siècle, mais l'ancienne collégiale de la SS. Annunziata a des parchemins dont le plus vieux est du 25 juin 1348. Les archives ducales des Carafa, aujourd'hui à Naples, dans cette famille, contiennent de précieux documents, entre autres de nombreuses lettres pontificales. Cf. F. Carabellese, *Andria*, dans Mazzatinti, *Gli archivi della storia d'Italia*, Rocca San Casciano, 1897-1898, t. I, l. 21-25, et *Nuovo archivio Veneto*, 1898, t. XXI, p. 226-227.

Archives du Vatican, *Fiches de Garampi*, Ind., n. 446, fol. 192; n. 477, fol. 85 v°-88 v°; n. 512, fol. 143; *Acta consistorialia*. — Mathieu de Fleutin, *Apparatus ad universalem orbis christiani notitiam* (Ind., n. 437, fol. 86 v°-87). — Cesare d'Eugenio Caracciolo, *Descrittione del regno di Napoli*, Naples, 1671, p. 223 sq. — P. François Jacques, *Historiographie générale des provinces ecclésiastiques de l'Europe latine*, Avignon, 1716, p. 87. — Ughelli-Coleti, *Italia sacra*, Venise, 1721, t. VII, col. 920-935. — Troyli, *Istoria generale del regno di Napoli*, Naples, 1747, t. I, 2° part., p. 486-489. — Calvecchia, *Andria*, dans C. Orlandi, *Delle città d'Italia e sue isole adiacenti compendiose notizie*, Pérouse, 1772, t. II, p. 65-80. — A. Di Meo, *Annali criticodiplomatici del regno di Napoli...*, Naples, 1800-1810, t. II, p. 65-80. - - D'Urso, *Storia della città di Andria dalla sua origine fino al corrente anno 1841*, Naples, 1842. — Huillard-Bréholles, *Recherches sur les monuments et l'histoire des Normands et de la maison de Souabe dans l'Italie méridionale*, Paris, 1814, p. 116.— Zaccagnini-Orlandini, *Corografia fisica, storica e statistica dell'Italia e delle sue isole*, t. XI; Supplément, p. 160-161. — De Luca et R. Mastroianni, *Dizionario corografico universale dell'Italia. Reame di Napoli*, Milan,

1852, t. ɪ, p. 321. — Lorenzo Troja, *Enciclopedia dell'ecclesiastico*, Naples, 1845, t. ɪv, p. 378-380. — D'Avino, *Cenni storici sulle chiese arcivescovili e vescovili del regno delle due Sicilie*, Naples, 1848. — G. Petri, *L'orbe cattolico*, Rome, 1853, 1ʳᵉ part., p. 272, 275-276. — Amati, *Dizionario corografico dell'Italia*, Milan, 1866, t. ɪ, p. 290-291. — H. W. Schulz, *Denkmäler der Kunst des Mittelalters in Unteritalien*, Dresde, 1860, t. ɪ, p. 150-155; t. v, planches. — Cappelletti, *Le Chiese d'Italia*, Venise, 1870, t. xxɪ, p. 77-85. — Gams, *Series episcoporum*, Ratisbonne, 1873, p. 848-849; Supplément, p. 9. — Gregorovius, *Andria*, dans *Beilage zur Allgemeine Zeitung* d'Ausgbourg, octobre 1875; traduction italienne de Guglielmi, dans *Il costituzionale* de Trani, 12, 19, 28 décembre 1876. — Em. Marra, *La Madonna dei miracoli d'Andria*, 2ᵉ édit., Bologne, 1876 (sur cet ouvrage et les *Monog. Andr.*, cf. *Napoli nobilissima*, 1894, t. ɪɪɪ, p. 80; 1896, t. v, p. 48). — Volpicella, *Bibliografia storica della provincia di terra di Bari*, Naples, 1884, p. 5-7, 23-24, 35, 36, 87, 95-125. — *Rassegna Pugliese*, 1887, t. ɪv, p. 71. — O. Werner, *Orbis terrarum catholicus*, Fribourg-en-Brisgau, 1890, p. 33. — U. Chevalier, *Bio-bibliographie*, t. ɪ, col. 115. — Celani, *Abbatiarum Italiae additiones et adnotationes*, Rome, 1895, p. 12. — Basilio Magni, *Storia dell' arte italiana*, Rome, 1900-1901, t. ɪ, p. 260, 339; t. ɪɪ, p. 99, 448. — Eubel, *Hierarchia catholica medii aevi*, Munster, 1901-1913, t. ɪ, p. 89; t. ɪɪ, p. 99; t. ɪɪɪ, p. 122. — F. Carabellese, *La Puglia nel secolo XV*, Bari, 1901-1908, 1ʳᵉ part., *passim* (pour les juifs à Andria; voir p. 96, 137, 138, 214, 226, 306); 2ᵉ part., p. 4, 8, 43, 93. — A. Avena, *Monumenti [dell'Italia meridionale*, Rome, 1902, p. x, 18, 382. — A. Filangieri di Candida, *Notizie dell'Italia meridionale...; restauri in Puglia, cattedrale di Andria, chiesa di Santa Croce in Andria*, dans *L'arte*, 1902, t. v, p. 428 (cf. 1906, t. ɪx, p. 239). — E. Caspar, *Untersuchungen zu den Päpsturkunden für Apulien*, dans *Quellen u. Forschungen de l'Institut historique prussien de Rome*, 1904, t. vɪ, fasc. 2; trad. italienne de G. B. Guarini, *Ricerche critiche intorno ai primi atti pontifici per la Puglia*, Melfi, 1907. — Groner, *Die Diözesen Italiens*, Fribourg-en-Brisgau, 1904, p. 7, 47-48; trad. ital.de Guarini, *Le diocesi d'Italia*, Melfi, 1907, p. 18, 58. — M. Janora, *Memorie storiche, critiche, diplomatiche della città di Montepeloso*, Matera, 1901, p. 130-136, 273-276, 281-282; *Il vescovado di Montepeloso*, Potenza, 1904, p. 51-52, 54. — Battaini, etc., *La nuova Italia*, Milan, t. ɪ, p. 100-101. — Venturi, *Storia dell' arte italiana*, Milan, 1908, t. vɪ, p. 1044 et 1047 (figure). — Fabre et Duchesne, *Le Liber censuum de l'Église romaine*, Paris, 1910, t. ɪ, p. 32. — Michele Agresti, *Il Capitolo cattedrale di Andria ed i suoi tempi dalla origine fino all'anno 1911*, 2 vol., Andria, 1911-1913. — Bernich, *La cripta del duomo di Andria*, dans *Napoli nobilissima*, t. xɪɪ, fasc. 12, p. 183-185.

J. Fraikin.

ANDRIA (Pierre d') dominicain, originaire de la ville dont il porte le nom, dans la province de Bari (royaume de Naples), doit surtout sa notoriété à ce fait qu'il fut à Paris et à Naples le disciple de saint Thomas d'Aquin. Nous le retrouvons, vingt ans après la mort du grand docteur, vicaire général de la province dominicaine du royaume de Sicile, désignée dans les documents dominicains sous le simple titre de *provincia Regni*. Cette province fut formée par la division de la province romaine : la province romaine proprement dite, comprenant la Campanie, Rome et toute la Toscane, la province du royaume comprenant tout le reste du pays en deçà et au delà du détroit de Messine. Cette division fut faite en vertu d'une bulle de Célestin V, du 1ᵉʳ septembre 1294, confirmée par Boniface VIII, le 1ᵉʳ mars 1295. Voir *Bullarium ordinis praedicatorum*, t. vɪɪ, p. 49-50. Par une bulle datée du 14 septembre 1294, le pape nomme fr. Pierre d'Andria vicaire général de la nouvelle province, jusqu'à ce que le chapitre ait choisi son prieur provincial, lui permettant d'établir le couvent de Saint-Pierre-Martyr de Naples et de nommer le prieur. Cette dernière disposition était signifiée dans une bulle de Célestin V du 5 septembre de la même année. Pierre d'Andria n'était pas moins en faveur à la cour d'Anjou qu'à celle du pape. En effet, le 26 avril 1300, Charles II d'Anjou écrit à tous les prélats, barons, universités et à tous les nobles de Hongrie pour leur annoncer l'arrivée de leur futur souverain, son petit-fils Charles; il sera accompagné par Pierre d'Andria, prieur de Bari. *Reg. Ang.*, n. 97, fol. 248. Plus tard, Clément V le fit évêque de Vico Equense, suffragant de Sorrente, le 13 août 1306. Eubel, *Hierarchia*, 1913, t. ɪ, p. 74. Il mourut, semble-t-il, vers 1316. Le nom de Pierre d'Andria est attaché à deux écrits de saint Thomas d'Aquin. Un certain nombre d'ouvrages du grand docteur ne nous sont parvenus que sous forme de reportations, c'est-à-dire qu'ils ne furent pas rédigés par saint Thomas lui-même, mais recueillis par quelques-uns de ses auditeurs. C'est ainsi que dans le catalogue officiel de ses œuvres (Bibl. nationale, Paris, *lat. 3112*, fol. 38; dernière réédition, Mandonnet, *Des écrits authentiques de S. Thomas d'Aquin*, 2ᵉ édit., p. 29 sq.), on trouve toute une section d'écrits reportés : *Si autem sibi alia adscribantur, non ipse scripsit et notavit, sed alii recollegerunt post cum legentem, vel praedicantem*, etc. Or, parmi ces écrits, il y en a deux, qui sont nommément attribués à fr. Pierre d'Andria. Ce sont : (68) *Collationes de decem praeceptis; frater Petrus de Andria*; – (69) *Lecturam super Matthaeum idem frater Petrus, quondam scolaris Parisiensis, quae defectiva est*. Le premier écrit figure dans l'édition de Parme, 1865, t. xvɪ, p. 96-114, sous le titre : *In duo praecepta charitatis et in decem legis praecepta expositio*. On sait que le catalogue officiel, ainsi appelé parce qu'il a été inséré dans le procès de canonisation du saint, est l'œuvre du logothète et protonotaire du royaume de Sicile, Barthélemy de Capoue, et a été inséré dans sa déposition du 8 août 1319. Il avait été à même de bien connaître Pierre d'Andria. Les autres catalogues des œuvres de saint Thomas, avec des variantes, attribuent aussi la reportation des deux écrits signalés à fr. Pierre d'Andria. Voir Mandonnet, *op. cit.*, *passim*. D'après un certain nombre d'auteurs, il aurait aussi composé un traité de vie spirituelle. Cf. Échard, *Scriptores ordinis praedicatorum*, t. ɪ, p. 532.

Em. Merra, *La chiesa e il convento di S. Domenico in Andria*, Trani, 1897, p. 144-150. — P. Mandonnet, *Des écrits authentiques de S. Thomas d'Aquin*, Fribourg, 1910, *passim*. — *Bullarium ordinis*, Supplem., Rome, 1739, t. vɪɪ, p. 49-50.

R. Coulon.

ANDRIAN (Karl), historien allemand, né à Tisens, dans le Tirol, le 20 novembre 1680, entré au noviciat de la Compagnie de Jésus, à Vienne, le 10 décembre 1698, montra de bonne heure un goût marqué pour les études positives, et spécialement pour les recherches historiques, qui furent l'incessante occupation de sa vie. Après avoir enseigné la grammaire et la philosophie à Buda-Pesth et à Tyrnau, le droit canonique et l'Écriture sainte à Goritz et à Gratz, on lui confia la chaire d'histoire ecclésiastique à l'université de cette dernière ville, où sa réputation d'historien était déjà établie. Pendant que ses confrères écrivaient l'histoire des évêchés italiens ou préparaient l'édition des conciles d'Allemagne, le P. Andrian s'attachait de préférence aux études chronologiques et généalogiques, qui lui ont fourni la matière de nombreux et importants ouvrages : *Synopsis chronologica seu ratio temporum et rerum succincta*, Gratz, 1711 ; — *Catena temporum Veteris et Novi Testamenti historiam ab orbe condito ad annum Christi 1714 connectens*, Vienne, 1714 ; — *Series romanorum pontificum*, Gratz, 1728 ; — *Successio genealogica imperatorum et regum Europae*, Gratz, 1729 ; — *Series romanorum imperatorum honoribus reverendorum, religiosorum, praenobilium, nobilium D.D.*, Gratz, 1729 ;— *Successio genealogica S.R. I. principum*, Gratz, 1730 ; — *Series regum Hispaniae, laureatis honoribus perillustrium dominorum, dominorum S. R. I. equitum*, Gratz, 1730 ; — *Successio genealogica principum Italiae*, Gratz, 1730 ; — *Series regum Lusitaniae*, Gratz, 1730 ; — *Series* *regum Galliae*, Gratz, 1731; — *Series regum Angliae*, Gratz, 1731; — *Series regum et ducum Bohemiae*, Gratz, 1734; — *Epitome chronologica scriptorum ecclesiasticorum..., usque ad annum Christi 1000*, Gratz, 1732; — *Series regum Italiae*, Gratz, 1732; — *Series regum Hungariae*, ibid., 1733; — *Series regum Poloniae*, ibid., 1733; — *Series regum Daniae et Norwegiae*, ibid., 1734; — *Series regum Succiae*, ibid., 1734; — *Epitome historica pontificum, caesarum et regum Europae*, ibid., 1735; — *Epitome chronologica scriptorum ecclesiasticorum. Pars secunda*, ibid., 1735; — *Notitia imperii Moscovitici*, ibid., 1735; — *Series imperatorum Orientis a translato in Carolum M. Occidente*, ibid., 1739; — *Epochae Habsburgico-Austriacae*, ibid., 1740.

Le P. Andrian suivait avec attention le mouvement historique de son temps et ses plus importants travaux portent sur des points controversés de l'histoire religieuse, où il fait preuve d'une érudition remarquable et d'une critique exercée. Ses *Dissertationes selectae historico-chronologico-criticae super Vetus Testamentum*, Gratz, 1730, eurent un grand retentissement. Cf. Zaccaria: *Saggio critico della corrente litteraria*, 1746, t. II, p. 718 sq. Une seconde édition parut à Vienne en 1753. La même faveur accueillit ses *Quaestiones historico-chronologico-criticae ex historia ecclesiastica primorum sex saeculorum selectae*, Gratz, 1731, qui furent suivies des *Quaestiones historico-chronologico-criticae ex historia ecclesiastica a saeculo VII usque ad saeculum XIII selectae*, ibid., 1732. La question des conciles œcuméniques était alors débattue dans les universités de Vienne et d'Ingolstadt. Le P. Andrian reprit les principales questions litigieuses dans son ouvrage à la fois dogmatique, canonique et historique: *Dissertationes theologico-historico-criticae de conciliis oecumenicis*, ibid., 1736. Enfin, pour résumer dans une vue d'ensemble les principales conclusions de ses études historiques, il publia sous une forme peut-être un peu artificielle, mais extrêmement méthodique, l'*Elenchus assertionum ex historia imperii occidentalis*, Gratz, 1736, et les *Conclusiones historico-chronologico-criticae ex historia occidentali*, ibid., 1737.

Les ouvrages du P. Andrian se font remarquer par leur caractère pédagogique. A ce point de vue, ils intéressent spécialement l'historien des méthodes historiques. Il faut noter spécialement l'effort pour simplifier l'étude de l'histoire et pour orienter les recherches, comme pour faciliter l'acquisition des connaissances par les procédés d'une mnémotechnie forcément naïve en bien des points, mais qui eut de son temps grand succès, si l'on en juge par le nombre des aide-mémoire écrits alors sur ces matières, et par leur diffusion: *Subsidium memoriae pro historia universa veteri in historiophilorum gratiam concinnatum*, Gratz, 1729; — *Subsidium memoriae pro historia ecclesiastica*, ibid., 1734; — *pro historia imperii occidentalis*, ibid., 1735; — *Manuale expeditius rerum romanorum scriptoribus perutile*, Gratz, 1736, etc.; — *Subsidium memoriae pro historia imperii orientalis*, Gratz, 1736.

A tous ces travaux historiques qui ont fait la gloire de l'université de Gratz, le P. Andrian joignait des études géographiques menées avec une rigoureuse méthode et un soin attentif des moindres détails. Sa carte de la Carinthie, *Novissima Carinthiae tabula chorographica*, Augsbourg, 1718, éditée aux frais du sénat de Carinthie, est l'œuvre d'un maître qui a étudié sur place les courbes de niveau et vérifié toutes les données topographiques. Le P. Andrian, qui s'était consacré tout d'abord aux sciences mathématiques et physiques et qui avait publié un traité fort original sur certains phénomènes curieux de l'optique: *Corollaria curiosa ex catoptrico-dioptricis collecta*, Goritz, 1714, etc., garda toujours, de cette première formation, la sûreté minutieuse d'information et la rigoureuse précision des méthodes scientifiques. C'est plus encore à son sens critique affiné qu'à son opiniâtre labeur qu'il doit d'avoir mené à bonne fin tant d'ouvrages divers et c'est aussi par là qu'il s'est fait une place de choix dans la glorieuse pléiade des historiens catholiques qui renouvelaient alors les études historiques en Allemagne. Le P. Andrian mourut à Gratz, le 7 janvier 1745, épuisé par les labeurs et ses austérités, sans avoir voulu jamais accepter d'adoucissement à la règle commune.

Vogel, *Specimen bibliothecae Germaniae Austriacae*, 1770, t. I, p. 56. — Sommervogel, *Bibliothèque de la Compagnie de Jésus*, t. I, col. 366-373. — Zaccaria, *Saggio critico della corrente letteratura*, 1756, t. II, p. 718-746. — Hurter, *Nomenclator*, Inspruck, 1910, t. IV, col. 1544.

P. BERNARD.

1. ANDRIANI (AGOSTINO). Né à Naples, il devint archidiacre de la cathédrale de cette ville (et non pas de Monopoli, comme le dit Marco Lupo), et fut préconisé évêque de Mottola, le 18 juin 1792, à condition d'établir dans sa ville épiscopale un mont-de-piété et un séminaire, de restaurer l'évêché et la cathédrale, de pourvoir celle-ci d'ornements convenables et d'y instituer une prébende de pénitencier. Archives du Vatican, *Acta consistorialia*, ann. 1785-1792, fol. 304-305. Nous ne savons s'il exécuta ces prescriptions, qui sembleraient indiquer que ce diocèse se trouvait alors dans un assez triste état. Il mourut le 26 juin 1795.

Cappelletti, *Le Chiese d'Italia*, Venise, 1870, t. XXI, p. 147. — Marco Lupo, *Monografia storica di Mottola*, Tarente, 1885, p. 117.

J. FRAIKIN.

2. ANDRIANI (LEONARDO). Voir ADRIANI (Leonardo), t. I, col. 605.

ANDRIASSEVICH ou **ANDRIASSI** (DOMINIQUE), franciscain, archevêque de Scutari. C'est Grégoire XV qui le nomma à ce siège, le 23 mai 1622. Andriassevich se montra d'un zèle infatigable pour la conversion des schismatiques et la réforme de son clergé. Ayant chassé plusieurs prêtres indignes, ceux-ci l'accusèrent auprès du sultan, comme rebelle et semeur de discorde. L'archevêque fut donc exilé, et il se rendit à Rome. Urbain VIII, qui l'estimait beaucoup, lui conféra l'évêché de Fünfkirchen (Pécs) en Hongrie. Cependant Andriassevich n'occupa jamais ce siège, et c'est pourquoi son nom ne se lit pas dans la série des évêques de ce diocèse. Il mourut en effet à Rome, en 1637.

Orbis seraphicus, De missionibus, Quaracchi, 1883, t. II, p. 548 sq. — *Le missioni francescane*, Florence, 1893, t. IV, p. 288 sq. — Melchiorri-Fermendzin, *Annales minorum*, Quaracchi, 1886, t. XXV, p. 512 sq. — Donat. Fabianich, *Storia dei frati minori in Dalmazia e Bosnia*, Zara, 1864, t. II, p. 196.

M. BIHL.

1. ANDRIES (JEAN-BAPTISTE), théologien catholique, naquit le 8 décembre 1836, à Rosskirch (Bade), et entra en 1858 dans la Compagnie de Jésus, pour en sortir en 1862. Ordonné prêtre en 1865, il fut d'abord vicaire à Marienthal (Rheingau), puis chapelain du baron de Kettenberg à Matgendorf (Mecklembourg), où il mourut, le 2 novembre 1872. Ses ouvrages, souvent pleins d'esprit, mais acerbes dans la polémique, traitent tous du concile du Vatican: *Petra romana oder die Lehre von der Unfehlbarkeit des Papstes zeitgemäss beleuchtet*, Ratisbonne, 1869; — *Katholisch oder Humbug, Offene und freie Frage an Dr. Fr. Michelis*, Ratisbonne, 1869 (ces deux ouvrages parurent sous le pseudonyme P. P. Rudis); — *Alphonsi Salmeronis doctrina de jurisdictionis episcopalis origine ac ratione ad comprobandum concilii Vaticani de jurisdictione episcopali oraculum*, Mayence, 1871. Un grand ouvrage: *Cathedra romana oder der apostolische Lehrprimat*, devait exposer en quatre volumes les définitions du concile du Vatican; il n'en parut que le premier volume, Mayence, 1872.

Litterarischer Handweiser, 1872, p. 459. — *Allgemeine deutsche Biographie*, Leipzig, 1912, t. XLVI, p. 15. — Hurter, *Nomenclator literarius recentioris theologiae*, Inspruck, 1912, t. IV, col. 1527.

J. PIETSCH.

2. ANDRIES (JOSSE), prédicateur flamand, né à Courtrai, le 15 avril 1588, admis au noviciat de la Compagnie de Jésus le 3 octobre 1606, se fit remarquer de très bonne heure par ses talents oratoires. En 1611, à peine âgé de vingt-trois ans, il fut chargé de prononcer au collège de Bruxelles l'éloge funèbre de la reine d'Espagne, Marguerite d'Autriche, et publia en même temps diverses poésies en son honneur qui n'eurent pas moins de cinq éditions en quelques mois. Dès la fin de ses études théologiques, le P. Andries fut appliqué au ministère de la prédication qu'il remplit quarante années durant, à Malines, à Gand, à Bruges, avec un extraordinaire succès. Sa parole était d'un homme de Dieu, dont la préoccupation n'est point de briller, mais de convertir, et l'action qu'il exerçait sur les âmes fut vraiment celle d'un saint. Toutes les Flandres reçurent l'impulsion ferme et douce de son zèle; les œuvres catholiques, malgré les troubles suscités dans la vie économique par les derniers efforts de la guerre de Trente ans, puis de la guerre franco-espagnole, refleurirent avec une vigueur nouvelle et les foules recueillaient avidement ses pratiques enseignements de vie chrétienne. Pour rendre plus efficaces ses discours, le P. Andries avait imaginé d'en résumer les points essentiels dans une série de petits opuscules populaires en français, en flamand et en latin, innovation qui dépassa toutes ses espérances. Ainsi parurent : *Manus hominis et dies hominis*, Gand, 1621 ; — *Facilis modus laetam mortem obtinendi*, ibid., 1621 ; — *Annulus aeternitatis*, ibid., 1621 ; — *Memoria passionis Domini*, Louvain, 1621 ; — *De gratia jubilaei servanda et augenda*, Gand, 1625 ; — *Libellus de amoris Dei actu et contritione*, Malines, 1626. Un abrégé publié sous ce titre : *Duae claves caeli*, et traduit aussitôt en flamand, en français, en espagnol, en italien, en allemand et en anglais, dépassa comme tirage le chiffre extraordinaire pour l'époque de cent cinquante mille exemplaires. La liste des nombreux ouvrages de piété écrits et publiés par le P. Andries est établie tout au long par le P. Sommervogel. Qu'il suffise de citer ici les plus célèbres : *Faustus annus*, Bruges, 1638 ; — *Perpetua Crux Jesu Christi*, Bruxelles, 1645 ; — *Praxis virtutum*, Anvers, 1645 ; — *Perpetuus gladius Reginae martyrum*, Anvers, 1645 ; — *Supplex libellus pro animabus purgatorii*, Anvers, 1624, ouvrages souvent réimprimés. A la prédication par le livre, le P. Andries joignait aussi la prédication par l'image. Un de ses ouvrages les plus répandus dans sa traduction flamande parmi le peuple, *Necessaria ad salutem scientia*, Anvers, 1653, était orné de cinquante-cinq gravures sur bois, trente-six d'après A. Sallaert, sept d'après Érasme Quelin, quatre signées AVD, c'est-à-dire Antoine Van Dyck, ou A. van Diepenbeck, seize avec les initiales du graveur I. C. I., c'est-à-dire I. Christophe Jagher. Des comités de diffusion se formèrent dans les grandes villes, et grâce à une active organisation, ce bel ouvrage fut bien vite le livre de lecture chrétiennes de toutes les familles. Il était gratuitement offert à la fin des missions, comme souvenir. Le P. Josse Andries mourut à Bruxelles, le 21 décembre 1658, d'après le Nécrologe belge.

Sommervogel, *Bibliothèque de la Compagnie de Jésus*, t. I, col. 373-381. — Paquot, *Mémoires pour servir à l'histoire des dix-sept provinces des Pays-Bas*, Louvain, 1765, t. II, p. 123. — Hurter, *Nomenclator*, Inspruck, 1907, t. III, col. 1218.

P. BERNARD.

ANDRIEUX (RENÉ-MARIE), fils de René Andrieux, marchand « faillancier », et de Jeanne Poitrino, naquit à Rennes, le 16 février 1762. Après de brillantes études au collège des jésuites de cette ville, il entra au noviciat de la Compagnie de Jésus, à Paris, en 1761. A la suppression de cet ordre en France, il s'attacha à la communauté de Saint-Nicolas du Chardonnet; elle dirigeait le séminaire de ce nom, fondé à Paris, au XVIIᵉ siècle par M. Bourdoise. Les jeunes ecclésiastiques, appartenant à différents diocèses, suivaient les cours de l'Université et se formaient aux fonctions du ministère sacerdotal, en desservant la paroisse. Comme les prêtres de cette pieuse communauté s'étaient toujours distingués par leur attachement aux enseignements de l'Église, les jansénistes ne cessaient de les poursuivre de leurs attaques. M. Andrieux fut nommé, en 1776, supérieur du séminaire que les prêtres de M. Bourdoise dirigeaient à Laon, et faillit mourir empoisonné par un séminariste indigne qui faisait partie de la maison. Cet ecclésiastique sans mœurs convoitait un riche bénéfice, que devait résigner en sa faveur un chanoine de ses parents. M. Andrieux avertit le chanoine qui changea ses dispositions. Le séminariste, pour se venger, n'hésita pas à mêler du poison au vin des burettes. Le supérieur, quoique dans l'état le plus alarmant, non seulement favorisa l'évasion du coupable, réclamé par la maréchaussée et le peuple indigné, mais lui procura l'argent nécessaire pour son départ.

M. Andrieux fut élu, en 1786, supérieur général de la communauté et du séminaire de Saint-Nicolas du Chardonnet. Il y maintint la discipline et la ferveur pendant la période difficile qu'il traversa. Quand vint la date fixée, en janvier 1791, pour prêter le serment à la Constitution civile du clergé, il refusa avec énergie et il eut la consolation de voir tous ses prêtres fidèles et décidés à subir toutes sortes de persécutions plutôt que de trahir leur foi. Il fut arrêté le 13 août 1792, avec les confrères présents à Saint-Nicolas, et conduit à l'église du séminaire Saint-Firmin, où siégeaient les membres de la section. On l'enferma dans ce séminaire transformé en prison et, pendant trois semaines, il se prépara au martyre. Le 3 septembre, les révolutionnaires mirent à mort ces prêtres appelés « réfractaires », égorgèrent la plupart dans l'intérieur de la maison, jetant les autres par les fenêtres dans la rue, où ils étaient assommés sous les coups des assassins.

René-Marie Andrieux est inscrit par le diocèse de Paris sur les listes du procès de béatification des martyrs de septembre 1792.

A. Guillon, *Les martyrs de la foi*, Paris, 1821, t. II, p. 82-83. — Abbé Tresvaux, *Histoire de la persécution révolutionnaire en Bretagne*, t. I, p. 389. — Abbé P. Schoener, *Histoire du séminaire Saint-Nicolas du Chardonnet*, Paris, 1909-1911, t. I, p. 429, 570, passim. — *Notice sur les anciens jésuites massacrés aux journées de septembre 1792*, par H. Fouqueray, Paris, s. d.

R. DE TEIL.

ANDRINOPLE. Voir HADRIANOPOLIS.

ANDRIOLUS. Voir ANDRÉ MERAVIGLIA, col. 1681.

ANDROIN DE LA ROCHE. Bourguignon de naissance, il fut abbé de Saint-Seine dans la Côte-d'Or (1340) et de Cluny (1351). A maintes reprises, le Saint-Siège lui confia d'importantes missions diplomatiques. Le 5 octobre 1356, Innocent VI le chargea d'inviter l'empereur Charles IV à rétablir la paix entre la France et l'Angleterre. Raynaldi, *Annales ecclesiastici*, ad annum 1356, § XI et XII. Le 13 février 1357, Androin était de retour à la cour pontificale, sans avoir pu réussir à obtenir la faculté pour le pape de lever une décime sur les biens du clergé allemand. E. Werunsky, *Excerpta ex registris Clementis VI et Innocentii VI summorum pontificum historiam S. R. imperii sub regimine Karoli IV illustrantia*, Inspruck, 1885,

n. 412, et E. Hennig, *Die päpstlichen Zehnten aus Deutschland im Zeitalter des Avignonesischen Papsttums und während des Grossen Schismas*, Halle, 1909, p. 29-30. Le 28 février 1357, il était envoyé en Italie avec mission de rétablir Bernabò Visconti dans ses fonctions de vicaire de l'Église, à Bologne, qui s'était révoltée et obéissait à Giovanni d'Oleggio. Quoiqu'il n'eût pas encore le titre officiel de légat, il fut reçu avec pompe à Milan. A Bologne, il ne réussit pas à négocier la cession de la ville au Visconti. Le 1er avril, à Faënza, il communiquait au cardinal Albornoz (voir ce nom t. I, col. 1717) les instructions du pape. Albornoz jugeant impossible de les adopter, réclama son rappel. Le 6 mai, Androin fut nommé légat, mais il ne prit la direction des affaires italiennes que le 23 août, à Bertinoro : à la prière des populations de la péninsule, Albornoz avait consenti à retarder son départ. E. Filippini, *La riconquista dello Stato della Chiesa per opera di Egidio Albornoz (1353-1357)*, dans *Studi storici*, 1899, t. VIII, p. 335-346, 465-487.

Peu exercé dans le métier des armes Androin est contraint de lever le siège de Forli, vers la fin de l'année 1357, et ne peut le reprendre qu'au mois d'avril suivant. Le tyran Ordelaffi repousse toutes ses attaques victorieusement et même introduit des troupes fraîches dans la place. A cette nouvelle, Innocent VI comprit la faute qu'il avait commise en rappelant trop tôt Albornoz et renvoya celui-ci en Italie (18 septembre 1358). Cf. E. Werunsky, *op. cit.*, n. 469-473. Toutefois, Androin ne céda ses pouvoirs que vers la fin de décembre, lorsqu'il se fut rencontré avec le cardinal. L'opinion italienne lui était fortement hostile. Contre des lettres qui étaient parvenues à Innocent VI et qui incriminaient son administration, il fut obligé de présenter sa propre défense dans un mémoire encore conservé à la Bibliothèque nationale de Paris, fonds latin, ms. 4115, fol. 75 r°-78 v°. G. Mollat, *La première légation d'Androin de La Roche, abbé de Cluny, en Italie (1357-1358)*, dans *Revue d'histoire de l'Église de France*, 1911, t. II, p. 385-403.

Androin retrouva cependant la faveur du pape : il fut mis à la tête de l'ambassade chargée de négocier la paix entre les rois de France et d'Angleterre, et composée d'Hugues de Genève, seigneur d'Anthon, et de Simon de Langres, maître général des frères prêcheurs (4 mars 1360). Parti d'Avignon, le 6 mars, il assista à l'entrevue de Longjumeau (3 avril), où le dauphin repoussa les conditions imposées par Édouard III. Celui-ci, qui n'entendait pas renoncer à la couronne de France, marcha sur Paris; mais, n'ayant pas réussi à s'emparer de la ville et surtout démoralisé par le désastre subi par son armée dans le pays chartrain, il pria Androin, qui « tous les jours parlementait pour la paix faire, » de proposer une conférence au régent (20 avril). Les avances d'Édouard ayant été accueillies avec empressement, en présence des nonces, un traité de paix provisoire fut signé à Brétigny le 8 mai. Après être retourné à Avignon pour annoncer au pape l'heureuse issue de ses négociations, Androin fut de nouveau délégué, avec Hugues de Genève, près des deux rois d'Angleterre et de France, pour aplanir toutes les difficultés qui auraient pu surgir au moment de la ratification solennelle du traité de Brétigny (6 juillet). Munis de lettres de créance (25 septembre), les deux nonces assistèrent aux pourparlers de Calais, qui aboutirent à la signature du traité du 24 octobre. H. Denifle, *La désolation des églises, monastères et hôpitaux en France pendant la guerre de Cent ans*, Paris, 1899, t. II, 1re partie, p. 355-361, 364-368. Reconnaissants de toutes les fatigues que s'était imposées l'abbé de Cluny dans leur intérêt, les rois Jean et Édouard sollicitèrent pour lui la pourpre cardinalice. Raynaldi, *Annales ecclesiastici*, ad annum 1360, § 3. Créé cardinal-prêtre du titre de Saint-Marcel,

le 17 septembre 1361, Androin aurait dû rentrer à la cour d'Avignon; sur les instances du roi Jean, le pape lui permit de rester en France jusqu'aux fêtes de l'Ascension (bulles du 2 novembre; Martène et Durand, *Thesaurus novus anecdotorum*, Paris, 1777, t. II, col. 1062-1064), et lui envoya le chapeau cardinalice par un nonce (bulles du 20 décembre). Martène, *ut supra*, col. 1068.

Par l'article 20 du traité de Calais (E. Cosneau, *Les grands traités de la guerre de Cent ans*, Paris, 1899, p. 53), les rois de France et d'Angleterre s'étaient engagés à terminer la guerre de succession de Bretagne. Androin reçut des lettres de créance pour assister aux négociations qui eurent lieu en 1361 et 1362, mais qui, malgré ses tentatives de conciliation, n'aboutirent pas. Martène, *op. cit.*, t. II, col. 893-896, et A. de La Borderie, *Études historiques bretonnes*, Paris, 1888, t. II, p. 186-193. Entre temps, Androin se rendit, en avril 1362, et tâcha d'obtenir d'Édouard III une diminution de la rançon du roi Jean, un échange équitable d'otages et un mariage entre les maisons de France et d'Angleterre; il échoua complètement dans sa mission. Walsingham, *Historia Anglicana*, t. I, p. 296; éd. Riley, dans *Rolls series*, Londres, 1863, et Baluze, *op. cit.*, t. I, col. 959.

En septembre 1362, Androin se trouva à Avignon au moment de l'élection du successeur d'Innocent VI. Comme il n'avait pas encore été intronisé en consistoire, la question fut agitée entre canonistes pour savoir s'il avait ou non le droit d'entrer en conclave; elle fut tranchée en sa faveur par les cardinaux. Baluze, *op. cit*, t. I, col. 980-981, et Raynaldi, *op. cit.*, ad annum 1362, § v.

Le 26 novembre 1363, une lettre d'Urbain V apprenait au cardinal Albornoz une nouvelle qui lui causa, sans nul doute, du déplaisir : pour la seconde fois, Androin lui était substitué et entravait son œuvre, l'écrasement complet de Bernabò Visconti qui venait de subir une sanglante défaite à Salaruolo. L'astucieux Milanais avait su apitoyer le pape et parler de soumission, si, au lieu d'Albornoz, on lui envoyait le cardinal de Cluny. Sa tactique réussit : Albornoz fut éloigné du nord de l'Italie et Androin partit d'Avignon, le 15 décembre 1363, avec le titre de vicaire apostolique à Bologne et de légat, et avec pleins pouvoirs pour signer la paix. A Milan, le cardinal se laissa facilement duper et conclut un traité (février 1364), qui obligeait le Visconti à évacuer certains châteaux pris à l'Église, mais à des conditions tellement onéreuses pour celle-ci que Villani (Muratori, *op. cit.* t. XIV, col. 731) l'a accusé, à juste titre, d'avoir sacrifié l'honneur du Saint-Siège.

De 1364 à 1368, Androin de La Roche resta en légation en Italie. Il obtint la remise des châteaux du Bolonais consentie par Bernabò Visconti et lui paya l'énorme indemnité qu'il lui avait promise en retour. Entre Galéas Visconti et la reine Jeanne de Naples il empêcha que la paix ne fût troublée. Il réconcilia Florence et Pise (1364) et négocia la formation d'une ligue entre le Saint-Siège, le royaume de Naples, Florence, Pise, Sienne, Arezzo et Cortone, dans le but de chasser les grandes compagnies hors d'Italie (1366). S'il réussit dans ces diverses affaires, ce fut en partie grâce au concours d'Albornoz. Dès que celui-ci disparut, le pape s'aperçut de la coupable complaisance d'Androin pour Bernabò Visconti; il le destitua et lui donna pour successeur Anglic Grimoard. Androin refusa tout d'abord de quitter son poste. Urbain V fut obligé de le menacer d'excommunication, s'il n'exécutait pas sa volonté. Entré à la cour pontificale, le 13 avril 1363, il mourut à Viterbe le 27 octobre 1369. Son corps fut inhumé dans l'église abbatiale de Cluny. De son vivant, il avait fondé à

Avignon le collège Saint-Martial, où douze moines clunisiens étaient occupés au service divin, tandis que douze autres étudiaient le droit ecclésiastique. M. Fournier, *Statuts et privilèges des universités françaises*, Paris, 1890, t. II, n. 1260.

Sur la première légation d'Androin de La Roche en Italie, il faut consulter : Baluze, *op. cit.*, t. I, col. 958-960. — C. Cipolla, *Storia delle signorie italiane dal 1313 al 1530*, Milan, 1881, p. 135-139. — P. Compagnoni, *La Reggia Picena, ovvero dei Presidi della Marca*, Macerata, 1661, p. 219. — M. Fantuzzi, *Monumenti Ravennati*, Venise, 1801, t. V, p. 410 (comptes de dépenses). — A. Theiner, *Codex diplomaticus dominii temporalis Sanctae Sedis*, Rome, 1861, t. II, doc. 351, 353. — Matteo Villani, *Istorie Fiorentine*, l. VII, c. XCIV; l. VIII, c. XLIX, LII, LX, LIX, LXX, LXXXIV, LXXXV, CIII (dans Muratori, *Rerum Italicarum scriptores*, t. XIV). — E. Werunsky, *op. cit.*, n. 389-391, 399, 402, 412, 424, 425, 459. — E. Filippini, *La prima legazione del cardinal Albornoz in Italia (1353-1357)*, dans *Studi storici*, t. V, 1896, p. 501-511. — J. Wurm, *Cardinal Albornoz der zweite Begründer des Kirchenstaates*, Paderborn, 1892, *passim*, et *Die Abberufung des Kardinals Albornoz im Jahre 1357*, dans *Historisches Jahrbuch*, t. XII, 1891, p. 538-542. Cet auteur s'est mépris sur les causes véritables du départ d'Albornoz d'Italie. — K. E. Schäfer, *Deutsche Ritter und Edelknechte in Italien während des XIV Jahrhunderts*, Paderborn, 1909, p. 22-66 (extraits des livres de comptes de la Chambre apostolique ayant trait au paiement des troupes placées sous le commandement d'Androin). — Sur son rôle au traité de Brétigny, voir : Bliss et Johnson, *Calendar of entries in the papal registers, Papal letters*, Londres, 1897, t. III, p. 629-632. — Fr. Duchesne, *Histoire de tous les cardinaux françois*, Paris, 1666, t. II, p. 402-405. — J. Moisant, *Le Prince Noir en Aquitaine*, Paris, 1894, p. 260-265. — R. Delachenal, *Histoire de Charles V*, Paris, 1909, *passim*. — Sur sa seconde légation en Italie, cf. Cipolla, *op. cit.*, p. 129. — P. Lecacheux, *Urbain V. Lettres secrètes et curiales*, t. I; à partir du n. 681, un grand nombre des bulles analysées dans ce recueil ont trait à la légation. — H. de L'Épinois, *Le gouvernement des papes et les révolutions dans les États de l'Église*, Paris, 1865, p. 318-323. — Raynaldi, *op. cit.*, ad annum 1363, § VII; 1364, § III-V; 1368, § III et note I. — A. Theiner, *op. cit.*, t. II, doc. 318-323, 403, 404, 407, 412, 415, 422, 423, 430. — G. Mollat, *Les papes d'Avignon*, Paris, 1912, p. 148-158.

G. MOLLAT.

ANDROMAQUE DE SIENNE, vénérable de l'ordre de Saint-Augustin. Il descendait de la noble famille Pannocchiesca, qui possédait le comté d'Elce. Il prononça ses vœux dans le couvent de Leceeto, en 1568. Ses biographes le représentent comme un religieux doué de l'esprit de prophétie et du don des miracles. Il mourut à Rome, dans le couvent de Saint-Mathieu in Merulana, en 1595, ou, d'après Landucci, en 1593. On lui attribue un grand nombre de *Lettres spirituelles* inédites.

Herrera, *Alphabetum augustinianum*, Madrid, 1644, t. I, p. 18. — Elssius, *Encomiasticon augustinianum*, Bruxelles, 1654, p. 58. Ces deux écrivains l'appellent par erreur Andromaque de Como (*Comensis*). — Landucci, *Sacra leccetana selva*, Rome, 1657, p. 139-140. — Crusenius-Lanteri, *Monasticon augustinianum*, Valladolid, 1890, t. I, p. 650. — Joseph de l'Assomption, *Martyrologium augustinianum*, Lisbonne, 1749, t. II, p. 406.

A. PALMIERI.

1. ANDRONIC (Saint), juif converti au christianisme et parent de saint Paul, ne nous est connu que par la courte mention qu'en fait cet apôtre : « Saluez Andronic et Junias (ou Junie ?), mes parents et mes compagnons de captivité, qui sont illustres parmi les apôtres et qui ont appartenu au Christ avant moi. » Rom., XVI, 7. Non seulement cette phrase est en effet bien brève, mais, de plus, malgré son apparente netteté elle se prête à des interprétations diverses. Par συγγενεῖς on peut entendre soit des parents, soit simplement des compatriotes, comme plus haut, IX, 3, et plus bas, 11 et 22. Quant au terme συναιχμαλώτους, il signifie ou que ces chrétiens avaient réellement partagé la captivité de saint Paul ou bien, ce qui est plus probable, que, comme lui, mais non avec lui, ils avaient été mis en prison par les ennemis de la nouvelle Église. En outre, l'expression ἐπίσημοι ἐν τοῖς ἀποστόλοις a également un double sens, pouvant se traduire par « illustres parmi les apôtres », c'est-à-dire, en tant qu'apôtres, ou par « très connus par les apôtres ». D'un autre côté les mots « qui ont appartenu au Christ avant moi » ne précisent pas l'époque de leur conversion. On a dit, mais naturellement sans pouvoir le prouver, qu'ils devaient faire partie des soixante-douze disciples du Sauveur. Il n'est pas jusqu'au nom propre Ἰουνίαν qui ne soulève une grave difficulté, puisqu'on ne peut affirmer s'il représente un homme, Ἰουνίας, ou une femme, Ἰουνία. S'il s'agit d'un homme, on ne peut voir en lui qu'un compagnon d'Andronic. Mais s'il s'agit d'une femme, elle devait être ou l'épouse ou la sœur de celui-ci. On conçoit que, si les paroles authentiques de saint Paul donnent une idée si peu nette d'Andronic, les suppositions faites plus tard à son sujet ne contribuent nullement à nous le faire mieux connaître. D'après le pseudo-Dorothée (*P. G.*, t. XCII, col. 1061), il serait devenu évêque en Espagne, tandis que saint Hippolyte (*P. G.*, t. X, col. 956) en fait un évêque de Pannonie. D'autres, comme Farlati, précisant davantage, prétendent qu'il occupa le siège de Sirmium. Ce dernier auteur a trouvé le moyen de consacrer à l'histoire de sa vie quatorze pages in-folio. Enfin, on lit dans les synaxaires grecs qu'Andronic, accompagné de Junie, passa sa vie à répandre l'évangile « parcourant toute la terre, comme s'il avait des ailes. »

Andronic et Junie sont inscrits, à la date du 17 mai, dans les calendriers de l'Église latine et de l'Église grecque. Cette dernière fête en outre l'invention de leurs corps, le 22 février.

Act. sanct., 1685, mali t. IV, p. 4. — C. F. Boerner, *De Andronico et Junia*, Leipzig, 1742. — Farlati, *Illyr. sacr.*, 1817, t. VII, p. 469-482. — Martinov, *Ann. eccl. graec. slav.*, 1864, p. 130-131. — Prileszky, *Act. sanc. Ung.*, 1743, t. I, p. 286-287. — Les ménées et les synaxaires grecs, aux dates des 22 février et 17 mai.

L. CLUGNET.

2. ANDRONIC (Saint), martyr à Anazarbe. Voir TARACHUS (Saint).

3. ANDRONIC ou **ARCONCIUS**, évêque d'Évora, qui, en 693, prit part au XVIe concile de Tolède. Nous n'avons pas d'autre renseignement sur lui.

Fortunato de Almeida, *História da Igreja em Portugal* Coïmbre, 1910, t. I, p. 130.

Fortunato DE ALMEIDA.

4. ANDRONIC, métropolitain de Sardes, en Lydie, assistait en 1250 à un concile que tint le patriarche Manuel, et dont les décisions sont dans Leunclavius, *Jus graeco-romanum*, Francfort, 1596, p. 238, avec les noms des évêques présents, parmi lesquels Andronicus est nommé l'exarque de la Lydie. Ce personnage était originaire de Paphlagonie. Georges Acropolite, *Annales*, c. LXXXIV, éd. Bekker, p. 189. Sous Innocent IV, il fut délégué par l'empereur byzantin Jean Ducas pour traiter, avec Georges de Cyzique, de l'union des Églises. Georges Pachymère, *Michael Palaeologus*, l. V, c. X, éd. Bekker, t. I, p. 366. C'était à la fin de 1253. Après des retards dans l'Italie méridionale, les deux envoyés obtinrent d'Innocent des conditions sur lesquelles l'accord eût pu se faire, si la mort de l'empereur n'eût mis sur le trône impérial un adversaire de l'union, dans la personne de Théodore II Lascaris. Nous connaissons les conditions posées par Innocent IV par une lettre de son successeur Alexandre IV, citée dans Raynaldi, éd. de Bar-le-Duc, t. XXI, p. 516, ad ann. 1256; *Registres d'Alexandre IV*, éd. de La Roncière, n. 1406; Potthast,

ANDRONIC

Regesta pontif. roman., n. 16485. Le pape serait nommé aux diptyques par les grecs, et son obédience reconnue, ainsi que la juridiction des tribunaux romains comme tribunaux d'appel pour les causes byzantines, sous la réserve de leur accord avec les anciens conciles; la juridiction du patriarche latin de Constantinople n'empiéterait jamais sur celle du patriarche grec, qui résiderait dans la ville même; les grecs ne chanteraient pas le *Filioque* dans le symbole. Quant à l'empire latin, le pape s'engageait à ne pas le soutenir. Voir l'art. *Constantinople (Église de)*, dans le *Dict. de théol. cath.*, t. III, col. 1389.

En 1260, Andronic de Sardes est à Nicée, lors du couronnement de Michel VIII Paléologue. Celui-ci avait fait preuve, en se frayant le chemin du trône, de plus d'habileté que de souplesse, et, tuteur du jeune Jean Lascaris, s'était arrangé de manière à l'empêcher de régner jamais. Le métropolite de Sardes s'opposa quelque temps au couronnement de l'usurpateur, mais finit par céder. Georges Pachymère, *Michel Paléologue*, II, 8, éd. Bekker, t. I, p. 102. Un peu plus tard il assista à un concile dans la même ville de Nicée. *Ibid.*, II, 16, t. I, p. 116. Le patriarche de Constantinople était alors Arsène Autorianos, homme assez peu instruit, et lui aussi adversaire déclaré de Paléologue, si bien qu'il se retira plutôt que de le reconnaître comme empereur. Andronicus s'opposa de toutes ses forces à ce que cette renonciation fût acceptée. *Ibid.*, II, 17, t. I, p. 118. Nicéphore Blemmydes, auquel on avait déjà pensé quand la succession de Manuel s'était ouverte, fut appelé à la place d'Arsène sur le siège patriarcal, et y resta un an à peine, non sans être troublé par les intrigues d'Andronicus, qui commençait déjà à se mettre à la tête des *arsénistes*. Un tel personnage devenait fort gênant. Mais il ne resta guère sur son siège après l'avènement de Michel. Trop remuant pour s'astreindre à la résidence, il sollicita l'autorisation d'aller en Paphlagonie, son pays natal; Paléologue, qui avait les meilleures raisons pour désirer s'en débarrasser, l'invita à demeurer plutôt à Sardes, dans sa métropole. L'évêque profita de cette occasion pour demander à Joannicius de Philadelphie l'habit monastique, quitta son évêché et même son nom, qu'il remplaça par celui d'Antoine. Georges Acropolite, *Annales*, n. 84, éd. Bekker, p. 189. Un certain Jacques fut mis à sa place à Sardes. Andronic ne tarda pas à regretter ce coup de tête. Arsène, qui était revenu à Constantinople après la reprise de cette ville par les Grecs (1261), eût bien voulu obtenir la réintégration de son ami, et la demanda au synode, qui la refusa. Andronicus, prévenu secrètement par le patriarche, se présenta à la porte du synode, en habits pontificaux, et demanda à être reçu; les évêques le trouvèrent mauvais, et cette fois encore la tentative n'aboutit pas. Georges Pachymère, *Michel Paléologue*, IV, 10, t. I, p. 272. Il finit cependant par remonter sur son siège, et c'est lui qu'il faut voir dans le métropolitain de Sardes auquel Grégoire X écrivit, après le concile de Lyon (1274), en même temps qu'aux métropolitains et évêques grecs qui avaient accepté l'union. Mansi, *Sacr. concil. ampl. collect.*, t. XXIV, col. 79; *Registres de Grégoire X*, éd. Guiraud, n. 489; Potthast, n. 20873. La secrète ambition d'Andronic, être patriarche, ne fut jamais réalisée. Georges Pachymère, *Andronicus*, I, 14, t. II, p. 43.

Andronic, après avoir repris sa dignité archiépiscopale, ne cessa pas de se maintenir à la tête de ce parti arséniste qui, même après la déposition d'Arsène (1264) et sa mort (1273), ne cessa de troubler l'Église de Constantinople. [Mgr] L. Petit, art. *Arsène*, dans *Dict. de théol. cath.*, t. I, col. 1992; Georges Pachymère, *Andronicus*, I, 12, t. II, p. 38. Il intrigua contre le patriarche Germain III comme il avait intrigué contre Nicéphore, et lui écrivit même pour l'inviter à donner sa démission. Georges Pachymère, *Michel Paléologue*, IV, 20, t. I, p. 296; Hefele, *Histoire des conciles*, t. XI, p. 5. Après l'avènement d'Andronic II, le métropolitain de Sardes fut plus puissant que jamais; l'union avec Rome fut abandonnée; en revanche, on vit fonctionner cet étrange synode des Blachernes, dont Chalaza (c'est ainsi qu'on avait surnommé Andronicus de Sardes, d'après Georges Pachymère, *Andronicus*, I, 17, t. II, p. 51) était un des chefs, et qui faisait peser sur les évêques un régime de terreur, la moindre indépendance étant prétexte à une accusation de lèse-majesté. *Ibid.*, p. 52. Ces manœuvres finirent par se retourner contre leur auteur. En 1283, Andronic fut à son tour accusé de lèse-majesté, et déposé ignominieusement. *Ibid.*, I, 23, t. II, p. 65. Il n'est plus question par la suite de ce triste personnage.

Le Quien, *Oriens christianus*, t. I, col. 864-865. — Norden, *Das Papsttum und Byzanz*, p. 367 sq.

R. AIGRAIN.

5. ANDRONIC, bienheureux russe, originaire de Rostov, un des disciples préférés de saint Serge Radonejsky. D'après les hagiographes russes, saint Alexis, métropolite de Moscou, à son retour de Constantinople, fut surpris dans la mer Noire par une forte tempête. Il promit à Dieu de bâtir une église s'il échappait au naufrage. Retourné à Moscou, il s'acquitta de son vœu, et érigea une église et un monastère aux bords de la Iaouza. Il demanda à saint Serge de lui donner un moine pour lui confier la nouvelle fondation, et Serge lui envoya Andronic. En même temps, il donna à l'église une icône du Sauveur, peinte par les anges, d'après la légende : ἀχειρο-ποίητος. Le nouveau monastère devint une célèbre école de peinture religieuse. Andronic mourut entre les années 1395 et 1404. L'Église russe fête sa mémoire le 13 juin.

Dictionnaire historique des saints vénérés dans l'Église russe, Saint-Pétersbourg, 1862, p. 22. — Philarète, *Les saints russes vénérés d'un culte général ou local*, juin, Tchernigov, 1863, p. 77-82. — *Description historique du monastère du Saint-Sauveur et du bienheureux Andronic*, Moscou, 1865. — Mouraviev, *Vies des saints de l'Église russe*, Saint-Pétersbourg, 1867, p. 135-136. — Ignace, *Description abrégée des vies des saints russes*, Saint-Pétersbourg, 1875, p. 3-4 (XVe siècle). — Barsonov, *Sources de l'hagiographie russe*, Saint-Pétersbourg, 1882, col. 40-41. — Tolstoï, *Le livre appelé la Description des saints russes*, Moscou, 1888, p. 70-71. — Grégoire (archim.), *Liste des higoumènes du monastère du Saint-Sauveur et du bienheureux Andronic*, Moscou, 1891. — Zvierinsky, *Matériaux touchant les monastères orthodoxes de l'empire russe*, Saint-Pétersbourg, 1892, t. II, p. 318-321. — Goloubinsky, *Histoire de la canonisation des saints dans l'Église russe*, Moscou, 1903, p. 146, 427. — Denisov, *Les monastères orthodoxes de l'empire russe*, Moscou, 1908, p. 419-422.

A. PALMIERI.

6. ANDRONIC Ier(COMNÈNE), empereur d'Orient (1183-1185). — I. SA JEUNESSE ET SES AVENTURES. — Andronic Comnène, fils du sébastocrator Isaac, ce frère de Jean Comnène qui s'était un moment réfugié chez le sultan d'Iconium, naquit vers 1120 et fut élevé à la cour de Constantinople en même temps que son cousin germain le futur empereur Manuel. D'abord compagnons de jeux, les deux princes ne tardèrent pas à se détester. En 1143, Andronic se trouvait avec Manuel dans l'armée de l'empereur Jean, au moment de l'expédition contre Antioche. Après la mort de son père, Manuel revint précipitamment à Constantinople à travers l'Asie Mineure. Pendant la marche, Andronic s'écarta pour chasser et fut pris par les Turcs d'Iconium. Pressé d'arriver dans sa capitale, Manuel ne fit aucun effort pour le délivrer et ce fut là entre eux le commencement d'une sourde rancune. Jaloux des qualités physiques et intellectuelles de son brillant cousin, Manuel ne fit rien pour se le concilier : Andronic fut outré de voir l'empereur réserver toute sa faveur à ses deux neveux Jean et Alexis, dont l'aîné fut nommé « protosébaste » et « protovestiaire ». De plus, quoique marié et père d'un enfant, Andronic avait pour maîtresse Eudokia, nièce de Manuel, dont la sœur, Théodora, était la propre favorite de l'empereur. La verve caustique d'Andronic s'exerça sur cette double liaison qui faisait scandale : ses propos, rapportés à Manuel, l'irritèrent et, en 1151, pour éloigner son cousin, l'empereur le nomma duc de Cilicie avec la mission de soumettre le chef arménien Thoros qui venait d'enlever Tarse et Mopsueste. Andronic, mécontent, se montra inférieur à sa tâche; battu par Thoros, il s'enfuit à Antioche et, après avoir entamé des négociations assez louches avec le sultan d'Iconium et le roi de Jérusalem, il revint à Constantinople. Sans lui tenir rigueur, Manuel le chargea de défendre les frontières de Hongrie avec le titre de duc de Branicevo et de Belgrade. Andronic négocia avec Frédéric Barberousse et Geisa, roi de Hongrie, offrant à celui-ci de lui livrer son duché s'il l'aidait à s'emparer du trône. En 1154, Manuel était venu au camp de Pelagonia pour surveiller Andronic, de la trahison duquel il avait les preuves. Andronic chercha deux fois à assassiner l'empereur, qui finit par le faire arrêter et enfermer dans les prisons du Grand Palais à Constantinople.

Sa longue captivité (1155-1164) est fertile en épisodes romanesques. Il dépiste ses gardiens et se cache dans un ancien égout. On croit qu'il s'est évadé, on arrête sa femme comme complice et on l'enferme dans le même cachot. Les deux époux se réconcilient, mais Andronic réintègre sa cachette tous les jours. La surveillance s'étant relâchée, il parvint à s'échapper (décembre 1158) et à gagner l'Asie Mineure, mais fut repris et chargé de fers deux fois plus lourds. Enfin, en 1164, grâce à l'appui de sa femme qui lui fit tenir de fausses clefs et des cordes, il parvint, après des péripéties nombreuses, à quitter sa prison, gagna Anchiale sur la mer Noire, dont le gouverneur lui donna des guides, et trouva asile auprès du grand-duc Iaroslav de Russie, qui régnait à Halitch sur le Dniester.

Manuel, redoutant les intrigues possibles de son cousin contre l'empire, préféra lui pardonner, et il revint à Constantinople. Il y garda sa liberté d'allures et, en 1165, seul de tous les grands, refusa de prêter serment au prince hongrois Béla, gendre de Manuel qui, n'ayant pas de fils, voulait lui assurer sa succession. Puis, en 1166, une nouvelle mission en Cilicie contre l'indomptable Thoros est confiée à Andronic. Comme la première fois, il s'acquitte de sa tâche avec négligence et cherche en revanche à séduire la belle Philippa d'Antioche, sœur de l'impératrice Marie. Manuel irrité le révoque, mais Andronic, abandonnant Philippa, quitte Antioche, s'empare du produit de l'impôt de Chypre et de la Cilicie et gagne le royaume de Jérusalem. A Acre, il retrouve sa cousine Théodora, veuve de Baudouin III depuis 1162, et reprend sa liaison avec elle. A son retour d'Égypte, le roi Amauri lui fait bon accueil et lui donne en fief la ville de Beyrouth. Manuel exaspéré envoya l'ordre de l'arrêter. Averti du danger par Théodora, Andronic s'enfuit précipitamment avec elle, en oubliant de rembourser la somme importante qu'il avait empruntée aux Pisans de Beyrouth.

Dès lors, Andronic et Théodora mènent une vie errante, bien accueillis par les musulmans, à Damas par Noureddin, à Bagdad par le calife. On les trouve successivement à Mardin, puis en Géorgie où le roi Georges III le comble de présents, puis à Kharin en Arménie, enfin sur les frontières de l'empire, auprès de l'émir turc Satouch, qui donne à Andronic un château fort, où il mène une vie de chevalier-brigand, détroussant les caravanes et étendant ses razzias en territoire impérial. D'après les chroniqueurs, il se serait même fait musulman et aurait été excommunié par le patriarche de Constantinople. Manuel n'aurait jamais pu le réduire, si le duc de Trébizonde, Nicéphore Paléologue, n'avait réussi à s'emparer par surprise de Théodora. Andronic ne put supporter cette séparation et sollicita sa grâce, qui lui fut accordée. Habile comédien, il reparut devant Manuel, une chaîne de fer enroulée autour du corps et se fit traîner aux pieds du trône impérial (juillet 1180). Manuel le releva et lui fit bon visage, mais refusa de le garder à Constantinople. Andronic fut nommé gouverneur du Pont (reste de l'ancien thème des Arméniaques) et résida tantôt à Sinope, tantôt à Oinaion (Unieh), ainsi que l'a établi Cognasso (voy. bibliog.), d'après Guillaume de Tyr, XXII, 11, p. 1081.

Trois mois après, l'empereur Manuel mourait et une nouvelle carrière allait s'ouvrir pour Andronic. Agé de soixante-trois ans, il avait conservé toute sa vigueur. D'une taille gigantesque, mesurant six pieds, apte à tous les exercices du corps, il était inaccessible à la maladie, ne mangeant que des viandes rôties et, quand il se sentait fatigué, n'absorbant qu'un peu de pain et de vin à la fin du jour. Grand chasseur, il était capable de dépecer de ses mains et de faire rôtir les animaux qu'il avait tués. D'un courage audacieux, on l'avait vu saisir la lance et le bouclier d'un soldat, aller provoquer le chef ennemi, le désarçonner d'un coup de lance et regagner tranquillement ses troupes. D'une instruction étendue, il connaissait à fond la littérature sacrée et témoignait un goût particulier pour les Épîtres de saint Paul qu'il se plaisait à citer à tout propos. Une éloquence naturelle faisait de lui un charmeur et nul ne pouvait résister à cet ensemble de qualités brillantes. Mais un manque de cœur qui se manifestait dans la facilité avec laquelle il contrefaisait ses amis et les tournait en ridicule, surtout une absence totale d'un frein moral quelconque, venait rendre stériles ces dons magnifiques. Cet homme d'une rare intelligence et d'un caractère énergique est la preuve frappante du manque d'équilibre moral l'absence d'un idéal moral conduit les mieux doués. Ce comédien achevé, ce « caméléon changeant », ce « Protée multiforme » finissait par faire horreur à ceux mêmes qu'il avait séduits et échouait toujours en fin de compte dans toutes ses entreprises.

II. SON USURPATION (1180-1182). — Par un acte de 1171, Manuel avait laissé la couronne à son fils Alexis II (ci-dessus, col. 388), né en 1168, de l'impératrice Marie d'Antioche. La régence devait appartenir à sa veuve, mais à condition qu'elle prendrait l'habit monastique (afin de l'empêcher, en se remariant, de créer un autre empereur). Avant son départ pour Sinope, Andronic avait prêté un serment solennel à Alexis II, mais il est douteux qu'il ait fait partie, comme le dit un chroniqueur oriental (Michel le Syrien, Documents arméniens, t. I, p. 389 sq.), du conseil de régence institué par Manuel auprès de l'impératrice. Or Marie d'Antioche était profondément impopulaire à Constantinople ; elle représentait la politique latine de Manuel, abhorrée du clergé grec qui refusait l'union avec Rome, et de la bourgeoisie qui supportait mal la concurrence des colonies italiennes établies dans l'empire. De plus, elle avait exclu tous les princes du pouvoir pour le donner tout entier à son favori, Alexis le protosébaste, neveu de Manuel. Marie Comnène, fille de Manuel, mariée au césar Rainier de Montferrat, se mit d'abord à la tête des mécontents. Son complot échoua, ses complices furent arrêtés, elle-même et son mari se réfugièrent à Sainte-Sophie où la régente les fit assiéger. Le peuple prit parti pour eux et un sangiant combat fut livré au Forum Augustaeon et jusque dans les parvis du temple (2 mai 1181). La régente, incapable de vaincre, dut signer un accommodement avec sa belle-fille ; elle voulut se venger sur le patriarche Théodose dont la conduite avait été équivoque, mais le peuple alla le chercher au monastère de Pantepopte où il avait été relégué et le ramena en triomphe au patriarcheion.

Les mécontents se tournèrent alors vers Andronic, très populaire à Constantinople, et, poussé par ses enfants qui le tenaient au courant des événements, il se décida à agir. Tirant prétexte du serment qu'il avait prêté à Manuel, il écrivit des lettres au patriarche et à la régente pour protester contre les désordres qui mettaient en danger la couronne d'Alexis II. Puis, après avoir rassemblé une petite armée de paysans et de Turcs et quelques navires, il quitta Sinope (printemps de 1182), longea la côte lentement avec l'armée envoyée contre lui. Le chef de cette armée, Andronic l'Ange, passa dans ses rangs et il s'avança jusqu'à Chalcédoine, où il rangeait ses troupes en bataille pour les montrer aux habitants de Constantinople. Bientôt les défections commencèrent : l'amiral Kontostephanos, chef de la flotte, se déclara pour Andronic et des bandes entières vinrent grossir son armée, pendant qu'une émeute ensanglantait la ville. Les Varanges révoltés s'emparèrent du protosébaste Alexis et le conduisaient à Andronic, qui lui faisait crever les yeux après un simulacre de jugement.

A cette nouvelle, les Occidentaux, nombreux à Constantinople, prirent peur et, entassant leurs richesses sur des navires, commencèrent à prendre la fuite. Mais les ennemis des latins croyaient le moment favorable pour assouvir leurs vengeances. Un massacre épouvantable des latins commença et Andronic envoya des troupes pour y prendre part. Le quartier latin fut assiégé ; on mit le feu aux maisons et on brûla les malheureux qui s'étaient réfugiés dans les églises. Les prêtres et les moines grecs se montraient les plus acharnés, allaient chercher dans les maisons ceux qui s'étaient cachés et poursuivaient surtout les religieux et prêtres latins. Le cardinal Jean, légat du Saint-Siège, fut décapité et des misérables attachèrent sa tête à la queue d'un chien. A l'hôpital donné par Manuel aux chevaliers de Saint-Jean, les malades furent égorgés dans leurs lits. La rage des grecs alla jusqu'à déterrer les cadavres ensevelis dans les cimetières latins. Plus de 4 000 latins furent arrêtés et vendus aux Turcs comme esclaves. Cependant la flotte latine de quarante quatre galères croisait toujours devant la ville. A la nouvelle du massacre, elle se mit à ravager les côtes de l'Hellespont ; les latins brûlèrent les monastères, tuèrent les habitants, emportèrent un butin considérable et, passant les détroits, étendirent leurs ravages jusque sur les côtes de Thessalie.

Appuyé sur le parti xénophobe, Andronic pouvait désormais entrer dans la ville. Le patriarche Théodose lui-même était venu lui faire sa soumission. Reçu en triomphe par la populace, il montra alors toute son effroyable hypocrisie, allant verser des larmes sur le tombeau de Manuel au Pantocrator et portant lui-même sur ses épaules le jeune empereur pour le faire couronner à Sainte-Sophie. Mais il frappait tous les dignitaires et fonctionnaires qui lui étaient suspects et les remplaçait par des créatures dévouées. Tous ses ennemis étaient emprisonnés ou exécutés. La princesse Marie, fille de Manuel, et son mari le césar Rainier moururent empoisonnés. Une émeute fut habilement préparée contre l'impératrice Marie d'Antioche : traduite devant un tribunal, elle fut accusée d'avoir trahi l'empire en excitant le roi de Hongrie à l'envahir. Le jeune Alexis dut signer à l'encre de cinabre la condamnation de sa mère et elle fut étranglée dans son cachot. Puis le sénat bien stylé émit e vœu qu'Andronic devait être associé à l'empire. Aussitôt une foule délirante envahit le palais des Blachernes et le mit de force, malgré sa résistance hypocrite, sur le trône impérial (septembre 1183). Le lendemain, il était couronné à Sainte-Sophie. Le patriarche Théodose, ayant refusé de consentir au mariage d'une de ses filles avec un bâtard de Manuel, fut exilé dans l'île de Térébinthe et remplacé par Basile Kamateros. Deux mois plus tard, Alexis II était étranglé la nuit dans son lit, son cadavre indignement insulté était jeté au Bosphore (novembre 1183). Andronic était seul empereur. Or il y avait à la cour une princesse française, Agnès, fille du roi Louis VII, âgée de onze ans, qui devait épouser Alexis II. Andronic voulut la marier à son fils Manuel qui refusa ; alors, bien qu'âgé de soixante-trois ans, il l'épousa lui-même.

III. SON GOUVERNEMENT. — Arrivé au pouvoir par une succession de crimes, Andronic ne fut pas uniquement le monstre qu'on est habitué à se représenter. Par un contraste singulier, ce personnage déconcertant, que l'on a comparé à la fois à Tibère, à Louis XI, à César Borgia, se montra un homme d'État véritable, soucieux de ses devoirs d'empereur et résolu à donner une nouvelle vie à l'empire. La politique des Comnènes, favorable à l'intérieur à la grande aristocratie, reposant à l'extérieur sur l'alliance avec l'Occident, s'était montrée impuissante. Avec Andronic un parti nouveau arrivait au pouvoir. Les « puissants » qui opprimaient le peuple des campagnes sont désormais traqués et les gouverneurs de province doivent rendre gorge. Par un chrysobulle de décembre 1182, signé d'Alexis II, Andronic avait supprimé les majorats établis par Manuel, en autorisant la vente des propriétés données aux nobles par l'empereur. Pour empêcher les exactions des gouverneurs, il augmente leur traitement et le rend fixe. Il défend aux collecteurs d'impôts d'exiger des paiements anticipés pour l'année suivante. Il envoie dans les provinces de nouveaux gouverneurs chargés de réprimer les abus et on a la preuve, par l'enthousiasme avec lequel l'archevêque Michel Acominatos parle de ceux qui ont été envoyés à Athènes, de la popularité de cette politique. Les impôts furent payés plus régulièrement et l'empire jouit d'une prospérité réelle. Un acte important supprima le droit d'épaves qui devait survivre si longtemps en Occident. A Constantinople, des travaux furent entrepris pour amener l'eau et une somptueuse église fut construite en l'honneur des Quarante Martyrs. Le clergé, mécontent de la politique religieuse de Manuel, voulait remettre en question les résultats du synode de 1166 : Andronic s'y opposa formellement. Appuyé sur la bourgeoisie, dont plusieurs représentants devinrent ses ministres, Andronic put croire son pouvoir assuré et, en 1183, il déclara son deuxième fils, Jean, héritier du trône.

En réalité, le régime de force qu'il avait fondé ne pouvait, en dépit de ses bonnes intentions, se maintenir que par la terreur, et il dut passer les trois années de son règne à réprimer des révoltes. Il déploya, pour le faire, une cruauté véritablement monstrueuse. Dès 1182, a lieu la révolte de Jean Vatatzès, gouverneur de Philadelphie ; il est vaincu et tué. Puis, en 1183, après le meurtre d'Alexis II, le vainqueur de Vatatzès, Lampardas, se révolte à son tour ; il est pris et aveuglé, mais plusieurs villes d'Asie Mineure prennent son parti et refusent de reconnaître Andronic. La répression fut terrible. Andronic lui-même vint assiéger Nicée et, après avoir accordé une capitulation à la ville, la livra à une épouvantable massacre. Brousse, prise d'assaut, fut traitée de même, ainsi que Lopadion, dont les habitants furent pendus (1184). Un autre adversaire d'Andronic fut plus heureux : Isaac Comnène, petit-fils de Manuel, gouverneur de Cilicie, refusa aussi de reconnaître Andronic et voulut se rendre indépendant. Pris dans une bataille par le chef arménien Roupen, il fut donné à Bohémond III, prince d'Antioche, qui exigea 60 000 besants d'or pour sa rançon. Isaac passa dans l'île de Chypre d'où il tira l'argent nécessaire à sa rançon, refusa la grâce que lui offrait Andronic et se proclama empereur (1185). Impuissant contre lui, Andronic se vengea sur les amis d'Isaac, restés à Constantinople, et en fit pendre plusieurs.

A ce moment, le régime de terreur était porté à son comble. Exaspéré par les résistances, Andronic était devenu irritable et nerveux ; les prisons regorgeaient de prisonniers et chaque jour un supplice nouveau venait jeter l'effroi dans la population. Un chroniqueur oriental, Bar-Hebracos, évalue à 1 000 le nombre de ses victimes. Il montrait surtout vis-à-vis d'elles un raffinement de cruauté effrayant, faisant brûler vif un secrétaire à l'Hippodrome, et voulant faire empaler et rôtir, pour le faire servir à sa femme, un malheureux qui avait mal parlé de lui.

IV. SA CHUTE. — Il suffit d'une secousse extérieure pour renverser ce régime si peu solide. Andronic avait été porté au pouvoir par les adversaires de la politique latine de Manuel. Il ne tarda pas à se rendre compte que la situation de l'Europe rendait l'isolement de l'empire byzantin impraticable et qu'il lui faudrait reprendre les relations avec ces puissances occidentales abhorrées. Pour parer à la menace formidable qu'était pour l'empire le mariage d'Henri, fils de Frédéric Barberousse, avec Constance de Sicile, célébré à Augsbourg le 29 octobre 1184, Andronic se rapprocha de Venise et peut-être même songea-t-il à renouer les rapports avec Rome. On a la preuve qu'il signa un traité avec Venise avant le début de 1185. Cognasso, *Partiti politici*, etc., Turin, 1912, p. 82. D'autre part, Lucius III avait envoyé dès la fin de 1182 un légat à Constantinople : bien qu'on ignore la réception qui lui fut faite, il semble qu'Andronic se soit départi de son hostilité contre les latins, puisque, contre le gré du patriarche, il fit construire à Constantinople une église où officiaient des prêtres latins et lui assura des revenus importants. *Gesta Henrici II*, éd. Stubbs, t. I, p. 257. D'autre part, il semble avoir pris ses précautions du côté de l'Orient, où les États latins se montraient une barrière impuissante en face de Saladin. D'après une chronique occidentale (*Chron. Reichersp.*, dans *Monum. German., Script.*, t. XVII, p. 511), Andronic aurait conclu une alliance formelle avec Saladin, en lui abandonnant la Palestine et se réservant pour lui le reste de la Syrie.

La soudaineté de l'invasion normande vint anéantir tous ces calculs. La cour de Palerme avait donné asile à un grand nombre de réfugiés qui avaient pu échapper aux vengeances d'Andronic et excitaient le roi Guillaume II à attaquer l'empire. Parmi eux se trouvait Alexis Comnène, neveu de Manuel, qui s'était échappé de la ville où il avait été interné sur la mer Noire. Guillaume II fit même bon accueil à un jeune homme conduit par un moine qui se faisait passer pour l'empereur légitime, Alexis II, soustrait miraculeusement aux meurtriers envoyés par son oncle. Le roi de Sicile ne voyait d'ailleurs dans ces personnages qu'un moyen de troubler l'empire et son but avoué était de conquérir Constantinople et la couronne impériale. Les préparatifs furent immenses et, dès le mois de décembre 1184, l'embargo fut mis en Sicile sur tous les navires étrangers qui auraient pu dévoiler le secret de l'expédition. Le 11 juin 1185, une flotte de trois cents navires portant 80 000 hommes mit à la voile. Andronic, informé par des émissaires, avait envoyé une armée à Durazzo avec Jean Branas. Cette place fut prise le 24 juin et les Normands avaient débarqué se portèrent avec rapidité sur Thessalonique qu'ils atteignirent le 6 août, tandis que leur flotte venait les rejoindre devant la place le 15 août. Un blocus rigoureux fut établi ; le gouverneur David Comnène se montra incapable et ne sut pas profiter d'une armée de secours envoyée par Andronic pour tenter une sortie. Le 24 août, les machines normandes abattirent le mur de l'est et les Normands, d'intelligence avec une partie des habitants, pénétrèrent dans la ville. L'archevêque Eustathe, fait prisonnier, dut payer une rançon de 80 000 pièces d'or. La ville fut livrée au pillage et le sanctuaire de Saint-Démétrius fut profané. Cependant les comtes normands parvinrent à rétablir l'ordre et l'armée se prépara à marcher sur Constantinople.

Sentant sa capitale menacée, Andronic avait pris des mesures de défense et fait réparer les murailles, mais l'émotion était grande parmi le peuple et on commençait à accuser l'empereur d'incurie. Andronic inquiet résolut de frapper un coup terrible et prépara un édit ordonnant de massacrer tous les prisonniers détenus à Constantinople comme coupables d'intelligence avec les Normands. Il n'eut pas le temps de l'exécuter et un incident vulgaire hâta sa chute. Parmi les suspects était un certain Isaac, fils d'Andronic l'Ange, qui passait pour incapable, mais qui, d'après un devin, devait être le successeur d'Andronic. Pendant une absence de l'empereur, son ministre Hagiochristophorite, désireux de déployer son zèle, vint pour arrêter ce personnage. Rendu furieux par la peur, Isaac le tua d'un coup de sabre et se réfugia à Sainte-Sophie, où il fut bientôt rejoint par une foule de mécontents (11 septembre). Le lendemain, Andronic revenait pour assister au soulèvement de Constantinople. Il n'eut que le temps de se déguiser et de s'échapper dans une barque, pendant qu'Isaac l'Ange était proclamé empereur et que le peuple pillait le palais impérial. Abandonné de tous, Andronic se dirigea vers la mer Noire, résolu à gagner la Crimée. Repoussé sur le rivage par la tempête, il fut pris, mis au carcan dans la prison d'Anémas, puis livré à la canaille de Constantinople qui le dépeça tout vivant, jusqu'au moment où il fut pendu par les pieds à l'Hippodrome et achevé d'un coup d'épée (septembre 1185). Tout, jusqu'à la fin, fut extraordinaire dans cet homme, qui aurait pu sauver l'empire, si ses aptitudes politiques très réelles n'avaient été rendues stériles par un défaut complet d'équilibre moral.

Nicétas Akominatos, *Histoire*, P. G., t. CXXXIX, col. 287-1088. — Jean Kinnamos, *Histoire*, P. G., t. CXXXIII, col. 299-678. — Eustathe, archevêque de Thessalonique, *De Thessalonica a latinis capta*, P. G., t. CXXXVI, col. 10-140. — Michel Acominatos, archevêque d'Athènes, *Discours et lettres*, éd. Lambros, Athènes, 1879-1880, t. I, p. 142 sq., 157 sq. — Guillaume de Tyr, *Belli sacri historia*, dans *Rec. histor. crois.*, *Historiens occident.*, t. I. — Robertus de Monte, *Chronicon*, dans *Mon. Germ., Script.*, t. VI, p. 475-535. — *Gesta Henrici II*, éd. Stubbs, Rolls series, Londres, 1867. — Ibn Giobaïr, *Voyage à La Mecque*, éd. Amari, *Biblioteca Arabo-Sicula*, t. I, p. 137 sq. — Ouspensky, *Alexis et Andronic Comnène*, dans *Journal du ministère de l'Instruction publique de Russie*, 1880-1881. — Wilken, *Andronicus Comnenus*, dans Raumer, *Historiche Taschenbuch*, 1831, t. II, p. 431-545. — Ch. Diehl, *Les romanesques aventures d'Andronic Comnène (Figures byzantines)*, Paris, 1908, t. II, p. 86-134. — Du Sommerard, *Deux princesses d'Orient au XIIe siècle. Agnès de France*, Paris, 1907. — Nicolas Radojcic, *Les deux derniers Comnènes sur le trône de Constantinople*, Zagrab, 1907 (en serbe) ; cf. *Byz. Zeits.*, t. XVII, p. 182. — F. Cognasso, *Partiti e lotte dinastiche in Bizanzio alla morte di Manuele Comneno*, Turin, 1912. — Chalandon, *Les Comnène*. II. *Jean Ier et Manuel*, Paris, 1912 ; *Histoire de la domination normande en Italie*, Paris, 1907, t. I. — Heyd, *Histoire du commerce du Levant au moyen âge*, trad. franç. Furcy-Raynaud, Leipzig, 1885-1886. — Papadimitriou, *Feodor Prodrom*, Odessa, 1905.

L. BRÉHIER.

7. ANDRONIC II, empereur d'Orient (1282-1332), fils de Michel VIII Paléologue et de Théodora Doukas, naquit en 1256, avant l'avènement de son père. Lorsqu'il eut quinze ans, en 1271, son père lui fit épouser la fille d'Étienne V, roi de Hongrie, et l'associa au trône. Enfant gâté de Michel Paléologue, le jeune Andronic montrait un caractère violent et jaloux : il se plaisait à humilier son oncle Jean Paléologue, dont il redoutait la popularité. Envoyé en Asie Mineure, en 1280, pour tenir tête aux Turcs, il fit preuve d'une véritable incapacité militaire et n'essaya même pas de secourir la ville de Tralles, qui fut prise d'assaut. Lorsque Michel Paléologue mourut au bourg de Pacôme en Thrace (1282), Andronic fit inhumer son corps la nuit et sans aucune cérémonie, dans un monastère voisin, comme s'il avait voulu donner raison à ceux qui regardaient cet empereur comme un schismatique, parce qu'il s'était réconcilié avec l'Église romaine. Tel était le souverain qui, pendant un long règne de cinquante-deux ans, allait se montrer incapable de lutter contre les causes de désorganisation qui menaçaient l'empire. Invasions, querelles religieuses, guerres civiles se succédèrent sans interruption, et ce fut réellement pendant cette période que se décida le sort de l'empire restauré incomplètement par les Paléologues.

I. RUPTURE AVEC ROME ET QUERELLES RELIGIEUSES. — Le nouvel empereur n'hésita pas à se faire l'instrument de ceux qui détestaient l'union religieuse avec Rome. D'ailleurs, le désastre des Vêpres siciliennes, qui avait anéanti les projets de Charles d'Anjou sur Constantinople, rendait moins nécessaire l'alliance avec le pape. S'il est douteux, comme l'affirme Guillaume Adam (*De modo Saracenos extirpandi*, dans *Hist. crois.*, *Documents arméniens*, t. II, p. 548), qu'il ait fait, avant son avènement, des promesses formelles au clergé grec, il n'en subit pas moins l'influence d'un entourage désireux de prendre une revanche éclatante de la contrainte que Michel Paléologue avait imposée aux ennemis des latins. Une de ses tantes, Eulogie, exilée pour avoir protesté contre l'union, son principal conseiller, Théodore Muzalon, condamné à la bastonnade pour le même motif, paraissent avoir été les principaux artisans du revirement qui se produisit dans la politique religieuse. L'empereur eut avec l'ancien patriarche Joseph, déposé en 1275, des conférences à la suite desquelles le patriarche légitime, défenseur de l'union, Jean Veccos, reçut l'ordre de se retirer au monastère de la Panachrantos. Le 31 décembre 1282, Joseph fut rétabli en grande pompe comme patriarche de Constantinople et, pour mieux marquer sa haine contre la politique de Michel Paléologue, il réconcilia solennellement l'église Sainte-Sophie, souillée par la présence des latins. En même temps, un véritable tribunal inquisitorial, composé de moines, faisait comparaître devant lui tous ceux qui étaient coupables d'avoir communié avec les latins et leur imposait des pénitences ou des amendes. Une véritable terreur régna à Constantinople : beaucoup d'ecclésiastiques furent déposés et Jean Veccos, cité devant un synode, fut condamné et exilé à Brousse (janvier-février 1283).

Le vieux patriarche Joseph étant mort (mars 1283), l'empereur, sans consulter le synode, lui donna pour successeur Georges de Chypre, qui prit le nom de Grégoire. La terreur redoubla et le mouvement fut dirigé par un moine, Andronic, créé évêque de Sardes, (ci-dessus, col. 1774). Un concile fut tenu aux Blachernes, sous la protection des soldats commandés par Michel Strategopoulos. Beaucoup d'évêques et de prêtres, jugés sommairement, furent déposés et exposés aux huées de la populace. L'impératrice mère Théodora dut condamner la mémoire de son époux et renoncer à la communion romaine. En 1284, le patriarche déposé Jean Veccos, qui ne cessait de demander justice, fut traduit devant un nouveau synode tenu aux Blachernes : il exposa sa doctrine sur la procession du Saint-Esprit et eut une vive altercation, en présence de l'empereur, avec le patriarche Grégoire. A la fin, Andronic le fit arrêter, mettre sur un navire et débarquer dans le golfe de Nicomédie.

Les résultats de la politique religieuse de Michel Paléologue étaient ainsi anéantis, mais les vainqueurs ne tardèrent pas à se quereller, et le règne d'Andronic II fut en grande partie troublé par les schismes et les luttes religieuses. L'empereur, qui avait des prétentions à l'éloquence et à la science théologique, passa une bonne partie de son temps à essayer d'établir l'accord entre des clercs profondément divisés. Il y avait encore dans le clergé un parti qui regardait comme illégal tout ce qui s'était fait depuis la déposition du patriarche Arsène (renversé en 1266, pour avoir réprouvé le supplice infligé par Michel Paléologue à l'empereur légitime Jean Lascaris). Arsène était mort en 1273, mais ses fidèles partisans n'avaient pas désarmé; ils avaient aidé, il est vrai, les « joséphites » à persécuter les latins, mais, une fois vainqueurs, ils réclamaient à grands cris la condamnation de la mémoire du patriarche Joseph, qu'ils considéraient comme un usurpateur. Andronic s'interposa et tint des conférences à Adramyttion (1284) entre les chefs des deux partis. Les arsénites offrirent de soutenir l'épreuve du feu : le samedi saint, deux cédules contenant les arguments des uns et des autres furent exposées sur un réchaud ardent et le feu les consuma également. Les arsénites vaincus se soumirent au patriarche Grégoire, puis ne tardèrent pas à se raviser. L'empereur irrité exila le principal d'entre eux, son « père spirituel » Andronic, évêque de Sardes, mais il consentit à ce que le corps d'Arsène fût transféré de l'île de Proconnèse à Constantinople : son squelette, porté à Sainte-Sophie, fut revêtu des ornements patriarcaux et placé dans la chaire, puis enseveli près de l'autel.

La paix ne devait pas régner longtemps dans l'Église grecque. Jean Veccos découvrit des erreurs dans les traités que le patriarche Grégoire avait composés contre lui. Poussé par les arsénites, l'empereur somma Grégoire de se rétracter et le patriarche prit le parti de se retirer dans un monastère, où il mourut en mars 1289. Andronic voulut profiter de la vacance du trône patriarcal pour remettre la paix dans l'Église. Mais les arsénites, plus intransigeants que jamais, étaient coupés eux-mêmes en deux factions qui se haïssaient à mort : les plus fanatiques regardaient comme un acte d'idolâtrie l'épreuve du feu proposée aux conférences d'Adramyttion et refusaient d'en accepter le résultat. Dans ces conditions, l'empereur crut habile d'élever au patriarcat un homme dégagé de toute compromission avec les partis religieux et capable de leur imposer son arbitrage. Il choisit un saint, l'ermite Athanase, moine dès sa prime jeunesse, qui avait parcouru les principaux sanctuaires de l'Orient et s'était exercé à toutes les formes d'ascétisme. Il avait visité successivement Jérusalem, les couvents du désert de Syrie, ceux du mont Athos, du mont Latros, du mont Galisios, du mont Ganos. Il affectait dans sa vie une rudesse et une simplicité bien faites pour effrayer les prélats courtisans, qui remplissaient Constantinople de leurs intrigues. Il commença par leur ordonner d'aller résider dans leurs diocèses et il annonça l'intention de travailler à une réforme radicale de l'Église. Une troupe de moines placée sous ses ordres allait inspecter les monastères : tous ceux qui avaient violé la règle étaient condamnés à l'emprisonnement; des confiscations de biens furent même prononcées. Des résistances inévitables se produisirent : l'empereur soutint le patriarche réformateur et, en 1292, il tint une assemblée où il adressa aux clercs une véritable mercuriale, traitant de rebelles et de mauvais citoyens ceux qui refusaient de se soumettre.

Bientôt cependant la tyrannie des agents d'Athanase devint si oppressive que les évêques se risquèrent à faire des remontrances à l'empereur. Des manifestations eurent lieu en pleine église contre le patriarche, et Athanase, se sentant en danger, prit le parti d'abdiquer (16 octobre 1293). L'empereur lui fit élire comme successeur le moine Côme, qui prit le nom de Jean. Andronic II ne renonçait pas d'ailleurs à la réforme de l'Église et, en 1295, il présida un synode, qui décida la suppression des présents que les clercs avaient l'habitude de faire aux supérieurs qui avaient eu part à leur ordination. Cet usage avait été consacré par une novelle de Justinien, confirmée par Alexis Comnène; il était d'ailleurs conforme aux habitudes qui régnaient dans la hiérarchie laïque; le véritable sermon que l'empereur prononça à cette occasion excita donc un vif mécontentement.

Un conflit ne tarda pas d'ailleurs à s'élever entre l'empereur et le patriarche. En 1299, Andronic, désireux de gagner l'alliance des Serbes, proposa au kral Étienne Urosch II Milutin d'épouser une de ses filles, bien qu'il fût déjà marié à une princesse bulgare. Le kral accepta de livrer cette princesse à l'empereur. Son mariage était regardé comme nul, parce que sa première femme vivait encore, lorsqu'il l'avait épousée. Andronic conduisit lui-même à Thessalonique sa fille, âgée de huit ans; mais ce trafic scandaleux excita l'indignation du patriarche Jean, qui fit de violents reproches à l'empereur en plein synode (1300) et se retira au monastère de Pammakaristos. Quelques mois plus tard, Jean consentit à reprendre ses fonctions, mais le calme ne régna pas longtemps dans l'Église. Après un tremblement de terre, qui éclata à la suite de prédictions faites par l'ex-patriarche Athanase, un véritable mouvement de folie s'empara de la ville. L'empereur, suivi d'une foule considérable, se porta au monastère où était retiré Athanase : Jean fut obligé d'abdiquer et Athanase fut porté en triomphe au palais patriarcal (1304).

Malgré sa réputation de sainteté, Athanase ne réussit pas plus que ses prédécesseurs à venir à bout de l'intransigeance des arsénites. En 1306, l'empereur, ayant convoqué une conférence pour rétablir la paix, les arsénites firent preuve de la plus grande violence et allèrent jusqu'à insulter le patriarche : l'assemblée se sépara en tumulte. Athanase abdiqua de nouveau en 1312, à la suite d'une querelle avec l'empereur. Il eut pour successeur Niphon, évêque de Cyzique, qui fut déposé en 1315 comme simoniaque. Après avoir laissé le patriarcat vacant pendant un an, l'empereur y appela un laïque renommé par son instruction et sa piété, Jean Glykys, intendant des postes, dont la femme se retira dans un monastère. Rien ne donne mieux l'idée du désarroi où se trouvait alors l'Église grecque. Jean Glykys remplit cependant bien ses fonctions, mais, en 1320, une attaque de goutte l'obligea à abdiquer. Il fut remplacé successivement par Gérasime (1320-1321), puis par Isaïe, moine du mont Athos qui avait été jugé indigne du sacerdoce (1323).

II. RAPPORTS AVEC LES OCCIDENTAUX (1282-1302). — Cette politique religieuse, véritable démenti à toute l'œuvre diplomatique de Michel Paléologue, ne pouvait faciliter les rapports entre l'empire byzantin et l'Occident. Andronic eut cependant l'illusion qu'il pourrait mettre à profit les divisions de la chrétienté occidentale pour s'y ménager des alliances et, afin de lutter contre les papes et Charles d'Anjou, le chef du parti guelfe, héritier des droits des empereurs latins, il s'adressa aux puissances gibelines. Devenu veuf d'Anne de Hongrie, il épousa, en 1284, Yolande de Montferrat, nièce de Pierre d'Aragon, brouillé avec le pape. Puis, en 1288, il chercha à se rapprocher de la maison d'Anjou, en mariant son fils aîné Michel à Catherine de Courtenai, petite-fille de Baudouin II et héritière de ses droits. Au bout de huit ans de négociations laborieuses, le projet échoua par suite de l'opposition du roi de France Philippe le Bel et de la maison d'Anjou (1296), et Catherine de Courtenai épousa, en 1301, Charles de Valois, frère du roi de France, décidé à faire valoir les droits de sa femme sur Constantinople.

L'empire byzantin fut alors dans une situation des plus critiques : déchiré à l'intérieur par les querelles religieuses, il se trouva à la fois exposé à la croisade des Occidentaux, aux entreprises des colonies italiennes de Constantinople et à l'invasion des Turcs, qui menaçaient de chasser les grecs d'Asie Mineure. L'histoire du règne d'Andronic est celle d'une longue suite de désastres.

En 1285, dix mille Tartares des bords du Danube traversèrent la Bulgarie et parvinrent jusqu'aux Balkans; ils furent du moins arrêtés et battus par Humbertopoulos, gouverneur de Mesembria. La même année, Andronic, qui, fidèle à la politique de son père, avait réservé toute sa faveur à la colonie génoise, consentit à conclure un accord avec Venise et consentit à payer une indemnité pour les dommages causés aux Vénitiens par les corsaires grecs.

En 1290, l'empereur, effrayé des incursions incessantes des Turcs, fit un voyage d'inspection en Bithynie, accompagné du grand-logothète Muzalon, et s'établit à Nymphæon en Lydie, où il passa deux ans. Ce fut à ce moment qu'Osman, chef d'une tribu turque venue de l'Asie centrale, à la suite de l'invasion mongole, reçut du sultan d'Iconium le titre d'émir et commença à faire de fructueuses razzias dans les thèmes byzantins de la Propontide. En 1296, il mit à sac la place de Biledjik; le chef de l'armée impériale, Alexis Philanthropène, ne recevant pas d'argent de Constantinople pour payer ses troupes, se révolta et marcha sur Nymphæon, puis il fut livré par ses propres soldats au gouverneur de Lydie, qui le fit aveugler.

La même année, les Vénitiens, en guerre avec Gênes, envoyèrent une flotte de soixante-quinze vaisseaux dans le Bosphore. Andronic fit mettre Constantinople en état de défense et fit arrêter comme otages tous les membres de la colonie vénitienne. Les Génois se réfugièrent dans le quartier des Blachernes, pendant que les Vénitiens abordaient à Galata et incendiaient les établissements génois (22 juillet); le lendemain, les Vénitiens eurent le dessous dans un combat avec la flotte génoise. Des pourparlers s'engagèrent, mais après le départ des ennemis, l'empereur condamna les Vénitiens établis à Constantinople à une amende de 80 000 écus. Quelque temps après, les Génois se soulevèrent et massacrèrent tous les Vénitiens notables, à commencer par le baile. L'empereur inquiet envoya à Venise une ambassade, qui fut très mal reçue, et la rupture fut complète entre les Vénitiens et l'empire.

En 1300, l'émir turc d'Aïdin enleva aux Génois le port de Smyrne, et à l'empire les villes d'Éphèse et de Palatscha. Pour lutter contre les Turcs, Andronic imagina de prendre à sa solde un corps de 10 000 Alains, qui avaient combattu sous Nogaï, khan des Tartares. Il les confia à son fils aîné Michel, qu'il avait associé à l'empire en 1295. En 1301, Michel se mit à leur tête pour repousser les Turcs d'Osman; après les avoir rejoints, au lieu de livrer bataille, il se replia sur Magnésie, suivi par les Turcs, qui s'emparèrent de ses bagages. Osman infligea ensuite à Baphæon une défaite à Muzalon, gouverneur de Bithynie, et le força à battre en retraite sur Nicomédie (27 juillet 1301). Puis les Alains, enfermés avec Michel à Magnésie, ne pouvant obtenir leur solde, réclamèrent leur congé. Michel essaya d'abandonner ses troupes pendant la nuit. Il fut reconnu : toute l'armée et les habitants le suivirent en désordre. Les Turcs massacrèrent les fuyards et Michel put à grand'peine atteindre Pergame.

En 1302, les Vénitiens, qui ne cessaient de réclamer la restitution des sommes extorquées à leurs compatriotes en 1296, envoyèrent sur le Bosphore une flotte qui vint bloquer le palais impérial, pendant que des corsaires de Candie mettaient à sac les îles des Princes et emmenaient les habitants en captivité. L'empereur dut payer 4 000 pièces d'or pour racheter les prisonniers et envoyer des négociateurs à Venise. Rien ne montre mieux que ce coup de force le degré de faiblesse où était tombé l'empire, lorsqu'un événement inattendu vint apporter à Andronic un espoir de salut.

III. La compagnie catalane en Orient (1303-1309). — La paix venait d'être conclue à Calatabellota, entre Frédéric d'Aragon, roi de Sicile, et Charles II d'Anjou. Les mercenaires catalans, qui formaient la principale force de l'armée sicilienne, se trouvant désormais sans emploi, eurent l'idée d'offrir leurs services à Andronic II pour combattre les Turcs. Leur chef, Roger de Flor, templier déserteur et ancien corsaire, parvint sans peine à faire agréer par l'empereur toutes ses conditions; il devait recevoir le titre de « mégaduc », qui lui donnait l'autorité sur toutes les troupes de l'empire, et épouser une princesse impériale, Marie, fille du roi des Bulgares et nièce de l'empereur; la solde des troupes devait être payée quatre mois à l'avance (milieu de 1302). Dans l'été de la même année, 1 500 chevaliers et 4 000 « almugavares » (gens de pied) quittèrent Messine et firent voile pour Constantinople. L'empereur leur fit le meilleur accueil et fit célébrer le mariage de Roger de Flor avec la princesse Marie. Mais les Génois, inquiets de la faveur accordée aux nouveaux venus, leur cherchèrent querelle; mal leur en prit, car, au cours d'un combat sanglant, 3 000 Génois furent massacrés.

Les Catalans furent aussitôt transportés en Asie Mineure (janvier 1303) et, avec une fougue irrésistible, commencèrent contre les Turcs une campagne victorieuse. En quelques mois Cyzique et la Phrygie, Philadelphie, Magnésie furent délivrées. A Éphèse, les Catalans furent rejoints par un nouveau chef, dom Bérenger de Rocafort, avec 500 almugavares. Les troupes de l'émir d'Aïdin furent culbutées et les aventuriers, s'enfonçant vers l'Orient, à travers les montagnes de Pisidie et de Lycaonie, atteignirent enfin les Portes de Fer du Taurus; sans qu'aucun corps de Turcs eût osé arrêter leur marche. Ce fut là seulement que les Catalans rencontrèrent la grande armée formée par les émirs turcs d'Anatolie; après un combat sanglant, elle fut mise en déroute et les vainqueurs reprirent le chemin de l'ouest avec un énorme butin.

Mais ces rudes libérateurs paraissaient plus oppressifs aux Grecs que les Turcs eux-mêmes. A Cyzique, à Éphèse, ils avaient pressuré sans pitié la population, et l'empereur, craignant de voir Roger de Flor se tailler un royaume en Asie, le rappela, sous prétexte de porter secours aux deux princes bulgares contre une révolte. Le mégaduc, furieux, traversa l'Asie Mineure jusqu'aux Dardanelles, au milieu des malédictions des Grecs (automne 1304). L'armée passa le détroit et prit ses quartiers dans la presqu'île de Gallipoli. Mais l'empereur Michel qui, dès le premier jour, avait manifesté son hostilité contre les étrangers, refusa de les accepter comme auxiliaires. Roger de Flor reçut à Constantinople un accueil triomphal, mais l'empereur prétendait payer ses troupes avec des besants de mauvais aloi; il refusa avec indignation de les accepter. Au moment où les rapports se tendaient ainsi avec l'empire, l'armée catalane fut renforcée par l'arrivée d'un nouveau chef, Bérenger d'Entença, qui avait reçu des instructions secrètes de Frédéric III de Sicile et de Jayme II d'Aragon : il devait provoquer une révolte des Catalans et favoriser l'établissement de la maison d'Aragon en Orient. Roger de Flor lui céda son titre de mégaduc et reçut en échange celui de « César », véritable vice-empereur, qu'Andronic aux abois imagina de lui donner pour lui faire prendre patience. Andronic alla jusqu'à lui céder la possession de l'Asie, mais, avant d'y ramener ses troupes, Roger de Flor voulut, probablement par bravade, aller présenter ses hommages à l'empereur Michel, campé à Andrinople. Celui-ci, dissimulant sa colère, lui fit bon accueil, puis le fit massacrer avec ses compagnons dans un festin (avril 1305). Peu après, les Alains et les Turcoples massacraient 1 000 Catalans et allaient assiéger la compagnie à Gallipoli. Bérenger d'Entença était fait prisonnier par les Génois.

Après un conseil de guerre, les Catalans décidèrent de fortifier la péninsule de Gallipoli et, déclarant la guerre au basileus, arborèrent les bannières des rois d'Aragon et de Sicile, ainsi que celle de Saint-Georges.

Ramon Muntaner, établi à Gallipoli, devint le chef réel de l'expédition avec Ferran Ximénès, qui occupait Madytos, et Rocafort, campé à Rodosto. Pendant cinq ans, les routiers vécurent sur le pays « à bouche que veux-tu », s'emparant des récoltes des malheureux paysans de Thrace et entassant un immense butin dans leurs magasins. Toute la contrée fut dévastée à dix journées à la ronde, sans que l'empereur fît des efforts sérieux pour mettre un terme à ces pillages. Enfin, en 1308, il fallut songer à se transporter ailleurs, le pays étant complètement épuisé. A ce moment, Charles de Valois venait de conclure une alliance avec Venise et le roi de Serbie, pour diriger une expédition contre Constantinople. Son agent en Orient, Thibaud de Chepoy, songea à se servir des Catalans et il eut avec eux des négociations à Négrepont (1307). Mais déjà une autre proie attirait les convoitises des routiers : il s'agissait pour eux de se jeter sur Thessalonique et de reconstituer le royaume latin de Boniface de Montferrat. Après avoir incendié Gallipoli, Ramon Muntaner débarqua à Christopolis. L'arrivée d'un infant d'Aragon mit la discorde dans l'armée. Rocafort, qui voulait être roi de Thessalonique, refusa de reconnaître son autorité. Bérenger d'Entença fut tué au cours d'une rixe et, l'infant regagna la Sicile avec Muntaner. Rocafort et les Catalans occupèrent la Chalcidique (1308) et menacèrent Thessalonique, où étaient enfermées deux impératrices, Irène et Marie. Harcelés par les troupes impériales de Chandrenos, les routiers ne purent faire le siège de la ville. Ils furent battus successivement à Verria et à Cassandria. Ils restèrent toutefois près d'un an en Macédoine, au grand dommage du pays; enfin, au début de 1309, Chandrenos leur infligea une nouvelle défaite et les força à conclure un traité, par lequel ils s'engageaient à aller combattre les princes francs de Grèce. Ce fut au tour de la Thessalie et du duché d'Athènes de subir leurs ravages. En 1311, après la défaite de la chevalerie franque sur les bords du lac Copaïs, les Catalans fondaient à Athènes une principauté aragonaise.

IV. L'invasion ottomane (1308-1327) et le démembrement de l'empire. — Depuis longtemps déjà, l'empire avait reperdu les conquêtes éphémères qu'il avait dues à l'intervention catalane. Ce fut même grâce aux Catalans que les Turcs apprirent à connaître le chemin de l'Europe. En 1306, une bande d'Ottomans passa les Dardanelles et vint s'enrôler sous les bannières de Roger de Flor. En Asie Mineure, les Turcs s'emparaient d'Éphèse (1308), détruisaient le sanctuaire de Saint-Jean et massacraient la population. En 1310, les chevaliers de Saint-Jean de Jérusalem, désireux de quitter l'île de Chypre, où ils avaient des conflits incessants avec le pouvoir royal, firent la conquête de l'île de Rhodes. Le grand-maître Foulque de Villaret avait offert à Andronic de tenir ce territoire sous sa suzeraineté : sur le refus de l'empereur, il fit un voyage en Occident, obtint des subsides du pape et s'empara de Rhodes (15 août 1310).

A ce moment, l'empire byzantin était menacé de tous les côtés. Catherine de Courtenai, veuve de Charles de Valois, épousait Philippe de Tarente, frère de Charles II d'Anjou (1313). La conséquence de ce mariage devait être une nouvelle croisade contre Constantinople; heureusement pour Andronic, l'expédition ne put se former et tout se borna à des interventions en Grèce contre la compagnie catalane.

Contre les Turcs, Andronic II s'assura du moins l'alliance du kral de Serbie, Milutin, qui envoya des troupes en Asie Mineure (1314). La même année, les Turcoples, qui s'étaient engagés dans la compagnie catalane, voulurent repasser en Anatolie avec leur butin. Sennacherim, chargé par l'empereur de surveiller leur marche à travers la Thrace, essaya de les surprendre, mais ils se retranchèrent dans une forteresse. L'empereur Michel, après avoir levé en hâte une troupe de paysans, voulut les assiéger, mais il fut battu, les Turcs pillèrent son camp et il dut se réfugier à Andrinople. Un nouveau général, Philès, vint à bout des Turcs, après avoir su exercer son armée et grâce à un secours de 2 000 Serbes : surpris dans une embuscade, la plupart des Turcs, qui revenaient chargés de butin, furent massacrés et les autres furent vendus comme esclaves aux Génois.

L'empire allait respirer quelques années, quand éclata la guerre civile entre Andronic II et son petit-fils (1318-1328). En 1323, une flotte franco-ponticale, commandée par Amauri de Narbonne, prépara à faire voile sur Constantinople. Pour éviter une croisade, Andronic II, désavouant toute sa politique, proposa une nouvelle union religieuse et envoya en Europe l'évêque génois de Caffa. L'expédition n'eut pas lieu, mais les menaces continuèrent. En 1327, Andronic II envoya une nouvelle ambassade au roi de France Charles IV, pour lui faire part de son désir d'union. Le roi invita l'empereur à accomplir ses promesses, s'il voulait voir cesser les menaces d'une croisade. Les Occidentaux ne se gênaient pas d'ailleurs avec l'empire, et rien ne montre mieux l'état de faiblesse où il était tombé que l'insolence avec laquelle ils intervinrent à Constantinople. En 1324, les guelfes de Gênes prétendent réduire à l'obéissance leurs compatriotes gibelins des colonies d'Orient. Une flotte génoise passe le Bosphore et attaque les comptoirs gibelins de la mer Noire ; au retour, elle est détruite par une flotte gibeline, à l'entrée du détroit. En 1328, ce sont les Vénitiens qui, pour se venger des pirateries génoises, envoient une flotte bloquer Galata, capturent des navires génois et ne s'en vont qu'après avoir exigé une rançon de 18 000 écus d'or. Enfin l'Asie Mineure était presque entièrement perdue. Pendant les guerres civiles, des gouverneurs de villes ouvrent leurs portes aux Ottomans et quelques-uns deviennent renégats. Les Turcs s'emparent des villes du Méandre et de la Bithynie. En 1326, Ourkhan, fils d'Osman, occupa Brousse et conquit ainsi une capitale au nouvel État en formation. La même année, une bande de Turcs pénétrait en Thrace et le jeune empereur Andronic III ne parvenait à la détruire qu'après un combat acharné près de Didymotica.

V. La guerre civile (1318-1328). — La guerre civile venait mettre le comble à ces maux, en consumant les seules forces dont on disposât contre les ennemis de l'empire. Michel IX, associé au trône, mourut en 1320. Son fils, le jeune Andronic, avait été d'abord le favori de son grand-père, qui l'avait fait élever sous ses yeux. Bientôt il annonça des goûts pour la chasse, le jeu et les spectacles : pour les satisfaire, il fit des emprunts onéreux aux Génois de Galata et, couvert de dettes, il se mit à comploter et résolut de s'emparer soit de l'Asie Mineure, soit du Péloponèse. Andronic II irrité voulut le priver de la succession au trône. En 1320, après la mort de Michel IX, il exclut le jeune Andronic du sermenι que les fonctionnaires devaient prêter de nouveau à tous les membres de la famille impériale et choisit comme héritier du trône Michel Cathare, bâtard d'un de ses fils. Aussitôt un parti se forma à la cour pour défendre les droits de l'héritier légitime : le grand-domestique Jean Cantacuzène, un ancien fonctionnaire de finances, Alexis Apocauque, le protostrator Théodore Synadène en furent les principaux chefs et le jeune Andronic alla même jusqu'à signer une alliance avec le kral de Serbie. L'empereur, averti du complot, voulut faire condamner son petit-fils à la prison perpétuelle. Le 5 avril 1321, il le fit comparaître devant un tribunal de hauts dignitaires et s'emporta contre lui en termes violents, mais, ayant appris que trois cents amis du jeune prince s'étaient rassemblés autour du palais, il se radoucit subitement et une réconciliation apparente eut lieu. Elle ne fut pas de longue durée et l'empereur ayant essayé d'éloigner de Constantinople les amis de son petit-fils, celui-ci, craignant d'être arrêté lui-même, s'échappa du palais et se réfugia à Andrinople, où ses partisans vinrent le rejoindre. Il fut bientôt à la tête d'une véritable armée, tandis que des bandes de brigands se formaient dans la campagne et pillaient les caisses des receveurs.

Andronic II effrayé envoya des ambassadeurs à son petit-fils, mais celui-ci fut impuissant à arrêter les troupes qui voulaient marcher sur Constantinople. Enfin, en juin 1321, un accord fut conclu entre les deux princes et le jeune Andronic reçut un apanage avec Andrinople comme résidence.

Quelques mois plus tard, la guerre recommençait à la suite des intrigues de Syrghiane, qui trahit le jeune Andronic. Celui-ci s'empara d'Héraclée (novembre 1321), mais tomba malade à Didymotica, et, incapable de payer ses troupes, se fût trouvé dans une situation critique, sans l'aide pécuniaire qu'il reçut de Cantacuzène. Une nouvelle campagne commença en 1322 et elle fut avantageuse pour le jeune prince. A Thessalonique même, ses partisans s'emparèrent de son oncle, le despote Constantin, que le vieil empereur voulait déclarer héritier du trône. L'île de Lemnos se prononçait pour lui et un corps de Turcoples, soldé par Andronic II, était battu près de Didymotica et mis en désordre sur Constantinople. Menacé d'être assiégé lui-même dans sa capitale, Andronic II sollicita humblement la paix et, avec une modération toute politique, le jeune Andronic remit à son aïeul toutes ses conquêtes, en exigeant seulement la promesse de conserver à ses soldats les terres qui leur avaient été distribuées. Après une entrevue affectueuse avec son aïeul, le jeune Andronic se retira en Thrace.

Cette seconde paix dura cinq ans. Le jeune Andronic dut d'abord défendre son apanage contre les Bulgares, qui s'étaient emparés de Philippopoli. Après la reprise de cette place (1323), le tsar Michel Chichman signa la paix et épousa Théodora Paléologue, sœur du jeune Andronic. La même année, une invasion des Tartares fut repoussée en Thrace; le jeune Andronic surprit les barbares entre Didymotica et Andrinople, et les jeta dans la Maritza. En 1324, Irène de Brunswick, femme du jeune Andronic, mourut sans lui avoir donné d'enfant : Andronic II fit demander pour son petit-fils la main de Jeanne de Savoie, fille d'Amédée V et il voulut que le mariage fût précédé du sacre du nouvel empereur. Cette cérémonie eut lieu en février 1325 et, un an plus tard, Jeanne de Savoie, accompagnée d'un brillant cortège, fit son entrée à Constantinople. Mais à peine le mariage venait-il d'être célébré qu'une nouvelle guerre éclata entre les deux Andronic. Excité par son principal conseiller, le grand-logothète Théodore Métochite, Andronic II se prépara à priver son petit-fils de son apanage. Andronic III offrit de venir se justifier des accusations qui étaient lancées contre lui, mais le vieil empereur s'entêta, contre l'opinion de son entourage, à lui interdire l'entrée de la capitale. En 1327, Andronic III parut devant la ville et s'avança jusqu'à la porte Gyrolimna avec une faible suite; ses offres de négociations furent encore repoussées. Alors il concentra ses troupes à Didymotica et reçut 2 000 Comans envoyés par son allié bulgare. Bientôt Andronic III forçait l'armée de son aïeul à battre en retraite sur Phères et entrait sans résistance à Thessalonique, à Achrida, à Castoria. L'armée d'Andronic II, battue par le protostrator Synadène, fut poursuivie jusqu'à Constantinople; dans la nuit du 24 mai 1328, les troupes du jeune Andronic, grâce à la complicité d'un gardien, purent escalader les murailles de la ville. Andronic III lui-même y fit son entrée et, après s'être assuré de la personne de son aïeul, il lui prodigua les plus grandes marques de respect et lui laissa la jouissance du palais impérial avec une pension. Andronic II vécut encore jusqu'en 1332; il mourut à l'âge de soixante-quatorze ans, après avoir pris l'habit monastique.

VI. LE GOUVERNEMENT INTÉRIEUR. — Pendant un long règne, qui dura près d'un demi-siècle, Andronic II ne sut pas faire face aux dangers de toute sorte qui menaçaient l'empire et, au moment de sa chute, les causes de dissolution avaient fait de tels progrès qu'il laissait à ses successeurs une tâche à peu près insurmontable. Andronic II a compromis définitivement les résultats que Michel Paléologue avait su acquérir par sa diplomatie cauteleuse. Esprit subtil, mais caractère mesquin, Andronic II s'appliqua surtout aux choses extérieures, se plaisant à régler les cérémonies, aimant les longs discours, qu'il prodiguait dans les conseils ou dans les synodes, et se targuant de connaissances théologiques. En 1297, au moment de l'invasion des Turcs, des libelles avaient été répandus contre lui; l'empereur tint une assemblée, dans laquelle il se justifia des reproches qu'on lui adressait et somma leurs auteurs de lui répondre; nul, naturellement, ne souffla mot, mais cette démarche éclaire d'un jour singulier la figure de ce souverain si désireux de se concilier l'opinion publique. Malheureusement les détails que les chroniqueurs donnent sur son gouvernement prouvent qu'il eut surtout de bonnes intentions, sans avoir la volonté ni la force suffisante pour les faire triompher.

Ce fut ainsi qu'en 1296 il entreprit de réformer les tribunaux, désorganisés depuis la conquête latine. A la place de l'ancien tribunal de l'Hippodrome, il installa une chambre de douze juges, clercs ou laïques, dont les décisions, prises à l'unanimité, devaient être immédiatement exécutoires et lier l'empereur lui-même. Des cérémonies pompeuses d'inauguration eurent lieu à l'Hippodrome et au palais impérial, mais au bout de quelques années la nouvelle institution avait disparu. Un projet de réforme du calendrier Julien, présenté en 1325 par Nicéphore Gregoras, n'aboutit pas davantage. Cf. Treu, dans *Byzant. Zeits.*, t. VIII, p. 62.

Ce fut surtout dans le domaine économique et financier que ce long règne fut néfaste. Les guerres perpétuelles et les dépenses inconsidérées de la cour engloutissaient de grosses sommes. L'impératrice Irène en particulier se montra d'une avidité incroyable. Il fallut donc augmenter les impôts et pressurer davantage la classe la plus nombreuse et la moins riche, sur laquelle ils pesaient. La levée était faite avec une rigueur incroyable et, de plus, les agents du fisc volaient l'État. Les guerres civiles mirent le comble à cette misère. En 1322, dans la région de Thessalonique, on ne put percevoir les impôts, parce que les cultivateurs avaient été dépouillés soit par les troupes d'Andronic II, soit par celles de son petit fils. Les cultivateurs se réfugièrent en masse dans les villes. A Thessalonique, ils tombèrent à la charge de la cité ou devinrent la proie des usuriers. En revanche, les « archontes » ou nobles et les monastères, possesseurs de grands biens, étaient exempts d'impôts. On s'explique ainsi le malaise social qui devait aboutir, à Thessalonique, au mouvement « zélote » de 1347.

Pour trouver les ressources qui lui manquaient, Andronic II eut recours à tous les expédients : emprunts onéreux, taxes sur les objets de première nécessité, comme l'orge et le froment, altérations de monnaies. On arriva à frapper des pièces d'or à cinq parties de métal fin pour dix-neuf d'alliage. Les Catalans, payés en cette monnaie, se révoltèrent et le crédit public fut ruiné : les Génois menacèrent de cesser tout commerce avec les Grecs. A plusieurs reprises, l'empereur essaya de faire des économies, en restreignant le personnel du palais ou en frappant d'un droit d'un dixième toutes les pensions; il ne réussit qu'à exciter les murmures.

Une opération plus funeste encore fut la suppression de la flotte de guerre. On persuada à l'empereur que les matelots licenciés fourniraient à l'agriculture les bras qui lui manquaient; mais la plupart s'enrôlèrent à l'étranger et même chez les Turcs. De plus, l'empire se trouva chaque jour dans la dépendance plus étroite des Génois et les côtes restèrent sans défense. Ce fut à ce moment que commencèrent les incursions turques en Europe et l'insécurité devint telle qu'on donna l'ordre aux habitants des côtes de fuir dans l'intérieur pour éviter d'être enlevés par les pirates.

Grâce à une diplomatie habile et à une énergie indomptable, Michel Paléologue avait pu rétablir la puissance impériale sur le Bosphore, mais lorsqu'il mourut, en 1282, il léguait à ses successeurs la tâche difficile de restaurer la société hellénique, désorganisée par la conquête. Pendant son règne d'un demi-siècle, Andronic II se montra incapable d'accomplir cette œuvre : il ne put rétablir ni l'ordre matériel, ni l'ordre moral, ni la puissance extérieure de l'empire. Il renonça à l'union religieuse avec Rome, qui pouvait seule sauver la chrétienté, et il ne parvint même pas, à ce prix, à satisfaire les exigences du clergé grec. Par ses maladresses, il laissa se fonder l'État ottoman et, lorsque son petit-fils lui arracha le pouvoir, l'œuvre de la restauration de l'empire, encore possible cinquante ans plus tôt, paraissait déjà bien compromise.

Pour la bibliographie, voir l'article suivant.

L. BRÉHIER.

8. ANDRONIC III, empereur d'Orient (1328-1341), né dans les dernières années du XIII° siècle, était fils de Michel IX, associé au trône sous Andronic II, et de Ricta, sœur du roi Héthoum II d'Arménie. Après la mort de son père, en 1320, le jeune Andronic se brouilla avec son grand-père qui voulut l'exclure de la succession au trône. Il en résulta une longue guerre civile, qui se termina, en 1328, par la victoire d'Andronic III. Voyez l'article précédent.

Andronic III avait épousé en premières noces Irène de Brunswick, qui mourut en 1324 sans lui avoir donné d'enfant. Il se remaria en 1326 avec Jeanne de Savoie, qui changea son nom pour celui d'Anne. La jeunesse du nouvel empereur avait été orageuse et même tragique, s'il est vrai que son frère Manuel fut tué par les gardes qu'il avait apostés devant la demeure d'une dame dont il était jaloux. Son goût du luxe extravagant fut une des principales causes de sa brouille avec son aïeul et, jusqu'à sa mort, malgré la détresse de l'empire, il garda un coûteux équipage de chasses que Jean Cantacuzène se hâta, dans la suite, de supprimer. A la différence de son aïeul, Andronic III fut un empereur-soldat; aimant les exercices du corps, il se montrait capable de supporter toutes les fatigues et il commanda lui-même ses troupes : en plusieurs circonstances, il se montra un habile général. Il avait un goût marqué pour les joutes et les tournois à la mode occidentale et, en 1332, à l'occasion de la naissance de son fils Jean, il rompit lui-même des lances, au grand scandale des courtisans qui ne comprenaient pas qu'un empereur s'exposât à être frappé par ses propres sujets.

Lorsque Andronic III commença à gouverner, l'empire se trouvait dans une situation critique. En rompant avec la politique funeste de son aïeul, il réussit à rétablir un peu d'ordre et de sécurité, mais, s'il put panser quelques blessures, le mal était déjà trop grave pour que la guérison fût possible. Le gouvernement d'Andronic III fut donc dans une grande mesure réparateur; il ne put accomplir la grande œuvre de restauration qu'avait rêvée Michel Paléologue; ce fut du moins grâce à lui que le dénouement fatal, préparé par la folle politique d'Andronic II, put être retardé d'un siècle.

I. LA LUTTE CONTRE LES TURCS. — Cependant l'État ottoman, qui avait pu se former grâce à la faiblesse d'Andronic II, commençait à montrer sa vitalité. Les émirs turcs d'Ionie et de Carie, effrayés des progrès de cette nouvelle puissance, firent alliance avec l'empereur. En 1329, le sultan Ourkhan s'empara de Nicée, après avoir infligé une défaite à Andronic III : l'église du premier concile œcuménique fut transformée en mosquée. L'empereur avait été blessé dans l'action. Dès lors l'audace des Turcs ne connut plus de bornes. En 1330, Ourkhan envoya sur soixante-dix navires une armée qui débarqua en Thrace et marcha sur Trajanopolis. L'empereur, rassemblant à la hâte les garnisons des villes voisines, la détruisit presque complètement. L'année suivante (1331), une nouvelle bande de Turcs traversa l'Hellespont et s'empara de Rodosto. Andronic parvint de même à s'en débarrasser. La même année, Ourkhan assiégea Nicomédie, puis, à l'approche d'Andronic III, il demanda à traiter. La paix fut signée entre les deux souverains. Mais en 1332, ce fut l'émir d'Ionie qui parcourut l'Archipel avec soixante-quinze navires, pillant l'île de Samothrace et débarquant sur le continent. L'empereur marcha à sa rencontre et le força à se rembarquer. Enfin, en 1337, les Turcs enhardis débarquèrent dans les environs mêmes de Constantinople. Andronic rassembla des troupes à la hâte et Cantacuzène infligea à l'ennemi une sanglante défaite. Ce n'était là que des escarmouches, mais elles montrent suffisamment le danger que courait désormais le monde grec.

II. LA RESTAURATION IMPÉRIALE EN ORIENT. — Andronic III réussit du moins dans une certaine mesure à restaurer l'autorité impériale dans l'Archipel et la péninsule de Balkans. Un noble génois, Benoît Zaccaria, s'était emparé de l'île de Chio, en reconnaissant la suzeraineté d'Andronic II. Mais Benoît et, après lui, son fils Martin Zaccaria se conduisirent en souverains et élevèrent une forte citadelle. Andronic III, d'intelligence avec un archonte grec, Benoît Calothète, somma Martin de cesser les travaux, puis, sur son refus, débarqua à Chio avec une armée (1329). Martin Zaccaria, mal vu des habitants, dut capituler. Un de ses frères, Benoît, qui avait fait sa soumission, fut nommé gouverneur de Chio, puis chassé à la suite d'une révolte. De même, en 1336, Dominique Catane, seigneur de la Nouvelle-Phocée sous la suzeraineté de l'empereur, voulut se rendre indépendant et s'empara de l'île de Mitylène, avec l'aide des chevaliers de Rhodes et du duc de Naxos. A cette nouvelle, Andronic III équipa une flotte, fit alliance avec l'émir turc Sarcan et assiégea à la fois Lesbos et la Nouvelle-Phocée. Grâce à la diplomatie de Cantacuzène, les deux villes capitulèrent.

Les succès furent plus importants dans la péninsule des Balkans. Déjà sous Andronic II, la Morée, séparée de l'empire par les principautés latines de Hellade, avait été organisée fortement sous un stratège permanent qui établit sa résidence à Mistra. Le premier fut Cantacuzène, père de l'empereur Jean VI, qui fut tué en 1316, dans un combat contre les Francs. Bientôt la principauté de Mistra s'étendit aux dépens des envahisseurs qui furent réduits aux provinces occidentales (Messénie, Élide, Achaïe).

En Bulgarie, Michel Chichman, qui avait épousé la sœur d'Andronic III, resta son allié. En 1331, l'empereur lui porta secours contre les Serbes. Le kral Étienne, après avoir conclu un armistice avec Michel, l'attaqua par trahison, et l'empereur fut obligé de battre en retraite.

En 1332, Michel étant mort, les Bulgares chassèrent sa veuve, Théodora Paléologue, et choisirent comme roi un neveu du défunt, Alexandre, qui, après avoir soldé une troupe de Tartares, commença à s'emparer des places frontières de l'empire. Andronic entra en Bulgarie, reprit Mesembria et quelques autres places, mais échoua devant Anchiale. Le 17 juillet, des conférences eurent lieu entre les deux souverains, mais les Bulgares attaquèrent les grecs par trahison et Andronic fut vaincu. Alexandre consentit cependant à observer le traité conclu et à échanger Anchiale contre une autre place. En 1338, le fils d'Alexandre, Michel Asan, épousa à Andrinople Marie, fille d'Andronic III.

Dans l'ouest, Andronic III et Cantacuzène, après avoir levé un corps de Turcs habitués à la guerre de montagne, allèrent châtier les Skipetars (Albanais), qui s'étaient emparés de la petite place de Timoros. Les troupes impériales se retirèrent après avoir fait une razzia considérable de troupeaux (1336). La même année mourut le dernier despote d'Épire, Jean Doukas, empoisonné par sa femme Anne Paléologue, qui prit le gouvernement de l'Épire au nom de son fils Nicéphore. Après avoir négocié avec les archontes indigènes, Andronic déclara le pays réuni à l'empire. Le jeune Nicéphore fut enlevé par des mécontents et conduit à Tarente, où il fut accueilli par Catherine de Courtenai, veuve de Philippe de Tarente. Le pouvoir impérial fut restauré en Épire et en Acarnanie, mais, en 1339, deux « archontes », Nicolas Basilitses et Alexis Cabasilas, arrêtèrent Synadène, gouverneur d'Acarnanie, s'emparèrent des villes d'Arta, Roge et Tomocastro, et envoyèrent demander le jeune Nicéphore à Catherine de Tarente. Andronic conduisit une armée en Acarnanie et fit assiéger les trois villes, qui se rendirent.

III. REPRISE DES RELATIONS AVEC LA PAPAUTÉ. — A la fin de sa vie, Andronic II lui-même avait été obligé de négocier avec les princes occidentaux. Andronic III, effrayé des progrès des Turcs, alla plus loin et songea à rétablir avec les papes les relations interrompues depuis 1282. En 1334, il confia à deux dominicains, qui revenaient du pays des Tartares, une mission pour Jean XXII. Le pape accueillit bien les ouvertures impériales et adressa des lettres aux principaux personnages de l'empire. Des négociations s'engagèrent par l'intermédiaire du Génois Jean Pisani, mais, lorsque les deux dominicains porteurs des lettres du pape revinrent à Constantinople, Nicé-

DICT. D'HIST. ET DE GÉOG. ECCLÉS.

II. — 57

phore Grégoras leur fit refuser la discussion publique qu'ils demandaient.

En 1335, une croisade contre les Turcs fut à la veille de s'organiser en Occident. Benoît XII avait décidé le roi de France, qui devait être le chef de l'expédition, à combiner ses forces avec celles de Robert de Naples, des Vénitiens et des Génois. Andronic III, sollicité, accepta d'équiper une flotte pour se joindre aux latins. Cette résurrection de la marine impériale fut un événement important. Malheureusement les querelles qui s'élevèrent d'une part entre Philippe VI et Édouard III, d'autre part entre Venise et Gênes, rendirent la croisade impossible.

Enfin, en 1339, Andronic, désireux de provoquer une expédition occidentale, envoya à Benoît XII le moine calabrais Barlaam, abbé du Saint-Sauveur à Constantinople, et le Vénitien Étienne Dandolo. Les ambassadeurs, admis à la cour d'Avignon, demandèrent au pape la réunion d'un concile œcuménique, pour apaiser les discordes religieuses, et l'organisation d'une croisade, pour délivrer les villes chrétiennes d'Asie Mineure. Le pape répondit que le concile de Lyon avait décidé les questions en litige et la négociation se termina par un échange de promesses qui ne furent suivies d'aucun effet.

IV. LE GOUVERNEMENT INTÉRIEUR. — A l'intérieur, le gouvernement d'Andronic III eut aussi un caractère réparateur. Parmi ses auxiliaires les plus fidèles, il faut mettre au premier rang le grand-domestique Jean Cantacuzène, pour lequel il éprouvait une si vive amitié qu'il voulut, en 1329, l'associer à l'empire : avec un réel désintéressement Cantacuzène refusa. Son autorité n'en devint que plus considérable et, dans tous les domaines de l'administration, il mit au service de l'empereur ses talents d'homme d'État et de diplomate. Avec son aide, Andronic III réussit à remettre un peu d'ordre dans l'empire dévasté par les guerres civiles. Les impôts furent allégés. Des villes tombées en ruine furent rebâties, comme Amphipolis sur le Strymon; des places fortes nouvelles furent fondées en Thrace et en Macédoine. Pour contrebalancer l'omnipotence génoise, Andronic encouragea de nouveaux colons occidentaux à s'établir à Constantinople. Ce fut ainsi qu'il accorda des privilèges aux marchands des villes de Provence et du Languedoc, Narbonne, Marseille, Montpellier.

Mais son œuvre la plus remarquable fut la réforme judiciaire, qui avait été seulement ébauchée par Andronic II. La justice civile avait alors une réputation scandaleuse de vénalité; les avocats trahissaient leurs clients et les juges vendaient ouvertement la justice; beaucoup de plaideurs préféraient s'adresser aux tribunaux ecclésiastiques. En 1329, Andronic cassa tous les magistrats en place et établit pour les remplacer quatre juges généraux, καθολικοὶ κριταὶ τῶν Ῥωμαίων, à qui furent confiés les causes judiciaires de Constantinople et les appels des tribunaux de province. Après avoir prêté serment et offert, en caution de leur impartialité, leur avoir et leur personne, ils recevaient des pouvoirs illimités de réquisition : tous les fonctionnaires devaient leur prêter main-forte sous peine de révocation et de confiscation des biens. L'originalité de cette création consista dans la part qui y fut faite à l'Église. On a retrouvé les noms des quatre premiers titulaires : les deux premiers au moins sont ecclésiastiques; ce sont Joseph, métropolitain d'Apros, et Grégoire Clidas, dikaiophylax et archidiacre. D'autres juges généraux furent établis à Thessalonique et en Morée; ce fut ainsi que le juriste Constantin Harmenopule exerça cette fonction à Thessalonique, vers 1337. Malgré les garanties que semblait offrir cette nouvelle institution, elle fut loin de donner les résultats qu'on en attendait. Les juges généraux commirent de tels abus qu'il fallut les déposer, et le métropolitain d'Apros fut même privé de son évêché. Néanmoins la réforme d'Andronic ne périt pas et l'institution des juges généraux ecclésiastiques se maintint jusqu'à la fin de l'empire, et lui survécut même sous la domination turque : en confiant à l'Église la juridiction civile, Mahomet II ne fit que maintenir un régime dont l'origine remonte à la réforme d'Andronic III.

V. AFFAIRES RELIGIEUSES. DÉBUT DE LA QUERELLE HÉSYCHASTE. — Au point de vue religieux, le règne d'Andronic III fut plus paisible que celui de son grand-père. En 1333, à la mort du patriarche Isaïe, Cantacuzène força le synode à élire un de ses protégés, Jean, évêque d'Apros. Les querelles intérieures de l'Église grecque semblaient apaisées, lorsqu'à la fin du règne d'Andronic III, se produisit un mouvement théologique qui devait être gros de conséquences : ce fut la querelle hésychaste. Les « hésychastes »(ἡσυχάστης, quiétiste) étaient, dans les monastères grecs, des moines contemplatifs, qui avaient atteint au degré supérieur de perfection. Au début du XIVe siècle, les méthodes, destinées à procurer cet état de contemplation, furent propagées dans les monastères du mont Athos par Siméon, higoumène de Xerokerkou, et surtout par Grégoire le Sinaïte. Des pratiques bizarres qui semblaient empruntées à des ascètes hindous se répandirent dans les laures. Des moines, jetés dans un état de léthargie, prétendirent voir la lumière divine incréée qui se manifesta aux apôtres sur le Thabor. Le mouvement hésychaste gagna Thessalonique, où il eut pour principal adepte Grégoire Palamas; mais un parti adverse se forma aussitôt : les doctrines hésychastes furent attaquées avec violence par le moine calabrais Barlaam, qui avait ouvert à Thessalonique une école où il enseignait la logique d'Aristote et la philosophie de Platon. Après deux années de polémiques très vives (1337-1339), Barlaam fut chargé par l'empereur d'une ambassade à Avignon. A son retour en 1340, les discussions recommencèrent et prirent un tel caractère de violence que Barlaam se réfugia à Constantinople. Là il demanda au patriarche la convocation d'un synode, qui se réunit dans l'été de 1341. Auparavant, l'empereur Andronic III avait essayé, sans y parvenir, d'aplanir les difficultés. Barlaam et Palamas se trouvèrent face à face, l'un fort de sa dialectique, l'autre accablant son adversaire sous les citations d'auteurs sacrés et découvrant dans ses écrits plus de cinquante passages hérétiques. Cantacuzène, qui assistait au synode, se déclara, ainsi que la plupart des nobles, pour les hésychastes. Sans encourir une condamnation formelle, Barlaam reçut un avertissement et se retira en Italie. L'empereur Andronic III, qui avait présidé les séances du synode, tomba subitement malade et mourut le 15 juin 1341, âgé de quarante-cinq ans. Il laissait un enfant de neuf ans, Jean Paléologue, qu'il avait eu d'Anne de Savoie. Le caractère de révolution sociale que la querelle hésychaste allait prendre à Thessalonique et la nouvelle guerre civile qui fut la conséquence de la minorité de Jean V allaient précipiter l'empire dans une nouvelle crise et anéantir l'œuvre réparatrice d'Andronic III.

I. SOURCES DIPLOMATIQUES : Chrysobulles d'Andronic II : au roi de Serbie Étienne Urosch II Milutin, éd. Boissonade, *Anecdota graeca*, 1830, t. II, p. 63-69; en faveur de Gregorios Melissenos (1296), dans Buchon, *Nouv. recherches*, 1845, t. I, p. 245; en faveur des marchands catalans (1290, 1320), dans Miklosich et Müller, t. III, p. 97-100; en faveur de Gênes (1304), dans Zachariae von Lingenthal, *Jus graeco-romanum*, t. III, p. 623-628; en faveur du Brontochion de Mistra (1314, 1320, 1322), dans Millet, *Inscriptions byzantines de Mistra*, dans *Bulletin de correspondance hellénique*, 1893, p. 100-118; en faveur de Monembasia (1284, 1293, 1301, 1317), dans Miklosich et Müller, t. V, p. 154-178. — Traités avec Venise (1285, 1295, 1303, 1310, 1318, 1319, 1324), dans Tafel et Thomas, *Fontes rerum Austriacarum*, Vienne, 1856,

t. XII, p. 16-19, 82-85, 98, 117-120, 122-124, 124-164, 194-195; en faveur d'Ancône, dans Miklosich et Müller, t. III, p. XVI-XIX; pour le Mont-Athos (1312), dans Meyer, *Die Haupturkunden für die Geschichte des Athosklöster*, Leipzig, 1894, p. 190-194. — Actes d'Esphigmenou, éd. L. Petit, dans *Vizantijskij Vremenik*, t. XII, supplém. — Actes de Zographou, éd. Regel, Kurtz et Korabler, dans *Vizantijskij Vremenik*, t. XIII, supplém. — Chrysobulles d'Andronic III : en faveur de Narbonne, dans Zachariae von Lingenthal, *Jus graeco-romanum*, t. III, p. 695-697. — Traité avec Venise (1332), dans Tafel et Thomas, t. IV, p. 223-224. — Constitution synodale d'Athanase (1306), dans *P. G.*, t. CLXI, col. 1064 sq. — II. SOURCES HISTORIQUES : Georges Pachymère, *Histoire (1261-1308)*, éd. de Bonn, 1835, et *P. G.*, t. CXLIII. — Nicéphore Grégoras, *Histoire romaine (1295-1359)*, éd. de Bonn, 1855, et *P. G.*, t. CXLVIII-CXLIX. — Jean Cantacuzène, *Histoire (1320-1356)*, éd. de Bonn, 1828-1832, et *P. G.*, t. CLIII-CLIV. — *Vie d'Athanase, patriarche de Constantinople*, édit. Delehaye, dans *Mélanges d'archéologie et d'histoire*, t. XVII, p. 46-74. — *Chronique de Morée*, édit. J. Longnon, dans *Soc. hist. de France*, 1911, n. 703-704. — Ramon Muntaner, *Chronique*, trad. Buchon, *Chroniques étrangères*, Paris, 1840. — Guillaume Adam, *De modo Saracenos extirpandi*, dans *Docum. arméniens*, t. II, p. 545-548. — III. MONOGRAPHIES : Kalligas, Μελέται Βυζαντινῆς ἱστορίας ἀπὸ τῆς πρώτης μέχρι τῆς τελευταίας ἁλώσεως, *1204-1453*, Athènes, 1894. — Diehl, *L'empire byzantin sous les Paléologues*. *Études byzantines*, Paris, 1905, p. 217-240; *Princesses byzantines à la cour des Paléologues*. I. *Yolande de Montferrat*. II. *Anne de Savoie*. *Figures byzantines*, 1908, t. II, p. 226-271. — T. Florinskij, *Andronic le Jeune et Jean Cantacuzène*, dans *Journal du minist. Inst. pub. de Russie*, 1879. — Parisot, *Cantacuzène, homme d'État et historien*, 1845. — Dino Muratore, *Una principessa sabauda sul trono di Bizanzio. Giovanna di Savoia*, Chambéry, 1906. — G. Caro, *Zur Chronologie der drei letzten Bücher des Pachymeres*, dans *Byzantinische Zeitschrift*, t. VI, p. 114-125. — J. Strzygowski, *Das Epithalamion des Paläologen Andronikos II, ibid.*, t. X, p. 546. — G. Schlumberger, *Expédition des Almugavares ou routiers catalans en Orient*, Paris, 1902. - - D. A. Rubio y Lluch, *La expedicion de los Catalanes en Oriente*, dans *Mem. Acad. de Barcelone*, 1883. — Martin Chabot, *Un document relatif à l'expédition de la Compagnie catalane en Orient*, dans *Le moyen âge*, 1910, t. XIV. — Finke, *Acta Aragonensia*, Berlin, 1908. — M. Treu, *Die Gesandschaftsreise des Rhetors Theodulos Magistros*, dans *Jahrb. für klass. Phil.*, Supp., XXVII, 1. — L. Petit, *La réforme judiciaire d'Andronic Paléologue, 1329*, dans *Échos d'Orient*, 1906, p. 134. — Troickij, *Arsenios patriarche de Nicée et de Constantinople et les arsénites* (en russe), Saint-Pétersbourg, 1867-1872. — M. Treu, *Der Philosoph Joseph*, dans *Byz. Zeits.*, t. VIII, p. 1-64; *Manuel Holobolos, ibid.*, t. V, p. 545-547. — O. Tafrali, *Thessalonique au XIVe siècle*, Paris, 1913. — A. Struck, *Mistra*, Vienne, 1910. — W. Norden, *Das Papsttum und Byzanz*, Berlin, 1903, p. 648 sq. — Petit, *Charles de Valois*, Paris, 1900. — Omont, *Projet de réunion des Églises grecque et latine sous Charles le Bel en 1327*, dans *Biblioth. École des chartes*, 1892, p. 254-257. — Jorga, *Geschichte des osmanischen Reiches*, Gotha, 1908, t. I, p. 147-171; *Latins et grecs d'Orient et l'établissement des Turcs en Europe*, dans *Byz. Zeits.*, t. XV, p. 179 sq. — J. Gay, *Le pape Clément VI et les affaires d'Orient*, Paris, 1904. — Heyd, *Histoire du commerce du Levant*, trad. Furcy-Raynaud, Paris, 1885, t. I, p. 444-490. — Diehl, *La colonie vénitienne à Constantinople*. *Études byzantines*, 1905, p. 241-275. — G. Caro, *Genua und die Mächte am Mittelmeer (1257-1311)*, Halle, 1895. — Guérin Songeon, *Histoire de la Bulgarie*, Paris, 1913.

L. BRÉHIER.

9. ANDRONIC IV, empereur d'Orient, usurpateur (1376-1379), était le fils aîné de Jean V Paléologue, qui lui confia la régence pendant le voyage qu'il entreprit en Occident (1369). Lorsque Jean, arrêté à Venise jusqu'à ce qu'il eût payé ses dettes, réclama les secours de son fils, celui-ci répondit par un refus. Ce fut le second fils de l'empereur, Manuel, qui parvint à délivrer son père. A son retour, Jean V irrité associa Manuel au trône et priva Andronic de la succession (1371).

Le jeune prince trouva bientôt l'occasion de prendre sa revanche. Lorsqu'en 1374 le sultan Mourad força Jean V et Manuel à faire acte de vassalité, en le suivant dans une expédition en Asie Mineure, Andronic, laissé comme régent à Constantinople, s'entendit avec Sandschi, fils de Mourad, et tous deux résolurent de renverser leurs pères. Mourad, instruit du complot, repassa en Europe et trouva les deux rebelles avec une armée à Aprikidion, près de Constantinople. Les auxiliaires turcs de Sandschi firent défection, et les deux princes se réfugièrent à Demotica (1375). Le sultan les y assiégea; les habitants effrayés les livrèrent. Sandschi eut les yeux crevés et Andronic, envoyé à son père, subit la même sort et fut enfermé dans la prison d'Anemas avec sa femme et son fils.

Puis, en 1376, sur l'ordre de Mourad, Jean V fit sortir son fils de prison. Andronic se lia avec les Génois, irrités contre la politique vénitienne de l'empereur. A la tête d'une armée composée de mercenaires turcs et serbes, il entra à Constantinople (12 août 1376) et mit en prison son père et ses deux frères, puis se fit couronner empereur (18 octobre 1376).

Son pouvoir n'avait aucune base solide. Un noble vénitien, Carlo Zeno, put se mettre en rapport avec Jean V prisonnier et obtint de lui un traité qui cédait à Venise l'île de Tenedos pour prix de sa délivrance. Les Vénitiens occupèrent Tenedos. Andronic et les Génois firent, pour les en chasser, une expédition qui échoua (1377). Bientôt un émissaire de Venise acheta la garde allemande de Jean V et parvint à le faire évader avec ses deux fils. Les fugitifs gagnèrent Scutari, puis se rendirent à la cour de Mourad et achetèrent leur rétablissement par un traité ignominieux, qui consacrait la suzeraineté ottomane sur l'empire (1378). Voir JEAN V. Menacé d'être détrôné par les Turcs, Andronic fit sa soumission à son père, qui lui donna Selymbria, puis en fit, en 1381, un gouverneur de Thessalonique. Mais lorsqu'Andronic mourut en 1385, son fils Jean fut exclu de la succession au profit de Manuel.

Georges Phrantzes, *Chronique*, éd. de Bonn, 1838, p. 51 sq. — Doukas, *Histoire*, éd. de Bonn, 1834, p. 44 sq. — Laonikos Chalkondyles, *Histoire*, édit. de Bonn, 1843, p. 40 sq. — Heyd, *Histoire du commerce du Levant*, trad. Furcy-Raynaud, 1885, t. II. — Jorga, *Geschichte des Osmanischen Reiches*, Gotha, 1908, t. I, p. 251 sq.

L. BRÉHIER.

10. ANDRONIC Ier GIDON (COMNÈNE), empereur de Trébizonde (1222-1235), succéda à Alexis Ier (ci-dessus, col. 391), dont il avait épousé la fille. Son règne fut rempli par les luttes contre les Turcs seldjoucides d'Iconium, déjà maîtres de Sinope. En 1223, les deux États avaient conclu un traité de paix perpétuelle; quelques mois plus tard, un navire, qui apportait à l'empereur de Trébizonde les impôts de Cherson et de la Crimée, fut pris par la tempête à la hauteur de Sinope, dont le gouverneur turc, le « reïs Hetum », fit prisonniers les « archontes » qui montaient le navire et s'empara des trésors qu'il contenait. Aussitôt Gidon envoya une flotte qui exerça des représailles dans les environs de Sinope et obligea Hetum à lâcher ses prises. Le sultan Ala-eddin irrité (le nom de *Mélik* que lui donnent les chroniques est un titre porté par tous les sultans de Roum) rassembla une armée et vint en personne à Erzeroum. Gidon essaya de fortifier les passes qui défendaient l'accès de Trébizonde et fit à son ennemi une guerre d'embuscades; attaqué lui-même avec cinq cents cavaliers par deux mille Turcs, il se défendit courageusement et les mit en déroute. Ghaz-eddin parvint cependant à approcher de la ville et à en faire le blocus; ses murailles étaient très fortes, mais elle n'était pas assez étendue pour la population qui l'habitait. Les Turcs tentèrent plusieurs assauts qui furent repoussés : un grand nombre de chefs furent tués dans les combats acharnés où se manifestait la ferveur religieuse des habitants de Trébizonde. L'archevêque et tout le clergé portaient en procession sur les murs les images de la Vierge et de saint Eugène, patron de Trébizonde. A la suite d'un orage épouvantable qui fut regardé comme un signe de la protection céleste, les Turcs furent mis en déroute.

Ala-eddin reprit bientôt la lutte contre les États chrétiens et menaça à la fois Nicée, Trébizonde et la Petite-Arménie. A ce moment, Gengis-Khan étant mort, Djelal-eddin, fils du sultan de Kharezm, vaincu par les Mongols, avait reconstitué une puissance importante dont Tauris fut le centre et qui s'étendit sur la Géorgie et la Haute-Mésopotamie. Contre les menaces des Kharizmiens, Ala-eddin rechercha l'alliance de Trébizonde, mais il semble qu'Andronic Gidon se soit déclaré en faveur de Djelal-eddin, car, lorsque les Kharizmiens eurent été battus par les Seldjoucides à Chalat, ce fut à Trébizonde que les « satrapes » Kharizmiens, au témoignage d'Aboulfaradj, trouvèrent un asile (1227).

Mais bientôt Djelal-eddin était chassé de Tauris par les Mongols, son État démembré et Ala-eddin, après avoir enrôlé une partie de ses troupes, devint redoutable pour Trébizonde qu'il attaqua. Andronic Gidon, vaincu, dut accepter de devenir le vassal du sultan et de mettre à sa disposition une partie de sa cavalerie, soit deux cents lances. Détail fourni par Vincent de Beauvais, *Speculum historiale*, XXX, XLIV, ann. 1240. Andronic Ier mourut en 1235.

Fontes historiae imperii Trapezuntini, éd. A. Papadopoulos-Kerameus, Saint-Pétersbourg, 1897. — Michel Panaretos, *Chronique des empereurs de Trébizonde*, éd. Fallmerayer, *Abhandlung. München. Akad. Histor. Cl.*, 1846, t. IV; et Lambros, *Neos Hellenomnemon*, 1907, t. II, p. 266. — Le métropolite Joseph, *Miracles de saint Eugène*, éd. Fallmerayer, *Abhandlung. München. Akad. Histor. Cl.*, 1841, t. III. — Fallmerayer, *Geschichte des Kaisertums von Trapezunt*, Munich, 1827. — Enaggelides, Ἱστορία τῆς Τραπεζοῦντος, Odessa, 1898. — Cahun, *Introduction à l'histoire de l'Asie*, Paris, 1896. — Kunik, *A propos de la guerre entre Trébizonde et les Seldjoucides en 1223*, étude critique des témoignages originaires de Michel Panaretos et du métropolite Joseph, dans *Journal du minist. de l'Instruct. pub. de Russie*, 1854, t. II, p. 734-746.

L. BRÉHIER.

11. ANDRONIC II (COMNÈNE), empereur de Trébizonde (1263-1266), fils de Manuel Ier et d'Anna Xylaloe.

Fallmerayer, *Geschichte des Kaiserthums von Trapezunt*, Munich, 1827, p. 133.

L. BRÉHIER.

12. ANDRONIC III (COMNÈNE), empereur de Trébizonde (1330-1332), fils et successeur d'Alexis II, ne régna que vingt mois. Le danger qu'offrait la puissance des khans mongols de Tauris avait disparu après la mort de Kasan (1306), mais ce fut à cette époque que l'État de Trébizonde commença à être agité par des querelles intestines. L'opposition entre les familles immigrées de Constantinople, toutes-puissantes à la cour, et les vieilles familles grecques originaires de Trébizonde, amena la formation des partis des « scholariens » et des « mésochaldéens ». Ces querelles eurent même le palais pour théâtre et Andronic III fit arrêter deux de ses oncles, Michel et Georges, qui furent accusés de trahison et exécutés. Sa mort subite, en donnant le pouvoir à un enfant de huit ans, Manuel II, laissa le champ libre aux luttes civiles qui se continuèrent pendant tout le XIVe siècle.

Fallmerayer, *Geschichte des Kaiserthums von Trapezunt*, p. 166.

L. BRÉHIER.

13. ANDRONIC DUCAS SOUROS (XIVe siècle), a composé des traités de polémique contre les latins; ses ouvrages sont inédits.

Krumbacher, *Geschichte der Byzantinischen Litteratur*, Munich, 1897, p. 114.

L. BRÉHIER.

14. ANDRONIC KAMATEROS, de la famille des Ducas, parent de Manuel Comnène et préfet de Constantinople vers 1156, composa vers 1170-1175 une Ἱερὰ ὁπλοθήκη (*Arsenal sacré*; cf. la *Panoplia* d'Euthymios Zigabenos), dédiée à l'empereur Manuel. L'ouvrage encore inédit (*cod. Monac. 229*, XIIIe siècle; *cod. Marcian. 158; cod. Mosq. Synod. 353*) comprend deux parties dirigées contre les latins et les arméniens. La forme est celle d'un dialogue entre l'empereur Manuel et les cardinaux romains d'une part, entre le même empereur et un Arménien d'autre part. L'empereur rassemble tous les passages des Pères sur lesquels s'appuie la doctrine grecque de la procession du Saint-Esprit et termine par une série de syllogismes empruntés aux polémistes adversaires des latins. Dans la deuxième partie, Manuel réfute de même les doctrines arméniennes (monophysite, monothélite, aphtartodocète, etc...). Naturellement l'empereur triomphe toujours de ses adversaires.

L'ouvrage de Kamateros fait partie d'un ensemble de traités théologiques qui furent composés par ordre de Manuel Comnène pour favoriser sa politique d'union religieuse. Andronic Kamateros, dont la famille avait à la cour une situation considérable, fut un des deux ambassadeurs chargés de négocier le mariage entre Manuel et Marie d'Antioche (1161). Son nom figure parmi ceux des dignitaires qui assistent aux assemblées religieuses tenues sous Manuel (concile de 1157 pour condamner les doctrines de Soterichos Panteugénès, assemblée des Blachernes qui déposa le patriarche Constantin en 1190, etc...). Il est un exemple remarquable de l'instruction théologique dont faisaient preuve au XIIe siècle les hommes d'État byzantins, même simples laïques.

Édition des passages bibliques et patristiques dirigés contre les latins : Léon Allatius, *Graecia orthodoxa*, t. II, p. 287-521; *P. G.*, t. CXLI, col. 393-613. — Hergenröther, *Photius*, t. III, p. 811-814; analyse du dialogue entre l'empereur et les cardinaux. — Krumbacher, *Geschichte der Byzantinischen Litteratur*, Munich, 1897, p. 90. — Chalandon, *Les Comnène*. II. *Manuel Ier Comnène*, Paris, 1912.

L. BRÉHIER.

ANDRONICIEN, auteur d'un traité contre les eunomiens, mentionné par Photius, qui se plaint que l'auteur n'ait pas exactement rempli son programme. Cod. 45, *P. G.*, t. CIII, col. 80. Nous n'avons plus cet ouvrage.

Ceillier, *Hist. génér. des aut. sacrés et ecclésiast.*, Paris, 1862, t. XI, p. 643.

U. ROUZIÈS.

1. ANDRONICO (ANGELO), dominicain italien, célèbre professeur à l'université de Padoue. Il naquit à Venise, vers 1543, et embrassa la vie religieuse au couvent des Saints-Jean-et-Paul dans la même ville. Il fut prieur en 1581; mais auparavant il avait déjà enseigné dans ce collège et il reprit ses leçons après qu'il eut été déchargé de cette prélature. En 1583, il exerçait les fonctions de régent des études, lorsque le sénat de Venise le choisit pour enseigner la métaphysique à l'université de Padoue. Il succéda dans la chaire de théologie à un autre dominicain, Alfonso Soto, qui passait à l'enseignement de l'Écriture sainte; le décret de sa nomination est du premier jour d'octobre 1593 et stipule qu'après avoir enseigné dix ans la métaphysique, aux émoluments de 120 florins, il enseignera la théologie avec une augmentation de 20 florins, ce qui portait ses honoraires à 140 florins. Malgré qu'il fût occupé ailleurs, Andronico ne laissait pas que de s'occuper beaucoup des choses de son ordre; en 1598, il fut élu provincial de la province de Saint-Dominique de Venise, charge qu'il remplit à nouveau en 1610. Il assista à deux chapitres généraux : celui de Rome, en 1589, en qualité de définiteur et il figure dans les actes avec le titre de professeur de métaphysique à Padoue; puis au chapitre de 1612, tenu à Rome également, mais cette fois il siège en qualité de provincial de Venise. Cf. *Acta capit. gen.*, édit. Reichert, Rome, 1901-1904, t. v, p. 269; t. vi, p. 183. Nous voyons que ses honoraires furent à plusieurs reprises augmentés et nous jugeons par là de ce que pouvait être à cette époque la rémunération d'un professeur d'université. Le 24 janvier 1599, le doge Marino Grimani porte à 230 florins le traitement annuel d'Andronico; le 4 février 1609, il est porté par le doge Leonardo Donato à 320 florins; le 14 janvier 1616, le doge Giovanni Bembo l'augmente encore de 40 florins; enfin le 26 mai 1622, sous le doge Antonio Priulo, son traitement est fixé à 400 florins. Arrivé à l'âge avancé de quatre-vingt-cinq ans et après avoir enseigné l'espace de quarante-six ans, il demanda à être relevé de sa charge, pourvu qu'on lui assurât, sa vie durant, une petite pension. Le sénat, par un décret du 4 avril 1628, lui accorda une rente annuelle de 200 florins. Cf. le décret dans Contarini, *op. cit.* p. 70. Il mourut l'année suivante, le 25 novembre.

Échard, *Scriptores ordinis praedicatorum*, Paris, 1719-1721, t. ii, p. 698. — Giamb. Contarini, *Notizie storiche circa i pubblici professori nello studio di Padova scelti dal l'ordine di san Domenico*, Venise, 1769, p. 68-72. — Tommasini, *Illustrium virorum elogia*, Padoue, 1644, t. ii, p. 296. Voir dans Contarini, *op. cit.*, p. 71, les divergences sur l'année de la mort d'Andronico.

R. Coulon.

2. ANDRONICO (Francesco). Né à Traù ou Trogir (Dalmatie), il devint archidiacre de la cathédrale de cette ville et fut préconisé, le 24 novembre 1653, évêque de Nona (également en Dalmatie), dont la situation était alors tout autre que brillante. Aussi semble-t-il avoir résidé la plupart du temps à Zara, car la plupart des lettres écrites par lui à Mgr Rospigliosi, archevêque de Tarse *in partibus*, au cardinal Chigi et au pape Alexandre VII, conservées aux archives du Vatican, *Lettere di vescovi*, t. 39, fol. 52; t. 40, fol. 33, 43; t. 43, fol. 297; t. 44, fol. 166; t. 45, fol. 7, 8; t. 47, fol. 20, 91 (dans ces deux lettres, dont la première a été publiée par Theiner, il raconte, d'une façon assez intéressante, les incursions faites par les Turcs de Bosnie sur le territoire de son diocèse en 1661); t. 49, fol. 156, sont datées de cette ville, et il y demande, presque constamment, son transfert au siège de Zara ou de Città Nova en Istrie. Ses instances furent, d'ailleurs, inutiles, car le pape se contenta de lui assigner une modeste pension, et le laissa sur son siège, où il mourut en 1667. Il fut enseveli dans sa cathédrale (épitaphe dans Farlati). Certains l'appellent Andronicci, mais il a toujours signé Andronico.

Bicci, *Notizia della famiglia Boccapaduli*, Rome, 1762, p. 318. — Farlati, *Illyricum sacrum*, Venise, 1759, t. iv, p. 230-231. — Theiner, *Vetera monumenta Slavorum meridionalium historiam illustrantia*, Zara, 1875, p. 165-166.

J. Fraikin.

ANDRON POLIS, Ἀνδρῶν πόλις, évêché en Égypte Première, métropole Alexandrie. Chef-lieu du nome Andropolite, cette ville était située sur la rive gauche du Nil, à 21 milles d'Hermopolis et 31 de Niqiou; dans les derniers temps de l'empire, une légion y tenait garnison. Elle s'appela Aelia Andropolis, mais la plupart des documents la nomment Andron tout court. Ptolémée, IV, v, 46 (édit. Didot, t. i, p. 704 : voir les notes de Ch. Müller); *Notit. dignit. orient.*, xxviii, 9, 18 (Andros, Andro); Geogr. Rav., 130, 18 (Androca); *Itiner. roman.*, édit. Parthey et Pinder, p. 76; Hiéroclès, 724, 8 (Ἀνδρῶν); Georges de Chypre, 719 (Ἀνδρονικίους, lire Ἀνδρῶν et Νικίους).

Nous n'en connaissons qu'un évêque, Zoïle, présent en 362 à un concile d'Alexandrie. S. Athanase, *Tomus ad Antiochenos*, 10, P. G., t. xxvi, col. 808 : Ἀνδρώ. Le siège figure vers 840 dans la Notice 1 de Parthey,

(Ἀνδρονικίους, lire Ἀνδρῶν et Νικίους). Il est aussi dans la notice copte publiée par E. de Rougé, *Géographie ancienne de la Basse-Égypte*, Paris, 1891, p. 152. Celle-ci nous apprend le nom copte de la ville, Erbat, mieux Arbat, et son nom arabe, Kharbata ou Kharbetâ, identifications confirmées par les *scalae* copto-arabes. Voir E. Amélineau, *La géographie de l'Égypte à l'époque copte*, Paris, 1893, p. 221. Jean de Nikiou, *Chronique*, édit. Zotenberg, p. 540, cite la ville de Kharbetâ à propos d'un événement qui eut lieu sous le règne de Phocas.

Kharbetâ ou Kharbata est aujourd'hui située dans la province de Beherah, dans le district de Negilah; elle compte 4 000 habitants.

Le Quien, *Oriens christ.*, t. ii, col. 523. — *Ephemeris epigraphica*, t. iv, p. 891. — Pauly-Wissowa, *Realencyclopädie*, t. ii, col. 2168.

S. Pétridès.

ANDROS, ancien évêché de Grèce. C'est une île des Cyclades, longue de 34 kilomètres et large de 13 kilomètres, ayant 405 kilomètres carrés de superficie et 18 000 habitants, dont près de 6 000 Albanais. Elle a porté jadis différents noms, que Pline énumère dans son *Historia naturalis*, l. IV, xii : Andros, Cauros, Lasia, Nonagria, Hydrousa et Epagris, mais c'est le premier qui a été le plus fréquemment employé et qui a survécu. À partir du xiie siècle avant Jésus-Christ, Andros fut, comme les autres îles, colonisée par les Ioniens qui y établirent le culte de Dionysos; dès lors, elle fit partie de la confédération insulaire qui avait Délos pour centre religieux. De bonne heure, Andros devint une puissance maritime de premier ordre, car, vers l'an 654 avant J.-C., elle fonda dans la Chalcidique de Thrace plusieurs colonies, entre autres Acanthos, Sane, Stagire et Argilos. Soumise par les Perses, elle envoya des vaisseaux à la flotte de Xerxès et, après la défaite de Salamine, ayant refusé de verser la somme d'argent demandée, elle fut, mais sans succès, assiégée par la flotte athénienne. En 477, elle passa à la ligue attico-délienne et se détacha du joug d'Athènes vers 408, pour y retomber en 389 avant J.-C. Elle s'en détacha encore (357-355) pour tomber sous la domination macédonienne, dont elle fut délivrée en 308 par les Ptolémées d'Égypte qui organisèrent la Confédération des insulaires. C'est à cette époque que remontent les premières monnaies de l'île, dont on possède au moins 68 types connus et étudiés. Les Ptolémées furent battus devant Andros même en l'an 228 et les insulaires durent se soumettre aux Macédoniens. Vers l'an 200 avant J.-C., Andros se rattacha à la dynastie de Pergame et, après la mort du roi Attale III en 133 avant J.-C., elle fut annexée à l'empire romain. En l'an 1207 de notre ère, Andros forma, sous le protectorat de Venise, une principauté autonome, qui appartint d'abord à la famille dès Zénon, puis à celle des Somariva. Les Turcs conquirent l'île en 1566 et la perdirent définitivement en 1827, lors de la constitution du royaume de Grèce. Elle fait partie actuellement du nome des Cyclades, qui a Hermopolis ou Syra pour chef-lieu.

Le diocèse d'Andros fut d'abord suffragant de Rhodes dans les Cyclades; nous en avons l'attestation, vers l'année 630, dans l'*Ecthesis* du pseudo-Épiphane de Chypre, Gelzer, *Ungedruckte und ungenügend veröffentlichte Texte der Notitiae episcopatuum*, Munich, 1901, p. 542, n. 441; entre 806-815, dans la *Notitia episcopatuum* dite de Nicéphore, Parthey, *Hierocles Synecdemus*, Berlin, 1866, p. 196, n. 447; un peu plus tard, dans la *Notitia* du clerc arménien Basile, Gelzer, *Georgii 'Cyprii Descriptio orbis Romani*, Leipzig, 1890, p. 25, n. 482. Il fut ensuite suffragant d'Athènes, dans la province d'Hellade; le fait est attesté vers l'an 900, par la *Notitia episcopatuum* de Léon VI, Gelzer, *Ungedruckte... Texte der Notitiae episcopatuum*, p. 556, n. 484;

vers 940, par les *Nova Tactica*, Gelzer, *Georgii Cyprii Descriptio orbis Romani*, p. 75, n. 1586; au XIe siècle, par la *Notitia III* de Parthey, *Hieroclis Synecdemus*, p. 118, n. 423; entre 1453 et 1500, par une *Notitia* qu'a publiée Gelzer, *Ungedruckte... Texte der Notitiae episcopatuum*, p. 634, n. 217. A la fin du XVIIe siècle, Andros était un archevêché autocéphale qui relevait directement du patriarche de Constantinople. Δελτίον τῆς... ἑταιρίας τῆς Ἑλλάδος, Athènes, 1889, t. III, p. 476. En 1821 (voir *Échos d'Orient*, Paris, 1900, t. III, p. 287), Andros était une métropole, mais unie à celle de Syra; cet archidiocèse fit place en 1833 à l'évêché d'Andros, *op. et loc. cit.*, qui fut encore maintenu dans la loi de 1882. *Op. cit.*, p. 290. Il n'en va plus de même depuis 1900, où il existe un diocèse de Syra, Tinos et Andros; le titulaire réside à Syra et, en fait, le diocèse d'Andros a disparu.

Évêques grecs : Palladius assiste, en 459, au concile de Gennade contre les simoniaques. Mansi, *Sacrorum conciliorum nova... collectio*, t. VII, col. 918. — Constance ou Constantin, au concile de Nicée en 787. Mansi, *op. cit.*, t. XIII, col. 373, 396. — Philippe, au concile de Constantinople en 878. Mansi, *op. cit.*, t. XVII, col. 376. — Sabbas, au IXe siècle. *Revue des études grecques*, Paris, t. II, p. 251. — Léon, au Xe siècle. *Op. cit. et loc. cit.* — Arsène, sous le patriarche Jérémie II, au XVIe siècle. Sathas, Βιογραφικὸν σχεδίασμα περὶ τοῦ πατριάρχου Ἱερεμία II, Constantinople, p. 403. — Gabriel, en mai 1593. *Sylloge littéraire grec de Constantinople*, t. XVIII, p. 75. — Benjamin était évêque le 3 juillet 1610, déposé en 1611, rétabli en janvier 1612. Sathas, Μεσαιωνικὴ βιβλιοθήκη, t. III, p. 557, 559. — Néophyte, rival de Benjamin, déposé en janvier 1612. *Op. et loc. cit.* — Grégoire, déposé en décembre 1626. Sathas, *op. cit.*, t. III, p. 565. — Macaire, élu le 19 décembre 1626 et déposé le 13 mars 1630. *Op. cit.*, t. III, p. 567. — Cyrille, élu le 13 mars 1630; en février 1638 il était déjà déposé ou démissionnaire. Ἐκκλησιαστικὴ ἀλήθεια, Constantinople, t. II, p. 669, 695. — Macaire, élu le 21 février 1638. Kambouroglou, Μνημεῖα Ἀθηνῶν, t. II, p. 169. — Jacques, le 9 août 1671. Omont, *Missions archéologiques françaises en Orient*, Paris, p. 187. — Gérasime, ancien patriarche de Constantinople, élu administrateur en mars 1677 et destitué en mai 1678. Sathas, *op. cit.*, t. III, p. 603. — Nathanaël, Athanase et Grégoire se succèdent à la fin du XVIIe siècle et dans les premières années du XVIIIe. Δελτίον τῆς... ἑταιρίας τῆς Ἑλλάδος, Athènes, t. III, p. 472. — Denys, métropolitain, vers 1725. *Revue de l'Orient latin*, Paris, 1893, t. I, p. 320. -- Philothée, ordonné au début de 1739. *Sylloge littéraire grec de Constantinople*, t. XXIV, p. 39. — Joasaph, élu en décembre 1768, à la mort de X... Ἐκκλησιαστικὴ ἀλήθεια, t. II, p. 233. — Pancrace, mort en 1810, et Denys, élu à sa place en septembre 1812 (*op. cit.*, 1908, p. 317), il vivait encore en 1833. — Procope Oeconomos, Zacharie Mathas et Métrophane.

L'évêché latin d'Andros fut créé par Innocent III en 1208, peu après la conquête de l'île par les Vénitiens, il dura jusqu'en 1702. Le diocèse fut alors administré par un vicaire qui relevait directement de la Congrégation de la Propagande. En 1824, un rescrit du pape Léon XII le soumit à l'évêque de Tinos et Mycone, qui y envoie un prêtre en quelques grandes circonstances. La cathédrale, dédiée à l'apôtre saint André, est toujours debout, le nombre des catholiques n'est pas exactement connu, de 30 à 100 sur 18 000 habitants. Voici les évêques latins d'Andros, ils sont tous empruntés à Eubel, sauf indications contraires.

Évêques latins : Jean en 1237. — Jean de Sainte-Catherine, consacré le 13 août 1345. *Bulletin de correspondance hellénique*, Athènes, t. II, p. 36. — Nicolas, augustin, meurt en 1376. *Op. cit.*, p. 37. — Benoît de Nègrepont, franciscain, élu le 16 juin 1376. *Op. et loc. cit.* — Jacques, augustin, élu le 14 juillet, 13 mars la mort de Benoît. — Michel de Trévise, dominicain élu le 12 février 1406, à la mort de Jacques. — Guilaume, † 1427. — André, dominicain, élu le 28 mars 1427, à la mort de Guillaume. — Laubardus ou Lambert, franciscain, élu le 12 décembre 1436, à la mort d'André. — Jacques Joumondi, bénédictin du diocèse de Rodez, le 17 novembre 1455. — Mathieu Grimani, élu le 26 avril 1460, lors du transfert de Jacques. — Titius, le 24 octobre 1465. — Guillaume, élu le 31 janvier 1467. — Guillaume Bruno, élu le 23 septembre 1490, à la mort de Guillaume. — Marin Grimani, élu le 6 septembre 1531, à la mort de G. Bruno. — Bonaventure Bellemus, élu le 22 juin 1587, le siège étant déjà vacant. — Paul Pucchiarelli, dominicain, 1621-1632. — Dominique de Grammatica, vers 1648. — Ignace Rocha, sous le pape Innocent XI (1676-1689).

C. Hopf, *Geschichte der Insel Lesbos und ihrer Beherrscher in Iahre 1207-1566*, dans les *Sitzungsberichte der Akademie Wien*, 1855, t. XXI, p. 221-262. — Rivola, *De situ et antiquitatibus insulae Andri commentatio*, Fribourg, 1844. — Ross, *Reisen auf den griechischen Inseln*, t. II, p. 12 sq. — Le Quien, *Oriens christianus*, Paris, 1740, t. I, col. 943 sq.; t. III, col. 859-866. Les évêques Placide, François, Melilius, Benoît II et François, du XIIIe au XVe siècle, donnés par Le Quien comme évêques d'Andros, étaient en réalité évêques d'Andria en Italie. — Eubel, *Hierarchia catholica medii aevi*, Munster, 1901-1913, t. I, p. 89; t. II, p. 99; t. III, p. 121. — A. Meliarakès, Ὑπομνήματα περιγραφικὰ τῶν Κυκλάδων νήσων. Ἄνδρος Κέως, Athènes, 1880. — D. Pistis, Περιγραφὴ τῆς νήσου Ἄνδρου, Syra, 1881 — D. Paschalès, Νομισματικὴ τῆς νήσου Ἄνδρου, dans le *Journal international d'archéologie numismatique*, Athènes, 1898, extrait.

S. VAILHÉ.

ANDROUET (GERVAIS-FRANÇOIS), prêtre français, naquit à Plumaugat, diocèse de Saint-Brieuc, en 1743, et fit ses études chez les jésuites, puis au séminaire diocésain. Il avait été successivement vicaire à Ménéac et dans sa paroisse natale, lorsque la Révolution vint jeter le trouble et la division dans le clergé. Contre le gré du recteur de Plumaugat, il refusa de prêter serment à la constitution civile du clergé. Arrêté, conduit à la prison du district de Broons, il fut dirigé ensuite sur celle de Lamballe où il resta six mois. En septembre de la même année, il est libéré et pendant trois ans assure secrètement les secours religieux à ses fidèles et à ceux des paroisses voisines dont les recteurs ont été déportés. Le 6 mai 1794, les troupes de la Convention, poursuivant un corps de Vendéens aux environs de Saint-Méen, découvrent la retraite du zélé pasteur. Il est appréhendé, conduit d'abord à Rennes, puis à Saint-Brieuc, où il fut sommairement jugé, condamné et exécuté le 11 prairial an II (vendredi 30 mai 1794).

Archives nationales, F[7] *3283, 3669* [1-4], F[19] *418*. — Archives des Côtes-du-Nord, série Q (dossier des condamnés); série L. — *Le diocèse de Saint-Brieuc pendant la période révolutionnaire*, Saint-Brieuc, 1894-1896. — Tresvaux, *Histoire de la persécution révolutionnaire en Bretagne à la fin du XVIIIe siècle*, Paris, 1892, t. I, p. 213; t. II, p. 38. — Guillon, *Les martyrs de la foi*, Paris, 1820, t. II, p. 83-85.

L. GAUTHIER.

ANDROUSA, ancien évêché du Péloponèse, suffragant de Monembasie. Phrantzès raconte, *Chronicon majus*, l. I, 7, P. G., t. CLVI, col. 656, que le patriarche Athanase Ier (1289-1293 et 1304-1310) était originaire d'Androusa et qu'une fois devenu patriarche il érigea sa ville natale en évêché soumis à la métropole de Monembasie. La date exacte n'est pas donnée; il se pourrait toutefois que cette érection, faite d'accord avec l'empereur et le saint-synode, ait eu lieu en juin 1308, quand Andronic II Paléologue accorda par chrysobulle à la métropole de Monembasie le treizième rang, alors qu'auparavant elle n'avait que le quatre-vingt-dix-huitième. La ville d'Androusa est encore signalée par Phrantzès comme étant dans le Péloponèse et pas très loin de Messène. *Chronicon majus*, l. II, 2 et 3, *P. G.*, t. CLVI, col. 744, 747. C'est la Druges de la chronique de Morée qui était, avec Corinthe, le siège d'une capitainerie de la Morée franque. Entre 1453 et 1500, l'évêché est toujours suffragant de Monembasie (Gelzer, *Ungedruckte...*. *Texte der Notitiae episcopatuum*, Munich, 1901, p. 634, n. 211), et il en est de même dans toutes les *Notitiae episcopatuum* qui vont du XVIe au début du XIXe siècle. Vailhé, art. *Constantinople*, dans le *Dictionnaire de théologie catholique* de Vacant-Mangenot, t. III, col. 1440. En 1821, le diocèse d'Androusa existait toujours, *Échos d'Orient*, Paris, t. III, p. 286, n. 14 ; par contre, il disparut en 1833 et fut compris dans l'évêché de Messénie, lors de la réorganisation de l'Église en Grèce. *Op. cit.*, t. III, p. 287. Androusa est aujourd'hui un village de 865 habitants, situé entre Navarin ou Pylos et Messène ou Mavrommati, mais plus près de cette dernière localité ; il y a un château franc et une jolie église de Saint-Georges, assez ancienne.

ÉVÊQUES. — Parthénios, de février 1717 au début de 1718. Miklosich et Müller, *Acta patriarchatus Constantinopolitani*, t. VI, p. 191. — Euthyme ou Gabriel, élu en janvier 1718. *Op. et loc. cit.* — Théodose, signalé vers 1725 (*Revue de l'Orient latin*, Paris, 1893, t. I, p. 318), le 9 août 1734. Miklosich et Müller, *op. cit.*, t. VI, p. 191. — Nicéphore, mort peu avant décembre 1756. *Op. cit.*, t. VI, p. 193. — Daniel, élu le 1er décembre 1756 et cité encore en 1769. *Op. cit.*, t. VI, p. 193, 194. — Constance, cité en 1802 et démissionnaire le 15 mars 1806. *Op. cit.*, t. VI, p. 199-203. — Joseph, élu en avril 1806 et cité de 1809 à 1811. *Op. et loc. cit.* — Néophyte, en 1820. Cophiniotès, Ἡ Ἑκκλησία ἐν Ἑλλάδι, Athènes, 1897, p. 6. — Joseph, en 1833, lors de la suppression du siège. *Op. cit.*, p. 7.

Le Quien, *Oriens christianus*, Paris, 1740, t. II, col. 236.

S. VAILHÉ.

ANDRUZZI (LUIGI), comte de Santandrea. Il naquit dans l'île de Chypre, mais il vécut presque toute sa vie en Italie, et dans ses ouvrages s'appelle citoyen de Venise. En 1709, il obtint la chaire de langue et littérature grecque à l'université de Bologne, et y enseigna jusqu'en 1730. Il se rendit ensuite à Rome. A l'âge de soixante ans, d'après Mazzuchelli, il était abbé de Santa Maria. Hurter affirme qu'il mourut en 1753. *Nomenclator litterarius*, t. IV, col. 1366. Mais le catalogue de la bibliothèque Casanatense nous atteste qu'il vivait encore en 1757. *Bibliothecae Casanatensis catalogus*, Rome, 1761, t. I, p. 192. Il a publié plusieurs ouvrages de théologie polémique et d'histoire ecclésiastique très estimés. En voici la liste : 1° *De Clemente XI, pontifice optimo maximo, oratio panegyrica*, Venise, 1706 ; — 2° *De incerto quodam simulacro de voto Melanthi, deque Asclepio, cui nuncupatum est votum*, Bologne, 1710 ; — 3° *Vetus Graecia de sancta romana Sede praeclare sentiens, seu Responsio ad Dositheum patriarcham Hierosolymitanum*, Venise, 1713, en grec et en latin ; — 4° *Consensus tum graecorum, tum latinorum Patrum de processione Spiritus Sancti e Filio, contra Dositheum patriarcam Hierosolymitanum*, Rome, 1716 ; — 5° *Perpetua Ecclesiae doctrina de infallibilitate papae in decidendo ex cathedra fidei quaestiones extra concilium oecumenicum, et ante fidelium acceptationem, dicata praeclarissimae ac religiosissimae Societati Jesu*, Bologne, 1720 ; — 6° *Orazione in lode di Sua Eccellenza il Signor Andrea Cornaro, ambasciatore della serenissima repubblica di Venezia alla santità di Nostro signore Clemente XI*, Bologne, 1723 ; — 7° *Clementina constitutio Unigenitus Ecclesiae traditionum vindex, eminentissimo cardinali Joanni Baptistae Ptolomaeo dicata*, Bologne, 1723. — 8° *Peremptorium Iconomachiae per Jacobum Piceninum revivisceniis, eminentissimo S. R. E. cardinali Francisco Antonio Finy dicatum*, Venise, 1730 ; — 9° *Oratio panegyrica de divo Andrea Corsino*, Rome, 1731 ; — 10° *Statera veritatis sive Dialogus de Virtute habitus a Philareto cum Justo : Dissertatio, in qua libellus de passione imaginis D. N. J. Christi in Urbe Beryti, genuinum opus M. Athanasii esse ostenditur : Dissertatio de Christi Domini vultus imagine impressa Linteo et Angaro misso ; Dissertatio de imagine Virginis Mariae, quam Lucas evangelista pinxit, quamque Venetiis in templo S. Marci Veneta pietas colit : Dissertatio de epistola discipulorum S. Andreae apostoli*, Rome, 1731 ; — 11° *Vindiciae sermonis S. Ildephonsi archiepiscopi Toletani de perpetua virginitate et parturitione Dei genitricis Mariae*, Rome, 1742 ; — 12° *Specimen philosophiae moralis expressum in praestantioribus legibus et virtutibus gentilium Graecorum*, Rome, 1744 ; — 13° *Ragionamento fatto dal papa Benedetto XIV il 7 gennaio 1748 nella chiesa delle monache tercsiane di Regina caeli nell' ammettere alla professione la madre suor Maria Anna Teresa Imelda di Gesu Crocifisso, figlia di D. Fabrizio Colonna e di D. Caterina Salviati, tradotto in greco e in latino*, Rome, 1748.

Fabricius, *Bibliotheca graeca*, éd. Harles, t. X, p. 420 ; t. XI, p. 452. — Mazzuchelli, *Gli scrittori d'Italia*, Brescia, 1753, t. I, p. 727-729. — Mazzetti, *Repertorio di tutti i professori antichi e moderni della famosa università delle scienze di Bologna*, Bologne, 1847, p. 24. — Lombardi, *Storia della letteratura italiana nel secolo XVIII*, Modène, 1827, t. I, p. 153-154. — Petit, dans *Dictionnaire de théologie*, t. I, col. 1187.

A. PALMIERI.

1. ANDRY (CLAUDE), controversiste, né à Lyon vers le milieu du XVIIe siècle, se distingua par ses polémiques avec les protestants, particulièrement avec le ministre Pictet, recteur de l'Académie de Genève. Ses principaux ouvrages sont : 1° *Nouvelle méthode pour traiter avec ceux qui sont séparés de l'Église*, in-12, Lyon, 1760 ; — 2° *La religion prétendue réformée dévoilée*, in-12, Lyon, 1706 ; — 3° *L'hérésie des protestants et la sévérité de l'Église catholique mises en évidence*, 2 in-12, Lyon, 1714 ; — 4° *Réplique à M. Pictet en confirmation du livre, L'hérésie des protestants...*, 2 in-12, Lyon, 1716. L'auteur relève avec beaucoup de soin dans ces deux ouvrages les témoignages des protestants en faveur de l'Église catholique et réfute solidement leurs principales erreurs, notamment celles qui touchent au sacrement de l'eucharistie ; — 5° *La religion protestante convaincue*, in-12, Lyon, 1716.

Hurter, *Nomenclator*, 3e édit., 1908, t. III, col. 555.

P. BERNARD.

2. ANDRY (NICOLAS), frère du précédent, né à Lyon en 1658, de marchands sans fortune. Après avoir commencé ses études dans cette ville, il alla les achever à Paris au collège des Grassins et se consacra à l'étude de la théologie, tout en dirigeant l'éducation de quelques jeunes gentilshommes. C'est ainsi qu'il compta parmi ses élèves Jean-Baptiste Desmarets, marquis de Maillebois, qui devint maréchal de France. En 1690, il abandonna l'état ecclésiastique et, sous le nom de Bois-Regard, s'adonna à la médecine, non sans succès. Professeur au Collège de France en 1712, doyen en 1724, il se fait remarquer par les luttes violentes contre les chirurgiens et c'est lui qui détermina l'archevêque de Paris, le 3 mars 1726, à signer un mandement par lequel défense était faite aux chirurgiens et aux sages-femmes de délivrer des dispenses de carême. Il avait écrit sur ce sujet un ouvrage qui obtint un grand succès : *Le régime de carême considéré par rapport à la nature du corps et des aliments contre le livre : Des dispenses de carême*, Paris, 1710, 1720. Outre ses nombreux traités de médecine, on a de lui une *Traduction du panégyrique de Théodose le Grand du latin de Pacatus*, Paris, 1687, et un ouvrage de critique contre le P. Bouhours : *Sentimens de Cléarque sur les Dialogues d'Eudoxe et de

Philante du P. *Bohours et sur les Lettres à une dame de province*, Paris, 1688. La fin de sa vie fut attristée par des luttes violentes contre ses collègues. La faculté de médecine lui résista énergiquement, quand il voulut faire nommer Helvétius premier médecin du roi et protecteur de la faculté. Accusé d'avoir altéré l'opinion que ses collègues avaient émise sur la bulle *Unigenitus*, dans le but de les desservir auprès du pouvoir, il ne fut pas réélu doyen et perdit la faveur du cardinal Fleury qui l'avait d'abord soutenu contre l'Université. Il mourut à Paris le 13 mai 1742 et fut inhumé à Saint-Roch. Jusqu'à la fin de la vie, il fut un collaborateur assidu du *Journal des savants*.

Journal des savants, 1710, p. 241. — *Journal de Trévoux*, 1710, p. 2076. — *Diction. de théologie*, t. 1, col. 1188.

P. BERNARD.

ANDUIT, prêtre arien, dont le nom, orthographié *Adduit, Adiut, Andiol, Andiut* dans d'autres mss., semble démontrer l'origine vandale. Il vivait en Afrique sous le règne de Genséric. Victor de Vita raconte qu'en la fête de Pâques, à la tête d'une bande de forcenés, il assaillit les catholiques réunis à l'église pour célébrer la solennité du jour, en blessa et en tua un certain nombre. Ces faits se passaient dans la localité de *Regia*. Nous ne saurions dire s'il s'agit de *Bulla Regia*, en Proconsulaire, ou de quelque autre ville. Victor de Vita, *Historia persecutionis Vandalicae*, I, 41-42, édit. Halm, p. 10; P. L., t. LVIII, col. 197.

Aug. AUDOLLENT.

ANDUJAR ou **ANDUXAR** (LOUIS-JOSEPH DE), dominicain, évêque de Tortone, originaire de Côme, du couvent de la même ville. Après avoir enseigné dans les collèges de son ordre, à Bologne en particulier, il fut appelé à Rome. Benoît XIII l'honora de son amitié et le nomma préfet de la bibliothèque pontificale. Un acte du 13 décembre 1726 porte : *Frater Joseph-Ludovicus de Anducar, ordinis praedicatorum, ejusdem sanctissimi domini bibliothecarius secretus, et a studiis*, etc. Voir Touron, *Hist. des hommes illustres de l'ordre de Saint-Dominique*, t. VI, p. 489. Benoît XIII lui confia la mission d'aller remettre la barrette au P. Vincent-Louis Gotti, qu'il venait de créer cardinal (3 mai 1728). Voir *Bullarium ordinis*, t. VI, p. 657. L'année suivante, 27 mars 1729, autre mission du même genre : remettre la rose d'or à l'archevêque de Gênes, Nicolas-Marie Franchi. *Ibid.*, t. VI, p. 691. Benoît XIII, paraît-il, l'avait déjà désigné pour le siège épiscopal de Pérouse, mais la mort du pape (21 février 1730) vint retarder son élévation. Clément XII, le 20 septembre 1730, le nomma inquisiteur de Bologne. Ce n'est que sept ans après, le 6 mai 1737, qu'il fut nommé évêque de Bobbio et sacré à Rome, dans l'église de la Minerve. Benoît XIV le transféra au siège de Tortone le 11 mars 1743. Il gouverna cette église jusqu'en 1783, date de sa mort. En 1740, il tint le premier synode de son diocèse, dont les actes furent publiés la même année, à Plaisance.

Bullarium ordinis praedicatorum, t. VI, p. 657, 658, 691; t. VII, p. 526-527, 534; t. VIII, p. 1000, 556. — Touron, *Hist. des hommes ill. de l'ordre de Saint-Dominique*, Paris, 1749, t. VI, p. 489. — Gams, *Series episc.*, p. 813. — Cappelletti, *Le Chiese d'Italia*, Venise, 1857, t. XIII, p. 660, 691, le dit d'origine espagnole, comme le laisse supposer son nom.

R. COULON.

1. ANDUZE (BERMOND D'), fut évêque de Viviers, de 1222 à 1240. Fils de Bernard d'Anduze, il monta sur le siège de Viviers la même année où Raymond VII succéda, dans le comté de Toulouse, à son père Raymond VI, mort au mois d'août. Ce double changement de l'évêque et du comte ne termina pas les querelles qui existaient depuis longtemps. Déjà Raymond VII menaçait de s'emparer de Largentière, quand Amaury de Montfort, qui dirigeait le siège de Penne, en Agénois, lui fit proposer une trêve. Dès que le souverain pontife, Honorius III, connut les intentions pacifiques d'Amaury, il écrivit au légat Conrad, évêque de Porto, le 19 juillet 1223, pour lui recommander les intérêts de l'Église de Viviers.

Toutefois l'évêque de Viviers n'avait point pris les armes pour résister aux empiètements du comte, et ce que certains auteurs racontent de ses luttes n'est appuyé d'aucune preuve. Occupé plutôt des affaires spirituelles de son diocèse, il fonda la *mineure prébende*, aidé du concours de nombreux personnages, tels que : Ponce de Mirabel, prévôt, Guillaume de Tournel, archiprêtre, et Ponce de Montdragon, qui firent de larges offrandes pour l'entretien du mineur prébendier.

Quelque temps après, l'évêque de Viviers, ainsi que Bernard, religieux de l'abbaye de Mazan, fut pris pour adjoint par Arnaud, évêque de Nîmes, qui avait été commis par le cardinal-légat Conrad, à l'effet de terminer, avec l'évêque de Lodève, le différend survenu entre Pierre-Bermond, seigneur de Sauve, et les fils de Bernard d'Anduze, son oncle paternel, au sujet du domaine de la ville d'Alais. Bermond de Viviers et Bernard de Mazan, oncles des prétendants, préparèrent donc la sentence arbitrale du 8 septembre 1223, par laquelle Pierre-Bermond fut condamné à livrer à Vierne, veuve de Bernard d'Anduze, et à ses enfants, la moitié du péage d'Alais, les châteaux de Calberte et de Bellegarde, et quelques autres domaines, à la condition qu'eux et leurs successeurs tiendraient le tout en fief de lui et de ses héritiers, et qu'ils lui céderaient leurs droits sur Alais et les autres biens de sa maison.

Le comte de Toulouse ne cessait pas d'inquiéter l'évêque de Viviers; aussi Bermond fit-il encore parvenir ses plaintes au souverain pontife. Du concile de Montpellier, Honorius III écrivit donc, le 24 août 1224, au doyen et au chantre de Valence, de même qu'au sacristain de Romans, pour le charger de veiller aux droits menacés de Bermond. Le pape renouvela ses remontrances à Raymond, le 26 février 1225, dans les mêmes termes et par les mêmes intermédiaires; mais sa voix ne fut pas plus écoutée.

Louis VIII, à la tête de plus de cent mille hommes, descendit à Avignon, où il se trouvait à la fin de juin 1226, pour réduire le comte de Toulouse et les albigeois, et Bermond l'avait salué à son passage sur le Rhône; mais le roi ne put que pacifier la province, et il mourut à Montpensier, le 8 novembre de la même année 1226. Son fils et successeur, Louis IX, fut plus heureux et rendit le calme à cette région depuis si longtemps agitée. Il conclut la paix à Paris, avec Raymond VII, qui reçut l'absolution à Notre-Dame, le 12 avril 1229, et renonça à ses prétentions sur le Vivarais. Le comte de Valentinois imita cette soumission et vint, quelques mois après, faire hommage à Bermond pour tout ce qu'il possédait à Largentière.

En cédant au roi ses droits, le comte de Toulouse ne fit que changer, pour le Vivarais, le nom de l'usurpateur. Dès 1226, Louis IX avait établi deux sénéchaux, l'un à Beaucaire et l'autre à Carcassonne. Le sénéchal de Beaucaire, Pérégrin de Latinier, somma, en 1229, Bermond de se reconnaître vassal du roi de France, et l'évêque refusa. Le sénéchal commença alors des poursuites contre lui, saisit plusieurs fiefs de l'évêché et s'empara même de l'héritage que Bermond tenait personnellement de son père. L'affaire fut déférée au roi, qui nomma deux arbitres, le chevalier Raymond de Veyrac et le célèbre jurisconsulte Guy de Foulcois, pape en 1265 sous le nom de Clément IV. Ils se mirent donc à étudier la question.

En la même année 1229, Bermond servit, avec l'évêque de Valence, de garant au traité signé par trente-quatre seigneurs du voisinage, conclu entre Giraud VI Adhémar et ses frères, Aymar et Barral, au sujet de la succession de leur père, Giraud V, baron de Grignan.

L'évêque Bermond signa aussi la lettre collective qui fut adressée, le 5 mai 1231, au pape Grégoire IX, pour lui demander la canonisation d'Étienne, évêque de Die, mort le 7 septembre 1208.

En 1235, Bermond reçut, par l'intermédiaire du chanoine Pierre Ricard, le dénombrement de tous les fiefs tenus par le chapitre comme feudataire de l'évêque de Viviers.

Pendant ce temps, les commissaires, chargés d'examiner la question soulevée par le sénéchal Pérégrin de Latinier, avaient étudié les archives de l'Église vivaroise. A la suite d'une enquête aussi sérieuse qu'impartiale, ils déclarèrent que l'Église de Viviers dépendait de l'empire d'Allemagne depuis une époque fort reculée, rien ne laissant soupçonner même qu'elle eût jamais été soumise au roi de France. En conséquence, Louis IX blâma le sénéchal, qui fut forcé de suspendre ses poursuites, mais qui ne restitua point les fiefs déjà saisis au nom du roi. Une telle réparation était insuffisante et Bermond ne pouvait s'en contenter. Au mois de décembre 1235, il alla trouver l'empereur à Haguenau, près de Strasbourg. Cette démarche fit plaisir à Frédéric II, qui accorda à Bermond une telle confiance qu'il lui demanda de mettre son sceau épiscopal sur deux diplômes impériaux, datés de cette époque; puis, au mois de janvier suivant, il rendit en sa faveur une charte pour confirmer tous les privilèges que ses prédécesseurs, les souverains allemands, avaient jusque-là concédés à l'Église de Viviers. Nous ferons remarquer que, parmi ces privilèges, figure celui de battre monnaie; les évêques de Viviers en faisaient usage depuis fort longtemps; toutefois, la plus ancienne monnaie qu'on connaisse de ces prélats est un denier billon qui doit avoir été frappé vers la période présente.

La charte impériale resta sans influence sur les destinées du Vivarais, où l'autorité de l'empereur n'était plus que nominale.

A son retour de Haguenau, Bermond, de concert avec son chapitre, établit, en 1238, le chant solennel de l'office de la sainte Vierge; on devait le chanter en grand chœur tous les samedis, depuis l'octave de la Pentecôte jusqu'à l'Avent, et depuis l'octave de l'Épiphanie jusqu'au carême.

On ne sait pas autre chose de l'épiscopat de Bermond. Son successeur, Bertrand, apparaît en 1240.

Van der Haeghen, *Souv. des emp. d'Allemagne sur le Vivarais*, p. 34, etc. — *Hist. de Languedoc*, t. v, p. 313, 315, 329, 358-368, 619, et Preuves, cviii et cix; t. vi, p. 6-7, 406, et Preuves, iii. — Nadal, *Hist. hagiologique du dioc. de Valence*, p. 314-319. — Mis de Vogüé, *Une famille vivaroise*, t. i, p. 43, 433. — *Hist. du Bourg-Saint-Andéol*, ms.

A. ROCHE.

2. ANDUZE (BERNARD D'), chanoine de Maguelone, était élu évêque de Sisteron, vers le milieu de l'année 1174. Il prit part au concile de Latran de 1179 et, en 1183, il soumettait l'abbaye de Lure à celle de Boscodon. Il prenait part, en 1209, au concile de Saint-Gilles, où le comte de Toulouse était réconcilié avec l'Église. L'obituaire de Forcalquier nous apprend qu'il mourut le 11 juin 1214 et c'est bien à tort que la *Gallia christiana* lui donne un successeur avant 1207.

Gallia christiana, t. i, col. 486-487. — Albanés, *Gallia christiana novissima*, Montbéliard, 1899, t. i, col. 707-710.

U. ROUZIÈS.

1. ANE (ADORATION DE L'). L'accusation d'adorer un âne a pesé tour à tour dans l'antiquité sur les Juifs, puis sur les chrétiens.

On sait que l'antisémitisme est un état d'esprit de beaucoup antérieur au christianisme, et dont celui-ci n'est nullement responsable, encore qu'il ait pu contribuer à le renforcer. Il suffit, pour s'en convaincre, de parcourir la précieuse collection diligemment compilée par Th. Reinach, *Textes d'auteurs grecs et romains relatifs au judaïsme*, Paris, 1895. C'est à Alexandrie, semble-t-il, que l'antisémitisme théorique et systématique est né. Dès l'époque de Ptolémée Ier Soter (305-285 av. J.-C.), la « diaspora » juive s'était faite particulièrement dense en Égypte : bon nombre de Juifs y avaient été transportés à la suite des incursions du premier Ptolémée en Judée; d'autres s'y étaient laissé attirer par la bienveillance des pouvoirs officiels. Or, il arriva que la mise en contact des Juifs avec les Égyptiens hellénisés créa contre les premiers un courant populaire d'antipathie. Cette aversion prit corps en une série de légendes hostiles, dont nous trouvons déjà l'expression littéraire dans l'*Histoire d'Égypte* que le prêtre égyptien Manethon écrivit en grec sous le second Ptolémée (285-246). Manethon y racontait épisodiquement les origines du peuple juif et ses aventures en Égypte, avec l'arrière-pensée manifeste de déshonorer son passé (textes dans Reinach, *op. cit.*, p. 20-34). Il ne semble pas, au surplus, qu'il y fît allusion au conte dont nous allons suivre la fortune. Mais un demi-siècle plus tard, vers 200, Mnaseas de Patara, un élève d'Ératosthène, rapportait, dans son Περιπλους, l'anecdote suivante. Pendant une guerre entre les Iduméens et les Juifs, un certain Zabidos, de la ville de Dora (selon Schürer, *Gesch. d. jud. Volkes*, 4e éd., t. iii, p. 53, il s'agit d'Adora, en Idumée, où Apollon était honoré), vint trouver les Juifs et leur promit que le dieu se livrerait de lui-même à eux, en se transportant jusqu'au temple de Jérusalem, s'ils consentaient à s'en éloigner en masse. On le crut. Dissimulé dans un appareil en bois tout constellé de lumières, Zabidos pénétra sans être inquiété dans le temple sous les yeux écarquillés des Juifs : « il enleva la tête d'or du baudet » (ἐπωσύρας τοῦ κάνθωνος κεφαλήν) et s'en revint promptement à Dora. Cf. Reinach, *op. cit.*, p. 49.

Tel est le premier texte où la légende du culte de l'âne soit mentionnée. Un siècle plus tard, nous la rencontrons dans divers pamphlets antijuifs. Les violences exercées au cours du IIe siècle avant l'ère chrétienne par les Séleucides avaient provoqué chez les Juifs un sursaut de nationalisme et un appétit de vengeance dont l'effet fut d'envenimer davantage encore les inimitiés qui les entouraient. Apollonius Molon écrivit contre eux une Συσκευή κατὰ Ἰουδαίων (cf. Schurer, *op. cit.*, t. iii, p. 532-535), où, si l'on en croit Josèphe (cf. Reinach, *op. cit.*, p. 62), il forgeait au sujet du Temple des calomnies ineptes. De ces calomnies, nous pouvons prendre quelque idée d'après un récit que Diodore de Sicile a presque sûrement emprunté à Posidonios d'Apamée (135-51 av. J.-C.). Cf. Reinach, *op. cit.*, p. 56. Selon Posidonios, Antiochus Épiphane, ayant pénétré après sa victoire sur les Juifs jusque dans le secret du sanctuaire où le grand-prêtre seul avait accès, y trouva une statue de pierre représentant un homme à longue barbe monté sur un âne. Il conjectura que c'était là l'effigie de Moïse, législateur des Hébreux; et, par raffinement de dérision haineuse, il fit immoler une truie au pied de cette statue, et obligea le grand-prêtre et d'autres juifs à en manger.

Il s'agissait donc, chez Posidonios, non plus d'une tête d'âne, mais d'un âne entier chevauché par un personnage. Dans son Περὶ Ἰουδαίων, un certain Damocrite reprit la légende sous sa forme initiale : il y affirmait (si l'on en croit Suidas) que les Juifs adoraient une tête d'âne en or (...ὅτι χρυσῆν ὄνου κεφαλήν προσεκύνουν). Cf. Reinach, *op. cit.*, p. 121.

Quand, dans la première moitié du Ier siècle de notre ère, le grammairien alexandrin Apion entreprit de collectionner dans ses Αἰγυπτιακά toutes sortes d'histoires désobligeantes pour le peuple d'Israël, il adopta une version analogue à celle de Damocrite et de Mnaseas, mais en la combinant avec un récit tout pareil à celui de Posidonios. « Il osa dire, raconte Josèphe avec indignation (cf. Reinach, *op. cit.*, p. 131), que dans le sanctuaire de Jérusalem les Juifs avaient placé une tête d'âne, qu'ils l'adoraient et l'entouraient des plus grands honneurs. Il affirme que ce fait fut dévoilé lorsqu'Antiochus Épiphane pilla le temple, et qu'on découvrit cette tête, fabriquée en or, et valant une somme considérable. » Apion invoquait à l'appui de ses dires le témoignage de Posidonios et d'Apollonius Molon. Peut-être expliquait-il cette vénération étrange à l'égard de l'âne par les mêmes motifs que devait invoquer Tacite, quelque cinquante ans plus tard. Il est très possible, en effet, que Tacite ait utilisé Apion pour l'*excursus* qui ouvre le Ve livre de ses *Histoires*. Cf. Gutschmid, *Kleine Schriften*, 1893, t. IV, p. 367 sq. Selon Tacite, le roi Bocchoris, inquiet de voir la lèpre se propager parmi les Juifs, les aurait chassés d'Égypte sur le conseil de l'oracle d'Hammon. Poussés au milieu du désert, les Juifs étaient en grand péril de mourir de soif, quand Moïse, leur chef, eut l'idée de suivre un troupeau d'ânes sauvages qui s'acheminait vers des rochers ombragés; et, pour le salut de son peuple, il y découvrit des sources. Tacite note une commémoration de cet épisode dans la religion nouvelle dont Moïse constitua les rites; *Effigiem animalis, quo monstrante errorem sitimque depulerant*, PENETRALI SACRAVERE. *Histoires*, V, III-IV, dans Reinach, *op. cit.*, p. 304 sq. Quoi qu'en dise R. Heinze (dans *Verhandl. d. Kön. Sächsischen Ges. d. Wiss. zu Leipzig*, 1910, t. LXII, p. 367), cette affirmation est en conflit avec celle qu'avance le grand historien quelques lignes plus loin (v), là où il écrit : *Igitur nulla simulacra urbibus suis, NEDUM TEMPLIS, sistunt (Iudaei)*. Tacite ne paraît pas s'être aperçu de la contradiction qu'il s'infligeait à lui-même. Quoi qu'il en soit, il n'est pas douteux qu'il ait puisé soit directement, soit par intermédiaire, chez quelque auteur alexandrin — peut-être chez Apion — la version qu'il a rapportée, et dont Plutarque s'est également fait l'écho. *Quaest. convivales*, IV, V-VI, dans Reinach, *op. cit.*, p. 139. — Je néglige un passage de l'*Épitome* de Florus (I, XL, 30, dans Reinach, p. 334), le texte étant des plus douteux.

Pendant trois siècles au moins, la légende du culte de l'âne a donc couru sur le compte des Juifs dans les diverses parties du monde romain. D'où une semblable imagination a-t-elle pu naître, c'est ce que les critiques se sont évertués à démêler. Il serait superflu de mentionner ici toutes les hypothèses qui ont été produites. Celle de Diestel (article *Tempel*, dans le *Bibellexicon* de Schenkel, t. v, p. 479) est au moins ingénieuse. D'après le *Talmud*, il y avait encore, après la disparition des Tables de la loi, dans le Saint des saints, une pierre qu'on désignait par le mot de *Schetijah*, et où était inscrit le nom de Iahvé. Lorsqu'Antiochus Épiphane profana ce lieu redoutable, il n'y dut trouver que cette pierre, et rien d'autre. Mais, en grec, ὄνος signifie tout à la fois *âne* et *pierre meulière*. Il n'est pas impossible qu'à la faveur de cette acception double, la légende que l'on sait se soit accréditée.

La combinaison de Schenkel n'est point maladroite; ce qui la compromet quelque peu, c'est que Mnaseas semble bien avoir écrit avant qu'Antiochus eût accompli son sacrilège. Donc la légende était née antérieurement à l'acte qui aurait pu, au gré de Schenkel, y fournir prétexte.

Un autre système a été proposé par Gustav Roesch, (dans *Theolog. Studien und Kritiken*, 1882, p. 538 sq.), lequel utilisait les recherches de Movers et de W. Pleyte. Selon ces deux savants, antérieurement à la législation mosaïque, les Israélites avaient dû pratiquer en Égypte le culte de Baal-Moloch que la science alexandrine identifiait avec Seth-Typhon. On racontait même que ce Typhon avait engendré deux fils, Hiérosolyme et Juda. Voir Plutarque, *De Iside et Osiride*, XXXI, dans Reinach, *op. cit.*, p. 137. Or, dans l'écriture hiéroglyphique, Seth-Typhon était souvent figuré sous les traits d'un animal fabuleux qui ressemblait à l'âne. Et c'est de là qu'aurait tiré son origine la croyance populaire reproduite par la malveillance des lettrés alexandrins.

Déplaçant le berceau de la légende, M. Halévy (*Revue sémitique*, 1903, t. XI, p. 154-184) la croit née en Palestine même. Un malentendu sur le nom de Hamor (en hébreu « âne »), un des anciens princes de la ville de Sichem, qui y demeurait honoré, aurait répandu le bruit que les Juifs de Sichem adoraient un âne. Puis on soupçonna du même culte tous les Juifs sans exception, y compris ceux de Jérusalem. La malignité grecque populaire était bien aise de ridiculiser ainsi le mystère du Saint des saints que la piété juive entourait d'une vénération si timorée.

On pourrait allonger la liste de ces hypothèses. Voir par exemple l'article, assez obscur du reste, de F. de Mély, dans les *Comptes rendus de l'Acad. des inscr. et belles-lettres*, 1908, p. 82-92, qui s'attache à mettre en relief les sens divers du mot κάνθων, âne sauvage, escarbot, canthare, dans le récit de Mnaseas. Mais le jeu en est vain. En un terrain si fuyant, il faut s'avancer avec précaution, parce qu'aussi avec quelque scepticisme.

Ce qui est sûr, c'est que, après avoir longtemps pesé sur les Juifs, cette sotte calomnie fut une de celles dont les chrétiens eurent à leur tour à se défendre. Les chrétiens, on le sait, furent longtemps confondus avec les Juifs : *ut iudaicae religionis propinqui* (Tertullien, *Apol.*, XVI, 3, éd. Rauschen), sinon dans l'estimation de la haute administration romaine, du moins, dans l'esprit à courte vue de la foule (cf. P. Batiffol, *L'Église naissante et le catholicisme*, Paris, 1909, p. 21-34); cette indistinction fut partiellement la cause des griefs d'ἀθεότης et d'*odium generis humani* dont on les chargea comme on en accablait les Juifs. Voir Reinach, *op. cit.*, Index, aux mots *Impiété* et *Misoxénie*. Au surplus, l'accusation d'adorer un âne n'est point mentionnée par les apologistes grecs : elle fut loin de prendre, à l'égard des chrétiens, l'importance de celles que je viens de rappeler. Deux apologistes latins seulement ont cru devoir élever la voix pour les en disculper, ou sur le plus dédaigneux. Tertullien écrivait dans l'*Adversus nationes*, vers l'année 197, au chapitre XIV du premier livre (éd. Reifferscheid-Wissowa, dans le *Corpus de Vienne*, t. XX, p. 84) : *Nova jam de deo nostro fama suggessit, nec adeo nuper quidam perditissimus in ista civitate, etiam suae religionis desertor, solo detrimento cutis Judaeus, utique magis post bestiarum morsus, ut ad quas se locando quotidie toto jam corpore decutitur et circumciditur, picturam in nos proposuit sub ista proscriptione : onocoëtes. Is erat auribus canteriorum et in toga, cum libro, altero pede ungulato. Et credidit vulgus infami Judaeo. Itaque in toto civitate Onochoëtes praedicatur.* « Voici une nouveauté que la voix publique fait courir sur notre Dieu. Il n'y a pas bien longtemps, dans cette ville même, un parfait scélérat, déserteur de sa propre religion et qui n'est Juif que par le dommage qu'a subi sa peau, dommage qu'ont aggravé les morsures des bêtes contre lesquelles il se loue, au point que son corps tout entier est écorché et rogné, a exposé un tableau contre nous avec cette inscription : Onochoetes. Cela représentait un personnage avec des oreilles d'âne, une toge, un livre, un des pieds cornu. Et la multitude de croire cette canaille de Juif... Un bruit dans toute la ville que de l'Onochoetes. » Il s'agissait donc d'un Juif apostat (on a saisi la plaisanterie sur la circoncision : SOLO DETRIMENTO CUTIS JUDAEUS), gladiateur intermittent contre salaire reçu, qui avait imaginé de figurer en cette caricature le Dieu des chrétiens. Le sens du mot Onochoetes n'est pas encore fixé : Œhler (*Opera Tertulliani*, t. I, p. 181) et Rauschen (*Florilegium patristicum*, Bonn, 1906, t. VI, p. 57) e dérivent de ὄνος, âne et de κοιᾶσθαι, vocable rare qui signifie : être prêtre. *Onochoetes* correspondrait donc à *asinarius sacerdos*. M. Audollent (*Carthage romaine*, Paris, 1901, p. 449) traduit ainsi : « ...qui couche avec les ânes » : ce serait, à son gré, une allusion à la crèche de Bethléem. Dom Leclercq (*Dict. d'arch. chrét. et de lit.*, t. II, col. 2012) interprète « ...engendré par accouplement avec un âne, » et renvoie à un épisode fort libre raconté par Apulée dans ses *Métamorphoses*, IX, XIV. Quoi qu'il en soit, l'incident avait assez frappé Tertullien pour qu'il ait cru devoir revenir quelques mois plus tard, dans son *Apologeticus*, XVI, sur la calomnie dont le Juif avait tiré parti. « A la suite de certains auteurs, vous avez imaginé qu'une tête d'âne était notre Dieu. » *Nam, ut quidam, somniastis caput asininum esse deum nostrum.* Il rappelle le récit de Tacite dans les *Histoires*. « Comme nous sommes apparentés à la religion juive, continue-t-il, on aura conclu de là, je pense, que nous sommes initiés au culte de la même idole. » Alors, mettant Tacite en contradiction avec lui-même (*Cornelius* TACITUS, *...ut mendaciorum* LOQUACISSIMUS : on comprend le jeu de mots), Tertullien rapporte que, d'après ce même historien, Pompée ne trouva aucune statue dans le temple, après la prise de Jérusalem. Et pourtant, si les Juifs avaient réellement honoré l'image d'un âne, où l'eussent-ils placée, sinon dans un sanctuaire si bien défendu contre les regards profanes ? Un peu plus loin (XVI, 12, éd. Rauschen), il rappelle encore l'histoire du tableau dont la Carthage païenne s'était tant égayée : *Sed nova jam Dei nostri in ista proxime civitate editio publicata est, ex quo quidam frustrandis bestiis mercenarius noxius picturam proposuit cum ejusmodi inscriptione : deus christianorum Onocoetes. Is erat auribus asinis, altero pede ungulatus, librum gestans et togatus.*

On ne voit guère après Tertullien (si tel est réellement l'ordre chronologique de ces deux écrivains) que Minucius Félix qui soit revenu sur la même injurieuse légende. Dans son réquisitoire contre les chrétiens (*Octavius*, IX, 3, éd. Bœnig), Cecilius déclare parmi d'autres incriminations : « J'entends dire que, sous l'influence de je ne sais quelle croyance inepte, ils consacrent et adorent la tête du plus vil animal, de l'âne : superstition bien digne de telles mœurs, de qui elle est née ! » *Audio eos turpissimae pecudis caput asini consecratum inepta nescio qua persuasione venerari : digna et nata religio talibus moribus.* A quoi, dans sa riposte, Octavius oppose la déclaration suivante (XXVIII, 7) : « C'est des démons que vient ce bruit que tu dis avoir entendu, d'après lequel une tête d'âne serait pour nous chose sacrée. Qui serait assez sot pour adorer cela ? Et qui, plus sot encore, croira que cela soit adoré ? » *Inde est quod audire te dicis, caput asini rem nobis esse divinam : Quis tam stultus, ut hoc colat ? Quis stultior, ut hoc coli credat ?* Postérieurement à Tertullien et à Minucius Félix, les textes littéraires cessent d'attester la vitalité de la légende de l'âne. Notons seulement pour mémoire qu'Origène, dans son Κατὰ Κέλσου (qui est de 248), voulant dissiper une confusion créée par Celse entre les chrétiens et les « ophites », fait observer au philosophe que ce sont ceux-ci (et eux seulement) qui, en leurs cosmogonies funambulesques, considèrent des monstres revêtus de la forme d'un lion, d'*un âne*, d'un amphibie, comme les portiers divins de la route qui mène au ciel. Καὶ οὐκ οἶδέ γε ὅτι οὐδεὶς τῶν τὸν λεοντοειδῆ καὶ τὸν ὀνοειδῆ καὶ τὸν ἀμφίβιον νομιζόντων εἶναι θυρωροὺς τῆς ἀνόδου ἕως θανάτου ἵσταται κἂν ὑπὲρ τῆς φαινομένης αὐτῷ ἀληθείας. *Contra Celsum*, VII, XL, éd. Koetschau, dans *Griechische christ-liche Schriftsteller, Origines*, t. II, p. 191, lig. 9 sq. Pareillement, dans son *Panarion*, XXVI, x(Œhler, *Corpus haereseol.*, t. II, p. 185), saint Épiphane nous apprend que, parmi les gnostiques (il ne précise pas quelle catégorie il entend désigner), les uns attribuaient à Sabaoth, le Dieu des Juifs, qui tenait le dixième rang dans la hiérarchie céleste, *la forme d'un âne*, les autres la forme d'un porc. Φασὶ δὲ τὸν Σαβαὼθ οἱ μὲν ὄνου μορφὴν ἔχειν, οἱ δὲ χοίρου. Διόπερ ἐνετείλατο, φασί, τοῖς Ἰουδαίοις, χοίρου μὴ ἐσθίειν, εἶναι δὲ αὐτὸν ποιητὴν οὐρανοῦ καὶ γῆς, καὶ τῶν μετ' αὐτὸν οὐρανῶν καὶ ἀγγέλων τῶν ἑαυτοῦ. Épiphane évoque à ce propos un souvenir personnel. Il raconte (*Panarion*, XXVI, XII, Œhler, *Corpus haerescologicum*, t. II, p. 188) que, pendant son séjour en Égypte — vers 340 — il a pris connaissance d'un livre intitulé l'Ἔννα Μαρίας, qui était en usage dans certains cercles gnostiques. Un des épisodes de cet écrit était demeuré présent à son souvenir. Le meurtre de Zacharie (cf. Math., XXIII, 35) s'y trouvait expliqué comme il suit. Tandis qu'il offrait l'encens dans le Saint des saints, Zacharie avait vu se dresser soudain devant lui un homme-âne. Stupéfait, il avait voulu sortir pour dénoncer aux Juifs l'indignité de l'objet de leur culte, mais l'apparition l'avait rendu momentanément muet. Quand, récupérant l'usage de la parole, il eut révélé au peuple le secret qu'il avait percé, les Juifs furieux d'un tel blasphème, le mirent à mort. Voici le texte grec du principal passage de saint Épiphane : Ἐκ τούτου γάρ φασι τὸν Ζαχαρίαν ἀπεκτάνθαι ἐν τῷ ναῷ, ἐπειδή, φασί, ὀπτασίαν ἑώρακε, καὶ ἀπὸ τοῦ φόβου θέλων εἰπεῖν τὴν ὀπτασίαν ἀπεφράγη τὸ στόμα. Εἶδε γάρ, φασίν, ἐν τῇ ὥρᾳ τῆς θυμιάματος τινα, ὧν εὐθυμία, ἄνθρωπον ἑστῶτα ὄνου μορφὴν ἔχοντα. Καὶ ἐξελθόντος, φασι, καὶ θέλοντος εἰπεῖν, Οὐαὶ ὑμῖν, τίνι προσκυνεῖτε ; ἀπεφράξεν αὐτοῦ τὸ στόμα ὁ ὀφθεὶς αὐτῷ ἔνδον ἐν τῷ ναῷ, ἵνα μὰ δυνηθῇ λαλῆσαι. Ὅτε δὲ ἠνοίγη τὸ στόμα αὐτοῦ, ἵνα λαλήσῃ, τότε ἀπεκάλυψεν αὐτοῖς, καὶ ἀπέκτειναν αὐτόν... D'après Alexander Berendts (*Studien über Zacharias-Apokryphen und Zacharias-Legenden*, diss. Dorpat, 1895, p. 37), la Γέννα Μαρίας aurait été composée vers le milieu du IIe siècle de notre ère. On y perçoit un curieux et tardif écho dans ces milieux gnostiques (sans doute s'agit-il des « ophites ») de la tradition antijudaïque née à Alexandrie. Il est intéressant de noter que déjà dans la première moitié du IVe siècle Sérapion de Thmuïs connaissait cette Γέννα Μαρίας, qu'il accusait (bien à tort) d'avoir été l'origine du grief d'onolâtrie porté contre les Juifs et contre les chrétiens. Cf. Berendts, *op. cit.*, p. 35, n. 2.

En ce qui concerne non plus les Juifs, mais seulement les chrétiens, le fameux *graffito* du Palatin est peut-être susceptible de jeter un supplément de lumière sur cette même calomnie. Garrucci, à qui on en doit l'exhumation, a raconté lui-même les péripéties de son intéressante trouvaille. *Annales de philos. chrétienne*, 1857, t. LIV, p. 101-118. « A l'angle occidental du mont Palatin, près de l'église Sainte-Athanasie, dans le jardin Nusiner, on découvrit, il y a quelques années, deux murs d'un appartement dont les parois étaient toutes couvertes de figures et d'inscriptions tracées avec le stylet... (je fus mis en éveil) par quelques mots grecs tracés sur la partie du mur qui était au-dessus du terrain dont la pièce était presque entièrement remplie. Je me mis aussitôt à découvrir autant qu'il était possible la partie de la muraille qui m'était dérobée. A peine la terre était-elle remuée que j'eus sous les yeux des lignes représentant un corps d'homme avec une tête d'animal et les mains ouvertes, comme sont, dans les monuments chrétiens, les fidèles en prière. Puis au-dessous, je mis à nu quelques lettres grecques, et à l'un des côtés, une figure purement humaine. » Ce *graffito* se trouve actuellement au musée Kircher. Un homme à tête d'âne, vêtu d'une petite tunique, est attaché à une croix en forme de *tau* grec. A gauche de la croix se tient debout un personnage grossièrement dessiné, qui semble faire le geste d'envoyer au crucifié le baiser d'adoration. Au bas du dessin on lit : Ἀλεξάμενος σέβετε (pour σέβεται) θεόν. « Alexamène adore (son) Dieu. » Garrucci n'avait pas hésité à conclure que sa découverte fournissait « un monument précieux qui confirme -- disait-il -- ce que nous savions touchant la calomnie païenne du crucifix et de la tête d'âne sauvage adorée par les chrétiens. » *Ibid.*, p. 107. Cette interprétation a été combattue en 1898 par Wünsch, *Sethianische Verfluchungstafeln aus Rom*, Leipzig. Ayant eu l'idée d'examiner une cinquantaine de feuilles de plomb découvertes dans des sarcophages, en 1850, près de la voie Appienne et conservées au musée Kircher à Rome, Wünsch a déchiffra des formules imprécatoires par lesquelles certains cochers de cirque vouaient aux dieux — spécialement à Osiris et à Seth-Typhon — les chevaux de leurs concurrents. Cf. Audollent, *Defixionum tabellae*, thèse, Paris, 1904, n. 140-187. En outre, il remarqua que, sur plusieurs de ces tablettes, était gravée l'image d'un homme à tête d'âne revêtu d'un vêtement de type égyptien : il en conclut qu'il y avait là une représentation de ce Seth-Typhon, dont il a été parlé plus haut, et qui, selon lui, devait être adoré dans la secte gnostique des « séthiens ». Puis, par une déduction nouvelle, il imagina de rattacher à cette secte le *graffito* de Garrucci, et ne voulut y voir rien d'autre qu'un dessin tracé par quelque fidèle du dieu égyptien. La présence d'un signe mystique, d'un Y, qui figure à la fois sur le *graffito* et sur plusieurs des *tabellae* de plomb lui parut achever la confirmation de sa thèse.

Celle-ci souffre pourtant de grosses difficultés. D'abord Wünsch n'explique point la présence du crucifix sur le *graffito*. Puis c'est par une hypothèse arbitraire qu'il admet que les séthiens adoraient Seth-Typhon. Les hérésiologues, tels qu'Hippolyte (*Philosophoumena*, V, IV, 19-22 ; X-XI) ou qu'Épiphane de Salamine (*Panarion*, XXXIX, v), ne les mettent en rapport qu'avec le Seth biblique. Aussi la pluralité des archéologues demeure-t-elle attachée, semble-t-il, à l'explication de Garrucci. Voir spécialement, contre Wünsch, Huelsen, dans les *Mélanges Boissier*, Paris, 1903, p. 305 sq., et Reich, dans *Neue Iahrbücher f. das klass. Altertum*, p. 707 sq. Le dessin et l'inscription seraient du IIe ou du IIIe siècle de notre ère.

On a voulu parfois retrouver les vestiges de la légende de l'onolâtrie sur différents monuments figurés, gemme, terre cuite, etc... Cf. dom Leclercq, *Dict. d'archéol. chrét. et de lit.*, t. II, col. 2045. Il n'est pas impossible que ces représentations soient, en effet, destinées à la rappeler. Mais ce n'est là qu'une conjecture : il faut se souvenir que, dès *l'époque mycénienne*, « nous trouvons, sur une fresque demeurée énigmatique, une procession de personnages à la tête d'âne, dont l'intention caricaturale ne saurait être mise en doute. » A. Grenier, dans *Revue de philologie*, 1907, t. XXIX, p. 337.

Morinus, *De capite asinino Deo christiano*, Dordrecht, 1620. — Hasaeus, *De onolatria olim Iudaeis et christianis impacta*, Erfurt, 1716. — Lindner, *De ὀνολατρείᾳ christianis obiecta. Excursus ad Min. Felicem*, Lanzensalgen, 1760, p. 34 sq. — J. G. Müller, *Kritische Untersuchung der taleischen Berichte über die Juden*, dans *Theologische Studien und Kritiken*, 1840, p. 890-958; *Des Flavius Josephus Schrift gegen den Apion...*, Bâle, 1877. — Garrucci, *Dissertation sur la découverte d'une croix portant un blasphème païen contre le Christ*, dans les *Annales de philosophie chrétienne*, 1857, p. 101-118 (trad. de l'italien par l'abbé C.-M. André). — Kraus, *Le crucifix blasphématoire du Palatin*, trad. Charles de Linas, Arras, 1870; art. dans *Realencykl. der christl. Kunst*, t. II, p. 774-776. — Roesch, *Caput asininum*, dans *Studien und Kritiken*, p. 523-544. — Th. Reinach, *op. cit.* — R. Wünsch, *Sethianische Verfluchungsafeln aus Rom*, Leipzig, 1898. — Krauss, *Ass-Worship*, dans *The Jewish encyclopedia*, 1902, t. II, p. 222-224. — Oleck, dans *Realencyclopädie de Pauly-Wissowa*, t. VI, col. 626-676. — Halévy, *Le culte d'une tête d'âne*, dans *Revue sémitique*, 1903, t. XI, p. 154-164. — Bréhier, *Les origines du crucifix dans l'art religieux*, Paris, 1904, p. 13-18. — Salomon Reinach, *Le culte de l'âne*, dans *Cultes, mythes, religions*, Paris, 1905, t. I, p. 342-346. — Stahelin, *Der Antisemitismus des Altertums*, Bâle, 1905, p. 15 sq., 54. — H. Leclercq, dans *Diction. d'archéol. chrét. et de liturgie*, *loc. cit.* — F. de Mély, *Le Christ à tête d'âne du Palatin*, *loc. cit.*

P. DE LABRIOLLE.

2. ANE (FÊTE DE L'). C'est une manifestation religieuse en l'honneur de l'ânesse de Balaam, de l'âne de la fuite en Égypte, de l'âne de la crèche, de l'ânesse montée par Jésus-Christ lors de son entrée à Jérusalem. Du XIIe au XVe siècle, elle a particulièrement intéressé plusieurs villes de France. Nous étudierons ses origines, sa célébration, sa cessation et la signification qu'elle comporte.

I. ORIGINES. — La renaissance due aux premiers Capétiens est un fait d'autant moins contestable qu'elle coïncide avec l'établissement en Normandie des hardis navigateurs scandinaves. Au commencement du XIe siècle le clergé pouvait reprendre le rôle d'éducateur, d'instituteur et de bienfaiteur que lui avait officiellement assigné Charlemagne, et que la faiblesse de ses successeurs n'avait pu défendre.

« Vers l'an mil, dit Raoul Glaber, les basiliques furent renouvelées dans presque tout l'univers... On eût dit que le monde entier avait secoué les haillons de son antiquité pour revêtir la robe blanche des églises. » *Historiarum libri V*, édit. Prou, Paris, 1886. A cette époque, on peut placer la naissance du drame liturgique. « En ce temps, dit Petit de Julleville, l'amour du peuple pour ses églises rajeunies et embellies allait croissant ; il ne trouvait jamais ni les fêtes assez nombreuses, ni les offices assez longs. Cette avidité, servie par la complaisance du clergé, naturellement favorable à l'excès même de ce goût pieux, ne put être satisfaite que par le développement qui fut donné à la liturgie. Des interpolations nombreuses et de plus en plus considérables servirent à prolonger les offices et bientôt à les varier. » Cf. *Mystères*, t. I, p. 21.

En toute hypothèse, la fête de Noël se présente dès le XIe siècle avec un répertoire varié de drames vivants et suggestifs. Le manuscrit de Saint-Martial de Limoges, conservé à la Bibliothèque nationale, (fonds latin *1139*), contient « le drame de l'époux ou des vierges sages et des vierges folles » et celui des *Prophètes du Christ*. On admet aujourd'hui qu'il est du XIe siècle. Le drame des Prophètes a été l'objet d'une étude approfondie de M. Marius Sepet, qui, avec beaucoup de sagacité, en a démêlé les origines. Paris, 1878. En fait, c'est un commentaire d'un sermon apocryphe de saint Augustin, qui pendant tout le moyen âge a joui d'une grande popularité, due sans doute à son caractère dramatique. Le prédicateur y évoque successivement treize témoins prophétiques de la mission divine de Jésus-Christ et leur enjoint impérativement de la prédire : *Vos, inquam, convenio, o Juaei... Isaïe, David..., Virgile, Nabuchodonosor,* et la Sibylle. Publié par Marius Sepet, ms. *1019*, fonds latin, Bibliothèque nationale, fol. 129.

Le manuscrit de Saint-Martial de Limoges reste purement liturgique; le mystère des Prophètes y fait partie intégrante du culte. Mais Du Cange affirme qu'au XIIe siècle le drame se modifia et se surchargea. Il le publie d'après un ordinaire de Rouen aujourd'hui perdu. Son texte n'est pas antérieur à 1350, puisqu'on y parle de jubés. Pour Petit de Julleville, il est la copie d'un texte plus ancien peut-être de deux cents ans. Balaam témoigne en faveur de Jacob et de sa descendance devant une fournaise établie au milieu de la nef en souvenir des trois enfants. Un ecclésiastique, caché sous un grand mannequin qui forme la monture, simule le miracle de l'ânesse. De cette présentation Du Cange conclut à l'assimilation dans l'opinion publique de la « fête des Prophètes » et de celle de « l'âne ». *Glossarium mediae et infimae latinitatis*, 1844, t. III, p. 255-286. On attend encore des découvertes futures le document qui confondra les deux appellations.

Peut-être l'origine de la fête se trouverait-elle plus simplement dans l'association de l'âne aux mystères de la nativité et de la christologie. La désignation populaire est toujours celle du concret le plus apparent. L'explication serait vraie, elle serait médiévale : le moyen âge fut ingénument et malicieusement réaliste; la version s'imposerait même au cas où il faudrait voir dans l'âne de la fête le symbole de la synagogue juive ou de la personne du Christ. A défaut de date précise, ce second point de vue fournirait une conclusion plus ferme. L'attribution par Du Cange et Petit de Julleville de l'ordinaire de Rouen au XII° siècle reste sans preuves documentaires. Les célébrations diverses de la fête de l'âne nous sont présentées au contraire par des manuscrits du XIII° siècle. Si Du Cange se trompe, la « fête des Prophètes » ne peut expliquer un office trop multiplié dans sa teneur, et antérieur à coup sûr à 1350 : la fête de Sens et celle de Beauvais remontent à saint Louis. D'ailleurs, l'ânesse de Balaam n'est point seule évoquée. Les ânes de la tradition évangélique n'ont rien de prophétique.

II. CÉLÉBRATIONS DIVERSES. — 1° *La fête de l'âne à Sens*. — Dans la vieille métropole ecclésiastique de l'Ile-de-France, la cérémonie de l'âne jointe à celle des « fous » ou des « innocents » se célébrait au jour de la Circoncision. Le manuscrit, qui en contient les rubriques, est depuis longtemps à la bibliothèque de la ville : l'original, dans un diptyque en ivoire, qui représente une sculpture antique, probablement antérieure au christianisme. Le bas-relief montre les quatre éléments sous la figure des dieux et des déesses de la fable, Bacchus ou Apollon, Cérès, Amphitrite, les Tritons, etc. Il serait puéril de voir dans ce diptyque une figure de l'office de la Circoncision, écrit et noté dans les soixante-quatre pages du manuscrit, puisque, sur le premier folio, on lit *Officium Circumcisionis ad usum urbis Senonensis*.

En fait, d'après le texte même, l'office était populaire sans avoir rien d'une satire burlesque à l'antique. Pour s'expliquer plus loin, les cérémonies doivent d'abord être objectivement exposées. Elles avaient lieu aux vêpres, le jour de la Circoncision. Avant de commencer l'office, le clergé se rendait processionnellement à la porte de l'église; deux chantres redisaient la joie : *Lux hodie, lux laetitiae... Laeta volunt quicumque colunt asinaria festa*. Les vêpres chantées *in falso* avec une longueur insolite se composaient des morceaux les plus tristes et les plus gais donnés pendant l'année. Deux chanoines devaient exécuter les conduits (*conductus*) *ad tabulam, ad subdiaconum, ad diaconum, ad evangelium, ad prandium, ad presbyterium*, dans l'intervalle qui séparait les leçons. Partout Dulaure a sous-entendu *asinus*. Ce n'est un secret pour aucun historien de la musique médiévale que le mot *conductus* n'est point un adjectif se rapportant dans la circonstance à « l'âne ». La rubrique d'ailleurs ne mentionne pas l'animal. *Conductus* est un substantif. Il désigne une partie de l'office qui se chantait en marchant, en formant un cortège. C'est un morceau de musique religieuse comme l'*antiphona*, l'*introitus*, le *psalmus*, le *capitulum*, etc. Les traités de musique au moyen âge sont explicites à cet effet. *Qui vult facere conductum, primum cantum invenire debet pulchriorem quam potest*. Cf. De Coussemaker, *Histoire de l'harmonie au moyen âge*, 1852, p. 58, qui cite Francon de Cologne et Jérôme de Moravie, les deux grands techniciens de la musique sacrée médiévale, Il est exact d'écrire à ce sujet que le cri « hi han », attribué au célébrant et aux fidèles par Dulaure (cf. *Histoire abrégée des différents cultes*, Paris, 1825), après l'introït, le *Kyrie*, le *Gloria*, le *Credo* et l'*Ite missa est* de la messe, ne concerne que l'office de Beauvais. Le manuscrit de Sens n'en mentionne aucune trace, non plus que de l'hymne à Bacchus « Evoé », vu dans les lettres *a e u o u a e*, abréviation neumatique des mots *saeculorum amen*. La fête de l'âne prenait fin par des danses dans la nef, des agapes, des rafraîchissements, des joyeusetés et farces quelque peu grasses pour notre goût moderne. La tête du préchantre était arrosée d'un seau d'eau. Pendant la cérémonie, on avait exécuté la prose de l'âne composée en vers léonins et annotée de la notation carrée à une seule partie :

1	4
Orientis partibus	*Aurum de Arabia,*
Adventavit asinus	*Thus et myrrham de Saba*
Pulcher et fortissimus,	*Tulit in Ecclesia*
Sarcinis aptissimus.	*Virtus asinaria.*
Hez, sir asne, hez.	*Hez, sir asne, hez.*
2	5
Hic in collibus Sichem,	*Dum trahit vehicula*
Enutritus sub Ruben,	*Multa cum sarcinula,*
Transiit per Jordanem,	*Illius mandibula*
Saliit in Bethleem.	*Dura terit pabula.*
Hez, sir asne, hez.	*Hez, sir asne, hez.*
3	6
Saltu vincit hinnulos,	*Cum aristis ordeum*
Damas et capreolos,	*Comedit et carduum,*
Super dromedarios	*Triticum a palea*
Velox madianeos.	*Segregat in area.*
Hez, sir asne, hez	*Hez, sir asne, hez.*

7
Amen dicas, asine,
Jam satur ex gramine.
Amen, amen itera,
Aspernare vetera.
Hez, sir asne, hez.

Le manuscrit de Sens est de Pierre de Corbeil, archevêque, mort en 1222.

2° *La fête de l'âne à Beauvais*. — Nous connaissons le manuscrit de Beauvais par Du Cange, *op. cit.*, t. III, p. 255, 256. *Hanc nobis suppeditavit*, dit-il, *praeter edita ms. codex 500 annorum; unde de antiquitate illius festi judicare licet*.

La fête avait lieu le 14 janvier. C'est la fuite en Égypte qui est représentée. Une jeune fille de la ville tient un enfant dans ses bras. Elle est montée sur un âne richement caparaçonné. La procession va de la cathédrale à l'église Saint-Étienne, où la messe commence au milieu de l'assistance du clergé et du peuple. L'introït, le *Kyrie*, le *Gloria*, et le *Credo* sont terminés par la modulation « hihan ». Après l'épître, on chante la prose de l'âne. Elle est plus fournie que celle de Sens. Chaque strophe s'y accompagne du refrain en français.

Hez, sire asne, hez,
Belle bouche rechignez,
On aura du foin assez
Et de l'avoine à planté.

Du Cange y intercale deux strophes nouvelles, l'une après la première, l'autre après la seconde du manuscrit de Sens.

Lentus erat pedibus	*Ecce magnis auribus*
Nisi foret baculus	*Subjugalis filius,*
Et eum in clunibus	*Asinus egregius,*
Pungeret aculeus.	*Asinorum dominus.*
Hez, sir asne...	*Hez, sir asne...*

Il est à noter que *Lentus erat pedibus* contredit *Saltu vincit hinnulos*. Enfin la prose est couronnée par un couplet final :

> Hez va ! hez va ! hez va ! hez.
> Biaix, sire asne, car allez.
> Belle bouche, car chantez.

Les affirmations de Du Cange ont été contrôlées. Vers 1850, en effet, un manuscrit ayant appartenu à la cathédrale de Beauvais jusqu'à la Révolution française et devenu la propriété de G. C. Pacchierotti, riche Italien de Padoue, a été étudié dans cette ville par Didron, neveu de Didron aîné, fondateur des *Annales archéologiques*. Cf. *Annales archéologiques*, t. VII, p. 28 sq.; t. XV, p. 382 sq.; t. XVI, p. 26 sq. Le manuscrit Pacchierotti renferme l'office de la Circoncision, et par conséquent la fameuse prose de l'âne. Il contient quatre-vingt-treize feuillets petit in-fol. L'*Orientis partibus* y est répété deux fois : à l'office de la veille de la Circoncision, il est à une seule partie comme à Sens; le jour de la fête, il est à trois parties. Didron y voit un second exemplaire du manuscrit de Beauvais, mentionné par Du Cange, peut-être aussi une copie, mais une copie à peu près contemporaine du livre de Sens, et légèrement modifiée. La date du manuscrit de Padoue n'est pas impossible à fixer. Elle contient, on l'a dit, la prose de l'âne harmonisée à trois parties. De Coussemaker, *Annales archéologiques*, t. XVI, p. 303, après examen basé sur la technique de Francon de Cologne (XIe et XIIe siècles) et de Jérôme de Moravie (XIIIe siècle), voit dans cette prose un monument transitionnel entre la diaphonie et le déchant. Cf. Francon de Cologne, *Ars cantus mensurabilis* (manuscrit du XIe siècle), reproduit par Gerbert, *Scriptores ecclesiastici de musica sacra potissimum*, Saint-Blaise, 1784. En rappelant que les vers léonins étaient employés avant leur propagateur, le chanoine Léon, membre du couvent de Saint-Victor à Paris au XIIIe siècle, on peut prudemment fixer comme date ultime au ms. Pacchierotti le début du XIIe siècle. L'office de Beauvais se trouve par le fait historiquement classé.

Le manuscrit de Padoue présente enfin un autre intérêt. La prose *Orientis partibus* y est précédée de la mention *Conductus subdiaconi ad epistolam*. Le document connu et exploité par Dulaure aurait servi à l'auteur de l'*Histoire des cultes*; la mention d'un conduit exécuté par le sous-diacre au moment où, dans la cathédrale de Beauvais, celui-ci se dirige vers l'ambon de l'épître, l'aurait préservé d'une interprétation gratuite de l'office de Sens. Le sous-diacre du Vexin n'avait pas de raison pour confier son conduit à l'âne du Sénonais. A Beauvais, comme à Sens, l'office est joyeux, il n'est pas grotesque.

3° *La fête de l'âne dans quelques villes de France*. — Rouen eut aussi sa fête de l'âne. L'ordinaire de ce diocèse prévoyait que, célébré après tierce, l'office pourrait toujours être supprimé. La célébration coïncidait d'ailleurs avec l'office des prophètes au jour de Noël. Du Cange en mentionne toutes les indications scéniques d'après l'original signalé plus haut. Cf. origines de la fête.

Après la présentation des prophètes, la messe *Puer natus est* n'avait plus rien que de normal.

A Autun, on promenait l'âne sous un drap d'or dont les quatre principaux chanoines de l'église tenaient les extrémités. Cf. Du Cange, *Glossarium*, t. III, p. 255, 256. Du Tillot, dans ses *Mémoires pour servir à l'histoire de la fête des fous*, Lausanne, 1721, prétend confirmer l'auteur du *Glossaire*. D'après le second registre de l'église cathédrale d'Autun commençant en 1411 pour finir en 1416, il affirme qu'à la fête des fous on conduisait un âne et l'on chantait « Hé, sire âne, hé ».

Le *Mercure de France* de 1726, dans une lettre sur l'office des fous, cite encore l'église de Bourges comme célébrant la prose de l'âne dans les mêmes conditions que la ville épiscopale de Sens; la similitude était telle que le chant était, dans les deux diocèses, modulé sur des tons absolument identiques.

A Cambrai, selon Du Cange, on se contentait de placer derrière l'autel de la cathédrale l'image de l'âne depuis le jour de la fête jusqu'aux complies du mercredi. *Ubi non aderat ipsamet asina, ipsius effigies retro altare collocabatur. Ordinar. M S. eccles. Camerac.*, fol. 36 r°, *ad dominicam Palmarum. Asina picta remanet retro altare usque post completorium IV feriae*.

On peut d'ailleurs se demander, pour terminer cette énumération des différentes fêtes de l'âne jusqu'ici connues, si la science archéologique de l'avenir ne présentera pas quelque office nouveau. La technique actuelle des mystères médiévaux doit sa mise au point à la multitude des documents provinciaux et municipaux publiés depuis quatre-vingts ans. Il n'est pas de ville, semble-t-il, qui n'ait eu un jour sa fête de l'âne plus ou moins entremêlée aux mystères de la Nativité. Chaque jour peut apporter, par la mise au clair d'un rituel nouveau, une contribution nouvelle à la connaissance d'un office, dont, plus que de tout autre, on a souvent parlé jusqu'ici avec des préoccupations trop étrangères à la science. La « fête de l'âne » attend son historien.

III. CESSATION. — La représentation d'une cérémonie populaire au sens complet du mot devait d'ailleurs tout naturellement comporter ses excès. Dans tous les temps les exercices du culte trop concrets ont eu leur danger. Plus que d'autres, l'office de l'âne, en raison de sa teneur et de son milieu historique, pouvait prêter à l'exagération. Le grotesque devait parfois le déconsidérer devant une raison trop abstraite, voire même malveillante. Ce qu'il faut bien distinguer, c'est l'époque à laquelle le discrédit atteignit les « fêtes des fous », dans lesquelles on englobait alors la « fête de l'âne ». Dubois, dans son *Histoire de l'Église de Paris*, Paris, 1710, a faussé sur ce sujet les idées, en attribuant au XIIe siècle les désordres des XIVe, XVe et XVIe siècles, et en reportant tous les termes de la circulaire de 1444, dont nous allons parler, deux siècles trop tôt. Tout le XVIIIe siècle s'y est trompé. Par là s'explique l'attitude peu scientifique des écrivains de la première moitié du XIXe.

Les XIe, XIIe et XIIIe siècles sont des siècles de réorganisation religieuse et politique. Les Grégoire VII, les saint Bernard, les Innocent III, les Grégoire IX dirigent avec force et efficacité des hommes comme Louis VI, Louis VII, Philippe-Auguste et saint Louis. Le droit, la raison s'épanouissent dans l'art comme dans la vie pratique. Il est peu probable que les excès soient à l'ordre du jour d'une façon généralisée. Vers 1196, Maurice de Sully, évêque de Paris, tente d'abolir la « fête des fous » dans son diocèse. Mais en 1265, le métropolitain Odon, archevêque de Sens, est loin d'interdire l'office de l'âne et celui des innocents. S'il prohibe les grossièretés qui accompagnent ces deux cérémonies, c'est un rappel à l'ordre, c'est une mise au point nécessaires. Il semble que les intéressés aient profité de l'avertissement, puisque des actes du chapitre de Sens de 1514 et de 1517 permettent encore les fêtes en question.

Le XVe siècle, pourtant, devait leur donner d'une façon à peu près générale le coup de grâce. A la requête de quelques évêques, la faculté de théologie de Paris adressait en 1444 à tous les prélats et chapitres une circulaire qui faisait suite à l'anathème prononcé en 1435 par le concile de Bâle contre la fête « des fous ». Les églises collégiales devaient suivre la même interdiction par ordre du roi Charles VII à tous les maîtres de théologie. On comprend ces mesures énergiques. Les tristes siècles d'anarchie politique et religieuse de la guerre de Cent ans, de la captivité de Babylone et du grand schisme d'Occident n'avaient pu développer que des désordres graves. Pourtant les abus ne devaient pas immédiatement disparaître; en Bourgogne, les « fous » réclamèrent auprès de Philippe le Bon et gagnèrent leur cause. Le duc leur accorda une charte de confirmation en vers, le 27 décembre 1454. Cf. de Barante, *Histoire des ducs de Bourgogne de la maison de Valois*, Paris, 1824-1826. Jean d'Amboise (ci-dessus, col. 1074) devait rappeler ces privilèges au lendemain de la réunion de la province à la France en l'année 1482 : Guy Baroset, type du parfait vigneron de Bourgogne, obtenait alors cette faveur pour ses compatriotes. Que l'« office de l'âne », travesti ici et là dans le goût de l'époque, ait en gardant ailleurs une tenue irréprochable, ait été englobé dans ces concessions, le synchronisme ne permet guère d'en douter.

Le xvie siècle, avec son intellectualisme froid et hautain, son protestantisme railleur et iconoclaste, eut raison de cette cérémonie naïve et vraie dans son origine, comme de toutes celles désignées alors sous le nom générique d'« office des fous ». Le 19 janvier 1552, les conseillers au parlement de Dijon prirent leur revanche. Leur arrêt servit de signal et de modèle à tous les règlements faits alors sur la matière. Il ordonna aux choraux et aux habitués des églises de son ressort « de célébrer le jour des Innocents et autres jours, sans faire aucunes insolences et tumultes ès dites églises, vaguer en icelles, et courir parmi les villes, avec danses et habits indécents à leur état ecclésiastique. » Il enjoignit aux juges ordinaires et à tous les substituts du procureur général de pouvoir à l'exécution de cette mesure.

La province confirmait ainsi la capitale. Le parlement de Paris venait en effet, par arrêt du 17 novembre 1548, de supprimer « les confrères de la Passion »; ecclésiastiques et laïques se trouvaient donc entravés. Déjà, d'ailleurs, un nouveau moule était imposé à l'opinion publique. La Pléiade avait commencé la restauration de la poésie antique. En 1552, Jodelle faisait représenter à l'hôtel de Reims sa *Cléopâtre captive* avec un succès éclatant. Cette date importante dans l'histoire littéraire de la France marquait l'ère du mépris pour la « fête des Innocents » comme pour la « fête de l'âne ». Il est fort difficile de remonter un courant. Les entêtements provinciaux devaient encore ici et là maintenir les vieilles coutumes ou un deux siècles. Le moyen âge était bien mort dans sa manière vivante. Le calvinisme allait briser les saints ; l'humanisme chasser de France des cérémonies où le cœur populaire avait naïvement vibré. L'âne médiéval valait, sans doute le bouc renaissant d'Arcueil qu'au témoignage de Rabelais, les amis de Jodelle venaient offrir, couronné de feuillage, au poète tragique. Cf. Rabelais, *Folastrissime voyage d'Hercueil*.

IV. SIGNIFICATION. — Pour refréner, on avait supprimé. La suppression toutefois avait manqué de manière. Opérée avec brutalité par une génération éprise exclusivement d'archéologie antique, elle pouvait induire en erreur les âges suivants, trop confiants dans une critique antécédente contestable. C'est ce qui arriva ; les xviie et xviiie siècles se lancèrent dans une débauche de diatribes contre les cérémonies médiévales. On en jugea par les condamnations des xve et xvie siècles exposées plus haut. On ignora même les documents et les faits antérieurs à 1400. Le classicisme exploita des sources vieilles de quinze siècles. Le moyen âge lui fut inconnu dans son esprit comme dans sa teneur. Les vers de Boileau sont bien suggestifs.

   Chez nos dévots aïeux le théâtre abhorré...

Ils impliquent toute une mentalité. Voltaire fut plus vrai. « On croit communément, dit-il, que ces pièces étaient des turpitudes, des plaisanteries indécentes sur les mystères de notre sainte religion, sur la naissance d'un Dieu dans une étable, sur le bœuf et sur l'âne... On en juge par nos noëls, qui sont en effet des plaisanteries aussi comiques que blâmables sur ces événements ineffables... Il n'y a pas un mot de tout cela dans les pièces des mystères, qui sont venues jusqu'à nous. Ces ouvrages étaient la plupart très graves : on n'y pouvait reprendre que la grossièreté de la langue qu'on parlait alors. C'était la sainte Écriture en dialogues et en action ; c'étaient des chœurs qui chantaient les louanges de Dieu. »

La « fête de l'âne », eut sa large part des jugements hasardés émis sur le drame médiéval par les xviie et xviiie siècles. Tous ces dires ont constitué un thème pour l'extravagance. Le conventionnel Dulaure (1755-1835) est de tous les auteurs celui qui a le plus contribué à défigurer cet office. Il en a fait la parodie qui a eu pendant longtemps plus de crédit que la pièce originale. La « fête de l'âne » est pour lui la continuation des Saturnales antiques. Cf. *Histoire abrégée des différents cultes*, Paris, 1825.

La couverture du manuscrit de Sens, dont on a signalé plus haut la présence, les abréviations neumatiques *a e u o u a c*, interprétées comme un hymne à Bacchus, les « hihan » intercalés dans l'office de Beauvais l'ont amené aux conclusions les plus fantaisistes. L'âne qui porta Jésus-Christ à Jérusalem, après avoir traversé terres et mers, serait venu mourir à Vérone. Les os enfermés dans un âne artificiel auraient été l'objet d'un culte, origine de la « fête de l'âne ». Satire à l'antique, sans aucune directrice mystique ni philosophique, la cérémonie de l'âne véronais aurait continué les « libertés de décembre », en s'en tenant définitivement aux palabres institués en Provence par le roi René Ier. Cf. *op. cit.*, chap. *Beauvais*.

Une affirmation gratuite ne suffit pas à prouver les actes d'un âne anthropomorphisé par une légende présentée sans aucune référence. D'ailleurs les données ont été contrôlées, trente ans à peine après la publication du livre de Dulaure, par Didron. L'enquête sur les lieux mêmes a abouti à une conclusion bien différente : « Tout ce qui est relatif à l'âne de Vérone et aux cérémonies dont il était l'objet est entièrement ignoré aujourd'hui en Italie. Personne à Vérone, à Padoue, à Parme, à Pavie, à Milan ou à Venise n'a pu donner le moindre renseignement sur le sujet. » *Annales archéologiques*, t. xvi, p. 299. Il y aurait d'ailleurs une difficulté. L'auteur de l'*Histoire des différents cultes* attribue sa légende à l'ânesse de l'entrée triomphale de Jésus dans Jérusalem. Il resterait toujours à démontrer que la fête beauvaisienne a été célébrée dans l'esprit de la cérémonie véronaise.

Une seconde allégation de l'école de Dulaure ne semble pas devoir résister davantage à la critique. La couverture du manuscrit de Sens, diptyque de style païen, dont il a été parlé, est différente de l'office qu'il contient. D'après les archéologues qui l'ont examiné, il est très probablement antérieur au christianisme. Cf. Clément, *Annales archéologiques*, t. vii, xv, xvi. Il faut ajouter que l'ancienne capitale de la Sénonaise est très riche en antiquités romaines. Il est possible qu'un diptyque, précieux en lui-même, ait été employé dans le seul but de recouvrir le manuscrit de Pierre de Corbeil. Une dernière hypothèse peut intervenir. A une époque troublée, le manuscrit de l'« office des fous » n'aurait-il pas été caché sous cette couverture de fortune. C'était le préserver de l'indignation causée aux philosophes par la vue de ce curieux monument de la folie humaine. Nous sommes loin en tout cas d'une reprise des Saturnales antiques. Le diptyque n'intègre pas l'office : il lui est juxtaposé. Enfin, la « fête des ânes », pour laquelle René Ier de Provence avait composé une partition entière de musique grotesque, ne forme pas l'original de l'office. Elle a subi les déviations indéniables dont nous avons parlé, aux xve et xvie siècles. Cf. Lecoy de la Marche, *Le roi René, sa vie, son administration*, etc., Paris, 1875.

Au fond, trois éléments de solution semblent devoir entrer en ligne de compte pour la compréhension de la fête de l'âne : l'allégorie, l'Écriture, l'iconographie peuvent l'expliquer à différents titres.

Le symbole a été la clef de la pensée, comme de la science médiévale. Le plus grand labeur des esprits fut, au moyen âge, l'exégèse de toute chose. Cf. Gebhart, *Moines et papes*, Paris, 1896, p. 29. Philippe de Thaon voit dans l'âne l'image de la synagogue terrassée par un lion représentant le Christ :

> Et par l'asne entendum
> Iudeus par grant raisun.

Cf. Petit de Julleville, *Histoire de la langue et de la littérature françaises des origines à 1900*, t. II, p. 164. Si l'on se souvient que l'âne de Nubie possède une bande rachidienne noire et une bande cruciale scapulaire de même couleur, il n'est pas impossible que la liturgie médiévale se soit crue autorisée à dépasser le symbolisme de Philippe de Thaon et à considérer dans l'âne de la prose la figure de Jésus-Christ en croix. D'ailleurs la calomnie de l'onolâtrie adressée à l'Église primitive et certainement lancée à Alexandrie ne viendrait-elle pas de la déviation d'un symbole alexandrin ? Si l'on tient compte de la haute estime que l'Égyptien accorde à l'âne, la comparaison serait-elle plus choquante que celle employée par le Christ lui-même, le jour où il s'appelait « la poule qui rassemble ses poussins sous ses ailes ? »

Félix Clément émet donc une théorie objectivement tentante, quand il affirme que l'unité la plus remarquable règne dans la prose de l'âne de l'office de Sens, comme dans celle de Beauvais. Dans son exposé, les destinées de l'âne juif commencent à se révéler sur les collines de Sichem ; elles se poursuivent au delà du Jourdain, pour se réunir dans Bethléem à celle de l'âne chrétien qui fait triompher la loi nouvelle. Cf. *Annales archéologiques*, t. VII, XV, XVI.

Les trois premières strophes de la prose de l'office peuvent se rapporter à la synagogue. Le peuple juif vient de l'Orient avec la force et la beauté d'un conquérant. Sichem avec ses gras pâturages a été sa première capitale. Bethléem a été toute la raison théologique du peuple hébreu. « Et vous, Bethléem Ephrata, c'est de vous que sortira mon fils pour être le dominateur en Israël. » Michée, v, 2. Enfin la troisième strophe *Saltu vincit hinnulos...* continue la métaphore. Mais elle est tellement exagérée qu'elle ne peut s'entendre qu'au moral.

Saint Jean Chrysostome, saint Augustin, saint Jérôme ont insisté sur cette signification de l'âne. Le premier, dans sa LXVIIe homélie sur saint Matthieu, affirme qu'au jour des Rameaux, en choisissant une ânesse pour monture, Jésus-Christ a réalisé une double prophétie : celle d'Isaïe et surtout celle de Zacharie. Cf. Isaïe, LXII, 11 ; Zach., IX, 9. Cf. Matth., XXI, 4, 5 ; Jean, XII, 15. Saint Jean Chrysostome voit dans l'ânesse la synagogue ; l'ânon lui rappelle la gentilité qui, une fois convertie, attire vers elle le peuple juif avec cette force d'attraction qui oblige l'ânesse à suivre son petit. Saint Augustin reprend la comparaison : *Cont. Faust.*, XII, XLII. On comprend dès lors que Philippe de Thaon n'ait pas hésité dans son bestiaire. La tradition s'était maintenue, puisque Théodulphe, au IXe siècle, y faisait encore allusion dans sa prose versifiée pour le jour des Rameaux :

> Tu pius ascensor, tuus et nos simus asellus.
> Tecum nos capiat urbs veneranda Dei.

D'ailleurs, le symbolisme de la prose, selon Félix Clément, ne semble pas se borner là. Si, dans les trois premières strophes, on hésite devant une métaphore qui désignerait le Christ, les dernières strophes au contraire invitent naturellement à l'admettre. Le développement de la pensée appelle même cette interprétation. A partir de Bethléem, la synagogue est morte. Le Christ seul est roi ; la quatrième strophe parle de l'or, de l'encens, de la myrrhe apportés dans l'église par l'âne. C'est un souvenir des offrandes des mages. La cinquième strophe peut faire allusion aux travaux du Christ, et la sixième avec les deux vers :

> Triticum a palea
> Segregat in area.

fait penser à la séparation du bon grain de l'ivraie. Matth., XIII, 30. Le triomphe d'un nouvel ordre de chose, célébré dans la dernière strophe, redit enfin les conquêtes du christianisme.

Sans métaphore, on peut se demander si le sens apparaîtrait. L'époque, qui a vu ses docteurs comparer le Christ au pélican, pouvait adopter un symbole que la primitive Église d'Alexandrie n'avait pas renié très probablement.

En toute hypothèse, si la présence de l'âne est admise comme allégorie, il reste à expliquer les quelques cérémonies qui accompagnaient la prose. Elles semblent bizarres, mais elles sont bien fonction de leur époque. Au moyen âge, réaliste dans sa foi comme dans son activité, la liturgie fut naïve et gauche. Elle dut parler le gros langage accessible à un peuple tout enfoncé dans les travaux matériels de la terre ou de l'atelier. D'ailleurs, les cérémonies de la fête de l'âne, exposées plus haut, ne comportent rien de foncièrement inconvenant, même pour nos âmes modernes. Si les documents manquent pour y voir la continuation des Saturnales aux XIIe et XIIIe siècles comme aux XIVe et XVe, l'esprit de ces époques détruit complètement toute allégation sur ce point. Quelques cérémonies rappellent peut-être le passé païen, elles n'ont plus rien de sa signification. On fut joyeux, c'est vrai ; mais les grandes fêtes de Noël autorisaient la joie.

C'est encore à ce point de vue qu'il faut se maintenir, si l'on n'admet pas l'allégorie tentante de Clément. La présence de l'âne dans la cérémonie de la Circoncision et des fêtes de la Nativité n'est pas étonnante à une époque mystique et concrète qui avait vu saint François d'Assise élever la première crèche, où les moutons et l'âne venaient réchauffer de leur haleine les membres de l'Enfant-Dieu. D'une façon générale l'attitude est humaine. L'antiquité a connu la personnification des animaux. Cicéron, *De natura deorum*, 1, 36. Virgile établit un lien d'affection entre eux et le poète. *Egl.*, X, 16, 17. Les oies du Capitole furent nourries aux frais du trésor. Les juments de l'Athénien Cimon, qui avaient gagné trois fois le prix de la course aux jeux olympiques, étaient entourées de respect. Hérodote, VI, 103. Montaigne rappelle ces faits et en fait le commentaire théologique : « La théologie même, dit-il, nous ordonne quelque faveur en l'endroit des bêtes, et considérant qu'un même maître nous a logés en ce palais pour son service, et qu'elles sont comme nous de sa famille, elle a raison de nous enjoindre quelque respect et affection envers elles. » *Essais*, II, XI. L'attitude est en effet chrétienne. Il suffit de rappeler les mots de saint Paul aux Romains, VIII, 19, 20 : « Toutes les créatures attendent impatiemment la manifestation des enfants de Dieu ; elles sont assujetties à la vanité de l'homme, non volontairement, mais à cause de celui qui les y a assujetties ; elles espèrent être aussi elles-mêmes délivrées de cet asservissement qui les corrompt, pour participer à la glorieuse liberté des enfants de Dieu. » Pour l'âne, il serait possible de composer, d'après l'Écriture, une légende très circonstanciée. Elle a été mentionnée au cours de cette monographie. Il suffira de rappeler le livre de Job. Dieu lui-même dépeint à Job l'indépendance de cet animal : « Qui a laissé libre l'âne sauvage et qui l'a affranchi de ses liens ? Je lui ai donné le désert pour maison et des lieux de retraite dans une terre stérile. Il se moque de la foule qui remplit les villes et n'entend pas la voix d'un maître impitoyable. Il fait le tour des montagnes pour y trouver des pâturages. » Job, xxxix, 5-8.

L'iconographie chrétienne a connu la représentation de l'âne. Il a sans doute fallu quelque souplesse pour appliquer à la nativité de Jésus les paroles d'Isaïe : *Cognovit bos possessorem suum et asinus praesepe domini sui*. Isaïe, I, 3. La littérature romanesque des apocryphes, et dans le cas particulier du pseudo-Matthieu, a pu avoir son influence dans la compréhension de ce texte. En tout cas la présence dès le IVe siècle de deux animaux, l'âne et le bœuf, devant la crèche, a eu sa place si bien marquée dans l'iconographie du sujet qu'on est tenté d'attribuer à ce fait une réalité historique. Des sarcophages, des fresques, des jaspes, des pâtes de verre, des sculptures ont présenté le tableau de la Nativité, tel qu'il est resté classique : de même la fuite en Égypte et l'entrée triomphale de Jésus à Jérusalem. Au moment où paraissait la « fête de l'âne », la liturgie chrétienne n'avait pas jugé cet animal indigne d'orner nos sanctuaires et nos tombeaux. Les cathédrales de Paris et de Reims, contemporaines de « l'office en question », portaient autour du chœur l'âne du triomphe. Cf. Leclercq, dans *Dictionnaire d'archéologie*, t. I, col. 2041-2067, où l'on trouvera toute une série de fac-similés.

C'est qu'il faut chercher en dernier lieu le sens de l'office qui a été étudié : autorisé par l'Écriture, il met en tableaux vivants des images lapidaires trop froides pour un peuple essentiellement réceptif. Avec un vocabulaire presque scripturaire, la prose de l'âne reste digne et surtout chrétiennement religieuse. La foi des assistants n'était pas compromise dans quelques épilogues trouvés aujourd'hui un peu gros, mais qu'il est nécessaire de voir avec les yeux de l'époque.

Les reprises faites au collège Stanislas le 29 avril 1847, et à la cathédrale de Sens le 19 juin 1894, à l'occasion des noces d'or de la Société archéologique locale, montrèrent, toute proportion gardée, que la compréhension d'une cérémonie longtemps ignorée se trouve dans la résurrection de l'époque où elle est apparue.

SOURCES : Le « manuscrit de Sens », *Officium Circumcisionis ad usum urbis Senonensis*, à la bibliothèque de la ville de Sens, publié à Sens par Bourquelot, Sens, 1856. — Le manuscr. « Pacchierotti » à Padoue en 1855. — OUVRAGES : Outre les ouvrages cités au cours de l'article : Du Cange, *Glossarium ad scriptores mediae et infimae latinitatis*, édit. Henschel, Paris, 1840-1844, t. III. — C. Agrippa, *Laus asini*, Lyon, 1629, p. 179. — *Mercure de France*, 1724, p. 60-66 : *Lettre d'un gentilhomme de Bourgogne écrite à M. Moreau de Mautour, de l'Académie des inscriptions et belles-lettres, concernant une ancienne fête comique, pratiquée tous les ans en Bourgogne, jusqu'en 1630, à laquelle on donnait le nom de Mère Folle*, par M. Lucotte Du Tilliot. — Du Tilliot, *Mémoires pour servir à l'histoire de la fête des fous*, Lausanne, 1741. — Millin, *Monuments inédits*, Paris, 1802-1804, t. II. — Aimé Cherest, *Nouvelles recherches sur la fête des innocents et la fête des fous dans plusieurs églises et notamment dans celle de Sens*, Paris, 1853. — Rossignol, *La fête des fous et la mère folle de Dijon*, Paris, 1855. — Petit de Julleville, *Histoire du théâtre en France au moyen âge*, Paris, 1880-1886. — Marius Sepet, *Les prophètes du Christ*, Paris, 1878; *Le drame chrétien au moyen âge*, Paris, 1877. — Monmerqué et Michel, *Théâtre français au moyen âge*, Paris, 1839. — Édouard Fournier, *Le théâtre français avant la Renaissance, mystères, moralités, farces*, Paris, 1872. — Ch. Aubertin, *Histoire de la langue et de la littérature françaises au moyen âge*, Paris, 1882. — Germain Bapst, *Essai sur l'histoire du théâtre*, Paris, 1894. — Léon Gautier, *Origines du théâtre moderne*, dans *Le monde*, 16, 17, 28, 30 août, 4 septembre 1872. — O. Le Roy, *Études sur les mystères*, Paris, 1837. — Ch. Magnin, dans *Journal des savants*, février, août 1846, janvier, mars 1847, janvier 1856. — Moland, *Origines littéraires de la France*, Paris. — Lecoy de la Marche, *Le roi René, sa vie, son administration*, Paris, 1875. — C. Batallard, *Les ânes légendaires, le saint âne de Vérone, les ânes bénis et ceux du calendrier*, dans *Mém. de l'Académie de Caen*, 1873, p. 238-257. — Wagner, *Neumenkunde, Palaeographie des Gregorianischen Gesanges*, Fribourg, 1905. — De Coussemaker, *Histoire de l'harmonie au moyen âge*, 1852; *Drames liturgiques au moyen âge*, Paris, 1860. — Combarieu, *Histoire de la musique des origines à la mort de Beethoven*, Paris, 1913.

P. MONCELLE.

ANEA. Voir ANAEA, col. 1420.

ANEBRIUS, évêque de Doara en Deuxième Cappadoce, signataire de la réponse des évêques de cette province à l'enquête de l'empereur Léon sur Timothée Aelure, en 458. Dans la liste des souscriptions, le nom de son siège est inexactement écrit *Doala*. Mansi, *Sacr. concil. ampl. collect.*, t. VII, col. 599.

Le Quien, *Oriens christianus* t. I, col. 418.

R. AIGRAIN.

ANECT ou **ANICET** (Saint), martyr en Cappadoce (?), est inscrit, à la date du 27 juin, dans les calendriers des Églises latine et grecque. En l'absence d'actes authentiques, on ne sait ni quand, ni où, ni par ordre de qui il fut mis à mort. La notice qui lui est consacrée dans les synaxaires grecs et dans laquelle sont décrits les tourments qu'il eut à supporter, ainsi que les miracles qui les accompagnèrent, est un tissu d'absurdités, comme les bollandistes l'ont fait remarquer, il y a longtemps déjà. *Act. sanct.*, 1709, jun. t. V, p. 256-257. Aussi n'y a-t-il aucune raison d'ajouter foi à l'auteur inconnu de ce récit, lorsqu'il dit qu'Anect fut une victime de la persécution déchaînée sous Dioclétien et qu'il périt dans la ville de Césarée de Cappadoce, dont le gouverneur se nommait Urbain. Tout au plus les bollandistes admettent-ils qu'on peut à la rigueur retenir la Cappadoce comme étant la région où il a pu être martyre eut lieu.

Voici le distique, avec le jeu de mots habituel, dont le nom d'Anect est suivi dans les ménées :

Οὐκ ἦν ἀνεκτὸν Ἀνίκτῳ μὴ στέγειν
Τὸν διὰ Χριστὸν θάνατον μέγρι τέλους.

L. CLUGNET.

ANEGLAS. Voir REGULUS (Saint).

ANEIROS (LÉON FEDERICO), archevêque de Buenos Ayres (République Argentine). Né dans cette ville, le 28 juin 1826, il occupa successivement les charges de professeur au collège San Ignacio, secrétaire de l'évêché (1855), chanoine de la cathédrale (1862) et vicaire général (1865). Il fut, en outre, professeur de droit canonique à l'université de Buenos Ayres, de 1854 à 1870. Mgr Escalada, qui avait obtenu l'érection de l'évêché de Buenos Ayres en archevêché, confia à l'abbé Aneiros le gouvernement de son diocèse quand il se rendit au concile du Vatican. Il mourut à Rome le 28 juillet 1870, après avoir vu son vicaire général nommé évêque titulaire d'Aulon. Le 28 juillet 1873, Mgr Aneiros fut nommé archevêque de Buenos Ayres. Son épiscopat fut fructueux pour son diocèse. Il accueillit plusieurs ordres religieux et, en particulier, les salésiens de dom Bosco, qui commencèrent l'évangélisation de la Patagonie. Plusieurs fois, l'archevêque eut des luttes à soutenir pour maintenir et défendre les droits et privilèges de l'Église. Une de ses ordonnances épiscopales du 15 février 1875, contenant un bel éloge de la Compagnie de Jésus, fut l'occasion d'un accès d'anticléricalisme dans la ville de Buenos Ayres, qui aboutit au pillage et à l'incendie du collège San Salvador, dirigé par les jésuites.

Au mois d'août 1884, Mgr Aneiros eut la consolation de présider le premier congrès des catholiques argentins et, le 8 mai 1887, celle de couronner solennellement la statue de Notre-Dame de Lujan, la patronne populaire du pays.

Il mourut le 3 septembre 1894 et fut enterré dans sa cathédrale, où on lui a érigé un monument en 1898.

Romulo D. Carbia, Mons. León Federico Aneiros, segundo arzobispo de Buenos Ayres, Buenos Ayres, 1903.

U. Rouziès.

ANELLI (Luigi). Né à Lodi, le 13 (le 7, suivant De Gubernatis) janvier 1813, sans doute de la noble famille lombarde de ce nom. Voir *Annuario della nobiltà italiana*, Bari, ann. 1902. Bien que prêtre, il se fit remarquer par ses idées ultra-libérales. Professeur dans le gymnase de sa ville natale, il fut nommé, lors de l'insurrection lombarde de 1848, membre du gouvernement provisoire de la Lombardie, en qualité de représentant de Lodi. Après la répression de l'insurrection par l'Autriche, il se retira à Nice, où il vécut en donnant des leçons. Il rentra en Lombardie après la victoire des armées franco-piémontaises en 1859, et se fixa à Milan, jusqu'à sa mort (18 janvier 1890), restant fidèle à ses idées républicaines, sans se rallier jamais à la monarchie de Savoie.

Œuvres. — Traduction en italien des discours politiques de Démosthène et du *Discours pour la couronne*, 2 vol., Lodi, 1840; — *Storia d'Italia dal 1814 al 1850* (et ensuite *al 1863* et *al 1867*), continuation de celle de Botta; plusieurs éditions : 2 in-8°, Turin, 1856; in-16, Turin et Milan, 1864; 5 in-16, Milan, 1864; 6 in-8°, Milan, 1868; dans le dernier volume, *L'andamento intellettuale d'Italia dal 1814 al 1867*, publié à part, l'auteur expose, avec une sévérité exagérée, ce qu'il appelle la décadence intellectuelle de sa nation durant les deux premiers tiers du XIXᵉ siècle; cet ouvrage, le principal d'Anelli, fut mis à l'index, évidemment à cause du christianisme mazzinien qu'y professe l'auteur, lequel se soumit, d'ailleurs, à la condamnation de l'Église; — *La morale ai giovani;* — *Storia della Chiesa*, 2 vol. in-4°, Milan, 1873; — *Verità e amore, considerazioni filosofiche e morali*, in-16, Milan, 1883; — *I riformatori nel secolo XVI*, posthume, 2 in-8°, Milan, 1891.

Fel. De Angeli et Andrea Timolati, Lodi, monografia storico-artistica..., con documenti inediti, Milan, 1878, p. 115. — Giuseppe Bertocci, *Repertorio bibliografico delle opere stampate in Italia nel secolo XIX*, Rome, 1887, t. III, p. 374, n. 673. — De Gubernatis, *Dictionnaire international des écrivains du jour*, Florence, 1888, p. 62-63. — *La grande encyclopédie*, t. II, p. 1065. — *Archivio storico lombardo*, 1890, t. VII, p. 223. — E. Calvi, *Bibliografia di Roma nel Risorgimento*, Rome, 1912, p. 14, n. 164.

J. Fraikin.

ANELLO. Voir Agnel, t. I, col. 966.

1. ANEMIUS, évêque de Sirmium, en Pannonie, vers 380-390. Son ordination est rappelée dans la Vie de saint Ambroise par Paulin (n. 11), en raison de la part active qu'y prit l'évêque de Milan, pour faire échec aux plans de l'impératrice Justine, qui était favorable aux ariens. L'événement paraît avoir eu lieu peu de temps avant l'année 381. Il est probable qu'Anemius succédait à Germinius, bien que l'histoire ne sache plus rien de ce personnage après le commencement de l'année 367; on comprend que saint Ambroise ait été soucieux de mettre en sa place un homme d'une orthodoxie indiscutable. En 381, Anemius assiste au concile d'Aquilée aux côtés de saint Ambroise (procès-verbal dans Mansi, t. III, col. 599, 601, 604, 612;) il se présente lui-même comme le chef religieux de l' « Illyricum » (ce qui voudrait dire l'Illyricum tant oriental qu'occidental, et qui est assurément trop dire), et il condamne formellement l'arianisme dans la personne de Palladius de Ratiaria (*Dacia Ripensis*). Il occupe de même un des premiers rangs au concile romain de 382 (d'après la synodale des évêques orientaux réunis dans le même temps à Constantinople : Mansi, t. III, col. 581). On perd ensuite sa trace. Dès avant la condamnation de Bonose de Naïssus (*Dacia Mediterranea*), qui fut prononcée en 391, le siège de Sirmium avait un nouveau titulaire, nommé Cornelius (lettre d'Innocent Iᵉʳ de 409 : Mansi, t. III, col. 1058).

A. Wilmart.

2. ANEMIUS, aurait été évêque d'Albi en 451. Son nom se retrouve parmi les signataires de la lettre synodale que les évêques gaulois auraient adressée au pape saint Léon pour témoigner de leur adhésion à l'*Epistula ad Flavianum episcopum*, condamnant l'eutychianisme. Ce document, contenu « dans un prétendu ms. de Savaron dont l'existence ne repose que sur le témoignage de Polycarpe de la Rivière, » est d'une authenticité douteuse.

Gallia christiana, t. I, col. 3. — L. Duchesne, *Fastes épiscopaux de l'ancienne Gaule*, t. II, p. 42, note 2; cf. t. I, p. VII.

L. de Lacger.

ANEMPODISTOS. Voir Acyndinos, t. I, col. 427.

ANEMURIUM, Ἀνεμούριον, évêché en Isaurie. Anemurium était une ville de la Cilicie Trachée, bâtie à l'extrémité du cap de même nom, la pointe de terre de l'Asie Mineure la plus avancée vers le sud. On ne sait rien de son histoire ancienne, bien qu'elle soit mentionnée par Strabon, XIV, p. 669; Pline, V, 27; Tite-Live, XXXIII, 20; Ptolémée, V, VIII, 3; Skylax, 102; Pomponius Méla, I, 13; *Stadiasmus maris magni*, 197. Ses monnaies vont du Iᵉʳ siècle avant J.-C. à Valérien. Head, *Historia numorum*, p. 599. Lors de la division de la Cilicie, elle fit partie de l'Isaurie. Hiéroclès, 708, 4; Georges de Chypre, 830, édit. Gelzer, p. 42, Ἀνεμούριον.

Comme évêché suffragant de Séleucie, Anemurium figure dans les diverses recensions de la Notice d'Anastase pour le patriarcat d'Antioche, du VIᵉ au XIIᵉ siècle. Voir *Échos d'Orient*, 1907, t. X, p. 95, 145; A. P. Kerameus, Μαυρογοδάτειος βιβλιοθήκη, Constantinople, 1884, 2ᵉ part., p. 66, 69; Tobler et Molinier, *Itinera Hierosolymitana*, Genève, 1880, p. 335 (Anemori); *Byzantinische Zeitschrift*, 1892, t. I, p. 249 (Ἀνεμύριος); 1896, t. V, p. 124. Elle est aussi dans les Notices 1 (Ἀνεμόριον), vers 840; 2 (Ἀνεμύνης), vers 1170-1179; 3 (Ἀνεμύνης), du XIIᵉ-XIIIᵉ siècle, de Parthey. Quatre évêques seulement sont connus : Jean, représenté par son métropolitain au concile de Chalcédoine (451). — Euphronius, signataire de la lettre des évêques d'Isaurie à l'empereur Léon (458). — Jean, monophysite, déposé par Justin Iᵉʳ (518). — Mamas, présent au concile Quinisexte (692). Le Quien, *Oriens christianus*, t. I, col. 1015.

En 1191, notre ville possédait encore un grand monastère grec. Elle était une seigneurie, au temps du royaume arménien de Cilicie. Les auteurs occidentaux l'appellent Stallimuri (pluriel masculin, Stalemura, Stalemere). Tomaschek, *Zur historischen Topographie von Kleinasien im Mittelalter*, Vienne, 1891, p. 57, 59. Elle fut prise par Ala ed-Din au début du XIIIᵉ siècle, puis réoccupée par les Arméniens; dès le siècle suivant, sous les derniers Roupéniens et les Lusignans, elle était, comme les places voisines, occupée par des émirs seldjoukides précurseurs de la conquête turque définitive. *Recueil des historiens des croisades : Documents arméniens*, Paris, 1869, t. I,

p. xxxiv. Le port actuel d'Anamour exporte surtout du bois pour la Syrie; il n'y a que quelques constructions officielles. Le chef-lieu du caza dit d'Anamour est à 3 kilomètres de là, au village de Tchorak, peuplé d'un millier de Turcs et de Grecs (vilayet d'Adana). Les ruines d'Anemurium et du port ancien sont situées un peu au nord du cap, dont la pointe extrême est à 15 kilomètres au sud-ouest de Tchorak. Ces ruines, que les Turcs appellent Eski Anamour, Vieil Anamour, comprennent deux théâtres et un aqueduc de l'époque romaine, une vaste nécropole, la forteresse du moyen âge, très imposante, où une inscription rappelle la prise du château par Toumdji-Chérif, général d'Ala ed-Din, et la remise du gouvernement à Esmer Moustapha. Anemurium est encore un évêché titulaire pour la curie romaine.

Beaufort, *Karamania*, p. 181. — Ritter, *Erdkunde*, t. xix, p. 400. — Heberdey et Wilhelm, *Anzeiger Wien. Akad.*, 1891, n. xxi. — Alishan, *Sissouan*, Venise, 1899, p. 379-382. — Cuinet, *La Turquie d'Asie*, t. ii, p. 81-86. — V. Langlois, *Voyage dans la Cilicie*, Paris, 1861, p. 175 sq.

S. PÉTRIDÈS.

ANERIO, famille de musiciens romains, de la fin du xvi° siècle, dont les deux principaux sont : 1° Felice et 2° Giovanni-Francesco.

1. ANERIO (FELICE), l'un des plus grands maîtres de la fin du xvi° siècle (1560?-1614); fils de Maurice, chanteur papal; on le fait naître vers 1560 (?), sans qu'aucun document appuye cette date, et il a dû naître plus tard, car on trouve Felice mentionné pour la première fois en 1575, comme *putto cantore* (enfant de chœur soprano, puis alto) de Saint-Pierre de Rome, sous la direction de Palestrina; il y resta jusqu'en 1579, élève de composition de G.-M. Nanino; dès 1585, était maître de chapelle *degl' Inglesi*, fonction qu'il semble avoir conservée jusqu'à sa mort; en 1594, il succède à Palestrina dans le titre et la charge de « compositeur de la chapelle Apostolique; » en 1608, fait partie de la commission de réforme du plainchant, travail déplorable dont il reste seul chargé avec Soriano, et qui aboutit, en 1614, à la trop fameuse édition Médicéenne.

Œuvres principales imprimées : *Madrigali spirituali* à cinq et à six voix; *Canzonette*, de 1585 à 1590; hymnes, cantiques, motets, à cinq, six, huit voix, de 1596 à 1602; répons de la semaine sainte, en 1606. Un grand nombre d'œuvres de Felice Anerio sont restées manuscrites. Plusieurs de ces compositions ont été rééditées par Proske, *Musica divina*, et Bordes, *Anthologie*, mais le célèbre *Te Deum* publié par Proske, *op. cit.*, n. 277. — Habel, *Storia e pregio dei libri corali ufficiali*, p. 16, 62, 63. — Gastoué, *Le graduel et l'antiphonaire romains*, p. 173-180.

A. GASTOUÉ.

2. ANERIO (GIOVANNI-FRANCESCO), né en 1567, mort après 1620. On ne connaît pas sa parenté exacte avec le précédent, bien que certains auteurs les fassent frères. En 1609, ce G.-F. Anerio était maître de chapelle de Sigismond III, roi de Pologne; en 1611, maître de chapelle de la cathédrale de Vérone, puis directeur de la musique au séminaire romain; en 1613, maître de chapelle de Sainte-Marie *de' Monti*, à Rome, puis de Saint-Jean de Latran. Entré dans les ordres à l'âge de quarante-sept ans, il célébra sa première messe le 7 août 1616 dans l'église du Gesù, et ce fut une solennité musicale extraordinaire. G.-F. Anerio fut le premier maître, avec Viadana, à ajouter un *basso ad organum* aux motets et pièces polyphoniques, et à composer pour l'église des pièces en solo.

Œuvres principales imprimées : deux livres de motets, de une à six voix, en 1609 et 1611; un livre de messes à quatre, cinq et six voix, 1614; plusieurs séries de pièces italiennes : *Selva armonica*, 1617; *Ghirlanda di sacre rose*, 1618; *Teatro armonico spirituale*, 1619, etc. La plupart de ces compositions ont eu plusieurs éditions; un grand nombre d'autres sont restées manuscrites. On a vu, à l'article précédent, que le *Te Deum* publié par Proske, comme étant de F. Anerio, appartient en réalité à G.-F. Anerio. Haberl, Supplément au *Kirchenmusikalisches Jahrbuch* de 1886, a réédité sa *Missa brevis*.

Eitner, *Quellen-Lexicon*. t. i, p. 146. — Haberl, *Kirchenmus. Jahrb.* — Al. Polinski, *Dzieje muzyki polskiej*.

A. GASTOUÉ.

ANÉSANCHE DE TOUJOUSE, évêque d'Aire (1326-1327), ainsi nommé sans doute du lieu de sa naissance (Toujouse, village du diocèse d'Aire, auj. dans le Gers). Il était chanoine de Bazas, de Nogaro (diocèse d'Auch) et d'Aire et attaché à la cour pontificale, quand il fut élu évêque de cette dernière ville par le chapitre. Son élection, contestée par un compétiteur malheureux, fut confirmée néanmoins par Jean XXII et il souscrivit ses obligations le 28 octobre 1326. En ce moment, la guerre, suspendue depuis plus d'un an en Gascogne, allait se rallumer de plus belle entre la France et l'Angleterre. La reprise des hostilités était l'œuvre des bâtards des seigneurs gascons. Les deux rois en guerre avaient trop besoin des services de ces coureurs d'aventures pour ne pas fermer les yeux sur leurs méfaits. Ils en profitaient pour piller et maltraiter à merci le menu peuple et les gens d'Église. Anésanche devait en faire la triste expérience. Chargé par Jean XXII, à Avignon, de se porter au secours de l'évêque de Bazas qui avait à se plaindre des déprédations de ces soudards, il rentrait à Aire pour prendre possession de son siège quand onze de ces bâtards allèrent l'attendre à deux ou trois lieues de sa ville épiscopale, se jetèrent sur lui et ses gens au nombre de six et les massacrèrent tous, l'évêque le premier (25 août 1327). Tout fut pillé, jusqu'aux objets du culte et à l'anneau de l'évêque qui fut arraché de ses doigts glacés. Jean XXII protesta avec indignation et frappa les coupables des peines canoniques (29 janvier 1328); le concile de la province, réuni à Marciac (11 décembre 1330), renouvela ces anathèmes, mais chaque fois des lettres royales vinrent assurer l'impunité aux assassins.

A. Degert, *Histoire des évêques d'Aire*, Paris, 1908, p. 103 sq.

A. DEGERT.

ANETZ, prieuré annexe de celui de Saint-Herblon, dépendant de l'abbaye Saint-Florent de Saumur, arrondissement et canton d'Ancenis (Loire-Inférieure). *Ecclesia S. Clementis de Arnet; capella de Ernecio, Arneto, Asinariis*, du xi° au xiii° siècle; et plus tard, *Agneto, Asnetz, Asnez, Agnetz*, etc. On l'a confondu, d'après une charte de Louis le Gros en 1123, avec *Asinesium*, Aisenay en Vendée.

Le prieuré fut fondé vers 1076, par un seigneur nommé Hamon, qui se fit moine à Saumur en y apportant la propriété des cinq églises de Saint-Herblon, *Sancti Hermelandi*, parmi lesquelles Anetz. La donation fut confirmée en 1104 par Benoît, évêque de Nantes, et c'est tort que l'archiviste d'Angers, P. Marchegay, place la fondation en 1135. La chapelle d'Anetz paraît dans des bulles de Calliste II à Urbain III (1122-1186), dans d'autres actes et des pouillés. Le 10 novembre 1679, le prieur de Saint-Herblon, dans son aveu au roi, mentionne *Annetz* parmi les quatre paroisses dans lesquelles il a le droit de faire célébrer le service divin aux quatre fêtes de l'année et de percevoir les offrandes, portion de dîmes, etc. Le pouillé Verger, de la fin du xvii° siècle, évalue à 150 livres le revenu de la chapelle.

Elle disparut à la Révolution avec le prieuré. On a aussi placé à Anetz un prieuré de Saint-Germain, dépendant de l'abbaye de Saint-Germain d'Auxerre (Ogée, *op. cit.*, ci-dessous; mais on a confondu avec Saint-Germain de Vay, canton de Nozay, arrondissement de Châteaubriant), le seul bénéfice nantais mentionné dans les pouillés de l'abbaye d'Auxerre, qui le nomment au XVII° siècle *Sancti Germani de Anneyo*, « d'Aunay en l'évesché de Nantes, » d'où confusion facile avec le latin *Eveyum* (Vay) du XIII° siècle.

P. Marchegay, *Chartes nantaises du monastère de Saint-Florent près Saumur*, dans *Bulletin de la Société archéologique de Nantes*, 1877. — Ogée, *Dictionnaire historique de Bretagne*, Rennes, 1843, t. I. — D. Lobineau, *Preuves de l'Histoire de Bretagne*, c. 181, 183, 259. — Dom Morice, *Preuves*, t. I, c. 507, 605, 727, 810, 844, 1041. — Pouillé Gervais Alliot, 1648. — Pouillés de 1626, 1686 et du XVIII° siècle. — Archives de la Loire-Inférieure, série B *848*.

G. Durville.

ANEURIN. Voir Gildas (Saint).

ENCYCLOPÉDIE
DES
SCIENCES ECCLÉSIASTIQUES

RÉDIGÉE PAR

LES SAVANTS CATHOLIQUES LES PLUS ÉMINENTS

DE FRANCE ET DE L'ÉTRANGER

1° DICTIONNAIRE DE LA BIBLE

Publié par F. VIGOUROUX, prêtre de Saint-Sulpice

Ancien professeur à l'Institut catholique de Paris, Secrétaire de la *Commission biblique*

5 tomes en 10 volumes, reliés toile anglaise.. **225 fr.**

2° DICTIONNAIRE DE THÉOLOGIE CATHOLIQUE

Commencé sous la direction de A. VACANT, prof. au Sém. de Nancy,
Continué sous celle de Eug. MANGENOT, professeur à l'Institut catholique de Paris.

3° DICTIONNAIRE D'ARCHÉOLOGIE CHRÉTIENNE
ET DE LITURGIE

Publié par le R^{me} dom Fern. CABROL, abbé de Farnborough, et dom H. LECLERCQ.

4° DICTIONNAIRE D'HISTOIRE ET DE GÉOGRAPHIE
ECCLÉSIASTIQUES

Publié par Mgr Alfred BAUDRILLART, recteur de l'Institut catholique de Paris,
P. RICHARD, U. ROUZIÈS et A. VOGT

5° DICTIONNAIRE DE DROIT CANONIQUE

(*En préparation*)

Paris. — Imp. E. CAPIOMONT et Cie, rue de Seine, 57.

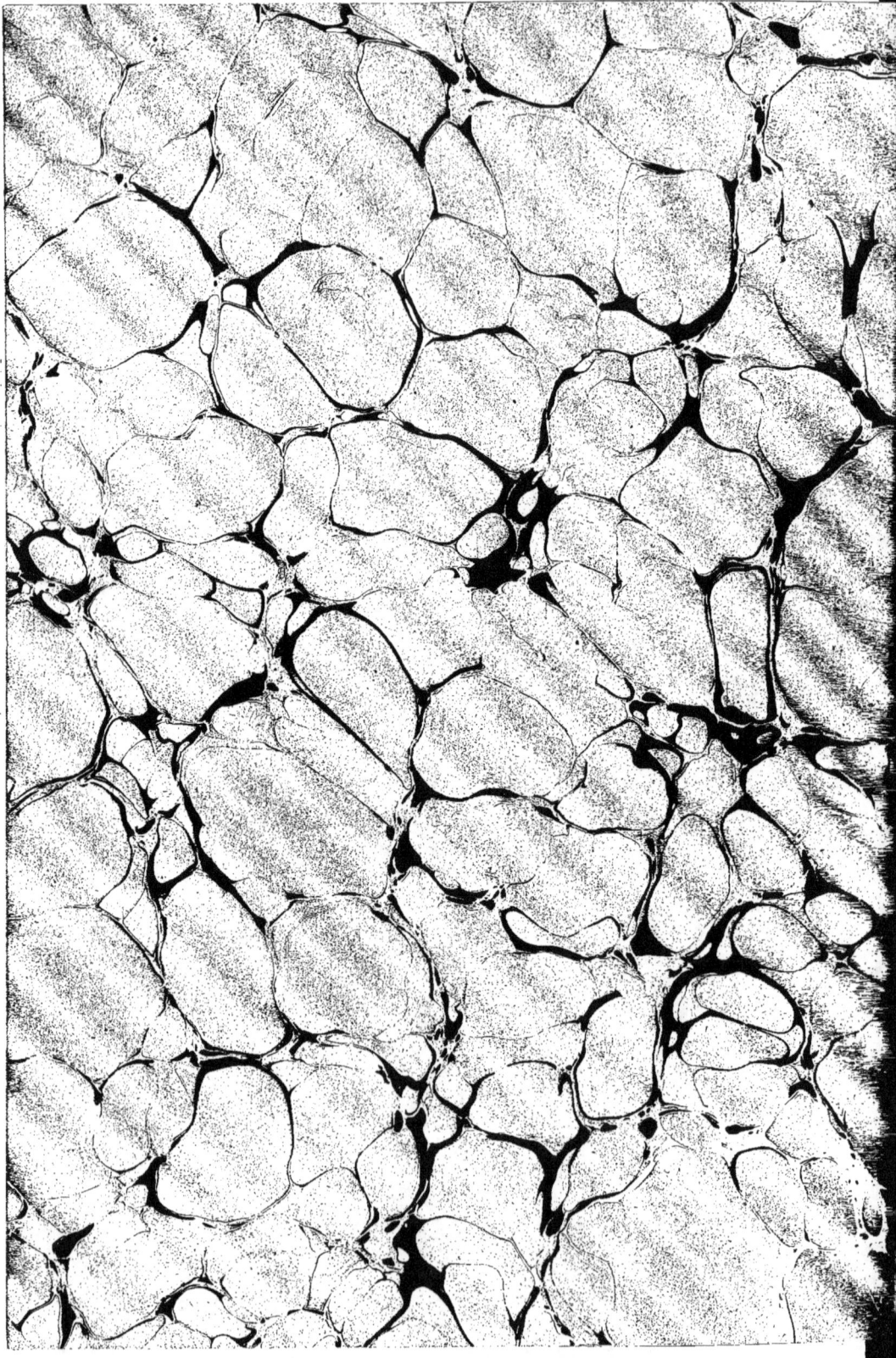

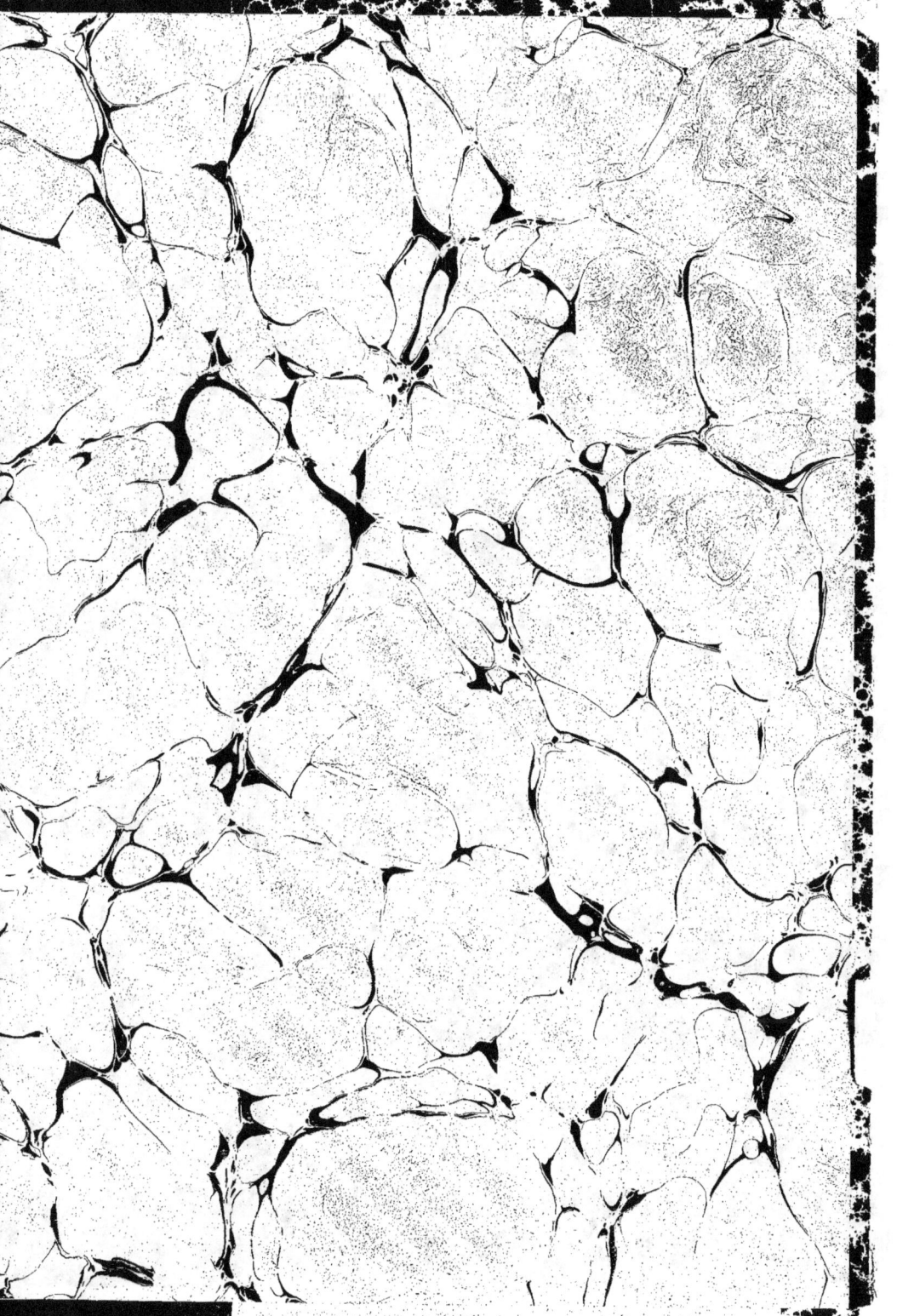

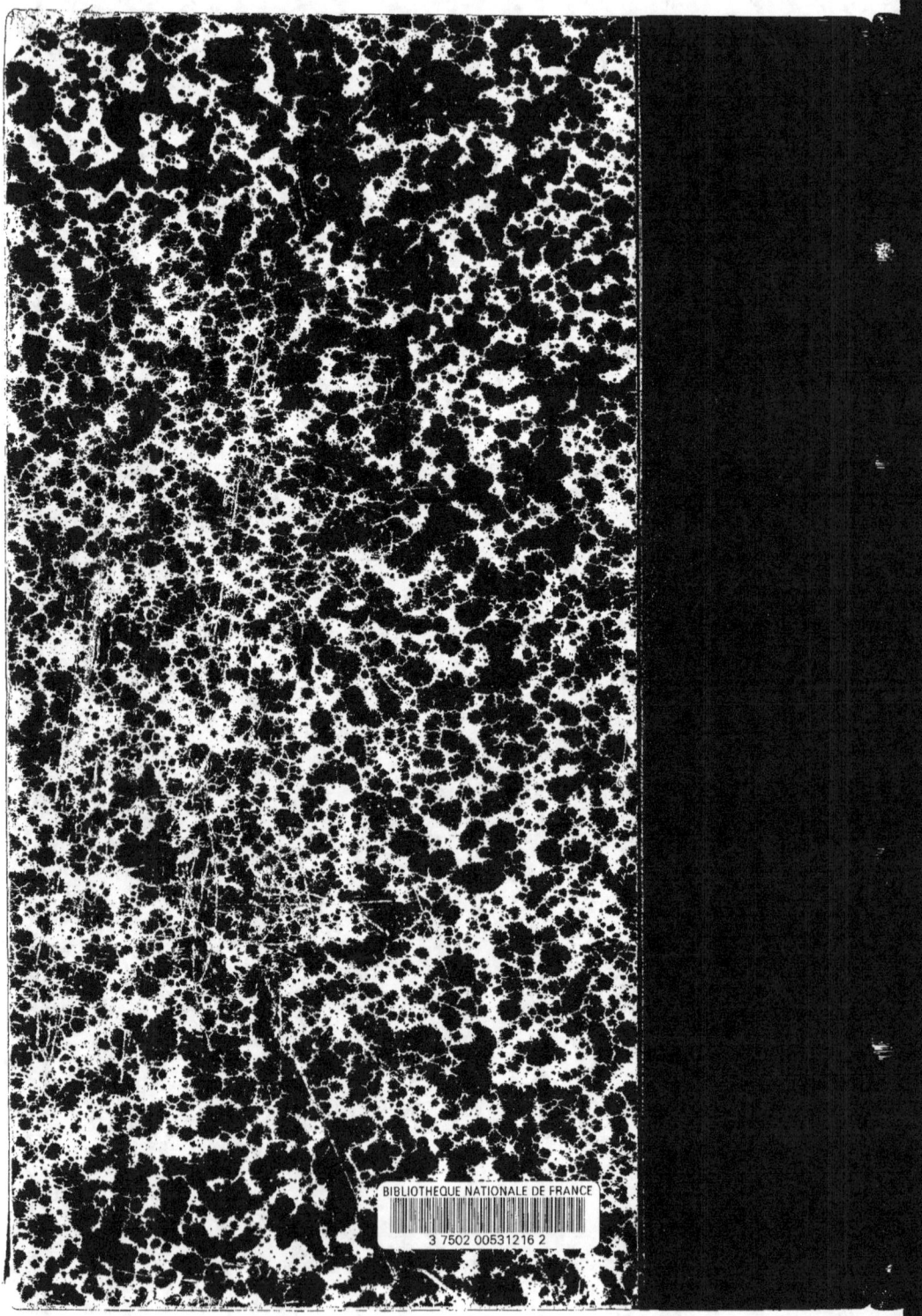

www.ingramcontent.com/pod-product-compliance
Lightning Source LLC
Chambersburg PA
CBHW071226300426
44116CB00008B/928